Wandtke/Bullinger (Hrsg.)
Praxiskommentar zum Urheberrecht

Praxiskommentar zum Urheberrecht

Herausgegeben von

Dr. Artur-Axel Wandtke
em. o. Professor an der Humboldt-Universität Berlin

und

Dr. Winfried Bullinger
Rechtsanwalt in Berlin,
Honorarprofessor an der Brandenburger Technischen Universität Cottbus

Bearbeitet von

Rechtsanwalt *Dr. Ulrich Block,* Berlin; *Prof. Dr. Michael Bohne,* Calw/Düsseldorf; Rechtsanwältin *Dr. Mareile Büscher,* Berlin; Rechtsanwalt *Prof. Dr. Winfried Bullinger,* Berlin; Rechtsanwalt, Fachanwalt für gewerblichen Rechtsschutz *Dr. Ilja Czernik,* Berlin; Rechtsanwalt und Justitiar *Dr. Jan Ehrhardt,* Berlin; Rechtsanwalt *Michael Fricke,* Hamburg; Rechtsanwalt *Dr. Tilo Gerlach,* Berlin; Rechtsanwalt *Dr. Eike Wilhelm Grunert,* München; Rechtsanwalt *Dr. Malte Grützmacher,* Hamburg; Rechtsanwalt *Dr. Jan Dirk Heerma,* Berlin; Rechtsanwalt *Dr. Kai Hermes,* Berlin; Rechtsanwalt *Dr. Ulrich Hildebrandt,* Berlin; Rechtsanwältin *Dr. Angelika Hoche M.C.J.,* München; Rechtsanwalt *Dr. Ole Jani,* Berlin; Rechtsanwalt *Dr. Martin Kefferpütz,* Hamburg; Rechtsanwalt, Fachanwalt für Urheber- und Medienrecht *Stefan Lüft,* München; Rechtsanwalt *Dr. Bartholomäus Manegold,* Berlin; Rechtsanwalt *Dr. Malte C. G. Marquardt,* Berlin; Rechtsanwältin, Fachanwältin für Informationstechnologierecht, Justiziarin *Dr. Claudia Ohst,* Priv. Doz. *Dr. Tobias Reinbacher,* Berlin; Rechtsanwalt *Dr. Martin Schaefer,* Berlin; Rechtsanwalt und Justiziar *Dr. Robert Staats,* München; Rechtsanwältin *Dorothee Thum,* München; *Prof. Dr. Artur-Axel Wandtke,* Humboldt-Universität Berlin; Rechtsanwalt, Fachanwalt für gewerblichen Rechtsschutz *Dr. Marcus von Welser,* München; Rechtsanwalt *Dr. Bodo von Wolff,* Berlin

4., neu bearbeitete Auflage
2014

Zitiervorschlag: Wandtke/Bullinger/*Bearbeiter* § ... (Gesetz) Rn ...

www.beck.de

ISBN 978 3 406 60882 7

© 2014 Verlag C. H. Beck oHG
Wilhelmstraße 9, 80801 München

Satz, Druck und Bindung: Druckerei C. H. Beck Nördlingen
(Adresse wie Verlag)

Gedruckt auf säurefreiem, alterungsbeständigem Papier
(hergestellt aus chlorfrei gebleichtem Zellstoff)

Vorwort zur 4. Auflage

Die vorliegende 4. Auflage verarbeitet und reflektiert die wichtigen Reformen des Urheberrechts, deren letzte zum 1.1.2014 bzw. 1.4.2014 in Kraft getreten sind. Die urheberrechtliche Diskussion wird weiter durch die Herausforderungen geprägt, die sich mit den Begriffen Digitalisierung und Internet verbinden. Diese Neuauflage unseres Praxiskommentars räumt diesen Themen den gebotenen Platz ein.

Der deutsche Gesetzgeber hat mit der Transformation der Schutzdauer-Richtlinie 2011/77/EU neue Wege beschritten. Es ist nicht nur das Urheberrecht im Hinblick auf die Werkverbindung von Musik und Text betroffen (§ 65 Abs. 3 UrhG n. F.). Vielmehr wirft auch die **Erhöhung der Schutzdauer** für ausübende Künstler und Tonträgerhersteller von 50 auf 70 Jahre neue praktische Fragen des Schutzes auf (§§ 82, 85 UrhG n. F.), die im Kommentar behandelt werden (Anlage 1). In der vorliegenden Auflage wird ebenso Stellung genommen zur Einführung des neuen **Leistungsschutzrechts der Presseverleger** (§§ 87 f–87 h UrhG n. F.). Eine weitere Änderung betrifft zum einen die **verwaisten Werke** (§§ 61–61c n. F. UrhG). Die Anpassung erfolgte aufgrund der Umsetzung der Richtlinie 2012/28/EU über bestimmte zulässige Formen der Nutzung verwaister Werke (Anhang 3 des Kommentars). Der Gesetzgeber hat zum anderen die **vergriffenen Werke** geregelt (§§ 13 d, 13 e UrhWG n. F.). Darüber hinaus hat der Gesetzgeber das **Zweitverwertungsrecht** für wissenschaftliche Autoren in das Urheberrechtsgesetz aufgenommen (§ 38 UrhG n. F.). Mit der Änderung des § 97 a UrhG n. F. in Verbindung mit § 49 GVG n. F. durch das Gesetz über un-seriöse Geschäftspraktiken soll die **Abmahnpraxis** eingeschränkt werden. Außerdem ist mit der Einfügung des § 104a UrhG n. F. der fliegende Gerichtsstand zugunsten der Verbraucher als Nutzer eingeschränkt worden. Im Internationalen Urheberrecht ist der WIPO-Vertrag von Beijing zum **Schutz audiovisueller Darbietungen** hervorzuheben.

Einen großen und immer weiter zunehmenden Anteil an der Entwicklung des nationalen Urheberrechts hat die **Rechtsprechung des EuGH.** Es werden Fragen und Probleme aufgeworfen, die den Kern des Urheberrechts betreffen. So ist z. B. der Werkbegriff in Europa im Fokus des EuGH. Als aktuelle Beispiele sind weiter Auslegungsfragen zum Verbreitungsrecht von gebrauchter Software, zur Störerhaftung und zum Begriff der öffentlichen Wiedergabe zu nennen. Auch hat sich der EuGH mit der Frage befasst, ob die Geräteindustrie für PC und Drucker eine angemessene Vergütung zahlen muss. Diese Beispiele zeigen, wie wichtig eine Harmonisierung des Urheberrechts in der EU ist, um Beschränkungen der Warenverkehrsfreiheit im Binnenmarkt zu verhindern.

Seit der letzten Auflage hat vor allem der **BGH** über wichtige Fragen der Verwertungsrechte unter dem Aspekt neuer Technologien geurteilt. Das gilt z. B. für die Google-Vorschaubilder, das sog. Framing sowie die Einordnung von Internet-Video-Recordern. Auch das Verbreitungsrecht stand im Zusammenhang mit online angebotenen Werken im Mittelpunkt der Erörterungen. Der BGH hat sich weiterhin mit der wichtigen Frage des Fortbestands von Unterlizenzen bei Erlöschen der Hauptlizenz beschäftigt und seine Rechtsprechung zur angemessenen Vergütung und weiteren Beteiligung des Urhebers und ausübenden Künstlers vertieft und ausdifferenziert. Ein Schwerpunkt bei der Durchsetzung des Urheberrechts ist vor allem die (Host-)Providerhaftung, die als Störerhaftung in vielen Entscheidungen eine Rolle gespielt hat.

Aufgrund der neuen Reformen und der Rechtsprechung des EuGH und des BGH ist der Kommentar notwendigerweise umfangreicher geworden. Es konnten auch neue Autoren gewonnen werden, die überwiegend als Praktiker tätig sind. Im Autorenkreis begrüßen

Vorwort

wir daher *Dr. Angelika Hoche* M.C.J., Rechtsanwältin in Berlin; *Dr. Ilja Czernik*, Rechtsanwalt in Berlin; *Dr. Kai Hermes*, Rechtsanwalt in Berlin; *Priv.-Doz. Dr. Tobias Reinbacher*, Humboldt-Universität zu Berlin, und *Dr. Robert Staats*, Justiziar der VG WORT, München.

Die Bearbeitung ist auf dem **Gesetzesstand vom 1. April 2014.** Rechtsprechung und Literatur wurden bis **Ende 2013** ausgewertet, vereinzelt noch darüber hinaus. Die in der Kommentierung bereits vorweggenommene Richtlinie 2014/26/EU über die kollektive Rechtewahrnehmung ist im Anhang 4 abgedruckt.

Für ihren großen Einsatz bei der Erstellung der 4. Auflage bedanken wir uns insbesondere bei Frau *Saskia Ostendorff* und Herrn *Matthias Hoffmann*.

Berlin, im Februar 2014
Artur-Axel Wandtke   *Winfried Bullinger*

Inhaltsverzeichnis

Verzeichnis der Verfasser	XVII
Abkürzungsverzeichnis	XIX
Literaturverzeichnis	XXVII

Urheberrechtsgesetz

Teil 1. Urheberrecht

Abschnitt 1. Allgemeines

§ 1 Allgemeines	1

Abschnitt 2. Das Werk

§ 2 Geschützte Werke	1
§ 3 Bearbeitungen	50
§ 4 Sammelwerke und Datenbankwerke	59
§ 5 Amtliche Werke	70
§ 6 Veröffentlichte und erschienene Werke	81

Abschnitt 3. Der Urheber

§ 7 Urheber	94
§ 8 Miturheber	104
§ 9 Urheber verbundener Werke	148
§ 10 Vermutung der Urheber- oder Rechtsinhaberschaft	168

Abschnitt 4. Inhalt des Urheberrechts

1. Allgemeines

§ 11 Allgemeines	198

2. Urheberpersönlichkeitsrecht

Vorbemerkung vor §§ 12 ff.	200
§ 12 Veröffentlichungsrecht	208
§ 13 Anerkennung der Urheberschaft	216
§ 14 Entstellung des Werkes	226

3. Verwertungsrechte

§ 15 Allgemeines	247
§ 16 Vervielfältigungsrecht	260
§ 17 Verbreitungsrecht	271
§ 18 Ausstellungsrecht	288
§ 19 Vortrags-, Aufführungs- und Vorführungsrecht	289
§ 19a Recht der öffentlichen Zugänglichmachung	319
Vorb. vor §§ 20, 20a, 20b	334
§ 20 Senderecht	343
§ 20a Europäische Satellitensendung	353
§ 20b Kabelweitersendung	355
§ 21 Recht der Wiedergabe durch Bild- oder Tonträger	362

Inhaltsverzeichnis

§ 22 Recht der Wiedergabe von Funksendungen und von öffentlicher Zugänglichmachung	365
§ 23 Bearbeitungen und Umgestaltungen	366
§ 24 Freie Benutzung	375

4. Sonstige Rechte des Urhebers

§ 25 Zugang zu Werkstücken	382
§ 26 Folgerecht	389
§ 27 Vergütung für Vermietung und Verleihen	398

Abschnitt 5. Rechtsverkehr im Urheberrecht

1. Rechtsnachfolge in das Urheberrecht

Vorb. vor §§ 28–30	403
§ 28 Vererbung des Urheberrechts	404
§ 29 Rechtsgeschäfte über das Urheberrecht	411
§ 30 Rechtsnachfolger des Urhebers	422

2. Nutzungsrechte

Vorbemerkung vor §§ 31 ff.	426
§ 31 Einräumung von Nutzungsrechten	478
§ 31a Verträge über unbekannte Nutzungsarten	499
§ 32 Angemessene Vergütung	538
§ 32a Weitere Beteiligung des Urhebers	565
§ 32b Zwingende Anwendung	584
§ 32c Vergütung für später bekannte Nutzungsarten	589
§ 33 Weiterwirkung von Nutzungsrechten	602
§ 34 Übertragung von Nutzungsrechten	605
§ 35 Einräumung weiterer Nutzungsrechte	620
§ 36 Gemeinsame Vergütungsregeln	627
§ 36a Schlichtungsstelle	639
§ 37 Verträge über die Einräumung von Nutzungsrechten	649
§ 38 Beiträge zu Sammlungen	651
§ 39 Änderungen des Werkes	661
§ 40 Verträge über künftige Werke	672
§ 41 Rückrufsrecht wegen Nichtausübung	679
§ 42 Rückrufsrecht wegen gewandelter Überzeugung	689
§ 42a Zwangslizenz zur Herstellung von Tonträgern	693
§ 43 Urheber in Arbeits- oder Dienstverhältnissen	701
§ 44 Veräußerung des Originals des Werkes	753

Abschnitt 6. Schranken des Urheberrechts

Vorbemerkung vor §§ 44a ff.	759
§ 44a Vorübergehende Vervielfältigungshandlungen	764
§ 45 Rechtspflege und öffentliche Sicherheit	775
§ 45a Behinderte Menschen	778
§ 46 Sammlungen für Kirchen-, Schul- oder Unterrichtsgebrauch	780
§ 47 Schulfunksendungen	787
§ 48 Öffentliche Reden	790
§ 49 Zeitungsartikel und Rundfunkkommentare	794
§ 50 Berichterstattung über Tagesereignisse	802
§ 51 Zitate	806
§ 52 Öffentliche Wiedergabe	813

Inhaltsverzeichnis

§ 52a Öffentliche Zugänglichmachung für Unterricht und Forschung	819
§ 52b Wiedergabe von Werken an elektronischen Leseplätzen in öffentlichen Bibliotheken, Museen und Archiven	828
§ 53 Vervielfältigungen zum privaten und sonstigen eigenen Gebrauch	844
§ 53a Kopienversand auf Bestellung	864
§ 54 Vergütungspflicht	878
§ 54a Vergütungshöhe	888
§ 54b Vergütungspflicht des Händlers oder Importeurs	892
§ 54c Vergütungspflicht des Betreibers von Ablichtungsgeräten	894
§ 54d Hinweispflicht	897
§ 54e Meldepflicht	897
§ 54f Auskunftspflicht	899
§ 54g Kontrollbesuch	900
§ 54h Verwertungsgesellschaften; Handhabung der Mitteilungen	901
§ 55 Vervielfältigung durch Sendeunternehmen	903
§ 55a Benutzung eines Datenbankwerkes	906
§ 56 Vervielfältigung und öffentliche Wiedergabe in Geschäftsbetrieben	908
§ 57 Unwesentliches Beiwerk	911
§ 58 Werke in Ausstellungen, öffentlichem Verkauf und öffentlich zugänglichen Einrichtungen	912
§ 59 Werke an öffentlichen Plätzen	916
§ 60 Bildnisse	918
§ 61 Verwaiste Werke	921
§ 61a Sorgfältige Suche und Dokumentationspflichten	933
§ 61b Beendigung der Nutzung und Vergütungspflicht der nutzenden Institution	940
§ 61c Nutzung verwaister Werke durch öffentlich-rechtliche Rundfunkanstalten	943
§ 62 Änderungsverbot	946
§ 63 Quellenangabe	953
§ 63a Gesetzliche Vergütungsansprüche	960

Abschnitt 7. Dauer des Urheberrechts

§ 64 Allgemeines	965
§ 65 Miturheber, Filmwerke, Musikkomposition mit Text	970
§ 66 Anonyme und pseudonyme Werke	973
§ 67 Lieferungswerke	976
§ 68 *(aufgehoben)*	977
§ 69 Berechnung der Fristen	977

Abschnitt 8. Besondere Bestimmungen für Computerprogramme

Vorbemerkung vor §§ 69 a ff.	977
§ 69a Gegenstand des Schutzes	996
§ 69b Urheber in Arbeits- und Dienstverhältnissen	1040
§ 69c Zustimmungsbedürftige Handlungen	1059
§ 69d Ausnahmen von den zustimmungsbedürftigen Handlungen	1108
§ 69e Dekompilierung	1137
§ 69f Rechtsverletzungen	1150
§ 69g Anwendung sonstiger Rechtsvorschriften; Vertragsrecht	1161

Teil 2. Verwandte Schutzrechte

Abschnitt 1. Schutz bestimmter Ausgaben

§ 70 Wissenschaftliche Ausgaben	1181
§ 71 Nachgelassene Werke	1197

Inhaltsverzeichnis

Abschnitt 2. Schutz der Lichtbilder
§ 72 Lichtbilder 1216

Abschnitt 3. Schutz des ausübenden Künstlers
Vorbemerkung vor §§ 73 ff. 1247
§ 73 Ausübender Künstler 1254
§ 74 Anerkennung als ausübender Künstler 1261
§ 75 Beeinträchtigung der Darbietung 1270
§ 76 Dauer der Persönlichkeitsrechte 1276
§ 77 Aufnahme, Vervielfältigung und Verbreitung 1278
§ 78 Öffentliche Wiedergabe 1283
§ 79 Nutzungsrechte 1292
§ 79a Vergütungsanspruch des ausübenden Künstlers 1315
§ 80 Gemeinsame Darbietungen mehrerer ausübender Künstler ... 1320
§ 81 Schutz des Veranstalters 1325
§ 82 Dauer der Verwertungsrechte 1331
§ 83 Schranken der Verwertungsrechte 1337
§ 84 *(aufgehoben)* 1339

Abschnitt 4. Schutz des Herstellers von Tonträgern
§ 85 Verwertungsrechte 1339
§ 86 Anspruch auf Beteiligung 1356

Abschnitt 5. Schutz des Sendeunternehmens
§ 87 Sendeunternehmen 1358

Abschnitt 6. Schutz des Datenbankherstellers
Vorbemerkung vor §§ 87 a ff. 1374
§ 87a Begriffsbestimmungen 1391
§ 87b Rechte des Datenbankherstellers 1436
§ 87c Schranken des Rechts des Datenbankherstellers 1470
§ 87d Dauer der Rechte 1484
§ 87e Verträge über die Benutzung einer Datenbank 1487

Abschnitt 7. Schutz des Presseverlegers
Vorb. vor §§ 87f–87h 1493
§ 87f Presseverleger 1494
§ 87g Übertragbarkeit, Dauer und Schranken des Rechtes 1501
§ 87h Beteiligungsanspruch des Urhebers 1505

Teil 3. Besondere Bestimmungen für Filme

Abschnitt 1. Filmwerke
Vorbemerkung vor §§ 88 ff. 1507
§ 88 Recht zur Verfilmung 1550
§ 89 Rechte am Filmwerk 1587
§ 90 Einschränkung der Rechte 1602
§ 91 [Rechte an Lichtbildern] 1609
§ 92 Ausübende Künstler 1613
§ 93 Schutz gegen Entstellung; Namensnennung 1620
§ 94 Schutz des Filmherstellers 1631

Inhaltsverzeichnis

Abschnitt 2. Laufbilder

§ 95 Laufbilder 1663

Teil 4. Gemeinsame Bestimmungen für Urheberrecht und verwandte Schutzrechte

Abschnitt 1. Ergänzende Schutzbestimmungen

§ 95a Schutz technischer Maßnahmen 1670
§ 95b Durchsetzung von Schrankenbestimmungen 1695
§ 95c Schutz der zur Rechtewahrnehmung erforderlichen Informationen 1710
§ 95d Kennzeichnungspflichten 1718
§ 96 Verwertungsverbot 1723

Abschnitt 2. Rechtsverletzungen

1. Bürgerlich-rechtliche Vorschriften; Rechtsweg

Vorbemerkung vor §§ 97 ff. 1729
§ 97 Anspruch auf Unterlassung und Schadensersatz 1775
§ 97a Abmahnung 1823
§ 98 Anspruch auf Vernichtung, Rückruf und Überlassung 1840
§ 99 Haftung des Inhabers eines Unternehmens 1855
§ 100 Entschädigung 1858
§ 101 Anspruch auf Auskunft 1861
§ 101a Anspruch auf Vorlage und Besichtigung 1874
§ 101b Sicherung von Schadensersatzansprüchen 1892
§ 102 Verjährung 1898
§ 102a Ansprüche aus anderen gesetzlichen Vorschriften 1901
§ 103 Bekanntmachung des Urteils 1902
§ 104 Rechtsweg 1905
§ 104a Gerichtsstand 1910
§ 105 Gerichte für Urheberrechtsstreitsachen 1912

2. Straf- und Bußgeldvorschriften

§ 106 Unerlaubte Verwertung urheberrechtlich geschützter Werke 1923
§ 107 Unzulässiges Anbringen der Urheberbezeichnung 1956
§ 108 Unerlaubte Eingriffe in verwandte Schutzrechte 1958
§ 108a Gewerbsmäßige unerlaubte Verwertung 1961
§ 108b Unerlaubte Eingriffe in technische Schutzmaßnahmen und zur Rechtewahrnehmung erforderliche Informationen 1963
§ 109 Strafantrag 1970
§ 110 Einziehung 1974
§ 111 Bekanntgabe der Verurteilung 1975
§ 111a Bußgeldvorschriften 1978

3. Vorschriften über Maßnahmen der Zollbehörde

§ 111b Verfahren nach deutschem Recht 1984
§ 111c Verfahren nach der Verordnung (EG) Nr. 1383/2003 1985

Abschnitt 3. Zwangsvollstreckung

1. Allgemeines

§ 112 Allgemeines 2010

2. Zwangsvollstreckung wegen Geldforderungen gegen den Urheber

§ 113 Urheberrecht 2027
§ 114 Originale von Werken 2032

Inhaltsverzeichnis

3. Zwangsvollstreckung wegen Geldforderungen gegen den Rechtsnachfolger des Urhebers

§ 115 Urheberrecht 2036
§ 116 Originale von Werken 2038
§ 117 Testamentsvollstrecker 2040

4. Zwangsvollstreckung wegen Geldforderungen gegen den Verfasser wissenschaftlicher Ausgaben und gegen den Lichtbildner

§ 118 Entsprechende Anwendung 2040

5. Zwangsvollstreckung wegen Geldforderungen in bestimmte Vorrichtungen

§ 119 Zwangsvollstreckung in bestimmte Vorrichtungen 2041

Teil 5. Anwendungsbereich. Übergangs- und Schlussbestimmungen

Abschnitt 1. Anwendungsbereich des Gesetzes

Vorbemerkung vor §§ 120 ff. 2075

1. Urheberrecht

§ 120 Deutsche Staatsangehörige und Staatsangehörige anderer EU-Staaten und EWR-Staaten 2090
§ 121 Ausländische Staatsangehörige 2092
§ 122 Staatenlose 2106
§ 123 Ausländische Flüchtlinge 2107

2. Verwandte Schutzrechte

§ 124 Wissenschaftliche Ausgaben und Lichtbilder 2108
§ 125 Schutz des ausübenden Künstlers 2109
§ 126 Schutz des Herstellers von Tonträgern 2127
§ 127 Schutz des Sendeunternehmens 2135
§ 127a Schutz des Datenbankherstellers 2139
§ 128 Schutz des Filmherstellers 2142

Abschnitt 2. Übergangsbestimmungen

Vorbemerkung vor §§ 129 ff. 2144
§ 129 Werke 2145
§ 130 Übersetzungen 2145
§ 131 Vertonte Sprachwerke 2147
§ 132 Verträge 2148
§ 133 *(aufgehoben)* 2153
§ 134 Urheber 2153
§ 135 Inhaber verwandter Schutzrechte 2154
§ 135a Berechnung der Schutzfrist 2157
§ 136 Vervielfältigung und Verbreitung 2157
§ 137 Übertragung von Rechten 2159
§ 137a Lichtbildwerke 2162
§ 137b Bestimmte Ausgaben 2163
§ 137c Ausübende Künstler 2163
§ 137d Computerprogramme 2165
§ 137e Übergangsregelung bei Umsetzung der Richtlinie 92/100/EWG ... 2167
§ 137f Übergangsregelung bei Umsetzung der Richtlinie 93/98/EWG 2170

Inhaltsverzeichnis

§ 137g Übergangsregelung bei Umsetzung der Richtlinie 96/9/EG 2176
§ 137h Übergangsregelung bei Umsetzung der Richtlinie 93/83/EWG 2178
§ 137i Übergangsregelung zum Gesetz zur Modernisierung des Schuldrechts 2179
§ 137j Übergangsregelung aus Anlass der Umsetzung der Richtlinie 2001/29/EG 2181
§ 137k Übergangsregelung zur öffentlichen Zugänglichmachung für Unterricht und Forschung 2185
§ 137l Übergangsregelung für neue Nutzungsarten 2187
§ 137m Übergangsregelung aus Anlass der Umsetzung der Richtlinie 2011/77/EU 2219
§ 137n Übergangsregelung aus Anlass der Umsetzung der Richtlinie 2012/28/EU ... 2221

Abschnitt 3. Schlussbestimmungen

§ 138 Register anonymer und pseudonymer Werke 2221
§ 139 Änderung der Strafprozessordnung 2224
§ 140 Änderung des Gesetzes über das am 6. September 1952 unterzeichnete Welturheberrechtsabkommen 2225
§ 141 Aufgehobene Vorschriften 2226
§ 142 *(aufgehoben)* 2226
§ 143 Inkrafttreten 2227

Gesetz über die Wahrnehmung von Urheberrechten und verwandten Schutzrechten (Urheberrechtswahrnehmungsgesetz)

Vorbemerkung vor §§ 1 ff. 2228

Abschnitt 1. Erlaubnis zum Geschäftsbetrieb

§ 1 Erlaubnispflicht 2239
§ 2 Erteilung der Erlaubnis 2243
§ 3 Versagung der Erlaubnis 2244
§ 4 Widerruf der Erlaubnis 2247
§ 5 Bekanntmachung 2249

Abschnitt 2. Rechte und Pflichten der Verwertungsgesellschaft

§ 6 Wahrnehmungszwang 2249
§ 7 Verteilung der Einnahmen 2259
§ 8 Vorsorge- und Unterstützungseinrichtungen 2262
§ 9 Rechnungslegung und Prüfung 2264
§ 10 Auskunftspflicht 2265
§ 11 Abschlusszwang 2266
§ 12 Gesamtverträge 2271
§ 13 Tarife 2275
§ 13a Tarife für Geräte und Speichermedien, Transparenz 2280
§ 13b Pflichten des Veranstalters 2284
§ 13c Vermutung der Sachbefugnis; Außenseiter bei Kabelweitersendung 2286
§ 13d Vergriffene Werke 2292
§ 13e Register vergriffener Werke 2301
§ 14 Schiedsstelle 2304
§ 14a Einigungsvorschlag der Schiedsstelle 2312
§ 14b Beschränkung des Einigungsvorschlags; Absehen vom Einigungsvorschlag ... 2315

Inhaltsverzeichnis

§ 14c Streitfälle über Gesamtverträge 2317
§ 14d Streitfälle über Rechte der Kabelweitersendung 2319
§ 14e Aussetzung 2320
§ 15 Verfahren vor der Schiedsstelle 2320
§ 16 Gerichtliche Geltendmachung 2324
§ 17 Ausschließlicher Gerichtsstand 2328
§ 17a Freiwillige Schlichtung 2329

Abschnitt 3. Aufsicht über die Verwertungsgesellschaft

§ 18 Aufsichtsbehörde 2332
§ 19 Inhalt der Aufsicht 2335
§ 20 Unterrichtungspflicht 2339
§ 20a *(aufgehoben)* 2339

Abschnitt 4. Übergangs- und Schlussbestimmungen

§ 21 Zwangsgeld 2339
§ 22 *(außer Kraft)* 2340
§ 23 Bestehende Verwertungsgesellschaften *(nicht abgedruckt)* 2340
§ 24 Änderung des Gesetzes gegen Wettbewerbsbeschränkungen *(nicht abgedruckt)* 2340
§ 25 Änderung der Bundesgebührenordnung für Rechtsanwälte *(nicht abgedruckt)* 2345
§ 26 Aufgehobene Vorschriften 2346
§ 26a Anhängige Verfahren 2346
§ 27 Übergangsregelung zum Zweiten Gesetz zur Regelung des Urheberrechts in der Informationsgesellschaft 2346
§ 28 Inkrafttreten 2349

Urheberrechtliche Lizenzverträge in der Insolvenz (§§ 103, 105, 108 InsO)

§ 103 InsO Wahlrecht des Insolvenzverwalters 2350
§ 105 InsO Teilbare Leistungen 2350
§ 108 InsO Fortbestehen bestimmter Schuldverhältnisse 2350

Gesetz über Unterlassungsklagen bei Verbraucherrechts- und anderen Verstößen (Unterlassungsklagengesetz – UKlaG)

§ 2a Unterlassungsanspruch nach dem Urheberrechtsgesetz 2365
§ 3a Anspruchsberechtigte Verbände nach § 2a 2366
§ 6 Zuständigkeit 2366

Gesetz betreffend das Urheberrecht an Werken der bildenden Künste und der Fotografie (KUG)

§ 22 [Recht am eigenen Bilde] 2368
§ 23 [Ausnahmen zu § 22] 2395
§ 24 [Ausnahmen im öffentlichen Interesse] 2425
§§ 33–50 Rechtsfolgen der Verletzung des Rechts am eigenen Bild 2427

Urheberrecht und Einigungsvertrag

Einigungsvertrag (Textauszug mit Anmerkungen) 2429
   I. Rechtslage vor der Wiedervereinigung 2434
   II. Rechtslage nach der Wiedervereinigung 2436

Inhaltsverzeichnis

III. Schutzfristverlängerung 2438
IV. Urhebervertragsrecht 2441
V. Rechtsnachfolge 2452
VI. Internationale Aspekte des Einigungsvertrags 2458
VII. Urheberpersönlichkeitsrechte 2462

Anhang

1. Gesetz über das Urheberrecht (DDR) 2464
2. Richtlinie 2001/29/EG des Europäischen Parlaments und des Rates zur Harmonisierung bestimmter Aspekte des Urheberrechts und der verwandten Schutzrechte in der Informationsgesellschaft 2481
3. Richtlinie 2012/28/EU des Europäischen Parlaments und des Rates über bestimmte zulässige Formen der Nutzung verwaister Werke 2496
4. Richtlinie 2014/26/EU des Europäischen Parlaments und des Rates über die kollektive Wahrnehmung von Urheber- und verwandten Schutzrechten und die Vergabe von Mehrgebietslizenzen für Rechte an Musikwerken für die Online-Nutzung im Binnenmarkt 2506

Sachverzeichnis 2543

Verzeichnis der Verfasser

Dr. Ulrich Block, LL. M., Rechtsanwalt in Berlin	§§ 28–30 (mit Dr. A. Hoche)
Prof. Dr. Michael Bohne, Hochschule Offenburg, Of Counsel in Düsseldorf	§§ 98–101, 102, 103
Dr. Mareile Büscher, LL. M., Rechtsanwältin in Berlin	Vor §§ 73 ff., §§ 73–84
Professor Dr. Winfried Bullinger, Rechtsanwalt in Berlin, Honorarprofessor an der Brandeburgischen Technischen Universität Cottbus	§§ 1–4, 11–14, 18, 19 a, 23–26, 42 a, 61–63 a, 96, 137 i; InsO
Dr. Ilja Czernik, Rechtsanwalt, Fachanwalt für gewerblichen Rechtsschutz in Berlin, Lehrbeauftragter an der ESMOD Berlin, Internationale Kunsthochschule für Mode	Vor §§ 88 ff., §§ 88–95 (mit Dr. B. Manegold)
Dr. Jan Ehrhardt, Rechtsanwalt in Berlin	§§ 19, 20–22, 87
Michael Fricke, Rechtsanwalt in Hamburg	§§ 22–24 KUG
Dr. Tilo Gerlach, Rechtsanwalt, Geschäftsführer der Gesellschaft zur Verwertung von Leistungsschutzrechten (GVL), Berlin	WahrnG (ohne §§ 13 d, 13 e)
Dr. Eike Wilhelm Grunert, Rechtsanwalt in München	Vor §§ 31 ff., §§ 31–32 a, §§ 32 c–39
Dr. Malte Grützmacher, LL. M., Rechtsanwalt in Hamburg	Vor §§ 69 a ff., §§ 69 a–69 g
Dr. Jan Dirk Heerma, Rechtsanwalt in Berlin	§§ 15–17, 27
Dr. Kai Hermes, Rechtsanwalt in Berlin	Vor §§ 87 a ff., §§ 87 a–87 e (mit D. Thum)
Dr. Ulrich Hildebrandt, Rechtsanwalt in Berlin, Lehrbeauftragter an der Heinrich-Heine Universität Düsseldorf	§§ 106–111 a (mit Dr. T. Reinbacher)
Dr. Angelika Hoche M. C. J., Rechtsanwältin in München	§§ 28–30 (mit Dr. U. Block)
Dr. Ole Jani, Rechtsanwalt in Berlin	§§ 52 b, 53 a, Vor §§ 87 f ff., §§ 87 f–87 h, 130–137, 137 d–137 g, 137 j–143 (ohne 137 n)
Dr. Martin Kefferpütz, Rechtsanwalt in Hamburg	Vor §§ 97 ff., §§ 97 a, 104, 105, 111 b–119
Stefan Lüft, Rechtsanwalt, Fachanwalt für gewerblichen Rechtsschutz in München	Vor §§ 44 a ff., §§ 45–52 a, 53, 54–60, 64–69
Dr. Bartholomäus Manegold, Rechtsanwalt in Berlin	Vor §§ 88 ff., §§ 88–95 (mit Dr. I. Czernik)
Dr. Malte C. G. Marquardt, LL. M., Rechtsanwalt in Berlin	§§ 4–6
Dr. Claudia Ohst, Rechtsanwältin, Fachanwältin für Informationstechnologierecht, Justiziarin in Berlin	§§ 95 a–95 d, 101 a, 101 b, 102 a; UKlaG
Priv. Doz. Dr. Tobias Reinbacher, Humboldt-Universität Berlin	§§ 106–111 a (mit Dr. U. Hildebrandt)

Verzeichnis der Verfasser

Dr. *Martin Schaefer*, Rechtsanwalt in Berlin §§ 85, 86, Vor §§ 129 ff., §§ 129, 137 a–137 c, 137 h

Dr. *Robert Staats*, Rechtsanwalt, Justiziar der VG WORT, München §§ 61–61 c, 137 n UrhG, §§ 13 d, 13 e WahrnG

Dorothee Thum, Rechtsanwältin in München §§ 7–10, 70–72; Vor §§ 87 a ff., §§ 87 a–87 e (mit Dr. K. Hermes)

Professor Dr. *Artur-Axel Wandtke*, Juristische Fakultät der Humboldt-Universität zu Berlin Vor §§ 31 ff., §§ 31–32 a, §§ 32 c–42, 43, 44, 79 Abs. 3, 79 a, 95 a–95 d, UKlaG, Einigungsvertrag

Dr. *Marcus v. Welser*, LL. M., Rechtsanwalt, Fachanwalt für gewerblichen Rechtsschutz in München, Lehrbeauftragter an der Humboldt-Universität zu Berlin §§ 32 b, 44 a, Vor §§ 120 ff., §§ 120–128

Dr. *Bodo v. Wolff*, LL. M., Rechtsanwalt in Berlin § 97

Abkürzungsverzeichnis

a. A.	anderer Ansicht
abl.	ablehnend
ABl.	Amtsblatt
ABl. EG	Amtsblatt der Europäischen Gemeinschaft (jetzt …der Europäischen Union)
ABl. EU	Amtsblatt der Europäischen Union
Abs.	Absatz
abw.	abweichend
AE	Arbeitsrechtliche Entscheidungen (Zeitschrift)
a. E.	am Ende
a. F.	alte Fassung
AfP	Archiv für Presserecht
AG	Amtsgericht; Arbeitsgemeinschaft
AGB	Allgemeine Geschäftsbedingungen
AGC	Automatic Gain Control
AGD	Allianz deutscher Designer (Tarifvertragspartei des Vergütungstarifvertrags Design)
AGICOA	Association de Gestion Internationale Collective des Œuvres Audiovisuelles
AIPPI	Association Internationale pour la Protection de la Propriété Industrielle
allg. M.	allgemeine Meinung
Alt.	Alternative
AmtlBegr.	Amtliche Begründung
Anm.	Anmerkung
AP	Arbeitsrechtliche Praxis (Nachschlagewerk des Bundesarbeitsgerichts)
ArbG	Arbeitsgericht
ArbNErfG	Gesetz über Arbeitnehmererfindungen
ARD	Arbeitsgemeinschaft der öffentlich-rechtlichen Rundfunkanstalten der Bundesrepublik Deutschland
ARGE	Arbeitsgemeinschaft
ASCAP	American Society of Composers, Authors and Publishers (www.ascap.com)
ASCII	American Standard Code for Information Interchange
AuR	Arbeit und Recht
ausdr.	ausdrücklich
Az	Aktenzeichen
AVA	Allgemeine Vertragsbestimmungen zum Architektenrecht
BAG	Bundesarbeitsgericht
BAGE	Entscheidungen des Bundesarbeitsgerichts
BayObLG	Bayerisches Oberstes Landesgericht
BB	Betriebs-Berater
BDS	Bund Deutscher Schriftsteller
BdÜ	Bund deutscher Übersetzer
Begr.	Begründung
Bek.	Bekanntmachung
Beschl.	Beschluss
BFH	Bundesfinanzhof
BG	(Schweizerisches) Bundesgericht
BGB	Bürgerliches Gesetzbuch
BGBl.	Bundesgesetzblatt
BGH	Bundesgerichtshof
BGHSt.	Entscheidungen des Bundesgerichtshofes in Strafsachen
BGHZ	Entscheidungen des Bundesgerichtshofes in Zivilsachen
BIEM	Bureau International gérant les Droits de l'Enrégistrement et de la Reproduction Méchanique
BilMoG	Bilanzrechtsmodernisierungsgesetz
BKartA	Bundeskartellamt
BlPMZ	Blatt für Patent-, Muster- und Zeichenwesen

Abkürzungsverzeichnis

BMJ	Bundesministerium der Justiz
BNotO	Bundesnotarordnung
BOS(chG)	Bühnenoberschiedsgericht
BPatG	Bundespatentgericht
BR-Drucks.	Bundesrats-Drucksache
BRegE	Entwurf der Bundesregierung
BRRG	Beamtenrechtsrahmengesetz
BSHG	Bundessozialhilfegesetz (außer Kraft; jetzt SGB XII)
Bsp.	Beispiel
bspw.	beispielsweise
BT	Bundestag
BT-Drucks.	Bundestags-Drucksache
BuB	Buch und Bibliothek
Buchst.	Buchstabe
BVerfG	Bundesverfassungsgericht
BVerfGE	Entscheidungen des Bundesverfassungsgerichts
BVerfGG	Gesetz über das Bundesverfassungsgericht (Bundesverfassungsgerichtsgesetz)
BVerwG	Bundesverwaltungsgericht
bzgl.	bezüglich
bzw.	beziehungsweise
CGMS	Copy Generation Management System
CIS	Common Information System
CISAC	Confédération Internationale des Sociétés d'Auteurs et Compositeurs
CLIP	European Max Planck Group for Conflict of Laws in Intellectual Property
CMMV	Clearingstelle Multimedia (www.cmmv.de)
CORE	Internet Council of Registrars (www.corenic.org)
CPRM/CPPM	Content Protection for Recordable and Prerecorded Media
CR	Computer und Recht
CRi	Computer und Recht International
CSS	Content Scrambling System
c't	Magazin für computertechnik
DAT	Digital Audio Tape
DB	Der Betrieb
DEFA	Deutsche Film AG (www.defa-stiftung.de)
DENIC	Domain Verwaltungs- und Betriebsgesellschaft eG (www.denic.de)
ders.	derselbe
dies.	dieselbe(n)
DIN-Mitt.	Mitteilungen des Deutschen Instituts für Normung e. V.
Diss.	Dissertation
DLR-StV	Staatsvertrag über die Körperschaft des öffentlichen Rechts „Deutschlandradio"
DMCA	Digital Millennium Copyright Act (US-Bundesgesetz)
DOI	Digital Object Identifier
Dok.	Dokument
DPMA	Deutsches Patent- und Markenamt
DRiG	Deutsches Richtergesetz
DRM	Digital Rights Management
DStR	Deutsches Steuerrecht
DTCP	Digital Transmission Content Protection
DtZ	Deutsch-Deutsche Rechts-Zeitschrift
DuD	Datenschutz und Datensicherheit
DVB	Digital Video Broadcasting
DVBl.	Deutsches Verwaltungsblatt
DVD	Digital Versatile Disc
DZWiR	Deutsche Zeitschrift für Wirtschaftsrecht
E	Entwurf
ECMS	Electronic Copyright Management System
EG	Europäische Gemeinschaft
EGBGB	Einführungsgesetz zum Bürgerlichen Gesetzbuch
EGV	Vertrag zur Gründung der Europäischen Gemeinschaft

Abkürzungsverzeichnis

Einf.	Einführung
Einl.	Einleitung
EIPR	European Intellectual Property Review
ENT.LR	Entertainment Law Review
EPA	Europäisches Patentamt
epd-medien	Evangelischer Pressedienst – Medien
EU	Europäische Union
EuFSA	Europäisches Fernsehschutzabkommen
EuG	Europäisches Gericht erster Instanz
EuGH	Europäischer Gerichtshof
EuGV(V)O	Verordnung (EG) Nr. 44/2001 des Rates über die gerichtliche Zuständigkeit und die Anerkennung und Vollstreckung von Entscheidungen in Zivil- und Handelssachen
EuGVÜ	Europäisches Gerichtsstands- und Vollstreckungsübereinkommen
EUPL	European Union Public Licence
EuZW	Europäische Zeitschrift für Wirtschaftsrecht
EV	einstweilige Verfügung
EVertr	Einigungsvertrag
EWG	Europäische Wirtschaftsgemeinschaft, jetzt EG
EWiR	Entscheidungen zum Wirtschaftsrecht
EWS	Europäisches Wirtschafts- und Steuerrecht
f.	folgende
FDGewRS	Fachdienst Gewerblicher Rechtsschutz
ff.	folgende
FFG	Gesetz über Maßnahmen zur Förderung des deutschen Films (Filmförderungsgesetz)
FIDE	Féderation Internationale pour le droit Européen
FinG	Finanzgericht
Fn.	Fußnote
FS	Festschrift
FSK	Freiwillige Selbstkontrolle der deutschen Filmwirtschaft
FuR	Film und Recht
GA	Generalanwaltschaft (EU); Goldtammer's Archiv für Strafrecht
GATT	General Agreement on Tariffs and Trade
GBl	Gesetzblatt (der DDR)
GebrMG	Gebrauchsmustergesetz
gem.	gemäß
GEMA	Gesellschaft für musikalische Aufführungs- und mechanische Vervielfältigungsrechte (www.gema.de)
GeschmMG	Geschmacksmustergesetz
GewStG	Gewerbesteuergesetz
GG	Grundgesetz
ggf., ggfs.	gegebenenfalls
gif	Graphic Interchange Format (Format für Bilddateien)
GmbH	Gesellschaft mit beschränkter Haftung
GMBl.	Gemeinsames Ministerialblatt
GNU	GNU's Not Unix (Betriebssystem)
GPL	GNU General Public License
GPRS	General Packet Radio Service
grds.	grundsätzlich
GRUR	Gewerblicher Rechtsschutz und Urheberrecht
GRUR Int.	Gewerblicher Rechtsschutz und Urheberrecht International
GRUR-RR	Gewerblicher Rechtsschutz und Urheberrecht Rechtsprechungs-Report
GrZS	Großer Senat für Zivilsachen
GTA	Genfer Tonträgerabkommen
GÜFA	Gesellschaft zur Übernahme und Wahrnehmung von Filmaufführungsrechten (www.guefa.de)
GVBl.	Gesetz- und Verordnungsblatt
GVL	Gesellschaft zur Verwertung von Leistungsschutzrechten (www.gvl.de)
GWB	Gesetz gegen Wettbewerbsbeschränkungen
GWFF	Gesellschaft zur Wahrnehmung von Film- und Fernsehrechten (www.gwff.de)

Abkürzungsverzeichnis

Halbbd.	Halbband
HalblSchG	Gesetz über den Schutz der Topographien von mikroelektronischen Halbleitererzeugnissen (Halbleiterschutzgesetz)
Halbs.	Halbsatz
HauptB	Hauptband der 1. Auflage dieses Kommentars 2002
Hdb.	Handbuch
HDCP	High-bandwidth Digital Content Protection
h. L.	herrschende Lehre
h. M.	herrschende Meinung
Hrsg.	Herausgeber
ICANN	Internet Corporation for Assigned Names and Numbers (www.icann.org)
i. d. F.	in der Fassung
i. d. R.	in der Regel
i. d. S.	in diesem Sinne
i. E.	im Ergebnis
IFPI	International Federation of the Phonographic Industry (www.ifpi.org)
IIC	International Review of Industrial Property and Copyright Law
IMHV	Interessengemeinschaft Musikwissenschaftlicher Herausgeber und Verleger (Gründungsname v. 1. 3. 1966 der heutigen VG Musikedition)
insb.	insbesondere
InstGE	Entscheidungen der Instanzgerichte zum Recht des geistigen Eigentums
IPQ	Intellectual Property Quaterly
IPR	Internationales Privatrecht
IPRax	Praxis des Internationalen Privat- und Verfahrensrechts
ISO	International Standards Organization
i. S. d.	im Sinne des/der
i. S. v.	im Sinne von
IT	Informationstechnologie
ITRB	Der IT-Rechtsberater
ITU	International Telecommunication Union
IuKDG	Informations- und Kommunikationsdienste-Gesetz
IuR	Informatik und Recht
i. V. m.	in Verbindung mit
jpg	Dateinamenerweiterung von Bilddateien im Format JPEG, benannt nach der *Joint Photographic Experts Group* der ITU und der ISO
Jura	Juristische Ausbildung
jurisPR-WettbR	juris PraxisReport Wettbewerbs- und Immaterialgüterrecht
jurisPT-ITR	juris PraxisReport IT-Recht
JurPC	Internet-Zeitschrift für Rechtsinformatik und Informationsrecht
JVEG	Justiz-Vergütungs- und Entschädigungsgesetz
JW	Juristische Wochenschrift
JZ	Juristenzeitung
Kap	Kapitel
KG	Kammergericht; Kommanditgesellschaft
krit.	kritisch
KSVG	Gesetz über die Sozialversicherung der selbständigen Künstler und Publizisten (Künstlersozialversicherungsgesetz)
KTS	Zeitschrift für Konkurs-, Treuhand- und Schiedsgerichtswesen
KUG	Gesetz betreffend das Urheberrecht an Werken der bildenden Künste und der Photographie
KUR	Kunstrecht und Urheberrecht
K&R	Kommunikation und Recht
KWG	Kreditwesengesetz
LAG	Landesarbeitsgericht
LAN	Local Area Network
LG	Landgericht; *(in Österreich:)* Landesgericht
LGPL	GNU Lesser General Public License

Abkürzungsverzeichnis

lit.	litera (Buchstabe)
LM	Lindenmaier/Möhring, Nachschlagewerk des Bundesgerichtshofes
LPG	Landespressegesetz
LUG	Gesetz betreffend das Urheberrecht an Werken der Literatur und der Tonkunst
LZ	Leipziger Zeitschrift für Deutsches Recht
MA	Der Markenartikel
MarkenG	Markengesetz
MarkenR	Zeitschrift für deutsches, europäisches und internationales Markenrecht
MD	Magazin Dienst (Zeitschrift)
MDR	Monatsschrift für Deutsches Recht
MDStV	Mediendienste-Staatsvertrag
Mio.	Million
MIR	Medien Internet und Recht
Mitt.	Mitteilungen (der deutschen Patentanwälte)
MMA	Madrider Markenrechtsabkommen
MMR	Multimedia und Recht, Zeitschrift für Informations-, Telekommunikations- und Medienrecht
MP	Medien Praktisch (Zeitschrift)
mp3	Dateinamenerweiterung für bestimmte mpeg-Tondateien
mpeg	Komprimierungsstandard für digitale Bewegtbilder und Toninformationen, benannt nach der *Moving Pictures Experts Group* der ISO
MPL	Mozilla Public License
MR-Int	Medien und Recht international
m. w. N.	mit weiteren Nachweisen
Nachw.	Nachweise
n. F.	neue Fassung
NJ	Neue Justiz
NJOZ	Neue Juristische Online-Zeitschrift
NJW	Neue Juristische Wochenschrift
NJW-RR	NJW-Rechtsprechungs-Report Zivilrecht
NJW-CoR	NJW-Computerreport
NJWE-WettbR	NJW-Entscheidungsdienst Wettbewerbsrecht (jetzt GRUR-RR)
n. rkr.	nicht rechtskräftig
NV	Normalvertrag
ÖBGBl.	Österreichisches Bundesgesetzblatt
ÖBl.	Österreichische Blätter für gewerblichen Rechtsschutz und Urheberrecht
ÖSGRUM	Österreichische Schriftenreihe zum Gewerblichen Rechtsschutz, Urheber- und Medienrecht
öUrhG	öst. UrhG
OGH	Oberster Gerichtshof (Wien)
ÖJZ	Österreichische Juristenzeitung
OLG	Oberlandesgericht
OLGZ	Entscheidungen der Oberlandesgerichte in Zivilsachen
OMPI	Organisation Mondiale de la Propriété Intellectuelle
OPAC	Online Public Access Catalogue
OVG	Oberverwaltungsgericht
OWiG	Gesetz über Ordnungswidrigkeiten
PatG	Patentgesetz
PDA	Personal Digital Assistant
pdf	portable document format
PGP	Pretty Good Privacy
php	PHP: Hypertext Preprocessor
PIN	Personal Identification Number
p. m. a.	post mortem auctoris
PR	Public Relations
PrPG	Gesetz zur Stärkung des Schutzes des geistigen Eigentums und zur Bekämpfung der Produktpiraterie
PVÜ	Pariser Verbandsübereinkunft zum Schutz des gewerblichen Eigentums

Abkürzungsverzeichnis

RA	Rom-Abkommen
RabelsZ	Zeitschrift für ausländisches und internationales Privatrecht
RBÜ	Revidierte Berner Übereinkunft zum Schutz von Werken der Literatur und der Kunst
RdA	Recht der Arbeit
RdPubl	Das gesamte Recht der Publizistik (Loseblattsammlung)
RefE	Referentenentwurf
RegE	Regierungsentwurf
RG	Reichsgericht
RGBl.	Reichsgesetzblatt
RGSt.	Entscheidungen des Reichsgerichts in Strafsachen
RGZ	Entscheidungen des Reichsgerichts in Zivilsachen
RIAA	Recording Industry Association of America
RIDA	Revue Internationale du Droit d'Auteur
RiStBV	Richtlinien für das Strafverfahren und das Bußgeldverfahren
RIW	Recht der Internationalen Wirtschaft
RL	Richtlinie
Rn.	Randnummer
Rspr.	Rechtsprechung
RzU	E. Schulze (Hg.), Rechtsprechung zum Urheberrecht
S.	Seite, Satz
s.	siehe
SACEM	Société des Auteurs, Compositeurs et Éditeurs de Musique (www.sacem.fr)
SatÜ	Brüsseler Satellitenübereinkommen
SchSt	Schiedsstelle nach dem Gesetz über die Wahrnehmung von Urheberrechten und verwandten Schutzrechten
SCMS	Serial Copyright Management System
SDSt	Selbständige Design-Studios (Tarifvertragspartei des Vergütungstarifvertrags Design)
SGB	Sozialgesetzbuch
SGB XII	Sozialgesetzbuch Zwölftes Buch – Sozialhilfe
SigG	Gesetz zur digitalen Signatur – Signaturgesetz
SJZ	Süddeutsche Juristenzeitung
SMI	Schweizerische Mitteilungen zum Immaterialgüterrecht
s. o.	siehe oben
sog.	so genannte(r/s)
SortenSchG	Sortenschutzgesetz
SpuRt	Zeitschrift für Sport und Recht
STAGMA	Staatlich genehmigte Gesellschaft zur Verwertung musikalischer Urheberrechte
StGB	Strafgesetzbuch
StPO	Strafprozessordnung
str.	strittig
stRspr.	ständige Rechtsprechung
StV	Staatsvertrag
s. u.	siehe unter/unten
TCPA	Trusted Computing Platform Alliance
TDG	Gesetz über die Nutzung von Telediensten (Teledienstegesetz)
TKG	Telekommunikationsdienstegesetz
TKMR	Telekommunikations- & Medienrecht
TMG	Telemediengesetz
TRIPS	WTO-Übereinkommen über handelsbezogene Aspekte der Rechte des geistigen Eigentums
TV	Tarifvertrag
TVG	Tarifvertragsgesetz
TWF	Treuhandgesellschaft Werbefilm (www.twf-gmbh.de)
Tz	Textziffer
u. a.	unter anderem
u. ä.	und ähnliches
UFITA	Archiv für Urheber-, Film-, Funk- und Theaterrecht
UMTS	Universal Mobile Telecommunications System

Abkürzungsverzeichnis

UmwG	Umwandlungsgesetz
URG	Urheberrechtsgesetz (der DDR)
UrhG	Urheberrechtsgesetz
UrhGÄndG	Gesetz zur Änderung des Urheberrechtsgesetzes
Urt.	Urteil
UStG	Umsatzsteuergesetz
UWG	Gesetz gegen den unlauteren Wettbewerb in der Fassung vom 3. Juli 2004
Var.	Variante
VerlG	Gesetz über das Verlagsrecht
VersG	Versammlungsgesetz
VFF	Verwertungsgesellschaft der Film- und Fernsehproduzenten (www.vffvg.de)
VG	Verwertungsgesellschaft; Verwaltungsgericht
VG Bild-Kunst	Verwertungsgesellschaft Bild-Kunst (www.bildkunst.de)
VGF	Verwertungsgesellschaft für Nutzungsrechte an Filmwerken
vgl.	vergleiche
VG Media	Gesellschaft zur Verwertung der Urheber- und Leistungsschutzrechte von Medienunternehmen mbH
VG Musikedition	Verwertungsgesellschaft zur Wahrnehmung von Nutzungsrechten an Editionen (Ausgaben) von Musikwerken (www.vg-musikedition.de)
VG Satellit	Gesellschaft zur Verwertung der Leistungsschutzrechte von Sendeunternehmen
VG WORT	Verwertungsgesellschaft der Wortautoren (www.vgwort.de)
VO	Verordnung
VOL/A	Verdingungsordnung für Leistungen – Teil A
VOF	Verdingungsordnung für freiberufliche Leistungen
VPRT	Verband Privater Rundfunk und Telemedien
VS	Verband deutscher Schriftsteller
WahrnG	Gesetz über die Wahrnehmung von Urheberrechten und verwandten Schutzrechten
WAN	Wide Area Network
WAP	Wireless Application Protocol
WCT	WIPO Copyright Treaty
WIPO	World Intellectual Property Organization (www.wipo.org)
WM	Wertpapier-Mitteilungen
WPPT	WIPO Performances and Phonograms Treaty
WRP	Wettbewerb in Recht und Praxis
WRV	Weimarer Reichsverfassung
WTO	World Trade Organization (www.wto.org)
WUA	Welturheberrechtsabkommen
WuW	Wirtschaft und Wettbewerb
XML	Extensible Markup Language
z. B.	zum Beispiel
ZBR	Zeitschrift für Beamtenrecht
ZBT	Zentralstelle Bibliothekstantieme
ZDF	Zweites Deutsches Fernsehen
ZEuP	Zeitschrift für Europäisches Privatrecht
ZfA	Zeitschrift für Arbeitsrecht
ZfBR	Zeitschrift für deutsches und internationales Bau- und Vergaberecht
ZFS	Zentralstelle Fotokopieren an Schulen
ZfZ	Zeitschrift für Zölle
ZHR	Zeitschrift für das gesamte Handelsrecht und Wirtschaftsrecht
ZIP	Zeitschrift für Wirtschaftsrecht
zit.	zitiert
ZKDSG	Zugangskontrolldiensteschutzgesetz
ZPO	Zivilprozessordnung
ZPÜ	Zentralstelle für private Überspielungsrechte
ZS	Zivilsenat
ZSEG	Gesetz über die Entschädigung von Zeugen und Sachverständigen (Zeugen- und Sachverständigen-Entschädigungsgesetz)

Abkürzungsverzeichnis

ZSR NF	Zeitschrift für Schweizerisches Recht – Neue Folge
ZUM	Zeitschrift für Urheber- und Medienrecht
ZUM-RD	Rechtsprechungsdienst der ZUM
zust.	zustimmend
ZVV	Zentralstelle Videovermietung
ZZP	Zeitschrift für Zivilprozess

Literaturverzeichnis

Hier ist allgemeine und themenübergreifende Literatur angegeben – Spezialliteratur zu den urheberrechtlichen Teilgebieten findet sich am Anfang der Kommentierung der einzelnen Paragrafen.

Ahlberg/Götting (Hrsg.), Beck'scher Online-Kommentar Urheberrecht, Stand Februar 2014 (zit. BeckOK UrhR/*Bearbeiter* § Rn. oder Ahlberg/Götting/*Bearbeiter* § Rn.)
Ahrens, Der Wettbewerbsprozess, 7. Aufl., Köln u. a. 2014 (zit. Ahrens/*Bearbeiter*)
Ahrens/Bornkamm/Kunz-Hallstein (Hrsg.), Festschrift für Eike Ullmann, Saarbrücken 2006 (zit. *Bearbeiter* FS Ullmann)
Assmann/Bungert (Hrsg.), Handbuch des US-amerikanischen Handels-, Gesellschafts- und Wirtschaftsrechts, Bd. 1, München 2001

Bartenbach/Volz, Arbeitnehmererfindergesetz, 5. Aufl., Köln 2014
Battis, Bundesbeamtengesetz, 4. Aufl., München 2009
Baumbach/Lauterbach/Albers/Hartmann, Kommentar zur ZPO, 72. Aufl., München 2014 (zit. Baumbach/Lauterbach/*Bearbeiter*)
Beck'scher Online-Kommentar Urheberrecht, Hrsg. *Ahlberg/Götting*, Stand Februar 2014 (zit. BeckOK UrhR/*Bearbeiter* § Rn. oder Ahlberg/Götting/*Bearbeiter* § Rn.)
Beier/Götting/Lehmann/Moufang (Hrsg.), Urhebervertragsrecht, Festgabe für Gerhard Schricker zum 60. Geburtstag, München 1995 (zit. *Bearbeiter* FS Schricker 1995)
Benkard, Patentgesetz, Gebrauchsmustergesetz, 10. Aufl., München 2006 (zit. Benkard/*Bearbeiter*)
Berger/Wündisch (Hrsg.), Urhebervertragsrecht, Baden-Baden 2008 (zit. Berger/Wündisch/*Bearbeiter*)
Binder/Kosterhon, Urheberrecht für Architekten und Ingenieure, München 2003
Bröcker/Czychowski/Schäfer, Geistiges Eigentum im Internet, Praxishandbuch, München 2003 (zit. Bröcker/Czychowski/Schäfer/*Bearbeiter*)
Brox/Rüthers/Henssler, Arbeitsrecht, 18. Aufl., Stuttgart 2010
Busche/Stoll (Hrsg.), TRIPs, Internationales und europäisches Recht des geistigen Eigentums, 2. Aufl., Köln u. a. 2013 (zit. Busche/Stoll/*Bearbeiter*)
Busse, Patentgesetz, Kommentar – Unter Berücksichtigung des Europäischen Patentübereinkommens und des Patentzusammenarbeitsvertrags, 7. Aufl., Berlin 2013

Calliess/Ruffert (Hrsg.), EUV/AEUV, Kommentar, 4. Aufl., 2011 (zit. Calliess/Ruffert/*Bearbeiter*)

Däubler/Kittner/Klebe (Hrsg.), Betriebsverfassungsgesetz, 14. Aufl., Frankfurt a. M. 2014 (zit. Däubler/*Bearbeiter*)
Dauner-Lieb/Heidel/Lepa/Ring (Hrsg.), Anwaltkommentar Schuldrecht, Bonn 2002 (zit. Dauner-Lieb/Heidel/Lepa/Ring/*Bearbeiter*)
Delp, Das Recht des geistigen Schaffens in der Informationsgesellschaft, 2. Aufl., München 2003 (zit. Delp S.)
Dieterich/Hanau/Schaub, Erfurter Kommentar zum Arbeitsrecht, 14. Aufl., München 2014 (zit. Dieterich/Hanau/Schaub/*Bearbeiter*)
Dörner/Luczak/Wildschütz (Hrsg.), Handbuch Arbeitsrecht, 11. Aufl., München 2014
Dreier (Hrsg.), Grundgesetz, 2. Aufl., Tübingen 2004 ff. (zit. Dreier/*Bearbeiter*)
Dreier/Hugenholtz (Hrsg.), Concise European Copyright Law (Concise European IP), Kommentar, Alphen aan den Rijn 2006 (zit Dreier/Hugenholtz/*Bearbeiter*)
Dreier/Schulze, Urheberrechtsgesetz Kommentar, 4. Aufl., München 2013 (zit. Dreier/Schulze/*Bearbeiter* § Rn.)
Dreyer/Kotthoff/Meckel, Heidelberger Kommentar zum Urheberecht, 3. Aufl., Heidelberg 2013 (zit. Dreyer/Kotthoff/Meckel/*Bearbeiter* § Rn.)
Dünnwald/Gerlach, Schutz des ausübenden Künstlers, Kommentar zu §§ 73 bis 83 UrhG, Stuttgart 2008 (zit. Dünnwald/Gerlach/*Bearbeiter* § Rn.)

Eichmann/v. Falckenstein, Geschmacksmustergesetz, Kommentar, 4. Aufl., München 2010 (zit. Eichmann/v. Falckenstein/*Bearbeiter*)
Eickmann/Flessner/Irschlinger/Kirchhof/Kreft/Landfermann/Marotzke/Stephan, Heidelberger Kommentar zur Insolvenzordnung, 7. Aufl., 2014 (zit. HKInsO/*Bearbeiter*)

Literaturverzeichnis

Ensthaler/Bosch/Völker, Handbuch Urheberrecht und Internet, 2. Aufl., Heidelberg 2010 (zit. Ernsthaler/ Bosch/Völker/*Bearbeiter* S.)
Erdmann/Gloy/Herber (Hrsg.), Festschrift für Henning Piper, München 1996 (zit. *Bearbeiter* FS Piper)
Erdmann/Leistner/Rüffer/Schulte-Beckhausen (Hrsg.), Festschrift für Michael Loschelder, Köln 2010 (zit. *Bearbeiter* FS Loschelder)
Erman, Kommentar zum BGB, 14. Aufl., Münster 2014 (zit. Erman/*Bearbeiter* § BGB Rn.)

Fabricius/Kraft/Thiele/Wiese/Kreutz, Betriebsverfassungsgesetz Gemeinschaftskommentar, 8. Aufl., Neuwied 2005 (zit. GK/*Bearbeiter*)
Fezer, Markenrecht, 4. Aufl., München 2009 (zit. *Fezer* § Rn.)
Fischer, Strafgesetzbuch und Nebengesetze, 61. Aufl., München 2014
Fischer/Reich, Der Künstler und sein Recht, 3. Aufl., München 2014 (zit. Fischer/Reich/*Bearbeiter* Künstler S.)
Fischer/Reich, Urhebervertragsrecht, München 1993 (zit. *Fischer/Reich* Urhebervertragsrecht Kapitel Rn.)
Fitting/Engels/Schmidt/Trebinger/Linsenmaier, Betriebsverfassungsgesetz, 27. Aufl., München 2014 (zit. Fitting/ *Bearbeiter* § Rn.)
Fromm/Nordemann, Urheberrechtskommentar, 10. Aufl., Stuttgart u. a. 2008 (zit. Fromm/Nordemann/ *Bearbeiter*)

Gamillscheg, Kollektives Arbeitsrecht Band 1, München 1997
v. Gamm, Urheberrechtsgesetz Kommentar, München 1968 (zit. *v. Gamm* § Rn.)
v. Gamm, Geschmacksmustergesetz, 2. Aufl., München 1989
Ganea/Heath/Schricker (Hrsg.), Urheberrecht. Gestern, Heute, Morgen. Festschrift für Adolf Dietz zum 65. Geburtstag, München 2001 (zit. *Bearbeiter* FS Dietz)
Gaul/Bartenbach, Handbuch des gewerblichen Rechtsschutzes, Loseblatt 5. Aufl., Köln, Stand April 1999 (zit. *Gaul/Bartenbach*)
Geimer/Schütze, Europäisches Zivilverfahrensrecht, Kommentar, 3. Aufl., München 2010
Götting, Gewerblicher Rechtsschutz, 10. Aufl., München 2014
Grabitz/Hilf, Das Recht der Europäischen Union, Kommentar, Stand 51. Ergänzungslieferung, München September 2013 (zit. Grabitz/Hilf/*Bearbeiter*)
v. der Groeben/Schwarze, Kommentar zum Vertrag über die Europäische Union und zur Gründung der Europäischen Gemeinschaft, 6. Aufl., Baden-Baden 2003 (zit. v. der Groeben/Schwarze/*Bearbeiter*)

Haberstumpf, Handbuch des Urheberrechts, 2. Aufl., Neuwied 2000 (zit. *Haberstumpf* Rn.)
Hanau/Adomeit, Arbeitsrecht, 14. Aufl., Neuwied u. a. 2007
Haratsch/Koenig/Pechstein, Europarecht, 8. Aufl., Tübingen 2012
Harte-Bavendamm, Handbuch der Markenpiraterie in Europa, München u. a. 2000 (zit. Harte-Bavendamm/ *Bearbeiter*)
Harte-Bavendamm/Henning-Bodewig, UWG, Kommentar, 3. Aufl., München 2013 (zit. Harte/Henning/ *Bearbeiter* § UWG Rn.)
v. Hartlieb/Schwarz, Handbuch des Film-, Fernseh- und Videorechts, 5. Aufl., München 2011 (zit. v. Hartlieb/Schwarz/*Bearbeiter*)
Hasselblatt (Hrsg.), Münchener Anwaltshandbuch Gewerblicher Rechtsschutz, 4. Aufl., München 2012 (zit. MAH GewRS/*Bearbeiter*)
Henssler/Willemsen/Kalb (Hrsg.), Kommentar Arbeitsrecht, 6. Aufl., Köln 2014 (zit. Henssler/Willemsen/ Kalb/*Bearbeiter*)
Hertin, Urheberrecht, 2. Aufl., München 2008 (zit. *Hertin* Rn.)
Hillig, Beck-Texte im dtv Nr. 5538 Urheber- und Verlagsrecht, 15. Aufl., München 2014
Hilty (Hrsg.), Information Highway, München 1996 (zit. Hilty/*Bearbeiter* S.)
Hoeren/Sieber (Hrsg.), Handbuch Multimedia-Recht, Loseblattsammlung München 1999, Stand Januar 2014 (zit. *Bearbeiter* in: Hoeren/Sieber Teil Rn.)

Immenga/Mestmäcker, EG-Wettbewerbsrecht, Kommentar, 5. Aufl., München 2012 ff. (zit. Immenga/Mestmäcker/*Bearbeiter*)
Immenga/Mestmäcker, GWB, Kommentar, 5. Aufl., München 2014 (zit. Immenga/Mestmäcker/*Bearbeiter* § GWB Rn.)
Ingerl/Rohnke, Kommentar zum Markengesetz, 3. Aufl., München 2010 (zit. *Ingerl/Rohnke* § MarkenG Rn.)

Jarass/Pieroth, Kommentar zum Grundgesetz, 13. Aufl., München 2014
Junker, Internationales Privatrecht, 2. Aufl., München 2010

Literaturverzeichnis

Kallmeyer, Umwandlungsgesetz Kommentar, 5. Aufl., Köln 2013 (zit. Kallmeyer/*Bearbeiter* § UmwG Rn.)
Kissel/Mayer, Kommentar zum GVG, 7. Aufl., München 2013 (zit. *Kissel* § GVG Rn.)
Klages, Grundzüge des Filmrechts, München 2004 (zit. Klages/*Bearbeiter*)
Köhler/Bornkamm, Wettbewerbsrecht, Kommentar, 32. Aufl., München 2014 (zit. Köhler/Bornkamm/*Bearbeiter* § UWG Rn.)
Kraßer, Patentrecht, 6. Aufl., 2009 (zit. *Kraßer* Rn.)
Kreile/Becker/Riesenhuber (Hrsg.), Recht und Praxis der GEMA, 2. Aufl., Berlin 2008 (zit. Kreile/Becker/Riesenhuber/*Bearbeiter*)
Krimphove, Europäisches Arbeitsrecht, 2. Aufl., München 2001
Kropholler, Internationales Privatrecht, 6. Aufl., Tübingen 2006
Kübler/Prütting (Hrsg.), Kommentar zur Insolvenzordnung, 57. Lieferung Oktober 2014 (zit. Kübler/Prütting/*Bearbeiter*)
Kurz, Praxishandbuch Theaterrecht, München 1999 (zit. *Kurz* Kap. Rn.)

Lackner/Kühl, Strafgesetzbuch mit Erläuterungen, München, 28. Aufl., München 2014
Lange/Kuchinke, Lehrbuch des Erbrechts, 5. Aufl., München 2001
Larenz/Wolf, Lehrbuch des Allgemeinen Teils des BGB, 10. Aufl., München 2012 (zit. *Larenz* BGB AT § S.)
Larenz, Lehrbuch des Schuldrechts Band I Allgemeiner Teil, 15. Aufl., München 2014 (zit. *Larenz* SchR AT § S.)
Lehmann (Hrsg.), Internet- und Multimediarecht (Cyberlaw), Stuttgart 1997 (zit. *Bearbeiter* in: Lehmann Cyberlaw)
Leipziger Kommentar zum Strafgesetzbuch, 12. Aufl., Berlin 2006 ff. (zit. LK/*Bearbeiter*)
Lenz/Borchardt, EU- und EG-Vertrag, 4. Aufl., Köln 2006 (zit. Lenz/Borchard/*Bearbeiter*)
Lettl, Urheberrecht, 2. Aufl., München 2013
Lieb, Arbeitsrecht, 9. Aufl., Heidelberg 2006
Löffler, Presserecht, 5. Aufl., München 2006 (zit. Löffler/*Bearbeiter*)
Loewenheim (Hrsg.), Urheberrecht im Informationszeitalter, Festschrift für Wilhelm Nordemann zum 70. Geburtstag, München 2004 (zit. *Bearbeiter* FS Nordemann 2004)
Loewenheim, Handbuch des Urheberrechts, 2. Aufl., München 2010 (zit. Loewenheim/*Bearbeiter* § Rn.)
Loewenheim/Koch, Praxis des Online-Rechts, München 2001 (zit. Loewenheim/Koch/*Bearbeiter*)
Loewenheim/Meessen/Riesenkampff, Kartellrecht, Bd. 1, 2. Aufl., München 2009, Bd. 2 München 2009 (zit. Loewenheim/Meessen/Riesenkampff/*Bearbeiter* § Rn.)
Lutter/Winter (Hrsg.), Umwandlungsgesetz, 5. Aufl., Köln 2014 (zit. Lutter/Winter/*Bearbeiter*)
Lutz, Kurze Einführung in das Urheber- und Verlagsrecht, München/Ravensburg 2013 (zit. *Lutz* S.)

v. Mangoldt/Klein/Starck, Das Bonner Grundgesetz, 6. Aufl., München 2010 (zit. v. Mangoldt/Klein/Starck/*Bearbeiter*)
Marly, Softwareüberlassungsverträge, 4. Aufl., München 2004
Maunz/Dürig/Herzog/Scholz, Grundgesetz Kommentar, Loseblatt, München, Stand Mai 2013 (zit. MDHS/*Bearbeiter* oder Maunz/Dürig/*Bearbeiter*)
Max-Planck-Institut (Hrsg.), Eugen Ulmer zum Gedächtnis, Weinheim 1989 (zit. *Bearbeiter* GS E. Ulmer)
Mestmäcker/Schulze (Hrsg.), Kommentar zum deutschen Urheberrecht, Loseblattsammlung, Neuwied u. a., Stand Dezember 2007 (zit. Mestmäcker/Schulze/*Bearbeiter* § S.)
Meyer-Goßner, Strafprozeßordnung, 57. Aufl., München 2014
Möhring/Nicolini (Hrsg.), Urheberrechtsgesetz, 2. Aufl., München 2000 (zit. Möhring/Nicolini/*Bearbeiter*)
Moser/Scheuermann (Hrsg.), Handbuch der Musikwirtschaft, 6. Aufl., Starnberg 2003 (zit. Moser/Scheuermann/*Bearbeiter*)
Münchner Kommentar zum BGB, Bd. 1–3: 6. Aufl., München 2012, Bd. 4–11: 6. Aufl., München 2012 ff. (zit. MünchKomm/*Bearbeiter*)
Münchner Kommentar zur ZPO, 3. Aufl., München 2007 f. (zit. MünchKommZPO/*Bearbeiter* § Rn.)
Münchener Kommentar zur Insolvenzordnung, 3. Aufl., München 2007 f. (zit. MünchKommInsO/*Bearbeiter*)
v. Münch/Kunig, Grundgesetz-Kommentar, 6. Aufl., München 2000 ff. (zit. v. Münch/Kunig/*Bearbeiter*)
Müller, Sachenrecht, 4. Aufl., Köln u. a. 1997

Nerlich/Römermann, Insolvenzordnung, München, Stand Juli 2013 (zit. Nerlich/Römermann/*Bearbeiter*)
Nordemann, Wettbewerbsrechts- und Markenrecht, 11. Aufl., 2012 (zit. *Nordemann* Wettbewerbs- und Markenrecht)
Nordemann/Vinck/Hertin, Internationales Urheberrecht Kommentar, Düsseldorf 1977 (zit. Nordemann/Vinck/Hertin/*Bearbeiter*)
Nordemann/Vinck/Hertin/Meyer, International Copyright, Weinheim u. a. 1990 (zit. *Nordemann/Vinck/Hertin/Meyer* International Copyright)

Literaturverzeichnis

Ohly/Dreier/Götting/Haedicke/Lehmann (Hrsg.), Perspektiven des Geistigen Eigentums und Wettbewerbsrecht, Festschrift für Gerhard Schricker zum 70. Geburtstag, München 2005 (zit. *Bearbeiter* FS Schricker 2005)
Ohly/Sosnitza, Gesetz gegen den unlauteren Wettbewerb, 6. Aufl., München 2014
Oppermann, Europarecht, 6. Aufl., München 2014

Palandt, Bürgerliches Gesetzbuch, 73. Aufl., München 2014 (zit. Palandt/*Bearbeiter* § BGB Rn.)
Peifer, Individualität im Zivilrecht, 2001 (zit. *Peifer* S.)
Pfaff/Osterrieth, Lizenzverträge, 3. Aufl., 2010 (zit. Pfaff/Osterrieth/*Bearbeiter*)
Prinz/Peters, Medienrecht, München 1999
Rauda, Recht der Computerspiele, München 2013
Rehbinder, Urheberrecht, 16. Aufl., München 2010 (zit. *Rehbinder* Rn.)
Reichsgerichtsrätekommentar, 12. Aufl., Berlin 1974 ff. (zit. RGRK/*Bearbeiter* § BGB Rn.)
Reimer/Schade/Schippel, Gesetz über Arbeitnehmererfindungen und deren Vergütungsrichtlinien, Kommentar, 8. Aufl., Berlin 2007 (zit. Reimer/Schade/Schippel/*Bearbeiter*)
Reithmann/Martiny, Internationales Vertragsrecht, 7. Aufl., Köln 2010 (zit. Reithmann/Martiny/*Bearbeiter*)
Richardi, Betriebsverfassungsgesetz mit Wahlordnung, 14. Aufl., München 2014 (zit. Richardi/*Bearbeiter* § Rn.)
Ricker/Weberling, Handbuch des Presserechts, 6. Aufl., München 2012 (zit. Ricker/Weberling/*Bearbeiter*)
Riedel/Schuhmann/Marburger/Störmer, Urheber- und Verlagsrecht, Wiesbaden 1991, Stand 17. Ergänzungslieferung (zit. *Riedel*)
Ring, Arbeitsrecht, 2. Aufl., Baden-Baden 1999
Roxin, Strafrecht, Allgemeiner Teil, Bd. 1, 4. Aufl., München 2006

Samson, Urheberrecht, Pullach bei München 1973 (zit. *Samson* S.)
Schack, Urheber- und Urhebervertragsrecht, 6. Aufl., Tübingen 2013 (zit. *Schack* Rn.)
Schack, Kunst und Recht, 2. Aufl., Köln u. a. 2009 (zit. *Schack* Kunst und Recht Rn.)
Schack, Internationales Zivilverfahrensrecht, 6. Aufl., München 2014 (zit. *Schack* Internationales Zivilverfahrensrecht Rn.)
Schaub, Arbeitsrechts-Handbuch, 15. Aufl., München 2013
Schäfer/Ott, Lehrbuch der ökonomischen Analyse des Zivilrechts, 5. Aufl., 2013 (zit. *Schäfer/Ott* S.)
Schmid/Wirth, Urheberrechtskommentar, Kommentar, 2. Aufl., Baden-Baden 2008 (zit. Schmid/Wirth § Rn.)
Schmidt, K., Handelsrecht, 6. Aufl., Köln u. a. 2014
Schmidt-Bleibtreu/Klein, Grundgesetz, 12. Aufl., Neuwied 2011 (zit. Schmidt-Bleibtreu/Klein/*Bearbeiter*)
Schmitt/Hörtnagl/Stratz, Umwandlungsgesetz, Umwandlungssteuergesetz, 6. Aufl., München 2013 (zit. Schmitt/Hörtnagl/Stratz/*Bearbeiter*)
Schönke/Schröder, Strafgesetzbuch, 29. Aufl., München 2014 (zit. Schönke/Schröder/*Bearbeiter*)
Schricker/Loewenheim (Hrsg.), Urheberrechtskommentar, 4. Aufl., München 2010 (zit. Schricker/*Bearbeiter* § Rn.)
Schricker, Verlagsrecht Kommentar, 3. Aufl., München 2001 (zit. *Schricker* § VerlG Rn.)
Schricker (Hrsg.), Urheberrecht auf dem Weg zur Informationsgesellschaft, Baden-Baden 1997 (zit. Schricker/*Bearbeiter* Informationsgesellschaft)
Schütze/Weipert (Hrsg.), Münchener Vertragshandbuch, 6. Aufl., München 2002 ff. (zit. Schütze/Weipert/*Bearbeiter*)
Schulze, M., Materialien zum Urheberrechtsgesetz, 2. Aufl., Weinheim 2000 (Bd. 1, 2); 1. Aufl., 2003 (Bd. 3) (zit. *M. Schulze* Materialien S.)
Schwarze (Hrsg.), EU-Kommentar, 3. Aufl., Baden-Baden 2012 (zit. Schwarze/*Bearbeiter*)
Sieber/Hoeren (Hrsg.), Urheberrecht für Bildung und Wissenschaft, Bonn 2005 (Sieber/Hoeren/*Bearbeiter*)
Siehr, Internationales Privatrecht, Heidelberg 2001
Soehring, Presserecht, 5. Aufl., 2013
Soergel, BGB, 13. Aufl., Stuttgart 1999 ff. (zit. Soergel/*Bearbeiter* § BGB Rn.)
Spindler (Hrsg.), Rechtliche Rahmenbedingungen von Open Access-Publikationen, Göttingen 2006 (zit. Spindler/*Bearbeiter*)
Staudinger (Hrsg.), Kommentar zum Bürgerlichen Gesetzbuch, 15. Bearbeitung, Berlin 1994 ff. (zit. Staudinger/*Bearbeiter*)
Stein/Jonas, Kommentar zur ZPO, 22. Aufl., Tübingen 2006 (zit. Stein/Jonas/*Bearbeiter* § ZPO Rn.)
Streinz, EUV/EGV, Kommentar, 2. Aufl., München 2012 (zit. Streinz/*Bearbeiter*)
Stumpf/Groß, Der Lizenzvertrag, 8. Aufl., Heidelberg 2005 (zit. *Stumpf/Groß*)
Systematischer Kommentar zum Strafgesetzbuch, Frankfurt a. M. u. a. Stand 2013 (zit. SK/*Bearbeiter*)

Literaturverzeichnis

Teplitzky, Wettbewerbsrechtliche Ansprüche und Verfahren, 10. Aufl., Köln u. a. 2011
Thode/Wirth/Kuffer, Praxishandbuch Architektenrecht, 2. Aufl., 2014 (zit. Thode/Wirth/Kuffer/*Bearbeiter*)
Thomas/Putzo, ZPO, 35. Aufl., München 2014 (zit. *Thomas/Putzo* § ZPO Rn.)

Uhlenbruck (Hrsg.), Insolvenzordnung, 14. Aufl., 2014 (zit. Uhlenbruck/*Bearbeiter*)
Ulmer, Urheber- und Verlagsrecht, 3. Aufl., Berlin u. a. 2011 (zit. *Ulmer* S.)

Walter (Hrsg.), Europäisches Urheberrecht, Kommentar, Wien 2001 (zit. Walter/*Bearbeiter*)
Wandtke/Ohst (Hrsg.), Medienrecht, 3. Aufl., Berlin u. a. 2014 (im Druck), Bd. 1 Europäisches Medienrecht und Durchsetzung des geistigen Eigentums; Bd. 2 Schutz von Medienprodukten; Bd. 3 Wettbewerbs- und Werberecht; Bd. 4 Persönlichkeitsrecht und Medienstrafrecht; Bd. 5 IT-Recht (zit. Wandtke/Ohst/Bearbeiter)
Wandtke (Hrsg.), Public Relations und Medienrecht, Potsdam 2004
Wandtke, Urheberrecht in Mittel- und Osteuropa, Bd. II, Berlin 2002
Wandtke/Bullinger/v. Welser, Fallsammlung zum Urheber- und Medienrecht, 3. Aufl., München 2010 (zit. *Bearbeiter* Fallsammlung Urheber- und Medienrecht)
Wandtke/Fischer/Reich, Theater und Recht, Hamburg 1994 (zit. *Wandtke/Fischer/Reich* Theater und Recht)
Wegner/Wallenfels/Kaboth, Recht im Verlag, 2. Aufl., München 2011 (zit. *Wegner/Wallenfels/Kaboth* Kap. Rn.)
Wenzel, Das Recht der Wort- und Bildberichterstattung, 5. Aufl., Köln 2003 (zit. Wenzel/*Bearbeiter*)
Wessels/Beulke, Strafrecht Allgemeiner Teil, 43. Aufl., Heidelberg 2013
Wessels/Hillenkamp, Strafrecht Besonderer Teil/2, 36. Aufl., Heidelberg 2013
Widmann/Mayer, Umwandlungsrecht, Bonn, Stand 97. Ergänzungslieferung, 2013 (zit. Widmann/Mayer/*Bearbeiter*)
Wiedemann, Handbuch des Kartellrechts, 2. Aufl., München 2008 (zit. Wiedemann/*Bearbeiter*)
Wieczorek/Schütze, Kommentar zur ZPO, 3. Aufl., Berlin u. a. 1994 ff. (zit. Wieczorek/Schütze/*Bearbeiter*)
Wöhrn/Bullinger/Grunert/Ohst (Hrsg.) Festschrift für Artur-Axel Wandtke zum 70. Geburtstag, Berlin 2013 (zit. *Bearbeiter* FS Wandtke)
Wolff/Bachof/Stober, Verwaltungsrecht I, 13. Aufl., München 2014
Wolf/Horn/Lindacher, Gesetz zur Regelung des Rechts der allgemeinen Geschäftsbedingungen, 4. Aufl., München 1999

Zöller, Kommentar zur ZPO, 30. Aufl., Köln 2014 (zit. Zöller/*Bearbeiter* § ZPO Rn.)
Zöllner/Loritz, Arbeitsrecht, 6. Aufl., München 2008
Zollner/Fitzner (Hrsg.) Festschrift für Wilhelm Nordemann zum 65. Geburtstag, Baden-Baden 1999 (zit. *Bearbeiter* FS Nordemann 1999)

Häufig zitierte Festschriften:

FS Dietz 2001 Hrsg. *Ganea/Heath/Schricker*
FS Loewenheim 2009 Hrsg. *Hilty/Drexl/W. Nordemann*
FS Loschelder 2010 Hrsg. *Erdmann/Leistner/Rüffer/Schulte-Beckhausen*
FS Nordemann 1999 Hrsg. *Zollner/Fitzner*
FS Nordemann 2004 Hrsg. *Loewenheim*
FS Schricker 1995 Hrsg. *Beier/Götting/Lehmann/Moufang*
FS Schricker 2005 Hrsg. *Ohly/Dreier/Götting/Haedicke/Lehmann*
FS Ullmann 2006 Hrsg. *Ahrens/Bornkamm/Kunz-Hallstein*
GS E. Ulmer 1990 Hrsg. *Max-Planck-Institut*
FS Wandtke 2013 Hrsg. *Wöhrn/Bullinger/Grunert/Ohst*

Gesetz über Urheberrecht und verwandte Schutzrechte (Urheberrechtsgesetz)

Vom 9. September 1965 (BGBl. I S. 1273)

zuletzt geändert durch Art. 1 des Gesetzes zur Nutzung verwaister und vergriffener Werke und einer weiteren Änderung des Urheberrechts vom 1. 10. 2013 (BGBl. I S. 3728) und Art. 8 des Gesetzes gegen unseriöse Geschäftspraktiken vom 1. 10. 2013 (BGBl. I S. 3714)

Teil 1. Urheberrecht

Abschnitt 1. Allgemeines

§ 1 Allgemeines

Die Urheber von Werken der Literatur, Wissenschaft und Kunst genießen für ihre Werke Schutz nach Maßgabe dieses Gesetzes.

Literatur: Vgl. die Angaben im eingangs abgedr. Gesamtliteraturverzeichnis.

§ 1 leitet das Urheberrechtsgesetz ein und umreißt allgemein seinen **Schutzgegen-** **1** **stand.** Die Vorschrift besitzt den Charakter einer **Präambel.** Ihre Formulierung macht deutlich, dass das Urheberrecht die Person des Urhebers in den Vordergrund stellt (Amtl-Begr. M. *Schulze* Materialien 416). Diese Zielrichtung des Urheberrechts wird in § 11 konkretisiert. So schützt das Urheberrecht den Urheber in seinen geistigen und persönlichen Beziehungen zum Werk und in der Werknutzung (§ 11 S. 1). Den Werkbegriff des Urheberrechts regelt § 2, der die Begriffe Literatur, Wissenschaft und Kunst noch einmal nennt. Die geschützten Werke sind bei § 2 kommentiert.

Die Formulierung des § 1 („nach Maßgabe dieses Gesetzes") bedeutet nicht, dass der **2** Urheber für sein Werk ausschließlich Schutz aus dem Urheberrecht erhält. **Ansprüche aus anderen gesetzlichen Vorschriften bleiben vom Urheberrecht unberührt.** § 97 Abs. 3 enthält hierzu eine ausdrückliche Regelung (s. § 97 Rn. 91 ff.). Neben urheberrechtlichen Ansprüchen bei Eingriffen in das Werk können bspw. Ansprüche aus dem Geschmacksmusterrecht, dem Wettbewerbsrecht oder dem allgemeinen Persönlichkeitsrecht treten (Schricker/Loewenheim/*Schricker* § 11 Rn. 5; Dreier/Schulze/*Schulze* § 1 Rn. 7).

Abschnitt 2. Das Werk

§ 2 Geschützte Werke

(1) Zu den geschützten Werken der Literatur, Wissenschaft und Kunst gehören insbesondere:
1. Sprachwerke wie Schriftwerke, Reden und Computerprogramme;
2. Werke der Musik;
3. pantomimische Werke einschließlich der Werke der Tanzkunst;
4. Werke der bildenden Künste einschließlich der Werke der Baukunst und der angewandten Kunst und Entwürfe solcher Werke;

5. Lichtbildwerke einschließlich der Werke, die ähnlich wie Lichtbildwerke geschaffen werden;
6. Filmwerke einschließlich der Werke, die ähnlich wie Filmwerke geschaffen werden;
7. Darstellungen wissenschaftlicher oder technischer Art wie Zeichnungen, Pläne, Karten, Skizzen, Tabellen und plastische Darstellungen.

(2) Werke im Sinne des Gesetzes sind nur persönliche geistige Schöpfungen.

Literatur: *Berbel/Engels,* „Hörfunkrechte" – ein eigenständiges Wirtschaftsgut?, WRP 2005, 191; *Berking,* Kein Urheberrechtsschutz für Fernsehshowformate?, GRUR 2004, 109; *Brutschke,* Urheberrecht und EDV, München 1972; *Bullinger,* Kunstwerkfälschung und Urheberpersönlichkeitsrecht, Berlin 1997; *Bullinger/Czychowski,* Digitale Inhalte: Werk und/oder Software? Ein Gedankenspiel am Beispiel von Computerspielen, GRUR 2011, 19; *Degmair,* Die Schutzfähigkeit von Fernsehshow-Formaten nach dem spanischen Urheberrecht, GRUR Int. 2003, 204; *Depenheuer,* Gegen den Urheberschutz des Theaterregisseurs, ZUM 1997, 734; *Dietz,* Werkänderungen durch die Regie, FuR 1976, 816; *v. Einem,* Zum Streit um die Lizenzierungspraxis bei monophonen und polyphonen Klingeltönen, ZUM 2005, 540; *Erdmann,* Schutz der Kunst im Urheberrecht, in: Erdmann u. a. (Hrsg.), Festschrift für Otto Friedrich Freiherr von Gamm, Köln u. a. 1990, 389 (zit. *Erdmann* FS v. Gamm); *Erdmann,* Werktreue des Bühnenregisseurs aus urheberrechtlicher Sicht, in: Bruchhausen u. a. (Hrsg.), Festschrift für Rudolf Nirk, München 1992, 209 (zit. *Erdmann* FS Nirk); *Erdmann,* Schutz von Werbeslogans, GRUR 1996, 550; *Erdmann/Bornkamm,* Schutz von Computerprogrammen, GRUR 1991, 877; *Esteve,* Das Multimediawerk in der spanischen Gesetzgebung, GRUR Int. 1998, 858; *Fischer,* Die urheberrechtliche Schutzfähigkeit gerichtlicher Leitsätze, NJW 1993, 1228; *v. Gamm,* Die Problematik der Gestaltungshöhe im deutschen Urheberrecht, Baden-Baden 2004; *Gerlach,* Das Urheberrecht des Architekten und die Einräumung von Nutzungsrechten nach dem Architektenvertrag, GRUR 1976, 613; *Goldmann,* Das Urheberrecht an Bauwerken, GRUR 2005, 639; *Gottschalk,* Der Schutz des Designs nach deutschem und europäischem Recht, Baden-Baden 2005; *Gounalakis,* Urheberschutz für die Bibel?, GRUR 2004, 996; *Grunert,* Was folgt aus dem Urheberrecht des Theaterregisseurs?, KUR 2000, 128; *Grunert,* Götterdämmerung, Iphigenie und die amputierte Csárdásfürstin – Urteile zum Urheberrecht des Theaterregisseurs und die Folgen für die Verwertung seiner Leistung, ZUM 2001, 210; *Grunert/Ohst,* Grundprobleme der kommerziellen und privaten Nutzung künstlerischer Leistungen im Internet – Teil I, KUR 2001, 8; *Häde,* Banknoten, Münzen und Briefmarken im Urheberrecht, ZUM 1991, 536; *Hanser-Strecker,* Zur Frage des urheberrechtlichen Schutzes des Notenbildes, UFITA 93 (1982) 13; *v. Have/Eickmeier,* Der gesetzliche Schutz von Fernseh-Show-Formaten, ZUM 1994, 269; *Heinkelein,* Der Schutz der Urheber von Fernsehshows und Fernsehshowformaten, Baden-Baden 2004; *Hereth,* Urheberrechtlicher Schutz bei technischen Verbesserungen von Bauwerken und Bauwerksteilen, NJW 1963, 2256; *Hertin,* Musikzitat im deutschen Urheberrecht, GRUR 1989, 159; *Hertin,* Sounds von der Datenbank – Eine Erwiderung auf Hoeren, GRUR 1989, 11 ff. –, GRUR 1989, 578; *Heutz,* Freiwild Internetdesign?, MMR 2005, 567; *Hieber,* Für den Urheberschutz des Theaterregisseurs – die Inszenierung als persönliche geistige Schöpfung, ZUM 1997, 17; *Hoeren,* Sounds von der Datenbank, GRUR 1989, 11; *Hoeren,* Urheberrechtliche Probleme des Dokumentarfilms, GRUR 1992, 145; *Jacobshagen,* Filmrecht im Kino- und TV-Geschäft, Bergkirchen 2003; *Katzenberger,* Neue Urheberrechtsprobleme der Fotografie, GRUR Int. 1989, 116; *Katzenberger,* Kein Laufbildschutz für ausländische Videospiele in Deutschland, GRUR Int. 1992, 513; *Kaufmann,* Gesetzesvorhaben: Ausdrückliches Leistungsschutzrecht für Presseverleger im Web, MMR-Aktuell, 2012, 333708; *Koch,* Grundlagen des Urheberrechtsschutzes im Internet und in Onlinediensten, GRUR 1997, 417; *Koch,* Rechtsschutz für Benutzeroberflächen von Software, GRUR 1991, 180; *Koschtial,* Zur Notwendigkeit der Absenkung der Gestaltungshöhe für Werke der angewandten Kunst im deutschen Urheberrecht, GRUR 2004, 555; *Krüger-Nieland,* Die Rechtsstellung des Theaterregisseurs aus urheberrechtlicher Sicht, UFITA 64 (1972) 129; *Krumow,* Der Schutz artistischer und sportlicher Leistungen in den Mitgliedstaaten der EU, Berlin 2005; *Kummer,* Das urheberrechtlich schützbare Werk, Bern 1968; *Kurz,* Praxishandbuch Theaterrecht, München 1999; *Loewenheim,* Höhere Schutzuntergrenze des Urheberrechts bei Werken der angewandten Kunst?, GRUR Int. 2004, 765; *Maaßen,* Urheberrechtliche Probleme der elektronischen Bildverarbeitung, ZUM 1992, 338; *Müller,* Die Klage gegen unberechtigtes Sampling, ZUM 1999, 555; *Murza,* Urheberrecht von Choreografen, Berlin 2012; *Neuenfeld,* Handbuch des Architektenrechts, Bd. 1, 3. Aufl. 2002; *A. Nordemann,* Die künstlerische Fotografie als urheberrechtlich geschütztes Werk, München 1992; *A. Nordemann/Heise,* Urheberrechtlicher Schutz für Designleistungen in Deutschland und auf europäischer Ebene, ZUM 2001, 128; *W. Nordemann,* Lichtbildschutz für fotografisch hergestellte Vervielfältigungen, GRUR 1987, 15; *W. Nordemann,* Mona Lisa als Marke – Re-Monopolisierung gemeinfreien Geistesgutes mit Hilfe des Markenrechts?, WRP 1997, 389; *W. Nordemann,* Urheberrecht an Lehrmitteln, NJW 1970, 881; *W. Nordemann,* Bildschirmspiele – eine neue Werkart im Urheberrecht, GRUR 1981,

891; *Obergfell,* Tanz als Gegenwartskunstform im 21. Jahrhundert, ZUM 2005, 621; *Ohly,* Ein Leistungsschutzrecht für Presseverleger?, WRP 2012, 41; *Ott,* Die urheberrechtliche Zulässigkeit des Framing nach der BGH-Entscheidung im Fall „Paperboy", ZUM 2004, 357; *ders.,* Die Entwicklung des Suchmaschinen- und Hyperlinkrechts im Jahr 2007, WRP 2008, 393; *Poll,* „TV-Total" – Alles Mattscheibe, oder was?, ZUM 2004, 511; *Rahlf/Gottschalk,* Neuland: Das nicht eingetragene Gemeinschaftsgeschmacksmuster, GRUR Int. 2004, 821; *Raschèr,* Für ein Urheberrecht des Bühnenregisseurs, Baden-Baden 1989; *Rau,* Antikunst und Urheberrecht, Hamburg 1975; *Reimer,* Zum Urheberrechtsschutz von Darstellungen wissenschaftlicher oder technischer Art, GRUR 1980, 572; *Reuter,* Digitale Bild- und Filmbearbeitung im Licht des Urheberrechts, ZUM 1997, 23; *Samson,* Die moderne Kunst, die Computer „Kunst" und das Urheberrecht, UFITA 56 (1970) 117; *Schack,* Geistiges Eigentum contra Sacheigentum, GRUR 1983, 56; *Schack,* Urheberrechtliche Gestaltung von Webseiten unter Einsatz von Links und Frames, MMR 2001, 9; *Schaefer,* Die urheberrechtliche Schutzfähigkeit von Werken der Gartengestaltung, Baden-Baden 1992; *Schlatter-Krüger,* Zur Urheberrechtsschutzfähigkeit choreographischer Werke in der Bundesrepublik Deutschland und der Schweiz, GRUR Int. 1985, 299; *Schmieder,* Zur Rechtsstellung des Bühnenregisseurs, UFITA 63 (1972) 133; *K. Schmidt,* Urheberrechtlicher Werkbegriff und Gegenwartskunst – Krise oder Bewährung eines Konzepts? UFITA 77 (1976), 1; *Schorn,* Sounds von der Datenbank – Eine notwendige Ergänzung zum Beitrag von Thomas Hoeren in GRUR 1989, 11 ff. –, GRUR 1989, 579; *Schricker,* Der Urheberrechtsschutz von Werbeschöpfungen, Werbeideen, Werbekonzeptionen und Werbekampagnen, GRUR 1996, 815; *Schricker,* Zum Urheberrechtsschutz und Geschmacksmusterschutz von Postwertzeichen, GRUR 1991, 563; *G. Schulze,* Werke und Muster an öffentlichen Plätzen – Gelten urheberrechtliche Schranken auch im Geschmacksmusterrecht?, FS Ullmann 93; *G. Schulze,* Die kleine Münze und ihre Abgrenzungsproblematik bei den Werkarten des Urheberrechts, Freiburg 1983; *G. Schulze,* Urheber- und leistungsschutzrechtliche Fragen virtueller Figuren, ZUM 1997, 77; *G. Schulze,* Rechtsfragen von Printmedien im Internet, ZUM 2000, 432; *G. Schulze,* Urheberrecht und neue Musiktechnologien, ZUM 1994, 15; *G. Schulze,* Der Schutz von technischen Zeichnungen und Plänen, CR 1988, 181; *W. Schwarz/Freys/M. Schwarz,* Schutz und Lizenzierung von Fernsehshowformaten, in: Scheuermann u. a. (Hrsg.), Festschrift für Ernst Reichardt zum 70. Geburtstag, Baden-Baden 1990, 203 (zit. *W. Schwarz/Freys/M. Schwarz* FS Reichardt); *Schwenzer,* Urheberrechtliche Fragen der „kleinen Münze" in der Popmusik, ZUM 1996, 584; *Spieß,* Urheber- und wettbewerbsrechtliche Probleme des Sampling in der Popmusik, ZUM 1991, 524; *Thiele,* Die Erstautorenschaft bei wissenschaftlichen Publikationen, GRUR 2004, 392; *Traub,* Der Schutz von Werbeslogans im gewerblichen Rechtsschutz, GRUR 1973, 186; *Ulmer,* Der urheberrechtliche Werkbegriff und die moderne Kunst, GRUR 1968, 527; *Walchshöfer,* Der persönlichkeitsrechtliche Schutz der Architektenleistung, in: Forkel u. a. (Hrsg.), Beiträge zum Schutz der Persönlichkeit und ihrer schöpferischen Leistung, Festschrift für Heinrich Hubmann, Frankfurt a. M. 1985 (zit. *Walchshöfer* FS Hubmann); *Wandtke,* Der Schutz choreographischen Schaffens im Urheberrecht der ehemaligen DDR und der BRD, ZUM 1991, 115; *Wandtke,* Der Vergütungsanspruch des Choreographen als freier Mitarbeiter und als Angestellter, in: Rannow (Hrsg.), Rechte der Choreographen in Europa, Dresden 2002 (zit. Rannow/*Wandtke*); *Wandtke,* Deutsche Kriegswochenschauen als Filmwerk, UFITA 132 (1996) 31; *Wandtke,* Urheberrechtsschutz choreographischer Werke, ZUM 1991, 115; *Wandtke/Bullinger,* Die Marke als urheberrechtlich schutzfähiges Werk, GRUR 1997, 573; *Wandtke/Ohst,* Reform des neuen Geschmacksmustergesetzes, GRUR Int. 2005, 91; *Wandtke/Gerlach,* Urheberrechtlicher Schutz von Werbesprüchen in der Vergangenheit und Gegenwart, ZUM 2011, 788; *Wegner/Wallenfels/Kaboth,* Recht im Verlag, München 2004; *Wiebe,* „User Interfaces" und Immaterialgüterrecht – Der Schutz von Benutzungsoberflächen in den U.S.A. und in der Bundesrepublik Deutschland, GRUR Int. 1990, 21; *Zentek,* Designschutz, Düsseldorf 2003.

Vgl. darüber hinaus die Angaben im eingangs abgedr. Gesamtliteraturverzeichnis.

Übersicht

	Rn.
I. Allgemeines	1–4
II. Werkbegriff des § 2	5–14
1. Rechtsbegriff	5–12
a) Beurteilungsmaßstab und Formel der Rechtsprechung	5, 6
b) Kritik	7–10
c) Selbsteinschätzung des Urhebers	11
d) Maßgeblicher Beurteilungszeitpunkt	12
2. Werkbegriff und Einfluss des EU-Rechts	13, 14
III. Merkmal der persönlichen geistigen Schöpfung (§ 2 Abs. 2)	15–32
1. Ergebnis eines Schaffensprozesses	15–18
a) Menschliche Leistung	15

	Rn.
b) Einsatz von Hilfsmitteln	16
c) Ungesteuerte Elemente im Schaffensprozess	17
d) Geschäftsfähigkeit und Profession	18
2. Wahrnehmbare Form	19, 20
3. Individualität des Werkes	21, 22
a) Individualität und Urheberpersönlichkeit	21
b) Individualität und Neuheit	22
4. Gestaltungshöhe	23–25
5. Nicht maßgebliche Eigenschaften	26–32
a) Herstellungsaufwand	26
b) Umfang des Werkes	27, 28
c) Gestaltungszweck, insb. Gebrauchszweck	29, 30
d) Rechtsverletzende und rechtswidrige Werkinhalte	31, 32
IV. Schutzumfang des Werkes	33–44
1. Schutz der Form des Werkes	33–36
2. Schutz des Inhaltes des Werkes	37–39
3. Kein Schutz des Stils, der Manier oder der Technik des Werkes	40
4. Schutz von unvollendeten Werken und Entwürfen	41
5. Schutz von Werkteilen	42–44
V. Die einzelnen Werkarten	45–158
1. Sprachwerke	45–67
a) Begriff des Sprachwerkes	45–47
b) Anforderungen an die Schutzfähigkeit von Sprachwerken	48, 49
c) Beispiele zu Sprachwerken	50–64
d) Titelschutz	65–67
2. Werke der Musik	68–73
a) Begriff des Musikwerkes	68, 69
b) Anforderungen an geschützte Musikwerke	70–73
3. Pantomimische und choreografische Werke	74–80
a) Begriff und Schutzvoraussetzungen	74–77
b) Sportliche Leistungen, akrobatische Leistungen und Tanz	78–80
4. Werke der bildenden Kunst	81–111
a) Begriffe und Systematik	81–85
b) Werke der reinen bildenden Kunst	86–93
c) Trivialkunst/Comic	94, 95
d) Werke der angewandten Kunst	96, 97
e) Urheberrechtsschutz und Designrecht	98
f) Beispiele für Werke der angewandten Kunst	99–105
g) Werke der bildenden Kunst und Markenrecht	106, 107
h) Werke der Baukunst	108–111
5. Lichtbildwerke	112–119
a) Begriff des Lichtbildwerkes	112–115
b) Abgrenzung des Lichtbildwerkes vom einfachen Lichtbild	116–119
6. Filmwerke	120–130
a) Begriff des Filmwerkes	120, 121
b) Beispiele geschützter Filmwerke	122, 123
c) Showformate	124–128
d) Computerspiel als Filmwerk	129, 130
7. Wissenschaftliche und technische Darstellungen	131–150
a) Begriffe und Systematik	131–134
b) Schutzumfang und Abgrenzung zu anderen Werkarten	135, 136
c) Anforderungen an den Urheberrechtsschutz	137–140
d) Einzelfälle	141–150
8. „Multimediawerke"	151–155
9. Social Media, Werke im Bereich des Internet	156–159
VI. Urheberrecht und ergänzender Leistungsschutz aus dem Wettbewerbsrecht	160–163
VII. Eigentumsrechte an gemeinfreien Werken	164, 165

I. Allgemeines

Der Urheber eines Werkes der Literatur, der Wissenschaft oder der Kunst erhält Urheberrechtsschutz für das Werk. Dies bestimmt § 1. Die Voraussetzung hierfür ist, dass er ein urheberrechtlich geschütztes Werk nach § 2 geschaffen hat. Der urheberrechtliche Werkbegriff, den die Bestimmung des § 2 regelt, ist für die Anwendung des Urheberrechts entscheidend. § 2 ist das **Eingangstor zum Urheberrecht** (Fromm/Nordemann/*A. Nordemann* § 2 Rn. 1; Dreier/Schulze/*Schulze* § 2 Rn. 1).

§ 2 Abs. 1 enthält eine **nicht abschließende Aufzählung** der Werkgattungen, auf die sich der Urheberrechtsschutz bezieht (Dreier/Schulze/*Schulze* § 2 Rn. 3; Loewenheim/*Loewenheim* § 5 Rn. 2). Die Zugehörigkeit einer bestimmten geistigen Leistung zu einem in § 2 Abs. 1 bezeichneten Werkbereich wie Literatur oder bildende Kunst ist für den Urheberrechtsschutz jedoch noch nicht genügend. Die weitere Anforderung enthält § 2 Abs. 2. Das Werk muss eine persönliche geistige Schöpfung des Urhebers darstellen, um geschützt zu sein. Das Urheberrecht verlangt die Individualität eines Werkes.

Die Voraussetzungen von § 2 Abs. 1 und Abs. 2 müssen **kumulativ** gegeben sein, damit Urheberrechtsschutz besteht (Möhring/Nicolini/*Ahlberg* § 2 Rn. 1; Schricker/Loewenheim/*Loewenheim* § 2 Rn. 2; Dreier/Schulze/*Schulze* § 2 Rn. 2). Aus § 2 Abs. 1 folgt, dass es bspw. Musikstücke oder Gebäude gibt, die keine persönliche geistige Schöpfung nach § 2 Abs. 2 verkörpern und deshalb ungeschützt bleiben. Der urheberrechtliche Werkbegriff ist als Rechtsbegriff von der Feststellung der Zugehörigkeit eines Erzeugnisses zu einer bestimmten Kunstgattung zu unterscheiden (BGH GRUR 2004, 941, 942 – Metallbett; *Ulmer* GRUR 1968, 527; Schricker/Loewenheim/*Loewenheim* § 2 Rn. 2).

§ 2 Abs. 1 führt die drei **Oberbegriffe** Literatur, Wissenschaft und Kunst an. In der nachfolgenden, unter den „insbesondere" Zusatz gestellten Aufzählung befinden sich die herkömmlichen und anerkannten Werkarten. Bereits aus der Formulierung des Obersatzes ergibt sich, dass die in § 2 Abs. 1 Nr. 1 bis 7 enthaltene Aufzählung selbst **nicht abschließend,** sondern beispielhaft ist. Die Aufzählung erfasst die meisten, aber nicht alle Werkarten. Der urheberrechtliche Werkbegriff ist offen. **Neue Werkarten,** die zu Literatur, Wissenschaft oder Kunst gehören, aber nicht im Katalog des § 2 Abs. 1 Nr. 1 bis 7 genannt sind, können urheberrechtlich geschützt sein. Dazu müssen sie eine persönliche geistige Schöpfung i. S. v. § 2 Abs. 2 darstellen (Schricker/Loewenheim/*Loewenheim* § 2 Rn. 9; Möhring/Nicolini/*Ahlberg* § 2 Rn. 2; Fromm/Nordemann/*A. Nordemann* § 2 Rn. 11; Dreier/Schulze/*Schulze* § 2 Rn. 6; Loewenheim/*Loewenheim* § 6 Rn. 5). Das Urheberrecht schützt damit auch neu entstehende künstlerische Ausdrucksformen oder integrierte Werkformen wie **Multimediawerke,** die Elemente verschiedener herkömmlicher Werkarten enthalten (Schricker/Loewenheim/*Loewenheim* § 2 Rn. 8). Die Angehörigkeit eines bestimmten Werkes zu einer bestimmten Werkgattung oder Werkart ist aber für die Frage des Urheberrechtsschutzes nicht ausschlaggebend. Die Werkart kann zwar für die Anwendbarkeit einzelner urheberrechtlicher **Spezialvorschriften,** die zwischen den Werkarten unterscheiden, von Bedeutung sein. Bspw. gilt das Zugangsrecht des § 25 nur für Werke der reinen bildenden Kunst.

II. Werkbegriff des § 2

1. Rechtsbegriff

a) Beurteilungsmaßstab und Formel der Rechtsprechung. Der urheberrechtliche Werkbegriff ist ein Rechtsbegriff (BGH GRUR 2004, 941, 942 – Metallbett; BGH GRUR 2002, 958, 959 – Technische Lieferbedingungen). Er ist normativ und nicht kunst- oder literaturwissenschaftlicher Natur (Loewenheim/*Loewenheim* § 5 Rn. 5). Die Beurteilung einer persönlichen geistigen Schöpfung nach § 2 Abs. 2 erfolgt objektiv und unabhängig von der persönlichen Haltung des Richters gegenüber bestimmten künstlerischen Ausdrucksformen (Fromm/Nordemann/*A. Nordemann* § 2 Rn. 16; *Samson* UFITA 56 (1970) 117). Die Frage, ob ein geschütztes Werk nach § 2 vorliegt, also die notwendige Schöpfungshöhe nach § 2 Abs. 2 gegeben ist, entscheidet das Gericht als **Rechtsfrage.**

6   Die Rechtsprechung hat dabei die **Formel** entwickelt, dass der Maßstab zur Beurteilung urheberrechtlicher Werke die Auffassung der mit literarischen und künstlerischen Werken einigermaßen vertrauten und hierfür aufgeschlossenen Verkehrskreise ist (BGH GRUR 1972, 143, 144 – Biografie: Ein Spiel; BGH GRUR 1981, 267, 268 – Dirlada). Bei Werken der bildenden Kunst muss ein solcher Grad an ästhetischem Gehalt erreicht werden, dass nach der im Leben herrschenden Anschauung der für Kunst empfänglichen und mit Kunstanschauungen einigermaßen vertrauten Verkehrskreise von einer künstlerischen Leistung gesprochen werden kann (BGH GRUR 1961, 635, 638 – Stahlrohrstuhl I; BGH GRUR 1974, 669, 671 – Tierfiguren; BGH GRUR 1981, 273, 274 – Leuchtenglas; BGH 1983, 377 – Brombeermuster; BGH GRUR 1987, 903, 904 – Le Corbusier Möbel). Die Rechtsprechung stellt damit auf einen außerrechtlichen Kunstbegriff gebildeter Personen, nicht aber auf die Anschauung von Fachkreisen ab.

7   **b) Kritik.** Die Formel der Rechtsprechung wird kritisiert (Möhring/Nicolini/*Ahlberg* § 2 Rn. 158; Dreier/Schulze/*Schulze* § 2 Rn. 32). Aus kunsthistorischer Sicht sei es bei der Beurteilung der Frage „Kunst oder nicht Kunst" problematisch, auf die Anschauung der Öffentlichkeit abzustellen. Mit Blick auf die **Rechtsrealität** ist die Formel der Rechtsprechung aber tragfähig. Die Gerichte beurteilen die Frage der Werkqualität stets selbst, d. h. sie holen nicht etwa eine Meinungsumfrage zur Anschauung bestimmter Bevölkerungskreise ein. Zugleich sind mit Urheberrechtsfragen meist an den Amtsgerichten **Fachabteilungen,** bei den Landgerichten **Fachkammern** sowie an den Oberlandesgerichten **Fachsenate** befasst. Die meisten Landesregierungen haben von ihrer Ermächtigung nach § 105 Gebrauch gemacht und für Urheberrechtsstreitsachen Sonderzuständigkeiten bestimmter Spruchkörper begründet (s. § 105 Rn. 5). Die urteilenden Richter sind deshalb mit der Materie auch von der tatsächlichen Seite her durch ihre ständige Praxis vertraut.

8   Die von der Rechtsprechung gebildete Formel besitzt vor allem insoweit praktische Bedeutung, als sie bei der Beurteilung der urheberrechtlichen Schutzfähigkeit die **Expertenebene als Maßstab** ausschließt. Bei der Beurteilung neuartiger oder extremer Kunstpositionen ist deshalb nicht die Anschauung einzelner Spezialisten, die sich mit der bestimmten künstlerischen Ausdrucksform beschäftigen, maßgeblich, sondern der bezeichnete Durchschnittsbetrachter.

9   Entgegen der teilweise in der Literatur geäußerten Meinung besteht zu diesen Grundsätzen kein Widerspruch (Möhring/Nicolini/*Ahlberg* § 2 Rn. 158), wenn sich die Gerichte zur Ermittlung des Sachverhaltes im Rahmen der Beurteilung der Schutzfähigkeit auf **Sachverständigengutachten** beziehen. Das Sachverständigengutachten kann die Stellung und die Einordnung einer Schöpfung innerhalb ihrer Werkart klären. Gutachten sind insb. im Bereich der **Musik** sowie der **angewandten Kunst** üblich. Durch das Sachverständigengutachten ermittelt das Gericht, inwieweit das zu beurteilende Werk von den vorbekannten, üblichen Formen abweicht und damit schöpferische Elemente enthält. Nur der Sachverständige hat den Überblick über das Vorhandene. Das von den Sachverständigen gefundene Ergebnis zu den gestalterischen Eigenheiten des Werkes im Verhältnis zu vergleichbaren Werken wird dann von den Gerichten selbst am Maßstab der mit Kunst vertrauten Beurteiler gemessen (BGH GRUR 1959, 289, 290 – Rosenthal-Vase; BGH GRUR 1972, 38, 39 – Vasenleuchter; BGH GRUR 1981, 267, 268 – Dirlada).

10   Das **Gericht** muss selbst die Frage beantworten, ob die Individualität des Werkes mit Blick auf die gleichartigen Werke für den Urheberrechtsschutz genügend ist. Die für den Urheberrechtsschutz notwendige Schöpfungshöhe einer bestimmten Vasenform lässt sich

bspw. nur feststellen, wenn man die neue Vasenform in den **Kontext zu vorhandenen Vasenformen** stellt (BGH GRUR 1959, 289, 290 – Rosenthal-Vase). Die Entscheidungsgrundlage zur Beantwortung der Frage schafft das Sachverständigengutachten. Die Einordnung eines Gegenstandes entlang am Werkbegriff des § 2 erfolgt durch das Gericht.

c) Selbsteinschätzung des Urhebers. Nicht entscheidend für die Frage der urheberrechtlichen Schutzfähigkeit eines Werkes ist die Auffassung desjenigen, der das Werk geschaffen hat (BGH GRUR 1961, 635, 638 – Stahlrohrstuhl I; OLG Frankfurt GRUR 1993, 116 – Le Corbusier Möbel; *Erdmann* FS v. Gamm 389, 392). Werke erlangen nicht durch die Erklärung des Erzeugers Urheberrechtsschutz. Niemand kann sich die umfangreichen urheberrechtlichen Befugnisse, die einen sonderrechtlichen Schutz an einem geistigen Werk begründen, durch einfache Erklärung anmaßen. **11**

d) Maßgeblicher Beurteilungszeitpunkt. Maßgeblich für die Beurteilung der urheberrechtlichen Schutzfähigkeit ist der Zeitpunkt, zu dem das Werk geschaffen wurde (Möhring/Nicolini/*Ahlberg* § 2 Rn. 159; Dreier/Schulze/*Schulze* § 2 Rn. 35). Als geborenes Recht knüpft das Urheberrecht direkt an den Schaffensprozess an (s. Rn. 15). Hat ein Werk zum **Zeitpunkt seiner Schöpfung** Urheberrechtsschutz, so besteht dieser Schutz über die gesamte urheberrechtliche Schutzdauer hinweg (Schricker/Loewenheim/*Loewenheim* § 2 Rn. 73). Der urheberrechtliche Schutz kann nicht im Nachhinein erlöschen. Verliert ein Werk durch die **spätere Kunstentwicklung** scheinbar die Individualität, so führt dies zu keiner Änderung des urheberrechtlichen Schutzes. Erheblich ist diese Frage insb. im Bereich der angewandten Kunst, wenn ein ursprünglich individuelles Erzeugnis durch die große Zahl der Konkurrenzprodukte seine Sonderstellung einbüßt. Für den maßgeblichen durchschnittlichen, mit Kunst vertrauten Betrachter ist in diesen Fällen bei einer späteren Betrachtung die Eigentümlichkeit und Selbstständigkeit des Werkes nur noch schwer nachzuvollziehen. Dennoch stellt das Gericht den Urheberrechtsschutz fest, indem es bei der Beurteilung auf den Zeitpunkt der Schöpfung des Werkes abstellt (BGH GRUR 1961, 635, 638 – Stahlrohrstuhl I; BGH GRUR 1987, 356, 357 – Freischwinger). Um sich die zutreffende Entscheidungsgrundlage zu verschaffen, greift das Gericht gegebenenfalls auf ein Sachverständigengutachten zurück (s. Rn. 9). Zu betrachten ist, dass bei einem später geschaffenen, gleichartigen Erzeugnis der Urheberrechtsschutz mangels persönlicher geistiger Schöpfung fehlen kann. **12**

2. Werkbegriff und Einfluss des EU-Rechts

Der urheberrechtliche Werkbegriff des § 2 wird – soweit keine der nachfolgenden Ausnahmen vorliegt – grds. nicht durch EU-Recht berührt (a. A. *Erdmann/Bornkamm* GRUR 1991, 877, 878). Die **EU-Software-Richtlinie** (250/91/EWG, ABl. L 1991/122 v. 17.5.1991) definiert den Werkbegriff anders als § 2. Nach Art. 1 Abs. 3 der Software-Richtlinie genießen Computerprogramme Urheberrechtsschutz, wenn sie individuelle Werke darstellen. Sie müssen danach das Ergebnis der eigenen geistigen Schöpfung des Urhebers sein. Der Präambel der Richtlinie ist zu entnehmen, dass es für den Urheberrechtsschutz von **Computerprogrammen** nicht auf qualitative oder ästhetische Anforderungen an das Computerprogramm ankommen darf. Diese Gesichtspunkte sind deshalb als Beurteilungskriterium für die Werkqualität im Bereich Computerprogramme ausgeschlossen. Ebenso enthält die Schutzfristen-Richtlinie (93/98/EWG, ABl. L 372/12, GRUR Int. 2007, 223) für Fotografien in Art. 6 einen anderen Werkbegriff (hierzu § 72 Rn. 7 ff.). Entsprechendes gilt für die Datenbank-Richtlinie (96/9/EG, ABl. L 77 v. 27.3.1996) in Art. 3 Abs. 1 (s. § 87a Rn. 4 f.). **13**

Der deutsche Gesetzgeber hat bei der Umsetzung der Software-Richtlinie innerhalb des Urheberrechtsgesetzes in § 69a Abs. 3 einen **weiten Werkbegriff** aufgenommen, der der Definition des Richtliniengebers entspricht (hierzu § 69a Rn. 32 ff.). Damit sind die Anforderungen an den Urheberrechtsschutz bei Computerprogrammen niedriger als die Vor- **14** aussetzungen, die § 2 Abs. 2 mit dem Merkmal der persönlichen geistigen Schöpfung an die übrigen Werkarten stellt (BGH ZUM 2000, 233, 234 – Werbefotos; BGH GRUR 1994, 39 – Buchhaltungsprogramm; Dreier/Schulze/*Schulze* § 2 Rn. 127). Das EU-Recht hat damit zur Aufnahme eines weiten Maßstabs für den Werkbegriff bei Computerprogrammen geführt (Dreier/Schulze/*Schulze* § 2 Rn. 23). Das Merkmal der persönlichen geistigen Schöpfung bleibt für andere Werke unverändert erhalten (Möhring/Nicolini/ *Ahlberg* § 2 Rn. 156).

III. Merkmal der persönlichen geistigen Schöpfung (§ 2 Abs. 2)

1. Ergebnis eines Schaffensprozesses

15 **a) Menschliche Leistung.** Eine persönliche geistige Schöpfung nach § 2 erbringt ein Mensch. Urheberrechtlich geschützt sind stets nur Werke, die ein **Mensch** geschaffen hat (Schricker/Loewenheim/*Loewenheim* § 2 Rn. 12; Fromm/Nordemann/*A. Nordemann* § 2 Rn. 21; LG Berlin GRUR 1990, 270 – Satellitenfoto). An einer persönlichen geistigen Schöpfung fehlt es bspw., wenn ein Erzeugnis von **Tieren** hergestellt wurde (Schricker/ Loewenheim/*Loewenheim* § 2 Rn. 15; Fromm/Nordemann/*A. Nordemann* § 2 Rn. 21; *Schack* Rn. 184; LG München I UFITA 54 (1969) 320 – Tierdressur). Die **Präsentation** eines Gegenstandes als Kunstwerk führt ebenfalls nicht zum Urheberrechtsschutz. Die so genannte Präsentationslehre, die entscheidend darauf abstellt, dass ein (auch fertig vorgefundenes) Objekt als Kunstwerk präsentiert wird (*Kummer* 75), ist mit dem Urheberrecht unvereinbar (Schricker/Loewenheim/*Loewenheim* § 2 Rn. 17; Fromm/Nordemann/ *A. Nordemann* § 2 Rn. 26; *Haberstumpf* Rn. 93; *Schack* Rn. 183; *Schack* Kunst und Recht Rn. 223). Weiter sind reine **Zufallserzeugnisse** nicht urheberrechtlich geschützt.

16 **b) Einsatz von Hilfsmitteln.** Eine persönliche geistige Schöpfung liegt auch dann vor, wenn ein Apparat, ein Automat oder eine Maschine als Hilfsmittel zur Erzeugung des Werkes eingesetzt wird (Schricker/Loewenheim/*Loewenheim* § 2 Rn. 13; Fromm/Nordemann/*A. Nordemann* § 2 Rn. 21; *Schack* Rn. 184). Eine schöpferische Leistung ist bspw. gegeben, wenn der Urheber das Werk durch das von ihm geschaffene Computerprogramm, die Festlegung des Bildausschnittes oder die Bestimmung anderer, das Werk prägender Parameter persönlich gestaltet (Schricker/Loewenheim/*Loewenheim* § 2 Rn. 13; Fromm/Nordemann/*A. Nordemann* § 2 Rn. 21; *Haberstumpf* Rn. 94; *Erdmann* FS v. Gamm 389, 396; Loewenheim/*Loewenheim* § 6 Rn. 9). In diesen Fällen ist die Form des Werkes auf ein **schöpferisches Tätigwerden eines Menschen** zurückzuführen, so dass eine urheberrechtlich geschützte Leistung vorliegt. Entscheidend für den Urheberrechtsschutz ist alleine, dass der von dem Menschen erbrachte Beitrag die gestalterische Schwelle des § 2 Abs. 2 überschreitet.

17 **c) Ungesteuerte Elemente im Schaffensprozess.** Dem Urheberrechtsschutz steht es auch nicht entgegen, dass der Urheber bestimmte **Zufallsmomente** oder von ihm nicht kontrollierte Eingriffe einer Maschine in den Schaffungsprozess mit einbezieht (Möhring/Nicolini/*Ahlberg* § 2 Rn. 51). Zu eng ist deshalb die Auffassung, dass die Anweisungen an die Maschine zu einem eindeutig geplanten und festgelegten Ergebnis führen müssen, damit ein geschütztes Werk vorliegt (*Brutschke* 47 und 49). Entgegen dieser Auffassung kann der Urheber **geplante und zufällige Elemente** in dem Schaffensprozess zusammenführen (vgl. auch Schricker/Loewenheim/*Loewenheim* § 2 Rn. 14, der es für erforderlich und ausreichend erachtet, dass der Urheber das wesentliche Grundmuster schafft). Zu berücksichtigen ist, dass die Entscheidung, bestimmte Apparate oder Programme einzusetzen, für sich genommen gestalterisch sein kann. Bspw. kann ein urheberrechtlich geschütztes Werk vorliegen, wenn sich der Autor von Lyrik eines Zufallsgenerators bedient und das

Sprachwerk durch eine Mischung aus Vorgaben, Zufallselementen und einem Auswahlprozess entsteht.

d) Geschäftsfähigkeit und Profession. Urheber kann jeder Mensch sein. Unerheblich ist, ob ein Kleinkind, ein Mensch in Trance oder Volltrunkenheit, oder ein geistig Behinderter das Werk geschaffen hat. Ebenso wenig ist maßgeblich, ob das Werk durch einen professionellen Künstler oder einen Laien geschaffen worden ist. Die Schöpfung als Realakt und das Urheberrecht daran entstehen kraft Gesetzes (*Schack* Kunst und Recht Rn. 229, 237).

2. Wahrnehmbare Form

Ein urheberrechtlich geschütztes Werk setzt eine **wahrnehmbare Formgestaltung** voraus. Eine Werkschöpfung liegt nur vor, wenn der Urheber ein Werk in einer Weise geäußert hat, dass es für andere Menschen wahrnehmbar ist. Keinen urheberrechtlichen Schutz genießen deshalb **bloße Ideen zu einem Werk** oder die Vorstellungen einer Person, die ein Werk erst schaffen möchte (s. Rn. 39; Schricker/Loewenheim/*Loewenheim* § 2 Rn. 20; Möhring/Nicolini/*Ahlberg* § 2 Rn. 46; Dreier/Schulze/*Schulze* § 2 Rn. 37). Selbst wenn ein Mensch ein Werk sozusagen „vor seinem geistigen Auge fertig gestellt" hat, ist diese Imagination nicht urheberrechtlich geschützt, da sie von anderen nicht mit menschlichen Sinnen wahrgenommen werden kann (BGH GRUR 1985, 1041, 1046 – Inkassoprogramm; OLG München ZUM 1985, 588, 590; Schricker/Loewenheim/*Loewenheim* § 2 Rn. 20; Fromm/Nordemann/*A. Nordemann* § 2 Rn. 23; *Schack* Rn. 187).

Für den Urheberrechtsschutz ist es aber genügend, wenn das Werk ausschließlich in **unkörperlicher Form** vorgetragen wird. Wer bspw. ein Musikstück auf dem Klavier **improvisiert**, erhält für die Improvisation Urheberrechtsschutz. Nicht maßgeblich ist, dass diese möglicherweise mangels Fixierung nicht wiederholt werden kann, oder durch Vergessen verloren geht. Eine dauerhafte körperliche Festlegung des Werkes, etwa durch Tonbandaufzeichnung, ist für den Urheberrechtsschutz nicht erforderlich (BGHZ 37, 1, 7 – AKE; BGH GRUR 1962, 531, 533 – Bad auf der Tenne II; Schricker/Loewenheim/ *Loewenheim* § 2 Rn. 20; Fromm/Nordemann/*A. Nordemann* § 2 Rn. 23).

3. Individualität des Werkes

a) Individualität und Urheberpersönlichkeit. Die Individualität eines Werkes ist das bedeutendste Kriterium bei der Bestimmung der urheberrechtlichen Werkqualität. Eine persönliche Schöpfung nach § 2 Abs. 2 liegt vor, wenn ein Mensch eine **individuelle geistige Leistung** erbracht hat. Das geschützte Werk ist das Ergebnis des künstlerischen Schaffensprozesses. Es besitzt einen geistigen Gehalt (BGH GRUR 1994, 206 – Alcolix; BGH GRUR 1987, 704 – Warenzeichenlexika; BGHZ 9, 262, 268 – Lied der Wildbahn I; Schricker/Loewenheim/*Loewenheim* § 2 Rn. 18, 23; Dreier/Schulze/*Schulze* § 2 Rn. 18). Das urheberrechtliche Werk ist damit ein durch den **menschlichen Geist** geprägtes Produkt, das die Persönlichkeit des Urhebers widerspiegelt. Es ist vom rein handwerksmäßigen Erzeugnis abzugrenzen, denn die Individualität und Eigenartigkeit fehlt (BGH GRUR 1995, 673, 675 – Mauerbilder; *Schack* Kunst und Recht Rn. 225). Über die Anforderung besteht weitgehend Einigkeit, wobei die sprachlichen Umschreibungen voneinander abweichen. Die Rechtsprechung verwendet teilweise die Formulierung **schöpferische Eigentümlichkeit** (BGH GRUR 2004, 855 ff. – Hundefigur; BGH GRUR 1994, 206, 207 – Alcolix; BGH GRUR 1991, 449, 451 – Betriebssystem; BGH GRUR 1987, 704, 705 – Warenzeichenlexika) oder spricht von **eigenschöpferischer Prägung** (BGH GRUR 1985, 1041, 1947 – Inkassoprogramm). Gemeint ist das inhaltlich Gleiche. Aus den unterschiedlichen Formulierungen ergeben sich keine Bedeutungsunterschiede.

b) Individualität und Neuheit. Ein urheberrechtlich geschütztes Werk muss nicht völlig neu sein (BGH GRUR 1982, 305, 307 – Büromöbelprogramm; BGH GRUR 1979,

332, 336 – Brombeerleuchte; BGH GRUR 1985, 1041, 1047 – Inkassoprogramm; Schricker/Loewenheim/*Loewenheim* § 2 Rn. 42; Fromm/Nordemann/*A. Nordemann* § 2 Rn. 26; Dreier/Schulze/*Schulze* § 2 Rn. 17). § 2 Abs. 2 stellt für den Urheberschutz auf eine **individuelle Schöpfung** ab, nicht auf die absolute Neuheit des Werkes (a. A. Möhring/Nicolini/*Ahlberg* § 2 Rn. 84). Allerdings scheidet eine individuelle Schöpfung aus, wenn eine Person lediglich **vorhandene Ausdrucksformen** wiederholt, ohne dem Werk persönliche Züge zu geben. In diesem Fall fehlt es an der Individualität der Schöpfung. Das Merkmal der Individualität bedeutet deshalb, dass ein Werk sich von anderen, älteren Werken durch seine Formgestaltung unterscheiden muss. In der Literatur wird deshalb auch der Begriff der subjektiven Neuheit benutzt (Schricker/Loewenheim/*Loewenheim* § 2 Rn. 42; Fromm/Nordemann/*A. Nordemann* § 2 Rn. 26). Ein urheberrechtlich geschütztes Werk setzt einen Schöpfungsprozess bei dem Urheber voraus, der zu einem individuellen Ergebnis, für den Urheber zu etwas Neuem, führt. Dies schließt den seltenen Fall einer sogenannten Doppelschöpfung, bei der zwei Urheber parallel voneinander ein deckungsgleiches Werk schaffen, nicht aus (zur Doppelschöpfung s. § 23 Rn. 19 ff.).

4. Gestaltungshöhe

23 Ein urheberrechtlich geschütztes Werk muss eine gewisse Gestaltungshöhe besitzen. Das Merkmal der Gestaltungshöhe bezieht sich auf den **Grad der Individualität,** den ein geistiges Erzeugnis besitzen muss, um eine persönliche geistige Schöpfung nach § 2 Abs. 2 zu sein. Es handelt sich bei dem Merkmal um den **quantitativen Gesichtspunkt** der Individualität des Werkes. So kann ein Erzeugnis einen nur sehr geringen Grad an Individualität besitzen. Bspw. weist ein alltäglicher Anwaltsschriftsatz nur in geringem Maße persönliche Züge des Autors auf und ist aus gestalterischer Sicht im Wesentlichen eine Wiederholung allgemeiner juristischer Formulierungsmuster. Seine Gestaltungshöhe reicht nicht für den Urheberrechtsschutz. Am anderen Ende der Skala steht ein Werk, das im höchsten Maße individuell und durch die Persönlichkeit des Urhebers geprägt ist. Dies trifft bspw. auf einen komplexen Roman oder ein vielschichtiges Gemälde zu. Bei diesen Werken ist der Urheberrechtsschutz ohne weiteres gegeben. Da das Merkmal der Individualität zunächst nicht mehr besagt, als dass ein Produkt überhaupt Individualität aufweist, bedarf es des weiteren Kriteriums der Gestaltungshöhe, um einen bestimmten Mindestgrad an Individualität als Voraussetzung für den Urheberrechtsschutz festzulegen. Das Merkmal der Gestaltungshöhe soll **einfache Alltagserzeugnisse** aussondern (BGH GRUR 1983, 377, 378 – Brombeermuster; OLG Hamburg ZUM 2004, 386 – Handy-Logos I; Möhring/Nicolini/*Ahlberg* § 2 Rn. 77). Es legt keinen besonderen künstlerischen Wert als Schutzvoraussetzung fest. Den Grad der Individualität bestimmt die Rechtsprechung durch einen Vergleich des Gesamteindrucks des Originals mit seinen prägenden Gestaltungsmerkmalen mit der Gesamtheit der vorbekannten Gestaltungen (BGH GRUR 2004, 855 ff. – Hundefigur).

24 Die **Anforderungen an das Maß der Gestaltungshöhe** sind umstritten. Sie sind für den Urheberrechtsschutz bestimmend, da es um die Feststellung geht, welche schöpferischen Leistungen in den Urheberrechtsschutz miteinbezogen werden und welche nicht. Setzte man, wie teilweise gefordert, die Hürde sehr niedrig an, so würde die Zahl der urheberrechtlich geschützten Werke ausufern und das Urheberrecht im Ergebnis geschwächt werden. Wegen der umfangreichen Befugnisse des Urhebers und der langen Schutzdauer des § 64 ist mit der Rechtsprechung ein nicht zu geringer Grad an Gestaltungshöhe zu verlangen. Das urheberrechtlich geschützte Werk muss eine erhebliche individuelle Prägung besitzen (BGH GRUR 2004, 855 ff. – Hundefigur). Andererseits darf das Merkmal der Gestaltungshöhe nicht dahingehend missverstanden werden, dass nur herausragende Werke einer bestimmten Werkart durch das Urheberrecht geschützt werden. Das Urheberrecht dient nicht nur dem Schutz der wenigen künstlerischen Spitzenleistungen, sondern gewährt unabhängig von dem

künstlerischen Wert auch **durchschnittlichen Werken** Schutz. Sie müssen aber den nötigen Grad an Individualität aufweisen (BGH ZUM 1995, 790 – Silberdistel).

Der **Grad der Gestaltungshöhe,** den die Rechtsprechung verlangt, ist für die verschiedenen Werkarten **nicht einheitlich** und wird durch die Frage nach den konkreten Gestaltungsspielräumen und dem Freihaltebedürfnis im Bezug auf eine bestimmte Werkart mitbestimmt (BVerfG ZUM 2005, 387; BGHZ 138, 143, 147 – Les-Paul-Gitarren). Die Anforderungen, die die Rechtsprechung jeweils an die Gestaltungshöhe stellt, werden nachfolgend bei den jeweiligen Werkarten kommentiert.

5. Nicht maßgebliche Eigenschaften

a) Herstellungsaufwand. Der mit der Herstellung des Werkes verbundene Aufwand ist für den Urheberrechtsschutz nicht entscheidend (OLG Hamburg ZUM 2004, 386 – Handy-Logos I; Schricker/Loewenheim/*Loewenheim* § 2 Rn. 47; Dreier/Schulze/*Schulze* § 2 Rn. 53). Bspw. ist ein mit hohem finanziellem oder handwerklichem Aufwand geschaffenes Erzeugnis nicht geschützt, wenn es keine persönliche geistige Schöpfung darstellt (BGH GRUR 1985, 1041, 1048 – Inkassoprogramm; BGH GRUR 1980, 227, 231 – Monumenta Germaniae Historica; KG GRUR 1991, 596, 598 – Schopenhauer-Ausgabe). Dies betrifft z.B. technische Erzeugnisse. Das Urheberrecht schützt auch nicht den bloßen **Fleiß.** Trägt eine Person bspw. eine große Zahl von Fakten oder Daten zusammen, ohne aber bei der Anordnung eine schöpferische Leistung nach § 4 oder § 2 Abs. 2 zu erbringen, so liegt kein urheberrechtlich geschütztes Werk vor (OLG Hamburg ZUM 1989, 43, 45 – Gelbe Seiten; Schricker/Loewenheim/*Loewenheim* § 2 Rn. 47). Eine solche Leistung kann nur datenbankrechtlichen (dazu § 87a Rn. 4ff.) oder wettbewerbsrechtlichen Leistungsschutz genießen (dazu Rn. 160ff.).

b) Umfang des Werkes. Ein urheberrechtlich geschütztes Werk setzt grds. **keinen Mindestumfang** voraus. Entscheidend ist allein, dass das Werk den Anforderungen des § 2 Abs. 2 entspricht. Damit kann auch ein kurzes Computerprogramm, ein phantasievoller Werktitel oder ein Fragment eines Werkes urheberrechtlich geschützt sein (BGH GRUR 1991, 449, 452 – Betriebssystem; OLG Frankfurt GRUR 1983, 753, 755 – Tengo). Auch ein kurzer, phantasievoller Werbetext kann Urheberrechtsschutz genießen (LG Berlin GRUR 1974, 412 – Werbeprospekt). Weiter hat die Rechtsprechung für **Anagramme** wie Folterhilda (Hitler), Nero Magenhirn (Goering), Bob Eifelgosse (Goebbels) und Ali Machtarsch (Schacht) den Urheberrechtsschutz bejaht (KG GRUR 1971, 368, 370 – Buchstabenschütteln).

Die **Kürze einer Äußerung** kann jedoch als **Indiz** gegen den Urheberrechtsschutz sprechen. Kurze Äußerungen bieten häufig nicht genug Gestaltungsspielraum, um die notwendige Schöpfungshöhe für den Urheberrechtsschutz zu erreichen (OLG Hamburg NJOZ 2011, 1062, 1063 – Alles ist gut so lange du wild bist). Bspw. wurde für folgende knappe **Werbeaussagen** der Urheberrechtsschutz verneint: „Hamburg geht zu E…" (OLG Braunschweig GRUR 1955, 205, 206 – Hamburg geht zu E…), „Glücksspirale" (OLG München OLGZ 134 – Glücksspirale), „Thalia verführt zum Lesen" (LG Mannheim ZUM 2010, 911, 912 – Thalia verführt zum Lesen; ausführlich zum **Schutz von Werbeslogans** Rn. 53; *Wandtke/Gerlach* ZUM 2011, 788; *Erdmann* GRUR 1996, 550; *Traub* GRUR 1973, 186; *Schricker* GRUR 1996, 815; Dreier/Schulze/*Schulze* § 2 Rn. 55). Der urheberrechtliche Titelschutz ist wegen der Kürze der meisten Titel die Ausnahme. Er ist solchen Titeln vorbehalten, die außerordentlich phantasievoll sind (zum Titelschutz im Einzelnen s. Rn. 65ff.).

c) Gestaltungszweck, insb. Gebrauchszweck. Für den Urheberrechtsschutz nicht entscheidend ist der Zweck, zu welchem das Werk geschaffen worden ist (RGZ 21, 357, 358 – Rechentabelle; BGHZ 27, 351, 354 – Candida; BGH GRUR 1959, 51 – Einheitsfahrschein; BGH GRUR 1959, 289, 290 – Rosenthal-Vase; BGH GRUR 1961, 85, 87 – Pfiffikusdose; BGH GRUR 1961, 35, 36, 38 – Stahlrohrstuhl I; BGH GRUR 1987, 903, 904 – Le Corbusier-Möbel). Das Urheberrecht ist **zweckneutral** (Fromm/Nordemann/ *A. Nordemann* § 2 Rn. 14; OLG Hamburg GRUR 2002, 419 – Move; Loewenheim/ *Loewenheim* § 6 Rn. 24). Werke der angewandten Kunst, also Werke, die einem bestimmten Gebrauchszweck dienen, sind in § 2 Abs. 1 Nr. 4 ausdrücklich als mögliche schutzfähige Werke angeführt. Das Urheberrecht macht dadurch für die Bestimmung der Schutzfähigkeit eines Werkes eine schwierige Abgrenzung entbehrlich. Die Unterscheidung zwischen angewandter Kunst und so genannter „reiner" Kunst ist wegen des breiten **Übergangsbereichs** oft nur schwer möglich. Vielfach lässt sich kaum bestimmen, ob ein Werk überwiegend ein Nutzgegenstand ist oder einen Selbstzweck hat.

30 Der **Nutzungszweck** eines Werkes kann aber für einzelne urheberrechtliche Befugnisse eine Rolle spielen. So besteht bspw. kein Folgerecht an Werken der angewandten Kunst (s. § 26 Rn. 11). Auch bei der Anwendung des Verbietungsrechtes des § 14 spielt der Gebrauchszweck des Werkes im Rahmen der Interessenabwägung eine Rolle (vgl. § 14 Rn. 18).

31 d) **Rechtsverletzende und rechtswidrige Werkinhalte.** Es hat keine Auswirkung auf den Urheberrechtsschutz, dass der Urheber bei der Erzeugung des Werkes Rechte Dritter verletzt oder das Werk einen nach außerurheberrechtlichen Bestimmungen **verbotenen Inhalt** besitzt. Beide Aspekte beeinflussen nicht den Urheberrechtsschutz. Bearbeitet bspw. ein Urheber ohne die erforderliche Genehmigung nach § 23 Abs. 2 ein Filmwerk nach einer Romanvorlage, so erhält er für sein Werk Urheberrechtsschutz, obgleich die Herstellung des Werkes rechtswidrig war. Auch ein Sprachwerk, das **beleidigenden Inhalt** hat oder gar volksverhetzend ist, ist urheberrechtlich geschützt. Eine mögliche **Strafbarkeit** des Urhebers bleibt vom Urheberrechtsschutz unberührt (BGH GRUR 1995, 673, 675 – Mauerbilder; Schricker/Loewenheim/*Loewenheim* § 2 Rn. 48; *v. Gamm* § 2 Rn. 17; *Schack* Kunst und Recht Rn. 229; differenzierend *Rehbinder* Rn. 52). Der Urheber kann bei der Ausübung bestimmter urheberrechtlicher Befugnisse an dem Werk mit verbotenem Inhalt aber nach anderen gesetzlichen Vorschriften beschränkt sein. Der Verbreitung beleidigender Inhalte kann bspw. ein deliktischer Unterlassungsanspruch des Betroffenen aus §§ 823 Abs. 2, 1004 BGB i.V.m. § 185 StGB entgegenstehen.

32 **Graffiti,** die im Konflikt mit Eigentumsrechten an dem Gebäude angebracht wurden, genießen Urheberrechtsschutz, wenn sie eine persönliche geistige Schöpfung darstellen (*Bullinger* 112). Ihre Entfernung ist dennoch zulässig (s. § 14 Rn. 47).

IV. Schutzumfang des Werkes

1. Schutz der Form des Werkes

33 Das Urheberrecht schützt das Werk in seiner **konkreten Form.** Der Schutz bezieht sich auf eine bestimmte ästhetische Gestaltung. Weiter erfasst der Urheberschutz auch Teile des **Ähnlichkeitsbereiches.** Das Werk wird nicht nur in der identischen Form, sondern bis zur Grenze der freien Benutzung dem Urheber zugeordnet. Soweit ein anderes Werk nicht in freier Benutzung nach § 24 entstanden ist, greift es in den Schutzbereich des vorbestehenden Werkes ein (s. § 24 Rn. 1). Die Abgrenzung der freien zur unfreien Benutzung (§§ 23, 24) legt deshalb den urheberrechtlichen Schutzumfang für ein Werk fest. Die Abgrenzung ist dafür entscheidend, inwieweit dem Urheber ein geistiger Inhalt als der seine zugeordnet wird.

34 Bei der **Bestimmung des Umfangs** der Werkelemente, die an dem urheberrechtlichen Schutz teilnehmen, ist zu bedenken, dass der geschützte Teil zugunsten des Urhebers **monopolisiert** und damit der Allgemeinheit für eine freie Benutzung entzogen wird. Die Festlegung des Schutzumfangs des Werkes ist damit vom **Spannungsverhältnis** zwischen dem Interesse des einzelnen Urhebers, für sein Werk einen möglichst weitgehenden Schutz

zu erlangen, und dem Interesse der Allgemeinheit und damit auch anderer Urheber, in ihrem Schaffen nicht zu sehr durch Urheberrechte anderer eingeschränkt zu werden, geprägt. Das Bedürfnis von Urhebern, in ihren Werken auch geschützte Elemente aus fremden Werken als **Anregung** aufgreifen zu können, ist für das Kulturschaffen elementar. Dieser Interessenlage hat das Urheberrecht Rechnung zu tragen und die sich entgegenstehenden Positionen zum Ausgleich zu bringen.

Der Urheber genießt deshalb nur Schutz in Bezug auf die **individuellen, durch ihn selbst geprägten Werkelemente** (Schricker/Loewenheim/*Loewenheim* § 2 Rn. 74; Fromm/Nordemann/*A. Nordemann* § 2 Rn. 28; BGH GRUR 1988, 36 – Fantasy; BGH GRUR 1988, 812 – Ein bisschen Frieden). Kein Urheberrechtsschutz dagegen besteht für Werkelemente, die für eine bestimmte Art der Gestaltung typisch sind, wie etwa comictypische Übertreibungen bei der Gestaltung von Comicfiguren (BGH GRUR 2004, 855ff. – Hundefigur). 35

Je individueller und **komplexer** ein Werk ist, desto größer ist auch sein urheberrechtlicher Schutzumfang. Ein Werk von geringer gestalterischer Kraft besitzt einen geringeren Schutzumfang (BGH GRUR 2004, 855ff. – Hundefigur; Schricker/Loewenheim/*Loewenheim* § 2 Rn. 74). Ein einfaches Werk ist häufig nur gegen eine unmittelbare Übernahme, die Kopie, geschützt. Verändert ein anderer Urheber die Parameter des Werkes, so liegt ein neues Werk vor, das nicht in den Schutzbereich des vorbestehenden Werkes eingreift. Bspw. ist der urheberrechtliche Schutzumfang bei einfacheren Werken der angewandten Kunst, die an der unteren Schutzgrenze liegen, verhältnismäßig gering. Es muss eine unmittelbare Übernahme der gestalterischen Prinzipien des älteren Werkes vorliegen, damit ein Eingriff in das Urheberrecht an diesem Werk gegeben ist. Es reicht nicht aus, dass eine ästhetische Gestaltung an eine andere lediglich erinnert. 36

2. Schutz des Inhaltes des Werkes

Auch der Inhalt eines Werkes kann urheberrechtlich geschützt sein (Fromm/Nordemann/*A. Nordemann* § 2 Rn. 47; Schricker/Loewenheim/*Loewenheim* § 2 Rn. 56). In der amtlichen Begründung zu § 2 wird der Schutz des Inhalts eines Werkes, insb. die Verbindung von **Inhalt und Form,** ausdrücklich als schutzfähig angeführt (BT-Drucks. IV/270, 38). Bei bestimmten Kunstformen oder Werkarten sind die Form und der Inhalt des Werkes eins. Bei Werken der **konkreten Kunst** ist der Inhalt mit der formalen Form des Werkes gleichzusetzen. Das Bild von Barnet Newman „Gelb, Rot, Blau", das aus drei entsprechenden Farbfeldern besteht, meint eben diese. Der Inhalt des Bildes sind drei Farbfelder. Form und Inhalt fallen bei dem Bild zusammen. Auch bei Werken der konkreten Musik und der konkreten Lyrik gibt es die Identität zwischen Werkform und Inhalt oder aber eine enge Verbindung. 37

Bei anderen Werken lassen sich die **inhaltlichen Elemente** von der **Form des Werkes** trennen. Die Frage nach dem Urheberrechtsschutz ist dann differenziert zu betrachten. Dies gilt zunächst für Sprachwerke. Die ästhetische Gestaltung eines Textes lässt sich von dem Inhalt, bspw. der mitgeteilten Geschichte oder der Biografie, trennen. Der Inhalt ist nur geschützt, wenn er selbst eine individuelle geistige Schöpfung des Urhebers darstellt. Eine der Phantasie des Verfassers entsprungene **komplexe Geschichte** ist auch nach ihrem Inhalt geschützt. Kein inhaltlicher Schutz besteht dagegen für freie wissenschaftliche Lehren, wissenschaftliche Erkenntnisse oder Tatsachenstoff wie eine Biografie. Werke, die sich mit diesen Themen befassen, sind nur in Bezug auf ihre Formgestaltung geschützt (BGH GRUR 1991, 130 – Themenkatalog; BGH GRUR 1981, 352 – Staatsexamensarbeit; Fromm/Nordemann/*A. Nordemann* § 2 Rn. 49; Möhring/Nicolini/*Ahlberg* § 2 Rn. 62; Schricker/Loewenheim/*Loewenheim* § 2 Rn. 57, 61). Das gilt bspw. auch für Videos auf Onlineplattformen wie Youtube, die Anleitungen zum Erlernen einer Sprache, eines Instruments usw. enthalten. Bei einer **Vermischung** von individuellen, der Phantasie des Urhebers entsprungenen Inhalten und tatsächlichem Stoff ist nach der **Quelle** zu differen- 38 zieren. Ein Werk kann damit inhaltlich geschützte und freie Elemente zugleich enthalten. Das Unterscheidungskriterium ist das Vorliegen einer individuellen schöpferischen Leistung als Schutzvoraussetzung für inhaltliche Elemente. Auch im Bereich der bildenden Kunst gibt es Werke mit einer vielschichtigen Handlung, die geschützt ist.

39 Die **Idee zu einem Werk** oder das **Werkthema** sind nicht schutzfähig (s. Rn. 19; BGH GRUR 1999, 923, 924 – Tele-Info-CD; BGH GRUR 1995, 47/48 – Rosaroter Elefant; KG GRUR-RR 2002, 49f. – Vaterland; *Schack* Rn. 194; Loewenheim/*Loewenheim* § 7 Rn. 7). Wer bspw. ein urheberrechtlich geschütztes Drehbuch zu einer Geschichte schreibt, die sich im sozialen Milieu eines Forsthauses abspielt, kann sich aus dem Urheberrecht nicht gegen eine Übernahme des Sujets durch einen anderen wehren (OLG München GRUR 1990, 674, 675 – Forsthaus Falkenau). An einem schutzfähigen Werk fehlt es daher auch dann, wenn es sich – wie bei einer **Fernsehshowkonzeption** – lediglich um eine vom Inhalt losgelöste bloße Anleitung zur Formgestaltung gleichartiger anderer Stoffe handelt, auch wenn diese individuell erarbeitet wurde und eigenartig ist. Schutzfähig ist nur das Ergebnis der schöpferischen Formung eines bestimmten Stoffes, nicht der Gestaltungsrahmen zur Entwicklung jeweils neuer gleichartiger Werke (BGH GRUR 2003, 876, 878 – Sendeformat; für Werbekonzepte ebenso OLG Köln ZUM 2010, 179, 180 – DHL im All; a.A. *Berking* GRUR 2004, 109; ausführlich zum Schutz von Showformaten Rn. 124ff. m.w.N.). Im Interesse der Allgemeinheit bleiben die **Ideen und Konzepte** frei und können von jedermann benutzt werden (BGH GRUR 1987, 704, 706 – Warenzeichenlexika; BGH GRUR 1995, 47, 48 – Großer roter Elefant; BGH GRUR 1991, 449, 453 – Betriebssystem; BGH GRUR 1981, 520, 521 – Fragensammlung; OLG Frankfurt GRUR 1992, 699 – Friedhofsmauer; OLG Düsseldorf GRUR 1990, 189, 191 – Grünskulptur). Das Urheberrecht schützt die **Gestaltung** der Idee oder des Motivs, nicht die Idee und das Motiv selbst (BGHZ 5, 1, 4 – Hummelfiguren I; BGH GRUR 1970, 250, 251 – Hummelfiguren III; BGH GRUR 1977, 547, 550 – Kettenkerze).

3. Kein Schutz des Stils, der Manier oder der Technik des Werkes

40 Der Stil, die Manier, die Technik oder die Methode, mit der ein Urheber ein Werk schafft, sind nicht schutzfähig (BGH GRUR 1988, 690 – Kristallfiguren; Fromm/Nordemann/*A. Nordemann* § 2 Rn. 43ff.; Dreier/Schulze/*Schulze* § 2 Rn. 45; *Schack* Rn. 194; *Ulmer* 130; *Bullinger* 45; *Zentek* 28). Im **Interesse der Allgemeinheit** sind diese Werkelemente frei, auch wenn sie im Einzelfall auf einen bestimmten Urheber hinweisen. Bspw. führt die Dominanz einer bestimmten Farbe in einer Werkphase des Künstlers, wie etwa die Farbe Blau in der gleichnamigen Periode von Picasso, nicht zum Urheberrechtsschutz des Stilmerkmals. Der Urheber kann anderen nicht verbieten, ebenfalls Werke mit der vorherrschenden Farbstimmung zu schaffen. Weiter kann es der Urheber nicht verbieten, dass ein anderer den Duktus seiner Pinselführung kopiert oder ein jüngerer Regisseur einen Film im Stil des älteren schafft. Auch bestimmte **künstlerische Konzepte** oder Lehren wie bspw. die Popart unterliegen nicht dem Urheberrechtsschutz. Ebenso gilt dies für die Sprache des Tanzes oder die Gesetze der Pantomime. Eine Monopolisierung dieser Elemente würde zu einer Behinderung anderer Urheber führen.

4. Schutz von unvollendeten Werken und Entwürfen

41 Das Urheberrecht schützt auch unvollendete Werke. Der Urheber erlangt für sein Werk Schutz, indem das Werk oder ein Teil davon auch nur mit einem Element die **Schwelle des § 2 Abs. 2** überschreitet. Der Urheberrechtsschutz besteht damit auch für ein Werk, dessen Schaffensprozess noch nicht abgeschlossen ist. Ob und zu welchem Zeitpunkt ein bestimmtes Werk fertig gestellt ist, bleibt eine subjektive Entscheidung des Urhebers, die sich auch ändern kann. Ihr kommt für die urheberrechtliche Schutzfähigkeit, die sich nach objektiven Kriterien bestimmt, keine Bedeutung zu (BGH GRUR 1985, 1041, 1046 –

Inkassoprogramm; BGHZ 9, 237, 241 – Gaunerroman; Schricker/Loewenheim/*Loewenheim* § 2 Rn. 22). Obgleich der **Entwurf** namentlich nur in § 2 Abs. 1 Nr. 4 für die Werke der bildenden Kunst, der Baukunst und angewandten Kunst genannt wird, gilt auch für die anderen Werkarten, dass Entwürfe urheberrechtlich geschützt sind, wenn sie den Anforderungen des § 2 Abs. 2 entsprechen. Das Urheberrecht unterscheidet nicht zwischen vollendeten und unvollendeten Werken.

5. Schutz von Werkteilen

Einzelne Werkteile sind selbstständig geschützt, sofern der betreffende Teil eigenständig **42** die Anforderung an eine persönliche geistige Schöpfung nach § 2 Abs. 2 erfüllt. Diese Feststellung ist für den **Schutzumfang des Urheberrechts** von wesentlicher Bedeutung. Der Urheber erhält nicht nur Schutz gegen Eingriffe in das vollständige Werk, sondern auch gegen Eingriffe in Werkfragmente, die bei einer isolierten Betrachtung den notwendigen Grad an Individualität aufweisen. Wer bspw. geschützte Werkteile entlehnt, greift in das fremde Urheberrecht ein (BGH GRUR 1989, 419 – Bauaußenkante; BGH GRUR 1988, 533, 534 – Vorentwurf II; BGH GRUR 1961, 631, 633 – Fernsprechbuch; BGHZ 22, 209, 219 – Europapost; BGH GRUR 2002, 799, 800 – Stadtbahnfahrzeug; BGH GRUR 1999, 923/928 – Tele-Info – CD; KG GRUR-RR 2002, 313 – Das Leben, dieser Augenblick; OLG Köln GRUR-RR 2001, 97/98 – Suchdienst für Zeitungsartikel; LG Hamburg ZUM 2003, 403, 405 – Die Päpstin; Fromm/Nordemann/*A. Nordemann* § 2 Rn. 51; Schricker/Loewenheim/*Loewenheim* § 2 Rn. 67; Möhring/Nicolini/*Ahlberg* § 2 Rn. 160; Dreier/Schulze/*Schulze* § 2 Rn. 76).

Indem die isolierte Betrachtung des entnommenen Werkteils maßgeblich ist, genießt der **43** Urheber nicht nur **Schutz** für das Werk als ganzes, sondern auch **für individuelle Elemente** (BGHZ 9, 262, 268 – Lied der Wildbahn I; BGH GRUR 1961, 631, 633 – Fernsprechbuch). Entnimmt ein anderer dagegen Werkteile, die **keine persönliche geistige Schöpfung** darstellen, so greift er nicht in den Schutzbereich des älteren Werkes ein. Der Urheber genießt keinen Urheberrechtsschutz für diese Bestandteile seines Werkes, so dass ihre ungenehmigte Benutzung durch Dritte urheberrechtlich erlaubt ist (BGHZ 9, 262, 266 – Lied der Wildbahn I; BGH GRUR 1958, 402, 404 – Lili Marleen; BGH GRUR 1981, 267 – Dirlada; OLG Hamburg ZUM-RD 2004, 75, 79; Loewenheim/*Loewenheim* § 7 Rn. 14).

Diese Abgrenzung ist sachgerecht. Für den Urheberrechtsschutz darf es nicht auf die oft **44** schwer zu beantwortende Frage ankommen, ob die Entnahme aus einem fremden Werk dieses als ganzes betrifft oder nicht. Weiter wäre der Urheberrechtsschutz für **komplexe Werke**, die aus verschiedenen individuellen Elementen bestehen, unzureichend, wenn nicht auch deren Bestandteile für sich genommen Urheberrechtsschutz erhielten. Insbesondere im Hinblick auf moderne digitale Vervielfältigungs- und Wiedergabetechniken liefe der Urheberrechtsschutz sonst weitgehend ins Leere (BGH MMR 2009, 253, 254 – Metall auf Metall). Andererseits darf der urheberrechtliche Schutz nur so weit reichen, wie die persönliche geistige Schöpfung des Urhebers gegeben ist, um nicht die Freiräume Dritter zu verschließen. Bspw. darf die Aufnahme eines gemeinfreien, historischen Werkbestandteils in ein neues Werk nicht zum Urheberrechtsschutz des entnommenen historischen Werkteils zugunsten des Nachschaffenden führen. Es findet keine Remonopolisierung von ungeschützten Elementen durch deren Benutzung in einem neuen Werk statt (s. § 3 Rn. 13).

V. Die einzelnen Werkarten

1. Sprachwerke

a) Begriff des Sprachwerkes. § 2 Abs. 1 Nr. 1 nennt Sprachwerke. Als Beispiele werden **45** Schriftwerke, Reden und Computerprogramme angeführt. **Schriftwerke** nach § 2 Abs. 1

Nr. 1 sind Sprachwerke, deren Inhalt durch **Schriftzeichen** geäußert wird (BGH GRUR 1961, 85, 87 – Pfiffikusdose; OLG München GRUR 1992, 510 – Rätsel). Schriftwerke sind bspw. Texte in Buchstabenform wie Romane, Briefe oder Zeitungsbeiträge. **Reden** sind Sprachwerke, die mündlich geäußert werden. Einer Rede liegt ein Schriftwerk zugrunde, wenn der Urheber einen zuvor schriftlich gefassten Text vorträgt (Möhring/Nicolini/*Ahlberg* § 2 Rn. 7; Schricker/Loewenheim/*Loewenheim* § 2 Rn. 82). Der Unterscheidung zwischen Schriftwerken und Reden kommt in der Vorschrift keine praktische Bedeutung zu. Wegen der weiten Auslegung der Oberbegriffe Literatur, Wissenschaft und Kunst nach § 2 Abs. 1 ist auch der Begriff Sprachwerk weit auszulegen. Sprachwerke sind alle persönlichen geistigen Schöpfungen, deren Inhalt durch eine **Sprache als Ausdrucksmittel** geäußert wird (BGH GRUR 1985, 1041, 1046 – Inkassoprogramm; BGH GRUR 1959, 51 – Einheitsfahrschein; BGH GRUR 1961, 85, 87 – Pfiffikusdose; BGH GRUR 1963, 633, 634 – Rechenschieber; OLG Düsseldorf GRUR 1990, 263, 265 – Automatenspielplan). Damit sind nicht nur künstlerische oder wissenschaftliche Sprachwerke schutzfähig (Schricker/Loewenheim/*Loewenheim* § 2 Rn. 79; Möhring/Nicolini/*Ahlberg* § 2 Rn. 3; Fromm/Nordemann/*A. Nordemann* § 2 Rn. 54; *Erdmann* GRUR 1996, 550, 551). Als Sprachwerk können auch **Alltagstexte** geschützt sein bzw. Obertexte (*Gounalakis* GRUR 2004, 996, 997), die den Anforderungen des § 2 Abs. 2 entsprechen.

46   Der **Begriff Sprache** ist offen. Er erfasst nicht nur Sprachen, die ausgesprochen werden können. Dies ergibt sich bereits aus der ausdrücklichen Aufführung von Computerprogrammen in der Vorschrift. Sprachwerke können in **Fremdsprachen, ausgestorbenen Sprachen, Kunstsprachen** (Esperanto) oder Sprachen, die sich **Symbolen** oder **Zeichen** bedienen, verfasst sein. Ein Sprachwerk kann aus **mathematischen Zeichen** oder **Zahlen** bestehen (RGZ 121, 357, 358 – Rechentabellen; BGH GRUR 1959, 251 – Einheitsfahrschein). Eine Sprache kann zudem, wie bspw. die Taubstummensprache, aus Handzeichen oder wie in der Seefahrt aus Flaggensignalen zusammengesetzt sein (OLG Düsseldorf GRUR 1990, 263, 265 – Automatenspielplan; Dreier/Schulze/*Schulze* § 2 Rn. 81). Werden Sprachwerke digitalisiert, bleiben sie Sprachwerke (*Koch* GRUR 1997, 417, 418).

47   Eine **Sprache** ist dadurch gekennzeichnet, dass ihre Ausdrucksmittel dazu geeignet sind, Dritten einen **Inhalt** durch ihre wahrnehmbare Formgebung zu vermitteln (OLG Frankfurt GRUR 1983, 753, 755 – Tengo; OLG Frankfurt WRP 1984, 79, 83 – Donkey Kong Junior II; Loewenheim/*A. Nordemann* § 9 Rn. 14). Aus dieser Anforderung an eine Sprache ergibt sich, dass sie ein **Regelwerk** mit Elementen beinhalten muss, das einen **Informationsaustausch** unter Personen ermöglicht, die die Sprache kennen (OLG Düsseldorf GRUR 1990, 263, 265 – Automatenspielplan). Ein Sprachwerk setzt weiter voraus, dass durch das Mittel der Sprache ein gedanklicher Inhalt vermittelt wird (BGH GRUR 1959, 251 – Einheitsfahrschein). Der Gesetzgeber hat demgegenüber **Computerprogramme** (zum Begriff § 69a Rn. 2 ff.) den Sprachwerken zugeordnet. Kann eine Äußerung nicht verstanden werden, da in einer frei erfundenen „Sprache" gesprochen wird (z. B. Silben oder Buchstaben werden, ohne die Gesetzmäßigkeit einer Sprache zu beachten, aneinander gehängt), so liegt kein Sprachwerk vor (Loewenheim/*Loewenheim* § 9 Rn. 9). Körperliche Äußerungen (Mimiken, Gesten) und Bewegungen, die nicht dem Informationsaustausch dienen, können als pantomimische Werke oder Werke der Tanzkunst geschützt sein.

48   **b) Anforderungen an die Schutzfähigkeit von Sprachwerken.** Sprachliche Mitteilungen sind nach § 2 Abs. 1 Nr. 1 geschützt, wenn sie entweder ihrer Darstellungsform nach oder wegen ihres Inhaltes eine persönliche geistige Schöpfung beinhalten. Nach der Rechtsprechung führt eine durch die **individuelle Gedankenführung** geprägte sprachliche Gestaltung ebenso zum Urheberrechtsschutz wie eine individuelle Auswahl oder Darstellung des Inhalts (BGH WRP 1999, 831, 833 – Tele-Info-CD; BGH GRUR 1997, 459, 460 – CB-Info Bank I; OLG Köln GRUR-RR 2003, 265 ff.; *Gounalakis* GRUR 2004, 996, 996 f.). Bei Sprachwerken ist damit nicht nur die individuelle sprachliche Form, son-

dern auch ein Inhalt schutzfähig, der auf einer persönlichen geistigen Schöpfung beruht. Bspw. ist die **Fabel oder Phantasiegeschichte eines Romans,** die sich der Autor ausgedacht hat, schutzfähig. Dies gilt auch für die **Charaktere der Kunstfiguren** und ihre Einbeziehung in das Handlungsgefüge der Sprachwerke (BGH GRUR 1999, 984, 987 – Laras Tochter; BGH GRUR 1978, 302, 304 – Wolfsblut; OLG Karlsruhe ZUM 1997, 810, 815 – Laras Tochter; OLG Karlsruhe GRUR 1957, 395 – Trotzkopf; OLG Hamburg OLGZ 190 – Häschenschule; LG Braunschweig ZUM-RD 2004, 421, 422; LG Berlin ZUM 2001, 608, 612; *Wegner/Wallenfels/Kaboth* 1. Kap. Rn. 19).

Nicht schutzfähig ist dagegen eine Geschichte, die ein Urheber der **Realität** entnommen hat. Auch eine verstrickte **Biografie** ist inhaltlich nicht als Sprachwerk geschützt, denn sie beruht auf Tatsachenstoff. Sprachwerke, die sich mit künstlerischen Mitteln mit einem authentischen Geschehnis auseinandersetzen, sind nur in Bezug auf ihre individuelle Form geschützt, während die Geschichte gemeinfrei bleibt. Ein Urheber, der bspw. mit großem Aufwand die Lebensgeschichte einer anderen Person recherchiert hat, genießt für den Handlungsstrang, die Lebensgeschichte der beschriebenen Person, keinen Urheberrechtsschutz. Sein Fleiß wird nicht durch das Urheberrecht belohnt (vgl. z. B. OLG Hamburg GRUR-RR 2007, 222, 223f.). Nicht schutzfähig sind weiter **gemeinfreie Elemente** aus anderen Werken, die der Urheber in sein Sprachwerk mit aufnimmt. Was der Urheber anderen **freien Quellen** entnommen hat, dürfen Dritte ihrerseits seinem Werk entnehmen (s. Rn. 44, § 3 Rn. 13). Sie greifen insoweit nicht in das Urheberrecht an dem Sprachwerk ein (Schricker/Loewenheim/*Loewenheim* § 2 Rn. 84). 49

c) **Beispiele zu Sprachwerken.** Bei Sprachwerken mit **wissenschaftlichem** und **technischem Inhalt** kann sich der Urheberrechtsschutz auf die individuelle Gedankenführung, die Auswahl und Anordnung der wissenschaftlichen und technischen Inhalte beziehen (BGH WRP 1999, 831, 833 – Tele-Info-CD; BGH GRUR 1997, 459, 461 – CB-Infobank I; OLG Hamburg GRUR-RR 2004, 285, 286 – Markentechnik; Schricker/Loewenheim/*Loewenheim* § 2 Rn. 60, 86). Die wissenschaftlichen Lehren und technischen Inhalte sind frei und werden vom Urheberrechtsschutz nicht erfasst (BGHZ 39, 306, 311 – Rechenschieber; BGH GRUR 1981, 352, 353 – Staatsexamensarbeit; Fromm/Nordemann/*A. Nordemann* § 2 Rn. 60; Schricker/Loewenheim/*Loewenheim* § 2 Rn. 86; Loewenheim/*A. Nordemann* § 9 Rn. 16; Dreier/Schulze/*Schulze* § 2 Rn. 93; *Wegner/Wallenfels/Kaboth* 1. Kap. Rn. 24). 50

Rundfunk- und Fernsehprogramme, Lesungen, Podcasts, Theaterprogramme sind urheberrechtlich geschützt, wenn sie den Anforderungen an eine persönliche geistige Schöpfung nach § 2 Abs. 2 entsprechen. Wegen der Bandbreite der Möglichkeiten der sprachlichen Äußerungen in den bezeichneten Medien können keine generellen Aussagen zum Urheberrechtsschutz getroffen werden. Darin enthaltene Elemente wie **Dialoge, Ankündigungen** oder **Interviews** haben je nach der sprachlichen Qualität Urheberrechtsschutz oder nicht. Die in solchen Programmen mitgeteilten Inhalte sind frei, sofern Tatsachenstoff betroffen ist. Wird in den Programmen eine erfundene Geschichte mitgeteilt, so gelten die zu Literaturwerken aufgezeigten Grundsätze (s. Rn. 58). Die Ideen zu Programmen wie **Showformate** sind frei (BGH GRUR 2003, 876, 878 – Sendeformat; OLG Hamburg ZUM 1996, 245, 246 – Showkonzepte; OLG München ZUM 1999, 244, 246 f. – Augenblick; ausführlich zum Streitstand zum Schutz von Show- und Fernsehformaten Rn. 124 ff. und § 88 Rn. 22 ff. m. w. N.). Die **Programmabfolge** von Rundfunk- oder Fernsehanstalten kann als **Sammelwerk** nach § 4 geschützt sein, wenn die Zusammenstellung der verschiedenen Programme eine individuelle Gestaltung beinhaltet (§ 4 Rn. 3 ff.; Schricker/Loewenheim/*Loewenheim* § 2 Rn. 105). 51

Komplexe **Spielregeln** können schutzfähig sein. Der Schutz von Spielregeln kann sich dabei sowohl auf die sprachliche Ausgestaltung der Spielregeln beziehen, als auch auf deren **phantasievollen Ablauf,** den Inhalt der Spielregeln. Die Rechtsprechung hat bspw. die 52

Spielregeln zu einem Gewinnspielautomaten als schutzfähig angesehen (OLG Düsseldorf GRUR 1990, 263, 265 – Automatenspielplan). Der Inhaltsschutz ist bei einfachen, alltäglichen Spielregeln jedoch nicht gegeben (Dreier/Schulze/*Schulze* § 2 Rn. 104).

53 **Werbeaussagen** können grds. bei entsprechender Individualität urheberrechtlich geschützt sein (LG Köln ZUM-RD 2012, 45, 47). Sie sind es aber nur selten. Die Werbewirksamkeit und Schlagkraft der Werbeaussage führt für sich genommen nicht zum Urheberrechtsschutz (*Traub* GRUR 1973, 186, 187; Fromm/Nordemann/*A. Nordemann* § 2 Rn. 117; Dreier/Schulze/*Schulze* § 2 Rn. 106; *Wegner/Wallenfels/Kaboth* 1. Kap. Rn. 33). Da es sich bei Werbeaussagen meist um sehr kurze Äußerungen handelt, fehlt meist der notwendige Grad an Gestaltungshöhe (s. Rn. 28). Dieser ist bei Werbeaussagen im Hinblick auf das **erhebliche Freihaltebedürfnis** nicht zu niedrig anzusetzen. Nimmt man die urheberrechtliche Schutzfähigkeit kurzer Werbeformulierungen an, so würde dies zu einer Behinderung der Wettbewerber führen, die in der Auswahl von Werbeformeln zu sehr beschränkt werden würden. Die Zahl knapper Werbeaussagen über Produkte ist begrenzt. Mit der Rechtsprechung sind deshalb strenge Anforderungen an den urheberrechtlichen Schutz von Werbeaussagen zu stellen. Die Rechtsprechung hat für folgende Werbeaussagen den Schutz verneint „Hamburg geht zu E..." (OLG Braunschweig GRUR 1955, 205, 206 – Hamburg geht zu E...); „JA... JACoBi" (OLG Stuttgart GRUR 1956, 481, 482 – Jacobi; „Wir fahr'n, fahr'n, fahr'n auf der Autobahn" (OLG Düsseldorf GRUR 1978, 640, 641 – „fahr'n auf der Autobahn"); „Das aufregendste Ereignis des Jahres" (OLG Frankfurt a. M. GRUR 1987, 44 – WM-Slogan; LG München I ZUM 2001, 722, 724 – Find your own Arena). Werbeaussagen können einen gewissen Schutz gegen Nachahmung aus dem Wettbewerbsrecht erlangen (s. Rn. 159 ff.; Schricker/Loewenheim/*Loewenheim* § 2 Rn. 116; Harte/Henning/*Sambuc* § 4 Nr. 9 UWG Rn. 106: untergeordnete Bedeutung, da der Nachahmer die Erkennung des Konkurrenten vermeiden und sein eigenes Unternehmen identifiziert wissen will).

54 Beiträge in **Zeitungen** und **Zeitschriften** sind meist urheberrechtlich geschützt (zu **Agenturmeldungen** § 38 Rn. 10), ebenso Zeitungsanzeigen bezüglich deren optischer bzw. sprachlicher Darstellung (OLG München NJW-RR 1994, 1258). Die große Spannbreite an Möglichkeiten, über ein bestimmtes Thema zu berichten oder einen Sachverhalt darzustellen, führt dazu, dass die Beiträge meist eine persönliche geistige Schöpfung nach § 2 Abs. 2 darstellen (BGH GRUR 1997, 459, 460 – CB-Info Bank I). Es ist jedoch stets eine fallbezogene Einzelbetrachtung anzustellen, da viele sachbezogene Texte nicht die notwendige Individualität für den Urheberrechtsschutz haben. Ein die Funktionsweise einer Software beschreibenden Artikel in einer Fachzeitschrift muss z. B. deutlich über alltägliche Beschreibungen herausragen, um urheberrechtlich geschützt zu sein (OLG Düsseldorf ZUM 2003, 496 – Softwarebeschreibung). Der in den Beiträgen mitgeteilte sachliche Inhalt nimmt am Urheberrechtsschutz jedoch nicht teil (s. Rn. 38). Des Weiteren genießt ein Artikel, der im Wesentlichen nur als Zusammenfassung eines vorveröffentlichten Artikels eines anderen Urhebers zu werten ist, keinen Schutz (LG München I ZUM 2007, 164, 165 f.).

Um ein eigenes verwandtes Schutzrecht für journalistische Beiträge im Online-Bereich handelt es sich bei dem **Leistungsschutzrecht für Presseverleger,** da es neben dem bestehenden rechtlichen Schutz der Urheber gewährt wird. Die neu eingefügten §§ 87f–87h gewähren den Presseverlegern ein ab Veröffentlichung einjähriges ausschließliches Recht, das Presseerzeugnis oder Teile hiervon zu gewerblichen Zwecken öffentlich zugänglich zu machen, so dass gewerbliche Suchmaschinenbetreiber wie Google oder Bing und Anbieter von mit Suchmaschinen vergleichbaren Diensten, insbesondere News-Aggregatoren, Lizenzen für die Nutzung von Presseerzeugnissen erwerben müssen. Anders als im früheren Gesetzesvorschlag erfasst das Leistungsschutzrecht jedoch nicht einzelne Wörter oder kleinste Textausschnitte, so dass die Überschrift einer Meldung und der Teaser in der Regel nicht erfasst werden (zu den Einzelheiten s. §§ 87f–h; kritisch zum Leistungsschutzrecht *Ohly* WRP 2012, 41, *Kaufmann* MMR-aktuell 2012, 333 708).

§ 2 Geschützte Werke   55, 56 § 2 UrhG

Bei **Bühnenwerken** ist zu unterscheiden zwischen den Werken, die einer Aufführung 55
zugrunde liegen, und den hinzutretenden künstlerischen Beiträgen der an der Erarbeitung
der Aufführung beteiligten Künstler. Bei Ersteren handelt es sich um Sprachwerke
(z. B. Bühnendrama als Text der Literatur) i. S. d. § 2 Abs. 1 Nr. 1, Werke der Musik
(z. B. Partitur einer Oper, Operette) i. S. d. § 2 Abs. 1 Nr. 2 oder pantomimische bzw. choreografische Werke (z. B. Tanztheater, Ballett) i. S. d. § 2 Abs. 1 Nr. 3, welche zuweilen als
Werkverbindung i. S. d. § 9 anzusehen sind (vgl. Schricker/Loewenheim/*Loewenheim* § 2
Rn. 96). Im Zuge der Erarbeitung der Aufführung treten zu diesen Werken aber regelmäßig Werke anderer Künstler hinzu, wie z. B. das **Bühnenbild** als Werk der bildenden Kunst
i. S. d. § 2 Abs. 1 Nr. 4. Seit langem umstritten ist, ob der Theaterregisseur im Rahmen
seiner Regietätigkeit ein eigenständiges **Inszenierungswerk** schafft, welches entweder als
Bearbeitung nach § 3 (s. § 3 Rn. 26) oder als eigenständiges Werk sui generis nach § 2
Abs. 2 geschützt sein kann. Die Rechtsprechung und ältere Literatur lehnt ein eigenständiges Urheberrecht des Regisseurs überwiegend ab (OLG Koblenz UFITA 70 (1974) 332 –
Liebeshändel in Chioggia; OLG Frankfurt a. M. GRUR 1976, 199 – Götterdämmerung;
Fromm/Nordemann/*A. Nordemann* § 2 Rn. 96; *Ulmer* 160; *Krüger-Nieland* UFITA 64
(1972) 129 ff.; *Depenheuer* ZUM 1997, 734; Schricker/Loewenheim/*Loewenheim* § 3
Rn. 22 m. w. N.), der BGH hat die Frage bisher offen gelassen (BGH GRUR 1971, 35, 37
– Maske in Blau). Richtigerweise wird man in Übereinstimmung mit der in der Literatur
heute überwiegenden Meinung (zuletzt *Grunert* ZUM 2001, 210, 213 ff. m. w. N.; *Kurz*
13. Kap. Rn. 44; Fischer/Reich/*Reich*, Künstler § 3 Rn. 22; *Hieber* ZUM 1997, 17 ff.;
Erdmann FS Nirk 209, 228; *Dietz* FuR 1976, 816, 820; *Schmieder* UFITA 63 (1972) 133 ff.)
und neueren Tendenzen in der Rechtsprechung (LG Frankfurt a. M. UFITA 77 (1976) 278
– Götterdämmerung; LG Leipzig ZUM 2000, 331 ff. – Csárdásfürstin; anders dann OLG
Dresden ZUM 2000, 955 ff. – Csárdásfürstin, allerdings mit deutlicher Sympathie für ein
Urheberrecht des Regisseurs, eingehend zu den Urteilen *Grunert* ZUM 2001, 210 ff.) wegen der künstlerischen Eigenständigkeit der Tätigkeit des Regisseurs und den von diesem
zu treffenden künstlerisch-ästhetischen Entscheidungen über die konkrete Form der Darstellung (vgl. *Grunert* KUR 2000, 128, 131 f.; *Raschèr* 63 ff., 98 ff.) regelmäßig ein eigenständiges Inszenierungswerk anzuerkennen haben, wenn die künstlerische Leistung des
Regisseurs gegenüber anderen Regieleistungen die erforderliche Individualität aufweist
(*Grunert* KUR 2000, 128, 132 f.; Dreyer/Kotthoff/Meckel/*Dreyer* § 2 Rn. 257; ähnlich
Dreier/Schulze/*Schulze* § 3 Rn. 23: Bearbeitung; zur Frage der Inszenierung als Bearbeitung § 3 Rn. 26; zum Schutz der Regieleistung vor Änderungen § 39 Rn. 32; zum Leistungsschutzrecht des Theaterregisseurs im Übrigen § 73 Rn. 18 und § 75 Rn. 8).

Wissenschaftliche Register oder **Apparate** können als Sprachwerk geschützt sein 56
(BGH GRUR 1980, 227, 231 – Monumenta Germaniae Historica; BGH GRUR 1987,
704 – Warenzeichenlexika; KG GRUR 1991, 596, 597 – Schopenhauer-Ausgabe). **Briefe,
Schriftsätze, Gebrauchsanleitungen, Merkblätter** und andere sprachliche Äußerungen
des täglichen Lebens können bei Vorliegen einer persönlichen geistigen Schöpfung ebenfalls geschützt sein. Sie müssen hierzu aber, wie es die Rechtsprechung ausdrückt, Phantasie und Gestaltungskraft aufweisen (BGH GRUR 1986, 739, 741 – Anwaltsschriftsatz;
BGH GRUR 1987, 166 – AOK-Merkblatt; BGH GRUR 1993, 34, 36 – Bedienungsanweisung; LG Berlin ZUM 2005, 842, 843 – **Host Providing-Mustervertrag**). Ein **Wanderführer** kann i. S. d. § 2 Abs. 1 Nr. 1 geschützt sein, sofern er sein individuelles Gepräge
entscheidend durch die sprachliche Gestaltung der einzelnen Routenvorschläge erhält, indem er z. B. zusätzliche Beschreibungen in naturkundlicher, kulturhistorischer oder sonstiger Bezugnahme enthält (OLG Köln ZUM-RD 2003, 537 ff.). Bei einem Gebrauchszwecken dienenden wissenschaftlichen Werk sind aber keine besonderen Anforderungen an
den Grad der Individualität zu stellen, so dass auch hier die „kleine Münze" geschützt ist
(OLG Nürnberg GRUR 2002, 607 – Patienten-Merkblätter). Durchschnittliche, einfache
Briefe genießen keinen Schutz (BGHZ 31, 308, 311 – Alte Herren; Urheberrechtsschutz

bejaht in: KG GRUR-RR 2002, 313 – Das Leben, dieser Augenblick; LG Berlin ZUM-RD 2007, 423, 424). Gleiches gilt für **Tagebücher** (KG GRUR 1973, 603, 604 – Hauptmann-Tagebücher; Urheberrechtsschutz bejaht in: BGHZ 249, 255 – Cosima Wagner; KG GRUR-RR 2002, 313 – Das Leben, dieser Augenblick; *Wegner/Wallenfels/Kaboth* 1. Kap. Rn. 30). Der Schutz privater Briefe oder Tagebücher gegenüber einer ungewollten Veröffentlichung oder Entstellung kann sich aber aus dem allgemeinen Persönlichkeitsrecht ergeben (BGHZ 31, 308, 311 – Leserbrief; Fromm/Nordemann/*A. Nordemann* § 2 Rn. 74; Vor §§ 12 ff. Rn. 18 ff.).

57   **Ausschreibungsunterlagen** sind nur ausnahmsweise als Sprachwerk geschützt. Sie sind häufig durch die technischen Vorgaben und Sachzwänge geprägt und besitzen deshalb für eine persönliche geistige Schöpfung nicht genügend Spielraum (BGH GRUR 1984, 659, 661 – Ausschreibungsunterlagen; Schricker/Loewenheim/*Loewenheim* § 2 Rn. 88; a. A. Fromm/Nordemann/*A. Nordemann* § 2 Rn. 72). Im Einzelfall können sie aber durchaus Urheberrechtsschutz erlangen, wenn sie bspw. eine schöpferische Struktur und Anordnung des Inhalts aufweisen. Bei **wissenschaftlichen Texten,** die sich unter Verwendung von Fachbegriffen mit einer bestimmten Materie auseinandersetzen, nimmt die Rechtsprechung einen Urheberrechtsschutz des Textes zwar an, geht aber von einem nur sehr geringen Schutzumfang aus. So hat der Bundesgerichtshof bei einer wissenschaftlichen **Staatsexamensarbeit** eine Urheberrechtsverletzung verneint, obgleich die Gliederungsstruktur und eine Vielzahl von Formulierungen der Arbeit entlehnt worden waren (BGH GRUR 1981, 352, 354 ff. – Staatsexamensarbeit; anders aber das LG Köln für im Medizinerpraktikum gestellte Multiple-Choice-Klausuren ZUM 2000, 597). Das OLG Düsseldorf (ZUM 2003, 496 ff.) lehnte urheberrechtlichen Schutz für eine Präsentation diverser Softwareprodukte als Gebrauchstext in einem für eine Computerzeitschrift bestimmten journalistischen Text ab. Für die Annahme der Schutzfähigkeit forderte es, dass dessen Darstellung das Alltägliche oder Handwerksmäßige deutliche überragen muss.

58   **Literatur** ist in der Regel als Sprachwerk geschützt. Im Bereich der künstlerischen Literatur hat der Urheber die volle Schaffensfreiheit. In der Rechtsprechung ist die Tendenz zu erkennen, dass die Anforderungen für den Urheberrechtsschutz im Bereich von literarischen Sprachwerken niedriger angesetzt werden als bei wissenschaftlichen oder technischen Werken. Der Schutz einer **literarischen Figur** als Sprachwerk kommt in Betracht, wenn die Figur durch eine unverwechselbare Kombination äußerer Merkmale, Charaktereigenschaften, Fähigkeiten und typischen Verhaltensweisen beschrieben wird (BGH, Urteil v. 17.7.2013 – I ZR 52/12 – Pipi Langstrumpf).

59   **Allgemeine Geschäftsbedingungen** können Urheberrechtsschutz genießen, wenn sie sich von der großen Zahl der alltäglichen Klauselformulierungen abheben. Die meisten benutzten AGBs sind aber keine Sprachwerke. Nicht geschützt sind nämlich die **juristischen Standardformulierungen** (OLG Brandenburg GRUR-RR 2010, 273, 274 – Dienstleistungsvertrag). Urheberrechtsschutz darf nicht dazu führen, dass knappe und zutreffende rechtliche Formulierungen, die durch die Rechtslage, den sachlichen Regelungsgehalt und die sachspezifischen Anforderungen an die Materie geprägt sind, durch den Urheberrechtsschutz monopolisiert werden (LG München I GRUR 1991, 50, 51 – Geschäftsbedingungen; Schricker/Loewenheim/*Loewenheim* § 2 Rn. 91).

60   Die Beispiele zu **Computerprogrammen** sind bei § 69a kommentiert (§ 69a Rn. 2 ff.). **Benutzeroberflächen von Computerprogrammen** können als Sprachwerke geschützt sein (zum Schutz als wissenschaftliche oder technische Darstellungen s. Rn. 131 ff.; zum Schutz als Computerprogramm § 69a Rn. 14). Enthält die Benutzeroberfläche schöpferische Formulierungen, denen eine individuelle Gestaltung von Texten zugrunde liegt, so ist ein Sprachwerk gegeben (Schricker/Loewenheim/*Loewenheim* § 2 Rn. 114). Sofern die schöpferische Leistung sich auf die Form der **grafischen Darstellung** bezieht, liegt kein Sprachwerk, sondern eine nach § 2 Abs. 1 Nr. 7 geschützte wissenschaftliche oder technische Darstellung vor. In Betracht kommt der Urheberrechts-

§ 2 Geschützte Werke 61–63 § 2 UrhG

schutz von Oberflächen von Computerprogrammen auch als Werk der angewandten Kunst nach § 2 Abs. 1 Nr. 4, wenn die bildnerische Gestaltung der Oberfläche im Vordergrund steht. Was für Computerprogramme gilt, trifft ebenso auf **Apps** (als Kurzform für Applikation bzw. application) zu. Apps sind Anwendungsprogramme, insbesondere für Smartphones und Tablet-Computer, die über ein herstellerspezifisches Online-Portal bezogen und installiert werden können.

Homepages kann auch Schutz als Sprachwerk zukommen (vgl. die zusammenfassende Darstellung in Rn. 156), soweit die zum Ausdruck gelangende Sprache einen hinreichenden eigenschöpferischen Gehalt aufweist. Der exaktere Begriff ist **Webseite/Website**, da der Begriff Homepage nur die zentrale Ausgangsseite/Hauptseite bezeichnet. Ist eine Homepage so gestaltet, dass sie durch gezielten Einsatz von Reizworten und Sprache in der Reihenfolge der Suchergebnisse einer Suchmaschine höherrangig auftaucht, liegt hierin kein Werk eigenschöpferische Gestaltung, sondern eine urheberrechtlich schutzlose, alleine nach Zweckmäßigkeitsgesichtspunkten ergebnisorientierte Gestaltungsleistung (ebenso *Ott* WRP 2008, 393, 405f.; unzutreffend daher OLG Rostock CR 2007, 737, 738).

Fernsprechbücher, Branchenverzeichnisse, Adressbücher und entsprechende digi- 61 talisierte Dateien sind grds. urheberrechtlich nicht schutzfähig (BGH GRUR 1999, 923, 924 – Tele-Info-CD; OLG Hamburg ZUM 1989, 43 – Gelbe Seiten; Fromm/Nordemann/*A. Nordemann* § 2 Rn. 67; Dreier/Schulze/*Schulze* § 2 Rn. 100; *Wegner/Wallenfels/Kaboth* 1. Kap. Rn. 32). Die in ihnen enthaltenen Informationen sind frei und müssen jedermann zugänglich sein (BGH NJW 1999, 2898; BGH GRUR 1961, 31ff. – Fernsprechbuch; OLG Frankfurt CR 1997, 275, 276 – D-Info 2.0). Die Schutzfähigkeit kann aber in Bezug auf eine besondere, von der gängigen Darstellungsform abweichende Gestaltung gegeben sein (OLG Hamburg ZUM 1989, 43, 45 – Gelbe Seiten). Die Übernahme von Daten aus Fernsprechbüchern zur Erstellung eines Konkurrenzproduktes kann unter dem Gesichtspunkt der Ausbeutung fremder Leistung nach § 1 UWG wettbewerbswidrig sein (OLG Hamburg ZUM 1989, 43, 45 – Gelbe Seiten; OLG Karlsruhe ZR 1997, 149 – D-Info 2.0; OLG Frankfurt CR 1997, 275, 276 – D-Info 2.0; LG Hamburg CR 1997, 21 – D-Info 2.0; s. auch Rn. 160ff.). Die zitierten Entscheidungen betreffen die Fallkonstellation, dass ein Wettbewerber die Adressdaten aus Telefon- und Adressbüchern in eine digitalisierte Form überführte und auf CD-ROM verbreitete.

Alltägliche **Formulare, Tabellen, Vordrucke** u. ä. Texte sind nur ausnahmsweise ur- 62 heberrechtlich geschützt (OLG Düsseldorf GRUR ZUM 2003, 496, 499 – Gebrauchstext für Computersoftware). Die ältere Rechtsprechung, die gerade auch bei schlichteren Texten dieser Art Urheberrechtsschutz bejaht hat, kann nur mit großer Zurückhaltung heute noch herangezogen werden (so RGZ 121, 357, 361f. – Rechentabellen; RGZ 143, 412, 416). Entgegen der Auffassung des Reichsgerichts reicht es nicht aus, dass der Text einen hohen Grad an geschäftlicher Erfahrung, Gewandtheit oder Wirtschafts- bzw. Rechtskenntnis zum Ausdruck bringt. Solange sich diese Fähigkeit nicht in einer individuellen Form der Darstellung niedergeschlagen hat, sind die Sachtexte nicht urheberrechtlich geschützt (OLG Brandenburg GRUR-RR 2010, 273, 274 – Dienstleistungsvertrag; Fromm/Nordemann/*A. Nordemann* § 2 Rn. 80). Ein gewisser Nachahmungsschutz der Erzeugnisse kann sich aber aus dem **ergänzenden wettbewerbsrechtlichen Leistungsschutz** ergeben (BGH GRUR 1972, 127 – Formulare; Schricker/Loewenheim/*Loewenheim* § 2 Rn. 98; *Wegner/Wallenfels/Kaboth* 1. Kap. Rn. 31). Die gleichen Grundsätze gelten für andere Erzeugnisse wie **Werbeunterlagen, Preislisten, Kundenrundschreiben und Merkblätter** (BGH GRUR 1987, 166 – AOK-Merkblatt).

Nicht amtliche Leitsätze können urheberrechtlich geschützte Bearbeitungen nach § 3 63 der gerichtlichen Entscheidungen darstellen, auf die sie sich beziehen (BGH GRUR 1992, 382, 384 – Leitsätze; OLG Köln GRUR 1989, 821, 822 – Entscheidungsleitsätze; *Fischer* NJW 1993, 1228; Fromm/Nordemann/*A. Nordemann* § 2 Rn. 88; Schricker/Loewenheim/*Loewenheim* § 2 Rn. 101). Die Rechtsprechung lässt in diesem Bereich ein geringeres Maß

64 Lexika und **Wörterbücher** sind meist wegen der individuellen Auswahl und Vermittlung der darin enthaltenen Informationen als Sprachwerke urheberrechtlich geschützt. Der Urheberrechtsschutz bezieht sich nicht auf die Informationen selbst (BGH GRUR 1987, 704, 705; LG Berlin AfP 1994, 62, 63). Nicht amtliche, technische **Normenwerke** (z. B. **DIN-Normen, VDE-Vorschriften, VDS-Vorschriften, VOB**) stellen i. d. R. persönliche geistige Schöpfungen dar (BGH GRUR 1984, 117, 118 – VOB/C; Fromm/Nordemann/*A. Nordemann* § 2 Rn. 77). Ihr Schutz scheitert nach der Gesetzesreform vom 13.9.2003 nicht mehr an § 5 (die Rechtsprechung hat diese Normen von ihrer Funktion her als amtlichen Werken gleichgestellte Sprachwerke aufgefasst (BGH GRUR 1990, 1003 – DIN-Normen). § 5 Abs. 3 bestimmt, dass das Urheberrecht an privaten Normwerken bestehen bleibt, auch wenn Gesetze auf sie verweisen. Bei technischen Regelwerken kann die schöpferische Leistung nicht nur in der Art der Sammlung, Auswahl, Einteilung und Anordnung des Stoffs, sondern auch in der sprachlichen Vermittlung eines komplexen technischen Sachverhalts liegen (BGH GRUR 2002, 958, 959 – Technische Lieferbedingungen). **Dienstanweisungen** werden i. d. R. keinen Urheberrechtsschutz haben. Sie sind typischerweise knapp und sachbezogen gefasst und bieten ihrer Natur nach wenig Spielraum für eine ästhetische Gestaltung. Über das Übliche herausragende Dienstanweisungen können jedoch urheberrechtlich geschützt sein.

65 d) **Titelschutz.** Werktitel haben meist keinen Urheberrechtsschutz. Wegen ihrer Kürze fehlt es bei Werktiteln häufig an einer persönlichen geistigen Schöpfung, so dass der urheberrechtliche Titelschutz praktisch die Ausnahme ist. Nur verhältnismäßig wenige Werktitel genießen Urheberrechtsschutz als Sprachwerk oder als Bestandteil des Gesamtwerkes (RGZ 135, 209, 212; zum Schutz von Werkteilen Rn. 42 ff.). Die Rechtsprechung hat den Titel „Der Mensch lebt nicht vom Lohn allein" bspw. als schutzfähig angesehen (OLG Köln GRUR 1962, 534 – Der Mensch lebt nicht vom Lohn allein). Der betagten Entscheidung ist mit Vorsicht zu begegnen. Der Urheberrechtsschutz für vergleichbare Titel dürfte abzulehnen sein. Die Schutzfähigkeit verneint hat die Rechtsprechung für Titel wie „Sherlock Holmes" (BGHZ 26, 52, 60 – Sherlock Holmes), „Der siebte Sinn" (BGH GRUR 1977, 543, 544 – Der 7. Sinn) sowie „Verschenktexte" (BGH GRUR 1990, 218, 219 – Verschenktexte).

66 Für die urheberrechtliche Schutzfähigkeit des Titels ist es nicht genügend, dass dieser einen **originellen Gedanken** oder einen **Wortwitz** enthält. Eine persönliche geistige Schöpfung nach § 2 Abs. 2 ist nur gegeben, wenn der Titel eine **wirklich individuelle sprachliche Gestaltung** darstellt. Die ältere Rechtsprechung dürfte bei der Anerkennung des Urheberrechtsschutzes für Werktitel teilweise zu großzügig gewesen sein. Tatsächlich dürfte ein Satz wie „Der Mensch lebt nicht vom Lohn allein" nicht schutzfähig sein, da ihm eine individuelle Gestaltung fehlt, die über das ganz Alltägliche hinausgeht. **Obersätzen** von Übersetzungen kann insofern urheberrechtlicher Schutz zukommen, sofern die Rekonstruktion dem Editor genügend Gestaltungsraum an z. B. lückenhaften Stellen für ein individuelles schöpferisches Tätigwerden belässt (*Gounalakis* GRUR 2004, 996, 997).

67 Der **Titelschutz** ergibt sich in erster Linie aus dem **Markengesetz.** Die Vorschriften der §§ 5, 15 MarkenG regeln die Schutzfähigkeit und den Schutzumfang von Werktiteln (im Einzelnen: *Ingerl/Rohnke* § 5 MarkenG Rn. 1 ff., § 15 MarkenG Rn. 1 ff.; *Fezer* § 5 MarkenG Rn. 1 ff., § 15 MarkenG Rn. 1 ff.). Der Schutz von Werktiteln kann sich weiter aus § 12 BGB (Namensschutz) ergeben. Zum eigenständigen Leistungsschutzrecht für Teile von Presseerzeugnissen vgl. Rn. 54.

2. Werke der Musik

68 a) **Begriff des Musikwerkes.** Werke der Musik werden durch **Töne** ausgedrückt. Der Begriff des Musikwerkes ist weit auszulegen. Die Töne können auf jede erdenkliche Weise erzeugt werden. Sie können durch die menschliche Stimme, Musikinstrumente, elektronische oder mechanische Geräte, Tiergeräusche, Naturgeräusche oder andere Schallquellen geschaffen werden.

Ein **Musikwerk** ist nicht an die Beachtung bestimmter Tontheorien oder Lehren gebunden (Möhring/Nicolini/*Ahlberg* § 2 Rn. 11; Schricker/Loewenheim/*Loewenheim* § 2 Rn. 120; Dreier/Schulze/*Schulze* § 2 Rn. 135). Urheberrechtlichen Schutz können auch Musikwerke haben, die anerkannte Theorien und Lehren nicht anwenden. Beispiele für Musikwerke sind Opern, Operetten, Symphonien, Kammermusik, Lieder, Jazz, Popmusik, Schlager, Filmmusiken oder freie Improvisationen. Der Schutz eines Musikwerkes entsteht mit der Äußerung der Schöpfung. Diese kann in der **Niederlegung** des Musikstückes in Noten oder auf einem Tonträger liegen. Sie kann aber auch, bspw. bei **Improvisationen,** durch die Darbietung geschehen (LG München I GRUR Int. 1993, 82, 83 – Duo Gismonti-Vasconcelos). Eine Fixierung des Musikwerkes ist für den Urheberrechtsschutz nicht erforderlich (Fromm/Nordemann/*A. Nordemann* § 2 Rn. 129; Schricker/Loewenheim/ *Loewenheim* § 2 Rn. 120; Möhring/Nicolini/*Ahlberg* § 2 Rn. 12; Dreier/Schulze/*Schulze* § 2 Rn. 135). **69**

b) Anforderungen an geschützte Musikwerke. Ein Musikwerk ist eine persönliche geistige Schöpfung, wenn eine **individuelle Komposition** vorliegt. Die schöpferische Leistung bei Musikwerken kann sich aus der Gestaltung der Melodie, dem Aufbau der Tonfolgen, der Rhythmisierung, der Instrumentierung und der Orchestrierung ergeben (BGH GRUR 1991, 533, 535 – Brown Girl II; BGH GRUR 1968, 321, 324 – Haselnuss; OLG München ZUM 1992, 202, 203; LG Hamburg ZUM 2001, 443, 444 – Klingelton für Handys; *Schwenzer* ZUM 1996, 584, 586). Auf die künstlerische Bedeutung des Musikstückes kommt es für die Beurteilung der Schutzfähigkeit nicht an (BGH GRUR 1991, 533 – Brown Girl II; BGH GRUR 1988, 810, 811 – Fantasie; BGH GRUR 1988, 812, 814 – Ein bisschen Frieden; BGH GRUR 1981, 267, 268 – Dirlada; BGH GRUR 1968, 321, 325 – Haselnuss). **70**

Die Rechtsprechung stellt bei der Beurteilung von Musikwerken als **Beurteilungsmaßstab** auf die Auffassung der mit Musik vertrauten und hierfür aufgeschlossenen Verkehrskreise ab, wobei die Gestaltungshöhe laut BGH nicht zu hoch angesetzt werden darf (BGH GRUR 1981, 267, 268 – Dirlada; BGH GRUR 1988, 811 – Fantasy; LG München I ZUM 2003, 245, 247). Als entscheidend sieht die Rechtsprechung dabei den **Gesamteindruck des Musikstückes** an, wobei sich die Individualität eines Musikstückes aus einer Kombination der Elemente oder aber aus einzelnen Gestaltungsmitteln ergeben kann. So kann die Schutzfähigkeit bspw. alleine auf der Individualität des Rhythmus basieren (BGH GRUR 1991, 533, 535 – Brown Girl II; BGH GRUR 1981, 267, 268 – Dirlada; OLG München ZUM 1992, 202, 203 – Schlager). Schutzfähig ist in der Regel das **Thema** oder das **musikalische Motiv** eines Musikwerkes (Schricker/Loewenheim/*Loewenheim* § 2 Rn. 125). Keinen urheberrechtlichen Schutz genießen **einzelne Töne oder Akkorde** (*Schack* Rn. 219; G. *Schulze* ZUM 1994, 15, 17; v. *Gamm* § 2 Rn. 19; Dreier/ Schulze/*Schulze* § 2 Rn. 136) wie z.B. die ein- oder mehrfache Wiederholung von Tonfolgen (LG München I ZUM 2003, 245, 247). Töne und Akkorde müssen im Interesse der Allgemeinheit frei bleiben (*Schack* Rn. 219; *Hertin* GRUR 1989, 578). Damit greift das so genannte **Sound-Sampling**, bei dem Ausschnitte verschiedener Musikwerke zerschnitten und neu kombiniert werden, nicht in die Urheberrechte an den benutzten Werken ein, wenn die entnommenen Tonfolgen wegen ihrer Kürze jeweils nicht urheberrechtlich geschützt sind (*Schack* Rn. 220; *Hoeren* GRUR 1989, 11, 13; Fromm/Nordemann/*A. Nordemann* § 2 Rn. 127; Schricker/Loewenheim/*Loewenheim* § 2 Rn. 125; Loewenheim/ *Czychowski* § 9 Rn. 70). **71**

Im Bereich des **Sound-Sampling** entsteht ein geschütztes Werk, wenn in der Kombination der benutzten Tonfolgen eine schöpferische Leistung liegt. Aus dem Grundsatz, dass **72** der Urheberrechtsschutz von Musikwerken nicht an bestimmte Tonquellen gebunden ist, folgt, dass als Tonquellen auch Ausschnitte aus fremden Werken in Betracht kommen (*Spieß* ZUM 1991, 524; Schricker/Loewenheim/*Loewenheim* § 2 Rn. 128; Fromm/Nordemann/ *A. Nordemann* § 2 Rn. 127; krit. *Schorn* GRUR 1989, 579f.; *Hertin* GRUR 1989, 578; *Hoeren* GRUR 1989, 11, 13; *G. Schulze* ZUM 1994, 15, 17; *Müller* ZUM 1999, 555; Loewenheim/*Czychowski* § 9 Rn. 70). Auch die Einbeziehung von **Zufallselementen,** bspw. durch den Einsatz von Computern, steht der Schutzfähigkeit eines Werkes nicht entgegen, wenn neben den ungesteuerten Elementen schöpferische Handlungen hinzutreten, die das Werk gestalten und prägen.

73　Keine Musikwerke sind **musikalische Lehren** bspw. zur Harmonik, Melodik oder Rhythmik (LG Berlin ZUM 1999, 252, 254 f.; Schricker/Loewenheim/*Loewenheim* § 2 Rn. 122; Dreier/Schulze/*Schulze* § 3 Rn. 24). Auch theoretische Abhandlungen über Musik sind keine Musikwerke, sondern gegebenenfalls Sprachwerke nach § 2 Abs. 1 Nr. 1. Ebenso besteht grds. kein urheberrechtlicher Schutz für **Erkennungszeichen** wie z. B. akustische Signale oder Pausezeichen (Dreier/Schulze/*Schulze* § 2 Rn. 137). Der Schutz von Hörzeichen kann sich aus dem Markenrecht ergeben (§ 3 Abs. 1 MarkenG). So kann eine musikalische Tonfolge, die die allgemeinen Schutzvoraussetzungen einer Hörmarke erfüllt, beim Deutschen Patent- und Markenamt als Hörmarke angemeldet werden (Loewenheim/ *Czychowski* § 9 Rn. 61). Wegen ihrer zunehmenden Länge und Komplexität kommt der Schutz von **Handyklingeltönen** durch das Urheberrecht in Betracht. Viele neuere Handyklingeltöne genießen wegen ihrer individuellen Gestaltung Urheberrechtsschutz (LG Hamburg ZUM 2005, 483, 484; LG Hamburg ZUM 2005, 485, 486; OLG Hamburg ZUM 2002, 480 – Handyklingeltöne; *v. Einem* ZUM 2005, 540, 541; zum änderungsrechtlichen Schutz vorbestehender Musikwerke bei Verwendung als Handyklingelton s. § 39 Rn. 35).

3. Pantomimische und choreografische Werke

74　**a) Begriff und Schutzvoraussetzungen.** Das Urheberrechtsgesetz benutzt den Begriff Pantomime als Oberbegriff. Die Werke der Tanzkunst werden als Unterfall eines pantomimischen Werkes angesehen. Sachlich ist die Einordnung im Gesetz nicht zutreffend (*Murza* 61). Die Vorschrift umschließt pantomimische Werke im engeren Sinne, die eine Handlung durch stumme Gebärden und Mimik zum Ausdruck bringen. Das Ausdrucksmittel eines pantomimischen Werkes nach § 2 Abs. 1 Nr. 3 ist die **Körpersprache.** Urheberrechtlichen Schutz genießt eine bestimmte Abfolge von **Bewegungen, Gebärden** oder **Mimik,** die Ausdruck einer persönlichen geistigen Schöpfung ist (LG München I GRUR 1979, 852, 853 – Gospel; *Obergfell* ZUM 2005, 621, 622; Schricker/Loewenheim/*Loewenheim* § 2 Rn. 130; Loewenheim/*Schlatter* § 9 Rn. 88; *Schack* Rn. 223). Die Gesetze der Pantomime (z. B. Inklination und Toque des Körpers) sind gemeinfrei (Rannow/*Wandtke* 40, 42). Die Bestimmung erfasst weiter die Tanzkunst, deren Wesen **choreografische Werke** mit und ohne Musik darstellen. Choreografische Werke sind nicht nur auf Bewegung, Schritte, Technik und Gebärden zu reduzieren (LG Essen UFITA 18 (1954) 243, 247 f.; *Wandtke* ZUM 1991, 115 ff.; Schricker/Loewenheim/*Loewenheim* § 2 Rn. 130), sondern sie sind tänzerische Kompositionen, die als Raum- und Bewegungschoreografien rhythmisch, metrisch und tempogebend gestaltet und für das Auge objektiv wahrnehmbar sind (Rannow/*Wandtke* 40, 44). Unabhängig von der künstlerischen Qualität und vom Genre, Stil oder Umfang gilt dies für alle Arten von choreografischen Werken. Liegt das Element eigenständiger künstlerischer Prägung in einer gestalterischen Originalität vor, so kann man von einer individuell-schöpferischen Gestaltung der Tanzkomposition ausgehen. Urheberrechtlich unerheblich ist der Ort der Darstellung eines choreografischen Werkes (z. B. Theater, Marktplatz, Probebühne, Gewerberaum; so auch *Obergfell* ZUM 2005, 621, 624). Ebenso wenig ist ein geschlossener Handlungsablauf maßgeblich (Rannow/ *Wandtke* 40, 44; *Wandtke* ZUM 1991, 115, 120). Die Abgrenzung zwischen den verschiedenen Werkarten, die § 2 Abs. 1 Nr. 3 erfasst, ist von praktischer Bedeutung (*Wandtke*

ZUM 1991, 115; *Murza* 56). So kann von Bedeutung sein, ob ein pantomimisches oder ein choreografisches Werk oder nur eine tänzerische Leistung vorliegt.

Der Schutz eines pantomimischen oder choreografischen Werkes hängt nicht von einer Festlegung auf einem materiellen Träger ab. Ein improvisiertes pantomimisches oder choreografisches Werk ist schutzfähig (Schricker/Loewenheim/*Loewenheim* § 2 Rn. 130; Loewenheim/*Schlatter* § 9 Rn. 89).

Der Urheberrechtsschutz bei pantomimischen und choreografischen Werken hängt von der originellen Vielfalt der Bewegungs- und Körpersprache ab. Er bezieht sich auf die **Gestaltungsformen** mit den Mitteln der Bewegung, Gebärden und Mimik. Entscheidend ist nicht, was dargestellt wird, sondern welche Gestaltungsformen zum Ausdruck gebracht werden. Im Einzelfall können pantomimische Elemente mit dem choreografischen Werk verbunden sein (z. B. „La fille mal gardée"). Umgekehrt können choreografische Elemente in einem pantomimischen Werk einfließen (z. B. „Der Mantel" von Marcel Marceau).

Pantomimische und choreografische Werke können, müssen aber nicht **Bühnenwerke** darstellen (*Schlatter-Krüger* GRUR Int. 1985, 299, 306). Sie werden in § 2 Abs. 1 Nr. 3 aufgeführt, so dass § 19 Abs. 2 Anwendung findet.

b) Sportliche Leistungen, akrobatische Leistungen und Tanz. Nicht als pantomimische oder choreografische Werke geschützt sind sportliche Darbietungen (Loewenheim/ *Schlatter* § 9 Rn. 90). Auch wenn sie **körperliche Höchstleistungen** abfordern, einen hohen Grad an **technischer Perfektion** aufweisen oder ein Mannschaftsspiel **geschickten Strategien** folgt, fehlt es bei sportlichen Leistungen generell an einer persönlichen geistigen Schöpfung i. S. v. § 2 Abs. 2 (*Krumow* 30; differenzierend: *Murza* 137). Sportliche Leistungen, wie z. B. Fußball, Handball, Weitsprung u. a. beruhen auf Gesetzmäßigkeiten, die diesen Sportarten zugrunde liegen. Sie bringen keine künstlerischen Formgebungen zum Ausdruck, die dem Urheberrechtsschutz zugänglich sind (*Wandtke* ZUM 1991, 115, 118). Das Urheberrechtsgesetz schützt damit keine sportlichen Veranstaltungen. Eine Vermarktung von sportlichen Leistungen und deren Aufzeichnungen, etwa von Fußball- oder Tennisspielen, kann nicht über eine urheberrechtliche Lizenzierung erfolgen. Es bedarf eines Rückgriffs auf das Hausrecht oder das allgemeine Persönlichkeitsrecht (*Berbel/Engels* WRP 2005, 191, 194).

Bei **akrobatischen Leistungen** ist zu differenzieren. Stellen diese in erster Linie eine sportliche Umsetzung einer bekannten Aufgabe oder Figur dar, liegt kein urheberrechtlich geschütztes Werk vor. Besitzt eine akrobatische Leistung aber wegen ihrer **Choreografie** eine künstlerisch-tänzerische Qualität, die neben oder vor den sportlichen Aspekt tritt, so ist die Darbietung auch urheberrechtlich geschützt (BGH GRUR 1960, 604, 605 – Eisrevue I; BGH GRUR 1960, 606 – Eisrevue II; OLG Köln GRUR-RR 2007, 263 – Arabeske; *Schlatter-Krüger* GRUR Int. 1985, 299).

Gestaltungsformen des **Volkstanzes,** die seit Jahrhunderten von Generation zu Generation übertragen werden, sind gemeinfrei; ebenso gilt dies für die Sprache des Tanzes wie z. B. das Vokabular der Tanzschritte, der Drehungen und Sprünge und deren Lehren wie z. B. die des klassischen Balletts oder des modernen Tanzes (Rannow/*Wandtke* 40, 42). Entscheidend ist nicht, dass sie als überliefertes Kulturgut keine persönlichen geistigen Schöpfungen darstellen sollen (so Schricker/Loewenheim/*Loewenheim* § 2 Rn. 131), sondern dass sie gemeinfrei sind. An überlieferten pantomimischen Werken ist der Urheberrechtsschutz schon deshalb ausgeschlossen, weil die Schutzfrist abgelaufen ist. Werden allerdings einzelne Ausschnitte aus bekannten Tänzen in schöpferischer Weise neu zusammengestellt und hieraus ein Werk geschaffen, so kann Urheberrechtsschutz gegeben sein (OLG München UFITA 74 (1975) 320, 322 – Brasilianer).

4. Werke der bildenden Kunst

a) Begriffe und Systematik. Das Urheberrechtsgesetz benutzt den Begriff Werke der bildenden Kunst als **Oberbegriff**. Es fallen darunter alle zwei- oder dreidimensionalen

Gestaltungen, die ihren ästhetischen Gehalt durch Ausdrucksmittel wie Farbe, Linie, Fläche, Raumkörper und Oberfläche zum Ausdruck bringen (Fromm/Nordemann/*A. Nordemann* § 2 Rn. 137; Schricker/Loewenheim/*Loewenheim* § 2 Rn. 136). Der Begriff der bildenden Kunst in § 2 Abs. 1 Nr. 4 erfasst die reine bildende Kunst, die Baukunst und die angewandte Kunst.

82 Der Schutz von **Entwürfen** von Werken der bildenden Kunst ergibt sich bereits aus den allgemeinen Grundsätzen (s. Rn. 41). Die ausdrückliche Nennung von Entwürfen in § 2 Abs. 2 Nr. 4 besitzt deshalb nur klarstellende Funktion.

83 Der im Urheberrechtsgesetz gewählte Weg, alle Kunstarten, die sich der gleichen **Ausdrucksmittel** bedienen, unter den Oberbegriff „bildende Kunst" zu fassen, besitzt den Vorzug, dass auf die im Einzelfall oft schwierige Abgrenzung zwischen den Werkarten verzichtet werden kann.

84 Ein urheberrechtlich geschütztes Werk der bildenden Kunst liegt vor, wenn der Urheber **die bezeichneten Ausdrucksmittel zur Formgestaltung eingesetzt** hat und das Werk eine persönliche geistige Schöpfung nach § 2 Abs. 2 darstellt (Fromm/Nordemann/*A. Nordemann* § 2 Rn. 137; Schricker/Loewenheim/*Loewenheim* § 2 Rn. 137; *Wegner/Wallenfels/Kaboth* 1. Kap. Rn. 39 f.). Die Rechtsprechung verlangt dabei eine **Gestaltungshöhe** des Werkes, so dass nach der Auffassung der Kunstempfänglichen und mit Kunstanschauungen einigermaßen vertrauten Verkehrskreise von einer künstlerischen Leistung gesprochen werden kann (BGH GRUR 1957, 391, 393 – Ledigenheim; BGH GRUR 1959, 289, 290 – Rosenthal-Vase; BGH GRUR 1972, 38, 39 – Vasenleuchter; BGH GRUR 1979, 332, 336 – Brombeerleuchte; KG Berlin ZUM 2001, 590, 591 – Urheberrechtsschutz für Gartenanlage). Keine Werke der bildenden Kunst sind daher einfache, alltägliche und vorbekannte Gestaltungen ohne ein Mindestmaß von Individualität und Aussagekraft für den Betrachter, auch wenn die Herstellung möglicherweise zeitaufwendig war (OLG Hamburg ZUM 2004, 386, Handy-Logos I).

85 Eine allgemein gültige **Definition** des Begriffs bildende Kunst ist nicht notwendig. Sie wäre auch nicht möglich, da eine befriedigende Erklärung des Phänomens Kunst nicht gelungen ist (*Schack* Rn. 225; *Bullinger* 22; Schricker/Loewenheim/*Loewenheim* § 2 Rn. 134; BVerfG NJW 1985, 261, 262 – Anachronistischer Zug).

86 **b) Werke der reinen bildenden Kunst.** Werke der bildenden Kunst im engeren Sinne sind Werke, die keinem funktionellen Gebrauchszweck dienen (Dreyer/Kotthoff/Meckel/*Dreyer* § 2 Rn. 222). Der ästhetische Ausdruck des Werkes steht im Mittelpunkt. Die Zweckfreiheit des Werkes gibt dem Urheber einen weitgehenden Spielraum, einem Werk eigenpersönliche Züge zu verleihen. Die meisten Werke der reinen bildenden Kunst sind deshalb urheberrechtlich geschützte Werke.

87 Bei Werken, die in den klassischen Medien wie **Zeichnung, Bildhauerei, Malerei** oder **Druckgrafik** geschaffen sind, ist eine persönliche geistige Schöpfung des Urhebers meist einfach festzustellen. Dies gilt nicht nur für die Werke von professionellen bildenden Künstlern, sondern auch für die Laienkunst. Der Einsatz dieser Medien verlangt eine Umsetzung der Vorstellung des Urhebers in die zweidimensionale Ebene oder plastische Form, die mit einer schöpferischen Leistung verbunden ist, wenn der Urheber nicht eine bloße Kopie eines anderen Werkes anfertigt. Bei Werken, die mit dem **Computer** erzeugt sind, ist entscheidend, ob der Nutzer das Werk durch individuelle Steuerung der bildnerischen Elemente geschaffen hat. Der Schutz ist dann gegeben. Auf das Ausdrucksmittel kommt es nicht an. Die Schutzfähigkeit fehlt, wenn der Nutzer lediglich vorgelieferte Bestandteile eines Computerprogramms zur Erstellung des Objekts nutzt (Einzelheiten s. Rn. 93).

88 Die Frage der Schutzfähigkeit bereitet im Bereich der reinen bildenden Kunst ausnahmsweise Schwierigkeiten, wenn künstlerische Konzepte und **unkonventionelle Ausdrucksformen** Grenzbereiche ausloten. Die urheberrechtliche Schutzfähigkeit von bedeutenden Kunstwerken wird deshalb teilweise in Frage gestellt (Schricker/Loewenheim/

Loewenheim § 2 Rn. 150; *Rau* 10). Probleme ergeben sich bspw. bei Werken der **konkreten Kunst** oder der **minimal art**. Es handelt sich dabei um Kunstwerke, die sich durch die Reduktion ihrer Formen oder Farben auszeichnen. So wird bspw. angeführt, dass eine rechteckige blaue Bildtafel dem Urheberrechtsschutz nicht zugänglich sei, da diese Grundform nicht durch den Urheberrechtsschutz monopolisiert werden dürfe. Dem ist entgegen zu halten, dass die persönliche geistige Schöpfung i. S. v. § 2 Abs. 2 bei einem solchen Werk in der konkreten Entscheidung über das Bildformat, die Farbnuance, die Oberflächenstruktur und die Pigmenteigenschaft liegen kann. Die gezielte Verwendung dieser Elemente in der bestimmten Zusammensetzung führt zu einem individuellen Werk, das geschützt ist. Der Schutzumfang eines solchen Werkes ist jedoch gering. So bleibt das Malen von Bildern frei, die eine rechteckige blaue Fläche darstellen (Schricker/Loewenheim/*Loewenheim* § 2 Rn. 150; s. Rn. 33 ff.; Dreier/Schulze/*Schulze* § 2 Rn. 154). Eine Monopolisierung von Grundelementen des bildnerischen Schaffens findet nicht statt.

Die meisten Werke der reinen bildenden Kunst, die von der Literatur im Bezug auf ihren Urheberrechtsschutz krit. betrachtet werden, enthalten tatsächlich aber individuelle Gestaltungen. Sie sind dem Urheberrechtsschutz zugänglich. So ist bspw. das viel zitierte schwarze Quadrat auf weißem Grund von Malewitsch, ein Schlüsselwerk des Suprematismus, eine hoch sensible Zeichnung, an deren Individualität kein Zweifel besteht. Das Werk ist nicht einfach eine beliebige schwarze Fläche auf einem beliebigen weißen Grund. Die sprachliche Beschreibung „schwarzes Quadrat auf weißem Grund" erfasst nicht die künstlerische Dimension des Werkes.

Bei der Beantwortung der Frage nach dem Urheberrechtsschutz bedarf es in **Zweifelsfällen** der sensiblen Untersuchung des Originalwerkes. Wie das Beispiel Malewitsch zeigt, ist Vorsicht geboten, ein Werk auf einfache sprachliche Beschreibungen über den Darstellungsgegenstand zu reduzieren. Diese sind häufig nicht geeignet, dem Werk gerecht zu werden. Es bedarf stattdessen der Überprüfung aller gestalterischen Elemente des Originalwerkes durch den Beurteiler. Eine genauere Untersuchung belegt, dass auch Werke der Gegenwartskunst, die vorgefundene Objekte oder Werke Dritter mit einbeziehen, in der Regel zugleich eine Gestaltung durch den bildenden Künstler erfahren haben. Eine persönliche geistige Schöpfung liegt bspw. vor, wenn der Künstler Jeff Koons **vorgefundene Modelle** aus dem Trivialbereich in der Größe verzerrt und in Edelstahl gießt. Eine solche Überführung der Form in ein neues Material beruht auf einer künstlerischen Entscheidung, die dem neu entstandenen Werk einen hohen Grad an Individualität verleiht. Die Gegenstände erhalten durch die künstlerischen Eingriffe eine neue Bedeutungsebene.

Nur in wenigen Fällen präsentieren Künstler unverändert vorgefundene Objekte ohne jede weitere Gestaltung als Kunstwerke. Bei solchen **ready-mades** im wörtlichen Sinn ist der Urheberrechtsschutz nicht gegeben, da die Auswahl des Gegenstandes für sich alleine genommen noch keine persönliche geistige Schöpfung nach § 2 Abs. 2 darstellt (s. Rn. 15, 21; Dreier/Schulze/*Schulze* § 2 Rn. 154). Die kunstgeschichtliche Bewertung solcher Objekte ist unabhängig von der Frage des Urheberrechtsschutzes (Schricker/Loewenheim/*Loewenheim* § 2 Rn. 2 und 150; Dreier/Schulze/*Schulze* § 2 Rn. 149). Den Urheberrechtsschutz eines solchen Objektes zu verneinen, bedeutet nicht, es herabzuwürdigen.

Werke der bildenden Kunst i. S. v. § 2 Abs. 1 Nr. 4 können mit beliebigen Mitteln geschaffen sein. Medien wie **Fotografie, Performance, Video, Computerkunst** und **Mischformen** von Werkarten, die bspw. Klänge mit einbeziehen, treten neben die klassischen Ausdrucksmittel. So sind bspw. die Installationen von Jenny Holzer, die laufende Texte auf Leuchttafeln zeigen, Werke der bildenden Kunst und nicht etwa Sprachwerke. Auf das Material, aus dem Werke geschaffen werden, kommt es nicht an (*Schack* Kunst und Recht Rn. 222; Schricker/Loewenheim/*Loewenheim* § 2 Rn. 145; Loewenheim/ *G. Schulze* § 9 Rn. 100; Dreier/Schulze/*Schulze* § 2 Rn. 152).

Computerbilder können als Werke der bildenden Kunst geschützt sein. Für die rechtliche Bewertung ist es unerheblich, ob der Urheber zur Erstellung eines Bildes traditionelle

Medien wie Stift oder Pinsel benutzt oder aber elektronische Tools. Entscheidend ist, dass der Urheber in beiden Fällen ein inneres Bild mit einem Hilfsmittel, das auch elektronischer Natur sein kann, materialisiert. Die Formgebung erfolgt auch bei dem Computerbild unmittelbar durch den Urheber, der bspw. die „Maus" für die Zeichnung auf dem Bildschirm führt oder ein Programm beschreibt. Benutzt der Urheber vorgefertigte grafische Bestandteile, so kann eine bloße Bearbeitung oder Umgestaltung der vorgefundenen, von anderen geschaffenen Elementen gegeben sein. In den beschriebenen Fällen liegt kein Lichtbildwerk vor (ebenso: *A. Nordemann* 65; *Maaßen* ZUM 1992, 338, 340; *Reuter* GRUR 1997, 23, 27; Schricker/Loewenheim/*Vogel* § 72 Rn. 21; a.A. *G. Schulze* CR 1988, 181, 190ff.; *Wiebe* GRUR Int. 1990, 21, 32; *Koch* GRUR 1991, 180, 184ff.; OGH ZUM-RD 2001, 224, 227; Fromm/Nordemann/*A. Nordemann* § 72 Rn. 8). Es fehlt an dem Element einer fotomechanischen Wiedergabe von Gegenständen. Entgegen der Ansicht von *Schulze* (Dreier/Schulze/*Schulze* § 2 Rn. 200; ebenso: OLG Hamburg GRUR 1983, 436, 437 – Puckman; OLG Karlsruhe CR 1986, 723, 725 – Videospiel; OLG Hamm ZUM 1992, 99; BayObLG GRUR 1992, 508; Schricker/Loewenheim/*Loewenheim* § 2 Rn. 181; ablehnend: OLG Frankfurt GRUR 1983, 753, 756 – Pengo) ergibt sich das gegenteilige Ergebnis nicht aus dem Vergleich mit Videospielen, die zu Recht entsprechend den Filmwerken geschützt werden. Das Filmwerk zeichnet sich durch die laufenden Bilder aus und ist nicht durch die fotomechanische Entstehung der darin enthaltenen Einzelbilder definiert. Die Behandlung von Computerbildern als Lichtbildwerke ist auch deshalb abzulehnen, da ansonsten einfache Computerbilder wie Lichtbilder nach § 72 behandelt werden müssten. Es ist nicht zu rechtfertigen, einfachen Computergrafiken den leistungsrechtlichen Schutz aus § 72 zuzuerkennen. Für **Homepagegestaltungen** vgl. die Ausführungen unter Rn. 156.

94   c) **Trivialkunst/Comic.** Als Werke der bildenden Kunst können **Trivialfiguren** wie z.B. Mecki Igel, eine naive Darstellung eines Igels mit menschlichen Zügen, geschützt sein (BGH GRUR 1958, 500, 501 – Mecki Igel I; BGH GRUR 1960, 251, 252 – Mecki Igel II; OLG Frankfurt GRUR 1984, 520 – Schlümpfe). Auf den künstlerischen Wert der Figuren kommt es nicht an. Entscheidend ist alleine, dass sie die notwendige Schöpfungshöhe nach § 2 Abs. 2 besitzen. Daher sind Handy-Logos, die zwar in der Herstellung möglicherweise sehr zeitaufwendig sind, nicht schutzfähig, wenn es sich bei den Logos um banale, alltägliche und bekannte Darstellungen ohne ein Mindestmaß an Individualität und Aussagekraft handelt (OLG Hamburg ZUM 2004, 386 – Handy-Logos I).

95   Weiter können **Comicfiguren** und **Comicgeschichten** nach § 2 Abs. 2 Nr. 4 geschützt sein (Schricker/Loewenheim/*Loewenheim* § 2 Rn. 149). Einzelne Comicfiguren sind mit ihren prägenden Merkmalen auch gegen Übernahmen geschützt, die die Figuren in einem anderen Kontext, einer neuen Haltung oder aus einer anderen Perspektive zeigen (BGH GRUR 1995, 47, 48 – rosaroter Elefant; BGH GRUR 1994, 191 – Asterixpersiflagen; BGH GRUR 1994, 206 – Alcolix; OLG Hamburg ZUM 1989, 305, 306 – Schlümpfe-Parodie; *G. Schulze* ZUM 1997, 77; s. auch § 88 Rn. 25). Nicht zum geschützten Bereich gehören dagegen Gestaltungsmerkmale, bei denen es sich um bloße comictypische Übertreibungen handelt (BGH GRUR 2004, 855ff. – Hundefigur). Zur Benutzung einer Comicfigur in einem parodistischen neuen Werk s. § 24 Rn. 14.

Virtuelle Spielfiguren, sog. **Avatare**, können je nach Erscheinungsbild und Gestaltungshöhe wie Comicfiguren Schutz genießen (LG Köln MMR 2008, 556).

96   d) **Werke der angewandten Kunst.** Werke der angewandten Kunst besitzen einen **Gebrauchszweck.** Es sind Gegenstände, die bestimmten Aufgaben dienen, zugleich aber künstlerisch gestaltet sind. Sie müssen eine persönliche geistige Schöpfung nach § 2 Abs. 2 darstellen, um Schutz zu genießen (BGH GRUR 1995, 581, 582 – Silberdistel; BGH GRUR 1959, 289, 290 – Rosenthal-Vase; BGHZ 27, 351, 354 – Candida-Schrift; BGHZ 22, 209, 215 – Europapost; OLG Hamburg ZUM-RD 2002, 176 178 – Kinderhochstuhl;

OLG Celle 13. Zivilsenat v. 2.3.2000, 13 U 280/98, Zitat nach JURIS; Fromm/Nordemann/*A. Nordemann* § 2 Rn. 146 ff.; Schricker/Loewenheim/*Loewenheim* § 2 Rn. 158). Der Übergang von Werken der angewandten Kunst zu Werken der reinen bildenden Kunst ist fließend. Bspw. können künstlerisch gestaltete **Glasvasen** oder **Keramiken** in erster Linie Kunstobjekte darstellen. Für den bildenden Künstler kann das Sujet „Vase" oder „Teller" nur Anlass dafür sein, ein reines Kunstwerk zu schaffen. Die bemalten Teller von Pablo Picasso sind bspw. Werke der reinen bildenden Kunst.

Im Bereich der angewandten Kunst stellte die Rechtsprechung bislang **höhere Anforderungen** an das Vorliegen einer persönlichen geistigen Schöpfung nach § 2 Abs. 2 als bei Werken der reinen Kunst (BGH ZUM 2012, 36, 38 – Seilzirkus; BGH GRUR 2004, 941 – Metallbett; BGH GRUR 1995, 581, 582 – Silberdistel; nun aufgegeben durch BGH, Urt. v. 13.11.2013, Az. I ZR 143/12, BeckRS 2013, 22507 – Geburtstagszug). So versagte die Rechtsprechung einer Gestaltung urheberrechtlichen Schutz, wenn sie allein auf technisch bedingten Merkmalen beruht (BGH ZUM 2012, 36, 38 – Seilzirkus). Dazu gehörten auch Merkmale, die frei wählbar oder austauschbar sind (vgl. BGH GRUR 2010, 80, 82 – LIKEaBIKE). Als Folge des relativ strengen Maßstabs der Rechtsprechung erlangten Designergegenstände nur selten urheberrechtlichen Schutz (*Gottschalk* 149). Aus dem Urheberrechtsgesetz selbst ergibt sich für die unterschiedliche Behandlung kein Anhaltspunkt (*v. Gamm* 116 ff. m. w. N.). Urheberrechtsschutz und Geschmacksmusterschutz (jetzt: Designschutz) können nebeneinander bestehen, so dass eine Abgrenzung der Schutzbereiche nicht notwendig ist (Eichmann/v. Falckenstein/*Eichmann* GeschmMG Allg. Rn. 32, § 50 Rn. 1). Die Rechtsprechung leitet die höher angesetzte Schutzuntergrenze bei Werken der angewandten Kunst dennoch aus dem Verhältnis des Urheberrechts zum **Geschmacksmusterschutz** ab (vgl. BGH ZUM 2012, 36, 38 – Seilzirkus; BGH GRUR 2004, 941 – Metallbett; BGH GRUR 1995, 581, 582 – Silberdistel). Nach Auffassung der Rechtsprechung steht der Anwendung verschiedener Maßstäbe der einheitliche Werkbegriff des Urheberrechts nicht entgegen (BGH GRUR 2004, 941 – Metallbett; BGH GRUR 1995, 581, 582 – Silberdistel). Gegen diese Auffassung spricht, dass das Geschmacksmusterrecht für die kleine Münze der angewandten Kunst ein eigenes, spezielles System bereithält. Der geringere Schutzumfang und die kürzere Schutzdauer sind für die vom Geschmacksmusterrecht erfassten Werke angemessen und ausreichend (*Nordemann/Heise* ZUM 2001, 128, 139; *Koschtial* GRUR 2004, 555 ff.; *Loewenheim* GRUR Int. 2004, 765 m. w. N.). Der Schutz der „kleinen Münze" soll auch für die angewandte Kunst gelten (a. A. KG CR 2005, 672 m. w. N.), wenn ein Werk keinen Geschmacksmusterschutz in Anspruch nehmen kann, weil es sich – wie bei einem Plakat als Gebrauchsgrafik – nicht um ein gewerbliches Muster handelt (OLG Jena GRUR-RR 2002, 379 – Rudolstädter Vogelschießen).

e) **Urheberrechtsschutz und Designrecht.** Mit dem Geschmacksmustergesetz (GeschmMG) v. 12.3.2004 (seit 1.1.2014: Designgesetz – DesignG) wurde in Deutschland die Geschmacksmuster-Richtlinie 98/71/EG v. 13.10.1998 (ABl. L 289, 28) umgesetzt (*Wandtke/Ohst* GRUR Int. 2005, 91, 92). Daneben gilt seit 2002 auch autonom die Gemeinschaftsgeschmacksmusterverordnung (GGV). Durch die Verordnung wurde ein neben dem GeschmMG koexistentes und gemeinschaftsweit gültiges Geschmacksmusterrecht geschaffen. Urheber- und Geschmacksmusterrecht greifen im Bereich der angewandten Kunst ineinander. Die Abgrenzung beider kann schwierig sein. Im Hinblick auf den **Schutzgegenstand** schützt das neue Geschmacksmusterrecht nunmehr ein **zwei- oder dreidimensionales Muster** oder ein **Erzeugnis** als industriellen oder handwerklichen Gegenstand, einschließlich **Verpackung, Ausstattung, grafischer Symbole** und **typografischer Schriftzeichen** sowie **Einzelteile**, die zu einem komplexen Erzeugnis zusammengebaut werden sollen (§ 1 Ziff. 1, 2 DesignG). Es setzt die Neuheit und Eigenart des Musters oder des Erzeugnisses voraus, nicht die individuelle künstlerische Gestaltung (§ 2 Abs. 1 DesignG; BGH GRUR 2004, 941 – Metallbett; BGH WRP 2000, 1312, 1314 – 3 Speichen-

Felgenrad; BGH GRUR 1995, 581, 582 – Silberdistel; BGH GRUR 1983, 377, 378 – Brombeermuster). **Bei den Schutzvoraussetzungen** entsteht der Designschutz **nach dem DesignG** anders als der Urheberrechtsschutz nicht mit der Schöpfung des Erzeugnisses, sondern nur, wenn das Muster beim DPMA im Register eintragen ist (§ 27 Abs. 1 DesignG). Damit entsteht ein ausschließliches Recht, welches die Nutzung des Geschmacksmusters ohne Zustimmung verbietet. Wenn vor dem Anmeldetag kein identisches Muster offenbart ist, ist die Neuheit i. S. d. Geschmacksmusterrechts gegeben (Dreier/Schulze/*Schulze* § 2 Rn. 176), wobei „offenbart" bedeutet, dass die jeweiligen Fachkreise in der EU Kenntnis von dem vorveröffentlichten Formenschutz haben und gerade nicht erst auf das Inland abgestellt werden soll (BT-Drucks. 15/1075, 35). Das Geschmacksmusterrecht beinhaltet ein Recht mit Sperrwirkung, d. h. dass auch Dritten unabhängig vom Kenntnisstand hinsichtlich des geschützten Musters die Nachahmung untersagt ist (§ 38 Abs. 1 DesignG; Dreier/Schulze/*Schulze* § 2 Rn. 174). **Ohne Anmeldung** ist auch ein Schutz des Geschmackmusters nach Art. 11 Abs. 1, 19 Abs. 2 GGV möglich. Voraussetzung hierfür ist lediglich die Offenbarung in einem Mitgliedstaat. Hieraus besteht dann ein Schutz gegen Nachahmungen für drei Jahre (vgl. hierzu *Rahlf/Gottschalk* GRUR Int. 2004, 821 ff.). Urheber- und Geschmacksmusterschutz können auch an einem Gegenstand **nebeneinander bestehen.** Ein Werk der angewandten Kunst, das die notwendige Schöpfungshöhe nach § 2 Abs. 2 besitzt, kann zusätzlich als Design angemeldet und eingetragen werden. Es genießt dann Schutz aus dem Urheber- und dem Geschmacksmusterrecht (vgl. BGH GRUR 2004, 941, 942 – Metallbett; OLG Düsseldorf ZUM-RD 2001, 385, 388 – Spannring; Dreier/Schulze/*Schulze* § 2 Rn. 174). Oftmals werden auch die Schranken des Urheberrechts Wirkungen für das Designrecht entfalten (*G. Schulze* FS Ullmann 93, 106). Im Lichte der Geschmacksmuster-Richtlinie ist die vom Bundesverfassungsgericht bestätigte Rechtsprechung des BGH (BVerfG ZUM 2005, 387), wonach eine Stufenprüfung zwischen Design und Urheberrecht vorhanden sein soll, nicht mehr aufrecht zu erhalten. Der für die Rechtsprechungslinie seinerzeit für das Stufenverhältnis ursächliche gleiche Ansatz bei Urheberrecht und Geschmacksmusterrecht ist nicht mehr gegeben. Das Verhältnis hat sich gelöst (so nun auch BGH, Urt. v. 13.11.2013, Az. I ZR 143/12, BeckRS 2013, 22507 – Geburtstagszug; noch offengelassen in BGH ZUM 2012, 36, 40 – Seilzirkus; *Nordemann/Heise* ZUM 2001, 128, 144) und an Stelle der Gestaltungshöhe kommt es heute beim Geschmacksmuster auf den Grad der Unterschiedlichkeit an (Eichmann/v. Falckenstein/*Eichmann* GeschmMG § 2 Rn. 12). Der Doppelschutz bleibt auch europaweit möglich (*Wandtke/Ohst* GRUR Int. 2005, 91, 94). In der **Schutzdauer** liegt ein wesentlicher Unterschied zwischen Urheber- und Designrecht. Zwar sieht das DesignG eine Schutzdauer von 25 statt bisher 20 Jahren ab der Eintragung vor, der Urheberrechtsschutz überragt dies jedoch mit den geltenden 70 Jahren *post mortem auctoris* um ein Vielfaches.

99 f) **Beispiele für Werke der angewandten Kunst.** Trivialkunst wie **Nippesfiguren, Tierfiguren,** die der **Unterhaltung** dienen, werden vielfach den Werken der Gebrauchskunst zugeordnet (Schricker/Loewenheim/*Loewenheim* § 2 Rn. 165). Nach dieser Auffassung ist die Schutzgrenze für die Figurendarstellungen damit höher anzusetzen, als bei gleichartigen Figuren, die Werke der reinen bildenden Kunst darstellen (s. Rn. 86 ff.). Das Ergebnis ist nicht richtig. Auch Trivialfiguren dienen ausschließlich der ästhetischen Anschauung. So hat die Nippesfigur keine Gebrauchsfunktion im eigentlichen Sinne, sondern sie stellt bildende Kunst in Form von Massenware auf niedrigerem Niveau dar. Es ist sachgerecht, solche Schöpfungen als Werke der bildenden Kunst im engeren Sinne anzusehen und damit für figürliche Darstellungen ein einheitliches Maß an Gestaltungshöhe zu verlangen. Dies gilt auch für Spielzeugfiguren. Den Schutz einer 6,5 cm hohen Engelstatuette aus Bronze bejaht sehr ausführlich OLG Düsseldorf GRUR-RR 2008, 117, 119 f.

100 **Möbel, Lampen, Sitze** und **Regale** können urheberrechtlich geschützt sein, wenn sie eine persönliche geistige Schöpfung nach § 2 Abs. 2 darstellen. Die Rechtsprechung hat

§ 2 Geschützte Werke 101–104 § 2 UrhG

den urheberrechtlichen Schutz für ungewöhnlich gestaltete Lampen mehrfach bejaht (BGH GRUR 1972, 38, 39 – Vasenleuchter; BGH GRUR 1979, 332, 336 – Brombeerleuchte; OLG Düsseldorf GRUR 1954, 417 – Knickfaltlampe; OLG Düsseldorf GRUR 1993, 903, 906 – Bauhausleuchte; OLG Hamburg ZUM 1999, 481 – Bauhausleuchte; KG ZUM 2005, 820, 821 – Wagenfeld Tischleuchte; Fromm/Nordemann/*A. Nordemann* § 2 Rn. 170). Gleiches gilt für künstlerisch gestaltete Möbel, insb. Sitzmöbel (BGH GRUR 1987, 903 – Le Corbusier Möbel; BGH GRUR 1961, 635, 637 – Stahlrohrstuhl I; BGH GRUR 1974, 740, 741 – Sessel; KG GRUR 1996, 968 – Möbelnachbildungen; OLG Hamburg, Urt. v. 21.8.2002, 5 U 217/01 – Tripp-Trapp-Stuhl; OLG Düsseldorf ZUM-RD 2002, 419 – Breuer-Hocker). Der Urheberrechtsschutz setzt voraus, dass die Form des Musters oder Erzeugnisses nicht nur durch seine technische Funktion, sondern auch durch seine ästhetische Gestaltung geprägt ist. Denkbar ist auch, dass **Schiffsformen** und **-aufbauten** dem Urheberrechts- und Geschmacksmusterschutz zugänglich sein können.

Modeschöpfungen, Schmuckstücke und **andere Textil- und Papiergestaltungen** 101 können ausnahmsweise urheberrechtlich geschützt sein. Die Rechtsprechung hat die Schutzfähigkeit von ausgefallenen Modeschöpfungen als Werke der angewandten Kunst teilweise angenommen (BGH GRUR 1984, 453 – Hemdblusenkleid; BGH GRUR 1973, 478, 479 – Modeneuheit; BGHZ 16, 4, 6 – Mantelmodell; LG Leipzig ZUM 2002, 315, 316 – Hirschgewand), teilweise verneint (BGH GRUR 1983, 377, 378 – Brombeermuster; BGH GRUR 1967, 315, 316 – skai-cubana; Fromm/Nordemann/*A. Nordemann* § 2 Rn. 176). Die meisten Modeschöpfungen sind nicht urheberrechtlich geschützt. Grds. wird Modekreationen nur ein kurzfristiger wettbewerbsrechtlicher Schutz von ein bis zwei Saisons zugebilligt (BGH GRUR 1998, 477, 478 – Trachtenjanker mit Anm. *Sambuc;* Loewenheim/G. *Schulze* § 9 Rn. 115), der über den Schutz als Modeneuheit ausgedehnt werden kann, sofern ebenfalls eine vermeidbare Herkunftstäuschung i.S.d. § 4 Nr. 9a UWG vorliegt (Dreier/Schulze/*Schulze* § 2 Rn. 170; Köhler/Bornkamm/*Köhler* § 4 UWG Rn. 9.43, zur Nachahmung kurzlebiger Modeerzeugnisse 9.67; vgl. auch Harte/Henning/*Sambuc* § 4 Nr. 9 UWG Rn. 37 ff.).

Werbegrafik kann grds. Urheberrechtsschutz genießen. Künstlerisch individuell gestal- 102 tete Werbung in **Prospekten** oder **Anzeigen** kann als Werk der angewandten Kunst geschützt sein (Fromm/Nordemann/*A. Nordemann* § 2 Rn. 189). Es lassen sich wegen der Vielfalt der Erzeugnisse keine generellen Aussagen treffen. Schlichte Alltagswerbegrafik ist allerdings nicht urheberrechtlich geschützt (LG Oldenburg GRUR 1987, 235 – Preishammer). Ebenso wenig genießen einfache Anzeigengestaltungen Urheberrechtsschutz (OLG Düsseldorf AfP 1997, 645, 647 – Anzeigengestaltung; *Schricker* GRUR 1996, 815, 820). Die Schutzfähigkeit fehlt auch dann, wenn es sich lediglich um eine gelungene, originelle Darstellung handelt, die aber den Bereich der Durchschnittsgestaltung nicht übersteigt (OLG Stuttgart v. 24.7.2002 – 4 U 48/02 – Laufendes Auge, in *Zentek* 258 ff.).

Für **Schriftzeichen** hat die Rechtsprechung den Werkcharakter bisher durchgehend 103 verneint (BGHZ 22, 209, 219 – Europapost). Gleiches gilt für **Musiknoten** (BGH GRUR 1986, 895 – Notenstichbilder; *Hanser-Strecker* UFITA 93 (1982) 13). **Banknoten** und **Briefmarken** können unter § 2 Abs. 1 Nr. 4 fallen (LG München I GRUR 1987, 436 – Briefmarken; zu Banknoten *Häde* ZUM 1991, 536, 539; Fromm/Nordemann/*A. Nordemann* § 2 Rn. 156).

Homepage-Gestaltungen können als Werke der angewandten Kunst geschützt sein. 104 Voraussetzung hierfür ist, dass die Internetseite von ihrer Gestaltung nicht nur durch die Gebrauchsfunktionen der Seite geprägt ist, sondern darüber hinaus eine künstlerisch-ästhetische Gestaltung aufweist (OLG Hamm GRUR-RR 2005, 73, 74 – Web-Grafiken; OLG Düsseldorf, MMR 1999, 729, 732; OGH ZUM-RD 2002, 133, 135; Dreyer/Kotthoff/Meckel/*Kotthoff* § 87a Rn. 18; Dreier/Schulze/*Schulze* § 2 Rn. 234; *Ott* ZUM 2004, 357, 358; *Grunert/Ohst* KUR 2001, 8, 10). Es gelten dieselben Maßstäbe für die Schutzfähigkeit wie bei der Werbegrafik (s. Rn. 102). Je individueller und komplexer eine

Webseite aufgebaut ist, umso eher wird sie die erforderliche Gestaltungshöhe aufweisen; je mehr sie mit Standardsoftware aus vorgegebenen Elementen erstellt wurde, desto weniger wird dies der Fall sein (*Grunert/Ohst* KUR 2001, 8, 10; dem folgend OGH ZUM-RD 2002, 133, 135). Geht die Gestaltung der Webseite nicht über das hinaus, was bei ordnungsgemäßer Erstellung eines Internetauftritts handwerklich zu leisten ist, ist urheberrechtlicher Schutz zu versagen (OLG Celle BeckRS 2012, 7006). Neben dem Schutz als Werke angewandter Kunst kann Schutz als Multimediawerk bestehen (vgl. hierzu Rn. 156). Auf der Homepage enthaltene Texte, Zeichnungen, Bilder, Fotos und Musikstücke können jeweils für sich genommen Urheberrechtsschutz genießen (vgl. ebenso Rn. 156; zum möglichen Schutz als Sammelwerk s. § 4 Rn. 14 ff.; Fromm/Nordemann/*A. Nordemann* § 2 Rn. 116).

105 **Handy-Logos** können als Werk gem. § 2 Abs. 1 Nr. 4 urheberrechtlichen Schutz genießen, da zur bildenden Kunst jeder Gegenstand gehört, der einen das ästhetische Empfinden ansprechenden Gehalt durch die Gestaltung von Flächen, Körpern oder Räumen ausdrückt. Es darf sich bei einem solchen Logo nicht um bloß einfache, alltägliche, vorbekannte Darstellungen handeln, die keinerlei individuelle Züge tragen bzw. keine Aussagekraft besitzen (OLG Hamburg ZUM 2004, 386, 386; OLG München ZUM 2005, 759, 760).

106 **g) Werke der bildenden Kunst und Markenrecht.** Marken können bei einer entsprechenden künstlerischen Gestaltung urheberrechtlich geschützt sein. Das einer Marke enthaltene Zeichen ist nichts anderes als eine unterscheidungskräftige Grafik, der ein Bild (Bildmarke), manchmal auch eine Plastik (dreidimensionale Marke) zugrunde liegt. Ist eine Marke urheberrechtlich geschützt, so bestehen das Markenrecht und das Urheberrecht **nebeneinander** (*Wandtke/Bullinger* GRUR 1997, 573; *Schack* Kunst und Recht Rn. 210; Fromm/Nordemann/*A. Nordemann* Einl. Rn. 83). Fallen Markeninhaber und Urheber auseinander, so bedarf der Markeninhaber eines urheberrechtlichen Nutzungsrechts, um ein bestimmtes Zeichen als Marke benutzen zu dürfen. Ein Musikstück kann als Klangmarke und daneben urheberrechtlich geschützt sein.

107 Es ist möglich, auch **vorbestehende Werke der reinen bildenden Kunst** nachträglich als Marke anzumelden und zwar auch dann, wenn die urheberrechtliche Schutzfrist abgelaufen ist. Markenrecht und Urheberrecht verfolgen unterschiedliche Schutzzwecke (*Wandtke/Bullinger* GRUR 1997, 573). Die Marke bildet einen Herkunftshinweis und hat Werbefunktion. Wird ein **gemeinfrei** gewordenes Werk der bildenden Kunst als Marke angemeldet oder wird eine urheberrechtlich geschützte Marke durch Ablauf der urheberrechtlichen Schutzfrist gemeinfrei, so hat dies keinen Einfluss auf den Markenschutz (BGH GRUR 2012, 618, 619 – Medusa; *Ingerl/Rohnke* § 8 Rn. 175 und 275; *Wandtke/Bullinger* GRUR 1997, 573). Im Bezug auf die nicht markenmäßige Benutzung des Werkes bleibt dieses allerdings frei (*Wandtke/Bullinger* GRUR 1997, 573; *W. Nordemann* WRP 1997, 389). Eine **Remonopolisierung** urheberrechtlich gemeinfreier Werke durch das Markenrecht ist deshalb nicht möglich (*Schack* Kunst und Recht Rn. 211; *Wandtke/Bullinger* GRUR 1997, 573). Das als Marke geschützte Werk darf bspw. in einer Ausstellung gezeigt werden, da keine markenmäßige Nutzung vorliegt.

108 **h) Werke der Baukunst.** Werke der Baukunst sind plastische Gestaltungen, die einem Gebrauchszweck wie dem **Begehen, Befahren** oder **Bewohnen** dienen und dabei eine persönliche geistige Schöpfung nach § 2 Abs. 2 darstellen. Wie bei den Werken der bildenden Kunst ist die Anforderung für den Urheberrechtsschutz an die Individualität bei Werken der Baukunst nicht erhöht anzusetzen (*Neuenfeld* Rn. 20), da zumeist kein Schutz mangels serienmäßiger Anfertigung von Bauwerken nach dem Geschmacksmustergesetz in Betracht kommt (BGH NJW 1957, 1108 – Ledigenheim; BGH NJW-RR 1988, 1204 – Vorentwurf II; Dreier/Schulze/*Schulze* § 2 Rn. 182; Dreyer/Kotthoff/Meckel/*Dreyer* § 2 Rn. 228; Loewenheim/*G. Schulze* § 9 Rn. 119). Werke der Baukunst sind von Skulpturen abzugrenzen, die als Werke der bildenden Kunst im engeren Sinne keine einem Bauwerk entsprechende Funktion besitzen. Bauwerke aller Art, wie z. B. **Wohngebäude, Brücken, Schwimmbäder, öffentliche Gebäude** oder **Aufbauten eines Schiffes** können urheberrechtlich geschützt sein (*Walchshöfer* FS Hubmann 469; Dreier/Schulze/*Schulze* § 2 Rn. 181; Loewenheim/*G. Schulze* § 9 Rn. 118; *Binder/Kosterhon* Rn. 50). Welchem Gebrauchszweck ein Gebäude dient, ist für den Urheberrechtsschutz nicht maßgeblich. So knüpft der Urheberrechtsschutz nicht an die Eigenschaft eines Gebäudes als Repräsentations- oder Kunstbau an. Entscheidend ist alleine die künstlerische Gestaltung des Bauwerkes (BGHZ 24, 55, 62 – Ledigenheim; OLG Schleswig GRUR 1980, 1072, 1073 – Luisen Lund; OLG Hamburg UFITA 79 (1977) 343, 351 – Bauentwurf; OLG München GRUR 1987, 920 – Wohnanlage; auch Filmkulissen: LG München I ZUM 2002, 71, 72). Selbst eng bemessene funktionelle bzw. detaillierte Vorgaben des Bauherrn weisen nicht auf einen Ausschluss des Urheberschutzes hin, solange die künstlerische Gestaltung zum Ausdruck gelangt (BGH GRUR 1973, 664 – Wählamt; *Binder/Kosterhon* Rn. 52; *Neuenfeld* Rn. 23).

Im Bereich der Architektur besitzt keineswegs jedes Gebäude Urheberrechtsschutz. **Alltagsbauten,** die lediglich das bekannte architektonische Formenrepertoire wiederholen und sich nicht aus der Masse des alltäglichen Bauschaffens herausragen oder sich nicht deutlich vom durchschnittlichen Architektenschaffen abheben (d. h. eine rein handwerkliche planerische Routineleistung vorliegt) bzw. reine Zweckbauten ohne künstlerischen Anspruch darstellen, sind nicht geschützt (OLG München GRUR 1987, 290 – Wohnanlage; OLG Karlsruhe GRUR 1985, 534, 535 – Architektenplan; LG München I GRUR-RR 2004, 1, 3; LG München I ZUM 2006, 490, 491; *Binder/Kosterhon* Rn. 51). Je mehr jedoch die Technik Einfluss auf die Form des Gebäudes nimmt, desto eher muss ein Urheberschutz verneint werden (*Goldmann* GRUR 2005, 639, 640; Dreier/Schulze/*Schulze* § 2 Rn. 183; Loewenheim/*G. Schulze* § 9 Rn. 120). Urheberschutz ist auszuschließen, sofern die Gestaltung vollständig durch den Gebrauchszweck vorgegeben wird (OLG Karlsruhe GRUR 1985, 534, 535 – Architektenplan; *Binder/Kosterhon* Rn. 51). Gelingt eine harmonische Einfügung des Werkes in die Umgebung, so kann u. U. Urheberschutz bestehen (BGHZ 24, 55, 68 – Ledigenheim; *Binder/Kosterhon* Rn. 54). **109**

Bei geschützten Gebäuden bezieht sich der Urheberrechtsschutz in der Regel auf die **Grundstruktur des Baukörpers** und die **Fassadengestaltung** (LG Hamburg GRUR 2005, 672, 673 – Astra-Hochhaus). Im Inneren eines Gebäudes genießen häufig nur der **Eingangsbereich** oder das **Treppenhaus** Urheberrechtsschutz (OLG Düsseldorf GRUR 1979, 318 – Treppenwangen). Die **einzelnen Zimmer** des Gebäudes sind meist nicht selbstständig geschützt (OLG Hamm UFITA 91 (1981) 236, 240 – 2½ Zimmerwohnung; zum Schutz von Werkteilen s. Rn. 42 ff.). Dies bedeutet, dass der Urheber von Werken der Baukunst sich bei Eingriffen in den geschützten Bereichen wie dem Empfangsbereich auf das Urheberrecht stützen kann (BGH GRUR 1999, 230 – Wendeltreppe), nicht aber auf die Einrichtungen von nicht geschützten Innenräumen des Gebäudes Einfluss nehmen kann. Ob der Urheber bspw. den Einbau einer von ihm nicht geplanten Wendeltreppe in ein Gebäude beanstanden kann oder nicht, hängt davon ab, ob der betroffene Raum Urheberrechtsschutz genießt (BGH GRUR 1999, 230 – Wendeltreppe). Es ist nicht ausreichend, dass das Gebäude an sich geschützt ist. Aber Urheberrechtsschutz für einen **Fußboden** im Museumssaal ist möglich (LG Leipzig ZUM 2005, 487, 492). **110**

Der Urheberrechtsschutz eines Gebäudes kann dessen **Farbigkeit,** die **Oberflächenstruktur** und die **Materialien der Fassade** mit umfassen (BGH GRUR 1989, 416 – Bauaußenkante; BGH GRUR 1973, 663, 664 – Wählamt). Geschützt sein können weiter **Innenräume von Sakralbauten** wie **Kirchen** (BGH GRUR 1982, 107, 109 – Kirchen-Innenraumgestaltung). Die räumliche Anordnung gestalterischer Einzelelemente – wie bspw. die Anordnung von Altar, Tabernakel, Ambo und Marienstatue im Chorraum einer Kirche – stellt nach der Rechtsprechung grds. kein Gesamtkunstwerk dar, da sich das Interesse der maßgeblichen Verkehrskreise auf die künstlerische Gestaltung der einzelnen Gegenstände richtet (OLG Karlsruhe GRUR 2004, 233 – Kirchenchorraum; *Binder/Kosterhon* **111**

Rn. 55). Auch eine ausgefallene **Dachkonstruktion,** wie ein **Zeltdach,** kann urheberrechtlich geschützt sein (BGH GRUR 1982, 369, 370 – Allwetterbad; BGH GRUR 1980, 853, 854 – Architektenwechsel; BGH GRUR 1988, 533, 534 – Vorentwurf II). Eine **Gartengestaltung** wird grds. gem. § 2 Abs. 1 Nr. 4 urheberrechtlich geschützt sein, sofern die nötige Individualität erreicht ist (Fromm/Nordemann/*A. Nordemann* § 2 Rn. 164; Möhring/Nicolini/*Ahlberg* § 2 Rn. 25; *G. Schulze* 240; *Gerlach* GRUR 1976, 614; *K. Schmidt* UFITA 77 (1976), 1, 20; Zweifel an der grundsätzlichen Schutzfähigkeit hegen *Hubmann* 102; *Ulmer* 146; *Kummer* 137; ausführlich dazu *Schaefer* 39 ff.). Wie bei anderen Werkarten ist auch bei Bauwerken der **Entwurf,** als Vorstufe zum eigentlichen Werk, geschützt, sofern darin ein eigenschöpferischer Ausdruck und die individuelle Prägung des Werkes bereits enthalten ist (OLG Celle ZUM-RD 2011, 339, 341 – Ausstellungshalle; LG München I GRUR-RR 2004, 1, 3 – Lagerhalle; Dreier/Schulze/*Schulze* § 2 Rn. 187; Loewenheim/*G. Schulze* § 9 Rn. 123; Dreyer/Kotthoff/Meckel/*Dreyer* § 2 Rn. 229; *Binder/Kosterhon* Rn. 57 f.; ebenso genießen **Entwürfe zu Werken der Gartengestaltung** urheberrechtlichen Schutz gem. § 2 Abs. 1 Nr. 4, s. dazu *Schaefer* 65 f.). Im Bereich der Architektur kommt dem Schutz der Planungsunterlagen besondere Bedeutung zu, d. h. genauer dem im Entwurf dargestellten Werk. So kann sich der Urheber auf den Urheberrechtsschutz seiner Entwürfe beziehen, wenn das Bauwerk gegenüber den Entwürfen in veränderter Form erstellt wurde (s. im Einzelnen § 14 Rn. 27 ff.). Weiter ist der Urheber von Werken der Baukunst in der Regel gezwungen, seine Entwürfe vor der Errichtung des Bauwerkes einer größeren Zahl von Personen zuzuleiten. Der Nachahmungsschutz im Entwurfsstadium ist deshalb für ihn besonders wichtig. Ein Schutz über § 2 Abs. 2 Nr. 7 kommt zusätzlich in Betracht, wenn die Darstellung des Entwurfes selbst individuell ist (Loewenheim/*G. Schulze* § 9 Rn. 123; Dreier/Schulze/*Schulze* § 2 Rn. 188; *Binder/Kosterhon* Rn. 58).

5. Lichtbildwerke

112 a) **Begriff des Lichtbildwerkes.** Lichtbildwerke nach § 2 Abs. 1 Nr. 5 sind Fotografien, die eine persönliche geistige Schöpfung darstellen. Die Lichtbildwerke sind von **einfachen Lichtbildern** abzugrenzen, die keine persönliche geistige Schöpfung beinhalten und leistungsschutzrechtlich nach § 72 geschützt sind. Der wesentliche praktische Unterschied der Differenzierung zwischen Lichtbildwerken und einfachen Lichtbildern liegt in der **unterschiedlichen Schutzfrist.** Lichtbildwerke nach § 2 Abs. 1 Nr. 5 genießen wie alle anderen urheberrechtlichen Werke nach § 64 die siebzigjährige Schutzdauer. Einfache Lichtbilder sind dagegen nach § 72 Abs. 3 nur für 50 Jahre nach ihrem Erscheinen geschützt (s. im Einzelnen § 72 Rn. 35 ff.).

113 Der Begriff des Lichtbildwerkes erfasst **alle Verfahren der Bildaufzeichnung,** die Bilder mittels strahlender Energie erzeugen. Erfasst wird insb. die chemische Fotografie, bei der strahlungsempfindliche Schichten chemisch oder physikalisch durch Strahlung in einer Weise verändert werden, dass eine Abbildung entsteht. Bei einem Lichtbildwerk muss weiter eine persönliche geistige Schöpfung i. S. v. § 2 Abs. 2 vorliegen (BGHZ 37, 1, 6 – AKI; LG München I ZUM-RD 2002, 489, 492; Schricker/Loewenheim/*Loewenheim* § 2 Rn. 182; Dreyer/Kotthoff/Meckel/*Dreyer* § 2 Rn. 237). Wie sich bereits aus der Fassung der Bestimmung des § 2 Abs. 1 Nr. 5 ergibt, die nach ihrem Wortlaut auch Werke mit einbezieht, die ähnlich einem Lichtbildwerk geschaffen wurden, ist der Begriff des Lichtbildwerkes weit auszulegen. Entscheidend ist nicht das konkrete technisch-physikalische Herstellungsverfahren, sondern die Wiedergabe eines Motivs durch ein **technisches Hilfsmittel,** das Gegenstände durch Strahlen abbildet. Gekennzeichnet sind Lichtbildwerke durch die gestalterischen Parameter, die dem Urheber zur Verfügung stehen. Lichtbildwerke haben gemeinsam, dass der Urheber den Bildausschnitt, die Beleuchtungssituation, die Lichtschattenmodulation oder die Kontraste bestimmt und seine schöpferische Leistung

durch diese Ausdrucksmittel erbringt (BGH GRUR 2000, 317, 318 – Werbefotos; *Wegner/ Wallenfels/Kaboth* 1. Kap. Rn. 38). Unerheblich ist es dagegen, ob der Urheber traditionelle Filmmaterialien oder digitale Aufzeichnungstechniken benutzt (OLG Köln GRUR 1987, 42 – Lichtbildkopien; *W. Nordemann* GRUR 1987, 15; *A. Nordemann* 61; Schricker/ Loewenheim/*Loewenheim* § 2 Rn. 179).

Ein Lichtbildwerk nach § 2 Abs. 1 Nr. 5 liegt auch vor, wenn dieses als **Standbild** (so 114 genannte Screenshots) aus einem Filmwerk entnommen worden ist (BGHZ 37, 1, 9 – AKI; Schricker/Loewenheim/*Loewenheim* § 2 Rn. 179; *Schack* Rn. 239; Dreyer/Kotthoff/ Meckel/*Dreyer* § 2 Rn. 234). Ein Filmwerk kann Lichtbildwerke enthalten. Die Benutzung von Screenshots aus Fernsehfilmen kann damit den Schutz von Lichtbildwerken (neben dem Schutz des Filmwerkes) betreffen (LG Berlin ZUM 2000, 513, 514 – Screenshots).

Keine Lichtbildwerke sind **Fotokopien** oder andere **fotomechanische Reproduk-** 115 **tionstechniken,** die vorhandene Werke, auch Lichtbildwerke, lediglich reproduzieren (OLG Köln GRUR 1987, 42, 43 – Lichtbildkopien; BHG GRUR 1967, 315, 316 – Druckträger; siehe aber Rn. 134 zu Ausnahmen). Fotomontagen oder Retuschen von Lichtbildwerken führen zu deren Bearbeitung. Die Techniken selbst fallen aber nicht unter den Begriff Lichtbildwerk (OLG Koblenz GRUR 1987, 435 – Verfremdete Fotografien).

b) Abgrenzung des Lichtbildwerkes vom einfachen Lichtbild. Die Abgrenzung 116 zwischen Lichtbildwerken, die eine persönliche geistige Schöpfung nach § 2 Abs. 2 darstellen, und einfachen Lichtbildern ist schwierig (vgl. auch § 72 Rn. 5 ff.). Da im Bereich der Fotografie das Bild durch das technische Hilfsmittel, optischen Gesetzen folgend, entsteht, sind die gestalterischen **Einflussmöglichkeiten** des Urhebers gegenüber anderen künstlerischen Ausdrucksmitteln wie bspw. der Malerei eingeschränkt. Individualität ist bei einer Fotografie schwieriger zu erreichen als bei anderen künstlerischen Ausdrucksmitteln wie bspw. einer Zeichnung. Weiter bereitet bei der Abgrenzung Schwierigkeiten, dass durchaus eindrucksvolle Lichtbilder ohne gestalterische Einflüsse des Fotografen geschaffen werden können. So entstehen bspw. Flugaufnahmen, die in einem bestimmten Zeitraster von einem Flugobjekt aufgenommen werden, weitgehend ohne gestalterische Einflussnahme des Fotografen. Die Auswahl eines ungewöhnlichen Motivs alleine führt jedoch nicht zu einer persönlichen geistigen Schöpfung.

Als **Lichtbildwerke** sind Lichtbilder geschützt, bei denen der Urheber durch den **ge-** 117 **zielten Einsatz** eines oder mehrerer nachfolgend aufgezeigter Ausdrucksmittel das Bildresultat in einer Weise beeinflusst und prägt, dass eine persönliche und geistige Schöpfung nach § 2 Abs. 2 vorliegt (EuGH GRUR 2012, 166, 168f. – Painer/Standard; BGH GRUR 2000, 317, 318 – Werbefotos; *Katzenberger* GRUR Int. 1989, 116, 118f.; s. auch § 72 Rn. 8). Als wesentliche Gestaltungsmittel stehen dem Urheber bei Lichtbildwerken die Auswahl eines bestimmten Ausschnitts, die Entscheidung über die Brennweite des Aufnahmeobjektivs (die die Perspektive des Lichtbildwerkes bestimmt), die Entscheidung über die Schärfentiefe durch Wahl einer Blende, die Wahl des Aufnahmeformates, das die Bildauflösung bestimmt, sowie die Auswahl bestimmter Aufnahmematerialien, die den Bildeindruck maßgeblich prägen, zur Verfügung (Loewenheim/*A. Nordemann* § 9 Rn. 134ff.). Bei der konventionellen chemischen Fotografie kann der Fotograf weiter die Ergebnisse bei dem Entwicklungsprozess beeinflussen. Fotografen sind weitgehend frei bei der Beeinflussung des Charakters der Aufnahme.

Lichtbildwerke können in allen Bereichen der Fotografie entstehen. So gibt es im hohen 118 Grade individuelle **Presse- und Reportagefotografien, Sach- und Architekturfotografien** ebenso wie individuelle **Fotografien eines Laien** (Loewenheim/*A. Nordemann* § 9 Rn. 149). Die in der Literatur teilweise angeführten Abgrenzungskriterien, die auf den Zweck der Fotografie abstellen, sind ungeeignet, bei der Einordnung einer Fotografie als Lichtbildwerk oder einfaches Lichtbild zu helfen. So ist es nicht maßgeblich, ob eine Fotografie von einem Amateur aufgenommen worden ist, weil das Urheberrechtsgesetz nicht an die professionelle Stellung des Urhebers anknüpft. Ebenso wenig entscheidend ist der Zweck, weshalb eine Aufnahme entstanden ist. Urlaubsbilder, wissenschaftliche Fotografien oder Fotografien, die der Berichterstattung über Tagesereignisse dienen, können ebenso Lichtbildwerke darstellen wie zweckfreie Kunstfotografien (*Nordemann/Heise* ZUM 2001, 128, 136; Dreier/Schulze/*Schulze* § 2 Rn. 193; a. A. Schricker/Loewenheim/*Loewenheim* § 2 Rn. 184).

119 Keinen **Urheberrechtsschutz** genießen i. d. R. **Reproduktionsfotografien** von **zweidimensionalen Gegenständen** wie Bildern, da in diesem Bereich der Gestaltungsspielraum des Fotografen verhältnismäßig gering ist (OLG Düsseldorf GRUR 1997, 49, 51 – Beuys Fotografien). Bei der Reproduktionsfotografie im Bereich dreidimensionaler Objekte liegt dagegen häufig ein Lichtbildwerk vor. So besitzt der Fotograf bei **dreidimensionalen Objekten** erheblichen Gestaltungsspielraum bei der Lichtmodulation, der Auswahl der Perspektive oder der Beeinflussung der Schärfentiefe. Ein geschütztes Lichtbildwerk kann weiter auch durch eine **individuelle Nachbearbeitung** von Fotomaterialien entstehen, denen es zunächst an der Werkqualität fehlt (*A. Nordemann* 135).

6. Filmwerke

120 **a) Begriff des Filmwerkes.** Filmwerke bestehen aus einer **Bild- oder Bildtonfolge,** die dem Betrachter den Eindruck von der Wiedergabe eines bewegten Geschehensablaufs vermittelt. Nicht davon erfasst ist der Werkträger selbst wie z. B. der Filmstreifen, die CD oder das Magnetband (Schricker/Loewenheim/*Katzenberger* Vor §§ 88 ff. Rn. 21; Dreier/Schulze/*Schulze* § 2 Rn. 204; Schricker/Loewenheim/*Loewenheim* § 2 Rn. 186; Fromm/Nordemann/*J. B. Nordemann* Vor §§ 88 ff. Rn. 6; Dreyer/Kotthoff/Meckel/*Dreyer* § 2 Rn. 247). Das Filmwerk (s. Vor §§ 88 ff. Rn. 21) stellt dabei eine persönliche geistige Schöpfung nach § 2 Abs. 2 dar und ist von einfachen Filmen, die das Gesetz als **Laufbilder** bezeichnet (§ 95), zu unterscheiden (näher § 95 Rn. 18 ff.). Der unternehmerische Leistungsschutz nach den §§ 94, 95 (s. § 95 Rn. 4 ff., 21 ff.) ist gegenüber dem Werkschutz nach den §§ 2, 94 nicht ein Minus, sondern ein Aliud (OLG Frankfurt a. M. ZUM 2005, 477, 480 – TV Total). Filmwerke entstehen meist auf der Grundlage fotografischer Aufnahmetechniken. Jedoch erfasst der Begriff des Filmwerkes auch auf andere Weise geschaffene Bildfolgen wie **Zeichentrickfilme.** Für die Einordnung eines Werkes als Filmwerk ist nicht die Aufnahmetechnik oder das Speichermedium entscheidend, sondern der Eindruck bei der Betrachtung des Werkes. Die weite Auslegung des Begriffs Filmwerk lässt sich dem Wortlaut der Bestimmung des § 2 Abs. 1 Nr. 6 entnehmen. Dort werden Werke genannt, die ähnlich wie Filmwerke geschaffen wurden. Kein Filmwerk liegt vor, wenn Einzelbilder, etwa wie in einer **Diavorführung,** aneinandergereiht gezeigt werden (Schricker/Loewenheim/*Loewenheim* § 2 Rn. 186).

121 Filmwerke sind eine **eigene Werkart** (AmtlBegr. *Schulze* 418; BGHZ 26, 52, 55 – Sherlock Holmes). Sie sind nicht lediglich eine Aufzeichnung der Aufführung eines Drehbuchs. Weiter müssen sie von den Werken unterschieden werden, die zu ihrer Erstellung benutzt werden. So stellen Filmwerke keine Werkverbindungen von Drehbuch, Filmmusik oder Sprachwerken dar, die in ihnen enthalten sind (Schricker/Loewenheim/*Loewenheim* § 2 Rn. 190). § 2 Abs. 1 Nr. 6 schützt das Filmwerk als solches, nicht die darin enthaltenen Einzelbilder. Betrachtet man einzelne Elemente eines Films, wie z. B. die Musik oder den Ton, so stellen diese als Film eine Werkeinheit dar. Damit bilden sie in ihrer Gesamtheit das Filmwerk. Die einzelnen Elemente des Films können für sich genommen eigenständig, bspw. als Musikwerk, Sprachwerk oder als Lichtbildwerk, geschützt sein. Dazu muss das jeweilige Element bei eigenständiger Betrachtung eine persönliche geistige Schöpfung i. S. v. § 2 Abs. 2 darstellen. Um den Urheberrechtsschutz zu beurteilen, wird das Element für sich betrachtet und dabei ausgeblendet, dass es Bestandteil eines Films ist (Loewenheim/*A. Nordemann* § 9 Rn. 184 ff.). Stellen Einzelbilder z. B. Lichtbildwerke nach § 2

§ 2 Geschützte Werke 122, 123 § 2 UrhG

Abs. 1 Nr. 5 dar, so sind sie nach dieser Vorschrift geschützt. Einzelbilder, die keine Lichtbildwerke sind, genießen Leistungsschutz nach § 72 (BGHZ 9, 262, 264 – Lied der Wildbahn I). Entnimmt bspw. ein Journalist einem **Fernsehdokumentarfilm** einzelne Screenshots, um sie im Zusammenhang mit einem Zeitungsbeitrag abzudrucken, so greift er in das Recht des Urhebers an dem Lichtbildwerk oder Lichtbild ein (LG Berlin ZUM 2000, 513, 514 – Screenshots). Eine **körperliche Festlegung** des Filmwerks auf einem Speichermedium ist für den Urheberrechtsschutz nicht notwendig. So kann als Filmwerk eine Videoinstallation geschützt sein, bei der der übertragene Film ohne Aufzeichnung verloren geht. Gleiches gilt für so genannte Live-Sendungen im Fernsehbereich (BGHZ 37, 1, 6 – AKI; Schricker/Loewenheim/*Loewenheim* § 2 Rn. 186; Dreier/Schulze/*Schulze* § 2 Rn. 205).

b) Beispiele geschützter Filmwerke. Als Filmwerke sind regelmäßig **Spielfilme** geschützt. Wegen der bei der Umsetzung einer Handlung notwendigen Abstraktion und des dramaturgischen Aufbaus erbringt der Regisseur stets eine persönliche geistige Schöpfung i. S. v. § 2 Abs. 2. Gleiches gilt für die meisten **Zeichentrickfilme. Dokumentarfilme** sind i. d. R. ebenfalls urheberrechtlich aufgrund ihres durchdachten Konzepts geschützt (*Hoeren* GRUR 1992, 145; *Jacobshagen* 35, 183). Die schöpferische Leistung bei **Dokumentarfilmen** liegt in der Aufbereitung des Themas, der individuellen Gestaltung des Tatsachenstoffs und der Bildfolgen. Die Gestaltung dokumentarischer Filmaufnahmen, etwa von Naturereignissen, bietet erheblichen künstlerischen Gestaltungsspielraum. Vom Urheberrechtsschutz ausgeschlossen sein können allerdings kurze Filmdokumentationen, die ohne künstlerische Gestaltung rein der Informationsvermittlung dienen (KG ZUM-RD 2012, 321, 324 – Dokumentaraufnahmen, nicht rechtskräftig; BGHZ 9, 262, 268 – Lied der Wildbahn I). Bei **Aufzeichnungen von Filmshows, Interviews** und Ähnlichem ist im Einzelfall nach dem Grad der Individualität des Films zu differenzieren. Es lassen sich dort keine generellen Aussagen treffen. Filmshows, die auf einem individuellen Showkonzept beruhen, mit einem phantasievollen Bühnenbild ausgestaltet sind und in ihrem Ablauf gestalterische Merkmale aufweisen, sind urheberrechtlich geschützt (zu Fernsehshowformaten s. Rn. 124 ff.). Der urheberechtliche Schutz von Filminterviews hängt von deren bildnerischen und sprachlichen Gestaltung ab. Bspw. ist ein längeres Interview, bei dem die Beteiligten durch Kameraführung und Ausleuchtung künstlerisch dargestellt werden, urheberrechtlich geschützt.

Sportfilme oder Filme über Sportveranstaltungen können Filmwerke sein. Am oberen Ende stehen auf hohem künstlerischem Niveau gestaltete Sportfilme, die durch die Wahl des Standorts, der Ausschnitte und Bewegungsabläufe, die abgebildete sportliche Aktion künstlerisch mit den Mitteln des Films übersetzen. Zu diesen Filmen gehören bspw. die Filme der Regisseurin Leni Riefenstahl. Urheberrechtsschutz als Filmwerke haben aber auch die zeitgenössischen aufwendigen Aufzeichnungen bspw. der Bundesliga. Die Schnittregie bis zu 14 Kameras, die Nahaufnahmen und Zeitlupen, die Wiederholungen und die Einspielung von Spielsequenzen gibt genügend gestalterischen Spielraum, um die Werkqualität zu erreichen. Die filmerische Wiedergabe dieser Veranstaltungen ist keineswegs nur durch die reine Informationsvermittlung geprägt, sondern auch durch ihre ästhetische Gestaltung (v. Hartlieb/Schwarz/*Dobberstein*/*Schwarz*/*Hansen* 36. Kap. Rn. 6). Gleiches gilt für die anderen Themen. So kann ein Film, der überwiegend aus vorbestehenden Konzertmitschnitten besteht, schutzfähig sein (OLG Hamburg GRUR-RR 2010, 409, 410 – Konzertfilm). **Tages- oder Wochenschauen** können grds. als **Filmwerke** gewertet werden, da einzelne vorgestellte Aspekte und Ausschnitte nach eigenen Vorstellungen des Urhebers ausgewählt und zusammengestellt werden (LG München I ZUM-RD 1998, 89, 93; Dreier/Schulze/*Schulze* § 2 Rn. 209; a. A. LG Berlin GRUR 1962, 297/208 – Maifeiern; LG München I ZUM 1993, 370 – NS-Propagandafilm; *Wandtke* UFITA 132 (1996) 31, 35 ff.; v. Hartlieb/Schwarz/*Dobberstein*/*Schwarz*/*Hansen* 35. Kap. Rn. 11 ff. m. w. N. zum Streitstand; Schricker/Loewenheim/*Loewenheim* § 2 Rn. 187 m. w. N.; Dreyer/Kotthoff/

Meckel/*Dreyer* § 2 Rn. 256; *v. Gamm* § 2 Rn. 23). Da die Nationalsozialistische Wochenschau auf einer reinen Erfindung basierte (u. a. von einer sog. Endlösung berichtete) und daher geistige persönliche Schöpfung ist, ist sie urheberrechtlich geschützt (*Jacobshagen* 183). In der **Auswahl,** der **Anordnung** und **Sammlung** des Stoffes sowie der Art der Zusammenstellung der einzelnen Bildfolgen liegt das individuelle geistige Schaffen (BGHZ 90, 219, 222; BGHZ 9, 262, 268 – Lied der Wildbahn I; *Jacobshagen* 182). Werden also **filmtechnische und -gestalterische Mittel** in der beschriebenen Weise eingesetzt, ist der urheberrechtliche Filmwerkschutz gegeben (Dreier/Schulze/*Schulze* § 2 Rn. 209; Loewenheim/A. Nordemann § 9 Rn. 167 f.). **Werbefilme** sind häufig als Filmwerk geschützt. Obgleich sie meist sehr kurz sind **(Werbespots)**, zeichnen sie sich durch einen hohen Grad an filmerischer Gestaltung und Individualität aus. Dem Zweck des Werbefilms, sich dem Betrachter einzuprägen, ein Gefühl, eine Stimmung oder eine Werbebotschaft zu vermitteln, entspricht der Urheber durch eine häufig ausgefallene Filmgestaltung (BGH GRUR 1966, 390 – Werbefilm; Dreier/Schulze/*Schulze* § 2 Rn. 208; Dreyer/Kotthoff/Meckel/*Dreyer* § 2 Rn. 254).

124 c) **Showformate.** Fernsehshowkonzeptionen bzw. Sendeformate sind für sich genommen grds. nicht urheberrechtlich schutzfähig (BGH GRUR 2003, 876 ff. – Sendeformat; OLG Hamburg ZUM 1996, 245; *Degmair* GRUR Int. 2003, 204; *v. Have/Eickmeier* ZUM 1994, 269; *Poll* ZUM 2004, 511, 513; *Berking* 213 ff.; *Jacobshagen* 33; ebenso § 88 Rn. 22). Der Begriff Format hat sich in der Medienbranche gebildet und ist kein Gesetzesbegriff. Er ist in der rechtswissenschaftlichen Diskussion verbreitet und wird vom Bundesgerichtshof definiert (BGH GRUR 2003, 876, 877 – Sendeformat). Das Format einer Fernsehshow ist das gemeinsame **Grundkonzept** mit seinen charakteristischen Merkmalen, die in jeder Folge der Fernsehshow übereinstimmend wiederkehren. Das Format grenzt die unterschiedlichen Fernsehshows voneinander ab und führt zu einem Wiedererkennungseffekt beim Publikum. Zum Format können Titel, Logo, Idee, Grundgedanke des Ablaufs der Show, bestimmte Mitwirkende wie Moderatoren, die Art und Weise der Moderation, bestimmte Begriffe oder Slogans, der Einsatz von Erkennungsmelodien und farblichen Signalen, bestimmte Bühnendekorationen und sonstige Ausstattungen gehören. Das Format ist von der jeweiligen konkreten Fernsehshow, die auf dem Format basiert und dieses ausgestaltet, abzugrenzen.

125 Die Rechtsprechung sieht ein solches Sendeformat grds. **nicht als urheberrechtlich schutzfähig** an, auch wenn es eine schöpferische Leistung darstellt (BGH GRUR 2003, 876 ff. – Sendeformat). Das Showformat stellt eine vom Inhalt losgelöste bloße Anleitung zur Formgestaltung gleichartiger Stoffe dar (BGH GRUR 2003, 876, 878 – Sendeformat; *Berking* GRUR 2004, 109, 110). Die Rechtsprechung begründet das Ergebnis damit, dass Gegenstand des Urheberrechtsschutzes nur das Ergebnis der schöpferischen Formung eines bestimmten Stoffs sein kann. Die dieser schöpferischen Form zugrunde liegende Konzeption ist als der konkreten Gestaltung vorgelagerte Phase nicht geschützt. Der Rechtsprechung ist zuzustimmen. Als urheberrechtlich schutzfähiges Werk kommt jede der einzelnen Folgen einer Fernsehshow in Betracht, nicht aber das Format als gemeinsames Extrakt aller Shows einer Reihe. Das Format ist als noch nicht ausgestaltete und geformte Vorstufe zu der einzelnen Show anzusehen. Das Showformat ist ebenso wenig schutzfähig wie die übereinstimmenden Merkmale bei Serienbildern sowie der Stil oder die Manier im Bereich der Bildenden Kunst. Ansonsten würde der Spielraum zur Gestaltung zu gering und die Gefahr einer Monopolisierung geschürt werden.

126 Die Fernsehshow ist dennoch nicht schutzlos gegen die Nachahmung. Der Urheber genießt Schutz, wenn die gestalterischen Merkmale einer bestimmten Folge der Show von einem anderen übernommen werden (Fromm/Nordemann/*A. Nordemann* § 2 Rn. 232; *Jacobshagen* 33). Er genießt jedoch keinen Schutz, wenn lediglich die Grundidee übernommen wird. So hat der Bundesgerichtshof (BGH GRUR 2003, 876 ff. – Sendeformat) eine Urheberrechtsverletzung verneint, wenn das Format für eine Sendung übernommen wird, bei der kleine Kinder in Anwesenheit ihrer Eltern Gesang vortragen. Die Schutzfähigkeit fehlt ebenso Formaten, die auf einer Dauerbeobachtung von Teilnehmern mit der Kamera beruhen („Big Brother", „Girls Camp", „Jungle Camp"). Gleiches gilt für Formate zu Musikwettbewerben, bei denen ein „Star" gesucht wird („Deutschland sucht den Superstar"). Die Grundidee zu solchen Shows ist frei und kann von jedermann ohne Lizenz genutzt werden.

Der Urheberrechtsschutz kommt für ein Showformat **ausnahmsweise** in Betracht, 127 wenn das Showformat ähnlich wie eine Fernsehserie nicht nur aus einem Grundkonzept besteht, sondern eine **fiktive Welt** mit Phantasiefiguren und einer Fabel beinhaltet. Solche Showkonzepte sind denkbar. Auch in diesem Fall ist das ausgeformte Werk von der bloßen Grundidee, die keinen Schutz genießt, zu unterscheiden. Weiter können einzelne Elemente des Showformats wie die Erkennungsmelodie als Musikwerk oder das Logo als Werk der angewandten Kunst Schutz genießen. Wird das Format mit gestalterischen Elementen derart in Verbindung gebracht, dass durch Einsatz von bestimmten Charakteren und Kostümen bspw. immer wieder regelmäßig mitwirkende Personen, bestimmte Redeweisen, Bühnenausstattungen, bestimmte Spielregeln die Show derart geprägt wird, so kann Urheberrechtsschutz angenommen werden (OLG Frankfurt a. M. ZUM 2005, 477, 480 – TV Total; OLG München ZUM 1999, 244, 247 – Augenblix; LG München I ZUM-RD 2002, 17, 19 f.; Dreier/Schulze/*Schulze* § 2 Rn. 216).

Die Frage des Schutzes von Showformaten ist in der Literatur **umstritten**. Die Schutz- 128 fähigkeit wird teils vehement befürwortet (*W. Schwarz/Freys/M. Schwarz* FS Reichardt, 203, 220 f.; *v. Have/Eickmeier* ZUM 1994, 269, 272 f.). Den Befürwortern eines allgemeinen Schutzes von Showformaten ist entgegen zu halten, dass das Urheberrecht keine einfachen Ideen und Grundgedanken sowie einfache Kombinationen aus dem allgemeinen freien Gebrauch entziehen darf (*Rehbinder* Rn. 48 und 149). Wegen der Begrenztheit der Ideen und Grundkonzepte zu Shows würde die Gewährung von Urheberrechtsschutz in kurzer Zeit zu einer Beschränkung der Gestaltungsmöglichkeiten für Showformate führen. Aus diesem Grund ist auch Zurückhaltung geboten, den ergänzenden Leistungsschutz aus dem Wettbewerbsrecht heranzuziehen.

d) **Computerspiel als Filmwerk.** Computerspiele sind i. d. R. als Filmwerke geschützt 129 (s. § 69g Rn. 4 f.; s. § 95 Rn. 12; Vor §§ 88 ff. Rn. 19; OGH ZUM-RD 2005, 11, 13; BayObLG GRUR 1992, 508 – Verwertung von Computerspielen; OLG Hamburg GRUR 1990, 127, 128 – Super Mario III; OLG Hamburg ZUM 1996, 687, 688 – Mitstörer; OLG Hamm ZUM 1992, 99 f. – Computerspiele; OLG Köln CR 1992, 150, 151; OLG Hamburg GRUR 1983, 436, 437 – Pokemon; Bayrisches OLG GRUR 1992, 508 f.; Schricker/Loewenheim/*Loewenheim* § 2 Rn. 188; *Bullinger/Czychowski* GRUR 2011, 19, 21; *Katzenberger* GRUR Int. 1992, 513, 514; Loewenheim/*A. Nordemann* § 9 Rn. 161; Dreyer/Kotthoff/Meckel/*Dreyer* § 2 Rn. 246). **Ältere Auffassungen,** die die Schutzfähigkeit von Computerspielen als Filmwerke verneinen, sind überholt (für die alte Ansicht: OLG Frankfurt GRUR 1983, 753, 756 – Pengo; OLG Frankfurt a. M. GRUR 1983, 757 – Donkey Kong Junior I). Moderne Computerspiele sind aufwendige interaktive Filme. Die in modernen Computerspielen enthaltenen figurativen Darstellungen, Raumbilder und Szenenabläufe entsprechen einem gestalterischen Niveau, das ohne weiteres die Voraussetzung an ein urheberrechtlich geschütztes Werk erfüllt. Der Einordnung von Computerspielen als Filmwerke steht dabei nicht entgegen, dass der Spieler bei Ablauf des Computerspiels die Bildfolge durch Eingriffe, das Spielen, beeinflusst und damit die konkrete Abfolge der Bilder erstmals festlegt (so aber in der Entscheidung des Bezirksgerichts Tokio v. 27.5.1999 GRUR Int. 2001, 183, 184). Der Urheber hat den Rahmen der möglichen Spielzüge bereits vorgegeben. Damit wird der Urheber des Computerspiels und nicht der Spieler künstlerisch gestaltend tätig (OLG Hamm NJW 1991, 2161; OLG Köln GRUR

1992, 312, 313; BayObLG GRUR 1992, 508, 509; *Nordemann* GRUR 1981, 891, 893; *Loewenheim* FS Hubmann, 318 ff.; Schricker/Loewenheim/*Loewenheim* § 2 Rn. 188; Loewenheim/*A. Nordemann* § 9 Rn. 186 f.; Dreyer/Kotthoff/Meckel/*Dreyer* § 2 Rn. 246; a. A. OLG Frankfurt 1983, 757 f.). Ein Filmwerk setzt nicht voraus, dass es fixiert ist und stets die gleiche Bildfolge zeigt (Schricker/Loewenheim/*Loewenheim* § 2 Rn. 188). Schutzfähig sind auch **Massive Multiplayer Online Role-Playing Games** wie World of Warcraft, also Computer-Rollenspiele, die ausschließlich über das Internet gespielt werden können. Zu differenzieren ist bei virtuell gestalteten Welten wie bspw. der Online-Plattform **Second Life**. Urheberrechtlicher Schutz als Filmwerk kommt nicht in Betracht, wenn bewegliche Bilder nur durch die Fortbewegung im virtuellen Raum entstehen (LG Köln MMR 2008, 556, 557), da diese Bilder allein durch die Software erzeugt werden. Urheberrechtlicher Schutz ist aber denkbar, wenn mit Gegenständen und Figuren aus virtuellen Welten eine Bewegtbildsequenz entsteht.

130 Die **Einzelbilder eines Computerspiels** können als Werke der bildenden Kunst nach § 2 Abs. 1 Nr. 4 geschützt sein. Das gleiche gilt für die in dem Computerspiel enthaltenen Figuren. Sie sind wie Comicfiguren zu behandeln (s. Rn. 94 f.; *G. Schulze* ZUM 1997, 77, 78; Schricker/Loewenheim/*Katzenberger* Vor §§ 88 ff. Rn. 44). Die dem Computerspiel zugrunde liegende Software ist nach § 69 a geschützt.

7. Wissenschaftliche und technische Darstellungen

131 a) **Begriffe und Systematik.** Das Urheberrecht schützt Darstellungen, die der **Wissensvermittlung** in den Bereichen Wissenschaft und Technik dienen. Die Werke nach § 2 Abs. 1 Nr. 7 sollen Informationen über den wissenschaftlichen oder technischen Gegenstand vermitteln, mit dem sie sich befassen. Die Bestimmung enthält eine beispielhafte Aufzählung der Ausdrucksformen (Zeichnungen, Pläne, Karten, Skizzen, Tabellen oder plastische Darstellungen), die geschützte Träger der Information bilden können.

132 Nach allgemeiner Ansicht ist die Formulierung „wissenschaftlicher oder technischer Art" **weit auszulegen** (BGH GRUR 2011, 803, 805 – Lernspiele; OLG München GRUR 1992, 510 – Rätsel; Fromm/Nordemann/*A. Nordemann* § 2 Rn. 210; Schricker/Loewenheim/*Loewenheim* § 2 Rn. 197; *Schricker* GRUR 1991, 563, 564; Loewenheim/ *G. Schulze* § 9 Rn. 193; Dreyer/Kotthoff/Meckel/*Dreyer* § 2 Rn. 260). Die geschützte Darstellung kann sich deshalb auf **einfachste wissenschaftliche oder technische Erkenntnisse** beziehen (BHG GRUR 2011, 803, 806 – Lernspiele). Für die Schutzfähigkeit entscheidend ist, ob die **Darstellung** selbst eine persönliche geistige Schöpfung beinhaltet. So kann bspw. eine Grafik für den Schulgebrauch Schutz genießen, auch wenn die vermittelte Information sich in der schlichten Anschauung eines Insektes erschöpft, die sich dem Bereich Wissenschaft nur noch annähernd zuordnen lässt. Für den Urheberrechtsschutz ist nicht die Komplexität der vermittelten Information, sondern deren Darstellung in einer individuellen Form, die den Anforderungen nach § 2 Abs. 2 genügt, maßgeblich (BGH GRUR 1979, 464, 465 – Flughafenpläne; BGH GRUR 1993, 34, 35 – Bedienungsanweisung; BGH GRUR 1998, 916, 917 – Stadtplanwerk; OLG Hamburg GRUR-RR 2004, 285, 287 – Markentechnik; Dreier/Schulze/*Schulze* § 2 Rn. 223, 228; Dreyer/Kotthoff/ Meckel/*Dreyer* § 2 Rn. 266; Möhring/Nicolini/*Ahlberg* § 2 Rn. 37; Loewenheim/ *G. Schulze* § 9 Rn. 194, 197; *Thiele* GRUR 2004, 392, 393). So kann in dem angeführten Beispiel eine einfache Information, die Wiedergabe des Insektes, durch eine anspruchsvolle grafische Darstellung zum Ausdruck gebracht werden.

133 Die Werke nach § 2 Abs. 1 Nr. 7 lassen sich von **Werken der bildenden Kunst** (§ 2 Abs. 1 Nr. 4) durch ihren **Zweck** abgrenzen. Im Gegensatz zu Werken der bildenden Kunst, die in erster Linie der reinen Anschauung dienen, also ihren Zweck in sich selbst tragen, dienen die wissenschaftlichen oder technischen Werke der Informationsvermittlung. Die Abgrenzung der beiden Werkarten kann im Einzelfall schwierig sein. So kann

§ 2 Geschützte Werke 134–136 § 2 UrhG

sich bspw. die Zuordnung einer anspruchsvollen Pflanzendarstellung aus dem Sachkontext ergeben. Befindet sie sich in einem Biologiebuch, so liegt eine Zuordnung zu den wissenschaftlichen Werken nahe. Ist die Darstellung ein Gemälde, so spricht dies für eine Zuordnung zu den Werken der bildenden Kunst. Die Unterscheidung nach **Sachkontext** ist jedoch nicht zwingend. So bleibt eine Architekturzeichnung auch dann ein Werk der bildenden Kunst, wenn sie in einem Architekturbuch mit wissenschaftlichem Inhalt wiedergegeben wird (a. A. Schricker/Loewenheim/*Loewenheim* § 2 Rn. 197).

Da die in § 2 Abs. 1 Nr. 7 enthaltene Aufzählung an Werkarten nur beispielhaft ist, **134** können **Medien aller Art** unter die Vorschrift fallen (Loewenheim/*G. Schulze* § 9 Rn. 198 ff.). Bildliche Darstellungen in zwei oder dreidimensionaler Form, Musikstücke, Tonsignale, Texte oder Fotografien können wissenschaftliche oder technische Werke sein (Dreyer/Kotthoff/Meckel/*Dreyer* § 2 Rn. 261). Dabei können auch **Reproduktionsfotografien** für den Wissenschafts- oder Technikgebrauch persönliche geistige Schöpfungen nach § 2 Abs. 2 darstellen. Die Gegenmeinung, die Reproduktionsfotografien generell als schutzunfähig ansieht (vgl. Rn. 115), verkennt, dass in Bezug auf Lichtführung, Ausschnitt oder Farbbeeinflussung bei der Reproduktionsfotografie genügend Spielraum für den Fotografen besteht, eine schöpferische Leistung zu erbringen, die die Anforderung nach § 2 Abs. 2 erfüllt (zu den Einzelheiten Rn. 116 und Rn. 119; a. A. Schricker/Loewenheim/*Loewenheim* § 2 Rn. 198; RGZ 105, 160, 162).

b) **Schutzumfang und Abgrenzung zu anderen Werkarten.** Bei wissenschaftli- **135** chen und technischen Werken ist die **Form der Darstellung** urheberrechtlich geschützt, nicht der wissenschaftliche oder technische Inhalt (BGH NJW 1979, 1548, 1549 – Flughafenpläne; NJW 1986, 1045 – Elektrodenfabrik; OLG Hamburg GRUR-RR 2004, 285, 287 – Markentechnik; KG ZUM-RD 2001, 84, 87 – Memokartei; Fromm/Nordemann/*A. Nordemann* § 2 Rn. 212; Dreier/Schulze/*Schulze* § 2 Rn. 223; Dreyer/Kotthoff/Meckel/*Dreyer* § 2 Rn. 264; Loewenheim/*G. Schulze* § 9 Rn. 194; *Thiele* GRUR 2004, 392, 393). Der Urheberrechtsschutz von wissenschaftlichen und technischen Darstellungen führt nicht zu einem Schutz bspw. der dargestellten Lehre oder Aussage selbst. Dem wissenschaftlichen Forschungsergebnis kommt selbst z. B. kein Urheberrechtsschutz zu (BGH GRUR 1991, 130 – Themenkatalog; OLG Hamburg GRUR-RR 2004, 285, 287 – Markentechnik; Fromm/Nordemann/*A. Nordemann* § 2 Rn. 212; *Thiele* GRUR 2004, 392, 393). Voneinander zu unterscheiden sind das wissenschaftliche und das urheberrechtliche Zitiergebot. Während ersteres sich aufgrund eines Strebens nach Anerkennung, Nennung, Rufwahrung etc. richtet und demnach dem Urheberrechtsschutz nicht unterfällt, zielt Letzteres darauf ab, vermögens- und persönlichkeitsrechtliche Interessen des einzelnen Urhebers zu schützen (OLG Hamburg GRUR-RR 2004, 285, 287 – Markentechnik). Aus der Vorschrift ergibt sich auch kein Schutz gegen den **technischen Nachbau** einer geschützten Darstellung (BGH GRUR 1997, 464, 465 – Flughafenpläne; BGH GRUR 1998, 416, 417 – Bauaußenkante; BGH GRUR 1985, 129, 130 – Elektrofabrik; OLG Hamburg GRUR-RR 2001, 280, 290 – PK 1115 (anders früher: BGH GRUR 1956, 284, 285 – Rheinmetall-Borsig II); Schricker/Loewenheim/*Loewenheim* § 2 Rn. 199; *Reimer* GRUR 1980, 572, 580; Dreier/Schulze/*Schulze* § 2 Rn. 223; Loewenheim/*G. Schulze* § 9 Rn. 194; Dreyer/Kotthoff/Meckel/*Dreyer* § 2 Rn. 262). Da sich der Schutz aus § 2 Abs. 1 Nr. 7 lediglich auf die **Form der Darstellung** der Information bezieht, ist die Ausführung des Inhalts nicht urheberrechtsverletzend.

Wissenschaftliche oder technische Darstellungen sind deshalb von **Entwürfen zu Wer-** **136** **ken der bildenden Kunst oder Baukunst** nach § 2 Abs. 1 Nr. 4 zu unterscheiden. Entwürfe tragen das urheberrechtlich geschützte Werk selbst in sich, d. h. sie enthalten die Informationen über ein geplantes Hauptwerk. Anders als eine wissenschaftliche oder technische Darstellung ist der Entwurf eines Werkes der bildenden Kunst oder der Baukunst auch und gerade in Bezug auf die Ausführungen des Entwurfes geschützt (Schricker/

Loewenheim/*Loewenheim* § 2 Rn. 199; *Reimer* GRUR 1980, 572, 580; *Binder/Kosterhon* Rn. 57f.; Loewenheim/*G. Schulze* § 9 Rn. 199; Dreier/Schulze/*Schulze* § 2 Rn. 231; s. Rn. 111).

137 **c) Anforderungen an den Urheberrechtsschutz.** Darstellungen wissenschaftlicher oder technischer Art sind nur urheberrechtlich geschützt, wenn die Darstellung selbst eine schöpferische Leistung beinhaltet. Bezieht sich die Darstellung auf ein urheberrechtlich geschütztes Werk oder ein Werk, das wegen Ablaufs der urheberrechtlichen Schutzfrist gemeinfrei ist, so hat dieses bei der Betrachtung der urheberrechtlichen Schutzfähigkeit der Darstellung außer Betracht zu bleiben (BGHZ 18, 319, 322 – Bebauungsplan; BGH GRUR 1978, 464, 465 – Flughafenpläne; Fromm/Nordemann/*A. Nordemann* § 2 Rn. 212; Möhring/Nicolini/*Ahlberg* § 2 Rn. 36; Dreier/Schulze/*Schulze* § 2 Rn. 231; Loewenheim/*G. Schulze* § 9 Rn. 199). Beschäftigt sich bspw. eine wissenschaftliche Darstellung mit einem Renaissancekunstwerk, so zieht sie ihre schöpferische Individualität nicht aus den Qualitäten des ursprünglichen Werkes, über das die Darstellung informiert. Wie bei einer Bearbeitung nach § 3 muss die Darstellung eine **über das dargestellte Werk hinausgehende schöpferische Eigenart** besitzen (BGH WRP 2005, 1173, 1176 – Karten-Grundsubstanz; BGH GRUR 1993, 34, 35 – Bedienungsanweisung; BGH GRUR 1991, 529 – Explosionszeichnungen; BGH GRUR 1987, 360, 361 – Werbepläne; BGH GRUR 1985, 129, 130 – Elektrofabrik; BGH GRUR 1984, 659, 660 – Ausschreibungsunterlagen; BGH GRUR 1979, 464, 465 – Flughafenpläne; Fromm/Nordemann/*A. Nordemann* § 2 Rn. 213; Dreyer/Kotthoff/Meckel/*Dreyer* § 2 Rn. 270; Loewenheim/*G. Schulze* § 9 Rn. 197).

138 Eine wissenschaftliche oder technische Darstellung besitzt weiter nur Urheberrechtsschutz, wenn die Form der Darstellung nicht bloß durch **technische Zwänge** entstanden ist. Der Urheber muss **genügend Freiraum** bei der Gestaltung der Darstellung besessen haben, damit diese individuell durch ihn geprägt werden konnte (dazu LG Kiel 16.4.1982 – 6 O 18/81 – Fischverpackung, in *Zentek* 301f.; Dreier/Schulze/*Schulze* § 2 Rn. 230; Loewenheim/*G. Schulze* § 9 Rn. 197). Urheberrechtsschutz kann deshalb dort nicht entstehen, wo die technischen Notwendigkeiten die Form diktieren und dem Ausführenden keine Gestaltungsmöglichkeiten mehr einräumen. Dies kann bspw. bei Zeichnungen gegeben sein, deren Darstellungsmethoden vorgegeben sind oder deren formale Darstellung durch die **DIN-Normen** geprägt sind (*Hereth* NJW 1963, 2256, 2258; OLG München ZUM 1994, 728, 729 – Schemazeichnungen; Dreier/Schulze/*Schulze* § 2 Rn. 228; Loewenheim/*G. Schulze* § 9 Rn. 197, 206; Schutzfähigkeit in Betracht ziehend: Dreyer/Kotthoff/Meckel/*Dreyer* § 2 Rn. 271).

139 Die **Rechtsprechung** hat für die Schutzfähigkeit von wissenschaftlichen und technischen Darstellungen die **Formel** entwickelt, dass diese eine individuelle, sich vom alltäglichen Schaffen abhebende Geistestätigkeit in der Darstellung zum Ausdruck bringen müssen, wobei sie ein geringeres Maß an individueller Prägung genügen lässt (BGH WRP 2005, 1173, 1176 – Karten-Grundsubstanz; BGH GRUR 1997, 459, 461 – CB-Infobank I; BGH GRUR 1993, 34, 35 – Bedienungsanweisung; BGH GRUR 1991, 529, 530 – Explosionszeichnungen; BGH GRUR 1991, 449, 452 – Betriebssystem; BGH GRUR 1988, 33, 35 – topographische Landkarten; BGH GRUR 1987, 360, 361 – Werbepläne; OLG Nürnberg GRUR 2002, 607 – Patienten-Merkblätter; Dreyer/Kotthoff/Meckel/*Dreyer* § 2 Rn. 268). Die schöpferische Leistung kann in der Art der Sammlung, Auswahl, Einteilung und Anordnung des Stoffs, aber auch in der sprachlichen Vermittlung eines komplexen, technischen Sachverhalts liegen (BGH GRUR 2002, 958, 959 – Technische Lieferbedingungen; Dreier/Schulze/*Schulze* § 2 Rn. 224; Dreyer/Kotthoff/Meckel/*Dreyer* § 2 Rn. 267). Indem die Rechtsprechung die **Anforderungen an die Individualität** der Werke nach § 2 Abs. 1 Nr. 7 nicht zu hoch ansetzt, berücksichtigt sie den in diesem Werkbereich wegen der Sachzwänge typischerweise verhältnismäßig geringen Gestaltungsspielraum (Loewenheim/*G. Schulze* § 9 Rn. 197). Eine verhältnismäßig geringe Gestaltungshöhe führt zu dem geringen Schutzumfang des Werkes (BGH GRUR 1993, 34, 35 – Bedienungsanweisung; BGH GRUR 1991, 529, 530 – Explosionszeichnungen; OLG Köln GRUR 2000, 1022, 1023 – Technische Regelwerke). Bei einer Landkarte ist z.B. nur ein Schutz gegen die Übernahme der individuellen Gestaltungsmerkmale gegeben, nicht aber gegenüber der topografischen Grundlage, die allen Karten über ein Gebiet gemein ist. Unterschiedliche Kartografen werden z.B. zu voneinander abweichenden Ergebnissen aufgrund der zumeist variierenden Fokussierung bei der Anfertigung einer Karte gelangen, deren Gestaltung dann urheberrechtlich geschützt sein wird (Dreier/Schulze/*Schulze* § 2 Rn. 236; Loewenheim/*G. Schulze* § 9 Rn. 203).

Die **Anwendung einer bestimmten Technik oder Darstellungsmethode** führt nicht zum Urheberrechtsschutz einer Darstellung nach § 2 Abs. 1 Nr. 7. Techniken und Methoden sind **gemeinfrei** und dürfen nicht als solche monopolisiert werden (BGH NJW 1993, 3136, 3138 – Buchhaltungsprogramm; OLG Hamburg ZUM 2001, 519, 520; OLG Hamm GRUR 1980, 287, 288 – Prüfungsformular; Dreyer/Kotthoff/Meckel/*Dreyer* § 2 Rn. 49, 270; *Binder/Kosterhon* Rn. 41). Die Anwendung von Methoden und Techniken steht dem Urheberrechtsschutz aber nicht entgegen, wenn sie in einer schöpferischen Weise zur Erstellung der Darstellung benutzt werden (BGH GRUR 1991, 529, 530 – Explosionszeichnungen; BGH GRUR 2011, 803, 806 – Lernspiele). Ist kein Urheberrechtsschutz gegeben, so kann u.U. ein patentrechtlicher Schutz für das in der wissenschaftlichen bzw. technischen Darstellung Erstellte eingreifen. Das **Patentrecht** schützt Erfindungen, die neu sind, auf einer erfinderischen Tätigkeit basieren und gewerblich anwendbar sind (§ 1 Abs. 1 PatG, s. Einl Rn. 49). Patentierfähig sind u.a. Anleitungen und Lehren, wie man z.B. mit der Mechanik, Elektrik, Chemie, Physik etc. zuverlässig zu stets gleichen Ergebnissen gelangt. Der Schutz erstreckt sich dabei nicht auf den ästhetischen Gehalt, sondern auf die Idee zur Erfindung selbst, unabhängig von deren Verkörperung (*Binder/Kosterhon* Rn. 320), für die aber, sofern die Schöpfungshöhe erreicht ist, urheberrechtlicher Schutz gem. § 2 Abs. 1 Nr. 7 bestehen kann.

d) Einzelfälle. Baupläne und **Bebauungspläne** können nach § 2 Abs. 1 Nr. 7 geschützt sein (BGH GRUR 1998, 416, 417 – Bauaußenkante; BGH GRUR 1988, 533, 534 – Vorentwurf II; BGH GRUR 1979, 464, 465 – Flughafenpläne; BGHZ 18, 319, 321 – Bebauungsplan; Loewenheim/*G. Schulze* § 9 Rn. 199; Dreier/Schulze/*Schulze* § 2 Rn. 231; Dreyer/Kotthoff/Meckel/*Dreyer* § 2 Rn. 271). Der Schutz von Bauplänen ist von den Entwürfen zu Bauwerken, die nach § 2 Abs. 1 Nr. 4 geschützt sind, abzugrenzen. Der Schutz der technischen Darstellung aus § 2 Abs. 1 Nr. 7 ist von dem umfassenderen inhaltlichen Schutz gegen Ausführungen von Entwürfen für Bauwerke zu unterscheiden (s. Rn. 108).

Individuelle **Benutzeroberflächen von Computerprogrammen** können nach § 2 Abs. 1 Nr. 7 geschützt sein (zum umstrittenen Schutz als Computerprogramm s. § 69a Rn. 14). Bei diesen Oberflächen handelt es sich um technische oder wissenschaftliche Darstellungen, wenn die Oberflächen im Wesentlichen der Nutzung der Funktionen des Computerprogramms dienen. Steht bei der grafischen Gestaltung dagegen die ästhetische Wirkung im Vordergrund, so kann die Oberfläche auch als Werk der angewandten Kunst geschützt sein (Schricker/Loewenheim/*Loewenheim* § 2 Rn. 175, 217; *Schulze* ZUM 2000, 432, 434). Gleiches gilt für **Homepage-Gestaltungen** (bejaht: OGH ZUM-RD 2002, 133, 135, verneint: OLG Karlsruhe GRUR-RR 2010, 234, 235; Dreier/Schulze/*Schulze* § 2 Rn. 234; OLG Düsseldorf MMR 1999, 729, 732: lediglich zweckmäßig gestaltete Bildschirmseite nicht geschützt). Diese sind häufig Multimediawerke. Neben der Informationsvermittlung steht bei Homepages häufig die interaktive grafische Gestaltung als solche im Mittelpunkt (ausführlich zum möglichen Schutz Rn. 104, 156).

Landkarten, Stadtpläne oder **andere Karten** können nach § 2 Abs. 1 Nr. 7 geschützt sein, wenn sie über die topografischen Vorgaben hinaus gestalterische Elemente enthalten. Individuelle Merkmale können bei Landkarten oder Stadtplänen insb. im Bezug auf hervorgehobene Gebäudedarstellungen oder die individuelle Umsetzung landschaftlicher Besonderheiten gegeben sein. Entscheidend ist, wie die topografischen Vorgaben in einem Stadtplan konkret umgesetzt worden sind (Schricker/Loewenheim/*Loewenheim* § 2 Rn. 211; Fromm/Nordemann/*A. Nordemann* § 2 Rn. 220; Loewenheim/*G. Schulze* § 9 Rn. 203; Dreier/Schulze/*Schulze* § 2 Rn. 236; Dreyer/Kotthoff/Meckel/*Dreyer* § 2 Rn. 271). Der Schutz von Stadtplänen wurde von der Rechtsprechung mehrfach bejaht (BGH GRUR 2005, 854ff. – Karten-Grundsubstanz; BGH GRUR 1988, 33, 35 – topographische Landkarten; BGH GRUR 1987, 360, 361 – Werbepläne; BGH GRUR 1965, 45, 46 – Stadtplan; OLG Frankfurt GRUR 1988, 816 – Stadtpläne).

144 **Konstruktionszeichnungen, Aufrisszeichnungen** oder andere **technische Zeichnungen** können nach § 2 Abs. 1 Nr. 7 geschützt sein, wenn sie eine schöpferische Leistung darstellen (BGH GRUR 1991, 529 – Explosionszeichnungen; OLG Hamm GRUR 1989, 501 – Sprengzeichnungen; LG München I GRUR 1989, 503 – BMW-Motor; BGH GRUR 2000, 226, 227 – Planungsmappe; Loewenheim/*G. Schulze* § 9 Rn. 206; Dreier/Schulze/*Schulze* § 2 Rn. 240f.). **Dreidimensionale Modelle** und **Schaubilder,** die individuell gestaltet sind, fallen unter § 2 Abs. 1 Nr. 7. **Medizinische, biologische oder mathematische zwei- oder dreidimensionale Modelldarstellungen** enthalten wegen ihrer Abstraktion häufig eine schöpferische Leistung, die den Urheberrechtsschutz begründet (BGH GRUR 1976, 434, 435 – Merkmal Klötze; OLG Frankfurt GRUR 1989, 589 – Eiweißkörper; hinreichende Individualität abgelehnt: OLG Nürnberg ZUM-RD 2000, 114, 116 – Dreidimensionale Form; *W. Nordemann* NJW 1970, 881ff.; Fromm/Nordemann/*A. Nordemann* § 2 Rn. 224; Schricker/Loewenheim/*Loewenheim* § 2 Rn. 214; Loewenheim/*G. Schulze* § 2 Rn. 205; Dreier/Schulze/*Schulze* § 2 Rn. 222, 238).

Lernspiele in grafischer oder plastischer Darstellung, die der Vermittlung von belehrenden oder unterrichtenden Informationen dienen, sind urheberrechtlichem Schutz zugänglich (BGH GRUR 2011, 803 – Lernspiele).

145 **Piktogramme** oder **Bildzeichen** können bei Vorliegen der notwendigen Individualität geschützt sein (OLG Braunschweig GRUR 1955, 205 – Hamburg geht zu E...; Fromm/Nordemann/*A. Nordemann* § 2 Rn. 214; Loewenheim/*G. Schulze* § 9 Rn. 200; Dreier/Schulze/*Schulze* § 2 Rn. 233).

146 **Technische Normenwerke,** wie bspw. die **DIN-Normen,** können nach § 2 Abs. 1 Nr. 7 geschützt sein (BGH GRUR 1990, 1003 – DIN-Normen; Loewenheim/*G. Schulze* § 9 Rn. 197, aber vgl. auch dort Rn. 206; Dreier/Schulze/*Schulze* § 2 Rn. 228, aber vgl. auch dort Rn. 240). Solche Normenwerke können aber auch Sprachwerke nach § 2 Abs. 1 Nr. 1 darstellen, wenn die Regeln in erster Linie sprachlich ausgedrückt werden (Schricker/Loewenheim/*Loewenheim* § 2 Rn. 208; Dreyer/Kotthoff/Meckel/*Dreyer* § 2 Rn. 271). Gleiches gilt für technische Regelwerke (BGH GRUR 2002, 958, 959 – Technische Lieferbedingungen). Zu beachten ist, dass der urheberrechtliche Schutz für solche **Normenwerke** nach § 5 ausgeschlossen ist, wenn sie amtliche Werke sind oder diesen nach § 5 Abs. 2 gleichgestellt werden. So hat der Bundesgerichtshof den Urheberrechtsschutz für **DIN-Normen** wegen § 5a.F. bisher verneint (BGH GRUR 1990, 1003 – DIN-Normen; siehe jetzt aber Rn. 64 zur Einfügung des § 5 Abs. 3).

147 **Tabellen** und **Formulare** können nach § 2 Abs. 1 Nr. 7 geschützt sein, wenn sie eine individuelle grafische Gestaltung aufweisen und diese gegenüber den sprachlichen Elementen im Vordergrund steht (BGH GRUR 1959, 251, 252 – Einheitsfahrschein; OLG Hamburg UFITA 51 (1968) 383 – Flugpläne; OLG Hamm GRUR 1980, 287, 288 – Prüfungsformular; Dreier/Schulze/*Schulze* § 2 Rn. 235; Loewenheim/*G. Schulze* § 9 Rn. 202). Ist das beherrschende Ausdrucksmittel von Formularen oder Tabellen die Sprache, so kommt der Schutz dieser Werke nach § 2 Abs. 1 Nr. 1 in Betracht. Ebenso können **Fonds-Prospekte** urheberrechtlichen Schutz genießen (LG München I ZUM-RD 2007, 435, 437).

Preisrätsel wie **Kreuzwort-** oder **Silbenrätsel** können als Darstellungen wissenschaft- 148
licher oder technischer Art nach § 2 Abs. 1 Nr. 7 geschützt sein (OLG München GRUR
1992, 510 – Rätsel).

Medizinische Statistiken können als wissenschaftliche Darstellung schutzfähig sein 149
(LG Frankfurt a. M. GRUR 1987, 168 – Krankheit auf Rezept).

Fotografien, die zugleich Darstellungen wissenschaftlicher oder technischer Art enthal- 150
ten, können nach § 2 Abs. 1 Nr. 7 geschützt sein. Dabei wird es sich i. d. R. um **Reproduktionsfotografien** handeln. Reproduktionsfotografien können eine individuelle
Schöpfung darstellen, wenn der Fotograf bspw. bei einem dreidimensionalen Objekt Ausleuchtung und Perspektive individuell bestimmt oder weitere, über das rein Technische
hinausgehende Entscheidungen bei der Aufnahme getroffen hat (s. Rn. 116). Werden diese
Anforderungen wegen des geringen Spielraums für individuelles Schaffen bei Reproduktionsfotografien nicht erfüllt, so besteht der Lichtbildschutz aus § 72. Das Vorliegen eines
Lichtbildwerkes nach § 2 Abs. 1 Nr. 5 scheidet dann ebenfalls aus. Nicht entscheidend für
den Schutz nach § 2 Abs. 1 Nr. 7 ist es, dass der Fotograf durch die Aufnahme eine bestimmte **wissenschaftliche Auffassung** unterstützt, da der mitgeteilte Inhalt bei der Betrachtung der Schutzfähigkeit nach § 2 Abs. 1 Nr. 7 außen vor bleibt (Schricker/Loewenheim/*Loewenheim* § 2 Rn. 210). Die schöpferische Leistung muss sich aus der Form der
Darstellung selbst ergeben.

8. „Multimediawerke"

Das Wort Multimediawerk wird im allgemeinen Sprachgebrauch für Werke benutzt, die 151
auf elektronischen Medien basieren. Multimediawerke stützen sich in der Regel auf Computerprogramme und nutzen vielfach das Internet. Sie kombinieren dabei Ausdrucksmittel
wie Sprache, Musik, Foto, Film, Grafik und Bild zu einem Gesamtwerk. Der Begriff Multimedia umschließt unterschiedliche Produkte wie Homepagegestaltungen (vgl. hierzu
Rn. 156), interaktive CD-ROM-Produkte oder Werke der Bildenden Kunst, die die elektronischen Medien nutzen. In seinen Grenzen ist der Begriff Multimediawerk unscharf, da
sich das Stammwort Multimedia geradezu zum Modewort entwickelt hat (s. auch *Ott*
ZUM 2004, 357, 359; § 31a Rn. 27). Der Begriff hat dennoch in die rechtswissenschaftliche Diskussion Eingang gefunden und sich durchgesetzt. Er ist **kein Gesetzes- oder
Rechtsbegriff.**

Es ist anzuerkennen, dass die Entwicklung der elektronischen Medien die künstlerischen 152
Ausdrucksmittel erweitert hat und Werkarten (die mit dem Begriff Multimediawerk zusammengefasst werden) entstanden sind, die einen eigenen Charakter haben und sich von
den in § 2 Abs. 1 ausdrücklich angeführten Werkarten unterscheiden. Die Multimediawerke bestehen dabei aus mehreren Elementen herkömmlicher, in § 2 Abs. 2 benannter
Werke. Diese Werkteile sind für sich genommen urheberrechtlich geschützt, wenn sie die
Anforderung an eine persönliche geistige Schöpfung i. S. v. § 2 Abs. 2 erfüllen (Loewenheim/*Hoeren* § 9 Rn. 262 f.). Das Multimediawerk ist als eine Art Gesamtkunstwerk
selbstständig urheberrechtlich geschützt, wenn die Bearbeitung, Anordnung, Abfolge
und Zusammenstellung der benannten Elemente eine persönliche geistige Schöpfung nach
§ 2 Abs. 2 darstellt (LG München I MMR 2005, 267, 268; *Heutz* MMR 2005, 567, 569;
Loewenheim/*A. Nordemann* § 9 Rn. 191; *Schack* MMR 2001, 9, 12; *Schricker* GRUR
1996, 815 und 817; Schricker/Loewenheim/*Loewenheim* § 2 Rn. 77; differenzierend *Haberstumpf* Rn. 147 ff.). Wie die Einzelbilder und der Tonteil zu einem Film gehören, so verschmelzen die Elemente beim Multimediawerk zu einer Einheit (vgl. auch Loewenheim/
A. Nordemann § 9 Rn. 41 a. E.). Urheber ist danach, wer bspw. von anderen Urhebern
geschaffene Elemente schöpferisch in einem Multimediawerk miteinander verbindet und
damit ein Gesamtwerk schafft.

Der Gesetzgeber hat den Begriff Multimediawerk nicht in die Aufzählung des § 2 Abs. 1 153
eingeführt. Der Grund hierfür dürfte die Schwierigkeit sein, die darunter fallenden Werke

hinreichend voneinander abgrenzen zu können. Eine ausdrückliche Benennung der Werke ist nicht zwingend, da die Aufzählung des § 2 Abs. 1 nicht abschließend ist und gegenüber der Entwicklung neuer Werkarten offen steht. Die neu entstandenen Ausdrucksformen bilden eine **eigenständige Werkart,** deren Ausbildungen sich mit dem Begriff Multimediawerk zusammenfassen lassen. Sie unterscheiden sich von den in § 2 Abs. 1 benannten Werkarten insb. durch das Merkmal, dass der Rezipient des Werkes durch Abrufbefehle die Zusammenstellung und den Ausschnitt aus dem Multimediawerk bestimmt. Der Rezipient bestimmt mit, in welcher Form er das Multimediawerk wahrnimmt (interaktives Element). Multimediawerke zeichnen sich darüber hinaus durch einen eigenständigen Charakter aus, da sie in zuvor nicht bekannter Form unterschiedliche andere Werke miteinander verbinden und diese miteinander zu einem Werk verschmelzen lassen (*Esteve* GRUR Int. 1998, 858, 858).

154   Multimediawerke wie Computerspiele werden von der Rechtsprechung als Werke behandelt, die ähnlich wie Filmwerke geschaffen werden (§ 2 Abs. 2 Nr. 6). Im Hinblick auf die große praktische Bedeutung der Multimediawerke wäre es sinnvoll, im Urheberrecht die neuen Ausprägungen unter dem Oberbegriff Multimediawerke ausdrücklich zu erfassen. Entgegen der vielfach geäußerten Ansicht (so Dreier/Schulze/*Schulze* § 2 Rn. 243; Dreyer/Kotthoff/Meckel/*Dreyer* § 2 Rn. 274; Loewenheim/*Hoeren* § 9 Rn. 262 ff.; *Loewenheim* GRUR 1996, 830, 831 f.) ist ein Multimediawerk mehr als nur eine neue Nutzung bestehender Werke.

155   **Computerspiele** werden grds. als Filmwerke geschützt (s. dazu ausführlich Rn. 129). Ebenso wie Computerspiele urheberrechtlich geschützt sind, verhält es sich mit **CD-ROM-Produkten.** Die darauf enthaltenen Bilder bzw. Elemente werden vom Urheber ausgewählt und abgespeichert. Er legt damit fest, auf welche Bilder der Nutzer mittels seiner Steuerung zugreifen kann. Dementsprechend verbleibt die Gestaltungsmöglichkeit beim Urheber selbst, auch wenn im Endeffekt der Nutzer eines CD-ROM-Produktes entscheidet, in welcher konkreten Abfolge er diese öffnet (a. A. offensichtlich Entscheidung des Bezirksgerichts Tokio v. 27.5.1999, GRUR Int. 2001, 183, 184 – Second-Hand-Videospiele). Die Erstellung einer Multimediapräsentation, bei der sich die schöpferische Eigenleistung auf ein einheitliches Design und eine alltägliche grafische Gestaltung der Benutzeroberfläche beschränkt, genügt hingegen nicht (LG Köln ZUM 2005, 910, 912 ff.).

9. Social Media, Werke im Bereich des Internet

156   **Websites** können nach allgemeiner Auffassung ein Werk darstellen (OLG Düsseldorf MMR 1999, 729, 730; OLG Frankfurt a. M. MMR 2005, 705 m. w. N.) und dabei in zweierlei Weise Schutz des Urheberrechts erfahren. Zum einen lassen sich einzelne Elemente einer Website schon den **einzelnen Werkarten** zuordnen. So können **Textelemente** der Seite als Sprachwerke (§ 2 Abs. 1 Nr. 1) geschützt sein, wobei einfache werbemäßige Beschreibungen oder die Wiedergabe rein sachlicher Informationen in Alltagssprache nicht ausreichen (OLG Celle BeckRS 2012, 7006), wohl aber Textungen mit einer starken eigenschöpferischen Prägung genügen, die z. B. durch Einarbeiten weiterführender Links (mit-)erreicht werden kann (*Schack* MMR 2001, 9, 10). Auch wenn jedes Textelement für sich genommen ungenügend ist, kann die Gesamtheit der Textpassagen ein Werk darstellen (LG Berlin ZUM-RD 2006, 573, 574). Die Gestaltung eines Webseitentextes erreicht die erforderliche Schöpfungshöhe, wenn der Webdesigner die Seite durch gezielte Verwendung von Sprache so optimiert, dass sie bei der Eingabe von Alltagsbegriffen in einer Suchmaschine unter den ersten Suchergebnissen erscheint (LG Köln NJOZ 2009, 4456, 4458 – Mobiler DJ). Klanglich eigenschöpferisch gestaltete **Hintergrundmelodien** und -klänge oder Animationsgeräusche (z. B. bei anklickbaren Elementen) genießen in der Regel den Schutz des Musikwerkes nach § 2 Abs. 1 Nr. 2. Hierneben kann auch ein Schutz als Hörzeichen nach § 3 Abs. 1 MarkenG treten. **Bilder,** sowie **bild-**

liche oder grafische Elemente, die rein digital hergestellt sind (z.B. durch eine Schöpfungsleistung mithilfe grafischer Illustrationsprogramme), stellen oftmals nach § 2 Abs. 1 Nr. 4 ein eigenständiges Werk der bildenden Kunst dar (*Heutz* MMR 2005, 567, 567f.). Für Fotografien gilt als Lichtbilder das zu § 2 Abs. 1 Nr. 5 Gesagte entsprechend (vgl. OLG Hamm MMR 2005, 106, 107, nicht rechtskräftig), im Übrigen kann sich Schutz auch nach § 72 als einfaches Lichtbild ergeben. **Videosequenzen** und eingearbeitete **Flash-Animationen** sind als filmähnliche Werke nach § 2 Abs. 1 Nr. 6 oder aber zumindest als einfache Laufbilder gem. § 95 geschützt (*Schack* MMR 2001, 9, 10).

Zum anderen kann aber auch der gerade durch Kombination und Komposition von verschiedenen der vorgenannten Elemente erzielte **Gesamteindruck** der Seite Schutz als ein „Multimediawerk" (vgl. Rn. 151ff.) genießen. Zu fordern ist hier, dass die Gesamtkomposition nicht banal ist und die Einzelbestandteile in der Gesamtkonzeption der Seite in einer Weise aufgehen, in der sie sich nicht voneinander trennen lassen, ohne dass sich nicht ihr Wesen verändern würde (*Schack* MMR 2001, 9, 12; i.E. auch LG München I ZUM-RD 2005, 83; LG München I MMR 2005, 267, 268; OGH ZUM-RD 2002, 133, 135; a.A. Dreyer/Kotthoff/Meckel/*Dreyer* § 2 Rn. 174, 275). Daneben kommt für die Homepage auch als Gesamtheit ein Schutz als Werk der angewandten Kunst in Betracht (vgl. Rn. 104). **157**

Das Kunstwort **Weblog** oder **Blog** hat sich aus den engl. Begriffen Web (dt.: Netz – als Synonym für das Internet) und Log (dt.: Protokoll) gebildet und beschreibt ein der Öffentlichkeit zugängliches **Onlinetagebuch,** das den Internetnutzer über tagesaktuelles Geschehen, Politik, die Ansichten des Autors oder aber die persönlichen Lebensumstände des Betreibers des Weblogs informiert. Die Spannbreite der Weblogs reicht von Weblogs, die mit journalistischem Anspruch betrieben werden und ernsthafte Nachrichten vermitteln bis hin zu Weblogs, die die rein persönlichen Lebensumstände des Betreibers schildern. Bei einem Weblog oder Blog können die einzelnen Beiträge als Sprachwerke urheberrechtlich geschützt sein. Enthält das Weblog zudem Filme und Fotos, so können diese als Lichtbildwerke, einfache Lichtbilder, Filmwerke oder Laufbilder geschützt sein. Weiter kommt der urheberrechtliche Schutz für die Auswahl, Zusammenstellung und grafische Darstellung der Beiträge in Betracht. **158**

Im Bereich Social Media (engl. für Soziale Medien) muss differenziert werden. **Social Media** ist ein Sammelbegriff für internet-basierte Anwendungen, bei denen der Betreiber meist nur eine vorkonfigurierte Plattform bietet, der einzelne Benutzer aber innerhalb dieses Rahmens die Inhalte erstellt, pflegt und aktualisiert. Technisch basieren Social Media auf dem **Web 2.0,** das eine Entwicklungsstufe hinsichtlich des Angebots und der Nutzung des World Wide Web bezeichnet, bei der die Beteiligung der Nutzer kennzeichnend ist. Dem **Webauftritt** der Plattform des Betreibers kann, soweit eine eigenschöpferische Gestaltung vorliegt, Schutz wie einer Homepage zukommen (vgl. Rn. 156). Der abstrakten Konzeption bzw. der dahinter stehenden konkreten Idee, die in der Vorlage der einzelnen Seiten für die Ausfüllung und Ausformung durch den Nutzer hervortritt, wird ähnlich wie dem Showformat (vgl. hierzu Rn. 124ff.) Schutz zu versagen sein. Zu denken ist hier bei schöpferischer Leistung aber für die sich im Laufe der Zeit ergebende Datenbank an einen Schutz als Datenbankwerk nach § 4 bzw. beim Vorliegen einer wesentlichen Investition auch und gerade an den sui generis-Schutz für Datenbanken nach §§ 87a ff. (näher dazu § 87a Rn. 95). **159**

Bei den **Inhalten der Nutzer** (sog. **user-generated content**) wird für selbige dennoch ein Schutz selten der Fall sein. Es kommt hierbei zunächst darauf an, ob die Plattform die Möglichkeiten für eigenschöpferische Gestaltungen bietet oder hierfür keinen Platz lässt. Bei **sozialen Netzwerken** wie z.B. Facebook, Google+, Xing oder LinkedIn wird in der Regel schon die Plattform – mit Ausnahme von frei gestaltbaren Elementen wie „Über dich"-Kategorien – eine echte eigenschöpferische Gestaltung durch den Nutzer ausschließen. Soweit jedoch die Möglichkeit besteht, die Seite nicht lediglich durch Auswahl verschiedener vorgegebener Optionen frei zu gestalten, sondern auch eigene Inhalte und Dateien verschiedenster Art zu integrieren, kommt es darauf an, mit welcher gestalterischen Höhe dies wahrgenommen und umgesetzt wurde. **Content-Management-Systeme,** wie bspw. Weblog-Software, die der Erstellung, Bearbeitung und Organisation von Inhalten dienen, lassen dem Nutzer in der Regel einen breiten Gestaltungsspielraum. Im Unterschied zu Websites kann der Nutzer ein solches System ohne HTML-Kenntnisse bedienen. Es gilt das zur Website Gesagte (vgl. Rn. 156). Kurze **Posts** oder Kommentare zu den Inhalten anderer Nutzer werden in der Regel die Gestaltungshöhe nicht erreichen, da diese sich sowohl inhaltlich als auch in ihrer Kürze bzw. Form auf die Wiedergabe von Alltäglichem beschränken. Nichts anderes wird für **Statusmeldungen** gelten, mit denen der Nutzer anderen mitteilt, was er gerade denkt, erlebt etc. Bei Systemen, die eine hochzuladende Datei lediglich bereitstellen oder präsentieren, kommt es alleine auf den Inhalt der Datei an. So kann z.B. ein bei einer **Video-Plattform** wie YouTube oder vimeo eingestelltes Video als Filmwerk geschützt sein. Ein mit einem Handy spontan aufgenommenes 20-sekündiges Geschehen wird den bestehenden Anforderungen (vgl. Rn. 120 ff.) in aller Regel nicht genügen, ein aufwendig extra für die Aufnahme dargebotenes und auch durch Schnitt, Perspektive und weitere Bearbeitungen mit einer eigenschöpferischen Note versehenes Geschehen hingegen durchaus. Ebenso kann eine bei einer **Audio-Plattform** wie SoundCloud eingestellte Audiodatei als Musikwerk nach § 2 Nr. 2 geschützt sein. Bei **Online-Lexika,** die sich meist eines **„Wiki"** bedienen, bei dem Nutzer Hypertextseiten mit Querverweisen ins Netz einstellen, lesen und in Echtzeit bearbeiten können, kann ein Beitrag oder ein Teil davon wie bei einem gewöhnlichen Lexikon als Sprachwerk geschützt sein (vgl. § 2 Rn. 64). Urheberrechtsschutz genießt jedoch auch hier keinesfalls die Information selbst. Oftmals wird eine eigenschöpferische Gestaltung auch durch die Kürze des Beitrags(-teils) des einzelnen Urhebers kaum möglich sein.

VI. Urheberrecht und ergänzender Leistungsschutz aus dem Wettbewerbsrecht

160 Neben dem Urheberrechtsschutz kann ergänzend der wettbewerbsrechtliche Leistungsschutz treten. Mit der Novellierung des UWG vom 3.7.2004 hat sich die bisherige Rechtslage hinsichtlich der Nachahmungsfreiheit und des ergänzenden wettbewerbsrechtlichen Leistungsschutzes nicht geändert. Die Rechtsprechung kann nunmehr auf der **Grundlage der §§ 3, 4 Nr. 9 UWG entscheiden** (früher § 1 UWG). Der Leistungsschutz aus dem Wettbewerbsrecht nimmt im Verhältnis zu den Immaterialgüterrechten wie dem Urheberrecht eine **ergänzende Funktion** ein. Anknüpfungspunkt des wettbewerbsrechtlichen Leistungsschutzes ist nicht in erster Linie das Kopieren oder die sonstige Übernahme eines fremden Produktes oder einer fremden Leistung. Sofern ein Gegenstand nämlich keinen besonderen immaterialgüterrechtlichen Schutz genießt, gilt der Grundsatz der Nachahmungsfreiheit (BGH WRP 2005, 88, 94 – Puppenausstattungen). Was nicht sonderlich geschützt ist, darf und soll von anderen grds. nachgeahmt werden können. Die Inspiration durch fremde Gestaltungen dient der Fortentwicklung von Produkten. Aufgrund der Spezialität des Urheberrechtsgesetzes und der Subsidiarität des UWG ist die Anwendung des ergänzenden wettbewerbsrechtlichen Leistungsschutzes nach §§ 3, 4 Nr. 9 UWG dann möglich, wenn die urheberrechtlich nicht geschützte Leistung eine Eigenart aufweist und besondere Umstände bei der Leistungsübernahme hinzutreten (BGH WRP 2005, 88, 90 – Puppenausstattungen; BGH GRUR 1999, 923, 926 – Tele-Info-CD). Während die wettbewerbsrechtliche Eigenart als Eignung umschrieben wird, die auf die Herkunft oder auf Besonderheiten hinweist (BGH GRUR 2003, 359, 360 – Pflegebett; BGH WRP 1976, 370, 372 – Ovalpuderdose), werden die bestehenden Umstände, die die Nachahmung unlauter erscheinen lassen, mit der vermeidbaren Herkunftstäuschung (BGH WRP 2005, 88,

90 – Puppenausstattungen), Rufausbeutung und -beeinträchtigung in Verbindung gebracht.

Der ergänzende Leistungsschutz aus dem Wettbewerbsrecht stellt deshalb auf den **spezifischen Handlungsunwert** ab, d.h. genauer auf die Unlauterkeit der konkreten Handlung, die die Übernahme einer fremden Leistung begründen kann (Köhler/Bornkamm/ *Köhler* § 3 UWG Rn. 5ff.; Harte/Henning/*Schünemann* § 3 UWG Rn. 52ff.). Der Begriff die „Sittenwidrigkeit" ist im § 3 UWG nunmehr durch die Unlauterkeit ersetzt worden. Denkbar ist aber auch, dass §§ 3, 4 Nr. 9 UWG neben den sondergesetzlichen Regelungen des Urheberrechtsgesetzes anzuwenden sind, wenn die Umstände außerhalb der Sondertatbestände des Urheberrechtsgesetzes liegen und die Unlauterbarkeit begründen (BGH GRUR 2003, 958, 962 – Paperboy; BGH GRUR 1999, 325 ff. – Elektronische Pressearchive; BGH GRUR 1999, 707 f. – Kopienversand; Köhler/Bornkamm/*Köhler* § 4 UWG Rn. 9.7.; Loewenheim/*Mees* § 3 Rn. 23). Die noch verbleibenden Bereiche des ergänzenden Leistungsschutzes finden ihre Rechtsgrundlage in den Generalklauseln (Harte/Hennig/ *Sambuc* § 4 UWG Rn. J. 34.). Das Merkmal der Handlungen im geschäftlichen Verkehr zu Zwecken des Wettbewerbs ist fortan als Wettbewerbshandlung in § 3 UWG umschrieben (Köhler/Bornkamm/*Köhler* § 3 UWG Rn. 3). Zudem soll nunmehr unlauterer Wettbewerb nicht grds. verboten sein, sondern eben nur, wenn eine Wettbewerbshandlung geeignet ist, nicht nur unerheblich zu verfälschen. Mit § 3 UWG wurde ein allgemeines Verbot im Gegensatz zu einer konkreten Rechtsfolgenanordnung in § 1 UWG a.F. eingeführt. Wird gegen § 3 UWG verstoßen, so sind die Rechtsfolgen den §§ 8 bis 10 UWG zu entnehmen.

Der wettbewerbsrechtliche Leistungsschutz setzt ein Erzeugnis mit wettbewerblicher Eigenart, einen Nachahmungstatbestand und unlautere Begleitumstände wie bspw. eine vermeidbare Herkunftstäuschung voraus (BGH GRUR 1996 – Vakuumpumpen; OLG Hamm GRUR-RR 2005, 73, 74 – Web-Grafiken; Köhler/Bornkamm/*Köhler* § 3 UWG Rn. 5– 9; Harte/Henning/*Sambuc* § 4 UWG Rn. J. 31 ff.). Hat ein Unternehmer bspw. mit erheblichem finanziellem Aufwand ein eigenartiges Produkt entwickelt, so soll er einem Mitbewerber untersagen dürfen, das Produkt unmittelbar zu kopieren, ohne die Mühen einer eigenen Entwicklung erbringen zu müssen. Der ergänzende Leistungsschutz aus dem Wettbewerbsrecht kann neben den Schutz aus dem Urheberrecht treten. Er kann aber auch Erzeugnisse betreffen, die keinen Urheberrechtsschutz genießen (vgl. BGH NJW 1999, 2898, 2900 – Telefonbuchversand auf CD).

Zweck des ergänzenden Leistungsschutzes aus dem Wettbewerbsrecht ist es aber nicht, dem Urheber Rechte jenseits einer **freien Benutzung nach § 24** zu gewähren. Schafft ein Urheber ein neues Werk in freier Benutzung eines anderen Werkes nach § 24, so kann der Urheber des älteren Werkes keine Ansprüche aus §§ 3, 4 Nr. 9 UWG herleiten. Der in § 24 verkörperte Gedanke der freien Benutzung (s. im Einzelnen § 24 Rn. 1 ff.) wird durch §§ 3, 4 Nr. 9 UWG nicht aufgehoben (BGH GRUR 1986, 454, 456 – Bob Dylan; BGH GRUR 1987, 814, 816 – Die Zauberflöte).

VII. Eigentumsrechte an gemeinfreien Werken

Das Urheberrecht ist als immaterielles Recht vom Eigentumsrecht an dem Werkexemplar, das das urheberrechtlich geschützte Werk verkörpert, zu unterscheiden (Loewenheim/*Loewenheim* § 6 Rn. 6; *Schack* GRUR 1983, 56). Nach der Veräußerung des Werkexemplars durch den Urheber sind der Inhaber der Urheberrechte und der Sacheigentümer unterschiedliche Personen. Mit dem Ablauf der urheberrechtlichen Schutzfrist wird das urheberrechtliche Werk gemeinfrei (§ 64 Rn. 13) und es besteht nur das Sacheigentum fort. Solange das Urheberrecht besteht, kann der Urheber grds. exklusiv über die Werknutzung bestimmen. Mit Ablauf der urheberrechtlichen Schutzfrist darf das gemeinfreie Werk grds. beliebig genutzt werden (Loewenheim/*Loewenheim* § 7 Rn. 5). Jedermann ist frei, das gemeinfreie Werk bspw. zustimmungs- und vergütungsfrei zu vervielfältigen und die Vervielfältigungsstücke zu verbreiten. Einschränkungen dieser Grundsätze können sich aus dem Sacheigentum an dem Werkexemplar ergeben. Der Eigentümer kann den Zugang und die Bedingungen des Zugangs freigeben (zum Zugangsrecht des Urhebers § 25). Die Anfertigung von Vervielfältigungsstücken wie Fotografien von einem Werkexemplar stellt nach der allgemeinen Ansicht grds. keine **Eigentumsbeeinträchtigung** i. S. d. § 1004 BGB dar. Es fehlt an einer Beeinträchtigung der Sachsubstanz, da auf das Werkexemplar keine körperliche Einwirkung erfolgt und das Werkexemplar weder verändert wird noch in seiner Sachsubstanz berührt wird. Eine Eigentumsbeeinträchtigung liegt aus diesen Gründen auch dann nicht vor, wenn die Anfertigung der Fotografie gewerblichen Zwecken dient (BGH JZ 1998, 1120, 1121). Es gibt deshalb kein Ausschließlichkeitsrecht im Sinne eines immateriellen Rechts, dass sich aus dem Sacheigentum ableitet.

165 Eine Ausnahme soll gelten, wenn die Vervielfältigungsstücke unter Missachtung eines bestehenden **Hausrechts** hergestellt worden sind (*Soehring* 397). Nach dieser Auffassung darf eine Fotografie von einem Kunstgegenstand, die unter Verletzung des Hausrechts hergestellt worden ist, nicht vervielfältigt oder verbreitet werden. Die Verwertung soll generell unzulässig sein. Der Makel der rechtswidrigen Herstellung haftet nach dieser Ansicht der Fotografie mit quasi dinglicher Wirkung gegen jedermann an. Auch ein Dritter, der selbst das Hausrecht nicht verletzt hat, dürfte die Fotografie nicht verwerten (a. A. BGH JZ 1998, 1120, 1121; Dreier/Schulze/*Dreier* § 59 Rn. 14). Diese Auffassung wird insb. zunehmend von **Museen** vertreten, die über das Instrument des Hausrechts versuchen, die Verwertung von Bildreproduktionen von Werken, die in ihrem Eigentum stehen, zu kontrollieren. Nach dieser Auffassung würde ein weiteres Immaterialgüterrecht an urheberrechtlich geschützten Gegenständen entstehen. Während der Laufzeit des Urheberrechts würde das aus dem Hausrecht abgeleitete Recht neben das Urheberrecht treten. Wer bspw. ein Kunstwerk aus dem Museumsbestand durch Abdruck in einem Buch verwerten möchte, würde neben den Urheberrechten an dem Werk, den Rechten an der Fotografie auch die Zustimmung des Museums benötigen. Nach Ablauf der urheberrechtlichen Schutzfrist müsste er immer noch die Einwilligung des Museums einholen, sofern die Fotografie nicht bspw. von dem Voreigentümer oder vor Einführung des Hausrechts, das die Verwertung von Fotografien verbietet, angefertigt worden ist. Die Auffassung ist abzulehnen, da das Hausrecht grds. nur zwischen dem Eigentümer und der Person wirken kann, die das Hausrecht bricht. Über das Hausrecht lässt sich kein allgemein dingliches Recht mit Wirkung gegen jedermann begründen. Das urheberrechtliche Konzept der **Gemeinfreiheit** steht der Herausbildung eines solchen Rechts im Übrigen entgegen. Ein gemeinfrei gewordenes Werk soll von der Allgemeinheit frei genutzt werden können.

§ 3 Bearbeitungen

Übersetzungen und andere Bearbeitungen eines Werkes, die persönliche geistige Schöpfungen des Bearbeiters sind, werden unbeschadet des Urheberrechts am bearbeiteten Werk wie selbstständige Werke geschützt. Die nur unwesentliche Bearbeitung eines nicht geschützten Werkes der Musik wird nicht als selbständiges Werk geschützt.

Literatur: *Dietz*, Die Entwicklung des bundesdeutschen Urheberrechts in Gesetzgebung und Rechtsprechung von 1965 bis 1972, UFITA 72 (1975) 1; *Grossmann*, Die Schutzfähigkeit von Bearbeitungen gemeinfreier Musikwerke, Baden-Baden 1995; *Gutsche*, Urheberrecht und Volksmusik, Die volksmusikalische Bearbeitung und ihre Rechtswahrnehmung durch die GEMA, Berlin 1996; *Hörnig*, Das Bearbeitungsrecht und die Bearbeitung im Urheberrecht unter besonderer Berücksichtigung von Werken der Literatur, UFITA 99 (1985) 13; *Maaßen*, Urheberrechtliche Probleme der elektronischen Bildverarbeitung, ZUM 1992, 338; *W. Nordemann*, Das Recht zur Bearbeitung gemeinfreier Werke, GRUR 1964, 117; *W. Nordemann*, Ist Mar-

§ 3 Bearbeitungen

tin Luther noch geschützt? Zum urheberrechtlichen Schutz revidierter Bibeltexte, in: Baur/Jacobs/Lieb/ Müller-Graff, Festschrift für Ralf Vieregge zum 70. Geburtstag, Berlin 1995, 677 (zit. *W. Nordemann* FS Vieregge); *Obergfell,* Neuauflage von Comic-Übersetzungen – eine Neuauflage der Rechtsprechung des BGH?, ZUM 2000, 142; *Traub,* Umformung in einen anderen Werkstoff oder eine andere Dimension, UFITA 80 (1977) 159.

Vgl. darüber hinaus die Angaben im eingangs abgedr. Gesamtliteraturverzeichnis.

Übersicht

	Rn.
I. Allgemeines	1–3
II. Begriffe und Systematik des § 3 S. 1	4–24
1. Begriff der Übersetzung	4–7
a) Inhalt	4, 5
b) Schutzfähigkeitsvoraussetzungen nach § 3 S. 1	6, 7
2. Begriff der Bearbeitung	8–11
3. Abgrenzung von anderen Umgestaltungen	12–19
a) Übernahme gemeinfreier Elemente	12, 13
b) Grenze der freien Benutzung nach § 24	14, 15
c) Schöpfungshöhe der Bearbeitung und des Ausgangswerkes	16–18
d) Bearbeitung und Zitat	19
4. Inhalt des Bearbeiterurheberrechts	20, 21
5. Entstehung und Schutzdauer des Bearbeiterurheberrechts	22–24
III. Beispiele für Bearbeitungen von Werken i. S. d. § 3 S. 1	25–28
IV. Unwesentliche Bearbeitung von Werken der Musik (§ 3 S. 2)	29–33

I. Allgemeines

Die Bestimmung befasst sich mit der Bearbeitung vorhandener **fremder Werke.** Für eine urheberrechtliche Regelung in Bezug auf die Umgestaltung eigener Werke besteht kein Bedarf (Möhring/Nicolini/*Ahlberg* § 3 Rn. 3; Fromm/Nordemann/*A. Nordemann* § 3 Rn. 1; Schricker/Loewenheim/*Loewenheim* § 3 Rn. 1). § 3 enthält die Feststellung, dass ein Werk, das gestalterisch auf einem anderen aufbaut, selbst urheberrechtlich geschützt ist, wenn der Bearbeiter dabei eine persönliche geistige Schöpfung erbracht hat (§ 3 S. 1 2. Halbs.). § 3 S. 1 meint nur Bearbeitungen mit Werkqualität (BGH GRUR 1968, 321, 324 – Haselnuss; BGH GRUR 1991, 533 – Brown Girl II). Der Bearbeiter eines fremden Werkes ist dann Urheber. Da sich dies bereits aus den allgemeinen urheberrechtlichen Grundsätzen, insb. aus § 2 Abs. 2 ergibt, besitzt die Vorschrift insoweit Klarstellungsfunktion (Möhring/Nicolini/*Ahlberg* § 3 Rn. 2; a. A. BGHZ 163, 6 – Arrangements Kühn; BGH GRUR 1962, 51 – Zahlenlotto). Der urheberrechtliche Werkbegriff wird durch § 3 S. 1 nicht erweitert.

Einen eigenen Gehalt enthält § 3 S. 1 in Bezug auf das Urheberrecht desjenigen, dessen Werk bearbeitet wird. Die Vorschrift regelt das **Verhältnis der beiden Urheber,** die an dem bearbeiteten Werk beteiligt sind. Die Urheberrechte des Urhebers des Ausgangswerks und des Bearbeiters stehen („unbeschadet") **nebeneinander.** Auf diese Weise erhält der bearbeitende Urheber Schutz für seine Bearbeitung, während der Urheber des Ausgangswerks sein Urheberrecht nicht durch die Bearbeitung des Werkes verliert (Schricker/Loewenheim/*Loewenheim* § 3 Rn. 40; Möhring/Nicolini/*Ahlberg* § 3 Rn. 2; Fromm/Nordemann/*A. Nordemann* § 3 Rn. 34). § 3 S. 1 setzt damit voraus, dass zwei verschiedene Urheber jeweils eine urheberrechtlich schutzfähige Leistung erbracht haben, die in der Bearbeitung enthalten ist.

§ 3 S. 1 steht im **engen Zusammenhang mit § 23,** der Regelungen bezüglich der Freiheit der Herstellung von Bearbeitungen und den Einwilligungsvorbehalt des Originalurhebers zur Werkverwertung enthält. Beide Bestimmungen greifen Hand in Hand. So bedarf die Verwertung eines bearbeiteten Werkes der **Einwilligung** des Urhebers des ursprünglichen Werkes wie auch des Bearbeiters (s. § 23 Rn. 6 ff.). Zur Werkverwertung benötigt der Bearbeiter eine Einwilligung des Urhebers in Form einer Nutzungsrechtseinräumung. Zugleich bedarf der Urheber des Ausgangswerkes einer Nutzungsrechtseinräumung zur Verwertung der Bearbeitung, die auf seinem eigenen Werk basiert (BGH GRUR 1962, 370, 373 – Schallplatteneinblendung; BGH GRUR 1972, 143, 146 – Biografie: Ein Spiel; Schricker/Loewenheim/*Loewenheim* § 3 Rn. 38 und 39; Fromm/Nordemann/ *A. Nordemann* § 3 Rn. 35; Möhring/Nicolini/*Ahlberg* § 3 Rn. 31). Bspw. darf der Urheber eines Romans die Übersetzung des Werkes in eine andere Sprache, die ein Dritter vorgenommen hat, nur mit dessen Zustimmung veröffentlichen und verwerten. Der Urheber, der ein Werk übersetzt hat, ist für die Verwertung der Übersetzung an die Zustimmung des Urhebers des Romans gebunden.

II. Begriffe und Systematik des § 3 S. 1

1. Begriff der Übersetzung

4 **a) Inhalt.** Die Bestimmung hebt die Übersetzung als **Beispiel einer Bearbeitung** des Werkes hervor. Der Begriff der Übersetzung des § 3 S. 1 entspricht dem allgemeinen Wortsinn. Eine Übersetzung ist die Übertragung einer sprachlichen Äußerung von einer in eine andere Sprache (Möhring/Nicolini/*Ahlberg* § 3 Rn. 11). Unter den Übersetzungsbegriff des § 3 S. 1 fällt auch die Übertragung eines **Computerprogramms** in eine andere Programmiersprache. Der Übersetzungsbegriff ist nicht auf Sprachen beschränkt, die ausgesprochen werden können. So findet sich der Begriff auch in der computerprogrammrechtlichen Vorschrift des § 69c S. 1 Nr. 2 (näher § 69c Rn. 17 ff.).

5 Keine Übersetzung nach § 3 S. 1 ist aber die künstlerische Auseinandersetzung des Urhebers mit dem Werk eines anderen. Auch wenn bei der Umsetzung bspw. eines Romans in ein Theaterstück im allgemeinen Sprachgebrauch teilweise von der Übersetzung gesprochen wird, so liegt in diesen Fällen keine Bearbeitung i. S. v. § 3 S. 1 vor (s. Rn. 8 ff.). Bedeutung kommt der Differenzierung zwischen Übersetzung und Bearbeitung deshalb zu, weil eine künstlerische Auseinandersetzung mit einem fremden Werk, das keine Übersetzung ist, eine **freie Benutzung nach § 24** darstellen kann und damit nicht das Urheberrecht des Urhebers des Ausgangswerkes berührt (s. Rn. 14, § 24 Rn. 7 ff.; OLG Hamburg Schulze OLGZ 190, 8 – Häschenschule; Möhring/Nicolini/*Ahlberg* § 3 Rn. 5; Schricker/ Loewenheim/*Loewenheim* § 24 Rn. 8 ff.; Dreier/Schulze/*Schulze* § 3 Rn. 4; Loewenheim/ *Hoeren* § 9 Rn. 212 und 213). Übersetzungen sind dagegen stets Bearbeitungen, auf die § 24 keine Anwendung findet.

6 **b) Schutzfähigkeitsvoraussetzungen nach § 3 S. 1.** Die Übersetzung ist nach § 3 S. 1 als **selbstständiges Werk** geschützt, wenn sie die Anforderungen an ein urheberrechtlich geschütztes Werk erfüllt. Sie muss für sich genommen eine persönliche geistige Schöpfung darstellen (BGH GRUR 2000, 144 – Comic-Übersetzungen II; OLG München ZUM 2004, 845, 847; Möhring/Nicolini/*Ahlberg* § 3 Rn. 12; Fromm/Nordemann/ *A. Nordemann* § 3 Rn. 18, 23; Loewenheim/*Hoeren* § 9 Rn. 208). Der zweite Halbsatz der Vorschrift bezieht sich auch auf den Übersetzungsbegriff. Damit ist nicht jede Übersetzung schutzfähig (OLG Frankfurt ZUM 1995, 795, 798 – Golf-Regeln; Möhring/Nicolini/ *Ahlberg* § 3 Rn. 12).

7 Übersetzungen **urheberrechtlich geschützter Texte** begründen i. d. R. ein Bearbeiterurheberrecht, da sie komplex und mit einer individuellen Schöpfung verbunden sind (BGH ZUM 2000, 160 – Comic-Übersetzungen II m. Anm. *Obergfell* ZUM 2000, 142, 146; OLG Zweibrücken GRUR 1997, 363 – Jüdische Friedhöfe; Schricker/Loewenheim/ *Loewenheim* § 3 Rn. 24; Loewenheim/*Hoeren* § 9 Rn. 208). Aufgrund der idiomatischen

Verschiedenheiten der Sprachen führt die Übertragung eines Textes in eine andere Sprache zu einem gestalterisch veränderten Werk. Ein Bearbeiterurheberrecht entsteht dagegen nur ausnahmsweise an Übersetzungen **einfacher Ausgangstexte,** die keinen Urheberrechtsschutz genießen (OLG Zweibrücken GRUR 1997, 363 – Jüdische Friedhöfe). Ein Text, der mangels Schöpfungshöhe in der Ausgangssprache keinen urheberrechtlichen Schutz genießt, ist nach einer Übersetzung meist nicht geschützt (Loewenheim/*Hoeren* § 9 Rn. 207). Ist das zugrunde liegende Werk schutzlos, weil es gemeinfrei wurde, so kann darin aber eine Bearbeitung i. S. d. § 3 liegen. Auch in der fremden Sprache wird es sich in der Regel nur um eine schlichte sprachliche Äußerung handeln, die die Gestaltungshöhe für den urheberrechtlichen Schutz nicht erreicht. Eine Ausnahme von diesem Grundsatz ist nur gegeben, wenn die einfache Ausgangsäußerung durch die Übersetzung an Komplexität, bspw. wegen der idiomatischen Besonderheiten der Zielsprache, gewinnt (Möhring/Nicolini/*Ahlberg* § 3 Rn. 12; Fromm/Nordemann/*A. Nordemann* § 3 Rn. 5; Schricker/Loewenheim/*Loewenheim* § 3 Rn. 24).

2. Begriff der Bearbeitung

Bearbeitungen sind Änderungen, Erweiterungen und Fortentwicklungen eines vorhandenen Werkes. Eine Bearbeitung liegt immer dann vor, wenn ein Werk urheberrechtlich geschützte Bestandteile eines anderen Werkes enthält und mit diesem eine innere Verbindung eingeht. Bearbeitungen dienen unterschiedlichen Zwecken. **8**

Eine Bearbeitung i. S. v. § 3 S. 1 kann bspw. eine schöpferische Veränderung eines fremden Werkes bedeuten, um es einem **neuen Verwendungszweck** anzupassen (Fromm/Nordemann/*A. Nordemann* § 3 Rn. 18; Möhring/Nicolini/*Ahlberg* § 3 Rn. 4). Wer einen Roman in ein Drehbuch überführt, bearbeitet den Roman. Eine Bearbeitung liegt aber auch vor, wenn ein Urheber in einem eigenen Werk geschützte Auszüge oder Elemente aus dem fremden Werk benutzt. Kopiert der Urheber malend bspw. geschützte Figuren des Ausgangswerkes in ein Bild und integriert sie, so liegt eine Bearbeitung vor (BGH NJW 2002, 552 – Unikatrahmen; Dreyer/Kotthoff/Meckel/*Dreyer* § 3 Rn. 9; nicht aber bei einer bloßen Änderung der Größenverhältnisse, s. BGHZ 44, 288, 293 – Apfelmadonna; BGH GRUR 1990, 669, 673 – Bibelreproduktion; *Traub* UFITA 80 (1977) 159, 167; Loewenheim/*Hoeren* § 9 Rn. 219). Das Motiv des Urhebers, der auf ein fremdes Werk zurückgreift, ist für die Bestimmung einer Bearbeitung nicht von Bedeutung. Es ist gleichgültig, ob der Bearbeiter das fremde Werk fortentwickeln wollte oder für ein **eigenes Werk** die fremden Elemente benutzt. **9**

Der Begriff der Bearbeitung ist **objektiv** und nicht nach der jeweiligen Absicht des Bearbeiters auszulegen. Entscheidend ist die Form, die eine Bearbeitung angenommen hat (Fromm/Nordemann/*A. Nordemann* §§ 23/24 Rn. 9; LG Köln GRUR 1973, 88 – Kinder in Not). Eine Bearbeitung i. S. v. § 3 S. 1 kann damit auch dann vorliegen, wenn ein Urheber bei dem Versuch gescheitert ist, ein eigenes selbstständiges Werk zu schaffen. Hat er die Grenze der freien Benutzung zu einem fremden Werk nach § 24 nicht überschritten, so liegt eine Bearbeitung vor. Eine **abhängige Nachschöpfung,** die eine persönliche geistige Leistung des sich anlehnenden Urhebers enthält, ist eine Bearbeitung, auf die § 3 S. 1 unmittelbar Anwendung findet. Ihre Verwertung bedarf der Zustimmung des Urhebers nach § 23 S. 1. **10**

Nach der **Gegenauffassung** liegt eine Bearbeitung nur vor, wenn diese das Ausgangswerk weiterentwickelt oder es anpasst, ihm also dient (Schricker/Loewenheim/*Loewenheim* § 3 Rn. 6). Gegen diese Meinung spricht, dass die Einordnung eines Werkes als Bearbeitung damit von der Vorstellung des bearbeitenden Urhebers abhängt. Da sich einem umgestalteten Werk das Motiv, aufgrund dessen es hergestellt worden ist, nicht ansehen lässt, ist das Differenzierungskriterium ungeeignet. Der Gegenauffassung ist deshalb nicht zu folgen. **11**

3. Abgrenzung von anderen Umgestaltungen

12 **a) Übernahme gemeinfreier Elemente.** Eine von § 3 S. 1 erfasste Bearbeitung liegt nicht vor, wenn das neue Werk **keine urheberrechtlich geschützten Teile** eines fremden Werkes enthält. Hat ein Urheber bspw. lediglich Fragmente des anderen Werkes in sein Werk übernommen, die mangels persönlicher Schöpfung für sich genommen keinen Schutz genießen, oder hat er gemeinfreie Elemente in ein Werk aufgenommen, so liegt keine Bearbeitung nach § 3 S. 1 vor (*Nordemann* GRUR 1964, 117; Dreyer/Kotthoff/Meckel/*Dreyer* § 3 Rn. 12; Loewenheim/*Hoeren* § 9 Rn. 207). Hierbei muss zwischen gemeinfreien und gemeinfrei gewordenen Werken durch Ablauf der Schutzfrist unterschieden werden. Bearbeitungen Letzterer bedürfen nicht der Zustimmung nach § 23, genießen aber nach § 3 S. 1 Schutz (Loewenheim/*Hoeren* § 9 Rn. 207; Dreier/Schulze/*Schulze* § 3 Rn. 7; Dreyer/Kotthoff/Meckel/*Dreyer* § 3 Rn. 33 verneint eine i.S.d. § 3 geschützte Bearbeitung von aufgrund Schutzfristablaufs gemeinfrei gewordenen Werken), erstere hingegen nicht. Der Urheber hat in diesem Fall ein aus urheberrechtlicher Sicht selbstständiges Werk geschaffen, das nicht die Rechte anderer Urheber berührt. Er ist Alleinurheber (Möhring/Nicolini/*Ahlberg* § 3 Rn. 31).

13 Keine Bearbeitung im urheberrechtlichen Sinne liegt bspw. vor, wenn ein Urheber in ein neues Werk Bestandteile historischer, **gemeinfreier Werke** mit aufnimmt, auch wenn aus kunsthistorischer Sicht eine abhängige Nachschöpfung angenommen werden kann. Nach der **Gegenauffassung** fallen auch Bearbeitungen ungeschützter, ihrer Schöpfungshöhe nach aber **schutzfähiger Werke** unter die Bestimmung des § 3 S. 1 (BGH GRUR 1991, 456, 457 – Goggolore; BGH GRUR 1991, 533 – Brown Girl II; Schricker/Loewenheim/*Loewenheim* § 3 Rn. 10; Fromm/Nordemann/*A. Nordemann* § 3 Rn. 8; Möhring/Nicolini/*Ahlberg* § 3 Rn. 31). Dem ist entgegenzuhalten, dass dann kein urheberrechtlicher Regelungsbedarf besteht. Der Urheber ist in der Verwertung des Werkes, das zwar fremde, aber lediglich ungeschützte Elemente enthält, ungebunden, so dass der Regelungsgehalt des § 3 S. 1 nicht betroffen ist. Die Gegenmeinung gelangt zu keinen anderen Ergebnissen.

14 **b) Grenze der freien Benutzung nach § 24.** Eine Bearbeitung i.S.d. § 3 S. 1 eines fremden Werkes scheidet aus, wenn ein Urheber sich an ein fremdes Werk in einer Weise anlehnt, dass eine **freie Benutzung** nach § 24 vorliegt, d.h., dass die dem ursprünglichen Werk immanente persönliche geistige Schöpfung gegenüber dem neuen Werk verblasst ist (BGH NJW-RR 1993, 1002, 1004 – Asterix-Persiflagen; Loewenheim/*Hoeren* § 9 Rn. 213; Dreyer/Kotthoff/Meckel/*Dreyer* § 3 Rn. 17, 28). Die freie Benutzung eines anderen Werkes führt dazu, dass dem Originalurheber an dem in freier Benutzung geschaffenen, neuen Werk kein Urheberrecht zusteht (Möhring/Nicolini/*Ahlberg* § 3 Rn. 5; Fromm/Nordemann/*A. Nordemann* § 3 Rn. 9). So darf etwa derjenige, der sich mit einem neuen Werk lediglich stilistisch an ein älteres Werk anlehnt, aber im Übrigen ein selbstständiges Werk schafft, dieses auch ohne Zustimmung des Urhebers des älteren Werkes verwerten (Loewenheim/*Hoeren* § 9 Rn. 213). Die Abgrenzung zwischen freier und unfreier Benutzung (§§ 23, 24) ist deshalb für die Anwendung des § 3 S. 1 entscheidend (hierzu § 24 Rn. 7 ff.).

15 Systematische Schwierigkeiten ergeben sich in Bezug auf die Anwendung von § 3 S. 1, wenn nach den allgemeinen Maßstäben eine Bearbeitung vorliegen würde, aber ein Sachverhalt dennoch **privilegiert der freien Benutzung** i.S.v. § 24 zugeordnet wird. Keine Bearbeitung i.S.v. § 3 S. 1 liegt deshalb ausnahmsweise vor, wenn urheberrechtlich geschützte Werke in ein neues Werk eingehen, dieses aber wegen seiner besonderen künstlerischen Eigenart dennoch als freie Benutzung des älteren Werkes nach § 24 anzusehen ist (s. § 24 Rn. 13 f.).

16 **c) Schöpfungshöhe der Bearbeitung und des Ausgangswerkes.** Keine Bearbeitung i.S.v. § 3 S. 1 ist weiter gegeben, wenn der Bearbeiter selbst keine schöpferische Leistung erbringt, wie § 3 S. 1, 2. Halbs. ausdrücklich bestimmt. Wer die Hürde der schöpferischen Leistung nicht überschreitet, der hat kein Urheberrecht an einem Werk (Fromm/Nordemann/*A. Nordemann* § 3 Rn. 15; Schricker/Loewenheim/*Loewenheim* § 3 Rn. 14; Dreier/Schulze/*Schulze* § 3 Rn. 11; Loewenheim/*Hoeren* § 9 Rn. 215; Dreyer/Kotthoff/Meckel/*Dreyer* § 3 Rn. 18). **Umgestaltungen,** die ein Werk ändern, ohne die notwendige Schöpfungshöhe zu besitzen, fallen nicht unter die Bestimmung des § 3 S. 1. Wer etwa bloße Tippfehler aus einem Sprachwerk entfernt, ändert dieses, ohne Bearbeiter zu sein.

Für die Schutzfähigkeit der Bearbeitung kommt es jedoch nicht darauf an, **welchen** **17** **Grad** an persönlicher geistiger Schöpfung das umgestaltete Ausgangswerk besitzt. An eine Bearbeitung i. S. v. § 3 sind deshalb keine höheren Anforderungen zu stellen, wenn das bearbeitete Werk besonders komplex ist. Die Anforderungen an eine persönliche geistige Schöpfung sind im Bereich der Bearbeitung **deckungsgleich** mit den Anforderungen, die die Bestimmung des § 2 Abs. 2 im Rahmen der Prüfung der Werkqualität stellt. Der Maßstab für die persönliche geistige Schöpfung ist im gesamten Urheberrecht einheitlich und erhöht sich nicht, wenn das Ausgangswerk komplex ist (*Dietz* UFITA 72 (1975) 39; Möhring/Nicolini/*Ahlberg* § 3 Rn. 8; BGH GRUR 1968, 321, 324 – Haselnuss).

Zu Unrecht hat die **ältere Rechtsprechung** teilweise ein Wechselspiel zwischen der **18** Gestaltungshöhe des Ausgangswerkes und den Anforderungen an eine persönliche geistige Schöpfung bei Bearbeitungen nach § 3 S. 1 angenommen (BGH GRUR 1991, 533, 534 – Brown Girl II; BGH GRUR 1972, 143 – Biografie: Ein Spiel; GRUR 1978 305, 306 – Schneewalzer; BGH GRUR 1959, 379, 381 – Gasparon; ebenso Schricker/Loewenheim/*Loewenheim* § 3 Rn. 15; Loewenheim/*Hoeren* § 3 Rn. 215; Dreier/Schulze/*Schulze* § 3 Rn. 11). Nach dieser Auffassung muss die Bearbeitung erhebliche Eigenprägung besitzen, wenn ein Ausgangswerk von großer Individualität bearbeitet wird. Die Bearbeitung könne das fremde Werk sonst nicht hinreichend prägen. Dieser Auffassung ist entgegenzuhalten, dass sich im Urheberrechtsgesetz kein Ansatzpunkt für die angenommene Differenzierung findet. Dieser Auffassung ist deshalb nicht zu folgen.

d) **Bearbeitung und Zitat.** Die Einfügung eines **Zitats** aus einem fremden Werk **19** kann eine Bearbeitung nach § 3 S. 1 des zitierten Werkes bedeuten, muss es aber nicht. Ein mit Belegfunktion unangetastet in das neue Werk eingefügtes Zitat führt zu keiner Bearbeitung des älteren Werkes (Möhring/Nicolini/*Ahlberg* § 3 Rn. 6). So liegt keine Bearbeitung vor, wenn in einem Zeitungsbeitrag das besprochene Werk abgebildet wird. Ein mit dem neuen Werk verwobenes Zitat, das mit dem neuen Werk eine formale inhaltliche oder ästhetische Verbindung eingeht, führt zu einer Bearbeitung des zitierten Werkes i. S. v. § 3 S. 1. Bspw. stellt ein mit Screenshots bebildertes Lösungsbuch zu einem Computerspiel eine Bearbeitung des Spiels dar, wenn Text und Bebilderung im Zusammenspiel eine Einheit bilden.

4. Inhalt des Bearbeiterurheberrechts

Der bearbeitende Urheber genießt für die Bearbeitung die gleichen urheberrechtlichen **20** Befugnisse wie der Urheber eines selbstständigen Werkes (Schricker/Loewenheim/*Loewenheim* § 3 Rn. 39; Fromm/Nordemann/*A. Nordemann* § 3 Rn. 5; Möhring/Nicolini/*Ahlberg* § 3 Rn. 2; Dreier/Schulze/*Schulze* § 3 Rn. 50; Loewenheim/*Hoeren* § 9 Rn. 222). Der Bearbeiter erhält für die Bearbeitung zunächst den Schutz aus dem **Urheberpersönlichkeitsrecht** (§§ 12 bis 14) (Dreier/Schulze/*Schulze* § 3 Rn. 54). Er kann bspw. eine beeinträchtigende Änderung der Bearbeitung auch gegenüber dem Urheber des bearbeiteten Werkes aus § 14 untersagen (s. zum Verhältnis Bearbeitung und Entstellung § 14 Rn. 3). Er kann sich weiter gegenüber dem Urheber des Ausgangswerkes auf sein Namensnennungsrecht aus § 13 berufen, so dass bspw. der Urheber eines Sprachwerkes den Übersetzer wegen dessen eigenständigen Namensnennungsrechts nennen muss, wenn er dessen Übersetzung verwertet (s. § 13 Rn. 4).

21 Des Weiteren stehen dem Bearbeiter ohne Einschränkungen die urheberrechtlichen **Verwertungsrechte** (§§ 15 ff.) zu (Dreier/Schulze/*Schulze* § 3 Rn. 54). Allerdings hat der Bearbeiter bei einer Werkverwertung die Urheberrechte des Urhebers des Ausgangswerkes zu berücksichtigen. Eine Verwertung der Bearbeitung kann deshalb **nicht ohne die Zustimmung** des Urhebers des Ausgangswerkes erfolgen. In der Literatur findet sich deshalb der (missverständliche) Begriff vom „abhängigen Urheberrecht" (Schricker/Loewenheim/*Loewenheim* § 3 Rn. 38; Möhring/Nicolini/*Ahlberg* § 3 Rn. 31; Loewenheim/*Hoeren* § 9 Rn. 223). Richtig ist, dass nicht das Bearbeiterurheberrecht abhängig ist, sondern der Bearbeiter von der Zustimmung des Urhebers des Ausgangswerkes für die Werkverwertung.

5. Entstehung und Schutzdauer des Bearbeiterurheberrechts

22 Wie das Urheberrecht an einem unabhängigen Werk, entsteht das Bearbeiterurheberrecht mit der Schöpfung der Bearbeitung. Für das Entstehen des Bearbeiterurheberrechts ist damit nur maßgeblich, dass die Bearbeitung den **notwendigen Schöpfungsgrad** erreicht, nicht, dass in den Fällen des § 23 S. 2 die erforderliche Einwilligung zur Herstellung der Bearbeitung durch den Urheber des Ausgangswerkes vorliegt. Auch wer rechtswidrig, d. h. ohne Einwilligung des Originalurhebers, bspw. ein Werk verfilmt, ist Bearbeiter i. S. d. § 3 S. 1 (Dreier/Schulze/*Schulze* § 3 Rn. 51). Ihm steht das Bearbeiterurheberrecht nach § 3 S. 1 zu, so dass der Originalurheber die Bearbeitung nicht ohne Zustimmung des – unberechtigten – Bearbeiters verwerten darf (BGH GRUR 1955, 331, 334 – Indeta; BGH GRUR 1960, 619, 626 – Künstlerlizenz; BGH GRUR 1962, 370, 373 – Schallplatteneinblendung; Dreier/Schulze/*Schulze* § 3 Rn. 50; Loewenheim/*Hoeren* § 8 Rn. 4, § 9 Rn. 222).

23 Weil das Bearbeiterurheberrecht unabhängig von dem Urheberrecht an dem zugrunde liegenden Werk entsteht, ist die **Schutzdauer** der Bearbeitung von der Schutzdauer des Ausgangswerkes zu unterscheiden. Beide Schutzfristen sind getrennt zu berechnen. Wird das einer Bearbeitung zugrunde liegende ursprüngliche Werk mit Ablauf der Schutzfrist gemeinfrei, so bleibt die Bearbeitung als solche geschützt, bis die Schutzfrist der Bearbeitung ihrerseits abgelaufen ist (Fromm/Nordemann/*A. Nordemann* § 3 Rn. 38; Schricker/Loewenheim/*Loewenheim* § 3 Rn. 40; Loewenheim/*Hoeren* § 9 Rn. 223). Das **Bearbeiterurheberrecht** bezieht sich lediglich auf die Bearbeitung selbst (Loewenheim/*Hoeren* § 9 Rn. 222; Dreier/Schulze/*Schulze* § 3 Rn. 50). Nur die Bearbeitung beruht auf der persönlichen Schöpfung des Bearbeiters. § 3 S. 1 verliert mit Ablauf der Schutzfrist des Ausgangswerks seine Bedeutung.

24 Die Bearbeitung eines Werkes führt damit **nicht zu einer Verlängerung** der urheberrechtlichen Schutzfrist des Ausgangswerkes. Das Werk, dessen Schutzfrist abgelaufen ist, darf in der unbearbeiteten Form von jedermann verwertet werden. Dritte sind frei, eine eigene Bearbeitung des gemeinfreien Werkes, also eine **Zweitbearbeitung,** vorzunehmen, es bspw. in eine andere Sprache zu übersetzen.

III. Beispiele für Bearbeitungen von Werken i. S. d. § 3 S. 1

25 Eine Bearbeitung nach § 3 S. 1 entsteht bei **Sprachwerken,** wenn ein Drehbuch nach einer Romanvorlage oder Erzählung geschrieben wird (BGH GRUR 1962, 531, 533 – Bad auf der Tenne II; BGH GRUR 1963, 441, 443 – Mit dir allein) oder wenn ein Literaturstück unmittelbar verfilmt wird (BGH GRUR 1957, 614 – Ferien vom Ich; BGHZ 38, 11, 18 – Lied der Wildbahn III). Keine Bearbeitung liegt vor, wenn von der Vorlage lediglich ein urheberrechtlich nicht geschütztes Motiv, wie ein bloßer Einfall, entnommen wird (BGH GRUR 1959, 379, 381 – Gasparone). Ist eine Phantasiegeschichte, wie etwa eine Fabel, urheberrechtlich geschützt, so liegt eine Bearbeitung auch dann vor, wenn der Bearbeiter die Handlung mit eigenen Worten schildert oder den Stoff neu anordnet (BGH

GRUR 1959, 379, 381 – Gasparone; BGH GRUR 1999, 984, 987 – Laras Tochter; Dreier/Schulze/*Schulze* § 3 Rn. 17; Loewenheim/*Loewenheim* § 8 Rn. 5). Keine Bearbeitung ist gegeben, wenn ein **Text digitalisiert** wird, da dies nicht mit einer gestalterischen Leistung verbunden ist (Schricker/Loewenheim/*Loewenheim* § 3 Rn. 8; vgl. auch *W.* Nordemann FS Vieregge 1995, 677, 684; Dreier/Schulze/*Schulze* § 3 Rn. 18). Bei Übersetzungen, deren zugrunde liegender Text älteren Datums ist, liegt eine Bearbeitung schon deshalb vor, weil bei der Übertragung auf Besonderheiten wie z. B. unausgesprochene Untertöne, Anklänge, Anspielungen etc. geachtet werden muss und ein gewisses Feingefühl, sprachliches Geschick, stilistische Fähigkeit und individuelle Gestaltungsmöglichkeiten dem Übersetzer abfordern. Bei einer einfachen Übersetzung des antiken Textes besteht die Gefahr, dass Leser der heutigen Zeit den eigentlichen Sinngehalt nicht erfassen können bzw. dieser falsch wieder gegeben wird (LG Mannheim GRUR 2004, 325, 326 f.). Ob „**abstracts**" als Bearbeitung i. S. d. § 3 S. 1 zu qualifizieren sind, hängt vom Einzelfall ab. Entscheidend ist das Vorhandensein einer sprachlich eigenschöpferischen Formgebung des „abstracts" nach § 2 Abs. 2 (BGH ZUM 2011, 242, 247 – Abstracts; Schricker/Loewenheim/*Loewenheim* § 3 Rn. 18; Dreier/Schulze/*Schulze* § 3 Rn. 17). Werden Werke hauptsächlich nach logischen Gesichtspunkten verkürzt und sprachlich versachlicht und ist in der Formulierung dieser Verkürzung keine eigene Formgebung zu entdecken, liegt keine Bearbeitung i. S. d. § 3 S. 1 vor. Werden in dem „abstract" darüber hinaus die wesentlichen Formulierungen und Satzteile des Originalwerkes übernommen, kann hierin eine unfreie Umgestaltung liegen (vgl. § 23 Rn. 4).

Die Regieleistung eines **Theaterregisseurs** stellt regelmäßig keine Bearbeitung des inszenierten Werkes i. S. v. § 3 S. 1 dar, sondern ist als eigenständiges Inszenierungswerk nach § 2 geschützt (zum Streitstand s. § 2 Rn. 55). Nach bisher herrschender Meinung soll der Theaterregisseur lediglich nach § 73 geschützt sein (AmtlBegr. BT-Drucks. IV/270, 90). Im Bereich der **Musik** ist eine Bearbeitung in der Regel gegeben, wenn ein Werk instrumentiert und orchestriert wird (BGH GRUR 1968, 321, 324 – Haselnuss; BGH UFITA 51 (1968), 315, 319 f. – gaudeamus igitur; BGH GRUR 1991, 533, 535 – Brown Girl II; Dreier/Schulze/*Schulze* § 3 Rn. 24; Loewenheim/*Loewenheim* § 8 Rn. 5). Der ausübende Künstler ist nicht Bearbeiter. Er wird für seine Darbietung des Musikwerkes nach den §§ 73 ff. geschützt (Schricker/Loewenheim/*Loewenheim* § 3 Rn. 27).

Im Bereich der **bildenden Kunst** liegen regelmäßig Bearbeitungen vor, wenn sich ein Urheber mit Mitteln der Kunst mit einem vorbestehenden Werk beschäftigt und dabei nicht die Grenze zur freien Benutzung nach § 24 überschreitet (s. § 24 Rn. 13). Paraphrasen, Kunstwerkfälschungen, Parodien und auch viele Kopien stellen Bearbeitungen nach § 3 S. 1 dar. Dabei ist nicht notwendig, dass in die Substanz des bearbeitenden Werkes selbst eingegriffen wird. Eine Bearbeitung kann auch ohne dergleichen erfolgen (BGH NJW 2002, 552, 556 – Unikatrahmen; Dreier/Schulze/*Schulze* § 3 Rn. 37; Dreyer/Kotthoff/Meckel/*Dreyer* § 3 Rn. 34). Bei Kopien ist im Bereich der bildenden Kunst zu beachten, dass diese das Ausgangswerk meist nicht übereinstimmend wiedergeben, sondern von der Eigenart des kopierenden Urhebers mitgeprägt werden, so dass dieser beim Kopieren eine persönliche geistige Schöpfung erbringt. Eine schlichte Kopie, die das vorbildliche Werk lediglich mechanisch nachahmt, ist dagegen keine Bearbeitung (BGHZ 44, 228, 293 – Apfelmadonna), ebenso wenig die Entwurfsausführung bzw. -umsetzung (OLG Hamm ZUM-RD 2002, 71, 74 – Wackelkopfhund; OLG Frankfurt ZUM-RD 1997, 486, 491 – Mackintosh-Entwürfe; Dreier/Schulze/*Schulze* § 3 Rn. 33). Empfindet ein Urheber ein fremdes Werk der bildenden Kunst in einer anderen Technik (z. B. Radierung statt Gemälde) nach, so liegt meist eine Bearbeitung vor, da das neue künstlerische Ausdrucksmittel eine schöpferische Leistung bei der Überführung des Motivs erfordert (Fromm/Nordemann/*A. Nordemann* § 3 Rn. 10; Loewenheim/*Loewenheim* § 8 Rn. 5; a. A. Möhring/Nicolini/*Ahlberg* § 3 Rn. 23). Die bloße Veränderung von Größenverhältnissen des Werkes bedeutet jedoch keine Bearbeitung (BGH GRUR 1990, 669, 673 – Bildreproduktion; Dreier/Schulze/*Schulze* § 3 Rn. 31).

28 **Fotografien** (Lichtbildwerke wie Lichtbilder) können bspw. durch schöpferische Verfremdungen bearbeitet werden (OLG Koblenz GRUR 1987, 435 – Verfremdete Fotos; LG München I GRUR 1988, 36 – Hubschrauber mit Damen; Dreier/Schulze/*Schulze* § 3 Rn. 40). Die Nachsynchronisation von **Filmwerken** stellt meist eine Bearbeitung i. S. v. § 3 S. 1 dar (Möhring/Nicolini/*Ahlberg* § 3 Rn. 26; Dreier/Schulze/*Schulze* § 3 Rn. 45). Eine digitale Retusche, z. B. durch Einfügen neuer urheberrechtlich geschützter Figuren in eine **Computeranimation,** ist eine Bearbeitung (OLG Hamburg GRUR 1997, 822, 825 – Edgar Wallace Filme; *Maaßen* ZUM 1992, 338, 346; Dreier/Schulze/*Schulze* § 3 Rn. 45). Aufeinander aufbauende Beiträge in **Open-Content-Projekten** (z. B. Wikipedia) können Bearbeitungen gem. §§ 3, 23 darstellen (s. näher § 8 Rn. 63).

IV. Unwesentliche Bearbeitung von Werken der Musik (§ 3 S. 2)

29 § 3 S. 2 bestimmt, dass an nur unwesentlichen Bearbeitungen von gemeinfreien Musikwerken kein Bearbeiterurheberrecht entsteht. Die Vorschrift erhöht die Anforderungen an eine persönliche geistige Schöpfung für den Urheberrechtsschutz bei der Bearbeitung von Werken der Musik. Der Begriff der unwesentlichen Bearbeitung meint Bearbeitungen, die grds. die allgemeine Schwelle zum Urheberrechtsschutz überschritten haben. Die unwesentliche Bearbeitung i. S. d. § 3 S. 2 stellt eine persönliche geistige Schöpfung nach § 3 S. 1 (und § 2 Abs. 2) dar. Da § 3 S. 1 nur Bearbeitungen mit Werkqualität schützt, kann sich die Ausnahmevorschrift des § 3 S. 2 für gemeinfreie Werke der Musik auf Bearbeitungen beziehen, die ohne die Ausnahmevorschrift Schutz als Bearbeitung nach § 3 S. 1 besitzen würden. § 3 S. 2 liefe bei einer anderen Auslegung leer.

30 Die Vorschrift führt dazu, dass im Anwendungsbereich von § 3 S. 2 Werkschöpfungen von verhältnismäßig geringerer Gestaltungshöhe ungeschützt bleiben (Dreier/Schulze/*Schulze* § 3 Rn. 28). Sie führt für den Bereich gemeinfreier Werke der Musik einen **zweiten Beurteilungsmaßstab für die Schöpfungshöhe** der geschützten Bearbeitung ein. Die Vorschrift wird deshalb teilweise sogar als verfassungswidrige Enteignung des Urhebers, der ein solches Werk bearbeitet, angesehen (Möhring/Nicolini/*Ahlberg* § 3 Rn. 35; a. A. Fromm/Nordemann/*A. Nordemann* § 3 Rn. 32).

31 Weil der Gesetzgeber frei ist, Einschnitte in den Eigentumsschutz zugunsten der Allgemeinheit vorzunehmen, solange der Kernbereich des Eigentumsschutzes aus Art. 14 GG nicht betroffen ist, ist den verfassungsrechtlichen Bedenken der Ansicht nicht zu folgen (so auch *Grossmann* 50, 106 f.).

32 § 3 S. 2 ist nur mit Blick auf die **gesetzgeberische Absicht** verständlich. Der Gesetzgeber wollte mit § 3 S. 2 Heimatvereine, Trachtengruppen und andere volkstümliche Vereinigungen schützen, die sich der Pflege des traditionellen Musikgutes widmen (Möhring/Nicolini/*Ahlberg* § 3 Rn. 33; Schricker/Loewenheim/*Loewenheim* § 3 Rn. 30; *Gutsche* 72 ff.; Dreier/Schulze/*Schulze* § 3 Rn. 28). Der Gesetzgeber wollte unwesentlich bearbeitete traditionelle Musikstücke von einem Bearbeiterurheberrecht freihalten, das ansonsten deren Verwertung durch die angesprochenen Kreise einschränken würde.

33 Eine unwesentliche Bearbeitung im Sinne der Vorschrift liegt vor, wenn in einer Bearbeitung **die überlieferten, melodischen, harmonischen und rhythmischen Grundmuster** erhalten bleiben. Folgendes ist im Zusammenhang mit § 3 S. 2 zu beachten: Liegt einer musikalischen Veranstaltung ausschließlich volksmusikalisches Programm zugrunde, besteht in der Folge von § 3 S. 2 keine Vermutung für die Wahrnehmungsbefugnis einer Verwertungsgesellschaft (AmtlBegr. BT-Drucks. 10/3360, 18). Nach § 13a Abs. 2 S. 1 WahrnG ist die Pflicht zur Mitteilung an die Verwertungsgesellschaft (Programmpflicht) für Werke i. S. d. § 3 S. 2 ausgeschlossen.

§ 4 Sammelwerke und Datenbankwerke

(1) Sammlungen von Werken, Daten oder anderen unabhängigen Elementen, die aufgrund der Auswahl oder Anordnung der Elemente eine persönliche geistige Schöpfung sind (Sammelwerke), werden, unbeschadet eines an den einzelnen Elementen gegebenenfalls bestehenden Urheberrechts oder verwandten Schutzrechts, wie selbständige Werke geschützt.

(2) Datenbankwerk im Sinne dieses Gesetzes ist ein Sammelwerk, dessen Elemente systematisch oder methodisch angeordnet und einzeln mit Hilfe elektronischer Mittel oder auf andere Weise zugänglich sind. Ein zur Schaffung des Datenbankwerkes oder zur Ermöglichung des Zugangs zu dessen Elementen verwendetes Computerprogramm (§ 69a) ist nicht Bestandteil des Datenbankwerkes.

Literatur: *Bechtold,* Der Schutz des Anbieters von Information – Urheberecht und Gewerblicher Rechtsschutz im Internet, ZUM 1997, 427; *Becker,* Rechtsprobleme bei Mehr-Autoren-Werkverbindungen, ZUM 2002, 581; *Bensinger,* Sui-generis-Schutz für Datenbanken: die EG-Datenbank-Richtlinie vor dem Hintergrund des nordischen Rechts, 1999; *Berger,* Der Schutz elektronischer Datenbanken nach der EG-Richtlinie vom 11.3.1996, GRUR 1997, 169; *Bullinger/Garbers-von Boehm,* Der Blick ist frei – Nachgestellte Fotos aus urheberrechtlicher Sicht, GRUR 2008, 24; *Castendyk,* Programminformationen der Fernsehsender im EPG – auch ein Beitrag zur Auslegung von § 50 UrhG; *Cichon,* Urheberrechte an Webseiten, ZUM 1998, 897; *Determann,* Softwarekombinationen unter der GPL, GRUR Int. 2006, 645; *Dieselhorst,* Anm. zu OLG Hamburg – Urheberrechtsverletzung durch Framing, CR 2001, 706; *Dreier,* Die Harmonisierung des Rechtsschutzes von Datenbanken in der EG, GRUR Int. 1993, 203; *Ehmann,* Datenbankurheberrecht, Datenbankherstellerrecht und die Gemeinschaft der Rechtsinhaber – Zugleich Besprechung von BGH „Gedichttiteliste I und II", GRUR 2008, 474; *Elster,* Gewerblicher Rechtsschutz, Berlin/Leipzig 1921; *Flechsig,* Der datenrechtliche Rahmen der europäischen Richtlinie zum Schutz von Datenbanken, ZUM 1997, 577; *v. Gamm,* Rechtsfragen bei Datenbanken, GRUR 1993, 203; *Gaster,* Zum Schutz von Webseiten durch das Urheberrecht und durch das Wettbewerbsrecht – Anmerkung zu OLG Düsseldorf MMR 1999, 729 – Zulässigkeit von Frames, MMR 1999, 733; *Gounalakis,* Urheberschutz für die Bibel? GRUR 2004, 996; *Gounalakis,* Der Rechtsschutz von Datenbanken – Komm. Zur Richtlinie 96/9/EG mit Erläuterungen zur Umsetzung in das deutsche und österreichische Recht, 1999; *Gounalakis,* Urheberrechte und verwandte Schutzrecht in der Informationsgesellschaft, ZUM 1995, 740; *Grützmacher,* Urheber-, Leistungs- und Suigeneris-Schutz von Datenbanken – eine Untersuchung des europäischen, deutschen und britischen Rechts, 1999; *Haberstumpf,* Der Schutz elektronischer Datenbanken nach dem Urheberrechtsgesetz, GRUR 2003, 14; *Härting/Kuon,* Designklau, CR 2004, 527; *v. Have/Eichmeier,* Der gesetzliche Schutz von Fernseh-Show-Formaten, ZUM 1994, 269; *Heermann,* Urheberrechtliche Probleme bei der Nutzung von e-mail, MMR 1999, 3; *Hoeren,* Genießt die Sendefolge urheberrechtlichen Schutz? Zugleich Erwiderung auf Pleister/von Einem, ZUM 2007, 904; *Hoffmann,* Anmerkungen zu LG München I: Einstellen von MIDI-Dateien im AOL-Musikforum, MMR 2000, 431; *Jaeger/Metzger,* Open-Content-Lizenzen nach deutschem Recht, MMR 2003, 431; *Kappes,* Rechtsschutz computergestützter Informationssammlungen, 1996; *Katzenberger,* Urheberrecht und Datenbanken, GRUR 1990, 94; *Katzenberger,* Urheberrechtsfragen der elektronischen Textkommunikation, GRUR 1983, 895; *Katzenberger,* Urheberrecht und Datenbanken, GRUR 1990, 94; *Koch,* Grundlagen des Urheberrechtsschutzes im Internet und in Online-Diensten, GRUR 1997, 417; *Köhler,* Der Schutz von Websites gemäß §§ 87a ff. UrhG, ZUM 1999, 548; *Korn,* Die Zeitung des Sammelwerks, in: Tades/Danzl/Graninger (Hrsg.), Ein Leben für Rechtskultur – Festschrift Robert Dittrich, Wien 2000, 187 (zit. *Korn* FS Dittrich); *Kotthoff,* Zum Schutz von Datenbanken beim Einsatz von CD-ROMs in Netzwerken, GRUR 1997, 597; *Lehmann,* Anmerkung zum Urteil des LG München I CR 2000, 389 – Host-Haftung bei Tatsachenkenntnis, CR 2000, 392; *Lehmann/v. Tucher,* Urheberrechtlicher Schutz von multimedialen Webseiten, CR 1999, 700; *Leistner,* Der neue Rechtsschutz des Datenbankherstellers, GRUR 1999, 819; *Leistner,* Der Rechtsschutz von Datenbanken im deutschen und europäischen Recht: eine Untersuchung zur Richtlinie 96/9/EG und zu ihrer Umsetzung in das deutsche Urhebergesetz, 2001, 689; *Leistner/Bettinger,* Creating Cyberspace – immaterialgüterrechtlicher und wettbewerbsrechtlicher Schutz des Web-Designers, Beilage CR 12/1999, 3; *Loewenheim,* Urheberrechtliche Grenzen der Verwendung geschützter Dokumente in Datenbanken, 1994; *Loewenheim,* Harmonisierung des Urheberrechts in Europa, GRUR Int. 1997, 285; *Loewenheim,* Urheberrechtliche Probleme bei Multimediaanwendungen, GRUR 1996, 830; *Milbradt,* Urheberrechtsschutz von Datenbanken, CR 2002, 710; *Milbradt,* Urheberschutz von Datenbanken – Im Spannungsfeld zwischen Informationsfreiheit und Schutz des Datenbankenherstellers, CR 2002, 710; *Moritz,* Online-Anbieter haften für Raubkopien, K&R 2000, 307; *Nippe,* Urheber- und

Datenbank – der Schutz des Urhebers bei der Verwendung seiner Werke in elektronischen Datenbanken, 2000; *Oechsler*, Das Vervielfältigungsrecht für Prüfungszwecke nach § 53 Abs. 3 Nr. 2 UrhG, GRUR 2006, 208; *Pleister/v. Einem*, Zur urheberrechtlichen Schutzfähigkeit der Sendefolge – Zugleich eine Anmerkung zu OLG Köln ZUM 2005, 233 – Elektronischer Fernsehprogrammführer, ZUM 2007, 904; *Schack*, Urheberrechtliche Gestaltung von Webseiten und Einsatz von Links und Frames, MMR 2001, 9; *G. Schulze*, Die kleine Münze und ihre Abgrenzungsproblematik bei den Werkarten des Urheberrechts, Baden-Baden 1983; *Sendrowski*, Zum Schutzrecht „sui generis" an Datenbanken, GRUR 2005, 369; *v. Ungern-Sternberg*, Die Rechtsprechung des Bundesgerichtshofs zum Urheberrecht und zu den verwandten Schutzrechten in den Jahren 2006 und 2007 (Teil I), GRUR 2008, 193; *Vogel*, Die Umsetzung der Richtlinie 96/9/EG über den rechtlichen Schutz von Datenbanken in Art. 7 des Regierungsentwurfs eines Informations- und Kommunikationsdienstgesetzes, ZUM 1997, 592; *Wandtke* (Hrsg.), Urheberrecht, 2. Auflage, Berlin 2010; *Westkamp*, Der Schutz von Datenbanken und Informationssammlungen im britischen und deutschen Recht – eine vergleichende Untersuchung des Rechtszustandes nach Umsetzung der europäischen Datenbankrichtlinie unter Berücksichtigung des Urheberrechts, des Datenbankenherstellerrechts und des Wettbewerbsrechts, 2003; *Wiebe/Funkat*, Multimedia-Anwendung als urheberrechtlicher Schutzgegenstand, MMR 1998, 69; *Wiebke/Leopold*, Recht der elektronischen Datenbank, 2003; *Wiebke/Leopold*, Recht der Datenbanken, 2003; *Wiebe*, Rechtsschutz von Datenbanken und europäische Harmonisierung, CR 1996, 198; *Zscherpe*, Urheberschutz digitalisierter Werke im Internet, MMR 1998, 404.

Vgl. darüber hinaus die Angaben im eingangs abgedr. Gesamtliteraturverzeichnis.

Übersicht

	Rn.
I. Bedeutung	1, 2
II. Sammelwerke	3–7
1. Begriff	3–6
a) Sammlungen von Werken, Daten oder anderen unabhängigen Elementen	4
b) Persönliche geistige Schöpfung	5, 6
2. Beispiele	7
III. Datenbankwerke	8–12
1. Begriff	8–11
2. Beispiele	12
IV. Aktuelle Formen von Sammel- und Datenbankwerken	13–17
V. Das Urheberrecht am Sammel- und Datenbankwerk	18–20

I. Bedeutung

1 Mit der Legaldefinition der Sammelwerke in Abs. 1 in der Fassung seit 1.1.1998 lehnt sich die Vorschrift zwar an § 4 LUG und § 6 KUG an, unterscheidet sich aber vom alten Recht dahingehend, dass nunmehr das Sammelwerk eine **selbstständige Werkgattung** ist (Dreyer/Kotthoff/Meckel/*Kotthoff* § 4 Rn. 1; Loewenheim/*Loewenheim* § 9 Rn. 226; Büscher/Dittmer/Schiwy/*Obergfell* § 4 UrhG Rn. 1) und die Beiträge dazu kein eigenes schöpferisches Niveau mehr erreichen, also keinen Werkcharakter haben müssen (Mestmäcker/*Schulze* § 4 Rn. 1; Dreier/Schulze/*Dreier* § 4 Rn. 2; Loewenheim/*Loewenheim* § 9 Rn. 225). Damit hat sich der deutsche Gesetzgeber für eine Definition entschieden, die über die Vorgaben der Berner Übereinkunft (RBÜ) in der Pariser Fassung v. 24.7.1971 hinausgeht, die nach Art. 2 Abs. 3 nur Sammlungen von Werken schützt. Die Neufassung des § 4 durch das Informations- und Kommunikationsdienstegesetz (IuKDG) v. 13.6.1997 (BGBl. I S. 1870) mit Wirkung v. 1.1.1998 wurde erforderlich, um die europäische Datenbank-Richtlinie (s. Einl. Rn. 21; abgedr. in GRUR Int. 1996, 806) ordnungsgemäß umzusetzen (EuGH GRUR Int. 2005, 239 – Fixtures Marketing I; EuGH GRUR Int. 2005, 243 – Fixtures Marketing II; EuGH GRUR Int. 2005, 244 – Fixtures Marketing III; zur Entstehungsgeschichte und vertiefend Vor §§ 87a ff. Rn. 2 ff.; *Flechsig* ZUM 1997, 577).

2 Auf Sammelwerke finden neben § 4 die Vorschriften **der §§ 38 UrhG und 41, 43–46 VerlG** Anwendung, die die Rechtsbeziehungen zwischen den Urhebern der Einzelbeiträge und dem Herausgeber bzw. Verleger betreffen, außerdem § 34 Abs. 2 für die Fälle der Nutzungsrechtsübertragung seitens des Inhabers (Loewenheim/*Loewenheim* § 9 Rn. 227).

§ 4 Abs. 2 setzt mit der Definition des **Datenbankwerkes** das 2. Kapitel der Datenbank-Richtlinie um. Allerdings unterscheidet sich dieser Begriff von der Definition einer Datenbank nach Art. 1 Abs. 2 Datenbank-Richtlinie insofern, als das UrhG von einem Datenbank*werk* spricht. Damit wird deutlich, dass der Gesetzgeber damit eine persönliche geistige Schöpfung i. S. d. § 2 Abs. 2 fordert (so auch: Möhring/Nicolini/*Ahlberg* § 4 Rn. 6). Das heißt allerdings nicht, dass einfache Datenbanken ohne Werkqualität nicht geschützt sind: Für sie gelten die §§ 87a ff. Auch früher (vor dem 1.1.1998) konnte, wer lediglich Fakten, d. h. keine „Beiträge", zusammengestellt hatte, unter Umständen Schutz für ein Originalwerk gem. § 2 Abs. 1 erlangen (vgl. etwa für einen Fall nach altem Recht KG NJW-RR 1996, 1066, 1067 – Poldok). Letztlich kommt dem Datenbankwerk jedoch keine eigenständige Bedeutung zu, da es nichts anderes als ein Sammelwerk i. S. d. Abs. 1 ist (Fromm/Nordemann/*Czychowski* § 4 Rn. 1).

II. Sammelwerke

1. Begriff

Der Begriff des Sammelwerks ist in § 4 Abs. 1 legaldefiniert und durch zwei Merkmale gekennzeichnet: Zum einen muss es sich um **Sammlungen von Werken, Daten oder anderen unabhängigen Elementen** handeln, zum anderen ist **in Auswahl oder Anordnung** der Elemente eine **persönliche geistige Schöpfung** erforderlich.

a) **Sammlungen von Werken, Daten oder anderen unabhängigen Elementen.** Das Gesetz benutzt in § 4 verschiedene Begriffe („Sammlungen", „Sammelwerke", „Datenbankwerke", aber auch „Daten" und „andere unabhängige Elemente"), wobei lediglich der Begriff des Datenbankwerkes in Abs. 2 legaldefiniert ist. Während **Sammlung** jede Zusammenstellung mehrerer Werke, Daten oder anderer unabhängiger Elemente darstellt, verlangt ein **Sammelwerk**, dass die Auswahl oder Anordnung darüber hinaus eine persönliche geistige Schöpfung i. S. d. § 2 Abs. 2 ist. Daraus folgt, dass nicht jede Sammlung auch ein Sammelwerk, aber jedes Sammelwerk gleichzeitig eine Sammlung ist (Möhring/Nicolini/*Ahlberg* § 4 Rn. 8; Dreier/Schulze/*Dreier* § 4 Rn. 8). Unter **Werken** sind nach wie vor nur geistige Erzeugnisse zu verstehen, die den Anforderungen des § 2 Abs. 2 entsprechen. Neu ist nun in Übereinstimmung mit dem Schutzgegenstand der Datenbank-Richtlinie, dass aufgrund der Ersetzung des Begriffs der anderen Beiträge durch die Begriffe „Daten oder andere unabhängige Elemente" auch bloße Daten und Fakten erfasst werden, denen lediglich informationelle Bedeutung zuzukommen braucht. Sammelwerke können urheberrechtlich geschützte und nicht geschützte Gestaltungen umfassen (BGH GRUR 1992, 382, 384 – Leitsätze; Dreier/Schulze/*Dreier* § 4 Rn. 9; Loewenheim/*Loewenheim* § 4 Rn. 6), wichtig ist letztlich nur, dass eine nach individuellen Ordnungsvorstellungen geformte Einheit entsteht, die eine eigenschöpferische Leistung enthält. Nach der Neufassung des Abs. 1 ist nun nicht mehr erforderlich, dass die einzelnen Gestaltungen an sich schöpferisches Niveau erreichen und lediglich aus anderen Gründen (z. B. nach § 5) nicht geschützt sind (Schricker/*Loewenheim* § 4 Rn. 6; LG Mannheim GRUR-RR 2004, 196).

b) **Persönliche geistige Schöpfung.** Ein Sammelwerk liegt nur dann vor, wenn **die Auswahl oder Anordnung der einzelnen Elemente eine persönliche geistige Schöpfung darstellt** (AmtlBegr. BT-Drucks. 13/7934, 51; OLG Köln GRUR-RR 2012, 325 – Newton-Bilder; LG Mannheim ZUM-RD 2004, 547, 549; Dreier/Schulze/*Dreier* § 4 Rn. 8, 11; Schmid/Wirth § 4 Rn. 2). Beurteilungsmaßstab ist dabei § 2 Abs. 2 (vgl. dazu § 2 Rn. 15 ff.). Aber auch die EG-Datenbank-Richtlinie gibt dafür Auslegungshilfen (EuGH ZUM-RD 2005, 1): Zu beachten ist eine gewisse Originalität des Werkes, nicht jedoch eine Beurteilung der Qualität oder des ästhetischen Wertes (Nr. 16

der Erwägungsgründe zu Art. 3 Abs. 1 Datenbank-Richtlinie). Hohe Anforderungen sind daran allerdings nicht zu stellen, vielmehr gilt ein Werk schon dann als geschützt, wenn sich sagen lässt, dass ein anderer Urheber möglicherweise eine andere Auswahl – damit ist das Sammeln, Aufnehmen, Sichten, Bewerten und Zusammenstellen von Elementen zu einem bestimmten Thema unter Berücksichtigung bestimmter Auswahlkriterien, also ein individueller Sammlungsschwerpunkt gemeint (vgl. hierzu detailliert LG Köln ZUM-RD 2010, 146, 152 ff. [nicht rechtskräftig]) – oder Anordnung – die Einteilung, Präsentation und Zugänglichmachung der ausgewählten Elemente nach einem oder mehreren Ordnungssystemen, quasi ein individuelles Ordnungsprinzip angehend – getroffen haben würde, so dass **die vorliegende eigenständige Behandlung einem bestimmten Urheber persönlich zugerechnet** werden kann (OLG Frankfurt MMR 2002, 687; Fromm/Nordemann/*Czychowski* § 4 Rn. 12; Dreier/Schulze/*Dreier* § 4 Rn. 11; Loewenheim/*Loewenheim* § 9 Rn. 229; Dreyer/Kotthoff/Meckel/*Kotthoff* § 4 Rn. 8. Zur Abgrenzung von der Motivwahl in der Fotografie siehe Bullinger/Garbers-von Boehm, GRUR 2008, 24, 27). Außerdem reicht es aus, wenn in Auswahl oder Anordnung der Einzelelemente ein **Mindestmaß an individueller Eigenart** und damit persönlicher geistiger Schöpfung zum Ausdruck kommt, wobei die Kriterien alternativ nebeneinander stehen. Der **geistige Gehalt muss über die bloße Summe der Inhalte** der Einzelwerke, Daten bzw. Elemente hinausgehen und eine eigene schöpferische Leistung ausweisen (OLG Nürnberg GRUR 2002, 607; OLG Köln GRUR-RR 2012, 325 – Newton-Bilder). Nur die rein handwerklich, schematische oder routinemäßige Auswahl oder Anordnung reicht nicht aus (OLG Nürnberg GRUR 2002, 607); unschädlich ist, wenn es auf rein statistischen Kriterien beruht (LG Mannheim ZUM-RD 2004, 547, 549). Entscheidend ist stets der Gesamteindruck (BGH GRUR 1990, 669, 673 – Bibelreproduktion). Damit wird auch das geschützt, was im deutschen Urheberrecht als **Kleine Münze** bezeichnet wird (der Ausdruck stammt von *Elster* 40), also diejenigen Gestaltungen, die bei einem Minimum an Gestaltungshöhe gerade noch urheberrechtsschutzfähig sind (Dreyer/Kotthoff/Meckel/*Kotthoff* § 4 Rn. 8; Loewenheim/*Loewenheim* § 9 Rn. 229; Schricker/*Loewenheim* § 4 Rn. 9; *Ulmer* 165; ausführlich *Schack* Rn. 292 ff.). Eine besondere geistige Schöpfung liegt hier meist nicht in der Auswahl und Anordnung des Stoffes, sondern kann eher in ergänzenden Angaben, textlicher Ausgestaltung u. ä. gesehen werden.

6 Trotz einer solch niedrigen Schutzschwelle sind jedoch **nicht urheberrechtsschutzfähig:** Alphabetisch geordnete **Telefonbücher** (BGH GRUR 1999, 923 – Tele-Info-CD) und chronologische **Programmübersichten** (RGZ 140, 137 – Rundfunkprogramme), kurze **Musterverträge** (LG Stuttgart ZUM-RD 2008, 501, 502), **Sammlung biographischer Daten** ohne konzeptionelle Gestaltung (OLG Hamburg ZUM 1997, 145, 146 – Hubert-Fichte-Biographie), **topographische Karten** (LG München I ZUM-RD 2013, 277). Eine Auswahl oder Anordnung darf sich also nicht auf rein handwerkliche, schematische wie etwa die **schlichte Gesetzeswiedergabe** auf CD-ROM (OLG München NJW 1997, 1931) oder routinemäßige Auswahl oder Anordnung beschränken (BGH GRUR 1954, 129, 130 – Besitz der Erde; *Gounalakis* GRUR 2004, 996, 1000). Auch bloße Aneinanderreihungen von Daten stellen noch keine eigenschöpferischen Leistungen dar (OLG Hamburg GRUR 2000, 319, 320 – Börsendaten). Sollte ein Sammelwerk nicht urheberrechtsschutzfähig sein, ist stets noch an die Leistungsschutzrechte der §§ 87a ff. zu denken: So ist auch ein Telefonbuch eine Datenbank i. S. d. § 87a Abs. 1 (BGH GRUR 1999, 923, 926 – Tele-Info-CD).

2. Beispiele

7 Zu Sammelwerken gehören sowohl unperiodisch erscheinende Sammlungen wie wissenschaftliche Festschriften, Konversationslexika, Handbücher, Enzyklopädien, Gedichtsammlungen (LG Mannheim GRUR-RR 2004, 196), u. U. auch Übersetzungen von anti-

ken Texten (*Gounalakis* GRUR 2004, 996, 1000) etc., als auch periodisch erscheinende Sammlungen wie Zeitungen und Zeitschriften (LG Bielefeld GRUR-RR 2010, 324). Bei periodischen Sammelwerken stellt i. d. R. bereits jede in sich abgeschlossene Ausgabe oder Nummer ein Sammelwerk i. S. d. § 4 dar (Schricker/*Loewenheim* § 4 Rn. 15). Hierbei ist jedoch stets darauf zu achten, dass die vorgenannten Sammlungen nicht per se als Sammelwerke i. S. d. § 4 Abs. 1 zu klassifizieren sind, sondern dass für jeden Einzelfall gesondert zu prüfen ist, ob eine persönliche geistige Schöpfung i. S. d. § 2 Abs. 2 bei der Zusammenstellung der Elemente gegeben ist (OLG München MMR 2007, 525, 526). Als Sammelwerke angesehen werden können außerdem Kalender, Almanache oder Jahrbücher, eine Gedichtsammlung (LG Mannheim GRUR-RR 2004, 196), eine computergestützte Präsentation (LG Köln MMR 2008, 556, 558 mit Anmerkung *Psczolla*) ein Prüfungsbogen (LG Köln GRUR 2001, 152; hierzu *Oechsler* GRUR 2006, 208 ff.), ein Auswahlband mit Lichtbildwerken (OLG Köln GRUR-RR 2012, 325 – Newton-Bilder) oder eine archäologische Ausstellung (LG München I ZUM-RD 2003, 492 für eine Ausstellung über den Jemen). Im Bereich der Musik gibt es Liederbücher, Sammlungen von Übungsstücken oder Gesamtwerke einzelner Komponisten. Auch der Programmablauf eines Fernsehsenders kann ein Sammelwerk darstellen, sofern ausreichend Spielraum für eine kreative Anordnung oder Auswahl der Sendungen vorhanden war, vgl. *Castendyk* ZUM 2008, 916, 919; *Pleister/v. Einem*, ZUM 2007, 904, 906. Nicht urheberschutzfähig ist allerdings ein Programmablauf, dessen Anordnung thematischen und zeitlichen Vorgaben mit vornehmlich wirtschaftlicher Zielsetzung unterliegt oder dessen Auswahl angesichts der Austauschbarkeit der einzelnen Beiträge nicht hinreichend eigentümlich ist (*Hoeren* ZUM 2008, 271).

III. Datenbankwerke

1. Begriff

Auch der Begriff des Datenbankwerkes als Sonderfall des Sammelwerkes ist in § 4 Abs. 2 S. 1 legaldefiniert als Sammelwerk, dessen Elemente systematisch oder methodisch angeordnet und einzeln mit Hilfe elektronischer Mittel oder auf andere Weise zugänglich sind. Demgegenüber ist die (bloße) Datenbank nach § 87a Abs. 1 S. 1 eine Sammlung von Werken, Daten oder anderen unabhängigen Elementen, die systematisch oder methodisch angeordnet und einzeln mit Hilfe elektronischer Mittel oder auf andere Weise zugänglich sind, und deren Beschaffung, Überprüfung oder Darstellung eine nach Art und Umfang wesentliche Investition erfordert (vgl. zur Definition auch EuGH ZUM-RD 2005, 1, 5; OLG Nürnberg GRUR 2002, 607). Der deutsche Gesetzgeber unterscheidet demnach zwischen einem urheberrechtlich geschützten „Datenbankwerk" (§ 4 Abs. 2 S. 1) und einer durch „sui generis"-Recht geschützten „Datenbank" (§ 87a Abs. 1). „Datenbankwerke" i. S. d. § 4 Abs. 2 S. 1 sind nur dann urheberrechtlich geschützt, wenn die **Auswahl oder Anordnung** der in ihnen enthaltenen Elemente **auf einer schöpferischen Leistung** beruht (zur Einordnung des Datenbankwerkes als Unterfall des Sammelwerks: Dreier/Schulze/*Dreier* § 4 Rn. 19; Loewenheim/*Loewenheim* § 9 Rn. 245; *Vogel* ZUM 1997, 592, 599). Die Schutzfähigkeit einer **Datensammlung** als Datenbankwerk kann jedoch nicht allein deshalb verneint werden, weil bezüglich der aufgenommenen Daten keine individuelle, eigenschöpferische Auswahlentscheidung getroffen wurde (BGH MMR 2011, 104 – Briefmarkenkatalog). Der Begriff des Datenbankwerkes ist als **Sonderfall des Sammelwerks** in § 4 Abs. 2 S. 1 legaldefiniert. Die Unterordnung des Begriffs „Datenbankwerk" unter den Begriff „Sammelwerk" ergibt sich aus der amtlichen Begründung (AmtlBegr. BT-Drucks. 13/7934, 51; Dreyer/Kotthoff/Meckel/*Kotthoff* § 4 Rn. 11). Für alle anderen Datenbanken gelten die §§ 87a ff., wonach der Datenbankhersteller zwecks Investitionsschutzes am Ergebnis seiner kaufmännischen und organisatorischen/ökonomischen Leistung ein Leistungsschutzrecht sui generis erhält (EuGH ZUM-RD 2005, 1, 5). Angesichts der unterschiedlichen Schutzrichtungen können Leistungsschutz und Urheberrechtsschutz auch nebeneinander bestehen (AmtlBegr. BT-Drucks. 13/7934, 51; BR-Drucks. 966/96, 41; BGH GRUR 2007, 685, 687 – Gedichttitelliste I).

9   Auf die Individualität der Auswahl oder der Anordnung der Daten hat der BGH schon in seiner früheren Rechtsprechung in der Form abgestellt, dass eine schöpferische Leistung insb. in der Konzeption der Informationsauswahl und -vermittlung liegen könne (BGH GRUR 1987, 704 – Warenzeichenlexika; BGH GRUR 1980, 227, 231 – Monumenta Germaniae Historica). Unter **Auswahl** ist demnach das Sichten, Sammeln, Bewerten und Zusammenstellen unter der Berücksichtigung besonderer Auslesekriterien zu verstehen (s. a. Schricker/*Loewenheim* § 4 Rn. 38), aber erst durch die Entscheidung (genauer: bei Vorliegen eines Entscheidungsspielraums), welche Elemente letztlich in die Datenbank aufgenommen werden sollen, ist eine schöpferische Leistung möglich. So stellt beispielsweise das Zusammenstellen der „wichtigsten" Gedichte der Zeit zwischen 1730 und 1900 eine ausreichend schöpferische Leistung dar, wenn die Entscheidung über die Aufnahme eines Gedichts in die Sammlung auf der Grundlage selbst gewählter Kriterien getroffen wird (BGH GRUR 2007, 685 ff. – Gedichttitelliste I; kritisch hierzu Ehmann, GRUR 2008, 474, 475; siehe hierzu auch v. Ungern-Sternberg, GRUR 2008, 193). Dagegen sollen hinsichtlich der Auswahl der Daten gerade die investitionsintensiven, auf Vollständigkeit angelegten Datenbanken **mangels Entscheidungsspielraums** bzw. weil sie sich strikt an generelle **Ordnungskriterien**, wie z.B. alphabetische, chronologische, numerische Prinzipien halten, keinen Schutz i.S.d. § 4 beanspruchen (BGH GRUR 1999, 923, 924 f. – Tele-Info-CD; OLG Hamburg 2000, 319, 320 – Börsendaten; OLG Düsseldorf MMR 1999, 729, 732 – Frames; Dreier/Schulze/*Dreier* § 4 Rn. 20; Loewenheim/*Loewenheim* § 9 Rn. 244, 246; Wandtke/*Kauert*, Urheberrecht, 7. Kap. Rn. 121; s. auch Rn. 16 f.). So kommt es bei Kommunikationsverzeichnissen und anderen Verzeichnissen (z.B. Hotelführer, Weinführer) für die Einordnung als Datenbankwerk entscheidend darauf an, dass diese neben den naheliegenden Tatsachen mit weiteren originellen Zusatzinformationen angereichert werden. Bei auf Vollständigkeit angelegten Verzeichnissen, bei denen keine individuelle, eigenschöpferische Auswahlentscheidung hinsichtlich des Stoffs getroffen wird, kann sich die Schutzfähigkeit als Datenbankwerk auch aus einer eigentümlichen Anordnung des Stoffs ergeben (BGH GRUR 2011, 79 – Markenheftchen); bei elektronischen Datenbanken kann die schöpferische Leistung in der Schaffung eines eigentümlichen Zugangs- und Abfragesystems liegen (Dreyer/Kotthoff/Meckel/*Kotthoff* § 4 Rn. 14; Schricker/*Loewenheim* § 4 Rn. 39). Entsprechend können **CT-Klassenbibliotheken** nur dann als Datenbankwerke eingestuft werden, wenn es sich im Einzelfall um eine besondere Art der Sammlung handelt und sich die Besonderheit nicht etwa in den Eigenschaften der (gesammelten) Dateien erschöpft (OLG Hamburg GRUR-RR 2002, 217). Demgemäß stellt das neue Zusammenstellen von Chart-Listen, in denen Musiktitel mit Begleitinformationen nach Positionen (Rangplätzen) aufgeführt werden, keine persönliche geistige Schöpfung dar, da sich die Anordnung an gängigen Ordnungskriterien, nämlich einer numerischen Anordnung unter Berücksichtigung von Verkaufszahlen bzw. Zahlen von Rundfunksendungen orientiert (BGH GRUR 2005, 857, 858 – HIT BILANZ; OLG München GRUR-RR 2003, 329).

10   Mit umfasst werden seit dem 1.1.1998 sowohl elektronische als auch nichtelektronische Datenbanken kraft Art. 3 Abs. 1 Datenbank-Richtlinie. Die **elektronischen Datenbanken** (= Sammlungen, deren Elemente einzeln mit Hilfe elektronischer Mittel zugänglich sind, vgl. § 53 Abs. 5) können offline (in Form von Datenträgern wie CD-ROM oder CD I) oder online (durch Abruf in bzw. aus digitalen Netzwerken wie Informationsdiensten – Providern oder sonstigen Internetanwendungen) in der Regel nur mit Hilfe eines Computerprogramms genutzt werden. Das Computerprogramm selbst ist wegen der Klarstellung in § 4 Abs. 2 S. 2 jedoch nicht Bestandteil des Datenbankwerkes, sondern ist

§ 4 Sammelwerke und Datenbankwerke   11, 12   § 4 UrhG

selbstständig nach Maßgabe der §§ 69a ff. geschützt (Dreier/Schulze/*Dreier* § 4 Rn. 16; Dreyer/Kotthoff/Meckel/*Kotthoff* § 4 Rn. 13; Büscher/Dittmer/Schiwy/*Obergfell* § 4 UrhG Rn. 10; *Rehbinder* Rn. 230). Die Elemente des Datenbankwerks müssen **systematisch** und **methodisch** angeordnet sein, d. h. dass systematisch betrachtet ein bestimmtes System, ein gewisses Ordnungsschema oder eine Klassifizierung zugrunde liegen und methodisch einer bestimmten ordnungsfolgenden Handlungsanweisung oder einem Plan gefolgt werden muss (LG Köln CR 2000, 400 – Linksammlung als Datenbank; s. auch Loewenheim/*Loewenheim* § 9 Rn. 244; Dreier/Schulze/*Dreier* § 4 Rn. 17; Dreyer/Kotthoff/Meckel/*Kotthoff* § 4 Rn. 11; Büscher/Dittmer/Schiwy/*Obergfell* § 4 UrhG Rn. 7). Ferner müssen die systematisch und methodisch angeordneten Elemente des Datenbankwerks **einzeln mit Hilfe elektronischer Mittel oder auf andere Weise zugänglich** sein. Einem zusätzlichen Schutz als Datenbankwerk rechtlich bereits geschützter Einheiten soll damit vorgebeugt werden. Bspw. könnte andernfalls die Aufnahme eines Musik- oder Filmwerkes zugleich als Sammlung der einzelnen Bits und Bytes Schutz als Datenbankwerk genießen. Einzeln zugänglich bedeutet, dass der Zugriff auf ein einziges Element erfolgt. Erfasst werden sollen mittels der Voraussetzung „mit Hilfe elektronischer Mittel oder auf andere Weise" neben elektronischen auch nicht elektronische Datenbanken (Dreier/Schulze/*Dreier* § 4 Rn. 18; Dreyer/Kotthoff/Meckel/*Kotthoff* § 4 Rn. 13).

Bei der Umsetzung der Datenbank-Richtlinie 96/9/EG hat der deutsche Gesetzgeber den **11** ursprünglichen Sprachgebrauch der Richtlinie aufgegeben. In der Richtlinie wurde der Begriff der **Datenbank** unabhängig davon benutzt, ob an dieser Datenbank ein Urheberrecht, ein Schutzrecht sui generis oder gar kein Schutzrecht besteht (*Sendrowski* GRUR 2005, 369). Der deutsche Gesetzgeber hat die Unterscheidung von Urheber- und Leistungsschutzrecht beibehalten und den **Sui-generis-Schutz** des Datenbankherstellers in dogmatisch konsequenter Weise im Rahmen des zweiten Teils über verwandte Schutzrechte, in einem neu geschaffenen 6. Abschnitt (§§ 87a–e UrhG) geregelt (vgl. Loewenheim/*v. Lewinski* § 54 Rn. 40). Die Richtlinie 96/9/EG schützt gem. Art. 3 Abs. 1 Datenbanken, die „aufgrund der Auswahl oder Anordnung des Stoffes eine eigene geistige Schöpfung des Urhebers darstellen. Bei der Bestimmung, ob sie für diesen Schutz in Betracht kommen, sind keine anderen Kriterien anzuwenden." Parallel zum Urheberrecht an einer Datenbank gem. Art. 4 Abs. 1 ist in Kap. 3 der Datenbank-Richtlinie das Sui-generis-Recht normiert, das dem Investitionsschutz dient und dem Hersteller einer Datenbank zusteht, deren Beschaffung, Überprüfung oder Darstellung eine nach Art und Umfang wesentliche Investition erfordert (vgl. zur Definition auch EuGH ZUM-RD 2005, 1, 5; EuGH GRUR 2005, 244, 247 – BHB Pferdewetten; EuGH GRUR 2005, 252, 253 – Fixtures-Fußballspielpläne I; EuGH GRUR 2005, 254, 255 – Fixtures-Fußballspielpläne II; OLG Nürnberg GRUR 2002, 607). Spielpläne von Fußballmeisterschaften fallen grundsätzlich unter den Begriff der Datenbank i. S. v. Art. 1 Abs. 2 der EG-Richtlinie 96/9, da Datum, Uhrzeit, und Identität der beiden Mannschaften, der Heimmannschaft und der Gastmannschaft, in Bezug auf ein Fußballspiel unter den Begriff „unabhängige Elemente" i. S. d. Richtlinie fallen, da sie einen selbstständigen Informationswert besitzen (EuGH GRUR 2005, 254, 255 – Fixtures-Fußballspielpläne II). Einen Sui-generis-Schutz hatte der EuGH im konkreten Fall jedoch mit der Begründung abgelehnt, dass es an der erforderlichen, im Verhältnis zum Erzeugen der Daten selbstständigen Investition fehle, da die Zusammenstellung eines Fußballmeisterschaftsspielplans keine besondere Anstrengung erfordere (EuGH GRUR 2005, 254, 255 a. a. O.; s. a. § 87a Rn. 36 ff.). Auch Urheberschutz besteht an Spielplänen für Fußballbegegnungen nicht, wenn ihre Erstellung durch Regeln oder Zwänge bestimmt wird, die für künstlerische Freiheit keinen Raum lassen (EuGH, Urt. v. 1.3.2012, C-604/10, EuZW 2012, 308).

2. Beispiele

Den Werkcharakter einer Datenbank haben bereits reine Datensammlungen, sobald **12** ein gewisser **Spielraum für eine individuelle Anordnung** der Daten vorhanden ist

(Dreier/Schulze/*Dreier* § 4 Rn. 20; **bejaht** für eine medizinische Datenbank (LG Hamburg ZUM-RD 2001, 33), für ein Rezeptbuch im Internet zu Kochutensilien eines bestimmten Herstellers (LG Frankfurt ZUM 2013, 151), für ein medizinisches Lexikon im Internet (OLG Hamburg MMR 2001, 533) oder eine pharmazeutische Datenbank (OLG Frankfurt MMR 2002, 687; OLG Frankfurt MMR 2003, 45), eine Gedichttitelliste (BGH GRUR 2007, 685, 686), eine Firmware, die ihrerseits aus zahlreichen Dateien besteht (LG Berlin GRUR-RR 2012, 107); **verneint** für Fachdatenbank über Baumarktprodukte (OLG Düsseldorf CR 2000, 184; *Gaster* MMR 1999, 733 ff.); weitere Beispiele bei *Milbradt* CR 2002, 710, 712, Fn. 2; für **möglich** gehalten bei einem Fernsehprogramm (KG MMR 2002, 483, 486 – Werbeblocker „Fernsehfee").

IV. Aktuelle Formen von Sammel- und Datenbankwerken

13 In den letzten Jahren sehen sich Gesetzgeber und Rechtsprechung immer häufiger veränderten Situationen ausgesetzt, und unter dem Stichwort „Multimedia" entwickelt sich eine neue Qualität des urheberrechtlich relevanten Schaffens und Verwertens (zum Begriff „Multimedia" s. § 31a Rn. 27; § 2 Rn. 151; *Wiebe/Funkat* MMR 1998, 69). So kann sich etwa die urheberrechtliche Einordnung kompliziert gestalten, wenn man über **E-Mail in Verbindung zu einer Newsgroup oder Mailingliste** steht. Einerseits können die einzelnen Beiträge zu einem bestimmten Thema urheberrechtlichen Schutz genießen, andererseits kann sogar den in moderierten Mailinglisten oder Newsgroups entstandenen Datensammlungen Urheberrechtsschutz als Sammelwerk zukommen, sofern Auslese oder Anordnung eine persönliche geistige Schöpfung darstellen (so *Heermann* MMR 1999, 3).

14 Die Einordnung von **Webseiten** in Hinblick auf ihre urheberrechtliche Schutzfähigkeit hat bisher zu keiner einheitlichen Zuordnung geführt. Dies ist zum einen darin begründet, dass bereits die einzelnen Elemente urheberrechtlichen Schutz genießen können, als auch die Webseite insgesamt als einheitliches Werk (vgl. § 2 Rn. 104). So kann der Text als regelmäßiger Kernbestandteil der Webseite unter den Voraussetzungen des § 2 Abs. 2 einer persönlichen geistigen Schöpfung als Sprachwerk geschützt sein (vgl. *Härting/Kuon* CR 2004, 529; *Schack* MMR 2001, 9, 10). Die auf den Webseiten eingestellten Bilder können als Lichtbildwerke i. S. d. § 2 Abs. 1 Nr. 5 oder als einfaches Lichtbild gem. § 72 geschützt sein, bei einer schöpferischen Bearbeitung eines bereits bestehenden Bildes entsteht ein Bearbeiterurheberrecht gem. § 3. Einspielbare Videosequenzen können als filmähnliche Werke i. S. d. 2 Abs. 1 Nr. 6 oder als einfache Laufbilder i. S. d. § 95 geschützt sein. Die häufig auf Webseiten befindlichen Diagramme, Übersichten, Skizzen und Tabellen können bei entsprechender Schöpfungshöhe als wissenschaftliche oder technische Darstellungen Schutz genießen, § 2 Abs. 1 Nr. 7. Allein graphische Gestaltungselemente wie bloße Rahmen, farbige Diagramme strukturierte Seitenaufteilungen u. ä. auf einer Webseite haben wegen der regelmäßig fehlenden Schöpfungshöhe keinen eigenständigen Urheberschutz (*Bechtold* ZUM 1997, 427, 428; *Schack* MMR 2001, 9, 10; *Cichon* ZUM 1998, 897, 901; a. A. *Leistner/Bettinger* Beilage CR 12/1999, 3, 14; näher § 2 Rn. 156 f.).

15 Teilweise wird vertreten, dass die Webseite (Webpage) oder jedenfalls der gesamte Webauftritt **(Website) als Sammelwerk** zu qualifizieren sei (vgl. *Cichon* ZUM 1998, 897, 901). Zutreffend können eine Website oder Teile davon als Datenbankwerk, bzw. Datenbank i. S. d. §§ 4 Abs. 2 bzw. 87a ff. angesehen werden, wenn die Anordnung des Stoffes methodisch bzw. systematisch erfolgt. Dies dürfte bei den meisten Websites regelmäßig der Fall sein (eingehend bereits *Schack* MMR 2001, 9, 11; *Härting/Kuon* CR 2004, 529). Am Werkcharakter dürfte es jedoch dann fehlen, wenn es sich um eine bloße Zusammenstellung von Daten (Preisliste) handelt. Ebenso wenig handelt es sich um ein Datenbankwerk, wenn auf der Webseite in ungeordneter Weise Hyperlinks zu anderen Webseiten angegeben sind (OLG München CR 2003, 564). Ferner ist das Ergebnis einer Umschreibung von

§ 4 Sammelwerke und Datenbankwerke   16, 17 § 4 UrhG

in Form einer Worddatei zur Verfügung gestellten Texten, Bildern, Logos und Designs in eine HTML-Datei für eine Website für sich genommen nicht urheberrechtsfähig, soweit es an einer eigenen persönlich geistigen Schöpfung des Webdesigners/Programmierers fehlt (OLG Frankfurt GRUR-RR 2005, 299, 300 – Online-Stellenmarkt). Abhängig vom Einzelfall kann es bei einer Website an der schöpferischen Auswahlleistung fehlen, so dass dann primär der Datenbankschutz aus §§ 87a ff. UrhG in Betracht kommt (vgl. zum Schutz einer Website als Datenbank LG Köln ZUM 2001, 714).

Regelmäßig enthalten Webseiten eine Sammlung individuell ausgewählter Links, sog. **16 Linksammlung** (LG Köln ZUM-RD 2000, 304 – kidnet.de). Sind die Daten der Linksammlung im Internet einzeln zugänglich und in eine neue schöpferische Ordnung gebracht worden, etwa durch eine systematische Anordnung (z.B. alphabetisch), und ist die Linksammlung durch eine arbeits- und zeitintensive Aufbau- und Pflegephase gekennzeichnet, ist sie als Datenbank i.S.d. §§ 4, 87a ff. anzusehen (LG Köln CR 2000, 400 – kidnet.de). Sie genießt als Datenbank den Schutz des § 87a (LG Köln NJW-CoR 1999, 248 L). Festzuhalten ist, dass nur Datenbankwerke Urheberrechtsschutz genießen, während (bloße) Datenbanken nach § 87a lediglich Leistungsschutzrechte entfalten. Praktisch bedeutsam wird es v.a. dort, wo in Webseiten Datenbanken eingebunden sind. So sind etwa die Suchfunktionen in allen Suchmaschinen („Search Engines") an elektronische Datenbanken angeschlossen, aber auch **Veranstaltungskalender** von Stadt- und Szenemagazinen oder Künstlerlisten auf den Webseiten von Plattenfirmen sind häufig mit Datenbanken verknüpft (dazu *Cichon* ZUM 1998, 897; *Koch* GRUR 1997, 417, 422). Teilweise wird gar vertreten, dass eine HTML-Seite unter den Datenbankbegriff zu fassen sei (so etwa *Bechtold* ZUM 1997, 427, 429 m.w.N.; a.A. *Cichon* ZUM 1998, 897). Auch andere digitale Anwendungen werden häufig als Datenbankwerke angesehen, bei vielen hat sich jedoch keine einheitliche Bewertung durchgesetzt, da die unterschiedlichen Anwendungen weiterhin einem steten Wandel unterliegen (zu den einzelnen Anwendungen vgl. auch *Koch* GRUR 1997, 417 ff.; *Köhler* ZUM 1999, 548). Eine besondere Form der Verlinkung stellt das sog. „Framing" dar, bei der verschiedene Webseiten im Internet verlinkt werden. Im Gegensatz zum ‚normalen' Hyperlink, bei dem die den Link enthaltende Webseite vollständig verlassen und die verlinkte Webseite vollständig auf dem Bildschirm des Internet-Nutzers aufgerufen wird, wird beim Framing die verlinkte Webseite zusätzlich zur bestehenden Webseite aufgerufen und in diesem Rahmen („Frame") eingebunden. Geht es um das Framing von Inhalten, die Urheberrechtsschutz als Datenbankwerke i.S.d. Abs. 2 genießen, ist es grds. urheberrechtswidrig, es sei denn der Anbieter hat dieser Form der Vervielfältigung ausdrücklich zugestimmt (zum Ganzen OLG Hamburg CR 2002, 704 mit Anm. *Dieselhorst* CR 2001, 706 ff.). Fehlt den Frameinhalten allerdings eine schöpferische Eigentümlichkeit oder methodische Anordnung, besteht kein Urheberrechtsschutz, und zwar weder nach §§ 2 ff. noch nach §§ 87a ff. (LG Düsseldorf MMR 1998, 670; OLG Düsseldorf CR 2000, 184).

Auf CD-ROM gespeicherte **Telefonteilnehmerverzeichnisse** sind keine Datenbank- **17** werke i.S.d. § 4 Abs. 2, sondern Datenbanken i.S.d. § 87a und der Datenexport in die Datei des Anwenders eine Vervielfältigung (OLG Karlsruhe MMR 2000, 233; OLG Hamburg GRUR 2001, 831). **Börsencharts**, d.h. gesammelte Börsendaten zur Bewertung von erwarteten Dividenden und Ergebnis von Aktien, die auf einer individuellen Bewertung und Berechnung durch fachkundige Börsenanalysten beruhen, sind kein Sammelwerk, wenn weder die Auswahl noch die Anordnung der Elemente eine persönliche geistige Schöpfung i.S.d. § 2 Abs. 2 darstellen (OLG Hamburg GRUR 2000, 319 – Börsendaten). Gesetzestexte sind keine Schöpfung des Herausgebers, wenn es sich hingegen bei der Auswahl und Anordnung solcher Texte als **Gesetzessammlung** nicht nur um eine lose Zusammenstellung handelt, kann die Sammlung jedoch ein Sammelwerk sein (OLG Frankfurt NJW-RR 1986, 612; OLG München CR 1997, 20). **MIDI-Files** (Datensätze, die musikalische Steuerinformationen nach dem MIDI-Standard enthalten; musical instrument digital interface) sowie einzelne Dateien (OLG Hamburg ZUM 2002, 558, 561 – CT-Klassenbibliothek) sind jedoch weder Datenbanken noch Datenbankwerke (LG München I ZUM 2000, 418; *Moritz* K&R 2000, 307; *Hoffmann* MMR 2000, 431; *Lehmann* CR 2000, 389). Auch sog. **Klangdaten** (Presets), die von Herstellern von Synthesizern oder anderen klangerzeugenden Modulen oder freien Sound-Designern für diese Geräte erstellt werden sind weder Musik noch handelt es sich um Sammelwerke oder Datenbankwerke. Sie sind urheberrechtlich nicht geschützt (LG Rottweil ZUM 2002, 490). **Newsticker,** die im Internet in regelmäßigen Abständen aktuelle Meldungen per Laufband auf dem Bildschirm anzeigen, stellen nach Auffassung des LG München I (ZUM 2001, 1008 – Übernahme verlinkter Schlagzeilensammlungen) ebenfalls schutzfähige Datenbanken dar.

V. Das Urheberrecht am Sammel- und Datenbankwerk

18 Urheberrechtlich geschützt ist die Sammlung als solche, ohne dass sich das Urheberrecht auf die einzelnen Beiträge erstreckt. Geschützt werden soll nur die in der Auswahl oder Anordnung liegende Leistung (LG Köln MMR 2006, 52, 54). Dieser Urheber des Sammelwerks wird in der Regel auch als **Herausgeber** bezeichnet (OLG Frankfurt GRUR 1967, 151; Dreyer/Kotthoff/Meckel/*Kotthoff* § 4 Rn. 21). Sind auch die zu einer Einheit zusammengefassten Einzelwerke urheberrechtlich geschützt, ist zwischen dem Urheberrecht am Sammelwerk und den Urheberrechten an den einzelnen Beiträgen zu unterscheiden; beide stehen selbstständig nebeneinander (Loewenheim/*Loewenheim* § 9 Rn. 231; Wandtke/*Kauert,* Urheberrecht, 7. Kap, Rn. 112). Die jeweils getrennt bestehenden Schutzfristen sind zu beachten. Das Sammelwerk steht zu den darin enthaltenen Einzelwerken in einem ähnlichen Verhältnis wie die Bearbeitung zum benutzten Original bzw. wie das Bearbeiterurheberrecht zum Urheberrecht am bearbeiteten Werk (BGH GRUR 1973, 216, 217 – Handbuch moderner Zitate I). Im Fall einer unerlaubten Übernahme mehrerer Beiträge aus einem Sammelwerk kommt es darauf an, ob deren Kombination auf der in der Auswahl (und/oder Anordnung) liegenden Leistung des Herausgebers beruht (LG Frankfurt ZUM 2013, 151 [Ls.]). Zur Veröffentlichung und Verwertung des Sammelwerks ist einerseits die Einwilligung der Urheber der Einzelwerke erforderlich (§§ 12, 15–22), andererseits darf niemand es ohne Einwilligung des Herausgebers veröffentlichen (§ 12), verwerten (§§ 15–22) oder auch nur fortsetzen (vgl. *Schmid/Wirth* § 4 Rn. 1). So bedarf die Aufnahme eines geschützten Werkes in ein Sammelwerk i. d. R. bereits deshalb der Zustimmung der Inhaber der Rechte an den aufgenommenen Werken, weil darin meist eine Vervielfältigung und Verbreitung i. S. d. §§ 16, 17 UrhG liegt (BGH GRUR 1976, 216 – Handbuch moderner Zitate). Darüber hinaus stellt die Verbindung eines Werkes mit einem anderen Werk i. d. R. eine Bearbeitung dar, zu deren Verwertung ebenfalls die Zustimmung des Urhebers erforderlich ist. Grds. hat jeder Urheber das Recht, darüber zu entscheiden, ob sein Werk in Verbindung mit anderen Werken verwertet wird. Insb. bei den sog. „Open-Content-Lizenzen" herrscht häufig Unklarheit darüber, inwieweit die Herstellung und Verwertung einer Sammlung verschiedener Einzelwerke zulässig ist. Praktische Bedeutung haben Open-Content-Lizenzen bei Internetprojekten gefunden, die auf einer kooperativen Werkerstellung beruhen, wie beispielsweise das Projekt **„Wikipedia",** das eine für jedermann im Internet nutzbare Enzyklopädie anstrebt (www.wikipedia.org) und die unter der GNU **Free Documentation License (FDL)** erstellt und der Allgemeinheit zugänglich gemacht wird (vgl. § 32 Rn. 45). Für den Umfang einer Open-Content-Lizenz ist die Frage entscheidend, ob Bearbeitungen des Werkes zulässig sind und in welcher Form diese weiterverbreitet werden dürfen. Anders als bei Open-Source-Software-Lizenzen (s. dazu § 69c Rn. 73 ff.), die stets die Bearbeitung der Software gestatten, finden sich unter den Open-Content-Lizenzen auch Bearbeitungsverbote (s. hierzu *Jaeger/Metzger* MMR 2003, 431). Die FDL-Lizenz lässt Bearbeitungen und insb. auch die Kombination einzelner

Dokumente grds. zu, wobei gewisse Bestimmungen zu beachten sind, wie beispielsweise das Zusammenführen der Historie, Danksagungen und Widmungen der einzelnen Abschnitte (vgl. Ziff. 4 und 5 GNU-FDL). Die jeder Lizenzvereinbarung immantente Beschränkung durch das Urheberpersönlichkeitsrecht ist auch bei Open-Content-Lizenzen relevant, da substanzielle Veränderungen von Texten, Datenbanken oder sonstigen Inhalten zu einer Beeinträchtigung der persönlichen Interessen führen können (*Jaeger/Metzger* MMR 2003, 431, 435). Insb. bei der Herstellung von Sammelwerken aus Werken unterschiedlicher Werkgattungen, bspw. auf multimedialen Datenträgern, kann das Urheberpersönlichkeitsrecht aus § 14 betroffen sein (s. § 14 Rn. 64). Ferner kann die Herstellung von Sammelwerken urheberpersönlichkeitsrechtsrelevant sein, wenn das Einzelwerk in einen von dessen Urheber innerlich abgelehnten Kontext gestellt wird (vgl. OLG Frankfurt GRUR 1995, 215 – Springtoifel; zur Zulässigkeit von Softwarekombinationen unter der Open-Source-Lizenz „GPL" siehe *Determann* GRUR Int. 2006, 645 und LG Berlin GRUR-RR 2012, 107 – Surfsitter, zu § 2 GPL, wonach die teilweise Verwendung von der GPL unterfallender Software das gesamte IT-Produkt infiziert, wenn dieses maßgeblich von den Open-Source-Bestandteilen abhängt). Beruht die Schutzfähigkeit eines Sammelwerks gerade auf dessen systematischer und methodischer Ordnung und findet nun eine vollständige Neuordnung statt, so liegt keine Verletzung des Rechts am Sammelwerk vor (Dreyer/Kotthoff/Meckel/*Dreyer* § 4 Rn. 21). Denn eine Verletzung des Urheberrechts an einem Sammelwerk kann nur angenommen werden, wenn das beanstandete Werk diejenigen Strukturen hinsichtlich der Auslese und Anordnung des Stoffs enthält, die das Sammelwerk als eine persönlich geistige Schöpfung i.S.d. § 4 ausweisen (BGH GRUR 2007, 685, 687 – Gedichttitelliste I). Dementsprechend stellt die Entnahme einzelner Artikel aus einer Zeitschrift keine Verwertung des Sammelwerks dar, wenn die Entnahme keinerlei Bezug zur Auswahl und Anordnung in der Zeitschrift hat, sondern unabhängig davon lediglich wegen des eigenständigen Inhalts des Aufsatzes erfolgt (OLG München MMR 2007, 525, 526). Durch die Übernahme des Inhalts einer Fachzeitschrift in eine Online-Datenbank wird das Urheberrecht des Herausgebers aber dann verletzt, wenn nicht nur sämtliche Beiträge übernommen werden, sondern auch das Gliederungs- und Zitiersystem nach Heft, Band und Artikel und dadurch die Auswahl der Artikel und das vom Herausgeber geschaffene Anordnungssystem erkennbar zum Ausdruck kommt (OLG Hamm GRUR-RR 2008, 276, 278 – Online- Veröffentlichung).

Auch das Datenbankwerk genießt urheberrechtlichen Schutz in seiner Struktur (15. Erwägungsgrund der EG-Datenbankrichtlinie; Loewenheim/*Loewenheim* § 9 Rn. 248), d.h. dass bspw. Betriebs- oder Abfrageelemente, wie Thesaurus bzw. Index- und Abfragesysteme (*Berger* GRUR 1997, 169, 175), aber eben nicht der Inhalt der Datenbank selbst erfasst sind (Loewenheim/*Loewenheim* § 9 Rn. 248). Die Urheberschaft am Datenbankwerk kommt demjenigen zu, dessen auf persönlicher geistiger Schöpfung beruhende Konzeption in ihm verkörpert ist (Büscher/Dittmer/Schiwy/*Obergfell* § 4 UrhG Rn. 12). Nicht erforderlich ist, dass der Urheber die dafür notwendigen nicht schöpferischen Arbeiten selbst erbringt (BGH GRUR 2007, 685, 687 – Gedichttitelliste I, AG Erfurt Urt. v. 10.11.2006, 5 C 1724/06). Demgemäß ist nicht Urheber eines Datenbankwerks, wer über „Macromedia Directors" eine Menüführung für ein multimediales Projekt erstellt und dabei die besondere „Auslese" des Materials von einem Dritten vorgegeben bekommt (LG Köln MMR 2006, 52, 56). Ebenso wenig ist Urheber eines Datenbankwerkes, wer von seinem Auftraggeber ausgewählte und in Form einer Worddatei zur Verfügung gestellte Texte, Bilder, Logos und Designs in eine HTML-Datei für eine Website umschreibt (OLG Frankfurt a.M. GRUR-RR 2005, 299 ff.).

Ob **Datenbanken**, auch im Lichte der EG-Datenbank-Richtlinie (RL 96/9/EG; hierzu Wandtke/Bullinger/*Wandtke*, 3. Aufl. 2009 [Voraufl.] Einl. Rn. 21), dem **Zugriff der Vollstreckungsgläubiger** unterliegen, ist zweifelhaft, weil der Urheber das Verbreitungsrecht im Wege des Vollstreckungsschutzes nach § 771 ZPO geltend machen könnte (s.a.

Berger GRUR 1997, 169, 178). Das Urheberrecht kann auch prozessual nur einheitlich geltend gemacht werden: Wird eine Datenbank von mehreren **Miturhebern** geschaffen, können urheberrechtliche Unterlassungsansprüche gegen Dritte nicht ohne Mitwirkung sämtlicher Miturheber geltend gemacht werden (OLG Frankfurt MMR 2003, 45; vgl. auch eingehend *Becker* ZUM 2002, 581). Das Urheberrecht eröffnet nicht uneingeschränkt Unterlassungsansprüche gegenüber Dritten, so etwa nicht im Fall von **Firmware**, wenn das Sammelwerk der **GPL** unterliegt (LG Berlin GRUR-RR 2012, 107).

§ 5 Amtliche Werke

(1) **Gesetze, Verordnungen, amtliche Erlasse und Bekanntmachungen sowie Entscheidungen und amtlich verfasste Leitsätze zu Entscheidungen genießen keinen urheberrechtlichen Schutz.**

(2) **Das gleiche gilt für andere amtliche Werke, die im amtlichen Interesse zur allgemeinen Kenntnisnahme veröffentlicht worden sind, mit der Einschränkung, dass die Bestimmungen über Änderungsverbot und Quellenangabe in § 62 Abs. 1 bis 3 und § 63 Abs. 1 und 2 entsprechend anzuwenden sind.**

(3) **Das Urheberrecht an privaten Normwerken wird durch die Absätze 1 und 2 nicht berührt, wenn Gesetze, Verordnungen, Erlasse oder amtliche Bekanntmachungen auf sie verweisen, ohne ihren Wortlaut wiederzugeben. In diesem Fall ist der Urheber verpflichtet, jedem Verleger zu angemessenen Bedingungen ein Recht zur Vervielfältigung und Verbreitung einzuräumen. Ist ein Dritter Inhaber des ausschließlichen Rechts zur Vervielfältigung und Verbreitung, so ist dieser zur Einräumung des Nutzungsrechts nach Satz 2 verpflichtet.**

Literatur: *v. Albrecht,* Amtliche Werke und Schranken des Urheberrechts zu amtlichen Zwecken in fünfzehn europäischen Ländern, 1992; *Arnold,* Amtliche Werke im Urheberrecht, Baden-Baden 1994; *Arnold,* Ist § 5 UrhG verfassungskonform?, ZUM 1999, 283; *Altmeppen/Kahlen,* IWG – Neue Impulse für den Informationsmarkt – Entwurf der Bundesregierung für ein Gesetz über die Weiterverwendung von Informationen öffentlicher Stellen, MMR 2006, 499; *Dünnwald,* Der Urheber im öffentlichen Dienst, 1999; *Fischer,* Die urheberrechtliche Schutzfähigkeit gerichtlicher Leitsätze, NJW 1993, 1228; *v. Gamm,* Urheberrechtsschutz für allgemeine Geschäfts- und Vertragsbedingungen, Formularverträge, Tarifverträge und Wettbewerbsregeln, GRUR 1969, 593; *Hauck,* Urheberrechtsschutz für Wertermittlungsgutachten? Zur Zulässigkeit der Online-Veröffentlichung von Gutachten in Zwangsversteigerungsverfahren, ZUM 2011, 542; *Häde,* Banknoten, Münzen und Briefmarken im Urheberrecht, ZUM 1991, 536; *Hoeren/Herring,* Urheberrechtsverletzung durch WikiLeaks? – Meinungs-, Informations- und Pressefreiheit vs. Urheberinteressen, MMR 2011, 143; *Katzenberger,* Die Frage des urheberrechtlichen Schutzes amtlicher Werke, GRUR 1972, 686; *Kirchner,* DIN-Normen als amtliche Werke nach § 5 UrhG, GRUR 1985, 676; *Leuze,* Urheberrechte im Beamtenverhältnis, ZfBeamtR 1997, 37; *Leuze,* Urheberrechte der Beschäftigten im öffentlichen Dienst und in den Hochschulen, 3. Auflage, Berlin 2008; *Loewenheim,* Amtliche Bezugnahmen auf private Normenwerke und § 5 UrhG, in: Berger/Ebke/Elsing/Großfeld/Kühne (Hrsg.), Festschrift für Otto Sandrock zum 70. Geburtstag, Heidelberg 2000, 609 (zit. *Loewenheim* FS Sandrock); *Lukes,* Überbetriebliche technische Normen als urheberrechtsfreie Werke, NJW 1984, 1595; *A. Nordemann/Czychowski,* Schutz von Gesetzessammlungen auf CD-ROM nach altem und neuem Recht, NJW 1998, 1603; *Rehbinder,* Kann für Allgemeine Geschäftsbedingungen Urheberrechtsschutz in Anspruch genommen werden?, UFITA 80 (1977) 73; *Reichel,* Sind DIN-Normen amtliche Werke i. S. d. § 5 UrhG?, GRUR 1977, 774; *Samson,* Urheberrechtliche Fragen bei der Datenverarbeitung, DVR 1977, 201; *Schricker,* Zum Urheberrechtsschutz und Geschmacksmusterschutz von Postwertzeichen – Teil II, GRUR 1991, 645; *Stieper,* Amtlich wider Willen – Zur gesetzlichen Übernahme nichtamtlicher Paragraphenüberschriften, GRUR 2003, 398; *Ullmann,* Der amtliche Leitsatz, in Standort juris, FS juris GmbH 1996, 133; *v. Ungern-Sternberg,* Werke privater Urheber als amtliche Werke, GRUR 1977, 766; *ders.,* Die Rechtsprechung des Bundesgerichtshof zum Urheberrecht und zu den verwandten Schutzrechten in den Jahren 2006 und 2007 (Teil I).

Vgl. darüber hinaus die Angaben im eingangs abgedr. Gesamtliteraturverzeichnis.

Übersicht

	Rn.
I. Bedeutung und Systematik der Vorschrift	1–4
II. Amtliche Werke i. S. d. § 5 Abs. 1	5–16
1. Begriff des amtlichen Werkes	5–8
2. Gesetze und Verordnungen	9, 10
3. Amtliche Erlasse und Bekanntmachungen	11
4. Entscheidungen	12, 13
5. Amtlich verfasste Leitsätze zu Entscheidungen	14–16
III. Andere amtliche Werke i. S. d. § 5 Abs. 2	17–21
1. Im amtlichen Interesse	17–20
2. Zur allgemeinen Kenntnisnahme veröffentlicht	21
IV. Rechtsfolgen: Kein urheberrechtlicher Schutz; Einschränkung durch Bestimmungen über Änderungsverbot und Quellenangabe	22–24
V. Urheberrechte an privaten Normwerken i. S. d. § 5 Abs. 3	25–27
1. Bedeutung	25
2. Private Normwerke	26
3. Zwangslizenz im Interesse der Verleger	27

I. Bedeutung und Systematik der Vorschrift

§ 5 stellt eine verfassungsmäßige Bestimmung von Inhalt und Schranken des Eigentums **1** i. S. d. Art. 14 Abs. 1 S. 2 GG dar (BVerfG GRUR 1999, 226 – DIN-Normen). Mit den Regelungen des § 5 werden amtliche und gerichtliche Entscheidungen, die die besonderen Voraussetzungen der Abs. 1 und 2 erfüllen, als amtliche Werke ausdrücklich vom urheberrechtlichen Schutz ausgenommen und damit als **gemeinfreie** Werke qualifiziert. Dabei unterscheidet die Vorschrift zwischen amtlichen Werken, die absolut schutzunfähig sind (Abs. 1), und denen, die nur relativen Schutz genießen (Abs. 2). Mit der Einfügung des Absatz 3 durch das Gesetz zur Regelung des Urheberrechts in der Informationsgesellschaft v. 10.9.2003 (s. Vor §§ 31 ff. Rn. 4) wurden die Urheberrechte an privaten Normwerken in Zusammenhang mit Werken i. S. d. Abs. 1 gestärkt. Sofern amtliche Werke die Voraussetzungen des § 5 nicht erfüllen, unterfallen sie den allgemeinen Regeln und können urheberrechtlichen Schutz genießen.

Mit § 5 wird das **gesetzgeberische Ziel** umgesetzt, im Gemeinwohlinteresse eine **2** möglichst weite Verbreitung der aufgeführten Werke zu sichern (BVerfG GRUR 1999, 226, 228 – DIN-Normen), denn die Publikation von Gesetzen und Verordnungen hat Verfassungsrang, Art. 82 Abs. 1 GG. § 5 Abs. 1 lehnt sich an die bisherigen §§ 16, 26 LUG (Gesetz betreffend das Urheberrecht an Werken der Literatur und Tonkunst v. 19.6.1901, RGBl. 227) an und nimmt die amtlichen Werke vom urheberrechtlichen Schutz aus (sog. **Gemeinfreiheit**). Der Rechtsgrundsatz der urheberrechtlichen Gemeinfreiheit von Gesetzen, Verordnungen und amtlichen Schriften hatte zwar bereits in § 16 LUG seine Aufnahme gefunden; dort wurde jedoch lediglich die Verwertung freigestellt, während die Urheberschutzfähigkeit von amtlichen Werken offen blieb (*v. Gamm* § 5 Rn. 16). Dies stellt § 5 nunmehr klar (s. auch Materialien zum BRegE BT-Drucks. IV/270, 39; eingehend Schricker/*Katzenberger* § 5 Rn. 7 ff.). § 5 Abs. 2 verlangt für andere amtliche Werke als Voraussetzung für die Freistellung vom Urheberrechtsschutz, dass das Werk **im amtlichen Interesse zur allgemeinen Kenntnisnahme** veröffentlicht sein muss.

Zwar handelt es sich weder bei § 5 Abs. 1 noch bei Abs. 2 um eine abschließende Auf- **3** zählung, im Hinblick auf die Ausnahmequalität des Grundsatzes der Gemeinfreiheit nach dem UrhG ist § 5 gleichwohl als **Ausnahmevorschrift eng auszulegen** (BGH GRUR 1982, 37, 40 – WK-Dokumentation; BGH GRUR 1987, 166, 167 – AOK-Merkblatt;

BGH 1988, 33, 35 – Topographische Landeskarten; LG München I *Schulze* Rspr. LGZ 203, 8; Schricker/*Katzenberger* § 5 Rn. 15; Möhring/Nicolini/*Ahlberg* § 4 Rn. 3 f., 23; Fromm/Nordemann/*Nordemann* § 5 Rn. 2; Wandtke/*Wöhrn,* Urheberrecht, 2. Kap., Rn. 119). § 5 findet daher keine analoge Anwendung auf andere aus einem Amt stammende Werke (str.; ein Analogieverbot bejahend Möhring/Nicolini/*Ahlberg* § 4 Rn. 4; Büscher/Dittmer/Schiwy/*Obergfell,* § 5 UrhG Rn. 2*;* einschränkend Schricker/*Katzenberger* § 5 Rn. 18; Dreier/Schulze/*Dreier* § 5 Rn. 3; gegen ein generelles Analogieverbot BGH GRUR Int. 2007, 532 – Sächsischer Ausschreibungsdienst, hierzu v. *Ungern-Sternberg,* GRUR 2008, 193, 195 f.; OLG Köln GRUR-RR 2006, 78, 82 – EZT offen gelassen von BGH GRUR 2009, 852 – Elektronischer Zolltarif; s. im Einzelnen Rn. 5 ff.). Fraglich ist ferner, ob ein Analogieverbot auch für Gegenstände verwandter Schutzrechte zu fordern ist. Hier stellt sich das Problem, dass zwar die Regelungen über die verwandten Schutzrechte nicht auf § 5 verweisen, dies jedoch der sonstigen im Urheberrechtsgesetz angelegten Unterscheidung zwischen Urheber- und Leistungsschutz widerspricht, nach der Werken grds. ein höheres Schutzniveau zukommt als Leistungen bzw. Gegenständen verwandter Schutzrechte. Praktische Relevanz erhält diese Frage, wenn bspw. im Bereich der politischen Meinungsbildung, des Schulfunks oder der Öffentlichkeitsarbeit Tonträger und audiovisuelle Medien mit entsprechenden Leistungsergebnissen von Inhabern verwandter Schutzrechte von Amts wegen eingesetzt werden (vgl. Schricker/*Katzenberger* § 5 Rn. 27). Für **Datenbanken** i. S. d. § 87a tendiert der BGH zu einer Anwendbarkeit des § 5 (ebenso: *Rehbinder,* Rn. 500), hat jedoch die Frage, ob einer derartigen Analogie die Datenbank-Richtlinie (96/9/EG) entgegensteht, dem EuGH zur Vorabentscheidung vorgelegt (BGH GRUR Int. 2007, 532 – Sächsischer Ausschreibungsdienst; wegen Vergleichs vom EuGH nicht entschieden; vgl. § 87a Rn. 146 ff.). Einer analogen Anwendung des § 5 auf Datenbanken i. S. d. § 87a könnte die Datenbank-Richtlinie deshalb entgegenstehen, weil diese für Datenbankwerke in Art. 6 Abs. 2d eine Bestimmung vorsieht, nach der die Mitgliedstaaten Beschränkungen der Rechte vorsehen können, die ihr innerstaatliches Recht traditionell als Ausnahmen vom Urheberrechtsschutz regelt, für Datenbanken, die nach Art. 7 Abs. 1 der Richtlinie geschützt sind, es eine derartige Bestimmung indes nicht gibt (vgl. BGH GRUR Int. 2007, 532). Dieser Auffassung ist auch das OLG Köln in GRUR-RR 2006, 78 ff. – EZT, wonach § 5 grds. auch auf verwandte Schutzrechte anwendbar ist, einer Anwendbarkeit auf Datenbanken jedoch die Datenbank-Richtlinie entgegensteht, da diese eine entsprechende Schranke für Datenbanken i. S. d. § 87a nicht vorsieht (ebenso OLG Köln MMR 2007, 443, 445 – nicht rechtskräftig; offen gelassen von BGH GRUR 2009, 852 – Elektronischer Zolltarif). Der EuGH hat in einer Entscheidung zum bulgarischen Recht (GRUR 2009, 572, 577 [Rn. 70] mAnm *Eickemeier* GRUR 2009, 578) betont, das Schutzrecht sui generis, also der Datenbankschutz, gelte unabhängig davon, ob die Datenbank (im entschiedenen Fall eine Urteilsdatenbank) und/oder ihr Inhalt für einen sonstigen Schutz, etwa durch das Urheberrecht, in Betracht kommen. Die Gemeinfreiheit des Inhalts steht demnach dem Datenbankschutz als solchem nicht entgegen.

4   Der Ausnahmecharakter der Abs. 1 und 2 ist nunmehr durch die Hinzufügung des **Abs. 3** nochmals verstärkt worden. § 5 Abs. 3 stellt den urheberrechtlichen Schutz für private Normungsgremien wieder her (Dreier/Schulze/*Dreier* § 5 Rn. 14) und ist eine Reaktion des Gesetzgebers auf die Rechtsprechung des BGH (GRUR 1990, 1003, 1005 – DIN-Normen). Der Gesetzgeber stellt die privaten Interessen höher als die öffentlichen (Loewenheim/*Götting* § 31 Rn. 16; dazu krit. *Schack* Rn. 580). Die Regelung der privaten Normwerke in § 5 Abs. 3 ist zwar nicht durch die Multimedia-Richtlinie veranlasst worden, dennoch ist nicht ausgeschlossen, dass eine europäische Auslegung im Zusammenhang mit der Richtlinie möglich ist (a. A. Dreyer/Kotthoff/Meckel/*Dreyer* § 5 Rn. 1). Gleichzeitig wird damit das hohe Schutzniveau des Urheberrechts und seiner verwandten Schutzrechte hervorgehoben (s. im Einzelnen Rn. 25 ff.).

II. Amtliche Werke i. S. d. § 5 Abs. 1

1. Begriff des amtlichen Werkes

Eine **Legaldefinition** des Begriffes des amtlichen Werkes findet sich nicht, auch wenn er in der Überschrift der Norm benutzt wird. Bei der Aufzählung in § 5 handelt es sich nur um eine beispielhafte Aufzählung, was dadurch deutlich wird, dass das Gesetz in Abs. 2 eine weitergehende Regelung zu „anderen amtlichen Werken" in Abs. 2 trifft.

Von § 5 **Abs. 1** werden jedenfalls nur **Sprachwerke** erfasst, nicht aber Werke der bildenden Kunst (LG Berlin ZUM-RD 2012, 399; Dreier/Schulze/*Dreier* § 5 Rn. 4 m.w.N.: „Schriftwerke").

Unter **amtlich** ist ein Werk zu verstehen, das von einer mit Verwaltungskompetenz und Hoheitsbefugnissen betrauten Behörde oder beliehenen Institution stammt. Zu diesen zählen neben Ämtern und **Behörden** auch **Körperschaften des öffentlichen Rechts** (z.B. Kirchen und Religionsgemeinschaften i.S.d. Art. 140, 137 Abs. 5 Weimarer Reichsverfassung), **öffentlich-rechtliche Anstalten** und **Beliehene** (BGH GRUR 1972, 713, 714 – Im Rhythmus der Jahrhunderte; BGH GRUR 1982, 37, 40 – WK-Dokumentation; BGH GRUR 1984, 117, 118 – VOB/C; *Katzenberger* GRUR 1972, 686, 687; Fromm/Nordemann/*Nordemann* § 5 Rn. 6). Entscheidend dabei ist, ob die Tätigkeit der Institutionen öffentlich- oder privatrechtlicher Natur ist (Möhring/Nicolini/*Ahlberg* § 5 Rn. 6; Dreier/Schulze/*Dreier* § 5 Rn. 5; Dreyer/Kotthoff/Meckel/*Dreyer* § 5 Rn. 47). Die Tatsache, dass ein Werk von einer **Privatperson** verfasst worden ist, schließt die Annahme eines amtlichen Werkes nicht aus. Sofern die öffentliche Hand Privatpersonen mit der Erfüllung öffentlich-rechtlicher Aufgaben betraut und diese ein Werk schaffen, bestimmt sich die Einstufung dieses Werkes als amtlich danach, ob ein Amt erkennbar für den Inhalt des Werkes verantwortlich zeichnet bzw. ob die Verlautbarung dem Amt zuzurechnen ist, d.h. auf den Träger der öffentlichen Gewalt zurückzuführen ist (BGH GRUR 1972, 713, 714 – Im Rhythmus der Jahrhunderte; BGH GRUR 1982, 37, 40 – WK-Dokumentation; BGH GRUR 1990, 1003, 1004 – DIN-Normen; BGH GRUR 1992, 382, 385 – Leitsätze), mithin die Übertragung von Verwaltungskompetenz und Hoheitsbefugnissen an den Beliehenen eine gesetzliche Grundlage hat. Diese Grundlage kann in einem formellen Gesetz oder in einer auf gesetzlicher Ermächtigung beruhenden Rechtsverordnung bestehen, die Übertragung selbst kann dann durch einen Verwaltungsakt vorgenommen werden, der auf eine entsprechende gesetzliche Ermächtigung gestützt ist (BGH GRUR 1984, 117, 118 – VOB/C; OLG Köln ZUM 2001, 527).

So ist das vom Hauptausschuss Verdingungswesen im Straßen- und Brückenbau erstellte **Handbuch für die Vergabe und Ausführung von Bauleistungen im Straßenbau** ein amtliches Werk (OLG Köln GRUR 2004, 142). **Amtliche Bebauungspläne** und **amtliche Verkehrszeichen** werden von § 5 Abs. 1 erfasst (Dreier/Schulze/*Dreier* § 5 Rn. 8; Loewenheim/Schricker/*Katzenberger* § 5 Rn. 68). An den Voraussetzungen eines amtlichen Werkes fehlt es hingegen, wenn weder die Form noch der Inhalt und der Zweck des Werkes dieses als amtliches Werk erscheinen lassen. Eine **unabhängige Kommission,** die von einem Ministerium eingesetzt und aus Haushaltsmitteln finanziert wird, jedoch weisungsfrei ist, ist **kein Amt i.S.d. § 5** (BGH GRUR 1982, 37, 40 – WK-Dokumentation; OLG Köln ZUM 2001, 527 für die **DRS C Deutsche Rechnungslegungs-Standards Committee e.V.;** OLG Köln ZUM-RD 1998, 110 für technische Regelwerke eines als e.V. organisierten Arbeitskreises, die vom Bundesverkehrsministerium durch Allgemeines Rundschreiben bekannt gemacht worden sind). Sofern sie im Rahmen der ihr übertragenen öffentlichen Aufgaben tätig werden, fallen z.B. die **technischen Überwachungsvereine** (TÜV) unter den Begriff der Ämter (Dreyer/Kotthoff/Meckel/*Dreyer* § 5 Rn. 22). Durch die ergänzende Gesetzesänderung des § 5 Abs. 3 fallen die privaten Normwerke nicht unter die amtlichen Werke. Das **Deutsche Institut für Nor-**

mung e. V. (DIN) ist weder ein Amt noch eine Behörde (Fromm/Nordemann/*Nordemann* § 5 Rn. 6; Dreier/Schulze/*Dreier* § 5 Rn. 7; Dreyer/Kotthoff/Meckel/*Dreyer* § 5 Rn. 17; Schricker/Loewenheim/*Katzenberger* § 5 Rn. 30; Loewenheim/*Götting* § 31 Rn. 17). DIN-Normen als private Normwerke unterliegen nicht dem Abs. 1, sondern dem Privileg des Abs. 3 S. 1 (Loewenheim/*Götting* § 31 Rn. 17).

8   Ein Werk kann auch nachträglich durch **bloße Bezugnahme** in einer amtlichen Verlautbarung zu einem amtlichen Werk werden (s. aber Abs. 3, unten Rn. 25 ff.). Hierfür ist erforderlich, dass sich die Behörde den Inhalt zu Eigen macht. Private Werke werden jedoch nicht bereits dadurch zu amtlichen Werken, dass auf diese in amtlichen Werken wie Gesetzen, Erlassen oder Verordnungen Bezug genommen wird (BGH GRUR 1984, 117, 118 – VOB/C; OLG Köln ZUM-RD 1998, 110, 111 – Technische Regelwerke). Nach alter Fassung des § 5 konnte ein privates Werk jedoch dann amtlich werden, wenn die Bezugnahme auf das Werk **normergänzenden Charakter** hatte (BGH GRUR 1990, 1003, 1004 – DIN-Normen; KG GRUR 1988, 450; hierzu Schricker/Loewenheim/*Katzenberger* § 5 Rn. 25; Fromm/Nordemann/*Nordemann* § 5 Rn. 8). Einen eigenen Urheberrechtsschutz solcher privater Werke wird man nunmehr aber wegen § 5 Abs. 3 gewähren müssen (vgl. unten Rn. 25 ff.). **Allgemeine Geschäftsbedingungen** sind grds. privatrechtliche Vereinbarungen und fallen nicht unter § 5 (h.M.; *Schack* Rn. 580; Dreier/Schulze/*Dreier* § 5 Rn. 8; SchrickerLoewenheim/*Katzenberger* § 5 Rn. 51 m.w.N.; näher § 2 Rn. 59). AGB werden auch nicht dadurch amtlich, dass sie **amtlich bekannt gemacht** und etwa im Bundesanzeiger veröffentlicht werden, wie die Allgemeinen Deutschen Spediteurbedingungen **(ADSp)** oder die Verdingungsordnung für Bauleistungen **(VOB),** denn sie haben keine Allgemeingültigkeit und müssen für ihre Anwendbarkeit jeweils vertraglich vereinbart werden (h.M.; BGH GRUR 1984, 117, 119 – VOB/C; *Schack* Rn. 580; Schricker/Loewenheim/*Katzenberger* § 5 Rn. 52; a.A. *Samson* DVR 1977, 201, 207; *Lukes* NJW 1984, 1595, 1597), diese Werke können jedoch § 5 Abs. 3 unterfallen. Auch die Veröffentlichungen der Deutschen Telekom AG sind nicht amtlich, sodass **Telefonbücher** keine amtlichen Werke i.S.d. § 5 Abs. 2 darstellen (BGH GRUR 1999, 923, 926 – Tele-Info-CD; s. im Einzelnen § 2 Rn. 61).

2. Gesetze und Verordnungen

9   Unter diese fallen neben **Verordnungen** und den in den Gesetzgebungsverfahren zustande gekommenen **Gesetzen** auch die **Rechtsnormen in Tarifverträgen,** denn sie gelten gem. § 4 Abs. 1, 2 TVG unmittelbar und zwingend und sind Gesetze im materiellen Sinne, unabhängig davon, ob sie für **allgemein verbindlich erklärt** wurden (so BAG NJW 1969, 861; Dreier/Schulze/*Dreier* § 5 Rn. 7; Büscher/Dittmer/Schiwy/*Obergfell*, § 5 UrhG Rn. 9; *v. Gamm* GRUR 1969, 593, 595; *Rehbinder* UFITA 80 (1977) 73, 79; *Samson* DVR 1977, 201, 204; a.A. Fromm/Nordemann/*Nordemann* § 5 Rn. 7, der die Allgemeinverbindlicherklärung verlangt und das Recht zur Nutzung dieser Werke aus einer konkludenten Rechtseinräumung herleitet sowie *Leydecker* GRUR 2007, 1030, 1034, der den Tarifvertrag nicht als amtliches Werk i.S.d. § 5 ansieht und im Einzelfall eine analoge Anwendung des § 5 Abs. 3 S. 2 *vorschlägt*. *V. Ungern-Sternberg,* GRUR 1977, 766, 770 und *Leuze,* S. 36, 42 f, subsumieren unter „Gesetze" im Sinne der Vorschrift nur formelle Gesetze, gelangen allerdings zu einer Einbeziehung von Tarifverträgen infolge analoger Anwendung von § 5 Abs. 1.) Da § 5 Gesetze und Verordnungen gleich behandelt, erübrigt sich eine Abgrenzung (a. A. wohl *Leuze,* S. 36).

10 Gleichwohl kann in der Auswahl und Anordnung von Gesetzen als **Gesetzessammlung** eine Schöpfung eines selbstständigen Werkes (Sammelwerk) liegen, sofern es sich nicht nur um eine lose Zusammenstellung handelt (OLG Frankfurt NJW-RR 1986, 612 für Gesetzessammlung Apotheken- und Arzneimittelrecht; OLG München NJW 1997, 1931). Entsprechendes findet für Sammlungen von Tarifverträgen Anwendung.

3. Amtliche Erlasse und Bekanntmachungen

Amtliche Erlasse oder Bekanntmachungen sind nur dann amtlich i. S. d. § 5, wenn diese im Rahmen der dem Amt übertragenen Befugnisse und Verpflichtungen veröffentlicht wurden und nicht nur bei Gelegenheit. Erlasse oder Verordnungen sind ihrem Wesen nach nur solche amtlichen Erklärungen oder Verlautbarungen, die auf die Regelung von abstrakten oder konkreten Sachverhalten gerichtet sind oder die eine Abgabe einer offiziellen Erklärung, Stellungnahme oder Einschätzung zum Inhalt haben (Dreier/Schulze/*Dreier* § 5 Rn. 5). Der Begriff des Erlasses in § 5 Abs. 1 ist kein verwaltungsrechtlicher, sondern ein urheberrechtlicher, der entsprechend dem Zweck der Vorschrift auszulegen ist. Zu den amtlichen Erlassen gehören deshalb auch allgemeine Regelungen, die zwar formal nur an andere Behörden gerichtet sind, denen aber zumindest eine gewisse Außenwirkung zukommt (BGH GRUR 2006, 848 – Vergaberichtlinie; hierzu siehe *v. Ungern-Sternberg*, GRUR 2008, 193, 195 f.). Ein qualifizierter Mietspiegel stellt keinen amtlichen Erlass und keine amtliche Bekanntmachung i. S. d. § 5 Abs. 1 dar, weil es an einem regelnden Charakter fehlt (OLG Stuttgart, GRUR-RR 2010, 369 (nicht rechtskräftig)). Ebenfalls keine amtliche Bekanntmachung i. S. v. § 5 Abs. 1 ist die von einem Gutachterausschuss zur Ermittlung von Bodenrichtwerten (§ 192 BauGB) herausgegebene Bodenrichtwertsammlung (BGH GRUR 2007, 137 – Bodenrichtwertsammlung; hierzu, siehe *v. Ungern-Sternberg*, GRUR 2008, 193, 195 f.).

4. Entscheidungen

Entscheidungen sind Urteile, Beschlüsse und Verfügungen von staatlichen Gerichten und Disziplinargerichten. Institutionelle oder private Schiedsgerichte oder -gutachter, die nicht hoheitlich tätig werden, fallen nicht hierunter (Dreier/Schulze/*Dreier* § 5 Rn. 8; Schricker/Loewenheim/*Katzenberger* § 5 Rn. 46). Entscheidungen i. S. d. Abs. 1 sind auch alle behördlichen Regelungen, die zur Wahrung und Durchsetzung der Rechtsordnung im Einzelfall getroffen werden, wie Verwaltungsakte, Verfügungen oder sonstige Bescheide (Schricker/*Katzenberger* § 5 Rn. 46; Möhring/Nicolini/*Ahlberg* § 5 Rn. 16). In ihrer unbearbeiteten Form sind Gerichtsentscheidungen „gemeinfrei" und genießen keinen urheberrechtlichen Schutz. Damit können sie von jedermann beliebig bearbeitet, vervielfältigt und veröffentlicht werden (BVerwG NJW 1993, 675). Ihre Veröffentlichung ist eine öffentliche Aufgabe der Gerichtsverwaltung (OVG Lüneburg NJW 1996, 1489).

Unter § 5 fallen jedoch nur die Urfassungen der jeweiligen Entscheidungen. **Nicht** dem § 5 unterfallen hingegen **Kurzzusammenfassungen** oder **private Bearbeitungen** etwa von Entscheidungen und Urteilen, die unter den Voraussetzungen des § 3 selbst Gegenstand von Urheberschutzrechten sein können. Hierzu gehören die für Veröffentlichungen in Fachzeitschriften oder Entscheidungssammlungen zusammengefassten oder bearbeiteten Urteile und Entscheidungen, wie auch die in den Sammlungen BGHZ, BGHSt, BArbGE, BVerfGE veröffentlichten Leitsätze und Entscheidungen, da diese trotz ihrer regelmäßigen Bezeichnung als „Amtliche Sammlung" **private Sammlungen** sind. In den Anwendungsbereich des § 5 fallen ebenfalls nicht die **Akten** der amtlichen Stellen oder Gerichte, auch wenn diese Grundlage der Entscheidung waren oder öffentlich verhandelt wurden, da diese regelmäßig nicht der Öffentlichkeit mit Zustimmung des Berechtigten zugänglich gemacht werden (BGH GRUR 1986, 739, 740 – Anwaltsschriftsatz). Wird ein Anwaltsschriftsatz aber in einem einstweiligen Verfügungsverfahren durch ausdrückliche Bezugnahme Teil einer Beschlussverfügung, wird er Teil der Begründung und genießt damit in diesem Kontext keinen urheberrechtlichen Schutz mehr (LG Köln GRUR-RR 2011, 4).

5. Amtlich verfasste Leitsätze zu Entscheidungen

Ein **amtlich verfasster Leitsatz** ist eine an die Öffentlichkeit gerichtete Äußerung des Spruchkörpers, regelmäßig eines staatlichen Gerichts, in der die Kernaussage der Entscheidung zusammengefasst ist. Da der Leitsatz grds. nicht Bestandteil der Entscheidung ist, sondern eine außergerichtliche Hinzufügung, wird er aus diesem Grund besonders vom UrhG erwähnt (BGH NJW 1992, 1316, 1319 – Leitsätze). Die Formulierung von Leitsätzen und deren Veröffentlichung dienen dem Bedürfnis der interessierten Öffentlichkeit nach Unterrichtung über die neueste Entwicklung der Rechtsprechung und dienen gleichzeitig der Rechtsfindung und Vereinheitlichung der Rechtsprechung und Rechtsanwendung. Nur wenn die Leitsätze amtlich verfasst sind, sind sie vom Urheberschutz ausgenommen (AmtlBegr. BT-Drucks. IV/270, 39).

15 **Amtlich verfasst** ist ein Leitsatz nur dann, wenn er von einem Mitglied des Spruchkörpers mit dessen Billigung formuliert und der Öffentlichkeit zugänglich gemacht worden ist (BGH NJW 1992, 1316 – Leitsätze). Unerheblich ist dabei, ob eine dienstliche Verpflichtung zur Abfassung von Leitsätzen besteht oder ob die Leitsätze zusammen mit dem Urteil verfasst oder den Parteien zugestellt wurden; entscheidend ist vielmehr allein, ob der Inhalt der Verlautbarung erkennbar dem Gericht zuzurechnen ist, also vom Träger der öffentlichen Gewalt herrührt (BGH NJW 1992, 1316, 1319 – Leitsätze).

16 Wird der Leitsatz hingegen von einem das Urteil **kommentierenden Autor** oder von der die Entscheidung veröffentlichenden **Fachzeitschrift** oder einem von dieser beauftragten Autor verfasst, fällt der Leitsatz nicht unter § 5 mit der Folge, dass der Urheber Schutz nach § 3 als Bearbeiter genießen kann, wenn die Verfassung des Leitsatzes eine eigenschöpferische Leistung aufweist (Dreier/Schulze/*Dreier* § 5 Rn. 6; Schricker/Loewenheim/ *Katzenberger* § 5 Rn. 49; Möhring/Nicolini/*Ahlberg* § 5 Rn. 17; Büscher/Dittmer/Schiwy/ *Obergfell,* § 5 UrhG Rn. 14; *Fischer* NJW 1993, 1228, 1230). Ein nichtamtlicher Leitsatz kann daher dann Urheberschutz genießen, wenn er nicht lediglich eine wörtliche Formulierung der Entscheidungsgründe darstellt oder sich in einer bloß auszugsweisen Veröffentlichung dieser Gründe erschöpft (OLG Köln NJW 1989, 3227). Die Beurteilung des Leitsatzes als selbstständiges Werk nach § 2 Abs. 1 Nr. 1 dürfte im Hinblick auf seine Eigenart ausscheiden, da es sich im Wesentlichen um ein Extrakt des wesentlichen Entscheidungsgehalts einer gerichtlichen Entscheidung handelt (vgl. aber zur Rspr. § 2 Rn. 63). Zur Einstufung einer mit einem **Orientierungssatz** versehenen Gerichtsentscheidung vgl. VG Karlsruhe ZUM-RD 2012, 299.

III. Andere amtliche Werke i. S. d. § 5 Abs. 2

1. Im amtlichen Interesse

17 Nach § 5 Abs. 2 werden auch andere amtliche Werke gemeinfrei gestellt, wenn sie im **amtlichen Interesse** zur allgemeinen Kenntnisnahme veröffentlicht sind. Bei § 5 Abs. 2 handelt es sich um eine Ausnahmevorschrift, die im Wesentlichen auf der Erwägung beruht, dass die kraft ihres Amtes zur Schaffung solcher Werke berufenen Verfasser entweder überhaupt kein Interesse an der Verwertung ihrer Leistungen haben oder ihre Interessen hinter denen der Allgemeinheit zurücktreten müssen (vgl. amtl. Begr. in BR-Drucks. 1/ 62, 39). Nach der Rechtsprechung kommt dem Begriff „im öffentlichen Interesse" kein staats- und verwaltungsrechtlicher Inhalt zu. Es kommt für das amtliche Interesse nicht darauf an, ob die dem Amt zugewiesenen Aufgaben eingehalten wurden oder das Amt innerhalb seines Amtsbereiches gehandelt hat. Das amtliche Interesse muss sich vielmehr unmittelbar auf die Veröffentlichung beziehen (Dreier/Schulze/*Dreier* § 5 Rn. 9). Es muss zwar nicht besonders dringend und unabweisbar sein (so BGH GRUR 1965, 45, 46 – Stadtplan zu § 16 LUG; Schricker/Loewenheim/*Katzenberger* § 5 Rn. 60), jedoch nach Art und Bedeutung der Information gerade darauf gerichtet sein, dass der Nachdruck oder die sonstige Verwertung des die Information vermittelnden Werkes jedermann freigegeben wird (BGH GRUR 1972, 713, 714 – Im Rhythmus der Jahrhunderte; BGH GRUR 1988, 33 – Topographische Landeskarten). Ein solches Bedürfnis wird teilweise aus den sozialstaatlichen

Verpflichtungen des Staates zur Daseinsvorsorge (*v. Albrecht* 75 ff.; a. A. Büscher/Dittmer/Schiwy/*Obergfell,* § 5 UrhG Rn. 16) oder dem Schutz gesellschaftlicher oder individueller Rechtsgüter hergeleitet, wie etwa die **Kennzeichnung gefährlicher Badestellen** (Amtl-Begr. BT-Drucks. IV/270, 39). **Amtliche Schriften zum Gesundheits-, Jugend-** und **Umweltschutz,** zur **Ausländerpolitik** oder den Gefahren im Straßenverkehr werden überwiegend nur dann als nach Abs. 2 vom urheberrechtlichen Schutz ausgeschlossen angesehen, wenn sie entweder einen rechtserheblichen Inhalt aufweisen oder zur Abwehr einer konkreten Gefahr dienen sollen (vgl. Schricker/Loewenheim/*Katzenberger* § 5 Rn. 69; Wandtke/*Wöhrn,* Urheberrecht, 2. Kap., Rn. 121; siehe auch die Übersicht bei Dreier/Schulze/*Dreier* § 5 Rn. 10 f.). Die Rechtsprechung ist mit der Annahme eines sonstigen amtlichen Werkes i. S. v. § 5 Abs. 2 in Zweifelsfällen eher zurückhaltend (vgl. BGH GRUR 1972, 713 – Im Rhythmus der Jahrhunderte sowie die weiteren Nachweise bei Dreier/Schulze/*Dreier* § 5 Rn. 10). Keine sonstigen amtlichen Werke sind daher Merkblätter, auf deren Deckblatt eine Behörde als Herausgeber ausgewiesen ist, soweit deren Inhalt ohne Veranlassung der Behörde verfasst und im Nachhinein von dieser käuflich erworben wurde (BGH GRUR 1987, 166, 167 – AOK-Merkblatt; a. A. Fromm/Nordemann/*Nordemann* § 5 Rn. 11). Wegen des durch § 5 Abs. 1 geschützten Publizitätsinteresses der Allgemeinheit kann die Vorschrift jedoch auch dann eingreifen, wenn das Werk im urheberrechtlichen Sinne, das der Hoheitsträger zum Inhalt seiner – vom Gesetz als „amtliches Werk" bezeichneten – Willensäußerung gemacht hat, weder aus dem Amt selbst herrührt, noch von dessen Mitarbeitern im dienstlichen Auftrag geschaffen worden ist, sondern von Mitarbeitern eines anderen Amts oder privaten Urhebern. Entscheidend ist, ob und inwieweit die Verlautbarung dem Hoheitsträger als eigenverantwortliche Willensäußerung zuzurechnen ist. Hieran fehlt es bspw. bei von unabhängigen Gutachtern erstellten Wertermittlungsgutachten im Zwangsversteigerungsverfahren, weil das Gericht sich den Inhalt in der Regel nicht zu eigen macht (*Hauck* ZUM 2011, 542, 548). Nach dem Regelungszweck des § 5 Abs. 1 kommt es auch nicht darauf an, ob die von dem Hoheitsträger als amtlichem Erlass getroffene Regelung rechtlich zulässig und wirksam ist, sofern sie nur nach seinem Willen die Verwaltungspraxis bestimmen soll (BGH GRUR 2006, 848 – Vergaberichtlinien). Ein amtliches Interesse besteht außerdem an den **patentamtlichen Veröffentlichungen** der Offenlegungs-, Auslege- oder Patentschriften, da erst durch die Veröffentlichung Dritte die Möglichkeit erhalten, die Einlegung eines Rechtsmittels zu prüfen (Schricker/Loewenheim/*Katzenberger* § 5 Rn. 65; Möhring/Nicolini/*Ahlberg* § 5 Rn. 24). Dagegen wird die **Patenterteilung** durch das DPMA und das EPA dem § 5 Abs. 1 zugerechnet (Dreier/Schulze/*Dreier* § 5 Rn. 8). Die Auffassung, dass der im (alten) Plenarsaal des Bundestages angebrachte **Bundesadler** (sog. „Gies-Adler") als dem Schutz des § 2 Abs. 1 Nr. 4 unterliegendes Werk nicht dem § 5 Abs. 2 unterfällt, da kein überragendes Interesse des Staates an der Darstellung des Bundesadlers vorliege, überzeugt allerdings nicht (so aber OLG Köln NJW 2000, 2212, ohne weitere Begründung so auch BGH ZUM 2003, 777, wobei hier die Zulässigkeit einer karikaturistisch-parodistischen Benutzung des Bundesadlers zu entscheiden war, vgl. Anm. *Schricker* JZ 2003, 309), denn das Werk ist im amtlichen Interesse und mit Zustimmung des Urhebers zur allgemeinen Kenntnisnahme veröffentlicht worden. Für die Darstellung des neuen Bundesadlers im Reichstagsgebäude gilt dies ebenso wie für sonstige **Wappen** und **staatliche Insignien,** auch wenn diese von Künstlerhand geschaffen sind oder nicht nur geringe Schöpfungshöhe haben.

Nicht genügend ist, dass die Veröffentlichung nur einen **notwendigen Zwischenschritt** zu einer beabsichtigten (z. B. Werbe-)Wirkung in der Öffentlichkeit darstellt oder nur ein allgemeines Interesse daran besteht, dass die Öffentlichkeit Kenntnis von dem Werk erhält. **Keine amtlichen Werke** i. S. d. § 5 Abs. 2 sind **Werbepublikationen** staatlicher Einrichtungen oder anderer öffentlicher Stellen, die der Werbung von Kunden oder neuen Mitarbeitern dienen, da diese Veröffentlichungen nicht im amtlichen Interesse i. S. d.

§ 5 Abs. 2 erfolgen, sondern mit ihnen ein dahinterstehendes Ziel verfolgt wird (z. B. Werbefilm der Bundeswehr: BGH GRUR 1972, 713, 714 – Im Rhythmus der Jahrhunderte; Schricker/Loewenheim/*Katzenberger* § 5 Rn. 72). Ebenfalls kein amtliches Werk ist – mangels Regelungscharakters – ein **qualifizierter Mietspiegel** (so OLG Stuttgart GRUR-RR 2010, 369).

19 Gleiches gilt für Werke, die der **politischen Information** und Meinungsbildung dienen, auch wenn sie von staatlichen Organen oder Behörden stammen, wie auch politische **Reden** von Ministern oder Staatssekretären, Schriften zur politischen Aufklärung u. ä., weil für diese in §§ 48 und 49 Sonderregelungen bestehen (zur Systematik vgl. im Einzelnen die Kommentierung zu §§ 48 und 49; Schricker/Loewenheim/*Katzenberger* § 5 Rn. 66; so auch Möhring/Nicolini/*Ahlberg* § 5 Rn. 26, der bereits wegen der fehlenden amtlichen Verbindlichkeit die Anwendung des § 5 Abs. 2 ablehnt). Auch das Informationsweiterverwendungsgesetz (IWG) v. 13.12.2006 lässt ein bestehendes Urheberrecht an Informationen öffentlicher Stellen gem. § 1 Abs. 2 Nr. 4 IWG unberührt (vgl. *Altmeppen* MMR 2006, 499, 500).

20 Von § 5 Abs. 2 werden weder **wissenschaftliche Publikationen** von Behörden oder staatlichen Universitäten noch **Lehr- und Unterrichtsmaterialien** staatlicher Schulen, öffentlich-rechtliche **Schulfunksendungen, Kataloge** und **Verzeichnisse** öffentlicher Museen und Bibliotheken, **Theater- und Konzertprogramme** sowie **Fahrpläne** oder amtliche **Statistiken** erfasst (Schricker/Loewenheim/*Katzenberger* § 5 Rn. 69 m. w. N.; a. A. Fromm/Nordemann/*Nordemann* § 5 Rn. 11), weil ihre Verbreitung auch ohne diese Vorschrift sichergestellt ist (Dreyer/Kotthoff/Meckel/*Dreyer* § 5 Rn. 64). Auch bei **amtlichen Kartenwerken** ist ein amtliches Interesse grds. nicht gegeben (so bereits AmtlBegr. BT-Drucks. IV/270, 39; BGH GRUR 1988, 33, 35 – Topographische Landeskarten; BGH GRUR 1998, 916 – Stadtplanwerk; LG Stuttgart Urt. v. 18.7.2006, 17 O 633/05). Gleiches gilt für **Briefmarken** und **Banknoten** sowie **Münzen**, die nicht unter § 5 Abs. 2 fallen, da sie nicht zur allgemeinen Kenntnisnahme veröffentlicht, sondern zum allgemeinen Gebrauch im Geldverkehr herausgebracht werden (*Schack* Rn. 581; *ders.*, Kunst und Recht Rn. 275; Fromm/Nordemann/*Nordemann* § 5 Rn. 11; Möhring/Nicolini/*Ahlberg* § 5 Rn. 10; Büscher/Dittmer/Schiwy/*Obergfell*, § 5 UrhG Rn. 19; offen gelassen von Dreier/Schulze/*Dreier* § 5 Rn. 10; a. A.; LG München I GRUR 1987, 436 – Briefmarke; Schricker/Loewenheim/*Katzenberger* § 5 Rn. 68 Dreyer/Kotthoff/Meckel/*Dreyer* § 5 Rn. 64) und ferner die von einem Gutachterausschuss zur Ermittlung von Bodenrichtwerten (§ 192 BauGB) herausgegebene Bodenrichtwertsammlung, bei der ein spezifisches, die Interessen der Urheber übersteigendes Verbreitungsinteresse fehlt (BGH GRUR 2007, 137 – Bodenrichtwertsammlung). Die Veröffentlichungen der Deutschen Telekom AG sind nicht amtlich, so dass auch **Telefonbücher** keine amtlichen Werke i. S. d. § 5 Abs. 2 darstellen (BGH GRUR 1999, 923, 926 – Tele-Info-CD; s. im Einzelnen § 2 Rn. 61).

2. Zur allgemeinen Kenntnisnahme veröffentlicht

21 Das amtliche Werk muss auch **veröffentlicht** sein. Der Begriff der Veröffentlichung entspricht dem des § 6 Abs. 1, so dass das Werk **mit Zustimmung des Berechtigten** der Öffentlichkeit zugänglich gemacht worden sein muss (Büscher/Dittmer/Schiwy/*Obergfell*, § 5 UrhG Rn. 17; Wandtke/*Wöhrn*, Urheberrecht, 2. Kap., Rn. 123; s. näher zum Veröffentlichungsbegriff § 6 Rn. 3 ff.). Nicht hierunter fallen daher Werke, die für den internen Behördengebrauch bestimmt sind, wie z. B. Anweisungen und Weisungen, Anfragen, Verhandlungsprotokolle, als vertraulich eingestufte Dokumente (vgl. *Hoeren/Herring* MMR 2011, 143, 144), Sitzungsberichte und sonstige Schreiben oder Informationsmaterial zu Vorgängen innerhalb der Behörde oder im Verkehr mit anderen Behörden oder entsprechende Materialien die allein für das konkrete Verhältnis zwischen Behörde und Bürger oder Drittem bestimmt sind, wie Baupläne, Bauvorlagen oder öffentlich-rechtliche Verträge. Entsprechend handelt es sich nicht um ein „im amtlichen Interesse zur allgemeinen Kenntnisnahme" veröffentlichtes Werk, bei einer CD-ROM, auf der die Daten des elektronischen Zolltarifs mit einigen Besonderheiten in der Darstellung enthalten sind, soweit diese lediglich zur Arbeitserleichterung für die an Zollvorgängen Beteiligten dient (OLG Köln GRUR-RR 2006, 78, 82 – EZT). Ebenso nicht „zur allgemeinen Kenntnisnahme veröffentlicht" sind die vom Deutschen Wetterdienst mit dem System „pc_met" angebotenen Wetterinformationen, da diese nicht jedermann, sondern ausdrücklich nur Luftverkehrsteilnehmern zur meteorologischen Sicherung der Luftfahrt zur Verfügung gestellt werden (OLG Köln MMR 2007, 443, 445 (rechtskräftig)). Ferner nicht zur „allgemeinen Kenntnisnahme veröffentlicht" wird ein qualifizierter Mietspiegel, weil dem Verbreitungsinteresse auch ohne Gemeinfreiheit hinreichend genügt ist (OLG Stuttgart GRUR-RR 2010, 369 (nicht rechtskräftig))

IV. Rechtsfolgen: Kein urheberrechtlicher Schutz; Einschränkung durch Bestimmungen über Änderungsverbot und Quellenangabe

Die amtlichen und gerichtlichen Entscheidungen, die die besonderen Voraussetzungen der Abs. 1 und 2 erfüllen, sind vom urheberrechtlichen Schutz ausgenommen. Damit können an ihnen weder Urheberpersönlichkeitsrechte, Verwertungsrechte noch sonstige Rechte bestehen oder geltend gemacht werden (h.M.; Fromm/Nordemann/*Nordemann* § 5 Rn. 13; Möhring/Nicolini/*Ahlberg* § 5 Rn. 3 jeweils m.w.N.; Schricker/Loewenheim/ *Katzenberger* § 5 Rn. 88; Büscher/Dittmer/Schiwy/*Obergfell,* § 5 UrhG Rn. 22). Dies gilt auch bei anwaltlichen **Schriftsätzen**, die durch ausdrückliche Bezugnahme Teil einer gerichtlichen Beschlussverfügung werden (LG Köln GRUR-RR 2011, 4). Eine Ausnahme von der Ausnahmeregelung des § 5 stellt wiederum Abs. 3 für Urheberrechte an privaten Normwerken dar, wenn Gesetze, Verordnungen, Erlasse oder amtliche Bekanntmachungen auf sie verweisen (s. u. Rn. 25 ff.). 22

Für amtliche Werke, auf die § 5 Abs. 2 Anwendung findet, sind die Bestimmungen über **Änderungsverbot** gem. § 62 Abs. 1 bis 3 und **Quellenangabe** gem. § 63 Abs. 1 und 2 entsprechend anzuwenden. Mit der nur „entsprechenden" Anwendbarkeit der Vorschriften zum Änderungsverbot und zu Quellenangaben wird klargestellt, dass ein auch nur begrenzter Bestand eines urheberrechtlichen Schutzes bei diesen Werken nicht vorliegt oder erlischt, wenn es zu einem amtlichen Werk wird (h.M.; vgl. nur Möhring/Nicolini/*Ahlberg* § 6 Rn. 29; a.A. *Schack* Rn. 586, der einen Restbestand des Urheberpersönlichkeitsrechts annimmt). Daher sind erforderlichenfalls zu erteilende Genehmigungen in den Fällen der §§ 62, 63 nicht vom Urheber des amtlichen Werkes, sondern vom Rechtsträger der veröffentlichenden Behörde zu erteilen (Möhring/Nicolini/*Ahlberg* § 5 Rn. 29; Schricker/ Loewenheim/*Katzenberger* § 5 Rn. 89). 23

Amtliche Werke, die nicht unter § 5 fallen, wie solche zum allein innerämtlichen Gebrauch oder solche, die nicht im amtlichen Interesse veröffentlicht werden, genießen **weiterhin Urheberschutz.** § 5 schließt daher nicht die Schaffung urheberrechtlich geschützter Werke in Erfüllung der Pflichten aus einem Dienst- oder Beamtenverhältnis aus, § 43 (vgl. § 43 Rn. 14 ff.; *Leuze* ZfBeamtR 1997, 37). 24

V. Urheberrechte an privaten Normwerken i. S. d. § 5 Abs. 3

1. Bedeutung

Abs. 3 ist dem § 5 mit dem Gesetz zur Regelung des Urheberrechtes in der Informationsgesellschaft (s. Vor §§ 31 ff. Rn. 4) angefügt worden. Mit diesem Gesetz wurde die 25

Multimedia-Richtlinie (s. Einl. Rn. 21) zur Harmonisierung bestimmter Aspekte des Urheberrechts und der verwandten Schutzrechte in der Informationsgesellschaft umgesetzt werden. Neben der Harmonisierung von Teilen des Urheberrechts bezweckt die Richtlinie auch die EU-weite gemeinsame Ratifizierung des WIPO-Urheberrechtsvertrages (ABl. EG Nr. L 89, 8) und des WIPO-Vertrags über Darbietungen und Tonträger (ABl. EG Nr. L 89, 15). Mit dem Gesetz sollen im Wesentlichen zunächst nur die zwingenden, fristgebundenen Vorgaben der Richtlinie sowie die verbindlichen Vorgaben der beiden WIPO-Verträge umgesetzt werden (s. Begr. BRegE BT-Drucks. 15/38). Mit Abs. 3 soll dem hohen Schutzniveau des Urheberrechts und seiner verwandten Schutzrechte Rechnung getragen werden, da diese Rechte für das geistige Schaffen wesentlich sind. Dies heben das Europäische Parlament und der Rat der Europäischen Union unter Ziff. 9 der Gründe für den Erlass der Richtlinie 2001/29/EG (ABl. EG Nr. L 167, 10, 11) hervor. Danach trägt der Schutz des Urheberrechts und seiner verwandten Schutzrechte dazu bei, die Erhaltung und Entwicklung kreativer Tätigkeit im Interesse der Urheber, ausübenden Künstler, Hersteller, Verbraucher von Kultur und Wirtschaft sowie der breiten Öffentlichkeit sicherzustellen. Dass der deutsche Gesetzgeber derartige private Normwerke (wieder) unter urheberrechtlichen Schutz stellt, ist wegen der Multimedia-Richtlinie erforderlich geworden (den Mitgliedstaaten wurden lediglich Ausnahme- und Beschränkungsregelungen bei dem Vervielfältigungsrecht und dem Recht der öffentlichen Wiedergabe und Zugänglichmachung gewährt; vgl. insb. Art. 5 der Richtlinie).

2. Private Normwerke

26   **Private Normwerke** sind alle nichtamtlichen Werke, die von Normungsverbänden im Rahmen der Selbstregulierung der Wirtschaft zum Zwecke der Standardisierung entwickelt werden, z.B. durch DIN e.V. und VDE e.V. (Loewenheim/*Götting* § 31 Rn. 17; Dreier/Schulze/*Dreier* § 5 Rn. 15; Büscher/Dittmer/Schiwy/*Obergfell,* § 5 UrhG Rn. 10). § 5 Abs. 3 S. 1 erhält für den Urheber den Urheberschutz an privaten Normwerken, wenn Gesetze, Verordnungen, Erlasse oder amtliche Bekanntmachungen auf sie verweisen, ohne ihren Wortlaut wiederzugeben, z.B. weil der Text nur im Anhang erscheint oder es sich um eine allgemein zugängliche Quelle handelt. Dieses Privileg entfällt unter der Bedingung, dass die privaten Normwerke in amtliche Werke **inkorporiert** und damit im Text des amtlichen Werkes wiedergegeben werden. Die Folge ist, dass nunmehr aus einem geschützten ein urheberrechtsfreies Werk entsteht (Dreier/Schulze/*Dreier* § 5 Rn. 15; Dreyer/Kotthoff/Meckel/*Dreyer* § 5 Rn. 67). Unter **private Normwerke** sind **auch** solche Werke zu fassen, die etwa von unabhängigen Ausschüssen erstellt werden, auf die in einem amtlichen Werk wie Gesetz, Erlass, Verordnung oder amtlicher Bekanntmachung Bezug genommen wird. Hiernach hängt es nicht mehr davon ab, ob jenes Werk normergänzenden Charakter hat (etwa DIN-Normen – BGH GRUR 1990, 1003, 1004) oder nicht (etwa technische Regelwerke oder VOB, VOL, VOF – OLG Köln ZUM-RD 1998, 110, 111). Allein maßgeblich ist der dahinterstehende urheberrechtliche Schutz der schöpferischen Leistung, auf die verwiesen wird. Ferner als private Normwerke anzusehen sind Sportregeln privatrechtlich organisierter Sportverbände, soweit ihnen überhaupt schöpferische Eigenart zukommt (vgl. OLG Frankfurt a.M. ZUM 1995, 795 zur fehlenden schöpferischen Eigenart von Golfregeln). Dem öffentlichen Interesse an der problemlosen Zugänglichkeit allgemein anerkannter Sportregeln wird durch die Zwangslizenz nach § 5 Abs. 3 Rechnung getragen.

3. Zwangslizenz im Interesse der Verleger

27   Der Gesetzgeber hat den Konflikt zwischen dem Urheber von Normwerken und den Verlegern dahingehend gelöst, dass er eine Zwangslizenz in § 5 Abs. 3 S. 2 und 3 eingeführt hat (krit. dazu *Schack* Rn. 580), d.h. den Verlegern sind unter angemessenen Bedin-

gungen das Vervielfältigungs- und Verbreitungsrecht einzuräumen, damit auf private Normwerke in amtlichen Werken hingewiesen werden kann (Loewenheim/*Götting* § 31 Rn. 19). Die Lizenzierung nach § 5 Abs. 3 S. 2 und 3 verpflichtet den Urheber, jedem Verleger zu angemessenen Bedingungen ein **nichtausschließliches Vervielfältigungs- und Verbreitungsrecht** einzuräumen. Hat der Urheber bereits einem Dritten ein **ausschließliches Vervielfältigungs- und Verbreitungsrecht** eingeräumt, so trifft die Zwangslizenz den Dritten, der nunmehr nach S. 3 dem Verleger ein nichtausschließliches Vervielfältigungs- und Verbreitungsrecht einzuräumen hat (Dreier/Schulze/*Dreier* § 5 Rn. 16; Loewenheim/*Götting* § 31 Rn. 19; Büscher/Dittmer/Schiwy/*Obergfell*, § 5 UrhG Rn. 25).). Die Lizenzierung eines Rechts auf öffentliche Wiedergabe, z.B. im Internet, erfasst § 5 Abs. 3 nicht (Dreyer/Kotthoff/Meckel/*Dreyer* § 5 Rn. 68). Während der Verleger einen einklagbaren Anspruch gegen den Urheber auf Einräumung des nichtausschließlichen Vervielfältigungs- und Verbreitungsrechts hat, hat der Urheber einen Anspruch auf angemessene Bedingungen. Der Nutzungs- bzw. Lizenzvertrag über angemessene Bedingungen ist nach den Grundsätzen der §§ 31 ff. abzuschließen (Loewenheim/*Götting* § 31 Rn. 20). Bei der Beurteilung der **angemessenen Bedingungen** sind die konkreten Marktverhältnisse zu beachten, um nicht die Zwangslizenz zu unterlaufen (Dreier/Schulze/*Dreier* § 5 Rn. 16). Vervielfältigt und verbreitet der Verleger das private Normwerk vor Abschluss eines Lizenzvertrages, verletzt er das Urheberrecht und ist Unterlassungs- und Schadensersatzansprüchen ausgesetzt. Personen, die keine Verleger sind, fallen nicht unter § 5 Abs. 3 (Dreyer/Kotthoff/Meckel/*Dreyer* § 5 Rn. 68).

§ 6 Veröffentlichte und erschienene Werke

(1) **Ein Werk ist veröffentlicht, wenn es mit Zustimmung des Berechtigten der Öffentlichkeit zugänglich gemacht worden ist.**

(2) **Ein Werk ist erschienen, wenn mit Zustimmung des Berechtigten Vervielfältigungsstücke des Werkes nach ihrer Herstellung in genügender Anzahl der Öffentlichkeit angeboten oder in Verkehr gebracht worden sind. Ein Werk der bildenden Künste gilt auch dann als erschienen, wenn das Original oder ein Vervielfältigungsstück des Werkes mit Zustimmung des Berechtigten bleibend der Öffentlichkeit zugänglich ist.**

Literatur: *Becker*, Neue Übertragungstechniken und Urheberrechtsschutz, ZUM 1995, 231; *Bueb*, Der Veröffentlichungsbegriff im deutschen und internationalen Urheberrecht, München 1974; *v. Dorp*, Die Zustimmung des Urhebers im Sinne des § 6 UrhG unter besonderer Berücksichtigung ihrer Rechtsnatur, Diss. Erlangen-Nürnberg 1983; *Goebel/Hackemann/Scheller*, Rechtsfragen des Elektronischen Publizierens, 2. Aufl., Frankfurt 1986; *Goebel/Hackemann/Scheller*, Zum Begriff des Erscheinens beim Elektronischen Publizieren, GRUR 1986, 355; *Götting/Lauber-Rönsberg*, Der Schutz nachgelassener Werke, GRUR 2006, 638; *Greffenius*, Der Begriff des „Erscheinens" von Tonträgern, UFITA 87 (1980) 97; *Hubmann*, Zum Rechtsbegriff des Erscheinens, GRUR 1980, 537; *Katzenberger*, Elektronische Printmedien und Urheberrecht – Urheberrechtliche und urhebervertragsrechtliche Fragen der elektronischen Nutzung von Zeitungen und Zeitschriften, AfP 1997, 434; *Knap*, Der Öffentlichkeitsbegriff in den Begriffen der Werkveröffentlichung und der öffentlichen Wiedergabe, UFITA 92 (1982) 21; *Leupold/Demisch*, Bereithalten von Musikwerken zum Abruf in digitalen Netzen, ZUM 2000, 379; *v. Lewinski*, Die diplomatische Konferenz der WIPO 1996 zum Urheberrecht und zu den verwandten Schutzrechten, GRUR Int. 1997, 667; *Loewenheim*, Urheberrechtliche Probleme bei Multimediaanwendungen, GRUR 1996, 830; *Maaßen*, Urheberrechtliche Probleme der elektronischen Bildverarbeitung, ZUM 1992, 338; *Schack*, Rechtsprobleme der Online-Übermittlung, GRUR 2007, 639; *Schiefler*, Veröffentlichung und Erscheinen nach dem neuen Urheberrechtsgesetz, UFITA 48 (1966) 81; *Schulze*, Rechtsfragen von Printmedien im Internet, ZUM 2000, 432; *Schwarz*, Urheberrecht und unkörperliche Verbreitung multimedialer Werke, GRUR 1996, 836; *Stieper*, Geistiges Eigentum an Kulturgütern, GRUR 2012, 1083; *Süßenberger/Czychowski*, Das „Erscheinen" von Werken ausschließlich über das Internet und ihr urheberrechtlicher Schutz in Deutschland – Einige Argumente Pro und Contra, GRUR 2003, 489; *Ulmer*, Originalwerk und Bearbeitung im internationalen Urheberrecht, GRUR Int. 1964, 613.

Vgl. darüber hinaus die Angaben im eingangs abgedr. Gesamtliteraturverzeichnis.

§ 6 Veröffentlichte und erschienene Werke

Übersicht

	Rn.
I. Bedeutung und Systematik der Vorschrift	1, 2
II. Veröffentlichung eines Werks i. S. d. § 6 Abs. 1 S. 1	3–23
1. Begriff der Öffentlichkeit	4–12
2. Zustimmung des Berechtigten	13–23
a) Rechtsnatur und Bedeutung	14–17
b) Bedingung, Befristung, Beschränkung, Widerruf	18–21
c) Berechtigter	22, 23
III. Das Erscheinen eines Werks i. S. d. § 6 Abs. 2 S. 1	24–34
1. Bedeutung	24
2. Vervielfältigungsstücke	25, 26
3. Erscheinen i. S. d. § 6 Abs. 2	27–30
4. In genügender Anzahl	31–33
5. Zustimmung des Berechtigten	34
IV. Das Erscheinen von Werken der bildenden Künste i. S. d. § 6 Abs. 2 S. 2	35–40
1. Regelungsgehalt	35
2. Werke der bildenden Künste	36, 37
3. Mit Zustimmung des Berechtigten bleibend der Öffentlichkeit zugänglich gemacht	38–40
V. Rechtsfolgen von Erscheinen und Veröffentlichung	41–45
1. Veröffentlichung	41–43
2. Erscheinen	44, 45
VI. Internationales	46

I. Bedeutung und Systematik der Vorschrift

1 Der urheberrechtliche Schutz besteht grds. unabhängig davon, ob ein Werk unveröffentlicht, veröffentlicht oder erschienen ist. Im Einzelnen knüpft das UrhG jedoch an den entsprechenden Status eines Werkes zahlreiche unterschiedliche Rechtsfolgen, so dass den Begriffen Veröffentlichung und Erscheinen erhebliche Bedeutung zukommt (Eine Übersicht über die einzelnen anknüpfenden Bestimmungen des UrhG findet sich bei Büscher/Dittmer/Schiwy/*Obergfell,* § 6 UrhG Rn. 1). Mit der Veröffentlichung verliert der Urheber das durch § 12 gewährte ausschließliche Recht, allein darüber zu bestimmen, ob und wie sein Werk zu veröffentlichen ist, sog. „Erstveröffentlichungsrecht" (bei Miturhebern ist § 8 Abs. 2 zu beachten). Mit dem eintretenden Verbrauch des Erstveröffentlichungsrechts erlischt mit der ersten Veröffentlichung ebenso das Ausstellungsrecht an Werken der bildenden Künste und Lichtbildwerken nach § 18. Die §§ 49 Abs. 2, 51 Nr. 2 gestatten die Werkverwertung ohne Zustimmung des Berechtigten nur in Bezug auf veröffentlichte Werke. Ebenfalls ist für die urheberrechtliche Schutzdauer in den Fällen der §§ 66 Abs. 1, 67 und 129 Abs. 2 der Zeitpunkt der Veröffentlichung maßgebend. Wird mit einer rechtswidrigen Verwertung gleichzeitig das Veröffentlichungsrecht verletzt, steht dem verletzten Urheber gem. § 97 Abs. 2 auch ein immaterieller Schadensersatz zu.

2 Der Begriff der **Veröffentlichung** ist ein Rechtsbegriff und nicht eine reine Tathandlung. Erforderlich ist nicht nur die objektive Erfüllung des Tatbestandsmerkmals des Veröffentlichens, sondern als weiteres Tatbestandsmerkmal die **Zustimmung durch den Urheber** oder eines Vertreters oder Berechtigten. Nur wenn diese beiden Voraussetzungen vorliegen, treten die vom Gesetz vorgesehenen Rechtsfolgen ein.

II. Veröffentlichung eines Werkes i. S. d. § 6 Abs. 1 S. 1

3 Eine Veröffentlichung nach § 6 Abs. 1 liegt nicht schon vor, wenn das Werk die Privatsphäre des Urhebers verlässt. Vielmehr muss als qualifizierendes Merkmal hinzutreten, dass

§ 6 Veröffentlichte und erschienene Werke

das Werk mit Zustimmung des Urhebers der Öffentlichkeit zugänglich gemacht worden ist, die Öffentlichkeit mithin Adressat ist.

1. Begriff der Öffentlichkeit

§ 6 enthält keine Definition des Öffentlichkeitsbegriffs. Eine Legaldefinition findet sich **4** jedoch in § 15 Abs. 3. Nach § 15 Abs. 3 ist die Wiedergabe eines Werkes öffentlich, wenn sie für eine Mehrzahl von Personen bestimmt ist, es sei denn, dass der Kreis dieser Personen bestimmt abgegrenzt ist und sie durch gegenseitige Beziehungen oder durch Beziehungen zum Veranstalter persönlich untereinander verbunden sind (s. näher § 15 Rn. 14ff.). Diese Legaldefinition beschränkt sich aber auf die Werkwiedergabe in unkörperlicher Form gem. § 15 Abs. 2. Das Gesetz spricht jedoch ganz allgemein davon, dass das Werk veröffentlicht ist, wenn es der Öffentlichkeit zugänglich gemacht worden ist. Der Begriff der Veröffentlichung in § 15 Abs. 3 bezieht sich daher auch auf die Veröffentlichung in körperlicher Form gem. § 6 Abs. 1.

Nach der in Rechtsprechung und einem Teil der rechtswissenschaftlichen Literatur vertretenen Ansicht ist der Öffentlichkeitsbegriff im Urheberrechtsgesetz nicht nach dem jeweiligen Regelungszweck einzelner Bestimmungen differenzierend, sondern **einheitlich** auszulegen und daher der Öffentlichkeitsbegriff auch für § 6 Abs. 1 nach der Legaldefinition des § 15 Abs. 3 zu bestimmen. Es ist danach ein **weiter Öffentlichkeitsbegriff** anzuwenden (LG Berlin UFITA 1935, 111; LG Frankfurt GRUR 1987, 168, 169 – Krankheiten auf Rezept; KG NJW 1995, 3392, 3393 – Botho Strauß; OLG Frankfurt ZUM 1996, 697, 701 – Yellow Submarine; *Goebel/Hackemann/Scheller* GRUR 1986, 355; *Rehbinder* Rn. 155; *Ulmer* 180f.; *v. Gamm* § 6 Rn. 7; *Möhring/Nicolini/Ahlberg* § 6 Rn. 7f.). Danach ist ein Werk der Öffentlichkeit zugänglich gemacht worden, wenn die Allgemeinheit die Möglichkeit erhalten hat, es mit Auge oder Ohr wahrzunehmen (AmtlBegr. BT-Drucks. IV/270, 40). Erforderlich ist damit, dass allein die Möglichkeit seitens des Urhebers geschaffen wurde, dass die Allgemeinheit das Werk wahrnimmt – die tatsächliche Wahrnehmung ist nicht erforderlich. Damit gewinnt das Merkmal des **der Öffentlichkeit Zugänglichmachens** auch einen gewissen subjektiven Charakter. Der Urheber muss sein Werk der Öffentlichkeit lediglich „gewidmet" haben (*Möhring/Nicolini/Ahlberg* § 6 Rn. 7), und es muss die objektive Möglichkeit bestehen, dass die Öffentlichkeit von dem Werk Kenntnis nimmt.

Demgegenüber ist nach einer anderen in der **Literatur** vertretenen Ansicht der weite **6** Öffentlichkeitsbegriff mit einer Anwendung auf § 15 Abs. 3 im Rahmen des § 6 abzulehnen und einer **differenzierten Auslegung** des jeweils verwandten Begriffs der Veröffentlichung der Vorzug zu geben. In der Konsequenz ist der von der Rechtsprechung verwandte Begriff der Veröffentlichung i.S.d. § 6 Abs. 1 nicht nach der Legaldefinition des § 15 Abs. 3 zu bestimmen, sondern eigenständig auszulegen (so § 12 Rn. 7; *Schiefler* UFITA 48 (1966) 81, 84ff.; *Ulmer* 179f.; *v. Knap* UFITA 92 (1982) 21, 23ff.; *Schricker/Loewenheim/Katzenberger* § 6 Rn. 8ff., 11; *Büscher/Dittmer/Schiwy/Obergfell*, § 6 UrhG Rn 3, *Schack* Rn. 262; Wandtke/*Wöhrn*, Urheberrecht, 2. Kap., Rn. 133). Dies wird unter anderem damit begründet, dass mit den Kriterien des § 15 Abs. 3 das Werk nicht notwendig der **Öffentlichkeit zugänglich gemacht worden** sei. Hierfür sei auch nach dem Willen des Gesetzgebers Voraussetzung gewesen, dass die Allgemeinheit die Möglichkeit erhalten habe, das Werk mit Auge oder Ohr wahrzunehmen. Schließlich habe der Gesetzgeber den Begriff der Öffentlichkeit auch sonst gelegentlich abweichend von § 15 Abs. 3 verwendet und die Legaldefinition nur als Begriff der Öffentlichkeit der Wiedergabe eines Werkes bezeichnet (Dreier/Schulze/*Dreier* § 6 Rn. 7; *Schricker/Loewenheim/Katzenberger* § 6 Rn. 8ff., 11). Der zuerst genannten und in der Rechtsprechung vertretenen Ansicht ist im Ergebnis der Vorzug zu geben. Für sie sprechen das Interesse an Gesetzesklarheit und Gesetzeseinheit sowie der Umstand, dass weder Anhaltspunkte für eine abweichende Auffassung des Gesetzgebers vorliegen noch eine Notwendigkeit für die unterschiedliche Begriffsverwendung besteht.

7   Aus diesem Grund ist ein Werk auch veröffentlicht, wenn es **ins Internet gestellt** wurde, auch wenn niemand auf diese Seite zugegriffen oder sich die Datei heruntergeladen hat, der ungehinderte Zugriff jedoch gegeben war (s. hierzu auch Rn. 29; Dreyer/Kotthoff/Meckel/*Dreyer* § 6 Rn. 25; Dreier/Schulze/*Dreier* § 6 Rn. 10; *Schack* Rn. 263). Gleiches gilt für ein einziges Werkexemplar, das der Öffentlichkeit zur Verfügung gestellt ist (z. B. in einer öffentlichen Bibliothek) oder ein auf einer Messe oder Ausstellung gezeigtes Exemplar, auch wenn es anschließend in kleiner Auflage vertrieben wird (OLG Frankfurt GRUR 1993, 116 – Le Corbusier-Möbel). Ausreichend ist daher auch, dass der Urheber sein Werk auf einer elektronischen Datenbank hinterlegt, mit der Intention, dass eine unbestimmte Vielzahl von Personen hierauf zurückgreifen kann.

8   Die gleichen Grundsätze gelten für sonstige Nutzungen in **unkörperlicher Form.** Für die Veröffentlichung ist es nicht erforderlich, dass die Werke in Anwesenheit der in § 15 Abs. 3 genannten Personen wiedergegeben werden oder diese die Wiedergabe des Werkes tatsächlich auch aufnehmen. Ausreichend ist, dass der Urheber die Wiedergabe des Werkes für eine Vielzahl von Personen bestimmt hat (BGHZ 123, 149, 152 – Verteileranlagen; *Becker* ZUM 1995, 231, 235; *Rehbinder* Rn. 155; *Schiefler* UFITA 48 (1966) 81, 87; Möhring/Nicolini/*Ahlberg* § 6 Rn. 9). Gleiches gilt für ein Werk, dass in einem öffentlichen Kino oder Konzertsaal wiedergegeben wird und der Saal leer bleibt (BGHZ 123, 149, 159 – Verteileranlagen; Möhring/Nicolini/*Ahlberg* § 6 Rn. 9).

9   Nicht veröffentlicht ist nach diesem **weiten Öffentlichkeitsbegriff** hingegen ein Werk, wenn die Wiedergabe für eine Vielzahl von Personen bestimmt ist, diese aber untereinander persönlich bzw. mit dem Veranstalter verbunden sind. Ob eine **persönliche Verbindung** unter den Personen besteht, hängt von der Größe des Kreises und der Art der Beziehungen ab (KG NJW 1995, 3392, 3393 – Botho Strauß). Dies trifft etwa zu bei einer **akademischen Lehrveranstaltung** in einer Universität, zu der nur Hochschulangehörige Zutritt haben, oder bei der Vorführung eines Filmes vor Fachleuten wie Filmvorführern oder Filmverleihern (Möhring/Nicolini/*Ahlberg* § 6 Rn. 9; *Schack* Rn. 262; *Schiefler* UFITA 48 (1966) 81, 87; a. A. für die Universitätsveranstaltung Schricker/Loewenheim/*Katzenberger* § 6 Rn. 10, 13). Dabei sollte das Merkmal der internen Bindung des Adressatenkreises untereinander eine genaue Bestimmung erhalten, die bereits in der Absicht des Urhebers reflektiert sein muss. Die Verbindung der Personen muss nicht nur objektiv gegeben sein, sondern auch subjektiv dahin, dass vom Urheber selbst keine Öffentlichkeit gewollt ist, sondern das Werk allein einem begrenzten, wenn auch unübersichtlichen (wie im Fall der Universitätsvorlesung) Publikum vorgestellt werden soll, der sowohl im Bewusstsein des Urhebers als auch nach objektiven Kriterien nicht die Öffentlichkeit darstellt, d. h. einen begrenzten und nach objektiven und subjektiven Kriterien bestimmten Kreis.

10   Liegt eine Veröffentlichung vor, dann kann diese von dem Urheber weder zurückgenommen noch sonst ungeschehen gemacht werden. Die **Unumkehrbarkeit der Veröffentlichung** ergibt sich aus der Rechtsnatur der Veröffentlichung. Ist ein Werk einmal mit Willen des Urhebers veröffentlicht worden, so kann diese Wirkung nachträglich nicht mehr ungeschehen gemacht werden. Hieran ändert auch nicht, dass möglicherweise seit der Veröffentlichung eine erhebliche Zeit vergangen ist, das Werk in der Öffentlichkeit in Vergessenheit gerät oder sonstige nachträglichen Umstände oder Maßnahmen des Urhebers (Schricker/Loewenheim/*Katzenberger* § 6 Rn. 20; Dreyer/Kotthoff/Meckel/*Dreyer* § 6 Rn. 47) vorliegen.

11   Die Öffentlichkeit ist daher etwa anzunehmen bei wissenschaftlichen **Kongressen** oder **Fachmessen,** auch wenn an diesen nur geladene Fachbesucher teilnehmen (*Ulmer* 170; Schricker/Loewenheim/*Katzenberger* § 6 Rn. 13; a. A. *Schiefler* UFITA 48 (1966) 81, 86), bei einer **Theateraufführung,** selbst wenn es sich um eine geschlossene Vorstellung für

eine Theatergemeinde handelt, zu der jedoch jedermann Zugang hat (*Schiefler* UFITA 48 (1966) 81, 86). **Filmvorführungen zu Testzwecken,** an denen ausschließlich Fachleute wie Filmverleiher oder Kinobesitzer teilnehmen dürfen, stellen hingegen keine Öffentlichkeit her (*Schiefler* UFITA 48 (1966) 81, 86; *Bueb* 43), sofern nicht zusätzlich beliebige Angehörige und Freunde eingeladen werden (LG Berlin UFITA 1935, 111, 112; Schricker/Loewenheim/*Katzenberger* § 6 Rn. 13). Dies gilt auch für **betriebsinterne Veranstaltungen** oder **Betriebsfeiern**. Entsprechendes gilt für einen Vortrag bei einer **Studentenverbindung,** zu der nur geladene Gäste Zutritt haben. **Vorlesungen** oder **Vorträge** in Schulen oder Universitäten sind dann keine Veröffentlichung, wenn zu ihnen nur Hochschulangehörige Zutritt haben (*Ulmer* 179; *Schiefler* UFITA 48 (1966) 81, 86; *Schack* Rn. 262; *Haberstumpf* Rn. 131; a. A. für die Universitätsveranstaltung Schricker/Loewenheim/*Katzenberger* § 6 Rn. 10, 13; vgl. Rn. 9). Keine Öffentlichkeit liegt vor bei einem Tanzkurs für einen individuell ausgewählten **festen Schülerkreis** (BGH GRUR 1956, 515 – Tanzkurse, zu § 11 Abs. 2 LUG) oder einen kleinen Kreis des **Heimpersonals** (LG Kassel Schulze LGZ 174).

Gleiches gilt für die Veröffentlichung durch Verbreitung von Werkstücken. Daher gilt **12** ein Brief an eine **größere Rechtsanwaltskanzlei** oder an einen **Spruchkörper eines Gerichts** (KG NJW 1995, 3392, 3393 – Botho Strauß) nicht als veröffentlicht, ebenso wenig die Vorlage einer Partitur an ein **Streichquartett** (KG NJW 1995, 3392, 3393 – Botho Strauß). Auch die Verteilung eines **Manuskripts eines Buches** (auch in Buchform) oder eine Abschrift ist keine Veröffentlichung, wenn es weder im Buchhandel noch sonst für jedermann erhältlich ist und nur an einzelne vom Urheber bezeichnete Personen ausgehändigt wird (RGSt 48, 429, 432; LG Frankfurt GRUR 1987, 168, 169 – Krankheit auf Rezept; KG NJW 1995, 3392, 3393 f. – Botho Strauß; *Schiefler* UFITA 48 (1966) 81, 87). Die Veröffentlichung ist in jedem Fall anzunehmen, wenn ein Buch im **Buchhandel** vertrieben wird, es genügt jedoch bereits das Auslegen in öffentlichen Büchereien mit Willen des Urhebers mit der Möglichkeit, dass es für unbestimmt viele Personen zugänglich ist (RGSt 48, 429), oder die Möglichkeit, das Buch über **Fernleihe** zu erhalten, auch wenn es im Buchhandel nicht erhältlich ist. Eine Veröffentlichung i. S. d. § 31 LUG 1901 wird auch angenommen für ein im Jahr 1906 anonym als Privatdruck in mindestens 1000 Exemplaren **an Subskribenten vertriebenes Buch** (OLG München ZUM 1990, 95 – Josefine Mutzenbacher). Öffentlichkeit ist auch gegeben, wenn ein **Möbelstück** auf einer Messe ausgestellt und anschließend in nur wenigen handgefertigten Exemplaren verbreitet wird (OLG Frankfurt GRUR 1993, 116 – Le Corbusier-Möbel).

2. Zustimmung des Berechtigten

Damit ein Werk zu einem **veröffentlichten** Werk i. S. d. § 6 Abs. 1 wird, muss es mit **13** Zustimmung des Berechtigten der Öffentlichkeit zugänglich gemacht worden sein. Das Zustimmungserfordernis resultiert aus dem Veröffentlichungsrecht des Urhebers gem. § 12 (vgl. Schricker/Loewenheim/*Katzenberger* § 6 Rn. 24). Der Urheber hat danach das Recht zu bestimmen, ob und wie sein Werk veröffentlicht wird (Abs. 1), und darüber zu befinden, den Inhalt seines Werkes öffentlich mitzuteilen oder zu beschreiben, solange weder das Werk noch der wesentliche Inhalt oder eine Beschreibung des Werkes mit seiner Zustimmung veröffentlicht wurde (Abs. 2). Die Zustimmung kann auch durch einen Dritten erfolgen, dem etwa ein die Veröffentlichung einschließendes Nutzungsrecht eingeräumt wurde (vgl. Dreier/Schulze/*Dreier* § 6 Rn. 9, mit unterschiedlicher dogmatischer Begründung Schricker/Loewenheim/*Katzenberger* § 6 Rn. 27). Nach Ablauf der Schutzfrist gilt auch ein ohne Zustimmung des Autors der Öffentlichkeit zugänglich gemachtes Werk als erschienen i. S. d. § 6 Abs. 1 (LG München I Urt. v. 16.12.2005, 21 O 17324/05).

a) Rechtsnatur und Bedeutung. Bei der Einwilligung handelt es sich um eine **14** rechtsgeschäftsähnliche Handlung, auf die die allgemeinen Regeln über Willenserklärungen Anwendung finden (Staudinger/*Schäfer* § 823 BGB Rn. 456 ff.; Schricker/Loewenheim,

Vor §§ 28 ff. Rn. 57; a. A. Erman/*Schiemann* 8. Auflage § 823 BGB Rn. 147). Die Frage des Rechtscharakters der Einwilligung stellt sich insb. vor dem Hintergrund des Widerrufs der Einwilligung sowie in Bezug auf die Folgen von Rechtsmängeln und anderen Unwirksamkeitshindernissen. Die Einwilligung muss freiwillig erfolgt sein, was nicht vorliegt, wenn sie durch Gewalt, rechtswidrige Drohung, Zwang oder arglistige Täuschung herbeigeführt wurde (BGH NJW 1964, 1177).

15   Die Zustimmung kann als **Einwilligung** i. S. d. § 183 S. 1 BGB vor dem Veröffentlichungszeitpunkt oder als **Genehmigung** i. S. d. § 184 S. 1 BGB nach dem Veröffentlichungszeitpunkt erteilt werden (AmtlBegr. BT-Drucks. IV/270, 40 ff.; h. M.; *Schiefler* UFITA 48 (1966) 81, 89; Schricker/Loewenheim/*Katzenberger* § 6 Rn. 25; Möhring/Nicolini/*Ahlberg* § 6 Rn. 13). Bei der (nachträglichen) Genehmigung tritt der Veröffentlichungszeitpunkt für das Werk wegen des Erfordernisses der Zustimmung nachträglich ein (*Schiefler* UFITA 48 (1966) 81, 89; Schricker/Loewenheim/*Katzenberger* § 6 Rn. 25), und nicht schon wenn der objektive Tatbestand erfüllt ist. Eine besondere **Form** der Zustimmung ist nicht einzuhalten, es genügt, wenn die Zustimmung durch den Berechtigten mündlich oder **stillschweigend** erteilt wurde (Schricker/Loewenheim/*Katzenberger* § 6 Rn. 25; Möhring/Nicolini/*Ahlberg* § 6 Rn. 13).

16   Die Annahme einer **stillschweigenden Zustimmung** findet sich auch in § 44 Abs. 2 bei dem **Ausstellungsrecht des Originals** eines Werkes der bildenden Künste. Danach kann der Urheber die öffentliche Ausstellung des Werkes durch den Eigentümer des Werkes nur verhindern, wenn der Urheber sich dies bei der Veräußerung ausdrücklich vorbehalten hat, andernfalls ist von einer stillschweigenden Zustimmung auszugehen (näher § 44 Rn. 15 ff.; Möhring/Nicolini/*Ahlberg* § 6 Rn. 17; im Ergebnis auch Schricker/Loewenheim/*Katzenberger* § 6 Rn. 28). Sofern das Werk in diesem Fall durch den Eigentümer der Öffentlichkeit zugänglich gemacht wird i. S. d. § 6, wird das Werk mit der Veröffentlichung zu einem öffentlichen Werk (im Ergebnis so auch die überwiegende Ansicht in der Literatur, *Bueb* 49; *vom Dorp* 106 f.; Schricker/Loewenheim/*Katzenberger* § 6 Rn. 28; Möhring/Nicolini/*Ahlberg* § 6 Rn. 17).

17   Eine **Erstveröffentlichung** in einem Verbandsland **i. S. d. Art. 6 Abs. 1** der Revidierten Berner Übereinkunft ist auch bei einer erstmaligen Veröffentlichung des Werkes in einer **Übersetzung** gegeben. Durch die Erstveröffentlichung eines Sprachwerkes in einer Übersetzung gilt das Werk damit insgesamt als veröffentlicht, denn mit der Übersetzung wird der Öffentlichkeit ebenfalls die Möglichkeit gegeben, das Werk kennen zu lernen (BGH GRUR 1999, 984, 985 – Laras Tochter). Das Werk gilt damit insgesamt als veröffentlicht mit den damit verbunden Rechtsfolgen, etwa den Inhalt des Werkes mitzuteilen oder zu beschreiben, § 12 Abs. 2. Zwar ist die Übersetzung als Bearbeitung ein gem. § 3 gegenüber dem Originalwerk selbstständiges Werk, so dass die Rechtsfolgen der Veröffentlichung sich nur auf die Übersetzung und nicht auf das Originalwerk beziehen. Zu berücksichtigen ist jedoch Art. 6 Abs. 1 RBÜ-Rom: Mit der Schutzgewährung bei einer Erstveröffentlichung in einem Verbandsland verfolgt diese Vorschrift das Ziel, einen Anreiz für verbandsfremde Urheber zu schaffen, ihre Werke in einem Verbandsland der Berner Übereinkunft erscheinen zu lassen. Dieses Ziel, Erstveröffentlichungen in einem Verbandsland zu fördern, kann daher nur dann in der angestrebten Weise erreicht werden, wenn das Originalwerk durch die Erstveröffentlichung in einer Übersetzung Schutz nicht nur in dieser Form, sondern auch in seiner Originalgestalt erlangt. Aus diesem Grund gilt etwa ein deutsches Literaturwerk, das in Italien auf Italienisch veröffentlicht wurde, nicht nur in Italien, sondern auch in Deutschland als veröffentlicht i. S. d. § 6 (BGH GRUR 1999, 984, 985 – Laras Tochter; *Ulmer* GRUR Int. 1964, 613, 617; a. A. Möhring/Nicolini/*Ahlberg* § 6 Rn. 15). Für das Zitieren in deutscher Sprache gem. § 51 ist daher keine Einwilligung i. S. d. § 23 erforderlich.

18   **b) Bedingung, Befristung, Beschränkung und Widerruf.** Die Zustimmung kann an bestimmte **Bedingungen** geknüpft werden, sie kann **befristet** oder nur bezüglich eines

oder einiger **Teile des Werkes** erteilt werden. Sofern der Urheber Bestimmungen hinsichtlich des Wann und Wie der Veröffentlichung, der Art und Weise der Veröffentlichung gemacht hat, diese Bestimmungen jedoch bei der Veröffentlichung nicht beachtet werden, dann fehlt es an einer wirksamen Zustimmung und damit an einer Veröffentlichung i. S. d. § 6 (h. M.; so bereits *Schiefler* UFITA 48 (1966) 81, 88). Dies hat seinen Grund darin, dass der Urheber das Ob und Wie der Veröffentlichung seines Werkes vollständig selbst in der Hand hält. Sofern der Urheber jedoch andererseits grds. der Veröffentlichung zugestimmt und insoweit keine Einschränkungen gemacht hat, erstreckt sich die Veröffentlichungswirkung auf alle Nutzungsarten des Werkes. Ein im Internet veröffentlichtes Werk darf daher auch in einem Druckwerk oder einem mündlichen Vortrag zitiert werden. Ein Werk ist schon mit der Einspeisung ins Internet veröffentlicht (*Schack* Rn. 263).

Die Zustimmung des Urhebers kann auch **auf bestimmte Arten der Veröffentlichung beschränkt** sein mit der Wirkung, dass bei einer abweichenden Form der Veröffentlichung in tatsächlicher Hinsicht eine Veröffentlichung gegeben sein kann, jedoch keine Veröffentlichung i. S. d. § 6 vorliegt (h. M.; Möhring/Nicolini/*Ahlberg* § 6 Rn. 11). Er kann daher auch nur zu bestimmten Werkteilen seine Zustimmung erteilen, so dass die übrigen Werkteile unveröffentlicht i. S. d. § 6 bleiben, auch wenn sie abredewidrig der Öffentlichkeit zugänglich gemacht werden (so bereits *Schiefler* UFITA 48 (1966) 81, 88). Wird etwa die Zustimmung zur Veröffentlichung im Rahmen einer Fernsehsendung erteilt, erfolgt die Aufführung des Werkes jedoch anlässlich einer Theateraufführung, liegt wegen der fehlenden Zustimmung keine Veröffentlichung vor.

Sofern das Werk in einer bestimmten **Bearbeitung** veröffentlicht wird, wird nicht das Recht zur Veröffentlichung in einer anderen Bearbeitung oder des zugrundeliegenden Werkes verbraucht. Soweit jedoch schutzfähige Elemente des Originalwerkes in der Bearbeitung enthalten sind, tritt Verbrauch ein (Schricker/Loewenheim/*Katzenberger* § 6 Rn. 22; Möhring/Nicolini/*Ahlberg* § 6 Rn. 15; Fromm/Nordemann/*Nordemann* § 6 Rn. 26; *Schiefler* UFITA 48 (1966) 81, 89 f.; zur Veröffentlichung in einer anderen Sprache s. Rn. 17).

Sofern eine Einwilligung erteilt wurde, kann diese vom Berechtigten jederzeit **widerrufen** werden, soweit sie nicht Bestandteil einer vertraglichen Duldungspflicht ist (KG NJW 1995, 3392, 3394 – Botho Strauß; MünchKomm/*Mertens* § 823 BGB Rn. 32; RGRK/ *Steffen* § 823 BGB Rn. 279). Im Hinblick auf die Anwendbarkeit der allgemeinen Regeln ist die freie Widerruflichkeit der Einwilligung bei Berücksichtigung von § 183 S. 1 BGB nur bis zur erfolgten Veröffentlichung möglich. Die Widerruflichkeit kann durch Rechtsgeschäft ausgeschlossen werden, wobei der Ausschluss ausdrücklich oder konkludent erfolgen kann. Sofern der Urheber trotz rechtsgeschäftlicher Verpflichtung eine Einwilligung nicht erklärt, verbleibt dem Gläubiger des vertraglichen Anspruchs nur der Weg, Klage auf Zustimmung zur Veröffentlichung zu erheben und das Urteil im Obsiegensfall gem. § 894 ZPO zu vollstrecken, wonach die Rechtskraft des Urteils die Abgabe der Willenserklärung ersetzt.

c) **Berechtigter.** Die Zustimmung muss durch den **Berechtigten** erfolgt sein. Berechtigter ist zunächst der Urheber. Im Fall des Todes des Urhebers wird der Rechtsnachfolger i. S. d. §§ 28, 29 Berechtigter. Unterschiedlich beantwortet wird die Frage, ob Zustimmungsberechtigte auch Dritte, insb. Erwerber von Nutzungsrechten i. S. d. §§ 31 ff. sind. Dies wird im Wesentlichen damit bejaht (Schricker/Loewenheim/*Katzenberger* § 6 Rn. 27; *v. Gamm* § 6 Rn. 5, § 12 Rn. 6; *Schiefler* UFITA 48 (1966) 81, 88; *Bueb* 48), dass der Urheber die Zustimmungsbefugnis trotz ihres urheberrechtsähnlichen Charakters jedenfalls Dritten zur Ausübung überlassen kann (vgl. § 12 Rn. 2: Überlassung zur Ausübung; Vor §§ 31 ff. Rn. 38 ff.: gebundene Übertragung möglich; Vor §§ 12 ff. Rn. 7: Verpflichtung zur Unterlassung der Ausübung). Nach anderer Auffassung scheidet die Befugnis zur Übertragung des Veröffentlichungsrechts aus, da es sich gem. § 12 um ein Persönlichkeitsrecht handelt und deshalb wegen § 29 S. 2 nicht durch Rechtsgeschäft auf Dritte übertragen werden könne (Möhring/Nicolini/*Ahlberg* § 6 Rn. 18). Hiergegen spricht, dass § 29 zwar die Unübertragbarkeit des Urheberrechts normiert, mit der Überlassung der Ausübung des Veröffentlichungsrechts jedoch weder das Urheberrecht i. S. d. § 29 übertragen wird noch das Recht zur Veröffentlichung gem. § 12 einer Übertragung der Ausübung entgegensteht (vgl. etwa für die Ermächtigung Dritter, das Veröffentlichungsrecht nach dem Tode des Urhebers für ihn auszuüben BGHZ 15, 249, 257 ff. – Cosima Wagner; *Ulmer* 212).

23 Zwar kann diese Erklärung vom Urheber ausdrücklich abgegeben werden, regelmäßig wird jedoch bereits die **Zustimmung zur Veröffentlichung** seitens des Urhebers schlüssig im Abschluss eines Nutzungsvertrages gesehen werden können. Für die Annahme einer Übertragung der Veröffentlichungsbefugnis wird daher in den seltensten Fällen noch Raum sein. Die Zustimmung muss nicht höchstpersönlich durch den Berechtigten, sondern kann durch einen **Vertreter** erklärt werden, insoweit gelten die allgemeinen Regelungen, §§ 164 ff. BGB.

III. Das Erscheinen eines Werks i. S. d. § 6 Abs. 2 S. 1

1. Bedeutung

24 Bei dem Erscheinen handelt es sich um eine qualifizierte Form der Veröffentlichung (AmtlBegr. BT-Drucks. IV/270, 40 ff.; h. M.; *Rehbinder* Rn. 156; *Ulmer* 180 f.). An ein Erscheinen werden höhere Anforderungen gestellt als an eine Veröffentlichung. Damit ist ein erschienenes Werk auch immer gleichzeitig veröffentlicht, nicht jedes veröffentlichte Werk aber gleichzeitig erschienen. Wie bei der Veröffentlichung ist auch bei dem Erscheinen die Zustimmung des Urhebers Voraussetzung. Das Erscheinen setzt das Vorliegen von Vervielfältigungsstücken voraus, wie etwa Bücher, Noten, CDs, Schallplatten, CD-ROMs oder andere Datenträger. Auch die Rechtsfolgen des Erscheinens sind weitergehender und schränken die Rechte des Urhebers i. d. R. weiter ein als bei einem lediglich veröffentlichten Werke.

2. Vervielfältigungsstücke

25 Unter einem Vervielfältigungsstück kann grds. jede verkörperte Wiederholung des Werkes verstanden werden. Nach dem anzuwendenden umfassenden Vervielfältigungsbegriff des § 16 kommt es weder auf die Art der Vervielfältigung noch darauf an, ob die Vervielfältigungsstücke die unmittelbare, geräteunabhängige Wahrnehmung des Werkes durch den Menschen gestatten (BGH GRUR Int. 1973, 49, 51 – Goldrausch; Schricker/Loewenheim/*Katzenberger* § 6 Rn. 32). Nach der Gesetzesbegründung zu § 16 (Vervielfältigungsrecht) ist unter einem Vervielfältigungsstück jede körperliche Festlegung zu verstehen, die geeignet ist, das Werk den menschlichen Sinnen auf irgendeine Weise unmittelbar oder mittelbar wahrnehmbar zu machen (AmtlBegr. BT-Drucks. IV/270, 47). Dies gilt unabhängig von der konkreten Form des Werkes oder dem Trägermaterial, auf dem das Werk aufgebracht ist, ob das Werk dauerhaft oder nur von vorübergehender Existenz ist. Daher sind neben Schallplatten und Tonbändern sämtliche elektromagnetischen, digitalen oder photomechanischen Bild-, Ton- und Datenträger Vervielfältigungsstücke i. S. d. § 6 Abs. 2, so dass hierunter auch die neuen Formen von Datenträgern fallen wie CDs, CD-ROMs, Data-Sticks, Text-Disketten etc. Unter § 6 Abs. 2 fallen aber auch überholte Vervielfältigungsmethoden, wie die Herstellung handschriftlicher Vervielfältigungsstücke durch Abschreiben (BGH GRUR 2009, 942, 944 – Motezuma; zustimmend *Götting/Lauber-Rönsberg* GRUR 2006, 638, 640).

26 Abs. 2 S. 1 erwähnt im Gegensatz zu S. 2 **nur Vervielfältigungsstücke** und nicht Originale und Vervielfältigungsstücke. In der rechtswissenschaftlichen Literatur wird daher der Schluss gezogen, dass S. 1 keine Anwendung auf Originale findet (*Schiefler* UFITA 48

§ 6 Veröffentlichte und erschienene Werke   27, 28   § 6 UrhG

(1966) 81, 93; *Bueb* 55; *v. Dorp* 68). Diese Ansicht kann letztlich nicht überzeugen, da es für das Erscheinen nicht darauf ankommen kann, ob es sich bei den erschienenen Werken um Originale oder Vervielfältigungsstücke handelt, sofern diese nur in genügender Anzahl i. S. d. § 6 Abs. 2 S. 1 in der Öffentlichkeit angeboten oder in Verkehr gebracht wurden. Dies entspricht auch dem Sinn und Zweck der Vorschrift, wonach es auf die genügende Anzahl ankommt und nicht auf die Differenzierung zwischen Original und Vervielfältigungsstücken, die ohnehin bei zahlreichen Werkformen nicht verbindlich gezogen werden (etwa Abzüge von Druckgrafiken wie z. B. Stahlstiche; mehrere Abgüsse einer Glocke oder Plastiken). Der wohl herrschenden Meinung (Möhring/Nicolini/*Ahlberg* § 6 Rn. 21; Schricker/Loewenheim/*Katzenberger* § 6 Rn. 33; *Ulmer* 181) ist daher der Vorzug zu geben. Wesentlich ist daher, ob hinsichtlich der Werke auch das Tatbestandsmerkmal „in genügender Anzahl" erfüllt ist.

3. Erscheinen i. S. d. § 6 Abs. 2

Das Vervielfältigungsstück muss **der Öffentlichkeit angeboten oder in Verkehr gebracht** worden sein. Es handelt sich um zwei unterschiedliche Tatbestandsalternativen. Für ein Erscheinen in Form des **Inverkehrbringens** ist es nicht erforderlich, dass die Vervielfältigungsstücke der Öffentlichkeit unmittelbar zur Verfügung gestellt oder angeboten werden. Wesentlich ist, dass das Inverkehrbringen sich an die Öffentlichkeit richtet. Es kann jedoch genügen, wenn sich der Berechtigte an **Werkvermittler** richtet, wie Verleihfirmen, Sendeanstalten, Fernsehsender, Veranstalter von Aufführungen o. ä., sofern damit die „Vervielfältigungsstücke der Verwertung in der Öffentlichkeit zugeführt werden und hierzu alles Erforderliche in die Wege geleitet wird" (BGH GRUR 1981, 360, 361 – Erscheinen von Tonträgern; hierzu auch OLG Frankfurt ZUM 1996, 697, 710 – Yellow Submarine). Es genügt das Angebot an die Öffentlichkeit, eine **tatsächliche Wahrnehmung** ist nicht erforderlich. Ein Angebot gegenüber der Öffentlichkeit muss jedoch vorliegen, so dass das Verleihen an einen Freund ebenso wenig genügt wie die **innerbetriebliche Verbreitung** von Vervielfältigungsstücken (BGH GRUR 1986, 668, 669 – Gebührendifferenz IV; BGH GRUR 1981, 360, 361 – Erscheinen von Tonträgern) oder bei einer Verbreitung von privat erstellten Abschriften im Schneeballsystem (BGH GRUR 1975, 361 – August Vierzehn; Dreier/Schulze/*Dreier* § 6 Rn. 15). Ebenso wenig liegt ein Erscheinen des Werkes vor, wenn einzelne Werkexemplare bei einer **staatlichen Stelle hinterlegt** werden, oder bei einem Beteiligten einer Uraufführung (OLG München GRUR 1983, 295, 297 – Oper Tosca; a. A. Möhring/Nicolini/*Ahlberg* § 6 Rn. 22).   27

Ausreichend ist damit, dass der Öffentlichkeit die Möglichkeit eröffnet wird, das Werk wahrzunehmen, z. B. durch die Bereitstellung von **Filmkopien** bei einem Verleih oder einer Vermietung (AmtlBegr. BT-Drucks. IV/270, 40 ff.; BGH GRUR Int. 1973, 49, 51 – Goldrausch zu Art. 4 Abs. 4 RBÜ), oder zur Aufführung durch ein Filmtheater oder die Sendung durch eine **Rundfunk- oder Fernsehanstalt** (BGH GRUR 1981, 360, 361 – Erscheinen von Tonträgern; OLG Hamburg GRUR 1979, 114, 115 – Tonträgervervielfältigung; Möhring/Nicolini/*Ahlberg* § 6 Rn. 21). Ein **Musikwerk** kann daher durch den Verleih des **Notenmaterials** für Aufführungen erscheinen (BGHZ 64, 164, 168 – Te Deum), ausreichend ist auch die Verbreitung einer **Zeitungsanzeige,** auch wenn noch kein einziges Exemplar der Zeitung verkauft wurde (BGHZ 64, 164, 168 – Te Deum; *Schiefler* UFITA 48 (1966) 81, 93). Allerdings soll der Verleih einer **einzelnen Filmkopie** zur Vorführung auf einem Filmfestival oder die bloße Vorführung von einzelnen Kopien nicht hergestellter Tonträger zwecks Prüfung der Resonanz im Handel nicht genügen (OLG Frankfurt ZUM 1996, 697, 701 f. – Yellow Submarine). Kein Erscheinen wird etwa in der auch zweckgerichteten Entäußerung eines **Rechtsanwaltsschriftsatzes** zur Gerichtsakte oder dem Verlesen in einer öffentlichen Verhandlung gesehen (LG Hamburg ZUM-RD 1999, 208).   28

29 Die Veröffentlichung von **Werken in elektronischer Form** hat mit den neuen Medien eine besondere Bedeutung erhalten (vgl. oben Rn. 7 und bereits *Goebel/Scheller/Hackemann* GRUR 1986, 355). Dabei ist zu beachten, dass Veröffentlichungen von Werken in körperlicher Form auf Medienträgern wie CD-ROM, DVD, CDR, Disketten etc. weiterhin dem Begriff der körperlichen Vervielfältigungsstücke unterfallen (vgl. auch Dreier/Schulze/ *Dreier* § 6 Rn. 16). Von den herkömmlichen Begrifflichkeiten unterscheiden sich die Werke, die ausschließlich auf **elektronischem Weg** zugänglich gemacht werden, wie etwa im **Internet.** Der urheberrechtliche Erscheinensbegriff wird nach zutreffender Ansicht auch bei der Publikation in elektronischen Medien als erfüllt angesehen, die Einzelheiten sind jedoch bisher nicht abschließend geklärt, denn das Werk ist nur als reine Datensammlung auf dem Server des jeweiligen Providers abgespeichert und muss von dort vom jeweiligen Interessenten abgerufen werden, auf dessen Bildschirm erst sich diese Speicherung nicht mehr nur als Datenmenge, sondern als Werk darstellt (vgl. hierzu Dreier/Schulze/*Dreier* § 6 Rn. 16 m. w. N.; Schricker/Loewenheim/*Katzenberger* § 6 Rn. 59). Dabei ist die Vervielfältigung auf dem die Daten bereithaltenden Server für die Bedarfsdeckung i. S. d. Abs. 2 S. 1 als genügend anzusehen, weil davon beliebig viele Vervielvältigungstücke hergestellt werden können (Büscher/Dittmer/Schiwy/*Obergfell*, § 6 UrhG, Rn. 10; Schricker/ Loewenheim/*Katzenberger*, § 6 Rn. 54 f.; *Süßenberger*, GRUR 2003, 489; zum gleichen Ergebnis kommt Fromm/Nordemann/*Nordemann*, § 6 Rn. 21 durch analoge Anwendung von § 6 Abs. 2). Im Ergebnis ist ein Werk durch das **Einstellen im Internet** erschienen, wenn die **Datenbank öffentlich** und **dauerhaft oder jedenfalls von gewisser Dauer** zugänglich ist (Dreier/Schulze/*Dreier* § 6 Rn. 16; a. A. *Schack* GRUR 2007, 639, 644). Dieser zeitliche Gesichtspunkt ist von nicht nur untergeordneter Bedeutung, denn nur so kann der dem elektronischen Verkehr anhaftende **flüchtige Charakter** mit dem Erscheinen von materialisierten Werken als gleichwertig angesehen werden. Zwar dürfen an die elektronische Veröffentlichung keine überhöhten Anforderungen gestellt werden (vgl. Rn. 39 zur nur vorübergehenden Zugänglichmachung bei Werken der bildenden Künste), die Hinterlegung etwa einer Dissertation oder eines wissenschaftlichen Werkes auf einer Webseite für nur ein Jahr, ohne dass danach eine weitere Abrufmöglichkeit mehr besteht, dürfte jedoch nicht ausreichend sein.

30 Dem Erscheinen durch Inverkehrbringen der erforderlichen Anzahl von Vervielfältigungsstücken geht naturgemäß deren Schaffung und Herstellung voraus. Demgemäß ist § 6 Abs. 2 gegenüber dem **Verbreitungsbegriff des § 17 Abs. 1** dahingehend enger auszulegen, dass für die Verbreitung bereits die erforderliche Anzahl von Vervielfältigungsstücken schon hergestellt worden ist. Es reicht weder die bloße Vorankündigung von zu vertreibenden Vervielfältigungsstücken (Schricker/Loewenheim/*Katzenberger* § 6 Rn. 42; Möhring/ Nicolini/*Ahlberg* § 6 Rn. 23) noch die Abgabe von Bestellungen auf noch nicht vorhandene Vervielfältigungsstücke (AmtlBegr. BT-Drucks. IV/270, 40 ff.). Das Werk erscheint erst, wenn die Vervielfältigungsstücke, z. B. Bücher oder Tonträger, tatsächlich hergestellt wurden, und zwar in genügender Anzahl (OLG Frankfurt ZUM 1996, 797, 710 – Yellow Submarine; Schricker/Loewenheim/*Katzenberger* § 6 Rn. 42).

4. In genügender Anzahl

31 Es gibt keine gesetzliche Regelung, wie viele Vervielfältigungsstücke der Öffentlichkeit angeboten oder in Verkehr gebracht werden müssen, um den Tatbestand des Erscheinens zu erfüllen. Die Vervielfältigungsstücke müssen jedoch in einer **zur Deckung des normalen Bedarfs genügenden Anzahl** verbreitet sein (AmtlBegr. BT-Drucks. IV/270, 40 ff.). Diese Bestimmung entspricht der Regelung des Art. 4 Abs. 4 RBÜ. Weder aufgrund der Stockholmer Revisionskonferenz mit Art. 3 Abs. 3 RBÜ in der Fassung v. 14.7.1967 noch mit der Pariser Fassung v. 24.7.1971 wurde eine genauere Bestimmung der

Vervielfältigungsstücke vereinbart. Die Anforderungen wurden lediglich dahingehend konkretisiert, dass je nach der Natur des Werkes soviel Werkstücke zur Verfügung stehen müssen, dass die angemessenen Bedürfnisse des Publikums unter Berücksichtigung der Art des Werkes befriedigt werden. Aufgrund der Vielzahl unterschiedlicher Werkarten und -formen und der jeweils abweichenden öffentlichen Nachfrage scheidet eine einheitliche Bestimmung des Begriffs des Erscheinens durch eine einheitliche Festlegung einer Mindestanzahl für einzelne oder gar alle Werkarten aus.

In der einschlägigen **Literatur** wird immer wieder vertreten, dass für das Tatbestandsmerkmal des Erscheinens im Rahmen einer Systematisierung **einheitliche Mindestanzahlen** für verschiedene Werkarten festzulegen seien. Bei Büchern soll demnach die Mindestzahl entsprechend der in Promotionsordnungen bestimmten Anzahl der Pflichtexemplare betragen (z.B. 50 Exemplare, so *Hubmann* GRUR 1980, 537, 540). **32**

Eine **Festlegung von Mindestzahlen** selbst bei gleichen Werkformen kann letztlich nicht überzeugen, da sich nicht nur die Werkarten und -formen erheblich voneinander unterscheiden, sondern auch der Bedarf nach den Vervielfältigungsstücken eines Werkes je nach Art des Werkes und der üblichen Vertriebsform im Handel sowie dem mengenmäßigen Umsatz so unterschiedlich ist, dass eine einheitliche Bestimmung des normalen Bedarfs nicht möglich ist. Die Annahme einer Mindestzahl widerspräche auch der gesetzgeberischen Intention, denn § 6 verzichtet auf die Nennung einer Zahl von potentiellen Interessenten oder Adressaten, die in der Regel erreicht werden müssen (zustimmend Dreier/Schulze/*Dreier* § 6 Rn. 15). Die Bestimmung der genügenden Zahl kann daher nur unter Zugrundelegung des Einzelfalls unter Berücksichtigung der jeweiligen Werkart in ihrer konkreten Erscheinungsform erfolgen, die Öffentlichkeit kann, wie z.B. bei Boulevardblättern, sehr breit sein und andererseits nur einen sehr kleinen Kreis von Interessenten betreffen, wie z.B. bei wissenschaftlichen Veröffentlichungen, Dissertationen oder Lehrbüchern (so auch BSG SozR 3–5425 § 2 Nr. 12). Dabei ist es nicht erforderlich, dass die Vervielfältigungsstücke in einer Anzahl veröffentlicht werden, die jeden denkbaren Bedarf erfüllen. Es genügt, dass der jeweils angesprochene Nutzerkreis des Werkes (z.B. Studenten, Kinoliebhaber, Musikwissenschaftler) auf das Werk Zugriff hat. Dafür kann es bereits genügen, dass das Werk in einigen wenigen Exemplaren vorliegt, z.B. bei der Veröffentlichung eines **Kinofilms** mit nur **acht Filmkopien** (vgl. BGH GRUR Int. 1973, 49 – Goldrausch), **50 Tonträger,** die nur an institutionelle Vermittler verteilt werden (BGH GRUR 1981, 360 – Erscheinen von Tonträgern). Auch die Übergabe nur einiger weniger Werkstücke oder sogar nur eines Werkstücks kann ausreichen (BGH GRUR 2009, 942 – Motezuma). Bei einem **Tonträger,** der zum Verkauf an ein breites Publikum bestimmt ist, wird eine für ein Erscheinen genügende Anzahl von Vervielfältigungsstücke erst dann als erreicht angesehen, wenn für diesen Zweck und nicht nur für die Bemusterung gegenüber Medienmitarbeitern im Rahmen eines **Pre-Release** eine genügende Zahl von Schallplatten hergestellt ist (OLG Frankfurt ZUM 1996, 697). Entscheidend ist aber nicht die konkrete Anzahl, sondern die **Möglichkeit der Öffentlichkeit,** aufgrund der bereitgestellten Exemplare von dem Werk wirklich **Kenntnis zu nehmen.** Dies wird verneint bei einem Einstellen in eine öffentliche Bibliothek, wo ein erhebliches Interesse des Publikums an den Noten bestand (OLG München GRUR 1983, 295, 297 – Oper Tosca, so auch BGH GRUR 1986, 69 – Puccini). Die Verwendung des unbestimmten Rechtsbegriffs „in genügender Anzahl" führt bei der Prüfung der Frage, ob im Einzelfall ein Leistungsschutzrecht an einem nachgelassenen Werk i.S.d. § 71 entstanden ist, zu einer gewissen Rechtsunsicherheit (vgl. *Götting/Lauber-Rönsberg* GRUR 2006, 638, 641). Nach BGH GRUR 2009, 942, 944f. – Motezuma konnte jedenfalls in Italien in der ersten Hälfte des 18. Jahrhunderts Opernmusik dadurch erscheinen, dass auf Bestellung von Interessenten durch Kopisten Abschriften des beim Aufführungstheater befindlichen sog. „Originale" gefertigt wurden, da hierbei mit einer Fertigung von Vervielfältigungsstücken genau nach dem Bedarf der interessierten Kreise zu rechnen ist. **33**

5. Zustimmung des Berechtigten

34 Wie bei der Veröffentlichung ist auch beim Erscheinen die Zustimmung des Berechtigten erforderlich. Es gelten die dortigen Ausführungen entsprechend (s. Rn. 13 ff.).

IV. Das Erscheinen von Werken der bildenden Künste i. S. d. § 6 Abs. 2 S. 2

1. Regelungsgehalt

35 Bei § 6 Abs. 2 S. 2 handelt es sich nicht um eine ausschließliche Regelung, vielmehr ergänzt sie nur die allgemeinen Regeln. Die Werke bildender Künstler sind wie sonstige Werke erschienen, wenn die Voraussetzungen des Abs. 1 oder 2 S. 1 des § 6 gegeben sind, so etwa wenn ein Gemälde in einem Kunstbildband erschienen ist, in Reproduktionen „in genügender Anzahl" im Handel angeboten wird oder ein Bühnenbild im Fernsehen ausgestrahlt wird. Abs. 2 S. 2 ist erforderlich, da Werke der bildenden Künste ihrer Art nach auch nur als Einzelstück entstehen und Kopien oder Vervielfältigungsstücke nicht entstehen sollen oder können, wie etwa die Verhüllung eines bekannten Gebäudes oder das Aufbringen eines Werkes in Form von Pflastermalerei. Nach den Bestimmungen der § 6 Abs. 2 S. 1 könnten diese Werke anderenfalls nicht „erscheinen" i. S. d. § 6.

2. Werke der bildenden Künste

36 Der Begriff der **Werke der bildenden Künste** ist entsprechend des verfassungsrechtlichen Kunstbegriffs weit zu verstehen und umfasst daher auch andere Formen der bildenden Kunst wie Werke der Baukunst, der angewandten und modernen Kunst (s. näher § 2 Rn. 81 ff.; OLG Frankfurt GRUR 1994, 49, 51 – Mackintosh-Möbel). Die Werke können im **Original** oder als **Vervielfältigungsstück** erscheinen. Denn für das schöpferische Werk i. S. d. § 2 macht es keinen Unterschied, ob es im Original bzw. in der ersten Ausfertigung, etwa dem ersten Abzug einer Vielzahl von Stahlstichen, oder ob nur einer der späteren Abzüge veröffentlicht wird. Es kann daher ausreichen, dass ein einziges Werkexemplar den Tatbestand erfüllt, denn der Urheber kann nicht veranlasst sein, mehr als nur ein Stück seines Werkes zu schaffen, um die Rechtsfolgen der Veröffentlichung eintreten zu lassen, was der künstlerischen Art nach häufig auch nicht möglich sein würde.

37 Wegen der in der Regel anderen **Art und Weise der Veröffentlichung** von Werken der bildenden Künste ist für deren Veröffentlichung eine Sonderregelung aufgenommen worden. Dabei war zunächst beabsichtigt worden, dass ein Werk der bildenden Kunst dann als veröffentlicht gelten sollte, wenn es „bleibend öffentlich ausgestellt" ist (vgl. Amtl. Begr. BT-Drucks. IV/270). Der Gesetzestext wurde in der aktuellen Form gefasst, um klarzustellen, dass nicht die bleibende Ausstellung des Werkes erforderlich ist und etwa ein in das Magazin eines Museums aufgenommenes Gemälde ebenfalls bereits als veröffentlicht gilt.

3. Mit Zustimmung des Berechtigten bleibend der Öffentlichkeit zugänglich gemacht

38 Ein Werk ist mit Zustimmung des Berechtigten bleibend der Öffentlichkeit zugänglich gemacht, wenn es nicht **nur vorübergehend oder zeitlich befristet** der öffentlichen Wahrnehmung mit Willen des Berechtigten zu dienen bestimmt ist. Ausreichend ist, dass das jeweilige Kunstwerk jedenfalls zu einem bestimmten Zeitpunkt für die unbegrenzte Aufnahme durch die Öffentlichkeit bestimmt und zugänglich gemacht ist. Unschädlich ist es, wenn dabei der Zugang zeitlich und räumlich reglementiert ist, etwa durch bestimmte Öffnungszeiten, Besichtigungstage oder sonstige zeitliche Unterbrechungen.

39 Nach einer in der Literatur vertretenen Ansicht soll wegen des Wortlauts aus diesem Grund **ein nur vorübergehendes Zugänglichmachen** nicht genügen, so dass etwa durch eine vorübergehende oder zeitlich befristete Ausstellung eines Werkes in einer Galerie oder einem Museum das Werk als nicht erschienen anzusehen ist (Büscher/Dittmer/Schiwy/*Obergfell* § 6 UrhG Rn. 14). Nicht genügen dürfte daher auch das Bühnenbild einer bestimmten Inszenierung, weil es nur so lange der Öffentlichkeit zugänglich gemacht ist, als das Stück im Spielplan steht (Fromm/Nordemann/*Nordemann* § 6 Rn. 25). Aufgrund der Art des Umstandes, dass zahlreiche Werke der bildenden Kunst entweder eo ipso nur für eine zeitlich begrenzte Phase der Öffentlichkeit zugänglich gemacht werden oder werden können, wird man im Interesse der Rechtssicherheit das Eintreten der Rechtswirkungen des § 6 Abs. 2 S. 2 dann nicht verneinen können, wenn die Dauer des öffentlichen Zugänglichmachens der Form und Art des künstlerischen Werkes entspricht und die Öffentlichkeit die hinreichende Gelegenheit hatte, das Werk aufzunehmen.

Der Tatbestand wird jedoch nicht allein durch den objektiven Teil erfüllt, erforderlich **40** ist hier erneut die **Zustimmung des Berechtigten.** Fehlt es an dem Willen des Berechtigten, das Werk der Öffentlichkeit in der vorbezeichneten Art zu widmen, so ist das Werk nicht der Öffentlichkeit bleibend zugänglich gemacht i. S. d. § 6 Abs. 2 S. 2. Wie im Fall der unberechtigten Veröffentlichung gem. § 6 Abs. 1 treten die Rechtsfolgen der Veröffentlichung bei fehlender Zustimmung des Berechtigten nicht ein, so dass der Verbrauch des Veröffentlichungsrechts nicht eintritt. Liegen zwar die objektiven Voraussetzungen des Erscheinens i. S. d. § 6 Abs. 2 S. 2 vor, hat der Berechtigte jedoch nur eine **zeitlich begrenzte Zustimmung** erteilt, ohne dass hierfür objektive Anhaltspunkte vorliegen, wird man im Hinblick auf die Rechtssicherheit und in Anlehnung an § 59 Abs. 1 ein Erscheinen annehmen können, wenn der Berechtigte nicht vorher einen nach außen getretenen sichtbaren Vorbehalt gemacht hat (so auch Möhring/Nicolini/*Ahlberg* § 6 Rn. 35). Die Rechtsfolge des Erscheinens ist eine **gesetzliche Fiktion** und damit nicht widerlegbar.

V. Rechtsfolgen von Erscheinen und Veröffentlichung

1. Veröffentlichung

Mit der Veröffentlichung steht dem Urheber nicht mehr das alleinige Recht zu, zu **41** bestimmen, ob und wie sein Werk veröffentlicht wird (§ 12 Abs. 1). Auch das Recht, den Inhalt seines Werkes öffentlich mitzuteilen oder zu beschreiben, steht ihm dann nicht mehr zu (§ 12 Abs. 2). Bei einem Werk der bildenden Künste oder einem Lichtbildwerk verliert er auch das alleinige Ausstellungsrecht nach § 18. Für den Urheber weiterhin bedeutsam ist die materielle Wirkung der Veröffentlichung für die **Berechnung der Schutzfristen.** Diese berechnen sich in einigen Fällen nach dem Tag der Veröffentlichung, z. B. §§ 66 Abs. 1, 67, 129 Abs. 2.

Weitere Rechtsfolgen beziehen sich ausdrücklich **auf Zeitungsartikel und Rund- 42 funksendungen** (§ 49) und die Zitierfreiheit ohne Zustimmung des Urhebers (§ 51 Nr. 2). Darüber hinaus hat die Veröffentlichung auch Auswirkungen auf andere Vorschriften des UrhG, bei denen die Veröffentlichung nicht ausdrücklich erwähnt, jedoch vorausgesetzt wird, wie die Regelungen zu Schulfunksendungen (§ 47), zur öffentlichen Rede (§ 48), zu Zeitungsartikeln und Rundfunksendungen (§ 49 Abs. 1), zur Ton- und Bildberichterstattung, zur Vervielfältigung und öffentlichen Wiedergabe durch Geschäftsbetriebe (§ 56) und zu Katalogbildern (§ 58).

Auch in **prozessualer Hinsicht** kommt der **Veröffentlichung** und dem Erscheinen **43** eine erhebliche Bedeutung zu: Erst mit Veröffentlichung ist es gem. § 114 Abs. 2 Nr. 3 für den Gläubiger möglich, die Zwangsvollstreckung in das Original eines Werkes der bildenden Künste ohne Zustimmung des Urhebers zu betreiben, sofern es sich nicht um ein Werk der Baukunst handelt.

2. Erscheinen

44 Das Erscheinen stellt eine qualifizierte Form der Veröffentlichung dar, indem das Werk der Öffentlichkeit in verkörperter Form zugänglich gemacht wird, so dass das Gesetz an das Erscheinen weitergehende Rechtsfolgen knüpft. Dies hat seine Begründung in der größeren Breitenwirkung (*Schiefler* UFITA 48 (1966) 81, 96 f.) wie auch der stärkeren Verselbstständigung des Werkes gegenüber dem Urheber (Schricker/Loewenheim/*Katzenberger* § 6 Rn. 30; Möhring/Nicolini/*Ahlberg* § 6 Rn. 41). Daher schränkt das Erscheinen die Rechte des Urhebers weit stärker ein als die bloße Veröffentlichung eines Werkes. Nach dem Erscheinen kann auch gegen den Willen des Urhebers sein Werk im Rahmen des § 46 in Sammlungen für den Kirchen-, Schul- oder Unterrichtsgebrauch aufgenommen werden, gem. § 46 Abs. 4 jedoch nur gegen angemessene Vergütung. Das Werk darf ohne Zustimmung auch gem. § 51 Nr. 1 und 2 zitiert, im Rahmen des § 52 öffentlich wiedergegeben und gem. § 53 Abs. 2 Nr. 4a und Abs. 3 sowie § 59 vervielfältigt werden. Der Urheber eines Musikwerkes hat nach dem Erscheinen zudem im Umfang des § 61 Abs. 1 die Aufnahme auf Tonträger hinzunehmen.

45 Im Fall des **Erscheinens** ist der Schutz des Urhebers in Hinblick auf die **Zwangsvollstreckung** noch geringer als bei der Veröffentlichung (s. o. Rn. 43): Die Einschränkung des § 115 Abs. 1, dass die Zwangsvollstreckung wegen Geldforderungen in das Urheberrecht nur mit Einwilligung des Urhebers erfolgen darf, gilt für ein erschienenes Werk nicht. Zudem kann auch gegen den Rechtsnachfolger des Urhebers eines erschienenen Werkes ohne dessen Einwilligung gem. § 116 Abs. 1 vollstreckt werden.

VI. Internationales

46 Für deutsche Urheber und solche, die ihnen gem. §§ 121 Abs. 2, 122, 123 gleichgestellt sind, ist der **Ort der Veröffentlichung** oder des Erscheinens unerheblich. Eine Veröffentlichung im Ausland führt inländisch zu den gleichen Rechtsfolgen wie die Veröffentlichung im Inland, insb. zum Verbrauch des Veröffentlichungsrechts (BGH GRUR 1999, 984, 985 – Laras Tochter; BGHZ 95, 229, 231 ff. – Puccini; OLG München GRUR 1983, 295, 297 – Oper Tosca; OLG Frankfurt ZUM 1994, 246, 29 – Mackintosh-Möbel; Dreier/Schulze/*Dreier* § 6 Rn. 9, vgl. auch oben Rn. 17). Ein Werk, dessen Urheber nordkoreanischer Staatsbürger ist, stellt (im Verhältnis zu Japan) kein Werk i. S. d. § 6 Abs. 3 UrhG dar, zu dessen Urheberrechtsschutz Japan sich aufgrund der RBÜ verpflichtet hat, denn es fehlt an einer diplomatischen Anerkennung Nordkoreas durch Japan (Japanisches Obergericht für geistiges Eigentum GRUR Int. 2010, 166 – Mitsurei 27 m. Anm. *Yokoyama*); etwas anders gilt für TRIPS-Staaten, auch wenn sie (wie Taiwan) diplomatisch nicht anerkannt sind (vgl. Japanisches Obergericht für geistiges Eigentum GRUR Int. 2010, 166, 168 [Fn 2]).

Abschnitt 3. Der Urheber

§ 7 Urheber

Urheber ist der Schöpfer des Werkes.

Literatur: *Amtmann*, Das Urheberrecht des „unselbstständigen" Urhebers insbesondere des wissenschaftlichen Assistenten, Tübingen 1960; *G. M. Becker*, Wem „gehört" das nicht eingetragene Gemeinschaftsgeschmacksmuster? Zugleich Anmerkung zu EuGH vom 2. Juli 2009 – C-32/08, GRUR Int. 2009, 1018 – FEIA ./. Cul de Sac., GRUR Int. 2010, 484; *Brauneck/Schwarz*, Rechtsfragen des journalistischen Interviews, AfP 2008, 14–21, 126–133, 276–284; *Edlbacher*, Urheberrecht und Sachwalterschaft in *Dittrich*

(Hrsg.), Festschrift 50 Jahre Urheberrechtsgesetz, Wien 1986, 86 (zit. *Edlbacher* FS 50 Jahre URG); *Götting/Leuze,* Das Urheberrecht des wissenschaftlichen Personals, in: Hartmer/Detmer (Hrsg.), Hochschulrecht, 2. Aufl. 2010, S. 670; *Hubmann/Haberstumpf,* Das Urheberrecht des wissenschaftlichen Assistenten, MittHV 1982, 211; *Kraßer/Schricker,* Patent- und Urheberrecht an Hochschulen, Baden-Baden 1988; *J. Kreile/Höfinger,* Der Produzent als Urheber, ZUM 2003, 719; *Leuze,* Die urheberrechtliche und arbeitnehmererfindungsrechtliche Stellung der wissenschaftlichen Mitarbeiter unter besonderer Berücksichtigung der angestellten Ärzte, WissR 2011, 280; *Leuze,* Die Urheberrechte der wissenschaftlichen Mitarbeiter, GRUR 2006, 552; *Leuze,* Urheberrechte der Beschäftigten im öffentlichen Dienst, 3. Aufl., Berlin 2008; *Loewenheim,* Die urheberrechtliche Stellung der Szenenbildner, Filmarchitekten und Kostümbildner, UFITA 126 (1994) 99; *Metzger,* Vom Einzelurheber zu Teams und Netzwerken: Erosion des Schöpferprinzips?, in: *Leible/Ohly/Zech,* Wissen – Märkte – Geistiges Eigentum, Tübingen 2010, S. 79 (zit. *Metzger); Mijatovic,* Kreativität als Voraussetzung für den urheberrechtlichen Schutz von Geisteserzeugnissen, Bern 2006; *Ohly,* Die Autorenangabe bei wissenschaftlichen Veröffentlichungen, FS Dietz, 2001, 143; *v. Planta,* Ghostwriter, Bern 1998 (zum Schweizer URG); *Plett,* Urheberschaft, Miturheberschaft und wissenschaftliches Gemeinschaftswerk, München 1984; *Riesenhuber,* Anmerkung zum Urteil des BGH vom 14.11.2002 – Staatsbibliothek, Schulze BGHZ Nr. 506; *Rigamonti,* Geistiges Eigentum als Begriff und Theorie des Urheberrechts, Baden-Baden 2001; *Schack,* Wem gebührt das Urheberrecht, dem Schöpfer oder dem Produzenten?, ZUM 1990, 59; *Schmidt,* Die Rechtsverhältnisse in einem Forscherteam, Baden-Baden 1998; *Schwarz/Hansen,* Der Produzent als (Mit-)Filmurheber – Plädoyer für die Anerkennung eines Urheberrechts des Kreativproduzenten, GRUR 2011, 109; *Schricker,* Das Urheberrecht des wissenschaftlichen Personals in *Hartmer/Detmer* (Hrsg.), Hochschulrecht – Ein Handbuch für die Praxis, Heidelberg 2004, 419 (zit. *Schricker in Hartmer/Detmers); Stolz,* Der Ghostwriter im deutschen Recht, München 1971; *Thiele,* Die Erstautorenschaft bei wissenschaftlichen Publikationen, GRUR 2004, 392; *Ullmann,* Das urheberrechtlich geschützte Arbeitsergebnis – Verwertungsrecht und Vergütungspflicht, GRUR 1987, 6; *Vinck,* Das Interview im Urheberrecht, AfP 1973, 460.
Vgl. darüber hinaus die Angaben im eingangs abgedr. Gesamtliteraturverzeichnis.

Übersicht

	Rn.
I. Regelungszweck, Schöpferprinzip als zwingendes Recht	1, 2
II. Werkschöpfung als Realakt	3–7
III. Der Werkschöpfer	8–11
1. Nur natürliche Personen	8
2. Werkschöpfung im Arbeitsverhältnis, Werkverträge	9–10
3. Filmwerke	11
IV. Abgrenzungsfragen bei Mitwirkung mehrerer Personen	12–16
1. Grundsatz	12
2. Anregung fremden Werkschaffens	13
3. Gehilfenschaft bei der Werkschöpfung	14, 15
4. Wissenschaftliche Assistenten und Mitarbeiter	16
V. Beweisfragen	17–19

I. Regelungszweck, Schöpferprinzip als zwingendes Recht

§ 7 legt für das gesamte deutsche Urheberrecht das sog. **Schöpferprinzip** verbindlich **1** fest. **Urheber** im Rechtssinne ist danach **stets** der tatsächliche **Werkschöpfer,** d.h. diejenige **natürliche Person,** die das Werk durch eine persönliche geistige Leistung i.S.v. § 2 Abs. 2 selbst geschaffen hat (AmtlBegr. *M. Schulze* Materialien 425). Insb. können damit **juristische Personen** oder Personengesellschaften, da sie keine geistige Tätigkeit entfalten, niemals Urheber, sondern stets **nur Inhaber abgeleiteter Nutzungsrechte** sein (AmtlBegr. *M. Schulze* Materialien 425; allg. Ansicht; vgl. zuletzt BGH GRUR 2012, 1022 (Tz. 15) – Kommunikationsdesigner zu einer gewerblich tätigen BGB-Gesellschaft, in die Miturheber ihre Rechte eingebracht hatten).

Als grundlegender Gedanke des deutschen Urheberrechts ist das Schöpferprinzip **zwin- 2 gendes Recht** und daher **bei Werkverwertungen in Deutschland stets zu beachten,** unabhängig davon, ob das nationale Urheberrecht im Land der Erstveröffentlichung eines ausländischen Werkes oder das vertraglich vereinbarte Recht hiervon abweichend die Rechtsstellung des Urhebers einem Dritten, insb. dem Arbeit- oder Auftraggeber zuweist, wie z. B. bei der sog. „works made for hire"-Doktrin des angloamerikanischen Rechtskreises (h. M. BGH MMR 1998, 35, 36 – Spielbankaffaire; Schricker/Loewenheim/*Katzenberger* Vor §§ 120 ff. Rn. 129; Fromm/Nordemann/*Nordemann* § 7 Rn. 4, 19; Dreier/Schulze/ *Schulze* § 7 Rn. 12; Mestmäcker/Schulze/*Schulze* § 7 Rn. 8; s. auch Einl. Rn. 25; a. A. insb. *Schack* ZUM 1990, 59, 61; *Schack* Rn. 268 Fn. 7; zu den damit verbundenen Fragen des Internationalen Privatrechts näher Vor §§ 120 ff. Rn. 21; bei der Filmurheberschaft Vor §§ 88 ff. Rn. 14 f.). In dieser konsequenten Verwirklichung des Schöpferprinzips zeigt sich eine **grundlegende Achtung der schöpferischen menschlichen Persönlichkeit** (vgl. *Rehbinder* Rn. 248), die als gesetzgeberisches Leitbild zugleich Maßgabe für die Schaffung neuer Regelungen in Antwort auf technische Entwicklungen ist. Hiervon abgesehen hält das Schöpferprinzip auch einer ökonomischen Analyse stand, da es mit seiner Zuweisung der Rechtsstellung an den Werkschöpfer als natürliche Person **auch im Sinne utilitaristischer Urheberrechtstheorien** grundsätzlich die **richtigen Anreize** setzt, damit eine reichhaltige kulturelle Werk- und damit Wertschöpfung entsteht (vgl. z. B. Nwe. und Fazit von *Metzger* S. 93, 96). Auch das **Urheberrecht der DDR** ging vom Schöpferprinzip aus (vgl. Art. 6 Abs. 1, 10 Abs. 1 URG-DDR; BGH ZUM 2001, 699 – Barfuß im Park).

II. Werkschöpfung als Realakt

3   Die Werkschöpfung ist bloßer **Realakt** und kein Rechtsgeschäft, so dass die Vorschriften über Geschäftsfähigkeit (§§ 104 ff. BGB), Willenserklärungen (§§ 116 ff. BGB) und Stellvertretung (§§ 164 ff. BGB) keine Anwendung finden (allg. Ansicht; *Ulmer* 185; *Rehbinder* 249; Schricker/Loewenheim/*Loewenheim* § 7 Rn. 5), subjektive Vorstellungen und Absichten sind gleichfalls irrelevant (Fromm/Nordemann/*Nordemann* § 7 Rn. 5). Vielmehr entsteht in dem Moment, in dem das Werk seine konkrete Form angenommen hat, das Urheberrecht als Ganzes einschließlich sämtlicher Rechte, die das UrhG dem „Urheber" zuweist, **unmittelbar kraft Gesetzes** und **originär** in der Person des Werkschöpfers. Dies gilt **ausnahmslos;** das deutsche Gesetz enthält insb. keinerlei Fälle eines gesetzlichen Übergangs einzelner oder aller urheberrechtlicher Befugnisse auf eine dritte Person (AmtlBegr. *Schulze* Materialien 425). Es stellt lediglich, um die Werkverwertung durch Dritte in bestimmten Bereichen zu erleichtern, dispositive **widerlegbare Vermutungsregelungen** für den Umfang der eingeräumten Nutzungsrechte auf (§ 43: Arbeits- und Dienstverhältnisse; § 69b: Computerprogramme; §§ 88, 89: Filmwerke). Die **Entstehung** des Urheberrechts sowie seine Geltung für die Dauer der gesetzlichen Schutzfrist (§ 64) sind **formfrei**, insb. stellt die Anbringung eines Copyright-Vermerks keine Voraussetzung für den Urheberschutz dar (dazu näher § 10 Rn. 13 ff., 57; Mestmäcker/Schulze/*Schulze* § 7 Rn. 18; vgl. Art. 5 Abs. 2 RBÜ). Ob eine bestimmte Schöpfung urheberrechtlich geschützt ist, was in der Praxis insbesondere bei Werken an der unteren Schöpfungsgrenze („kleine Münze") oder bei Werken der Gebrauchskunst (dazu § 2 Rn. 96 ff.) zweifelhaft ist, kann somit verbindlich oftmals erst im Verletzungsprozess festgestellt werden (vgl. *Rehbinder* 249). Anders als bei Geschmacksmustern und Patenten spielt für die Entstehung des Urheberrechts schließlich auch die **objektive Neuheit** eines Werkes **keine Rolle,** vielmehr genießt auch eine **zufällige Doppelschöpfung** Urheberrechtsschutz, wobei sich die Urheber die Werknutzung nicht gegenseitig verbieten können (Mestmäcker/Schulze/*Schulze* § 7 Rn. 17).

Zu beachten sind auch die Vorschriften des **§ 7 Abs. 2 GeschmG** und **Art. 14 Abs. 3 GGVO,** wonach bei Mustern, die im Rahmen eines Arbeitsverhältnisses geschaffen wurden, das Recht an dem bzw. auf das Geschmacksmuster dem Arbeitgeber zusteht, sofern vertraglich nichts anderes vereinbart wurde (dazu *Becker* GRUR Int. 2010, 484). Es handelt sich hierbei allerdings nicht um urheberrechtliche Vorschriften, vielmehr entsteht ein etwaiges paralleles Urheberrecht unter den erhöhten Schutzanforderungen für Werke der angewandten Kunst (vgl. dazu § 2 Rn. 96, 98 ff.; BVerfG GRUR 2005, 410 – Laufendes Auge) gem. § 7 nach wie vor in der Person des Arbeitnehmers (vgl. z. B. BGH GRUR 2007, 871 – Wagenfeld-Leuchte; BGH GRUR 2002, 799 – Stadtbahnfahrzeug; OLG München GRUR-RR 2011, 54 – Eierkoch).

„Schöpfung" bedeutet schließlich **keineswegs „Vollendung"** oder „Fertigstellung" **4** des Werkes, vielmehr führt bereits die Erbringung des allerersten schöpferischen Beitrags zu einem „Werk" im Rechtssinne (s. ausführlich § 2 Rn. 5 ff.) und lässt damit auch ein entsprechendes Urheberrecht an diesem Beitrag entstehen, welches im Laufe des fortschreitenden Schaffensprozesses kontinuierlich von neuen, zeitlich aufeinander folgenden Urheberrechten an den verschiedenen **Werkfassungen** überlagert wird, bis das Werk schließlich seine endgültige Form gefunden hat. Die an den früheren Entwurfsfassungen entstandenen Urheberrechte bleiben dabei grds. bestehen und gehen nicht unter, auch wenn sie in praktischer Hinsicht selten von Relevanz sein werden (vgl. jedoch OLG Frankfurt GRUR-RR 2013, 247 m. Anm. *Thum* GRUR-Prax 2013, 231).

Da es sich bei der Werkschöpfung um einen Realakt handelt, können insb. auch **Min- 5 derjährige oder Geschäftsunfähige** Urheber und damit originärer Inhaber sämtlicher durch das Urheberrecht erfasster Rechtspositionen werden (*Ulmer* 185). Die reine **Verwaltung** der Urheberrechte erfolgt bei Minderjährigen durch ihre **gesetzlichen Vertreter** (i. d. R. die Eltern, §§ 1626 Abs. 1 S. 2, 1629 BGB), bei geschäftsunfähigen Volljährigen durch ihre Betreuer (§§ 1896, 1902 BGB) (*Schack* Rn. 269). Unklar und umstritten ist die **Ausübung urheberpersönlichkeitsrelevanter Befugnisse.** Teilweise wird davon ausgegangen, dass den Eltern im Rahmen ihrer Personensorge auch die Ausübung der persönlichkeitsrechtlichen Befugnisse obliegt, wobei gegen Missbrauch § 1666 BGB helfe (gerichtliche Maßnahmen bei Gefährdung des Kindeswohls, *Rehbinder* 249). Nach anderer Ansicht hingegen ist eine Stellvertretung bei der Ausübung urheberpersönlichkeitsrechtlicher Befugnisse grundsätzlich ausgeschlossen (etwa beim Veröffentlichungsrecht, § 12, oder beim Rückrufsrecht wegen gewandelter Überzeugung, § 42), so dass diese Befugnisse nur durch den minderjährigen bzw. geschäftsunfähigen Urheber selbst nach Maßgabe seiner natürlichen Einsichtsfähigkeit ausgeübt werden können (so *Schack* Rn. 269; gegen jegliche Ausübung durch Geschäftsunfähige *Edlbacher* FS 50 Jahre URG 106).

Letzterer Auffassung ist im Grundsatz zuzustimmen, d. h. in dem Umfang, in dem die **natürliche Einsichtsfähigkeit** bei minderjährigen Urhebern vorhanden ist, scheidet eine elterliche Stellvertretung aus, wobei, da der Kern des Urheberpersönlichkeitsrechts die emotionalen Beziehungen des Urhebers zu seinem Werk schützt, grundsätzlich auch vermeintlich irrationale Entscheidungen zu respektieren sind, damit das Recht nicht leer läuft. Umgekehrt werden Eltern dem Abdruck einer Kinderzeichnung ihres Kleinkinds in einer Zeitschrift oder einem Kalender wirksam zustimmen und damit das Veröffentlichungsrecht gem. § 12 ausüben können, solange ihrem Kind insoweit die natürliche Einsichtsfähigkeit noch fehlt. **In praktischer Hinsicht** jedenfalls empfiehlt es sich, bei Verwertungen der Werke minderjähriger oder geschäftsunfähiger Urheber vorsichtshalber von einer **Doppelzuständigkeit** auszugehen und **sowohl das Einverständnis der Eltern als auch dasjenige der Minderjährigen einzuholen** und zu dokumentieren.

Auch wenn eine Werkschöpfung **rechtswidrig** in die Rechte Dritter eingreift, wie viel- **6** fach bei Graffitis der Fall (vgl. §§ 303, 304 StGB), oder in sonstiger Weise gegen die Rechtsordnung verstößt, entsteht ein Urheberrecht in der Person des Werkschöpfers (BGH GRUR 1995, 673, 675 – Mauer-Bilder; LG München I ZUM 2009, 986; Mestmäcker/ Schulze/*Schulze* § 7 Rn. 19; zur aufgedrängten Kunst s. näher §§ 2 Rn. 32; 14 Rn. 47; 97 Rn. 34).

Als Realakt setzt die Werkschöpfung schließlich nicht voraus, dass der Schöpfer bei vol- **7** lem geistigen Bewusstsein ist. „Mittelbare Schöpfung" und Stellvertretung scheiden aus. Im Falle von **Trance und Hypnose** ist Werkschöpfer und Urheber daher allein das „Medium", nicht hingegen der Hypnotiseur, der auch kein Miturheber ist, sondern allenfalls als Werkgehilfe tätig wird (*Ulmer* 185; Fromm/Nordemann/*Nordemann* § 7 Rn. 3; *Schack* Rn. 274; aus der erstaunlich umfangreichen Rspr. OGH GRUR Int. 1996, 663 – Lebenserkenntnis; SchweizBG ZUM 1991, 236 – Geistige Loge Zürich; Cummins v. Bond, auszugsweise in RabelsZ 2 (1928) 251).

III. Der Werkschöpfer

1. Nur natürliche Personen

8   Durch Zuweisung der Rechtsstellung des Urhebers an den „Schöpfer des Werkes" knüpft § 7 an die Werkdefinition des § 2 Abs. 2 an. Als „Urheber" kommen somit nur diejenigen Personen in Betracht, deren Beitrag zur Werkentstehung die Voraussetzung einer „persönlichen geistigen Schöpfung" i. S. v. § 2 Abs. 2 erfüllt (hierzu ausführlich § 2 Rn. 15 ff.). Da nach § 2 Abs. 2 **individueller menschlicher Geist** für eine Werkschöpfung **erforderlich** ist, können **juristische Personen** oder Personengesellschaften als solche **niemals Urheber** sein, sondern stets **nur Inhaber abgeleiteter Nutzungsrechte** (AmtlBegr. *M. Schulze* Materialien 425; BGH GRUR 2012, 1022 (Tz. 15) – Kommunikationsdesigner; BGH GRUR 1991, 523, 525 – Grabungsmaterialien; LG Berlin GRUR 1990, 270 – Satellitenfoto; OLG Koblenz GRUR Int. 1968, 164 – Liebeshändel in Chioggia). Vor 1965 bestehende Ausnahmen zugunsten juristischer Personen des öffentlichen Rechts sowie der Herausgeber von Sammelwerken (§§ 3, 4, 32 LUG; §§ 5, 6, 25 Abs. 2 KUG) gelten aber nach Maßgabe des § 134 i. V. m. § 3 LUG und § 5 KUG fort (LG München I ZUM 1993, 370, 374 – NS-Propagandafilme; näher § 134 Rn. 1 ff.). Auch **Tiere, Roboter** oder **Maschinen** können keine Werkschöpfer sein, da ihnen menschlich-individueller Geist fehlt. Maschinen, insb. Computer, können jedoch als **Hilfsmittel** des Urhebers bei der Werkschöpfung zum Einsatz kommen (zur Abgrenzung näher § 2 Rn. 16).

2. Werkschöpfung im Arbeitsverhältnis, Werkverträge

9   Das Schöpferprinzip des § 7 findet ausnahmslos und damit auch auf Werkschöpfungen im Rahmen von **Dienst- und Arbeitsverhältnissen,** aufgrund eines **Werkvertrags, Auftrags** oder einer sonstigen **Bestellung** uneingeschränkt Anwendung. Die Rechtsstellung des Urhebers nach dem UrhG entsteht somit originär in der Person des Angestellten oder Beamten, Auftragnehmers oder freien Mitarbeiters, der die geistige Schöpfung persönlich erbracht hat (allg.A.; ausführlich § 43 Rn. 4ff.; zu wissenschaftlichen Assistenten unten Rn. 16ff.; *Ulmer* 184, 186; *Rehbinder* 250f.; *Schack* Rn. 270f.; BGH GRUR 2011, 59 – Lärmschutzwand; BGH GRUR 1952, 257, 258 – Krankenhauskartei; BAG GRUR 1961, 491 – Nahverkehrschronik; vgl. auch LG München I BeckRS 2012, 13691 – Crown Copyright, zu Fragen des IPR). Der Arbeit- oder Auftraggeber ist insoweit auf einen vertraglichen Erwerb von Nutzungsrechten angewiesen, deren Einräumung zumeist ausdrücklich oder stillschweigend im Arbeits- oder Werkvertrag erfolgt und durch das Zweckübertragungsprinzip des § 31 Abs. 5 konkretisiert und beschränkt wird (*Ulmer* 184; dazu allgemein § 31 Rn. 39ff.), wobei **gesetzliche Vermutungsregelungen** zu Gunsten des **Arbeitgebers** (s. § 43 Rn. 4, 54ff.), insb. bei **Computerprogrammen** (dazu § 69b), sowie zu Gunsten des **Filmherstellers** (§§ 88, 89, s. Vor §§ 88ff. Rn. 14ff.) die Verwertung erleichtern.

Urheber ist somit insb. auch der **Ghostwriter,** nicht hingegen sein Auftraggeber (allg. A.; *Ulmer* 185; ausführlich *Stolz* 43ff.). Der Auftraggeber kann durch den Ghostwriter-Vertrag lediglich Nutzungsrechte erwerben sowie das Recht, das Werk unter seinem eigenen Namen zu veröffentlichen (dazu § 13 Rn. 22f.; OLG Frankfurt GRUR 2010, 221 –

Betriebswirtschaftlicher Aufsatz; *Schack* Rn. 272 f.; *Stolz* 43). In der Herausstellung eines unzutreffenden Verfassernamens kann allerdings im Einzelfall eine irreführende Angabe i. S. v. § 5 Abs. 1 S. 1, S. 2 Nr. 1 i. V. m. § 3 UWG liegen, die zu einem entsprechenden wettbewerbsrechtlichen Unterlassungsanspruch führt (KG WRP 1977, 187 – Köhnlechner).

Soweit im Rahmen derartiger Rechtsverhältnisse das Werk nach **Weisungen** entsteht oder **Anregungen und Wünsche** des Arbeitgebers oder sonstigen Vertragspartners einfließen, kommt der Erwerb eines Miturheberrechts gem. § 8 nach dem Schöpferprinzip des § 7 in Betracht, wenn und soweit die Mitwirkung im Einzelfall die Voraussetzungen eines eigenschöpferischen Beitrags erfüllt (dazu unten Rn. 12 ff.; *Stolz* 43 ff.; *Ulmer* 186). **10**

3. Filmwerke

Das Schöpferprinzip nach § 7 gilt uneingeschränkt auch für Filmwerke, d. h. Urheber eines Filmwerks wird nur derjenige, der schöpferisch an der Herstellung des Filmwerks mitgewirkt und einen schöpferischen filmischen Beitrag erbracht hat; das UrhG kennt kein fiktives Urheberrecht des Filmherstellers (ausf. Vor § 88 Rn. 70, 74 ff.; s. auch § 8 Rn. 57; vgl aber auch *J. Kreile/Höfinger,* die für den Produzenten ein eigenes Urheberrecht fordern). Von den Filmurhebern zu unterscheiden sind die Urheber der für die Filmherstellung benutzten Werke, die keine Filmmiturheber werden (h. M., s. ausf. Vor § 88 Rn. 66 ff.; a. A. die Lehre vom Doppelcharakter). Über die Frage, wer (Mit)urheber eines Filmwerks ist, befindet letztlich im Einzelfall das jeweilige Gericht, wobei die Anzahl potentieller Filmurheber bei filmischen Großproduktionen durchaus erheblich sein kann (s. ausf. Vor § 88 Rn. 72 f.; § 8 Rn. 57; *Rehbinder* 273). Die Regelung in § 65 Abs. 2, die sich auf bestimmte Hauptkategorien an Filmurhebern beschränkt, gilt insoweit nur für die Schutzfristenberechnung. Insbesondere können auch sog. Kreativproduzenten für konkrete kreative Beiträge durchaus als Filmurheber in Frage kommen, der Anerkennung eines eigenständigen, von konkreten schöpferischen Filmbeiträgen losgelösten Urheberrechts bedarf es dazu nicht (a. A. *Schwarz/Hansen* GRUR 2011, 109). **11**

IV. Abgrenzungsfragen bei Mitwirkung mehrerer Personen

1. Grundsatz

Auch soweit mehrere Personen an der Entstehung eines Werkes mitwirken, ist die Frage der Urheberschaft nach dem Schöpferprinzip des § 7 zu beurteilen (*Ulmer* 186). Zahlreiche Personen können dabei als Auftraggeber, Geldgeber, Ideengeber, Werkanreger oder auch Werkgehilfe einen u. U. sehr wertvollen Beitrag zur Entstehung eines konkreten Werkes leisten. Nur ein **schöpferischer Beitrag** gem. § 2 Abs. 2 begründet jedoch Urheberschaft im Rechtssinne (BGH GRUR 1995, 47, 48 – Rosaroter Elefant m. w. N.; BGH GRUR 1994, 39, 40 – Buchhaltungsprogramm; Schricker/Loewenheim/*Loewenheim* § 7 Rn. 6). Bei **schöpferischer Mitwirkung mehrerer** entsteht dabei unter den Voraussetzungen des § 8 Miturheberschaft (zur Abgrenzung § 8 Rn. 3 f.); im Übrigen kann auch eine Bearbeitung nach § 3, ein Sammelwerk nach § 4 oder eine Werkverbindung nach § 9 entstehen (*Ulmer* 186; zur Frage der Werkschöpfung bei Regieleistungen von **Theaterregisseuren** § 2 Rn. 55; weitere Beispiele bei *Schack* Kunst und Recht 239 f.; *Sontag* 8). Im Einzelnen gilt Folgendes: **12**

2. Anregung fremden Werkschaffens

Auch wenn für die Entstehung eines Werkes die **Idee** oder **Anregung** eines Dritten nachweislich ursächlich war, begründet dies in rechtlicher Hinsicht grundsätzlich **keine** **13**

Urheberschaft des Ideengebers oder Werkanregers an dem auf seiner Idee oder Anregung fußenden Werk. Denn **Ideen und Anregungen fehlt in aller Regel** die für einen schöpferischen Beitrag erforderliche **hinreichend konkrete Formgebung.** Vielmehr geben Ideen und Anregungen regelmäßig lediglich einen gemeinfreien Gestaltungsrahmen vor, innerhalb dessen der tatsächliche Urheber das spätere Werke in seiner individuellen Formgestaltung aufgrund einer eigenpersönlichen schöpferischen Leistung erst erschafft (BGH GRUR 2003, 231, 233 – Staatsbibliothek; BGH GRUR 1995, 47, 48 – Rosaroter Elefant; KG GRUR 2004, 129, 130 – Modernisierung einer Liedaufnahme; OLG Düsseldorf GRUR-RR 2001, 294 f. – Spannring; OLG Köln AfP 1991, 430 f. – Roncalli; *Schricker* GRUR 1991, 563, 565 f.; *Ulmer* 186; allg. Ansicht). Beispielsweise begründen somit bloße **Hinweise auf ein Motiv** keine Urheberschaft an einem später von dem **Maler** oder **Fotografen** geschaffenen Bild oder Fotografie, oder aber die Anregung, eine vorgegebene Melodie im Falsett-Stil zu singen, keine kompositorischen Urheberrechte an einem Lied (KG GRUR 2004, 129, 130 – Modernisierung einer Liedaufnahme).

Da andererseits dann, wenn **Ideen und Anregungen so weit konkretisiert und ausgestaltet** sind, dass sie ihrerseits **persönliche geistige Schöpfungen** darstellen, ein Miturheber- oder Bearbeitungsverhältnis in Betracht kommt und die **Grenze fließend** ist, beanspruchen Ideengeber und Werkanreger immer wieder (Mit)urheberschaft und möchten an der Werkverwertung beteiligt werden. Auch wenn die Abgrenzung letztlich nur aufgrund einer einzelfallbezogenen Würdigung der Tatsachen getroffen werden kann, bieten die bislang entschiedenen Fälle durchaus eine erste Orientierung für die Abgrenzung. Dabei ist zunächst zu beachten, dass eine schöpferische Beteiligung prinzipiell nur dann vorliegen kann, wenn der Beitrag in der **gleichen Werkkategorie** erbracht worden ist wie das spätere Werk. Somit können etwa selbst genaueste verbale Anweisungen zur Anordnung und Ausführung von Bildern keinen schöpferischen Beitrag zu einem zeichnerischen oder malerischen Werk begründen, sondern nur Skizzen, in denen Gestalt und Eigenart des Werkes bereits bildlich erkennbar sind (vgl. RG MuW 1927/28, 144, 145; *Ulmer* 186; vgl. auch BGH GRUR 2009, 1046, 1050 (Tz. 46) – Kranhäuser zu einem bloßen „Diskussionsbeitrag" im Rahmen eines Architektenworkshops; vgl. auch OLG München GRUR-RR 2010, 161 f. – Bronzeskulptur, zu skizzenhaften Vorgaben für eine dreidimensionale Skulptur). In gleicher Weise fehlte selbst genauesten kaufmännischen Vorgaben für ein Computerprogramm letztlich der schöpferische Charakter im Hinblick auf die programmierte Software (vgl. OLG Köln GRUR-RR 2005, 303 f. – Entwurfsmaterial; vgl. aber § 69a Rn. 45).

Schwieriger ist die Abgrenzung zwischen bloßer Anregung und schöpferischem Beitrag vor allem bei Sprachwerken zu treffen, insbesondere da hier bereits die Fabel als solche Urheberschutz genießen kann (dazu § 2 Rn. 48; BGH GRUR 1999, 984, 987 – Laras Tochter) und Sprachwerke auch mündlich bereits geschützt sind. Wenn insoweit jemand **Memoiren erzählt,** deren schriftliche Formulierung von einem anderen vorgenommen wird, wird regelmäßig ein eigenschöpferischer Beitrag des Erzählers vorliegen (so z.B. OLG Köln GRUR 1953, 499 – Kronprinzessin Cäcilie I; vgl. hingegen die fehlende Substanziierung von Miturheberschaft ausf. in LG München I BeckRS 2009, 0473 (S. 43) – Die Wilden Kerle). Andererseits wurde die Anregung, ein Drehbuch über den Betrieb bei der Filmherstellung zu verfassen, obwohl sie mit der Schilderung eigener Erlebnisse ausgestaltet worden war, nicht als schöpferischer Beitrag gewertet (OLG München GRUR 1956, 432 – Solange Du da bist; *Ulmer* 186). Und auch wenn ein Zeichner Illustrationen für die Figuren einer Kinderbuchreihe entwirft, bleiben diese lediglich vielseitig interpretier- und beschreibbare Anregungen, so dass sich mit ihnen **keine Miturheberschaft des Illustrators am Text** nachweisen lässt (vgl. ausf. LG München I BeckRS 2009, 0473 (S. 43) – Die Wilden Kerle).

Wenn bei einem **Interview** der Journalist seinen Interviewpartner lediglich mit knappen Fragen oder Stichwortvorgaben zu eigenständigen, ausführlichen Kommentaren anregt, wird der Interviewer nur Anregungen geben und der Interviewte Alleinurheber sein; wenn der Journalist hingegen inhaltlich auf die Antworten seines Gesprächspartners eingeht, und durch gedankliche Verknüpfungen sowie gezielte Überleitungen die Struktur des Gesprächs wesentlich mitgestaltet, liegt ein schöpferischer Beitrag und damit Miturheberschaft vor (vgl. LG Berlin ZUM-RD 2012, 37; LG Hamburg BeckRS 2012, 25167; *Schack* Rn. 314; *Schack* FS Raue 649, 650; *Brauneck/Schwarz* AfP 2008, 14, 20f.; *Vinck* AfP 1973, 460f.; Fromm/Nordemann/*Nordemann* § 8 Rn. 10; a. A. AG Frankfurt/M AfP 2006, 283, 284, wonach allein der Interviewer Urheber sei).

Zu beachten ist allerdings, dass die **Verwendung gemeinfreier Gestaltungselemente** ausnahmsweise dann einen schöpferischen Beitrag darstellen kann, wenn durch die Verwendung eine besondere individuelle Wirkung und Gestaltung erzielt wird, was eine im Einzelfall zu prüfende Tatfrage ist (vgl. BGH GRUR 2009, 1046, 1050 (Tz. 44) – Kranhäuser, dort auch zu den Beweisanforderungen; BGH GRUR 1989, 416, 417 – Bauaußenkante; vgl. § 2 Rn. 44, 49).

3. Gehilfenschaft bei der Werkschöpfung

Nichtschöpferische Gehilfenschaft liegt vor, wenn eine Person zwar konkrete Beiträge tatsächlicher Art zu einem Werk leistet, dabei jedoch keine eigene Individualität entfaltet, sondern nur „Ausführungsorgan" eines fremden Gestaltungswillens ist und insoweit lediglich **fremde Individualität unterstützt** (KG GRUR 2004, 129f. – Modernisierung einer Liedaufnahme; OLG Zweibrücken GRUR 1997, 363 – Jüdische Friedhöfe; OLG Hamm BeckRS 2006, 06870, S. 12 – Kircheninnenraumgestaltung; BGH GRUR 1952, 257, 258 – Krankenhauskartei; *Ulmer* 187; Schricker/Loewenheim/*Loewenheim* § 7 Rn. 8; Mestmäcker/Schulze/*Schulze* § 7 Rn. 5). Wann dabei die Grenze von der untergeordneten, bloß ausführenden und rein mechanischen Tätigkeit nach Anweisung des Urhebers zur eigenschöpferischen Produktivität überschritten wird und die „Gehilfenbeiträge" somit Urheberqualität erreichen, ist eine schwierige, **nach objektiven Kriterien zu beurteilende Tatfrage,** die von einer etwaigen vertrags- oder deliktsrechtlichen Gehilfenstellung völlig unabhängig ist (Mestmäcker/Schulze/*Schulze* § 7 Rn. 5; *Riesenhuber* Anm. S. 15, Bsp. Tontechniker). Die Grenze ist fließend. 14

Typische, nach Anweisungen des Urhebers erbrachte nichtschöpferische Gehilfentätigkeiten sind das vorbereitende **Sammeln, Sichten und Ordnen von Material** (vgl. BGH GRUR 2007, 685, 687 – Gedichttitelliste II; vgl. aber auch Rn. 16; Schricker/Loewenheim/ *Loewenheim* § 7 Rn. 8; Dreyer/Kotthoff/Meckel/*Dreyer* § 7 Rn. 4), die Durchführung von Versuchen und das Anfertigen anatomischer Präparate, die Eintragung von Wanderwegen in eine Karte (RGZ 108, 62, 64 – Wanderwege; *Ulmer* 187; Schricker/Loewenheim/*Loewenheim* § 7 Rn. 8), **redaktionelle Korrekturen** sowie die stilistische Textglättung durch einen **Lektor** (vgl. BGH GRUR 1972, 143 – Biografie: Ein Spiel, m. w. N.; *Schack* Rn. 273) und u. U. auch noch die **Ausarbeitung einzelner Stellen nach genauer Weisung** des Urhebers (*Ulmer* 187; Schricker/Loewenheim/*Loewenheim* Rn. 8; vgl. aber auch unten Rn. 16). Miturheberschaft liegt allerdings nahe, wenn einer Sekretärin nicht der genaue Wortlaut zu einem Filmdrehbuch diktiert, sondern ihr bei einem in Teilen stichwortartigen **Diktat** ein gewisser Spielraum zur eigenständigen Ausformulierung belassen wird (Tatfrage, von bloßer Gehilfenschaft geht OLG Köln GRUR 1988, 762 – Filmdrehbuch aus). Auch der Umsetzung einer vorgegebenen Melodie in den Falsett-Stil fehlte der kompositorisch-schöpferische Charakter (KG GRUR 2004, 129, 130 – Modernisierung einer Liedaufnahme). Bloße Gehilfentätigkeit ist auch die selbstständige Anfertigung von Metallformen nach den Gips- und Tonvorlagen eines Künstlers durch einen **Metallgießer** zur Herstellung von Bronzeplastiken, Urheber der Plastik wird allein der Bildhauer (OLG Köln FuR 1983, 348; Schricker/Loewenheim/*Loewenheim* § 7 Rn. 8; Dreier/Schulze/*Schulze* § 7 Rn. 9). Gleiches gilt für den **Modelleur,** der nach den Zeichnungen eines Dritten ein 15 dreidimensionales Modell herstellt (OLG Hamm ZUM-RD 2002, 71, 74 – Wackelkopfhund) oder für einen lediglich bauleitenden im Verhältnis zum entwerfenden **Architekten** (OLG Hamm BeckRS 2006, 06870, S. 12 – Kircheninnenraumgestaltung). Bei der Fertigung von **Planskizzen für Fassaden** durch einen Architekten nach Weisungen eines anderen Architekten kommt es darauf an, wie detailliert die zu beachtenden Weisungen waren (RGZ 82, 333, 336 – Fassade: bloße Gehilfentätigkeit; bedenklich, vgl. *Ulmer* 187). Die nach einer vom Urheber festgelegten Choreografie an einem nach einem alten Gemälde veranstalteten **Happening** Mitwirkenden sind ebenfalls bloße Werkgehilfen, nicht Miturheber (KG GRUR 1984, 507 – Happening; BGH GRUR 1985, 529 – Happening – m. Anm. *Jacobs*), ebenso der Assistent und Schüler eines Künstlers, der nach den Anweisungen seines Lehrers an einer **Fluxus-Aktion** mitwirkt (LG Düsseldorf GRUR-RR 2011, 203 – Beuys-Aktion – m. Anm. *Raue* (zuvor bereits eV-Verfahren: LG Düsseldorf ZUM 2009, 975); bestätigt von OLG Düsseldorf GRUR 2012, 173 – Beuys-Fotoreihe), oder der Anweisung entspricht, Kaugummis anzukauen und geordnet auf eine schwarze Leinwand zu kleben (vgl. LG Düsseldorf ZUM-RD 2010, 696 – Kaugummi-Bilder).

4. Wissenschaftliche Assistenten

16 Insbesondere bei wissenschaftlichen Assistenten und Mitarbeitern stellt sich regelmäßig die Frage, ob ihre Mitarbeit an Publikationen bloße Gehilfentätigkeit darstellt oder darüber hinaus geht. Es gelten die allgemeinen Grundsätze (oben Rn. 8 ff.), so dass sie, wenn sie in eigenständiger schöpferischer Arbeit urheberrechtsschutzfähiges Material geschaffen haben, ein Mit- oder Bearbeiterurheberrecht erwerben (BGH GRUR 1991, 523, 525 – Grabungsmaterialien; OLG München ZUM 2000, 404, 406 – Literaturhandbuch; OLG Karlsruhe GRUR 1988, 536, 540 – Hochschulprofessor; ausf. *Leuze* WissR 2011, 280, 281; *Leuze* GRUR 2006, 552), nicht hingegen, wenn sich ihre Mitarbeit auf untergeordnete unselbstständige Gehilfentätigkeit beschränkt hat (dazu oben Rn. 14; *Ulmer* 187; ausführlich *Schmidt* 34 ff.). Auch hier sind die Grenzen fließend und wird es stets auf die Umstände des Einzelfalls ankommen. Umstritten ist insb., ob und ab welchem Stadium eine **systematisch aufbereitete Stoffsammlung** Werkqualität aufweisen kann mit der Folge, dass aus bloßer Gehilfenschaft Miturheberschaft an dem später daraus erstellten Werk entsteht (vgl. *Leuze* GRUR 2006, 552, 555 m. w. N.; *Leuze* 136; *Amtmann* 92). Miturheberschaft und nicht mehr bloße Gehilfenschaft liegt aber jedenfalls dann vor, wenn der wissenschaftliche Mitarbeiter eine Urteilsanmerkung vorbereitet, selbst wenn dies nach Weisungen geschieht (*Leuze* GRUR 2006, 552, 555; *Leuze* 136; *Ullmann* GRUR 1987, 6, 8), oder ein **druckreifes Manuskript nach Notizen und einer Gliederung** erstellt (Schricker/Loewenheim/*Loewenheim* § 7 Rn. 9; vgl. OLG Hamburg Schulze OLGZ 207, 1, 3). Auch wird, während sich die Ausarbeitung einzelner vorgegebener **Fußnoten** regelmäßig noch als bloße Gehilfentätigkeit darstellen wird, die eigenständige Ausarbeitung des gesamten **Fußnotenapparats** einer Veröffentlichung durchaus die Mit- oder Bearbeiterurheberschaft eines wissenschaftlichen Assistenten begründen (*Leuze* GRUR 2006, 552, 555; *Schricker* in: Hartmer/Detmer 419, 447 Rn. 127). Schließlich kann auch die **Erstellung von Leitsätzen bzw. eines Abstracts** urheberrechtlichen Schutz genießen (BGH GRUR 2011, 134 – Perlentaucher; BGH BeckRS 2010, 31033; OLG Frankfurt GRUR 2008, 249 – Abstract; BGH GRUR 1992, 382 – Leitsätze; *Schricker* in: Hartmer/Detmer 449 Rn. 127) und sich auch die **Erstellung eines Sachregisters** als schöpferische Leistung erweisen (*Schricker* in: Hartmer/Detmer 449 Rn. 127; *Leuze* 136 Fn. 94).

Fragen wirft in diesen Fällen regelmäßig die **korrekte Urheber-/Namensnennung** auf, da hier zwei unterschiedliche Zurechnungssysteme aufeinander stoßen, dasjenige der Naturwissenschaften und Medizin, bei dem es mit der Nennung darum geht, eine wesentliche Beteiligung an einer Studie oder an einem Experiment zu kennzeichnen und das urheberrechtliche, bei dem es um die Autorschaft an der Publikation selbst geht (vgl. dazu

Ohly FS Dietz 143; *Leuze* GRUR 2006, 552). Dem wissenschaftlichen Assistenten bzw. Mitarbeiter steht dabei jedenfalls, soweit er Miturheber der Publikation ist, ein im Kern unabdingbarer Anspruch auf **Urheberbenennung nach § 13** zu (dazu näher § 13 Rn. 4). Darüber hinaus enthalten **§ 24 HochschulrahmenG** sowie die entsprechenden Bestimmungen der Landeshochschulgesetze eine Sonderregelung für die **Namensnennung** bei der Veröffentlichung von Forschungsergebnissen, wonach Mitarbeiter, die einen „eigenen wissenschaftlichen oder sonstigen wesentlichen Beitrag" geleistet haben, „als Mitautoren" zu nennen sind und ihr Beitrag, soweit möglich, zu kennzeichnen ist (*Ulmer* 187; ausf. *Leuze* GRUR 2006, 552; *Rehbinder* 258). Letztlich kann „Mitautor" gem. § 8 aber nur werden, wer einen *urheberrechtlich* relevanten Beitrag zur Publikation geleistet hat (*Schmidt* 37; a. A. *Plett* 180 ff., 184, 210, Mitwirkung hinsichtlich des Inhalts ausreichend). Und da sich Miturheber nach § 13 grds. dagegen wehren können, dass jemand, der nicht zu ihrem Kreis gehört, gleichfalls als Miturheber genannt wird, ist § 24 HochschulrahmenG in der Weise korrigierend auszulegen, dass nur Miturheber i. S. v. § 8 als „Mitautoren" zu nennen sind, während sonstige wissenschaftlich oder in anderer Weise wesentlich beitragende Mitarbeiter in ihrer jeweiligen Funktion zu nennen sind (s. näher *Kraßer/Schricker* 88 m. w. N.; a. A. *Rehbinder* 258). Letztlich kann aus praktischer Sicht nur empfohlen werden, dass derjenige, der zu den Forschungsergebnissen wesentlich beigetragen hat, stets auch an der Formulierung der wissenschaftlichen Veröffentlichung dieser Ergebnisse individuell mitwirkt, wobei hier schon geringfügige schöpferische Beiträge genügen (s. § 8 Rn. 3). In jedem Fall unzulässig sind jedenfalls sog. „Ehrenautorschaften", vielmehr ist die Unterstützung durch Dritte in einer Danksagung anzuerkennen (vgl. z. B. die „Regeln zur Sicherung guter wissenschaftlicher Praxis" der Max-Planck-Gesellschaft).

Die spezifische Frage der **Nennung als Erstautor** auf wissenschaftlichen Publikationen schließlich lässt sich nicht anhand der Regelungen über die Miturheberschaft gem. § 8 klären, sondern ist nur anhand einer umfassenden Wertung aller Umstände des Einzelfalls, einschließlich einer möglicherweise konkludenten vertraglichen Vereinbarung möglich (*Thiele* GRUR 2004, 392, 395 mit Hinweis auf LG Braunschweig Urt. v. 12.6.2002 – 9 O 527/02; zu den spezifischen vertragsrechtlichen Fragen, die sich aus dem Spannungsverhältnis zwischen dem Schöpferprinzip des § 7 UrhG und der grundlegenden Zuordnung des Arbeitsergebnisses an den Arbeitgeber insbesondere im Hinblick auf angestellte und verbeamtete Urheber ergeben, s. ausf. *Leuze* WissR 2011, 280 ff.). Insb. gibt es innerhalb des § 8 kein „Ranking" der verschiedenen Mitautoren, vielmehr werden sämtliche Miturheber, mag ihr eigenschöpferischer Beitrag auch noch so gering sein, grundsätzlich gleich behandelt. Bei Fehlen abweichender Absprachen wird die **alphabetische** Reihenfolge zu wählen sein (vgl. § 8 Rn. 27).

V. Beweisfragen

Wer von sich behauptet Urheber, d. h. Schöpfer eines bestimmten Werkes zu sein, muss grds. beweisen, dass er das Werk tatsächlich geschaffen hat, sofern er sich nicht auf die Vermutungsregel in § 10 berufen kann (dazu ausführlich § 10 Rn. 4 ff., zur Frage der sekundären Darlegungslast, vgl. auch § 8 Rn. 58). Ein **Indizienbeweis** ist zulässig (vgl. OLG Hamm BeckRS 2006, 06870, S. 12 – Kircheninnenraumgestaltung; OLG Hamburg GRUR-RR 2003, 33 f.; LG Bielefeld ZUM-RD 2005, 149 – Urheberschaft an Liedtext; LG Düsseldorf ZUM-RD 2010, 696 – Kaugummi-Bilder; AG Düsseldorf NJOZ 2010, 685 – Autogrammkarte mit Fotografie; LG München I BeckRS 2008, 10053 – Digitalfotos: Übergabe von Fotodateien auf einem Speichermedium, Vorlage Fotoserie ja, Metadaten zu einer Fotodatei nein, da manipulierbar, „Hotpixel" in Fotodatei nein, da unzulässiger Ausforschungsbeweis). **Abstrakte, allgemeine Umschreibungen** der rechtlichen Anforderungen an einen schöpferischen Beitrag **genügen** dabei zur Substanziierung **nicht**, vielmehr sind **konkrete schöpferische Beiträge** darzulegen (vgl. substanziierte Darlegung z. B. in BGH GRUR 2009, 1046 – Kranhäuser; fehlende Substanziierung z. B. in LG

UrhG § 8 § 8 Miturheber

München I BeckRS 2009, 0473 (S. 43) – Die Wilden Kerle; OLG Hamm GRUR 2012, 192 – Musiktheater im Revier (i. Erg. allerdings zweifelh. im Hinblick auf die Erforderlichkeit dieser Substanziierung wegen § 10, vgl. § 10 Rn. 23)). Erforderlich ist ein **schlüssiger, überprüfbarer Tatsachenvortrag** (vgl. zum Fehlen eines solchen LG Hamburg ZUM 2010, 541, 545 – Miturheberschaft an Liedtexten).

Sofern der Kläger seine Urheberschaft substanziiert dargelegt hat, ist **im Verletzungsprozess** ein **Bestreiten mit Nichtwissen** regelmäßig **unbeachtlich.** Vielmehr muss der Verletzer, sofern er – wie regelmäßig der Fall – seinerseits materiellrechtlich zur Erkundigung über den Bestand der Rechtekette verpflichtet ist, eine von ihm behauptete abweichende Urheberschaft substanziiert darlegen, d. h. aufzeigen, wen er aus welchen Gründen für den Urheber hält (OLG Hamm ZUM 2009, 159 – Fallschirmsprung, unter Verweis auf BGH GRUR 2002, 190 – Die Profis). Insbesondere dann, wenn ein Fotograf eine ganze Serie von zusammenhängenden Fotos aus einem Fotoshooting im Prozess vorlegen kann, spricht ein **Anscheinsbeweis** dafür, dass sämtliche Fotos dieser Fotoserie von ihm stammen und kann der Verletzer die Urheberschaft nicht lediglich bestreiten, sondern muss zu einer konkreten anderweitigen Urheberschaft vortragen (LG München I BeckRS 2008, 10053 – Digitalfotos; AG Düsseldorf NJOZ 2010, 685 – Autogrammkarte mit Fotografie). Ein **Nichtbestreiten** schließlich kann nach allgemeinen Regeln nur ausnahmsweise zur Anerkennung führen (vgl. OLG Hamburg ZUM-RD 1999, 80, 83f. zu einem deklaratorischen Anerkenntnis der Urheberschaft von sequestrierten Lichtbildern; Dreier/Schulze/*Schulze* § 7 Rn. 10), allerdings können die Präklusionsregeln zur Anwendung kommen.

18 Ob in der Mitwirkung bei der Werkentstehung eine eigenschöpferische Leistung zu sehen ist oder nicht, ist **Tatfrage** (BGH GRUR 2009, 1046 – Kranhäuser; BGH GRUR 1963, 40, 41 – Straßen – gestern und morgen), wobei die Vermutung des § 10 Abs. 1 zu beachten ist (s. § 10 Rn. 25, 29; BGH GRUR 2009, 1046 – Kranhäuser; Vorinstanz OLG Hamburg NJOZ 2007, 2071). Wenn mehrere an der Werkschöpfung beteiligt sind, muss daher, soweit § 10 Abs. 1 nicht greift, jeder Beweis für seinen eigenen schöpferischen Beitrag erbringen (OLG Hamburg GRUR 1999, 714 – Bauhaus-Glasleuchte; Dreier/Schulze/*Schulze* § 7 Rn. 10). Allein die Tatsache, dass jemand unstreitig ein Manuskript selbst mit der Hand geschrieben hat, führt im Streit um die Urheberschaft noch nicht zu einer Umkehr der Beweislast, wenn streitig ist, ob nicht der wesentliche Inhalt des Manuskripts von einem Dritten mündlich diktiert wurde (OLG Köln GRUR 1988, 762 – Filmdrehbuch).

19 Andererseits fließt aus der **eigenhändigen Herstellung eines Kunstwerks** eine **tatsächliche Vermutung der (Allein-)Urheberschaft,** die sich nicht durch die bloße Behauptung erschüttern lässt, ein Dritter habe so präzise Angaben gemacht, dass dem Künstler die Möglichkeit eigener schöpferischer Tätigkeit bei der Ausformung des Kunstwerks genommen sei und er nur noch genaue Vorgaben habe handwerklich umzusetzen brauchen (OLG Hamburg GRUR-RR 2003, 33, 34 – Maschinenmensch; vgl. auch OLG München GRUR-RR 2010, 161f. – Bronzeskulptur). Die Behauptung dem Künstler streng und bis ins Einzelne vorgegebener Entwicklungsschritte stellt vielmehr eine so seltene Ausnahme von dem üblichen Regelfall bei der Erschaffung eines Werks dar, dass derjenige, der sich auf sie beruft, diese nach allgemeinen Grundsätzen auch darlegen und beweisen muss (OLG Hamburg GRUR-RR 2003, 33, 34 – Maschinenmensch). In gleicher Weise wird, je mehr ein Entwurf der Anfangsphase eines Gestaltungsprozesses entstammt und je individueller die zeichnerischen Mittel waren, regelmäßig um so weniger ein anderer als der Zeichner (Mit)urheber sein können (BGH GRUR 2003, 231 – Staatsbibliothek).

§ 8 Miturheber

(1) **Haben mehrere ein Werk gemeinsam geschaffen, ohne daß sich ihre Anteile gesondert verwerten lassen, so sind sie Miturheber des Werkes.**

(2) Das Recht zur Veröffentlichung und zur Verwertung des Werkes steht den Miturhebern zur gesamten Hand zu; Änderungen des Werkes sind nur mit Einwilligung der Urheber zulässig. Ein Miturheber darf jedoch seine Einwilligung zur Veröffentlichung, Verwertung oder Änderung nicht wider Treu und Glauben verweigern. Jeder Miturheber ist berechtigt, Ansprüche aus Verletzungen des gemeinsamen Urheberrechts geltend zu machen; er kann jedoch nur Leistung an alle Miturheber verlangen.

(3) Die Erträgnisse aus der Nutzung des Werkes gebühren den Miturhebern nach dem Umfang ihrer Mitwirkung an der Schöpfung des Werkes, wenn nichts anderes zwischen den Miturhebern vereinbart ist.

(4) Ein Miturheber kann auf seinen Anteil an den Verwertungsrechten (§ 15) verzichten. Der Verzicht ist den anderen Miturhebern gegenüber zu erklären. Mit der Erklärung wächst der Anteil den anderen Miturhebern zu.

Literatur: *Ahlberg,* Rechtsverhältnis zwischen Komponisten und Textdichter, Hamburg 1968; *Ahlberg,* Der Einfluss des § 31 IV UrhG auf die Auswertungsrechte von Tonträgerunternehmen, GRUR 2002, 313; *Brauneck/Schwarz,* Rechtsfragen des journalistischen Interviews, AfP 2008, 14–21, 126–133, 276–284; *Deumeland,* Stellungnahme zum Urteil des LG Düsseldorf vom 21.8.2002 – 12 O 538/01 – „Miturheberschaft an einem Tonkopf" – KUR 2003, 6; *Ehmann/Fischer,* Zweitverwertung rechtswissenschaftlicher Texte im Internet, GRUR Int. 2008, 284; *Flechsig,* Harmonisierung der Schutzdauer für musikalische Kompositionen mit Text; ZUM 2012, 237; *Heidmeier,* Das Urheberpersönlichkeitsrecht und der Film, Frankfurt a. M. u. a. 1996; *Henke/v. Falck/Haft/Jaekel/Lederer/Loschelder/McGuire/Viefhues/v. Zumbusch,* Der Einfluss der Mitinhaberschaft an Rechten des Geistigen Eigentums auf deren Verwertung (Q 194), GRUR Int. 2007, 503; *Kreutzer,* Anmerkung zum Urteil des LG München I vom 19.5.2004 – 21 O 6123/04 (GPL), MMR 2004, 696; *Jaeger/Metzger,* Open Content-Lizenzen nach deutschem Recht, MMR 2003, 431; *Kirchmaier,* Stellungnahme zum Urteil des LG Düsseldorf vom 21.8.2002 – 12 O 538/01 – „Miturheberschaft an einem Tonkopf" – KUR 2003, 7; *Leuze,* Die urheberrechtliche und arbeitnehmererfindungsrechtliche Stellung der wissenschaftlichen Mitarbeiter unter besonderer Berücksichtigung der angestellten Ärzte, WissR 2011, 280; *Leuze,* Die Urheberrechte der wissenschaftlichen Mitarbeiter, GRUR 2006, 552; *Loewenheim,* Urheberrechtliche Probleme bei Multimediaanwendungen, GRUR 1996, 830; *Metzger,* Vom Einzelurheber zu Teams und Netzwerken: Erosion des Schöpferprinzips?, in: Leible/Ohly/Zech, Wissen – Märkte – Geistiges Eigentum, Tübingen 2010, S. 79; *Meyer,* Miturheberschaft bei freier Software – Nach deutschem und amerikanischem Sach- und Kollisionsrecht, Baden-Baden 2011; *Meyer,* Miturheberschaft und Aktivlegitimation bei freier Software, CR 2011, 560; *Obergfell,* Tanz als Gegenwartskunstform im 21. Jahrhundert, ZUM 2005, 621; *Peifer,* Anmerkung zu BGH „Kommunikationsdesigner", LMK 2012, 338467; *Pfennig,* Joseph Beuys und seine Schüler, Anmerkung zum Urteil des OLG Düsseldorf vom 21.10.2003 – 20 U 170/02, ZUM 2004, 52; *Plaß,* Open Contents im deutschen Urheberrecht, GRUR 2002, 670; *Plett,* Urheberschaft, Miturheberschaft und wissenschaftliches Gemeinschaftswerk, München 1984; *Raitz v. Frentz/ v. Alemann,* Die Übertragungsfiktion des § 137l UrhG für unbekannte Nutzungsarten – ein praktischer Leitfaden für Urheber und Verwerter als Lizenznehmer und Lizenzgeber, ZUM 2010, 38; *Reichel,* Das Gruppenwerk im Urheberrecht, GRUR 1959, 172; *Reichel,* Zur Problematik des Gruppenwerks und des Rechts der Arbeitnehmer im Verlag in der Urheberrechtsreform, GRUR 1960, 582; *Reinfeld,* Der Schutz von Rhythmen im Urheberrecht, Göttingen 2006; *Reupert,* Der Film im Urheberrecht: neue Perspektiven nach hundert Jahren Film, Baden-Baden 1995; *Rieke,* Die Miturhebergemeinschaft. Unter besonderer Berücksichtigung der Geltendmachung der Ansprüche aus Rechtsverletzung, Hamburg 2012; *Runge,* Das Gruppenwerk als Objekt urheberrechtlichen Schutzes, GRUR 1956, 407; *Runge,* Urheberrechts- oder Leistungsschutz (unter besonderer Berücksichtigung des Gruppenwerks), GRUR 1959, 75; *Schack,* Urheber, Miturheber, Anreger und Gehilfen in: Jacobs u. a. (Hrsg.), Festschrift für Peter Raue zum 65. Geburtstag, Köln u. a. 2006, 649 (zit. Schack FS Raue); *Schmidt,* Die Rechtsverhältnisse in einem Forscherteam, Baden-Baden 1998; *Schäfer,* Verletzung der GPL ... na und? – Aktivlegitimation und Anspruchsumfang, DSRI-Tagungsband 2010, 541; *Schneider,* Zur Übertragung von Nutzungsrechten eines Kameramannes in Tarifverträgen bei unbekannter Nutzungsart, ZUM 2000, 310; *Schricker,* Die Einwilligung des Urhebers in entstellende Änderungen des Werks, Beiträge zum Schutz der Persönlichkeit und ihrer schöpferischen Leistungen, in: Forkel u. a. (Hrsg.), Festschrift für Heinrich Hubmann, Frankfurt 1985, 409 (zit. Schricker FS Hubmann); *M. Schulze,* Weglassen und Austausch von Filmmusik, FS Hertin 2000, S. 247; *Schwarz/Hansen,* Der Produzent als (Mit-)Filmurheber – Plädoyer für die Anerkennung eines Urheberrechts des Kreativproduzenten, GRUR 2011, 109; *Siefert,* Die Abgrenzung von Werkeinheit und Werkmehrheit im Urheberrecht und deren Bedeutung für das Verwertungsrecht, Baden-Baden 1998; *Sontag,* Das Miturheberrecht, Köln u. a.

1972; *Spindler,* Miturhebergemeinschaft und BGB-Gesellschaft, FS Schricker 2005, 539 (zit. *Spindler* FS Schricker); *Steffen,* Die Miturhebergemeinschaft, Frankfurt a. M. u. a. 1989; *Strobel,* So content with Open Content – Zufriedenheit dank Open-Content-Lizenz?, MMR 2003, 778; *Stroh,* Werkeinheit und Werkmehrheit im Urheberrecht, München 1969; *Szalai,* Die Rechtsnatur der Miturheberschaft – Zur Gesamthand und was davon übrig bleibt, UFITA 2012/I S. 5; *Thiele,* Die Erstautorenschaft bei wissenschaftlichen Publikationen, GRUR 2004, 392; *Thielecke/v. Bechtolsheim,* Urheberrecht für die Mitwirkenden an komplexen Werken?, GRUR 2003, 754; *Thum,* Anmerkung zu BGH „Kommunikationsdesigner", GRUR-Prax 2012, 415; *Ubertazzi,* Gedanken zur Erfinder- und zur Urhebergemeinschaft, GRUR Int. 2004, 805; *Vinck,* Das Interview im Urheberrecht, AfP 1973, 460; *Waldenberger,* Die Miturheberschaft im Rechtsvergleich, München 1991; *Wandtke/Holzapfel,* Ist § 31 IV UrhG noch zeitgemäß?, GRUR 2004, 284; *Werner,* Rechtsfragen der Miturhebergemeinschaften, BB 1982, 280; *Westkamp,* Research Agreements and Joint Ownership of Intellectual Property Rights in Private International Law, IIC 2006, 637.

Vgl. darüber hinaus die Angaben im eingangs abgedr. Gesamtliteraturverzeichnis.

Übersicht

	Rn.
I. Überblick	1
II. Die Entstehungsvoraussetzungen von Miturheberschaft	2–20
1. Persönliche geistige Leistung mehrerer	3–6
2. Schaffung eines einheitlichen Werkes	7–15
a) Keine Möglichkeit gesonderter Verwertung der Einzelbeiträge	7–12
b) Abgrenzung zu Sammelwerk (§ 4) und Werkverbindung (§ 9)	13
c) Beispiele	14, 15
3. Gemeinschaftlichkeit der Werkschöpfung	16–20
a) Gewollte schöpferische Zusammenarbeit bei der Schaffung des Werkes	16, 17
b) Abgrenzung zur Bearbeitung (§ 3) und Gehilfenschaft	18–20
III. Die Rechtsfolgen der einfachen Miturheberschaft	21–51
1. Miturhebergemeinschaft als gesetzliches Rechtsverhältnis	21
2. Gesamthänderische Bindung (§ 8 Abs. 2 S. 1)	22, 23
3. Umfang der gesamthänderischen Bindung, Rechtsnatur	24–28
a) Veröffentlichungsrecht (§ 12) und Verwertungsrechte (§§ 15 ff.)	24
b) Änderungsrecht (§ 23)	25
c) Sonstige urheberpersönlichkeitsrechtliche Befugnisse	26–28
aa) Anerkennung der Miturheberschaft (§ 13), Entstellungen (§ 14)	27
bb) Zugangsrecht (§ 25)	28
4. Die Verwaltung des gemeinsamen Urheberrechts	29–46
a) Einstimmigkeit der Beschlussfassung	29, 30
b) Einwilligungserfordernis (§ 8 Abs. 2)	31–33
c) Die Verteilung der Erträgnisse (§ 8 Abs. 3)	34–37
aa) Gesetzliche Regelung in § 8 Abs. 3	35, 36
bb) Abweichende vertragliche Vereinbarungen	37
d) Die Abwehr und Verfolgung von Rechtsverletzungen (§ 8 Abs. 2 S. 3)	38–44
aa) Alleinbefugnis und Prozessstandschaft	38
bb) Reichweite der Alleinbefugnis nach § 8 Abs. 2 S. 3	39, 40
cc) Erforderlichkeit der Leistung an alle (2. Halbs.)	41
dd) Keine Übertragung der Wahrnehmungsbefugnis auf Dritte	42
ee) Verletzungen durch einen oder mehrere Miturheber	43, 44
e) Das Notverwaltungsrecht (§ 744 Abs. 2 BGB)	45, 46
5. Der Anteilsverzicht (§ 8 Abs. 4)	47–50
6. Schutzdauer bei Miturheberschaft	51
IV. Die Miturhebergesellschaft	52, 53
1. Abgrenzung von der Miturhebergemeinschaft	52
2. Vertragliche Gestaltungsmöglichkeiten	53
V. Einzelfragen	54–61
1. Ausländische Miturheber und kollisionsrechtliche Aspekte	54
2. Zwangsvollstreckung	55
3. Erbrecht	56
4. Filmwerke	57
5. Urheberschaftsvermutung nach § 10 Abs. 1, Beweislast	58

	Rn.
6. Zur Anwendbarkeit von § 8 auf verwandte Schutzrechte	59
7. Früheres Recht gem. LUG und KUG und Übergangsrecht	60, 61
8. Die Haftung der Miturheber	62
9. Besondere Aspekte von Open-Source- und Open-Content-Projekten	63

I. Überblick

§ 8 regelt die **Miturheberschaft,** bei der es sich um eine besonders enge Form der 1 Bindung zwischen mehreren Urhebern handelt. **Abs. 1** bestimmt insoweit zunächst die **Voraussetzungen,** unter denen zwischen mehreren Werkschöpfern Miturheberschaft entsteht. Miturheberschaft entsteht danach bei einer **gemeinschaftlichen,** auf Zusammenarbeit beruhenden **Werkschöpfung** (dazu unten Rn. 16 ff.), wenn diese zur Entstehung eines einheitlichen Werkes führt, was sich in der **fehlenden gesonderten Verwertbarkeit der Einzelbeiträge** äußert (dazu unten Rn. 7 ff.). Diese Voraussetzungen grenzen die Miturheberschaft von den anderen Formen der Mehrurheberschaft wie Werkverbindungen (§ 9), Bearbeitungen (§ 3) und Sammelwerken (§ 4) ab. Relevanz entfaltet diese Abgrenzung zum einen bei der Werkverwertung (dazu unten Rn. 24 ff., 29) und der Verfolgung von Rechtsverletzungen (dazu unten Rn. 34 ff.), für die in den Abs. 2 bis 4 jeweils einige wichtige Regelungen aufgestellt werden, sowie schließlich bei der Schutzdauer, die erst 70 Jahre nach dem Tode des längstlebenden Miturhebers endet (dazu unten Rn. 51 ff.; § 65 Rn. 1 ff.).

Bzgl. der Verwertung bestimmt Abs. 2 S. 1, dass den Miturhebern das Veröffentlichungs- und Verwertungsrecht zur gesamten Hand zusteht. Das bedeutet, dass das Werk **nur im allseitigen Einvernehmen sämtlicher Miturheber veröffentlicht und verwertet** werden darf (dazu unten Rn. 24 ff.). Darüber hinaus bedürfen auch **Änderungen** stets der **Einwilligung aller Miturheber** (Abs. 2 S. 1; dazu unten Rn. 25 ff.). Allerdings sieht Abs. 2 S. 2, damit nicht einzelne Miturheber die Werkverwertung ohne **wichtigen Grund** dauerhaft blockieren können, vor, dass die Einwilligung nicht wider Treu und Glauben verweigert werden darf (dazu unten Rn. 33 ff.). Zur Erleichterung der Abwehr von Verletzungen des gemeinsamen Urheberrechts enthält Abs. 2 S. 3 sodann eine **gesetzliche Prozessstandschaft,** derzufolge jeder Miturheber berechtigt ist, **Ansprüche aus Verletzungen** des gemeinsamen Urheberrechts selbstständig und ohne Zustimmung der anderen Miturheber geltend zu machen (dazu unten Rn. 38 ff.). Diese Individualklagebefugnis umfasst dabei grundsätzlich auch Ansprüche auf Leistung, wie insbesondere Schadensersatzansprüche, bei denen allerdings **nur Leistung an alle** Miturheber verlangt werden kann (dazu unten Rn. 38 ff.). Abs. 3 regelt die **Verteilung der Erträgnisse** aus der Nutzung des Werkes, die sich bei Fehlen abweichender Vereinbarungen nach dem **Umfang der Mitwirkung** richtet (dazu unten Rn. 34 ff.), und Abs. 4 schließlich lässt in Ausnahme von dem Grundsatz des § 29 Abs. 1 den **Verzicht** eines Miturhebers auf seinen Anteil an den Verwertungsrechten zu (dazu unten Rn. 47 ff.).

Insgesamt enthält § 8 zwar einige wichtige Regelungen für die Miturheberschaft, jedoch sind diese lückenhaft und machen die Verwaltung des gemeinsamen Urheberrechts ziemlich schwerfällig. Miturhebern ist daher dringend anzuraten, wichtige Fragen ihrer Rechtsbeziehungen idealerweise bereits im Vorfeld der Werkschöpfung oder jedenfalls so früh wie möglich im Wege eines **Miturhebervertrages** einer klaren Regelung zuzuführen (dazu unten Rn. 52 ff.), wobei dieser Vertrag zugleich, aber nicht notwendigerweise auch als **Gesellschaftsvertrag** gem. §§ 705 ff. BGB geschlossen werden kann (dazu unten Rn. 52 ff.). Soweit vertragliche Regelungen zwischen den Miturhebern fehlen, kommt hingegen der **Rechtsprechung** eine **wichtige Aufgabe bei der Klärung des gesetzlichen Miturheberverhältnisses** zu, die sich angesichts der Tatsache, dass die Zahl von Werken, an denen eine Vielzahl von Urhebern mitwirkt, rasch ansteigt, in Zukunft vermutlich noch verstärken wird. Allerdings wird sich dabei nicht jede **Mehrurheberschaft** gleich als Miturheberschaft darstellen, so dass die **Problematik komplexer Werkstrukturen** wie bei Open Source Software und Open-Content-Projekten nicht allein in § 8 verortet werden kann (dazu unten Rn. 63 ff.).

Reformbedarf wird für § 8 zur Zeit vor allem in zweierlei Hinsicht **diskutiert**. Zum einen wird die Frage gestellt, ob die in Art. 1 (1) RL 2011/77/EU zur Änderung der Schutzdauer-Richtlinie 2006/116/EG enthaltene **Verlängerung der Schutzdauer für Musikkompositionen mit Text** auf 70 Jahre nach dem Tod des zuletzt Versterbenden von Komponist oder Textdichter, zugleich eine Neubewertung dieser nach deutschem Recht klassischen Werkverbindung (§ 9) als Miturheberschaft erfordert, was nach hier vertretener Ansicht nicht der Fall ist (dazu ausf. unten Rn. 13 f.). Darüber hinaus wird nach Möglichkeiten gesucht, die **prozessuale Rechtsdurchsetzung** von Miturheberrechten zu **vereinfachen** (dazu unten Rn. 38 ff.). In diesem Zusammenhang steht schließlich auch die umstrittene bzw. nach wie vor ungeklärte **Rechtsnatur der Miturhebergemeinschaft** als Gesamthands- oder Bruchteilsgemeinschaft wieder verstärkt auf dem Prüfstand (dazu unten Rn. 22 f.).

Auf **verwandte Schutzrechte** ist § 8 nur insoweit anwendbar, als auf ihn verwiesen wird. Das ist insbesondere bei **wissenschaftlichen Ausgaben** (§ 70 Abs. 1) und **Lichtbildern** (§ 72 Abs. 1) insgesamt sowie seit der zum 13.9.2003 in Kraft getretenen Neufassung des § 80 für **gemeinsame Darbietungen ausübender Künstler** (§ 80 Abs. 1 S. 3) jedenfalls teilweise der Fall (s. dazu unten Rn. 59 und § 80 Rn. 7 ff.).

II. Die Entstehungsvoraussetzungen von Miturheberschaft

2 Rechtlich setzt Miturheberschaft eine **persönliche geistige Leistung mehrerer** voraus (dazu unten Rn. 3 ff.), die in **gewolltem Zusammenwirken bei der Werkschöpfung** (dazu unten Rn. 16 ff.) zur **Schaffung eines einheitlichen Werkes** geführt hat (dazu unten Rn. 7 ff.).

1. Persönliche geistige Leistung mehrerer

3 Miturheber wird nur derjenige, der zu dem gemeinsamen Werk einen **schöpferischen Beitrag** geleistet hat, d. h. wer die Formgestaltung des gemeinsamen Werkes individuell mitgeprägt hat. Der Beitrag muss somit selbst **Werkeigenschaft gem. § 2 Abs. 2** besitzen und durfte sich nicht auf eine bloße Anregung oder Gehilfenschaft beschränken (so die h. M.; BGH GRUR 2003, 231, 233 – Staatsbibliothek; BGH GRUR 1994, 39, 40 – Buchhaltungsprogramm m. w. N.; BGH GRUR 1985, 529 – Happening; BGH GRUR 1963, 40, 41 – Straßen – gestern und morgen; LG Hamburg ZUM 2010, 541 – Miturheberschaft an Liedtexten; Schricker/Loewenheim/*Loewenheim* § 8 Rn. 4; Dreier/Schulze/ *Schulze* § 8 Rn. 6 f.; Dreyer/Kotthoff/Meckel/*Dreyer* § 8 Rn. 15; *Thielecke/v. Bechtolsheim* GRUR 2003, 754, 756; *Rieke* 43 ff.; *Sontag* 7; *Waldenberger* 14; *Werner* BB 1982, 280; a. A., keine Werkeigenschaft erforderlich, *Szalai* UFITA 2012, 5 ff.; Möhring/Nicolini/*Ahlberg* § 8 Rn. 8, s. dazu unten Rn. 4).

Auf den **Umfang** des schöpferischen Beitrags kommt es dagegen nicht an, vielmehr reicht grundsätzlich **auch ein geringfügiger schöpferischer Beitrag** zur Begründung von Miturheberschaft aus, sofern er noch die Voraussetzungen einer persönlichen geistigen Schöpfung nach § 2 Abs. 2 erfüllt (BGH GRUR 2009, 1046, 1050 – Kranhäuser (Tz. 43); ebenso Vorinstanz OLG Hamburg NJOZ 2007, 2071, 2082 – Kranhäuser Rheinauhafen; BGH GRUR 1994, 39, 40 – Buchhaltungsprogramm; OLG Karlsruhe GRUR 1984, 812, 813 – Egerlandbuch; LG Hamburg ZUM 2010, 541 – Miturheberschaft an Liedtexten; Schricker/Loewenheim/*Loewenheim* § 8 Rn. 4; Dreier/Schulze/*Schulze* § 8 Rn. 6; Dreyer/ Kotthoff/Meckel/*Dreyer* § 8 Rn. 15; *Rieke* 43 ff.; *Waldenberger* 17: auch ein Anteil von nur

1%; a. A. wohl LG München I ZUM 1999, 332, 338 – Miturheberschaft des Kameramannes – für Filmwerke, wonach der Beitrag nicht nur von völlig untergeordneter Bedeutung für das Werk sein darf).

Da somit einerseits jeder, der **kleinste schöpferische Beiträge** zu einem Werk beisteuert, Miturheber des Gesamtwerkes (vgl. § 2 Rn. 27 f.) wird, und andererseits die durch § 8 Abs. 2 vorgegebene **gesamthänderische Bindung** der Verwertungsrechte **nicht disponibel** ist und somit **unabhängig von der Bedeutung der Einzelbeiträge** für das Gesamtwerk eintritt, sollte in Fällen, in denen die einzelnen Miturheber absehbar sehr verschieden bedeutsame Beiträge beisteuern werden, eine möglichst ungehinderte Werkverwertung durch die Haupturheber bereits im Vorfeld der Werkschöpfung durch Abschluss von Miturheberverträgen (dazu unten Rn. 53) oder sogar durch Vereinbarung von Anteilsverzichten völlig untergeordneter Miturheber gem. § 8 Abs. 4 sichergestellt werden (zum Anteilsverzicht unten Rn. 47).

Von dem **Erfordernis des schöpferischen Beitrags** für die Entstehung von Miturheberschaft gibt es nach h. M. (Nachweise s. oben Rn. 3) und auch hier vertretener Ansicht **keine Ausnahmen,** auch nicht bei **komplexen Werken,** deren schöpferischer Charakter sich erst auf einer höheren gestalterischen Ebene als der ihrer Einzelelemente entfaltet. Ergibt sich z. B. die Werkeigenschaft eines Gebäudekomplexes erst aus der kompositorischen Zuordnung für sich betrachtet nicht schöpferischer Gebäudeteile (vgl. BGH GRUR 1957, 391, 392 f. – Ledigenheim), wird (Mit-)Urheber nicht schon derjenige, der nur ein oder mehrere nichtschöpferische Einzelelemente beigesteuert hat, sondern nur derjenige, der das Werk als die **höhere Einheit schöpferisch mitgestaltet** und auf dieser höheren gestalterischen Ebene einen Beitrag mit Werkqualität erbringt, indem er unmittelbar an der schöpferischen Komposition mitwirkt (a. A. *Szalai* UFITA 2012, 5, 12 ff.; Möhring/Nicolini/ *Ahlberg* § 8 Rn. 8 ff.). Gleiches gilt etwa auch für einen aus nichtschöpferischen Lerngegenständen bestehenden Lehrplan (vgl. BGH GRUR 1991, 130, 133 – Themenkatalog).

Der Einwand gegen die h. M., dass gerade bei größeren Projekten aufgrund der üblichen Arbeitsteilung viele Mitwirkende, deren Beitrag die Voraussetzungen des § 2 Abs. 2 nicht erfülle, rechtlos gestellt wären (*Szalai* UFITA 2012, 5, 12 ff.), überzeugt nicht. Wer zu einem individuell konzipierten **komplexen Werk** lediglich im Stadium der Realisierung einen nichtschöpferischen Beitrag beisteuert, ist nur Werkgehilfe und verdient zu recht keinen Schutz als Urheber (dazu § 7 Rn. 14). Dies gilt auch dann, wenn die Realisierung des komplexen Werkes ausschließlich durch Werkgehilfen vorgenommen wird, die keinem eigenständigen individuellen Gestaltungsspielraum unterliegen (vgl. LG Düsseldorf ZUMRD 2010, 696 – Kaugummi-Bilder). Es entsteht in diesen Fällen jedoch **keineswegs ein „Werk ohne Urheber"** (so Möhring/Nicolini/*Ahlberg* § 8 Rn. 9; *Szalai* UFITA 2012, 5, 13). Vielmehr ist Urheber in diesem Fall, wie bereits geschildert, wer im Stadium der **geistigen Konzeption der Form des künftigen Werkes** schöpferisch mitgewirkt und individuelle Gestaltungsbeiträge geleistet hat, die anschließend durch die Werkgehilfen umgesetzt wurden. Es ist daher zu Recht mit der h. M. an dem Erfordernis der Werkeigenschaft der Beiträge eines Beteiligten für die Begründung von Miturheberschaft festzuhalten, um die Miturheber von anderen an der Entstehung des Werkes beteiligten Personen, insbesondere den bloßen Werkgehilfen abzugrenzen (BGH GRUR 2003, 231, 234 – Staatsbibliothek; KG GRUR-RR 2004, 129, 130 – Modernisierung einer Liedaufnahme; *Thielecke/v. Bechtolsheim* GRUR 2003, 754, 756; *Rieke* 45; a. A. *Szalai* UFITA 2012, 5 ff., 12 ff.; Möhring/Nicolini/*Ahlberg* § 8 Rn. 8 ff.).

Keinen schöpferischen Beitrag mit Werkeigenschaft i. S. v. § 2 Abs. 2 leistet insb. der **Auftraggeber,** der lediglich eine fremde Schöpfung veranlasst und finanziert, selbst wenn er dem Urheber das Thema und den Charakter des Werkes vorgibt oder auch bereits einzelne Detailvorgaben macht oder aus verschiedenen Entwürfen diejenigen auswählt, die weiterzuentwickeln sind (dazu auch § 7 Rn. 9 ff.). Gleiches gilt, da Ideen als solche urheberrechtlich nicht schutzfähig sind, für den **Werkanreger** oder **Ideengeber,** der dem Urheber lediglich Ideen oder Anregungen zu einem Werk liefert (BGH GRUR 2003, 231, 233 – Staatsbibliothek; BGH GRUR 1995, 47f. – Rosaroter Elefant; OLG München NJOZ 2004, 867f. – Pumuckl; OLG Düsseldorf ZUM-RD 2001, 385, 387 – Spannring), indem er bspw. auf ein historisches Ereignis hinweist, ein eigenes tatsächliches Erlebnis berichtet oder eine gemeinfreie Fabel erzählt (OLG München GRUR 1956, 432, 434 – Solange Du da bist), die der Urheber anschließend zur Grundlage seines Werkes macht. In gleicher Weise begründet die bloße Idee, einen vorgegebenen Refrain im Falsett-Stil zu singen, keine Miturheberschaft mit dem Liedkomponisten (KG GRUR-RR 2004, 129, 130 – Modernisierung einer Liedaufnahme), genauso wenig wie die Anregung, eine Auswahl gemeinfreier Texte zusammenzustellen, eine Miturheberschaft an dem späteren Sammelwerk begründen (vgl. LG München I ZUM 2002, 748, 752f. – Carmina Burana) oder **rein konzeptionelle Vorgaben** kaufmännischer oder betriebswirtschaftlicher Art ein Miturheberrecht an ihrer schöpferischen Umsetzung in **Programmierleistungen** begründen (OLG Köln ZUM-RD 2005, 333, 335; ebenso wenig die spätere bloße Fehlerbehebung, vgl. *Rieke* 44; vgl. aber § 69a Rn. 45). Nur dann, wenn die **Ideen oder Anregungen bereits** eine so **konkrete Gestalt** aufweisen, dass sie eigenständigen Werkcharakter haben und nach § 2 Abs. 2 selbstständig urheberschutzfähig sind, nimmt derjenige, der die in ihnen enthaltenen formbildenden Elemente in die weitere Ausgestaltung seines Werkes übernimmt, indem er daraus einen Roman, ein Drehbuch usw. macht, eine **Bearbeitung gem. § 3** vor (dazu näher unten Rn. 18f.; Miturheberschaft im Hinblick auf das endgültige Werk entstünde hingegen nur dann, wenn bei dessen Gestaltung sämtliche Urheber mit dem Willen zur Schaffung eines gemeinsamen Werkes zusammenarbeiteten, vgl. unten Rn. 16ff.; BGH GRUR 1995, 47, 48 – Rosaroter Elefant; OLG Düsseldorf GRUR-RR 2005, 1, 2f. – Beuys-Kopf). Da die **Abgrenzung** zwischen bloßer Werkanregung und schöpferischer Mitwirkung **fließend** ist, wird von Werkanregern und Ideengebern oftmals Miturheberschaft beansprucht. Dabei ist zunächst zu beachten, dass miturheberschaftsbegründende Beiträge grundsätzlich in der gleichen Werkkategorie erbracht werden müssen wie das spätere Werk, so dass kaufmännische Vorgaben keine Miturheberschaft an der später programmierten Software begründen (vgl. OLG Köln GRUR-RR 2005, 303f. – Entwurfsmaterial), genauso wenig wie selbst genaueste verbale Anweisungen zur Anordnung und Ausführung von Bildern zu keiner Miturheberschaft an einem zeichnerischen oder malerischen Werk führen (dies können nur Skizzen, vgl. § 7 Rn. 13; vgl. zu einem bloßen Diskussionsbeitrag in einem Architektenworkshop BGH GRUR 2009, 1046, 1050 (Tz. 46) – Kranhäuser; vgl. auch OLG München GRUR-RR 2010, 161f. – Bronzeskulptur).

Schwieriger hingegen ist die Abgrenzung zwischen bloßer Werkanregung und schöpferischem Beitrag bei Sprachwerken, bei denen bereits die **Fabel** bzw. eine durch die individuelle Gedankenführung geprägte Darstellung als solche Urheberschutz genießen (dazu § 2 Rn. 48; § 7 Rn. 13; BGH GRUR 1999, 984, 987 – Laras Tochter) und auch zeichnerisch in Form einer „Bildsprache" dargestellt werden kann (vielseitig interpretierbare Illustrationen reichen dafür jedoch nicht aus, vgl. LG München I BeckRS 2009, 0473 (S. 43) – Die Wilden Kerle). Während insoweit derjenige, der Memoiren erzählt, regelmäßig einen die Miturheberschaft begründenden eigenschöpferischen Beitrag erbringt (vgl. OLG Köln GRUR 1953, 499 – Kronprinzessin Cäcilie I), stellte die bloße Anregung, ein Drehbuch über den Betrieb der Filmherstellung zu schreiben, obwohl sie durch die Schilderung eigener Erlebnisse ausgestaltet worden war, keinen schöpferischen Beitrag dar (vgl. OLG München GRUR 1956, 432 – Solange Du da bist). Bei einem **Interview** wiederum wird es darauf ankommen, ob der Journalist den Interviewpartner lediglich mit knappen Fragen oder Stichwortvorgaben zu eigenständigen, ausführlichen Kommentaren anregt, oder ob er inhaltlich auf die Antworten seines Gesprächspartners eingeht, und durch gedankliche Verknüpfungen sowie gezielte Überleitungen die Struktur des Gesprächs wesentlich mitgestaltet (vgl. LG Berlin ZUM-RD 2012, 37; vgl. auch LG Hamburg BeckRS 2012, 25167;

Schack Rn. 314, krit. zu AG Frankfurt/M AfP 2006, 283, 284; *Schack* FS Raue 649, 650; Fromm/Nordemann/*Nordemann* § 8 Rn. 10; *Brauneck/Schwarz* AfP 2008, 14, 20f.; *Vinck* AfP 1973, 460; ferner § 7 Rn. 13). Bei **wissenschaftlichen Werken** wird Miturheber regelmäßig nur derjenige, der sich an der Darstellung der Forschungsergebnisse beteiligt, nicht aber automatisch derjenige, auf dessen Forschungsergebnissen das Werk beruht (ausf. § 7 Rn. 16; dort auch zu § 24 HRG und zur Nennung als Erstautor, vgl. auch unten Rn. 27; Schricker/Loewenheim/*Loewenheim* § 8 Rn. 4; *Schack* Rn. 282; *Schmidt* 37).

Der schöpferische Charakter unterscheidet die Beiträge eines Miturhebers schließlich **6** auch von denen eines **Gehilfen** (vgl. oben Rn. 4). Auch wenn ein Gehilfe zur Entstehung eines Werkes oftmals konkrete Beiträge von beträchtlichem Umfang leistet, entsteht, solange er dabei über keinerlei eigenen Gestaltungsspielraum verfügt, sondern lediglich einen fremden Gestaltungswillen ausführt und umsetzt, mangels (eigen)schöpferischen Charakters seiner Beiträge keine Miturheberschaft (OLG Hamm BeckRS 2006, 06870 S. 12 – Kircheninnenraumgestaltung; LG Düsseldorf ZUM-RD 2010, 696 – Kaugummi-Bilder; LG München I ZUM 1999, 332, 337f. – Miturheberschaft des Kameramanns; vgl. auch unten Rn. 20; s. auch § 7 Rn. 14f.). Bloßer Werkgehilfe ist danach z.B. der Assistent eines Künstlers, der nach den Anweisungen seines Lehrers an einer **Fluxus-Aktion** mitwirkt (LG Düsseldorf GRUR-RR 2011, 203 – Beuys-Aktion – m. Anm. *Raue* (zuvor bereits eV-Verfahren: LG Düsseldorf ZUM 2009, 975); bestätigt von OLG Düsseldorf GRUR 2012, 173 – Beuys-Fotoreihe), oder die nach einer vom Urheber festgelegten Choreografie an einem nach einem alten Gemälde veranstalteten **Happening** Mitwirkenden (dazu § 7 Rn. 15; KG GRUR 1984, 507 – Happening; BGH GRUR 1985, 529 – Happening – m. Anm. *Jacobs*). Zwar ist es grundsätzlich möglich, dass die Grenze von der ausführenden zur schöpferischen Mitarbeit überschritten wird und die „Gehilfenbeiträge" Miturheberqualität erreichen. Wann dies der Fall ist, ist eine schwierige, **nach objektiven Kriterien zu beurteilende Tatfrage** (dazu ausführlich § 7 Rn. 12ff., 14ff.).

2. Schaffung eines einheitlichen Werkes

a) Keine Möglichkeit gesonderter Verwertung der Einzelbeiträge. Weitere Voraussetzung für das Entstehen von Miturheberschaft ist gem. § 8 Abs. 1, dass die schöpferischen Beiträge der mehreren Urheber zur Entstehung eines einheitlichen Werkes geführt haben, was dann der Fall ist, wenn sich die einzelnen Beiträge nicht mehr „gesondert verwerten" lassen. Auf dinglicher Ebene findet insoweit eine **Verschmelzung** der mehreren Beiträge **zu einem einheitlichen Werk** und damit einheitlichen Urheberrecht statt. Wann von dieser für die Entstehung von Miturheberschaft erforderlichen **Unmöglichkeit gesonderter Verwertung der schöpferischen Einzelbeiträge** auszugehen ist, wird vom Gesetz nicht näher definiert. Fest steht insoweit allerdings, dass es auf die tatsächliche Untrennbarkeit der Einzelbeiträge, anders als im früheren Recht, nicht mehr ankommt (AmtlBegr. *M. Schulze* Materialien 425; zum früheren Recht BGH GRUR 1959, 335, 336 – Wenn wir alle Engel wären; dazu näher unten Rn. 60f.), so dass, auch wenn die Einzelbeiträge physisch voneinander trennbar sind, Miturheberschaft nicht notwendig ausscheidet. Entscheidend ist vielmehr allein, ob die Beiträge der einzelnen Urheber **unvollständige Teile des ganzen Werkes** darstellen (AmtlBegr. *M. Schulze* Materialien 425). Damit liegt zwar – nach wie vor – ein einheitliches Werk und damit Miturheberschaft immer dann vor, wenn die Beiträge der einzelnen Urheber **faktisch nicht trennbar** sind, etwa wenn mehrere Autoren einen Text, z.B. ein Drehbuch, einen Roman oder einen wissenschaftlichen Aufsatz, gemeinsam Satz für Satz formuliert oder ein Musikstück Takt für Takt gemeinsam komponiert haben. Umgekehrt aber, wenn die **Beiträge der einzelnen Urheber identifizierbar** und damit faktisch trennbar sind, etwa weil die Urheber die Bearbeitung des Werkes nach einzelnen Kapiteln oder Szenen untereinander aufgeteilt haben, kommt es zusätzlich darauf an, ob die Einzelbeiträge unvollständige Teile des ganzen Werkes darstellen oder nicht (AmtlBegr. *M. Schulze* Materialien 425; BGH GRUR 2009, 1046, 1048 – Kranhäuser (Tz. 38); Schricker/Loewenheim/*Loewenheim* § 8 Rn. 5 f.).

Der Begriff der Unvollständigkeit ist dabei im Sinne einer **Ergänzungsbedürftigkeit** zu verstehen, d. h. der Beitrag eines Miturhebers ist, auch wenn er in sich selbst abgeschlossen ist, schon immer dann unvollständig, wenn er, wie z. B. das einzelne Kapitel eines Romans oder die einzelne Szene eines Drehbuchs, nach der Herauslösung aus dem Werk ergänzt oder anderweitig integriert werden müsste, um verkehrsfähig zu sein (BGH GRUR 2009, 1046, 1048 – Kranhäuser (Tz. 38); BGH GRUR 2003, 234 – Staatsbibliothek; KG Schulze KGZ 55, 12 – Puppenfee; Schricker/Loewenheim/*Loewenheim* § 8 Rn. 5; Fromm/Nordemann/*Nordemann* § 8 Rn. 10). Ob und inwieweit dabei aktuell eine konkrete Nachfrage nach herausgetrennten Werk(teil)en dieser Art besteht, spielt hingegen keine Rolle (KG Schulze KGZ 55, 12 – Puppenfee; Schricker/Loewenheim/*Loewenheim* § 8 Rn. 5).

Die Frage der Ergänzungsbedürftigkeit wird dabei letztlich allerdings nicht nur mit Blick auf den herausgetrennten Werkteil, sondern auch mit Blick auf das verbleibende „Restwerk" zu beurteilen sein, so dass auch eine durch die Herauslösung eines Werkteils hervorgerufene **Ergänzungsbedürftigkeit und Unvollständigkeit des „Restwerkes"** eine Miturheberschaft begründet („Weglassprobe" *Szalai* UFITA 2012, 5, 21; OLG Hamburg NJOZ 2007, 2071, 2076 – Kranhäuser Rheinauhafen; nicht entschieden in der Revisionsinstanz BGH GRUR 2009, 1046, 1049 – Kranhäuser (Tz. 39), da von einer bloßen Werkverbindung zwischen Architektur und städtebaulichem Konzept ausgehend; *Schack* FS Raue 649, 656; *Steffen* 25; *Stroh* 158 ff.; a.A. *Waldenberger* 21 ff. und ihm folgend Dreier/Schulze/*Schulze* § 8 Rn. 5, wonach schöpferische Beiträge einen „Doppelcharakter" haben können und innerhalb des Gesamtwerks Miturheberschaft vorliegt, sie jedoch außerhalb frei verwertet werden können). Miturheberschaft aufgrund einer Ergänzungsbedürftigkeit des Restwerkes kann insbesondere dann vorliegen, wenn bei komplexen Gesamtwerken, die aus einer Vielzahl von selbstständig verwertbaren schöpferischen Einzelelementen zusammengesetzt sind, eine Herauslösung einzelner Elemente bei dem Gesamtwerk zu einer unorganischen Zergliederung führen würde (OLG Hamburg NJOZ 2007, 2071, 2076 f. – Kranhäuser Rheinauhafen). Allerdings ist hier eine sorgfältige Abgrenzung zur bloßen Werkverbindung (von bearbeiteten Einzelwerken) vorzunehmen (davon ausgehend z. B. die Revisionsinstanz BGH GRUR 2009, 1046, 1048 – Kranhäuser (Tz. 33, 40); vgl. dazu auch § 9 Rn. 10 f.; Dreier/Schulze/*Schulze* § 8 Rn. 5), die ihrerseits sodann – bei gleicher Werkart – schöpferisch zu einem komplexen Gesamtwerk miturheberschaftlich bearbeitet worden sein kann.

8 Für die Frage der gesonderten Verwertbarkeit kommt es einzig und **allein auf die objektive Sachlage** im Zeitpunkt der Werkschöpfung an, **nicht hingegen auf die subjektive Vorstellung** der Urheber von der Einheitlichkeit des geschaffenen Werkes und der Untrennbarkeit der geleisteten Beiträge (vgl. BGH GRUR 2009, 1046, 1049 (Tz. 37, 39) – Kranhäuser). Miturheberschaft kann auch weder dadurch begründet werden, dass ein Verbot gesonderter Verwertung zweier Werke vertraglich vereinbart wird, noch dadurch, dass sich Einzelurheber zu einer GbR gem. §§ 705 ff. BGB zusammenschließen, in deren gemeinschaftliches Vermögen die Nutzungsrechte an den Einzelwerken überführt werden (vgl. BGH GRUR 1998, 673, 677 – Popmusikproduzenten; Möhring/Nicolini/*Ahlberg* § 8 Rn. 12; Schricker/Loewenheim/*Loewenheim* § 8 Rn. 5).

9 Nicht erforderlich ist es, dass die Urheber ihre schöpferischen Beiträge gleichzeitig erbringen und ihre Beiträge insoweit nebeneinander stehen (horizontale Arbeitsteilung). Vielmehr kann bei einem **stufenweise entstehenden Werk** die schöpferische **Mitwirkung auf einer beliebigen Vor-, Zwischen- oder Endstufe** der Werkschöpfung erfolgen, sofern sie als unselbstständiger Beitrag zum einheitlichen Schöpfungsprozess der Vollendung des Werkes geleistet und insoweit in Unterordnung unter die gemeinsame Gesamtidee erbracht wird (vertikale Arbeitsteilung); eine Beteiligung an sämtlichen Stufen der Werkentstehung ist nicht erforderlich (BGH GRUR 2003, 231, 234 – Staatsbibliothek;

BGH GRUR 1994, 39, 40 – Buchhaltungsprogramm; BGH GRUR 2005, 860, 863 – Fash 2000; LG Mannheim ZUM 2005, 915, 917 – Gesangsmelodie; Schricker/Loewenheim/*Loewenheim* § 8 Rn. 7; Dreier/Schulze/*Schulze* § 8 Rn. 3; s. zum Willen zur Zusammenarbeit auch unten Rn. 16 ff.; zum Erfordernis der fehlenden gesonderten Verwertbarkeit der einzelnen Stufen s. oben Rn. 7).

Dass bei einem derartigen stufenweise entstehenden Werk ein Miturheber während der Entstehungszeit stirbt, bedeutet daher nicht zwangsläufig eine zeitliche Zäsur für die Entstehung von **Miturheberschaft,** vielmehr bleibt **auch nach dem Tod eines Miturhebers** die miturheberschaftliche Vollendung des Werkes weiterhin möglich, sofern die Erbringung der schöpferischen Beiträge noch auf der ursprünglichen gemeinsamen Zusammenarbeit beruht (BGH GRUR 2003, 231, 234 – Staatsbibliothek; Dreier/Schulze/*Schulze* § 8 Rn. 3). Im Einzelfall kann die Abgrenzung zur lediglich eine Bearbeitung i. S. v. § 3 darstellenden bloßen Vollendung eines fremden Werkes jedoch schwierig sein (vgl. dazu unten Rn. 18).

Beispiele für oftmals **stufenweise entstehende Werke** bilden Computerprogramme (BGH GRUR 1994, 39, 40 – Buchhaltungsprogramm; BGH GRUR 2005, 860, 863 – Fash 2000; dazu ausf. § 69a Rn. 44 ff.), Bauwerke (BGH GRUR 2003, 231, 234 – Staatsbibliothek; vgl. auch BGH GRUR 2009, 1046 – Kranhäuser), Musikwerke (LG Mannheim ZUM 2005, 915, 917 – Gesangsmelodie; *Reinfeld* 93 zum Rhythmus) oder Filmwerke, bei denen im Vorfeld der Dreharbeiten (Szenenbildner, Filmarchitekt), bei den Dreharbeiten (Regisseur, Kameramann) und nach Abschluss der Dreharbeiten (Cutter, Mischtonmeister) Miturheberschaft durch schöpferische Beiträge begründet werden kann (vgl. BGH GRUR 2002, 961 – Mischtonmeister; BGH GRUR 2012, 496 – Das Boot (Kameramann); BGH GRUR 2011, 714, 718 – Der Frosch mit der Maske (Tz. 57 f.) (vgl. zu Kameramann); BGH GRUR 2005, 937 und OLG München GRUR 2003, 50, 52 – Der Zauberberg (Szenenbildner und Filmarchitekt); dazu auch *Plett* 7 ff., 60 ff.; *Reupert* 108 ff.; zur Filmurheberschaft ausführlich § 89 Rn. 12 f.).

Da bei einer Kombination von Werken verschiedener Werkarten eine gesonderte tatsächliche Verwertung immer möglich ist (so kann eine Melodie mit einem anderen Text, ein Text mit anderen Bildern verwertet werden, etc.), können grundsätzlich **nur Beiträge,** die **derselben Werkart** angehören, zu einer **einheitlichen** Werkschöpfung führen und ein Miturheberrecht daher jeweils nur an einem gemeinschaftlich hergestellten Sprachwerk, Musikwerk, Bauwerk usw. entstehen (so ausdr. die AmtlBegr. *M. Schulze* Materialien 428; BGH GRUR 1993, 34, 35 – Bedienungsanweisung; BGH GRUR 1982, 41 f. – Musikverleger III; BGH GRUR 1982, 743 f. – Verbundene Werke; KG Schulze KGZ 55, 11 ff. – Puppenfee; LG München I BeckRS 2009, 04738 (S. 42 ff.) – Die Wilden Kerle; Fromm/Nordemann/*Nordemann* § 8 Rn. 12; Schricker/Loewenheim/*Loewenheim* § 8 Rn. 6; *Rieke* 48; *Rehbinder* Rn. 254, 266; *Schack* Rn. 280; a. A. Möhring/Nicolini/*Ahlberg* § 8 Rn. 15 ff.; *Ahlberg* 85 ff.; zweifelnd auch Dreier/Schulze/*Schulze* § 8 Rn. 4; sowie neuerdings *Flechsig* ZUM 2012, 237 für „Musikkompositionen mit Text" gem. RL 2011/77/EU, dazu unten Rn. 13, § 9 Rn. 9). Die **Kombination von Werken verschiedener Werkarten** führt hingegen – unter den Voraussetzungen des § 9 – allenfalls zu einer **Werkverbindung** (dazu unten Rn. 13 und § 9 Rn. 8 ff.). Opern, Operetten, Schlager etc. stellen daher in rechtlicher Hinsicht hinsichtlich des Textes und der Musik keine einheitlichen Werke dar, auch wenn sie vom Publikum als Einheit wahrgenommen werden (s. AmtlBegr. *M. Schulze* Materialien 428), ebenso wenig wie ein Film und die für ihn komponierte Filmmusik (*Schack* Rn. 316; a. A. *M. Schulze* FS Hertin, 255).

Trotz Art. 1 (1) RL 2011/77/EU, mit dem die Schutzdauer von **„Musikkompositionen mit Text"** verlängert worden ist, gilt dies nach hier vertretener Ansicht auch weiterhin ausnahmslos und insbesondere unabhängig davon, ob Musik und Text eigens für einander geschaffen worden sind oder ein bereits vorhandener Text vertont bzw. für eine vorhandene Musik ein Text geschaffen wird (s. weiter unten Rn. 13; a. A. *Flechsig* ZUM 2012, 237; vgl. zum Ausland § 9 Rn. 9, 34).

11 Für die Beurteilung der Frage, ob ein Beitrag selbstständig verkehrsfähig ist oder nicht, ob somit von Gesetzes wegen Miturheberschaft nach § 8 oder – unter Vorliegen der weiteren Voraussetzungen (s. § 9 Rn. 1) – (nur) eine Werkverbindung nach § 9 vorliegt, ist allein der **Zeitpunkt der Entstehung des Werkes** maßgeblich (h. M. Fromm/Nordemann/*Nordemann* § 8 Rn. 12; Schricker/Loewenheim/*Loewenheim* § 8 Rn. 5; *Waldenberger* 18 f.; *Sontag* 6; a. A. *Ahlberg* 86). **Spätere Entwicklungen** haben **keinerlei Einfluss** auf die dingliche Rechtslage. Keine Rolle würde es somit spielen, sollte ein zunächst nicht selbstständig verkehrsfähiger schöpferischer Beitrag im Laufe der Zeit wider Erwarten doch gesondert verwertbar werden (kein nachträglicher „Zerfall der Miturheberschaft", vgl. Schricker/Loewenheim/*Loewenheim* § 8 Rn. 5; Dreier/Schulze/*Schulze* § 8 Rn. 4; Fromm/Nordemann/*Nordemann* § 8 Rn. 12). Genauso wenig verschmelzen umgekehrt miteinander verbundene selbstständige Werke nachträglich zu einem einheitlichen Werk, auch wenn das Publikum eine bestimmte Werkverbindung aufgrund ihrer großen Bekanntheit als untrennbare künstlerische Einheit empfinden mag (zum alten Recht a. A. BGH GRUR 1964, 326, 330 – Subverleger, für Melodie und Text eines Schlagers), da eine gesonderte Verwertung verbundener Werke, insb. in Form einer neuen Werkverbindung, stets möglich bleibt, auch wenn sie u. U. für einzelne oder alle beteiligten Urheber wirtschaftlich nicht sinnvoll sein mag. Dieser Aspekt berührt vielmehr lediglich die (typischen) Fragen einer Werkverbindung gem. § 9, nämlich ob der Urheber eines Einzelwerks einen Anspruch auf Einwilligung in die Verwertung der verbundenen Werke (dazu § 9 Rn. 22 ff.) und darüber hinaus auf Unterlassung der Begründung und parallelen Verwertung alternativer Werkverbindungen hat (dazu § 9 Rn. 27), lässt jedoch nicht nachträglich in dinglicher Hinsicht ein einheitliches Urheberrecht an den verbundenen Werken entstehen.

12 Da die **Grenze** zwischen Werkeinheit und Werkmehrheit **fließend** verläuft, kommt den Gerichten bei der Beurteilung, ob Miturheberschaft oder bloße Werkverbindung vorliegt, ein gewisser **Auslegungsspielraum** bei der Frage zu, ob ein einheitliches Werk oder mehrere selbstständige Werke vorliegen (vgl. *Schack* Rn. 322 mit dem Vorschlag, in Zweifelsfällen von bloßer Werkverbindung statt Miturheberschaft auszugehen; *Schack* UFITA 106 (1987) 281; ähnlich *Waldenberger* 25). Denn indem das **rein formale Kriterium** der bloßen „Trennbarkeit" der einzelnen Beiträge im früheren Recht, das sich als nicht angemessen erwiesen hat (zum früheren Recht unten Rn. 60 f.), durch das **inhaltliche Kriterium der „gesonderten Verwertbarkeit"** ersetzt worden ist, wird eine Gesamtwürdigung aller Werkbeiträge sowie des „Restwerkes" ermöglicht und erforderlich. Letztlich geht es bei der Abgrenzung von Werkeinheit oder Werkmehrheit insoweit nicht um die trennscharfe Bestimmung eines abstrakten Werkbegriffs, sondern um die praktische Konsequenz, ob die Verwertungsrechte an den jeweiligen schöpferischen Einzelbeiträgen mehrerer Urheber gem. § 8 Abs. 2 unauflöslich gesamthänderisch gebunden sind, oder ob jeder Urheber weiterhin über seinen Beitrag nur mit den von § 9 vorgesehenen Beschränkungen frei verfügen können soll. Außer dem offensichtlichen Vorteil der verlängerten Schutzfristberechnung nach § 65, kann sich die aus der Bejahung von Miturheberschaft ergebende **Verschmelzung** mehrerer Beiträge auf dinglicher Ebene **zu einem einheitlichen Urheberrecht** mit der daraus resultierenden Unmöglichkeit einer eigenständigen Verwertung der geleisteten Einzelbeiträge, für Miturheber, die zwar im rechtlichen Sinne unvollständige, faktisch aber trennbare und mit nur geringfügigen Änderungen durchaus anderweitig integrier- und somit verwertbare Beiträge leisten, auch durchaus als nachteilig erweisen (vgl. z. B. OLG Hamburg NJOZ 2007, 2071, 2079 – Kranhäuser Rheinauhafen; BGH GRUR 2009, 1046 – Kranhäuser). In derartigen Fällen kann es sich daher für den einzelnen Miturheber empfehlen, auf vertraglichem Wege zu vereinbaren, dass er seinen unselbstständigen Werkbeitrag zu dem gemeinschaftlichen Gesamtwerk später weiterentwickeln und auch anderweitig verwerten darf, indem ihm die Miturhebergemeinschaft auf schuldrechtlichem Wege eine künftige (Teil-)werknutzung gestattet (so bspw. in BGH GRUR 2009, 1046, 1051 – Kranhäuser (Tz. 53, 55 ff., 61); vgl. auch *Siefert* 26).

b) Abgrenzung zu Sammelwerk (§ 4) und Werkverbindung (§ 9). Die **Einheit-** 13
lichkeit des geschaffenen Werkes grenzt die Miturheberschaft zum einen von einem **Sammelwerk** gem. § 4 ab. So tritt bei einem Sammelwerk, das schon seiner gesetzlichen Definition nach aus mehreren Werken bzw. Beiträgen besteht, das sog. Sammelwerk, das in der schöpferischen Auswahl oder Anordnung der Einzelelemente bzw. Einzelwerke besteht, als neues zusätzliches Werk neben die Einzelwerke, ohne dass die Einzelwerke selbst zu einem einheitlichen Werk verschmelzen (näher § 4 Rn. 4 ff.). Zwar kann das Sammelwerk seinerseits **selbst wiederum in Miturheberschaft** entstehen (s. OLG Frankfurt MMR 2003, 45, 46 – IMS Health – zu einem in Miturheberschaft geschaffenen Datenbankwerk; OLG Frankfurt OLGZ 1971, 171 – Taschenbuch für Wehrfragen), allerdings sind Miturheber dann nicht die Urheber der Einzelwerke, sondern nur diejenigen, die an der schutzfähigen Auswahl und Anordnung der Einzelwerke schöpferisch mitgewirkt haben (vgl. Schricker/Loewenheim/*Loewenheim* § 8 Rn. 2; LG München I ZUM 2009, 986).

Zum anderen unterscheidet die Einheitlichkeit des geschaffenen Werkes die Miturheberschaft von der bloßen **Werkverbindung** gem. § 9, bei welcher mehrere selbstständige Werke zwecks gemeinsamer Verwertung miteinander verbunden werden, ohne dass ein neues einheitliches Werk entsteht (näher dazu § 9 Rn. 2f., 8ff.), was insb. stets dann der Fall ist, wenn die Beiträge **unterschiedlichen Werkarten** angehören (AmtlBegr. *M. Schulze* Materialien 428; näher § 9 Rn. 9, 34ff.).

Hieran hat sich nach hier vertretener Ansicht auch dadurch nichts geändert, dass mit der RL 2011/77/EU die Schutzdauer für **Musikkompositionen mit Text,** bei denen Text und Musik „eigens für die betreffende Musikkomposition mit Text geschaffen" wurden (vgl. Art. 1 (1)), in der Weise verlängert worden ist, dass sie innerhalb der Europäischen Union nunmehr einheitlich bis 70 Jahre nach dem Tod des Längstlebenden von Komponist und Textdichter geschützt sind (vgl. unten Rn. 51; § 9 Rn. 33; § 65 Rn. 5f.; a.A. *Flechsig* ZUM 2012, 227, 234). Es wurde durch die Richtlinie nicht etwa quasi „durch die Hintertür" eine neue europäische Werkgattung geschaffen, vielmehr handelt es sich insoweit relativ eindeutig um eine reine Schutzfristenregelung, die mit dem 9. UrhGÄndG in § 65 durch Anfügung eines neuen Abs. 3 (zu diesem § 65 Rn. 5f.), vergleichbar dem Abs. 2 für Filmwerke, umgesetzt werden konnte, ohne dass eine Änderung der §§ 8 und 9 bzw. des gesamten Konzepts der Miturheberschaft und Werkverbindung erforderlich ist (vgl. RegE zum [ursprünglich] 8. UrhGÄndG, BT-Drucks. 17/12013; a.A. *Flechsig* ZUM 2012, 227, 234). Dass die Richtlinie insoweit keine umfassende Regelung der Miturheberschaft für solche „Musikkompositionen mit Text" treffen wollte, ergibt sich sowohl unmittelbar aus dem Wortlaut von Art. 1 (1) RL, wonach die verlängerte Schutzdauer „unabhängig von den ausgewiesenen Miturhebern" erfolgt (bzw. noch deutlicher im englischen Text: „whether or not those persons are designated as co-authors") als auch aus den knappen Erwägungsgründen 18–20 zu Art. 1 (1) RL 2011/77/EU, denen sich keinerlei Anhaltspunkt für eine umfassende Harmonisierung der „Miturheberschaft" für diese Werke entnehmen lässt. Angesichts der Unterschiede zwischen den nationalen Regelungen der Miturheberschaft (s. die Ländernachweise in KOM(2008)464 S. 2 Fn. 1; vgl. auch *Waldenberger* 85 ff.) und ihrer erheblichen Bedeutung für die Rechtsbeziehungen der Urheber zueinander und im Verhältnis zu Dritten hätte eine solche Harmonisierung eine inhaltliche Angleichung der Regeln über die Miturheberschaft allgemein erfordert. Da dies während der Verhandlungen über die Richtlinie zwar erwogen, aber nicht weiter verfolgt worden war, ist davon auszugehen, dass Art. 1 (1) RL 2011/77/EU eine reine Schutzfristverlängerung für die nach deutschem Recht weiterhin als bloße Werkverbindungen zu behandelnden „Musikkompositionen mit Text" geschaffen hat (vgl. RegE zu einem 8. UrhGÄndG, BT-Drucks. 17/12013, S. 11; s. auch § 9 Rn. 34; § 65 Rn. 5f.).

c) Beispiele für **fehlende Werkeinheit** sind Sammlungen von Kurzgeschichten (*Sontag* 14 5), Comic-Strips als Verbindung von Text und Bild (OLG Hamburg GRUR 1965, 689 –

Goldfinger), Illustrationen zu einem Buch (LG München I BeckRS 2009, 04738 (S. 42 ff.)
– Die Wilden Kerle; AmtlBegr. *M. Schulze* Materialien 428), die Verbindung städtebaulicher und hochbaulicher Anteile in einem baulichen Gesamtkonzept (BGH GRUR 2009, 1046, 1049 (Tz. 34, 39 f.) – Kranhäuser), Verbindungen aus Musik und Text wie Opern, Operetten, Musicals und Schlager, da sich sowohl die Melodie als auch der Text gesondert verwerten lassen, indem ein Musikstück instrumental und ein Text allein bühnenmäßig aufgeführt oder gedruckt wird (AmtlBegr. *M. Schulze* Materialien 428; vgl. auch oben Rn. 13; § 9 Rn. 9). Gleiches gilt für die Verbindung von Ballettmusik und Balletterzählung eines Balletts (KG KGZ 55, 12 – Puppenfee; s. auch *Obergfell* ZUM 2005, 621, 626 f.).

15 Der Grundsatz, dass Miturheberschaft nur bei Beiträgen denkbar ist, die einer einzigen Werkart angehören, ist auch auf **Multimediawerke** anzuwenden mit der Folge, dass es sich bei ihnen nicht um einheitliche Werke, sondern **regelmäßig** um **Werkverbindungen** aus Texten, Computerprogrammen sowie laufenden Bildern und Ton handelt (Schricker/Loewenheim/*Loewenheim* § 2 Rn. 77; *Loewenheim* GRUR 1996, 830, 831 f.; a. A. Fromm/Nordemann/*Nordemann* § 2 Rn. 92; *Schack* Rn. 217). Die bloße gemeinsame digitale Speicherung als rein technischer Vorgang lässt diese Einzelwerke genauso wenig zu einer rechtlichen Einheit verschmelzen wie dies bei digitaler Fixierung anderer herkömmlicher Werkverbindungen der Fall wäre (so aber Fromm/Nordemann/*Nordemann* § 2 Rn. 92; *Schack* Rn. 217). Wer somit lediglich einzelne Texte, Grafiken und Bilder zur Einbindung in die von einem Dritten geschaffene **Homepage** erstellt, erwirbt kein Miturheberrecht an der Homepage als Computerprogramm bzw. „Multimediawerk" (LG München I ZUM-RD 2005, 81, 84 – Homepagegestaltung).

Während wissenschaftliche Festschriften regelmäßig Werkverbindungen nach § 9 oder auch Sammelwerke nach § 4 darstellen (Schricker/Loewenheim/*Loewenheim* § 8 Rn. 6), ist ein **juristischer Kommentar** jedenfalls dann gemeinschaftliche Schöpfung eines einheitlichen Werks, wenn die Individualität der einzelnen Co-Autoren auch die Gestaltung des Gesamtwerks geprägt hat. Soweit aber jeder Co-Autor die Kommentierung der einzelnen Paragrafen nach vorgegebenen Leitlinien selbstständig vornimmt, dürfte, wie bei einem Lexikon hinsichtlich der verschiedenen Lexikonbeiträge, bloße Werkverbindung hinsichtlich der verschiedenen Kommentierungen vorliegen (vgl. AmtlBegr. *M. Schulze* Materialien 428), die fehlende gesonderte Verwertbarkeit einzelner Beiträge ist insoweit zwar eine notwendige, keineswegs aber hinreichende Bedingung für die Bejahung von Miturheberschaft (vgl. § 9 Rn. 10; a. A. Schricker/Loewenheim/*Loewenheim* § 8 Rn. 6: nur dann keine Miturheberschaft, wenn der herausgelöste Teil ein in sich abgeschlossenes Gebiet behandele und für sich genommen verständlich sei; a. A. Fromm/Nordemann/*Nordemann* § 8 Rn. 11: grundsätzlich Miturheberschaft, es sei denn Unterschiede in den Meinungen als Indiz für das Fehlen eines einheitlichen Werkes; ähnlich Dreyer/Kotthoff/Meckel/*Dreyer* § 8 Rn. 10; *Schack* Rn. 314; *Schmidt* 30).

3. Gemeinschaftlichkeit der Werkschöpfung

16 a) **Gewollte schöpferische Zusammenarbeit.** Nicht jede schöpferische Mitarbeit mehrerer an einem Werk führt zu Miturheberschaft. Miturheberschaft entsteht vielmehr nur bei **gemeinsamem Werkschaffen** (§ 8 Abs. 1), d. h. bei einer **schöpferischen Zusammenarbeit** zwischen den Urhebern, die auf die gemeinsame Schaffung eines einheitlichen Werkes gerichtet ist. Notwendig hierfür ist, dass sich die Urheber **wechselseitig über die gemeinsame Aufgabe sowie die Gesamtidee des Werkes verständigen und ihr zugleich unterordnen** (BGH GRUR 2005, 860 – Fash 2000; BGH GRUR 2002, 799 – Stadtbahnfahrzeug; BGH GRUR 1994, 39, 40 – Buchhaltungsprogramm; OLG Düsseldorf GRUR-RR 2005, 1 – Beuys-Kopf; Schricker/Loewenheim/*Loewenheim* § 8 Rn. 9; *Haberstumpf* Rn. 111; *Szalai* UFITA 2012, 5, 17; *Sontag* 9; ausführlich *Stroh* 30 ff.). Oftmals werden die Miturheber dabei ihre planmäßige Zusammenarbeit vorab ver-

traglich regeln (Vertragsmuster s. Münch.VertragsHdb. Bd. 3 WirtschR II/*J. B. Nordemann* Form. XI. 3). Eine bindende rechtsgeschäftliche Vereinbarung ist jedoch für die Entstehung von Miturheberschaft nicht erforderlich (anders für die Werkverbindung, dazu § 9 Rn. 4). Vielmehr reicht ein sich auf das gemeinsame Schaffen beziehender **natürlicher Handlungswille im Sinne einer "Verständigung"** aus (Schricker/Loewenheim/ *Loewenheim* § 8 Rn. 8; *Waldenberger* 27; *Rehbinder* 255; *Szalai* UFITA 2012, 5, 17). Liegt in subjektiver Hinsicht ein solcher natürlicher Wille zur wechselseitigen schöpferischen Zusammenarbeit vor, **entsteht Miturheberschaft** in Bezug auf das geschaffene Werk sodann **von Gesetzes wegen** (vgl. LG Düsseldorf NJOZ 2007, 4356, 4359 – Transportsimulationsspiel). Zum einen können daher auch **Geschäftsunfähige** ohne weiteres Miturheber sein. Zum anderen stellen damit vertragliche Regelungen der Zusammenarbeit zwar ein wichtiges Indiz für das Vorhandensein eines Willens zur schöpferischen Zusammenarbeit dar (*Sontag* 10 f.), entscheidend ist jedoch allein die **tatsächliche schöpferische Zusammenarbeit** in Bezug auf die konkrete Gestaltung eines Werkes. Weder eine gemeinsame Ideologie (OLG Hamburg ZUM 1999, 481, 482 – Bauhaus-Glasleuchte) noch eine Verständigung nur über den Zweck, dem ein Werk dienen soll (OLG Hamburg GRUR-RR 2002, 6 – Hier ist DEA) oder parallele Aktionen zu einem übergreifenden Thema (OLG Düsseldorf GRUR 2012, 173 f. – Beuys Fotoreihe) vermögen Miturheberschaft zu begründen (Schricker/Loewenheim/*Loewenheim* § 8 Rn. 9; *Szalai* UFITA 2012, 5, 17). Liegt allerdings im Zeitpunkt der Werkentstehung ein solcher natürlicher Handlungswille zur schöpferischen Zusammenarbeit vor, kann umgekehrt weder ein **subjektiver Vorbehalt** eines einzelnen Miturhebers, die Entstehung von Miturheberschaft nicht zu wollen (vgl. OLG Hamburg NJOZ 2007, 2071, 2079 – Kranhäuser Rheinauhafen), noch eine entsprechende vertragliche Vereinbarung sämtlicher Miturheber die gesetzlich zwingend vorgesehene Entstehung von Miturheberschaft und damit eines einheitlichen Urheberrechts verhindern; etwaige derartige vertragliche Absprachen haben allein schuldrechtliche Wirkung und können z. B. dazu führen, dass der einzelne Miturheber seinen schöpferischen Beitrag aus dem Gesamtwerk herauslösen, ergänzen und anderweitig gesondert verwerten darf (vgl. BGH GRUR 2009, 1046, 1051 – Kranhäuser (Tz. 53, 55 ff., 61); oben Rn. 12; *Siefert* 26). Miturheberschaft kann schließlich auch **spontan** entstehen, etwa wenn aus musikalischer **Improvisation** heraus ein neuer Song geschaffen wird (*Sontag* 12; *Szalai* UFITA 2012, 5, 17), auch **nonverbale Kommunikation** reicht insoweit aus (*Rieke* 50; andeutungsweise OLG Düsseldorf GRUR-RR 2005 1, 2 – Beuys-Kopf).

Gemeinschaftlichkeit der Werkschöpfung setzt jedoch nicht voraus, dass die Miturheber jeden einzelnen Beitrag zu einem Werk gemeinsam oder zeitgleich erbringen. Vielmehr kann die Schöpfung des Werkes auch auf verschiedene Miturheber aufgeteilt werden, etwa ein Theaterstück nach einzelnen Akten, ein Buch nach einzelnen Kapiteln oder ein Drehbuch nach einzelnen Szenen, ein Computerprogramm nach einzelnen Komponenten, ein komplexes architektonisches Werk nach einzelnen Abschnitten (vgl. BGH GRUR 2009, 1046, 1049 – Kranhäuser (Tz. 38); OLG Hamburg NJOZ 2007, 2071, 2079 – Kranhäuser Rheinauhafen). In diesen Fällen **arbeitsteiliger Werkschöpfung** liegt Miturheberschaft vor, wenn nach einer **gemeinsamen Konzeptionierung und Strukturierung** des Werkes jeder Miturheber seine schöpferischen Beiträge zu dem Werk als einheitlichem Ganzen anschließend in **Unterordnung unter die gemeinsame Gesamtidee** erbringt (BGH GRUR 2005, 860 – Fash 2000; BGH GRUR 1994, 39, 40 – Buchhaltungsprogramm; vgl. BGH GRUR 1959, 335, 336 – Wenn wir alle Engel wären; Schricker/Loewenheim/ *Loewenheim* § 8 Rn. 9; Fromm/Nordemann/*Nordemann* § 8 Rn. 4; Möhring/Nicolini/ *Ahlberg* § 8 Rn. 5; *Plett* 44 f.; zur Frage der Einheitlichkeit der Werkschöpfung bei vertikaler und horizontaler Zusammenarbeit s. auch oben Rn. 9). Wenn eine solche gemeinschaftlich konzeptionierte gestalterische Aufgabe vorliegt, wirkt diese wie eine Art Klammer für die anschließend erbrachten schöpferischen Einzelbeiträge. Auf diese Weise ist Miturheberschaft auch an einem **stufenweise entstehenden Werk** möglich, bei dem die

Miturheber an der Gesamtgestaltung schöpferisch mitwirken, indem sie ihre **unselbstständigen Beiträge zum einheitlichen Schöpfungsprozess** auf einer **Vor-, Zwischen- oder Endstufe des gemeinsamen Werkes** erbringen (BGH GRUR 2005, 860, 862f. – Fash 2000; BGH GRUR 1994, 39, 40 – Buchhaltungsprogramm, für die Phasen der Problemanalyse, Datenflussplan und Programmablauf; vgl. auch BGH GRUR 1985, 1041 – Inkassoprogramm; BGH GRUR 2003, 231, 234 – Staatsbibliothek; LG Düsseldorf NJOZ 2007, 4356, 4360 – Transportsimulationsspiel; Schricker/Loewenheim/*Loewenheim* § 8 Rn. 9; zur vertikalen Arbeitsteilung näher *Plett* 9, 60 ff.; zur Frage der Einheitlichkeit eines Werkes s. auch oben Rn. 9). Insoweit bedeutet bei einem derartigen stufenweise entstehenden Werk nicht einmal der Tod eines Miturhebers während der Entstehungszeit zwangsläufig eine zeitliche Zäsur für die Entstehung von Miturheberschaft, sofern die Erbringung der schöpferischen Beiträge noch auf der ursprünglichen gemeinsamen Zusammenarbeit beruht (BGH GRUR 2003, 231, 234 – Staatsbibliothek; Dreier/Schulze/ *Schulze* § 8 Rn. 3). Im Einzelfall kann die Abgrenzung zur lediglich eine Bearbeitung i. S. v. § 3 darstellenden bloßen Vollendung eines fremden Werkes schwierig sein (vgl. unten Rn. 18).

Im Grundsatz gilt, dass **jedes Werk gemeinsam** geschaffen werden kann. Typische Beispiele für aufgrund gemeinsamen Werkschaffens entstehende Werke sind Computerprogramme (BGH GRUR 1994, 39 – Buchhaltungsprogramm), Bauwerke (BGH GRUR 2003, 231, 234 – Staatsbibliothek; vgl. auch BGH GRUR 2009, 1046 – Kranhäuser), wissenschaftliche Publikationen (dazu § 7 Rn. 16), Schlagermelodien (vgl. LG Mannheim ZUM 2005, 915 – Gesangsmelodie), Theaterstücke, Drehbücher und Filmwerke (zur Filmurheberschaft s. § 89 Rn. 12 f.; zu Filmwerken näher unten Rn. 57). Auch **Bearbeitungen** i. S. v. § 3 oder **Datenbankwerke** i. S. v. § 4 (OLG Frankfurt MMR 2003, 45, 46 – IMS Health) können ihrerseits in Miturheberschaft erstellt werden.

18   **b) Abgrenzung zur Bearbeitung (§ 3) und Gehilfenschaft.** Die **wechselseitige Zusammenarbeit** bei der Werkschöpfung grenzt die **Miturheberschaft** insb. von der bloßen Bearbeitung ab (zur Bearbeitung näher § 3 Rn. 8 ff.). Bei dieser fließen zwar auch definitionsgemäß schöpferische Leistungen sowohl des Ersturhebers als auch des Bearbeiters in einem Werk zusammen. Dies erfolgt jedoch nicht in Form einer schöpferischen Zusammenarbeit. Vielmehr prägt der **Bearbeiterurheber** erst **nachträglich und ohne gemeinsame gestalterische Absprachen** einem **bereits bestehenden,** nicht notwendiger Weise aber vollendeten **Werk** seine Individualität auf, wodurch er eigenständig eine zweite, **vom Originalwerk abhängige Nachschöpfung** schafft (s. § 3 Rn. 8 ff.), die gem. § 3 „wie ein selbstständiges Werk" geschützt wird (zur Abgrenzung zwischen Miturheberschaft und Bearbeitung BGH GRUR 2005, 860 – Fash 2000: für ein stufenweise entstehendes Computerprogramm; BGH GRUR 2002, 799 – Stadtbahnfahrzeug: Verwendung eines schöpferischen Vorentwurfs als Bearbeitung; LG Mannheim ZUM 2005, 915, 917 – Gesangsmelodie: Beisteuerung der Gesangsmelodie zu einem Schlager; OLG München ZUM 1990, 186 – Mausfigur: Bearbeitung der von einem Dritten erstmals gezeichneten Vorlagen-Figur durch einen Trickfilmer; OLG Düsseldorf GRUR-RR 2005, 1, 2 f. – Beuys-Kopf: nachträgliche Veränderung einer fertigen Kopf-Skulptur, dazu *Deumeland* KUR 2003, 6; *Kirchmaier* KUR 2003, 7; *Pfennig* ZUM 2004, 52; *Schack* FS Raue 649, 655; Schricker/Loewenheim/*Loewenheim* § 8 Rn. 2; Fromm/Nordemann/*Nordemann* § 8 Rn. 7; Dreyer/Kotthoff/Meckel/*Dreyer* § 8 Rn. 13).

Selbst wenn dabei der Urheber des Ursprungswerkes seine Zustimmung zur Bearbeitung erteilt hat, wird **mangels schöpferischer Zusammenarbeit kein Miturheberrecht i. S. v. § 8 an der Bearbeitung** begründet. Insb. die **Fortsetzung oder Vollendung eines Werkes** stellen insoweit, auch wenn sie ihrerseits in gemeinschaftlicher Zusammenarbeit erfolgen (LG Düsseldorf NJOZ 2007, 4356, 4360 – Transportsimulationsspiel), regelmäßig nur **Bearbeitungen** des Ausgangswerkes bzw. Fragments gem. § 3 dar, das durch neue eigenschöpferische Beiträge des Nachfolgers ergänzt wird (OLG Düsseldorf GRUR-RR 2005, 1, 2f. – Beuys-Kopf; *Ulmer* 163; *Schack* FS Raue 649, 655; *Schack* Rn. 325; *Rehbinder* 255). Allerdings ist es natürlich möglich, dass die Bearbeitung ihrerseits wiederum in Form von Miturheberschaft entsteht, wenn mehrere an ihr schöpferisch beteiligt sind. Die Abgrenzung zwischen Miturheberschaft und Bearbeitung wird im konkreten Einzelfall oftmals nicht leicht zu treffen sein, insbesondere da bei einem stufenweise in vertikaler Arbeitsteilung entstehenden Werk die Entstehung von Miturheberschaft durch sukzessive Erbringung unselbstständiger schöpferischer Beiträge möglich ist (dazu auch oben Rn. 9), und zwar sogar auch noch **nach dem Tod eines Miturhebers** (BGH GRUR 2003, 231, 234 – Staatsbibliothek). Soweit die Bearbeitung selbst in Miturheberschaft entsteht, indem z.B. der Autor von Exposé und Treatment an der späteren gemeinschaftlichen Herstellung des Drehbuchs schöpferisch mitwirkt, werden die anderen Miturheber der Bearbeitung allerdings keineswegs nachträglich Miturheber des vorher entstandenen Ausgangswerkes, da dieses in keiner Weise von ihrer Individualität beeinflusst worden ist (Möhring/Nicolini/*Ahlberg* § 8 Rn. 7).

Schließlich entsteht auch durch eine **spätere Zusammenfügung von** unabhängig 19 voneinander geplanten und geschaffenen **Einzelwerken** kein Miturheberrecht zwischen den Urhebern der Einzelwerke, da es mangels einer vor dem Schaffen der Einzelwerke bestehenden Gesamtidee und Gesamtkonzeption an einer „Zusammenarbeit" i.S.v. § 8 fehlt und auch durch das spätere bloße Zusammenfügen der Einzelwerke eine solche nicht begründet wird. Miturheberschaft wird bei einer derartigen nachträglichen Zusammenfügung daneben regelmäßig auch aufgrund einer gesonderten Verwertbarkeit der Einzelbeiträge scheitern (dazu oben Rn. 7ff.). Es verbleibt damit bei den an den Einzelwerken entstandenen Urheberrechten (Möhring/Nicolini/*Ahlberg* § 8 Rn. 7), neben die eventuell das Miturheberrecht am durch das Zusammenfügen neugeschaffenen Gesamtwerk tritt.

Das Erfordernis der schöpferischen Zusammenarbeit grenzt die Miturheberschaft 20 schließlich auch von der **Gehilfenschaft** ab. Denn Gehilfen arbeiten zwar auch mit dem Werkschöpfer zusammen, die „Zusammenarbeit" ist jedoch keine „schöpferische", sondern beschränkt sich auf die Erbringung untergeordneter Hilfstätigkeiten ohne eigenen Gestaltungsspielrum (dazu näher § 7 Rn. 12, 14ff., 16, dort auch zur Abgrenzungsfrage bei wissenschaftlichen Mitarbeitern; dazu auch *Leuze* GRUR 2006, 552; allgemein *Schack* FS Raue 649; s. auch oben Rn. 6).

III. Die Rechtsfolgen der einfachen Miturheberschaft

1. Miturhebergemeinschaft als gesetzliches Rechtsverhältnis

Liegen die Voraussetzungen gem. § 8 Abs. 1 für die Entstehung von Miturheberschaft 21 vor, so wird mit dem Realakt der gemeinsamen Werkschöpfung zwischen den Beteiligten **im Innenverhältnis eine Verwertungsgemeinschaft** mit den sich aus den Abs. 2 bis Abs. 4 ergebenden Rechten und Pflichten in Form eines **gesetzlichen Schuldverhältnisses** begründet (OLG Frankfurt a.M. GRUR 2006, 578 – Erstverwertungsrechte; OLG Frankfurt a.M. MMR 2003, 45, 47 – IMS Health; LG Düsseldorf NJOZ 2007, 4356, 4360 – Transportsimulationsspiel; Möhring/Nicolini/*Ahlberg* § 8 Rn. 25). Diese gesetzliche Miturhebergemeinschaft ist eine **Rechtsgemeinschaft besonderer Art**, die zum einen durch urheberrechtliche, insbesondere durch **urheberpersönlichkeitsrechtliche Grundsätze** bestimmt wird (Unübertragbarkeit gem. § 29 Abs. 1, Rechte aus §§ 12–14, Einwilligung bei Änderungen) und zum anderen **in vermögensrechtlicher Hinsicht** in Bezug auf die Verwertungsrechte durch § 8 Abs. 2 den **Regeln der Gesamthandsgemeinschaft** unterstellt ist (im Einzelnen str.; zum theoretischen Meinungsstand ausf. unten Rn. 23 a.E.). Soweit die Bestimmungen der § 8 Abs. 2–4 dispositiv sind, können die Miturheber **durch Vertrag abweichende Regelungen** treffen (dazu unten Rn. 29, 37). Sie können auch über die gesetzlich begründete Miturhebergemeinschaft hinaus untereinander vertraglich ein **Gesellschaftsverhältnis gem. §§ 705 ff. BGB** begründen (dazu unten Rn. 52 f.). Besonderheiten der Miturhebergemeinschaft können sich schließlich auch daraus ergeben, dass sie im Rahmen eines **Arbeits- oder Dienstverhältnisses** gem. § 43 begründet wird (dazu unten Rn. 37, 42), insb. wenn es um die Schaffung von Computerprogrammen geht, für die hinsichtlich der Verwertungsrechte die Sonderregelung des § 69b greift (dazu unten Rn. 22 sowie allgemein § 69b Rn. 18 ff.).

2. Gesamthänderische Bindung, Rechtsnatur (§ 8 Abs. 2 S. 1)

22   Abs. 2 S. 1 bestimmt, dass mehrere Miturheber in Bezug auf das **Veröffentlichungs- und die Verwertungsrechte gesamthänderisch gebunden** sind (AmtlBegr. *M. Schulze* Materialien 426; zur reinen Bruchteilsgemeinschaft nach früherem Recht näher unten Rn. 60 f.). Diese Rechtsfolge der gesamthänderischen Bindung des Veröffentlichungs- und der Verwertungsrechte gem. § 8 Abs. 2 ist **zwingendes Recht** und damit **nicht dispositiv** (vgl. AmtlBegr. *M. Schulze* Materialien 426; OLG Frankfurt GRUR 2006, 578, 579 – Erstverwertungsrechte; zu kollisionsrechtlichen Fragen bei Auslandsberührung s. unten Rn. 54). Die Entstehung dieser verwertungsrechtlichen Gesamthandsgemeinschaft ist **von Umfang und Bedeutung der schöpferischen Beiträge** der einzelnen Miturheber **unabhängig** (BGH GRUR 2009, 1046, 1050 – Kranhäuser (Tz. 43); BGH GRUR 1994, 39, 40 – Buchhaltungsprogramm; OLG Karlsruhe GRUR 1984, 812 f. – Egerlandbuch). Sie **entsteht** im Zeitpunkt der Schaffung des Werkes durch den **Realakt der gemeinschaftlichen Werkschöpfung** (dazu allgemein § 7 Rn. 3), und sie **endet** gem. § 65 Abs. 1 **mit dem Ablauf der Schutzfrist** 70 Jahre nach dem Tod des längstlebenden Miturhebers (§§ 64, 65 Abs. 1; zur Schutzdauer näher unten Rn. 51, § 65 Rn. 2 f.).

Eine **Auflösung** der gesetzlichen Gesamthandsgemeinschaft durch die Miturheber ist **nicht möglich**. Wegen der Unübertragbarkeit des Urheberrechts gem. § 29 Abs. 1 kann ein Miturheber zu Lebzeiten weder seinen Anteil an der Gesamthandsgemeinschaft auf Dritte übertragen noch über seinen schöpferischen Beitrag zum Gesamtwerk verfügen. (*Ulmer* 191; *Schack* Rn. 285; Dreier/Schulze/*Schulze* § 8 Rn. 12, 15; Dreyer/Kotthoff/Meckel/*Dreyer* § 8 Rn. 22; Schricker/Loewenheim/*Loewenheim* § 8 Rn. 12; *Siefert* 26; BGH GRUR 2009, 1046, 1051 (Tz. 52) und OLG Hamburg NJOZ 2007, 2071, 2081 – Kranhäuser Rheinauhafen; BGH GRUR 1994, 39, 40 – Buchhaltungsprogramm; OLG Karlsruhe GRUR 1984, 812 f. – Egerlandbuch; so bereits auch BGH GRUR 1959, 335, 337 – Wenn wir alle Engel wären). Eine **Übertragung der Miturheberanteile** ist nach den allgemeinen Regeln vielmehr **nur im Wege des Erbgangs** gem. § 29 Abs. 1 möglich (zum Erbrecht unten Rn. 56), wobei die Gesamthandsgemeinschaft hier jedoch ebenfalls bestehen bleibt und die Rechtsnachfolger lediglich an die Stelle des verstorbenen Miturhebers treten.

Eine **Ausnahme von der Verfügungsbeschränkung** hat der Gesetzgeber in § 8 Abs. 4 vorgesehen, wonach einzelne Miturheber auf ihren Anteil an den Verwertungsrechten verzichten können. Durch diesen **Anteilsverzicht** scheiden sie aus der gesetzlichen Verwertungsgemeinschaft aus, und ihr Anteil wächst den verbliebenen Miturhebern zu (zum Anteilsverzicht näher unten Rn. 47 ff.). Sinnvoll ist die Vereinbarung eines solchen Anteilsverzichts insbesondere dann, wenn der Beitrag einzelner Miturheber an Umfang und Bedeutung hinter den Beiträgen des oder der anderen Miturheber weit zurückbleibt. Alternativ haben die Miturheber auch die Möglichkeit, die umfassenden ausschließlichen Nutzungsrechte im Wege eines **Buy-out-Vertrags** (dazu Vor § 31 Rn. 92) einem von ihnen oder einem Dritten einzuräumen (*Ulmer* 192; Schricker/Loewenheim/*Loewenheim* § 8 Rn. 12; dazu auch unten Rn. 37, 53). In jedem Fall empfiehlt es sich jedoch im Vorfeld der Werkschöpfung eine **vertragliche Regelung** zu treffen, die insb. auch die Befugnis einzelner oder aller Miturheber vorsehen kann, ihre **unselbstständigen schöpferi-**

schen **Einzelbeiträge** aus einem gemeinsamen Werk herauszulösen, zu bearbeiten und **anderweitig zu verwerten** (vgl. dazu BGH GRUR 2009, 1046 (Tz. 53 ff., 55 ff.) – Kranhäuser).

Spezifische Fragen stellen sich aufgrund von Art. 2 Abs. 3 Software-Richtlinie bei **Computerprogrammen**. Aufgrund europarechtskonformer Auslegung soll insoweit die Zuweisung der Verwertungsrechte an den Arbeitgeber gem. § 69b den Rechtsfolgen der Gesamthand unter den Arbeitnehmermiturhebern vorgehen (vgl. LG Düsseldorf NJOZ 2007, 4356, 4360 und OLG Düsseldorf ZUM-RD 2009, 182, 185 – Transportsimulationsspiel, gehen so weit, den Arbeitgeber, im konkreten Fall eine GmbH, als Miturheber anzusehen; *Spindler* FS Schricker 2005, 539, 543 m.w.N.). Zumindest dann, wenn neben Arbeitnehmerurhebern auch arbeitsvertraglich nicht gebundene Dritte zur Miturhebergemeinschaft gehören, würde die ausschließliche Zuweisung der vermögensrechtlichen Befugnisse der Arbeitnehmermiturheber an den Arbeitgeber nach § 69b ohne Modifikationen der Gesamthandsgemeinschaft ansonsten faktisch leer laufen (ausf. dazu § 69b Rn. 23).

Die **Rechtsnatur der gesetzlichen Miturhebergemeinschaft** ist umstritten. Aufgrund der in § 8 Abs. 2 S. 1 angeordneten gesamthänderischen Bindung der Verwertungsrechte geht die **h.M.** davon aus, dass es sich – jedenfalls bzgl. der Verwertungsrechte – grundsätzlich um eine **Gesamthandsgemeinschaft** ähnlich der BGB-Gesellschaft handelt, die jedoch von urheberrechtlichen Grundsätzen geprägt wird (ausdr. LG München I ZUM 1999, 332, 336 – Miturheberschaft des Kameramanns; Schricker/Loewenheim/ *Loewenheim* § 8 Rn. 1, 13; Dreyer/Kotthoff/Meckel/*Dreyer* § 8 Rn. 21; *Spindler* FS Schricker 2005, 539, 540 f.; *Ulmer* 190 ff.; *Haberstumpf* 112; *Schack* Rn. 283; s. auch *Steffen* 22 ff., 37, 60; *Sontag* 34, 37 f.; *Waldenberger* 41; *Rieke* 118 f.). Nach anderer Ansicht handelt es sich hingegen um eine besonders gebundene **modifizierte Bruchteilsgemeinschaft** (MünchKomm/*K. Schmidt* § 741 Rn. 64 f.; *Rehbinder* 259; ausf. neuerdings auch *Szalai* 5 ff.). Insgesamt ist dieser theoretisch-dogmatische Streit bislang von untergeordneter Bedeutung gewesen, da sich in praktischer Hinsicht keine erkennbaren wesentlichen Unterschiede ergeben. Insbesondere das Notverwaltungsrecht nach § 744 Abs. 2 BGB ist nach beiden Ansichten anwendbar, entweder unmittelbar (Bruchteilsgemeinschaft) oder analog (Gesamthandsgemeinschaft) (s. unten Rn. 46). Hiervon abgesehen bleibt für die postulierte Anwendbarkeit der übrigen Bestimmungen entweder der §§ 705 ff. BGB oder der §§ 741 ff. BGB wenig Raum, da die wesentlichen Regelungen durch § 8 Abs. 2 bis 4 bzw. urheberrechtliche Grundsätze (§§ 12 ff., 29) überlagert werden. Auf die bloße Miturhebergemeinschaft als gesetzlich begründete Gesamthandsgemeinschaft ist auch die Rechtsprechung des BGH zur (Teil)rechtsfähigkeit der Außen-GbR nicht übertragbar (dazu unten Rn. 41), da das Urheberrecht in der Person des Miturhebers entsteht und insoweit unübertragbar ist, und sei es auch nur auf eine von den Miturhebern getrennte, rechtsfähige Außen-GbR (vgl. *Rieke* 118 f.; i.Erg. ebenso *Szalai* 67 f.), in die jeweils nur die Nutzungsrechte eingebracht werden können. Daher sind, wenn von „der Miturhebergemeinschaft" die Rede ist, darunter ausschließlich die einzelnen Miturheber in ihrer gesamthänderischen Verbundenheit in Bezug auf die Verwertungsrechte zu verstehen, nicht hingegen eine von ihnen losgelöste, (teil)rechtsfähige eigene Rechtspersönlichkeit (vgl. *Szalai* 51 ff.). Dieser Diskussion hat der **BGH** in seiner Entscheidung „Kommunikationsdesigner" (GRUR 2012, 1022) eine neue Dimension hinzugefügt. Danach haben es Miturheber, wenn sie ein Werk verwerten wollen, nicht selbst in der Hand, es bei der auf Grund der gemeinsamen Werkschöpfung kraft Gesetzes entstandenen Gesamthandsgemeinschaft zu belassen; vielmehr zwinge die gesamthänderische Bindung sie dazu, ihr Werk gemeinsam zu verwerten. Bereits der übereinstimmende Entschluss zur gemeinsamen Verwertung lasse aber, soweit die Miturheber keine andere Rechtsform wählten, kraft Gesetzes eine GbR entstehen, ohne dass es dazu eines formellen Gründungsaktes bedürfe (BGH GRUR 2012, 1022 [Tz. 25]). Zwar begegnet der Ausgangspunkt dieser Begründung Bedenken, da die gesamthänderische Bindung lediglich eine Verabredung über die Verwertung des Werkes gebietet, diese jedoch auch dahingehend lauten kann, dass die Miturheber einander zur getrennten Verwertung ermächtigen und somit gerade keine GbR gründen. Auch kann, wie regelmäßig im Filmbereich, die Initiative zur Verwertung von einem Produzenten bzw. Dritten ausgehen, der mit den einzelnen Miturhebern getrennte Verwertungsverträge abschließt, so dass auch in diesen Fällen keine GbR entsteht. Dennoch stellt die vom BGH angenommene Verabredung gemeinsamer Verwertung einen typischen Fall dar, in dem neben die gesetzliche Gesamthandsgemeinschaft eine von dieser zu trennende Miturheber-GbR tritt (vgl. dazu auch Dreyer/Kotthoff/*Meckel* § 8 Rn. 30 ff.).

3. Umfang der gesamthänderischen Bindung

24 **a) Veröffentlichungsrecht (§ 12) und Verwertungsrechte (§§ 15 ff.).** Von der gesamthänderischen Bindung werden das Erstveröffentlichungsrecht gem. § 12 und die Verwertungsrechte gem. §§ 15 ff. erfasst (zu Besonderheiten bei Computerprogrammen s. Rn. 22). Die Miturheber können danach das Werk grundsätzlich **nur gemeinsam**, d. h. im allseitigen Einvernehmen sämtlicher Miturheber **veröffentlichen oder verwerten** (AmtlBegr. *M. Schulze* Materialien 426; BGH GRUR 2009, 1046, 1051 [Tz. 53] – Kranhäuser). Abweichende Vereinbarungen, insb. die Zulässigkeit von Mehrheitsbeschlüssen oder die Beauftragung einzelner Miturheber mit der Geschäftsführung oder aber auch die Vereinbarung einer getrennten Verwertung, müssen einstimmig getroffen werden (s. näher unten Rn. 29). Weder die Anteile an den Verwertungsrechten noch die entsprechenden Verwaltungsrechte des einzelnen Miturhebers können an Dritte abgetreten werden (LG München I ZUM 1999, 332, 336 – Miturheberschaft des Kameramanns; dazu auch unten Rn. 42, 47). Auch im Falle eines Verzichts nach Abs. 4 S. 1 wächst der Anteil des verzichtenden Miturhebers an den Verwertungsrechten ausschließlich den anderen Miturhebern zu (s. Abs. 4 S. 2, dazu unten Rn. 51).

Aus dieser gesamthänderischen Bindung der Verwertungsrechte folgt, dass **jegliche** gesonderte Verwertung seines schöpferischen Beitrags durch einen der Miturheber eine Verletzung des an dem gemeinschaftlichen Werk bestehenden einheitlichen Urheberrechts darstellt, nicht nur eine solche in einem „konkurrierenden Werk" (vgl. OLG Hamburg NJOZ 2007, 2071, 2081 – Kranhäuser Rheinauhafen; ähnlich bereits zum alten Recht BGH GRUR 1959, 335, 337 – Wenn wir alle Engel wären; *Siefert* 26). Dies folgt bereits aus der dinglichen Rechtslage und nicht erst erst aus einer Treuepflicht der Miturheber (a.A. Dreier/Schulze/*Schulze* § 8 Rn. 5; *Spindler* FS Schricker 2005, 539, 546 f. m. w. N.).

Bei der Geltendmachung des **Anspruchs aus § 32a Abs. 1 auf eine weitere angemessene Beteiligung** an den Erträgen und Vorteilen aus der Nutzung des Werkes handelt es sich hingegen **nicht** um die **Ausübung eines Verwertungsrechts** i. S. v. § 8 Abs. 2 S. 1 Hs. 1, so dass seine Geltendmachung von der in Abs. 2 S. 1 angeordneten gesamthänderischen Bindung nicht erfasst wird (BGH GRUR 2012, 496, 497 – Das Boot [Tz. 17] ebenso die Vorinstanzen OLG München GRUR-RR 2010, 416, 417, 420 sowie LG München I GRUR-RR 2009, 385, 387; s. auch unten Rn. 30, 37 sowie § 32a Rn. 14, 24, 42). Denn der Anspruch aus § 32a Abs. 1 ist allein auf eine weitere angemessene Beteiligung an den Erträgen und Vorteilen aus der Nutzung des Werkes gerichtet. Die Art und Weise der Werknutzung wird durch seine Geltendmachung hingegen nicht geändert, und Fragen der Veröffentlichung und/oder Verwertung werden daher nicht berührt. Ansprüche aus den §§ 32, 32a haben ihre Grundlage vielmehr in dem zwischen dem Urheber und seinem Vertragspartner geschlossenen Vertrag über die Einräumung von Nutzungsrechten, und solche vertraglichen Ansprüche können grundsätzlich von jedem Vertragspartner eigenständig geltend gemacht werden (LG München I GRUR-RR 2009, 385, 387 – Das Boot). Dies gilt jedenfalls dann, wenn die Miturheber mit dem Verwerter jeweils **eigene Verwertungsverträge mit unterschiedlichen Vergütungsvereinbarungen** geschlossen haben, da dann kein einheitlicher Anspruch der Miturheber aus § 32a besteht (BGH

GRUR 2012, 496, 497 – Das Boot (Tz. 19) ebenso die Vorinstanzen OLG München GRUR-RR 2010, 416, 417, 420 sowie LG München I GRUR-RR 2009, 385, 387; OLG München ZUM 2011, 422, 426 – Tatort-Vorspann; s. auch unten Rn. 30, 37). Konsequenterweise wird sich das Erfordernis der gemeinsamen Geltendmachung somit jedoch auch dann, wenn die Miturheber einen **einheitlichen Verwertungsvertrag** geschlossen haben, ebenfalls nicht aus § 8 Abs. 2 ergeben können. Ob hier der einzelne Miturheber, sofern er die Höhe seines Anteils gem. § 8 Abs. 3 nachweist (z.B. über einen Miturhebervertrag), seinen Anteil selbstständig einklagen kann, ob § 432 Abs. 1 BGB greift oder Gesamtgläubigerschaft nach § 428 BGB vorliegt, ist fraglich und durchaus auch von der konkreten Vertragsgestaltung abhängig; empfehlenswert ist in einem solchen Fall jedoch stets ein gemeinsames Vorgehen (vgl. OLG München ZUM 2011, 168, BGH ZUM-RD 2010, 16 und OLG München ZUM 2007, 142 zur gemeinsamen Geltendmachung eines Anspruchs aus § 32a durch Mitübersetzerinnen).

b) Änderungsrecht (§ 23). Gemäß Abs. 2 S. 1 2. Halbs. sind **Änderungen** des gemeinschaftlichen Werkes **nur mit Einwilligung sämtlicher Miturheber** zulässig. Denn Werkänderungen betreffen stets die Urheberpersönlichkeitsrechte sämtlicher Miturheber. Damit müssen zum einen auch dann, wenn nur die **Beiträge einzelner Miturheber geändert** werden sollen, alle anderen Miturheber zustimmen (Schricker/Loewenheim/ *Loewenheim* § 8 Rn. 14; Dreier/Schulze/*Schulze* § 8 Rn. 18). Teilweise wird dabei die Ansicht vertreten, dass sich aus dem klaren Gesetzeswortlaut und der besonderen urheberpersönlichkeitsrechtlichen Relevanz von Werkänderungen ein **zwingender Charakter** des umfassenden **Einwilligungserfordernisses für Werkänderungen** gem. Abs. 2 S. 1 2. Halbs. ergibt. Nach dieser Ansicht wäre eine vertragliche Vereinbarung, die für Werkänderungen Mehrheitsbeschlüsse vorsieht, wegen Verstoßes gegen § 8 Abs. 2 S. 1 2. Halbs. in gleicher Weise unwirksam, wie sich die Geschäftsführungsbefugnis einzelner Miturheber stets nur auf das Werk in unveränderter Form beziehen kann (Schricker/Loewenheim/ *Loewenheim* § 8 Rn. 14; *Steffen* 65, 67; vgl. auch Rn. 29). Vielmehr müsste für jede Werkänderung eine gesonderte vorherige Einwilligung sämtlicher Miturheber eingeholt werden, einschließlich der nicht geschäftsführungsbefugten sowie derjenigen, die einen Anteilsverzicht erklärt haben (s. Rn. 48), notfalls auf gerichtlichem Wege (vgl. *Waldenberger* 53). Grundsätzlich sollte eine solche Einwilligung – sofern sie hinreichend klar und konkret ist – auch pauschalierend vorab erteilt werden können, so dass insbesondere in der Vereinbarung derartiger Mehrheitsbeschlüsse für Werkänderungen eine konkludente Einwilligung zu verfahrensrechtlich ordnungsgemäß im Wege eines Mehrheitsbeschlusses beschlossenen Änderungen gesehen werden kann (vgl. auch Rn. 31; ähnlich Dreyer/Kotthoff/Meckel/ *Dreyer* § 8 Rn. 35). Die Grenze läge erst bei persönlichkeitsverletzenden bzw. entstellenden Änderungen (vgl. zu derartigen Verträgen ausf. § 14 Rn. 12). Zu beachten ist, dass im Einzelfall insb. in der Einräumung von Nutzungsrechten bereits eine stillschweigende Einwilligung in Werkänderungen an Dritte liegen kann (vgl. OLG Nürnberg ZUM 1999, 656, 657 – Unzulässige Änderung in einem Museumsführer; vgl. allgemein § 39 Rn. 13). In jedem Fall empfiehlt es sich, sowohl in einem Miturhebervertrag als auch beim Anteilsverzicht klare Regeln vorzusehen, d.h. entweder bereits möglichst konkrete Einwilligungen in Werkänderungen sowie definierte Grenzen festzulegen, um mögliche Verzögerungen bei der Werkverwertung zu vermeiden, oder aber umgekehrt das Fehlen einer solchen Einwilligung ausdrücklich aufzunehmen.

Da die Miturheber ihre Einwilligung in eine Werkänderung nach Abs. 2 S. 2 **nicht wider Treu und Glauben verweigern** dürfen, kann sich der einzelne Miturheber den für eine sinnvolle Verwertung des Werkes erforderlichen Änderungen grundsätzlich nicht dauerhaft widersetzen. Entscheidend ist in jedem Fall eine **Interessenabwägung** (dazu Rn. 33), wobei insb. Änderungen, die für eine Verwertung des Werkes notwendig oder sachdienlich sind, wie z.B. Änderungen für eine Neuauflage, grundsätzlich zugestimmt werden muss (*Ulmer*

193; *Schack* Rn. 284; Dreier/Schulze/*Schulze* § 8 Rn. 18; Schricker/Loewenheim/*Loewenheim* § 8 Rn. 16). Sofern sich eine treuwidrige Verweigerung der Einwilligung als Verletzung des zwischen den Miturhebern geschlossenen **Gesellschaftsvertrags** darstellt (zu diesem Rn. 52), wird sie möglicherweise eine **Schadensersatzpflicht** nach § 280 BGB auslösen können (vgl. Palandt/*Sprau* § 705 Rn. 29). Gegen eine mangels Einwilligung unzulässige Verwertung kann jeder Miturheber alleine vorgehen (dazu Rn. 26, 40 f.).

26 **c) Sonstige urheberpersönlichkeitsrechtliche Befugnisse.** Soweit eine gesamthänderische Bindung der urheberpersönlichkeitsrechtlichen Befugnisse in § 8 Abs. 2, wie für das Veröffentlichungsrecht (§ 12) sowie im Ergebnis auch für das Änderungsrecht (§ 23) (dazu Rn. 25), nicht ausdrücklich angeordnet wird, bleiben die urheberpersönlichkeitsrechtlichen Befugnisse beim einzelnen Miturheber (OLG Nürnberg ZUM 1999, 656, 657 – Unzulässige Änderung in einem Museumsführer; *Ulmer* 193; Schricker/Loewenheim/ *Loewenheim* § 8 Rn. 10; *Schack* Rn. 283 f.; *Heidmeier* 117; a. A. Möhring/Nicolini/*Ahlberg* § 8 Rn. 28; *Stroh* 168; *Sontag* 29 ff.; *Steffen* 42; *Werner* BB 1982, 280; vermittelnd *Waldenberger* 43 ff., 59). Denn grundsätzlich entspricht nur die selbstständige Wahrnehmung der ideellen Interessen durch den jeweiligen Miturheber der höchstpersönlichen Natur des Urheberpersönlichkeitsrechts, dessen Ausübung durch das aus einer gesamthänderischen Bindung fließende Mitwirkungserfordernis der anderen Miturheber unzumutbar erschwert oder sogar unmöglich gemacht würde.

27 **aa) Anerkennung der Miturheberschaft (§ 13), Entstellungen (§ 14).** Insb. ist damit grundsätzlich jeder Miturheber befugt, selbstständig die **Anerkennung seiner Miturheberschaft** gem. § 13 zu verlangen sowie gem. § 14 **Beeinträchtigungen zu untersagen,** die geeignet sind, seine berechtigten geistigen oder persönlichen Interessen am Werk zu gefährden (BGH GRUR 2003, 231, 232 – Staatsbibliothek; OLG München ZUM 2011, 422, 425 – Tatort-Vorspann; OLG Hamburg GRUR-RR 2002, 249, 250 – Handy-Klingeltöne; OLG Celle GRUR-RR 2001, 125 – Stadtbahnwagen; zur fehlenden Miturheberschaft im konkreten Fall die Revisionsentscheidung BGH GRUR 2002, 799 – Stadtbahnfahrzeug; OLG Karlsruhe GRUR 1984, 812 f. – Egerlandbuch; OLG Düsseldorf GRUR 1969, 550, 551 – Geschichtsbuch für Realschulen; LG Berlin ZUM-RD 2012, 37 zu einer entstellenden Wiedergabe einzelner Passagen eines Interviews). Zu beachten ist allerdings, dass, da das Bestehen von Miturheberschaft nur einheitlich festgestellt werden kann, eine Klage auf Anerkennung der Miturheberschaft grundsätzlich gegen alle (übrigen) Miturheber als notwendige Streitgenossen gerichtet werden muss (LG München I ZUM 1999, 332, 336 – Miturheberschaft des Kameramanns; s. unten Rn. 44). Auch eine Klage, die auf die Anbringung einer bestimmten Miturheberbezeichnung auf Vervielfältigungsstücken gerichtet ist, muss, da die Verwertungsrechte gesamthänderisch gebunden sind und es sich bei der Urheberbezeichnung um eine Modalität der Werkverwertung handelt, grundsätzlich gegen alle (übrigen) Miturheber als notwendige Streitgenossen gerichtet werden (ähnlich OLG Karlsruhe GRUR 1984, 812 f. - Egerlandbuch; *Sontag* 29 ff., 35). Das Bestehen oder Fehlen einer Miturheberschaft des Klägers wird dabei als vorgreifliches Rechtsverhältnis im Wege einer Zwischenfeststellungs(wider)klage nach § 256 Abs. 2 ZPO rechtskräftig festgestellt werden können. Auch bleibt es einem auf den Werkstücken nicht als Urheber benannten Miturheber unbenommen, anstatt gegen die übrigen Miturheber zu klagen, direkt gegen den Verwerter Unterlassungsansprüche nach § 8 Abs. 2 S. 3 geltend zu machen (dazu unten Rn. 38; vgl. auch LG München I ZUM 1999, 332, 336 f. – Miturheberschaft des Kameramanns).

Im Übrigen kann jeder Miturheber in Anwendung von **§ 8 Abs. 2 S. 3** ebenfalls die **gemeinsamen ideellen Interessen** der Miturheber im eigenen Namen geltend machen, indem er z. B. bei unterbliebener Namensnennung auch die Angabe der Namen der anderen Miturheber verlangt oder Beeinträchtigungen des Werkes auch im Interesse der anderen Miturheber entgegen tritt, solange die anderen dieser Geltendmachung nicht widersprechen (Schricker/Loewenheim/*Loewenheim* § 8 Rn. 22; *Ulmer* 193; vgl. auch unten Rn. 40).

Urheberrechtlich nicht geregelt ist allerdings die Frage, welcher Miturheber Anspruch auf **Nennung als Erstautor** beanspruchen kann. Insb. gibt es innerhalb des § 8 kein „Ranking" der verschiedenen Mitautoren, vielmehr werden sämtliche Miturheber, mag ihr eigenschöpferischer Beitrag auch noch so gering sein, grundsätzlich gleich behandelt, so dass die Nennung als Erstautor allein von vertraglichen Vereinbarungen abhängig ist (*Thiele* GRUR 2004, 392, 394 mit Hinweis auf LG Braunschweig Urt. v. 12.6.2002 – 9 O 527/02; zur Sonderreglung des § 24 HRG s. § 7 Rn. 16). Bei Fehlen abweichender Absprachen wird daher regelmäßig die **alphabetische** Reihenfolge zu wählen sein, aber es kommt bei deutlichem Überwiegen einzelner Beiträge auch eine Reihenfolge nach dem Umfang der Mitwirkung entsprechend § 8 Abs. 3 Hs. 1 in Betracht.

bb) Zugangsrecht (§ 25). Auch das **Zugangsrecht** nach § 25 kann jeder Miturheber **28** für sich allein geltend machen, unabhängig davon, ob die urheberrechtlichen Befugnisse, deren Ausübung es dient, gesamthänderisch gebunden sind oder nicht (OLG Düsseldorf GRUR 1969, 550 – Geschichtsbuch für Realschulen; Dreier/Schulze/*Schulze* § 8 Rn. 21; *Ulmer* 193; *Schack* Rn. 284; a. A. *v. Gamm* § 8 Rn. 15). Da das Zugangsrecht lediglich eine Duldungspflicht des Besitzers des Werkstücks zum Gegenstand hat und insofern mehrfach ausgeübt werden kann, ohne dass dadurch die Rechtsstellung der übrigen Miturheber beeinträchtigt wird, würde allerdings auch die Annahme einer gesamthänderischen Bindung über § 8 Abs. 2 S. 3, § 743 BGB zum gleichen Ergebnis führen (OLG Düsseldorf GRUR 1969, 550 – Geschichtsbuch für Realschulen).

4. Die Verwaltung des gemeinsamen Urheberrechts

a) Einstimmigkeit der Beschlussfassung. Maßnahmen, die auf die Veröffentlichung, **29** Verwertung und Änderung des gemeinsamen Werkes gerichtet sind, sind grundsätzlich nur dann im Innenverhältnis rechtmäßig und im Außenverhältnis wirksam, wenn ihnen ein **einstimmiger Beschluss aller Miturheber** zugrunde liegt (BGH GRUR 2009, 1046, 1051 – Kranhäuser (Tz. 52); OLG Frankfurt GRUR 2006, 578, 579 – Erstverwertungsrechte; LG München I ZUM 1999, 332, 337 – Miturheberschaft des Kameramanns; Fromm/Nordemann/*Nordemann* § 8 Rn. 17; Schricker/Loewenheim/*Loewenheim* § 8 Rn. 14; Dreier/Schulze/*Schulze* § 8 Rn. 16; zum früherem Recht Rn. 60). Zu diesen Maßnahmen gehört auch die **Übertragung der Geschäftsführungsbefugnis** auf einzelne Miturheber (dazu oben Rn. 25, unten Rn. 53). Ausgenommen von dem Zustimmungserfordernis sind nur diejenigen Miturheber, die gem. Abs. 4 auf ihren Anteil an den Verwertungsrechten verzichtet haben, wobei unklar ist, ob es ihrer Zustimmung nur dann nicht bedarf, wenn das Werk in unveränderter Form verwertet werden soll, oder auch dann, wenn eine Verwertung in bearbeiteter Form erfolgen soll (dazu auch Rn. 25).
Sofern die Urheber von dem gesetzlichen Einstimmigkeitserfordernis in Abs. 2 **abweichen** und vereinbaren möchten, dass Beschlüsse künftig mit **Stimmenmehrheit** gefasst werden können, ist eine solche Vereinbarung ihrerseits einstimmig zu treffen (*Ulmer* 193; *Sontag* 76 ff.; *Rehbinder* 260; zu Änderungen s. Rn. 25; vgl. auch Rn. 53). Dabei können die Miturheber grundsätzlich auch einem von ihnen die Befugnis zur **Ausübung persönlichkeitsrechtlicher Befugnisse in begrenztem Umfang** einräumen (zu solchen Vereinbarungen näher Vor §§ 31 ff. Rn. 36 ff.; s. auch unten Rn. 48), schwere Eingriffe in das Urheberpersönlichkeitsrecht scheiden aber selbstverständlich aus (vgl. *Ulmer* 193).
Grundsätzlich einstimmig zu treffende Verwaltungsmaßnahmen sind vor allem der **Abschluss und die Änderung von Verwertungsverträgen,** einschließlich der Zustimmung zur Weiterübertragung von Nutzungsrechten nach § 34 Abs. 1 (vgl. BGH GRUR 2005, 860, 862 – Fash 2000) sowie der **Einräumung** der Verwertungsrechte zur **Wahrnehmung** durch eine **Verwertungsgesellschaft** (OLG Frankfurt GRUR 2006, 578, 579 – Erstverwertungsrechte; vgl. unten Rn. 32), und die Beendigung dieser Verträge, insbesondere durch **Kündigung** (BGH GRUR 1990, 443, 446 – Musikverleger IV), **Rücktritt** (z. B. nach §§ 32, 35

VerlG; vgl. dazu Vor 31 ff. Rn. 8 f., 16) oder **Rückruf** (§§ 41, 42) (Fromm/Nordemann/ *Nordemann* § 8 Rn. 17). Liegt insoweit nur bei einem Miturheber eine **gewandelte Überzeugung** gem. § 42 vor, zwingt ihn das Einstimmigkeitserfordernis grundsätzlich dazu, die anderen Miturheber, sofern sie mit einem Rückruf nicht einverstanden sind, auf Einwilligung in den Rückruf zu verklagen (Fromm/Nordemann/*Nordemann* § 8 Rn. 17). Anders als bei der **Kündigung aus wichtigem Grund,** bei der in entsprechender Anwendung von § 744 Abs. 2 BGB (notwendige Erhaltungsmaßnahme) eine Ausnahme vom Einwilligungserfordernis bestehen kann (dazu unten Rn. 46), dürfte ein Notverwaltungsrecht beim Rückruf nach § 42 nicht in Betracht kommen, sondern grundsätzlich zugunsten der übrigen Miturheber – wie bei der Einwilligung – von einem primär verwertungsfreundlichen Maßstab auszugehen sein (vgl. unten Rn. 33), zumal sich der Miturheber auch auf andere Weise, etwa durch Verzicht auf die Namensnennung oder in einer gesonderten Erklärung von dem gemeinschaftlichen Werk nachträglich distanzieren kann. Umgekehrt wird die gewandelte Überzeugung auch nur eines Miturhebers ausreichend sein, damit alle Miturheber gemeinsam das Widerrufsrecht nach § 42 ausüben können (vgl. unten Rn. 46).

Auch der **Widerruf nach § 31a Abs. 1 S. 3** bzgl. der Rechtseinräumung für unbekannte Nutzungsarten bedarf der Zustimmung sämtlicher noch lebender (vgl. § 31a Abs. 2 S. 3) Miturheber (s. § 31a Rn. 67). **Anders** dürfte es jedoch beim **Widerspruch nach § 137l** sein, da es sich hier um eine gesetzliche Übertragungsfiktion und nicht um eine auf dem Willen sämtlicher Miturheber beruhende Nutzungsrechtseinräumung handelt. Hier dürfte bereits der Widerspruch auch nur eines einzelnen Miturhebers die gesetzliche Übertragungsfiktion zunichte machen, da Miturheber ansonsten durch die Erschwerung ihres Widerspruchs gegenüber Alleinurhebern unzumutbar benachteiligt würden (so auch *Ehmann/Fischer* GRUR Int. 2008, 284, 293; *Rieke* 76 f.; a. A. § 137l Rn. 78; *Raitz v. Frentz/ v. Alemann* ZUM 2010, 38, 40). Im Einzelfall kann der Widerspruch einzelner Miturheber allerdings nach § 137l Abs. 4 unwirksam sein, wenn seine Ausübung Treu und Glauben widerspricht (vgl. § 137l Rn. 80 ff.).

30   Ausgenommen von dem Einstimmigkeitserfordernis ist die **Geltendmachung von Rechtsverletzungen,** für die mit der grundsätzlichen **Alleinbefugnis** in Abs. 2 S. 3 eine abweichende **Sonderregelung** besteht (dazu ausf. unten Rn. 38 ff.; zu Urheberpersönlichkeitsrechtsverletzungen auch oben Rn. 26 f.).

Auch für eine Geltendmachung der **Ansprüche auf angemessene Vergütung** nach § 32 Abs. 1 (vgl. § 32 Rn. 13) und § 32c sowie auf **weitere Beteiligung** nach § 32a (vgl. § 32a Rn. 4 f.) bzw. § 36a. F., ist nicht generell ein einstimmiger Beschluss erforderlich. Da es sich bei der Geltendmachung dieser Ansprüche um vertragliche Ansprüche handelt, die sich aus einem bereits abgeschlossenen Verwertungsvertrag ergeben, fallen sie nicht unter die gesamthänderische Bindung nach § 8 Abs. 2, sondern können, soweit die Miturheber gesonderte Verwertungsverträge geschlossen haben, von ihnen grundsätzlich auch gesondert und allein geltend machen werden (BGH GRUR 2012, 496, 497 – Das Boot (Tz. 17); dazu oben Rn. 24). Gleiches dürfte gelten, wenn sich der Anteil eines Miturhebers aufgrund eines gemeinsam geschlossenen Vertrags eindeutig bestimmen lässt.

Schließlich können Miturheber, sofern sie die Rechte an einem gemeinsamen Werk einvernehmlich (vgl. OLG Frankfurt GRUR 2006, 578 f. – Erstverwertungsrechte; s. auch oben Rn. 24, 29 und unten Rn. 32) einer Verwertungsgesellschaft eingeräumt haben, die **gesetzlichen Vergütungsansprüche** anschließend in praktischer Hinsicht ebenfalls einzeln für sich geltend machen, da jeder Miturheber mit der Verwertungsgesellschaft einen eigenen Wahrnehmungsvertrag für alle seine schöpferischen Leistungen abschließt, und die Verwertungsgesellschaften gem. § 7 WahrnG die Anteile mehrerer Berechtigter von sich aus unter diesen aufteilen (vgl. Fromm/Nordemann/*Nordemann* § 8 Rn. 17).

31   **b) Einwilligungserfordernis (§ 8 Abs. 2).** Die Veröffentlichung, Verwertung oder Änderung des gemeinsamen Werkes bedarf gem. § 8 Abs. 2 grundsätzlich der **Einwilli-**

gung, d. h. der **vorherigen Zustimmung** sämtlicher Miturheber (§ 183 BGB; BGH GRUR 2009, 1046, 1051 – Kranhäuser Rheinauhafen (Tz. 52)). Aus Rechtssicherheitsgründen, um insbesondere die **schwebende Rechtsunwirksamkeit reiner Rechtshandlungen** sowie die rückwirkende Heilung einer bereits vollendeten und bei vorsätzlichem Handeln sogar strafbaren Rechtsverletzung zu **vermeiden,** hat der Gesetzgeber die Möglichkeit einer nachträglichen Zustimmung (Genehmigung, § 184 BGB) zu einer bereits erfolgten Veröffentlichung, Verwertung oder Änderung bewusst nicht zugelassen (AmtlBegr. *M. Schulze* Materialien 426). Sofern der übergangene Miturheber gegen die ohne sein Einverständnis erfolgte Verwertungsmaßnahme nichts einzuwenden hat, kann er im Nachhinein auf die Geltendmachung seiner Ansprüche aus der Rechtsverletzung verzichten (AmtlBegr. *M. Schulze* Materialien 426; Fromm/Nordemann/*Nordemann* § 8 Rn. 17; Schricker/Loewenheim/*Loewenheim* § 8 Rn. 14; *Waldenberger* 61; kritisch dazu *Sontag* 39 f.; zur Zustimmung zur Veröffentlichung s. § 6 Rn. 13 ff.), wobei eine nachträgliche Zustimmung in der Regel als ein solcher Verzicht auf etwaige Ansprüche zu werten ist (*Rehbinder* 260).

Anders ist es bei **Rechtsgeschäften,** bei denen ein einzelner Miturheber als **Vertreter ohne Vertretungsmacht** im Namen aller eine gem. § 177 Abs. 1 BGB zunächst schwebend unwirksame Rechtseinräumung nach § 29 Abs. 2 hinsichtlich des gemeinsamen Urheberrechts treffen kann, die anschließend von den übrigen Miturhebern innerhalb der Frist des § 177 Abs. 2 BGB nachträglich genehmigt wird (*Sontag* 42 ff.; Dreyer/Kotthoff/Meckel/*Dreyer* § 8 Rn. 27; zum alten Recht vgl. BGH GRUR 1962, 531, 534 – Bad auf der Tenne II). Für die **Erteilung der Zustimmung** gelten dabei die allgemeinen Regeln über Willenserklärungen, so dass sie insbesondere **auch konkludent** erfolgen kann (vgl. BGH GRUR 2005, 860, 862 – Fash 2000, zur Frage der konkludenten Zustimmung zu einer Weiterübertragung von Nutzungsrechten nach § 34 Abs. 1 UrhG im Falle der Insolvenz). Auch die in der konkreten **Werkanmeldung durch nur einen Miturheber** liegende Verfügung über die Nutzungsrechte an dem gemeinsamen Werk an eine Verwertungsgesellschaft ist, sofern kein gemeinsamer Beschluss durch alle Miturheber gefasst wurde, **schwebend unwirksam,** solange die anderen Miturheber ihre Zustimmung zur Anmeldung des gemeinsamen Werkes noch nicht nachträglich erteilt haben (OLG Frankfurt GRUR 2006, 578 f. – Erstverwertungsrechte).

Das Einwilligungserfordernis betrifft nach §§ 709, 714 BGB sowohl das **Innen- als** **32** **auch das Außenverhältnis,** d. h. soweit es um die Ausübung des positiven Benutzungsrechts geht (§ 8 Abs. 2 S. 1), sind die Miturheber, vorbehaltlich abweichender Vereinbarungen im Innenverhältnis, § 709 BGB entsprechend nur zur gemeinschaftlichen Geschäftsführung berechtigt und verpflichtet, und § 714 BGB entsprechend kann die Gesamthandsgemeinschaft im Außenverhältnis auch nur durch alle Miturheber gemeinsam vertreten werden, wenn diese keine besondere Vertretungsregelung getroffen haben (OLG Frankfurt GRUR 2006, 578 f. – Erstverwertungsrechte; Möhring/Nicolini/*Ahlberg* § 8 Rn. 34; *Werner* BB 1982, 281; *Sontag* 38 ff., 41; *Steffen* 46 ff.). Soweit im Einzelfall keine berechtigten Schutzinteressen einzelner Miturheber entgegenstehen, dürften die Grundsätze der **Passivvertretung** bei Gesamtvertreterrn, wonach für den Zugang und die Wirksamkeit einer Willenserklärung nach allgemeiner Auffassung aus Gründen der Erleichterung des Rechtsverkehrs der Zugang bei nur einem Gesamtvertreter ausreicht, auf die gesetzliche Miturheber-Gesamthand anwendbar sein (vgl. BGH ZIP 2012, 79; Palandt/*Heinrichs* § 167 BGB Rn. 14; Palandt/*Sprau* § 714 BGB Rn. 4; *Sontag* 44 m. w. N.; Möhring/Nicolini/*Ahlberg* § 8 Rn. 34); in jedem Fall empfiehlt sich jedoch bei der Vertragsgestaltung mit Miturhebern eine ausdrückliche Regelung dieser Frage und im Ergebnis die Benennung eines Zustellungsbevollmächtigten.

Gem. § 8 Abs. 2 S. 2 darf die **Einwilligung** in die Veröffentlichung, Verwertung oder **33** Änderung des gemeinsamen Werkes **nicht wider Treu und Glauben verweigert** werden. Maßgeblich dafür, ob die Verweigerung der Einwilligung gegen Treu und Glauben verstößt, ist eine vom Gericht vorzunehmende **Interessenabwägung.** Bei dieser sind in erster Linie etwaige **vertragliche Vereinbarungen** der Miturheber zu berücksichtigen sowie darüber hinaus – soweit feststellbar – die von den Urhebern mit der gemeinschaftlichen Werkschöpfung verfolgten **Ziele und Zwecke** (Schricker/Loewenheim/*Loewenheim* § 8 Rn. 16; Dreier/Schulze/*Dreier* § 8 Rn. 18; Dreyer/Kotthoff/Meckel/*Dreyer* § 8 Rn. 37; näher *Sontag* 46 ff.). Insgesamt dürfte dabei, sofern gegenteilige Absprachen und Besonderheiten fehlen, grundsätzlich von einem **großzügigen, verwertungsfreundlichen Maßstab** auszugehen sein mit der Folge, dass Verwertungswünschen der übrigen Miturheber im Zweifel gegenüber dem Weigerungsrecht einzelner Miturheber der Vorzug zu geben ist (vgl. OLG Köln GRUR-RR 2005, 337 f. – Dokumentarfilm Massaker, wonach es als treuwidrig angesehen wurde, dass eine Kamerafrau einerseits das Honorar für ihre Werkleistung verlangte, sich andererseits aber zugleich das Recht zur Veröffentlichung umfassend vorbehielt). Eine **Grenze** wird dem Anspruch der übrigen Miturheber auf Erteilung der Einwilligung durch das **Urheberpersönlichkeitsrecht** gezogen, wobei sich das Weigerungsrecht des einzelnen Miturhebers allerdings nur bei Entstellungen und ähnlich **gravierenden Beeinträchtigungen** (vgl. dazu § 14 Rn. 11 ff.) bei der Abwägung durchsetzen wird, während geringfügigere Eingriffe, wie z.B. notwendige Bearbeitungen des gemeinsamen Werkes für eine Neuauflage oder für die Erstellung einer bühnenfähigen oder sendereifen Fassung, die den Charakter des Werkes nicht berühren, grundsätzlich hinzunehmen sind (OLG Frankfurt OLGZ 1971, 171 – Taschenbuch für Wehrfragen; Schricker/Loewenheim/*Loewenheim* § 8 Rn 16; Dreier/Schulze/*Schulze* § 8 Rn. 18; *Ulmer* 193). Die Einwilligung wird insoweit auch nicht schon allein deshalb verweigert werden dürfen, weil die entsprechende Nutzungsart im Zeitpunkt der Entstehung der Miturheberschaft noch nicht bekannt gewesen ist (vgl. zu § 31 Abs. 4 a. F. *Ahlberg* GRUR 2002, 313, 320; *Wandtke/Holzapfel* GRUR 2004, 284, 291).

Und schließlich wird als Maßstab und Richtlinie auch die **Rechtsprechung zu § 39 Abs. 2** in der Weise herangezogen werden können, dass eine Verweigerung der Einwilligung in Werkänderungen durch einen Miturheber nach Abs. 2 S. 2 regelmäßig in dem Umfang als treuwidrig anzusehen sein wird, wie Werkänderungen einem Vertragspartner nach § 39 Abs. 2 gestattet wären (vgl. dazu § 39 Rn. 20 ff.). Darüber hinaus kommt ggf. auch ein Rückgriff auf künftige Rechtsprechung zur Beschränkung des Widerrufsrechts bei unbekannten Nutzungsarten nach § 31a Abs. 3 in Betracht (vgl. § 31a Rn. 72). Zu beachten ist allerdings, dass, soweit das Nutzungsrecht einem Vertragspartner bereits eingeräumt ist, dieser sein Änderungsrecht nach § 39 Abs. 2 unmittelbar gegenüber der Miturhebergemeinschaft ausüben kann.

Wenn ein Miturheber seine Einwilligung zur Veröffentlichung, Verwertung oder Änderung des gemeinschaftlichen Werkes **wider Treu und Glauben verweigert,** so ist er von den Übrigen **auf Abgabe der Einwilligung zu verklagen** (Formular für Einwilligungsklage s. Mes/*Lutz* G.16). Um dem Bestimmtheitserfordernis des § 253 Abs. 2 Nr. 2 ZPO zu genügen und die Vollstreckbarkeit zu gewährleisten, empfiehlt es sich dabei, den konkreten Vertragsentwurf bzw. das konkret geänderte Werk der Klage als Anlage beizufügen. Ob der Anspruch auf Erteilung der Einwilligung in Ausnahmefällen per einstweiliger Verfügung durchgesetzt werden kann, ist zweifelhaft (dafür Beck'sches Prozessformularbuch Gewerblicher Rechtsschutz, G III Ziff. 1 m.w.N.; zur Frage einer möglichen Schadensersatzpflicht nach § 280 BGB durch treuwidrige Verweigerung der Einwilligung s. oben Rn. 25). Die **Beweislast** für die Tatsachen, aus denen sich ergibt, dass die Weigerung gegen Treu und Glauben verstößt, tragen nach allgemeinen Grundsätzen die übrigen Miturheber. Grundsätzlich darf die beabsichtigte Verwertungshandlung, solange über die Klage auf Einwilligung noch nicht rechtskräftig entschieden worden ist, nicht vorgenommen werden (Fromm/Nordemann/*Noráemann* § 8 Rn. 17). Der Anspruch auf Einwilligung wird **nach § 894 ZPO vollstreckt,** d.h. mit Rechtskraft des Urteils gilt die Einwilligung als erteilt. Eine Ausnahme für vorläufig vollstreckbare Urteile besteht nicht (dazu Beck'sches Prozessformularbuch Gewerblicher Rechtsschutz, G III Ziff. 5 m. w. N.). Ob und inwieweit dem Unterlassungsbegehren eines Miturhebers gegen eine konkrete, ohne seine Einwilligung erfolgte Veröffentlichung, Verwertung oder Änderung des gemeinschaftlichen Werkes die Treuwidrigkeit seiner Verweigerung der Einwilligung entgegen gehalten werden kann (vgl. OLG Köln GRUR-RR 2005, 337 f. – Dokumentarfilm Massaker), ist sehr fraglich (vgl. oben Rn. 31). In derartigen Fällen sollte der Anspruch auf Erteilung der Einwilligung in jedem Fall im Wege einer Widerklage geltend gemacht werden.

c) **Die Verteilung der Erträgnisse (§ 8 Abs. 3).** Die Verteilung der Erträgnisse richtet sich **vorrangig nach einer** unter den Miturhebern getroffenen **Vereinbarung,** die **ausdrücklich oder konkludent** getroffen werden kann (dazu unten Rn. 37). Nur für den Fall, dass eine solche Vereinbarung fehlt, greift die gesetzliche Regelung in § 8 Abs. 3, wonach der „Umfang der Mitwirkung" maßgeblich ist (dazu unten Rn. 35 f.). § 8 Abs. 3 gilt dabei auch für etwaige **Verluste** als negative Erträgnisse (vgl. *Steffen* 88 ff.; *Waldenberger* 60). Erst wenn der gem. Abs. 3 maßgebliche Umfang der Mitwirkung weder feststellbar noch schätzbar ist, sind im Zweifel gleiche Anteile anzunehmen (dazu unten Rn. 36).   **34**

aa) **Gesetzliche Regelung in § 8 Abs. 3.** Fehlt eine vertragliche Vereinbarung, ist für die Errechnung des Beteiligungsverhältnisses nach § 8 Abs. 3 der **Umfang der Mitwirkung** maßgeblich, **nicht** hingegen die **Bedeutung** der Beiträge der einzelnen Miturheber. Der Gesetzgeber wollte auf diese Weise einen möglichst **objektiven Maßstab** für die Bestimmung der Anteile aufstellen, der **rein quantitativ** ist und den Gerichten eine qualitative Bewertung und Gewichtung der einzelnen Miturheberbeiträge erspart (vgl. Bericht des Rechtsausschusses, BT-Drucks. IV/3401, 3; Schricker/Loewenheim/*Loewenheim* § 8 Rn. 19). Indem dabei gem. Abs. 3 auf den (quantitativen) Umfang der **„Mitwirkung"** abgestellt wird, ist für die Anteilsberechnung nicht nur der Umfang der schöpferischen Beiträge relevant – bei einem Schriftwerk etwa die Anzahl der verfassten Zeilen, Seiten oder Kapitel – sondern der **Gesamtumfang der Mitwirkung,** zu dem **auch** der Umfang **nichtschöpferischer Beiträge,** wie etwa eine Beteiligung an den notwendigen Vorarbeiten zu einem Werk, z. B. durch Sichtung von Quellenmaterial oder die Beteiligung an der abschließenden Gesamtredaktion gehören (Bericht des Rechtsausschusses, BT-Drucks. IV/3401, 3; LG Mannheim ZUM 2005, 915, 917 – Gesangsmelodie; Schricker/Loewenheim/*Loewenheim* § 8 Rn. 19; Dreyer/Kotthoff/Meckel/*Dreyer* § 8 Rn. 45). Ob insoweit die Ausführungen des BGH in der Anhörungsrüge zu „Der Frosch mit der Maske" (BGH ZUM 2012, 141, 142 (Tz. 11)), in der er vom „Verhältnis der schöpferischen Leistung(en)" der einzelnen Miturheber spricht, als dezidierte gegenteilige Auffassung zur Maßgeblichkeit des quantitativen Gesamtumfangs der Mitwirkung zu verstehen sind, bleibt abzuwarten.   **35**

Sofern sich der quantitative Gesamtumfang der Mitwirkung nicht oder nachträglich nicht mehr ermitteln lässt, kommt auch eine **Schätzung nach Billigkeit gem. § 287 Abs. 2 ZPO** in Betracht, sofern **hinreichende tatsächliche Anhaltspunkte** dafür vorliegen, in welchem relativen Verhältnis der Gesamtumfang der Mitwirkung der einzelnen Urheber zueinander steht, und entsprechend substanziierter Vortrag dazu erfolgt (Schricker/Loewenheim/*Loewenheim* § 8 Rn. 19; vgl. allg. Thomas/Putzo/*Reichold* § 287 ZPO Rn. 7 ff.). Erst dann, wenn solche Anhaltspunkte für eine Schätzung nach Billigkeit gem. § 278 Abs. 2 ZPO fehlen bzw. nicht vorgetragen sind, sind **im Zweifel gleiche Anteile** anzunehmen, wobei die Auslegungsregeln nach § 722 BGB bzw. §§ 742, 743 Abs. 1 BGB als **Beweislastregel** ergänzend herangezogen werden können, so dass derjenige, der für sich einen größeren Anteil in Anspruch nimmt, dies darlegen und nachweisen muss (LG Mannheim ZUM 2005, 915, 917 – Gesangsmelodie; vgl. auch BGH GRUR 1978, 244 – Ratgeber für Tierheilkunde und Vorinstanz OLG Hamburg OLGZ 207, 6; Fromm/Nordemann/*Nordemann* § 8 Rn. 26; Dreier/Schulze/*Schulze* § 8 Rn. 24; Möhring/Nicolini/*Ahlberg* § 8 Rn. 45; für § 722 BGB Schricker/Loewenheim/*Loewenheim* § 8   **36**

Rn. 19; Dreyer/Kotthoff/Meckel/*Dreyer* § 8 Rn. 46; a. A. *Werner* BB 1982, 281). Der gegen die übrigen Miturheber gerichtete Beteiligungsanspruch unterliegt der **regelmäßigen Verjährungsfrist gem.** **§ 195 BGB** (so bereits zum alten Verjährungsrecht BGH GRUR 1978, 244, 246 – Ratgeber für Tierheilkunde).

37 **bb) Abweichende vertragliche Vereinbarungen.** Die Miturheber können die Verteilung der Erträgnisse untereinander grundsätzlich **vertraglich frei regeln** und sollten dies angesichts der Schwierigkeiten der Anteilsberechnung nach § 8 Abs. 3 auch tun (vgl. BGH GRUR 1998, 673, 677 – Popmusikproduzenten). Sie können insoweit auch gesondert voneinander mit dem Verwerter jeweils **eigene Verwertungsverträge mit unterschiedlichen Vergütungsvereinbarungen** abschließen (so häufig im Filmbereich, vgl. BGH GRUR 2012, 496, 497 – Das Boot (Tz. 2, 19)). Wurden getrennte Verwertungsverträge mit unterschiedlichen Vergütungsvereinbarungen geschlossen, hat dies insb. zur Konsequenz, dass **kein einheitlicher Anspruch** auf weitere angemessene Beteiligung **nach § 32a** entsteht, da die Beurteilung, ob die mit dem Verwerter vereinbarte Gegenleistung in einem auffälligen Missverhältnis zu den Erträgen und Vorteilen aus der Nutzung des Werkes steht, von Miturheber zu Miturheber unterschiedlich ausfallen kann (BGH GRUR 2012, 496, 497 – Das Boot (Tz. 19) ebenso die Vorinstanzen OLG München GRUR-RR 2010, 416, 417, 420 sowie LG München I GRUR-RR 2009, 385, 387; OLG München ZUM 2011, 422, 426 – Tatort-Vorspann; s. auch § 32a Rn. 4). In Konsequenz daraus kann jeder Miturheber, der einen gesonderten Verwertungsvertrag mit eigenständiger Vergütungsregelung getroffen hat, den Anspruch aus § 32a unabhängig von den anderen Miturhebern geltend machen (BGH GRUR 2012, 496, 497 – Das Boot (Tz. 19), ebenso die Vorinstanzen OLG München GRUR-RR 2010, 416, 417, 420 sowie LG München I GRUR-RR 2009, 385, 387; OLG München ZUM 2011, 422, 426 – Tatort-Vorspann; s. oben Rn. 24, 30).

Es ist den Miturhebern auch nicht verwehrt, eine Vereinbarung zu treffen, wonach einer oder mehrere Miturheber an den Erträgnissen bestimmter Verwertungen **überhaupt nicht beteiligt werden** (Fromm/Nordemann/*Nordemann* § 8 Rn. 26; Möhring/Nicolini/ *Ahlberg* § 8 Rn. 46). Eine solche Vereinbarung unterliegt lediglich den **gesetzlichen Schranken,** d.h. sie ist insoweit unwirksam als eine entsprechende Vereinbarung auch mit Dritten nicht getroffen werden könnte (Möhring/Nicolini/*Ahlberg* § 8 Rn. 46). Dies betrifft neben dem **Anspruch auf weitere Beteiligung** gem. § 32a Abs. 3 insb. den **Zahlungsanspruch aus dem Folgerecht** gem. § 26 Abs. 3 (dazu § 26 Rn. 19) oder die **Vergütung für später bekannt werdende Nutzungsarten** gem. § 32c Abs. 3 sowie die Ansprüche nach § 20b Abs. 2 S. 2, § 27 Abs. 1 S. 2 bzw. allgemein die Vergütungsansprüche nach § 63a S. 1. Nur wenn der Miturheber nach § 8 Abs. 4 auf seinen Anteil an den Verwertungsrechten insgesamt verzichtet hat, erfasst dieser **Verzicht** auch die aus dem Verwertungsrecht fließenden Vergütungsansprüche (teilw. str., dazu unten Rn. 50).

Bei Miturheberschaften im Bereich von **Arbeits- und Dienstverhältnissen** kommt es darauf an, ob die konkrete Werkschöpfung nach **Inhalt und Wesen des Arbeits- bzw. Dienstvertrags** zu den arbeitsvertraglichen Pflichten des Arbeitnehmers gehörte. Ist dies der Fall, dann wird § 8 Abs. 3 durch § 43 überlagert und stehen die Erträgnisse aus der Nutzung des Werkes grundsätzlich allein dem Arbeitgeber zu (vgl. § 43 Rn. 134 ff.; s. auch oben Rn. 22 sowie § 69b Rn. 18 ff. zur Sonderregelung des § 69b bei Computerprogrammen), unabhängig davon, ob er selbst Miturheber ist. Zählte die konkrete Werkschöpfung jedoch nicht zu den arbeitsvertraglichen Leistungspflichten des Arbeitnehmers, ist der Arbeitnehmer bzw. Dienstverpflichtete als Miturheber gem. § 8 Abs. 3 an den Erträgnissen zu beteiligen (BGH GRUR 1978, 244, 246 – Ratgeber für Tierheilkunde; Möhring/Nicolini/*Ahlberg* § 8 Rn. 46; zum Streitstand ausf. m. w. N. § 43 Rn. 134 ff.). Dabei soll sich die Verjährung des Beteiligungsanspruchs, unabhängig von der Verjährung arbeitsvertraglicher Ansprüche, nach § 195 BGB richten (so zum alten Verjährungsrecht BGH GRUR 1978, 244, 246 – Ratgeber für Tierheilkunde).

d) Die Abwehr und Verfolgung von Rechtsverletzungen (§ 8 Abs. 2 S. 3). 38
aa) Alleinbefugnis und Prozessstandschaft. Um die Abwehr und gerichtliche Verfolgung von Rechtsverletzungen zu erleichtern, sieht § 8 Abs. 2 S. 3 vor, dass Ansprüche aus Verletzungen des gemeinsamen Urheberrechts **jeder Miturheber selbstständig** und **ohne Einholung der Einwilligung** der anderen Miturheber geltend machen kann (AmtlBegr. *M. Schulze* Materialien 426; BGH GRUR 2012, 496, 503 – Das Boot (Tz. 77); BGH GRUR 1998, 39, 41 – Buchhaltungsprogramm; zu abweichenden Regelungen im Innenverhältnis unten Rn. 53). Da der aufgrund der Alleinbefugnis des Abs. 2 S. 3 klagende Miturheber die Ansprüche als **fremdes Recht im eigenen Namen** geltend macht und insoweit nicht als Vertreter der Gemeinschaft tätig wird, begründet § 8 Abs. 2 S. 3 eine **gesetzliche Prozessstandschaft** (BGH GRUR 2012, 496, 503 – Das Boot (Tz. 77); Fromm/Nordemann/*Nordemann* § 8 Rn. 20; Schricker/Loewenheim/*Loewenheim* § 8 Rn. 20; vgl. zu parallelen Fragen bei Miterben Palandt/*Edenhofer* § 2039 BGB Rn. 6f., insb. zur Frage der Verjährungshemmung). Die **Alleinbefugnis** eines Miturhebers nach § 8 Abs. 2 S. 3, wegen einer Verletzung des gemeinsamen Urheberrechts Dritten gegenüber Ansprüche geltend zu machen, ist **vom Umfang seiner Mitwirkung nach § 8 Abs. 3 unabhängig,** so dass der von einem Miturheber Dritten gegenüber erhobenen Klage auf Feststellung eines bestimmten Miturheberanteils das Feststellungsinteresse fehlt (BGH GRUR 2003, 231, 232f. – Staatsbibliothek).

Es handelt sich bei dieser Individualklagebefugnis nach h.M. insoweit um eine Prozessstandschaft mit nicht ausschließlicher (so aber *Rieke* 150ff., 164), sondern **mit mehrfacher Prozessführungsbefugnis,** so dass ein **Urteil nur für und gegen den klagenden Miturheber in Rechtskraft** erwächst, nicht jedoch gegen die übrigen, am Verfahren nicht teilnehmenden Miturheber (es sei denn, sie hätten der Prozessführung zugestimmt, vgl. *Henke et al* GRUR Int. 2007, 503, 506) und auch nicht gegen die Miturhebergemeinschaft als solche (BGH GRUR 2012, 496, 503 – Das Boot (Tz. 77); OLG Köln ZUM 2009, 237, 242 (Vorinstanz zu BGH GRUR 2011, 714 – Der Frosch mit der Maske); Schricker/Loewenheim/*Loewenheim* § 8 Rn. 20; Dreier/Schulze/*Schulze* § 8 Rn. 21; Dreyer/Kotthoff/Meckel/*Dreyer* § 8 Rn. 41; vgl. Thomas/Putzo/*Hüßtege* § 51 Rn. 24, 33; Thomas/Putzo/*Reichold* § 325 Rn. 4; a.A. Fromm/Nordemann/*Nordemann* § 8 Rn. 20; *Rieke* 150ff., 164). Erheben mehrere Miturheber nach § 8 Abs. 2 S. 3 **nebeneinander Einzelklage** gegen einen Dritten, sind sie daher **nicht notwendige Streitgenossen** (ausf. *Sontag* 55; Dreyer/Kotthoff/Meckel/*Dreyer* § 8 Rn. 41). Andererseits steht es den Miturhebern natürlich frei, die Ansprüche stattdessen auch **gemeinsam als Gesamthandsgemeinschaft** gerichtlich geltend zu machen, wobei sie in diesem Fall **notwendige Streitgenossen** sind (Schricker/Loewenheim/*Loewenheim* § 8 Rn. 18; Möhring/Nicolini/*Ahlberg* § 8 Rn. 40; *Sontag* 53).

Letztlich kann die Einzelklagebefugnis nach § 8 Abs. 2 S. 3 daher dazu führen, dass sich ein potenzieller Verletzer wegen der gleichen vermeintlichen Verletzungshandlung mehrfach, und zwar gegen jeden Miturheber einzeln, zur Wehr setzen muss (vgl. *Henke et al* GRUR Int. 2007, 503, 506; dort auch m.w.N. zu einer Rechtskrafterstreckung im Falle der Zustimmung zur Klageerhebung). Für den nur durch einen Miturheber Verklagten kann es sich daher ggf. empfehlen, durch Erhebung einer gegen alle übrigen Miturheber gerichteten **negativen Feststellungswiderklage** diese in den Rechtsstreit mit einzubeziehen, um auf diese Weise eine erneute Inanspruchnahme durch bislang unbeteiligte Miturheber zu vermeiden (so Vorschlag von *Henke et al* GRUR Int. 2007, 503, 506), was aber grundsätzlich nur möglich ist, wenn diese dem potenziellen Verletzer namentlich bekannt sind und über ihre Miturheberschaft kein Zweifel bzw. Streit besteht (vgl. *Rieke* 145f., mit Zweifeln am Feststellungsinteresse gegenüber den untätigen Miturhebern).

In **praktischer Hinsicht** ist allerdings anzumerken, dass die sukzessive gerichtliche Inanspruchnahme eines potenziellen Verletzers durch mehrere Miturheber sehr unwahrscheinlich ist und bislang – soweit ersichtlich – auch noch keine publizierten Urteile zu einer solchen Konstellation vorliegen. Denn zwar bleibt es wegen der fehlenden Rechtskrafterstreckung einem zweiten Miturheber, der mit der Höhe des vom ersten Miturheber erstrittenen Schadensersatzes nicht zufrieden ist, unbenommen, erneut zu klagen und dabei auch eine andere Berechnungsmethode zu wählen; allerdings wird sich seine auf Leistung an alle gerichtete Klage nur noch auf eine mögliche Differenz richten können, da der Leistungsanspruch durch die vom Verletzer aufgrund der ersten Klage geleisteten Zahlungen betragsmäßig reduziert worden ist. Das Risiko einer solchen, theoretisch möglichen, „Differenzklage" ist für den zweiten Miturheber beträchtlich, und ein entsprechendes Vorgehen wird daher aufgrund der fehlenden Prozessökonomie auch in Zukunft relativ unwahrscheinlich bleiben. Eine Veranlassung, die Prozessstandschaft nach Abs. 2 S. 3 einzuschränken auf eine ausschließliche Prozessführungsbefugnis mit Rechtskrafterstreckung auf sämtliche unbeteiligten Miturheber und zum Ausgleich eine Informations- und Schadensersatzpflicht des prozessführenden Miturhebers vorzusehen (so der Vorschlag von *Rieke* 177 f.), besteht daher nach hier vertretener Ansicht nicht, zumal der aktiv gegen Verletzungen des gemeinsamen Urheberrechts vorgehende Miturheber dadurch mit einem nicht unerheblichen Risiko belastet und die Rechtsverfolgung erschwert würde.

39 **bb) Reichweite der Alleinbefugnis nach § 8 Abs. 2 S. 3.** Die Alleinbefugnis nach Abs. 2 S. 3 erfasst, da sie aus der Stellung als Miturheber folgt, lediglich alle der Gemeinschaft zustehenden Ansprüche, die aus einer **Verletzung des Urheberrechts als dinglichem Recht** fließen, **nicht** hingegen rein schuldrechtlich begründete **vertragliche Ansprüche** aus Nutzungsverträgen mit Dritten (Schricker/Loewenheim/*Loewenheim* § 8 Rn. 21; *Spindler* FS Schricker 2005, 539, 548). Diese kann allein der jeweilige Vertragspartner geltend machen, d. h. bei gemeinsamem Vertragsabschluss die Miturhebergemeinschaft als Vertragspartnerin, bei gesondertem Vertragsabschluss der jeweilige Miturheber (vgl. oben Rn. 37), der dabei allerdings Treu und Glauben unterliegt (vgl. oben Rn. 33). Soweit die Miturhebergemeinschaft Vertragspartnerin ist, kann daher ein Miturheber allein nach Abs. 2 S. 3 z. B. weder einen **vertraglichen Erfüllungsanspruch** geltend machen noch Schadensersatz aus einer **Vertragsverletzung** im eigenen Namen verlangen oder ein Gestaltungsrecht ausüben, wie z. B. den **Rücktritt** von einem Vertrag oder die **Anfechtung** einer auf Abschluss des Vertrages gerichteten Willenserklärung (Möhring/Nicolini/ *Ahlberg* § 8 Rn. 41). Derartige Ansprüche können, sofern nicht eine entsprechende Geschäftsführungs- und Vertretungsregelung getroffen worden ist, nur entweder von der Gemeinschaft oder vom einzelnen Miturheber allein unter den Voraussetzungen einer Notgeschäftsführung nach § 744 Abs. 2 BGB geltend gemacht werden (dazu unten Rn. 45 f.; *Spindler* FS Schricker 2005, 539, 548; oder bei Vorliegen der Voraussetzungen einer „actio pro socio", so Möhring/Nicolini/*Ahlberg* § 8 Rn. 41; zur „actio pro socio" Palandt/*Sprau* § 714 BGB Rn. 9). Soweit die Überschreitung vertraglicher Nutzungsbefugnisse ihrerseits eine Urheberrechtsverletzung darstellt (s. § 31 Rn. 4), greift jedoch wieder die Alleinbefugnis nach Abs. 2 S. 3.

Insgesamt müssen die Prozessparteien einer auf die Prozessstandschaft nach § 8 Abs. 2 S. 3 gestützten Individualklage beachten, dass sich die **Prozessstandschaft** des einzelnen Miturhebers, da die Alleinbefugnis nach Abs. 2 S. 3 die Ausübung von Gestaltungsrechten nicht erfasst, **nicht** auch auf die den Prozess beendenden **Prozessrechtsgeschäfte wie Vergleich und Verzicht** erstreckt, soweit diese eine **Verfügung** über das gemeinsame Recht enthalten (vgl. Möhring/Nicolini/*Ahlberg* § 8 Rn. 41; *Rieke* 126).

Die Alleinbefugnis nach Abs. 2 S. 3 im Falle einer Urheberrechtsverletzung gilt nicht nur für **Unterlassungsansprüche,** sondern insb. auch für **Schadensersatzansprüche** (so ausdrücklich die AmtlBegr. *M. Schulze* Materialien 427; dazu unten Rn. 41), Ansprüche auf Auskunftserteilung und Rechnungslegung (unten Rn. 41a), **Vernichtungsansprüche** nach §§ 98 Abs. 1, 99 (OLG München GRUR-RR 2010, 161 f. – Bronzeskulptur), den **Anspruch auf Rückruf** nach §§ 98 Abs. 2, 99 und **Überlassungsansprüche** nach §§ 98

Abs. 3, 99 (a. A. *Sontag* 57 ff.; *Steffen* 100), wobei bei Schadensersatz und Überlassung allerdings nur Leistung an alle verlangt werden kann (s. unten Rn. 41). Da das Urteil nach h. M. nur für bzw. gegen den klagenden Miturheber, nicht aber gegen die übrigen Miturheber in Rechtskraft erwächst, wird der Anspruchsinhalt in diesen Fällen gegenüber den anderen Miturhebern nicht in unzulässiger Weise festgelegt (Schricker/Loewenheim/ *Loewenheim* § 8 Rn. 21; *Sontag* 55; *Steffen* 103). Sofern daher z.B. der Verletzer aufgrund eines ersten Urteils bereits Schadensersatz in bestimmter Höhe geleistet hat, bleibt es den übrigen Miturhebern unbenommen, ihrerseits unter Wahl einer anderen Schadensberechnungsmethode weiter gehenden Schadensersatz zu fordern (s. zu den Schadensberechnungsmethoden § 97 Rn. 58 ff.).

40 Der einzelne Miturheber kann nach Abs. 2 S. 3 nicht nur die gemeinschaftlichen Verwertungsinteressen, sondern auch die **gemeinschaftlichen ideellen Interessen** gegen Verletzungen durch Dritte verteidigen (vgl. OLG Hamm BeckRS 2006, 06870 S. 12 – Kircheninnenraumgestaltung; Schricker/Loewenheim/*Loewenheim* § 8 Rn. 22). Dass zwischen den Miturhebern Streit darüber besteht, ob im konkreten Fall eine Verletzung ideeller Interessen vorliegt oder nicht, beeinträchtigt die Alleinbefugnis und damit Prozessstandschaft des klagenden Miturhebers grundsätzlich nicht. Vielmehr kann dies allenfalls bei der Frage der Begründetheit der Klage eine Rolle spielen. Umgekehrt steht es den übrigen Miturhebern frei, denjenigen Miturheber, der die gemeinschaftlichen Interessen als verletzt ansieht und mit einer Klage droht, ihrerseits auf Einwilligung in die Verwertung durch den Dritten zu verklagen, um Rechtssicherheit zu erlangen (vgl. dazu oben Rn. 33).

Fraglich ist in diesem Zusammenhang, ob und inwieweit bei der Rechtswahrnehmung eine Unterscheidung zwischen **individuellen und gemeinschaftlichen ideellen Interessen** überhaupt möglich ist (dies bejahend insb. *Ulmer* 192; Schricker/Loewenheim/ *Loewenheim* § 8 Rn. 22; dazu oben Rn. 26 ff.). Wenn z.B. zwei Autoren gemeinsam einen Text verfasst haben, welche von einem Dritten ohne Erlaubnis verwertet wird, wobei nur einer der Fotografen als Urheber benannt wird, stellt sich die Frage, ob die unterbliebene Namensnennung von jedem der beiden Miturheber geltend gemacht werden könnte. Dies sollte grundsätzlich zu bejahen sein, zumal eine **fälschliche Benennung als Alleinurheber** einen Miturheber durchaus seinerseits in seinem **ideellen Interesse an korrekter Zuschreibung** beeinträchtigen kann. Fraglich könnte allenfalls sein, ob der fälschlich als Alleinurheber benannte Miturheber, gestützt auf die Alleinbefugnis des Abs. 2 S. 3, auch die – zum Ausgleich materieller Schäden gedachte – doppelte Lizenzgebühr nach den MFM-Honorarbedingungen einfordern könnte oder ob diese doppelte Lizenzgebühr nur dem nicht Benannten zusteht bzw. ob bei vollständig unterbliebener Namensnennung jeder nur die Hälfte verlangen kann; letztlich sollte die Alleinbefugnis auch in diesem Fall bejaht werden und sich der Ausgleich auf das Innenverhältnis der Miturheber beschränken (zur doppelten Lizenzgebühr s. § 72 Rn. 32, 62). In praktischer Hinsicht ist insoweit, um diese Fragen zu vermeiden, eine gemeinsame Geltendmachung sehr empfehlenswert, hilfsweise könnte auch eine gewillkürte Prozessstandschaft oder aber eine Abtretung dieses Schadensersatzanspruchs an den klagenden Miturheber in Frage kommen.

41 cc) Erforderlichkeit der Leistung an alle (§ 8 Abs. 2 S. 3 Halbs. 2). Handelt es sich um **Ansprüche auf Leistung,** insb. auf **Schadensersatz,** kann der im Wege der Prozessstandschaft gem. Abs. 2 S. 3 klagende Miturheber allerdings **nur Leistung an alle** Miturheber gemeinsam verlangen, damit keine Übervorteilung der übrigen Miturheber eintritt (AmtlBegr. *M. Schulze* Materialien 426; BGH GRUR 2011, 714, 718 – Der Frosch mit der Maske (Tz. 45, 64); BGH GRUR 1994, 39, 41 – Buchhaltungsprogramm; OLG Nürnberg GRUR-RR 2001, 225, 226 – Dienstanweisung). Bei einem **Zahlungsanspruch** ist dabei insb. auch das Verlangen nach Zahlung der jeweiligen Anteile an die einzelnen Urheber unzulässig (Möhring/Nicolini/*Ahlberg* § 8 Rn. 43). Wenn auf Leistung an alle Miturheber geklagt werden muss, empfiehlt es sich daher – eine entsprechende

Zustimmung der nicht prozessbeteiligten Miturheber vorausgesetzt – die Leistung an alle **zu Händen eines Empfangsbevollmächtigten** zu fordern, zu dem ein Miturheber oder der Prozessbevollmächtigte bestimmt werden kann (Möhring/Nicolini/*Ahlberg* § 8 Rn. 43). Da eine auf die Alleinbefugnis nach Abs. 2 S. 3 gestützte Klage aber nur dann sinnvoll ist, wenn der Anspruch im Falle eines Prozesserfolgs des klagenden Miturhebers gegen den Verletzer durchgesetzt werden kann, sollten letztlich auch andere praktische Lösungen zulässig sein, sofern die Zustimmung der übrigen Miturheber zur Bestellung eines Empfangsbevollmächtigten nicht rechtzeitig eingeholt werden kann oder sogar verweigert wird. Ob und inwieweit die Eröffnung eines Treuhand-Anderkontos für die Miturhebergemeinschaft als Notverwaltungsmaßnahme gem. § 744 Abs. 2 BGB analog erfolgen darf, ist fraglich (vgl. Palandt/*Sprau* § 744 BGB Rn. 3). Möglicherweise könnte dem klagenden Miturheber in analoger Anwendung von § 2039 S. 2 BGB ein (verhaltener) Anspruch auf **Hinterlegung** zustehen (vgl. Palandt/*Edenhofer* § 2039 BGB Rn. 12; Palandt/*Grüneberg* Einf v § 372 BGB Rn. 2).

Ansprüche, die ein Miturheber allein im eigenen Namen **ohne Erfordernis der Leistung an alle** geltend machen kann, sind der **Unterlassungs- und Beseitigungsanspruch**, da ein entsprechendes Urteil auf Beseitigung einer Störung und Unterlassung von Rechtsverletzungen ohnehin allen Miturhebern zugute kommt (BGH GRUR 2003, 1035 – Hundertwasserhaus; BGH GRUR 1995, 212, 213 – Videozweitauswertung III; OLG München GRUR 2003, 50, 52 – Der Zauberberg; OLG Nürnberg ZUM 1999, 656, 657 – Unzulässige Änderungen in einem Museumsführer; OLG Düsseldorf ZUM-RD 2009, 182 und LG Düsseldorf NJOZ 2007, 4356, 4360 – Transportsimulationsspiel; LG Hamburg MMR 2006, 697f. – Google-Bildersuche; vgl. auch OLG Hamm BeckRS 2006, 06870, S. 19 – Kircheninnenraumgestaltung, betr. Miterbengemeinschaft; Fromm/Nordemann/*Nordemann* § 8 Rn. 20; Schricker/Loewenheim/*Loewenheim* § 8 Rn. 19; Dreier/Schulze/*Schulze* § 8 Rn. 20; Dreyer/Kotthoff/Meckel/*Dreyer* § 8 Rn. 42) bzw. umgekehrt der einzelne Miturheber Rechtsverletzungen auch ohne bzw. sogar gegen den Willen der anderen Miturheber selbstständig unterbinden können muss. Dabei wird sich die Alleinbefugnis auch auf die der gerichtlichen Geltendmachung des Unterlassungsanspruchs vorhergehende **Abmahnung** nach § 97a erstrecken, da den aktiven Miturheber ansonsten die negative Kostenfolge des § 93 ZPO treffen würde (vgl. *Rieke* 123). Soweit der abmahnende Miturheber Aufwendungen für die Abmahnung getätigt hat, steht ihm der Erstattungsanspruch nach § 97a Abs. 3 alleine zu, hier gilt nicht das Erfordernis der Leistung an alle gem. Abs. 2 S. 3 Hs. 2.

41a Auch die Ansprüche auf **Auskunftserteilung und Rechnungslegung** wegen Verletzung des gemeinsamen Urheberrechts können vom einzelnen Miturheber nach § 8 Abs. 2 S. 3, Hs. 1 allein im eigenen Namen **ohne Erfordernis der Leistung an alle** geltend gemacht werden, da weder der Wortlaut („Leistung") noch Sinn und Zweck der Bestimmung des § 8 Abs. 2 S. 3 Hs. 2 – einer Benachteiligung anderer Miturheber entgegenzuwirken – bei der Geltendmachung dieser, einen Leistungsanspruch lediglich vorbereitenden Ansprüche berührt sind (BGH GRUR 2011, 714, 718 – Der Frosch mit der Maske (Tz. 43ff.), dort auch zur Anwendbarkeit auf vor Inkrafttreten des UrhG geschaffene Werke gem. § 129; vgl. auch BGH GRUR 2012, 496, 497f. – Das Boot (Tz. 12, 21); s. auch unten Rn. 61). Denn da Auskunft und Rechnungslegung problemlos mehrfach erteilt werden können, besteht keine Gefahr einer Übervorteilung der anderen Miturheber und dient die Bejahung der Alleinbefugnis ausschließlich der Erleichterung der Rechtsdurchsetzung im Falle von Verletzungen des gemeinsamen Urheberrechts durch einzelne Miturheber (vgl. BGH GRUR 2011, 714, 718 – Der Frosch mit der Maske [Tz. 46]).

41b Die **Feststellung der Schadensersatzpflicht** im Falle einer Verletzung des gemeinsamen Urheberrechts kann der einzelne Miturheber allerdings **nur zugunsten aller Miturheber** und nicht allein zu seinen Gunsten verlangen (BGH GRUR 2011, 714, 718 – Der Frosch mit der Maske (Tz. 63f.) sowie Anhörungsrüge BGH ZUM 2012, 141, 142

(Tz. 7 ff.)). Dem steht zwar nicht der Wortlaut („Leistung"), wohl aber der Sinn und Zweck des § 8 Abs. 2 S. 3 2. Halbs. entgegen, eine Benachteiligung der nicht am Prozess beteiligten Miturheber zu verhindern, da anderenfalls die Gefahr bestünde, dass die anderen Miturheber nicht in ein möglicherweise folgendes Betragsverfahren einbezogen werden, so dass der klagende Miturheber den gesamten Schadensersatz für sich vereinnahmen kann (BGH GRUR 2011, 714, 718 – Der Frosch mit der Maske (Tz. 63f.)). Auf die Art und Weise der Berechnung des Schadensersatzes kommt es dabei nicht an. Vielmehr kann, da sich insbesondere auch die Höhe der vom unbefugten Nutzer eines Filmwerks als Schadensersatz zu zahlenden Lizenzgebühr im Falle der Lizenzanalogie nach dem Wert der **Nutzung des gesamten Filmwerks** bemisst (so BGH GRUR 2011, 714, 718 (Tz. 64) – Der Frosch mit der Maske, Anhörungsrüge BGH ZUM 2012, 141, 142 (Tz. 7 ff.)), der dem einzelnen Miturheber zustehende Schadensersatz nicht absolut nach einem geschätzten Wert der Nutzung seiner individuellen schöpferischen Leistung berechnet werden. Vielmehr ergibt sich der ihm zustehende Anteil gem. § 8 Abs. 3 aus dem Umfang seiner Mitwirkung an der Werkschöpfung im Verhältnis zum Umfang der Mitwirkung sämtlicher anderer Filmmiturheber (vgl. BGH Anhörungsrüge i. S. „Der Frosch mit der Maske" BGH ZUM 2012, 141, 142 (Tz. 11); s. auch oben Rn. 35). Dass in der Praxis die einzelnen Filmmiturheber regelmäßig eigenständige Verwertungsverträge abschließen und im Falle einer Rechtsverletzung auf dieser Basis außergerichtlich eine angemessene Lizenzgebühr aushandeln, die geschätzt in etwa ihrem schöpferischen Beitrag zum Filmwerk entspricht, spielt angesichts der bestehenden Gefahr einer Übervorteilung der übrigen Miturheber in rechtlicher Hinsicht keine Rolle (so BGH Anhörungsrüge i. S. „Der Frosch mit der Maske" BGH ZUM 2012, 141, 142 (Tz. 11)).

Von der Alleinbefugnis **ohne Erfordernis der Leistung an alle** nach Abs. 2 S. 3 2. Halbs. umfasst werden, da nicht auf Leistung gerichtet, hingegen der **Vernichtungsanspruch** gem. §§ 98 Abs. 1, 99 (OLG München GRUR-RR 2010, 161 f. – Bronzeskulptur; wohl auch OLG Nürnberg GRUR-RR 2001, 225, 226 – Dienstanweisung; Möhring/Nicolini/*Ahlberg* § 8 Rn. 42) und die **Stellung von Strafanträgen** gem. § 109 (Möhring/Nicolini/*Ahlberg* § 8 Rn. 42), **nicht** hingegen der **Überlassungsanspruch** gem. §§ 98 Abs. 3, 99; hier kann der klagende Miturheber nur Überlassung an alle verlangen (vgl. BGH GRUR 2011, 714, 718 – Der Frosch mit der Maske (Tz. 45) unter Verweis auf BT-Drucks. IV/270, S. 41). Die Regelung zur Hinterlegung und Verwahrung in § 2039 S. 2 BGB dürfte analog anwendbar sein (s. oben Rn. 41).

Grundsätzlich sollte der Miturheber als Kläger, soweit er gem. § 8 Abs. 2 S. 3 2. Halbs. nur Leistung an alle verlangen kann, die Miturhebergemeinschaft durch namentliche **Bezeichnung sämtlicher Miturheber** als Anspruchsberechtigte angeben („Miturhebergemeinschaft am Werk X, bestehend aus ..."). Ob diese namentliche Benennung sämtlicher Miturheber jedoch zwingend ist (so *Spindler* FS Schricker 2005, 539, 548; *Rieke* 128; § 69c Rn. 79; *Meyer* CR 2011, 560, 562), was insb. bei größeren Projekten mit zahlreichen Miturhebern sowie Projekten mit anonymen Miturhebern, wie es regelmäßig z.B. bei Open-Source- und Open-Content-Projekten der Fall ist (dazu auch unten Rn. 63), Probleme bereitet, ist fraglich. Insoweit dürfte auch ein Klageantrag hinreichend bestimmt genug sein, in dem nur auf das konkrete Werk und dessen (Mit-)Urheber Bezug genommen wird (so ausdrücklich OLG Köln ZUM 2009, 237, 242 – Vorinstanz zu BGH GRUR 2011, 714 – Der Frosch mit der Maske; vgl. auch LG München I ZUM 1999, 332f. – Miturheberschaft des Kameramanns; s. unten Rn. 42). Da einerseits der einzige Sinn und Zweck des Erfordernisses einer „Leistung an alle" darin besteht, auszuschließen, dass der klagende Miturheber Leistung an sich selbst (also z.B. Zahlung auf ein persönliches Konto) verlangt, andererseits der Kreis der Miturheber durch die Bezugnahme auf das gemeinschaftliche Werk im Klageantrag eindeutig bestimmbar und festgelegt ist, müsste ein Klageantrag, der eine **Zahlung „an alle Miturheber des Werkes X"** verlangt (vgl. z.B. LG München I ZUM 1999, 332f. – Miturheberschaft des Kameramanns; a. A. *Spindler* FS Schricker 2005,

539, 548), nach hier vertretener Ansicht grundsätzlich zulässig sein (vgl. oben). Einer Übertragung der neueren Rechtsprechung zur **Parteifähigkeit der BGB-Gesellschaft** bedarf es hierzu nicht, da Prozesspartei im Falle der Alleinbefugnis allein der klagende Miturheber ist (s. oben Rn. 38). Ob eine **(Teil-)Rechtsfähigkeit der Miturhebergemeinschaft** als Gesamthandsgemeinschaft hinsichtlich der Verwertungsrechte anzunehmen ist, ist sehr zweifelhaft (zu dieser BGH NJW 2001, 1056 – Rechtsfähigkeit der (Außen-)GbR; unten Rn. 63; ausf. und abl. *Szalai* S. 5 ff.; ausf. und dafür *Rieke* 35, 134 ff.; vgl. auch *Spindler* FS Schricker 2005, 539, 548; Dreyer/Kotthoff/Meckel/*Dreyer* § 8 Rn. 32; vgl. auch *Peifer* LMK 2012, 338467). Bis diese Fragen endgültig geklärt sind, empfiehlt es sich selbstverständlich, alle Miturheber, soweit namentlich bekannt, im Klageantrag auf Leistung namentlich anzuführen (vgl. *Spindler* FS Schricker 2005, 539, 548).

41e Für den Fall, dass eine Klage auf Leistung entgegen Abs. 2 S. 3 2. Halbs. zunächst auf eine Alleinbefugnis gestützt wurde, dürfte eine geänderte Antragsfassung auf Leistung an alle Miturheber als **sachdienliche Klageänderung** gem. § 263 ZPO auch noch in der Berufungsinstanz zulässig sein (vgl. BGH GRUR 1994, 39, 41 – Buchhaltungsprogramm; OLG Nürnberg GRUR-RR 2001, 225, 226 – Dienstanweisung). Solange im Falle einer **Stufenklage** der auf der letzten Stufe geltend gemachte Zahlungsanspruch jedoch nicht zutreffend auf Leistung an alle Miturheber gerichtet ist, fehlt für den auf der ersten Stufe geltend gemachten Auskunftsanspruch ein berechtigtes Auskunftsinteresse (vgl. OLG Düsseldorf ZUM-RD 2009, 182 und LG Düsseldorf NJOZ 2007, 4356, 4358 – Transportsimulationsspiel).

41f Das **Erfordernis der Leistung nur an alle Miturheber gemeinsam** gem. § 8 Abs. 2 S. 3 Hs. 2 ist auf den Anspruch auf weitere angemessene Beteiligung aus **§ 32a UrhG nicht analog anwendbar,** da es an einer vergleichbaren Interessenlage fehlt (BGH GRUR 2012, 496, 498 – Das Boot (Tz. 21)). Insbesondere dann, wenn die Miturheber mit dem Verwerter jeweils eigene Verwertungsverträge mit unterschiedlichen Vergütungsvereinbarungen geschlossen haben, gibt es keinen einheitlichen Anspruch der Miturheber aus § 32a auf eine bestimmte weitere Beteiligung, die zwischen ihnen aufzuteilen wäre, so dass in einem solchen Fall auch keine Gefahr einer Beeinträchtigung der Rechtsstellung der übrigen Miturheber besteht, wenn ein Miturheber seinen Anspruch auf weitere Beteiligung geltend macht und insoweit Leistung an sich allein verlangt (BGH GRUR 2012, 496, 498 – Das Boot (Tz. 21); OLG München ZUM 2011, 422, 426 – Tatort-Vorspann). Dass § 8 Abs. 2 S. 3 Hs. 2, nachdem er ohnehin nicht für Ansprüche auf Auskunftserteilung gilt (s. oben Rn. 41a), erst recht keine Ansprüche auf Auskunftserteilung erfasst, die einen Anspruch auf weitere angemessene Beteiligung gem. § 32a vorbereiten, steht insoweit außer Frage (BGH 2012, 496, 498 – Das Boot (Tz. 21)) ebenso die Vorinstanzen OLG München GRUR-RR 2010, 416, 417, 420 sowie KG ZUM 2010, 346, 348 – Der Bulle von Tölz; s. allg. oben Rn. 41a). Die entsprechenden Überlegungen dürften auch für den neuen Beteiligungsanspruch des Urhebers gegen den Presseverleger nach § 87h gelten (zu diesen s. § 87h Rn. 1 ff.).

42 dd) **Keine Übertragung der Wahrnehmungsbefugnis auf Dritte.** Die Wahrnehmungsbefugnis nach § 8 Abs. 2 S. 3, bei der es sich der Sache nach um ein erweitertes Notverwaltungsrecht handelt, ist **auf Dritte unübertragbar,** da es die persönlichkeitsrechtliche Prägung der Miturhebergemeinschaft verbietet, dass von einem Miturheber Verwaltungsrechte auf einen bei der Erstellung des Werkes nicht beteiligten Dritten übertragen werden könnten, der diese nach seinen eigenen Vorstellungen verfolgen soll, auch wenn diese Vorstellungen von dem Miturheber gebilligt werden (LG München I ZUM 1999, 332, 336 – Miturheberschaft des Kameramanns; *Schneider* ZUM 2000, 310, 314; *Spindler* FS Schricker 2005, 539, 548; von LG München I ZUM-RD 2001, 203, 206 – Der Tunnel – für die Frage der Abtretbarkeit des Unterlassungsanspruchs zwecks Geltendmachung in gesetzlicher Prozessstandschaft offen gelassen; teilw. a. A. Dreier/Schulze/

§ 8 Miturheber 43, 44 § 8 UrhG

Schulze § 8 Rn. 23, wonach die Ansprüche zumindest an einen Verband, dem der Miturheber angehört, zum Zwecke der Geltendmachung abgetreten werden können sollten, sofern der Verband ein eigenes wirtschaftliches Interesse an der Durchsetzung habe; vgl. zu möglichen Abweichungen nach § 43 bzw. gem. § 69b für Computerprogramme oben Rn. 21, 37), ergänzend kommt ein Rückgriff auf § 717 BGB in Betracht (LG München I ZUM 1999, 332, 336 – Miturheberschaft des Kameramanns). **Dritte** können allenfalls **durch einstimmigen Beschluss** aller Miturheber zur Wahrnehmung dieser Verwaltungsbefugnisse im Namen eines Mitglieds der Gesamthandsgemeinschaft **bevollmächtigt werden** (LG München I ZUM 1999, 332, 336 – Miturheberschaft des Kameramanns; *Schneider* ZUM 2000, 310, 314; *Spindler* FS Schricker 2005, 539, 549). Eine entsprechende Anwendung der alleinigen Wahrnehmungsbefugnis und Prozessstandschaft gem. § 8 Abs. 2 S. 3 auf das Verhältnis zwischen Miturhebern und **schuldrechtlich Nutzungsberechtigten** scheidet aus, so dass, wer nicht selbst Miturheber ist, sondern, z.B. als Verwerter oder Arbeitgeber gem. § 43 nur abgeleitete Rechte besitzt, sich die Zustimmung von allen Miturhebern beschaffen muss, wenn er gegen Rechtsverletzer vorgehen will (OLG Frankfurt MMR 2003, 45, 47 – IMS Health; Dreier/Schulze/*Schulze* § 8 Rn. 20; Schricker/Loewenheim/*Loewenheim* § 8 Rn. 23). Unbenommen bleibt es ihm allerdings, bei Einräumung ausschließlicher Rechte nach allgemeinen Grundsätzen aus eigenem Recht gegen Verletzungen vorzugehen (dazu § 97 Rn. 9) oder sich entstandene Ansprüche der Miturhebergemeinschaft abtreten zu lassen (dazu § 29 Rn. 5).

ee) Verletzungen durch einen oder mehrere Miturheber. Die alleinige Wahrneh- 43 mungsbefugnis nach Abs. 2 S. 3 ist auch dann anwendbar, wenn **Rechtsverletzungen durch einen Miturheber** begangen werden. Wenn also bspw. ein Miturheber das Werk oder einen Teil des Werkes ohne Einwilligung der anderen Miturheber veröffentlicht oder verwertet, kann jeder andere Miturheber gegen ihn wie gegen jeden Dritten vorgehen und dabei sowohl Ansprüche aus §§ 97ff. geltend machen, als auch etwa darüber hinaus bestehende vertragliche Ansprüche aus einer Miturhebergesellschaft gem. §§ 705ff. BGB (BGH GRUR 1978, 244, 245 – Ratgeber für Tierheilkunde; OLG Hamburg NJOZ 2007, 2071, 2081 – Kranhäuser Rheinauhafen; LG Düsseldorf NJOZ 2007, 4356, 4360 – Transportsimulationsspiel; Fromm/Nordemann/*Nordemann* § 8 Rn. 24; Schricker/Loewenheim/*Loewenheim* § 8 Rn. 23; Dreier/Schulze/*Schulze* § 8 Rn. 22; *Steffen* 82f.; *Waldenberger* 68; *Sontag* 61ff.; zur Miturhebergesellschaft unten Rn. 52f.). Das einheitliche Urheberrecht der Miturheber an dem gemeinschaftlich geschaffenen einheitlichen Werk wird dabei insb. schon dann verletzt, wenn ein Miturheber nur diejenigen Beiträge anderweitig verwendet, die er selbst zu dem gemeinschaftlichen Werk beigesteuert hat (OLG Hamburg NJOZ 2007, 2071, 2081 – Kranhäuser Rheinauhafen). Auch dann, wenn die Beiträge eines Miturhebers identifizierbar sind und sich aus dem Gesamtwerk herauslösen lassen, ist der Miturheber darauf angewiesen, dass ihm die anderen Miturheber die **anderweitige Teilwerknutzung schuldrechtlich gestatten** (OLG Hamburg NJOZ 2007, 2071, 2081 – Kranhäuser Rheinauhafen; zum alten Recht BGH GRUR 1959, 335, 337 – Wenn wir alle Engel wären; s. auch oben Rn. 24).

Soweit zwischen den Miturhebern streitig ist, wer zur Miturhebergemeinschaft gehört, 44 kann der **Anspruch auf Anerkennung der Miturheberschaft** sowie das Recht auf Benennung als Miturheber nur mit einer gegen alle (übrigen) Miturheber gerichteten Klage geltend gemacht werden, da sich das **Bestehen von Miturheberschaft** und der damit verbundenen Gesamthand **nur einheitlich feststellen** lässt (OLG Karlsruhe GRUR 1984, 812f. – Egerlandbuch; LG München I ZUM 1999, 332, 336 – Miturheberschaft des Kameramanns; Fromm/Nordemann/*Nordemann* § 8 Rn. 24; s. auch oben Rn. 27). Dies führt prozessrechtlich gem. § 62 Abs. 1 2. Alt. ZPO zu einer **notwendigen Streitgenossenschaft** aus materiellrechtlichen Gründen der übrigen Miturheber auf der Passivseite, da das Rechtsschutzziel – Anerkennung der Miturheberschaft – nur erreicht werden kann, wenn sämtliche übrigen Miturheber gemeinsam verklagt und verurteilt werden – sog. **Ge-**

samthandsklage, so dass die gegen nur einen Miturheber erhobene Klage grundsätzlich als unzulässig abzuweisen ist (OLG Karlsruhe GRUR 1984, 812f. – Egerlandbuch; MünchKomm/*Ulmer* § 718 Rn. 40). Sie wäre insoweit nur im Ausnahmefall zulässig, wenn die übrigen Streitgenossen **erfüllungsbereit** sind (BGH NJW 1975, 1457, 1459; BGH NJW 1962, 1722). Dass ein Miturheber auf die Nennung des eigenen Namens verzichtet hat, begründet allerdings keinerlei Vermutung dahingehend, dass er insoweit mit der Benennung anderer als Miturheber einverstanden sei (OLG Karlsruhe GRUR 1984, 812f. – Egerlandbuch).

45 e) **Das Notverwaltungsrecht (§ 744 Abs. 2 BGB).** In analoger Anwendung von § 744 Abs. 2 BGB ist für **notwendige Erhaltungsmaßnahmen** eine gemeinschaftliche Geschäftsführung und Vertretung ausnahmsweise nicht erforderlich; Maßnahmen, die zur Erhaltung der Substanz, des wirtschaftlichen Wertes oder der uneingeschränkten Verwertbarkeit des Werkes notwendig sind, können vielmehr in Abweichung vom Einstimmigkeitsprinzip ohne Zustimmung der anderen von einzelnen Miturhebern allein getroffen werden (so grundsätzlich zur parallelen Frage bei verbundenen Werken BGH GRUR 1982, 41, 43 – Musikverleger III; BGH GRUR 1982, 743, 744 – Verbundene Werke; Fromm/Nordemann/*Nordemann* § 8 Rn. 18; Möhring/Nicolini/*Ahlberg* § 8 Rn. 38; *Sontag* 41; zweifelnd *Haberstumpf* Rn. 113).

46 Bei der **fristlosen Kündigung eines Verwertungsvertrages** ist zu differenzieren. Grundsätzlich genügt das Vorliegen eines wichtigen Grundes, der die Fortsetzung des Dauerschuldverhältnisses auch nur für einen Miturheber unzumutbar macht, für die fristlose Kündigung sämtlicher Miturheber (BGH GRUR 1990, 443, 446 – Musikverleger IV). Bei der Ausübung des Kündigungsrechts kann sich der einzelne Miturheber jedoch allenfalls dann auf eine Alleinbefugnis aufgrund einer entsprechenden Anwendung des Notverwaltungsrechts des § 744 Abs. 2 BGB berufen, wenn es Anhaltspunkte dafür gibt, dass der Verwerter infolge des Zerwürfnisses seine Auswertungspflichten nicht mehr erfüllt (so für die Werkverbindung BGH GRUR 1982, 41, 43 – Musikverleger III, bestätigt in BGH GRUR 1982, 743, 744 – Verbundene Werke). Es empfiehlt sich daher ggf. eine vertragliche Regelung dahingehend, dass die von einem (oder gegen einen) Miturheber erklärte fristlose Kündigung auch für und gegen den anderen wirkt (s. Miturhebervertrag in Münch.VertragsHdb. Bd. 3 WirtschR II/*J.B.Nordemann* Form. XI.3). Anderenfalls steht dem Verletzten nur eine – vom Tatrichter im Einzelfall zu bestimmende – angemessene Frist zu, innerhalb derer er die Zustimmung der anderen Urheber zur gemeinschaftlichen Kündigung einholen kann; § 626 Abs. 2 BGB gilt insoweit zwar nicht, erforderlich ist allerdings, dass der Kündigungsgrund bis zum Vorliegen der Zustimmung noch fortbesteht (BGH GRUR 1982, 443, 446 – Musikverleger IV; BGH GRUR 1982, 41, 43f. – Musikverleger III).

5. Der Anteilsverzicht (§ 8 Abs. 4)

47 Gemäß § 8 Abs. 4 kann ein Miturheber **auf seinen Anteil an den Verwertungsrechten** zugunsten der anderen Miturheber **verzichten** (AmtlBegr. *M. Schulze* Materialien 427; Formular einer Verzichtsvereinbarung s. Mes/*Lutz* G.4). Abs. 4 macht insoweit eine Ausnahme von dem allgemeinen Grundsatz des § 29 Abs. 1, wonach die Verwertungsrechte ebenso wie das Urheberrecht als Ganzes nicht übertragbar und somit auch nicht verzichtbar sind, sondern nur die Einräumung von Nutzungsrechten möglich ist (AmtlBegr. *M. Schulze* Materialien 427). Mit Abs. 4 wollte der Gesetzgeber die **Auswertung des Werkes** vor allem in den Fällen **erleichtern,** in denen eine große Zahl von teilweise nur unbedeutend an der Schöpfung des Werkes beteiligten Miturhebern vorhanden ist, indem eine **Zusammenfassung der Verwertungsrechte** in der Hand einiger weniger Miturheber ermöglicht wird (AmtlBegr. *M. Schulze* Materialien 427).

Aus dieser gesetzgeberischen Zwecksetzung folgt eine entsprechende **sachliche Begrenzung** der Reichweite des Verzichts. So kann der Verzicht zum einen **nur zugunsten der anderen Urheber** erklärt werden, einen Verzicht zugunsten der Allgemeinheit oder sonstiger Dritter, die nicht Miturheber des Werkes sind, lässt Abs. 4 hingegen nicht zu (Möhring/Nicolini/*Ahlberg* § 8 Rn. 47; Dreier/Schulze/*Schulze* § 8 Rn. 27). Darüber hinaus erstreckt sich der Verzicht gem. Abs. 4 ausdrücklich nur auf die verwertungsrechtlichen, **nicht** jedoch auf **die urheberpersönlichkeitsrechtlichen Bestandteile** des Urheberrechts (AmtlBegr. *M. Schulze* Materialien 427). Rein formal bleibt der verzichtende Miturheber daher, soweit es um seine urheberpersönlichkeitsrechtliche Belange geht, d.h. insb. in Bezug auf die Rechte aus §§ 12–14, bis zum Ablauf der Schutzfrist Mitglied der Miturhebergemeinschaft (Schricker/Loewenheim/*Loewenheim* § 8 Rn. 10; Möhring/Nicolini/*Ahlberg* § 8 Rn. 49; allgemein zur Frage des Verzichts beim Urheberpersönlichkeitsrecht Vor §§ 12ff. Rn. 5ff.; vgl. auch LG Hamburg ZUM 2010, 541, 544 – Miturheberschaft an Liedtexten, zur Auslegung der vergleichsweisen Erklärung einer Partei, kein Miturheber zu sein).

Fraglich und im Detail unklar sind allerdings die **praktischen Konsequenzen** hieraus, insb. in Bezug auf **Werkänderungen**, da Bearbeitungen regelmäßig das Persönlichkeitsrecht berühren. Nach hier vertretener Ansicht erstreckt sich der Verzicht auf den Anteil an den Verwertungsrechten nach Abs. 4 auch auf das Bearbeitungsrecht nach § 23, d.h. auf Werkverwertungen in bearbeiteter Form, da ansonsten der Verzicht in wirtschaftlicher Hinsicht weitgehend leer liefe, nachdem Werkverwertungen oftmals Bearbeitungen voraussetzen, und die gesetzgeberische Zielsetzung der Erleichterung der Werkverwertung somit nicht erreicht würde (ebenso Fromm/Nordemann/*Nordemann* § 8 Rn. 32; *Waldenberger* 71; unter Verweis darauf, dass das Bearbeitungsrecht nach § 23 im Abschnitt „Verwertungsrechte" steht). Insoweit dürfte sich ein **vorbehaltlos erklärter Verzicht** auf **Bearbeitungen in jeglicher Form** erstrecken, mit der Grenze des § 14, so dass **Werkänderungen,** die für eine umfassende Werkverwertung erforderlich sind, von dem Verzichtenden grundsätzlich **hinzunehmen** sind, wie insb. Änderungen für eine Bühnenfassung, eine Sendung oder eine Verfilmung (ähnlich *Rehbinder* Rn. 592ff.; a.A. Möhring/Nicolini/*Ahlberg* § 8 Rn. 49). § 37 Abs. 1 findet insoweit keine Anwendung (dazu unten Rn. 49). Dieser Grundsatz gilt jedenfalls dann, wenn der Verzicht, wie im vom Gesetzgeber vorgesehenen Regelfall, von nur unbedeutend an der Werkschöpfung beteiligten Miturhebern ausgeübt wird. In jedem Fall hat der verzichtende Miturheber alle Bearbeitungen hinzunehmen, die **nach § 39** auch einem Dritten gestattet wären, sowie solche Änderungen, zu denen er auch ohne den Verzicht seine Einwilligung nach § 8 Abs. 2 S. 2 nicht hätte verweigern dürfen, so dass **nur auf Kernbereiche des Urheberpersönlichkeitsrechts nicht verzichtet** werden kann (vgl. LG Hamburg ZUM 2010, 541, 545 – Miturheberschaft an Liedtexten, zur Frage des Verzichts auf das Namensnennungsrecht). Angesichts der rechtlichen Unklarheiten empfiehlt es sich jedoch, im Falle eines Verzichts in jedem Fall eine **ergänzende schuldrechtliche Vereinbarung** zu treffen, durch welche sich die übrigen Miturheber von dem Verzichtenden – zumindest klarstellend und hilfsweise – die Befugnis zur Ausübung bestimmter urheberpersönlichkeitsrechtlicher Befugnisse sowie das Recht zur umfassenden Verwertung, inhaltlich einem Buy-out entsprechend (zu solchen Vereinbarungen näher Vor §§ 31ff. Rn. 36ff.), einräumen lassen (vgl. Muster Mes/*Lutz* G.4).

Von den genannten Einschränkungen abgesehen – Verzicht nur zu Gunsten der übrigen Miturheber und Verzicht nur auf den Anteil an den Verwertungsrechten, nicht hingegen auf den persönlichkeitsrechtlichen Kern des Urheberrechts – ist der Verzicht **im Übrigen** jedoch **umfassend.** Insbesondere ist ein **Teilverzicht,** der bestimmte Verwertungsarten ausnimmt, **unzulässig.** Der vorbehaltlose Verzicht unter Miturhebern erstreckt sich insoweit auch entgegen § 31 Abs. 5 auf alle Nutzungsarten. Möchte der verzichtende Miturheber daher trotz seines Anteilsverzichts an bestimmten künftigen Werkverwertungen (etwa einer Verfilmung) beteiligt werden bzw. sogar ein Mitspracherecht haben, muss er parallel zu seinem Verzicht eine entsprechende schuldrechtliche Vereinbarung mit den übrigen, nicht verzichtenden Miturhebern treffen.

49 Auch die in den **§§ 31 ff.** enthaltenen Einschränkungen einer vertraglichen Einräumung von Nutzungsrechten finden auf den Anteilsverzicht nach § 8 Abs. 4 **keine Anwendung.** So erstreckt sich der Verzicht eines Miturhebers auf seinen Anteil an den Verwertungsrechten insbesondere auch auf im Zeitpunkt des Verzichts noch **unbekannte Nutzungsarten** und erfasst gleichfalls den **Vergütungsanspruch nach § 32c Abs. 1** (Dreier/Schulze/ *Schulze* § 8 Rn. 26; Schricker/Loewenheim/*Loewenheim* § 8 Rn. 17; Fromm/Nordemann/ *Nordemann* § 8 Rn. 32; Dreyer/Kotthoff/Meckel/*Dreyer* § 8 Rn. 48; a.A. *Schack* Rn. 285, 549d; zu § 31 Abs. 4a. F. Möhring/Nicolini/*Ahlberg* § 8 Rn. 48; *Rehbinder* Rn. 264). Die Vorschrift des § 31a Abs. 4 steht dem nicht entgegen, da sich diese ausschließlich auf den Schutz der Urheber vor benachteiligenden Rechtseinräumungen Dritter gegenüber bezieht (vgl. dazu § 31a Rn. 5, 115), nicht hingegen auf das Innenverhältnis von Miturhebern, für die mit **§ 8 Abs. 4 eine vorrangige Sonderregelung** gilt (a.A. *Schack* Rn. 321). Letztlich streitet auch ein Erst-recht-Schluss dafür, dass sich der umfassende, auf die wirtschaftlich regelmäßig bedeutsamen bekannten Nutzungsarten gerichtete Anteilsverzicht auch auf mögliche, später erst bekannt werdende Nutzungsarten erstreckt.

Diese umfassende vermögensrechtliche Ausschlusswirkung des Anteilsverzichts ist bei Miturhebern, die wegen der Geringfügigkeit ihrer Miturheberbeiträge nach § 8 Abs. 4 aus der Miturheberverwertungsgemeinschaft ausgeschieden sind, grundsätzlich gerechtfertigt (AmtlBegr. *M. Schulze* Materialien 427; *Waldenberger* 70), zumal dadurch kaum durchführbare Anteilsschätzungen vermieden werden. Soweit der Anteilsverzicht nicht wegen der Geringfügigkeit des Miturheberanteils erfolgte, kann ggf. eine Anwendung von § 313 BGB – Störung der Geschäftsgrundlage – in Frage kommen (vgl. Palandt/*Grüneberg* § 313 BGB Rn. 8 m.w.N.).

Auch die Ausübung der **Zustimmungsrechte aus § 34 Abs. 1, § 35 Abs. 1** steht nach dem Verzicht allein den übrigen Miturhebern zu (Fromm/Nordemann/*Nordemann* § 8 Rn. 32).

Der Verzicht eines Miturhebers auf seinen Anteil an den Verwertungsrechten erfasst auch seinen **Anteil an den gesetzlichen Vergütungsansprüchen** (*Ulmer* 192; Schricker/ Loewenheim/*Loewenheim* § 8 Rn. 17; Fromm/Nordemann/*Nordemann* § 8 Rn. 32) und zwar auch soweit diese Dritten gegenüber „unverzichtbar" sind (vgl. § 26 Abs. 3 S. 2, § 27 Abs. 1 S. 2, § 20b Abs. 2 S. 2, § 63a), denn Vergütungsansprüche für durch gesetzliche Schranken gestattete „Eingriffe in Verwertungsrechte" können nur demjenigen zustehen, der Inhaber der betreffenden Verwertungsrechte ist (a.A. Schricker/Loewenheim/ *Katzenberger* § 26 Rn. 43, 49; *Haberstumpf* Rn. 112; Dreier/Schulze/*Schulze* § 8 Rn. 26). Soweit aber ein Miturheber aufgrund der lex specialis des § 8 Abs. 4 wirksam auf seinen Anteil an den Verwertungsrechten verzichtet hat, steht ihm keinerlei (Mit-)Inhaberschaft an den Verwertungsrechten mehr zu, so dass auch die gesetzlichen Schranken und damit verbundenen Vergütungsansprüche „seine" Verwertungsrechte nicht mehr betreffen können. Erst recht sind damit vertragliche Ansprüche aus § 32a ausgeschlossen (a.A. Dreier/ Schulze/*Schulze* § 8 Rn. 26).

50 Der Verzicht erfolgt **durch eine einseitige empfangsbedürftige Erklärung gegenüber den anderen Miturhebern** (Abs. 4 S. 2) oder ihren Rechtsnachfolgern, auf die die Regeln über Willenserklärungen anwendbar sind. Er wird somit in dem Augenblick **wirksam,** in dem er allen Miturhebern, die selbst noch nicht verzichtet haben bzw. deren Rechtsnachfolgern **zugegangen** ist (§ 130 BGB), wobei auch insoweit allerdings zu prüfen ist, ob einer der Miturheber konkludent als Empfangsbevollmächtigter der übrigen Miturheber gem. § 164 Abs. 3 BGB bestimmt worden ist. Der Verzicht ist **formfrei** möglich, so dass grundsätzlich auch ein mündlich erklärter oder sogar ein stillschweigender Verzicht (§ 133 BGB) denkbar sind (a.A. Schricker/Loewenheim/*Loewenheim* § 8 Rn. 17 für den Einbezug unbekannter Nutzungsrechte in den Verzicht, nach hier vertretener Ansicht ist der

Verzicht jedoch umfassend, s. oben Rn. 48). Allerdings wird angesichts der weitreichenden Folgen eines wirksamen Verzichts bei mündlichen oder stillschweigenden „Verzichtserklärungen" besonders sorgfältig zu prüfen sein, ob ein Verhalten oder eine Erklärung als endgültiger Anteilsverzicht nach § 8 Abs. 4 auszulegen sind (vgl. LG Mannheim ZUM 2005, 915, 918 f. – Gesangsmelodie, insb. auch zur Frage der Indizwirkung von Urheberschaftsangaben in einem Verlagsvertrag) bzw. ob die erforderliche Ernstlichkeit der Verzichtserklärung gem. § 118 BGB vorliegt (Fromm/Nordemann/*Nordemann* § 8 Rn. 32). Insbesondere stellt sich die Frage, ob in der **anonymen Mitarbeit** an Open-Source- bzw. Open-Content-Projekten stets ein **konkludenter Anteilsverzicht** zu sehen ist (dazu unten Rn. 63). Verbleiben Zweifel am Vorliegen eines wirksamen bzw. ernsthaften Verzichts, gehen diese zu Lasten desjenigen, der sich auf den Verzicht beruft (LG Mannheim ZUM 2005, 915, 918 – Gesangsmelodie). Letztlich empfiehlt sich daher stets eine direkte Bezugnahme auf § 8 Abs. 4 in der Verzichtserklärung, wobei parallel zu dem Verzicht auch weitere schuldrechtliche Vereinbarungen getroffen werden können wie insb. eine weitere Beteiligung des Verzichtenden an sämtlichen oder bestimmten Verwertungserlösen.

Mit Zugang der Erklärung wächst der Anteil des Verzichtenden gem. Abs. 4 S. 3 den anderen Miturhebern zu. Die **Anwachsung** erfolgt analog § 743 BGB **nach dem Verhältnis der bisherigen Anteile** der übrigen Miturheber (Schricker/Loewenheim/*Loewenheim* § 8 Rn. 12; Dreier/Schulze/*Schulze* § 8 Rn. 28; *Schack* Rn. 285). Ob abweichende Vereinbarungen zulässig sind, etwa dass der Anteil des Verzichtenden nur einem bestimmten Miturheber zuwachsen solle, ist sehr fraglich. Gleiches gilt für einen Verzicht durch sämtliche Miturheber (vgl. § 29 Rn. 15).

6. Schutzdauer bei Miturheberschaft

Die **Schutzfrist** für ein von mehreren Miturhebern gemeinschaftlich geschaffenes Werk läuft gem. § 65 Abs. 1 **einheitlich** 70 Jahre nach dem **Tode des längstlebenden Miturhebers** ab (s. näher § 65 Rn. 2 f.; vgl. auch die parallele Regelung in Art. 7bis RBÜ, wonach bei Miturheberschaft die an den Tod des Urhebers anknüpfenden Fristen vom Zeitpunkt des Todes des letzten überlebenden Miturhebers an gerechnet werden). Für die Erben eines Miturhebers erlischt das Urheberrecht daher nicht nach § 64 Abs. 1 bereits 70 Jahre nach dessen Tod, sondern, sofern die anderen Miturheber später gestorben sind, gem. § 65 Abs. 1 erst 70 Jahre nach dem Tod des am längsten lebenden Miturhebers (Möhring/Nicolini/*Ahlberg* § 8 Rn. 1; Einzelheiten bei *Sontag* 68 f.; *Waldenberger* 74). Eine besondere Regelung für die Schutzfristberechnung gilt seit dem 1.7.1995 aufgrund des europäisch harmonisierten Rechts gem. § 65 Abs. 2 für **Filmwerke** und Werke, die ähnlich wie Filmwerke hergestellt werden (s. dazu § 65 Rn. 4). Danach kommt es bei der Berechnung der Schutzdauer ausschließlich auf die vier Filmschaffenden **Hauptregisseur, Urheber des Drehbuchs, Urheber der Dialoge** und **Komponist** der für das betreffende Filmwerk komponierten Filmmusik an, nicht jedoch auf etwaige weitere Filmmiturheber wie bspw. Kameramann, Cutter, Szenenbildner, etc. (Einzelheiten. s. § 65 Rn. 4).

Zu beachten ist, dass mit Wirkung **ab dem 1.11.2013** in der EU die Schutzdauer für **Musikkompositionen mit Text,** bei denen beide Beiträge eigens für die betreffende Komposition geschaffen wurden, vereinheitlicht worden ist und diese Werke nunmehr bis **70 Jahre nach dem Tode des Längstlebenden von Komponist und Textdichter** geschützt sind, obwohl es sich um Werkverbindungen gem. § 9 und nicht um miturheberschaftlich geschaffene Werke handelt (vgl. Art. 1 (1), 3 (6) RL 2011/77/EU; dazu oben Rn. 13; § 9 Rn. 33 ff.; § 65 Rn. 5 f.). Die Umsetzung ist durch das 9. UrhGÄndG in einem neuen § 65 Abs. 3 in enger Anlehnung an den Richtlinienwortlaut erfolgt (vgl. den RegE zum (ursprünglich) 8. UrhGÄndG, BT-Drucks. 17/12 013). In den Genuss der – aus deutscher Sicht – verlängerten Schutzfrist kommen alle Musikkompositionen mit Text, bei denen zum Stichtag des 1.11.2013 entweder Musik oder Text noch geschützt sind (s. § 65 Rn. 5 f.).

IV. Die Miturhebergesellschaft

1. Abgrenzung von der Miturhebergemeinschaft

52 Von der mit dem Realakt der gemeinschaftlichen Werkschöpfung kraft Gesetzes entstehenden Miturhebergemeinschaft mit den in § 8 Abs. 2–4 geregelten Rechtsfolgen ist die so genannte Miturhebergesellschaft zu unterscheiden. Eine solche wird durch Vertrag begründet, wenn sich die Miturheber vor dem Schöpfungsakt **vertraglich zu gemeinsamem Schaffen verbunden** hatten oder nachträglich einen **Gesellschaftsvertrag zur Auswertung** des gemeinsam geschaffenen Werkes abschließen (vgl. BGH GRUR 2012, 1022 – Kommunikationsdesigner, dazu auch Rn. 23; BGH GRUR 1998, 673, 677 – Popmusikproduzenten; Fromm/Nordemann/*Nordemann* § 8 Rn. 24; Muster eines Miturhebervertrages in Münch.VertragsHdb. Bd. 3 WirtschR II/*J. B.Nordemann* Form. XI.3). Es handelt sich hierbei um eine Gesellschaft bürgerlichen Rechts gem. §§ 705 ff. BGB, für deren Begründung Geschäftsfähigkeit und ordnungsgemäße Vertretung erforderlich ist (*Ulmer* 193; *Schack* Rn. 287; eingehend *Sontag* 73 ff.; *Waldenberger* 75 ff.). Sie kann **Innen- oder Außengesellschaft** sein. Die Nutzungsrechte am gemeinschaftlichen Urheberrecht können in das Gesellschaftsvermögen überführt werden, nicht hingegen, wegen der Unübertragbarkeit nach § 29 Abs. 1, das gemeinschaftliche Urheberrecht selbst (*Ulmer* 194; Schricker/ Loewenheim/*Loewenheim* § 8 Rn. 13; *Schack* Rn. 287; dazu näher *Sontag* 73 f.; *Waldenberger* 76; zur Bindungswirkung eines Gewinnverteilungsschlüssels s. BGH GRUR 1998, 673, 677 – Popmusikproduzenten). Die **Kündigung** der Miturhebergesellschaft ist im Gegensatz zur unauflöslichen und zwingenden gesetzlichen Miturhebergesamthandsgemeinschaft gem. § 8 Abs. 2 S. 1 (dazu Rn. 23) nach **§ 723 BGB** möglich (*Ulmer* 194; Schricker/ Loewenheim/*Loewenheim* § 8 Rn. 13). Auch die im Gesellschaftsrecht entwickelten Grundsätze des **Minderheitenschutzes** in der Personengesellschaft wie insb. der Bestimmtheitsgrundsatz und die Kernbereichslehre kommen zur Anwendung (vgl. dazu *Spindler* FS Schricker 2005, 539, 546 m. w. N.).

2. Vertragliche Gestaltungsmöglichkeiten

53 Von der Möglichkeit einer individuellen Gestaltung ihrer Innen- und Außenbeziehungen sollten die Miturheber angesichts des nicht immer passenden gesetzlichen Regelungsmodells großzügig Gebrauch machen. Dies gilt insb. dann, wenn **zahlreiche Urheber** an der Werkschöpfung beteiligt sind, wenn **Umfang oder Bedeutung der Beiträge** verschiedener Miturheber **sehr unterschiedlich** sind, oder schließlich ganz allgemein, wenn die vom Gesetz vorgesehene **enge Bindung zwischen den Miturhebern unerwünscht** ist. Typische Regelungskomplexe sind insb. Art und Umfang der Veröffentlichung und Verwertung des gemeinsamen Werkes, die Verteilung der Erträgnisse oder die Art und Weise der internen Beschlussfassung sowie die Zulässigkeit von Bearbeitungen oder die Befugnis einzelner Miturheber, ihre Beiträge, sofern sie trennbar sind, auch anderweitig zu verwerten. Der Erleichterung der Werkverwertung sowie insb. des Abschlusses von Verwertungsverträgen kann es insbesondere dienen, wenn die Miturheber einen oder mehrere von ihnen mit der **Geschäftsführung beauftragen** sowie zu diesem Zweck **bevollmächtigen,** nach außen im Namen der Miturhebergesellschaft als **Vertreter** zu handeln und Verfügungen über Nutzungsrecht zu treffen sowie Zustimmungs- und Widerrufsrechte auszuüben (Fromm/Nordemann/*Nordemann* § 8 Rn. 27; *Haberstumpf* Rn. 114; Schricker/ Loewenheim/*Loewenheim* § 8 Rn. 14). Umgekehrt können sie die Rechtsverfolgung durch einzelne Miturheber nach Abs. 2 S. 3 aber auch ausschließen oder an die Zustimmung aller Miturheber oder der (Anteils)mehrheit binden. Eine Grenze stellt hier lediglich das nicht abdingbare Notverwaltungsrecht nach § 744 Abs. 2 BGB dar, das allerdings an strenge Voraussetzungen gebunden ist und daher nur im Ausnahmefall eingreift (dazu oben Rn. 45 f.; Fromm/Nordemann/*Nordemann* § 8 Rn. 27).

Durch einstimmigen Beschluss aller Miturheber kann auch festgelegt werden, dass künftig die Mehrheit entscheidet, wobei hier nach Anteilen und Köpfen differenziert und auch für bestimmte Entscheidungen eine qualifizierte Mehrheit gefordert werden kann; in einer solchen Beschlussfassung ist rechtlich eine **Vollmacht** zu sehen, die die jeweilige Minderheit der Mehrheit erteilt (Fromm/Nordemann/*Nordemann* § 8 Rn. 27; Dreier/Schulze/*Schulze* § 8 Rn. 19; vgl. allg. zu Mehrheitsbeschlüssen oben Rn. 25, 29) und in der zugleich die nach Abs. 2 S. 1 erforderliche Einwilligung für die Durchführung der ordnungsgemäß beschlossenen Maßnahmen liegen wird. Wie bei der einfachen Miturhebergemeinschaft kann ein einzelner Miturhebergesellschafter einen anderen bevollmächtigen, die Verwertung des Werkes auch in seinem Namen zu regeln (Dreier/Schulze/*Schulze* § 8 Rn. 19), nicht hingegen einen Dritten (vgl. oben Rn. 42).

Zwar ist bei sämtlichen derartigen Bevollmächtigungen und antizipierten Einwilligungen, da sie letztlich auf eine Aushöhlung der Individualrechte des Miturhebers hinauslaufen, stets besonders sorgfältig zu prüfen, ob eine entsprechend weitgehende ernstliche Erklärung abgegeben worden ist (vgl. *Spindler* FS Schricker 539, 545; zu Open Source auch unten Rn. 63). Nachdem § 8 Abs. 4 jedoch sogar einen vollständigen Rechtsverzicht auf den Anteil an den Verwertungsrechten erlaubt, dürften derartige Bevollmächtigungen und antizipierte Einwilligungen als „Minus" zum Anteilsverzicht nach § 8 Abs. 4 grundsätzlich zulässig sein. Die Grenze für solche Vereinbarungen liegt jedoch stets in dem auch von den Miturhebern zu beachtenden Urheberpersönlichkeitsrecht jedes einzelnen Miturhebers und ggf. sonstiger gesetzlich zwingender Bestimmungen (Schricker/Loewenheim/*Loewenheim* § 8 Rn. 13; *Ulmer* 193; *Haberstumpf* Rn. 114; vgl. oben Rn. 25, 27, 29).

V. Einzelfragen

1. Ausländische Miturheber und kollisionsrechtliche Aspekte

Nach § 120 Abs. 1 S. 2 genügt es für den uneingeschränkten Schutz eines in Miturheberschaft geschaffenen Werkes durch das UrhG, wenn **mindestens einer der Miturheber** deutscher Staatsangehöriger oder Staatsangehöriger eines Mitgliedstaates der EU bzw. des EWR ist (§ 120 Abs. 2). Da in diesem Fall **das Werk insgesamt nach deutschem Urheberrecht geschützt** ist, werden **sämtliche Miturheber,** und damit auch diejenigen, die als Alleinurheber für ihre Werke Schutz nur nach den §§ 121–123 beanspruchen könnten, **wie Inländer behandelt** (Schricker/Loewenheim/*Katzenberger* § 120 Rn. 11; Möhring/Nicolini/*Ahlberg* § 8 Rn. 50; *Waldenberger* 83f.; *Siefert* 37). Die Gleichstellung bedeutet zunächst, dass auch ausländische Miturheber in Bezug auf das gemeinschaftlich geschaffene Werk, unabhängig von einer möglicherweise kürzeren Schutzfrist in ihrem Heimatland, die **volle Schutzdauer des § 65** genießen (Möhring/Nicolini/*Ahlberg* § 8 Rn. 50). Des Weiteren führt die Inländerbehandlung dazu, dass der ausländische Miturheber in gleicher Weise wie ein inländischer gem. Abs. 2 S. 3 **berechtigt** ist, die **Ansprüche aus Verletzungen** des gemeinschaftlichen Werkes **selbstständig geltend zu machen** (Möhring/Nicolini/*Ahlberg* § 8 Rn. 50; Fromm/Nordemann/*Nordemann-Schiffel* § 120 Rn. 9; Schricker/Loewenheim/*Katzenberger* § 120 Rn. 11). Nach **h. M.** gilt insoweit für die Fragen der Miturheberschaft das **Schutzlandprinzip**, d.h. dass bei einer Werkverwertung in Deutschland die Vorschrift des § 8 zwingend zur Anwendung kommt (dazu Vor §§ 120ff. Rn. 4); allerdings ist es möglich, dass die in § 8 vorgesehenen Regelungen von ausländischem Urheber- bzw. Vertragsrecht überlagert werden (vgl. dazu *Spindler* FS Schricker 539, 555f., 557ff., dort auch zur Frage nach dem kollisionsrechtlichen Schicksal der von den Miturhebern eingegangenen BGB-Gesellschaft; s. auch *Westkamp* IIC 2006, 637ff.; § 120 Rn. 5).

2. Zwangsvollstreckung

55 Bei der Zwangsvollstreckung ist zu unterscheiden, ob in das gemeinsame Urheberrecht selbst oder in das Gesamthandsvermögen einer Miturhebergesellschaft vollstreckt werden soll. Für die Zwangsvollstreckung in das **Gesamthandsvermögen der Miturhebergesellschaft**, soweit dieses aus Geld oder Forderungen besteht, ist in entsprechender Anwendung von § 736 ZPO wahlweise die Erwirkung eines Titels gegen alle berechtigten Miturheber, d.h. grundsätzlich gegen alle Miturheber mit Ausnahme derjenigen, die einen Anteilsverzicht erklärt haben, oder gegen die Gesellschaft als solche erforderlich (vgl. § 113 Rn. 6; *Rieke* 182).

Bei der Vollstreckung in das **gemeinsame Urheberrecht** durch Einräumung einzelner Nutzungsrechte ist gem. § 113 S. 1 darüber hinaus die **Einwilligung sämtlicher Miturheber**, soweit sie nicht nach Abs. 4 verzichtet haben, erforderlich (vgl. § 113 Rn. 5f.; vgl. auch *Sontag* 64ff. u. 79; *Steffen* 110ff.; *Waldenberger* 71ff.) und die Vollstreckung daher ohne große praktische Bedeutung (vgl. Möhring/Nicolini/*Ahlberg* § 8 Rn. 43). Grundsätzlich wird auch der **Anteil des einzelnen Miturhebers an den Verwertungsrechten** für pfändbar gehalten (vgl. § 113 Rn. 6; Dreier/Schulze/*Dreier* § 113 Rn. 3), umstritten ist allerdings, ob hierzu die Einwilligung desjenigen Miturhebers, dessen Anteil gepfändet werden soll, nach § 113 S. 1 ausreicht, oder ob auch zu einer solchen Anteilspfändung die Einwilligung sämtlicher Miturheber erforderlich ist (dagegen § 113 Rn. 6; dafür Dreier/Schulze/*Dreier* § 113 Rn. 3). Insbesondere eine Vollstreckung in die sich aus Abs. 2 S. 2 ergebende Mitwirkungspflicht des einzelnen Miturhebers bei der Werkverwertung (so § 113 Rn. 6) erscheint als problematisch, zumal dann, wenn die Miturheber bzgl. der Werkverwertung die Zulässigkeit von Mehrheitsbeschlüssen vereinbart haben, Gläubiger eines Miturhebers die internen Entscheidungsprozess der Miturhebergemeinschaft maßgeblich bestimmen könnten, was generell mit dem Verbot der Übertragung von Mitwirkungsbefugnissen auf gemeinschaftsfremde Dritte kollidiert (vgl. dazu oben Rn. 42).

Von der Frage der Anteilspfändung und ihren Auswirkungen auf das Mitwirkungsrecht des einzelnen Miturhebers abgesehen, kann die Einwilligung in die Zwangsvollstreckung im Rahmen eines Miturhebervertrages vorab erteilt werden, wobei jedoch grundsätzlich nur ausdrückliche Erklärungen ausreichend sein dürften.

3. Erbrecht

56 Stirbt ein Miturheber, so können im Erbgang oder durch erbrechtliches Rechtsgeschäft auch Personen in die Rechtsstellung eines Miturhebers nachrücken, die an der Werkschöpfung nicht selbst beteiligt waren (§§ 28, 29; vgl. BGH GRUR 1990, 443, 446 – Musikverleger IV). Insb. können auf diese Weise auch juristische Personen Mitglied der gesetzlichen Miturhebergemeinschaft werden (vgl. § 28 Rn. 10). Der Anteil des einzelnen Miturhebers am Miturheberrecht ist insoweit ein gewöhnlicher Nachlassgegenstand, der nach erbrechtlichen Grundsätzen verwaltet wird (§§ 2038 ff. BGB; vgl. § 29 Rn. 28 ff.).

Umgekehrt macht ein zum Nachlass gehörendes Alleinurheberrecht aus Miterben oder mehreren Vermächtnisnehmern selbstverständlich keine Miturheber und findet § 8 auf das Verhältnis zwischen mehreren Miterben oder Vermächtnisnehmern keine Anwendung (BGH GRUR 1982, 308 – Kunsthändler; s. § 28 Rn. 11 m.w.N.). Maßgeblich sind vielmehr allein die erbrechtlichen Vorschriften, wobei das einzelne Urheberrecht bei der Auseinandersetzung wie ein unteilbarer Gegenstand zu behandeln ist (*Sontag* 13; vgl. § 29 Rn. 28 ff.).

4. Filmwerke

57 Die **Urheber eines Filmwerks** (dazu Vor §§ 88 ff. Rn. 28 ff.) sind, da sich die schöpferischen Einzelbeiträge bei Filmwerken regelmäßig nicht gesondert verwerten lassen, in der

§ 8 Miturheber

Regel Miturheber (zu den sich dabei aus der Nutzungsrechtseinräumung an den Produzenten ergebenden Besonderheiten s. § 89 Rn. 19 ff.). Da Filmwerke stufenweise entstehende Werke sind und es bei einer stufenweisen Werkentstehung grundsätzlich ausreicht, wenn ein Miturheber seinen Beitrag auf einer der Stufen erbringt, können bei Filmwerken sowohl die im Vorfeld der Dreharbeiten (Szenenbildner, Filmarchitekt), die bei den Dreharbeiten (Regisseur, Kameramann) und auch noch die nach Abschluss der Dreharbeiten (Cutter, Mischtonmeister) schöpferisch Beteiligten Filmmiturheber werden (vgl. oben Rn. 9; zur Filmurheberschaft ausführlich § 89 Rn. 12 f.; vgl. auch BGH GRUR 2011, 714 – Der Frosch mit der Maske (Tz. 57 f.); zu den Besonderheiten bei der Schutzfristberechnung s. o. Rn. 51 sowie § 65 Rn. 4). Die Geltendmachung von Ansprüchen aus dem gemeinsamen Filmurheberrecht durch einen einzelnen Filmurheber nach Maßgabe von § 8 Abs. 2 S. 3 wird durch § 93 oder den dahinter stehenden Rechtsgedanken in keiner Weise eingeschränkt (OLG München GRUR 2003, 50, 52 f. – Der Zauberberg).

5. Urheberschaftsvermutung nach § 10 Abs. 1, Beweislast

Die Vermutung des § 10 Abs. 1 findet sowohl im Verhältnis von **Miturhebern zueinander** als auch im Verhältnis der **Miturheber zu Dritten** Anwendung (s. dazu ausf. § 10 Rn. 29 ff.). Das bedeutet zum einen, dass, wenn auf einem Werk mehrere in der üblichen Weise als Urheber bezeichnet sind, sich jeder von ihnen gegenüber den anderen auf die Vermutung seiner Miturheberschaft nach § 10 Abs. 1 berufen kann. Dabei streitet die Vermutung der (Mit-)Urheberschaft aus § 10 Abs. 1 UrhG nicht nur im Hinblick auf das Gesamtwerk, sondern auch aller in ihm verbundenen Einzelelemente zu Gunsten jedes beteiligten Miturhebers (BGH GRUR 2009, 1046, 1048 – Kranhäuser (Tz. 25); OLG Hamburg NJOZ 2007, 2071, 2078 – Kranhäuser Rheinauhafen). Im Übrigen kann, da für die Stellung als Miturheber der Umfang und die Größe des geleisteten schöpferischen Beitrags nicht entscheidend sind, sondern auch ein geringfügiger Beitrag für die Begründung von Miturheberschaft ausreicht (BGH GRUR 2009, 1046, 1050 – Kranhäuser (Tz. 43); BGH GRUR 1994, 39, 40 – Buchhaltungsprogramm; s. oben Rn. 3), die für die Miturheberschaft eines Beteiligten sprechende Vermutung nach § 10 Abs. 1 nur durch den **Beweis des Gegenteils**, d. h. durch vollen Nachweis widerlegt werden, dass der Betreffende **in keiner Weise**, auch nicht durch einen geringfügigen Beitrag **schöpferisch** an der Werkentstehung mitgewirkt hat (BGH GRUR 2009, 1046, 1050 – Kranhäuser (Tz. 43); OLG Hamburg NJOZ 2007, 2071, 2085 – Kranhäuser Rheinauhafen; BGH GRUR 2011, 714 – Der Frosch mit der Maske). Der Nachweis, dass bestimmte Teile eines komplexen Gesamtwerks von anderen Miturhebern „maßgeblich" geprägt sind, ist hingegen rechtlich irrelevant (OLG Hamburg NJOZ 2007, 2071, 2085 – Kranhäuser Rheinauhafen).

Ob dabei den Schwierigkeiten, denen sich die mit dem **Beweis der Nichturheberschaft** belastete Partei gegenübersieht, wie bei anderen **Negativbeweisen** dadurch zu begegnen ist, dass diejenige Prozesspartei, die sich auf die Vermutung des § 10 Abs. 1 berufen kann, eine **sekundäre Darlegungslast** hinsichtlich der für ihre Miturheberschaft sprechenden Umstände trifft, so dass sie zumindest einen geringfügigen eigenschöpferischen Beitrag zu dem gemeinsamen Werk darlegen muss, ist sehr **fraglich**, da es das erklärte Ziel der gesetzlichen Vermutungsregelung in § 10 ist, den Urheber bzw. dessen Erben von derartigen Darlegungen, die bei Jahrzehnte zurückliegenden Schöpfungen sowie insbesondere nach dem Tod der Urheber nahezu unmöglich sind, zu entbinden (offen gelassen insoweit von BGH GRUR 2009, 1046, 1049 – Kranhäuser (Tz. 42), m. w. N.; sekundäre Darlegungslast ausdrücklich bejaht hingegen von OLG Hamm GRUR-RR 2012, 192, 193 – Musiktheater im Revier; s. dazu ausf. § 10 Rn. 23). Soweit es möglich ist, ist in praktischer Hinsicht jedenfalls anzuraten, zumindest hilfsweise zur eigenschöpferischen Leistung vorzutragen (entsprechender Vortrag z. B. in BGH GRUR 2009, 1046, 1049 – Kranhäuser; fehlend – aufgrund typischer Darlegungsnot der Erben – jedoch in OLG Hamm GRUR-RR 2012, 192).

Auf der anderen Seite muss derjenige, der, obwohl er **nicht in der üblichen Weise als Miturheber bezeichnet** ist, nachträglich Mit- oder sogar Alleinurheberschaft behauptet, seine Mit- bzw. Alleinurheberschaft vollständig nachweisen.

Insbesondere **im Filmbereich** streitet **keine Vermutung für eine Alleinurheberschaft des Regisseurs,** vielmehr ist, wer eine solche Alleinurheberschaft des Regisseurs geltend macht, nach den allgemeinen Grundsätzen hierfür darlegungs- und beweispflichtig und hat insoweit näher darzulegen, dass keine anderen an der Herstellung des Filmwerks beteiligten Personen wie insbesondere Kameraleute und Cutter schöpferische Beiträge geleistet haben (vgl. BGH GRUR 2011, 714, 718 – Der Frosch mit der Maske (Tz. 57 f.)). Ebenso ergibt sich keinerlei derartige, prozessual im Verletzungsfall beachtliche Vermutungsregel daraus, dass der Hauptregisseur eines Filmwerks in verschiedenen Richtlinien für die Zwecke der jeweiligen Richtlinie als Urheber oder einer der Urheber eines Filmwerks gilt (so BGH ZUM 2012, 141, 142 Anhörungsrüge zu „Der Frosch mit der Maske" (Tz. 5 f.) und eine Vorlage an den EuGH wegen fehlender vernünftiger Zweifel ablehnend). Der seine **Alleinurheberschaft behauptende Filmregisseur** muss diese somit **schlüssig darlegen** und beweisen. Hierzu sind **konkrete Angaben** dazu erforderlich, inwieweit der Regisseur den einzelnen als Miturheber in Betracht kommenden Personen genaue Vorgaben gerade für die Ausübung ihrer Tätigkeit gemacht hat, wie etwa dem Kameramann Vorgaben zur Linsen- und Blendenauswahl, dem Standort der Kamera, dem Rhythmus und der Bewegung der Kameraführung, der Wahl zwischen Groß- und Detailaufnahme und der szenischen Ausleuchtung (so ausf. BGH GRUR 2011, 714, 718 – Der Frosch mit der Maske (Tz. 61) sowie Anhörungsrüge BGH ZUM 2012, 141 (Tz. 2 ff.).

Keine Anwendung findet die Vermutung des § 10 Abs. 1 allerdings auf die **Berechnung des Umfangs der Mitwirkung** des einzelnen Miturhebers am Werk nach **§ 8 Abs. 3,** und zwar weder im Verhältnis der Miturheber untereinander noch im Verhältnis zu Dritten (s. ausführlich § 10 Rn. 31).

6. Zur Anwendbarkeit von § 8 auf verwandte Schutzrechte

59 § 8 ist auf verwandte Schutzrechte nur insoweit anwendbar, als auf ihn verwiesen wird. Dies ist bei **wissenschaftlichen Ausgaben** (§ 70 Abs. 1) und **Lichtbildern** (§ 72 Abs. 1) insgesamt sowie seit der zum 13.9.2003 in Kraft getretenen Neufassung des § 80 für **gemeinsame Darbietungen ausübender Künstler** (§ 80 Abs. 1 S. 3) jedenfalls teilweise der Fall (s. dazu § 80 Rn. 7 ff.). Soweit ein solcher Verweis fehlt, scheidet eine analoge Anwendung von § 8 auf verwandte Schutzrechte aus (vgl. BGH GRUR 2005, 502, 504 – Götterdämmerung; BGH GRUR 1993, 550, 551 – The Doors; Dreyer/Kotthoff/Meckel/ *Dreyer* § 8 Rn. 2 f.). Erst recht ist § 8 weder auf die Rechtsverhältnisse zwischen **Koproduzenten** von Filmwerken (dazu § 94 Rn. 52 ff.) noch von Tonträgern analog anwendbar.

7. Früheres Recht gem. LUG und KUG und Übergangsrecht

60 § 6 LUG und § 8 KUG sahen Miturheberschaft dann vor, wenn ein Werk von mehreren Urhebern gemeinsam in der Weise hergestellt worden war, dass sich ihre Arbeiten nicht trennen ließen. Obwohl danach vom **Gesetzeswortlaut** her die **tatsächliche Untrennbarkeit der Beiträge,** nicht aber die Unmöglichkeit ihrer gesonderten Verwertung für die Einheitlichkeit der Werkschöpfung maßgeblich war, hatte die Rechtsprechung schon damals das Kriterium der „Untrennbarkeit der Arbeiten mehrerer" im Sinne einer fehlenden gesonderten Verwertbarkeit interpretiert (BGH GRUR 1959, 335, 336 – Wenn wir alle Engel wären). Insoweit hat der Gesetzgeber mit § 8 Abs. 1 erklärtermaßen nur die bereits existierende höchstrichterliche Rechtsprechung festgeschrieben (vgl. AmtlBegr. *M. Schulze* Materialien 425; Schricker/Loewenheim/*Loewenheim* § 8 Rn. 5). Das Rechtsverhältnis der Miturheber untereinander wurde als eine **Bruchteilsgemeinschaft** gem. **§§ 741 ff. BGB** angesehen mit der Folge, dass den Miturhebern grundsätzlich gleiche Anteile an den Erträgnissen zustanden (§§ 742, 743 BGB; vgl. heute § 8 Abs. 3) und Verwertungsmaßnahmen mit Stimmenmehrheit beschlossen werden konnten (§ 745 BGB; vgl. heute § 8 Abs. 2). Diese rechtlichen Konsequenzen der Bruchteilsgemeinschaft widersprachen nach Ansicht des Gesetzgebers der durch die gewollte gemeinsame Werkschöpfung begründeten besonders engen Gemeinschaft der Miturheber und der persönlichkeitsrechtlich geprägten Beziehung jedes Miturhebers zu dem gemeinsamen Werk, so dass die Bruchteilsgemeinschaft in § 8 Abs. 2 durch eine „Gemeinschaft zur gesamten Hand ... ähnlich wie eine Gesellschaft des bürgerlichen Rechts" ersetzt wurde (vgl. AmtlBegr. *M. Schulze* Materialien 426).

Die Neuregelung des § 8 gilt **seit dem 1.1.1966 für sämtliche in Miturheberschaft** **61** **geschaffenen Werke,** unabhängig davon, ob die Werkschöpfung vor oder nach Inkrafttreten des UrhG stattgefunden hat (vgl. § 129 Rn. 1 ff.; BGH GRUR 2011, 714, 718 – Der Frosch mit der Maske (Tz. 43)). Sofern man mit der h. M. davon ausgeht, dass die Miturheber jedenfalls hinsichtlich der Verwertungsrechte eine Gesamthandsgemeinschaft bilden, haben sich die nach altem Recht bestehenden Bruchteilsgemeinschaften daher zum 1.1.1966 automatisch in Gesamthandsgemeinschaften umgewandelt, da es sich jeweils um gesetzliche Rechtsverhältnisse handelt, deren Rechtswirkungen allein aufgrund der gemeinschaftlichen Werkschöpfung als Realakt eintreten (Fromm/Nordemann/*Nordemann* § 8 Rn. 31). Die von den Miturhebern darüber hinaus untereinander getroffenen **schuldrechtlichen Vereinbarungen** gelten jedoch gem. § 132 Abs. 1 weitgehend unverändert fort (näher zur Weitergeltung früheren Rechts für Verträge § 132 Rn. 2 f.), und insb. bleiben die vor dem 1.1.1966 getroffenen **Verfügungen** gem. § 132 Abs. 2 **wirksam** (näher dazu § 132 Rn. 6).

8. Die Haftung der Miturheber

Besondere Fragen wirft die Haftung der Miturheber für deliktische oder vertragliche Ansprüche Dritter auf (dazu ausf. und grundlegend *Spindler* FS Schricker 539, 549 ff., insb. auch zur Haftung für Produktfehler von Computerprogrammen, jeweils m. w. N.; vgl. auch Dreyer/Kotthoff/Meckel/*Dreyer* § 8 Rn. 33). Dabei dürfte für die **Außenhaftung** davon auszugehen sein, dass die Rechtsprechung des BGH zur unbeschränkten Haftung der BGB-Gesellschafter für Gesellschaftsverbindlichkeiten **analog § 128 HGB** (BGH NJW 2001, 1056 ff.) sowie zur gleichfalls unbeschränkten, akzessorischen und gesamtschuldnerischen Haftung für deliktisches Handeln ihrer geschäftsführenden Gesellschafter **analog § 31 BGB** (BGH NJW 2003, 1445) auf die Miturhebergemeinschaft uneingeschränkt zur Anwendung kommt, und zwar unabhängig davon, ob sie eine zusätzliche BGB-Gesellschaft geschlossen haben (dann unmittelbar) oder nicht (dann entsprechend) (s. ausf. *Spindler* FS Schricker 2005, 539, 551 f.; ebenso *Rieke* 179 f.; Dreyer/Kotthoff/Meckel/*Dreyer* § 8 Rn. 33 mit Hinweis auf den Schutz Minderjähriger). Insb. dürfte sowohl eine Beschränkung der Haftung auf das geschützte Werk als Gesamthandsgut als auch eine quotenmäßige Beschränkung der Außenhaftung eines Miturhebers analog § 8 Abs. 3 ausscheiden (s. ausf. *Spindler* FS Schricker 2005, 539, 551 f.). Lediglich der **Anteilsverzicht** nach § 8 Abs. 4 dürfte zu einer **Nachhaftungsbegrenzung analog § 160 HGB** führen (s. ausf. *Spindler* FS Schricker 2005, 539, 552 Rn. 89 m. w. N.; ebenso *Rieke* 180). Bei der **Binnenhaftung** kommt hingegen eine quotenmäßige Aufteilung in Betracht (s. *Spindler* FS Schricker 2005, 539, 552). **62**

9. Besondere Aspekte von Open-Source- und Open-Content-Projekten

Besondere Abgrenzungsfragen stellen sich bei Open-Source-Software, d. h. Computerprogrammen, die unter einer sog. „freien Softwarelizenz" wie z. B. der GPL entwickelt wurden (s. dazu ausführlich § 69c Rn. 73 ff. m. w. N.) sowie bei Open-Content-Projekten, die, wie etwa die freie Enzyklopädie Wikipedia, unter einer sog. „Open Content Lizenz" wie z. B. der GNU-FDL stehen, und bei denen oftmals zahlreiche Urheber aus der ganzen Welt zusammenarbeiten (zu Open-Content-Lizenzen § 32 Rn. 45; ausf. § 69c Rn. 73 ff.; s. auch *Meyer* 9 ff.; *Meyer* CR 2011, 560). Soweit deutsches Urheberrecht anwendbar ist (dazu oben **63**

Rn. 54), stehen bei diesen äußerst komplexen Urheberstrukturen Rechtsverhältnisse mit **Miturheberschafts-, Werkverbindungs-** und **Bearbeitungscharakter** nebeneinander. Miturheberschaft nach § 8 entsteht dabei dann, aber auch nur dann, wenn die einzelnen Urheber in gewollter schöpferischer Zusammenarbeit unter Verfolgung einer gemeinsamen Idee ein einheitliches Werk schaffen (dazu oben Rn. 2ff.). Derartige schöpferische Zusammenarbeit kann z.B. bei dezentralen Softwareentwicklungsmethoden auftreten (vgl. *Meyer* 9ff.; *Kreutzer* MMR 2004, 696 m.w.N.). In anderen Fällen sowie typischer Weise bei der Mitarbeit an Open-Content-Projekten handelt es sich jedoch nicht um derartige gemeinschaftliche schöpferische Zusammenarbeit, vielmehr werden hier die einzelnen Urheber ohne Absprache untereinander zeitlich nacheinander tätig, indem sie das freie Werk in seiner aktuellen Version nach ihren eigenen Vorstellungen in zuvor nicht abgesprochener Weise verändern. In diesen Fällen liegen jeweils zwar aufeinander aufbauende, aber im Grundsatz selbstständige Schöpfungen und somit **Bearbeitungen gem. §§ 3, 23** vor (vgl. BGH GRUR 2005, 860, 862 – Fash 2000; zur GPL LG Frankfurt BeckRS 2007, 16294; dazu *Spindler* FS Schricker 2005, 539ff.). Daneben treten auch Werkverbindungen nach § 9 auf, indem etwa Bilder und Texte oder selbstständige Softwarekomponenten (vgl. LG Frankfurt BeckRS 2007, 16294) miteinander verbunden werden. Soweit Miturheberschaft vorliegt und deutsches Recht zur Anwendung kommt, gelten die allgemeinen Grundsätze, d.h. insbesondere die gesamthänderische Bindung, aber auch die **Alleinbefugnis** gem. § 8 Abs. 2 S. 3 (dazu oben Rn. 22ff., 38ff.). Unterlassungsansprüche können damit auch von einem einzelnen Miturheber einfach durchgesetzt werden (vgl. zur GPL z.B. LG München I MMR 2004, 693; LG Berlin BeckRS 2007, 16293; *Kreutzer* MMR 2004, 696; *Meyer* CR 2011, 560; *Schäfer* DSRI-Tagungsband 2010, 541). Würde bei der Geltendmachung von Schadensersatzansprüchen das Erfordernis, dass nach § 8 Abs. 2 S. 3 2. Halbs. „Leistung nur an alle" verlangt werden kann, eine namentliche Benennung aller anderen Miturheber im Klageantrag voraussetzen (s. aber oben Rn. 41), wären Schadensersatzansprüche bei Open-Source- und Open-Content-Projekten hingegen oftmals nicht realisierbar (*Kreutzer* MMR 2004, 696; s. aber dazu ausf. oben Rn. 41). Eine **anonyme Mitarbeit** kann dabei unter Umständen als stillschweigender Anteilsverzicht nach § 8 Abs. 4 oder aber als konkludente Einwilligung in die Geschäftsführung und Beschlussfassung durch die anderen Miturheber gewertet werden. Jedenfalls aber wird, da **die Konditionen der jeweiligen freien Lizenz** einen zwingenden Teil der Erbringung eines Beitrags zu dem gemeinsamen Werk darstellen, von einer entsprechenden vorherigen Einwilligung in die von der freien Lizenz vorgesehenen Verwertungen sowie von einer Bevollmächtigung der anderen Miturheber zur Vertretung der Gemeinschaft und Rechtsdurchsetzung auszugehen sein (vgl. *Spindler* FS Schricker 539, 545f.). Treuhand- oder Abtretungslösungen zugunsten von Open-Source-Vereinigungen hingegen scheiden mangels Übertragbarkeit der Wahrnehmungsbefugnis der Miturheber auf Dritte nach § 8 Abs. 2 S. 3 aus (vgl. oben Rn. 42; *Spindler* FS Schricker 539, 548f.). Denkbar sind allerdings Nutzungsrechtseinräumungen bzgl. des gemeinsamen Urheberrechts (vgl. *Schäfer* DSRI-Tagungsband 2010, 541; *Meyer* 59ff.). Da eine nachträgliche kommerzielle Verwertung eines Open-Source- bzw. Open-Content-Produkts der Zustimmung sämtlicher (Mit-)Urheber bedürfte, scheidet sie praktisch aus (*Strobel* MMR 2003, 778, 782). Ob und inwieweit neben der Miturheberschaft auch eine BGB-Gesellschaft entsteht, ist oftmals fraglich und letztlich eine Frage des Einzelfalls (dazu *Spindler* FS Schricker 2005, 539, 542; ausf. *Meyer* 59ff.; zum Ganzen auch § 69c Rn. 73ff.).

§ 9 Urheber verbundener Werke

Haben mehrere Urheber ihre Werke zu gemeinsamer Verwertung miteinander verbunden, so kann jeder vom anderen die Einwilligung zur Veröffentlichung, Verwertung und Änderung der verbundenen Werke verlangen, wenn die Einwilligung dem anderen nach Treu und Glauben zuzumuten ist.

§ 9 Urheber verbundener Werke § 9 UrhG

Literatur: *Ahlberg,* Rechtsverhältnis zwischen Komponisten und Textdichter, Hamburg 1968; *Becker,* Rechtsprobleme bei Mehr-Autoren-Werkverbindungen, ZUM 2002, 581; *Deutsch,* Die Verbindung von Musik und Text in urheberrechtlicher Sicht, GRUR 1965, 7; *Flechsig,* Harmonisierung der Schutzdauer für musikalische Kompositionen mit Text, ZUM 2012, 227; *Gast,* Zur Schaffung neuer Texte zu vorhandener Musik, GRUR 1965, 292; *Gebhardt,* Das Rechtsverhältnis zwischen Komponist und Librettist, Berlin 1954; *Jaeger/Metzger,* Open Content-Lizenzen nach deutschem Recht, MMR 2003, 431; *Schenz/Platoh,* Die fristlose Kündigung verbundener Werke ohne Einwilligung aller beteiligten Urheber, FuR 1980, 242; *Schlaak,* Die Rechtsbeziehungen zwischen Urhebern verbundener Werke, Berlin 1985; *Schricker,* Musik und Wort – Zur Urheberrechtsschutzfrist dramatisch-musikalischer Werke und musikalischer Kompositionen mit Text, GRUR Int. 2001, 1015; *Schulze,* Teil-Werknutzung, Bearbeitung und Werkverbindung bei Musikwerken – Grenzen des Wahrnehmungsumfangs der GEMA, ZUM 1993, 255; *Seibt/Wiechmann,* Probleme der urheberrechtlichen Verwertungsgemeinschaft bei der Werkverbindung, GRUR 1995, 562; *Siefert,* Die Abgrenzung von Werkeinheit und Werkmehrheit im Urheberrecht und deren Bedeutung für das Verwertungsrecht, Baden-Baden 1998; *Spindler,* Miturhebergemeinschaft und BGB-Gesellschaft, FS Schricker 2005, 539 (zit. *Spindler* FS Schricker); *Stroh,* Werkeinheit und Werkmehrheit im Urheberrecht, München 1969.

Vgl. darüber hinaus die Angaben im eingangs abgedr. Gesamtliteraturverzeichnis.

Übersicht

	Rn.
I. Regelungszweck	1
II. Voraussetzungen einer Werkverbindung i. S. v. § 9	2–12
1. Verbindung zweier oder mehrerer selbstständiger Werke	2, 3
2. Verbindung zwecks gemeinsamer Verwertung	4–7
a) Vertragliche Vereinbarung	4–6
b) Begründung eines Gesellschaftsverhältnisses?	7
3. Abgrenzungen und Beispiele	8–12
a) Zur Miturheberschaft (§ 8)	8–10
b) Zur Bearbeitung (§ 3)	11
c) Zu Sammelwerken (§ 4)	12
III. Rechtsfolgen der einfachen Werkverbindung	13–21
1. Selbstständigkeit der Urheberrechte an den Einzelwerken	13, 14
2. § 9 als dispositive gesetzliche Mindestregelung, Dauer des Anspruchs	15
3. Anspruch auf Einwilligung in die Werkverwertung	16–20
a) Gegenstand des Einwilligungsanspruchs nach § 9	17
b) Zumutbarkeit der Einwilligung	18–20
4. Gesonderte Verwertung der Einzelwerke	21
IV. Begründung eines Gesellschaftsverhältnisses gem. §§ 705 ff. BGB	22–30
1. Abschluss eines Gesellschaftsvertrags	22
2. Einbringung von Rechten in das Gesellschaftsvermögen	23
3. Rechtsfolgen des Gesellschaftsverhältnisses	24–27
a) Grundsatz der Gesamtgeschäftsführung	25
b) Mitwirkungsanspruch, Notverwaltungsrecht	26
c) Treuepflicht, Pflicht zur Förderung des Vertragszwecks	27
4. Dauer, Auflösung und Kündigung der Gesellschaft	28–30
V. Einzelfragen	31–37
1. Keine analoge Anwendung von § 626 Abs. 2 BGB bei Verwertungsverträgen	31
2. Beteiligung ausländischer Urheber an der Werkverbindung	32
3. Schutzdauer, RL 2011/77/EU „Musikkompositionen mit Text"	33–35
4. Prozessuales	36
5. Früheres Recht und Übergangsregelung	37

I. Regelungszweck

§ 9 begründet für den Fall, dass mehrere Urheber ihre selbstständig geschaffenen Einzelwerke zur gemeinsamen Verwertung miteinander verbunden haben – sog. **Werkverbindung** – für jeden beteiligten Urheber gegen die übrigen einen **Anspruch auf Einwilligung** in die **Veröffentlichung, Verwertung und Änderung** der verbundenen Werke (dazu unten Rn. 16 ff.). Anders als im Falle der durch eine gemeinschaftliche Schöpfung begründeten Miturheberschaft nach § 8, bei der die Urheberrechte in der Werkverbindung zu einem einheitlichen, nur gemeinsam wahrzunehmenden einheitlichen Urheberrecht verschmelzen, bleibt die **Selbstständigkeit der Urheberrechte an den Einzelwerken** in der Werkverbindung erhalten (dazu näher unten Rn. 13 f.). Da sich verbundene Werke regelmäßig gerade in der Werkverbindung am besten verwerten lassen und die Verweigerung der Einwilligung eines Urhebers die anderen in der wirksamen Auswertung ihrer schöpferischen Leistung empfindlich beeinträchtigen könnte, hat der Gesetzgeber mit § 9 als **Rechtsfolge einer solchen Werkverbindung** einen wechselseitigen **gesetzlichen Anspruch** der beteiligten Urheber **auf Einwilligung** in die Veröffentlichung, Verwertung und Änderung der Werke in ihrer verbundenen Form geschaffen (AmtlBegr. *M. Schulze* Materialien 428). Begrenzt wird dieser Anspruch lediglich durch die fehlende **Zumutbarkeit** der Einwilligung für den betreffenden Urheber (dazu unten Rn. 18 ff.). Die Entstehung einer Werkverbindung i. S. v. § 9 setzt eine auf die gemeinsame Verwertung der Werke gerichtete vertragliche Vereinbarung zwischen den Urhebern voraus, die nach h. M. stets eine Gesellschaft des bürgerlichen Rechts gem. §§ 705 ff. BGB darstellen soll (str.; a. A. hier; näher unten Rn. 4 ff., 7, 22 ff.). Die Regelung in § 9 ist **dispositiv,** so dass die Urheber seine Wirkungen sowohl vertraglich abbedingen als auch umgekehrt weitergehendere Bindungen vereinbaren können (dazu unten Rn. 15, 22 ff.).

Eine Werkverbindung liegt **stets** dann vor, wenn **Werke verschiedener Werkart** miteinander verbunden werden (AmtlBegr. *M. Schulze* Materialien 428; vgl. unten Rn. 9), sie kann jedoch **auch** zwischen Werken **gleicher Werkgattung** entstehen.

Die **Schutzfrist** läuft bei Werkverbindungen grundsätzlich **für jedes Einzelwerk gesondert,** eine Sonderregelung wurde jedoch mit dem in § 65 Abs. 3 umgesetzten Art. 3 (6) der RL 2011/77/EU für „Musikkompositionen mit Text" geschaffen, bei denen beide Beiträge eigens füreinander geschaffen wurden (dazu unten Rn. 33 ff., § 65 Rn. 5 f.).

II. Voraussetzungen einer Werkverbindung i. S. v. § 9

1. Verbindung zweier oder mehrerer selbstständiger Werke

2   Eine Werkverbindung i. S. v. § 9 setzt die **Verbindung** zweier oder mehrerer **urheberrechtsschutzfähiger selbstständiger Werke** voraus (vgl. BGH GRUR 1982, 41, 42 – Musikverleger III; BGH GRUR 1982, 743, 744 – Verbundene Werke; OLG München ZUM 1991, 432, 433 – Gaby wartet im Park). Die Werke können dabei von gleicher oder unterschiedlicher Werkart sein (s. unten Rn. 9). Keine Werkverbindung i. S. v. § 9 entsteht allerdings, wenn ein Werk lediglich mit schutzunfähigen Beiträgen verbunden wird, oder mit nicht mehr geschützten Werken (Schricker/Loewenheim/*Loewenheim* § 9 Rn. 4; Fromm/Nordemann/*Nordemann* § 9 Rn. 1 f., 4; Dreier/Schulze/*Schulze* § 9 Rn. 5; Seibt/Wiechmann GRUR 1995, 562 f.; vgl. auch OLG Hamburg GRUR-RR 2002, 6 – Hier ist DEA; zu Verbindungen mit Werken ausländischer Urheber unten Rn. 32). Ob und unter welchen Voraussetzungen in solchen Fällen mit § 9 vergleichbare Verpflichtungen auf vertraglichem Wege vereinbart werden können (Fromm/Nordemann/*Nordemann* § 9 Rn. 17; Dreier/Schulze/*Schulze* § 9 Rn. 5), ist fraglich, da hierdurch der Grundsatz der Gemeinfreiheit untergraben wird. Lediglich im Ausnahmefall kann insoweit die Vertragsauslegung zwischen den Urhebern einer Werkverbindung ergeben, dass die Pflicht zur Beteiligung an den Erlösen aus dieser Werkverbindung nicht mit dem Ablauf der Schutzfrist hinsichtlich eines der beteiligten Werke endet, sondern fortbestehen soll (LG München I ZUM 2007, 674, 677 – Erlösbeteiligung nach Ablauf der Schutzfrist; dazu auch unten Rn. 29).

3   Eine Werkverbindung i. S. v. § 9 kann nur zwischen den Werken von **mindestens zwei verschiedenen Urhebern** entstehen. Der Wortlaut des § 9 spricht insoweit ausdrücklich

§ 9 Urheber verbundener Werke von „mehreren" Urhebern. Darüber hinaus ergibt sich dies aber auch aus der Funktion des § 9. Denn § 9 soll zwischen den beteiligten Urhebern einer Werkverbindung einen billigen Interessenausgleich schaffen, indem er einen **wechselseitigen Anspruch** auf Einwilligung in die Veröffentlichung, Verwertung und Änderung der verbundenen Werke gewährt, der bei Personenidentität offensichtlich leer läuft (Möhring/Nicolini/*Ahlberg* § 9 Rn. 6; ausf. *Siefert* 122 ff., 129; a.A. Schricker/Loewenheim/*Loewenheim* § 9 Rn. 4; Fromm/Nordemann/*Nordemann* § 9 Rn. 3; Dreyer/Kotthoff/Meckel/*Dreyer* § 9 Rn. 8; *Schack* Rn. 291 Fn. 64; *Schlaak* 6, 56). Gibt es hingegen nur einen Urheber, steht es diesem vielmehr ohne Rücksicht auf § 9 in jeder Hinsicht frei, über die gesonderte oder getrennte Verwertung seiner Einzelwerke zu entscheiden. Es besteht insoweit keinerlei „Selbstbindung", Einschränkungen der Verwertungsfreiheit können sich nur aus bestehenden vertraglichen Vereinbarungen mit Dritten ergeben. Dies gilt auch dann, wenn die Urheberrechte an den Einzelwerken nach § 29 Abs. 1 im Wege des Erbgangs auf verschiedene Erben oder Vermächtnisnehmer übergehen. Hier erstarkt keine zunächst latente Werkverbindung mit dem Tode des Urhebers zu einem echten Rechtsverhältnis (so aber Schricker/Loewenheim/*Loewenheim* § 9 Rn. 4). Der – ohnehin dispositive – § 9 beinhaltet insoweit keinerlei Einschränkung der Testierfreiheit. Ein Urheber ist frei, seine zu Lebzeiten zusammengefügten Einzelwerke unterschiedlichen Personen ohne jede Beschränkung durch § 9 zu vererben. Soweit die Werke in der Tat nur gemeinsam sinnvoll verwertet werden können, empfiehlt es sich allerdings, bei einer getrennten Vererbung zusammengefügter Einzelwerke den Erben zur Auflage zu machen, dass sie einer gemeinsamen Verwertung wechselseitig zuzustimmen haben (Möhring/Nicolini/*Ahlberg* § 9 Rn. 6).

2. Verbindung zwecks gemeinsamer Verwertung

a) Vertragliche Vereinbarung. Eine Werkverbindung nach § 9 wird nicht durch den bloßen Realakt des Zusammenfügens zweier Werke begründet; § 9 verlangt vielmehr darüber hinaus, dass die Verbindung in subjektiver Hinsicht **zwecks gemeinsamer Verwertung** der Werke erfolgt. Erforderlich ist dafür eine **vertragliche** Vereinbarung, in der die beteiligten Urheber die gemeinsame Verwertung verabreden und deren Inhalt somit die **Einigung über die gemeinsame Verwertung** umfasst (vgl. AmtlBegr. *M. Schulze* Materialien 428, „im Einverständnis ihrer Urheber"; Schricker/Loewenheim/*Loewenheim* § 9 Rn. 7; Fromm/Nordemann/*Nordemann* § 9 Rn. 15; Dreier/Schulze/*Schulze* § 9 Rn. 6; Dreyer/Kotthoff/Meckel/*Dreyer* § 9 Rn. 9; Seibt/Wiechmann GRUR 1995, 562, 564; *Becker* ZUM 2002, 581, 582; *Ulmer* 197; *Schack* Rn. 327; *Schlaak* 50; Mustervertrag s. Münch.VertragsHdb. Bd. 3 WirtschR II/*J. B. Nordemann* Form. XI.18; a.A. Möhring/Nicolini/*Ahlberg* § 9 Rn. 15 ff.; *Ahlberg* 44 ff.; Schenz/Platoh FuR 1980, 242, 247).

Der Begriff der „Verwertung" ist dabei nicht auf kommerzielle Nutzungen beschränkt, Werkverbindungen gem. § 9 können vielmehr z.B. auch im Rahmen von Open-Source- und Open-Content-Projekten entstehen (vgl. hierzu § 32 Rn. 45; § 69c Rn. 73 ff.; allg. *Jaeger/Metzger* MMR 2003, 431, 434).

An dem auf die Entstehung dieser Verwertungsgemeinschaft gerichteten **beidseitigen rechtsgeschäftlichen Bindungswillen** fehlt es bspw., wenn ein Urheber von sich aus den vorbestehenden Text eines Dritten vertont oder umgekehrt zu einer vorbestehenden fremden Melodie einen eigenen Text dichtet. In diesen Fällen handelt es sich vielmehr um eine **einseitige faktische Zusammenfügung,** bei der die Rechtsfolgen des § 9 nicht eintreten, so dass keiner der Urheber gegen den anderen einen Anspruch auf Einwilligung in die Veröffentlichung, Verwertung oder Änderung der zusammengefügten Werke hat; grundsätzlich kann in diesen Fällen eine Werkverbindung zwar nachträglich noch entstehen, sie setzt jedoch eine beiderseitige entsprechende Willenserklärung voraus. Im Übrigen können sich die Urheber auch wechselseitig entsprechende Nutzungsrechte von dem jeweils anderen Urheber einräumen lassen (Möhring/Nicolini/*Ahlberg* § 9 Rn. 8 f.; Dreier/Schulze/

Schulze § 9 Rn. 6; *Schulze* ZUM 1993, 255, 267). In vertragsrechtlicher Hinsicht wird die Werkverbindung als eigenständige Nutzungsart angesehen, so dass ein entsprechendes **Nutzungsrecht mit dinglicher Wirkung** eingeräumt werden kann (Dreier/Schulze/ *Schulze* § 9 Rn. 6; *Schulze* ZUM 1993, 255, 267).

5 Damit die für § 9 erforderliche vertragliche Vereinbarung zustande kommt, müssen alle **Voraussetzungen für ein wirksames Rechtsgeschäft** erfüllt sein, insb. ist somit bei Geschäftsunfähigen oder beschränkt Geschäftsfähigen die Mitwirkung des gesetzlichen Vertreters erforderlich (§§ 107, 108 BGB bei Minderjährigen, Ausnahme § 112 BGB), andererseits finden auch die Regeln über Willenserklärungen (§§ 116 ff. BGB) und Stellvertretung (§§ 164 ff. BGB) Anwendung. Ist keine wirksame vertragliche Einigung zustande gekommen, tritt die Rechtsfolge des § 9 nicht ein, d. h. jeder Urheber bleibt in Bezug auf die Verwertung seines Einzelwerks vollkommen frei, hat aber andererseits auch keinerlei Anspruch gegen den anderen auf gemeinsame Verwertung (Schricker/Loewenheim/ *Loewenheim* § 9 Rn. 7; Dreyer/Kotthoff/Meckel/*Dreyer* § 9 Rn. 10; *Ulmer* 197; a. A. Möhring/Nicolini/*Ahlberg* § 9 Rn. 14 ff.: gesetzliches Schuldverhältnis).

Einer besonderen Form bedarf die Vereinbarung nicht, vielmehr kann sie auch **stillschweigend** zustande kommen (OLG Hamburg ZUM 1994, 738, 739 – The DEA Song; Schricker/Loewenheim/*Loewenheim* § 9 Rn. 7; Dreier/Schulze/*Schulze* § 9 Rn. 8). Allerdings muss die Vereinbarung gerade **zwischen den Urhebern der Einzelwerke** geschlossen werden. Bloße getrennte Vereinbarungen der Urheber mit einem Dritten, etwa einem gemeinsamen Verleger, begründen regelmäßig keine Werkverbindung, vielmehr bleibt es hier bei den gesonderten Rechtsbeziehungen der Urheber der Einzelwerke zu diesem Dritten (Schricker/Loewenheim/*Loewenheim* § 9 Rn. 7; Dreier/Schulze/*Schulze* § 9 Rn. 7; vgl. aber auch unten Rn. 6 sowie OLG Frankfurt GRUR 2004, 144 – Künstlerexklusivvertrag; OLG Hamburg NJOZ 2004, 1625, 1628 – Werbe-Jingle; sowie zu Sammelwerken unten Rn. 12). Insoweit stellen insbesondere **Filmwerke keine Werkverbindungen** zwischen den zur Filmherstellung benutzten schöpferischen Beiträgen dar (vgl. OLG München GRUR-RR 2007, 139, 141 – Fernsehwerbespots; Fromm/Nordemann/*Nordemann* § 9 Rn. 10; Schricker/Loewenheim/*Loewenheim* § 9 Rn. 6; ausf. Vor §§ 88 ff. Rn. 19).

In gleicher Weise stellt die bloße **Einräumung von Nutzungsrechten an einen der beteiligten Urheber** noch keine Werkverbindung dar, etwa wenn sich der Verfasser eines Schriftwerkes die Nutzungsrechte an den Illustrationen zu seinem Werk einräumen lässt (Schricker/Loewenheim/*Loewenheim* § 9 Rn. 8; Dreyer/Kotthoff/Meckel/*Dreyer* § 9 Rn. 11). Die **Abgrenzung** zwischen diesen Fällen **einseitiger Rechtseinräumung** und **echten Werkverbindungen** wird dabei **nicht** immer **einfach** sein (vgl. OLG München GRUR-RR 2007, 139, 141 – Fernsehwerbespots). Erst recht gilt dies für die Abgrenzung zu Fällen wechselseitiger Rechtseinräumung. Insoweit dürften insb. die **Copyleft-Klauseln** in Open Content-Lizenzen, soweit danach die Kombination mit anderen Dokumenten gestattet wird, lediglich eine **wechselseitige Einräumung von Nutzungsrechten** unter konkret formulierten Bedingungen darstellen, nicht hingegen eine Werkverbindung i. S. v. § 9 (vgl. allg. *Jaeger/Metzger* MMR 2003, 431, 434).

6 Da auf die für das Zustandekommen einer Werkverbindung erforderliche rechtsgeschäftliche Vereinbarung zwischen den Urhebern die Regeln der Stellvertretung nach §§ 164 ff. BGB Anwendung finden, kann die Werkverbindung auch **durch Vermittlung eines Dritten** zustande kommen, sofern dieser als von den Beschränkungen des **§ 181 BGB** befreiter Stellvertreter für alle beteiligten Urheber beim Vertragsschluss tätig wird. Eine derartige Konstellation wurde in einem Fall angenommen, in dem eine Werbeagentur einem Komponisten und einem Textdichter jeweils getrennte Aufträge zur Herstellung einer Komposition und eines Textes erteilt hatte, wobei von vornherein beide Urheber stillschweigend damit einverstanden waren, dass ihre Werke zwecks gemeinsamer Verwertung miteinander verbunden werden sollten (so OLG Hamburg ZUM 1994, 738, 739 – The DEA Song, mit ausf. Begr.; vgl. auch OLG Hamburg NJOZ 2004, 1625 – Werbe-Jingle;

§ 9 Urheber verbundener Werke 7 § 9 UrhG

Schricker/Loewenheim/*Loewenheim* § 9 Rn. 7; Möhring/Nicolini/*Ahlberg* § 9 Rn. 9; Dreier/Schulze/*Schulze* § 9 Rn. 8; ausführlich *Seibt/Wiechmann* GRUR 1995, 562, 564; *Mestmäcker/Schulze* § 9 Anm. 2).

In gleicher Weise kommt bei Mehr-Autoren-Werkverbindungen die für § 9 erforderliche **rechtsgeschäftliche Vereinbarung** zwischen den einzelnen Autoren oft durch **Vertretung der Autoren durch den Verlag** oder durch von ihm beauftragte Herausgeber zu Stande (OLG Frankfurt GRUR 2004, 144, 145 f. – Künstlerexklusivvertrag; OLG Hamburg NJOZ 2004, 1625 – Werbe-Jingle; ausf. *Becker* ZUM 2002, 581, 582 ff.; zur Abgrenzung zu bloßen Sammelwerken s. u. Rn. 12).

b) Begründung eines Gesellschaftsverhältnisses? Von der h. M. wird angenommen, 7 dass die von § 9 geregelte, von den Urhebern rechtsgeschäftlich vereinbarte **Werkverbindung stets** durch den **Abschluss eines Gesellschaftsvertrages** begründet werden müsse (BGH GRUR 1982, 41, 42 – Musikverleger III; BGH GRUR 1982, 743, 744 – Verbundene Werke; OLG Hamburg ZUM 1994, 738, 739 – The DEA Song; LG München I ZUM 2002, 748, 751 – Carmina Burana; Schricker/Loewenheim/*Loewenheim* § 9 Rn. 3, 9; Dreyer/Kotthoff/Meckel/*Dreyer* § 9 Rn. 5, 16 f.; *Ulmer* 197; *Stroh* 153; *Schlaak* 50; *Schricker* § 1 VerlG Rn. 27; *Schack* Rn. 329; *Rehbinder* 269; a. A. BGH GRUR 1973, 328, 329 – Musikverleger II; BGH GRUR 1964, 326, 330 – Subverleger; Möhring/Nicolini/*Ahlberg* § 9 Rn. 15; Fromm/Nordemann/*Nordemann* § 9 Rn. 14, 16; *Mestmäcker/Schulze* § 9 Ziff. 3; *Spindler* FS Schricker 2005, 539, 554; *Siefert* 77 f.; vermittelnd Dreier/Schulze/*Schulze* § 9 Rn. 7, 9).

Dagegen spricht nach hier vertretener Ansicht jedoch zum einen das Wesen der einfachen Werkverbindung i. S. v. § 9, durch welche die beteiligten Urheber lediglich daran gehindert werden sollen, mit der Berufung auf ihre eigenen Urheberrechte eine gemeinsame Verwertung der Werke unterbinden zu können, sofern diese ihnen nach Treu und Glauben zumutbar ist (AmtlBegr. *M. Schulze* Materialien 428). Die Begründung eines Gesellschaftsvertrages i. S. v. § 705 BGB hingegen erfordert den Abschluss eines auf die Erreichung eines gemeinsamen Zwecks gerichteten Vertrages, durch welchen sich die Beteiligten gegenseitig zur aktiven Förderung dieses Zwecks verpflichten (Palandt/*Sprau* § 705 BGB Rn. 1). Eine derartige **aktive Förderungspflicht** in Bezug auf die Verwertung der Einzelwerke in ihrer verbundenen Form **fehlt** jedoch bei der einfachen Werkverbindung, deren (Mindest-)Regelung der Gesetzgeber mit § 9 bezweckte (so auch *Spindler* FS Schricker 2005, 539, 554) und kann sich allenfalls aus § 242 BGB oder einer zusätzlichen expliziten vertraglichen Vereinbarung ergeben (dazu Rn. 21 ff.). Auch nach h. M. ist aber selbst die gesetzliche Mindestregelung des § 9 abdingbar (dazu Rn. 15), womit sich die Frage stellt, welchen Inhalt das Gesellschaftsverhältnis in einem solchen Fall ihrer Abbedingung überhaupt noch hätte. Und schließlich gab es auch nach h. M. jedenfalls vor 1965 (einfache) Werkverbindungen ohne Gesellschaftscharakter, während der Abschluss eines Gesellschaftsvertrages für die beteiligten Urheber lediglich eine Option darstellte, mit welcher bereits damals eine gesamthänderische Bindung der Verwertungsrechte herbeigeführt werden konnte (s. dazu unten Rn. 37). Träfe die h. M., wonach eine Werkverbindung stets mit dem Abschluss eines Gesellschaftsvertrages einhergeht, zu, hätte es aber auch schon nach altem Recht ausschließlich Werkverbindungen mit Gesellschaftscharakter geben dürfen, da sich an der gesellschaftsrechtlichen Rechtslage durch § 9 nichts geändert hat. Dass eine Werkverbindung gem. § 9, anders als die Miturheberschaft gem. § 8 nicht durch einen Realakt, sondern durch einen rechtsgeschäftlichen Vorgang begründet wird (dazu oben Rn. 4 ff.), bedeutet somit keineswegs, dass zwischen den Urhebern der Einzelwerke engere vertragliche Bindungen eintreten als die bloße Pflicht zur Einwilligung in die Verwertung gem. § 9, die als solche insb. eine parallele anderweitige Verwertung nicht ausschließt. Die für die Werkverbindung erforderliche vertragliche Vereinbarung muss somit nicht notwendiger Weise stets ein Gesellschaftsvertrag i. S. v. §§ 705 ff. BGB sein, auch wenn dies durchaus häufig der Fall sein mag und die Abgrenzung nicht immer einfach sein wird (vermittelnd daher Dreier/Schulze/*Schulze* § 9 Rn. 7, 9). Im Ergebnis ist nach hier vertretener Ansicht damit weiterhin zwischen einfachen Werkverbindungen ohne und Werkverbindungen mit Gesellschaftscharakter zu unterscheiden (so auch Mestmäcker/*Schulze* § 9 Ziff. 3; Möhring/Nicolini/*Ahlberg* § 9 Rn. 15; *Siefert* 77; *Spindler* FS Schricker, 539, 554). Im Übrigen wäre § 9 auch überflüssig, würde sich eine Werkverbindung nur durch den Abschluss eines Gesellschaftsvertrages nach §§ 705 ff. BGB begründen lassen, da der Einwilligungsanspruch dann stets unmittelbar aus dem Gesellschaftsvertrag folgen würde.

3. Abgrenzungen und Beispiele

8 a) **Zur Miturheberschaft (§ 8).** Während bei der Miturheberschaft zwei oder mehr Urheber **gemeinsam** in **schöpferischer Zusammenarbeit** ein einheitliches Werk schaffen, indem sie in Unterordnung unter die Gesamtidee unselbstständige schöpferische Einzelbeiträge erbringen, die sich nicht gesondert verwerten lassen, erschaffen die Urheber einer Werkverbindung **unabhängig voneinander** in **selbstständiger schöpferischer Tätigkeit** jeweils selbstständige Einzelwerke, die stets gesondert, insb. auch in unterschiedlichen Werkverbindungen verwertbar sind (zur Abgrenzung zur Miturheberschaft s. auch § 8 Rn. 13). Indem bei der Werkverbindung kein **gemeinsames, einheitliches Urheberrecht** an einem Werk entsteht, sondern jeder Urheber an dem von ihm geschaffenen selbstständigen Werk ein **eigenes, gesondertes Urheberrecht** erwirbt (AmtlBegr. *M. Schulze* Materialien 428), hat die Werkverbindung nach § 9, anders als die Miturheberschaft nach § 8, im Ergebnis ausschließlich **schuldrechtliche, nicht hingegen dingliche Rechtsfolgen** (OLG München GRUR-RR 2007, 139, 141 – Fernsehwerbespots; Schricker/Loewenheim/*Loewenheim* § 9 Rn. 6).

9 Da sich **Werke verschiedener Werkart** stets gesondert verwerten lassen – z.B. in verschiedenen Werkverbindungen – kann an einer Zusammenfügung von Werken verschiedener Werkart nach h.M. **keine Miturheberschaft** entstehen (dazu § 8 Rn. 13), sondern – sofern die übrigen Voraussetzungen vorliegen – **stets** (nur) eine **Werkverbindung** gem. § 9 (AmtlBegr. *M. Schulze* Materialien 428).

Dies gilt insb. für Verbindungen von **Text und Musik,** z.B. in Opern, Liedern, Schlagern, etc. (AmtlBegr. *M. Schulze* Materialien 428; BGH GRUR 1982, 743 f. – Verbundene Werke; BGH GRUR 1982, 41, 42 – Musikverleger III; BGH GRUR 1964, 326, 330 – Subverleger; Schricker/Loewenheim/*Loewenheim* § 9 Rn. 5; Fromm/Nordemann/*Nordemann* § 9 Rn. 10; a.A. *Gebhardt* 10 ff.; *Ahlberg* 85 ff.; dazu auch § 8 Rn. 7 ff.). Auch wenn hier oftmals eine konkrete Werkverbindung aufgrund ihrer großen Bekanntheit vom Publikum als künstlerische Einheit empfunden wird, bleibt eine gesonderte Verwertung, z.B. in Form einer Neuvertonung oder einer Aufführung als bloße Instrumentalversion, ohne weiteres möglich. Und auch wenn sie wirtschaftlich u.U. wenig sinnvoll ist, scheidet in rechtlicher Hinsicht Miturheberschaft daher aus.

An dieser rechtlichen Einordnung von Werken mit Musik und Text hat sich nach hier vertretener Ansicht auch dadurch nichts geändert, dass mit **Art. 3 (6) RL 2011/77/EU,** der in § 65 Abs. 3 in deutsches Recht umgesetzt worden ist, die Schutzdauer für **Musikkompositionen mit Text,** bei denen Text und Musik „eigens für die betreffende Musikkomposition mit Text geschaffen" wurde, in der Weise verlängert hat, dass sie innerhalb der Europäischen Union nunmehr einheitlich bis 70 Jahre nach dem Tod des Längstlebenden von Komponist und Textdichter geschützt sind (vgl. unten Rn. 34; § 8 Rn. 13; § 65 Rn. 5 f.; a.A. *Flechsig* ZUM 2012, 227, 234). Es handelt sich insoweit um eine reine Schutzfristenregelung, die mit dem 9. UrhGÄndG in § 65 durch Einfügung eines neuen Abs. 3, vergleichbar dem Abs. 2 für Filmwerke, umgesetzt werden konnte, ohne dass eine Änderung der §§ 8 und 9 bzw. des gesamten Konzepts der Miturheberschaft und Werkverbindung erforderlich ist (vgl. weiter § 8 Rn. 13; a.A. *Flechsig* ZUM 2012, 227, 234). An der unterschiedlichen materiellrechtlichen Einordnung von Musikkompositionen mit Text innerhalb der Europäischen Union, innerhalb derer sich Länder, die wie Deutschland von einer Werkverbindung ausgehen und Länder, die im Gegensatz dazu Miturheberschaft annehmen, zahlenmäßig in etwa die Waage halten, ändert sich daher durch die reine Schutzfristenharmonisierung in Art. 3 (6) RL 2011/77/EU nichts (dazu *Schricker* GRUR Int. 2001, 1015 ff.; s. auch unten Rn. 34). Zu beachten ist insoweit auch, dass Musikkompositionen mit Text, bei denen lediglich ein vorbestehender Text vertont oder für eine vorbestehende Musik ein Text geschaffen wurde, nicht in den Genuss der verlängerten Schutzfrist gelangen (vgl. dazu § 65 Rn. 5 f.).

10 **Weitere Beispiele** für Werkverbindungen (sofern keine lediglich einseitige oder wechselseitige Rechtseinräumung vorliegt, vgl. oben Rn. 5) sind Verbindungen von Sprachwerken mit Werken der bildenden Kunst oder Lichtbildwerken wie **Kunstbücher** und **Buchillustrationen** (LG München I BeckRS 2009, 04738 (S. 42 ff.) – Die Wilden Kerle) sowie **Comic-Strips** (OLG Hamburg GRUR 1965, 689 – Goldfinger). Denkbar ist allerdings bei der Illustration von Texten, dass neben die Werkverbindung zwischen dem Bild- und Textteil der Zeichner den Gedankeninhalt des Sprachwerks, d. h. die Fabel, schöpferisch mitgestaltet und insoweit ein Miturheberrecht am Text als Sprachwerk erwirbt (in LG München I BeckRS 2009, 04738 (S. 42 ff.) – Die Wilden Kerle, erörtert, jedoch abgelehnt), sowie dass sich umgekehrt die Bilderfolge, soweit aus ihr der Gedankeninhalt des Sprachwerkes erkennbar ist („Bildersprache", „Bilderzählung"), als Bearbeitung bzw. bildliche Übersetzung des Textes darstellt und insoweit nicht gesondert verwertet werden darf (vgl. Fromm/Nordemann/*Nordemann* § 9 Rn. 10). Werkverbindungen sind auch viele **naturwissenschaftliche und technische Publikationen,** bei denen Darstellungen wissenschaftlicher oder technischer Art mit Text verbunden werden, oder auch bebilderte Bedienungsanweisungen (LG Oldenburg GRUR 1989, 49, 51 – Motorsäge). Darüber hinaus sind Werkverbindungen **Musicals** (BGH GRUR 2008, 1081 – Musical Starlights; BGH GRUR 2000, 228, 230 – Musical-Gala), das **Ballett** als eine Verbindung zwischen der Ballettmusik und der Balletterzählung als Werk der Tanzkunst (KG Schulze KGZ 55, 12 – Puppenfee; s. auch *Obergfell* ZUM 2005, 621, 626 f.), **Multimediawerke** als Verbindungen von Computerprogrammen, Text, (laufenden) Bildern, Musik und Filmen (zu Multimediawerken s. auch § 2 Rn. 151 ff.; *Loewenheim* GRUR 1996, 830, 831 f.; a. A. Fromm/ Nordemann/*Nordemann* § 2 Rn. 92; *Schack* Rn. 217) oder eine **Homepage** als Verbindung von Texten, Grafiken, Fotos und Computerprogramm (LG München I ZUM-RD 2005, 81, 84 – Homepagegestaltung).

Beispiele für eine Verbindung von Werken gleicher Gattung sind **Mehr-Autoren-Werkverbindungen,** etwa ein juristischer Kommentar zu einem Gesetz, der aus selbstständigen Beiträgen verschiedener Mitarbeiter besteht (AmtlBegr. *M. Schulze* Materialien 428; eingehend dazu *Becker* ZUM 2002, 581 ff.; zur Abgrenzung zur Miturheberschaft näher § 8 Rn. 14), **selbstständig nutzbare Softwarekomponenten** eines Computerprogramms (vgl. LG Frankfurt BeckRS 2007, 16 294) oder eine **Operette,** die **Lieder mehrerer Komponisten** enthält (so im Fall BGH GRUR 1962, 256 – Im weißen Rössl). Auch die Verbindung städtebaulicher und hochbaulicher Beiträge in einem **baulichen Gesamtkonzept** stellt eine Werkverbindung dar (BGH GRUR 2009, 1046, 1049 (Tz. 34, 39 f.) – Kranhäuser), wobei das gemeinsam erarbeitete Gestaltungskonzept als Bearbeitung der vorbestehenden schöpferischen Einzelbeiträge durchaus seinerseits in Miturheberschaft entstehen kann (vgl. OLG Hamburg NJOZ 2007, 2071, 2077 ff. – Kranhäuser Rheinauhafen; dazu § 8 Rn. 7).

11 **b) Zur Bearbeitung (§ 3).** Bei einer Bearbeitung werden auch **zwei Schöpfungen,** nämlich das Ausgangswerk und die Bearbeitung, gemeinsam verwertet, und es entstehen zwei getrennte Urheberrechte, nämlich das Urheberrecht am Ausgangswerk und das Bearbeiterurheberrecht an der Bearbeitung. Der Unterschied zu einer Werkverbindung i. S. v.

§ 9 besteht jedoch darin, dass das Ausgangswerk und die Bearbeitung **nicht zwei selbstständige Werke** sind, sondern dass die Bearbeitung lediglich eine **abhängige Umgestaltung des Ausgangswerkes** darstellt (dazu näher § 3 Rn. 8 ff.; Fromm/Nordemann/*Nordemann* § 9 Rn. 8; Schricker/Loewenheim/*Loewenheim* § 9 Rn. 6). Insb. die **Vollendung** und **Fortsetzung** eines fremden Werkes sind insoweit Bearbeitungen des Fragments bzw. Ausgangswerkes gem. § 3, nicht aber Werkverbindungen, wobei im Ausnahmefall bei vorhergehender schöpferischer Zusammenarbeit auch Miturheberschaft vorliegen kann (dazu auch § 8 Rn. 19). Bearbeitungen nach § 3 und Werkverbindungen nach § 9 können dabei aber natürlich auch kombiniert auftreten. Dies ist insb. dann der Fall, wenn die Einzelwerke vor ihrer Verbindung zum Zwecke der Verbindung bearbeitet werden (Schricker/Loewenheim/*Loewenheim* § 9 Rn. 6).

12   c) **Zu Sammelwerken (§ 4).** Die **Verbindung** der Einzelwerke gerade **zu ihrer gemeinsamen Verwertung** und die hierauf gerichtete vertragliche Vereinbarung zwischen den Urhebern der Einzelwerke unterscheidet die Werkverbindung schließlich auch von denjenigen Fällen, in denen die beteiligten Urheber lediglich einem von ihnen oder einem Dritten, in dessen Hand die Verwertung der Werke liegen soll, **unabhängig voneinander Nutzungsrechte einräumen,** ohne dass es ihnen dabei auf die gemeinsame Verwertung gerade mit einem bestimmten anderen Werk ankommt (*Ulmer* 196). Ein Beispiel hierfür sind zum einen bloße **Sammlungen** von Werken wie insb. Zeitungen und Zeitschriften (vgl. dazu § 38 Rn. 11), aber vor allem auch **Sammelwerke** gem. § 4, bei denen in aller Regel der für eine Werkverbindung i. S. v. § 9 erforderliche unmittelbare rechtsgeschäftliche Bindungswille zwischen den Verfassern der Beiträge fehlt. Sammlungen und Sammelwerke stellen daher regelmäßig lediglich **faktische Werkverbindungen** dar, bei denen die einzelnen Urheber nicht untereinander, sondern lediglich im Verhältnis zum Herausgeber oder Verleger vertraglich gebunden sind, der sich seinerseits Nutzungsrechte an den einzelnen Werken hat einräumen lassen. In einem solchen Fall stehen den Urhebern gegeneinander keine unmittelbaren Ansprüche auf Einwilligung zur Veröffentlichung usw. zu (Fromm/Nordemann/*Nordemann* § 9 Rn. 15; Schricker/Loewenheim/*Loewenheim* § 9 Rn. 5; Dreier/Schulze/*Schulze* § 9 Rn. 11; *Becker* ZUM 2002, 581). Keineswegs ausgeschlossen ist aber natürlich, dass ein Sammelwerk wiederum Teil einer Werkverbindung ist, so dass § 4 und § 9 nebeneinander zur Anwendung kommen können (LG München I ZUM 2002, 748, 751 – Carmina Burana).

III. Rechtsfolgen der einfachen Werkverbindung

1. Selbstständigkeit der Urheberrechte an den Einzelwerken

13   Auch nach einer Verbindung der Werke zum Zweck ihrer gemeinsamen Verwertung gilt jeder Schöpfer als alleiniger Urheber seines Werkes und behält **jeder Urheber** an seinem Werk ungeachtet der Verbindung ein **selbstständiges Urheberrecht** (AmtlBegr. *M. Schulze* Materialien 428). Insb. entsteht, anders als dies gem. § 8 Abs. 2 bei der Miturheberschaft kraft Gesetzes der Fall ist, unter den Urhebern der Einzelwerke einer Werkverbindung **keine gesamthänderische Bindung** bezüglich des Veröffentlichungsrechts, der Verwertungsrechte oder des Änderungsrechts (dazu näher § 8 Rn. 24 ff.). Die h. M., derzufolge eine Werkverbindung nach § 9 stets nur durch Abschluss eines Gesellschaftsvertrages zustande kommen kann (dazu oben Rn. 7), ist insoweit geteilt. Teilweise wird davon ausgegangen, dass bereits durch das bloße Eingehen einer Werkverbindung automatisch die Verwertungsrechte an den Einzelwerken in das Gesellschaftsvermögen einer GbR eingebracht würden und somit eine gesamthänderische Bindung bezüglich dieser Rechte entstehe (so Dreyer/Kotthoff/Meckel/*Dreyer* § 9 Rn. 18; wohl auch Dreier/Schulze/*Schulze* § 9 Rn. 17). Ein anderer Teil sieht jedoch die Begründung von Gesellschaftsvermögen

§ 9 Urheber verbundener Werke

nicht als zwangsläufige Folge einer Werkverbindung an und fordert eine hierauf gerichtete ausdrückliche, über die bloße Werkverbindung hinausgehende Vereinbarung (Schricker/Loewenheim/*Loewenheim* § 9 Rn. 9; *Ulmer* 197). Im praktischen Ergebnis kommt diese Variante der h. M. der hier vertretenen Auffassung von Werkverbindungen mit und ohne Gesellschaftscharakter nahe, da in beiden Fällen eine **gesamthänderische Bindung** der Verwertungsrechte an den Einzelwerken nur bei Vorliegen einer hierauf gerichteten ausdrücklichen Vereinbarung zwischen den Urhebern und **nicht automatisch** eintritt. Die Selbstständigkeit der Urheberrechte führt schließlich auch dazu, dass die **Schutzdauer** für jedes Werk gesondert und unabhängig von den anderen läuft (dazu näher unten Rn. 33 ff.).

Sofern und soweit die Urheber nicht die ausschließlichen Nutzungsrechte an ihren Werken in das Gesellschaftsvermögen eingebracht haben und § 719 Abs. 1 BGB daher nicht entgegen steht, sind die Urheber aufgrund der rechtlichen Selbstständigkeit ihrer Einzelwerke auch berechtigt, **Nutzungsrechte an den Einzelwerken auf einen Dritten** zu übertragen (Möhring/Nicolini/*Ahlberg* § 9 Rn. 21; *Ulmer* 197). Gerade in diesem Fall, wenn die Urheber keine Gesellschaft begründet haben und über die Rechte an ihren Einzelwerken daher frei verfügen können, entfaltet § 9 seine Schutzwirkung, indem er jedem beteiligten Urheber die weitere Verwertung seines Werkes in der Werkverbindung auch dann ermöglicht, wenn der andere seine Rechte an einen Dritten übertragen und den Erwerber ausschließlicher Nutzungsrechte nicht durch eine entsprechende Auflage gebunden hat (vgl. § 31 Abs. 3; Möhring/Nicolini/*Ahlberg* § 9 Rn. 21). Mögliche Ansprüche aus § 9 sind daher bei der Vertragsgestaltung für das jeweilige Einzelwerk zu beachten.

2. § 9 als dispositive gesetzliche Mindestregelung, Dauer des Anspruchs

Haben die Urheber der Einzelwerke bei einer Werkverbindung, abgesehen von der vertraglichen Einigung über eine gemeinsame Verwertung, keine weitergehenden Vereinbarungen getroffen, so bleibt es zwischen ihnen grundsätzlich bei der **gesetzlichen Mindestregelung** des § 9. Da **§ 9 dispositiv** ist, ist es sogar möglich, dass die an einer Werkverbindung Beteiligten den von § 9 vorgesehenen **Anspruch auf Einwilligung abbedingen,** wozu aber eine ausdrückliche dahingehende vertragliche Vereinbarung vorhanden sein muss (Schricker/Loewenheim/*Loewenheim* § 9 Rn. 2; Dreyer/Kotthoff/Meckel/*Dreyer* § 9 Rn. 6; *Ulmer* 197; zu den sich aus der Abdingbarkeit von § 9 ergebenden Konsequenzen für die Frage der Rechtsnatur der Werkverbindung s. oben Rn. 7).

Die Urheber sind insoweit auch frei darin, den Anspruch auf Einwilligung nur hinsichtlich bestimmter Verwertungen abzubedingen, oder aber die **Werkverbindung nur für eine bestimmte Zeit** einzugehen, d. h. den Anspruch auf Einwilligung zeitlich zu begrenzen. Maßgeblich ist insoweit der vertragliche Wille, wie er sich entweder ausdrücklich aus den getroffenen Vereinbarungen ergibt oder durch Auslegung zu ermitteln ist (vgl. zu den parallelen Fragen zur Dauer eines etwaigen zusätzlichen Gesellschaftsverhältnisses unten Rn. 28). Der gesetzliche Einwilligungsanspruch gem. § 9 erlischt automatisch, sobald das Urheberrecht an dem betreffenden Einzelwerk erlischt. Durchaus denkbar ist es jedoch, dass die Auslegung der zwischen den Urhebern bestehenden vertraglichen Vereinbarungen einen Anspruch auf Erlösbeteiligung auch nach dem Ablauf der Schutzfrist ergibt. Da dieser Anspruch jedoch mit dem grundlegenden Prinzip der Gemeinfreiheit kollidiert, ist bei der Annahme einer solchen Vereinbarung, soweit sie nicht ausdrücklich getroffen wurde, Zurückhaltung geboten. Insb. dann, wenn die Urheber ihre Werke eigens für die Werkverbindung geschaffen haben, kann die Auslegung eines zusätzlichen Gesellschaftsverhältnisses jedoch zu einer entsprechenden Fortdauer des Anspruchs auf Erlösbeteiligung führen (LG München I ZUM 2007, 674, 677 – Erlösbeteiligung nach Ablauf der Schutzfrist; vgl. dazu unten Rn. 28).

3. Anspruch auf Einwilligung in die Werkverwertung

16 Obwohl bei einer Werkverbindung jeder Urheber Inhaber seines eigenen Urheberrechts bleibt, entsteht durch die rechtsgeschäftliche Verbindung der Werke zu gemeinsamer Verwertung zwischen den Urhebern der Einzelwerke gem. § 9 eine Art **Verwertungsgemeinschaft als (dispositives) gesetzliches Schuldverhältnis** (a. A. die h. M.: stets GbR, s. Nachweise oben Rn. 7), deren wesentlicher Inhalt ein **wechselseitiger Anspruch auf Einwilligung** zur Veröffentlichung, Verwertung und Änderung der Einzelwerke in ihrer verbundenen Form ist (Möhring/Nicolini/*Ahlberg* § 9 Rn. 14; *Mestmäcker/ Schulze* § 9 Ziff. 3; so auch die h. M.). Der Gesetzgeber trägt damit der Tatsache Rechnung, dass sich verbundene Werke in der Regel gerade in ihrer Verbindung am besten verwerten lassen und daher die Verweigerung der Zustimmung eines Urhebers zur gemeinsamen Verwertung die Urheber der anderen Werke in der wirksamen Auswertung ihrer schöpferischen Leistungen empfindlich beeinträchtigen könnte (AmtlBegr. *M. Schulze* Materialien 428). Durch diesen Anspruch auf Einwilligung soll ein **billiger Interessenausgleich** geschaffen werden. Der Einwilligungsanspruch nach § 9 geht auch nach Ansicht der h. M. einem etwaigen gesellschaftsrechtlichen Mitwirkungsanspruch vor (BGH GRUR 1982, 743, 744 – Verbundene Werke; Schricker/Loewenheim/*Loewenheim* § 9 Rn. 14).

17 **a) Gegenstand des Einwilligungsanspruchs nach § 9.** Der Einwilligungsanspruch richtet sich auf die Veröffentlichung, Verwertung und Änderung der verbundenen Werke. Mit Veröffentlichung ist dabei in erster Linie das **Erstveröffentlichungsrecht nach § 12** gemeint; was **Veröffentlichung** ist, bestimmt sich im Übrigen nach § 6 Abs. 1 (s. § 6 Rn. 3 ff.). Unter **Verwertung** ist in erster Linie die Geltendmachung der in §§ 15 ff. genannten Verwertungsrechte zu verstehen, einschließlich sämtlicher darauf gerichteter Maßnahmen (Schricker/Loewenheim/*Loewenheim* § 9 Rn. 14). Der Einwilligungsanspruch erfasst dabei dem Zweck der Werkverbindung entsprechend grundsätzlich auch Nutzungsarten, die bei Eingehung der Werkverbindung noch unbekannt waren; allerdings kann die Tatsache, dass die Nutzungsart bei Eingehung der Werkverbindung noch unbekannt war, bei der Interessenabwägung im Rahmen der Zumutbarkeitsprüfung berücksichtigt werden. Darüber hinaus umfasst der Begriff der „Verwertung" in § 9 seinem Sinn nach auch den **Abschluss und die Kündigung von Verlagsverträgen** (BGH GRUR 1982, 743, 744 – Verbundene Werke; LG München I GRUR 1979, 153 f. – Exklusivvertrag; Schricker/Loewenheim/*Loewenheim* § 9 Rn. 14; Fromm/Nordemann/*Nordemann* § 9 Rn. 22).

Ob und inwieweit darunter schließlich auch **Ansprüche nach den §§ 32, 32a** fallen (so Dreyer/Kotthoff/Meckel/*Dreyer* § 9 Rn. 32), ist dogmatisch fraglich, nachdem der BGH für die entsprechende Formulierung in § 8 entschieden hat, dass es sich bei der Geltendmachung dieser Ansprüche um rein vertraglich begründete Ansprüche und nicht um die Ausübung eines Verwertungsrechts handelt (so zum Begriff „Verwertung" in § 8 BGH GRUR 2012, 496, 497 – Das Boot (Tz. 17) ebenso die Vorinstanzen OLG München GRUR-RR 2010, 416, 417, 420 sowie LG München I GRUR-RR 2009, 385, 387; s. dazu § 8 Rn. 24, 30). Allerdings sind die Urheber einer Werkverbindung, wenn sie mit einem Verwerter gesonderte Verträge abgeschlossen haben, für die Geltendmachung dieser Ansprüche ohnehin nicht aufeinander angewiesen; soweit sie gemeinsam einen einheitlichen Vertrag geschlossen haben, kommt es darauf an, ob sie Gesamtgläubiger i. S. v. § 428 BGB sind oder nicht. Sofern danach eine gemeinsame Geltendmachung erforderlich ist, dürfte § 9 zumindest entsprechend herangezogen werden können.

Schließlich umfasst der Begriff der Verwertung in § 9 auch die gesetzlichen **Vergütungsansprüche** (Schricker/Loewenheim/*Loewenheim* § 9 Rn. 14; Dreyer/Kotthoff/ Meckel/*Dreyer* § 9 Rn. 32). Soweit diese von Verwertungsgesellschaften wahrgenommen werden, ist zwar aufgrund der fortbestehenden rechtlichen Selbstständigkeit der Einzelwerke in einer Werkverbindung jeder Urheber grundsätzlich für sich allein befugt, eine **Werkanmeldung** hinsichtlich seines Werks bei einer **Verwertungsgesellschaft** wirksam vorzunehmen (OLG München GRUR-RR 2007, 139, 141 – Fernsehwerbespots; anders bei Miturheberschaft, vgl. OLG Frankfurt GRUR 2006, 578 f. – Erstverwertungsrechte; dazu § 8 Rn. 31). Da oftmals allerdings nur die Anmeldung sämtlicher Werke einer Werkverbindung zu einer sinnvollen Wahrnehmung führt, kann sich aus § 9 u. U. letztlich ein Anspruch auf Anmeldung auch des verbundenen Werkes bei einer Verwertungsgesellschaft ergeben.

b) Zumutbarkeit der Einwilligung. Der Anspruch auf Einwilligung besteht gem. § 9 **18** nur dann, wenn die Einwilligung dem oder den anderen Urhebern einer Werkverbindung **nach Treu und Glauben zuzumuten** ist. Die Prüfung der Zumutbarkeit erfolgt im Wege einer **Interessenabwägung.** Dabei muss von dem Sinn und Zweck der Regelung des § 9 – zu verhindern, dass einer der beteiligten Urheber durch Versagung seiner Einwilligung die Möglichkeit der Verwertung der verbundenen Werke überhaupt ausschließen kann (LG München I GRUR 1979, 153 f. – Exklusivvertrag; Schricker/Loewenheim/ *Loewenheim* § 9 Rn. 15; Fromm/Nordemann/*Nordemann* § 9 Rn. 21) – ausgegangen werden. Insoweit werden zunächst sämtliche Verwertungsmaßnahmen, die für Werkverbindungen der in Frage stehenden Art **üblich** sind, grundsätzlich auch als **zumutbar** anzusehen sein. Die Zumutbarkeit kann in diesen Fällen aber dann entfallen, wenn der geplanten Verwertungsmaßnahme **erhebliche Interessen** eines der beteiligten Urheber entgegenstehen. Dies ist zum einen bei **Urheberpersönlichkeitsrechtsverletzungen** der Fall. Zum anderen können aber auch **erhebliche wirtschaftliche Interessen** eine geplante Verwertungsmaßnahme für einen der Urheber unzumutbar werden lassen. Allerdings wird die Fortsetzung der Verwertung der alten Werkverbindung für einen Urheber, der das Angebot hat, sein Einzelwerk in einer neuen Werkverbindung nutzen zu können, durch ein solches Angebot grundsätzlich nicht ohne Weiteres unzumutbar, selbst wenn die neue Werkverbindung für ihn wesentlich lukrativer ist und die Fortsetzung der Verwertung der alten Werkverbindung die Verwertung der neuen Werkverbindung beeinträchtigt oder, falls dafür die Einräumung ausschließlicher Nutzungsrechte erforderlich ist, insgesamt unmöglich macht. Vielmehr dient § 9 gerade in diesen Fällen dem Schutz des oder der anderen Urheber. Der Einwilligungsanspruch der anderen Urheber auf weitere Verwertungen der alten Werkverbindung kann in diesem Fall jedoch aufgrund einer Abwägung der beiderseitigen Interessen in der Weise eingeschränkt sein, dass der Verwertung der alten Werkverbindung – vorbehaltlich der Einhaltung bestehender Verwertungsverträge – zeitweise inhaltliche Beschränkungen auferlegt werden. Bei der Abwägung sind dabei alle Umstände des konkreten Falles zu beachten, insb. wird es darauf ankommen, zu welchen Einschränkungen der Verwertungsmöglichkeiten der übrigen Urheber die Eingehung einer neuen Werkverbindung durch einen beteiligten Urheber führt.

In der Praxis erlangt die Frage der Zumutbarkeit der Einwilligung immer wieder bei der **19 Kündigung von** bestehenden **Verwertungsverträgen** Bedeutung. Der BGH hat in einem Fall, in dem aufgrund eines persönlichen Zerwürfnisses das Vertrauensverhältnis zwischen dem Komponisten und dem Verleger so stark zerrüttet war, dass dem Komponisten ein Recht zur fristlosen Kündigung des Verlagsvertrages zuzubilligen war, die Einwilligung in die Kündigung durch den Textdichter im Wege der Interessenabwägung dennoch als unzumutbar beurteilt, weil der Textdichter befürchten musste, im Falle einer Zustimmung zur Kündigung vom bisherigen Verleger keine weiteren Textaufträge zu erhalten, beträchtliche Einnahmeausfälle zu haben und somit ein erhebliches wirtschaftliches Interesse daran hatte, seine Texte bei einem Verleger konzentriert zu lassen; darüber hinaus fiel ins Gewicht, dass der Textdichter einer langjährigen Verlagsbindung, durch die er in seiner Entwicklung gefördert worden war, die Treue halten wollte (BGH GRUR 1982, 743, 744 – Verbundene Werke; ausführlich Vorinstanz LG München I GRUR 1979, 153, 154 – Exklusivvertrag). Diese Entscheidung verdeutlicht, dass es bei der gebotenen Interessenabwägung letztlich stets um eine **Einzelfallentscheidung** unter Berücksichtigung sämtlicher

Umstände des konkreten Falles geht. Von der Frage der Zulässigkeit der Kündigung bestehender Verwertungsverträge zu unterscheiden ist die Frage der Zulässigkeit der Kündigung einer im Zuge der Werkverbindung begründeten BGB-Gesellschaft insgesamt (hierzu unten Rn. 28).

20 Die **Darlegungs- und Beweislast** dafür, dass die im Gesetz statuierte **Zumutbarkeit** einer beabsichtigten Verwertungsmaßnahme gegeben ist, obliegt grundsätzlich demjenigen, der den Anspruch auf Einwilligung nach § 9 geltend macht (LG München I GRUR 1979, 153 f. – Exklusivvertrag). Dieser Darlegungs- und Beweislast kommt er **im Regelfall** bereits durch den Vortrag von Tatsachen nach, aus denen sich die **Üblichkeit der geplanten Verwertungsmaßnahme** ergibt; anschließend ist es Sache der übrigen Urheber, Umstände darzulegen, aus denen sich eine Verletzung ihrer Interessen ergibt; gelingt ihnen dies, ist es wiederum Sache des Klägers, Umstände für die dennoch vorhandene Zumutbarkeit darzulegen (Dreyer/Kotthoff/Meckel/*Dreyer* § 9 Rn. 34), die Entscheidung über die Zumutbarkeit ist dann jedoch letztlich eine **Rechtsfrage** (Formular für Einwilligungsklage s. Mes/*Lutz* G.16; s. hierzu auch § 8 Rn. 33).

4. Gesonderte Verwertung der Einzelwerke

21 Da sich § 9 auf einen **bloßen Anspruch auf Einwilligung** in die gemeinsame Verwertung beschränkt **ohne** darüber hinaus ein **Verbietungsrecht** gegenüber anderweitigen Verwertungen vorzusehen, behält nach hier vertretener Ansicht bei einer einfachen Werkverbindung grundsätzlich jeder der Urheber das Recht, sein Einzelwerk auch außerhalb der eingegangenen Werkverbindung gesondert zu verwerten, ohne dass es darauf ankommt, ob die anderweitige Verwertung des Einzelwerks die Verwertung der alten Werkverbindung wirtschaftlich beeinträchtigt, wobei bestehende Vertragsbeziehungen natürlich zu beachten sind. Denn die Rechtsfolgen der einfachen Werkverbindung gehen über den gesetzlich vorgesehenen Einwilligungsanspruch nach Treu und Glauben nicht hinaus und enthalten weder eine wechselseitige Treuepflicht der Urheber noch eine Pflicht, die eingegangene Werkverbindung selbst aktiv zu fördern (so auch Möhring/Nicolini/*Ahlberg* § 9 Rn. 20; *Schack* Rn. 327; a.A. die wohl h.M. LG Hamburg ZUM-RD 2010, 331, wobei keine Differenzierung zwischen § 9 und der zusätzlich begründeten BGB-Verwertungsgemeinschaft mit dem Zweck einer „ungehinderten" Verwertung vorgenommen wurde; Schricker/Loewenheim/*Loewenheim* § 9 Rn. 15; Dreier/Schulze/*Schulze* § 9 Rn. 25; Dreyer/Kotthoff/Meckel/*Dreyer* § 9 Rn. 36; Fromm/Nordemann/*Nordemann* § 9 Rn. 19: nur wenn kein Konkurrenzverhältnis). Eine solche Treuepflicht der Urheber, eine konkurrierende anderweitige Verwertung ihrer Werke, insb. in anderen, gleichartigen Werkverbindungen zu unterlassen, kann vielmehr nur durch eine zusätzliche vertragliche Vereinbarung der Urheber, insb., wie häufig der Fall, durch ein Gesellschaftsverhältnis begründet werden (OLG Hamburg ZUM 1994, 738, 739 – The DEA Song; OLG München ZUM 1991, 432, 433 f. – Gaby wartet im Park; Seibt/Wiechmann GRUR 1995, 562, 565; Möhring/Nicolini/*Ahlberg* § 9 Rn. 20; *Ulmer* 197; *Rehbinder* 270; Muster eines Vertrages zwischen Komponist und Textdichter s. Münch.VertragsHdb. Bd. 3 WirtschR II/*J. B. Nordemann* Form. XI.18) oder sich **im Einzelfall auch aus § 242 BGB** ergeben (BGH GRUR 1964, 326, 330 – Subverleger; LG Hamburg ZUM-RD 2010, 331), insb. wenn eine Verwertung nur durch Einräumung ausschließlicher Nutzungsrechte sinnvoll erfolgen kann. Da eine Enthaltungspflicht grundsätzlich auch konkludent vereinbart werden kann und insoweit den Gerichten ein erheblicher Auslegungsspielraum zukommt, ist den Urhebern einer Werkverbindung in jedem Fall anzuraten, das Fehlen oder die Existenz und Reichweite einer solchen Enthaltungspflicht anlässlich der Verbindung ihrer Einzelwerke ausdrücklich vertraglich zu regeln.

In keinem Fall – vorbehaltlich einer ausdrücklich hierauf gerichteten vertraglichen Abrede – ist es einem Urheber nach Eingehung einer Werkverbindung untersagt, eine ander-

§ 9 Urheber verbundener Werke 22–25 § 9 UrhG

weitige Verwertung vorzunehmen, die der eingegangenen Werkverbindung keine Konkurrenz macht. So kann z.B. der Autor einer illustrierten Buchreihe neue, andere Zeichner ohne Einwilligung des Zeichners der ersten Bände mit der Illustration von Fortsetzungsbänden beauftragen (vgl. LG München I BeckRS 2009, 04738 (S. 45) – Die Wilden Kerle).

IV. Begründung eines Gesellschaftsverhältnisses gem. §§ 705 ff. BGB

1. Abschluss eines Gesellschaftsvertrags

Auch wenn der Abschluss eines Gesellschaftsvertrages zwischen den Urhebern nicht erforderlich ist (a. A. die h. M., dazu oben Rn. 7), geht eine **Werkverbindung** jedoch sehr **häufig** mit der Begründung eines Gesellschaftsverhältnisses einher. So hat die Rechtsprechung regelmäßig zwischen Komponist und Textdichter verbundener Werke die Begründung einer **Verwertungsgesellschaft bürgerlichen Rechts** gem. §§ 705 ff. BGB angenommen (BGH GRUR 1973, 328 f. – Musikverleger II; BGH GRUR 1982, 41 f. – Musikverleger III; BGH GRUR 1982, 743 f. – Verbundene Werke; OLG Frankfurt GRUR 2004, 144 – Künstlerexklusivvertrag; LG Hamburg ZUM-RD 2010, 331). Erforderlich dafür ist der Abschluss eines auf die Erreichung eines gemeinsamen Zwecks gerichteten Vertrages, durch welchen sich die Beteiligten gegenseitig zur Förderung dieses Zwecks verpflichten (Palandt/*Sprau* § 705 BGB Rn. 1; vgl. zum Gesellschaftsvertrag allg. auch BGH GRUR 1998, 673 – Popmusikproduzenten). Der Vertragsschluss kann dabei auch konkludent erfolgen oder durch einen Dritten, etwa den gemeinsamen Verleger als Vertreter vermittelt werden (vgl. OLG Frankfurt GRUR 2004, 144 – Künstlerexklusivvertrag), wobei dann allerdings § 181 BGB zu beachten ist.

22

2. Einbringung von Rechten in das Gesellschaftsvermögen

Das Vorhandensein von Gesellschaftsvermögen ist nicht Entstehungsvoraussetzung für eine BGB-Gesellschaft, in der Regel werden die Urheber aber einfache oder ausschließliche Nutzungsrechte an ihren Einzelwerken in das **gesamthänderisch gebundene Gesellschaftsvermögen** (§ 718 BGB) einbringen (Schricker/Loewenheim/*Loewenheim* § 9 Rn. 9; Dreier/Schulze/*Schulze* § 9 Rn. 17; *Ulmer* 197; *Schack* Rn. 293). Die Einbringung kann auch stillschweigend erfolgen (BGH GRUR 1973, 328, 329 – Musikverleger II; BGH GRUR 1964, 326, 330 – Subverleger; OLG Frankfurt GRUR 2004, 144 – Künstlerexklusivvertrag), wobei sie selbstverständlich nicht aus dem bloßen Bestehen einer Werkverbindung gefolgert werden kann (*Ulmer* 197). Die Zweckübertragungslehre nach § 31 Abs. 5 ist anwendbar, so dass im Zweifel die Rechte nur insoweit eingebracht werden, als es zur gemeinsamen Verwertung erforderlich ist (dazu auch § 31 Rn. 39 ff.; Schricker/Loewenheim/*Loewenheim* § 9 Rn. 9; Dreier/Schulze/*Schulze* § 9 Rn. 18; Dreyer/Kotthoff/Meckel/*Dreyer* § 9 Rn. 18).

23

3. Rechtsfolgen des Gesellschaftsverhältnisses

Maßgebend sind, sofern nicht die – abdingbare (s. oben Rn. 15) – Sonderregelung des § 9 vorgeht, die §§ 705 ff. BGB (BGH GRUR 1982, 743 f. – Verbundene Werke).

24

a) Grundsatz der Gesamtgeschäftsführung. Soweit die Urheber keine abweichende Vereinbarung getroffen haben, gilt nach §§ 709 Abs. 1, 714 BGB der **Grundsatz der Gesamtgeschäftsführung und -vertretung**. Das bedeutet, dass alle Urheber nur gemeinsam über die Verwertung der verbundenen Werke, z.B. durch den Abschluss oder die Kündigung eines Verwertungsvertrages entscheiden und die Gesellschaft vertreten können (BGH GRUR 1973, 328 f. – Musikverleger II; BGH GRUR 1982, 743 f. – Verbundene Werke; BGH GRUR 1982, 41, 43 – Musikverleger III; OLG Frankfurt GRUR 2004,

25

144 – Künstlerexklusivvertrag; Fromm/Nordemann/*Nordemann* § 9 Rn. 16; Schricker/ Loewenheim/*Loewenheim* § 9 Rn. 11; Dreier/Schulze/*Schulze* § 9 Rn. 17, 20; Dreyer/ Kotthoff/Meckel/*Dreyer* § 9 Rn. 9, 20). Von diesem Grundsatz der Gesamtgeschäftsführung können die Urheber abweichen, indem sie z.B. ein **Mehrheitsstimmrecht** nach § 709 Abs. 2 BGB vereinbaren, wobei solche Abweichungen jedoch eine entsprechende gesellschaftsvertragliche Vereinbarung voraussetzen, die ihrerseits einstimmig zu treffen ist (BGH GRUR 1982, 743 f. – Verbundene Werke). Konkludent werden solche abweichenden Stimmrechtsabreden allenfalls in sehr engen Grenzen getroffen werden können; die bloße Vereinbarung einer **höheren Beteiligung** eines Urhebers an den Verwertungserlösen beinhaltet jedenfalls keinerlei konkludente Einräumung einer alleinigen Geschäftsführungsbefugnis (BGH GRUR 1973, 328 f. – Musikverleger II; BGH GRUR 1982, 41, 43 – Musikverleger III; BGH GRUR 1982, 743 f. – Verbundene Werke). In gleicher Weise lässt sich bei einer Verbindung von Text und Musik aus der bloßen Tatsache, dass der **Komponist zugleich Interpret** ist, keine alleinige Geschäftsführungsbefugnis zu seinen Gunsten herleiten (BGH GRUR 1982, 41, 43 – Musikverleger III; BGH GRUR 1982, 743 f. – Verbundene Werke). Ihre Grenze finden Mehrheitsbeschlüsse im Urheberpersönlichkeitsrecht der einzelnen Urheber.

26 b) **Mitwirkungsanspruch, Notverwaltungsrecht.** Da in einer BGB-Gesellschaft jeder Gesellschafter bei Geschäftsführungsmaßnahmen grundsätzlich nur einen **Mitwirkungsanspruch** gem. § 705 BGB hat, können Geschäftsführungsmaßnahmen vom einzelnen Urheber nicht selbst vorgenommen werden, sondern muss der Anspruch, etwa als Zustimmung zum Abschluss eines Verwertungsvertrags, notfalls eingeklagt werden (vgl. Palandt/*Sprau* Vorb v § 709 Rn. 8). Eine alleinige Geschäftsführungsbefugnis steht dem einzelnen Gesellschafter nur dann zu, wenn er sich auf das sog. **Notverwaltungsrecht** gem. § 744 Abs. 2 BGB analog berufen kann. Voraussetzung hierfür ist, dass es sich um eine notwendige **Erhaltungsmaßnahme** handelt, d.h. um eine Maßnahme, die aus Sicht eines vernünftigen Gesellschafters zur Erhaltung des wirtschaftlichen Werts der verbundenen Werke im gemeinsamen Interesse aller Gesellschafter erforderlich ist (BGH GRUR 1982, 41, 43 – Musikverleger III; BGH GRUR 1982, 743 f. – Verbundene Werke; Dreier/ Schulze/*Schulze* § 9 Rn. 20; zum Notverwaltungsrecht bei Miturheberschaft s. § 8 Rn. 45 f.). Eine Berufung auf das Notverwaltungsrecht zwecks außerordentlicher Kündigung eines Verlagsvertrags scheidet daher aus, wenn trotz eines persönlichen Zerwürfnisses zwischen Verleger und einem der beteiligten Urheber keine Anhaltspunkte dafür ersichtlich sind, dass ein Verlag seine verlegerischen Pflichten nicht mehr ordnungsgemäß erfüllen wird (BGH GRUR 1982, 41, 43 – Musikverleger III). Anspruchsgrundlage, um gegen den Urheber, der seine Einwilligung in die Kündigung verweigert, vorzugehen, ist hier der Einwilligungsanspruch nach § 9, der als *lex specialis* für verbundene Werke dem allgemeinen gesellschaftsrechtlichen Mitwirkungsanspruch vorgeht (BGH GRUR 1982, 743 f. – Verbundene Werke; Schricker/Loewenheim/*Loewenheim* § 8 Rn. 11). Auf der anderen Seite kann aber das Vorliegen eines wichtigen Grundes bei nur einem der Urheber einer Werkverbindung auch dem oder den anderen Urhebern ein außerordentliches Kündigungsrecht geben (vgl. BGH GRUR 1964, 326 – Subverleger; Dreier/Schulze/*Schulze* § 9 Rn. 21). In jedem Fall empfiehlt sich eine ausdrückliche vertragliche Regelung (vgl. z.B. Münch.VertragsHdb. Bd. 3 WirtschR II/*J. B. Nordemann* Form. XI. 18).

27 c) **Treuepflicht, Pflicht zur Förderung des Vertragszwecks.** Bei der **gesellschaftsrechtlichen Treuepflicht** handelt es sich um eine aus dem Gesellschaftsvertrag abgeleitete allgemeine Verhaltenspflicht, den gemeinsamen Zweck und die persönlichen Interessen jedes einzelnen Gesellschafters so gut wie möglich miteinander in Einklang zu bringen (*Seibt/Wiechmann* GRUR 1995, 562, 564; vgl. Palandt/*Sprau* § 705 BGB Rn. 27). Die Frage, ob die Treuepflicht im Einzelfall die **Einwilligung zur anderweitigen Verwertung** der Werkverbindung **oder zur Änderung der verbundenen Werke** gebietet, ist an Hand einer umfassenden **Abwägung der widerstreitenden Interessen im Einzelfall** zu beantworten (BGH GRUR 1982, 743, 744 – Verbundene Werke; Schricker/Loewenheim/*Loewenheim* § 9 Rn. 15; *Seibt/Wiechmann* GRUR 1995, 562, 564). Die **gesonderte Verwertung eines Einzelwerkes außerhalb der Werkverbindung** wiederum ist den jeweiligen Urhebern bei fehlender vertraglicher Regelung zwar grundsätzlich vorbehalten, die **gesellschaftsrechtliche Treuepflicht** beschränkt jedoch die Ausübung dieses Rechts (LG Hamburg ZUM-RD 2010, 331; Dreier/Schulze/*Schulze* § 9 Rn. 24 f.; *Ulmer* 197; *Schlaak* 104, 161; *Seibt/Wiechmann* GRUR 1995, 562, 565). So konnte sich der Textdichter eines zur gemeinsamen Verwertung bei der GEMA angemeldeten Musikwerkes gegen die nochmalige Anmeldung der Melodie mit einem geänderten Text durch den Komponisten zur Wehr setzen, weil dies die Verwertbarkeit des gemeinsamen Musikwerkes deutlich beeinträchtigt und die Einnahmen des Textdichters erheblich verringert hätte (OLG Hamburg ZUM 1994, 738, 739 – The DEA-Song; *Seibt/Wiechmann* GRUR 1995, 562 ff.; Schricker/Loewenheim/*Loewenheim* § 9 Rn. 15). In gleicher Weise folgt aus der Treuepflicht, dass der Berechtigung eines Verlegers zu einer getrennten Werkverwertung keineswegs zwingend eine entsprechende Berechtigung eines beteiligten Urhebers zum einseitigen Rückruf seines Werkes aus der Werkverbindung gegenüberstehen muss, da einem solchen Rückruf nicht nur die Interessen des Verlegers, sondern auch diejenigen der anderen beteiligten Urheber entgegenstehen können (BGH GRUR 1973, 328 f. – Musikverleger II). Im Gegenteil ist, wenn ein Gesellschaftsverhältnis zwischen Komponist und Textautor mit gemeinsamer Geschäftsführungsbefugnis besteht, der Rückruf der Musikrechte gegenüber einem Verleger allein durch den Komponisten ausgeschlossen (BGH GRUR 1973, 328 f. – Musikverleger II).

4. Dauer, Auflösung und Kündigung der Gesellschaft

Die **Dauer** eines Gesellschaftsverhältnisses, das die Urheber anlässlich der Verbindung ihrer Werke begründen, können sie vertraglich **frei bestimmen.** Primär maßgeblich sind somit die zwischen den Urhebern **ausdrücklich** getroffenen Regelungen. Fehlt es an einer ausdrücklichen Regelung, richtet sich die Dauer der Gesellschaft nach dem mit ihr verfolgten **Zweck.**

Insb. dann, wenn die Werke – etwa Musik und Text eines Liedes oder einer Oper, oder Bild und Text eines Comics – **eigens für einander geschaffen** worden sind, ist im Zweifel davon auszugehen, dass die Verbindung und entsprechend die Gesellschaft **für die gesamte Schutzdauer** bestehen soll (vgl. BGH GRUR 1973, 328, 330 – Musikverleger II; *Ulmer* 198; Fromm/Nordemann/*Nordemann* § 9 Rn. 29; Möhring/Nicolini/*Ahlberg* § 9 Rn. 26; Schricker/Loewenheim/*Loewenheim* § 9 Rn. 12; Dreier/Schulze/*Schulze* § 9 Rn. 23; a.A. v. *Gamm* § 9 Rn. 12; *Schack* Rn. 293: im Zweifel Abschluss nur auf unbestimmte Dauer und damit jederzeitige Kündbarkeit; einschränkend *Schlaak* 167). In diesem Fall wird die zwischen den Urhebern begründete Verwertungsgesellschaft somit entgegen § 727 Abs. 1 BGB auch durch den **Tod eines beteiligten Urhebers** regelmäßig **nicht aufgelöst**, vielmehr wird sie **mit dessen Erben fortgesetzt** (BGH GRUR 1973, 328, 329 f. – Musikverleger II; Schricker/Loewenheim/*Loewenheim* § 9 Rn. 12; Dreier/Schulze/*Schulze* § 9 Rn. 23; *Schack* Rn. 293). Die Einsetzung eines Testamentsvollstreckers oder eines einzelnen Miterben für den Todesfall erscheint dabei ratsam (vgl. Münch.VertragsHdb. Bd. 3 WirtschR II/*J. B. Nordemann* Form. XI.18).

Zu beachten ist, dass im Zeitpunkt des Erlöschens des Urheberrechts an einem der verbundenen Werke nur die Wirkungen von § 9 erlöschen. Die Auslegung des zwischen den Urhebern verbundener Werke bestehenden Vertrages kann aber ergeben, dass den Inhaber der Rechte am länger geschützten Werk auch **nach dem Ablauf der Schutzfrist** des verbundenen Werkes eine **Pflicht zur Beteiligung der Rechtsnachfolger des anderen Urhebers an den Erlösen** aus der (nunmehr insoweit nur noch faktischen) Werkverbindung trifft (LG München I ZUM 2007, 674, 677 – Erlösbeteiligung nach Ablauf der Schutzfrist). Bei „Musikkompositionen mit Text", bei denen beide Beiträge eigens füreinander geschaffen wurden, wird es künftig aufgrund von § 65 Abs. 3 jedoch nicht mehr zu einem solchen Auseinanderfallen kommen.

29 Möglich ist aber auch, dass Werkverbindungen nur zu **vorübergehenden Zwecken** eingegangen werden (vgl. OLG Düsseldorf GRUR 1997, 49, 51 – Beuys-Fotografien); in diesem Fall bestehen sie auch nur für die zeitlich begrenzte **Dauer dieses Zwecks,** wie bspw. bei einer Theaterinszenierung die Verbindung von Bühnenbild und Theaterstück für eine bestimmte Spielzeit (Schricker/Loewenheim/*Loewenheim* § 9 Rn. 12) oder die Verbindung von Text und Bild für eine Werbekampagne oder die Verbindung von Fotos und Texten in einem Ausstellungskatalog (vgl. OLG Düsseldorf GRUR 1997, 49, 51 – Beuys-Fotografien; Dreier/Schulze/*Schulze* § 9 Rn. 19), wobei in derartigen Fällen oftmals aber ohnehin lediglich eine gesonderte Einräumung von Nutzungsrechten an den Verlag bzw. Verwerter und keine Werkverbindung i. S. v. § 9 vorliegen wird (vgl. insoweit auch oben Rn. 5, 12).

30 Auch eine **Kündigung** der Gesellschaft gem. § 723 Abs. 1 S. 2 BGB **aus wichtigem Grund** ist möglich, hat aber **ultima ratio** zu bleiben (*Ulmer* 198; Schricker/Loewenheim/*Loewenheim* § 9 Rn. 13; Dreier/Schulze/*Schulze* § 9 Rn. 24; Fromm/Nordemann/*Nordemann* § 9 Rn. 34, 36; *Haberstumpf* Rn. 117; *Schack* Rn. 293). Ob die Tatsache, dass sich eines der verbundenen Werke in einer anderen Werkverbindung wesentlich lukrativer verwerten lässt, bei der notwendigen **Interessenabwägung** einen wichtigen Grund darstellt, hängt dabei davon ab, ob durch die Verwertung der neuen Verbindung die Interessen der anderen Urheber an der Auswertung ihrer Werke in der bestehenden Werkverbindung deutlich beeinträchtigt werden, was regelmäßig der Fall sein wird (Schricker/Loewenheim/*Loewenheim* § 9 Rn. 13; Dreier/Schulze/*Schulze* § 9 Rn. 24; a. A. Fromm/Nordemann/*Nordemann* § 9 Rn. 36). Möchte ein Urheber frei bleiben, in der Zukunft andere, lukrativere Angebote für anderweitige Werkverbindungen eingehen zu können, so muss er sich entweder bei Abschluss des Gesellschaftsvertrages ein entsprechendes ordentliches Kündigungsrecht einräumen lassen (Schricker/Loewenheim/*Loewenheim* § 9 Rn. 13) bzw. einfache Nutzungsrechte in die Gesellschaft einbringen.

Nach hier vertretener Ansicht erlischt mit einer Kündigung des Gesellschaftsvertrages nicht zugleich auch das Einwilligungsrecht nach § 9; dieses bleibt vielmehr, soweit es nicht für den Fall einer Kündigung mit abbedungen worden ist, grundsätzlich erhalten (ähnlich Möhring/Nicolini/*Ahlberg* § 9 Rn. 27). Regelmäßig führt daher eine außerordentliche Kündigung des Gesellschaftsvertrages nur dazu, dass jeder Urheber frei wird, sein Werk auch in anderweitigen Werkverbindungen zu verwerten, dass er aber zu einer parallelen Nutzung des Werkes in der ursprünglichen Werkverbindung nach § 9 seine Einwilligung nach wie vor erteilen muss, sofern ihm die Einwilligung nach Treu und Glauben zuzumuten ist (ähnlich Dreier/Schulze/*Schulze* § 9 Rn. 24).

V. Einzelfragen

1. Keine analoge Anwendung von § 626 Abs. 2 BGB bei Verwertungsverträgen

31 Die zweiwöchige Kündigungsfrist des **§ 626 Abs. 2 BGB** ist auf die außerordentliche Kündigung von Verwertungsverträgen über verbundene Werke **nicht anwendbar.** Vielmehr ist den einzelnen Urhebern eine angemessene Frist zur Beschaffung der erforderlichen Zustimmungen der übrigen Urheber einzuräumen (BGH GRUR 1982, 41, 43 – Musikverleger III). Der Kündigungsgrund muss aber zum Zeitpunkt der späteren Kündigung noch fortbestehen (BGH GRUR 1982, 41, 43 – Musikverleger III).

2. Beteiligung ausländischer Urheber an der Werkverbindung

Sofern ein deutscher und ein ausländischer Urheber ihre Werke miteinander verbinden, **32** führt dies nicht dazu, dass auch das Werk des ausländischen Urhebers den Schutz des deutschen Urheberrechtsgesetzes genießt, da eine Regelung wie in § 120 Abs. 1 S. 2, die den Schutz des deutschen Urheberrechts auf ausländische Miturheber gem. § 8 erstreckt, für Werkverbindungen gem. § 9 nicht existiert (dazu § 8 Rn. 54; § 120 Rn. 5). Werke ausländischer Urheber genießen daher auch dann, wenn sie mit Werken deutscher Urheber in einer Werkverbindung gem. § 9 stehen, nur nach den allgemeinen Regeln gem. §§ 120 Abs. 2, 121 urheberrechtlichen Schutz in Deutschland.

Zu beachten ist insoweit, dass Werkverbindungen allerdings ohnehin nur dann entstehen, wenn urheberrechtlich geschützte Werke miteinander verbunden werden. Soweit das Werk eines ausländischen Urhebers daher in Deutschland – ausnahmsweise – aufgrund fremdenrechtlicher Diskriminierung nicht geschützt sein sollte, würde in diesem Fall jedoch schon allein aus diesem Grund keine Werkverbindung gem. § 9 zustande kommen (Möhring/Nicolini/*Ahlberg* § 9 Rn. 7; zu kollisionsrechtlichen Fragen, insb. zu dem kollisionsrechtlichen Schicksal einer die Werkverbindung überlagernden BGB-Gesellschaft s. *Spindler* FS Schricker 2005, 539, 556).

3. Schutzdauer, RL 2011/77/EU „Musikkompositionen mit Text"

Da die **Einzelwerke** trotz der rechtlichen Verklammerung durch die Werkverbindung **33** nach § 9 und gegebenenfalls die zusätzliche Begründung eines Gesellschaftsverhältnisses weiterhin **selbstständige** Werke bleiben, laufen auch die **Schutzfristen** der verbundenen Werke grundsätzlich **getrennt für jedes Werk** und berechnen sich allein nach dem Tode des Schöpfers des betreffenden Einzelwerks (s. § 64). Dies führt regelmäßig dazu, dass die einzelnen Werke einer Werkverbindung **zu unterschiedlichen Zeitpunkten gemeinfrei** werden. Anders als bei der Miturheberschaft steht den Erben des früher verstorbenen Urhebers nach Ablauf der Schutzfrist daher grundsätzlich auch kein Anspruch mehr auf weitere Beteiligung an den Erlösen aus der Verwertung der Werkverbindung zu, sofern ein solcher Anspruch nicht ausdrücklich vertraglich vereinbart worden ist bzw. sich aus der Vertragsauslegung ergibt (LG München I ZUM 2007, 674, 677 – Erlösbeteiligung nach Ablauf der Schutzfrist; Dreier/Schulze/*Schulze* § 9 Rn. 26; vgl. auch *Schricker* GRUR Int. 2001, 1015, 1017).

Eine **Sonderregelung** gilt aufgrund von Art. 1 (1) der am 31.10.2011 in Kraft getretenen **34** RL 2011/77/EU nunmehr für **Musikkompositionen mit Text,** bei denen Text und Musik eigens für die betreffende Musikkomposition geschaffen worden sind. Diese Musikkompositionen mit Text sind nunmehr europaweit einheitlich **70 Jahre nach dem Tode des Längstlebenden von Komponist** und **Textdichter** geschützt und werden damit hinsichtlich der Schutzdauer miturheberschaftlich geschaffenen Werken gleichgestellt (vgl. § 65 Abs. 1). In Deutschland führt dies, wie in zahlreichen anderen europäischen Ländern, zu einer Schutzfristverlängerung (vgl. *Flechsig* ZUM 2012, 227; Walter/*Walter* Schutzdauer-RL, Art. 10 Anhang, Art. 1 Rn. 27; *Schricker* GRUR Int. 2001, 1015 f.). Die Schutzfristverlängerung gilt **retroaktiv** für sämtliche Musikkompositionen mit Text, bei denen Musik oder/und Text zum 1.11.2013 in einem Land der EU noch geschützt sind (Art. 3 (6) RL 2011/77/EU). Damit kann es zu einem **Wiederaufleben des Schutzes** für nach bisheriger Rechtslage in Deutschland bereits gemeinfrei gewordener Texte oder Musik kommen, wobei Nutzungshandlungen, die vor dem 1.11.2013 begonnen wurden, von der Schutzdauerverlängerung unberührt bleiben und wohlerworbene Rechte Dritter zu schützen sind (vgl. Art. 10 (6) Unterabs. 2 RL 2011/77/EU; *Flechsig* ZUM 2012, 227).

Insgesamt handelt es sich nach hier vertretener Ansicht in der Sache um eine reine Schutzfristenregelung, die mit dem **9. UrhGÄndG** in § 65 durch Einfügung eines neuen Abs. 3, vergleichbar demjenigen für Filmwerke in Abs. 2, umgesetzt werden konnte, ohne dass eine Änderung der §§ 8 und 9 bzw. des gesamten Konzepts der Miturheberschaft und Werkverbindung erforderlich ist (a. A. *Flechsig* ZUM 2012, 227, 234). Weder dem Wortlaut der Richtlinie, noch den knappen Erwägungsgründen 18–20 lässt sich irgendein Anhaltspunkt für eine umfassende materiellrechtliche Harmonisierung entnehmen (der englische Text in Art. 1 (1) spricht insoweit ganz klar davon: „whether or not those persons are designated as co-authors"). Das 9. UrhGÄndG bewirkte demgemäß lediglich eine Anpassung der Schutzfrist, jedoch keine etwa darüber hinausgehende Änderung des materiellen Rechts (vgl. auch § 65 Rn. 5 f.).

In grundsätzlicher Hinsicht stellt sich die Frage, wann eine solche „Musikkomposition mit Text" im Sinne der RL 2011/77/EU vorliegt. Der Wortlaut von Art. 1 (1) verlangt insoweit, dass Text und Musik „eigens für die betreffende Musikkomposition mit Text geschaffen wurden". Es empfiehlt sich, dies bei der Verbindung zu **dokumentieren,** damit die Beweisführung für die Erben nach dem Schutzfristablauf eines der Werke erleichtert wird. Erforderlich dürfte insoweit der Nachweis sein, dass sowohl Text als auch Musik jeweils für eine **konkrete** Musikkomposition geschaffen wurden. Ob darüber hinaus die bloße Vereinbarung von Texter und Komponist zu einer dauerhaften **allgemeinen** Zusammenarbeit zur Schaffung mehrerer Musikstücke ausreicht, damit sämtliche im Rahmen dieser Zusammenarbeit geschaffenen Musikstücke in den Genuss der verlängerten Schutzdauer gelangen, unabhängig davon, ob der Textdichter selbstständig schon einmal Textvorlagen für künftige Kompositionen erstellt, die der Komponist anschließend vertont, bzw. umgekehrt der Komponist Musik schöpft, für die anschließend ein Text gesucht wird, wird zu klären sein. Insbesondere bei **selbst komponierenden und textenden Bands** werden sich hier Abgrenzungsfragen stellen. Auch wenn man sich insoweit durchaus an der Rechtsprechung derjenigen Länder orientieren kann, die für Musikkompositionen mit Text bereits verlängerte Schutzfristen, die einer Miturheberschaft entsprechen, vorsehen (s. die Ländernachweise in KOM(2008)464 S. 2 Fn. 1), ist die Frage, wann eine Musikkomposition mit Text im Sinne der RL 2011/77/EU vorliegt, europäisch autonom zu beantworten.

35 Da die Schutzdauer für Musikkompositionen mit Text, bei denen Musik und Text eigens füreinander geschaffen wurden, außerhalb der EU weiterhin uneinheitlich ist, weil Art. 7bis RBÜ und Art. IV WUA die Schutzdauer zwar einheitlich für den Fall regeln, dass nach nationalem Recht Miturheberschaft anzunehmen ist, jedoch nicht zugleich auch die Voraussetzungen für die Entstehung von Miturheberschaft festlegen, ist bei einer geplanten **Verwertung von Werkverbindungen außerhalb der EU** weiterhin zu beachten, dass in einer Reihe von Ländern Verbindungen insb. von Musik und Text wie Opern und Lieder, etc. anders als in Deutschland nicht als Werkverbindungen, sondern als miturheberschaftlich geschaffene einheitliche Werke eingestuft werden, mit der Folge, dass sowohl Musik als auch Text eine einheitliche Schutzfrist nach dem Tode des zuletzt versterbenden Urhebers genießen (s. zur Schutzdauer bei Miturheberschaft § 8 Rn. 51).

4. Prozessuales

36 Die Klage auf Einwilligung ist nur gegen denjenigen an der Werkverbindung beteiligten Urheber zu richten, der seine Einwilligung verweigert. Verweigern mehrere ihre Einwilligung, so können sie als **einfache Streitgenossen** (§ 61 ZPO) auf Einwilligung verklagt werden, wobei die Entscheidung gegenüber den einzelnen Streitgenossen unterschiedlich ausfallen kann, da sie von der individuellen Zumutbarkeit der Einwilligung nach Treu und Glauben abhängt (Möhring/Nicolini/*Ahlberg* § 9 Rn. 28; zur Beweislastverteilung s. oben Rn. 20). Die **Vollstreckung** erfolgt gem. **§ 894 ZPO,** d.h. mit Rechtskraft des Urteils gilt die Einwilligungserklärung gegenüber der Klagepartei als erteilt (dazu auch oben § 8 Rn. 33). Treten auf der Klägerseite mehrere Urheber auf, so dürfte es sich um eine notwendige Streitgenossenschaft gem. § 62 ZPO handeln, da die Frage, ob der beklagte Ur-

heber seine Einwilligung in die konkrete Verwertung zu erteilen hat oder sie verweigern darf, letztlich nur einheitlich festgestellt werden kann.

Für den Fall, dass mehrere Werke einer Werkverbindung verletzt werden, besteht von Gesetzes wegen grundsätzlich keine dem § 8 Abs. 2 S. 3 entsprechende Alleinbefugnis des Urhebers eines Einzelwerks, auch die Rechte des oder der Urheber der anderen Einzelwerke bzw. das gemeinsame Interesse im Wege einer Prozessstandschaft geltend zu machen (Möhring/Nicolini/*Ahlberg* § 9 Rn. 28); eine solche kann vielmehr nur nach den Grundsätzen der gewillkürten Prozessstandschaft eingeräumt werden. In praktischer Hinsicht ist eine solche Alleinbefugnis im Normalfall auch nicht erforderlich, da jeder Urheber ein selbstständiges Urheberrecht an seinem Werk behält und somit gegen Verletzungen seines Werkes auch selbst vorgehen kann (a. A. Dreier/Schulze/*Dreier* § 9 Rn. 22), wobei beim Schadensersatz dann allerdings natürlich zu berücksichtigen ist, dass dieser bei der Klage eines einzelnen Urhebers einer Werkverbindung nicht der Gesamtschaden für die Nutzung der Werkverbindung sein kann, sondern nur einen rechnerischen Anteil davon ausmacht (vgl. KG GRUR 1970, 616 f. – Eintänzer).

Soweit allerdings die Verletzung darin besteht, dass ein Dritter nur mit einem der verbundenen Werke eine gleichartige neue Werkverbindung eingeht und diese verwertet, dürften nach hier vertretener Ansicht nur die Ausschließlichkeitsrechte des Urhebers des verwendeten Einzelwerks verletzt werden, nicht hingegen diejenigen des Urhebers, dessen Werk gerade nicht verwendet worden ist, so dass diesem allein aufgrund seines Urheberrechts am Einzelwerk kein eigener Anspruch gegen den Dritten zusteht. Die Aktivlegitimation des Urhebers, dessen Werk nicht verwendet worden ist, gegenüber dem fremden Dritten kann sich grundsätzlich auch nicht daraus ergeben, dass der Urheber des benutzten Werkes, hätte er seine Zustimmung zur neuen Werkverbindung erteilt, eine Treuepflicht gegenüber dem Partner der alten Werkverbindung verletzt hätte (a. A. OLG Hamburg ZUM-RD 2013, 428, 439 – Urheberrechtsverletzung an Kompositionen und Texten, ebenso Vorinstanz LG Hamburg ZUM-RD 2010, 331, 341). Denn hierbei handelt es sich um relative und nicht um ausschließliche Rechte, die allenfalls zum Schadensersatz gegenüber dem Vertragspartner bzw. Autor des verbundenen Werks berechtigen, nicht aber eigene Ansprüche gegenüber Dritten begründen. Nur dann, wenn die Urheber der verbundenen Werke ihre ausschließlichen Nutzungsrechte in eine BGB-Gesellschaft eingebracht haben (was nach einem Teil der h. M. stets der Fall sein soll, vgl. oben Rn. 7), dürften die allgemeinen Regeln der §§ 705 ff. BGB anwendbar sein und sich eine Aktivlegitimation des nicht primär verletzten Urhebers aus seiner Stellung als Mitinhaber der gesamthänderisch gebundenen ausschließlichen Nutzungsrechten an dem oder den anderen Werken der Werkverbindung ergeben.

Zur Geltendmachung von **Urheberpersönlichkeitsverletzungen** bezüglich der Verletzung seines Werkes bleibt jeder Urheber für sich befugt.

5. Früheres Recht und Übergangsregelung

Nach § 5 LUG konnte bei einer Werkverbindung jeder Urheber gesondert und unabhängig vom anderen über sein Werk verfügen und damit die gemeinsame Verwertung der Werke blockieren; insb. konnte auch jeder Urheber einen Verwertungsvertrag für sich allein kündigen. Diese Verfügungsfreiheit bestand erst dann nicht mehr, wenn sich die verschiedenen Urheber zur gemeinsamen Verwertung zu einer Gesellschaft bürgerlichen Rechts zusammenschlossen. Als Gesamthand konnten die Gesellschafter über den Gesellschaftsgegenstand als Gesamthandsvermögen dann nur noch gemeinsam verfügen. Die Rechtsprechung hat allerdings gerade im Hinblick auf Urhebergemeinschaften immer darauf hingewiesen, dass unter Beachtung von § 242 BGB eine Verpflichtung bestehen kann, auf die Interessen der anderen Beteiligten Rücksicht zu nehmen (BGH GRUR 1964, 326, 330 – Subverleger). Auf Verträge zur Begründung einer Werkverbindung, die vor dem

UrhG § 10 § 10 Vermutung der Urheber- oder Rechtsinhaberschaft

Inkrafttreten des UrhG am 1.1.1966 abgeschlossen worden sind, ist § 9 nicht anwendbar; für diese gilt vielmehr noch die Regelung in § 5 LUG (BGH GRUR 1973, 328f. – Musikverleger II; näher § 132 Rn. 2f.; a.A. Fromm/Nordemann/*Nordemann* § 9 Rn. 3, die dies für ein Redaktionsversehen des Gesetzgebers halten, da der vom Gesetzgeber mit § 9 beabsichtigte billige Interessenausgleich bei älteren Werkverbindungen noch mehr erforderlich sei als bei jüngeren).

§ 10 Vermutung der Urheber- oder Rechtsinhaberschaft

(1) **Wer auf den Vervielfältigungsstücken eines erschienenen Werkes oder auf dem Original eines Werkes der bildenden Künste in der üblichen Weise als Urheber bezeichnet ist, wird bis zum Beweis des Gegenteils als Urheber des Werkes angesehen; dies gilt auch für eine Bezeichnung, die als Deckname oder Künstlername oder Künstlerzeichen des Urhebers bekannt ist.**

(2) **Ist der Urheber nicht nach Absatz 1 bezeichnet, so wird vermutet, dass derjenige ermächtigt ist, die Rechte des Urhebers geltend zu machen, der auf den Vervielfältigungsstücken des Werkes als Herausgeber bezeichnet ist. Ist kein Herausgeber angegeben, so wird vermutet, dass der Verleger ermächtigt ist.**

(3) **Für die Inhaber ausschließlicher Nutzungsrechte gilt die Vermutung des Absatzes 1 entsprechend, soweit es sich um Verfahren des einstweiligen Rechtsschutzes handelt oder Unterlassungsansprüche geltend gemacht werden. Die Vermutung gilt nicht im Verhältnis zum Urheber oder zum ursprünglichen Inhaber des verwandten Schutzrechts.**

Art. 5 RL 2004/48/EG – Urheber- oder Inhabervermutung

Zum Zwecke der Anwendung der in dieser Richtlinie vorgesehenen Maßnahmen, Verfahren und Rechtsbehelfe gilt Folgendes:

(a) Damit der Urheber eines Werkes der Literatur und Kunst mangels Gegenbeweises als solcher gilt und infolgedessen Verletzungsverfahren anstrengen kann, genügt es, dass sein Name in der üblichen Weise auf dem Werkstück angegeben ist.

(b) Die Bestimmung des Buchstabens a) gilt entsprechend für Inhaber von dem Urheberrecht verwandten Schutzrechten in Bezug auf ihre Schutzgegenstände.

Literatur: *Alich/Schmidt-Bischoffshausen,* GRUR-Fachausschuss Urheberrecht – Protokoll der Sitzung am 27.4.2007 in München – Urheber- und Inhabervermutung gem. § 10 UrhG, GRUR 2007, 856; *Andryk,* Nur Schall und/oder Rauch – Zum Recht des Künstlernamens, AfP 2007, 187; *Bock,* Der Rechtsbesitz als Grundlage der Vermutungen des § 10 UrhG, Baden-Baden, 2007; *Bollack,* Die Urhebervermutung im neuen Urheberrechtsgesetz, GRUR 1967, 21; *Dierkes,* Die Verletzung der Leistungsschutzrechte des Tonträgerherstellers, Baden-Baden 2000; *Dietz,* Kinderkomponisten und die GEMA, ZUM 2003, 41; *Fabricius,* Extensive Auslegung des § 12 BGB?, JR 1972, 15; *Eisenkolb,* Die Enforcement-Richtlinie und ihre Wirkung – Ist die Enforcement-Richtlinie mit Ablauf der Umsetzungsfrist unmittelbar wirksam?, GRUR 2007, 337; *Föhr,* Der Copyright-Vermerk, 1990; *Frey/Rudolph,* EU-Richtlinie zur Durchsetzung der Rechte des geistigen Eigentums – Anmerkungen zur Harmonisierung des immaterialgüterrechtlichen Sanktionsrechts aus urheberrechtlicher Perspektive, ZUM 2004, 522; *Grünberger,* Die Urhebervermutung und die Inhabervermutung für die Leistungsschutzberechtigten, GRUR 2006, 894; *Haupt,* Der Copyright-Vermerk – unverzichtbar?, K&R 2000, 239; *Heyn,* Notarielle Prioritätsverhandlung und Schutz von Datenbanken, DNotZ 1998, 177; *Hirsch-Ballin,* Miturheberschaft – Miturheberrecht, UFITA 46 (1966) 52; *Krüger,* Der Schutz des Pseudonyms, unter besonderer Berücksichtigung des Vornamens, UFITA 30 (1960) 269; *Kunz-Hallstein/Loschelder,* Stellungnahme zur Urheber- und Inhabervermutung gem. § 10 UrhG, GRUR 2007, 856; *Kunz-Hallstein/Loschelder,* Stellungnahme zum anstehenden Gesetzgebungsverfahren im Bereich des Urheberrechts, GRUR 2006, 483; *Kunz-Hallstein/Loschelder,* Gemeinsame Stellungnahme der GRUR-Fachausschüsse zum Referentenentwurf für ein „Gesetz zur Verbesserung der Durchsetzung von Rechten des geistigen Eigentums" (Stand: 3.1.2006), GRUR 2006, 393; *Leistner,* Notarielle Prioritätsverhandlungen im Urheber- und Computerrecht, MittBayNot 2003, 3; *W. Nordemann,* Anmerkung zum Urteil des BGH „P-Vermerk", KUR 2003, 53; *Riesenhuber,* Die Vermutungstatbestände des § 10 UrhG, GRUR 2003, 187; *Riesenhuber,*

§ 10 Vermutung der Urheber- oder Rechtsinhaberschaft §10 UrhG

Der Einfluss der RBÜ auf die Auslegung des deutschen Urheberrechtsgesetzes, ZUM 2003, 333; *Rudolph*, Das Pseudonym im literarischen und künstlerischen Urheberrecht, München, 1952; *Schack*, Stellungnahme im Auftrag des Börsenvereins des Deutschen Buchhandels zu § 10 UrhG v. 14.10.2005, abrufbar unter www.boersenverein.de (zit. *Schack* Stellungnahme); *Spindler/Weber*, Die Umsetzung der Enforcement-Richtlinie nach dem Regierungsentwurf für ein Gesetz zur Verbesserung der Durchsetzung von Rechten des geistigen Eigentums, ZUM 2007, 257; *Ulmer*, Das Übereinkommen zum Schutz der Hersteller von Tonträgern gegen die unerlaubte Vervielfältigung ihrer Tonträger, GRUR Int. 1972, 68.

Vgl. darüber hinaus die Angaben im eingangs abgedr. Gesamtliteraturverzeichnis.

Übersicht

	Rn.
I. Grundzüge	1–3
1. Regelungszweck	1, 2
2. Anwendungsbereich	3
II. Die Urheberschaftsvermutung in § 10 Abs. 1	4–35
1. Voraussetzungen	4–22
a) Urheberbezeichnung	4–12
aa) Bürgerlicher Name	4
bb) Deckname (Pseudonym) oder Künstlerzeichen	5–7
cc) Bekanntheit des Decknamens (Pseudonyms)	8–12
b) Bezeichnung in der üblichen Weise	13–16
aa) Großzügiger Maßstab	14
bb) Übliche Stelle	14, 15
cc) Üblicher Inhalt	16
c) Anbringung auf den Vervielfältigungsstücken eines erschienenen Werkes oder auf dem Original eines Werkes der bildenden Kunst	17–22
aa) Zur Vereinbarkeit mit Art. 5 Durchsetzungs-Richtlinie	17, 18
bb) Keine Anwendung auf Namensmitteilungen bei unkörperlichen Werkwiedergaben	19–21
cc) Urheberbezeichnungen auf Originalen von Werken der bildenden Kunst	22
2. Rechtsfolgen	23–31
a) Beweislastumkehr durch gesetzliche Vermutung	23, 24
b) Inhalt der Urheberschaftsvermutung	25, 26
c) Umfang und Reichweite der Vermutungswirkung	27–31
aa) In zeitlicher Hinsicht	27
bb) Wirkung nur zugunsten des Urhebers	28
cc) Wirkung im Verhältnis von Miturhebern untereinander und gegenüber Dritten	29–31
3. Nachweis der Urheberschaft und Urheberangaben außerhalb des Anwendungsbereichs von § 10 Abs. 1	32–35
III. Die Vermutungen zugunsten der Wahrnehmungsbefugnis des Herausgebers bzw. Verlegers in § 10 Abs. 2	36–47
1. Voraussetzungen	36–41
a) Fehlende Urheberbezeichnung	36, 37
b) Erschienenes Werk	38
c) Bezeichnung des Herausgebers (Abs. 2 S. 1)	39, 40
d) Verleger bei fehlender Herausgeberbezeichnung (Abs. 2 S. 2)	41
2. Rechtsfolgen	42–47
a) Vermutung der Wahrnehmungsbefugnis	42
b) Umfassende Ermächtigung zur Rechtsverfolgung	43
c) Keine Ermächtigung zu Rechtseinräumungen	44
d) Prozessstandschaft	45
e) Wirkung auch gegen den Urheber?	46, 47
IV. Die erweiterten Vermutungstatbestände nach dem DurchsetzungsG	48–53
1. Entsprechende Anwendung von § 10 Abs. 1 auf sämtliche verwandten Schutzrechte	48, 49
2. Die neue Rechtsinhaberschaftsvermutung in § 10 Abs. 3 UrhG	50–53

	Rn.
V. Sonstige Vermutungsregeln im Urheberrecht	54–61
1. Art. 15 RBÜ	54–56
a) Regelungsinhalt	54, 55
b) Anwendungsbereich	56
2. Der Copyright-Vermerk © gem. Art. III WUA	57–59
3. Der ℗-Vermerk gem. Art. 11 Rom-Abkommen und Art. 5 Genfer Tonträgerabkommen	60
4. Die GEMA-Vermutung	61
VI. Sonstiges	62–64
1. § 10 im Verhältnis zu Verwertungsgesellschaften	62
2. Strafrechtlicher Schutz der Urheberbezeichnung	63
3. Der Künstlername im Rechtsverkehr	64
4. Ablauf der Umsetzungsfrist, Inkrafttreten von § 10 n. F., Übergangsrecht	65

I. Grundzüge

1. Regelungszweck

1   Da das Urheberrecht und somit auch die aus ihm fließenden Ansprüche gemäß dem Schöpferprinzip des § 7 mit der Werkschöpfung als Realakt stets in der Person des tatsächlichen Werkschöpfers entstehen (s. § 7 Rn. 3), muss, wer Ansprüche aus dem UrhG geltend machen möchte – ob eigene oder abgeleitete – als anspruchsbegründende Tatsache stets die Urheberschaft des tatsächlichen Werkschöpfers nachweisen. Die Erbringung dieses Beweises ist umständlich und oftmals unmöglich, wenn die Werkschöpfung schon lange zurückliegt und Zeugen oder Beweismaterial für den Entstehungsprozess des Werkes nicht mehr vorhanden sind. Um dem Anspruchsberechtigten in diesen Fällen über die auftretenden Beweisschwierigkeiten und Beweisnot hinwegzuhelfen, stellt **§ 10 Abs. 1** eine **gesetzliche Urheberschaftsvermutung** zugunsten desjenigen auf, der auf einem erschienenen (str., dazu unten Rn. 17 ff.) Werk oder auf dem Original eines Kunstwerks als dessen Urheber bezeichnet ist (s. dazu unten Rn. 22 f.). Dabei genügt als Urheberbezeichnung auch ein **Pseudonym, Künstlername oder Künstlerzeichen,** wenn der Urheber hierunter **bekannt** ist (§ 10 Abs. 1 S. 2; dazu unten Rn. 5 ff.). Wenn die Vermutung des § 10 Abs. 1 greift, tritt eine volle **Beweislastumkehr** ein mit der Folge, dass der als Urheber Bezeichnete als tatsächlicher Werkschöpfer gilt und es stattdessen demjenigen, der die Urheberschaft bestreiten möchte, obliegt, den vollen Gegenbeweis dafür zu erbringen, dass dies nicht der Fall ist (dazu unten Rn. 23 ff.).

2   Fehlt auf dem Werk eine Urheberbezeichnung oder ist der Deckname oder das Künstlerzeichen unbekannt, handelt es sich somit um einen Fall **anonymer Veröffentlichung,** so begründet **§ 10 Abs. 2** eine Vermutung dahingehend, dass der als **Herausgeber** des Werkes Bezeichnete (S. 1) bzw. hilfsweise der **Verleger** (S. 2) vom Urheber ermächtigt worden ist, die Rechte des Urhebers, d. h. die Ansprüche aus dem UrhG, im Wege der **Prozessstandschaft** im eigenen Namen geltend zu machen. § 10 Abs. 2 schützt insoweit den Wunsch eines Urhebers auf Wahrung seiner Anonymität (§ 13 S. 2), indem er eine Verfolgung von Rechtsverletzungen anonymer Werke ohne Offenbarung der Identität ihres Urhebers ermöglicht und dient insoweit dem persönlichkeitsrechtlichen Schutz der Urheber anonymer Werke (*Ulmer* 187; Schricker/Loewenheim/*Loewenheim* § 10 Rn. 1; Möhring/Nicolini/*Ahlberg* § 10 Rn. 3). Mit der Richtlinie zur Durchsetzung der Rechte des geistigen Eigentums vom 29.4.2004 (RL 2004/48/EG, s. Einl. Rn. 22), welche mit dem Gesetz zur Verbesserung der Durchsetzung von Rechten des geistigen Eigentums vom 7.7.2008 (BGBl. I 2008, S. 1191) mehr als zwei Jahre nach Ablauf der Umsetzungsfrist am 29.4.2006 (Art. 20 Durchsetzungs-Richtline) in deutsches Recht umgesetzt wurde, wurde eine Vermutung zu Gunsten der Urheber (Art. 5 lit. a) und Inhaber verwandter Schutz-

§ 10 Vermutung der Urheber- oder Rechtsinhaberschaft　　　3　§ 10 UrhG

rechte (Art. 5 lit. b) europaweit verbindlich vorgegeben und harmonisiert. Während das deutsche Recht bislang eine entsprechende Anwendung von § 10 Abs. 1 nur für die Rechte an wissenschaftlichen Ausgaben (§ 70) und Lichtbildern (§ 72) vorsah, gilt § 10 Abs. 1 damit inzwischen auch für alle anderen verwandten Schutzrechte (dazu unten Rn. 48 ff.). Umsetzungstechnisch erfolgte diese Erstreckung dadurch, dass die bereits in § 10 Abs. 1 enthaltene Urhebervermutung durch Verweise auf § 10 Abs. 1 bei den §§ 71, 74, 81, 85, 87, 87b, 94 jeweils für entsprechend anwendbar erklärt wurde. Das Fehlen eines solchen Verweises beim neuen Verlegerschutzrecht in den §§ 87f–87h stellt insoweit ein unbeachtliches Redaktionsversehen dar (vgl. § 87f Rn. 22). Insbesondere Tonträgerhersteller werden sich damit künftig, anders als bisher, auf den ℗-Vermerk für die Vermutung ihrer Rechtsinhaberschaft berufen können (dazu unten Rn. 48, 60 f.). Umstritten ist, ob eine korrekte Umsetzung von Art. 5 Durchsetzungs-Richtlinie es erfordert hätte, die Beschränkung der Vermutungswirkung in § 10 Abs. 1 auf erschienene Werke fallen zu lassen (dazu unten Rn. 17), wozu der Gesetzgeber jedoch keinerlei Veranlassung gesehen hat.

Über Art. 5 Durchsetzungs-Richtlinie hinaus sieht **§ 10 Abs. 3** n. F. eine Erstreckung der Vermutung des Abs. 1 auch auf die **Inhaber ausschließlicher Nutzungsrechte** im Rahmen von einstweiligen **Verfügungsverfahren** sowie für **Unterlassungsansprüche** vor (dazu unten Rn. 50 ff.). Hierdurch soll verhindert werden, dass Rechtsverletzer bei eindeutigen Rechtsverletzungen durch einfaches Bestreiten der Aktivlegitimation zu einer umständlichen Beweisführung hinsichtlich ihrer Rechtsinhaberschaft bei u. U. zahlreichen Werken zwingen können (dazu unten Rn. 51).

2. Anwendungsbereich

§ 10 hat umfassende Geltung für den gesamten Bereich des Urheberrechts. Die Vermutungen gelten dabei insb. auch für **Sammelwerke** i. S. v. § 4 (dazu unten Rn. 26) und für **Bearbeitungen** i. S. v. § 3 (dazu unten Rn. 25), im Verhältnis von mehreren **Miturhebern, Mitherausgebern bzw. -verlegern** sowie **Mitinhabern** untereinander (dazu unten Rn. 29, 42, 49). Wegen der in § 70 Abs. 1 sowie § 72 Abs. 1 angeordneten entsprechenden Anwendung der urheberrechtlichen Vorschriften, galten die Vermutungen in Abs. 1 und Abs. 2 für **wissenschaftliche Ausgaben** (§ 70) und für **Lichtbilder** (§ 72) schon immer entsprechend. In gleicher Weise ist nunmehr auch die von § 10 Abs. 3 n. F. vorgesehene Vermutungswirkung zu Gunsten der Inhaber ausschließlicher Nutzungsrechte an wissenschaftlichen Ausgaben und Lichtbildern anwendbar.

Soweit allerdings Art. 5 lit. b den Vermutungstatbestand auf verwandte Schutzrechte erstreckte, erfolgte die Umsetzung, indem in den §§ 71, 74, 81, 85, 87, 87b, 94 jeweils auf die Vermutungsregelung in § 10 Abs. 1 Bezug genommen wurde. Das Fehlen eines entsprechenden Verweises auf § 10 Abs. 1 in den §§ 87f–87h für das neue **Leistungsschutzrecht für Presseverleger** stellt insoweit ein unbeachtliches Redaktionsversehen dar (dazu § 87f Rn. 22).

Damit gilt die Vermutungswirkung des § 10 Abs. 1 inzwischen auch für die Leistungsschutzrechte der Herausgeber **nachgelassener Werke** (§ 71), der **ausübenden Künstler** (§ 74), der **Veranstalter** (§ 81), der **Tonträgerhersteller** (§ 85), der **Sendeunternehmen** (§ 85), der **Datenbankhersteller** (§ 87b) sowie der **Filmhersteller** (§ 94). Wegen der fehlenden Verweisung auf Abs. 2 und insb. Abs. 3 kommen jedoch deren Vermutungswirkungen bei verwandten Schutzrechten nicht zur Anwendung (s. Rn. 48 f.). Während § 10 Abs. 1 früher auf vertraglich erworbene abgeleitete Nutzungsrechte auch nicht analog anwendbar war (dazu näher unten Rn. 48 ff.), sieht § 10 Abs. 3 n. F. inzwischen eine eingeschränkte Vermutungswirkung zu Gunsten der **Inhaber ausschließlicher Nutzungsrechte** vor (dazu ausf. unten Rn. 50 ff.). Diese Rechtsinhaberschaftsvermutung beschränkt sich auf die Geltendmachung von Ansprüchen in Verfahren des einstweiligen Rechtsschutzes sowie allgemein auf die Geltendmachung von Unterlassungsansprüchen. Sie gilt dabei nicht im Verhältnis zum Urheber oder zum ursprünglichen Inhaber des verwandten Schutzrechts (Abs. 3 S. 2) und ist, mit Ausnahme der Inhaber ausschließlicher Nutzungsrechte an wissenschaftlichen Ausgaben (§ 70) und Lichtbildern (§ 72) auf die Inhaber ausschließlicher Nutzungsrechte an verwandten Schutzrechten nicht anwendbar. Allgemein gilt, dass die einzelnen, dem Urheberschutz bzw. dem Schutz des Herausgebers, Verlegers oder Rechtsinhabers dienenden Vermutungstatbestände des § 10 stets **nur zugunsten des Urhebers bzw. Rechtsinhabers** wirken. Die Vermutungswirkung kehrt sich jedoch nicht gegen ihn. Insb. gilt § 10 damit nicht in den Fällen der **Kunstfälschung,** in denen sich ein Künstler gegen die Zuschreibung der Urheberschaft an einem nicht von ihm geschaffenen Werk zu Wehr setzt (dazu näher unten Rn. 28). § 10 gilt ebenfalls nicht im Strafprozess, es sei denn allenfalls zu Gunsten des Täters (vgl. *Bock* S. 50 m. w. N.). Als Regelung der Beweislastverteilung liegt die Bedeutung von § 10 schließlich rein im prozessualen Bereich, während sich außerprozessuale Wirkungen allenfalls als mittelbarer Reflex der antizipierten gerichtlichen Anwendung ergeben (vgl. ebenfalls *Bock* S. 50 m. w. N.). Auf Geschmacksmuster findet § 10 keine Anwendung (vgl. BGH GRUR 2013, 830), auf einen parallelen Urheberrechtsschutz der Erzeugnisse als Werke der angewandten Kunst (vgl. BGH BeckRS 2013, 22507 – Geburtstagszug) jedoch durchaus.

II. Die Urheberschaftsvermutung in § 10 Abs. 1

1. Voraussetzungen

4 a) **Urheberbezeichnung. aa) Bürgerlicher Name.** Urheberbezeichnung i. S. v. § 10 Abs. 1 S. 1 ist der bürgerliche Name des Urhebers, bestehend aus Vor- und Nachnamen. Veröffentlicht der Urheber ein Werk unter seinem bürgerlichen Namen, greift die Vermutung des § 10 Abs. 1 ein, ohne dass es auf seine persönliche Bekanntheit ankommt, da der Identifizierungsfunktion durch die namentliche Bezeichnung selbst bei einem Allerweltsnamen wie bspw. „Hans Müller", „Petra Schmidt" o. ä. Genüge getan ist. Anders ist es jedoch beim Gebrauch des **Vornamens in Alleinstellung,** da Vornamen aufgrund ihrer weiten Verbreitung regelmäßig keinen individualisierenden Hinweis auf eine bestimmte Person enthalten. Vornamen lösen jedoch als Künstlername gem. § 10 Abs. 1 S. 2 die Urheberschaftsvermutung jedenfalls dann aus, wenn ihr Gebrauch beim Publikum mit der Vorstellung einer ganz bestimmten Person verbunden ist (BGH NJW 1983, 1184, 1185 – Uwe; OLG München GRUR 1960, 394 – Romy; LG Düsseldorf NJW 1987, 1413; Möhring/Nicolini/*Ahlberg* § 10 Rn. 16).

5 bb) **Deckname (Pseudonym) oder Künstlerzeichen.** Nach § 10 Abs. 1 S. 2 treten die Wirkungen der Urheberschaftsvermutung des Abs. 1 auch dann ein, wenn der Urheber zur Kennzeichnung seines Werkes nicht seinen bürgerlichen Namen verwendet, sondern einen hiervon abweichenden Decknamen, Künstlernamen oder ein Künstlerzeichen, unter dem er bekannt ist (zur Frage der Bekanntheit s. u. Rn. 8 ff.). Für diese Gleichstellung des frei wählbaren Künstlernamens mit dem bürgerlichen (Zwangs-)Namen besteht ein erhebliches Bedürfnis, da der Schriftsteller- oder Künstlername oftmals der einzige Name ist, unter dem der Urheber in der Öffentlichkeit auftritt und diese ihn somit kennt (AmtlBegr. *M. Schulze* Materialien 429). Sein Pseudonym (Deckname, Künstlername) kann der Urheber grundsätzlich frei wählen, darunter auch **Fantasienamen** (etwa „Aaba Aaba") und wohl ausnahmsweise auch **Berufsbezeichnungen** (etwa „medicus", „Fotograf" oder „Maler"). Wie beim Gebrauch des Vornamens in Alleinstellung (s. o. Rn. 4) wird es insoweit jedoch bei beschreibenden Berufsbezeichnungen aufgrund der grundsätzlich fehlenden Individualisierung erforderlich sein, dass diese Bezeichnung einem ganz bestimmten Künstler zugeordnet werden kann, was selten vorkommen dürfte. Zulässig ist es, dass zwei oder mehr Urheber ein **gemeinsames Pseudonym** als Decknamen wählen. Selbst eine

abstrakte Umschreibung der beteiligten Urheber „Arbeitsgemeinschaft XY" wurde, auch wenn es sich hierbei weder um die Namen der beteiligten Urheber noch um einen typischen Decknamen handelte, aufgrund ihrer individualisierenden Funktion als hinreichende Urheberbezeichnung i. S. v. § 10 Abs. 1 angesehen (vgl. OLG Hamburg NJOZ 2007, 2071 – Kranhäuser Rheinauhafen) und ein Architekt, der in einem Workshop-Bericht ausdrücklich als Mitglied dieser „Arbeitsgemeinschaft R." genannt worden war, als (Mit-)Urheber einer Entwurfsskizze angesehen, die mit „Arbeitsgemeinschaft R." als Urheberbezeichnung versehen worden war (OLG Hamburg NJOZ 2007, 2071, 2074 – Kranhäuser Rheinauhafen).

Keine echten Decknamen i. S. v. § 10 Abs. 1 S. 2 sind nach h. M. allerdings die sog. **Verlagspseudonyme bzw. Sammelpseudonyme,** bei denen es sich um vom Verlag festgelegte fiktive „Autorennamen" handelt, unter denen vor allem Serienromane erscheinen. Mit ihnen soll den Lesern lediglich ein Hinweis auf die Gattung, den Inhalt oder sonstige Eigenarten des unter dem jeweiligen „Pseudonym" erscheinenden Romans gegeben werden (bspw. „Jerry Cotton" für Kriminalromane, „Irene von Velden" für Frauenromane). Verlagspseudonyme gehören daher als eine Art „Warenetikett" im Grunde zunächst eher zum Titel des Werkes (OLG Hamm GRUR 1967, 260, 261 – Irene von Velden; Schricker/Loewenheim/*Loewenheim* § 10 Rn. 5; Möhring/Nicolini/*Ahlberg* § 10 Rn. 16; *Ulmer* 188; a. A. Fromm/Nordemann/*Nordemann* § 10 Rn. 35). Willigt der Autor ein, dass sein Werk unter einem derartigen Verlagspseudonym erscheint, so lässt er sein Werk namensrechtlich gesehen anonym, d. h. ohne Verfasserangabe, erscheinen, mit der Folge, dass zunächst allein § 10 Abs. 2 Anwendung findet (OLG Hamm GRUR 1967, 260, 261 – Irene von Velden; *Haberstumpf* Rn. 122; a. A. Fromm/Nordemann/*Nordemann* § 10 Rn. 35; zur urheberpersönlichkeitsrechtlichen Frage bei Verlagspseudonymen s. § 13 Rn. 13). Bei Beendigung des Verlagsvertrags stehen dem Urheber keine Rechte an dem „Pseudonym" zu, diese verbleiben beim Verlag (OLG Hamm GRUR 1967, 260, 261 – Irene von Velden). Allerdings sollte der jeweilige Autor dennoch dadurch, dass er den Verlagsvertrag für einen bestimmten Einzelroman vorlegt und auf diese Weise eine individualisierende Zuordnung ermöglicht, sich hinsichtlich dieses speziellen Werkes auf die Vermutung des § 10 Abs. 1 berufen können.

Ein **Künstlerzeichen** wiederum ist die auf Werken der bildenden Kunst als Urheberbezeichnung angebrachte **Signatur** des Künstlers („pinxit", „fecit"). Sie besteht häufig aus den Initialen des Urhebers und findet sich bei Gemälden oder Zeichnungen regelmäßig in einer Ecke oder auf der Rückseite des Bildes. Verwendet der Künstler als Signatur allerdings seinen **handschriftlichen Namenszug,** handelt es sich in rechtlicher Hinsicht nicht um ein Künstlerzeichen i. S. v. S. 2, sondern um seinen bürgerlichen Namen, auf den S. 1 anzuwenden ist mit der Folge, dass das Bekanntheitserfordernis des S. 2 keine Anwendung findet (dazu unten Rn. 8). Die Buchstaben- oder Zahlenkombination in einer Bildecke bei **Werbeanzeigen** stellt hingegen keine Urheberbezeichnung i. S. v. § 10 Abs. 1 dar, da sie nicht der Identifizierung des tatsächlichen Werkschöpfers dient, sondern es sich lediglich um eine durchlaufende Kontrollnummer der Veröffentlichungen einer Werbeagentur handelt (LG München I *Schulze* LGZ 41, 6; a. A. Fromm/Nordemann/*Nordemann* § 10 Rn. 16). Der **Architektenvermerk** auf einem Architektenplan wiederum ist eine übliche Urheberbezeichnung i. S. v. § 10 Abs. 1 und begründet als solcher auch dann, wenn nicht ausdrücklich auf die Entwurfstätigkeit hingewiesen wird, die Urhebervermutung zugunsten des Architekten an der in diesem Entwurf verkörperten Gestaltung (BGH GRUR 2003, 231, 233 – Staatsbibliothek; OLG Hamm GRUR-RR 2012, 192, 193 – Musiktheater im Revier), es sei denn, es erfolgt inhaltlich eine Einschränkung auf Bauleitung und/oder Statik (zum Vermerk „Entwurf-Bauleitung-Statik" OLG Hamm GRUR 1967, 608, 609 – Baupläne; zu dem Vermerk „Arbeitsgemeinschaft R." auf dem Workshopbericht eines Architekten-Workshops s. OLG Hamburg NJOZ 2007, 2071 – Kranhäuser Rheinauhafen; s. auch oben Rn. 5). Zu beachten ist, dass es für die Vermutungswirkung des § 10 Abs. 1

weder auf spätere Baubestandspläne noch auf die Wahrnehmung der Öffentlichkeit ankommt, wer Urheber eines Bauwerks ist, sondern dass allein Architektenvermerke auf denjenigen Ursprungsplänen und -entwürfen die Vermutungswirkung auslösen können, die für den Bau verwendet worden sind (OLG Hamm GRUR-RR 2012, 192, 193 – Musiktheater im Revier; dort auch zur Frage des Erscheinens von Bauplänen bzw. den in ihnen dargestellten Werken der Baukunst).

8 cc) **Bekanntheit des Decknamens (Pseudonyms).** Vom bürgerlichen Namen abweichende Urheberbezeichnungen lösen die Urheberschaftsvermutung des § 10 Abs. 1 nur dann aus, wenn diese Bezeichnungen „als Deckname, Künstlername oder Künstlerzeichen des Urhebers **bekannt**" sind (§ 10 Abs. 1 S. 2). Sofern ein Urheber **mehrere Pseudonyme,** Künstlernamen oder Künstlerzeichen nebeneinander benutzt, ist dabei die Frage der Bekanntheit für jedes einzelne Pseudonym **gesondert zu prüfen** (Schricker/Loewenheim/ *Loewenheim* § 10 Rn. 5). Einigkeit besteht dabei zunächst insoweit, dass die Öffentlichkeit weder wissen muss, dass es sich bei der Bezeichnung überhaupt um ein Pseudonym handelt, noch, wer sich hinter dem Decknamen verbirgt oder wie der Urheber mit seinem bürgerlichen Namen heißt (AmtlBegr. *M. Schulze* Materialien 429; Schricker/Loewenheim/ *Loewenheim* § 10 Rn. 6; Möhring/Nicolini/*Ahlberg* § 10 Rn. 17; Fromm/Nordemann/ *Nordemann* § 10 Rn. 38; *Ulmer* 188). Welche konkreten **Anforderungen an die Bekanntheit des Pseudonyms** darüber hinaus aber zu stellen sind, ist **umstritten.**

9 So ist nach einer Ansicht erforderlich, dass in den mit der jeweiligen Kunstform vertrauten Verkehrskreisen mit dem Decknamen die Vorstellung von einer bestimmten Persönlichkeit verbunden wird (Schricker/Loewenheim/*Loewenheim* § 10 Rn. 6; *Ulmer* 188). Die **Bekanntheit** des Pseudonyms **in der Öffentlichkeit,** und sei diese beschränkt auf wie auch immer abzugrenzende „mit der jeweiligen Kunstform vertraute Verkehrskreise", kann jedoch **nicht** das **maßgebende** Kriterium sein. Denn käme es auf sie an, müsste der Urheber, der sich für ein unter Pseudonym erschienenes Werk auf § 10 Abs. 1 beruft, den Einwand mangelnder Bekanntheit des Pseudonyms durch den Verletzer regelmäßig mit Hilfe eines demoskopischen Gutachtens über die Frage der Bekanntheit in bestimmten Verkehrskreisen ausräumen (Fromm/Nordemann/*Nordemann* § 10 Rn. 39). Dies widerspräche dem Regelungszweck des § 10 Abs. 1, der dem Urheber die Beweisführung seiner Urheberschaft gerade erleichtern soll. Darüber hinaus sind viele Pseudonyme zu Beginn ihrer Benutzung unbekannt und werden erst im Laufe der Zeit vom Urheber aufgedeckt. In diesen Fällen wäre es praktisch kaum möglich, einen Zeitpunkt zu bestimmen, ab dem die Urhebervermutung des § 10 Abs. 1 aufgrund der „Bekanntheit" des Pseudonyms eingreift, mit der Folge, dass sich der Urheber erst ab diesem Zeitpunkt auf die Vermutung des § 10 Abs. 1 berufen kann. Und schließlich fehlt es auch an jeglichem schutzwürdigen Interesse des Verletzers daran, dass die Anwendbarkeit von Abs. 1 auf Fälle hinreichender Verkehrsbekanntheit des Künstlernamens beschränkt wird, da eine **fehlende Bekanntheit** lediglich zur Folge hätte, dass die **Herausgeber- bzw. Verlegervermutung des Abs. 2** eingreift, die genauso schwer zu widerlegen ist wie die Urheberschaftsvermutung des Abs. 1.

10 Nach anderer Ansicht sind **kennzeichenrechtliche Grundsätze** in der Weise **analog** anzuwenden, dass es bei originärer Unterscheidungskraft des Künstlernamens auf seinen Bekanntheitsgrad in der Öffentlichkeit nicht mehr ankommt und nur bei fehlender Unterscheidungskraft die Bezeichnung von einem beachtlichen Teil des Verkehrs einer bestimmten Person zugeordnet werden muss (Möhring/Nicolini/*Ahlberg* § 10 Rn. 19). Zwar ist fraglich, wie die Unterscheidungskraft bei Künstlernamen zu bestimmen ist, d.h. ob lediglich Künstlernamen wie „Maler" oder „Fotograf" jegliche Unterscheidungskraft hinsichtlich der betreffenden Kunstgattung fehlt. Zuzustimmen ist dieser Ansicht jedoch jedenfalls insoweit, als es grundsätzlich auf den Bekanntheitsgrad des Künstlernamens in der Öffentlichkeit nicht ankommen kann.

§ 10 Vermutung der Urheber- oder Rechtsinhaberschaft   11, 12   **§ 10 UrhG**

So ist nach der **hier vertretenen Ansicht** für die Beurteilung auf die **Funktion des** 11
Kriteriums der Bekanntheit abzustellen: Es entscheidet darüber, ob die Urheberschaftsvermutung des Abs. 1 oder die Herausgeber- bzw. Verlegervermutung des Abs. 2 greift. Da letztere allein dem Schutz des anonym veröffentlichenden Urhebers dient, muss es für die Anwendbarkeit von Abs. 1 grundsätzlich genügen, dass der Urheber aus seiner Anonymität hervortritt und seine **Identität offenbart** (so auch Fromm/Nordemann/*Nordemann* § 10 Rn. 39 unter Berufung auf den Wortlaut von Art. 15 Abs. 1 RBÜ; Dreier/Schulze/*Schulze* § 10 Rn. 9; *Fabricius* JR 1972, 15, 16; *Rehbinder* 293; vgl. auch OLG Hamburg ZUM-RD 2013, 428). Es gilt somit im Wesentlichen der gleiche Maßstab wie bei § 66, so dass es ausreicht, wenn der Träger eines nicht bekannten Decknamens oder Künstlernamens im Streitfall durch Vorlage des Verlagsvertrages nachweist, dass er das Werk unter dieser Urheberbezeichnung dem Verlag oder Herausgeber zur Publikation gegeben hat oder aber dass er bereits früher Werke unter dem gleichen Künstlerzeichen geschaffen hat, es sich mithin um **seine persönliche Urheberbezeichnung** handelt. Wenn dem Urheber dieser Nachweis gelingt, hat er sein Pseudonym „bekannt" gemacht und es steht ihm die Vermutung des § 10 Abs. 1 in vollem Umfang offen (Fromm/Nordemann/*Nordemann* § 10 Rn. 39; Dreier/Schulze/*Schulze* § 10 Rn. 9). Soweit dagegen eingewendet wird, dass derjenige, der sich (zunächst) hinter einem unbekannten Pseudonym verbergen möchte, damit grundsätzlich und für immer auf den Schutz von § 10 Abs. 1 verzichtet, selbst wenn er später aus seiner Anonymität heraustritt (so *Riesenhuber* GRUR 2003, 187, 190), vermag dies nicht zu überzeugen. Zum einen wollte der Gesetzgeber, indem er die Herausgeber- bzw. Verlegervermutung nach § 10 Abs. 2 widerleglich ausgestaltet hat, es dem **Urheber eines anonymen oder unbekannt pseudonymen Werkes** explizit gerade **ermöglichen, dem Herausgeber oder Verleger** die **Befugnis** zur Wahrnehmung seiner Rechte **nach § 10 Abs. 2 zu entziehen,** um seine Rechte **selbst auszuüben** (AmtlBegr. *M. Schulze* Materialien 429). Da § 10 Abs. 2 ausschließlich den Anonymitätswunsch des Urhebers schützen sollte, sollte er es auch in der Hand haben, zur Durchsetzung seiner Rechte gegenüber Dritten aus seiner Anonymität durch Offenbarung seiner Identität herauszutreten. Dass er dieses Heraustreten aus der Anonymität mit dem gänzlichen Verlust jeglicher Vermutungswirkung nach § 10 bezahlt – insb. fällt die Vermutung des § 10 Abs. 2 mit „Bekanntwerden" des bis dahin unbekannten Pseudonyms automatisch weg –, war ganz offensichtlich nicht beabsichtigt. Vielmehr ging der Gesetzgeber anscheinend ohne weiteres davon aus, dass der Urheber durch bloße Offenbarung seiner Identität die Vermutung des § 10 Abs. 2 zugunsten der Vermutung des § 10 Abs. 1 zu Fall bringen kann.

Gegen diese Systematik von § 10 Abs. 1 und Abs. 2 spricht auch nicht etwa eine unter- 12
schiedliche Publizitätswirkung der Regelsachverhalte von § 10 Abs. 1 und Abs. 2 (so aber *Riesenhuber* GRUR 2003, 187 ff.). Insb. ist die Annahme lebensfern, der wahre Urheber eines anonymen bzw. unbekannt pseudonymen Werkes werde nur gegen Verletzungen seines Werkes vorgehen, wenn ein Dritter sich das Werk als eigenes aneignet, nicht hingegen gegen „einfache" Verletzungen in Form rechtswidriger Kopien ohne Behauptung der Urheberschaft eines Dritten (so aber *Riesenhuber* GRUR 2003, 187 ff.). Auch anonyme Publikationen, insb. solche unter unbekannten Pseudonymen erfolgen regelmäßig mit kommerziellem Interesse von Urheber und Verleger, so dass in beiden Fällen der Herausgeber bzw. Verleger, gestützt auf seine Prozessstandschaft, gegen die rechtswidrige Publikation vorgehen wird, wobei er, gestützt auf die prioritätsältere Herausgeber- bzw. Verlegervermutung nach § 10 Abs. 2, zugleich auch problemlos gegen falsche Zuschreibungen vorgehen kann. Insoweit dürfte für die **„Bekanntheit"** eines Pseudonym im Ergebnis allein die **Identifizierbarkeit des Pseudonym-Urhebers durch das Gericht** maßgeblich sein, die bspw. durch Vorlage des Verlagsvertrages erfolgen kann (so auch *Bock* 79 f.). Schließlich wäre § 10 Abs. 2 in den Fällen, in denen der Allgemeinheit oder bestimmten Verkehrskreisen ohnehin der hinter einem Pseudonym stehende Urheber bekannt ist, vollständig überflüssig (vgl. *Rudolph* 83; auch *Bock* 79 f.).

Thum

13 b) Bezeichnung in der üblichen Weise. aa) Großzügiger Maßstab. § 10 schreibt Einzelheiten über die Stelle des Werkes, an der die Verfasserangabe zu erfolgen hat, nicht vor, sondern verlangt in Übereinstimmung mit Art. 5 lit. a Durchsetzungs-Richtlinie lediglich, dass die Urheberbezeichnung „in der üblichen Weise" auf dem Werk(stück) angebracht ist. In richtlinienkonformer Auslegung wird dabei zunächst davon auszugehen sein, dass es genügt, wenn die Anbringung in einem beliebigen Land der EU und des EWR „üblich" ist (vgl. *Grünberger* GRUR 2006, 894 f.). Die Üblichkeit bezieht sich dabei nicht nur auf den Anbringungsort, sondern auch auf die inhaltliche Gestaltung, wobei im Interesse des mit § 10 bezweckten Urheberschutzes bei der Beurteilung, ob eine Anbringung „üblich" ist, ein **großzügiger Maßstab** anzulegen ist (BGH GRUR 2009, 1046 (Tz. 28) – Kranhäuser; Fromm/Nordemann/*Nordemann* § 10 Rn. 1; Schricker/Loewenheim/ *Loewenheim* § 10 Rn. 8; Möhring/Nicolini/*Ahlberg* § 10 Rn. 8; a. A. *Riesenhuber* GRUR 2003, 187, 189). Denn § 10 Abs. 1 soll typischerweise den (wahren) Urheber bzw. seinen Rechtsnachfolger von dem schwierigen Beweis der Urheberschaft entbinden, wenn der Verletzer diese im Verletzungsprozess bestreitet (vgl. oben Rn. 1). Regelsachverhalt des § 10 Abs. 1 ist jedoch keineswegs, dass der als Urheber Bezeichnete nicht der wahre Urheber ist und zwischen beiden ein Prätendentenstreit entsteht (davon ausgehend anscheinend *Riesenhuber* GRUR 2003, 187). Der Schutz des wahren Urhebers wird in diesem Ausnahmefall durch das Erfordernis des **Erscheinens** bewirkt, welches ihn zur Geltendmachung seiner Rechte herausfordert (vgl. unten Rn. 17) (bzw. im Falle eines Werkes der bildenden Kunst durch das Erfordernis der Anbringung der Urheberbezeichnung auf dem **Original** dieses Werkes, das regelmäßig im Besitz des wahren Urhebers ist bzw. bezüglich dessen er zumindest als erster die Möglichkeit hat, seine Signatur anzubringen). Ist dieses Erfordernis jedoch erfüllt, ist vom Regelsachverhalt auszugehen, wonach der als Urheber Bezeichnete der wahre Urheber ist und bei der Beurteilung der Urheberangabe entsprechend großzügig zu verfahren.

14 bb) Übliche Stelle. Bei Anlegung des geltenden großzügigen Maßstabs ist als übliche Stelle somit jeder nicht ganz versteckte oder außergewöhnliche Ort anzusehen, aus dem der Urheber ohne Schwierigkeiten und eindeutig erkennbar ist (BGH GRUR 2009, 1046 (Tz. 28) – Kranhäuser; OLG München GRUR 1988, 819, 820 – Der Goggolore). Hierunter fällt bei **Büchern** vor allem die Titelseite, das Vorblatt oder der Buchrücken (OLG München GRUR 1988, 819 – Der Goggolore), aber etwa auch der Vermerk „Text: Name" im **Impressum** eines Kinder- oder Malbuchs (OLG Nürnberg ZUM-RD 1999, 126, 129), daneben vor allem für Übersetzer und Illustratoren die Titelrückseite oder das Vor- oder Nachwort; **Foto- und Bildnachweise** erfolgen meist auf der zweiten Titelseite, sodann aber auch unmittelbar unter oder neben der jeweiligen Abbildung oder schließlich in einer gesonderten Aufstellung am Ende des Buches, bei Bildpostkarten auch auf der Rückseite (vgl. KG GRUR-RR 2002, 125 f. – Gruß aus Potsdam („Foto: O.")). Bei **Aufsätzen und Monografien** wird der Autor regelmäßig in der Titelunterzeile, in einer einleitenden Fußnote oder am Ende der Abhandlung genannt; bei **Liedern** und Kompositionen werden die Urheberbezeichnungen üblicherweise zwischen der Überschrift und dem Notenbild eingefügt (BGH GRUR 1986, 887, 888 – Bora Bora). Bei **CDs, Schallplatten, Musik- und Videokassetten** etc. ist übliche Stelle das Label oder aber auch die Umhüllung des Tonträgers sowie ein zugehöriges Booklet (OLG Hamburg ZUM-RD 2013, 428); bei einer CD mit Bilddateien genügt auch eine **zusätzliche Textdatei**, aus der sich ergibt, dass sämtliche Bilder von einem bestimmten Fotografen angefertigt worden sind (LG Kiel ZUM 2005, 81, 83); bei **Gemälden und Zeichnungen** ist die Angabe in einer Ecke des Bildes üblich, bei **Bauzeichnungen** erfolgt die Urheberangabe in Form des Architektenvermerks auf der Zeichnung (s. zum Architektenvermerk näher oben Rn. 7). Bei **Filmen** ist die Nennung im **Vor- oder Nachspann** üblich (LG München I ZUM 2002, 71, 72 – Der Zauberberg (betr. die Urheberschaft des Szenenbildners); OLG Hamburg GRUR-RR 2003, 33, 34 – Maschinenmensch (betr. die Urheberschaft an einer Filmplastik); bei **Computerprogrammen** erfolgt die Nennung üblicher Weise im Quellcode der Software (vgl. LG Frankfurt BeckRS 2007, 16294), es reicht aber auch die Angabe der Initialen des Namens in der Kopfleiste der Bildschirmmaske jedenfalls dann aus, wenn der Betreffende darüber hinaus auch in der Fußzeile des Bedienungshandbuchs mit der Angabe „Copyright Initialen [voller Name]" als Urheber ausgewiesen ist (BGH GRUR 1994, 39, 40 – Buchhaltungsprogramm). Auch andere Stellen können aber üblich sein oder werden, wobei vor allem bei neuen Medien für die Bejahung der „Üblichkeit" eine weitverbreitete Übung nicht verlangt werden kann.

Ob und inwieweit allerdings die Nennung in **gesondertem Begleitmaterial,** soweit es nicht wie bei Tonträgerhüllen (vgl. OLG Düsseldorf GRUR 1978, 640, 641 – fahr'n auf der Autobahn) und Booklets entweder Verpackungsmaterial oder in sonstiger Weise unmittelbar mit einem Vervielfältigungsstück verbunden ist (zur Textdatei bei CDs mit Bildern oben Rn. 14), stets als übliche Stelle i. S. v. § 10 Abs. 1 anzusehen ist, ist fraglich. Zwar wurde die Nennung als verantwortlich für „Worte, Bilder und Regie" im Programmheft eines Zirkus als „übliche Stelle" angesehen (OLG Köln AfP 1991, 430 f. – Roncalli), jedoch ist die unmittelbare Anwendbarkeit von § 10 Abs. 1 insoweit fraglich, da es sich bei dem Programmheft nicht um ein „Vervielfältigungsstück" des Werkes handelt. Zutreffend wurde daher bei der Nennung des Bildhauers von Filmplastiken zu dem Film Metropolis im Programmheft § 10 Abs. 1 nicht unmittelbar angewendet, allerdings begründet eine solche Nennung eine starke tatsächliche Vermutungswirkung für die Urheberschaft (vgl. OLG Hamburg GRUR-RR 2003, 33, 34 – Maschinenmensch; ähnlich Dreier/Schulze/ *Schulze* § 10 Rn. 11, 15; Fromm/Nordemann/*Nordemann* § 10 Rn. 16). Schließlich wurde auch die Nennung eines Architekten in einem Workshop-Bericht als Mitglied einer Arbeitsgemeinschaft als übliche Stelle angesehen, um ihm die schöpferischen Ergebnisse der Arbeitsgemeinschaft als Miturheber zuzuordnen bzw. wurde die Auflistung seines Namens auf dem **Deckblatt** des Workshop-Berichts einer Arbeitsgemeinschaft als übliche Stelle angesehen (vgl. dazu oben Rn. 5, 7; OLG Hamburg NJOZ 2007, 2071, 2074 – Kranhäuser Rheinauhafen).

cc) Üblicher Inhalt. Des Weiteren muss die Angabe selbstverständlich auch **inhaltlich** eine konkrete Urheberbezeichnung sein (Schricker/Loewenheim/*Loewenheim* § 10 Rn. 9; Dreyer/Kotthoff/Meckel/*Dreyer* § 10 Rn. 15). Dass es sich bei einer bestimmten Angabe um eine Urheberbezeichnung handelt, wird sich dabei häufig implizit schon aus ihrem Anbringungsort ergeben, sofern an dieser Stelle üblicherweise Urheberbezeichnungen angebracht werden (zu üblichen Stellen s. o. Rn. 14). Darüber hinaus werden häufig aber auch bestimmte **Zusätze** verwendet, wie z. B. „von", „bearbeitet von", „Bild/Text/Musik von", „Text: Name" (OLG Nürnberg ZUM-RD 1999, 126, 129) oder bei Bauplänen der Vermerk „Entwurf – Bauleitung – Statik" (OLG Hamm GRUR 1967, 608, 609 – Baupläne). Durch zusätzliche Angaben beim Namen oder sonstige Hinweise kann der Charakter als Urheberbezeichnung andererseits aber auch wieder beseitigt werden. So hat das OLG München in einem Fall, in dem einem Text die Angabe [„Name"-Kommunikationsbüro, Adresse] vorangestellt und dem am Ende des Textes nochmals aufgeführten Namen die Bezeichnung „Gründer" hinzugefügt worden war, dies als Hinweis darauf gewertet, dass die namensmäßig bezeichnete Person Inhaber und/oder Gründer des Unternehmens ist, nicht aber als übliche Urheberbezeichnung und damit Hinweis auf die Autorschaft angesehen (OLG München AfP 1995, 503 – Ron Hubbard). Auch die zusätzlich vorhandene **Namensangabe im Copyright-Vermerk** änderte an dieser Beurteilung nichts, da dort regelmäßig nur die Nutzungsberechtigten aufgeführt werden (vgl. OLG München AfP 1995, 503 – Ron Hubbard; vgl. auch OLG München ZUM 1990, 186, 188 – Mausfigur). Diese Entscheidung dürfte jedoch nicht zu verallgemeinern sein. Vielmehr dürfte, da in **Zweifelsfällen** zugunsten des Urhebers und damit zugunsten einer Anwendung von § 10 zu entscheiden ist (h. M.; Schricker/Loewenheim/*Loewenheim* § 10 Rn. 9; Fromm/Nordemann/*Nordemann* § 10 Rn. 1; Möhring/Nicolini/*Ahlberg* § 10 Rn. 8; s. auch oben Rn. 13) und ein großzügiger Maßstab für die Beurteilung der Üblichkeit gilt, die **Namensangabe einer natürlichen Person im Copyright-Vermerk** jedenfalls dann die Vermutung des § 10 Abs. 1 auslösen, wenn sich der Copyright-Vermerk an einer üblichen Stelle befindet und jede andere Angabe fehlt (so auch OLG Köln ZUM 1999, 404, 409 – Overlays, wenn auch irrtümlich auf Abs. 2 abstellend; Fromm/Nordemann/*Nordemann* § 10 Rn. 1, 13; zum Copyright-Vermerk näher unten Rn. 57ff.).

17   **c) Anbringung auf den Vervielfältigungsstücken eines erschienenen Werkes oder auf dem Original eines Werkes der bildenden Kunst. aa) Zur Vereinbarkeit mit Art. 5 Durchsetzungs-Richtlinie.** Die Vermutungsregeln des § 10 Abs. 1 und 2 sowie § 10 Abs. 3 n. F. greifen nach dem Wortlaut ausdrücklich nur dann, wenn die Urheberbezeichnung auf den Exemplaren eines **erschienenen Werkes** (vgl. OLG München ZUM-RD 1998, 165, 166 – Stille Nacht) oder auf dem **Original eines Kunstwerkes** angebracht ist. Ob diese beibehaltene Anknüpfung der Vermutungswirkung an das Erscheinen eines Werkes in Abs. 1 und damit auch bei den Verweisungen auf Abs. 1 bei den verwandten Schutzrechten (dazu Rn. 3, 48) **mit Art. 5 Durchsetzungs-Richtlinie** vereinbar ist, ist **umstritten**. Da Art. 5 Schutzdauer-Richtlinie seinem Wortlaut nach keine entsprechende Einschränkung vorsieht, wird teilweise davon ausgegangen, dass die Urheber- bzw. Inhaberschaftsvermutung immer greife, wenn ein Werkstück mit der entsprechenden Urheberbezeichnung versehen ist, ohne dass es darauf ankomme, dass das Werk veröffentlicht oder erschienen ist (so *Spindler/Weber* ZUM 2007, 257, 258; *Kunz-Hallstein/Loschelder* GRUR 2006, 483f.; ähnl. Dreier/Schulze/*Schulze* § 10 Rn. 6). Hiernach hätte die Voraussetzung des „erschienenen" Werkes bei der Umsetzung von Art. 5 Durchsetzungs-Richtlinie in § 10 Abs. 1 gestrichen werden müssen. Der Gesetzgeber hat an dem Erfordernis des Erscheinenseins jedoch trotz entsprechender Stellungnahmen festgehalten (zust. insoweit insb. *Grünberger* GRUR 2006, 894, 897; wohl auch *Schack* Stellungnahme 1). Letztlich lässt sich der Richtlinie nicht eindeutig entnehmen, ob an dem Erfordernis des Erscheinens festgehalten werden kann oder nicht (vgl. *Grünberger* GRUR 2006, 894, 897 einerseits; *Spindler/Weber* ZUM 2007, 257, 258 andererseits). Damit dürfte diese Frage, falls es in einem bestimmten Fall einmal auf sie ankommen wird, nur durch den EuGH verbindlich geklärt werden können. Ausgangspunkt wird dabei zwar sein, dass Vorbild für Art. 5 Durchsetzungs-Richtlinie die Regelung in Art. 15 Abs. 1 RBÜ war, wobei sich insbesondere die Frage stellt, inwieweit der europäische Gesetzgeber an die Vorgaben von Art. 15 Abs. 1 RBÜ gebunden war (dazu *Grünberger* GRUR 2006, 894f.; vgl. zum früheren parallelen Streit bzgl. des autonomen deutschen Rechts Fromm/Nordemann/*Nordemann* § 10 Rn. 11, die bereits früher von einer Modifikation von § 10 durch Art. 15 RBÜ ausgingen; dagegen ausf. *Riesenhuber* ZUM 2003, 333, 341; zweifelnd jedoch OLG München ZUM 1990, 186, 189; Schricker/Loewenheim/*Loewenheim* § 10 Rn. 7 sowie Möhring/Nicolini/*Ahlberg* § 10 Rn. 6). Die Voraussetzungen von Art. 15 RBÜ sind jedoch gleichfalls unklar und umstritten (dazu unten Rn. 54f.), wobei sich aus Art. 15 Abs. 3 RBÜ schließen lässt, dass im Ergebnis auch Abs. 1 stillschweigend von einem verlegten, d.h. erschienen Werk ausgeht. Inhaltlich ist zu bedenken, dass sich bei einem Verzicht auf jegliches Erscheinen des Werkstücks die Urheber- bzw. Inhaberschaftsbezeichnung sehr leicht gegen den wahren Urheber bzw. Inhaber richten kann, da es der Verletzer in der Hand hätte, ein beliebiges Werkstück mit anderer Urheber- bzw. Rechtsinhaberbezeichnung zu präsentieren, mit der Folge, dass sich dann zwei widerstreitende Vermutungen gegenüberstünden, zwischen denen lediglich das Prioritätsprinzip entscheiden könnte (dazu Rn. 27 sowie *Bollack* GRUR 1967, 21, 22). Dies kann letztlich weder von Art. 5 Durchsetzungs-Richtlinie noch von Art. 15 Abs. 1 RBÜ beabsichtigt gewesen sein. Es spricht daher viel dafür, dass an dem Erfordernis des Erschienenseins festzuhalten ist, zumal ansonsten nicht nachvollziehbar wäre, warum Art. 5 Durchsetzungs-Richtlinie die Vermutungswirkungen ausschließlich an Bezeichnungen auf „Werkstücken" anknüpft und damit Namensmitteilungen bei unkörperlichen Werkwiedergaben ausschließt (anders etwa § 12 Abs. 2 österr. URG, Art. 8 Abs. 1 ital. URG). Unzweifelhaft wird insoweit künftig bei Anwendung von § 10 aber nicht mehr die deutsche Rechtsprechung zu § 6 unbesehen herangezogen werden dürfen (etwa zur Anzahl der erforderlichen Vervielfältigungsstücke oder zum Erscheinen durch Bemusterung von Werkmittlern, s. dazu § 6 Rn. 31 ff.; BGH GRUR 1981, 360, 362 – Erscheinen von Tonträgern; OLG Hamburg GRUR 1979, 114, 115 – Tonträgervervielfältigung), vielmehr ist in jedem Fall auf eine europäisch harmonisierende Auslegung zu achten (vgl. *Grünberger* GRUR 2006, 894, 897). Dies gilt insb. für die Frage, wann im Falle einer „Online-Veröffentlichung" im Internet in rechtlicher Hinsicht ein Erscheinen und wann eine bloße Veröffentlichung vorliegt (vgl. zur Behandlung dieser Frage im deutschen Recht § 6 Rn. 29; vgl. auch Möhring/Nicolini/*Ahlberg* § 10 Rn. 5 f.; *Decker* in: Hoeren/Sieber Teil 7.6 Rn. 26, 30).

Eindeutig dürfte es schließlich bei Anwendung von § 10 sowohl für den Begriff der **18** „Veröffentlichung" als auch für den Begriff des „Erscheinens" nicht auf die Zustimmung des wahren Berechtigten ankommen, da derjenige, der sich auf die Vermutung des § 10 beruft, ansonsten zuerst beweisen müsste, dass das Erscheinen letztlich durch einen vom wahren Urheber hierzu Ermächtigten bewirkt wurde (*Riesenhuber* GRUR 2003, 187, 188; Dreier/Schulze/*Schulze* § 10 Rn. 6).

bb) Keine Anwendung auf Namensmitteilungen bei unkörperlichen Werkwie- 19 dergaben. Unabhängig von der Frage, ob für die Anwendung von § 10 n. F. nach der Durchsetzungs-Richtlinie die bloße Veröffentlichung eines Werkes genügt, oder ob für die Vermutungswirkung nach wie vor das Erschienensein des Werkes zu fordern ist (dazu Rn. 17), ist weiterhin davon auszugehen, dass Namensmitteilungen bei **unkörperlichen Werkwiedergaben,** etwa bei öffentlichen Vorträgen oder Aufführungen, für die Vermutungswirkungen ausreichen. Denn Art. 5 Durchsetzungs-Richtlinie verlangt insoweit in Übereinstimmung mit Art. 15 Abs. 1 RBÜ eine Anbringung der Urheber- bzw. Inhaberschaftsbezeichnung auf einem körperlichen **Werkstück.** Maßgeblich hierfür ist die Erwägung, dass es dem Urheber bzw. Rechtsinhaber bei unkörperlichen Wiedergaben nicht hinreichend möglich ist, die Richtigkeit der Namensangabe zu überwachen (so schon zu § 10a. F. AmtlBegr. *M. Schulze* Materialien 429).

Die **Beschränkung des Anwendungsbereichs** der Vermutungstatbestände auf Urhe- **20** ber- und Inhaberschaftsangaben auf körperlichen Werkstücken dient damit letztlich dem **Schutz des wahren Berechtigten.** Denn die Tatbestände des § 10 führen in praktischer Hinsicht zu einer jeweils nur sehr schwer zu widerlegenden Vermutung, die sich sehr leicht gegen den wahren Berechtigten kehren könnte, wenn ein Plagiator oder sonstiger Verletzer bereits durch Namensnennung bei unkörperlichen Werkwiedergaben in den Genuss der Beweislastumkehr zu seinen Gunsten gelangte (vgl. aber auch § 12 Abs. 2 österr. URG, Art. 8 Abs. 1 ital. URG). Denn in diesem Fall müsste der wahre Berechtigte den vollen Nachweis dafür erbringen, dass der Scheinberechtigte nicht der wahre Urheber oder Inhaber des Leistungsschutzrechts ist, indem er die für den Plagiator streitende gesetzliche Vermutung durch einen äußerst schwierig zu führenden Vollbeweis der eigenen Urheber- oder Inhaberschaft geführt werden kann, dessen Notwendigkeit von den Vermutungsregelungen in § 10 jedoch gerade vermieden werden sollte.

Insoweit ist auch zu bedenken, dass in denjenigen Fällen, in denen bei der öffentlichen **21** Wiedergabe nur der Name des (wahren) Berechtigten angegeben ist, diese Angabe, wenn auch nicht zu einer Beweislastumkehr wie bei § 10, so doch zu einer die Überzeugungsbildung im Prozess zugunsten des wahren Berechtigten beeinflussenden tatsächlichen Vermutung führen kann (so auch *Decker* in: Hoeren/Sieber Teil 7.6 Rn. 26; zu tatsächlichen Vermutungen s. auch unten Rn. 33 ff.).

22 cc) Urheberbezeichnungen auf Originalen von Werken der bildenden Kunst.
Da es bei Werken der bildenden Kunst häufig nicht zu einem Erscheinen kommt, greift bei diesen Werken nach § 10 Abs. 1, 2. Alt. eine **zusätzliche Vermutung,** wenn sich die Urheberangabe auf dem Werkoriginal befindet, das nicht notwendigerweise erschienen oder auch nur veröffentlicht sein muss (Dreyer/Kotthoff/Meckel/*Dreyer* § 10 Rn. 8). Da es sich insoweit lediglich um einen zusätzlichen Vermutungstatbestand handelt, dürfte seine Beibehaltung ohne weiteres mit Art. 5 Durchsetzungs-Richtlinie vereinbar sein. Werkoriginale dürften dabei **nicht nur Unikate,** sondern **auch Auflagenwerke** sein, bei denen der Künstler lediglich die Urform geschaffen hat, nach der sodann eine Druck-Serie, Abgüsse oder Abzüge in limitierter Auflage hergestellt werden (Dreier/Schulze/*Schulze* § 10 Rn. 7; a. A. wohl Möhring/Nicolini/*Ahlberg* § 10 Rn. 7; s. zum Originalbegriff näher § 26 Rn. 6 ff.).

Zu den Werken der bildenden Kunst i. S. d. § 2 Abs. 1 Nr. 4 zählen insb. auch **Werke der Baukunst** und ihre **Entwürfe.** Hier reicht es aus, wenn die Urheberbezeichnung auf einem **Originalentwurf** bzw. einem **Originalplan** angebracht ist, auf dessen Erscheinen kommt es hingegen nicht an (vgl. dazu BGH GRUR 2009, 1046 (Tz. 29) – Kranhäuser; OLG Hamm GRUR-RR 2012, 192 – Musiktheater im Revier, zu archivierten Bauplänen).

Da **Lichtbildwerke** i. S. d. § 2 Abs. 1 Nr. 5 den Werken der bildenden Künste **nicht gleichgestellt** sind (OLG Hamburg AfP 1987, 691, 692 – Mikis Theodorakis), kann sich der Urheber eines Lichtbildwerkes nicht auf die Urhebervermutung nach § 10 Abs. 1, 2. Alt. berufen (Möhring/Nicolini/*Ahlberg* § 10 Rn. 6; Dreier/Schulze/*Schulze* § 10 Rn. 7).

2. Rechtsfolgen

23 a) Beweislastumkehr durch gesetzliche Vermutung. Liegen die Voraussetzungen des § 10 Abs. 1 vor, wird der in der üblichen Weise als „Urheber" Bezeichnete bis zum Beweis des Gegenteils als der tatsächliche Werkschöpfer angesehen. Aus der üblichen Urheberbezeichnung wird somit von Gesetzes wegen der Schluss auf die Tatsache gezogen, dass der als Urheber Bezeichnete das Werk geschaffen hat (s. zur Werkschöpfung als Realakt § 7 Rn. 3). Der Sache nach handelt es sich bei § 10 Abs. 1 um eine zu einer **vollständigen Beweislastumkehr** führende **gesetzliche Tatsachenvermutung i. S. v. § 292 ZPO** (BGH GRUR 2009, 1046 (Tz. 25) – Kranhäuser; OLG Koblenz GRUR 1987, 435 f. – Verfremdete Fotos; Fromm/Nordemann/*Nordemann* § 10 Rn. 1; Schricker/Loewenheim/ *Loewenheim* § 10 Rn. 2; Dreier/Schulze/*Schulze* § 8 Rn. 10; Möhring/Nicolini/*Ahlberg* § 10 Rn. 11; Zöller/*Greger* § 292 ZPO Rn. 3, Vor § 284 ZPO Rn. 33; *Schack* Rn. 275; vgl. auch BGH GRUR 1991, 456, 457 f. – Goggolore; BGH GRUR 1986, 887, 888 – Bora Bora; OLG Hamburg AfP 1987, 691, 692; OLG Koblenz GRUR 1987, 435, 436 – Verfremdete Fotos).

Die Beweislastumkehr führt dazu, dass derjenige, der die zu vermutende Urheberschaft bestreitet, grundsätzlich die volle Darlegungs- und Beweislast für das Fehlen der Urheberschaft trägt (BGH GRUR 2009, 1046 (Tz. 42) – Kranhäuser). Dies führt dazu, dass die mit dem **Beweis der Nichturheberschaft** belastete Partei einen klassischen **Negativbeweis** zu führen hat und sich daher naturgemäß den damit verbundenen Beweisschwierigkeiten gegenübersieht. Teilweise ist in der instanzgerichtlichen Rechtsprechung daher gefordert worden, dass den Prozessgegner, der sich auf die Vermutung des § 10 Abs. 1 berufen kann, eine **sekundäre Darlegungslast** hinsichtlich der für seine Urheberschaft sprechenden Umstände trifft, so dass er zumindest einen geringfügigen eigenschöpferischen Beitrag zu dem gemeinsamen Werk darlegen muss (OLG Hamm GRUR-RR 2012, 192, 193 – Musiktheater im Revier; ausdrücklich offen gelassen insoweit jedoch von BGH GRUR 2009, 1046, 1049 – Kranhäuser (Tz. 42), m. w. N.). Nach hier vertretener Ansicht kann eine solche sekundäre Darlegungslast jedoch nicht per se gefordert werden, da es insbesondere für die Erben eines Urhebers **praktisch unmöglich** ist, entsprechende Darlegungen zu tätigen ohne **Behauptungen ins Blaue hinein** aufzustellen. Da die Werkschöpfung ein sehr persönlicher Vorgang ist, fehlt, sobald der Werkschöpfer gestorben ist, seinen Rechtsnachfolgern im Normalfall jegliche Möglichkeit, zum Realakt der Werkschöpfung nähere Angaben zu machen, da schriftliche Aufzeichnungen zu den eigenschöpferischen Anteilen fehlen und Zeugenbeweise nach Jahrzehnten ebenfalls ausscheiden bzw. höchst problematisch sind. Erben bzw. Rechtsnachfolger sind insoweit hinsichtlich der Werkschöpfung nicht nur in einer typischen Beweisnot, sondern bereits in einer **typischen Darlegungsnot**. Gerade aus diesem Grund wurde die **formale Vermutung des § 10** geschaffen, die insoweit insbesondere in den 70 Jahren nach dem Tode des Werkschöpfers für **Rechtsklarheit und Rechtsfrieden** sorgen soll. Der Werkschöpfer und seine Erben sollen sich darauf verlassen können, dass, wer einmal als Urheber eines erschienenen Werkes bezeichnet worden ist und somit zu Lebzeiten in der Öffentlichkeit die Urheberschaft beansprucht hat, seine Werkschöpfung anschließend nicht mehr nachweisen muss, sondern den Beweis des Gegenteils abwarten kann, ohne dass ihn Darlegungslasten zu seinem eigenschöpferischen Anteil treffen. Im Falle einer durch § 10 Abs. 1 zu vermutenden Alleinurheberschaft sollte dies selbstverständlich sein, d. h. wer nachträglich Miturheberschaft eines Dritten behauptet, trägt hierfür in gleicher Weise die volle Darlegungs- und Beweislast wie derjenige, der jegliche schöpferische Beteiligung des als Alleinurhebers Bezeichneten bestreitet. Aber auch wenn nachträglich zwischen den Erben von als Miturhebern gem. § 10 Abs. 1 Bezeichneten Streit darüber entsteht, ob nicht einer von ihnen Alleinurheber ist, kann nach hier vertretener Ansicht letztlich nichts anderes gelten, da die Erwägungen die gleichen sind (fraglich daher im Ergebnis OLG Hamm GRUR-RR 2012, 192, 193 – Musiktheater im Revier, unter Berufung auf die Entscheidung BGH GRUR 2009, 942 (Tz. 17) – Motezuma (dazu § 71 Rn. 10a), soweit das Eingreifen der gesetzlichen Urhebervermutung nach § 10 Abs. 1 offen gelassen und die Miturheberschaft aufgrund fehlender Darlegungen zu eigenschöpferischen Beiträgen verneint wurde; von BGH GRUR 2009, 1046, 1049 – Kranhäuser (Tz. 42), jedoch offen gelassen).

Angesichts der höchstrichterlich noch ungeklärten Rechtslage ist Werkschöpfern generell anzuraten, sich im Falle von Miturheberschaft nicht auf die Vermutungswirkung des § 10 Abs. 1 zu verlassen, sondern für ihre Erben schriftlich zu jedem wichtigen Werk zu dokumentieren, worin ihr eigenschöpferischer Beitrag bestand, damit die Erben später nicht in eine Darlegungsnot hinsichtlich einer von ihnen ggf. geforderten potenziellen sekundären Darlegungslast geraten (vgl. OLG Hamm GRUR-RR 2012, 192, 193).

Die Vermutung des § 10 Abs. 1 ist **widerleglich** (BGH GRUR 1994, 39, 40 – Buchhaltungsprogramm; BGH GRUR 2003, 231, 233 – Staatsbibliothek; OLG München GRUR 1988, 819, 820 – Goggolore), wobei derjenige, der die Vermutung zu Fall bringen will, den **vollen Gegenbeweis** dafür erbringen muss, dass der als Urheber Bezeichnete nicht der wahre Urheber ist (zur fraglichen sekundären Darlegungslast des als Urheber Bezeichneten s. oben Rn. 23). Die bloße Erschütterung der gesetzlichen Vermutung durch Beweis ihrer möglichen Unrichtigkeit genügt noch nicht (Zöller/*Greger* § 292 ZPO Rn. 2). Bspw. vermag die Tatsache, dass eine Sekretärin Drehbuch und Exposé mit der Hand selbst geschrieben und auch den Wortlaut des von ihr schriftlich Niedergelegten teilweise selbst konzipiert hat, die sich aus einer anderslautenden Urheberbezeichnung gem. § 10 Abs. 1 ergebende Beweislastumkehr nicht zu ihren Gunsten zu Fall zu bringen (OLG Köln GRUR 1988, 762 – Filmdrehbuch; zur Frage der Gehilfenschaft § 7 Rn. 14 f.). Bloße **Zweifel** gehen stets zu Lasten desjenigen, der die Urheberschaft bestreitet (Fromm/Nordemann/ *Nordemann* § 10 Rn. 1). Widerlegt ist die aufgrund der Bezeichnung zu vermutende Urheberschaft daher erst dann, wenn selbst eine geringfügige, urheberrechtlich aber nicht völlig unmaßgebliche schöpferische Beteiligung an der Gestaltung des Werkes ausgeschlossen erscheint; nicht hinreichend für eine Widerlegung ist es hingegen, wenn die Beweisaufnahme lediglich ergibt, dass die Urheberschaft eines als (Mit-)Urheber Bezeichneten nicht positiv nachgewiesen werden kann (BGH GRUR 2009, 1046 (Tz. 44) – Kranhäuser; OLG Hamburg NJOZ 2007, 2071, 2083 – Kranhäuser Rheinauhafen).

25 **b) Inhalt der Urheberschaftsvermutung.** Inhaltlich erstreckt sich die Vermutung grundsätzlich nur auf die Frage, **welche Person die persönliche geistige Leistung erbracht hat,** d.h. darauf, dass der geistig-schöpferische Werkgehalt auf einer **eigenen Schaffenstätigkeit** des als Urheber Bezeichneten beruht und dass es sich um eine Formgestaltung aus seiner eigenen Vorstellungskraft handelt (BGH GRUR 1991, 456, 457 – Goggolore; BGH GRUR 1994, 39, 40 – Buchhaltungsprogramm). Die Vermutung bezieht sich hingegen nicht auf die Frage, ob überhaupt eine persönliche geistige Schöpfung vorliegt, **also nicht auf die Werkqualität,** die vielmehr vom Gericht gesondert gem. § 2 Abs. 2 festzustellen ist (BGH GRUR 1998, 376, 378 – Coverversion; OLG München ZUM-RD 1998, 165, 166 – Stille Nacht; vgl. dazu auch LG Mannheim ZUM 2005, 915, 917 – Gesangsmelodie).

Auch erfasst die Vermutung nicht in jedem Fall die Urheberschaft bezüglich des gesamten Inhalts eines Werkes. Ob und in welchem Umfang der **Werkinhalt** dem Urheber als eigener zuzurechnen ist, hängt vielmehr, da § 10 für alle Werkformen, also insb. auch für Bearbeitungen i.S.v. § 3 und Sammelwerke i.S.v. § 4 gilt (AmtlBegr. *M. Schulze* Materialien 430; BGH GRUR 2009, 1046 (Tz. 32) – Kranhäuser; Schricker/Loewenheim/ *Loewenheim* § 10 Rn. 10; Möhring/Nicolini/*Ahlberg* § 10 Rn. 12; Fromm/Nordemann/ *Nordemann* § 10 Rn. 4), vom jeweiligen Charakter des Werkes ab. Bspw. erstreckt sich die Verfasserangabe, wenn jemand ein Werk als Nacherzählung von ihm gesammelter Sagen ausgibt, ihrem Sinngehalt nach nicht darauf, dass es sich um vom Verfasser selbst erfundene Geschichten handelt, sondern nur auf die schöpferische **Bearbeitung** gemeinfreier Fabeln i.S.v. § 3 (BGH GRUR 1991, 456, 457 – Goggolore; vgl. auch BGH GRUR 1986, 887, 888a. E. – Bora Bora, für die Angabe „traditional" bei einem Musikwerk; vgl. auch BGH GRUR 2009, 1046 (Tz. 32f.) – Kranhäuser).

Im Übrigen erfolgt jedoch dann, wenn von den beteiligten Werkschöpfern bereits zuvor jeweils gesondert geschaffene und selbstständig geschützte Einzelwerke in ein Gesamtwerk eingebracht und zum Zwecke dieses Gesamtwerkes bearbeitet werden, **keine** Abschwächung der Urheberschaftsvermutung bzw. **Einschränkung nur auf einen Teil eines Gesamtwerkes** (OLG Hamburg NJOZ 2007, 2071, 2076 – Kranhäuser Rheinauhafen). Vielmehr erstreckt sich die Vermutungswirkung auch in diesem Sonderfall inhaltlich zugunsten jedes der beteiligten Urheber auf das Gesamtwerk insgesamt und die in ihm enthaltenen Bearbeitungen der vorbestehenden Werke, ohne dass danach differenziert werden kann, welcher Beteiligte im Rahmen der Zusammenarbeit bei der konkreten Ausgestaltung welchen Werkteils mehr oder weniger prägend hervorgetreten ist (OLG Hamburg NJOZ 2007, 2071, 2076, 2079 – Kranhäuser Rheinauhafen; vgl. auch Rn. 5, 7, 29). Auch soweit das Gesamtwerk in Teilen offensichtlich lediglich eine Bearbeitung vorbestehender Einzelwerke darstellt, gilt nach § 10 Abs. 1 jeder als Miturheber des Gesamtwerkes Bezeichnete bis zum Beweis des Gegenteils als schöpferisch an der Bearbeitung der Einzelwerke beteiligt (vgl. BGH GRUR 2009, 1046 (Tz. 44ff.) – Kranhäuser).

26 In ähnlicher Weise besagt die Urheberbezeichnung bei einem **Sammelwerk** i.S.v. § 4 lediglich, dass der angegebene Urheber die Auslese und/oder Anordnung der einzelnen Beiträge vorgenommen hat, nicht aber, dass die einzelnen Beiträge auch inhaltlich von ihm stammen (BGH GRUR 1991, 456, 457 – Goggolore; OLG Frankfurt Schulze OLGZ 107, 1, 10f. – Taschenbuch für Wehrfragen; vgl. auch BGH GRUR 2009, 1046 (Tz. 32) – Kranhäuser). Die Angabe des Herausgebers auf Sammelwerken stellt dabei im Hinblick auf die Urheberschaft am Sammelwerk (§ 4) grundsätzlich eine Urheberbezeichnung i.S.v. § 10 Abs. 1 dar; erst wenn im Einzelfall nachgewiesen wird, dass der als Herausgeber Bezeichnete die Auslese und Anordnung der Beiträge nicht selbst vorgenommen hat, wird nach § 10 Abs. 2 vermutet, dass er als Herausgeber ermächtigt ist, die Rechte des Urhebers geltend zu

machen (AmtlBegr. *M. Schulze* Materialien 430). Eine **eingeschränkte Urheberschaftsvermutung** besteht auch bei Wörterbüchern, Entscheidungssammlungen, Zitatensammlungen und dergleichen (BGH GRUR 1991, 456, 457 – Goggolore; vgl. auch BGH GRUR 1986, 887, 888 – Bora Bora; vgl. BGH GRUR 2009, 1046 (Tz. 33) – Kranhäuser).

Schließlich erstreckt sich die Vermutung nach § 10 Abs. 1 nur auf die Urheberschaft an dem **konkreten Werk,** das in dem Werkstück, das die Bezeichnung trägt, verkörpert ist, nicht aber auch auf Vorstufen, Weiterentwicklungen oder andere Werkformen, so dass etwa durch die Urheberangabe auf einem 1975 erschienenen Buch keine Vermutung für einen schon 1970 gesendeten Film mit demselben Stoff begründet wird (vgl. OLG München ZUM 1990, 186 – Mausfigur; s. darüber hinaus zum Grundsatz der Priorität unten Rn. 27). In gleicher Weise begründet der Urhebervermerk auf einem Architektenplan lediglich die Vermutung der Urheberschaft an den in diesem Entwurf verkörperten Gestaltungen; ob und inwieweit das spätere Bauwerk jedoch (ausschließlich) auf schöpferischen Beiträgen beruht, die bereits in diesem Entwurf verkörpert sind, muss gesondert vorgetragen und festgestellt werden (BGH GRUR 2003, 231, 233 – Staatsbibliothek; OLG Hamm GRUR-RR 2012, 192, 194 – Musiktheater im Revier). Und wenn Texte als Originalzitate präsentiert werden, indem sie bspw. in einem Dokumentarfilm einer bestimmten Person als wörtliche Rede zugeschrieben werden, obliegt den Filmautoren, sofern sie die Urheberschaft an diesen Texten beanspruchen und keinen klarstellenden Urhebervermerk zu ihren Gunsten, z. B. im Abspann, angebracht haben, der Nachweis, dass sie sie auch tatsächlich selbst verfasst haben (OLG Hamburg NJW-RR 2000, 1068 ff. – Romy Schneider), wobei allerdings eine Urheberbezeichnung im Drehbuch mangels Erscheinens die Vermutungswirkung des § 10 Abs. 1 regelmäßig nicht auslösen dürfte, anders hingegen eine Urheberangabe bzgl. der „Dialoge" im Abspann eines Films.

c) Umfang und Reichweite der Vermutungswirkung. aa) In zeitlicher Hinsicht. 27
In zeitlicher Hinsicht gilt der **Grundsatz der Priorität,** so dass, wenn bei mehrfacher Publikation des Werkes auf späteren Auflagen ein anderer als Urheber bezeichnet ist oder die Urheberbezeichnung auf den Vervielfältigungsstücken nicht mit derjenigen auf dem Original übereinstimmt, die **frühere Urheberbezeichnung grundsätzlich Vorrang** hat (OLG München ZUM 2011, 512, 514 – Das Kufsteiner Lied, zur Korrektur fehlerhafter GEMA-Datensätze, ebenso Vorinstanz LG München I ZUM 2009, 871, 874; Fromm/Nordemann/ *Nordemann* § 10 Rn. 2; Schricker/Loewenheim/*Loewenheim* § 10 Rn. 10; Möhring/ Nicolini/*Ahlberg* § 10 Rn. 9; Dreyer/Kotthoff/Meckel/*Dreyer* § 10 Rn. 19; a. A. wohl *Schack* Stellungnahme 2). Unerheblich ist ein früheres anderweitiges Erscheinen daher nur dann, wenn das Erscheinen ohne Urheberbezeichnung erfolgte (BGH GRUR 1986, 887, 888 – Bora Bora, zu Art. 15 RBÜ). Enthält ein und dieselbe Werkfassung gleichzeitig unterschiedliche Urheberbezeichnungen, so dürfte jedenfalls gegenüber Dritten von Miturheberschaft auszugehen sein (a. A. Dreyer/Kotthoff/Meckel/*Dreyer* § 10 Rn. 19, wonach sich die Urheberbezeichnungen wechselseitig aufheben und keinerlei Vermutungswirkung eintritt). Sollte bei Werken der bildenden Kunst die Urheberbezeichnung auf den erschienenen Vervielfältigungsstücken im Ausnahmefall einer (rückseitig angebrachten) Signatur auf dem Werkoriginal widersprechen, so wird sich regelmäßig die Künstlersignatur auf dem Werkoriginal schon allein aufgrund ihrer zeitlichen Priorität als vorrangig durchsetzen (Dreyer/Kotthoff/ Meckel/*Dreyer* § 10 Rn. 19).

Von den Werken der bildenden Kunst abgesehen, kommt der Urheberbezeichnung auf dem Werkoriginal keine Vermutungswirkung nach § 10 Abs. 1 zu, sofern man nicht eine Urheberbezeichnung auf jedwedem Werkexemplar, ob erschienen oder nicht, als ausreichend ansieht (dazu oben Rn. 17); allerdings hat die Urheberbezeichnung auf dem Werkoriginal eine starke Indizwirkung, die zur Widerlegung der Vermutung nach § 10 Abs. 1 beitragen kann (Dreyer/Kotthoff/Meckel/*Dreyer* § 10 Rn. 19; etwa auf dem Originalmanuskript; vgl. auch Rn. 33 ff.).

28 bb) Wirkung nur zugunsten des Urhebers. Die Vermutung des § 10 dient dem Schutz des Urhebers. Sie findet daher stets nur zugunsten des als Urheber Bezeichneten Anwendung, sie richtet sich jedoch nicht gegen ihn (Schricker/Loewenheim/*Loewenheim* § 10 Rn. 4; Fromm/Nordemann/*Nordemann* § 10 Rn. 38; Möhring/Nicolini/*Ahlberg* § 10 Rn. 15). Wird somit eine Person durch Angabe ihres Namens auf einem Werk als dessen Urheber bezeichnet, obwohl sie es in Wahrheit nicht ist, wie vor allem im Falle der **Kunstfälschung**, so muss sie keinesfalls den schwierigen Negativbeweis führen, dass sie das ihr zugeschriebene Werk nicht geschaffen hat, sondern kann sich auf bloßes Bestreiten ihrer Urheberschaft beschränken (Schricker/Loewenheim/*Loewenheim* § 10 Rn. 4; Fromm/ Nordemann/*Nordemann* § 10 Rn. 21; Möhring/Nicolini/*Ahlberg* § 10 Rn. 15; zur Kunstfälschung näher § 13 Rn. 14 ff.). Dies gebietet das allgemeine Persönlichkeitsrecht des Betroffenen (BGH GRUR 1995, 668 f. – Emil Nolde; BGH GRUR 1986, 887, 888 – Bora Bora) und gilt jedenfalls solange wie nicht feststeht, dass die Urheberangabe auf ihre eigene Veranlassung angebracht worden ist.

In gleicher Weise können sich auch **Werknutzer** bei unrichtigen oder unvollständigen Urheberangaben gegenüber dem wahren Urheber insb. bei der Frage des Verschuldens nicht auf § 10 berufen, sondern müssen die Rechtesituation ggf. durch Nachforschungen oder Einholung von Rechtsrat klären (BGH GRUR 1998, 376, 379 – Coverversion). Soweit die Vermutung des § 10 Abs. 1 reicht, kann sich aber nicht nur der Urheber selbst, sondern grundsätzlich auch jeder **Rechtsnachfolger** auf sie berufen, wobei dies mit Einführung eines eigenen Vermutungstatbestands zu Gunsten des Inhabers ausschließlicher Nutzungsrechte im neuen § 10 Abs. 3 (dazu unten Rn. 50 ff.) in zahlreichen Fällen nicht mehr erforderlich sein dürfte.

29 cc) Wirkung im Verhältnis von Miturhebern untereinander und gegenüber Dritten. Ohne Zweifel kommt die Vermutung des § 10 Abs. 1 auch **im Verhältnis von Miturhebern zueinander** zur Anwendung. Dies ist in praktischer Hinsicht sogar ein relativ häufiger Anwendungsfall. So kann sich nach § 10 Abs. 1 dann, wenn auf einem Werk mehrere in der üblichen Weise als (Mit-)Urheber bezeichnet sind, jeder von ihnen gegenüber den anderen bis zum Beweis des Gegenteils auf seine Miturheberschaft berufen, mit der Folge, dass derjenige von ihnen, der nachträglich behauptet, Alleinurheber des Werkes zu sein, für seine Alleinurheberschaft den vollen Beweis erbringen muss (vgl. BGH GRUR 2009, 1046 (Tz. 25, 44) – Kranhäuser; BGH GRUR 1994, 39 – Buchhaltungsprogramm; OLG Hamburg NJOZ 2007, 2071 – Kranhäuser Rheinauhafen; OLG München ZUM 1990, 186, 188 – Mausfigur; OLG Nürnberg GRUR-RR 2001, 225, 116 – Dienstanweisung; LG Frankfurt BeckRS 2007, 16294 – GPL; BGH GRUR 1986, 887, 888 – Bora Bora, zur insoweit parallelen Vorschrift des Art. 15 RBÜ; vgl. aber auch oben Rn. 23 zur Frage einer sekundären Darlegungslast).

Erst recht muss derjenige, der nicht in der üblichen Weise als Miturheber bezeichnet ist, gleichwohl aber nachträglich Miturheberschaft oder sogar Alleinurheberschaft behauptet, seine Mit- oder Alleinurheberschaft vollständig nachweisen (BGH GRUR 2003, 231 – Staatsbibliothek; OLG Köln ZUM 1999, 404, 409 – Overlays; OLG Hamburg OLGZ 207, 3 – Ratgeber für Tierheilkunde; so auch schon BGH GRUR 1959, 335, 336 – Wenn wir alle Engel wären, zu § 7 LUG; Fromm/Nordemann/*Nordemann* § 10 Rn. 18; Möhring/ Nicolini/*Ahlberg* § 10 Rn. 13 f.). Da die Urhebervermutung nach § 10 Abs. 1 grundsätzlich Vorrang vor der Vermutung nach Abs. 2 zugunsten des Herausgebers bzw. Verlegers hat, gelten, sofern ein oder mehrere Urheber eines Werkes in der üblichen Weise bezeichnet sind, selbstverständlich auch weder der Herausgeber noch der Verleger als ermächtigt, die Rechte nicht genannter Urheber geltend zu machen (dazu unten Rn. 46; Möhring/ Nicolini/*Ahlberg* § 10 Rn. 14).

Die Vermutungswirkung zwischen Miturhebern erstreckt sich dabei stets sowohl auf das gemeinsam geschaffene Gesamtwerk als Ganzes als auch auf sämtliche seiner einzelnen Teile, und zwar unabhängig davon ob erkennbar ist, dass bestimmte Werkteile vornehmlich von bestimmten Miturhebern gestaltet wurden oder in diese sogar vorbestehende Werke dieser Miturheber eingeflossen sind (ausf. OLG Hamburg NJOZ 2007, 2071, 2076 – Kranhäuser Rheinauhafen). Insbesondere tritt auch **keinerlei Abschwächung der Urheberschaftsvermutung** ein, indem etwa danach differenziert würde, wie stark welcher Miturheber welche Werkteile schöpferisch geprägt hat (vgl. OLG Hamburg NJOZ 2007, 2071, 2079 – Kranhäuser Rheinauhafen; vgl. auch § 8 Rn. 3f.). Sofern dabei einer der beteiligten Werkschöpfer ein von ihm bereits vor der gemeinschaftlichen Zusammenarbeit geschaffenes Werk unverändert in das Gesamtwerk einbringt, liegt allerdings die Annahme nahe, dass es sich bei dem „Gesamtwerk" letztlich um eine Werkverbindung handelt, die später weiterbearbeitet worden ist (BGH GRUR 2009, 1046 – Kranhäuser; vgl. auch OLG Hamburg NJOZ 2007, 2071, 2080 – Kranhäuser Rheinauhafen).

Auch im Verhältnis der **Miturheber zu Dritten** findet § 10 Abs. 1 Anwendung, so dass, **30** wenn mehrere Personen als Urheber benannt sind, vermutet wird, dass sie als Miturheber tätig waren (BGH GRUR 1994, 39, 40 – Buchhaltungsprogramm; BGH GRUR 1986, 887, 888 – Bora Bora, zu Art. 15 RBÜ; LG Frankfurt BeckRS 2007, 16294). Werden daher bei einer bloßen Verbindung aus Text und Musik, die lediglich eine Werkverbindung i. S. v. § 9 darstellt (s. § 9 Rn. 9), mehrere Urheber angegeben, ohne dass erkennbar ist, wer von ihnen den Text und wer die Musik geschrieben hat, wird nach § 10 Abs. 1 vermutet, dass sowohl die Musik als auch der Text in Miturheberschaft entstanden sind (BGH GRUR 1986, 887, 888 – Bora Bora, zu Art. 15 RBÜ; zustimmend BGH GRUR 2009, 1046 (Tz. 33) – Kranhäuser; Möhring/Nicolini/*Ahlberg* § 10 Rn. 13; *Hirsch-Ballin* UFITA 46 (1966) 52, 54). Das hat zur Folge, dass die Vermutung des § 10 Abs. 1, auch dann wenn Musik und Text nicht eigens füreinander geschaffen worden sind (vgl. dazu § 9 Rn. 34), zu einer einheitlichen Schutzfristberechnung nach § 65 Abs. 1 anstelle von § 64 für jedes Werk gesondert führt (Schricker/Loewenheim/*Loewenheim* § 10 Rn. 2; Möhring/Nicolini/*Ahlberg* § 10 Rn. 13). In prozessualer Hinsicht ist zu beachten, dass für den Fall, dass der originäre Rechtsinhaber, von dem der Kläger seine Rechte ableitet, nicht Allein- sondern (nur) Miturheber ist, die substanziierte Darlegung erforderlich ist, dass und warum der originäre Rechtsinhaber alleinverfügungsberechtigt war (vgl. LG Mannheim MMR 2007, 335 – Warren G.; dazu auch § 8) soweit nicht die Vermutungswirkung nach § 10 Abs. 3 n. F. greift (dazu unten Rn. 50 ff.).

Keine Anwendung findet die Vermutung des § 10 Abs. 1 allerdings auf die **Berechnung 31 des Umfangs der Mitwirkung** des einzelnen Urhebers am Werk nach **§ 8 Abs. 3,** und zwar weder im Verhältnis der Miturheber untereinander noch im Verhältnis zu Dritten (OLG Hamburg OLGZ 207, 6 – Ratgeber für Tierheilkunde; Schricker/Loewenheim/*Loewenheim* § 10 Rn. 2; Dreier/Schulze/*Schulze* § 8 Rn. 24).

3. Nachweis der Urheberschaft und Urheberangaben außerhalb des Anwendungsbereichs von § 10 Abs. 1

Sofern die Voraussetzungen der Urhebervermutung des § 10 Abs. 1 nicht erfüllt sind, **32** muss derjenige, der seine **Urheberschaft** behauptet, hierfür den **vollen Nachweis** erbringen.

Die sogenannte **notarielle Prioritätsverhandlung** für neu geschaffene Werke ist bei diesem Nachweis zuweilen hilfreich, jedoch keinesfalls ausreichend. Denn mit ihr wird lediglich nachgewiesen, dass eine bestimmte Person ein bestimmtes Werk in Form eines Manuskripts, einer CD, einer DVD, etc. in der mit der Urkunde verbundenen Fassung an einem bestimmten Tag als von ihr geschaffen dem Notar vorgelegt hat – nicht jedoch, dass die betreffende Person auch der tatsächliche Werkschöpfer ist. Hilfreich ist die notarielle Prioritätsverhandlung – ebenso wie die vorherige Übergabe an einen neutralen Zeugen, der jedenfalls zu seinen Lebzeiten zur Verfügung stehen kann – jedoch in jedem Fall, wenn ein bislang unveröffentlichtes Werk, etwa ein Filmexposé oder ein Drehbuch, einem potentiellen Verwerter übergeben werden soll. Denn der Verwerter kann sich dann bei einer späteren Verletzung nicht mehr mit dem Einwand verteidigen, eine Verletzung scheide bereits deshalb aus, weil das Manuskript, Exposé, etc. erst nach der Veröffentlichung des verletzenden Werkes geschaffen worden sei (vgl. Münch.VertragsHdb. Bd. 3 WirtschR II/ *J. B. Nordemann* Form. XI.1 m. Anm.). In diesem eingeschränkten Umfang behält die notarielle Prioritätsverhandlung durchaus weiterhin ihren Sinn (Fromm/Nordemann/*Nordemann* § 10 Rn. 79; ausf. zu praktischen Fragen *Leistner* MittBayNot 2003, 3, 6 ff.; *Heyn* DNotZ 1998, 177; zu den ansonsten auftretenden typischen Beweisproblemen vgl. LG Bielefeld ZUM-RD 2005, 149 – Urheberschaft an Liedtext).

33   Den **vollständigen Nachweis für die eigene Urheberschaft** zu erbringen, ist regelmäßig mit erheblichen Schwierigkeiten verbunden. Erforderlich ist dazu der Nachweis, dass eine bestimmte Person das Werk **tatsächlich selbst geschaffen** hat (zur Werkschöpfung als Realakt s. § 7 Rn. 3 ff.).

Bei diesem Beweis sind zwei beweisrechtliche Aspekte zu unterscheiden. Zum einen ist, vor allem wenn es um den Nachweis von Miturheberschaft geht, grundsätzlich die **substanziierte Darlegung** eines **konkreten schöpferischen Beitrags** erforderlich. Bloß abstrakte, allgemeine Umschreibungen, etwa dass eine bestimmte Person „kreativ mitgewirkt", „die Gestaltung maßgeblich beeinflusst" habe, o. ä., reichen dazu selbstverständlich nicht aus und stellen keinen schlüssigen, überprüfbaren Tatsachenvortrag dar (vgl. substanziierte Darlegung z.B. in BGH GRUR 2009, 1046 – Kranhäuser; fehlende Substanziierung z.B. in LG München I BeckRS 2009, 0473 (S. 43) – Die Wilden Kerle; OLG Hamm GRUR 2012, 192 – Musiktheater im Revier (zweifelh. allerdings die Forderung einer sekundären Darlegungslast als solche, vgl. dazu oben Rn. 23); LG Hamburg ZUM 2010, 541, 545 – Miturheberschaft an Liedtexten; vgl. auch § 7 Rn. 17 f.). Soweit mehrere an der Werkschöpfung beteiligt sind, müssen daher diejenigen von ihnen, die sich nicht auf § 10 Abs. 1 berufen können, ihren eigenen schöpferischen Beitrag konkret darlegen und nachweisen (vgl. OLG Hamburg GRUR 1999, 714 – Bauhaus-Glasleuchte).

Insbesondere streitet auch im Sonderfall der Filmurheberschaft **keinerlei Vermutung für die Alleinurheberschaft des Filmregisseurs**, auch wenn er im Regelfall den entscheidenden Einfluss auf die schöpferische Gestaltung der technischen Realisierung eines Filmstoffes nimmt, da es angesichts der Vielfältigkeit des filmischen Schaffens mit einer Vielzahl schöpferisch beteiligter Personen an Regeltatbeständen fehlt, die eine solche Vermutung rechtfertigen könnten (BGH GRUR 2011, 714, 719 (Tz. 57) – Der Frosch mit der Maske; ebenso Vorinstanz OLG Köln GRUR-RR 2009, 208, 211; BGH GRUR 1991, 133, 135 – Videozweitauswertung I). Wer somit die Alleinurheberschaft des Filmregisseurs behauptet, muss schlüssig darlegen, inwieweit er den weiteren als Filmmiturheber in Betracht kommenden Personen so genaue Vorgaben gerade für die Ausübung ihrer Tätigkeit gemacht hat, wie etwa dem Kameramann Vorgaben zu der Linsen- und Blendenauswahl, dem Standort der Kamera, dem Rhythmus und der Bewegung der Kameraführung, der Wahl zwischen Groß- und Detailaufnahme und der szenischen Ausleuchtung, dass ihnen keinerlei eigener schöpferischer Spielraum mehr verblieb (BGH GRUR 2011, 714, 719 (Tz. 58, 61) – Der Frosch mit der Maske).

34   Auf der anderen Seite kann der Beweis der Urheberschaft grundsätzlich auch in Form eines **Indizienbeweises** geführt werden. Hierbei können insbesondere **Urheberangaben außerhalb des Anwendungsbereiches von § 10 Abs. 1,** die keine vollständige Beweislastumkehr auslösen, durchaus eine **tatsächliche Vermutung** für die Urheberschaft der von ihnen bezeichneten Person begründen. Dies gilt insbesondere für **Angaben** zur Urheberschaft **aus der Entstehungszeit eines Werkes,** denen eine besonders nachhaltige Indizwirkung zukommt, wie beispielsweise Urheberangaben in Zeitungsartikeln oder in Sitzungsprotokollen zu einer Kirchengestaltung (OLG Hamm BeckRS 2006, 06870, S. 11 f. – Kircheninnenraumgestaltung), Urheberangaben auf einem Original-Filmplakat bzw. an-

lässlich der Eintragung eines Films in das US-amerikanische Copyright-Register (vgl. OLG München OLG-Report 1999, 287 – M – Eine Stadt sucht einen Mörder; zu GEMA-Datensätzen ähnlich OLG München ZUM 2011, 512, 514 – Das Kufsteiner Lied und Vorinstanz LG München I ZUM 2009, 871, 873), Urheberangaben auf Theaterzetteln, Plakaten und in Zeitungsanzeigen bei der Ankündigung öffentlicher Aufführungen oder Vorträge (OLG Köln AfP 1991, 430f. – Roncalli; vgl. auch OLG Hamburg GRUR-RR 2001, 121 – Cat Stevens, zum Tonträgerherstellerrecht; Fromm/Nordemann/*Nordemann* § 10 Rn. 19; *Ulmer* 188; s. auch oben Rn. 19 ff.), oder die Nennung des Herstellers einer Filmplastik in einem begleitenden Programmheft zu einem Film (OLG Hamburg GRUR-RR 2003, 33, 34 – Maschinenmensch) sowie allgemein Urheberangaben in der Werkrezeption unmittelbar nach Veröffentlichung oder Erscheinen eines Werkes. Ob allerdings verallgemeinernd davon auszugehen ist, dass Urheberangaben bei veröffentlichten, aber nicht erschienenen Werken stets zu einem Anscheinsbeweis für die Urheberschaft führen, ist fraglich, da es an der erforderlichen Typizität der Geschehensabläufe fehlt (so aber Möhring/Nicolini/*Ahlberg* § 10 Rn. 6).

Im Übrigen kann die Urheberschaft nicht nur aus Urheberangaben, sondern auch aus **anderen Indizien** gefolgert werden (OLG Hamburg GRUR-RR 2003, 33 f.; LG Bielefeld ZUM-RD 2005, 149 – Urheberschaft an Liedtext; LG Düsseldorf ZUM-RD 2010, 696 – Kaugummi-Bilder; OLG Hamburg ZUM-RD 2013, 428, 432 und LG Hamburg ZUM-RD 2010, 331, 338 – zu den Urheberangaben in den Registerauszügen der Verwertungsgesellschaften; AG Düsseldorf NJOZ 2010, 685 – Autogrammkarte mit Fotografie; LG München I BeckRS 2008, 10053 – Digitalfotos: Übergabe von Fotodateien auf einem Speichermedium, Vorlage Fotoserie ja, Metadaten zu einer Fotodatei nein, da manipulierbar, „Hotpixel" in Fotodatei nein, da unzulässiger Ausforschungsbeweis). Insbesondere dann, wenn ein Fotograf eine ganze Serie von zusammenhängenden Fotos aus einem Fotoshooting im Prozess vorlegen kann, spricht regelmäßig ein **Anscheinsbeweis** dafür, dass sämtliche Fotos dieser Fotoserie von ihm stammen und kann der Verletzer die Urheberschaft nicht lediglich bestreiten, sondern muss zu einer konkreten anderweitigen Urheberschaft vortragen (LG München I BeckRS 2008, 10053 – Digitalfotos; AG Düsseldorf NJOZ 2010, 685 – Autogrammkarte mit Fotografie); vgl. auch OLG Frankfurt GRUR 2010, 221 – Betriebswirtschaftlicher Aufsatz, zum Nachweis der Urheberschaft im Falle einer Ghostwriterabrede durch Vorlage der Urschrift des Aufsatzes).

Auch soweit der Nachweis gelingt, dass eine bestimmte natürliche Person ein Kunstwerk eigenhändig geschaffen hat, ist grundsätzlich der Beweis der Urheberschaft geführt. Die **aus der eigenhändigen Herstellung des Kunstwerks fließende tatsächliche Vermutung einer (Allein-)Urheberschaft** lässt sich insoweit nicht durch die bloße Behauptung erschüttern, ein Dritter habe dem Künstler so genaue und detaillierte Vorgaben gemacht, dass der Künstler sie lediglich nur noch handwerklich ohne Ausübung eigener schöpferischer Tätigkeit habe umsetzen müssen (OLG Hamburg GRUR-RR 2003, 33, 34 – Maschinenmensch; vgl. auch OLG München GRUR-RR 2010, 161 f. – Bronzeskulptur; BGH GRUR 2003, 231 – Staatsbibliothek). Vielmehr muss, wer solche detaillierte und ins Einzelne gehende künstlerische Vorgaben – als seltene Ausnahme von dem üblichen Regelfall der Werkschöpfung – behauptet, konkreten Vortrag und Beweis, z. B. durch Zeitzeugen, antreten für die behauptete Interaktion zwischen Drittem und Künstler, die dem Gericht eine Bestimmung des behaupteten schöpferischen Anteils des nicht unmittelbar am Schaffungsvorgang Beteiligten ermöglicht (OLG Hamburg GRUR-RR 2003, 33, 34 – Maschinenmensch; vgl. auch OLG München GRUR-RR 2010, 161 f. – Bronzeskulptur). Denn der anderenfalls zu führende Negativbeweis, dass der tatsächlich künstlerisch Werkschaffende nicht von jemand anderem genaue Vorgaben für sein Werk erhalten habe, die er lediglich noch handwerklich umzusetzen brauchte, ist praktisch nie zuverlässig zu erbringen, insbesondere nach Ablauf eines längeren Zeitraums nach der Schaffung des Werkes und erst recht, wenn der Werkschaffende bereits gestorben ist (OLG Hamburg a. a. O.). Anders verhält es sich bei einer bloß mechanischen Schreibtätigkeit. Hier führt die bloße Tatsache, dass jemand unstreitig ein Manuskript selbst mit der Hand geschrieben hatte, dann nicht zu einer tatsächlichen Vermutung seiner Urheberschaft, wenn streitig ist, ob nicht der wesentliche Inhalt des Manuskripts von einem Dritten mündlich diktiert wurde (OLG Köln GRUR 1988, 762 – Filmdrehbuch; vgl. auch § 7 Rn. 18).

35 Sofern der Kläger seine Urheberschaft substanziiert dargelegt hat, ist **im Verletzungsprozess** ein **Bestreiten mit Nichtwissen** regelmäßig **unbeachtlich**. Vielmehr muss der Verletzer, sofern er – wie regelmäßig der Fall – seinerseits materiellrechtlich zur Erkundigung über den Bestand der Rechtekette verpflichtet ist, eine von ihm behauptete abweichende Urheberschaft substanziiert darlegen, d. h. aufzeigen, wen er aus welchen Gründen für den Urheber hält (OLG Hamm ZUM 2009, 159 – Fallschirmsprung, unter Verweis auf BGH GRUR 2002, 190 – Die Profis). Ein **Nichtbestreiten** schließlich kann nach allgemeinen Regeln nur ausnahmsweise zu einem Anerkenntnis führen, insbesondere kann jedoch in einer Duldung der Zwangsvollstreckung ein **deklaratorisches Anerkenntnis der Urheberschaft** zu sehen sein (vgl. OLG Hamburg ZUM-RD 1999, 80, 83 – Deklaratorisches Anerkenntnis der Urheberschaft an Lichtbildern).

III. Die Vermutungen zugunsten der Wahrnehmungsbefugnis des Herausgebers bzw. Verlegers in § 10 Abs. 2

1. Voraussetzungen

36 a) **Fehlende Urheberbezeichnung.** Dann und nur dann, wenn kein Urheber in der in Abs. 1 genannten Weise bezeichnet ist, kommen die Vermutungen des Abs. 2 zur Anwendung. Insoweit greift § 10 Abs. 2 damit zunächst dann, wenn ein Werk **anonym veröffentlicht** worden ist, d. h. wenn sich – sei es absichtlich oder versehentlich – **keinerlei Urheberbezeichnung** auf den Werkstücken befindet. Anonyme Veröffentlichungen i. S. v. § 10 Abs. 2 stellen allerdings auch die Veröffentlichungen unter einem **unbekannten Pseudonym** dar (dazu AmtlBegr. *M. Schulze* Materialien 429). Für die Beurteilung, ob ein Pseudonym in diesem Sinne bekannt oder unbekannt ist, kommt es dabei allein darauf an, ob sich der Pseudonymurheber dem Gericht gegenüber identifiziert – etwa durch Vorlage des von ihm unterzeichneten Verlagsvertrags – nicht hingegen darauf, ob der breiten Öffentlichkeit oder aber auch nur bestimmten Fachkreisen bekannt ist, wer sich konkret hinter einem bestimmten Pseudonym verbirgt (zur Frage der Bekanntheit näher oben Rn. 8 ff.).

Der neue § 10 Abs. 3 macht den bisherigen Absatz 2 nicht überflüssig. Denn während Abs. 3 nur den Inhaber ausschließlicher Nutzungsrechte erfasst, wird in Abs. 2 zum einen die Ermächtigung des Herausgebers und zum anderen die Ermächtigung des Verlegers auch im Falle bloß **einfacher** Nutzungsrechte vermutet (*Kunz-Hallstein/Loschelder* GRUR 2007, 856). Darüber hinaus beschränkt sich die Vermutung des Abs. 2 nicht nur auf Verfügungsverfahren und greift insbesondere auch bei Schadensersatzansprüchen.

37 Die Herausgeber- bzw. Verlegerermächtigung nach Abs. 2 ist zur Urhebervermutung nach Abs. 1 **subsidiär**, so dass Abs. 2 keine Anwendung findet, wenn auch nur ein Urheber als solcher nach Abs. 1 bezeichnet ist. Sofern **von mehreren Urhebern** einer oder **einige nicht benannt** sind, so tritt hinsichtlich der nicht Benannten keineswegs die Herausgeber- bzw. Verlegerermächtigung des Abs. 2 ein. Vielmehr greift nur die Vermutungswirkung nach Abs. 1 zu Gunsten der benannten Urheber (Möhring/Nicolini/*Ahlberg* § 10 Rn. 25). Sofern jedoch von mehreren Urhebern einer mit einem **unbekannten Pseudonym** bezeichnet ist, gilt die nach Abs. 2 vermutete Ermächtigung allerdings in Bezug auf die Wahrnehmung seiner Rechte, da ansonsten die Schutzfunktion von Abs. 2 leer liefe (Möhring/Nicolini/*Ahlberg* § 10 Rn. 25).

38 b) **Erschienenes Werk.** Als Auffangtatbestand zu Abs. 1 setzt Abs. 2 gleichfalls das **Erscheinen des Werkes** voraus (zu dieser Voraussetzung näher oben Rn. 17 f.). Da es sich

bei den Vermutungen in Abs. 2 insoweit um nicht harmonisiertes Recht handelt, findet der Begriff des Erscheinens gem. § 6 Abs. 2 uneingeschränkte Anwendung (dazu § 6 Rn. 2 ff.).

c) Bezeichnung des Herausgebers (Abs. 2 S. 1). Für die Vermutung zugunsten des 39 Herausgebers ist gem. Abs. 1 S. 1 erforderlich, dass der Herausgeber auf den Werkstücken als solcher **bezeichnet** ist. Irrelevant ist, ob der so Bezeichnete die Herausgebertätigkeit tatsächlich selbst ausgeübt oder nur seinen Namen dafür zur Verfügung gestellt hat (AmtlBegr. *M. Schulze* Materialien 429; Möhring/Nicolini/*Ahlberg* § 10 Rn. 26; Letzteres kann jedoch den wettbewerbsrechtlichen Irreführungstatbestand des § 5 UWG (§ 3 UWG a. F.) erfüllen, KG WRP 1977, 187, 189 f. – Köhnlechner). Verwendet der Herausgeber seinerseits ein **Pseudonym**, so dürfte analog zu Abs. 1 die Herausgeberermächtigung des Abs. 2 dann anzuwenden sein, wenn der Nachweis erbracht wird, dass das Pseudonym diesem Herausgeber zusteht; erst dann, wenn dieser Nachweis nicht gelingt, greift die Verlegervermutung als Auffangtatbestand (Fromm/Nordemann/*Nordemann* § 10 Rn. 50). Herausgeber i. S. v. Abs. 2 kann auch eine **Personengemeinschaft** oder eine **juristische Person** sein. Denn es geht bei Abs. 2 nicht um den Nachweis, wer gem. § 7 Schöpfer des Werkes ist; vielmehr wird lediglich vermutet, dass der Urheber den Herausgeber oder den Verleger dazu ermächtigt hat, seine Rechte wahrzunehmen, was auch durch juristische Personen möglich ist (Schricker/Loewenheim/*Loewenheim* § 10 Rn. 14; Möhring/Nicolini/*Ahlberg* § 10 Rn. 26; Fromm/Nordemann/*Nordemann* § 10 Rn. 50).

Ist bei einem **Sammelwerk** nach § 4 ein Herausgeber genannt, so treffen die Vermu- 40 tungen nach Abs. 1 und Abs. 2 zusammen. Denn da bei Sammelwerken üblicherweise der Urheber des Sammelwerkes, also derjenige, der die Auslese und Anordnung der einzelnen Beiträge vorgenommen hat, als Herausgeber bezeichnet wird (vgl. auch OLG Frankfurt OLGZ 107, 10, 11 – Taschenbuch für Wehrfragen), ist die **Herausgeberangabe bei Sammelwerken** grundsätzlich zunächst eine **Urheberbezeichnung, i. S. v. Abs. 1** (dazu oben Rn. 26; AmtlBegr. *M. Schulze* Materialien 430). Erst wenn diese Vermutung nach Abs. 1 widerlegt wird, indem im Einzelfall nachgewiesen wird, dass der als Herausgeber Bezeichnete die Auslese und Anordnung der Beiträge nicht selbst vorgenommen hat und daher nicht Urheber des Sammelwerks ist, wird nach Abs. 2 vermutet, dass der als Herausgeber Genannte ermächtigt ist, die Rechte des Urhebers des Sammelwerks geltend zu machen (AmtlBegr. *M. Schulze* Materialien 430).

d) Verleger bei fehlender Herausgeberbezeichnung (Abs. 2 S. 2). Ist der **Her-** 41 **ausgeber nicht angegeben,** greift die Vermutung des Abs. 2 zugunsten des Verlegers. Der **Verleger** ist also stets nur **subsidiär** zum Herausgeber und an zweiter Stelle ermächtigt. Dass der Verleger bzw. Verlag auf den Werkstücken angegeben ist, schreibt Abs. 2 S. 2 nicht vor, so dass er auch dann als ermächtigt anzusehen ist, wenn auf den Vervielfältigungsexemplaren jegliche Verlagsangabe fehlt (Schricker/Loewenheim/*Loewenheim* § 10 Rn. 13; Möhring/Nicolini/*Ahlberg* § 10 Rn. 27). Allerdings kann der Verleger dafür, dass er das Werk wirklich verlegt hat, die Vermutung des Abs. 2 nicht in Anspruch nehmen, sondern muss insoweit den vollen Beweis für seine verlegerische Tätigkeit erbringen; gelingt ihm dieser Nachweis jedoch, wird seine Ermächtigung gem. Abs. 2 vermutet (Möhring/Nicolini/*Ahlberg* § 10 Rn. 27). Auch auf das Innenverhältnis zwischen einem ungenannt gebliebenen Herausgeber und dem Verleger kommt Abs. 2 S. 2 nicht zur Anwendung, maßgeblich sind insoweit vielmehr die zwischen beiden bestehenden vertraglichen Beziehungen (Möhring/Nicolini/*Ahlberg* § 10 Rn. 28).

2. Rechtsfolgen

a) Vermutung der Wahrnehmungsbefugnis. Kommt Abs. 2 zur Anwendung, so 42 wird **vermutet,** dass der als Herausgeber Bezeichnete oder, falls ein solcher nicht genannt ist, der Verleger vom Urheber **ermächtigt** worden ist, dessen Rechte geltend zu machen. Die Vermutung des Abs. 2 S. 1 sagt allerdings nichts darüber aus, wer wirklich Herausgeber ist, und ebenso nichts über das Verhältnis des Herausgebers gegenüber dem Verleger (dazu oben Rn. 39; Möhring/Nicolini/*Ahlberg* § 10 Rn. 26). Damit der Zweck des Abs. 2, die Verfolgung von Rechtsverletzungen zu ermöglichen, ohne dass der anonyme Urheber seine Identität aufdecken muss (hierzu oben Rn. 2), erreicht wird, begründet die Vermutung des Abs. 2 eine Ermächtigung des Herausgebers bzw. Verlegers zur **Geltendmachung** der Rechte des Urhebers **im eigenen Namen.** Die Vermutung des Abs. 2 ist wie diejenige des Abs. 1 **widerleglich.** Dadurch erhält insb. auch der Urheber des anonymen (oder noch unbekannt pseudonymen, s. dazu oben Rn. 8) Werkes die Möglichkeit, dem Herausgeber oder Verleger die Befugnis zur Wahrnehmung seiner Rechte zu entziehen, wenn er diese Rechte selbst ausüben will (AmtlBegr. *M. Schulze* Materialien 429). Die Vermutungen des Abs. 2 finden auch im Verhältnis **mehrerer Mitherausgeber oder Mitverleger** untereinander sowie gegenüber Dritten Anwendung (BGH GRUR 1994, 39, 40 – Buchhaltungsprogramm).

43 **b) Umfassende Ermächtigung zur Rechtsverfolgung.** Da das Gesetz keine Einschränkungen im Hinblick auf den Umfang der Ermächtigung vorsieht, ist davon auszugehen, dass die Befugnis zur Geltendmachung der Rechte des Urhebers **umfassend** ist und sich auf sämtliche aus dem Urheberrecht fließenden Rechte, also insb. auch auf die **urheberpersönlichkeitsrechtlichen Befugnisse** erstreckt (Schricker/Loewenheim/*Loewenheim* § 10 Rn. 15; Möhring/Nicolini/*Ahlberg* § 10 Rn. 23). Dies gebietet auch der Schutzzweck des Abs. 2. Da die Ermächtigung nach § 10 Abs. 2 unabhängig davon ist, ob und welche Rechte dem einzelnen Herausgeber bzw. Verleger vom Urheber tatsächlich eingeräumt worden sind, kann sie im Einzelfall dazu führen, dass Dritte den **Ansprüchen mehrerer Herausgeber** bzw. Verleger ausgesetzt sind. Hier erlischt, da es sich jeweils um das gleiche Recht des Urhebers und nicht um eigene Rechte der Ermächtigten handelt, das Schuldverhältnis gem. § 362 BGB bereits durch Befriedigung eines Anspruchstellers (s. hierzu Möhring/Nicolini/*Ahlberg* § 10 Rn. 24).

44 **c) Keine Ermächtigung zu Rechtseinräumungen.** Die Ermächtigung des Abs. 2 bezieht sich ihrem Wortlaut nach nur auf die „Geltendmachung" der Rechte, d. h. auf die Ausübung der Verbotsrechte i. S. d. §§ 97 ff., umfasst jedoch **nicht die Ermächtigung zu Verfügungen über Nutzungsrechte** (Möhring/Nicolini/*Ahlberg* § 10 Rn. 23; Schricker/Loewenheim/*Loewenheim* § 10 Rn. 15; Dreier/Schulze/*Schulze* § 10 Rn. 31; *Riesenhuber* GRUR 2003, 187, 192; a. A. *v. Gamm* § 10 Rn. 14). Insb. der Zweck der Vermutung, die Verfolgung von Rechtsverletzungen zu ermöglichen, ohne dass der Urheber seine Anonymität aufzugeben braucht (vgl. oben Rn. 2), erfordert keine Erstreckung der Ermächtigung auf Verfügungen über Nutzungsrechte. Im Gegenteil wäre der Urheber ansonsten der Gefahr von Missbräuchen der gesetzlichen Ermächtigung schutzlos ausgeliefert, gegen die er sich nur durch Heraustreten aus seiner Anonymität schützen könnte (vgl. Schricker/Loewenheim/*Loewenheim* § 10 Rn. 15 und oben Rn. 11). Da Herausgeber und Verleger nach § 10 Abs. 2 also nicht ermächtigt sind, Dritten Nutzungsrechte einzuräumen, ist ein **Gutglaubenserwerb** entsprechend § 366 HGB aufgrund der Vermutung von § 10 Abs. 2 **ausgeschlossen** (Möhring/Nicolini/*Ahlberg* § 10 Rn. 23; a. A. *v. Gamm* § 10 Rn. 14). Die fehlende Ermächtigung ist insbesondere beim Abschluss von Prozessvergleichen zu beachten.

45 **d) Prozessstandschaft.** In prozessualer Hinsicht handelt es sich bei Abs. 2 um eine **gesetzliche Prozessstandschaft,** die den Herausgeber bzw. Verleger eines anonymen Werkes sowohl von dem Nachweis der Urheberschaft des wahren Urhebers entbindet als auch von dem u. U. schwierig zu führenden Beweis, auf welche Weise und in welchem Umfang sie Rechtsinhaber geworden sind (Möhring/Nicolini/*Ahlberg* § 10 Rn. 24; vgl. inzwischen aber auch die neue Vermutung nach Abs. 3, dazu unten Rn. 50 ff.).

e) **Wirkung auch gegen den Urheber?** Ob und inwieweit sich die Vermutung des 46
Abs. 2 **auch gegen den Urheber** selbst richtet, ist problematisch. Zum einen muss zwar,
damit Herausgeber bzw. Verleger nicht gezwungen werden, die Identität des wahren Urhebers, der anonym bleiben möchte, zu offenbaren, grundsätzlich jeder, der gegenüber
dem Herausgeber oder Verleger behauptet, Urheber zu sein, dies nachweisen (Dreier/
Schulze/*Schulze* § 10 Rn. 29; Schricker/Loewenheim/*Loewenheim* § 10 Rn. 13; Fromm/
Nordemann/*Nordemann* § 10 Rn. 23). Hat jedoch der Urheber das Werk dem Herausgeber
bzw. Verleger zum Zwecke der Veröffentlichung unter einem (zunächst) unbekannten
Pseudonym übergeben, und will er später die Rechte an dem Werk selbst wahrnehmen, so
widerspricht es dem Urheberschutzgedanken des § 10, von demjenigen, der das Werk zur
Veröffentlichung gegeben hat, zu verlangen, dass er, um seine Rechte selbst ausüben zu
können, gegenüber dem Verleger den vollen Nachweis seiner Urheberschaft erbringen
muss. Insoweit muss es demjenigen, der das Werk als sein Werk zur Veröffentlichung unter
einem (bislang) unbekannten Pseudonym in Verlag gegeben hat, möglich sein, durch bloße
Vorlage des Verlagsvertrages die Vermutung des § 10 Abs. 2 zu Fall bringen und sich zu
seinem bislang unbekannten Pseudonym zu bekennen, mit der Folge, dass nunmehr Abs. 1
anstelle von Abs. 2 Anwendung findet (ähnlich Fromm/Nordemann/*Nordemann* § 10
Rn. 51; Dreier/Schulze/*Schulze* § 10 Rn. 29; vgl. dazu auch oben Rn. 11).

Es wäre insoweit insb. ein nicht nachvollziehbarer Widerspruch, würde der Herausgeber 47
bzw. Verleger, nachdem er dem Urheber aufgrund des Verlagsvertrages jahrelang Tantiemen gezahlt hat, in dem Moment, in dem der Urheber aus seiner Anonymität heraustritt und seine Rechte Dritten gegenüber selbst wahrnehmen möchte, durch bloßes
Bestreiten der Urheberschaft diesem den vollen Nachweis der Urheberschaft auferlegen
können. Dies wird dadurch verhindert, dass, sobald sich derjenige, der das Werk zwecks
pseudonymer Publikation im Verlag gegeben hat, zu seinem Pseudonym bekennt, die Vermutung des § 10 Abs. 2 zu Gunsten derjenigen von § 10 Abs. 1 weicht (s. dazu auch oben
Rn. 11).

IV. Die erweiterten Vermutungstatbestände nach dem DurchsetzungsG

1. Entsprechende Anwendung von § 10 Abs. 1 auf sämtliche verwandten Schutzrechte

Bislang galten die Vermutungsregeln des § 10 **unmittelbar** nur für **urheberrechtlich** 48
geschützte Werke i. S. v. § 2 Abs. 2 sowie gem. §§ 70 Abs. 1 und 72 Abs. 1 auch für wissenschaftliche Ausgaben und Lichtbilder, jedoch weder für die Inhaber der anderen Leistungsschutz- oder Herstellerrechte, noch für die Inhaber vertraglich eingeräumter Nutzungsrechte – mit Ausnahme der Herausgeber und Verleger anonymer Werke gem. Abs. 2.
Auch hatte der BGH zutreffend nach bisherigem Recht eine analoge Anwendung sowohl
von § 10 Abs. 2 als auch von § 10 Abs. 1 zugunsten der Tonträgerhersteller abgelehnt (s. ausf.
BGH GRUR 2003, 228, 230 – ℗-Vermerk; ebenso KG ZUM 2000, 1090 – ℗-Vermerk; LG Mannheim MMR 2007, 335 f. – Warren G.; so auch Möhring/Nicolini/*Ahlberg*
§ 10 Rn. 31; Schricker/Loewenheim/*Loewenheim* § 14 Rn. 3; a. A. LG Frankfurt MMR
2007, 675 – Filesharing-System; Fromm/Nordemann/*Nordemann* § 10 Rn. 5; *W. Nordemann*
KUR 2003, 53; *Dierkes* 172 f.; *Bock* S. 55 f.; offen gelassen von Dreier/Schulze/*Schulze*
§ 10 Rn. 5).

Durch **Art. 5 lit. b Durchsetzungs-Richtlinie** wurde inzwischen jedoch für **sämtli-** 49
che Inhaber verwandter Schutzrechte eine der Urheberschaftsvermutung entsprechende Inhaberschaftsvermutung europaweit verbindlich eingeführt. Damit gilt nunmehr auch
zugunsten der Herausgeber **nachgelassener Werke** (§ 71), der **ausübenden Künstler**
(§ 74), der **Veranstalter** (§ 81), **Tonträgerhersteller** (§ 85), der **Veranstalter** (§ 81),
Sendeunternehmen (§ 87) **Datenbankhersteller** (§ 87b), Verleger (§§ 87f–87h, zum

Redaktionsversehen s. Rn. 2f.) sowie **Filmhersteller** (§ 94) die Vermutung, dass sie Rechtsinhaber sind, wenn sie als solche in der üblichen Weise auf den Werkstücken bezeichnet sind. Umsetzungstechnisch erfolgte dies im Gesetz zur Verbesserung der Durchsetzung von Rechten des geistigen Eigentums vom 7.7.2008 (BGBl. I 2008, S. 1191 – DurchsetzungsG) dadurch, dass bei den einzelnen Leistungsschutzrechten auf die Vermutungsregelung in § 10 Abs. 1 verwiesen wird. Bei dieser Verweisungstechnik findet für diese Leistungsschutzrechte weder die Herausgeber- bzw. Verlegervermutung nach § 10 Abs. 2 noch die neue Rechtsinhaberschaftsvermutung zu Gunsten der Inhaber ausschließlicher Nutzungsrechte nach § 10 Abs. 3 Anwendung (*Kunz-Hallstein/Loschelder* GRUR 2007, 856, 857; krit. *Schack* Stellungnahme; *Grünberger* GRUR 2006, 894, 901).

Aufgrund der vom Gesetz angeordneten entsprechenden Anwendung der Urheberschaftsvermutung in § 10 Abs. 1 bzw. Art. 5 lit. a Schutzdauer-Richtlinie wird die Kommentierung zu § 10 Abs. 1 für Detailfragen zunächst entsprechend herangezogen werden können.

Fraglich ist, inwieweit sich Tonträgerhersteller nunmehr auf den sog. Ⓟ-Vermerk auf Tonträgern i. S. d. Art. 5 des GTA bzw. Art. 11 Rom-Abkommen als „übliche Herstellerbezeichnung" berufen können, da dieser nach wie vor keinen eindeutigen Inhalt hat, sondern sowohl den ursprünglichen Rechtsinhaber als auch den Inhaber einfacher oder ausschließlicher Nutzungsrechte bezeichnen kann (dazu unten Rn. 60; krit. *Grünberger* GRUR 2006, 894, 899; ohne Bedenken insoweit *Spindler/Weber* ZUM 2007, 257; vgl. zum früheren Recht BGH GRUR 2003, 228 – Ⓟ-Vermerk; KG Berlin ZUM 2000, 1090; vgl. auch OLG Hamburg GRUR-RR 2001, 121 – Cat Stevens, zum Tonträgerherstellerrecht). Hier wird durch die Rechtsprechung konkretisiert werden müssen, welche Bezeichnungen insoweit als „üblich" und inhaltlich auf die originäre oder erworbene Inhaberschaft hinweisend angesehen werden können.

2. Die neue Rechtsinhaberschaftsvermutung in § 10 Abs. 3 UrhG

50 Während bisher die Inhaber vertraglich eingeräumter Nutzungsrechte – mit Ausnahme der Herausgeber und Verleger anonymer Werke gem. Abs. 2 – die volle Darlegungs- und Beweislast für den Erwerb ihrer Rechtsinhaberschaft bzgl. der Nutzungsrechte gem. §§ 31 ff. traf (zum Ausschluss einer analogen Anwendung von § 10 nach altem Recht auf einen vertraglichen Rechtserwerb s. BGH GRUR 2003, 228, 230 – Ⓟ-Vermerk; LG Mannheim MMR 2007, 335 f. – Warren G.) und lediglich die instanzgerichtliche Rspr. sich teilweise veranlasst gesehen hatte, die Inhaber ausschließlicher Vertriebsrechte vom Nachweis des vertraglichen Nutzungsrechtserwerbs zu entbinden (OLG Köln GRUR 1992, 312 f. – Amiga-Club; OLG Hamm NJW 1991, 2161, 2162; LG Hannover GRUR 1987, 635 – Raubkopien; LG Hannover CR 1988, 826; offen gelassen vom OLG Hamburg GRUR-RR 2001, 121 – Cat Stevens, zum Tonträgerherstellerrecht), hat **§ 10 Abs. 3 S. 1** n. F. nunmehr eine solche Vermutung für Inhaber **ausschließlicher** Nutzungsrechte im Rahmen von einstweiligen **Verfügungsverfahren** sowie allgemein für **Unterlassungsansprüche** geschaffen. Die Wirkung dieser Vermutung gilt dabei gem. § 10 Abs. 3 S. 2 n. F. allerdings **nicht im Verhältnis zum Urheber** oder **ursprünglichen Inhaber** des verwandten Schutzrechts.

51 Da sich die Vermutungswirkung auf die als Inhaber **ausschließlicher Nutzungsrechte** Bezeichneten erstreckt, wird den Inhaber eines **einfachen Nutzungsrechts,** der sich auf die ihm vom Urheber nach §§ 31 ff. eingeräumten Rechte beruft, nach wie vor die volle Darlegungs- und Beweisführungspflicht dafür treffen, dass er die Rechte von demjenigen wirksam erworben hat, der auf den Werkstücken als Urheber bezeichnet ist (vgl. zum alten Recht BGH GRUR 1998, 376, 379 – Coverversion). Da der Inhaber einfacher Nutzungsrechte im Normalfall jedoch nicht zur selbstständigen Geltendmachung von Verletzungsansprüchen gegenüber Dritten befugt sein wird (dazu § 97 Rn. 11), wird es hierauf praktisch wohl kaum ankommen.

§ 10 Abs. 3 n. F. geht auf eine Stellungnahme von *Schack* für den Börsenverein des deutschen Buchhandels zurück (vgl. *Schack* Stellungnahme 5). Motivation war die missliche Situation insbesondere der Verleger die vor Einfügung der §§ 87f–87h durch das 8. UrhG-ÄndG über kein eigenes Leistungsschutzrecht verfügten und daher bei eindeutigen Urheberrechtsverletzungen, vor allem wenn es um zahlreiche Werke und Online-Verletzungen ging, den Nachweis der Rechtsinhaberschaft führen mussten (vgl. RegE BT-Drs. 16/5048, 112f.; *Kunz-Hallstein/Loschelder* GRUR 2006, 483). Ob und inwieweit diese von § 10 Abs. 3 n. F. vorgesehene Erstreckung der Vermutungswirkung auf die Inhaber ausschließlicher Nutzungsrechte sachlich gerechtfertigt ist, ist umstritten (krit. insb. *Spindler/Weber* ZUM 2007, 257; *Grünberger* GRUR 2006, 894, 901).

Voraussetzung dafür, dass sich der Rechtsinhaber auf die Vermutungswirkung von § 10 Abs. 3 berufen kann, ist, dass er in der üblichen Weise als **Inhaber ausschließlicher Nutzungsrechte** bezeichnet ist (vgl. *Schack* Rn. 275a). Wer hingegen nicht als solcher bezeichnet ist, muss nach den allgemeinen Grundsätzen seinen abgeleiteten Rechtserwerb beweisen. Damit wird es entscheidend darauf ankommen, ob die jeweilige Rechtsinhaberbezeichnung gerade darauf hinweist, dass der Bezeichnete nicht nur einfache, sondern ausschließliche Nutzungsrechte besitzt. Insoweit dürfte nun allerdings nicht bereits jede Angabe der Rechtsinhaberschaft bspw. in einem Copyright-Vermerk oder ℗-Vermerk die Vermutungswirkung nach § 10 Abs. 3 auslösen, sondern nur eine solche, die gerade auf die **Ausschließlichkeit der Rechtseinräumung** hinweist, z. B. durch einen Zusatz im Copyright-Vermerk „© XY (exklusive Rechte)" oder „under exclusive license from". Ob und inwieweit der übliche Zusatz „alle Rechte vorbehalten" auf eine exklusive Rechtsinhaberschaft hinweist, wird zu klären sein. Hier wird der Rechtsprechung die Aufgabe zukommen, die entsprechende Kasuistik zu entwickeln (die ersten Urteile zu § 10 Abs. 3 sind insoweit allerdings noch wenig aussagekräftig und zeugen teilweise von den Schwierigkeiten einer Anwendung von Abs. 3, vgl. OLG Köln ZUM 2012, 583 zum ℗-Vermerk; OLG Köln ZUM-RD 2010, 324; LG München I BeckRS 2012, 20660; LG München I ZUM-RD 2012, 560 – Playback-Aufnahmen; LG Hamburg BeckRS 2009, 2039; AG München BeckRS 2013, 08504; LG Köln GRUR-RR 2013, 286 – zu ID3-Tags). Soweit im Einzelfall keine besonderen Umstände vorliegen, dürften sowohl die Verlegerangabe auf einem Buch als auch die Herstellerangabe auf einem Computerprogramm oder einem Plattencover die Vermutung des Abs. 3 auslösen, ohne dass es auf einen zusätzlichen Copyright-Vermerk ankommt (vgl. LG München I BeckRS 2012, 20660).

Die von § 10 Abs. 3 vorgesehene Vermutungswirkung für Inhaber **ausschließlicher** **52** Nutzungsrechte geht über den Regelungsgehalt von Art. 5 Durchsetzungs-Richtlinie hinaus. Es handelt sich insoweit damit nicht um harmonisiertes Recht. Denn **Art. 5** schafft **keine Vermutung zu Gunsten des Inhabers abgeleiteter Rechte** (ausf. dazu LG Mannheim MMR 2007, 335 – Warren G.; *Grünberger* GRUR 2006, 894, 898ff.).

Die Vermutung nach Abs. 3 gilt gem. S. 2 ausdrücklich nicht im Verhältnis zum Urheber oder ursprünglichen Inhaber des verwandten Schutzrechts. Soweit nach Art. 5b Durchsetzungs-Richtlinie auch Rechtsinhaber in den Genuss der Vermutungswirkung kommen, die das verwandte Schutzrecht nicht originär sondern im Wege der Übertragung erworben haben, dürfte Abs. 3 S. 2 in richtlinienkonformer Auslegung dahingehend erweiternd auszulegen sein, dass die Vermutung nach Abs. 3 S. 1 nicht nur ursprünglichen Rechtsinhabern, sondern auch ihren Rechtsnachfolgern gegenüber nicht greift.

Angesichts der Beschränkung der Vermutungswirkung in Abs. 3 auf die Geltendmachung von Ansprüchen im Wege des **einstweiligen Rechtsschutzes** sowie von **Unterlassungsansprüchen** wurde darauf hingewiesen, dass, da gem. § 101a Abs. 3 bei offensichtlicher Rechtsverletzung im Verfügungsverfahren Auskunft verlangt werden kann, nach Abs. 3 n. F. im Verfügungsverfahren letztlich mehr Ansprüche geltend gemacht werden können als in einem Hauptsacheverfahren (*Kunz-Hallstein/Loschelder* GRUR 2007, 856, 857). Die Anregung, hier eine Vereinheitlichung herbeizuführen, indem – zumindest – die

Auskunft nach § 101a Abs. 3 auch im Hauptsacheverfahren verlangt werden kann, oder sich der Umfang der Vermutungswirkung auch beim Verfügungsverfahren auf Unterlassungsansprüche beschränkt, wobei in diesem Fall keine Differenzierung zwischen den verschiedenen Klageverfahren mehr erforderlich wäre (vgl. *Kunz-Hallstein/Loschelder* GRUR 2007, 856, 857), wurde vom Gesetzgeber jedoch nicht aufgegriffen.

53 Soweit die Vermutungswirkung nach § 10 Abs. 3 nicht greift, sind die Grundsätze des **Anscheinsbeweises,** wonach bei typischen Geschehensabläufen ein ursächlicher Zusammenhang ohne exakte Tatsachengrundlage allein aufgrund von Erfahrungssätzen nachgewiesen werden kann, auf den Nachweis vertraglich eingeräumter Rechte **nicht anwendbar** (Zöller/*Greger* Vor § 284 ZPO Rn. 29 ff.), da es im Bereich der Rechtseinräumung weder typische Geschehensabläufe noch Erfahrungssätze gibt (vgl. LG München I ZUM-RD 2007, 302 – Filmrechtskette). Auch ist fraglich, ob insoweit aus einer Rechtsinhaberschaftsbezeichnung zumindest eine **tatsächliche Vermutung** abgeleitet werden kann, dass der Hersteller ausschließliche Nutzungsrechte gem. § 31 Abs. 3 übertragen hat (so Möhring/Nicolini/*Ahlberg* § 10 Rn. 32; LG Frankfurt MMR 2007, 675 – Filesharing-System). Zulässig ist jedoch in jedem Fall ein **Indizienbeweis,** bei dem mittelbare Tatsachen die Grundlagen für die Beweiswürdigung hinsichtlich des Erwerbs der Rechtsinhaberschaft liefern (vgl. OLG Köln ZUM 2012, 583 zu ID-Tag und ℗-Vermerk als „starkes Indiz" für die Rechtsinhaberschaft; Zöller/*Greger* § 286 ZPO Rn. 9a).

V. Sonstige Vermutungsregeln im Urheberrecht

1. Art. 15 RBÜ

54 **a) Regelungsinhalt.** Die Berner Übereinkunft enthält in Art. 15 RBÜ Pariser Fassung v. 24.7.1971 eine Reihe von Vermutungsregeln, die über § 10 teilweise hinausgehen (dazu ausf. *Ricketson/Ginsburg* 7.16 ff.). So sieht zunächst **Art. 15 Abs. 1 RBÜ** eine § 10 Abs. 1 S. 1 und 2 entsprechende, zu einer **Beweislastumkehr** führende **Urheberschaftsvermutung** vor, wenn entweder der Name oder ein Pseudonym, das keinen Zweifel über die Identität des Urhebers aufkommen lässt, in der üblichen Weise auf dem Werkstück angegeben sind. Für die Anwendung des Art. 15 RBÜ kommt es dabei nicht stets darauf an, was im Ursprungsland des Werkes selbst üblich ist (so aber Fromm/Nordemann/*Nordemann* § 10 Rn. 12 mit Kritik an OLG München AfP 1995, 503 f. – Ron Hubbard, wo der Klagevortrag, im Ursprungsland Kalifornien reiche auch die Angabe des Werkschöpfers als natürliche Person im Copyright-Vermerk für die Urheberschaftsvermutung aus, mit dem Hinweis übergangen wurde, in Deutschland werde unter diesem Vermerk regelmäßig der Verlag angeführt; *Nordemann/Vinck/Hertin* Bem. 2 zu Art. 15 RBÜ). Die **Üblichkeit** ist vielmehr vorrangig nach den Gebräuchen in demjenigen Land zu beurteilen, für das die Werkstücke mit der Urheberbezeichnung bestimmungsgemäß hergestellt wurden, wobei dann, wenn ein Werkstück von Anfang an für den Verkauf in mehreren Ländern hergestellt worden ist, grundsätzlich die Gebräuche in sämtlichen Vertriebsländern in Betracht zu ziehen sind. Unklar und umstritten ist, ob Art. 15 Abs. 1 RBÜ die Anbringung der Urheberbezeichnung auf jedwedem Vervielfältigungsexemplar genügen lässt, oder ob Art. 15 Abs. 1 das Vorliegen eines veröffentlichten oder sogar erschienenen Werkes voraussetzt. Zutreffend dürfte davon auszugehen sein, dass es sich um ein „published work" i. S. v. Art. 3 Abs. 3 RBÜ handeln muss (vgl. *Grünberger* GRUR 2006, 894 ff. m. w. N.), wobei die Bedeutung von „published" in Art. 3 Abs. 3 RBÜ in etwa dem Erschienensein in § 6 Abs. 2 entspricht (dazu ausf. *Ricketson/Ginsburg* 6.22 ff.).

55 **Art. 15 Abs. 3 RBÜ** wiederum enthält eine § 10 Abs. 2 entsprechende Regelung, der zufolge bei **anonymen** oder **unbekannt pseudonymen** Werken der **Verleger,** dessen Name auf dem Werkstück angegeben ist – nicht jedoch der Herausgeber –, als ermächtigt angesehen wird, den Urheber zu vertreten und dessen Rechte im eigenen Namen geltend

§ 10 Vermutung der Urheber- oder Rechtsinhaberschaft 56–58 § 10 UrhG

zu machen, solange der Urheber nicht seine Identität offenbart und seine Berechtigung nachweist. **Art. 15 Abs. 2 RBÜ** enthält eine zu Art. 15 Abs. 1 RBÜ parallele Vermutung zugunsten der Hersteller von Filmwerken. Danach gilt bis zum Beweis des Gegenteils diejenige natürliche oder juristische Person als **Filmhersteller,** deren Name in der üblichen Weise auf dem Werkstück angegeben ist (OLG Hamburg ZUM 1990, 184; Möhring/Nicolini/*Ahlberg* § 10 Rn. 34; *Ulmer* GRUR Int. 1972, 68, 70; zu Abweichungen vom Urheberschaftsprinzip bei Filmwerken in ausländischen Rechtsordnungen Vor §§ 88 ff. Rn. 14 f.). Allerdings bezieht sich Art. 15 Abs. 2 RBÜ nur auf Filmhersteller, die nach ihrem Heimatrecht als Urheber angesehen werden (OLG Düsseldorf GRUR-RR 2002, 121, 125 – Das weite Land). **Art. 15 Abs. 4 RBÜ** enthält schließlich eine besondere Wahrnehmungsvermutung zugunsten der Behörden eines Verbandslandes in Bezug auf die Rechte an **folkloristischen Werken,** bei denen Grund zu der Annahme besteht, dass ihr (unbekannter) Urheber Angehöriger eines Verbandslandes ist.

b) Anwendungsbereich. Auf die Vermutungen des zum konventionalen Mindest- 56 schutz gehörenden Art. 15 RBÜ können sich in der Bundesrepublik deutsche und ausländische Urheber aus den Verbandsländern für alle ihre Werke berufen, deren Ursprungsland i. S. v. Art. 5 Abs. 1 RBÜ nicht die Bundesrepublik Deutschland ist, die also nicht erstmals bzw. innerhalb von 30 Tagen nach ihrer Erstveröffentlichung im Ausland in der Bundesrepublik erschienen sind (Art. 5 Abs. 4, Art. 3 Abs. 3, 4 RBÜ) (zum Verhältnis von § 10 zu Art. 15 RBÜ s. auch oben Rn. 17).

2. Der Copyright-Vermerk © in Art. III WUA

Keine eigentliche Vermutungsregelung enthält die Bestimmung über den **©-Copyright-** 57 **Vermerk** in Art. III WUA v. 6.9.1952. Danach haben diejenigen Vertragsstaaten, welche die Gewährung von Urheberrechtsschutz in ihrem Land von der Erfüllung bestimmter Förmlichkeiten abhängig machen, diese Förmlichkeiten in Bezug auf ausländische Werke dann als erfüllt anzusehen, wenn alle Exemplare des Werkes, die mit Zustimmung des Urhebers oder eines anderen Inhabers des Urheberrechts veröffentlicht worden sind, von der ersten Veröffentlichung des Werkes an das Copyright-Symbol © in Verbindung mit den Namen des Inhabers des Urheberrechts und der Jahreszahl der Veröffentlichung tragen. In der Literatur wird teilweise davon ausgegangen, dass Art. III WUA eine Vermutung zugunsten der Rechtsinhaberschaft des solchermaßen Bezeichneten schafft (Möhring/Nicolini/*Ahlberg* § 10 Rn. 35). Letztlich dürfte die Förmlichkeitenregelung in Art. III WUA jedoch weder von ihrem Wortlaut noch von ihrem Sinn und Zweck her eine eigenständige Urheberschafts- oder Wahrnehmungsvermutung begründen, der Erfüllung der Förmlichkeiten allerdings regelmäßig eine starke tatsächliche Indizwirkung zukommen (vgl. Rn. 53).

Eine darüber hinausgehende Frage ist es, ob die **Erfüllung der Förmlichkeiten** des 58 Art. III WUA als solche geeignet ist, eine derartige Vermutung auszulösen. Hier dürfte zu differenzieren sein. Soweit es um die Frage geht, ob derjenige, der im Copyright-Vermerk als „Inhaber" des Urheberrechts angegeben ist, vom Urheber vertraglich **abgeleitete Nutzungsrechte** erworben hat und insoweit zur Geltendmachung von Rechtsverletzungen befugt ist, greift nunmehr die neue Inhaberschaftsvermutung nach § 10 Abs. 3 (dazu oben Rn. 50 ff.). Außerhalb dieses Anwendungsbereichs führt die Anbringung des Copyright-Vermerks **weder** zu einem **Beweis des ersten Anscheins noch** zu einer **tatsächlichen Vermutung** in Bezug auf die abgeleitete Rechtsinhaberschaft und Wahrnehmungsermächtigung. Die Aktivlegitimation ist vielmehr ordnungsgemäß nachzuweisen, die Anwendung von Erfahrungssätzen über „typische Kausalabläufe" scheidet bei vertraglichen Rechtseinräumungen aus. Eine noch andere Frage ist es schließlich, ob der **Copyright-Vermerk** eine **Urheberbezeichnung** i. S. v. § 10 Abs. 1 oder Art. 15 Abs. 1 RBÜ darstellt und die dortigen gesetzlichen Urheberschaftsvermutungen auslöst. Insoweit kommt es auf die Umstände der Anbringung im konkreten Einzelfall an (dazu auch oben Rn. 13 ff., 16).

59 Unabhängig von der Frage der (fehlenden) Vermutungswirkung des Copyright-Vermerks und trotz der grundsätzlichen Formfreiheit des Urheberschutzes aufgrund von RBÜ und TRIPS ist die **Anbringung des vollständigen Copyright-Vermerks** (Copyright-Symbol ©, Name des Rechtsinhabers, Jahreszahl der ersten Veröffentlichung, sowie die Wortgruppe „all rights reserved"), sowie ggf. wegen § 10 Abs. 3 noch ein Hinweis auf eine exklusive Rechtseinräumung, **stets** und insb. bei Werkverwertungen im Internet **sinnvoll**. Darüber hinaus ist, sofern eine Verwertung in den USA geplant oder eine Verletzung in den USA zu befürchten ist, auch eine rechtzeitige **Registrierung** des Copyrights für die USA **beim United States Copyright Office** grundsätzlich empfehlenswert, da im Verletzungsfall bestimmte Ansprüche, etwa auf Strafschadensersatz, und prozessuale Erleichterungen nur bei vorheriger Registrierung bzw. zumindest deren Beantragung gewährt werden (s. dazu *Haupt* K&R 2000, 239; weitere Informationen unter **www.copyright.gov**).

3. Der ℗-Vermerk gem. Art. 11 Rom-Abkommen und Art. 5 Genfer Tonträgerabkommen

60 Eine dem Art. III WUA entsprechende Förmlichkeitenregel enthalten Art. 5 des Genfer Tonträgerabkommens v. 29.10.1971 und Art. 11 des Rom-Abkommens v. 26.10.1961 für die Rechte der **Tonträgerhersteller** und **ausübenden Künstler,** deren Darbietungen auf einen Tonträger aufgenommen worden sind. Hiernach haben die Vertragsstaaten Förmlichkeiten des innerstaatlichen Rechts für ausländische Tonträgerhersteller und ausübende Künstler dann als erfüllt anzusehen, wenn alle im Handel befindlichen Vervielfältigungsstücke des veröffentlichten Tonträgers oder ihre Umhüllungen einen Vermerk tragen, der aus dem **Kennzeichen** ℗ in Verbindung mit der Angabe des Jahres der ersten Veröffentlichung besteht und in einer Weise angebracht ist, die klar erkennen lässt, dass der Schutz vorbehalten wird. Wenn die Tonträger oder ihre Umhüllungen den Hersteller oder den Inhaber der Rechte des Herstellers nicht mit Hilfe des Namens, der Marke oder einer anderen geeigneten Bezeichnung erkennbar machen, muss der ℗-Vermerk auch dessen Namen enthalten. Desgleichen muss der ℗-Vermerk, sofern der oder die ausübenden Künstler anonym bleiben, auch den Namen derjenigen Person enthalten, die in dem Land, in dem die Festlegung stattgefunden hat, die Rechte dieser Künstler inne hat. Diesem ℗-Vermerk kam früher keinerlei Vermutungswirkung nach § 10 Abs. 1 oder Abs. 2 zu (s.o. Rn. 49), vielmehr oblag demjenigen, der die entsprechenden Rechte geltend machen wollte, bislang der vollständige Nachweis seiner Aktivlegitimation und kam dem ℗-**Vermerk** im Rahmen dieses Nachweises allenfalls **indizielle Bedeutung** zu (so auch KG ZUM 2000, 1090 –℗-Vermerk; vgl. auch OLG Hamburg GRUR-RR 2001, 121 – Cat Stevens; aber auch LG Frankfurt MMR 2007, 675). Seitdem jedoch in Umsetzung der zwingenden Vorgaben von Art. 5 lit. b Durchsetzungs-Richtlinie in § 85 auf § 10 Abs. 1 verwiesen wird, kommt künftig eine Berufung auf den ℗-Vermerk zur Begründung einer Rechtsinhaberschaftsvermutung in Betracht.

4. Die GEMA-Vermutung

61 Zugunsten der Wahrnehmungsgesellschaften enthält **§ 13b WahrnG** die **gesetzliche Vermutung,** dass sie, soweit die Ansprüche nur von ihnen geltend gemacht werden können, die Rechte aller Berechtigten wahrnehmen (s. dazu näher § 13b WahrnG Rn. 7 ff.). Aber auch soweit diese gesetzliche Vermutung nicht eingreift, weil die Ansprüche mit Individualansprüchen der Berechtigten konkurrieren, geht die Rspr. zugunsten der **GEMA** angesichts ihres umfassenden In- und Auslandsrepertoires von einer **tatsächlichen Vermutung** ihrer Wahrnehmungsbefugnis für die Aufführungsrechte und das mechanische Vervielfältigungsrecht aus (BGH GRUR 1988, 296, 297 f. – GEMA-Vermutung IV). Um diese sog. GEMA-Vermutung zu entkräften ist ein substanziierter Sachvortrag mit Beweisantritten erforderlich (BGH GRUR 1986, 66, 68 – GEMA-Vermutung II; BGH NJW 1986, 1249, 1250 – GEMA-Vermutung III; Möhring/Nicolini/*Ahlberg* § 10 Rn. 33).

Anders als die Vermutungen des § 10 erstreckt sich die GEMA-Vermutung darüber hinaus auch darauf, dass die Werke **urheberrechtlich geschützt** sind (BGH GRUR 1986, 62f. – GEMA-Vermutung I; BGH GRUR 1988, 296, 297 – GEMA-Vermutung IV). Die GEMA-Vermutung ist somit inhaltlich umfassender als die Vermutung nach § 10.

Die von der Rechtsprechung geschaffene GEMA-Vermutung besitzt **Ausnahmecharakter.** Zugunsten der anderen Verwertungsgesellschaften wird eine derartige tatsächliche Vermutung ihrer Wahrnehmungsbefugnis teils bejaht, teils verneint (dazu ausführlich mit Nachweisen der Rspr. § 13c WahrnG Rn. 2).

VI. Sonstiges

1. § 10 im Verhältnis zu Verwertungsgesellschaften

Im Verhältnis einer Verwertungsgesellschaft zu ihren Mitgliedern hat die Vermutung des § 10 nur eine eingeschränkte Bedeutung. So kann eine Verwertungsgesellschaft ihre Wahrnehmungsberechtigten wirksam vertraglich dazu verpflichten, ihre Fähigkeit, urheberrechtlich geschützte und wirtschaftlich verwertbare Werke schaffen zu können, nachzuweisen bzw. ihre Urheberschaft an den von ihnen angemeldeten Werken in dem Umfang beweiskräftig zu belegen, soweit dies zur wirksamen Wahrnehmung ihrer Rechte gegenüber Dritten und zur Rechtfertigung ihrer Beteiligung am Vergütungsaufkommen gegenüber anderen Wahrnehmungsberechtigten, deren Anteil dadurch zwangsläufig geschmälert wird, erforderlich ist (BGH GRUR 2002, 332, 334 – Klausurerfordernis – für den Fall eines zweijährigen Komponisten; Dreier/Schulze/*Schulze* § 10 Rn. 27; Dreyer/Kotthoff/Meckel/*Dreyer* § 10 Rn. 7; *Dietz* ZUM 2003, 41, 42; *Riesenhuber* GRUR 2003, 187, 195).

Darüber hinaus werden Verwertungsgesellschaften als berechtigt angesehen, von einem Verwerter die Aufdeckung eines von ihm angegebenen Pseudonyms zu verlangen, damit sie ihrer Ausschüttungspflicht gegenüber dem dahinter stehenden Urheber nachkommen können (LG Berlin GRUR 1971, 229 – Bert Brac), wobei sie allerdings ihrerseits dazu verpflichtet sind, die Anonymität des Urhebers, der sich hinter dem Pseudonym verbirgt, gegenüber Dritten und insbesondere gegenüber der Öffentlichkeit zu wahren (*Riesenhuber* GRUR 2003, 187, 196).

2. Strafrechtlicher Schutz der Urheberbezeichnung

Die Befugnis des Urhebers, darüber zu entscheiden, ob und mit welcher Urheberbezeichnung sein Werk versehen werden soll, ist durch § 107 Abs. 1 Nr. 1 auch **strafrechtlich geschützt** (s. näher § 107 Rn. 2f.; dort auch zum nach § 107 Abs. 1 Nr. 2 strafbaren Vortäuschen eines Originals).

3. Der Künstlername im Rechtsverkehr

Der **Künstlername** genießt innerhalb des Verkehrs, für den er bestimmt ist, den **Schutz des Namensrechts aus § 12 BGB** (OLG Nürnberg Schulze OLGZ 9, 9 – Texas Bill m.w.N.; OLG Hamm GRUR 1967, 260 – Irene von Velden; LG Düsseldorf NJW 1987, 1413 – Heino; ausf. zum Künstlernamen *Andryk* AfP 2007, 187). Die **gesetzliche Schriftform** ist grundsätzlich eingehalten, wenn mit dem Künstlernamen unterschrieben wird (BGH NJW 1996, 997; Palandt/*Heinrichs* § 126 BGB Rn. 9). Alle Schriftstücke mit dem Künstlernamen sind damit als Urkunden i.S.v. §§ 415ff. ZPO anzuerkennen. Auch für die Zulässigkeit einer Klage ist es ohne Einfluss, ob der Künstler mit seinem Künstlernamen bezeichnet ist (Soergel/*Heinrich* § 12 BGB Rn. 120).

Auch nach der Reform des Pass- und Personalausweisrechts können Künstlernamen weiterhin in den Reisepass (§ 4 Abs. 1 S. 2 Nr. 4 PaßG) oder Personalausweis (§ 5 Abs. 2 Nr. 12 PAuswG) eingetragen werden.

4. Ablauf der Umsetzungsfrist, Inkrafttreten von § 10 n. F., Übergangsrecht

65 Gem. Art. 10 des DurchsetzungsG (BGBl. I 2008, S. 1991) ist § 10 n. F. zum 1.9.2008 in Kraft getreten. Auf spezielle Übergangsvorschriften wurde explizit verzichtet; die Frage, ob die neuen Vorschriften auch für Rechtsverletzungen gelten, die vor dem Inkrafttreten der jeweiligen Neuregelung begangen worden sind, beurteilt sich vielmehr nach den allgemeinen Grundsätzen (Begr. RegE S. 123f.). Danach dürfte die Neuregelung in § 10 Abs. 3, da es keinerlei zu berücksichtigenden Vertrauensschutz gibt, mit ihrem Inkrafttreten sogleich in sämtlichen anhängigen Verfahren Anwendung finden, unabhängig davon, wann die Rechtsverletzung begangen worden ist. Auf die Frage, ob Art. 5 der Durchsetzungs-Richtlinie seit dem Ablauf der Umsetzungsfrist am 29.4.2006 (vgl. Art. 20 Abs. 1 RL 2004/48/EG) unmittelbar anwendbar ist (vgl. *Eisenkolb* GRUR 2007, 387, 389 m. w. N.) kommt es damit nicht mehr an.

Soweit die Neufassung von § 10, insb. hinsichtlich des Erscheinenserfordernisses als im Widerspruch zu Art. 5 Durchsetzungs-Richtlinie stehend angesehen wird, ist diese Frage durch eine Vorlage an den EuGH zu klären (Art. 267 AEUV).

Abschnitt 4. Inhalt des Urheberrechts

1. Allgemeines

§ 11 Allgemeines

Das Urheberrecht schützt den Urheber in seinen geistigen und persönlichen Beziehungen zum Werk und in der Nutzung des Werkes. Es dient zugleich der Sicherung einer angemessenen Vergütung für die Nutzung des Werkes.

Literatur: *Dorner*, Umfassende Nutzungsrechteeinräumung gegen Pauschalabgeltung – Ende für „Buyouts"?, MMR 2011, 780; *Hubmann*, Die Entwicklung des Urheberpersönlichkeitsrechts im Spiegel der Grünen Zeitschrift, in: *Beier* (Hrsg.), Festschrift zum hundertjährigen Bestehen der Deutschen Vereinigung für gewerblichen Rechtsschutz und Urheberrecht und ihrer Zeitschrift, Weinheim 1991 (zit. *Hubmann* FS GRUR).

Vgl. darüber hinaus die Angaben im eingangs abgedr. Gesamtliteraturverzeichnis.

Übersicht

	Rn.
I. Regelung des § 11 S. 1	1, 2
II. Regelung des § 11 S. 2	3, 4

I. Regelung des § 11 S. 1

1 § 11 S. 1 hat **einleitenden Charakter.** Die Bestimmung umschreibt den Regelungsgehalt des Urheberrechts und bringt zum Ausdruck, dass das Urheberrecht sowohl dem Schutz der ideellen als auch der materiellen Interessen des Urhebers dient (AmtlBegr. *M. Schulze* Materialien 430). Dem Urheber gewährt die Vorschrift keine spezifischen Rechte. § 11 S. 1 hat aber bei der Auslegung der einzelnen Urheberrechte Bedeutung. So ist der Bestimmung zu entnehmen, dass dem deutschen UrhG die **monistische Lehre**

§ 11 Allgemeines 2–4 § 11 UrhG

zugrunde liegt (Fromm/Nordemann/Czychowski § 11 Rn. 2; Möhring/Nicolini/*Kroitzsch* § 11 Rn. 5; Schricker/Loewenheim/*Loewenheim* § 11 Rn. 3; Dreier/Schulze/*Schulze* § 11 Rn. 2; Dreyer/Kotthoff/Meckel/*Dreyer* § 11 Rn. 3). Der Gesetzgeber hat sich mit der Vorschrift des § 11 gemäß der monistischen Lehre auf einen **einheitlichen Schutz** der geistig-persönlichen und der vermögensrechtlichen Interessen des Urhebers festgelegt.

Beide Seiten des Urheberrechts – das Persönlichkeitsrecht und das Vermögensrecht **2** (Verwertungsrechte) – bilden eine Einheit, so dass **die Vorschriften des Urheberrechts jeweils beide Interessensphären des Urhebers schützen** können. Der Urheber kann sich deshalb auf Kernbefugnisse des Urheberpersönlichkeitsrechts (§§ 12 bis 14) stützen, auch wenn es ihm um die Wahrnehmung von Interessen geht, die überwiegend die Werknutzung betreffen. Andererseits darf er ideell-persönliche Interessen an dem Werk mittels verwertungsrechtlicher Vorschriften durchsetzen. Viele Sachverhalte berühren auch untrennbar urheberpersönlichkeitsrechtliche wie verwertungsrechtliche Bestimmungen. Bspw. ist die Verwertung eines unveröffentlichten Werkes ohne gleichzeitige Ausübung des Veröffentlichungsrechts nach § 12 nicht möglich (s. § 12 Rn. 10). Weiter berührt die Nutzungsrechtseinräumung mit Änderungsbefugnis (§ 39) die durch die urheberpersönlichkeitsrechtliche Bestimmung des § 14 geschützte Werkintegrität (s. § 14 Rn. 2). *Ulmer* hat zur Veranschaulichung dieses Ineinandergreifens von Persönlichkeits- und Vermögensrecht im Urheberrecht **das Bild eines Baumes** geprägt: Das Urheberrecht ist danach der Stamm, der seine Kräfte aus verschiedenen Wurzeln zieht, die die materiellen und ideellen Interessensphären verkörpern; die einzelnen urheberrechtlichen Rechte setzt er mit den Ästen und Zweigen gleich, die aus dem Stamm wachsen. Die vermögens- und persönlichkeitsrechtlichen Befugnisse ziehen ihre Kraft als Bestandteile eines einheitlichen Stamms „bald aus beiden, bald ganz oder vorwiegend aus einer der Wurzeln" (*Ulmer* 116). Aufgrund dieser Doppelnatur ist eine einheitliche Schutzdauer hinsichtlich des gesamten Urheberrechts zugrunde zu legen (Dreier/Schulze/*Schulze* § 11 Rn. 7, § 12 Rn. 8; Dreyer/Kotthoff/ Meckel/*Dreyer* Vor §§ 12 ff. Rn. 33), d. h. dass auch für das Urheberpersönlichkeitsrecht eine Schutzfrist von 70 Jahren p. m. a. gilt (*Hubmann* FS GRUR 1175, 1183).

II. Regelung des § 11 S. 2

Mit dem Gesetz zur Stärkung der vertraglichen Stellung von Urhebern und ausübenden **3** Künstlern 2002 (siehe Vor §§ 31 ff. Rn. 3) wurde § 11 S. 2 neu in das UrhG aufgenommen. Das Prinzip der angemessenen Vergütung, eine wirtschaftliche Absicherung des Urhebers zu gewähren, erhielt damit **Leitbildfunktion** (BT-Drucks. 14/8058, 41; AmtlBegr. BT-Drucks. 14/6433, 4 i. d. F. der Beschlussempfehlung BT-Drucks. 14/7564, Anlage 1; BGHZ 17, 266, 282 – Grundig-Reporter; Schricker/Loewenheim/*Loewenheim* Einl. Rn. 13 m. w. N.; Schricker/Loewenheim/*v. Ungern-Sternberg* § 15 Rn. 6 m. w. N.; Dreier/ Schulze/*Schulze* § 11 Rn. 8).

§ 11 S. 2 kann darüber hinaus unmittelbar herangezogen werden, um im Rahmen der **4** **AGB-Kontrolle** die Vorschriften nach dem Normzweck auszulegen (ausführlich Vor §§ 31 ff. Rn. 97 ff.). Das Prinzip der angemessenen Vergütung als wesentlicher Grundgedanke des Urheberrechts ist als Maßstab bei der AGB-Kontrolle zu beachten (s. Vor §§ 31 ff. Rn. 108). Die Bestimmung des § 11 S. 2 wird dabei durch **§§ 32, 32a** ergänzt. Diese Vorschriften sichern die angemessene Vergütung des Urhebers, wenn die Inhaltskontrolle der allgemeinen Geschäftsbedingungen nicht möglich ist (§ 307 Abs. 3 BGB). In AGB kann eine Pauschalvergütung für sämtliche übertragenen Nutzungen (sog. bail-out) grds. eine angemessene Vergütung nach § 11 S. 2 darstellen, wenn eine angemessene Beteiligung am voraussichtlichen Gesamtertrag der Nutzungen gewährleistet ist (BGH ZUM 2010, 48 – Talking to Addison). Es genügt nicht, wenn die Vergütung weitergehender Nutzungen von einer „Absprache" abhängig gemacht wird, da diese Regelung es auch

UrhG Vor §§ 12ff. Vorbemerkung

erlaubt, dass keine Vergütung für die eingeräumten weitergehenden Nutzungsrechte gezahlt wird (KG ZUM 2010, 799, 802) und somit zu unbestimmt ist (BGH, 31.5.2012 – I ZR 73/10; allg. zur Problematik *Dorner* MMR 2011, 780).

2. Urheberpersönlichkeitsrecht

Vorbemerkung Vor §§ 12 ff.

Literatur: *Bullinger*, Kunstwerkfälschung und Urheberpersönlichkeitsrecht, Berlin 1997; *Clement*, Urheberrecht und Erbrecht, Baden-Baden 1993; *Dietz*, Das Urheberpersönlichkeitsrecht vor dem Hintergrund der Harmonisierungspläne der EG-Kommission, ZUM 1993, 309; *Elmenhorst/v. Brühl*, Wie es Euch gefällt? Zum Antagonismus zwischen Urheberrecht und Eigentümerinteressen, GRUR 2012, 126; *Federle*, Der Schutz der Werkintegrität gegenüber dem vertraglich Nutzungsberechtigten im deutschen und US-amerikanischen Recht, Baden-Baden 1998; *Grunert*, Werkschutz contra Inszenierungskunst – Der urheberrechtliche Gestaltungsspielraum der Bühnenregie, München 2002; *Hunziker*, Immaterialgüterrechte nach dem Tod des Schöpfers, Bern 1983; *Lucas-Schloetter*, Die Rechtsnatur des Droit Moral, GRUR Int. 2002, 809; *Neumann-Duesberg*, Verwechselung des Urheberpersönlichkeitsrechts mit dem allgemeinen Persönlichkeitsrecht, NJW 1971, 1640; *Obergfell*, Entstellungsschutz post mortem? – Der Urheberrechtsfall „Stuttgart 21", GRUR-Prax 2010, 233; *Osenberg*, Die Unverzichtbarkeit des Urheberpersönlichkeitsrechts, Berlin 1979; *Schack*, Das Persönlichkeitsrecht des Urhebers und ausübenden Künstlers nach dem Tode, GRUR 1985, 352; *G. Schulze*, Vernichtung von Bauwerken, FS Dietz, 177; *Wronka*, Das Verhältnis zwischen dem allgemeinen Persönlichkeitsrecht und den sogenannten besonderen Persönlichkeitsrechten, UFITA 69 (1973) 71.

Vgl. darüber hinaus die Angaben im eingangs abgedr. Gesamtliteraturverzeichnis.

Übersicht

	Rn.
I. Das Urheberpersönlichkeitsrecht	1–8
1. Schutzzweck	1–3
a) Urheber-Werk-Beziehung	1
b) Bezug zur Person des Urhebers	2
c) Schutz der ideellen und materiellen Interessen des Urhebers	3
2. Inhalt des Urheberpersönlichkeitsrechts	4
3. Festigkeit des Urheberpersönlichkeitsrechts	5–8
a) Unverzichtbarkeit und Unübertragbarkeit des Urheberpersönlichkeitsrechts	5
b) Vertragliche Bindungen bei der Ausübung der Urheberpersönlichkeitsrechte	6–8
aa) Spannungsverhältnis	6
bb) Ausgleich der Interessen	7
cc) Gestaltungshöhe des Werkes als Kriterium	8
II. Das Urheberpersönlichkeitsrecht nach dem Tod des Urhebers	9–15
1. Grundsatz der Vererblichkeit	9, 10
a) Prinzip	9
b) Gleichbleibendes Gewicht der Urheberinteressen	10
2. Einschränkungen der Vererblichkeit	11
3. Bindungsfreiheit der Erben bei der Ausübung des Urheberpersönlichkeitsrechts	12
4. Ausübung des Urheberpersönlichkeitsrechts bei Mehrheit der Erben	13, 14
5. Ausübung des Rechts nach dem Tod des Urhebers durch Dritte	15
III. Urheberpersönlichkeitsrecht und allgemeines Persönlichkeitsrecht	16–20
1. Das Konzept vom eigenständigen Persönlichkeitsrecht	16
2. Vorrang des Urheberpersönlichkeitsrechts	17
3. Ergänzender Werkschutz aus dem allgemeinen Persönlichkeitsrecht	18–20
a) Fehlender Urheberrechtsschutz	18
b) Altfälle	19
c) Konkurrenz	20

I. Das Urheberpersönlichkeitsrecht

1. Schutzzweck

a) Urheber-Werk-Beziehung. Das Urheberpersönlichkeitsrecht schützt als **besonderes Persönlichkeitsrecht** die enge Beziehung zwischen dem Urheber und seinem Werk. Das künstlerische Werk bringt das Wesen, die Wahrnehmung und Gefühle sowie die Einsichten seines Schöpfers in einer individuellen Form zum Ausdruck. Im besten Fall spiegelt das Werk die Persönlichkeit des Urhebers wider, so dass in Bezug auf das urheberrechtlich geschützte Werk das Bild vom **geistigen Kind** zutrifft. Der Gehalt an eigenpersönlichem Ausdruck in einem Kunstwerk rechtfertigt es, dem Urheber neben den verwertungsrechtlichen urheberpersönlichkeitsrechtliche Befugnisse zuzuerkennen. Das Urheberpersönlichkeitsrecht bildet die Brücke zwischen dem Urheber und dem Werk, wenn sich dieses im Verkehr befindet. Die geistige **Verbindung** zwischen dem Urheber und seinem Werk wird nicht dadurch aufgehoben, dass der Urheber das Werk aus seiner Sphäre in die Außenwelt entlässt. Dem Urheberpersönlichkeitsrecht kommt gerade dann besondere Bedeutung zu, wenn der Urheber an seinem Werk Nutzungs- oder Bearbeitungsrechte eingeräumt oder sein Werkoriginal veräußert hat (Fromm/Nordemann/*Dustmann* Vor § 12 Rn. 2).

b) Bezug zur Person des Urhebers. Das Urheberpersönlichkeitsrecht schützt den Urheber **als Person** und dient nicht dem Schutz des Werkes um seiner selbst willen. Diese **Schutzrichtung** ergibt sich aus der persönlichkeitsrechtlichen Natur des Rechts, aber auch aus dem Wortlaut des § 11 S. 1 („Das Urheberrecht schützt den Urheber in seinen geistigen und persönlichen Beziehungen zum Werk.").

c) Schutz der ideellen und materiellen Interessen des Urhebers. Seiner persönlichkeitsrechtlichen Natur entsprechend schützt das Urheberpersönlichkeitsrecht überwiegend die ideellen Interessen des Urhebers am Werk. Es schützt daneben aber auch seine materiellen Interessen (Schricker/Loewenheim/*Dietz/Peukert* Vor § 12 Rn. 11; Fromm/Nordemann/*Dustmann* Vor § 12 Rn. 8; Loewenheim/*Dietz/Peukert* § 15 Rn. 5). So dient bspw. das Recht auf Anerkennung der Urheberschaft nicht nur dem ideellen Interesse des Urhebers, mit seinem Werk in der Öffentlichkeit in Verbindung gebracht zu werden. Es dient auch dazu, dem Urheber die Akquisition von Folgeaufträgen über den Namenshinweis zu ermöglichen (OLG München GRUR 1969, 146; OLG Düsseldorf GRUR 1993, 664). Die Werbefunktion bezieht sich dabei auf die materiellen Interessen des Urhebers. Auch das urheberrechtliche Entstellungsverbot schützt nicht nur das ideelle Interesse des Urhebers an der Werkintegrität. Es soll den Urheber auch vor materiellen Nachteilen bewahren, die sich bspw. aus der Verbreitung entstellter Werkexemplare für den Urheber ergeben könnten. Wird das Ende eines dramatischen Romans durch ein nicht von dem Urheber stammendes Happy End verfälscht, so kann sich dies negativ auf die Verkaufszahlen des Romans und damit auf die materiellen Interessen des Urhebers auswirken.

2. Inhalt des Urheberpersönlichkeitsrechts

Das Urheberpersönlichkeitsrecht ist aus einer **Anzahl einzelner urheberpersönlichkeitsrechtlicher Befugnisse** gebildet. Das UrhG unterscheidet zwischen einem **Kernbereich** des Urheberpersönlichkeitsrechts und Normen mit **urheberpersönlichkeitsrechtlichem Einschlag**. Die Vorschriften der §§ 12 bis 14 bilden den Kernbereich des Urheberpersönlichkeitsrechts. Zum Urheberpersönlichkeitsrecht im engeren Sinn gehören das Veröffentlichungsrecht (§ 12), das Recht auf Anerkennung der Urheberschaft (§ 13) und das Recht auf Schutz gegen Entstellung und Beeinträchtigung des Werkes (§ 14, auch in Verbindung mit § 39). Darüber hinaus befinden sich im UrhG mehrere Bestimmungen mit urheberpersönlichkeitsrechtlicher Prägung. Zu ihnen zählen das Zugangsrecht des Urhebers zu Werkexemplaren (§ 25), das Änderungsverbot im Zusammenhang mit einer erlaubten Werknutzung (§ 39), die Verpflichtung zur Quellenangabe bei Zitaten (§ 63) sowie die Einschränkungen bei der Zwangsvollstreckung in urheberrechtlich geschützte Werke gegen den Urheber (§§ 113 ff.). Schließlich gewährt § 97 Abs. 2 dem Urheber nur dann einen Anspruch auf Ersatz des immateriellen Schadens, wenn eine schwerwiegende Verletzung seines Urheberpersönlichkeitsrechts vorliegt. Einem bloßen Nutzungsberechtigten kann dieser Anspruch dagegen nicht zustehen.

3. Festigkeit des Urheberpersönlichkeitsrechts

5   **a) Unverzichtbarkeit und Unübertragbarkeit des Urheberpersönlichkeitsrechts.** Der Urheber kann auf das Urheberpersönlichkeitsrecht als solches und auf die Ausübung der einzelnen Rechte nicht mit dinglicher Wirkung verzichten (Schricker/Loewenheim/ *Dietz/Peukert* Vor § 12 Rn. 26; Fromm/Nordemann/*Dustmann* Vor § 12 Rn. 10; Dreier/ Schulze/*Schulze* Vor § 12 Rn. 12; Loewenheim/*Dietz/Peukert* § 15 Rn. 17; Dreyer/ Kotthoff/Meckel/*Dreyer* Vor §§ 12 ff. Rn. 6, 33; *Wegner/Wallenfels/Kaboth* 1. Kap. Rn. 93). Dies folgt aus der persönlichkeitsrechtlichen Natur des Rechts, die eine **unauflösliche Verbindung** zwischen Recht und Rechtsträger begründet. So wenig wie die Menschenwürde (Art. 1 Abs. 1, Art. 2 Abs. 2 GG) in ihrem Kern abdingbar ist, so wenig sind dies die auf ihr beruhenden Rechte. Das Urheberpersönlichkeitsrecht oder die urheberpersönlichkeitsrechtlichen Befugnisse können deshalb nicht vom Urheber auf Dritte übertragen werden. Dies gilt auch für ihre **Ausübung.** So ist auch eine **gewillkürte Prozessstandschaft** unzulässig, sofern Urheberpersönlichkeitsrechte im engeren Sinne betroffen sind (§§ 12–14; a. A. BGH ZUM 2010, 792, 794 – Klingeltöne für Mobiltelefone II). Entsprechend der zum allgemeinen Persönlichkeitsrecht entwickelten Rechtsprechung sind die Urheberpersönlichkeitsrechte wegen ihres **höchstpersönlichen Charakters** mit dem Rechtsinhaber derart eng verbunden, dass Dritte sie nicht im eigenen Namen ausüben dürfen (BGH GRUR 1983, 379, 381 – Geldmafiosi). Zur Situation nach dem Tod des Urhebers s. Rn. 9 ff.

6   **b) Vertragliche Bindungen bei der Ausübung der Urheberpersönlichkeitsrechte. aa) Spannungsverhältnis.** Die Unverzichtbarkeit der urheberpersönlichkeitsrechtlichen Befugnisse kann zu einem **Spannungsverhältnis** zwischen dem Urheber und dem **Werkverwerter** führen. Ginge man von einer strengen Unverzichtbarkeit der urheberpersönlichkeitsrechtlichen Befugnisse aus, so könnte sich ein Nutzungsberechtigter bspw. nicht darauf verlassen, dass der Urheber, der zunächst einer Änderung des Werkes vertraglich zugestimmt hat, eine Verwertung des Werkes im Nachhinein durch Ausübung des urheberpersönlichkeitsrechtlichen Entstellungsverbots vereitelt. Weiter könnte bspw. der Verwerter eines Werkes nicht sicher sein, dass eine **vertragliche Abrede,** nach der ein Urheber bei dem Abdruck seines Werkes nicht genannt wird, Bestand hat. Könnte sich der Urheber im Nachhinein uneingeschränkt auf seinen urheberpersönlichkeitsrechtlichen Anspruch auf Werkintegrität oder Urheberbenennung berufen, so wäre eine entsprechende vertragliche Bestimmung, die etwas anderes bestimmt, substanzlos.

7   **bb) Ausgleich der Interessen.** Wie gezeigt (Rn. 5), wäre es andererseits mit der Natur des Urheberpersönlichkeitsrechts unvereinbar, von einer Verzichtbarkeit auf die urheberpersönlichkeitsrechtlichen Befugnisse im Rahmen einer Nutzungsrechtseinräumung auszugehen. Sachgerecht ist es deshalb, dem Urheber die Möglichkeit einzuräumen, sich bezüglich der Ausübung seiner urheberpersönlichkeitsrechtlichen Befugnisse wirksam **zur Unterlassung verpflichten** zu können (Schricker/Loewenheim/*Dietz/Peukert* Vor § 12 Rn. 26; *v. Gamm* § 11 Rn. 7; *Bullinger* 82; s. aber § 12 Rn. 2: Überlassung zur Ausübung; ebenso § 6 Rn. 22; vgl. auch Vor §§ 31 ff. Rn. 38: gebundene Übertragung möglich; weitergehend Fromm/Nordemann/*Dustmann* Vor § 12 Rn. 10, der von einer Übertragung

urheberpersönlichkeitsrechtlicher Befugnisse mit dinglicher Wirkung ausgeht). Wie auch in anderen Bereichen, die Persönlichkeitsrechte betreffen, ist eine **schuldrechtliche Verpflichtung** des Rechtsträgers, Befugnisse nicht auszuüben, aber nur dort möglich, wo der Kernbereich der Rechte nicht betroffen ist und eine wirtschaftlich vernünftige Verwertung der Werke dies notwendig macht. So muss der Urheber bspw. Bearbeitungen seines Werkes, die dieses beeinträchtigen, zulassen können. Schwerwiegende Entstellungen muss der Urheber aber auch **im Nachhinein verbieten** dürfen, wenn er zuvor die entsprechenden Änderungen zugelassen hat. Die ästhetische Wirkung einer Bearbeitung eines Werkes lässt sich nämlich häufig erst nach ihrer Verwirklichung erkennen. Das Urheberpersönlichkeitsrecht würde ausgehöhlt, wenn dem Urheber aufgrund seiner vertraglichen Verpflichtungen die Hände gebunden wären, die Verbreitung eines in schwerwiegender Weise entstellten Werkes zu untersagen (s. § 14 Rn. 1). Soweit das Recht auf Namensnennung betroffen ist, kann der Urheber für einzelne Veröffentlichungen oder für einen bestimmten Zeitraum die Verpflichtung eingehen, auf die Namensnennung zu verzichten und nicht als Urheber aufzutreten (Stichwort: **Ghostwriter-Fälle**). Er muss aber die Möglichkeit haben, zu einem späteren Zeitpunkt wieder als Urheber des Werkes in Erscheinung treten zu können (s. § 13 Rn. 23). Eine **endgültige Aufgabe** des Rechts auf Namensnennung durch den Urheber ist **nicht möglich**. Die schuldrechtlichen Einschränkungen der Ausübung der Urheberpersönlichkeitsrechte dürfen nicht zu ihrer inhaltlichen Entwertung führen. Die Feststellung, dass Rechte unverzichtbar sind, ist ernst zu nehmen.

cc) Gestaltungshöhe des Werkes als Kriterium. Wesentliche Gesichtspunkte bei der **8** Beurteilung, inwieweit Urheberpersönlichkeitsrechte faktisch vertraglich beschränkt werden können, sind **Komplexität und Individualität** des betroffenen Werkes. Urheberpersönlichkeitsrechten kommt umso größere Bedeutung zu, je stärker die individuelle Eigenart des Schöpfers in das Werk eingeflossen ist. Bei schlichten **Alltagsschöpfungen,** die gerade noch in den Schutzbereich des UrhG fallen, kommt den urheberpersönlichkeitsrechtlichen Schutzbestimmungen weit geringeres Gewicht zu. Bei Werken, die der sog. kleinen Münze des Urheberrechts zuzurechnen sind, hat der Urheber die Möglichkeit, auch grundlegenden Veränderungen des Werkes im Rahmen der Werknutzung bindend zuzustimmen. Das Urheberpersönlichkeitsrecht darf sich in diesem Zusammenhang nicht zu einem Hemmschuh bei der Werkverwertung entwickeln. Wegen der Weite des Anwendungsbereichs des UrhG ist eine **praxisnahe Betrachtungsweise** bei funktionsbestimmten Werken geboten.

II. Das Urheberpersönlichkeitsrecht nach dem Tod des Urhebers

1. Grundsatz der Vererblichkeit

a) Prinzip. Das Urheberpersönlichkeitsrecht ist vererblich. Dies ergibt sich aus § 28 **9** Abs. 1. Nach der monistischen Lehre ist das Urheberpersönlichkeitsrecht Teil eines einheitlichen, **als Ganzes vererblichen Urheberrechts,** bei dem die Urheberpersönlichkeitsrechte und die Verwertungsrechte eine untrennbare Einheit bilden (*Schack* Rn. 649; *Schack* GRUR 1985, 352, 354; Dreier/Schulze/*Schulze* Vor § 12 Rn. 8). Für das Urheberpersönlichkeitsrecht erübrigt sich wegen der klaren Gesetzeslage eine besondere Begründung für die Gewährung des **postmortalen Persönlichkeitsschutzes,** wie er für das allgemeine Persönlichkeitsrecht notwendig ist (Schricker/Loewenheim/*Dietz/Peukert* Vor § 12 Rn. 29; BGHZ 50, 133 – Mephisto).

b) Sich abschwächendes Gewicht der Urheberinteressen. Das Urheberpersönlich- **10** keitsrecht besteht zwar in der Frist des § 64. Die urheberpersönlichkeitsrechtlichen Interessen verlieren jedoch mit dem **zeitlichen Abstand zum Tode** des Urhebers an Gewicht (§ 39 Rn. 24; § 30 Rn. 13; BGH GRUR 1989, 106, 107 – Oberammergauer Passionsspiele II; OLG Stuttgart GRUR-RR 2011, 56, 59 – Stuttgart 21; Dreyer/Kotthoff/Meckel/ *Dreyer* Vor §§ 12 ff. Rn. 31; Schricker/Loewenheim/*Dietz/Peukert* Vor §§ 12 ff. Rn. 31; Ulmer 357; *v. Gamm* § 30 Rn. 4; Loewenheim/*Dietz/Peukert* § 15 Rn. 15, § 16 Rn. 111; Grunert 120 ff.; *Haberstumpf* Rn. 381; *Federle* 56; a. A. die Vorauflage, sowie Dreier/Schulze/ *Schulze* Vor § 12 Rn. 8; Fromm/Nordemann/*J. B. Nordemann* § 30 Rn. 1; Möhring/ Nicolini/*Kroitzsch* § 11 Rn. 20; *G. Schulze* FS Dietz 177, 200; *Bullinger* 206 f.; *Obergfell* GRUR-Prax 2010, 233, 236). § 64 legt nur die Schutzdauer fest, nicht hingegen die Schutzintensität. Die Werkintegrität soll auch nach dem Tod des Urhebers geschützt bleiben. Das Schutzbedürfnis schwindet aber in dem Maße, in dem die Erinnerung an den verstorbenen Urheber verblasst und im Laufe der Zeit auch das Interesse an der unveränderten Bestandhaltung abnimmt (OLG Stuttgart GRUR-RR 2011, 56, 61 – Stuttgart 21; als rechtsfehlerfrei bestätigt von BGH ZUM 2012, 33, 34 – Stuttgart 21). Die Urheberinteressen verblassen mithin im Laufe der Jahre und haben daher nicht notwendig dasselbe Gewicht wie zu Lebzeiten des Urhebers (BGH ZUM 2008, 862, Rn. 29 – St. Gottfried). Nach der Rechtsprechung sind insoweit tatsächliche Feststellungen erforderlich, dass sich das Urheberinteresse verringert hat (BGH GRUR 1989, 106, 107 – Oberammergauer Passionsspiele II). Insbesondere die vermögensrechtlichen Interessen der Erben können mit zunehmendem Abstand zum Tode des Urhebers hinter dem Änderungsbedürfnis der Allgemeinheit bzw. des Eigentümers zurücktreten (dazu näher § 14 Rn. 10 ff., 32). Die entgegenstehende Auffassung, die mit der monistischen Konzeption des Urheberrechts als einheitliches, materielle und ideelle Interessen vereinendes Recht argumentiert, ist zu unflexibel. Nur unter Berücksichtigung der möglichen Verblassung des Urheberrechtsschutzes durch Zeitablauf können die konfligierenden Interessen angemessen ausgeglichen sowie eine hohe Einzelfallgerechtigkeit gewährleistet werden. Die von der Rechtsprechung entwickelten Maßstäbe zum postmortalen allgemeinen Persönlichkeitsrecht gelten somit ebenso für das Urheberpersönlichkeitsrecht, da dieses eine besondere Erscheinungsform des allgemeinen Persönlichkeitsrechts darstellt (vgl. Vor §§ 12 ff. Rn. 16; ausführlich zum Streitstand *Elmenhorst/v. Brühl* GRUR 2012, 126).

2. Einschränkungen der Vererblichkeit

11   Der **Umfang der urheberpersönlichkeitsrechtlichen Befugnisse der Erben** folgt aus den Vorschriften der §§ 30, 64. Danach stehen den Rechtsnachfolgern grds. **alle Rechte** des Urhebers bis zum Ablauf der Schutzfrist zu. Die Rechtsnachfolger erhalten insb. ohne Einschränkung die urheberpersönlichkeitsrechtlichen Befugnisse aus §§ 12–14. Der im zweiten Halbs. der Bestimmung des § 13 enthaltene Zusatz „soweit nichts anderes bestimmt ist" führt zu keinen Einschränkungen für den Kernbereich des Urheberpersönlichkeitsrechts. Für die Vererblichkeit des Urheberpersönlichkeitsrechts im weiteren Sinne bestehen allerdings einige **Einschränkungen** (vgl. auch Loewenheim/*Dietz/Peukert* § 15 Rn. 14). Nach § 42 Abs. 1 kann das Rückrufrecht wegen gewandelter Überzeugung nur eingeschränkt vererbt werden (s. § 42 Rn. 9). Eine weitere Ausnahme besteht für den Anspruch auf Ersatz von immateriellem Schaden nach §§ 30, 97 Abs. 2. So erhalten die Erben keinen Schadensersatz für immaterielle Schäden, wenn die Verletzung des Urheberpersönlichkeitsrechts nach dem Tode des Urhebers eingetreten ist (vgl. § 97 Rn. 85). Das UrhG berücksichtigt mit der Regelung den Umstand, dass die Erben, auch wenn sie nach dem Tod des Urhebers Inhaber des Urheberpersönlichkeitsrechts sind, nicht dieselbe ideelle Bindung zu dem Werk wie der Urheber haben (AmtlBegr. BT-Drucks. IV/270, 104). So erhält bspw. der Erbe keinen immateriellen Schadensersatz aus § 97 Abs. 2 wegen des Vertriebs der das Originalwerk entstellenden Fälschungen, wenn der Urheber zum Zeitpunkt der Rechtsverletzung bereits verstorben ist (OLG Hamburg ZUM 1995, 430, 433 f. – Aristide Maillol). Der Anspruch wegen vor dem Erbfall eingetretenen Urheberpersönlichkeitsrechtsverletzungen ist in jedem Fall, ob anerkannt oder nicht, vererblich (Fromm/Norde-

Vorbemerkung 12 **Vor §§ 12ff. UrhG**

mann/*J. B. Nordemann* § 30 Rn. 8 und 10). Nicht entscheidend ist auch, ob der Urheber die Verletzung seines Urheberpersönlichkeitsrechts kannte oder nicht (AmtlBegr. BT-Drucks. IV/270, 104).

3. Bindungsfreiheit der Erben bei der Ausübung des Urheberpersönlichkeitsrechts

Die Erben können nach dem Tode des Urhebers die urheberpersönlichkeitsrechtlichen 12
Befugnisse **frei ausüben**. Sie sind nicht an den erklärten oder mutmaßlichen Willen des verstorbenen Urhebers gebunden (für die wohl h. M. Soergel/*Stein* § 1922 BGB Rn. 35; *Hunziker* 408). Indem die Erben die volle Rechtsstellung des verstorbenen Urhebers erlangen, können sie die urheberpersönlichkeitsrechtlichen Befugnisse **im eigenen Interesse** ausüben (Fromm/Nordemann/*J. B. Nordemann* § 30 Rn. 8; Dreier/Schulze/*Schulze* Vor § 12 Rn. 11; Schricker/Loewenheim/*Schricker/Loewenheim* § 30 Rn. 4; *Dietz* ZUM 1993, 309, 317; *Bullinger* 197; zum Streitstand: Dreyer/Kotthoff/Meckel/*Dreyer* Vor §§ 12ff. Rn. 31; differenzierend *Schack* Rn. 651ff.; a. A. Loewenheim/*Dietz/Peukert* § 15 Rn. 16; Schricker/Loewenheim/*Dietz/Peukert* Vor §§ 12ff. Rn. 30f.; *Rehbinder* Rn. 538 und 540; *v. Gamm* § 11 Rn. 7). Damit können die Erben auch von dem Urheber vor seinem Tode getroffene urheberpersönlichkeitsrechtliche Entscheidungen **im Nachhinein verändern** (Fromm/Nordemann/*J. B. Nordemann* § 30 Rn. 10; *Bullinger* 200ff.). Sie brauchen bei der Interessenausübung grds. keine Rücksicht auf den erklärten oder mutmaßlichen Willen des Urhebers zu nehmen (Soergel/*Stein* § 1922 BGB Rn. 35; *Hunziker* 408). Die Erben sind nach der **Gegenmeinung** sowohl an den erklärten als auch an den mutmaßlichen Willen des Urhebers gebunden (Möhring/Nicolini/*Spautz* § 30 Rn. 3 mit Verweis auf BGH GRUR 1989, 106, 107 – Oberammergauer Passionsspiele II). Nach Auffassung der Rechtsprechung übt der Rechtsnachfolger des Urhebers die urheberpersönlichkeitsrechtlichen Befugnisse als eine Art verlängerter Arm des Urhebers aus (ebenso *v. Gamm* § 11 Rn. 7; *Lange/Kuchinke* 103f.). Dem Erben stehe nur die Ausübung des **fortwirkenden Urheberpersönlichkeitsrechts** des Urhebers zu. Es handele sich um ein treuhänderisch gebundenes Recht, für dessen Ausübung das Interesse des Urhebers maßgebend bleibe. (*Schack* 651ff.). Nach dieser Auffassung überschreitet der Rechtsnachfolger die Ausübungsbefugnis, wenn er bspw. ein vollendetes Werk unter Eingriff in seine Substanz verfälscht oder einer solchen Verfälschung zustimmt. Obgleich der Auffassung zuzugeben ist, dass sie die Interessen des Urhebers besser zur Geltung bringt und – aus kunsthistorischer Sicht – zu zutreffenderen Ergebnissen führen würde, steht sie im Gegensatz zu der Rechtslage, wie sie das UrhG geschaffen hat. Das UrhG enthält ausdrückliche Regelungen, sofern im Rahmen der Ausübung urheberpersönlichkeitsrechtlicher Befugnisse der Wille des Urhebers über den der Erben gestellt werden soll. So kann der Erbe das Rückrufrecht des § 42 Abs. 1 nur ausüben, wenn der Urheber selbst einen entsprechenden Willen gebildet hatte (näher Dreier/Schulze/*Schulze* Vor § 12 Rn. 8). Indem das Gesetz in § 42 Abs. 1 ausdrücklich auf den Urheberwillen als Anspruchsvoraussetzung abstellt, wird deutlich, dass dies die Ausnahme vom Grundsatz der freien Rechtsausübung durch die Erben ist. Eine **generelle Einschränkung** des Rechtsnachfolgers bei der Ausübung des Urheberpersönlichkeitsrechts findet im UrhG **keine Grundlage**. Das Urheberpersönlichkeitsrecht darf nicht mit dem postmortalen allgemeinen Persönlichkeitsrecht, das nicht vererblich ist, gleichgesetzt werden. Die dort geltenden Konstruktionen dürfen nicht einfach auf das Urheberrecht übertragen werden, das einen anderen Weg geht. Die Erben sind deshalb frei, nach dem Tode des Urhebers beeinträchtigende Veränderungen an dem Werk vorzunehmen oder zu gestatten, auch wenn der Urheber selbst diese nicht zugelassen hätte. Der Rechtsnachfolger braucht künstlerische Vorstellungen des Urhebers, die Urheberpersönlichkeitsrechte betreffen, bei der Werkverwertung nicht zu berücksichtigen.

UrhG Vor §§ 12 ff. 13–16   Vorbemerkung

4. Ausübung des Urheberpersönlichkeitsrechts bei Mehrheit der Erben

13 Das Verhältnis der **Erben untereinander** richtet sich nach §§ 2032 ff. BGB (Schricker/Loewenheim/*Schricker/Loewenheim* § 30 Rn. 5; Möhring/Nicolini/*Spautz* § 28 Rn. 2). Unzutreffend ist die Auffassung, nach der sich das Verhältnis der Miterben untereinander unmittelbar oder entsprechend den Vorschriften über die Miturheberschaft gem. § 8 gestalten soll (so: *Samson* 132). Die Miterben werden durch den Erbfall nicht zu einer Urhebergemeinschaft (*Clement* 109; BGH GRUR 1982, 308, 310 – Kunsthändler). Die Ausübung der urheberpersönlichkeitsrechtlichen Befugnisse gehört damit zur **Nachlassverwaltung**, die die Miterben nach § 2038 BGB gemeinsam wahrnehmen müssen. Schwerwiegende Urheberpersönlichkeitsrechtsverletzungen, insb. wenn eine irreversible Entstellung des Werkes droht (§ 14), kann ein Miterbe allein, ohne Zustimmung der anderen, verfolgen. Dies ergibt sich aus § 2038 Abs. 1, S. 2, 2. Halbs. BGB. **Notwendige Maßnahmen** zum Erhalt des Nachlasses kann nach der Vorschrift auch ein Miterbe alleine vornehmen. Im Übrigen kann die Bekämpfung von Verletzungen des Urheberpersönlichkeitsrechts eine erforderliche und ordnungsgemäße **Nachlassverwaltung** nach § 2038 Abs. 1, S. 2, 1. Halbs. BGB darstellen. Die Miterben sind dabei zur Mitwirkung verpflichtet.

14 Beabsichtigen die Erben, eine Werknutzung vorzunehmen, die das Urheberpersönlichkeitsrecht in schwerwiegender Weise betrifft (bspw. mit einer Werkentstellung verbunden ist), so müssen sie die Entscheidung **einstimmig** fällen. Dies ergibt sich aus §§ 2038 Abs. 2, 745 Abs. 3 BGB. Eine wesentliche Änderung des Werkes darf weder von der Erbengemeinschaft nach dem **Mehrheitsprinzip** beschlossen noch von einem Miterben verlangt werden (§ 745 Abs. 1 BGB). Kein Miterbe muss eine Entstellung des Werkes und die damit verbundene **Verschlechterung seines Erbanteils** hinnehmen (*Clement* 111).

5. Ausübung des Rechts nach dem Tod des Urhebers durch Dritte

15 Nach dem Tod des Urhebers kann der Rechtsnachfolger Dritte zur Prozessführung in Bezug auf Urheberpersönlichkeitsrechte ermächtigen (BGHZ 107, 384, 389 – Emil Nolde; BGH GRUR 1984, 907, 909 – Frischzellenkosmetik). Die Erben sind mit dem Werk nicht mehr in gleicher Weise verbunden, wie dies der Urheber war. Voraussetzung für eine **gewillkürte Prozessstandschaft** ist allerdings ein **eigenes schutzwürdiges Interesse** des Dritten, der die Rechte ausüben soll (Dreier/Schulze/*Schulze* Vor § 12 Rn. 13). Ein solches eigenes Interesse kann sich aus der Satzung einer Stiftung ergeben, die den Nachlass eines verstorbenen Urhebers verwaltet (bzgl. der Stiftung s. BGHZ 107, 384, 389 – Emil Nolde). Es ist sachgerecht, die Ausübung des Urheberpersönlichkeitsrechts durch Dritte nach dem Tode zuzulassen. Nach dem Tod des Urhebers sind häufig Dritte mit dem Werk des verstorbenen Urhebers besser vertraut als dessen Erben, die Inhaber des Urheberpersönlichkeitsrechts sind.

III. Urheberpersönlichkeitsrecht und allgemeines Persönlichkeitsrecht

1. Das Konzept vom eigenständigen Persönlichkeitsrecht

16 Das Urheberpersönlichkeitsrecht stellt ein besonderes Persönlichkeitsrecht dar, das an die Eigenschaft einer **Person als Urheber** anknüpft. Von der Rechtsprechung wird das Urheberpersönlichkeitsrecht als **besondere Erscheinungsform** des allgemeinen Persönlichkeitsrechts bezeichnet (BGHZ 13, 334, 339 – Leserbrief; zustimmend: *v. Gamm* Einf. Rn. 93). Dieser Aussage lässt sich zunächst entnehmen, dass das Urheberpersönlichkeitsrecht gegenüber dem allgemeinen Persönlichkeitsrecht eine gewisse **Selbstständigkeit** besitzt und nicht lediglich einen Ausschnitt darstellt (Dreier/Schulze/*Schulze* Vor § 12 Rn. 5; Schricker/Loewenheim/*Dietz/Peukert* Vor §§ 12 ff. Rn. 14; Loewenheim/*Dietz/Peukert* § 15 Rn. 8; *Neumann-Duesberg* NJW 1971, 1640, 1642; ausführlich zum Streitstand:

Vorbemerkung 17–19 **Vor §§ 12ff. UrhG**

Osenberg 10ff.; *Rehbinder* Rn. 391; *Schack* Rn. 46ff.; krit. *Lucas-Schloetter* GRUR Int. 2002, 809ff.). Das Urheberpersönlichkeitsrecht und das allgemeine Persönlichkeitsrecht stehen demnach nebeneinander und ergänzen sich (Fromm/Nordemann/*Dustmann* Vor § 12 Rn. 13; differenzierend: Dreyer/Kotthoff/Meckel/*Dreyer* Vor §§ 12ff. Rn. 37). Beide Persönlichkeitsrechte sind durch ihre gemeinsame Wurzel in Art. 1 Abs. 1, Art. 2 Abs. 1 GG miteinander verbunden. Die Verschiedenheit der Rechte ergibt sich aus dem **unterschiedlichen Schutzgut.** Das allgemeine Persönlichkeitsrecht bezieht sich auf die biologische Existenz des Menschen, während das Urheberpersönlichkeitsrecht den Urheber in seiner Beziehung zu einem bestimmten Werk schützt (BGHZ 334, 338f. – Leserbrief; BGHZ 15, 249ff. – Cosima Wagner). Nach der **Gegenauffassung** ist das Urheberpersönlichkeitsrecht Teil des allgemeinen Persönlichkeitsrechts. Es gebe nur ein Persönlichkeitsrecht, das die Persönlichkeit jeweils im Hinblick auf einen bestimmten Angriffspunkt schütze. Einzelne normierte sowie nicht kodifizierte persönlichkeitsrechtliche Befugnisse bilden nach dieser Auffassung lediglich Ausschnitte des einheitlichen ganzen Rechts (*Wronka* UFITA 69 (1973) 71, 73). Der Meinung ist entgegenzuhalten, dass zwar auch die Lehre vom besonderen Persönlichkeitsrecht von einem einheitlichen Persönlichkeitsschutz ausgeht, der auf den grundrechtlichen Bestimmungen fußt. Die Annahme besonderer, eigenständiger Persönlichkeitsrechte erlaubt es aber, bestimmte **Teilbereiche** nach ihren **Eigengesetzlichkeiten** zu regeln. Der Gesetzgeber hat sich für die Gestaltung unterschiedlicher Teilbereiche mit besonderen Persönlichkeitsrechten entschieden.

2. Vorrang des Urheberpersönlichkeitsrechts

Die Lehre vom besonderen Persönlichkeitsrecht führt zu der Annahme, dass das Urhe- 17 berpersönlichkeitsrecht dem allgemeinen Persönlichkeitsrecht **vorgeht.** Das allgemeine Persönlichkeitsrecht wird insoweit verdrängt, als dass das Urheberpersönlichkeitsrecht einen Bereich **abschließend regelt** (*Rehbinder* Rn. 392; Fromm/Nordemann/*Dustmann* Vor § 12 Rn. 14; *Bullinger* 158; Dreier/Schulze/*Schulze* Vor § 12 Rn. 5; Loewenheim/*Dietz/ Peukert* § 15 Rn. 8). Soweit das UrhG keine Regelungen trifft, besteht die Möglichkeit, die Lücken durch das allgemeine Persönlichkeitsrecht auszufüllen, auch wenn das Verhältnis des Urhebers zu einem geschützten Werk betroffen ist. Als Beispiel für eine solche **Lücke** kann die durch § 14 nicht erfasste Werkvernichtung angeführt werden (s. § 14 Rn. 22ff.). Aus dem Vorliegen des Urheberpersönlichkeitsrechts darf nicht geschlossen werden, dass das UrhG die Werkvernichtung gestattet. Aus dem Schutzzweck des Urheberpersönlichkeitsrechts ergibt sich, dass es den Schutz des Urhebers verstärken möchte, aber nicht einen weitergehenden Schutz aus dem allgemeinen Persönlichkeitsrecht verhindert. Die fehlende Befugnis aus dem Urheberpersönlichkeitsrecht steht deshalb nicht der Prüfung im Wege, ob eine Werkvernichtung im Einzelfall das allgemeine Persönlichkeitsrecht des Urhebers verletzt. Ein Schutz von Werken aus dem allgemeinen Persönlichkeitsrecht kann **neben** den Schutz aus dem Urheberpersönlichkeitsrecht treten.

3. Ergänzender Werkschutz aus dem allgemeinen Persönlichkeitsrecht

a) **Fehlender Urheberrechtsschutz.** Das Urheberpersönlichkeitsrecht schließt auch 18 den Schutz aus dem allgemeinen Persönlichkeitsrecht für Arbeiten nicht aus, die **mangels Werkeigenschaft** nach §§ 1, 2 nicht durch das Urheberpersönlichkeitsrecht geschützt werden (BGHZ 13, 334, 337 – Hjalmar Schacht; BGH NJW 1989, 384, 385 – Oberammergauer Passionsspiele II; *Bullinger* 159; Dreier/Schulze/*Schulze* Vor § 12 Rn. 6; Dreyer/ Kotthoff/Meckel/*Dreyer* Vor §§ 12ff. Rn. 38; Fromm/Nordemann/*Dustmann* Vor § 12 Rn. 14; Schricker/Loewenheim/*Dietz/Peukert* Vor §§ 12ff. Rn. 15). Das Urheberpersönlichkeitsrecht trifft insofern keine Regelung.

b) **Altfälle.** Das allgemeine Persönlichkeitsrecht kann weiter dort aufleben, wo ein An- 19 spruch aus dem Urheberpersönlichkeitsrecht ausscheidet. Bspw. kann ein Schadensersatzanspruch in Geld aufgrund der für das allgemeine Persönlichkeitsrecht entwickelten Grundsätze gegeben sein, wenn ein Eingriff **vor Inkrafttreten des UrhG** stattgefunden hat und deshalb die Vorschrift des § 97 Abs. 2 nicht anwendbar ist (BGH UFITA 77 (1976) 252, 253 – Der Geist der O.). Zu Unrecht wird die Anwendung des allgemeinen Persönlichkeitsrechts in diesen Fällen mit der Begründung bestritten, dass dadurch die mit der Einführung des UrhG einhergehende Zäsur zur alten Rechtslage verwischt werde. Der Gesetzgeber habe nach dieser Auffassung bewusst den Schadensersatzanspruch des § 97 Abs. 2 nicht auf Altfälle ausdehnen wollen (BGH UFITA 77 (1976) 252, 253 – Der Geist der O.). Dieser Meinung ist entgegenzuhalten, dass ein nach der alten Gesetzeslage bestehender Anspruch aus dem allgemeinen Persönlichkeitsrecht nicht durch die Einführung des UrhG nachträglich entfällt. Das UrhG sollte **keine Schlechterstellung der Altfälle** gegenüber der ursprünglichen Rechtslage herbeiführen. Denn vor Inkrafttreten des UrhG war ein **Geldanspruch** aus dem allgemeinen Persönlichkeitsrecht möglich.

20   c) Konkurrenz. Ansprüche aus dem Urheberpersönlichkeitsrecht können mit Ansprüchen aus dem allgemeinen Persönlichkeitsrecht in **Konkurrenz** treten, wenn neben dem Urheberpersönlichkeitsrecht zugleich ein anerkanntes Schutzgut des allgemeinen Persönlichkeitsrechts verletzt ist. So kann eine **Ehrverletzung** mit einer Werkentstellung einhergehen, die das Urheberpersönlichkeitsrecht betrifft. Beide Rechte sind bspw. verletzt, wenn in einem Werkoriginal des Urhebers dieser als Person in verunglimpfender Weise abgebildet wird (BGH GRUR 1994, 191, 203 f. – Asterix-Persiflagen) Als weiteres Beispiel kann eine gegen § 12 verstoßende Werkveröffentlichung angeführt werden, die zugleich den Intimbereich des Urheberrechts verletzt (Intimes Selbstbildnis).

§ 12 Veröffentlichungsrecht

(1) **Der Urheber hat das Recht zu bestimmen, ob und wie sein Werk zu veröffentlichen ist.**

(2) **Dem Urheber ist es vorbehalten, den Inhalt seines Werkes öffentlich mitzuteilen oder zu beschreiben, solange weder das Werk noch der wesentliche Inhalt oder eine Beschreibung des Werkes mit seiner Zustimmung veröffentlicht ist.**

Literatur: *Goebel/Hackemann/Scheller,* Zum Begriff des Erscheinens beim elektronischen Publizieren, GRUR 1986, 355; *Heidmeier,* Das Urheberpersönlichkeitsrecht und der Film, Frankfurt a. M. 1996; *Reupert,* Der Film im Urheberrecht, Baden-Baden 1995; *Sajuntz,* Perlentaucher – Die Kunst der verkürzten Wiedergabe von Buchrezensionen, NJW 2011, 729; *Schliemann/Brauns,* Architekten- und Ingenieursrecht, zit. Als Schliemann/Brauns/*Bearbeiter; Strömholm,* Das Veröffentlichungsrecht des Urhebers im Regierungsentwurf zur Urheberrechtsreform, GRUR 1963, 350; *Ulmer,* Das Veröffentlichungsrecht des Urhebers, in: *Forkel u. a.* (Hrsg.), Beiträge zum Schutz der Persönlichkeit und ihrer schöpferischen Leistungen, Festschrift für Heinrich Hubmann zum 70. Geburtstag, Frankfurt a. M. 1985, 435 (zit. *Ulmer* FS Hubmann); *Walchshöfer,* Der persönlichkeitsrechtliche Schutz der Architektenleistung, ZfBR 1988, 104; *v. Welser,* Die Wahrnehmung urheberpersönlichkeitsrechtlicher Befugnisse durch Dritte, Berlin 2000.
Vgl. darüber hinaus die Angaben im eingangs abgedr. Gesamtliteraturverzeichnis.

Übersicht

	Rn.
I. Allgemeines	1
II. Das Erstveröffentlichungsrecht aus § 12 Abs. 1	2–18
1. Rechtsinhaberschaft/Unübertragbarkeit	2, 3
2. Bezugsobjekte	4–6
a) Alle Werkverkörperungen	4
b) Vorhandene Werke	5
c) Bearbeitungen	6

§ 12 Veröffentlichungsrecht 1, 2 **§ 12 UrhG**

Rn.
3. Erstveröffentlichungsrecht 7–9
   a) Veröffentlichungsbegriff 7
   b) Das Ob und Wie der Veröffentlichung 8
   c) Sog. Einmalrecht 9
4. Ausübung des Veröffentlichungsrechts 10–12
   a) Formen der Ausübung 10
   b) Beispiele für die Ausübung 11, 12
5. Verbrauch des Veröffentlichungsrechts 13–15
   a) Kein Verbrauch durch Ausübung der Rechte aus § 12 13
   b) Kein Verbrauch durch unberechtigte Bekanntmachung des Werkes 14
   c) Verbrauch des Veröffentlichungsrechts als Voraussetzung für eine Werknutzung nach §§ 44a ff. 15
6. Merkmal der Interessenabwägung 16
7. Bedeutung von § 12 neben den Verwertungsrechten aus §§ 15 ff. 17, 18
   a) Gewicht der Vorschrift 17
   b) Nicht von Verwertungsrechten erfasster Regelungsbereich 18
III. Schutz vor ungewollter Inhaltsbeschreibung und Berichterstattung aus § 12 Abs. 2 19–22
  1. Regelungsbereich und Konzept des § 12 Abs. 2 19
  2. Beispiele für den Anwendungsbereich von § 12 Abs. 2 20
  3. Abgrenzung des § 12 Abs. 2 von § 12 Abs. 1 21
  4. Keine Schrankenbestimmung 22

I. Allgemeines

Die Vorschrift gibt dem Urheber ein **Bestimmungsrecht** über die Veröffentlichung **1** seines Werkes. Er kann zunächst darüber entscheiden, ob sein Werk überhaupt veröffentlicht werden soll. Die so genannte **Erstveröffentlichung** liegt in seiner Hand. Er kann weiter darüber verfügen, **in welcher Form** die Veröffentlichung erfolgen soll. Die Rechte aus § 12 Abs. 1 werden durch den **Mitteilungs- und Beschreibungsvorbehalt** des Abs. 2 ergänzt, der verhindern soll, dass gegen den Willen des Urhebers die Werkinhalte vor der Veröffentlichung des eigentlichen Werkes bekannt werden. § 12 begründet keinen Anspruch des Urhebers auf eine Veröffentlichung seines Werkes (Dreyer/Kotthoff/Meckel/ *Dreyer* § 12 Rn. 3). Eine Verpflichtung Dritter zur Veröffentlichung eines bestimmten Werkes ergibt sich stets nur aus einer vertraglichen Verpflichtung (KG GRUR 1981, 742, 743 – Totenmaske; Schricker/Loewenheim/*Dietz*/*Peukert* § 12 Rn. 1; *Schack* Rn. 368). Das urheberrechtliche Veröffentlichungsrecht gehört zu den Kernbefugnissen des Urheberpersönlichkeitsrechts (Schricker/Loewenheim/*Dietz*/*Peukert* § 12 Rn. 1).

II. Das Erstveröffentlichungsrecht aus § 12 Abs. 1

1. Rechtsinhaberschaft/Unübertragbarkeit

Das Veröffentlichungsrecht steht dem Urheber zu. Als Urheberpersönlichkeitsrecht kann **2** der Urheber das Veröffentlichungsrecht nicht auf andere übertragen (LG München I ZUM 2000, 415, 417 – Rechte des Regisseurs gegenüber dem Produzenten; *Wegner/Wallenfels/Kaboth* 1. Kap. Rn. 104). Er kann aber die Veröffentlichung selbst Dritten überlassen. Die **Ausübung des Rechts** ist von der Veröffentlichung selbst zu unterscheiden. Die Ausübung des Veröffentlichungsrechts nach § 12 und die Veröffentlichung des Werkes können **zeitlich auseinander fallen.** Der Urheber kann im Rahmen einer Nutzungsrechtseinräumung dem Nutzungsberechtigten die Veröffentlichung des Werkes zunächst gestatten und es dem Nutzungsberechtigten überlassen, wann er von seiner Befugnis Gebrauch macht (Fromm/Nordemann/*Dustmann* § 12 Rn. 11; *Schack* Rn. 365).

3 Erklärt der Urheber gegenüber einem Dritten, er überlasse ihm die Entscheidung, ob sein Werk jetzt oder **nach seinem Tode** veröffentlicht werden soll, so hat er das Veröffentlichungsrecht gem. § 12 ausgeübt. Der Dritte kann die Veröffentlichung vornehmen, ohne noch einmal die Einwilligung des Urhebers einholen zu müssen. Der Urheber hat es ihm in diesen Konstellationen aber anheim gestellt, ob er von der Berechtigung Gebrauch machen möchte. Es bedarf keiner Annahme eines Ausnahmefalls (so aber Schricker/Loewenheim/*Dietz/Peukert* § 12 Rn. 21). Wird die Veröffentlichungshandlung durch einen Dritten im Einverständnis mit dem Urheber vorgenommen, so ist dessen vorgelagerte Zustimmung als Ausübung des Veröffentlichungsrechts anzusehen. Dies gilt auch dann, wenn der Urheber es dem Dritten überlässt, von der Zustimmung Gebrauch zu machen.

2. Bezugsobjekte

4 a) **Alle Werkverkörperungen.** Das Veröffentlichungsrecht bezieht sich auf **alle Fassungen und Verkörperungen** eines Werkes (Dreier/Schulze/*Schulze* § 12 Rn. 2). Es besteht für **fertige wie unvollendete Werke.** Das Ausstellungsrecht entsteht bei einem unvollendeten Werk, wenn dieses die Schwelle zum urheberrechtlichen Schutz nach §§ 1, 2 überschreitet. Die in der Literatur teilweise benutzte Formulierung, dass der Urheber das Veröffentlichungsrecht nur für fertig gestellte Werke ausüben könne, ist missverständlich.

5 b) **Vorhandene Werke.** Das Veröffentlichungsrecht besteht nur für Werke und kann nur für solche Werke ausgeübt werden, die zum Zeitpunkt der Rechtsausübung **vorhanden** sind. Urheberrechte entstehen erst mit der Erzeugung des schutzfähigen Werkes (§§ 1, 2). Der Urheber kann für erst in der Zukunft entstehende Werke keine Bindungen in Bezug auf das Veröffentlichungsrecht eingehen. Eine schuldrechtliche Verpflichtung des Urhebers, ein erst **in der Zukunft entstehendes Veröffentlichungsrecht** in einer bestimmten Weise auszuüben, würde einen Verzicht auf das Recht aus § 12 bedeuten. Ein solcher Verzicht ist nicht möglich, da das Veröffentlichungsrecht ein Urheberpersönlichkeitsrecht ist (s. Vor §§ 12 ff. Rn. 5). Dies führt bei **Auftragswerken** dazu, dass der Urheber die Entscheidung, ob er ein bestimmtes Werk in die Öffentlichkeit entlassen möchte, erst treffen kann, nachdem er das Werk geschaffen hat und damit beurteilen kann (Fromm/Nordemann/*Dustmann* § 12 Rn. 11; Schricker/Loewenheim/*Dietz/Peukert* § 12 Rn. 19; *Reupert* 119). Mit der Verpflichtung gegenüber einem Dritten, ein bestimmtes Werk herzustellen, übt er das Veröffentlichungsrecht noch nicht aus (KG ZUM 1997, 213, 214 – Poolregelung). Der Urheber hat es in der Hand, ein Werk zu erzeugen, von dem er überzeugt ist und das er **als auftragsgemäß ansieht.** Erst mit der Entscheidung, dass ein bestimmtes Werk das Bestellte sein soll, übt er sein Veröffentlichungsrecht aus (*Schricker* § 47 VerlG Rn. 5).

6 c) **Bearbeitungen.** Bearbeitet der Urheber ein Werk, so entsteht an der Bearbeitung ein **neues Veröffentlichungsrecht.** Das bearbeitete Werk darf nur mit der Zustimmung des Urhebers veröffentlicht werden. Jede urheberrechtlich geschützte Leistung führt zum Schutz aus § 12. Der Urheber kann so verhindern, dass eine aus seiner Sicht **misslungene Bearbeitung** der Öffentlichkeit bekannt wird. **Einfache Umgestaltungen** des Werkes, die keine persönliche geistige Schöpfung darstellen, lassen dagegen das Veröffentlichungsrecht an dem umgestalteten Werk nicht neu entstehen (zur Abgrenzung der Bearbeitung von der einfachen Umgestaltung s. § 23 Rn. 4). Hat ein **Dritter** ein Werk des Originalurhebers bearbeitet, so ergibt sich aus § 23, dass der Bearbeiter die Bearbeitung nur mit Zustimmung des Originalurhebers veröffentlichen darf. Der Originalurheber darf aber wiederum das von einem Dritten bearbeitete Werk nur mit dessen Zustimmung veröffentlichen. Auch dem **Bearbeiter** steht das Veröffentlichungsrecht des § 12 zu.

3. Erstveröffentlichungsrecht

a) Veröffentlichungsbegriff. Der Begriff der Veröffentlichung ergibt sich aus § 6 (s. **7** § 6 Rn. 3 ff.). Er wird in § 12 Abs. 1 nicht definiert. Ein Werk ist danach veröffentlicht, wenn es mit **Zustimmung des Berechtigten** der Öffentlichkeit zugänglich gemacht worden ist. Die Veröffentlichung setzt damit per definitionem nach § 6 Abs. 1 die Zustimmung des Urhebers voraus (Dreyer/Kotthoff/Meckel/*Dreyer* § 12 Rn. 4). Zugunsten des Urhebers ist anzunehmen, dass eine Veröffentlichung erst gegeben ist, wenn das Werk **ohne Einschränkung** grds. jedermann zugänglich gemacht worden ist. Wird ein unveröffentlichtes Werk einem nicht persönlich miteinander verbundenen Personenkreis i. S. v. § 15 Abs. 3 gezeigt oder mitgeteilt, so liegt hierin noch nicht die Ausübung des Veröffentlichungsrechts nach § 12 Abs. 2. Der Begriff der Veröffentlichung der §§ 6, 12 Abs. 1 ist deshalb von dem Begriff der Öffentlichkeit des § 15 Abs. 3 **zu unterscheiden.** Die Öffentlichkeit i. S. d. § 15 Abs. 3 ist bereits gegeben, wenn nur wenige nicht miteinander verbundene Personen das Werk wahrnehmen können. Es handelt sich um einen weiten Öffentlichkeitsbegriff. Die weite Auslegung des Öffentlichkeitsbegriffs des § 15 Abs. 3 wirkt sich für den Urheber günstig aus. Bei der Vorschrift des § 12 Abs. 1 gilt das Gegenteil (Loewenheim/*Dietz*/*Peukert* § 16 Rn. 5). Für den Urheber sind möglichst **hohe Anforderungen** an die Veröffentlichung von Vorteil, da er ein Interesse daran hat, dass das Veröffentlichungsrecht möglichst lange erhalten bleibt. Der Urheber müsste bei einer Gleichsetzung der Begriffe bspw. den Verbrauch des Vorführungsrechts befürchten, wenn er sein Werk zunächst einem **kleineren Kreis** nicht miteinander verbundener Personen vorstellt, ohne aber das Werk endgültig in die Öffentlichkeit entlassen zu wollen. Führt ein Regisseur bspw. eine Nullkopie seines Films einem geladenen Publikum vor, das aus Personen besteht, mit denen er nicht persönlich verbunden ist, so führt dies noch nicht zu einer Veröffentlichung seines Filmwerkes. Noch bevor der Regisseur darüber entscheidet, ob er den von ihm geschaffenen Film in der vorliegenden Form zur Vorführung in den Kinos entlässt, möchte er diesen, möglicherweise zu **Testzwecken,** in einem kleineren Kreis vorführen. Der Begriff der Öffentlichkeit ist differenziert nach dem jeweiligen Regelungszweck der Vorschrift zu bestimmen (Schricker/Loewenheim/*Katzenberger* § 6 Rn. 9; Fromm/Nordemann/*Dustmann* § 12 Rn. 8; *Ulmer* 80; *Haberstumpf* Rn. 207; *Schack* Rn. 262, 367). Nach der Gegenauffassung ist der Begriff der Öffentlichkeit im gesamten UrhG einheitlich auszulegen (s. § 6 Rn. 6; Goebel/Hackemann/*Scheller* GRUR 1986, 355, 357; zum Streitstand Dreyer/Kotthoff/Meckel/*Dreyer* § 6 Rn. 6 f.).

b) Das Ob und Wie der Veröffentlichung. Das Veröffentlichungsrecht des § 12 um- **8** fasst die Rechte des Urhebers, den Zeitpunkt der Veröffentlichung (das **„Ob"**) und die Form der Veröffentlichung (das **„Wie"**) zu bestimmen (Wegner/Wallenfels/*Kaboth* 1. Kap. Rn. 94). § 12 Abs. 1 sichert bspw. das sog. **Uraufführungsrecht** bei Bühnen- und Filmwerken ab. Der Urheber kann aufgrund seines Veröffentlichungsrechts den Zeitpunkt und die Umstände der Uraufführung mit dinglicher Wirkung festlegen (Schricker/Loewenheim/*Dietz*/*Peukert* § 12 Rn. 12; Dreier/Schulze/*Schulze* § 12 Rn. 12; *Rehbinder* Rn. 397).

c) Sog. Einmalrecht. Der Urheber kann das Veröffentlichungsrecht **nur einmal aus-** **9** **üben.** Das Veröffentlichungsrecht ist mit der ersten Veröffentlichung des Werkes **verbraucht** (OLG München NJW-RR 1997, 493, 494 – Ausgleich Nichtvermögensschaden; Dreyer/Kotthoff/Meckel/*Dreyer* § 12 Rn. 5; vgl. auch Dreier/Schulze/*Schulze* § 12 Rn. 6; Schricker/Loewenheim/*Dietz*/*Peukert* § 12 Rn. 7; Loewenheim/*Dietz*/*Peukert* § 16 Rn. 4; *Schack* Rn. 366; *Ulmer* FS Hubmann 435 ff.; *Haberstumpf* Rn. 200; *Heidmeier* 59 f.; *Strömholm* GRUR 1963, 350, 358; Wegner/Wallenfels/*Kaboth* 1. Kap. Rn. 94; *v. Welser* 27). Nach der **Gegenauffassung** wird das Veröffentlichungsrecht jeweils nur für die bestimmte Art und Weise der Veröffentlichung verbraucht (Möhring/Nicolini/*Kroitzsch* § 12 Rn. 2).

Nach dieser Ansicht besteht das Veröffentlichungsrecht für andere Formen der Veröffentlichung weiter. Die urheberrechtlichen Belange würden durch eine andere Art der Veröffentlichung erneut in hohem Maße berührt, so dass der Urheber durch § 12 weiter geschützt werden müsse. Das Recht, ein Werk im Rahmen einer Funksendung zu veröffentlichen, wird nach dieser Meinung bspw. nicht verbraucht, wenn der Urheber zuvor lediglich einer Veröffentlichung seines Werkes in Form einer Ausstellung in einer Kunsthalle zugestimmt hat (LG Berlin GRUR 1983, 761, 762 – Porträtbild; *v. Gamm* § 12 Anm. 7). Gegen diese Auffassung spricht der Schutzzweck des § 12. Die Vorschrift soll den Urheber davor bewahren, dass ein nicht für die Öffentlichkeit bestimmtes oder unfertiges Werk an die Öffentlichkeit gelangt. Gegen eine dem Urheber nicht genehme Form der weiteren Veröffentlichung seines Werkes wird er durch andere Vorschriften des UrhG hinreichend geschützt. So hat es der Urheber in der Hand, durch die Einräumung der Nutzungsrechte Einfluss auf die weitere Art und Weise der Veröffentlichung zu nehmen. Er wird zudem durch die Vorschrift des § 14 gegen beeinträchtigende und entstellende Veröffentlichungen geschützt. Für eine weite Auslegung des § 12, die der beschriebenen Gegenauffassung zugrunde liegt, besteht mithin kein Bedürfnis. Es kann festgehalten werden, dass sich § 12 ausschließlich auf die Erstveröffentlichung, nicht aber auf die Art und Weise weiterer Veröffentlichungen bezieht.

4. Ausübung des Veröffentlichungsrechts

10   a) **Formen der Ausübung.** Das Veröffentlichungsrecht kann von dem Urheber **ausdrücklich ausgeübt** werden. In der Praxis ergibt sich die Ausübung meist aus der **Einräumung von Nutzungsrechten** oder den **Umständen** und wird nicht ausdrücklich erklärt (Dreier/Schulze/*Schulze* § 12 Rn. 9; *Wegner/Wallenfels/Kaboth* 1. Kap. Rn. 94). Da eine Werkverwertung zumeist die Veröffentlichung des Werkes mit sich bringt, übt der Urheber das Veröffentlichungsrecht aus, wenn er an dem unveröffentlichten Werk ein Nutzungsrecht einräumt (Fromm/Nordemann/*Dustmann* § 12 Rn. 11; Dreier/Schulze/*Schulze* § 12 Rn. 9). Die **Zweckübertragungslehre** (s. § 31 Rn. 39 ff.) ist entsprechend anwendbar, wenn im Falle einer Weggabe des Werkes durch den Urheber Zweifel über die Ausübung des Veröffentlichungsrechts bestehen (Fromm/Nordemann/*J. B. Nordemann* § 31 Rn. 121; BGHZ 15, 249, 255 f.; GRUR 1977, 551, 554 – Textdichteranmeldung).

11   **b) Beispiele für die Ausübung.** Räumt der Urheber einem Verlag das Recht ein, das Werk zu vervielfältigen und zu verbreiten, so liegt darin die Ausübung des Veröffentlichungsrechts (*Wegner/Wallenfels/Kaboth* 1. Kap. Rn. 94). Die Ausübung des Veröffentlichungsrechts kann sich zudem aus den **Umständen ergeben.** Nimmt ein **Filmregisseur** vor dem bevorstehenden Einsatz einen Spielfilm ab, so übt er damit sein Veröffentlichungsrecht aus (KG NJW-RR 1986, 608, 609 – Paris/Texas). Veräußert der Urheber ein Originalwerk der **bildenden Künste** oder das Original eines **Lichtbildwerkes,** so liegt hierin in der Regel eine Ausübung seines Veröffentlichungsrechts. Der Erwerber des Werkoriginals ist nämlich nach § 44 Abs. 2 dazu berechtigt, das Originalwerk öffentlich auszustellen, sofern der Urheber sich dies nicht ausdrücklich vorbehalten hat (näher § 44 Rn. 15 ff.).

12   Der Urheber übt sein Veröffentlichungsrecht auch dadurch aus, dass er der **Verbreitung** seines Werkes zustimmt. Überlässt der Urheber das Originalwerk oder Vervielfältigungsstücke des Werkes dem Publikum, so ist deren Weiterverbreitung gem. § 17 Abs. 2 wegen des Verbrauchs des Verbreitungsrechts erlaubt. Der Urheber, der einer **bleibenden Aufstellung** eines Werkes an einem öffentlichen Platz zustimmt, übt damit zugleich sein Veröffentlichungsrecht aus. Ein an einem öffentlichen Platz aufgestelltes Werk ist der Öffentlichkeit zugänglich gemacht. Um zu diesem Ergebnis zu gelangen, bedarf es keines Rückgriffs auf die so genannte Panoramafreiheit des § 59 Abs. 1. Auch der **Architekt** erkennt durch die Abgabe eines Entwurfes im Rahmen eines Architektenwettbewerbs i. d. R. dem Auslober das Recht an, den Entwurf der Öffentlichkeit zu präsentieren (Schliemann/*Brauns*

Rn. 494). Mit der Einwilligung zur **Errichtung eines Gebäudes** nach seinen Plänen übt er das diesbezügliche Veröffentlichungsrecht aus. Handelt es sich um ein Gebäude, das nach seiner Bestimmung von der Öffentlichkeit aufgesucht wird, so verfügt er über sein Veröffentlichungsrecht auch im Bezug auf die Innenräume des Gebäudes. Schwieriger ist die Frage zu beantworten, ob dies auch für die **Innenraumgestaltung** von nicht bestimmungsgemäß der Öffentlichkeit zugänglichen Räumen gilt, etwa wenn der Bauherr eines Privathauses sich nach Fertigstellung des Bauwerkes dazu entschließt, einen urheberrechtlich geschützten Innenraum als gewerbliche Galerie zu nutzen. Nach einer vielfach in der Literatur vertretenen Auffassung müsse sich hier eine Ausübung des Veröffentlichungsrechts aus den Umständen des Einzelfalls ergeben (*Walchshöfer* ZfBR 1988, 104, 105). Fehlen dazu Anhaltspunkte, so sei das Veröffentlichungsrecht nicht ausgeübt. Dem ist entgegenzuhalten, dass ein Architekt grds. mit der Nutzung seiner Pläne für die Errichtung eines Gebäudes dazu zugestimmt hat, dass beliebige Personen auch die Innenräume des Gebäudes ohne Einschränkung betreten und wahrnehmen können. Das Veröffentlichungsrecht wird damit auch in Bezug auf die urheberrechtlich geschützten Innenräume für die private Nutzung gedachter Gebäude ausgeübt. Für diese Auslegung spricht auch, dass ein zunächst für rein private Zwecke errichtetes Gebäude vom Nutzungszweck her später verändert werden kann. Der Architekt rechnet also von Beginn an damit, dass die Allgemeinheit die Möglichkeit erhalten könnte, beim Aufsuchen des Gebäudes die Innenräume wahrzunehmen.

5. Verbrauch des Veröffentlichungsrechts

a) Kein Verbrauch durch Ausübung der Rechte aus § 12. Der Verbrauch des Veröffentlichungsrechts tritt mit der Veröffentlichung, noch nicht mit der Ausübung der Rechte aus § 12 ein. Hat der Urheber einem Nutzungsberechtigten die Veröffentlichung des Werkes gestattet und machen Dritte das Werk vor der Veröffentlichung der Öffentlichkeit zugänglich, so kann der Urheber aus § 12 Abs. 1 hiergegen vorgehen. Der Urheber hat aus § 12 damit auch nach Ausübung des Veröffentlichungsrechts die Möglichkeit, Dritten bspw. eine Mitteilung des Inhalts eines Texts zu untersagen, solange dieser noch nicht veröffentlicht ist. **13**

b) Kein Verbrauch durch unberechtigte Bekanntmachung des Werkes. Eine **unberechtigte Bekanntmachung** des Werkes verbraucht nicht das Veröffentlichungsrecht des § 12 Abs. 1. Wird ein unveröffentlichtes Werk unberechtigt der Öffentlichkeit, bspw. durch Werkverwertung, zugänglich gemacht, so steht dem Urheber das Veröffentlichungsrecht des § 12 weiter zu (OLG Köln GRUR-RR 2005, 337). Das Werk ist trotz seiner Bekanntmachung weiter **kein gem. § 6 Abs. 1 veröffentlichtes Werk,** da es an der Zustimmung des Berechtigten zur Veröffentlichung fehlt (s. Rn. 7). Eine Inhaltsmitteilung über ein solches, zu Unrecht bekannt gewordenes Werk oder ein **Zitat** aus ihm ist unzulässig (OLG Zweibrücken GRUR 1997, 363, 364 – Jüdische Friedhöfe). **14**

c) Verbrauch des Veröffentlichungsrechts als Voraussetzung für eine Werknutzung nach §§ 44a ff. Die Veröffentlichung des Werkes (nicht bereits die Ausübung des Veröffentlichungsrechts) führt in Bezug auf die **Schrankenvorschriften der §§ 44a ff.** zu einer **Einschränkung** des Urheberrechtsschutzes. Nach der Veröffentlichung seines Werkes muss der Urheber es hinnehmen, dass Dritte sein Werk ohne seine Einwilligung im Rahmen der bezeichneten Schrankenvorschriften nutzen. So sind Zitate (§ 51) aus einem Werk zulässig, wenn es zuvor veröffentlicht worden ist. Der Schutz würde bspw. fortbestehen, sofern der Urheber sein Werk als vorübergehend in der Öffentlichkeit bekannt gibt und nicht als permanent bestehend bestätigt (BGH GRUR 2002, 605, 606 – Verhüllter Reichstag; Fromm/Nordemann/*Dustmann* § 12 Rn. 13; Dreier/Schulze/*Schulze* § 12 Rn. 17). **15**

6. Merkmal der Interessenabwägung

16 Der Wortlaut von § 12 bietet keinen Anhaltspunkt für eine **Interessenabwägung**. Dennoch besteht ein Bedürfnis danach, das Veröffentlichungsrecht durch eine Interessenabwägung zu begrenzen (vgl. Loewenheim/*Dietz/Peukert* § 16 Rn. 6, der der Erstveröffentlichung eine Interessenabwägung grds. abspricht, den Fällen nachfolgender Veröffentlichung, die Art und Weise derer betreffend insb. im Hinblick auf den persönlichkeitsrechtlichen Aspekt, aber zubilligt). Der weite Anwendungsbereich des UrhG macht eine entsprechend einschränkende Auslegung jedenfalls im Bereich von Sachtexten oder von Bildmaterial erforderlich, wenn an der Veröffentlichung der Werkinhalte ein Interesse der Allgemeinheit besteht. Keine Verletzung des Veröffentlichungsrechts liegt bspw. vor, wenn wegen des Vorrangs der **Meinungs- oder Pressefreiheit** ein Berufungsschriftsatz veröffentlicht wird. Das Interesse der Allgemeinheit an der Veröffentlichung des Schriftsatzes kann schwerer wiegen als das Interesse des Urhebers an seinem Veröffentlichungsrecht (OLG Hamburg GRUR 2000, 146, 147 – Berufungsschriftsatz; *Wegner/Wallenfels/Kaboth* 1. Kap. Rn. 95). Die urheberpersönlichkeitsrechtlichen Belange haben bei einem Schriftsatz, der in erster Linie **Informationszwecke** verfolgt, nur eine geringere Bedeutung.

7. Bedeutung von § 12 neben den Verwertungsrechten aus §§ 15 ff.

17 a) **Gewicht der Vorschrift.** Eine Verletzung des § 12 geht meist mit einer Störung der **urheberrechtlichen Verwertungsrechte** aus §§ 15 ff. einher. Dennoch hat das Veröffentlichungsrecht bei einer Überschneidung des Anwendungsbereichs **eigene Bedeutung**. Die Verletzung der Rechte aus § 12 besitzt einen besonderen Unrechtsgehalt, der sich aus dem Gewicht des Urheberpersönlichkeitsrechts ergibt (*Ulmer* FS Hubmann 435; *Strömholm* 359). So kann der Urheber nach § 97 Abs. 2 bei einer schwerwiegenden Verletzung des Veröffentlichungsrechts **immateriellen Schadensersatz** verlangen. Dieser Anspruch setzt eine Urheberpersönlichkeitsrechtsverletzung voraus (s. § 97 Rn. 84 ff.).

18 b) **Nicht von Verwertungsrechten erfasster Regelungsbereich.** Die **öffentliche Ausstellung** eines unveröffentlichten Werkes, das kein Werk der Bildenden Kunst und kein Lichtbildwerk darstellt, kann der Urheber nur aus § 12 Abs. 1 untersagen. Das Ausstellungsrecht gem. § 18 regelt ausschließlich die öffentliche Ausstellung von Werken der bildenden Kunst und Lichtbildwerken. Die öffentliche Ausstellung sonstiger Werke wird deshalb von den verwertungsrechtlichen Bestimmungen der §§ 15 ff. nicht erfasst.

III. Schutz vor ungewollter Inhaltsbeschreibung und Berichterstattung aus § 12 Abs. 2

1. Regelungsbereich und Konzept des § 12 Abs. 2

19 § 12 Abs. 2 schützt den Urheber eines unveröffentlichten Werkes, das noch nicht durch eine **Inhaltsangabe** oder eine **Beschreibung** der Öffentlichkeit bekannt geworden ist, gegenüber einer **ungewollten Berichterstattung**. § 12 zielt auf eine **sprachliche Mitteilung** über ein Werk ab, das sich noch in der Sphäre des Urhebers befindet. Der Urheber erhält mit § 12 Abs. 2 eine über Abs. 1, der sich auf die reine Veröffentlichung des Werkes bezieht, hinaus gehende Möglichkeit der **Geheimhaltung** des Inhalts oder der Form des Werkes. Die Vorschrift schützt unveröffentlichte Werke über ihren eigenen urheberrechtlichen Schutzumfang hinaus, der sich aus den übrigen Rechten des Urhebers ergibt. Ein Verbrauch des Rechts tritt aber erst ein, wenn der wesentliche Inhalt mitgeteilt wird (Schricker/Loewenheim/*Dietz/Peukert* § 12 Rn. 26; *v. Welser* 30 f.). § 12 Abs. 2 erweitert den Schutzbereich des UrhG erheblich (Dreier/Schulze/*Schulze* § 12 Rn. 21; Loewenheim/*Dietz/Peukert* § 16 Rn. 10; *Wegner/Wallenfels/Kaboth* 1. Kap. Rn. 94). So ist eine medienübergreifende Beschreibung eines Werkes grds. eine freie Benutzung, die das Urheberrecht des Urhebers nicht berühren kann. Die sprachliche Beschreibung eines Musikstücks greift nicht in den Schutzbereich des Urheberrechts ein, den der Komponist für das Musikstück genießt. Solange die Voraussetzungen des § 12 Abs. 2 vorliegen, kann der Komponist die Beschreibung aber aus § 12 Abs. 2 untersagen. § 12 Abs. 2 erweitert damit über den Urheberrechtsschutz im engeren Sinne hinaus den Schutz der Privatsphäre des Urhebers, der keine Mitteilungen über ein geheim gehaltenes Werk dulden muss.

2. Beispiele für den Anwendungsbereich von § 12 Abs. 2

Der Urheber eines Werkes der **bildenden Kunst** kann es vor der Veröffentlichung des Werkes untersagen, dass in einem Zeitungsbeitrag Farbgestaltung, Aufbau und Thema eines Werkes der bildenden Kunst beschrieben werden. Der **Autor eines Romans** muss es nicht hinnehmen, dass eine Kritik sich mit dem Inhalt des noch nicht veröffentlichten Werkes auseinandersetzt und die Geheimnisse des Werkes vorab lüftet (Fromm/Nordemann/*Dustmann* § 12 Rn. 16).

3. Abgrenzung des § 12 Abs. 2 von § 12 Abs. 1

§ 12 Abs. 2 bezieht sich damit nicht auf die Wiedergabe des geschützten Werkes oder Teilen davon im gleichen Medium. Diese Sachverhalte werden bereits durch § 12 Abs. 1 sowie die verwertungsrechtlichen Vorschriften (§§ 23, 15 ff.) erfasst. § 12 Abs. 2 besitzt mithin einen eigenständigen, über § 12 Abs. 1 hinausgehenden Regelungsgehalt (a. A. Loewenheim/*Dietz*/*Peukert* § 16 Rn. 9).

4. Keine Schrankenbestimmung

Entgegen der teilweise in der Literatur vertretenen Auffassung (Haberstumpf Rn. 205; Rehbinder Rn. 511) stellt § 12 Abs. 2 **keine Schrankenbestimmung** dar, die den Anwendungsbereich der §§ 44a ff. erweitert. Nach dieser Auffassung soll sich im Umkehrschluss aus § 12 Abs. 2 ergeben, dass Dritte ohne Zustimmung des Urhebers den Inhalt eines Werkes mitteilen oder beschreiben dürfen, wenn das Werk zuvor veröffentlicht oder aber sein wesentlicher Inhalt oder eine Beschreibung des Werkes mit Zustimmung des Urhebers an die Öffentlichkeit gelangt ist. Dem ist entgegenzuhalten, dass eine Benutzung urheberrechtlich geschützter Inhalte oder Formen in einem neuen Werk eine Bearbeitung darstellt, die den Bestimmungen der §§ 23, 24 unterfällt (BGH MMR 2011, 182, 185 – Perlentaucher; zum Begriff der Bearbeitung § 23 Rn. 3). Diese Vorschriften sind abschließend. § 12 Abs. 2 eröffnet **keine Umgehung** der Bestimmung des § 23, wonach abhängige Bearbeitungen nur mit Zustimmung des Urhebers veröffentlicht und verwertet werden dürfen (Loewenheim/*Dietz*/*Peukert* § 16 Rn. 11). Zur Vermeidung unerträglicher Ergebnisse bietet diese Meinung als Abgrenzungskriterium zwischen einer zulässigen und einer unzulässigen Inhaltsmitteilung oder Beschreibung eines Werkes an, dass diese die Lektüre des Originalwerkes nicht ersetzen darf (Fromm/Nordemann/*Dustmann* § 12 Rn. 21 mit Verweis auf OLG Frankfurt a. M. ZUM-RD 2004, 532, 534). Dieses Kriterium ist allerdings unscharf und würde die ohnehin schwierige Abgrenzung zwischen abhängiger und freier Benutzung weiter komplizieren. Bspw. ist ein von Dritten hergestelltes Lösungsbuch zu einem urheberrechtlich geschützten Computerspiel ausschließlich an den §§ 23, 24 und bei der Wiedergabe von Screenshots auch an § 51 zu messen. Ergibt die Prüfung, dass das Lösungsbuch wegen der engen Anlehnung an das Computerspiel als Bearbeitung gem. § 23 einzustufen oder der Umfang zulässiger Zitate überschritten ist, so bedarf die Veröffentlichung und Verwertung des Lösungsbuchs der Einwilligung des Originalurhebers. Der bearbeitende Urheber kann sich nicht auf § 12 Abs. 2 berufen. Gleiches gilt für **Abstracts,** bei denen Werke zu Informations- und Dokumentationszwecken verkürzt wiedergegeben werden (vgl. OLG Frankfurt a. M. NJW 2008, 770, 771, nicht rechtskräftig; *Sajuntz,* NJW

2011, 729, 729). Werden in diesen die wesentlichen und prägenden Formulierungen und Satzteile übernommen, ohne vom Zitatrecht gedeckt zu sein, bedarf es der Einwilligung des Originalurhebers (BGH MMR 2011, 182, 185 – Perlentaucher; s. a. Parallelents. BGH ZUM 2011, 242, 248 – Abstracts; vgl. § 23 Rn. 4). Soweit das Abstract sprachlich neutral und sachlich oder durch sprachlich eigenschöpferische Leistung die Informationsessenz transportiert, ist die Zustimmung entbehrlich (vgl. auch § 16 Rn. 3). Daraus folgt, dass § 12 Abs. 2 den Schutz des Urhebers vor der Veröffentlichung seines Werkes erweitert. Die Grenze bilden hier erst Fälle, bei denen ausnahmsweise auch die Information selbst geschützt sein kann, wie vereinzelt bei einer Phantasiegeschichte oder Fabel (vgl. BGH GRUR 1999, 984, 986f. – Laras Tochter). Gegen eine Auslegung des § 12 Abs. 2 als Schrankenvorschrift zu Lasten des Urhebers sprechen zudem seine positive Formulierung und seine systematische Stellung bei den Urheberpersönlichkeitsrechten. Der Gesetzgeber wollte mit der persönlichkeitsrechtlichen Bestimmung des § 12 Abs. 2 die Rechte des Urhebers über § 12 Abs. 1 hinaus erweitern und nicht einschränken.

§ 13 Anerkennung der Urheberschaft

Der Urheber hat das Recht auf Anerkennung seiner Urheberschaft am Werk. Er kann bestimmen, ob das Werk mit einer Urheberbezeichnung zu versehen und welche Bezeichnung zu verwenden ist.

Literatur: *Bullinger,* Kunstwerkfälschung und Urheberpersönlichkeitsrecht, Berlin 1997; *v. Gamm,* Die Urheberbezeichnung in der Praxis, NJW 1959, 318; *Genthe,* Der Umfang der Zwecküberlragungstheorie im Urheberrecht, Frankfurt a. M. 1981; *Groh,* „Mit fremden Federn" Zur Wirksamkeit von Ghostwritervereinbarungen, GRUR 2012, 870; *Hock,* Das Namensnennungsrecht des Urhebers, Baden-Baden 1993; *Katzenberger,* Urheberrechtliche und urhebervertragsrechtliche Fragen bei der Edition philosophischer Werke, GRUR 1984, 319; *Kraßer,* Urheberrecht in Arbeits-, Dienst-, und Auftragsverhältnissen, FS Schricker 1995, 77; *Leuze,* Urheberrechte im Beamtenverhältnis, ZBR 1997, 37; *Löffler,* Künstlersignatur und Kunstfälschung, NJW 1993, 1421; *Müller,* Das Urheberpersönlichkeitsrecht des Architekten im deutschen und österreichischen Recht, München 2004; *Osenberg,* Die Unverzichtbarkeit der Urheberpersönlichkeitsrechts, Berlin 1979; *Reinemann/Remmertz,* Urheberrechte an User-generated Content, ZUM 2012, 216; *Rojahn,* Der Arbeitnehmer in Presse, Rundfunk und Fernsehen, 1978; *Schmidt,* Urheberrechtsprobleme in der Werbung, Berlin 1981; *Sieg,* Das unzulässige Anbringen der richtigen Urheberbezeichnung, § 107 UrhG, Frankfurt a. M. 1985; *Spieker,* Die fehlerhafte Urheberbenennung: Falschbenennung des Urhebers als besonders schwerwiegender Fall, GRUR 2006, 118; *Stolz,* Der Ghostwriter im deutschen Recht, München 1997; *v. Welser,* Die Wahrnehmung urheberpersönlichkeitsrechtlicher Befugnisse durch Dritte, Berlin 2000.

Vgl. darüber hinaus die Angaben im eingangs abgedr. Gesamtliteraturverzeichnis.

Übersicht

	Rn.
I. Allgemeines	1
II. Recht auf Anerkennung der Urheberschaft aus § 13 S. 1	2–9
1. Regelungsgehalt	2
2. Rechtsinhaberschaft	3–6
a) Urheber als Rechtsinhaber	3
b) Bezeichnungsrechte weiterer Urheber	4
c) Duldung der Nennung anderer Urheber	5
d) Täuschende Nennung	6
3. Bezugsobjekte des Rechts	7–9
a) Alle Werkverkörperungen	7
b) Bearbeitungen	8
c) Grenze der freien Benutzung	9
III. Entscheidung über das Ob und Wie der Urheberbezeichnung (§ 13 S. 2)	10–18
1. Schutzprinzip des § 13 S. 2	10
2. Ausgestaltung der Urheberbezeichnung	11
3. Fallgruppen	12–18
a) Schutz der Anonymität	12

	Rn.
b) Schutz von Künstlernamen und Pseudonymen	13
c) Werkfälschungen	14–16
aa) Enge Anlehnung an Originale	15
bb) Eigenes Werk des Fälschers	16
d) Urheberbezeichnung und Werkentstellung	17
e) § 107 Abs. 1 als Grenze des Bestimmungsrechts	18
IV. Recht auf Anerkennung der Urheberschaft und Nutzungsrechtseinräumung	19–25
1. Ausgangspunkt	19
2. Ausdrückliche Vereinbarung	20–23
a) Nicht-Nennung	21
b) Verschweigen der Urheberschaft (insb. Ghostwriter-Fälle)	22, 23
aa) Zulässigkeit	22
bb) Kündigungsrecht des Urhebers	23
3. Stillschweigende Abbedingung	24
4. Ausgestaltung der Urheberbezeichnung nach Verkehrsgepflogenheiten/Branchenübung	25
V. § 13 und zulässige Werknutzung nach §§ 44a ff./Zitate	26

I. Allgemeines

Die Bestimmung gibt dem Urheber ein **vorbehaltloses Recht** auf Anerkennung seiner **1** Urheberschaft an dem von ihm geschaffenen Werk. Sie gehört zum Urheberpersönlichkeitsrecht im engeren Sinne. Das Recht entspricht den natürlichen Bedürfnissen des Urhebers, die zwischen ihm und dem Werk bestehenden Beziehungen offen zu legen. Es gewährleistet die Anerkennung der Urheberschaft des Schöpfers des Werkes in der Öffentlichkeit. Neben dem **ideellen Interesse** des Urhebers, mit dem Werk in Verbindung gebracht zu werden, hat das Recht aus § 13 für ihn auch **materielle Bedeutung**. Die Urheberbezeichnung kann Werbewirkung entfalten und Folgeaufträge nach sich ziehen (BGH WRP 1982, 85, 86 – Architektenwerbung; LG München I Schulze LGZ 173, 15 – Branislav Nusic).

II. Recht auf Anerkennung der Urheberschaft aus § 13 S. 1

1. Regelungsgehalt

Der Urheber kann sich gem. § 13 S. 1 gegenüber Dritten auf seine Urheberschaft berufen. **2** Maßen sich andere die Urheberschaft an seinem Werk oder Teilen davon an, so kann der Urheber verlangen, dass die **wahre Urheberschaft** festgestellt wird (BGH GRUR 1972, 713, 714 – Im Rhythmus der Jahrhunderte; KG UFITA 80 (1977) 368, 374 – Manfred Köhnlechner). Die Vorschrift ermöglicht es dem Urheber, gegen **Plagiatoren** vorzugehen (Möhring/Nicolini/*Kroitzsch* § 13 Rn. 6; Schricker/Loewenheim/*Dietz/Peukert* § 13 Rn. 8; *v. Gamm* § 13 Rn. 8; *v. Welser* 31). Ein Plagiat begeht, wer sich die Urheberschaft an einem fremden Werk anmaßt (Fromm/Nordemann/*A. Nordemann* §§ 23/24 Rn. 59; *Bullinger* 12). Der Urheber kann weiter verlangen, dass sein Werk nur in Verbindung mit seiner Urheberbezeichnung verwertet wird. Sofern der Urheber seine Urheberbezeichnung bereits fest mit dem Werk verbunden hat (bspw. durch eine **Signatur** auf dem Werkoriginal), kann er aus § 13 S. 1 bestimmen, dass diese Urheberbezeichnung nicht entfernt wird, sondern erhalten bleibt (OLG Stuttgart NJW-RR 1995, 935, 936 – Copyright-Aufkleber).

2. Rechtsinhaberschaft

a) Urheber als Rechtsinhaber. Einen Anspruch auf Urhebernennung aus § 13 hat **3** nur der Inhaber eines Urheberrechts, also die **natürliche Person**, die eine schöpferische

Leistung erbracht hat, oder ihr **Rechtsnachfolger** (OLG Frankfurt NJW 1991, 1839; Fromm/Nordemann/*Dustmann* § 13 Rn. 4; Dreier/Schulze/*Schulze* § 13 Rn. 13, wobei der Rechtsnachfolger nur Anspruch auf Nennung des Urhebers hat und nicht auf Nennung seiner selbst). § 13 ist deshalb bspw. nicht auf den **Auftraggeber** des Werkes oder den Produzenten eines Films anwendbar (Dreier/Schulze/*Schulze* § 13 Rn. 14). Aus § 13 lässt sich weiter kein Anspruch auf Namensnennung von Institutionen (z.B. Museen) ableiten, die bestimmte Werke für Publikationen zur Verfügung stellen (KG AfP 1996, 148, 149). Urheber können nur natürliche Personen sein, weshalb ein Namensnennungsrecht für Firmen, Institutionen, Unternehmen, Konzerne bspw., die als juristische Person agieren, per se auszuschließen ist. Ebenso wenig gewährt § 13 Wissenschaftlern, die eine bestimmte Theorie entwickelt haben, einen Nennungsanspruch (BGH GRUR 1981, 352ff. – Staatsexamensarbeit). Kein Anspruch auf Namensnennung aus § 13 hat weiter der **Betreiber** eines Satelliten bezüglich der Satellitenaufnahmen (LG Berlin GRUR 1990, 270, 271 – Satellitenfoto). Diese Personen oder Einrichtungen müssen gegebenenfalls einen Anspruch auf Namensnennung gegenüber den Verwertern, denen sie ihr Material überlassen, **vertraglich vereinbaren** (LG Berlin GRUR 1990, 270 – Satellitenfoto). § 13 begründet ferner kein Namensnennungsrecht von **Herausgebern.** Die in der Praxis übliche Nennung des Herausgebers bei Schriftwerken, die Beiträge unterschiedlicher Bearbeiter enthalten, beruht nicht auf dem UrhG (Fromm/Nordemann/*Dustmann* § 13 Rn. 7; KG AfP 1996, 148, 149 – Poldok; a.A. Dreier/Schulze/*Schulze* § 13 Rn. 11, der bei schöpferischer Tätigkeit des Herausgebers diesem ein Namensnennungsrecht zubilligt).

4   b) **Bezeichnungsrechte weiterer Urheber.** Allen Personen, die einen urheberrechtlich geschützten Beitrag zu einem Werk geleistet haben, steht jeweils ein **eigenständiger Anspruch** auf Anerkennung ihrer Urheberschaft an dem Werk zu (KG Schulze KGZ 18, 7 – Wenn der weiße Flieder blüht; OLG Celle GRUR-RR 2001, 125 – Stadtbahnwagen, insoweit von der Folgeinstanz BGH GRUR 2002, 799 – Stadtbahnfahrzeug nicht aufgehoben). So hat jeder **Miturheber** eines gemeinschaftlich geschaffenen Werkes einen individuellen Anspruch auf Namensnennung, den er im Verletzungsfall auch gegenüber seinen Miturhebern durchsetzen kann. Wird ein Miturheber bspw. von den anderen Urhebern bei der Werkverwertung nicht genannt, so kann er diese aus § 13 in Anspruch nehmen (OLG Karlsruhe GRUR 1984, 812f. – Egerlandbuch; Dreyer/Kotthoff/Meckel/*Dreyer* § 13 Rn. 49; Dreier/Schulze/*Schulze* § 13 Rn. 11). Bei Werken, die aus urheberrechtlich geschützten Beiträgen verschiedener Urheber zusammengesetzt sind (z.B. Film- oder Multimediawerk), ist **jeder Urheber** zu nennen (*Schack* Rn. 373). Auch der Bearbeiter hat einen Anspruch auf Namensnennung. Bei einem **übersetzten Werk** sind der Originalurheber und der Übersetzer zu nennen (im Einzelnen s. Rn. 5, 8).

5   c) **Duldung der Nennung anderer Urheber.** Der Urheber muss die Nennung weiterer Urheber, die an dem Werk mitgewirkt haben, oder, im Fall eines Sammelwerkes, deren Werke in die Sammlung aufgenommen sind, hinnehmen (Fromm/Nordemann/*Dustmann* § 13 Rn. 5; BGH GRUR 1972, 713, 714 – Im Rhythmus der Jahrhunderte; KG Schulze KGZ 18, 7 – Wenn der weiße Flieder wieder blüht). Dies ist die Kehrseite der unter Rn. 4 dargelegten Grundsätze.

6   d) **Täuschende Nennung.** Der Urheber kann generell verlangen, dass Personen, die zu dem Werk keinen urheberrechtlich selbstständig geschützten Beitrag geleistet haben, nicht als Miturheber genannt werden (Fromm/Nordemann/*Dustmann* § 13 Rn. 9). Aus § 13 kann der Urheber weiter **untersagen,** dass Personen auf Werkexemplaren in einer Weise aufgeführt werden, die bei dem Publikum den Eindruck erweckt, als hätten diese das Werk mitgeschaffen, d.h. die Benennung darf nicht irreführend sein und damit täuschen (BGH GRUR 1963, 40, 43 – Straßen – gestern und morgen; Dreyer/Kotthoff/Meckel/*Dreyer* § 13 Rn. 39, 41; Schricker/Loewenheim/*Dietz/Peukert* § 13 Rn. 8; ausführlich

§ 13 Anerkennung der Urheberschaft   7–9   § 13 UrhG

Spieker GRUR 2006, 118 ff.). Der Urheber eines wissenschaftlichen Aufsatzes, den er tatsächlich alleine verfasst hat, darf bspw. die Nennung des **Lehrstuhlinhabers** als Autor untersagen (Dreyer/Kotthoff/Meckel/*Dreyer* § 13 Rn. 34, der einen vom Miturheber-Professor geforderten Verzicht auf Nennung gegenüber dem wissenschaftlichen Mitarbeiter zum eigenen Vorteil als sittenwidrig erachtet). Die Nennung des Lehrstuhlinhabers widerspricht den Wertungen von § 13 (*Katzenberger* GRUR 1984, 319, 322; *Schack* Rn. 373).

3. Bezugsobjekt des Rechts

a) Alle Werkverkörperungen. Das Recht auf Urheberbezeichnung umfasst **alle kör-** 7 **perlichen und unkörperlichen Formen** des Werkes, Werkoriginale und Vervielfältigungsstücke ohne Originalcharakter (BGH GRUR 95, 671, 672 – Namensnennungsrecht des Architekten; *v. Welser* 34; Loewenheim/*Dietz/Peukert* § 16 Rn. 72). Unabhängig von der Form, in der das Werk öffentlich in Erscheinung tritt, hat der Urheber ein Interesse daran, dass ihm das Werk zugeordnet wird (BGH GRUR 1995, 671, 672 – Namensnennungsrecht des Architekten; Fromm/Nordemann/*Dustmann* § 13 Rn. 22; Möhring/Nicolini/*Kroitzsch* § 13 Rn. 23; Dreier/Schulze/*Schulze* § 13 Rn. 9; Schricker/Loewenheim/*Dietz/Peukert* § 13 Rn. 12). Die **Gegenauffassung** (*Hock* 48 ff.), die das Recht aus § 13 lediglich auf Werkoriginale anwendet, verkürzt den Schutz des Urhebers in unangemessener Weise. Die vom Gesetzgeber gewollte feste Verbindung zwischen Urheberidentität und Werk würde aufgeweicht. Zumal die meisten Werke nicht als Originalwerke, sondern als bloße Vervielfältigungsstücke genutzt werden, ist gerade in diesem Bereich das Recht aus § 13 von Bedeutung. Dies gilt insbesondere für Inhalte, die die Nutzer von sozialen Netzwerken im Netz bereitstellen. So kann z.B. ein **Tweet,** der nicht als Re-tweet gekennzeichnet ist, eine Verletzung nach § 13 darstellen. Überdies kann das Recht des Urhebers auf Anerkennung der Urheberschaft verletzt sein, wenn bei der Übernahme von Werken (bspw. durch Kopieren eines Lichtbildwerkes und Einstellen auf dem eigenen Weblog) oder bei einer Verlinkung der Urheber nicht genannt wird (*Reinemann/Remmertz*, ZUM 2012, 216, 221). § 13 enthält weiter keinen Anhaltspunkt dafür, dass das Recht nur Werkoriginale erfassen soll. Sofern sich das UrhG nicht ausdrücklich auf Werkoriginale bezieht (so z.B. in den Bestimmungen der §§ 10, 26), ist stets das geistige Werk gemeint.

b) Bearbeitungen. Bei **Bearbeitungen** behält der Urheber des ursprünglichen Werkes 8 sein Recht auf Anerkennung der Urheberschaft (BGH GRUR 2002, 607, 608 – Stadtbahnfahrzeug; Dreier/Schulze/*Schulze* § 13 Rn. 11). Er ist als Urheber des bearbeiteten Werks zu nennen (BGH GRUR 2002, 799 ff. – Stadtbahnfahrzeug; OLG München Schulze OLGZ 4). Daneben steht dem Bearbeiter, sofern er eine urheberrechtlich geschützte Leistung erbracht hat, ebenfalls ein Recht auf **Anerkennung seines Bearbeiterurheberrechts** nach § 13 zu (OLG Frankfurt 6. Zivilsenat, Urt. v. 14.10.1993, Az.: 6 U 109/92, Zitat nach JURIS). Es sind beide Urheber zu nennen, z.B. wie folgt: X, bearbeitet von Y. Kein Recht auf Anerkennung der Urheberschaft nach § 13 S. 1 hat dagegen derjenige, der ein urheberrechtlich geschütztes Werk lediglich **umgestaltet** hat (§ 23 S. 1 2. Alt.), ohne dass die Umgestaltung die für eine urheberrechtlich eigenständig geschützte Bearbeitung notwendige Schöpfungshöhe erreicht (s. § 23 Rn. 4).

c) Grenze der freien Benutzung. Liegt eine **freie Benutzung** (§ 24) vor, so braucht 9 der Urheber des neuen Werkes den Urheber des ursprünglichen Werkes nicht zu nennen. Dieses hat ihm lediglich als Anregung gedient, so dass er das neue Werk frei und ohne die Einschränkung, einen anderen als Urheber angeben zu müssen, benutzen darf. Der Urheber des älteren Werkes hat **keinen Anspruch auf einen Hinweis,** dass sein Werk für das neue als **Anregung** gedient hat. Der freie Benutzer darf umgekehrt aber auch nicht den vorangegangenen Urheber ohne dessen Einwilligung als an dem neuen Werk Beteiligten (etwa, „geschaffen frei nach X") nennen (OLG Brandenburg NJW 1997, 1162 f. – Stimme

Brecht). Ein solches Verhalten kann das Namensrecht (§ 12 BGB) oder das allgemeine Persönlichkeitsrecht des Urhebers des älteren Werkes verletzen (*Bullinger* 131, 160).

III. Entscheidung über das Ob und Wie der Urheberbezeichnung (§ 13 S. 2)

1. Schutzprinzip des § 13 S. 2

10   Das in § 13 S. 1 geregelte Prinzip wird durch § 13 S. 2 **ergänzt.** Der Urheber kann nach § 13 S. 2 auch über die Frage entscheiden, ob sein Werk überhaupt mit einer Urheberbezeichnung zu versehen ist. Ihm steht nicht nur ein Recht auf Anerkennung seiner Urheberschaft zu, sondern auch ein **Recht auf Anonymität.** Weiter enthält § 13 S. 2 das Recht des Urhebers, die **Art und Weise** zu bestimmen, in der sein Werk bezeichnet wird. Er hat bspw. die Möglichkeit festzulegen, dass das Werk mit einem **Künstlerzeichen,** einem **Pseudonym** oder einer **Abkürzung** gekennzeichnet wird (Dreier/Schulze/*Schulze* § 13 Rn. 17; Dreyer/Kotthoff/Meckel/*Dreyer* § 13 Rn. 23). Die Vorschrift bezieht sich auf körperliche und unkörperliche Wiedergaben des Werkes (*v. Welser* 34 f.; Schricker/Loewenheim/*Dietz*/*Peukert* § 13 Rn. 10). Nicht mehr zur Urheberbezeichnung gehören Angaben wie die Anschrift, die Telefonnummer oder der Beruf (Möhring/Nicolini/*Kroitzsch* § 13 Rn. 10; Dreier/Schulze/*Schulze* § 13 Rn. 19; Dreyer/Kotthoff/Meckel/*Dreyer* § 13 Rn. 23; Loewenheim/*Dietz*/*Peukert* § 16 Rn. 74), nur der Name ist erforderlich (RGZ 110, 393, 397 – Riviera; OLG München GRUR 1969, 146). Weiter kann der Urheber die Benennung seiner Funktion verlangen, ob er als Autor, Bildhauer, Maler etc. tätig geworden ist. Dies wird relevant bei Mitwirkung mehrerer (OLG Nürnberg GRUR 2002, 607, 608 – Stufenaufklärung nach Weissauer). S. 2 enthält Regelungen, die eine **eigenständige Bedeutung** besitzen, da sich ihr Gehalt nicht aus dem allgemeinen Recht auf Anerkennung der Urheberschaft ergeben würde (*Schack* Rn. 374). Nach der **Gegenauffassung** enthält § 13 S. 1 das Prinzip des Rechts auf Anerkennung der Urheberschaft, während S. 2 einen speziellen Anwendungsfall dieses Prinzips darstellen soll (Fromm/Nordemann/*Dustmann* § 13 Rn. 1). Diese Meinung berücksichtigt nicht die unterschiedliche Schutzrichtung von S. 1 und S. 2 (*Schack* Rn. 374). Die positive Befugnis, die Verbindung zwischen dem Urheber und seinem Werk offen zu legen, beinhaltet nicht das Gegenteil, das Recht auf Anonymität. Sie enthält auch nicht das Recht, über die Form der Nennung zu bestimmen.

2. Ausgestaltung der Urheberbezeichnung

11   Nach § 13 S. 2 2. Alt. kann der Urheber über die **Ausgestaltung** der Urheberbezeichnung bestimmen. Das Recht auf Anerkennung der Urheberschaft wird nur dann von dem Nutzer des Werkes beachtet, wenn der Name des Urhebers in Bezug auf das Werk in einer Weise angebracht wird, die das Publikum auch als Urheberbezeichnung auffasst. Dem Urheber ist nicht damit gedient, dass sein Name in irgendeiner Form erwähnt oder in der Nähe seines Werkes aufgeführt wird. Die Namensnennung muss so erfolgen, dass das Werk durch die Form der Namensnennung dem Urheber **zugeschrieben wird** (OLG München ZUM 2000, 404, 407 – Umfang der Rechtsübertragung bei Mitwirkung an einem Literaturhandbuch; Dreier/Schulze/*Schulze* § 13 Rn. 21). An gegenständlichen Werkverkörperungen kann die Urheberbezeichnung durch **Anbringen des Namenszuges** geschehen (im Einzelnen s. Rn. 25).

3. Fallgruppen

12   a) **Schutz der Anonymität.** Aus der Formulierung des § 13 S. 2 1. Alt. ergibt sich ein Recht des Urhebers auf **Anonymität** (Fromm/Nordemann/*Dustmann* § 13 Rn. 28; Dreier/Schulze/*Schulze* § 13 Rn. 32; Dreyer/Kotthoff/Meckel/*Dreyer* § 13 Rn. 20; Schri-

§ 13 Anerkennung der Urheberschaft   13–16 § 13 UrhG

cker/Loewenheim/*Dietz/Peukert* § 13 Rn. 10; *Wegner/Wallenfels/Kaboth* 1. Kap. Rn. 97). Der Urheber kann darüber entscheiden, ob sein Werk überhaupt mit seiner Urheberbezeichnung zu versehen ist (Loewenheim/*Dietz/Peukert* § 16 Rn. 75). Er hat die Möglichkeit, mit **Wirkung gegen jedermann** festzulegen, dass sein Werk nur ohne Urheberbezeichnung öffentlich benutzt wird. Zu beachten ist jedoch, dass sich § 13 als urheberrechtliche Bestimmung lediglich auf die Kennzeichnung des Werkes bezieht (Schricker/Loewenheim/*Dietz/Peukert* § 13 Rn. 14; Fromm/Nordemann/*Dustmann* § 13 Rn. 22; *Bullinger* 58; *v. Welser* 32). § 13 ist bspw. nicht auf **Werkbesprechungen** anwendbar, bei denen der Urheber eines unsignierten Werkes genannt wird. Ein Schutz des Urhebers, der nicht in der Öffentlichkeit mit seinen Werken in Verbindung gebracht werden möchte, könnte sich allenfalls aus dem allgemeinen Persönlichkeitsrecht ergeben (§§ 823 Abs. 1, 1004 BGB; Art. 2 Abs. 1, Art. 1 Abs. 1 GG). Wer sein Werk anonym veröffentlicht hat, bringt damit zum Ausdruck, dass er als Person nicht ins Licht der Öffentlichkeit gezerrt werden möchte. Den Urheber wider dessen Willen in der Öffentlichkeit zu nennen, könnte deshalb das Recht des Urhebers auf Privatheit stören.

b) Schutz von Künstlernamen und Pseudonymen. Nach § 13 S. 2 2. Alt. kann der Urheber bestimmen, welche Bezeichnung als Urheberbezeichnung zu verwenden ist. § 13 S. 2 2. Alt. schützt damit auch **Künstlernamen und Pseudonyme** (*Schack* Rn. 375; *Wegner/Wallenfels/Kaboth* 1. Kap. Rn. 97). Der Urheber kann, gestützt auf § 13, verlangen, dass sein Werk nur unter dem Künstlernamen veröffentlicht wird. Pseudonyme sind eine besondere Form von Künstlernamen (s. ausführlich § 10 Rn. 5 ff.). Der Urheber bleibt anonym und benutzt den frei gewählten Namen, um nicht identifiziert zu werden. § 13 S. 2 2. Alt. schützt den Urheber nicht davor, dass andere seine Urheberschaft an einem Werk **aufdecken** und bspw. in einer Werkkritik darüber berichten, wie der Autor des Werkes mit bürgerlichem Namen heißt (Schricker/Loewenheim/*Dietz/Peukert* § 13 Rn. 10; Fromm/Nordemann/*Dustmann* § 13 Rn. 28; *Wegner/Wallenfels/Kaboth* 1. Kap. Rn. 98). Pseudonyme sind deshalb **kein sicherer Schutz.** Ein Urheber kann in der Öffentlichkeit wider seinen Willen mit seinem Werk in Verbindung gebracht werden, ohne dass dies § 13 S. 2 verletzt. Über § 13 S. 2 kann der Urheber lediglich beeinflussen, dass Nutzungsberechtigte das Pseudonym beachten. Im Übrigen muss er jedoch selbst für die Geheimhaltung seiner Urheberschaft sorgen, wenn er mit dem Werk in der Öffentlichkeit nicht in Verbindung gebracht werden möchte. § 13 setzt Dritten keinen „Maulkorb" auf (s. auch Rn. 12).

c) Werkfälschungen. § 13 begründet keinen allgemeinen Schutz des Urhebers gegen **Werkfälschungen** (*Bullinger* 61). Werkfälschungen, insb. Fälschungen im Bereich der bildenden Kunst, stellen häufig eigene Werke des Fälschers dar, die einem Urheber unrichtigerweise als die seinen untergeschoben werden. § 13 bezieht sich jedoch nur auf Werke, die der Urheber selbst geschaffen hat (Schöpferprinzip). Es ist deshalb wie folgt zu differenzieren:

aa) Enge Anlehnung an Originale. Gegen Fälschungen, die bloße Kopien (§ 16) oder Bearbeitungen (§ 23) von Originalwerken des Urhebers darstellen, kann dieser aus § 13 vorgehen. Kopien und Bearbeitungen enthalten das geistige Werk des Originalurhebers, auf sie bezieht sich § 13 (s. Rn. 4). § 13 ermöglicht es dem Urheber (oder seinem Rechtsnachfolger), solche **angelehnten Fälschungen** zu entlarven (*Bullinger* 59). Der Urheber kann insb. die Beseitigung der **täuschenden Signaturen** aus § 13 S. 2, 1. Alt. verlangen.

bb) Eigenes Werk des Fälschers. § 13 wird **nicht berührt,** wenn der Fälscher ein **eigenständiges Werk** (lediglich im Stil des anderen Urhebers) geschaffen hat. Durch die unrichtige Zuschreibung von Werken wird jedoch das allgemeine Persönlichkeitsrecht einer Person verletzt, da die falsche Zuschreibung geeignet ist, das Lebensbild der Person zu verzerren (*Bullinger* 160; BGHZ 107, 384, 392 – Emil Nolde; KG UFITA 48 (1966) 274, 275 – Die goldene Stimme). Gegen die **Zuschreibung fremder Werke** kann sich der Urheber daher aus seinem **allgemeinen Persönlichkeitsrecht** (§§ 823, 1004 BGB; Art. 2

Abs. 1, Art. 1 Abs. 1 GG) wehren (Dreyer/Kotthoff/Meckel/*Dreyer* § 13 Rn. 46). Nach dem Tod des Urhebers können seine nahen Angehörigen aus dem postmortalen allgemeinen Persönlichkeitsrecht Fälschungsfälle verfolgen (*Bullinger* 213). Zu den nahen Angehörigen gehören die Abkömmlinge und die Eltern des Urhebers. In der „Emil Nolde"-Entscheidung hat der Bundesgerichtshof den Schutz aus dem postmortalen allgemeinen Persönlichkeitsrecht jedenfalls noch 35 Jahre nach dem Tod des bedeutenden Künstlers Emil Nolde bejaht (BGH GRUR 1995, 668 – Emil Nolde).

17 **d) Urheberbezeichnung und Werkentstellung.** Das Anbringen der Urheberbezeichnung bei **entstellten Werken** kann § 13 S. 2 2. Alt. verletzen. Wird ein urheberrechtlich geschütztes Werk in entstellter Form verbreitet, so kann sich das Interesse des Urhebers an einer Kennzeichnung des Werkes mit seinem Namen ins Gegenteil, nämlich in ein **Interesse an der Nichtnennung,** umkehren (OLG Saarbrücken OLGZ 176 – Politische Geschichte des Saarlandes; Dreyer/Kotthoff/Meckel/*Dreyer* § 13 Rn. 46). Eine Rechtsverletzung kann bei einer Verbreitung des Werkes in entstellter Form besonders schwer wiegen, wenn das entstellte Werk die Urheberbezeichnung trägt. In der Öffentlichkeit entsteht der falsche Eindruck, als habe der Urheber einer Verbreitung des Werkes in der entstellten Form zugestimmt oder die Entstellung selbst durchgeführt. Werden bspw. ernsthafte künstlerische Porträtfotografien eines bekannten Urhebers auf der Umschlagseite eines Buches mit Gruselgeschichten verbreitet und der Urheber namentlich genannt, glaubt das Publikum, er habe die konkrete Verwendung seiner Fotografien gestattet. Die Störung seiner Urheberrechte **wiegt** wegen der erfolgten Namensnennung deshalb **schwerer** als wenn er nicht als Urheber genannt worden wäre. Ohne die Namensnennung wäre das entstellte Werk nur von wenigen Personen dem Urheber zugerechnet worden. Weiter autorisiert die Namensnennung des Urhebers in den Augen des Publikums die Nutzung des Werkes in der entstellten Form. Da der Urheber das Anbringen seiner Urheberbezeichnung bei der entstellten Variante seines Werkes mutmaßlich verweigert hätte, ist § 13 S. 2 1. Alt. verletzt (BGH GRUR 1971, 525 – Petite Jacqueline) und der Urheber kann Entfernung des Namens- bzw. Schriftzuges auf dem Gegenstand verlangen.

18 **e) § 107 Abs. 1 als Grenze des Bestimmungsrechts.** Der Urheber **muss** § 107 Abs. 1 Nr. 2 bei der Ausübung seines Rechts auf Bestimmung der Ausgestaltung der Urheberbezeichnung **beachten.** Im Bereich der bildenden Kunst darf auf Vervielfältigungsstücken ohne Originalcharakter die Urheberbezeichnung gem. § 107 Abs. 1 Nr. 2 nicht in einer Weise aufgetragen werden, durch die das Vervielfältigungsstück den Anschein eines Originals erhält (zum Tatbestand s. § 107 Rn. 3; vgl. auch Dreier/Schulze/*Schulze* § 13 Rn. 36). Diese Vorschrift, die vor allem den Schutz des kunstinteressierten Publikums zum Gegenstand hat, ist auch von dem Urheber selbst zu beachten (Schricker/Loewenheim/*Dietz/Peukert* § 13 Rn. 16; *Sieg* 158; *Löffler* NJW 1993, 1421, 1429). Krit. zu beurteilen sind deshalb bspw. Sachverhalte, bei denen mit Einwilligung des Urhebers dessen Signatur fotomechanisch auf schlichte Reproduktionen übertragen wird und dabei beim Publikum der Eindruck entsteht, als handle es sich um Originalsignaturen, da Handsignaturen Werke der bildenden Kunst typischerweise als Werkoriginale kennzeichnen. Der Urheber darf im Rahmen der Ausübung des Rechts aus § 13 S. 2 keine Bestimmungen treffen, die gegen § 107 Abs. 1 Nr. 2 verstoßen.

IV. Recht auf Anerkennung der Urheberschaft und Nutzungsrechtseinräumung

1. Ausgangspunkt

19 Das Recht auf Anerkennung der Urheberschaft aus § 13 steht allen Urhebern zu und bleibt grds. von einer **Nutzungsrechtseinräumung** an dem Werk unbeeinflusst. Es hängt nicht davon ab, ob ein Urheber sein Werk als **Auftragsarbeit,** im **Arbeitsverhältnis** oder in sonstiger Weise **abhängig geschaffen** hat (Fromm/Nordemann/*Dustmann* § 13 Rn. 5; RGZ 110, 393, 397; näher § 43 Rn. 89 ff.). Da Urheberpersönlichkeitsrechte vertraglich in ihrem Kern nicht abbedungen werden können (s. Vor §§ 12 ff. Rn. 5; KG WRP 77, 187, 190 – Manfred Köhnlechner; Fromm/Nordemann/*Dustmann* Vor § 12 Rn. 9; Dreier/Schulze/*Schulze* § 13 Rn. 24; Dreyer/Kotthoff/Meckel/*Dreyer* § 13 Rn. 40), kann auf das Recht auf Anerkennung der Urheberschaft im Ganzen nicht verzichtet werden. Hat der Urheber an seinem Werk Nutzungsrechte eingeräumt, so ist neben § 13 auch § 39 zu beachten. Die Bestimmung in § 13 S. 2 wird **durch § 39 ergänzt.** Nach § 39 Abs. 1 darf der Inhaber eines Nutzungsrechts die Urheberbezeichnung eines Werkes nicht ändern, sofern er mit dem Urheber nichts anderes vereinbart hat. Dabei erfasst § 39 Abs. 2, der das urheberrechtliche Änderungsverbot einschränkt, nicht die Urheberbezeichnung. In Bezug auf die Urheberbezeichnung kann sich ein Werknutzer damit nicht auf Treu und Glauben berufen, um eine Einwilligung des Urhebers zur Änderung der Urheberbezeichnung zu verlangen (Schricker/Loewenheim/*Dietz*/*Peukert* § 13 Rn. 17; Fromm/Nordemann/ *A. Nordemann* § 39 Rn. 21; Möhring/Nicolini/*Kroitzsch* § 13 Rn. 24). Ohne eine entsprechende **vertragliche Vereinbarung** mit dem Urheber darf er eine solche Änderung nicht vornehmen.

2. Ausdrückliche Vereinbarung

Bei der Frage nach der Wirksamkeit eines Verzichts des Urhebers auf sein Recht auf Anerkennung der Urheberschaft muss danach differenziert werden, ob der Urheber lediglich zustimmt, dass sein Werk im Rahmen einer **bestimmten Nutzung** ohne einen Hinweis auf ihn verwandt wird, oder ob er das Anerkennungsrecht des § 13 aufgeben will und seine Urheberschaft verschwiegen werden soll.

a) Nicht-Nennung. Der Urheber kann ausdrücklich oder stillschweigend zustimmen, dass sein Werk in einem **konkreten Fall** der Öffentlichkeit zugänglich gemacht wird, ohne dass sein Name genannt wird. Der Urheber darf sich vertraglich bspw. dazu verpflichten, dass eine Fotografie ohne Namensnennung in einer Zeitung abgedruckt wird. Dieses Ergebnis folgt aus § 13 S. 2 1. Alt. Es obliegt dem Urheber selbst zu entscheiden, ob sein Name bei einer bestimmten Werknutzung angeführt werden soll oder nicht. Eine solche vertragliche Abrede ist mit der Unverzichtbarkeit des Rechts auf Anerkennung der Urheberschaft vereinbar und ergibt sich wie gezeigt aus dem UrhG selbst (OLG Hamm GRUR 1967, 260 – Irene von Velchen; Möhring/Nicolini/*Kroitzsch* § 13 Rn. 17 ff.; Schricker/ Loewenheim/*Dietz*/*Peukert* § 13 Rn. 22; *Hock* 100 ff., 127). Gegenteilig werden vereinzelt Verpflichtungs- bzw. Verfügungsgeschäfte bezüglich des Rechts aus § 13 in Betracht gezogen (*Schack* Rn. 377; *Genthe* 94; *Schricker* 99). Andere wiederum lehnen eine Verfügungsbefugnis bzw. Verpflichtung gänzlich ab (*v. Gamm* § 13 Rn. 3; *Müller* 147). Der Urheber gibt aber mit einer **vertraglichen Regelung** nicht das Recht auf, die zwischen ihm und dem Werk bestehende Verbindung offen zu legen und bekannt zu machen. Er hat jederzeit die Möglichkeit, bei einer weiteren Nutzung des Werkes eine Urheberbezeichnung zu verlangen. In dem Beispielsfall kann der Urheber darauf bestehen, dass er als Urheber beim Abdruck derselben Fotografie in einem Buch als Urheber genannt wird.

b) Verschweigen der Urheberschaft (insb. Ghostwriter-Fälle). aa) Zulässigkeit. Aus der Unverzichtbarkeit der Rechte aus § 13 ergibt sich, dass der Urheber **nicht vollständig** auf sein Recht auf Anerkennung der Urheberschaft verzichten kann. Der Urheber darf das Recht nicht endgültig aufgeben. Eine entsprechende vertragliche Verpflichtung ist **unwirksam.** Dies schließt jedoch die Möglichkeit so genannter **Ghostwriter-Vereinbarungen** nicht aus. Bei einer Ghostwriter-Vereinbarung verpflichtet sich der Urheber einerseits zum Verschweigen der eigenen Urheberschaft, andererseits soll der Namensgeber die Möglichkeit erhalten, das Werk als eigenes in der Öffentlichkeit zu präsentieren. Im

Kern bleibt das Nennungsrecht des Ghostwriters zwar unverzichtbar (Möhring/Nicolini/ *Kroitzsch* § 13 Rn. 22; *Wegner/Wallenfels/Kaboth* 1. Kap. Rn. 99), es ist aber durch eine solche Vereinbarung durchaus einschränkbar. Ghostwriter-Fälle beziehen sich zumeist auf politische oder andere Reden, die von einem darauf spezialisierten Urheber, dem Ghostwriter, angefertigt werden. Aus urheberrechtlicher Sicht liegt ein **Plagiat** vor, dem der Urheber zugestimmt hat. Da an einer entsprechenden vertraglichen Gestaltungsmöglichkeit ein **praktisches Bedürfnis** besteht und die betroffenen Werke in der Regel durch die geistige Haltung des Namensgebers geprägt sind, ist mit der herrschenden Meinung eine schuldrechtliche Wirkung von Ghostwriter-Vereinbarungen anzuerkennen (Schricker/ Loewenheim/*Dietz/Peukert* § 13 Rn. 9; Dreier/Schulze/*Schulze* § 13 Rn. 31; Dreyer/ Kotthoff/Meckel/*Dreyer* § 13 Rn. 41; Fromm/Nordemann/*Dustmann* § 13 Rn. 19; *Stolz* 62 ff., 81 f.; *Osenberg* 139 ff.; Loewenheim/*Dietz/Peukert* § 16 Rn. 80). Eine **schuldrechtliche Verpflichtung** des Urhebers, sein Namensnennungsrecht nicht auszuüben, ist möglich, wenn der unabdingbare Kernbereich des § 13 nicht betroffen ist (vgl. Vor §§ 12 ff. Rn. 7).

23 **bb) Kündigungsrecht des Urhebers.** Dies ist wiederum gegeben, wenn man dem Urheber ein vertraglich nicht abdingbares Kündigungsrecht zugesteht. Der Urheber kann in entsprechender Anwendung der §§ 40 Abs. 1 S. 2, 41 Abs. 4 S. 2 eine Ghostwriter-Vereinbarung, die ihn zum Verschweigen seiner Urheberschaft verpflichtet, **nach fünf Jahren kündigen** (Dreier/Schulze/*Schulze* § 13 Rn. 31; Schricker/Loewenheim/*Dietz/ Peukert* § 13 Rn. 29; Loewenheim/*Dietz/Peukert* § 16 Rn. 81; *Schack* Rn. 377; ähnlich auch LG München I ZUM 2003, 66 ff.; differenzierend *Groh*, GRUR 2012, 870, 873). Die Einräumung eines (vertraglich nicht abdingbaren) Kündigungsrechts zugunsten des Urhebers vermeidet, dass ein urheberrechtlich geschütztes Werk von seinem Schöpfer auf ewig losgelöst wird und objektiv falsch zugeordnet bleibt. Die Konstruktion gibt andererseits dem Namensgeber des Werkes Sicherheit, nicht abredewidrig in der Öffentlichkeit als Plagiator bloßgestellt zu werden. Nach dem Tod des Urhebers bleiben die Erben zwar an eine bezüglich des Rechts auf Anerkennung der Urheberschaft bestehende vertragliche Regelung gebunden, eine Verpflichtung zum Schweigen über die Urheberschaft bindet die **Erben** jedoch nicht. Eine solche Verpflichtung ist höchstpersönlich und erlischt mit dem Tode des Urhebers.

3. Stillschweigende Abbedingung

24 Eine **stillschweigende vertragliche Abbedingung** der Urheberbezeichnung in Bezug auf bestimmte Werknutzungen ist möglich (*Schack* Rn. 377; BGHZ 126, 245 – Namensnennungsrecht des Architekten). Sie kann sich aus **Verkehrsgewohnheiten** ergeben, ist jedoch entgegen der bisher noch herrschenden Meinung nur ausnahmsweise anzunehmen. Die Bezugnahme auf Verkehrsgepflogenheiten bei der Frage nach dem „Ob" der Urheberbezeichnung, die vielfach schlicht Missstände darstellen, darf nicht zur Aushöhlung der Rechte des Urhebers aus § 13 führen. Bisher wird überwiegend angenommen, dass bei der sog. **„kleinen Münze"** des Urheberrechts das Prinzip der Urheberbenennung nicht durchgehalten werden könne (Möhring/Nicolini/*Kroitzsch* § 13 Rn. 20; Schricker/Loewenheim/ *Dietz/Peukert* § 13 Rn. 24; *Schmidt* 169 f.; *v. Gamm* § 13 Rn. 14, *v. Gamm* NJW 1959, 318). Es ist unrichtig, dass bspw. in der **kunstgewerblichen Produktion** oder der Herstellung serienmäßiger Gebrauchsgegenstände eine Urheberbenennung aus technischen Gründen unpraktikabel sei. Auch bei Alltagsprodukten, die urheberrechtlichen Schutz genießen, ist eine Urheberbenennung grundsätzlich möglich und nach § 13 erforderlich. **Serienprodukte** können maschinell mit einer Urheberbezeichnung versehen werden. Der Urheber von Kunstgewerbe oder Gebrauchskunst hat ebenso wie andere Urheber ein Interesse daran, durch Namensnennung bekannt zu werden und Folgeaufträge zu erhalten. Die **Werbefunktion** der Urheberbezeichnung ist auch in diesem Bereich gegeben (Fromm/Norde-

§ 13 Anerkennung der Urheberschaft　　　　　　　　　　25　§ 13 UrhG

mann/*Dustmann* § 13 Rn. 1). Gleiches gilt grds. für den **angestellten Urheber**. Aus dem Zweck des Arbeitsvertrags kann sich aber ergeben, dass das Recht auf Urheberbezeichnung im Rahmen der arbeitsvertraglichen Nutzung abbedungen wird (AmtlBegr. BT-Drucks. IV/ 270, 62; Möhring/Nicolini/*Kroitzsch* § 13 Rn. 28; Dreier/Schulze/*Schulze* § 13 Rn. 29; *Rojahn* 111 ff.; *Kraßer* FS Schricker 1995, 94 f.; zum Urheberpersönlichkeitsrecht des Beamten: *Leuze* ZBR 1997, 37, 42 ff.). Der Arbeitgeber kann bspw. ein überwiegendes Interesse bei Sachtexten wie Gebrauchsanweisungen daran haben, dass nur das Unternehmen und nicht der Urheber genannt wird (näher zum Namensnennungsrecht des angestellten Urhebers § 43 Rn. 89 ff.). Grundlegend wird die Urheberschaft des angestellten Urhebers aber nicht tangiert (Dreier/Schulze/*Schulze* § 13 Rn. 29; Schricker/Loewenheim/*Dietz/Peukert* § 13 Rn. 27; Loewenheim/*Dietz/Peukert* § 16 Rn. 79). Obwohl das Namensnennungsrecht des Urhebers vor allem im Bereich des **Social Web** vielfach missachtet wird, kann nicht davon ausgegangen werden, dass eine Branchenübung bestehe und es deshalb nicht zu beachten sei (Schricker/Loewenheim/*Dietz/Peukert* § 13 Rn. 25). Für die Veröffentlichung von Fotos im Internet hat die Rechtsprechung entschieden, dass die Unterlassung des Bildquellennachweises im Internet nicht anders zu behandeln ist als ein entsprechender Fall in Offline- bzw. Printmedien (OLG Düsseldorf, ZUM-RD 2006, 507).

4. Ausgestaltung der Urheberbezeichnung nach Verkehrsgepflogenheiten/Branchenübung

Indem § 13 dem Urheber das Ausgestaltungsrecht zuerkennt, muss auf **Verkehrsge-** 25 **pflogenheiten** nur dann zurückgegriffen werden, wenn der Urheber keine ausdrückliche Bestimmung getroffen hat (dazu auch BGH GRUR 1995, 671, 672 – Namensnennungsrecht des Architekten; Dreier/Schulze/*Schulze* § 13 Rn. 26 f.; Fromm/Nordemann/ *Dustmann* § 13 Rn. 14; *Wegner/Wallenfels/Kaboth* 1. Kap. Rn. 99). Folgende Verkehrsgepflogenheiten lassen sich feststellen: Im Bereich der **bildenden Kunst** wird das Werkoriginal üblicherweise handsigniert. Bei **Druckgrafik** und anderen Auflagenwerken werden neben dem Namenszug des Urhebers die Gesamtauflage und die Exemplarnummer genannt. Meist wird das Entstehungsjahr, teilweise auch der Titel der Arbeit angegeben. Weiter sind so genannte **Artist-Proofs** üblich. Dabei handelt es sich um eine entsprechend gekennzeichnete Vorauflage, die der Künstler eigenständig druckt. Die ebenfalls mit der Originalsignatur versehene Auflage ist mit der Abkürzung A.P. für Artist-Proof gekennzeichnet. Teilweise wird die Signatur auf der Druckplatte oder der Gussform angebracht. Die Signatur wird in diesen Fällen durch den Druck- bzw. Gießvorgang zugleich mit dem Werk vervielfältigt. Diese Methode, die Urheberbezeichnung anzubringen, wird häufig bei großen Auflagen durchgeführt, die bisweilen mehrere Tausend erreichen. Krit. zu beurteilen ist die zunehmend übliche Methode, Handsignaturen durch eine spezielle Drucktechnik zu imitieren. In diesen Fällen wird nicht deutlich, dass die Signatur nicht von der Druckvorlage stammt, sondern gesondert aufgetragen wurde. Solange die so bezeichneten Werke Werkoriginale darstellen, liegt – obgleich die Methode zweifelhaft ist – keine Urheberrechtsverletzung vor (s. Rn. 11). Da letztere Methode dem Ansehen des Urhebers schaden kann, ist sie nicht unter dem Gesichtspunkt der Verkehrsgepflogenheit gerechtfertigt. Es bedarf deshalb einer ausdrücklichen Zustimmung des Urhebers, wenn die Urheberbezeichnung in der beschriebenen Weise erfolgen soll. Bei **Bauwerken** ist es üblich, die Architekten auf einer am Gebäude angebrachten Tafel zu benennen (BGH ZUM 1995, 40, 42 – Namensnennungsrecht des Architekten). Die beteiligten **Filmurheber**, insb. der Regisseur und der Kameramann, werden im Vor- und im Nachspann genannt (OLG München 2000, 61, 63 – Das kalte Herz; LG München I Schulze LGZ 173; Schricker/ Loewenheim/*Dietz/Peukert* § 13 Rn. 20; Dreier/Schulze/*Schulze* § 13 Rn. 27). Bei **vorgetragenen Werken** (z. B. Dichterlesung) werden die Urheber mündlich angekündigt und in den Programmen zu der Veranstaltung aufgeführt. Bei Abbildungen urheberrechtlich

UrhG § 14 § 14 Entstellung des Werkes

geschützter Werke wie **Fotografien** entspricht es der Verkehrsübung, den Namen des Urhebers bei der Abbildung zu nennen und nicht lediglich in einem Verzeichnis des Druckwerkes (OLG München GRUR 1993, 664; Dreier/Schulze/*Schulze* § 13 Rn. 27). Bei Reproduktionsfotografien ist zu beachten, dass einerseits der Fotograf und andererseits der Urheber des reproduzierten Werkes so zu benennen sind, dass deutlich wird, wer welche Leistung erbracht hat.

V. § 13 und zulässige Werknutzung nach §§ 44a ff./Zitate

26 Bei **Zitaten** (§ 51) muss der Urheber des zitierten Werkes in dem zitierenden Werk aufgeführt werden. Die Art und Weise der Nennung des Urhebers richtet sich bei Zitaten häufig nach der **Verkehrsgepflogenheit,** da Zitate ohne Einwilligung des Urhebers entnommen werden können (OLG Hamburg GRUR 1970, 38, 40 – Heintje; LG München I UFITA 35 (1961) 223, 227 – Die Zerstörung der Person). Neben der Urheberbezeichnung sind bei Zitatfällen stets die Anforderungen des § 63 zur **Quellenangabe** zu beachten. Gleiches gilt bei den anderen Formen der nach §§ 44a ff. zulässigen Werknutzung, wenn das Werk bei der Werknutzung vervielfältigt wird.

§ 14 Entstellung des Werkes

Der Urheber hat das Recht, eine Entstellung oder eine andere Beeinträchtigung seines Werkes zu verbieten, die geeignet ist, seine berechtigten geistigen oder persönlichen Interessen am Werk zu gefährden.

Literatur: *Beater*, Verbreitungsrecht des Urhebers und aufgedrängte Kunst – Der Streit über Graffiti-Bemalungen der Berliner Mauer, UFITA 127 (1995), 61; *Bullinger*, Kunstwerkfälschung und Urheberpersönlichkeitsrecht, Berlin 1997; *Castendyk,* Gibt es ein „Klingelton-Herstellungsrecht"?, ZUM 2005, 9; *Czernik*, Standortspezifische Kunst als besondere Herausforderung im Immobilienrecht, ZfIR 2013, 459; *Dietz,* Das droit moral des Urhebers im neuen französischen und deutschen Urheberrecht, München 1968; *Dietz,* Das Urheberpersönlichkeitsrecht vor dem Hintergrund der Harmonisierungspläne der EG-Kommission, ZUM 1993, 309; *Dreier,* Urheberpersönlichkeitsrecht und die Restaurierung von Werken der Architektur und der bildenden Kunst in *Straus* (Hrsg.), Festgabe für Friedrich-Karl Beier, München 1996, 365 (zit. *Dreier* FS Beier); *v. Einem,* Zum Streit um die Lizenzierungspraxis bei monophonen und polyphonen Klingeltönen, ZUM 2005, 540; *Engel,* Reihen aus Kinofilmen, ZUM 2003, 85; *Goldmann,* Das Urheberrecht an Bauwerken, GRUR 2005, 639; *Grohmann,* Das Recht des Urhebers, Entstellungen und Änderungen seines Werkes zu verbieten, Erlangen 1971; *Heidmeier,* Das Urheberpersönlichkeitsrecht und der Film, Frankfurt a. M. u. a. 1996; *Hertin,* Zur Lizenzierung von Klingeltonrechten, KUR 2004, 101; *Hess,* Urheberrechtsprobleme der Parodie, 1993; *Movsessian,* Darf man Kunstwerke vernichten?, UFITA 95 (1983), 77; *Landfermann,* Handy-Klingeltöne im Urheber- und Markenrecht, Göttingen 2006; *Müller,* Das Urheberpersönlichkeitsrecht des Architekten im deutschen und österreichischen Recht, München 2004; *Müller,* Die Klage gegen unberechtigtes Samplen, ZUM 1999, 555; *Obergfell,* Entstellungsschutz post mortem? – Der Urheberrechtsfall „Stuttgart 21", GRUR-Prax 2010, 233; *Ott,* Die urheberrechtliche Zulässigkeit des Framing nach der BGH-Entscheidung im Fall „Paperboy", ZUM 2004, 357; *Paschke,* Strukturprinzipien des Urhebersachenrechts, GRUR 1984, 858; *Pauly,* Urheberrechtliche Schutzvoraussetzungen von Bauwerken, NZBau 2011, 645; *Poll,* Urheberrecht und Klingeltöne, Baden-Baden 2006; *Schack,* Geistiges Eigentum contra Sacheigentum, GRUR 1983, 56; *Schilcher,* Der Schutz des Urhebers gegen Werkänderungen, München 1989; *Schliemann,* Architekten- und Ingenieurrecht, Köln 2005 (zit. Schliemann/*Bearbeiter*); *Schöfer,* Die Rechtsverhältnisse zwischen dem Urheber eines Werkes der bildenden Kunst und dem Eigentümer des Originalwerkes, München 1984; *G. Schulze,* Vernichtung von Bauwerken, FS Dietz, 177; *Spieß,* Urheber- und wettbewerbsrechtliche Probleme des Sampling in der Popmusik ZUM 1991, 524; *Tölke,* Das Urheberpersönlichkeitsrecht an Werken der bildenden Kunst, München 1967; *van Waasen,* Das Spannungsfeld zwischen Urheberrecht und Eigentum im deutschen und ausländischen Recht, Frankfurt a. M. u. a. 1994; *Wandtke/ Schunke,* Einheitliche Lizenzierung der Klingeltöne – eine rechtliche Notwendigkeit? UFITA 2007, 61.

Vgl. darüber hinaus die Angaben im eingangs abgedr. Gesamtliteraturverzeichnis.

§ 14 Entstellung des Werkes

Übersicht

	Rn.
I. Allgemeines	1, 2
1. Bedeutung der Vorschrift	1
2. Übersicht zu den änderungsrelevanten Vorschriften	2
II. Systematik	3–14
1. Begriffe der Entstellung und der anderen Beeinträchtigung	3
2. Beurteilungsmaßstab	4–6
a) Objektiver Maßstab	5
b) Ausrichtung	6
3. Gefährdung der berechtigten Interessen	7–9
a) Interessengefährdung	8
b) Anwendungsbereich	9
4. Interessenabwägung	10–14
a) Begründung des Merkmals	10
b) Generelle Vornahme der Interessenabwägung	11
c) Besonderheiten im Verhältnis Urheber-Nutzungsberechtigter	12, 13
aa) Erklärte Einwilligung zur Änderung	12
bb) Nutzungsrecht ohne Änderungsbefugnis	13
d) Besonderheiten im Verhältnis Urheber-Eigentümer eines Werkexemplars	14
III. Kriterien innerhalb der Interessenabwägung	15–21
1. Schöpferische Eigenart	16
2. Künstlerischer Rang	17
3. Gebrauchszweck und Werke der sog. reinen Kunst	18
4. Irreversibilität des Eingriffs	19
5. Grad der Öffentlichkeit	20
6. Zumutbarkeit der Rechtsfolge für den Eigentümer	21
IV. Werkvernichtung	22–26
V. Werkschutz in den verschiedenen Gattungen	27–61
1. Architektur	27–37
a) Planungsänderungen	27
b) Differenzierung nach Gebäudeteilen	28
c) Umbauten	29–31
d) Eigentümerinteressen	32–36
e) Wechselwirkungen mit dem öffentlichen Recht	37
2. Werke der bildenden Kunst	38–52
a) Änderungen	38–40
b) Zerteilung von Werken	41, 42
c) Restaurierung	43–45
d) Vernichtung irreversibel entstellter Werke	46
e) Graffitikunst	47
f) Verfälschende Umwelteinflüsse	48, 49
g) Weitere Beispiele der Rechtsprechung	50–52
3. Sprachwerke	53, 54
4. Musik	55–57
5. Theaterstücke	58, 59
6. Lichtbildwerke	60
7. Filmwerke	61
VI. Werkschutz bei Online-Nutzung	62–65
1. Beeinträchtigende Umgestaltungen des Werkes	62, 64
2. Technisch bedingte Beeinträchtigungen des Werkes	65

I. Allgemeines

1. Bedeutung der Vorschrift

§ 14 ist die zentrale Bestimmung des urheberrechtlichen **Werkschutzes.** Sie schützt den 1
Urheber vor verfälschenden und entstellenden Eingriffen in sein Werk. Dabei bezieht sich

§ 14 in erster Linie auf **körperliche Störungen,** die das Werk in seiner Substanz verändern. Die Vorschrift erfasst darüber hinaus **Umfeldeinwirkungen** auf das Werk, die es herabsetzen, ohne es selbst zu ändern. Für den Urheber und den Rechtsnachfolger ist die Bestimmung des § 14 bis zum Ablauf der urheberrechtlichen Schutzfrist von Bedeutung. Hat der Urheber an seinem Werk Nutzungsrechte eingeräumt oder ein Werkoriginal veräußert, so ist er auf das Verbietungsrecht des § 14 angewiesen, um sein Werk gegen Verfälschungen zu verteidigen. Obgleich die Bestimmung dem Urheber Schutz für das einzelne Werk gewährt, schützt sie auch die Kontur und Integrität des Gesamtwerkschaffens des Urhebers. Der Urheber hat die Möglichkeit, die Authentizität seines Gesamtwerkes zu sichern.

2. Übersicht zu den änderungsrelevanten Vorschriften

2   Werkentstellungen oder Beeinträchtigungen bedeuten eine Werkänderung, wenn nicht ausnahmsweise eine Werkbeeinträchtigung durch Umfeldeinwirkung gegeben ist. Das UrhG enthält mehrere änderungsrelevante Vorschriften, die im Einzelfall neben der Bestimmung des § 14 berücksichtigt werden müssen. Hat der Urheber ein **Nutzungsrecht ohne Änderungsbefugnis** an seinem Werk eingeräumt, so kann eine Werkänderung im Rahmen von Treu und Glauben durch den Nutzungsberechtigten dennoch nach § 39 Abs. 2 zulässig sein (s. § 39 Rn. 20 ff.). Eine Nutzungsrechtseinräumung nach § 39 ist im Rahmen der Interessenabwägung bei § 14 zu berücksichtigen. Aus § 62 ergibt sich die entsprechende Anwendung der Vorschrift auf Werknutzungen, die wegen der §§ 44a ff. **ohne Einwilligung** des Urhebers erfolgen dürfen. Dies sind z.B. Werkzitate nach § 51. Im **Filmbereich** ist § 93 zu beachten. Soweit diese Vorschrift reicht, kann der Urheber nur eine gröbliche Entstellung oder gröbliche andere Beeinträchtigung beanstanden (s. § 93 Rn. 11 ff.). § 44 VerlG sieht eine Befugnis des Nutzungsberechtigten zu üblichen Änderungen bei **Sammelwerken** (Periodika) vor.

II. Systematik

1. Begriffe der Entstellung und der anderen Beeinträchtigung

3   Der Rechtsbegriff der Entstellung entspricht dem allgemeinen sprachlichen Wortsinn (BGH GRUR 1958, 80 ff.; Möhring/Nicolini/*Kroitzsch* § 14 Rn. 3). Der Entstellungsbegriff des § 14 bedeutet einen tief greifenden Zustand der **Verfälschung** (Schricker/Loewenheim/*Dietz/Peukert* § 14 Rn. 19). Ein Werk zu entstellen heißt, es zu verfälschen oder auch zu verstümmeln. Entstellung ist auch die Verzerrung der Wesenszüge des Werkes (LG München I GRUR-RR 2007, 226, 228; Dreier/Schulze/*Schulze* § 14 Rn. 7). Dem Entstellungsbegriff steht in § 14 der Begriff der **anderen Beeinträchtigung** gegenüber. Beeinträchtigen bedeutet, etwas in seiner Wirkung hemmen, behindern, einschränken sowie etwas schmälern. Aus der Formulierung „andere Beeinträchtigung" in § 14 folgt, dass der Begriff Beeinträchtigung als Oberbegriff gegenüber dem Entstellungsobjekt anzusehen ist (OLG München ZUM 1996, 165, 166 – Dachgauben; KG ZUM 2001, 590, 591 – Urheberrechtsschutz für Gartenanlage; Schricker/Loewenheim/*Dietz/Peukert* § 14 Rn. 19; Dreier/Schulze/*Schulze* § 14 Rn. 5; Loewenheim/*Dietz/Peukert* § 16 Rn. 104). Auch nach dem Wortlaut umfasst der Begriff der Beeinträchtigung eine Werkentstellung. Ein verfälschender Eingriff in ein urheberrechtlich geschütztes Werk, der nicht den Grad einer Entstellung erreicht, führt zu einer anderen Beeinträchtigung im Sinne der Bestimmung. Unter den Beeinträchtigungsbegriff fallen damit **Eingriffe in das Werk,** die dieses verfälschen, aber keine Entstellung darstellen. Weiter werden herabsetzende Eingriffe erfasst, die nicht das Werk verändern, sondern das **Umfeld** betreffen, in das das Werk gebracht wird.

2. Beurteilungsmaßstab

Von entscheidender Bedeutung für die Auslegung des § 14 ist der Maßstab, an dem sich **4** der Entstellungs- und der Beeinträchtigungsbegriff orientieren.

a) Objektiver Maßstab. Beide Begriffe stellen Rechtsbegriffe dar, die durch die Ge- **5** richte nach **objektiven Kriterien** auszufüllen sind (OLG Frankfurt NJW 1976, 678, 679; KG UFITA 58 (1970) 285, 289 – Farbgebung; KG UFITA 59 (1971) 279, 283 – Kriminalspiel). Damit kann die Entstellung oder andere Beeinträchtigung nicht mit der bloßen Anschauung des betroffenen Urhebers, sein Werk sei durch einen bestimmten Eingriff herabgesetzt, begründet werden (BGH GRUR 1982, 107, 110 – Kirchen-Innenraumgestaltung; LG München I ZUM-RD 2000, 308, 310f. – Rundfunkmäßige Nutzung von Werken der bildenden Kunst; Dreier/Schulze/*Schulze* § 14 Rn. 10; Dreyer/Kotthoff/Meckel/*Dreyer* § 14 Rn. 49).

b) Ausrichtung. Entstellungs- wie auch Beeinträchtigungsbegriff beziehen sich auf das **6** von dem Urheber geschaffene Werk und nicht auf einen abstrakten künstlerischen Qualitätsbegriff (*v. Gamm* § 14 Rn. 8; Loewenheim/*Dietz/Peukert* § 16 Rn. 105; näher dazu *Pauly*, NzBau 2011, 645, 646). Entscheidend für eine Entstellung oder andere Beeinträchtigung ist das Werk in der Form, wie es der Urheber geschaffen hat (LG Mannheim GRUR 1997, 364 – Freiburger Holbeinpferd; Schricker/Loewenheim/*Dietz/Peukert* § 14 Rn. 21). Eine Entstellung oder andere Beeinträchtigung eines Werkes ist damit nicht notwendigerweise mit einer künstlerischen Abwertung des Werkes verbunden (BGH GRUR 1989, 106, 107 – Oberammergauer Passionsspiele II; OLG München GRUR 1986, 460, 461 – Unendliche Geschichte; so aber *Riedel* Anm. § 14b Abs. 1). Der Schutz aus § 14 bezieht sich auf das **objektivierte Urheberinteresse** und nicht auf ein abstraktes mögliches Interesse der Allgemeinheit am Erhalt der Kunstwerke. Eine Entstellung oder Beeinträchtigung an der objektiven künstlerischen Qualität zu orientieren, stünde im Widerspruch zu der persönlichkeitsrechtlichen Natur des § 14 und wäre für den Urheber nachteilig, was folgendes Beispiel deutlich macht: Korrigiert der Zeichenlehrer eine Schülerzeichnung, indem er seine eigene Zeichnung über die des Schülers legt, so könnte am Ende eine künstlerisch bessere Zeichnung vorliegen. Die Integrität der ursprünglichen Zeichnung des Schülers ist dennoch tief greifend verletzt. Die veränderte Zeichnung spiegelt nicht mehr die persönliche Auffassung und die Ausdrucksmöglichkeiten des Schülers wider, sondern wird durch die **Überarbeitung** des Lehrers beherrscht. Die eigenen, **persönlichen Züge** des Schülers treten zurück, und er wird die veränderte Zeichnung nicht mehr als eigenes Werk empfinden. Der beschriebene Eingriff in die künstlerischen Absichten des Schülers stellt deshalb eine Entstellung i. S. d. § 14 dar, ungeachtet der objektiven künstlerischen Qualität des Ergebnisses, über die gestritten werden kann (*Bullinger* 72).

3. Gefährdung der berechtigten Interessen

Der zweite Halbsatz des § 14 beschränkt das Verbietungsrecht. Ein Eingriff in ein Werk **7** muss geeignet sein, die berechtigten geistigen und persönlichen Interessen des Urhebers an dem Werk zu gefährden. Die **Beschränkung** des Verbietungsrechts auf die Wahrung der berechtigten Interessen ist ein Element, das den persönlichkeitsrechtlichen Charakter der Norm hervorhebt. Der zivilrechtliche Persönlichkeitsschutz knüpft an die Urheberpersönlichkeit an, nicht an die bloße Beeinträchtigung des Werkes.

a) Interessengefährdung. Das Merkmal der Eignung zur Interessengefährdung bildet **8** einen **Filter,** der der Interessenabwägung vorgeschaltet ist. Führt ein beeinträchtigender Eingriff in ein Werk zu keiner Gefährdung der Urheberinteressen, so scheidet eine Verletzung von § 14 aus, ohne dass es auf eine Interessenabwägung noch ankommt (vgl. auch Loewenheim/*Dietz/Peukert* § 16 Rn. 109). Im UrhG wurde bewusst auf das Merkmal der

Werkänderung als Tatbestandsvoraussetzung des § 14 verzichtet, um auch **negative Umwelteinflüsse** auf das Werk erfassen zu können (BT-Drucksache IV/270 zu §§ 14, 45). Der weite Anwendungsbereich von § 14 macht eine besondere Prüfung der Eignung zur Interessengefährdung erforderlich. Z. B. fehlt eine Eignung zur Interessengefährdung, wenn ein Kunstwerk zwar in beeinträchtigender Weise präsentiert wird, aber keine Gefahr besteht, dass es von der **Öffentlichkeit** in dieser Form gesehen werden kann. Wird z. B. ein körperlich nicht verändertes Originalbild in abwertender Weise in einer Ausstellung gezeigt, so liegt das Gewicht der Beeinträchtigung in der Möglichkeit der **öffentlichen Wahrnehmung** des Werkes in dieser Form. Das Integritätsinteresse des Urhebers am unversehrten Bestand des Originalwerkes ist mangels Veränderung dagegen nicht betroffen. Gleiches gilt, wenn ein Musikschüler eine Komposition eines anderen zu **Übungszwecken** beeinträchtigend verändert, um sie ohne Publikum für sich zu spielen. Auch ein Kind, das die Reproduktion eines Werkes der bildenden Kunst zerschnippelt und die Teile neu zusammensetzt, schafft dadurch keinen Sachverhalt, der Urheberinteressen an dem Werk betrifft.

9   **b) Anwendungsbereich.** Der Relativsatz des § 14 gilt lediglich für den Begriff der sonstigen Beeinträchtigung (BGH GRUR 1999, 230 – Treppenhausgestaltung; BGHZ 1962, 331, 335 – Schulerweiterung; BGH GRUR 1982, 107, 109 – Kirchenraumgestaltung; BGH GRUR 1989, 106 ff., 107 f. – Oberammergauer Passionsspiele II; OLG München ZUM 1996, 165 ff.; a. A. Fromm/Nordemann/*Dustmann* § 14 Rn. 17 ff.). Dies zeigt die im zweiten Halbs. verwendete Singularform („die geeignet ist"). Der Urheber muss im Falle einer Entstellung **nicht darlegen,** dass dieser Eingriff auch seine persönlichen Interessen an dem Werk verletzt. Kann der Urheber eine Entstellung des Werkes, die immer mit einem gravierenden Eingriff in das Werk verbunden ist, belegen, so **unterstellt** das Gesetz die Interessengefährdung, zumal die bloße Gefährdung der Beeinträchtigung als Indiz für die Eignung der Interessengefährdung bereits genügt (OLG München 1993, 323, 333 – Christoph Columbus; BGH GRUR 1982, 107, 110 – Kirchenraum-Innenraumgestaltung und OLG Hamburg UFITA 81 (1978), 263, 267 f.; LG Leipzig ZUM 2000, 331, 334 – Csárdásfürstin; Fromm/Nordemann/*Dustmann* § 14 Rn. 15; Dreier/Schulze/ *Schulze* § 14 Rn. 8 lehnt eine Interessenabwägung ebenfalls bei offensichtlicher Entstellung ab, fordert eine Einzelfallprüfung bei weniger Offensichtlichkeit; Loewenheim/*Dietz/ Peukert* § 16 Rn. 109). Die Ansicht ist allerdings umstritten. Die Gegenmeinung (OLG Frankfurt NJW 1976, 678, 679 – Götterdämmerung; Fromm/Nordemann/*Dustmann* § 14 Rn. 17 ff.; Schricker/Loewenheim/*Dietz/Peukert* § 14 Rn. 19; *Schilcher* 95; *Hess* 49) wendet den 2. Halbs. des § 14 auch auf den Entstellungsbegriff an. Eine generelle Prüfung der Berechtigung der Urheberinteressen sei im Hinblick auf die **große Reichweite** des UrhG notwendig. Insb. bei Werken, die einem praktischen Gebrauchszweck dienen, könne von der Prüfung des Merkmals einer möglichen Interessengefährdung nicht abgesehen werden. Neben dem grammatischen Argument spricht gegen diese Auffassung, dass der Gesetzgeber durch die Aufnahme des Relativsatzes das Verbietungsrecht nur insoweit beschränken wollte, als es wegen seiner weiten Fassung auszuufern droht. Dies betrifft aber nur die Fälle der anderen Beeinträchtigung, die **Umfeldeinwirkungen** auf das Werk erfasst. Auch das Gesamtgefüge der urheberrechtlichen Regelungen bestätigt diese Auslegung. So kann der Urheber gem. § 39 Abs. 1 grds. eine Werkänderung gegenüber einem **Nutzungsberechtigten** verbieten, ohne seine berechtigten Interessen darlegen zu müssen. Es wäre deshalb ein Widerspruch zu § 39, wenn der Urheber seine Interessen gegenüber jemandem darlegen müsste, dem kein Nutzungsrecht an dem Werk zusteht und der dieses sogar entstellt (a. A. Fromm/Nordemann/*Dustmann* § 14 Rn. 18).

4. Interessenabwägung

10   **a) Begründung des Merkmals.** Das Verbietungsrecht des § 14 steht unter dem ungeschriebenen Vorbehalt einer Interessenabwägung. Das Merkmal der Interessenabwägung

berücksichtigt das im Grundgesetz zum Ausdruck kommende Menschenbild, wonach der Mensch nicht als isoliertes Wesen existiert, sondern mit anderen Menschen in einer sozialen Gemeinschaft lebt. Die Rechte der anderen werden in Form einer Interessenabwägung berücksichtigt. Ohne das **Korrektiv** einer Interessenabwägung könnte das Verbietungsrecht des § 14 zu unrichtigen Ergebnissen führen. Ein absolutes Entstellungs- oder Beeinträchtigungsverbot würde die Allgemeinheit behindern, da Werke, die einem Gebrauchszweck dienen, **veränderten Anforderungen** nicht ausreichend angepasst werden könnten.

b) Generelle Vornahme der Interessenabwägung. Eine Interessenabwägung ist immer, also auch beim Vorliegen einer Entstellung, vorzunehmen. Entgegenzutreten ist der Auffassung, dass von vornherein für eine Interessenabwägung nur dort Raum ist, wo dem Eingreifenden ein Recht an dem Werk zusteht. Dass diese Auffassung nicht richtig ist, belegen folgende Beispiele: Wer unter Berufung auf die Herstellungsfreiheit des § 23 S. 1 ohne Einwilligung des Urhebers ein Werk bearbeitet, gelangt häufig mit seiner Bearbeitung in den Bereich einer Beeinträchtigung oder gar einer Entstellung des Werkes. Solange das **bearbeitete Werk,** das zugleich eine beeinträchtigte Fassung des Originalwerkes verkörpert, in der **Privatsphäre** des Bearbeiters bleibt, dürfte meist die Schaffensfreiheit des Bearbeiters dem Interesse des Originalurhebers vorgehen. Könnte der Originalurheber bereits jede Herstellung einer beeinträchtigenden Bearbeitung seines Werkes aus § 14 verbieten, so liefe die vom Gesetzgeber gewollte Herstellungsfreiheit des § 23 S. 1 leer (s. § 23 Rn. 9). Gleiches gilt für das **zulässige Zitat,** dessen Nutzung nach § 51 nicht an eine Einwilligung des Urhebers des zitierten Werkes gebunden ist. Auch Zitate können durch den Zusammenhang, in den der zitierte Werkteil gestellt wird, zu einer Beeinträchtigung des zitierten Werkes führen. Ob der Urheber den konkreten Eingriff aber aus § 14 verbieten kann, hängt von der Interessenabwägung ab, die eben auch zugunsten des in beeinträchtigender Weise Zitierenden ausgehen kann. Bei der Interessenabwägung, nicht bereits bei der Feststellung der Beeinträchtigung ist allerdings zu differenzieren, ob derjenige, der die Entstellung oder andere Beeinträchtigung an dem Werk vornimmt, selbst ein Recht wie ein Nutzungs-, Besitz- oder Eigentumsrecht an dem Werk oder Werkexemplar besitzt oder nicht.

c) Besonderheiten im Verhältnis Urheber-Nutzungsberechtigter. aa) Erklärte Einwilligung zur Änderung. Als Interesse desjenigen, der ein Werk beeinträchtigt oder entstellt, und das im Rahmen der Interessenabwägung bei § 14 zu berücksichtigen ist, kommen zunächst **Nutzungsrechte** an dem Werk in Betracht. Hat ein Urheber an einem Werk ein Nutzungsrecht **mit Änderungsbefugnis** eingeräumt, so ist dieses Recht im Rahmen der Interessenabwägung bei § 14 zu berücksichtigen. Der Urheber, der einem konkreten Eingriff in das Werk zugestimmt hat, ist daran grds. gebunden und kann eine Verwertung des so geänderten Werkes nicht ohne weiteres im Nachhinein aus § 14 verbieten. Wegen des Beurteilungsmaßstabes des Entstellungs- und Beeinträchtigungsbegriffs (s. Rn. 3) ist praktisch jede Werkänderung durch einen Dritten entstellungs- und beeinträchtigungsrelevant. Der Urheber muss aber im Rahmen der Werkverwertung die Möglichkeit haben, Nutzungsberechtigten bindend seine Einwilligung zu Änderungen des Werkes erklären zu können. Eine wirtschaftlich geordnete Werkverwertung, zu der **Rechtssicherheit** gehört, wäre sonst nicht möglich. Dieses Ergebnis steht nicht im Widerspruch zur Unverzichtbarkeit des Rechts aus § 14 (s. Vor §§ 12 ff. Rn. 5). Aus der Unverzichtbarkeit ergibt sich eine Schranke für die Wirksamkeit der Einwilligung (BGH GRUR 1971, 269, 271 – Das zweite Mal; Dreier/Schulze/*Schulze* § 14 Rn. 19). Der Urheber kann eine extreme Werkentstellung auch dann verbieten, wenn er der Änderung, die zu der Entstellung führte, zuvor im Rahmen der Nutzungsrechtseinräumung zugestimmt hat (*Bullinger* 82). Das Ergebnis ist jeweils durch die Interessenabwägung zu ermitteln.

bb) Nutzungsrecht ohne Änderungsbefugnis. Hat der Urheber ein Nutzungsrecht ohne Änderungsbefugnis eingeräumt, so gilt das Änderungsverbot des **§ 39 Abs. 1,** das durch Abs. 2 der Vorschrift modifiziert wird. Danach muss der Urheber Werkänderungen dulden, zu denen er seine Einwilligung nach Treu und Glauben nicht versagen darf (s. ausführlich § 39 Rn. 20 ff.). Die Verwertung eines Werkes setzt häufig Anpassungen und Änderungen des Werks voraus (BGH GRUR 1971, 35, 37 – Maske in Blau; OLG Frankfurt NJW 1976, 678, 679 – Götterdämmerung). Ob der Urheber eine beeinträchtigende oder gar entstellende Werkänderung verbieten kann oder hinnehmen muss, ist auch hier durch die Interessenabwägung des jeweiligen Einzelfalls zu ermitteln (BGH GRUR 1989, 106 – Oberammergauer Passionsspiele II; Schricker/Loewenheim/*Dietz/Peukert* § 14 Rn. 11; *Wegner/Wallenfels/Kaboth* 1. Kap. Rn. 102). Eine Nutzungsrechtseinräumung hat keinen Einfluss auf die objektiv zu ermittelnde Entstellung oder andere Beeinträchtigung (hierzu Rn. 5). Eine Einwilligung des Urhebers beseitigt nicht die Entstellung oder Beeinträchtigung des Werkes. Sie hat aber Einfluss auf die Entscheidung, ob er den jeweiligen Eingriff untersagen kann. Die beschriebenen Grundsätze gelten nach **§ 62 Abs. 1** entsprechend, wenn sich der Dritte auf ein gesetzliches Nutzungsrecht wie das Zitatrecht (§§ 44a ff., § 52) stützt. Die zutreffende systematische Einordnung des Problems bei der Interessenabwägung wird teilweise in der Literatur durch die Benutzung des Begriffs „Gesamtschau aller änderungsrelevanten Vorschriften des UrhG" vernebelt (*Schöfer* 44).

14 **d) Besonderheiten im Verhältnis Urheber-Eigentümer eines Werkexemplars.** Der **Eigentümer** eines Werkexemplars hat aus **§ 903 BGB** grds. das Recht, mit seinem Eigentum nach Belieben zu verfahren. Eine Veränderung des Werkexemplars bedeutet aber zugleich eine Änderung des Werkes im urheberrechtlichen Sinn. Das Urheberrecht und das Sacheigentum bestehen an einem Werkexemplar nebeneinander und treten in ein **Spannungsverhältnis** (RGZ 79, 397, 402 – Felseneiland mit Sirenen; Schricker/Loewenheim/*Dietz/Peukert* § 14 Rn. 16; *Bullinger* 90 ff.; Fromm/Nordemann/*Dustmann* § 14 Rn. 30; *Grohmann* 117). Dieses ist im Rahmen der Interessenabwägung auszutragen. Die größte Bedeutung kommt der Problematik bei Werkoriginalen der bildenden Kunst zu, wenn diese Unikate sind (s. Rn. 19).

III. Kriterien innerhalb der Interessenabwägung

15 Im Rahmen der Interessenabwägung können Kriterien aufgeführt werden, die für alle Werkgattungen gleichermaßen gelten (*Dietz* ZUM 1993, 309, 317).

1. Schöpferische Eigenart

16 Der Grad der **schöpferischen Eigenart** des Werkes ist ein wesentliches Kriterium zur Beurteilung des Gewichts eines Eingriffs (Loewenheim/*Dietz/Peukert* § 16 Rn. 112; Dreyer/Kotthoff/Meckel/*Dreyer* § 14 Rn. 26; *v. Welser* 43). Die urheberpersönlichkeitsrechtlichen Interessen wiegen besonders schwer, wenn das Werk komplex ist und ein hohes Maß an **Individualität** aufweist (Dreier/Schulze/*Schulze* § 14 Rn. 31; vgl. auch Dreyer/Kotthoff/Meckel/*Dreyer* § 14 Rn. 29; *Dietz* ZUM 1993, 309, 315 f.; *Heidmeier* 88; *Grohmann* 44; *Schilcher* 108; *Bullinger* 78). Die Verfälschung eines solchen Werkes bedeutet für den Urheber eine schwerere Störung als wenn ein gleichartiger Eingriff in ein Werk erfolgt, das gerade die Schwelle zum Schutz aus dem UrhG überschreitet.

2. Künstlerischer Rang

17 Der Grad der schöpferischen Eigenart ist vom **künstlerischen Rang** zu unterscheiden. Der künstlerische Rang bedeutet eine hierarchische Einordnung eines Werkes (und seines Urhebers) im kunsthistorischen Sinn. Er ist als rechtliches Kriterium fragwürdig, da dies eine künstlerische Bewertung des Werkes im Rahmen der Interessenabwägung mit sich bringen würde (Loewenheim/*Dietz/Peukert* § 16 Rn. 112 erachtet den künstlerischen

Rang durchaus als Kriterium). Der künstlerische Wert eines Werkes kann jedoch durch ein Gericht nicht beurteilt werden (*Bullinger* 78; a. A. BGH GRUR 1989, 106, 107 – Oberammergauer Passionsspiele II; BGH GRUR 1982, 107 ff. – Kirchenraumgestaltung). Die Gefahr sollte vermieden werden, dass ein bekannter und anerkannter Urheber für seine Werke umfassenderen Schutz erhält als ein unbekannter Urheber, da der Rang seiner Werke höher eingestuft wird. Das **künstlerische Ansehen** des Urhebers darf bei der Beurteilung des Grades der schöpferischen Eigenart des konkreten Werkes daher keine Rolle spielen. Die zitierte „Passionsspiele"-Entscheidung des Bundesgerichtshofs belegt, dass sich das künstlerische Ansehen des Urhebers in der Entscheidung unmittelbar auf die Beurteilung des Rangs der betroffenen Werke durch das Gericht ausgewirkt hat. Den Rang der Werke hat das Gericht unmittelbar aus dem geringeren künstlerischen Ansehen des Urhebers abgeleitet. Diese Rechtsprechung berücksichtigt nicht genug, dass § 14 dem Urheber Schutz für ein bestimmtes Werk gewährt. Die Interessen müssen anhand der Beeinträchtigung des konkreten Werkes gewichtet werden und nicht mit Blick auf die vermeintliche kunstgeschichtliche Stellung des Urhebers.

3. Gebrauchszweck und Werke der sog. reinen Kunst

Der Gebrauchszweck eines Werkes kann Änderungen erforderlich machen (s. Rn. 2). **18** Dies erkennt das UrhG mit den Vorschriften der **§§ 39, 62** ausdrücklich an. Es ist deshalb bereits aufgrund der vom UrhG vorgenommenen Wertungen zulässig, im Rahmen der Interessenabwägung darauf abzustellen, ob ein Werk zur sogenannten reinen Kunst gehört (Schricker/Loewenheim/*Dietz/Peukert* § 14 Rn. 33; *Haberstumpf* Rn. 221; *Bullinger* 78). Bei Werken der bildenden Kunst, der Literatur oder der Musik ist die Erwartung an die **Authentizität** der Werke hoch, so dass verfälschende Eingriffe schwer wiegen. Der Schöpfer eines urheberrechtlich geschützten Werkes, das er für einen Gebrauchszweck geschaffen hat, rechnet dagegen damit, dass es, entsprechend den Anforderungen an seine **Funktion,** angepasst wird (BGH GRUR 1974, 675 ff. – Schulerweiterung; OLG Stuttgart GRUR-RR 2011, 56, 59 – Stuttgart 21). Die Intention und der Sachzusammenhang, für den das Werk geschaffen worden ist, sind deshalb als Kriterien im Rahmen der Interessenabwägung zu berücksichtigen (BGH GRUR 1971, 269, 271 – Das zweite Mal; OLG Hamm ZUM-RD 2001, 443, 444). Bei der Gestaltung von **Sakralräumen** ist auch das kirchliche Selbstbestimmungsrecht zu berücksichtigen (BGH NJW 2008, 3784, 3788 – St. Gottfried).

4. Irreversibilität des Eingriffs

Ein Eingriff in ein Werk, der nicht umkehrbar ist, wiegt schwer, da das Werk in seiner **19** ursprünglichen Form **endgültig verloren** geht (Schricker/Loewenheim/*Dietz/Peukert* § 14 Rn. 30; *Bullinger* 80; *Tölke* 72). Eine Veränderung eines Werkoriginals der bildenden Kunst oder eines Bauwerks, das ein **Unikat** ist, hat den endgültigen Verlust der Authentizität des Werkes zur Folge. Bei Werkexemplaren ohne Originalcharakter ist ein Eingriff nur dann unumkehrbar, wenn das letzte vorhandene Werkexemplar von dem Eingriff betroffen ist. Ein Werk der Literatur geht in seiner ursprünglichen Form verloren, wenn der Text in der letzten vorhandenen Abschrift verfälscht wird. Gleiches gilt für die Veränderung eines Musikstückes, wenn die Originalkomposition an keiner anderen Stelle niedergelegt ist.

5. Grad der Öffentlichkeit

Ein weiteres Kriterium im Rahmen der Interessenabwägung ist der Grad der Öffentlich- **20** keit, in der die Entstellung oder andere Beeinträchtigung geschieht. Obgleich das Verbietungsrecht des § 14 den Urheber nicht nur in Bezug auf seine Ehre oder sein Ansehen schützt (auch das Interesse des Urhebers an der Werkintegrität wird von § 14 erfasst), sind die Auswirkungen auf die **Reputation** des Urhebers im Rahmen der Interessenabwägung beachtlich (Fromm/Nordemann/*Dustmann* § 14 Rn. 25). Bei der Veröffentlichung entstellter oder beeinträchtigter Werkexemplare kann der Eindruck entstehen, dass der Urheber das Werk selbst in dieser Form geschaffen oder aber in die Entstellung eingewilligt hat. Druckt ein Verlag z.B. ungenehmigt fotografische Selbstporträts eines Urhebers auf dem Umschlag eines Buches mit Geistergeschichten ab, so ist die Bedeutung des Eingriffs in das Urheberpersönlichkeitsrecht maßgeblich von der Verbreitung des Buchs geprägt. Das **Ansehen** des Künstlers leidet umso mehr, je größer der Kreis derer ist, die das entstellte Werk wahrnehmen können (BGH GRUR 1971, 35, 38 – Maske in Blau; BGH UFITA 60, (1971), 312, 317 – Petite Jaqueline).

6. Zumutbarkeit der Rechtsfolge für den Eigentümer

21 Zuletzt ist auf die Erhaltungsinteressen des Eigentümers Rücksicht zu nehmen (vgl. BGH GRUR 1999, 230, 232 – Treppenhausgestaltung). Dabei darf insb. die Rechtsfolge für den Eigentümer nicht unzumutbar sein (OLG München ZUM 1996, 165, 167). Obwohl dies von allgemeiner Geltung ist, ist es praktisch überwiegend bei Bauwerken von Relevanz, vgl. deswegen die Ausführungen unter Rn. 32 ff.

IV. Werkvernichtung

22 § 14 UrhG erfasst nicht die Vernichtung von Werkexemplaren (LG Hamburg GRUR 2005, 672, 674 – Astra-Hochhaus; KG GRUR 1981, 742, 743 – Totenmaske I; LG München I FuR 1982, 510, 513 – Hajek/ADAC; LG Berlin Schulze LGZ 64, 10 – Eden-Hotel; unter Bezugnahme auf RGZ 79, 397, 401 – Felseneiland mit Sirenen; *Goldmann* GRUR 2005, 639, 643). Die Vernichtung eines Werkes betrifft die Belange des Urhebers in schwerwiegender Weise, wenn es sich bei dem betroffenen Werk um ein Originalwerk, insb. ein Unikat handelt, und bei dem Verlust des Werkexemplars das geistige Werk selbst verloren geht. Eine Reproduktion kann die in einem Originalwerk der bildenden Kunst enthaltenen Informationen nur unzureichend wiedergeben.

23 Der Gesetzgeber wollte trotz der beeinträchtigenden Wirkung der Werkvernichtung kein Verbot in § 14 mit aufnehmen (BR-Drucks. 1/62, 45 zu § 14 (1965)). Der Eigentümer eines Werkexemplars ist aus § 14 deshalb nicht mit der Pflicht belastet, ein Werk **erhalten** oder **restaurieren** zu müssen. Er ist mangels Erfassung durch § 14 und aufgrund von § 903 BGB frei, ein Werk verfallen zu lassen oder das Werk sogar zu zerstören (*Schack* GRUR 1983, 56, 57). Z.B. stellt der Abriss oder die Zuschüttung von Bauten, die nach Planung eines beauftragten Architekten bereits errichtet wurden, ebenso wenig eine Verletzung des allgemeinen Persönlichkeitsrechts dar (BVerfG ZUM-RD 2005, 169, 170). Als Minus hierzu kann der Urheber auch nicht verhindern, dass sein Kunstwerk der Öffentlichkeit gänzlich entzogen wird (OLG Schleswig-Holstein ZUM 2006, 426, 427).

24 Das Ergebnis entspricht der Systematik des Verbietungsrechtes. § 14 UrhG schützt das Interesse des Urhebers am Bestand des Werkes in der **unverfälschten Form**. Der Entstellungsbegriff und der Beeinträchtigungsbegriff beziehen sich dabei auf den Zustand des Werkes. Die Begriffe dürfen nicht auf die Beziehung zwischen dem Urheber und dem Werk angewandt werden. Eine Störung der **Urheber-Werk-Beziehung** ist für sich alleine nicht genügend, **das Verbietungsrecht** auszulösen, sondern die Störung muss durch eine Beeinträchtigung des Werkes verursacht werden. Eine Entstellung oder Beeinträchtigung des Werkes besteht jedoch nur, solange das betreffende Werkexemplar existiert (*Bullinger* 108). Die Vernichtung des Werkexemplars beseitigt die Verfälschung (Fromm/Nordemann/ *Dustmann* § 14 Rn. 32). Die Werkvernichtung wirkt daher nicht auf das Interesse des Urhebers am Erhalt des Werkes im unverfälschten Zustand ein, sondern auf dessen Interesse an der Existenz des Werkes als solches. Auf die Vernichtung des Werkes wird von der

Rechtsprechung als Möglichkeit verwiesen, den Anspruch auf die Beseitigung einer Entstellung nach § 97 Abs. 1 S. 1 zu erfüllen.

Die **Gegenauffassung** sieht die Werkvernichtung als gravierende andere Beeinträchtigung i. S. v. § 14 an. Die Einbeziehung der Werkvernichtung in den Anwendungsbereich von § 14 soll den Schutz der Integrität von Originalkunstwerken verbessern (Schricker/ Loewenheim/*Dietz/Peukert* § 14 Rn. 38; Dreier/Schulze/*Schulze* § 14 Rn. 27; *Schack* Rn. 397; zurückhaltender *Rehbinder* Rn. 410; *Movsessian* 77 ff., 87 f.; *Dietz* 112; *Paschke* GRUR 1984, 858, 867; *Schöpfer* 139; *van Waasen* 141; Loewenheim/*Dietz/Peukert* § 16 Rn. 102). Die Gegenauffassung legt den Beeinträchtigungsbegriff jedoch überdehnt aus. Hierzu besteht kein Anlass. In Fällen, bei denen die Zerstörung eines Originalwerkes einen *gravierenden Eingriff* in die **persönliche Sphäre** des Urhebers bedeutet, kann das **allgemeine Persönlichkeitsrecht** Schutz gegen den Eingriff bieten (keine Verletzung des allgemeinen Persönlichkeitsrechts bei Abriss oder Zuschüttung bereits errichteter Bauten feststellend: BVerfG ZUM-RD 2005, 169, 170). **25**

Die **teilweise Vernichtung** eines Werkes ist von der vollständigen Vernichtung zu unterscheiden. Anders als bei der vollständigen Vernichtung schützt § 14 den Urheber vor der teilweisen Zerstörung seines Werkes. Denn bei der Teilvernichtung bleiben Fragmente des Werkes erhalten, die gegenüber dem Werk in seiner ursprünglichen Form eine ästhetische Änderung bedeuten. Das übrig gebliebene Werkfragment kann damit eine entstellte Form des ursprünglichen, vollständigen Werkes darstellen (OLG München ZUM 2001, 339, 344 – Abriss eines Kirchenschiffs). Eine Entstellung des ursprünglichen Werkes durch die teilweise Vernichtung ist gegeben, wenn der verbliebene Rest des Werkes aufgrund von Gestaltungsmerkmalen auf das frühere Werk hinweist und an das frühere Werk erinnert (OLG München ZUM 2001, 339, 344 – Abriss eines Kirchenschiffs). Für die Anwendbarkeit des § 14 ist es dabei nicht entscheidend, dass das Werkfragment für sich genommen noch die Schöpfungshöhe für den Urheberrechtsschutz erreicht (Dreyer/Kotthoff/Meckel/*Dreyer* § 14 Rn. 40; *Schulze* FS Dietz 177, 188 ff. steht krit. dazu, dass der verbleibende Teil des früheren Werkes keinen selbstständigen Urheberrechtsschutz begründen muss; zum Streitstand: Dreier/Schulze/*Schulze* § 14 Rn. 29). Die Entstellung eines in seiner ursprünglichen Form geschützten Werkes ist auch dann gegeben, wenn der Eingriff in das Werk so gravierend ist, dass das übrig gebliebene Fragment nicht mehr die Anforderungen für den Urheberrechtsschutz erfüllt. Das Bezugsobjekt für die Beurteilung der Entstellung bleibt das Ausgangswerk. Die Existenz des Fragments, das noch auf den Urheber hindeutet, stört dessen persönliche geistige Beziehung zu dem ursprünglichen, vollständigen Werk (OLG München ZUM 2001, 339, 344 – Abriss eines Kirchenschiffs). **26**

V. Werkschutz in den verschiedenen Gattungen

1. Architektur

a) **Planungsänderungen.** Ein Architekt kann sich auf § 14 stützen, wenn der Bauherr Änderungen der ursprünglich genehmigten, urheberrechtlich geschützten Planung verlangt, die das Bauwerk gegenüber der von dem Architekten beabsichtigten Form verfälschen würden. Mit dem **Architektenvertrag** räumt der Bauherr dem Architekten insoweit gestalterische Freiheit ein, als er nicht im Nachhinein durch Änderungsverlangen die ursprüngliche Planung übergehen darf. § 14 ist damit bereits vor oder bei Errichtung des Gebäudes nach den Plänen des Architekten von Bedeutung. Der Architekt kann eine herabsetzende Umsetzung seiner Planung verbieten (ausführlich dazu *Binder/Kosterhon* Rn. 235 ff.; *Goldmann* GRUR 2005, 639, 645 f.; krit. zum Architektenvertrag). **27**

b) **Differenzierung nach Gebäudeteilen.** Inwieweit der Architekt verfälschende Eingriffe in das Bauwerk untersagen kann, hängt maßgeblich davon ab, auf welche Gebäu- **28** deteile sich der urheberrechtliche Schutz erstreckt. In der Regel ist dies die **Struktur des Baukörpers** und die **Fassade** (s. § 2 Rn. 108 ff.). Im Innern des Gebäudes genießen häufig nur der **Eingangsbereich** oder die **Treppenhäuser** Urheberrechtsschutz (s. § 2 Rn. 110). Die einzelnen Zimmer des Gebäudes sind meist nicht selbstständig geschützt. Das bedeutet, dass der Architekt zwar Eingriffe im Empfangsbereich verhindern kann, nicht aber Einfluss auf die Einrichtungen einzelner Räume nehmen kann. Werden z. B. in einem öffentlichen Schwimmbad in urheberrechtlich nicht geschützten Räumen Erlebnisbäder von einem anderen Architekten gestaltet, so kann der Architekt des Gebäudes hierauf keinen Einfluss nehmen, auch wenn er diese für die Architektur des Gesamtgebäudes als störend empfindet. Anders verhält es sich in urheberrechtlich geschützten Innenräumen. Errichtet z. B. der Bauherr in einer Empfangshalle eine Wendeltreppe, so kann dieser Eingriff eine Beeinträchtigung des Bauwerkes i. S. d. § 14 darstellen (BGH GRUR 1999, 230 – Wendeltreppe). Dabei ist nicht entscheidend, ob die eingefügte Treppe ästhetisch gelungen ist. Eine Beeinträchtigung des geschützten Innenraums kann auch dann vorliegen, wenn die Wendeltreppe des anderen Architekten selbst ein Werk nach § 2 Abs. 1 Nr. 4 darstellt. Entscheidend ist die Integrität des Gebäudes, mithin die Perspektive des älteren Urhebers (BGH GRUR 1999, 230 – Wendeltreppe). Als unzulässig wurde der Teilabriss eines Kirchenbauwerks erachtet (OLG München ZUM 2001, 339, 344). Ebenso beeinträchtigend kann das nachträgliche Aufstellen einer großen Stahlplastik in eine urheberrechtlich geschützte Gartengestaltung sein (KG NJW-RR 2001, 1201, 1202 – Detlev Rohwedder-Haus).

29   c) **Umbauten.** Sofern der Öffentlichkeit die äußere Ansicht von Bauwerken zugänglich ist, ist das Integrationsinteresse des Urhebers im Normalfall berührt (*Goldmann* GRUR 2005, 639, 642). Als Eingriffe in Werke der Architektur kommen Umbauten des Gebäudes in Betracht, die seine Form verändern. Erhält ein Gebäude z. B. einen **Anbau,** so greift dieser in das architektonische Gefüge des ursprünglichen Gebäudes ein und ist häufig dazu geeignet, dessen ästhetische Wirkung zu beeinträchtigen (BGHZ 62, 336 – Schulerweiterung). Solche Änderungen der Gebäudestruktur eröffnen in der Regel den Schutzbereich des § 14.

30   Auch Änderungen der **Farbigkeit,** der **Oberflächenstruktur** und der **Materialien** können zu einer Beeinträchtigung des Bauwerkes i. S. d. § 14 führen. Der Bauherr darf deshalb grds. nicht eine geplante Natursteinfassade durch Kunststein ersetzen, eine geplante Sichtbetonfläche verspachteln und farblich fassen lassen oder ein vom Architekten geplantes Farbgefüge abändern. Die Rechtsprechung stellt darauf ab, ob die Änderung die ästhetische Wirkung des Gebäudes bei einer Gesamtbetrachtung des Gebäudes erheblich verändert (BGHZ 62, 336 – Schulerweiterung). Die nachträgliche Abdeckung eines Dachs mit Kupfer soll keinen Eingriff in die Werkintegrität begründen, da das Kupferdach die Wirkung des Gebäudes kaum berühre (OLG Frankfurt a. M. GRUR 1986, 244). Die während Dachausbauten erfolgte nachträgliche Veränderung von Dachgauben stellt nach OLG München (ZUM 1996, 165, 167 – Dachgauben) ebenso keine Beeinträchtigung dar.

31   Unter dem Gesichtspunkt der Werkbeeinträchtigung sind auch **Reklame-Installationen** an Gebäuden und **Kunst am Bau** zu betrachten. So kann eine an einer urheberrechtlich geschützten Fassade angebrachte Leuchtreklame zu einem schwerwiegenden Eingriff in das Werk des Architekten führen. Auch Kunstwerke, die an Bauwerken angebracht werden, können die Integrität des Gebäudes im Einzelfall stören. Beiden Fallgruppen wurde bislang zu wenig Aufmerksamkeit geschenkt. Entscheidend ist die Interessenabwägung im Einzelfall.

32   d) **Eigentümerinteressen.** Den Interessen des Bauherrn oder Eigentümers kommt bei Architektur im Rahmen der Interessenabwägung erhebliches Gewicht zu. So sind **sicherheitsrelevante Änderungen** zumeist zulässig, auch wenn sie die Planung des Architekten beeinträchtigen. Z. B. können sich von dem Architekten geplante scharfkantige Treppenge-

länder für die Badegäste im Nassbereich als Risiko erweisen. Sie dürfen durch abgerundete ersetzt werden, selbst wenn dies zu einer Beeinträchtigung des Gebäudes führte. Der Architekt hat weiter auch **Feuerlöscher** und **Beleuchtungen** am Gebäude hinzunehmen, die aus Sicherheitsgründen notwendig sind. Die Interessenabwägung innerhalb von § 14 wird in den beschriebenen Fällen zu Ungunsten des Architekten ausgehen. Der vollständige Abriss eines Bauwerkes ist ein Fall der Werkvernichtung, der von § 14 nicht erfasst wird (s. Rn. 22 ff.). Nicht erforderlich ist, dass die Abrissarbeiten auch die Grundkonstruktion des Kernelements und die davon auskragenden Geschossdecken umfassen (LG Hamburg GRUR 2005, 672, 674). Der übrig bleibende „Rest" des Bauwerks ist für sich genommen nicht mehr urheberrechtsfähig (LG Hamburg, GRUR 2005, 672, 674). Der Urheber kann sein Urheberrecht nur mit Rücksicht auf die Eigentumsrechte des Bauherrn ausüben (RGZ 79, 397, 400 – Felseneiland mit Sirenen; *Goldmann* GRUR 2005, 639, 642). Die Rechte des Urhebers und die Rechte des Eigentümers bestehen unabhängig voneinander und selbstständig nebeneinander (LG Hamburg GRUR 2005, 672, 674).

Gerade geringfügige Beeinträchtigungen hat der Architekt hinzunehmen, wenn der **Ge-** 33 **brauchszweck** des Gebäudes die Änderung notwendig macht bzw. wenn er diese nach Treu und Glauben nicht verweigern kann (*Binder/Kosterhon* Rn. 176; *Goldmann* GRUR 2005, 639, 642). Wird ein atriumartiger Innenhof im Rahmen einer **Schulerweiterung** verkleinert, so dass sich die Intensität des Lichteinfalls in das Gebäude geringfügig verringert, so muss der Architekt dies hinnehmen (BGHZ 62, 331, 336 – Schulerweiterung). Bei der Interessenabwägung ist auch von Bedeutung, ob eine beeinträchtigende Maßnahme das Bauwerk auf Dauer abwertet oder als Übergangslösung lediglich zeitlich begrenzt beeinträchtigt. So hat der BGH in seiner „Kirchen-Innenraumgestaltung"-Entscheidung (BGH NJW 1982, 641 – Kirchen-Innenraumgestaltung) die nachträgliche Aufstellung von Lautsprechern in einem Kircheninnenraum trotz nachteiliger Wirkung als zulässig angesehen, da diese erkennbar lediglich als **Übergangslösung** gedacht war.

In der Regel braucht der Architekt Eingriffe nicht zu dulden, die durch **geschmack-** 34 **liche Anschauungen** des Bauherrn motiviert sind. Im Rahmen der Interessenabwägung kommt der Ansicht des Bauherrn, dass er durch die beabsichtigte Änderung das Gebäude ästhetisch verbessert, kein Gewicht zu. Indem sich der Bauherr für die Beauftragung eines bestimmten Architekten entschieden oder der Eigentümer ein bereits fertig gestelltes, von dem Architekten geplantes Gebäude erworben hat, muss er die vorhandenen ästhetischen Lösungen hinnehmen, die der Architekt gefunden hat (BGH GRUR 1999, 230 – Treppenhausgestaltung; OLG Hamm ZUM-RD 2001, 443, 445; KG Berlin ZUM 2001, 590, 592 – Gartenanlage; *Schack* Kunst und Recht Rn. 806; Loewenheim/*Dietz/Peukert* § 16 Rn. 100). Bei einem Abriss gehen die Sacheigentümerinteressen dem Bestands- und Integritätsinteresse des Urhebers grds. vor. Grenzen können durch den Denkmalschutz bestehen (Schliemann/*Brauns* § 15 Rn. 513). Im Einzelfall kann eine Abwägung es verlangen, dass dem Architekten vor Abriss Zugang zur Dokumentation des Bauwerks zu gewähren ist (Schricker/Loewenheim/*Dietz/Peukert* § 14 Rn. 40; Schliemann/*Brauns* § 15 Rn. 513).

Im Rahmen der Interessenabwägung beachtlich sind die **wirtschaftlichen Interessen** 35 des Bauherrn (*Schack* Kunst und Recht Rn. 805; *Goldmann* GRUR 2005, 639, 642). Im Einzelfall kann der Architekt nicht verhindern, dass der Bauherr aus Kostengründen Änderungen verlangt, wenn die vorgesehene Bausumme überschritten wird. Die Rechtsprechung nimmt keine Verletzung des § 14 in diesem Zusammenhang an, wenn der Bauherr geringfügige Änderungen vornimmt, die den Gesamteindruck des Gebäudes nur wenig berühren. So muss es der Architekt, der ein Flachdach geplant hat, hinnehmen, dass der Bauherr auf dem Gebäude ein Zeltdach mit einem geringen Neigungswinkel errichten lässt, der vom Betrachter kaum wahrgenommen wird (LG Gera BauR 1995, 866). Unzutreffend daher LG Berlin vor der Streitbeilegung (GRUR 2007, 964, 970 – Hauptbahnhof).

Ist eine Änderung bereits umgesetzt, fließen ebenso die **Erhaltungsinteressen des Ei-** 36 **gentümers** ein (vgl. BGH GRUR 1999, 230, 232 – Treppenhausgestaltung). Dies beinhaltet in letzter Instanz insb. eine **Unzumutbarkeitsprüfung** (OLG München ZUM 1996, 165, 167). Hierbei kann der zeitliche Bezugspunkt für die Bewertung der Unzumutbarkeit zu hinterfragen sein. Wird beispielsweise ein Gebäudeteil (z. B. zur Vermeidung von über die Planung hinausgehenden Kosten) unter (im Übrigen entstellender) Abweichung von dem Entwurf des Urheber-Architekten gebaut, so kann die finanzielle Belastung des Bauherren/Eigentümers für die Vermeidung dieser Entstellung enorm schwanken. Die u. U. in der Bauphase noch zumutbaren Mehrkosten einer werkgetreuen Umsetzung können nach Bauabschluss unzumutbar groß sein, da diese nun die Kosten für einen Teilabriss und Neubau sowie ggf. den Nutzungsausfall während des Rückbaus beinhalten. Der Bezugspunkt variiert richtiger Weise mit dem Rechtsfolgebegehren, da sich erst aus der Rechtsfolge eine (Un-)Zumutbarkeit ergeben kann. Beim Unterlassensanspruch ist zwangsläufig der Zeitpunkt der ersten potentiell urheberrechtsverletzenden Bauausführungshandlung bestimmend. Wird nach Umsetzung hingegen ein Beseitigungsanspruch geltend gemacht, ist der aktuelle Zeitpunkt, bzw. der der letzten mündlichen Tatsachenverhandlung maßgeblich. Letzteres ergibt sich schon daraus, dass im Rahmen eines Beseitigungsanspruchs die Beseitigungsmaßnahme immer auch zumutbar sein muss (vgl. hierzu § 97 Rn. 43; BGH GRUR 1960, 340, 344; Schricker/Loewenheim/*Wild* § 97 m. w. N.) und fließt in die Abwägung bei § 14 schon mit ein, da sie anderenfalls nicht umfassend wäre. **In der Praxis** ist diese Fragestellung bei vielen Bauvorhaben relevant. Lässt sich ein Bauvorhaben nicht dem Entwurf entsprechend im Rahmen des Budgets verwirklichen, finden sich oftmals keine optimalen Ersatzlösungen. An dieser Stelle steckt wegen der Kosten eines Baustops oder Verzögerungen ein Dilemma für beide Seiten, da sie die Rechtslage faktisch so gut wie nie zuerst gerichtlich überprüfen lassen können ohne nicht beträchtliche finanzielle Risiken einzugehen. Sie werden oftmals ihre Rechtsposition nur abschätzen und erst im Nachhinein gerichtlich klären lassen können. Da es hierbei durchaus möglich ist, dass bei Baubeginn ein Unterlassensanspruch bestand, dieser nach Bauausführung qua Unzumutbarkeit jedoch keine Beseitigung mehr ermöglicht, ist das Gebot der **gegenseitigen Rücksichtnahme ("Fair Play")** in der Umplanungsphase für die Unzumutbarkeit von gehobener Bedeutung. Von dem Eigentümer/Bauherren ist zu verlangen, dass die im Finanzrahmen möglichen Alternativen mit dem Architekten abspricht und diesem eine Wahlmöglichkeit oder Einflussnahme im Sinne einer annehmbaren Umsetzungsweise ermöglicht. Versperrt sich der Urheber-Architekt hierbei, riskiert er, trotz Entstellung (im Übrigen) eine Beseitigung nicht durchsetzen zu können. Übergeht andererseits der Bauherr/Eigentümer den Architekten, kann er sich auf die Unzumutbarkeit der Beseitigung nicht berufen.

37 **e) Wechselwirkung mit dem öffentlichen Recht.** Ob und in welcher Weise ein **Planfeststellungsbeschluss**, der eine Beeinträchtigung des Bauwerkes vorsieht, in die Interessenabwägung einzubeziehen ist, hat die Rechtsprechung bisher ausdrücklich offengelassen (OLG Stuttgart GRUR-RR 2011, 56, 57 – Stuttgart 21). Für den Ausschluss urheberrechtlicher Unterlassungsansprüche spricht zum einen der Wortlaut des § 75 Abs. 2 S. 1 VwVfG, wonach mit Eintritt der Unanfechtbarkeit des Planfeststellungsbeschlusses Planbetroffene das Vorhaben zu dulden haben. Zum anderen ist Sinn des Planfeststellungsverfahrens, dass alle maßgeblichen Belange in einem behördlichen Verfahren konzentriert werden. Durch die Planfeststellung werden somit alle öffentlich-rechtlichen Rechtsbeziehungen zwischen dem Vorhabenträger und den Planbetroffenen positiv bzw. negativ gestaltet. Die Rechtsprechung des BGH und des BVerwG geht indes davon aus, dass weder privatrechtliche Befugnisse übertragen noch unmittelbare privatrechtliche Veränderungen herbeigeführt werden (BGH NVwZ 2004, 377, 378; BVerwG NJW 1994, 1233). Allein diese Annahme, schließt den Einfluss eines Planfeststellungsbeschlusses auf die Interessenabwägung aber nicht aus. Mit einem rechtskräftigen Planfeststellungsbeschluss liegen jedenfalls Rechtswirkungen vor, die im Hinblick auf die Einheit der Rechtsordnung nicht unbeachtet zu bleiben haben.

2. Werke der bildenden Kunst

a) Änderungen. Änderungen von Werken der bildenden Kunst, wie **Übermalungen** 38
bei Bildern oder Eingriffe in die Form bei Plastiken, können zur Entstellung des Werkes
nach § 14 führen (*Hertin* Rn. 144). Nicht erheblich ist dabei das Motiv, weshalb z. B. der
Eigentümer des Werkoriginals den Eingriff vornimmt. Auch der Versuch, das ursprüngliche
Werk „zu korrigieren" oder „zu verbessern" kann zur Entstellung führen, da der Beurteilungsmaßstab die Form des Werkes ist, die der Künstler ihm gegeben hat (s. Rn. 6). Eine
Entstellung liegt deshalb z. B. vor, wenn die Hauseigentümerin die im Treppenflur einer
Villa entstandenen Fresken von Arnold Böcklin „Felseneiland mit Sirenen" umgestalten
lässt, indem sie die nackten Sirenen mit gemalten Tüchern versehen lässt (RGZ 79, 397 –
Felseneiland mit Sirenen).

Auch eine Veränderung des ursprünglichen Werkes mit rein **künstlerischen Absichten**
kann zu dessen Entstellung führen. So besprühte der Künstler Thomas Baumgärtel über
Nacht die Skulptur „Ruhender Verkehr" von Wolf Vostel vollständig mit Bananen oder
der Maler Asger Jorn „modifizierte" Werke unbekannter Salonmaler mit expressiv gestischer Malerei (mit Abbildungen: *Bullinger* 91). Die bearbeiteten Werke dienten beiden
Künstlern als Grundlage für eine neue künstlerische Aussage. Aus der Sicht der Urheber
der ursprünglichen Werke liegt jedoch eine Entstellung vor, da bei der Beurteilung nicht
auf den künstlerischen Wert des störenden Eingriffs abzustellen ist (BGH GRUR 1999, 230
– Wendeltreppe).

Im Bereich der bildenden Kunst können **Parodien** und andere Formen der **Paraphrase** 39
zu einer Entstellung des ursprünglichen Werkes führen. Jede veränderte Wiedergabe des
ursprünglichen Werkes, die nicht den Grad einer freien Benutzung nach § 24 erreicht,
kann das ursprüngliche Werk, das in der Parodie oder Paraphrase enthalten ist, entstellen
(s. § 24 Rn. 13 f.; Dreier/Schulze/*Schulze* § 14 Rn. 24). Die Verletzung des Urheberpersönlichkeitsrechts aufgrund einer Entstellung wiegt häufig schwerer als die mit ihr einhergehende, nicht gestattete Nutzung des ursprünglichen Werkes. Im Hinblick auf den Schadensersatzanspruch aus § 97 Abs. 2 kommt der Urheberpersönlichkeitsverletzung dabei
eigenständige Bedeutung zu. Bei der Zulässigkeitsprüfung der Parodie ist zu beachten, dass
soweit es um urheberpersönlichkeitsrechtliche Aspekte der Entstellung geht, die weniger
strenge Beurteilung der Rechtsprechung bei der Abgrenzung von § 23 zu § 24 auf die
Interessenabwägung im Rahmen des § 14 durchschlägt (BGH GRUR 1994, 191, 193 –
Asterix-Persiflagen; BGH GRUR 1994, 206, 208 – Alcolix; Schricker/Loewenheim/
Dietz/Peukert § 14 Rn. 11d).

Auch **Plagiate** (zum Begriff § 24 Rn. 12) und **Kunstwerkfälschungen** (zum Begriff 40
§ 13 Rn. 14) können das ursprüngliche Werk, das dem Plagiat oder der Fälschung zugrunde liegt, entstellen. Z. B. hat ein unbekannter Fälscher die Bronze „Île de France" des Bildhauers Aristide Maillol plump kopiert und als angeblichen posthumen Abguss des Originalwerkes verkauft. Die künstlerisch schlechte Fälschung, die als Umgestaltung nach § 23
Abs. 1 einzustufen ist, stellt zugleich eine Entstellung der in ihr enthaltenen, von Maillol
geschaffenen ursprünglichen Plastik dar (mit Abbildung: *Bullinger* 95).

b) Zerteilung von Werken. Die Zerteilung von Werken der bildenden Kunst kann zu 41
deren Entstellung führen. Eine Entstellung ist z. B. gegeben, wenn ein 44-seitiges **Malerbuch** des Künstlers Anselm Kiefer, das mit Ölmalerei und Schellack bearbeitete Originalfotografien des Urhebers enthält, in **Einzelteile zerlegt** wird und die Fragmente, auf feste
Träger gezogen, veräußert werden (*Bullinger* 98).

Auch die **Trennung körperlich isolierter Werkteile,** die zueinander in einem inne- 42
ren Bezug stehen, kann zu einer Entstellung des Kunstwerkes führen. Die Rechtsprechung
hat dies z. B. für ein **Gesamtkunstwerk** bejaht, das aus sogenannten Strukturwegen,
Farbwegen und Farbmusterungen von dem Künstler Herbert Hajek geschaffen worden ist
und vom Eigentümer teilweise abgebaut wurde (LG München FuR 1982, 510 – ADAC-

Hauptverwaltung). Weiter kann die getrennte Verwertung der Einzeltafeln von **Diptychon** oder **Triptychon** zu einer Beeinträchtigung der betreffenden Werke führen, wenn diese eine ästhetische Einheit bilden (*Bullinger* 100).

43 **c) Restaurierung.** Die Restaurierung von Werkoriginalen kann zur Werkentstellung führen, da mit ihr ein körperlicher Eingriff in das Werk verbunden ist. Dabei ist eine Wiederherstellung eines Werkes schon rein begrifflich nicht möglich (a. A. *Grohmann* 193). Ein künstlerischer Prozess kann nicht wiederholt werden. Durch den Alterungsprozess oder durch die Beschädigung des Werkes eingetretene Veränderungen können durch restauratorische Maßnahmen ausgeglichen werden. Diese können jedoch den geistigen Gehalt des Werkes berühren und zu dessen Beeinträchtigung i. S. d. § 14 führen. Das Ziel der Restaurierung rechtfertigt keine Veränderung des Werkes, die dessen Wesen tief greifend verfälscht. Eine solche Restaurierung führt zur Werkentstellung i. S. v. § 14 (mit weiteren Einzelheiten: *Bullinger* 102; a. A. Dreier/Schulze/*Schulze* § 14 Rn. 26, der bedingte Renovierungsarbeiten grds. als hinzunehmen darstellt; ebenso *Dreier* FS Beier 1996, 365, 368 ff.).

44 Krit. ist eine Restaurierung insb. dann zu beurteilen, wenn der Urheber den **natürlichen Verfallsprozess** des Werkes vorsieht und dieser Teil des künstlerischen Plans ist. Eine Stabilisierung, die das Werk wider den Willen des Urhebers haltbar macht, kann deshalb zur Beeinträchtigung des Werkes führen (mit Einzelheiten: *Bullinger* 103).

45 Aus § 14 ergibt sich kein Anspruch des Urhebers, in restauratorische Maßnahmen des Eigentümers einbezogen zu werden. Obgleich die **Einbeziehung des Urhebers,** der den technischen Aufbau eines Werkes mitteilen kann, sachgerecht ist, bietet das Urheberrecht hierfür **keine Anspruchsgrundlage** (AmtlBegr. BT-Drucks. IV/270, 45). Der Gesetzgeber hat bewusst vermieden, den Eigentümer eines Originalwerkes der bildenden Kunst damit zu belasten, sich im Falle von restauratorischen Maßnahmen an den Urheber wenden zu müssen.

46 **d) Vernichtung irreversibel entstellter Werke.** Ausnahmsweise kann sich bei unumkehrbar entstellten Werken ein Anspruch des Urhebers auf Vernichtung des Werkes aus §§ 14, 97 Abs. 1 ergeben, wenn die Werkvernichtung alleine dazu geeignet ist, die Störung des Urheberpersönlichkeitsrechts zu beenden. Scheidet eine Restaurierung des entstellten Werkes aus, so kann der Urheber ein erhebliches Interesse daran haben, dass das verlorene Werk vernichtet wird. Solange das Werk existiert, können die Interessen des Urhebers gefährdet sein, da durch die mögliche **öffentliche Wahrnehmung** des entstellten Werkes das Bild vom Werkschaffen des Urhebers verfälscht werden kann. Ein Anspruch auf Vernichtung des Originalwerkes ist z. B. denkbar, wenn ein Kunstwerk überwiegend zerstört ist und eine Restaurierung im Wesentlichen zu einer Replik des ursprünglichen Werkes führen würde. Weiter kommt ein Anspruch auf Werkvernichtung in Betracht, wenn ein ortsgebundenes Werk durch die Veränderung des Umfeldes herabgewürdigt wird.

47 **e) Graffitikunst.** Da der Urheberrechtsschutz unabhängig von der Frage entsteht, ob der Urheber bei der Erzeugung des Werkes Rechte des Eigentümers verletzt, kann auch Graffitikunst urheberrechtlich geschützt sein (s. § 2 Rn. 32). Damit sind Malereien an Hauswänden, Mauern oder Zügen grds. gegen Entstellung geschützt, obgleich ein Eigentumsdelikt vorliegen kann. Graffitikunst besitzt deshalb Integritätsschutz. Diese Werke dürfen **vernichtet** (BGH GRUR 1995, 673, 675 – Mauer-Bilder; Dreier/Schulze/*Schulze* § 14 Rn. 30; *Schack* Rn. 399; Loewenheim/*Dietz/Peukert* § 16 Rn. 102; *Beater* UFITA 127 (1995), 61 ff.; *Schack* GRUR 1983, 56, 60; s. auch § 44 Rn. 7), nicht aber entstellt werden (*Bullinger* 112; *Müller* 173).

48 **f) Verfälschende Umwelteinflüsse.** Werke der bildenden Kunst können für einen **bestimmten Aufstellungsort** geschaffen sein und zu diesem einen engen inhaltlichen oder formalen Bezug aufweisen. So kann z. B. ein Denkmal, das an bestimmte Ereignisse erinnert, die am Aufstellungsort stattgefunden haben, eine beeinträchtigende Veränderung seines Aussagegehaltes erfahren, wenn es an einem anderen Ort verbracht wird. Eine Skulptur kann weiter durch ihre Größenverhältnisse oder die benutzten Materialien in einem konkreten Bezug zu der Umbauung des Aufstellungsortes stehen. Wird eine solche Figur abgebaut und an einer anderen Stelle wieder aufgebaut, so verändert sie grundlegend ihre Wirkung. Eine Ortsänderung kann bei solchen Werken deshalb zu einer Beeinträchtigung i. S. v. § 14 führen (OLG Hamm ZUM-RD 2001, 443, 444; KG Berlin ZUM 2001, 590, 591; Fromm/Nordemann/*Dustmann* § 14 Rn. 12; Loewenheim/*Dietz/Peukert* § 16 Rn. 107; *Bullinger* 115–117; *Müller* 157, Fn. 162).

Auch ein **Sachkontext,** in den ein Werk der bildenden Kunst gestellt wird, kann dessen **49** Beeinträchtigung bewirken. Eine extreme Form der **Ausstellung** eines Werkes der bildenden Kunst in einer Kunstausstellung kann § 14 verletzen. Die Herabsetzung des Werkes ist auch möglich, wenn das Werk selbst körperlich unverändert bleibt. Bei der Inszenierung einer Kunstausstellung sind in Fällen der Werkbeeinträchtigung die Interessen des Urhebers des ausgestellten Werkes mit der künstlerischen Freiheit des Ausstellungsmachers abzuwägen. Wie schwierig es ist, die Grenze zwischen einer **herabwürdigenden Präsentation** eines Werkes, die das Urheberpersönlichkeitsrecht verletzt, und einer Ausstellungsgestaltung, die der Urheber noch hinzunehmen hat, festzustellen, zeigt der Streit um die Ausstellung „Aufstieg und Fall der Moderne" in Weimar im Jahr 1999. Eine Hängung eines Bildes dicht an dicht gedrängt mit mehreren hundert Bildern anderer Künstler vor einer gewellten grauen Plastikfolie sah das LG Erfurt (Az. 3 U 15/99 – nicht rechtskräftig) als entstellend an und gab der klagenden Urheberin recht. Das OLG Gera erkannte in der beanstandeten Inszenierung lediglich eine „lieblose Hängung", die unterhalb der Schwelle zur Urheberpersönlichkeitsrechtsverletzung liege; schließlich verglichen sich die Parteien. Richtig ist, dass der Urheber nach § 14 nicht eine optimale Präsentation seiner Werke verlangen kann. Lediglich extreme Formen der Inszenierung von Werken in einer Ausstellung können zu einer Beeinträchtigung des Werkes führen, die § 14 erfasst (*Bullinger* 119).

g) Weitere Beispiele der Rechtsprechung. Nach der Auffassung des LG München I **50** soll keine Entstellung des Werkes vorliegen, wenn in einer Fernsehsendung ein Werk der bildenden Kunst in verfremdeter Form gezeigt wird, das Publikum aber erkennen kann, dass die Effekte durch **filmtechnische Mittel** erzielt worden sind und nicht vom Künstler stammen (LG München I ZUM-RD 2000, 308, 311). Das Ergebnis ist zweifelhaft, da § 14 nicht darauf abstellt, ob der Betrachter eine Entstellung des Werkes dem Urheber zurechnet oder nicht. Dieser Aspekt ist lediglich im Rahmen der Interessenabwägung bei der Beurteilung des Gewichts des Eingriffs zu berücksichtigen.

Der BGH hat eine Verletzung von § 14 angenommen, wenn ein Kunstdruck mit einem **51** von einem Dritten bemalten Rahmen in einer Weise verbunden wird, dass der unbefangene Betrachter den Rahmen als Teil eines einheitlichen Gesamtkunstwerkes ansieht (BGH WRP 2002, 552, 556 – Unikatrahmen). Das LG Mannheim hat das **Bemalen einer Skulptur** mit politischen Parolen und Symbolen als Entstellung angesehen (LG Mannheim GRUR 1997, 364, 365). Das OLG Celle sah das Ausfüllen offener Pyramidenstümpfe einer Skulptur mit Kies und Beton als Entstellung an (OLG Celle NJW 1995, 890, 891). Das LG Berlin verneint eine Entstellung, wenn eine Skulptur im öffentlichen Raum abgebaut wird (LG Berlin LKV 1992, 312 ff. – Lenin Denkmal). Das OLG Hamm bejaht im Gegensatz dazu eine Entstellung bei einer Plastik, die vom Urheber bewusst standortbezogen für einen bestimmten Platz geschaffen wurde, die im Nachhinein entfernt und auf einen der Öffentlichkeit nicht zugänglichen Bahnhof verbracht wurde (OLG Hamm ZUM-RD 2001, 443 ff.; ausführlich zum Sonderfall der standortspezifischen Kunst *Czernik*, ZfIR 2013, 459, 461 ff.).

Das KG sieht im **Aufstellen einer Skulptur** von erheblichem Ausmaß in einer als **52** Werk der bildenden Kunst geschützten **Gartenanlage** eine Beeinträchtigung i. S. d. § 14, sofern es hierdurch zu einer Störung der Wahrnehmbarkeit der Gartenanlage kommt (KG ZUM 2001, 590 ff. – Gartenanlage).

3. Sprachwerke

53 Werke der Literatur werden entstellt oder beeinträchtigt, wenn ihre sprachliche Form oder ihr Inhalt verfälscht werden. Bereits die Änderung einer **einzigen Szene** einer Romanvorlage reicht aus, um eine Entstellung anzunehmen, wenn der Eingriff zu einer Verzerrung des Charakters des Werkes in seiner Verfilmung führt. Das OLG München hat in seiner Entscheidung zu der Verfilmung des Romans „Die unendliche Geschichte" von Michael Ende eine Entstellung des Buches angenommen, weil in dem Film in der gegenüber der Romanvorlage geänderten Schlussszene die von Ende vorgesehene strickte Trennung zwischen der Phantasiewelt und der realen Welt aufgehoben wurde. Die veränderte Schlussszene verwandelte nach Ansicht des Gerichts das philosophische Ausgangswerk in einen bloßen Science-Fiction-Roman (OLG München GRUR 1986, 460 – Unendliche Geschichte). Der Unterlassungsanspruch Endes scheiterte jedoch an der Interessenabwägung (s. § 93 Rn. 10 ff.).

54 Die Wiedergabe eines **wissenschaftlichen Textes** mit Einwilligung des Autors in einem Herrenmagazin verletzt dessen Urheberpersönlichkeitsrecht, wenn der Text sprachlich und sachlich erheblich gegenüber dem ursprünglichen Text verändert wurde. Eine Beeinträchtigung eines Werkes der Literatur kann gegeben sein, wenn ein Text zwar unverändert bleibt, jedoch in einen, aus der Sicht des Autors **herabwürdigenden Sachzusammenhang** gestellt wird (Dreier/Schulze/*Schulze* § 14 Rn. 32). Der Abdruck eines Gedichtes in einer nachgemachten Kopie der Zeitung „Neues Deutschland" verletzt nach Auffassung des KG das Urheberpersönlichkeitsrecht des Autors (KG NJW-RR 1990, 1065, 1066 – Neues Deutschland). Eine Verletzung des § 14 stellt die Arbeit eines Lektors an einem Roman dar. Dies wird aber i. d. R. mittels vertraglicher Vereinbarung gem. § 39 gebilligt sein (*Wegner/Wallenfels/Kaboth* 1. Kap. Rn. 102).

4. Musik

55 Veränderungen der Komposition können eine Entstellung nach § 14 darstellen. Bei Musikwerken ist eine Entstellung durch Einwirkung auf das Werk selbst oder durch Verbindung mit anderen Werken vorstellbar. Im Bereich der Musik ist dabei die besondere Bedeutung der GEMA auch im Zusammenhang mit der Entstellung nach § 14 zu beachten. In den meisten Verwertungshandlungen von Musikwerken, die auch ändernden Charakter haben können, ist die GEMA als Lizenzgeber mit beteiligt. Inwiefern die GEMA auch das Bearbeitungsrecht i. S. d. § 23 im Einzelfall mit wahrnimmt und damit eine Anwendung von § 14 erheblich eingeschränkt ist, ist aus dem Berechtigungsvertrag (BV) der GEMA nicht eindeutig zu entnehmen und oft eine Einzelfallentscheidung.

56 Bei der Einwirkung auf das Werk selbst ist eine Entstellung des Ursprungswerkes wie auch des zu bearbeitenden Werkes durch die **Verwendung von Samples** vorstellbar, sofern es sich um schützenswerte Werkelemente handelt (grds. zum Samplen *Spieß* ZUM 1991, 524; *Müller* ZUM 1999, 555 m. w. N.). Die GEMA nimmt insoweit auch nur die Vervielfältigungsrechte wahr. Etwas anderes ergibt sich bei der Frage von Klingeltönen. Ob eine Verwendung von Teilen eines Musikstückes als **Handy-Klingelton** eine Entstellung nach § 14 darstellt, ist umstritten. Nach der Rechtsprechung liegt in der Verwendung eines – nicht für diesen Verwendungszweck geschaffenen – Musikwerkes als Klingelton eine Beeinträchtigung nach § 14, die geeignet ist, die berechtigten geistigen oder persönlichen Interessen des Urhebers am Werk zu gefährden. Dabei ist für ausreichend erachtet worden, dass die urheberpersönlichkeitsrechtlichen Interessen des Urhebers an seinem Werk durch Form und Art der Werkwiedergabe und -nutzung beeinträchtigt werden können. Nicht erforderlich ist, dass das Werk selbst inhaltlich verändert wird (BGH GRUR 2009, 395, 397 – Klingeltöne für Mobiltelefone I; ebenso bejahend vor Änderung des GEMA-BV 2002 LG Hamburg ZUM-RD 2001, 443, 445; OLG Hamburg ZUM 2002, 480, 483; hiernach OLG Hamburg MMR 2006, 315 f., m. krit. Anm. von *Dehmel; v. Einem* ZUM 2005, 540, 542 ff.). Bei den Klingel-

§ 14 Entstellung des Werkes 57 § 14 UrhG

tönen wird das Werk stark verkürzt und je nach Art des Klingeltones in unterschiedlicher klanglicher und musikalischer Qualität (monophon, polyphon, mastertone) wiedergegeben. Ansatzpunkt für die Annahme einer Entstellung kann schon in der niedrigeren Wiedergabequalität liegen. Des Weiteren wird das Musikwerk bei einer Verwendung als Klingelton nicht als sinnlich-klangliches Erlebnis, sondern als – oft störender – Signalton wahrgenommen und ein in der Komposition angelegter Spannungsbogen wird durch das Annehmen des Gesprächs zerstört. Selbst die Wiedergabe in bester Qualität lässt eine Entstellung somit nicht entfallen (BGH GRUR 2009, 395, 397 – Klingeltöne für Mobiltelefone I). Mit Änderung des BV im Jahr 2002 und der Aufnahme von Handy-Klingeltönen in § 1h) zu Wahrnehmungszwecken, also exklusiv i. S. d. § 31 Abs. 3, ist für die Anwendung von § 14 jedoch nur noch eingeschränkt Platz. Der insb. seit der Einfügung des § 1k) Abs. 2 im Jahr 2005 zwar nicht ganz eindeutige Wortlaut des BV ist hierbei zwar der Auslegung grds. zugänglich. Durch den besonderen Charakter des BV ist dies jedoch nur unter einem deutlich objektivierteren Maßstab als ein bei einem gewöhnlichen Vertrag denkbar (vgl. hierzu *Dehmel* MMR 2006, 318 f.; *v. Castendyk* ZUM 2005, 9, 15). Nach dem Zweck der Nutzung *als Klingelton* ist durch Einräumung eines Nutzungsrechts mit Bearbeitungscharakter eine Einwilligung i. S. d. § 23 S. 1 enthalten (vgl. § 23 Rn. 9) und eine Änderungsbefugnis i. S. v. § 39 Abs. 1 für Klingeltöne impliziert (vgl. auch oben Rn. 12). Innerhalb der Klingeltonverwertung gibt es keine abspaltbare, wirtschaftlich selbstständige Verwertungsart. Maßstab ist nämlich nicht der Parteiwille, sondern die Verkehrsauffassung (BGH GRUR 1990, 669, 671 – Taschenbuchlizenz; Schricker/Loewenheim/*Schricker/Loewenheim* Vor § 28 Rn. 56 und 87 m. w. N.). Die Regelung des § 1k) Abs. 2 des BV 2005 weist nach Auffassung der Rechtsprechung lediglich darauf hin, dass in Fällen, in denen ein Musikwerk zur Herstellung eines Klingeltons in einer für den Berechtigten bei der Einräumung der Nutzungsrechte nicht voraussehbaren Weise verändert wird, eine Einwilligung des Berechtigten in die Verwendung dieser Werkfassung erforderlich sein kann. § 1k) Abs. 2 soll folglich den Anwendungsbereich von § 1h) Abs. 4 BV 2005 nicht einschränken (BGH GRUR 2009, 395, 397 – Klingeltöne für Mobiltelefone I). Deswegen umfasst die Lizenz der GEMA entgegen der Auffassung des OLG Hamburg (MMR 2006, 315 f.) auch das Bearbeitungsrecht und steht damit einer Anwendung von § 14 regelmäßig entgegen (*Poll* MMR 2004, 67; *Castendyk* ZUM 2005, 9; a. A. *v. Einem* ZUM 2005, 540; *Hertin* KUR 2004, 101 ff.; ebenso § 23 Rn. 9, § 39 Rn. 35; zum Streitstand vgl. auch *Landfermann* 81; *Prill* 41 f.; *Wandte/Schunke* UFITA 2007, 61 ff.). Es bedarf folglich einer Änderung, die einen über das übliche Verfahren hinausgehenden entstellenden Eingriff darstellt (einen Eingriff bejahend für die Entnahme eines Musikausschnitts, der in einer Endlosschleife ständig wiederholt wird BGH ZUM 2010, 792, 793 – Klingeltöne für Mobiltelefone II; vgl. auch Schricker/Loewenheim/*Dietz/Peukert* § 14 Rn. 11a). Wird das Musikwerk dagegen nur derart zum Klingelton umgestaltet, wie dies bei Einräumung der Nutzungsrechte üblich und voraussehbar war (§ 39), bedarf es für die Nutzung eines Musikwerkes als Klingelton lediglich einer Lizenz der GEMA und keiner zusätzlichen Einwilligung des Urhebers (BGH GRUR 2009, 395, 397 – Klingeltöne für Mobiltelefone I). Zulässig sind aber Einschränkungen oder Vorbehalte, mit denen sich der Berechtigte bei der Nutzungsrechtseinräumung von Musikwerken als Klingeltöne für Mobiltelefone das Recht vorbehält, stets in eine Nutzung des bearbeiteten oder umgestalteten Werkes als Klingelton einzuwilligen. Dementsprechend sieht die Rechtsprechung den Berechtigten im zweistufigen Lizenzierungsverfahren aus Rechtsgründen nicht gehindert, der GEMA das Recht zur Nutzung bearbeiteter oder anders umgestalteter Musikwerke als Klingeltöne nur unter der aufschiebenden Bedingung einzuräumen, dass der Lizenznehmer der GEMA in jedem Einzelfall vor Nutzungsbeginn eine ihm von den Berechtigten zur Wahrung der Urheberpersönlichkeitsrechte der Komponisten erteilte Benutzungsbewilligung vorgelegt hat (BGH ZUM 2010, 792, 795 – Klingeltöne für Mobiltelefone II).

Sofern es sich um **Verbindungen von Musik mit anderen Werkarten** handelt, ist 57 eine Entstellung nach § 14 dann gegeben, wenn die Verbindung das Musikwerk in einen vom Komponisten nicht gewollten politischen oder pornografischen Kontext gebracht wird oder das Musikwerk einem vollkommen anderen Zweck zugeführt wird (z. B. Werbemusik; erscheinen eines Werkes auf einer CD mit neofaschistischem Hintergrund: OLG Frankfurt GRUR 1995, 215, 216 – Springtoifel). Wegen § 1i) (1) BV und § 1k) BV kann sich der Verwender hier auch nicht auf die ausschließliche Wahrnehmungskompetenz der GEMA berufen. Auch das Ersetzen von wesentlichen Teilen der Originalfilmmusik kann eine Entstellung darstellen (OLG München ZUM 1992, 307, 310 – Christoph Columbus). Die Zusammenstellung von verschiedenen Werken auf gemeinsamen Tonträgern ist ansonsten nicht ausreichend, um eine Entstellung nach § 14 zu begründen. Dies gilt erst Recht bei Kompositionen von GEMA-Mitgliedern (vgl. OLG Hamburg GRUR-RR 2002, 153, 159 – Der grüne Tisch; a. A. Dreier/Schulze/*Schulze* § 14 Rn. 12). Es darf nämlich durch eine zu weite Ausdehnung des § 14 nicht der Sinn und Zweck der Wahrnehmungskompetenz der GEMA ausgehöhlt werden.

5. Theaterstücke

58 Bei Theaterstücken ist zu differenzieren zwischen den dargestellten Bühnenwerken des Autors bzw. Komponisten und dem regelmäßig hinzutretenden Inszenierungswerk des Regisseurs (näher § 2 Rn. 55 m. w. N. zum Streitstand). Bezüglich des **Autoren- bzw. Komponistenwerkes** ist zu berücksichtigen, dass deren Inszenierung stets auch zur Beeinflussung ihres Inhalts durch den inszenierenden Regisseur und die Tätigkeit der übrigen beteiligten Künstler führt. Nicht jede Besonderheit einer Inszenierung führt deshalb zu einer Beeinträchtigung des Theaterstücks i. S. v. § 14. Eine Entstellung oder Beeinträchtigung liegt deshalb nur vor, wenn der Charakter eines Theaterstücks tief greifend verändert worden ist. Im Rahmen der Interessenabwägung ist auf Seiten des Regisseurs zu berücksichtigen, dass ihm genügend Spielraum für eine schöpferische Umsetzung des Theaterstücks verbleibt (näher § 39 Rn. 30 f. m. w. N.). Auf der Ebene der Interessenabwägung sind z. B. **Schwierigkeiten oder räumliche Begrenzungen** zu berücksichtigen (OLG Frankfurt NJW 1976, 677, 678 f. – Götterdämmerung; BGH GRUR 1971, 35, 37 – Maske in Blau). Ein beeinträchtigender Eingriff in ein Theaterstück kann aber nicht mit Erfolg darauf gestützt werden, dass das Werk dem **Publikumsgeschmack** angepasst werden soll. Dies gilt jedenfalls für anspruchsvolle Theaterstücke (OLG Frankfurt NJW 1976, 677, 678 f. – Götterdämmerung).

59 Eine Änderung des **Inszenierungswerkes des Regisseurs** nach Abnahme seiner Regieleistung durch die Generalprobe ist hingegen regelmäßig zurückhaltender zu beurteilen (vgl. § 39 Rn. 32 mit Nachweisen). Hier ist zu berücksichtigen, dass die Theaterleitung in aller Regel schon durch die Auswahl der Person des Regisseurs und überdies während des Entstehungsprozesses Einfluss auf die Inszenierung nehmen kann. Auch wenn die bisherige Rechtsprechung in der Annahme eines Urheberrechts des Regisseurs eher zurückhaltend war, hat sie die Integrität der Inszenierung gegenüber späteren Änderungen durch die Theaterleitung weitgehend (im Ergebnis dann jedenfalls über § 83 a. F., jetzt § 75) geschützt (Schutz nach § 14 bejaht: LG Frankfurt a. M. UFITA 77 (1976) 199 – Götterdämmerung: teilweise Neuinszenierung durch anderen Regisseur; LG Leipzig ZUM 2000, 331 – Csárdásfürstin: Streichung von für die Inszenierung besonders markanten Szenen; Schutz verneint: OLG Frankfurt a. M. NJW 1976, 677 – Götterdämmerung: jedenfalls Änderungsbefugnis des Theaters wegen misslungener Inszenierung nach § 39 Abs. 2; Schutz nach § 83 a. F., jetzt § 75 bejaht: OLG München ZUM 1996, 598 – Iphigenie in Aulis: Weglassung eines die Inszenierung prägenden Bewegungschores bei Wiederaufnahme; OLG Dresden ZUM 2000, 955 – Csárdásfürstin: Weglassung markanter Szenen in Operette; näher § 39 Rn. 32 m. w. N.).

6. Lichtbildwerke

60 Beeinträchtigungen i. S. v. § 14 liegen in der Regel bei der Veröffentlichung eines Lichtbildwerkausschnittes bzw. von Retuschen vor (BGH GRUR 1971, 525, 526 – Petite Jac-

queline; OLG Köln Schulze OLGZ 129 – Mein schönstes Urlaubsfoto; Dreier/Schulze/*Schulze* § 14 Rn. 38; Loewenheim/*Dietz/Peukert* § 16 Rn. 108). Durch die digitale Nachbearbeitungstechnik ist das Spektrum möglicher Beeinträchtigungen i. S. des § 14 erweitert.

7. Filmwerke

Bei der Nachkolorierungen eines **Filmwerkes** wird eine Entstellung bejaht (Dreier/ **61** Schulze/*Schulze* § 93 Rn. 14; Loewenheim/*Dietz/Peukert* § 16 Rn. 107; differenzierend: Schricker/Loewenheim/*Dietz/Peukert* § 93 Rn. 22f.). Aufgrund der Veränderung des Gesamteindrucks des vollständigen Werkes können ebenso **Werbeunterbrechungen** und Aufteilungen von Film- und Fernsehwerken Beeinträchtigungen darstellen (Dreier/Schulze/ *Schulze* § 14 Rn. 12; Schricker/Loewenheim/*Dietz/Peukert* § 14 Rn. 26, § 93 Rn. 21; Loewenheim/*Dietz/Peukert* § 16 Rn. 107; *Engel* ZUM 2003, 85; vgl. § 39 Rn. 18; Schwed. Högsta Domstolen GRUR Int. 2008, 772). Ob eine Entstellung bei Filmwerken vorliegt, muss unter Beachtung des § 93 ermittelt werden. Diese Vorschrift legt fest, dass es sich um gröbliche Entstellungen bzw. andere gröbliche Beeinträchtigungen handeln muss. Greift die Entstellung oder Beeinträchtigung in besonders starker Weise in die in § 14 genannten Interessen ein, so ist das Merkmal „gröblich" erfüllt (s. § 93 Rn. 12; Möhring/ Nicolini/*Lütje* § 93 Rn. 24). Dies ist nicht gegeben, wenn ein Dokumentarfilm um die Hälfte der Laufzeit gekürzt wird und dabei keine völlige Verkehrung des Sinngehalts oder eine völlige Verunstaltung von urheberrechtlich wesentlichen Teilen gegen die Auffassung des Urhebers feststellbar ist (KG GRUR 2004, 497ff., in Abgrenzung zu OLG Frankfurt a. M. GRUR 1989, 204, 206 – Wüstenflug, das eine Verletzung des § 93 aufgrund der Kürzung eines Films um ein Drittel bei Vorliegen einer Entstellung bejaht hat).

VI. Werkschutz bei Online-Nutzung

1. Beeinträchtigende Umgestaltungen des Werkes

Werke, die für die Nutzung im Internet geschaffen worden sind oder im Internet benutzt werden, genießen den **gleichen Schutz** gegen Beeinträchtigung und Entstellung aus § 14 wie gleichartige Werke bei anderen Formen der Werknutzung. Urheberrechtlich geschützte Werke, die in das Internet gestellt und von Nutzern aus dem Internet kopiert werden können, sind auf einfache Weise veränderbar. Sie können z.B. durch digitale Bearbeitung verzerrt oder in Fragmente zerteilt neu montiert werden (s. auch *Ott* ZUM 2004, 357, 360). Solche Eingriffe in die digitalisierten Werke lassen sich spurlos vornehmen. Dennoch darf dieser hohe Grad an tatsächlicher Gefährdung der Integrität online genutzter Werke nicht zu einem geringeren rechtlichen Schutzniveau führen. So kann dem Urheber nicht unterstellt werden, dass er Beeinträchtigungen oder Entstellungen seines Werkes bewusst in Kauf nimmt, wenn er den Internetnutzern die Möglichkeit gibt, das Werk herunterzuladen und auf der Festplatte zu speichern. Eine solche Einwilligung liegt nicht in der Zustimmung zur Online-Nutzung oder in der Zustimmung zur Vervielfältigung durch Herunterladen und Abspeichern des Werkes. Gerade wegen des hohen Gefährdungsgrades für die Werkintegrität im Internet ist der Urheber auf den Schutz aus § 14 angewiesen.

Keine Beeinträchtigung wird in der Regel vorliegen, wenn ein **Werbebanner** in einem **63** Frame enthalten ist, da dieser als Werbung erkannt wird und selten die persönlichen Interessen des Urhebers beeinträchtigt, sofern es sich z.B. um bloß informative Artikel handelt (*Ott* ZUM 2004, 357, 360). Eine Beeinträchtigung liegt jedoch dann vor, wenn sich eine **Werbung,** die durch ihren inhaltlichen Bezug geeignet ist, das Werk zu entstellen, vor das Werk schiebt und erst nach einer gewissen Dauer aus der Sicht zu nehmen ist. Wird im

Rahmen von Blogs oder Fanseiten eine urheberrechtlich geschützte Figur aus einem jugendgeeigneten **Videospiel** in einen obszönen Zusammenhang dargestellt, ist eine Entstellung anzunehmen. Eine Beeinträchtigung kann auch darin liegen, eine Darstellung mit einem die Sicht auf das Werk gröblich versperrenden **Wasserzeichen** oder Textvermerk zu versehen, wenn dies nicht (wie oft) von einer Einwilligung des Urhebers zur Eingrenzung der illegalen Verbreitung gedeckt ist. Ein **Link** auf ein Werk, der in entstellendem Zusammenhang gesetzt ist, genügt nicht. Es fehlt hier an einer urheberrechtlich Verwendung des Werkes, da der Link nur eine Ortsangabe bzw. eine Erleichterung zum Auffinden einer Datei darstellt. Wird hingegen der Werkinhalt in der Webseite eingebettet wiedergegeben (z.B. mittels **Framing, Inline-Darstellung** oder integriertem Player), so kann dies bei entstellendem Zusammenhang durch den Rest der Seite eine Beeinträchtigung darstellen (vgl. zum Framing OLG Celle AZ 13 W 17/12).

64 Nur wenn der Urheber **einwilligt,** dass sein online genutztes Werk geändert, insb. bearbeitet werden darf, ist dies zu seinen Lasten bei Interessenabwägung innerhalb von § 14 zu berücksichtigen (vgl. Rn. 12). Wer z.B. online durch einen Hinweis auf seiner Homepage Internetnutzern anbietet, Bildelemente zu kopieren, zu ändern und in neuen Gestaltungen zu benutzen, der hat die damit einhergehende Beeinträchtigung des Werkes grds. hinzunehmen. Soweit das Urheberpersönlichkeitsrecht allerdings unverzichtbar ist (s. Vor §§ 12ff. Rn. 5), kann er groben Entstellungen auch bei einer solchen Zustimmung entgegentreten. Die entstellende Bearbeitung eines Beitrages bei einem Web 2.0-Lexikon wie **Wikipedia,** bei dem das System darauf angelegt ist, dass jeder Nutzer Änderungen an der Vorversion vornimmt und dem ganzen eine GPL (General Public Licence) zugrunde liegt, wird indes nur selten anzunehmen sein. Soweit ein Schutz als Werk hier z.B. im Rahmen der „kleinen Münze" zu bejahen ist, liegt ein Eingriff bei Entstellung vor. Der Rechtsverzicht im Rahmen der GPL ändert hieran nichts (näher § 4 Rn. 18). Letzterer hat aber Einfluss als ein weiterer Faktor in der Interessenabwägung (vgl. für die parallele Wertung bei einer Software unter der GPL *Metzger/Jaeger* GRUR Int. 1999, 839, 844f.). In Verbindung mit einer Einwilligung in Form einer GPL wird die Interessenabwägung meist zuungunsten des Urhebers ausgehen. Grund sind hier die bei Wikipedia systemimmanente leichte Wiederherstellbarkeit des ursprünglichen Werkes, die Zweckrichtung der Einstellung des Beitrages zur Weiterbearbeitung, die oftmals nur über die „kleine Münze" geschützte niedrige Gestaltungshöhe und zuletzt der Mangel der Auswirkung auf die Reputation, da die Urheberschaft der Entstellung gleichermaßen einfach wie die des ursprünglichen Beitrages zu ergründen ist.

2. Technisch bedingte Beeinträchtigungen des Werkes

65 Wie bei anderen Medien auch muss der Urheber, der einer Nutzung des Werkes im Internet zustimmt, gewisse Beeinträchtigungen des Werkes bei der Wiedergabe hinnehmen, die technisch bedingt sind. Z.B. hat der Urheber grds. zu dulden, dass eine noch in der Printausgabe eines Magazins mit hoher Auflösung abgedruckte Fotografie im Internet technisch bedingt mit einer **geringeren Bildqualität** wiedergegeben wird. Mit angemessener Rücksicht auf die Besonderheiten der Internetnutzung wird aus diesem Grund auch keine Entstellung anzunehmen sein, wenn die optimale Qualität zu großen Datenmengen führt und deswegen eine den Bildgenuss nur geringfügig beeinträchtigende **Kompression** gewählt wurde. Erst wenn diese völlig unterhalb der **durchschnittlichen Anforderungen der typischen Nutzung im Internet** liegt und sich hiermit nicht mehr begründen lässt, wird eine Entstellung anzunehmen sein. Hier kann es dann wiederum sein, dass die Darstellung in geringer Qualität von dem Willen des Urhebers getragen ist, einer übermäßigen Verbreitung im Internet zu begegnen, was die Interessenabwägung maßgeblich beeinflusst und eine solche Darstellung nicht als Entstellung werten lässt (vgl. Rn. 62).

3. Verwertungsrechte

§ 15 Allgemeines

(1) Der Urheber hat das ausschließliche Recht, sein Werk in körperlicher Form zu verwerten; das Recht umfasst insbesondere

1. das Vervielfältigungsrecht (§ 16),
2. das Verbreitungsrecht (§ 17),
3. das Ausstellungsrecht (§ 18).

(2) Der Urheber hat ferner das ausschließliche Recht, sein Werk in unkörperlicher Form öffentlich wiederzugeben (Recht der öffentlichen Wiedergabe). Das Recht der öffentlichen Wiedergabe umfasst insbesondere

1. das Vortrags-, Aufführungs- und Vorführungsrecht (§ 19),
2. das Recht der öffentlichen Zugänglichmachung (§ 19a),
3. das Senderecht (§ 20),
4. das Recht der Wiedergabe durch Bild- oder Tonträger (§ 21),
5. das Recht der Wiedergabe von Funksendungen und von öffentlicher Zugänglichmachung (§ 22).

(3) Die Wiedergabe ist öffentlich, wenn sie für eine Mehrzahl von Mitgliedern der Öffentlichkeit bestimmt ist. Zur Öffentlichkeit gehört jeder, der nicht mit demjenigen, der das Werk verwertet, oder mit den anderen Personen, denen das Werk in unkörperlicher Form wahrnehmbar oder zugänglich gemacht wird, durch persönliche Beziehungen verbunden ist.

Literatur: *Ahrens,* Napster, Gnutella, FreeNet & Co. – die immaterialgüterrechtliche Beurteilung von Internet-Musiktauschbörsen, ZUM 2000, 1029; *Berger,* Aktuelle Entwicklungen im Urheberrecht – Der EuGH bestimmt die Richtung, ZUM 2012, 353; *Berger,* Urheberrechtliche Erschöpfungslehre und digitale Informationstechnologie, GRUR 2002, 198; *Bornkamm,* Die Erschöpfung des Senderechts: Ein Irrweg?, in: Erdmann (Hrsg.), Festschrift für v. Gamm, Köln 1990, 329 (zit. *Bornkamm,* FS v. Gamm); *Ernst,* Urheberrechtliche Probleme bei der Veranstaltung von On-Demand-Diensten, GRUR 1997, 592; *Freiwald,* Die private Vervielfältigung im digitalen Kontext am Beispiel des Filesharing, Baden-Baden 2004; *Gounalakis,* Erschöpfung des Senderechts, ZUM 1986, 638; *Grützmacher,* „Gebrauchtsoftware" und Erschöpfungslehre: Zu den Rahmenbedingungen eines Second-Hand-Marktes für Software, ZUM 2006, 302; *Hoeren,* Überlegungen zur urheberrechtlichen Qualifizierung des elektronischen Abrufs, CR 1996, 517; *Hoeren,* Der urheberrechtliche Erschöpfungsgrundsatz bei der Online-Übertragung von Computerprogrammen, CR 2006, 573; *Kotthoff,* Zum Schutz von Datenbanken beim Einsatz von CD-ROMs in Netzwerken, GRUR 1997, 597; *Kur,* Händlerwerbung für Markenartikel aus urheberrechtlicher Sicht – Präsentationsrecht als neue Schutzschranke?, GRUR Int. 1999, 24; *Leenen,* Die Auslegung von Richtlinien und die richtlinienkonforme Auslegung und Fortbildung des nationalen Rechts, JURA 2012, 753; *Leupold,* Auswirkung der Multimediagesetzgebung auf das Urheberrecht, CR 1998, 234; *Leupold/Demisch,* Bereithalten von Musikwerken zum Abruf in digitalen Netzen, ZUM 2000, 379; *Leupold,* „Push" und „Narrowcasting" im Lichte des Medien- und Urheberrechts, ZUM 1998, 99; *Peukert,* Der Schutzbereich des Urheberrechts und das Werk als Öffentliches Gut. Insbesondere: Die urheberrechtliche Relevanz des privaten Werkgenusses, in: Hilty/Peukert (Hrsg.), Der Interessenausgleich im Urheberrecht, Baden-Baden 2004, 11; *Poll,* Neue internetbasierte Nutzungsformen, GRUR 2007, 476; *Raue,* Zum Dogma von der restriktiven Auslegung der Schrankenbestimmungen des Urheberrechtsgesetzes, FS Nordemann 2004, 327; *Reinbothe,* Die Umsetzung der EU-Urheberrechtsrichtlinie in deutsches Recht, ZUM 2002, 43; *Riesenhuber,* Der Einfluss der RBÜ auf die Auslegung des deutschen Urhebergesetzes, ZUM 2003, 333; *Roggenkamp,* Verstößt das Content-Coaching gegen das Urheberrecht?, K&R 2006, 405; *Schack,* Rechtsprobleme der Online-Übermittlung, GRUR 2007, 639; *Schapiro,* Die neuen Musiktauschbörsen unter „Freunden", ZUM 2008, 273; *Schricker,* Bemerkungen zur Erschöpfung im Urheberrecht, FS Dietz, 447; *Schulze,* Wann beginnt eine urheberrechtlich relevante Nutzung?, ZUM 2000, 126; *Schulze,* Der individuelle E-Mail-Versand als öffentliche Zugänglichmachung, ZUM 2008, 836; *Schwarz,* Klassische Nutzungsrechte und Lizenzvergabe bzw. Rückbehalt von „Internet-Rechten", ZUM 2000, 816; *Sosnitza,* Die urheberrechtliche Zulässigkeit des Handels mit „gebrauchter" Software, K&R 2006, 206; *Ullrich,* Die „öffentliche" Wiedergabe von Rundfunksendungen in

Hotels nach dem Urteil „SGAE" des EuGH (Rs. C–306/05), ZUM 2008, 112; *Ulmer,* Die Entscheidung zur Kabelübertragung von Rundfunksendungen im Lichte urheberrechtlicher Grundsätze, GRUR Int. 1981, 372; *v. Ungern-Sternberg,* Übertragung urheberrechtlich geschützter Werke durch Internetanbieter und Online-Verbreitungsrecht, in: Erdmann et al. (Hrsg.), Festschrift für Michael Loschelder, Köln 2010, 418 (zit. *v. Ungern-Sternberg,* FS Loschelder); *v. Ungern-Sternberg,* Anm. zu BGH GRUR 2008, 245 – Drucker und Plotter, GRUR 2008, 247; *v. Ungern-Sternberg,* Urheberrechtliche Verwertungsrechte im Lichte des Unionsrechts, GRUR 2012, 1198; *Wandtke/Schäfer,* Music-on-Demand – Neue Nutzungsart im Internet?, GRUR Int. 2000, 187; *Zscherpe,* Urheberrechtsschutz digitalisierter Werke im Internet, MMR 1998, 404.

Vgl. darüber hinaus die Angaben im eingangs abgedr. Gesamtliteraturverzeichnis.

Übersicht

	Rn.
I. Regelungsgehalt	1–5
1. Bedeutung	1
2. Systematik	2, 3
3. Schranken	4
4. Rechtsfolgen	5
II. Richtlinienkonforme Auslegung	6–9
III. Privater Werkgenuss	10
IV. Beteiligung des Urhebers	11
V. Körperliche Verwertung	12
VI. Unkörperliche Verwertung	13
VII. Bearbeitung	14
VIII. Unbenannte Verwertungsrechte	15–17
IX. Öffentliche Wiedergabe, § 15 Abs. 3	18–28
1. Mehrzahl von Personen	19, 20
2. Gleichzeitigkeit	21
3. Räumliche Verbundenheit	22
4. Öffentlichkeit	23–28
5. Subjektive Merkmale	28–30
X. Erschöpfungsgrundsatz	31–37
1. Erschöpfung als allgemeiner Grundsatz	31–33
2. Sicherung der Verkehrsfähigkeit	34–37

I. Regelungsgehalt

1. Bedeutung

1   Für die wirtschaftliche Auswertung des Urheberrechts sind die Verwertungsrechte von entscheidender Bedeutung. Sie regeln die materiellen Befugnisse des Urhebers. Der Urheber allein darf entscheiden, ob und wie sein Werk verwertet wird. Zweck dieses **absoluten Rechtes** ist es in erster Linie, dem Urheber die wirtschaftliche Verwertung seines Werkes zu ermöglichen (AmtlBegr. *M. Schulze* Materialien S. 397). Diese Befugnis ermöglicht es dem Urheber, anderen gem. § 31 Nutzungsrechte an seinem Werk einzuräumen und hierfür eine Vergütung zu verlangen (zur Terminologie von Verwertungs- und Nutzungsrechten s. Vor §§ 31 ff. Rn. 23 f.). Die Möglichkeit der kommerziellen Nutzung der Schutzgegenstände ist der „spezifische Gegenstand des geistigen Eigentums" und rechtfertigt nach der Rechtsprechung des EuGH die mit dem Urheberrecht verbundenen Einschränkungen vom Grundsatz der Freizügigkeit (EuGH GRUR 2012, 156, 160 Rn. 107 – Football Association League u. Murphy). In der Praxis ist es jedoch nicht der Urheber, sondern der Verwerter, der über die Einräumung von einzelnen Nutzungsrechten entscheidet, nachdem er diese vom Urheber erworben hat. Der Urheber hat in dieser Situation lediglich einen vertraglichen Vergütungsanspruch gegen den Verwerter. Dieser Vergütungsanspruch ist ggfs. nach § 32 anzupassen, falls die Vergütung unangemessen sein sollte (s. § 32 Rn. 12 ff.).

2. Systematik

§ 15 gewährt als **Generalklausel** dem Urheber das alleinige Recht, sein Werk zu nutzen (positives **Benutzungsrecht**) und Dritte von der Benutzung auszuschließen (negatives **Verbietungsrecht**). Soweit der Urheber nach § 31 einem Dritten ausschließliche Nutzungsrechte eingeräumt hat, stehen diesem die Rechte aus §§ 15–22 zu. Die häufigsten Nutzungsarten sind in § 15 aufgeführt. Die Verwertung in körperlicher Form ist nach § 15 Abs. 1 dem Urheber vorbehalten, soweit nicht §§ 16–18 Ausnahmen enthalten. Unkörperliche Verwertungshandlungen dagegen sind nach § 15 Abs. 2 nur dann dem Urheber vorbehalten, wenn sie öffentlich sind. Nichtöffentliche, unkörperliche Verwertungshandlungen haben privaten Charakter und sind gemeinfrei. Die Aufzählung der Verwertungsarten in §§ 16–22 ist nicht abschließend (s. Rn. 11). Die Regelungen der §§ 16–22 gehen der Generalklausel des § 15 als speziellere Regelungen vor. Sie definieren nicht nur die in § 15 genannten Rechte; sie enthalten für einzelne Verwertungsarten auch bedeutende Einschränkungen von dem in § 15 normierten Grundsatz, dass allein der Urheber entscheiden darf, ob und wie sein Werk verwertet wird. So ist das Verbreitungsrecht nach § 17 Abs. 2 auf die Erstverbreitung eines Werkexemplars (dazu § 17 Rn. 13 ff.) und das Ausstellungsrecht nach § 18 auf die Ausstellung von unveröffentlichten Werkstücken beschränkt (dazu § 18 Rn. 2). Infolgedessen ist bei der einzeln definierten Verwertungshandlung immer zunächst der spezielle Tatbestand zu prüfen; der Rückgriff auf die Grundsätze des § 15 führt bei solchen Verwertungsarten zu falschen Ergebnissen.

In Abweichung von diesem tradierten Verständnis behandelt der **EuGH** die öffentliche Wiedergabe als eigenes Verwertungsrecht, für das die Umstände des Einzelfalls und richterrechtlich geprägte funktionelle Kriterien maßgeblich sind (*v. Ungern-Sternberg* GRUR 2012, 1198, 1203). Diese Kriterien haben mit denen der §§ 16–22 wenig gemein.

Das Verwertungsrecht des Urhebers greift bei mehreren **aufeinander folgenden Werknutzungen** grds. bei jeder einzelnen Nutzung ein. Der Urheber kann bspw. nach § 17 über die Verbreitung von mit seiner Zustimmung hergestellten Vervielfältigungsstücken und nach § 21 über die Wiedergabe von mit seiner Zustimmung hergestellten und verbreiteten Tonträgern entscheiden.

3. Schranken

Die Verwertungsrechte des Urhebers sind durch §§ 44a–63 beschränkt. Viele dieser Schranken sehen einen gesetzlichen Anspruch auf angemessene Vergütung vor. Diese Vergütungsansprüche sind ein Ausgleich für den Entzug der entsprechenden vertraglichen Verwertungsmöglichkeit (BGH NJW 1999, 1953, 1959 – Kopienversanddienst). Ist ein Werkstück mit Zustimmung des Urhebers in den Verkehr gelangt, so bildet der Erschöpfungsgrundsatz eine weitere Schranke der Verwertungsrechte (Einzelheiten Rn. 31 ff. und § 17 Rn. 23 ff.).

4. Rechtsfolgen

Da nach § 15 grds. dem Urheber das Recht zusteht, sein Werk zu verwerten, kann er gegen Dritte, die das Werk widerrechtlich verwerten, vorgehen. Er kann diese nach § 97 Abs. 1 auf **Beseitigung** der Beeinträchtigung, auf **Unterlassung** und auf **Schadensersatz** in Anspruch nehmen. Zudem ist der Verstoß gegen §§ 15 ff. in § 106 strafrechtlich sanktioniert.

II. Richtlinienkonforme Auslegung

Es gibt mehrere europäische Richtlinien, die Verwertungsrechte regeln, insbesondere die Vermiet- und Verleih-Richtlinie und die Multimedia-Richtlinie. Soweit diese Richtlinien greifen, sind auch die Verwertungsrechte richtlinienkonform auszulegen. Das ergibt sich aus dem Umsetzungsgebot des Art. 288 Abs. 3 Satz 1 AEUV und dem Grundsatz der Gemeinschaftstreue nach Art. 4 Abs. 3 AEUV (BVerfG NJW 2012, 669 Rn. 46). Dabei unterscheidet man zwischen „Voll-" und „Mindestharmonisierung". Ist eine Vorschrift „vollharmonisiert", darf der nationale Gesetzgeber den Schutzumfang der gewährten Rechte weder über- noch unterschreiten. Bei der „Mindestharmonisierung" ist ihm hingegen nur ein verbindliches Mindestmaß für den Schutzumfang vorgegeben. Der wesentliche Unterschied zwischen beiden Harmonisierungsgraden liegt darin, dass bei einer Mindestharmonisierung eine geteilte Auslegung einer Vorschrift denkbar ist. Mindestharmonisierte Vorschriften werden nämlich nur insoweit richtlinienkonform ausgelegt, wie sie auch auf Richtlinien beruhen. Der im Schutzniveau überschießende Teil ist daneben nach den klassischen nationalen Methoden auszulegen (*Leenen* JURA 2012, 753, 754 ff.).

7 Bei der richtlinienkonformen Auslegung ist die nationale Vorschrift nach nationalen Grundsätzen so auszulegen, dass das Ergebnis der Zielvorgabe der Richtlinie entspricht (EuGH NJW 2004, 3547, Rn. 116 – Pfeiffer u.a.). Deckt sich ein Auslegungsergebnis mit der Zielvorgabe, so kommt diesem Auslegungsergebnis interpretatorischer Vorrang gegenüber allen anderen, nach nationalem Recht ggf. möglichen Auslegungsergebnissen zu (BVerfG NJW 2012, 669 Rn. 46; *Canaris* FS Bydlinski, S. 69). Der Wortlaut der nationalen Vorschrift ist nicht die äußere Grenze der Auslegung, auch alle weiteren Mittel der Rechtsfortbildung sind auszuschöpfen (insb. durch teleologische Reduktion sowie Analogie zu anderen nationalen Vorschriften oder durch erweiterte Auslegung von Generalklauseln des deutschen Rechts, vgl. hierzu Pfeiffer, NJW 2009, 412 ff.). Lässt sich hiernach in seltenen Ausnahmefällen keine Auslegung ermitteln, die mit der Richtlinienvorgabe im Einklang steht, liegt ein Umsetzungsdefizit vor. Dann entfaltet die Richtlinie ggf. unmittelbare Drittwirkung und es kommt eine Staatshaftung in Betracht (vgl. zu Letzterem etwa EuGH NJW 2003, 3539 – Köbler). Keinesfalls kann jedoch von Anfang an „rein europäisch" ausgelegt werden (EuGH NJW 2006, 2465, Rn. 110 ff. – Adeneler).

8 Richtlinienkonforme Auslegung erfordert zunächst die Auslegung der zugrundeliegenden Richtlinie selbst. Letztere folgt anderen Maßstäben als die klassische deutsche Auslegung. Zwar sind auch hier Wortsinn, Entstehungsgeschichte, systematische Stellung und Sinn der Vorschrift zu ermitteln, jede dieser Methoden ist aber im Vergleich zum deutschen Recht weniger ergiebig (vgl. hierzu im Detail *Leenen* JURA 2012, 753, 757 ff.). Für den Wortlaut sind 23 gleichberechtigte Amtssprachen maßgeblich. Die Entstehungsgeschichte ist im europäischen Gesetzgebungsprozess nur begrenzt publik und einsehbar. Systematische Schlüsse können nur im Rahmen dessen gezogen werden, was auch vom europäischen Gesetzgeber erlassen ist, was nur einen Bruchteil des ganzen Rechtssystems ausmacht. Der erkennbare Sinn erschöpft sich zumeist in den Erwägungsgründen, die der Richtlinie voranstehen. Soweit der Gegenstand der Richtlinie auch Gegenstand eines völkerrechtlichen Vertrages ist, bei dem die EU Partei ist, ist auch dieser Vertrag bei der Auslegung heranzuziehen (EuGH GRUR 2012, 593, 594 Rn. 52 – SCF; EuGH GRUR 2008, 604 – Le Corbusier-Möbel; siehe auch § 17 Rn. 4 ff.). Das sind bei den Verwertungsrechten vor allem das TRIPS-Übereinkommen, RBÜ, WCT und WPPT. Eine zentrale Rolle spielt in der Praxis die Auslegung durch den EuGH. Denn diese ist nach Art. 267 AEUV maßgeblich (BVerfG NJW 2012, 669 Rn. 46).

9 Das Ausmaß der Harmonierung der Verwertungsrechte ist umstritten. Insbesondere ist umstritten, ob die Multimedia-Richtlinie zu einer **Vollharmonisierung** des Verbreitungsrechtes geführt hat (dazu § 17 Rn. 4 ff.; BGH CR 2013, 455, 456 – Die Realität; *von Ungern-Sternberg* GRUR 2012, 1198, 1204). Jedenfalls kann es keine nationale Anerkennung von Schranken ohne Berücksichtigung der Richtlinienvorgaben mehr geben. Und man muss im Wege einer erweiternden Auslegung der Generalklausel des § 15 Abs. 2 einen Innominatfall annehmen, wenn eine Handlung eine nach einer Richtlinie dem Urheber vorbehaltene Verwertung ist, aber unter keines der speziellen nationalen Verwertungsrechte fällt

(dazu Rn. 11 ff.). Seine Schranke findet der Grundsatz der richtlinienkonformen Auslegung indes im Grundsatz der Rechtssicherheit. Er darf nicht zu einer Auslegung des nationalen Rechts contra legem führen (BVerfG NJW 2012, 669 Rn. 47). Die Abgrenzung im Einzelfall ist ausgesprochen schwierig (beispielhaft BGH NJW 2912, 1073 – Bodenfliesen; BVerfG GRUR 2012,53). Soweit man der Auffassung folgt, dass die Richtlinien vollharmonisiert sind, sind Verwertungsrechte gemäß dem nationalen Recht selbst gegebenenfalls teleologisch zu reduzieren, etwa das Verbreitungsrecht (dazu § 17 Rn. 4 ff.) und das Recht der öffentlichen Wiedergabe (dazu Rn. 18 ff.).

II. Privater Werkgenuss

Im **analogen** Bereich erfassten die Verwertungsrechte des Urhebers nicht den schlichten **Genuss** des Werkes (Lesen, Hören, Anschauen) durch den Endverbraucher (ausführlich *Schulze* ZUM 2000, 126, 130). Die private Nutzung ist grds. nach der traditionellen Konzeption des Urheberrechts gemeinfrei, d. h. sie bleibt von den Verwertungsrechten des Urhebers ausgeklammert. Auch der Besitz rechtswidrig hergestellter Vervielfältigungsstücke fällt grds. nicht unter § 15 (Schricker/Loewenheim/*v. Ungern-Sternberg* § 15 Rn. 13). Es gibt keine einheitliche Freistellung der privaten Nutzung. Vielmehr ist dieser Grundgedanke bei den einzelnen Verwertungen durch verschiedene Regelungstechniken umgesetzt: Bei dem Vervielfältigungsrecht führt die Schranke des § 53 zu einer weitgehenden Freistellung der privaten Nutzung durch § 53; bei dem Verbreitungsrecht ist der Tatbestand des § 17 auf die Verbreitung in der Öffentlichkeit beschränkt (anders als im Patentrecht). Dasselbe gilt nach § 15 Abs. 2 für die verschiedenen Formen der Wiedergabe. Der Endverbraucher zahlt somit meist keine direkte Vergütung. Mittelbar ist es aber der Endverbraucher, der die Vergütung für die Nutzung zu zahlen hat. Denn die Werkverwerter (Verlage, Verleiher) wälzen die von ihnen für die Verwertung zu zahlenden Entgelte über den Preis der Produkte regelmäßig auf den Endverbraucher ab. Wirtschaftlich handelt es sich daher bei den Verwertungsrechten um ein **Stufensystem zur mittelbaren Erfassung der Endverbraucher** (BVerfGE 31, 255, 267 – Tonbandvervielfältigung; BVerfG GRUR 1997, 123 – Kopierladen I; Dreier/Schulze/*Dreier* § 15 Rn. 20; Schricker/Loewenheim/ *v. Ungern-Sternberg* § 15 Rn. 11 m. w. N.). Im **digitalen** Bereich indes geht auch der private Werkgenuss i. d. R. mit einer Vervielfältigung einher; dementsprechend haben sich hier Nutzungsformen etabliert, die an den privaten Werkgenuss anknüpfen (ausführlich *Peukert* 11, 25 ff.). Hier zahlt mitunter unmittelbar der Endverbraucher die Vergütung für die Nutzung **(pay per use)**. Wenn das digitalisierte Werk durch technische Schutzmaßnahmen geschützt ist, läuft die Freistellung der Privatkopie durch § 53 infolge von §§ 95a ff. praktisch leer (§ 95b Rn. 26 ff.).

III. Beteiligung des Urhebers

§ 15 wird häufig verstanden als eine Ausprägung des „**Grundsatzes der tunlichst angemessenen Beteiligung des Urhebers**" an dem wirtschaftlichen Nutzen, der aus dem Werk gezogen wird" (s. Vor §§ 31 ff. Rn. 1, 61; AmtlBegr. *M. Schulze* Materialien S. 401; BGH NJW 2002, 3393, 3395 – Elektronischer Pressespiegel; BGHZ 116, 305, 308 – Altenwohnheim II; BGH GRUR 1990, 1005, 1007 – Salome I; BGH GRUR 1993, 822, 824 – Katalogbild; KG Berlin ZUM 2009, 407, 409; *v. Ungern-Sternberg* GRUR 2008, 247, 249). Danach soll der Urheber grds. an jedem neuen Verwertungsvorgang teilhaben, der eine neue gewerbliche Ausbeutung mit sich bringt. Die Rechtsprechung leitet diesen Grundsatz aus der verfassungsrechtlichen Garantie des geistigen Eigentums in Art. 14 GG ab (BGH GRUR 1985, 131, 132 – Zeitschriftenauslage beim Friseur). Sie hat diesen Grundsatz zum einen herangezogen, um eine restriktive Auslegung der Schranken des Urheberrechtes zu begründen

(BGH NJW 2002, 3393, 3395 – Elektronischer Pressespiegel; BGH WRP 2002, 712, 713 – Verhüllter Reichstag; BGHZ 116, 305, 308 – Altenwohnheim II). Zum anderen hat sie den Grundsatz herangezogen, um einen seinerzeit nicht gesetzlich vorgesehenen Anspruch des Urhebers auf angemessene Vergütung zu begründen (BGH NJW 1999, 1953, 1959 – Kopienversanddienst). Dieser Grundsatz war indes schon immer von begrenztem Erkenntniswert. Zum einen ist der Grundsatz zu weit. Er besagt nicht, dass dem Urheber jede nur denkbare wirtschaftliche Verwertungsmöglichkeit zuzuordnen wäre (BGH GRUR 1985, 131, 132 – Zeitschriftenauslage beim Friseur). Das ist auch durch Art. 14 GG nicht geboten (BVerfG GRUR 1988, 687, 689 – Zeitschriftenauslage). Neben den Interessen des Urhebers sind auch die durch die Schrankenbestimmungen geschützten Interessen zu beachten und bei der Auslegung gegen die Interessen des Urhebers abzuwägen (BGH NJW 2002, 3393, 3395 – Elektronischer Pressespiegel; BGH WRP 2002, 712, 713 – Verhüllter Reichstag; BVerfG GRUR 2001, 149, 151 f. – Germania II; *Raue* FS Nordemann 2004, 327, 339). Zum anderen ist der Grundsatz zu eng, denn auf Gewerblichkeit kommt es nicht an. § 15 eröffnet vielmehr auch dann ein Verwertungsrecht des Urhebers, wenn das Werk nicht gewerbsmäßig genutzt wird (BGH NJW 1999, 1953, 1959 – Kopienversanddienst; BGHZ 17, 266, 282 – Grundig-Reporter). Schließlich ist auch fraglich, inwieweit dieser Grundsatz im Lichte der neueren Rechtsprechung überhaupt noch Gültigkeit hat. Denn soweit die europäischen Richtlinien als Maximalschutz interpretiert werden (so jedenfalls zur Multimedia-Richtlinie BGH GRUR Int. 2009, 942, 943 – Le Corbusier-Möbel II und BGH CR 2013, 455, 456 – Die Realität), ist für die Anwendung eines wie auch immer gearteten „Grundsatzes der tunlichst angemessenen Beteiligung" kein Raum (näher, auch zur a.A. § 17 Rn. 4 ff.); er wird in den einschlägigen Entscheidungen konsequenterweise auch nicht diskutiert.

IV. Körperliche Verwertung

12   Jede **körperliche** Verwertung i.S.d. § 15 Abs. 1 setzt eine körperliche Festlegung des Werkes voraus, die geeignet ist, das Werk – mittelbar oder unmittelbar – den menschlichen Sinnen zugänglich zu machen (AmtlBegr. *M. Schulze* Materialien S. 439; stRspr., vgl. BGH GRUR 1983, 28, 29 – Presseberichterstattung und Kunstwerkwiedergabe II). Mittelbar ist das Werk zugänglich, wenn es auf einem Speichermedium (DVD, Videokassette, CD, CD-ROM, Diskette, Festplatte etc.) festgelegt ist. Unter die körperliche Verwertung fallen somit alle Verwertungsarten, die das Original oder Vervielfältigungen des Werkes zum Gegenstand haben (Werkstücke).

V. Unkörperliche Verwertung

13   **Unkörperliche** Verwertung ist jede Wiedergabe des Werkes, die nicht mit einer körperlichen Festlegung einhergeht, also der Vortrag, die Sendung, die Aufführung. Nur die öffentliche Wiedergabe ist mit § 15 Abs. 2 dem Urheber vorbehalten; die nichtöffentliche Wiedergabe eines Werkes ist gemeinfrei. Das entspricht den Vorgaben von Art. 11 RBÜ und Art. 8 WCT und Art. 3 der Multimedia-Richtlinie (RL 2001/29/EG). Wann die Wiedergabe öffentlich ist, regelt § 15 Abs. 3, und zwar deutlich weiter, als es dem allgemeinen Sprachgebrauch entspricht. Eine Wiedergabe ist schon dann öffentlich, wenn sie für eine Mehrzahl von Mitgliedern der Öffentlichkeit bestimmt ist. Darauf, ob und von wie vielen Rezipienten die Wiedergabe tatsächlich wahrgenommen wird, kommt es nicht an (näher Rn. 19f.).

VI. Bearbeitung

14   Das Recht zur **Bearbeitung** ist nicht in § 15 genannt; § 23 enthält hierzu eine Sonderregelung. Hiernach ist die Herstellung der Bearbeitung grds. zulässig, die Verwertung des

bearbeiteten Werkes hingegen bedarf der Einwilligung des Urhebers (BGH K&R 2009, 182, 185 – Klingeltöne für Mobiltelefone). Das **Verfilmungsrecht** des Urhebers ist in § 23 nicht als eigene Verwertungsart aufgenommen, sondern als Sonderfall der Bearbeitung. Abweichend von dem sonst für die Bearbeitung geltenden Grundsatz bedarf bereits die Verfilmung, also die Herstellung der Bearbeitung, der Einwilligung des Urhebers (s. § 23 Rn. 15). Wird ein Werk dagegen ohne Bearbeitung in einem Film gezeigt, handelt es sich um eine Vervielfältigung. Soweit nicht § 24 greift, gilt § 16 (s. § 23 Rn. 25).

VII. Unbenannte Verwertungsrechte

Die Aufzählung der verschiedenen Verwertungsrechte in § 15 ist nach tradierter Auffassung nicht abschließend. Dafür spricht der Wortlaut. Denn den Aufzählungen in Abs. 1 und Abs. 2 ist jeweils das Wort „insbesondere" vorangestellt. Und dafür spricht die Gesetzgebungsgeschichte: Der Gesetzgeber wollte 1965 ganz bewusst eine Regelung treffen, die dem Urheber auch seinerzeit noch nicht bekannte Verwertungsrechte vorbehielt (Amtl-Begr. M. *Schulze* Materialien S. 436). Auch mit Einführung des § 19a wollte der Gesetzgeber nichts daran ändern, dass § 15 keine abschließende Aufzählung der Rechte des Urhebers enthält (Begr. BT-Drucks. 15/38, 17). Das Verwertungsrecht des Urhebers soll sich damit automatisch auf **neue Verwertungsformen** erstrecken. Daher war es vor der gesetzlichen Normierung des Rechts der öffentlichen Zugänglichmachung in § 19a unstreitig, dass dieses Recht unter die Generalklausel des § 15 fiel und damit dem Urheber vorbehalten war. Umstritten war lediglich, ob dieses Recht sich unter eine der in §§ 16–22 normierten Verwertungsarten subsumieren ließe. Diese tradierte Auffassung ist durch die neuere Rechtsprechung indes in Frage gestellt: Wenn man dem BGH folgt, dass die jedenfalls die Multimedia-Richtlinie nicht nur einen Minimalschutz, sondern auch einen Maximalschutz festlegt (so BGH CR 2013, 455, 456 – Die Realität und BGH GRUR 2009, 840 – Le Corbusier-Möbel II; dazu ausführlich § 17 Rn. 4 ff.), dann ist für die Annahme eines solchen sog. **„Innominatfalls"** allenfalls dort Raum, wo der deutsche Gesetzgeber die Vorgaben der Richtlinie nicht vollständig umgesetzt hat. Jedenfalls ist mit der Annahme eines Innominatfalls Zurückhaltung geboten. Voraussetzung dafür sind „klar umschriebene, eindeutig fassbare Nutzungshandlungen" (*v. Ungern-Sternberg* FS Loschelder, 415, 422). Hinzu kommt, dass die bestehenden Schrankenbestimmungen §§ 44a–63 auf die in §§ 16–22 genannten Verwertungsrechte zugeschnitten sind, ihre Anwendung auf Innominatfälle ist daher problematisch (Schricker/Loewenheim/*v. Ungern-Sternberg* § 15 Rn. 23).

Die Qualifikation des **Bereithaltens** urheberrechtlich geschützter Werke **zum elektronischen Abruf** war lange umstritten. Die wohl h. M. sah darin eine ungeschriebene Fallgruppe des § 15 Abs. 2. § 15 Abs. 2 Nr. 2 und § 19a nennen diese Verwertung nunmehr – sprachlich unschön – **„öffentliche Zugänglichmachung"** und regeln sie in Einklang mit Art. 3 Multimedia-Richtlinie als Unterfall der öffentlichen Wiedergabe. Das entspricht den Vorgaben von Art. 3 Multimedia-Richtlinie, Art. 8 WCT und Art. 14 WPPT. Diese Qualifikation bringt es mit sich, dass nicht jedes Bereithalten zum elektronischen Abruf dem Urheber vorbehalten ist, sondern nur das Bereithalten zum elektronischen Abruf durch die Öffentlichkeit. Die Definition des Rechtes der öffentlichen Zugänglichmachung in § 19a ist allerdings recht eng: § 19a ist nur einschlägig, wenn das Werk von Orten und zu Zeiten nach Wahl des Abrufers zugänglich ist (s. § 19a Rn. 7 ff.; § 69c Rn. 51; einschränkend aber § 19a Rn. 9). Diese Definition ist enger als in Art. 3 Abs. 1 Multimedia-Richtlinie, Art. 8 WCT und Art. 14 WPPT. Nach diesen Normen ist die Zugänglichmachung an Orten und zu Zeiten nach Wahl der Mitglieder der Öffentlichkeit lediglich ein Unterfall eines allgemeinen Rechtes der öffentlichen Zugänglichmachung, die dem Urheber vorbehalten ist. Erwägungsgrund Nr. 24 der Multimedia-Richtlinie stellt zudem ausdrücklich klar, dass das Recht der öffentlichen Zugänglichmachung so verstanden werden soll, dass es „alle Handlungen der Zugänglichmachung [...] für Mitglieder der Öffentlichkeit umfasst, die an dem Ort, an dem die Zugänglichmachung ihren Ursprung nimmt, nicht anwesend sind." Somit verbleibt in diesem Bereich nach wie vor ein Anwendungsbereich für die Generalklausel des § 15 Abs. 2. Im Bereich digitaler Netze sind z. B. Nutzungsformen denkbar, bei denen das Kriterium „zu Zeiten ihrer Wahl" nicht erfüllt ist (so auch Begr. BT-Drucks. 15/38, 17). In diesen Fällen ist – wie zuvor – auf die Generalklausel des § 15 Abs. 2 zurückzugreifen, sofern nicht §§ 19, 20, 21 oder 22 einschlägig sind. Der BGH hält einen solchen Innominatfall beim Framing bzw. bei Deep Links für möglich und hat diese Frage dem EuGH vorgelegt (BGH CR 2013, 456, 458 – Die Realität). Überzeugend ist dies indes nicht. Denn letztlich werden die tradierten Tatbestandsvoraussetzungen der Verwertungsrechte hier einer „wertenden Betrachtung" geopfert, deren zentrales Element eine Voraussetzung ist, die das Gesetz gar nicht kennt: der Erwerbszweck (dazu Rn. 29). Ein weiterer solcher Innominatfall ist zu diskutieren, wenn ein Hotel seinen Gästen ohne unmittelbare Hörbarmachung Tonträger in physischer oder digitaler Form und Abspielgeräte (anderer Art als Fernseh- und/oder Radiogeräte) zur Verfügung stellt. Denn hier ist keiner der in § 16 bis 22 genannten Verwertungstatbestände einschlägig; der EUGH sieht hierin indes eine öffentliche Wiedergabe (EuGH GRUR 2012, 597 – Phonographic Performance [Ireland]). Richtigerweise fehlt es hier indes schon an der öffentlichen Wiedergabe (dazu Rn. 30).

17 Mitunter wurde die Anwendung der Generalklausel für sog. **„Push-Dienste"** diskutiert (Dreier/Schulze/*Dreier* § 19a Rn. 10; *Poll* GRUR 2007, 476, 481; *Schwarz* ZUM 2000, 816, 827). Mit diesem Schlagwort werden verschiedene Techniken bezeichnet, bei denen der Informationsfluss vom Sender gesteuert wird. Es kann sich um Nachrichten, Film- oder Musikprogramme oder sonstige aktuelle Daten handeln. Praktisch relevant sind derzeit vor allem MobileMe von Apple und Twitter. Wenn die Daten auf einer kundenspezifischen Push-Media-Seite angezeigt werden, gilt § 19a. Wenn Daten so versendet werden, dass sie im Arbeitsspeicher des Empfängers oder von einem Empfangsgerät aufgezeichnet werden, handelt es sich um eine Vervielfältigung (§ 16 Rn. 23). Hingegen ist § 19a nicht einschlägig, weil es an dem Kriterium „zu Zeiten ihrer Wahl" fehlt (s. § 19a Rn. 30). Es handelt sich aber um eine unkörperliche Verwertung, für die das Senderecht nach § 20 mangels Gleichzeitigkeit der Wiedergabe nicht recht passt (§§ 20–20b Rn. 10, 12; Dreier/Schulze/*Dreier* § 19a Rn. 10; a. A. *Leupold* ZUM 1998, 99, 107). Man kann dem begegnen, indem man § 19a über seinen Wortlaut hinaus so auslegt, dass hierunter auch solche Push-Dienste fallen (so: Dreier/Schulze/*Dreier* § 19a Rn. 10; im Ergebnis ähnlich für den vergleichbaren Fall der Near-on-Demand-Dienste § 19a Rn. 19 f.). Naheliegender ist es, hierin eine Verbreitung i. S. d. § 17 zu sehen (näher § 17 Rn. 23; a. A. *v. Ungern-Sternberg* FS Loschelder, 415, 420 f.).

VIII. Öffentliche Wiedergabe, § 15 Abs. 3

18 § 15 Abs. 3 S. 1 definiert den Begriff der öffentlichen Wiedergabe. Anders als in der früheren Fassung der Vorschrift (s. Rn. 27) vor der Reform 2002 (s. Vor §§ 31 ff. Rn. 3) enthält S. 2 nunmehr eine allgemeine Definition der Öffentlichkeit, die bei der Auslegung des Begriffes der „Öffentlichkeit" in anderen Vorschriften heranzuziehen ist. Das Kriterium „Mehrzahl" hingegen betrifft allein die Definition der öffentlichen Wiedergabe (Dreier/Schulze/*Dreier* § 15 Rn. 43; so zur alten Rechtslage bereits BGHZ 113, 159, 161 – Einzelangebot). Art. 11 RBÜ, Art. 8 WCT und Art. 3 Multimedia-Richtlinie definieren den Begriff der öffentlichen Wiedergabe nicht. Da das europäische Recht aber nicht ausdrücklich auf das nationale Recht verweist, ist der Begriff der öffentlichen Wiedergabe gemeinschaftsweit einheitlich auszulegen (EuGH ZUM 2007, 132, 134 – SGAE; EuGH GRUR 2012, 593 – SCF). Durch jüngere Entscheidungen des EuGH ist der tradierte Begriff der öffentlichen Wiedergabe ins Wanken geraten, weil der EuGH Kriterien heranzieht, die bisher in der deutschen Diskussion keine Rolle spielten (dazu Rn. 27).

1. Mehrzahl von Personen

Erforderlich ist zunächst, dass die Wiedergabe für eine Mehrzahl von Personen bestimmt 19 ist. Ob dies der Fall ist, ist nach objektiven Kriterien zu beurteilen. Wer ein Werk vor einer Mehrzahl von Personen wiedergibt, kann sich nicht darauf berufen, die Wiedergabe sei lediglich für einen Teil der Personen „bestimmt" gewesen (LG Frankfurt a. M. ZUM-RD 2005, 242, 243; AG Kassel NJW-RR 2000, 493). Darauf, ob die Wiedergabe tatsächlich von einer Mehrzahl von Personen wahrgenommen wird, kommt es nicht an (BGHZ 123, 149, 152 – Verteileranlage in Haftanstalt). Andersherum reicht es nicht aus, dass die Werkwiedergabe für eine Mehrzahl in der Öffentlichkeit wahrnehmbar ist, ohne dass der Verwerter davon Kenntnis hatte, die Öffentlichkeit also nur zufällig ist (Hanseatisches OLG K&R 2010, 355; Schricker/Loewenheim/*v. Ungern-Sternberg* § 15 Rn. 68 m. w. N.). Entscheidendes Kriterium ist der objektiv zu bestimmende Wille des Werknutzers (Fromm/Nordemann/*Dustmann* § 15 Rn. 32). Abzustellen ist jeweils auf das einzelne Werkstück. Wenn einzelnen Mitgliedern der Öffentlichkeit jeweils ein eigenes Werkstück oder eine eigene Aufzeichnung zugänglich ist, ist das einzelne Werkstück nicht öffentlich zugänglich (BGH GRUR 2009, 845, 848 – Internet-Videorecorder m. w. N; s. auch § 19a Rn. 36).

Der BGH hat offen gelassen, ob bereits **zwei Personen** eine „Mehrzahl von Personen" 20 i. S. d. § 15 Abs. 3a. F. sind (BGH GRUR 1996, 875, 876 – Zweibettzimmer im Krankenhaus), erachtet aber „wenige Personen" als ausreichend (BGH GRUR 2009, 845, 848 – Internet-Videorecorder). Nach neuerer Rechtsprechung muss die Öffentlichkeit hingegen aus einer unbestimmten Zahl potentieller Leistungsempfänger und „recht vielen Personen" bzw. „ziemlich vielen" bestehen (EuGH GRUR 2012, 597 Rn. 42 – Phonographic Performance [Ireland]; EuGH GRUR 2012, 593, Rn. 847 – SCF; EuGH MMR 2013, 459, 460 – ITV Broadcasting; BGH CR 2013, 456, 457 – Die Realität); demnach reichen zwei Personen nicht aus (a. A. Dreier/Schulze/*Dreier* § 15 Rn. 40). Letztlich kommt es darauf nicht an, denn es ist kaum ein Fall vorstellbar, bei dem die zwei Personen, für die die Wiedergabe bestimmt ist, nicht durch persönliche Beziehungen untereinander oder zum Verwerter verbunden sind.

2. Gleichzeitigkeit

Nach einer früher verbreiteten Meinung soll eine Wiedergabe nur dann öffentlich sein, 21 wenn ein Werk gegenüber einer Mehrzahl der Personen gleichzeitig wiedergegeben wird (*Hoeren* CR 1996, 517, 518; Schricker/Loewenheim/*v. Ungern-Sternberg* § 15 Rn. 59 m. w. N.; obiter dictum: BGHZ 113, 159, 161 – Einzelangebot; OLG München ZUM 1998, 413, 415). § 19a stellt indes seit 2003 ausdrücklich klar, dass eine öffentliche Wiedergabe auch dann vorliegt, wenn das Werk Mitgliedern der Öffentlichkeit zu **Zeiten ihrer Wahl** zugänglich ist, so dass es auf eine Gleichzeitigkeit der Wiedergabe nicht ankommt. § 15 Abs. 3 enthält zwar keine entsprechende Klarstellung. Aber § 19a regelt nach dem eindeutigen Wortlaut des § 15 Abs. 2 lediglich einen Unterfall der öffentlichen Wiedergabe. Es wäre daher systemwidrig, wenn dieser Unterfall einen weitergehenden Anwendungsbereich als § 15 Abs. 2 hätte. Eine öffentliche Wiedergabe liegt daher auch dann vor, wenn sie nicht gegenüber einer Mehrzahl von Personen gleichzeitig erfolgt, sog. sukzessive Öffentlichkeit (s. § 19a Rn. 6; Dreier/Schulze/*Dreier* § 15 Rn. 42; Fromm/Nordemann/*Dustmann* § 15 Rn. 37; so auch schon für die alte Rechtslage: *Ernst* GRUR 1997, 592, 594; *Leupold* CR 1998, 234, 240; *Zscherpe* MMR 1998, 404, 407; *Wandtke/Schäfer* GRUR Int. 2000, 187, 190; vgl. aber auch §§ 20–20b Rn. 9).

3. Räumliche Verbundenheit

Anders als die Definition des § 15 Abs. 3 nahe legt, ist der Begriff der öffentlichen Wie- 22 dergabe abhängig von der Verwertungsart leicht unterschiedlich auszulegen (so auch Fromm/Nordemann/*Dustmann* § 15 Rn. 38). Grds. ist es nicht erforderlich, dass sich alle

Personen, an die sich die Wiedergabe richtet, in einem Raum befinden. Das belegt § 19a. Es ist auch nicht erforderlich, dass überhaupt eine räumliche Verbundenheit zwischen diesen Personen besteht. Öffentlich ist eine Wiedergabe daher auch dann, wenn sie gegenüber räumlich getrennten Nutzern – bspw. über das Internet – erfolgt. Im Rahmen der §§ 21 und 22 hingegen gilt die etwas engere Definition. Bei diesen Vorschriften ist auf das einzelne Wiedergabegerät abzustellen. Die Wiedergabe ist nur dann öffentlich, wenn der Empfängerkreis an einem Ort versammelt und die Wiedergabe für ihn gemeinsam wahrnehmbar ist. Im Rahmen dieser Vorschriften kommt es auch auf das ansonsten abzulehnende Merkmal der „gemeinsamen" Wiedergabe an. Dies folgt indes nicht aus § 15 Abs. 3, sondern aus der Auslegung der §§ 21 und 22 (s. § 21 Rn. 4 und § 22 Rn. 2).

4. Öffentlichkeit

23 Auch wenn sich die Wiedergabe an mehrere Personen richtet, ist sie nach § 15 Abs. 3 S. 2 nicht öffentlich, wenn der Kreis der Personen bestimmt abgegrenzt ist und diese entweder untereinander oder durch denjenigen, der das Werk verwertet, **persönlich verbunden** sind. Beide Voraussetzungen werden meist nicht genau auseinander gehalten. Bei Veranstaltungen kommt es letztlich darauf an, ob es sich um eine private Veranstaltung handelt. Steht der Eintritt jedermann – ggf. nach Kauf einer Eintrittskarte – frei, ist der Personenkreis nicht abgegrenzt. Gleiches gilt, wenn die Nutzung eines ins Internet gestellten Werkes nach einer Registrierung möglich ist (Schricker/Loewenheim/*v. Ungern-Sternberg* § 15 Rn. 68) bzw. das Auffinden im Internet vom Zufall abhängig ist (LG Berlin GRUR-RR 2008, 387 – Kartenkacheln). Hieran hat sich durch die Neuformulierung des § 15 Abs. 3 nichts geändert, so dass die Rechtsprechung zu § 15 Abs. 3a. F. nach wie vor heranzuziehen ist.

24 Bei der **elektronischen Übertragung** eines Werkes ist zu differenzieren: Wird dieses per E-Mail an nur eine Person versendet, liegt keine öffentliche Wiedergabe vor. Dies gilt grds. auch dann, wenn die Übertragung an mehrere Personen zu unterschiedlichen Zeiten geschieht. Die Grundsätze der sukzessiven Öffentlichkeit kommen hier nicht zur Anwendung. Die zeitlich versetzte Versendung von E-Mail-Anhängen betrifft nur dann die Öffentlichkeit, wenn bereits bei der ersten Versendung feststeht, dass das Werk im Rahmen eines einheitlichen Nutzungsvorganges an eine Personenmehrzahl übermittelt werden soll (*v. Ungern-Sternberg* FS Loschelder 415, 418 und 422; zur urheberrechtlichen Einordnung des E-Mail-Versands *Schulze* ZUR 2008, 836, 836 f.).

25 Ob eine **persönliche Beziehung** vorliegt, hängt sowohl von der Zahl der Personen als auch der Art ihrer Beziehung ab. Eine familiäre oder freundschaftliche Verbindung ist nicht notwendig (OLG München ZUM 1986, 482, 483). Entscheidend ist, ob ein enger gegenseitiger Kontakt besteht. Nicht ausreichend ist eine vertragliche Beziehung (OLG Frankfurt NJW-RR 1986, 1056, 1057 – Tanzkurs III; BGH GRUR 1983, 562, 563 – Zoll- und Finanzschulen; BGH GRUR 1955, 549, 550 – Betriebsfeier). Auch die Zugehörigkeit aller Anwesenden zu einer bestimmten Gruppe reicht nicht. Öffentlich ist daher die Wiedergabe im Wohnheim (BGH GRUR 1975, 33, 34 – Alterswohnheim) und im Gefängnis (BGH GRUR 1984, 734, 735 – Vollzugsanstalten). Auch die Wiedergabe in Betrieben ist öffentlich, wenn es sich nicht um einen kleinen Betrieb handelt, bei dem tatsächlich engere Bindungen bestehen (KG ZUM 2002, 828, 831 – Versendung von Pressespiegeln per E-Mail; BGH GRUR 1955, 549, 551 – Betriebsfeiern). Ausreichend ist es hingegen, wenn eine gemeinsame private Sphäre entsteht. Sympathie ist nicht entscheidend. Persönlich verbunden sind danach zwei Personen, die sich ein Zweibettzimmer im Krankenhaus teilen (BGH GRUR 1996, 875, 876 – Zweibettzimmer im Krankenhaus). Bei zehntägigen berufsbildenden Seminaren hingegen sollen „nach der Lebenserfahrung" trotz internatsmäßiger Unterbringung keine persönlichen Beziehungen aller Teilnehmer untereinander entstehen (BGH GRUR 1983, 562, 563 – Zoll- und Finanzschulen; BGH v. 26.6.1986, I ZR 5/84, BeckRS 1986, 31066872).

Bei der Zulassung **Außenstehender** soll das erforderliche persönliche Band auch dann 26 fehlen, wenn es sich um Angehörige oder Freunde von Beteiligten handelt (BGH GRUR 1955, 549, 551 – Betriebsfeiern; BGH GRUR 1960, 338, 339 – Tanzstundenabschlussbälle). Das dürfte zu weit gehen. Die vereinzelte Zulassung von Freunden oder Verwandten lässt den privaten Charakter einer Veranstaltung nicht entfallen. Etwas anderes gilt aber dann, wenn gezielt auch dieser Personenkreis angesprochen wird. Erforderlich ist in jedem Fall eine innere Verbundenheit der Beteiligten. Darauf, ob die Beteiligten sich selbst als „Freunde" bezeichnen, kommt es nicht an. Daher sind Beziehungen, die sich allein auf eine technische Verbindung zur Werknutzung gründen, etwa bei Filesharing-Systemen, unzureichend (OLG Stuttgart ZUM 2008, 698, 699; *Schapiro* ZUM 2008, 273, 276). Bei **sozialen Netzwerken** wird der Begriff der „Freundschaft" oft inflationär benutzt. Ob es sich hier wirklich um eine persönliche Beziehung handelt, ist Frage des Einzelfalls. Auch rein virtuelle Beziehungen können persönlich sein, aber an der privaten Sphäre wird es in sozialen Netzwerken häufig fehlen – auch bei Aktivitäten im sog. „privaten Bereich" von Facebook (a. A. VGH München MMR 2012, 422).

Der Begriff des „Veranstalters" hat in § 15 Abs. 3 keine Bedeutung mehr. Er wurde 27 2002 durch die Formulierung „demjenigen, der das Werk verwertet" ersetzt. Das sollte dem erweiterten Anwendungsbereich der Definition (vgl. Rn. 18) Rechnung tragen (Begr. BT-Drucks. 15/38, 17). Verwerter ist derjenige, der die Verwertung des Werkes angeordnet hat und durch dessen Tätigkeit sie ins Werk gesetzt ist (so für den Begriff des Veranstalters in § 15 Abs. 3a. F.: BGH GRUR 1956, 515, 516 – Tanzkurse). Es kann sich um eine natürliche oder eine juristische Person handeln (so für den Begriff des Veranstalters in § 15 Abs. 3a. F.: Möhring/Nicolini/*Kroitzsch* § 15 Rn. 32; BGH GRUR 1975, 33, 34 – Alterswohnheim). Im letzten Fall ist darauf abzustellen, ob eine persönliche Verbundenheit zwischen den Teilnehmern und der für die juristische Person handelnden natürlichen Person zustande kommt (BGH GRUR 1975, 33, 34 – Alterswohnheim). Auch hier sind persönliche Beziehungen zu fordern. Diese sind bei Vorlesungen in Hochschulen und vergleichbaren Veranstaltungen mit großem Teilnehmerkreis i. d. R. nicht gegeben (OLG Koblenz NJW-RR 1987, 699, 700). Als **Faustregel** gilt: Je mehr Personen, desto eher fehlt es an der persönlichen Verbundenheit. Je weniger Personen, desto eher sind sie persönlich verbunden (OLG München ZUM 1986, 482, 483). Bei 100 Personen spricht die Lebenserfahrung gegen einen hinreichend persönlichen Kontakt untereinander.

5. Subjektive Merkmale

Der EuGH stellt bei der Auslegung des Begriffes der öffentlichen Wiedergabe auf zu- 28 sätzliche Kriterien ab. Er setzt voraus, dass sich der „Nutzer gezielt an das Publikum wendet, für das die Wiedergabe vorgenommen wird, und dass er in der einen oder anderen Weise für die Wiedergabe **aufnahmebereit** ist und nicht bloß zufällig ‚erreicht' wird" (EuGH GRUR 2012, 597, Rn. 37 – Phonographic Performances [Ireland]; GRUR 2012, 593, Rn. 91 – SCF). Diese Kriterien sollen bei der Musikwiedergabe in Wartezimmern nicht erfüllt sein (GRUR 2012, 593 – SCF), wohl aber bei der Wiedergabe von Filmen in Gaststätten (EuGH GRUR 2012, 597 – Phonographic Performances [Ireland]). Die Differenzierung überzeugt, denn sie nimmt Handlungen, die sich ohne wirtschaftliche Bedeutung im Bereich des privaten Werkgenusses abspielen (wie beispielsweise das Ertönen eines als Klingelton genutzten Musikstücks in der Öffentlichkeit) aus dem Anwendungsbereich der Nutzungsrechte aus. Andernfalls wären derartige Bagatellen nach § 106 strafbar.

Zudem stellt der EuGH darauf ob, ob die Wiedergabe **Erwerbszwecken** dient. Dieses 29 Kriterium bejaht der EuGH dann, wenn die Wiedergabe geeignet ist, das wirtschaftliche Ergebnis zu steigern (EuGH GRUR 2012, 597, Rn. 37 – Phonographic Performances [Ireland]; EuGH GRUR 2012, 593, Rn. 91 – SCF). Das ist ein Bruch mit dem bisherigen deutschen Verständnis, bei dem es auf die Absichten des Werknutzers nicht ankommt (von

Ungern-Sternberg GRUR 2012, 1198, 1199). Dieses Verständnis überrascht, weil Erwerbszwecke auch in keiner der Richtlinien oder internationalen Verträge als Kriterium genannt sind. Allerdings sieht der EuGH in den Erwerbszwecken wohl kein eigenes Tatbestandsmerkmal, das zwingend erfüllt sein muss. Er hält die Frage für „nicht unerheblich" (EuGH GRUR 2012, 593, Rn. 88 – SCF; EuGH GRUR 2012, 156, 166 Rn. 204 – Football Association League u. Murphy); von einer „Voraussetzung" ist hingegen – anders als beispielsweise bei dem Kriterium der Empfangsbereitschaft – nicht die Rede (so auch BGH CR 2013, 456, 457 – Die Realität). Richtigerweise wird man Erwerbszwecke allenfalls als Indiz sehen müssen (von Ungern-Sternberg GRUR 2012, 1198, 1202): Wenn der Wiedergebende Erwerbszwecke verfolgt, spricht viel dafür, dass die Wiedergabe auch öffentlich ist. Umgekehrt führt das Fehlen der Erwerbszwecke nicht zwingend dazu, dass eine Wiedergabe nicht öffentlich ist.

30   Zu weit geht die Betonung der subjektiven Merkmale allerdings, wenn der EuGH die Verbreitung eines Signals „mittels in den Hotelzimmern aufgestellter Fernsehapparate" – unabhängig von der verwendeten Technik – als eine öffentliche Wiedergabe i. S. d. Art. 3 der Multimedia-Richtlinie (EuGH ZUM 2007, 132; dazu Ullrich, ZUM 2008, 112) ansieht. In der Begründung führt der EuGH aus, das körperliche **Bereitstellen von Fernsehapparaten** sei zwar keine öffentliche Wiedergabe. Aber die Einrichtung könne den Zugang der Öffentlichkeit zu ausgestrahlten Werken ermöglichen, und deshalb sei die Weiterverbreitung durch die aufgestellten Fernsehapparate eine öffentliche Wiedergabe (EuGH ZUM 2007, 132, 135, ErwG 47). Das kann nicht überzeugen. Diese Auslegung widerspricht dem 27. Erwägungsgrund der Multimedia-Richtlinie. Danach stellt das bloße Bereitstellen der Einrichtungen, die eine Wiedergabe ermöglichen oder bewirken, selbst keine Wiedergabe dar. Dass mittels derartiger Einrichtungen der Zugang der Öffentlichkeit zu ausgestrahlten Werken möglich wird, ist keine Besonderheit im Hotel, sondern bei jeder derartigen Einrichtung der Fall. Mit dem Argument des EuGH müsste man auch die Veräußerungen von Empfangsgeräten als „öffentliche Wiedergabe" ansehen. Die entscheidende Frage – die der EuGH nicht erörtert – ist, ob Handlungen des Hotelbetreibers als eigenständiger Sendevorgang anzusehen sind (so auch *Ullrich* ZUM 2008, 112, 118), oder ob es sich um organisierten Privatempfang handelt (s. §§ 20–20b UrhG, Rn. 18, Rn. 27).

IX. Erschöpfungsgrundsatz

31   Nach § 17 Abs. 2 ist die Weiterverbreitung eines Werkstücks, das mit Zustimmung des Berechtigten im europäischen Wirtschaftsraum in den Verkehr gekommen ist, mit Ausnahme der Vermietung zulässig (Einzelheiten § 17 Rn. 23 ff.). Die Erstverbreitung bedarf der Zustimmung des Urhebers, jede weitere Verbreitung ist ohne seine Zustimmung zulässig. Hierdurch wird das Werkstück verkehrsfähig. Die übrigen Verwertungsrechte aber bleiben durch die Erstverbreitung grds. unberührt. Parallele Regelungen finden sich in § 69c Nr. 3 für Computerprogramme und in § 87b Abs. 2 für Datenbanken. Diese Regelungen sind Ausnahmen von dem allgemeinen Grundsatz, dass der Urheber bei mehreren aufeinander folgenden Werknutzungen jeder Nutzung zustimmen muss (vgl. oben Rn. 3). § 17 Abs. 2 ist indes nach der Rechtsprechung Ausdruck eines allgemeinen Rechtsgedankens, der im gesamten gewerblichen Rechtsschutz und Urheberrecht Anwendung findet – dem **Erschöpfungsgrundsatz**. Ob und ggfs. mit welchem Inhalt ein solcher Grundsatz über die gesetzlich geregelten Fälle hinaus anzuerkennen ist, wird seit langem kontrovers diskutiert.

1. Erschöpfung als allgemeiner Grundsatz

32   Die Rechtsprechung meinte früher, es gebe einen allgemeinen Rechtsgrundsatz, wonach „der Rechtsinhaber durch eigene Benutzungshandlungen das ihm vom Gesetz einge-

räumte ausschließliche Verwertungsrecht ausgenutzt und damit verbraucht hat, so dass bestimmte weitere Verwertungshandlungen nicht mehr vom Schutzrecht umfasst werden" (BGHZ 79, 350, 357 – Kabelfernsehen in Abschattungsgebieten; BGH GRUR 1988, 206, 210 – Kabelfernsehen II; so auch *Gounalakis* ZUM 1986, 638, 640 ff.; *Bornkamm* FS v. Gamm 329, 339). Diese Formel führte aber über die konkret entschiedenen Fälle hinaus nicht weiter. Denn die Frage schloss sich an, welche weiteren Verwertungsformen nicht mehr umfasst würden und welche Kriterien gelten sollten. Der BGH meinte, mittels dieser vagen Formel eine Erschöpfung auch aufgrund anderer Verwertungsvorgänge als der Verbreitung begründen zu können, z.B. des Senderechtes. Der Berechtigte könne nicht verbieten, dass die empfangenen Signale per Kabel in Gebiete, die im Funkschatten von Hochhäusern liegen, weitergeleitet würden (BGHZ 79, 350, 357 – Kabelfernsehen in Abschattungsgebieten). In der Folgezeit schränkte der BGH zunächst ein, dass bei einer Kabelweiterleitung außerhalb des Versorgungsbereiches des Ursprungsunternehmens keine Erschöpfung eintrete (BGH GRUR 1988, 206, 210 – Kabelfernsehen II). In der Literatur wurde der so verstandene Erschöpfungsgrundsatz überwiegend abgelehnt (*Ulmer* GRUR Int. 1981, 372, 375 f.; Fromm/Nordemann/*Nordemann* § 15 Rn. 3; Möhring/Nicolini/ *Kroitzsch* § 15 Rn. 25; Schricker/Loewenheim/*v. Ungern-Sternberg* § 15 Rn. 34 ff. m.w.N.).

Danach hat der BGH sehr deutlich – wenn auch als obiter dictum – ganz allgemein in **33** Frage gestellt, ob bei den Rechten der öffentlichen Wiedergabe eine Erschöpfung des Rechtes eintreten könne (BGH ZUM 2000, 749, 751 – Kabelweitersendung). Die Bedenken, die der BGH geäußert hat, sind überzeugend: Art. 8 Abs. 1 der Satelliten- und Kabel-Richtlinie lässt die Annahme nicht zu, das Recht zur Kabelweitersendung könne durch das Senderecht erschöpft werden (Einzelheiten bei Schricker/Loewenheim/*v. Ungern-Sternberg* § 15 Rn. 37). Die Erwägungsgründe Nr. 33 und 43 der Datenbank-Richtlinie schließen eine Erschöpfung des Verbreitungsrechts durch Online-Leistungen aus. Zudem sieht Art. 3 Abs. 3 Multimedia-Richtlinie ausdrücklich vor, dass sich weder das Recht der öffentlichen Wiedergabe noch das Recht der „öffentlichen Zugänglichmachung der Werke in der Weise, dass sie Mitgliedern der Öffentlichkeit von Orten und zu Zeiten ihrer Wahl zugänglich sind", mit Handlungen der öffentlichen Wiedergabe oder der Zugänglichmachung für die Öffentlichkeit erschöpfen.

2. Sicherung der Verkehrsfähigkeit

Richtigerweise muss man die Verwertungsrechte über die gesetzlich geregelten Fälle **34** hinaus im Interesse der Verkehrsfähigkeit der mit Zustimmung des Berechtigten in Verkehr gesetzten Waren in gewissem Maße einschränken (BGH ZUM 2000, 1082, 1084 – Parfumflakons; BGH GRUR 1986, 736, 737 f. – Schallplattenvermietung). Das gilt in erster Linie für urheberrechtlich geschützte Gebrauchsartikel § 17 Abs. 2 sieht zwar – wie § 69c Nr. 3 und § 87b Abs. 2 – lediglich eine Erschöpfung des Verbreitungsrechtes vor, nicht aber des Vervielfältigungsrechtes. Der Weitervertrieb von Waren ist aber häufig nur mit werblichen Ankündigungen möglich, auf denen das Produkt abgebildet ist. Könnte der Hersteller mit Hilfe des Urheberrechts die Abbildung eines urheberrechtlich geschützten Produktes in einem solchen Werbeprospekt verbieten, könnte er den Weitervertrieb des Produktes kontrollieren. Das widerspräche der Wertung des § 17 Abs. 2, und es wäre eine unzulässige Beschränkung des freien Warenverkehrs (EuGH GRUR Int. 1998, 140, 144 – Dior/Evora). Nach Auffassung des EuGH kann daher der Inhaber eines Urheberrechts „einen Wiederverkäufer, der gewöhnlich Art. der gleichen Art, aber nicht unbedingt gleicher Qualität wie die geschützten Waren vertreibt, nicht daran hindern [...], diese im Rahmen der für seine Branche üblichen Werbeformen zu benutzen, um der Öffentlichkeit den weiteren Vertrieb anzukündigen, sofern nicht erwiesen ist, dass die Benutzung dieser Waren ihren Ruf im konkreten Fall erheblich schädigt" (EuGH GRUR Int. 1998, 140, 144 – Dior/Evora).

35 Der BGH hat sich diesem Gedanken in einem sehr ähnlichen Fall angeschlossen, ihn allerdings – da ein Inlandssachverhalt zu entscheiden war – als allgemeinen Grundsatz § 17 Abs. 2 entnommen. Der Hersteller eines Parfums in einem urheberrechtlich geschützten Flakon könne die Abbildung des Flakons auf einem Prospekt nicht verbieten. Der BGH argumentierte damit, die Zustimmung des Berechtigten zum Vertrieb der Flakons umfasse nicht nur den Weitervertrieb, sondern auch eine werbliche Ankündigung, die „im Zusammenhang mit dem (zulässigen) Weitervertrieb steht und sich im Rahmen dessen hält, was für einen solchen Vertrieb üblich ist" (BGH ZUM 2000, 1082, 1084 – Parfumflakons). Den Ausdruck „Erschöpfungsgrundsatz" hat der BGH nicht benutzt. Der Sache nach geht es aber um nichts anderes als um einen allgemeinen Rechtsgedanken, der § 17 Abs. 2 UrhG und § 24 MarkenG zu entnehmen ist (so auch *Schricker* FS Dietz 455). Da für diesen Rechtsgedanken der Begriff **„Erschöpfungsgrundsatz"** üblich geworden ist, wird er hier auch verwendet.

36 Dieser Rechtsprechung ist im Grundsatz zuzustimmen (a. A. *Schricker* FS Dietz 450 ff.; Schricker/Loewenheim/*v. Ungern-Sternberg* § 15 Rn. 34 m. w. N.). Sie entspricht den Vorgaben des europäischen Rechts und sie führt bei der gebotenen restriktiven Handhabung nicht zu einer unangemessenen Benachteiligung der Urheber. Richtigerweise sollte diese Schranke der Verwertungsrechte auf die Fälle beschränkt bleiben, in denen die Wiedergabe des Werkes keine selbstständige wirtschaftliche Bedeutung besitzt (*Kur* GRUR Int. 1999, 24, 29). Für Werke der bildenden Kunst enthält § 58 UrhG eine spezielle Regelung, die letztlich auch den Zweck hat, die Verkehrsfähigkeit der Werke zu sichern. Seinen eigentlichen Anwendungsbereich hat der so verstandene Erschöpfungsgrundsatz daher bei Werken, die die Produktausstattung betreffen. Hier ist es in der Praxis ohnehin nicht der Urheber, der sich gegen die Abbildung seines Werkes wehrt, sondern der Hersteller, der auf diese Weise den Vertrieb beschränken möchte. Der Urheber hat es in der Hand, die Erstverbreitung des Werkstücks von einer angemessenen, auch diese Nutzung umfassenden Vergütung abhängig zu machen, er hat zudem den Anspruch nach § 32.

37 Nach § 17 Abs. 2 tritt eine Erschöpfung nur hinsichtlich des Verbreitungsrechtes ein (Schricker/Loewenheim/*v. Ungern-Sternberg* § 15 Rn. 30). Wenn das Verbreitungsrecht nach dieser Vorschrift erloschen ist, erlischt es auch hinsichtlich solcher Verwertungshandlungen, die zur Weiterveräußerung der Werkstücke wirtschaftlich erforderlich sind. Das wird häufig die Werbung mit einer Abbildung des Produktes sein – sei sie in körperlicher Form, also bspw. in Prospekten oder Zeitungsanzeigen, sei sie in unkörperlicher Form, also bspw. im Internet. Eine Erschöpfung kann daher auch unkörperliche Verwertungsformen ergreifen, wenn es sich um eine übliche werbliche Ankündigung handelt, die im Zusammenhang mit dem Weitervertrieb eines Produktes steht, hinsichtlich dessen das Verbreitungsrecht erschöpft ist. Aber die Erschöpfung kann immer nur aufgrund einer zulässigen Erstverbreitung eintreten, nicht aufgrund anderer Verwertungsarten. Das unterscheidet den hier vertretenen Ansatz von dem früher in der Rechtsprechung vertretenen. Andere Verwertungsformen dagegen führen nie zur Erschöpfung (Fromm/Nordemann/*Dustmann* § 15 Rn. 11 m. w. N.). Denn Grundgedanke der Erschöpfung ist die Sicherung der Verkehrsfähigkeit von Werkstücken.

§ 16 Vervielfältigungsrecht

(1) **Das Vervielfältigungsrecht ist das Recht, Vervielfältigungsstücke des Werkes herzustellen, gleichviel ob vorübergehend oder dauerhaft, in welchem Verfahren und in welcher Zahl.**

(2) **Eine Vervielfältigung ist auch die Übertragung des Werkes auf Vorrichtungen zur wiederholbaren Wiedergabe von Bild- oder Tonfolgen (Bild- oder Tonträger), gleichviel, ob es sich um die Aufnahme einer Wiedergabe des Werkes**

auf einen Bild- oder Tonträger oder um die Übertragung des Werkes von einem Bild- oder Tonträger auf einen anderen handelt.

Literatur: *Ahrens,* Napster, Gnutella, FreeNet & Co. – die immaterialgüterrechtliche Beurteilung von Internet-Musiktauschbörsen, ZUM 2000, 1029; *Apel/Steden,* Urheberrechtsverletzungen durch Werbeblöcke im Internet?, WRP 2001, 112; *Bechtold,* Der Schutz des Anbieters von Information – Urheberrecht und Gewerblicher Rechtsschutz im Internet, ZUM 1997, 427; *Berberich,* Die urheberrechtliche Zulässigkeit von Thumbnails bei der Suche nach Bildern im Internet, MMR 2005, 145; *Bortloff,* Tonträgersampling als Vervielfältigung, ZUM 1993, 476; *Büchele,* Urheberrecht im World Wide Web, Wien 2002; *Bullinger/Garbers-v. Boehm,* Google-Bildersuche – Schlichte Einwilligung des Urhebers als Lösung?, Anm. zum Urteil des BGH vom 29.4.2010, GRUR-Prax 2010, 257; *Busch,* Zur urheberrechtlichen Einordnung der Nutzung von Streamingangeboten, GRUR 2001, 496; *Büscher/Müller,* Urheberrechtliche Fragestellungen des Audio-Video-Streamings, GRUR 2009, 558; *Castendyk,* Gibt es ein „Klingelton-Herstellungsrecht"?, ZUM 2005, 9; *Dieselhorst,* Anwendbares Recht bei internationalen Online-Diensten, ZUM 1998, 293; *Eichelberger,* Vorübergehende Vervielfältigung und deren Freistellung zur Ermöglichung einer rechtmäßigen Werknutzung im Urheberrecht, K&R 2012, 393; *Ernst,* Urheberrechtliche Probleme bei der Veranstaltung von On-Demand-Diensten, GRUR 1997, 592; *Fahl,* Kommentar zu BGH, Vorschaubilder II, K&R 2012, 419; *Fahl,* Die Nutzung von Thumbnails in der Bildersuche, Anm. zum Urteil des BGH vom 29.4.2010, K&R 2010, 437; *Fangerow/Schulz,* Die Nutzung von Angeboten auf kino.to, GRUR 2010, 677; *Frank,* MP3, P2P und StA – Die strafrechtliche Seite des Filesharing, K&R 2004, 576; *Gabriel/Albrecht,* Filesharing-Dienste, Grundrechte und (k)eine Lösung? ZUM 2010, 392; *Gercke,* Tauschbörsen und das Urheberstrafrecht – Ein Überblick über die strafrechtliche Bewertung der Tauschbörsennutzung unter Berücksichtigung der Änderungen durch den „Zweiten Korb" der Urheberrechtsreform, ZUM 2007, 791; *Haupt,* „E-Mail-Versand" – eine neue Nutzungsart im urheberrechtlichen Sinn?, ZUM 2002, 797; *Haupt/Ullmann,* Der Fax- und E-Mail-Versand in der Informationsgesellschaft verboten, Anm. zum Urteil des KG vom 30.4.2004, Az.: 5 U 98/02, ZUM 2005, 46; *Heydn,* Deep Link: Feuerprobe bestanden – Das Aus für den Schutz von Web Content oder die Rettung des World Wide Web?, NJW 2004, 1361; *Hoeren,* Entwurf einer EU-Richtlinie zum Urheberrecht in der Informationsgesellschaft – Überlegungen zum Zwischenstand der Diskussion MMR 2000, 515; *Hoeren,* Der Urheberrechtliche Erschöpfungsgrundsatz bei der Online-Übertragung von Computerprogrammen, CR 2006, 573; *Klass,* Neue Internettechnologien und das Urheberrecht: Die schlichte Einwilligung als Rettungsanker?, ZUM 2013, 1; *Koch,* Der Content bleibt im Netz- gesicherte Werkverwertung durch Streaming-Verfahren, GRUR 2010, 574; *Koch,* Grundlagen des Urheberrechtsschutzes im Internet und in Online-Diensten, GRUR 1997, 417; *Koch,* Internet-Recht, 2. Aufl., München 2005; *Koch,* Internet-Recht, 1. Aufl., München 1998 (zit. *Koch* Internet-Recht 1. Aufl.); *Kotthoff,* Zum Schutz von Datenbanken beim Einsatz von CD-ROMs in Netzwerken, GRUR 1997, 597; *Loschelder,* Vervielfältigung oder Bearbeitung? GRUR 2011, 1078; *Maslaton,* Anm. zu LG München I, MMR 2003, 197 – Framing III, MMR 2003, 198; *A. Nordemann/Goddar/Tönhardt/Czychowski,* Gewerblicher Rechtsschutz und Urheberrecht im Internet, CR 1996, 645; *Ott,* Die Google Buchsuche – Eine massive Urheberrechtsverletzung? GRUR Int. 2007, 562; *Ott,* Urheberrechtliche Zulässigkeit des Framing nach der BGH-Entscheidung im Fall „Paperboy", ZUM 2004, 357; *Ott,* To link or not to link – This was (or still is?) the question, WRP 2004, 52; *Ott,* Urheber- und wettbewerbsrechtliche Probleme von Linking und Framing, Bayreuth 2004; *Ott,* Zulässigkeit der Erstellung von Thumbnails durch Bilder- und Nachrichtensuchmaschinen, ZUM 2007, 119; *Ott,* Die Entwicklung des Suchmaschinen- und Hyperlink Rechts im Jahr 2007, GRUR 2008, 393; *Ott,* Kommentar zu Thüringer OLG K&R 2008, 301, K&R 2008, 306; *Ott,* Bildersuchmaschinen und Urheberrecht, Sind Thumbnails unerlässlich, sozial nützlich, aber rechtswidrig?, ZUM 2009, 345; *Peukert,* Der Schutzbereich des Urheberrechts und das Werk als Öffentliches Gut. Insbesondere: Die urheberrechtliche Relevanz des privaten Werkgenusses in Hilty/Peukert (Hrsg.). Der Interessenausgleich im Urheberrecht, Baden-Baden 2004, 11; *Plaß,* Hyperlinks im Spannungsfeld von Urheber-, Wettbewerbs- und Haftungsrecht, WRP 2000, 599; *Plaß,* Der Aufbau und die Nutzung eines Online-Volltextsystems durch öffentliche Bibliotheken aus urheberrechtlicher Sicht, WRP 2001, 195; *Podehl,* Internetportale mit journalistisch-redaktionellen Inhalten, MMR 2001, 17; *Poll,* Urheberrechtliche Beurteilung der Lizenzierungspraxis von Klingeltönen, MMR 2004, 67; *Radmann,* Kino.ko – Filmegucken kann Sünde sein – Zur Rechtswidrigkeit der Nutzung von (offensichtlich) illegalen Streaming-Filmportalen, ZUM 2010, 387; *Redlich,* Download von Video- und Audiostreams zum privaten Gebrauch – eine „rechtliche Grauzone"?, K&R 2012, 713; *Roggenkamp,* Verstößt das Content-Caching von Suchmaschinen gegen das Urheberrecht?, K&R 2006, 40; *Rösler,* Haftung von Medientauschbörsen und ihrer Nutzer in Nordamerika, Australien und Europa, MMR 2006, 503; *Schack,* Urheberrechtliche Gestaltung von Webseiten unter Einsatz von Links und Frames, MMR 2001, 9; *Schrader/Rautenstrauch,* Urheberrechtliche Verwertung von Bildern durch Anzeige von Vorschaugrafiken (sog. „thumbnails") bei Internetsuchmaschinen, UFITA 2007, 761; *Schrader/Weber,* Das Vervielfältigungsrecht – Dogmatischer Ausgangspunkt oder praktischer Auffangtatbestand des

Urheberschutzes?, UFITA 2011; *Schröder,* Anmerkung zum Urteil des OLG Düsseldorf vom 6.7.2010, MMR 2010, 702, 703; *Sosnitza,* Das Internet im Gravitationsfeld des Rechts: Zur rechtlichen Beurteilung sogenannter Deep Links, CR 2001, 693; *Spindler,* Europäisches Urheberrecht in der Informationsgesellschaft, GRUR 2002, 105; *Spindler,* Bildersuchmaschinen, Schranken und konkludente Einwilligung im Urheberrecht, Anm. zum Urteil des BGH vom 29.4.2010, GRUR 2009, 785; *Ulbricht,* Der Handyklingelton – das Ende der Verwertungsgesellschaften? CR 2006, 468; *v. Gerlach,* Das nicht lineare Audio-Video Streaming im Internet – die verschiedenen technischen Verfahren im System und auf dem Prüfstand urheberrechtlicher Verwertungs- und Leistungsschutzrechte, Berlin 2012 (zit. *v. Gerlach* Streaming); *v. Ungern-Sternberg,* Übertragung urheberrechtlich geschützter Werke durch Internetanbieter und Online-Verbreitungsrecht, in: Erdmann et al. (Hrsg.), Festschrift für Michael Loschelder, Köln 2010, 418 (zit. *v. Ungern-Sternberg,* FS Loschelder); *Zscherpe,* Urheberrechtsschutz digitalisierter Werke im Internet, MMR 1998, 404. Vgl. darüber hinaus die Angaben im eingangs abgedr. Gesamtliteraturverzeichnis.

Übersicht

	Rn.
I. Regelungsgehalt	1–3
II. Vervielfältigung	4–8
III. Verletzer	9
IV. Verhältnis zur Bearbeitung und freien Benutzung	10
V. Einzelne Werkarten	11–15
1. Computerprogramme	11
2. Musikwerke/Filmwerke	12, 13
3. Lichtbilder/Lichtbildwerke	14
4. Sprachwerke/wissenschaftliche und technische Darstellungen	15
VI. Besonderheiten bei digitalisierten Werken	16–27
1. Speicherungsvorgänge	16–18
2. Internet	19–26
3. E-Mail	27

I. Regelungsgehalt

1 Nach § 15 Abs. 1 Nr. 1 hat der Urheber das ausschließliche Vervielfältigungsrecht. § 16 definiert dieses Recht. Die Vorschrift sieht für das Vervielfältigungsrecht – anders als bspw. § 17 und § 18 – keinerlei Einschränkungen des in § 15 genannten Grundsatzes vor, wonach sämtliche Verwertungsrechte beim Urheber liegen. Durch die Vervielfältigung multipliziert sich der Personenkreis, dem es möglich ist, das Werk zu genießen. Das Vervielfältigungsrecht verschafft dem Urheber einen den anderen Verwertungsrechten vorgelagerten Schutz. Es ermöglicht ihm die Kontrolle, wie viele Werkstücke es gibt. Auf dieser Grundlage kann er für die Nutzung der Werkstücke ein Entgelt verlangen. Rechtsgeschichtlich handelt sich um das älteste Nutzungsrecht des Urhebers (dazu *Schrader/Weber* UFITA 2011, 494). Seine Bedeutung ändert sich indes in stark. Denn ursprünglich war das Vervielfältigungsrecht Schutz gegen Nachdruck und damit als indirekter Schutz vor der Verbreitung bzw. als Vorstufe gedacht. Inzwischen geht zunehmend jeder einzelne Werkgenuss mit Vervielfältigungen einher (dazu Rn. 16ff.). Das hat nicht nur zur Einführung einer neuen Schranke geführt, nämlich § 44a, sondern stellt auch das überkommene Verständnis in Frage, dass der private Werkgenuss grds. nicht der Zustimmung des Urhebers bedarf (dazu § 15 Rn. 6) – eine Entwicklung, die auf Seiten der Verwerter natürlich gern gesehen ist.

2 § 16 ist im Lichte von Art. 2 Abs. 1 Multimedia-Richtlinie auszulegen, und zwar in der gesamten Union einheitlich und autonom (EuGH GRUR 2012, 156, 163 Rn. 153 – Football Association League u. Murphy). Art. 2 Abs. 1 Multimedia-Richtlinie indiziert eine sehr weite Auslegung (EuGH GRUR 2009, 1041, 1044 – Infopaq). Denn nach dieser Vorschrift sehen die Mitgliedstaaten für Urheber und bestimmt Leistungsschutzberechtigte das „ausschließliche Recht vor, die unmittelbare oder mittelbare, vorübergehende oder dauerhafte Vervielfältigung auf jede Art und Weise und in jeder Form ganz oder teilweise zu erlauben oder zu verbieten."

Es gelten die Einschränkungen durch §§ 44a ff. Davon sind für das Vervielfältigungsrecht praktisch am bedeutsamsten die Einschränkung durch § 44a, wonach bestimmte vorübergehende Vervielfältigungshandlungen zulässig sind, sowie die Einschränkung durch § 53, wonach Vervielfältigungen zum privaten und sonstigem eigenen Gebrauch grundsätzlich zulässig sind. In vielen dieser Fälle wird dem Urheber im Gegenzug ein gesetzlicher Anspruch auf eine angemessene Vergütung eingeräumt. Das Vervielfältigungsrecht erschöpft sich – anders als das Verbreitungsrecht – grds. nicht. Lediglich hinsichtlich der Werbung für Werkstücke, die mit Zustimmung des Berechtigten in den Verkehr gelangt sind, kommt – eigentlich systemfremd – eine Erschöpfung des Vervielfältigungsrechtes in Betracht (Einzelheiten § 15 Rn. 34).

II. Vervielfältigung

Der Begriff der Vervielfältigung ist denkbar weit auszulegen. **Vervielfältigung** ist jede körperliche Festlegung, die geeignet ist, ein Werk auf irgendeine Weise den menschlichen Sinnen unmittelbar oder mittelbar zugänglich zu machen (AmtlBegr. *M. Schulze* Materialien S. 439; BGHZ 17, 266, 270 – Grundig-Reporter). Vervielfältigung ist daher auch jede körperliche Festlegung, die erst über weitere Zwischenschritte das Werk wahrnehmbar macht (z. B. die Herstellung von Druckstöcken, Tonträgern oder digitalen Vervielfältigungsstücken). Das Ergebnis muss aber in jedem Fall eine **körperliche** Festlegung sein, wie sich aus § 15 Abs. 1 ergibt. Eine unkörperliche Wiedergabe ist nie Vervielfältigung; ihre Zulässigkeit ist allein nach §§ 19–22 und § 15 Abs. 2 zu beurteilen. Ergebnis des Vervielfältigungsvorgangs ist i. d. R. ein weiteres Werkstück (zu den Ausnahmen Rn. 6 und 22). Die Weiterverarbeitung des ursprünglichen Werkstückes ist daher keine Vervielfältigung, also bspw. des Aufziehen eines Posters auf eine feste Unterlage (OLG Hamburg GRUR 2002, 536 – Flachmembranlautsprecher). Das gilt auch dann, wenn dadurch wirtschaftlich eine neue Nutzung begründet wird.

Unerheblich ist die **Anzahl** der gefertigten Stücke; eine einzige Kopie ist schon Vervielfältigung (BGHZ 18, 44, 46 – Fotokopie). Das ergibt sich aus § 16 Abs. 1 a. E. Auch auf die **Dauerhaftigkeit** des Vervielfältigungsstückes kommt es nicht an. Das hat der Gesetzgeber 2003 klargestellt, indem er – Art. 2 der Multimedia-Richtlinie folgend – die Wörter „ob vorübergehend oder dauerhaft" in § 16 Abs. 1 eingefügt hat. Auch die **Art und Weise** der Vervielfältigung ist unerheblich. Vervielfältigung ist daher auch das manuelle Nachbilden eines Werkes. Auch wenn das Werk in ein anderes Material oder Medium überführt, in eine andere Dimension gebracht oder in einem anderen Format gespeichert wird, wird es vervielfältigt. Das ergibt sich schon aus § 59 Abs. 1 S. 1, der die Wiedergabe von bestimmten Bauwerken „mit Mitteln der Malerei oder Graphik, durch Lichtbild oder durch Film" als Vervielfältigung nennt und diese Form der Vervielfältigung privilegiert. Die Kopie muss das Original nicht exakt wiedergeben (BGH GRUR 1991, 529, 530 – Explosionszeichnungen; KG NJW 2002, 621 – Bachforelle). Ausreichend ist, dass die schöpferischen Eigenarten in ihrem Kern übernommen werden (KG GRUR 1997, 128 – Verhüllter Reichstag I). Vervielfältigung ist daher bspw. das Abbilden eines Kunstwerkes (BGH WRP 2002, 712, 713 – Verhüllter Reichstag; BGH ZUM 2000, 1082, 1083; BGH NJW 1983, 1199 – Presseberichterstattung und Kunstwerkwiedergabe II; KG GRUR 1997, 128 – Verhüllter Reichstag I), das Ausführen von Vorentwürfen bei Werken der Baukunst (BGH GRUR 1988, 533, 535 – Vorentwurf II) sowie die Wiederherstellung eines zerstörten Werkes (Dreier/Schulze/ *Loewenheim* § 16 Rn. 11) und die Neuaufnahme eines Musikstückes. Auch das Fotografieren eines urheberrechtlich geschützten Werkes ist eine Vervielfältigung, allerdings u. U. nach § 59 Abs. 1 zulässig (BGH ZUM 2003, 955 – Hundertwasserhaus).

6 Die Vervielfältigung von **Werkteilen** und **Fragmenten** fällt unter § 16, wenn diese als solche den Schutzvoraussetzungen der §§ 1 ff. genügen, also eine eigene geistige Schöpfung darstellen (EuGH GRUR 2012, 156, 163 Rn. 156 – Football Association League u. Murphy; BGH GRUR 1988, 533, 535 – Vorentwurf II; OLG München ZUM 1998, 417, 420 – Brechttexte; OLG Frankfurt a. M. CR 1997, 275, 276 – D-Info 2.0; Schricker/Loewenheim/*Loewenheim* § 16 Rn. 14). Diese Wertung liegt ersichtlich § 46 Abs. 1 S. 1, § 53 Abs. 1 Nr. 4a, Abs. 3, Abs. 5 und § 51 Nr. 2 und 3 zugrunde (Fromm/Nordemann/*Dustmann* § 16 Rn. 18). Das **Soundsampling** ist daher ohne Einwilligung des Urhebers nur zulässig, wenn die gesampelten Werkteile nicht nach § 2 UrhG geschützt sind (OLG Hamburg ZUM 2006, 758, 760; KG ZUM 2004, 467 – „Modernisierung" einer Liedaufnahme im Wege des Samplings; OLG München ZUM 2000, 408; *Bortloff* ZUM 1993, 476, 477 f.) bzw. Tonträgerrechte nach § 85 nicht entgegenstehen und eine direkte oder analoge Anwendung von § 24 ausscheidet (näher BGH GRUR 2009, 403, 405 f. – Metall auf Metall). Wenn mehrere Fragmente gleichzeitig vervielfältigt werden, ist bei der Frage nach der Werkqualität nicht auf das einzelne Fragment, sondern auf die Summe aller Fragmente, die zu einem bestimmten Zeitpunkt vorhanden sind, abzustellen (EuGH GRUR 2012, 156, 163 Rn. 153 – Football Association League u. Murphy). Das ist vor allem beim **Streaming** von Bedeutung (s. dazu Rn. 22). Diese Auslegung erscheint zwar durch Sinn und Zweck des Vervielfältigungsrechts nicht gedeckt. Denn es entsteht kein neues Werkstück und die Fragmente taugen nicht als Vorstufe der Verbreitung (dazu Rn. 1). Diese Auslegung ist aber durch den klaren Wortlaut von Art. 2 Multimedia-Richtlinie geboten. **Wörter** als solche sind grundsätzlich nicht geschützt, aber einzelne **Sätze** oder sogar Satzteile können nach § 16 geschützt sein, wenn sie für sich betrachtet Ausdruck einer eigenen geistigen Schöpfung sind (EuGH GRUR 2009, 1041, 1044 – Infopaq).

7 Bearbeitungen und Umgestaltungen, die zur Herstellung eines neuen Werkstückes führen, sind Vervielfältigung. Bei bloßen Inhaltsangaben (sog. **Abstracts**) differenziert die Rechtsprechung danach, ob es sich um eine abhängige Bearbeitung nach § 23 oder um eine freie Benutzung nach § 24 handelt (BGH GRUR 2011, 134; OLG Frankfurt/Main ZUM 2012, 146 – Perlentaucher; OLG Frankfurt/Main ZUM 2012, 152 – Perlentaucher; dazu Obergfell GRUR 2011, 208). Im Zusammenhang mit § 16 ist indes die Frage vorgelagert, ob es sich überhaupt um Vervielfältigungen handelt. Das war in den entschiedenen Fällen der Fall. Denn dort waren zahlreiche Originaltextstellen wiedergeben, die eigenständigen Werkscharakter hatten. Wenn hingegen schon keine Vervielfältigung vorliegt, stellt sich die Frage der Privilegierung nach oben Gesagtem nicht; das folgt auch aus § 24 (s. auch § 12 Rn. 12 und § 23 Rn. 4). Wenn die Bearbeitung oder Umgestaltung Werkcharakter hat, ist § 23 einschlägig (dazu Rn. 10). § 16 ist dann auf die Herstellung des neuen Werkstücks selbst nicht anwendbar – wohl aber auf die Vervielfältigung des neuen Werkstücks. Die Vervielfältigung kann dann allerdings nach § 24 zulässig sein.

8 Die erstmalige Fixierung eines bisher unkörperlichen Werkes (die sog. **Erstfixierung**) ist Vervielfältigung, auch wenn diese Kopie nicht zur Verbreitung bestimmt ist, sondern lediglich als Vorprodukt für weitere Kopien dient (BGH GRUR 1982, 102, 103 – Masterbänder; BGH GRUR 1985, 529 – Happening). Das ist für Bild- und Tonträger in § 16 Abs. 2 ausdrücklich klargestellt. § 16 Abs. 2 erlaubt aber nicht den Umkehrschluss, dass eine Erstkopie, die nicht unter § 16 Abs. 2 fällt (bspw. die Mitschrift eines Vortrages), nicht der Zustimmung des Urhebers bedürfe. Der Gesetzgeber hielt § 16 Abs. 2 lediglich als Klarstellung für erforderlich, weil das LUG die Herstellung von Tonträgern noch als Bearbeitung behandelt hatte (AmtlBegr. *M. Schulze* Materialien S. 439). § 16 Abs. 2 hat daher keine eigenständige Bedeutung.

III. Verletzer

9 Die Frage, wer die Vervielfältigung vornimmt, führt mitunter zu Schwierigkeiten. Das ist von Bedeutung, wenn der Anbieter im Ausland oder aus anderen Gründen für den

Rechtsinhaber nicht greifbar ist; dann ist stellt sich die Frage, ob der Rechtsinhaber sich an die Teilnehmer halten kann. Grundsätzlich ist der Hersteller einer Vervielfältigung derjenige, der die körperliche Festlegung des Werkes als rein technisch-mechanischen Vorgang bewerkstelligt. Soweit dieser indes Vervielfältigungen nur im Auftrag eines Dritten für dessen privaten Gebrauch anfertigt, so soll dies dem Auftraggeber zuzurechnen sein. Hat der Hersteller allein für sich gehandelt, soll keine Zurechnung stattfinden (BGH MMR 2009, 620, 621 – Internet-Videorecorder; BGH ZUM 2013, 556, 557 f. – Internet-Videorecorder II; s. dazu § 19a Rn. 36 und § 53 Rn. 17 f.; a. A. offenbar OLG München ZUM-RD 2007, 347, 355 ff.).

IV. Verhältnis zur Bearbeitung und freien Benutzung

§ 23 enthält eine Sonderregelung, die Vorrang vor den allgemeinen Regeln der §§ 15 und 16 hat (str., s. zum Meinungsstand *Ott* ZUM 2009, 345, 346). Die Bearbeitung eines Werkes bedarf nur in den in § 23 S. 2 genannten Ausnahmefällen der Einwilligung des Urhebers. Im Übrigen ist die Bearbeitung von Werken nach § 23 S. 1 ohne Einwilligung des Berechtigten zulässig – auch wenn es sich eigentlich um eine Vervielfältigung handelt (so auch § 23 Rn. 25; *Loschelder* GRUR 2011, 1078, 1082; Dreier/Schulze/*Schulze* § 16 Rn. 5; a. A. Möhring/Nicolini/*Kroitzsch* § 16 Rn. 10, *Schrader/Weber* UFITA 2011, 494, 506). Die Veröffentlichung oder Verwertung des bearbeiteten Werkes hingegen bedarf nach § 23 S. 1 immer der Einwilligung des Urhebers des Originalwerkes. § 23 enthält damit eine **Privilegierung** für die Bearbeitung einiger Werkarten. Selbst wenn die erste Festlegung in Form einer Bearbeitung eine Vervielfältigung sein sollte (so zu § 11 LUG: BGH GRUR 1963, 441, 443 – Mit Dir Allein; BGHZ 26, 52, 56 – Sherlock Holmes), ist die Zulässigkeit der Erstfixierung allein nach § 23 zu beurteilen (so im Ergebnis auch Fromm/Nordemann/*Dustmann* § 16 Rn. 11; Schricker/Loewenheim/*Loewenheim* § 16 Rn. 8; anders noch die Rechtslage nach § 12 LUG, die BGH GRUR 1963, 441, 443 – Mit Dir Allein, und BGHZ 26, 52, 56 – Sherlock Holmes, zugrunde lag). Die Rechtsprechung prüft die Zulässigkeit von einschlägigen Verwertungen daher i. d. R. unmittelbar anhand von § 23, ohne § 16 zu rekurrieren (BGH CR 2010, 647 – Klingeltöne für Mobiltelefone II; BGH GRUR 2011, 134; OLG Frankfurt/Main ZUM 2012, 146 – Perlentaucher; OLG Frankfurt/Main ZUM 2012, 152 – Perlentaucher; OLG Köln ZUM 2012, 407 – Pippi Langstrumpf). Dasselbe gilt konsequenterweise für die Veröffentlichung oder Verwertung des bearbeiteten Werkes (Möhring/Nicolini/*Kroitzsch* § 16 Rn. 10). Auch hier enthält § 23 eine Spezialregelung, die Vorrang vor § 16 hat. § 24 Abs. 1 enthält eine noch weitergehende Privilegierung bestimmter Umgestaltungen: Bei einer sog. freien Benutzung dürfen die so geschaffenen Werkstücke auch ohne Zustimmung desjenigen, der die Rechte an benutzten Werkstücken hält, veröffentlicht und verwertet werden. Dies gilt jedoch nach § 24 Abs. 2 nur eingeschränkt für Musikwerke.

V. Einzelne Werkarten

1. Computerprogramme

Für die Vervielfältigung von Computerprogrammen gilt die Sondervorschrift des § 69c Nr. 1. § 15 Abs. 1 und § 16 sind nicht anwendbar. Vor allem sind auch die Schranken der §§ 44a ff. nicht anwendbar.

2. Musikwerke/Filmwerke

Aufnehmen oder **Überspielen** von Werken auf **Tonband, CD, Videoband, DVD** oder andere Speichermedien ist nach § 16 Abs. 2 immer Vervielfältigung. Das gilt sowohl für die erste Aufnahme eines Werkes (BGH GRUR 1982, 102, 103 – Masterbänder) als auch für jede nachfolgende Kopie vom Masterband und jede Kopie von der Kopie. Es gilt auch für das Mitschneiden von Sendungen im Fernsehen und Hörfunk. Die Art und Weise der Speicherung und das Speichermedium sind irrelevant. Vervielfältigung ist auch das Überspielen digitaler Audiodateien auf analoge Tonbänder und das Komprimieren digitaler Dateien in andere Formate, z. B. das mp3-Format. Auch die Speicherung von Musikwerken als **Klingeltöne** (sei es zum Zwecke des Bereithaltens zum Download, sei es der Download auf das Telefon oder einen anderen Datenträger) ist Vervielfältigung (BGH K&R 2009, 182, 183 und 185 – Klingeltöne für Mobiltelefone; OLG Hamburg ZUM 2002, 480; *Poll* MMR 2004, 67; zum Urheberrechtsschutz des Klingeltons s. § 2 Rn. 73). Ob es sich dabei auch um eine Entstellung nach § 14 handelt, ist streitig (s. ausführlich § 14 Rn. 56; § 39 Rn. 35; Einigungsvorschlag der Schiedsstelle ZUM 2007, 77, 83; BGH K&R 2009, 182 – Klingeltöne für Mobiltelefone; OLG Hamburg GRUR 2006, 323; LG Hamburg ZUM 2005, 483, 483; *Poll* MMR 2004, 67, 69 m. w. N.). Das früher gängige Argument der miserablen Tonqualität ist bei Real-Tone-Telefonen hinfällig; im Hinblick auf § 14 bleibt die starke Verkürzung und die Zweckentfremdung des Musikstückes zu einem Klingelton problematisch (BGH K&R 2009, 182, 183 – Klingeltöne für Mobiltelefone; OLG Hamburg GRUR 2006, 323; a. A. *Ulbricht* CR 2006, 468, 474).

13 **Sendungen** im Fernsehen oder Hörfunk sind als solche keine Vervielfältigung, denn es entsteht beim Empfänger kein körperliches Werkstück (BGHZ 38, 356, 359 – Fernsehwiedergabe von Sprachwerken). Einschlägig ist vielmehr § 20. Das Aufzeichnen einer Sendung zum Zwecke der späteren Ausstrahlung hingegen ist eine Vervielfältigung. Fernseh- und Radiosender fertigen häufig so genannte „ephemere Kopien" („ephemer" = nur einen Tag dauernd) des Programms an. Die Kopien entstehen entweder bei dem Datentransfer zwischen Aufnahme- und Sendestudio, beim Vorhalten von nicht live produzierten Sendungen oder aber zum Zwecke der Bereithaltung von Werken (meist Musikstücken) auf Festplatte zum wiederholten Abruf. Solche Aufnahmen sind Vervielfältigungen i. S. d. § 16 (so auch Schweizer Bundesgerichtshof ZUM 1999, 730, 731). Die technisch bedingten Zwischenspeicherungen, die nicht geeignet sind, das Werk wiederholt abrufbar zu machen, sind nach § 44a zulässig. Denn wirtschaftlich werden hiermit keine neuen Nutzungsformen eröffnet. Zum **Streaming, Video-on-Demand,** und **Audio-on-Demand** s. Rn. 17.

3. Lichtbilder/Lichtbildwerke

14 Das **Fotografieren** eines Werkes ist Vervielfältigung, ebenso das Entwickeln des Erstabzuges und jedes weiteren Abzuges, sei er vom Negativ oder vom Positiv, ebenso der **Abdruck** des Lichtbildes in einem Druckwerk gleich welcher Art. Die in einem Lichtbildwerk verkörperte schöpferische Leistung kann auch dadurch vervielfältigt werden, dass das fotografierte Objekt nachgestellt und erneut fotografiert wird (OLG Köln ZUM-RD 1999, 223; OLG Hamburg ZUM 1996, 315, s. auch LG Mannheim ZUM 2006, 886, 887). Bei einem feststehenden Objekt liegt eine Übernahme der schöpferischen Leistung allenfalls vor, wenn der Fotograf gleichzeitig weitere Merkmale übernimmt, z. B. Kameratyp, Film, Objektiv, Blende und Belichtungszeit. In der Verwendung einer ähnlichen Perspektive und eines ähnlichen Objektivs allein liegt keine solche Übernahme (BGH ZUM 2003, 955, 957 – Hundertwasserhaus).

4. Sprachwerke/wissenschaftliche und technische Darstellungen

15 **Nachdruck, Fotokopieren** und Versenden als **Telefax** sind Vervielfältigungen (BGH NJW 1999, 1953, 1954 – Kopienversanddienst), auch das Scannen, nicht hingegen das **Lesen** oder das **Vorlesen.** Hinsichtlich der **Anzeige auf einem Bildschirm** ist zu differenzieren (s. Rn. 17).

VI. Besonderheiten bei digitalisierten Werken

1. Speicherungsvorgänge

Das Digitalisieren eines Werkes, also die Umsetzung in einen Binärcode (vgl. § 31a **16** Rn. 28), ist eine Vervielfältigung. Jede Speicherung von Daten bedeutet eine Vervielfältigung. Das **Überspielen** einer digitalen Information – gleich welchen Inhaltes – auf ein anderes Speichermedium (z. B. Diskette, CD, Festplatte, Chip, DVD, USB-Stick) ist immer eine Vervielfältigung i. S. d. § 16 (BGH GRUR 1991, 449, 453 – Betriebssystem). Das Speichermedium ist unerheblich. Auch ob die Daten dabei in identischer Form vervielfältigt werden oder ob sie in einem abweichenden Format oder komprimiert gespeichert werden, spielt keine Rolle. Dasselbe gilt für das **Ausdrucken einer Datei** und das **Scannen**, also das Digitalisieren von Schriftstücken oder Bildwerken (unstreitig bei EuGH, GRUR Int. 2012, 336, 338 – Infopaq; OLG Köln GRUR 2000, 417, 420 – Elektronischer Pressespiegel; OLG Frankfurt a. M. CR 1997, 275, 276 – D-Info 2.0). Jedenfalls hinsichtlich des Ausdruckens wird in der Regel eine Einwilligung des Rechteinhabers vorliegen (BGH GRUR 2008, 245, 247 – Drucker und Plotter).

Das **Anzeigen** einer Datei auf dem **Bildschirm** hingegen ist – wie das Lesen eines Buches – eine unkörperliche Nutzung und deshalb keine Vervielfältigung (BGHZ 112, 264, **17** 278; a. A. EuGH GRUR 2012, 156, 163 Rn. 152 ff. – Football Association League u. Murphy). Von der Darstellung auf dem Bildschirm selbst muss aber die Vervielfältigung im Speicher der Grafikkarte unterschieden werden. Es ist technisch notwendig, dass sämtliche Daten, die auf dem Bildschirm angezeigt werden sollen, in diesem Speicher aufbereitet werden, bevor sie an den Monitor gesendet werden. Diese Vervielfältigung ist bei berechtigter Benutzung des Werkes durch § 44a gerechtfertigt (s. § 44a Rn. 1). Das Gleiche gilt bei Vervielfältigungen, die technisch notwendig in einem Flachbildschirm vorgenommen werden, um eine Anzeige des Bildes zu ermöglichen. Derartige Vervielfältigungen unterfallen der Schranke des § 44a, da sie lediglich flüchtig, begleitend und technisch notwendig sind (EuGH GRUR 2012, 156, 163 Rn. 170 ff. – Football Association League u. Murphy).

Auch das **Zwischenspeichern** im Arbeitsspeicher des Computers ist eine Vervielfältigung (so auch Dreier/Schulze/*Schulze* § 16 Rn. 13; Schricker/Loewenheim/*Loewenheim* **18** § 16 Rn. 20; Schack Rn. 418 f.; früher schon OLG Hamburg ZUM 2001, 512, 513 – Roche Lexikon Medizin; LG München I MMR 2003, 197, 198 – Framing III; *Maslaton* MMR 2003, 198). Abweichende Ansichten (z. B. KG Berlin ZUM 2002, 828, 830 – Versendung von Pressespiegeln per E-Mail) und Überlegungen (BGH GRUR 1994, 363, 365 – Holzhandelsprogramm) sind überholt. Denn seit 2003 (s. Vor §§ 31 ff. Rn. 4) ist die Frage jedenfalls für § 16 durch den Zusatz in Abs. 1 „ob vorübergehend oder dauerhaft" geklärt. Denn auf eine Dauerhaftigkeit der Festlegung kommt es hiernach ausdrücklich nicht an. Die Dauerhaftigkeit der Festlegung ist lediglich von Bedeutung bei der Prüfung, ob die Schranke des § 44a einschlägig ist. Zum temporären Zwischenspeichern von Fragmenten s. Rn. 6.

2. Internet

Die Besonderheit beim Umgang mit digitalisierten Werken insb. im **Internet** ist, dass **19** sich hier zahlreiche Speichervorgänge abspielen, die vom Nutzer weitgehend unbemerkt bleiben. Vor der rechtlichen Bewertung muss hier die sorgfältige Analyse der technischen Vorgänge stehen. Das klingt banal, aber manche Entscheidung krankt genau daran. Einfach zu beurteilen sind bewusste Vorgänge: Wer Dateien aus dem Internet auf Festplatte, Diskette oder ein anderes Speichermedium herunter lädt **(Download)**, vervielfältigt diese Dateien (OLG Stuttgart K & R 2012, 294, 295; für Software: BGH GRUR 2011, 418, 419 – UsedSoft; für Datenbanken KG Berlin KG-Report 2000, 393, 394). Das gilt auch für sog. „Tauschbörsen" **(Filesharing)**. Die Technologie der Tauschbörsen hat sich in den letzten Jahren beständig verändert (ausführliche Darstellung bei Gehrke ZUM 2011, 791, 796). Die Bezeichnung „Tauschbörse" ist jedenfalls irreführend. Dieser Vorgang läuft technisch so ab, dass die Nutzer Dateien kopieren, wobei die Ausgangsdatei erhalten bleibt. Solche Vervielfältigungen unterfallen § 16. Mit Neufassung des § 53 Nr. 1 durch den Zweiten Korb ist klargestellt, dass diese Vervielfältigungen keinesfalls als Privatkopien privilegiert sind, unabhängig davon, ob die Vorlage offensichtlich rechtswidrig hergestellt ist (§ 53 Rn. 16). Darüber hinaus geht das Filesharing häufig damit einher, dass der Nutzer eigene Dateien zur Kopie anbietet. Für diesen Vorgang gilt § 19a (*Frank* K&R 2004, 576, 578 f.; das AG Cottbus subsumiert diesen Vorgang ohne jede Begründung hingegen unter § 17, Urt. v. 25.5.2004, 95 Ds 1653 Js 1/04). Auch das Heraufspielen einer Datei auf den Server, der die Datei dann im Internet bereithält (**Upload**), stellt eine Vervielfältigung dar (OLG München MMR 2010, 704, 705 – nicht rechtskräftig; OLG Düsseldorf MMR 2010, 702 – Rapidshare II; OGH GRUR Int. 2007, 626, 627 – St. Stephan; OLG München ZUM 2001, 420, 426; LG München I ZUM 2000, 418, 422; LG Berlin AfP 2000, 197, 199; *Schack* Rn. 417; *Ahrens* ZUM 2000, 1029, 1032). Wenn der Hochladende die Kopie ausschließlich selbst nutzt und das Speicherverfahren den alleinigen Zugriff sicherstellt, ist die Vervielfältigung allerdings nach § 53 Abs. 1 zulässig.

20 Da es auf die Dauerhaftigkeit der Festlegung nicht ankommt, ist auch das schlichte Blättern im Internet (**Browsing**) eine Vervielfältigung (§ 44a Rn. 3; Dreier/Schulze/*Schulze* § 16 Rn. 13; *Spindler* GRUR 2002, 105, 107; *Hoeren* MMR 2000, 515, 516; *Dieselhorst* ZUM 1998, 293, 299). Denn jedes Aufrufen von Webseiten im Internet führt zwangsläufig zu einer Festlegung der aufgerufenen Seiten im Arbeitsspeicher. Diese Festlegung wird üblicherweise einige Zeit vorgehalten. Dasselbe gilt für das sog. **Caching** (*Roggenkamp* K&R 2006, 405, 406; *Spindler* GRUR 2002, 105, 107; *Hoeren* MMR 2000, 515, 516). Beim Caching werden Webseiten, die von einem Browser angefordert werden, nicht direkt vom ursprünglichen Server geholt, sondern von einem Zwischenspeicher, dem „Cache-Server". Dieses Zwischenspeichern findet entweder im Rechner selbst statt oder in einem sog. Proxy Server, mit dem der Rechner zu einem lokalen Netzwerk verbunden ist. In dem Zwischenspeicher bleiben die kürzlich angeforderten Webseiten zeitlich begrenzt gespeichert. Bei dem nächsten Zugriff auf dieselbe Webseite werden die Daten nicht vom ursprünglichen Server abgerufen, sondern von dem Zwischenspeicher (Einzelheiten § 44a Rn. 4). Browsing und Caching sind im Erwägungsgrund 33 der Multimedia-Richtlinie ausdrücklich als Vervielfältigungen erwähnt; sie sind nach § 44a grds. zulässig. Frühere Überlegungen, Browsing und Caching teleologisch aus dem Anwendungsbereich von § 16 auszunehmen (so noch Schricker/Loewenheim/*v. Ungern-Sternberg* § 15 Rn. 20, 3. Aufl. 2006), sind mit der ausdrücklichen gesetzlichen Regelung überholt.

21 Dagegen stellt das **Routing** keine Vervielfältigung des über das Internet übertragenen Werkes dar. Beim Versand von Daten über das Internet werden diese aufgrund des verwendeten Protokolls in kleine Pakete unterteilt, die einzeln vom Computer des Absenders zu dem des Empfängers übertragen werden (Schricker/Loewenheim/*Loewenheim* § 16 Rn. 22; Ensthaler/Bosch/Völker/*Völker* 183; Loewenheim/Koch/*Loewenheim* 307). Die Pakete müssen dabei nicht alle denselben Weg nehmen, sondern werden jeweils über die schnellst mögliche Route verschickt. Da die Mehrzahl der Pakete, in die ein Werk zerlegt wird, zu klein ist, um noch einen schützenswerten Werkteil zu enthalten, ist auf dem Versandweg das Vervielfältigungsrecht nicht betroffen (Schricker/Loewenheim/*Loewenheim* § 16 Rn. 22; *Bechtold* ZUM 1997, 427, 436; *Koch* GRUR 1997, 417, 425; *Koch* Internet-Recht S. 341 f.; Loewenheim/Koch/*Loewenheim* S. 307; Ensthaler/Bosch/Völker/*Völker* S. 184; *Zscherpe* MMR 1998, 404, 408; ebenso *Nordemann/Goddar/Tönhardt/Czychowski* CR 1996, 645, 647 mit der Begründung, der Router habe von dem Werk keinen Nutzen; für das österreichische Recht *Büchele* S. 140). Ein Vervielfältigungsstück entsteht damit erst auf dem Empfangsrechner, auf dem die einzelnen Pakete wieder zusammengesetzt werden (Schricker/ Loewenheim/*Loewenheim* § 16 Rn. 22; *Koch* GRUR 1997, 417, 425; *Koch* Internet-Recht

S. 341 f.; Loewenheim/Koch/*Loewenheim* S. 307; Ensthaler/Bosch/Völker/ *Völker* S. 184 f.; *Zscherpe* MMR 1998, 404, 408). Sollte im Einzelfall der schöpferische Gehalt des Datenpakets groß genug sein, um einen Schutz nach § 2 zu rechtfertigen, kommt eine Privilegierung vor allem über § 44a in Betracht. Eine entsprechenden Reduktion des § 16 scheidet nach Art. 2 der Multimedia-Richlinie aus (Rn. 6, a.A. vor Geltung des § 44a, s. *Koch* Internet-Recht 1. Aufl. S. 441; *Bechtold* ZUM 1997, 427, 436).

Es gibt verschiedene Grundformen des **Streaming,** denen allen gemeinsam ist, dass digitalisierte Werke über das Internet übertragen werden (*Wandtke/v. Gerlach* GRUR 2013, 676 f.): Beim **Live Streaming** werden Audio- bzw. Videodaten zeitlich parallel an alle Nutzer übertragen. Oft handelt es sich um die Übertragung von Veranstaltungen. Hier werden die Daten nicht dauerhaft auf dem Endgerät des Nutzers gespeichert. Beim **On-Demand-Streaming** lösen die Nutzer selbst den Abruf aus, auch wird keine komplette eigenständige Werkkopie auf dem Endgerät des Nutzers gespeichert. Beim **Progressive Download** oder **Podcasting** steht am Anfang hingegen die Speicherung der Daten auf dem Endgerät des Nutzers. Diese kann er dann zu Zeiten seiner Wahl (oft auch noch während des Übertragungsvorgangs) vom Speicher auf dem eigenen Endgerät abrufen (zu den verschiedenen Formen *Busch* GRUR 2011, 498; *Koch* GRUR 2010, 574; zu den technischen Einzelheiten *v. Gerlach,* Streaming S. 47 ff.). Grundsätzlich genauso wie Progressive Download funktioniert **Video-on-Demand** oder **Audio-on-Demand,** aber die Daten werden hier nicht zwingend über das Internet übertragen. Das Einspeichern der Aufnahme in den Server des Anbieters (Upload) ist eine Vervielfältigung i. S. d. § 16 (OLG München MMR 2010, 704, 705 – nicht rechtskräftig; OLG Dresden K&R 2007, 278, 279; *Ernst* GRUR 1997, 592, 593; *v. Gerlach,* Streaming S. 165 ff.). Das Bereithalten zum Abruf fällt grundsätzlich unter § 19a (s. § 19a Rn. 25). Der Abruf durch den Nutzer führt in aller Regel zu einer Vervielfältigung auf dessen Endgerät, die allerdings beim Live Streaming und On-Demand-Streaming nicht dauerhaft ist und daher regelmäßig nach § 44a zulässig sein wird (s. § 19a Rn. 34; § 44a Rn. 1; *Busch* GRUR 2011, 498; *Eichelberger* K&R 2012, 393; *Fangerow/Schulz* GRUR 2010, 677, 680 f.; *Koch* GRUR 2010, 574; differenzierend nach Rechtmäßigkeit der Quelle *v. Gerlach,* Streaming S. 179 ff.). Nach a. A. kommt beim Live Streaming es gar nicht erst zu einer Vervielfältigung auf dem Endgerät (*Büscher/Müller* GRUR 2009, 558), aber das dürfte auf einem technischen Missverständnis beruhen. Denn auch hier wird das Werk zumindest sukzessive zwischengespeichert (eingehend *Busch* GRUR 2011, 496 f.); das reicht für die Anwendung von § 16, wenn das „zusammengesetzte Ganze der ... gleichzeitig zu einem bestimmten Zeitpunkte vorhandenen Fragmente Werkqualität hat (EuGH GRUR 2012, 156, 163 Rn. 157 – Football Association League u. Murphy, s. Rn. 6). Beim Streaming über Browser Plugins werden die Dateien zudem i. d. R. als Ganzes im Cache-Speicher abgelegt. Beim Progressive Download und Video-on-Demand bzw. Audio-on-Demand scheidet eine Anwendung von 44a von Vornherein aus, diese sind aber regelmäßig wegen Einwilligung des Rechtsinhabers bzw. nach § 53 zulässig.

Sog. **„Push-Dienste"** sind differenziert zu betrachten, je nachdem, wie sie technisch ablaufen: Wenn Daten per E-Mail versendet werden oder in einer Weise, die sonst mit einer Speicherung der Daten beim Empfänger einhergeht, handelt es sich um eine Vervielfältigung. Wie bei der E-Mail ist Handelnder nicht der Empfänger, sondern der Versender (Rn. 27). Wenn die Daten auf einer kundenspezifischen Push-Media-Seite angezeigt werden, gelten dieselben Grundsätze wie beim Browsing: Die mit dem Aufruf der kundenspezifischen Push-Media-Seite einhergehende Vervielfältigung im Arbeitsspeicher ist nach § 44a zulässig, nicht aber die mit der Hinterlegung auf dem Server der Push-Media-Seite. Ob es sich darüber hinaus um eine öffentliche Wiedergabe oder um eine Verbreitung handelt, ist strittig (§ 15 Rn. 17, § 17 Rn. 13, § 19a Rn. 30; für den Parallelfall bei Computerprogrammen § 69c Rn. 6, jeweils m. w. N.).

Das Setzen eines Links auf eine fremde Webseite **(Hyperlink)** führt nicht zu einer Vervielfältigung – gleich, ob es sich um einen normalen Hyperlink oder um einen sog. Deep

Link, Inline Link oder Frame Link handelt (BGH GRUR 2010, 616, 618 – marionskochbuch.de; BGH K&R 2003, 554, 557 – Paperboy; LG Berlin, Urt. v. 30.1.2001, 16 O 792; *Plaß* WRP 2001, 195, 202 f.; *Plaß* WRP 2000, 599, 602; *Koch* GRUR 1997, 417, 430; *Schack* MMR 2001, 9, 13; für das österreichische Recht OGH K&R 2003, 420 – METEO-data; a. A. OLG Hamburg ZUM 2001, 512, 513; LG Köln ZUM 2001, 714, 715; LG München I MMR 2007, 659, MMR 2007, 260, 261, und ZUM 2003, 583, 584). Die abweichende Ansicht differenziert zwischen einfachen Hyperlinks, die auf eine fremde Homepage führen, Deep Links, die direkt auf die darunterliegenden Seiten der fremden Webseite führen, und Frames oder Inline Links, bei denen die fremden Inhalte „im Rahmen" der eigenen Webseite angezeigt werden und der eigentliche Anbieter der Seite nicht ohne weiteres ersichtlich ist. Gewöhnliche Hyperlinks sollen zulässig sein, denn derjenige, der ein Werk ins Netz stellt, erklärt sich konkludent mit solchen Links einverstanden. **Deep Links, Frames** und **Inline Links** hingegen sollen der ausdrücklichen Zustimmung des Berechtigten bedürfen. Denn eine Einwilligung zu diesen Links könne nicht vermutet werden (OLG Hamburg ZUM 2001, 512, 514; Dreier/Schulze/*Schulze* § 16 Rn. 14, der zu Unrecht schreibt, der BGH habe die Frage zum Framing offen gelassen; *Plaß* WRP 2000, 599, 603 f.; *Schack* MMR 2001, 9, 14; *Podehl* MMR 2001, 17, 20). Der Link führe damit zu einer unrechtmäßigen Vervielfältigung des Werkes im Arbeitsspeicher des Nutzers, der über den Link die fremde Webseite aufruft.

25 Diese Differenzierung kann indes nicht überzeugen. Denn die Vervielfältigung im Arbeitsspeicher ist nach § 44a zulässig, so dass es an einer rechtswidrigen Haupttat fehlt. Die gegenteilige Ansicht (§ 44a Rn. 28), wonach Hyperlinks keinen integralen und wesentlichen Bestandteil eines technischen Verfahrens darstellen und daher nicht von § 44a erfasst werden sollen, übersieht, dass es durch den Hyperlink selbst noch nicht zu einer Vervielfältigung kommt. Die entscheidende Frage ist, ob die Vervielfältigung im Arbeitsspeicher integraler Bestandteil eines technischen Verfahrens ist, und diese Frage ist zu bejahen. Im Übrigen hat der Berechtigte das Werk durch Veröffentlichung im Internet selbst abrufbar gemacht; hierin liegt eine konkludente Einwilligung zu der Vervielfältigung im Arbeitsspeicher (weitergehend BGH GRUR 2008, 245, 247 – Drucker und Plotter). Auch deshalb fehlt es an einer rechtswidrigen Haupttat (so auch BGH K&R 2003, 554, 558 – Paperboy; LG München I ZUM 2003, 583; *Sosnitza* CR 2001, 693, 699; zweifelnd *Ott* WRP 2004, 52, 55; ähnlich für das österreichische Recht. OGH K&R 2003, 420, 422 – METEO-data). Das ist insb. für die Beurteilung von Altfällen vor Einführung des § 44a von Bedeutung (vgl. § 44a Rn. 29). Auch eine Haftung als mittelbarer Täter scheidet aus, weil der Urheber der Vervielfältigung im Arbeitsspeicher zugestimmt hat (so auch *Sosnitza* CR 2001, 693, 700). Eine mittelbare Urheberrechtsverletzung kann aber nur dann vorliegen, wenn das „Werkzeug" einen rechtswidrigen Erfolg verursacht. Darauf, ob der Berechtigte dem Setzen von Links zugestimmt hat, kann es daher nicht ankommen. Ein Hyperlink bewirkt auch keinen Eingriff in das Recht der öffentlichen Zugänglichmachung (s. § 19a Rn. 29; *Heydn* NJW 2004, 1361; differenzierend *Ott* ZUM 2004, 357, 362; zu den unterschiedlichen Ansichten *Ott* WRP 2010, 435, 452 f.; zur alten Rechtslage BGH K&R 2003, 554, 557 – Paperboy). Denn der Link ist lediglich ein komfortabler Hinweis auf die Fundstelle im Internet. Konsequenterweise verfolgt der BGH jüngst einen neuen Ansatz: Er hat die Frage, ob es sich bei Deep Links und Frames um ein unbenanntes Recht der öffentlichen Wiedergabe handelt, dem EuGH vorgelegt (BGH CR 2013, 455 – Die Realität; dazu § 15 Rn. 16).

26 Wenn hingegen Inhalte der verlinkten Webseite auf der verlinkenden Webseite wiedergegeben werden (z. B. als stark verkleinerte **Vorschaubilder**, sog. **„Thumbnails"**), so beinhaltet das Heraufladen dieser Thumbnails auf den Server der verlinkenden Webseite eine Vervielfältigung. Die gegenteilige Auffassung des OGH für das österreichische Recht in K & R 2012, 447 beruht auf der unzutreffenden Annahme, die Suchmaschinen würden die verkleinerten Bilder nicht zwischenspeichern, sondern nur Links setzen. Für das Be-

reithalten dieser Bilder zum Abruf bedarf es nach § 19a der Zustimmung des Urhebers (BGH MMR 2010, 475, 476 – Vorschaubilder; LG Erfurt ZUM 2007, 566, 567 – Thumbnails; LG Hamburg GRUR Int. 2004, 148, 151 – Thumbnails). Es handelt sich bei der schlichten Verkleinerung der Bilder demgegenüber nicht um Bearbeitungen oder sonstige Umgestaltungen i. S. d. § 23 (BGH MMR 2010, 475, 477 – Vorschaubilder; *Spindler* GRUR 2010, 785, 786; a. A. LG Hamburg CR 2009, 47, 48; *Schrader/Rautenstrauch* UFITA 2007, 761, 763 f; *Leistner/Stang* CR 2008, 501). Das öffentliche Zugänglichmachen durch die Anzeige von Thumbnails bei der Bildersuchfunktion von Suchmaschinen ist regelmäßig durch eine rechtfertigende Einwilligung des Rechtsinhabers gedeckt. Denn wer ein Werk ins Internet stellt, will regelmäßig so viele Zugriffe wie möglich erzielen, und bei Bildern sind Thumbnails zu diesem Zweck unersetzlich (§ 19 Rn. 42; BGH MMR 2010, 475, 479 – Vorschaubilder; BGH GRUR 2012, 602, 604 – Vorschaubilder II; LG Erfurt ZUM 2007, 566, 567 – Thumbnails, *Berberich* MMR 2005, 145, differenzierend *Ott* ZUM 2007, 119, 125, und K&R 2008, 306, 307 f. S. auch BGH GRUR 2008, 245, 247 – Drucker und Plotter; a. A. Thüringer OLG K&R 2008, 301; *Fahl* K&R 2010, 437, 440; *Schrader/Rautenstrauch* UFITA 2007, 761, 776 ff.). Wer ein Werk online stelle, muss mit den üblichen Nutzungshandlungen rechnen. Dabei kommt es nicht darauf an, ob der Rechtsinhaber der Anzeige auf den verlinkten Internetseiten zugestimmt hat. Es reicht, dass er der Veröffentlichung im Internet auf anderen Seiten zugestimmt hat (BGH GRUR 2012, 602, 604 – Vorschaubilder II). Etwas anderes soll gelten, wenn der Rechtsinhaber die eingestellten Werke gegen das Auffinden durch Suchmaschinen sichert (BGH MMR 2010, 475, 479 – Vorschaubilder). Dieselben Grundsätze gelten für etwaige Vervielfältigungshandlung, die der Suchmaschinenbetreiber in Deutschland vornimmt (*Bullinger/Garbers-v. Boehm* GRUR-Prax 2010, 257).

3. E-Mail

Auch die Versendung per **E-Mail** beinhaltet eine Vervielfältigung (OLG Köln GRUR 2000, 414, 416). Der versandte Datensatz wird zunächst auf der Festplatte des Serverbetreibers gespeichert und dann mit Abruf durch den Empfänger auf der Festplatte von dessen Computer gespeichert. Die abweichende Darstellung des KG Berlin (ZUM 2002, 828, 830 – Versendung von Pressespiegeln per E-Mail), wonach der Datensatz lediglich vorübergehend im Arbeitsspeicher des Empfängers festgelegt wird und die Vervielfältigung durch den Empfänger ermöglicht, ist falsch und beruht offenbar darauf, dass das KG Browsing und Versendung per E-Mail verwechselt. Die Zwischenspeicherung beim Serverbetreiber ist daher eine Vervielfältigung i. S. d. § 16, die indes nach § 44a Nr. 1 zulässig ist (so auch *Haupt* ZUM 2002, 797, 798). Die Speicherung beim Empfänger hingegen ist eine dauerhafte und nicht nur begleitend. Sie ist daher nicht nach § 44a zulässig. Der Vervielfältigende ist in diesem Fall der Absender der E-Mail, denn dieser setzt einen Ablauf in Gang, der bei ordnungsgemäßem Ablauf zur Speicherung des Datensatzes auf der Festplatte des Empfängers führt. Der Absender rechnet damit, dass der Empfänger seine E-Mails vom Server des Serverbetreibers herunter lädt. Es wäre gekünstelt, hier eine Vervielfältigung durch den Empfänger anzunehmen (so aber KG Berlin ZUM 2002, 828, 830 – Versendung von Pressespiegeln per E-Mail; *Haupt* ZUM 2002, 797, 798). Denn dieser weiß i. d. R. nicht, welche E-Mails und damit welche Werke er durch den Befehl „Senden/Empfangen" vom Server herunter lädt.

§ 17 Verbreitungsrecht

(1) **Das Verbreitungsrecht ist das Recht, das Original oder Vervielfältigungsstücke des Werkes der Öffentlichkeit anzubieten oder in Verkehr zu bringen.**

(2) **Sind das Original oder Vervielfältigungsstücke des Werkes mit Zustimmung des zur Verbreitung Berechtigten im Gebiet der Europäischen Union oder**

eines anderen Vertragsstaates des Abkommens über den Europäischen Wirtschaftsraum im Wege der Veräußerung in Verkehr gebracht worden, so ist ihre Weiterverbreitung mit Ausnahme der Vermietung zulässig.

(3) Vermietung im Sinne der Vorschriften dieses Gesetzes ist die zeitlich begrenzte, unmittelbar oder mittelbar Erwerbszwecken dienende Gebrauchsüberlassung. Als Vermietung gilt jedoch nicht die Überlassung von Originalen oder Vervielfältigungsstücken

1. von Bauwerken oder Werken der angewandten Kunst oder
2. im Rahmen eines Arbeits- oder Dienstverhältnisses zu dem ausschließlichen Zweck, bei der Erfüllung von Verpflichtungen aus dem Arbeits- oder Dienstverhältnis benutzt zu werden.

Literatur: *Berger,* Aktuelle Entwicklungen im Urheberrecht – Der EuGH bestimmt die Richtung, ZUM 2012, 353; *Berger,* Urheberrechtliche Erschöpfungslehre und digitale Informationstechnologie, GRUR 2002, 198; *Berger,* Urheberrechtliche Fragen der Vermietung von Schulbüchern durch öffentliche Schulen, ZUM 2005, 198; *Bergmann,* Zur Reichweite des Erschöpfungsprinzips bei der Online-Übermittlung urheberrechtlich geschützter Werke, in: Ahrens u. a. (Hrsg.), Festschrift für Willi Erdmann, Köln u. a. 2002, 17 (zit. *Bergmann* FS Erdmann); *Bergmann,* Schadensersatz und das Prinzip der Erschöpfung, GRUR 2010, 874; *Dietrich,* Was wird aus dem urheberrechtlichen Verbreitungsrecht?, UFITA 2011, 478; *Dreier,* Die Umsetzung der Urheberrechtsrichtlinie 2001/29/EG in deutsches Recht, ZUM 2002, 28; *Erdmann,* Das urheberrechtliche Vermiet- und Verleihrecht, in: Pfeiffer u. a. (Hrsg.), Festschrift für Hans Erich Brandner zum 70. Geburtstag, Köln 1996, 361 (zit. *Erdmann* FS Brandner); *Ermer,* Die Einführung eines Büchergeldes an Bayerischen Schulen unter urheberrechtlichen Gesichtspunkten, ZUM 2005, 356; *Ganea,* Ökonomische Aspekte der urheberrechtlichen Erschöpfung, GRUR Int. 2005, 102, 107; *Goldmann/Möller,* Anbieten und Verbreiten von Werken der angewandten Kunst nach der „Le-Corbusier-Möbel"-Entscheidung des EuGH, Ist die „Wagenfeld-Leuchte" erloschen?, GRUR 2009, 551; *Jacobs,* Der neue urheberrechtliche Vermietbegriff, GRUR 1998, 246; *Jaeger,* Die Erschöpfung des Verbreitungsrechts bei OEM-Software, ZUM 2000, 1070; *Jaeger,* Der Erschöpfungsgrundsatz im neuen Urheberrecht, in *Hilty/Peukert* (Hrsg.), Der Interessenausgleich im Urheberrecht, Baden-Baden 2004, 47; *Jani,* Es gibt keinen Flohmarkt für gebrauchte E-Books, K & R 2012, 297; *Hoeren,* Entwurf einer EU-Richtlinie zum Urheberrecht in der Informationsgesellschaft – Überlegungen zum Zwischenstand der Diskussion, MMR 2000, 515; *Koehler,* Der Erschöpfungsgrundsatz des Urheberrechts im Online-Bereich, München, 2000, 72; *Kotthoff,* Zum Schutz von Datenbanken beim Einsatz von CD-ROMs in Netzwerken, GRUR 1997, 597; *Kuß,* Gutenberg 2.0 – der Rechtsrahmen für E-Books in Deutschland, K & R 2012, 76; *Leupold,* „Push" und „Narrowcasting" im Lichte des Medien- und Urheberrechts, ZUM 1998, 99; *Loewenheim,* Zum Begriff des Anbietens in der Öffentlichkeit nach § 17 UrhG, Festschrift für Fritz Traub zum 65. Geburtstag, 1994 (zit. *Loewenheim* FS Traub); *v. Lewinski,* Die Umsetzung der Richtlinie zum Vermiet- und Verleihrecht, ZUM 1995, 442; *Omsels,* Erschöpfung ohne Veräußerung – Zum Schicksal des Verbreitungsrechtes beim Eigentumserwerb kraft Gesetzes, GRUR 1994, 162; *Oswald,* Erschöpfung durch Online-Vertrieb urheberrechtlich geschützter Werke, Diss., Berlin 2003; *Ott,* Die Entwicklung des Suchmaschinen- und Hyperlink-Rechts im Jahr 2009, WRP 2010, 435; *Schrader,* Der Handel mit virtuellen Gütern, in Leible/Sosnitzka (Hrsg.) Onlinerecht 2.0: Alte Fragen – Neue Antworten? Stuttgart 2010; *Schricker,* Anbieten als Verletzungstatbestand im Patent- und Urheberrecht, GRUR Int. 2004, 786; *Schricker,* Bemerkungen zur Erschöpfung im Urheberrecht, FS Dietz, 447; *Schulze,* Vermieten von Bestsellern, ZUM 2006, 543; *Schwarz,* Urheberrecht und unkörperliche Verbreitung multimedialer Werke, GRUR 1996, 836; *Söder,* Kommentar zu LG Berlin K & R 2009, 130, K & R 2009, 131; *Sosnitza,* Die urheberrechtliche Zulässigkeit des Handels mit „gebrauchter" Software, K&R 2006, 206; *Sosnitza,* Gemeinschaftsrechtliche Vorgaben und urheberrechtlicher Gestaltungsspielraum für den Handel mit gebrauchter Software, ZUM 2009, 521; *Spindler,* Der Handel mit Gebrauchtsoftware – Erschöpfungsgrundsatz quo vadis? CR 2008, 69; *Stogmüller,* Anmerkung zum Urteil des OLG München vom 3.8.2006, MMR 2006, 748, 749; *Wandtke,* EWiR Art. 4 RL 2001/29/EG 1/07, Kurzkommentar zu BGH Beschl. v. 5.10.2006 – ZR 247/03; *v. Welser,* Anm. zu EuGH GRUR Int. 2008, 593 – Le Corbusier-Möbel II, GRUR Int. 2008, 596; *Wiebe,* The Principle of Exhaustion in European Copyright Law and the Distinction between Digital Goods and Digital Services; GRUR Int. 2009, 114.

Vgl. darüber hinaus die Angaben im eingangs abgedr. Gesamtliteraturverzeichnis.

Übersicht

	Rn.
I. Regelungsgehalt	1–3
II. Verhältnis zum Europäischen Recht	4–9
III. Verbreitungsrecht, Abs. 1	10–22
1. Original- oder Vervielfältigungsstücke	12, 13
2. Angebot an die Öffentlichkeit	14–18
3. Inverkehrbringen	19, 20
4. Übermittlungsform	21
5. Verletzer	22
IV. Erschöpfung, Abs. 2	23–36
1. Voraussetzungen	24–32
a) Veräußerung	24, 25
b) Original oder Vervielfältigungsstück	26–30
c) Zustimmung	31
d) Vertrieb in EU oder EWR	32
2. Wirkung der Erschöpfung	33–36
a) Erschöpfte Rechte	33
b) Gemeinschaftsweite Erschöpfung	34
c) Wirkung dinglicher Beschränkungen des Verbreitungsrechts	35, 36
V. Vermietung, Abs. 3 S. 1	37–43
1. Gebrauchsüberlassung	39
2. Zeitliche Begrenzung	40
3. Erwerbszwecke	41, 42
4. Ungeschriebene Ausnahmen	43
VI. Ausnahmetatbestände, Abs. 3 S. 2	44, 45
1. Bauwerke und Werke der angewandten Kunst	44
2. Arbeits- oder Dienstverhältnisse	45
VII. Beschränkung des Verbreitungsrechts	46–48

I. Regelungsgehalt

1 § 17 Abs. 1 definiert das nach § 15 Abs. 1 Nr. 2 dem Urheber vorbehaltene Verbreitungsrecht. Der Urheber hat das umfassende Recht, zu bestimmen, ob und wie sein Werk als Original oder Vervielfältigungsstück an die Öffentlichkeit gelangt. Das Verbreitungsrecht ermöglicht es ihm, dafür ein Nutzungsentgelt zu verlangen. Das Verbreitungsrecht ist gegenüber dem Vervielfältigungsrecht ein eigenständiges Recht. Der Urheber kann mit seiner Hilfe auch die Verbreitung rechtmäßig hergestellter Vervielfältigungsstücke verbieten. In der Praxis allerdings räumt der Urheber meist beide Rechte zusammen ein (vgl. § 8 VerlG). Durch §§ 44a ff. ist das Verbreitungsrecht des Urhebers für bestimmte Fälle – meist im öffentlichen Interesse – eingeschränkt. In vielen dieser Fälle wird dem Urheber im Gegenzug ein gesetzlicher Anspruch auf eine angemessene Vergütung eingeräumt. Zudem enthält Abs. 2 eine erhebliche Einschränkung des in § 15 genannten Grundsatzes, wonach der Urheber das ausschließliche Recht hat, sein Werk zu verbreiten. Hat der Berechtigte einem Inverkehrbringen im Wege der Veräußerung auf dem Gebiet der EU bzw. des EWR zugestimmt, so ist sein Verbreitungsrecht grds. erschöpft (BGH GRUR 2005, 940, 942 – Marktstudien). Jedermann kann das Werkstück ohne die Zustimmung des Urhebers weiterverbreiten. Dem Urheber steht dafür kein Entgelt zu. Die Einschränkung des Verbreitungsrechts durch Erschöpfung ist ihrerseits eingeschränkt: Trotz Erschöpfung bedarf jede Vermietung der Werkstücke der Zustimmung des Urhebers.

2 In zwei Fällen stehen dem Urheber trotz Erschöpfung des Verbreitungsrechtes Ansprüche bei Weiterverbreitung von Werkstücken zu: Nach § 26 hat der Urheber Anspruch auf Beteiligung an dem bei Weiterveräußerung des Originals eines Werkes der bildenden Künste erzielten Erlös. Nach § 27 Abs. 2 hat er einen Anspruch auf angemessenes Entgelt bei einem Verleih des Werkstückes. In beiden Fällen kann er die Verbreitung des Werkes aber nicht mehr untersagen.

3 Abs. 3 schließlich enthält die Definition des Begriffes der Vermietung. Diese Definition ist wichtig, da sich das Vermietungsrecht – anders als die übrigen Verbreitungsrechte – nicht erschöpft. Ausgenommen ist allerdings die Vermietung urheberrechtlich geschützter Bauwerke sowie Werke der angewandten Kunst (§ 17 Abs. 3 Nr. 1). Ferner ist nach § 17 Abs. 3 Nr. 2 die Überlassung innerhalb eines Dienst- oder Arbeitsverhältnisses keine Vermietung. In diesen Fällen gilt wieder der allgemeine Grundsatz des § 17 Abs. 1, dass sich das Verbreitungsrecht des Urhebers mit der Erstverbreitung erschöpft.

II. Verhältnis zum Europäischen Recht

4 Die Bedeutung von § 17 im Lichte des europäischen Urheberrechtes ist infolge einer Reihe von jüngeren Gerichtsentscheidungen sehr kontrovers (s. auch § 106 Rn. 16aff.). Denn die Vorschrift ist im Lichte von Art. 4 Abs. 1 Multimedia-Richtlinie auszulegen, diese Vorschrift wiederum ist im Lichte von Art 6 Abs. 1 des WCT-Vertrages und Art. 8 und 12 des WPPT-Vertrages auszulegen. Den letztgenannten Bestimmungen aber liegt ein ganz anderes und wesentlich engeres Verständnis der Verbreitung zugrunde (eingehend *Schulze* GRUR 2009, 81). § 17 behandelt die Vermietung als Unterfall der Verbreitung; Verbreitung ist dementsprechend weit definiert. WCT-Vertrag und WPPT-Vertrag behandeln Vermietung und Verbreitung hingegen als eigenständige Verwertungen. Unter der Überschrift „Verbreitungsrecht" heißt es jeweils: „... das ausschließliche Recht, zu erlauben, dass das Original und Vervielfältigungsstücke ihrer Werke durch Verkauf oder sonstige Eigentumsübertragung der Öffentlichkeit zugänglich gemacht werden". § 17 behandelt außerdem das der Öffentlichkeit Anbieten als Unterfall der Verwertung, ein solches Verbotsrecht hingegen ist weder in WCT-Vertrag und WPPT-Vertrag noch in der Multimedia-Richtlinie erwähnt.

5 2008 hat der EuGH auf Vorlage des BGH entschieden, Art. 4 Abs. 1 Multimedia-Richtlinie sei im Lichte von WCT-Vertrag und WPPT-Vertrag so auszulegen, dass unter den Begriff der Verbreitung „nur Handlungen fallen, die mit einer Übertragung des Eigentums an diesem Gegenstand verbunden sind" (EuGH GRUR Int. 2008, 593, 595 – Peek & Cloppenburg./.Cassina). Der BGH kombinierte dieses Verständnis der Multimedia-Richtlinie 2009 mit seinem Verständnis, dass die Multimedia-Richtlinie nicht nur einen Minimalschutz, sondern auch einen **Maximalschutz** festlege (dazu § 15 Rn. 9), und übernahm diese enge Definition im Wege der richtlinienkonformen Auslegung für das deutsche Recht (BGH GRUR 2009, 840 – Le Corbusier-Möbel II). Das BVerfG hat diese Auslegung nicht beanstandet (BVerfG GRUR 2012, 53). Wenn man dieser Auffassung folgt, ist § 17 teleologisch so zu reduzieren, dass nur Verbreitungshandlungen, die nach europäischem Recht dem Urheber vorbehalten sind, darunter fallen. Dabei wird man indes nicht allein auf die Multimedia-Richtlinie abstellen dürfen. Denn § 17 regelt auch Verwertungen, die von der Vermiet- und Verleihrichtlinie erfasst sind. Für diese Verwertungen wird man § 17 richtlinienkonform auszulegen haben. Das aber wirft weitere Fragen auf: Was soll für Handlungen gelten, die von der Vermiet- und Verleihrichtlinie nicht erfasst sind? Werke der angewandten Kunst z.B. fallen nach deren Art. 3 Abs. 2 nicht unter die Vermiet- und Verleihrichtlinie. Und das in § 17 als eigenständiges Verwertungsrecht behandelte Anbieten entfällt dann als eigenständige Verwertungshandlung und kann allenfalls mit größeren argumentativen Verrenkungen geahndet werden (str., s. Rn. 14 und § 106 Rn. 18; EuGH-Vorlage zur möglichen Erweiterung des Verbreitungsrechts auf Werbemaßnahmen BGH GRUR 2013, 1137 – Marcel-Breuer-Möbel).

6 Im Ergebnis führt diese Auslegung von WCT-Vertrag und WPPT-Vertrag zu einem Absenken des Schutzniveaus unter das bisherige nationale Niveau. Das widerspricht der Intention der Verträge. Der WCT-Vertrag ist ein Ausführungsvertrag zur RBÜ, und diese legt in Art. 19 ausdrücklich fest, dass weitergehende Bestimmungen der Vertragsstaaten unberührt

bleiben. EuGH und BGH folgen beide der allgemeinen Auffassung, wonach diese Verträge lediglich ein Mindestniveau festlegen (§ 121 Rn. 5 und Rn. 129 ff.; Dreier/*Schulze* § 121 Rn. 9; *Goldmann/Möller* GRUR 2009, 554; *Schulze* GRUR 2009, 812, 813). Sie sind indes bei nicht bereit, darüber hinauszugehen. Beide Entscheidungen können nicht überzeugen (so auch § 106 Rn. 16; *Dietrich* UFITA 2011, 478; *Goldmann/Möller* GRUR 2009, 554; *Lewinski* in FS für Loewenheim S. 177; *Schulze* GRUR 2009, 812; v. Welser GRUR Int. 2008, 596, 597; a. A. *Czychoswski/Nordemann* NJW 2010, 735, 737; *Loewenheim*, Anm. zu BGH GRUR 2009, 840 – Le Corbusier-Möbel II; LMK 2009, 291790; Schricker/Loewenheim/*Loewenheim* § 17 Rn. 12):

Schon die Entscheidung des EuGH ist nicht überzeugend. Denn Art. 4 der Multimedia-Richtlinie folgt nicht derselben (engen) Terminologie von WCT-Vertrag und WPPT-Vertrag, dort heißt es „die Verbreitung an die Öffentlichkeit *in beliebiger Form* durch Verkauf *oder auf sonstige Weise* zu erlauben" (Hervorhebung des Verf.). Im Vergleich zu den Verträgen fehlt hier nicht nur die Einschränkung „sonstige Eigentumsübertragung", es ist auch das „in beliebiger Form" hinzugekommen. Diese Diskrepanz legt nahe, es dass der Gemeinschaftsgesetzgeber eben nicht nur WCT und WPPT umsetzen wollte, sondern darüber hinausgehen wollte (so auch *Goldmann/Möller* GRUR 2009, 554). Und Erwägungsgrund Nr. 28 der Richtlinie zeigt, dass der Gesetzgeber durchaus zwischen „Verbreitung" und „Verkauf" differenziert hat. Dieselbe Differenzierung findet sich in Art. 4 der Software-Richtlinie. Hier ist die Vermietung ein Unterfall der Verbreitung – und dass die in der Richtlinie verwendeten Begriffe grundsätzlich dieselbe Bedeutung haben, hat der EuGH an anderer Stelle (EuGH K&R 2012, 493, 495 Rn. 60) selbst anerkannt. Der EuGH argumentiert, die „Systematik" der Verträge gebiete es „zwingend", Verbreitung im Sinne von Eigentumsübertragung zu verstehen, denn nur durch Eigentumsübertragung könne Erschöpfung eintreten. Auch das kann nicht überzeugen. Nicht jede Verbreitung muss zur Erschöpfung führen, damit ist jedenfalls der deutsche Rechtsanwender gut vertraut. Die Erschöpfung als Schranke des Verwertungsrechtes Verbreitung kann durchaus an engere Voraussetzungen anknüpfen als das Verwertungsrecht selbst. Genauso ist es auch in Art. 4 der Software-Richtlinie geregelt. Hier ist die Vermietung ein Unterfall der Verbreitung, aber nur der Verkauf führt zur Erschöpfung des Verbreitungsrechts. Und wäre die Systematik tatsächlich zwingend, hätte auch der europäische Gesetzgeber gar keinen Regelungsspielraum mehr – den der EuGH aber an andere Stelle betont.

Vor allem aber ist die Entscheidung des BGH wenig überzeugend. Der BGH begründet seine Auffassung, wonach es sich bei der Multimedia-Richtlinie um einen Maximalschutz handelt, maßgeblich mit dem Zweck der Richtlinie. Dieser sei es, unterschiedliche einzelstaatliche Rechtsvorschriften „im Interesse der Rechtssicherheit und der Funktionsfähigkeit des Binnenmarktes anzupassen und ein uneinheitliches Vorgehen der Mitgliedsstaaten zu vermeiden". Der BGH beruft sich auf Erwägungsgründe 1, 4, 6 und 7 der Richtlinie. Darüber kann man geteilter Meinung sein; Erwägungsgründe 4 und 9 erwähnen ein „hohes Schutzniveau", nicht ein „gleiches Schutzniveau". Und wenn nach Erwägungsgrund 32 der Richtlinie die Schrankenregelungen in der Richtlinie erschöpfend aufgezählt sind, dann ist daraus im Umkehrschluss zu folgern, dass die Nutzungshandlungen eben nicht erschöpfend aufgezählt sind (so obiter dictum auch LG Köln ZUM 2008, 707, 709). Wenn der europäische Gesetzgeber wirklich eine abschließende Regelung hätte schaffen wollte, hätte sich eher eine Verordnung statt einer Richtlinie angeboten (so auch *Berger* ZUM 2012, 353, 356). Jedenfalls übersieht der BGH, dass die Vermiet- und Verleihrichtlinie ausweislich der Erwägungsgrundes 28 der Multimedia-Richtlinie unberührt bleibt. Wenn der Vorgang, wegen dem der BGH vorlegte, mangels Eigentumsübertragung nicht unter die Multimedia-Richtlinie fiel, so war damit nicht gesagt, dass er nicht unter die Vermiet- und Verleihrichtlinie fiele (näher *Schulze* GRUR 2009, 812, 814; so auch § 106 Rn. 17a). Da diese Richtlinie das Vermieten und Verleihen von Werken der angewandten Kunst nicht regelt, handelt es sich bei § 17 insofern schlicht um einen Fall der „überschießenden

Umsetzung" von Richtlinien (dazu *Grabitz/Hilf,* Das Recht der Europäischen Union 40. Auflage 2009). Das ist den Mitgliedstaaten nicht untersagt, soweit damit den Richtlinienvorgaben nicht widersprochen wird. Der BGH war daher nicht verpflichtet, dem EuGH die Frage vorzulegen (so auch *Goldmann/Möller* GRUR 2009, 555), der EuGH durfte sie indes beantworten.

9   Auch die Entscheidung des EuGH zwingt nicht dazu, die Multimedia-Richtlinie als Maximalschutz zu verstehen. Denn der EuGH hat sich zu dem Thema „weitergehender Schutz durch die Mitgliedstaaten" überhaupt nicht geäußert. Er hat allerdings seine eigene Kompetenz nicht darin gesehen, zugunsten des Urhebers neue Rechte zu schaffen, die in der Multimedia-Richtlinie nach seiner Interpretation nicht vorgesehen sind, und insofern auf den europäischen Gesetzgeber verwiesen. Und so ist der Satz des EuGH zu verstehen: „Es wäre Sache des Gemeinschaftsgesetzgebers, gegebenenfalls die Gemeinschaftsvorschriften zum Schutz des geistigen Eigentums zu ändern, wenn *er* der Auffassung wäre, dass [das Schutzniveau anzuheben wäre]" (EuGH GRUR Int. 2008, 593, 595, Rn. 39, Hervorhebung des Verf.). Das ist sicher zutreffend. Genauso ist es Sache des nationalen Gesetzgebers ist, gegebenenfalls die nationalen Vorschriften zu ändern, wenn der nationale Gesetzgeber der Auffassung ist, das Schutzniveau solle angehoben werden. Das hat der EuGH nicht gesagt, weil er dazu überhaupt keine Veranlassung hatte (ähnlich *Berger* ZUM 2012, 353, 356; a. A. BVerfG GRUR 2012, 53, 57). S. jetzt EuGH-Vorlage zur Auslegung des Verbreitungsrechts (Werbemaßnahmen) BGH GRUR 2013, 1137 – Marcel-Breuer-Möbel.

III. Verbreitungsrecht, Abs. 1

10   § 17 Abs. 1 enthält zwei Tatbestandsalternativen: das der Öffentlichkeit Anbieten und das Inverkehrbringen. Das Anbieten ist eine Vorstufe des Inverkehrbringens, ist aber in § 17 Abs. 1 als eigenständige Verbreitungshandlung ausgestaltet, die nach tradierter Auffassung auch dann greift, wenn sie nicht auf ein tatbestandsmäßiges Inverkehrbringen abzielt (BGH GRUR 2007, 871 – Wagenfeld-Leuchte). Wenn man allerdings der neueren Rechtsprechung des BGH folgt und Art. 4 Multimedia-Richtlinie als Maximalschutz versteht (s. Rn. 4 ff.) dann ist das Verbot des Anbietens nicht richtlinienkonform, entfällt dann als eigenständige Verwertungshandlung und kann allenfalls noch als versuchte Verbreitung geahndet werden (str. zur a. A. s. Rn. 14).

11   Auf **Gewerbsmäßigkeit** kommt es bei beiden Tatbestandsalternativen nicht an (AmtlBegr. *M. Schulze* Materialien S. 440). Das folgt aus § 108a. Es genügt die Verbreitung eines einzigen Werkstückes (BGHZ 113, 159, 163 – Einzelangebot; BGH GRUR 1985, 129, 130 – Elektrodenfabrik).

1. Original- oder Vervielfältigungstücke

12   Da § 15 Abs. 1 vom „Recht der Verbreitung des Werkes in körperlicher Form" spricht, fällt unter § 17 als Legaldefinition dieses Rechtes auch nur die Verbreitung **körperlicher** Werkstücke. Unkörperliche Verwertungen fallen nicht unter § 17 (BGH GRUR 1986, 742, 743 – Videofilmaufführung; BGH GRUR 1972, 141 – Konzertveranstalter; BGH GRUR 1995, 673, 676 – Mauerbilder; AmtlBegr. *M. Schulze* Materialien S. 440). Die Verbreitung eines Werkes fällt somit nur unter § 17, wenn die das Werk verkörpernde Sache verbreitet wird.

13   Im Zusammenhang mit den **neuen Medien** ist mitunter der Versuch gemacht worden, auch die unkörperliche Verbreitung als Verbreitung i. S. d. § 17 anzusehen (*Schwarz* GRUR 1996, 836, 837; *Kotthoff* GRUR 1997, 597, 599; AG Cottbus, Urt. v. 25.5.2004, 95 Ds 1653 Js 15 556/04; für § 87b Abs. 1 LG Köln ZUM 2001, 714, 715). Diese Diskussion ist mit der gesetzlichen Regelung des Rechts der öffentlichen Zugänglichmachung in § 19a weitgehend überholt; § 19a behandelt diese Verwertung im Einklang mit der schon früher h. M. (vgl. Schricker/Loewenheim/*Loewenheim* § 17 Rn. 6 mit zahlreichen Nachweisen)

als unkörperliche Verbreitung (so auch Dreier/Schulze/*Schulze* § 17 Rn. 6). Soweit wegen der engen Fassung von § 19a nicht alle Fälle der öffentlichen Zugänglichmachung erfasst sind (dazu § 15 Rn. 12f.), ist durch Art. 3 Abs. 1 Multimedia-Richtlinie, Art. 8 WCT und Art. 14 WPPT vorgegeben, dass es sich um nicht körperliche Verwertungshandlungen handelt, § 17 also nicht einschlägig ist. Soweit hingegen eine dauerhafte Vervielfältigung verbreitet wird, gilt nach der hier vertreten Ansicht § 17 Abs. 1 (dazu Rn. 24).

2. Angebot an die Öffentlichkeit

Nach § 17 Abs. 1 ist das Anbieten an die Öffentlichkeit eine eigenen Form der Verbreitung. Ob diese Besonderheit des deutschen Rechtes im Lichte von Art. 4 Multimedia-Richtlinie noch ihre Berechtigung hat, ist unklar (s. Rn. 4ff.). Denn folgt man der Auffassung des BGH, dass der durch das nationale Recht gewährte Schutz nicht über den durch die Multimedia-Richtlinie gewährten Schutz hinausgehen darf, ist das Verbot des Anbietens eigentlich nicht richtlinienkonform. Nach § 17 Abs. 1 ist das Anbieten an die Öffentlichkeit eine eigene Form der Verbreitung. Darunter wurde früher jede Aufforderung zum Eigentums- oder Besitzerwerb verstanden (OLG Düsseldorf GRUR 1983, 760, 761; Dreier/*Schulze* Rn. 14; Schricker/*Loewenheim* [3. Aufl.] Rn. 7). Ob diese Besonderheit des deutschen Rechtes im Lichte von Art. 4 Multimedia-Richtlinie noch ihre Berechtigung hat, ist unklar (s. Rn. 4ff.). Denn folgt man der Auffassung des BGH, wonach die Multimedia-Richtlinie vollharmoniert ist, darf der durch das nationale Recht gewährte Schutz nicht über den durch die Richtlinie gewährten Schutz hinausgehen. Dann ist das Verbot des Anbietens an die Öffentlichkeit nur dann richtlinienkonform, wenn man es als Vorbereitungshandlung zum **Eigentumserwerb** versteht und als Teil des Inverkehrbringens ansieht (so in der Tat BGH GRUR 1023, 62, 64 Rn. 47 – Italienische Bauhausmöbel; EuGH GRUR 2012, 817 Rn. 26f. – Donner; Schricker/Loewenheim/*Loewenheim* Rn. 8ff.). Eigene Bedeutung hat diese Tatbestandsalternative des § 17 in dieser Auslegung jedenfalls nicht.

Der Begriff des Angebots ist **wirtschaftlich** zu verstehen. Es muss sich nicht um einen Antrag i. S. d. §§ 145ff. BGB handeln (KG GRUR 1983, 174 – Videoraubkassetten). Auch Werbemaßnahmen wie Inserate, Kataloge, Prospekte oder Schaufensterauslagen, die zivilrechtlich lediglich eine invitatio ad offerendum darstellen, sind ein „Angebot" i. S. d. § 17. Bei der Ausstellung auf einer **Messe** ist zu differenzieren: Grds. ist nach der Lebenserfahrung davon auszugehen, dass ein auf einem Messestand ausgestelltes Werkstück zum Verkauf bestimmt ist. In diesem Fall spricht der Beweis des ersten Anscheins für ein „Verbreiten" i. S. d. § 17 Abs. 1 (für die Parallele § 7 Abs. 2 GeschmMG: BGH GRUR 1982, 371, 372 – Scandinavia). Das soll aber nicht gelten, wenn das Werkstück lediglich Bestandteil des Inventars ist (OLG Düsseldorf GRUR 1983, 760, 761 – Standeinrichtung oder Ausstellung; s. aber BGH GRUR Int. 2007, 74, 75 – Le Corbusier, dazu Rn. 4ff.). Ein Angebot, eine unfreie Bearbeitung eines urheberrechtlich schutzfähigen Werkes zu schaffen, ist kein Angebot von Vervielfältigungsstücken i. S. d. § 17 Abs. 1 (BGH WRP 2005, 1173, 1176 – Karten-Grundsubstanz). Ein Angebot i. S. d. § 17 Abs. 1 liegt auch dann vor, wenn im Inland zum Erwerb im Ausland aufgefordert wird, selbst wenn die Veräußerung im Ausland dort kein Urheberrecht verletzt, auch wenn sich der Eigentumserwerb im Ausland vollzieht (EuGH GRUR 2012, 817 Rn. 26 – Donner; BGH GRUR 2013, 62, 64 Rn. 47 – Italienische Bauhausmöbel; BGH GRUR 2007, 871, 873 – Wagenfeld-Leuchte; *Goldmann/Möller* GRUR 2009, 551).

Unerheblich ist, ob das Angebot **Erfolg** hat (BGHZ 113, 159, 163 – Einzelangebot). Der Tatbestand des „Anbietens" setzt auch nicht notwendig voraus, dass die angebotene **Kopie** bereits zum Zeitpunkt des Angebots **existiert**. Es reicht aus, dass der Anbieter ein Werkstück beschaffen oder produzieren kann (BGH NJW 1999, 1953, 1956 – Kopienversanddienst; BGHZ 113, 159, 163 – Einzelangebot; BGH GRUR 1980, 227, 230 – Monumenta Germaniae Historica; Schricker/Loewenheim/*Loewenheim* § 17 Rn. 9f.; Dreier/Schulze/*Schulze* § 17 Rn. 13; *Schricker* GRUR Int. 2004, 786, 789; zweifelnd Möhring/Nicolini/*Kroitzsch* § 17 Rn. 16). Die abweichende Auffassung (KG GRUR 1983, 174 – Videoraubcassetten) trägt den heutigen Kopiertechniken, die es erlauben, Einzelexemplare auf Bestellung zu fertigen, nicht Rechnung. Das Angebot muss so **konkret** sein, dass der Adressat erfährt, was angeboten wird. Das pauschale Angebot von „ca. 80 Spielfilmen" ohne jede nähere Konkretisierung erfüllt dieses Kriterium bspw. nicht (KG GRUR 1983, 174 – Videoraubcassetten; Möhring/Nicolini/*Kroitzsch* § 17 Rn. 13). Dagegen wird eingewendet, in „einschlägigen Kreisen" würden solche Angaben verstanden (Schricker/Loewenheim/*Loewenheim* § 17 Rn. 11). Das ist bei einer derart pauschalen Angabe wie oben zitiert kaum vorstellbar. Richtig daran ist: Wenn und soweit die Angabe tatsächlich so weit konkretisiert ist, dass der Adressatenkreis versteht, welches Werk angeboten wird, handelt es sich um ein Angebot i.S.d. § 17. Einer Titelangabe bedarf es dann nicht (Dreier/*Schulze* § 17 Rn. 12).

17 Das Werkstück muss der **Öffentlichkeit** angeboten werden. Auf diese Weise bleibt die private Werknutzung auch bei dieser Verwendungsart gemeinfrei. Wer zur Öffentlichkeit gehört, ergibt sich nach der Neufassung der Vorschrift im Jahr 2003 (s. Vor §§ 31ff. Rn. 4) unmittelbar aus § 15 Abs. 3 S. 2. Infolgedessen kann auf die Kommentierung unter § 15 Rn. 19ff. verwiesen werden. Ein Angebot ist demnach öffentlich, wenn es an Personen gerichtet ist, die mit dem Anbietenden persönlich verbunden sind.

18 Auf die **Anzahl der Adressaten** des Angebots kommt es nicht an. Wenn sich das Angebot lediglich an eine **einzige Person** richtet, mit der der Anbieter keine persönliche Beziehung hat, ist es „öffentlich". Das folgt daraus, dass § 15 Abs. 3 S. 2 – anders als die bis 2003 geltende Fassung – bei der Definition der Öffentlichkeit nicht mehr auf eine Mehrzahl von Personen abstellt (so auch schon die zum alten Recht h.M. BGHZ 113, 159, 161 – Einzelangebot; BGH GRUR 1982, 102, 103 – Masterbänder; Schricker/Loewenheim/ *Loewenheim* § 17 Rn. 13; Fromm/Nordemann/*Dustmann* § 17 Rn. 12; ohne Rezeption der Neufassung, aber im Ergebnis genauso Dreier/Schulze/Schulze § 17 Rn. 7).

3. Inverkehrbringen

19 Ein Werkstück wird in Verkehr gebracht, wenn mindestens ein Original oder Vervielfältigungsstück aus einer internen Betriebssphäre durch Überlassung des **Eigentums** oder des Besitzes der Öffentlichkeit zugeführt wird (LG Köln ZUM 2008, 707, 708; BGH GRUR 1985, 129, 130 – Elektrodenfabrik; BGHZ 113, 159, 161 – Einzelangebot; OLG München ZUM 2005, 755, 757). Das bloße **Zeigen** eines Werkstücks ist – jedenfalls solange damit weder eine Aufforderung zum Eigentums- oder Besitzerwerb verbunden ist – keine Weiterverbreitung (BGH GRUR 2007, 691, 692 – Staatsgeschenk; LG Köln ZUM 2008, 707). Für die **Öffentlichkeit** gilt die Legaldefinition des § 15 Abs. 3 S. 2. Die **private Weitergabe** an Dritte, mit denen eine persönliche Beziehung besteht, ist daher kein Inverkehrbringen (BGHZ 113, 159, 161 – Einzelangebot). Es genügt, dass ein **einziges Werkstück** der Öffentlichkeit zugeführt wird. Denn nach § 17 Abs. 2 bezieht sich das Verbreitungsrecht auch auf Originale, und Originale existieren regelmäßig nur als Einzelstücke. Dementsprechend genügt auch – anders als bei der Tatbestandsalternative des der Öffentlichkeit Anbietens – die Weitergabe an eine einzige Person.

20 Ob ein Werkstück auch durch Überlassung des **Besitzes** in Verkehr gebracht werden kann, ist seit sehr umstritten. Nach traditioneller Auffassung ist keine Eigentumsübertragung erforderlich (KG GRUR 1996, 968 – Möbel-Nachbildungen; OLG Köln, GRUR-RR 2007, 1 – Nachbildung von Le Corbusier-Möbeln). Nach neuer Rechtsprechung des BGH hingegen soll eine Verbreitung nur bei einer Übertragung des **Eigentums** an Werkstücken vorliegen (BGH GRUR GRUR 2009, 840 – Le Corbusier-Möbel II; EuGH GRUR 2008, 604 – Le Corbusier-Möbel II; Schricker/Loewenheim/*Loewenheim* § 17 Rn. 14, weitere Nachweise zum Genese dieser Rechtsprechung und zum Meinungsstand unter Rn. 4). Jedenfalls bei Einräumung des Besitzes (etwa im Wege der Vermietung) an Mitglieder der Öffentlichkeit wird das Werkstück in den Verkehr gebracht (BGH GRUR 1972, 141 – Konzertveranstalter; KG GRUR 1996, 968, dazu heute § 17 Abs. 3 Nr. 1). Wenn Werkstücke im Verkaufsraum ohne Verkaufsabsicht zur vorübergehenden Nutzung durch die Öffentlichkeit aufgestellt werden, liegt in der hiermit eingeräumten Nutzungsmöglichkeit ein Inverkehrbringen, auch wenn kein Besitz eingeräumt wird (s. Vorlage des BGH zum EuGH GRUR Int. 2007, 74, 75 – Le Corbusier; *Wandtke* EWiR Art. 4 RL 2001/29/EG 1/07; a. A. BGH GRUR Int. 2009, 942, 944 – Le Corbusier Möbel II; EuGH GRUR 2008, 604 – Le Corbusier-Möbel II). Wird hingegen ein Werkstück lediglich ohne Verkaufsabsicht präsentiert, ohne dass es Mitglieder der Öffentlichkeit nutzen können, dürfte es sich nicht um eine Verbreitung, sondern um eine Ausstellung handeln, für die nicht § 17, sondern § 18 gilt (BGH ZUM 2007, 644, 646 – Staatsgeschenk, wohl auch BGH GRUR Int. 2007, 74, 76 – Le Corbusier; a. A. *Wandtke* EWiR Art. 4 RL 2001/29/EG 1/07).

4. Übermittlungsform

Klassischerweise werden Werkstücke durch Übergabe in den Verkehr gebracht. Aber § 17 ist nach der hier vertretenen Ansicht unabhängig von der Übermittlungsform anwendbar; er greift also auch dann, wenn Werke im Rahmen von sog. **„Push-Diensten"** (dazu § 15 Rn. 17; § 16 Rn. 19) so übertragen werden, dass sie im Arbeitsspeicher des Empfängers oder von einem Empfangsgerät aufgezeichnet werden. Hier ist § 19a nicht einschlägig, weil es an dem Kriterium „zu Zeiten ihrer Wahl" fehlt (§ 19a Rn. 30). Es handelt sich aber um eine unkörperliche Verwertung, für die das Senderecht nach § 20 mangels Gleichzeitigkeit der Wiedergabe nicht recht passt (Dreier/Schulze/*Dreier* § 19a Rn. 10; a. A. *Leupold* ZUM 1998, 99, 107; *Schack* GRUR 2007, 639, 643). Nahe liegender als § 19a über seinen Wortlaut hinaus auszulegen, dass hierunter auch solche Push-Dienste fallen (so aber: Dreier/Schulze/*Dreier* § 19a Rn. 10; im Ergebnis ähnlich für den vergleichbaren Fall der Near-on-Demand-Dienste § 19a Rn. 19f.), ist es, hierin eine Verbreitung i. S. d. § 17 zu sehen. Denn § 19a ist auf interaktive Nutzungen zugeschnitten. Die hier diskutierten Push-Dienste sind aber nicht interaktiv; der Empfänger erhält eine Kopie des Werkstücks und kann sie dann nach Belieben abrufen. Dieser Vorgang unterscheidet sich von den herkömmlichen Fällen der Verbreitung nur insofern, als dass Vervielfältigung und Verbreitung zeitlich zusammenfallen. Die Vervielfältigung entsteht unmittelbar beim Empfänger. Die Online-Übermittlung ersetzt in manchen Fällen schlicht die Übersendung eines Datenträgers. Da die Fälle wirtschaftlich gleichwertig sind, sollten sie auch rechtlich gleich behandelt werden. Dieser Vorgang lässt sich zwanglos unter § 17 subsumieren. Darin unterscheidet er sich von den vor Einführung des § 19a diskutierten Fällen des Bereithaltens zum elektronischen Abruf. Bei diesen war nach ganz h. M. § 17 deshalb nicht einschlägig, weil es sich nicht um eine körperliche Vervielfältigung handelte (Schricker/Loewenheim/*Loewenheim* § 17 Rn. 6 m.w. N.). Die beim Empfänger entstehende ephemere Kopie sah man nicht als Vervielfältigung an. Aber bei den hier diskutierten Push-Diensten erhält der Empfänger eine dauerhafte Kopie. Fasst man auch diese Fälle unter § 17, löst man zwanglos auch das Problem, wie bei derart übermittelten Werken Erschöpfung eintritt (dazu Rn. 27 ff.).

5. Verletzer

Der Täter einer Verletzungshandlung ist nach der Rechtsprechung auch normativ zu bestimmen (s. § 97 Rn. 16). Presse und Intermediäre im Internet soll für fremde Inhalte grundsätzlich nur bei Verletzung von Prüfungspflichten haften (BGHZ 158, 236, 237 – Internetversteigerung; BGH GRUR 1999, 418–420). Auch der Buchhändler soll – jedenfalls bis zum Zugang einer Abmahnung – nicht selbst derjenige sein, der Bücher verbreitet, sondern „Werkzeug des eigenverantwortliche handelnden Verlages" (so LG Berlin K & R

2009, 130). Vorher soll ihm die „notwendige Steuerungs- und Kontrollmöglichkeit" fehlen (LG Berlin a. a. O.).

IV. Erschöpfung, Abs. 2

23 Mit der Veräußerung gibt der Urheber die Herrschaft über das Werkstück grds. auf. Die Weiterveräußerung des Werkstückes ist nach § 17 Abs. 2 ohne seine Zustimmung zulässig. Auf diese Weise wird das Werkstück verkehrsfähig. Den Verwertungsinteressen des Urhebers ist dadurch genügt, dass er bei der ersten Veräußerung die Möglichkeit hatte, ein Entgelt zu verlangen. Diese Regelung beruht auf der Vermiet- und Verleih-Richtlinie (RL 2006/115/EG). Parallele Regelungen finden sich in § 69c Nr. 3 S. 2 für Computerprogramme (dazu § 69c Rn. 30 ff.) und in § 87b Abs. 2 für Datenbanken (dazu § 87b Rn. 58 ff.).

1. Voraussetzungen

24 **a) Veräußerung.** Sobald das Werkstück mit Zustimmung des Berechtigten durch Veräußerung in Verkehr gebracht wurde, ist die Weiterveräußerung zulässig. Veräußerung i. S. d. § 17 Abs. 2 erfasst in der Regel jede Übertragung des Eigentums an dem Werkstück durch den Berechtigten (BGH ZUM 2005, 475, 476 – Atlanta; BGH GRUR 1995, 673, 676 – Mauerbilder). Der Begriff ist nicht im engen Sinne der §§ 433 ff. BGB zu verstehen. Veräußerung ist vielmehr jede **endgültige Aufgabe der Verfügungsmöglichkeit.** Auf den Charakter des zugrunde liegenden Kausalgeschäftes kommt es nicht an. Zur Erschöpfung führen Schenkung und Tausch, nicht aber Miete und Leihe oder die Ausstellung eines Werkes (BGH GRUR 1995, 673, 675 – Mauerbilder). Die **Sicherungsübereignung** ist zwar eine Verfügung, aber keine endgültige. Der Urheber begibt sich nicht endgültig der Verfügungsgewalt über das Werkstück. Durch die Sicherungsübereignung wird ein Werkstück daher nicht in den Verkehr gebracht (Fromm/Nordemann/*Dustmann* § 17 Rn. 29). Anders die Veräußerung unter **Eigentumsvorbehalt.** Der Käufer erwirbt hier ein Anwartschaftsrecht, der Verkäufer behält lediglich eine Sicherung und begibt sich im Übrigen der Verfügungsmöglichkeit über das Werkstück (Schricker/Loewenheim/*Loewenheim* § 17 Rn. 50). Die Beweislast für die Veräußerung liegt bei demjenigen, der sich darauf beruft. Dem Besitzer eines Werkstückes kommt die Beweislastumkehr des § 1006 BGB zugute: Wenn nach § 1006 BGB vermutet wird, der Eigenbesitzer habe zugleich mit dem Besitz Eigentum erworben, so wird damit auch die Veräußerung i. S. d. § 17 Abs. 2 vermutet (BGH ZUM 2005, 475, 476 – Atlanta).

25 Nur eine **rechtsgeschäftliche Veräußerung** führt zur Erschöpfung. Ein gesetzlicher Eigentumsübergang nach §§ 946 ff. BGB genügt nicht (BGH GRUR 1995, 673, 676 – Mauerbilder; a. A. *Omsels* GRUR 1994, 162, 167). Nicht nur die Veräußerung des Werkes an den Endverbraucher führt zur Erschöpfung, sondern auch die Veräußerung an gewerbliche Zwischenhändler (anders noch zum LUG: BGH GRUR 1959, 200, 203 – Heiligenhof). Es ist aber – wie bei der Verbreitung in Abs. 1 – für das Inverkehrbringen erforderlich, dass die Werkstücke aus der internen Sphäre der Öffentlichkeit zugeführt werden, also in den **freien Handelsverkehr** gelangen. Wenn Verlagserzeugnisse als Makulatur zur Vernichtung veräußert werden, fehlt es hieran (OLG Karlsruhe GRUR 1979, 771, 772 – Remission). Die Abgabe als unverkäufliche **Werbeware** hingegen führt zur Erschöpfung (so für das Markenrecht BGH GRUR 2007, 882 – Parfümtester). Bei Rückgängigmachung der Veräußerung lebt das Verbreitungsrecht des ursprünglich Berechtigten wieder auf (OLG Karlsruhe GRUR 1979, 771, 772 – Remission).

26 **b) Original oder Vervielfältigungsstück.** Die Erschöpfung betrifft immer nur das jeweilige in Verkehr gebrachte Werkstück. Wenn ein Buch verkauft wurde, ist das Verbreitungsrecht des Urhebers nur hinsichtlich dieses einen konkreten Exemplars erschöpft. Für

§ 17 Verbreitungsrecht

alle anderen Exemplare bleibt es beim Grundsatz des § 17 Abs. 1 (BGH GRUR 1993, 34, 36 – Bedienungsanleitung; a. A. LG München K&R 2008, 387, 388). Auch rechtmäßig hergestellte Vervielfältigungsstücke darf der Erwerber ohne Zustimmung des Urhebers demnach nicht vertreiben (so auch OLG Düsseldorf CR 2009, 566, 568). Das wirft Schwierigkeiten auf, falls die **Erstverbreitung in unkörperlicher Form** erfolgte, also durch Datenübertragung per E-Mail, eine andere Form von Push-Diensten oder durch Download. Diese Form der Veräußerung ist bei Computerprogrammen gang und gäbe und setzt sich auch bei anderen Werken mehr und mehr durch, insb. bei Musik, Filmen und Literatur. Hier entsteht das veräußerte Werkstück auf der Festplatte bzw. auf dem sonstigen Speichermedium des Erwerbers. Insofern ist es missverständlich, von Erstverbreitung in unkörperlicher Form zu sprechen – das Werkstück entsteht in körperlicher Form, aber eben erst beim Empfänger.

Ob durch eine derartige **Online-Erstverbreitung** Erschöpfung eintritt, ist Gegenstand einer heftigen Kontroverse, die bis sich vor kurzem vor auf den Handel mit gebrauchten Softwarelizenzen bezog (detaillierte Darstellung des Meinungsstandes bei § 69c Rn. 31 und in der Vorlageentscheidung BGH GRUR 2011, 418 – Usedsoft), inzwischen aber auch andere Werkarten (insbesondere Musik, Filme und Bücher) betrifft. Nach traditioneller Auffassung soll bei einer derartigen Verbreitung keinerlei Erschöpfung eintreten (OLG München CR 2009, 556; OLG Frankfurt MMR 2010, 621; OLG Stuttgart K & R 294, 295; LG Berlin MMR 2010, 46 – nicht rechtskräftig; OLG München ZUM 2006, 936, 939; LG Bielefeld GRUR-RR 2013, 281; LG München I ZUM 2006, 251; *Jaeger* Interessenausgleich im Urheberrecht, 47, 52; *Jani* K & R 2012, 297; *Ganea* GRUR Int. 2005, 102, 106; *Schack* Rn. 463; Schricker/Loewenheim/*Loewenheim* § 17 Rn. 45 und § 69c Rn. 34; Fromm/Nordemann/*Dustmann* § 17 Rn. 26; Dreier/Schulze/*Schulze* § 17 Rn. 30; Dreyer/Kotthoff/Meckel/*Dreyer* § 17 Rn. 27; *Wimmers/Schulz* ZUM 2007, 161; *Lehmann* CR 2006, 655, 656; *Spindler* CR 2008, 69, 70; *Stogmüller* MMR 2006, 749). Diese Meinung stützt sich auf Art. 3 Abs. 3 Multimedia-Richtlinie. Danach erschöpfen sich die Rechte der öffentlichen Wiedergabe und der öffentlichen Zugänglichmachung nicht mit dem Recht der öffentlichen Wiedergabe und der öffentlichen Zugänglichmachung. Im Erwägungsgrund Nr. 29 heißt es: „Die Frage der Erschöpfung stellt sich weder bei Dienstleistungen allgemein noch bei Online-Diensten im Besonderen". Aber den hier interessierenden Fall der Veräußerung durch Online-Übermittlung hatte der europäische Gesetzgeber dabei offenbar nicht vor Augen; vielmehr geht es um „Dienstleistungen" (Details bei *Sosnitza* ZUM 2009, 521, 523 ff.; *Wiebe* GRUR Int. 2009, 114). Wenn die Online-Übertragung die Übergabe eines physischen Werkstücks ersetzt, dann muss auch hinsichtlich des so hergestellten Werkstücks Erschöpfung eintreten. Andernfalls wäre das so hergestellte Werkstück nicht verkehrsfähig (EuGH K&R 2012, 493 – Usedsoft/Oracle; LG Hamburg ZUM 2007, 159, 160; *Berger* GRUR 2002, 198, 199; *Dreier* ZUM 2002, 28, 32; Dreier/Schulze/*Dreier* § 19a Rn. 11; Dreier/Schulze/*Dreier* § 69c Rn. 24; Dreyer/Kotthoff/Meckel/*Kotthoff* § 69c Rn. 23; *Grützmacher* ZUM 2006, 302, 304; *Hoeren* CR 2006, 573 und MMR 2000, 515, 517; *Koehler* 72; *Oswald* 49 ff., 88; vermittelnd *Schack* GRUR 2007, 639, 644; *Sosnitza* K&R 2006, 206, 208). Für Software hat der EuGH auf Vorlage des BGH entschieden, dass sich das Verbreitungsrecht auch aufgrund einer Online-Erstverbreitung erschöpft (EuGH K&R 2012, 493 – UsedSoft/Oraclem, dazu auch BGH MMR-Aktuell 2013, 348, 421 – UsedSoft II). Das hat er begründet mit dem Zweck des Erschöpfungsgrundatzes, „die Einschränkung der Verbreitung dieser Werke auf das zum Schutz des spezifischen Gegenstandes Erforderliche zu begrenzen, um so eine Abschottung der Märkte zu vermeiden"; eine Beschränkung der Wiederverkaufs von online erworbenen Kopien ginge darüber hinaus (EuGH K&R 2012, 493, Rn. 62 f. – UsedSoft/Oracle). Dabei hat er ausdrücklich offengelassen, ob das auch für andere Werke als Software gilt, denn die Softwarerichtlinie sei jedenfalls lex specialis zur Multimedia-Richtlinie; aus dem Erwägungsgrund Nr. 7 der Softwarerichtlinie ergebe sich, dass der Unionsgesetzgeber körperliche und unkörperliche Programmkopien einander habe gleichstellen wollen (EuGH K&R 2012, 493, Rn. 57ff. – UsedSoft/Oracle; so auch OLG Frankfurt GRUR 2013, 279 m. Anm. *Marly*). Der zitierte Erwägungsgrund besagt allerdings lediglich, dass ein nach der Richtlinie zu schützendes Computerprogramm „Programme in jeder Form umfassen [soll], auch solche, die in die Hardware integriert sind." Hieraus eine unbedingte Gleichstellung von körperlichen und unkörperlichen Programmkopien auch bei den Schranken abzuleiten, ist wenig überzeugend. Richtigerweise gelten die Erwägungen zum freien Warenverkehr bei anderen Werken als Software entsprechend; so dass sich das Verbreitungsrecht auch bei diesen Werken in gleicher Weise erschöpft wie bei Software. Dann allerdings wird es einen praktischen Unterschied geben: Bei Software darf sich der rechtmäßige Erwerber eine neue Kopie anfertigen, also das Werk vervielfältigen. Das erlaubt Art. 5 Abs. 1 der Software-Richtlinie (EuGH K&R 2012, 493, Rn. 85 – UsedSoft/Oracle). Diese Vorschrift hat keine Entsprechung in der Multimedia-Richtlinie.

28 Bei der Diskussion um die Erschöpfung des Verbreitungsrechtes bei Online-Verbreitung wird häufig nicht ausreichend differenziert: Es kann nicht darum gehen, ob die weitere Online-Übermittlung des Werkes zulässig ist, denn dabei handelt es sich um eine Vervielfältigung, und das Vervielfältigungsrecht erschöpft sich unstreitig grds. nicht (BGH WRP 2005, 1538, 1541; EuGH GRUR 2005, 244, 248). Es geht allein darum, ob die körperliche Weitergabe desselben Werkstücks zulässig ist. Die praktische Relevanz dieser Frage beschränkt sich daher darauf, ob der Erwerber eines online übermittelten Werkes dieses auf seiner Festplatte (oder einem entsprechenden Speichermedium) löschen muss, bevor er die Hardware veräußert. Für diesen Fall aber gibt es keinen Grund, die Veräußerung per Online-Übertragung und die Veräußerung durch Übergabe eines Datenträgers in dieser Hinsicht anders zu bewerten: Die Interessen des Verkehrsschutzes und die Interessen des Urhebers stehen sich in gleicher Weise gegenüber.

29 Hiergegen wird eingewendet, das auf legale Weise hergestellte Vervielfältigungsstück ließe sich nicht von späteren davon hergestellten Vervielfältigungsstücken unterscheiden (OLG Stuttgart K&R 294, 296; *Schack* GRUR 2007, 639, 644). Aber das ist kein überzeugendes Argument gegen die Erschöpfungswirkung. Denn der Rechtsinhaber hat es in der Hand, derartige Kopien durch technische Maßnahmen zu verhindern oder zu kennzeichnen. Der Rechtsinhaber hat es auch in der Hand, dieses Problem erst gar nicht entstehen zu lassen, indem er körperliche Werkstücke in den Verkehr bringt, statt sie erst beim Empfänger entstehen zu lassen. Vielmehr verstieße eine Auslegung des § 17 Abs. 2, nach der es der Rechtsinhaber durch Wahl einer sog. unkörperlichen Erstverbreitung in der Hand hätte, die Weiterverbreitung des mit seiner Zustimmung hergestellten Werkstückes zu verhindern, gegen Art. 36 AEUV (so auch § 69 Rn. 31 und *Grützmacher* ZUM 2006, 302, 305).

30 Art. 3 Abs. 3 Multimedia-Richtlinie ist daher einschränkend dahingehend auszulegen, dass durch die bloße öffentliche Zugänglichmachung keine Erschöpfung eintritt, wohl aber durch die Veräußerung eines Werkstückes, auch wenn dieses Werkstück erst durch Online-Übertragung beim Empfänger entsteht. Wenn das Werk dem Empfänger nur zum einmaligen Gebrauch als ephemere Kopie zur Verfügung gestellt wird, liegt hingegen keine Veräußerung vor (*Berger* GRUR 2002, 198, 201).

31 **c) Zustimmung.** Für die Zustimmung gilt § 182ff BGB. Des Berechtigte kann dem Inverkehrbringen im Wege der Einwilligung im Voraus zustimmen und es im Nachhinein genehmigen (BGH WRP 2009, 1129 – Tripp-Trapp-Stuhl). Wurde das Nutzungsrecht lediglich **dinglich beschränkt** eingeräumt, so tritt die Erschöpfung nur dann ein, wenn bei der Erstverbreitung die dinglichen Beschränkungen eingehalten sind. Wenn ein Werkstück bei der Erstverbreitung auf einem anderen als dem zugelassenen **Absatzweg** in Verkehr gebracht wird, so ist diese Nutzung nicht mehr von der Zustimmung des zur Verbreitung Berechtigten gedeckt, so dass eine Erschöpfung des Verbreitungsrechtes nicht eintritt (BGH CR 2000, 651, 652 – OEM Version; BGH GRUR 1986, 736, 737 – Schallplatten-

vermietung). Durch das rechtswidrige Inverkehrbringen erschöpft sich das Verbreitungsrecht nicht.

d) Vertrieb in EU oder EWR. Das Werkstück muss in der EU oder einem anderen Staat des EWR in Verkehr gebracht worden sein. Allein der Ort des Inverkehrbringens ist maßgeblich (BGH GRUR Int. 1981, 562, 564 – Schallplattenimport). Wird das Werkstück außerhalb der EU und des EWR in Verkehr gebracht, tritt keine Erschöpfung ein. Das ergibt sich zwar nicht unmittelbar aus dem Wortlaut des § 17 Abs. 2, der diese Frage offen lässt. Es ergibt sich aber aus der richtlinienkonformen Auslegung der Vorschrift (EuGH GRUR Int. 2007, 237 – Laserdisken; Dreier/Schulze/*Schulze* § 17 Rn. 35; Schricker/ Loewenheim/*Loewenheim* § 17 Rn. 64ff.; *v. Lewinski* ZUM 1995, 442, 443). In Art. 9 Abs. 2 der Vermiet- und Verleih-Richtlinie und Art. 4 Abs. 2 der Multimedia-Richtlinie (s. zu beiden Einl. Rn. 21) heißt es übereinstimmend, dass sich das Verbreitungsrecht in der Gemeinschaft nur mit dem Erstverkauf des Gegenstandes in der Gemeinschaft durch den Rechtsinhaber oder mit seiner Zustimmung erschöpft. **32**

2. Wirkung der Erschöpfung

a) Erschöpfte Rechte. Die Erschöpfung des Verbreitungsrechtes hat zur Folge, dass der Urheber oder sonst zur Verbreitung Berechtigte sein Verbreitungsrecht nicht mehr ausüben kann. Jedermann kann die betroffenen Werkstücke frei veräußern oder in anderer Weise in Verkehr bringen. Nur vermieten darf er sie grds. nicht. Diese Wirkung ist zwingendes Recht. Die übrigen dem Urheber zustehenden Verwertungsrechte werden durch die Erschöpfung grds. nicht berührt (BGH GRUR 2005, 940, 942 – Marktstudien; BGH ZUM 2000, 1082, 1084 – Parfumflakons; BGH GRUR 1993, 34, 36 – Bedienungsanleitung). Der Erwerber ist also weder zur Vervielfältigung noch zur öffentlichen Wiedergabe des Werkstückes berechtigt (*Schrader/Weber* UFITA 2011, 494, 505; a.A. LG München K&R 2008, 387, 388). Über den Wortlaut des § 17 Abs. 2 hinaus kann ausnahmsweise auch hinsichtlich anderer Verwertungsrechte Erschöpfung eintreten: Wenn der Weitervertrieb des Werkstückes üblicherweise mit bestimmten Werbeformen einhergeht, so ist das Verbietungsrecht des Urhebers auch hinsichtlich der mit diesen Werbeformen verbundenen anderen Verwertungsformen erschöpft (Einzelheiten § 15 Rn. 34). Mitunter wird diskutiert, den Erschöpfungsgrundsatz auch auf die unkörperliche Verbreitung auszudehnen (*Berger* GRUR 2002, 198, 200). Die Online-Übermittlung eines Werkstücks, bei dem die Verbreitungsrechte des Urhebers erschöpft sind, soll zulässig sein, obwohl sie mit einer Vervielfältigung einhergeht; die beim Übermittelnden verbleibende Kopie soll rechtswidrig werden. Das allerdings erscheint mit dem geltenden Recht nur schwer vereinbar. Bei Anknüpfung an die Übergabe einer „Authentizitätsurkunde" (so *Berger* GRUR 2002, 198, 202) würde der Vorteil der Online-Übertragung entfallen. **33**

b) Gemeinschaftsweite Erschöpfung. Die Erschöpfung tritt für das gesamte Gebiet der EU und des EWR ein, nicht jedoch für Drittstaaten. Auch regionale Beschränkungen des Verbreitungsrechtes haben keinen Einfluss auf die Erschöpfung. Wenn das Werkstück irgendwo innerhalb der EU oder des EWR rechtmäßig in den Verkehr gebracht wurde, ist die Weiterverbreitung dieses Werkstückes im gesamten Gebiet der EU und des EWR zulässig. Für das Gebiet der ehemaligen DDR gelten insofern keine Besonderheiten. Zwar ist die ursprüngliche Aufspaltung der Nutzungsrechte für die Gebiete der BRD und der DDR wirksam (vgl. EVtr Rn. 44ff.), hinsichtlich der Erschöpfung gelten aber keine Besonderheiten (BGH GRUR 2003, 699 – Eterna; KG ZUM 2003, 395, 396). Die Weiterverbreitung eines Werkstückes, das im Westteil Deutschlands rechtmäßig in den Verkehr gebracht wurde, ist daher auch im Gebiet der DDR trotz entgegenstehender ausschließlicher Verbreitungsrechte zulässig (BGH GRUR 2003, 699 – Eterna; KG ZUM 2003, 395, 396). **34**

c) Wirkung dinglicher Beschränkungen des Verbreitungsrechts. Auch wenn das Verwertungsrecht in anderer zulässiger Weise beschränkt worden ist (dazu § 31 Rn. 4ff.), **35**

führt das Inverkehrbringen von Werkstücken, das sich im Rahmen der eingeräumten Beschränkung hält, zur **Erschöpfung des Verbreitungsrechtes insgesamt.** Die nach § 31 Abs. 1 S. 2 zulässige dingliche Beschränkung des Nutzungsrechtes wirkt sich nicht in der Weise aus, dass der Berechtigte nach dem mit seiner Zustimmung erfolgten Inverkehrbringen auch alle weiteren Verbreitungshandlungen darauf hin überprüfen könnte, ob sie mit der ursprünglichen Beschränkung des Nutzungsrechtes im Einklang stehen (BGHZ 145, 7, 12 – OEM-Version; BGH GRUR 1986, 736, 737 – Schallplattenvermietung; OLG Hamburg GRUR 2002, 536, 537 – Flachmembranlautsprecher; KG GRUR-RR 2002, 125, 126 – Gruß aus Potsdam; OLG München ZUM-RD 1998, 107 – Updates; *Jaeger* ZUM 2000, 1070, 1072). Mit der Zustimmung zur Veräußerung „gibt der Berechtigte die Herrschaft über das Werkexemplar auf; es wird damit für jede Weiterverbreitung frei" (BGHZ 145, 7, 17 – OEM-Version).

36 Das ist allerdings umstritten. Viele Autoren meinen im Einklang mit der früheren Rechtsprechung, eine dinglich wirksame Beschränkung des Nutzungsrechtes würde auch den Umfang der Erschöpfung auf die dingliche Beschränkung begrenzen. Der Erwerber sei durch die dingliche Beschränkung gehindert, das Werkstück auf einem anderen als dem vereinbarten Weg zu vertreiben (§ 31 Rn. 24 ff.; § 69c Rn. 89 ff.; *Schricker* FS Dietz 452; die Vorinstanz zu dem zitierten BGH-Urteil: KG NJW 1997, 330, 331; BGH GRUR 1959, 200, 202 – Heiligenhof; BGH GRUR 1979, 637, 639 – White Christmas; Schricker/Loewenheim/*Loewenheim* § 17 Rn. 59 m. w. N.). § 17 Abs. 2 kennt aber eine derartige Beschränkung nicht. Vielmehr ist hiernach „die Weiterverbreitung mit Ausnahme der Vermietung zulässig". Weitere Ausnahmen sieht weder § 17 Abs. 2 noch der funktionsgleiche § 69c Nr. 3 vor. Wäre die Auffassung zutreffend, wonach dingliche Beschränkungen des Nutzungsrechtes trotz Erschöpfung noch wirksam sind, bedürfte es der gesetzlichen Ausnahme hinsichtlich der Vermietung nicht. Denn dann hätte es der Urheber in der Hand, durch Beschränkung des Erstverbreitungsrechtes auf die Veräußerung auch die Vermietung zu verhindern. Sinn und Zweck der Erschöpfung ist es, die mit der Zustimmung des Berechtigten in den Verkehr gesetzten Waren verkehrsfähig zu machen. Dem aber widerspräche es, wenn der Erwerber Nachforschungen hinsichtlich etwaiger dinglicher Beschränkungen des Nutzungsrechtes anstellen müsste. Daher verlieren sowohl schuldrechtliche als auch dingliche Beschränkungen des Verbreitungsrechts (dazu § 31 Rn. 27 ff.) auf der zweiten Vertriebsstufe ihre Wirkung: Der Erwerber ist nicht gehindert, das erworbene Werkstück im Rahmen einer ganz anderen wirtschaftlichen Nutzung weiterzuverbreiten. Dies hat allerdings zur Folge, dass dingliche Beschränkungen des Verbreitungsrechtes nur von beschränktem Nutzen sind (dazu unten § 17 Rn. 48).

V. Vermietung, Abs. 3 S. 1

37 § 17 behandelt die Vermietung als Unterfall der Verbreitung. Das widerspricht indes der neueren Auslegung des Verbreitungsbegriffs durch EuGH und BGH (s. Rn. 4 ff.). Jedenfalls gilt nach § 17 Abs. 2 eine Ausnahme von dem Grundsatz, dass sich das Verbreitungsrecht des Urhebers mit der Erstveräußerung erschöpft: Hinsichtlich der Vermietung tritt keine Erschöpfung ein (OLG Hamburg ZUM 2005, 749, 750). Die Vermietung von Werkstücken bedarf immer der Zustimmung des Berechtigten – auch wenn das Verbreitungsrecht im Übrigen bereits erloschen ist.

38 Der Begriff der Vermietung wird in § 17 Abs. 3 S. 1 für das gesamte UrhG definiert, also auch für § 27. Der Begriff ist nicht im engen Sinne der §§ 535 ff. BGB zu verstehen. Vielmehr ist eine weite Auslegung geboten. Denn § 17 Abs. 3 setzt Art. 1 Abs. 2 der Vermiet- und Verleih-Richtlinie (RL 2006/115/EG) um. Hier hat der europäische Gesetzgeber die Vermietung als „zeitlich begrenzte Gebrauchsüberlassung zu unmittelbarem oder mittelbarem wirtschaftlichen oder kommerziellen Nutzen" definiert. Durch diese Häufung der Attribute sollte ein weites Begriffsverständnis der Vermietung erreicht werden (Amtl-Begr. *M. Schulze* Materialien S. 906). Maßgeblich sind zwei Elemente: Es muss sich um eine zeitlich begrenzte Gebrauchsüberlassung handeln, und diese Gebrauchsüberlassung muss Erwerbszwecken dienen.

1. Gebrauchsüberlassung

Gebrauchsüberlassung ist jede Überlassung eines körperlichen Werkstückes, die eine uneingeschränkte und wiederholbare Werknutzung ermöglicht (so zur Rechtslage vor 1995: BGH GRUR 1989, 417, 418 – Kauf mit Rückgaberecht). Gebrauchsüberlassung bedeutet Einräumung des unmittelbaren Besitzes. **39**

2. Zeitliche Begrenzung

Nur eine Gebrauchsüberlassung, die zeitlich begrenzt ist, ist Vermietung. Die zeitlich unbegrenzte Gebrauchsüberlassung hingegen ist nach der hier vertretenen Ansicht Veräußerung, bei der nach der Erstveräußerung Erschöpfung eintritt. Da aber allein der wirtschaftliche Zweck der Vereinbarung maßgeblich ist (Schricker/Loewenheim/*Loewenheim* § 17 Rn. 32), kann auch der Verkauf eines Werkes mit gleichzeitig eingeräumtem vertraglichen Rückgaberecht Vermietung sein (BGH GRUR 2001, 1036 – Kauf auf Probe; BGH GRUR 1989, 417, 418 – Kauf mit Rückgaberecht). **40**

3. Erwerbszwecke

Eine unmittelbar oder mittelbar Erwerbszwecken dienende Gebrauchsüberlassung liegt dann vor, wenn die Überlassung irgendwie den wirtschaftlichen Interessen des Vermieters dient (so zur Rechtslage vor 1972: BGHZ 58, 270, 272 ff. – Werkbücherei). Ob ein Entgelt erhoben wird, ist hingegen nicht entscheidend. Eine Vermietung i. S. d. § 17 kann daher auch eine unentgeltliche Gebrauchsüberlassung sein, sofern sie mittelbar Erwerbszwecken dient. Der Verkauf von Werkstücken auf Probe dient i. d. R. der allgemeinen Umsatzsteigerung und damit Erwerbszwecken, auch wenn die Rückgabe zum vollen Kaufpreis erfolgt, somit für die Gebrauchsüberlassung kein Entgelt erhoben wird (BGH GRUR 2001, 1036, 1038 – Kauf auf Probe). Das Auslegen von Zeitschriften in einem Warteraum bspw. dient mittelbar Erwerbszwecken (so zur alten Rechtslage OLG München GRUR 1979, 546, 548 – Zeitschriftenauslage beim Friseur; gleichwohl fällt diese Nutzung als reine Präsenznutzung aus dem Anwendungsbereich der Vorschrift heraus – vgl. Rn. 43). Fehlt es hingegen bei einer Gesamtbetrachtung an der Erwerbsabsicht, handelt es sich um schlichtes Verleihen, für das § 27 Abs. 2 einschlägig ist. **41**

Das gilt auch dann, wenn für die Gebrauchsüberlassung ein Entgelt verlangt wird, dieses Entgelt aber so bemessen ist, dass es lediglich der Kostendeckung dient (a. A. Dreier/Schulze/*Schulze* § 17 Rn. 45). Das folgt nicht nur aus dem Wortlaut des § 17 Abs. 3, der auf die „Erwerbszwecke" abstellt, es folgt auch aus dem 13. Erwägungsgrund zur Vermiet- und Verleih-Richtlinie. Hiernach handelt es sich um „Verleihen" und nicht um „Vermieten" im Sinne der Richtlinie, wenn „bei einem Verleihen durch eine der Öffentlichkeit zugänglichen Einrichtung ein Entgelt gezahlt [wird], dessen Betrag das für die Deckung der Verwaltungskosten der Einrichtung erforderliche Maß nicht überschreitet". Verfahren, die ausschließlich auf Kostendeckung ausgerichtet und nicht geeignet sind, Gewinne zu erzielen, dienen keinen Erwerbszwecken und sind daher keine Vermietung i. S. d. § 17 Abs. 3 (a. A. *Berger* ZUM 2005, 19, 21). Das gilt auch dann, wenn Leihgebühren dazu dienen, die Anschaffungskosten der Werkstücke zu finanzieren. Auch diese (anteiligen) Anschaffungskosten sind Verwaltungskosten im Sinne der Vermiet- und Verleih-Richtlinie. Der Begriff „operating costs" (also Betriebskosten) in der englischen Fassung der Richtlinie ist insofern präziser. Von großer Bedeutung ist dies für die Ausleihe von Lernmitteln durch Schulen. **42**

Einige Bundesländer haben Schülern die Möglichkeit eröffnet, Lernmittel gegen Entgelt auszuleihen oder arbeiten an solchen Verfahren. Diesbezüglich ist zu differenzieren: Wenn Lernmittelfreiheit gilt, erspart sich die öffentliche Hand auf diese Weise Ausgaben. Das Verfahren dient dann mittelbar Erwerbszwecken und ist als Vermietung zu qualifizieren (so auch *Berger* ZUM 2005, 19, 21). Wenn hingegen keine Lernmittelfreiheit gilt **und** das Entgelt so bemessen ist, dass durch das Verfahren kein Gewinn erwirtschaftet wird **und** das Verfahren auch nicht dazu dient, sonst entstehende Kosten des ausleihenden Landes einzusparen, handelt es sich um Leihe (ähnlich *Ermer* ZUM 2005, 356, 358).

4. Ungeschriebene Ausnahmen

43 Von dieser weiten Definition gelten drei Ausnahmen: Die **Überlassung zur öffentlichen Vorführung oder Sendung,** die **Überlassung zu Ausstellungszwecken** und die **Präsenznutzung,** also die Überlassung zur Einsichtnahme an Ort und Stelle sind keine Gebrauchsüberlassung i. S. d. § 17 Abs. 3 (*Jacobs* GRUR 1998, 246, 249; *Haberstumpf* Rn. 305; *Schack* Rn. 508; *Rehbinder* Rn. 336; a. A. *Erdmann* FS Brandner 361, 368; Dreier/Schulze/*Schulze* § 17 Rn. 50; differenzierend Schricker/Loewenheim/*Loewenheim* § 17 Rn. 34 f.). Diese Ausnahmen ergeben sich aus der richtlinienkonformen Auslegung der Vermiet- und Verleih-Richtlinie (dazu § 15 Rn. 6 ff.).

Alle drei Ausnahmen sind im Erwägungsgrund Nr. 10 der Richtlinie ausdrücklich erwähnt, finden sich aber nicht ausdrücklich im materiellen Teil der Richtlinie wieder. Dass es in Erwägungsgrund Nr. 10 der Richtlinie heißt, es sei „der Klarheit halber wünschenswert", diese Ausnahmetatbestände auszuschließen, heißt nicht, dass der europäische Gesetzgeber diese Frage den nationalen Gesetzgebern überlassen wollte (so aber LG München I GRUR-RR 2003, 300, 303). Denn eine entsprechende Öffnungsklausel ist in der Richtlinie nicht vorgesehen. Vielmehr ist dieser Erwägungsgrund in die Definition von „Vermieten" und „Verleihen" in Art. 1 der Richtlinie hineinzulesen. Der deutsche Gesetzgeber hat bei der Umsetzung der Richtlinie diese Diskrepanz erkannt, wollte aber im deutschen Recht keine Ausnahme aufnehmen, die in der Richtlinie nicht ausdrücklich zugelassen war. Er ließ die Frage daher offen und beschränkte sich auf die Aussage in der Gesetzesbegründung, wonach die Ausnahmen im Erwägungsgrund bei der Auslegung zu berücksichtigen seien (AmtlBegr. *M. Schulze* Materialien S. 907; das übersieht LG München I GRUR-RR 2003, 300, 303). Dabei ging der Gesetzgeber ersichtlich davon aus, dass die Präsenznutzung nicht als Vermietung gelte. Denn die Ausnahme des Abs. 3 S. 2 begründete er gerade damit, dass es nicht gerechtfertigt erscheine, bei der Werksbibliothek zwischen Präsenznutzung und Mitnahme an den Arbeitsplatz oder nach Hause zu differenzieren (s. Rn. 45). Ein gemeinsamer Grundgedanke der dort genannten Ausnahmen ist allerdings nicht ersichtlich, so dass dem Gesetzesanwender nichts anderes übrig bleibt, als sie im Wege der historischen und richtlinienkonformen Auslegung aus dem Tatbestand des § 17 Abs. 3 herauszunehmen. Wegen dieser ungeschriebenen Ausnahme ist das Auslegen von Zeitschriften in Wartezimmern u. ä. als Präsenznutzung keine Vermietung und ohne Zustimmung des Berechtigten zulässig (so auch mit abw. Begründung Schricker/Loewenheim/*Loewenheim* § 17 Rn. 39; a. A. Fromm/Nordemann/*Dustmann* § 17 Rn. 41 f.).

VI. Ausnahmetatbestände, Abs. 3 S. 2

1. Bauwerke und Werke der angewandten Kunst

44 § 17 Abs. 3 S. 2 Nr. 1 nimmt Bauwerke und Werke der angewandten Kunst von der Regelung über die Vermietung aus. Bei diesen Werken erschöpft sich mit der Erstverbreitung auch das Vermietungsrecht. Der Architekt kann die Vermietung des von ihm geschaffenen Bauwerks nicht untersagen. Bauwerke und Werke der angewandten Kunst sind in

Art. 3 Abs. 2 der Vermiet- und Verleihrichtlinie vom Anwendungsbereich der Richtlinie ausdrücklich ausgenommen. Der Grund für diese Ausnahme ist, dass bei diesen Werken der Gebrauchswert im Vordergrund steht (Fromm/Nordemann/*Dustmann* § 17 Rn. 41).

2. Arbeits- oder Dienstverhältnisse

45 Die Überlassung von Werken im Rahmen von Arbeits- oder Dienstverhältnissen gilt nach § 17 Abs. 3 Nr. 2 ebenfalls nicht als Vermietung, wenn der ausschließliche Zweck der Gebrauchsüberlassung die Benutzung zur Erfüllung der dienstlichen Verpflichtungen ist. Damit sind reine Arbeitsbibliotheken in Betrieben und Behörden gemeint. Der Begriff des Dienst- oder Arbeitsverhältnisses soll weit auszulegen sein (Schricker/Loewenheim/ *Loewenheim* § 17 Rn. 41). Mit der Vermiet- und Verleih-Richtlinie ist diese Ausnahme allerdings schwerlich vereinbar. Denn die Überlassung eines Werkes an einen Arbeitnehmer im Rahmen des Arbeitsverhältnisses dient zumindest mittelbar dem wirtschaftlichen Nutzen des Arbeitgebers (Dreier/Schulze/*Schulze* § 17 Rn. 49; Möhring/Nicolini/*Kroitzsch* § 17 Rn. 27; Schricker/Loewenheim/*Loewenheim* § 17 Rn. 39; zur Rechtslage vor 1972 auch BGHZ 58, 270, 272f. – Werkbücherei) und ist somit nach Art. 1 Abs. 2 der Richtlinie eine „Vermietung", die dem Urheber vorbehalten ist. Der deutsche Gesetzgeber wollte nicht „die Nutzung einer Werkbücherei durch Arbeitnehmer des Unternehmens, die für betriebliche Zwecke erfolgt, urheberrechtlich unterschiedlich ... beurteilen, je nachdem, ob der Arbeitnehmer das urheberrechtlich geschützte Objekt in der Werkbücherei, an seinem Arbeitsplatz oder zu Hause benutzt" (AmtlBegr. *M. Schulze* Materialien S. 906; ähnlich Schricker/Loewenheim/*Loewenheim* § 17 Rn. 41). Aber das kann nicht überzeugen. Die Präsenznutzung in einer Bibliothek ist im Hinblick auf den 13. Erwägungsgrund keine Gebrauchsüberlassung i. S. v. Art. 1 Abs. 2 der Richtlinie (dazu oben Rn. 41). Eine Ausnahme für Werkbibliotheken ist weder im materiellen Teil der Richtlinie noch in den Erwägungsgründen angedeutet. Es ist ein Unterschied, ob ein Arbeitnehmer ein Werk mit nach Hause nimmt oder im Betrieb benutzt. Das Mitnehmen ermöglicht eine weit intensivere Werknutzung, als sie im Betrieb möglich ist (Dreier/Schulze/*Schulze* § 17 Rn. 49). § 17 Abs. 3 Nr. 2 ist daher richtlinienkonform so auszulegen, dass diese Ausnahme lediglich die reine Präsenznutzung erfasst (Schricker/Loewenheim/*Loewenheim* § 17 Rn. 39). Gestattet der Arbeitgeber dem Arbeitnehmer die Mitnahme nach Hause, ist dies eine Vermietung (zur richtlinienkonformen Auslegung § 15 Rn. 6ff. und Vor §§ 120ff. Rn. 56). Die Nutzung von Werkbüchereien, die über die reine Präsenznutzung hinausgeht, ist daher entgegen § 17 Abs. 3 Nr. 2 zustimmungsbedürftig.

VII. Beschränkung des Verbreitungsrechts

46 Der Urheber kann das Nutzungsrecht räumlich, zeitlich oder inhaltlich beschränken. Derartige Beschränkungen wirken dinglich (Einzelheiten § 31 Rn. 4). Wer Werkstücke unter Missachtung dieser Beschränkungen verbreitet, verstößt gegen § 17. Davon zu unterscheiden sind **schuldrechtliche Beschränkungen,** z. B. Beschränkungen hinsichtlich des Verkaufspreises. Solche Beschränkungen wirken lediglich zwischen den Vertragsparteien. Die Parteien können derartige Beschränkungen nach Belieben vereinbaren. Bei **dinglichen Beschränkungen** hingegen kollidiert das Interesse des Urhebers an einer optimalen Nutzung seines Werkes mit dem Interesse der Allgemeinheit an der Verkehrsfähigkeit des Werkes. Diese Interessen sind gegeneinander abzuwägen (h. M., Schricker/Loewenheim/ *Loewenheim* § 17 Rn. 20). Die Interessenabwägung führt dazu, dass die dingliche Aufspaltung eines Nutzungsrechts nur für solche Nutzungsformen zulässig ist, die üblich, technisch und wirtschaftlich eigenständig und damit klar **abgrenzbar** sind (BGH CR 2000, 651, 652 – OEM-Version; BGH GRUR 1992, 310, 311 – Taschenbuchlizenz; Schricker/ Loewenheim/*Loewenheim* § 17 Rn. 20).

47 Für das als Nutzungsrecht eingeräumte Verbreitungsrecht sind nach diesen Grundsätzen folgende dingliche Beschränkungen möglich: Zeitliche Beschränkungen sind nach Belieben möglich. Räumliche Beschränkungen sind nur dann zulässig, wenn sie ein Staatsgebiet betreffen (s. § 31 Rn. 9; Schricker/Loewenheim/*Loewenheim* § 17 Rn. 21; Dreier/Schulze/*Schulze* § 17 Rn. 20; a. A. Möhring/Nicolini/*Kroitzsch* § 17 Rn. 33). Inhaltliche Beschränkungen des Verbreitungsrechtes sind insb. im **Verlagsbereich** anerkannt: Differenzierung nach Einzelausgabe, Gesamtausgabe und Ausgabe in Sammelwerken, Luxusausgabe, Hardcoverausgabe, Taschenbuchausgabe (BGH GRUR 1992, 310, 311 – Taschenbuchlizenz). Auch eine Differenzierung zum Vertrieb im Buchhandel über Buchgemeinschaften soll zulässig sein (BGH GRUR 1968, 152, 153 – Angélique; BGH GRUR 1959, 200, 202 – Heiligenhof). Im **Filmbereich** kann das als Nutzungsrecht eingeräumte Vertriebsrecht aufgespalten werden in Verkauf und Vermietung (Schricker/Loewenheim/*Loewenheim* § 17 Rn. 26) und in Verbreitung auf Video und auf DVD. Im **Tonträgerbereich** kann das Vertriebsrecht nach dem Tonträger, also CD, Vinyl und Audiocassette, aufgespalten werden. Audiodateien im MP3-Format werden in der Regel online vertrieben, hierbei handelt es sich um einen eigenen Vertriebsweg.

48 Der **praktische Nutzen** sämtlicher Beschränkungen und Beschränkungen, die den Vertriebsweg betreffen, ist zweifelhaft. Denn da sich das Verbreitungsrecht mit der Erstverbreitung allgemein erschöpft und etwaige dingliche Beschränkungen des Nutzungsrechtes nach der Erstverbreitung keinen Bestand mehr haben (str., dazu Rn. 31), kann der Berechtigte diese Beschränkung nur gegenüber seinem unmittelbaren Lizenznehmer durchsetzen. Er kann aber nicht verhindern, dass Dritte die Werkstücke kaufen und unter Außerachtlassung der für das Verbreitungsrecht geltenden Beschränkungen veräußern. Dasselbe gilt auch für räumliche Beschränkungen innerhalb der EG und des EWR. Der Berechtigte kann auch mit einer dinglichen Beschränkung des Nutzungsrechtes nicht verhindern, dass Werkstücke außerhalb des eigentlich hierfür vorgesehenen Landes innerhalb der EU und des EWR verkauft werden, sobald sich das Verbreitungsrecht durch den ersten Verkauf erschöpft hat.

§ 18 Ausstellungsrecht

Das Ausstellungsrecht ist das Recht, das Original oder Vervielfältigungsstücke eines unveröffentlichten Werkes der bildenden Künste oder eines unveröffentlichten Lichtbildwerkes öffentlich zur Schau zu stellen.

Literatur: Vgl. die Angaben im eingangs abgedr. Gesamtliteraturverzeichnis.

Übersicht

	Rn.
I. Allgemeines	1
II. Ausstellung und Veröffentlichung	2
III. Schranke des § 44 Abs. 2	3

I. Allgemeines

1 Die Vorschrift regelt das **verwertungsrechtliche Ausstellungsrecht** bei **Werken der bildenden Kunst.** Das UrhG erkennt mit dieser Vorschrift an, dass die öffentliche Ausstellung von Werken der bildenden Kunst eine Werkverwertung darstellt (Fromm/Nordemann/*Nordemann* § 18 Rn. 2; Dreier/Schulze/*Schulze* § 18 Rn. 1). Das Ausstellungsrecht ist jedoch derart **schwach ausgestaltet,** dass § 18 praktisch keine eigenständige Bedeutung zukommt (Schricker/*Vogel* § 18 Rn. 8; *Schack* Kunst und Recht Rn. 652).

II. Ausstellung und Veröffentlichung

Die Ausstellung eines **bisher unveröffentlichten Werkes** der bildenden Kunst ist eine 2 Form der Veröffentlichung (§ 6 Abs. 1). Unabhängig von der Werkart gewährt bereits die urheberpersönlichkeitsrechtliche Vorschrift des § 12 S. 1 dem Urheber das Recht, über das Ob und Wie der Veröffentlichung des Werkes zu bestimmen (s. § 12 Rn. 8). § 18 enthält keine über den Regelungsgehalt des § 12 hinausgehende Befugnis, da das Ausstellungsrecht mit der **ersten Ausstellung** des Werkes **verbraucht** wird Loewenheim/*G. Schulze* § 20 Rn. 58). Es handelt sich (wie bei dem Veröffentlichungsrecht des § 12 S. 1) um ein so genanntes **Einmalrecht**. Überlässt der Urheber bspw. ein bislang unveröffentlichtes Werk der bildenden Kunst einem Museum, um es dem Publikum zu präsentieren, so übt er damit sein Veröffentlichungs- und sein Ausstellungsrecht gleichermaßen aus (Dreier/Schulze/*Schulze* § 18 Rn. 1). Beide Rechte decken sich insoweit. § 18 ist nicht auf **Ausstellungen im Internet** anwendbar, da die Norm körperliche Werke voraussetzt (vgl. § 15 Abs. 1 1. Halbs.; Dreier/Schulze/*Schulze* § 18 Rn. 6; Schricker/*Vogel* § 18 Rn. 15).

III. Schranke des § 44 Abs. 2

Das Ausstellungsrecht wird durch § 44 Abs. 2 eingeschränkt. Nach dieser Vorschrift darf 3 der Eigentümer eines Originalwerkes der bildenden Kunst auch ein unveröffentlichtes Werk öffentlich ausstellen, sofern der Urheber dies bei der Veräußerung nicht **ausdrücklich ausgeschlossen** hat (was praktisch nie geschieht). Veräußert der Urheber sein Werkoriginal ohne den bezeichneten Vorbehalt, verliert er seine Befugnis, über die Ausstellung des Werkoriginals zu bestimmen (s. § 44 Rn. 15 ff.; Loewenheim/*G. Schulze* § 20 Rn. 48, 55; Dreier/Schulze/*Schulze* § 18 Rn. 1; Dreyer/Kotthoff/Meckel/*Dreyer* § 18 Rn. 6; *Schack* Kunst und Recht Rn. 651). Befindet sich ein Originalwerk aber noch im Eigentum des Urhebers, so ist er ohnehin nicht auf sein urheberrechtliches Ausstellungsrecht angewiesen. Ihm stehen die Rechte aus § 903 S. 1 BGB zu, nach Belieben mit seinem Eigentum zu verfahren. Bedenkt man, dass in der bildenden Kunst in der Regel **Werkoriginale** ausgestellt werden, so wird deutlich, dass das Ausstellungsrecht durch § 44 Abs. 2 ausgehöhlt wird. Zu Recht wird in der Literatur deshalb darauf hingewiesen, dass die positive Gestaltung des § 18 nicht darüber hinwegtäuschen darf, dass in der Sache ein Verwertungsrecht ausgeschlossen wird (Fromm/Nordemann/*Nordemann* § 18 Rn. 2).

§ 19 Vortrags-, Aufführungs- und Vorführungsrecht

(1) **Das Vortragsrecht ist das Recht, ein Sprachwerk durch persönliche Darbietung öffentlich zu Gehör zu bringen.**

(2) **Das Aufführungsrecht ist das Recht, ein Werk der Musik durch persönliche Darbietung öffentlich zu Gehör zu bringen oder ein Werk öffentlich bühnenmäßig darzustellen.**

(3) **Das Vortrags- und das Aufführungsrecht umfassen das Recht, Vorträge und Aufführungen außerhalb des Raumes, in dem die persönliche Darbietung stattfindet, durch Bildschirm, Lautsprecher oder ähnliche technische Einrichtungen öffentlich wahrnehmbar zu machen.**

(4) **Das Vorführungsrecht ist das Recht, ein Werk der bildenden Künste, ein Lichtbildwerk, ein Filmwerk oder Darstellungen wissenschaftlicher oder technischer Art durch technische Einrichtungen öffentlich wahrnehmbar zu machen. Das Vorführungsrecht umfasst nicht das Recht, die Funksendung oder öffentliche Zugänglichmachung solcher Werke öffentlich wahrnehmbar zu machen (§ 22).**

UrhG § 19 § 19 Vortrags-, Aufführungs- und Vorführungsrecht

Internationale Verträge. Art. 11, Art. 11ter RBÜ, Art. 8 WCT, Art. I, IVbis WUA
Unionsrecht. Art. 1 RL 2006/116/EG i. d. F. d. RL 2011/77/EU DES EUROPÄISCHEN PARLAMENTS UND DES RATES über die Schutzdauer des Urheberrechts und bestimmter verwandter Schutzrechte
Urhebervertragliche Regelungen. Regelsammlung Verlage (Vertriebe) / Bühnen (RS Bühne)
Tarifrecht. Normalvertrag Bühne (NV Bühne)
Kollektive Rechtewahrnehmung. §§ 1 BerV (GEMA), Wahrn V (VG Wort)

Literatur: *Alpert*, Zum Werk- und Werkteilsbegriff bei elektronischer Musik – Tracks, Basslines, Beats, Sounds, Samples, Remixes und DJ-Sets, ZUM 2002, 525; *Augenstein*, Rechtliche Grundlagen des Verteilungsplans urheberrechtlicher Verwertungsgesellschaften, Baden-Baden 2004; *Bader*, Die Rechtmäßigkeit der Künstlersozialabgabe unter Berücksichtigung der Auslandshonorare, Frankfurt a. M. 2004; *J. Becker*, Die Schöpfer von Filmmusik und die Verwaltung ihrer Rechte durch die GEMA, ZUM 1999, 16; *v. Becker*, Zitat und Kunstfreiheit, ZUM 2000, 864; *v. Becker*, Anmerkung zu OLG Hamm, Urteil vom 17.2.2010 – 3 U 106/09, ZUM 2010, 456; *Beilharz*, Der Bühnenvertriebsvertrag als Beispiel eines urheberrechtlichen Wahrnehmungsvertrages, München 1970; *Berndorff/Berndorff/Eigler*, Musikrecht, Bergkirchen 1999; *Beuthien*, Postmortaler Persönlichkeitsschutz auf dem Weg ins Vermögensrecht, ZUM 2003, 162; *Bolwin*, Statement des Deutschen Bühnenvereins auf dem Symposium „Urheberrecht in der Informationsgesellschaft – Auftakt zum zweiten Korb", ZUM 2003, 1008; *Bolwin*, Urheberrecht für Regisseure – Eine Überreaktion?, Theater heute Nr. 11/2000, 78f.; *Breuer, L.*, Die körperliche Individualität des Interpreten. Zur Verfassungsmäßigkeit der Ungleichbehandlung von Urhebern und ausübenden Künstlern, ZUM 2010, 301; *Chakraborty*, Das Rechtsinstitut der freien Benutzung im Urheberrecht, Baden-Baden 1997; *Claus*, Postmortaler Persönlichkeitsschutz im Zeichen allgemeiner Kommerzialisierung, Baden-Baden 2004; *Depenheuer*, Gegen den Urheberschutz des Theaterregisseurs, ZUM 1997, 734; *Deutsch/Ellerbrock*, Titelschutz, Werktitel und Domainnamen, 2. Aufl., München 2004; *Dietz, C./Ehrhardt*, Theaterrecht in: Wandtke, Medienrecht. Praxishandbuch, Band 4 Rundfunk- und Presserecht/Veranstaltungsrecht/Schutz von Persönlichkeitsrechten, 2. Auflage Berlin 2011; *Driesbach/Bormann/Vollrath*, „Public Viewing" als Problem des Urheber- und Wettbewerbsrechts, ZUM 2006, 265; *Ebeling/Schulze*, Kunstrecht, München 2007; *Eckhardt/Pawlitzka/Windgasse*, Besucherpotenzial von Opernaufführungen und Konzerten der klassischen Musik, MP 2006, 273; *v. Einem*, Grenzüberschreitende Lizenzierung von Musikwerken, MMR 2006, 647; *Erdmann*, Urheberrechtliche Grenzen der Informationsvermittlung in Form von abstracts in *Keller/Plassmann/v. Falk*, FS Tilmann, Köln u. a. 2003; *Feindor*, Die medienübergreifende Verwertung von Werktiteln, Baden-Baden 2004; *Finke/Brachmann/Nordhausen*, KSVG, 3. Aufl., München 2004; *Flechsig, N./Hendricks*, Konsensorientierte Streitschlichtung im Urheberrecht, ZUM 2002, 423; *Flechsig, N./Kuhn*, Das Leistungsschutzrecht des ausübenden Künstlers in der Informationsgesellschaft – Der Schutz des ausübenden Künstlers nach der Umsetzung der Informationsrichtlinie in deutsches Recht, ZUM 2004, 14; *Flechsig, F. B.*, Harmonisierung der Schutzdauer für musikalische Kompositionen mit Text. Materielle Harmonisierung europäischen Urheberrechts als Folge der Schutzfristenangleichung durch die Richtlinie 2011/77/EU, ZUM 2012, 227; *Goldbaum*, Urheberrecht und Urhebervertragsrecht, Baden-Baden 1961; *Grunert*, Götterdämmerung, Iphigenie und die amputierte Csárdásfürstin – Urteile zum Urheberrecht des Theaterregisseurs und die Folgen für die Verwertung seiner Leistung, ZUM 2001, 210; *Grunert*, Was folgt aus dem Urheberrecht des Theaterregisseurs?, KUR 2000, 128; *Grunert*, Werkschutz contra Inszenierungskunst – Der urheberrechtliche Gestaltungsspielraum der Bühnenregie, München 2002; *Haensel*, Stellungnahme zum Gutachten Hubmann, GEMA-Nachrichten 1959, 22; *Haass, Müller oder Brecht? Zum Einfluss von Kunstfreiheit und Eigentumsgarantie bei Übernahme geschützter Textteile in neue Werke, ZUM 1999, 834; *Haupt, St.*, Urheberrecht in der Schule, Berliner Bibliothek zum Urheberecht Band 2, München 2006; *Helmer*, Die sogenannte Materialleihgebühr der Musikverleger, UFITA 2006/I, 7; *Hieber*, Für den Urheberschutz des Theaterregisseurs – die Inszenierung als persönlich geistige Schöpfung, ZUM 1997, 17; *Hillers*, Gleiches Recht für alle Darbietungen?, Baden-Baden 2007; *Hillig/Blechschmidt*, Die Materialentschädigung für reversgebundenes Notenmaterial – Zur Rechtmäßigkeit des Zustimmungsvorbehalts der Musikverlage bei außerrundfunkmäßiger Verwertung von Rundfunkproduktionen, ZUM 2005, 505; *Hubmann*, Gutachten über die Frage, ob die in § 1c), e), und i) des GEMA-Berechtigungsvertrages erwähnten Wiedergabearten von dramatisch-musikalischen Werken unter den Begriff „großes Recht" fallen, GEMA-Nachrichten 1959, 10; *Kakies*, Kunstzitate in Malerei und Fotografie, Köln u. a. 2007; *Karbaum*, Kleines Recht & Großes Recht, Kollektive und individuelle Wahrnehmung von Urheberrechten in der Musik, GEMA-Nachrichten 1995, 116; *Katzenberger/Nérisson*, Kulturförderung, Solidarität und Verteilungsgerechtigkeit in Recht und Praxis urheberrechtlicher Verwertungsgesellschaften, GRUR Int. 2011, 283; *Kawohl/Kretschmer*, Djing, Conversionen und andere „Produktive Nutzungen" – Warum die Kategorien des Musikurheberrechts der Musikpraxis nicht mehr gerecht werden, UFITA 2007, 363; *Kloth*, Der Schutz der ausübenden Künstler nach TRIPS und WPPT, Baden-Baden 2000; *Kreutzer*, Der Künstleragenturvertrag, Baden-Baden 2004; *Kuhn*, Die Bühneninszenierung als komplexes Werk, Baden-Banden 2007; *Kurz,* Praxishandbuch Theaterrecht, München 1999; *Lange,* Ökonomie des subventionierten Theaters in Deutschland. Bestandsaufnahme und Entwicklungstendenz, Diss., Bremen 2006; *Lichtenstein,* Der Idealwert und der Geldwert des zivilrechtlichen Persönlichkeitsrechts vor und nach dem Tode, Baden-Baden 2005; *Lucas-Schloetter,* Die Interessenabwägung bei der Ausübung des Urheberpersönlichkeitsrechts, GRUR Int. 2002, 2; *Meier, R.,* Das Schauspiel als Werk zweiter Hand, UFITA 119 (1991) 43; *Metzger,* „Germania 3 Gespenster am toten Mann" – oder: Welchen Zweck darf ein Zitat gem. § 51 Nr. 2 UrhG verfolgen?, ZUM 2000, 924; *Musiol,* Anmerkung zu BGH „Musical Starlights", FD-GewRS 2008, 271256; *Nordemann, J. B.,* Urhebervertragsrecht und neues Kartellrecht gem. Art. 81 EG und § 1 GWB, GRUR 2007, 203; *Nordemann, W.,* Die Rechtsstellung des Lizenznehmers bei vorzeitiger Beendigung des Hauptvertrages im Urheberrecht, GRUR 1970, 174; *Obergfell,* Tanz als Gegenwartskunstform im 21. Jahrhundert. Urheberrechtliche Betrachtungen einer vernachlässigten Werkart, ZUM 2005, 621; *Obergfell,* Dichtung oder Wahrheit? „Anmerkungen zum Spannungsverhältnis zwischen Kunstfreiheit und Persönlichkeitsrechtsschutz sowie zum Beschluss des BVerfG ZUM 2007, 829 – „Esra", ZUM 2007, 910; *Obergfell,* Konkretisierung der urheberrechtlichen Bewertung von Abstracts durch den Bundesgerichtshof, GRUR 2011, 208; *Oelschlägel,* Der Titelschutz von Büchern, Bühnenwerken, Zeitungen und Zeitschriften, Baden-Baden 1997; *Opolony,* Die Rechtsnatur des Gastspielvertrages darstellender Bühnenkünstler, ZUM 2007, 519; *Raschèr,* Für ein Urheberrecht des Theaterregisseurs, Baden-Baden 1989; *Raschèr,* Werktreue und Werkqualität von Bühneninszenierungen aus der Sicht der Analytischen Theaterwissenschaft, UFITA 117 (1991) 21; *Raue,* Recht geschieht, wem Recht geschieht, Theater heute – Jahrbuch 2000, 150 ff.; *Raue,* Mit dem Recht im Rücken – und dem Bühnenverein gegen sich, Theater heute Nr. 11/2000, 79 f.; *Raue,* EVA & ADELE der Mensch als „Werk" im Sinne des Urheberrechts, GRUR 2000, 971; *Rossbach/Joss,* Vertragsbeziehungen im Bereich der Musikverwertung unter besonderer Berücksichtigung des Musikverlags und der Tonträgerherstellung, FS Schricker 1995, 333; *Sajuntz,* Perlentaucher – Die Kunst der verkürzten Wiedergabe von Buchrezensionen, NJW 2011, 729; *Schack,* Brecht, der Theaterregisseur und sein Publikum: Wer verletzt wen?, GRUR 1983, 555; *Schmid-Petersen,* Zu den Grenzen der freien Benutzung von Pressetexten im Internet, AfP 2011, 119; *Schulze, G.,* Wann beginnt eine urheberrechtlich relevante Nutzung?, ZUM 2000, 126 (= Nordemann 1999, 237); *Schulze, G.,* Zur Tarifhoheit der GEMA, ZUM 1999, 827; *Schwarz, M.,* Recht im Internet, Augsburg 2003 ff.]; *Sikorski,* Musikverlaggewerbe zwischen Kommerz und Mäzenatentum, in: Becker (Hrsg.), Wanderer zwischen Musik, Politik und Recht, Festschrift für Reinhold Kreile zu seinem 65. Geburtstag, Baden-Baden 1994 (zit. *Sikorski* FS Kreile); *Süßenberger/Czychowski,* Das „Erscheinen" von Werken ausschließlich über das Internet und ihr urheberrechtlicher Schutz, GRUR 2003, 489; *Staats,* Aufführungsrecht und kollektive Wahrnehmung bei Werken der Musik, Baden-Baden 2001; *Staudt, M.,* Der Berechtigungsvertrag in: Kreile/Becker/Riesenhuber, Recht und Praxis der GEMA. Handbuch und Kommentar; *Thüsing,* Tarifvertragliche Chimären – Verfassungsrechtliche und arbeitsrechtliche Überlegungen zu den gemeinsamen Vergütungsregeln nach § 36 UrhG n. F., GRUR 2002, 203; *Wadle,* Die Anfänge des Aufführungsrechts in Preußen und im Deutschen Bund, in: Geistiges Eigentum. Bausteine zur Rechtsgeschichte, Band II, München 2003; *Wandtke,* Der Schutz choreographischen Schaffens im Urheberrecht der ehemaligen DDR und der Bundesrepublik Deutschland, ZUM 1991, 115; *Wandtke,* Zur Kommerzialisierung des Persönlichkeitsrechts, KUR 2003, 144; *Wandtke,* Aufstieg und Fall der Künstlerin Marlene Dietrich oder der Streit um Künstlerrechte, UFITA 2005, 839; *Windisch,* Die Mär vom New Yorker Gralsraub – Aspekte des internationalen Schutzes des Aufführungsrechts im 19. und beginnenden 20. Jahrhundert, GRUR Int. 2007, 302; *Witz/Schmidt,* Klassik Open Air Konzerte im Dschungel der GEMA-Tarife, ZUM 1999, 819; *Zimmer,* Urheberechtliche Verpflichtungen und Verfügungen im internationalen Privatrecht, Baden-Baden 2006.

Vgl. darüber hinaus die Angaben im eingangs abgedr. Gesamtliteraturverzeichnis.

Vertragsmuster. *Deutscher Bühnenverein – Bundesverband der Theater und Orchester* (Hrsg.), Bühnen- und Musikrecht, Teil III Bühnenaufführungsrecht, Bensheim (Loseblatt, Stand 4/2011); *Schütze/Weipert,* Münchener Vertragshandbuch Bd. 3 Wirtschaftsrecht II, Form. IX. 46–51, 6. Aufl., München 2009; *E. Schulze/ M. Schulze* IX. A. (Hinweise) in: Beck'sche Formularsammlung zum gewerblichen Rechtsschutz mit Urheberrecht, 4. Aufl., München 2009.

Verzeichnisse und Statistiken. *Genossenschaft Deutscher Bühnen-Angehöriger* (Hrsg.), Deutsches Bühnen-Jahrbuch, Hamburg (erscheint Spielzeit bezogen jährlich); *Deutscher Bühnenverein – Bundesverband der Theater und Orchester* (Hrsg.), Wer spielte was? Werkstatistik des Deutschen Bühnenvereins, Köln (erscheint Spielzeit bezogen jährlich); *Deutscher Bühnenverein – Bundesverband der Theater und Orchester* (Hrsg.), Theaterstatistik. Die wichtigsten Wirtschaftsdaten der Theater, Orchester und Festspiele, Köln (erscheint Spielzeit bezogen jährlich); *INTHEGA Interessengemeinschaft der Städte mit Theatergastspielen* (Hrsg.), Jahrbuch der Städte mit Theatergastspielen, Bensheim (erscheint Spielzeit bezogen jährlich).

Links. Verbände, Institutionen, Organisationen
Ausgleichsvereinigung Verlage www.av-verlage.de
Bund Deutscher Amateurtheater www.bdat-online.de
Bundesverband der Veranstaltungswirtschaft www.bdv-online.de

Bundesverband Freier Theater www.freie-theater.de
Deutscher Bühnenverein Bundesverband der Theater und Orchester www.buehnenverein.de
Deutscher Komponisten-Verband www.komponistenverband.de
Deutscher Musikverleger-Verband www.dmv.de
Dramatiker-Union www.dramatikerunion.de
Gesellschaft für musikalische Aufführungs- und mechanische Vervielfältigungsrechte www.gema.de
Interessengemeinschaft der Städte mit Theatergastspielen www.inthega.de
Interessengemeinschaft deutschsprachiger Tournee- und Privattheater www.tourneetheater-portal.de
Internationaler Fachverband Show und Unterhaltungskunst e. V. www.ifsu.de
Künstlersozialkasse www.kuenstlersozialkasse.de
Stücke für Schulen www.schultheatertexte.de
Verband Deutscher Bühnen- und Medienverlage www.buehnenverleger.de
Verwertungsgesellschaft Wort www.vgwort.de

Links. Datenbanken
Bühnenwerke: Verband Deutscher Bühnen- und Medienverlage www.theatertexte.de
Übersetzungen deutschsprachiger Bühnenwerke: Goethe-Institut www.goethe.de/theaterbibliothek
Ur- und Erstaufführungen von Bühnenwerken in den Bereichen Musiktheater, Schauspiel sowie Kinder- und Jugendtheater: Internationales Theaterinstitut Zentrum Bundesrepublik Deutschland www.playservice.net/www.iti-germany.de

Übersicht

	Rn.
I. Recht der Öffentlichen Wiedergabe	1–5
1. Bedeutung	1
2. Öffentlich	2–4
a) Rechtslage vor Inkrafttreten des Gesetzes zur Regelung des Urheberrechts in der Informationsgesellschaft	3
b) Rechtslage nach Inkrafttreten des Gesetzes zur Regelung des Urheberrechts in der Informationsgesellschaft	4
c) Öffentliche Zugänglichmachung als Begleitnutzung	5
II. Vortragsrecht (§ 19 Abs. 1)	6–13
1. Bedeutung	6
2. Wahrnehmung durch Verwertungsgesellschaften	7–13
a) Vortragsrecht an Sprachwerken	8–10
aa) Vortragsrecht an erschienenen Werken	8
bb) Vortragsrecht an wortdramatischen Werken	9
cc) Szenische Lesungen	10
b) Vortragsrecht an vertonten Sprachwerken	11
c) Dramatisch-musikalische Werke	12
d) Vortragsrecht an wissenschaftlichen und nachgelassenen Werken	13
III. Aufführungsrecht (§ 19 Abs. 2)	14–42
1. Bedeutung	14
2. Abgrenzungen	15–17
a) Darbietung von Werken der Musik	15
b) Bühnenmäßige Aufführung	16, 17
aa) Wortdramatische und dramatisch-musikalische Werke	16
bb) Grenzfälle	17
3. Vertragspraxis	18–25
a) Werkteilnutzungen auf der Grundlage des Tarifs U-Büh	18, 19
aa) Werkverbindungen Kleines/Großes Recht; U-Büh	18
bb) Werke des Großen Rechts	19
b) Musikeinlagen in Bühnenwerken und Bühnenmusik	20
c) Bühnenwerke	21–26
aa) Regelsammlung Verlage (Vertriebe)/Bühnen	22, 23
bb) Choreografie	24
cc) Amateurtheater	25
dd) Tourneetheater	26
4. Vergabe von Aufführungsrechten durch Bühnenverlage	27–42
a) Rechteumfang	27–31

		Rn.
aa) Aufführungsrecht als einfaches Nutzungsrecht		28
bb) Neufassung RS Bühne		29
cc) Weitere Nutzungsrechte		30
dd) Gegenstand der RS Bühne		31
b) Urhebervergütung		32–34
aa) Parameter		32
bb) Urhebervergütung als angemessene Beteiligung des Urhebers		33
cc) Textbücher und Musikmaterial		34
c) Werkgetreue Aufführung		35–40
aa) Theater als Werknutzer		35
bb) Allgemeines Persönlichkeitsrecht		36, 37
cc) Verwendung werkfremder Texte		38
dd) Abweichende Rollenbesetzung		39
ee) Regieleistungen des Theaterregisseurs		40
d) Leistungsstörungen		41
e) Abrechnungskontrolle und Rechtedokumentation		42
IV. Verlagsvertrag zwischen Autor/Komponist und Bühnenverlag		43–45
1. Verlagsvertrag		43, 44
2. Exkurs: Künstlersozialversicherung		45
V. Öffentliche Wahrnehmbarmachung durch Bildschirm u. a. (§ 19 Abs. 3)		46–53
1. Bedeutung		46
2. Außerhalb des Raumes		47, 48
a) Definition		47
b) Art und Weise technischer Vermittlung		48
3. Vertragspraxis		49–53
a) Wahrnehmung durch Bühnenverlage		49
b) Wahrnehmung durch Verwertungsgesellschaften		50–53
aa) Musiktheater		51
bb) Sprechtheater		52
cc) VG Musikedition		53
VI. Vorführungsrecht (§ 19 Abs. 4)		54–59
1. Bedeutung		54
2. Insb. Filmwerke		55–59
a) Filmmusik		55–58
aa) Wiedergabe durch Tonträger		57
bb) Rechtewahrnehmung		58
b) Vorbestehende Sprachwerke		59

I. Recht der öffentlichen Wiedergabe

1. Bedeutung

Die Vorschrift fasst mit dem **Vortrags-, Aufführungs- und Vorführungsrecht** einen 1 Ausschnitt des nicht abschließenden gesetzlichen Katalogs unkörperlicher Formen der öffentlichen Werkwiedergabe zusammen (§ 15 Abs. 2 S. 2 Nr. 1). Die drei genannten selbstständig nebeneinander stehenden Verwertungsformen sind dem Urheber wie bei der körperlichen Werkverwertung (§ 15 Abs. 1) als ausschließliche Rechte zugeordnet (§ 15 Abs. 2 Nr. 1). Sie können Gegenstand entsprechender Werknutzungsverträge bzw. zur treuhänderischen Wahrnehmung in eine Verwertungsgesellschaft oder in einen (Bühnen-)Verlag eingebracht werden (§§ 31 ff.).

2. Öffentlich

Dem Urheber ist die Entscheidung über die **öffentliche Werkwiedergabe** vorbehal- 2 ten. Die Wiedergabe im privaten Kreis berührt kein vom Gesetz geschütztes Recht (s. § 15 Rn. 18; Dreier/Schulze/*Dreier* § 15 Rn. 43 f.; Dreyer/Kotthoff/Meckel/*Dreyer* § 19 Rn. 4; Fromm/Nordemann/*Nordemann* § 19 Rn. 6; Schricker/v. Ungern-Sternberg § 19 Rn. 9,

§ 15 Rn. 57 ff., 66 ff.; Möhring/Nicolini/*Kroitzsch* § 19 Rn. 6, § 15 Rn. 16 ff., 27 ff. jeweils m. w. N.).

3 **a) Rechtslage vor Inkrafttreten des Gesetzes zur Regelung des Urheberrechts in der Informationsgesellschaft.** Strittig blieb bis zum Inkrafttreten des Gesetzes zur Regelung des Urheberrechts in der Informationsgesellschaft am 13.9.2003 („Erster Korb", s. Vor §§ 31 ff. Rn. 4; Art. 4 Abs. 1; ausgenommen waren und wurden erst zum 1.9.2004 geltendes Recht lediglich die Bestimmungen der §§ 95b Abs. 2, 95d Abs. 2 und 3a Nr. 2 und 3 sowie das UKlaG), ob der öffentlichen Wiedergabe die gleichzeitige Erreichbarkeit des Adressatenkreises als ungeschriebenes Tatbestandsmerkmal immanent war bzw. zusätzlich vorausgesetzt wurde und überdies einheitlich für sämtliche Formen unkörperlicher Werkverwertung Geltung beanspruchen konnte. Die Diskussion war vor dem Hintergrund der regelmäßig von beliebigen Orten aus und zu unterschiedlichen Zeiten verlaufenden individuellen Online-Nutzung deswegen von Bedeutung, weil diese je nach Standpunkt bereits de lege lata zumindest als unbenanntes Recht i. S. d. § 15 Abs. 2 zu dem dem Urheber vorbehaltenen Recht der unkörperlichen Wiedergabe zu zählen (so zutreffend Dreier/Schulze/*Dreier* § 15 Rn. 32; Fromm/Nordemann/*Dustmann* § 15 Rn. 22 ff.; *Schack* Rn. 414 ff.; Loewenheim/Koch/*Loewenheim* 303 f.; Schricker/*Dreier* Informationsgesellschaft 134 f.) oder aber insoweit urheberrechtlich ohne Bedeutung war (so die wohl h. M.: Schricker/Loewenheim/*v. Ungern-Sternberg* § 15 Rn. 21 ff., 57 ff.; Möhring/Nicolini/ *Kroitzsch* § 19 Rn. 28; *Gahrau* in: Hoeren/Sieber Teil 7.1 Rn. 73 ff.; *Schwarz/Kreuzer* in *Schwarz* Teil 3–2.2, 30 ff.; *Haberstumpf* Rn. 154; ohne Stellungnahme BGHZ 113, 159, 161 – Einzelangebot, dort im Zusammenhang mit dem Vervielfältigungsrecht aus § 17 Abs. 1; OLG München ZUM 1998, 413, 415 für Übertragung des Video-on-Demand-Rechts (VoD) als Teil des vertraglich eingeräumten Rechts zur audiovisuellen Auswertung; *Rehbinder* Rn. 196, 201; zum Ganzen § 15 Rn. 12, § 19a Rn. 3 ff., 19 ff., 25 f.).

4 **b) Rechtslage nach Inkrafttreten des Gesetzes zur Regelung des Urheberrechts in der Informationsgesellschaft.** Die vorstehend wiedergegebenen Differenzen haben durch die Reformgesetzgebung des „Ersten Korbes" 2003 in Gefolge der internationalen Rechtsentwicklung ihre Bedeutung eingebüßt (Art. 8 WCT, 10, 14 WPPT; Art. 3 Abs. 1 Multimedia-Richtlinie): Durch die ausdrückliche Benennung des Rechts der öffentlichen Zugänglichmachung als weiteres dem Urheber vorbehaltenes Ausschließlichkeitsrecht (§§ 15 Abs. 2 S. 2 Nr. 2, 19a) wird die diesem Recht immanente **sukzessive Öffentlichkeit** dem überkommenen Öffentlichkeitsbegriff gleichgestellt (s. § 19a Rn. 6). Eine **öffentliche Wiedergabe** liegt nach der Legaldefinition des § 15 Abs. 3 vor, wenn sie – zum einen – für eine Mehrzahl von Personen bestimmt ist, die – zum anderen – nicht durch persönliche Beziehungen untereinander oder mit dem Verwerter des Werkes verbunden sind. Durch die Aufgliederung des bisherigen Abs. 3 in zwei selbstständige Sätze wollte der Gesetzgeber den Begriff der Öffentlichkeit sprachlich klarer fassen. Dabei ging es darum, Unklarheiten in Bezug auf eine technisch bedingte und deshalb rechtlich bedeutungslose **zufällige Öffentlichkeit** zu beseitigen (hierzu AG Erfurt GRUR-RR 2002, 160 – Musikwiedergabe in der Öffentlichkeit nicht zugänglichen Nebenräumen; ähnlich AG Kassel NJW-RR 1999, 493; LG Frankfurt a. M. ZUM-RD 2005, 242, 243 – Musikwiedergabe in Optikergeschäft; Öffentlichkeit verneinend LG München I ZUM-RD 1997, 146, 147 – Musikwiedergabe in Alten- und Servicezentren; LG Leipzig NJW-RR 1999, 551, 552 f. – Hintergrundmusik in Arztpraxen; ebenso AG Nürnberg NJW-RR 1996, 683 sowie nachfolgende Nachweise; zum sog. Ladenfunk als eines nicht für die „Allgemeinheit" i. S. d. 9. RStV 1991 bestimmten Programms aus Musik- und Werbebeiträgen BVerwG ZUM 2006, 492, 493 f.). Außerdem musste die für die öffentliche Zugänglichmachung typische sukzessive, in Bezug auf Nutzer wie Nutzung ubiquitäre Öffentlichkeit einbezogen werden (§§ 15 Abs. 2 S. 2 Nr. 2, 19a; s. § 15 Rn. 16, § 19a Rn. 6 ff., §§ 12 ff.). Eine inhaltliche Änderung ist mit der Neufassung der Vorschrift durch das Gesetz zur Regelung des Urheberrechts in der Informationsgesellschaft v. 10.9.2003 („Erster Korb") nicht verbunden (so AmtlBegr. BT-Drucks. 15/38, 17; Dreier/Schulze/*Dreier* § 15 Rn. 37, dort auch zu prozessualen Implikationen unter Hinweis auf OLG Frankfurt NJW-RR 1986, 1056, 1057 – Musikwiedergabe bei Tanzkursen).

Damit behielt die überkommene Rechtsprechung zum Begriff der Öffentlichkeit weiterhin ihre Bedeutung (Öffentlichkeit **verneint** etwa für Fachschulen zur Ausbildung von Beamten BGHZ 87, 126 – Zoll- und Finanzschulen, ausführlicher wiedergegeben in BGH GRUR 1983, 562, 563 ff.; für besondere Gewaltverhältnisse BGH GRUR 1984, 734, 735 ff. – Vollzugsanstalten und BGHZ 123, 149, 151 ff. – Verteileranlagen, dort zu § 20; für Altersheime BGH GRUR 1975, 33, 34 – Alterswohnheim I; für sog. Eigenhörstellen in Krankenhäusern BGH GRUR 1994, 797, 798 – Verteileranlagen in Krankenhäusern; anders dagegen BGH GRUR 1996, 875, 876 – Zweibettzimmer in Krankenhaus, der eine persönliche Verbundenheit voraussetzt; OLG Köln ZUM 2007, 749, 750 ff. – Fernsehen im Hotelzimmer per Kabelnetz.

Eine **unionsrechtlich begründete Neujustierung** des Verständnisses der nationalen Verwertungsrechte zeichnet sich durch die Rechtsprechung des **EuGH** ab. Dabei geht es um eine einheitliche Auslegung, die auf die nationalen Rechtsordnungen zurückwirkt. Das betrifft die zentralen Begriffe der Öffentlichkeit, insbesondere der öffentlichen Wiedergabe i. S. d. Vermiet- und Verleih-Richtlinie und der Informations-Richtlinie (ansatzweise schon EuGH ZUM 2007, 132, 134 ff. SAGE; deutlich EuGH GRUR 2012, 593, 596 f. – SCF zur Wiedergabe von Tonträgern in Arztpraxen; EuGH GRUR 2012, 597, 600 f. – Phonographic Performance [Ireland] zur Wiedergabe von Tonträgern in Hotelzimmern; BGH ZUM 2012, 889 ff. – Breitbandkabel-KG; zum Ganzen *v. Ungern-Sternberg* GRUR 2012, 1198, 1200 ff.; im Einzelnen § 15 Rn. 20; vgl. auch öOGH GRUR Int. 2011, 633, 636 f. – Thermenhotel).

c) **Öffentliche Zugänglichmachung als Begleitnutzung.** Die durch das Internet eröffnete Bandbreite neuer Nutzungsformen wird seit Mitte/Ende der neunziger Jahre zur Ergänzung des Vortrags- und Aufführungsrechts genutzt: Experimentiert wurde etwa mit der zeitgleichen Präsentation von Aufführungen im Internet. Theaterstücke konnten hier am Rechner live in Form von alle 60 Sekunden aktualisierten Live-Bildern einer Webcam (vgl. § 19a Rn. 20, 26), Opern-Premieren vollständig mittels Live-Streaming verfolgt werden. Allerdings waren die Wiedergabe von Ton und Text und die Speicherung der Bilder ebenso ausgeschlossen wie die Möglichkeit zum Herunterladen der Dateien. Auch die interaktiven Potentiale des Internet wurden ausgetestet: „theatersport" nannte sich eine über das Internet übertragene „Improvisationsshow", bei der die „Zuschauer" über eine Chatline auf das laufende Bühnengeschehen dramaturgisch Einfluss nehmen konnten. Bei sog. „Internet-Opern" eröffnet eine Toolbox auf der Website des Theaters verschiedene Möglichkeiten: Geboten werden Inhaltsangaben, Orchesteraufnahmen mit und ohne Sänger. Die einzelnen Szenen lassen sich mit Bildern versehen, Stimmen können eingesungen werden. Die Musik kann weiter bearbeitet und das Ganze als eigene Film- oder Audiodatei ins Netz gestellt werden. **Live-Streaming** (vgl. § 19a Rn. 34) von Konzert- und Theateraufführungen stellt sich darüber hinaus als eine neue Form des Kundenservice dar, mit dem sich zusätzliche Einnahmepotentiale und Zuschauerkreise erschließen lassen.. Die als Begleitnutzung verstandene öffentliche Zugänglichmachung ist in der 2005 neugefassten Regelsammlung Verlage (Vertriebe)/Bühne (RS Bühne) vom Grundsatz her ausdrücklich verankert worden (dazu unten Rn. 21 ff.). Zur Wahrnehmbarmachung Rn. 46 ff.

II. Vortragsrecht (§ 19 Abs. 1)

1. Bedeutung

Unter das Vortragsrecht (Abs. 1) fällt nur die unmittelbare **persönliche Darbietung** eines Sprachwerkes durch natürliche Personen. Die technisch vermittelte Wiedergabe ist in

§§ 15 Abs. 3, 21, 22 geregelt (Dreier/Schulze/*Dreier* § 19 Rn. 6). Bedeutsam sind hier in erster Linie Lesungen aus erschienenen Werken wie Gedichten und Prosa (§ 6 Abs. 2 S. 1). Die Honorare aus **Autorenlesungen** unterliegen als „Theateraufführungen vergleichbare Leistungen" dem ermäßigten Steuersatz gemäß § 12 Abs. 2 Nr. 7 Buchst. a UStG (FG Köln ZUM-RD 2013, 43, 46 f.). Einen Sonderfall stellen **szenische Lesungen dramatischer Werke** dar (dazu unten Rn. 10). In Frage kommen Werke, die nach dem Willen des Urhebers überhaupt nicht in körperlicher Form verwertet werden sollen, öffentliche Vorträge und Reden (Schricker/Loewenheim/*v. Ungern-Sternberg* § 19 Rn. 4; Möhring/Nicolini/*Kroitzsch* § 19 Rn. 4 f.). Nicht in den Anwendungsbereich der Vorschrift fallen Darbietungen, die Teil einer Kulthandlung sind, etwa im Rahmen eines Gottesdienstes. Das gilt insb. auch für die Wiedergabe von Musikwerken (h. M., str., Nachweise bei Schricker/Loewenheim/*v. Ungern-Sternberg* § 19 Rn. 15; wegen der Darbietung von Musikwerken in Gottesdiensten oder anlässlich religiöser Feiern im Hinblick auf die Schrankenregelung des § 52 Abs. 2 s. § 52 Rn. 16 ff.; Schricker/Loewenheim/*v. Ungern-Sternberg* § 19 Rn. 15 m. w. N.; BVerfGE 49, 382, 400 ff. – Kirchenmusik). Zur Darbietung vertonter Sprachwerke Rn. 10.

2. Wahrnehmung durch Verwertungsgesellschaften

7 Das Vortragsrecht ist weitgehend auf Verwertungsgesellschaften übertragen. Der Rechteinhaber kann Nutzung und Lizenzierung nach Maßgabe der Tarife der Verwertungsgesellschaften nicht untersagen (§ 11 WahrnG):

2.1 VG WORT

8 **a) Vortragsrecht an Sprachwerken. aa) Vortragsrecht an erschienenen Werken** i. S. d. § 19 Abs. 1. Das Vortragsrecht wird von der VG WORT nach Maßgabe ihres Wahrnehmungsvertrages wahrgenommen (§ 2 Abs. 1 S. 1 Satzung, § 1 Nr. 9 Wahrn V). Dieser sieht ausdrücklich die **Vorausabtretung** für künftig geschaffene Werke vor (§ 2 S. 1 Wahrn V; § 40). Der Berechtigte kann jedoch weiterhin den Vortrag selbst veranstalten oder es bei entsprechender Benachrichtigung der Verwertungsgesellschaft Dritten gestatten (§ 1 Nr. 9 Wahrn V).

9 **bb) Vortragsrecht an wortdramatischen Werken.** Nicht übertragen ist das Vortragsrecht an „szenischen Darstellungen sowie Dramatisierungen", ferner an „Vorträgen in Bühnenhäusern (z. B. Matineen)". Mit dieser Konkretisierung im „Merkblatt zum Vortragsrecht" (Stand 1.1.2010) ist der Umfang des von der VG Wort wahrgenommenen Vortragsrechts abschließend bestimmt. Damit scheidet die kollektive Wahrnehmung grundsätzlich aus. Das Vortragsrecht liegt neben dem Aufführungsrecht bei einem Bühnenverlag und wird von diesem treuhänderisch wahrgenommen (s. unten Rn. 43). Die Zahl von Produktionen, bei denen Passagen aus verschiedenen Bühnenwerken und belletristischen Texten collageartig benutzt werden, ist in den letzten Jahren stetig gewachsen. Diese Produktionen werden in erster Linie von freien Gruppen und Amateurtheatern angeboten. Die Lizenzierung ist für die Verlage in diesen Fällen aufwendig, so sie von solchen Produktionen überhaupt Kenntnis erlangen. Hier läge die Wahrnehmung durch die VG Wort nahe, eine entsprechende Ermächtigung seitens der Bühnenverlage vorausgesetzt. Bühnenwerke sind i. d. R. nicht erschienen, werden jedenfalls nicht verbreitet (§§ 6 Abs. 2 S. 1, 15 Abs. 1 Nr. 2, 17 Abs. 1). Die Verlage bieten keine Werkstücke in genügender Anzahl der Öffentlichkeit an oder bringen sie in Verkehr (so OLG München GRUR 1983, 295, 297 – Tosca, bestätigt von BGHZ 95, 229 ff. – Puccini; anders dagegen BGHZ 64, 164, 168 – TE DEUM, betrifft musikalisches Leihmaterial; BGH GRUR 1981, 360, 361 f. – Erscheinen von Tonträgern; hierzu und insb. zum Angebot an den „institutionellen Abnehmermarkt" näher § 6 Rn. 27 ff.; Dreier/Schulze/*Dreier* § 6 Rn. 12 ff., 14 f.; Schricker/*Katzenberger* § 6 Rn. 37 ff., 39 ff., 42 jeweils m. w. N.; zu Onli-

ne-Angeboten siehe § 6 Rn. 7, 29). Liegt das wortdramatische Werk dagegen in Buchform publiziert vor, etwa in Theaterbibliotheken oder findet es sich in einer Theaterzeitschrift abgedruckt (z. B. Theater heute, Theater der Zeit, Die Deutsche Bühne), sind diese Werke veröffentlicht und verbreitet. Ursprünglich wurde Theatern ein Bühnenmanuskript als „Rollensatz" zweckgebunden für die vereinbarte Aufführung zur Verfügung gestellt. Der Text durfte verwendet werden, wenn das Theater das Aufführungsrecht und ggfs. weitere Nutzungsrechte erworben hatte. Das Bühnenmanuskript enthielt üblicherweise den Hinweis „Als unverkäufliches Manuskript vervielfältigt". Diese Bühnenmanuskripte unterliegen nicht der Pflichtablieferung bei der Deutschen National Bibliothek (§§ 2, 3, 14 Abs. 1 DNBG, 1 PflAV). In den neugefassten Sammel-Richtlinien der Deutschen National Bibliothek (Stand 2012) ist klargestellt, dass „nicht zur Verbreitung bestimmte Manuskripte oder auch Rollensätze eines Bühnenwerkes" nicht zu sammeln sind. Es handelt sich um sog. Nicht-Medienwerke. Abzuliefern sind dagegen „im Verlagsbuchhandel erhältliche Bühnenmanuskripte". Diese Regelungen gelten auch für Netzpublikationen. Die digitalen Möglichkeiten haben die überkommene Praxis weitgehend verdrängt: Texte wortdramatischer Werke für das Sprechtheater werden professionellen Bühnen inzwischen fast ausschließlich elektronisch übermittelt, fallen aber ebenfalls nicht in die Zuständigkeit der Verwertungsgesellschaft. Musikverlage liefern die für die Aufführung benötigten Materialien nach wie vor grundsätzlich erst nach Abschluss eines Aufführungsvertrages und eines Materialmietvertrages aus. Die von den Bühnenverlagen eingerichtete Datenbank zum Nachweis der Aufführungsrechte („theatertexte"; s. auch Rn. 42) leitet lediglich Anfragen zum Aufführungsmaterial an die Verlage weiter, hält aber selbst keine Werke zum Abruf i. S. d. § 19a bereit (hierzu und zum elektronischen Versenden § 19a Rn. 22 ff.).

cc) Szenische Lesungen. Szenische Lesungen wortdramatischer Sprachwerke sind ein **10** Grenzfall. Sie können sowohl dem Vortragsrecht als auch dem Aufführungsrecht zuzurechnen sein (näher Rn. 14 ff.). Entscheidend dürfte es in diesem Zusammenhang auf Einsatz und Umfang szenischer Elemente ankommen, wie etwa zusätzlicher Bewegungsarrangements, Auf- und Abtritte der den Text lesenden Schauspieler. Je mehr für eine Aufführung typischen Elemente verwendet werden, desto weniger wird von einem Vortrag i. S. d. § 19 Abs. 1 auszugehen sein (zur Umsetzung des Bühnenwerkes als Sprachwerk i. S. d. § 2 Abs. 1 Nr. 1 durch Inszenierung und Aufführung bzw. Realisation ausführlich *Grunert* 79 ff., 85 ff., 103 ff. m. w. N.). Demgegenüber stellt sich das bloße Lesen mit verteilten Rollen ohne zusätzliche Spielelemente nicht als Aufführung dar (so bereits *Beilharz* 14; ebenso *Staats* 27; *Dreier/ Schulze/Dreier* § 19 Rn. 10; *Dreyer/Kotthoff/Meckel/Dreyer* § 19 Rn. 20; *Fromm/Nordemann/Dustmann* § 19 Rn. 4; *Möhring/Nicolini/Kroitzsch* § 19 Rn. 21; *Schricker/Loewenheim/v. Ungern-Sternberg* § 19 Rn. 10, 20, 22 f.). Letztlich kommt es auf den konkreten Einzelfall an. Konflikte können auftreten, wenn einem Theater ausschließliche Aufführungsrechte und Dritten für dieselbe Spielzeit Rechte für szenische Lesungen eingeräumt werden. Das trifft insb. auf Ur- oder deutschen Erstaufführungen zu. Die RS Bühne schließt deshalb die Einräumung des Vortragsrechts ausdrücklich aus (s. Rn. 22). Szenische Lesungen aus wortdramatischen Werken sind nicht von der VG WORT, sondern vom Bühnenverlag zu genehmigen. Im Übrigen beschränkt sich die VG WORT auf die Wahrnehmung des **Vortragsrechts an vertonten Sprachwerken** und an **öffentlichen Vorträgen** (§ 1 Nr. 10 Wahrn V; dazu Rn. 11). Auch bei erschienener Wortdramatik muss das Vortragsrecht vom Berechtigten (Urheber, Verlag) erworben werden. Gleiches gilt für dramatische Gestaltungen literarischer Texte, die ebenfalls nicht zu den Kleinen Rechten gehören (dazu unten Rn. 16). Hier sind die Rechte vom Buchverlag einzuholen.

2.2 GEMA

b) Vortragsrecht an vertonten Sprachwerken. Die Rechte an vertonten erschie- **11** nenen Sprachwerken liegen bei der VG WORT, die sie der musikalischen Verwertungsgesellschaft GEMA zur Wahrnehmung übertragen hat (s. § 1 Nr. 10 WahrnV, Nr. I 1 Vertrag zwischen der Verwertungsgesellschaft Wort und der GEMA über die Wahrnehmung der Vertonungsrechte an erschienenen Sprachwerken v. 2.12.1994 i. V. m. § 1 Buchst. a) BerV). Erfasst werden hiervon die Rechte an der **Werkverbindung** (§ 9); das Vortragsrecht am Sprachwerk ohne Musik wird weiterhin von der VG WORT wahrgenommen (s. Rn. 12).

12 c) **Dramatisch-musikalische Werke.** Grds. ausgeklammert sind dramatisch-musikalische Werke, deren Nutzungsrechte entweder beim Urheber selbst oder, so der Regelfall, bei einem Musikverlag (Bühnenverlag) liegen. Die GEMA nimmt bei diesen Werken im Umfang der mit den Rundfunkanstalten geschlossenen **Abgrenzungsvereinbarungen** aus dem Jahre 1964/65 nebst Nachträgen aus den Jahren 1965, 1977 und 1981 die sog. **Kleinen Senderechte** wahr. Hierunter fallen im Hörfunk maximal 25, im Fernsehen höchstens 15 Sendeminuten lange Teile, Querschnitte und Ausschnitte aus dramatisch-musikalischen Werken, die in der Wiedergabe insgesamt nicht mehr als 25% des Gesamtwerkes ausmachen und das szenische Geschehen nicht in seinen wesentlichen Zügen darstellen dürfen. Die Kabelweitersenderechte und die daraus folgenden Vergütungsansprüche (§ 20b Abs. 1 S. 1, Abs. 2 S. 3) nimmt die GEMA im Unterschied zur VG WORT (§ 1 Nr. 7 und 14 Wahrn V, ergänzt durch Nr. 4, 5 Inkassoauftrag für das Ausland) nicht aufgrund ihres Vertrages mit den Berechtigten, sondern aufgrund eines Mandatsvertrages wahr. Die Verlagsverträge zwischen Musikverlag und Komponist bzw. Textdichter sehen regelmäßig die Übertragung des Aufführungsrechts am Werk mit oder ohne Ton zur gemeinsamen Einbringung an die GEMA vor (Muster für E- und U-Musikverlagsverträge; Moser/Scheuermann/*Lichte* 1067 ff.; *E. Schulze/M. Schulze* Teil IX. A. 1.9, 1.10; zur rechtlichen Einordnung des Vertrages hinsichtlich der Herstellung und des Vertriebs der Noten bzw. des Textes als Verlagsvertrag und der der GEMA übertragenen Nebenrechte s. Dreier/Schulze/*Schulze* Vor § 31 Rn. 206; *Rossbach/Joss* FS Schricker 1995, 342 ff. m. w. N.; *Schricker* § 8 VerlG Rn. 42). Umstritten ist die Beurteilung und Einordnung der **Darbietung vertonter Sprachwerke**. Während einer Ansicht nach bei verbundenen Werken (§ 9) die auf das bloße Sprachwerk (Libretti, Gesangstexte, „lyrics") beschränkte Darbietung dem Vortragsrecht und umgekehrt die ausschließliche Wiedergabe des Musikanteils dem Aufführungsrecht i. S. d. § 19 Abs. 2 1. Alt. unterfallen soll (so die wohl h. M., Dreier/Schulze/ *Dreier* § 19 Rn. 4; Dreyer/Kotthoff/Meckel/*Dreyer* § 19 Rn. 20; Loewenheim/*Hoeren* § 21 Rn. 30, 31; Fromm/Nordemann/*Dustmann* § 19 Rn. 14 f.; Schricker/Loewenheim/ *v. Ungern-Sternberg* § 19 Rn. 4; *Rehbinder* Rn. 215; Mestmäcker/Schulze/*Haberstumpf* § 19 Rn. 10; *Staats* 25 f.; Kreile/Becker/Riesenhuber/*Staudt* Kap. 10 Rn. 52 zu § 1 Buchst. a GEMA-BerV; ohne Stellungnahme *Haberstumpf* Rn. 170), ordnet die Gegenmeinung beides Letzterem zu (so unter Hinweis auf das „allgemeine Sprachempfinden" ablehnend Möhring/Nicolini/*Kroitzsch* § 19 Rn. 9; ähnlich *Beilharz* 88 f.). Angesichts der vorstehend wiedergegebenen Regelungen kommt der Frage, ob die **Darbietung eines vertonten Sprachwerkes** hinsichtlich des Sprachwerkes rechtlich als Aufführung (§ 19 Abs. 2 1. Alt.) oder aber als Vortrag (§ 19 Abs. 1) zu beurteilen ist, in der Praxis m. E. nur eine beschränkte Bedeutung zu. Die Abgrenzung der beiden alternativen Tatbestände des § 19 Abs. 2 bleibt jedoch für die Schrankenregelung des § 52 Abs. 2 von Bedeutung (dazu § 52 Rn. 18).

2.3 VG Musikedition

13 d) **Vortragsrecht an wissenschaftlichen und nachgelassenen Werken.** Die VG Musikedition nimmt das Vortragsrecht an wissenschaftlichen und nachgelassenen Werken wahr (§§ 70, 71). Zu sog. „kritischen Ausgaben" musikalischer Werke s. § 70 Rn. 15, zum Schutz nachgelassener Werke § 71 Rn. 9.

III. Aufführungsrecht (§ 19 Abs. 2)

1. Bedeutung

Die Vorschrift (Abs. 2) regelt zwei zu unterscheidende Sachverhalte: die Darbietung von 14
Werken der Musik, die öffentlich zu Gehör gebracht werden (§ 19 Abs. 2 1. Alt.), und die
bühnenmäßige Aufführung wortdramatischer und dramatisch-musikalischer Werke (§ 19
Abs. 2 2. Alt.).

2. Abgrenzungen

a) Darbietung von Werken der Musik. Konzertwerke, Lieder, Songs unterfallen der 15
ersten Alternative. Die musikalischen Aufführungsrechte werden von der **GEMA** nach
Maßgabe ihres Berechtigungsvertrages wahrgenommen (Komponist, Librettist, Musikverlag). Die Bestimmung des § 1 Buchst. a) BerV (alt) nannte in diesem Zusammenhang zunächst „Werke der Tonkunst mit und ohne Text, jedoch unter Ausschluss der bühnenmäßigen Aufführung dramatisch-musikalischer Werke, sei es vollständig, als Querschnitt oder in größeren Teilen". Gegenstand der Rechtewahrnehmung waren danach ferner „Bühnenmusiken, soweit sie nicht integrierender Bestandteil des Bühnenwerkes sind, Bühnenschauen, Filmbegleitmusik, Einlagen in Revuen, Einlagen in Operetten, Possen und Lustspielen, melodramatische und Kabarettaufführungen, sofern es sich nicht um die Aufführung von Bestandteilen dramatisch-musikalischer Werke in anderen Bühnenwerken handelt". Die Bestimmung wurde 2011 neu dahin gefasst, dass wahrgenommen werden: „die Aufführungsrechte an Werken der Tonkunst (mit oder ohne Text, jedoch unter Ausschluss des Rechts der bühnenmäßigen Aufführung dramatisch-musikalischer Werke vollständig, als Querschnitt oder in größeren Teilen). Der Ausschluss umfasst auch die bühnenmäßige Aufführung sonstiger Werke der Tonkunst (mit oder ohne Text) als integrierende Bestandteile dramatisch-musikalischer Bühnenstücke, z.B. im Rahmen von Balletten oder Hit-Musicals. Unerheblich ist, ob die Werke eigens für die Umsetzung auf der Bühne geschaffen worden sind." Im Übrigen bleibt es bei der bisherigen Regelung. Die GEMA hat einen Fragebogen „Großes Recht" bei Werken der U-Musik erarbeitet, der es zusammen mit einer „Checkliste" und einem „Leitfaden für Indizwirkungen" erleichtern soll, die Wahrnehmung der Rechte durch GEMA oder Verlag verlässlich festzustellen. Eine offizielle Anwendungsrichtlinie lag bei Redaktionsschluss dieses Kommentars (Ende 2013) noch nicht vor. Die jetzige Fassung, die lediglich klarstellenden Charakter haben soll, ermöglicht die individuelle Rechtewahrnehmung insbesondere von Einzeltiteln musikalischer Werke oder deren Verbindung mit weiteren Titeln im Rahmen eines neu geschaffenen Bühnenwerkes. Die Regelung zielt auf Bühnenproduktionen, die auf eingängige musikalische Werke zurückgreifen und diese in eine Rahmenhandlung einbinden. In diesem Sinne verstanden, könnte die Neufassung des § 1 Buchst. a) BerV den Anwendungsbereich des Tarifs „Vergütungssätze U-Büh für die Nutzung von Rechten an Bühnenaufführungen aus vorbestehenden Werken des Kleinen Rechts im Zusammenhang mit Shows, Compilation Shows, Revuen etc." u.U. einengen, ohne ihn jedoch insgesamt in Frage zu stellen. Im Einzelfall entfiele die Zuständigkeit der GEMA bei den nach dem Tarif U-Büh zu lizenzierenden Compilation-Shows. Die Theater wären dann auf den Erwerb der Nutzungsrechte bei den Verlagen verwiesen. Die GEMA hat zum **musikalischen Aufführungsrecht** eine Reihe weiterer Tarife aufgestellt, mit denen die Nutzung musikalischer Werke jeweils gesondert für einzelne Sparten erfasst wird (Überblick bei *Kröber* in *Moser/Scheuermann* 702 ff.; *Staats* 53 ff.; zur Tarifgestaltung bei Freiluftkonzerten *Witz/Schmidt* ZUM 1999, 819 ff.; *G. Schulze* ZUM 1999, 827 ff.; zur AGB-Kontrolle von Berechtigungsvertrag, Verteilungsplan und sonstigen Normen BGH GRUR 2002, 332, 333 ff. – Klausurerfordernis; BGHZ 163, 119, 127 f. – PRO-Verfahren; LG München I, Urt. v. 24.5.2012 – 7 O 2860/11 –, betrifft früheren Verteilungsplan Wissenschaft der VG WORT; § 7 WahrnG Rn. 1).

16 **b) Bühnenmäßige Aufführung. aa) Wortdramatische und dramatisch-musikalische Werke.** Für Sprechtheater und Musiktheater geschaffene Werke sind Bühnenwerke (§ 19 Abs. 2 2. Alt.). Unter den Regelungsbereich der Vorschrift fallen darüber hinaus auch solche Werke, die objektiv für eine Aufführung geeignet sind (*Staats* 94 f.; Schricker/ Loewenheim/*v. Ungern-Sternberg* § 19 Rn. 16 f., 27; Kreile/Becker/Riesenhuber/*Staudt* Kap. 10 Rn. 58; BGHZ 142, 388, 395 – Musical-Gala; BGH ZUM 2008, 953 ff. – Musical Starlights). Auf eine zusätzliche Zweckbestimmung oder Widmung seitens des Urhebers kommt es dabei nicht an (so aber *Karbaum* GEMA-Nachrichten 152 (1995), 117). Nach ständiger Rechtsprechung liegt eine bühnenmäßige Aufführung vor, wenn das Werk durch ein für das Auge oder für Auge und Ohr bestimmtes bewegtes Spiel dargeboten wird (BGHZ 142, 388, 395 f., 397 – Musical-Gala unter Bezugnahme auf BGH GRUR 1960, 606, 608 – Eisrevue II; BGH GRUR 1962, 604, 605 – Eisrevue I; BGH GRUR 1962, 256, 257 – Im weißen Rößl; OGH ZUM 2006, 113, 115 f. – Die Bakchantinnen). Diese Abgrenzung zur Darbietung eines Musikwerkes i. S. d. 1. Alt. entspricht im Wesentlichen der überkommenen, freilich schillernden Definition der Praxis von Kleinen und Großen Rechten. Mit ihr wird an die Wahrnehmung des Aufführungsrechts durch Verwertungsgesellschaften (Kleines Recht) und durch den Urheber bzw. seinen Bühnen-/Musikverlag (Großes Recht) angeknüpft (LG München I ZUM 2005, 849, 851; Fromm/Nordemann/ *Dustmann* § 19 Rn. 17 ff.; Schricker/Loewenheim/*v. Ungern-Sternberg* § 19 Rn. 27 ff.; Möhring/Nicolini/*Kroitzsch* § 19 Rn. 27 ff.; Dreier/Schulze/*Dreier* § 19 Rn. 23; Dreyer/ Kotthoff/Meckel/*Dreyer* § 19 Rn. 13, 45 ff.; Loewenheim/*Hoeren* § 21 Rn. 33 ff., 39; *Schack* Rn. 403; *Rehbinder* Rn. 215; *Kurz* Teil 3 Kap. 13 Rn. 80 f., 168 ff.; ausführlich *Hubmann* GEMA-Nachrichten 1959, 11, 13 f.; *Haensel* GEMA-Nachrichten 1959, 22 ff.; *Staats* 58 ff., 62 ff., 94 f.; *Karbaum* GEMA-Nachrichten 152 (1995), 117). Einigkeit besteht darin, dass ausschließlich Urheber selbst oder ihre Verlage Aufführungsrechte für originär dramatisch-musikalische Werke einräumen können. Zu konzertanten Aufführung von Bühnenwerken und sog. Vertanzungen s. Rn. 19.

17 **bb) Grenzfälle.** Die Zuordnung kann in den Fällen zweifelhaft sein, in denen das wortdramatische oder dramatisch-musikalische Werk **Teile aus anderen Musikwerken** enthält, die – wie Songs oder Konzertwerke – selbst keine dramatisch-musikalischen Werke sind und deshalb als Kleines Recht bei der GEMA liegen. Hierbei geht es einmal um die Benutzung einzelner Songs, die in bereits vorbestehende dramatische Werke aus dramaturgischen Gründen eingefügt werden. Bei einer zweiten Fallgruppe ist es umgekehrt: Das dramatisch-musikalische Werk entsteht erst durch eine fiktive Rahmenhandlung, die eine Abfolge bekannter Musiktitel lose miteinander verbindet. Sie bilden den eigentlichen Kern dieser – meist als Musical angelegten – Produktionen, die sich den beim Zuschauer mit dem Wiedererkennen der Originaltitel verbundenen Imagetransfer zunutze machen (zu markenrechtlichen Gesichtspunkten vgl. KG ZUM 2000, 512 – Gute Zeiten, Schlechte Zeiten, zu persönlichkeitsrechtlichen Aspekten BGHZ 114, 214, 217 – Marlene Dietrich; zu Kommerzialisierungstendenzen *Wandtke* KUR 2003, 144; *Beuthien* ZUM 2003, 261 sowie Rn. 35).

3. Praxis

18 **a) Werkteilnutzungen auf der Grundlage des Tarifs U-Büh. aa) Werkverbindungen Kleines/Großes Recht.** Die GEMA hat mit dem bereits 1999 aufgestellten besonderen Tarif U-Büh versucht, eine praxisgerechte Lösung für die Lizenzierung derartiger Werkverbindungen zu finden, bei denen die musikalischen Werkteile integrierender Bestandteil der genannten Darbietungen werden. Ziel war ein einfaches Verfahren, nach dem die Nutzungsrechte an einer Vielzahl zeitlich oft sehr kurzer und zudem bei verschiedenen Rechtsinhabern liegenden Werkausschnitten für bestimmte Erscheinungsformen von Bühnenaufführungen an einer einzigen Stelle erworben werden konnten (zu den hiervon abzugrenzenden Musikeinlagen in Bühnenwerken Rn. 20; vgl. auch Dreier/Schulze/*Dreier* § 19 Rn. 23). In der Vergangenheit war es wiederholt zu Differenzen darüber gekommen, ob die Werkteilnutzung vom jeweiligen Musikverlag (Großes Recht) oder von der GEMA (Kleines Recht) genehmigt werden musste. Nach BGHZ 142, 388, 395 f. – Musical-Gala soll der mit der Benutzung von Werken des Kleinen Rechts in einer Bühnenaufführung verbundene „qualitative Umschlag" zum Großen Recht dieser Werke die Rechtewahrnehmung durch die Verwertungsgesellschaft grds. nicht ausschließen. Mit dieser Auslegung des § 1 Buchst. a) BerV (alt) durch die Rechtsprechung erscheint auch die Vergabe von Nutzungsrechten durch die GEMA in Anwendung des Tarifs U-Büh im Prinzip rechtlich als hinreichend abgesichert. Die Neufassung der Vorschrift dürfte hieran nichts geändert haben (s. aber Rn. 15). Schwierigkeiten bei der Lizenzierung ergeben sich dann, wenn – wie insb. bei angloamerikanischem Originalrepertoire – die Musikverlage aufgrund ihrer Verträge nicht berechtigt sind, die Werkteilnutzung zu gestatten, die GEMA als Verwertungsgesellschaft aber gerade hierzu verpflichtet ist (§ 11 WahrnG). Derartige Konfliktsituationen ließen sich mit einer an die Regelung des § 1 Buchst. i) BerV angelehnten Handhabung vermeiden, die dem Berechtigten in den dort genannten Fällen die Möglichkeit eröffnet, die der GEMA auflösend bedingt übertragenen Rechte ggf. selbst wahrzunehmen (so bereits *Staats* 132 ff., 135, der sich für die unbegrenzte Wahrnehmung auch des bühnenmäßigen Aufführungsrechts durch die GEMA ausspricht und hierfür eine ausdrückliche Klarstellung in § 1 Buchst. a) BerV verlangt, da der Umfang Rechteeinräumung nicht durch einen Tarif bestimmt werden könne). Das mit dem Tarif U-Büh verfolgte Ziel einer vereinfachten Rechtevergabe dürfte im Wesentlichen erreicht worden sein. Die Handhabung durch die Bezirksdirektionen der GEMA scheint nach wie vor nicht einheitlich zu sein, so dass im Einzelfall Abgrenzungsprobleme zum Anwendungsbereich des Tarifs für Musikeinlagen nicht auszuschließen sind (krit. hierzu sowie zur Normenklarheit des BerV und der Tarife *Staats* 53, 112 ff., 116 ff.; *Augenstein* UFITA 222, 58 ff.). Den Vergütungssätzen des Tarifs U-Büh liegt eine pro-rata-temporis-Regelung zugrunde. Die Obergrenze der Gesamtvergütung beträgt 15 % der Roheinnahme. Berücksichtigt wird die Spieldauer der von der GEMA lizenzierten Musikwerke im Verhältnis zur Gesamtspieldauer aller verwendeten Titel unter Einschluss der von den Bühnenverlagen als Großes Recht genehmigten Werkverwendungen. Die Pauschalvergütungen schwanken je nach Fassungsvermögen des Veranstaltungsraumes zwischen € 31,– (Stufe 1 bis zu 100 Personen) und € 245,– (Stufe 6 über 1200 Personen).

bb) Werke des Großen Rechts. Teile und Einzeltitel aus dramatisch-musikalischen Werken sowie Ballettaufführungen sind als Großes Recht vom Geltungsbereich des Tarifs U-Büh ausdrücklich ausgeklammert. Die sog. **Vertanzung** von Konzertwerken, von Werken, die vom Komponisten nicht von vornherein als Ballettmusik geschaffen worden sind, bedarf wegen einer möglichen Beeinträchtigung urheberpersönlichkeitsrechtlicher Belange der Einwilligung des Rechtsinhabers (§ 14; so auch *Staats* 122; OLG Frankfurt v. 31.12.1999 – 11 W 19/99 – [nicht veröffentlicht] für Vertanzung nicht für die Bühne bestimmter Konzertwerke von Richard Strauss). Werden mehrere Konzertwerke vertanzt und durch eine lose Erzählhandlung zu einem choreografischen Werk zusammengefügt, dürfte es i.d.R. an der Vermittlung eines in sich geschlossenen dramatischen Gesamtgeschehens fehlen (BGHZ 142, 388, 396 – Musical-Gala). Vorbehaltlich der aus persönlichkeitsrechtlichen Gründen erforderlichen Zustimmung von Urheber/Verlag, kommt in diesen Fällen eine Lizenzierung durch die GEMA in Betracht (Kreile/Becker/Riesenhuber/*Staudt* Kap. 10 Rn. 60). Die Vertanzung konzertanter Werke führt i.d.R. zu einer neuen Werkverbindung von Choreografie, Musik und ggf. Erzählhandlung, die die Zustimmung aller Urheber erforderlich macht (§ 9 Rn. 2 ff.; zu choreografischen Werken § 2 Rn. 74 ff. sowie unten Rn. 24). Nach wie vor unterschiedliche Auffassungen bestehen hinsichtlich **konzertanter Aufführungen von Bühnenwerken:** Während Musikverlage davon ausgehen, dass eine konzertante Aufführung nichts am Charakter des Werkes als Werk des Großen Rechts ändere und Nutzungsrechte daher ausschließlich von ihnen eingeräumt werden könnten, sieht sich die GEMA ihrerseits grds. zur Lizenzierung berechtigt (Kreile/ Becker/Riesenhuber/*Staudt* Kap. 10 Rn. 60). Begründet wird das mit dem Wortlaut des § 1 Buchst. a) BerV. Hiergegen ließe sich einwenden: Von der kollektiven Rechtewahrnehmung ausgeschlossen sind nicht nur originäre Bühnenwerke, sondern schlechthin alle Werke, die als dramatisch-musikalische Werke bezeichnet werden können (so ausdrücklich BGHZ 142, 388, 395 – Musical-Gala). Entscheidend ist in diesem Zusammenhang die oben bereits angesprochene objektive Eignung für eine szenische Wiedergabe des Werkes (Rn. 16). Die Rechtsprechung hält diese Werke für den Bühnenwerken vergleichbar, wenn und soweit „schon im Ablauf der Wiedergabe des Werkes ein geschlossenes, dramatisch angelegtes Geschehen vermittelt wird". Entscheidend ist, „ob ein sinnvoller Handlungsablauf erkennbar wird" (BGHZ 142, 388, 396 – Musical-Gala; BGH ZUM 2008, 953 ff. – Musical Starlights). Bei der Auslegung des Umfangs der der GEMA eingeräumten Rechte ist der Zweckübertragungsgedanke und damit letztlich die Möglichkeit einer effektiven Rechtewahrnehmung zu berücksichtigen. Lassen sich die Rechte individuell wahrnehmen, ist für eine insoweit subsidiäre kollektive Ausübung kein Raum. Aus diesem Grunde scheidet die Lizenzierung konzertanter Aufführungen dramatisch-musikalischer Werke jedenfalls dann aus, wenn es um die vollständige Werkwiedergabe geht. Ebenso wenig lassen sich entsprechende Senderechte für den Hörfunk außerhalb der Zeitgrenze von 25 Minuten (s. Rn. 12) auf der Grundlage des § 1 Buchst. c) BerV über die GEMA erwerben. Diese Rechte liegen beim Urheber/Verlag und werden nach Maßgabe der Regelsammlung Bühnenverlage/Rundfunk (Hörfunk) bzw. (RS Hörfunk) eingeräumt. Gleiches trifft für so genannte „Hörballette" zu, bei denen mittels An- oder Zwischenmoderation dem Hörer der Gang der Handlung deutlich vermittelt wird. Zu Werken des Großen Rechts gehören Kompositionen zu choreografierten themenbezogenen Shows, die auf einem Zusammenspiel von Schauspielern und Tieren beruhen (z. B. „Men Horse Opera"). Dass Elemente von Tierdressuren und artistische Leistungen einfließen, die i. d. R. für sich genommen die Voraussetzungen einer persönlich geistigen Schöpfung nicht erfüllen und denen damit der Werkcharakter fehlt (vgl. LG München I UFITA 54 (1969), 320 – Artistische Tierdressuren im Fernsehen; OLG Köln ZUM 2007, 399 – Arabeske; Mestmäcker/Schulze/*Obergfell* § 2 Rn. 102; Schricker/Loewenheim/*v. Ungern-Sternberg* § 2 Rn. 129; *Dreier*/Schulze § 19 Rn. 10; Loewenheim/*Schlatter* § 9 Rn. 90; Fromm/Nordemann/*A. Nordemann* § 2 Rn. 134 f.), schließt diese Zuordnung nicht aus. Für die Höhe der angemessenen Vergütung derartiger Shows fehlen bislang allgemein durchgesetzte urhebervertragliche Regelungen.

20 **b) Musikeinlagen in Bühnenwerken und Bühnenmusik.** Die vom Tarif U-Büh nicht erfassten Werkteilnutzungen vorbestehender Werke, die nicht integrierender Bestandteil des Bühnenwerkes sind, werden von der GEMA auf der Grundlage des Tarifs **Vergütungssätze BM für die Nutzung von Musikeinlagen in Bühnenwerken und Bühnenmusik (Kleine Rechte)** lizenziert. Die Aufführung von Musikwerken in einem völlig anderen Zusammenhang kann die Veränderung der Aussage der Werke nach sich ziehen. In diesem Fall scheidet eine Lizenzierung durch die GEMA als Kleines Recht aus (so LG Leipzig ZUM 2006, 584 f. – Hartz IV – Das Musical).

21 **c) Bühnenwerke.** Die Einräumung des Aufführungsrechts an wortdramatischen (Sprechtheater) und dramatisch-musikalischen (Musiktheater) Bühnenwerken ist unterschiedlich ausgestaltet. Zum Vertragsverhältnis zwischen Urheber und Bühnenverlag s. Rn. 43.

22 **aa) Regelsammlung Verlage (Vertriebe)/Bühnen.** Rechtsträger der im Deutschen Bühnenverein zusammengeschlossenen Theater sind i. d. R. öffentlich-rechtliche Gebietskörperschaften. Zum Teil werden sie als Regiebetriebe bzw. Anstalten des Öffentlichen Rechts geführt (vgl. hierzu *Kurz* 2. Teil 1. Kap. Rn. 1 ff.; *Lange* S. 43 ff.). Die privatrechtli-

§ 19 Vortrags-, Aufführungs- und Vorführungsrecht   23   § 19 UrhG

che Organisationsform hat in den letzten Jahren u. a. im Zusammenhang mit Fusionen verschiedener Häuser deutlich zugenommen. Für diese Theater sowie für einige privatrechtlich organisierte Theater ohne Beteiligung der öffentlichen Hand richtet sich der Geschäftsverkehr im Wesentlichen nach der RS Bühne, die die üblichen Geschäftsgepflogenheiten zusammenfasst (Schütze/Weipert/*Vinck* Form. IX.46 Anhang; *E. Schulze/ M. Schulze* in: Beck'sche Formularsammlung Teil IX. A. 1.12). Die Systematik der RS Bühne wurde Anfang der siebziger Jahre entwickelt und erstmals den Aufführungsverträgen ab der Spielzeit 1976/77 zugrunde gelegt. Anlass hierfür war der stetig steigende Anteil der Zuwendungen aus Haushalten der Länder und Kommunen, die bei der überkommen starren Berechnung der Urhebervergütung ausschließlich nach den Kasseneinnahmen nicht berücksichtigt werden konnten (zur Einbeziehung von Subventionen und Sponsorengeldern sowie anderer messbarer Werte und Vorteile bei der Bestimmung der angemessenen Urhebervergütung i. S. d. § 32 Dreier/Schulze/*Schulze* § 32 Rn. 55 m. w. N.; vgl. auch Schweizerisches BG ZUM-RD 1999, 463, dort für die Einbeziehung von Sponsorengeldern bei der Tarifgestaltung der SUISA). Mit der RS Bühne wurde ein dynamisches Vergütungsmodell eingeführt. Die Höhe der Zuweisungen und Zuschüsse der Gebietskörperschaften und sonstiger öffentlich-rechtlicher und privater Einrichtungen werden regelmäßig in den Summentabellen der Theaterstatistik des Deutschen Bühnenvereins nachgewiesen. Im Rechnungsjahr 2009 lagen die Betriebsausgaben bei insgesamt knapp über TEUR 2 700 000, die Betriebseinnahmen bei um TEUR 480 000, Zuweisungen und Zuschüsse betrugen knapp TEUR 2 200 000 (Theaterstatistik 2009/2010 Summentabellen Teil 12). Der Anteil der Förderung machte damit über 80% der Ausgaben aus. Die bis zur Spielzeit 2004/2005 geltende Fassung (Wiesbaden 1999) wurde mit Wirkung ab der Spielzeit 2005/2006 durch eine Neufassung der RS Bühne (Köln 2005) ersetzt. Die Vergütungssätze der RS Bühne werden von den Bühnen- und Musikverlagen im Verband Deutscher Bühnen- und Medienverlage einerseits und den Theatern im Deutschen Bühnenverein andererseits festgelegt. Die RS Bühne wird in Abständen von zwei bis drei Jahren hinsichtlich der Höhe der Vergütungen aktualisiert. Ihre materiellen Regelungen werden ebenfalls regelmäßig evaluiert. Grundlage hierfür sind die von Theatern und Verlagen bei Abschluss und Durchführung der Aufführungsverträge gesammelten Erfahrungen sowie die Prüfungsergebnisse der bei den Theatern durchgeführten Revisionen (Rn. 44). Die Zusammenstellung der RS Bühne gibt für den Regelfall den Inhalt des im Einzelfall abzuschließenden Aufführungsvertrages wieder, ohne abweichende oder ergänzende Vereinbarungen auszuschließen.

Das Regelwerk der **RS Bühne** ist **keine gemeinsame Vergütungsregel** (§ 36). Sie ist   23
zwischen Rechtevermittlern („Intermediaten") und Verwertern auf Verbandsebene vereinbart (so zutreffend Dreier/Schulze/*Schulze* § 36 Rn. 22 f.; weitergehend *Thüsing* GRUR 2002, 203, 204 f.; Flechsig/Hendricks ZUM 2002, 423, 424 f., die die Einbeziehung entsprechender Normverträge und Regelwerke bei Bestehen treuhänderischer Bindungen zwischen Urheber und Rechtemittler für möglich halten; anders Loewenheim/*Schlatter* § 72 Rn. 56 a. E., die die Vergütungssätze der RS Bühne als „typische gemeinsame Vergütungsregeln" versteht; dagegen auch § 36 Rn. 20). Die urhebervertragsrechtliche Privilegierung des § 36 gilt jedoch auch zugunsten der RS Bühne und der übrigen Regelwerke. Sie stellen insoweit formal ein Weniger gegenüber Gemeinsamen Vergütungsregeln dar. Die Vorschrift des § 36 verdrängt das Kartellierungsverbot der §§ 1, 22 GWB, Art. 81 EG (Loewenheim/Meessen/Riesenkampff/*J. B. Nordemann* § 1 GWB Rn. 224; *J. B. Nordemann* GRUR 2007, 203, 210 ff.; offen gelassen bei Mestmäcker/Schulze/*Hertin* Vor §§ 31 ff. Rn. 26 f.). Während es unter der Geltung der früheren Fassung der RS Bühne (Wiesbaden 1999) üblich war, die wesentlichen Bestimmungen der RS Bühne in die jeweiligen verlagsseitigen Aufführungsvertragsmuster zu inkorporieren, sieht die Kölner Fassung (Köln 2005) verbindliche Muster für den Abschluss von Aufführungsverträgen und Verträgen über Musikmietmaterial zu urheberrechtsfreien Bühnenwerken vor, die ihrerseits den Inhalt der RS

Bühne einzelvertraglich umsetzen. Änderungen und Ergänzungen der RS Bühne können und dürfen nach wie vor vereinbart werden. Sie müssen jedoch im Vertrag in einer eigenen Klausel ausdrücklich benannt werden (s. auch Rn. 31 ff.).

24 **bb) Choreografie.** Aufführungsrechte an choreografischen Werken (§ 2 Abs. 1 Nr. 3) sind nicht Gegenstand der RS Bühne. Choreografische Werke zählen zwar ebenfalls zu Bühnenwerken und unterfallen deshalb grds. dem Regelungsbereich des § 19 Abs. 2 (vgl. auch § 2 Rn. 74 ff.). Die Nutzungsrechte müssen jedoch gesondert neben denen am dramatisch-musikalischen Werk beim Berechtigten (i. d. R. Choreograf, Theater, ggfs. Bühnenverlag) eingeholt und ihrerseits angemessen i. S. d. § 32 abgegolten werden (zu choreografischen Werken § 2 Rn. 74 ff.; *Wandtke* ZUM 1991, 114, 116 ff.; Loewenheim/*Schlatter* § 9 Rn. 82 ff.; *Obergfell* ZUM 2005, 621, 622; Mestmäcker/Schulze/*Obergfell* § 2 Rn. 93 ff.). Verwendet die Choreografie Musik dramatisch-musikalischer Werke, erhöhen sich zwangsläufig die Produktionskosten. Die zusätzlich anfallende Urhebervergütung für Choreografien fallen jedoch nicht in den Vergütungsrahmen der RS Bühne für dramatisch-musikalische Werke. Der Vergütungsrahmen beschreibt ausschließlich die Bandbreite der angemessenen Vergütung des dramatisch-musikalischen Werkes, der von der RS Bühne abschließend bestimmt wird. Die Vergütung für Choreografien kann deshalb die Abgeltung dramatisch-musikalischer Werke nicht verkürzen. Gleiches gilt auch für die sog. Live-Elektronik (Partitureinrichtung mit u. a. Dokumentation der Algorithmen für verschiedene Zuspiel-/Live-Verhältnisse) unabhängig von der Frage, ob insoweit überhaupt eine urheberrechtliche Leistung vorliegt. Werden mehrere nicht-dramatische Musikwerke in einem choreografischen Werk benutzt, kommt allenfalls eine Abgeltung analog RS Bühne in Betracht: Als Werk der Tanzkunst liegt zwar mit dem neu entstandenen Bühnenwerk für sich genommen ein Werk des Großen Rechts vor. Bei bloßer Aneinanderreihung verschiedener Musiktitel wird es indes vielfach an einem zusammenhängenden dramatischen Gesamtgeschehen fehlen (oben Rn. 19). In diesen Fällen erscheint die Anwendbarkeit der ausschließlich auf vorbestehende dramatisch-musikalische Bühnenwerke zugeschnittenen RS Bühne zumindest als näher erläuterungsbedürftig. Unberührt bleibt die aus persönlichkeitsrechtlichen Gründen einzuholende Zustimmung des Urhebers/Verlages, die Voraussetzung für jedwede Nutzung der Musikwerke ist (Rn. 19).

25 **cc) Amateurtheater.** Von der RS Bühne abweichende Vertragsgestaltungen finden sich vor allem im teils professionellen **Amateurtheaterbereich** sowie in Aufführungsverträgen mit **Freien Gruppen, Liebhaberbühnen** und **Schulen.** Besondere Regelwerke gibt es bislang nicht. Die Aufführungsverträge beschränken sich im Wesentlichen darauf, Aufführungsort, Spielzeit und Urhebervergütung zu regeln. Das Aufführungsrecht wird i. d. R. als einfaches Nutzungsrecht eingeräumt, wobei die Aufführungspflicht schuldrechtlich vereinbart ist. Die Urhebervergütung wird zumeist als Pauschale vereinbart. Berechnet sich die Urhebervergütung nach den Einnahmen, zählen zu den zu berücksichtigenden Positionen auch so genannte „Austrittsgelder" – nach der Aufführung bei freiem Eintritt wird um eine „Spende" gebeten – und Sponsorengelder (hierzu Rn. 22). Die übliche Urhebervergütung beträgt für wortdramatische Werke zwischen 10% (Deutschland) und 15% (Schweiz) und für dramatisch-musikalische Werke i. d. R. zwischen 10% und 13% der Roheinnahmen (hierzu Rn. 32). Für **Schulaufführungen** im Unterrichtsfach Darstellendes Spiel an den Gymnasien gelten die Schrankenregelungen der §§ 52 Abs. 1, 52a Abs. 1 (im Einzelnen § 52 Rn. 13, § 52a Rn. 4). Probleme bereitet die Konkretisierung des § 52 Abs. 1 S. 3. Diese Vorschrift wird von Schulen zunehmend als Blankoermächtigung verstanden, Aufführungen generell auch außerhalb des Unterrichts vor Publikum und teils gegen Entgelt durchführen zu dürfen. Rechte werden nicht angefragt, der Abschluss eines Aufführungsvertrages vielfach verweigert (vgl. *Schikowski*, Schule des Unrechts, börsenblatt 16/2012, 15). Die zuständigen Ministerien verschiedener Bundesländer haben sich diesen Fragen mit dem Ziel verbindlicher Leitlinien für Schulen angenommen, um rechtliche Auseinandersetzungen auszuschließen. Die Vergütungsansprüche nach § 52a werden auf Grundlage eines Gesamtvertrages der Bundesländer mit den Verwertungsgesellschaften abgegolten (§ 52a Rn. 22).

dd) Tourneetheater. Besonderheiten ergeben sich bei Aufführungsverträgen mit **26** Tourneeunternehmen: Hier schließt der Verlag i. d. R. sowohl einen Tourneetheaterproduktionsvertrag mit dem Tourneeunternehmen als auch einen darauf bezogenen weiteren Vertrag mit dem örtlichen Veranstalter (allgemein zu Veranstaltungsverträgen Moser/Scheuermann/*Michow* 1257 ff.; zur Haftung des Veranstalters allgemein BGH GRUR 1971, 35, 39 – Maske in Blau; BGH GRUR 1960, 606, 608 – Eisrevue II; BGH GRUR 1956, 515 f. – Tanzkurse; zur Haftung des inländischen Veranstalters für Tourneen ausländischer Künstler OLG Hamburg GRUR 2001, 832, 834 ff., betrifft GEMA-Musikrepertoire). Veranstalter können öffentlich-rechtliche Gebietskörperschaften usw. selbst, aber auch zwischengeschaltete Agenturen sein. Erstere haben sich in der Inthega Interessengemeinschaft der Städte mit Theatergastspielen zusammengeschlossen. Keine Tourneen, sondern genehmigungspflichtige Gastspiele i. S. d. RS Bühne sind **Aufführungen der Staats- und Stadttheater** außerhalb ihrer eigenen Spielstätten sowie **Aufführungen der Landesbühnen** außerhalb ihrer **üblichen regionalen Abstecherorte.** Der Deutsche Bühnenverein führt eine mit dem Veband Deutscher Bühnen- und Medienverlage abgestimmte verbindliche Liste dieser Spielorte. Die Vereinbarung der Gastspielorte allein unter Hinweis auf eigenen Angaben der Theater im „Deutschen Bühnenjahrbuch" hatte sich in der Vergangenheit als zu weit und als zu ungenau erwiesen. Ob es sich bei Aufführungen der Landesbühnen außerhalb des eigenen Bundeslandes um ein Gastspiel oder um die Aufführung an einem ihrer Abstecherorte handelt, war zwischenzeitlich insb. auch im Hinblick auf die Höhe der Urhebervergütung umstritten. Aufführungen an den nicht in die Liste aufgenommenen Abstecherorten werden wie Gastspiele behandelt. Im Unterschied zu Gastspielen der übrigen Theater bedürfen Aufführungen an den üblichen regionalen Abstecherorten keiner zusätzlichen Genehmigung und dementsprechend auch keiner ausdrücklichen Vereinbarung im Aufführungsvertrag. Da die Planung der Tourneen vielfach einen Vorlauf mehrerer Jahre hat, müssen die vom Verlag im Weiteren abgeschlossenen Aufführungsverträge hinsichtlich der Beschränkung der jeweils übertragenen Nutzungsrechte (§ 31 Abs. 1 S. 2) aufeinander abgestimmt werden, um Kollisionen auszuschließen (vgl. §§ 435, 437 BGB).

4. Vergabe von Aufführungsrechten durch Bühnenverlage

Die RS Bühne legt die Parameter für die Berechnung der **Urhebervergütung** (Tantie- **27** men) fest. Geregelt sind darüber hinaus weitere Geldleistungen wie **Musikmaterialmietvergütung** für die mietweise Überlassung von Musikmaterial, **Tonträgerverwendungsvergütung** als Ausgleichszahlung bei Verwendung eines Tonträgers und **Liege- und Verlängerungsvergütung** als pauschalierter Mietzins bei Verbleib des Musikmaterials im Theater über das Ende des Aufführungsvertrages hinaus (hierzu näher *Sikorski* FS Kreile 643, 649; krit. zu Materialvergütungen für sogenanntes reversgebundenes Musikmaterial und die „angemessene Beteiligung" der Urheber *Helmer* UFITA 2006, 7, 13 ff., 44 ff.). Die RS Bühne umreißt typische Vertragspflichten von Theater und Verlag einschließlich besonderer Regelungen bei **Leistungsstörungen** (s. Rn. 41; Dreier/Schulze/*Dreier* § 19 Rn. 23, Vor § 31 Rn. 12; Schricker/Loewenheim/*Schricker* Vor §§ 28 ff. Rn. 81 f., 88 ff.; Fromm/Nordemann/*J. B. Nordemann* Vor §§ 31 ff. Rn. 344; *Kurz* 3. Teil 13. Kap. Rn. 80 f.; vgl. auch Loewenheim/*Schlatter* § 72 Rn. 55 ff.). Nutzungsrechte an choreografischen Werken liegen i. d. R. beim Choreografen selbst und werden von ihm eingeräumt (§ 2 Abs. 1 Nr. 3). Auch soweit die Rechte an Choreografien von Bühnenverlagen wahrgenommen werden, findet die RS Bühne für Rechteeinräumung und Rechteabgeltung grds. keine Anwendung (oben Rn. 24).

28   a) Rechteumfang. aa) Aufführungsrecht als einfaches Nutzungsrecht. Üblicherweise wird das Aufführungsrecht vor allem bei dramatisch-musikalischen Werke als einfaches Nutzungsrecht (§ 31 Abs. 2) für ein bis zwei Spielzeiten eingeräumt, für Uraufführungen, deutsche Erstaufführungen oder andere wichtige Aufführungen sowie i. d. R. bei wortdramatischen Werken als örtlich ausschließliches Nutzungsrecht (§ 31 Abs. 3 S. 1). Die RS Bühne sieht eine **Auswertungspflicht** seitens des Theaters auch bei Einräumung eines einfachen Aufführungsrechts vor und geht damit über die gesetzliche Regelung hinaus, die lediglich eine Berechtigung zur Nutzung gibt (Dreier/Schulze/*Schulze* § 31 Rn. 54, 61; Mestmäcker/Schulze/*Hertin* § 31 Rn. 86 mit Fn. 194). Ferner ist die konkrete Spielstätte im Aufführungsvertrag ausdrücklich zu vereinbaren. Der Hinweis auf den Mindest- und Höchstsatz der Urhebervergütung allein ist kein Indiz dafür (s. u. Rn. 32), dass die Aufführung nicht an einer der sog. Kleinen Spielstätten (Spielstätten bis max. 200 Plätzen) anstelle des Großen Hauses stattfinden darf, für die regelmäßig besondere Pauschalen zugrunde gelegt werden (nicht veröffentlichte Entscheidungen LG Berlin v. 8.9.1998 – 16 O 2/98 – und KG v. 7.3.2000 – 5 U 8259/98). Die **Vorankündigung von Theaterproduktionen** ohne entsprechenden Aufführungsvertrag, unter Tourneeunternehmen aus Akquisitionsgründen nicht ungewöhnlich, stellt nach der Rechtsprechung weder einer Urheberrechtsverletzung (§§ 11, 14) noch eine Verletzung wettbewerbsrechtlicher Grundsätze (§ 3 UWG) dar (so KG v. 5.7.1994 – 5 U 4320/93 – [nicht veröffentlicht]; vgl. auch BGH 1997, 896 – Mecki-Igel III; zu Recht krit. *G. Schulze* FS Nordemann 1999, 237, 256; *G. Schulze* ZUM 2000, 126, 135 f.). Die Interessengemeinschaft der deutschsprachigen Tourneetheater, der die meisten Tourneetheater angehören, befürwortet eine Klärung der Rechte, ehe mögliche Tourneen für eine Buchung angekündigt werden. Auseinandersetzungen insbesondere mit Landesbühnen im Hinblick auf deren Abstecherorte sollen möglichst ausgeschlossen werden. Das **Abstraktionsprinzip** gilt nach überwiegender Ansicht im Urheber(vertrags)recht nicht bzw. nur eingeschränkt (s. Vor §§ 31 ff. Rn. 6). Damit können sich im Zusammenhang mit der Garantie des Rechtebestandes gegenüber dem Theater Schwierigkeiten ergeben, wenn der Bühnenverlag in seinem Vertrag mit dem Urheber nicht vereinbart hat, dass die von ihm getroffenen Verfügungen über das Nutzungsrecht auch im Falle der späteren **Kündigung des Bühnenverlagsvertrages** durch den Urheber Bestand haben sollen (im Einzelnen sehr str., zur eingeschränkten Geltung des Abstraktionsprinzips OLG Hamburg ZUM 2001, 1005, 1007 – Kinderfernseh-Sendereihe; Vorinstanz LG Hamburg ZUM 1999, 858 – Sesamstraße; OLG Karlsruhe ZUM-RD 2007, 76, 77 f. – Künstlervertrag; ebenso LG Nürnberg v. 29.9.1999 – 3 O 7707/99; abweichend, für Weitergeltung üblicher Nutzungsverträge LG München I v. 13.7.1999 – 9 HK I 9146/98 – [beides nicht veröffentlichte Vergleiche]; Dreier/Schulze/*Schulze* § 31 Rn. 16 ff.; Dreyer/Kotthoff/Meckel/*Kotthoff* § 31 Rn. 17; *Schricker* § 9 VerlG Rn. 11a, § 28 VerlG Rn. 26 f.; Schricker/Loewenheim/*Schricker* Vor §§ 28 ff. Rn. 58 ff., 61 f., § 31 Rn. 2, § 35 Rn. 11; Loewenheim/*Loewenheim/J. B. Nordemann* § 26 Rn. 3; anders LG Köln ZUM 2006, 149, 152 f.; OLG Köln ZUM 2006, 927, 928 f., beide für Fortbestand einfacher Rechte bei Rückruf; *Rehbinder* Rn. 322, 353; ähnlich *Schack* Rn. 525 ff. jeweils m. w. N.; sowie § 33 Rn. 8 ff.).

29   bb) RS Bühne (Köln 2005). Die mit Wirkung ab der Spielzeit 2005/2006 in Kraft getretene Neufassung der RS Bühne sieht vor, dass das Theater zur weiteren Nutzung des Bühnenwerkes in dem vom Verlag geschlossenen Aufführungsvertrag berechtigt sein soll, die Urhebervergütung in diesem Falle jedoch unmittelbar an den Urheber gezahlt wird. Die rechtliche Wirksamkeit der Klausel dürfte allerdings begrenzt sein, da sie mit dem Urheber einen Dritten bindet, der nicht selbst Vertragspartei des unter Einbeziehung der RS Bühne geschlossenen Aufführungsvertrages ist. Eine Einschränkung der Verfügungsbefugnis des Urhebers wird sich damit nicht begründen lassen. Der Wert einer solchen Regelung ist eher in dem moralischen Appell an den Urheber zu sehen, die Theaterproduktion doch

§ 19 Vortrags-, Aufführungs- und Vorführungsrecht 30, 31 § 19 UrhG

noch wie ursprünglich geplant zu ermöglichen. Die entsprechende Klausel ist – folgerichtig – von der Rechtegarantie des Bühnenverlages ausdrücklich ausgenommen.

cc) Weitere Nutzungsrechte. Über das eigentliche Aufführungsrecht hinausgehende weitere Nutzungsrechte waren in der Vergangenheit nicht Gegenstand der RS Bühne. Die Kölner Fassung hat hier zu einer Änderung geführt, indem sie sich der Vereinbarung solcher Rechte ausdrücklich geöffnet hat. Soweit für Hörfunk oder Fernsehen bestimmte **Aufzeichnungen von Theateraufführungen** in Betracht kommen, sind die erforderlichen Sende- und ggf. sonstigen Nutzungsrechte für die Produktion beim jeweiligen Theater einzuholen, das sich diese von den Mitgliedern seines Ensembles auf der Grundlage des Normaltarifs (NV) Bühne i.d.R. hat vorab übertragen lassen (§§ 73 ff., 80; krit. hierzu *Wandtke* ZUM 2004, 505, 507 ff.). Die **dramatischen Rechte am Bühnenwerk** selbst werden den öffentlich-rechtlichen Rundfunkanstalten auf der Grundlage weiterer Regelwerke eingeräumt: der Regelsammlungen Rundfunk/Verlage (Hörfunk) – RS HF – und der Regelsammlung Rundfunk/Verlage (Fernsehen) – RS FS –. Da die RS FS zugunsten des deutschen öffentlich-rechtlichen Rundfunks einen Einstrahlungsschutz gegenüber in Deutschland empfangbaren ausländischen Programmen vorsieht, kann sich die Ausstrahlung der Aufzeichnung einer Theateraufführung z.B. am Wiener Burgtheater oder am Schauspielhaus Zürich durch die auch auf Satellit aufgeschalteten Programme von ORF oder SRG SSR idée suisse als problematisch darstellen, wenn den deutschen Sendern für denselben Zeitraum Nutzungsrechte zur Herstellung einer Fernsehproduktion unter Verwendung des betreffenden Bühnenwerkes übertragen worden sind. Die hierfür benötigten Nutzungsrechte, insb. das Senderecht, werden i.d.R. zunächst befristet als ausschließliche Rechte übertragen. Um eine Rechtekollision auszuschließen, bedarf es hier einer sorgfältigen Abstimmung der verschiedenen Verwertungshandlungen. Die Bühnenverlage verfügen i.d.R. auch über die **Abdruckrechte** am Text (Libretto) des Bühnenwerkes. Teilweise liegen diese Rechte bei einem Buchverlag. Das betrifft wortdramatische Sprachwerken, die als Buch publiziert sind. Die Rechte werden den Theatern entgeltlich für den auszugsweisen Abdruck in deren Programmheften und ähnlichen Publikationen zu Verfügung gestellt. Üblich ist vielfach eine betragsmäßige oder prozentuale Beteiligung am Verkaufserlös.

dd) Gegenstand der RS Bühne. Die RS Bühne sieht als Gegenstand der regelmäßigen Rechteeinräumung neben dem Aufführungsrecht folgende Erweiterungen vor: **Abdruckrechte,** soweit der Bühnenverlag hierüber verfügen kann; **Aufzeichnung** der bühnenmäßigen Darstellung auf Bild-/Tonträger und deren Vervielfältigung für bestimmte näher definierte theatereigene Nutzungen gegen zusätzliche Vergütung (Dokumentation von Proben, Archivzwecke, eigene Werbung, Bewerbungen von Ensemblemitgliedern); auf max. 10 Minuten der bühnenmäßigen Aufführung beschränkte **öffentliche Wahrnehmbar- und Zugänglichmachung.** In der Vergangenheit bot insb. der Einsatz von **Übertitelungsanlagen** wiederholt Anlass zu Auseinandersetzungen, wenn es hierüber keine ausdrückliche Vereinbarung im Aufführungsvertrag gegeben hatte (vgl. Rn. 47 ff.). Übertitelt werden nicht nur fremdsprachige, sondern auch Bühnenwerke in deutscher Sprache. Übertitelungen für Theaterproduktionen erarbeiten nicht mehr ausschließlich die Dramaturgien der Theater selbst, sondern zunehmend auch selbständige Übertitler. Diese haben sich als eine neue Berufsgruppe etabliert. Wegen der Kürze der Texte wird eine publizistische Tätigkeit i.S.d. § 2 Satz 2 KSVG für Übertitler im Gegensatz zu Untertitlern verschiedentlich in Frage gestellt, die Versicherung nach diesem Gesetz damit ausgeschlossen. Übertitelungen dramatisch-musikalischer Werke müssen mit dem musikalischen Geschehen synchronisiert sein und stellen an die Texte hohe Anforderungen. Gleiches gilt im Regelfall für Bühnenwerke des Sprechtheaters (vgl. die Rechtsprechung zur Schutzfähigkeit von Abstracts, BGH GRUR 2011, 134, 136 – Perlentaucher; OLG Frankfurt/Main ZUM 2012, 146, 150 – Perlentaucher; *Schmid-Petersen* AfP 2011, 119; *Obergfell* GRUR 2011, 208; *Sajuntz* NJW 2011, 729).

32 b) Urhebervergütung. aa) Parameter. Nach der RS Bühne beträgt die **Urhebervergütung** vorbehaltlich abweichender Vereinbarung insb. bei angloamerikanischen Originalrepertoire seit der Spielzeit 1999/2000 zwischen 13% (Mindestsatz, sog. Netz) und 17% (Höchstsatz, sog. Plafond) der sog. **Roheinnahme.** Dieser Rahmen entspricht der Vereinbarung zwischen Deutschem Bühnenverein und Verband Deutscher Bühnen- und Medienverlage. Erhebung und Auswertung von Aufführungsverträgen mehrerer Spielzeiten hatte ergeben, dass die tatsächlich gezahlte Urhebervergütung im Durchschnitt vielfach unter dem bis dahin allgemein als untere Grenze einer angemessenen Vergütung angesehenen Mindestsatz von 12% gesunken war. (Der korrespondierende Höchstsatz betrug 18%.) Die Angemessenheit der Urhebervergütung für Musikdramatik war mit diesem Befund in Frage gestellt. Die neuen Rahmensätze wurden 1999 zunächst für die Dauer von zehn Spielzeiten bis einschließlich der Spielzeit 2008/2009 festgeschrieben, ihre Geltung inzwischen um weitere zehn Spielzeiten verlängert. Die Vergütung wird alternativ als ein fester Betrag je verkaufter Eintrittskarte festgelegt (sog. **Urheberabgabe**), der nach Theater und ggf. Spielstätte variiert. Der Betrag richtet sich nach der von den Verbänden vorgenommenen Eingruppierung der Theater auf der Grundlage ihrer künstlerischen Etats. Bei der Abrechnung der Tantiemen werden prozentualer Anteil an der Roheinnahme und das konkrete Aufkommen aus dem Kartenverkauf gegenübergestellt. Mindest- und Höchstsatz fungieren als Kappungsgrenzen: Eine Urheberabgabe unter 13% wird auf diesen Prozentsatz angehoben, eine Abgabe, die rechnerisch über 17% liegt, hierauf gekürzt. Die Höhe der üblichen Urheberabgabe ist aktuell bis zum Ende der Spielzeit 2013/2014 festgelegt; gleiches gilt für die Musikmaterialvergütung. Für Aufführungen an sog. **Kleinen Spielstätten** gestaffelt mit bis zu 99 bzw. 100–200 Plätzen (Studios, Foyers usw.) werden innerhalb eines bestimmten (Mindest-/Höchst-)Rahmens pauschalierte **Garantiebeträge** vereinbart, die das Minimum eines wirtschaftlichen Äquivalents für die Rechteübertragung darstellen sollen. Problematisch sind sog. **Klassenzimmerstücke.** Kulturpolitisch gewollt, gastieren Theaterensembles in Schulen. Bislang gibt es hierfür keine Regelung, wie diese Aufführungen abzugelten sind. Die Theater haben in ihren Etats keine Ansätze. Abschläge von der üblichen Urhebervergütung werden im **Kinder- und Jugendtheater,** für **Tagesvorstellungen** sowie für Bearbeitungen gemeinfreier und sog. **teilgeschützte Werke** vereinbart. Welche konkrete Form die geänderte **Schutzfristen-Richtlinie** im Zuge der nationalen Umsetzung insb. für verbundene Werke der **Musikdramatik** annimmt, bleibt abzuwarten (Art. 1 RL 2006/116/EG i.d.F.d. RL 2011/77/EU DES EUROPÄISCHEN PARLAMENTS UND DES RATES über die Schutzdauer des Urheberrechts und bestimmter verwandter Schutzrechte). Für **Festspiele,** bei denen die eingeladenen Produktionen von einer unabhängigen Jury ausgesucht worden sind, gelten Sonderregelungen. Die 1990 eingeführte Tantiemisierung – Berechnung der Urhebervergütung in Höhe von 18% der Roheinnahme bei Zugrundelegung der sogenannten Sollkapazität der betreffenden Spielstätte (fiktive maximale Auslastung der bauseitig vorgegebenen Plätze) – ist für das Berliner Theatertreffen mit Wirkung ab dem Jahre 2011 modifiziert worden. Für **Uraufführungen** und deutsche **Erstaufführungen** werden üblicherweise zusätzliche Vergütungen vereinbart. Die Urhebervergütung für Privattheater beträgt 10% der Roheinnahme, soweit sie nach der RS Bühne eingruppiert sind. Bei **Tourneeproduktionen** (oben Rn. 26) liegt die Urhebervergütung zwischen 10% und 14% (wortdramatische Bühnenwerke) bzw. zwischen 12% und 16% der Roheinnahme (Musikdramatik).

33 bb) Urhebervergütung als angemessene Beteiligung des Urhebers. Die Rechtsprechung sieht mit den in der RS Bühne als Urhebervergütung genannten Vergütungssätzen, die die Theater für die Einräumung des Aufführungsrechts an den Bühnen-/Musikverlag zu zahlen haben, auch die „angemessene" Beteiligung des Urhebers gewährleistet (BGH GRUR 2000, 870 – Salome III sowie weitere Nachweise in Fn. 40; Dreier/Schulze/*Schulze* § 32 Rn. 49). Die unter Berücksichtigung der RS Bühne geschlossenen

Aufführungsverträge entsprechen vom Grundsatz her dem mit dem Gesetz zur Stärkung der vertraglichen Stellung von Urhebern und ausübenden Künstlern v. 22.3.2002 für sämtliche Bereiche des Urhebervertragsrechts verfolgten gesetzgeberischen Anliegen. Die Urheberrechtsreform 2002 hat keine Auswirkungen auf die Vertragspraxis gezeigt (s. Vor §§ 31 ff. Rn. 3).

cc) Textbücher und Musikmaterial. Textbücher zu wortdramatischen Werken und **34** Musikmaterial zu urheberrechtlich geschützten dramatisch-musikalischen Werken wird den Theatern in der Regel mietweise überlassen. Es handelt sich hierbei um Hilfsgeschäfte, die der unkörperlichen Werknutzung dienen bzw. sie erst ermöglichen. Musikmaterial wird dabei zunehmend auf der Grundlage der im sog. Mietrevers enthaltenen Allgemeinen Geschäftsbedingungen zur Verfügung gestellt, die insoweit neben die Regelungen der RS Bühne treten. Zum elektronischen Versenden von Werktexten zu wortdramatischen Bühnenwerken oben Rn. 9.

c) Werkgetreue Aufführung. aa) Theater als Werknutzer. Das Theater als Werk- **35** nutzer und Verwerter kann das Bühnenwerk unter Berücksichtigung der konkreten Spielbedingungen einrichten und hierbei auch ohne besondere Vereinbarung Kürzungen in geringem Umfang vornehmen (§ 39 Abs. 2). Diese sog. **Strichfassung** ist urheberrechtlich nicht relevant (BGH GRUR 1971, 143, 145 – Biografie: Ein Spiel m. Anm. *Bielenberg;* BGH GRUR 1971, 35, 37 – Maske in Blau m. zust. Anm. *Ulmer* 40, 41 f.). Weitergehende Änderungen bedürfen jedoch der ausdrücklichen und i. d. R. vorherigen Zustimmung (Einwilligung) des Verlages. Die Grenzziehung zwischen grundsätzlichem Änderungsverbot (§ 39 Abs. 1) und gesetzlich eröffnetem Spielraum (§ 39 Abs. 2) ist immer wieder neu und in jedem Einzelfall vorzunehmen (s. ausführlich § 39 Rn. 5 ff.). In diesen Zusammenhang gehört auch die Diskussion um die **Werktreue** (Text- und Werkintegrität) einer Produktion, bei der zusätzlich urheberpersönlichkeitsrechtliche Gesichtspunkte eine Rolle spielen, wenn es hierzu keine konkreten vertraglichen Vereinbarungen gibt (§§ 11, 14, 39; hierzu eingehend *Grunert* 90 ff., insb. 109 ff., 128 ff. zu den unterschiedlichen Interessenlagen von Urheber, Bühnenverlag, Theater und Regisseur; *Kurz* 3. Teil 13. Kap. Rn. 42 ff., 46 f.; *Raschèr* UFITA 117 (1991) 21, 26 ff.; *Raschèr* 68 f.; *Meier* UFITA 117 (1991) 43, 52; zum französischen Recht *Lucas-Schloetter* GRUR Int. 2002, 2 ff.; s. auch § 39 Rn. 27 ff. m. w. N.). Die RS Bühne beschränkt sich bislang auf die Wiederholung des Gesetzeswortlauts des § 39 Abs. 2 und bietet insoweit keine Lösungen für mögliche Konfliktfälle an. Der von Bühnenverlagen jenseits des Regelwerkes aufgestellte Katalog kritischer Punkte einer Inszenierung (Einfügen werkfremder Texte, Änderung des Schlusses eines Aktes oder des Werkes sowie der intendierten Werkaussage, Hinzufügen weiterer Rollen, nicht geschlechtsspezifische Rollensetzung, umfangreiche Streichungen; hierzu im Einzelnen *Grunert* 44 ff. m. w. N.), als Beilage zum Aufführungsvertrag mit Warnfunktion gedacht, hat wegen der Zurückhaltung der Theater gegenüber einer ausdifferenzierten generellen Regelung nur zum Teil Eingang in die Neufassung der RS Bühne (Köln 2005) gefunden. Ungeachtet dessen ist dieser Katalog im Ergebnis nicht mehr als die Wiedergabe der bestehenden Rechtslage (*Grunert* 197 mit Fn. 939). Als „Zweifelsfälle" i. S. d. § 39 Abs. 2, die eine vorherige Abstimmung zwischen Verlag und Theater erforderlich machen, sind nunmehr ausdrücklich das Einfügen nicht zum Bühnenwerk gehörender Texte und die nicht geschlechtsspezifische Rollenbesetzung genannt. Die Vereinbarung konkreter Vorgaben für die Inszenierung, wie im angloamerikanischen Raum weitgehend üblich, bleibt auf dem Hintergrund des tradierten Regietheaters bislang eher die Ausnahme. Zur Frage des Anspruchs auf angemessene Vergütung und weitere Beteiligung des Theaterregisseurs für eine Regiefassung § 79 Rn. 12.

bb) Allgemeines Persönlichkeitsrecht. Die Schutzfunktion der Vorschriften und **36** insb. des § 39 bleiben bis zum **Ende der Schutzfrist** erhalten (§ 64). Das maßgeblich aus dem Achtungsanspruch der Menschenwürde (Art. 1 Abs. 1 GG) entwickelte **postmortale Persönlichkeitsrecht** kennt Einschränkungen, die sich aus dem Verblassen des Lebensbildes ergeben (BGHZ 114, 214, 217 – Marlene Dietrich; OLG Hamm NJW 2002, 609 f. – Fritz Winter; weitere Nachweise bei Palandt/*Sprau* § 823 Rn. 90). Die entsprechenden Abstufungen sind nach der hier vertretenen Auffassung nicht geeignet, den Spielraum der Inszenierung im Rahmen des § 39 zu erweitern. Gegen ihre Übernahme spricht, dass das Urheberrecht Interessenabwägungen grds. abschließend regelt (BGHZ 154, 260, 264 f. – Gies-Adler) und die Preisgabe urheberpersönlichkeitsrechtlicher Belange vor Auslaufen des Urheberschutzes mit § 11 S. 1 nur schwer in Einklang zu bringen ist (s. Vor §§ 12 ff. Rn. 10). Das gilt auch für den Fall, dass die Urheberrechte vom Erben wahrgenommen werden (§ 30; gegen Einschränkung Dreier/Schulze/*Schulze* Vor § 12 Rn. 8; Möhring/Nicolini/*Kroitzsch* § 11 Rn. 20; wohl auch Fromm/Nordemann/*Dustmann* Vor § 12 Rn. 7; oben Vor §§ 12 ff. Rn. 3 ff., 10; gegen einen generellen Modernisierungsspielraum schon BGH GRUR 1971, 35, 38 – Maske in Blau m. Anm. *Ulmer* 40, 41; kritisch gegenüber einem gleich bleibenden Schutz § 39 Rn. 24; *Grunert* 113 ff., 122 f.; ähnlich Schricker/Loewenheim/*Dietz* Vor §§ 12 ff. Rn. 31; Loewenheim/*Dietz* § 16 Rn. 111, 117; Dreyer/Kotthoff/Meckel/*Dreyer* Vor §§ 12 ff. Rn. 30).

37   Ob bereits das Bühnenwerk selbst als Textvorlage der Regiearbeit oder erst die Inszenierung durch das Theater in **postmortale Persönlichkeitsrechte** eingreift, ist nach allgemeinen Grundsätzen zu beurteilen (grundlegend BVerfGE 30, 173, 190 – Mephisto; BVerfG ZUM 2008, 323 – Ehrensache; BGH ZUM 2008, 951 – Ehrensache; OLG Hamm ZUM 2010, 453 – Ehrensache, m. Anm. *v. Becker* 456 hierzu ohne weitere Differenzierung zwischen Text und Inszenierung LG Hagen ZUM 2006, 655, 656 ff.; LG Essen ZUM-RD 2006, 92 ff.; LG Hamburg ZUM-RD 2006, 94 ff.; zur Frage von Schadensersatzansprüchen BGHZ 143, 214, 220 ff. – Marlene Dietrich; BVerfG ZUM 2006, 865, 866 ff. – Blauer Engel; BGH ZUM 2006, 211 ff. – Mordkommission Köln; BGH ZUM 2007, 54 f. – kinski.klaus.de; *Claus* UFITA 2004, 23 ff., 37 ff., 91 ff., 115 ff.; *Lichtenstein* UFITA 2005, 81 ff., 176 ff., 221 ff. – beide insb. zur Kommerzialisierung; zum allgemeinen Persönlichkeitsrecht BVerfG ZUM 2007, 829 – Esra mit Anm. *Obergfell* ZUM 2007, 910; BVerfG ZUM 2007, 730, 732 ff. – Contergan; BVerfG ZUM-RD 2007, 453, 456 ff. – Contergan; OLG Hamburg ZUM 2007, 483, 485 ff. – Contergan m. Anm. *Fricke* ZUM 2007, 487 ff.; OLG Frankfurt ZUM 2006, 407, 409 ff. – Rothenburg; LG Koblenz ZUM 2006, 951, 953 ff. – Kommissarin Luca – Das Verhör; *Wandtke* UFITA 2005, 839, 853). Der Verlag garantiert dem Theater regelmäßig, dass das Bühnenwerk Rechte Dritter nicht verletzt, und stellt die Bühne insoweit von Ansprüchen frei. Der Frage einer möglichen Rechtsverletzung kommt damit eine erhebliche praktische Bedeutung zu, und zwar sowohl für das eventuellen Untersagungsansprüchen ausgesetzte Theater als auch für den Schadensersatzansprüche zu gegenwärtigenden Verlag.

38   **cc) Verwendung werkfremder Texte.** Die Verwendung werkfremder Texte ist nicht allein unter dem Gesichtspunkt zu hinterfragen, ob und in welchem Umfang sie als Zitat (§ 51 Nr. 2) die urheberrechtliche Stellung der jeweiligen Rechtsinhaber einschränkt (bejahend OLG Brandenburg ZUM-RD 1997, 483, 485 – Germania 3 Gespenster am toten Mann; teilweise a. A. OLG München ZUM 1998, 417, 419 – Germania 3 Gespenster am toten Mann; dazu § 51 Rn. 4) bzw. als Ausdruck der verfassungsrechtlich garantierten Freiheit der künstlerischen Auseinandersetzung (Art. 5 Abs. 3 S. 1 GG) grds. möglich sein muss (so BVerfG ZUM 2000, 867, 869 – Germania 3 Gespenster am toten Mann unter Aufhebung von OLG München ZUM 1998, 417; dazu – zust. – *v. Becker* ZUM 2000, 864 und – ebenfalls zust. – *Metzger* ZUM 2000, 924; *Haas* ZUM 1999, 834, 836 ff.; zur Funktion des „Kunstzitats" in den verschiedenen Werkgattungen umfassend *Kakies* Rn. 119 ff., 135 ff., 142 ff.). Problematisch wird die Verschmelzung mit dem zur Aufführung gelangenden Originalwerk, wenn sie dessen Aussage zu verändern droht und sich die Regie wegen

§ 19 Vortrags-, Aufführungs- und Vorführungsrecht   39–41   § 19 UrhG

des dann eingreifenden Änderungsverbotes des § 39 Abs. 1 der ausdrücklichen Zustimmung des Urhebers bzw. seines Verlages versichert haben muss (so bereits BGH GRUR 1971, 35, 38 ff. – Maske in Blau; KG ZUM-RD 2005, 381, 383 – Verbot der Aufführung „Die Weber"; Vorinstanz LG Berlin v. 11.1.2005 – 16 O 708/04 [nicht veröffentlicht]; hierzu *Deutscher Bühnenverein* Theaterbrief 1/2005 „Die Weber" – Regie und Urheberrecht).

dd) Abweichende Rollenbesetzung. Gleiches trifft für die nicht geschlechtsspezifische Rollenbesetzung zu, die Vertauschung von männlichen und weiblichen Figuren (cross-over-casting). Auch hier können Konflikte insb. urheberpersönlichkeitsrechtlicher Art entstehen (s. § 39 Rn. 27 ff.; nach der wenig überzeugenden Entscheidung des LG Frankfurt a. M. v. 14.4.1993 – 2/3 O 218/93 – [nicht veröffentlicht] soll die vom Originalwerk abweichende Besetzung hingegen als Bearbeitung (§§ 3, 23, 39 Abs. 2 grds. zulässig sein). Bei gemeinfreien Bühnenwerken ist zu differenzieren: Wird das Originalwerk oder eine vom Theater eigens hergestellte Fassung aufgeführt, scheidet eine Beeinträchtigung aus. Greift die Regie dagegen auf eine urheberrechtlich geschützte Bearbeitung zurück, die hinsichtlich der Besetzung der Anlage des Originalwerkes folgt, und für die sich das Theater die Aufführungsrechte hat ausdrücklich einräumen lassen, können m. E. eigene urheberpersönlichkeitsrechtliche Belange des Bearbeiters berührt sein. 39

ee) Regieleistungen des Theaterregisseurs. Für die Frage der Werkintegrität ist es von nachrangiger Bedeutung, ob die Leistungen des Theaterregisseurs grds. oder im Einzelfall als persönlich geistige Schöpfung i. S. d. § 2 Abs. 2 anzusehen sind (ausführlich § 2 Rn. 55 m. w. N.) und er damit **Urheberschutz** beanspruchen kann (bejahend OLG Frankfurt a. M. GRUR 1976, 199, 201 – Götterdämmerung; ebenso LG Leipzig ZUM 2000, 331, 333 – Csárdásfürstin, im Ergebnis – allerdings Regie als verwandtes Schutzrecht begreifend – bestätigt von OLG Dresden ZUM 2000, 955, 957 – Csárdásfürstin; ebenso OLG München ZUM 1996, 598, 600 – Iphigenie-Projekt; *Raschèr* UFITA 117 (1991) 21, 39 ff.; *Meier* UFITA 117 (1991) 43 ff.; *Hieber* ZUM 1997, 17; ausführlich hierzu *Grunert* 130 ff., sowie KUR 2000, 128, 129 und ZUM 2001, 210, 213; *Raschèr* 91 ff.) oder ihm „lediglich" **Leistungsschutz** (§§ 73 ff.) zuzubilligen ist (dafür *Depenheuer* ZUM 1997, 734; gegen eine schematische Lösung *Kakies* Rn. 77 ff., 82 ff., 86: In Anbetracht der Vielgestaltigkeit der Regiearbeit lässt sich der Regiebegriff nicht deskriptiv umschreiben; zur Rechtslage nach TRIPS, WIPO-Verträgen und Multimedia-Richtlinie *Kloth* 10 ff.; *Flechsig/Kuhn* ZUM 2004, 14, 15 ff.; vgl. zum Leistungsschutz des Hörfunkregisseurs AG Hamburg ZUM 2002, 661, 662 f.). Denn Grundlage seiner insoweit abhängigen Arbeit ist das vorgegebene Bühnenwerk, das Eingriffe durch die Inszenierung nur in dem gesetzlich vorgesehenen und ggf. zusätzlich im Aufführungsvertrag vereinbarten Maße hinnehmen muss (vgl. *Schack* GRUR 1983, 555, 558). Angesichts der weiteren Angleichung der rechtlichen Stellung von Urheber und Leistungsschutzberechtigten (Vor §§ 73 ff. Rn. 2 ff.) erschließt sich die Notwendigkeit einer urheberrechtlichen Qualifizierung der Regieleistungen nicht ohne weiteres (krit. *Kurz* 3. Teil 13. Kap. Rn. 44; s. auch die in einer Theaterzeitschrift dokumentierte Kontroverse anlässlich der juristischen Auseinandersetzungen um die Dresdner Czárdásfürstin: *Raue* Theater heute – Jahrbuch 2000, 150 ff.; *Bolwin* Theater heute Nr. 11/2000, 78 f.; *Raue* Theater heute Nr. 11/2000, 79 f.; ausführlich zum Streit § 2 Rn. 55 m. w. N.). 40

d) Leistungsstörungen. Die Aufführungsverträge sehen bislang in Übereinstimmung mit der RS Bühne regelmäßig eine **Vertragsstrafe** (Konventionalstrafe, „Pönale") **für** den Fall der nicht gehörigen Vertragserfüllung durch das Theater vor (§ 341 Abs. 1 BGB). Hierunter fällt insb. auch die Absetzung der Produktion im Ganzen aus Gründen, die in der Risikosphäre der Bühne liegen, etwa wegen Spielplanänderung, Weggang des Intendanten. Nach der gesetzlichen Konzeption legt die Vertragsstrafe nicht die Mindesthöhe des Nichterfüllungsschadens fest (§§ 325, 281, 280 BGB). Sie ist deshalb anders als im Fall des Strafversprechens wegen Nichterfüllung (§ 340 Abs. 2 S. 1 BGB) nicht auf den Nicht- 41 erfüllungsschaden anzurechnen (arg. § 341 Abs. 2 BGB, so zur Rechtslage vor dem Schuldrechtsmodernisierungsgesetz bereits LG Berlin Schulze LGZ 147; ebenso LG Berlin v. 14.9.1987 – 14 O 461, 467/85 – [nicht veröffentlicht]; LG Hamburg v. 21.11.1988 – 71 O 377/88 – [nicht veröffentlicht]; a. A. ohne weitere Begründung offenbar LG Berlin v. 14.12.1999 – 16 O 449/99 – [nicht veröffentlicht]; zum Verbot der Kumulierung von Vertragsstrafe wegen Nichterfüllung und Nichterfüllungsschaden vgl. § 309 Nr. 6 BGB; BGHZ 63, 256, 259 ff.; BGH NJW 1992, 1096 f.). Die aktuelle Fassung der RS Bühne (Köln 2005) hat insoweit einen Paradigmenwechsel vorgenommen, als die Vertragsstrafe auf einen Schadensersatzanspruch anzurechnen ist. Die Höhe des – prozessual i. d. R. ins Ermessen des Gerichts (§ 287 ZPO) gestellten – Schadensersatzanspruchs wegen Nichterfüllung des Aufführungsvertrages errechnet sich für das konkrete Bühnenwerk aus folgenden Daten: durchschnittliche Aufführungszahl des Werkes oder eines vergleichbaren Werkes innerhalb der Vertragszeit am vertragsschließenden oder an einem vergleichbaren Haus; durchschnittliche Auslastung des vertragsschließenden Theaters; Hochrechnung der fiktiven Roheinnahme auf der Grundlage des durchschnittlichen Kartenpreises.

42 e) **Abrechnungskontrolle und Rechtedokumentation.** RS Bühne (oben Rn. 27 ff.) wie individuelle Aufführungsverträge sehen die Berechtigung des Verlages vor, Abrechnungen der Urhebervergütung und sonstiger Zahlungsverpflichtungen des Theaters/Veranstalters vor Ort prüfen zu lassen. Bei Tourneeproduktionen (oben Rn. 26) ist dieses Recht sowohl im Tourneetheaterproduktionsvertrag als auch im Vertrag mit dem Veranstalter zu verankern, um eine vollständige Abrechnungskontrolle sicherzustellen. Diese Prüfungen wurden in der Vergangenheit von der Ende 2000 aufgelösten Neuen Zentralstelle der Bühnenautoren und Bühnenverleger GmbH durchgeführt (zur rechtlichen Charakterisierung und Abgrenzung gegenüber Verwertungsgesellschaften Fromm/Nordemann/*W. Nordemann* Einl. WahrnG Rn. 9; Loewenheim/*Schlatter* § 72 Rn. 56, 39 m. Fn. 83). Die Kontrolle der Abrechnungen liegt seit 2001 bei der Zentralstelle Bühne Service GmbH für Autoren, Komponisten und Verlage (Berlin). Sie nimmt übergeordnete Aufgaben wahr, die über Rechte und Pflichten aus dem individuellen Vertragsverhältnis Autor/Komponist – Bühnenverlag (dazu unten Rn. 43) hinausgehen: Ihr obligatorischer Beirat, von Bühnenverleger- und Urheberseite paritätisch besetzt, entwickelt Empfehlungen für den Geschäftsverkehr mit Verwertern und Verbänden von Verwertern, die Dokumentation der Rechte an Bühnenwerken und die Revision der Theater und Veranstalter. Sie sind Grundlage der Verhandlungen der zuständigen Bühnenkommission des Verbandes Deutscher Bühnen- und Medienverlage mit dem Deutschen Bühnenverein. Originäre Bühnenwerke werden vom Rundfunk aufgezeichnet, darüber hinaus eigens für Hörfunk, Fernsehen und Film bearbeitet. Die strikte Trennung zwischen Autoren, die ausschließlich für das eine oder das andere Genre schreiben, gibt es nicht mehr. Auf Verlegerseite ist deshalb die Beteiligung eines Mitglieds der Medienkommission vorgesehen, die für die Verhandlungen mit den Sendern verantwortlich zeichnet, um auf diese Weise die bestmögliche Wahrung der Interessen der Urheber sicher zu stellen. Ab der Spielzeit 2001/2002 werden deutschsprachige wortdramatische und zum Teil auch dramatisch-musikalische Bühnenwerke unter der Adresse **theatertexte** nachgewiesen. Die Nutzung ist kostenfrei. Die Rechtekartei der ehemaligen Neuen Zentralstelle der Bühnenautoren und Bühnenverleger GmbH (abgeschlossen 1999) ist dem Landesarchiv Berlin als Dauerleihgabe überlassen worden. Die Zuordnung von Aufführungsrechten an wortdramatischen Bühnenwerken („Rechtewanderungen") ist damit für frühere Zeiträume weiterhin möglich.

IV. Verlagsvertrag zwischen Autor/Komponist und Bühnenverlag

1. Verlagsvertrag

43 Grundlage der Rechtsbeziehungen zwischen Autor/Komponist und Bühnenverlag ist ungeachtet der in der Praxis fast durchgängig verwendeten Bezeichnung **Bühnenverlags-**

§ 19 Vortrags-, Aufführungs- und Vorführungsrecht 44 § 19 UrhG

vertrag ein **Vertrag eigener Art** (§ 311 BGB). Er regelt die treuhänderische Wahrnehmung des Aufführungsrechts und weiterer Nutzungsrechte durch den Bühnenverlag regelt und ist wesentlich durch Elemente der entgeltlichen Geschäftsbesorgung geprägt (BGHZ 13, 115, 119 f. – Platzzuschüsse; BGH GRUR 1975, 495, 497 – Lustige Witwe; Dreier/Schulze/*Schulze* Vor § 31 Rn. 204 ff.; Schricker/Loewenheim/*Schricker* Vor §§ 28 ff. Rn. 81 ff.; Fromm/Nordemann/*J. B. Nordemann* Vor §§ 31 ff. Rn. 337; Mestmäcker/Schulze/*Hertin* Vor §§ 31 Rn. 190; Loewenheim/*Schlatter* § 72 Rn. 12 ff., 30 ff.; *Beilharz* 47 ff.; *Rossbach/Joss* FS Schricker 1995, 333 f., 358 f.; *Goldbaum* 114 ff., 117 ff.; Vertragsmuster: Musikverlagsvertrag für eine Oper bei Schütze/Weipert/*Nordemann* Form. VII. 20; Bühnenverlagsvertrag für wortdramatische Werke bei Schütze/Wiepert/*Vinck* Form. VII. 46; *Beilharz* 95 ff.).

Zu den Grundpflichten des Verlages gehört die angemessene Bewerbung der ihm an- **44** vertrauten Bühnenwerke (Kontaktpflege zu Dramaturgien, Aufnahme der Werke in den Verlagskatalog, regelmäßige Information der in Frage kommenden Verkehrskreise usw.). Bei dramatisch-musikalischen Bühnenwerken kommen Herstellung und Vertrieb des Aufführungsmaterials hinzu (ausführlich *Beilharz* 36 ff., 53 ff., 66 ff.). Eine Verpflichtung, ältere Bühnenwerke nachträglich zu digitalisieren und als pdf-Datei anzubieten, von denen lediglich gedruckte Vervielfältigungsstücke existieren, besteht dagegen nicht (in diesem Sinne das nicht veröffentlichte Urteil des LG Oldenburg v. 19.4.2006, 5 O 1287/01, betreffend plattdeutsche Theaterstücke). Der Bühnenverlag übt die ihm i. d. R. als ausschließliche Rechte eingeräumten Nutzungsrechte nicht selbst aus (hierzu Loewenheim/*Schlatter* § 72 Rn. 16, 31; *Schricker* § 1 Rn. 84 f.; *Rossbach/Joos* FS Schricker 1995, 359 mit Fn. 180), sondern berechtigt als Rechtemittler („Intermedient"; Rechteagentur, so *Grunert* 123) die Verwerter im eigentlichen Sinne (Theater, Tourneeunternehmen, Sender usw.), das Werk in der jeweils vertraglich vereinbarten Weise zu nutzen. Die einzelnen Verlage haben zwar hierzu Vertragsmuster entwickelt, die hinsichtlich der Einräumung von Nutzungsrechten und der Beteiligung der Verlage an den den Urhebern aus der Verwertung ihrer Werke zustehenden Urheber- und sonstigen Vergütungen weitgehend übereinstimmen. Üblich ist die Einräumung umfassender und nicht nur auf das Aufführungsrecht beschränkter Nutzungsrechte für die Dauer der Schutzfrist (§ 64 UrhG). Urheber des Bühnenwerkes erhalten zusammen i. d. R. 75% der von den Theatern abgerechneten Aufführungstantiemen (Schauspiel; bei Musikdramatik kann der Anteil darunter liegen; vgl. auch § 20 Rn. 8). Mit Rücksicht auf die teils erheblichen und sich u. U. erst nach Jahrzehnten amortisierenden Investitionen der Musikverlage fällt die Beteiligung der Komponisten und Librettisten an der Musikmaterialvergütung i. d. R. geringer aus. Ein allgemein verbindlicher Beteiligungsschlüssel lässt sich wegen der Besonderheiten jedes einzelnen Werkes nicht aufstellen. Einzelvertraglich wird ein von Bühnenverlag und Autor/Komponist zu tragender **Abzug** vor der individuellen Verteilung der vom Theater gezahlten Urhebervergütungen vereinbart. Die im gemeinsamen Interesse liegenden übergeordneten Aufgaben werden durch die ZBS Zentralstelle Bühne Service GmbH für Autoren, Komponisten und Verlage wahrgenommen (s. hierzu oben Rn. 42). Dieser Vorabzug wurde nach Gründung der neuen Gesellschaft in mehreren Schritten abgesenkt. Er beträgt ab der Spielzeit 2010/2011 für **Verlag und Urheber** zusammen 0,5% der abgerechneten Roheinnahmen (Loewenheim/*Schlatter* § 72 Rn. 39 mit Fn. 83 a. E. geht demgegenüber davon aus, dass der Vorabzug ausschließlich von Urheberseite aufgebracht wird). Die wiedergegebenen Beteiligungsverhältnisse von Bühnenverlag und Autor/Komponist an den Erträgnissen aus der Verwertung urheberrechtlich geschützter wortdramatischer und dramatisch-musikalischer Bühnenwerke entsprechen dem Gebot der angemessenen Vergütung i. S. d. § 32 Abs. 2 S. 2 (für Aufführungsverträge, die auf der Grundlage der RS Bühne abgeschlossen werden, inzident schon BGH GRUR 2000, 870 – Salome III; vgl. auch BGH ZUM 2002, 144 – Kinderhörspiele; Dreier/Schulze/*Schulze* § 32 Rn. 49, 36 Rn. 22).

2. Exkurs: Künstlersozialversicherung

45   Bühnenverlage werden seit Einführung der Künstlersozialversicherung im Jahre 1983 zur **Künstlersozialabgabe** herangezogen (vgl. § 24 KSVG). Berechnungsgrundlage sind die an ihre Autoren und Komponisten gezahlten „Entgelte für künstlerische [...] Werke oder Leistungen" (§ 25 Abs. 1 S. 1 KSVG). Hierzu zählen in erster Linie die mit den Verlagen vereinbarten Urhebervergütungen, die von Theatern und anderen Verwertern wie insb. dem Rundfunk gezahlt werden. Soweit Materialvergütungen geschuldet sind (Rn. 27, 34), die neben der Urhebervergütung für die Nutzung dramatisch-musikalischer Bühnenwerke Anteile auch für „künstlerische Werke oder Leistungen" enthalten (zur vertraglichen Grundlage *Helmer* UFITA 2006, 38 ff., 44 ff.), unterliegen sie als „Entgelte" im obigen Sinne ebenfalls der Abgabepflicht. Der zeitweise nach Aufhebung der Spartendifferenzierung ab dem Jahre 2000 erheblich gestiegene Abgabesatz erreichte im Jahre 2005 mit 5,8% einen Höchststand. Das entsprach einer Steigerung um 35% gegenüber dem Vorjahr. Diese Entwicklung mündete in das zum 1.7.2007 in Kraft getretenen Dritten Gesetz zur Änderung des Künstlersozialversicherungsgesetzes und anderer Gesetze v. 12.6.2007 (BGBl. I S. 1034). Die Deutsche Rentenversicherung (DRV Bund) hat die Aufgabe, nicht bereits bei der Künstlersozialkasse gemeldete Unternehmen auf eine mögliche Abgabepflicht hin zu erfassen. Die Künstlersozialkasse bleibt zuständig für bereits gemeldete abgabepflichtige Unternehmen, Ein-Mann-GmbHs und Ausgleichvereinigungen (§ 32 KSVG). Die Gesetzesnovelle hat zur Heranziehung breiterer Kreise Abgabepflichtiger außerhalb der sog. Katalogunternehmen geführt (§ 24 Abs. 1 KSVG), außerdem zu einer stärkeren Überprüfung der Versicherungsberechtigung. Beides hat den Abgabesatz stabilisiert. Er beträgt zur Zeit 4,1% (2013). Allerdings blieben weitere Kritikpunkte von Verwerterseite unberücksichtigt, so u. a. unverhältnismäßige Belastungen einzelner Verwertergruppen und insb. das Abstellen auf das Vertragsverhältnis zum Künstler als ausschließlichem Anknüpfungspunkt für die Abgabepflicht. Primärverwerter unterliegen nach wie vor nicht der Künstlersozialabgabe. Für eine Beteiligung dieser Verwerterkreise sprechen rechtliche Gründe: So ist die bloße Vergabe von Nutzungsrechten keine Verwertungshandlung i. S. d. § 15 UrhG (vgl. BGH GRUR 1959, 331, 332 – Dreigroschenroman; BGH ZUM-RD 1997, 546, 549 – Spielbankaffaire; BGH ZUM 1997, 832, 834 – Mecki-Igel III; BGH ZUM 1999, 478, 480 – Hunger und Durst). Es ist urheberrechtlich zweifelhaft, ob etwa Bühnenverlage wie andere Rechtevermittler („Intermedienten") als Verwerter angesehen werden können und unter den Katalog der abgabepflichtigen Unternehmen fallen (§ 24 Abs. 1 KSVG). Die insoweit vergleichbaren in rechtsgeschäftlicher Vertretung tätigen Agenturen sind grds. nicht abgabepflichtig, da die Künstlersozialkasse für die Beurteilung der Abgabepflicht auf die unmittelbaren Rechtsbeziehungen zum Künstler/Publizisten abstellt (zu Künstleragenturverträgen in Abgrenzung zum Künstlermanagement vgl. *Kreutzer* UFITA 2004, 46 f.). Eine Beteiligung der Primärverwerter an der von den Verlagen geschuldeten Künstlersozialabgabe kann schuldrechtlich vereinbart werden. Sie bedarf der Abstimmung mit der Künstlersozialkasse. Die den Verlagen zusammen mit den Urhebervergütungen ausgezahlte Beteiligung – sie unterliegt ebenfalls dem verminderten Steuersatz (§ 12 Abs. 2 Nr. 7 Buchst. c UStG) – fließt in die abzuführende Künstlersozialabgabe ein. Entsprechende Vereinbarungen auf Verbandsebene bestehen im Verhältnis zu Theatern des Deutschen Bühnenvereins, der Interessengemeinschaft der deutschsprachigen Tourneetheater und dem öffentlich-rechtlichen Rundfunk. Darüber hinaus wird eine Beteiligung einzelvertraglich geregelt. Das gilt auch für Unternehmen, die Mitglied einer Ausgleichsvereinigung sind. Die konkrete Abgabepflicht für Urhebervergütungen, die nach Abzug der Verlagsprovision an die Autoren aufgrund der Treuhandbindung weitergeleitet werden und die den ganz überwiegenden Teil ausmachen (§ 25 KSVG), ist auch aus anderem Grunde fraglich: Zahlungen für urheberrechtliche Nutzungsrechte an Verwertungsgesellschaften werden nicht mit der Künstlersozialabgabe belastet (§ 25 Abs. 2 S. 2 Nr. 1 KSVG), weil diese die ihnen von den

Wahrnehmungsberechtigten eingeräumten Rechte lediglich treuhänderisch verwalten (s. Vor §§ 1 ff. WahrnG Rn. 24; Dreier/Schulze/*Schulze* § 6 WahrnG Rn. 3). Anders als bei Bühnenverlagen geschieht das auf kollektiver Grundlage. In der Sache unterscheidet sich die treuhänderische Bindung nicht. Die Heranziehung der Verlage zur Künstlersozialabgabe ist letztlich nur mit der Fiktion eines eigenständigen weiten sozialrechtlichen Unternehmensbegriffs zu rechtfertigen. Die Künstlersozialkasse sah Bühnenverlage ursprünglich als „sonstige Verlage" i. S. d. § 24 Abs. 1 Nr. 1 KSVG an, hat diese Auffassung relativiert (anders noch Finke/Brachmann/*Nordhausen* § 24 Rn. 44). Bühnenverlage sollen jedenfalls als „sonstige Unternehmen" i. S. d. § 24 Abs. 1 Nr. 3 bzw. nach der sog. großen Generalklausel des Abs. 2 KSVG abgabepflichtig sein. Das Abgehen von der ursprünglich angenommenen Rechtsgrundlage ist folgerichtig, nachdem das BSG klargestellt hat (etwa BSG SozR 3–5425 § 24 Nr. 20 [Bl. 124, 129]), dass „Verlage" nur solche Unternehmen sind, auf die das VerlG anwendbar ist bzw. deren wesentlicher Geschäftszweck auf die Vervielfältigung und Verbreitung von Informationsträgern (Medien) gerichtet ist (BSG BeckRS 2004, 40 826 in Abgrenzung zur vorgenannten Entscheidung). Das trifft danach und nach der hier vertretenen Ansicht für Bühnenverlage nicht zu (oben Rn. 43 f.). Bühnenverlage sind überwiegend Mitglied der Ausgleichsvereinigung Verlage, an die sie die Künstlersozialabgabe nach Maßgabe ihres Einzelvertrages abführen. Grundlage der Einzelverträge ist ein Vertrag zwischen Ausgleichsvereinigung und Künstlersozialkasse (§ 32 KSVG). Soweit von einer Verpflichtung zur Künstlersozialabgabe auszugehen ist (§§ 23, 24 Abs. 1 Nr. 3, Abs. 2, 26 KSVG), kommt eine einzelvertragliche **Abwälzung der Abgabe** auf die Urheber nicht in Betracht (§ 36a KSVG, § 32 SGB I). Die Verfassungs- und Gemeinschaftsverträglichkeit des KSVG war nicht zuletzt wegen der Höhe der Künstlersozialabgabe in die Diskussion geraten (grundlegend zur Verfassungsmäßigkeit BVerfGE 75, 108 ff.; zur gemeinschaftsrechtlichen Verträglichkeit ungeachtet sog. Deckungsungleichheiten bei Auslandshonoraren EuGH ZUM-RD 2001, 263 ff., hierzu eingehend *Bader* 123 ff.; vgl. auch Moser/Scheuermann/*Michow* 490 ff.). Die von den Verlagen an die Urheber weitergeleiteten abgabepflichtigen Honorare gehören gem. § 8 Nr. 1 Buchst. f) GewStG i. d. F. des Unternehmenssteuerreformgesetzes 2008 v. 14.8.2007 (BGBl. I S. 1912) nicht in die Bemessungsgrundlage einer von den Verlagen zu entrichtenden Gewerbesteuer auf „Aufwendungen für die zeitlich befristete Überlassung von Rechten".

V. Öffentliche Wahrnehmbarmachung durch Bildschirm u. a. (§ 19 Abs. 3)

1. Bedeutung

Die Regelung gestaltet die untergeordnete integrale technische Vermittlung eines Vortrages bzw. einer Aufführung als **Zweitverwertungsrcht** aus. Diese ist grds. Teil der zugrunde liegenden Rechte. Die öffentliche Wahrnehmbarmachung erscheint aufgrund der Wortwahl („umfassen") als automatischer Annex zu den beiden genannten Formen der unkörperlichen Wiedergabe. Wie sich jedoch aus der **Auslegungsregel** des § 37 Abs. 3 ergibt, besteht diese Zwangsläufigkeit nicht. Vielmehr bedarf es **im** Zweifel der ausdrücklichen Rechteeinräumung (s. § 37 Rn. 7; Dreier/Schulze/*Dreier* § 19 Rn. 14; Dreyer/Kotthoff/Meckel/*Dreyer* § 19 Rn. 29; Fromm/Nordemann/*Dustmann* § 19 Rn. 22, 25; Fromm/Nordemann/ *J. B. Nordemann* § 37 Rn. 10; Möhring/Nicolini/*Kroitzsch* § 19 Rn. 31 ff.; Schricker/ Loewenheim/*v. Ungern-Sternberg* § 19 Rn. 31 ff., 34; Loewenheim/*Hoeren* § 21 Rn. 44; Mestmäcker/Schulze/*Haberstumpf* § 19 Rn. 37). Zur Übertitelung unten Rn. 47.

46

2. Außerhalb des Raumes

a) **Definition.** Gemeint ist die öffentliche Wahrnehmbarmachung außerhalb des Raumes oder Platzes, in die Darbietung stattfindet (Theateraufführung in Studiobühne, Frei-

47

luftkonzerte). Sie ist deshalb nicht auf geschlossene Räume beschränkt, wohl aber auf Räume, die mit dem Ort der persönlichen Darbietung nicht in Verbindung stehen (allg. M.; Dreier/Schulze/*Dreier* § 19 Rn. 13; Dreyer/Kotthoff/Meckel/*Dreyer* § 19 Rn. 31; Schricker/Loewenheim/*v. Ungern-Sternberg* § 19 Rn. 33). Der Einsatz technischer Hilfsmittel am Ort der persönlichen Darbietung selbst ist bereits von Abs. 1 und 2 erfasst (Dreier/Schulze/*Dreier* § 19 Rn. 14). Der dem Vortrags-/Aufführungsrecht untergeordnete Charakter der öffentlichen Wahrnehmbarmachung durch die Art und Weise der technischen Vermittlung muss jedoch immer gewahrt bleiben (Rn. 46). Die Benutzung einer **Übertitelungsanlage** bei Bühnenaufführungen fällt nicht hierunter. Das Aufführungsrecht umschreibt die unmittelbare Werkwiedergabe durch eine persönliche Darbietung. Die Übertitelung insb. eines fremdsprachigen (wortdramatischen) Sprach- oder dramatischmusikalischen Werkes unterstützt nicht die persönliche Darbietung durch technische Hilfsmittel, sondern gibt gerade unabhängig von ihr lediglich den Inhalt des der Darbietung zugrunde liegenden Sprachwerkes (§ 24) oder dessen textliche Vorlage ggfs. in bearbeiteter Form wieder (§ 23; zur Abgrenzung § 24 Rn. 7 ff.; vgl. OLG Köln ZUM 2004, 853 – Verhältnis Drehbuch/Roman bei Verwendung gemeinfreier Gestaltungselemente; OLG München ZUM 2004, 845 – Übersetzung eines Romans als Grundlage eines Fernsehfilmes; LG Braunschweig ZUM 2004, 421 – Monolog-Libretto für Schlossführung; zum Zitatrecht KG ZUM-RD 2002, 462, 467 – Maxi Wander; OLG Hamburg ZUM 2004, 767, 769 – Markentechnik). Sie ist damit grundsätzlich **Vervielfältigung** i. S. d. § 16 Abs. 1 (Dreier/Schulze/*Schulze* § 16 Rn. 6f.) und deshalb, auch soweit es sich um Übersetzungen oder sonstige Bearbeitungen und Umgestaltungen handelt, von der Zustimmung des Urhebers bzw. des Rechtsinhabers abhängig. Die vom Theater selbst verfassten „eigengestalteten" Kurzfassungen eines urheberrechtlich geschützten (Werk-)Textes (Librettos) stellen keine urheberrechtsfreie **Sekundärnutzung** dar (dazu *Erdmann* FS Tilmann 22; LG Frankfurt ZUM 2007, 65, 67). Mit der Aufführung wird zwar immer zugleich das Libretto i. S. d. § 6 Abs. 1 „veröffentlicht", eine Vorschrift, die auch die öffentliche Wiedergabe veröffentlichter Werke umfasst. Entscheidend für das in § 12 verankerte Veröffentlichungs- und Mitteilungsrecht soll bereits die erstmalige Veröffentlichung bzw. Mitteilung unabhängig von deren konkreter Art und Weise sein (str., Dreier/Schulze/*Schulze* § 12 Rn. 4, 6 ff., 23 m. w. N.; Dreier/Schulze/*Dreier* § 6 Rn. 2). Die Übertitelung dient jedoch weder einer von der Aufführung unabhängigen Inhaltsangabe des Bühnenwerkes noch liegt i. d. R. ein Fall der §§ 51, 52 Abs. 1 vor. Sie ist, soweit geschützte Werke betroffen sind und die für die Übertitelung benutzten Passagen wiederum für sich selbst genommen urheberrechtsschutzfähig sind, eine weitere, nämlich selbstständige wiewohl zeitgleiche Begleitnutzung des Sprachwerkes in Form der Vervielfältigung. Da die **Übertitelung** innerhalb des Raumes der persönlichen Darbietung stattfindet, stellt sie auch **keine Wahrnehmbarmachung** i. S. d. Abs. 3 dar. Die verschiedentlich geforderte Einbeziehung der Übertitelung in das Recht der öffentlichen Wahrnehmbarmachung als unselbstständige Facette des Vortrags- und Aufführungsrechts sprengt die Systematik des § 19 Abs. 3 (dafür *Bolwin* ZUM 2003, 1008 f.; ähnlich Resolution des Deutschen Bühnenvereins bei der Jahreshauptversammlung 2012 in Ingolstadt: Urheberrecht behutsam verändern, www.buehnenverein.de/de/publikationen-und-statistiken/urheberpolitische-papiere./html).

48 **b) Art und Weise technischer Vermittlung.** Die nach § 19 Abs. 3 – grds. vorbehaltlich entsprechender vertraglicher Vereinbarung – zulässige technische Vermittlung der persönlichen Darbietung beschränkt sich auf **technische Hilfsmittel** wie **Lautsprecherübertragung,** den Einsatz von **Bildwänden, Monitoren** u. ä. (weitere Beispiele bei Dreier/Schulze/*Dreier* § 19 Rn. 17; Dreyer/Kotthoff/Meckel/*Dreyer* § 19 Rn. 30). Immer muss es sich um technische Maßnahmen handeln, die lediglich ergänzenden, untergeordneten Charakter haben und keine zusätzliche Verwertung eröffnen. Die Vorschrift ermöglicht deshalb weder unmittelbar noch mittelbar den Zugriff auf das Senderecht (§§ 20, 20a) als weiteres selbstständiges Erstverwertungsrecht oder auf das als originäres Zweitverwertungsrecht angelegte Recht der Wiedergabe durch Bild- oder Tonträger (§ 21). Beide Male handelt es sich um urheberrechtlich zu unterscheidende selbstständige Vorgänge, die unabhängig von der unmittelbaren persönlichen Darbietung sind und denen der untergeordnete integrale Charakter fehlt (vgl. Dreier/Schulze/*Dreier* § 19 Rn. 3; Schricker/Loewenheim/ *v. Ungern-Sternberg* § 19 Rn. 35; Mestmäcker/Schulze/*Haberstumpf* § 19 Rn. 38). Gleiches gilt auch für die Wiedergabe von Funksendungen nach Maßgabe des § 22 S. 1, da hier die Existenz einer Funksendung und damit ein Sendevorgang i. S. d. §§ 20, 20a vorausgesetzt wird (Schricker/Loewenheim/*v. Ungern-Sternberg* § 35 Rn. 35 a. E.; abweichend Möhring/ Nicolini/*Kroitzsch* § 19 Rn. 31, der zur Abgrenzung auf die räumliche Nähe zwischen Darbietung und Übertragung abstellen will). Das Internet mit der Möglichkeit des **Live-Streaming** ist **keine ähnliche technische Einrichtung** i. S. d. Abs. 3. Es setzt urheberrechtlich eigenständige Vorgänge voraus, die keine Nähe mehr zum Vortrags- und Aufführungsrecht aufweisen (vgl. Dreier/Schulze/*Schulze* § 31 Rn. 46; Dreyer/Kotthoff/Meckel/ *Dreyer* § 19 Rn. 33 f.).

3. Praxis

a) **Wahrnehmung durch Bühnenverlage.** Im Geschäftsverkehr auf der Grundlage der RS Bühne (Wiesbaden 1999) (oben Rn. 27 ff.) wurde den Theatern das Recht aus § 19 Abs. 3 bislang nicht eingeräumt. Gestattet war lediglich die öffentliche Wahrnehmbarmachung für betriebsinterne Zwecke (vgl. hierzu OLG München ZUM 1993, 42 für Bandaufnahmen für den theater- oder orchestereigenen Gebrauch i. S. d. § 7 TVK) sowie innerhalb des Theaters für zu spät kommende Besucher, die im Besitz einer Eintrittskarte sind. Beides wird im Aufführungsvertrag ausdrücklich festgehalten. Erlaubt ist danach ausschließlich die öffentliche Wahrnehmbarmachung der Produktion zeitgleich zur Aufführung selbst innerhalb des Hauses (Dreier/Schulze/*Dreier* § 19 Rn. 12, 24). Nicht gedeckt von dieser Regelung ist das endlose Abspielen eines ohnehin nach § 21 S. 1 genehmigungspflichtigen Bild-/Tonträgers, insb. wenn die Wiedergabevorrichtung zur Wahrnehmung für Passanten bestimmt ist. Die Neufassung der RS Bühne ermöglicht den Theatern grds. die Wahrnehmbarmachung „innerhalb und außerhalb des Raumes, in dem persönliche Darbietung stattfindet". Mit dieser Wendung, die sich gerade nicht an den Wortlaut des § 37 Abs. 3 anlehnt („außerhalb der Veranstaltung"), wird die überkommene Praxis bestätigt. Ob sie darüber hinaus die Projektion auf **Großbildwände** außerhalb des Theaters (z. B. Theatervorplatz) in dessen unmittelbarer räumlichen Nähe ohne Weiteres zulässt, dürfte ohne konkrete Vereinbarung im Aufführungsvertrag zweifelhaft sein (vgl. Dreier/Schulze/*Schulze* § 37 Rn. 36: Die konkrete Übertragung ist im Hinblick auf die Veranstaltung zu bestimmen; Schricker/Loewenheim/*v. Ungern-Sternberg* § 19 Rn. 34). Die **Wahrnehmbarmachung an beliebigen Orten** in einer Stadt, die keine räumliche Nähe zum Theater aufweisen, ist ohne eine ausdrückliche einzelvertragliche Klarstellung ausgeschlossen. In diesen Fällen steht nicht die Aufführung selbst im Vordergrund. Sondern es geht um die Veranstaltung eines völlig eigenständigen „Events" lediglich aus Anlass der Aufführung. Mit ihm werden zwar nicht nur, aber im Wesentlichen Interessen Dritter befördert, die als Sponsoren für die damit verbundenen nicht unerheblichen Kosten aufkommen, etwa für die der technischen Ausstattung, und dafür im Gegenzug dieses „Ereignis" für die eigene umfassende Vermarktung nutzen können (zum „Public Viewing" § 87 Rn. 22; zum Sponsoring im Zusammenhang mit „Public Viewing Events" von Sportveranstaltungen vgl. auch *Diesbach/Bormann/Vollrath* ZUM 2006, 265, 266 ff.). Von einem ergänzenden Charakter kann hier nicht mehr die Rede sein, unabhängig davon, ob für das „Event" ein zusätzliches Eintrittgeld erhoben wird oder nicht. Die **filmische Aufzeichnung** der **Live-Aufführung** als Voraussetzung für die zeitgleiche öffentliche Wiedergabe ist **Vervielfältigung** i. S. d. § 16 Abs. 2 (BGH ZUM 2006, 318, 320 – Alpensinfonie unter

Verweis auf BGHZ 123, 142 – Videozweitauswertung II) und bedarf daher einer entsprechenden vertraglichen Grundlage, womit wiederum der Anspruch von Urhebern wie ausübenden Künstlern auf eine angemessene Vergütung einhergeht (§§ 79 Abs. 2, 32 ff.). Die RS Bühne sieht das Vervielfältigungsrecht ausschließlich für „theatereigene Nutzungen" und „theatereigene Zwecke" vor. Das sind: die Realisierung der bühnenmäßigen Darstellung, Archivzwecke und in Einzelfällen die Verwendung für Bewerbungen der Mitwirkenden. Die ebenfalls gestattete Wahrnehmbarmachung für eigene Werbezwecke des Theaters ist auf zehn Minuten der bühnenmäßigen Aufführung beschränkt. Der vom Aufführungsvertrag in Bezug genommene Rechtekatalog der RS Bühne schied in der bis zur Spielzeit 2007/2008 geltenden Fassung als Rechtsgrundlage für eine öffentliche Wiedergabe des Bühnenwerkes im Rahmen derartiger „Events" aus (§§ 96 Abs. 1, 15 Abs. 2), was zur Aufnahme einer Sonderregelung ab der Saison 2008/2009 führte.

50 **b) Wahrnehmung durch Verwertungsgesellschaften.** Die vorstehende Praxis besteht sowohl für das Sprechtheater als auch hinsichtlich der für das Musiktheater geschaffenen Werke des Großen Rechts.

51 **aa) Musiktheater.** Die der **GEMA** übertragenen **Rechte der Lautsprecherwiedergabe** einschließlich der Wiedergabe von dramatisch-musikalischen Werken durch Lautsprecher (§ 1 Buchst. c) BerV) kommen hier nicht zum Tragen: Die **Wahrnehmbarmachung dramatisch-musikalischer Werke** ist gem. § 1 Buchst. g) Doppelbuchst. bb) BerV generell dem Berin Theatern i. S. d. § 19 Abs. 3 iechtigten vorbehalten. Eine Vorschrift, die die erstgenannte Regelung als speziellere verdrängt. Der Berechtigungsvertrag berührt nicht den im Gesetz angelegten untergeordneten Charakter der Wahrnehmbarmachung; insofern gilt das oben Gesagte (Rn. 44 ff.; Kreile/Becker/Riesenhuber/Staudt Kap. 10 Rn. 99 f., 106 m. Fn. 19: Übertragen werden die Rechte nur für den Sachverhalt zu spät kommender Besucher).

52 **bb) Sprechtheater.** Die **VG WORT** nimmt keine wortdramatischen Rechte wahr; ein ergänzendes Recht zur Wahrnehmbarmachung scheidet deshalb aus bzw. es beschränkt sich auf öffentliche Vorträge (vgl. Merkblatt VG WORT).

53 **cc) VG Musikedition.** Der VG Musikedition sind keine Rechte zur Wahrnehmbarmachung übertragen.

VI. Vorführungsrecht (§ 19 Abs. 4)

1. Bedeutung

54 Die Vorschrift des Abs. 4 regelt die Befugnis, die in S. 1 im Einzelnen aufgeführten Werkarten i. S. d. § 2 Abs. 1 Nr. 4–7 durch **technische Einrichtungen** öffentlich wahrnehmbar zu machen. Hierunter fallen ebenso wenig wie bei § 19 Abs. 3 (s. Rn. 46 ff.) urheberrechtlich selbstständig zu bewertende Vorgänge. So ist etwa die öffentliche Wiedergabe von Filmen im Pay-TV keine „Filmvorführung", sondern es wird das Senderecht (§§ 20 ff.) in Anspruch genommen (vgl. BFH ZUM-RD 2007, 106, 107 zu den an den Wortlaut der Bestimmung anknüpfenden umsatzsteuerlichen Regelungen). Die Vorschrift gibt ins. nicht das Recht, eine bereits gesendete oder öffentlich zugänglich gemachte Aufzeichnung der nach Abs. 1 und 2 geschützten Werke öffentlich wahrnehmbar zu machen (§ 19 Abs. 4 S. 2).

2. Insb. Filmwerke

55 **a) Filmmusik.** In diesem Zusammenhang praktisch am bedeutsamsten ist das Recht zur Vorführung von Filmwerken, dessen Umfang mit Blick auf die besonderen Bestimmungen über Filme (§§ 88 ff.) strittig ist (vgl. § 88 Rn. 42).

Das trifft insb. für die Anwendbarkeit der Vorschrift auf die bei der Vorführung des Filmwerkes gleichzeitig wiedergegebene Filmmusik zu. **56**

aa) Wiedergabe durch Tonträger. Wegen der fehlenden Erwähnung der für die Her- **57** stellung des Filmwerkes benutzten Werke wie Roman, Drehbuch und Filmmusik (§ 89 Abs. 3) in der Aufzählung der Werkgattungen spricht viel dafür, dass sich die **Vorführung** insoweit **nicht** auf die Wiedergabe der **Filmmusik** erstreckt. Die Wiedergabe der aufgezeichneten Filmmusik stellt sich bei dieser Betrachtung vielmehr als eine **Wiedergabe durch Tonträger** i. S. d. § 21 S. 1 dar (vgl. BGHZ 63, 56, 65 ff. – Schmalfilmrechte; BGHZ 123, 149, 151 f. – Verteileranlage in Haftanstalt; Dreier/Schulze/*Dreier* § 19 Rn. 16; Dreyer/Kotthoff/Meckel/*Dreyer* § 19 Rn. 36; Schricker/Loewenheim/*v. Ungern-Sternberg* § 19 Rn. 36 ff.; Möhring/Nicolini/*Kroitzsch* § 19 Rn. 34 f.; Fromm/Nordemann/ *Dustmann* § 19 Rn. 28; a. A. *Rehbinder* Rn. 216).

bb) Rechtewahrnehmung. Sowohl das Recht, vorbestehende Musikwerke zur Herstel- **58** lung eines Filmwerkes zu benutzen (sog. **Filmherstellungsrecht,** dazu § 89 Rn. 7 ff.; vgl. hierzu BGH ZUM 2006, 318, 319 f. – Alpensinfonie), als auch die **Filmvorführungsrechte** (Vorführung des Films im Filmtheater) und **Wiedergaberechte** i. S. d. § 21 werden grds. von der **GEMA** gem. § 1 Buchst. f), h) und i) Abs. 1 BerV (oben Rn. 18) verwaltet. Allerdings sind diese Rechte – bis auf die Filmvorführungsrechte (§ 1 Buchst. f) BerV) – der Verwertungsgesellschaft lediglich unter einer auflösenden Bedingung übertragen, so dass sie vom Berechtigten zurückgerufen und von ihm selbst wahrgenommen werden können. Strittig ist vor dem Hintergrund von BGH GRUR 1994, 41 – Videoauswertung II im Einzelnen, unter welchen Voraussetzungen vorbestehende Musikwerke zur Herstellung eines Filmwerkes vom Urheber/Musikverlag und nicht von der GEMA lizenziert werden können (vgl. *Gahrau* in Hoeren/Sieber Teil 7.1 Rn. 35 ff.; *Berndorff/Berndorff/Eigler* 65; Moser/Scheuermann/*P. Schulz* 1260 ff.; *Rossbach/Joos* FS Schricker 1995, 333, 348 ff.; *J. Becker* ZUM 1999, 16 ff. sowie § 88 Rn. 46 f.; zum Thema „Die Berechtigten am Filmwerk" s. die Dokumentation des gleichnamigen Symposiums des Instituts für Urheber- und Medienrecht in ZUM 1999, 1 ff.). Für **wissenschaftliche Werke** und **nachgelassene Werke** liegen die Vorführungsrechte bei der **VG Musikedition** (§ 1 Abs. 2 Nr. 2 Buchst. d).

b) Vorbestehende Sprachwerke. Diese Überlegungen (oben Rn. 54 ff.) gelten auch für die in der Vorschrift nicht erwähnten vorbestehenden Sprachwerke wie Roman und Drehbuch (§ 89 Abs. 3), die Grundlage des Filmwerkes sind (Dreier/Schulze/*Dreier* § 19 Rn. 16, 25; Dreyer/Kotthoff/Meckel/*Dreyer* § 19 Rn. 36; Schricker/Loewenheim/*v. Ungern-Sternberg* § 19 Rn. 39 m. w. N.). Eine separate Wahrnehmung des Filmvorführungsrechts durch die VG Wort scheidet aus (§ 3 Nr. 3 Wahrn V; Rn. 47). Die VG Wort verwaltet lediglich das Zweitverwertungsrecht der Wiedergabe durch Bild- und Tonträger (§ 3 Nr. 3 Wahrn V).

§ 19a Recht der öffentlichen Zugänglichmachung

Das Recht der öffentlichen Zugänglichmachung ist das Recht, das Werk drahtgebunden oder drahtlos der Öffentlichkeit in einer Weise zugänglich zu machen, dass es Mitgliedern der Öffentlichkeit von Orten und zu Zeiten ihrer Wahl zugänglich ist.

Literatur: *Bechtold*, Multimedia und Urheberrecht – einige grundsätzliche Anmerkungen, GRUR 1998, 18; *Busch*, Zur urheberrechtlichen Einordnung der Nutzung von Streamingangeboten, GRUR 2011, 496; *Conrad*, Kuck' mal wer da spricht: Zum Nutzer des Rechts der öffentlichen Zugänglichmachung anlässlich von Links und Frames, CR 2013, 305; *Dreier*, Die Umsetzung der Urheberrechtsrichtlinie 2001/29/EG in deutsches Recht, ZUM 2002, 28; *Federrath*, Multimediale Inhalte und technischer Urheberrechtsschutz im Internet, ZUM 2000, 804, 805; *Flechsig*, EU-Harmonisierung des Urheberrechts und der verwandten Schutzrechte in der Informationsgesellschaft, ZUM 1998, 139; *Fringuelli*, Internet TV, Frankfurt a. M. 2004; *Gloy/Loschelder*, Eingabe zum Diskussionsentwurf eines Fünften Gesetzes zur Änderung des Urheberrechtsgesetzes, GRUR 1999, 320; *Heermann*, Urheberrechtliche Probleme bei der Nutzung von E-Mail, MMR 1999, 3; *Hofmann*, Virtuelle Personal Video Recorder vor dem Aus? Kritische Analyse der bisherigen Rechtsprechung zu virtuellen PVR, MMR 2006, 793; *Jani*, Alles eins? – Das Verhältnis des Rechts der öffentlichen Zugänglichmachung zum Vervielfältigungsrecht, ZUM 2009, 722; *Katzenberger*, Elektronische Printmedien und Urheberrecht, Stuttgart 1996; *Koch*, Internet-Recht, 2. Aufl., München 2005; *Klickermann*, Urheberschutz bei zentralen Datenspeichern, MMR 2007, 7; *Kotthoff*, Zum Schutz von Datenbanken beim Einsatz von CD-ROMs in Netzwerken, GRUR 1997, 597; *Kröger*, Die Urheberrechtsrichtlinie für die Informationsgesellschaft – Bestandsaufnahme und kritische Bewertung, CR 2001, 316; *Lauber/Schwipps*, Das Gesetz zu Regelung des Urheberrechts in der Informationsgesellschaft, GRUR 2004, 293; *Leenen*, Die Auslegung von Richtlinien und die richtlinienkonforme Auslegung und Fortbildung des nationalen Rechts, JURA 2012, 753; *Leupold*, „Push" und „Narrowcasting" im Lichte des Medien- und Urheberrechts, ZUM 1998, 99; *Michel*, Rechtsfragen von Rundfunk und Printmedien im Internet, ZUM 2000, 425; *Nolte*, Paperboy oder die Kunst den Informationsfluss zu regulieren, ZUM 2003, 540; *Ohly*, Zwölf Thesen zur Einwilligung im Internet, GRUR 2012, 983; *Ory*, Urheberrecht in der Informationsgesellschaft, JurPC Web-Dok. 126/2002; *Poll*, Neue internetbasierte Nutzungsformen, GRUR 2007, 476; *Reinbothe*, Die Umsetzung der EU-Urheberrechtsrichtlinie in deutsches Recht, ZUM 2002, 43; *Reinbothe*, Die EG-Richtlinie zum Urheberrecht in der Informationsgesellschaft, GRUR Int. 2001, 733; *Reinemann/Remmertz*, Urheberrechte an User-generated Content, ZUM 2012, 216; *Sasse/Waldhausen*, Musikverwertung im Internet und deren vertragliche Gestaltung – MP3, Streaming, Webcast, On-demand-Service etc., ZUM 2000, 837; *Schack*, Rechtsprobleme der Online-Übermittlung, GRUR 2007, 639; *Schmidt/Stolz*, Zur Ausbeutung von Datenbanken im Internet, insbesondere durch Recherchedienste, Suchmaschinen und Hyperlinks, AfP 1999, 146; *Stieper*, Rezeptiver Werkgenuss als rechtmäßige Nutzung – Urheberrechtliche Bewertung des Streaming vor dem Hintergrund des EuGH-Urteils in Sachen FAPL/Murphy, MMR 2012,12; *v. Ungern-Sternberg*, Schlichte einseitige Einwilligung und treuwidrig widersprüchliches Verhalten des Urheberberechtigten bei Internetnutzungen, GRUR 2009, 369; *v. Ungern-Sternberg*, Urheberrechtliche Verwertungsrechte im Lichte des Unionsrechts, GRUR 2012, 1198; *Wachter*, Multimedia und Recht, GRUR Int. 1995, 860; *Wandtke/von Gerlach*, Die urheberrechtliche Rechtmäßigkeit der Nutzung von Audio-Video Streaminginhalten im Internet, GRUR 2013, 676; *Wiebe*, Anm. zu BGH MMR 2003, 719 – Paperboy, MMR 2003, 724; *Wiebe*, Der virtuelle Videorekorder – Neue Dienste zwischen Privatkopie und öffentlicher Zugänglichmachung, CR 2007, 28; *Wittmann*, Die EU-Urheberrechtsrichtlinie – ein Überblick, Medien und Recht 2001, 143; *Zecher*, Die Umsetzung der EU-Urheberrechtsrichtlinie in deutsches Recht, ZUM 2002, 52 (Teil I), 451 (Teil II).

Vgl. darüber hinaus die Angaben im eingangs abgedr. Gesamtliteraturverzeichnis.

Übersicht

	Rn.
I. Allgemeines	1–4
1. Bedeutung der Vorschrift	1, 2
2. Terminologie	3
3. Verhältnis zu den internationalen Verträgen und richtlinienkonforme Auslegung	4, 4a
II. Inhalt des Rechts	5–11
1. „Drahtgebunden oder drahtlos"	5
2. Öffentlichkeit/Mitglieder der Öffentlichkeit	6–6a
3. „Von Orten ... ihrer Wahl"	7, 8
4. „Zu Zeiten ihrer Wahl"	9
5. „Zugänglich machen"	10, 11
III. Einordnung des Rechts auf öffentliche Zugänglichmachung bei Online-Nutzung eines Werkes	12, 13
IV. Abgrenzung zum Senderecht des § 20	14–21
1. Praktische Bedeutung der Abgrenzung	14
2. Abgrenzungskriterien	15–18
3. Grenzfälle	19–21
V. Beispiele für den Anwendungsbereich des § 19a	22–36
1. Erfasste Werknutzungen	22–27
2. Nicht erfasste Handlungen	28–33
3. Differenzierung erforderlich	34–36
VI. Übersicht zu verwandten Bestimmungen, insb. Schrankenbestimmungen	37–41
VII. Rechtswidrigkeit, (schlichte) Einwilligung	42, 43

I. Allgemeines

1. Bedeutung der Vorschrift

§ 19a führte im Rahmen der Reform 2003 (s. Vor §§ 31 ff. Rn. 4) ein urheberrechtliches Verwertungsrecht neu ein. Es ist das Ausschließlichkeitsrecht, ein Werk öffentlich zugänglich zu machen. Das Verwertungsrecht bezieht sich auf eine Form der unkörperlichen Werkverwertung. Es gehört systematisch zu dem Recht der öffentlichen Wiedergabe des § 15 Abs. 2 (Dreier/Schulze/*Dreier* § 19a Rn. 2; *Ory* JurPC Web-Dok. 126/2002, Abs. 5). 1

Das Recht der öffentlichen Zugänglichmachung bezieht sich von seiner praktischen Bedeutung her im Wesentlichen auf die Nutzung von Werken in elektronischen Netzen, insb. im Internet. Es soll die Rechtsunsicherheit wegen der Art und des Umfangs des Schutzes der netzvermittelten Übertragung von Werken auf Abruf beseitigen (Ziff. 25 der Multimedia-Richtlinie, 2001/29/EG). Ein Recht der öffentlichen Zugänglichmachung soll dem Urheber bereits vor Einführung der Vorschrift grds. zugestanden haben (BGH GRUR 2014, 818, 819 – Die Realität; BGH GRUR 2003, 958, 961 – Paperboy; LG Hamburg GRUR Int. 2004, 148, 151 – Thumbnails; Dreier/Schulze/*Dreier* § 19a Rn. 3; *Lauber/Schwipps* GRUR 2004, 293, 294). 2

2. Terminologie

Der Begriff „Recht der öffentlichen Zugänglichmachung" geht auf die jeweilige englische Fassung von Art. 8 des WIPO-Vertrages und Art. 3 der Multimedia-Richtlinie zurück. „Communication to the public" wird mit dem Begriff „öffentliche Zugänglichmachung" ins Deutsche übertragen. Die Bezeichnung ist wegen der in ihr enthaltenen Substantiierung sprachlich unschön, aber präzise. Sie umschreibt die Verwertungshandlung zutreffend. Die ursprünglich von der Literatur und im Diskussionsentwurf benutzten Begriffe Übertragungs- und Bereithaltungsrecht fanden keinen Eingang in die Formulierung der gesetzlichen Bestimmung des § 19a. Insb. der Begriff „Übertragung" wird im UrhG bereits mehrfach an anderen Stellen, bspw. in der Vorschrift § 20b, benutzt und würde deshalb zu Unklarheiten bei der Abgrenzung der Begriffe führen (*Gloy/Loschelder* GRUR 1999, 320, 321). Er erfasst aber auch in Alleinstellung nicht den Vorgang des Zugänglichmachens als Vorstufe der Übertragung. Durch die Entscheidung des Gesetzgebers ist die sprachliche Fassung des Verwertungsrechts nun festgelegt. 3

3. Verhältnis zu den internationalen Verträgen und richtlinienkonforme Auslegung

Seit den Le-Corbusier-Entscheidungen von EuGH (GRUR 2008, 604), BGH (GRUR 2009, 840) und BVerfG (GRUR 2012, 53) ist davon auszugehen, dass § 19a **vollharmonisiert** ist (*v. Ungern-Sternberg* GRUR 2012, 1198, 1204f.), da sich die entsprechenden Begründungen zur Vollharmonisierung des Verbreitungsrechts aus den Urteilen auf alle anderen Verwertungsrechte, die auch durch die Multimedia-Richtlinie (2001/29/EG) geregelt sind, übertragen lassen. § 19a hält sich eng an den Wortlaut des Art. 3 Abs. 1 der Multimedia-Richtlinie und geht dabei über die Regelung im WIPO-Vertrag hinaus, der sich auf Werke der Literatur und Kunst beschränkt und damit etwa wissenschaftliche oder amtliche Werke ausschließt. § 19a hebt diese Begrenzung auf bestimmte Gattungen von Werken vollständig auf, so dass der Rechtsschutz auf alle Werke erstreckt wird. Da dies bewusst erfolgte, wie sich aus den Erwägungsgründen 23–25 der Multimedia-Richtlinie ergibt, ist der WIPO-Vertrag insoweit nicht zur Auslegung heranzuziehen. Als völkerrechtlicher Vertrag regelt er nur das Mindestschutzniveau, über das der europäische Gesetzgeber hinausgehen konnte. 4

Im Rahmen der anzustellenden **richtlinienkonformen Auslegung** des § 19a ist stets die (teilweise vom Ergebnis und jedenfalls von den deutschen Methoden) **abweichende Ausle-** 4a gung des **einheitlichen** und **autonom** auszulegenden Rechts der öffentlichen Wiedergabe durch den EuGH zu beachten (vgl. zur richtlinienkonformen Auslegung und der Auslegung von Richtlinien *Leenen* JURA 2012, 753 ff. sowie Wandtke/Bullinger/*Wandtke* [3. Aufl.] Einl. Rn. 22). Das nationale Recht ist dabei im Ergebnis ggf. teleologisch zu reduzieren, wenn und soweit der EuGH die Grenzen des Verwertungsrechts enger zieht, als sich dies aus nationaler Auslegung ergäbe. Bereits jetzt stellt der EuGH einschränkend fest, dass – nach nationaler Auslegung bisher weitgehend unbeachtete – subjektive Merkmale sowohl beim Nutzer als auch beim Empfängerkreis vorliegen müssen. Der **Nutzer** spielt insgesamt die zentrale Rolle; ein solcher ist nur, wer in der **Absicht** einer Nutzung handelt, also in Kenntnis aller maßgeblichen Umstände (EuGH GRUR 2012, 597 Rn. 31, 37, 40 – Phonographic Performance [Ireland]; EuGH GRUR 2012, 593 Rn. 82, 91, 94 – SCF). Ein Erwerbszweck ist dabei ein nicht unerhebliches Kriterium (EuGH GRUR 2012, 156, Rn. 204 ff. – Football Association Premier League v. Murphy). Der **Empfänger** muss zudem **aufnahmebereit** sein (EuGH GRUR 2012, 597 Rn. 37 – Phonographic Performance [Ireland]; EuGH GRUR 2012, 593 Rn. 91 – SCF). Auch der Öffentlichkeitsbegriff wird vom EuGH anders verstanden als durch die wohl (noch) herrschende nationale Meinung. Die **Öffentlichkeit** muss ihm zufolge aus einer „unbestimmten Zahl potenzieller Leistungsempfänger und recht vielen Personen" bestehen (EuGH GRUR 2012, 597 Rn. 33 ff. – Phonographic Performance [Ireland]; EuGH GRUR 2012, 593 Rn. 83 ff. – SCF). Trotz der einheitlichen und autonomen Auslegung des Rechts der öffentlichen Wiedergabe ist festzustellen, dass das Recht der öffentlichen Zugänglichmachung durch seine besondere Anführung in der Richtlinie eigenständig geregelt ist („einschließlich" – vgl. Art. 3 Abs. 1 und Erwägungsgrund 23 Multimedia-RL; v. Ungern-Sternberg GRUR 2012, 1198, 1202). Aus diesem Grund können die zu anderen Verwertungsrechten der öffentlichen „Wiedergabe" ergangenen Wertungen der Urteile des EuGH nicht völlig unreflektiert für eine öffentliche „Zugänglichmachung" übernommen werden. Wie der EuGH selbst betont, können seine Kriterien **je nach Einzelfall** ganz unterschiedliches Gewicht haben (EuGH GRUR 2012, 593, 596 Rn. 79 – SCF). Für § 19a dürfte dies wegen des technisch-strukturellen Unterschieds zur sonstigen öffentlichen Wiedergabe im besonderen Maße gelten.

II. Inhalt des Rechts

1. „Drahtgebunden oder drahtlos"

5   Das Tatbestandsmerkmal „drahtgebunden oder drahtlos" bringt zum Ausdruck, dass § 19a jegliche öffentliche Übertragung oder Weiterverbreitung eines Werkes, einschließlich der Rundfunkübertragung, erfassen soll (Dreier/Schulze/*Dreier* § 19a Rn. 6; Dreyer/Kotthoff/Meckel/*Dreyer* § 19a Rn. 5 ff.). Die Formulierung geht auf Ziff. 23 der Multimedia-Richtlinie zurück. Beispiele für die draht*gebundene* Übertragung: Internet über Telefonmodem, DSL (Digital Subscriber Line), VDSL (Very High Speed Digital Subscriber Line), Ethernet sowie Intranet bzw. LAN (Local Area Network), Faxabruf. Beispiele für draht*lose* Übertragung: WLAN (Wireless Local Area Network), UMTS (Universal Mobile Telecommunications System, teilweise als „3G" bezeichnet), HSPA (High Speed Packet Access), GPRS (General Packet Radio Service), EDGE (Enhanced Data Rates For GSM Evolution), HSCSD (High Speed CircuitSwitched Data), LTE (teils als „3.9G" bezeichnet) und LTE-Advanced (Long-Term-Evolution-Advanced, teils als „4G" bezeichnet), sowie optische Glasfasersysteme.

2. Öffentlichkeit/Mitglieder der Öffentlichkeit

6   Der Begriff der Öffentlichkeit ergibt sich aus der Vorschrift des § 15 Abs. 3. Die Wiedergabe ist danach öffentlich, wenn sie für eine Mehrzahl von Mitgliedern der Öffentlich-

§ 19a Recht der öffentlichen Zugänglichmachung 6a, 6a § 19a UrhG

keit **bestimmt** ist (s. im Einzelnen § 15 Rn. 14 ff.). Dies bedeutet nicht, dass sämtliche in Betracht kommende Personen einer Öffentlichkeit i. S. d. § 15 Abs. 3 von dem geschützten Werk bzw. der geschützten Leistung auch tatsächlich Kenntnis nehmen müssen. Zur Öffentlichkeit gehört jeder, der nicht mit demjenigen, der das Werk verwertet, oder mit anderen Personen, denen das Werk in unkörperlicher Form wahrnehmbar oder zugänglich gemacht wird, **durch persönliche Beziehungen verbunden** ist. Der Öffentlichkeitsbegriff wurde mit der Gesetzesnovellierung so angepasst, dass er den zeitlich versetzten Abruf von Werken, wie er bei der Internetnutzung geschieht, erfasst (s. § 19 Rn. 4). Maßgeblich ist nach dem EuGH, dass aus Nutzersicht einer „unbestimmten Zahl potenzieller Leistungsempfänger und recht vielen Personen" Zugang verschafft wird – und zwar nicht notwendigerweise zu demselben Werk, sondern zu Werken allgemein (EuGH GRUR 2012, 597 Rn. 42 – Phonographic Performance [Ireland] und Rn. 4a). Ob die sukzessive Wiedergabe eines einzelnen Werkes durch Weitergabe als öffentlich zu betrachten ist, dürfte deswegen inzwischen zumindest streitig sein (bejahend: noch die Vorauflage; Dreier/Schulze/*Dreier* § 19a Rn. 8; verneinend: *v. Ungern-Sternberg* GRUR 2012, 1198, 2004). Eine öffentliche Wiedergabe liegt jedenfalls vor, wenn es sich bei der Weiterverbreitung (z. B. als Stream) im Vergleich zum Ausgangsverfahren (z. B. als Fernsehsendung) um ein technisch eigenständiges Verfahren handelt (s. dazu EuGH GRUR 2013, 500 Rn. 19 ff., 40 – ITV Broadcasting/TVC).

Die „Bestimmung" für die Mehrzahl von Mitgliedern der Öffentlichkeit ist objektiv zu 6a ermitteln und in Übereinstimmung damit festzulegen, wem das Werk i. S. d. § 19a zugänglich gemacht wird. Anderenfalls entstünden erhebliche Schutzlücken. Subjektive Kriterien sind beachtlich (was aus der Auslegung des EuGH folgt, vgl. hierzu *v. Ungern-Sternberg* GRUR 2012, 1198, 1200 f.), aber nur, wenn sie sich objektiv erkennbar manifestiert haben. Die typischen Grenzfälle sind daher wie folgt einzuordnen: Die **Kenntnisvermittlung** über den Auffindeort (URL: Uniform Resource Locator) ist kein Kriterium dafür, ob das Werk für die Öffentlichkeit bestimmt ist, auch wenn der Ort für Dritte praktisch nicht zu erraten ist (so wohl auch Dreier/Schulze/*Dreier*, § 19a Rn. 3; a. A. Schricker/Loewenheim/*v. Ungern-Sternberg*, § 15 Rn. 68 a. E.; vgl. auch die Grenzziehung in den beiden Urteilen des OLG Hamburg MMR 2010, 418 einerseits und MMR 2012, 393 – Rapidshare II m. Anm. *Schröder* andererseits). Im Einklang damit, dass der schlichte, öffentlich getätigte Verweis auf einen bestimmten Auffindeort keine öffentliche Zugänglichmachung darstellt (vgl. Deep-Links in Rn. 10), ist umgekehrt das bloße Nicht-in-Kenntnis-Setzen über den Auffindeort nicht hinreichend geeignet, zu bestimmen, wem Zugang zum Werk gewährt wird. Das Internet ist gerade für den unbegrenzten und öffentlichen Zugang konzipiert, so dass ein „ins-Netz-Stellen" eines Werkes solange eine öffentliche Zugänglichmachung darstellt, wie keine geeigneten technischen Zugriffshindernisse bereitet werden. Werden aber solche bereitet, und sei es auch nur einem Teil der Internetnutzer, so ist dieser konkrete Wille unbedingt beachtlich. Die Eignung richtet sich nicht nach § 95a, sondern es genügt, wenn der entgegenstehende Wille des Berechtigten erkennbar wird (BGH GRUR 2011, 56, 58 f. – Session-ID). Der entgegenstehende Wille wird mit Blick auf das zentrale Anliegen der Multimedia-Richtlinie, nämlich einer angemessenen Vergütung jeder Nutzung (vgl. Erwägungsgründe 9, 10 und 23; EuGH GRUR 2011, 220 Rn. 54 – BSA/Kultusministerium), jedenfalls dann nicht verneint werden können, wenn der geschaffene Aufwand zur Umgehung des Hindernisses für Dritte größer ist als der Aufwand, das Werk in entsprechender Form auf legalem Wege anderweitig zu beschaffen. Das Erfordernis der Eingabe eines hinreichend anspruchsvollen **Kennworts** ist regelmäßig ein geeignetes Hindernis. Hier kommt es dann allein darauf an, wem die Registrierung erlaubt oder wem ein Passwort gegeben wird. Nur soweit dies ausschließlich an Personen geschieht, die in der beschriebenen persönlichen Verbindung stehen, ist die Zugänglichmachung nicht öffentlich (vgl. auch Rn. 32). Wird ein erforderliches Kennwort für ein Werk unter einer bestimmten URL erst durch einen Zweiten, der mit dem Ersten durch persönliche Beziehung besonders verbunden ist, an die Öffentlichkeit weitergegeben, so umgeht der Zweite eine technische Schutzvorrichtung und macht damit das Werk selbst zugänglich (in Anlehnung an BGH GRUR 2011, 56, 58 – Session-ID). Wird in abgeschlossenen Netzen im Internet, wie insbesondere **sozialen Netzwerken**, ein Werk hochgeladen und mit den verbundenen „Freunden" „geteilt", kommt es darauf an, ob zu allen Nutzern, denen durch den „Teilenden" der Zugriff (unmittelbar) ermöglicht wird, auch tatsächlich eine Verbundenheit durch persönliche Beziehungen besteht (für ein Weiter-„Teilen" eines fremden Posts mit Werkinhalt vgl. Rn. 11). Das Akzeptieren einer Freundschaftsanfrage genügt für die besondere Verbindung nicht allein, obgleich keine zu hohen Anforderungen zu stellen sind, da keine Verbundenheit durch private Beziehung, sondern nur durch eine persönliche Beziehung erforderlich ist (vgl. auch § 15 Rn. 18 ff.).

3. „Von Orten ... ihrer Wahl"

7   Die Bestimmung des § 19a setzt als Tatbestandsmerkmal voraus, dass der Werknutzer das Werk an einem von ihm bestimmten Ort abrufen kann. Der Werknutzer, nicht der Anbieter des Werkes, gibt vor, an welchem Ort das Werk abgerufen werden kann (Dreyer/Kotthoff/Meckel/*Dreyer* § 19a Rn. 17, 19). Dieses Merkmal spiegelt wider, dass der Gesetzgeber die Vorschrift vor allem auf das **Internet** zugeschnitten hat. Bei der Internetnutzung kann sich jeder Nutzer an einem beliebigen Ort von seinem Computer oder Smartphone aus das Werk zugänglich machen.

8   Die Orte der Bereithaltung des Werkes und der Wahrnehmbarmachung müssen verschiedene sein. Der Nutzer muss eine **Wahlmöglichkeit** haben, von welchem Ort aus er das Werk abruft. Die gesetzliche Anforderung ist aber nicht so weit auszulegen, dass der Werknutzer die Möglichkeit haben muss, das Werk von jedem erdenklichen Ort bzw. von beliebigen technischen Medien aus abrufen zu können. Es sollen keine Schutzlücken entstehen, die mit der gesetzgeberischen Absicht, die wirtschaftlich bedeutenden Formen der Werkverwertung möglichst vollständig zu erfassen, im Widerspruch stünden. Das Merkmal von einem Ort „seiner Wahl" ist deshalb auch dann gegeben, wenn der Nutzer unter mehreren Orten wählen kann. Es ist bspw. erfüllt, wenn bei einem unternehmensgebundenen **Intranet** das Werk an verschiedenen Arbeitsplätzen oder Orten, an denen das Unternehmen tätig ist, zugänglich ist. Mit dem Merkmal wollte der Gesetzgeber sicherstellen, dass sich die Vorschrift des § 19a nur auf Sachverhalte bezieht, bei denen der Werknutzer das Werk nicht nur an einem ganz bestimmten Ort abrufen kann. Nicht unter § 19a fällt es deshalb, wenn der Werknutzer bspw. an einem bestimmten Standort in einer Bibliothek audio-visuelle Medien abrufen kann. Er kann bei einer solchen Einrichtung zwar darüber bestimmen, zu welchem Zeitpunkt er sich das Werk zugänglich macht. Er ist aber in Bezug auf die Wahl des Ortes nicht frei, sondern gebunden. Der Ort der Bereithaltung und der Wahrnehmbarmachung fallen zusammen. Hieraus ergibt sich in der Regel, dass der diese Fälle betreffende § 52b den gar nicht einschlägigen § 19a auch nicht beschränkt (vgl. aber § 52b Rn. 16 ff.). Etwas anderes gilt bei der gemeinsamen Werknutzung durch mehrere Bibliotheken im Rahmen eines Bibliotheksverbunds (z. B. Südwestdeutscher Bibliotheksverbund).

4. „Zu Zeiten ihrer Wahl"

9   Zum Wesen des Rechts auf öffentliche Zugänglichmachung gehört das Tatbestandsmerkmal, dass dem Nutzer die Möglichkeit eröffnet wird, individuell zu entscheiden, zu welchem Zeitpunkt er auf das Werk zugreift. Würde man bereits in der Zugriffsmöglichkeit an sich das Recht auf öffentliche Zugänglichmachung erfasst sehen, indem man insofern nicht auf die individuelle Selbstbestimmung des Nutzers abstellt, so würde bereits mit der bloßen Übermittlung der angeforderten Daten des Anbieters das Recht erfüllt sein (*Fringuelli* 193). Gerade die Wahlmöglichkeit des Zugriffszeitpunkts kennzeichnet die Nutzung von Werken durch Bereithalten zum Abruf, wie sie im Internet geschieht. Sie grenzt das Recht der öffentlichen

Zugänglichmachung des § 19a vom Senderecht nach § 20 ab (Dreier/Schulze/*Dreier* § 19a Rn. 9). Die praktisch wichtige Abgrenzung beider Rechte ist unter Rn. 14 besprochen. Damit das Tatbestandsmerkmal „zu Zeiten ihrer Wahl" erfüllt ist, darf ein Werk nicht nur kurzzeitig zugänglich gemacht werden. Nur wenn das Werk tatsächlich über einen längeren Zeitraum zum Abruf bereitgehalten wird, hat der Anwender die Möglichkeit, den Zeitpunkt zu wählen, an dem er das Werk abruft. Der erforderliche Zeitraum lässt sich nicht einheitlich für alle Werknutzungen festlegen, sondern ist im Einzelfall zu bestimmen (vgl. auch Dreyer/ Kotthoff/Meckel/*Dreyer* § 19a Rn. 19f.). Kommt es zu zeitlichen, durch technische Umstände hervorgerufenen Verzögerungen, so wird dies vom Recht der öffentlichen Zugänglichmachung noch erfasst sein. Nicht von § 19a umfasst ist eine zeitliche Verzögerung, die auf Gründen des Anbieters basieren, wenn diesem ein gewisser Entscheidungsspielraum beim Zeitpunkt der Übermittlung selbst überlassen bleibt (*Fringuelli* 193f.). Wartet dieser bspw. eine bestimmte Anzahl von Anfragen ab, bevor es für ihn zu einer wirtschaftlich sinnvollen Übertragung kommt, so wird mangels individueller Zugriffsmöglichkeiten des Nutzers, das Tatbestandsmerkmal „zu Zeiten ihrer Wahl" ausgehebelt sein. Nach dem Sinn und Zweck des Gesetzes soll § 19a wirtschaftlich eigenständige Werknutzungen erfassen und keine Lücken entstehen lassen, weshalb es daher nicht erforderlich ist, dass ein Werk 24 Stunden am Tag oder dauerhaft zugänglich ist. Genügend ist ein Zeitraum bspw. von einigen Stunden, der dem Anwender ein Zeitfenster öffnet, um zu bestimmen, wann er das Werk abruft (vgl. auch Dreyer/Kotthoff/Meckel/*Dreyer* § 19a Rn. 12).

5. „Zugänglich machen"

Gegenstand des Rechts der öffentlichen Zugänglichmachung ist das Bereitstellen von Werken zum **interaktiven Abruf**. Die maßgebliche Verwertungshandlung ist das Zugänglichmachen des Werkes für den interaktiven Abruf. Auf den tatsächlichen Abruf des Werkes kommt es nicht an (*Koch* 357). Das Merkmal ist bspw. erfüllt, wenn der Webmaster ein Werk auf seiner Homepage öffentlich bereithält. Ein Eingriff in § 19a setzt die **Kontrolle über die Bereithaltung des Werkes** und ein Befinden in der **Zugriffssphäre** des Verletzers voraus (vgl. BGH GRUR 2010, 628, 629 Rn. 19, 20 m.w.N. – Vorschaubilder). Wer ein Werk bei einem **Hostinganbieter (Rapidshare, Dropbox etc.)** hochlädt, macht dieses öffentlich zugänglich, sobald es hochgeladen ist und es über eine bestimmte URL für die Öffentlichkeit frei zugänglich erreichbar ist, soweit ihm, wie üblich, durch den Hostinganbieter im Wesentlichen die Kontrolle über die entsprechende Datei eingeräumt wurde (z.B. durch eine Möglichkeit zum Löschen der Datei bzw. zum Festlegen und Ändern der Zugriffsmöglichkeiten für Dritte).

Wird ein **Hyperlink** oder ein **Deep-Link** gesetzt, so folgt daraus noch keine öffentliche Zugänglichmachung des fremden Werkes (BGH GRUR 2014, 818, 821 – Die Realität; BGH GRUR 2003, 958, 961 – Paperboy; *Nolte* ZUM 2003, 540f.; *Schmidt* AfP 1999, 146, 149), da durch die Verlinkung lediglich auf eine bereits öffentlich zugängliche Webseite mit einem urheberrechtlich geschützten Werk verwiesen wird. Den Nutzern wird also nur der vorher eröffnete Zugang erleichtert (*Reinemann/Remmertz* ZUM 2012, 216, 222). Umgeht der Linksetzende jedoch wirksame Schutzmechanismen, die einen gewöhnlichen HTML-Hyperlink auf ein Werk unterbinden, wie z.B. durch ein Erfordernis einer gültigen sog. Session-ID von der Hauptseite, so greift eine solche Umgehung in § 19a ein (BGH GRUR 2014, 818, 821 – Die Realität; BGH GRUR 2011, 56, 58 – Session-ID). Der Linksetzende hat also wirksame Begrenzungen des Zugangsweges zum Werk durch den Rechteinhaber auch dann zu beachten, wenn (über diesen technisch besonders gesicherten Weg) an sich ein allgemeiner Zugang für die Öffentlichkeit besteht. Dies gilt auch, wenn es sich bei der Begrenzung nicht um eine wirksame technische Schutzmaßnahme im Sinne des § 95 handelt. Maßgeblich ist nur, dass die Schutzmaßnahme für Dritte als solche erkennbar ist (BGH GRUR, 2011, 58, 59 – Session-ID).

11 Es bedarf für einen Eingriff in das Verwertungsrecht des § 19a keiner Vervielfältigungshandlung, wie bspw. dem Herunterladen und Abspeichern des Werkes auf der Festplatte eines Computers. § 19a stellt damit einen weitgehenden und frühzeitigen Schutz des Urhebers sicher. Dieser muss bei einem Urheberrechtsstreit nicht den häufig schwierigen Nachweis erbringen, dass im Internet vom Verletzer bereitgehaltene Werke tatsächlich von Nutzern abgerufen und gespeichert wurden. Es ist genügend, wenn der Urheber nachweisen kann, dass das Werk im Internetangebot des Verletzers für die Öffentlichkeit bereitgehalten und damit zugänglich gemacht wurde (BGH GRUR 2014, 818, 821 – Die Realität; LG Hamburg CR 2005, 136, 137; LG Berlin ZUM-RD 2005, 398, 399). Wer Musikwerke zum Download über das Internet anbietet, macht diese Werke i.S.d. § 19a öffentlich zugänglich (OLG Hamburg ZUM-RD 2005, 273, 276). Gleiches gilt für Angebote, bei denen die Musikwerke jederzeit per Stream wahrnehmbar sind (OLG Hamburg ZUM 2005, 749, 750). In einem **sozialen Netzwerk** macht nicht nur derjenige ein Werk zugänglich, der es einstellt und zum ersten Mal „teilt" (vgl. hierzu und zu der erforderlichen Öffentlichkeit oben Rn. 6), sondern auch ein Zweiter, der das Werk (weiter-)„teilt" („re-post", „re-tweet" etc.). Zwar wird aus Platzgründen meist keine neue Vervielfältigung im Netzwerk erstellt, der Zweite kann aber regelmäßig mit einem hinreichenden Maß an Kontrolle neu und ganz unabhängig bestimmen, wem und wie lange er das Werk zugänglich macht.

III. Einordnung des Rechts auf öffentliche Zugänglichmachung bei Online-Nutzung eines Werkes

12 Bei einer stufenweisen Betrachtung der Online-Werknutzung im Internet lässt sich das Recht der öffentlichen Zugänglichmachung des § 19a wie folgt in den typischen Geschehensablauf einordnen: Bevor ein Werk im Internet öffentlich zugänglich gemacht werden kann, muss es auf Seiten des Anbieters zunächst in einem Computersystem festgelegt sein. Hierfür wird es in aller Regel auf das System im Wege einer Vervielfältigung kopiert. Die Vervielfältigung kann vorhergehend und zu anderen Zwecken stattgefunden haben und nun zur öffentlichen Zugänglichmachung (weiter-)verwendet werden oder aber eigens zur öffentlichen Zugänglichmachung erfolgen. Eine vorbestehende Festlegung des Werkes stellt eine eigenständige und keine nur vorübergehende Vervielfältigung i.S.d. § 44a dar, weshalb der Anbieter für die Festlegung der Einräumung eines Nutzungsrechts vom Rechteinhaber bedarf. Erfolgt die Vervielfältigung jedoch eigens um die öffentliche Zugänglichmachung zu ermöglichen, so handelt es sich aus verwertungsrechtlicher Sicht zwar ebenfalls um eine Vervielfältigung. Nach der Verkehrsauffassung hat sie aber im Vergleich zur öffentlichen Zugänglichmachung keine eigenständige wirtschaftliche Bedeutung. Sie ist notwendige Vorbereitungshandlung und kann in urhebervertragsrechtlicher Hinsicht nicht dinglich als eigenständige Nutzungsart abgespalten werden. Deswegen kann sie nicht eigenständig lizenziert werden. In einer Lizenz zum Download ist daher die zum Anbieten notwendige Vervielfältigung inbegriffen. Anderenfalls liefe die Erlaubnis zur öffentlichen Zugänglichmachung faktisch treuwidrig leer (vgl. auch OLG München ZUM 2010, 709, 712 – myvideo, die Revision vor dem BGH wurde durch Vergleich beendet; a.A. im Ergebnis *Jani*, ZUM 2009, 722 f.; jedenfalls missverständlich die Rn. 12 und 13 der 1.–3. Auflage dieses Kommentars). Der anschließende Nutzungsvorgang, das Bereithalten des Werkes im Internet, wird in jedem Fall von § 19a erfasst (OLG Hamburg ZUM-RD 2005, 273, 276; LG Hamburg CR 2005, 136, 137). Der Nutzer benötigt hierfür ein Nutzungsrecht. Die Einräumung bspw. nur des Vervielfältigungsrechts genügt nicht. Macht der Nutzer das Werk auf seinem Bildschirm sichtbar, so wird dieser Vorgang isoliert urheberrechtlich nicht erfasst (s. § 16 Rn. 13). Teilweise wird deshalb von der Literatur eine Regelungslücke gesehen und die Einführung eines sog. „Bildschirmrechts" gefordert (*Gloy/Loschelder* GRUR 1999, 320, 321). Da der Sichtbarmachung des Werkes auf einem Bildschirm jedoch keine

wirtschaftlich eigenständige Bedeutung zukommt, besteht kein Anlass, ein weiteres Verwertungsrecht zu schaffen. Im Gegenteil steht es im Einklang mit dem gesetzgeberischen Ziel, wirtschaftlich bedeutungslose Akte wie das reine Surfen im Internet nicht zu erfassen. Substanzlose Urheberrechtsverletzungen werden hierdurch vermieden. Durch die Neufassung des § 16 Abs. 1 und die Einfügung des § 44a hat der Gesetzgeber dies nunmehr klargestellt: Die mit dem Zugriff durch den „Internetanwender" einhergehende Abspeicherung bedeutet zwar eine Vervielfältigung i. S. d. § 16 Abs. 1, ist aber nach § 44a zulässig (vgl. § 16 Rn. 1). Die dauerhafte Abspeicherung des Werkes auf der Festplatte des Computers oder einem anderen Speichermedium wie einer CD oder DVD stellt eine Vervielfältigung des Werkes nach § 16 Abs. 1 dar. Druckt der Anwender das Werk auf einem Drucker aus, so begeht er eine Vervielfältigung nach § 16 Abs. 1. Eine Verbreitung i. S. v. § 17 ist mit der Online-Werknutzung im Internet hingegen nicht verbunden. Denn das Verbreitungsrecht ist ein Recht zur Verwertung in körperlicher Form (§ 15 Abs. 1) und setzt ein körperliches Werkstück voraus. Die bei der Online-Nutzung übermittelten Daten sind hingegen unkörperlicher Natur.

Die Nutzungsvorgänge bei dem typischen Ablauf einer Internetnutzung des Werkes 13 werden damit nach Einführung des § 19a urheberrechtlich in ihrem Gehalt vollständig erfasst, es sei denn, es erfolgt eine darüber hinausgehende Perpetuierung der Daten.

IV. Abgrenzung zum Senderecht des § 20

1. Praktische Bedeutung der Abgrenzung

Die Abgrenzung des § 19a vom Senderecht des § 20 ist von wesentlicher Bedeutung. 14 Dies gilt zunächst im Hinblick auf die Vertragsgestaltung und -auslegung. Die exakte Abgrenzung der beiden Rechte schützt den Urheber vor einer überdehnten Auslegung von Nutzungsrechtseinräumungen in Verträgen. Sie bietet dem Werknutzer ihrerseits Rechtssicherheit. In der Praxis ist jedoch häufig zu beobachten, dass unklare Begriffe wie „Internetrechte" oder „Online-Rechte" verwendet werden. Zu beachten ist jedoch, dass nicht jede Nutzung von urheberrechtlich geschützten Werken im Internet dem § 19a unterfällt, so dass häufig unklar bleibt, welche konkreten Nutzungsmöglichkeiten von dem jeweiligen Vertrag erfasst werden sollen. Unterschiede zwischen den beiden Rechten bestehen weiter hinsichtlich der Zuständigkeit für die Rechtevergabe. Das Weitersenderecht nach § 20b und teilweise auch das Senderecht werden kollektiv von den Verwertungsgesellschaften wahrgenommen, das Recht der öffentlichen Zugänglichmachung hingegen in der Regel von den Rechtsinhabern selbst. Die Abgrenzung hat schließlich entscheidende Bedeutung bei den Rechten der ausübenden Künstler und Tonträgerhersteller. Nur hinsichtlich des Rechts der öffentlichen Zugänglichmachung steht ihnen ein Ausschließlichkeitsrecht zu (§§ 78 Abs. 1 Nr. 1, 85 Abs. 1 S. 1). Für Sendungen besteht nur ein Anspruch auf angemessene Vergütung (§§ 78 Abs. 1 Nr. 2, Abs. 2 Nr. 1, 86).

2. Abgrenzungskriterien

Die Abgrenzung des Rechts auf öffentliche Zugänglichmachung nach § 19a vom Sen- 15 derecht des § 20 ist schwierig. Das Recht der öffentlichen Zugänglichmachung und das Senderecht stimmen in Bezug auf mehrere Merkmale überein: In beiden Fällen wird das Werk der Öffentlichkeit an verschiedenen Orten zugänglich gemacht. § 19a enthält mit der Formulierung „von Orten ... ihrer Wahl" ausdrücklich die Anforderung, dass das Werk von unterschiedlichen Orten aus abgerufen werden kann (Rn. 7). Dies geschieht beim Senderecht stets und beim Recht der öffentlichen Zugänglichmachung meist, aber nicht zwingend, mittels elektromagnetischer Verfahren.

16 Eine Differenzierung zwischen beiden Rechten ist damit nur in Bezug auf das **zeitliche Moment** der Nutzung des Werkes möglich und damit einhergehend, dass die Übertragung auf konkrete Anfrage durch den Nutzer initiiert wurde, d.h., dass es für die Abgrenzung relevant ist, durch wen der Übertragungsakt angeregt wurde (OLG Stuttgart NJW 2008, 1605, 1606 m. Anm. *Dornis* CR 2008, 319ff.). Eine Werknutzung fällt demnach unter § 19a, wenn der Nutzer den Zeitpunkt des Zugriffs selbst bestimmen kann. § 20 erfasst dagegen die Werknutzung zu fest vorgegebenen Zeiten (Dreier/Schulze/*Dreier* § 19a Rn. 9). Das Senderecht ist auf ein sequenzielles Programm ausgerichtet, das gleichzeitig gesendet wird (Loewenheim/*Hoeren* § 21 Rn. 55; *Dreier* ZUM 2002, 28, 31; *Michel* ZUM 2000, 425, 426). Das Recht der öffentlichen Wiedergabe bezieht sich dagegen auf die sukzessive Werknutzung.

17 **Nicht geeignet** zur Abgrenzung der beiden Verwertungsrechte aus § 19a und § 20 ist der Begriff „Orte ihrer Wahl". Denn in beiden Fällen kann das Werk von der Öffentlichkeit an unterschiedlichen Orten, die der Nutzer jeweils selbst bestimmt, wahrgenommen werden (Dreier/Schulze/*Dreier* § 19a Rn. 9).

18 Teilweise wird in der Literatur als Abgrenzungskriterium auch das Merkmal „gestaltetes Programm" herangezogen (*Gloy/Loschelder* GRUR 1999, 320, 321; mit Hinweis auf das BMJ *Fringuelli* 250). Es ist aber zur Abgrenzung untauglich. Der Begriff „gestaltetes Programm" ist von seinem Inhalt her nicht eindeutig genug, und es gibt in der Praxis viele Zwischenformen, die als gestaltetes Programm angesehen werden können. Der Begriff wird deshalb nicht einheitlich verwandt (*Gloy/Loschelder* GRUR 1999, 320, 321). Auch On-Demand-Dienste, die in den Kernanwendungsbereich des § 19a fallen, können von dem Anbieter geschaffene Werkaneinanderreihungen im Sinne eines Programms enthalten. Die Programmabläufe können vom Nutzer bspw. im Internet zu beliebigen Zeitpunkten an beliebigen Stellen des Werkes abgerufen werden. Sie fallen dann unter die Bestimmung des § 19a (Dreyer/Kotthoff/Meckel/*Dreyer* § 19a Rn. 22; Loewenheim/*Hoeren* § 21 Rn. 63).

3. Grenzfälle

19 Als Grenzfälle bei der rechtlichen Einordnung nach § 19a sind Werknutzungen anzusehen, bei denen das Werk zwar aus technischer Sicht nur zu einem von dem Anbieter vorgegebenen Zeitpunkt empfangen werden kann, der Werknutzer dies aber wegen der engen zeitlichen Staffelung der Bereitstellung des Werkes nicht oder nur kaum wahrnimmt **(Near-on-Demand-Dienste).** Bspw. kann die Videoanlage eines Hotels so gestaltet sein, dass ein 90-minütiger Spielfilm auf mehreren Wiedergabegeräten versetzt in einer Weise abgespielt wird, dass der Benutzer die Möglichkeit hat, nach seiner Wahl den Spielfilm von seinem Zimmer aus in kurzen Abständen abzurufen. Die Technik dient dazu, dem Ziel einer jederzeitigen Verfügbarkeit des Werkes für den Konsumenten nahezukommen. Je geringer die Abstände zwischen den einzelnen Abspielvorgängen liegen, desto stärker gleicht das System einer technisch reinen On-Demand-Einrichtung mit einem interaktiven Zugriff. Der Nutzer hat den Eindruck, das Werk jederzeit abrufen zu können.

20 Solche Near-on-Demand-Dienste werden von der Vorschrift des § 19a nach der hier vertretenen Auffassung dann erfasst, wenn *aus der Sicht des Werknutzers* das Werk in so kurzen Abständen abgerufen werden kann, dass es für ihn als nahezu jederzeit zugänglich erscheint (Dreier/Schulze/*Dreier* § 19a Rn. 10). Entscheidend ist der Eindruck, der auf den Werknutzer entsteht, über das Werk jederzeit bei Bedarf verfügen zu können. § 19a stellt auf die *Nutzerperspektive,* nicht auf eine bestimmte Übertragungstechnik ab. Das eigenständige Verwertungsrecht des § 19a darf nicht dadurch unterlaufen werden, dass der Werknutzer technisch eine Near-on-Demand-Werkbereitstellung wählt, um keiner weiteren Nutzungsrechtseinräumung durch den Urheber zu bedürfen. Entscheidend für die Abgrenzung ist deshalb bei solchen Near-on-Demand-Diensten die zeitliche Staffelung, mit der das Werk jeweils abgerufen werden kann. Je nach Art und Länge wird der Werknutzer eine

Abrufbarkeit eines Werkes mit unterschiedlichen Zeitintervallen als noch „jederzeit bei Bedarf abrufbar" ansehen. Bspw. fällt eine Abrufbarkeit im 5-Minuten-Takt bei einem Spielfilm von 90 Minuten Gesamtdauer unter § 19a. Bei einem kurzen Musikstück muss der zeitliche Abstand entsprechend kürzer sein. Auch eine wirtschaftliche Betrachtungsweise spricht für die Gleichstellung von On-Demand und zeitlich eng gestaffelten Near-on-Demand-Diensten. Denn der wirtschaftliche Nutzen, der aus beiden Arten der Werknutzung gezogen werden kann, ist angesichts der kurzen Zugriffszeiten letztlich derselbe.

Die hier vertretene Auffassung ist umstritten. Die überwiegende Literaturmeinung ordnet Near-on-Demand-Dienste nicht der Bestimmung des § 19a zu. Sie führt zur Begründung an, dass die subjektive Wahrnehmung nicht maßgeblich sein könne, welche bei minimalen Intervallen das Gefühl vermittle, die Wahrnehmbarkeit sei jederzeit möglich; entscheidend seien alleine objektive Kriterien (*Schack* GRUR 2007, 639, 641 f.; *Poll* GRUR 2007, 476, 481; *Reinbothe* GRUR Int. 2001, 733, 736; *Kröger* CR 2001, 316, 318; zweifelnd: *Dreier* ZUM 2002, 28, 30; zur Einordnung beim Senderecht vgl. §§ 20–20b Rn. 12 f.; s. auch § 86 Rn. 6 ff.). Dieses Merkmal ist nicht durch bestimmte technische Methoden, sondern durch eine Auslegung anhand des Gesetzeszwecks zu bestimmen.

V. Beispiele für den Anwendungsbereich des § 19a

1. Erfasste Werknutzungen

Folgende Formen der Werkverwertung werden von § 19a erfasst: Das sog. **„Ins-Netz-Stellen"** von Werken fällt unter die Bestimmung. Der Ersteller einer Seite, der ein fremdes Werk, bspw. eine Fotografie, unlizenziert auf seiner Homepage wiedergibt, verletzt das Recht des Urhebers auf öffentliche Zugänglichmachung (*Wittmann* Medien und Recht 2001, 143, 144; für Musikaufnahmen zum Download: OLG Hamburg ZUM-RD 2006, 273, 276 f.).

Es fallen alle solche Fallgestaltungen unter § 19a, bei denen das Werk oder ein Vervielfältigungsstück auf einem **Server zum Abruf** eingestellt und danach öffentlich bereitgehalten wird. Hiervon sind jedoch immer die Fälle abzugrenzen, bei denen lediglich verlinkt wird, dann gilt das zu Hyperlinks Gesagte (vgl. Rn. 29). Demzufolge ist das Bereitstellen von Dateien auf dem Computer bei gleichzeitigem Angebot an angeschlossene **Filesharing**-Nutzer, diese Dateien jederzeit downloaden zu können, von § 19a erfasst. Auch das Verfügbarmachen von **Podcast**-Audiodateien (z.B. als AAC, MP4, MP3) auf einem Server unterfällt dem § 19a (*Poll* GRUR 2007, 476, 480; vgl. aber auch Rn. 31). Gleiches gilt für das (direkte, nicht verlinkte) Einstellen von Texten und Dateien in einem Beitrag im Rahmen von **Newsgroups** oder einem **Blog**. Auch das Abspielen von **Musik in einer Warteschleife** einer Telefonanlage ist eine öffentliche Zugänglichmachung (Schricker/Loewenheim/*v. Ungern-Sternberg* § 19a Rn. 53).

Die Nutzung einer Datenbank oder CD-ROM im **Intranet** einer Organisation oder eines Unternehmens wird von der Vorschrift des § 19a erfasst, wenn bestimmungsgemäß nicht nur Mitglieder oder Unternehmensangehörige Zugriff auf die Datenbank haben (Dreier/Schulze/*Dreier* § 19a Rn. 7; *Zecher* ZUM 2002, 451, 453; *Kotthoff* GRUR 1997, 597, 599). Das Intranet muss dazu die Anforderung erfüllen, dass der Nutzer den Ort des Abrufs bestimmen kann (s. Rn. 8). Ein Eingriff in das Recht der öffentlichen Wiedergabe ist dann bereits gegeben, wenn ein Werk unlizenziert in die Datenbank des Intranets aufgenommen wird und das Intranet Außenstehenden bestimmungsgemäß zugänglich ist. Es kommt nicht darauf an, dass ein Außenstehender tatsächlich auf das Werk zugegriffen hat (Rn. 10).

On-Demand-Dienste fallen unter § 19a, wenn sie Werke zum individuellen Abruf in elektronischen Netzen oder per Funk bereithalten (OLG Stuttgart CR 2008, 319; *Klickermann* MMR 2007, 7, 10 f.). Erfasst werden Dienste im Internet, aber auch in anderen elektronischen Netzen, die nach ihrer Bestimmung öffentlich zugänglich sind. Das Vorhalten von Videos oder Musikstücken auf elektronischen Abruf (**Video-on-Demand** und **Audio-on-Demand**) fällt ebenso unter § 19a. Dies gilt einmal dann, wenn der Nutzer zu einem beliebigen Zeitpunkt durch Zugriff das Abspielen auslösen kann.

26 Nach der hier vertretenen Auffassung (Rn. 20) ist § 19a auch anwendbar, wenn der Zugriff in sehr engen zeitlichen Intervallen (bspw. im 5-Minuten-Takt bei 90-Minuten-Filmen) erfolgen kann. Near-on-Demand-Dienste sind On-Demand-Diensten rechtlich gleichzustellen, wenn aus der Sicht des Werknutzers wegen der kurzen Zugriffszeiten sich eine praktisch jederzeitige Nutzungsmöglichkeit des Werks ergibt.

27 Hinter dem unscharfen Begriff des **elektronischen Versandes** verbirgt sich oftmals eine öffentliche Zugänglichmachung im Sinne von § 19a. Dies gilt jedoch nur dann, wenn Werke in einer Form zugänglich gemacht werden, in der sie von einem Server zum Abruf für die Öffentlichkeit bereitgehalten werden und von diesem (nahezu verzögerungsfrei) nach einer Anfrage des Empfängers an selbigen versandt werden. In der Praxis lässt sich dies begrifflich entweder als ein schlichter **Download** begreifen, da auch hier letztlich das Werk vom Server auf Anfrage gesendet wird, oder aber als **Pull-Dienst,** wenn Anfrage und Antwort eher den Charakter einer E-Mail haben. Erfolgt der Versand nur im Einzelfall, bzw. wird ein Versand nur einem einzelnen Nutzer angeboten, so fehlt es an der Öffentlichkeit. Der Vorgang kommt dem Versand einer einfachen E-Mail gleich (vgl. Rn. 31). Kein Spielraum besteht ferner dabei, dass der ganze Vorgang in zeitlicher Hinsicht vom Anfragenden nahezu alleinig bestimmt sein muss, um von einer öffentlichen Zugänglichmachung sprechen zu können („zu Zeiten ihrer Wahl"). Reagiert der Server nicht unmittelbar, sondern mit einer willkürlichen bzw. zufälligen und deutlichen Verzögerung (weil er bspw. die Datei erst noch aufbereiten muss oder eine Freigabe durch eine zweite serverseitige Instanz erfolgen muss), liegt keine öffentliche Zugänglichmachung vor. Der Vorgang ähnelt dann einem Push-Dienst (vgl. Rn. 30).

Ist beim elektronischen Versand von § 19a auszugehen, erfasst die Übermittlung auch den wirtschaftlichen Gehalt der Verwertungshandlung. Dies gilt auch dann, wenn die Online-Übermittlung die Versendung einer physischen Kopie ersetzt. Für eine analoge Anwendung von § 17 bleibt kein Raum (vgl. zur alten Rechtslage auch *Katzenberger* 48 f.; *Wachter* GRUR Int. 1995, 860, 865 f.), da dies dem Gebot widerspräche, körperliche und unkörperliche Werkverwertungen systematisch strikt voneinander zu trennen.

2. Nicht erfasste Handlungen

28 Von § 19a wird nicht die bloße Bereitstellung der technischen Einrichtungen erfasst, die die öffentliche Wiedergabe ermöglichen oder bewirken. Bspw. ist der **Provider,** der die Homepage rein technisch unterstützt, kein Störer. Ziff. 27 der Multimedia-Richtlinie schließt diese Handlungen ausdrücklich vom Anwendungsbereich der Vorschrift des § 19a aus. Diese Zielvorgabe hat der deutsche Gesetzgeber bei der Gestaltung des § 19a berücksichtigt.

29 Nicht erfasst wird von § 19 a das Setzen von **Hyperlinks** oder **Deep-Links** (BGH GRUR 2003, 958, 962 – Paperboy; *Conrad,* CR 2013, 305, 309 f.; *Nolte* ZUM 2003, 540 f.; *Schmidt* AfP 1999, 146, 149; Dreier/Schulze/*Dreier* § 19a Rn. 6 – a.A. *Wiebe* MMR 2003, 724 f.). Wer auf eine fremde Internetseite, auf der rechtswidrig ein Werk öffentlich zugänglich gemacht wird, per Link verweist, macht das Werk grds. weder selbst öffentlich zugänglich noch leistet er hierzu Beihilfe (in Bezug auf das sog. **Framing** so auch der BGH, der in einem Vorlagebeschluss an den EuGH aber noch geklärt wissen will, ob **Framing** bei einer im Blick auf Art. 3 Abs. 1 der Multimedia-Richtlinie gebotenen richtlinienkonformen Auslegung des § 15 Abs. 2 nicht in ein unbenanntes Verwertungsrecht der öffentlichen Wiedergabe eingreift, BGH, Beschl. v. 16.5.2013 – I ZR 46/12 – Die Realität; detailliert zu Links und Frames, insbesondere im Hinblick auf die urheberrechtliche Vergütung,

Conrad, CR 2013, 305). Die Grenze wird überschritten, wenn beim Verlinken technische Schutzmaßnahmen wie etwa eine Session-ID umgangen werden, vgl. hierzu Rn. 10. Umstritten ist derzeit die Einordnung von sog. **embedded content**. Soweit der Seitenbetreiber den embedded content selbst speichert, ist § 19a gegeben. Wenn dies nicht der Fall ist (z. B. beim **Framing** oder beim **Inline-Linking**), sind die Grundsätze des Linkings übertragbar. Technisch gesehen ist ein solcher embedded content nichts anderes als eine besondere Form eines Deep-Link, der nur zugleich die Anweisung an den Browser beinhaltet, den Inhalt nach Möglichkeit von der fremden Quelle ausgehend (und ohne irgendeine weitere Zwischenstation beim Anweisenden) unmittelbar beim Rezipienten („inline") wiederzugeben. Dadurch wird das fremdgehostete Werk dem Rezipienten im Vergleich zu einem Deep-Link zwar unter Umständen einen Klick näher gebracht. Dies ist aber nur der Fall, wenn der Browser dies auch unterstützt, bzw. zulässt, also entsprechend eingestellt ist. Der Inhalt befindet sich ohne Zwischenspeicherung auch nicht in der Zugriffssphäre desjenigen, der die direkte Einbindung anweist, auch erlangt er keine Kontrolle über die Bereithaltung des Werkes. Dies fordert der BGH jedoch zu Recht zur Verwirklichung des § 19a (vgl. BGH GRUR 2010, 628, 629 – Vorschaubilder, Rn. 19 und 20 m. w. N.). Ein Eingriff in das sog. Abrufübertragungsrecht ließe sich bei dieser Sachlage womöglich begründen (so etwa Loewenheim/*Hoeren*, § 21 Rn. 52; *Schack*, GRUR 2007, 639, 640), es ist aber nicht von § 19a umfasst. Art. 8 des WIPO-Vertrages, der es umfasst, ist trotz Vollharmonisierung von § 19a nicht zur Auslegung heranzuziehen, da die alleinig maßgebliche Multimediarichtlinie in zulässiger Weise bewusst hiervon abweicht (vgl. Rn. 4). Embedded content ist demnach für den die Einbindung Anweisenden zulässig, sofern er nicht zwischenspeichert und auch keine Maßnahmen umgeht, die eine Direkteinbindung verhindern sollen (embedded content für zulässig erachtend: *Ott*, ZUM 2004, 357, 363; Dreyer/Kotthoff/Meckel/*Dreyer*, § 19a Rn. 8; einen Eingriff in § 19a bejahend: Dreier/Schulze/*Dreier*, § 19a Rn. 6; OLG Düsseldorf MMR 2012, 118; LG München I, ZUM 2007, 224, 225 f.).

Bei **Push-Diensten** werden nach meist einmaliger Beauftragung durch den Empfänger **30** Daten von dem Dienst (sobald diese bei ihm eingehen oder von ihm ermittelt werden) an den Empfänger übermittelt, was den Vorteil hat, dass der Empfänger nicht stets anfragen muss, ob die gesuchte Datei oder Information schon vorhanden ist. Dies entlastet in der Regel das Netzwerk. Verwendung findet diese Technik vor allem bei mobilen Endgeräten wie z. B. Handys in Verbindung mit dem Abruf von E-Mail. Hierbei bestimmt der Push-Dienst den Zeitpunkt der Datenübermittlung (d. h. der Zugänglichmachung), weshalb § 19a nicht bejaht werden kann (*Schack* GRUR 2007, 639, 643; Loewenheim/*Hoeren* § 21 Rn. 63; Schricker/Loewenheim/*v. Ungern-Sternberg* § 20 Rn. 48; differenzierend Dreier/Schulze/*Dreier* § 19a Rn. 10; a. A. nach altem Recht *Leupold* ZUM 1998, 99, 106). **Videotext** fällt nicht unter § 19a, sondern unter § 20 (Schricker/Loewenheim/*v. Ungern-Sternberg* § 20 Rn. 9), da die Informationen auf dem Videotext-Bildschirm auch nur sequenziell hinter dem eigentlichen Programm gesendet werden.

Das Versenden von **E-Mails** unterfällt ebenfalls nicht dem § 19a (Dreier/Schulze/*Dreier* **31** § 19a Rn. 7; OLG München MR-Int. 2007, 104, 110 f.). Dies begründet sich darin, dass die E-Mail nur einmalig versendet und nicht von dem Absender über einen Zeitraum bereitgehalten wird. Es fehlt demnach an dem Merkmal „zu Zeiten [...] ihrer Wahl". Hieran ändert sich auch nichts, wenn E-Mails an Personen geschickt werden, die mit dem Versender persönlich nicht verbunden sind (a. A. *Heermann* MMR 1999, 3, 4; *Zecher* ZUM 2002, 451, 453; s. auch § 16 Rn. 15). Aus dem Anwendungsbereich des § 19 fallen aus den gleichen Gründen Massen-E-Mails oder das Versenden von **Newslettern** (a. A. Dreier/Schulze/*Dreier* § 19a Rn. 7). Der vom Versender verschiedene E-Mail-*Provider* hält schließlich E-Mails schon allein deswegen nicht öffentlich bereit, da er den Zugang nur dem jeweiligen E-Mail-Kontoinhaber ermöglicht, nicht aber der Öffentlichkeit. Daneben ist das Abspielen von **Musik in einer Warteschleife** einer Telefonanlage mangels Aufnahmebereitschaft der Werkempfänger im Ergebnis einer bei richtlinienkonformer Auslegung erforderlichen teleologischen Reduktion keine öffentliche Zugänglichmachung (vgl. EuGH GRUR 2012, 597 Rn. 37, 43 – Phonographic Performances [Ireland] für die öffentliche Wiedergabe von Hintergrundmusik; a. A. noch die 3. Auflage in Rn. 23; Schricker/Loewenheim/*v. Ungern-Sternberg* § 19a Rn. 53).

32 Wer ein Werk auf einer **nicht der Öffentlichkeit zugänglichen Homepage** ins Internet stellt, verletzt nicht das Recht der öffentlichen Zugänglichmachung des § 19a (vgl. auch Rn. 6a). Dies ist bspw. gegeben, wenn der Webmaster die Homepage durch ein Codewort vor dem Zugriff nicht mit ihm persönlich verbundener Dritter schützt. Die Homepage mit dem Werk kann dann nur von Personen aufgerufen werden, die mit ihm persönlich verbunden sind. So fällt bspw. eine nur für Familienmitglieder zugängliche Kampagne mit urheberrechtlich geschützten Werken nicht unter § 19a.

33 Ebenso wenig erfasst § 19a sog. **Feeds** (z. B. **RSS**), bei denen der Nutzer eine in ihrem Format reduzierte und vereinheitlichte Seite abonniert, die i. d. R. aus einer sich aktualisierenden Liste einzelner Positionen besteht, die jeweils nur einen Verweis (Link) auf ein Fremddokument und eine dazugehörige Beschreibung beinhalten. Insoweit gilt bzgl. des verlinkten Inhalts das Gleiche wie bei einem Hyperlink (vgl. Rn. 29). Auch für **Podcasts,** bei denen eine Serie von Audiodateien über einen Feed bezogen („abonniert") werden, gilt, dass die Verknüpfung im Feed allein keine Zugänglichmachung der Audiodateien ist (vgl. aber Rn. 23).

3. Differenzierung erforderlich

34 Einer differenzierten Betrachtung bedarf es beim **Streaming.** Hierunter versteht man das Verfahren, bei dem ein Datenfluss gezielt vom Server verschickt wird und dieser Datenfluss vor seiner Nutzungsmöglichkeit nicht zunächst vollständig geladen, sondern schon ab Übertragungsbeginn audiovisuell wiedergegeben wird. In aller Regel ist daneben die dauerhafte Speicherung beim Empfänger nicht legal vorgesehen. Es gibt jedoch einen temporären Pufferspeicher, um Übertragungsengpässe auszugleichen. Die Vervielfältigung im Puffer hat hierbei jedoch wegen ihres geringen Umfangs und der kurzen Dauer keine eigenständige wirtschaftliche Bedeutung und fällt daher unter § 44a (*Schack* GRUR 2007, 639, 641; ausführlich zu Art und Umfang der Zwischenspeicherung s. *Wandtke/ von Gerlach,* GRUR 2013, 676, 676 f.). Typischerweise wird das Streaming in zwei verschiedenen Fällen eingesetzt, die jedoch unterschiedlich zu bewerten sind. Ein im Internet zugänglich gemachter Stream, der nach **freier Wahl jederzeit** (auch mehrfach) abrufbar ist, ist genau so als eine öffentliche Zugänglichmachung zu beurteilen, wie eine Datei, die jederzeit abgerufen und nach Abruf genutzt werden kann (OLG Hamburg MMR 2006, 173 – staytuned.de; i. E. so auch *Sasse/Waldhausen* ZUM 2000, 837, 842). Dieser Stream verwendet technisch i. d. R. das Verfahren des **Unicast,** d. h. jeder Teilnehmer fordert den Stream eigens und nur für sich an (sog. On-Demand-Stream, so z. B. der Fall bei You-Tube). **Anders** verhält es sich jedoch mit einem **Live-Stream** (sei es als **Webcast**, also einer Sendung ausschließlich im Internet, oder **Simulcast,** einer Sendung parallel in Internet und Fernsehen). Hierbei wird ein Datenfluss zu einem ganz bestimmten Zeitpunkt unter einem festen Zeitablauf einmalig von dem Anbieter über ein Netz übermittelt, den der Empfänger mittels Streaming-Technologie nur ohne Zeitversetzung (also „live") und einmalig nutzen kann. Technisch ist dies in aller Regel dann ein **Multicast,** bei dem alle Teilnehmer ein und dasselbe Signal empfangen, es also nur einmal vom Anbieter ausgesandt wird. Dies kommt dem Prinzip der Sendung gleich, wodurch Live-Streams dem § 20 unterfallen (ebenso *Schack* GRUR 2007, 639, 641; *Sasse/Waldhausen* ZUM 2000, 837, 842; *Schwarz* ZUM 2000, 816, 822; *Poll* GRUR 2007, 476, 480; anders *Bortloff* GRUR Int. 2003, 669, 675; ausführlich zum Streaming *Busch* GRUR 2011, 496; *Stieper* MMR 2012, 12).

35 Beim **IPTV,** bei dem Fernsehangebote in einem (meist vom Internet unabhängigen, aber die gleiche Protokolltechnik nutzenden) digitalen Netzwerk bereitgestellt werden, kommt es ebenso auf die Art der Zugänglichmachung der Medieninhalte an. Soweit

Streaming-Technologien verwendet werden, gilt das oben Gesagte (vgl. Rn. 34). Aber auch bei anderen Technologien gilt wie beim Stream, dass die gleichzeitige (Live-)Übertragung z. B. des Fernsehprogramms grds. nicht § 19a, sondern § 20 unterfällt. Soweit jedoch Sendungen im Zeitpunkt frei aus dem Netzwerk abgerufen werden können (z. B. aus einem „**Sendungs-Archiv**" oder einer „**Online-Videothek**"), sei es, um sie gleichzeitig anzusehen oder sie zur späteren (auch mehrmaligen) Nutzung auf einen Speicher Zuhause übertragen werden, ist § 19a zu bejahen.

Ebenso ist bei einem **Online-Videorekorder** (oder auch Personal Video Recorder – **36 PVR**), bei dem von einem Anbieter im Internet einzelne Sendungen aufgezeichnet werden, darauf zu achten, in welcher Weise die Aufnahmen zur Verfügung gestellt werden. Wird den Nutzern, die die Aufnahme beziehen wollen, eine Zugriffsmöglichkeit auf (ein und dieselbe, für alle gefertigte) Kopie gewährt, liegt eine öffentliche Zugänglichmachung vor. Wird hingegen die Kopie der Aufnahme an den Empfänger zu einem vom PVR festgelegten Zeitpunkt versandt (z. B. nach Ende der Sendung und Codierung per E-Mail), ist § 19a parallel zu der Wertung des Vorgangs bei Push-Diensten zu verneinen (vgl. hierzu Rn. 30). Nichts anderes gilt für den Fall, bei dem die Kopie nach Aufnahme in einen *nur dem einzelnen Empfänger zugänglichen* Speicherbereich des PVR kopiert wird (BGH GRUR 2009, 845, 847 – Online-Videorecorder). Zum einen wird die jeweilige Kopie dann schon begrifflich nicht der Öffentlichkeit zugänglich gemacht (OLG Dresden ZUM 2007, 203, 204; *Hofmann* MMR 2006, 796; *Wiebe* CR 2007, 28, 33 f.; a. A. *Schack* GRUR 2007, 639, 642). Zum anderen kann es auch in der Wertung nicht darauf ankommen, ob der Empfänger (zufällig – oder besser: schon) die Möglichkeit besitzt, große Datenmengen jederzeit entgegenzunehmen oder ob der PVR diese Möglichkeit durch eine aber gleichermaßen individuelle Lagerung der Kopie übernimmt.

VI. Übersicht zu verwandten Bestimmungen, insb. Schrankenbestimmungen

Mit der Einführung des § 19a durch die Reform 2003 (s. Vor §§ 31 ff. Rn. 4) wurden **37** auch die Schrankenbestimmungen in Bezug auf das Recht der öffentlichen Zugänglichmachung angepasst.

Ausdrücklich erwähnt wird das Recht der öffentlichen Zugänglichmachung in § 46 **38** (Sammlungen für Kirchen-, Schul- oder Unterrichtsgebrauch), § 48 (Öffentliche Reden), § 50 (Bild- und Tonberichterstattung), § 56 (Vervielfältigung und öffentliche Wiedergabe durch Geschäftsbetriebe), § 58 (Katalogbildfreiheit) und in dem gänzlich neu geschaffenen § 52a (Öffentliche Zugänglichmachung für Unterricht und Forschung), deren Schranken es unterworfen ist.

Weiterhin wird das Recht der öffentlichen Zugänglichmachung als Bestandteil des **39** Rechts der öffentlichen Wiedergabe durch die unverändert gebliebenen §§ 51 (Zitate) und 59 (Werke an öffentlichen Plätzen) beschränkt.

Gesetzgeber und Europäische Kommission gehen davon aus, dass es sich auch bei § 52b **40** um eine Schranke des § 19a handelt, was sich in generalisierender Form jedoch nicht sagen lässt (vgl. § 52b Rn. 16 ff.).

Dagegen ist die Privilegierung in § 52 nicht auf das Recht der öffentlichen Zugänglich- **41** machung anwendbar. Dies ergibt sich aus dem neu gefassten § 52 Abs. 3.

VII. Rechtswidrigkeit, (schlichte) Einwilligung

In den Entscheidungen „Vorschaubilder" (BGH GRUR 2010, 628) und „Vorschau- **42** bilder II" (BGH GRUR 2012, 602) hat der BGH beim öffentlichen Zugänglichmachen von verkleinerten Vorschaubildern (**Thumbnails**) durch Suchmaschinen eine (schlichte) Einwilligung des Rechtsinhabers in die Nutzung durch die Suchmaschinen angenommen, deren Vorliegen die entsprechende Handlung rechtmäßig werden lässt (vgl. auch § 97 Rn. 32; v. Ungern-Sternberg GRUR 2009, 369 ff.; Ohly GRUR 2012, 983 ff.). Maßgeblich ist für die (schlichte) Einwilligung der objektive Erklärungsinhalt aus Sicht des Erklärungsempfängers. Wer Werke ohne technische Einschränkungen frei zugänglich macht, erklärt sich mit den üblichen Nutzungshandlungen einverstanden, wozu insbesondere auch eine Nutzung durch Suchmaschinen zählt, die die Auffindbarkeit des Werkes erhöhen. Das Gegenteil erklärt nur, wer technische Einschränkungen ergreift, bei Suchmaschinen also etwa den etablierten sog. **Robot-Exclusion-Standard** (robots.txt) verwendet. Die Einwilligung ist widerruflich, jedoch bedarf es zum Widerruf eines aus objektiver Empfängersicht ebenso verständlichen Gegenaktes, wie das Offline-Nehmen des Werkes oder die Verwendung entsprechender Anweisungen im robots.txt (kritisch hierzu Ohly GRUR 2012, 983, 990). Der Einwilligungsempfänger erwirbt durch die (schlichte) Einwilligung in jedem Fall weder ein dingliches Recht noch einen schuldrechtlichen Anspruch oder ein sonstiges gegen den Willen des Rechtsinhabers durchsetzbares Recht, sein Handeln ist lediglich gerechtfertigt.

43   Wird das Werk nicht vom Rechteinhaber, sondern von einem Dritten ins Internet eingestellt, so kommt es zunächst darauf an, ob das Werk (also irgendeine Festlegung, nicht zwingend die gleiche) mit Willen des Rechtsinhabers bereits einmal ohne Schutzmaßnahmen gegen eine Indizierung durch Suchmaschinen öffentlich zugänglich gemacht wurde (aA. Ohly GRUR 2012, 983, 988 f.). Hierüber müssen sich der Anspruchsteller und Rechteinhaber ggf. im Rahmen einer sekundären Beweislast erklären (diese Frage offenlassend BGH GRUR 2012, 602, 604 – Vorschaubilder II). Ist dies der Fall, wirkt seine Erklärung bis zu einem geeigneten Widerruf für alle anderen Festlegungen fort. Höchstrichterlich bisher ungeklärt ist der Fall, in dem das Werk von einem Dritten (ohne Schutzmaßnahmen) eingestellt wird und zuvor nicht oder mit rechtlich wirksamen technischen Schutzmaßnahmen vom Rechteinhaber ins Netz gestellt wurde.

44   Die Rechtsprechung des BGH zu der (schlichten) Einwilligung wird im Bereich des Internets künftig wohl noch auf viele weitere Sachverhalte übertragbar sein, vor allem auf Dienste, welche die Such- und Auffindearbeit im Netz erleichtern sollen. Das reine Ins-Netz-Stellen durch den Rechteinhaber wird dabei vom Erklärungsgehalt für die Annahme einer irgendwie gearteten Einwilligung zur weiteren Nutzung nicht genügen. Zum einen nennt der BGH in den Vorschaubilder-Entscheidungen zu Recht als weitere Anforderung für eine Einwilligung durchweg die Nichtwahrnehmung der Möglichkeit technischer Einschränkungsmöglichkeiten. Die Annahme einer (schlichten) Einwilligung durch Ins-Netz-Stellen scheidet in der Folge aus, wenn bzw. solange es keinen etablierten und allgemeinen Standard (wie etwa den robots.txt) gibt, oder, sofern es einen Standard gibt, von den existierenden Möglichkeiten, die Nutzung einzuschränken, erkennbar Gebrauch gemacht wurde. Zum anderen erstreckt sich die Einwilligung nur auf Handlungen, die erforderlich und hinnehmbar sind, um die Suche nach dem eigentlichen Auffindeort zu erleichtern. Bei Vorschaubildern gilt dies im Besonderen für die Größe der Thumbnails.

Vorbemerkung vor §§ 20, 20a, 20b

Internationale Verträge. Art. 8 WCT; Art. 15 WPPT; Art. IVbis WUA

Unionsrecht. Art. 11bis, Art. 11ter, Art. 14, Art. 14bis RBÜ; Art. 1 Abs. 2 Buchst. d) Richtlinie 2001/29/EG des Europäischen Parlaments und des Rates zur Harmonisierung bestimmter Aspekte des Urheberrechts und der verwandten Schutzrechte in der Informationsgesellschaft; Art. 2 f. Richtlinie 93/83/EWG des Rates zur Koordinierung bestimmter urheber- und leistungsschutzrechtlicher Vorschriften betreffend Satellitenrundfunk und Kabelweiterverbreitung; Richtlinie über audiovisuelle Mediendienste RL 2010/13/EU; Art. 1 Schutzdauer-RL 2006/116/EG i.d.F. d. RL 2011/77/EU; Referentenentwurf des BMJ, Entwurf eines Achten Gesetzes zur Änderung des Urheberrechtsgesetzes zur Umsetzung der RL 2011/77/EU (Bearbeitungsstand 27.7.2012); Richtlinie 2010/13/EU des Europäischen Parlaments und des Rates

Vorbemerkung   **Vorb vor §§ 20–20b UrhG**

vom 10.3.2010 zur Kordinierung bestimmter Rechts- und Verwaltungsvorschriften der Mitgliedstaaten über Bereitstellung audiovisueller Mediendienste (Richtlinie über Mediendienste); Richtlinie 2012/28/EU des Europäischen Parlaments und des Rates vom 25.10.2012 über bestimmte zulässige Formen der Nutzung verwaister Werke; Vorschlag der Europäischen Kommission für eine RL über kollektive Wahrnehmung von Urheber- und verwandten Schutzrechten und die Vergabe von Mehrgebietslizenzen für die Online-Nutzung von Rechten an Musikwerken im Binnenmarkt COM (2012) 372; Vorschlag der Europäischen Kommission für Rchtlinie des Europäischen Parlaments und des Rates über bestimmte zulässige Formen der Nutzung verwaister Werke KOM(2011) 289 endg.; Europäische Kommission, Grünbuch über den Online-Vertrieb von audiovisuellen Werken in der Europäischen Union: Chancen und Herausforderungen für den digitalen Binnenmarkt KOM(2011) 427 endg.

Literatur: *ARD/ZDF-Projektgruppe Mobiles Fernsehen,* Mobiles Fernsehen: Interessen, potenzielle Nutzungskontexte und Einstellungen der Bevölkerung, MP 2007, 11; *Bauer/v. Einem,* Handy-TV – Lizenzierung von Urheberrechten unter Berücksichtigung des „2. Korbs", MMR 2007, 698; *Becker,* Neue Übertragungstechniken und Urheberrechtsschutz, ZUM 1995, 231; *Becker,* Rechtliche Herausforderung des Hybridfernsehens, ZUM 2011, 449; *v. Becker,* Dokufiction – ein riskantes Format, ZUM 2008, 265; *Berking,* Kein Urheberschutz für Fernsehshowformate? Anmerkung zum Urteil des BGH „Sendeformat", GRUR 2004, 109; *Blödorn/Mohr,* HbbTV: Mehr als nur Internet auf dem Fernseher, MP 2011, 242; *Breithaupt/Tillmann,* Digitaler Rundfunk: ein Schlüsselerlebnis?, ARD-Jahrbuch 2001, Hamburg 2001, 60; *Breunig,* Programmbouquets im digitalen Fernsehen, MP 2000, 378; *Breunig,* Mobile Medien im digitalen Zeitalter, MP 2006, 2; *Breunig,* Mobiles Fernsehen in Deutschland, MP 2006, 550; *Breunig,* IPTV und Web-TV im digitalen Fernsehmarkt, MP 2007, 478; *Brosius/Fahr,* Die Entwicklung der dritten Fernsehprogramme in Deutschland, Ludwigshafen 1998; *Busch,* Zur urheberrechtlichen Einordnung der Nutzung von Streamingangeboten, GRUR 2011, 496; *Castendyk,* Buy-Out-Klauseln in Honorarbedingungen für Journalisten/innen – Urteilsanmerkung zum Urteil des KG vom 23.3.2010, AfP 2010, 434; *Castendyk/v. Albrecht,* Der Richtlinienvorschlag der EG-Kommission zum Satellitenfernsehen, GRUR Int. 1992, 734; *Conrad,* Die Feuerzangenbowle und das Linsengericht: Der Vergütungsanspruch nach § 20b II UrhG, GRUR 2003, 561; *Diesbach,* Pay-TV oder Free-TV, Baden-Baden 1998; *Diesbach,* Verkauf von territorial begrenzten Senderechten in Europa und Verschlüsselungsverlangen gegenüber Free-TV-Veranstaltern, ZUM 2002, 680; *Dörr,* Die rechtliche Einordnung der Must-carry-Regelungen im Rundfunkstaatsvertrag und in den Landesmediengesetzen, ZUM 2013, 81; *Dorner,* Umfassende Nutzungsrechteinräumung gegen Pauschalabgeltung – Ende für „Buy-Outs"?, MMR 2011, 780; *Dreier,* Die Umsetzung der Urheberrechtsrichtlinie 2001/29/EG in deutsches Recht, ZUM 2002, 28; *Dreier,* Kabelweiterleitung und Urheberrecht, München 1991; *Dreier,* Urheberrecht und digitale Werkverwertung, Gutachten für die Friedrich-Ebert-Stiftung, Bonn 1997 (zit. Dreier Gutachten); *v. Duisburg,* Gezielt und preiswert – die Soap im Internet, ZUM 2011, 141; *Eberle,* Medien und Medienrecht im Umbruch, GRUR 1995, 790; *Eberle,* Neue Übertragungstechniken und Verfassungsrecht, ZUM 1995, 249; *Eberle,* Erscheinungsformen der neuen Medien in *Eberle/Rudolf/Wasserburg,* Mainzer Rechtshandbuch der Neuen Medien, Heidelberg 2003; *Ehrhardt,* 32 + 32a = 20b–20b – Ist § 20b Absatz 2 zu streichen?, ZUM 2004, 300; *v. Eimeren/Frees,* 76 Prozent der Deutschen online – neue Nutzungssituationen durch mobile Endgeräte. Ergebnisse der ARD/ZDF-Onlinestudie 2012, MP 2012, 362; *Engel/Best,* Stream, Audio und Page – die Rezeptionsformen in der konvergenten Medienwelt, MP 2012, 62; *Engelage,* Kabeleinspeisesalat. ARD und ZDF wollen gratis zum Zuschauer, epd medien Nr. 27/2012, 3; *Ernst,* Urheberrechtliche Probleme bei der Veranstaltung von On-demand-Diensten, GRUR 1997, 592; *Fette,* Der Sender einer Auftragsproduktion als Werknutzer im Sinne von § 36 UrhG, ZUM 2013, 29 ff.; *Handig,* Reform und Neuordnung der „öffentlichen Wiedergabe". Die Folgen der Interpretation des urheberrechtlichen Begriffs durch den EuGH, ZUM 2013, 273 ff.; *Fink/Keber/Rugoski,* Die Zukunft der Medienregulierung im Europarat, ZUM 2011, 292; *Flatau,* Neue Verbreitungsformen für Fernsehen und ihre rechtliche Einordnung: IPTV aus technischer Sicht, ZUM 2007, 1; *Flechsig, F.,* Harmonisierung der Schutzdauer für musikalische Kompositionen mit Text, ZUM 2012, 227; *Flechsig, N.,* Die Auswirkungen der digitalen Signalverarbeitung auf Anbieter von Rundfunk und Fernsehen in *Becker/Dreier,* Urheberrecht und digitale Technologie, Baden-Baden 1994, 27; *Flechsig, N.,* Grundlagen des Europäischen Rechts. Die Richtlinie zur Harmonisierung des Urheberrechtsschutzes in Europa und die Anforderungen an ihre Umsetzung in deutsches Recht, ZUM 2002, 1; *Flechsig, N.,* Gerichtliche Vertragsanpassung zum Zwecke der Inanspruchnahme angemessener Nutzung. Anmerkung zum Urteil des OLG München ZUM-RD 2002, 77, ZUM 2002, 328; *Flechsig, N.,* Formatschutz und Anforderungen an urheberrechtlich geschütztes Werkschaffen, ZUM 2003, 767; *Flechsig, N.,* Europäische Satellitenverbreitung im Lichte nationaler Koproduktion. Zum Inhalt der Übergangsregelung des § 137h UrhG bei gemeinschaftlicher Filmherstellung, ZUM 2003, 192; *Flechsig, N.,* Urheberrecht in der Wissensgesellschaft, ZRP 2004, 249; *Flechsig, N.,* Der Zweite Korb zur Verbesserung der Urheber- und Leistungsschutzrechte, ZRP 2006, 145; *Flechsig, N./ Hendricks,* Konsensorientierte Streitschlichtung im Urhebervertragsrecht, ZUM 2002, 423; *v. Frentz/Masch,* Öffentliche Wiedergabe und Kabelweitersendung bei Gemeinschaftsantennenanlagen außerhalb Abschattungsgebieten und das Verhältnis zwischen Einspeiseentgelt und angemessener Lizenzgebühr für die Kabelweitersednung, ZUM 2010, 519; *Fuhr/Rudolf/Wasserburg* (Hrsg.), Recht der neuen Medien, Heidelberg 1989 (zit. *Bearbeiter* in *Fuhr/Rudolf/Wasserburg*); *Gericke,* Videotext – mehr als Programmbegleitung, MP 1993, 374; *Gersdorf,* Öffentlich-rechtlicher Rundfunk 2.0: Von der Voll- zur Qualitätsversorgung, K&R 2012, 94; *Gersdorf,* Anreizregulierung zu Lasten Dritter? – (Verfassungs-)Rechtliche Bewertung einer anreizorientierten Regulierung des privaten Rundfunks zu Lasten der Kabelnetzbetreiber, MMR-Beilage 6/2012, 1; *Götting,* Rechtsgutachten zur Beteiligung der Sendeunternehmen an der Pauschalvergütung nach § 54 UrhG, 2003 (nicht veröffentlicht); *Gounalakis,* Kabelfernsehen im Spannungsfeld von Urheberrecht und Verbraucherschutz, Baden-Baden 1989; *Gounalakis,* Kabelfernsehen und Urheberrecht, NJW 1988, 1011; *Gounalakis/Mand,* Kabelweiterleitung und urheberrechtliche Vergütung, München 2003; *Grewening,* Rechteerwerb und Rechteinhaberschaft im digitalen Zeitalter. Probleme von Nutzern bei Rechteerwerb aus Sicht privater Medienunternehmen, ZUM 2011, 27; *Handig,* Urheberrechtliche Aspekte bei der Lizenzierung von Radioprogrammen im Internet, GRUR Int. 2007, 206; *Heinkelein,* Der Schutz der Urheber von Fernsehshows und Fernsehshowformaten, Baden-Baden 2004; *Heinkelein/Fey,* Der Schutz von Fernsehformaten im deutschen Urheberrecht. Zur Entscheidung des BGH: „Sendeformat", GRUR Int. 2004, 178; *Herrmann/Lausen,* Rundfunkrecht, 2. Aufl., München 2004; *Hertin,* Werklohn und angemessene Vergütung, GRUR 2011, 1065; *Hillig,* Auf dem Weg zu einem WIPO-Abkommen zum Schutz der Sendeunternehmen, GRUR Int. 2007, 122; *Hillig,* Wiederholungshonorare für Drehbuchautoren und Regisseure von Fernsehreihen bei Übernahmesendungen anderer Rundfunkanstalten – Zur Auslegung der Urhheberrechtstarifverträge für freie Mitarbeiter des WDR durch das BAG, ZUM 2010, 514; *Hillig,* Das Vierte Gesetz zur Änderung des Urheberrechtsgesetzes, UFITA 138 (1999) 5; *Hillig/Blechschmidt,* Die Materialentschädigung für reversgebundenes Notenmaterial – Zur Rechtmäßigkeit des Zustimmungsvorbehalts der Musikverlage bei außerrundfunkmäßiger Verwertung von Rundfunkproduktionen, ZUM 2005, 505; *Hoeren,* Gutachten zur Frage der Bewertung der Kabelweitersenderechte der Sendeunternehmen, 2001 (nicht veröffentlicht); *Hoeren/Veddern,* Voraussetzungen und Grenzen klauselmäßiger Beteiligungen der Sendeunternehmen an den gesetzlichen Vergütungsansprüchen, UFITA 2002, 7; *Holtz-Bacha,* Von der Fernseh- zur Mediendiensterichtlinie, MP 2007, 113; *Hummel,* Volkswirtschaftliche Auswirkungen einer gesetzlichen Regelung des Urhebervertragsrechts – Fallstudie Rundfunk, Königswinter/München 2000, epd medien 2001, 13 und 2001, 28; *Jani,* Der Buy-Out-Vertrag im Urheberrecht, Berlin 2003; *Kasten,* Stellungnahme des Verbandes Deutscher Drehbuchautoren zum Entwurf für ein Urhebervertragsrecht und Honorarsituation Fernsehen, epd medien 2001, 27; *Katzenberger,* Filmurheber und § 137l UrhG, GRUR In. 2010, 710; *Katzenberger,* Vergütung der Sendeunternehmen für Privatkopien ihrer Live-Sendungen aus der Sicht der europäischen Urheberrechtsrichtlinien, GRUR Int. 2006, 190; *Kianfar,* Die Weitersenderechte für den Betrieb des Online-Videorecorders (OVR) – Zugleich Besprechung von OLG Dresden, Urt. v. 12.7.2011 – 14 U 801/07 – save.tv., GRUR-RR 2011, 393; *Klett,* Urheberrecht im Internet aus deutscher und amerikanischer Sicht, Baden-Baden 1998; *Klickermann,* Sendearchive im Focus unbekannter Nutzungsarten MMR 2007, 221; *Knopp,* Fanfiction – nutzergenerierte Inhalte und Urheberrecht, GRUR 2010, 28; *Koch,* Der Content bleibt im Netz – Gesicherte Werkverwertung durch Streaming-Verfahren, GRUR 2010, 574; *Krause, M.,* Rechteerwerb und Rechteinhaberschaft im digitalen Zeitalter. Probleme von Nutzern bei Rechteerwerb aus Sicht des öffentlich-rechtlichen Rundfunks, ZUM 2011, 21; *Kreile,* Ende territorialer Exklusivität – Der EuGH als Totengräber?, ZUM 2012, 177; *Kuch,* Medienrechtliche Vorgaben für Kabelnetzbetreiber, ZUM 2002, 248; *Kyre,* Angemessene Vergütung nach § 32 UrhG durch Dritte? – Zu den Vergütungsansprüchen von Komponisten bei einer Eigen- und Auftragsproduktion im Fernsehen, UFITA 2011, 81; *Ladeur,* Aktuelle Rechtsfragen der Einspeisung digitaler Fernsehprogramme in Kabelnetze, ZUM 2002, 252; *Ladeur,* Entgeltpflicht für die Kabeleinspeisung von Programmen der öffentlich-rechtlichen Rundfunkanstalten?, ZUM 2012, 939; *Langhoff/Oberndörfer/Jani,* Der Zweite Korb des Urheberrechtsreform, ZUM 2007, 593; *Leupold,* „Push" und „Narrowcasting" im Lichte des Medien- und Urheberrechts, ZUM 1998, 99; *Mand,* § 20b Abs. 2 UrhG und das neue Urhebervertragsrecht, ZUM 2003, 812; *Mand,* Die Kabelweitersendung als urheberrechtlicher Verwertungstatbestand, GRUR 2004, 395; *Mand,* Das Recht der Kabelweitersendung, Frankfurt a.M. 2004; *Mand,* Der gesetzliche Vergütungsanspruch gem. § 20b II UrhG, GRUR 2005, 720; *Mohr,* DVB-T-Region Berlin/Potsdam: Terrestrik wächst weiter, MP 2004, 294; *Müller-Römer,* Rundfunkversorgung (Hörfunk und Fernsehen), Verbreitung von Rundfunkprogrammen und neue Rundfunkdienste, in: *Hans-Bredow-Institut* (Hrsg.), Internationales Handbuch für Hörfunk und Fernsehen 1998/99, Hamburg 1998, 169; *Nägele/Jacobs,* Rechtsfragen des Cloud Computing, ZUM 2010, 281; *Neumaier,* Die Beurteilung grenzüberschreitender Rundfunksendungen nach der Revidierten Berner Übereinkunft, dem Welturheberrechtsabkommen und dem Rom-Abkommen, UFITA 2003, 639; *Neumaier,* Die gezielte grenzüberschreitende Satellitensendung – kein Eingriff in das Urheberrecht des Empfangslandes? Zugleich Anmerkung zu Schweizerisches Bundesgericht, Urt. v. 12.1.2010 – 4 A 203/2009 – Métropole Télévision/Société Suisse de radiodiffusion et télévision, ZUM 2011, 36; *Neurauter,* Internetfernsehen und Co. – das Urheberrecht unter dem Druck des Medienwandels, GRUR 2011, 691; *Nordemann, W.,* Die Veränderung der Prinzipien des nationalen Urheberrechts unter dem Einfluss des Europäischen Rechts in

Vorbemerkung
Vorb vor §§ 20–20b UrhG

Drexl/Kreuzer/Scheuing/Sieber (Hrsg.), Europarecht im Informationszeitalter, Baden-Baden 2000, 43 (zit. Nordemann in Europarecht im Informationszeitalter); *Nordemann, W.,* Das neue Urhebervertragsrecht, München 2002; *Obergfell,* Konkretisierung der urheberrechtlichen Bewertung von Abstracts durch den BGH, GRUR 2011, 208; *Ory,* Rechtliche Überlegungen aus Anlass des „Handy-TV" nach dem DMB-Standard, ZUM 2007, 7; *Ory,* Arbeitnehmer-Urheber im privaten Rundfunk, ZUM 2011, 506; *Pätzold/Röper,* Fernsehproduktionsmarkt Deutschland 2003 und 2004, MP 2006, 32; *Peifer,* Das Territorialitätsprinzip im Europäischen Gemeinschaftsrecht vor dem Hintergrund der technischen Entwicklungen, ZUM 2006, 1; *Pfennig,* Reformbedarf beim Kabelweitersenderecht?, ZUM 2008, 363; *Poll,* Vom Broadcast zum Podcast – Urheberrechtliche Einordnung neuer Internetgeschäftsmodelle, MMR 2011, 226; *Potthast,* Medienrechtliche Einordnung neuer Angebote über neue Übertragungswege (z. B. IP-TV, Mobil-TV etc.), ZUM 2007, 443; *Radmann,* Kino.ko – Filmegucken kann Sünde sein – Zur Rechtswidrigkeit der Nutzung von (offensichtlich) illegalen Streamin-Filmportalen, ZUM 201, 387; *Raff,* Online heute aus der Sicht der ARD, MP 2002, 117; *Reber, N.,* Die Pläne der Bundesregierung zu einer gesetzlichen Regelung des Urhebervertragsrechts, ZUM 2001, 282; *Reber, N.,* Die Redlichkeit der Vergütung (§ 32 UrhG) im Film- und Fernsehbereich, GRUR 2003, 393; *Reber, N.,* Der „Ertrag" als Grundlage der angemessenen Vergütung/Beteiligung des Urhebers (§§ 32, 32a, 32c UrhG) in der Film- und Fernsehbranche – Keine „monkey points" nach Art US-amerikanischer Filmvertragsklauseln, GRUR Int. 2011, 569; *Reinbothe,* Die Umsetzung der EU-Urheberrechtsrichtlinie in deutsches Recht, ZUM 2002, 43; *Reinbothe,* Die EG-Richtlinie zum Urheberrecht in der Informationsgesellschaft, GRUR Int. 2001, 733; *Reinemann,* DVB.H, DMB und interaktive Fernbedienung – Ist der Rundfunk(begriff) den neuesten technischen Entwicklungen gewachsen?, ZUM 2006, 523; *Ricker,* Die Nutzung des Internets als dritte Säule des öffentlich-rechtlichen Rundfunks, ZUM 2001, 28; *Riesenhuber,* Wer ist Sendender?, ZUM 2011, 134; *Riesenhuber,* Die „Öffentlichkeit" der Kabelweitersendung – Eine „Untergrenze von 75 Wohneinheiten" gibt es nicht, ZUM 2012, 433; *Ring/Gummer,* Medienrechtliche Einordnung neuer Angebote über neue Übertragungswege (z. B. IP-TV, Mobil-TV etc.), ZUM 2007, 433; *Rumphorst,* Satellitenfernsehen und Urheberrecht – kritische Anmerkungen zur sogenannten Theorie des intendierten Sendegebietes, GRUR Int. 1992, 910; *Sack,* Kabelfunk und Urheberrecht, GRUR 1988, 163; *Sack,* Der Erschöpfungsgrundsatz im deutschen Immaterialgüterrecht, GRUR Int. 2000, 610; *Sasse/Waldhausen,* Musikverwertung im Internet und deren vertragliche Gestaltung – MP3, Streaming, Webcast, On-demand-Service etc., ZUM 2000, 837; *Schaefer,* Alles oder nichts! Erwiderung auf Jani, Alles eins? – Das Verhältnis des Rechts der öffentlichen Zugänglichmachung zum Vervielfältigungsrecht, ZUM 2010, 150; *Scherer,* Suggestiv und breitenwirksam. Der Gesetzgeber muss über Internet-Radio reden, epd medien Nr. 41 v. 24.5.2000, 6; *Schmid,* Rechtliche Herausforderungen des Hybridfernsehens aus der Sicht des privaten Rundfunks, ZUM 2011, 457; *Schmid-Ospach,* Lebendige Grundversorgung. Zur Diskussion um die Digitalkanäle, epd medien Nr. 26/2012, 3; *Schmid-Petersen,* Zu den Grenzen der freien Benutzung von Pressetexten im Internet, AfP 2011, 119; *Schulze, G.,* Aspekte zu Inhalt und Reichweite von § 19a UrhG, ZUM 2011, 2; *Schuster,* Pubertär. Erste Eindrücke vom neue Digitalsender ZDFkultur, epd medien Nr. 20/2011, 4; *Schwarz,* Klassische Nutzungsrechte und Lizenzvergabe bzw. Rückhalt von „Internet-Rechten", ZUM 2009, 816; *Schwenzer,* Tonträgerauswertung zwischen Exklusivrecht und Sendeprivileg im Lichte des Internetradio, GRUR Int. 2001, 722; *Seidl/Maisch,* Fernsehen der Zukunft – Aufnahme der audiovisuellen Mediendienste auf Abruf in das Telemediengesetz, K&R 2011, 11; *Seuczyk/Wenk,* Mehr als Fernsehen: Smart-TV, HbbTV & Co., MP 2012, 178; *Spindler,* Europäisches Urheberrecht in der Informationsgesellschaft, GRUR 2002, 105; *Spindler,* Die Einspeisung von Rundfunkprogrammen in Kabelnetze. Rechtsfragen der urheberrechtlichen Vergütung und vertragsrechtlichen Gestaltung, MMR Beilage 2/2003, 1; *Spohn,* Das zweistufige Verfahren im Bereich der Lizenzierung von Musikwerken, GRUR 2012, 780; *Spohn/Hullen,* Lizenzierung von Musik zur Online-Verwertung. Statt One-Stop-Shop eine Rechte-Puzzle, GRUR 2010, 1053; *Stender-Vorwachs/Theißen,* Die Revision der Fernsehrichtlinie, ZUM 2006, 362; *Ullrich,* Webradioportale, Embedded Videos & Co. – Inline-Linking und Framing als Grundlage urheberrechtlich relevanter (Anschluss-)Wiedergaben, ZUM 2010, 853; *Ullrich,* Alles in einem – Die Einräumung eines Nutzungsrechts i. S. d. § 31 Abs. 1 UrhG für einen On-Demand-Dienst im Internet, ZUM 2010, 311; *Ullrich,* Die „öffentliche Wiedergabe" von Rundfunksendungen in Hotels nach dem Urteil „SGAE" des EuGH (Rs. C-306/05), ZUM 2008, 112; *Ulmer,* Die Entscheidungen zur Kabelübertragung von Rundfunksendungen im Lichte urheberrechtlicher Grundsätze, GRUR Int. 1981, 372; *v. Ungern-Sternberg,* Drahtfunk und Rundfunkvermittlungsanlagen, GRUR 1973, 16; *v. Ungern-Sternberg,* Urheberrechtliche Verwertungsrechte im Lichte des Unionsrechts, GRUR 2012, 1198; *VPRT,* Die Privatisierung der Breitbandkabelnetze in Deutschland, epd medien Nr. 40/41 vom 23.5.2001, 25; *Wagner,* Europäische Perspektive des Hybridfernsehens, ZUM 2011, 462; *Wandtke/Schäfer,* Music-on-demand – Neue Nutzungsart im Internet?, GRUR Int. 2000, 187; *Wandtke,* Aufstieg oder Fall des Urheberrechts im digitalen Zeitalter?, UFITA 2011, 649; *Weber,* Neue Nutzungsarten – Neue Organisation der Rechteverwaltung?, ZUM 2007, 688; *Weber,* Hybridfernsehen aus der Sicht der öffentlich-rechtlichen Rundfunks, ZUM 2011, 452; *Weissner/Höppener,* Kabelweitersendung und urheberrechtlicher Kontrahierungszwang, ZUM 2003, 597; *Wiechmann,* Urhebertarifrecht für Arbeitnehmer und freie Mitarbeiter im öffentlich-rechtlichen Rundfunk – Anpassungsbedarf für die digitale

UrhG Vorb vor §§ 20–20b 1, 2 Vorbemerkung

Medienwelt?, ZUM 2010, 496; *Wille*, Kabelrundfunk aus der Sicht der öffentlich-rechtlichen Rundfunkanstalten, ZUM 2002, 261; *Wimmer*, Kabelrundfunk aus der Sicht eines regionalen Kabelnetzbetreibers, ZUM 2002, 534; *Woldt*, Konturen des digitalen Kabelmarkts, MP 2002, 34; *Zimmer*, Interaktives Fernsehen – Durchbruch via Internet? Entwicklungsstand und Perspektiven interaktiver Fernsehanwendungen in Deutschland, MP 2000, 110; *Zimmer*, Satellitenfernsehen in Deutschland, MP 1993, 358; *Zirpins*, Internet, mon amour – TV-Sender stellen sich langsam auf das Internet-Fernsehen ein, epd-medien 12/2007, 3; *Zscherpe*, Zweitverwertungsrechte und § 31 Abs. 4 UrhG, Baden-Baden 2004.
Vgl. darüber hinaus die Angaben im eingangs abgedr. Gesamtliteraturverzeichnis.

Übersicht

	Rn.
I. Bedeutung der Vorschriften	1–5
1. Systematik	1–5
a) Grundnorm des Senderechts	1
b) Europäische Satellitensendung	2–3
c) Satellitensendung	4
d) Kabelfunk und integrale Kabelweitersendung	5
2. Individuelle Rechtewahrnehmung, Zweitverwertungsrecht	6
II. Senderecht und Übertragungsrecht	7

I. Bedeutung der Vorschriften

1. Systematik

1   Das Zweite Gesetz zur Regelung des Urheberrechts in der Informationsgesellschaft („Zweiter Korb") v. 26.10.2007 hat an der Systematik der Vorschriften nichts geändert. Zur Einbeziehung Gemeinsamer Vergütungsregeln als weitere kollektive Regelung wurden in § 20b Abs. 2 S. 4 Gemeinsame Vergütungsregeln (§ 36) aufgenommen (unten Rn. 5).

a) Grundnorm des Senderechts. Die drei ineinander greifenden Vorschriften regeln Umfang und Inhalt des Senderechts auf verschiedenen Ebenen. § 20 gibt eine allgemeine, nicht abschließende („oder ähnliche technische Mittel") Begriffsbestimmung des Senderechts und führt in diesem Zusammenhang klarstellend auch die dem Stand der Sendetechnik entsprechenden Übertragungsmöglichkeiten Satellitenrundfunk und Kabelfunk ausdrücklich als Teil des Senderechts auf (Dreier/Schulze/*Dreier* § 20 Rn. 1, 7 ff.; Dreyer/Kotthoff/Meckel/*Dreyer* Vor §§ 20 ff. Rn. 1, § 20 Rn. 6 ff.; Schricker/Loewenheim/*v. Ungern-Sternberg* Vor §§ 20 ff. Rn. 2 ff.; Loewenheim/*Schwarz/U. Reber* § 21 Rn. 75 ff., 80 ff.; zu technischen Grundlagen Herrmann/Lausen/*Schneeberger* § 2 IV.; *Fleck* in: Fuhr/Rudolf/Wasserburg 21, 33 ff.; *Bauer* in: Fuhr/Rudolf/Wasserburg 1, 6 ff.; *Herrmann* § 2 Rn. 14 ff.; *Zimmer* MP 1993, 358 ff.; *Müller-Römer* 169 ff.).

2   **b) Europäische Satellitensendung.** Demgegenüber betrifft § 20a ausschließlich zwei Arten von Satellitensendungen. Diese sind unter dem Begriff Europäische Satellitensendung zusammengefasst und aus dem Anwendungsbereich des § 20 ausgeklammert. Zum einen betrifft es Satellitensendungen, die in einem EU-Mitgliedstaat oder EWR-Vertragsstaat ausgeführt werden und in diesem als erfolgt gelten (Abs. 1). Erfasst werden zum anderen die in Drittstaaten mit niedrigerem Schutzniveau ausgeführten Satellitensendungen. Sie gelten als ebenfalls im Geltungsbereich der Satelliten- und Kabel-Richtlinie (s. Einl. Rn. 21) erfolgt (Abs. 2). Die Vorschrift setzt deren Vorgaben zur Programmeingabe und zum Ort der Sendehandlung um und schreibt in diesem Zusammenhang insb. den **Sendelandgrundsatz** als maßgebliches Rechtsregime fest (Art. 1 Abs. 2 Satelliten- und Kabel-Richtlinie; Walter/*Dreier* Art. 1 Satelliten- und Kabel-Richtlinie Rn. 7 ff., 39; AmtlBegr. BT-Drucks. 13/4796, 11 f., B zu Art. I, zu Nr. 2 (§§ 20a, 20b), auch abgedr. bei: M. Schulze Materialien 951 ff.; Dreier/Schulze/*Dreier* § 20a Rn. 1 ff., 3, 6 f.; Dreyer/

Vorbemerkung 3, 4 **Vorb vor §§ 20–20b UrhG**

Kotthoff/Meckel/*Dreyer* § 20a Rn. 8 ff.; Loewenheim/*Schwarz/Reber* § 21 Rn. 83 f., 99 ff.; Schricker/Loewenheim/*Katzenberger* Vor §§ 120 ff. Rn. 107 f.; *Hillig* UFITA 138 (1999) 5, 10; *Castendyk/v. Albrecht* GRUR Int. 1992, 734, 736 ff.). § 20a Abs. 3 nennt die urheberrechtsrevelanten Voraussetzungen für eine Satellitensendung und definiert damit zugleich den Begriff der Satellitensendung (mit anderer Akzentuierung im Ergebnis ähnlich Dreier/Schulze/*Dreier* § 20a Rn. 12). Diese Begriffsbestimmung soll wegen der ausdrücklichen Bezugnahme auf die Abs. 1 und 2 zunächst nur für die **Europäische Satellitensendung** gelten, die bei diesem Verständnis selbstständig neben die Satellitensendung durch Satellitenrundfunk i. S. d. § 20 tritt (so AmtlBegr. A. III. 2., abgedr. bei: *M. Schulze* Materialien 971; Schricker/Loewenheim/*v. Ungern-Sternberg* § 20 Rn. 19 ff., 20a Rn. 6 ff.; Möhring/Nicolini/*Kroitzsch* § 20 Rn. 13, 15).

Unterschiedliche Auffassungen bestehen dazu, ob § 20a ein **eigenständiges Verwertungsrecht** begründet und ggf. welche Elemente seiner Begriffsdefinition der Satellitensendung i. S. d. § 20 zugrunde gelegt werden können. Für die Annahme eines eigenständigen Rechts spricht der Terminus Europäische Satellitensendung (ebenso Fromm/Nordemann/*Dustmann* § 20 Rn. 4, § 20a Rn. 1 ff.; Dreyer/Kotthoff/Meckel/*Dreyer* § 20a Rn. 1; kritisch gegenüber einer Indizwirkung der Neuregelung Dreier/Schulze/*Dreier* § 20a Rn. 4, § 31 Rn. 72 ff., der die Frage der Eigenständigkeit allein unter Berücksichtigung der Systematik der Verwertungsrechte beantwortet; ablehnend LG Stuttgart ZUM 2002, 241, 243). Dieser unterscheidet sich nicht nur sprachlich von der in § 20 gebrauchten, das Senderecht illustrierenden Wendung Satellitenrundfunk, sondern führt mit Abs. 3 insb. in Bezug auf die Eingabe der programmtragenden Signale in eine ununterbrochene Übertragungskette zusätzliche materielle Kriterien ein. Die Vorschrift nimmt nicht mehr ausdrücklich auf das umfassende Senderecht i. S. d. § 20 Bezug. Zwar stellt sich jede Satellitensendung nach der gesetzlichen Konzeption immer als Unterfall des Senderechts dar (Walter/*Dreier* Art. 1 Rn. 39 Satelliten- und Kabel-Richtlinie). Die insoweit inkongruente Schnittmenge der von § 20 einerseits und § 20a andererseits erfassten Satellitensendungen rechtfertigt es jedoch, von unterschiedlichen Rechten auszugehen (vgl. Schricker/Loewenheim/*v. Ungern-Sternberg* § 20 Rn. 21, der bei wirtschaftlicher Betrachtung eine einheitliche Verwertungsbefugnis annimmt; Loewenheim/Schwarz/*Reber* § 21 Rn. 83). Für Satellitensendungen, die Satellitenrundfunk i. S. d. § 20 sind, wird verschiedentlich zumindest eine unter Kontrolle und Verantwortung des Sendeunternehmens erfolgende Programmeingabe für dessen Programmzwecke verlangt (Dreier/Schulze/*Dreier* § 20a Rn. 12 im Anschluss an Schricker/Loewenheim/*v. Ungern-Sternberg* § 20a Rn. 6, 12 ff., 14 ff.; Fromm/Nordemann/*Dustmann* § 20 Rn. 4, § 20a Rn. 2 f.; vgl. Möhring/Nicolini/*Kroitzsch* § 20 Rn. 13). Auf **grenzüberschreitende terrestrische Sendungen** findet § 20a keine Anwendung, auch nicht analog. Das gilt namentlich für den dort verankerten Sendelandgrundsatz (BGHZ 152, 317, 325 ff. – Sender Felsberg). Maßgeblicher Anknüpfungspunkt für drahtlose Rundfunksendungen ist grds. das Recht des Ausstrahlungslandes (BGHZ 152, 317, 322 f.; zur zusätzlichen Anwendbarkeit des Rechts des Empfangslandes bei gezielten grenzüberschreitenden Ausstrahlungen s. Nachweise bei Schricker/Loewenheim/*Katzenberger* Vor §§ 120 ff. Rn. 141 ff.; nach EuGH GRUR 2006, 50, 52 Rn. 31 – Lagardère SPRE/GVL ist die gezielte terrestrische Verbreitung zuvor im Nachbarstaat empfangener nichtöffentlicher Programmsignale in den Mitgliedstaat des Sendeunternehmens keine Satellitensendung) Die Vorschrift gilt ebenfalls nicht für die **öffentliche Zugänglichmachung im Internet** (*Peifer* ZUM 2006, 1, 6).

c) **Satellitensendung.** Aus Sicht der Veranstalter von Fernsehprogrammen wird vielfach auf das sog. intendierte Sendegebiet abgestellt. Intendiertes Sendegebiet meint das Gebiet, für das das Programm nach dem Willen des Sendeunternehmens bestimmt ist (*Herrmann/Lausen* § 27 Rn. 60, 61: finales oder intendiertes oder Kerngebiet; *Castendyk/Albrecht* GRUR Int. 1992, 734, 738 ff.; krit. *Rumphorst* GRUR Int. 1992, 910, 912; OLG Frankfurt a. M. GRUR

Int. 1996, 247 [249] – *Satellit erweitert Lizenzgebiet*). Bei den öffentlich-rechtlichen Rundfunkanstalten fällt es grds. mit dem gesetzlichen bzw. auf Staatsvertrag beruhenden Versorgungsbereich zusammen (Schricker/Loewenheim/*v. Ungern-Sternberg* § 20 Rn. 32 ff.; Dreier/Schulze/*Dreier* § 20 Rn. 8). Anknüpfend an die genannte Definition wird auch ein weiter gefasster Begriff vertreten, wonach das intendierte Sendegebiet bei Satellitenausstrahlung u. U. bis an die Grenze der technischen Reichweite gehen kann, d. h. die Empfangsmöglichkeit in ausreichender technischer Qualität. Theoretisch denkbar ist auch ein kleineres als das mögliche Versorgungsgebiet, etwa bei über Satellit ausgestrahlten Regionalprogrammen (z. B. SWR für die Länder Baden-Württemberg und Rheinland-Pfalz). Die unterschiedliche Betrachtungsweise hat sowohl Auswirkungen auf die Frage der erforderlichen Rechte als auch auf die Angemessenheit des zu vereinbarenden Sendeentgelts, weil damit zugleich die Berücksichtigung des Empfangs in den Nachbarländern in das Blickfeld gerät. Es erscheint von daher zweifelhaft, ob sich unter dem Gesichtspunkt eines einseitig definierten intendierten Sendegebietes die um ein Vielfaches überschießende Empfangsmöglichkeit wegdenken und auf diese Weise die Qualität einer Europäischen Satellitensendung verneinen lässt (ablehnend OLG Stuttgart ZUM 2003, 146; kritisch hierzu im Hinblick auf die Geltung der Übergangsregelung des § 137h Abs. 2 für nationale Koproduktionen *Flechsig* ZUM 2003, 192, 194 ff.; ebenso OLG Stuttgart ZUM 2003, 239 – man spricht deutsch, aufgehoben durch BGH GRUR 2005, 48, 50 ff. – man spricht deutsch, der für eine Gleichbehandlung nationaler und internationaler Koproduktionsverträge eintritt). Die der Vorschrift des § 20 unterfallenden Satellitensendungen dürften allerdings kaum praktische Bedeutung erlangen, da sich die für den Empfang in Deutschland bestimmten Rundfunkprogramme ganz überwiegend auch als Europäische Satellitensendungen darstellen (*Flechsig* ZUM 2003, 192, 198; Dreier/Schulze/*Dreier* § 20a Rn. 2). Selbst außereuropäische Sendeunternehmen unterhalten i. d. R. entweder eine reguläre handelsrechtliche Niederlassung oder haben jedenfalls organisatorische und technische Bezüge in die Europäische Union bzw. in den Europäischen Wirtschaftsraum (die privaten und öffentlich-rechtlichen Fernsehprogrammanbieter mit ihren jeweiligen Programmen und Sendegebieten sind in der Datenbank TV-Veranstalter der Arbeitsgemeinschaft der Landesmedienanstalten nachgewiesen, www.alm.de).

Für **Altverträge**, die zunächst noch in den Anwendungsbereich des § 20 fielen, war die Übergangsfrist bereits zum Jahresbeginn 2000 abgelaufen (§ 137g Abs. 1). Soweit die Verträge über dieses Datum hinaus fortbestehen, unterliegen sie den Voraussetzungen des § 20a. Der Anwendungsbereich des § 20a beschränkt sich ausschließlich auf Satellitensendungen, die von einem Sendeunternehmen in einem Mitgliedstaat der EU oder einem Vertragsstaat des EWR ausgeführt werden (Abs. 1).

Um das Ausweichen auf Staaten mit niedrigerem urheberrechtlichen Schutzniveau auszuschließen, sind Satellitensendungen gleichgestellt, bei denen sich entweder nur die zum Satelliten sendende Erdfunkstation in der EU oder im EWR befindet oder, subsidiär, das Sendeunternehmen dort seine Niederlassung im Sinne gewisser organisatorischer und technischer Bezüge hat (§ 20a Abs. 2, hierzu AmtlBegr. B. zu Artikel I, zu Nummer 2 [§§ 20a, 20b], abgedr. bei: *M. Schulze* Materialien 951 ff., 978; Fromm/Nordemann/*Dustmann* § 20a Rn. 9 ff. „Umgehungsprävention"). Alle übrigen von Drittstaaten aus ausgeführten Satellitensendungen, die aufgrund der Ausleuchtzone der jeweils genutzten Satelliten in der Staatengemeinschaft i. S. d. 20a Abs. 1 technisch empfangbar sind, fallen nicht in den Regelungsbereich der Vorschrift. Für sie gilt nicht der Sendelandgrundsatz, sondern ggf. nach der sog. Bogsch-Theorie (s. hierzu § 69c Rn. 60) der **Empfangslandgrundsatz** (str., vgl. hierzu im Einzelnen Schricker/Loewenheim/*Katzenberger* Vor §§ 120 ff. Rn. 141 ff.; Dreier/Schulze/*Dreier* § 20a Rn. 2; kritisch Loewenheim/*Schwarz/Reber* § 21 Rn. 100; Dreyer/Kotthoff/Meckel/*Dreyer* § 20a Rn. 14).

5 d) **Kabelfunk und integrale Kabelweitersendung.** Mit § 20b hat der Gesetzgeber einen Ausschnitt des Kabelfunks (§ 20) erfasst: die integrale (zeitgleiche, unveränderte und

Vorbemerkung 6 **Vorb vor §§ 20–20b UrhG**

vollständige) Kabelweitersendung einer durch Funk i. S. d. § 20 übermittelten Erstsendung eines Werkes (Walter/*Dreier* Art. 1 Rn. 29 ff., 33, 42 Satelliten- und Kabel-Richtlinie; wegen innerdeutscher Kabelweitersendungen s. AmtlBegr. B. zu Nr. 2 [§§ 20a, 20b], abgedr. bei *M. Schulze* Materialien 979 f.). Alle übrigen Kabel(weiter)sendungen unterfallen nicht dem Anwendungsbereich des § 20b, sondern ausschließlich dem des § 20. Mit der Ersetzung der früheren Begriffe Drahtfunk, ähnliche technische Einrichtungen im Zuge der Novellierung ist keine sachliche Änderung verbunden (Schricker/Loewenheim/*v. Ungern-Sternberg* Vor §§ 20 ff. Rn. 30, § 20 Rn. 40; BGH GRUR 2000, 699, 700 – Kabelweitersendung).

Der RefE des „Gesetzes zur Nutzung verwaister Werke und zu weiteren Änderungen des Urheberrechtsgesetzes" sah die technologieneutrale Ausgestaltung der Kabelweitersendung vor; diese findet sich im RegE (BT-Drs. 17/13423) entgegen der Stellungnahme des Bundesrates vom 3.5.2013 (BT-Drs. 17/13423, Anlage 3 Ziff. 1) nicht mehr, ebensowenig in der Beschlussempfehlung des Rechtsausschusses (BT-Drs. 17/14194), die vom Deutschen Bundestag am 27.6.2013 angenommen wurde. S. hierzu § 20b Rn. 4.

Das zum 1.1.2008 in Kraft getretene Zweite Gesetz zur Regelung des Urheberrechts in der Informationsgesellschaft („Zweiter Korb") v. 26.10.2007 hat für die Vorschriften zum Senderecht in § 20b Abs. 2 S. 4 die oben erwähnte Änderung gebracht (Vor §§ 20 ff. Rn. 1): Tarifverträgen und Betriebsvereinbarungen gleichgestellt sind nunmehr ausdrücklich auch **Gemeinsame Vergütungsregeln** (§ 36). Damit ist eine Regelung Gesetz geworden, die bereits der RefE (Bearbeitungsstand 27.9.2004) vorgesehen hatte. Weitergehende Änderungsvorschläge aus dem Kreise der beim BMJ seinerzeit eingerichteten Arbeitsgruppe 20b (vgl. Zusammenfassung der Ergebnisse der Arbeitsgruppensitzungen, www.urheberrecht.org), wie insb. die Streichung des Anspruchs auf eine angemessene Vergütung für die Kabelweitersendung in Abs. 2 (dazu Rn. 35), wurden vom Gesetzgeber nicht berücksichtigt (siehe im Einzelnen AmtlBegr. BT-Drucks. 16/1828 unter A. II. 5 und B. Zu Nummer 2 sowie gleichlautend BR-Drucks. 257/06). Im Allgemeinen Teil der Begründung heißt es hierzu: „Durch die vorgeschlagene Ergänzung des § 20b Abs. 2 S. 4 wird der Vorrang eines Anspruchs nach gemeinsamen Vergütungsregeln, auf deren Basis der Urheber eine angemessene Vergütung für jede Kabelweitersendung erhält, klargestellt. Der Abschluss und die Anwendung kollektiver Vereinbarungen nach S. 4 ermöglichen den Sendeunternehmen damit die gewünschte Vermarktung der Rechte in der Lizenzkette. Soweit keine kollektiven Vereinbarungen abgeschlossen und angewendet werden, bleibt der gesetzliche Vergütungsanspruch neben dem einzelvertraglichen Anspruch des Urhebers bestehen. Dieses Nebeneinander ist der Regelung des § 20b Abs. 2 immanent. Da der Urheber insgesamt nur beanspruchen kann, was als Vergütung angemessen ist, folgt daraus keine „Doppelvergütung" (ähnlich im Besonderen Teil Zu Nummer 2). Wegen der damit in Zusammenhang stehenden Regelung in § 87 Abs. 5 siehe dort Rn. 3, 26. Die Diskussion um einen „Dritten Korb" der Urheberrechtsreform hatte zwar in den Anhörungen u. a. den vorstehenden Punkt erneut problematisiert. Der RegE für ein „Siebentes Gesetz zur Änderung des Urheberrechtsgesetzes" (Stand 27.8.2012) beschränkte sich jedoch auf die (schließlich durch das 8. UrhGÄndG zum 1.8.2013 erfolgte) Einführung eines Leistungsschutzrechts für Presseverleger (vgl. Vor §§ 87a ff. Rn. 1; § 87f Rn. 1). Die umstrittene Frage nach dem Verhältnis der Vorschriften der §§ 32 f., 20b Abs. 2 zueinander wurde darin ebenso wenig thematisiert wie der aus der Praxis herangetragene Wunsch, das Kabelweitersenderecht „technologieneutral" auszugestalten (§ 20b Rn. 4).

2. Individuelle Rechtewahrnehmung und Zweitverwertungsrecht

Das **Senderecht** unter Einschluss der Europäischen Satellitensendung und der nicht- 6 integralen Kabelweitersendung ist grds. als individuell vom Urheber wahrzunehmendes **Erstrecht** ausgestaltet, die integrale (zeitgleiche, unveränderte und vollständige) **Kabel-**

weitersendung i. S. d. § 20b hingegen konzeptionell als **Zweitverwertungsrecht** angelegt. Satellitenrundfunk und Kabelweitersendung wurden vom Gesetzgeber durch ihre Aufnahme in den Kanon der Verwertungsrechte zudem als eigenständige Nutzungsart anerkannt (s. § 31a Rn. 24f.).

II. Senderecht und Übertragungsrecht

7   Dem **Senderecht** liegt der tradierte Begriff der **gleichzeitigen Öffentlichkeit** zugrunde. § 15 Abs. 3, der dieses Moment nicht ausdrücklich nennt, umschreibt die Öffentlichkeit für alle Fälle der öffentlichen Wiedergabe und ist dementsprechend weit gefasst. Welche Anforderungen konkret zu stellen sind, ist jeweils für das einzelne Verwertungsrecht zu bestimmen. Öffentliche Sendungen sind typischerweise gleichzeitig empfangbar, die Gleichzeitigkeit mithin ein konstitutives Merkmal (so zutreffend Dreier/Schulze/*Dreier* § 20 Rn. 9; Schricker/Loewenheim/*v. Ungern-Sternberg* § 20 Rn. 8 ff., 31; Fromm/Nordemann/*Dustmann* § 20 Rn. 13, 15; *Ernst* GRUR 1997, 592, 595 mit Fn. 34; anders Dreyer/Kotthoff/Meckel/*Dreyer* § 20 Rn. 16 ff., § 15 Rn. 78, § 6 Rn. 9 ff.; *Schack* Rn. 414; *Wandtke*/*Schäfer* GRUR Int. 2000, 187, 190; oben § 15 Rn. 16; für Gemeinschaftsantennenanlagen Möhring/Nicolini/*Kroitzsch* § 20 Rn. 24, 30, hierzu unten Rn. 15). Die mit dem Vierten Gesetz zur Änderung des Urheberrechtsgesetzes v. 8.5.1998 umgesetzte Satelliten- und Kabel-Richtlinie hat daran nichts geändert. Ziel der Richtlinie war die Harmonisierung der rechtlichen Rahmenbedingungen der grenzüberschreitenden Programmverbreitung über Satellit und der grenzüberschreitenden Kabelweitersendung (vgl. Erwägungsgrund 3, 5 ff.), nicht die Öffnung des Rechts der öffentlichen Wiedergabe gegenüber Nutzungsformen einer davon abweichend definierten Öffentlichkeit (*Hillig* UFITA 138, 5, 9). Ein begrenzter Personenkreis, der Satellitensignale ausschließlich mittels professioneller Geräte empfängt, kann deshalb nicht als Öffentlichkeit angesehen werden; eine öffentliche Wiedergabe über Satellit i. S. d. Art. 1 Abs. 2 Buchst. a) liegt nicht vor (EuGH GRUR 2006, 50, 52 Rn. 31 – Lagardère SPRE/GVL unter Bezugnahme auf EuGH ZUM 2005, 549 Rn. 30 – Mediakabel). Erst die beiden WIPO-Verträge (Art. 8 WCT, Art. 10, 14, 15 Abs. 4 WPPT) haben diese Frage – unbeschadet der konventionsrechtlichen Bestimmung der öffentlichen Wiedergabe durch Rundfunksendungen gem. Art. 11bis Abs. 1 Nr. 1 und 2 RBÜ – thematisiert (krit. zum Umfang des konventionsrechtlichen Schutzes *Schack* Rn. 407 mit Fn. 90). Die Multimedia-Richtlinie (s. Einl. Rn. 21) hat diesen Ansatz mit dem **Recht der öffentlichen Zugänglichmachung** in Art. 3 aufgegriffen (vgl. Erwägungsgründe 15, 23, 24; keine öffentliche Wiedergabe von Tonträgern in Zahnarztpraxen i. S. d. Richtlinie EuGH GRUR 2012, 593 – SCF). Dabei stellt Art. 1 Abs. 2 Buchst. c) ausdrücklich klar, dass die Regelungen der Satelliten- und Kabel-Richtlinie hierdurch nicht berührt werden. Die Multimedia-Richtlinie wurde zunächst in ihrem zwingenden Teil mit dem Gesetz zur Regelung des Urheberrechts in der Informationsgesellschaft v. 10.9.2003 umgesetzt („Erster Korb", s. Vor §§ 31 ff. Rn. 3), der u. a. das Recht der öffentlichen Zugänglichmachung als eigenständiges weiteres Verwertungsrecht der öffentlichen Wiedergabe einführte (§§ 15 Abs. 2 Nr. 2, 19a). Das Senderecht ist damit von anderen Formen der öffentliche Wiedergabe i. w. S. zu unterscheiden. Das begründet zugleich die Notwendigkeit, die einzelnen Erscheinungsformen der öffentlichen Wiedergabe voneinander abzugrenzen (hierzu im Einzelnen § 15 Rn. 11 ff., § 19a Rn. 14 ff.; zur Multimedia-Richtlinie und ihrer Umsetzung s. Literaturnachweise bei § 19a).

Zur Bedeutung der Rechtsprechung des EuGH (EuGH ZUM 2013, 390 ff. *Livestreaming* m. w. N. und Anm. *v. Frentz/Masch*) für die Auslegung des Öffentlichkeitsbegriffs, s. § 15 Rn. 18.

§ 20 Senderecht

Das Senderecht ist das Recht, das Werk durch Funk, wie Ton- und Fernsehrundfunk, Satellitenrundfunk, Kabelfunk oder ähnliche technische Mittel, der Öffentlichkeit zugänglich zu machen.

Literatur: Internationale Verträge. Unionsrecht. Vor §§ 20, 20a, 20b

Urhebervertragliche Regelungen: Verlagsgebundene Autoren und Komponisten: Regelsammlungen Bühnenverlage/Rundfunk (Hörfunk/Fernsehen); Drehbuch: Drehbuchauftragsvertrag Bühnenverlage/ARD (2005/2008); Drehbuch: Werknutzungsvertrag Bühnenverlage/ZDF (2006/2008); Drehbuch: Rahmenvereinbarung für die Neuregelung der Vergütungssätze und des Vergütungssystems Bühnenverlage/ZDF (2011/2013); Direktabschließende Drehbuchautoren: Trilaterale Vereinbarung Verband Deutscher Drehbuchautoren/ZDF/Produzentenallianz Film & Fernsehen (2012/2013)

Tarifrecht: Beispiel für gleichlaufende Tarifverträge: Tarifvertrag über die Urheberrechte freier Mitarbeiter sowie Tarifvertrag über die Urheber- und verwandten Schutzrechte der auf Produktionsdauer beschäftigten freien Mitarbeiter IG Medien, Druck und Papier, Publizistik und Kunst, DJV, DAG/SWR

Kollektive Rechtewahrnehmung: § 1 Wahrn V (VG Wort); § 1 BerV (Gema); § 1 Wahrn V für die BG III (VG Bild-Kunst); DPMA-Liste Verwertungsgesellschaften siehe Links

Vertragsmuster: *Peters*, Fernseh- und Filmproduktion. Rechtshandbuch, Baden-Baden 2003, Anhang Musterverträge (Options- und Verfilmungsvertrag/Exposévertrag/Auftragsproduktionsvertrag); *Schütze/Weipert*, Form. VII. 28 (Verfilmungsvertrag/Stoffrechtevertrag), VII. 29 (Filmmanuskriptvertrag/Drehbuchentwicklungs- und Drehbuchvertrag), VII. 33 (Koproduktionsvertrag), VII. 37 (Senderechtsvertrag Fernsehen/Drehbuchverträge), VII. 38 (Senderechtsvertrag Hörfunk), VII. 39 (Allgemeine Bedingungen für Urheber/Fernsehen); weitere Hinweise auf Muster speziell zu Verfilmungsverträgen bei *v. Hartlieb/Schwarz*.

Verzeichnisse und Statistiken: Media Perspektiven Basisdaten. Daten zur Mediensituation in Deutschland 2011, Frankfurt am Main 2011

Links. Verbände, Institutionen, Organisationen (Auswahl)
Allianz Deutscher Produzenten – Film & Fernsehen www.produzentenallianz.de
Arbeitsgemeinschaft der öffentlich-rechtlichen Rundfunkanstalten der Bundesrepublik Deutschland www.ard.de
Arbeitsgemeinschaft Dokumentarfilm www.agdok.de
Bundesverband Kamera www.bvkamera.org
BUNDESVERBAND REGIE www.regieverband.de
Deutscher Journalisten Verband www.djv.de
DPMA-Liste Verwertungsgesellschaften www.dpma.de
Europäische Rundfunkunion www.ebu.ch
Kommission zur Ermittlung des Finanzbedarfs der Rundfunkanstalten www.kef.online.de
Künstlersozialkasse www.kuenstlersozialkasse.de
Pensionskasse Rundfunk www.pensionskasse-rundfunk.de
ProSiebenSat.1 Media www.prosiebensat1.de
RTL Television www.rtl.de
Verband der Hörspielregisseure www.vdhr.info
Verband Deutscher Bühnen- und Medienverlage www.buehnenverleger.de
Verband Deutscher Drehbuchautoren www.drehbuchautoren.de
Verband Deutscher Hörspielregisseure www.vdhr.de
Verband Deutscher Kabelnetzbetreiber www.anga.de
Verband Privater Rundfunk und Telemedien www.vprt.de
Vereinte Dienstleistungs Gewerkschaft ver.di www.medien-kunst-industrie.verdi.de
Zweites Deutsches Fernsehen www.zdf.de

Übersicht

	Rn.
Senderecht	1–9
I. Inhalt	1
II. Abgrenzungen	2–6
1. Pay-TV, IPTV, Web-TV, Mobile-TV, Portale, Plattformen	2
2. Rundfunk, Telemedien, digitale Programmbouquets	3
3. Programm-Streaming, Podcasting	4
4. Gemeinschaftsantennenanlagen	5

	Rn.
III. Terrestrischer und digitaler Rundfunk	6
IV. Praxis	7–9
1. Rechte- und Vergütungsstrukturen	7–8f
a) Verwertungsgesellschaften	7
b) Individuelle Rechtewahrnehmung	8
2. Archivrechte, verwaiste Werke	9

Senderecht

I. Inhalt

1   Das Senderecht hebt auf den Begriff des Funks i. S. d. Rundfunks ab: Rundfunkrechtlich ist „**Rundfunk** [...] ein **linearer Informations- und Kommunikationsdienst;** er ist die für die Allgemeinheit und zum zeitgleichen Empfang bestimmte Veranstaltung und Verbreitung von Angeboten in Bewegtbildern oder Ton entlang eines Sendeplans unter Benutzung elektromagnetischer Schwingungen" (§ 2 Abs. 1 S. 1 RStV). Dieser Rundfunkbegriff bleibt urheberrechtlich für das Senderecht in Abgrenzung zu den überwiegend als Zugänglichmachung i. S. d. § 19a zu qualifizierenden Erscheinungsformen nicht-linearer Telemedien weiterhin maßgebend (vgl. hierzu *Potthast* ZUM 2007, 443, 444f.; *Reinemann* ZUM 2006, 523, 528f.; zur Begrifflichkeit § 1 Abs. 1 S. 1 TMG; „on-demand-services", s. auch Vorschlag für eine Richtlinie des Europäischen Parlaments und des Rates zur Änderung der Richtlinie 89/552/EWG des Rates zur Koordinierung bestimmter Rechts- und Verwaltungsvorschriften der Mitgliedstaaten über die Ausübung der Fernsehtätigkeit – KOM (2005) 646 endg.; *Stender-Vorwachs/Theißen* ZUM 2006, 362, 366ff.; *Holtz-Bacha* MP 2007, 113, 115ff.; zur Bestands- und Entwicklungsgarantie des öffentlich-rechtlichen Rundfunks im Hinblick auf einen inhaltlich bestimmten „Funktionsbegriff" BVerfG MMR 2007, 770 – Rundfunkgebühr). Öffentlich ist dabei i. S. v. § 15 Abs. 3 zu verstehen (Nachweise § 15 Rn. 18ff.). Die Rechtsprechung hat es abgelehnt, dem Senderecht einen verengten **Öffentlichkeitsbegriff** zugrunde zu legen (so BGHZ 79, 350, 357 – *Kabelfernsehen in Abschattungsgebieten;* BGHZ 123, 149, 154 – Verteileranlagen; Schricker/Loewenheim/*v. Ungern-Sternberg* § 20 Rn. 8ff., 31ff. m. w. N.; anders Möhring/Nicolini/*Kroitzsch* § 20 Rn. 26ff., 29f., der in der Rechtsprechung zu Verteileranlagen einen abweichenden richterrechtlich geprägten Öffentlichkeitsbegriff erkennen will). Der traditionelle Begriff wird zunehmend von einer autonomen unionsrechtlich geprägten Auslegung überlagert (EuGH GRUR 2012, 593, 596f. – SCF; EuGH GRUR 2012, 597, 600f. – Phonographic Performance [Ireland]; BGH ZUM 2012, 889ff. – Breitbandkabel-KG; zum Ganzen *v. Ungern-Sternberg* GRUR 2012, 1198, 1200ff.; im Einzelnen § 15 Rn. 20). Urheberrechtlich bedeutsam ist allein der als einseitige Mitteilung verstandene Vorgang des Sendens. Auf das tatsächliche Empfangenkönnen – etwa bei Nichtabschluss eines Kabelvertrages oder unterbliebenem Kauf einer Satellitenantenne – kommt es nicht an (Dreier/Schulze/*Dreier* § 20 Rn. 10; Schricker/Loewenheim/*v. Ungern-Sternberg* § 20 Rn. 10ff.; s. auch Art. 1 Abs. 2 RGebStV; anders offenbar *Ullrich* ZUM 2008, 112, 113). Unerheblich ist, ob die Programme analog, digital oder verschlüsselt ausgestrahlt werden (Dreier/Schulze/*Dreier* § 20 Rn. 7; Dreyer/Kotthoff/Meckel/*Dreyer* § 20 Rn. 21; Loewenheim/*Schwarz/Reber* § 21 Rn. 76; zur urheberrechtlichen Bewertung der Digitalisierung Becker/Dreier/*Flechsig* 27ff.; *Dreier* Gutachten 23ff.; zur digitalisierten Weitersendung von Fernsehprogrammen in Kabelnetzen LG Leipzig ZUM-RD 2001, 143, 145f. sowie § 87 Rn. 13). Rundfunk ist deshalb immer die Veranstaltung und Darbietung eines inhaltlich und in der zeitlichen Abfolge ausschließlich vom Sendeunternehmen als Anbieter definierten Programms. Der Diskussionsentwurf eines Fünften Gesetzes zur Änderung des Urheberrechtsgesetzes v. 15.7.1998, auf den das (Erste) Gesetz zur Regelung des Urheberrechts in der Informa-

§ 20 Senderecht tionsgesellschaft in seinen Grundzügen zurückgeht, hatte zur Abgrenzung des Senderechts vom Recht der öffentlichen Zugänglichmachung (damals „Übertragungsrecht") in § 20 das Kriterium des „gestalteten Programms" aufnehmen wollen (Begründung B. Einzelerläuterungen zu Artikel 1, zu Nummern 1, 4 und 5). Dieses Kriterium ist wegen der vorstehenden Definition entbehrlich und wurde zu Recht im späteren Gesetzgebungsverfahren fallen gelassen. Der Begriff war missverständlich, da er nahe legte, dass das Gesamtprogramm seinerseits dem Werkbegriff genügen müsste.

II. Abgrenzungen

1. Pay-TV, IPTV, Web-TV, Mobile-TV, Portale, Plattformen

Ohne Bedeutung für die rechtliche Zuordnung zum Senderecht sind die Organisation **2** des Sendeunternehmens (privatrechtlich – öffentlich-rechtlich), die Übertragungswege (terrestrisch, Kabel, Satellit, Internet), die Angebotsformen (Free-TV, Pay-TV, Plattform) und die dahinter stehenden Geschäftsmodelle des Diensteanbieters (Transportmodell, Vermarktungsmodell). Unter das Senderecht fallen grds. alle Programmveranstaltungen, die sich unter den Begriff Rundfunk fassen lassen. Dazu zählen auch die gegen besonderes Entgelt verschlüsselt gesendeten Programme in dem als Bezahlfernsehen bzw. Abonnement-Fernsehen apostrophierten Pay-TV in seinen Erscheinungsformen Pay-per-View und Pay-per-Channel (Art. 2 Abs. 1 S. 2 RStV). Entsprechendes trifft auf Pay-Radio zu. Pay-TV und Pay-Radio gehören wie die klassische Rundfunkverbreitung im Free-TV hinsichtlich ihrer technischen Verbreitungsform zu den so genannten Verteildiensten (*Herrmann/Lausen* Rundfunkrecht § 2 Rn. 23 ff., 25; vgl. §§ 2 Abs. 1 S. 3, Abs. 2 Nr. 19, §§ 11d, 11f RStV). Diesen Programmen liegt ebenfalls eine festgelegte und durch Eingriffe des Empfängers nicht zu verändernde Abfolge zugrunde (Dreier/Schulze/*Dreier* § 20 Rn. 13 ff., 16: Vorgänge der traditionellen, auf ein sequentielles Programm ausgerichteten und vor allem zeitgleichen Sendung; Loewenheim/*Schwarz/Reber* § 21 Rn. 76; Fromm/Nordemann/*Dustmann* § 20 Rn. 2; Schricker/Loewenheim/*v. Ungern-Sternberg* Vor §§ 20 ff. Rn. 2, 7 ff., § 20 Rn. 45; Becker/Dreier/*Flechsig* 27 ff., 29 f.; *Diesbach* 20 ff.; *Ernst* GRUR 1997, 592, 593 ff.; vgl. auch § 2 Abs. 1 S. 2 RStV). Gleiches gilt für **Teletext** in seinen verschiedenen Standards (Beispiel www.ard-text.de). Teletext enthält festgelegte Programmelemente, auf die aufgrund der ständigen Wiederholung zyklisch zugriffen werden kann, ebenso bei **Telefonmusik** (s. § 19a Rn. 12; Dreier/Schulze/*Dreier* § 20 Rn. 9; Dreyer/Kotthoff/Meckel/*Dreyer* § 20 Rn. 23; Schricker/Loewenheim/*v. Ungern-Sternberg* § 20 Rn. 9; *v. Münchhausen* 117 f. m. w. N.; *Wittig-Terhardt* in: Fuhr/Rudolf/Wasserburg 38 ff.; *Gericke* MP 1993, 374 ff.; *Zimmer* MP 2000, 110, 124 f.; *ARD-Projektgruppe Teletext* MP 2001, 54 ff.; *Hillig* in: Fuhr/Rudolf/Wasserburg 425 f.; Schricker/*v. Ungern-Sternberg* § 20 Rn. 9). Beim **IPTV** (Internet Protocol Television) können audiovisuelle Inhalte digital unter Nutzung des Internetstandards mittels eines Decoders auf das Fernsehgerät oder auf ein anderes Endgerät (PC, Handheld) übertragen werden. Dabei handelt es sich um die Übertragung von Rundfunk über ein Breitbandnetz. Genutzt wird die ursprünglich für die Telefonie entwickelte DSL-Technik (Digital Subscriber Line), mittlerweile weiter ausgebaut zu VDSL (Very High Speed Digital Subscriber Line). Daneben ermöglicht sie die Inanspruchnahme von Telefondienstleistungen und eröffnet den Zugang zum Internet (sog. Triple Play; zum Hybrid-Fernsehen als Verknüpfung von Fernsehen und und Internet *Sewczyk/Wenk* MP 2012, 178). IPTV wird in geschlossenen Netzen als Provider-Fernsehen über verschiedene **Plattformen** angeboten („Alice homeTV", „T-Home", „Arcor-Digital-TV"), die u.a. auch öffentlich-rechtliche und private Fernsehprogramme erschließen (Übersicht über Anbieter bei *Breunig* MP 2007, 478, 481 ff.). Das IPTV eröffnet zudem **Videoportale** (Video-on-Demand) zur zeitunabhängigen („zeitsouveränen") Nutzung. Hierzu zählt als zusätzliche Funktion der Abruf des Fernsehprogramms der letzten 7 Tage von ARD und ZDF (sog. 7-day-catch-up; § 11d RStV; www.ardmediathek.de, www.zdfmediathek.de; ARD und ZDF sind darüber hinaus auf sog. Drittplattformen wie youtube vertreten, www.youtube.com/user/ARD, www.youtube.com/user/ZDF. zur Online-Videothek „Germany's Gold", einer gemeinsamen Gründung von ARD/ZDF epd-medien 2012, 11). Soweit als weiterer Übertragungsweg für die lineare öffentliche Wiedergabe gesendeter Programme mit festem Sendeschema genutzt, ist **IPTV Rundfunk** i. S. d. § 2 Abs. 1 RStV (vgl. *Ring/Gummer* ZUM 2007, 433, 435 f.; *Weber* ZUM 2007, 688 f.; *Breunig* MP 2007, 478), für das urheberrechtlich das Senderecht in Anspruch genommen wird. Gleiches trifft auf **Mobile-TV** (einschließlich Smart-TV) zu, soweit es um die lineare Übertragung von Fernsehprogrammen geht (i. d. S. wohl *Eberle* ZUM 2007, 439, 441 f., 443; zu Angebot und Nutzung *Breunig* MP 2006, 2; MP 2006, 550; epd-medien 83/2007, 12; *ARD/ZDF-Projektgruppe Mobiles Fernsehen* MP 2007, 11; *Sewczyk/Wenk* MP 2012, 178). Smart-TV eröffnet zusätzlich Web 2.0-Angebote (Social Media). Als programmbegleitender individueller Abruf- und interaktiver Zusatzdienst zählt IPTV zu den nichtlinearen **Telemedien** i. S. d. §§ 2 Abs. 1 S. 3, 50, 54 ff. RStV. Sie sind dem öffentlich-rechtlichen Rundfunk grds. ebenfalls zugänglich sind und können von ihm in bestimmten Grenzen genutzt werden (*Eberle* ZUM 2007, 439, 440). Das im Gegensatz zum IPTV in einem offenen Netz (www) verfügbare **Web-TV** ermöglicht sowohl das **Live-Streaming** als auch das **zeitversetzte Streaming** von Fernsehprogrammen sowie die Nutzung von Online-Videorecordern. Der Betrieb von **Online-Videorecordern** wird von der Rechtsprechung als selbständige Nutzungsart eingestuft (OLG München ZUM 2011, 167; BGH ZUM 2013, 314 Internet-Videorecorder II; § 31 Rn. 54; zu Streams Rn. 4, zum Shifting § 87 Rn. 16).

2. Rundfunk, Telemedien, digitale Programmbouquets

3   Seit der Neufassung von TKG und RStV sowie der Verabschiedung des TMG im Zuge der Umsetzung europarechtlicher Vorgaben (Richtlinien 2002/19, 20, 21, 22/EG – Zugangs-, Genehmigungs-, Rahmen-, Universaldienst- und Datenschutz-Richtlinie – bzw. 2000/31, 58/EG, 2003/58/EG – Richtlinien über den elektronischen Geschäftsverkehr, Offenlegung von Gesellschaften bestimmter Rechtsformen – des Europäischen Parlaments und des Rates; zur Umsetzung der Universaldienstrichtlinie EuGH ZUM 2011, 488) sind Abrufdienste kein Regelbeispiel mehr für Mediendienste und damit auch kein Kriterium für die **Abgrenzung** von **Rundfunk und Telemedien** (§§ 2 Abs. 1 S. 3, 11d ff., 54 ff. RStV; *Ring/Gummer* ZUM 2007, 433, 437). Zweifelhaft kann die Zuordnung des sogenannten **Near Video-On-Demand** sein: Der Empfänger hat hier keinen Einfluss auf das, was seitens des Diensteanbieters wann als Programm zur Verfügung gestellt wird. Wohl aber bleibt es ihm überlassen, ob er das Programm mit den vorgegebenen Inhalten innerhalb bestimmter Intervalle empfängt (vgl. auch § 19a Rn. 19 ff.). Die Technik des Multiplexing ermöglicht beliebig häufige Zugriffe des Empfängers auf das Programm in den vom Diensteanbieter definierten und u. U. sehr kurz bemessenen zeitlichen Abständen („Schleife", „Karussell"). Sie erwecken damit den Eindruck einer „quasi-permanenten" Abrufmöglichkeit, obgleich es sich lediglich um einen Zugriffsdienst handelte (*Eberle* GRUR 1995, 790, 798; *Eberle* ZUM 1995, 249 ff.; *Diesbach* 22).

Die **digitalen Progammbouquets** des öffentlich-rechtlichen Rundfunks bedienten sich anfangs dieses zyklischen Verfahrens (ard-digital, ZDFvision; § 2 Abs. 2 Nr. 9 RStV). Das von ARD verantwortete Programm von **EinsPlus** (Sendestart 1997 als EinsMuXx) wiederholte ursprünglich das Gemeinschaftsprogramm der ARD zeitversetzt in vorgegebenen Schleifen. Gesendet wurde zu einem Teil vor der Ausstrahlung im Ersten Fernsehprogramm, zum überwiegenden Teil als Wiederholungssendung vom Vortage. In der Regel fanden innerhalb von 24 Stunden bis zu fünf Wiederholungen statt. Seit den beiden letzten Programmreformen verfügt EinsPlus über ein eigenes Vorabendprogramm sowie über sog.

"junge Formate" (Musikmagazine, Reportage-Sendungen, Doku-Serien). **EinsFestival** ist der Sendeplatz für Kinofilme und Dokumentationen, außerdem für zeitversetzte Wiederholungen des aktuellen Krimi „Tatort". Das 2012 in **tagesschau 24** umbenannte Programm von EinsExtra ist im wesentlichen Nachrichtensendungen vorbehalten. Zur digitalen Programmfamilie auf der ZDF-Plattform ZDFvision zählen **zdf_neo** („Factual-Entertainment-Formate", Service, Dokumentationen, Musiksendungen, Spielfilme, internationale Kaufserien sowie Comedys), **zdf.info** (Information, Hintergrund, Service) und der jetzt als **zdf.kultur** firmierende frühere ZDFtheaterkanal (Popkultur, Theater, Netz-und Computerspielkultur, zur Programmanalyse *Schuster* epd medien Nr. 20/2011, 4 ff.). Bei all diesen Programmen hat der Empfänger keinen Zugriff auf das Programm oder seine zeitliche Abfolge. Er kann sich lediglich, wie auch sonst, zu den vorher festgelegten Sendeterminen dazuschalten (hierzu *Breunig* MP 2000, 378 ff., 380 ff.). Diese Dienste sind mit ihrer Aufwertung zu eigenständigen Programmen dem Senderecht zurechnen. Soweit Near Video-on-Demand über Internet einer **sukzessiven Öffentlichkeit auf Abruf zugänglich** ist, scheidet wie bei echten Abrufdiensten die Annahme einer Sendung mangels gleichzeitiger Öffentlichkeit i. S. d. § 15 Abs. 3 aus (str., keine Sendung, im Ergebnis wohl wie hier Dreier/Schulze/*Dreier* § 20 Rn. 16; *Schack* Rn. 414; Fromm/Nordemann/*Dustmann* § 20 Rn. 13 f., § 19a Rn. 23 ff.; *Becker* ZUM 1995, 231 ff., 244 ff.; ablehnend Dreyer/Kotthoff/Meckel/*Dreyer* § 15 Rn. 58 ff.; Schricker/Loewenheim/*v. Ungern-Sternberg* § 20 Rn. 9; *Zscherpe* UFITA 217, 145 ff., 165 ff., 169; Loewenheim/*Schwarz/Reber* § 21 Rn. 76; *Leupold* ZUM 1998, 99 ff.; *Klett* 85 ff.; *Schwarz* ZUM 2000, 816, 821 ff.). Aus diesem Grunde fällt auch die elektronische Individualkommunikation via **E-Mail**-Übertragungen nicht unter das Senderecht (Schricker/Loewenheim/*v. Ungern-Sternberg* § 20 Rn. 50; Fromm/Nordemann/*Dustmann* § 19a Rn. 26; differenzierend Dreyer/Kotthoff/Meckel/*Dreyer* § 20 Rn. 25, die an die Öffentlichkeit gerichtete E-Mails wie Werbe-E-Mails, Standardrundschreiben und i. d. R. auch Mailinglisten als Sendung versteht).

3. Programm-Streaming, Podcasting

Eine Zusammenfassung der verschiedenen Erscheinungsformen des Programm-Streaming unter den Senderechtsbegriff ist problematisch (grds. bejahend Loewenheim/*Schwarz/Reber* § 21 Rn. 76; *Schwarz* ZUM 2000, 816 ff., 821 f.; *Sasse/Waldhausen* ZUM 2000, 837, 839, 842 ff.; *Raff* MP 2002, 117 ff.; LG München I ZUM 2001, 260, 263 für Streaming Webcast eines Konzertes; aus rundfunkrechtlicher Sicht ablehnend *Ricker* ZUM 2001, 28 ff., 33 ff.; Vorbehalte hat auch Dreier/Schulze/*Dreier* § 20 Rn. 16; offen gelassen von *Schwenzer* GRUR Int. 2001, 722, 729). Im Einzelnen wird zu differenzieren sein: Stehen **Live-Streams** in Rede, die das gesendete Programm integral ohne Möglichkeit zum Download begleitend abbilden, sei es das gesamte Programm, sei es konkret auf einen Sendeplatz oder ein Ereignis bezogen temporär, handelt es sich urheberrechtlich um **Sendung**. Zeitversetzte **On-Demand-Streams,** die an keine feste Abfolge gebunden sind, unterliegen demgegenüber dem Regime der öffentlichen **Zugänglichmachung** (§ 19a; § 19a Rn. 10; zusammenfassend *Schulze* ZUM 2011, 2, 4 ff.). Programm-Streaming in beiderlei Gestalt wird sowohl im Fernsehen als auch im Hörfunk angeboten. Die Hörfunkprogramme der ARD-Landesrundfunkanstalten sind im Internet weitgehend zeitgleich (linear, real time, Simulcasting) zur terrestrischen und digitalen Ausstrahlung bzw. Sendung über Kabel oder Satellit verfügbar. Das Internet stellt sich damit wiederum in erster Linie als Begleitmedium dar. Da der Empfänger bei dieser Gestaltung weder auf das Programm selbst noch auf die zeitliche Abfolge Einfluss hat, ist **Web-Radio** in dieser Variante ebenfalls Sendung. Auf den Sendeportalen werden zunehmend Audio- bzw. Video-**Podcasts** zum Download eingestellt (Speichermöglichkeit mit Abonnementfunktion), wobei die öffentlich-rechtlichen Angebote im Gegensatz zu denen der Privaten Anbieter unentgeltlich sind. Podcasts erlauben den individuellen Zugriff auf bestimmte Sendeformate, etwa auf Nachrichtensendungen, komplette Hörspiele oder Hörbücher (Beispiel SWR bzw. Satellitensender Radioropa, epd-medien 19/2007, 17; Die ARD in der digitalen Medienwelt epd-medien 53/2007, 3 ff., 13 ff.). Podcasting ist danach öffentliche Zugänglichmachung und nicht Sendung. Einige Landesrundfunkanstalten der ARD bieten ihrer Hörern kostenlos eine besondere Software an, mit der Produktionen, die ausschließlich im linearen Programm-Streaming zugänglich gemacht werden, auf den eigenen Rechner zur weiteren Vervielfältigung überspielt werden können (Beispiel www.wdr.de/radio/home/radiorecorder/). Ungeachtet etwaiger qualitativer Abstriche gegenüber einem regulären Download, läuft es im Ergebnis auf dasselbe hinaus. Zumindest wird einer unkontrollierten Vervielfältigung Vorschub geleistet, die vom Rechteinhaber nicht gewollt ist. Denn andernfalls hätte er dem Sender die Downloadrechte zur Verfügung gestellt. Der Hinweis auf die Zulässigkeit einer Privatkopie (§ 53 Rn. 9) greift im Verhältnis zwischen Sender und Rechteinhaber nicht und ersetzt insbesondere nicht den erforderlichen Erwerb der entsprechenden Nutzungsrechte auf Senderseite. Die vom Rundfunk hierzu vertretene Ansicht ist mit der Rechtsprechung zu Online-Recordern nur schwer zu vereinbaren.

4. Gemeinschaftsantennenanlagen

6 Die Vermittlung von Rundfunkprogrammen durch Gemeinschaftsantennenanlagen geht über den urheberrechtsfreien „organisierten Privatempfang" hinaus (Wendung von Dreier/Schulze/*Dreier* § 20 Rn. 12 a. E.). Sie kann sich bei einer die sozialen Gegebenheiten berücksichtigenden wertenden Betrachtung als Sendung i. S. d. § 20 darstellen. Das soll jedenfalls für die Fälle gelten, wo der Empfang durch hierfür zusätzlich bereit gestellte Geräte erst ermöglich wird (i. d. S. Dreier/Schulze/*Dreier* § 20 Rn. 12; Dreyer/Kotthoff/Meckel/*Dreyer* § 20 Rn. 13, 24; Schricker/Loewenheim/*v. Ungern-Sternberg* § 20 Rn. 24; Fromm/Nordemann/*Dustmann* § 20 Rn. 18; BGHZ 123, 149, 154. – Verteileranlagen; BGH GRUR 1994, 797 – Verteileranlage in Krankenhäusern; OLG Hamm GRUR-RR 2007, 379, gegen OLG Köln GRUR-RR 2007, 305, beide zum Fernsehen in Hotelzimmern; vgl. auch § 19 Rn. 4; abweichend Möhring/Nicolini/*Kroitzsch* § 20 Rn. 24, 26 ff.: grds. keine Öffentlichkeit bei Gemeinschaftsempfang). Eine schematische Abgrenzung zwischen urheberrechtsfreiem und urheberrechtlich relevantem Gemeinschaftsempfang etwa durch Festschreibung einer festen Teilnehmerzahl ist somit nicht möglich (vgl. demgegenüber die ausdrückliche Regelung des § 17 Abs. 3 Nr. 2 österreichisches UrhG, krit. hierzu im Hinblick auf die konventionsrechtliche Vereinbarkeit Walter/*Walter* Art. 8 Satelliten- und Kabel-Richtlinie Rn. 11 f., im Einzelnen § 20 b Rn. 4).

III. Terrestrischer und digitaler Rundfunk

6a Die anfangs ausschließlich drahtlose **terrestrische Ausstrahlung** von Rundfunkprogrammen wurde in der Rechtsprechung des Bundesgerichtshofes in Anlehnung an die des Reichsgerichts frühzeitig – in erweiterter Auslegung des § 11 LUG – als ein *de facto* **eigenständiges Verwertungsrecht** neben dem allgemeinen Verbreitungsrecht anerkannt (BGHZ 33, 38, 42, 44 f. – *Künstlerlizenz* unter Bezugnahme auf BGHZ 11, 135, 144 – *Schallplattenvorführung*, BGHZ 33, 1, 18 ff. – *Schallplattenkonzert*; RGZ 113, 413 ff. – *Tor und Tod*; RGZ 136, 377 ff. – *Lautsprecher*). Die ausdrückliche gesetzliche Fixierung des Senderechts als eigenständiges Verwertungsrecht erfolgte allerdings erst mit dem Urheberrechtsgesetz von 1965 (AmtlBegr. A. II. 3., B. 3. (zu § 15 und zu § 20), abgedr. bei *M. Schulze* Materialien 399 f., 435 ff., 444 ff.; vgl. aber schon §§ 13 Abs. 1, 16 Entwurf eines Gesetzes über das Urheberrecht an Werken der Literatur, der Kunst und der Fotografie des Reichsjustizministeriums von 1932, abgedr. bei *M. Schulze* Materialien 276 ff.). Der Schutz der drahtlosen an die Öffentlichkeit gerichteten Übermittlung von Werken der Literatur und Kunst (vgl. § 2 Abs. 1 Nr. 1 und 4) folgt dabei Art. 11bis Abs. 1 Nr. 1 RBÜ, während die

Einbeziehung der übrigen Werkgattungen in den Schutzbereich des Senderechts demgegenüber eine Erweiterung darstellt. Konventionsrechtlich ist der „Drahtfunk" durch Art. 11ter Abs. 1 Nr. 2 RBÜ zugunsten des Urhebers geschützt. Nach BGHZ 152, 317 – *Sender Felsberg* kommt es auch für grenzüberschreitende terrestrische Sendungen allein auf die Empfangbarkeit an. Eine entsprechende Anwendung der Satelliten- und Kabel-Richtlinie zur Bestimmung des anwendbaren Rechts scheidet aus. Die Bedeutung der analogen terrestrischen Verbreitung von Rundfunkprogrammen nimmt weiter ab. Der UKW-Empfang von Hörfunkprogrammen ist nach wie vor Standard. Der **digitale Hörfunk** hat sich bislang nicht durchsetzen können (DAB Digital Audio Broadcast, Neustart August 2011 als DAB+). Seit November 2002 erfolgte die Umstellung auf das **Digitale Antennenfernsehen** (DVB-T Digital Video Broadcast – Terrestrial) schrittweise für einzelne Regionen und Ballungsräume. Vorangegangen war mit der Multimedia Home Plattform (MHP) die Installierung eines offenen und europäisch normierten Standards für alle multimedialen und interaktiven Anwendungen unabhängig vom jeweiligen Decoder oder integriertem Endgerät. DAB, DAB+ und DVB ermöglichen in ihrer technologischen Weiterentwicklung DMB (Digital Multimedia Broadcast) und DVB-H (Digital Video Broadcast Handheld) den Programmempfang auf mobilen Endgeräten wie Handy (Smart-Phone) oder PDA (Personal Digital Assistant). Der Empfang stellt sich grundsätzlich als Sendung dar (i. d. S. *Eberle* ZUM 2007, 439, 441, 443; *Reinemann* ZUM 2006, 523, 528 f.; abweichend *Ory* ZUM 2007, 7, 8 f., der wegen der seiner Ansicht nach vergleichbaren Geschäftsmodelle – Endkunde entrichtet eine Vergütung – das Rechtsregime des § 20b für anwendbar hält).

IV. Praxis

1. Rechte- und Vergütungsstrukturen

a) Verwertungsgesellschaften. aa) GEMA. Der musikalischen Verwertungsgesellschaft sind Rechte und Vergütungsansprüche an Hörfunk- und Fernsehsendungen übertragen (§ 1 Buchst. b) und d) BerV). Im Lichte der Vorschriften der §§ 20, 20a ist diese Regelung als umfassende Einräumung/Übertragung des gesetzlich umschriebenen Senderechts zu verstehen. Inhaltliche Beschränkungen lassen sich dem Wortlaut der Regelung nicht entnehmen. Eine Eingrenzung ergibt sich lediglich daraus, dass die GEMA aufgrund der von ihr mit dem öffentlich-rechtlichen Rundfunkanstalten geschlossenen Abgrenzungsvereinbarungen aus dem Jahre 1964/65 nebst Nachträgen aus den Jahren 1965, 1977 und 1981 (GEMA Jahrbuch 2010/2011 Teil C II 3) lediglich die sog. Kleinen Senderechte wahrnimmt. Dramatisch-musikalische Rechte sind der GEMA nicht übertragen (sog. Großes Recht; Schricker/Loewenheim/*v. Ungern-Sternberg* Vor §§ 20 ff. Rn. 20 ff.; im Einzelnen Kreile/Becker/Riesenhuber/*Staudt* Kap. 10 Rn. 79 ff., 74 ff.). Die GEMA hat verschiedene Tarife unterschiedlicher Reichweite aufgestellt. So umfasst der Tarif Radio „alle technischen Sendearten" einschließlich der „Sendung im Internet oder über Mobilfunkdatennetze", freilich ohne die Möglichkeit des Herunterladens. Hierfür gilt der Tarif Premium-Radio, mit dem neben dem Senderecht auch das Recht der öffentlichen Zugänglichmachung und das Vervielfältigungsrecht eingeräumt und abgegolten werden. Der Tarif deckt ferner die interaktiven Radioangebote ab, bei denen der Hörer keinen vollständigen Einfluss auf die Musikauswahl hat, sondern sich nur im Rahmen des vom Veranstalter ausgestalteten und vorgegebenen Programms bewegen kann (vgl. Rn. 13; *Ory* ZUM 2007, 7, 8).

bb) VG Wort. Die VG WORT nimmt ebenfalls nur die Kleinen Senderechte wahr. Die Fernsehnutzung ist auf 10 Minuten und die Nutzung im Hörfunk auf 15 Minuten beschränkt. Der Rechteumfang zeigt sich damit gegenüber der vergleichbaren Regelung bei der GEMA als eingeschränkter (§ 1 Nr. 7 Wahrn V; Schricker/Loewenheim/*v. Ungern-*

Sternberg Vor §§ 20ff. Rn. 22). Der Wahrnehmungsvertrag erwähnt nicht die Vorschrift des § 20a, sondern belässt es beim Senderecht i. S. d. § 20. Werden über die genannten Minutengrenzen hinausgehende Senderechte an verlegten Werken benötigt, werden diese von Autoren/Verlagen vergeben. Nicht zu den Kleinen Senderechten gehören die sog. „Hörballette" (vgl. § 19 Rn. 19). Zugrunde gelegt wird eine Vergütung, die sich i. d. R. zwischen den Minutensätzen der VG Wort für Kleine Senderechte und den auf Minuten umgerechneten Sendeentgelten für wort- bzw. dramatisch-musikalische Werke des Großen Rechts bewegt (Rn. 9).

Unabhängig von der Zuordnung zum Kleinen und Großen Recht gibt es Überlegungen, einzelne „kleinteilige" Rechte und Vergütungsansprüche, die von den Sendern abzugelten sind, über Verwertungsgesellschaften administrieren zu lassen. Gedacht ist insbesondere die Fälle, in denen vertraglich eine Erlösbeteiligung vorgesehen ist (kommerzielle Verwertung im Programmvertrieb). Eine solche Lösung setzt die Bereitschaft der Rechteinhaber voraus, die Verwertungsgesellschaften entsprechend zu beauftragen. Die Diskussion steckt noch in den Anfängen (Stand 2012).

8 **b) Individuelle Rechtewahrnehmung. aa) Allgemeines.** Außerhalb der kollektiven Wahrnehmung von Rechten und Vergütungsansprüchen durch Verwertungsgesellschaften bestehen unterschiedliche Modelle für individuelle Vereinbarungen über Rechte an audiovisuellen Werken (vgl. § 36 Rn. 6). In Betracht kommen nach der gesetzlichen Wertung in erster Linie tarifvertragliche Regelungen (§ 36 Abs. 1 S. 3) und gemeinsame Vergütungsregeln (§ 36 Abs. 1 S. 1 und 2). Darüber hinaus können neben Betriebsvereinbarungen Vertragsgrundlage auch Sende- und Honorarbedingungen der einzelnen Sender sowie andere Vereinbarungen sein, sofern sie sich als „angemessen" i. S. d. § 32 darstellen.

8a **bb) Tarifverträge.** Drehbuchautoren fallen nur zu einem geringen Teil in den Geltungsbereich der einschlägigen Tarifverträge (siehe Kollektive Rechtewahrnehmung Vor §§ 20, 20a, 20b; *Hillig* ZUM 2010, 514; *Hillig* ZUM 2010, 514ff.; *Wiechmann* ZUM 2010, 496ff.). Die Tarifverträge über Urheberrechte freier Mitarbeiter und auf Produktionsdauer beschäftigten freier Mitarbeiter im öffentlich-rechtlichen Rundfunk sind im Hinblick auf die rundfunkstaatsvertraglichen Regelungen Gegenstand von Verhandlungen über eine Neufassung. Für Film- und Fernsehschaffende in nicht-öffentlichen Betrieben gilt seit 2010 der von der Allianz Deutscher Produzenten – Film & Fernsehen und ver.di geschlossene Tarifvertrag für auf Produktionsdauer beschäftigte Film- und Fernsehschaffende (TV FFS) vom 26.10.2009.

8b **cc) Gemeinsame Vergütungsregeln.** Für Drehbücher (und deren Vorstufen) fehlen gemeinsame Vergütungsregeln i. S. d. § 36 (s. aber Rn. 8e, 8f). Die Sender lassen ihre Produktionen fast ausnahmslos von Auftragsproduzenten herstellen. Nach LG München I ZUM 2012, 1000, 1002 sollen Sender ungeachtet der fehlenden Vertragsbeziehung zum Autor „Werknutzer" i. S. d. § 36 sein (zustimmend *Fette* ZUM 2013, 29ff.). Die Sender wären demzufolge selbst verpflichtet, Verhandlungen über gemeinsame Vergütungsregeln aufzunehmen und sich einem Schlichtungsverfahren zu stellen (zum Anspruch auf Durchführung eines Schlichtungsverfahrens nach § 36a BGH GRUR 2011, 808; OLG München GRUR-RR 2010, 494) .Die isolierte Begriffsbestimmung überzeugt in dieser Allgemeinheit nicht: Der Produzent benötigt die ihm eingeräumten Rechte zur Herstellung eines Fernsehfilms. Er ist – anders als bloße Rechtevermittler („Intermedienten") – maßgeblich an der Nutzung beteiligt, zumal ihm einige Rechte zur eigenen Auswertung verbleiben. Die Autoren hatten Sendern und deren Auftragsproduzenten in der Vergangenheit i. d. R. umfassende ausschließliche Rechte für die Dauer der gesetzlichen Schutzfrist gegen eine Einmalzahlung übertragen bzw. eingeräumt (Rechteauskauf, Total Buy-out; zur Terminologie Vor §§ 31ff. Rn. 92; vgl. auch Loewenheim/*Castendyk* § 75 Rn. 211, der zwischen „echten" und „unechten" Buy-Out-Verträgen unterscheidet, wobei Letztere die üblichen

Vertragsgestaltungen der öffentlich-rechtlichen Rundfunkanstalten mit Erstsendehonoraren, Wiederholungshonoraren und sonstigen Erlösbeteiligungen erfassen soll). Buy-out-Verträge werden vor allem vom privaten Rundfunk und seinen Auftragsproduzenten bevorzugt. Diese Vertragsgestaltung hat zunehmend auch im öffentlich-rechtlichen Sektor Einzug gehalten (insb. beim Rechteerwerb durch die gemeinsame Filmeinkaufsorganisation der ARD-Rundfunkanstalten Degeto sowie bei einigen Landesrundfunkanstalten wie dem MDR). Marktüblich sind hierfür Beträge zwischen € 50 000 und € 60 000 mit sinkender Tendenz (Stand 2011/2012). Ob diese Pauschalvergütungen im Einzelfall angemessen i. S. d. § 32 sind, ist eine andere Frage (vgl. BGH GRUR 2009, 1148 – *Talking to Addison;* LG Hamburg ZUM 2010, 818; KG ZUM 2010, 799; LG Berlin ZUM-RD 2012, 281, 283; im Einzelnen § 32 Rn. 24). Der öffentlich-rechtliche Rundfunk lässt sich ebenfalls umfassende Nutzungsrechte auf der Grundlage der einschlägigen Urhebertarifverträge bzw. seiner jeweiligen Urheberbedingungen einräumen. Diese waren teilweise mit einem abgestuften Wiederholungsvergütungsmodell kombiniert (hierzu im Einzelnen Loewenheim/ *Castendyk* § 75 Rn. 177 ff., 194 ff., 204 ff., 219 ff.). SAT.1 hatte die eine zeitlang praktizierte Vertragsgestaltung eines beschränkten Buy-out mit einer ausdifferenzierten Wiederholungsvergütungsregelung und Erlösbeteiligungen für weitere Auswertungen aufgegeben.

dd) Sende- und Honorarbedingungen. Die Sende- und Honorarbedingungen des öffentlich-rechtlichen Rundfunks sind – wie beim privaten Rundfunk – beim jeweiligen Sender bzw. deren Auftragsproduzenten nachzufragen (Beispiel Allgemeine Bedingungen von Filmherstellern für Produktionen des ZDF Urheber U$_P$, Allgemeine Bedingungen für Urheber U$_O$). Im Zuge des seit 2011/2012 erfolgenden Umbaus der Rechte- und Vergütungssysteme bei den Öffentlich-rechtlichen dürften diese den neuen kollektiven und sonstigen Vereinbarungen angepasst werden.

ee) Verlage. Zwischen Verlagen und **öffentlich-rechtlichem Rundfunk** bestehen besondere Vereinbarungen. Diese gelten für die von den Bühnenverlagen im eigenen Namen als Rechteinhaber oder in Vertretung ihrer Urheber als Agentur abgeschlossenen Verträge. Sie finden keine Anwendung auf sog. Stoffrechte, Rechte an literarischen Vorlagen, die für Rundfunkproduktionen adaptiert werden. Die Vereinbarungen gehen zurück auf die Mitte der siebziger Jahre des vorigen Jahrhunderts entwickelte sog. **Regelsammlung Verlage/Rundfunk Hörfunk** (RS HF) und **Regelsammlung Verlage/Rundfunk Fernsehen** (RS FS). Beide Regelwerke vereinfachen als Rahmen für den Abschluss von Senderechtsverträgen den Geschäftsverkehr in erheblichem Maße. Zumeist bedarf es allein der Verständigung über die Höhe des Sendeentgelts innerhalb der für die verschiedenen Programme vorgegebenen Spannen (sog. von-/bis-Sätze; Einzelheiten hierzu und zu den einzelnen Programmen Vorauflage §§ 20–20b Rn. 37 ff.). Die Richtsätze betrugen für 90-Minuten-Formate in den Hauptprogrammen von ARD/ZDF (Fernsehen) zwischen € 24 000 und € 28 000. Diese Beträge galten formal bis Ende 2010, wurden danach *de facto* weiter angewandt. Die Richtsätze (Hörfunk) sind nach Größe der jeweiligen Landesrundfunkanstalt ausdifferenziert. Einen Sonderfall bilden Senderverträge über musikalische Werke, denen sog. **kritische Ausgaben** zugrunde liegen (§ 70 UrhG; § 70 Rn. 15). Diese sind nicht in allen Mitgliedstaaten der Europäischen Union geschützt, ihre Abgeltung im Rahmen von Produktionen der **Europäischen Rundfunk-Union** (Hörfunk) daher unsicher. Der Kompromiss, die Minutensätze für in Deutschland gesendete Werke anzuheben und so zu einer mittelbaren Vergütung für Ausstrahlungen in Mitgliedstaaten ohne Schutz zu gelangen, konnte nicht in eine allgemein verbindliche Vereinbarung umgesetzt werden. Diese Lösung wird gleichwohl von einigen Musikverlagen praktiziert.

Für **Drehbücher** gelten zwei weitere Vertragswerke: **Drehbuchauftragsvertrag** (ARD) und **Werknutzungsvertrag** (ZDF). Beide sind Anfang/Mitte 2000 entstanden. Wegen der Neuausrichtung des Rundfunks mit den vom Rundfunkstaatsvertrag eröffneten

Möglichkeiten bedarf es einer umfassenden Anpassung dieser Regelwerke; Gleiches trifft auf die entsprechenden Vertragsmuster zu, die ihre Aussagekraft weitgehend verloren haben (*Vertragsmuster* Vor §§ 20ff.). Einen ersten Schritt setzte die **Rahmenvereinbarung** für die Neuregelung der Vergütungssätze und des Vergütungssystems **Bühnenverlage/ZDF** aus dem Jahre 2011 (*Urhebervertragliche Regelungen* Vor §§ 20ff.; *P. Weber* ZUM 2013, 740). Sie sieht eine Absenkung der Wiederholungsvergütung auf die Hälfte des Erstsendehonorars vor, was gleichermaßen alle Senderechtsverträge betrifft, die der Regelsammlung Fernsehen und dem Werknutzungsvertrag unterfallen. Die Halbierung der Wiederholungsvergütungssätze wird auf die einzelnen Programme herunter gebrochen. Neu ist, dass für Drehbuchverträge drei **alternative Vergütungsmodelle** bestehen. Beibehalten ist das herkömmliche **Wiederholungsvergütungsmodell** der Regelsammlung Fernsehen. Daneben kann zwischen zwei weiteren Vertragsgestaltungen gewählt werden. Das sog. **1-Korb-Modell** sieht eine pauschale Teilabgeltung für sämtliche Nutzungen innerhalb der ersten sieben Jahre ab Erstsendung vor. Für sich anschließende Nutzungen findet das Wiederholungsvergütungsmodell Anwendung. Das sog. **3-Korb-Modell** staffelt den Buy-out für zweimal sieben Jahre, danach bis zum Ablauf der Schutzfrist. Beide Modelle sind auf dem Hintergrund der Rechtsprechung zur Wirksamkeit von Pauschalabgeltungen zu sehen (BGH GRUR 2009, 1148 – *Talking to Addison*; BGH GRUR 2011, 328 – *Destructive Emotions*; LG Hamburg ZUM 2010, 818; KG ZUM 2010, 799; zur Pauschalabgeltung § 32 Rn. 38); sie sollen für den Sender das Risiko eventueller Nachgütungsansprüche minimieren. Die Pauschalvergütung für den ersten Korb beträgt im Regelfall bei € 50000. Beim zweiten Korb liegt die Vergütung bei einem niedrigen fünfstelligen Betrag, während der dritte Korb mit einem vierstelligen Betrag unterhalb dieser Summe bewertet wird. Die Abstufung rechtfertigt sich aus dem empirisch nachweisbaren Nutzungsverhalten auf Senderseite, das auf der Zeitachse deutlich abnimmt. Sender und Verlag müssen sich bei Vertragsschluss auf ein Vertragsmodell einigen. Über eine sog. **Öffnungsklausel** ist die Vereinbarung höherer Honorare im Einzelfall möglich. Das gewählte Modell ist verbindlich und kann im Nachhinein nicht durch den „Umstieg" auf eine andere Variante geändert werden. Eine vergleichbare Regelung besteht für 45-Minuten-Formate. Die in die Regelsammlung Fernsehen und in Werknutzungsvertrag umgesetzten Eckpunkte der Rahmenvereinbarung gelten grds. nicht für **Altverträge** mit Ausnahme der Wiederholungsvergütungen, die hier auf maximal auf 75% des Erstsendungshonorars beschränkt sind. Ebenfalls unberührt bleiben die vor Inkrafttreten des UrhG möglichen Vereinbarungen über unbekannte Nutzungsarten, wenn diese dem Rundfunk seinerzeit mit einer „eindeutigen Erklärung des Berechtigten" eingeräumt bzw. übertragen worden sind (vgl. BGH ZUM 2011, 498 Rn. 15ff., betrifft Videokassetten; BGH GRUR 2010, 714 [715ff.] – *Der Frosch mit der Maske*, betrifft DVD; im Einzelnen § 31a Rn. 5f.). Verhandlungen mit der **ARD** über ähnliche Vertragsgestaltungen sind noch nicht abgeschlossen (Stand 09/2012).

Rahmenvereinbarungen mit dem **Privatfunk** gibt es wegen der dort bevorzugten Einmalabgeltung nicht. Die Verlage schließen hier Verträge nicht als Rechteinhaber, sondern in Vertretung ihrer Autoren ab (Agenturmodell). Die Verlage (Agenturen) leiten von den Sendevergütungen i.d.R. zwischen 85% und 90% an die Urheber weiter (vgl. § 19 Rn. 44). Soweit die Verlage selbst als Rechteinhaber auftreten, unterliegen diese Vergütungen der Künstlersozialabgabe.

Die Autoren sind als freie Mitarbeiter i.d.R. Mitglied der **Pensionskasse Rundfunk**, für die Verlag und ARD/ZDF bzw. Auftragsproduzenten Beiträge abführen. Der öffentlich-rechtliche Rundfunk beteiligt sich an der **Künstlersozialabgabe** (vgl. § 19 Rn. 45).

8f **ff) Drehbuchautoren.** Für Drehbuchautoren, die dem Verband Deutscher Drehbuchautoren angehören, gelten aufgrund der Verhandlungen von 2012 mit ZDF und Allianz Deutscher Produzenten – Film & Fernsehen für ZDF-Produktionen ebenfalls besondere Regelungen (sog. **Trilaterale Vereinbarung**). Die Vereinbarung folgt mit der Wahlmöglichkeit zwischen verschiedenen Vertragsgestaltungen der Rahmenvereinbarung der Bühnenverlage (*Boeser* ZUM 2013, 737). Unterschiede bestehen hinsichtlich der Höhe der Vergütungen, die niedriger angesetzt sind.

Rahmenvereinbarung und Trilaterale Vereinbarung sind keine gemeinsamen Vergütungsregeln i. S. d. § 36; ihr Regelungsinhalt geht deutlich über den dort gezogenen Rahmen hinaus (zur rechtlichen Einordnung auch § 36 Rn. 5 ff., 19 f.; siehe auch § 19 Rn. 24).

Das Interesse des Senders liegt in einem möglichst weitgehenden Gleichlauf des Rechtekanons und der Vergütungsstrukturen. Damit ist eine Angleichung der Tarifverträge und der Sende- und Honorarbedingungen zu erwarten.

2. Archivrechte, verwaiste Werke

Anliegen der mit der Streichung des § 31 Abs. 4 a. F. (s. § 31 Rn. 38) einher gehenden **9 Übergangsregelung** des § 137l war es, dem öffentlich-rechtlichen Rundfunk den Weg hin zu einer Auswertung seiner **Altproduktionen** zu ebnen. Diese sollte „auf der Höhe der Zeit" den technologischen Möglichkeiten und den rundfunkrechtlichen Vorgaben entsprechen („Hebung der Archivschätze", dazu BVerfG GRUR 2010, 332, Rn. 55 ff. – *Filmurheber*). Für einen großen Teil der nach Inkrafttreten des UrhG hergestellten Hörfunk- und Fernsehproduktionen hatte die Vorschrift nicht die erhoffte Lösung gebracht (krit. hierzu *Langhoff/Oberndörfer/Jani* ZUM 2007, 593, 599; § 137l Rn. 3). Das betrifft u. a. die Rechte an sämtlichen den Produktionen zugrunde liegenden Werken einschließlich eventueller Stoffrechte, die von Bühnen- und Medienverlagen wahrgenommen wurden. Die dem Rundfunk bis Ende 2007 überlassenen Rechte waren nach wie vor durchweg inhaltlich und zeitlich beschränkt. Damit war die entscheidende Voraussetzung für die Anwendbarkeit der Regelung (§ 137l Abs. 1 S. 1) in den aller meisten Fällen nicht gegeben. Anders konnte es bei Altverträgen vor Inkrafttreten des UrhG wegen des Fehlens eines dem § 31 Abs. 4 a. F. (s. § 31 Rn. 38) entsprechenden Verbots und im Einzelfall bei Drehbuchentwicklungsverträgen liegen. Voraussetzung war allerdings auch hier, dass der entsprechende Rechtekanon alle wesentlichen Nutzungsrechte im Sinne der Vorschrift enthielt (dazu § 137l Rn. 7 ff.).

Die Richtlinie 2012/28/EU des Europäischen Parlaments und des Rates vom 25.10 2012 über bestimmte zulässige Formen der **Nutzung verwaister Werk**e erlaubt die Nutzung u. a. von audiovisuellen und Filmwerken in den Sammlungen von Instituten im Bereich des Filmerbes. Erfasst werden außerdem die von den öffentlich-rechtlichen Rundfunkanstalten produzierten Film-, Ton- und audiovisuelle Werke aus deren Archiven. Die Digitalisierung und öffentliche Zugänglichmachung dieser Werke, für die die erforderliche Zustimmung der Berechtigten nicht mehr eingeholt werden kann, wird legalisiert und zugleich dem kostenfreien Zugriff interessierter Dritter entzogen. Die Umsetzung in deutsches Urheberrecht ist m. W. v. 1.1.2014 durch Einfügung der §§ 61–61c UrhG erfolgt (Näheres s. dort); eine Übergangsregelung ist mit § 137n geschaffen worden.

§ 20a Europäische Satellitensendung

(1) **Wird eine Satellitensendung innerhalb eines Mitgliedstaates der Europäischen Union oder Vertragsstaats des Abkommens über den Europäischen Wirtschaftsraum ausgeführt, so gilt sie ausschließlich als in diesem Mitgliedstaat oder Vertragsstaat erfolgt.**

(2) **Wird eine Satellitensendung im Gebiet eines Staates ausgeführt, der weder Mitgliedstaat der Europäischen Union noch Vertragsstaat des Abkommens über den Europäischen Wirtschaftsraum ist und in dem für das Recht der Satellitensendung das in Kapitel II der Richtlinie 93/83/EWG des Rates vom 27. Septem-**

ber 1993 zur Koordinierung bestimmter urheber- und leistungsschutzrechtlicher Vorschriften betreffend Satellitenrundfunk und Kabelweiterverbreitung (ABl. EG Nr. L 248, S. 15) vorgesehene Schutzniveau nicht gewährleistet ist, so gilt sie als in dem Mitgliedstaat oder Vertragsstaat erfolgt,

1. in dem die Erdfunkstation liegt, von der aus die programmtragenden Signale zum Satelliten geleitet werden, oder
2. in dem das Sendeunternehmen seine Niederlassung hat, wenn die Voraussetzung nach Nummer 1 nicht gegeben ist.

Das Senderecht ist im Fall der Nummer 1 gegenüber dem Betreiber der Erdfunkstation, im Fall der Nummer 2 gegenüber dem Sendeunternehmen geltend zu machen.

(3) Satellitensendung im Sinne von Abs. 1 und 2 ist die unter der Kontrolle und Verantwortung des Sendeunternehmens stattfindende Eingabe der für den öffentlichen Empfang bestimmten programmtragenden Signale in eine ununterbrochene Übertragungskette, die zum Satelliten und zurück zur Erde führt.

Literatur. Internationale Verträge. Unionsrecht: Vor §§ 20, 20a, 20b

Übersicht

	Rn.
1. Europäische Satellitensendung	1
a) Sendelandprinzip	1
b) Umgehungstatbestände	2
2. Sonstige Satellitensendungen	3

1. Europäische Satellitensendung

1 **a) Sendelandprinzip.** BGHZ 133, 281, 287 – *Klimbim* (ebenso BGH GRUR Int. 2001, 873, 876 – *Barfuss ins Bett*) hatte noch in der Satellitensendung über Direktsatelliten keine neue Nutzungsart i. S. d. § 31 Abs. 4 a. F. gegenüber der terrestrischen Ausstrahlung gesehen und war deshalb davon ausgegangen, dass das eingeräumte Senderecht auch die seinerzeitige Ausstrahlung in dem später eingestellten Satellitenprogramm der ARD EinsPlus gestattete. Diese noch vor Umsetzung der bereits vorliegenden Satelliten- und Kabel-Richtlinie 93/83/EWG vom 27.9.1993 ergangene Entscheidung ist jedoch durch die mit dem Vierten Gesetz zur Änderung des Urheberrechtsgesetzes v. 8.5.1998 – verspätet – vorgenommene Umsetzung in nationales Recht überholt. Auch die bis dahin diskutierte Unterscheidung zwischen Fernmelde- und Direktsatelliten spielt keine Rolle mehr (vgl. § 31a Rn. 25; Walter/*Dreier* Vor Art. 1 Rn. 3, 4, Art. 1 Rn. 2ff. Satelliten- und Kabel-Richtlinie; Dreier/Schulze/*Dreier* § 20a Rn. 2, 4; Loewenheim/*Schwarz/Reber* § 21 Rn. 82ff.; Möhring/Nicolini/*Kroitzsch* § 20 Rn. 13; Schricker/Loewenheim/*v. Ungern-Sternberg* Vor §§ 20ff. Rn. 57ff.; zum Satellitenrundfunk *Hillig* in: Fuhr/Rudolf/Wasserburg 384ff., 414ff.). Die Europäische Satellitensendung ist als **eigenständiges** ausschließliches **Verwertungsrecht** ausgestaltet (BGH GRUR 2005, 320, 323 – *Kehraus;* weitere Nachweise Vor §§ 20ff. Rn. 3). Nach der Legaldefinition in Abs. 3 fallen hierunter die für den öffentlichen Empfang bestimmten programmtragenden Signale in einer ununterbrochenen Übertragungskette zum Satelliten und zurück. Die Übertragung muss dabei unter Kontrolle und Verantwortung des jeweiligen Sendeunternehmens stehen. Für Satellitensendungen innerhalb der Europäischen Union und des Europäischen Wirtschaftsraumes gilt das **Sendelandprinzip** (Abs. 1).

2 **b) Umgehungstatbestände.** Um das Unterlaufen des Schutzniveaus zu verhindern, wird für zwei Fälle *de lege lata* von einer Europäischen Satellitensendung ausgegangen. Einmal handelt es sich um Satellitensendungen, bei denen sich das Sendeunternehmen einer „Erdfunkstelle" innerhalb der Europäischen Union und des Europäischen Wirt-

schaftsraumes bedient (Abs. 2 Nr. 1). Die zweite Konstellation knüpft an die Niederlassung des Sendeunternehmens an (Abs. 2 Nr. 2). Niederlassung i. S. d. Vorschrift ist dabei weiter als der entsprechende handelsrechtliche Begriff zu verstehen (Beispiele bei Fromm/Nordemann/*Dustmann*, § 20a Rn. 11, 15).

2. Sonstige Satellitensendungen

Satellitensendungen, die mangels Anknüpfungspunktes in der EU bzw. im EWR nicht **3** dem Anwendungsbereich des § 20a unterliegen, richten sich ausschließlich nach § 20, sofern sie hier direkt empfangbar sind. Satellitensendungen über Fernmeldesatelliten, die nicht an die Öffentlichkeit gerichtet sind, unterfallen dagegen nicht dieser Vorschrift (Schricker/Loewenheim/*v. Ungern-Sternberg* Vor §§ 20 ff. Rn. 57 ff.). – Zum kollisionsrechtlichen Rechtsstatut bei Sendungen, die von direktabstrahlenden Satelliten ausgehen, s. § 121 Rn. 35; BGH GRUR 1999, 152, 154 f. – *Spielbankaffäre*.

§ 20b Kabelweitersendung

(1) **Das Recht, ein gesendetes Werk im Rahmen eines zeitgleich, unverändert und vollständig weiterübertragenen Programms durch Kabelsysteme oder Mikrowellensysteme weiterzusenden (Kabelweitersendung), kann nur durch eine Verwertungsgesellschaft geltend gemacht werden. Das gilt nicht für Rechte, die ein Sendeunternehmen in Bezug auf seine Sendung geltend macht.**

(2) **Hat der Urheber das Recht der Kabelweitersendung einem Sendeunternehmen oder einem Tonträger- oder Filmhersteller eingeräumt, so hat das Kabelunternehmen gleichwohl dem Urheber eine angemessene Vergütung für die Kabelweitersendung zu zahlen. Auf den Vergütungsanspruch kann nicht verzichtet werden. Er kann im Voraus nur an eine Verwertungsgesellschaft abgetreten werden und nur durch eine solche geltend gemacht werden. Diese Regelung steht Tarifverträgen, Betriebsvereinbarungen und gemeinsamen Vergütungsregeln von Sendeunternehmen nicht entgegen, soweit dadurch dem Urheber eine angemessene Vergütung für jede Kabelweitersendung eingeräumt wird.**

Literatur: Internationale Verträge. Unionsrecht. Vor §§ 20, 20a, 20b

Übersicht

	Rn.
I. Kabelfunk	1–5
1. Formen der Kabelweitersendung	2
2. Folgerungen	3–5
II. Integrale Kabelweitersendung	6–16
1. Kollektive Wahrnehmung	6–7
a) Satelliten- und Kabel-Richtlinie	6
b) Umsetzung der Satelliten- und Kabel-Richtlinie	7
2. Kabelweitersendevergütung	8–15
a) Unverzichtbarer Vergütungsanspruch	8–9
b) Rechte- und Vergütungsvereinbarungen	10–15
aa) Frühere Vereinbarungen	10–12
bb) Rechtslage ab 2007	13
cc) Tarifverträge, Betriebsvereinbarungen, Gemeinsame Vergütungsregeln	14
dd) Kollisionsregel	15
3. Verhältnis zu §§ 32, 32a	16

I. Kabelfunk

1 „Rundfunk [versteht sich als] ein **linearer Informations- und Kommunikationsdienst**; er ist die für die Allgemeinheit und zum zeitgleichen Empfang bestimmte Veranstaltung und Verbreitung von Angeboten in Bewegtbildern oder Ton entlang eines Sendeplans unter Benutzung elektromagnetischer Schwingungen" (§ 2 Abs. 1 S. 1 RStV). Die Programmübermittlung erfolgt insoweit ohne Verbindungsleitung oder mittels eines Leiters, und zwar ungeachtet einer Verschlüsselung oder Zugänglichmachung gegen besonderes Entgelt. Diese zunächst rein rundfunkrechtliche Definition greift die insoweit maßgebliche – in Einklang mit Art. 11ter Abs. 1 Nr. 2 RBÜ stehende – urheberrechtliche Umschreibung der **Sendung durch Kabelfunk** als der leitergebundenen (Weiter-)Übertragung terrestrisch oder durch Satellit zugeführter oder vom Kabelnetzbetreiber selbst veranstalteter Programme auf (ausführlich *Dreier* 5 ff.; *Gounalakis* 29 ff.; *Dreier/Schulze/Dreier* § 20 Rn. 1, 7 f.; *Dreyer/Kotthoff/Meckel/Dreyer* § 20 Rn. 13; *Schricker/Loewenheim/v. Ungern-Sternberg* § 20 Rn. 23 ff.). Kabelfunk steht damit selbstständig neben der drahtlosen Ausstrahlung von Rundfunkprogrammen.

1. Formen der Kabelweitersendung

2 Der Bundesgerichtshof befasste sich in einer Reihe von Entscheidungen mit der urheberrechtlichen Einordnung der Kabelweitersendung: Im Jahre 1980 befand das Gericht, dass die integrale Weiterleitung von Rundfunkprogrammen mittels einer zentralen Antennen- und Kabelanlage an einen im Funkschatten von Hochhäusern liegenden und deshalb terrestrisch nicht erreichbaren Empfängerkreis mit Blick auf den von ihm auch für die unkörperliche Werkwiedergabe für anwendbar gehaltenen **Erschöpfungsgrundsatz** keinen Eingriff in das Senderecht des § 20 darstellt (BGHZ 79, 350, 356 ff. – *Kabelfernsehen in Abschattungsgebieten*; Vorinstanzen LG Hamburg RfR 1978, 20 ff.; OLG Hamburg RfR 1979, 31 ff.; aus der die Anwendbarkeit dieses Grundsatzes überwiegend ablehnenden Literatur *Ulmer* GRUR Int. 1981, 372, 373 ff.; *Gounalakis* 136 ff.; *Dreier* 97 ff., 103 ff.; *Schack* Rn. 389, 410; *Haberstumpf* Rn. 166, 177 sowie *Dreier/Schulze/Dreier* § 20 Rn. 8; *Dreyer/Kotthoff/Meckel/Dreyer* § 20 Rn. 5; *Loewenheim/Schwarz/Reber* § 21 Rn. 86 ff.; *Schricker/Loewenheim/v. Ungern-Sternberg* Vor §§ 20 ff. Rn. 13 ff., § 15 Rn. 30 ff., 35, 37 ff. jeweils m. w. N; *Fromm/Nordemann/Dustmann*§ 20 Rn. 17; näher zum Grundsatz der Erschöpfung § 15 Rn. 22 ff.). Die Bemühungen, der Kabelsendung weitere Konturen zu geben, wurden einige Jahre später dahin ergänzt, dass jedenfalls die **integrale Kabelweiterübertragung** von Rundfunkprogrammen außerhalb des öffentlich-rechtlich vorgegebenen oder durch Satzung bestimmten Versorgungsbereiches des jeweiligen Sendeunternehmens den Schutzbereich des § 20 berührt und deshalb der Zustimmung des Urhebers bedarf (zum Begriff Vor §§ 20 ff. Rn. 4; BGH GRUR 1988, 206, 209 ff. – *Kabelfernsehen II*; Vorinstanzen LG München I GRUR 1984, 347, 348 ff. – *Breitbandkabelanlage*; OLG München GRUR 1985, 537, 540 ff. – *Breitbandkabelanlage II*). Wenig später entschied der Bundesgerichtshof, dass die **zeitgleiche Weiterübertragung** von Rundfunksendungen in **Verteileranlagen** dem Senderecht unterfällt (BGHZ 123, 149, 153 – *Verteileranlagen*). In BGHZ 133, 281, 289 – *Klimbim* schließlich lehnte es das Gericht ab, u. a. die Kabelweitersendung als eigenständige Nutzungsart i. S. d. § 31 Abs. 1 anzuerkennen. Den vorläufigen Schlusspunkt bildet BGH GRUR 2000, 699, 701 ff. – *Kabelweitersendung*, mit der sich eine vorsichtige Abkehr von der Anwendung des für die Verbreitung körperlicher Vervielfältigungsstücke geltenden Erschöpfungsgrundsatzes auf die unkörperliche Werkvermittlung durch öffentliche Wiedergabe im Allgemeinen und auf das Senderecht im Besonderen andeutet (ähnlich BGH GRUR 2001, 51, 53 – *Parfumflakon*; vgl. bereits KG MMR 1998, 107 f.).

2. Folgerungen

Der Gesetzgeber hat mit der Umsetzung der Satelliten- und Kabel-Richtlinie durch das **3** Vierte Gesetz zur Änderung des UrhG v. 8.5.1998 die **integrale Kabelweitersendung** i. S. d. § 20b als **eigene Nutzungsart** anerkannt und damit zugleich klargestellt, dass auch jede Weitersendung im Versorgungsbereich des Sendeunternehmens einschließlich sogenannter Abschattungsgebiete urheberrechtlich relevant ist. Die Entscheidungen BGHZ 79, 350 ff. – *Kabelfernsehen in Abschattungsgebieten* und BGHZ 133, 281 ff. – *Klimbim* haben nach der hier vertretenen Ansicht ihre Bedeutung verloren (*Herrmann/Lausen* § 27 Rn. 53; eher zweifelnd Dreier/Schulze/*Dreier* § 20 Rn. 8, 12: das Klimbim-Urteil befasste sich zuvörderst mit der Frage der Neuheit der Übertragungsmöglichkeiten i. S. d. § 31; ablehnend gegenüber dem vom BGH entwickelten Grundsatz der technischen Fortentwicklung aus Sicht des Endverbrauchers *Loewenheim* GRUR 1997, 219, 220; Fromm/Nordemann/ *Dustmann* § 20 Rn. 18 f.; *W. Nordemann* in: Europarecht im Informationszeitalter 43, 52; Schricker/*Schricker* § 31 Rn. 44; Schricker/*Katzenberger* § 88 Rn. 48; Dreyer/Kotthoff/ Meckel/*Dreyer* § 20 Rn. 9; krit. auch Dreier/Schulze/*Dreier* § 20 Rn. 5; Dreier/Schulze/ *Schulze* § 31 Rn. 72 ff.; anders dagegen Dreyer/Kotthoff/Meckel/*Kotthoff* Vor §§ 20 ff. Rn. 1, § 31 Rn. 119; v. Hartlieb/Schwarz/*Reber* 41. Kap. Rn. 8 ff., 10; BGH GRUR Int. 2001, 873, 876 – *Barfuss ins Bett* und BGH GRUR 2005, 320, 325 ff. – *Kehraus* haben die Klimbim-Entscheidung nochmals bestätigt; vgl. § 31a Rn. 24 f.).

Die **Weiterübertragung durch Verteileranlagen** ist – anders als bei Gemeinschaftsan- **4** tennenanlagen, die zur bloßen Weiterleitung zugeführter Sendungen innerhalb räumlich abgegrenzter Bereiche bestimmt sind (hierzu im Einzelnen Schricker/Loewenheim/ *v. Ungern-Sternberg* § 20 Rn. 41 ff. m. w. N.) – **Kabelfunk** i. S. d. § 20, ohne dass es darauf ankommt, ob lediglich ein bestimmter abgegrenzter Empfängerkreis erreicht werden soll (so BGHZ 123, 149, 153 ff. – *Verteileranlagen;* BGH GRUR 1994, 797 f. – *Verteileranlage in Krankenhaus;* vgl. BGHZ 36, 171, 181 f. – *Rundfunkempfang in Hotelzimmer;* Dreier/Schulze/*Dreier* § 20 Rn. 7; Dreyer/Kotthoff/Meckel/*Dreyer* § 20 Rn. 13; anders für integrale Kabelweitersendungen innerhalb einer Gemeinschaftsantennenanlage *Rehbinder* § 26 Rn. 218). Derartige Verteileranlagen fallen wegen der Zielrichtung der Satelliten- und Kabel-Richtlinie, die grenzüberschreitende Weitersendung zu erleichtern, nicht unter den Anwendungsbereich des § 20b (EuGH GRUR Int. 2000, 548 ff. – *Satelliten-Fernsehen im Hotelzimmer; Schack* Rn. 412 Fn. 109; „öffentliche Wiedergabe" eines im Rundfunk gesendeten Tonträgers über Radio-/Fernsehgeräte im Hotel EuGH GRUR 2012, 9997). Ebenfalls **keine Kabelweitersendung** ist – wegen der bislang fehlenden technologieneutralen Ausgestaltung des § 20b – die Übernahme von Rundfunkprogrammen über Web-TV in Live-Streaming-Diensten (LG Hamburg ZUM 2009, 582 – *Zattoo;* Neurauter GRUR 2011, 691, 693). Diese Beschränkung hätte gemäß dem RefE des „Gesetzes zur Nutzung verwaister Werke und zu weiteren Änderungen des Urheberrechtsgesetzes" durch den Zusatz „oder auf sonstige Art und Weise" in Abs. 1 S. 1 beseitigt werden sollen. Dies hätte einem Anliegen der Praxis Rechnung getragen. Jedoch findet sich die technologieneutrale Ausgestaltung der Kabelweitersendung im RegE (BT-Drs. 17/13423) entgegen der Stellungnahme des Bundesrates vom 3.5.2013 (BT-Drs. 17/13423, Anlage 3 Ziff. 1) nicht mehr, ebensowenig in der Beschlussempfehlung des Rechtsausschusses (BT-Drs. 17/14194), die vom Deutschen Bundestag am 27.6.2013 angenommen wurde.

Ebenfalls **Kabelfunk** ist die **nicht-integrale Kabelsendung**. Hierbei kann es sich **5** sowohl um ein vom Kabelnetzbetreiber selbstständig gestaltetes Programm als auch um eine veränderte oder zeitlich versetzte Weiterübertragung eines zugeführten Programms handeln (zur Neupaketierung und Entbündelung § 87 Rn. 14). Diese Fälle sind als eigenständige (Erst-)Sendung zu qualifizieren (Schricker/Loewenheim/*v. Ungern-Sternberg* § 20 Rn. 24; Fromm/Nordemann/*Dustmann* § 20b Rn. 2; ausführlich *Gounalakis* 90 ff.; *Dreier* 13 f., 19 f.).

II. Integrale Kabelweitersendung

1. Kollektive Wahrnehmung

6 **a) Satelliten- und Kabel-Richtlinie.** Die integrale Kabelweitersendung ist in der Satelliten- und Kabel-Richtlinie und in ihrem Gefolge in der neu eingefügten Vorschrift des § 20b zweistufig ausgestaltet: Das mit der individuellen Rechtewahrnehmung typischerweise einhergehende **Verbotsrecht** bleibt dem Grunde nach erhalten. Allerdings werden für die Art der Ausübung mit der Einführung der kollektiven Wahrnehmung Einschränkungen vorgeschrieben, die den umfassenden Rechteerwerb seitens der Kabelnetzbetreiber beim grenzüberschreitenden Kabelfunk sicherstellen sollen (Art. 8 Abs. 1, 9 Abs. 1; Erwägungsgrund 27 ff.). Ergänzt wird dieser Ansatz durch die Außenseiterregelung des Art. 9 Abs. 2 (vgl. § 13b Abs. 4 WahrnG). Der Urheber kann zwar weiterhin die Entscheidung darüber treffen, ob er Kabelweitersenderechte überhaupt vergeben möchte. Die Satelliten- und Kabel-Richtlinie bindet jedoch sowohl die Ausübung des Verbotsrechts als auch die Durchsetzung der Vergütungsansprüche an die Wahrnehmung durch Verwertungsgesellschaften (Art. 9 Abs. 1) oder alternativ durch Sendeunternehmen in Bezug auf deren Sendungen unter Einschluss der ihnen von Urhebern und Leistungsschutzberechtigten übertragen Rechte (Art. 10). Damit bleibt dem Urheber im Ergebnis keine Möglichkeit mehr, das Verbotsrecht selbst auszuüben.

7 **b) Umsetzung der Satelliten- und Kabel-Richtlinie.** Das **Vierte Gesetz zur Änderung des Urheberrechtsgesetzes** v. 8.5.1998 hat diese europarechtlich ausschließlich auf die grenzüberschreitenden Kabelweitersendung zielende Regelung in § 20b übernommen und darüber hinaus ausdrücklich auch auf die **innerstaatliche Kabelweitersendung** ausgedehnt (AmtlBegr. BT-Drucks. 13/4796, A. 2. b), 3., 4., B. Einzelerläuterungen Zu Artikel 1 Zu Nummer 2 (§§ 20a, 20b). Das Recht der integralen Kabelweitersendung ist durch die von der Richtlinie generell vorgegebene kollektive Ausgestaltung, insb. aber wegen der Regulierung des Verbotsrechts einem **Zweitverwertungsrecht** weitestgehend angenähert.

2. Kabelweitersendevergütung

8 **a) Unverzichtbarer Vergütungsanspruch.** Der Gesetzgeber geht davon aus, dass die von den Verwertungsgesellschaften für die Übertragung des Kabelweitersenderechts ausgehandelten Entgelte grds. eine angemessene Beteiligung des Urhebers an dem den Verwertern zufließenden Nutzen darstellen (so AmtlBegr. B. Einzelerläuterungen zu Art. 1 zu Nr. 2 (§§ 20a, 20b), 13). Die in der Vergangenheit höchst unterschiedliche Handhabung insb. seitens Sendeunternehmen haben ihn dazu veranlasst, einen **unverzichtbaren** – ggf. ergänzenden – **Vergütungsanspruch** für die Fälle festzuschreiben, in denen der Urheber das Kabelweitersenderecht einem Sendeunternehmen oder einem Tonträger- oder Filmhersteller übertragen hat (§ 20b Abs. 2 S. 1, 2; zur früheren Handhabung zu Recht krit. Fromm/Nordemann/*Dustmann* § 20b Rn. 2; *Dreier* 109 ff., 206 ff.; eher zurückhaltend *Hillig* UFITA 138, 5 ff., 21 ff.). Dieser Anspruch auf eine **angemessene Vergütung** kann im Voraus nur an eine Verwertungsgesellschaft abgetreten werden. Der Anspruch wird von ihr **gegenüber** dem **Kabelunternehmen** geltend gemacht (§ 20b Abs. 2 S. 3). Zulässig ist allerdings eine **Vereinbarung der Kabelweitersendevergütung** in **Betriebsvereinbarungen, Tarifverträgen** und – seit Inkrafttreten des Zweiten Korbes am 1.1.2008 – in **Gemeinsamen Vergütungsregeln** (§ 36) mit Sendeunternehmen oder Tonträger- bzw. Filmherstellern. Die Angemessenheit der Vereinbarungen wird unwiderleglich vermutet (Schricker/*Schricker* § 32 Rn. 23, 26).

9 Vorbild für die Regelung ist der durch das Dritte Gesetz zur Änderung des Urheberrechtsgesetzes v. 23.6.1995 in Umsetzung der Vermiet- und Verleih-Richtlinie (s. Einl.

Rn. 21) neu gefasste § 27 (vgl. § 27 Rn. 4). Der Anspruch auf angemessene Vergütung kehrt in § 32 Abs. 1 S. 2 wieder.

b) Rechte- und Vergütungsvereinbarungen. aa) Frühere Vereinbarungen. Bereits in der Vergangenheit wurden die integralen Kabelweitersenderechte und die daraus resultierenden Vergütungsansprüche von Verwertungsgesellschaften wahrgenommen, so von der VG WORT aufgrund § 1 Nr. 14 Wahrn V i. V. m. Nr. 4 des korrespondierenden Inkassoauftrages Ausland und von der GEMA hinsichtlich dramatisch-musikalischer Rechte aufgrund eines gesondertes Mandats. Die von VG WORT und GEMA errichtete **ARGE DRAMA** hatte zusätzlich die Wahrung der Rechte dramatischer Autoren und Verleger übernommen, die die Rechte aufgrund eines besonderen Mandatsvertrages für das In- und Ausland auf die jeweils zuständige Verwertungsgesellschaft übertrugen (vgl. § 2 des Gesellschaftsvertrages v. 28.10.1981 i. d. F. v. 28.5.1986, GEMA Jahrbuch 2010/2011 Teil C VIII 1; hierzu *Dreier* 210 ff.). Die Wahrnehmung beschränkte sich jedoch aufgrund der von den Verwertungsgesellschaften mit dem öffentlich-rechtlichen Rundfunk, später auch mit den Privaten Rundfunkveranstaltern geschlossenen Abgrenzungsvereinbarungen über die Wahrnehmung von Kabelweitersenderechten aus dem Jahre 1988 grds. auf **verlegte Werke**. Die Höhe der Vergütung war zunächst in den mit der damaligen Deutschen Bundespost geschlossenen Gesamtverträgen v. 30.11.1987 und den zwei Folgeverträgen über die Weiterübertragung von Fernseh- und Hörfunkprogrammen in Breitbandverteilnetze v. 21.11.1991 nebst Zusatzvereinbarungen festgelegt (sog. Kabelglobalvertrag).

Ende 2000 schlossen die öffentlich-rechtlichen Rundfunkanstalten neue Verträge mit der Deutschen Telekom über die Rundfunkversorgung unter Einschluss der digital-terrestrischen Verbreitung ihrer Programme. Bereits unmittelbar nach Verkündung der Satelliten- und Kabel-Richtlinie hatten sich die in der **ARGE Kabel** zusammengeschlossenen Verwertungsgesellschaften VG WORT, VG Bild-Kunst und GVL parallel zu den von den Gewerkschaften IG Medien, DAG, DJV und DOV mit den Rundfunkanstalten geführten Tarifverhandlungen um das Zustandekommen eines Gesamtvertrages über die integrale Kabelweitersendung bemüht. Die zuletzt trilateral zwischen Verwertungsgesellschaften, Gewerkschaften und öffentlich-rechtlichem Rundfunk geführten Verhandlungen mündeten schließlich in inhaltlich gleichlaufende Abgrenzungsvereinbarungen von Kabelweitersenderechten und Ausschüttungsvereinbarungen und korrespondierende Tarifverträge über die Beteiligung von Arbeitnehmern und auf Produktionsdauer beschäftigte Personen der jeweiligen Rundfunkanstalt an den Einnahmen aus der Kabelweitersendung der Programme. Diese Vereinbarungen regelten zum einen eine rückwirkende Pauschalabgeltung für die Zeit bis einschließlich 1998. Die wirtschaftliche Bedeutung der Pauschalabgeltung blieb freilich insofern eingeschränkt, als die Übergangsregelung des § 137h Abs. 3 die von den Sendeunternehmen mit Urhebern und Leistungsschutzberechtigten vor dem 1.6.1998 geschlossenen Verträge vom Anwendungsbereich des § 20b Abs. 2 ausnimmt. Da die früheren Tarifverträge und sonstigen senderseitigen Honorarbedingungen entweder nur eine geringe oder gar keine Vergütung für die integrale Kabelweitersendung vorsahen, verweigerte die Übergangsbestimmung den Urhebern und Leistungsschutzberechtigten damit faktisch die in der Satelliten- und Kabel-Richtlinie zwingend vorgesehene angemessene Vergütung, wegen der verspäteten Umsetzung überdies für einen kaum zu rechtfertigenden langen Zeitraum (zur berechtigten Kritik Fromm/Nordemann/*Nordemann* § 20b Rn. 2, 137h Rn. 3; Dreier/Schulze/*Dreier* § 20b Rn. 3, 12 ff.). Die Vereinbarungen sahen ferner eine **prozentuale Beteiligung** aller Urheber und Leistungsschutzberechtigten an den von den Sendeunternehmen aus der Kabelweitersendung erzielten Nettoerlösen ab 1999 vor. Die Quote betrug für die Jahre 1999 und 2000 jeweils 35%, für die Zeit ab 2001 wurde sie auf 40% erhöht. Die ausgehandelte Erlösbeteiligung, die deutlich über der von einigen Sendeunternehmen bis dahin zugestandenen Beteiligungsquote von 4% liegt, hatte nach §§ 32 Abs. 2, 36 die **unwiderlegliche Vermutung der Angemessenheit** für sich (Amtliche Begründung Einzelbegründung B. Artikel I Zu Nummer 3 [BT-Drucks. 14/6433, S. 15] i. V. m. Begründung zu Art. I zu Nr. 4 [BT-Drucks. 14/8058]). Da der Vergütungsanspruch grds. nur von Verwertungsgesellschaften geltend gemacht werden kann, war allen Vergütungsregelungen außerhalb von Tarifverträgen, Betriebsvereinbarungen oder gemeinsamen Vergütungsregeln der Boden entzogen, die bis zum Inkrafttreten der Vorschrift bestanden hatte. Seit 2002 wurden sämtliche Urheber geschützter Werke an der Kabelweitersendevergütung „angemessen" beteiligt, nachdem für eine Beschränkung auf Urheber verlegter Werke kein Raum mehr ist. Die Vereinbarungen wirkten sich vor allem zugunsten von **Drehbuchautoren** aus, deren filmbestimmte Werke i. d. R. nicht verlegt im Sinne der früheren Abgrenzungsvereinbarung waren. Auf der anderen Seite hat das damit einhergehende Ansteigen der Zahl der Berechtigten zu einer deutlichen Verringerung der individuellen Ausschüttung geführt.

12   Das Schicksal der trilateralen Vereinbarungen war ungewiss, nachdem die Telekom die bestehenden Gesamtverträge zum Jahresende 2001 wegen des sukzessiven Verkaufs ihrer Kabelnetze gekündigt hatte. Gleichwohl wurden diese Verträge *de facto* bis Ende 2002 weiter praktiziert. Der sie schließlich ersetzende Vergleichsvertrag über die Weiterleitung von Hörfunk- und Fernsehprogrammen in Breitbandverteilnetzen zwischen GEMA, öffentlich-rechtlichem Rundfunk und den damaligen regionalen Kabelnetzbetreibern konnte erst aufgrund einer Zusatzvereinbarung Ende 2003 in vollem Umfang wirksam werden. Er bezog nun sämtliche Verwertungsgesellschaften ein. Vergleichsvertrag und Zusatzvereinbarung sahen die grundsätzliche Fortgeltung des Kabelglobalvertrages bis Ende 2006 vor, wobei das Inkasso der GEMA übertragen worden war. Danach betrug die von den Kabelnetzbetreibern geschuldete laufende jährliche Vergütung zur Abgeltung der Ansprüche aus § 20b Abs. 2 für die Weitersendung der öffentlich-rechtlichen und einiger privater Programme insgesamt € 49 Millionen. Der Betrag wurde zwischen den Vertragsbeteiligten nach einem bestimmten Schlüssel verteilt. Offen blieb allerdings die Bewertung der Hörfunk- und Fernsehprogramme der im VPRT und in der VG Media organisierten Privaten Rundfunkveranstalter. Die VG Media, die deren Rechte nach §§ 87, 20b Abs. 1 bzw. §§ 94, 20b Abs. 1 wahrnahm, versagte dem Vergleichsvertrag schließlich die Zustimmung und war damit endgültig aus dem Kreis der daran beteiligten Rechtsinhaber ausgeschieden (zum Ganzen *Mand* Das Recht der Kabelweitersendung 4 ff., 7 ff.; Loewenheim/Castendyk § 75 Rn. 330 ff., 336 ff.; Loewenheim/Castendyk § 75 Rn. 359 ff.; näher Vorauflage §§ 20, 20a, 20b Rn. 32 a. E.). Die VG Media hatte im Jahre 2003 eine Vereinbarung mit Kabelunternehmen über das Kabelunternehmeweitersenderecht geschlossen, die bis Ende 2008 gültig war (sog. Regio-Vertrag; hierzu BGH GRUR 2010, 530, 531 Rn. 17 ff. – Regio-Vertrag m. Anm. *Enaux* GRUR-Prax 2010, 252 und *Nolte* ZUM 2010, 591; *Riesenhuber* ZUM 2011, 134).

13   **bb) Rechtslage ab 2007.** Die in der sog. **Münchener Runde** zusammengeschlossenen Verwertungsgesellschaften GEMA, AGICOA-Deutschland, GVL, GÜFA, VFF, VGF, VG Bild-KUNST und VG Wort schlossen mit ANGA, dem Verband Deutscher Kabelnetzbetreiber, einen 2009 unterzeichneten **Gesamtvertrag** zunächst für den Zeitraum ab 2007 bis Ende 2012. Der Vertrag verlängert sich jeweils um ein weiteres Kalenderjahr. Auf der Grundlage des Gesamtvertrages werden gleichlaufende Einzelverträge abgeschlossen. Diese sehen eine prozentuale Vergütung im mittleren einstelligen Bereich einer näher definierten Bemessungsgrundlage des Umsatzes vor. Die Kabelnetzbetreiber verbreiten „Fernseh- und/oder Hörfunkprogramme sowie in zunehmendem Maße Bezahlfernsehen, Near-Video on Demand und interaktive Dienste sowie Internet und Telefonie". Gegenstand sind **Kabelweitersenderechte** (§ 20 Abs. 1 S. 1) und **Vergütungsansprüche** für die u. a. den Sendeunternehmen eingeräumten Kabelweitersenderechte (§ 20 Abs. 2). Der Rundfunk hat seine Rechte in die VFF eingebracht. Federführend für alle Rechteinhaber ist die GEMA; sie ist zugleich Inkassostelle. Die GEMA hat hierzu einen **„Gemeinsamen Tarif**

für die Weitersendung von Hörfunk- und Fernsehprogrammen in Kabelnetzen (Kabelweitersendung)" zusammen mit weiteren Informationen veröffentlicht (www.gema.de/musiknutzer/lizenzieren/meine-lizenz/Kabelnetzbetreiber.html).

Der öffentlich-rechtliche Rundfunk hatte in der Vergangenheit an die drei damaligen Kabelnetzbetreiber Kabel Deutschland, Unitymedia und KabelBW insgesamt um € 60 Millionen jährlich Einspeiseentgelt gezahlt. Davon flossen etwa € 7 Millionen an die Sender zurück. Die bis Ende 2012 befristete Vereinbarung wurde von ARD/ZDF gekündigt. Aus Sicht des Rundfunks könnten die Betreiber wegen der „Must-Carry-Regeln", der Verpflichtung zur Einspeisung (§§ 52ff. RStV), und die Privatisierung der Netzbetreiber keine Entgelte (mehr) beanspruchen (hierzu eingehend *Engelage* epd medien Nr. 27/2012, 3ff.; *Dörr* ZUM 2013, 81ff.; *Ladeur* ZUM 2012, 939ff.). Strittig ist, ob und in welchem Umfang der Einspeisepflicht spiegelbildlich ein Anspruch auf Zahlung einer Einspeisevergütung entspricht („Must-Pay").

cc) Tarifverträge, Betriebsvereinbarungen, Gemeinsame Vergütungsregeln. Die **14** §§ 32 Abs. 4, 32a Abs. 4 schließen den gesetzlichen Vergütungsergänzungsanspruch bzw. die weitere Beteiligung (§§ 32 Abs. 1 S. 3, 32a Abs. 1) für die Fälle aus, in denen die Vergütung urheberrechtlicher Nutzungsrechte tarifvertraglich, im Wege von Betriebsvereinbarungen oder durch gemeinsame Vergütungsregeln geregelt und diese selbst „angemessen" im Sinne der urhebervertragsrechtlichen Bestimmungen ist (Schricker/*Schricker* § 32 Rn. 25; s. § 32 Rn. 25). Die Gleichstellung aller in Frage kommenden kollektiven Regelungen erfolgte mit der Aufnahme der Gemeinsamen Vergütungsregeln in § 20b Abs. 2 S. 4 durch den Zweiten Korb. Der in § 36 Abs. 1 S. 3 statuierte **Vorrang von tarifvertraglichen Regelungen** erscheint als nicht unproblematisch. Tarifverträge legen typischerweise Mindeststandards fest. Sie dienen in erster Linie der Umschreibung von Rechten und Pflichten der Tarifvertragsparteien und enthalten Normen zu Inhalt, Abschluss und Beendigung von Arbeitsverhältnissen (vgl. § 1 Abs. 1 TVG). Tarifvertragliche Bestimmungen tragen damit i.d.R. einer gesamtbetrieblichen Gemengelage Rechnung, die durch Kompensationen gekennzeichnet sein kann. Soweit derartige Regelungen urheberrechtliche Vergütungen festschreiben, sind diese u.U. nur ein Aspekt der Entlohnung der arbeitsvertraglich geschuldeten Leistung. Die Tarifverträge über die Urheberrechte freier Mitarbeiter gelten ausschließlich für arbeitnehmerähnliche Personen i.S.d. § 12a Abs. 1 Nr. 1 in Verbindung mit Abs. 3 TVG. Insoweit kommt es im Wesentlichen auf die wirtschaftliche Abhängigkeit an, die jedenfalls bei einer auf Dauer angelegten Tätigkeit für einen Auftraggeber unterstellt wird (§ 12a Abs. 1 Nr. 1 Buchst. a) TVG, ferner § 7 Abs. 4 Nr. 2 SGB IV). Bei künstlerisch, schriftstellerisch oder journalistisch tätige Personen genügt es, wenn sie von nur einem Auftraggeber mindestens ein Drittel ihrer Gesamteinkünfte aus dieser Tätigkeit beziehen (§ 12a Abs. 3 TVG). Die Mehrheit der Drehbuchautoren unterliegen nicht dem Anwendungsbereich der Tarifverträge. Der gesetzliche Vorrang spielt praktisch auch deswegen keine Rolle (mehr), weil die inhaltlich weitestgehend gleichlaufenden neuen Vereinbarungen den Drehbuchbereich annähernd vollständig abdecken und die Angemessenheit der Vergütungen hierfür festlegen. Sie werden umgekehrt zu einer Angleichung tarifvertraglicher Regelungen führen (§ 20 Rn. 8).

dd) Kollisionsregel. Die Abgrenzungsvereinbarungen enthalten im Weiteren eine **15** **Kollisionsregel** dahin, dass **Kabelweitersenderechten,** die den **Rundfunkanstalten** für eigene oder von ihnen mitveranstaltete Programme in Urhebertarifverträgen bzw. in Verbindung mit den anstaltsüblichen Honorarbedingungen übertragen worden sind, **Vorrang** vor der Rechteeinräumung in den Wahrnehmungsverträgen zukommt. Wegen des Gleichlaufs der Kabelvergütungshöhe in den Tarifverträgen zur Kabelweitersendevergütung und den von den Verwertungsgesellschaften hierzu getroffenen Vereinbarungen hat sich die Ausnahme zugunsten der Sendeunternehmen in § 20b Abs. 2 S. 4 bislang nicht als Einfallstor für eine Kürzung des Vergütungsanspruchs erwiesen.

UrhG § 21 § 21 Recht der Wiedergabe durch Bild- oder Tonträger

3. Verhältnis zu §§ 32, 32 a

16   Insb. nach Inkrafttreten der Reform zum Urhebervertragsrecht 2002 (s. Vor §§ 31 ff. Rn. 3) ist die Berechtigung eines gegen den Kabelnetzbetreiber gerichteten zusätzlichen Anspruchs auf eine angemessene Vergütung für die integrale Kabelweitersendung (§ 20b Abs. 2) erneut bezweifelt worden. Bedenken wurden vor allem unter dem Gesichtspunkt einer möglichen Doppelzahlung des Endverbrauchers erhoben, da er neben der Rundfunkgebühr (vgl. §§ 1, 2 RGebStV, www.kef-online.de) eine Vergütung für den Kabelzugang zu entrichten habe, der urheberrechtliche „Werkgenuss" jedoch mit ersterer bereits abgegolten sei (in diesem Sinne vor allem *Mand,* Das Recht der Kabelweitersendung 24, 54 ff., 90 ff., 93 ff., 102 ff.; *Mand* ZUM 2003, 812 ff.; *Mand* GRUR 2005, 720, 725; *Gounalakis/Mand* 24 ff., 57 f.; *Weissner/Höppener* ZUM 2003, 597, 606 ff. mit Fn. 92; *Conrad* GRUR 2003, 561, 565 f.; ähnlich Dreyer/Kotthoff/Meckel/*Dreyer* § 20b Rn. 13; Fromm/Nordemann/*Dustmann* § 20b Rn. 20; grds. kritisch auch Dreier/Schulze/*Dreier* § 20b Rn. 14, der die Regelung für rechtsdogmatisch für wenig befriedigend hält; *Ehrhardt* ZUM 2004, 300, 302 f.: wegen der unterschiedlichen Regelungskreise der jeweiligen Vorschriften sei § 20b Abs. 2 nicht obsolet geworden). Der in der Arbeitsgruppe 20b beim BMJ im Rahmen der Vorarbeiten zum „Zweiten Korb" erhobenen Forderung nach Streichung der Vorschrift hatte bereits der RefE (Stand 27.9.2004) nicht folgen wollen (Zusammenfassung der Ergebnisse der Arbeitsgruppensitzungen abrufbar www.urheberrecht.org). Allerdings hatte sich der Deutsche Bundestag bei Verabschiedung des „Zweiten Korbes" (BT-Plenarpotokoll 16/108) die Beschlussempfehlung des Rechtsausschusses zu eigen gemacht, mit der neben einer „technologieneutralen Ausgestaltung" der Kabelweitersendung u. a. auch die Überprüfung der Regelungen der Kabelweitersendevergütung nach § 20b ausdrücklich angemahnt wurde (BT-Drucks. 16/5939; zu BR-Drucks. 582/07). Auch der – in puncto Kabelweitersendung ohnehin nicht umgesetzte – RefE des BMJ (Rn. 4) sah hier keine Änderung vor: „Die schriftlichen Konsultationen sowie die Anhörung haben ergeben, dass nach wie vor die angemessene Vergütung der Urheber auf anderem Wege als über § 20b Absatz 2 nicht sichergestellt ist" (Begründung A.II.1). Wegen der Verpflichtung zum Abschluss von Verträgen über die Kabelweitersendung unten § 87 Rn. 21.

§ 21 Recht der Wiedergabe durch Bild- oder Tonträger

Das Recht der Wiedergabe durch Bild- oder Tonträger ist das Recht, Vorträge oder Aufführungen mittels Bild- oder Tonträger öffentlich wahrnehmbar zu machen. § 19 Abs. 3 gilt entsprechend.

Internationale Verträge: Art. 11, Art. 11ter RBÜ

Urhebervertragliche Regelungen: Regelsammlung Verlage (Vertriebe)/Bühnen (RS Bühne)

Tarifrecht: Normalvertrag Bühne (NV Bühne)

Kollektive Rechtewahrnehmung: §§ 1 BerV (GEMA), Wahrn V (VG Wort)

Literatur: *Becker,* Die Schöpfer von Filmmusik und die Verwaltung ihrer Rechte durch die GEMA, ZUM 1999, 16; *Becker/Kreile,* Multimedia und die Praxis der Lizenzierung von Urheberrechten, GRUR Int. 1996, 677; *Reber,* Aktuelle Fragen zu Recht und Praxis der Verwertungsgesellschaften, GRUR 2000, 203; *Stellungnahme des Deutschen Kulturrates,* Urheber- und Leistungsschutzrechte in der Informationsgesellschaft, ZUM 1998, 1011.

Vgl. darüber hinaus die Angaben im eingangs abgedr. Gesamtliteraturverzeichnis.

§ 21 Recht der Wiedergabe durch Bild- oder Tonträger 1–4 **§ 21 UrhG**

Übersicht

	Rn.
I. Bedeutung der Vorschrift	1
II. Gegenstand	2–5
1. Bild- und Tonträger	3
2. Öffentliche Wahrnehmbarmachung	4
3. Auslegungsregel	5
III. Schranken	6
IV. Verwertungsgesellschaften	7

I. Bedeutung der Vorschrift

Die Vorschrift folgt Art. 11 Abs. 1 Nr. 1 RBÜ (Wiedergabe von Aufführungen dramatischer Werke) und Art. 11ter Abs. 1 Nr. 1 RBÜ (Wiedergabe von Werken der Literatur) und ergänzt § 19 Abs. 1 und 2. Das TRIPS-Übereinkommen belässt es bei den konventionsrechtlichen Vorgaben (§ 121 Rn. 15). Den dort genannten ausschließlichen Erstverwertungsrechten der unmittelbaren unkörperlichen Wiedergabe von Werken i. S. d. § 2 Abs. 1 Nr. 1 bis 3 werden **korrespondierende Zweitverwertungsrechte** an die Seite gestellt, die an das vom Urheber oder jeweiligen Rechtsinhaber bereits ausgeübte Vervielfältigungsrecht, Herstellen eines Bild- oder Tonträgers (§ 16 Abs. 2), anknüpfen. Die Bestimmung findet ihre Parallele in § 22, der entsprechende Rechte für die Wiedergabe von Funksendungen und öffentlicher Zugänglichmachung begründet (§ 22 Rn. 1). Zur früheren Rechtslage nach dem LUG Schricker/Loewenheim/*v. Ungern-Sternberg* § 21 Rn. 3; Fromm/Nordemann/*Dustmann* § 21 Rn. 3; Mestmäcker/Schulze/*Haberstumpf* § 21 Rn. 3 jeweils m. w. N. 1

II. Gegenstand

Das Gesetz behält dem Urheber das **ausschließliche Recht** vor zu entscheiden, ob die auf einem **Bild- oder Tonträger fixierten Werke öffentlich wahrnehmbar** gemacht werden dürfen (S. 2 i. V. m. §§ 19 Abs. 3, 37 Abs. 3). 2

1. Bild- und Tonträger

Die gesetzliche Definition in § 16 Abs. 2, auf die die Vorschrift verweist, spricht ganz allgemein von Vorrichtungen zur wiederholbaren Wiedergabe von Bild- und Tonfolgen und enthält damit **keine Beschränkung** auf bestimmte **Trägermedien.** Einbezogen sind danach insb. auch Trägermedien, die sich digitaler Technologien bedienen wie CD-ROM, DVD usw. (s. § 16 Rn. 2 f.; Dreier/Schulze/*Dreier* § 21 Rn. 5; vgl. Schricker/Loewenheim/ *v. Ungern-Sternberg* § 21 Rn. 4, 6; Schricker/Loewenheim/*Loewenheim* § 16 Rn. 17 ff.; Mestmäcker/Schulze/*Haberstumpf* § 21 Rn. 13). 3

2. Öffentliche Wahrnehmbarmachung

Die fixierten Werke müssen mittels der Vervielfältigungsstücke **öffentlich wahrnehmbar** gemacht werden (zum maßgebenden **Öffentlichkeitsbegriff** des § 15 Abs. 3 s. § 15 Rn. 18 ff.; Dreier/Schulze/*Dreier* § 15 Rn. 37 ff.; Loewenheim/*Hoeren* § 21 Rn. 7 ff.; Schack Rn. 400 f.). In Abgrenzung zur Werkvermittlung durch Sendung, für die die Empfangbarkeit genügt (vgl. §§ 20–20b Rn. 10), erfordert dies die **unmittelbare** für die menschlichen Sinne wahrnehmbare **Wiedergabe für einen an demselben Ort versammelten Empfängerkreis** (BGHZ 123, 149, 151 f. – Verteileranlagen; Dreier/ 4

Schulze/*Dreier* § 21 Rn. 1, 7; Mestmäcker/Schulze/*Haberstumpf* § 21 Rn. 14). Die Vorschrift stellt bereits dem Wortlaut nach allein auf die öffentliche Werkwiedergabe durch hierfür geeignete Trägermedien ab. Die auf Bild- oder Tonträgern fixierten Werke brauchen daher selbst nicht zuvor öffentlich dargeboten i. S. d. § 19 Abs. 1, Abs. 2 worden sein. Denn die Bestimmung verweist nicht auf das Vortrags- bzw. Aufführungsrecht, sondern lediglich auf das dieser Art der Vermittlung zugrunde liegende Werk (im Ergebnis Schricker/Loewenheim/*v. Ungern-Sternberg* § 21 Rn. 6 ff.; Möhring/Nicolini/*Kroitzsch* § 21 Rn. 3; ohne ausdrückliche Stellungnahme Fromm/Nordemann/*Dustmann* § 21 Rn. 6 ff.; *Haberstumpf* Rn. 182). Wäre der öffentliche Vortrag bzw. die öffentliche Aufführung i. S. d. § 19 Abs. 1, Abs. 2 Voraussetzung, bliebe die Wahrnehmbarmachung dieser erstmals mittels Bild- oder Tonträger einer Öffentlichkeit wiedergegebenen Werke entgegen den gesetzgeberischen Vorstellungen urheberrechtsfrei (vgl. auch AmtlBegr. B. zu § 21 *M. Schulze* Materialien 446 f.). Die Wiedergabe setzt – anders als bei der integralen Kabelsendung) – nicht die vollständige und unveränderte Aufzeichnung voraus. Es genügt die Erkennbarkeit des Werkes durch die Wiedergabe seiner wesentlichen Züge (Schricker/Loewenheim/*v. Ungern-Sternberg* § 21 Rn. 7; Dreier/Schulze/*Dreier* § 21 Rn. 5; Möhring/Nicolini/*Kroitzsch* § 21 Rn. 5). Die Vorführung von Filmwerken (§ 19 Abs. 4) ist hinsichtlich der Wiedergabe von Filmmusiken und benutzter vorbestehender Werke insoweit Wiedergabe i. S. d. § 21. Gleiches gilt für die Wahrnehmbarmachung an öffentlich zugänglichen Orten. Demgegenüber ist das Gästen in ihren jeweiligen Hotelzimmern angebotene Hotelradio und **Hotelvideo** i. d. R. Sendung i. S. d. § 20, da es hier an dem gemeinsamen Ort der Wahrnehmbarmachung fehlt (Dreier/Schulze/*Dreier* § 21 Rn. 3, 9 m. w. N.).

3. Auslegungsregel

5   Das Recht der Wiedergabe durch Bild- oder Tonträger wird ohne besondere Absprachen grds. nur für den Veranstaltungsraum übertragen, in dem das aufgezeichnete Werk unmittelbar wahrnehmbar gemacht wird. Die darüber hinausgehende Wiedergabe außerhalb des Raumes bedarf der ausdrücklichen Vereinbarung (S. 2 i. V. m. §§ 19 Abs. 3, 37 Abs. 3; oben § 19 Rn. 46 ff., 49).

III. Schranken

6   Das Recht unterliegt den für die öffentliche Wiedergabe geltenden allgemeinen Schranken der §§ 44 a ff., namentlich denen aus §§ 45 Abs. 3, 48 Abs. 1, 49, 50, 51, 52, 56 und 59 Abs. 1 (s. Vor §§ 44 a ff. Rn. 1).

IV. Verwertungsgesellschaften

7   Das Recht aus § 21 wird kollektiv wahrgenommen: **VG WORT** gem. § 1 Nr. 3 Buchst. a) Wahrn V (RdPubl 806); **GEMA** gem. § 1 Buchst. g) Doppelbuchst. aa), Buchst. h) BerV (dazu im Einzelnen Kreile/Becker/Riesenhuber/*Staudt* Kap. 10 Rn. 101 ff., 11 ff., 119, 129, 132; vgl. auch BGH ZUM 2006, 318, 320 f. – Alpensinfonie) allerdings unter Ausklammerung der bühnenmäßigen Aufführung dramatisch-musikalischer Werke (vgl. oben § 19 Rn. 16), die **VG Bild-Kunst** gem. § 1 Buchst. d) Wahrn V, die **VG Musikedition** gem. § 1 II. Nr. 3 BerV, die **GVL** gem. I Abs. 1 Nr. 2 Buchst. b) Wahrn V. – Zur Rechtewahrnehmung durch Verwertungsgesellschaften *Reber* GRUR 2000, 203, 206 f.; insb. unter Berücksichtigung von Multimedia *Becker* ZUM 1999, 16 ff.; *Becker/Kreile* GRUR Int. 1996, 677 ff.; Moser/Scheuermann/*Kreile/Becker* 632.

§ 22 Recht der Wiedergabe von Funksendungen und von öffentlicher Zugänglichmachung

Das Recht der Wiedergabe von Funksendungen und der Wiedergabe von öffentlicher Zugänglichmachung ist das Recht, Funksendungen und auf öffentlicher Zugänglichmachung beruhende Wiedergaben des Werkes durch Bildschirm, Lautsprecher oder ähnliche technische Einrichtungen öffentlich wahrnehmbar zu machen. § 19 Abs. 3 gilt entsprechend.

Internationale Verträge: Art. 11bis RBÜ

Urhebervertragliche Regelungen: Regelsammlung Verlage (Vertriebe)/Bühnen (RS Bühne)

Tarifrecht. Normalvertrag Bühne (NV Bühne)

Kollektive Rechtewahrnehmung: §§ 1 BerV (GEMA), Wahrn V (VG Wort)

Literatur: S. die Angaben zu § 21 sowie die Angaben im eingangs abgedr. Gesamtliteraturverzeichnis.

Übersicht

	Rn.
I. Bedeutung der Vorschrift	1
II. Gegenstand	2
III. Schranken	3
IV. Verwertungsgesellschaften	4

I. Bedeutung der Vorschrift

Die Vorschrift ergänzte bereits in der überkommenen Fassung in Übereinstimmung mit Art. 11bis Abs. 1 Nr. 3 RBÜ das Senderecht (§ 20), indem sie ein gesondertes vom Vorführungsrecht nicht ausdrücklich erfasstes (§ 19 Abs. 4 S. 2) **Zweitverwertungsrecht für die öffentliche Wahrnehmbarmachung einer Funksendung** begründete (Dreier/Schulze/*Dreier* § 22 Rn. 5f.; Dreyer/Kotthoff/Meckel/*Dreyer* § 22 Rn. 6; Mestmäcker/Schulze/*Haberstumpf* § 22 Rn. 9f., 13). Das TRIPS-Übereinkommen hat die Regelung des Konventionsrechts inhaltlich übernommen (§ 121 Rn. 15). Durch das Gesetz zur Regelung des Urheberrechts in der Informationsgesellschaft („Zweiter Korb") in Umsetzung der Multimedia-Richtlinie ist die Bestimmung 2003 neu gefasst worden (s. Vor §§ 31ff. Rn. 4). Sie trägt jetzt der Anerkennung des Rechts der öffentlichen Zugänglichmachung als weiterem Ausschließlichkeitsrecht Rechnung (§§ 15 Abs. 2 Nr. 2, 19a). In Aufbau und Funktion entspricht die Bestimmung § 21 (Dreier/Schulze/*Dreier* § 22 Rn. 1, 5, § 21 Rn. 7f.; Dreyer/Kotthoff/Meckel/*Dreyer* § 22 Rn. 3ff., 18, beide im Einzelnen zur Abgrenzung insb. gegenüber dem Senderecht; zum Öffentlichkeitsbegriff s. § 21 Rn. 4; zur früheren Rechtslage nach dem LUG Schricker/Loewenheim/*v. Ungern-Sternberg* § 22 Rn. 3; Fromm/Nordemann/*Dustmann* § 22 Rn. 2 m.w.N.).

II. Gegenstand

Das Gesetz gewährt dem Urheber das **ausschließliche Recht**, das mit seiner Zustimmung zuvor **gesendete oder öffentlich zugänglich gemachte Werk** darüber hinaus auf die in der Vorschrift genannte Weise **öffentlich wahrnehmbar** zu machen (zum Begriff s. § 21 Rn. 4; BGHZ 123, 149, 151f. – Verteileranlagen; BGH GRUR 1996, 875, 876f. – Zweibettzimmer im Krankenhaus).

III. Schranken

3 Das Recht unterliegt den für die öffentliche Wiedergabe geltenden allgemeinen Schranken aus §§ 44a ff., namentlich denen der §§ 45 Abs. 3, 48 Abs. 1, 49, 50, 51, 52, 56, 57 und 59 Abs. 1.

IV. Verwertungsgesellschaften

4 Das Recht aus § 22 wird ebenfalls kollektiv wahrgenommen (s. § 21 Rn. 7).

§ 23 Bearbeitungen und Umgestaltungen

Bearbeitungen oder andere Umgestaltungen des Werkes dürfen nur mit Einwilligung des Urhebers des bearbeiteten oder umgestalteten Werkes veröffentlicht oder verwertet werden. Handelt es sich um eine Verfilmung des Werkes, um die Ausführung von Plänen und Entwürfen eines Werkes der bildenden Künste, um den Nachbau eines Werkes der Baukunst oder um die Bearbeitung oder Umgestaltung eines Datenbankwerkes, so bedarf bereits das Herstellen der Bearbeitung oder Umgestaltung der Einwilligung des Urhebers.

Literatur: *Bohr,* Fragen der Abgrenzung und inhaltlichen Bestimmung der Filmurheberschaft, UFITA 78 (1977) 95; *Bullinger,* Kunstwerkfälschung und Urheberpersönlichkeitsrecht, Berlin 1997; *Castendyk,* Gibt es ein „Klingelton-Herstellungsrecht"?, ZUM 2005, 9; *v. Einem,* Zum Streit um die Lizenzierungspraxis bei monophonen und polyphonen Klingeltönen, ZUM 2005, 540; *Grunert,* Werkschutz contra Inszenierungskunst – Der urheberrechtliche Gestaltungsspielraum der Bühnenregie, München 2002; *Haberstumpf,* Zum Umfang der Verbietungsrechte des Verlegers, FS Schricker 2005, 309; *Hertin,* Das Musikzitat im deutschen Urheberrecht, GRUR 1989, 159; *Hertin,* Zur Lizenzierung von Klingeltonrechten, KUR 2004, 101; *Hörnig,* Das Bearbeitungsrecht und die Bearbeitung im Urheberrecht unter besonderer Berücksichtigung von Werken der Literatur, UFITA 99 (1985) 13; *Koch,* Internet-Recht, 2. Aufl., München 2005; *Kreile, J./ Westphal,* Multimedia und das Filmbearbeitungsrecht, GRUR 1996, 254; *v. Moltke,* Das Urheberrecht an Werken der Wissenschaft, Berlin 1992; *Plassmann,* Bearbeitungen und andere Umgestaltungen in § 23 Urheberrechtsgesetz, Berlin 1996; *Poll,* Urheberrechtliche Beurteilung der Lizenzierungspraxis von Klingeltönen, MMR 2004, 67; *Reuter,* Digitale Bild- und Filmbearbeitung im Licht des Urheberrechts, GRUR 1997, 23; *Schricker,* Probleme der Doppelschöpfung bei Melodien, GRUR 1988, 812; *G. Schulze,* Urheberrecht und neue Musiktechnologien, ZUM 1994, 15; *Wandtke/Schunke,* Einheitliche Lizenzierung der Klingeltöne. – eine rechtliche Notwendigkeit?, UFITA 2007, 61; *v. Welser,* Die Wahrnehmung urheberpersönlichkeitsrechtlicher Befugnisse durch Dritte, Berlin 2000.

Vgl. darüber hinaus die Angaben im eingangs abgedr. Gesamtliteraturverzeichnis.

Übersicht

	Rn.
I. Allgemeines	1
II. Die Regelung des § 23 S. 1	2–12
1. Bearbeitungen und andere Umgestaltungen	2–5
a) Begriff der Bearbeitung	3
b) Begriff der anderen Umgestaltung	4
c) Ältere Auffassung zur Differenzierung der Begriffe	5
2. Der Einwilligungsvorbehalt des § 23 S. 1	6–11
a) Bezugsobjekte	6
b) Einwilligung in die Veröffentlichung nach § 23 S. 1	7
c) Einwilligung in die Werkverwertung nach § 23 S. 1	8
d) Herstellungsfreiheit und Einwilligungsvorbehalt	9
aa) Befristung der Einwilligung	10
bb) Abgrenzung der Einwilligung in § 23 zu der Einwilligung in § 183 BGB	11
3. Verhältnis zwischen § 23 S. 1 und § 39 Abs. 1	12

§ 23 Bearbeitungen und Umgestaltungen   1–3 **§ 23 UrhG**

Rn.

III. Ausnahmen von der Herstellungsfreiheit nach § 23 S. 2	13–18
1. Regelungszweck	13
2. Die Einwilligung in § 23 S. 2	14
3. Die einzelnen Ausnahmen	15–18
a) Verfilmung	15
b) Ausführung von Plänen und Entwürfen eines Werkes der bildenden Kunst	16
c) Nachbau eines Werkes der Baukunst	17
d) Bearbeitung oder Umgestaltung eines Datenbankwerkes	18
IV. Einzelfragen	19–27
1. Doppelschöpfung	19–21
a) Begriff der Doppelschöpfung	19
b) Doppelschöpfung und § 23 S. 1	20
c) Beweisfragen	21
2. Einschränkung der Herstellungsfreiheit aus § 23 S. 1 durch § 14	22–24
a) Werkoriginale	23
b) Werkexemplare ohne Originalcharakter	24
3. Verhältnis von § 23 S. 1 zum Vervielfältigungsrecht aus § 16	25
4. Zustimmungsvorbehalt bei Bearbeitung von Computerprogrammen aus § 69c Nr. 2	26
5. Routing	27

I. Allgemeines

Die Rechte des Urhebers aus § 23 gehören zum **Schutzumfang des Urheberrechts.** **1** § 23 eröffnet zugleich die **Herstellungsfreiheit** für Bearbeitungen und andere Umgestaltungen von Werken. Die Bestimmung gibt jedermann, unabhängig vom Willen des Urhebers des älteren Werkes, die Möglichkeit, fremde Werke umzugestalten, solange diese nicht das Licht der Öffentlichkeit erblicken. Der Urheber hat wegen § 23 S. 1 grds. **keinen Einfluss darauf,** ob und in welcher Weise sein Werk verändert wird. Er kann aber wegen des Einwilligungsrechts in § 23 bestimmen, ob das veränderte Werk veröffentlicht oder verwertet werden darf. § 23 S. 2 nimmt einige Sachverhalte von dem Grundsatz der Herstellungsfreiheit aus. Für die Bearbeitung und Umgestaltung von **Computerprogrammen** enthält § 69c Nr. 2 eine spezielle Vorschrift. Weitere Einschränkungen, insb. für Originalwerke, ergeben sich aus dem **Urheberpersönlichkeitsrecht (§ 14).**

II. Die Regelung des § 23 S. 1

1. Bearbeitungen und andere Umgestaltungen

§ 23 unterscheidet Bearbeitungen und andere Umgestaltungen. Obgleich die Bestim- **2** mung an die Differenzierung keine Rechtsfolge knüpft, ist sie für eine klare Anwendung der urheberrechtlichen Begriffe wichtig. Fraglich ist, ob § 23 ein reines Verwertungsrecht ist (so aber *Haberstumpf* FS Schricker 2005, 309, 313).

a) Begriff der Bearbeitung. Bearbeitungen eines Werkes sind Abwandlungen des **3** Werkes, die die **notwendige Schöpfungshöhe** besitzen, um selbst als Bearbeitung gem. § 3 urheberrechtlich geschützt zu sein (Fromm/Nordemann/*A. Nordemann* § 3 Rn. 15; Loewenheim/*Hoeren* § 9 Rn. 207; *Schack* Kunst und Recht Rn. 332; *Grunert* 144; *Plassmann* 65; *Wegner/Wallenfels/Kaboth* 1. Kap. Rn. 180; *v. Welser* 46). Setzt bspw. ein Autor einen Roman in ein Theaterstück um, so erbringt er eine eigene, urheberrechtlich geschützte, schöpferische Leistung, die als Bearbeitung nach § 3 anzusehen ist (KG NJW-RR 2001, 125 – Synchronbuchfassung; BGH GRUR 1963, 40, 41 – Straßen – gestern und morgen; BGHZ 26, 52, 55 – Sherlock Holmes; OLG Hamburg UFITA 86 (1980) 289,

293 – Häschenschule). Eine Bearbeitung eines Werkes beinhaltet in der Regel eine Änderung des Ausgangswerkes. Es geht um die Beurteilung, ob die eigenpersönliche künstlerische Prägung übernommen worden ist (BGH GRUR 1981, 820, 823 – Stahlrohrsessel II; BGH GRUR 2006, 53, 54f. – Wagenfeld-Tischleuchte). Dies ist zum Beispiel schon der Fall, wenn ein Mustervertragstext dergestalt übernommen wurde, dass die Anordnung des Inhalts und der überwiegende Teil des Textes identisch sind, ohne dass dies jedoch erforderlich ist (LG Berlin ZUM 2005, 842, 843). Eine Bearbeitung kann aber auch ausnahmsweise dann vorliegen, wenn das Ausgangswerk unverändert in ein neues „Gesamtkunstwerk" in einer Weise integriert wird, dass es als dessen Teil erscheint (BGH WRP 2002, 552, 555 – Unikatrahmen; Dreier/Schulze/*Schulze* § 23 Rn. 8), eine filmische Aufzeichnung eines Konzertes genügt dem nicht (BGH ZUM 2006, 318, 320 – Alpensinfonie; zur Schutzfähigkeit nach § 2 eines aus Konzertmitschnitten bestehenden Filmes s. § 2 Rn. 123).

4   **b) Begriff der anderen Umgestaltung.** Andere Umgestaltungen sind dagegen Änderungen des Ausgangswerkes, die mangels geistiger persönlicher Schöpfung **keinen Urheberrechtsschutz** genießen (LG Köln GRUR 1973, 88 – Kinder in Not; Fromm/Nordemann/*A. Nordemann* §§ 23/24 Rn. 10; Möhring/Nicolini/*Ahlberg* § 23 Rn. 12; *Rehbinder* Rn. 216; *Schack* Rn. 268; Loewenheim/*Hoeren* § 9 Rn. 209, 211; *Hörnig* UFITA 99 (1985) 13, 57ff., 59f. m.w.N.; *Plassmann* 65; a.A. *Haberstumpf* FS Schricker 2005, 309, 318; Schricker/Loewenheim/*Loewenheim* § 23 Rn. 4; Dreier/Schulze/*Schulze* § 23 Rn. 5). Unter Umgestaltung kann jegliche Veränderung des Werkes fallen. So liegt bspw. eine andere Umgestaltung vor, wenn von einem Foto nur ein Ausschnitt benutzt wird (LG München I AfP 1994, 239, 240). Gleiches gilt, wenn ein Werk der bildenden Kunst in nahezu **vollständiger Übereinstimmung** der Umrisse und zahlreicher Details mit dem älteren Werk wiedergegeben wird (OLG Köln NJW 2000, 2212, 2213 – Gies-Adler). Bei **nachgestellten oder nachempfundenen Fotos** wird dies ebenso oft der Fall sein (so z.B. bei Nachstellung eines auch im älteren Werk inszenierten Motivs, zutreffend LG Düsseldorf Urt. v. 8.3.2006, Az. 12 O 34/05 – TV Man). Hier ist jedoch zu beachten, dass das Urheberrecht keinen allgemeinen Motivschutz gewährt (BGH GRUR 1977, 547, 550 – Kettenkerze) und die schöpferische Eigenart des älteren Werkes daneben gering sein kann, z.B. wenn es sich um ein Abbild einer (vorgefundenen) Begebenheit in der Natur handelt. Dieser Umstand legt dann eine freie Bearbeitung nahe (vgl. § 24 Rn. 10; unzutreffend daher LG Mannheim ZUM 2006, 886, 887). Bei sog. **„Abstracts",** worunter Zusammenfassungen oder Verkürzungen von Sprachwerken verstanden werden, kann eine Bearbeitung bzw. Umgestaltung gegeben sein (vgl. BGH GRUR 2011, 134, 136f. – Perlentaucher; OLG Frankfurt a.M. AfP 1998, 415, 416; OLG Frankfurt a.M. ZUM-RD 2003, 532, 535; Schricker/Loewenheim/*Loewenheim* § 23 Rn. 10). Entscheidend ist hierbei, was in das „Abstract" übernommen wird. Ist dies mitunter auch der eigenschöpferische Gehalt der Vorlage, der insb. in den wesentlichen und prägenden Formulierungen und Satzteilen der Originalwerkes besteht, dann liegt eine Umgestaltung vor. Mit einem Umkehrschluss aus § 12 Abs. 2 kann die dann erforderliche Zustimmung nicht umgangen werden (vgl. § 12 Rn. 22; wird der Text hingegen unter Ausschluss der eigenschöpferischen Elemente hochgradig komprimiert, so kann diese Abstraktionsleistung als freie Bearbeitung (§ 24) anzusehen sein, OLG Frankfurt NJW 2008, 770, 771). Eine Umgestaltung liegt des Weiteren auch in einer unbeabsichtigten oder beabsichtigten **Reproduktion.** Gleichgültig, ob diese zufällig bzw. schlecht gelungen ist. Es kommt auf die Veränderung an. Eine andere Ansicht sieht in der Umgestaltung den Oberbegriff und lässt die Begriffe der Bearbeitung und anderen Umgestaltung dementsprechend darunter fallen ohne diese zu differenzieren. Danach kann beiden Begrifflichkeiten urheberrechtlicher Schutz zukommen, sofern die Schöpfungshöhe erreicht ist. Es kommt lediglich darauf an, ob das benutzte Werk mit Einwilligung des Urhebers verwertet werden darf. Begründet wird dies im Unterschied zu § 3 damit, dass eben die Abgrenzung zur freien Benutzung im Vordergrund stünde und es bloß

§ 23 Bearbeitungen und Umgestaltungen   5–8   § 23 UrhG

auf die nötige Einwilligung des Urhebers des Ausgangswerks ankommen soll (Möhring/ Nicolini/*Ahlberg* § 3 Rn. 4f.; Dreier/Schulze/*Schulze* § 23 Rn. 2; Schricker/Loewenheim/ *Loewenheim* § 23 Rn. 5; *Ulmer* 162; *Grunert* 145f.). An einer genauen Differenzierung der Begrifflichkeiten mangelt es dann aber, weshalb eine Unterteilung der Begriffe überflüssig und eine Abgrenzung schwammig wird.

c) Ältere Auffassung zur Differenzierung der Begriffe. Nach der **Begründung** 5 sind Bearbeitungen eines Werkes Umsetzungen, die dem Werk dienen (AmtlBegr. UFITA 45 (1965) 266; Schricker/Loewenheim/*Loewenheim* § 23 Rn. 4; OLG Düsseldorf GRUR 1990, 263, 266 – Automatenspielplan). Als Beispiel sei die Übersetzung eines Werkes in eine andere Sprache anzusehen. Andere Umgestaltungen sind nach dieser Auffassung Änderungen des Werkes, die es nicht weiterentwickeln, sondern einem anderen Zweck zuführen sollen (AmtlBegr. UFITA 45 (1965) 224). Die Differenzierung zwischen Bearbeitung und anderer Umgestaltung in der Begründung ist nicht sachgerecht, da sie auf das Motiv des Bearbeiters abstellt und nicht auf die Form der Gestaltung. Ob der Benutzer ein Plagiat begeht oder ein Werk unter Hinweis auf den älteren Urheber lauter fortentwickeln will, lässt sich dem Werk nicht ansehen. Eine Differenzierung nach objektiven Kriterien wäre daher nicht möglich. Die Meinung ist deshalb als überholt anzusehen (Fromm/ Nordemann/*A. Nordemann* §§ 23/24 Rn. 9; *Hörnig* UFITA 99 (1985) 13, 61; *Bohr* UFITA 78 (1977) 95, 100).

2. Der Einwilligungsvorbehalt des § 23 S. 1

a) Bezugsobjekte. Die Veröffentlichung oder Verwertung des bearbeiteten oder umge- 6 stalteten Werkes stellt § 23 unter den Einwilligungsvorbehalt des Urhebers des Ausgangswerkes. Der **Einwilligungsvorbehalt** bezieht sich dabei lediglich auf die **geschützten Teile** des Originalwerks. Ungeschützte Teile dürfen dem Werk entnommen und in veränderter Form veröffentlicht und verwertet werden (BGH GRUR 1981, 267 – Dirlada; BGH GRUR 1988, 812, 814 – Ein bisschen Frieden; BGH GRUR 1994, 191, 198 – Asterix-Persiflagen; Dreier/Schulze/*Schulze* § 23 Rn. 3).

b) Einwilligung in die Veröffentlichung nach § 23 S. 1. Die Einwilligung in die 7 Veröffentlichung des bearbeiteten oder umgestalteten Werkes meint das Recht auf die **Erstveröffentlichung** i.S.v. § 12 (Dreyer/Kotthoff/Meckel/*Dreyer* § 23 Rn. 9; Schricker/ Loewenheim/*Loewenheim* § 23 Rn. 18). In dem Augenblick, in dem das Werk den Bereich des Bearbeiters bzw. Umgestalters verlässt, um veröffentlicht zu werden, erlischt das Erstveröffentlichungsrecht. Es **entsteht an bearbeiteten Werken jeweils neu** (s. § 12 Rn. 6; Dreier/Schulze/*Schulze* § 23 Rn. 17; *Hörnig* UFITA 78 (1977) 13, 68; Schricker/Loewenheim/*Loewenheim* § 23 Rn. 18 m.w.N.; a.A. *Ulmer* § 56 I 2). Die Einwilligung in die Veröffentlichung des Werkes erfolgt meist Hand in Hand mit der Einwilligung in die Werkverwertung. Eine **isolierte Einwilligung** in die Veröffentlichung ist aber möglich. Die öffentliche Bekanntmachung von Werken greift mit der Ausnahme bei Werken der bildenden Kunst nach § 18 nicht in die Verwertungsrechte aus §§ 15ff. ein.

c) Einwilligung in die Werkverwertung nach § 23 S. 1. Die Einwilligung in § 23 8 S. 1 in die Verwertung des Werkes bedeutet eine **Nutzungsrechtseinräumung** gem. § 31. Der Bearbeiter, der eine Bearbeitung veröffentlichen oder verwerten möchte, benötigt dafür die Einräumung eines Nutzungsrechts durch den Urheber des Ausgangswerkes. Mit der Erlaubnis, die Umgestaltung zu veröffentlichen oder zu verwerten, kommt zwischen beiden ein Nutzungsvertrag zustande (Schricker/Loewenheim/*Loewenheim* § 23 Rn. 25; Dreier/Schulze/*Schulze* § 23 Rn. 10; Dreyer/Kotthoff/Meckel/*Dreyer* § 23 Rn. 24; *Hörnig* UFITA 99 (1985) 13, 75; *v. Welser* 50). Die Vorschriften der §§ 31ff. finden Anwendung (Fromm/Nordemann/*A. Nordemann* §§ 23/24 Rn. 13; Schricker/Loewenheim/*Loewenheim* § 23 Rn. 27; Dreier/Schulze/*Schulze* § 23 Rn. 10). Die Einwilligung muss nicht notwendigerweise **ausdrücklich** erklärt werden, sie kann durchaus **konkludent** erfolgen (Dreier/Schulze/*Schulze* § 23 Rn. 11; Dreyer/Kotthoff/Meckel/*Dreyer* § 23 Rn. 25). Eine (schlichte) Einwilligung in die verkleinerte Wiedergabe eines Bildes als **Thumbnail** durch Suchmaschienen liegt bspw. auch vor, wenn ein Dritter das Bild mit Zustimmung des Urhebers ins Netz gestellt hat, ohne technische Vorkehrungen gegen ein Auffinden durch Suchmaschienen zu treffen (BGH NJW 2012, 1886, 1888 – Vorschaubilder II; näher dazu § 19 Rn. 42; OLG Jena MMR 2008, 408, 411 f.). Liegt keine ausdrückliche Einwilligung vor, so ist durch Auslegung nach der **Zweckübertragungslehre** (§ 31 Abs. 5; s. § 31 Rn. 39 ff.) zu verfahren, d. h. im Zweifelsfall wird das Bearbeitungsrecht nicht eingeräumt, sondern nur eine einfache Nutzungsbefugnis (Fromm/Nordemann/ *A. Nordemann* §§ 23/24 Rn. 13). Erklärt der Urheber bspw. sein allgemeines, künstlerisches Einverständnis mit der Bearbeitung gegenüber einem Dritten, so beinhaltet dieses noch nicht die nach § 23 S. 1 erforderliche Einwilligung in die Veröffentlichung und Verwertung der Werkbearbeitung (OLG Hamburg ZUM 2001, 507, 510 ff. – Libretto für Kinderoper). Hat sich bspw. der Urheber mit dem Bearbeiter nur dem Grunde nach über die Rechteeinräumung verständigt, aber die vorgesehene Vergütungsregelung noch nicht vereinbart, so ist im Zweifel anzunehmen, dass die nach § 23 S. 1 notwendige Rechteeinräumung erst mit der Vergütungsregelung wirksam erfolgen soll (OLG Hamburg ZUM 2001, 507, 510 ff.).

9   **d) Herstellungsfreiheit und Einwilligungsvorbehalt.** Die Herstellung des veränderten Werkes ist mit den in § 23 S. 2 genannten Ausnahmen (s. Rn. 13 ff.) zulässig. Jedermann darf, mit welcher Absicht auch immer, Werke umgestalten oder bearbeiten, solange er dies in seiner **Privatsphäre** betreibt und Verwertungshandlungen unterlässt (LG Erfurt ZUM-RD 1997, 23 – Bauernkriegspanorama; Fromm/Nordemann/*A. Nordemann* §§ 23/ 24 Rn. 15; Dreier/Schulze/*Schulze* § 23 Rn. 16; *Schack* Kunst und Recht Rn. 333). § 23 S. 2 sieht allerdings Ausnahmen für die Ausführung von Plänen und Entwürfen eines Werkes der bildenden Künste und den Nachbau von Werken der Baukunst vor (vgl. dazu Rn. 13 ff.). Wer bspw. einen urheberrechtlich geschützten Roman umschreibt oder auf der Grundlage eines Romans ein Drehbuch anfertigt, verhält sich rechtmäßig im Einklang mit der Bestimmung des § 23 S. 1 (OLG München UFITA 60 (1971) 317, 319 – Vorstufen zum Drehbuch). Die Vorschrift eröffnet damit jedermann die Möglichkeit, sich mit urheberrechtlich geschützten Vorlagen **gestalterisch auseinanderzusetzen,** indem er diese verändert und umgestaltet. § 23 schafft den notwendigen Freiraum für einen lebendigen Umgang auch mit urheberrechtlich geschützten Vorlagen. So fällt die Kopie des Akademieschülers von einem Werk des Lehrers zumeist unter § 23 S. 1, da sie das vorbildliche Werk verändert wiedergibt. Ebenso ist die Veränderung eines Musikstückes in einen **Handy-Klingelton** als Bearbeitung zu bewerten (*v. Einem* ZUM 2005, 540, 541), sofern dem Klingelton die nötige Schöpfungshöhe zukommt. Ansatzpunkt ist bei einer Umgestaltung für mono- und polyphone Wiedergabe schon die hierin liegende Bearbeitung. Bei „Realtones", also der (annähernd) originalgetreuen Wiedergabe, liegt die Bearbeitung zumindest in der Verkürzung und Wandlung zur Verwendung als Klingelton, also die Trivialisierung des Werkes zur funktionalen Erkennungsmelodie. Die Herstellung ist gem. § 23 S. 2 zulässig (*Castendyk* ZUM 2005, 9, 11 f.), die Bearbeitung darf aber nur mit Einwilligung veröffentlicht werden. Bei dieser Einwilligung stellt sich in der Praxis oft die Frage, ob neben der Nutzungsrechtseinräumung durch die GEMA die Zustimmung des Urhebers erforderlich ist und dadurch im Ergebnis doppelt vergütet werden muss. Hiervon geht die Rechtsprechung auch nach Aufnahme der Klingeltöne im Berechtigungsvertrag (BV) der GEMA im Jahr 2002 aus (OLG Hamburg WRP 2008, 521; OLG Hamburg MMR 2006, 315 f., m. krit. Anm. von *Dehmel;* vgl. § 14 Rn. 56 und § 39 Rn. 35, jeweils m. w. N.). Dem kann jedoch nicht zugestimmt werden. Klingeltöne sind in § 1h) des BV zu Wahnehmungszwecken, also exklusiv i. S. d. § 31 Abs. 3 übertragen und zwar durch den Verwendungszweck

§ 23 Bearbeitungen und Umgestaltungen 10–12 § 23 UrhG

schon von sich aus als ein Nutzungsrecht mit Bearbeitungscharakter, also einer Änderungsbefugnis i. S. v. § 39 Abs. 1. Von dem Klingeltonnutzungsrecht lässt sich deswegen keine selbstständige, wirtschaftlich unterscheidbare Verwertungsart eines „Klingelton*bearbeitungsrechts*" abtrennen, wovon das OLG Hamburg und seit 2005 auch der BV in § 1k) Abs. 2 jedoch ausgeht. Die Lizenz der GEMA umfasst damit das Nutzungsrecht und macht eine gesonderte Einwilligung des Urhebers i. d. R. entbehrlich (so auch *Poll* MMR 2004, 67, 72 ff.; *Carstendyk* ZUM 2005, 9, 12 ff.; a. A. *Hertin* KUR 2004, 101 ff.; *v. Einem* ZUM 2005, 543 ff.; vgl. zum Ganzen auch § 14 Rn. 56; *Wandtke/Schunke* UFITA 2007/I, 61, 68 m. w. N.).

aa) Befristung der Einwilligung. Der Urheber kann seine Einwilligung gegenüber 10 dem Bearbeiter, das bearbeitete Werk in einer bestimmten Weise zu nutzen, als Nutzungsrechtseinräumung **zeitlich befristen** (Dreier/Schulze/*Schulze* § 23 Rn. 13). Nach Ablauf der Frist endet die Berechtigung des Benutzers, seine Umgestaltung zu verwenden (BGHZ 5, 116, 119 – Parkstraße 13; Fromm/Nordemann/*A. Nordemann* §§ 23/24 Rn. 13). Die zeitliche Schranke der Einwilligung geht notwendigerweise einher mit der zeitlichen **Befristung der Nutzungsrechtseinräumung** (§ 32).

bb) Abgrenzung der Einwilligung in § 23 zu der Einwilligung in § 183 BGB. 11 Die Einwilligung i. S. d. § 23 ist von der **Einwilligung nach § 183 BGB** zu unterscheiden. Die Einwilligung des § 183 BGB bezieht sich auf Rechtsgeschäfte, die von einer Zustimmung eines Dritten abhängen. § 183 BGB betrifft damit Dreipersonenverhältnisse. Er findet Anwendung, wenn bspw. ein Bearbeiter seine Nutzungsrechte an der Bearbeitung einem Dritten übertragen möchte und dazu der Zustimmung des Urhebers des Ausgangswerkes bedarf.

3. Verhältnis zwischen § 23 S. 1 und § 39 Abs. 1

§ 23 S. 1 behandelt den Fall, dass ein Benutzer **ohne die Einwilligung des Urhebers** 12 eine Bearbeitung des Ausgangswerkes anfertigt. Weiter erfasst § 23 S. 1 den Fall, dass der bearbeitende Urheber bei Vornahme der Bearbeitung bereits ein **Nutzungsrecht mit Änderungsbefugnis** nach § 39 Abs. 1 besitzt. Hat der Urheber des Ausgangswerkes dem Benutzer bereits zuvor ein Nutzungsrecht eingeräumt, das die Befugnis enthält, das Werk zu ändern, so deckt sich der Umfang der Änderungsbefugnis nach § 39 Abs. 1 mit dem Umfang der Einwilligung nach § 23 S. 1. Liegt die Bearbeitung im Rahmen der Änderungsbefugnis nach § 39 Abs. 1, ist zugleich eine **Einwilligung** des Urhebers gem. § 23 S. 1 gegeben (vgl. § 39 Rn. 19). Der Begriff der Werkänderung in § 39 Abs. 1 umfasst sowohl den Begriff der Bearbeitung als auch den Begriff der anderen Umgestaltung nach § 23 S. 1. Beide Eingriffe ändern das Werk. Das Änderungsverbot des § 39 Abs. 1 betrifft wegen § 23 S. 1 nur die Veröffentlichung und Verwertung der Änderung. Dies folgt aus einem Umkehrschluss zu § 23 S. 2 (so auch *Castendyk* ZUM 2005, 9, 16). Überschreitet der Bearbeiter seine Änderungsbefugnis, so bedarf er zur Werkverwertung der Einwilligung des Urhebers. Folgendes Beispiel macht das **Zusammenspiel von § 23 und § 39 Abs. 1** deutlich: Räumt der Autor eines Romans einem Drehbuchautor das Recht ein, aus seiner Romanvorlage ein Drehbuch zu schaffen, so liegt darin eine Nutzungsrechtseinräumung mit Änderungsbefugnis gem. § 39 Abs. 1. Der Drehbuchautor bearbeitet das Werk, wobei die Einwilligung zur Verwertung bereits vorliegt. Stellt der Drehbuchautor aus der Romanvorlage das Drehbuch zunächst ohne Einwilligung des Originalurhebers her und bittet er diesen im Nachhinein um die Einwilligung zur Verwertung des Drehbuchs, so richtet sich der Sachverhalt nach § 23 S. 1. Der Drehbuchautor darf das Drehbuch nur verwerten, wenn der Originalurheber einwilligt und ihm ein entsprechendes Nutzungsrecht einräumt.

III. Ausnahmen von der Herstellungsfreiheit nach § 23 S. 2

1. Regelungszweck

13 § 23 S. 2 enthält mehrere **Ausnahmen** von dem Grundsatz der Herstellungsfreiheit. In den dort aufgeführten Fällen bedarf **bereits die Herstellung der Bearbeitung** oder Umgestaltung der Einwilligung des Urhebers des Ausgangswerkes. So dürfen Werke nur verfilmt, Pläne und Entwürfe von Werken der bildenden Künste nur umgesetzt und Werke der Baukunst nur nachgebaut oder Datenbankwerke nur bearbeitet oder umgestaltet werden, nachdem der Urheber des Originalwerkes zugestimmt hat. Der Gesetzgeber wollte mit § 23 S. 2 einer **Missbrauchsgefahr der Herstellungsfreiheit** begegnen. Die Ausnahmen beziehen sich auf Fallgruppen, bei denen eine Veröffentlichung oder eine Werkverwertung ohne Zustimmung des Urhebers wahrscheinlich und für den Urheber besonders schwerwiegend ist bzw. mit der Bearbeitung oder Umgestaltung eine gewerbliche Verwertung bereits intendiert ist (AmtlBegr. UFITA 45 (1965) 225; vgl. auch Dreier/Schulze/*Schulze* § 23 Rn. 19; Dreyer/Kotthoff/Meckel/*Dreyer* § 23 Rn. 11; Loewenheim/*Loewenheim* § 8 Rn. 7). Zugleich wird der Bearbeiter durch die Regelung davor bewahrt, erhebliche **finanzielle Investitionen** für die Bearbeitung, z. B. den Bau des Hauses oder die Erzeugung des Films zu tätigen und die Bearbeitung später nicht verwerten zu können, da ihm das Nutzungsrecht fehlt. Das UrhG beugt einem Konflikt zwischen Urheber und Bearbeiter in diesen Fällen vor.

2. Die Einwilligung in § 23 S. 2

14 Der Urheber des älteren Werkes kann in den in § 23 S. 2 bezeichneten Fällen einer Bearbeitung seines Werkes einwilligen, ohne zugleich ein Nutzungsrecht an dem Werk einzuräumen. Eine **isolierte Einwilligung** ist möglich. Diese hat für den Urheber den **Vorteil,** dass er über eine Veröffentlichung oder Verwertung der Bearbeitung erst entscheiden muss, wenn er das bearbeitete Werk zuvor zur Kenntnis genommen hat. Der Urheber kann so über die Erstellung der Bearbeitung und Verwertung in **zwei gesonderten Schritten** befinden. Das Vorgehen stellt eine Alternative zu einer Nutzungsrechtseinräumung mit Änderungsbefugnis nach § 39 Abs. 1 dar.

3. Die einzelnen Ausnahmen

15 a) **Verfilmung.** Das **Verfilmungsverbot** betrifft die Filmherstellung (zum Beginn einer Verfilmung § 88 Rn. 48) nicht aber **vorgelagerte Bearbeitungen** des Originalwerkes (Fromm/Nordemann/*A. Nordemann* §§ 23/24 Rn. 18; Dreier/Schulze/*Schulze* § 23 Rn. 20; Dreyer/Kotthoff/Meckel/*Dreyer* § 23 Rn. 18). So ist bspw. das Schreiben eines Drehbuchs nach einer Romanvorlage frei (OLG München UFITA 60 (1971) 317, 319 – Vorstufen zum Drehbuch). Die **Bearbeitung vorhandener Filme,** insb. die digitale Bearbeitung, setzt die Einwilligung aller an der Herstellung des Films beteiligten Urheber voraus (*J. Kreile Westphal* GRUR 1996, 254, 258; *Reuter* GRUR 1997, 23 ff.). Die **Filmbearbeitung** bedarf der Einwilligung der Urheber nach § 89 Abs. 3 und der Filmurheber gem. § 88 Abs. 1. § 89 Abs. 1 gestattet dem Filmhersteller die Bearbeitung des Filmwerkes zu dem Zweck, dieses für die Nutzung im Ausland anzupassen. Andere Bearbeitungen fallen unter die Ausnahmeregelung des § 23 S. 2 (AmtlBegr. UFITA 45 (1965) 311).

16 b) **Ausführung von Plänen und Entwürfen eines Werkes der bildenden Kunst.** Die für Werke der bildenden Kunst aufgenommene Einschränkung der Herstellungsfreiheit hat geringe praktische Bedeutung. Sie bringt wegen der **Abgrenzungsfragen** Rechtsunsicherheit mit sich. Es bereitet Schwierigkeiten zu bestimmen, wann ein Werk nach den Plänen oder Entwürfen eines anderen Urhebers ausgeführt wurde oder Skizzen in zulässiger Weise für eine Bearbeitung benutzt wurden (vgl. hierzu auch Dreier/Schulze/*Schulze*

§ 23 Rn. 23; Dreyer/Kotthoff/Meckel/*Dreyer* § 23 Rn. 19). Ob ein Werk einen Entwurf oder eine selbstständige Arbeit darstellt, auf der spätere Werke basieren sollen, lässt sich meist kaum beurteilen und hängt maßgeblich von der Vorgehensweise des Urhebers des älteren Werkes ab. Die Vorschrift orientiert sich an antiquierten künstlerischen Vorstellungen. Sie ist weiter nicht geeignet, Plagiate oder Kunstwerkfälschungen zu verhindern. Ob von einem Bearbeiter eine **Nachschöpfung** dazu angefertigt wird, um sie sich als eigenes Werk anzumaßen (Plagiat), oder aber dazu gedacht ist, sie einem anderen Urhebers als Originalwerk unterzuschieben (Kunstwerkfälschung), lässt sich der Bearbeitung oder Umgestaltung nicht ansehen. Sie kann ebenso eine Schülerarbeit zu Übungszwecken sein. Die Einordnung hängt von dem **Motiv der Herstellung** ab, das sich auch ändern kann. Denkbar ist, dass eine zunächst als Schülerarbeit gedachte Bearbeitung später als Fälschung verkauft wird. Das Plagiats- und Fälschungsproblem wird durch diese Einschränkung der Herstellungsfreiheit nicht erfasst.

c) Nachbau eines Werkes der Baukunst. Unter Nachbau eines Werkes der Baukunst **17** fallen nach dem Zweck der Vorschrift nur Gebäude, nicht aber **Modelle zu Bauwerken.** Architekturmodelle sind von der Herstellungsfreiheit des § 23 S. 1 erfasst (Fromm/Nordemann/*A. Nordemann* §§ 23/24 Rn. 20; *Rehbinder* Rn. 373, der nicht mehr Nachbauten in Miniaturformat von § 23 S. 2 erfasst sieht; vgl. hierzu Dreyer/Kotthoff/Meckel/*Dreyer* § 23 Rn. 20). Die **teleologische Reduktion** der Ausnahme ist erforderlich, um die Entwicklungsfreiheit von Architekten nicht zu beschränken.

d) Bearbeitung oder Umgestaltung eines Datenbankwerkes. Das Bearbeitungs- **18** und Umgestaltungsverbot aus § 23 S. 2 bezieht sich lediglich auf die Struktur eines **Datenbankwerkes** i.S.d. § 4 (Dreier/Schulze/*Schulze* § 23 Rn. 24; Dreyer/Kotthoff/Meckel/*Dreyer* § 23 Rn. 21). Zu beachten ist, dass § 23 S. 2 im Zusammenhang mit der Vorschrift des **§ 55a** steht. Nach § 55a darf der Eigentümer eines Vervielfältigungsstücks der Datenbank, das rechtmäßig in den Verkehr gebracht worden ist, Bearbeitungen vornehmen, die ihm den Zugang zu der Datenbank ermöglichen oder die für die **übliche Benutzung der Datenbank** erforderlich sind. Zu beachten ist weiter bei der Anwendung von § 23 S. 2, dass Multimediawerke häufig Datenbankwerke enthalten und damit von der Herstellungsfreiheit ausgeschlossen sind.

IV. Einzelfragen

1. Doppelschöpfung

a) Begriff der Doppelschöpfung. Schafft der Urheber ein Werk, das mit einem älte- **19** ren Werk übereinstimmt, ohne dass dem Urheber dabei das ältere Werk bekannt ist, so liegt ein Fall der **Doppelschöpfung** vor (Dreier/Schulze/*Schulze* § 23 Rn. 29; Dreyer/Kotthoff/Meckel/*Dreyer* Anhang zu §§ 23, 24 Rn. 7; Schricker/Loewenheim/*Loewenheim* § 23 Rn. 33; Loewenheim/*Loewenheim* § 8 Rn. 29; *Hertin* GRUR 1989, 159, 160; *v. Moltke* 208; Wegner/Wallenfels/*Kaboth* 1. Kap. Rn. 180). Die Doppelschöpfung ist **kein Fall der Bearbeitung** oder der sonstigen Form der Benutzung des älteren Werkes. Eine Benutzung i.S.d. §§ 23, 24 setzt bereits voraus, dass das ältere Werk dem Urheber des jüngeren Werkes als Vorbild oder Anregung gedient hat. Die **Kenntnis** des älteren Werkes muss für das Entstehen des jüngeren Werkes **ursächlich sein.**

b) Doppelschöpfung und § 23 S. 1. Der Urheber, der das ältere Werk nicht kennt, **20** schafft ein eigenes Werk, für das er Schutz aus dem UrhG genießt. Eine Doppelschöpfung greift weder in das Bearbeitungsrecht des § 23 S. 1 noch in ein Verwertungsrecht (§§ 15 ff.) des Urhebers des älteren Werkes ein (BGH GRUR 1988, 810, 811 – Fantasy; BGH GRUR 1971, 266, 268 – Magdalenenarie; Schricker/Loewenheim/*Loewenheim* § 24

Rn. 35; G. *Schulze* ZUM 1994, 15, 19; *v. Moltke* 208). Im UrhG gilt anders als bei den gewerblichen Schutzrechten **nicht das Prioritätsprinzip** (Dreier/Schulze/*Schulze* § 23 Rn. 29; Dreyer/Kotthoff/Meckel/*Dreyer* Anhang zu §§ 23, 24 Rn. 8; Loewenheim/ *Loewenheim* § 8 Rn. 31). Der Urheber erhält aus dem UrhG Schutz für seine persönliche Schöpfung, nicht für die **Neuheit** einer Leistung. Auch wenn das jüngere Werk wegen der Übereinstimmungen mit dem älteren Werk den Eindruck einer Bearbeitung des älteren Werkes erweckt, ist keine Urheberrechtsverletzung gegeben.

21   **c) Beweisfragen.** Der Urheber, der eine Urheberrechtsverletzung behauptet, muss die Tatbestandsvoraussetzungen, darunter die Übernahmen aus seinem Werk, beweisen. Ihm hilft ein **Anscheinsbeweis** (BGH NJW-RR 1991, 812, 814 – Brown Girl II; BGH GRUR 1988, 810, 811 – Fantasy; GRUR 1981, 267, 269 – Dirlada; BGH GRUR 1971, 266, 268 – Magdalenenarie; KG NJW 2002, 621, 622; Schricker/Loewenheim/*Loewenheim* § 24 Rn. 34; *Schricker* GRUR 1988, 812, 815, für eine volle Beweislast ist OLG Köln GRUR 2000, 43, 44). Doppelschöpfungen sind zwar möglich; je komplexer und differenzierter ein Werk aber ist, desto **unwahrscheinlicher** sind sie. Bei einfacheren Werken, die am unteren Rand des urheberrechtlichen Schutzes liegen (im Bereich der **Kleinen Münze**), sind Doppelschöpfungen dagegen eher wahrscheinlich. Derjenige, der sich auf die Doppelschöpfung beruft, hat den Anscheinsbeweis gegen sich, dass er zu dem Werk durch das ältere inspiriert worden ist, d. h. tatsächlich keine Doppelschöpfung vorliegt (Dreier/ Schulze/*Schulze* § 23 Rn. 29). Für den Urheber des jüngeren Werkes ist es schwierig, den Anscheinsbeweis zu entkräften. Ob ihm das ältere Werk bspw. aufgrund einer Abbildung vor der Erzeugung des Werkes bekannt war oder nicht, ist vielfach nicht nachweisbar. Der Urheber selbst könnte es vergessen haben. Die Berufung auf eine Doppelschöpfung wird deshalb meist nur gelingen, wenn sich die übereinstimmenden Elemente auch in anderen Werken wieder finden bzw. wenn das ältere Werk **unveröffentlicht** war. Im letzteren Fall hat der Urheber des jüngeren Werkes die Möglichkeit zu belegen, dass ihm das ältere Werk nicht bekannt war.

2. Einschränkung der Herstellungsfreiheit aus § 23 S. 1 durch § 14

22   Probleme bereitet die Frage, ob der ältere Urheber die Herstellung **entstellender Bearbeitungen** aus § 14 untersagen kann und § 14 damit die Herstellungsfreiheit des § 23 S. 1 einschränkt. Dabei muss wie folgt differenziert werden:

23   **a) Werkoriginale.** Werkoriginale (insb. Werkoriginale der bildenden Kunst oder der Baukunst) dürfen wegen ihres **besonderen Integritätsschutzes** nicht in einer Weise verändert werden, die das Werk in einer § 14 verletzenden Weise verfälscht (vgl. dazu § 14 Rn. 19). Entstellende und beeinträchtigende Eingriffe in Originalwerke sind vorbehaltlich der Interessenabwägung im Rahmen von § 14 unzulässig (LG München I ZUM-RD 2000, 308, 311; ähnlich LG Leipzig ZUM 2000, 331, 334; Dreier/Schulze/*Schulze* § 23 Rn. 26; *Bullinger* 79, 90). Bei Werkoriginalen wird die Herstellungsfreiheit des § 23 S. 1 durch § 14 eingeschränkt. Die Herstellung einer Bearbeitung in Fällen des § 23 S. 1 darf § 14 nicht verletzen. Die Vorschriften sind einheitlich anzuwenden.

24   **b) Werkexemplare ohne Originalcharakter.** Anders verhält es sich bei Werkexemplaren ohne Originalcharakter. Sie dürfen auch in entstellender Weise bearbeitet oder umgestaltet werden. Jedermann steht es bspw. frei, die Reproduktion eines urheberrechtlich geschützten Bildes zu zerschneiden und zu verfälschen. Nach § 23 besteht die Freiheit, Werke anderer in beliebiger Form zu verändern, solange kein Werkoriginal betroffen ist und das bearbeitete bzw. entstellte Werk nicht das Tageslicht der Öffentlichkeit erblickt. Der Urheber wird durch den in § 23 S. 1 geregelten Einwilligungsvorbehalt hinreichend geschützt. § 23 S. 1 ist bei der Anwendung von § 14 bei der Frage nach der **Eignung zur Interessengefährdung** oder bei der **Interessenabwägung** zu berücksichtigen (Einzelheiten zur Prüfungsfolge s. § 14 Rn. 3 ff.). Unzutreffend ist damit die Auffassung, dass eine Bearbeitung generell zu keiner Entstellung oder anderen Beeinträchtigung des Werkes i. S. v. § 14 führen darf (BGH GRUR 1989, 106 107 – Oberammergauer Passionsspiele II; Fromm/Nordemann/*A. Nordemann* §§ 23/24 Rn. 3; a. A. Dreier/Schulze/*Schulze* § 23 Rn. 26).

3. Verhältnis von § 23 S. 1 zum Vervielfältigungsrecht aus § 16

Wenn das bearbeitete oder umgestaltete Werk das ältere Werk enthält, nimmt eine Vervielfältigung der Bearbeitung oder Umgestaltung damit das **Vervielfältigungsrecht** des Urhebers des älteren Werkes in Anspruch. Wenn dabei ein neues Werkexemplar entsteht, bedeutet bereits die Herstellung der Bearbeitung oder anderen Umgestaltung eine Vervielfältigung nach § 16. Das Vervielfältigungsrecht ist bspw. betroffen, wenn ein Bearbeiter ein Bild abzeichnet, da mit der Zeichnung ein neues Werkexemplar entsteht. Die Herstellung der Bearbeitung ist von **§ 23 S. 1 privilegiert** und stellt noch **keine einwilligungsbedürftige Verwertungshandlung** dar. § 23 S. 1 liefe bei einer anderen Auslegung leer. Eine Vervielfältigung dieser Bearbeitung (z. B. durch Fotokopien von der Zeichnung) bedarf der Einwilligung des Urhebers des Ausgangswerkes.

25

4. Zustimmungsvorbehalt bei Bearbeitung von Computerprogrammen aus § 69c Nr. 2

Für **Computerprogramme** enthält § 69c Nr. 2 eine spezielle Vorschrift. Danach hat der Rechtsinhaber das Recht, eine Bearbeitung des Computerprogramms zu gestatten. Ohne die **Gestattung des Rechtsinhabers** ist die Herstellung einer Bearbeitung eines Computerprogramms unzulässig. Die Herstellungsfreiheit des § 23 gilt deshalb nicht für Computerprogramme (zu den Einzelheiten § 69c Rn. 17 ff.; Dreyer/Kotthoff/Meckel/*Dreyer* § 23 Rn. 21).

26

5. Routing

Keine Bearbeitung ist das Zerlegen eines Werkes in kleine Teile, wie es beim **Routing** im Internet vorgenommen wird (s. dazu auch § 16 Rn. 18). Zwar wird die Gestalt des Werkexemplars automatisiert verändert (so *Koch* 341 f.), jedoch nicht das Werk selbst umgestaltet. Dieses wird vielmehr zunächst in kleine Teile zerlegt, aber anschließend in seiner ursprünglichen Gestalt wieder zusammengesetzt (Ensthaler/Bosch/Völker/*Völker* 185). Der Werkgenuss, den dieses erneut zusammengesetzte Exemplar vermittelt, entspricht dem des ursprünglich vorhandenen Exemplars. Die vorübergehend bestehenden Pakete, die über das Internet verschickt werden, vermitteln demgegenüber in der Regel keinen Werkgenuss und können dann ebenfalls nicht als Bearbeitung oder Umgestaltung angesehen werden (anders hier die 1.-3. Auflage – „überhaupt keinen Werkgenuss").

27

§ 24 Freie Benutzung

(1) **Ein selbstständiges Werk, das in freier Benutzung des Werkes eines anderen geschaffen worden ist, darf ohne Zustimmung des Urhebers des benutzen Werkes veröffentlicht und verwertet werden.**

(2) **Abs. 1 gilt nicht für die Benutzung eines Werkes der Musik, durch welche eine Melodie erkennbar dem Werk entnommen und einem neuen Werk zugrunde gelegt wird.**

Literatur: *Brauns*, Die Entlehnungsfreiheit im Urheberrechtsgesetz, Baden-Baden 2001; *Bullinger*, Kunstwerkfälschung und Urheberpersönlichkeitsrecht, Berlin 1997; *Grunert*, Werkschutz contra Inszenierungskunst – Der urheberrechtliche Gestaltungsspielraum der Bühnenregie, München 2002; *Hillig*, Anmerkung zum Urteil des LG Frankfurt a. M. vom 26.11.2003 – TV Total, ZUM 2004, 397; *Jacobshagen*, Filmrecht im Kino- und TV-Geschäft, Bergkirchen 2003; *Plassmann*, Bearbeitungen und andere Umgestaltungen in § 23 Urheberrechtsgesetz, Berlin 1996; *Poll*, „TV-Total" – Alles Mattscheibe, oder was?, ZUM 2004, 511; *Stuhlert*, Die Behandlung der Parodie im Urheberrecht, München 2002.

Vgl. darüber hinaus die Angaben im eingangs abgedr. Gesamtliteraturverzeichnis.

Übersicht

	Rn.
I. Allgemeines	1
II. Bezugsobjekte des § 24 Abs. 1	2–6
1. Selbstständiges Werk (§ 24 Abs. 1 1. Halbs.)	2
2. Das ältere Werk des anderen Urhebers (§ 24 S. 1 2. Halbs.)	3–6
a) Urheberrechtlich geschützte Werke	3
b) Anlehnung an geschützte Werkteile	4
c) Gemeinfreie Quellen	5
d) Übertragung in eine andere Kunstform	6
III. Abgrenzung der freien von der unfreien Benutzung in § 24 Abs. 1	7–15
1. Allgemeine Abgrenzungskriterien	8–10
a) Strenge Maßstäbe	9
b) Grad der Individualität des Originalwerkes	10
2. Einfluss des Zwecks der Anlehnung auf die Abgrenzung in § 24 S. 1	11–14
a) Einfache Nachschöpfungen	12
b) Paraphrasen	13
c) Keine Bevorzugung bestimmter Kunstformen	14
3. Beispiele aus der Rechtsprechung	15
IV. Melodienschutz des § 24 Abs. 2	16

I. Allgemeines

1 § 24 legt die **Grenze des Schutzbereichs** aus dem UrhG fest. Die Abgrenzung zwischen der freien und unfreien Benutzung eines Werkes ist entscheidend dafür, welchen Umfang die Werkherrschaft in Bezug auf Abwandlungen des älteren Werkes hat. Der Urheber besitzt nicht nur Schutz für das unveränderte Werk, sondern kann auch über eine Veröffentlichung und Verwertung seines Werkes in **abgewandelter Form** bestimmen. Dies ergibt sich aus § 23 S. 1 (s. § 23 Rn. 1). Die Werkherrschaft endet aber dort, wo sich eine Umgestaltung von dem ursprünglichen Werk **derart weit entfernt,** dass das UrhG sie als freie Benutzung einstuft. Der Urheber muss es nach § 24 hinnehmen, dass sein Werk anderen Urhebern als **Anregung** dient, wenn der Abstand des in der Benutzung geschaffenen Werkes groß genug ist (OLG Düsseldorf ZUM 2004, 71, 72). Nicht jede Form der Anlehnung eines neuen Werkes an ein geschütztes älteres Werk greift in die Urheberrechte an diesem ein. Es bedürfte nicht der Bestimmung des § 24, wenn jede Bezugnahme auf ein Werk dessen Schutzbereich verletzen würde. Jedermann kann sich unabhängig vom Willen des Originalurhebers mit dessen Werk künstlerisch auseinandersetzen, wenn er nur genügend Abstand zu dem Originalwerk einhält. § 24 schafft den **Freiraum** für eine künstlerische Auseinandersetzung mit vorhandenen Werken, die für die Entwicklung und die Entfaltungsmöglichkeit von Künstlern von grundlegender Bedeutung ist. Das Kunstleben würde zu stark eingeschränkt, wenn sich eine Benutzung fremder Werke ausschließlich auf gemeinfreie, stets historische Werke beschränken müsste. Der Schutz der Schaffensfreiheit darf als Zweck des § 24 nicht unberücksichtigt bleiben. Mit Verweis auf den Schutzzweck hält die Rechtsprechung daher auch eine entsprechende Anwendung des § 24 für den Fall der Benutzung eines fremden Tonträgers grds. für möglich (BGH GRUR 2009, 403, 405 f. – Metall auf Metall).

II. Bezugsobjekte des § 24 Abs. 1

1. Selbstständiges Werk (§ 24 Abs. 1 1. Halbs.)

Das in freier Benutzung eines anderen Werkes geschaffene Werk muss selbst die Schwelle **2** zum Schutz aus dem UrhG nach §§ 1, 2 überschreiten (BGH ZUM 1999, 644, 647 – Laras Tochter; BGH GRUR 1961, 631, 632 – Fernsprechbuch; LG Hamburg GRUR-RR 2004, 65, 66; KG GRUR 1997, 128 – Verhüllter Reichstag; Möhring/Nicolini/*Ahlberg* § 24 Rn. 2; Dreier/Schulze/*Schulze* § 24 Rn. 5; Dreyer/Kotthoff/Meckel/*Dreyer* § 24 Rn. 7; Loewenheim/*Loewenheim* § 8 Rn. 10; Schricker/Loewenheim/*Loewenheim* § 24 Rn. 9; *Stuhlert* 17; *Wegner/Wallenfels/Kaboth* 1. Kap. Rn. 184). Nur wer eine **eigene persönliche Schöpfung** erbringt, wird privilegiert, sich an ein fremdes Werk anlehnen zu dürfen. Der Begriff „selbstständig" in § 24 Abs. 1 steht im Zusammenhang mit dem Begriff „frei". Eine Benutzung ist nur frei, wenn das neue Werk einen höheren Grad der Eigenständigkeit erreicht (*Stuhlert* 15).

2. Das ältere Werk des anderen Urhebers (§ 24 S. 1 2. Halbs.)

a) Urheberrechtlich geschützte Werke. Die Bestimmung bezieht sich auf die Benut- **3** zung urheberrechtlich geschützter Werke. Sie befasst sich nicht mit der Verwendung gemeinfreier Quellen. Urheberrechtlich **nicht geschützte Quellen** (wie z.B. Gemeingut, schutzlose Werke, Ideen, Motive, wissenschaftliche Lehren, Theorien), insb. ursprünglich urheberrechtlich geschützte Werke, bei denen die Schutzfrist abgelaufen ist, können beliebig von jedermann in neuen Werken benutzt werden (BGH GRUR 1987, 704, 705; BGHZ 44, 288, 293 – Apfelmadonna; OLG München ZUM 1995, 427, 428; OLG Hamburg GRUR 1978, 307, 308 – Artikelübernahme; Dreier/Schulze/*Schulze* § 24 Rn. 4; Dreyer/Kotthoff/Meckel/*Dreyer* § 24 Rn. 4; Schricker/Loewenheim/*Loewenheim* § 2 Rn. 29; *Stuhlert* 17 ff.; *Wegner/Wallenfels/Kaboth* 1. Kap. Rn. 185, 187). Hierfür bedarf es keiner urheberrechtlichen Regelung.

b) Anlehnung an geschützte Werkteile. § 24 S. 1 bezieht sich weiter nur auf **ge-** **4** **schützte Werkteile** des Originalwerks. Eine freie Benutzung liegt stets vor, wenn in das neue Werk keine urheberrechtlich geschützten Teile des älteren Werkes übernommen wurden (Dreier/Schulze/*Schulze* § 24 Rn. 6; Loewenheim/*Loewenheim* § 8 Rn. 13; *Brauns* 14 f.). So sind bspw. der **Stil oder die Technik,** in denen ein bestimmtes Werk geschaffen wurde, für sich genommen nicht schutzfähig (BGH GRUR 1970, 250, 251 – Hummel III; Loewenheim/*Loewenheim* § 8 Rn. 16). Werden in einem neuen Werk lediglich diese Elemente des älteren Werkes aufgegriffen, ohne dass eine bestimmte urheberrechtlich geschützte Form übernommen wird, so liegt ein Fall der freien Benutzung vor. Das UrhG begründet keinen Schutz für einen bestimmten Stil oder eine bestimmte Technik. Der Urheber des älteren Werkes kann sich aus dem UrhG nicht gegen Werke wehren, die aufgrund ihrer formalen Behandlung auf ihn hindeuten, aber keine von dem älteren Werk **konkret übernommenen Werkteile** enthalten. Die **falsche Zuschreibung** solcher Werke (zur Kunstwerkfälschung s. § 13 Rn. 14 ff.) kann aber das allgemeine Persönlichkeitsrecht des Urhebers verletzen, dem die Fälschungen zugeordnet werden (OLG Brandenburg OLGR 1996, 292, 294 – Stimme Brechts).

c) Gemeinfreie Quellen. Übernimmt ein Benutzer aus einem urheberrechtlich ge- **5** schützten Werk Elemente, die der Urheber wiederum **gemeinfreien (historischen) Quellen** entnommen hat, so führt dies zu keinem Eingriff in dessen Urheberrecht. Durch die Aufnahme gemeinfreier Elemente in ein neues Werk findet keine Remonopolisierung in der Weise statt, dass einmal gemeinfrei gewordene Werkteile aufgrund ihrer Verwendung in dem neuen Werk zugunsten des nachschaffenden Urhebers erneut urheberrechtlichen

Schutz erlangen. Gemeinfreie Quellen **bleiben frei** (BGHZ 44, 288, 293 – Apfelmadonna; BGH GRUR 1982, 37, 39 f. – WK-Dokumentation; OLG Hamburg ZUM-RD 1997, 217, 221 – Troades; LG Frankfurt a. M. UFITA 22 (1956) 372, 375 – Schwedenmädel; Dreier/Schulze/*Schulze* § 24 Rn. 4; Dreyer/Kotthoff/Meckel/*Dreyer* § 24 Rn. 3; Schricker/Loewenheim/*Loewenheim* § 24 Rn. 7; *Stuhlert* 19). Entnimmt ein Maler bspw. einem historischen Bild eine Figurendarstellung, so erlangt er für diese Darstellung keinen urheberrechtlichen Schutz. Ein zweiter Maler ist frei, die betreffende Darstellung wiederum von dem Bild zu kopieren und in ein eigenes Werk neu zu integrieren. Das gilt jedoch nur für das gemeinfreie Werk selbst. Die Fassung des ersten Benutzers wiederum ist, sofern sie eine Bearbeitung nach § 3 darstellt, urheberrechtlich geschützt (s. § 23 Rn. 3; Fromm/Nordemann/*A. Nordemann* §§ 23/24 Rn. 68).

6 **d) Übertragung in eine andere Kunstform.** Eine unfreie Benutzung scheidet aus, wenn ein Urheber ein Werk in eine **andere Kunstform** überträgt (Fromm/Nordemann/*A. Nordemann* §§ 23/24 Rn. 39; Dreier/Schulze/*Schulze* § 24 Rn. 19; Dreyer/Kotthoff/Meckel/*Dreyer* § 24 Rn. 26; Loewenheim/*Loewenheim* § 8 Rn. 16; Schack Rn. 275; *Rehbinder* Rn. 380; Schricker/Loewenheim/*Loewenheim* § 24 Rn. 23; *Schack* Kunst und Recht Rn. 341; *Ulmer* 273; *Plassmann* 78 ff.). Wer bspw. ein Sprachwerk zum Anlass für eine Musikkomposition nimmt, berührt nicht das fremde Urheberrecht. Die **Vertonung** besitzt keine urheberrechtlich geschützten Bestandteile des älteren Werkes, das der anderen Werkgattung angehört. Es liegt ein aus urheberrechtlicher Sicht irrelevanter Fall der **Inspiration** durch das Werk einer anderen Gattung für ein eigenes Werk vor (zur **Verfilmung** s. aber § 88 Rn. 9).

III. Abgrenzung der freien von der unfreien Benutzung in § 24 Abs. 1

7 Ob der Benutzer, der ein angelehntes Werk schafft, das Urheberrecht an dem vorbildlichen Werk verletzt, ist durch die **Abgrenzung** zwischen abhängiger und freier Benutzung zu bestimmen. Die Vorschriften der §§ 23, 24 sind im Zusammenhang zu betrachten.

1. Allgemeine Abgrenzungskriterien

8 Die Abgrenzung zwischen freier Benutzung und abhängiger Bearbeitung ist im **Einzelfall** zu prüfen, wobei die folgenden Grundsätze zur Unterscheidung herangezogen werden können:

9 **a) Strenge Maßstäbe.** Enthält ein neues Werk urheberrechtlich geschützte Elemente des älteren, so sind an das Vorliegen einer freien Benutzung **strenge Maßstäbe** anzulegen (BGH ZUM 2003, 770 ff. – Gies Adler; BGH NJW 2000, 2202, 2205 – Laras Tochter; LG Hamburg GRUR-RR 2004, 65, 67; Dreier/Schulze/*Schulze* § 24 Rn. 9; Dreyer/Kotthoff/Meckel/*Dreyer* § 24 Rn. 14). Die übernommenen Elemente müssen in dem eigenständigen neuen Werk aufgehen und dürfen das neue Werk nicht in der Weise prägen, dass sie das Wesen der Bearbeitung ausmachen. Bei der Prüfung einer Bearbeitung stehen die **Übereinstimmungen,** nicht die Unterschiede der zu vergleichenden Werke im Vordergrund (BGH GRUR 1981, 267, 269 – Dirlada; BGH GRUR 1965, 45, 48 – Stadtplan; BGH GRUR 1961, 635, 638 – Stahlrohrstuhl; BGH GRUR 1960, 251, 253 – Mecki Igel; BGH GRUR 2006, 53, 54 f. – Wagenfeld-Tischleuchte; OLG Hamburg GRUR 2002, 419, 422 – Move; OLG Köln GRUR 2000, 43, 44 – Klammerpose; OLG Karlsruhe GRUR 1957, 395, 396 – Trotzkopf; KG NJW 1996, 2379, 2380 – Christo I; Loewenheim/*Loewenheim* § 8 Rn. 13; *Wegner/Wallenfels/Kaboth* 1. Kap. Rn. 185). Entscheidend ist, in welchem Umfang urheberrechtlich geschützte Teile des älteren Werkes in dem neuen Werk vorhanden sind. Nicht genügend für eine freie Benutzung ist, wenn das neue Werk auch weitere, **abweichende Elemente** enthält. Für die Annahme einer unfreien Benutzung ist nicht erforderlich, dass ein bestimmtes Werk Grundlage der abhängigen Bearbeitung ist. Eine freie Benutzung scheidet bspw. aus, wenn aus dem Werkfundus eines Künstlers verschiedene urheberrechtlich geschützte Elemente herausgegriffen und **neu kombiniert** werden (OLG Köln NJW 1998, 1416 – Miró). Eine unfreie Benutzung liegt bei einem solchen Pistachio bereits vor, wenn nur ein geschütztes Element übernommen wurde. Ebenso bleibt es bei einer Bearbeitung i. S. d. § 23, wenn lediglich gekürzt, gestrichen, oder Auszüge erstellt werden, wie z. B. bei Inhaltsangaben von Artikeln (sog. **Abstracts**) (BGH GRUR 2011, 134, 136 f. – Perlentaucher; LG Frankfurt a. M. ZUM-RD 2002, 619, 620), da nur das Werk in andersartiger Weise reproduziert wird (Schricker/Loewenheim/*Loewenheim* § 23 Rn. 7). Auch bei wiedergegebenen Ausschnitten als Realsatire, welche mit einem Zuschauerlachen untermalt und mit einer witzigen Kommentierung des Moderators begleitet werden, ist mangels der (kritischen) Auseinandersetzung kein neues eigenständiges Werk geschaffen worden (*Hillig* ZUM 2004, 397, 398). Auch der Bildungsauftrag von Schulen kann keinen milderen Maßstab rechtfertigen, da nicht ersichtlich ist, warum Schulen gerade von den allgemein gültigen Regeln abweichen dürfen und urheberrechtlich geschützte Werke ohne Vergütung und Einwilligung bearbeiten dürfen (LG Hamburg GRUR-RR 2004, 65, 67; LG Hamburg ZUM-RD 2004, 181, 186).

b) Grad der Individualität des Originalwerkes. Bei der Abgrenzung zwischen freier **10** und unfreier Benutzung spielt neben der Eigenständigkeit des bearbeiteten Werkes der **Grad der Individualität** des Ausgangswerkes eine erhebliche Rolle (Fromm/Nordemann/*A. Nordemann* §§ 23/24 Rn. 46 f.; Möhring/Nicolini/*Ahlberg* § 24 Rn. 8; Dreier/Schulze/*Schulze* § 24 Rn. 8; Dreyer/Kotthoff/Meckel/*Dreyer* § 24 Rn. 15; Loewenheim/*Loewenheim* § 8 Rn. 11; *Brauns* 18, 20; *Grunert* 139 ff.; *Plassmann* 128 ff.; *Stuhlert* 22). So ist der für eine freie Benutzung notwendige Abstand in dem neuen Werk schneller erreicht, wenn das Originalwerk nur einen geringeren Grad an Individualität aufweist (OLG Hamburg GRUR-RR 2004, 285, 286 – Markentechnik; LG München I GRUR-RR 2004, 1, 3 – Lagerhalle). Die Züge eines Werkes, das eher am unteren Rand des urheberrechtlichen Schutzes angesiedelt ist, **verblassen** leichter als ein im hohen Grade eigenständiges, komplexes Werk (BGH GRUR 2000, 703, 706 – Mattscheibe; BGH GRUR 1991, 531, 532 – Brown Girl I; BGH GRUR 1991, 533, 534 – Brown Girl II; BGH GRUR 1982, 37, 39 – WK-Dokumentation; BGH GRUR 1981, 267, 269 – Dirlada; LG München I GRUR-RR 2004, 1, 3 – Lagerhalle; KG ZUM-RD 2005, 381, 382 – Die Weber).

2. Einfluss des Zwecks der Anlehnung auf die Abgrenzung in § 24 S. 1

Es lassen sich im Wesentlichen zwei Beweggründe für die Anlehnung an das ältere Werk **11** herausarbeiten, die für die Abgrenzung der freien von der unfreien Benutzung in § 24 Abs. 1 Bedeutung besitzen.

a) Einfache Nachschöpfungen. Dies sind einmal Werke, bei denen der Urheber – **12** bewusst oder unbewusst von dem Originalwerk beeindruckt – ein ähnliches Werk schafft (sog. **Plagiat,** welches die bewusste Aneignung fremden Geistesguts unter Anmaßung fremder Urheberschaft ist; zum seltenen Fall der Doppelschöpfung s. § 23 Rn. 19 ff.). Die Bandbreite reicht bei **Nachschöpfungen** von der **schlichten Kopie** (§ 16) über eine unfreie Nachschöpfung (§ 23) bis hin zur freien Benutzung (§ 24). In diesem Bereich besitzt das (inzwischen von der Literatur teilweise als untauglich verworfene) Schlagwort „des Verblassens" seine Berechtigung. Das neue Werk, das § 24 unterfällt, muss von seinem Gesamteindruck derart eigenständig sein, dass dahinter die Übernahmen aus dem Originalwerk zurücktreten, also „verblassen" (BGH GRUR 2002, 799, 800 – Stadtbahnfahrzeug; BGH GRUR 1994, 208 – Alcolix; Dreier/Schulze/*Schulze* § 24 Rn. 8; Loewenheim/*Loewenheim* § 8 Rn. 11; *Ulmer* 275). Die gezeigten strengen Maßstäbe sind in diesem Zusammenhang uneingeschränkt gerechtfertigt. Ein Bearbeiter darf sich nicht die Schwierigkeiten und Mühen, die mit dem Schaffen eines eigenständigen Werkes verbunden sind, auf Kosten eines anderen Urhebers ersparen. Das Kopieren und Bearbeiten zu **Übungszwecken** ist wegen der Herstellungsfreiheit aus § 23 S. 1 gewährleistet (zur Herstellungsfreiheit s. § 23 Rn. 9), so dass der jüngere Urheber genügend Freiheit besitzt und ein strenger Auslegungsmaßstab bei § 24 Abs. 1 die künstlerische Entwicklungsmöglichkeit nicht einschränkt.

13 **b) Paraphrasen.** Größere Schwierigkeiten bereitet die Abgrenzung der freien von der unfreien Benutzung in den Fällen, in denen sich ein Urheber gezielt mit anderen urheberrechtlich geschützten Werken künstlerisch auseinandersetzt. In solchen Fällen der **Paraphrase** benutzt der Urheber das fremde Werk nicht dazu, im weitesten Sinne eigene durch fremde Kreativität zu ersetzen. Er beschäftigt sich vielmehr mit dem fremden Werk, um es mit den Mitteln der gleichen Gattung in Form eines neuen Werkes zu durchdringen. Für den Urheber bilden die Werke anderer zeitgenössischer Urheber einen **wesentlichen Bestandteil der Umwelt,** mit der er sich in seinen Werken auseinandersetzt. Die Werke anderer sind Motiv und Gegenstand der Auseinandersetzung. Diese zweite Kategorie der Bearbeitungen kann mit den Schlagworten „**Kunst über Kunst**" oder „Paraphrase" treffend bezeichnet werden. Eine Paraphrase kann es erfordern, auf fremde Werke, mit denen sich das jüngere Werk beschäftigt, konkret durch Übernahme von Werkteilen Bezug zu nehmen (*Bullinger* 93). Das UrhG darf unter dem Blickwinkel der verfassungsrechtlich geschützten **Kunstfreiheit** (Art. 5 Abs. 3 GG) die Paraphrase als Kunstform nicht unmöglich machen. Die Kunstfreiheit Dritter ist bei der Auslegung von § 24 Abs. 1 zu berücksichtigen. Bei der Beurteilung, ob im Einzelfall eine freie oder unfreie Benutzung vorliegt, ist deshalb nicht nur auf den Umfang der übernommenen Werkelemente abzustellen. In die Betrachtung ist auch der geistige Gehalt des neuen Werkes als Maßstab einzubeziehen und inwiefern damit ein ausreichend **innerer Abstand** zwischen beiden Werken gewonnen wurde (Dreier/Schulze/*Schulze* § 24 Rn. 16; Dreyer/Kotthoff/Meckel/*Dreyer* § 24 Rn. 19; Loewenheim/*Loewenheim* § 8 Rn. 14; *Plassmann* 131; *Stuhlert* 40 f.; Wegner/Wallenfels/*Kaboth* 1. Kap. Rn. 185, 188; *Poll* ZUM 2004, 511, 515). So rechtfertigt ein Werk, das im hohen Maße eine **eigene persönliche Aussage** trägt, umfangreichere Entnahmen als ein geringeres Werk (BGH GRUR 1991, 531, 532 – Brown Girl I; BGH GRUR 1991, 533, 534 – Brown Girl II; BGH GRUR 1982, 37, 39 – WK-Dokumentation; BGH GRUR 1981, 267, 269 – Dirlada; BGH GRUR 1978, 305 – Schneewalzer). Der **zitatrechtliche Gedanke** der Belegfunktion kann in entsprechender Weise herangezogen werden. Übernahmen aus fremden Werken, die zur künstlerischen Auseinandersetzung mit dem Originalwerk erforderlich und angemessen sind, sind zulässig. Zu diesem Ergebnis gelangt auch die neuere Rechtsprechung, die jedoch die Frage offen lässt, ob zur Begründung die Vorschrift des § 24 herangezogen werden kann oder sich das Ergebnis aus der zitatrechtlichen Vorschrift des § 51 Nr. 2 ergibt (OLGR 1996, 292, 293 – Stimme Brecht; BGH GRUR 1994, 191, 193).

14 **c) Keine Bevorzugung bestimmter Kunstformen.** Bei Paraphrasen darf keine Kunstform gegenüber anderen bevorzugt werden. Es ist nicht entscheidend, ob die Bearbeitung im Rahmen einer **Parodie** (BGH ZUM 2003, 770, 780 – Gies Adler; ausführlich zur Parodie *Stuhlert* 5 ff.; näher zur Zulässigkeit der Parodie nach § 24 Abs. 1 *Brauns* 21 ff.) benutzt wird, bei der das Originalwerk antithematisch behandelt wird, oder im Rahmen einer **anderen Form der Auseinandersetzung,** die neuartig sein kann (*Poll* ZUM 2004, 511, 516). Entscheidendes Kriterium ist allein, dass die Übernahme das fremde Werk nicht einverleibt, sondern zu einem inneren Dialog mit diesem führt. Ausschlaggebend ist u. a., inwiefern ein die parodierte Vorlage kennender Zuschauer über die nötigen intellektuellen Fähigkeiten verfügt, um die Parodie zu verstehen (*Stuhlert* 24). Die zu „**Kunst über Kunst**" vorliegende Rechtsprechung betrifft häufig die Parodie, da diese eine besonders verbreitete Kunstform darstellt. Bei der Parodie lässt es die Rechtsprechung zur Rechtfertigung von Entnahmen urheberrechtlich geschützter Bestandteile nicht genügen, dass das

parodierte Werk in einen neuen Kontext gestellt wird, durch den das Werk verzerrt wird. Eine Parodie muss sich vielmehr mit den Eigenheiten des vorbildlichen Werkes antithematisch auseinandersetzen, um Entnahmen zu rechtfertigen (so zuerst LG Wien UFITA 20 (1955) 377, 379 – Schnitzlers Reigen; BGHZ 26, 52, 57 – Sherlock Holmes; BGH GRUR 1971, 588, 589 – Disney-Parodie; OLG Hamburg UFITA 86 (1980) 289, 295 – Häschenschule; OLG München ZUM 1991, 432, 434 – Gaby wartet im Park; OLG München NJW-RR 1991, 1262 – Alcolix; Fromm/Nordemann/*A. Nordemann* §§ 23/24 Rn. 89f.; Schricker/Loewenheim/*Loewenheim* § 24 Rn. 27f.; *Schack* Kunst und Recht Rn. 361; *Wegner/Wallenfels/Kaboth* 1. Kap. Rn. 188; *Grunert* 141f.). Auf diese Weise verhindert die Rechtsprechung, dass „Trittbrettfahrer" bekannte Werke ausbeuten, indem sie um die beim Publikum bekannten, urheberrechtlich geschützten Elemente, wie Comicfiguren, eine neue Geschichte stricken (BGH GRUR 1971, 588, 589 – Disney-Parodie; GRUR 1994, 191, 193 – Asterix-Persiflagen; GRUR 1994, 206, 208 – Alcolix).

3. Beispiele aus der Rechtsprechung

Eine freie Benutzung ist grds. nicht anzunehmen, wenn die Gesichtszüge und die typischen Merkmale einer urheberrechtlich geschützten Comicfigur (Asterix) in einen neuen Comic übernommen werden, in dem die Figur lediglich in einen **neuen Zusammenhang** (z.B. Neuzeit statt Antike) gesetzt wird (BGH GRUR 1994, 191, 193 – Asterix-Persiflagen). Eine abhängige Bearbeitung liegt trotz eigenständiger Gestaltung des Textes vor, wenn die Handlung im Wesentlichen aus einer **Phantasiegeschichte** des älteren Werkes kopiert wurde. Nach der Rechtsprechung ist es für die Annahme einer freien Benutzung in diesen Fällen auch nicht ausreichend, dass die Phantasiegeschichte abgewandelt wird, wenn die Originalhandlung für den Leser klar hervortritt (OLG Hamburg UFITA 86 (1980) 289, 292ff. – Häschenschule). Eine freie Benutzung kann im Bereich der Parodie bspw. vorliegen, wenn das geschützte Werk (im entschiedenen Fall Laufbilder einer Fernsehshow) unverändert in ein selbstständiges Werk, das dieses parodiert, übernommen wird (BGH GRUR 2000, 703, 704 – Mattscheibe) bzw. wenn mittels einer Karikatur das thematische Umfeld und nicht das Werk selbst im Mittelpunkt steht (BGH ZUM 2003, 777, 780 – Gies-Adler). Ein **Exposé,** das Werkqualität besitzt, ist nur in Hinblick auf seine konkrete Gestaltung urheberrechtlich geschützt, wenn dem Exposé eine Allerweltsgeschichte zugrunde liegt (vgl. auch *Jacobshagen* 37ff.). Ein anderer Urheber darf das **Genre übernehmen,** ohne dass eine unfreie Benutzung vorliegt (OLG München GRUR 1990, 674, 675 – Forsthaus Falkenau). Der Urheber, der möglichen Verwertern des Werkes dessen Inhalt vorstellt, muss sich gegen eine ungewollte Themenübernahme vertraglich schützen. **Fortsetzungen von Werken der Literatur** (Stichwort: **Serienroman**) stellen unfreie Benutzungen dar, wenn sie unmittelbar auf dem fremden geschützten Grundwerk aufbauen. Dies ist bspw. der Fall, wenn die Protagonisten mit ihren Charakteristika sowie Handlungsstränge des Originalwerkes in den Fortsetzungsroman eingeführt werden (BGH GRUR 1999, 984, 987 – Laras Tochter; s. auch *Wegner/Wallenfels/Kaboth* 1. Kap. Rn. 191). Nichts anderes gilt für die Fortsetzung eines Werkes der bildenden Kunst, wenn z.B. bei einem Kunstdruck der Rahmen so bemalt wird, dass der Eindruck entsteht, das Kunstwerk setze sich über den Bildrand hinaus fort (LG Frankfurt ZUM-RD 1998, 344, 345). Keine freie Benutzung, sondern eine abhängige Bearbeitung liegt vor, wenn für ein **Filmwerk** die geschützte Fabel eines Romans von hoher schöpferischer Eigenart übernommen wird (BGH GRUR 1999, 984, 986f. – Laras Tochter; s. auch *Wegner/Wallenfels/Kaboth* 1. Kap. Rn. 187, 191), es sei denn, es werden lediglich solche Elemente verwendet, die gerade aufgrund der Gemeinfreiheit nicht geschützt sind, wie z.B. eine sich schnell ausbreitende Eiszeit (LG Köln ZUM 2004, 853, 858). Eine abhängige Bearbeitung liegt aber vor, wenn das **Handlungsgefüge** verändert und bloß zusätzliche Handlungsstränge eingefügt wurden (OLG München NJW-RR 2000, 268 – Doppeltes Lottchen/It takes two; LG Hamburg ZUM 2003, 403, 412). Eine freie Benutzung liegt dagegen vor, wenn in dem fremden Werk die Figur des Romanhelden oder lediglich dessen Name erscheint (BGHZ 26, 52, 57 – Sherlock Holmes; BGH GRUR 1958, 402, 404 – Lilli Marleen; BGH GRUR 1994, 191, 198 – Asterix-Persiflagen). § 24 ist auch auf **Laufbilder** (s. § 95 Rn. 4) anwendbar, soweit ein selbstständiges Werk entsteht (OLG Frankfurt a. M. ZUM 2005, 477, 480 – TV Total; BGH ZUM-RD 2000, 325 ff. – Kalkofes Mattscheibe). Ein Fall unfreier Benutzung kann vorliegen, wenn ein **Architekt eines Erweiterungsbaus** sich in Konzeption und Gestaltung an das von dem Originalurheber geplante Haupthaus anlehnt (LG Köln BauR 1979, 125).

IV. Melodienschutz des § 24 Abs. 2

16 § 24 Abs. 2 begründet einen **besonderen Schutz für Werke der Musik**. Er schließt eine freie Benutzung gem. § 24 Abs. 1 bei Musikwerken aus, wenn die Melodie des Originalwerkes in erkennbarer Weise entnommen und dem neuen Werk zugrunde gelegt wurde. Die Wissenschaft hat den **Begriff der Melodie** nicht einheitlich definiert. Umstritten ist, ob darunter auch ein Motiv oder ein Thema fallen kann (näher hierzu § 2 Rn. 71). Als Rechtsbegriff im Sinne der Vorschrift wird darunter eine geschlossene Tonfolge, die dem Werk seine individuelle Prägung gibt, verstanden (OLG München ZUM 2000, 408, 409 – Melodieentnahme; BGH GRUR 1988, 810, 811 – Fantasy; BGH GRUR 1988, 812, 814 – Ein bisschen Frieden; Fromm/Nordemann/*A. Nordemann* §§ 23/24 Rn. 55; Schricker/Loewenheim/*Loewenheim* § 26 Rn. 34). Nicht ausreichend i. S. d. § 24 Abs. 2 ist die Übernahme von Tonfolgen, die sich nicht hinreichend in eigentümlicher Weise von allgemeinen geläufigen kompositorischen Mitteln und Grundsätzen bzw. vom vorbekannten Formenschatz abhebt (LG München I ZUM 2003, 245 ff.). Der so genannte **starre Melodienschutz** macht jede freie Benutzung von Musikwerken praktisch unmöglich (Dreier/Schulze/*Schulze* § 24 Rn. 42; Dreyer/Kotthoff/Meckel/*Dreyer* § 24 Rn. 3; Loewenheim/*Loewenheim* § 8 Rn. 17). Wie dargelegt (Rn. 1), bringt eine freie Benutzung immer auch eine Bezugnahme auf das Originalwerk mit sich. Eine Anlehnung an eine vorhandene Melodie führt notwendig zu einer erkennbaren Benutzung des älteren Werkes. Die **Erkennbarkeit der Melodie** schließt die freie Benutzung nach § 24 Abs. 2 aus. Eine musikalische Auseinandersetzung mit einem älteren Werk ist damit nicht ohne Zustimmung des Urhebers des älteren Werkes möglich. § 24 Abs. 2 schränkt die Schaffensfreiheit der Komponisten unnötig ein. Der für die übrigen Werkgattungen aufgrund der §§ 23, 24 bestehende Nachahmungsschutz würde auch für Musik ausreichen. Wird ein neues Werk durch die Melodie eines älteren Werkes getragen, so läge bereits nach § 24 Abs. 1 ein Fall der unfreien Benutzung vor, ohne dass es einer besonderen Vorschrift bedürfte.

4. Sonstige Rechte des Urhebers

§ 25 Zugang zu Werkstücken

(1) **Der Urheber kann vom Besitzer des Originals oder eines Vervielfältigungsstückes seines Werkes verlangen, daß er ihm das Original oder das Vervielfältigungsstück zugänglich macht, soweit dies zur Herstellung von Vervielfältigungsstücken oder Bearbeitungen des Werkes erforderlich ist und nicht berechtigte Interessen des Besitzers entgegenstehen.**

(2) **Der Besitzer ist nicht verpflichtet, das Original oder das Vervielfältigungsstück dem Urheber herauszugeben.**

§ 25 Zugang zu Werkstücken § 25 UrhG

Literatur: *Beyer,* Ausstellungsrecht und Ausstellungsvergütung, Baden-Baden 2000; *Bullinger,* Kunstwerke in Museen – die klippenreiche Bildausweitung, in: Jacobs u. a. (Hrsg.), Festschrift für Peter Raue, Köln u. a. 2006, 19 (zit. *Bullinger* FS Raue); *Metzger,* Rechtsgeschäfte über das Droit moral im deutschen und französischen Urheberrecht, München 2002; *Schöfer,* Die Rechtsverhältnisse zwischen dem Urheber eines Werkes der bildenden Kunst und dem Eigentümer des Originalwerkes, München 1984.
Vgl. darüber hinaus die Angaben im eingangs abgedr. Gesamtliteraturverzeichnis.

Übersicht

	Rn.
I. Allgemeines	1
II. Das Zugangsrecht des § 25 Abs. 1	2–18
1. Anspruchsinhaber	2–3
a) Berechtigter/Persönliche Ausübung/Unübertragbarkeit	2
b) Einschaltung eines Gehilfen	3
2. Anspruchsverpflichteter	4
3. Bezugsobjekt	5, 6
a) Werkoriginale und einfache Vervielfältigungsstücke	5
b) Vollständiges Werkexemplar	6
4. Zweckbindung	7–10
a) Vom Zugangsrecht erfasste Zwecke	8
b) Nicht vom Zugangsrecht erfasste Zwecke	9
c) Keine Ausforschung des Motivs	10
5. Erforderlichkeit	11–13
a) Erforderlichkeit des Zugangs bei Werkoriginalen	12
b) Erforderlichkeit des Zugangs bei einfachen Vervielfältigungsstücken	13
6. Interessenabwägung	14–16
a) Das Merkmal innerhalb des § 25 Abs. 1	14
b) Geheimhaltungsinteresse des Werkbesitzers	15
c) Integritätsinteresse des Besitzes am Werkexemplar	16
7. Zugänglichmachen	17, 18
a) Möglichkeit des Aufsuchens	17
b) Kein Schutz gegen Vereitelung	18
III. Keine Herausgabepflicht (§ 25 Abs. 2)	19, 20
1. Grundsatz	19
2. Einschränkende Auslegung bei überwiegendem Urheberinteresse	20
IV. Vertragliche Regelungen zum Zugangsrecht	21–23
1. Unverzichtbarkeit des Rechts/Ausübungsverzicht	21
2. Vertragliche Regelung des Zugangsrechts im Bereich Architektur (§ 7 Abs. 4 ABfA)	22
3. Durchsetzung	23

I. Allgemeines

Das urheberrechtliche Zugangsrecht ermöglicht es dem Urheber, Kontakt zu seinen 1 Werken zu halten, die er veräußert und in den Verkehr gebracht hat. Die Bestimmung mit urheberpersönlichkeitsrechtlichem Einschlag berücksichtigt, dass zwischen dem Urheber und seinem Werk nach dessen Fertigstellung und Weggabe eine **innere Verbindung** bestehen bleibt (AmtlBegr. BT-Drucks. IV/270, 52; Möhring/Nicolini/*Spautz* § 25 Rn. 1; Dreier/Schulze/*Schulze* § 25 Rn. 1; Schricker/Loewenheim/*Dietz/Peukert* Vor §§ 12 ff. Rn. 9; *v. Gamm* § 25 Rn. 1; Schricker/Loewenheim/*Vogel* § 25 Rn. 7; Loewenheim/ *Dietz/Peukert* § 17 Rn. 1). So kann es für den Urheber von Bedeutung sein, ein von ihm geschaffenes Werk zu Dokumentationszwecken aufzusuchen oder eine frühere ästhetische Lösung in einem Werk zu studieren, um darauf neue Werke aufzubauen. Es können aber auch wirtschaftliche Gründe für die Ausübung des Zugangsrechts im Vordergrund stehen. Das Zugangsrecht wird dem Urheber nicht ohne Einschränkung zugebilligt, sondern kann nur im **Rahmen der Verhältnismäßigkeit** ausgeübt werden.

II. Das Zugangsrecht des § 25 Abs. 1

1. Anspruchsinhaber

2 **a) Berechtigter/Persönliche Ausübung/Unübertragbarkeit.** Das Zugangsrecht steht dem Urheber (§ 7) oder dem Rechtsnachfolger in Sachen des § 30 zu (AmtlBegr. BT-Drucks. IV/270, 56). Jeder **Miturheber** kann das Zugangsrecht für sich und unabhängig von den anderen Miturhebern für das gemeinschaftlich geschaffene Werk ausüben (OLG Düsseldorf GRUR 1969, 550 – Geschichtsbuch für Realschulen; Fromm/Nordemann/*A. Nordemann* § 25 Rn. 8; Dreier/Schulze/*Schulze* § 25 Rn. 4; Dreyer/Schulze/Kotthoff/Meckel/*Dreyer* § 25 Rn. 4; Schricker/Loewenheim/*Vogel* § 25 Rn. 8). Bei einem bearbeiteten Werk kann der **Bearbeiter** neben dem Urheber das Zugangsrecht individuell geltend machen (Loewenheim/*Dietz/Peukert* § 17 Rn. 2). Wer ein anderes Werk lediglich umgestaltet hat, also keine urheberrechtlich geschützte Leistung erbracht hat, hat kein eigenes Zugangsrecht. Das Zugangsrecht setzt eine urheberrechtlich **selbstständig geschützte Leistung** voraus.

3 **b) Einschaltung eines Gehilfen.** Das Zugangsrecht kann wegen seines urheberpersönlichkeitsrechtlichen Charakters **nicht auf Dritte übertragen** oder von Dritten ausgeübt werden (Dreyer/Kotthoff/Meckel/*Dreyer* § 25 Rn. 24; Schricker/Loewenheim/*Vogel* § 25 Rn. 21; Loewenheim/*Dietz/Peukert* § 17 Rn. 1). Dem steht jedoch nicht im Wege, dass der Urheber sich bei der Ausübung des Zugangsrechts der **Hilfe Dritter** bedient. Häufig kann der Urheber eine Plastik nur durch einen Fachmann, die Reproduktion eines Bildes nur durch einen entsprechend geschulten Fotografen herstellen lassen. Das Zugangsrecht würde zu sehr beschränkt, wenn der Künstler nur persönlich die Fotografien anfertigen könnte (*Bullinger* FS Raue, 20). Die Einbeziehung von Hilfspersonen bedeutet nicht, dass der Urheber das Zugangsrecht übertragen muss. Er übt das Recht selbst aus, wenn er Reproduktionen von einem Gehilfen anfertigen lässt. Die Einbeziehung Dritter kann im Rahmen der **Interessenabwägung** (Rn. 14 ff.) aber zu berücksichtigen sein, wenn diese mit einer Mehrbelastung des Besitzers verbunden ist.

2. Anspruchsverpflichteter

4 **Anspruchsverpflichteter** gem. § 25 ist der **Eigen- oder der Fremdbesitzer** (§ 854 BGB), nicht aber der bloße Besitzdiener (§ 855 BGB) mangels eigenem Besitzrecht (Fromm/Nordemann/*A. Nordemann* § 25 Rn. 10; Möhring/Nicolini/*Spautz* § 25 Rn. 4; Dreyer/Kotthoff/Meckel/*Dreyer* § 25 Rn. 5). Entscheidend ist also, wer die tatsächliche Gewalt über das Werk hat, da letztendlich der Zugang zum Werk erstrebt wird. Mit dem Besitzverlust entfällt der Anspruch aus § 25. Besitzen Mehrere gleichartige Werkstücke, so ist eine Ablehnung des Zugangs unter Verweisung auf einen anderen Werkbesitzer insofern nicht gestattet, als dass dies zu einer weiteren Verweisung führen könnte (Dreyer/Kotthoff/Meckel/*Dreyer* § 25 Rn. 6).

3. Bezugsobjekt

5 **a) Werkoriginale und einfache Vervielfältigungsstücke.** Das Zugangsrecht erfasst sowohl Werkoriginale als auch einfache Vervielfältigungsstücke von Werken ohne Originalcharakter. Zu dem Begriff des Werkoriginals und der Abgrenzung vom Vervielfältigungsstück ohne Originalcharakter s. § 26 Rn. 7 f.

6 **b) Vollständiges Werkexemplar.** Das Zugangsrecht bezieht sich auf das vollständige Werkexemplar (Fromm/Nordemann/*A. Nordemann* § 25 Rn. 11, 19; Dreier/Schulze/*Schulze* § 25 Rn. 17; UFITA 81 (1978) 257, 262), nicht etwa nur auf die Teile des Werkes, die zugunsten des Anspruchstellers urheberrechtlich geschützt sind (so aber OLG Düssel-

dorf GRUR 1969, 550, 551 – Geschichtsbuch für Realschulen; OLG Hamburg *Schulze* OLGZ 174, 8; Dreyer/Kotthoff/Meckel/*Dreyer* § 25 Rn. 8; Schricker/Loewenheim/*Vogel* § 25 Rn. 10; *Binder/Kosterhon* Rn. 217). Mit einer derart eng gefassten Befugnis wäre dem Urheber kaum gedient. Er muss vielmehr die Möglichkeit haben, von dem **Werk als Ganzem** einen Eindruck zu erhalten und nicht nur von isolierten Werkteilen. In Werkverzeichnisse müssen vollständige Werke und nicht lediglich Fragmente aufgenommen werden. Auch eine künstlerische Beurteilung des älteren Werkes erfordert es, dieses als Ganzes wahrnehmen zu können. Lediglich dort, wo eine eindeutige Abgrenzung zwischen geschütztem und ungeschütztem Werkteil möglich ist, kann eine Beschränkung erfolgen.

4. Zweckbindung

Wie sich aus dem Wortlaut von § 25 ergibt, besteht das Zugangsrecht nur zu den dort **abschließend aufgeführten Zwecken,** der Herstellung von Vervielfältigungsstücken oder Bearbeitungen. 7

a) Vom Zugangsrecht erfasste Zwecke. Der Begriff der Vervielfältigung in § 25 Abs. 1 ergibt sich aus § 16 (s. § 16 Rn. 2 ff.). Gemeint ist die Herstellung von Vervielfältigungsstücken des Werkes. Der Begriff der Bearbeitung entspricht dem in §§ 3, 23 (s. § 23 Rn. 3). Die Formulierung „soweit dies zur Herstellung von Vervielfältigungsstücken und Bearbeitungen des Werkes erforderlich ist" bedeutet, dass das Zugangsrecht dem Urheber die Möglichkeit gewähren soll, ein neues Werk inhaltlich auf einem früheren von ihm geschaffenen Werk aufzubauen. Ein **Architekt** soll bspw. die Möglichkeit erhalten, einen urheberrechtlich geschützten Innenraum zu studieren, um die dabei gewonnenen Einsichten für eine Weiterentwicklung seines Formenrepertoires benutzen zu können. Mit der Bestimmung erhält der Urheber aber nicht das Recht, das von ihm unter Inanspruchnahme des Zugangsrechts aufgesuchte Werkexemplar selbst **körperlich zu verändern.** Eingriffe in die Werkintegrität sind von § 25 Abs. 1 nicht gedeckt (Fromm/Nordemann/*A. Nordemann* § 25 Rn. 15; Dreier/Schulze/*Schulze* § 25 Rn. 12). Der Urheber darf die Bearbeitung nicht an dem aufgesuchten Werkexemplar selbst vornehmen. Im Rahmen des Zugangs ist auch die Anfertigung einer Fotografie vom Kunstwerk zulässig. Sie ist ein Kennzeichen des Zugangsrechts (*Bullinger* FS Raue, 19). Die kommerzielle Verwertung dieser Fotografien ist möglich, da das Urheberrecht beim Künstler als Urheber verbleibt. Das gilt nicht, wenn der Urheber eine exklusive Lizenz für die Bildauswertung eingeräumt hat. 8

b) Nicht vom Zugangsrecht erfasste Zwecke. Der Urheber darf sich nicht auf das Zugangsrecht des § 25 Abs. 1 berufen, um eine mögliche **Entstellung seines Werkes** (§ 14) herauszufinden (OLG Düsseldorf GRUR 1979, 318 – Treppenwangen; Dreier/Schulze/*Schulze* § 25 Rn. 14; *Binder/Kosterhon* Rn. 217; *Müller* 187). Ein **Architekt** kann sich bspw. nicht auf sein Zugangsrecht berufen, wenn er feststellen möchte, ob das von ihm geplante Gebäude nachträglich durch Umbauten beeinträchtigt wurde (OLG Düsseldorf, GRUR 1979, 318 – Treppenwangen; a. A. Fromm/Nordemann/*A. Nordemann* § 25 Rn. 11). Der Urheber eines Werkes hat aus § 25 Abs. 1 auch keinen Anspruch darauf, dass ihm ein Werk zu Ausstellungszwecken zur Verfügung gestellt wird (KG GRUR 1981, 742, 743 – Totenmaske I). Dass der Urheber keinen Anspruch auf **Ausstellung des Werkes** hat, ergibt sich auch aus § 25 Abs. 2, da eine Ausstellung eines Werkes die Herausgabe des Werkes durch den Besitzer an den Urheber oder einen von ihm bestimmten Dritten (Ausstellungsmacher) bedeuten würde. 9

c) Keine Ausforschung des Motivs. Welches Motiv des Urhebers hinter der Herstellung von Vervielfältigungsstücken oder Bearbeitungen des Werkes steht, ist für die Ausübung des Zugangsrechts nicht maßgeblich. So kann die Reproduktion eines Werkoriginals bspw. dazu dienen, ein **Werkverzeichnis** anzulegen. Sie darf aber auch in der Absicht ge- 10 schehen, eine weitere **Variante** eines bestimmten Motivs zu schaffen. Der Besitzer muss es hinnehmen, dass der Urheber sein Zugangsrecht dazu benutzt, ein möglicherweise dem Originalwerk ähnliches neues Werk zu schaffen. Der Besitzer darf dem Urheber den Zugang zu dem Werk nicht mit der Begründung versagen, die Einzigartigkeit des Werkes, das sich in seinem Besitz befindet, zu erhalten (OLG München MDR 1993, 1194; KG GRUR 1983, 507, 508f. – Totenmaske II; Loewenheim/*Dietz*/*Peukert* § 17 Rn. 9). Die Ausübung des Zugangsrechts darf ideelle wie materielle Motive haben (Dreier/Schulze/*Schulze* § 25 Rn. 12, 13; Dreyer/Kotthoff/Meckel/*Dreyer* § 25 Rn. 3; *Rehbinder* Rn. 420).

5. Erforderlichkeit

11 Die Zugänglichmachung ist **erforderlich** i. S. v. § 25, wenn das Zugangsrecht aus der Sicht eines objektiven Betrachters in **vernünftiger Weise** ausgeübt wird (OLG Düsseldorf GRUR 1969, 550 – Geschichtswerk für Realschulen). Der Urheber ist selbst für die Voraussetzung der Erforderlichkeit beweispflichtig.

12 a) **Erforderlichkeit des Zugangs bei Werkoriginalen.** Die Erforderlichkeit ist gegeben, wenn der Urheber den Zugang zu einem Originalwerk verlangt, um es zu **reproduzieren.** Bei Werken der bildenden Kunst oder der Baukunst enthält nur das Werkoriginal die vollständige Information, so dass der Urheber nicht darauf verwiesen werden kann, ein Vervielfältigungsstück zu reproduzieren (LG Düsseldorf BauR 80, 86f.; Dreier/Schulze/ *Schulze* § 25 Rn. 19; Schricker/Loewenheim/*Vogel* § 25 Rn. 13; *v. Gamm* § 25 Rn. 7; *Schöfer* 179 f.). Die Ablichtung einer Fotografie von einem **Originalgemälde** besitzt bspw. eine geringere Qualität als eine Fotografie, die unter gleichen technischen Voraussetzungen unmittelbar von dem Werkoriginal angefertigt wurde.

13 b) **Erforderlichkeit des Zugangs bei einfachen Vervielfältigungsstücken.** Die Erforderlichkeit des Zugangs bei **einfachen Vervielfältigungsstücken** ist dagegen nicht immer gegeben. So ist es vom Zugangsrecht nicht gedeckt, wenn sich der Urheber gegenüber dem Besitzer eines bloßen Vervielfältigungsstücks auf das Zugangsrecht beruft, sofern sich eine große Zahl von Exemplaren des Werkes im Verkehr befindet, auf die der Urheber in einfacherer Weise zurückgreifen könnte (*Binder*/*Kosterhon* Rn. 218). Bspw. kann ein **Buchautor** sein Zugangsrecht nicht gegenüber jedem Besitzer eines Exemplars des Buches ausüben, wenn er das Buch in einer Buchhandlung erwerben könnte. Erforderlich i. S. v. § 25 ist der Zugang aber dann, wenn der Besitzer eines der letzten Exemplare der Auflage besitzt und sich der Urheber den Inhalt seines Werkes nur durch eine Vervielfältigung eines dieser Exemplare verschaffen kann (vgl. auch Dreier/Schulze/*Schulze* § 25 Rn. 19). An das Merkmal der Erforderlichkeit dürfen **keine zu hohen Anforderungen** gestellt werden, da das Zugangsrecht sonst leer liefe. Die von Teilen der Literatur angenommene **Beweislastumkehr** (Fromm/Nordemann/*A. Nordemann* § 25 Rn. 21; Dreier/Schulze/*Schulze* § 25 Rn. 20; ebenso Schricker/Loewenheim/*Vogel* § 25 Rn. 15), wonach der Besitzer zu beweisen habe, dass der Zugang nicht erforderlich sei, findet im Gesetz keinen Anhaltspunkt. Bei Vervielfältigungsstücken ohne Originalcharakter, wo alleine die Erforderlichkeit des Zugangs zweifelhaft sein kann, ist es dem Urheber zuzumuten, darzulegen, weshalb er gerade das bestimmte Werkexemplar aufsuchen möchte (Dreyer/Kotthoff/Meckel/*Dreyer* § 25 Rn. 11). Dabei genügt es aber, wenn der Urheber begründen kann, dass er nicht **einfachen Zugang** zu einem anderen Werkexemplar erlangen kann (z. B. da kein Zugang wegen politischer Gründe möglich ist oder es sich in weiter Distanz befindet). Bereits in diesem Fall ist der Zugang erforderlich.

6. Interessenabwägung

14 a) **Das Merkmal innerhalb des § 25 Abs. 1.** Das Zugangsrecht kann nur ausgeübt werden, wenn der Ausübung nicht **berechtigte Interessen** des Besitzers entgegenstehen.

Der Zugang kann dem Urheber im Einzelfall auch dann verweigert werden, wenn die Voraussetzungen des § 25 Abs. 1 im Übrigen vorliegen, sofern die schutzwürdigen Interessen des Besitzers überwiegen (Schricker/Loewenheim/*Vogel* § 25 Rn. 16; Dreyer/Kotthoff/Meckel/*Dreyer* § 25 Rn. 12, *Beyer* 57). Das Zugangsrecht unterliegt einer **Interessenabwägung** (LG Düsseldorf BauR 1980, 86 f. – Zugangsrecht des Architekten zu einem privaten Wohnhaus; Schricker/Loewenheim/*Vogel* § 25 Rn. 16; Dreier/Schulze/*Schulze* § 25 Rn. 17; *v. Gamm* § 25 Rn. 7; *Binder/Kosterhon* Rn. 219).

b) Geheimhaltungsinteresse des Werkbesitzers. In der Begründung zum UrhG **15** (AmtlBegr. UFITA 45 (1965) 240 ff.) sowie in der Literatur wird als Motiv des Besitzers, das einem Zugangsrecht entgegenstehen kann, der **Schutz der Privatheit** genannt (Schricker/Loewenheim/*Vogel* § 25 Rn. 17; *Müller* 187). So sollen auf Bestellung des Besitzers hergestellte Werke wie Porträts oder Aktdarstellungen im Einzelfall vom Zugangsrecht ausgeschlossen sein (AmtlBegr. UFITA 45 (1965) 267). Dieser Auffassung ist nicht zu folgen. Wurde ein Werk bereits veröffentlicht, entfällt ein Geheimhaltungsinteresse von vornherein (Fromm/Nordemann/*A. Nordemann* § 25 Rn. 17; Dreier/Schulze/*Schulze* § 25 Rn. 21; Dreyer/Kotthoff/Meckel/*Dreyer* § 25 Rn. 12). Im Übrigen werden der Besitzer oder der Porträtierte durch das allgemeine Persönlichkeitsrecht ausreichend in ihrer Privatsphäre geschützt. Nur in Ausnahmefällen ist ein Geheimhaltungsinteresse des Besitzers anzuerkennen, wenn ein Werk geeignet ist, bei Bekanntwerden den Besitzer oder ihm nahe stehende Personen erheblich zu stören (Schricker/Loewenheim/*Vogel* § 25 Rn. 17; Dreier/Schulze/*Schulze* § 25 Rn. 21). Dies kann bspw. bei **Intimfotos** gegeben sein.

c) Integritätsinteresse des Besitzes am Werkexemplar. Als berechtigtes Interesse des **16** Besitzers kommt in Betracht, dass das Werkexemplar durch die Vervielfältigung in seiner **Substanz gefährdet** wird (Schricker/Loewenheim/*Vogel* § 25 Rn. 18; Dreyer/Kotthoff/Meckel/*Dreyer* § 25 Rn. 12). So kann der **Abguss einer Plastik** wegen der damit verbundenen Berührung der Oberfläche der Plastik mit dem Abgussmittel das Originalwerk beschädigen. Es ist in Hinblick auf die Interessen des Besitzers denkbar, das Zugangsrecht **inhaltlich zu beschränken.** Der Besitzer muss eine Form der Reproduktion nicht dulden, die das Werkexemplar beschädigen könnte. Die Interessenabwägung kann bspw. zu dem Ergebnis führen, dass der Urheber eine Skulptur fotografieren, nicht aber in Wachs abgießen darf. Ist jedoch eine Gefährdung bzw. Beschädigung auszuschließen, so ist ein berechtigtes Interesse zu verneinen, sofern er nur eine Verhinderung der Vervielfältigung beabsichtigt (Fromm/Nordemann/*A. Nordemann* § 25 Rn. 17; *Schack* Rn. 407; *Metzger* 19; *Müller* 188).

7. Zugänglichmachen

a) Möglichkeit des Aufsuchens. Zugänglich machen heißt, dass der Besitzer eines **17** Werkes dem Urheber die **tatsächliche Möglichkeit** verschaffen muss, das Werkexemplar aufzusuchen (Fromm/Nordemann/*A. Nordemann* § 25 Rn. 11). Er hat, sofern er das Werk an den Urheber nicht herausgeben möchte (wozu er nach § 25 Abs. 2 nicht verpflichtet ist), diesem Zutritt zu dem Ort zu gewähren, an dem sich das Werkexemplar befindet. Er kann dem Urheber nicht das Hausrecht entgegenhalten. Jedoch ist er nicht verpflichtet, das Werk in einem bestimmten Raum zugänglich zu machen. Die Zugänglichmachung in einem Archiv kann genügen, wenn der Zweck des Zugangsrechts nicht unterlaufen wird. Eine Ankündigung des Urhebers von seinem Zugangsrecht Gebrauch machen zu wollen, ist aufgrund der Vermeidung von Unzeiten erforderlich. Zeitliche und örtliche Vorschläge sind vom Urheber zu akzeptieren, es sei denn, sie dienen zur Verhinderung des Zuganges (Dreyer/Kotthoff/Meckel/*Dreyer* § 25 Rn. 16; Dreier/Schulze/*Schulze* § 25 Rn. 21; Loewenheim/*Dietz/Peukert* § 17 Rn. 8).

b) Kein Schutz gegen Vereitelung. Der Urheber hat keinen Anspruch gegen den Be- **18** sitzer, dass dieser das Werkexemplar in seinem Besitz behält (Dreyer/Kotthoff/Meckel/*Dreyer*

§ 25 Rn. 15). Gibt dieser das Werk fort, entfällt der Anspruch (Rn. 4). § 25 bietet dem Urheber weiter keinen Schutz gegen eine **Vernichtung** eines Werkexemplars (Schricker/Loewenheim/*Vogel* § 25 Rn. 23). Die Bestimmung des § 25 bezieht sich ausschließlich auf **vorhandene Werkexemplare**. Geht ein Werkexemplar unter, so erlischt das Zugangsrecht. Die Problematik der Werkvernichtung ist bei § 14 anzusiedeln (s. § 14 Rn. 22 ff.).

III. Keine Herausgabepflicht (§ 25 Abs. 2)

1. Grundsatz

19 § 25 Abs. 2 schließt ausdrücklich die Pflicht des Besitzers aus, ein Werk an den Urheber herauszugeben zu müssen. § 25 beinhaltet ein Zugangsrecht, aber keinen Anspruch auf **Überlassung**. Das UrhG mutet dem Eigentümer eines Kunstwerkes nicht das Risiko zu, dass ein an den Urheber herausgegebenes Werkexemplar beschädigt wird oder untergeht. Bei Werken der bildenden Kunst bedeuten eine Beschädigung oder der Untergang des Werkes einen nicht wiedergutzumachenden Verlust für den Besitzer des Werkexemplars. Ein Schadensersatzanspruch des Besitzers, der auf Geld gerichtet ist, kann keinen Ausgleich für das **verlorene Kunstwerk** schaffen. Dieser Interessenlage wird das UrhG mit der Bestimmung des § 25 Abs. 2 gerecht.

2. Einschränkende Auslegung bei überwiegendem Urheberinteresse

20 Probleme bei der Ausübung des Zugangsrechts ergeben sich, wenn der bloße Zugang nicht reicht, um eine Vervielfältigung des Werkexemplars zu ermöglichen. Bspw. kann der **Abguss einer Skulptur** in der Regel nicht an ihrem Aufstellungsort hergestellt werden, sondern nur in einer Kunstgießerei. Für den Urheber ist es von Bedeutung, dass eine **Werkstatt seines Vertrauens,** häufig sogar ein bestimmter Gießer, die Vervielfältigungsstücke herstellt. Obgleich die Auswahl einer bestimmten Werkstatt zur Herstellung des Vervielfältigungsstücks eine der Überlassung des Werkes nahekommende Handlung erfordert, nimmt die Rechtsprechung in Hinblick auf das Gewicht der Urheberinteressen keine Überlassung des Werkes an den Urheber an, sondern lediglich eine Form des **Zugänglichmachens.** Aus § 25 Abs. 2, der eine Überlassungspflicht ausschließt, folgt daher nicht, dass der Besitzer das Recht hat, den Ort zu bestimmen, an dem das Vervielfältigungsstück hergestellt wird (Dreier/Schulze/*Schulze* § 25 Rn. 24; Loewenheim/*Dietz/Peukert* § 17 Rn. 3). Der Urheber kann eine Gießerei seines Vertrauens wählen (KG GRUR 1983, 507, 508 – Totenmaske II). Die **Kosten** für die Herstellung eines Vervielfältigungsstückes hat der Urheber zu tragen (Dreier/Schulze/*Schulze* § 25 Rn. 23; Fromm/Nordemann/*A. Nordemann* § 25 Rn. 12; § 811 BGB; Schricker/Loewenheim/*Vogel* § 25 Rn. 11; Dreyer/Kotthoff/Meckel/*Dreyer* § 25 Rn. 14, 18; Loewenheim/*Dietz/Peukert* § 17 Rn. 3). Hierzu zählen insb. die Aufwendungen für Transporte des Werkes sowie deren Versicherung. Der Urheber haftet verschuldensunabhängig für eine Beschädigung oder Zerstörung des Werkes analog § 811 Abs. 2 BGB (Fromm/Nordemann/*A. Nordemann* § 25 Rn. 12; Dreyer/Kotthoff/Meckel/*Dreyer* § 25 Rn. 18 billigt dem Besitzer gegenüber dem Urheber analog § 811 Abs. 2 S. 2 BGB eine Verweigerung des Zugangs zu bis ein Kostenvorschuss und Sicherheiten wegen etwaiger Gefahren geleistet wurden). Dies führt zu einer **sachgerechten Risikoverteilung,** die bei der weiten Auslegung des Zugangsrechts im Besitzerinteresse geboten ist.

IV. Vertragliche Regelungen zum Zugangsrecht

1. Unverzichtbarkeit des Rechts/Ausübungsverzicht

21 Der Urheber kann sich vertraglich dazu verpflichten, das Zugangsrecht **zeitlich begrenzt** nicht auszuüben (OLG Hamburg Schulze OLGZ 174). Er kann auf sein Zugangs-

recht aus § 25 Abs. 1 jedoch vertraglich nicht mit dinglicher Wirkung oder ohne zeitliche Schranke verzichten. Dies ergibt sich aus dessen urheberpersönlichkeitsrechtlicher Natur (vgl. Vor §§ 12 ff. Rn. 5; OLG Hamburg *Schulze* OLGZ 174; Möhring/Nicolini/*Spautz* § 25 Rn. 2; Schricker/Loewenheim/*Vogel* § 25 Rn. 21 f.; Dreier/Schulze/*Schulze* § 25 Rn. 2; Dreyer/Kotthoff/Meckel/*Dreyer* § 25 Rn. 25; Loewenheim/*Dietz/Peukert* § 17 Rn. 1).

2. Vertragliche Regelung des Zugangsrechts im Bereich Architektur (§ 7 Abs. 4 ABfA)

Eine vertragliche Regelung des Zugangsrechts empfiehlt sich im Bereich der **Architektur**. Anders als das urheberrechtliche Zugangsrecht, wirkt das **vertragliche Zugangsrecht** nur zwischen dem Urheber und seinem Vertragspartner, so dass der Urheber bspw. mit einer Weiterveräußerung des von ihm geschaffenen Gebäudes das vertragliche Zugangsrecht verliert (OLG Hamburg Schulze 174; Dreier/Schulze/*Schulze* § 25 Rn. 10). Andererseits bietet eine vertragliche Regelung des Zugangsrechts, wie sie **§ 7 Abs. 4 der Allgemeinen Bestimmungen für Architektenverträge** (Bundesanzeiger vom 10.4.1995; Schricker/Loewenheim/*Vogel* § 25 Rn. 20; Loewenheim/*Dietz/Peukert* § 17 Rn. 10) enthält, den Vorteil, dass der Architekt nicht die urheberrechtliche Schutzfähigkeit seines Gebäudes darlegen muss.

22

3. Durchsetzung

Die Durchsetzung des Anspruchs auf Zugang kann mittels Klage bzw. im Wege einer einstweiligen Verfügung erreicht werden (OLG Düsseldorf GRUR 1969, 550, 551; Dreier/ Schulze/*Schulze* § 25 Rn. 26; Dreyer/Kotthoff/Meckel/*Dreyer* § 25 Rn. 27; Loewenheim/ *Dietz/Peukert* § 17 Rn. 10).

23

§ 26 Folgerecht

(1) **Wird das Original eines Werkes der bildenden Künste oder eines Lichtbildwerkes weiterveräußert und ist hieran ein Kunsthändler oder Versteigerer als Erwerber, Veräußerer oder Vermittler beteiligt, so hat der Veräußerer dem Urheber einen Anteil des Veräußerungserlöses zu entrichten. Als Veräußerungserlös im Sinne des Satzes 1 gilt der Verkaufspreis ohne Steuern. Ist der Veräußerer eine Privatperson, so haftet der als Erwerber oder Vermittler beteiligte Kunsthändler oder Versteigerer neben ihm als Gesamtschuldner; im Verhältnis zueinander ist der Veräußerer allein verpflichtet. Die Verpflichtung nach Satz 1 entfällt, wenn der Veräußerungserlös weniger als 400 Euro beträgt.**

(2) **Die Höhe des Anteils des Veräußerungserlöses beträgt:**
1. **4 Prozent für den Teil des Veräußerungserlöses bis zu 50 000 Euro,**
2. **3 Prozent für den Teil des Veräußerungserlöses von 50 000,01 bis 200 000 Euro,**
3. **1 Prozent für den Teil des Veräußerungserlöses von 200 000,01 bis 350 000 Euro,**
4. **0,5 Prozent für den Teil des Veräußerungserlöses von 350 000,01 bis 500 000 Euro,**
5. **0,25 Prozent für den Teil des Veräußerungserlöses über 500 000 Euro.**
Der Gesamtbetrag der Folgerechtsvergütung aus einer Weiterveräußerung beträgt höchstens 12 500 Euro.

(3) **Das Folgerecht ist unveräußerlich. Der Urheber kann auf seinen Anteil im Voraus nicht verzichten.**

(4) **Der Urheber kann von einem Kunsthändler oder Versteigerer Auskunft darüber verlangen, welche Originale von Werken des Urhebers innerhalb der**

letzten drei Jahre vor dem Auskunftsersuchen unter Beteiligung des Kunsthändlers oder Versteigerers weiterveräußert wurden.

(5) Der Urheber kann, soweit dies zur Durchsetzung seines Anspruchs gegen den Veräußerer erforderlich ist, von dem Kunsthändler oder Versteigerer Auskunft über den Namen und die Anschrift des Veräußerers sowie über die Höhe des Veräußerungserlöses verlangen. Der Kunsthändler oder Versteigerer darf die Auskunft über Namen und Anschrift des Veräußerers verweigern, wenn er dem Urheber den Anteil entrichtet.

(6) Die Ansprüche nach den Absätzen 4 und 5 können nur durch eine Verwertungsgesellschaft geltend gemacht werden.

(7) Bestehen begründete Zweifel an der Richtigkeit oder Vollständigkeit einer Auskunft nach Absatz 4 oder 5, so kann die Verwertungsgesellschaft verlangen, daß nach Wahl des Auskunftspflichtigen ihr oder einem von ihm zu bestimmenden Wirtschaftsprüfer oder vereidigten Buchprüfer Einsicht in die Geschäftsbücher oder sonstige Urkunden soweit gewährt wird, wie dies zur Feststellung der Richtigkeit oder Vollständigkeit der Auskunft erforderlich ist. Erweist sich die Auskunft als unrichtig oder unvollständig, so hat der Auskunftspflichtige die Kosten der Prüfung zu erstatten.

(8) Die vorstehenden Bestimmungen sind auf Werke der Baukunst und der angewandten Kunst nicht anzuwenden.

Literatur: *Bullinger,* Kunstwerkfälschung und Urheberpersönlichkeitsrecht, Berlin 1997; *Bullinger,* Urheberrechtlicher Originalbegriff und digitale Technologien, KUR 2006, 106; *v. Brühl,* Auslandsverlagerung und Käuferumlage: Wie der Kunsthandel die deutsche Folgerechtsabgabe vermeidet, GRUR 2009, 1117; *Deumeland,* Zur Anwendung des Folgerechts auf Vorgänge im Ausland, AfP 1995, 488; *Ehrler,* Das Folgerecht/Le Droit de Suite, Zürich 2001; *Gerstenberg,* Die Urheberrechte an Werken der Kunst, der Architektur und der Fotografie, München 1968; *Hamann,* Der urheberrechtliche Originalbegriff der bildenden Kunst, Frankfurt a. M. 1980; *Handig,* Neuer Wein in den alten Schläuchen des Folgerechts, ZUM 2006, 546; *Heinbuch,* Kunsthandel und Kundenschutz, NJW 1984, 15; *Hoelscher,* Das Folgerecht nach § 26 Abs. 1 UrhG im Umsatzsteuerrecht, GRUR 1991, 800; *Katzenberger,* Neues zum Folgerecht bei Auslandsbezug, FS Schricker 2005, 377; *Katzenberger,* Das Folgerecht im deutschen und ausländischem Urheberrecht, München 1970; *Katzenberger,* Deutsches Folgerecht und ausländische Kunstauktionen, GRUR Int. 1992, 567; *Katzenberger,* Die europäische Richtlinie über das Folgerecht, GRUR Int. 2004, 20; *Katzenberger,* Das Folgerecht in rechtsvergleichender Sicht, GRUR Int. 1973, 660; *Katzenberger,* Harmonisierung des Folgerechts in Europa, GRUR Int. 1997, 309; *Kunz-Hallstein/Loschelder,* Stellungnahme zum Referentenentwurf eines Gesetzes zur Umsetzung der Richtlinie über das Folgerecht des Urhebers des Originals eines Kunstwerkes, GRUR 2005, 488; *Lück,* Das Folgerecht in Deutschland und Österreich vor dem Hintergrund der Novelle des § 26 des deutschen Urheberrechtsgesetzes – ein Vergleich, GRUR Int. 2007, 884; *Pfefferle,* das deutsche Folgerecht in Fällen mit Auslandsberührung, GRUR 1996, 338; *Pfennig,* Die Harmonisierung des Folgerechts in der EU, ZUM 2002, 195; *Samson,* Bemerkungen zu einigen Vorschriften des Urheberrechtsgesetzes, UFITA 50 (1967/I) 491; *Schack,* Zum Folgerecht des Künstlers gegen den Veräußerer gemäß § 26 UrhG bei Weiterveräußerung ins Ausland, JZ 1995, 338; *Schiefler,* Zur Regelung des Folgerechts im Ministerialentwurf des Urheberrechtsgesetzes, UFITA 31 (1960) 177; *Siehr,* Beuys und das internationale Folgerecht: Eine Zwischenbilanz, IPRax 1992, 219; *Schmidt-Werthern,* Die Richtlinie über das Folgerecht des Urhebers des Originals eines Kunstwerks, Baden-Baden 2003; *Vorpeil,* Deutsches Folgerecht und Versteigerung im Ausland, GRUR Int. 1992, 913; *Wyler,* Der Kunstverlag aus urheber- und urhebervertragsrechtlicher Sicht, FuR 1983, 481.

Vgl. darüber hinaus die Angaben im eingangs abgedr. Gesamtliteraturverzeichnis.

Übersicht

	Rn.
I. Allgemeines	1–4
1. Bedeutung	1, 2
2. Internationale Folgerechtsregelungen und Änderungen durch die Folgerechtsrichtlinie	3, 4

	Rn.
II. Der Folgerechtsanspruch des § 26 Abs. 1	5–18
1. Anspruchsinhaber und Folgerechtspflichtiger	5
2. Bezugsobjekte des Folgerechts	6–10
a) Originalwerk der bildenden Kunst	6–9
aa) Anforderungen an das Originalwerk	7
bb) Nichtoriginale	8
cc) Die Signatur als Abgrenzungskriterium	9
b) Lichtbildwerke	10
c) Begrenzung des Folgerechts nach § 26 Abs. 8	11
3. Weiterveräußerung	12
4. Beteiligung eines Kunsthändlers oder Versteigerers	13–15
a) Person des Kunsthändlers oder Versteigerers	13
b) Beteiligungshandlung	14
c) Auslandsbezug	15
5. Anspruchsinhalt und seine Berechnungsgrundlage	16
6. Beteiligung am Veräußerungserlös	17
7. Der Erwerber oder Vermittler als Gesamtschuldner	18
III. Regelungen der § 26 Abs. 3 bis 7	19–21
1. Unveräußerlich- und Unverzichtbarkeit (§ 26 Abs. 3)	19
2. Auskunftsanspruch (§ 26 Abs. 4 bis Abs. 7)	20
3. Verjährung (§ 26 Abs. 7 a. F.)	21

I. Allgemeines

1. Bedeutung

Die Bestimmung ermöglicht es dem Urheber, nach der Erstveräußerung an **weiteren** **1** **Veräußerungen** eines Werkes der bildenden Kunst **finanziell teilzuhaben.** Durch die **Folgerechts-Richtlinie** (2001/84/EG), die durch das Fünfte Gesetz zur Änderung des Urheberrechtsgesetzes v. 10.11.2006 (BGBl. I S. 2587) mit Wirkung v. 16.11.2006 umgesetzt wurde, wurde eine Harmonisierung der nationalen Folgerechtsregelungen beabsichtigt und ein vergleichbarer Folgerechtsanspruch eingeführt (*Lück* GRUR Int. 2007, 884; *Kunz-Hallstein/Loschelder* GRUR 2005, 488). Die Einführung hatte europaweit bis zum 1.1.2006 zu erfolgen (*Schack* Kunst und Recht Rn. 431; *Katzenberger* GRUR Int. 2004, 20, 21). Inzwischen ist die Richtlinie von allen Mitgliedstaaten umgesetzt worden. Mit der europaweiten Einführung des Folgerechts sollten künftig noch existierende Nachteile und Rechtsunsicherheiten innerhalb des Binnenmarktes der europäischen Gemeinschaft behoben werden und eine Verfälschung des Wettbewerbs auf dem Kunstmarkt und in Betracht kommende Beeinträchtigungen europaweit unterbunden werden (*v. Brühl* GRUR 2009, 1117; *Lück* GRUR Int. 2007, 886; *Handig* ZUM 2006, 546, 547, s. auch zu den Gründen für die Harmonisierung des Folgerechts *Ehrler* 112 ff.).

Das Folgerecht spiegelt die Erkenntnis wider, dass sich das weitere Werkschaffen und der **2** Zuwachs an Reputation, den der Urheber in der Zeit nach der Erstveräußerung des Werkes erfährt, in der Regel günstig auf die **Wertentwicklung** des Werkes auswirken (Amtl-Begr. BT-Drucks. IV/270, 52; Möhring/Nicolini/*Spautz* § 26 Rn. 1; Dreier/Schulze/ *Schulze* § 26 Rn. 1; Dreyer/Kotthoff/Meckel/*Dreyer* § 26 Rn. 7). Der Urheber nimmt über das Folgerecht an dieser Wertentwicklung des Werkes nach der Erstveräußerung teil (*Katzenberger* 19 f.; *Katzenberger* GRUR Int. 1973, 660, 661 f.). Der Vergütungsanspruch bezieht sich dabei lediglich auf **Werkoriginale,** die zumeist allein Gegenstand des Kunsthandels sind. Der Anspruch entsteht weiterhin nur, wenn ein Kunsthändler oder Versteigerer an der Veräußerung beteiligt war (vgl. Rn. 13). Das Folgerecht ist dabei als unverzichtbarer Anspruch ausgestaltet. Das Folgerecht gehört weder zu den Verwertungs- noch zu den Urheberpersönlichkeitsrechten (AmtlBegr. BT-Drucks. IV/270, 52). Es stellt einen **besonderen vermögensrechtlichen Anspruch** dar (Möhring/Nicolini/*Spautz* § 26 Rn. 2; Dreier/Schulze/*Schulze* § 26 Rn. 2; Dreyer/Kotthoff/Meckel/*Dreyer* § 26 Rn. 5).

2. Internationale Folgerechtsregelungen und Änderungen durch die Folgerechts-Richtlinie

3 Mittlerweile ist das Folgerecht in allen EU-Mitgliedstaaten und in Norwegen harmonisiert. In anderen europäischen, aber nicht der EU angehörigen Staaten wie z. B. Island gilt lediglich eine Art Abgaberecht, das dem Folgerecht vergleichbar ist (*Schmidt-Werthern* 55). Die Schweiz hat ein Folgerecht komplett abgelehnt, ebenso gibt es keines auf Bundesebene in den USA (Loewenheim/*Pfennig* § 88 Rn. 8; *Schmidt-Werthern* 56 f.; *Katzenberger* GRUR Int. 2004, 20, 21); lediglich der Staat Kalifornien sieht eine Urheberbeteiligung kodifiziert im Zivilgesetzbuch vor.

4 Durch die Umsetzung der **Folgerechts-Richtlinie** durch das Fünfte Gesetz zur Änderung des Urheberrechtsgesetzes vom 10.11.2006 (BGBl. I S. 2587) kam es neben Verschiebungen zu einigen Änderungen beim Folgerecht (ein Teil des Abs. 3 a. F. ist nun Abs. 4 n. F., Abs. 3, 4 und 5 a. F. sind nun jeweils um einen Absatz nach hinten versetzt). Es wurde hierbei das Lichtbildwerk als Gegenstand des Folgerechts aufgenommen (§ 26 Abs. 1 S. 1 n. F., vgl. Rn. 10), die Folgerechtsabgabe auf den *Netto*verkaufserlös bezogen (§ 26 Abs. 1 S. 2 n. F., vgl. Rn. 16) und die Untergrenze, bei deren Nichterreichen der Anspruch entfällt, von € 50,– auf € 400,– Euro angehoben (§ 26 Abs. 1 S. 4 n. F., vgl. unten Rn. 17). Bei einer Veräußerung von einer Privatperson haftet der als Erwerber oder Vermittler beteiligte Kunsthändler oder Versteigerer nun als Gesamtschuldner, ist jedoch im Innenverhältnis freigestellt (§ 26 Abs. 1 S. 3 n. F., vgl. Rn. 18). Der vormals starre 5%-ige Anteil am Erlös wurde in ein degressives System umgewandelt (§ 26 Abs. 2 n. F., vgl. Rn. 16 f.). Der bisherige § 26 Abs. 2 S. 2 war überflüssig und wurde gestrichen, da die Anwartschaft aufgrund ihres akzessorischen Charakters ebenso wie das Folgerecht nicht der Zwangsvollstreckung unterliegt (vgl. BT-Drs. 16/1107). Schließlich ist das Folgerecht nunmehr explizit unveräußerlich (§ 26 Abs. 3 n. F., vgl. Rn. 19) und der Auskunftsanspruch des Urhebers gegenüber dem Kunsthändler oder Versteigerer über Veräußerungen ist in zeitlicher Hinsicht von vormals mindestens einem Jahr auf nunmehr maximal drei Jahre ab dem Auskunftsersuchen erweitert worden (§ 26 Abs. 4 n. F., vgl. Rn. 20).

II. Der Folgerechtsanspruch des § 26 Abs. 1

1. Anspruchsinhaber und Folgerechtspflichtiger

5 Anspruchsinhaber ist der Urheber oder sein Rechtsnachfolger. Das Folgerecht ist vererblich, wie sich aus § 28 ergibt. Folgerechtspflichtig ist der **Veräußerer**. Veräußerer eines Kunstwerkes ist jeder, der ein Werk im eigenen Namen anderen überträgt. Veräußerer i. S. d. § 26 ist auch der **Kommissionär** (BGHZ 56, 256, 258 – Urheberfolgerecht; OLG München GRUR 1979, 641, 642 – Kommissionsverkauf; Dreier/Schulze/*Schulze* § 26 Rn. 14; a. A. LG München I GRUR 1979, 155).

2. Bezugsobjekte des Folgerechts

6 **a) Originalwerk der bildenden Kunst.** Das Folgerecht bezieht sich auf Originalwerke der bildenden Kunst (hieran hat auch die Novellierung des Folgerechts von 2006 nichts geändert, vgl. BT-Drucks. 16/1107, 6; zu Werken der bildenden Kunst s. § 2 Rn. 81 ff.; Dreier/Schulze/*Schulze* § 26 Rn. 10; Dreyer/Kotthoff/Meckel/*Dreyer* § 26 Rn. 13; Loewenheim/*Pfennig* § 88 Rn. 10 ff.; *Schack* Kunst und Recht Rn. 435; *Schmidt-Werthern* 33; *Ehrler* 147 f.; in Dänemark, Finnland, Schweden und Spanien ist diese Voraussetzung nicht erforderlich). Der **urheberrechtliche Originalbegriff** wird vom UrhG nicht definiert. Er wird in § 26 (wie auch in § 10 – Vermutung der Urheberschaft – und in der Strafvorschrift des § 107 Abs. 1) als bekannt vorausgesetzt (ausführlich zum Originalbegriff *Bullinger* 26 ff.; *Bullinger* KUR 2007, 106 ff.; *Hamann* 140; Loewenheim/*Pfennig* § 88 Rn. 11 f.). Bei der

Bestimmung der Originaleigenschaft ist auf die in Kunstkreisen **herrschende Verkehrsanschauung** abzustellen (Dreyer/Kotthoff/Meckel/*Dreyer* § 26 Rn. 13; *Katzenberger* 91; *Samson* UFITA 50 (1967) 491, 499; *Schmidt-Werthern* 34).

aa) Anforderungen an das Originalwerk. Originale sind zunächst von dem Urheber **eigenhändig geschaffene Verkörperungen** eines Werkes. Darüber hinaus ist ein Werkoriginal ein Werkexemplar, das unter der **Aufsicht** und mit **Billigung** des Urhebers geschaffen wurde. Der urheberrechtliche Originalbegriff umfasst entsprechend der Verkehrsauffassung auch **Auflagenwerke,** bei denen der Urheber lediglich die Urform geschaffen hat, die Druckgrafiken und Abgüsse aber von Helfern nach seinem Willen hergestellt wurden (Dreier/Schulze/*Schulze* § 26 Rn. 10; Fromm/Nordemann/*W. Nordemann* § 26 Rn. 10; *Hamann* 140, 198; *Bullinger* 26 ff.; *Hamann* FuR 1976, 667; a. A. v. *Gamm* § 26 Rn. 5). Bei Plastiken ist es genügend, wenn der Urheber eine Markette als Positivform geschaffen hat und **Gehilfen** davon ein Negativ für den Guss erzeugen (Schricker/Loewenheim/*Katzenberger* § 26 Rn. 28 f.). Entscheidend für die Originaleigenschaft ist, dass der Urheber das Werk gestaltet und die Gehilfen lediglich technische Hilfe leisten.

bb) Nichtoriginale. Keine Originalwerke liegen vor, wenn die genannten Bedingungen nicht erfüllt sind. So sind Abgüsse, Drucke oder Abzüge, die **nach dem Tode** des Urhebers entstanden sind, keine Originale, da der Urheber den Herstellungsprozess nicht mehr überwachen oder autorisieren konnte (Fromm/Nordemann/*W. Nordemann* § 26 Rn. 11; *Heinbuch* NJW 1984, 15 ff.; Dreyer/Kotthoff/Meckel/*Dreyer* § 26 Rn. 13 billigt einem posthum hergestellten Abguss dann noch Werkoriginalität zu, wenn dieser unter Aufsicht zumindest eines noch lebenden Miturhebers vollendet wird). Bei Auflagenwerken erkennt der Kunsthandel ein Werkexemplar nur dann als Original an, wenn der Urheber die Druckplatte unmittelbar bearbeitet hat. Wird das Werk dagegen **fotomechanisch** auf die Druckplatte übertragen, so liegt kein Originalwerk vor (*Bullinger* 26 ff.). Die vielfach im Kunsthandel auftauchenden Lithographien bekannter Künstler, die von Handzeichnungen fotomechanisch auf Druckplatten übertragen wurden, sind keine Originalwerke. Als Werkexemplare ohne Originalcharakter sind **Abbildungen** von Originalen anzusehen. Abbildungen in Katalogen, Büchern und Zeitschriften geben ein Originalwerk lediglich wieder (*Bullinger* 26 ff.).

cc) Die Signatur als Abgrenzungskriterium. Einer **eigenhändigen Signatur** kommt bei der Bestimmung der Originaleigenschaft lediglich **Indizwirkung** zu (*Gerstenberg* § 44 Anm. 2; *Katzenberger* 93; *Wyler* FuR 1983, 481, 483). Originalwerke werden von den Urhebern meist signiert. Aber auch **unsignierte Werke,** die den Anforderungen an ein Werkoriginal entsprechen, sind Originalwerke i. S. d. § 26 Abs. 1 (Fromm/Nordemann/*W. Nordemann* § 26 Rn. 10; a. A. *Samson* UFITA 50 (1967) 491, 498 f.).

b) Lichtbildwerke. Als zweiter Regelungsgegenstand sind im Jahr 2006 Lichtbildwerke durch das Fünfte Gesetz zur Änderung des Urheberrechtsgesetzes aufgenommen worden. Die Aufnahme trägt dem Umstand Rechnung, dass Lichtbildwerke in Art. 2 Abs. 1 der Richtlinie ausdrücklich genannt sind, sich jedoch aufgrund der systematischen Einordnung der Lichtbildwerke in § 2 Abs. 1 Nr. 5 bisher nicht ohne eine Analogie zu den Originalwerken der bildenden Künste rechnen ließen (vgl. BT-Drs. 16/1107, 6). Wie auch bei Werken der Bildenden Kunst ist jedoch **nur das Originalwerk** vom Folgerecht erfasst (vgl. BT-Drucks. 16/1107, 6; ebenso Art. 1 Abs. 1 der Richtlinie). In der künstlerischen Fotografie (Lichtbildwerke) ist deswegen bei der Beurteilung der Originaleigenschaft darauf abzustellen, ob die entsprechenden Abzüge vom Positiv, Negativ oder Datenträger der Kamera **auf Weisung** des Künstlers hergestellt wurden und er sie autorisiert hat. Damit sind in der **analogen Fotografie** nicht nur von dem Urheber selbst hergestellte Handabzüge Originale. Auch von ihm gebilligte Massenlaborabzüge stellen Werkoriginale dar. Entgegen einer teilweise geäußerten Ansicht (*Heinbuch* NJW 1984, 15 ff.) ist es für die Originaleigenschaft einer Fotografie nicht entscheidend, dass diese mit einem besonders aufwändigen Verfahren auf hochwertiges Material abgezogen wurde. Durch den hohen Schwellenwert des Folgerechts von € 400,– werden jedoch Abzüge, die einer Massenproduktion und nicht einer begrenzten Serie aus dem Fine-Art-Bereich entstammen, ohnehin nur selten Gegenstand des Folgerechts sein. Bei der **digitalen Fotografie** oder digitalen Fototechniken bereiten rein digital erzeugte Werke die geringsten Schwierigkeiten. Originaleigenschaft kommt hierbei dem ersten Datenträger mangels Wahrnehmbarkeit des digitalen Datensatzes und der fehlenden Möglichkeit, solch einem bewusst auf Vervielfältigungshandlungen zielenden Medium Unikatscharakter beizumessen, nicht zu. Von dem Urheber autorisierte Exemplare, die direkt wahrnehmbar und nach seiner Vorstellung mit einer hervorgehobenen Stellung versehen sind, stellen dann aber Originale dar. Schwieriger ist die Feststellung des Originalcharakters bei dem Einsatz von analogen Techniken in einem ersten und digitaler Weiterbearbeitung in einem zweiten Schritt, bspw. nach einem Scan. Hier ist erst die wahrnehmbar gemachte Version des Endergebnisses ein Original, wenn die künstlerische Konzeption solch eine mehrschrittige Schaffensweise vorsah. Die digitale Neuauflage eines Originals, das z. B. vor Aufkommen der digitalen Technologien geschaffen wurde, wird zwar regelmäßig von der in Kunstreisen herrschenden Verkehrsanschauung gering geschätzt. Dies kann jedoch nicht zu einer Bevormundung des Urhebers führen. Autorisiert dieser den digitalen Abzug von neuen Originalen, ist diese Entscheidung anzuerkennen (vgl. zu allem eingehend: *Bullinger* KUR 2007, 106 ff.).

11 **c) Begrenzung des Folgerechts nach § 26 Abs. 8.** § 26 Abs. 8 bestimmt, dass sich das Folgerecht nur auf Werke der bildenden Künste im engeren Sinne bezieht. So werden **Werke der Baukunst** sowie der **angewandten Kunst** von der Folgerechtspflicht ausgenommen. Werke der Baukunst sind plastische Gestaltungen, die einem Gebrauchszweck wie dem Begehen, Befahren oder Bewohnen dienen. Keine Bauwerke im Sinne der Bestimmung sind Skulpturen, auch wenn sie begehbar sind. Weiter stellt ein Werk der Kunst am Bau kein Bauwerk dar. Werke der angewandten Kunst sind Gegenstände, die einen Gebrauchszweck erfüllen und zugleich eine über ihre Funktion hinausgehende gestalterische Qualität aufweisen (s. § 2 Rn. 96 f.). Die Beschränkung des Folgerechts auf Werke der bildenden Kunst im engeren Sinne wird damit begründet, dass die **Preisentwicklung** bei Bauwerken und Werken der angewandten Kunst meist von anderen Faktoren (wie z. B. dem Immobilienmarkt oder den Materialwert) als der Entwicklung des Ansehens des Urhebers abhängt (AmtlBegr. *M. Schulze* 453; Dreier/Schulze/*Schulze* § 26 Rn. 8, 33). Bei Bauwerken hängt die Preisentwicklung maßgeblich von der Lage des Gebäudes ab (*Schiefler* UFITA 31 (1960) 177, 204). Bei Werken der angewandten Kunst ist für den Preis bei der Weiterveräußerung meist der Hersteller entscheidend.

3. Weiterveräußerung

12 Der Begriff der Weiterveräußerung in § 26 bedeutet **jede Veräußerung** des Kunstwerkes nach der Erstveräußerung. Erfasst ist das gesamte Veräußerungsgeschäft, also das schuldrechtliche Verpflichtungsgeschäft ebenso wie das dingliche Verfügungsgeschäft. Bloße Vorbereitungshandlungen sind nicht erfasst (BGH NJW 1994, 2888, 2890 – Folgerecht mit Auslandsbezug; *Katzenberger* FS Schricker 2005, 375, 383). An der ersten Eigentumsübertragung ist der Urheber, der ein Werk geschaffen hat, selbst beteiligt. Es bedarf bei der Erstveräußerung keines gesetzlich geregelten Vergütungsanspruches, da es der Urheber selbst in der Hand hat, einen Kaufpreis für das Originalwerk zu bestimmen oder es zu tauschen oder zu verschenken. Hat der Urheber das Werk aber einmal verkauft, verschenkt oder getauscht, so ist bei jeder nachfolgenden Eigentumsübertragung der Tatbestand der Weiterveräußerung gem. § 26 erfüllt (*Lück* GRUR Int. 2007, 885; Fromm/Nordemann/ *W. Nordemann* § 26 Rn. 20, 21; Dreier/Schulze/*Schulze* § 26 Rn. 11; *v. Gamm* § 26 Rn. 7; Möhring/Nicolini/*Spautz* § 26 Rn. 8; zum Verschenken: AG Bremervörde NJW 1990,

2005 – Bauernhaus am Moorkanal). Keine Erstveräußerung ist gegeben, wenn das Eigentum an einem Kunstwerk bei einem **Erbfall** vom Urheber auf den Erben übergeht (§§ 1922, 2174 BGB). Eine Erstveräußerung liegt aber vor, wenn der Erbe des Urhebers das Werk in Erfüllung eines **Vermächtnisses** überträgt (Fromm/Nordemann/*W. Nordemann* § 26 Rn. 20). Eine Weiterveräußerung gem. § 26 setzt voraus, dass das Werk im wirtschaftlichen Sinne bleibend übertragen wird (AG Bremervörde, NJW 1990, 2005 – Bauernhaus am Moorkanal). Die Übertragung des Eigentums im Rahmen eines **Treuhandverhältnisses** ist deshalb nicht folgerechtspflichtig. Nach zutreffender Meinung ist eine Weiterveräußerung im Falle einer **Sicherungsübereignung** erst gegeben, wenn der Sicherungsfall eintritt (Fromm/Nordemann/*W. Nordemann* § 26 Rn. 24; *Katzenberger* 95; Dreier/Schulze/*Schulze* § 26 Rn. 14). Nicht entscheidend für die Entstehung des Folgerechtsanspruchs ist aber, dass der Erwerber das Werk für einen längeren Zeitraum in seinem Vermögen behalten möchte. Wird ein Werk erworben und sogleich weiterveräußert, so liegen zwei folgerechtspflichtige Sachverhalte vor.

4. Beteiligung eines Kunsthändlers oder Versteigerers

a) Person des Kunsthändlers oder Versteigerers. Der Folgerechtsanspruch entsteht 13 nur, wenn ein **Kunsthändler** oder **Versteigerer** an der Weiterveräußerung beteiligt war. Gleichgültig ist dabei, ob der Vermittler auf Seiten des Verkäufers oder des Erwerbers tätig wurde (OLG Frankfurt a.M. ZUM 2005, 653, 665; Möhring/Nicolini/*Spautz* § 26 Rn. 11). Kunsthändler im Sinne der Vorschrift ist jede Person, die aus eigenem wirtschaftlichen Interesse an der Veräußerung beteiligt ist (Agenten, Antiquare, Galeristen, Kaufhäuser etc.). Dazu zählt auch, wer Sammler und Kunstinteressenten beim An- und Verkauf von Kunstwerken berät und hierfür eine kaufpreisabhängige Provision erhält (BGH NJW 2009, 765, 766 – Sammlung Ahlers). Der Betreffende muss nicht hauptberuflich Kunsthändler sein. Auch wer sich nur gelegentlich mit dem Handel von Kunstwerken befasst, ist folgerechtspflichtig (Schricker/Loewenheim/*Katzenberger* § 26 Rn. 33; *Lück* GRUR Int. 2007, 886). Der Begriff des Kunsthändlers in § 26 ist weit auszulegen, um zum einen eine Umgehung des Folgerechts zu erschweren (BGH GRUR 2008, 989 – Sammlung Ahlers; OLG Frankfurt a.M. ZUM 2005, 653, 655). Zum anderen ist der Begriff aber auch bei richtlinienkonformer Auslegung weit zu verstehen, wie die offene Formulierung in Art. 1 Abs. 2 zeigt (*Handig* ZUM 2006, 546, 549). Versteigerer gem. § 26 ist jede Person, die ein Werk gegen **Meistgebot** veräußert. Nicht entscheidend ist, dass der Versteigerer gewerblich handelt oder § 34c GewO unterfällt (Schricker/Loewenheim/*Katzenberger* § 26 Rn. 33).

b) Beteiligungshandlung. Eine Vermittlung, die den Folgerechtsanspruch auslöst, 14 liegt vor, wenn der Kunsthändler oder Versteigerer an der Veräußerung des Werkes mitgewirkt hat. Als Mitwirkung ist bereits ein **Nachweis** des betreffenden Werkes oder dessen Ausstellung anzusehen. Eine Vermittlung liegt weiter vor, wenn ein Werk von einem Kunsthändler in Kommission auf Rechnung und im Namen des Eigentümers verkauft wird (Möhring/Nicolini/*Spautz* § 26 Rn. 11). Daraus folgt, dass eine Ausnahme für Geschäfte unter Privaten besteht, die sich allein schon aus Praktikabilitätsgründen ergeben; eine ausreichende Kontrolle wäre in dem Bereich kaum möglich und nur mit erheblichen Aufwänden verbunden, die sich im Vergleich zu den Erlösen nicht rechnen würden (AmtlBegr. BT-Drucks. IV/270, 53; Dreier/Schulze/*Schulze* § 26 Rn. 15; Schricker/Loewenheim/*Katzenberger* § 26 Rn. 33; Loewenheim/*Pfennig* § 88 Rn. 17; *Schack* Kunst und Recht Rn. 436; *Schmidt-Werthern* 37). Die Entgeltlichkeit der Vermittlung an sich ist allerdings keine Anspruchsvoraussetzung.

c) Auslandsbezug. Erfolgt die Veräußerung eines Werkes aus einer inländischen 15 Sammlung durch einen **ausländischen Versteigerer** – im zugrunde liegenden Fall wurden Beuys-Werke eines deutschen Eigentümers durch Christie's London versteigert –, so ist die Veräußerung nach der Rechtsprechung des Bundesgerichtshofs folgerechtsfrei, sogar dann wenn die Staatsangehörigkeit des Veräußerers sowie des Erwerbers deutsch ist und Vorbereitungshandlungen in Deutschland stattgefunden haben (BGHZ 126, 252, 258 – Folgerecht bei Auslandsbezug; OLG Frankfurt a. M. ZUM 2005, 653, 655). Der Entscheidung ist mit der überwiegenden Literatur zuzustimmen (Dreyer/Kotthoff/Meckel/*Dreyer* § 26 Rn. 11, 39; Schricker/Loewenheim/*Katzenberger* Vor §§ 120 ff. Rn. 146; Loewenheim/*Pfennig* § 88 Rn. 24; *Schack* Kunst und Recht, Rn. 437; *Pfefferle* GRUR 1996, 338; *Katzenberger* GRUR Int. 1992, 567; *Vorpeil* GRUR Int. 1992, 912; *Schack* JZ 1995, 357; *Deumeland* AfP 1995, 488; a. A. Vor §§ 120 ff. Rn. 20 m. w. N. auch zur Gegenansicht). Ein anderes Ergebnis würde dem urheberrechtlichen **Territorialitätsgrundsatz** widersprechen. Die Rechte aus dem UrhG beziehen sich nur auf das Gebiet der Bundesrepublik Deutschland. Erforderlich ist also, dass die Weiterveräußerung zumindest teilweise im Inland erfolgt ist. Nach der Rechtsprechung genügt es, wenn der Kaufvertrag durch einen Vertragspartner im Inland unterzeichnet wird (BGH NJW 2009, 765, 768 – Sammlung Ahlers). Das Folgerecht kann durch eine Vermarktung des Kunstwerkes im Ausland damit umgangen werden. Dies wird von Teilen der Literatur kritisiert (Fromm/Nordemann/ *W. Nordemann* § 26 Rn. 22; ebenso *Siehr* IPRax 1992, 219; Vor §§ 120 ff. Rn. 20; s. dort auch zum Folgerecht bei **Online-Auktionen** im Internet). Diesem Missstand wird durch Einführung der Folgerechts-Richtlinie zwar europaweit entgegen gewirkt, nicht auszuschließen ist ein derartiger Fall jedoch in Länder, in denen die Richtlinie keine Wirkung entfalten wird (*Ehrler* 58, 113).

5. Anspruchsinhalt und seine Berechnungsgrundlage

16   Durch den Umstand, dass der Folgerechtsanspruch nun auf einer EU-Richtlinie basiert, lässt sich nicht mehr mit gleicher Bestimmtheit wie zuvor annehmen, dass der Folgerechtsanspruch mit dem dinglichen Verfügungsgeschäft entsteht (so zuvor BGH ZUM 1995, 133 – Beuys Graubner), auch wenn der Wortlaut des Gesetzes weiterhin von dem Veräußerungsvorgang als Bezugspunkt spricht. Im Rahmen einer einheitlichen Interpretation der Richtlinie innerhalb der Mitgliedstaaten wird schon dadurch, dass nicht alle Rechtsordnungen zwischen Verfügungs- und Verpflichtungsebene unterscheiden, sondern nur einen einheitlichen Verkauf als Entäußerungsakt im Zeitpunkt des Verpflichtungsgeschäfts kennen, letztlich auf den schuldrechtlichen Vertragsschluss abzustellen sein (so auch *Handig* ZUM 2006, 546, 548). Der Anspruch entsteht mit der **Fälligkeit des Kaufpreises** des Originalwerkes und nicht erst mit der Zahlung des Verkaufserlöses – unabhängig davon, ob dieser gar nicht oder nur unvollständig geleistet wurde (Dreier/Schulze/*Schulze* § 26 Rn. 18; Schricker/Loewenheim/*Katzenberger* § 26 Rn. 37; Fromm/Nordemann/*W. Nordemann* § 26 Rn. 24, 33). Der Folgerechtsanspruch knüpft gem. § 26 Abs. 1 S. 2 nunmehr an den *Netto*betrag an. Dieser ist als Gegenleistung im Rahmen der Veräußerung zu zahlen (sog. Erlösanteilsystem im Gegensatz zum Gewinnanteilsystem). Der Anteil, den der Kunstvermittler von dem Veräußerer für seine Tätigkeit erhält, ist von dem Bemessungsbetrag für die Berechnung des Folgerechtsanspruches nicht abzuziehen (Fromm/Nordemann/ *W. Nordemann* § 26 Rn. 26). Strittig ist, ob die von einem Erwerber zu zahlende Versteigerungsgebühr, das sog. Aufgeld, zu berücksichtigen ist. Nach zutreffender Auffassung bleibt das **Aufgeld** außer Betracht, da der Anspruchsverpflichtete nach § 26 Abs. 1 der Veräußerer ist und nicht der aufgeldpflichtige Ersteigerer (Fromm/Nordemann/*W. Nordemann* § 26 Rn. 26; Dreier/Schulze/*Schulze* § 26 Rn. 17; *Katzenberger* 109; a. A. *Gerstenberg* § 26 Bem. 6). Mit dem Aufgeld hat jener nichts zu tun. Im Falle eines Tausches ist die Bemessungsgrundlage für den Folgerechtsanspruch der Geldwert der Gegenleistung und nicht etwa der Marktwert des getauschten Werkes. Bei dem Tausch tritt nämlich an die Stelle des Preises die Sache, die die Gegenleistung bildet (Fromm/Nordemann/*W. Nordemann* § 26 Rn. 27). Die Vergütung aus dem Folgerecht ist **umsatzsteuerpflichtig** (LG Düsseldorf DB 1991, 1517), denn die Verwertungsgesellschaft nimmt wirtschaftlich gesehen die urheberrechtli-

chen Befugnisse als eine Art Inkassounternehmen wahr und erbringt damit gegenüber dem Urheber eine steuerbare Leistung nach § 1 Abs. 1 Nr. 1 UStG (*Hoelscher* GRUR 1991, 800, 804).

6. Beteiligung am Veräußerungserlös

Die jetzige Rechtslage legt die Beteiligungsschwelle für den Urheber bei 400 Euro fest. Der bisher einheitliche Folgerechtsanspruch ist nun durch ein gestaffeltes System ersetzt worden, das für bestimmte Teile des Erlöses unterschiedliche Anspruchshöhen vorsieht. Entsprechend der engen Vorgaben der Richtlinie in Art. 4 Abs. 2 konnte nur für die Tranche des Verkaufspreises bis € 50 000,– anstelle von 4% ein Satz von 5% bestimmt werden, was im ReferentenE noch der Fall war, jedoch mit dem RegierungsE verworfen wurde. Die Höhe des Anspruchs ergibt sich aus der Addition der jeweiligen Anteile, wie dem Wortlaut „für den Teil" klar zu entnehmen ist (vgl. BT-Drucks. 16/1107, 6). Werden **mehrere Werke** desselben Urhebers bei einem Anlass veräußert, so kann der Höchstbetrag der Beteiligung des Urhebers mehrfach anfallen. Damit gewinnt die Frage an Bedeutung, ob bei Werkstücken mit einer inneren Verbindung (z. B. Triptychon) ein oder mehrere Werke im Sinne der auf der Richtlinie basierenden Folgerechtsvorschrift vorliegen. Bilden mehrere Werkstücke nach der vom Urheber vorgegebenen Form eine Einheit, die in einer vom Urheber bestimmten Weise anzuordnen ist, so liegt ein Werk vor. Besteht die Verbindung zwischen den Werken thematisch oder im Sinne einer Serie, so liegen mehrere Werke vor, so dass der Höchstbetrag der Folgerechtsvergütung mehrfach anfallen kann. 17

7. Der Erwerber oder Vermittler als Gesamtschuldner

Durch § 26 Abs. 1 S. 3 wurde von der Option Gebrauch gemacht, eine vom Veräußerer verschiedene Person allein oder gemeinsam mit dem Veräußerer für die Zahlung der Folgerechtsvergütung haften zu lassen (Art. 1 Abs. 4 S. 2 2001/84/EG). Der Gesetzgeber hat sich hierbei für eine Gesamtschuld (vgl. § 426 BGB) zwischen dem Veräußerer und dem als Erwerber oder Vermittler beteiligten Kunsthändler oder Versteigerer entschieden. Dies erschien dem Gesetzgeber sachgerecht, da die Beteiligung der Vermittler oder Erwerber die Verursachung des Folgerechtsanspruchs überhaupt erst auslöst (BT-Drucks. 16/1107, 6). Im Einklang mit der vorherigen Lage ist die Haftung jedoch letztlich im Innenverhältnis allein dem Veräußerer auferlegt worden. Es kommt schließlich auch nur dann zu einer gesamtschuldnerischen Haftung, wenn der Veräußerer Privatperson ist. 18

III. Regelungen der § 26 Abs. 3 bis 7

1. Unveräußerlich- und Unverzichtbarkeit (§ 26 Abs. 3)

Das Folgerecht (als gegenständliches Recht) ist unveräußerlich. Hiervon zu unterscheiden ist der aus der einzelnen Veräußerung entstehende Folgerechtsanspruch (Anteil), auf den der Urheber im Voraus **nicht wirksam verzichten** kann. Das Folgerecht und die sich aus ihm ergebenden Ansprüche sollen nicht dadurch ausgehöhlt werden, dass die Urheber bei der Erstveräußerung ihres Werkes regelmäßig auf sie verzichten. Der Urheber hat allerdings die Möglichkeit, auf den Folgerechtsanspruch **nach seinem Entstehen** zu verzichten oder aber, dies ist der häufigere Fall, das Folgerecht nicht geltend zu machen (Fromm/Nordemann/*W. Nordemann* § 26 Rn. 33; Dreier/Schulze/*Schulze* § 26 Rn. 25; Dreyer/Kotthoff/Meckel/*Dreyer* § 26 Rn. 26; Loewenheim/*Pfennig* § 88 Rn. 23). 19

2. Auskunftsanspruch (§ 26 Abs. 4 bis Abs. 7)

Der Auskunftsanspruch in § 26 Abs. 4 dient der Durchsetzung des Folgerechts. Seit der Novellierung im Jahr 2006 besteht er für drei Jahre ab dem Auskunftsersuchen statt vormals 20 einem Jahr ab dem Ablauf des Kalenderjahres des Auskunftsersuchens. Der Anspruch kann nur durch eine **Verwertungsgesellschaft** (in Deutschland die VG Bild-Kunst) gegenüber den auskunftspflichtigen Kunsthändlern oder Versteigerern geltend gemacht werden (vgl. Abs. 6; Dreier/Schulze/*Schulze* § 26 Rn. 26; *Lück* GRUR Int. 2007, 887; Dreyer/Kotthoff/Meckel/*Dreyer* § 26 Rn. 32 erachtet neben der Geltendmachung des Anspruchs durch die Verwertungsgesellschaften zusätzlich auch eine vertragliche Verpflichtung zur Auskunft oder zur Gewährung von Einsicht in Geschäftsbücher als möglich; Loewenheim/*Pfennig* § 88 Rn. 5, 18; a. A. AG München GRUR 1991, 606). Die Vorteile des Auskunftsanspruchs können deshalb nur bildende Künstler ausschöpfen, die einer Verwertungsgesellschaft angeschlossen sind (**§ 6 WahrnG**). Die Verwertungsgesellschaften können den Auskunftsverpflichteten ersuchen, darüber Auskunft zu geben, an welchen Weiterveräußerungen von Werken eines bestimmten Künstlers er beteiligt war. Der Auskunftsanspruch nach § 26 Abs. 5 ist auch dann durchsetzbar, wenn der im Inland ansässige Veräußerer mit einem ausländischen Erwerber das Kunstwerk auf der Grundlage eines Kaufvertrages verkauft und ein Kunsthändler mit inländischem Geschäftssitz daran beteiligt ist (OLG Frankfurt a. M. ZUM 2005, 653, 656). Der Kunsthändler oder Versteigerer ist grds. verpflichtet, **Namen und Anschrift** sowie die **Höhe des Veräußerungserlöses** mitzuteilen (vgl. Abs. 4). Er darf aber Namen und Anschrift des Veräußerers geheim halten, jedoch nicht die Höhe des Veräußerungserlöses, wenn er den Folgerechtsanspruch gegenüber dem Urheber erfüllt (Möhring/Nicolini/*Spautz* § 26 Rn. 22; Dreier/Schulze/*Schulze* § 26 Rn. 27; *Schmidt-Werthern* 49). Diese Regelung ermöglicht es dem Veräußerer, anonym zu bleiben und darüber mit dem Vermittler vertragliche Vereinbarungen zu schließen. Damit kommt es zu einer für Urheber und Kunsthändler bzw. Versteigerer interessengerechten Bündelung der zahlreichen Auskunftsansprüche. § 26 Abs. 6 gibt der Verwertungsgesellschaft das Recht, in Fällen, bei denen an der Richtigkeit und Vollständigkeit der Auskünfte begründete Zweifel bestehen, Einsicht in die **Geschäftsunterlagen** des Kunsthändlers oder Versteigerers nehmen zu lassen. Die Kosten für den Wirtschafts- oder Buchprüfer, der Einsicht nimmt, hat grds. die Verwertungsgesellschaft zu tragen. Nur wenn die Auskünfte Fehler enthalten, muss der Kunsthändler oder Versteigerer die **Kosten der Prüfung** übernehmen (Dreier/Schulze/*Schulze* § 26 Rn. 30).

3. Verjährung (§ 26 Abs. 7 a. F.)

21   Bis zur Aufhebung der Vorschrift mit Wirkung zum 1.1.2002 (zur Übergangsregelung s. § 137i Rn. 4 ff.) durch das Gesetz zur Modernisierung des Schuldrechts verjährte der Folgerechtsanspruch in zehn Jahren, und zwar unabhängig davon, ob überhaupt oder zu welchem Zeitpunkt der Urheber Kenntnis von der Weiterveräußerung erlangt (§ 26 Abs. 7 a. F.). Ab dem 1.1.2002 sind nun die allgemeinen Vorschriften des BGB anzuwenden; die regelmäßige Verjährung beträgt also drei Jahre, vgl. § 195 BGB. Die Verjährung tritt jeweils nur für eine folgerechtspflichtige Veräußerung ein. Bei einer weiteren Veräußerung beginnt die Verjährungsfrist neu zu laufen (Möhring/Nicolini/*Spautz* § 26 Rn. 26; Dreier/Schulze/*Schulze* § 26 Rn. 32; *Lück* GRUR Int. 2007, 890).

§ 27 Vergütung für Vermietung und Verleihen

(1) Hat der Urheber das Vermietrecht (§ 17) an einem Bild- oder Tonträger dem Tonträger- oder Filmhersteller eingeräumt, so hat der Vermieter gleichwohl dem Urheber eine angemessene Vergütung für die Vermietung zu zahlen. Auf den Vergütungsanspruch kann nicht verzichtet werden. Er kann im voraus nur an eine Verwertungsgesellschaft abgetreten werden.

(2) Für das Verleihen von Originalen oder Vervielfältigungsstücken eines Werkes, deren Weiterverbreitung nach § 17 Abs. 2 zulässig ist, ist dem Urheber eine

§ 27 Vergütung für Vermietung und Verleihen   1–3   § 27 UrhG

angemessene Vergütung zu zahlen, wenn die Originale oder Vervielfältigungsstücke durch eine der Öffentlichkeit zugängliche Einrichtung (Bücherei, Sammlung von Bild- oder Tonträgern oder anderer Originale oder Vervielfältigungsstücke) verliehen werden. Verleihen im Sinne von Satz 1 ist die zeitlich begrenzte, weder unmittelbar noch mittelbar Erwerbszwecken dienende Gebrauchsüberlassung; § 17 Abs. 3 Satz 2 findet entsprechende Anwendung.

(3) **Die Vergütungsansprüche nach den Absätzen 1 und 2 können nur durch eine Verwertungsgesellschaft geltend gemacht werden.**

Literatur: *Erdmann,* Das urheberrechtliche Vermiet- und Verleihrecht, in Pfeiffer u. a. (Hrsg.), Festschrift für Hans Erich Brandner zum 70. Geburtstag, Köln 1996, 361 (zit. *Erdmann* FS Brandner); *Jacobs,* Der neue urheberrechtliche Vermietbegriff, GRUR 1998, 246; *Kreutzer,* Anm. zu KG GRUR-RR 2010, 372 – Musikvideoclip, GRUR-RR 2010, 372; *Pflüger/Heeg,* Die Vergütungspflicht nichtkommerzieller Nutzung urheberrechtlich geschützter Werke in öffentlichen Bildungs-, Kultur- und Wissenschaftseinrichtungen, ZUM 2008, 649.
Vgl. darüber hinaus die Angaben im eingangs abgedr. Gesamtliteraturverzeichnis.

Übersicht

	Rn.
I. Regelungsgehalt	1–3
II. Vergütung für Vermietung, Abs. 1	4–8
III. Vergütung für Verleihen, Abs. 2	9–14
IV. Höhe der Vergütung	15
V. Geltendmachung durch Verwertungsgesellschaften, Abs. 3	16

I. Regelungsgehalt

§ 27 enthält zwei sehr unterschiedlich gestaltete Tatbestände. Lediglich die Rechtsfolge haben beide gemeinsam. In beiden Fällen erhält der Urheber (nicht der Nutzungsberechtigte) für bestimmte Nutzungsformen, die er nicht untersagen kann, eine gesetzliche Vergütung. Diese gesetzlichen Vergütungsansprüche berühren nicht die Werknutzung selbst, sie werden daher im Zweifel auch nicht durch die Einräumung von Nutzungsrechten tangiert sondern verbleiben beim Urheber. Die Regelung in § 27 Abs. 1 gibt dem Urheber einen Anspruch auf eine angemessene Vergütung gegen den Vermieter eines Bild- oder Tonträgers. Die Regelung gilt nicht für andere Werkstücke. Sie gilt nur dann, wenn der Urheber dem Tonträger- oder Filmhersteller das Vermietrecht nach § 17 eingeräumt hat. Das ist in der Praxis regelmäßig der Fall. Für die Rechte aus einem Filmwerk gilt nach §§ 88, 89 und 92 eine entsprechende Vermutung. Hat der Urheber sich das Vermietrecht vorbehalten, gilt allein § 17 Abs. 2. Hiernach bedarf jede Vermietung der Zustimmung des Berechtigten; eine Erschöpfung des Vermietrechts durch Veräußerung eines Bild- und Tonträgers tritt nicht ein.   **1**

§ 27 Abs. 2 regelt die sog. **Bibliothekstantieme.** Dieser Vergütungsanspruch schafft einen Ausgleich dafür, dass der Urheber bzw. Leistungsschutzberechtigte das Verleihen von rechtmäßig in den Verkehr gebrachten Werkstücken – anders als die Vermietung – nicht verhindern kann (BGH NJW 1999, 1953, 1959 – Kopienversanddienst). Als Ausgleich erhält der Urheber eine angemessene Vergütung, wenn der Verleih durch eine der Öffentlichkeit zugängliche Einrichtung erfolgt. Das private Verleihen von Werkstücken ist nach Erschöpfung des Verbreitungsrechtes hingegen nicht vergütungspflichtig.   **2**

Beide Ansprüche haben gemeinsam, dass sie nicht durch den Rechtsinhaber selbst, sondern nur durch eine Verwertungsgesellschaft geltend gemacht werden können (näher Rn. 16). Es handelt sich bei den Ansprüchen aus § 27 nicht um Verwertungsrechte i. S. d.   **3**

Heerma   399

§ 15, sondern um besondere, aus dem Urheberrecht fließende vermögensrechtliche Ansprüche eigener Art (KG GRUR-RR 2010, 372, 373f. – Musikvideoclip; LG Oldenburg GRUR 1996, 487, 488 – Videothek-Treffpunkt; zur Rechtslage vor 1995: BGH GRUR 1985, 131, 132 – Zeitschriftenauslage beim Friseur; BGH GRUR 1985, 134 – Zeitschriftenauslage in Wartezimmern).

II. Vergütung für Vermietung, Abs. 1

4 § 27 Abs. 1 dient der Umsetzung von Art. 5 der Vermiet- und Verleih-Richtlinie. Die Diskussion, ob die Systematik des § 17, der die Vermietung als Unterfall der Verbreitung behandelt, europarechtskonform ist (dazu § 17 Rn. 4 ff.), kann an dieser Stelle dahinstehen. Denn die europarechtskonforme Auslegung des § 17 kann jedenfalls nicht zu einem Ergebnis führen, das Art. 5 der Vermiet- und Verleih-Richtlinie widerspricht. Der Urheber eines Film- oder Tonwerkes kann jede Vermietung des Werkes untersagen. Das folgt richtigerweise aus § 15 Abs. 1 i. V. m. § 17 Abs. 1, der auch im Lichte von Art. 3 Abs. 1 der Vermiet- und Verleih-Richtlinie auszulegen ist. Hat der Urheber sein Vermietrecht an einen Tonträger- oder Filmhersteller übertragen, erhält er nach § 27 Abs. 1 eine gesetzliche Vergütung. Das ist ein gewisser Bruch mit der übrigen Systematik des UrhG. Nach §§ 15 ff. ist es Sache des Urhebers, seine Vergütungsansprüche vertraglich bei der Einräumung von Nutzungsrechten zu regeln. Ein Anspruch entsteht in diesem Fall nur gegen den jeweiligen Vertragspartner. Nach § 27 Abs. 1 hat der Urheber hingegen einen direkten Anspruch gegen den jeweiligen Vermieter. § 27 Abs. 1 greift somit in die urhebervertragliche Gestaltungsfreiheit ein. Die Regelung findet ihre Rechtfertigung im Schutz des Urhebers und ausübenden Künstlers gegen das Verhandlungsübergewicht des Produzenten. Der Urheber eines auf Bild- oder Tonträger fixierten Werkes verfügt in aller Regel nicht über die Verhandlungsmacht, eine Beteiligung am Erlös aus der Vermietung durchzusetzen.

5 Die Regelung gilt nur für die Vermietung von Bild- und Tonträgern, nicht für die Vermietung von anderen Medien. Nach der amtlichen Begründung ist Hintergrund, dass andere Medien in der Praxis angeblich nicht so häufig vermietet werden (AmtlBegr. *M. Schulze* Materialien 910). Das ist mittlerweile unzutreffend. Computerprogramme in Form von Spielen werden sehr häufig vermietet. Der Urheber hat dann – insofern parallel zu § 17 Abs. 2 – nach § 69c Nr. 3 ein Verbotsrecht. Hat er sein Vermietrecht übertragen, hat er indes keinen dem § 27 Abs. 1 entsprechenden Vergütungsanspruch.

6 Die Vorschriften über Leistungsschutzrechte verweisen nur teilweise auf § 27 Abs. 1 (so § 70 Abs. 1 für den Verfasser wissenschaftlicher Ausgaben, § 72 Abs. 1 für Lichtbildner, § 77 Abs. 2 S. 2 für ausübende Künstler). Andere Leistungsschutzberechtigte haben keinen Anspruch auf eine zusätzliche Vergütung für das Vermieten, insb. nicht der Filmhersteller bzw. Hersteller von Tonträgern selbst (§ 94 Abs. 4, § 85 Abs. 4). Der Anspruch richtet sich unmittelbar gegen den Vermieter.

7 Für den Begriff der Vermietung gilt die Legaldefinition des § 17 Abs. 3. Vermietung ist demnach die „zeitlich begrenzte, unmittelbar oder mittelbar Erwerbszwecken dienende Gebrauchsüberlassung" (Einzelheiten § 17 Rn. 37 ff.). Es gelten auch hier die Ausnahmen des § 17 Abs. 3 S. 2 für Bauwerke, Werke der angewandten Kunst und die Überlassung im Rahmen von Arbeits- oder Dienstverhältnissen (näher, auch zu den Zweifeln an der Vereinbarkeit der letzten Ausnahme mit der Vermiet- und Verleih-Richtlinie: § 17 Rn. 44 f.). Bild- und Tonträger sind in § 16 Abs. 2 als „Vorrichtungen zur wiederholbaren Wiedergabe von Bild- oder Tonfolgen" legaldefiniert.

8 Der Anspruch ist nach § 27 Abs. 1 S. 2 unverzichtbar und kann nach § 27 Abs. 1 S. 3 im Voraus nur an eine Verwertungsgesellschaft abgetreten werden. Hierdurch soll verhindert werden, dass die Hersteller von Bild- und Tonträgern ihre in aller Regel weitaus überlegene Verhandlungsmacht ausnutzen, um den Urheber bei der Einräumung der vertraglichen

Rechte auf seinen Vergütungsanspruch nach § 27 Abs. 1 verzichten oder aber diesen Anspruch an den Hersteller abtreten zu lassen (AmtlBegr. M. *Schulze* Materialien S. 909f.).

III. Vergütung für Verleihen, Abs. 2

Auch § 27 Abs. 2 dient der Umsetzung der Vermiet- und Verleih-Richtlinie. Der deutsche Gesetzgeber hat für das Verleihen – anders als für das Vermieten – kein ausschließliches Verwertungsrecht des Urhebers vorgesehen, sondern lediglich einen Anspruch auf Vergütung. Das ist nach Art. 6 der Richtlinie zulässig. Anders als das Vermietrecht erschöpft sich das Verleihrecht nach § 17 Abs. 2 mit der Erstverbreitung des Werkstücks. Der Urheber kann das Verleihen danach nicht mehr verbieten. Als Ausgleich für den Verlust dieser potentiellen Vergütungsvorgänge gewährt ihm § 27 Abs. 2 einen direkten Anspruch gegen den Verleiher des Werkstücks, wenn es sich um eine der Öffentlichkeit zugängliche Einrichtung handelt (sog. **Bibliothekstantieme** oder **Bibliotheksgroschen**). Die Regelung ist Ausdruck eines allgemeinen Rechtsgedankens. In solchen Fällen, in denen der Urheber dem Interesse der Allgemeinheit am freien Zugang zu Informationen kein Verbotsrecht hat, ist er jedenfalls an wirtschaftlich bedeutenden Nutzungen angemessen zu beteiligen (BGH NJW 1999, 1953, 1959 – Kopienversanddienst). Auf diesem Rechtsgedanken beruhen § 27 Abs. 2 und § 49 Abs. 1. § 27 Abs. 2 ist erst dann anwendbar, wenn das Werkstück mit Zustimmung des Berechtigten **in den Verkehr gebracht** worden ist. Zuvor hat der Urheber das ausschließliche Verbreitungsrecht nach § 17. Nach dem Inverkehrbringen hingegen ist das Verleihrecht nach § 17 Abs. 2 erschöpft. § 27 Abs. 2 gilt für **Werkstücke jeglicher Art,** nach § 69a Abs. 4 auch für Computerprogramme. Praktisch relevant wird die Regelung aber nur für Bücher, Tonträger und Filme, seltener auch für Werke der bildenden Kunst. Andere Werkstücke werden üblicherweise nicht in öffentlichen Einrichtungen verliehen.

Die Bibliothekstantieme nach § 27 Abs. 2 erhält nicht nur der Urheber, sondern auch der darstellende Künstler (§ 75 Abs. 3), der Tonträgerhersteller (§ 85 Abs. 4), der Datenbankhersteller (§ 87b Abs. 2) und der Filmhersteller (§ 94 Abs. 4).

Das Verleihen ist in § 27 Abs. 2 S. 2 in Abgrenzung zur Vermietung nach § 17 Abs. 3 S. 1 definiert. Es unterscheidet sich von der Vermietung durch die fehlenden Erwerbszwecke. Dient die Gebrauchsüberlassung mittelbar oder unmittelbar Erwerbszwecken, handelt es sich um Vermietung. Ob ein Entgelt erhoben wird, ist nicht entscheidend. Es können Erwerbszwecke vorliegen, obwohl kein Entgelt verlangt wird, und es kann am Erwerbszweck fehlen, obwohl ein Entgelt verlangt wird. Insofern kann auf die Abgrenzung von Vermietung und Verleihen in § 17 verwiesen werden (§ 17 Rn. 37ff. mit Einzelheiten und Nachweisen). Wenn keine Gebrauchsüberlassung nach § 17 vorliegt, handelt es sich auch nicht um ein Verleihen i.S.d. § 27 Abs. 2. Ob weitere Einschränkungen für die **Überlassung zur öffentlichen Vorführung oder Sendung,** die **Überlassung zu Ausstellungszwecken** und die **Überlassung zur Einsichtnahme an Ort und Stelle,** und die **Überlassung zwischen der Öffentlichkeit zugänglichen Einrichtungen** gelten, ist umstritten. Der 10. Erwägungsgrund zur Vermiet- und Verleih-Richtlinie sieht entsprechende Ausnahmen vor; diese finden sich aber nicht ausdrücklich im materiellen Teil der Richtlinie wieder. Richtigerweise sind diese Ausnahmen bei der gebotenen richtlinienkonformen Auslegung des § 27 Abs. 2 zu berücksichtigen (*Jacobs* GRUR 1998, 246, 249; *Haberstumpf* Rn. 305; kritisch *Rehbinder* Rn. 335; a.A. LG München GRUR-RR 2003, 300; *Erdmann* FS Brandner 361, 368; Dreier/Schulze/*Schulze* § 27 Rn. 17; differenzierend Schricker/*Loewenheim* § 17 Rn. 30; näher zur Parallele in § 17: § 17 Rn. 43 m.w.N.). Das **Ausleihen von Werken im Leihverkehr der** Museen untereinander fällt daher nicht unter den Tatbestand. Auch die Nutzung in einer Präsenzbibliothek und das Auslegen von Zeitschriften in Wartezimmern u.ä. ist nicht tatbestandsmäßig, da es sich um Nutzungen

UrhG § 27   12–16   § 27 Vergütung für Vermietung und Verleihen

an Ort und Stelle handelt (differenzierend Schricker/Loewenheim/*Loewenheim* § 27 Rn. 17, § 17 Rn. 35; a. A. Fromm/Nordemann/*Nordemann* § 27 Rn. 5; Möhring/Nicolini/*Spautz* § 27 Rn. 10).

12 § 27 Abs. 2 S. 3 nimmt die Nutzungsformen, die § 17 Abs. 3 S. 2 nicht als Vermietung behandelt und hinsichtlich derer sich daher auch das Verbreitungsrecht erschöpft, aus dem Anwendungsbereich des § 27 Abs. 2 heraus. Die Überlassung von Bauwerken, Werken der angewandten Kunst und die Überlassung im Rahmen von Arbeits- oder Dienstverhältnissen ist dem Urheber nach Erschöpfung seines Verbreitungsrechts daher auch nach § 27 Abs. 2 nicht zu vergüten (näher, auch zu den Zweifeln an der Vereinbarkeit dieser Regelung mit EU-Recht: § 17 Rn. 45).

13 Eine Vergütung ist nur dann fällig, wenn der Verleih durch eine der Öffentlichkeit zugängliche Einrichtung erfolgt. Der Verleih durch Privatbibliotheken ist nicht vergütungspflichtig. Die Abgrenzung kann im Einzelfall schwierig sein. Jedenfalls ist eine Einrichtung nur dann der Öffentlichkeit zugänglich, wenn der Zweck der Einrichtung der Öffentlichkeit zur Kenntnis gebracht würde (OLG Hamburg ZUM 2003, 501, 503 – Verteilungsplan Bibliothekstantiemen der VG Wort). Dafür reicht es nicht aus, dass die Einrichtung im Internet auffindbar ist (OLG Hamburg ZUM 2003, 501, 503 – Verteilungsplan Bibliothekstantiemen der VG-Wort).

14 Der Begriff der **„Öffentlichkeit"** ist in § 15 Abs. 3 S. 2 legaldefiniert (§ 15 Rn. 23 ff.). Demnach ist eine **Einrichtung** dann nicht öffentlich, wenn sie nur einem begrenzten Kreis von Personen zugänglich ist, die entweder untereinander oder aber mit dem Betreiber der Einrichtung verbunden sind.

IV. Höhe der Vergütung

15 Die Höhe der zu zahlenden Vergütung ist in § 27 Abs. 1 S. 1 und Abs. 2 lediglich mit dem unbestimmten Rechtsbegriff „angemessen" festgelegt. Das entspricht hinsichtlich der Vergütung für das Vermieten der Vorgabe des Art. 5 Abs. 1 Vermiet- und Verleih-Richtlinie. Der Begriff ist in allen Mitgliedstaaten einheitlich auszulegen, die Kriterien dafür soll jedoch jeder Mitgliedstaat innerhalb der Grenzen des Gemeinschaftsrechts selbst festsetzen können (Dreier/Schulze/*Dreier* Rn. 27; EuGH GRUR 2003, 325, 327 – SENA/NOS zu Art. 8 der Richtlinie). Die Höhe des im Einzelfall angemessenen Entgeltes beurteilt sich prima facie nach den von den Verwertungsgesellschaften gem. § 13 Abs. 1 S. 1 und Abs. 2 WahrnG veröffentlichen Tarifen bzw. nach den nach § 12 WahrnG abgeschlossenen Gesamtverträgen (BGH GRUR 1983, 565, 566 – Tarifüberprüfung II). Wird die Angemessenheit dieser Tarife bestritten, ist sie von der Schiedsstelle (§§ 14 ff. WahrnG) bzw. vom Gericht (§ 16 WahrnG) zu überprüfen. Haben sich die Parteien allerdings auf einen Tarif geeinigt, findet eine nachträgliche Angemessenheitskontrolle durch die Gerichte nicht statt (BGHZ 87, 281 – Tarifüberprüfung I). § 13 Abs. 3 WahrnG sieht vor, dass Berechnungsgrundlage für die Tarife i. d. R. die Vorteile sein sollen, die durch die Verwertung erzielt werden (näher § 13 WahrnG Rn. 6 ff.). Hierbei ist zu berücksichtigen, dass der Vergütungsanspruch aus § 27 nicht nur den Urhebern, sondern auch bestimmten Leistungsschutzberechtigten zusteht (vgl. näher oben Rn. 6 und Rn. 10).

V. Geltendmachung durch Verwertungsgesellschaften, Abs. 3

16 Die Vergütungsansprüche nach § 27 Abs. 1 und 2 können gem. § 27 Abs. 3 nur durch eine Verwertungsgesellschaft geltend gemacht werden. Zu diesem Zweck räumen die Berechtigten den Verwertungsgesellschaften ihre Ansprüche treuhänderisch zur Wahrnehmung ein. Zugunsten der Verwertungsgesellschaften gilt nach § 13b Abs. 2 WahrnG eine

Vorbemerkung

gesetzliche Vermutung, dass sie die Rechte aller Beteiligten wahrnehmen. Die Verwertungsgesellschaften haben sich (von wenigen Ausnahmen abgesehen) zur Einziehung der Ansprüche aus § 27 Abs. 1 und § 27 Abs. 2 jeweils zu Gesellschaften bürgerlichen Rechts zusammengeschlossen (Einzelheiten Vor §§ 1 ff. WahrnG Rn. 17). Diese machen die Vergütungsansprüche einheitlich nach außen geltend und teilen die Einnahmen dann unter ihren Gesellschaftern, den verschiedenen Verwertungsgesellschaften auf. Diese schütten sie nach ihren eigenen Verteilungsplänen an ihre Mitglieder aus. Diese Verteilungspläne sehen notgedrungen generalisierende Gesichtspunkte vor (OLG Hamburg ZUM 2003, 501, 502 – Verteilungsplan Bibliothekstantiemen der VG-WORT). Die Vergütungsansprüche nach § 27 Abs. 2 macht die Zentralstelle für Videovermietung geltend; die Vergütungsansprüche nach § 27 Abs. 1 (Bibliothekstantieme) macht die Zentralstelle Bibliothekstantieme geltend.

Abschnitt 5. Rechtsverkehr im Urheberrecht

1. Rechtsnachfolge in das Urheberrecht

Vorbemerkung Vor §§ 28–30

Die §§ 28 bis 30 regeln die Rechtsnachfolge in das Urheberrecht. Eine Rechtsnachfolge **1** in das Urheberrecht kann in zweierlei Weise stattfinden: aufgrund gesetzlicher Vorschrift (**gesetzliche Rechtsnachfolge**) oder durch Rechtsgeschäft (**rechtsgeschäftliche Rechtsnachfolge = Übertragung**). Zur rechtsgeschäftlichen Rechtsnachfolge (= Übertragung) regelt § 29 Abs. 1 1. Halbs., dass das Urheberrecht grds. nicht übertragbar ist. Ausnahme ist die Übertragung in **Erfüllung einer Verfügung von Todes wegen** oder im Wege der **Erbauseinandersetzung** (§ 29 Abs. 1 2. Halbs.). Der Grundsatz der Unübertragbarkeit berührt nicht die Vererblichkeit des Urheberrechts: Gem. § 28 Abs. 1 ist das Urheberrecht vererblich. § 28 Abs. 1 ist lediglich eine Klarstellung, denn die Vererbung ist ein Fall der **gesetzlichen** Rechtsnachfolge (§§ 1922 Abs. 1, 1942 Abs. 1 BGB), **nicht** ein Fall der **Übertragung.** Aus der Unterscheidung zwischen gesetzlicher und rechtsgeschäftlicher Rechtsnachfolge in das Urheberrecht ergibt sich Folgendes:

Die **gesetzliche Rechtsnachfolge** in das Urheberrecht ist **möglich.** Gesetzliche **2** Rechtsnachfolge sind die gesetzliche oder gewillkürte **Erbfolge** gem. §§ 1922 Abs. 1, 1942 Abs. 1 BGB. Dies stellt § 28 Abs. 1 lediglich klar. Zulässige gesetzliche Rechtsnachfolge ist außerdem eine **Umwandlung** gem. Umwandlungsgesetz und **§ 140 Abs. 1 S. 2 HGB** (s. § 28 Rn. 9).

Grds. **ausgeschlossen** ist die **rechtsgeschäftliche Rechtsnachfolge** (Übertragung). **3** Dies ergibt sich aus § 29 Abs. 1 1. Halbs. Ausnahmen sind gem. § 29 Abs. 1 2. Halbs. die Übertragung in **Erfüllung einer Verfügung von Todes wegen** und im Wege der **Erbauseinandersetzung** (§§ 2042 ff. BGB). Erfüllung einer Verfügung von Todes wegen kann die Erfüllung eines Vermächtnisses (§ 2147 BGB), die Erfüllung einer Teilungsanordnung (§ 2048 BGB), die Erfüllung einer Auflage (§ 2192 BGB) und ggf. die Veräußerung im Rahmen der Verwaltung durch den Testamentsvollstrecker gem. § 2205 S. 2 BGB sein (s. § 29 Rn. 25).

Keine Rechtsnachfolge in das Urheberrecht ist die Einräumung von ausschließlichen **4** oder nicht ausschließlichen **Nutzungsrechten** am Werk gem. §§ 31 ff. Durch die Einräumung von Nutzungsrechten wird das Urheberrecht nicht übertragen. Vielmehr werden konstitutiv Nutzungsrechte vom Urheberrecht abgespalten, die die Verfügungsmacht des Urhebers ähnlich einer dinglichen Belastung einschränken (AmtlBegr. BT-Drucks. IV/270, 30; Schricker/Loewenheim/*Schricker/Loewenheim* Vor §§ 28 ff. Rn. 47; Fromm/Nordemann/*J. B. Nordemann* Vor § 28 Rn. 2; *v. Gamm* § 31 Rn. 10f.; näher Vor §§ 31ff. Rn. 21). § 29 Abs. 2 stellt klar, dass trotz der Unübertragbarkeit des Urheberrechts Nutzungsrechte gem. § 31 eingeräumt werden können (s. § 29 Rn. 34). § 29 Abs. 2 stellt weiter klar, dass auch schuldrechtliche Einwilligungen und Vereinbarungen zu Verwertungsrechten und Rechtsgeschäfte über Urheberpersönlichkeitsrechte möglich sind (s. § 29 Rn. 35). Zu Besonderheiten der Übertragung von Leistungsschutzrechten, Vergütungsansprüchen und Ansprüchen aus Urheberrechtsverletzung s. § 29 Rn. 4ff., 10ff.

§ 28 Vererbung des Urheberrechts

(1) **Das Urheberrecht ist vererblich.**

(2) **Der Urheber kann durch letztwillige Verfügung die Ausübung des Urheberrechts einem Testamentsvollstrecker übertragen.** § 2210 des Bürgerlichen Gesetzbuchs ist nicht anzuwenden.

Literatur: *Clément,* Urheberrecht und Erbrecht, Baden-Baden 1993; *Fromm,* Die neue Erbrechtsregelung im Urheberrecht, NJW 1966, 1244; *Gergen,* Zur Schnittmenge von Erbrecht und Urheberrecht: die Nachfolge in die Rechte eines verstorbenen Urhebers, ZErb 2009, 42; *v. Welser,* Die Wahrnehmung urheberpersönlichkeitsrechtlicher Befugnisse durch Dritte, Berlin 2000.

Vgl. darüber hinaus die Angaben im eingangs abgedr. Gesamtliteraturverzeichnis.

Übersicht

	Rn.
I. Grundzüge zu § 28	1
II. § 28 Abs. 1	2–11
1. Vererbung als Fall der gesetzlichen Rechtsnachfolge	2
2. Abgrenzung der Vererbung des Urheberrechts vom Erwerb aufgrund Vermächtnisses oder Auflage	3
3. Umfang der Vererbung, Übergang von Belastungen	4, 5
4. Mögliche Erben	6
5. Erbengemeinschaft	7
6. Mehrfache Vererbung	8
7. Gesetzliche Rechtsnachfolge in das Urheberrecht bei Umwandlung von Rechtsträgern gem. Umwandlungsgesetz und im Falle des § 140 Abs. 1 S. 2 HGB; Liquidation	9
8. Vererbung von Leistungsschutzrechten	10, 11
III. § 28 Abs. 2	12–25
1. Testamentsvollstreckung	14
2. Beschränkungen der Testamentsvollstreckung	15, 16
3. § 28 Abs. 2 S. 2	17–22
a) Grundsätze für die Beendigung der Testamentsvollstreckung nach allgemeinem Erbrecht	17, 18
b) Ausschluss des § 2210 S. 1 BGB durch § 28 Abs. 2 S. 2	19
c) Ausschluss auch des § 2210 S. 3 BGB, nicht jedoch des § 2210 S. 2 BGB	20–22
aa) § 2210 S. 2 BGB	21
bb) § 2210 S. 3 BGB	22
4. § 28 Abs. 2 bei Erben des Urhebers	23
5. Zwangsvollstreckung (§§ 112ff.) und Identitätsoffenbarung (§ 66 Abs. 2) bei Testamentsvollstreckung	24
6. Ermächtigung statt Testamentsvollstreckung?	25

I. Grundzüge zu § 28

1 § 28 Abs. 1 und § 28 Abs. 2 S. 1 enthalten **Klarstellungen.** Nach § 28 Abs. 1 ist das Urheberrecht vererblich. Gem. § 28 Abs. 2 S. 1 kann der Urheber durch letztwillige Verfügung die Ausübung des Urheberrechts einem Testamentsvollstrecker übertragen. Beides ergibt sich bereits aus den allgemeinen Regeln des Erbrechts. Der Klarstellung bedurfte es, weil das Urheberrecht persönlichkeitsrechtliche Bestandteile enthält und das allgemeine Persönlichkeitsrecht nur eingeschränkt vererblich ist (*v. Gamm* § 28 Rn. 2). § 28 Abs. 2 S. 2 **befreit** die **Testamentsvollstreckung** über das Urheberrecht von den **zeitlichen Grenzen**, die nach allgemeinem Erbrecht für die Testamentsvollstreckung gelten (s. Rn. 17 ff.).

II. § 28 Abs. 1

1. Vererbung als Fall der gesetzlichen Rechtsnachfolge

§ 28 Abs. 1 stellt klar, dass das Urheberrecht vererblich ist. Es erlischt gemäß § 64 UrhG **2** erst mit Ablauf von 70 Jahren nach dem Tod des Urhebers, d. h. als Ganzes mitsamt der Urheberverwertungs- und Urheberpersönlichkeitsrechte.

Der Übergang des Urheberrechts auf den Erben ergibt sich aus §§ 1922 Abs. 1, 1942 Abs. 1 BGB und ist ein Fall der **gesetzlichen Rechtsnachfolge, nicht der Übertragung**. Das gilt sowohl für die **gesetzliche Erbfolge** gem. §§ 1924 ff. BGB als auch für die **gewillkürte Erbfolge** aufgrund Testaments gem. §§ 1937, 2229 ff. BGB oder aufgrund Erbvertrages gem. §§ 1941, 2274 ff. BGB (Palandt/*Weidlich* § 1922 BGB Rn. 1, 34; § 1942 BGB Rn. 1; MünchKomm/*Leipold* § 1922 BGB Rn. 94, 117 f., § 1942 BGB Rn. 4; Soergel/*Stein* § 1922 BGB Rn. 6, 10; Erman/*Schlüter* § 1922 BGB Rn. 5, 14, 59, § 1942 BGB Rn. 1). Die Vererblichkeit gem. § 28 Abs. 1 ist also keine Ausnahme vom Grundsatz der Unübertragbarkeit gem. § 29 Abs. 1 1. Halbs. Vielmehr sind sowohl die gesetzliche Erbfolge (§§ 1924 ff. BGB) als auch die gewillkürte Erbfolge (Testament gem. §§ 1937, 2229 ff. BGB oder Erbvertrag gem. §§ 1941, 2274 ff. BGB) Fälle der gesetzlichen Rechtsnachfolge gem. §§ 1922 Abs. 1, 1942 Abs. 1 BGB. Zur Auslegung von Testamenten und Erbverträgen s. § 29 Rn. 26.

2. Abgrenzung der Vererbung des Urheberrechts vom Erwerb aufgrund Vermächtnisses oder Auflage

Kein Fall der Vererbung ist der Erwerb des Urheberrechts aufgrund **Vermächtnisses/Vorausvermächtnisses** oder **Auflage**. Der Vermächtnisnehmer erwirbt nicht unmittelbar beim Erbfall, sondern hat gegen die Erben einen schuldrechtlichen Anspruch auf Übertragung des Urheberrechts (§§ 1939, 2147 ff., 2174 BGB). Die Auflage verpflichtet den Erben oder Vermächtnisnehmer zu einer Leistung, z. B. zur Übertragung des Urheberrechts (§§ 1940, 2192 ff. BGB). Wird in **Erfüllung eines Vermächtnisses oder einer Auflage** das Urheberrecht übertragen, liegt eine **rechtsgeschäftliche Rechtsnachfolge**, also eine Übertragung vor, die gem. § 29 Abs. 1 2. Halbs. ausnahmsweise zulässig ist (s. § 29 Rn. 1, 24 ff.). **3**

3. Umfang der Vererbung, Übergang von Belastungen

Das Urheberrecht geht **als Ganzes** auf den Erben bzw. die Erbengemeinschaft über. **4** Die Vererbung umfasst die **Urheberverwertungsrechte** und die **Urheberpersönlichkeitsrechte** (s. § 30 Rn. 2). Eine Abspaltung von Nutzungsrechten i. S. d. §§ 31 ff. und eine Aufteilung der Ausübung urheberpersönlichkeitsrechtlicher Befugnisse auf verschiedene Erben ist zwar möglich, z. B. aufgrund einer vom Erblasser ausgesprochenen Teilungsanordnung (§ 2048 BGB; s. § 29 Rn. 27, 30). Die Aufteilung findet jedoch erst im Rahmen der Erbauseinandersetzung statt, nicht im Zuge des Erbgangs selbst.

Das Urheberrecht geht auf die Erben nur so über, wie es der Urheber hinterlässt: Hat **5** der Urheber zum Beispiel Nutzungsrechte eingeräumt, so geht das Urheberrecht auf den/die Erben nur **mit** dieser **Belastung über** (s. a. Vor §§ 31 ff. Rn. 35). Auch schuldrechtliche Vereinbarungen, die der Urheber im Zusammenhang mit seinem Urheberrecht gegenüber Dritten eingegangen ist, gehen auf die Erben über (Dreier/Schulze/*Schulze* § 28 Rn. 4; Schricker/Loewenheim/*Schricker/Loewenheim* § 28 Rn. 7; *Fromm* NJW 1966, 1244, 1246; *v. Gamm* § 30 Rn. 3). Dies folgt ohne weiteres aus §§ 1922 Abs. 1, 1967 BGB und bildet keine Besonderheit des Urheberrechts.

4. Mögliche Erben

6   Erben können nach verbreiteter Formulierung **natürliche Personen** und **juristische Personen** einschließlich des Fiskus sein (Schricker/Loewenheim/*Schricker/Loewenheim* § 28 Rn. 2; Fromm/Nordemann/*J. B. Nordemann* § 28 Rn. 7; Dreier/Schulze/*Schulze* § 28 Rn. 6; Loewenheim/*A. Nordemann* § 23 Rn. 17; *v. Gamm* § 28 Rn. 2; *Riedel* § 28 Anm. B). **Tatsächlich ist der Kreis möglicher Erben weiter:** Erben können auch **Personenhandelsgesellschaften** und **andere Personenvereinigungen** sein, die einer juristischen Person angenähert sind (**Offene Handelsgesellschaft** gem. § 124 Abs. 1 HGB, **Kommanditgesellschaft** gem. §§ 161 Abs. 2, 124 Abs. 1 HGB, **Partnerschaftsgesellschaft** gem. § 7 Abs. 2 PartGG), ferner im Ergebnis der **nichtrechtsfähige Verein** (Palandt/*Weidlich* § 1923 BGB Rn. 7; MünchKomm/*Leipold* § 1923 BGB Rn. 30 ff.; Soergel/*Stein* § 1923 BGB Rn. 8; Erman/*Schlüter* § 1923 BGB Rn. 1) und nach überwiegender Ansicht auch die **Gesellschaft bürgerlichen Rechts** (Palandt/*Sprau* § 705 BGB Rn. 24a; MünchKomm/*Ulmer/Schäfer* § 718 Rn. 22 m.w.N.; Erman/*Westermann* § 705 BGB Rn. 71 m.w.N.). Vorgesellschaften sind nach überwiegender Ansicht nicht erbfähig (Palandt/*Weidlich* § 1923 BGB Rn. 7; RGRK/*Kregel* § 1923 BGB Rn. 7; MünchKomm/*Leipold* § 1923 BGB Rn. 29). Bei **Stiftungen** ist die Sondervorschrift des **§ 84 BGB** zu beachten. Danach gilt eine Stiftung für Zuwendungen des Stifters als schon vor dessen Tode entstanden, auch wenn die Stiftung erst nach dem Tode des Stifters genehmigt wird (ausführlich *Clément* 47 ff.).

5. Erbengemeinschaft

7   Die **Rechtsbeziehungen** der in der **Erbengemeinschaft** zusammengefassten Erben richten sich **ausschließlich nach den §§ 2032 ff. BGB**. § 8 ist nicht anwendbar (s. § 8 Rn. 56; BGH GRUR 1982, 308, 310 – Kunsthändler; OLG Frankfurt GRUR 1980, 916, 917 – Folgerecht ausländischer Künstler; Schricker/Loewenheim/*Schricker/Loewenheim* § 28 Rn. 10; Fromm/Nordemann/*J. B. Nordemann* § 28 Rn. 6; *v. Gamm* § 30 Rn. 3). Insb. können die Miterben **nur gemeinschaftlich** über den Nachlass und über einzelne Nachlassgegenstände wie das Urheberrecht **verfügen** (§ 2033 Abs. 2 BGB; zur Ergänzung von Einzelerklärungen der Miterben zu einer einheitlichen Verfügung s.a. Vor §§ 31 ff. Rn. 35). Durch notariell beurkundeten Vertrag kann jeder Miterbe über seinen **Anteil am Nachlass verfügen** (§ 2033 Abs. 1 BGB), **nicht** jedoch über einen **Teil des Urheberrechts**. Die **Verwaltung** des Nachlasses steht den Miterben **gemeinschaftlich** zu (§ 2038 Abs. 1 S. 1 BGB; BGH GRUR 1997, 236, 237 – Verlagsverträge; OLG München ZUM 1995, 721, 724 – Hanns Heinz Ewers). Nach dem BGH kann jedoch bei drohendem Rechtsverlust der Abschluss eines Wahrnehmungsvertrages mit einer Verwertungsgesellschaft unter das **Notgeschäftsführungsrecht** des einzelnen Miterben gem. § 2038 Abs. 1 S. 2 2. Halbs. BGB fallen (BGH GRUR 1982, 308 – Kunsthändler). Nach Ansicht des OLG Hamm ist außerdem alleiniges Handeln eines Miterben bei der gerichtlichen Geltendmachung eines Beseitigungsanspruchs gem. § 97 zulässig, da es lediglich um die Aktualisierung der bestehenden Herrschaftslage gehe (OLG Hamm ZUM 2006, 641, 647 – Altarraum). Der einzelne Miterbe ist gemäß § 2039 BGB ermächtigt, auf ihn übergegangene urheberpersönlichkeitsrechtliche Ansprüche mit Wirkung für die Erbengemeinschaft geltend zu machen (Erman/*Schlüter* § 2039 Rn. 4; OLG Stuttgart GRUR-RR 2011, 56 – Stuttgart 21; LG Berlin ZUM-RD 2012, 160).

6. Mehrfache Vererbung

Die Vererbung des Urheberrechts gem. § 28 S. 1 kann mehrfach stattfinden. Das Urheberrecht in der Hand des Erben geht auf dessen Erben über (OLG Hamm ZUM 2006, 641, 647 – Altarraum; Schricker/Loewenheim/*Schricker/Loewenheim* § 28 Rn. 8; Dreier/Schulze/*Schulze* § 28 Rn. 6; Loewenheim/*A. Nordemann* § 23 Rn. 16). Allerdings bleibt es bei der ursprünglichen Schutzfrist von 70 Jahren nach Tod des Urhebers, d.h. des ersten Erblassers (s. § 30 Rn. 9). 8

7. Gesetzliche Rechtsnachfolge in das Urheberrecht bei Umwandlung von Rechtsträgern gem. Umwandlungsgesetz und im Falle des § 140 Abs. 1 S. 2 HGB; Liquidation

Soweit die in § 3 Umwandlungsgesetz bezeichneten Rechtsträger das Urheberrecht gem. § 28 Abs. 1 oder § 29 Abs. 1 2. Halbs. erwerben, ist der nachfolgende **Übergang des Urheberrechts** auf andere Rechtsträger nach dem **Umwandlungsgesetz** (UmwG) möglich. Es handelt sich um die **Verschmelzung** (§§ 1 Abs. 1 Nr. 1, 2, 20 Abs. 1 Nr. 1 UmwG), **Spaltung** (§§ 1 Abs. 1 Nr. 2, 123 Abs. 1, 131 Abs. 1 Nr. 1 UmwG), **Vermögensübertragung** (§§ 1 Abs. 1 Nr. 3, 174, 176 Abs. 3 S. 1, 177 Abs. 2 UmwG) und den **Formwechsel** (§§ 1 Abs. 1 Nr. 4, 190 Abs. 1, 202 Abs. 1 Nr. 1 UmwG). Bei der Verschmelzung, Spaltung und Vermögensübertragung findet trotz der Wortwahl des Umwandlungsgesetzes, das von „übertragenden" und „übernehmenden" Rechtsträgern spricht, eine **gesetzliche Rechtsnachfolge** statt, nicht eine Übertragung; beim Formwechsel bleibt der Rechtsträger sogar identisch (Widmann/Mayer/*Vossius* § 20 UmwG Rn. 26, § 131 UmwG Rn. 21ff., § 202 UmwG Rn. 25; Widmann/Mayer/*Heckschen* § 176 UmwG Rn. 43, § 177 UmwG Rn. 31; Lutter/*Grunewald* § 20 UmwG Rn. 7; Lutter/*Teichmann* § 131 UmwG Rn. 1; Lutter/*Schmidt* § 176 UmwG Rn. 12, § 177 UmwG Rn. 6; Lutter/*Decher* § 202 UmwG Rn. 10; Kallmeyer/*Marsch-Barner* § 20 UmwG Rn. 4; Kallmeyer/*Kallmeyer* § 131 UmwG Rn. 2; Kallmeyer/*Meister/Klöcker* § 202 UmwG Rn. 2; Schmitt/Hörtnagl/Stratz/*Stratz* § 20 UmwG Rn. 23, § 176 UmwG Rn. 9, § 177 UmwG Rn. 3, § 202 UmwG Rn. 5; Schmitt/Hörtnagl/Stratz/*Hörtnagl* § 131 UmwG Rn. 4). § 29 Abs. 1 1. Halbs. steht einem Übergang des Urheberrechts nach dem UmwG also nicht entgegen (s. Vor §§ 28–30, Rn. 1, 2; ebenso Mestmäcker/Schulze/*Scholz* § 28 Rn. 10; a.A. Widmann/Mayer/*Vossius* § 20 UmwG Rn. 207f., § 131 UmwG Rn. 33f.; Semler/Stengel/*Schröer* § 131 UmwG Rn. 41). Allerdings kann im Rahmen von Spaltungen gem. § 123 UmwG keine Realteilung des Urheberrechts an einem Werk stattfinden (s. zur Parallele der Erbauseinandersetzung § 29 Rn. 28ff.). Es ist aber die Abspaltung von Nutzungsrechten möglich: In Erfüllung einer Teilungsanordnung sowie im Zuge der Erbauseinandersetzung können vom Urheberrecht nämlich Nutzungsrechte abgespalten werden (Schricker/Loewenheim/*Schricker/Loewenheim* § 28 Rn. 11; Möhring/Nicolini/*Spautz* § 29 Rn. 4; *v. Gamm* § 28 Rn. 2). Dies ist auf Spaltungen nach § 123 UmwG zu übertragen. Eine gesetzliche Rechtsnachfolge in das Urheberrecht kann auch gem. **§ 140 Abs. 1 S. 2 HGB** stattfinden, wenn die betroffene Gesellschaft das Urheberrecht zuvor gem. § 28 Abs. 1 oder § 29 Abs. 1 2. Halbs. erworben hat (MünchKommHGB/*Schmidt* § 140 HGB Rn. 9, 86; Staub/*Schäfer* § 140 HGB Rn. 51). Keine gesetzliche Rechtsnachfolge stellt die Verteilung von Gesellschaftsvermögen im Rahmen der **Liquidation** einer Personengesellschaft oder juristischen Person dar (§§ 730ff. BGB, §§ 145ff., 161 Abs. 2 HGB, § 10 PartGG, § 72 GmbHG, § 271 AktG etc.). Die Übertragbarkeit des Urheberrechts im Rahmen einer Liquidation wäre zwar aus Sicht der Praxis wünschenswert, erscheint jedoch angesichts von § 29 Abs. 1 1. Halbs. ausgeschlossen (gegen Übertragbarkeit im Rahmen der Liquidation deshalb: Loewenheim/*A. Nordemann* § 23 Rn. 18; a.A.: Dreier/Schulze/*Schulze* § 29 Rn. 6 a.E.). Eine unerwünschte Fortführung der Liquidationsgesellschaft bis zum Erlö- 9 schen des Urheberrechts 70 Jahre nach dem Tod des Urhebers kann ggf. durch Umwandlung und/oder im Wege des § 140 Abs. 1 S. 2 HGB vermieden werden.

8. Vererbung von Leistungsschutzrechten

10   Leistungsschutzrechte sind **wie das Urheberrecht vererblich.** Das folgt für übertragbare Leistungsschutzrechte ohne weiteres aus dem allgemeinen Erbrecht (§ 1922 Abs. 1 BGB). Für Leistungsschutzrechte, die nur eingeschränkt übertragbar sind, gilt § 28 Abs. 1 analog (Schricker/Loewenheim/*Schricker/Loewenheim* § 28 Rn. 16; Fromm/Nordemann/ *J. B. Nordemann* § 28 Rn. 16; *Riedel* § 28 Anm. B). Zur Übertragung von Leistungsschutzrechten s. § 29 Rn. 10 ff.

11   Eine **Besonderheit** gilt für das Recht des **ausübenden Künstlers:** Gem. § 76 S. 4 stehen die Persönlichkeitsrechte gem. §§ 74, 75 nach dem Tod eines ausübenden Künstlers dessen **Angehörigen** (§ 60 Abs. 2) zu. Da die Angehörigen nicht notwendig mit dem Erben identisch sind, können somit nach dem Tode des ausübenden Künstlers die Persönlichkeitsrechte in anderer Hand liegen als die sonstigen Rechte des ausübenden Künstlers.

III. § 28 Abs. 2

12   Nach § 28 Abs. 2 S. 1 kann der Urheber durch **letztwillige Verfügung** (d. h. im **Testament** oder gem. § 2299 Abs. 1 BGB im **Erbvertrag**) die Ausübung des Urheberrechtes einem **Testamentsvollstrecker** übertragen.

13   Die in § 2210 BGB geregelte **Frist von 30 Jahren** seit dem Erbfalle als maximale Dauer der Testamentsvollstreckung gilt gem. § 28 Abs. 2 S. 2 **nicht.** Zweck des § 28 Abs. 2 ist es, dem Urheber, wenn ihm seine Erben nicht zur Ausübung des Urheberrechts geeignet erscheinen, die Möglichkeit zu geben, die Ausübung einer besser geeigneten Person anzuvertrauen und zugleich den Erben die wirtschaftlichen Früchte aus der Nutzung der Werke zu erhalten. § 2210 BGB ist ausgeschlossen, damit die Ausübung des Urheberrechts durch den Testamentsvollstrecker nicht auf die Höchstdauer von 30 Jahren begrenzt ist (Amtl. Begr. BT-Drucks. IV/270, 55).

1. Testamentsvollstreckung

14   Die **Testamentsvollstreckung** ist in den §§ 2197 ff. BGB geregelt. Der Testamentsvollstrecker ist Träger eines privaten Amtes und in dieser Funktion **allein berechtigt,** die seiner Verwaltung unterliegenden Rechte **im eigenen Namen gerichtlich geltend zu machen (Partei kraft Amtes,** §§ 2211, 2212 BGB, im Einzelnen s. Palandt/*Weidlich* Einf. v. § 2197 BGB Rn. 2, § 2212 BGB Rn. 2; MünchKomm/*Zimmermann* Vor § 2197 BGB Rn. 5; § 2211 BGB Rn. 2; § 2212 BGB Rn. 3; Soergel/*Damrau* Vor § 2197 BGB Rn. 8 ff.; § 2211 BGB Rn. 1; § 2212 BGB Rn. 1 f.; Erman/*Schmidt* Vor § 2197 BGB Rn. 2 f.; § 2211 BGB Rn. 1 f.; § 2212 BGB Rn. 1 ff.). Der Erblasser kann **einen oder mehrere** Testamentsvollstrecker ernennen (§ 2197 Abs. 1 BGB). Die **Bestimmung** kann er auch einem **Dritten** überlassen (§ 2198 Abs. 1 BGB). Der Testamentsvollstrecker hat die letztwilligen Verfügungen des Erblassers auszuführen (§ 2203 BGB), die Auseinandersetzung der Erben zu bewirken (§ 2204 BGB) und den Nachlass zu verwalten (§ 2205 BGB). Zur Verwaltung gehören die Verfügung über Nachlassgegenstände und das Eingehen von Verbindlichkeiten, soweit dies zur ordnungsgemäßen Verwaltung erforderlich ist (§§ 2205 S. 2, 2206 BGB).

2. Beschränkungen der Testamentsvollstreckung

15   Der Erblasser kann die Rechte des Testamentsvollstreckers **beschränken** und die Verwaltung auf einzelne Nachlassgegenstände **begrenzen** (§ 2208 BGB). Der Urheber hat

§ 28 Vererbung des Urheberrechts

also die Möglichkeit, die Testamentsvollstreckung auf seine Urheberrechte oder auf **einzelne Urheberrechte** an bestimmten Werken zu **begrenzen.** Darüber hinaus kann der Urheber die Testamentsvollstreckung auch auf die Wahrnehmung einzelner Urheberverwertungsrechte oder einzelner Urheberpersönlichkeitsrechte begrenzen (Schricker/Loewenheim/*Schricker/Loewenheim* § 28 Rn. 14; *Ulmer* 355).

Gem. § 2209 BGB kann der Erblasser dem Testamentsvollstrecker die Verwaltung des **16** Nachlasses übertragen, ohne ihm andere Aufgaben zuzuweisen. Der Erblasser kann nach dieser Vorschrift auch anordnen, dass der Testamentsvollstrecker die Verwaltung des Urheberrechts nach Erledigung der ihm sonst zugewiesenen Aufgaben fortzuführen hat.

3. § 28 Abs. 2 S. 2

a) **Grundsätze für die Beendigung der Testamentsvollstreckung nach allgemeinem Erbrecht.** Die **Testamentsvollstreckung** endet nach allgemeinem Erbrecht zunächst in folgenden Fällen: Eintritt einer vom Erblasser angeordneten **auflösenden Bedingung,** Ablauf einer vom Erblasser angeordneten **Frist** und **Erledigung** der dem Testamentsvollstrecker zugewiesenen Aufgaben (Ausnahme: Verwaltungs- oder Dauervollstreckung), ggf. bei einvernehmlicher **Fortsetzung der Erbengemeinschaft** und gleichzeitiger Erledigung aller sonstigen Aufgaben des Testamentsvollstreckers (Palandt/*Weidlich* § 2225 BGB Rn. 1; Soergel/*Damrau* § 2225 BGB Rn. 1; Erman/*Schmidt* § 2225 Rn. 1). Hiervon zu **unterscheiden** ist das **Erlöschen des Amtes** des jeweiligen Testamentsvollstreckers. Das Amt erlischt bei **Beendigung** der Testamentsvollstreckung in den eben genannten Fällen sowie in den Fällen der **§§ 2225 bis 2227 BGB** (Tod des Testamentsvollstreckers, Geschäftsunfähigkeit, Kündigung, Entlassung).

Die **Testamentsvollstreckung** endet außerdem **nach allgemeinem Erbrecht** gem. **18** § 2210 S. 1 BGB (zur abweichenden Rechtslage nach Urheberrecht sogleich Rn. 19 ff.), wenn seit dem Erbfall **30 Jahre** abgelaufen sind und wenn der Erblasser gem. § 2209 BGB entweder dem Testamentsvollstrecker nur die Verwaltung des Nachlasses übertragen oder angeordnet hat, dass der Testamentsvollstrecker die Verwaltung nach Erledigung der sonstigen Aufgaben fortführen soll. Zweck dieser Regelung ist es, eine Dauerbeschränkung des Erben hinsichtlich des Nachlasses zu vermeiden (MünchKomm/*Zimmermann* § 2210 BGB Rn. 1; Erman/*Schmidt* § 2210 BGB Rn. 1; Palandt/*Weidlich* § 2210 BGB Rn. 1).

b) **Ausschluss des § 2210 S. 1 BGB durch § 28 Abs. 2 S. 2.** § 28 Abs. 2 S. 2 **19** ordnet an, dass die **Frist des § 2210 S. 1 BGB** dann **nicht gilt,** wenn der Erblasser die Ausübung des Urheberrechts einem Testamentsvollstrecker übertragen hat. Die 30-jährige Befristung soll vermieden werden, da ein Bedürfnis bestehen kann, die **Testamentsvollstreckung für die ganze Dauer des Urheberrechtsschutzes anzuordnen** (Amtl-Begr. BT-Drucks. IV/270, 55; Schricker/Loewenheim/*Schricker/Loewenheim* § 28 Rn. 13; Fromm/Nordemann/*J. B. Nordemann* § 28 Rn. 12; Möhring/Nicolini/*Spautz* § 28 Rn. 4; *Riedel* § 28 Anm. B). Unberührt bleiben die sonstigen gesetzlichen Gründe für die Beendigung der Testamentsvollstreckung (s. Rn. 17). Selbstverständlich kann der Erblasser die Testamentsvollstreckung für einen **kürzeren Zeitraum** als die Schutzdauer des Urheberrechts anordnen.

c) **Ausschluss auch des § 2210 S. 3 BGB, nicht jedoch des § 2210 S. 2 BGB. 20** Seinem Wortlaut nach schließt § 28 Abs. 2 S. 2 nicht nur § 2210 S. 1 BGB (s. Rn. 19), sondern § 2210 BGB insgesamt aus. Hinsichtlich der Sätze 2 und 3 des § 2210 BGB ist dies wie folgt zu präzisieren:

aa) **§ 2210 S. 2 BGB.** Nach dieser Vorschrift kann der Erblasser anordnen, dass die Ver- **21** waltung bis zum Tode des Erben oder des Testamentsvollstreckers oder bis zum Eintritt eines anderen Ereignisses in der Person des Erben oder des Testamentsvollstreckers fortdauern soll. Diese Regelung ist eine Ausnahme zu § 2210 S. 1 BGB, der das Unwirksamwerden der Testamentsvollstreckung nach 30 Jahren anordnet. § 28 Abs. 2 S. 2 will nun durch den pauschalen Ausschluss des § 2210 BGB dem Urheber nicht die Möglichkeit nehmen, **Befristungen der Verwaltung gem. § 2210 S. 2 BGB** vorzunehmen. Da gem. § 28 Abs. 2 S. 2 die Vorschrift des § 2210 S. 1 BGB nicht gilt, erledigt sich § 2210 S. 2 BGB. Der Erblasser/Urheber kann also nach den allgemeinen erbrechtlichen Regelungen die Testamentsvollstreckung **beschränken** oder **befristen** (Möhring/Nicolini/*Spautz* § 28 Rn. 4).

22 **bb) § 2210 S. 3 BGB.** § 2210 S. 3 BGB verweist für die Anordnung der Testamentsvollstreckung auf § 2163 Abs. 2 BGB, der bei einer Bezugnahme auf juristische Personen eine Obergrenze von 30 Jahren anordnet. Das bedeutet nach allgemeinem Erbrecht: Ist eine juristische Person Erbe oder Testamentsvollstrecker, so bleibt es in Fällen einer Testamentsvollstreckung nach § 2209 BGB stets bei der in § 2210 S. 1 BGB angeordneten 30-jährigen Befristung der Testamentsvollstreckung. Diese Regelung gilt jedoch gem. § 28 Abs. 2 S. 2 für die Verwaltung des Urheberrechts nicht. Zweck des § 2210 S. 3 BGB i. V. m. § 2163 Abs. 2 BGB ist es nämlich, eine Verewigung der Testamentsvollstreckung zu verhindern. Dieser Schutzzweck entfällt beim Urheberrecht, da das Urheberrecht in jedem Fall 70 Jahre nach Tod des Urhebers erlischt und sich insoweit die Testamentsvollstreckung dann ohnehin erledigt (Möhring/Nicolini/*Spautz* § 28 Rn. 4).

4. § 28 Abs. 2 bei Erben des Urhebers

23 **Strittig** ist, ob § 28 Abs. 2 auch für die Erben des Urhebers gilt, die ihrerseits als Erblasser die Testamentsvollstreckung anordnen (dafür: Schricker/Loewenheim/*Schricker/Loewenheim* § 28 Rn. 15; wohl auch *Ulmer* 157 f.; dagegen: *Fromm* NJW 1966, 1244, 1245). **§ 28 Abs. 2 ist auf Urhebererben anwendbar.** Sowohl der Gesetzeswortlaut (§ 30) als auch der Zweck des § 28 Abs. 2 (Bestellung einer geeigneten Persönlichkeit, Verlängerung der Frist des § 2210 BGB) sprechen für die Anwendung.

5. Zwangsvollstreckung (§§ 112 ff.) und Identitätsoffenbarung (§ 66 Abs. 2) bei Testamentsvollstreckung

24 Für den Fall der Testamentsvollstreckung regelt § 117, dass die nach den §§ 115 und 116 erforderliche **Einwilligung für Zwangsvollstreckungsmaßnahmen** in das Urheberrecht oder in Werkoriginale durch den **Testamentsvollstrecker** erteilt wird. Das gilt gem. § 118 entsprechend bei der Zwangsvollstreckung gegen Verfasser wissenschaftlicher Ausgaben und Lichtbildner. Nach § 66 Abs. 3 ist der Testamentsvollstrecker berechtigt, gem. § 66 Abs. 2 die Identität des Urhebers zu offenbaren oder den wahren Namen des anonymen Urhebers zur Eintragung in die Urheberrolle anzumelden.

6. Ermächtigung statt Testamentsvollstreckung?

25 Der Urheber kann einen Dritten **ermächtigen, das Urheberrecht im Namen des Urhebers oder im eigenen Namen wahrzunehmen** (vgl. BGH GRUR 1997, 236, 237 f. – Verlagsverträge; OLG München ZUM 1995, 721, 723 – Hanns Heinz Ewers). Eine solche Ermächtigung kann **über den Tod hinaus** erteilt werden (§ 672 BGB). Die Ermächtigung bietet aber nicht ohne weiteres dieselbe Sicherheit wie eine Testamentsvollstreckung. Eine Ermächtigung kann nämlich ohne anderslautende Vereinbarung **jederzeit** vom Urheber und nach dessen Tod von den Erben **widerrufen** werden (*v. Welser* 109 m. w. N.). Die Ermächtigung kann auch nicht unter Ausschluss der eigenen Rechtswahrnehmung durch den Urheber erteilt werden (**Verbot einer „verdrängenden" Ermächtigung**; *Schack* Rn. 580; *v. Welser* 109 f.). Jedoch bleiben **Nutzungsrechte,** die der Urheber einem Dritten **über seinen Tod hinaus** eingeräumt hat, für die Erben des Urhebers **verbindlich.** Für die Erben verbindlich ist nach dem BGH auch eine **Ermächtigung zur Ausübung urheberpersönlichkeitsrechtlicher Befugnisse,** wenn der Urheber diese

§ 29 Rechtsgeschäfte über das Urheberrecht   § 29 UrhG

Ermächtigung zu Lebzeiten einem Treuhänder mit der Maßgabe erteilt, dass die Erben an sie gebunden sein sollen (BGH GRUR 1955, 201, 204 – Cosima Wagner; s. auch Dreier/Schulze/*Schulze* § 28 Rn. 10, § 30 Rn. 7; Dreyer/Kotthoff/Meckel/*Kotthoff* § 30 Rn. 6; *Rehbinder* Rn. 538).

§ 29 Rechtsgeschäfte über das Urheberrecht

(1) **Das Urheberrecht ist nicht übertragbar, es sei denn, es wird in Erfüllung einer Verfügung von Todes wegen oder an Miterben im Wege der Erbauseinandersetzung übertragen.**

(2) **Zulässig sind die Einräumung von Nutzungsrechten (§ 31), schuldrechtliche Einwilligungen und Vereinbarungen zu Verwertungsrechten sowie die in § 39 geregelten Rechtsgeschäfte über Urheberpersönlichkeitsrechte.**

Literatur: *Dietz,* Das Urheberrecht in der Europäischen Gemeinschaft, Baden-Baden 1978 (zit. *Dietz*); *Erdmann,* Urhebervertragsrecht im Meinungsstreit, GRUR 2002, 923; *Harte-Bavendamm/Wiebe* in Kilian/Heussen, Computerrecht, 30. Ergänzungslieferung September 2011; *Krüger-Nieland,* Das Urheberpersönlichkeitsrecht, eine besondere Erscheinungsform des allgemeinen Persönlichkeitsrechts? in: v. Caemmerer u. a. (Hrsg.), Festschrift für Hauß, Karlsruhe 1978, 215 (zit. *Krüger-Nieland* FS Hauß); *Mantz,* Open Content-Lizenzen und Verlagsverträge – Die Reichweite des § 33 UrhG, MMR 2006, 784; *Lutz* in Limper/Musiol, Handbuch des Fachanwalts, Urheber- und Medienrecht, 1. Auflage; *Metzger,* Rechtsgeschäfte über das Urheberpersönlichkeitsrecht nach dem neuen Urhebervertragsrecht, GRUR Int. 2003, 9; *W. Nordemann,* Heimfallrecht und Rechtsverzicht im Urheberrecht, GRUR 1969, 127; *Pahlow,* Von Müttern, Töchtern und Enkeln, GRUR 2010, 112; *Plaß,* Open Contents im deutschen Urheberrecht, GRUR 2002, 670; *Schmidt,* Urheberrechte als Kreditsicherheit nach der gesetzlichen Neuregelung des Urhebervertragsrechts, WM 2003, 461; *Scholz,* Zum Fortbestand abgeleiteter Nutzungsrechte nach Wegfall der Hauptlizenz, GRUR 2009, 1107; *Schricker,* Zum neuen deutschen Urhebervertragsrecht, GRUR Int. 2002, 797; *Schricker,* Die Einwilligung des Urhebers in entstellende Änderungen des Werks in: *Forkel* (Hrsg.), Beiträge zum Schutz der Persönlichkeit und ihrer schöpferischen Leistungen, Festschrift für Heinrich Hubmann, Frankfurt a. M. 1985, 409 (zit. *Schricker* FS Hubmann); *v. Welser,* Die Wahrnehmung urheberpersönlichkeitsrechtlicher Befugnisse durch Dritte, Berlin 2000 (zit. *v. Welser*).

Vgl. darüber hinaus die Angaben im eingangs abgedr. Gesamtliteraturverzeichnis.

Übersicht

	Rn.
I. Grundzüge	1, 2
II. Grundsatz der Unübertragbarkeit des Urheberrechts, § 29 Abs. 1 1. Halbs.	3–23
1. Geltung nur für das deutsche Urheberrecht	3
2. Unübertragbarkeit des Urheberrechts im Ganzen und in Teilen	4–6
3. Rechtsfolgen eines Verstoßes gegen § 29 Abs. 1 1. Halbs., Auslegung, Umdeutung	7, 8
4. Keine dingliche Belastung des Urheberrechts	9
5. Übertragung von Leistungsschutzrechten	10–14
6. Verzicht auf das Urheberrecht	15–21
a) Miturheberanteil an Verwertungsrechten	16
b) Urheberpersönlichkeitsrecht	17
c) Verwertungsrechte	18
d) Vergütungsansprüche, Ansprüche aus Urheberrechtsverletzung	19
e) Urhebervertragsrechtliche Gestaltungsrechte	20
f) Leistungsschutzrechte	21
7. „Open Content"	22
8. „Heimfall"	23
III. Ausnahmen von der Unübertragbarkeit, § 29 Abs. 1 2. Halbs.	24–33
1. Verfügung von Todes wegen: Testament oder Erbvertrag	25, 26
2. Erbauseinandersetzung	27
3. Übertragung von Teilen des Urheberrechts?	28–30
4. Rückübertragung?	31

	Rn.
5. Fortgeltung des § 29 Abs. 1 2. Halbs. bei weiteren Erbgängen	32
6. Besonderheiten bei persönlichen Schriftstücken des Erblassers	33
IV. Zulässige Rechtsgeschäfte, § 29 Abs. 2	34, 35
V. Übergangsvorschriften für Altverträge vor Inkrafttreten des § 29	36–42
1. § 137 Abs. 1: Umwandlung von übertragenen Urheberrechten in Nutzungsrechte	37, 38
2. Leistungsschutzrechte	39
3. Schutzdauerverlängerung	40–42

I. Grundzüge

1 § 29 Abs. 1 1. Halbs. stellt den **Grundsatz** auf, dass das Urheberrecht **nicht übertragbar** ist. § 29 Abs. 1 2. Halbs. macht von diesem Grundsatz eine **Ausnahme:** Das Urheberrecht ist ausnahmsweise doch übertragbar, wenn es zur **Erfüllung einer Verfügung von Todes wegen** oder an Miterben im Wege der **Erbauseinandersetzung** übertragen wird.

2 § 29 Abs. 1 1. Halbs. verbietet die rechtsgeschäftliche Rechtsnachfolge in das Urheberrecht, **betrifft** aber **nicht** die **gesetzliche Rechtsnachfolge** in das Urheberrecht (s. Vor §§ 28–30 Rn. 1, 2). Die Rechtsnachfolge in das Urheberrecht aufgrund Erbganges (§§ 1922 Abs. 1, 1942 Abs. 1 BGB) ist ein Fall der gesetzlichen Rechtsnachfolge und wird von dem Grundsatz der Unübertragbarkeit des Urheberrechts nicht erfasst. § 28 Abs. 1 stellt dies lediglich klar. Ebenfalls ist die gesetzliche Rechtsnachfolge in das Urheberrecht aufgrund umwandlungsrechtlicher Vorschriften und gem. § 140 Abs. 1 S. 2 HGB möglich (s. § 28 Rn. 9).

II. Grundsatz der Unübertragbarkeit des Urheberrechts, § 29 Abs. 1 1. Halbs.

1. Geltung nur für das deutsche Urheberrecht

3 Der Grundsatz der Unübertragbarkeit gem. § 29 Abs. 1 1. Halbs. gilt nur, soweit deutsches Urheberrecht anwendbar ist (Dreier/Schulze/*Schulze* Vorbemerkung Vor § 28 Rn. 5; Schricker/Loewenheim/*Schricker/Loewenheim* § 29 Rn. 13). Rechtsordnungen anderer Staaten sehen die freie Übertragbarkeit des Urheberrechts vor (für einen Teil der europäischen Rechtsordnungen *Dietz* Rn. 503 ff.). Erklärt ein Urheber vertraglich, er „übertrage weltweit" alle Urheberrechte an einem bestimmten Werk auf einen anderen, so mag dies als Einräumung eines ausschließlichen Nutzungsrechts an dem deutschen Urheberrecht auszulegen sein (s. Rn. 8). Hinsichtlich der Urheberrechte, welche der Urheber in anderen Staaten genießt, kann die Klausel dagegen als vollständige Übertragung des Urheberrechts wirken (OLG Düsseldorf ZUM-RD 2007, 465).

2. Unübertragbarkeit des Urheberrechts im Ganzen und in Teilen

4 Nach der amtlichen Begründung soll das Urheberrecht weder im Ganzen noch teilweise übertragbar sein (AmtlBegr. BT-Drucks. IV/270, 30, 55). **Unübertragbar** sind: das Urheberrecht als **Ganzes**; ein **ideeller Teil** des Urheberrechts, d. h. ein Bruchteil am Urheberrecht (Schricker/Loewenheim/*Schricker/Loewenheim* § 29 Rn. 14; *Riedel* § 29 Anm. B); das **Urheberverwertungsrecht** als solches (Schricker/Loewenheim/*Schricker/Loewenheim* § 29 Rn. 14; *v. Gamm* § 29 Rn. 3; Möhring/Nicolini/*Spautz* § 29 Rn. 7; Dreier/Schulze/*Schulze* § 29 Rn. 3; s. a. LG Hamburg ZUM 2008, 530, 533 – Musik für Image-Film); das **Urheberpersönlichkeitsrecht** als solches (Schricker/Loewenheim/*Schricker/Loewenheim*

§ 29 Rn. 14, Schricker/Loewenheim/*Dietz/Peukert* Vor §§ 12 ff. Rn. 26; Fromm/Nordemann/*Dustmann* Vor § 12 Rn. 9, Vor § 28 Rn. 1; Dreier/Schulze/*Schulze* § 29 Rn. 3; *v. Gamm* § 29 Rn. 4; Möhring/Nicolini/*Spautz* § 29 Rn. 7); **einzelne Verwertungsrechte** (Schricker/Loewenheim/*Schricker/Loewenheim* § 29 Rn. 16; Dreier/Schulze/*Schulze* § 29 Rn. 3; Loewenheim/*A. Nordemann* § 23 Rn. 2; wohl auch Möhring/Nicolini/*Spautz* § 29 Rn. 7; *v. Gamm* § 29 Rn. 3; *Rehbinder* Rn. 542); ein **Miturheberanteil** (Schricker/Loewenheim/*Schricker/Loewenheim* § 29 Rn. 14; § 8 Rn. 11; Dreier/Schulze/*Schulze* § 29 Rn. 3; Fromm/Nordemann/*W. Nordemann* § 8 Rn. 15; *v. Gamm* § 8 Rn. 14; *Riedel* § 29 Anm. B). Die Unübertragbarkeit gilt auch für treuhänderische Übertragungen (*Schmidt* WM 2003, 461).

Übertragbar sind dagegen **bestimmte Leistungsschutzrechte** (s. Rn. 10 ff.). Übertragbar sind auch vertragliche und gesetzliche **Vergütungsansprüche** (s. § 20b Abs. 2 S. 1, § 26 Abs. 1 S. 1, § 27 Abs. 1 S. 1, § 27 Abs. 2 S. 1, § 32, § 32a, § 32c, § 45a Abs. 2, § 46 Abs. 4, § 47 Abs. 2 S. 2, § 49 Abs. 1 S. 2, § 52 Abs. 1 S. 2, § 52 Abs. 2 S. 2, § 52a Abs. 4 S. 1, § 52b S. 3, § 53a Abs. 2, § 54 Abs. 1, § 54b Abs. 1, § 54c Abs. 1 § 70 i. V. m. §§ 27, 46 ff., § 72 i. V. m. §§ 20b, 27, 46 ff., § 75 Abs. 3 i. V. m. § 27, § 79 Abs. 2 S. 2 i. V. m. §§ 32, 32a, § 78 Abs. 2, § 78 Abs. 4 i. V. m. § 20b, § 83 i. V. m. §§ 44a ff., § 85 Abs. 4 i. V. m. § 27 Abs. 2 und §§ 44a ff., § 86, § 87 Abs. 4 i. V. m. §§ 44a ff., § 87b Abs. 2 i. V. m. § 27 Abs. 2, § 94 Abs. 4 i. V. m. §§ 20b Abs. 2, 27 Abs. 2, 44a ff., § 95 i. V. m. § 94 Abs. 4, § 137 Abs. 3, § 137e Abs. 2 S. 2, § 137e Abs. 3, § 137f Abs. 3 S. 3, § 137f Abs. 4, § 137l Abs. 5), soweit nicht Sondervorschriften die Übertragung einschränken (§§ 20b Abs. 2 S. 3, 27 Abs. 1 S. 3, 32 Abs. 3 S. 1 und 2, 32a Abs. 3, 63a S. 2). Übertragbar sind schließlich **Ansprüche** aus der **Verletzung von Urheberrechten** und vertragliche Ansprüche auf Zahlung von Lizenzgebühren (*Schmidt* WM 2003, 461, 467).

Nicht geklärt ist, ob **einzelne Urheberpersönlichkeitsrechte** übertragen werden können (für Übertragbarkeit des Veröffentlichungsrechts und des Änderungsrechts: Fromm/Nordemann/*Dustmann* Vor § 12 Rn. 10; *v. Gamm* § 11 Rn. 7 unter Berufung auf die ältere Rechtsprechung BGHZ 15, 249, 258, 260 – Cosima Wagner; RGZ 151, 50, 53 – Babbit-Übersetzung; *Krüger-Nieland* FS Hauß 215, 220; *Metzger* GRUR Int. 2003, 9, 11 ff. m. w. N.; gegen Übertragbarkeit: *Rehbinder* Rn. 545; *Schricker* § 8 VerlG Rn. 3; *v. Welser* 88 ff., 91 m. w. N.; wohl auch Schricker/Loewenheim/*Dietz/Peukert* Vor §§ 12 ff. Rn. 26; *Ulmer* 379; näher Vor §§ 12 ff. Rn. 5; Vor §§ 31 ff. Rn. 36 ff.).

3. Rechtsfolgen eines Verstoßes gegen § 29 Abs. 1 1. Halbs., Auslegung, Umdeutung

Wird ein Vertrag geschlossen, durch den die Übertragung der genannten nicht-übertragbaren Rechte **dinglich** vollzogen werden soll, so ist dieser Vertrag gem. § 134 BGB **nichtig**. Bei **schuldrechtlichen** Verträgen, die zur Übertragung eines Urheberrechts **verpflichten** (zur anderweitigen Auslegung und Umdeutung solcher Verträge Rn. 8), ist gem. Art. 229 § 5 S. 1 EGBGB wie folgt zu differenzieren: Für Schuldverhältnisse, die vor dem 1.1.2002 entstanden sind, gilt das BGB vor Inkrafttreten des Gesetzes zur Modernisierung des Schuldrechts (BGB a. F.); für Schuldverhältnisse, die nach dem 31.12.2001 entstanden sind, gilt das BGB in der Fassung ab Inkrafttreten des Gesetzes zur Modernisierung des Schuldrechts: Ein schuldrechtlicher Vertrag, der **vor dem 1.1.2002** geschlossen wurde und zur Übertragung eines Urheberrechts verpflichtet, ist nach **§ 306 BGB a. F. nichtig** (vgl. aber zum Grundsatz der Leerübertragung Vor §§ 31 ff. Rn. 124 ff.). Wer bei Schließung des Vertrages die Unmöglichkeit der Übertragung kannte oder kennen musste, ist zum Ersatz des Schadens verpflichtet, den der andere Vertragspartner dadurch erleidet, dass der auf die Gültigkeit des Vertrages vertraut (Ersatz des Vertrauensschadens, § 307 Abs. 1 S. 1 BGB a. F.). Das gilt nicht, wenn der andere Vertragspartner die Unmöglichkeit kannte oder kennen musste (§ 307 Abs. 1 S. 2 BGB a. F.). Für einen schuldrechtlichen Vertrag, der **nach dem 31.12.2001** geschlossen wird und zur Übertragung eines Urheberrechts verpflichten soll, gilt Folgendes: Der Anspruch auf Übertragung ist wegen **Unmöglichkeit** ausgeschlossen (§§ 311a Abs. 1, 275 Abs. 1 BGB). Der Gläubiger kann nach seiner Wahl Schadensersatz statt der Übertragung des Urheberrechts gem. § 281 BGB oder Ersatz seiner Aufwendungen gem. § 284 BGB verlangen, es sei denn, der Schuldner kannte das Leistungshindernis bei Vertragsschluss nicht und hat seine Unkenntnis auch nicht zu vertreten (§ 311a Abs. 2 BGB).

8 Jedoch ist ein Vertrag, der nur seinem Wortlaut nach die „Übertragung" eines Urheberrechts beinhaltet, in der Regel gem. §§ 133, 157 BGB dahin **auszulegen,** dass ein **ausschließliches Nutzungsrecht** eingeräumt wird (§ 31 Abs. 1 S. 2, Abs. 3 S. 1; OLG Stuttgart MMR 2009, 434; s. auch Loewenheim/*A. Nordemann* § 23 Rn. 3; Dreyer/Kotthoff/Meckel/*Kotthoff* § 29 Rn. 4). Wegen des dinglichen Charakters der Übertragung sowohl des einfachen wie des ausschließlichen Nutzungsrechts muss die darauf gerichtete Willenserklärung in jedem Fall den Anforderungen an dingliche Verfügungen genügen (vgl. zum dinglichen Charakter des einfachen Nutzungsrechts BGH GRUR 2009, 946 – Reifen Progressiv). Aus der Willenserklärung muss demnach unter Berücksichtigung der gesamten Begleitumstände nach dem objektiven Inhalt der Erklärung unzweideutig zum Ausdruck kommen, dass der Erklärende über sein Urheberrecht in der Weise verfügen will, dass ein Dritter daran ein bestimmtes Nutzungsrecht erhält (BGH NJW 2010, 2731, 2734 – Vorschaubilder I). Der Umfang der Nutzungsrechtseinräumung richtet sich nach dem Maßstab der Zweckübertragungsregel des § 31 Abs. 5, wonach der Inhaber der Urheberrechte im Zweifel keine weitergehenden Rechte überträgt als es der Zweck des urheberrechtlichen Nutzungsvertrages erfordert (vgl. zum Zweckübertragungsgedanken BGH GRUR 2011, 714 – Der Frosch mit der Maske, m. w. N.).

Ist diese Auslegung nicht möglich, so besteht für Altverträge u. U. die Möglichkeit, den Vertrag in die Einräumung eines ausschließlichen Nutzungsrechts gem. § 140 BGB umzudeuten (Schricker/*Schricker* (2. Aufl.) § 29 Rn. 9; Fromm/Nordemann/*J. B. Nordemann* § 29 Rn. 2; Möhring/Nicolini/*Spautz* § 29 Rn. 7; *v. Gamm* § 29 Rn. 2; *Riedel* § 29 Anm. B). Bei Neuverträgen kann der Schuldner Schadensersatzansprüche ggf. durch die Einräumung eines ausschließlichen Nutzungsrechts abwenden.

4. Keine dingliche Belastung des Urheberrechts

9 Wegen der Unübertragbarkeit können am Urheberrecht **kein Pfandrecht** und **kein Nießbrauch** bestellt werden (§§ 1274 Abs. 2, 1069 Abs. 2 BGB). Dagegen sind Pfandrechts- oder Nießbrauchbestellungen an Nutzungsrechten i. S. d. §§ 31 ff. möglich (Schricker/Loewenheim/*Schricker/Loewenheim* Vor §§ 28 ff. Rn. 73).

5. Übertragung von Leistungsschutzrechten

10 Für das Schutzrecht an **wissenschaftlichen Ausgaben** und das **Lichtbildrecht** verweisen § 70 Abs. 1 und § 72 Abs. 1 auf die Vorschriften des ersten Teils des UrhG. Daraus wird überwiegend geschlossen, dass die Vorschriften über die Unübertragbarkeit entsprechend anwendbar sind (Dreier/Schulze/*Schulze* Vor §§ 28 ff. Rn. 3; Schricker/Loewenheim/*Schricker/Loewenheim* Vor §§ 28 ff. Rn. 64; Schricker/Loewenheim/*Loewenheim* § 70 Rn. 10; Fromm/Nordemann/*A. Nordemann* § 72 Rn. 24; *v. Gamm* § 70 Rn. 8, § 72 Rn. 6; a. A. für Lichtbildrecht: Schricker/Loewenheim/*Vogel* § 72 Rn. 44).

11 Beim Leistungsschutzrecht der **ausübenden Künstler** ist zu differenzieren: Die Verwertungsrechte der ausübenden Künstler nach §§ 77, 78 sind gem. § 79 Abs. 1 S. 1 übertragbar, jedoch nur in den Grenzen von § 79 Abs. 1 S. 2 i. V. m. § 78 Abs. 3 S. 2, Abs. 4, § 20 b Abs. 2 S. 3, § 77 Abs. 2 S. 2 i. V. m. § 27 Abs. 1 S. 3 und § 83 i. V. m. § 63 a S. 2. Für die Persönlichkeitsrechte des ausübenden Künstlers gem. §§ 74, 75 gilt dasselbe wie für das Urheberpersönlichkeitsrecht (s. Rn. 6).

Die übrigen Leistungsschutzrechte sind **übertragbar**. Soweit sich das nicht bereits ausdrücklich aus dem Gesetz ergibt (§§ 71 Abs. 2, 85 Abs. 2 S. 1, 87 Abs. 2 S. 1, 94 Abs. 2 S. 1, 95 i. V. m. 94 Abs. 2 S. 1), wird die Übertragbarkeit daraus hergeleitet, dass persönlichkeitsrechtliche Elemente fehlen (BGH GRUR Int. 1994, 337 – Beatles; Schricker/Loewenheim/*Vogel* § 85 Rn. 49; Schricker/Loewenheim/*v. Ungern-Sternberg* § 87 Rn. 42a; Schricker/Loewenheim/*Vogel* Vor §§ 87a ff. Rn. 32; Schricker/Loewenheim/*Schricker/Loewenheim* Vor §§ 28 ff. Rn. 6635; Dreier/Schulze/*Schulze* Vor §§ 28 ff. Rn. 3; Fromm/Nordemann/*Boddin* § 85 Rn. 59, § 87 Rn. 35, Fromm/Nordemann/*Czychowski* § 87b Rn. 11, Fromm/Nordemann/*J. B. Nordemann* § 94 Rn. 50). Zu beachten ist aber § 63a, auf den die §§ 85 Abs. 4, 87 Abs. 4, 94 Abs. 4, 95 verweisen. 12

Für Leistungsschutzrechte gilt somit zusammenfassend Folgendes: **Rechte gem. §§ 70 Abs. 1, 72 Abs. 1** sind nicht übertragbar, die §§ 28–30 entsprechend anwendbar; **Rechte des ausübenden Künstlers:** Rechte gem. §§ 77, 78 sind in den Grenzen des § 79 Abs. 1 S. 2 i. V. m. § 78 Abs. 3 S. 2, Abs. 4, § 20b Abs. 2 S. 3, § 77 Abs. 2 S. 2 i. V. m. § 27 Abs. 1 S. 3 und des § 83 i. V. m. § 63a S. 2 übertragbar (§ 79 Abs. 1 S. 1); ob die Persönlichkeitsrechte des ausübenden Künstlers gem. §§ 74, 75 übertragbar sind, ist strittig (s. Rn. 11, 6). **Sonstige Leistungsschutzrechte** sind übertragbar (§ 71 Abs. 2, § 85, § 87, § 87a, § 94 Abs. 2, § 95), wobei jedoch in bestimmten Fällen § 63a gilt (§ 85 Abs. 4, § 87 Abs. 4, § 94 Abs. 4, § 95). 13

An Leistungsschutzrechten können im Übrigen – unabhängig von ihrer Übertragbarkeit – auch **Nutzungsrechte** eingeräumt werden (§ 79 Abs. 2, § 81 S. 2, § 85 Abs. 2 S. 2 und 3, § 87 Abs. 2 S. 2 und 3, § 94 Abs. 2 S. 2 und 3, § 95 i. V. m. § 94 Abs. 2 S. 2 und 3; Schricker/Loewenheim/*Schricker/Loewenheim* Vor §§ 28 ff. Rn. 64; Schricker/Loewenheim/*Loewenheim* § 70 Rn. 10; Schricker/Loewenheim/*Vogel* § 72 Rn. 36, 46; Schricker/Loewenheim/*Krüger* § 79 Rn. 7 f.; Schricker/Loewenheim/*v. Ungern-Sternberg* § 87 Rn. 42a; Schricker/Loewenheim/*Katzenberger* § 94 Rn. 40; Fromm/Nordemann/*J. B. Nordemann* Vor § 28 Rn. 2; *v. Gamm* § 70 Rn. 8, § 71 Rn. 5, § 72 Rn. 6, § 78 Rn. 6, § 85 Rn. 3, § 87 Rn. 2, § 94 Rn. 4). 14

6. Verzicht auf das Urheberrecht

Nach allgemeiner Ansicht folgt aus der Unübertragbarkeit des Urheberrechts, dass auch ein **Verzicht** des Urhebers auf das Urheberrecht nicht möglich ist (BGHZ 129, 66, 73 – Mauer-Bilder; Schricker/Loewenheim/*Schricker/Loewenheim* § 29 Rn. 22; Fromm/Nordemann/*J. B. Nordemann* § 29 Rn. 12; Möhring/Nicolini/*Spautz* § 29 Rn. 7; Dreier/Schulze/*Schulze* § 29 Rn. 10; *v. Gamm* § 29 Rn. 29; Loewenheim/*A. Nordemann* § 23 Rn. 8 f.). Das gilt jedoch uneingeschränkt nur für das **Urheberrecht als Ganzes**. Hinsichtlich einzelner urheberrechtlicher Befugnisse und Ansprüche ist zu differenzieren: 15

a) Miturheberanteil an Verwertungsrechten. Gem. § 8 Abs. 4 S. 1 UrhG kann ein Miturheber auf seinen Anteil an den Verwertungsrechten des gemeinsam geschaffenen Werkes verzichten. Dadurch wächst dieser Anteil den anderen Miturhebern zu (näher § 8 Rn. 47 ff.). 16

b) Urheberpersönlichkeitsrecht. Auf das **Urheberpersönlichkeitsrecht** kann **zwar nicht als Ganzes** verzichtet werden. Jedoch ist ein Verzicht hinsichtlich **einzelner Eingriffe** in das Urheberpersönlichkeitsrecht möglich (Schricker/Loewenheim/*Schricker/Loewenheim* § 29 Rn. 27; Schricker/Loewenheim/*Dietz/Peukert* Vor §§ 12 ff. Rn. 28; Schricker FS Hubmann 409 ff.; *v. Gamm* § 29 Rn. 5, § 11 Rn. 7; Fromm/Nordemann/*Dustmann* Vor § 12 Rn. 10; Dreier/Schulze/*Schulze* § 29 Rn. 11; zum Verzicht auf das Urheberbenennungsrecht vgl. OLG München GRUR-RR 2004, 33, 34 – Pumuckl-Illustrationen; LG München I ZUM 2010, 733, 740 und OLG München I GRUR-RR 2011, 245, 248 – Tatort-Vorspann; zur Sittenwidrigkeit eines vertraglichen Verzichts auf das Urheberbenen- 17 nungsrecht vgl. OLG Frankfurt a. M. GRUR 2010, 221, 223 – Betriebswirtschaftlicher Aufsatz; näher Vor §§ 12 ff. Rn. 5; Vor §§ 31 ff. Rn. 36 ff. mit Nachweisen zum Diskussionsstand).

18 c) **Verwertungsrechte.** Ob auf Verwertungsrechte i. S. d. § 15 verzichtet werden kann, ist nicht geklärt. § 29 Abs. 2 stellt zwar klar, dass schuldrechtliche Einwilligungen und Vereinbarungen zu Verwertungsrechten zulässig sind, äußert sich aber nicht zur Möglichkeit eines Verzichts auf einzelne Verwertungsrechte. Das Verwertungsrecht als Ganzes dürfte unverzichtbar sein. Nach einem obiter dictum des BGH kann aber auf einzelne Verwertungsrechte wirksam verzichtet werden (BGHZ 129, 66, 72 – Mauer-Bilder). Die Literatur ist gespalten (dem BGH folgen Schricker/Loewenheim/*Schricker/Loewenheim* § 29 Rn. 25; *Ulmer* 366; a. A.: Fromm/Nordemann/*J. B. Nordemann* § 29 Rn. 12; *v. Gamm* § 29 Rn. 6; *Schack* Rn. 311; Möhring/Nicolini/*Spautz* § 29 Rn. 7; wohl auch Dreier/Schulze/*Schulze* § 29 Rn. 10; Dreyer/Kotthoff/Meckel/*Kotthoff* § 29 Rn. 7). Zu einem Verzicht wurde in der Literatur bislang vertreten, § 31 sei analog anwendbar (Schricker/Loewenheim/ *Schricker/Loewenheim* § 29 Rn. 25 mit Bezug auf § 31 Abs. 4 a. F.; Dreier/Schulze/*Schulze* § 29 Rn. 10; *Ulmer* 366, jeweils mit Bezug auf § 31 Abs. 4 und 5). Nach dem „Zweiten Korb" (s. Vor §§ 31 ff. Rn. 5) und der Abschaffung des § 31 Abs. 4 a. F. (s. § 31 Rn. 38) würde dies bedeuten, dass (ggf. neben § 31 Abs. 5) die Vorschrift des § 31a anzuwenden ist. Im Übrigen sind die gesetzlichen Verbote eines Verzichts auf Vergütungsansprüche oder einer Abbedingung von Vergütungsansprüchen zu beachten (s. Rn. 19).

19 d) **Vergütungsansprüche, Ansprüche aus Urheberrechtsverletzung.** Auf vertragliche oder gesetzliche **Vergütungsansprüche** kann verzichtet werden, soweit dem nicht gesetzliche Regelungen wie § 20b Abs. 2 S. 2, § 26 Abs. 2 S. 1, § 27 Abs. 1 S. 2, § 32 Abs. 3 S. 1 und 2, § 32a Abs. 3 (§ 36 Abs. 3 a. F. für Altfälle), § 32c Abs. 3, § 63a S. 1 (diese Vorschriften ggf. über § 79 Abs. 2 S. 2, § 85 Abs. 4, § 87 Abs. 4, § 94 Abs. 4, § 95), § 137e Abs. 2 S. 2, Abs. 3 i. V. m. § 27 Abs. 1 S. 2 entgegenstehen (Schricker/Loewenheim/*Schricker/Loewenheim* § 29 Rn. 24; *v. Gamm* § 29 Rn. 6). Verzichtbar sind auch **Ansprüche aus Urheberrechtsverletzung** (für bereits entstandene Ansprüche: Schricker/ Loewenheim/*Schricker/Loewenheim* § 29 Rn. 24; Dreier/Schulze/*Schulze* § 29 Rn. 10 a. E.; *v. Gamm* § 14, Rn. 7; *Riedel* § 11 Anm. B; Fromm/Nordemann/*J. B. Nordemann* § 29 Rn. 11; Loewenheim/*A. Nordemann* § 23 Rn. 8 ff.; *Rehbinder* Rn. 301). Der Verzicht auf derartige Ansprüche bedarf eines Erlassvertrages zwischen Gläubiger und Schuldner gem. § 397 Abs. 1 BGB.

20 e) **Urhebervertragsrechtliche Gestaltungsrechte.** Der Urheber kann auch auf urhebervertragsrechtliche Gestaltungsrechte verzichten, es sei denn, das Gesetz untersagt dies (§ 31a Abs. 4, § 32 Abs. 3 S. 1, § 32a Abs. 3 S. 1 [ggf. über § 79 Abs. 2 S. 2], § 34 Abs. 5 S. 1, § 40 Abs. 2 S. 1, § 41 Abs. 4 S. 1, § 42 Abs. 2 S. 1).

21 f) **Leistungsschutzrechte.** Für den Verzicht auf Leistungsschutzrechte gelten folgende Grundsätze: Soweit Leistungsschutzrechte übertragbar sind (dazu s. o. Rn. 10 ff.), kann auf sie verzichtet werden, es sei denn, ausdrückliche gesetzliche Vorschriften stehen entgegen (§ 79 Abs. 2 S. 2 i. V. m. § 32 Abs. 3 S. 1, § 32a Abs. 3 S. 1, § 83, § 85 Abs. 4, § 87 Abs. 4, § 94 Abs. 4, § 95 i. V. m. § 63a, § 77 Abs. 2 S. 2, § 137e Abs. 2 S. 2, Abs. 3 i. V. m. § 27 Abs. 1 S. 2, § 78 Abs. 4, § 94 Abs. 4, § 95 i. V. m. § 20b Abs. 2 S. 3). Soweit die Leistungsschutzrechte nach §§ 70, 72 betroffen sind, gelten die Darlegungen zum Urheberrecht entsprechend (s. Rn. 10, 15 ff.). Für die persönlichkeitsrechtlichen Befugnisse des ausübenden Künstlers gelten die Ausführungen zum Urheberpersönlichkeitsrecht (s. Rn. 11, 17).

7. „Open Content"

22 Kein Verzicht auf das Urheberrecht liegt vor bei sog. „Open Content". Dabei handelt es sich um urheberrechtlich geschützte Werke oder Leistungen, die der Urheber oder Leis-

tungsschutzberechtigte der Allgemeinheit unentgeltlich zur Verfügung stellt. Verbreitet ist dies bei Computerprogrammen, sogenannter Freeware oder Shareware (auch „Public Domain Software"). Wird Open Content der Allgemeinheit zur Verfügung gestellt, handelt es sich um die Einräumung eines **nicht-ausschließlichen** Nutzungsrechtes gem. § 31 Abs. 2 zur Vervielfältigung und Verbreitung des betroffenen Inhalts, ggf. mit räumlichen, zeitlichen und/oder inhaltlichen Beschränkungen (§§ 31a Abs. 1 S. 2, 32a Abs. 3 S. 3, 32c Abs. 3 S. 2; s. OLG Köln CR 1996, 723, 725; OLG Düsseldorf CR 1995, 730f.; OLG Hamburg NJW-RR 1994, 1324, 1325; *Harte-Bavendamm/Wiebe* Teil 5 Rn. 104, 108; *Mantz* MMR 2006, 784, 786; *Plaß* GRUR 2002, 670, 673; *Marly* Rn. 289ff.; Schricker/Loewenheim/*Loewenheim* § 69c Rn. 2; unklar: OLG Stuttgart CR 1994, 743, 744; LG Stuttgart CR 1994, 162; LG München I CR 1993, 143, 144). Der Vergütungsanspruch gem. § 32 Abs. 1 besteht in derartigen Fällen nicht (§ 32 Abs. 3 S. 3; s. § 32 Rn. 45).

8. „Heimfall"

Eine Erscheinung, die allgemein mit der Unübertragbarkeit des Urheberrechts in Verbindung gebracht wird, ist der „Heimfall" von Nutzungsrechten. Wird an einem Urheberrecht ein Nutzungsrecht eingeräumt und wird dieses Nutzungsrecht später aufgehoben (Verzicht auf das Nutzungsrecht, Aufhebung, Befristung, auflösende Bedingung), so erledigt sich die mit dem Nutzungsrecht verbundene Belastung des Urheberrechts. Das Urheberrecht erstarkt wieder zum vollen Umfang in der Hand des Urheberrechtsinhabers (AmtlBegr. BT-Drucks. IV/270, 30, 55; BGH GRUR 1966, 567, 569 – GELU; OLG München ZUM 1994, 360, 361; Schricker/Loewenheim/*Schricker/Loewenheim* § 29 Rn. 28; Fromm/Nordemann/*J. B. Nordemann* § 29 Rn. 23; Dreier/Schulze/*Schulze* § 29 Rn. 16; Möhring/Nicolini/*Spautz* § 29 Rn. 7; *v. Gamm* § 29 Rn. 7; *Rehbinder* Rn. 602; *Ulmer* 353f.; näher Vor §§ 31 ff. Rn. 49 ff.). Nach BGH fallen von einem ausschließlichen Nutzungsrecht abgeleitete einfache Nutzungsrechte bei einem wirksamen Rückruf des ausschließlichen Nutzungsrechts nach § 41 UrhG nicht an den Urheber zurück (BGH GRUR 2009, 946 – Reifen Progressiv mit Besprechung *Scholz* und GRUR 2009, 1107; ebenso OLG Köln GRUR-RR 2007, 33). Die Gegenansicht befürwortet den Rückfall des einfachen Nutzungsrechts als Enkelrecht, wenn das Tochterrecht nach § 41 zurückgerufen wird. Der Rückfall sei die Konsequenz des urheberrechtlichen Zweckübertragungsgrundsatzes. Danach verblieben die urheberrechtlichen Befugnisse generell so weit wie möglich beim Urheber. Zudem müsse der Urheber trotz Rückfalls des ausschließlichen Nutzungsrechts den Fortbestand eines einfachen Nutzungsrechts dulden, wodurch er in seinen Möglichkeiten zur Werkverwertung eingeschränkt werde (vgl. zu den Argumenten der Gegenansicht *Pahlow* GRUR 2010, 112, 116 mit weiteren Nachweisen sowie § 35 Rn. 7ff.).

III. Ausnahmen von der Unübertragbarkeit, § 29 Abs. 1 2. Halbs.

Gem. § 29 Abs. 1 2. Halbs. kann das Urheberrecht **ausnahmsweise** rechtsgeschäftlich **übertragen** werden, nämlich in **Erfüllung einer Verfügung von Todes wegen** oder an Miterben im Wege der **Erbauseinandersetzung**.

1. Verfügung von Todes wegen: Testament oder Erbvertrag

Eine Verfügung von Todes wegen, in deren Erfüllung eine Übertragung zulässig ist, kann ein **Testament** sein (§§ 1937, 2229f. BGB) oder ein **Erbvertrag** (§§ 1941, 2274ff. BGB). Das Testament oder der Erbvertrag können die **Übertragung** des Urheberrechts durch Erteilung eines **Vermächtnisses** (§§ 1939, 2147ff. BGB) oder durch Erteilung einer **Auflage** (§§ 1940, 2192ff. BGB) **anordnen**. Indirekt kann der Urheber eine Übertragung des Urheberrechts auch dadurch herbeiführen, dass er im Testament oder in einer einseitigen Verfügung im Erbvertrag (§§ 2299, 2278 Abs. 2 BGB) die **Testamentsvollstreckung** anordnet (§§ 2197 ff. BGB). Der Testamentsvollstrecker ist nämlich in der Regel nicht nur für die Erbauseinandersetzung (§ 2204 BGB), sondern auch – ggf. ausschließlich – für die Verwaltung des Nachlasses zuständig (§§ 2205, 2209 BGB). Im Rahmen der Verwaltung ist der Testamentsvollstrecker berechtigt, über Nachlassgegenstände zu verfügen (§ 2205 S. 2 BGB). Das gilt auch, soweit dem Testamentsvollstrecker nur die Verwaltung einzelner Nachlassgegenstände obliegt (§ 2208 Abs. 1 S. 2 BGB). Der Testamentsvollstrecker kann also das Urheberrecht aufgrund seiner Verwaltungsbefugnis an Dritte **übertragen**. Er darf dies tun, wenn es der ordnungsgemäßen Verwaltung entspricht, insb. wenn der Erblasser dies für die Verwaltung angeordnet hat. Das dürfte jedoch die Ausnahme sein: In der Regel entspricht es eher dem Interesse des Erblassers und der Erben, Nutzungsrechte einzuräumen als das Urheberrecht ganz zu übertragen.

26 Für die **Auslegung eines Testaments** gelten die Vorschriften der §§ 2066 ff., 2084 BGB. Dasselbe gilt gem. § 2299 Abs. 2 S. 1 BGB für einseitige Verfügungen, die in einem Erbvertrag getroffen werden, und – vorbehaltlich der §§ 2274–2298 BGB – gem. § 2279 Abs. 1 BGB auch für vertragsmäßige Zuwendungen und Auflagen in einem Erbvertrag (Palandt/*Weidlich* § 2279 BGB Rn. 1; MünchKomm/*Musielak* § 2279 BGB Rn. 1; Soergel/*Wolf* § 2279 BGB Rn. 1 f.; Erman/*Schmidt* § 2279 BGB Rn. 1). Ordnet der Urheber das Urheberrecht einem unter mehreren Miterben zu, so handelt es sich entweder um ein Vorausvermächtnis (§ 2147 BGB) oder eine Teilungsanordnung (§ 2048 BGB). Das Vorausvermächtnis begünstigt den Miterben, da dieser sich den Gegenstand des Vorausvermächtnisses nicht auf seinen Erbteil anrechnen lassen muss. Ist die Verfügung des Erblassers nicht eindeutig, bedarf es einer Auslegung. Hierfür ist maßgeblich, ob der Erblasser den Bedachten begünstigen wollte (Einzelheiten bei Palandt/*Weidlich* § 2048 BGB Rn. 6 ff.; Erman/*Schlüter* § 2048 BGB Rn. 6 f.; MünchKomm/*Ann* § 2048 BGB Rn. 12 ff.; Soergel/*Wolf* § 2048 BGB Rn. 7 ff. – jeweils mit Nachweisen zur Rechtsprechung). Ob ein Vermächtnis oder eine Teilungsanordnung Urheberrechte erfasst, lässt sich dem jeweiligen Testament nicht immer eindeutig entnehmen. Die Formulierung „Ich vermache den ganzen schriftlichen Nachlass an ..." kann als Vermächtnis aller zugehörigen Urheberrechte anzusehen sein (LG Mannheim ZUM 1992, 205; Dreier/Schulze/*Schulze* § 28 Rn. 9). Eine derart weite Auslegung hat auch das OLG Hamm vorgenommen in einem Fall, in dem der Erblasser „alle Rechte aus Publikationen einschließlich Neuauflagen, Lizenzen etc." vermachte (OLG Hamm ErbR 2006, 117 – Zettelkasten). Bei der Auslegung testamentarischer Verfügungen sind die urheberrechtlichen Grundsätze zu beachten. Hierzu zählt insbesondere die auf § 31 Abs. 5 UrhG fußende Zweckübertragungslehre (*Lutz* S. 131; Dreier/Schulze/*Schulze* § 28 Rn. 9).

2. Erbauseinandersetzung

27 Im Rahmen einer **Auseinandersetzung der Erbengemeinschaft** kann das Urheberrecht auf **Miterben** übertragen werden, **nicht** jedoch auf **Dritte** (OLG Hamm ErbR 2006, 117 – Zettelkasten; Schricker/Loewenheim/*Schricker/Loewenheim* § 29 Rn. 20; Fromm/Nordemann/*J. B. Nordemann* § 29 Rn. 10; Möhring/Nicolini/*Spautz* § 29 Rn. 4; Dreier/Schulze/*Schulze* § 29 Rn. 7; Dreyer/Kotthoff/Meckel/*Kotthoff* § 29 Rn. 10). An welchen Miterben das Urheberrecht im Wege der Erbauseinandersetzung zu übertragen ist, kann festgelegt sein in einer **Teilungsanordnung** des Erblassers (§ 2048 BGB), einer **Vereinbarung** zwischen den Miterben über die Erbauseinandersetzung, einer **Auseinandersetzungsanordnung** durch den Testamentsvollstrecker (§§ 2197 ff., § 2204 BGB) oder einer **gerichtlichen Anordnung** (§§ 86 bis 98 FGG oder Prozessurteil; Palandt/*Weidlich* § 2042 BGB Rn. 6 ff.; MünchKomm/*Ann* § 2042 BGB Rn. 20 ff.; Soergel/*Wolf* § 2042 BGB Rn. 18 ff.; Erman/*Schlüter* § 2042 BGB Rn. 3, 7).

3. Übertragung von Teilen des Urheberrechts?

Besteht der Nachlass aus mehreren, jeweils für sich urheberrechtlich geschützten Werken, so können die Urheberrechte an diesen Werken gem. § 29 Abs. 1 2. Halbs. jeweils einzeln oder in Gruppen oder insgesamt übertragen werden (insoweit zutreffend Dreier/Schulze/*Schulze* § 29 Rn. 8). **Nicht geklärt** ist aber, ob im Zuge einer Übertragung des Urheberrechts an einem einzigen Werk nach § 29 Abs. 1 2. Halbs. das Urheberrecht nur im Ganzen oder **auch in Teilen** übertragen werden kann. Nach *Schricker/Loewenheim* ist das Urheberrecht „im Ganzen und in Teilen" übertragbar (Schricker/Loewenheim/*Schricker/Loewenheim* § 29 Rn. 21 unter allerdings unzutreffender Berufung auf *Möhring/Nicolini* 1. Aufl., 1970 § 29 Anm. 2a); s.a. Schricker/Loewenheim/*Schricker/Loewenheim* § 30 Rn. 1 a.E., Rn. 5). Das scheint zu besagen, dass eine Realteilung des Urheberrechts und eine Übertragung derart entstandener Teile möglich ist. Nach *Gergen* ist die Übertragung einzelner Verwertungsrechte möglich, sofern das Verwertungsrecht gemeinsam mit dem jeweiligen Urheberpersönlichkeitsrecht übertragen wird (*Gergen* ZErb 2009, 42, 46). Demgegenüber vertreten *A. Nordemann* und *J. B. Nordemann* offenbar, dass das Urheberrecht nur im Ganzen und nur auf eine einzige Person bzw. an eine Erbengemeinschaft übertragen werden könne (Fromm/Nordemann/*J. B. Nordemann* § 28 Rn. 9; Loewenheim/*A. Nordemann* § 23 Rn. 21).

Zutreffen dürfte die vermittelnde Meinung von *Spautz* (Möhring/Nicolini/*Spautz* § 29 Rn. 4): Danach ist eine Teilung des Urheberrechts an einem Werk ausgeschlossen. Das Urheberrecht kann jedoch (in seiner Gesamtheit) auf **mehrere Personen** übertragen werden. Wird das Urheberrecht derart übertragen, sind die erwerbenden Personen in einer Bruchteilsgemeinschaft gem. §§ 741 ff. BGB an dem Urheberrecht beteiligt. Es gelten die Vorschriften über die Bruchteilsgemeinschaft, nicht die Vorschriften über die Miturheberschaft (*Riedel* § 29 Anm. B; a.A. *Möhring/Nicolini* 1. Aufl. 1970 § 29 Anm. 2c). Jedoch **gilt § 747 S. 1 BGB nicht.** Teilhaber der Bruchteilsgemeinschaft können weder über ihren eigenen Anteil noch insgesamt über das gemeinschaftliche Urheberrecht verfügen (§ 29 Abs. 1 1. Halbs.; *Riedel* § 29 Anm. B).

In jedem Fall besteht die Möglichkeit, in Erfüllung einer Verfügung von Todes wegen oder bei der Erbauseinandersetzung **Nutzungsrechte** i.S.d. §§ 31 ff. abzuspalten und die **Ausübung bestimmter Urheberpersönlichkeitsrechte** zwischen den beteiligten Personen **aufzuteilen** (*Riedel* § 29 Anm. B; Möhring/Nicolini/*Spautz* § 29 Rn. 4; *v. Gamm* § 28 Rn. 2).

4. Keine Geltung des § 29 Abs. 1 2. Halbs. für die Rückübertragung des Urheberrechts

Die in § 29 Abs. 1 2. Halbs. erteilte Erlaubnis, das Urheberrecht zu übertragen, gilt nicht für die **Rückübertragung** (Schricker/Loewenheim/*Schricker/Loewenheim* § 29 Rn. 21; Dreier/Schulze/*Schulze* § 29 Rn. 5). Die Rückübertragung dürfte von § 29 Abs. 1 2. Halbs. nur dann gedeckt sein, wenn sie erforderlich ist, um eine Übertragung rückgängig zu machen, die auf einem unwirksamen Kausalgeschäft beruht. Wird z.B. das Vermächtnis eines Urheberrechts gem. § 2078 BGB angefochten, so ist das Vermächtnis nichtig. Das aufgrund des nichtigen Vermächtnisses übertragene Urheberrecht ist dann gem. § 812 Abs. 1 S. 1 1. Alt. BGB auf die Erben zurückzuübertragen (MünchKomm/*Leipold* § 2078 BGB Rn. 56; Soergel/*Loritz* § 2078 BGB Rn. 28). Heben die Miterben eine Vereinbarung über die Erbauseinandersetzung rückwirkend auf, so sind bereits durchgeführte Übertragungen gleichfalls nach §§ 812 ff. BGB rückgängig zu machen, denn das Kausalgeschäft für die ursprüngliche Übertragung ist entfallen. Jedoch können die Miterben und ein Vermächtnisnehmer nicht eine Übertragung rückgängig machen, die aufgrund eines wirksamen Vermächtnisses durchgeführt worden ist, denn das – weiterhin wirksame – Vermächtnis bildet das Kausalgeschäft für die Übertragung. Eine Ausnahme soll weiterhin für

Vergleiche gelten, wenn in einem Rechtsstreit unklar ist, ob die Übertragung des Urheberrechts wirksam war (Fromm/Nordemann/*J. B. Nordemann* § 29 Rn. 9; Loewenheim/ *A. Nordemann* § 23 Rn. 16 a. E.).

5. Fortgeltung des § 29 Abs. 1 2. Halbs. bei weiteren Erbgängen

32 § 29 Abs. 1 2. Halbs. gilt nicht nur für den Erbgang nach dem Urheber selbst, sondern **auch für Erbgänge nach dem Urhebererben** (Schricker/Loewenheim/*Schricker/ Loewenheim* § 29 Rn. 21; *Riedel* § 29 Anm. B; *v. Gamm* § 29 Rn. 2). Ebenso gilt § 29 Abs. 1 2. Halbs. für Erbgänge nach demjenigen, der das Urheberrecht im Zuge der Erbauseinandersetzung, aufgrund eines Vermächtnisses, einer Auflage oder im Rahmen der Verwaltung durch den Testamentsvollstrecker erworben hat.

6. Besonderheiten bei persönlichen Schriftstücken des Erblassers

33 Bei der Erbauseinandersetzung ist zu beachten, dass gem. § 2047 Abs. 2 BGB **Schriftstücke**, die sich auf die persönlichen Verhältnisse des Erblassers beziehen, **Gesamthandseigentum** der Miterbengemeinschaft bleiben. Das **Urheberrecht** selbst wird von dieser Vorschrift allerdings **nicht** erfasst (Möhring/Nicolini/*Spautz* § 29 Rn. 4). § 2047 Abs. 2 schließt auch nur einen Anspruch des Miterben auf Teilung aus. Einvernehmlich können die Miterben eine Teilung der Schriftstücke vereinbaren (Palandt/*Weidlich* § 2047 BGB Rn. 3; MünchKomm/*Ann* § 2048 BGB Rn. 7; Soergel/*Wolf* § 2047 BGB Rn. 5; Erman/ *Schlüter* § 2047 BGB Rn. 3).

IV. Zulässige Rechtsgeschäfte, § 29 Abs. 2

34 Nach § 29 Abs. 2 sind die Einräumung von Nutzungsrechten (§ 31), schuldrechtliche Einwilligungen und Vereinbarungen zu Verwertungsrechten sowie „die in § 39 geregelten Rechtsgeschäfte über Urheberpersönlichkeitsrechte" zulässig. § 29 Abs. 2 enthält Klarstellungen: Trotz der grundsätzlichen Unübertragbarkeit des Urheberrechts ist die Einräumung von Nutzungsrechten nach § 31 möglich. Dies ergibt sich schon daraus, dass die Einräumung eines Nutzungsrechtes keine Übertragung des Urheberrechts darstellt (s. Vor §§ 28–30 Rn. 4; Vor §§ 31 ff. Rn. 21). Auch schuldrechtliche Einwilligungen und Vereinbarungen zu Verwertungsrechten (z. B. die schuldrechtliche Zustimmung zur Nutzung eines Werkes ohne Einräumung eines Nutzungsrechtes) stellen keine Übertragung des Urheberrechts dar. Zur Übertragung von Verwertungsrechten s. Rn. 4; zum Verzicht auf Verwertungsrechte s. Rn. 18.

35 Umstritten ist, ob Urheberpersönlichkeitsrechte übertragbar sind (Rn. 6). § 29 Abs. 2 lässt diese Frage offen (AmtlBegr. BT-Drucks. 14/6433, 42, 56 f.). § 29 Abs. 2 4. Fall besagt seinem Wortlaut nach nur, dass „die in § 39 geregelten Rechtsgeschäfte über Urheberpersönlichkeitsrechte" zulässig sind – sollten diese nun als (teilweise) „Übertragungen" des Urheberpersönlichkeitsrechts zu qualifizieren sein oder nicht. Der Verweis in § 29 Abs. 2 auf „die in § 39 geregelten Rechtsgeschäfte über Urheberpersönlichkeitsrechte" dürfte ein Redaktionsversehen des Gesetzgebers sein, da die ursprünglich im Rahmen der Reform 2002 (s. Vor §§ 31 ff. Rn. 3) geplante Neufassung des § 39 (RegE, BT-Drucks. 14/7564 Anlage 1 i.V.m. 14/6433, 4 f.) letztlich unterblieben ist (Schricker/ Loewenheim/*Schricker/Loewenheim* § 29 Rn. 8; *Schmidt* WM 2003, 461 Fn. 9; *Metzger* GRUR Int. 2003, 9, 10; *Erdmann* GRUR 2002, 923, 929; *Schricker* GRUR Int. 2002, 797, 799 f.). Der Verweis auf § 39 muss daher wohl richtig so verstanden werden, dass die in § 39 bezeichneten und die darüber hinaus von der Rechtsprechung anerkannten Rechtsgeschäfte über Urheberpersönlichkeitsrechte (ob diese nun als ganze oder teilweise „Übertragungen" des Urheberpersönlichkeitsrechts zu qualifizieren sind oder nicht; vgl. dazu

Vor §§ 12 ff. Rn. 5 ff.; Vor §§ 31 ff. Rn. 36 ff.) von § 29 Abs. 1 nicht in Frage gestellt werden (s. auch Dreier/Schulze/*Schulze* § 29 Rn. 20; Dreyer/Kotthoff/Meckel/*Kotthoff* § 29 Rn. 12; *Metzger* GRUR Int. 2003, 9, 10 f.; *Schricker* GRUR Int. 2002, 797, 799 f.).

V. Übergangsvorschriften für Altverträge vor Inkrafttreten des § 29

Für Altverträge, die vor dem Inkraftsetzen des UrhG (1.1.1966) geschlossen worden sind, gilt § 137. Die Vorschrift regelt, wie Verträge zu behandeln sind, die vor dem 1.1.1966 geschlossen wurden und in denen das Urheberrecht nach den alten Vorschriften übertragen worden ist.

1. § 137 Abs. 1: Umwandlung von übertragenen Urheberrechten in Nutzungsrechte

Nach § 137 Abs. 1 S. 1 stehen einem Erwerber Nutzungsrechte nach § 31 zu, wenn ihm vor dem 1.1.1966 ein Urheberrecht übertragen worden ist. Das Urheberrecht in der Hand des Erwerbers wandelt sich also in ein – in der Regel ausschließliches – **Nutzungsrecht** um. Damit wird von der Grundregel des § 132 Abs. 1 S. 1 abgewichen, nach der auf Altverträge grds. nicht das UrhG anzuwenden ist.

§ 137 Abs. 1 S. 2 besagt, dass die „Übertragung" (gem. § 137 Abs. 1 S. 1 umgewandelt in ein Nutzungsrecht) sich im Zweifel nicht auf Befugnisse erstreckt, die erst durch das UrhG begründet worden sind. Bei dieser Regelung handelt es sich um eine **Erweiterung des Zweckübertragungsprinzips** (§ 31 Abs. 5). Neue urheberrechtliche Befugnisse, die erst mit dem UrhG begründet worden sind (selbst wenn sie mit bereits bekannten Nutzungsarten korrespondieren) fallen nicht unter das Nutzungsrecht des Erwerbers gem. § 137 Abs. 1 S. 1. Neue urheberrechtliche Befugnisse, die durch das UrhG begründet worden sind, sind insb. §§ 17 Abs. 1, 17 Abs. 2, 18, 19 Abs. 1, 26, 27 und die gesetzlichen Vergütungsansprüche. Für 36 a. F. (Bestsellerparagraf, s. § 32a Rn. 38) gilt § 132 Abs. 1 S. 1 (BGH GRUR 1990, 1005, 1006 – Salome I; s. a. § 137 Rn. 4; Möhring/Nicolini/*Hartmann* § 137 Rn. 5; § 132 Rn. 10; Schricker/Loewenheim/*Katzenberger* § 137 Rn. 8; § 132 Rn. 2, 8).

2. Leistungsschutzrechte

Gem. § 137 Abs. 5 gilt § 137 Abs. 1 entsprechend für Leistungsschutzrechte. § 137 Abs. 1 S. 1 wirkt sich dabei jedoch nur auf solche Leistungsschutzrechte aus, die nach neuem Recht nicht übertragbar sind, nämlich §§ 70, 72 (Schricker//Loewenheim/*Katzenberger* § 137 Rn. 9; Fromm/Nordemann/*J. B. Nordemann* § 137 Rn. 4). Für alle Leistungsschutzrechte ist demgegenüber § 137 Abs. 1 S. 2 relevant: Alle Übertragungen von Leistungsschutzrechten vor dem 1.1.1966 erstrecken sich im Zweifel nicht auf solche Befugnisse, die erst durch das UrhG begründet worden sind (s. Rn. 38).

3. Schutzdauerverlängerung

Gem. § 137 Abs. 2 S. 1 gilt die **Nutzungsrechtseinräumung**, die sich gem. § 137 Abs. 1 S. 1 aus der Umwandlung der Übertragung ergibt, im Zweifel auch für den Zeitraum, um den sich die Dauer des Urheberrechts gem. §§ 64 bis 69 **verlängert** hat. Entsprechendes gilt für das Recht, Befugnisse des Urhebers auszuüben (§ 137 Abs. 2 S. 2). Diese Regelung ist von Bedeutung für solche Altverträge, in denen nicht ausdrücklich eine Befristung für die Urheberrechtsübertragung geregelt ist.

Gem. § 137 Abs. 3 hat der Urheber für die Verlängerung der Nutzungsrechtseinräumung einen Anspruch auf **angemessene Vergütung,** sofern anzunehmen ist, dass der Urheber für die Übertragung eine höhere Gegenleistung erzielt hätte, wenn die Parteien bei Vertragsschluss die verlängerte Schutzdauer berücksichtigt hätten. Diese Voraussetzung ist in der Regel dann **nicht** gegeben, wenn der Urheber an den Nutzungen **prozentual beteiligt** wird (BGH GRUR 1996, 763, 766 – Salome II; OLG München ZUM-RD 1997, 294, 303 – Salome III; Schricker/Loewenheim/*Katzenberger* § 137 Rn. 13; Fromm/Nordemann/*J. B. Nordemann* § 137 Rn. 8; *v. Gamm* § 137 Rn. 4; *Ulmer* 346; s. aber BGH GRUR 2000, 869, 870 – Salome III).

42 Gem. § 137 Abs. 4 S. 1 kann der Erwerber den Anspruch auf angemessene Vergütung des Urhebers abwenden, wenn er alsbald nach der Geltendmachung dieses Anspruchs dem Urheber das Recht für die Zeit nach Ablauf der bisherigen Schutzdauer zur Verfügung stellt oder wenn er auf die ihm erteilte Erlaubnis für diese Zeit verzichtet. Hat der Erwerber das Urheberrecht vor dem 1.1.1966 weiter veräußert, so ist der Erwerber nicht zur Zahlung der Vergütung verpflichtet, wenn ihn die Zahlung mit Rücksicht auf die Umstände der Weiterveräußerung unbillig belasten würde. Eine solche unbillige Belastung kommt in Betracht, wenn der Erwerber das Recht gegen eine niedrige Vergütung weiterveräußert hat. In diesem Fall kann jedoch der Urheber verlangen, dass der Erwerber den ihm gem. § 137 Abs. 3 zustehenden Vergütungsanspruch an den Urheber abtritt (Möhring/Nicolini/*Hartmann* § 137 Rn. 13; Schricker/Loewenheim/*Katzenberger* § 137 Rn. 15).

§ 30 Rechtsnachfolger des Urhebers

Der Rechtsnachfolger des Urhebers hat die dem Urheber nach diesem Gesetz zustehenden Rechte, soweit nichts anderes bestimmt ist.

Literatur: *Bullinger,* Kunstwerkfälschungen und Urheberpersönlichkeitsrecht, Berlin 1997; *Clément,* Urheberrecht und Erbrecht, Baden-Baden 1993; *Elmenhorst/von Brühl,* Wie es Euch gefällt? Zum Antagonismus zwischen Urheberrecht und Eigentümerinteressen, GRUR 2012, 126; *Flechsig,* Die Vererbung des immateriellen Schadensersatzanspruchs des ausübenden Künstlers, FuR 1976, 74; *Heinig,* Die Wahrnehmung des Urheberpersönlichkeitsrechts durch den Erben – Sondererblast oder Rechtswahrung –, ZUM 1999, 291; *Klingelhöffer,* Urheberrecht und Erbrecht, ZEV 1999, 421; *Neuenfeld,* Bewegung im Architekten-Urheberrecht, BauR 2011, 180; *Rehbinder,* Die Familie im Urheberrecht ZUM 1986, 365; *Schack,* Das Persönlichkeitsrecht der Urheber und ausübenden Künstler nach dem Tode GRUR 1985, 352; *v. Welser,* Die Wahrnehmung urheberpersönlichkeitsrechtlicher Befugnisse durch Dritte, Berlin 2000.

Vgl. darüber hinaus die Angaben im eingangs abgedr. Gesamtliteraturverzeichnis.

Übersicht

	Rn.
I. Grundzüge	1
II. Rechtsnachfolge in das Urheberverwertungsrecht und das Urheberpersönlichkeitsrecht	2
III. Rechtsnachfolger	3
IV. Abgrenzung zu anderen Formen des Rechtsübergangs	4
V. Ausnahmen von § 30	5–14
1. § 42 Abs. 1 S. 2, § 46 Abs. 5 S. 1	6
2. § 62 Abs. 4 S. 2	7
3. §§ 115 bis 117	8
4. Schutzdauer	9
5. Auflagen des Urhebers, Testamentsvollstreckung	10
6. Kein immaterieller Schadensersatz?	11, 12
7. Beschränkungen in der Ausübung des Urheberpersönlichkeitsrechts	13
8. Unzulässiges Anbringen der Urheberbezeichnung?	14

I. Grundzüge

1 Gem. § 30 hat der Rechtsnachfolger des Urhebers die dem Urheber nach dem UrhG zustehenden Rechte, soweit nichts anderes bestimmt ist. § 30 stellt damit den Grundsatz

auf, dass der Rechtsnachfolger im **vollen Umfang in die Rechtsstellung des Urhebers** nach dem UrhG **einrückt. Ausnahmen** von diesem Grundsatz können sich aus dem UrhG selbst oder aus anderen Rechtsvorschriften ergeben.

II. Rechtsnachfolge in das Urheberverwertungsrecht und das Urheberpersönlichkeitsrecht

§ 30 gilt sowohl für das **Urheberverwertungsrecht** als auch für das **Urheberpersönlichkeitsrecht.** In beide Rechtspositionen des Urhebers rückt der Rechtsnachfolger grds. (Ausnahmen s. Rn. 5 ff.) voll ein (OLG Hamm ZUM 2006, 641, 647 – Altarraum; OLG Hamm ErbR 2006, 117 – Zettelkasten; Schricker/Loewenheim/*Schricker/Loewenheim* § 30 Rn. 4; Fromm/Nordemann/*J. B. Nordemann* § 30 Rn. 8; Möhring/Nicolini/*Spautz* § 30 Rn. 1; Dreier/Schulze/*Schulze* § 28 Rn. 2, § 30 Rn. 1; *v. Gamm* § 30 Rn. 3, 1; *Riedel* § 30 Anm. B; Loewenheim/*A. Nordemann* § 23 Rn. 22; *Ulmer* 356; *Rehbinder* Rn. 538; einschränkend *Clément* 55 ff.).

III. Rechtsnachfolger

Rechtsnachfolger ist jeder, der **unmittelbar** oder **mittelbar** durch gesetzliche oder – soweit zulässig – rechtsgeschäftliche Rechtsnachfolge das Urheberrecht erwirbt. **Unmittelbarer** Rechtsnachfolger in das Urheberrecht sind der **Erbe** bzw. die **Erbengemeinschaft** gem. §§ 1922 Abs. 1, 1942 Abs. 1 BGB (s. § 28 Rn. 1 ff.). **Mittelbare** Rechtsnachfolger in das Urheberrecht sind der **Vermächtnisnehmer,** dem das Urheberrecht in Erfüllung des Vermächtnisses übertragen worden ist, und der **Begünstigte einer Auflage** nach Erfüllung der Auflage. **Mittelbarer** Rechtsnachfolger des Urheberrechts ist auch der **Miterbe,** dem im Zuge der Erbauseinandersetzung das Urheberrecht übertragen worden ist. Mittelbarer Rechtsnachfolger ist weiter derjenige, dem der **Testamentsvollstrecker** ggf. das Urheberrecht im Rahmen der Verwaltung gem. § 2205 S. 2 BGB **übertragen** hat (s. § 29 Rn. 25). Schließlich kann bei einem Rechtsträger i. S. d. § 3 UmwG, der ein Urheberrecht erworben hat, eine Umwandlung stattfinden. Rechtsnachfolger in das Urheberrecht ist dann der **übernehmende Rechtsträger** (s. § 28 Rn. 9). Rechtsnachfolger in das Urheberrecht kann auch der verbleibende Gesellschafter gem. § 140 Abs. 1 S. 2 HGB sein (s. § 28 Rn. 9).

IV. Abgrenzung zu anderen Formen des Rechtsübergangs

Kein Fall der Rechtsnachfolge ist die **Anwachsung gem. § 8 Abs. 4 S. 3.** Der Verzicht eines Miturhebers gem. § 8 Abs. 4 S. 1 (hierzu § 8 Rn. 47 ff.) bezieht sich nur auf den Anteil des Miturhebers an den Verwertungsrechten. Verzichtet z. B. Miturheber A bei einer Miturheberschaft von Miturheber A und Miturheber B auf seinen Anteil an den Verwertungsrechten, so wächst damit der ideelle Anteil von Miturheber A an den Verwertungsrechten dem Miturheber B zu. Miturheber B wird dadurch jedoch nicht Rechtsnachfolger des Miturhebers A (implizit Schricker/Loewenheim/*Schricker/Loewenheim* § 30 Rn. 3; *Riedel* § 30 Anm. B). Auch der **Erwerb eines Nutzungsrechts** gem. §§ 31 ff. ist **keine Rechtsnachfolge** in das Urheberrecht, selbst wenn ein ausschließliches Nutzungsrecht erteilt wird.

V. Ausnahmen von § 30

Die Ausnahmen vom Grundsatz der unbeschränkten Rechtsnachfolge („soweit nichts anderes bestimmt ist") können sich aus dem **UrhG** sowie ggf. aus **anderen Gesetzen** ergeben:

1. § 42 Abs. 1 S. 2, § 46 Abs. 5 S. 1

6 Gem. § 42 Abs. 1 S. 2 kann der Rechtsnachfolger des Urhebers den **Rückruf wegen gewandelter Überzeugung** gem. § 42 Abs. 1 S. 1 nur erklären, wenn er nachweist, dass der Urheber vor seinem Tode zum Rückruf berechtigt gewesen wäre und an der Erklärung des Rückrufs gehindert war oder diesen letztwillig verfügt hat (näher § 42 Rn. 9). Auf Grund der Verweisung in § 46 Abs. 5 S. 1 auf § 42 gilt dies entsprechend, wenn der Rechtsnachfolger des Urhebers die Verwertung für Kirchen-, Schul- oder Unterrichtsgebrauch wegen gewandelter Überzeugung verbieten will.

2. § 62 Abs. 4 S. 2

7 Gem. § 62 Abs. 4 S. 2 bedürfen **Werkänderungen** bei Sammlungen für Kirchen-, Schul- oder Unterrichtsgebrauch nach dem Tod des Urhebers nur dann der Einwilligung des Rechtsnachfolgers, wenn dieser zugleich Angehöriger des Urhebers i. S. d. § 60 Abs. 2 ist oder das Urheberrecht aufgrund letztwilliger Verfügung erworben hat.

3. §§ 115 bis 117

8 Gem. §§ 115 bis 117 ist die **Zwangsvollstreckung** in das Urheberrecht gegen den Rechtsnachfolger des Urhebers **erleichtert**. So bedarf es gem. § 115 S. 2 und § 116 Abs. 2 Nr. 2 nicht der Einwilligung des Rechtsnachfolgers, wenn das betroffene Werk erschienen ist.

4. Schutzdauer

9 Für die **Dauer des Urheberrechts** bleiben die §§ 64 ff. in der Weise maßgeblich, wie sie für den ursprünglichen Urheber gegolten haben. Die Schutzfrist beginnt nicht aufgrund der Rechtsnachfolge neu zu laufen.

5. Auflagen des Urhebers, Testamentsvollstreckung

10 Beschränkungen des Rechtsnachfolgers können sich nach dem BGB aufgrund von **Auflagen des Urhebers** ergeben, die dieser gem. §§ 1940, 2192 ff. BGB durch Testament oder Erbvertrag (§ 2278 Abs. 2 BGB) dem Erben oder einem Vermächtnisnehmer erteilt hat. Auch aus der **Anordnung der Testamentsvollstreckung** gem. § 28 Abs. 2 S. 1 i. V. m. §§ 2197 ff. BGB kann die Stellung des Rechtsnachfolgers gegenüber derjenigen des ursprünglichen Urhebers Beschränkungen unterliegen (vgl. *Gergen* ZErb 2009, 42, 47).

6. Kein immaterieller Schadensersatz?

11 **Nicht geklärt** ist, ob der Rechtsnachfolger gem. § 97 Abs. 2 S. 4 **immateriellen Schadensersatz für postmortale Urheberrechtsverletzungen** verlangen kann. Das OLG Hamburg verneint dies (OLG Hamburg ZUM 1995, 430, 433 – Ile de France; zum allgemeinen Persönlichkeitsrecht ebenso BGH GRUR 1974, 797, 800 – Fiete Schulze; s. a. BGH NJW 2000, 2195, 2197, 2198, 2200 – Marlene Dietrich). Einen Anspruch für möglich halten das Landgericht Mannheim in einer Entscheidung aus dem Jahre 1997 und offenbar auch das LG München I in einer Entscheidung aus dem Jahre 1979 (LG Mannheim ZUM-RD 1997, 405, 409 – Freiburger Holbein-Pferd; LG München I Schulze LGZ 173, 17). In der Literatur ist die Frage umstritten (gegen einen Anspruch: Möhring/Nicolini/*Lütje* § 97 Rn. 76; *Schack* Rn. 695; *v. Welser* 147; s. auch § 97 Rn. 85 m. w. N.; für einen Anspruch: Schricker/Loewenheim/*Schricker/Loewenheim* § 30 Rn. 4; Fromm/Nordemann/ *J. B. Nordemann* § 30 Rn. 10; Dreier/Schulze/*Schulze* § 30 Rn. 5; Dreyer/Kotthoff/ Meckel/*Kotthoff* § 30 Rn. 5; *Gergen* ZErb, 42, 48; *Heinig* ZUM 1999, 291, 293 ff.; *Klinghöffer*, ZEV 1999, 421; *Rehbinder* ZUM 1986, 365, 370; *Flechsig* FuR 1976, 74, 79 ff.).

Möglich ist die Rechtsnachfolge jedenfalls in **bereits entstandene Ansprüche auf immateriellen Schadensersatz,** die auf Urheberrechtsverletzungen vor dem Rechtsübergang beruhen. Hat der Urheber aufgrund einer Urheberrechtsverletzung einen Anspruch auf immateriellen Schadensersatz erworben, so geht dieser Anspruch auf den Rechtsnachfolger über (AmtlBegr. BT-Drucks. IV/270, 104; Fromm/Nordemann/*J. B. Nordemann* § 30 Rn. 10; Möhring/Nicolini/*Spautz* § 30 Rn. 4; Möhring/Nicolini/*Lütje* § 97 Rn. 250; *Schack* Rn. 695). 12

7. Beschränkungen in der Ausübung des Urheberpersönlichkeitsrechts

Beschränkungen des Rechtsnachfolgers können sich außerdem bei der Ausübung des **Urheberpersönlichkeitsrechts** ergeben: **Grundsätzlich** steht zwar das Urheberpersönlichkeitsrecht dem Rechtsnachfolger **in vollem Umfang** zu (s. Vor §§ 12 ff. Rn. 5; Schricker/Loewenheim/*Dietz*/*Peukert* Vor §§ 12 ff. Rn. 29; Fromm/Nordemann/*J. B. Nordemann* § 30 Rn. 10; Möhring/Nicolini/*Spautz* § 30 Rn. 1; *Ulmer* 356 ff.; *Gergen* ZErb 2009 42, 47; *Bullinger* 197 ff.; *Rehbinder* Rn. 538; wohl auch Dreier/Schulze/*Schulze* § 30 Rn. 4; Dreyer/Kotthoff/Meckel/*Kotthoff* § 29 Rn. 6, § 30 Rn. 3; a. A. im Sinne einer Bindung an Interessen des verstorbenen Urhebers: *v. Gamm* § 11 Rn. 7, § 30 Rn. 4; *Schack* Rn. 577; *Schack* GRUR 1985, 352, 356; Loewenheim/*Nordemann* § 23 Rn. 22; *Clément* 64 ff.). Bei Verletzungen des Urheberpersönlichkeitsrechts findet aber eine **Abwägung der Interessen** von Urheber/Rechtsnachfolger einerseits und Werknutzer andererseits statt. Diese Abwägung kann ergeben, dass der Rechtsnachfolger in einer **weniger engen Bindung zum Werk** steht und deshalb weiterreichende Eingriffe hinzunehmen hat als der Urheber (BGH GRUR 1989, 106, 107 – Oberammergauer Passionsspiele II; LG München I Schulze LGZ 173, 17; Schricker/Loewenheim/*Dietz*/*Peukert* Vor §§ 12 ff. Rn. 31; *v. Gamm* § 30 Rn. 4; ebenso § 39 Rn. 24; a. A. Vor §§ 12 ff. Rn. 10, jeweils m. w. N.). Nach Auffassung des Bundesgerichtshofs schwächen sich die Urheberinteressen nach dem Tod des Urhebers immer mehr ab und haben nicht notwendigerweise dasselbe Gewicht wie zu Lebzeiten des Urhebers. Aus diesem Grund soll der Ablauf der postmortalen Schutzfrist nach § 64 UrhG bei der Gewichtung der Urheberinteressen berücksichtigt werden können (BGH GRUR 2012, 172 – Stuttgart 21; BGH GRUR 2008, 984 – St. Gottfried). Nach der Gegenansicht ist wegen der monistischen Konzeption des Urheberrechts eine Trennung der ideellen und materiellen Interessen nicht möglich. Die vermögensrechtlichen Interessen des Urhebers werden nach § 64 und § 11 unvermindert für die gesamte Schutzdauer von 70 Jahren geschützt (vgl. zur Gegenansicht vor §§ 12 ff., Rn. 10; *Elmenhorst/von Brühl,* GRUR 2012, 126, 129 f.). 13

Die Geltendmachung des Urheberpersönlichkeitsrechts durch den Rechtsnachfolger kann durch das allgemeine Persönlichkeitsrecht des Urhebers, dessen Wahrnehmung den Angehörigen des Erblassers zusteht, beschränkt werden (vor §§ 12 ff. Rn. 20).

8. Unzulässiges Anbringen der Urheberbezeichnung?

Gem. § 107 Abs. 1 Nr. 1 macht sich strafbar, wer auf dem Original eines Werkes der bildenden Künste die Urheberbezeichnung (§ 10 Abs. 1) ohne Einwilligung des Urhebers anbringt oder ein derart bezeichnetes Original verbreitet. Umstritten ist, ob § 107 Abs. 1 Nr. 1 „gegen den Rechtsnachfolger des Urhebers" angewandt werden kann (dagegen: Schricker/Loewenheim/*Dietz*/*Peukert* Vor §§ 12 ff. Rn. 32; dafür: *Schack* GRUR 1985, 352, 356; *Bullinger* 210; *v. Welser* 146 m. w. N.). Meines Erachtens ist die Diskussion verfehlt. § 107 Abs. 1 Nr. 1 setzt nach seinem eindeutigen Wortlaut voraus, dass die Urheberbezeichnung „ohne Einwilligung des Urhebers" angebracht wird. Stimmt der Urheber zu, entfällt die Strafbarkeit. Bei Rechtsnachfolge tritt an die Stelle des Urhebers gem. § 30 dessen Rechtsnachfolger. Da der Rechtsnachfolger das Urheberpersönlichkeitsrecht erwirbt, kann er die Einwilligung erteilen. Bringt der Rechtsnachfolger selbst die Urheberbezeichnung an oder verbreitet er ein derart bezeichnetes Original, so erteilt er die Einwil- 14

UrhG Vor §§ 31ff. Vorbemerkung

ligung zumindest konkludent. Wendete man § 107 Abs. 1 Nr. 1 trotz Einwilligung des Rechtsnachfolgers an, so wäre dies eine Missachtung des § 30 und ein Verstoß gegen Art. 103 Abs. 2 GG, § 1 StGB (nulla poena sine lege). Eine Strafbarkeit nach § 107 Abs. 1 Nr. 2 bleibt aber möglich. Diese Vorschrift gilt nämlich unabhängig von einer Einwilligung des Urhebers/Rechtsnachfolgers (s. dazu § 13 Rn. 18).

2. Nutzungsrechte

Vorbemerkung Vor §§ 31 ff. Urhebervertragsrecht

Literatur: *Ahrens,* Brauchen wir einen Allgemeinen Teil der Rechte des Geistigen Eigentums, GRUR 2006, 617; *Abel,* Filmlizenzen in der Insolvenz des Lizenzgebers und des Lizenznehmers, NZI 2003, 121; *Agudo y Berbel/Engels,* „Hörfunkrechte" – ein eigenständiges Wirtschaftsgut?, WRP 2005, 191; *Ahlberg,* Der Einfluss des § 31 IV UrhG auf die Auswertungsrechte von Tonträgerunternehmen, GRUR 2002, 313; *Aschenbrenner,* Leitlinie aus Europa für die Umsetzung der Privatkopieschranke im Zweiten Korb der Urheberrechtsnovelle, ZUM 2005, 145; *Bartenbach/Gennen,* Patentlizenz- und Know-how-Vertrag, 5. Aufl., Köln 2001; *Bartsch,* Rechtsmängelhaftung bei der Überlassung von Software, CR 2005, 1; *v. Becker,* Die angemessene Übersetzervergütung – Eine Quadratur des Kreises? ZUM 2007, 249; *Bechthold,* Multimedia und Urheberrecht – einige grundsätzliche Anmerkungen, GRUR 1998, 18; *Berberich,* Der Content „gehört" nicht Facebook! MMR 2010, 736; *Berberich,* Die Doppelfunktion der Zwecküberteragungslehre bei der AGB-Kontrolle, ZUM 2006, 205; *Berberich,* Zum Leitbildcharakter urheberrechtlicher Rechtsgrundsätze, WRP 2012, 1055; *Berberich/Kilian,* Zur individuellen Nachlizenzierung und Wahrnehmung von Rechten an unbekannten Nutzungsarten i. S. d. § 137 I UrhG, ZUM 2013, 542; *Ch. Berger,* Verträge über unbekannte Nutzungsarten nach dem „Zweiten Korb", GRUR 2005, 907; *Ch. Berger,* Besprechung von Wandtke/Bullinger: Praxiskommentar zum Urheberrecht, UFITA 2003/III, 879; *Ch. Berger,* Sieben Jahre §§ 32 ff. UrhG – Eine Zwischenbilanz aus Sicht der Wissenschaft, ZUM 2010, 90; *Bornkamm,* Erwartungen von Urhebern und Nutzern an den zweiten Korb, ZUM 2003, 1010; *Brauer/Sopp,* Sicherungsrechte an Lizenzrechten; eine unsichere Sicherheit, ZUM 2004, 112; *Bullinger/Garbers-von Boehm,* Google-Bildersuche – Schlichte Einwilligung des Urhebers als Lösung? GRUR Prax. 2012, 257; *Castendyk,* Lizenzverträge und AGB-Recht, ZUM 2007, 169; *Castendyk,* Neue Ansätze zum Problem der unbekannten Nutzungsart in § 31 Abs. 4 UrhG, ZUM 2002, 332; *Czychowski,* Offene Fragen nach den ersten Urteilen des Bundesgerichtshofs zum neuen Vergütungsrecht im Urheberrecht, GRUR 2010, 793; *Däubler-Gmelin,* Urheberrechtspolitik in der 14. Legislaturperiode – Ausgangspunkt und Zielsetzung, ZUM 1999, 265; *Däubler-Gmelin,* In die Diskussion einschalten; Kunst und Kultur 2005, 7; *Dietz,* Der Entwurf zur Neuregelung des Urhebervertragsrechts, AfP 2001, 261; *Dietz,* Die Pläne der Bundesregierung zu einer gesetzlichen Regelung des Urhebervertragsrechts, ZUM 2001, 276; *Dietz,* Das Urhebervertragsrecht in seiner rechtspolitischen Bedeutung, FS Schricker 1995, 1; *Doering,* Konvergenz und das Unbehagen des Urheberrechts, in: Ahrens/Bornkamm/Gloy/Starck (Hrsg.), Festschrift für Willi Erdmann zum 65. Geburtstag, Köln 2002, 73 (zit. *Dreier* FS Erdmann); *Dreier,* Urheberrecht an der Schwelle des 3. Jahrtausends, CR 2000, 45; *Ebnet,* Der Informationsvertrag, Baden-Baden 1995; *Emmerich,* Franchising, JuS 1995, 761; *Fahl,* BGH: Vorschaubilder II, MMR-Aktuell 2012, 331727; *Feldmann,* Besprechung des Urteils des LG Berlin v. 14.10.1999 – 16 O 26/99 (Internetartikel), ZUM 2000, 77; *Flechsig,* Urheberrecht in der Wissensgesellschaft, ZRP 2004, 249; *Flechsig,* Der Entwurf eines Gesetzes zur Stärkung der vertraglichen Stellung von Urhebern und ausübenden Künstlern, ZUM 2000, 484; *Flechsig/Hendricks,* Zivilprozessuales Schiedsverfahren zur Schließung urheberrechtlicher Gesamtverträge – zweckmäßige Alternative oder Sackgasse?, ZUM 2000, 721; *Foerste,* Die Produkthaftung für Druckwerke, NJW 1991, 1433; *Forkel,* Gebundene Rechtsübertragungen, Köln u. a. 1977; *Frank/Wiegand,* Der Berichtigungsanspruch im Urheberrecht de lege ferenda, CR 2007, 481; *Frey/Rudolph,* Verfügungen über unbekannte Nutzungsarten: Anmerkungen zum Regierungsentwurf des Zweiten Korbs, ZUM 2007, 13; *Gamerith,* Die Verwirkung im Urheberrecht, WRP 2004, 75; *Gebhardt,* Die Erwartungen der Tonträgerwirtschaft an den zweiten Korb, ZUM 2003, 1022; *Gergen,* Zur Auswertungspflicht des Verlegers bei Übersetzungsverträgen, NJW 2005, 569; *Gialeli/v. Olenhusen,* Das Spannungsverhältnis zwischen Urheberrecht und AGB-Recht, ZUM 2012, 389; *Gottschalk,* Wettbewerbsverbote in Verlagsverträgen, ZUM 2005, 359; *Grigoleit,* Abstraktion und Willensmängel – Die Anfechtbarkeit des Verfügungsgeschäfts, AcP 199 (1999) 379; *Grün,* Der Ausschluss der Unterlassungsklage und des vorläufigen Rechtsschutzes in urheberrechtlichen Verträgen, ZUM 2004, 733; *Grundmann,* Europäisches Schuldvertragsrecht, Berlin 1999 (zit. *Grundmann*); *Grunert/Ohst,* Grundprobleme der kommerziellen und privaten Nutzung künstlerischer Leistungen im Internet-Teil I, KUR 2001, 8; *Grützmacher,* Insolvenzfeste Softwarelizenz- und Softwarehinterlegungsverträge – Land in Sicht?, CR 2006, 289; *Haager,* Neuere Entwicklungen im Franchise-Recht,

Vorbemerkung Vor §§ 31ff. UrhG

WIB 1996, 377; *Haas,* Das neue Urhebervertragsrecht, München 2002; *Haedicke,* Die Gewährleistungshaftung bei Patentveräußerungs- und Patentlizenzverträgen und das neue Schuldrecht, GRUR 2004, 123; *Hahn,* Das Verbotsrecht des Lizenznehmers im Urhebervertragsrecht, Baden-Baden 2007; *Hertin,* Werklohn und angemessene Vergütung, GRUR 2011, 1065; *Hilty,* Urheberrecht in der Informationsgesellschaft: „Wer will was vom wem woraus?" – Ein Auftakt zum „zweiten Korb", ZUM 2003, 983; *Hilty/Peukert,* Das neue deutsche Urhebervertragsrecht im internationalen Kontext, GRUR Int. 2002, 643; *Hoeren,* Schade: Der BGH und das Ende der AGB-Kontrolle von Rechtebuyout-Verträgen, GRUR-Prax 2012, 402; *Hoeren,* Was bleibt von §§ 32, 32a, 36 UrhG? Überlegungen zur Zukunft des Urhebervertragsrechts, in FS Wandtke 159; *Hoeren,* Auswirkungen der §§ 32, 32a UrhG n. F. auf die Dreiecksbeziehung zwischen Urheber, Produzent und Sendeanstalt im Filmbereich, FS Nordemann 2004, 181; *Hoeren,* Urheberrecht 2000 – Thesen für eine Reform des Urheberrechts, MMR 2000, 3; *Hoeren,* Der gesetzliche Vergütungsanspruch im Urhebervertragsrecht, MMR 2000, 449; *Hoeren,* Die Kündigung von Softwareerstellungsverträgen und deren urheberrechtliche Auswirkungen, CR 2005, 773; *Hohagen,* Die Freiheit der Vervielfältigung zum eigenen Gebrauch, München 2004; *Horz,* Gestaltung und Durchführung von Buchverlagsverträgen, Berlin 2004; *Huber,* Das geplante Recht der Leistungsstörungen, in: Ernst/Zimmermann (Hrsg.), Zivilrechtswissenschaft und Schuldrechtsreform, Tübingen 2001, 31 (zit. *Huber* in: Ernst/Zimmermann); *Hucko,* Zweiter Korb, München 2007; *Jacobs,* Die angemessene und die unangemessene Vergütung – Überlegungen zum Verständnis der §§ 32, 32a UrhG, FS Ullmann, 79; *Jani,* Es gibt keinen Flohmarkt für gebrauchte E-Books, Kommentar zur OLG Stuttgart, Weiterveräußerungsverbot Download-Hörbücher, K&R 2012, 297; *Jani,* Urheberrechtspolitik in der 14. und 15. Legislaturperiode des Deutschen Bundestags, UFITA 2006/II, 511; *Jani,* Der Buy-out-Vertrag im Urheberrecht, Berlin 2002; *Junker,* Die Rechte des Verfassers bei Verzug des Verlegers, GRUR 1988, 793; *Kasten,* Strategien der Verweigerung und Risikoanhäufung – Probleme der Anwendung des neuen Urhebervertragsrechts in der Film- und Fernsehwirtschaft, ZUM 2010, 130; *Kesselring/Henning,* Die Entwicklung des Architekten- und Ingenieurrechts der Jahre 2005 und 2006, NJW 2006, 3472; *Klass,* Neue Internettechnologien und das Urheberrecht: Die schlichte Einwilligung als Rettungsanker?, ZUM 2013, 1; *Klöhn,* Unbekannte Nutzungsarten nach dem „Zweiten Korb" der Urheberrechtsreform, K&R 2008, 77; *Kreile,* Thesen zur Weiterentwicklung des Urheberrechts in der Informationsgesellschaft (sog. Korb 2) – Erwartungen, Hoffnungen und Forderungen der Urheber an den Gesetzgeber, ZUM 2003, 1018; *Kröger/Gimmy,* Handbuch zum Internetrecht, Berlin 2002 (zit. *Bearbeiter* in Kröger/Gimmy); *Kubis,* Digitalisierung von Druckwerken zur Volltextsuche im Internet – Die Buchsuche von Google im Konflikt mit dem Urheberrecht, ZUM 2006, 370; *Kuck,* Kontrolle von Musterverträgen im Urheberrecht, GRUR 2000, 285; *Lehmann,* Das Urheberrecht der Softwareüberlassung, FS Schricker 1995, 543; *Leuze,* Die Urheberrechte der wissenschaftlichen Mitarbeiter, GRUR 2006, 552; *Mantz,* Creative Commons-Lizenzen im Spiegel internationaler Gerichtsverfahren, GRUR Int. 2008, 20; *Manz/Ventroni/Schneider,* Auswirkungen der Schuldrechtsreform auf das Urheber(vertrags)recht, ZUM 2002, 409; *Markwardt,* Inhaltskontrolle von AGB-Klauseln durch den EuGH, ZIP 2005, 152; *Martinek,* Abzahlungsgesetz und Absatzmittlungsverträge, ZIP 1986, 1440; *Mehrings,* Vertragsrechtliche Aspekte der Nutzung von Online- und CD-ROM-Datenbanken, NJW 1993, 3102; *Melichar,* „Hörfunkrechte" an den Spielen der Fußballbundesliga, FS Nordemann 2004, 213; *Metzger,* Rechtsgeschäfte über das Urheberpersönlichkeitsrecht nach dem neuen Urhebervertragsrecht, GRUR Int. 2003, 9; *Metzger,* Zur Zulässigkeit von CPU-Klauseln in Softwarelizenzverträgen, NJW 2003, 1994; *Moufang,* Datenbankverträge, FS Schricker 1995, 571; *Neyheusel,* Leistungsstörungen in Urheberrechtsverträgen, Frankfurt a. M. 2005; *J. B. Nordemann,* AGB-Kontrolle von Nutzungsrechtseinräumungen durch die Urheber, NJW 2012, 3121; *W. Nordemann,* Die Reform des § 31 Abs. 4 UrhG – gut gemeint, aber daneben getroffen?, in: R. Jacobs, Festschrift für Peter Raue zum 65. Geburtstag am 4. Februar 2006, Köln u. a. 2006 (zit.: *Nordemann* FS Raue); *W. Nordemann,* Das neue Urhebervertragsrecht, München 2002; *W. Nordemann,* Vorschlag für ein Urhebervertragsgesetz, GRUR 1991, 1; *W. Nordemann,* CPU-Klauseln in Software-Überlassungsverträgen, CR 1996, 5; *Obergfell,* Urheberpersönlichkeitsrechte als Exklave der Privatautonomie? Zur Zulässigkeit rechtsgeschäftlicher Verfügungen über Werkänderungen, Urheberbenennung und Erstveröffentlichungshoheit, ZGE 2011, 202; *Ohly,* Zwölf Thesen zur Einwilligung im Internet, GRUR 2012, 983; *v. Olenhusen,* Der Gesetzesentwurf für ein Urhebervertragsrecht, ZUM 2000, 736; *v. Olenhusen,* Das Recht am Manuskript und sonstigen Werkstücken im Urheber- und Verlagsrecht, ZUM 2000, 1056; *Ory,* Rechtspolitische Anmerkungen zum Urhebervertragsrecht, ZUM 2001, 195; *Pahlow,* Von Müttern, Töchtern und Enkeln – Zu Rechtscharakter und Wirkung des urhebervertraglichen Rückrufs, GRUR 2010, 112; *Pahlow,* Der Rechtsmangel beim Sachkauf, JuS 2006, 289; *Pöppelmann,* Verbandsklagen gegen AGB-Klauseln – Ausgewählte Fragen zur Rechtsprechung über Verlagsverträge von Tageszeitungen und Zeitschriften, in: Schierholz/Melichar, Kunst, Recht und Geld, Festschrift für Gerhard Pfennig, München 2012, 301 (zit. *Pöppelmann* FS Pfennig); Preis, Grundfragen der Vertragsgestaltung im Arbeitsrecht, Neuwied u. a. 1993; *Pres,* Gestaltungsformen urheberrechtlicher Softwarelizenzverträge, CR 1994, 520; *Reber,* Das neue Urhebervertragsrecht, ZUM 2000, 729; *Reber,* Der „Ertrag" als Grundlage der angemessenen Vergütung/Beteiligung des Urhebers (§§ 32, 32a, 32c UrhG) in der Film- und Fernsehbranche – Keine „monkey points" nach Art US-amerikanischer Filmvertragsklauseln –, GRUR Int. 2011, 569; *Reber,* Die

UrhG Vor §§ 31ff. Vorbemerkung

Pläne der Bundesregierung zu einer gesetzlichen Regelung des Urhebervertragsrechts, ZUM 2001, 282; *Riesenhuber,* Die Auslegung des Wahrnehmungsvertrags, GRUR 2005, 712; *Riesenhuber,* Beim Abschluss des Wahrnehmungsvertrags sind die Berechtigten Unternehmer i. S. v. § 14 BGB, ZUM 2002, 777; *Riesenhuber/v. Vogel,* Europäisches Wahrnehmungsrecht – Zur Mitteilung der Kommission über die Wahrnehmung von Urheberrechten und verwandten Schutzrechten im Binnenmarkt, EuZW 2004, 518; *Ruijsenaars,* Merchandising-Verträge, FS Schricker 1995, 597; *v. Rom,* Der Schutz des Übersetzers im Urheberrecht, Baden-Baden 2007; *Schack,* Urheberrecht im Meinungsstreit, GRUR 2002, 853; *Schack,* Neuregelung des Urhebervertragsrechts, ZUM 2001, 453; *Schack,* Zur Frage, ob bei postmortaler Verletzung des allgemeines Persönlichkeitsrechts ein Schadensersatzanspruch des Erben in Betracht kommt, JZ 2000, 1060; *Scheja/Mantz,* Nach der Reform ist nur der Reform – Der Zweite Korb der Urheberrechtsreform, CR 2007, 715; *Schertz,* Merchandising, München 1997; *Schimmel,* Erwartungen aus der Sicht der ausübenden Künstler – Statement ver.di e. V., ZUM 2003, 1028; *Schricker,* Kurzkommentar zum Urteil des LG Hamburg v. 15.1.1999 – 308 O 229/98, EWiR § 34 UrhG 1/99, 275; *Schricker,* Zum neuen deutschen Urhebervertragsrecht, GRUR Int. 2002, 797; *G. Schulze,* Die Einräumung unbekannter Nutzungsrechte nach neuem Urheberrecht, UFITA 2007/III, 641; *G. Schulze,* Rechtsfragen von Printmedien im Internet, ZUM 2000, 432; *G. Schulze,* Die Übertragungszwecklehre – Auslegungsregel und Inhaltsnorm?, GRUR 2012, 993; *E. Schwarz,* Überraschungskontrolle nach § 3 AGBG im Arbeitsrecht?, BB 1996, 1434; *M. Schwarz,* Die Vereinbarung angemessener Vergütungen und der Anspruch auf Bestsellervergütungen aus Sicht der Film- und Fernsehbranche, ZUM 2010, 107; *M. Schwarz/Klingner,* Rechtsfolgen der Beendigung von Filmlizenzverträgen, GRUR 1998, 103; *M. Schwarz/Evers,* Der Referentenentwurf aus der Sicht der Filmwirtschaft, ZUM 2005, 113; *Spindler,* Bildersuchmaschinen, Schranken und konkludente Einwilligung im Urheberrecht – Besprechung der BGH-Entscheidung „Vorschaubilder", GRUR 2010, 785; *Spindler,* Reform der Vergütungsregeln im Urhebervertragsrecht, ZUM 2012, 921; *Spindler/Heckmann,* Der rückwirkende Entfall unbekannter Nutzungsrechte (§ 137l UrhG-E) Schließt die Archive? ZUM 2006, 620; *Stickelbrock,* Ausgleich gestörter Vertragsparität durch das neue Urhebervertragsrecht?, GRUR 2001, 1087; *Ullmann,* Persönlichkeitsrechte in Lizenz?, AfP 1999, 209; *E. Ulmer,* Gutachten zum Urhebervertragsrecht, Bonn 1977 (zit. Ulmer Gutachten); *v. Ungern-Sternberg,* Schlichte einseitige Einwilligung und treuwidrig widersprüchliches Verhalten des Urheberberechtigten bei Internetnutzungen, GRUR 2009, 369; *Wallner,* Insolvenzfeste Nutzungsrechte und Lizenzen an Software, NZI 2002, 70; *Wandtke,* Reform des Arbeitnehmerurheberrechts?, GRUR 1999, 390; *Wandtke/Bullinger,* Die Marke als urheberrechtlich schutzfähiges Werk, GRUR 1997, 573; *Wandtke/Schäfer,* Music on Demand – Neue Nutzungsart im Internet?, GRUR Int. 2000, 187; *Wandtke,* Doppelte Lizenzgebühr im Urheberrecht als Modell für den Vermögensschaden von Persönlichkeitsrechtsverletzungen im Internet, GRUR 2000, 942; *Wandtke,* Zur Reform des Urhebervertragsrechts, K&R 2001, 601; *Wandtke,* Kurzkommentar zum Urteil des OLG Hamburg v. 15.3.2001 – 3 U 57/99, EWiR § 34 UrhG 1/01, 643; *Wandtke,* Zur Kommerzialisierung des Persönlichkeitsrechts, K&R 2003, 144; *Wandtke,* Anmerkung zu Kammergericht, Urteil vom 30. Mai 2012 – 24 U 14/11, ZUM 2012, 688; *v. Welser,* Die Wahrnehmung urheberpersönlichkeitsrechtlicher Befugnisse durch Dritte, Berlin 2000; *Wente/Härle,* Rechtsfolgen einer außerordentlichen Vertragsbeendigung auf die Verfügungen in einer „Rechtekette" im Filmlizenzgeschäft und ihre Konsequenzen für die Vertragsgestaltung, GRUR 1997, 96; *Wille,* Die neue Leitbilddiskussion im Urhebervertragsrecht, ZUM 2011, 206; *Tistenjak,* Das Verhältnis zwischen Immaterialgüterrecht und Datenschutzrecht in der Informationsgesellschaft im Lichte der Rechtsprechung des Europäischen Gerichtshofs, GRUR Int. 2012, 393; *Zentek/Meinke,* Urheberrechtsreform 2002, Freiburg 2002; *Zypries,* Das Urhebervertragsrecht in der Informationsgesellschaft – Bestandsaufnahme und Überlegungen zum weiteren Regelungsbedarf, ZUM 2003, 981.

Vgl. darüber hinaus die Angaben im eingangs abgedr. Gesamtliteraturverzeichnis.

Übersicht

	Rn.
I. Gegenstand und Reform des Urhebervertragsrechts, EU-Richtlinien	1–5
II. Begründung, Änderung und Beendigung von Nutzungsverträgen	6–20
1. Begründung	6
2. Änderung	7
3. Beendigung	8–16
a) Allgemeines	8
b) Kündigung aus wichtigem Grund (§ 314 BGB)	9–15
aa) Grundsatz	9–11
bb) Einzelfälle	12–14
cc) Folgen einer Kündigung	15
c) Rücktritt beim Verlagsvertrag	16

	Rn.
4. Störung der Geschäftsgrundlage (§ 313 BGB)	17–20
a) Grundsatz	17
b) Einzelfälle	18, 19
c) Folgen	20
III. Einräumung von Nutzungsrechten und Urheberpersönlichkeitsrechten	21–44
1. Allgemeines	21
2. Voraussetzungen	22
3. Verwertungsrechte, Nutzungsrecht und Nutzungsart	23–27
4. Mängel im Nutzungsvertrag	28–31
a) Mangel des Nutzungsrechts	28
b) Mangelnde Verfügungsbefugnis des Urhebers	29–31
5. Nutzungseinräumung bei künftigen Werken	32–34
6. Nutzungsverträge und Tod des Urhebers	35
7. Verfügungen über Urheberpersönlichkeitsrechte	36–44
a) Problemstellung	36, 37
b) Gebundene Übertragung	38–41
c) Vorgehen des Urhebers	42–44
IV. Konkludente Rechtseinräumung, Werknutzung ohne Rechtseinräumung (Gestattung, schlichte Einwilligung)	45, 46
1. Konkludente Rechtseinräumung	45
2. Werknutzung ohne Rechtseinräumung (Gestattung, schlichte Einwilligung)	46
V. Kein gutgläubiger Erwerb von Nutzungsrechten	47, 48
VI. Heimfall der Nutzungsrechte	49–53
1. Begriff	49, 50
2. Einzelfragen	51–53
VII. Sacheigentum und Nutzungsrechte	54–60
1. Eigentumserwerb am Werkstück	54, 55
2. Besitzerwerb des Nutzungsberechtigten	56, 57
3. Filmwerk	58
4. Verlagsvertrag und Musikverlagsvertrag	59, 60
VIII. Vergütungsansprüche des Urhebers	61–66
1. Übersicht	61
2. Urheberrechtliche Vergütungsansprüche	62–65
a) Vertraglicher Vergütungsanspruch	62, 63
aa) Grundsatz	62
bb) Gesetzliche Ansprüche auf Vertragsänderung	63
b) Gesetzliche Vergütungsansprüche des Urhebervertragsrechts	64
c) Sonstige gesetzliche Vergütungsansprüche	65
3. Andere schuldrechtliche Ansprüche	66
IX. Vertragstypen	67–93
1. Allgemeines	67
2. Verlagsvertrag	68
3. Wahrnehmungsvertrag	69
4. Online-Vertrag	70–77
a) Begriff	70, 71
b) Zivilrechtliche Einordnung	72, 73
c) Urhebervertragliche Einordnung	74–76
d) Verhältnis zwischen Urheber und Benutzer	77
5. CD-ROM-Vertrag	78–80
6. Franchisevertrag	81
7. Musikverlagsvertrag	82
8. Illustrationsvertrag	83
9. Verfilmungsvertrag	84–86
10. Sendevertrag	87, 88
11. Merchandising-Vertrag	89, 90
12. Bestellvertrag (§ 47 VerlG)	91
13. „Buy-out"-Vertrag	92
14. Architektenvertrag und sonstige Verträge	93

	Rn.
X. Normverträge	94, 95
XI. Tarifverträge	96
XII. Allgemeine Geschäftsbedingungen (AGB)	97–112
1. Bedeutung im Urhebervertragsrecht	97–99
2. Einbeziehung in den Vertrag (§ 305 BGB)	100, 101
3. Überraschende Klauseln (§ 305c Abs. 1 BGB)	102, 103
4. Vorrang der Individualabrede (§ 305b BGB) und Unklarheiten (§ 305c Abs. 2 BGB)	104, 105
5. Inhaltskontrolle (§§ 307, 308, 309 BGB)	106–110
6. Kontrollklage (§ 1 UKlaG)	111, 112
XIII. Auslegung von Nutzungsverträgen	113–116
XIV. Konkurrenzverbot (Enthaltungspflicht)	117
XV. Nichtigkeit von Nutzungsverträgen wegen Gesetzes- und Sittenverstoß (§§ 134, 138 BGB)	118–122
1. Gesetzesverstoß (§ 134 BGB)	118, 119
2. Sittenwidrigkeit (§ 138 BGB)	120–122
XVI. Leistungsstörungen im Urhebervertragsrecht	123–141
1. Allgemeines	123
2. Nichterfüllung der Rechtsverschaffungspflicht	124–128
3. Gewährleistung bei urheberrechtlichen Werken	129–139
a) Gewährleistung bei Kunstwerken	129–133
b) Gewährleistung bei Software	134–136
c) Gewährleistung beim Verlagsvertrag	137, 138
d) Gewährleistung nach allgemeinen Vorschriften	139
4. Späterfüllung	140
5. Sonstige Vertragsverletzungen	141
XVII. Verwirkung	142

I. Gegenstand und Reform des Urhebervertragsrechts, EU-Richtlinien

1   Das Urhebervertragsrecht regelt die rechtlichen Beziehungen zwischen Urheber und Verwerter. Auch im Urhebervertragsrecht herrscht grds. **Vertragsfreiheit**. Die spezifischen Regelungen der §§ 31 ff. dienen dem Schutz der Schöpfer und ihrer Werke im Bereich der Literatur, Kunst und Wissenschaft, sowie der Verwertung derselben. Die Regelungen bestimmen den Charakter und Inhalt solcher Verträge, deren Kern die Einräumung urheberrechtlicher Nutzungsbefugnisse ist. Ausgangspunkt und prägendes Leitmotiv des Urhebervertragsrechts ist die Sicherstellung einer angemessenen Beteiligung des Urhebers an den Erträgen aus der Verwertung seiner Werke (sog. **Beteiligungsgrundsatz**). Dieser Grundsatz wurde von der Rechtsprechung bereits vor Inkrafttreten des Urheberrechts 1965 entwickelt (vgl. nur BGH GRUR 1954, 412 – Platzzuschüsse; BGHZ 17, 266, 282 = GRUR 1955, 492 – Grundig-Reporter; jüngst BGH GRUR 2011, 714, 715 Rn. 16 ff. – Der Frosch mit der Maske; BGH GRUR 2009, 1148, 1150 – Talking to Addison; BGH GRUR 2011, 328, 330 – Destructive Emotions; BGH ZUM-RD 2011, 208, 210 – Angemessene Übersetzervergütung II; BGH ZUM-RD 2011, 212, 216 – Angemessene Übersetzervergütung III; BGH ZUM 2011, 403, 405 – Angemessene Übersetzervergütung IV; BGH ZUM 2011, 408, 411 – Angemessene Übersetzervergütung V; BGH ZUM-RD 2010, 16, 19 – Sachbuchübersetzer). Er ist eine Ausprägung des **verfassungsrechtlichen Schutzes** des Urheberrechts nach **Art. 14 Abs. 1 GG** auf der Ebene des einfachen Gesetzesrechts (vgl. grundlegend BVerfG NJW 2014, 46 – Drop City; BVerfG ZUM-RD 2012, 125, 127 – AnyDVD; BVerfG GRUR 2011, 223, 224 Rn. 15 – Drucker und Plotter II; BVerfG GRUR 2010, 999, 1001 Rn. 60 – Drucker und Plotter; Wandtke/*Wandtke* UrhR 1. Kap. Rn. 51; Ulmer-Eilfort/Obergfell/*Obergfell* Kap. D Rn. 4; Schricker/Loewenheim/

Vorbemerkung　　　　　　　　　　　　　　　　2　**Vor §§ 31 ff. UrhG**

Schricker/Loewenheim Vor 28 Rn. 13; Dreyer/Kotthoff/Meckel/*Kotthoff* § 31 Rn. 7; Fromm/ Nordemann/*J. B. Nordemann* Vor §§ 31 ff. Rn. 17; Dreier/Schulze/*Schulze* Vor § 31 Rn. 2; *Hohagen* 520; *Hilty/Peukert* GRUR Int. 2002, 643, 645). Die Verwertungsrechte (zum Begriff s. Rn. 23) sind ein vermögenswerter Bestandteil des Urheberrechts und selbst Teil des durch Art. 14 Abs. 1 GG geschützten Eigentums (grundlegend BVerfG NJW 2014, 46 – Drop City; BVerfGE 31, 229, 239 – Kirchen- und Schulgebrauch; vgl. BVerfG ZUM-RD 2012, 125, 127 – AnyDVD; BVerfG GRUR 2011, 223, 224 Rn. 15 – Drucker und Plotter II; BVerfG GRUR 2010, 999, 1001 Rn. 60 – Drucker und Plotter; BVerfG NJW 2004, 1233; BVerfG NJW 2003, 1655, 1656; BVerfGE 49, 382).

Der Beteiligungsgrundsatz findet auch in Art. 17 Abs. 2 der Charta der Grundrechte der　2 Europäischen Union in der geänderten Fassung v. 14.12.2007 seinen Ausdruck, in dem der Schutz des geistigen Eigentums geregelt ist, wozu auch das Urheberrecht gehört (BVerfG NJW 2014, 46 [Rn. 88] – Drop City; Calliess/Ruffert/*Calliess* Art. 17 GRCh Rn. 5; *Trstenjak* GRUR Int. 2012, 393, 395). Die Charta der Grundrechte ist Bestandteil des Lissaboner Vertrages. Art. 17 Abs. 2 der Charta der Grundrechte ist das Pendant zu Art. 14 GG (vgl. Wandtke/*Wandtke* UrhR 1. Kap. Rn. 41; *Aschenbrenner* ZUM 2005, 145, 146). Auch Gesetzgebung und Rechtsprechung auf der Ebene der EU sehen in der Sicherung des Urheberlohnes eine wesentliche Aufgabe des Urheberrechts (vgl. EuGH GRUR 2013, 812, 816 – VG-Wort/Kyocera u. Fujitsu; EuGH ZUM 2012, 313, 321 Rn. 77 – Luksan/ van der Let; vgl. EuGH GRUR 2011, 50, 53, Rn. 38 ff. – Padawan/SGAE; Pfaff/Osterrieth/*Axster/Osterrieth* Allgemeiner Teil Rn. 217), und verorten den Schutz des sog. „geistigen Eigentums" (zum Begriff *Schack* Rn. 23) als Bestandteil des allgemeinen Eigentumsrechts (vgl. nur Erwägungsgrund 9 am Ende RL 2001/29/EG). Art. 118 des Vertrag über die Arbeitsweise der Europäischen Union (AEUV) in der Fassung des Vertrags von Lissabon v. 13.12.2007 gewährt der Europäischen Union erstmals die Kompetenz, europäische Rechtstitel über einen einheitlichen Schutz der Rechte des geistigen Eigentums in der Union zu schaffen. Dies ist bisher nicht erfolgt, insbesondere zum Urhebervertragsrecht gibt es bisher keine umfassenden europarechtlichen Vorgaben. Es erfolgte bisher lediglich eine punktuelle **europäische Harmonisierung des Urheberrechts** in einzelnen Aspekten (*Riesenhuber/v. Vogel* EuZW 2004, 519 *Grundmann* § 8 Rn. 32–41) durch die folgenden Richtlinien:

- **Richtlinie** 2009/24/EG v. 23.4.2009 über den **Rechtsschutz von Computerprogrammen** (ABl. 2009 L 111 S. 16);
- **Richtlinie** 92/100/EWG v. 19.11.1992 zum **Vermiet- und Verleihrecht** sowie zu bestimmten dem Urheberrecht verwandten Schutzrechte im Bereich des geistigen Eigentums (ABl. L 346 v. 27.11.1992, S. 61) in der kodifizierten Fassung v. 27.12.2006 (ABl. L 376/28, GRUR Int. 2007, 219); – sog. **Vermiet- und Verleih-Richtlinie**;
- **Richtlinie** 93/83/EWG v. 27.9.1993 zur Koordinierung bestimmter urheber- und leistungsschutzrechtlicher Vorschriften betreffend **Satellitenrundfunk und Kabelweiterverbreitung** (ABl. L 248 v. 6.10.1993, S. 15) – sog. **Satelliten- und Kabel-Richtlinie**;
- **Richtlinie** 93/98/EWG v. 29.10.1993 zur **Harmonisierung der Schutzdauer** des Urheberrechts und bestimmter verwandter Schutzrechte (ABl. L 290 v. 24.11.1993, S. 12) in der kodifizierten Fassung durch die Richtlinie 2006/116/EG vom 27.12.2006 (ABl. L 372/12, GRUR Int. 2007, 223) – sog. **Schutzdauer-Richtlinie** (s. zu künftigen Änderungen unten die Richtlinie 2011/77/EU);
- **Richtlinie** 96/9/EG des Europäischen Parlaments und des Rates v. 11.3.1996 über den rechtlichen **Schutz von Datenbanken** (ABl. L 77 v. 27.3.1996, S. 20) – sog. **Datenbank-Richtlinie**;
- **Richtlinie** 2001/29/EG v. 22.5.2001 zur **Harmonisierung** bestimmter Aspekte des **Urheberrechts** und der verwandten Schutzrechte in der **Informationsgesellschaft** (ABl. L 167 v. 22.6.2001, S. 10) – sog. **Multimedia-Richtlinie**;

- **Richtlinie** 2001/84/EG v. 27.9.2001 über das **Folgerecht** des Urhebers des Originals eines Kunstwerkes (ABl. L 272 v. 13.10.2001, S. 32) – sog. **Folgerechts-Richtlinie;**
- **Richtlinie** 2004/48/EG des Europäischen Parlaments und des Rates v. 29.4.2004 zur **Durchsetzung der Rechte am geistigen Eigentum** (ABl. L 157 v. 30.4.2004, S. 45) – sog. **Durchsetzungs-Richtlinie** (häufig auch als **Enforcement-Richtlinie** bezeichnet);
- **Richtlinie** 2011/77/EU v. 27.9.2011 (ABl. L 265 v. 11.10.2011, S. 1) zur Änderung der RL 2006/116//EG über die Schutzdauer des Urheberrechts und bestimmter verwandter Schutzrechte (Verlängerung der Schutzdauer der Leistungsschutzrechte ausübender Künstler und Hersteller von Tonträgern von 50 auf 70 Jahre; die Umsetzung in nationales Recht musste bis zum 1.11.2013 erfolgen, was in Deutschland durch das 9. UrhGÄndG v. 2.7.2013, BGBl. I S. 1940, geschehen ist) – sog. **Schutzdauerverlängerungs-Richtline;**
- **Richtlinie** 2012/28/EU v. 25.10.2012 (ABl. L 299 v. 27.10.2012, S. 5) über bestimmte zulässige Formen der Nutzung verwaister Werke (Definition, Gegenseitige Anerkennung, und Zulässige Formen der Nutzung verwaister Werke; die Umsetzung in nationales Recht muss bis zum 29.10.2014 erfolgen; vgl. dazu den Regierungsentwurf eines Gesetzes zur Nutzung verwaister und vergriffener Werke und einer weiteren Änderungen des Urheberrechtsgesetzes, BT-Drs. 17/13423 idF. der Beschlussempfehlung BT-Drs. 17/14194, die vom Deutschen Bundestag am 27.6.2013 angenommen wurde) – sog. **Verwaiste-Werke-Richtlinie.**

3 Das Urhebervertragsrecht war in den letzten 15 Jahren Gegenstand **mehrerer Reformen** mit dem Ziel, den Schutz von Urhebern und ausübenden Künstlern weiter zu verbessern (vgl. *Däubler-Gmelin* ZUM 1999, 265 ff.). Damit hat der Gesetzgeber schon seit 1965 bestehende Anregungen (vgl. *Ulmer* Gutachten 1 ff.; *W. Nordemann* GRUR 1991, 1 ff.; *Dietz* FS Schricker 1995, 1, 8; Berger/Wündisch/*Berger* § 1 Rn. 13) teilweise aufgegriffen. Handlungsbedarf ergab sich dabei insb. aus den zunehmenden technischen Möglichkeiten, urheberrechtlich geschützte Werke immer intensiver und umfassender zu verwerten. Erster Reformschritt war das **Gesetz zur Stärkung der vertraglichen Stellung von Urhebern und ausübenden Künstlern v. 22.3.2002** (BGBl. I S. 1155), mit dem Ziel der Sicherung einer angemessenen wirtschaftlichen Beteiligung des Urhebers an der Nutzung seiner Werke. Im Ergebnis führt dies teilweise zur Einschränkung der Vertragsfreiheit zum Ausgleich der als gestört betrachteten Vertragsparität zwischen Verwertern und Urhebern (*W. Nordemann* Rn. 56). Das Gesetz wurde nach breiter Diskussion (vgl. zur Kritik *Flechsig* ZUM 2000, 484 ff.; *Schack* ZUM 2001, 453 ff.; *Ory* ZUM 2001, 195 ff.; *Haas* Rn. 43) und mehrmaligen Änderungen der Reformfassung (s. BT-Drucks. 14/6433; BT-Drucks. 14/7564; BT-Drucks. 14/8058) am 25.1.2002 in 2. und 3. Lesung mit den Stimmen aller Fraktionen durch den Deutschen Bundestag verabschiedet, und trat am 1.7.2002 in Kraft. Im Zentrum dieser Reform standen § 32 (Anspruch des Urhebers auf Vertragsanpassung bei unangemessener vertraglicher Vergütung), § 32a (Anspruch des Urhebers auf Vertragsanpassung bei auffälligem Missverhältnis zwischen Urhebervergütung und Erträgen aus der Werknutzung), und § 36 (Aufstellung gemeinsamer Vergütungsregelungen zur Bestimmung der Angemessenheit; krit. zur kollektiven Interessenwahrnehmung durch selbstständige Urheber *Schricker* Quellen, 5; *Flechsig/Hendriks* ZUM 2000, 721; *Stickelbrock* GRUR 2001, 1087).

4 Als zweiter Schritt folgte das (erste) **Gesetz zur Regelung des Urheberrechts in der Informationsgesellschaft v. 10.9.2003** (BGBl. I S. 1774), mit dem die Multimedia-Richtlinie (s. oben Rn. 2) in das deutsche Recht umgesetzt wurde (in der Gesetzesdiskussion als „**Erster Korb**" bezeichnet). Diese Reform brachte insb. eine zunehmende Gleichstellung des Vertragsrechts ausübenden Künstler mit dem der Urheber (vgl. *Wandtke* K&R 2003, 109 ff.), sowie zahlreiche Änderungen im Bereich der Schrankenregelungen (§§ 44a ff.). Das Gesetz trat am 13.9.2003 in Kraft.

Vorbemerkung 5, 6   Vor §§ 31ff. UrhG

Als dritter (aber wohl nicht letzter) Schritt folgte nach teils kontroverser Diskussion (vgl. 5
nur G. *Schulze* UFITA 2007/III, 61; *Scheja/Mantz* CR 2007, 715 ff.; *Hahn* 76; *Frey/
Rudolph* ZUM 2007, 13; *Hucko* Zweiter Korb 2007, 23; *Spindler/Heckmann* ZUM 2006,
620; *Jani* UFITA 2006/II, 511 ff.; *Nordemann* FS Raue 585; *Berger* GRUR 2005, 907;
Zypries ZUM 2003, 981; *Hilty* ZUM 2003, 983; *Bornkamm* ZUM 2003, 1010; *Kreile* ZUM
2003, 1018; *Gebhardt* ZUM 2003, 1022; *Schimmel* ZUM 2003, 1028; *Flechsig* ZRP 2004,
249) das Gesetz unter dem Titel **Zweites Gesetz zur Regelung des Urheberrechts in
der Informationsgesellschaft v. 26. Oktober 2007** (BGBl. I S. 2513). Es regelt weitere
Reformvorhaben, die bereits 2003 und 2004 (Referentenentwurf vom 27.9.2004) diskutiert, dann aber zunächst vertagt wurden (sog. **„Zweiter Korb"**). Der Gesetzentwurf der
Bundesregierung v. 15 6. 2006 (BT-Drucks. 16/1828) berücksichtigte bereits eine Stellungnahme des Bundesrates v. 19.5.2006 (BR-Drucks. 257/06) und wurde nach mehreren
Anhörungen und breiter Diskussion in der Fachwelt in der Fassung einer Beschlussempfehlung des Rechtsausschusses v. 4.7.2007 (BT-Drucks. 16/5939) am 5.7.2007 vom Deutschen Bundestag in 2. und 3. Lesung beschlossen. Das Gesetz trat am 1.1.2008 in Kraft (s.
Artikel 4 des Gesetzes). Im Bereich des Urhebervertragsrechts wurde unter anderem § 31
Abs. 4 a. F. (keine Einräumung unbekannter Nutzungsarten, s. § 31 Rn. 38) gestrichen und
durch die neuen §§ 31a, 32c sowie 137l ersetzt. Seitdem sind Verträge über die Rechtseinräumung an unbekannten Nutzungsarten möglich (§ 31a), der Urheber kann das Recht
zur Nutzung auf unbekannte Nutzungsarten widerrufen (§ 31a Abs. 1), erhält einen besonderen Vergütungsanspruch für die Nutzung (§ 32c), und Verwerter können nach einer
Übergangsfrist von einem Jahr solche Werke auch auf unbekannte Nutzungsarten nutzen,
für die ihnen umfassende Nutzungsrechte eingeräumt wurden (§ 137l). Zweck der Änderungen war vornehmlich, eine „Öffnung der Archive" zu ermöglichen und die dort „ruhenden Schätze" endlich neuen Nutzungsarten zugänglich zu machen (BT-Drucks. 16/
1828, 22), für die ein Nacherwerb der Rechte faktisch nicht möglich sei oder mit erheblichen Transaktionskosten verbunden wäre. Schon im Gesetzgebungsverfahren wurden weitere regelungsbedürftige Sachverhalte genannt, die in der Folge im Rahmen eines **„Dritten Korbes"** zu weiterer Anpassung des Urheberrechts führen sollten, was bisher aber
nicht geschehen ist. Forderungen nach einer Überprüfung und weiteren Änderungen des
Urhebervertragsrechts sind unüberhörbar. Das betrifft sowohl die angemessene Vergütung
(vgl. § 32 Rn. 22 ff.) und die umstrittene Einräumung von Nutzungsrechten in Buy-out
Verträgen (vgl. Vor §§ 31 ff. Rn. 92) als auch gemeinsame Vergütungsregeln nach § 36, 36a
(s. Dritter Zwischenbericht der Enquete-Kommission „Internet und digitale Gesellschaft",
BT-Drs. 17/7899, 43 ff.; *Hoeren* FS Wandtke 159, 185 f.; Vorschlag für einen Gesetzentwurf
zum Urhebervertragsrecht vom 21.5.2012 von der Bundestagsfraktion Die Linke; *Hoeren*,
Gutachten vom 20.6.2012; *Spindler* ZUM 2012, 921; Antrag von Abgeordneten der Fraktion Bündnis 90/Die Grünen v. 4.3.2013, BT-Drs. 17/12625). In der Wissenschaft wird
darüber hinaus die Erarbeitung eines **„Gesetzbuches über das Geistige Eigentum"**
einschließlich des Urheberrechts diskutiert und es wurde ein Modellgesetz ausgearbeitet
(*Ahrens/McGuire*, 2012, S. 15 ff.).

II. Begründung, Änderung und Beendigung von Nutzungsverträgen

1. Begründung

Zur Begründung eines Nutzungsvertrages ist eine Einigung nach den allgemeinen Re- 6
gelungen des BGB erforderlich. Soweit der Vertrag auch die Rechtseinräumung von Nutzungsrechten zum Inhalt hat, sind die Regelungen des 2. Unterabschnitts (§§ 31 bis 44) zu
beachten. Das schuldrechtliche Grundgeschäft (z.B. Forderungskauf, Werkvertrag, Dienstvertrag) enthält dann regelmäßig die Verpflichtung zur Einräumung von Nutzungsrechten
und ist auch hier von der Rechtseinräumung selbst als dinglichem Verfügungsgeschäft zu

trennen (*Schack* Rn. 589; Fromm/Nordemann/*J. B. Nordemann* Vor §§ 31 ff. Rn. 33; Dreyer/Kotthoff/Meckel/*Kotthoff* § 31 Rn. 18). Das sog. **Trennungsprinzip** gilt also auch im Urhebervertragsrecht, das sog. **Abstraktionsprinzip** gilt hingegen nur ausnahmsweise (str., wie hier die wohl h. M., nur vgl. Schricker/Loewenheim/*Schricker/Loewenheim* Vor § 28 Rn. 100; weitere Nachweise auch zur Gegenansicht unten Rn. 49 f.). Mit der Einräumung urheberrechtlicher Nutzungsrechte erhält der Vertrag eine besondere rechtliche Qualität. Er wird häufig als Vertrag eigener Art bezeichnet, unabhängig davon, welcher Vertragstyp ihm zugrunde liegt (etwa ein typengemischter Vertrag mit werk- und dienstvertraglichen Elementen, ein Kaufvertrag oder ein Arbeitsvertrag). Die Einräumung von Nutzungsrechten ist keine „Erbringung von Dienstleistungen" i. S. d. Art. 5 Nr. 1 lit. b) 2. Spiegelstrich EuGVVO (EuGH GRUR 2009, 753, 755 – Falco Privatstiftung u. a./Weller-Lindhorst).

2. Änderung

7 Eine Änderung des Nutzungsvertrags (wiederum durch Vertrag, § 311 Abs. 1 BGB) kann die Hauptleistungen, Nebenverpflichtungen oder Leistungsmodalitäten betreffen. Insb. wird häufig die Dauer der Nutzung des Werks verändert oder eine örtliche Beschränkung aufgehoben oder eingeführt (dazu § 31 Rn. 9 f.). § 32 (Anspruch auf angemessene Vergütung) und § 32a („Bestsellerparagraf") geben dem Urheber einen besonderen Anspruch auf Einwilligung des Nutzers in eine Änderung des Vertrages hinsichtlich der Urhebervergütung (s. § 32 Rn. 12 ff.; § 32a Rn. 3 ff.). Schließlich können Verwerter oder Urheber im Ausnahmefall wegen Störung der Geschäftsgrundlage (§ 313 Abs. 1 BGB) eine Anpassung des Vertrages verlangen (näher unten Rn. 17 ff.).

3. Beendigung

8 a) **Allgemeines.** Auch der Nutzungsvertrag kann wie jedes Schuldverhältnis durch **Aufhebungsvertrag** aufgelöst werden, auch wenn der Gesetzgeber dies nicht ausdrücklich vorgesehen hat (vgl. Palandt/*Grüneberg* § 311 BGB Rn. 7; Beispiel aus der jüngeren Rechtsprechung BGH GRUR 2012, 914 – Take Five). War die Rechtseinräumung befristet, endet sie mit **Ablauf der Frist** (vgl. OLG Düsseldorf ZUM 2004, 307, 308). Werkexemplare, die während der Lizenzzeit hergestellt wurden, dürfen nach Ablauf der Lizenzzeit grds. nicht mehr verbreitet werden (LG München I ZUM-RD 2007, 208, 211). Eine Beendigung kann aufgrund eines etwaigen **vertraglichen Kündigungsrechts** erfolgen, wenn dessen Voraussetzungen vorliegen (BGH ZUM-RD 2006, 233, 236; BGHZ 155, 87, 90: Insolvenzeröffnung sowie Erfüllungsablehnung durch Insolvenzverwalter unerheblich). Ansonsten kommen zur Beendigung eines Nutzungsvertrages neben den besonderen Regelungen zur Beendigung des Vertrages je nach Typus (z. B. §§ 620 f., 643, 649, 723 ff.) vor allem die **Kündigung aus wichtigem Grund** gem. § 314 BGB (*Hertin* Rn. 372; Dreier/Schulze/*Schulze* Vor §§ 31 ff. Rn. 83; Moser/Scheuermann/*Schulze* 865) in Betracht, sowie ggf. nach § 627 BGB die jederzeitige Kündigung ohne besonderen Grund, wenn der zur Dienstleistung Verpflichtete Dienste höherer Art zu leisten hat (LG München I ZUM 2007, 583: bejaht für die Verwaltung urheberrechtlicher Nutzungsrechte eines Komponisten durch eine Agentur). Bei der einseitigen Auflösung durch Rücktritt und Kündigung sind im **Verlagsrecht** Sonderregelungen zu beachten (§§ 17, 18, 19, 29–38, 45 VerlG). Spezielle und vorrangige Möglichkeiten zur einseitigen Beendigung von Nutzungsverhältnissen durch den Urheber bieten § 41 (Rückrufsrecht wegen Nichtausübung) und § 42 (Rückrufsrecht wegen gewandelter Überzeugung).

9 b) **Kündigung aus wichtigem Grund (§ 314 BGB). aa) Grundsatz.** Wie andere Dauerschuldverhältnisse kann ein auf die Übertragung von Nutzungsrechten gerichteter Vertrag gem. § 314 BGB aus wichtigem Grund gekündigt werden (zur identischen

Vorbemerkung　　　　　　　　　　　　　　　　10–12　**Vor §§ 31ff. UrhG**

Rechtslage vor der BGB Schuldrechtsreform 2002 *Schricker* § 35 VerlG Rn. 23 m. w. N.). Die Kündigung aus wichtigem Grund bildet die ultima ratio, die nur in Betracht kommt, wenn eine Fortsetzung des Vertragsverhältnisses nicht möglich oder zumutbar ist (*Pahlow* GRUR 2010, 112, 115). Ein wichtiger Grund liegt vor, wenn dem kündigenden Teil unter Berücksichtigung aller Umstände des Einzelfalls und unter Abwägung der beiderseitigen Interessen die Fortsetzung des Vertragsverhältnisses bis zur vereinbarten Beendigung oder bis zum Ablauf einer Kündigungsfrist nicht zugemutet werden kann (so seit dem 1.1.2002 § 314 Abs. 1 S. 2 BGB; vgl. für urheberrechtliche Nutzungsverträge BGH GRUR 1990, 443, 445 – Musikverleger IV; BGH GRUR 1982, 41, 43, 45 – Musikverleger III; BGH GRUR 1977, 551, 553 – Textdichteranmeldung; BGH GRUR 1959, 51, 53 – Subverlagsvertrag; OLG Hamburg ZUM-RD 2011, 480, 487; OLG München ZUM-RD 2009, 663, 665; KG NJW-RR 2006, 546, 548 – Schallplattenvertrag; LG München GRUR-RD 2009, 619, 622: wiederholter Abrechnungsverzug; LG München I ZUM-RD 2007, 257, 260).

Die Kündigung aus wichtigem Grund wegen Verletzung einer vertraglichen Pflicht **10** (Beispiele Rn. 12) setzt nach § 314 Abs. 2 BGB eine **erfolglose Abmahnung** bzw. **Setzung einer Abhilfefrist** voraus (vgl. OLG Stuttgart ZUM-RD 2007, 80, 84: Abmahnung erforderlich, Beschimpfungen reichen nicht aus), es sei denn, der andere Teil hat seine Leistung verweigert oder eine fristgebundene Leistung nicht erbracht (§ 314 Abs. 2 S. 2 BGB i. V. m. § 323 Abs. 2 Nr. 1 und 2 BGB). Handelt es sich um eine Störung im Vertrauensbereich (Beispiele Rn. 13), dürfte die Fristsetzung regelmäßig entbehrlich sein (§ 314 Abs. 2 S. 2 BGB i. V. m. § 323 Abs. 2 Nr. 3 BGB). Nach § 314 Abs. 3 BGB muss die Kündigung schließlich innerhalb einer angemessenen **Frist** seit Kenntnis vom Kündigungsgrund erfolgen, die nach den Umständen zu eigenen Ermittlungen und zur Prüfung der Rechtslage ausreicht (BGH GRUR 1990, 443, 446 – Musikverleger IV; BGH GRUR 1982, 41, 43 – Musikverleger III; BGH GRUR 1977, 551, 554 – Textdichteranmeldung). Bei Kündigung durch einen Bevollmächtigten ist dem Kündigungsschreiben in aller Regel eine Vollmacht des Kündigenden im Original beizufügen, um eine Zurückweisung aus formalen Gründen (§ 174 BGB) zu vermeiden (vgl. LG München I ZUM-RD 2007, 257, 260).

Der **Verlagsvertrag** kann bspw. bei schwerwiegenden Mängeln (etwa verspätete Ab **11** rechnung der Vergütung trotz vielfacher Mahnung) fristlos gekündigt werden (OLG Köln ZUM-RD 1998, 450, 451 – Alarm, Alarm; vgl. BGH GRUR 2011, 200 – Concierto de Aranjuez II; BGH GRUR 2010, 1093, 1095 – Concierto de Aranjuez I). Auch sonstige Verfehlungen einer Vertragspartei – etwa im Vertrauensbereich gegenüber dem Vertragspartner – können eine Kündigung aus wichtigem Grund rechtfertigen, wobei die im Arbeitsrecht entwickelten Grundsätze zur **Verdachtskündigung** entsprechend angewendet werden können (Fromm/Nordemann/*J. B. Nordemann* Vor §§ 31ff. Rn. 126; BGH GRUR 1977, 551, 553 – Textdichteranmeldung).

bb) Einzelfälle. In der Rechtsprechung finden sich zur Kündigung aus wichtigem **12** Grund im Bereich des Urhebervertragsrechts zahlreiche Beispielsfälle (s. auch Schricker/ Loewenheim/*Schricker/Loewenheim* § 31 Rn. 63), die sowohl den Leistungsbereich als auch den Vertrauensbereich betreffen. Ein Kündigungsrecht des Urhebers etwa kann sich aus der **ungenügenden Wahrnehmung der Rechte** durch den Verwerter ergeben (BGH ZUM-RD 2006, 233, 236: Ablehnung der weiteren Erfüllung; BGHZ 15, 209: Unfähigkeit des Verlages zur Neuauflage wegen Nichtzulassung nach dem Krieg; BGH GRUR 1970, 40f. – Musikverleger I: ungenügende Verbreitung und Nichtwahrnehmung des Copyrights durch den Musikverleger; KG Schulze KGZ 53: Ruhen der verlegerischen Tätigkeit wegen Unsicherheit der Erbfolge des verstorbenen Verlegers; BGH GRUR 1974, 789 – Hofbräuhaus-Lied: u.a. unzureichende Förderung durch Musikverleger; OLG Celle ZUM 1986, 213 – Arno Schmidt: Kündigung wegen unzureichender Förderung erfolglos) oder aus einer materiellen Benachteiligung des Urhebers durch ungenaue oder **verspätete Abrechnung** (OLG Hamburg ZUM-RD 2011, 480, 487: hartnäckige Vorenthaltung abrechnungsrelevanter Informationen; OLG München ZUM-RD 2009, 663, 665: wiederholter Verzug mit der Abrechnung von Rechten; LG München I ZUM-RD 2009, 619, 622: Verzug bei 18 von 21 Abrechnungen; BGH GRUR 1974, 789 – Hofbräuhaus-Lied: u. a. unkorrekte Abrechnung; KG NJW-RR 2006, 546: Einschaltung einer ausländischen Clearingstelle zur Abrechnung mit Nachteilen für den Urheber, Angabe zu niedriger Verkaufszahlen zur Verschleierung von im Ausland abgeführter Quellensteuer in der Lizenzabrechnung; OLG Köln GRUR 1986, 679: unpünktliche Auszahlung des Honorars über längeren Zeitraum; OLG Schleswig ZUM 1995, 867, 873f. – Werner-Serie: Unregelmäßigkeiten in der Abrechnung eines Stoffrechtevertrages; LG München I Schulze LGZ 80 – Oh, diese Bayern: unterlassene und verspätete Abrechnung der Einspielergebnisse durch Filmverleiher; ausführlich Moser/Scheuermann/*Schulze* 877).

13   Ein Kündigungsgrund kann sich auch aus Störungen im **Vertrauensbereich** ergeben (vgl. BGH GRUR 2010, 1093, 1095 – Concierto de Aranjuez I: keine Vertragsverletzung des Musikverlegers durch Einschaltung einer verbundenen Person für Vertrieb im Ausland gegen zusätzliche Provision (zweifelhaft); OLG München ZUM-RD 2000, 60, 62: unautorisierte Änderung von Werbeunterlagen durch den Verleger; BGH GRUR 1982, 41 – Musikverleger III: persönliche Zerwürfnisse; BGH GRUR 1990, 443 – Musikverleger IV und OLG Frankfurt a. M. ZUM 1989, 39: persönliche Zerwürfnisse im Arbeitsverhältnis zwischen Urheber und Verleger; LG München I Schulze LGZ 80 – Oh, diese Bayern: Zerrüttung des Vertrauensverhältnisses u. a. durch unregelmäßige Abrechnung; KG NJW-RR 2006, 546, 548 – Schallplattenvertrag: diverse Vertragsverletzungen bei Lizenzabrechnung), welche zuweilen auch materiell motiviert sind oder sich derart auswirken, wobei die Grenzen zur Störung im Leistungsbereich häufig fließend sind (BGH GRUR 1977, 551 – Textdichteranmeldung: Musikverleger meldete sich selbst als Dichter noch nicht vorhandener Texte an; KG Schulze KGZ 41: Verleger verheimlicht Erträge aus Notenvermietung; OLG Hamm GRUR 1978, 436 – Herz mit Paprika: wegen Verramschens der Originalausgabe Kündigung der Buchgemeinschaftslizenz; LG München I Schulze LGZ 118: wegen Preisbindungsverletzung und unberechtigter Neuauflage Kündigung der Taschenbuchlizenz; LG Berlin UFITA 21 (1956) 94: Musikverleger versieht Komposition eigenmächtig mit anderem Text).

14   Die Fälle einer außerordentlichen Kündigung **durch den Verwerter** sind praktisch seltener und betreffen etwa das Nichtbestehen des lizenzierten Schutzrechts mangels urheberrechtlicher Schutzfähigkeit (BGH GRUR 2012, 910, 912 – Delcantos Hits), Störungen im Vertrauensbereich oder die **Enthaltungspflicht** (dazu unten Rn. 117) des Urhebers (BGH GRUR 1984, 754 – Gesamtdarstellung rheumatischer Krankheiten: Abweichung vom ausdiskutierten Themenkatalog; KG NJW-RR 1992, 758: Herausgeber verschweigt vorheriges anderweitiges Erscheinen seines Autorenbeitrages; LG Passau NJW-RR 1992, 759f.: kein Kündigungsgrund, wenn ungeschicktes Verhalten des Autors zu negativer öffentlicher Meinung führt). Kündigungsgründe können auch **persönliche Angriffe** wie z. B. Beleidigungen oder andere Straftaten sein (vgl. Moser/Scheuermann/*Schulze* 880).

15   **cc) Folgen einer Kündigung.** Mit Wirksamwerden einer Kündigung ist das Vertragsverhältnis ex nunc beendet (LG München I ZUM 2005, 336, 339). Ein Rückgewährschuldverhältnis – wie bei einem Rücktritt, §§ 346 ff. BGB – entsteht hingegen nicht (BGH GRUR 1982, 369, 371 – Allwetterbad). Hinsichtlich der Nutzungsrechte findet automatisch ein **Rechteheimfall** statt (BGH GRUR 2012, 916, 917 – M2Trade; LG München I ZUM 2005, 336, 339; s. Rn. 49 ff.) und etwaige Vorschüsse sind nach §§ 812 ff. BGB zurückzuzahlen (so auch Moser/Scheuermann/*Schulze* 892; Möhring/Nicolini/ *Spautz* § 40 Rn. 15; a. A. Fromm/Nordemann/*J. B. Nordemann* Vor §§ 31 ff. Rn. 146). Die Kündigung kann sich auch im Wege eines „**Kündigungsdurchgriffs**" auf **mehrere Verträge** erstrecken, weil der Vertrauensverlust übergreifend wirkt und eine gedeihliche Zusammenarbeit beider Parteien insgesamt nicht mehr möglich erscheint (Moser/Scheuermann/*Schulze* 882). So kann dem Urheber etwa die Aufrechterhaltung mehrerer Musikver-

c) **Rücktritt beim Verlagsvertrag.** Nach §§ 15, 16 VerlG (als besonderer Ausprägung 16 des allgemeinen Grundsatzes aus § 271 Abs. 1 BGB) hat der Verleger die Pflicht, mit der Vervielfältigung des Werkes zu beginnen, sobald es zugegangen ist (vgl. OLG Frankfurt a. M. GRUR 2006, 138 – Europa ohne Frankreich: jahrelange Untätigkeit des Verlages nach Manuskriptannahme). Beim Verlagsvertrag kann sowohl der Autor als auch der Verleger unter bestimmten Voraussetzungen zurücktreten. Nach § 17 S. 3 VerlG kann der Autor zurücktreten, wenn der Verleger sein Recht zur Veranstaltung einer Neuauflage nicht innerhalb einer gesetzten angemessenen Frist ausübt. Der Verleger übt aber sein Recht zur Veranstaltung einer Neuauflage i. S. des § 17 VerlG nicht nur aus, wenn er im eigenen Verlag die Übersetzung in einer Hardcoverausgabe verbreitet, sondern auch dann, wenn er die Neuauflage in einem fremden Verlag als Taschenbuch- und Sonderausgabe veranlasst und der Autor eine entsprechende Lizenz im Verlagsvertrag übertragen hat (BGH WRP 2011, 1197, 1201 – World's End). Lässt der Verleger das Werk untätig liegen, kann der **Autor** gem. §§ 32, 30 VerlG zurücktreten, und daneben nach allgemeinem Leistungsstörungsrecht vorgehen (*Junker* GRUR 1988, 793), also Schadensersatz wegen Pflichtverletzung (§ 280 Abs. 1 BGB) oder nach Fristsetzung Schadensersatz statt der Leistung (§§ 280 Abs. 1, Abs. 3, 281 Abs. 1 BGB) verlangen (vgl. zu § 326 BGB a. F. LG Ulm ZUM-RD 1999, 236, 237). Der Verleger kann zurücktreten, wenn ein nicht vertragsgemäßes Manuskript vorliegt und der Autor die gesetzte Nachfrist verstreichen lässt (OLG München ZUM 2007, 863, 865; LG München I ZUM-RD 2007, 313, 318).

4. Störung der Geschäftsgrundlage (§ 313 BGB)

a) **Grundsatz.** Haben sich Umstände, die zur Grundlage des Vertrages geworden sind, 17 nach Vertragsschluss schwerwiegend geändert und hätten die Parteien bei Vorhersehen dieser Umstände den Vertrag nicht oder anders geschlossen, kann diejenige Partei Vertragsanpassung verlangen, der ein Festhalten am Vertragsinhalt nicht zugemutet werden kann (§ 313 Abs. 1 BGB). Das hiermit seit 2002 nunmehr gesetzlich geregelte Institut des Fehlens oder Wegfalls der Geschäftsgrundlage (clausula rebus sic stantibus) kommt nach wie vor nur subsidiär zum Tragen (vgl. BGH WRP 2005, 359, 366 – Kehraus; BGHZ 7, 238, 243), wenn sonstige Leistungsstörungsregeln versagen; die Aufnahme in das BGB 2002 sollte sachlich auch insoweit nichts ändern (Begründung BRegE BT-Drucks. 14/6040, 176; Dauner-Lieb/Heidel/Lepa/Ring/*Krebs* § 313 Rn. 5; krit. *Huber* in: Ernst/Zimmermann 31, 38). Die geänderten Umstände (objektive Rahmenbedingungen oder gemeinsame Fehlvorstellungen der Parteien) müssen einen solchen Einfluss auf die Durchführbarkeit des Vertrages haben, dass ein Festhalten am Vertrag nach Treu und Glauben nicht zumutbar ist, wobei die Rechtsprechung Fallgruppen gebildet hat (vgl. Palandt/*Grüneberg* § 313 BGB Rn. 25 ff.). Die wichtigsten Fallgruppen im Zusammenhang mit dem Urhebervertragsrecht sind die Äquivalenzstörung und die Zweckvereitelung.

b) **Einzelfälle.** Die Rechtsprechung war in der Anwendung dieser Rechtsfigur im Be- 18 reich des Urhebervertragsrechts zurückhaltend (Schricker/Loewenheim/*Schricker/Loewenheim* § 31 Rn. 51). Meist ging es um eine (drastische) **Störung im Äquivalenzverhältnis** der Parteien durch äußere Umstände, die aber nur selten zur Anwendung der Lehre von der Geschäftsgrundlage führt (**verneint:** LG München I Schulze LGZ 130: vereinbartes Honorar für Urhebererben von 250,– RM pro 1000 Stück bei Ladenpreis von damals (1900) 8,– RM und später 33,– DM; BGH GRUR 1954, 129, 131 – Besitz der Erde: keine Berufung des Verlegers auf Verschlechterung der Absatzlage nach dem Krieg; **bejaht**: OLG Frankfurt a. M. GRUR Int. 1996, 247: Einführung weit reichender Fernmeldesatelliten führt zur Anpassung der Lizenzgebühr für Filmrechte; **teilweise bejaht** BGH GRUR

1990, 1005 – Salome I; GRUR 1996, 763 – Salome II; OLG München ZUM 1988, 581: Vergütung für Opernaufführung). Die Fallgruppe der Äquivalenzstörung spielte und spielt im Zusammenhang mit der **deutschen Wiedervereinigung** eine größere Rolle (s. EVtr Rn. 41 ff.).

19 Störungen im Äquivalenzverhältnis hinsichtlich der **Angemessenheit der Vergütung** des Urhebers haben seit der Reform 2002 eine besondere gesetzliche Berücksichtigung in den §§ 32, 32a erfahren. Diese gehen in ihrem jeweiligen Anwendungsbereich dem § 313 BGB vor (s. § 32 Rn. 52, § 32a Rn. 35).

20 c) **Folgen.** Im Urhebervertragsrecht kommt als Rechtsfolge regelmäßig nur die Anpassung (§ 313 Abs. 1 BGB) des Nutzungsvertrages in Betracht (Dreier/Schulze/*Schulze* Vor §§ 31 ff. Rn. 62). Das bei Unmöglichkeit oder Unzumutbarkeit der Anpassung für die benachteiligte Partei im Übrigen vorgesehene Rücktrittsrecht (§ 313 Abs. 3 S. 1 BGB) wird bei Dauerschuldverhältnissen wie hier durch die Kündigung aus wichtigem Grund (§ 314 BGB, oben Rn. 9 ff.) ersetzt (vgl. zum Vorrang der Kündigung nach früherem Recht *v. Gamm* Einf. Rn. 77; BGHZ 24, 91, 96 – Beratungsvertrag; zum Vorrang der Anpassung vor dem Rücktritt BGH GRUR 1990, 1005, 1007 – Salome I; BGH GRUR 1996, 763 – Salome II). Die Anpassung des Nutzungsvertrages an die neuen Bedingungen betrifft aber nur die schuldrechtliche Seite. Sind also aufgrund der Anpassung mehr Nutzungsrechte zu übertragen, ist noch die Erfüllung dieser Verpflichtung nötig. Führt die Anpassung hingegen zu einer geringeren Pflicht zur Rechtseinräumung, fällt der Überschuss automatisch an den ursprünglichen Inhaber zurück (vgl. Rn. 49 ff.; Schricker/*Schricker*/*Loewenheim* § 31 Rn. 50).

III. Einräumung von Nutzungsrechten und Urheberpersönlichkeitsrechten

1. Allgemeines

21 Damit einerseits der Verwerter Rechtssicherheit hat bei der wirtschaftlichen Nutzung urheberrechtlich geschützter Werke, und andererseits die Interessen des Urhebers gewahrt bleiben, hat der Gesetzgeber die Art und Weise und den Umfang der Rechtseinräumung von Nutzungsrechten in den §§ 31 bis 44 besonders geregelt. Da das Urheberrecht weder im Ganzen noch in Teilen übertragbar ist (§ 29 Abs. 1), hat sich der Gesetzgeber auf die dogmatische Konzeption einer **konstitutiven Einräumung** der Nutzungsrechte festgelegt, d. h. der Urheber hat Verwertungsbefugnisse, die er einem Dritten in Gestalt von Nutzungsrechten überlässt (*Schack* Rn. 594; Schricker/Loewenheim/*Schricker*/*Loewenheim* § 31 Rn. 6; Dreyer/Kotthoff/Meckel/*Kotthoff* § 31 Rn. 17; Fromm/Nordemann/ *J. B. Nordemann* Vor §§ 31 ff. Rn. 33; Dreier/Schulze/*Schulze* § 31 Rn. 11; *Rehbinder* Rn. 559). Mit der konstitutiven Rechtseinräumung – im Gegensatz zur translativen Übertragung – entzieht das Gesetz dem Urheber die Befugnis, sich völlig und endgültig von seinen Rechten oder von Teilen dieser Rechte zu lösen und sie auf andere Rechtssubjekte übergehen zu lassen. Insofern kann man hier von einer Übertragung „gebundener Rechte" sprechen (*Forkel* 44 ff.; *Schack* Rn. 594; *Haberstumpf* Rn. 384) oder bildlich von dem Urheberrecht als **Mutter-** bzw. **Stammrecht** und dem Nutzungsrecht als **Tochterrecht** (Schricker/Loewenheim/*Schricker*/*Loewenheim* § 31 Rn. 6). Der Urheber verfügt über ein Nutzungsrecht im Sinne einer inhaltlichen Änderung des Rechts als Teil seines Urheberrechts erst durch die Einräumung des Nutzungsrechts an den Erwerber, und nicht schon durch die Verpflichtung hierzu (Trennungsprinzip, s. Rn. 6).

2. Voraussetzungen

22 § 31 spricht zwar von einer Einräumung von Rechten, regelt aber nicht, wie dies geschieht. Nach allgemeinen Grundsätzen ist davon auszugehen, dass es zur Einräumung von

Nutzungsrechten einer (formfreien) Einigung und damit eines **Vertrages** bedarf, um in der Person des Zessionars ein neues Recht entstehen zu lassen und das Urheberrecht des Zedenten mit diesem Nutzungsrecht zu belasten (*Schack* Rn. 594; *Rehbinder* Rn. 299; *Haberstumpf* Rn. 384). Mangels besonderer Regelung sind die **Vorschriften über Willenserklärungen** (Palandt/*Ellenberger* Überbl. v. § 104 Rn. 16) und die **§§ 398, 413 BGB analog** anzuwenden (*Rehbinder* Rn. 543; *Schack* Rn. 600; *Brauer/Sopp* ZUM 2004, 112, 113). Das Nutzungsrecht entsteht originär in der Person des Erwerbers. Durch diese Konstruktion ist gesichert, dass das Urheberrecht selbst beim Urheber verbleibt und die vermögensrechtlichen Befugnisse auch nach ihrer Abtretung bis zu einem gewissen Grade im Banne des Urheberrechts bleiben. Die Rechtseinräumung kann nach allgemeinen Regeln auch konkludent erfolgen (siehe unten Rn. 45). Davon zu unterscheiden sind Fälle der (legalen) Nutzung urheberrechtlich geschützter Werke aufgrund **Gestattung** (siehe dazu § 31 Rn. 37) oder der sogenannten „**schlichten Einwilligung**" (siehe dazu Vor §§ 31 ff. Rn. 46).

3. Verwertungsrechte, Nutzungsrecht und Nutzungsart

Das UrhG enthält eine abschließende Regelung der Befugnisse, die aus dem Urheberrecht fließen (BGHZ 154, 260, 264 – Gies-Adler). Angesichts der ähnlichen Begriffe herrscht gelegentlich Unklarheit über den Unterschied zwischen den gesetzlich geregelten Verwertungsrechten (§§ 15 ff.) und den Nutzungsrechten einerseits sowie zwischen dem Nutzungsrecht und der Nutzungsart andererseits. Hier ist folgendermaßen zu unterscheiden: Die im Gesetz (§§ 15 ff.) genannten **Verwertungsrechte** (z. B. das Vervielfältigungs-, Verbreitungs-, Sende- und Vorführrecht) beschreiben nur allgemein, welche Verwertungsmöglichkeiten dem Urheber gesetzlich vorbehalten sind.

Nutzungsrechte hingegen sind die abgeleiteten Rechte, die der Erwerber erhält, wobei die Verwertungsrechte selbst stets beim Urheber verbleiben (vgl. *Haas* Rn. 81). Der Inhalt des Nutzungsrechts des Zessionars muss sich dabei nicht mit dem Inhalt der Verwertungsrechte als Befugnisse des Urhebers als Zedenten decken (*Schack* Rn. 594; Schricker/Loewenheim/*Schricker/Loewenheim* Vor § 28 Rn. 86). Der Urheber verfügt über das an ihn gebundene Verwertungsrecht, indem er einzelne Nutzungsrechte von diesem abspaltet und dem Erwerber überträgt. Hier ist der Unterschied zwischen dem Begriff des Nutzungsrechts und der Nutzungsart i. S. d. § 31 Abs. 1, 4 und 5 zu beachten (vgl. *Schack* Rn. 599; Schricker/Loewenheim/*Schricker/Loewenheim* Vor § 28 Rn. 87).

Während das Nutzungsrecht die jeweiligen Befugnisse des Verwerters beschreibt, wird unter einer **Nutzungsart** jede wirtschaftliche Nutzungsmöglichkeit im Sinne einer wirtschaftlich-technisch selbstständigen und abgrenzbaren Art und Weise der Auswertung des Werkes verstanden (näher § 31 Rn. 2 mit Nachweisen; zur Begriffsbestimmung im Rahmen der neuen §§ 31a, 32c s. § 31a Rn. 15 ff.).

So wurde bspw. der **Buchgemeinschaftsvertrieb** als eigenständige Nutzungsart gegenüber dem **Sortimentenvertrieb** anerkannt (BGH GRUR 1959, 200, 201 – Der Heiligenhof). Beide selbstständigen Nutzungsarten sind aus dem Verbreitungsrecht nach § 17 abgeleitet. Der Urheber als Inhaber des Verbreitungsrechts könnte hier also einem Verlag ein Nutzungsrecht hinsichtlich beider Nutzungsarten einräumen, die Nutzungsarten zwischen zwei Verlagen aufspalten oder eine davon selbst wahrnehmen. Ebenso sind die Verwertung desselben Buches als **Hardcoverausgabe** einerseits und als **Taschenbuchausgabe** andererseits als selbstständige Nutzungsarten anzusehen, so dass auch hier zwei unterschiedliche Nutzungsrechte bestehen und vergeben werden können (vgl. BGH WRP 2011, 1197, 1201 – World's End; BGH GRUR 1992, 310, 311 – Taschenbuchlizenz; OLG München ZUM 2008, 875, 877). Will der Verleger parallel zu einem Ausstellungskatalog eine Buchausgabe herstellen und verbreiten, muss er gesonderte Nutzungsrechte hierfür erwerben, etwa das Vervielfältigungs- und Verbreitungsrecht für Fotografien (LG München I ZUM 1995, 725, 726). Immer bedeutsamer wird die **Online-Nutzung** im Internet, für die Anbieter gleichermaßen die Nutzungsrechte erwerben müssen (vgl. *Kubis* ZUM 2006, 370, 371 zum Projekt „**Google Book Search**", für welches Druckwerke digitalisiert und zum Abruf bereit gehalten werden sollen; näher zu Nutzungsarten im Rahmen der Online-Nutzung § 31a Rn. 38 ff.).

27 Welche Nutzungsarten i. S. d. § 31 jeweils im Rahmen eines Nutzungsrechts übertragen werden können, hängt von **der wirtschaftlich-technischen Verwertungsmöglichkeit** des Werkes ab. Ist ein Film früher ausschließlich im Kino vorgeführt worden, bestehen heute Auswertungsmöglichkeiten über Video, DVD, BlueRay Disc, Internet, Mobiltelefon, Tablet-PCs, etc. (s. § 31a Rn. 46 ff. zu technischen Standards). Die unterschiedlichen wirtschaftlich – technischen Verwertungsmöglichkeiten eines Werkes eröffnen also vielfältige verwertbare Nutzungsarten innerhalb der urheberrechtlichen Verwertungsrechte (BGH GRUR 1959, 200, 209 – Der Heiligenhof; BGH GRUR 1974, 786, 787 – Kassettenfilm; BGH GRUR 1990, 669, 671 – Bibelreproduktion; BGH GRUR 1992, 310, 311 – Taschenbuchlizenz; BGH GRUR 1997, 464, 465 – CB-Infobank II). Auch der Betrieb eines Online-Videorekorders ist eine selbständige Nutzungsart gegenüber anderen Arten der Filmverwertung (OLG München MMR 2011, 106, 107 – Online Videorecorder).

4. Mängel im Nutzungsvertrag

28 **a) Mangel des Nutzungsrechts.** Ist die Einräumung von Nutzungsrechten nicht vereinbart worden, fehlt dem Urheberrechtsvertrag eine der „essentialia negotii". Der Erwerber als Zessionar ist dann kein Inhaber eines Nutzungsrechts geworden (OLG Köln ZUM-RD 2001, 76, 79). Das gilt auch dann, wenn er zwar ein allgemeines Verwertungsrecht (z. B. ein Vervielfältigungsrecht) als Nutzungsrecht vereinbart und erworben hat, aber bspw. eine Online-Nutzung des Werkes im Internet erfolgt, obwohl dies vertraglich nicht vereinbart wurde. Dies ergibt sich im Zweifel aus der sog. „**Zweckgebundenheit**" der Einräumung von Nutzungsrechten (s. § 31 Rn. 39 ff.) und der Spezifizierungslast hinsichtlich der vereinbarten Nutzung, welche dem Verwerter obliegt (näher § 31 Rn. 47 ff.).

29 **b) Mangelnde Verfügungsbefugnis des Urhebers.** Die Wirksamkeit der Rechtseinräumung durch den Urheber setzt dessen Verfügungsmacht voraus (*Schricker* Quellen 13). Fehlt diese, hat der Urheber oder sein Rechtsnachfolger über ein **Scheinrecht** verfügt. Dies ist z. B. dann der Fall, wenn der Urheber hinsichtlich seines Werkes einem Dritten bereits ein ausschließliches Nutzungsrecht eingeräumt hatte. Er kann nicht über die gleichen **ausschließlichen Nutzungsrecht** an demselben Werk mehrmals verfügen. So ist es z. B. einem Filmproduzenten nicht möglich, einem Verwerter von Film- und Fernsehproduktionen Fernsehrechte zu übertragen, wenn er diese bereits vorher einem Dritten eingeräumt hatte (in der Folge schuldet er Schadensersatz gem. §§ 280 Abs. 1, 311a Abs. 2 BGB, vgl. OLG Düsseldorf GRUR 2010, 264). Fehlt eine ausdrückliche Regelung über den Umfang der Einräumung der Nutzungsrechte, entscheidet der von den Parteien verfolgte Vertragszweck (BGH GRUR 2004, 938 f. – Comic-Übersetzungen III; BGH NJW 2000, 140, 142 – Comic-Übersetzungen II; BGHZ 137, 387, 392 f. – Comic-Übersetzungen I). Hat der vermeintliche Rechtsinhaber Nutzungsrechte verwertet, ohne die Berechtigung dafür vom Urheber erhalten zu haben, hat er hierbei als Nichtberechtigter gehandelt; der Urheber kann dann wegen der Verletzung des Urheberrechts nach §§ 97 ff. vorgehen und ggf. aus § 812 Abs. 1 S. 1 2. Alt. BGB (Eingriffskondiktion) erzielte Gewinne des Verwerters heraus verlangen.

30 Der Mangel der Verfügungsbefugnis kann aber gem. § 185 Abs. 2 BGB **nachträglich geheilt** werden. Demnach wird die Verfügung des Nichtberechtigten wirksam, wenn der Berechtigte die Verfügung nachträglich genehmigt, oder der Nichtberechtigte den Gegenstand der Verfügung nachträglich erwirbt. Die Verfügung wird dann rückwirkend im Zeitpunkt der Vollendung des Rechtserwerbs durch den Verfügenden wirksam (Palandt/ *Ellenberger* § 185 Rn. 10; MünchKomm/*Schramm* § 185 BGB Rn. 57).

Vorbemerkung **31–35 Vor §§ 31ff. UrhG**

Wenn ein **Nichtberechtigter** über ein **fremdes Urheberrecht verfügt,** liegt darin für 31 sich genommen noch keine Urheberrechtsverletzung. Denn die Verfügung über urheberrechtliche Befugnisse stellt noch keine Werknutzung dar. Allenfalls kann die Verfügung als eine Teilnahme an einer hierdurch veranlassten unberechtigten Nutzungshandlung qualifiziert werden (BGH NJW 1999, 1966, 1967 – Hunger und Durst; BGHZ 136, 380, 389 – Spielbankaffaire), und möglicherweise zu deliktischen Schadensersatzansprüchen führen.

5. Nutzungseinräumung bei künftigen Werken

Über Nutzungsrechte kann grds. auch im Voraus verfügt werden, wenn also ein Urhe- 32 berrecht noch gar nicht entstanden ist. Dies kommt bspw. bei der Einräumung von Nutzungsrechten an **künftigen Werken** vor (*Schack* Rn. 600; *Haberstumpf* Rn. 426; Schricker/ Loewenheim/*Peukert* § 41 Rn. 3) und vor allem bei den sog. **Wahrnehmungsverträgen** (BGH GRUR 1968, 323, 324 – Haselnuss; s. im Einzelnen unten Rn. 69 und § 6 WahrnG Rn. 3ff.).

Die Vorausverfügung ist aber nur wirksam, wenn das künftige Werk bestimmt oder **be-** 33 **stimmbar** ist. Die Formulierungen „das nächste Werk" oder „alle künftigen Werke" reichen dann aus, wenn darunter das Werk verstanden wird, das nach Vertragsabschluss als erstes in einer vom Urheber als abgeschlossen und zur Veröffentlichung geeignet erachteten Formgestaltung vorliegt (RGZ 79, 156, 158 ff. – Der zerbrochene Krug; BGHZ 9, 237, 241 – Gaunerroman; BGHZ 22, 347, 350 – Clemens Laer).

Die Verfügung über ein künftiges Recht hat sofort dingliche Wirkung (RGZ 140, 231, 34 252 – Tonfilm) und begründet (ähnlich wie beim Kauf unter Eigentumsvorbehalt nach § 449 BGB) ein **Anwartschaftsrecht** bezüglich des Nutzungsrechts, das mit der Vollendung des Werkes zum Vollrecht erstarkt (*Schricker* § 9 VerlG Rn. 5; Schricker/*Schricker* Vor §§ 28 ff. Rn. 46; a. A. *Haberstumpf* Rn. 392: Durchgangserwerb des Urhebers, da dieser zur Herstellung nicht gezwungen werden kann, § 888 ZPO). Wenn der Urheber das künftige Werk nicht schafft bzw. nicht schaffen kann, erlischt das Anwartschaftsrecht des Zessionars und die Vorausverfügung des Zedenten bezogen auf das nicht realisierte Werk wird hinfällig. Im Ergebnis sind keine Nutzungsrechte vereinbart oder es bleiben nur die bisher wirksamen Nutzungsrechte bestehen. Zu beachten ist ferner, dass eine Verpflichtung zur Vorausverfügung der **schriftlichen Form** bedarf, wenn das Werk nicht oder nur der Gattung nach bestimmt ist (§ 40). Das Gleiche gilt für pauschale Rechtseinräumungen über unbekannte Nutzungsarten (§ 31a Abs. 1 S. 1).

6. Nutzungsverträge und Tod des Urhebers

Beim Tode des Urhebers bleiben die bestehenden Verträge wirksam (vgl. § 28 Rn. 5). 35 Miterben einer Erbengemeinschaft können nach § 2040 Abs. 1 BGB über ihre Anteile an den einzelnen (etwa auch literarischen) Nachlassgegenständen nur gemeinschaftlich verfügen (zum Verhältnis der Miterben ausführlich § 28 Rn. 7). Zu solchen Verfügungen gehört die Einräumung von urheberrechtlichen Nutzungsrechten. Es genügen dann aber zeitlich aufeinander folgende Einzelerklärungen der Miterben, wenn diese sich zu einer einheitlichen Verfügung ergänzen lassen (BGH NJW 1997, 1150, 1151 – Hanns Heinz Ewers: Kündigung von Verlagsverträgen; Palandt/*Weidlich* § 2040 BGB Rn. 4; MünchKommBGB/*Dütz* § 2040 Rn. 14). Dies ist nicht der Fall, wenn die vertraglichen Absprachen mit den einzelnen Miterben Rechtsgeschäfte verschiedener Art zum Gegenstand haben, etwa einerseits eine vollständige Übertragung von Rechten, und andererseits nur eine Bevollmächtigung zur Ausübung bestimmter Rechte (BGH NJW 1997, 1150, 1151 – Hanns Heinz Ewers). Zwar erlischt das Widerrufsrecht des Urhebers hinsichtlich unbekannter Nutzungsarten mit dem Tod des Urhebers (§ 31a Abs. 2 S. 3), der gesonderte Anspruch auf angemessene Vergütung nach § 32c Abs. 1 S. 1 steht den Erben aber zu (BT-Drucks. 16/1828, 24).

7. Verfügungen über Urheberpersönlichkeitsrechte

36 a) Problemstellung. Häufig muss der Nutzungsberechtigte auch bestimmte urheberpersönlichkeitsrechtliche Befugnisse erhalten, um das Werk wie vereinbart nutzen zu können. So braucht etwa der (Erst-)Verleger neben dem Verlagsrecht (als Nutzungsrecht) auch das (urheberpersönlichkeitsrechtliche) **Veröffentlichungsrecht** (§ 12). Zugleich mit der Einräumung des Nutzungsrechts muss der Urheber also dem Nutzungsberechtigten diese Befugnisse zukommen lassen, wobei die dogmatische Konstruktion hierfür umstritten ist, denn insb. Urheberpersönlichkeitsrechte sind an sich unübertragbar (§ 29 Abs. 1; s. Vor §§ 12 ff. Rn. 5 ff.; *v. Welser* 87 m. w. N.; ausführlich zum Ganzen jüngst *Obergfell* ZGE 2011, 202 ff.).

37 Die **praktische Relevanz dieses Streits** ist aber gering, denn man ist sich im Ergebnis einig, dass zum einen dem Nutzungsberechtigten keine urheberpersönlichkeitsrechtlichen Hindernisse im Weg stehen dürfen, und zum anderen neben dem Nutzungsberechtigten immer auch noch der Urheber selbst gegen Beeinträchtigungen seiner urheberpersönlichkeitsrechtlichen Interessen durch Dritte vorgehen kann, und zwar auch gegen den Willen des Nutzungsberechtigten.

38 b) Gebundene Übertragung. Nach der traditionellen **Theorie von der gebundenen Übertragung** (auch **Kerntheorie**) sind Verfügungen über den Kern des Urheberpersönlichkeitsrechts zwar unzulässig, aber insoweit möglich, als sie an Nutzungsrechte gebunden bleiben und der unverzichtbare Kern des Urheberpersönlichkeitsrechts nicht tangiert wird (grundlegend *Forkel* 168 ff.; BGHZ 15, 249, 258 – Cosima Wagner; RGZ 123, 312, 320 – Wilhelm Busch; Obergfell ZGE 2011, 202, 224; Fromm/Nordemann/*Dustmann* Vor § 12 Rn. 10; Mestmäcker/Schulze/*Hertin* Vor §§ 31 ff. Rn. 36; *Haberstumpf* Rn. 386; *v. Gamm* § 11 Rn. 7; *Rehbinder* Rn. 598; *Schack* Rn. 594; *Schricker* § 8 VerlG Rn. 3 ff.; *Ulmer* 379 f.; *v. Welser* 90; s. aber Vor §§ 12 ff. Rn. 7: nur Verpflichtung zur Unterlassung der Ausübung möglich).

39 Die Einräumung der Nutzungsrechte und die Übertragung urheberpersönlichkeitsrechtlicher Befugnisse sind zwei Seiten einer Medaille. Wird dem Verleger als Nutzungsrecht das Verlagsrecht eingeräumt, benötigt er auch die Befugnis, das Werk zu veröffentlichen. Da aber auch hier der Urheber letztlich entscheidet, ob und wie das Werk veröffentlicht wird, bleibt der Kern des Urheberpersönlichkeitsrechts beim Urheber (sog. Kerntheorie). Nach der sog. **Vorhersehbarkeitslehre** sind Rechtsgeschäfte auch über Urheberpersönlichkeitsrechte zulässig, soweit konkret vereinbart und für den Urheber vorhersehbar ist, inwieweit sich der Urheber seiner Rechte begibt (vgl. BGH GRUR 2009, 395, 397 Rn. 1 am Ende m. w. N. – Klingeltöne für Mobiltelefone; noch weitergehend *Metzger* GRUR Int. 2003, 9, 21: Rechtsgeschäfte über Urheberpersönlichkeitsrechte zulässig, Grenze lediglich § 138 BGB und § 307 BGB i. V. m. § 31 Abs. 5; Vertragszweck entscheidet über Umfang der Rechtseinräumung; dem folgend *Obergfell* ZGE 2011, 202, 214 f.).

40 Das Recht des Urhebers zu bestimmen, ob, wann und in welcher Weise sein Werk zu veröffentlichen ist, ist vermögens- und persönlichkeitsrechtlicher Natur (BGH NJW 1955, 201, 202). So kann er etwa einem Theater das Aufführungsrecht einräumen und zugleich Änderungen des Werkes zulassen (§ 39 Abs. 1). Dieser Spielraum für die Belastung des Verwertungsrechts muss auch für die Belastung des Urheberpersönlichkeitsrechts gelten. Die gebundene Übertragung von persönlichkeitsrechtlichen Befugnissen ist möglich hinsichtlich des Veröffentlichungsrechts (§ 12 Abs. 1), des Rechts der ersten Inhaltsmitteilung (§ 12 Abs. 2), des Rechts auf Bestimmung der Urheberbezeichnung (§ 13 S. 2) und des Änderungsrechts (§ 39 Abs. 1). Insoweit sind rechtsgeschäftliche Verfügungen also auch über Urheberpersönlichkeitsrechte möglich (*Obergfell* ZGE 2011, 202, 224).

41 Die Ansicht von der konstitutiven Einräumung auch von urheberpersönlichkeitsrechtlichen Befugnissen steht damit im Gegensatz zur **Theorie der Überlassung der Rechte**

zur Ausübung in Form der Ermächtigung nach § 185 BGB (s. § 6 Rn. 22), denn diese kann jederzeit widerrufen werden.

c) **Vorgehen des Urhebers.** Da die belastende Rechtseinräumung inhaltlich im Banne 42 der höchstpersönlichen Urheberrechtsbefugnisse bleibt, hat der Urheber jederzeit das Recht, die Verletzungen auch eines gebunden übertragenen Urheberpersönlichkeitsrechts weiterhin selbst abzuwehren (*Rehbinder* Rn. 598). Die Rechtskonstruktion der schuldrechtlichen Überlassung einzelner urheberrechtlicher Befugnisse zur Ausübung kommt zum ähnlichen Ergebnis.

Die dogmatische **Konzeption von der gewillkürten Prozessstandschaft** geht hin- 43 gegen davon aus, dass eine isolierte Verfügung i. S. einer Übertragung des Urheberpersönlichkeitsrechts weder translativ noch konstitutiv möglich ist (*Schack* Rn. 637). Erst eine gewillkürte Prozessstandschaft verschafft dem Erwerber die Möglichkeit, das fremde Persönlichkeitsrecht im eigenen Namen geltend zu machen. Damit sind sowohl der Urheber als auch der Dritte aktivlegitimiert, wobei der Urheber zur Not gegen den Willen des Dritten seine Interessen durchsetzen kann.

Auch die hier vertretene Ansicht von der konstitutiven Einräumung urheberpersönlich- 44 keitsrechtlicher Befugnisse kommt hier zum gleichen Ergebnis mit dem Unterschied, dass mit der konstitutiven Einräumung der Dritte eine eigene Rechtsposition inne hat, der Umweg über eine gewillkürte Prozessstandschaft also unnötig ist.

IV. Konkludente Rechtseinräumung, Werknutzung ohne Rechtseinräumung (Gestattung, schlichte Einwilligung)

1. Konkludente Rechtseinräumung

Die Einräumung von Nutzungsrechten ist grds. formfrei; es gibt aber Vorschläge zur 45 Bindung an die Schriftform de lege ferenda für die Einräumung ausschließlicher Nutzungsrechte (*Rehbinder* Rn. 559); die Einräumung von unbekannten Nutzungsarten (§ 31a Abs. 1 S. 1) sowie an künftigen Werken (§ 40) bedarf der Schriftform. Außerhalb dieser Schriftformerfordernisse bedarf die Einräumung urheberrechtlicher Nutzungsbefugnisse nicht zwingend einer ausdrücklichen Erklärung, ein dahingehender Parteiwille kann auch dem **schlüssigen Verhalten** des Berechtigten unter Berücksichtigung der gesamten Begleitumstände entnommen werden (BGH GRUR 2010, 628, 631 Rn. 29 – Vorschaubilder I; RGZ 153, 1, 22 ff.; BGH GRUR 1960, 199, 200 – Tofifa; BGHZ 28, 235, 238 – Verkehrskinderlied; BGH GRUR 1971, 362, 363 – Kandinsky II). Allerdings ist hier Zurückhaltung geboten, der entsprechende Parteiwille muss unzweideutig zum Ausdruck kommen (BGH GRUR 2004, 938, 939 – Comic-Übersetzungen III; BGHZ 22, 210, 212 – Morgenpost; BGHZ 24, 55, 70 ff. – Ledigenheim; BGHZ 131, 8, 12 – Pauschale Rechtseinräumung; LG Köln ZUM 2008, 76, 78). Eine konkludente Rechtseinräumung kann nur insoweit bejaht werden, als der **Zweck** des Vertrages dies erfordert (§ 31 Abs. 5, dazu § 31 Rn. 39 ff.; Fromm/Nordemann/*J. B. Nordemann* Vor §§ 31 ff. Rn. 38). Wenn es für das Vertragsverhältnis nicht relevant ist, dass der Verwerter klassischer Werkarten auch online auftritt oder Print-Produkte auch auf CD-ROM veröffentlicht, ist eine diesbezügliche konkludente Rechtseinräumung abzulehnen (OLG Hamburg ZUM 1999, 78 ff.; LG Berlin ZUM 2000, 73, 75). Denn wer das Verlagsrecht für Texte einräumt, geht zunächst nicht davon aus, dass auch eine Online-Nutzung des Werkes im Internet oder die Veröffentlichung per CD-ROM erfolgen wird. Auch reicht z. B. eine pauschale Reproduktionserlaubnis im Zusammenhang mit der Fertigstellung eines Bildbandes nicht aus, sondern für jedes im Buch veröffentlichte Bild muss ein Reproduktionsrecht eingeräumt werden (BGH GRUR 1971, 362, 365 – Kandinsky II). Eine konkludente Rechtseinräumung kann sich für die Zeit seit Inkrafttreten des UrhG (1.1.1966) nur auf die Einräumung bekannter Nutzungsarten beziehen. Für **unbekannte Nutzungsarten** war bzw. ist eine Rechtseinräumung entweder (für Rechtseinräumungen vom 1.1.1966 bis zum 31.12.2007) ganz ausgeschlossen, oder (seit dem 1.1.2008) nur schriftlich und damit ausdrücklich möglich (§ 31a Abs. 1 S. 1). Auch für bis zum 31.12.1965 abgeschlossene Altverträge, bei denen die Einräumung unbekannter Nutzungsarten grundsätzlich denkbar ist, fordert die Rechtsprechung mit Recht eine eindeutige Erklärung des Berechtigten hinsichtlich der Einräumung solcher Nutzungsrechte (vgl. BGH GRUR 2011, 714, 715 Rn. 15 ff. – Der Frosch mit der Maske). Bei **Arbeitsverträgen** geht die herrschende Meinung regelmäßig von einer konkludenten Rechtseinräumung bekannter Nutzungsarten aus, wenn das Schaffen urheberrechtlicher Werke zum Inhalt des Arbeitsverhältnisses gehört und soweit der Arbeitgeber die Nutzungsrechte zur Verwertung benötigt; zu beachten ist aber ggf. das **Formerfordernis** des § 40 (str., vgl. § 43 Rn. 48) und des § 31a Abs. 1 S. 1. Auch im Arbeitsverhältnis ist für die pauschale Rechtseinräumung unbekannter Nutzungsarten die Schriftform erforderlich (s. § 43 Rn. 48), auf die schützende Warnfunktion der Form kann hier nicht verzichtet werden.

2. Werknutzung ohne Rechtseinräumung (Gestattung, schlichte Einwilligung)

46   Von der konkludenten (dinglichen) Rechtseinräumung zu unterscheiden sind Fälle der rechtmäßigen Werknutzung aufgrund schuldrechtlicher Gestattung (tatbestandsausschließende Einwilligung in die Rechtsverletzung, siehe dazu § 31 Rn. 37) oder einer sogenannten (rechtfertigenden) **„schlichten Einwilligung"**. Letztere hat der BGH in einem grundlegenden Urteil zur Zulässigkeit der öffentlichen Zugänglichmachung (§ 19a) von Vorschaubildern (sog. **Thumbnails**) durch Suchmaschinen (im Fall: Google) auf Grundlage von Vorschlägen in der Literatur (*v. Ungern-Sternberg* GRUR 2009, 369 m. w. N.) als eigenständige Rechtsfigur entwickelt (BGH GUR 2010, 628 – Vorschaubilder I; dazu *Bullinger/Garbers-von Boehm* GRUR Prax. 2012, 257; *Spindler* GRUR 2010, 785). Demnach soll ein Urheber, der eine Abbildung eines urheberrechtlich geschützten Werkes ins Internet einstellt, ohne technisch mögliche Vorkehrungen gegen ein Auffinden und Anzeigen dieser Abbildung durch Suchmaschinen zu treffen, durch schlüssiges Verhalten seine Einwilligung in eine Wiedergabe von Vorschaubildern der Abbildung durch den Betreiber der Suchmaschine erklären, ein darin liegender Eingriff in das Recht der öffentlichen Zugänglichmachung soll demnach nicht rechtswidrig sein (BGH GRUR 2010, 628 – Vorschaubilder I). Dies soll auch dann geltend, wenn die schlichte Einwilligung durch schlüssiges Verhalten durch einen Dritten erfolgt, welcher die Bilder mit Zustimmung des Urhebers ins Internet gestellt hat (BGH GRUR 2012, 602 – Vorschaubilder II, siehe dazu GRUR Prax. 2012, 215 mit Anm. *Thum*; zu Recht kritisch *Klass* ZUM 2013, 1, 4 ff. m. w. N.). Die „schlichte Einwilligung" setzt keine rechtsgeschäftliche Willenserklärung voraus und führt auch nicht zum Erwerb eines dinglichen Rechtes oder schuldrechtlichen Anspruches des Werknutzers. Die „schlichte Einwilligung" schließt lediglich die Rechtswidrigkeit von solchen Nutzungshandlungen (hier: das automatische Erfassen, Speichern, und Zugänglich machen einer Abbildung durch eine Suchmaschine) aus, mit denen der Rechtsinhaber rechnen muss, und gegen die er sich mit technischen Mittel hätte verwahren können. Diese Figur der Rechtsprechung ist bisher auf Suchmaschinen begrenzt (ebenso im Fall LG Köln GRUR Prax. 2011, 331, dort zu Ansprüchen aus § 23 KUG), soll erkennbar deren Einsatz ermöglichen, erscheint kaum verallgemeinerungsfähig und ist trotz des nachvollziehbaren praktischen Bedürfnisses dogmatisch überaus fragwürdig, insbesondere in der Dreieckskonstellation (vgl. nur *Klass* ZUM 2013, 1, 4 ff.; *Ohly* GRUR 2012, 983 ff., jeweils m. w. N.). Im Übrigen bleibt abzuwarten, ob sich aus dieser Rechtsfigur weitere Anwendungsbereiche (etwa im Bereich Social Media oder Cloud Computing) ergeben. Eine allgemeine „Fair Use" Regelung oder ungeschriebene generelle Schranken (etwa für die übliche und zu erwartende Nutzung im Internet) sind dem deutschen Urheberrecht aber ebenso wesensfremd wie das Erfordernis an den Urheber, von sich aus tech-

nische Schutzmittel ergreifen zu müssen, um sich seine Rechte zu erhalten (ebenfalls kritisch aus dogmatischer Sicht mit dem Vorschlag einer ausdrücklichen Schrankenregelung *Bullinger/Garbers-von Boehm* GRUR Prax. 2010, 257; *Spindler* GRUR 2010, 785; ebenso für eine Schrankenregelung de lege ferenda *Klass* ZUM 2013, 1, 9). Keineswegs darf eine „schlichte Einwilligung" dazu führen, dass derjenige, der sich ohne technischen Selbstschutz in sozial akzeptierte Systeme begibt, eine Preisgabe seiner Rechte befürchten muss (*Klass* ZUM 2013, 1, 9). Eine solche „schlichte Einwilligung" kann jedenfalls nicht als Verzicht auf eine angemessene Nutzungsvergütung gewertet werden, was verfassungsrechtlich bedenklich wäre (BVerfG GRUR 2010, 999, 1002 Rn. 66 – Drucker und Plotter).

V. Kein gutgläubiger Erwerb von Nutzungsrechten

Die Nutzungsrechte nach §§ 31 ff. werden erst mit ihrer Einräumung an Dritte ver- **47** selbstständigt. Sie sind dann vom Stammrecht abgespaltene, selbstständige dingliche Rechte mit konstitutiver Wirkung. Der Urheber kann aber nur Nutzungsrechte einräumen, soweit sie ihm selbst noch im Rahmen seines Stammrechts zustehen (s. Rn. 21, 29; *v. Gamm* Einf. Rn. 6). Aufgrund des fehlenden Publizitäts- und Rechtsscheintatbestandes (wie der Besitz im Sachenrecht gem. §§ 932 ff. BGB oder die Eintragung im Handelsregister gem. § 15 HGB) ist ein **gutgläubiger Erwerb** von Nutzungsrechten **nicht möglich** (allgemeine Meinung, s. nur BGH GRUR Int. 2011, 439, 441 – UsedSoft; BGH GRUR 2009, 946, 948 – Reifen Progress; BGHZ 5, 116, 119 – Parkstraße 13; BGH GRUR 1959, 200, 203 – Der Heiligenhof; BGH GRUR 1959, 335, 336 – Wenn wir alle Engel wären; KG ZUM 1997, 397, 398 – Franz Hessel; OLG München MMR 2006, 748; Loewenheim/*J. B. Nordemann* § 26 Rn. 9; Schricker/Loewenheim/*Schricker/Loewenheim* Vor § 28 Rn. 102; *Schack* Rn. 601; *Haberstumpf* Rn. 394; Mestmäcker/Schulze/*Hertin* Vor §§ 31 ff. Rn. 41; Fromm/Nordemann/*J. B. Nordemann* Vor §§ 31 ff. Rn. 235; *Rehbinder* Rn. 559).

Die Rechtslage ist der bei der Abtretung von Forderungen vergleichbar, denn auch hier **48** ist **kein Gutglaubensschutz des Zessionars** vorgesehen (*Grigoleit* AcP 199 (1999) 379, 383). Wenn der Urheber Nutzungsrechte einräumen will, die er gar nicht hat, hilft also der gute Glaube des Erwerbers nicht. Der Urheber hat als Nichtberechtigter gem. § 185 BGB verfügt und kann ohne Verfügungsmacht diesen Mangel auch nicht heilen (BGH GRUR 1959, 147, 149 – Bad auf der Tenne). So kann etwa ein Autor das Recht, seine Erzählungen in einer Gesamtausgabe zu veröffentlichen, kein zweites Mal an einen anderen Verleger vergeben (KG ZUM 1997, 397, 398 – Franz Hessel). Hat er dennoch versucht, zwei Verlagsrechte am gleichen Werk innerhalb des gleichen Lizenzgebietes einzuräumen, so erwirbt nur der erste Verleger das Verlagsrecht, auch wenn der zweite Verleger gutgläubig ist (*Schricker* § 8 VerlG Rn. 35). Für den enttäuschten Erwerber bleibt nur der **Schadensersatzanspruch** nach §§ 311a Abs. 2, 437 Nr. 3, 435 BGB sowie der Rücktritt vom Vertrag, §§ 323, 326 Abs. 5, 437 Nr. 2, 435 BGB (bei vor dem 1.1.2002 geschlossenen Verträgen Schadensersatz nach §§ 440, 437, 325, 275 Abs. 2 BGB; dazu *Schack* Rn. 601).

VI. Heimfall der Nutzungsrechte

1. Begriff

Die Einräumung von Nutzungsrechten kann vertraglich oder auf andere Weise beendet **49** werden, etwa durch Aufhebungsvertrag, Eintritt der Befristung, Kündigung, Rücktritt oder andere Formen der Beendigung (s. Rn. 8 ff.). Mit dem Wegfall der zweckgebundenen Rechtseinräumung fällt das Nutzungsrecht automatisch wieder dem Mutterrecht zu, d. h. das Stammrecht wird komplettiert (s. Rn. 21). Mit der Beendigung des Lizenzvertrages fällt ein urheberrechtliches Nutzungsrecht also im Regelfall, wenn die Vertragsparteien nichts anderes vereinbart haben, ipso iure an den Lizenzgeber zurück, sog. **Heimfall des Nut-**

UrhG Vor §§ 31 ff. 50, 51 Vorbemerkung

zungsrechts (BGH GRUR 2012, 916, 918 – M2Trade; BGH GRUR 2009, 946, 947 – Reifen Progressiv; LG Köln CR 2006, 372, 375; LG München I ZUM 2005, 336, 339; Dreier/Schulze/*Schulze* Vor §§ 31 ff. Rn. 115; Loewenheim/*J. B. Nordemann* § 26 Rn. 3; Schricker/*Schricker* § 30 Rn. 20; Fromm/Nordemann/*J. B. Nordemann* Vor §§ 31 ff. Rn. 33; *v. Gamm* § 28 Rn. 1). Ein Heimfall erfolgt auch, wenn der Erwerber auf die ihm eingeräumten Nutzungsrechte **verzichtet** oder der Urheber ein **Rückrufsrecht** nach §§ 41 (BGH GRUR 2009, 946 – Reifen Progressiv; LG Köln CR 2006, 372, 375; OLG Köln MMR 2006, 750, 751) oder § 42 geltend macht (§ 41 Abs. 5, § 42 Abs. 5). Das eingeräumte Nutzungsrecht fällt automatisch an den Urheber zurück, ohne dass es einer gesonderten Rückübertragung bedarf (nunmehr auch BGH GRUR 2012, 916, 917 – M2Trade).

50 Entgegen sonstigen Grundsätzen des deutschen Privatrechts ist hier also keine Rückübertragung des Nutzungsrechts bei Beendigung des Kausalgeschäfts nötig, das **Abstraktionsprinzip gilt im Urheberrecht insoweit nur eingeschränkt** (OLG Karlsruhe ZUM-RD 2007, 76, 79; BGH GRUR 1982, 308, 309 – Kunsthändler; BGH GRUR 1976, 706, 708 – Serigrafie; BGH GRUR 1966, 567, 569 – GELU; OLG Hamburg GRUR Int. 1998, 431, 435 – Feliksas Bajoras; LG Hamburg ZUM 1999, 858, 859; OLG Hamburg GRUR 2002, 335, 336 – Kinderfernseh-Sendereihe; Schricker/Loewenheim/ *Schricker/Loewenheim* Vor § 28 Rn. 100; Fromm/Nordemann/*J. B. Nordemann* Vor §§ 31 ff. Rn. 33; *Ulmer* 309; *Wente/Härle* GRUR 1997, 96 ff.; *Wegner/Wallenfels/Kaboth* Kap. 1 Rn. 105; *Hahn* 48; **a. A.** noch BGHZ 27, 90, 95 f. – Die Privatsekretärin, ausdrücklich aufgegeben durch BGH GRUR 2012, 916, 918 – M2Trade unter Hinweis auf die herrschende Meinung sowie die exemplarischen Regelungen der §§ 41 Abs. 5, 42 Abs. 5, § 9 Abs. 1 VerlG und den auch im sonstigen gewerblichen Rechtsschutz entsprechend geltenden Grundsatz; Berger/Wündisch/*Berger* § 1 Rn. 33; *Schack* Rn. 590; *v. Gamm* Einf. Rn. 70; *Hoeren* CR 2005, 773, 774). Bei einer dem § 9 VerlG (Erlöschen des Verlagsrechts mit Beendigung des Vertragsverhältnisses) ähnlichen Interessen- und Sachlage kann dieses Ergebnis für andere Urheberrechtsverträge durch **analoge Anwendung des § 9 VerlG** erzielt werden (Dreyer/Kotthoff/Meckel/*Kotthoff* § 31 Rn. 18; *Ulmer* 310; *Brauer/Sopp* ZUM 2004, 112, 117; OLG Karlsruhe ZUM-RD 2007, 76, 79; OLG Hamburg ZUM 2001, 1005, 1007; LG Mannheim CR 2004, 811, 814 – Erlöschen der Lizenz in der Insolvenz; LG Hamburg ZUM 1999, 858, 860; Mestmäcker/Schulze/*Hertin* Vor §§ 31 ff. Rn. 42; **a. A.** *Schack* Rn. 591; *v. Gamm* Einf. Rn. 70; *M. Schwarz/Klingner* GRUR 1998, 103 ff.; *Wallner* NZI 2000, 70, 74; *Abel* NZI 2003, 121, 126; *Grützmacher* CR 2004, 814, 815; *Hoeren* CR 2005, 773, 774; zur Frage des **Heimfalls** auch **von Enkelrechten** nach Rückruf gem. § 41s. § 41 Rn. 28; BGH GRUR 2009, 946 – Reifen Progressiv: aufgrund ausschließlichem Nutzungsrecht vergebene einfache Nutzungsrechte bleiben bei Widerruf des ausschließlichen Nutzungsrechts wegen Nichtausübung (§ 41) wirksam; erweitert durch BGH GRUR 2012, 916 – M2Trade: einfaches Nutzungsrecht bleibt auch bei Erlöschen der Hauptlizenz durch Kündigung wegen Zahlungsverzug bestehen; BGH GRUR 2012, 914, 915 – Take Five: auch ausschließliches Nutzungsrecht bleibt wirksam bei einvernehmlicher Aufhebung des Hauptlizenzvertrages; s. zum Ganzen § 35 Rn. 7–9). Des Weiteren kann die **Nichtigkeit des Nutzungsvertrages** nach § 138 Abs. 1 BGB auch zur Nichtigkeit des Erfüllungsgeschäftes und damit zur Nichtigkeit der Einräumung von Nutzungsrechten führen (OLG Karlsruhe ZUM-RD 2007, 76, 79 – Xavier Naidoo: Nichtigkeit eines Künstlervertrages wegen Wucher; vgl. auch BGH GRUR 2009, 1052, 1053 – Seeing is Believing: kein Erwerb von Nutzungsrechten an Aufnahmen durch Tonträgerhersteller wegen Sittenwidrigkeit des Künstlerexklusivvertrages).

2. Einzelfragen

51 Die Fortsetzung der Nutzung des Werkes für den **Arbeitgeber** ist vor allem nach Beendigung eines Arbeits- und Dienstverhältnisses möglich, wenn dies arbeits- oder tarifrecht-

Vorbemerkung

lich vereinbart worden war (s. aber zur Kritik § 43 Rn. 149 ff.). Auch bei **Insolvenz des Inhabers des Nutzungsrechts** ist ein Heimfall möglich. Wird etwa über das Vermögen eines Verlages das Insolvenzverfahren durchgeführt, ohne dass das Verlagsrecht verwertet worden wäre, so fällt dieses nach Abschluss des Verfahrens an den Autor zurück (OLG Nürnberg ZUM-RD 2003, 260, 263). Der Grund hierfür liegt in der Nichterreichung des Zwecks des Verlagsvertrages, nämlich die Vervielfältigung und Verbreitung des Werkes (OLG München NJW-RR 1994, 1478, 1479). Umstritten ist, ob bei einem Heimfall des vom Urheber gegenüber einem Ersterwerber eingeräumten Nutzungsrechts (Tochterecht) etwa aufgrund Beendigung, Kündigung oder Rücktritt des Nutzungsvertrages bzw. Rückruf der Rechtseinräumung (§§ 34 Abs. 2, 41, 42) auch etwaige vom Ersterwerber gegenüber Dritten eingeräumte Nutzungsrechte (Enkelrechte) automatisch an den Urheber zurückfallen (so die bisher überwiegende Meinung in Rechtsprechung und Literatur), oder als unabhängige Nutzungsrechte bestehen bleiben und das Urheberrecht weiterhin belasten (so neuerdings der Bundesgerichtshof in einer Reihe von jüngeren Entscheidungen, BGH GRUR 2009, 964 – Reifen Progressiv: Fortbestand des einfachen Nutzungsrechts bei Rückrufs des ausschließlichen Nutzungsrechts wegen Nichtausübung nach § 41; BGH GRUR 2012, 916, 918 – M2Trade: Fortbestand des einfaches Nutzungsrechts bei Erlöschen der Hauptlizenz durch Kündigung wegen Zahlungsverzug; BGH GRUR 2012, 914, 915 – Take Five: Fortbestand des ausschließlichen Nutzungsrechts bei einvernehmlicher Aufhebung des Hauptlizenzvertrages; ausführlich zum Streitstand § 35 Rn. 7–9).

Ein Rechteheimfall ist auch dann anzunehmen, wenn der Inhaber des Nutzungs- 52 rechts **keinen Rechtsnachfolger** hat. Dies spielte im Zuge der Wiedervereinigung eine wesentliche Rolle. So hat der Deutsche Fernsehfunk mit dem 31.12.1991 aufgehört zu existieren; damit war die Grundlage für die fortgesetzte Nutzung etwa von Fernsehwerken entzogen (ausführlich EVtr Rn. 73 ff., 75). Die Nutzungsrechte sind an die Urheber der Fernsehfilme, namentlich die Fernsehregisseure heimgefallen (**a. A.** BGH NJW 2001, 2402, 2406 – Barfuß ins Bett; KG VIZ 1999, 183, 184).

Erlischt der **Wahrnehmungsvertrag** zwischen der Verwertungsgesellschaft und dem 53 Urheber, so erlischt auch das die Grundlage für die Rechtsübertragung bildende Geschäftsbesorgungsverhältnis und die Nutzungsrechte fallen an den Urheber zurück, ohne dass es einer Rückübertragung der urheberrechtlichen Befugnisse auf den Urheber bedarf (BGH GRUR 1966, 567, 569 – GELU; BGH GRUR 1982, 308, 309 – Kunsthändler). Vom Zeitpunkt des Heimfalls der Rechte darf die Verwertungsgesellschaft die Nutzungsrechte folglich nicht mehr wahrnehmen. Allerdings kann sie alle Ansprüche, die während der Dauer der Wahrnehmungsverträge aus der Auswertung der ihr übertragenen Nutzungsrechte entstanden sind, auch weiterhin geltend machen (BGH GRUR 1966, 567, 569 – GELU).

VII. Sacheigentum und Nutzungsrechte

1. Eigentumserwerb am Werkstück

Urheberrecht und Eigentum am Werkoriginal sind grundsätzlich voneinander unabhän- 54 gig und stehen selbständig nebeneinander (BGHZ 129, 66, 70 = GRUR 1995, 673 – Mauer-Bilder). Nach § 950 Abs. 1 BGB erwirbt aber derjenige das Eigentum an einer Sache, der durch Verarbeitung daraus eine neue bewegliche Sache herstellt, sofern nicht der Wert der Verarbeitung erheblich geringer ist als der Wert des verarbeiteten Stoffes. Als Verarbeitung gilt auch das Schreiben, Zeichnen, Malen, Drucken, Gravieren oder eine ähnliche Bearbeitung der Oberfläche (näher Palandt/*Bassenge* § 950 BGB Rn. 4 f.). Der **Urheber,** der Fotos, Dias, Manuskripte oder Zeichnungen produziert, wird also zugleich Sacheigentümer des jeweiligen Werkstücks (BGH GRUR 1991, 523, 526 – Grabungsmaterialien). Eigentümer eines Werkes kann auch derjenige werden, dem ein verschollenes Werk gesetzlich zugerechnet wird (LG Magdeburg ZUM 2004, 580 – Himmelsscheibe von Nebra). Die Nachbildung eines gemeinfreien Werkes ist keine Urheberrechtsverletzung, und auch keine Eigentumsverletzung (BGHZ 44, 288, 294 – Apfel-Madonna). Die Fotografie eines Bauwerkes von einer öffentlichen Straße oder einer anderen allgemein zugänglich Stelle und die gewerbliche Verwertung der Bilder stellt keine Urheberrechtsverletzung (§ 59) und auch keine Eigentumsverletzung dar (BGH GRUR 1990, 390 – Friesenhaus). Die gewerbliche Verwertung von vom Grundstück des Eigentümers aus angefertigter Fotografien kann der Eigentümer nach (abzulehnender) Ansicht des BGH jedoch sachenrechtlich verbieten (§§ 903, 1004 BGB), er hat aber keine urheberrechtliche Handhabe (zuletzt BGH GRUR 2013, 623 – Preußische Gärten- und Parkanlagen II, BGH GRUR 2011, 323 – Preußische Gärten und Parkanlagen I; näher § 44 Rn. 8f.).

55   Beim **Arbeits- oder Dienstverhältnis** ist dies regelmäßig anders, denn hier gilt der Arbeitgeber als Hersteller i. S. d. § 950 Abs. 1 BGB (s. § 43 Rn. 37; Palandt/*Bassenge* § 950 BGB Rn. 6, 9). Der Urheber kann Eigentümer der Sache bleiben oder nach §§ 929ff. BGB dem Erwerber des Nutzungsrechtes auch das Eigentum an der Sache verschaffen. Dem Urheber steht gem. § 809 BGB ein Besichtigungsanspruch zu, wenn er sich vergewissern will, ob sein Werk hergestellt wird. Bei **Software** erstreckt sich der Berichtigungsanspruch auf das gesamte Programm, nicht nur auf den Quellcode (BGH GRUR 2002, 1046, 1048 – Faxkarte; OLG Frankfurt a. M. ZUM-RD 2007, 406; *Frank/Wiegand* CR 2007, 482; a. A. OLG Hamburg CR 2005, 558, 559: kein Besichtigungsanspruch beim Quellcode).

2. Besitzerwerb des Nutzungsberechtigten

56   Die Eigentumslage an dem Werkstück bleibt von der Rechtseinräumung der Nutzungsrechte grds. unberührt (BGH GRUR 2011, 323, 325 – Preußische Gärten und Parkanlagen; BGH GRUR 1969, 551, 552 – Der deutsche Selbstmord; BGH GRUR 1971, 481, 483 – Filmverleih). Andererseits gewährt das Urheberrecht dem Werkschöpfer oder seinem Rechtsnachfolger nur Ausschließlichkeitsrechte am geistigen Eigentum, nicht aber ein Recht auf Eigentum oder Besitz an den einzelnen Werkstücken (BGH GRUR 1952, 257, 258 – Krankenhaus-Kartei; GRUR 1991, 523, 525 – Grabungsmaterialien). Der Nutzer benötigt aber häufig neben der Berechtigung zur Nutzung des Werkes zusätzlich den Besitz (§ 854 BGB) des Werkstücks, wenn ohne die „tatsächliche Gewalt" über das Werkstück die Nutzung des Immaterialguts nicht möglich ist (vgl. Loewenheim/*J. B. Nordemann* § 26 Rn. 11). So benötigen etwa der Film- oder Fernsehwerkhersteller vom Drehbuchautor das Drehbuch und der Nutzer einer Fotografie die Negative (LG Wuppertal GRUR 1989, 54 – Lichtbild-Negative).

57   Fehlt eine **Vereinbarung über die Besitzverschaffung,** ist von einer stillschweigenden Verpflichtung der Rechtseinräumenden hierzu auszugehen. Ist der Erwerber bereits im Besitz und hat er ein Recht zum Besitz i. S. d. § 986 BGB, ist eine Besitzverschaffungspflicht hinfällig (BGH GRUR 1991, 523, 528 – Grabungsmaterialien). Ist das vertraglich vereinbarte Nutzungsrecht beendet, entsteht zwischen dem Nutzer und dem Eigentümer eine Vindikationslage, denn der Nutzer hat kein Besitzrecht mehr.

3. Filmwerk

58   Beim Filmwerk stellen Filmkopien lediglich das für die Auswertung der bezüglich des Filmwerkes bestehenden urheberrechtlichen Nutzungsrechte erforderliche materielle Substrat dar. Die **Eigentums- und Besitzverhältnisse** hinsichtlich der **Kopien** richten sich nach den Vorschriften des BGB, unabhängig von der Frage, wem die urheberrechtliche Auswertungsbefugnis zusteht (BAG GRUR 1961, 491, 492 – Nahverkehrschronik). So wie der rechtmäßige Besitzer einer Filmkopie nicht schon aufgrund des körperlichen Besitzes

das Recht zur öffentlichen Vorführung des Films für sich in Anspruch nehmen kann (RGZ 106, 362, 364 f.), steht dem Inhaber des Auswertungsrechtes nicht schon allein deshalb ein Recht zum Besitz hinsichtlich der Kopien zu (BGH GRUR 1971, 481, 483 – Filmverleih). Hat ein Filmverwerter dem Urheber das Manuskript zurückgegeben und steht mit einem gewissen Grad von Wahrscheinlichkeit fest, dass der Verwerter dennoch Teile des Manuskripts für die Herstellung eines Films nutzen will, hat der Urheber einen Besichtigungsanspruch in entsprechender Anwendung gem. § 809 BGB bezüglich des Exposés, Treatments und des Drehbuchs (OLG München ZUM 2000, 66, 69).

4. Verlagsvertrag und Musikverlagsvertrag

Der Verleger hat gem. § 27 VerlG das ihm vom Verfasser überlassene **Originalmanuskript** zurückzugeben, sofern sich der Verfasser die Rückgabe vorbehalten hat. Im Übrigen kann der Verfasser aufgrund des bei ihm verbliebenen Eigentums nach Beendigung des **Verlagsvertrages** die Herausgabe nach § 985 BGB verlangen (BGH NJW 1969, 1383; *Schricker* § 27 VerlG Rn. 2). Bei einem Optionsvertrag (zum Begriff § 40 Rn. 6 ff.), der eine Übereignung des Manuskripts an den Verlag vorsieht, stellt diese keine (dem § 27 VerlG vergleichbare) nur vorläufige Leistung dar, die bei Beendigung derselben etwa nach Bereicherungsvorschriften zurückzugewähren wäre (BGH ZUM 1999, 478 – Hunger und Durst; OLG München ZUM 2000, 66, 68: der Urheber konnte hier allerdings schon die Übergabe der von ihm verlangten Unterlagen nicht beweisen). **59**

In **Musikverlagsverträgen** ist es weitgehend üblich, dem Verleger das Eigentum am Manuskript zuzuweisen, vor allem dann, wenn das Originalmanuskript als Grundlage für die Vervielfältigungsstücke benutzt wird, die als sog. Leihmaterial verbreitet werden (*Schricker* § 27 VerlG Rn. 13). Allerdings sollte in der Nutzungsvereinbarung klargestellt werden, ob die Eigentumsübertragung an den Verleger eine endgültige sein soll (*v. Olenhusen* ZUM 2000, 1056, 1063). Ist in einem Musikverlagsvertrag vereinbart worden, dass der Verleger Eigentum am Originalmanuskript erwirbt, kommt eine ergänzende Auslegung des Vertrages nach §§ 133, 157 BGB in der Weise in Betracht, dass der Verleger im Falle einer vorzeitigen Beendigung des Vertragsverhältnisses dem Urheber das Manuskript unter Rückübertragung des Eigentums herauszugeben hat (BGH NJW 1999, 1966, 1967 – Hunger und Durst). **60**

VIII. Vergütungsansprüche des Urhebers

1. Übersicht

Im UrhG existierte bis zu der Reform 2002 (s. Rn. 3 ff.) keine Vorschrift über die Vergütung des Urhebers als Abgeltung für die Einräumung von Nutzungsrechten. Nach dem vielleicht zentralen Grundsatz des Urheberrechts ist der Urheber aber tunlichst angemessen an den wirtschaftlichen Früchten zu beteiligen, die andere aus der Nutzung seines Werkes ziehen (**Beteiligungsgrundsatz**, siehe oben Rn. 1 mit Nachweisen). Es wurde daher zu Recht gefordert, dass dem Urheber grds. ein **Anspruch auf angemessene Vergütung für jede Nutzung** seines Werkes gebührt (Ulmer-Eilfort/Obergfell/*Obergfell* Kap. D Rn. 3; *v. Becker* ZUM 2007, 249: kritische Einschätzung hinsichtlich der Vergütung von literarischen Übersetzern; *Däubler-Gmelin* ZUM 1999, 265, 273; *Dietz* ZUM 2001, 276, 279) und sich dies auch im Gesetz niederschlagen sollte (*Nordemann* GRUR 1991, 1 ff.; *Hoeren* MMR 2000, 3, 7). Neben schon bisher gesetzlich geregelten Vergütungsansprüchen (z.B. §§ 20b Abs. 2, 26, 27 Abs. 1, Abs. 2 S. 1, 46 Abs. 4, 47 Abs. 2 S. 2, 49 Abs. 1 S. 2, 52 Abs. 1 S. 2, Abs. 2 S. 2, 54, 54a) wurde deshalb bei der Reform 2002 (s. Rn. 3) mit § 32 Abs. 1 der Anspruch des Urhebers auf die vertraglich vereinbarte Vergütung (S. 1) sowie ein Anspruch auf Vertragsanpassung im Falle der Unangemessenheit der vereinbarten Ver- **61** gütung (S. 3) in das UrhG aufgenommen. Mit dem Zweiten Gesetz zur Regelung des Urheberrechts in der Informationsgesellschaft (s. Rn. 5) ist mit § 32c Abs. 1 S. 1 ein weiterer gesonderter Anspruch auf angemessene Vergütung geschaffen worden für den Fall, dass der Vertragspartner eine **neue Art der Werknutzung** aufnimmt, die im Zeitpunkt des Vertragsschlusses vereinbart aber noch unbekannt war. Beim urheberrechtlichen Vergütungsanspruch handelt es sich um eine schuldrechtliche Geldforderung für die vertragliche Rechtseinräumung von Nutzungsrechten (OLG München ZUM-RD 2007, 166, 177; OLG München ZUM-RD 2007, 182, 190; Schricker/Loewenheim/*Schricker/Loewenheim* Vor § 28 Rn. 13). Dieser urheberrechtliche Vergütungsanspruch ist eine Konsequenz des **verfassungsrechtlichen Schutzes** des Urheberrechts durch Art. 14 Abs. 1 GG (*Hohagen* 520; *Hilty/Peukert* GRUR Int. 2002, 643, 645), denn die Verwertungsrechte sind ein vermögenswerter Bestandteil des Urheberrechts und selbst Teil des Eigentums i. S. d. Art. 14 Abs. 1 GG (BVerfG ZUM 2011, 311, 312 – Kommunikationsdesigner; BVerfG ZUM 2010, 235, 238 – Filmurheberrecht; BVerfG NJW 2003, 1655, 1656; BVerfGE 31, 229, 239 – Kirchen- und Schulgebrauch). Der Anspruch auf angemessene Vergütung ist eine schuldrechtliche Forderung, die dem Kreis der Eigentumsrechte i. S. des Art. 14 Abs. 1 GG angehört (BVerfGE 45, 142, 179; 68, 193, 222; BVerfG NJW 2004, 1233). Der urheberrechtliche Vergütungsanspruch ist ein Anspruch eigener Art und kommt in den §§ 32, 32a, 32c zum Ausdruck. Der Anspruch gilt sowohl für Freischaffende als auch für Urheber in Arbeits- und Dienstverhältnissen. Dogmatisch knüpft er an das Verfügungsgeschäft (Rechtseinräumung) und an den Inhalt und Umfang der Nutzung des Werkes an. Es gilt der bürgerlich-rechtliche Grundsatz der Leistung und Gegenleistung (BGH GRUR 2009, 1148, 1150 – Talking to Addison; OLG München ZUM-RD 2007, 166, 177; OLG München ZUM-RD 2007, 182, 190). Die Angemessenheit des Vergütungsanspruchs orientiert sich nicht am Arbeitsaufwand des Urhebers zur Schaffung des Werkes (so auch *Ch. Berger* ZUM 2010, 90, 92; *v. Becker* ZUM 2007, 254; *Jacobs* FS Ullmann 79, 83 f.; BGH GRUR 2011, 328, 332 – Destructive Emotions; BGH GRUR 2009, 1148, 1154 Rn. 55 – Talking to Addison; in diesem Sinne auch BGH ZUM-RD 2012, 192, 196 Rn. 28 – Das Boot; BVerfG ZUM 2011, 396 unter Hinweis auf die Rechtsprechung des BGH zu Übersetzerhonoraren). Auch soziale Gesichtspunkte bleiben außen vor (OLG München ZUM-RD 2007, 166, 177; OLG München ZUM-RD 2007, 182, 190; näher unten § 32 Rn. 29).

2. Urheberrechtliche Vergütungsansprüche

62 **a) Vertraglicher Vergütungsanspruch. aa) Grundsatz.** Der urheberrechtliche Vergütungsanspruch des Urhebers ist ein vertraglicher Anspruch eigener Art, der unabhängig vom konkreten Rechtsverhältnis existiert und auch nicht mit dem Werk- bzw. Arbeitslohn gleichgesetzt werden kann (vgl. BGH ZUM-RD 2012, 192, 196 Rn. 28 – Das Boot; *Reber* GRUR Int. 2011, 569; *Czychowski* GRUR 2010, 793, 795; *Wandtke* ZUM 2012, 688). Er entsteht originär in der Person des Urhebers (oder des Leistungsschutzberechtigten, §§ 70 ff.) zur Abgeltung eingeräumter Rechte. Dagegen sind sog. „Hörfunkrechte" seitens der Fußballvereine selbstständige, auf dem Hausrecht beruhende Wirtschaftsgüter (BGH GRUR 2007, 249, 251 – Hörfunkrechte; LG Hamburg JuS 2002, 1224, 1225; ebenso *Melichar* FS Nordemann 2004, 219 f. m. w. N.). Der urheberrechtliche Nutzungsvertrag ist ein synallagmatischer Vertrag. Von einer **schenkweisen Überlassung von Nutzungsrechten** ist außerhalb des familiären Kreises des Urhebers regelmäßig nicht auszugehen (vgl. aber Fall LG München I ZUM-RD 2007, 498, 503: einmaliger Akt der Rechtseinräumung „mit schenkungsähnlichem Charakter" ist insolvenzfest). Hier würde ein Wertungswiderspruch auftreten, wenn alleine der Verwerter, der die Nutzungsrechte wirtschaftlich nutzen kann, einen Vorteil aus der Rechtseinräumung erlangen würde, der Urheber aber leer ausginge (krit. *Berger* UFITA 2003/III, 879, 881). Das Gesetz erlaubt freilich die Einräumung unentgeltlicher Nutzungsrechte an jedermann, etwa im Rahmen

sog. „open content" System (s. § 32 Abs. 3 S. 3). Der Grundsatz der Vergütung gilt für jede eingeräumte Nutzungsart (*W. Nordemann* Rn. 13). Wird eine konkludente Rechtseinräumung etwa hinsichtlich der **Online-Nutzung** bejaht, die gegenüber dem Abdruck von Fotos eine selbstständige Nutzungsart darstellt (vgl. § 31a Rn. 38 ff.), ist damit zugleich auch die Zahlung einer angemessenen Vergütung als stillschweigend vereinbart anzunehmen (*Feldmann* ZUM 2000, 77, 78).

bb) Gesetzliche Ansprüche auf Vertragsänderung. Seit der Reform des Urhebervertragsrechts 2002 (s. o. Rn. 3) kann der Urheber hinsichtlich der vereinbarten Vergütung eine Änderung des Vertrages verlangen, soweit die vereinbarte Vergütung nicht angemessen ist (§ 32 Abs. 1 S. 3), oder wenn die vereinbarte Gegenleistung in einem auffälligen Missverhältnis zu den Erträgen aus der Werknutzung steht (§ 32a Abs. 1 S. 1). Anspruchsgrundlage ist dabei nach wie vor der Vertrag. Sind Ansprüche auf eine nach §§ 32, 32a erhöhte Vergütung fällig, kann der Urheber in der Regel unmittelbar auf die Differenz zwischen vereinbarter und angepasster Vergütung klagen (s. § 32 Rn. 18). 63

b) Gesetzliche Vergütungsansprüche des Urhebervertragsrechts. Nach § 32a Abs. 2 hat der Urheber einen unmittelbaren gesetzlichen Anspruch gegen Dritte, die das Werk aufgrund Nutzungsrechtseinräumung vom Vertragspartner des Urhebers nutzen (s. § 32a Rn. 29 auch zur Gegenansicht), wenn die Erträge aus der Werknutzung durch den Dritten im auffälligen Missverhältnis zur vereinbarten Vergütung stehen. Der im Rahmen des Zweiten Korbes (s. Rn. 5) eingeführte § 32c sieht einen Anspruch des Urhebers eine „gesonderte angemessene Vergütung" für die Nutzung eines Werkes auf neue Nutzungsarten vor, und zwar gegen seinen Vertragspartner (§ 32c Abs. 1) sowie einen Dritten, der das Nutzungsrecht vom Vertragspartner erworben hat (§ 32c Abs. 2, hierzu näher § 32c Rn. 11 ff.). 64

c) Sonstige gesetzliche Vergütungsansprüche. Das UrhG sieht weitere, spezifisch urheberrechtliche Vergütungsansprüchen vor. Hierzu gehören der Anspruch auf einen prozentualen Anteil des Erlöses aus der Veräußerung eines Originals eines Werkes der bildenden Künste (sog. Folgerecht, § 26 Abs. 1), gesetzliche Vergütungsansprüche zum Ausgleich für die Schranken des Urheberrechts im Interesse der Allgemeinheit (vgl. §§ 46 Abs. 4, 47 Abs. 2, 49 Abs. 1, 52 Abs. 1 und 2, 54 Abs. 1, 54a Abs. 1), der Anspruch auf angemessene Vergütung für die Kabelweitersendung (§ 20b Abs. 2), der Anspruch auf Vergütung für das Vermieten oder Verleihen von Bild- oder Tonträgern (§ 27 Abs. 1, Abs. 2), sowie Ansprüche des Urhebers für die Nutzung seiner Werke auf neue Nutzungsarten auf der Grundlage von Altverträgen, die vor dem 1.1.2008 abgeschlossen wurden und dem Werkverwerter eine Verwertung gemäß der fiktiven Rechtseinräumung nach § 137l Abs. 1 S. 1 erlauben (§ 137l Abs. 5 S. 1). Abgesehen von dem Anspruch auf das Folgerecht werden diese Ansprüche in der Regel nur durch Verwertungsgesellschaften geltend gemacht. Der Unionsgesetzgeber verwendet für bestimmte dem Urheber sowie Leistungsschutzberechtigten grundsätzlich zuzuweisende Gegenleistungen, an denen sich nationale Regelungen messen lassen müssen, sowohl den Begriff „angemessene Vergütung" als auch den Begriff „gerechter Ausgleich" (vgl. etwa Erwägungsgründe 10 und 35 der Multimedia-Richtlinie, s. Vor §§ 31 ff. Rn. 2). Diese sind auf Grundlage des Schadens zu berechnen sind, der den Urhebern geschützter Werke infolge der Einführung der jeweiligen Schranken (etwa der Ausnahme für Privatkopien) entstehen (EuGH GRUR 2011, 50, 53 Rn. 37 – Padawan/SGAE; EuGH ZUM 2012, 313, 322 Rn. 103 – Luksan/van der Let). 65

3. Andere schuldrechtliche Ansprüche

Der urheberrechtliche Vergütungsanspruch für die Einräumung der Nutzungsrechte ist von anderen **schuldrechtlichen Ansprüchen** etwa auf Vergütung für die Herstellung eines Werkes i. S. d. §§ 631 ff. BGB (*Zentek/Meinke* 47; a. A. offensichtlich noch *Hoeren* 66

UrhG Vor §§ 31 ff. 67 Vorbemerkung

MMR 2000, 449, 450) oder eines für die Schaffung von Werken geschuldeten Arbeitsentgelts (dazu § 43 Rn. 134 ff.) zu unterscheiden. In der (vor allem älteren) Vertragspraxis spiegelt sich dies nicht immer wieder, rechtlich ist aber zwischen der Herstellungs- bzw. Auftragsvergütung einerseits und der urheberrechtlicher Nutzungsvergütung nach §§ 32, 32a, 32c andererseits strikt zu unterscheiden (vgl. nur BGH ZUM-RD 2012, 192, 195 f. Rn. 28). Erstere sind die Gegenleitung für die Erstellung des Werkes, letztere für die Einräumung urheberrechtlicher Nutzungsrechte. Inwieweit Herstellungs- bzw. Auftragsvergütungen bei Ermittlung eines angemessenen urheberrechtlichen Nutzungsentgelts nach den §§ 32, 32a, 32c zu berücksichtigen sind, ist im Einzelnen umstritten (s. § 32 Rn. 35 sowie § 32a Rn. 8). Bei Auftragswerken, zu denen auch Drehbücher gehören, behält der Autor gleichwohl seinen an die Abnahme geknüpften werkvertraglichen Vergütungsanspruch (§ 641 Abs. 1 S. 1 BGB), wenn der Auftraggeber die **Abnahme** verweigert, obwohl der Autor die inhaltlichen Vorgaben erfüllt hat. Der Autor kann dann das restliche Honorar einklagen, ohne etwa vorher isoliert die Abnahme selbst gerichtlich durchsetzen zu müssen (BGHZ 132, 96, 98 f.; OLG Hamburg ZUM-RD 1998, 557, 558). Bei **Kunstwerken** ist zu beachten, dass der Auftraggeber die Abnahme nicht deshalb verweigern darf, weil das Werk nicht seinem Geschmack entspricht. Aus der Gestaltungsfreiheit des Künstlers entsteht das Risiko des Bestellers, ein Werk abnehmen zu müssen, das ihm nicht gefällt. Das den vereinbarten Zweckgedanken und die tragende Idee zum Ausdruck bringende Kunstwerk stellt daher grds. das versprochene Werk i. S. d. § 631 Abs. 1 BGB dar (BGHZ 19, 382, 383 f. – Kirchenfenster).

IX. Besonderheiten einzelner Vertragstypen und Nutzungsarten

1. Allgemeines

67   Die Klassifizierung von Urheberrechtsverträgen erfolgt üblicherweise nach ihrem Vertragsgegenstand und -zweck (ausführliche Darstellung von Verträgen in: Moser/Scheunemann/*Seifert* 981 ff.; *Schulze/Schulze* Beck'sche Formularsammlung 612 ff.; *v. Gamm* Einf. Rn. 80). Aufgrund der vielfältigen Inhalte der Urheberrechtsverträge und der Vielzahl von Nutzungsrechten ist auch in der Praxis eine Vielzahl von verschiedenen Vertragstypen gebräuchlich. Zwar liegen häufig **Vertragstypen des BGB** zugrunde, die bei der Ausgestaltung der Urheberrechtsverträge eine Rolle spielen können, doch sind Urheberrechtsverträge Verträge eigener Art, die im Kern die Einräumung von Nutzungsrechten beinhalten. Die Anwendung der bürgerlich-rechtlichen Vorschriften (etwa Kauf- (§§ 433 ff. BGB), Miet- (§§ 535 ff. BGB), Pacht- (§§ 581 ff. BGB), Auftrags- (§§ 662 ff. BGB), Werkvertrags- (§§ 631 ff. BGB), Dienstvertrags- (§§ 611 ff. BGB; vgl. AG Ludwigslust NJW 2005, 610: musikalische Darbietung als Dienstvertrag) und Gesellschaftsrecht (§§ 705 ff. BGB) sowie der allgemeine Teil des Schuldrechts (§§ 241 ff. BGB, bei gegenseitigen Verträgen §§ 320 ff. BGB) ist jeweils im Einzelfall zu prüfen (*v. Gamm* Einf. Rn. 69; *Ulmer* 384; Schricker/Loewenheim/*Schricker/Loewenheim* Vor § 28 Rn. 106; Fromm/Nordemann/ *J. B. Nordemann* Vor §§ 31 ff. Rn. 164; RGZ 158, 321, 326 – Prater I; BGH GRUR 1960, 642, 643 – Drogistenlexikon; BGH GRUR 1989, 68, 70 – Präsentbücher). Soweit keine Nutzungsrechte eingeräumt werden, bleibt es bei den generellen Regelungen ohne Rückgriff auf urheberrechtliche Normen (vgl. BGH GRUR 2006, 249, 251 – Hörfunkrechte: kein „Hörfunkrecht" im Sinne einer ausschließlichen Befugnis zur Übertragung von Bundesligaspielen; LG Düsseldorf GRUR 2007, 181, 184 – Slowakischer Fußball: Vertrag zur Fernsehübertragung und Bandenwerbung urheberechtlich nicht relevant, da Veranstalter keine Leistungsschutzrechte nach § 81 haben; ebenso *Agudo y Berbel/Engels* WRP 2005, 191, 192: keine Hörfunkrechte des Sportveranstalters, nur aus dem Hausrecht abgeleitete Rechte). Wegen der Einheitlichkeit des auch vom Urheberrechtsvertrag erfassten Lebensvorganges können die Regelungen des einen oder anderen Vertragstypen angewendet wer-

den, wobei bei Überwiegen des einen oder anderen Vertragstyps im Zweifel dessen Vorschriften anzuwenden sind (*v. Gamm* Einf. Rn. 80; *Haberstumpf* Rn. 423).

2. Verlagsvertrag

Der Verlagsvertrag ist durch das VerlG von 1901 als einziger Urheberrechtsvertrag ausführlich geregelt, wobei Kern des Regelungsbereiches der Buchverlag ist (*Wegner/Wallenfels/Kaboth* Kap. 2 Rn. 1; *Horz* 19f.). Der Verlagsvertrag kann ein Werk der Literatur oder der Tonkunst zum Gegenstand haben (§ 1 VerlG). Entscheidend für das Vorliegen eines Verlagsvertrages ist die **Überlassung des Werkes zur Vervielfältigung und Verbreitung (Verlagsrecht)** durch den Urheber und die Verpflichtung des Verlegers, das Werk zu vervielfältigen und zu verbreiten (**Auswertungspflicht,** dazu BGH WRP 2011, 1197 – World`s End sowie BGH ZUM 2005, 61, 63 – Oceano Mare: Übersetzervertrag als Verlagsvertrag mit Auswertungspflicht; BGH GRUR 2011, 200 – Concierto de Aranjuez II: Musikverlagsvertrag; BGH GRUR 2010, 1093 – Concierto de Aranjuez I: Musikverlagsvertrag; OLG München ZUM 2008, 875, 877: keine Verpflichtung zur Neuauflage gegenüber Übersetzer), sowie der Einsatz technischer, materieller, personeller und finanzieller Mittel zur Vervielfältigung und Verbreitung des Werkes **auf Kosten und Risiko des Verlegers** (*v. Gamm* Einf. Rn. 88; BGHZ 2, 331, 335 – Filmverwertungsvertrag; BGHZ 9, 262, 264 – Lied der Wildbahn I; BGHZ 13, 115, 119 – Bühnenaufführungsvertrag). Der Verlagsvertrag bedarf nicht der Schriftform (LG Köln ZUM-RD 2013, 267, 272). Verbietet der Verlagsvertrag dem Verleger die Veranstaltung einer Gesamtausgabe, darf der Verleger die Einzelwerke auch nicht in einer Kassette zusammenfassen (LG Köln ZUM-RD 2013, 267, 273).

3. Wahrnehmungsvertrag

Durch den Wahrnehmungsvertrag überträgt der Urheber (oder Leistungsschutzberechtigte) die Verwertungsrechte an seinen Werken sog. Verwertungsgesellschaften (z.B. GEMA, VG Wort; s. Auflistung bei Vor §§ 1ff. WahrnG Rn. 4ff.). Diese nehmen die Rechte gegenüber den Verwertern kollektiv wahr und schütten die Erlöse an die Urheber nach bestimmten Verteilungsschlüsseln entsprechend ihren Satzungen aus (näher §§ 1ff. WahrnG; *Riesenhuber* GRUR 2005, 712, 713; *Rehbinder* Rn. 728). Der **Wahrnehmungsvertrag** ist ein urheberrechtlicher Vertrag eigener Art, der Elemente des Auftrages (§§ 662ff. BGB), des Gesellschafts-, des Dienst- und insb. des entgeltlichen Geschäftsbesorgungsvertrages (§§ 675, 665–670, 672, 674 BGB) enthält (*Rehbinder* Rn. 727; Fromm/Nordemann/*W. Nordemann* § 6 WahrnG Rn. 11; Schricker/Loewenheim/*Reinbothe* § 6 WahrnG Rn. 6 m.w.N.; BGH ZUM-RD 2013, 320 – save.tv; BGH GRUR 1965, 323, 325 – Cavalleria rusticana; BGH GRUR 1966, 567, 569 – GELU; BGH GRUR 1968, 321, 327 – Haselnuss; BGH GRUR 1982, 308, 309 – Kunsthändler; LG Köln ZUM 1998, 1043, 1045: Verstoß gegen postmortales Persönlichkeitsrecht durch Wahlwerbespot). Die §§ 663, 673 BGB sind regelmäßig anwendbar. Die **treuhänderische Übertragung der Nutzungsrechte zur Durchführung und Überwachung der Verwertung** durch Dritte gegen Vergütung und die diesbezüglichen Befugnisse der Verwertungsgesellschaft bleiben grds. auch nach **Beendigung** des Wahrnehmungsvertrages bestehen (*v. Gamm* Einf. Rn. 90). Die Verwaltung der beim Komponisten verbliebenen Nutzungsrechte in einem **Generalvertrag** ist kein Wahrnehmungsvertrag, sondern ein entgeltlicher Geschäftsbesorgungsvertrag mit Dienstleistungscharakter nach §§ 675, 611 BGB, auf dessen Grundlage fremde Vermögensinteressen selbstständig wahrgenommen werden (LG München I ZUM 2007, 582).

4. Online-Nutzung

a) Begriff. Unter dem uneinheitlich gebrauchten Schlagwort des „Online-Vertrags" (zuweilen auch **„Datenbankvertrag"**) wird zumeist der Vertrag bezeichnet, in dem sich ein Anbieter von Inhalten (Content-Provider) verpflichtet, seinem Vertragspartner die Möglichkeit zu verschaffen, mittels Datenfernübertragung in einer angebotenen Datenbank oder im Internet Informationen zu recherchieren und abzurufen (*Moufang* FS Schricker 1995, 571, 582; weitere Nachweise bei Schricker/Loewenheim/*Schricker/Loewenheim* Vor § 28 Rn. 179). Da die digitale Online-Nutzung aber diverse technische Arten des Transports von Daten und deren Zugänglichmachung möglich macht und diese den Vertragsinhalt bestimmen, ist eine Beschränkung des Begriffs auf das Verhältnis zwischen Provider und Datenbanknutzer nicht überzeugend (so auch Loewenheim/Koch/*Roth* 57, 87).

71 Die Bandbreite der **möglichen Vertragspartner** reicht vielmehr vom Urheber oder Rechtsinhaber, der sein Werk im Internet genutzt sehen möchte (etwa die Zeitung, die sich online präsentieren will oder das Unternehmen, das seine Waren oder Dienstleitungen über eine Webseite anbietet) über den Provider als Zwischenglied bis zum Benutzer der Informationen, wobei zudem zwischen Content-, Host- und Access-Providern zu unterscheiden ist (dazu *Sengpiel/Klett/Gottschalk* in: Kröger/Gimmy 227, 228).

72 **b) Zivilrechtliche Einordnung.** Die vertragstypologische Einordnung der denkbaren Online-Verträge hängt also davon ab, welche Vertragspartner im Einzelfall welche Leistungen vereinbart haben. Der gleichfalls häufig schlicht als „Online-Vertrag" bezeichnete **Vertrag zwischen Access-Provider und** einem **Netzbetreiber** ist wegen der im Vordergrund stehenden Zurverfügungstellung eines Transportmediums mietvertraglich geprägt (Hilty/*Hilty* 451, der zu Recht auf die Schwierigkeiten des Rechtsbegriffs Miete hinweist; Loewenheim/Koch/*Roth* 80).

73 Der „Online-Vertrag" zwischen dem (Content-, Host- oder Access-)**Provider und dem Nutzer** ist ein atypischer Vertrag, der die Überlassung und Nutzung konkreter immaterieller Güter zum Gegenstand hat, wobei je nach Einzelfall die Heranziehung kauf-, miet- oder pachtrechtlicher Regelungen in Betracht kommt (so auch *Moufang* FS Schricker 1995, 571, 586; *Rehbinder* Rn. 388). Bietet eine Kaufhauskette ihren Internet-Kunden an, sich aus einigen tausend Titeln eine individuelle CD zusammenzustellen, welche nach der Online-Bestellung auf CD gebrannt und mit Box und Booklet nach Hause geliefert wird, sind kaufrechtliche bzw. werkvertragliche Regelungen anzuwenden.

74 **c) Urhebervertragliche Einordnung.** Eine Verwertung urheberrechtlich geschützter Werke geschieht bei der Online-Nutzung auf unterschiedliche Weise durch verschiedene Personen. Im Rahmen von **Abrufdiensten im Internet,** bei denen der Benutzer bestimmte Inhalte (Zeitungsartikel, Music-on-Demand, Software) von einer Internetseite abruft („pull media"), kommen verschiedene Urheberrechtshandlungen vor, die im Kern die Übertragung und Zugänglichmachung von Werken betreffen (*Bechthold* GRUR 1998, 18, 25; näher § 15 Rn. 11 ff.). Hier ist jeweils auf die einzelnen Handlungen abzustellen.

75 Jedenfalls der **Content-Provider** benötigt dabei vom Urheber diejenigen Nutzungsrechte, die zur konkreten Online-Nutzung im Einzelfall erforderlich sind, beim sog. „Music-on-Demand" etwa ein entsprechendes Nutzungsrecht (zu MoD als Nutzungsart § 31a Rn. 43 ff.). Der Provider kann das Recht vom Tonträgerhersteller oder auch von den Verwertungsgesellschaften erhalten. Dazu wiederum benötigen diese das jeweilige Nutzungsrecht vom Urheber, sei es, dass dieser seinem Tonträgerhersteller neben den herkömmlichen Nutzungsarten (Schallplatte, MC, CD) auch das Recht der Nutzung für „Music-on-Demand" Dienste eingeräumt hat, sei es, dass etwa die GEMA diese Rechte nach ihrem in Hinblick auf die multimediale Verwertung reformierten Berechtigungsvertrag wahrnimmt. Der Provider tritt dann gleichsam als Vermittler zwischen Urheber und Kunden auf (näher *Wandtke/Schäfer* GRUR Int. 2000, 187 ff.).

76 Zu beachten ist, dass jede mögliche **Vervielfältigungshandlung im Internet** (etwa beim Speichern, Abrufen, Browsen, Caching etc.; näher § 16 Rn. 13 ff.) unzulässig wäre, wenn nicht der Urheber des jeweils vervielfältigten Inhalts dieser Nutzung zuvor zugestimmt hätte (so auch *G. Schulze* ZUM 2000, 432, 442 m.w.N.), oder der jeweilige Vor-

Vorbemerkung   77–79   Vor §§ 31ff. UrhG

gang als vorübergehende Vervielfältigungshandlung gem. § 44a (vgl. § 44a Rn. 6 ff.) bzw. aufgrund „schlichter Einwilligung" zulässig ist (dazu Vor §§ 31 ff. Rn. 46). Derjenige, der fremde Werke frei zugänglich im Internet anbietet, benötigt entsprechende Nutzungsrechte (näher *Grunert/Ohst* KUR 2001, 8, 13 ff.). Je nach Nutzungsart (näher § 31 Rn. 2 und Vor §§ 31 ff. Rn. 23 ff.) und technischer Ausgestaltung der Verwertung (siehe zu einzelnen Möglichkeiten der Online-Nutzung § 31a Rn. 38 ff.) sind diese von den Urhebern und Leistungsschutzberechtigten bzw. deren Vertretern (Verlage, Rechteagenturen) unmittelbar einzuholen, können aber aufgrund Anpassung der Wahrnehmungsverträge (s. oben Vor §§ 31 ff. Rn. 69) zunehmend auch durch die Verwertungsgesellschaften (s. Vor §§ 1 ff. WahrnG Rn. 4 ff.) vergeben werden; in bestimmten Fällen und je nach der Fassung des Wahrnehmungsvertrages der Verwertungsgesellschaft bei Rechtseinräumung durch den Urheber an die Verwertungsgesellschaft kann auch eine **doppelte Rechtseinholung** erforderlich sein, etwa bei der Verwendung von Musikwerken als Handy-Klingelton (vgl. BGH GRUR 2009, 395 – Klingeltöne für Mobiltelefone: keine Rechtseinholung vom Urheber mehr erforderlich bei Abschluss des Berechtigungsvertrages in der Fassung 2002 oder 2005), für Werbezwecke (vgl. BGH GRUR 2010, 62 – Nutzung von Musik für Werbezwecke: keine Möglichkeit der Rechtevergabe durch die GEMA bei Abschluss des Berechtigungsvertrages in der Fassung 2002 oder 2005), oder eine Online-Nutzung (Streaming) durch ein Internetportal (vgl. OLG München ZUM 2010, 709, LG München I ZUM 2009, 788: Vervielfältigungsrecht (§ 16) für Upload auf Portal ist im Recht der Zugänglichmachung (§ 19a) mit lizensiert und nicht gesondert lizensierbar, zustimmend *Schaefer* ZUM 2010, 150; ablehnend *Jani* ZUM 2009, 722; *Melichar* ZUM 2010, 713; Schricker/Loewenheim/*v. Ungern-Sternberg* § 19a Rn. 43; Fromm/Nordemann/*Dustmann* § 19a Rn. 9; näher § 31 Rn. 18).

d) Verhältnis zwischen Urheber und Benutzer. Schließlich können auch solche 77 Verträge als Online-Verträge bezeichnet werden, bei denen es unmittelbar zwischen Urheber und Benutzer zu einer Einigung über die Nutzung des Werkes kommt, etwa wenn eine Musikgruppe unter Umgehung des herkömmlichen Musikmarktes ihre Werke unmittelbar im Internet zum Herunterladen anbietet. In einer solchen **Zurverfügungstellung von Werken im Internet** kann die konkludente Einräumung von Nutzungsrechten an den privaten Nutzer gesehen werden, welche durch Abruf des Werkes angenommen wird. Eine **wirtschaftliche Weiterverwertung** des Werkes durch Dritte dürfte hiervon aber regelmäßig nicht gedeckt sein; denn wer als Urheber seine Werke unter Ausschaltung von Verwertern unmittelbar verbreiten will, möchte ja gerade nicht, dass sich Dritte durch die Nutzung seiner Werke bereichern (*Grunert/Ohst* KUR 2001, 8, 12; s. aber § 32 Rn. 45: Rechtseinräumung nach GNU Free Documentation License FDL umfasst auch kommerzielle Nutzung).

5. CD-ROM-Nutzung

Während die Online-Verträge bestimmte Rechte der unkörperlichen Werknutzung per 78 Datenfernübertragung (unabhängig von der technischen Vermittlung mittels Telefonleitung, ISDN, Datex-P, DSL, WLAN, UMTS, GM3 etc.) betreffen, haben CD-ROM-Verträge etwa zwischen Datenbankhersteller und Nutzer einen **körperlichen Informationsträger** zum Gegenstand, auf dem urheberrechtlich geschützte Werke enthalten sind. Der Nutzer erhält dabei entweder nur den Besitz an der CD-ROM oder erwirbt das Eigentum (*Mehrings* NJW 1993, 3102, 3106).

Wegen der Körperlichkeit der CD-ROM einerseits und der in ihr enthaltenen immate- 79 riellen Güter andererseits ist von einer **Doppelnatur** der CD-ROM-Verträge auszugehen (so *Moufang* FS Schricker 1995, 571, 595). Im Mittelpunkt steht die Nutzung des Werkes und nicht der Besitz oder das Eigentum am Datenträger. Deshalb ist der CD-ROM-Vertrag nicht nur unter kauf- oder pachtrechtlichen Aspekten zu betrachten, sondern

Hauptanknüpfungspunkt ist die urheberrechtlich relevante Nutzung (ebenso *Ebnet* 116, 130; *Moufang* FS Schricker 1995, 571, 587; differenzierend *Mehrings* NJW 1993, 3102, 3106).

80 Demnach benötigt der **Hersteller der CD-ROM** ein entsprechendes Nutzungsrecht aller Urheber, deren Werke auf der CD-ROM vertrieben werden sollen (zur CD-ROM als Nutzungsart § 31a Rn. 33 ff.), im Falle von Multimediawerken (bspw. die Zusammenfügung von Text, Bildern, Musik, Datenbanken etc. zu einem neuen einheitlichen Multimediawerk, etwa einem multimedialen Lexikon) auch das Recht, die einzelnen Werke zu einem neuen Multimediawerk zu verschmelzen (**Multimedia-Bearbeitungsrecht**, vgl. etwa § 1i) BerV-GEMA für die von der GEMA wahrgenommenen Rechte an Musikwerken).

6. Nutzungen im Rahmen von Franchiseverträgen

81 Der Franchisevertrag ist kein speziell urheberrechtlicher Vertrag, sondern ein verkehrstypischer Vertrag eigener Art (näher *Martinek* ZIP 1986, 1440 ff.; *Emmerich* JuS 1995, 760 ff.; *Haager* WIB 1996, 377 ff.), der zuweilen urhebervertragsrechtliche Elemente enthält (Pfaff/Osterrieth/*Metzlaff* Besonderer Teil Rn. 1022). **Franchising** ist ein organisiertes Absatzsystem rechtlich selbstständiger Unternehmen, die als Franchise-Nehmer vom Franchise-Geber auf der Grundlage eines Franchisevertrages ein Paket unterschiedlichster Verkaufs- und Marketingstrategien erhalten (vgl. BGHZ 165, 12, 25; BGH NJW 2009, 1753). Neben den gewerblichen Schutzrechten können hier auch urheberrechtliche Nutzungsrechte eine Rolle spielen, etwa die Übernahme einer Marke als urheberrechtliches Werk (Pfaff/Osterrieth/*Metzlaff* Besonderer Teil Rn. 1043; Fromm/Nordemann/*J. B. Nordemann* Vor §§ 31 ff. Rn. 422; *Wandtke/Bullinger* GRUR 1997, 573, 577). Der Franchisevertrag ist ein Dauerschuldverhältnis und besteht aus mehreren Bestandteilen anderer Vertragstypen, z. B. Kauf-, Pacht-, Dienst-, Werk- und Lizenzvertrag (Palandt/*Weidenkaff* Einf. v. § 581 BGB Rn. 21 ff.; BGH WRP 2006, 595, 597; BGHZ 97, 351; BGHZ 128, 156 ff.). Will der Franchisegeber seinen Franchisenehmern die **Nutzung fremder urheberrechtlich relevanter Werke** (etwa Logos, Werbeplakate, Broschüren) im Franchisevertrag erlauben, benötigt er selbst von den Urhebern das Recht zu einer entsprechenden Unterlizensierung (Pfaff/Osterrieth/*Harte-Bavendamm* Besonderer Teil Rn. 949).

7. Musikverlagsvertrag

82 Verlagsverträge über Werke der Tonkunst fallen nach § 1 VerlG unter das Verlagsgesetz (vgl. BGH GRUR 2010, 1093, 1095 – Concierto de Aranjuez). Hierbei ist zu unterscheiden, ob es sich um das Recht grafischen Vervielfältigung i. S. d. § 16 von Notenmaterial handelt (vgl. BGH ZUM-RD 2009, 433 – Mambo No. 5; BGH GRUR 1965, 323 – Cavalleria rusticana; OLG München ZUM 2006, 473, 477), also um das sog. **Papiergeschäft** (Fromm/Nordemann/*J. B. Nordemann* Vor §§ 31 ff. Rn. 359; Schricker/Loewenheim/*Schricker/Loewenheim* Vor § 28 Rn. 121), oder ob andere Verwertungshandlungen mit dem Vertrag erfasst werden sollen, z. B. das Aufführungs-, Sende-, CD-ROM-Recht oder bestimmte Online-Rechte (z. B. Music-on-Demand, näher § 31a Rn. 43 ff.). In diesen Fällen kann eine verlagsvertragsähnliche Vertragsgestaltung vorliegen, wenn nämlich der Vertragspartner des Urhebers die **Verpflichtung zur Auswertung** übernommen hat. Dann sind auch die Bestimmungen des Verlagsgesetzes anwendbar (BGH GRUR 2010, 1093, 1095 – Concierto de Aranjuez; BGHZ 13, 115, 119 – Bühnenaufführungsvertrag; BGHZ 27, 90, 96 – Die Privatsekretärin; BGHZ 71, 1, 7 – Heldensagen). Dagegen ist die Anwendung des Verlagsrechtes abzulehnen, wenn eine Vereinbarung – auch stillschweigend – über die Auswertungspflicht fehlt. Möglich ist dann nur die Anwendung allgemeiner schuldrechtlicher Regelungen des BGB (RGZ 107, 62, 65 – Nur eine Tänzerin; RGZ 161, 321, 324 – Prater II; BGHZ 27, 90, 97 – Die Privatsekretärin; BGH GRUR 1960, 447, 448 – Comics). Ob Künstler- und Verlagsvertrag ein einheitliches Rechtsgeschäft i. S. d. § 139 BGB bilden, ist eine Frage des Ein-

zelfalls (vgl. OLG Frankfurt ZUM 2003, 957, 958). Werden Berechtigungsverträge mit der GEMA abgeschlossen und entsprechende Rechtspositionen vereinbart, die sich auf die Herstellung und Verbreitung von Tonträgern beziehen, können diese Rechte bei einem später abgeschlossenen Musikverlagsvertrag keine Wirksamkeit mehr entfalten (BGH ZUM-RD 2009, 433 – Mambo No. 5; OLG München ZUM 2006, 473, 477).

8. Illustrationsvertrag

Das Verlagsgesetz ist auch auf den textbezogenen Illustrationsvertrag anzuwenden, unabhängig davon, ob die Illustrationen vom Verfasser eines Schriftwerkes als „Zubehör" beigegeben werden oder von einem Dritten zu einem fremden Schriftwerk. Es macht keinen Sinn, auf der einen Seite den Vertrag mit dem Textverfasser als Verlagsvertrag zu qualifizieren und auf der anderen Seite den Illustrationsvertrag nicht unter das Verlagsgesetz zu fassen, wenn die **Illustration** mit dem literarischen Werkteil korrespondiert (so auch OLG München GRUR 1984, 516, 517; Dreyer/Kotthoff/Meckel/*Kotthoff* § 31 Rn. 57; a. A. Fromm/Nordemann/*J. B. Nordemann* Vor §§ 31 ff. Rn. 390; *Schricker* § 47 VerlG Rn. 26; Löffler/*Löffler* UrhR BT Rn. 147; BGH GRUR 1985, 378, 379 – Illustrationsvertrag: nur Bestellvertrag ohne Auswertungspflicht nach § 47 VerlG, dazu unten Rn. 91).

9. Verfilmungsvertrag

Der Verfilmungsvertrag hat die Benutzung literarischer Stoffe und anderer Werke (z. B. Romane, Tatsachenberichte, Bühnenwerke oder Filmmusik) als Vorlage bzw. Bestandteil für die Herstellung eines Films zum Gegenstand (Schricker/*Schricker*/*Loewenheim* Vor § 28 Rn. 155 ff.; Dreier/Schulze/*Schulze* § 88 Rn. 5). Kern des Verfilmungsvertrages ist der Vorgang der **Verfilmung** selbst sowie die **Filmverwertung.** Fehlen ausdrückliche Vereinbarungen über den Umfang der Rechtseinräumung, erwirbt der Filmhersteller nach der im Zuge der Reform 2002 (s. Rn. 3) neu gefassten Auslegungsregel des § 88 eine weitgehend unbeschränkte Auswertungsbefugnis (näher § 88 Rn. 60 ff.).

Bei einem **Kinofilm** erwarb der Filmhersteller bisher im Zweifel lediglich das Vorführungsrecht (§ 88 Abs. 1 Nr. 2 a. F.) im Kino, nicht aber das Recht zur Herstellung eines Fernsehfilms (BGH GRUR 1976, 382 – Kaviar). Seit Neufassung des § 88 durch die Reform 2002 erwirbt der Filmhersteller nunmehr im Zweifel das Recht, das Werk zur Herstellung eines Filmwerkes zu nutzen und das Filmwerk sowie filmische Bearbeitungen auf alle Nutzungsarten zu nutzen. Wegen des anderen Mediums unterscheidet sich der Verfilmungsvertrag vom Verlagsvertrag. Er ist vielmehr ein **Vertrag eigener Art** (BGHZ 5, 116 – Parkstr. 13; *Schwarz/Klingner* GRUR 1998, 103, 106 ff.; v. Hartlieb/Schwarz/*Schwarz/ U. Reber* Kap. 93 Rn. 3; Dreier/Schulze/*Schulze* § 88 Rn. 13).

Mit dem Verfilmungsvertrag werden nach der Neufassung des § 88 durch die Reform 2002 im Zweifel auch umfassende **Rechte zur Filmverwertung** eingeräumt. Dazu gehören z. B. das Vervielfältigungs-, Verbreitungs-, Sende- und Vorführrecht sowie Videorechte und das Recht zur Nutzung im Internet. Das gilt jedoch nicht für Verfilmungsverträge, die vor Inkrafttreten des Urheberrechtsgesetzes am 1.1.1966 abgeschlossen wurden und die Einräumung von Nutzungsrechten für unbekannte Nutzungsarten betreffen, es sei denn, ein entsprechender Parteiwille sei unzweideutig zum Ausdruck gekommen und die Vereinbarung sehe eine angemessene Beteiligung des Urhebers an neuen Verwertungsformen vor, etwa indem die Abgeltung solcher Rechte bei der Festlegung von Leistung und Gegenleistung erkennbar erörtert und berücksichtigt wurde (BGH ZUM 2011, 498, 499 – Drehbuchautor; BGH ZUM 2011, 560, 564 – Der Frosch mit der Maske).

10. Sendevertrag

Der Sendevertrag spielt in der vielfältigen deutschen dualen Medienlandschaft eine bedeutende Rolle, gleichgültig ob es sich um drahtlose, teils über Satelliten vermittelte

Rundfunksendungen oder um Draht- oder Kabelsendungen handelt (BGH WRP 2005, 359, 364 – Kehraus; *Ulmer* 256 f.). Das Aufkommen von **Connected- oder Hybrid-TV**, bei dem Merkmale des Internets und des Web 2.0 in moderne Fernsehgeräte integriert werden, markiert eine neue Phase bei der Verknüpfung von Internet und Fernsehen, was für Sendeverträge nicht folgenlos bleiben kann. Als Sender und damit Werknutzer müssen die öffentlich-rechtlichen oder privaten Sendeanstalten bzw. Sendeunternehmen das **Senderecht** i. S. d. §§ 20, 20a, 20b vom Urheber bzw. Rechtsinhaber erwerben (näher Vor §§ 20–20b Rn. 7). Als Rechtsinhaber können auftreten die GEMA als Verwertungsgesellschaft für das „Kleine Recht", für das „Großen Recht" (zu den Begriffen § 19 Rn. 16) im Musik und Musiktheaterbereich sind es i. d. R. vor allem Bühnen- oder Musikverlage, für die „kleinen Senderechte" (10 Minuten im Fernsehen, 15 Minuten im Hörfunk) die VG Wort und für andere literarische Werke i. d. R. die Buchverlage.

88 Für **angestellte Urheber** in den **Sendeunternehmen** ergibt sich die Übertragung des Senderechts auf den Arbeitgeber regelmäßig aus dem Individualarbeitsvertrag oder aus den für diese Berufsgruppen geltenden Tarifverträgen (näher § 43 Rn. 121 ff.), für die freien Urheber werden die Honorarbedingungen zugrunde gelegt.

11. Merchandising-Vertrag

89 Dieser Vertrag hat sich im Wirtschafts- und Rechtsleben herausgebildet und hat die Verwertung von Namen, (fiktiven) Figuren, (realen) Personen des öffentlichen Lebens (z. B. Sportler, Schauspieler, Politiker, Musiker), Titeln, Szenen, Slogans, Bildern, Melodien und sonstigen kennzeichnenden Werken oder Werkteilen zum Gegenstand. Meist dient das **Merchandising** als Instrument der Vermarktung und Werbung der Absatzförderung von Waren und Dienstleistungen (ausführlich Paff/Osterrieth/*Büchner* Besonderer Teil Rn. 1096 ff.; *Ruijsenaars* FS Schricker 1995, 597, 599; Dreyer/Kotthoff/Meckel/*Kotthoff* § 31 Rn. 81; Fromm/Nordemann/*J. B. Nordemann* Vor §§ 31 ff. Rn. 422; *Hertin* Vor § 31 Rn. 61; *Schertz* 1 ff.).

90 Gegenstand des Merchandising-Vertrages können verschiedene Rechte des Lizenzgebers sein, etwa ein Marken-, Geschmacksmuster- oder **Urheberrecht** (Pfaff/Osterrieth/*Büchner* Besonderer Teil Rn. 1111; Fromm/Nordemann/*J. B. Nordemann* Vor §§ 31 ff. Rn. 422). Daneben spielt häufig das allgemeine Persönlichkeitsrecht eine Rolle (vgl. BGH GRUR 2003, 899 – Olympiasiegerin: weite Auslegung des Unterlassungsvertrags wegen Namensrechtsverletzung). Soweit Teile oder die Gesamtheit eines urheberrechtlich geschützten Werkes für Waren oder Dienstleistungen oder für die Werbung benutzt werden (für T-Shirts, Briefpapier, Schlüsselanhänger usw.), sind die Nutzungsrechte vom Urheber bzw. Rechtsinhaber zu erwerben (BGH GRUR 1983, 370 – Mausfigur). Dies gilt auch für die Verwendung auf einer Webseite im Internet.

12. Bestellvertrag (§ 47 VerlG)

91 Dieser Vertragstyp liegt vor, wenn dem Verfasser der Inhalt des Werkes vorgeschrieben wird und keine Pflicht für den Verwerter besteht, das bestellte Werk zu vervielfältigen und zu verbreiten. Der Bestellvertrag ist **kein Verlagsvertrag** (*Gergen* NJW 2005, 569; Schricker/Loewenheim/*Schricker/Loewenheim* Vor § 28 Rn. 109; Fromm/Nordemann/*J. B. Nordemann* Vor §§ 31 ff. Rn. 310; *Schricker* § 47 VerlG Rn. 7 ff.; Löffler/*Löffler* UrhR BT Rn. 146; BGH GRUR 1984, 528, 529 – Bestellvertrag; a. A. Dreyer/Kotthoff/Meckel/*Kotthoff* § 31 Rn. 56). Ein **Übersetzervertrag**, nach dem ein Übersetzer im Auftrag eines Verlages ein literarisches Werk übersetzen soll, kann je nach den Umständen des Vertragsschlusses als Verlagsvertrag auszulegen sein. Den Verleger trifft dann eine Auswertungspflicht, was auch Neuauflagen einschließt (vgl. BGH ZUM 2005, 61, 63 – Oceano Mare: Auswertungspflicht aus Übersetzervertrag; OLG München ZUM 2008, 875, 877; OLG München ZUM 2001, 427, 432 – Übersetzervertrag: Einräumung der typischen Rechte nach § 1 VerlG, Verweis auf Be-

stimmungen des VerlG). Enthält der Vertrag keine Regelungen zu Folgeauflagen, ist § 5 VerlG anzuwenden. Demnach ist der Verleger nur zu einer Auflage berechtigt und verpflichtet (OLG München ZUM 2008, 875, 877). Eine Auflagenbeschränkung i. S. d. § 5 Abs. 1 VerlG ist bei Bestellverträgen nicht gegeben (BGH GRUR 1984, 528, 529 – Bestellvertrag; BGHZ 137, 387, 393 – Comic-Übersetzungen). Im Regelfall gelten ergänzend die Vorschriften des Werkvertragsrechts (Fromm/Nordemann/*Nordemann-Schiffel* § 47 VerlG Rn. 4; Dreier/Schulze/*Schulze* Vor §§ 31 ff. 160). Kommt es dem Besteller auf den Erfolg an, sind die Regelungen über den Werk- bzw. Werklieferungsvertrag alleine maßgebend (BGHZ 16, 4, 7 – Zwischenmeister).

13. „Buy-out" Vertrag

Der sog. „Buy-out" Vertrag (ausführlich *Jani* 1 ff.) ist kein urheberrechtlicher Nutzungsvertrag im eigentlichen Sinne, sondern hat sich als Bezeichnung für eine in der urhebervertraglichen Praxis festzustellende Tendenz eingebürgert, nach der Verwerter zunehmend dazu übergehen, sich in den Nutzungsverträgen von den Urhebern gleich welcher Werke gegen ein Pauschalhonorar sämtliche Nutzungsrechte einräumen zu lassen, auch wenn der Verwerter im Einzelfall mit diesen Rechten in seiner Branche zunächst nichts anfangen kann (zum Verschwimmen der Branchengrenzen durch große Medienkonzerne *Grunert/Ohst* KUR 2001, 8, 18). Diese Praxis betrifft alle Bereiche der Kunstproduktion, vor allem aber Funk und Fernsehen, Film und „Neue Medien" (vgl. Sachverhalt von BFH NJW 2005, 623 – Gesamt-Buy-out; Fromm/Nordemann/*J. B. Nordemann* Vor §§ 31 ff. Rn. 330; *Wegner/Wallenfels/Kaboth* Kap. 2 Rn. 94; Klages/*Breinersdorfer* Rn. 438; *v. Olenhusen* ZUM 2000, 736, 738; *Reber* ZUM 2000, 729, 730; *Schack* ZUM 2001, 453, 459). Diese Praxis ist neben vertragsrechtlichen Problemen (§ 307 BGB, § 138 BGB wegen Knebelung des Urhebers oder Äquivalenzmissverhältnis) auch urheberrechtlich problematisch, vor allem im Hinblick auf den Zweckeinräumungsgrundsatz nach § 31 Abs. 5 (näher § 31 Rn. 39 ff.). Buy-out Verträge sind nach Auffassung der Bundesregierung aber dann unbedenklich, wenn der umfassenden Rechtseinräumung eine angemessene Vergütung gegenübersteht (BT-Drucks. 14/4973 v. 12.12.2000; ähnlich Klages/*Breinersdorfer* Rn. 441; *Schricker* Quellen, 25; *Reber* ZUM 2001, 282, 287; *W. Nordemann,* 2002, Rn. 27; *Rehbinder* Rn. 736; Dreyer/Kotthoff/Meckel/*Kotthoff* § 32 Rn. 37). Die bisherige Branchenübung eines Normseitenhonorars für literarische **Übersetzer** und Sachbuchübersetzer mit Abgeltung der Rechtsübertragung einschließlich der Nebenrechte bis zum Ende der Schutzdauer widerspricht einem redlichen Buy-out Vertrag (BGH ZUM-RD 2010, 16, 19 – Sachbuchübersetzer; BGH GRUR 2009, 1148, 1151 – Talking to Addison; OLG München ZUM-RD 2007, 166, 176; OLG München ZUM-RD 2007, 182, 189; LG Berlin ZUM 2005, 901, 903; LG München I ZUM 2006, 164, 169; näher § 32 Rn. 30). Insbesondere der **Filmbereich** wird durch die Zahlung von einmaligen Pauschalhonoraren an die zahlreichen Mitwirkenden und einen Buy-out aller Nutzungsrechte im Gegenzug geprägt (*Schwarz* ZUM 2010, 107, 109; zu Recht kritisch *Kasten* ZUM 2010, 130, 131). Von Seiten der Filmproduzenten wird dies in der Regel damit begründet, dass der Sender als Erstverwerter über alle Rechte der Zweitverwertung einschließlich Wiederholungen und Nutzungen über neue Auswertungsplattformen (z. B. Handy- TV, Pay- TV, Tablets, Smartphones, Spielkonsolen, etc.) verfügt (vgl. *Kasten* ZUM 2010, 130, 132). In Anbetracht der langen Auswertungsdauer und der in den letzten Jahren enorm gestiegenen Nutzungsintensität kann von einer Redlichkeit und damit Angemessenheit (§ 32 Abs. 2 S. 2) einer Pauschalvergütung durch Buy-out kaum die Rede sein (ebenso *Reber* GRUR Int. 2011, 569 ff.; *Kasten* ZUM 2010, 130, 132; näher § 32 Rn. 38).

14. Architektenvertrag und sonstige Verträge

Der **Architektenvertrag** ist i. d. R. ein Werkvertrag (BGHZ 82, 100). Die Ausführung eines Baues auf Grundlage der Planung des Architekten bedarf der Einräumung des sog.

„Nachbaurechtes" als spezifisches urheberrechtliches Nutzungsrecht durch den Architekten an den Bauherrn. Ob dem Bauherrn das Nachbaurecht mit Übergabe des Architektenentwurfes stillschweigend eingeräumt wird, ist eine Frage der Umstände und des Zweckeinräumungsgrundsatzes nach § 31 Abs. 5 (vgl. OLG Frankfurt a. M. GRUR-RR 2007, 307, 308: kein Nutzungsrecht am Entwurf, wenn Architekt zunächst nur mit der Genehmigungsplanung beauftragt wird und Nutzungsrecht nicht ausdrücklich eingeräumt hat, Nutzungsrecht aber denkbar, wenn Auftrag des Architekten von vornherein auf Genehmigungsplanung beschränkt war und weitere Architektenleistungen wie Ausführungsplanung durch Dritten erfolgen sollen). Sind die Pläne nicht urheberrechtsschutzfähig, so ist der Architektenvertrag dahin auszulegen, dass der Bauträger aufgrund stillschweigender schuldrechtlicher Gestattung die erstellten Pläne für die einmalige Errichtung des Bauwerkes auf dem konkreten Grundstück selbst oder im Wege der Weiterübertragung der Errichtungsbefugnis auf einen Dritten verwenden darf, und dass der Architekt eine Zweitverwertung der Pläne in Bezug auf die Errichtung des geplanten Bauwerks auf dem konkreten Grundstück zu unterlassen hat (BGH MDR 2013, 273). Die Haftung des Architekten für Mängel des Entwurfes richtet sich nach den §§ 631 ff. BGB, etwa für fehlende Genehmigungsfähigkeit (OLG Karlsruhe IBR 2006, 101), fehlerhafte Planung (OLG Hamburg IBR 2005, 337), fehlerhafte Prüfung des Baugrunds (OLG Brandenburg IBR 2005, 102), oder mangelhafte Objektüberwachung (OLG Saarbrücken IBR 2006, 341). Die Vergütung des Architekten in Form eines Honorars richtet sich nach der HOAI (BGHZ 159, 376; BGH NJW-RR 2004, 445; BGH NJW-RR 2006, 598; BGH NZBau 2006, 251). Neben der werkvertraglichen Rechtskonstruktion sind die urheberrechtlichen Klauseln zu beachten, die im Architektenvertrag vereinbart werden (*Binder/Kosterhon* Rn. 365 ff.; *Thode/Wirth/Kuffer* § 32 Rn. 56; *Schricker/Loewenheim/Schricker/Loewenheim* Vor § 28 Rn. 175 m.w.N.; BGH NJW 1981, 2351). Verletzt der Auftraggeber das Nachbaurecht, kann der Architekt seinen Schaden im Wege der Lizenzanalogie auf der Grundlage der HOA berechnen (OLG Frankfurt a. M. GRUR-RR 2007, 307, 308). Weitere typische Urheberrechtsverträge sind z. B. der **Aufführungsvertrag** (s. § 19 Rn. 14 ff.), der **Ausstellungs-** oder **Galeristenvertrag**, der **Autoren-Verlagsvertrag** (im Gegensatz zum Herausgeber-Verlagsvertrag, dazu BGH GRUR 1954, 129 ff.), der **„Bühnenverlagsvertrag"** (s. § 19 Rn. 43 f.), der **Datenbankvertrag** (s. Online-Nutzung Rn. 70 ff.; ausführlich *Moufang* FS Schricker 1995, 571 ff.), der **Design-Vertrag**, der **Filmlizenzvertrag** (ausführlich Vor §§ 88 ff. Rn. 89 ff.), der **Übersetzungsvertrag**, der **Softwareüberlassungsvertrag** (BGH GRUR 1994, 363, 365 – Holzhandelsprogramm, s. § 69c Rn. 67), der **Videolizenzvertrag** und der **Videovertriebsvertrag**.

X. Normverträge

94 Normverträge sind Vereinbarungen zwischen Urheberverbänden und Verwertern und enthalten Vorschläge zur Ausgestaltung von Urheberrechtsverträgen, etwa die „Vertragsnormen bei **wissenschaftlichen Verlagswerken**" (bei *Schricker* Anh. 2 S. 776 ff.), der „Normvertrag für den Abschluss von Verlagsverträgen" für **belletristische Werke, Sachbücher, Kinder- und Jugendbücher** (bei *Schricker* Anh. 3, 825 ff.) und der „Normvertrag für den Abschluss von **Übersetzerverträgen**" (bei *Schricker* Anh. 4, 835 ff.). Sie bilden häufig in der Praxis die Grundlage der auszuarbeitenden Individualverträge.

95 Als **Vertragsmuster** haben sie den Vorteil, die Beteiligten des Vertrages über Mindeststandards von Regelungsinhalten bei der Einräumung von Nutzungsrechten zu informieren; sie haben aber keine unmittelbare normative Wirkung auf den Einzelvertrag (Schricker/Loewenheim/*Schricker/Loewenheim* Vor § 28 Rn. 23). Als bloße **Empfehlungen** haben sie eine andere Funktion im Rahmen der Vertragsfreiheit als die Vertragsmuster im **Urheberrecht der DDR,** deren Inhalt an die Stelle des Nichtvereinbarten trat (näher EVtr

Rn. 26f.). Im Urhebervertragsrecht gibt es ferner zahlreiche einseitig von den Verwertern aufgestellte Vertragsmuster, Standard- und Formularverträge, welche regelmäßig der Kontrolle durch die §§ 305ff. BGB (vormals AGBG) unterliegen (Einzelheiten Rn. 97ff.; Schricker/Loewenheim/*Schricker/Loewenheim* Vor § 28 Rn. 23ff.).

XI. Tarifverträge

Tarifverträge, die Urheberrechtsklauseln über den Inhalt und Umfang der Rechtsein- 96
räumung von Nutzungsrechten der Arbeitnehmerurheber und der arbeitnehmerähnlichen Urheber (§ 12a TVG) enthalten, sind vor allem im Presse-, Film-, Fernseh- und Theaterbereich anzutreffen (ausführlich § 43 Rn. 121ff.).

XII. Allgemeine Geschäftsbedingungen (AGB)

1. Bedeutung im Urhebervertragsrecht

AGB-Recht spielt im Urhebervertragsrecht eine immer größere Rolle, denn insbeson- 97
dere die wichtigen Verwerter (Verlage, Filmhersteller, Sendeunternehmen, Musikproduzenten, Softwarehersteller, Bild- oder Rechteagenturen, etc.) bedienen sich fast ausnahmslos vorformulierter Vertragsbedingungen (§ 305 Abs. 1 BGB), um häufig wiederkehrende gleiche oder ähnliche Vertragsinhalte zur Erleichterung von standardisierten, häufig massenhaften Vertragsabschlüssen etwa mit freien Mitarbeitern und der Ermöglichung eines standardisierten Vertragsmanagements über eine zumindest potentiell sehr lange Vertragslaufzeit zu vereinbaren (vgl. BGH GRUR 2012, 1031ff. – Honorarbedingungen Freie Journalisten; BGH NJW 2005, 2543, 2544 – Aushandeln; BGH NJW 2004, 1454). Viele Vertragsbedingungen im Urheberrechtsbereich sind daher an den Regelungen der §§ 305ff. BGB zu messen (*J. Nordemann* NJW 2012, 3121; *Berberich* WRP 2012, 1055; *Berberich* MMR 2010, 736, 737; *Berberich* ZUM 2006, 205, 207; Dreyer/Kotthoff/Meckel/ *Kotthoff* § 31 Rn. 26; Loewenheim/*J. B. Nordemann* § 60 Rn. 11; *Kuck* GRUR 2000, 285; Fromm/Nordemann/*J. B. Nordemann* Vor §§ 31ff. Rn. 192; Schricker/Loewenheim/ *Schricker/Loewenheim* Vor § 28 Rn. 33; *Rehbinder* Rn. 618; LG Berlin ZUM-RD 2008, 18; LG Frankfurt a.M. ZUM-RD 2006, 525, 528; KG ZUM-RD 2005, 381, 383 – Die Weber). In der gerichtlichen Praxis fand eine Inhaltskontrolle nach dem vormaligen AGBG bzw. (seit 2002) nach den §§ 305ff. BGB bis vor Kurzem im Wesentlichen im Rahmen von Entscheidungen zu konkreten Einzelfällen statt (hier nachgewiesen bei den jeweiligen Spezialregelungen, vgl. die Übersichten bei Schricker/Loewenheim/*Schricker/Loewenheim* Vor § 28 Rn. 44 und Dreier/*Schulze* Vor § 31 Rn. 17ff.). Erst seit wenigen Jahren gehen verschiedene Urheberverbände (im Sinne des § 3 Abs. 1 Nr. 2 UKlaG) verstärkt dazu über, im Wege der Unterlassungsklage gegen Verwerter die Wirksamkeit von Vertragsbedingungen generell abstrakt überprüfen zu lassen, was bundesweit bereits zu einer Vielzahl von Entscheidungen geführt hat.

§§ 305ff. BGB gelten grds. auch für **Arbeitsverträge** (vgl. § 310 Abs. 4 S. 2 BGB, anders 98
noch § 23 Abs. 1 AGBG). Schon bisher hat die Rechtsprechung im Einzelfall über §§ 242, 315 BGB Grundsätze des vormaligen AGBG herangezogen (BAG NJW 1998, 1732; BAG NJW 1996, 2117; a.A. *E. Schwarz* BB 1996, 1434). Die vom EuGH angewandten Grundsätze zur Inhaltskontrolle von AGB-Klauseln sind ebenfalls heranzuziehen (vgl. EuGH ZIP 2004, 1053; dazu *Markwardt* ZIP 2005, 152, 156). Die Anwendung des AGB-Rechts auf **arbeitnehmerähnliche Personen** (§ 5 Abs. 1 S. 2 ArbGG) war lange strittig (offengelassen BGH GRUR 1984, 45, 47 – Honorarbedingungen; BGH GRUR 1984, 119, 120 – Synchronisationssprecher; differenziert zum alten Recht Staudinger/*Schlosser* § 23 AGBG Rn. 3 m.w.N.; MünchKomm/*Kötz* § 23 AGBG Rn. 6; *Preis* 250ff.; dafür Schricker/Loewen-

heim/*Schricker/Loewenheim* Vor § 28 Rn. 34). Mit der grundsätzlichen Erstreckung der Inhaltskontrolle von AGB durch die §§ 305 ff. BGB auch auf Arbeitsverträge (BAG NZA 2006, 202; vgl. *Däubler/Bonin/Deinert*, AGB-Kontrolle im Arbeitsrecht, 3. Aufl. 2010, Einl. Rn. 27 ff.) ist der Streit weitgehend gegenstandslos geworden (im Gegensatz dazu – zum alten Recht – BGH GRUR 2005, 937, 939 – Der Zauberberg: keine Anwendung des AGBG auf Arbeitnehmer); arbeitnehmerähnliche Personen genießen heute ohne Weiteres und erst recht den Schutz dieser Regelungen (ebenso Fromm/Nordemann/*J. B. Nordemann* Vor §§ 31 ff. Rn. 195; Schricker/Loewenheim/*Schricker/Loewenheim* Vor § 28 Rn. 34).

99 Nicht anwendbar ist § 309 Nr. 9 BGB auf **Wahrnehmungsverträge** (s. Rn. 69) zwischen Urheber und Verwertungsgesellschaften (§ 309 Nr. 9 2. Halbs. BGB), im Übrigen sind die **Berechtigungsverträge der Verwertungsgesellschaften** an den §§ 305 ff. BGB zu messen (BGH GRUR 2013, 375 – GEMA Berechtigungsvertrag: die Regelungen eines Berechtigungsvertrages sind bei Verwendung gegenüber ordentlichen, außerordentlichen und angeschlossenen Mitgliedern als AGB der Inhaltskontrolle unterworfen; BGH GRUR 2013, 375, 378 – Missbrauch des Verteilungsplans; BGH GRUR 2010, 62, 63 Rn. 15 – Nutzung von Musik für Werbezwecke; BGH GRUR 2009, 395, 398 Rn. 23 – Klingeltöne für Mobiltelefone; BGH WRP 2005, 1177, 1180 – PRO-Verfahren; BGH GRUR 2002, 332, 333 m.w.N. – Klausurerfordernis; BGH GRUR 2006, 319, 321 – Alpensinfonie), ebenso die Nutzungsbedingungen der GNU General Public License („**GPL**", so LG Frankfurt a. M. CR 2006, 729, 732; ebenso *Mantz* GRUR Int. 2008, 20, 24).

2. Einbeziehung in den Vertrag (§ 305 BGB)

100 Im Regelfall genügt im Verhältnis zwischen (als Unternehmer i. S. d. § 14 BGB handelnden) Urheber und Werkverwerter, dass eine Vertragspartei (in der Regel der Verwerter) die Einbeziehung vorformulierter Vertragsbedingungen in den Vertrag verlangt (Palandt/*Grüneberg* § 305 BGB Rn. 10 m.w.N.) und aus den Umständen eine stillschweigende Willensübereinstimmung über die Geltung ersichtlich ist, denn die gesteigerten Anforderungen des § 305 Abs. 2 und 3 gelten nicht bei Verwendung von AGB gegenüber Unternehmern (§ 310 Abs. 1 S. 1 BGB). Im Übrigen muss zur Einbeziehung von AGB in den Urheberrechtsvertrag der Verwender bei Vertragsschluss mündlich oder schriftlich (BGH NJW 1983, 816, 817; *Castendyk* ZUM 2007, 170) ausdrücklich darauf hinweisen, dass der Vertrag unter Einbeziehung seiner AGB abgeschlossen werden soll und der anderen Vertragspartei eine zumutbare Möglichkeit der Kenntnisnahme verschaffen (BGH NJW 2005, 2543, 2544 – Aushandeln; *Berberich* MMR 2010, 736, 737); schließlich muss der andere Teil mit der Einbeziehung der AGB einverstanden sein. Von einem Aushandeln (§ 305 Abs. 1 S. BGB) kann nur dann die Rede sein, wenn der Verwender den wesentlichen Inhalt der Regelungen ernsthaft zur Disposition stellt, damit der Verhandlungspartner die inhaltliche Ausgestaltung der Vertragsbedingungen beeinflussen kann (BGH NJW 2000, 1110, 1111; OLG München ZUM 2007, 751, 753; näher Palandt/*Grüneberg* § 305 Rn. 20 m.w.N.). Sowohl die Qualifikation als AGB als auch die wirksame Einbeziehung in den Vertrag sind in der Praxis selten problematisch, die Fallgestaltungen sind vielfältig und die Rechtsprechung flexibel (BGH GRUR 2012, 1031 – Honorarbedingungen Freie Journalisten; KG Berlin ZUM 2010, 799: Honorarregelungen für freie Journalisten; BGH MMR 2006, 737: gut sichtbarer Link auf AGB nebst Möglichkeit zum Ausdruck (gegenüber Verbrauchern); LG Rostock ZUM 2010, 828: Rundschreiben mit AGB an Journalisten unter Aufforderung zur Teilnahme an einem Online-Tool zur Auftragsvergabe; OLG Hamm v. 27.1.2011 (I-4 U 183/10): Rahmenvertrag mit freien Mitarbeitern als Voraussetzung zur Teilnahme an Internet-Plattform zur Auftragserteilung; OLG München GRUR-RR 2011, 401: Hinweise zur Rechtseinräumung auf gegenüber freien Mitarbeitern verwendetem „Autorenanmeldeformular"; LG Mannheim ZUM-RD 2012, 161: Abgeltungsklausel für Nutzungsrechte auf Abrechnungsformular; LG Hamburg ZUM 2010, 72; LG

Hamburg ZUM 2010, 818: Rahmenvertrag für Auftragsproduktionen; OLG Hamburg ZUM 2011, 846: Rahmenvereinbarung mit „Allgemeinen Vertragsregelungen" für Fotojournalisten; LG Erfurt ZUM 2012, 261: Beifügung „Rechtliche Hinweise für freie Mitarbeiter" bei Versand von Honorarverträgen; LG Bochum ZUM-RD 2012, 217: Verwendung standardisierter Vereinbarungen für Fotografen; LG Berlin GRUR-RR 2009, 329 – Musikdownloadportal: „Dienstleistungsbedingungen" eines Online-Portals (gegenüber Verbrauchern); LG Braunschweig ZUM 2012, 66: standardisierter „Vertrag für freie Mitarbeiter"; OLG Zweibrücken ZUM 2001, 346: vom Verwerter verwendetes „Vertragsformular"), auch kann der Urheber aufgrund seiner Verhandlungsposition in der Regel keine Einwendungen gegen die vom Verwerter vorgegebenen Vertragsbedingungen erheben oder gar Änderungen durchsetzen.

Ob die AGB durch **telefonische Beauftragung** eines Urhebers auch dann Bestandteil **101** des Vertrages werden, wenn sie erst nach Ausführung des Vertrages mit der vom Urheber zu unterschreibenden Gagenabrechnung zugesandt werden, ist fraglich, selbst wenn dies mehrjährige Praxis des beauftragenden Senders ist (so aber BGH GRUR 1984, 119, 120f. – Synchronisationssprecher). Erfolgt die **Einräumung von Nutzungsrechten** nur in den AGB, ist Zurückhaltung geboten, weil das Verfügungsgeschäft besonders strenge Anforderungen an die Wirksamkeit stellt. Die Rechtseinräumung sollte daher immer konkret vereinbart werden.

3. Überraschende Klauseln (§ 305c Abs. 1 BGB)

Klauseln sind überraschend, wenn sie zunächst **objektiv ungewöhnlich** sind, so dass **102** der Vertragspartner mit ihnen nicht zu rechnen bräuchte (*Berberich* MMR 2010, 736, 737; *Klöhn* K&R 2008, 77, 80; *Castendyk* ZUM 2007, 171; Fromm/Nordemann/*J. B. Nordemann* Vor §§ 31 ff. Rn. 199; Möhring/Nicolini/*Spautz* § 31 Rn. 51). Dies kann sich aus einem Widerspruch oder der Unvereinbarkeit der AGB mit den Vertragsverhandlungen (BGH NJW 1992, 1236, 1237), dem Leitbild des Vertrages (BGHZ 121, 113, 115) oder des Gesetzes ergeben (OLG Frankfurt a.M. GRUR 1984, 515, 516 – Übertragung von Nutzungsrechten). So ist eine Klausel, nach der eine Druckerei berechtigt sein soll, die hergestellten Drucksachen bei Zahlungsverzug des Urhebers selbst zu vertreiben, objektiv ungewöhnlich (OLG Frankfurt a.M. GRUR 1984, 515, 516 – Übertragung von Nutzungsrechten; ebenso *Schack* Rn. 1089). Dies gilt auch für die Einräumung von **Nutzungsrechten an Text- und Bildbeiträgen freier Journalisten auch für werbliche Zwecke** (OLG Hamburg ZUM 2011, 846, 860: Verstoß, da werbliche Nutzung außerhalb der redaktionellen Nutzung liegt und Klausel offen lässt, welche konkreten werblichen Nutzungen in Frage kommen; LG Braunschweig ZUM 2012, 66, 72; offen gelassen LG Berlin ZUM-RD 2008, 18, 22). Eine verbreitete **Branchenübung** kann Klauseln den Charakter der Ungewöhnlichkeit nehmen; der BGH hielt mit diesem Argument bedenklicherweise eine Klausel, nach der ein Filmsynchronisationssprecher auch die Schallplattenrechte einräumt, nicht für überraschend (BGH GRUR 1984, 119, 121 – Synchronisationssprecher; *Kuck* GRUR 2000, 285, 286). Die Vereinbarung einer Rücktrittsklausel in einem Verlagsvertrag über Manuskripte zu Dokumentarsendungen im Rahmen einer TV-Serie für den Fall des Nichtzustandekommens der TV-Serie ist nicht objektiv ungewöhnlich (LG München I ZUM-RD 2009, 624, 628).

Des Weiteren muss der Klausel ein **Überrumpelungs- oder Übertölpelungseffekt** **103** innewohnen (BGHZ 100, 82, 84f.). Die Bewertung richtet sich dabei nach den Erkenntnismöglichkeiten des typischen Durchschnittskunden (BGHZ 101, 29, 32f.), hier des Durchschnittsurhebers. Zum Ausschluss des Überraschungsmoments ist grds. ein individueller Hinweis auf die Klausel erforderlich (BGHZ 131, 55; BGH ZIP 1997, 1538; OLG Frankfurt ZUM 2003, 957, 958; großzügiger OLG Karlsruhe v. 9.3.2011 (6 U 181/10): kein Verstoß gegen § 305c Abs. 1, da Klausel über werbliche Nutzung redaktioneller Beiträge von Journalisten und Fotografen durch Kursivdruck hervorgehoben).

4. Vorrang der Individualabrede (§ 305b BGB) und Unklarheiten (§ 305c Abs. 2 BGB)

104 Individuelle Vereinbarungen (auch mündliche) gehen den AGB stets vor. Außerdem ist es Sache des Verwenders, seine AGB klar und unmissverständlich zu formulieren (§ 305c Abs. 2 BGB; *Castendyk* ZUM 2007, 171). Bestehen bei der Auslegung der AGB (entsprechend §§ 133, 157 BGB; Palandt/*Grüneberg* § 305c BGB Rn. 15) Zweifel über den Inhalt und Umfang der Rechtseinräumung, geht dies zu Lasten des Verwenders (§ 305c Abs. 2 BGB). In Nutzungsverträgen findet sich bspw. häufig eine Klausel, nach der „alle Rechte zur Verwertung dem Verwerter zustehen". Wegen der Unbestimmtheit hinsichtlich der Nutzungsrechte (vgl. § 31) wird eine solche Klausel regelmäßig nicht Vertragsbestandteil.

105 § 305c Abs. 2 BGB wird im Urhebervertragsrecht durch den Zweckübertragungsgrundsatz (siehe § 31 Rn. 39ff.) nicht verdrängt, sondern **gilt neben dem Zweckübertragungsgrundsatz,** denn auch nach dessen Anwendung können noch Zweifel über den Umfang der Rechtseinräumung bestehen bleiben (ähnlich *Kuck* GRUR 2000, 285, 286 m.w.N.). So kann etwa die Anwendung des § 305c Abs. 2 BGB dazu führen, dass ein Fernsehsender trotz pauschaler Rechtseinräumung in seinen AGB bei Erwerb von Nutzungsrechten für einen Magazinbeitrag zur Ausstrahlung im Fernsehen diesen weder digitalisieren noch im Internet bereitstellen darf (LG München I NJW-RR 2000, 1148, 1149).

5. Inhaltskontrolle (§§ 307, 308, 309 BGB)

106 In der Regel handeln freischaffende Urheber bei der Einräumung von Nutzungsrechten als Unternehmer (i.S.d. § 14 Abs. 1 BGB), so dass u.a. die §§ 308, 309 BGB nicht anwendbar sind (§ 310 Abs. 1 S. 1 BGB). Darüber hinaus sind die speziellen Klauselverbote der §§ 308, 309 auch inhaltlich auf Verbraucherverträge zugeschnitten und können zumindest als Ausdruck gesetzlicher Wertungen im Urhebervertragsrecht nur vereinzelt herangezogen werden, etwa wenn das Honorar erst unangemessen spät fällig wird (§ 308 Nr. 1 BGB) oder Ersatzansprüche bei Rücktritt oder Kündigung (etwa bei Rückruf des Werkes nach § 41) unangemessen hoch festgesetzt werden (näher *Kuck* GRUR 2000, 285, 287). Gegenüber den Verwertern sind Urheber aber in aller Regel die schwächere Vertragspartei, so dass eine strenge allgemeine Inhaltskontrolle an den wesentlichen Grundgedanken des UrhG angezeigt ist (zutreffend Schricker/Loewenheim/*Schricker/Loewenheim* Vor § 28 Rn. 32; Dreier/*Schulze* Vor § 31 Rn. 14; Fromm/Nordemann/*J.B. Nordemann* vor §§ 31 ff. Rn. 195).

107 Im Zentrum der Prüfung steht damit die Generalklausel des **§ 307 BGB,** wonach AGB unwirksam sind, wenn sie den Vertragspartner des Verwenders entgegen den Geboten von Treu und Glauben unangemessen benachteiligen (Fromm/Nordemann/*J.B. Nordemann* Vor §§ 31 ff. Rn. 203; Mestmäcker/Schulze/*Hertin* Vor §§ 31 ff. Rn. 108; *Castendyk* ZUM 2007, 169, 172; *Berberich* MMR 2010, 736, 738; *Berberich* ZUM 2006, 205, 207; *Gottschalk* ZUM 2005, 359, 365; *Grün* ZUM 2004, 733, 738; Dreyer/Kotthoff/Meckel/*Kotthoff* § 31 Rn. 20; Palandt/*Grüneberg* § 307 BGB Rn. 6ff.; BGH GRUR 2012, 1031, 1037 – Honorarbedingungen Freie Journalisten; OLG Dresden ZUM-RD 2013, 245, 247 – VFF-Klausel; OLG Erfurt v. 9.5.2012 (2 U 61/12); OLG Rostock ZUM 2012, 706, 709ff.; LG Bochum ZUM-RD 2012, 217, 221; OLG Hamburg ZUM 2011, 846, 856; LG Rostock ZUM 2010, 828, 830; LG Hamburg ZUM 2010, 818, 822; LG Berlin ZUM-RD 2010, 78, 79; LG Hamburg ZUM 2010, 72, 73; LG Berlin ZUM-RD 2008, 18; LG Frankfurt a.M. ZUM-RD 2006, 525, 529). Die Unwirksamkeit kann sich auch daraus ergeben, dass die Bestimmung nicht klar und verständlich ist (**Transparenzgebot,** § 307 Abs. 1 S. 2 BGB). So kann etwa eine Regelung zum Schadensersatz oder die Vereinbarung einer Vertragsstrafe unangemessen sein (OLG Hamburg ZUM-RD 1999, 497, 500 – Video-Lehrprogramm; AG Hamburg ZUM-RD 1999, 459, 460 – Schadensersatz wegen Verlusten von Dias), die automatische Einräumung des Verlagsrechts an einem Musikwerk, obwohl der Vertragspartner das Verlagsrecht zur Erfüllung des Vertragszweckes (Sendung der

Vorbemerkung **108, 109 Vor §§ 31ff. UrhG**

Musik in Funk, Film und Fernsehen) gar nicht benötigt (OLG Zweibrücken ZUM 2001, 346, 347), oder die Erstreckung des durch AGB eingeräumten Rechts zur „fernsehmäßigen Verwertung" auf die Videoauswertung (OLG Düsseldorf GRUR-RR 2002, 121, 123 – Das weite Land). Eine AGB-Klausel, wonach eine Unterlizenzierung einer zum Download angebotenen Musikdatei verboten ist, ist keine unangemessene Benachteiligung i. S. d. § 307 Abs. 2 Nr. 2 BGB (LG Berlin GRUR-RR 2009, 329; LG Berlin ZUM-RD 2010, 78). Ebenso ist ein Weiterveräußerungsverbot gebrauchter Download-Hörbücher in AGB nicht unangemessen und wirksam (LG Bielefeld GRUR-RR 2013, 281; OLG Stuttgart K&K 2012, 294, 297; zustimmend *Jani* K&R 2012, 297).

Eine unangemessene Benachteiligung des Urhebers kommt insb. in Frage, wenn Rege- **108** lungen der AGB einem **Anspruch des Urhebers auf angemessene Vergütung** (insbesondere § 32, aber auch §§ 32a, 32c) für jede Werknutzung entgegenstehen, dem Urheber durch ihre konkrete Ausgestaltung also gewissermaßen den Weg zu einer angemessenen Vergütung versperren (str., wie hier Schricker/Loewenheim/*Loewenheim* § 11 Rn. 8). Die Erweiterung des § 11 um S. 2 in der Reform 2003 (s. Rn. 3) sollte dem Beteiligungsgrundsatz Leitbildfunktion verleihen und so die erweiterte Kontrolle von AGB ermöglichen (str., s. unten Rn. 209 zu Beispielen und zum Meinungsstand). Die §§ 32, 32a stehen als Spezialregelungen einer allgemeinen AGB-Inhaltskontrolle nicht entgegen (LG München I GRUR-RR 2013, 93, 94). Daneben steht § 31 Abs. 5 (**Zweckübertragungsgrundsatz**, dazu § 31 Rn. 39ff.) für die Inhaltskontrolle der AGB im Mittelpunkt, auch wenn der BGH nach wie vor eine Leitbildfunktion des § 31 Abs. 5 ablehnt, da es sich lediglich um eine Auslegungsregel handele (BGH GRUR 2012, 1031, 1035 – Honorarbedingungen Freie Journalisten; BGH GRUR 1984, 45 – Honorarbedingungen; dem folgend LG Berlin ZUM-RD 2008, 18, 22; wie hier auch *Schricker/Loewenheim/ Schricker/Loewenheim* Vor § 28 Rn. 42; *Berberich* MMR 2010, 736, 739; *Berberich* ZUM 2006, 205, 207; *Haberstumpf* Rn. 404; eingehend unten Rn. 109; zur besonderen Fragestellung bei der **Softwareproduktion** s. Vor §§ 69aff. Rn. 14). Es kann unangemessen sein, die Nutzung von Software an eine bestimmte CPU zu knüpfen, und die AGB so auszugestalten, dass der Nutzer beim Austausch des Rechners innerhalb der Lizenzlaufzeit erneut die vereinbarte Lizenzgebühr bezahlen muss (vgl. *Wandtke* K&R 2003, 78 f.; a. A. BGH GRUR 2003, 416, 418 – CPU-Klausel; *Metzger* NJW 2003, 1994, 1995). Ebenso ist eine in allgemeinen Geschäftsbedingungen enthaltene **Wettbewerbsklausel über die gesamte Laufzeit eines Verlagsvertrages** wegen unangemessener Benachteiligung des Verfassers gem. § 307 Abs. 1 S. 1 BGB unwirksam (OLG München ZUM 2007, 751, 753). AGB Klauseln, die die Pflicht des Verwerters zur Entrichtung eines zusätzlichen Nutzungsentgelts für sonstige neben der Primärnutzung mögliche Nutzungen zur Disposition des Verwerters stellen, sind wegen Verstoßes gegen § 11 S. 2 unwirksam (LG Berlin ZUM-RD 2008, 18). Die formularmäßige Beschränkung des Ausfallhonorars im Falle der Nichtveröffentlichung auf 50% verstößt gegen das Leitbild des § 32 Abs. 1 S. 1 und ist gleichfalls in AGB unwirksam (LG Berlin ZUM-RD 2008, 18, 21). Ein Verstoß gegen § 307 BGB stellt zugleich ein Verstoß gegen § 4 Nr. 11 UWG dar, weil § 11 S. 2 auch dazu bestimmt ist, im Interesse der Marktteilnehmer das Marktverhalten (hier z.B. von Fotografen) zu regeln (LG Hamburg ZUM 2010, 72, 74).

Der **Umfang der Inhaltskontrolle** nach § 307 BGB bei weitreichenden Rechtsein- **109** räumungen gegen einmaliges Pauschalhonorar (**Buy-Out**, siehe oben Rn. 92) ist umstritten. Typischerweise geschieht dies durch die in der Vertragspraxis nach wie vor weit verbreitete umfassende Einräumung sämtlicher (teils einzeln aufgezählter, teils nur summarisch benannter) denkbarer Nutzungsrechte gegen Pauschalhonorar. Weite Teile der Rechtsprechung bejahen hier mittlerweile zu Recht einen Verstoß gegen § 307 BGB, in der Regel unter zutreffender Annahme einer Leitbildfunktion der §§ 11 S. 2 und/oder 31 Abs. 5 (so z.B. KG Berlin ZUM 2010, 799; KG Berlin GRUR-RR 2012, 362; OLG Hamburg ZUM 2011, 846; OLG Hamburg BeckRS 2012, 20335; OLG Jena ZUM-RD 2012, 393

– anders noch die Vorinstanz LG Erfurt ZUM 2012, 261; OLG München ZUM 2011, 576
– anders noch die Vorinstanz LG München I ZUM 2010, 825; OLG Rostock ZUM 2012, 706, 710: umfassende Rechteeinräumung auch im pressefernen Bereich mit Pauschalabgeltung; LG Berlin ZUM-RD 2008, 18; LG Bochum ZUM-RD 2012, 217; LG Braunschweig ZUM 2012, 66; LG Erfurt ZUM 2012, 261; LG Hamburg ZUM 2010, 818; LG Hamburg ZUM 2010, 72; LG Hamburg BeckRS 2010, 20723; LG Hamburg BeckRS 2011, 23452; LG Mannheim ZUM-RD 2012, 161; LG Rostock ZUM 2010, 828; *Gialeli/v. Olenhusen* ZUM 2012, 389, 391; *Pöppelmann* FS Pfennig 301, 312; *Schack* Rn. 1086; *Berberich* MMR 2010, 736, 737; Schricker/Loewenheim/*Schricker/Loewenheim* Vor § 28 Rn. 40). Die Gegenmeinung (insbesondere der BGH) argumentiert im Kern damit, bei der Einräumung von Nutzungsrechten und der Vereinbarung der Vergütung hierfür handele es sich nicht lediglich um AGB, sondern vielmehr um die durch das vertragliche Synallagma festgelegten Leistungsbestimmungen, die einer gerichtlichen Inhaltskontrolle entzogen bzw. lediglich im Rahmen spezialgesetzlicher Vorschriften (insbesondere § 32 Abs. 1) überprüfbar seinen (**BGH** GRUR 2012, 1031, 1035 – Honorarbedingungen Freie Journalisten; OLG Karlsruhe BeckRS 2012, 20333; OLG Hamm v. 27.1.2011 (I-4 U 183/10); LG Erfurt ZUM 2012, 261; LG München I ZUM 2010, 825; *Wille* ZUM 2011, 206). Für die Mehrheit der verwendeten und von den Gerichten überprüften AGB Regelungen trifft dies hingegen gerade nicht zu. Üblicherweise lassen sich Verwerter auch bei wirtschaftlich klar umrissenen Primärnutzungen (z.B. Reportagetext oder Foto für Abdruck und ggf. noch Online-Auftritt einer Zeitung gegen Honorar) rein vorsorglich sämtliche auch nur denkbaren Nutzungsrechte gleich mit einräumen, auch wenn diese mit der in Frage stehenden Nutzung wenig oder rein gar nichts zu tun haben, und üblicherweise enthalten die AGB einmalige Pauschalvergütungen zur Abgeltung sämtliche dieser eingeräumten Nutzungen. Diese Praxis steht jedoch im eklatanten Wiederspruch zum zentralen Beteiligungsgrundsatz des Urheberrechts (siehe oben Rn. 1), wie er u.a. in den §§ 11 S. 2, 32, 32a, 32c zum Ausdruck kommt. Solche Regelungen haben mit dem primären Leistungsverhältnis nichts zu tun und bleiben gerichtlich überprüfbar (§ 307 BGB). Auch die besondere Angemessenheitsprüfung des § 32 für die einzelne konkrete Nutzung schließt eine Überprüfung von AGB Bestimmungen nach § 307 BGB nicht aus, beide Rechtsinstitute gelten vielmehr unabhängig nebeneinander und sind von ihren Voraussetzungen und Rechtsfolgen (generelle Unwirksamkeit der Klausel hier, Vertragsanpassungsanspruch im Einzelfall dort) unterschiedlich. Eine Kontrolle anhand von § 307 BGB – gemessen an § 11 S. 2 sowie § 31 Abs. 5 – ist auch dann möglich, wenn sich die AGB nur mittelbar auf die Vergütungshöhe auswirken. Denn AGB, die dem Urheber den Weg zu einer angemessenen Vergütung versperren, sind unwirksam (so zu Recht Schricker/Loewenheim/*Loewenheim* § 11 Rn. 8; OLG Jena ZUM-RD 2012, 393; OLG Rostock ZUM 2012, 706, 710; LG Mannheim ZUM-RD 2012, 161, 163; LG Braunschweig ZUM 2012, 66, 70; OLG Hamburg ZUM 2011, 846, 856). Auch **§ 31 Abs. 5** geht über den Charakter einer Auslegungsregel hinaus (zutreffend *Pöppelmann* FS Pfennig 301, 316). Er ist Maßstab für eine **Inhaltskontrolle** und kann im Einzelfall bedeuten, dass ein Missbrauch vorliegt, wenn in AGB ein Übermaß an Rechtsübertragung erfolgt bzw. einzelne Nutzungsarten ausdrücklich eingeräumt werden, die vom Vertragszweck nicht erfasst sind (OLG Jena ZUM-RD 2012, 393; OLG Rostock ZUM 2012, 706, 709 ff.; LG Mannheim ZUM-RD 2012, 161, 163; LG Braunschweig ZUM 2012, 66, 72; OLG Hamburg ZUM 2011, 846, 855; OLG Zweibrücken ZUM 2001, 346; **a.A.** BGH GRUR 2012, 1031, 1035 – Honorarbedingungen Freie Journalisten; näher § 31 Rn. 40). § 31 Abs. 5 und § 11 S. 2 sind als Prüfungsmaßstab für eine Inhaltskontrolle von AGB heranzuziehen (ebenso G. *Schulze* GRUR 2012, 993, 996; *Berberich* WRP 2012, 1055, 1058; *Hoeren* GRUR-Prax 2012, 402). Enthalten also etwa AGB zu einem Sendevertrag (s. Rn. 87 f.) **„alle möglichen bekannten Nutzungsrechte"** oder Nutzungsarten, die, auch wenn sie einzeln aufgeführt sind, über den Zweck der Nutzung hinausgehen, ist dies ein Verstoß gegen das gesetzliche Leitbild (OLG Ham-

burg ZUM 2011, 846, 854; LG Hamburg ZUM 2010, 72, 73; Fromm/Nordemann/ J. B. *Nordemann* Vor §§ 31 ff. Rn. 203; a. A. Mestmäcker/Schulze/*Scholz* § 31 Rn. 112; *Castendyk* ZUM 2007, 174: keine Leitbildfunktion) des § 31 Abs. 5 und mithin unwirksam. § 31 Abs. 5 führt jedenfalls zur Reduktion einer solchen pauschalen Rechtseinräumung auf den zur Vertragsdurchführung nötigen Umfang (BGHZ 131, 8 ff. – Pauschale Rechtseinräumung; *Kuck* GRUR 2000, 285, 288 f. m. w. N.; BGH MMR 2002, 231, 233 – Spiegel CD-ROM). Vor Inkrafttreten des § 11 S. 2 2002 (s. oben Rn. 3) war die **Rechtsprechung** bezüglich der Annahme der Unwirksamkeit einer pauschalen Einräumung umfangreicher Nutzungsrechte in AGB gegen Zahlung eines Einmalhonorars trotz des Verstoßes gegen den urheberrechtlichen Grundsatz der möglichst weitgehenden Beteiligung des Urhebers an der Verwertung seiner Werke eher **zurückhaltend** (KG GRUR 1984, 509 – Honorarbedingungen: formularmäßige Einräumung keine Benachteiligung des Urhebers und mit §§ 31, 34, 35 vereinbar; OLG Celle ZUM 1986, 213 – Arno Schmidt: unbeschränkte Einräumung aller Verlagsrechte auch dann wirksam, wenn in AGB enthalten); im Hintergrund standen auch hier § 307 Abs. 3 BGB und die Auffassung, dass durch die Urheberklauseln in den Verträgen lediglich eine **Leistungsbeschreibung** erfolge, die nicht der Kontrolle der §§ 305 ff. BGB unterliege (BGH GRUR 1984, 45, 47 ff. – Honorarbedingungen; zustimmend bei umfangreicher ausdrücklicher Rechteübertragung *Kuck* GRUR 2000, 285, 288). Die Einführung des Anspruchs auf angemessene Vergütung nach § 32 und die Nennung der Sicherung einer angemessenen Vergütung als Leitgedanke und Ziel des Urheberrechts (§ 11 S. 2) hat dies aber geändert (richtig LG Braunschweig ZUM 2012, 66, 70; OLG Hamburg ZUM 2011, 846, 854; LG Hamburg ZUM 2010, 72, 73; LG Berlin ZUM-RD 2008, 18: Unwirksamkeit diverser Klauseln in Honorarregelungen für freie Journalisten aufgrund Verstoßes gegen das Leitbild des § 11 S. 2; anders jedoch nach wie vor der BGH GRUR 2012, 1031, 1035 – Honorarbedingungen Freie Journalisten). § 31 Abs. 5 hat keine bloße Ersatzfunktion, sondern bestimmt den Kern der Beteiligung des Urhebers an der wirtschaftlichen Verwertung seines Werkes. Insofern ist auch eine Einschränkung der Vertragsfreiheit hinzunehmen (a. A. BGH GRUR 2012, 1031, 1033 – Honorarbedingungen Freie Journalisten). **Freistellungsklauseln,** mit denen Sendeanstalten ihre **aus § 32a folgenden finanzielle Belastungen** in Form von Allgemeinen Geschäftsbedingungen auf den Produzenten abwälzen, sind wegen Abweichung vom Grundsatz des § 32a Abs. 2 S. 2 unwirksam (*Hoeren* FS Nordemann 2004, 188).

Strenger ist auch die Rechtsprechung bei der **Außerkraftsetzung von urheberpersönlichkeitsrechtlichen Befugnissen** durch AGB (s. LG Berlin ZUM-RD 2008, 18, 20: Ausschluss von Ansprüchen des Urhebers bei unterbliebener Namensnennung in AGB wegen Verstoß gegen § 13 unwirksam; LG Braunschweig ZUM 2012, 66, 73: keine Verpflichtung zur Namensnennung wegen Verstoß gegen § 13 unwirksam; OLG Hamburg ZUM 2011, 846: keine ausreichende Konkretisierung des Rechts des Verlages zur redaktionellen Umgestaltung ist Verstoß gegen §§ 14, 39 Abs. 1; OLG Hamburg v. 11.1.2012 (5 U 73/10): Ausschluss von Ersatzansprüchen bei Nichtnennung der Urheberbezeichnung mit Beweislast zu Lasten des Urhebers Verstoß gegen § 13). So wurde die bei der Filmherstellung in Regieverträgen verbreitete Klausel, wonach der Regisseur im Konfliktfall vor Beendigung und Erstveröffentlichung des Filmes auf die Geltendmachung von Unterlassungsansprüchen verzichtet, als Verstoß gegen § 9 AGBG (jetzt § 307 Abs. 1 BGB) angesehen, da sich der Urheber hier seines (unveräußerlichen) Urheberpersönlichkeitsrechts der Entscheidung über das ob und wie der Erstveröffentlichung (§ 12) begeben würde (LG München I ZUM 2000, 414, 416).

6. Kontrollklage (§ 1 UKlaG)

Ein Verwender von AGB kann auf Unterlassung der Verwendung bestimmter Klauseln verklagt oder zum Widerruf gezwungen werden, wenn er gegen die §§ 307 bis 309 BGB verstoßende Klauseln verwendet oder empfiehlt (§ 1 UKlaG). Dies gilt für vorformulierte Vertragsbedingungen jeglicher Art, also etwa auch für die Musterverträge im Filmbereich oder Normverträge für den Abschluss von Verlags- und Übersetzungsverträgen (*Haberstumpf* Rn. 421). S. auch die Erläuterungen zum UKlaG in diesem Kommentar.

112 **Klagebefugt** sind insoweit aber nur bestimmte Verbände, nicht dagegen Kunden oder Mitbewerber (§ 3 UKlaG). Für Letztere können allerdings § 1, 3 oder 8 UWG in Frage kommen (Palandt/*Bassenge* § 1 UKlaG Rn. 2). Rechtsfähige **Urheberverbände und Verbände freiberuflich Tätiger,** die zumindest auch der Förderung der gewerblichen Interessen ihrer Mitglieder dienen und diese Aufgabe tatsächlich wahrnehmen, selbst wenn dies nicht ausdrücklich Gegenstand der Satzung ist, fallen unter Verbände zur Förderung gewerblicher oder selbstständiger beruflicher Interessen i. S. d. § 3 Nr. 2 UKlaG (Palandt/*Bassenge* § 3 UKlaG Rn. 7; Schricker/Loewenheim/*Schricker/Loewenheim* Vor § 28 Rn. 38; Mestmäcker/Schulze/*Hertin* Vor §§ 31 ff. Rn. 102), so etwa der DKIV – Deutscher Komponistenverband e. V. (OLG Zweibrücken ZUM 2001, 346, 347), der „Deutscher Journalisten-Verband e. V." (siehe nur BGH GRUR 2012, 1031, 1035 – Honorarbedingungen Freie Journalisten); OLG Jena ZUM-RD 2012, 393; OLG Rostock ZUM 2012, 706; OLG Karlsruhe BeckRS 2012, 20333; LG Mannheim ZUM-RD 2012, 161; OLG Hamm v. 27.1.2011 (I-4 U 183/10); LG Hamburg BeckRS 2010, 20723; LG Hamburg ZUM 2010, 818; OLG Hamburg ZUM 2011, 846; LG Bochum ZUM-RD 2012, 217), und der IVS Interessenverein Synchronschauspieler e. V. (KG GRUR-RR 2012, 362). Zwar fehlt im Gesetz eine Übergangsregelung, doch darf dies nach rechtsstaatlichen Grundsätzen (Vertrauensschutz, Rückwirkungsverbot) nicht dazu führen, dass zum Zeitpunkt der Gesetzesänderung bereits anhängige Verfahren von Urheberverbänden gegen Verwerter nunmehr kostenpflichtig wegen fehlender Klagebefugnis zu deren Nachteil entschieden werden (vgl. OLG Frankfurt a. M. WRP 1995, 123; Hefermehl/Köhler/Bornkamm/*Köhler* § 12 UWG Rn. 2.33). Nach § 4 UKlaG sind auch bestimmte beim Bundesamt für Justiz verzeichnete qualifizierte Einrichtungen klagebefugt, etwa Verbraucherzentralen (Palandt/*Bassenge* § 4 UKlaG Rn. 4) und deren Dachverbände (LG München ZUM 2012, 904, 907; LG Berlin ZUM-RD 2010, 78).

XIII. Auslegung von Nutzungsverträgen

113 Nutzungsverträge im Bereich des Urheberrechts können mündlich, schriftlich oder durch konkludentes Verhalten abgeschlossen werden, sofern es nicht um künftige Werke geht (dann nur schriftlich, § 40). Dabei ist häufig neben den dispositiven Regelungen des UrhG und des VerlG der Rückgriff auf **allgemeine Auslegungsregeln** (§§ 133, 157, 242 BGB) notwendig und zunächst auf den nach dem Wortlaut objektiv erkennbaren Parteiwillen abzustellen. Eine Einräumung urheberrechtlicher Nutzungsbefugnisse kann in der Regel nur angenommen werden, wenn ein dahingehender Parteiwille unzweideutig zum Ausdruck gekommen ist (vgl. *Riesenhuber* ZUM 2010, 137, 140; *Riesenhuber* GRUR 2005, 712, 716; BGH MDR 2013, 273, 275 – Auslegung eines Architektenvertrages; BGH ZUM 2011, 560, 563 – Der Frosch mit der Maske; BGH ZUM 2010, 431, 434 – Der Name der Rose; BGH GRUR 2009, 1046, 1051 – Kranhäuser; LG München I ZUM-RD 2007, 257, 260; OLG Hamburg ZUM 2004, 128, 129; OLG Düsseldorf ZUM 2004, 307, 308); beruft sich eine Partei auf einen hiervon abweichenden subjektiven Willen, trägt sie hierfür die Darlegungs- und Beweislast (BGH NJW 2001, 144). Nach §§ 133, 157 BGB ist bei der Auslegung von Willenserklärungen und Verträgen der wirkliche Wille der Erklärung zu erforschen, wobei vom Wortlaut der Erklärung auszugehen ist (BGHZ 124, 39, 45; LG München I ZUM-RD 2007, 208, 210), unter Einbeziehung der Art und Weise des Zustandekommens der Vereinbarung, ihrem Zweck und der Interessenlage der Beteiligten (BGH GRUR 2009, 1046, 1051 – Kranhäuser; BGH AfP 2007, 205, 206 – Archivfotos). Im Zweifel soll der Wortlaut maßgeblich sein (LG München I ZUM-RD 2007, 208, 210).

Empfangsbedürftige Willenserklärungen sind aus der Sicht eines objektiven Empfängers auszulegen. Bei der Auslegung ist nicht nur der in Frage stehende Bestandteil, sondern der gesamte Inhalt einer Willenserklärung zu würdigen (BGH ZUM 2010, 431, 434 – Der Name der Rose). Eine ergänzende Vertragsauslegung setzt eine Lücke im Vertrag voraus (BGH ZUM 2002, 289, 290 – Rücktrittsfrist). Die ergänzende Vertragsauslegung geht der Anwendung der Grundsätze über das Fehlen oder den Wegfall der Geschäftsgrundlage vor (BGH WRP 2005, 359, 364 – Kehraus).

Bei der Auslegung wird man nicht immer den urheberfreundlichen Grundsatz „in dubio pro autore" (Berger/Wündisch/*Berger* § 1 Rn. 16; *Riesenhuber* GRUR 2005, 712, 713) verwirklichen können, doch ist **bei Zweifeln** über den Inhalt und Umfang der Rechtseinräumung von Nutzungsrechten **zugunsten des Urhebers** zu entscheiden (Fromm/Nordeann/*J. B. Nordemann* Vor §§ 31ff. Rn. 7). Denn Ziel und Schutzgegenstand des Urheberrechts ist eine möglichst weitgehende Beteiligung des Urhebers an der wirtschaftlichen Verwertung seines Werkes (BGH ZUM 2011, 560, 563 – Der Frosch mit der Maske; BGH WRP 2010, 916, 920 – Vorschaubilder I; BGH GRUR 2004, 939f. – Comic-Übersetzungen III; RGZ 123, 312, 317 – Wilhelm Busch; BGHZ 11, 135, 143 – Schallplatten-Lautsprecherübertragung; BGHZ 17, 266, 282 – Grundig-Reporter). **114**

Vorrangig vor der Auslegung gelten die wenigen **zwingenden Regeln,** die den Urheber vor einer pauschalen und umfassenden Rechtseinräumung schützen sollen. Dazu gehören § 29 Abs. 2, § 31 Abs. 5 sowie § 40. Daneben können vor allem §§ 37, 38, 44, 88 eine Hilfe bei der Auslegung von Nutzungsverträgen sein (Schricker/Loewenheim/*Schricker/Loewenheim* Vor § 28 Rn. 104). Ist der Umfang der übertragenen Nutzungen unklar, ist der Wille der Vertragsparteien unter Heranziehung der Umstände des Vertrages zu erforschen. Wurde etwa anlässlich der Produktion einer Kinderliedkassette aus einer schon vorhandenen Titelmelodie für eine Fernsehsendung („Die Sendung mit der Maus", Dauer 30 sec.) vom Urheber die Verpflichtung übernommen, eine Langform („Die Melodie der Maus", Dauer 2:40 Minuten) zu erstellen, so ergibt sich aus den Umständen des hierzu geschlossenen Verlagsvertrages, dass der Verleger hier (ausschließliche) Nutzungsrechte nur an der Langform, nicht jedoch auch an der ursprünglichen Kurzform erworben hat (OLG München ZUM-RD 1999, 67, 68). **115**

Zur Ermittlung des **Vertragszwecks** ist zu prüfen, was üblicherweise nach Treu und Glauben der **Verkehrssitte** bei derartigen Verträgen entspricht (BGH WRP 2005, 359, 364 – Kehraus; BGH GRUR 1986, 885, 886 – METAXA; BGH GRUR 1974, 786, 787 – Kassettenfilm; OLG München GRUR-RR 2008, 37, 40 – Pumuckl – Illustrationen II; Schricker/Loewenheim/*Schricker/Loewenheim* Vor § 28 Rn. 106). Hierbei entscheidet nur der gemeinsam von beiden Vertragsparteien verfolgte Zweck, nicht aber eine im Zweifel an den Verwerterinteressen orientierte **„Branchenüblichkeit"** (so aber BGH GRUR 1986, 885, 886 – METAXA; dagegen Fromm/Nordemann/*J. B. Nordemann* Vor §§ 31ff. Rn. 302). Bei Rechtseinräumungen über geschützte Werke wird der Umfang der Rechtseinräumung im Zweifel durch den Zweck bestimmt, dem die Rechtseinräumung dienen soll, denn der Inhaber des Urheberrecht überträgt im Zweifel keine weitergehenden Rechte, als es der Zweck des Nutzungsvertrages erfordert (siehe ausführlich § 31 Rn. 39ff.). Dieser Übertragungszweckgedanke findet auch für die Einräumung von Nutzungsrechten für unbekannte Nutzungsarten in Altverträgen, die vor dem 1.1.1966 abgeschlossen wurden, Anwendung, die Einräumung unbekannter Nutzungsarten (etwa zur Auswertung eines Filmes durch Videokassetten oder DVD) muss sich jedoch eindeutig den vertraglichen Vereinbarungen entnehmen lassen (BGH GRUR 2011, 714, 715 Rn. 15 – Der Frosch mit der Maske; BGH ZUM 2011, 498, 499 – Drehbuchautor). Bei einem gemischten Vertrag, der keinem gesetzlichen Vertragstyp entspricht, sind für die einzelnen Leistungen – hier Leihe (§§ 598ff. BGB) und Nutzungsrecht – die Rechtsnormen heranzuziehen, die für den fraglichen Vertragsbestandteil maßgebend sind (BGH GRUR 2002, 282, 283 – Bildagentur; OLG Hamburg ZUM 1998, 665, 667). **116**

XIV. Konkurrenzverbot (Enthaltungspflicht)

117 Der Urheber, der einem Nutzungsberechtigten die **ausschließliche Nutzungsbefugnis** (näher § 31 Rn. 27) eingeräumt hat, darf das Werk nicht in der gleichen Weise nutzen. Denn während der Dauer des Nutzungsvertrages soll die Erfüllung des Vertragszwecks nicht gefährdet werden (ebenso Fromm/Nordemann/*J. B. Nordemann* Vor §§ 31 ff. Rn. 45; Dreier/Schulze/*Schulze* Vor §§ 31 ff. Rn. 44; zur Dauer bei Beiträgen zu **Sammlungen** s. § 38 Rn. 8). Eine solche **Enthaltungspflicht** ist in §§ 2 Abs. 1, 39 Abs. 3 VerlG und zuweilen in den Nutzungsverträgen geregelt. Ist zwischen den Vertragsparteien nichts Derartiges vereinbart worden, ergibt sie sich **aus § 242 BGB** (*Schack* Rn. 1073). Räumt z. B. der Bühnenautor dem Filmhersteller das Verfilmungsrecht ein, muss er auf die Fernsehauswertung seines Bühnenstücks verzichten, sofern diese die Kinoauswertung durch den Filmhersteller beeinträchtigt (BGH GRUR 1969, 364 – Fernsehauswertung). Enthaltungspflichten können in Nutzungsverträgen auch stillschweigend vereinbart sein (BGH GRUR 1985, 1041, 1044 – Inkasso-Programm). Der Verfasser verletzt in der Regel seine Treuepflicht gegenüber dem Verleger, wenn er während der Dauer des Verlagsvertrages über den gleichen Gegenstand in einem anderen Verlag ein Werk erscheinen lässt, dass sich an dem gleichen Abnehmerkreis wendet und nach Art und Umfang geeignet ist, dem früheren Werk ernsthaft Konkurrenz zu bereiten (BGH GRUR 1973, 426 – Medizin Duden; OLG Frankfurt a. M. ZUM 2006, 566, 567) dies gilt gleichermaßen für Herausgeberverträge (OLG Frankfurt a. M. ZUM 2006, 566, 567). Gehen die Enthaltungspflichten über das vertragsgegenständliche Werk hinaus, gehen sie in ein **Wettbewerbsverbot** über, das weitere Enthaltungspflichten beinhalten kann (Dreier/Schulze/*Schulze* Vor §§ 31 ff. Rn. 45).

XV. Nichtigkeit von Nutzungsverträgen wegen Gesetzes- und Sittenverstoß (§§ 134, 138 BGB)

1. Gesetzesverstoß (§ 134 BGB)

118 Urheberrechtsverträge, die gegen ein gesetzliches Verbot verstoßen, sind nichtig (§ 134 BGB). Maßgebend ist dabei, ob der Sinn und Zweck des einzelnen Verbotsgesetzes die Nichtigkeit fordert (BGHZ 131, 385, 389; VG Würzburg ZUM-RD 2005, 93, 98: Übertragung von Filmrechten; OLG München GRUR-RR 2007, 186 – Lizenz für Tonträger) bspw. wenn ein Verlagsvertrag auf die Herstellung eines Werkes gerichtet ist, dessen Herstellung das Verbotsgesetz gerade verhindern will (z. B. bestimmte pornografische Werke, § 184 Abs. 3 StGB). Ein Rücktritt vom Vertrag ist unnötig, da ein solcher gar nicht besteht (*Schricker* § 31 VerlG Rn. 4).

119 Von der **Nichtigkeitsfolge** ist sowohl das Verpflichtungsgeschäft als auch die Rechtseinräumung als Verfügungsgeschäft betroffen (sog. Fehleridentität). Der Hersteller eines solchen Werkes kann keine Nutzungsrechte einräumen, ein entsprechender Nutzungsvertrag begründet keine Rechtsbeziehungen und geht ins Leere (OLG Hamburg GRUR 1980, 998, 1000 – Tiffany). Das kann auch auf einen Verleihvertrag über pornografische Filme zutreffen (BGH GRUR 1981, 530, 531 – PAM-Kino); die bloße Klassifizierung etwa eines Comics als jugendgefährdend reicht aber nicht aus (BGH GRUR 1960, 447, 448 – Comics). Es kann gegen den Grundsatz von Treu und Glauben verstoßen, wenn sich eine Partei, die wegen Verletzung einer Vertragspflicht in Anspruch genommen wird, auf die Nichtigkeit dieser vertraglichen Regelung beruft, weil eine andere Vereinbarung des Vertrages unwirksam ist (BGH GRUR 1971, 272, 273; LG Frankfurt a. M. CR 2006, 729, 732). Die Unwirksamkeit eines gesamten Lizenzvertrages ist dann anzunehmen, wenn mit der Hauptleistungspflicht, der Einräumung des Nutzungsrechts, der nichtige Teil des Vertrages unmittelbar verknüpft ist (LG Frankfurt a. M. CR 2006, 729, 732). Möglich ist aber auch, dass nicht jede Teilnichtigkeit nach § 139 BGB zur Gesamtnichtigkeit des Vertrages führt (LG München I ZUM 2007, 583).

2. Sittenwidrigkeit (§ 138 BGB)

Zur Prüfung der Sittenwidrig- und damit Nichtigkeit eines Urhebervertrages nach § 138 **120** BGB ist eine Gesamtwürdigung aller objektiven und subjektiven Umstände des Einzelfalles vorzunehmen. Hierbei ist grds. auf den Zeitpunkt der Vornahme des Rechtsgeschäfts abzustellen. Bei nachträglichen Änderungen oder Zusatzvereinbarungen des Rechtsgeschäfts können aber auch Umstände Bedeutung erlangen, die zum Zeitpunkt der Änderung gegeben sind (BGH NJW 2007, 2841). Wenn objektiv ein **auffälliges Missverhältnis von Leistung und Gegenleistung** besteht, ist immer noch ein subjektives Element zu prüfen (BVerfG GRUR 2005, 880, 882 – Xavier Naidoo). Dies ist erfüllt, wenn sich der Handelnde zumindest leichtfertig der Einsicht verschließt, dass sich der andere nur aufgrund seiner Unerfahrenheit oder unter dem Zwang der Verhältnisse auf einen ihm ungünstigen Vertrag einlässt (BGH GRUR 2009, 1052, 1054 – Seeing is Believing; BGH NJW 2007, 2841; BGHZ 107, 97; OLG Hamm NJW-RR 1998, 510), etwa wenn in einem Musikverlagsvertrag dem Künstler einseitig die Produktionskosten einer Musikproduktion aufgebürdet werden (BGH GRUR 1989, 198, 201 – Künstlerverträge; BVerfG GRUR 2005, 880, 882 – Xavier Naidoo; LG Flensburg GRUR Int. 2006, 430, 432). §§ 138, 826 BGB können auch im Anwendungsbereich der §§ 32, 32a herangezogen werden (*Schricker* Quellen 33). Ist ein Vertrag zwischen einem ausübenden Künstler und einem Musikproduzenten als wucherähnliches Geschäft nach § 138 Abs. 1 BGB nichtig, kann dies auch die Nichtigkeit des Verfügungsgeschäfts (Einräumung der Nutzungsrechte oder Leistungsschutzrechte) zur Folge haben (BGH GRUR 2009, 1052, 1054 – Seeing is Believing; OLG München GRUR-RR 2007, 186, 187 – Lizenz für Tonträger; OLG Karlsruhe ZUM-RD 2007, 76, 78; BGH NJW 1997, 860; RGZ 145, 152, 154). **Ghostwriter-Vereinbarungen,** in denen sich der wahre Urheber zu Gunsten des ausgewiesenen Urhebers zum Verschweigen der eigenen Urheberschaft verpflichtet, sind nicht per se sittenwidrig und unwirksam (OLG Frankfurt/Main ZUM-RD 2010, 391, 394 – Ghostwriter-Vereinbarung), insbesondere im Bereich politischer Reden und Texte aktuellen politischen Inhalts (Fromm/Nordemann/*Dustmann* § 13 Rn. 19; Schricker/Loewenheim/*Dietz*/*Peukert* § 13 Rn. 28). Bedenken bestehen jedoch bei Ghostwriter-Vereinbarungen für wissenschaftliche und literarische Arbeiten, und zwar insbesondere im Hochschulbereich im Verhältnis eines Hochschulprofessors zu seinen wissenschaftlichen Mitarbeitern (*Leuze* GRUR 2006, 552, 566 m. w. N.).

Ein sittenwidriger **Knebelungsvertrag** liegt vor, wenn ein Autor und dessen Erben „für **121** alle Zeiten" (d. h. bis zum Ablauf der Schutzfrist), „für alle Länder der Erde und für alle Nutzungsarten" von jeder Verfügung über das Urheberrecht an dem vertragsgegenständlichen Roman ausgeschlossen sein sollen und ihnen jede Einwirkung auch auf die urheberpersönlichkeitsrechtlichen Befugnisse (z. B. bezüglich Kürzungen, Zusätzen und anderer Veränderungen des Romans) versagt sind (LG Berlin GRUR 1983, 438, 439 – Joseph Roth), oder der Künstler nach den Vertragsbestimmungen weitergehend der Dispositions- und Entscheidungsbefugnis des Verwerters ausgesetzt sei, dem praktisch alle Entscheidungen im Zusammenhang mit der künstlerischen Betätigung letztlich dem Verwerter zustehen (BVerfG GRUR 2005, 880, 882 – Xavier Naidoo; LG Berlin ZUM 2007, 754, 756; Fromm/Nordemann/*J. B. Nordemann* Vor §§ 31 ff. Rn. 51; Mestmäcker/Schulze/*Hertin* Vor §§ 31 ff. Rn. 51). Ebenso kann die Einräumung einer weltweiten Exklusivität mit den damit verbundenen sämtlichen Rechten in einem auffälligen Missverhältnis zu den zugeflossenen Gegenleistungen stehen, vor allem dann wenn der Künstler beim Abschluss des Vertrages jung und unerfahren ist (BGH GRUR 2009, 1052, 1054 – Seeing is Believing).

Ein Nutzungsvertrag, aus dem der Urheber weniger als 1% der Erlöse des Verwerters als **122** Honorar erhält, kann als **wucherähnlich** gegen § 138 Abs. 1 BGB verstoßen (BGH Urt.

v. 1.12.1999 – I ZR 109/97 – Arbeitsblätter Deutsch = BeckRS 1999, 30084893). Während bei § 138 Abs. 2 BGB immer die Nichtigkeit des schuldrechtlichen und des Verfügungsgeschäfts zur Folge hat, wird dies bei Verletzung des Vertrages nach § 138 Abs. 1 BGB nicht durchweg angenommen (OLG Karlsruhe ZUM-RD 2007, 76, 78). Die im Filmbereich in **Regieverträgen** verbreitete Klausel, wonach der Filmregisseur im Konfliktfall während des Produktionsprozesses auf die Geltendmachung von Unterlassungsansprüchen im Wege des einstweiligen Rechtsschutzes verzichtet, wurde als sittenwidrig und nichtig angesehen, da sich der Urheber damit der Möglichkeit begeben würde, über das ob und wie der Erstveröffentlichung (§ 12 UrhG) zu entscheiden (LG München I ZUM 2000, 414, 415).

XVI. Leistungsstörungen im Urhebervertragsrecht

1. Allgemeines

123 Der von den Parteien eines Urheberrechtsvertrages gemeinsam verfolgte Zweck bestimmt die vertraglichen Hauptpflichten, den Typ des Vertrags und welche Vorschriften ergänzend heranzuziehen sind. Muss das Werk erst geschaffen werden, ist dies als Werkvertrag zu qualifizieren (BGH GRUR 1966, 390 – Werbefilm). Ihren spezifischen Charakter erhalten urheberrechtliche Nutzungsverträge dadurch, dass sie sich auf geschützte Werke beziehen und i.d.R. die Hauptpflicht enthalten, Nutzungsrechte einzuräumen bzw. weiterzuübertragen (*Haberstumpf* Rn. 431). Eine Störung löst unterschiedliche Rechtsfolgen aus. Bei Leistungsstörungen kommen die allgemeinen zivilrechtliche Regelungen zur Anwendung (§§ 275 ff., 320 ff. BGB; *Manz/Ventroni/Schneider* ZUM 2002, 409, 411; Dreier/Schulze/*Schulze* Vor §§ 31 ff. Rn. 60).

2. Nichterfüllung der Rechtsverschaffungspflicht

124 Möglicherweise kann der Urheber seiner Rechtsverschaffungspflicht aus dem Nutzungsvertrag deshalb nicht nachkommen, weil die vertragsgegenständliche Leistung keine urheberrechtliche Schutzfähigkeit aufweist, und demnach nur ein sog. **„Scheinrecht"** existiert. Nach früherer Rechtslage hätte dies regelmäßig zur Nichtigkeit des Vertrages nach § 306 BGB a. F. geführt (zur Folge § 29 Rn. 7). Seit der Schuldrechtsreform 2002 ist der Vertrag gem. § 311a Abs. 1 BGB zwar wirksam, der Verwerter kann jedoch sofort Schadensersatz statt der Leistung und Aufwendungsersatz nach § 311a Abs. 2 BGB verlangen (Mestmäcker/Schulze/*Hertin* Vor §§ 31 ff. Rn. 45; *Manz/Ventroni/Schneider* ZUM 2002, 409, 412; *Haas* Rn. 446; *Neyheusel* 120). Ähnliches gilt auch für den Patentlizenzvertrag, wenn der Veräußerer seiner Verschaffungspflicht nicht nachkommt (*Bartenbach/Gennen* Rn. 35; *Haedicke* GRUR 2004, 123, 124).

125 Zur Vermeidung ungerechter Ergebnisse hat die Rechtsprechung schon in der Vergangenheit für den Bereich des gewerblichen Rechtsschutzes den Grundsatz der sog. **Leerübertragung** entwickelt. Danach ist ein urheberrechtlicher Nutzungsvertrag über die Einräumung oder Übertragung von Nutzungsrechten an einem nur vermeintlichen Werk nicht deshalb unwirksam, weil das vermeintliche Werk tatsächlich keinen Urheberrechtsschutz genießt (BGH GRUR 2012, 910, 912 – Delcantos Hits). Vielmehr kann der Lizenzgeber bei einem Nutzungsvertrag über ein Scheinrecht grundsätzlich die vereinbarte Vergütung beanspruchen. Die Zahlungspflicht des Lizenznehmers eines Scheinrechts endet mit der Beendigung des Nutzungsvertrages, der dem Lizenznehmer eine wirtschaftliche Vorzugsstellung verschafft. Ein solcher Nutzungsvertrag kann (aus wichtigem Grund nach § 314 Abs. 1 BGB) ohne Einhaltung einer Frist gekündigt werden (BGH GRUR 2012, 910, 912 – Delcantos Hits). Diese Konstruktion verhindert die Nichtigkeit des Vertrages, wenn der Erwerber eine wirtschaftliche Vorzugsstellung daraus erhält (BGH GRUR 1993,

40, 41 – Keltisches Horoskop; LG Oldenburg GRUR 1996, 481, 484 – Subventions-Analyse-System). So führte etwa auch die Schutzunfähigkeit des Lizenzgegenstandes im Patent-, Gebrauchsmuster- und Geschmacksmusterrecht nicht zur Nichtigkeit der Lizenzverträge nach § 306 BGB a. F. (RGZ 86, 45, 53 ff. – Sprungfedermatratze; BGHZ 86, 330, 334 – Brückenlegepanzer; BGH GRUR 1978, 308, 310 – Speisekartenwerbung; LG Oldenburg GRUR 1996, 481, 484 – Subventions-Analyse-System). Der Urheberrechtsvertrag war bei fehlender Schutzfähigkeit des Werkes dann zwar wirksam, konnte aber mit sofortiger Wirkung entweder analog §§ 323 ff. BGB a. F. ex nunc beendet werden, oder war nach den Regeln über das Fehlen und den Wegfall der Geschäftsgrundlage zu behandeln (BGH GRUR 1957, 595, 596 [zur Patentlizenz]).

Ist die Einräumung von Nutzungsrechten zwar zunächst unmöglich bzw. gegenstandslos, **126** wird sie aber **später durch Gesetzesänderung** (hier: Schutz von **Software**) **möglich,** wird das „Scheinrecht" durch das nunmehr vorhandene Recht ersetzt und der Rechtserwerb vollzogen (LG Oldenburg GRUR 1996, 481, 483 – Subventions-Analyse-System). Scheitert der Rechtserwerb nicht am fehlenden Urheberrecht, sondern deshalb, weil der Zedent nicht verfügungsberechtigt ist, so haftet er für die Nichterfüllung auf Schadensersatz nach §§ 311a, 440, 437 Nr. 3, 435 BGB; außerdem kann der Verwerter zurücktreten nach §§ 323, 440, 437 Nr. 2, 435 BGB (vgl. zur alten Rechtslage *Haberstumpf* Rn. 431; BGHZ 2, 331, 335 f. – Filmverleihvertrag).

Beim **Verkauf** beweglicher **Sachen, die mit geschützten urheberrechtlichen Wer-** **127** **ken versehen** sind (z. B. bedruckte T-Shirts, Postkarten, Möbel mit aufgedruckten Kunstwerken) hat der Käufer einen Schadensersatzanspruch nach §§ 311a Abs. 2, 440, 437 Nr. 3, 435 BGB gegen den Verkäufer, wenn ein Rechtsmangel i. S. d. § 435 BGB darin besteht, dass die Sachen mit dem Recht eines Dritten belastet sind (zum alten Schuldrecht BGH NJW-RR 1993, 396), bspw. mit einem besonderen Persönlichkeitsrecht (z. B. dem Namensrecht nach § 12 BGB; BGH NJW 1990, 1106) oder auch einem Urheberrecht (OLG Hamm NJW-RR 1992, 1201). Bei Immaterialgüterrechten und den Persönlichkeitsrechten handelt es sich nicht um eine bestimmte Beschaffenheit einer Sache, sondern um von der Sache selbst und dem Eigentum daran zu unterscheidende Rechtspositionen (*Pahlow* JuS 2006, 289, 290).

Der Erwerber kann nur dann Inhaber eines Nutzungsrechtes werden, wenn eine **ge-** **128** **schlossene Vertragskette** vom Urheber oder Berechtigten bis zu ihm besteht (BGH GRUR 1994, 363 – Holzhandelsprogramm). Hat der Erwerber dennoch eine wirtschaftliche Vorzugsstellung aus dem Nutzungsvertrag erreicht, ist der Vertrag mit der Konstruktion der Leerübertragung als wirksam anzusehen (BGH GRUR 1993, 40 – Keltisches Horoskop).

3. Gewährleistung bei urheberrechtlichen Werken

a) Gewährleistung bei Kunstwerken. Verpflichtet sich der Urheber zur Einräumung **129** von Nutzungsrechten an einem noch zu schaffenden Werk, so berühren etwaige Mängel an seiner kreativen Leistung seine Rechtsverschaffungspflicht aus dem Nutzungsvertrag nicht, denn der Träger des Werkes ist vom Immaterialgut unabhängig (vgl. Dreier/Schulze/ *Schulze* Vor § 31 Rn. 34; *Rehbinder* Rn. 604; Fromm/Nordemann/*J. B. Nordemann* Vor §§ 31 ff. Rn. 181). Denkbar ist aber eine Sachmängelhaftung nach **Werkvertragsrecht** (§§ 633, 634, 635 ff. BGB) bei erst zu schaffenden Werken, wenn die künstlerische Gestaltung so konkret eingeschränkt wurde, dass insoweit kein Spielraum für den Künstler bestand. Ansonsten ist die künstlerische Gestaltung durch die verfassungsrechtlich garantierte Kunstfreiheit im Werk- und Wirkbereich besonders geschützt (st. Rspr. seit BVerfGE 30, 173, 187 – Mephisto; BVerfG NJW 2001, 596, 597; BGH GRUR 2005, 788, 790; OLG Hamm ZUM-RD 2008, 199, 201 – Cosi fan tutte; OLG München ZUM-RD 2009, 606: echte Auftragsproduktion im TV Bereich; MDHS/*Scholz* Art. 5 Abs. 3 GG Rn. 18;

Schmidt-Bleibtreu/Klein/*Kannengießer* Art. 5 GG Rn. 15; Jarass/Pieroth/*Jarass* Art. 5 GG Rn. 68), was auch bei der Auslegung von privaten Werkverträgen durch staatliche Gerichte zu berücksichtigen ist. Ein Werkvertrag in diesem Sinne ist auch der Architektenvertrag (BGHZ 133, 399, 402; Palandt/*Sprau* Einf. v. § 631 Rn. 17; *Binder/Kosterhon* Rn. 329; Thode/Wirth/Kuffer/*Schwenker* § 4 Rn. 2; sowohl Werk- als auch Dienstvertrag). Bei einem Werkvertrag sind die Vorschriften des Kaufrechts hinsichtlich der Rechtsmängelgewährleistung anzuwenden (AG Köln ZUM 2003, 77, 78).

130 Wenn der Künstler sich verpflichtet hat, nach Weisungen seines Bestellers zu arbeiten (z.B. bestimmter Malstil, Vorgaben für das Drehbuch), ist das Werk mit einem Sachmangel behaftet, wenn es der vereinbarten Beschaffenheit nicht entspricht (§ 633 Abs. 2 S. 1 BGB; LG Mainz GRUR-RR 2005, 292 – Busbahnhof: Werkvertrag über Fernsehbeitrag; vgl. zu den früher besonders geregelten Fällen der Zusicherungshaftung durch § 633 Abs. 1 BGB BGHZ 19, 382, 383 – Kirchenfenster; BGH GRUR 1966, 300 – Werbefilm). Erfolgt vor Fertigstellung des Manuskripts (im Fall: Biografie des Bestellers) die Kündigung durch den Besteller, kann der Urheber nach ergänzender Vertragsauslegung dennoch einen Anspruch auf einen Teil der Werkvergütung haben, sofern im Vertrag eine entsprechende Risikoverteilung für das Scheitern des Vorhabens erkennbar ist (OLG Naumburg NJW 2009, 779).

131 Ansonsten hat der Urheber eine **künstlerische Gestaltungsfreiheit,** die seiner künstlerischen Eigenart entspricht und ihm erlaubt, seiner Schöpferkraft im Werk Ausdruck zu verleihen (BGHZ 19, 382, 383 – Kirchenfenster; BGH GRUR 1960, 609, 612 – Wägen und Wagen; BGH GRUR 1968, 152, 153 – Angelique; BGHZ 37, 1, 8 – Bel ami; BGH GRUR 1999, 230 – Treppenhausgestaltung; OLG Hamm ZUM-RD 2008, 199, 201 – Cosi fan tutte). Der Besteller hat sich vor der Auftragserteilung von der Gestaltungskraft, Ausdrucksfähigkeit und -art des von ihm beauftragten Künstlers zu vergewissern (Dreier/Schulze/*Schulze* Vor §§ 31 ff. Rn. 34; *Schack* Rn. 1257). Eine Haftung des Künstlers für **künstlerische Mängel** scheidet daher im Allgemeinen aus (BGHZ 19, 382, 383 – Kirchenfenster). Grds. ist ein Kunstwerk schon dann abnahmefähig, wenn es den vereinbarten Zweckgedanken und die tragende Idee zum Ausdruck bringt, auch wenn es dem Geschmack und den Qualitätsvorstellungen des Bestellers nicht entspricht (KG Urt. v. 18.3.1999 – 12 U 2557/96, unveröffentlicht; LG Berlin Urt. v. 29.8.2000 – 16 O 72/00, unveröffentlicht). Ein Werkvertrag besteht auch dann, wenn eine Auftragsproduktion zwischen einer Anstalt des öffentlichen Rechts und einem Filmproduzenten vereinbart wurde (OLG München ZUM-RD 2009, 606, 608).

132 Die **Abnahme** eines künstlerischen Werkes kann nicht wegen unwesentlicher Mängel verweigert werden (§ 640 Abs. 1 S. 2 BGB). Der Besteller ist zur Abnahme verpflichtet, soweit sich der Künstler an die Vorgaben bei Vertragsschluss gehalten hat (OLG Hamm ZUM-RD 2008, 199, 201). Hat der Besteller Änderungswünsche aufgrund anderer künstlerischer Vorstellungen, so können diese nur dann einen Mangel darstellen, wenn die künstlerischen Vorstellungen vertraglich konkret festgehalten wurden (OLG Hamburg AfP 1999, 357 ff.). In diesem Fall kann der Besteller den Urheber unter Setzung einer angemessenen Frist zur Mängelbeseitigung auffordern (§§ 634 Nr. 1, 635 BGB). Ist das Leistungsverlangen nach dem Abnahmeversuch nicht bestimmt genug, kann der Besteller nicht wirksam zurücktreten (OLG München ZUM-RD 2009, 606). Ist das Werk mangelfrei, kann der Urheber und Unternehmer (z.B. Drehbuchautor) dem Besteller (z.B. Rundfunkanstalt) eine angemessene Frist zur Abnahme setzen. Kommt der Besteller der Aufforderung nicht nach, obwohl das Werk vertragsgemäß ist, gilt das Werk als abgenommen (§ 640 Abs. 1 S. 3 BGB) mit der Folge, dass der Besteller spätestens 30 Tage nach Rechnungsstellung durch den Urheber mit der Zahlung der Vergütung in Verzug gerät (§§ 641 Abs. 1, 4, 286 Abs. 3 BGB). Der Verzugszins (§ 288 Abs. 1 S. 1 BGB) beträgt 5% über dem jeweiligen Basiszinssatz (zum jeweils aktuellen Basiszinssatz s. www.bundesbank.de). Die **Theaterinszenierung** des Gastregisseurs gilt regelmäßig mit der Freigabe zur Aufführung als Werkleistung abgenommen (OLG Dresden NJW 2001, 622, 624 – Csárdásfürstin).

Vorbemerkung 133–136 **Vor §§ 31ff. UrhG**

Die Leistungsstörung kann sich aber auch direkt auf den **materiellen Träger** eines 133
Werkes beziehen. Hat z. B. das Kopierwerk grob fahrlässig die Schnittarbeiten durchgeführt und ist dadurch die Rekonstruktion des Filmnegativs schwer oder kaum möglich, hat der Filmhersteller wegen der Aufwendungen für die Neuherstellung des Filmnegativs einen Schadensersatzanspruch, §§ 634 Nr. 4, 280 Abs. 1 BGB (vgl. zum alten Recht OLG München ZUM-RD 1999, 541, 548). Ein Mangel i. S. d. § 434 BGB kann auch in der **Unechtheit eines Kunstwerks** liegen (zu § 459 BGB a. F. BGH NJW 1980, 1619; OLG Hamm NJW 1987, 1028). Auch die andere Urheberschaft eines Kunstwerkes als die vertraglich vereinbarte kann als Mangel anzusehen sein (BGHZ 63, 369).

b) Gewährleistung bei Software. Die ständige Rechtsprechung geht beim Software- 134
überlassungsvertrag auf Dauer vom **Kaufvertrag** aus und wendet die §§ 433, 434, 437, 453 BGB und auch §§ 377ff. HGB zumindest entsprechend an (zu §§ 459ff. BGB a. F. BGHZ 138, 195; BGH NJW 2000, 1415; BGH NJW 1988, 406 – Übersetzungsprogramm; BGH NJW 1990, 320 – Lohnprogramm; BGH NJW 1993, 461; BGH NJW 1994, 1216 – Holzhandelsprogramm; OLG Hamm ZUM-RD 2013, 457, 459). Da die Software ein urheberrechtlich geschütztes Werk ist, spricht aber vieles für einen **Lizenzvertrag sui generis,** dessen Hauptpflicht in der Überlassung zur Nutzung der Software besteht (a. A. noch BFH ZUM 1997, 668, 669: Veräußerung von Standardsoftware bringt keine Einräumung, Übertragung oder Wahrnehmung von Rechten aus dem UrhG mit sich). Die Übertragung eines Nutzungsrechts an einer Software kann auch unter einer Bedingung erfolgen, die wiederum im Insolvenzverfahren eine Rolle spielen kann. Denn insolvenzfest ist nicht nur die uneingeschränkte Übertragung eines bedingten Rechts, sondern auch die unter einer Bedingung erfolgte Übertragung eines unbedingten Rechts (BGH ZUM-RD 2006, 233, 234; BGHZ 155, 87, 92 f.).

Von der Einräumung von Nutzungsrechten gem. §§ 31ff. sind die **Leistungsstörungen** 135
aus Kauf-, Miet-, Pacht- oder Werkvertragsrecht zu trennen (*Bartsch* CR 2005, 1, 4 f.), wobei zwischen Standard- und Individualsoftware zu unterscheiden ist (eingehend zur streitigen Rechtsnatur von Softwareüberlassungsverträgen *Grützmacher* Anm. zu LG Frankfurt a. M. v. 6.9.2006, Az. 2–6 O 224/06, CR 2006, 733, 735; *Lehmann* FS Schricker 1995, 543, 548 m. w. N.; *W. Nordemann* CR 1996, 5 ff.; *Pres* CR 1994, 520 ff.; *Marly* Rn. 79 ff.; BGH CR 2000, 207; BGH CR 2006, 151). Ein Werkvertrag ist anzunehmen bei individuell erstellter oder umfangreich an individuelle Bedürfnisse angepasster Software (BGH NJW 2010, 2200; OLG Hamm ZUM-RD 2013, 457, 459). Die Anwendung gewährleistungsrechtlicher Vorschriften (§§ 434 ff. BGB bei Standardsoftware, §§ 633 ff. BGB bei Individualsoftware) kommt dann in Betracht, wenn z. B. das **Anleitungsbuch** für Software unrichtig ist (BGH ZUM-RD 2001, 375, 376; BGH NJW 1973, 843) oder die Software Viren oder sonstige Fehler aufweist, die zu einem **gestörten Programmablauf** führen (BGHZ 102, 135; BGH NJW 1990, 320; BGH NJW 1993, 461; BGH NJW 2000, 1415; LG Bonn CR 2007, 767; LG Köln NJW 1999, 3206). Bei der Bewertung eines Schadens durch den Verlust eines gesamten Bestands von gespeicherten Daten sind unter anderem die konkreten Kosten der Rekonstruktion der verlorenen Daten heranzuziehen und inwieweit deren Fehlen Betriebsabläufe gestört und erschwert hat (BGH NJW 2009, 1066).

Auch eine in Software zuweilen eingebaute **Programmsperre** (die zur Folge hat, dass 136
der Erwerber selbst die Originalsoftware seinerseits nicht weitergeben kann) kann einen Mangel darstellen, wenn der Einsatz einer solchen Sperre nach der vertraglichen Abrede nicht möglich und notwendig erscheint (BGH ZIP 1981, 868 – Programmsperre I; BGH CR 1987, 358 – Programmsperre II). Eine vorsätzliche sittenwidrige Schädigung des Erwerbers i. S. d. § 826 BGB ist aber jedenfalls abzulehnen, wenn der Softwarehersteller durch die Programmsperre einen Weiterverkauf der Software an einen Zweit- oder Dritterwerber verhindern wollte (BGH CR 2000, 94, 95). Wird ein Computer zusammen mit Standard-Software verkauft, wird der Kaufvertrag über die Hardware von der Wandelung

hinsichtlich der Software nicht berührt (BGH NJW 1987, 2004 ff.; OLG Köln ZUM-RD 2000, 488, 489). Ist zwischen den Vertragsparteien unklar, was die Software zu leisten hat, schuldet der Unternehmer unter Berücksichtigung des Zwecks der Software einen mittleren Ausführungsstandard, der dem Stand der Technik entspricht (BGH CR 2004, 490, 491).

137   **c) Gewährleistung beim Verlagsvertrag.** Ist das vom Verfasser abgelieferte Werk nicht von vertragsgemäßer Beschaffenheit, so kann der Verleger nach § 31 VerlG zurücktreten, wenn er die Mängel innerhalb einer angemessenen Frist rügt, dem Autor eine – fruchtlose – Frist zur Beseitigung der Mängel setzt, und die Beseitigung der Mängel möglich ist (LG München I ZUM-RD 2007, 313, 318). Inhaltliche Mängel der wissenschaftlichen, künstlerischen oder literarischen Qualität können vom Verleger im Allgemeinen aber nicht gerügt werden, es sei denn, dass dem Werk bestimmte nach dem Verlagsvertrag vereinbarte Eigenschaften fehlen oder der Zweck des Verlagsvertrages nicht erfüllt werden kann (OLG München ZUM 2007, 863, 865; BGH GRUR 1960, 642, 644 – Drogistenlexikon; Schricker § 31 VerlG Rn. 7/8; *v. Rom* 107: Mängel eines Übersetzungsvertrages). Daneben kann der Verleger Schadensersatz wegen Nichterfüllung oder nach Werkvertragsrecht Nacherfüllung verlangen (§§ 634 Nr. 1, 635 BGB, vormals § 633 Abs. 2 BGB a. F.) und bis zur Beseitigung der Mängel nach § 320 BGB die Zahlung des Werklohnes verweigern (RGZ 107, 339, 341; BGHZ 26, 337, 340; BGH GRUR 1960, 542, 543 – Drogisten-Lexikon). Lässt der Verlag das Manuskript hingegen jahrelang unbearbeitet liegen, ist eine spätere Berufung auf Rücktrittsgründe nach § 31 VerlG nicht mehr möglich (OLG Frankfurt a.M. GRUR 2006, 138, 140 – Europa ohne Frankreich).

138   Das **Verlagserzeugnis** hingegen, also etwa das vom Verleger auf den Markt gebrachte Buch, ist seinem Wesen nach und unter Berücksichtigung der Verkehrsanschauung eine Sache i.S.d. § 90 BGB und somit Gegenstand eines reinen Sachkaufs gem. § 433 Abs. 1 S. 1 BGB (BGH NJW 1973, 843, 844). Die Gewährleistungsregeln der §§ 434 ff. BGB sind dabei nicht nur auf die körperliche Beschaffenheit anzuwenden, sondern auch auf **inhaltliche Mängel.** Der Verkäufer haftet demnach für Unzulänglichkeiten des geistigen Gehalts, z.B. Unwahrheiten und Unrichtigkeiten, welche die Brauchbarkeit herabsetzen (etwa BGH NJW 1973, 843, 844: unrichtiger Hinweis in Informationsmappe zur Errichtung von Nottestamenten führt zu Erbausfall; ausführlich zur Produkthaftung für Druckwerke *Foerste* NJW 1991, 1433). Dabei ist der Verwendungszweck entscheidend (BGH JZ 1958, 309, 310).

139   **d) Gewährleistung nach allgemeinen Vorschriften.** Die Überprüfung eines Vertrages kann auch zum Ergebnis führen, dass überhaupt kein urheberrechtlich relevanter Vertragstyp vorliegt, sondern nur bürgerlich-rechtliche Vorschriften zur Anwendung kommen. Werden etwa aufgrund eines Werkvertrages (§ 631 BGB) Fotomaterialien im Werklabor beim Entwickeln beschädigt, ist für das Urheberrecht kein Raum, sondern es sind nur Schadensersatzansprüche z.B. aus §§ 634 Nr. 4, 636, 280, 281, 283 BGB, §§ 823 Abs. 1, 831 BGB möglich (zum alten Werkvertragsrecht LG Hamburg ZUM 1996, 693, 696). Bei juristischen Personen ist das Verschulden der für sie verantwortlich handelnden Personen i.S.d. § 31 BGB maßgebend, das Verschulden eigener Mitarbeiter ist als eigenes Verschulden zuzurechnen (LG München I ZUM-RD 2007, 302, 312: ARD). Das Verschulden Dritter muss sich eine juristische Person grds. nicht zurechnen lassen. Beim Organisationsverschulden handelt es sich um eigenes Verschulden i.S.d. § 31 BGB (BVerfGE 20, 323, 336; BVerfG GRUR 2007, 618, 619).

4. Späterfüllung

140   **Verzug** ist nach allgemeinen Regeln die schuldhafte Nichtleistung trotz Möglichkeit, Fälligkeit und Mahnung. Hier gelten keine Besonderheiten. Wird also etwa ein Kunstwerk nicht rechtzeitig geliefert, kann der Besteller gegen den herstellenden Urheber also insb.

den Verspätungsschaden verlangen (§§ 280 Abs. 1, Abs. 2, 286 BGB) und nach erfolgloser Fristsetzung zur Nacherfüllung Schadensersatz statt der Leistung verlangen (§§ 280 Abs. 1, Abs. 3, 281 BGB) bzw. vom Vertrag zurücktreten (§ 323 BGB). Ferner haftet der Urheber verschärft, insb. für den zufälligen Untergang der Sache (§ 287 S. 2 BGB). Auch der Urheber oder ausübende Künstler kann nach diesen Regelungen gegen den Verwerter vorgehen und etwa mit Verzugseintritt Schadensersatz verlangen (vgl. BGH NJW 2001, 2878, 2879 – Musikproduktionsvertrag: Produzent produziert Musiktitel nicht innerhalb der vereinbarten Vertragslaufzeit).

5. Sonstige Vertragsverletzungen

Im Übrigen bleibt es bei den allgemeinen Regelungen des BGB. Wegen sonstiger Verletzungen von Pflichten aus dem Schuldverhältnis kommen Ansprüche auf Schadensersatz (§ 280 Abs. 1 BGB), Schadensersatz statt der Leistung (§§ 280 Abs. 1, Abs. 3, 281 bzw. 282 oder 283 BGB; dies umfasst auch die vormaligen Fälle der positiven Vertragsverletzung), Aufwendungsersatz (§ 284) und Rücktritt (§ 323 Abs. 1 BGB) in Betracht, wobei in aller Regel dem Schuldner durch Fristsetzung eine zweite Chance zur vertragsgemäßen Leistung zu geben ist (§ 281 Abs. 1 S. 1 BGB, § 323 Abs. 1 BGB), es sei denn, dies ist dem Gläubiger nicht zuzumuten (§ 281 Abs. 2, § 282 i. V. m. § 241 Abs. 2 BGB, Fälle des § 323 Abs. 2 BGB) oder es bestand von Anfang an ein unbehebbarer Leistungsmangel (dann Schadensersatz und Aufwendungsersatz nach §§ 311a Abs. 2, 284 BGB). Veranlasst ein Auftraggeber die Schaffung eines Werkes durch einen Urheber und lässt später den Abschluss eines Nutzungsvertrages ohne triftigen Grund scheitern, so kann der Urheber möglicherweise einen Anspruch auf Schadensersatz in Höhe seines Erfüllungsinteresses haben (§§ 280 Abs. 1, 311 Abs. 2 BGB, vormals Fallgruppe der **culpa in contrahendo**, vgl. OLG München ZUM 2000, 965, 968: Verlagsvertrag nicht unterschrieben, Buchprojekt auf Veranlassung und Betreiben des Verlages aber weitgehend fertiggestellt).

XVII. Verwirkung

Die Annahme einer Verwirkung setzt neben dem Zeitablauf (sog. Zeitmoment) das Vorliegen besonderer Umstände voraus (sog. Umstandsmoment). Ob Verwirkung vorliegt, richtet sich nach den vom Tatrichter festzustellenden und zu würdigenden Umstände des Einzelfalles (BGH NJW 2007, 2183, 2184; BGH NJW 2006, 219, 220; LG München I ZUM-RD 2007, 302, 312). Ein etwaiger Verwirkungstatbestand erfasst im Bereich des Urheberrechts nicht das urheberrechtliche Nutzungsrecht selbst, sondern **nur die aus einer Urheberrechtsverletzung entstandenen Ansprüche** (BGH ZUM 2000, 160, 163 – Comic-Übersetzungen). Ein Recht oder Anspruch ist verwirkt, wenn seine verspätete Geltendmachung als Verstoß gegen Treu und Glauben (§ 242 BGB) anzusehen ist (*Gamerith* WRP 2004, 75, 79; RG GRUR 1937, 461, 464 – Ogram; BGHZ 1, 31, 33; BGHZ 67, 56, 68). Das ist der Fall, wenn etwa der Verletzer eines Urheberrechts nach dem Verhalten des Verletzten mit der Geltendmachung von Ansprüchen (etwa Schadensersatz- oder Unterlassungsansprüche nach § 97) nicht mehr zu rechnen brauchte, sich daher darauf einrichten durfte und auch eingerichtet hat (RG GRUR 1934, 375, 376; BGH GRUR 1977, 42, 46 – Schmalfilmrechte). Das Urheberrecht selbst und die von ihm abgespaltenen Nutzungsrechte (dazu Rn. 21) verbleiben aber stets beim Urheber und können diesem nicht durch „Verwirkung" verloren gehen (Dreier/Schulze/*Schulze* Vor §§ 31 ff. Rn. 113). Auch persönlichkeitsrechtliche Befugnisse werden von einer Verwirkung nicht erfasst (*Gamerith* WRP 2004, 75, 80). Mit der Verwirkung soll die illoyal verspätete Geltendmachung von Rechten gegenüber dem Verpflichteten ausgeschlossen werden. Verwirkung kann auch dann eintreten, wenn der Berechtigte keine Kenntnis von seiner Berechtigung hat (BGH NJW 2007, 2183). Dagegen führt die Archivierung von Fotos über

10 Jahre nicht zur Verwirkung des Herausgabeanspruchs nach § 985 BGB (BGH AfP 2007, 205, 207 – Archivfotos). Soweit dem Anspruch des Eigentümers auf Herausgabe der Einwand der Verwirkung entgegengehalten wird, ist dieser nur in Ausnahmefällen anzunehmen. Denn die Verneinung des Herausgabeanspruchs bedeutet wirtschaftlich die Enteignung des Eigentümers. Der Irrtum des Eigentümers über sein Eigentum ist ebenso wenig rechtsvernichtend, wie der Irrtum des Besitzers über sein Besitz rechtsbegründend wirkt (BGH NJW 2007, 2183, 2184).

§ 31 Einräumung von Nutzungsrechten

(1) **Der Urheber kann einem anderen das Recht einräumen, das Werk auf einzelne oder alle Nutzungsarten zu nutzen (Nutzungsrecht). Das Nutzungsrecht kann als einfaches oder ausschließliches Recht sowie räumlich, zeitlich oder inhaltlich beschränkt eingeräumt werden.**

(2) **Das einfache Nutzungsrecht berechtigt den Inhaber, das Werk auf die erlaubte Art zu nutzen, ohne dass eine Nutzung durch andere ausgeschlossen ist.**

(3) **Das ausschließliche Nutzungsrecht berechtigt den Inhaber, das Werk unter Ausschluss aller anderen Personen auf die ihm erlaubte Art zu nutzen und Nutzungsrechte einzuräumen. Es kann bestimmt werden, dass die Nutzung durch den Urheber vorbehalten bleibt. § 35 bleibt unberührt.**

(4) *(aufgehoben)*

(5) **Sind bei der Einräumung eines Nutzungsrechts die Nutzungsarten nicht ausdrücklich einzeln bezeichnet, so bestimmt sich nach dem von beiden Partnern zugrunde gelegten Vertragszweck, auf welche Nutzungsarten es sich erstreckt. Entsprechendes gilt für die Frage, ob ein Nutzungsrecht eingeräumt wird, ob es sich um ein einfaches oder ausschließliches Nutzungsrecht handelt, wie weit Nutzungsrecht und Verbotsrecht reichen und welchen Einschränkungen das Nutzungsrecht unterliegt.**

Literatur: *Berger,* Verträge über unbekannte Nutzungsarten nach dem „Zweiten Korb", GRUR 2005, 907; *Bornkamm,* Erwartungen von Urhebern und Nutzern an den zweiten Korb, ZUM 2003, 1010; *v. Becker,* Juristisches Neuland, ZUM 2005, 303; *Bullinger/Garbers-von Boehm,* Google-Bildsuche – Schlichte Einwilligung des Urhebers als Lösung? GRUR Prax. 2010, 257; *Castendyk,* Lizenzverträge und AGB-Recht, ZUM 2007, 169; *Feldmann,* Anmerkung zum Urteil des OLG Hamburg v. 14.10.1999, ZUM 2000, 770; *Fitzek,* Die unbekannte Nutzungsart, Berlin 2000; *Flechsig,* Der zweite Korb zur Verbesserung der Urheber- und leistungsschutzrechte, ZRP 2006, 145; *Freitag,* Urheberrecht und verwandte Schutzrechte im Internet, in: Kröger/Gimmy, Handbuch zum Internetrecht, Berlin u. a. 2000, 289 (zit. *Freitag* in: Kröger/Gimmy); *Frey/Rudolph,* Verfügungen über unbekannte Nutzungsarten: Anmerkungen zum Regierungsentwurf des Zweiten Korbes, ZUM 2007, 13; *Frey/Rudolph,* EU-Richtlinie zur Durchsetzung der Rechte des geistigen Eigentums, ZUM 2004, 522; *Frohne,* Filmverwertung im Internet und deren vertragliche Gestaltung, ZUM 2000, 810; *Grunert/Ohst,* Grundprobleme der kommerziellen und privaten Nutzung künstlerischer Leistungen im Internet – Teil I, KUR 2001, 8; *Haas,* Das neue Urhebervertragsrecht, München 2002; *Hahn,* Das Verbotsrecht des Lizenznehmers im Urhebervertragsrecht, Baden-Baden 2007; *Hoeren,* Anmerkung zum Urteil BGH SPIEGEL-CD-ROM, MMR 2002, 233; *Hoeren,* Multimedia als noch nicht bekannte Nutzungsart, CR 1995, 710; *Hoeren,* Schade: Der BGH und das Ende der AGB-Kontrolle von Rechtebuyout-Verträgen, GRUR-Prax 2012, 402; *Jani,* Urheberrechtspolitik in der 14. und 15. Legislaturperiode des Deutschen Bundestages, UFITA 2006/II, 511; *Jani,* Der Buy-out-Vertrag im Urheberrecht, Berlin 2002; *Joos,* Die Erschöpfungslehre im Urheberrecht, München 1991; *Kitz,* Die unbekannte Nutzungsart im Gesamtsystem des urheberrechtlichen Interessengefüges, GRUR 2006, 548; *Klages,* Grundzüge des Filmrechts, München 2004 (zit. *Klages/Bearbeiter*); *Klass,* Neue Internettechnologien und das Urheberrecht: Die schlichte Einwilligung als Rettungsanker?, ZUM 2013, 1; *Marshall,* Grenzen der Aufspaltbarkeit von Nutzungsrechten unter dem Gesichtspunkt der fortschreitenden wirtschaftlichen, technischen und politischen Entwicklung, in: Scheuermann (Hrsg.), Festschrift für Reichhardt, Baden-Baden 1990, 125 (zit. *Marshall* FS Reichhardt); *Nolte,* Das Urheberrecht in der Informationsgesellschaft, CR 2006, 254; *Ohly,* Zwölf Thesen zur Einwilligung im Internet, GRUR 2012, 983; *Ory,* Anmerkung zum Urteil BGH SPIEGEL-CD-ROM, MMR 2002, 234; *Pahlow,* Das einfache Nutzungsrecht als schuldrechtliche Lizenz, ZUM 2005, 865; *Pfennig,* Neue Nutzungsarten – Neue Organisation der Rechteverwaltung? Die Sicht der Verwertungsgesellschaften, ZUM 2007, 694; *Püschel,* Erste Vorarbeiten für ein Urheberrechtsgesetz der DDR, UFITA 2002/I, 145; *Ratjen/Langer,* Die räumliche Aufspaltung von Filmlizenzen am Beispiel der Vergabe der Medienrechte der Deutschen Fußball Liga, ZUM 2012, 299; *Rehbinder,* Über Ursprung und Rechtsgrund einer Beteiligung der VGF an der Geräteabgabe, ZUM 1990, 234; *Reimer,* Schranken der Rechtsübertragung im Urheberrecht, GRUR 1962, 619; *Reimer,* Der Erschöpfungsgrundsatz im Urheberrecht und gewerblichen Rechtsschutz unter Berücksichtigung der Rechtsprechung des Europäischen Gerichtshofes, GRUR Int. 1972, 221; *Riesenhuber,* Die Auslegung des Wahrnehmungsvertrags, GRUR 2005, 712; *Schack,* Neuregelung des Urhebervertragsrechts, ZUM 2001, 453; *Schmidt,* Urheberrechte als Kreditsicherheit nach Neuregelung des Urhebervertragsrechts, WM 2003, 461; *Schricker,* Bemerkungen zur Erschöpfung im Urheberrecht, FS Dietz, 447; *G. Schulze,* Die Übertragungszwecklehre – Auslegungsregel und Inhaltsnorm?, GRUR 2012, 993; *Sieber/Hoeren,* Urheberrecht für Bildung und Wissenschaft, Bonn 2005 (zit. Sieber/Hoeren/*Bearbeiter*); *Sosnitza,* Gedanken zur Rechtsnatur der ausschließlichen Lizenz, in: Ohly u. a. (Hrsg.), Perspektiven des Geistigen Eigentums und Wettbewerbsrechts – Festschrift für Gerhard Schricker zum 70. Geburtstag, München 2005, 183; *Spindler/Heckmann,* Der rückwirkende Entfall unbekannter Nutzungsrechte (§ 137 UrhG-E) Schließt die Archive?, ZUM 2006, 620; *Stickelbrock,* Ausgleich gestörter Vertragsparität durch das neue Urhebervertragsrecht?, GRUR 2001, 1087; *Ulmer,* Gutachten zum Urhebervertragsrecht, Bonn 1977 (zit. *Ulmer* Gutachten); *Ullrich,* Alles in einem – Die Einräumung eines Nutzungsrechts i. S. d. § 31 Abs. 1 UrhG für einen On-Demand-Dienst im Internet, ZUM 2010, 311; *Zscherpe,* Zweitverwertungsrechte und § 31 Abs. 4 UrhG, Baden-Baden 2004 (zit. *Zscherpe*).

Literatur zu § 31 Abs. 4a. F. ist bei § 31a nachgewiesen; vgl. darüber hinaus die Angaben im eingangs abgedr. Gesamtliteraturverzeichnis.

Übersicht

	Rn.
I. Bedeutung der Regelung	1
II. Nutzungsrecht und Nutzungsart (§ 31 Abs. 1 S. 1)	2, 3
III. Beschränkung von Nutzungsrechten (§ 31 Abs. 1 S. 2)	4–26
1. Bedeutung	4–8
2. Räumliche Beschränkung	9, 10
3. Zeitliche Beschränkung	11–13
4. Inhaltliche Beschränkung	14–23
a) Bedeutung	14–16
b) Einzelfragen	17–23
5. Dingliche Beschränkungen und Erschöpfung (§ 17)	24–26
IV. Arten der Rechtseinräumung (§ 31 Abs. 2, Abs. 3)	27–37
1. Abgrenzung und Inhalt	27–30
2. Ausschließlichkeitswirkung einfacher Nutzungsrechte	31, 32
3. Sonstige Vertragspflichten	33, 34
4. Übertragung auf Dritte (§ 31 Abs. 3 S. 1, 3)	35
5. Vorbehalt der Nutzung durch den Urheber (§ 31 Abs. 3 S. 2)	36
6. Gestattung zur Nutzung, schlichte Einwilligung	37
V. Neuregelungen für unbekannte Nutzungsarten(§ 31 Abs. 4 a. F.)	38
VI. Zweckübertragungsregel (§ 31 Abs. 5)	39–63
1. Normzweck, Altverträge	39
2. Rechtscharakter	40
3. Anwendungsbereich	41–60
a) Pauschale Rechtseinräumung und „Buy-out" Vertrag	41–44
b) Fehlende Rechtseinräumung	45, 46
c) Spezifizierung der Nutzungsart, Vertragszweck, Einzelfälle	47–53
d) Spezialnormen im Film- und Verlagsbereich	54
e) Spezifizierungspflicht bei Multimedia- oder Online-Nutzung	55–57
f) Weitere Geltung des Zweckübertragungsgrundsatzes (§ 31 Abs. 5 S. 2)	58–60
4. Entsprechende Anwendung des Zweckübertragungsgedankens	61–63
VII. Rechtslage für Sachverhalte bis zum 30.6.2002	64, 65

I. Bedeutung der Regelung

1 Die Einräumung von Nutzungsrechten ist das Kernstück des Urhebervertragsrechts. § 31 regelt die Art und Weise, wie der Dritte als Verwerter bzw. Nutzer das Werk wirtschaftlich oder anders nutzen kann. Mit der Einräumung der Nutzungsrechte (zum Begriff und zur dogmatischen Konstruktion Vor §§ 31 ff. Rn. 21) bleibt die Bindung des Urhebers am Werk grds. bestehen. Aus der grundsätzlichen Unübertragbarkeit des Urheberrechts (§ 29 Abs. 1) folgt, dass es eine **Dereliktion** des Urheberrechts – vergleichbar der Dereliktion im Sachenrecht (§ 959 BGB) – nicht gibt (BGH ZUM 1995, 718 – Mauerbilder). Nutzungsrechte sind als Tochterrechte des Urheberrechts (Mutterrecht) anzusehen (s. Vor §§ 31 ff. Rn. 21; Ahlberg/Götting/*Soppe* § 31 Rn. 61; Schricker/Loewenheim/*Schricker/Loewenheim* Vor § 28 Rn. 74) und werden dem Nutzer durch den Urheber aufgrund der im Nutzungsvertrag übernommenen schuldrechtlichen Verpflichtung **konstitutiv eingeräumt** (näher Vor §§ 31 ff. Rn. 21). Durch die Reform des Urheberrechts 2007 (s. Vor §§ 31 ff. Rn. 5) wurde der vormalige § 31 Abs. 4a. F. aufgehoben und inhaltlich durch die §§ 31a, 32c, und § 137l ersetzt (näher Rn. 38).

II. Nutzungsrecht und Nutzungsart (§ 31 Abs. 1 S. 1)

2 Abs. 1 enthält eine Legaldefinition des **Nutzungsrechts**. Demnach wird hierunter die Befugnis verstanden, das Werk auf „einzelne oder alle Nutzungsarten" zu nutzen, soweit ihm diese Befugnis (in der Praxis häufig **„Lizenz"**) vom Urheber eingeräumt wurde. Demgegenüber wird als **Nutzungsart** jede nach der Verkehrsauffassung wirtschaftlich-technisch selbstständige und abgrenzbare Art und Weise der Verwendung des Werkes angesehen (Dreier/Schulze/*Schulze* § 31 Rn. 9; Mestmäcker/Schulze/*Scholz* § 31 Rn. 37; Fromm/Nordemann/*J. B. Nordemann* § 31 Rn. 10; Dreyer/Kotthoff/Meckel/*Kotthoff* § 31 Rn. 107; Schricker/Loewenheim/*Schricker/Loewenheim* Vor § 28 Rn. 87 m.w.N.; *Haberstumpf* Rn. 396; *Rehbinder* Rn. 309; *Ullrich* ZUM 2010, 311, 314 f.; BGH GRUR 2010, 62, 63 Rn. 18 – Nutzung von Musik für Werbezwecke; BGH GRUR 1986, 62, 66 – „GEMA-Vermutung I"; krit. *Fitzek* 1 ff., 236; *Zscherpe* 202; zum Begriff der unbekannten Nutzungsart i.S.d. §§ 31a, 32c, 137l s. § 31a Rn. 15 ff.). Das Nutzungsrecht kann, muss aber nicht mit einer Nutzungsart oder auch einem **Verwertungsrecht** inhaltlich korrespondieren (zu den Begriffen ausführlicher Vor §§ 31 ff. Rn 23 f.). So sind etwa das Reproduktionsrecht, das Recht zur Wiedergabe in Farbdruck oder als Plastik einzelne Nutzungsarten des Vervielfältigungsrechts nach § 16 (Ahlberg/Götting/*Soppe* § 31 Rn. 63). Auch kann ein wirtschaftlich einheitlicher Vorgang aus mehreren rechtlich getrennt zu behandelnden Verwertungsrechten sowie Nutzungsarten bestehen. So ist etwa bei der Nutzung von Musikwerken zum Download von einem Internetportal zwischen dem Upload auf dem Server des Portals und der dazu notwendigen Vervielfältigungsrecht i.S.d. § 16 und dem sich anschließenden Recht auf öffentliche Zugänglichmachung (§ 19a) zu unterscheiden (str., siehe § 31 Rn. 18 m.w.N.). Nutzungsrechte können nach § 1273 Abs. 1 BGB Gegenstand eines **Pfandrechts** sein (vgl. *Schmidt* WM 2003, 461, 466 m.w.N.).

3 Die Nutzungsarten unterliegen der **Parteiabsprache,** wobei sich die unterschiedlichen Nutzungsarten vor allem durch die technische Entwicklung herausgebildet haben und neue Nutzungsarten fortwährend entstehen. So wurde in der Vergangenheit die Schallplatte von der Musikkassette, später von der CD, der digitalen Nutzung (z.B. als MP3 File) im Wege des Downloads oder des Streamings abgelöst. Die **Online-Nutzung** im Internet kann als Nutzungsart den gesetzlich genannten Verwertungsrechten nicht zugeordnet werden, sondern stellt vielmehr einen Oberbegriff dar, der mehrere Nutzungsarten erfassen kann (etwa die Auswertung über Music-on-Demand, der vorübergehende oder ständige Abruf von Musik, Daten, Bildern oder Texten; näher § 31a Rn. 38 ff.). Es muss ein eigenständiger Markt bestehen (*Rehbinder* Rn. 545).

III. Beschränkung von Nutzungsrechten (§ 31 Abs. 1 S. 2)

1. Bedeutung

Zu den Grundzügen des Urhebervertragsrechts gehört auch die Beschränkungsmög- **4** ichkeit der Nutzungsrechte (§ 31 Abs. 1 S. 2) im Interesse des Urhebers. Da es keinen „numerus clausus" hinsichtlich der subjektiven Rechte im Urheberrecht gibt, können die Vertragsparteien entsprechend ihren Bedürfnissen die Verfügungswirkung der Rechtseinräumung beeinflussen (BGH ZUM 1987, 83 – Videolizenzvertrag; LG München I ZUM 2006, 251, 254; Dreier/Schulze/*Schulze* § 31 Rn. 42; *Schack* Rn. 605). Vor der Reform 2002 (s. Vor §§ 31 ff. Rn. 3) waren die in § 31 Abs. 1 S. 2 genannten Beschränkungsmöglichkeiten in § 32 a. F. geregelt; die Übernahme in § 31 hat keine sachliche Änderung mit sich gebracht. Die beschränkte Einräumung von Nutzungsrechten in räumlicher, zeitlicher und inhaltlicher Hinsicht führt zur **dinglichen Beschränkung des Nutzungsrechts** (*Ratjen/Langer* ZUM 2012, 299, 300; Fromm/Nordemann/*J. B. Nordemann* § 31 Rn. 11; Dreier/Schulze/*Schulze* § 31 Rn. 28; Schricker/Loewenheim/*Schricker/Loewenheim* Vor § 28 Rn. 81; *v. Gamm* § 32 Rn. 3; Ahlberg/Götting/*Soppe* § 31 Rn. 68; Mestmäcker/Schulze/*Scholz* § 31 Rn. 42; BGH GRUR 2003, 416, 418 – CPU-Klausel; BGHZ 37, 1, 6 – Bel ami; BGH Schulze BGHZ 40, 1, 7 – Ferien vom Ich; LG München I ZUM 2006, 251, 254). Die Nichteinhaltung solcher Beschränkungen durch den Nutzungsberechtigten stellt eine Urheberrechtsverletzung dar (BGH GRUR 1959, 200, 201 – Heiligenhof), so dass der Urheber nach §§ 97 ff. vorgehen kann. So kann ein Architekt seinen Schaden im Wege der Lizenzanalogie auf der Grundlage der HOAI berechnen, wenn der Auftraggeber das dem Architekten zustehende Nachbaurecht durch Dritte ausüben lässt (OLG Frankfurt a. M. ZUM 2007, 306, 307; BGH GRUR 1973, 663 – Wählamt, vgl. aber BGH MDR 2013, 273; näher Vor §§ 31 ff. Rn. 93), obwohl der Architekt das Nachbaurecht mit dem Auftraggeber nicht vereinbart hat. Etwas anderes kann dann gelten, wenn der Auftrag des Architekten eindeutig und von vornherein auf den Entwurf mit Genehmigungsplanung beschränkt ist. Dann kommt eine stillschweigende Einräumung der Nutzungsrechte in Betracht und der Auftraggeber kann von einem anderen Architekten das Bauwerk ausführen lassen (OLG Frankfurt a. M. ZUM 2007, 306, 307).

Eine schuldrechtliche oder dingliche Aufspaltung des **Verbreitungsrechts** kommt nur **5** in Betracht, wenn es sich insoweit um übliche, technisch und wirtschaftlich eigenständige und damit abgrenzbare Nutzungsformen handelt (BGH GRUR 1959, 200, 202 – Der Heiligenhof; BGH GRUR 1986, 736, 737 – Schallplattenvermietung; BGH GRUR 1990, 669, 671 – Bibelreproduktion; BGH GRUR 1992, 310, 310 – Taschenbuch-Lizenz; BGH CR 2000, 651, 652 – OEM-Version).

Die räumliche, zeitliche und inhaltliche Beschränkung kann **kumulativ oder alter- 6 nativ** erfolgen (Dreier/Schulze/*Schulze* § 31 Rn. 47; *v. Gamm* § 32 Rn. 1). So kann etwa der Komponist einer Oper einem Opernhaus das (ausschließliche) Aufführungsrecht für das Werk an einem bestimmten Ort (räumlich) für eine bestimmte Spielzeit (zeitlich) in einer bestimmten Fassung (inhaltlich) einräumen. Er kann auch einem bestimmten Opernhaus das ausschließliche Nutzungsrecht einräumen und dieses nur zeitlich beschränken (etwa für die Spielzeit der Uraufführung). An einem Werk können auch **mehrere ausschließliche Nutzungsrechte** (i. S. d. § 31 Abs. 1 S. 2, Abs. 3) vergeben werden, wenn es sich nur um verschiedene Nutzungsarten handelt, etwa die Buchherstellung, die Bühnenaufführung und die Verfilmung für das Fernsehen (*v. Gamm* § 32 Rn. 1; BGH GRUR 1959, 200, 201 – Heiligenhof). Unterliegt die Einräumung der Wahrnehmungsbefugnisse durch den Urheber an die GEMA einem Vorbehalt (hier: keine Übertragung des Rechtes zur Bearbeitung eines Werkes der Musik als Ruftonmelodien (Handy-Klingelton), so wirkt dieser Vorbehalt auch dinglich gegenüber Dritten (OLG Hamburg GRUR 2006, 323, 325).

7 Eine Verletzung von sonstigen **schuldrechtlichen Beschränkungen,** die den Umfang des Nutzungsrechts nicht berühren (vgl. BGH GRUR 2010, 822, 824 – Half-Life 2; BGH GRUR 2003, 416, 418 – CPU-Klausel), ist urheberrechtlich irrelevant (s. u. Rn. 33). Haben die Vertragsparteien etwa vereinbart, dass die Werkexemplare nicht unter einem bestimmten Preis verkauft werden, berührt dies bei Nichteinhaltung nicht das Verbreitungsrecht, sondern nur eine sonstige schuldrechtliche Verpflichtung, die nicht gegen Dritte wirkt (Dreier/Schulze/*Schulze* § 31 Rn. 48; *Rehbinder* Rn. 309; *v. Gamm* § 32 Rn. 3; Schricker/Loewenheim/*Schricker/Loewenheim* Vor § 28 Rn. 55; BGH GRUR 1990, 669, 672 f. – Bibelreproduktion; BGH GRUR 1992, 310, 311 – Taschenbuch-Lizenz; a. A. offenbar KG ZUM 1996, 972), denn schuldrechtliche Einschränkungen der Rechtsausübung binden nur die Vertragsparteien (BGH GRUR 2010, 822, 824 – Half-Life 2; BGHZ 32, 67, 70 – Treuhandvertrag im Filmwesen; BGH GRUR 1966, 629, 631 – Curt-Goetz-Filme). Vertragliche Beschränkungen z. B. der Erschöpfungswirkung liefen darauf hinaus, dass die vertraglichen Bindungen nicht nur inter partes, sondern gegenüber jedermann wirken. Eine solche Verdinglichung schuldrechtlicher Verpflichtungen ist dem deutschen Recht fremd und ist im Interesse der Verkehrsfähigkeit nicht erwünscht (BGH GRUR 2000, 724, 726 – Außenseiteranspruch; OLG Düsseldorf GRUR-RR 2005, 214, 215).

8 Der Inhaber eines ausschließlichen Nutzungsrechts, der ein Nutzungsrecht weiterer Stufe eingeräumt hat, verliert nicht die **Aktivlegitimation,** um Rechtsverletzungen durch Dritte selbst zu verfolgen (BGH ZUM 1999, 644, 646 – Laras Tochter; BGH GRUR Int. 1993, 257, 258 f. – Alf; OLG München GRUR 1984, 524, 525 – Nachtblende). Wenn etwa Verlag A von Boris Pasternak die ausschließlichen Verlagsrechte zur Vervielfältigung und Verbreitung des Romans „Dr. Shiwago" erwirbt und Verlag B eine unfreie Bearbeitung dieses Romans durch einen anderen Autor verbreitet, kann A gegen B auch dann vorgehen, wenn A einem anderen Verlag bereits das ausschließliche Verlagsrecht (als Unterlizenz) eingeräumt hatte (BGH ZUM 1999, 644, 646 – Laras Tochter).

2. Räumliche Beschränkung

9 Ein Nutzungsrecht kann auf ein **geografisches** oder politisches **Gebiet,** aber auch auf ein Sprachgebiet (der deutschsprachige Raum) oder einzelne Orte beschränkt sein (*v. Gamm* § 32 Rn. 4). Im Interesse der Rechtssicherheit ist eine **Aufspaltung des Verbreitungsrechts innerhalb eines Staats- und Rechtsgebietes** nicht zuzulassen, wenn es um die körperliche Verbreitung von Werkstücken geht (Schricker/Loewenheim/*Schricker/Loewenheim* Vor § 28 Rn. 90 m. w. N.; Ahlberg/Götting/*Soppe* § 31 Rn. 69; Mestmäcker/Schulze/*Scholz* § 31 Rn. 83; Dreyer/Kotthoff/Meckel/*Kotthoff* § 31 Rn. 126). Die **Mitgliedstaaten der EU** bzw. des EWR bilden zwar (noch) kein einheitliches Staats- und Rechtsgebiet (Dreier/Schulze/*Schulze* § 31 Rn. 30; Schricker/Loewenheim/*Schricker/Loewenheim* Vor § 28 Rn. 91; BGH GRUR 1985, 924, 925 – Schallplattenimport II; BGH GRUR 1986, 736, 738 – Schallplattenvermietung; BGH GRUR 1988, 373, 375 – Schallplattenimport III), die bisher weit verbreitete Aufspaltung der Nutzungsrechte innerhalb dieser Staaten ist aber aufgrund des tatsächlich schon bestehenden einheitlichen Wirtschaftsraumes und der gemeinschaftsweiten Erschöpfung sehr zweifelhaft (für diese Möglichkeit OLG Frankfurt a. M. ZUM-RD 2008, 173, 179; Schricker/Loewenheim/*Schricker/Loewenheim* Vor § 28 Rn. 91; Mestmäcker/Schulze/*Scholz* § 31 Rn. 83; dagegen zu Recht *Marshall* FS Reichardt 125, 136; zur **kartellrechtlichen Problematik** einer Lizenzaufteilung nach Staaten innerhalb der EU und des EWR Vor §§ 120 ff. Rn. 49 f.). Da die Erschöpfung stets gemeinschaftsweit eintritt (§ 17 Abs. 2, s. Rn. 24 und § 17 Rn. 34), können Vervielfältigungsstücke, die in einem EU oder EWR Mitgliedstaat von einem Lizenznehmer mit Zustimmung des Berechtigten in Verkehr gebracht wurden, in sämtlichen anderen Mitgliedstaaten rechtmäßig vertrieben werden, auch wenn ein anderer Lizenznehmer in einem anderen Mitgliedstaat ein ausschließliches Recht inne hat (BGH GRUR 2003, 699, 702 – Eterna; Schulze/Dreier/*Schulze* § 17 Rn. 37).

Die Aufspaltung eines einheitlichen Wirtschafts- und Rechtsgebietes kann aber nach dem Werkcharakter möglich und sinnvoll sein (ebenso Dreier/Schulze/*Schulze* § 31 Rn. 32), etwa bei **Aufführungsrechten im Bühnen- und Konzertbereich,** die regelmäßig örtlich beschränkt sind (etwa auf einzelne Städte oder Regionen). Für die **Online-Nutzung** von Werken in offenen Netzen ist eine räumliche Beschränkung ausgeschlossen, eine räumliche Beschränkung der Lizenz auf einzelne Staaten kann daher keine gegenständliche Wirkung entfalten (vgl. *Ratjen/Langer* ZUM 2012, 299, 302: räumliche Beschränkung von Filmlizenzen für Kabelnutzung, IP-TV sowie terrestrische Übermittlung wirksam, für Satellit, **Web-TV** und **Mobile-TV** jedoch unwirksam, da diese für jedermann von überall auf der Welt zugänglich sind). Eine solche kommt aber in Betracht, wenn die Nutzung auf ein internes Netz (Intranet) beschränkt wird oder etwa eine lizenzierte Sprachfassung vereinbart wird (*Lütje* in: Hoeren/Sieber Teil 7.2 Rn. 28). In der Praxis finden sich etwa bei Online-Computerspielen eine Reihe von Maßnahmen (IP-Adressenfilter, Kontrolle der Zahlungswege, Personalausweisnummereingabe, Pop-Ups etc.), die im Ergebnis zu einem territorialen Schutz führen. Die Aufspaltung des Verbreitungsrechts zwischen den alten und den neuen Bundesländern wird im Zusammenhang mit der **Wiedervereinigung** für zulässig gehalten (str., näher EVtr Rn. 44 ff.). Räumliche Beschränkungen des Verbreitungsrechts innerhalb der Bundesrepublik Deutschland (einzelne Städte oder Bundesländer), die sich nicht aus der Natur des Werkes ergeben, haben nach h.M. im Interesse der Rechtssicherheit und Klarheit nur schuldrechtliche Wirkung (Schricker/Loewenheim/*Schricker/Loewenheim* Vor § 28 Rn. 90; *Schack* Rn. 604; *Marshall* FS Reichhardt 125, 136; *Reimer* GRUR Int. 1972, 221, 226).

3. Zeitliche Beschränkung

Nutzungsrechte können je nach Vertragszweck etwa durch Festlegung von Beginn und Ende der Nutzungsrechte zeitlich beschränkt werden, bspw. ein auf wenige Jahre **beschränktes Bearbeitungsrecht** (BGHZ 5, 116, 118 – Parkstraße) oder die Einräumung des **Aufführungsrechts** für eine oder mehrere Spielzeiten im Bühnenbereich. Nach Ablauf der Nutzungszeit fällt das Nutzungsrecht automatisch wieder dem Stammrecht zu (sog. Heimfall des Nutzungsrechts, ausführlich Vor §§ 31 ff. Rn. 49 ff.). So ist es etwa dem Bearbeiter eines geschützten Originalwerkes (§§ 3, 23) verwehrt, seine Bearbeitung über diese zeitliche Schranke hinaus vorzunehmen, die ihm der Urheber des Originalwerkes zur Auswertung eingeräumt hatte (Ahlberg/Götting/*Soppe* § 31 Rn. 71; *v. Gamm* § 32 Rn. 5; BGHZ 5, 116, 121 – Parkstraße; BGH GRUR 1957, 614, 615 – Ferien vom Ich). Die **weitere Nutzung** über eine zeitliche Beschränkung hinaus ist eine **Urheberrechtsverletzung** (Dreier/Schulze/*Schulze* § 31 Rn. 34; Möhring/Nicolini/*Spautz* § 32 Rn. 7; *v. Gamm* § 32 Rn. 5; Fromm/Nordemann/*J.B. Nordemann* § 31 Rn. 47), der der Urheber mit den Mitteln der §§ 97 ff. begegnen kann. Angesichts der langen Schutzdauer von 70 Jahren post mortem auctoris (§ 64) ist eine zeitliche Beschränkung sinnvoll.

Bei **Verlagsverträgen** wird oft eine ausschließliche und zeitlich unbeschränkte Einräumung des Verlagsrechts und anderer Nebenrechte vorgenommen. Solche Nutzungsverträge, die dadurch die gesamte Schutzdauer („zeitlich unbeschränkt") erfassen, werden mit dem Erlöschen des Urheberrechts bei Ablauf der Schutzdauer gegenstandslos (ebenso Mestmäcker/Schulze/*Scholz* § 31 Rn. 88). Die Erstreckung des Nutzungsrechts auf die gesamte Schutzdauer ist wegen der langen Bindung des Urhebers bedenklich. Bei Störungen im Leistungs- oder Vertrauensbereich ist aber auch hier die Kündigung aus wichtigem Grund (§ 314 BGB) möglich (s. Vor §§ 31 ff. Rn. 9 ff.). Darüber hinaus sollten vor allem junge Autoren und Komponisten sog. Optionsklauseln verlangen, die es ihnen zu Lebzeiten erlauben, in regelmäßigen Abständen (z.B. alle 5, 10 oder 20 Jahre) neue Vertragsbedingungen auszuhandeln.

13 Nach der Spezialregelung des § 29 Abs. 3 VerlG darf der Verleger nach Ablauf der Nutzungszeit die noch vorhandenen Abzüge nicht mehr verbreiten (näher Schricker/Loewenheim/*Schricker/Loewenheim* § 17 Rn. 19; *Schricker* § 29 VerlG Rn. 10f.). Ist der Nutzungsvertrag (etwa ein Verlagsvertrag) zeitlich begrenzt, bedarf es abgesehen vom Heimfall des Nutzungsrechts auch schuldrechtlich keiner neuerlichen Vereinbarung der Parteien (§§ 163, 158 Abs. 2 BGB).

4. Inhaltliche Beschränkung

14 a) **Bedeutung.** Eine inhaltliche Beschränkung von Nutzungsrechten gehört zu den wichtigsten Möglichkeiten des Urhebers, durch vertragliche Abrede mit dinglicher Wirkung seine wirtschaftlichen Interessen durchzusetzen. Inhaltliche Beschränkungen grenzen die eingeräumten Nutzungsberechtigungen auf **bestimmte Nutzungsarten** (zum Begriff Vor §§ 31 ff. Rn. 25) ein, d. h. sie dienen der Anpassung der gesetzlich vorgesehen Verwertungsformen (§§ 15 ff.) an den konkreten wirtschaftlichen Verwertungszweck (LG Frankfurt a. M. CR 2006, 729, 732).

15 Hierdurch ist die **Aufspaltung der Verwertungsrechte** auf die den Nutzungsrechten zugrundliegenden Nutzungsarten möglich (Dreier/Schulze/*Schulze* § 31 Rn. 36; Ahlberg/Götting/*Soppe* § 31 Rn. 75; Dreyer/Kotthoff/Meckel/*Kotthoff* § 31 Rn. 129; *v. Gamm* § 32 Rn. 6; Schricker/Loewenheim/*Loewenheim* § 17 Rn. 20). Der Urheber kann also etwa hinsichtlich desselben Werkes bspw. das Vervielfältigungs-, Verbreitungs-, Vorführ-, Aufführungs-, Sende-, Verfilmungs- oder Ausstellungsrecht gesondert vergeben, soweit dies der Werkcharakter zulässt. Eine solche Aufspaltung der Verwertungsrechte etwa auf **Verbreitungsarten** oder auf **Absatz- und Vertriebswege** ist nahezu unbegrenzt möglich, sofern nur ein wirtschaftliches Interesse des Urhebers zu erkennen ist und die inhaltliche Abgrenzung hinreichend bestimmt und von anderen Nutzungsrechten unterscheidbar ist (*v. Gamm* § 32 Rn. 6).

16 Die inhaltliche Beschränkung muss sich also auf eine nach der Verkehrsauffassung selbstständige, von der bisherigen Nutzung klar abgrenzbare Nutzungsart handeln, die eine technische Eigenständigkeit zum Ausdruck bringt, unabhängig davon, ob der bestehende Markt ersetzt wird oder ein neuer Markt entstanden ist (**Nutzungsart**, s. Vor §§ 31 ff. Rn. 25). Die dingliche Aufspaltung des Nutzungsrechts darf aber nicht so weit führen, dass eine unübersichtliche Rechtslage die Rechtssicherheit und **Verkehrsfähigkeit** der Nutzungsrechte gefährdet. Hierbei ist auf die Übung der beteiligten Verkehrskreise abzustellen (Fromm/Nordemann/*J. B. Nordemann* § 31 Rn. 11; Schricker/Loewenheim/*Loewenheim* § 17 Rn. 20; *Schack* Rn. 608; *Reimer* GRUR 1962, 619, 625 ff.).

17 b) **Einzelfragen.** Eine inhaltliche Beschränkung ist anzunehmen, wenn das Verlagsrecht auf einen **bestimmten Vertriebsweg** des Werkes beschränkt wird, etwa eines Buches über Buchgemeinschaften (erfasst nur bestimmten Abnehmerkreis) oder den Sortimentsbuchhandel (deckt einen anderen Markt ab) (BGH GRUR 1959, 200, 201 – Heiligenhof), oder wenn der Urheber die Nutzungsrechte zur Verwertung des Werkes als Zeitschriftenaufsatz, in einem Buch oder zur **Online-Nutzung** im Internet vergibt (LG Frankenthal ZUM-RD 2013, 138: Printausgabe umfasst nicht die Nutzung im Internet). Dagegen soll der **Vertrieb von Büchern über Kaffeefilialen,** Kaufhäuser und sonstige Nebenmärkte keine Nutzungsart sein (BGH GRUR 1990, 669, 671 f. – Bibelreproduktion); sofern hier aber über Preisgestaltung und Absatzweg neue Rezeptionsmöglichkeiten und neue Nachfragemärkte entstehen, sind auch diese Vertriebswege als eigenständige Nutzungsarten anzusehen (überzeugend *Fitzek* 85).

18 Gegenüber der herkömmlichen Verwertung im Kino wurden u.a. die **Fernsehverwertung eines Films** (BGH GRUR 1982, 727, 728 – Altverträge), die **Videoauswertung** (BGH GRUR 1995, 212, 213 – Videoauswertung III) sowie der Betrieb eines **Online-Videorekorders** (OLG München MMR 2011, 106, 107 – Online Videorecorder) als eigenständige Nutzungsarten anerkannt (näher § 31a Rn. 46 ff.). Im Rahmen der **Online-Nutzung von Musikwerken** durch Streaming (ohne Kopie beim Endnutzer) ist umstritten, ob das Recht zur Vervielfältigung beim Upload des Werkes auf das Portal nach § 16 einerseits und das zur Anbietung gegenüber dem Endnutzer notwendige Recht der öffentlichen Zugänglichmachung (§ 19a) andererseits getrennt lizenziert werden können (so zutreffend *Jani* ZUM 2009, 722, 726; *Melichar* ZUM 2010, 713; § 19a Rn. 12), oder diese Nutzung durch ein einheitliches Nutzungsrecht abzudecken ist, in dem beide Verwertungsrechte enthalten sind (so OLG München ZUM 2010, 709, 712; LG München I GRUR-RR 2009, 390; *Schaefer* ZUM 2010, 150, 152; *Ullrich* ZUM 2010, 311, 318). Die Aufspaltung des in wirtschaftlicher Hinsicht einheitlichen Nutzungsvorgangs auf zwei getrennt zu behandelnde und auch getrennt lizenzierbare Nutzungsrechte ergibt sich bereits daraus, dass schon das UrhG selbst zwei getrennte Verwertungsrechte hierfür vorsieht. Durch die getrennte Lizenzierung wird damit kein gesetzlich normiertes Verwertungsrecht künstlich und jenseits der Verkehrsfähigkeit der Nutzungsrechte zusätzlich aufgespalten, sondern lediglich der Rechtslage Rechnung getragen. § 31 Abs. 1 S. 2 kann einer getrennten Lizenzierung zweier unterschiedlicher Verwertungsrechte nicht entgegenstehen. Darüber hinaus kann man in der Vervielfältigung durch den Upload durchaus auch eine selbständige Nutzungsart (und nicht nur eine unbedeutende, gleichsam zu konsumierende Vorbereitungshandlung) erblicken, denn alleine durch ein breites Angebot an Titeln wird die Online-Plattform für Nutzer interessant, und durch die Zahl der Klicks entsprechende Werbeeinnahmen generieren, selbst wenn einzelne Titel niemals abgerufen werden. Dem praktischen Bedürfnis einer einheitlichen Rechtevergabe für wirtschaftlich einheitliche Nutzungen ist durch entsprechende Regelungen zwischen Urheber, Verwerter und Verwertungsgesellschaften Rechnung zu tragen. Die Verwendung eines **Musikwerkes zu Werbezwecken** ist gegenüber anderen Nutzungsarten (Aufführung, Sendung, LP, MC, CD, etc.) als allgemein übliche und wirtschaftlich eigenständige Form der Nutzung anerkannt (vgl. BGH GRUR 2010, 62, 63 Rn. 18 – Nutzung von Musik für Werbezwecke).

Gem. §§ 15 Abs. 1, 17 Abs. 1, 69a Abs. 2, Abs. 4 hat der Urheber eines **Softwareprogramms** das Recht, das Programm Nutzern anzubieten oder sonst in Verkehr zu bringen (Verbreitungsrecht). Dieses Verbreitungsrecht kann mehrere Nutzungsarten enthalten, etwa verschiedene Absatz- oder Vertriebswege (etwa den Verkauf über körperliche Datenträger oder als Download). Die Erschöpfung des Verbreitungsrechts tritt nicht nur an einer veräußerten, auf einem bestimmten Datenträger verkörperten Programmkopie ein (in diesem Sinne aber noch BGH GRUR Int. 2011, 439, 443 – UsedSoft in der Vorlageentscheidung zum EuGH; ebenso OLG München ZUM 2009, 70; LG München I ZUM 2007, 409), sondern auch an einem nur online per Download übermittelten unkörperlichen Datenbestand (EuGH ZUM 2012, 661 – UsedSoft; s. näher § 69c Rn. 36). Keine hinreichend klar abgrenzbare, wirtschaftlich-technisch selbstständige Nutzungsart ist der Verkauf von **Updateversionen** nur an Personen, die vorher die Vollversion erworben haben. Denn derartige Updates haben kein wesentlich anderes Erscheinungsbild im Vergleich zur Vollversion; die Eingrenzung der Abnehmer auf einen (unbestimmbaren) Nutzerkreis zwischen Urheber und Vertreiber hat nur schuldrechtliche Wirkung, wenn sich dieser nicht aus anderen Umständen eindeutig ergibt, etwa das Anbieten der Software nur für ein bestimmtes Betriebssystem (OLG Frankfurt a. M. ZUM-RD 1999, 182, 184 – Updates). Das Nutzungsrecht an einem Computerprogramm kann nicht in der Weise inhaltlich beschränkt werden, dass der Verkauf des Updates nur an solche Nutzer zulässig ist, die bereits eine ursprüngliche Vollversion des Programms erworben haben (OLG Frankfurt a. M. GRUR-RR 2004, 198 = NJOZ 2004, 874). Das Gleiche gilt für sog. **OEM-Versionen** von Software (meist Betriebssysteme, teilweise aber auch Standardsoftware), die vom Hersteller nur für den Verkauf zusammen mit neuer Computer-Hardware vorgesehen ist (BGH CR 2000, 651, 653 – OEM-Version), denn diese unterscheiden sich nur in nebensächlichen Punkten (kein aufwendiger Verpackungskarton, weniger umfangreiche Handbücher) von der (wesentlich teureren) Originalversion und sind hinsichtlich der Einsatzmöglichkeiten des Werkes identisch (s. auch § 69c Rn. 87). Weitergabebeschränkungen in Lizenzverträgen von Software zur Verhinderung des Handels mit **gebrauchter Software** sind hingegen möglich (EuGH ZUM 2012, 661 – UsedSoft; BGH GRUR Int. 2011, 439 – UsedSoft). Nutzungsrechte an Software können nur mit Zustimmung des Rechteinhabers weiterübertragen werden. Dies ergibt sich bereits aus dem gesetzlichen Leitbild des § 34 Abs. 1 (OLG Frankfurt/M CR 2010, 571). Derartige Beschränkungen des Übertragungsrechts in Lizenzverträgen und AGB stellen keine dem gesetzlichen Leitbild widersprechende Benachteiligungen des Kunden dar (OLG Stuttgart GRUR Prax. 2012, 143; OLG München MMR 2006, 748).

20   Die Einräumung des Vervielfältigungsrechts an einem **Kunstwerk** (etwa einer Lithografie) kann inhaltlich auf **eine bestimmte Reproduktionstechnik** und auf eine bestimmte **Zahl der Vervielfältigungsstücke** beschränkt werden.

21   Die **Online-Nutzung von Fotos** ist gegenüber dem Abdruck derselben in Printmedien eine nach der Verkehrsauffassung als solche hinreichend klar abgrenzbare wirtschaftlich-technische Verwertungsform. Diese Form der Online-Nutzung steht neben den bisherigen Nutzungsarten (LG Berlin ZUM 2000, 73, 75), denn der Vorgang der Werkvermittlung wird gegenüber der Nutzung etwa in einer gedruckten Zeitung nicht nur verändert oder lediglich ersetzt, sondern quantitativ und qualitativ wesentlich erweitert.

22   Über die inhaltliche Beschränkung des Nutzungsrechts kann der Urheber dem Verwerter mit dinglicher Wirkung auch **verbieten, Unterlizenzen** zu vergeben (BGH GRUR 1987, 37, 39 – Videolizenzvertrag; anders dagegen OLG München GRUR 1996, 972, 973 – Accatone). § 137 S. 1 BGB steht hier nicht entgegen, da es sich hier nicht um ein (unzulässiges) Veräußerungsverbot handelt, sondern um die Inhaltsbestimmung eines von den Parteien erst geschaffenen subjektiven Rechts wie bei § 399 Alt. 2 BGB (*Schack* Rn. 627).

23   Hat der Lizenzgeber (zulässigerweise) aus einem umfassenden Nutzungsrecht ein **beschränktes (ausschließliches) Nutzungsrecht** vergeben, ist er nicht gehindert, die ihm verbleibenden Nutzungsarten einem **Dritten weiterzugeben** (BGH GRUR 1986, 91, 93 – Preisabstandsklausel). Auch hier sind die lizenzierbaren Nutzungsarten innerhalb der urheberrechtlichen Verwertungsrechte (§ 15) maßgeblich, die durch die wirtschaftlich-technischen Gestaltungsmöglichkeiten eines Werkes bestimmt werden (BGH GRUR 1959, 200, 202 – Heiligenhof; BGH GRUR 1974, 786, 787 – Kassettenfilm; BGH GRUR 1979, 637, 638 – White Christmas; BGH GRUR 1990, 669, 671 – Bibelreproduktion; BGH GRUR 1992, 310, 311 – Taschenbuch-Lizenz). Taschenbuch- und Hardcover-Ausgaben bilden dabei eine jeweils selbstständige Nutzungsart, dies soll aber nicht für **preisliche Absprachen** gelten (BGH GRUR 1992, 310, 312 – Taschenbuch-Lizenz); zwar ist der Preis geradezu ein klassisches Instrument zur Erschließung neuer Märkte, hier gilt jedoch auf dem deutschen Markt (zumindest noch) die Besonderheit der Buchpreisbindung (so auch *Fitzek* 87, 88, der eine Absprache über die Preisgestaltung als ausschließliche Inhaltsbeschränkung für zulässig erachtet).

5. Dingliche Beschränkungen und Erschöpfung (§ 17)

24   Von den dinglichen Beschränkungen zu unterscheiden ist die Frage der sog. **Erschöpfung** des Verbreitungsrechts mit dem Erscheinen. Sobald das Verbreitungsrecht nach § 17 Abs. 2 (gemeinschaftsweit, s. § 17 Rn. 34) erschöpft ist, kann die Weiterverbreitung von Vervielfältigungsstücken (DVDs, CDs, Schallplatten, Videokassetten, Bücher und ähnliche Werkträger) nur noch schuldrechtlich und nicht mehr mit dinglicher Wirkung und der Folge der §§ 97 ff. verboten werden (BGH GRUR 2003, 699, 702 – Eterna; BGH GRUR 1986, 736, 737 – Schallplattenvermietung; BGH NJW 2000, 3783, 3784 – Parfümflakon; *Schack* Rn. 609: § 17 erfasst auch werbliche Ankündigungen).

25   Umstritten ist, inwieweit eine dinglich wirkende Beschränkung des Nutzungsrechts auch eine **Begrenzung der Erschöpfung** nach § 17 Abs. 2 zur Folge hat. Einerseits geht die

bisherige h. M. davon aus, dass der Umfang der Erschöpfung auf die dingliche Beschränkung begrenzt ist (Schricker/*Loewenheim/Loewenheim* § 17 Rn. 60 m.w.N. auch zur Gegenansicht), da der Lizenznehmer außerhalb dieses Bereiches zur Verbreitung nicht berechtigt ist. War etwa ein Verleger nicht befugt, die Werkexemplare eines Romans über eine Buchgemeinschaft in Verkehr zu bringen, konnte wegen der dinglichen Beschränkung seines Verbreitungsrechts durch das Inverkehrbringen auf einem anderen als dem vereinbarten Vertriebsweg insoweit auch keine Erschöpfung eintreten (BGH GRUR 1959, 200, 203 – Heiligenhof; BGH GRUR 1978, 637, 639 – White Christmas; näher § 17 Rn. 35 f.). Andererseits gibt es Stimmen, wonach es nicht möglich sei, bestimmte Teile mit dinglicher Wirkung vom Verbreitungsrecht abzuspalten und damit von der Erschöpfungswirkung auszunehmen (OLG Hamm GRUR 1981, 783 f. – Video-Film-Kassetten; OLG Frankfurt a. M. ZUM-RD 1999, 182, 185 – Updates; vgl. auch *Reimer* GRUR Int. 1972, 221, 224 ff.; *Joos* 189 f.).

Der **BGH** hat für den Fall des Vertriebs von Software, die vom Hersteller nur zum gemeinsamen Verkauf mit einem neuen Computer bestimmt war, angenommen, dass diese Beschränkung des Nutzungsrechts nicht zu einer Einschränkung der Erschöpfung führen konnte (BGH GRUR 2001, 153, 154 – **OEM-Version**), hat insoweit also trotz anerkannter dinglicher Beschränkung des Nutzungsrechtes eine umfassende Erschöpfung angenommen aus Gründen des Verkehrsschutzes (zur Widersprüchlichkeit des Urteils auch *Schricker* FS Dietz 447, 452 Fn. 16). Richtigerweise wird man hier darauf abstellen müssen, ob sich die Verbreitung der OEM-Version im Vergleich zur Vollversion als eigenständige Nutzungsart der (identischen) Software darstellt, ob eine entsprechende dingliche Beschränkung also überhaupt möglich war. Eine solche und möglicherweise weitere Ausdehnung des Erschöpfungsgrundsatzes auf einen „allgemeinen Grundsatz, dass das Urheberrecht gegenüber dem Interesse an der Verkehrsfähigkeit zurücktreten muss" (so angedeutet in BGH GRUR 2001, 51 – Parfümflakon) ist abzulehnen (*Schricker* FS Dietz 446, 447 f.; a.A. offenbar Mestmäcker/Schulze/*Scholz* § 31 Rn. 93), denn ein solcher Grundsatz ginge zu Lasten des Verwertungsinteresses des Urhebers noch über die ohnehin einschneidende Regelung des § 17 Abs. 2 hinaus. Werden grundsätzliche Rechte des Urhebers berührt (etwa aus §§ 14, 23, 39), ist zumindest eine erneute Zustimmung des Urhebers erforderlich (Fromm/Nordemann/*J. B. Nordemann* § 31 Rn. 17). Im Zusammenhang mit **gebrauchter Software** ist umstritten, ob der Erschöpfungsgrundsatz nach § 69c Nr. 3 S. 2 gilt, wenn ein Ersterwerber einem Zweierwerber gebrauchte Software zur Verfügung stellen will. Nach der bisherigen Rechtsprechung griff der Erschöpfungsgrundsatz dann nicht, wenn die gebrauchte Software im Wege des Downloads erworben wurde; eine analoge Anwendung des § 69c Nr. 3 S. 2 wurde hier abgelehnt (BGH GRUR Int. 2011, 439, 444 – UsedSoft; OLG Frankfurt/M ZUM 2011, 419; OLG Frankfurt/M MMR 2009, 544, 545 m. Anm. *Bräutigam;* OLG München MMR 2008, 601; OLG München MMR 2006, 748 m. Anm. *Stögmüller*). Jüngst hat jedoch der EuGH auf einen Vorlagebeschluss des BGH (GRUR Int. 2011, 439 – UsedSoft) in der Sache anders entschieden und ausgeführt, das ausschließliche Verbreitungsrecht erschöpfe sich auch im Falle des Erstverkaufs mittels Download (EuGH ZUM 2012, 661 – UsedSoft; nunmehr auch BGH I ZR 129/08 – UsedSoft II); ausführlich § 69c Rn. 34 ff.). Auch das Erfordernis der persönlichen **Online-Registrierung zur Nutzung von körperlich erworbener Software** und das Verbot der Weitergabe der Nutzungsrechte an Zweiterwerber berührt den Grundsatz der Erschöpfung nicht, d. h. ein Weiterverkauf der Software kann durch den Rechteinhaber im Ergebnis verhindert werden (BGH GRUR 2010, 822, 824 – Half-Life 2: individuelle Kennung erforderlich zur Nutzung von auf DVD erworbenem Computerspiel). Beim „Kauf" (richtiger: beim Erwerb einfacher Nutzungsrechte) von online vertriebenen **Hörbüchern** und **E-Books** tritt durch den Download keine Erschöpfungswirkung nach § 17 Abs. 2 ein (LG Bielefeld GRUR-RR 2013, 281, 283 – Hörbuch).

IV. Arten der Rechtseinräumung (§ 31 Abs. 2, Abs. 3)

1. Abgrenzung und Inhalt

27 Das Gesetz unterscheidet zwischen ausschließlichen und einfachen Nutzungsrechten (§ 31 Abs. 1 S. 2). Das **ausschließliche Nutzungsrecht** hat die Wirkung, dass sein Inhaber (als Zessionar) das Werk unter Ausschluss aller anderen Personen einschließlich des Urhebers (als Zedent) auf die vereinbarte Art nutzen kann (§ 31 Abs. 3 S. 1). Durch § 31 Abs. 2 S. 2 wird seit der Reform 2002 (s. Vor §§ 31 ff. Rn. 3) gesetzlich klargestellt, dass sich der Urheber die Möglichkeit der eigenen Nutzung neben dem ausschließlich Nutzungsberechtigten vorbehalten kann (vgl. AmtlBegr. BT-Drucks. 14/6433, 43).

28 Bei **einfachen Nutzungsrechten** besteht die Möglichkeit, dass der Urheber die Nutzungsrechte mehreren Personen einräumt und diese das Werk gleichartig nebeneinander nutzen können (§ 31 Abs. 2). Der Inhaber eines einfachen Nutzungsrechts kann dem Urheber und Dritten diese gleichartige Nutzung dann nicht versagen. Wenn der Autor eines Romans also den Verlagen A, B und C das einfache Nutzungsrecht zur Verbreitung des Romans als Hardcover im Buchhandel einräumt, haben diese keine negativen Verbotsrechte gegeneinander. Räumt der Urheber hingegen nur dem Verlag A das ausschließliche Nutzungsrecht (Verlagsrecht) ein, hätte A ein positives Nutzungsrecht (Vornahme der Nutzungshandlung) und auch ein negatives Verbotsrecht gegenüber Dritten (hier B und C).

29 Das **ausschließliche Nutzungsrecht** schließt regelmäßig ein **negatives Verbotsrecht** ein (BGHZ 9, 262, 264 – Lied der Wildbahn; BGH GRUR 1992, 310, 311 – Taschenbuch-Lizenz). Der Inhaber des ausschließlichen Nutzungsrechts (im Beispiel oben A) ist neben dem Urheber auch selbst passivlegitimiert (BGHZ 118, 394, 399 – ALF). Das negative Verbotsrecht reicht weiter als das positive Nutzungsrecht (a. A. *Hahn* 101). Der Inhaber des ausschließlichen Nutzungsrechts kann etwa, wenn sein positives Nutzungsrecht die Vervielfältigung in Buchform und den Vertrieb über den Sortimentsbuchhandel umfasst, auch dann (nach §§ 97 ff.) gegen einen Dritten vorgehen, wenn dieser das Werk in einer anderen Art und Weise grafisch herstellt und verbreitet (*Haberstumpf* Rn. 388; *Schricker* § 8 VerlG Rn. 20 ff.; Schricker/Loewenheim/*Schricker/Loewenheim* § 31 Rn. 13). Zum Verhältnis der Nutzungsrechte der Urheber an einer Werkverbindung gem. § 9s. § 9 Rn. 13 ff.

30 Der Urheber kann nicht mehr oder umfassendere Rechte einräumen, als er selbst (noch) innehat (s. § 33 Rn. 10; Ahlberg/Götting/*Soppe* § 31 Rn. 65). Ein Nutzungsvertrag kann aber gleichwohl als sog. **„Leerübertragung"** Wirkungen entfalten (s. Vor §§ 31 ff. Rn. 124 ff.).

2. Ausschließlichkeitswirkung einfacher Nutzungsrechte

31 Ob auch einfache Nutzungsrechte (wie ausschließliche Nutzungsrechte) neben der schuldrechtlichen Wirkung **dinglichen Charakter** mit Ausschließlichkeitswirkung haben, war vor der Reform des Urhebervertragsrechts umstritten (eingehend Schricker/Loewenheim/*Schricker/Loewenheim* Vor § 28 Rn. 83 m. w. N.). Diese Frage wird etwa bedeutsam, wenn der einfache Lizenznehmer gegen Dritte vorgehen will. Da auch die einfachen Nutzungsrechte dem Erwerber bestimmte Befugnisse geben und sowohl das Urheberrecht des Zedenten belastet als auch inhaltlich geändert wird, war schon bisher von einer dinglichen Natur der Rechtseinräumung auszugehen (Dreier/Schulze/*Schulze* § 31 Rn. 52; *Schack* Rn. 604; Mestmäcker/Schulze/*Scholz* § 31 Rn. 56; Dreyer/Kotthoff/Meckel/*Kotthoff* § 31 Rn. 103; Schricker/Loewenheim/*Schricker/Loewenheim* § 31 Rn. 14; *Haberstumpf* Rn. 389 m. w. N.; *Rehbinder* Rn. 561; LG München I ZUM 2004, 861, 863; a. A. *Pahlow* ZUM 2005, 865 ff.: nur schuldrechtliche Wirkung; Fromm/Nordemann/*J. B. Nordemann* § 31 Rn. 11; Ahlberg/Götting/*Soppe* § 31 Rn. 65). Die Neufassung des § 33 durch die Reform 2002 (s. Vor §§ 31 ff. Rn. 3) hat dies klargestellt (s. § 33 Rn. 2). Auch die Rechtsprechung tendiert neuerdings dazu, einfachen Nutzungsrechten dingliche Wirkung zuzugestehen (BGH GRUR 2009, 946, 948 – Reifen Progressiv: Fortbestand des abgeleiteten einfachen Nutzungsrechts bei Wegfall des ausschließlichen Nutzungsrechts zumindest für den Fall des Widerrufs des letzteren nach § 41; BGH GRUR 2012, 916 – M2Trade: Fortbestand des einfaches Nutzungsrecht bei Erlöschen der Hauptlizenz durch Kündigung wegen Zahlungsverzug; BGH GRUR 2012, 914 – Take Five).

Das einfache Nutzungsrecht ist mit den **beschränkten dinglichen Rechten** (z.B. 32 § 1090 BGB) vergleichbar, denn hier wie dort ist die (beschränkte) Herrschaftsmacht auf die Nutzung ausgerichtet (*Müller* Rn. 5; *Rehbinder* Rn. 561; anders *Pahlow* ZUM 2005, 865, 872; *Sosnitza* FS Schricker 2005, 183, 190f.: ausschließliche und nicht ausschließliche Lizenz als rein schuldrechtlich wirkende Rechte). Die Beschränkung beim einfachen Nutzungsrecht besteht darin, dass der Inhaber **nur ein positives Nutzungsrecht,** aber kein Verbotsrecht bzw. eigenes Klagerecht gegen Dritte hat (Mestmäcker/Schulze/*Scholz* § 31 Rn. 72; Loewenheim/*Loewenheim*/*J. B. Nordemann* § 25 Rn. 8 m.w.N.; *Frey/Rudolph* ZUM 2004, 522, 527). Bei der Rechtsverfolgung muss der Urheber ihn vielmehr unterstützen (vgl. zum Patentrecht BGH GRUR 1965, 591 – Wellplatten), indem er ihn ermächtigt, sein Verbotsrecht in gewillkürter Prozessstandschaft zu verfolgen (Dreier/Schulze/*Schulze* § 31 Rn. 51; Dreyer/Kotthoff/Meckel/*Kotthoff* § 31 Rn. 102; *Schack* Rn. 821). Das hierfür außerdem erforderliche Eigeninteresse des einfachen Nutzungsrechts ergibt sich regelmäßig aus der Stellung als Nutzungsrechtsinhaber.

3. Sonstige Vertragspflichten

Meist ergeben sich neben der Verpflichtung zur Rechtseinräumung einfacher oder ausschließlicher Nutzungsrechte im Kausalgeschäft (z.B. Kauf-, Werk- und Dienstvertrag) noch weitere Vertragspflichten. Bei der Einräumung des ausschließlichen Verlagsrechts an den Verlag wird für den Urheber auch die Art und Weise der Realisierung des Schriftwerkes von Interesse sein, etwa Druck, Papier, Format, Ausstattung und Werbung. Solche Abreden im Verlagsvertrag begründen weitere schuldrechtliche Verpflichtungen zwischen den Parteien, für den Verlag sind sie gleichsam **schuldrechtliche Rahmenbedingungen für die Ausübung des Nutzungsrechts.** Die Verletzung derartiger schuldrechtlicher Pflichten kann Rücktritts- bzw. Kündigungsrechte oder Schadensersatzansprüche auslösen (*Ulmer* 444; *Schricker* § 8 VerlG Rn. 18; Schricker/Loewenheim/*Schricker/Loewenheim* Vor § 28 Rn. 97), es liegt aber keine Verletzung des Urheberrechts vor, etwa wenn das Werk nicht richtig beworben wurde oder das Papier eine schlechte Qualität aufweist. 33

Urheberrechtsverletzungen sind dagegen anzunehmen, wenn eine gegenständliche 34 Aufspaltung der ausschließlichen oder einfachen Nutzungsrechte anhand der Nutzungsarten und durch zeitliche, örtliche oder inhaltliche **Beschränkungen der Nutzungsrechte** (näher oben Rn. 4ff.; Schricker/Loewenheim/*Schricker/Loewenheim* Vor § 28 Rn. 97) vereinbart wurde und diese Vereinbarung verletzt wird, etwa die vereinbarte Anzahl der Aufführungen überschritten wird, statt der vereinbarten Hardcover- auch eine Paperbackausgabe gedruckt wird, oder ein Kino- oder Fernsehfilm zusätzlich über das Internet oder durch Verkauf als DVD verwertet wird.

4. Übertragung auf Dritte (§ 31 Abs. 3 S. 1, 3)

Zwar darf der Inhaber des ausschließlichen Nutzungsrechts einem Dritten weitere (einfache oder ausschließliche) Nutzungsrechte (in der Praxis dann „**Unterlizenz**") einräumen (§ 31 Abs. 3 S. 1), doch bedarf er hierzu noch der Zustimmung des Urhebers (bzw. seines Rechtsnachfolgers, § 30), §§ 31 Abs. 3 S. 3, 35 (LG Leipzig ZUM 2007, 671, 672). Hat z.B. ein Bühnenautor der Staatsoper Unter den Linden in Berlin das (zeitlich und örtlich beschränkte) Aufführungsrecht für sein Werk ausschließlich für eine Spielzeit eingeräumt, kann diese nicht etwa der Deutschen Oper Berlin oder der Komischen Oper Ber- 35 lin ein Aufführungsrecht für die Spielzeit ohne Zustimmung des Bühnenautors einräumen. Der Nutzungsberechtigte, der Inhaber eines ausschließlichen Nutzungsrechts ist und selbst eine **ausschließliche Unterlizenz** erteilt, verliert ebenso wenig wie der Urheber bei der Vergabe ausschließlicher Nutzungsrechte sein **Klagerecht,** sofern er ein eigenes schutzwürdiges Interesse an der Rechtsverfolgung hat, bspw. die Beeinträchtigung seines Anspruchs auf Lizenzgebühren (Schricker/Loewenheim/*Schricker/Loewenheim* Vor § 28 Rn. 83; Fromm/Nordemann/*J. B. Nordemann* § 31 Rn. 96; Dreyer/Kotthoff/Meckel/ *Kotthoff* § 31 Rn. 105; Dreier/Schulze/*Schulze* § 31 Rn. 59; *v. Gamm* § 31 Rn. 13; BGH GRUR Int. 1993, 257, 258 – ALF; BGH GRUR 1999, 984, 985 – Laras Tochter). Hat der Urheber einem Dritten urheberrechtliche Nutzungsrechte eingeräumt, obwohl er die entsprechenden Rechte schon zuvor einer Verwertungsgesellschaft überlassen hatte, geht die Rechtseinräumung an den Dritten ins Leere. Es kann dann nicht davon ausgegangen werden, der Urheber habe dem Dritten zumindest die bei ihm verbliebenen Ansprüche abgetreten (BGH ZUM-RD 2009, 433, 436 – Mambo No. 5). Ein Lizenzgeber ist beim Abschluss eines Lizenzvertrages verpflichtet, den Lizenznehmer auf mögliche widerstreitende Ansprüche Dritter im Rahmen der Lizenzkette hinzuweisen, denn der Lizenznehmer kann erwarten, dass es gegen die Lizenz keine dem Lizenzgeber bekannten Einwendungen gibt (LG München I ZUM-RD 2010, 371, 373 – Marlene).

5. Vorbehalt der Nutzung durch den Urheber (§ 31 Abs. 3 S. 2)

36 Neben dem einfachen Nutzungsberechtigten ist der Urheber ohnehin selbst zur Nutzung des Werkes befugt. Aber auch im Fall der Einräumung eines ausschließlichen Nutzungsrechts kann der Urheber ein Interesse daran haben, selbst das Werk neben dem Lizenznehmer positiv zu nutzen, gegenüber Dritten früher schon eingeräumte einfache Nutzungsrechte aufrecht zu erhalten, oder gegen unberechtigte Dritte negativ selbst vorzugehen (eingeschränkte Ausschließlichkeit, vgl. Dreier/Schulze/*Schulze* § 31 Rn. 58; Schricker/Loewenheim/*Schricker/Loewenheim* Vor § 28 Rn. 49; *Schricker* Vor §§ 28ff. Rn. 48, §§ 31/32 Rn. 4). Während Letzteres nach herrschender Meinung wegen der Gebundenheit des Urheberrechts immer möglich bleibt, hat der Gesetzgeber bei der Reform des § 31 im Jahr 2002 (s. Vor §§ 31ff. Rn. 3) klargestellt, dass sich der Urheber auch gegenüber dem ausschließlich Nutzungsberechtigten die (positive) Selbstnutzung vorbehalten kann (vgl. AmtlBegr. BT-Drucks. 14/6433, 43).

6. Gestattung zur Nutzung, schlichte Einwilligung

37 Der Inhaber des Urheberrechts kann einem anderen die Nutzung des Werkes auch in einer dem Urheber von Gesetzes wegen vorbehaltenen Weise durch schuldrechtliche Gestattung erlauben, ohne dass ein Nutzungsvertrag vorliegen muss. Dann willigt der Urheber in einen Eingriff in seine Verwertungsrechte ein. Diese „Einwilligung" ist eine rechtsgeschäftsähnliche Handlung (*Ohly* GRUR 2012, 983, 985; Schricker/Loewenheim/*Schricker/ Loewenheim* Vor § 28 Rn. 57) und lässt als **tatbestandsausschließendes Einverständnis** die Urheberrechtsverletzung oder als rechtfertigende Einwilligung zumindest die Widerrechtlichkeit derselben im Rahmen der §§ 823ff. BGB, 97ff. entfallen. Darüber hinaus ist auf Grundlage der durch die Rechtsprechung jüngst entwickelten Rechtsfigur der sogenannten (rechtfertigenden) **„schlichten Einwilligung"** trotz fehlender Rechtseinräumung eine gleichwohl rechtmäßige Nutzung von urheberrechtlichen Werken denkbar, ohne dass der Berechtigte eine entsprechenden rechtgeschäftlichen Willen gebildet und diesen ausdrücklich oder konkludent geäußert hat (BGH GUR 2010, 628 – Vorschaubilder I; BGH GRUR 2012, 602 – Vorschaubilder II). Diese Rechtsprechung beschränkt sich derzeit auf die Frage der Zulässigkeit der Zugänglichmachung von Vorschaubildern durch Suchmaschinen; eine Ausweitung auf weitere Sachverhalte oder gar Anwendung als gene-

relle Regelung ist zweifelhaft und bleibt abzuwarten (siehe ausführlich Vor §§ 31 ff. Rn. 46 m. w. N.; kritisch *Klass* ZUM 2013, 1 ff.).

V. Neuregelungen für unbekannte Nutzungsarten (§ 31 Abs. 4 a. F.)

Mit der Reform 2007 (s. Vor §§ 31 ff. Rn. 5) wurde § 31 Abs. 4a. F. aufgehoben. Diese **38** Vorschrift lautete: „*Die Einräumung von Nutzungsrechten für noch nicht bekannte Nutzungsarten sowie Verpflichtungen hierzu sind unwirksam.*" Den besonderen Fall der Nutzung von Werken auf solche Nutzungsarten, die zum Zeitpunkt der Rechtseinräumung noch unbekannte waren, regelt das Gesetz seitdem in den §§ 31a, 32c und 137l (zur Diskussion und Bewertung s. die Kommentierungen dort sowie *Kreile* ZUM 2007, 862; *Pfennig* ZUM 2007, 694; *Bornkamm* ZUM 2003, 1010; *Berger* GRUR 2005, 907; *Kitz* GRUR 2006, 548; *Spindler/Heckmann* ZUM 2006, 620; *Nolte* CR 2006, 254; *Flechsig* ZRP 2006, 145; *Jani* UFITA 2006/II, 511; *Frey/Rudolph* ZUM 2007, 13). Die Einräumung unbekannter Nutzungsarten ist seit dem 1.1.2008 wirksam möglich, muss aber schriftlich erfolgen (§ 31a Abs. 1 S. 1). Der Urheber hat binnen drei Monaten nach Absendung einer Mitteilung des Werknutzers über den Beginn der Nutzung auf eine neue Nutzungsart ein Widerrufsrecht (§ 31a Abs. 1 S. 3 und 4), sowie ab dem Beginn der Werknutzung einen Anspruch auf eine besondere, angemessene Vergütung (§ 32c Abs. 1 S. 1). Umfassende Rechtseinräumungen zwischen dem 1.1.1966 (Inkrafttreten des UrhG) und dem 1.1.2008 (Inkrafttreten des Zweiten Gesetzes zur Regelung des Urheberrechts in der Informationsgesellschaft) beinhalten kraft gesetzlicher Fiktion auch unbekannte Nutzungsarten (§ 137l Abs. 1 S. 1, näher § 137l Rn. 5 auch zur Behandlung von Altverträge aus der Zeit vor dem 1.1.1966). Weitergehende Übergangsregelungen sind nicht vorgesehen. § 31 Abs. 4 a. F. ist demnach seit dem 1.1.2008 auch nicht mehr auf Altfälle anzuwenden.

VI. Zweckübertragungsregel (§ 31 Abs. 5)

1. Normzweck, Altverträge

Die Zweckübertragungsregel – wegen der konstitutiven Übertragung besser **Zweck-** **39** **einräumungsregel** oder **Vertragszwecktheorie** (Ulmer-Eilfort/Obergfell/*Ulmer-Eilfort* Kap. E Rn. 9; *Riesenhuber* ZUM 2010, 137, 140; Ahlberg/Götting/*Soppe* § 31 Rn. 89; *Schack* Rn. 615; *Rehbinder* Rn. 569) – gehört zu den grundlegenden Prinzipien des Urhebervertragsrechts und bedeutet, dass der Urheber keine weitergehenden Nutzungsrechte einräumt, als es der Zweck des Vertrages erfordert. Liegt also eine ausdrückliche Vereinbarung über die einzeln zu bezeichnenden Nutzungsarten nicht vor, so bestimmt sich der Umfang des Nutzungsrechts nach dem mit seiner Einräumung verfolgten Zweck (ständige Rechtsprechung, siehe jüngst BGH ZUM 2011, 560, 564 – Der Frosch mit der Maske; BGH WRP 2010, 916, 919 – Vorschaubilder; BGH GRUR 2010, 62, 63 – Nutzung von Musik für Werbezwecke; OLG München ZUM-RD 2010, 327, 330 – Marlene-Dietrich-Film; OLG München GRUR-RR 2008, 37, 40; OLG Köln NJOZ 2008, 174, 178; LG München I ZUM-RD 2007, 498, 502; Dreier/Schulze/*Schulze* § 31 Rn. 110; Schmid/Wirth § 31 Rn. 10; *Schack* Rn. 615; Dreyer/Kotthoff/Meckel/*Kotthoff* § 31 Rn. 131; Fromm/Nordemann/*J. B. Nordemann* § 31 Rn. 109; Schricker/Loewenheim/*Schricker/Loewenheim* § 31 Rn. 69; *Haberstumpf* Rn. 403; *Rehbinder* Rn. 574; *v. Becker* ZUM 2005, 303, 305). Der Sache nach handelt es sich um die **teleologische Auslegung der Nutzungsverträge** (*Rehbinder* Rn. 569; Schricker/Loewenheim/*Schricker/Loewenheim* § 31 Rn. 66; LG Berlin ZUM-RD 2008, 18, 22). Grundgedanke und Ziel ist dabei eine möglichst weitgehende Beteiligung des Urhebers an den wirtschaftlichen Früchten seines Werkes (BGHZ 131, 8, 12 – Pauschale Rechtseinräumung; *Riesenhuber* GRUR 2005, 712, 714 m.w.N.). § 31 Abs. 5 S. 1 will insb. verhindern, dass in Nutzungsverträgen pauschale Rechtseinräumungen erfolgen, um den Urheber vor den unangemessenen wirtschaftlichen Folgen einer Pauschalvergabe mehrerer oder aller Nutzungsrechte zu bewahren. Für vor dem 1.1.1966 geschlossene **Altverträge** gilt zwar nicht § 31 Abs. 5, aber der inhaltsgleiche richterrechtliche Zweckübertragungsgrundsatz (vgl. § 132 Rn. 3). Die seit dem 1.1.2008 mögliche und naturgemäß stets pauschale Einräumung **unbekannter Nutzungsarten** (s. §§ 31a, 32c sowie Vor §§ 31 ff. Rn. 5) ist nicht wegen § 31 Abs. 5 von vornherein unwirksam, vielmehr ist jede konkrete nach der Rechtseinräumung bekannt werdende neue Nutzungsart gem. § 31 Abs. 5 daran zu messen, ob die konkrete neue Nutzungsart vom Vertragszweck umfasst ist (a. A. *Klöhn* K&R 2008, 77, 79). **Altverträge,** die vor 1966 abgeschlossen wurden, sind nach richtiger Ansicht des BGH nicht so auszulegen, dass jede pauschale Bezugnahme in einem mit Urhebern abgeschlossenen Vertrag auf das jeweils gültige Tarifrecht oder AGBs bereits als unzweideutige Bekundung des Parteiwillens auf die Miterfassung von neuen Verwertungsformen zu verstehen ist. Es kommt hier vielmehr darauf an, ob auch für jede neue Verwertungsform eine Beteiligung des Urhebers gesichert ist, ob also auch und gerade noch völlig unbekannte Nutzungsarten bei der Festlegung von **Leistung und Gegenleistung** erkennbar erörtert und berücksichtigt wurden. Eine stillschweigende Einräumung von Nutzungsrechten zu Ungunsten des Urhebers gilt nur für bekannte, nicht aber für unbekannte Nutzungsarten (so BGH ZUM 2011, 498 – Drehbuchautor; BGH ZUM 2011, 560, 564 – Der Frosch mit der Maske; OLG Köln ZUM 2009, 237, 241). Die Anwendung der Zweckübertragungslehre kann nicht dazu führen, den Vergütungsanspruch des Urhebers wegen der Einräumung unbekannter Nutzungsarten zu versagen (LG München I ZUM 2009, 681, 685 – CD-Cover). Eine Einräumung von Nutzungsrechten für unbekannte Nutzungsarten kommt bei Altverträgen, die vor dem 1.1.1966 abgeschlossen wurden, nur dann in Betracht, wenn eine Absatzbeteiligung vereinbart war, die eine Beteiligung des Berechtigten an der Verwertung seines Werkes gewährleistet, oder wenn die Vereinbarung erkennen lässt, dass die Vertragsparteien eine Vergütung des Urhebers für ein Einräumung von Nutzungsrechten für unbekannte Nutzungsarten bei der Festlegung einer etwaigen Pauschalvergütung erörtert und berücksichtigt haben (BGH ZUM 2011, 560, 564 – Der Frosch mit der Maske; BGH ZUM 2011, 498, 499 – Drehbuchautor).

2. Rechtscharakter

40   Umstritten ist, ob es sich bei § 31 Abs. 5 S. 1 um eine bloße Auslegungsregel im Zweifelsfall handelt (so *Schack* Rn. 615, der zu Recht die ausdrückliche Formulierung als zwingende Schutznorm fordert, *Schack* GRUR 2002, 853; *Schack* ZUM 2001, 453, 456; ebenso *Pöppelmann* FS Pfennig 300, 316; *Stickelbrock* GRUR 2001, 1087, 1094) oder darüber hinaus geht (für viele Schricker/Loewenheim/*Schricker/Loewenheim* § 31 Rn. 69 m.w.N.). Zwar gilt § 31 Abs. 5 S. 1 von seinem Wortlaut her nur, wenn die Nutzungsarten „nicht ausdrücklich einzeln bezeichnet" sind, andererseits will die Norm den Urheber aber generell vor einer über den Vertragszweck hinausgehenden (etwa pauschalen) Rechtseinräumung schützen. § 31 Abs. 5 geht daher über eine bloße Auslegungsregel hinaus und führt in der Praxis zu einer **Spezifizierungslast des Verwerters** (vgl. BGH Beck online 2009, 78215, Rn. 22; OLG Köln ZUM-RD 2012, 337 – Newton Bilder; OLG Köln NJOZ 2008, 174, 178; LG München I ZUM-RD 2008, 159, 166). Dieser muss die von ihm gewünschten Nutzungsarten im Nutzungsvertrag genau bezeichnen, ansonsten wird der Umfang seines Nutzungsrechts auf den Vertragszweck fixiert (Dreier/Schulze/*Schulze* § 31 Rn. 111; Mestmäcker/Schulze/*Scholz* § 31 Rn. 116; Schricker/Loewenheim/*Schricker/ Loewenheim* § 31 Rn. 69 m.w.N.; Dreyer/Kotthoff/Meckel/*Kotthoff* § 31 Rn. 134; Fromm/ Nordemann/*J. B. Nordemann* § 31 Rn. 109). § 31 Abs. 5 hat **Leitbildfunktion,** weil die

Zweckbestimmung der einzelnen Nutzungsrechte den Sinn hat, eine angemessene Vergütung zu sichern (LG Mannheim ZUM-RD 2012, 161, 163; Schricker/Loewenheim/*Schricker/Loewenheim* § 31 Rn. 65; Dreier/Schulze/*Schulze* § 31 Rn. 110; *Berberich* MMR 2010, 736, 739; **anders aber BGH** GRUR 2012, 1031, 1035 – Honorarbedingungen Freie Journalisten; BGH GRUR 1984, 45, 49 – Honorarbedingungen; BGH GRUR 1974, 786 – Kassettenfilm; LG Erfurt ZUM 2012, 261, 264; KG Berlin Urteil vom 9.2.2012 (23 U 192/08); Mestmäcker/Schulze/*Scholz* § 31 Rn. 112; differenzierend *Castendyk* ZUM 2007, 169, 173). Sind im Nutzungsvertrag die einzelnen Nutzungsarten aufgeführt, ist § 31 Abs. 5 insoweit nicht anwendbar (LG München I ZUM-RD 2007, 257, 261). Die Rechtsprechung lässt zwar die Einräumung von Nutzungsrechten, die über den Vertragszweck hinausgehen, nur dann zu, wenn der Parteiwille dies unzweideutig zum Ausdruck bringt (BGH ZUM 2011, 560, 562 – Der Frosch mit der Maske; BGH GRUR 2004, 938, 939 – Comic-Übersetzungen III; BGH GRUR 2000, 145 – Comic-Übersetzungen II; BGH GRUR 1998, 682 – Comic-Übersetzungen I; OLG Köln ZUM-RD 2012, 337 – Newton Bilder). Mit einem überschießenden Rechtekatalog sind aber Nachforderungen des Urhebers verbunden. § 31 Abs. 5 und §§ 307 ff. BGB mögen zwar unterschiedliche dogmatische Aspekte aufweisen. Im Grunde weisen sie aber auf ein gemeinsames Ziel: unzumutbare Vertragsbedingungen in der Praxis nicht hinzunehmen und damit den Gerechtigkeitsgedanken durchzusetzen (Schricker/Loewenheim/*Schricker/Loewenheim* § 31 Rn. 69). Da § 31 Abs. 5 über eine bloße Auslegungsregel hinausgeht, ist er tauglicher Maßstab für die AGB-rechtliche Inhaltskontrolle (**a. A. aber BGH** GRUR 2012, 1031, 1035 – Honorarbedingungen Freie Journalisten). Geht die Aufzählung der Nutzungsrechte über den Zweck des Vertrages hinaus, widerspricht dies dem Schutzzweck des § 31 Abs. 5 (LG Bochum ZUM-RD 2012, 217, 222).

3. Anwendungsbereich

a) **Pauschale Rechtseinräumung und „Buy-out" Vertrag.** Diese Spezifizierungslast bewirkt, dass einer nach dem Vertragswortlaut „uneingeschränkten" Übertragung eines im Gesetz umschriebenen Verwertungsrechts (z. B. des Rechts der Vervielfältigung (§ 16) oder des Rechts zur Herstellung von Bild- und Tonträgern) dem Vertrag über den Umfang der Rechtseinräumung regelmäßig nichts Abschließendes entnommen werden kann (BGH GRUR 1974, 786, 787 – Kassettenfilm mit kritischer Anm. von *Dünnwald:* „Atomisierung" des Urheberrechts). Der Erwerber muss vielmehr darlegen und gegebenenfalls beweisen, dass diese oder jene Nutzungsart dem **Vertragszweck** entspricht (BGHZ 131, 8, 14 – Pauschale Rechtseinräumung). Kann er dies nicht, hat er die entsprechende Befugnis nicht erworben. 41

Im Bereich der Medienindustrie ist es weit verbreitete Praxis, den Schutz des § 31 Abs. 5 S. 1 zu umgehen, indem sog. **„Buy-out" Verträge** (näher Vor §§ 31 ff. Rn. 92) abgeschlossen werden (vgl. *Haas* Rn. 92; *v. Becker* ZUM 2005, 303, 306). Der Abschluss von Buy-out-Verträgen folgt nicht selten einem wirtschaftlichen Zwang („take it or leave it"; vgl. *Kasten* ZUM 2010, 130, 132; Klages/*Breinersdorfer* Rn. 438; *Wegner/Wallenfels/Kaboth* Kap. 2 Rn. 94; LG München I ZUM 2006, 164, 168 f., für Übersetzer; vgl. Sachverhalt BFH NJW 2005, 623 – Gesamt-Buy-out). Ein Pauschalhonorar (Normseitenhonorar) für Übersetzer bis zum Ablauf der Schutzfrist von 70 Jahren ist nicht redlich (nunmehr ebenso BGH ZUM-RD 2010, 16, 19 – Sachbuchübersetzer; BGH GRUR 2009, 1148, 1150 – Talking to Addison; OLG München ZUM-RD 2007, 166, 176; OLG München ZUM-RD 2007, 182, 189). In diesen Urheberrechtsverträgen werden umfassende Kataloge aller denkbaren Nutzungsarten aufgenommen, die zwar konkret die Nutzungsbefugnisse des Erwerbers bezeichnen, aber weit über den jeweiligen Vertragszweck hinausreichen und mit einer in Anbetracht der umfassenden Rechtseinräumung geringen Pauschalabgeltung an den Urheber vergütet werden (*W. Nordemann* § 32 Rn. 27; *Rehbinder* Rn. 609). Diese Pra- 42 xis widerspricht dem Schutzzweck des § 31 Abs. 5 S. 1, weil sie den teilweise zwingenden Regelungsinhalt zu beseitigen versucht, wird wegen des Grundsatzes der Vertragsfreiheit aber gleichwohl anerkannt (Dreyer/Kotthoff/Meckel/*Kotthoff* § 32 Rn. 37).

43 Nach der hier vertretenen Auffassung ist **§ 31 Abs. 5 S. 1 als zwingende Schutznorm** anzusehen. Im Ergebnis würden dann auch einzeln bezeichnete Rechtseinräumungen über den Vertragszweck hinaus ins Leere gehen, der Schutzgedanke des § 31 Abs. 5 S. 1 hätte hier Vorrang (ausführlich *Jani* 61 ff.). Ist also etwa in einem **Verlagsvertrag** neben dem Verlagsrecht über einen Roman auch das **Verfilmungsrecht** eingeräumt, ist hierfür aber keine angemessene Vergütung vereinbart, hätte der Verleger mit dieser Argumentation das Verfilmungsrecht nach § 31 Abs. 5 S. 1 auch nicht erworben. Die Hinweise auf eine Kontrolle der Nutzungsverträge durch die §§ 305 ff. BGB (vormals AGBG) und auf die Anwendung des § 138 BGB in krassen Fällen (vgl. Vor §§ 31 ff. Rn. 120 ff.; LG Berlin GRUR 1983, 438, 439 – Joseph Roth; *Schack* Rn. 515; Schricker/Loewenheim/*Schricker/Loewenheim* § 31 Rn. 72) könnten das Problem nur bedingt lösen, denn sowohl die §§ 305 ff. BGB als auch § 138 BGB stellen weitere Anforderungen an das Rechtsgeschäft, die über § 31 Abs. 5 S. 1 hinausgehen. Es ist daher davon auszugehen, dass § 31 Abs. 5 unter Berücksichtigung der konkreten Umstände des Einzelfalls eine taugliche Grundlage einer AGB-rechtlichen Inhaltskontrolle sein kann, etwa wenn sämtliche gegenwärtigen und künftigen Nutzungsrechte mit einer einmaligen Pauschalvergütung abgegolten werden (str., siehe ausführlich zum Meinungsstand Vor §§ 31 ff. Rn. 109).

44 Die **Einführung eines Anspruchs auf angemessene Vergütung (§ 32)** und die Schaffung eines neuen „Bestsellerparagraphen" (§ 32a) durch die Reform 2002 (s. Vor §§ 31 ff. Rn. 3) hat sich die Brisanz der „Buy-out" Verträge vor allem im Film-und Fernsehbereich nicht entschärft (*Kasten* ZUM 2010, 130, 133; a.A. noch *Rehbinder* Rn. 362). Der Urheber kann für die Zukunft eine Anpassung der im „Buy-out" Vertrag vereinbarten Vergütung verlangen, wenn diese im Vergleich zu den durch den Verwerter gezogenen Nutzungen unangemessen ist (§ 32, näher § 32 Rn. 12 ff.) sowie für die Vergangenheit eine zusätzliche Vergütung verlangen, wenn die Erträgnisse aus der Werknutzung in einem auffälligen Missverhältnis zur Urhebervergütung stehen (§ 32a, näher § 32a Rn. 3 ff.). Ist ein Anspruch auf angemessene Vergütung im Buy-out Vertrag vorgesehen (entweder als Anspruch für jede der aufgeführten Nutzungsarten oder abstrakt formuliert als angemessene prozentuale Beteiligung für eine Gruppe von denkbaren oder allen vorkommenden Nutzungen), steht der Schutzzweck des § 31 Abs. 5 S. 1 dem „Buy-out" Vertrag nicht mehr entgegen, soweit § 31 Abs. 5 eine zwingende Schutznorm darstellt (so *Schack* GRUR 2002, 853, 854). Zum Schutz des Urhebers empfiehlt sich eine zeitliche Begrenzung der Rechtseinräumung auf zehn bis fünfzehn Jahre (Klages/*Breinersdorfer* Rn. 450).

45 **b) Fehlende Rechtseinräumung.** Schweigt sich der Nutzungsvertrag hinsichtlich der Nutzungsrechte aus, so kann andererseits gem. § 31 Abs. 5 S. 1 und dem dahinter stehenden allgemeinen Prinzip davon ausgegangen werden, dass diejenigen Nutzungsarten, welche die Erreichung des Vertragszwecks erst ermöglichen, **stillschweigend** mit eingeräumt sind, es sei denn, der Urheber hat einen ausdrücklichen Vorbehalt geltend gemacht (BGH GRUR 1974, 480, 483 – Hummelrechte; BGH GRUR 1981, 196, 197 – Honorarvereinbarung; OLG München GRUR-RR 2008, 37, 40 – Pumuckl – Illustrationen II). Hier ist dann auf den von den Parteien erkennbar übereinstimmend und gemeinsam verfolgten **Vertragszweck** zurückzugreifen und zu fragen, ob und in welchem Umfang zur Erreichung dieses Vertragszwecks ein Nutzungsrecht erforderlich ist (BGHZ 24, 55, 70 f. – Ledigenheim; BGH GRUR 1984, 656, 657 – Vorentwurf; BGH GRUR 1984, 528, 529 – Bestellvertrag; OLG Hamburg GRUR 2000, 45 – CD-Cover). Der Zweckeinräumungsgrundsatz garantiert demgemäß dem Werknutzer einen zwingenden Kern von urheberrechtlichen Nutzungsbefugnissen, die für die vereinbarte Verwertung unerlässlich sind (BGH ZUM-RD 2000, 419 – Programmfehlerbeseitigung; OLG Düsseldorf ZUM 2001,

795, 797). Die Neufassung des § 31 Abs. 5 S. 1 durch die Reform 2002 (s. Vor §§ 31 ff. Rn. 3) hat hier lediglich klargestellt (ebenso *Hoeren* MMR 2002, 233 f.; a. A. *Ory* MMR 2002, 234), dass der Vertragszweck nicht einseitig nach der Vorstellung einer Partei (etwa der Verwerterseite) zu ermitteln ist, sondern aus Sicht beider Vertragsparteien im Wege der Gesamtwürdigung aller Umstände nach Treu und Glauben unter Berücksichtigung der Verkehrssitte. Die Rechtseinräumung kann nur soweit reichen, wie sich ein gemeinsam verfolgter Zweck zweifelsfrei ermitteln lässt (LG Hamburg ZUM-RD 2006, 456, 458 – keine Übertragung der Rechte zur Bewerbung von Postern im Internet).

Eine **stillschweigende Rechtseinräumung** von über diesen Vertragszweck hinausgehenden Nutzungen kann nur angenommen werden, wenn der Parteiwille, die Begleitumstände und das schlüssige Verhalten dies klar zum Ausdruck bringen (zuletzt BGH GRUR 2004, 938, 939 – Comic-Übersetzungen III). Alleine aus der (möglicherweise rechtswidrigen) Branchenüblichkeit weiterer Nutzungen kann eine stillschweigende Rechtseinräumung aber nicht gefolgert werden (a. A. KG ZUM 2002, 291: Übersetzervertrag für Comic-Hefte von 1969 soll nach damaliger Branchenübung auch die Verwendung der Übersetzungen für andere Sammelbände umfassen); bezieht sich ein Verlagsvertrag nur auf Printmedien, kommt eine stillschweigende Annahme von **Online-Nutzungsrechten** nicht in Frage. **46**

c) Spezifizierung der Nutzungsart, Vertragszweck, Einzelfälle. Da sich § 31 Abs. 5 **47** S. 1 auf jede abspaltbare Nutzungsart bezieht, die nach der Verkehrsauffassung als solche hinreichend klar abgrenzbar ist und als wirtschaftlich-technisch einheitlich und selbstständig bezeichnet werden kann (oben Rn. 2), müssen diese auch **konkret bezeichnet** sein, etwa die Hardcoverausgabe, die Taschenbuchausgabe oder Buchgemeinschaftsausgabe (so bereits BGH GRUR 1959, 200, 201 – Heiligenhof). Hier sind dann die übrigen **Vertragsumstände** heranzuziehen, um die Vereinbarung anhand des Vertragszwecks auszulegen. Klare Kriterien ergeben sich häufig aus der Werkart und der üblichen Verwendung.

Bei den in manchen **Verlagsverträgen** auch heute noch gängigen Formulierungen, **48** wonach „das Verlagsrecht" oder das „Verlagsrecht für alle Ausgaben" eingeräumt wird, ist hingegen unklar, welche Ausgaben gemeint sind (*Schricker* § 8 VerlG Rn. 5e). Ein Vertrag zwischen Romanautor und Filmproduzent impliziert regelmäßig ein **Verfilmungsrecht,** außerdem muss der Roman in ein Drehbuch umgearbeitet werden **(Bearbeitungsrecht).** Der Zweck einer Komposition für eine Oper besteht darin, diese als musikalisches Werk im Theater auch aufzuführen **(Aufführungsrecht),** nicht aber sie auch im Internet öffentlich wiederzugeben.

Räumt ein Autor einem **Verlag** Rechte zur Veröffentlichung von Beiträgen in einem **49** Handbuch ein, so ist die Rechtseinräumung **im Zweifel auf die konkrete Ausgabe beschränkt,** so dass eine unentgeltliche Wiederverwendung der Beiträge für eine spätere Neuausgabe des Handbuchs nicht möglich ist (OLG München ZUM 2000, 404, 406 – Literaturhandbuch; a. A. zu Unrecht KG ZUM 2002, 291: nochmalige Verwendung von Comic-Übersetzungen für spätere Sammelbände nach damaliger Branchenübung zulässig). Lässt sich ein Buchverlag 1955 im Verlagsvertrag mit einem Schriftsteller das Recht zur Verwendung eines Romans für „Tonfilm und Rundfunk" einräumen, so umfasst dies nicht auch die Herstellung eines Fernsehfilms, die Verwendung für Merchandising – Artikel oder die digitale Verwertung (OLG Frankfurt a. M. ZUM 2000, 595).

Der Umfang der Nutzungsrechte kann sich auch aus dem **Umfang des Auftrags** an **50** den Urheber ergeben. Wenn etwa ein Architekt nur den Auftrag erhält, ein Bauvorhaben und die Bauabsichten vorzuklären und eine Rentabilitätsberechnung vorzunehmen, kann nicht von einer stillschweigenden Rechtseinräumung eines **Nachbaurechts** ausgegangen werden, denn aus der Übernahme eines solchen Auftrages kann nicht auf die Einräumung urheberrechtlicher Nutzungsbefugnisse für den Bauherrn geschlossen werden (BGHZ 24, 55, 70 f. – Ledigenheim; BGH GRUR 1984, 656, 658 – Vorentwurf).

51 Wird an einem literarischen Stoff das uneingeschränkte **Weltverfilmungs- und Wiederverfilmungsrecht** zur Vorführung in Lichtspieltheatern eingeräumt, so berechtigt eine Vertragsbestimmung, wonach die Aufnahme und Vorführung an kein besonderes System gebunden sei, dennoch nicht zur Verwendung des Stoffes für Fernsehsendungen (BGH GRUR 1976, 382, 383 – Kaviar), denn Zweck des Vertrages war nur die Herstellung des Films für Lichtspieltheater.

52 Eine Hilfe bei der Auslegung kann auch die „**Branchenübung**" sein. Wird üblicherweise mit der Honorarzahlung auch die Verwendung des Entwurfs und nicht nur der Entwurf selbst abgegolten, ist bspw. auch das Recht zum Vertrieb einer Fotomontage auf Verpackungskartons vom durch den Fotografen eingeräumten Nutzungsrecht umfasst (BGH GRUR 1986, 885, 886 – METAXA).

53 Hat sich der Urheber eines musikalischen Werkes im **Wahrnehmungsvertrag** mit der GEMA eine gesonderte Einwilligung für die Verwendung des Werkes im Rundfunk vorbehalten, so ist diese Nutzungsart einschließlich des Einsatzes eines Ausschnitts des Werkes als Werbemelodie für eine Sendeanstalt von der dinglichen Rechtseinräumung nicht umfasst (OLG Hamburg GRUR 1991, 599, 600 – Rundfunkwerbung). Die GEMA ist aufgrund ihrer Berechtigungsverträge in den Fassungen der Jahre 2002 und 2005 nicht berechtigt, die urheberrechtlichen Nutzungsrechte hinsichtlich der Verwendung von **Musikwerken zu Werbezwecken** wahrzunehmen (BGH GRUR 2010, 62, 63 – Nutzung von Musik für Werbung; kritisch *Riesenhuber* ZUM 2010, 137).

54 **d) Spezialnormen im Film- und Verlagsbereich.** Zugunsten des Filmherstellers wird § 31 Abs. 5 S. 1 von § 88 Abs. 1 (Recht zur Verfilmung) und § 89 Abs. 1 (Rechte am Filmwerk) als lex specialis verdrängt (*Schack* Rn. 617; *Rehbinder* ZUM 1990, 234, 237), der Filmhersteller erhält also von den an vorbestehenden Werken sowie den am Filmwerk mitwirkenden Urhebern regelmäßig alle Nutzungsarten, etwa auch die der Videozweitauswertung (dazu § 31a Rn. 47 ff.). Seit der jüngsten Reform 2007 (s. Vor §§ 31 ff. Rn. 5) fallen auch zum Zeitpunkt des Vertragsschlusses unbekannte Nutzungsarten darunter, wenn die Rechtseinräumung schriftlich (§ 31a Abs. 1 S. 1) erfolgte. Widerrufsrechte der Urheber der vorbestehenden Werke (§ 88 Abs. 1 S. 2) und der am Filmwerk beteiligten Urheber (§ 89 Abs. 1 S. 2) sind ausgeschlossen. Auch die beteiligten Leistungsschutzberechtigten haben kein Widerrufsrecht (§ 79 Abs. 2 S. 2). Hinsichtlich zum Zeitpunkt des Inkrafttretens der Neuregelung (s. Vor §§ 31 ff. Rn. 5) bestehender Verträge mit der Einräumung aller wesentlichen Nutzungsrechte ausschließlich sowie zeitlich und räumlich unbeschränkt kommt die Einräumung unbekannter Nutzungsarten im Wege der gesetzlichen Fiktion in Frage (§ 137l Abs. 1). In jedem Fall entsteht mit der Aufnahme einer Werknutzung auf eine zur Zeit der vertraglichen Rechtseinräumung unbekannten Nutzungsart ein besondere Anspruch der Urheber auf angemessene Vergütung (§ 32c Abs. 1, 2). Eine **Sendeanstalt** hingegen erwirbt regelmäßig nur das Recht zur „fernsehmäßigen Verwertung", was nach dem Vertragszweck das Recht zur Videoverwertung gerade nicht einschließt (OLG Düsseldorf GRUR-RR 2002, 121 – Das weite Land). Im **Verlagsbereich** sind §§ 37, 38, 39 und 44 sowie §§ 1, 2, 8 VerlG zu beachten (Fromm/Nordemann/*J. B. Nordemann* § 31 Rn. 154).

55 **e) Spezifizierungspflicht bei Multimedia- oder Online-Nutzung.** Gerade für die zunehmende Online-Nutzung von Werken ist die aus der Zweckeinräumungsregel folgende Spezifizierungslast des Verwerters (oben Rn. 40) bedeutsam. So kann etwa aus den (zu unbestimmten) Formulierungen „**Multimedia-Verwertung**", „elektronische Verwertung" oder „digitale Verwertung" auf keine Rechtseinräumung für eine konkrete Online-Nutzung geschlossen werden (so auch *Lütje* in: Hoeren/Sieber Teil 7.2 Rn. 76; *Fitzek* 108; *Grunert/Ohst* KUR 2001, 8, 19; a. A. *Feldmann* ZUM 2000, 77, 78: „Verwertung durch digitale Medien" ausreichend). Konkrete Online-Nutzungen sind bspw. Music-on-Demand, Video-on-Demand (s. § 31a Rn. 49), Print-on-Demand, E-Book, Online-

Recherche oder Online-Publishing. Eine Online-Nutzung von Werken im Internet wird jedenfalls dann nicht vom Vertragzweck erfasst, wenn die Online-Nutzung zum Zeitpunkt des Vertragsabschlusses noch nicht branchenüblich war (OLG Hamburg ZUM 2005, 833, 837 – Online-Zeitschriften; LG Berlin ZUM 2000, 73, 76). Welche Verwendung zu welcher Zeit hier schon **branchenüblich** ist, ist im Streitfall vom Verwerter als Inhaber des Nutzungsrechts darzulegen und zu beweisen.

Räumt der Urheber eines **Fernsehbeitrages** einer Sendeanstalt das Senderecht an dem **56** Beitrag ein, so umfasst dies nach dem Vertragszweck grds. nur die Ausstrahlung im Fernsehen, nicht aber auch die Verwendung des Beitrags für den **Internetauftritt** des Senders (LG München I ZUM-RD 2000, 77, 79 – Fernsehbeitrag im Internet). Eine ältere Vertragsklausel (hier: 1955), nach der der Urheber die Rechte für „Tonfilm und Rundfunk" einräumt, kann nicht dahingehend ausgelegt werden, dass darunter auch Fernsehrechte und die digitale Nutzung erfasst werden (OLG Frankfurt a. M. ZUM 2000, 595, 596). Bezieht sich ein Verlagsvertrag von vorneherein nur auf Printmedien, kommt eine **stillschweigende Annahme** von Online-Nutzungsrechten ohnehin nicht in Frage (OLG Hamburg ZUM 2000, 870, 873 – Onlinezeitung). Wer ein **Foto für** ein **LP-Cover** herstellt, räumt damit im Zweifel kein Nutzungsrecht für die Verwendung des Fotos auch als CD-Cover ein (OLG Hamburg GRUR 2000, 45 – CD-Cover; a. A. LG München I ZUM 2009, 681, 685). Wenn zum Zeitpunkt des Vertragsabschlusses die Verwendung eines Fotos für ein LP-Cover vereinbart wurde, kann über die Anwendung des Zweckübertragungsgrundsatzes die Spezifizierungslast der Rechtseinräumung für unbekannte Nutzungsarten nicht umgangen werden (a. A. LG München I ZUM 2009, 681, 685). Nutzungsrechte zum Abdruck von **Fotos** in einer Zeitschrift umfassen nicht die Verwendung für die **CD-ROM**-Ausgabe der Jahrgangsbände (BGH GRUR 2002, 248 – SPIEGEL-CD-ROM; zustimmend *Hoeren* MMR 2002, 233), und auch nicht für den **Internet-Auftritt** oder das **Internet-Archiv** des Verlages (KG GRUR 2002, 252 – Mantellieferung). Ebenso ist es nicht erlaubt, ungenehmigte Fotos eines Werkes in einer Zeitschrift zu veröffentlichen, die in keinem konkreten Zusammenhang mit dem Werk stehen (OLG Hamburg GRUR-RR 2003, 33, 35 – Maschinenmensch). Ein im Fotostudio ausgeführtes **Portraitfoto** für Bewerbungszwecke soll mangels ausdrücklicher Einräumung vom Auftraggeber nicht im Rahmen des eigenen **Internet-Auftritts** öffentlich zugänglich gemacht werden dürfen (bedenklich OLG Köln ZUM 2008, 76).

Der **Anbieter von Internet-Diensten** sollte sich darüber hinaus als Inhaber aus- **57** schließlicher (und spezifizierter) Nutzungsrechte für die von ihm angebotenen Werke von den Urhebern zusätzlich das **Recht zur Unterlizenzierung** einräumen lassen, sonst könnte das Browsen und Downloaden durch gewerbliche User eine Urheberrechtsverletzung darstellen (so auch *Freitag* in: Kröger/Gimmy 322).

f) Weitere Geltung des Zweckübertragungsgrundsatzes (§ 31 Abs. 5 S. 2). Die **58** Einfügung des § 31 Abs. 5 S. 2 durch die Reform 2002 (s. Vor §§ 31 ff. Rn. 3) hat einige auch bis dahin schon anerkannte Anwendungsfälle (vgl. Schricker/Loewenheim/ *Schricker/Loewenheim* § 31 Rn. 74) der Zweckübertragungslehre klarstellend in das Gesetz übernommen (AmtlBegr. BT-Drucks. 16/6433, 14). Der **Grundsatz der Begrenzung von Nutzungsrechten auf den gemeinsamen Vertragszweck** gilt demnach auch für die in § 31 Abs. 5 S. 2 genannten Alternativen. So gilt ein Nutzungsrecht im Zweifel als nicht eingeräumt, wenn dies für die Erreichung des gemeinsamen Vertragszweckes nicht erforderlich ist, und ein eingeräumtes Nutzungsrecht im Zweifel als einfaches Nutzungsrecht, wenn nicht der Vertragszweck ein ausschließliches Nutzungsrecht erfordert. Des Weiteren lassen sich Umfang und Inhalt von Nutzungsrecht und Verbotsrecht (über die Frage der Nutzungsart hinaus) sowie etwaige Einschränkungen aus dem Vertragszweck erschließen, wobei auch hier der Grundsatz gilt, dass das Urheberrecht im Zweifel soweit wie möglich beim Urheber verbleibt.

59 Unter dieser Prämisse lassen sich **inhaltliche, räumliche oder zeitliche Beschränkungen** (s. o. Rn. 4 ff.) der Rechtseinräumung anhand des Zweckübertragungsgrundsatzes ermitteln (BGH GRUR 1996, 121, 122 – Pauschale Rechtseinräumung; BGH GRUR 1957, 611, 612 – Bel ami), Entscheidungen über die Frage treffen, ob **einfache oder ausschließliche Nutzungsrechte** eingeräumt wurden (KG ZUM-RD 1997, 81, 82 f.; OLG Düsseldorf GRUR 1988, 541, 542 – Warenkatalogfoto; LG Oldenburg GRUR 1996, 481, 482 – Subventions-Analyse-System) oder ob die eingeräumten Nutzungsrechte durch den Erwerber **weiterübertragen** werden dürfen (BGHZ 9, 262, 265 – Lied der Wildbahn I; BGH GRUR 1960, 197, 199 – Keine Ferien für den lieben Gott; BGH GRUR 1976, 382, 383 – Kaviar; BGH GRUR 1994, 363, 365 – Holzhandelsprogramm: Übertragung der Nutzungsrechte bei sicherungsübereigneter Software).

60 Zur Vermeidung späterer Auseinandersetzungen sollte bei der inhaltlichen Beschränkung der Rechtseinräumung von Nutzungsrechten der Umfang der Nutzungsrechte möglichst konkret bestimmt werden. Benötigt etwa eine Werbeagentur ein Foto nur für bestimmte Werbeträger (z. B. Plakate, Werbebroschüren, T-Shirts oder Postkarten), so sollte dies entsprechend vereinbart werden.

4. Entsprechende Anwendung des Zweckübertragungsgedankens

61 Schließlich wendet die Rechtsprechung den Gedanken der Zweckübertragung (genauer den Grundsatz des weitgehenden Verbleibens von Rechten bei demjenigen, der Nutzungsrechte einräumt, sowie die Begrenzung der Einräumung bzw. Weitergabe von Rechten auf den Vertragszweck) auf zahlreiche andere Sachverhalte an (OLG München ZUM 2005, 838 – „named-user"-Lizenzierung), die mit der Einräumung von Nutzungsrechten in Zusammenhang stehen, etwa für das **Verhältnis zwischen Sacheigentum und Einräumung der Nutzungsrechte** (im Zweifel ist mit der entgeltlichen oder unentgeltlichen Überlassung von Fotoabzügen zu Archivzwecken oder der Einräumung des Vervielfältigungsrechts (§ 16) keine Übereignung nach § 929 S. 1 BGB der Fotoabzüge oder der Druckvorlage verbunden (BGH AfP 2007, 205, 207 – Archivfotos; OLG München GRUR 1984, 516, 517 – Tierabbildungen), für die **vertraglichen Verhältnisse zwischen Verwertern** (Schricker/Loewenheim/*Schricker/Loewenheim* § 31 Rn. 74 m. w. N.; Fromm/Nordemann/*J. B. Nordemann* § 31 Rn. 134; BGHZ 28, 234, 238 f. – Verkehrskinderlied), als Auslegungsmaßstab für die **Einräumung urheberpersönlichkeitsrechtlicher Befugnisse** (dazu Vor §§ 31 ff. Rn. 36 ff.; *v. Gamm* § 31 Rn. 4; Fromm/Nordemann/*Dustmann* § 12 Rn. 11; Schricker/Loewenheim/*Schricker/Loewenheim* § 31 Rn. 74; RGZ 123, 312, 318 – Wilhelm Busch; RGZ 151, 50, 55 – Babbit-Übersetzung; BGHZ 15, 249, 258 – Cosima Wagner; BGH GRUR 1977, 551, 555 – Textdichteranmeldung).

62 Der Zweckübertragungsgrundsatz gilt ferner auch für **Wahrnehmungsverträge** (zum Begriff Vor §§ 31 ff. Rn. 69) zwischen Verwertungsgesellschaften und Urhebern (BGH ZUM-RD 2013, 314, 320 – save.tv; BGH GRUR 2010, 62, 63 – Nutzung von Musik für Werbezwecke; BGH GRUR 2009, 395 Rn. 23 – Klingeltöne für Mobiltelefone; BGH GRUR 1986, 62, 66 – „GEMA-Vermutung I"; BGH WRP 2000, 205, 208 – Musical-Gala; *Riesenhuber* GRUR 2005, 712, 714 m. w. N.) sowie für die Auslegung von Verträgen über **verwandte Schutzrechte** (*v. Gamm* § 31 Rn. 4; BGH GRUR 1979, 637, 638 f. – White Christmas; BGH GRUR 1984, 121, 122 – Synchronisationssprecher), und wird bei der **Übertragung gesetzlicher Vergütungsansprüche** zur Vermeidung unüberlegter Pauschalvergütungen herangezogen (Fromm/Nordemann/*J. B. Nordemann* § 31 Rn. 121; *Schricker* § 8 VerlG Rn. 5c; OLG Köln GRUR 1980, 913, 915 – Presseschau CN).

63 Auch im Zusammenhang mit dem **gesellschaftsrechtlichen Namensrecht** wurde der Zweckübertragungsgrundsatz angewendet. So ist eine Handelsgesellschaft, die den Namen einer früheren Inhaberin als Firmenbestandteil weiterhin verwenden darf, nicht dazu berechtigt, diese Person in einem Werbeprospekt abzubilden (Beschluss OLG Köln ZUM-

RD 1999, 444, 445 – Werbefoto). Die Zweckübertragungslehre galt auch für das **URG der DDR** (*Püschel* UFITA 2002/I, 145, 162; a. A. offenbar Möhring/Nicolini/*Spautz* § 31 Rn. 3) und gilt damit für die Auslegung von Verträgen aus diesem Rechtskreis (LG Erfurt ZUM-RD 1997, 23, 24; ausführlich EVtr Rn. 53 ff.). § 31 Abs. 5 gilt grds. auch für Urheber und ausübende Künstler im Arbeitsverhältnis.

VII. Rechtslage für Sachverhalte bis zum 30.6.2002

Nach § 132 Abs. 3 S. 1 ist auf Verträge und sonstige Sachverhalte aus der Zeit vor Inkrafttreten der Reform 2002 (s. Vor §§ 31 ff. Rn. 3) am 1.7.2002 § 31 in der bis dahin geltenden Fassung weiterhin anzuwenden. Während § 31 Abs. 4 durch die Reform 2002 nicht berührt wurde, lauten die Absätze 1, 2, 3 und 5 dieser (früheren) Fassung wie folgt: 64

(1) **Der Urheber kann einem anderen das Recht einräumen, das Werk auf einzelne oder alle Nutzungsarten zu nutzen (Nutzungsrecht). Das Nutzungsrecht kann als einfaches oder ausschließliches Recht eingeräumt werden.**

(2) **Das einfache Nutzungsrecht berechtigt den Inhaber, das Werk neben dem Urheber oder anderen Berechtigten auf die ihm erlaubte Art zu nutzen.**

(3) **Das ausschließliche Nutzungsrecht berechtigt den Inhaber, das Werk unter Ausschluss aller anderen Personen einschließlich des Urhebers auf die ihm erlaubte Art zu nutzen und einfache Nutzungsrechte einzuräumen. § 35 bleibt unberührt.**

...

(5) **Sind bei der Einräumung des Nutzungsrechts die Nutzungsarten, auf die sich das Recht erstrecken soll, nicht einzeln bezeichnet, so bestimmt sich der Umfang des Nutzungsrechts nach dem mit seiner Einräumung verfolgten Zweck.**

Die zum 1.7.2002 in Kraft getretene Reform 2002 (s. Vor §§ 31 ff. Rn. 3) hatte im Rahmen des § 31 lediglich Klarstellungen ohne sachliche Änderungen zum Gegenstand, so dass auf die Kommentierung der aktuellen Fassung verwiesen werden kann. Die **Erweiterung des Abs. 1** um Beschränkungsmöglichkeiten entspricht dem früheren § 32 a. F. Die **Änderung des Abs. 2** sollte die Definition des einfachen Nutzungsrechts klarer fassen (AmtlBegr. BT-Drucks. 14/6433, 43), bei der Vergabe ausschließlicher Nutzungsrechte musste sich der Urheber die Eigennutzung neben dem ausschließlich Nutzungsberechtigten auch bisher vorbehalten, was als Möglichkeit nunmehr ausdrücklich in der **Neufassung des Abs. 3** zum Ausdruck kommt. Auch die **Erweiterung des Abs. 5** brachte keine sachliche Änderung, da die h. M. den Zweckeinräumungsgrundsatz auch vorher schon auf die dort genannten Fälle angewendet hat (AmtlBegr. BT-Drucks. 14/6433, 43). 65

§ 31a Verträge über unbekannte Nutzungsarten

(1) **Ein Vertrag, durch den der Urheber Rechte für unbekannte Nutzungsarten einräumt oder sich dazu verpflichtet, bedarf der Schriftform. Der Schriftform bedarf es nicht, wenn der Urheber unentgeltlich ein einfaches Nutzungsrecht für jedermann einräumt. Der Urheber kann diese Rechtseinräumung oder die Verpflichtung hierzu widerrufen. Das Widerrufsrecht erlischt nach Ablauf von drei Monaten, nachdem der andere die Mitteilung über die beabsichtigte Aufnahme der neuen Art der Werknutzung an den Urheber unter der ihm zuletzt bekannten Anschrift abgesendet hat.**

(2) **Das Widerrufsrecht entfällt, wenn sich die Parteien nach Bekanntwerden der neuen Nutzungsart auf eine Vergütung nach § 32c Abs. 1 geeinigt haben. Das Widerrufsrecht entfällt auch, wenn die Parteien die Vergütung nach einer**

UrhG § 31a § 31a Verträge über unbekannte Nutzungsarten

gemeinsamen Vergütungsregel vereinbart haben. Es erlischt mit dem Tod des Urhebers.

(3) Sind mehrere Werke oder Werkbeiträge zu einer Gesamtheit zusammengefasst, die sich in der neuen Nutzungsart in angemessener Weise nur unter Verwendung sämtlicher Werke oder Werkbeiträge verwerten lässt, so kann der Urheber das Widerrufsrecht nicht wider Treu und Glauben ausüben.

(4) Auf die Rechte nach den Absätzen 1 bis 3 kann im Voraus nicht verzichtet werden.

Literatur unter Geltung des § 31 Abs. 4 a. F.: *Ahlberg,* Der Einfluss des § 31 IV UrhG auf die Auswertungsrechte von Tonträgerunternehmen, GRUR 2002, 313; *Castendyk,* Gibt es ein „Klingelton-Herstellungsrecht"?, ZUM 2005, 9; *Donhauser,* Der Begriff der unbekannten Nutzungsart, 2001; *Eberle,* Medien und Medienrecht im Umbruch, GRUR 1995, 790; *v. Einem,* Zum Streit um die Lizenzierungspraxis bei monophonen und polyphonen Klingeltönen, ZUM 2005, 540; *Ernst,* Urheberrechtliche Probleme bei der Veranstaltung von On-demand-Diensten, GRUR 1997, 592; *Fechner,* Medienrecht, Tübingen 2000; *Feldmann,* Anmerkung zum Urteils des OLG Hamburg v. 14.10.1999, ZUM 2000, 770; *Fette,* DVD: Keine neue unbekannte Nutzungsart – Anmerkung zum Urteil des OLG München vom 10.10.2002, Az.: 6 U 5487/01, ZUM 2003, 49; *Fitzek,* Die unbekannte Nutzungsart, Berlin 2000; *Flechsig,* Entwurf eines Gesetzes zur Stärkung der vertraglichen Stellung von Urhebern und ausübenden Künstlern, ZUM 2000, 484; *Freitag,* Urheberrecht und verwandte Schutzrechte im Internet, in: Kröger/Gimmy, Handbuch zum Internetrecht, Berlin u. a. 2000, 289 (zit. *Freitag* in: Kröger/Gimmy); *Frohne,* Filmverwertung im Internet und deren vertragliche Gestaltung, ZUM 2000, 810; *v. Gamm,* Urheber- und urhebervertragsrechtliche Problem des „digitalen Fernsehens", ZUM 1994, 591; *Grunert,* Werkschutz contra Inszenierungskunst – Der Urheberrechtliche Gestaltungsspielraum der Bühnenregie, München 2002 (zit. *Grunert*); *Grunert/Ohst,* Grundprobleme der kommerziellen und privaten Nutzung künstlerischer Leistungen im Internet – Teil I, KUR 2001, 8; *Hahn,* Das Verbotsrecht des Lizenznehmers im Urhebervertragsrecht, Baden-Baden 2007; *Haupt,* „E-Mail-Versand" – eine neue Nutzungsart im urheberrechtlichen Sinn?, ZUM 2002, 797; *Hoeren,* Anmerkung zu BGH, U. v. 5.7.2001 – I ZR 311/98 – (Spiegel-CD-ROM), MMR 2002, 233; *Hoeren,* Multimedia als noch nicht bekannte Nutzungsart, CR 1995, 710; *Hucko,* Zweiter Korb, München 2007; *Jänich/Eichelberger,* Die Verwertung von Musikaufnahmen in dezentralen Computernetzwerken als eigenständige Nutzungsart des Urheberrechts? MMR 2008, 576; *Katzenberger,* Filmverwertung auf DVD als unbekannte Nutzungsart im Sinne des § 31 Abs. 4 UrhG, GRUR Int. 2003, 889; *Katzenberger,* Elektronische Printmedien und Urheberrecht, Stuttgart 1996 = AfP 1997, 434 (Kurzfassung); *Landfermann,* Handy-Klingeltöne im Urheber- und Markenrecht, Göttingen 2006; *Loewenheim,* Die Verwertung alter Spielfilme auf DVD – eine noch nicht bekannte Nutzungsart nach § 31 IV UrhG?, GRUR 2004, 36; *Loewenheim,* Anmerkung zum Urteil des BGH v. 4.7.1996 – I ZR 101/94 – Klimbim, GRUR 1997, 215, 220; *Maaßen,* Urheberrechtliche Probleme der elektronischen Bildverarbeitung, ZUM 1992, 338; *Melichar,* Printing on Demand – Eine Bestandsaufnahme, in: Tades u. a. (Hrsg.), Ein Leben für die Rechtskultur, Festschrift Robert Dittrich, Wien 2000, 229 (zit. *Melichar* FS Dittrich); *A. Nordemann/Czychowski,* Urheberrecht und verwandte Schutzrechte in: Hasselblatt (Hrsg.), Münchener Anwaltshandbuch Gewerblicher Rechtsschutz, 3. Aufl. München 2009, 1569 (zit. *A. Nordemann/Czychowski* in: Hasselblatt); *W. Nordemann,* Veränderungen des nationalen Urheberrechts durch Europäisches Recht, in Drexl (Hrsg.), Europarecht im Informationszeitalter, Baden-Baden 2000, 43 (zit. *W. Nordemann,* Europarecht); *W. Nordemann/Schierholz,* Neue Medien und Presse – eine Erwiderung auf Katzenbergers Thesen, AfP 1998, 365; *Ostermaier,* Video on Demand und Urheberrecht, München 1997 (zit. *Ostermaier*); *Ostermaier,* Anmerkung zu: LG München I, U. v. 10.3.1999 – 21 O 15 039/98 – Nutzung eines Fernsehbeitrages im Internet, CR 2000, 469. *Petersdorff-Campen,* Vervielfältigung auf DVD als neuer Nutzungsart, ZUM 2002, 74; *Pflaum,* Alles was Recht ist, Musiker 1999, 31; *Platho,* Sind Kabel-, Satelliten- und Pay TV-Sendungen eigenständige Nutzungsarten nach § 31 UrhG?, ZUM 1986, 572; *Poll,* Anmerkung zum Urteil des OLG Hamburg vom 18. Januar 2006, ZUM 2006, 335 – Klingeltöne, ZUM 2006, 379; *Poll,* Urheberrechtliche Beurteilung der Lizenzierungspraxis von Klingeltönen, MMR 2004, 67; *Poll,* Zur Anwendung der Zweckübertragungstheorie auf alte Filmproduktions-Verträge, ZUM 1985, 248; *Reber,* Die Bekanntheit der Nutzungsart im Filmwesen – ein weiterer Mosaikstein in einem undeutlichen Bild, GRUR 1997, 162; *Reber,* Digitale Verwertungstechniken – neue Nutzungsarten: Hält das Urheberrecht der technischen Entwicklung noch stand?, GRUR 1998, 792; *Rehmann/Bahr,* Klingeltöne für Handys – eine neue Nutzungsart?, CR 2002, 229; *Rigopoulos,* Die digitale Werknutzung nach dem griechischen und deutschen Urheberrecht, Baden-Baden 2003 (zit. *Rigopoulos*); *Sasse/Waldhausen,* Musikverwertung im Internet und deren vertragliche Gestaltung-MP3, Streaming, Webcast, On-Demand Service etc., ZUM 2000, 837; *Schack,* Neuregelung des Urhebervertragsrechts. Kritische Anmerkungen zum Professorenentwurf, ZUM 2001, 453; *Schack,* Neue Techniken und Geistiges Eigentum, JZ 1998, 753; *Schardt,* Musikverwer-

§ 31a Verträge über unbekannte Nutzungsarten

tung im Internet und deren vertragliche Gestaltung, ZUM 2000, 849; *Scheuermann*, Urheber- und vertragsrechtliche Probleme der Videoauswertung von Filmen, München 1990; *G. Schulze*, Rechtsfragen von Printmedien im Internet, ZUM 2000, 432; *G. Schulze*, Zum Erwerb der CD-ROM-Rechte bei Zeitschriften, in: Straus (Hrsg.), Festschrift für Beier, Köln u. a. 1996, 403 (zit. *G. Schulze* FS Beier); *Schuster/Müller*, Entwicklung des Internet- und Multimediarechts von Januar 1999 bis Juni 2000, MMR 2000 Beilage 1; *M. Schwarz*, Recht im Internet (Loseblattsammlung), Augsburg 1999 (zit. *Schwarz*); *M. Schwarz*, Urheberrecht und unkörperliche Verbreitung multimedialer Werke, GRUR 1996, 836; *M. Schwarz*, Klassische Nutzungsrechte und Lizenzvergabe bzw. Rückbehalt von „Internet-Rechten", ZUM 2000, 816; *Stieper/Frank*, DVD als neue Nutzungsart?, MMR 2000, 643; *Ulbricht*, Der Handyklingelton – das Ende der Verwertungsgesellschaften?, CR 2006, 468; *Wagner*, Quo Vadis, Urheberrecht?, ZUM 2004, 723; *Wandtke/Schäfer*, Music on Demand – Neue Nutzungsart im Internet?, GRUR Int. 2000, 187; *Zscherpe*, Zweitverwertungsrechte und § 31 Abs. 4 UrhG, Baden-Baden 2004 (zit. *Zscherpe*).

Literatur zur Diskussion um den Zweiten Korb und zu §§ 31a, 32c, 137l: *Bauer/v. Einem*, Handy-TV – Lizenzierung von Urheberrechten unter Berücksichtigung des „2. Korbs", MMR 2007, 698; *Berberich/Kilian*, Zur individuellen Nachlizenzierung und Wahrnehmung von Rechten an unbekannten Nutzungsarten i. S. d. § 137 I UrhG, ZUM 2013, 542; *Ch. Berger*, Verträge über unbekannte Nutzungsarten nach dem „Zweiten Korb", GRUR 2005, 907; *Castendyk*, Lizenzverträge und AGB-Recht, ZUM 2007, 169; *Castendyk*, Neue Ansätze zum Problem der unbekannten Nutzungsart in § 31 Abs. 4, ZUM 2002, 332; *Castendyk/Kirchherr*, Das Verbot der Übertragung von Rechten an nicht bekannten Nutzungsarten – Erste Überlegungen für eine Reform des § 31 Abs. 4 UrhG, ZUM 2003, 751; *Diesbach*, Unbekannte Nutzungsarten bei Altfilmen: Der BGH gegen den Rest der Welt? ZUM 2011, 623; *Ehmann/Fischer*, Zweitverwertung rechtswissenschaftlicher Texte im Internet, GRUR Int. 2008, 284; *Flechsig*, Der Zweite Korb zur Verbesserung der Urheber- und Leistungsschutzrechte, ZRP 2006, 145; *Frey/Rudolph*, Verfügungen über unbekannte Nutzungsarten: Anmerkungen zum Regierungsentwurf des Zweiten Korbes, ZUM 2007, 13; *Hoeren*, Der Zweite Korb – Eine Übersicht zu den geplanten Änderungen im Urheberrechtsgesetz, MMR 2007, 615; *Kitz*, Die unbekannte Nutzungsart im Gesamtsystem des urheberrechtlichen Interessengefüges, GRUR 2006, 548; *Klett*, Das zweite Gesetz zur Regelung des Urheberrechts in der Informationsgesellschaft, K&R 2008, 1; *Klöhn*, Unbekannte Nutzungsarten nach dem „Zweiten Korb" der Urheberrechtsreform, K&R 2008, 77; *Kloth*, Unbekannte Nutzungsarten – Hinweise zur Vertragsgestaltung nach der BGH-Entscheidung „Der Frosch mit der Maske", GRUR Prax. 2011, 285; *Nolte*, Das Urheberrecht in der Informationsgesellschaft, CR 2006, 254; *Pfennig*, Neue Nutzungsarten – Neue Organisation der Rechteverwaltung? Die Sicht der Verwertungsgesellschaften, ZUM 2007, 694; *Poll*, Neue internetbasierte Nutzungsformen, GRUR 2007, 476; *Ring/Gummer*, Medienrechtliche Einordnung neuer Angebote über neue Übertragungswege, ZUM 2007, 433; *Scheja/Mantz*, Nach der Reform ist vor der Reform – Der Zweite Korb der Urheberrechtsreform, CR 2007, 715; *Schippan*, Können Schätze aus Zeitungsarchiven nun gehoben werden? ZUM 2008, 844; *Schulze, G.*, Die Einräumung unbekannter Nutzungsrechte nach neuem Urheberrecht, UFITA 2007/III, 641; *Schwarz, M.*, Das „Damoklesschwert" des § 31 Abs. 4 UrhG – Regelungsbedarf für neue Nutzungsarten, ZUM 2003, 733; *Spindler*, Reform des Urheberrechts im „Zweiten Korb", NJW 2008, 9; *Spindler/Heckmann*, Der rückwirkende Entfall unbekannter Nutzungsrechte (§ 137l UrhG-E) Schließt die Archive?, ZUM 2006, 620; *Sprang/Ackermann*, Der „Zweite Korb" aus Sicht der (Wissenschafts-)Verlage, K&R 2008, 8; *Verweyen*, Pacta sunt Servanda? Anmerkungen zu § 31a UrhG n. F., ZUM 2008, 217; *Wandtke/Holzapfel*, Ist § 31 Abs. 4 UrhG noch zeitgemäß? GRUR 2004, 284; *Wandtke/Schunke*, Einheitliche Lizenzierung der Klingeltöne – eine rechtliche Notwendigkeit? UFITA 2007/I, 61; *Weber*, Neue Nutzungsarten – Neue Organisation der Rechteverwaltung? Die Sicht des öffentlich-rechtlichen Rundfunks, ZUM 2007, 688.

Vgl. darüber hinaus die Angaben im eingangs abgedr. Gesamtliteraturverzeichnis.

Übersicht

	Rn.
I. Bedeutung der Regelung	1–4
II. Vertrag über unbekannte Nutzungsarten (§ 31a Abs. 1 S. 1)	5–63
1. Vertrag	5, 6
2. Einräumung von Rechten oder Verpflichtung dazu	7–14
a) Rechte	7
b) Einräumung oder Verpflichtung dazu	8, 9
c) Pauschale Rechtseinräumung, Beschränkungen, globale Rechtseinräumung	10–14
3. Unbekannte Nutzungsart	15–54
a) Bedeutung	15–17
b) Unbekannte Nutzungsart	18–20

	Rn.
c) Unbekannt	21, 22
d) Risikogeschäfte	23
e) Einzelfragen	24–54
aa) Senderechte	24, 25
bb) Bezahlfernsehen	26
cc) Digitalisierung und Multimedia	27–29
dd) Compact-Disc (CD)	30, 31
ee) Klingeltöne	32
ff) CD-ROM	33–37
gg) Online-Nutzung	38–42
hh) On-Demand-Dienste	43–45
ii) Filmzweitauswertung	46–50
(1) Fernsehzweitauswertung	46
(2) Videozweitauswertung	47–48
(3) Video-on-Demand	49
(4) DVD, Blue-ray, Online-Videorekorder	50
jj) Handy TV, Mobile-TV	51
kk) Schriftwerke	52, 53
(1) Vertriebsformen Buchvertrieb	52
(2) Verfilmung	53
ll) Künftige technische Neuentwicklungen	54
4. Rechtsfolge: Schriftformerfordernis	55–63
a) Grundsatz	55
b) Ausnahme für Open-Content-Modelle (§ 31a Abs. 1 S. 2)	56
c) Umfang der Nichtigkeit, Umdeutung (§§ 125, 139, 140 BGB)	57–62
d) Heilung des Formmangels, Bestätigung (§ 141 BGB)	61–63
e) Nichtbeachtlichkeit des Formmangels	63
III. Widerrufsrecht (§ 31a Abs. 1 S. 3 und 4, Abs. 2)	64–100
1. Widerrufsrecht des Urhebers (§ 31a Abs. 1 S. 3)	64–82
a) Bedeutung, Rechtscharakter, Übertragbarkeit des Widerrufsrechts	64–66
b) Inhaber des Widerrufsrechts	67–70
aa) Urheber	67
bb) Ausübende Künstler?	68
cc) Rechtsnachfolger des Urhebers?	69
dd) Bindung des Urhebers im Fall des § 31a Abs. 3?	70
c) Ausübung des Widerrufsrechts	71–73
aa) Grundsatz	71
bb) Beschränkungen des Widerrufsrechts?	72, 73
d) Rechtsfolgen eines Widerrufs	74–80
aa) Schwebende Wirksamkeit	74
bb) Unwirksamkeit der Rechtseinräumung	75
cc) Umfang der Unwirksamkeit	76–80
(1) Widerrufserklärung	76
(2) Wortlaut des Gesetzes	77
(3) Gesetzesbegründung	78
(4) Systematische Erwägungen	79
(5) Ergebnis	80
e) Widerrufsrecht bei Unterlizensierung	81, 82
2. Erlöschen des Widerrufsrechts nach Nutzungsmitteilung (§ 31a Abs. 1 S. 4)	83–90
a) Voraussetzungen für das Erlöschen des Widerrufsrechts	83–88
aa) Bedeutung und Verpflichteter der Obliegenheit zur Mitteilung	83
bb) Inhalt und Rechtsnatur der Mitteilung	84, 85
cc) Empfänger der Mitteilung	86
dd) Absenden	87
ee) Ablauf der Dreimonatsfrist	88
b) Rechtsfolgen	89
c) Folgen einer unterbliebenen Mitteilung	90
3. Entfallen des Widerrufsrechts durch Vergütungsvereinbarungen (§ 31a Abs. 2 S. 1, 2)	91–98

	Rn.
a) Individuelle Vergütungsvereinbarung (§ 31a Abs. 2 S. 1)	91–94
aa) Nach Bekanntwerden der Nutzungsart	91
bb) Vergütung nach § 32c Abs. 1	92
cc) Einigung	93
dd) Rechtsfolge	94
b) Vereinbarung der Geltung einer gemeinsamen Vergütungsregel (§ 31a Abs. 2 S. 2)	95–98
aa) Gemeinsame Vergütungsregel	95
bb) Vereinbart	96
cc) Gemeinsame Vergütungsregel vor Bekanntwerden der neuen Nutzungsart?	97, 98
4. Erlöschen des Widerrufsrechts durch Tod des Urhebers (§ 31a Abs. 2 S. 2)	99, 100
IV. Widerrufsrecht bei Zusammenfassung einer Gesamtheit von Werken (§ 31a Abs. 3)	101–114
1. Zusammenfassung einer Gesamtheit von Werken oder Werkbeiträgen	101–104
a) Mehrere Werke oder Werkbeiträge	101, 102
b) Gesamtheit	103
c) Zusammenfassung	104
2. Verwertung in angemessener Weise nur unter Verwendung sämtlicher Werke oder Werkbeiträge möglich	105–109
a) Bedeutung	105
b) Sämtliche Werke oder Werkbeiträge	106
c) Neue Nutzungsart	107
d) Verwertung in angemessener Weise	108, 109
3. Rechtsfolge: Ausübung des Widerrufsrechts nicht wider Treu und Glauben	110–112
a) Nicht wider Treu und Glauben	110
b) Folgen	111, 112
4. Befristung, Entfallen und Erlöschen des Widerrufsrechts bei Zusammenfassung einer Gesamtheit von Werken oder Werkbeiträgen	113, 114
V. Kein Vorausverzicht auf Rechte (§ 31a Abs. 4)	115
VI. Regelung für bestehende Nutzungsverträge (§ 137l)	116

I. Bedeutung der Regelung

§ 31a wurde gemeinsam mit § 32c und § 137l durch das Zweite Gesetz zur Regelung **1** des Urheberrechts in der Informationsgesellschaft in das UrhG eingefügt und ist seit 1.1.2008 in Kraft (s. Vor §§ 31 ff. Rn. 5). Nach dem bis dahin geltenden Recht (§ 31 Abs. 4 a. F.) waren die Einräumung von Nutzungsrechten für noch nicht bekannte Nutzungsarten sowie Verpflichtungen hierzu unwirksam (zur alten Rechtslage und Übergangsregelung s. § 31 Rn. 38). Für die Nutzung eines Werkes auf eine zur Zeit der **Rechtseinräumung unbekannte Nutzungsart** musste sich der Werknutzer in der Vergangenheit vielmehr erneut Nutzungsrechte bei allen beteiligten Urhebern oder deren Rechtsnachfolgern einholen. Dies war in der Regel mit erheblichem Aufwand verbunden (BVerfG GRUR 2010, 332 – Filmurheberrecht; BT-Drucks. 16/1828, 24; Mestmäcker/Schulze/ *Scholz* § 31a Rn. 3). Zuweilen war eine rechtmäßige Werknutzung wegen der Unmöglichkeit der Feststellung aller betroffenen Rechtsinhaber und deren Erben praktisch ausgeschlossen (vgl. Dreyer/Kotthoff/Meckel/*Kotthoff* § 31a Rn. 2; *Klöhn* K&R 2008, 77; Berger/ Wündisch/*Berger* § 1 Rn. 107; Schricker/Loewenheim/*Spindler* § 31a Rn. 5; *Spindler* NJW 2008, 9; *Weber* ZUM 2007, 688, 692). Das ehemalige gesetzliche Verbot wurde durch Streichung des § 31 Abs. 4 a. F. und mit der Einfügung der §§ 31a, 32c und 137l weitgehend auf einen Vergütungsanspruch reduziert, um im Interesse der Kulturindustrie (*Frey/ Rudolph* ZUM 2007, 19; *Berger* GRUR 2005, 907, 908; *Wagner* ZUM 2004, 723, 732), aber auch im Interesse der Allgemeinheit die Verwertbarkeit vorhandener Werke durch neue Arten der Verwertung zu ermöglichen.

2 Die Neuregelung wurde begleitet von einer **umfassenden Diskussion** in der Literatur (*Pfennig* ZUM 2007, 694; *Castendyk* ZUM 2007, 177; *Frey/Rudolph* ZUM 2007, 13; *Spindler/Heckmann* ZUM 2006, 620; *Kitz* GRUR 2006, 548; *Nolte* CR 2006, 254, 258; *Berger* GRUR 2005, 907; *Wandtke/Holzapfel* GRUR 2004, 284; *Castendyk* ZUM 2002, 332; *Donhauser* 2; *Castendyk/Kirchherr* ZUM 2003, 751 m.w.N.; *M. Schwarz* ZUM 2003, 735; zur Diskussion des Entwurfes *Flechsig* ZRP 2006, 145, 148; *Ory* AfP 2005, 500; Sieber/Hoeren/*Mittler* 43) sowie Wissenschaft und Praxis in der so genannten Arbeitsgruppe „§ 31 IV" auf Einladung des Bundesministeriums der Justiz (vgl. BT-Drucks. 16/1828, 22). Der Gesetzgeber wollte mit der Neuregelung die „in zahlreichen Archiven ruhenden Schätze" neuen Nutzungsarten zugänglich machen (s. Begründung Gesetzentwurf v. 15.6.2006, BT-Drucks. 16/1828, 22; BVerfG GRUR 2010, 332, 334 – Filmurheberrecht; kritisch für den Pressebereich *Schippan* ZUM 2008, 844). Im Gesetzgebungsverfahren wurde das Widerrufsrecht zu Gunsten des Urhebers gestärkt. (s. Stellungnahme des Bundesrates v. 9.5.2006 – BR-Drucks. 257/06, 4).

3 § 31a ist zusammen mit § 32c und der **Übergangsvorschrift** des § 137l zu lesen. Hat ein Urheber mit einem Verwerter eine Rechtseinräumung unter Einschluss künftiger Nutzungsarten vereinbart, bezieht sich die Rechtseinräumung nach seitdem geltendem Recht auch auf Nutzungsarten, die zur Zeit der Rechtseinräumung noch unbekannt waren, wenn die Vereinbarung schriftlich abgeschlossen wurde (§ 31a Abs. 1 S. 1). Dies gilt im Wege einer besonderen **gesetzlichen Fiktion** auch für umfassende Rechtseinräumungen vor Inkrafttreten der Neuregelung (§ 137l). Allerdings kann der Urheber die Rechtseinräumung oder die Verpflichtung widerrufen (§ 31a Abs. 1 S. 3). Das **Widerrufsrecht entfällt** (i) innerhalb von 3 Monaten nach Absenden einer Mitteilung des Vertragspartners des Urhebers an dessen ihm zuletzt bekannte Adresse (§ 31a Abs. 1 S. 4), (ii) wenn die Parteien sich nach Bekanntwerden der neuen Nutzungsart auf eine Vergütung nach § 32c Abs. 1 geeinigt haben (§ 31a Abs. 2 S. 1), (iii) wenn die Parteien die Vergütung nach einer gemeinsamen Vergütungsregel vereinbart haben (§ 31a Abs. 2 S. 2) oder (iv) wenn der Urheber verstorben ist (§ 31a Abs. 2 S. 3). Darüber hinaus wird durch die Nutzung auf eine zum Vertragsschluss unbekannten Nutzungsart ein **besonderer gesetzlicher Vergütungsanspruch** des Urhebers begründet (§ 32c). Soll das Werk im Zusammenhang mit einer Gesamtheit von anderen Werken verwertet werden, ist die Ausübung des **Widerrufsrechts** beschränkt (§ 31a Abs. 3). Zum Schutz des Urhebers kann dieser auf das Schriftformerfordernis und sein Widerrufsrecht im Voraus nicht wirksam verzichten (§ 31a Abs. 4).

4 §§ 31a, 32c regeln den Spezialfall der Werknutzung auf eine zum Zeitpunkt der Rechtseinräumung vereinbarte, aber noch unbekannte Nutzungsart. Daneben finden auf eine solche Werknutzung die **allgemeinen Regelungen** Anwendung, also insb. die §§ 31, 32b, 33, 34, 35 sowie 37 bis 44. §§ 32, 32a, 36 und 36a werden hingegen kraft Spezialität von §§ 31a, 32c verdrängt, solange keine individuelle Vergütungsvereinbarung bezogen auf die konkrete neue Nutzungsart getroffen wurde, oder eine wirksame pauschale Vergütungsvereinbarung in gemeinsamen Vergütungsregeln enthalten ist (s. § 31a Rn. 97 f.). §§ 31a, 32c gelten nicht für **ausübende Künstler** (s. § 79 Abs. 2 S. 2). Die Regelungen zum Widerrufsrecht nach § 31a Abs. 1 S. 3 und 4 und Abs. 2 bis 4 **gelten nicht im Filmbereich,** und zwar weder für Urheber vorbestehender Werke (§ 88 Abs. 1 S. 2), noch für die am Filmwerk beteiligten Urheber (§ 89 Abs. 1 S. 2). Soweit unbekannte Nutzungsarten überhaupt nicht, oder nicht in der vorgesehenen Schriftform vereinbart wurden, ist zur rechtmäßigen Werknutzung eine Einholung entsprechender Nutzungsrechte weiterhin erforderlich.

II. Vertrag über unbekannte Nutzungsarten (§ 31a Abs. 1 S. 1)

1. Vertrag

5 Die Einräumung oder Verpflichtung muss durch Vertrag erfolgen, also durch zwei **übereinstimmende (empfangsbedürftige) Willenserklärungen** (Palandt/*Ellenberger* Überbl.

v. § 104 Rn. 2 Fromm/Nordemann/*J. B. Nordemann* § 31a Rn. 15). Der Werknutzer kann das Werk grds. nur aufgrund einer vertraglich begründeten Berechtigung hierzu nutzen (*Klett* K&R 2008, 2; *Frey/Rudolph* ZUM 2007, 14; *Berger* GRUR 2005, 907, 908; zur Begründung, Änderung und Beendigung urheberrechtlicher Nutzungsverträge s. Vor §§ 31ff. Rn. 6ff.). Durch den Urheber einseitig erklärte Gestattungen genügen nicht, es sei denn, der Urheber hat unentgeltlich ein einfaches Nutzungsrecht für jedermann eingeräumt (s. §§ 32 Abs. 3 Satz 3, 32a Abs. 3 Satz 3, 32c Abs. 3 S. 2), wozu auch im Falle unbekannter Nutzungsarten ausnahmsweise keine Schriftform erforderlich ist (§ 31a Abs. 1 S. 2). Wenn man in der Verwertungshandlung eine **konkludente Annahme** eines entsprechenden Angebotes sehen würde, käme man zwar möglicherweise zu einem Vertrag (zu konkludenten Rechtseinräumungen s. Vor §§ 31ff. Rn. 45f.), nicht aber zur grds. erforderlichen Schriftlichkeit.

Nutzungshandlungen ohne vertragliche Berechtigung hierzu sind eine Urheberrechtsverletzung, unabhängig von der Art und Weise der Werknutzung. Der Urheber kann einem unberechtigten Werknutzer die Nutzungen untersagen, sowie **Schadensersatz** verlangen (§§ 97ff.).

2. Einräumung von Rechten oder Verpflichtung dazu

a) Rechte. Fraglich ist, ob das Gesetz mit „Rechte" lediglich urheberrechtliche Nutzungsrechte im Sinne des zweiten Titels im fünften Abschnitt (§§ 31ff.) meint (zum Begriff s. § 31 Rn. 2), oder darüber hinaus auch andere Rechte für unbekannte Nutzungsarten, auf die sich der Vertrag beziehen kann, etwa das Veröffentlichungsrecht (§ 12), Verwertungsrechte (§§ 15ff.), oder auch andere Rechte in Bezug auf unbekannte Nutzungsarten. In den übrigen Vorschriften der §§ 31ff. verwendet das Gesetz den in § 31 Abs. 1 legal definierten Begriff des „Nutzungsrechts", ebenso in § 32c und § 137l. Nach der systematischen Stellung und Bedeutung der Vorschrift betreffen „**Rechte für Nutzungsarten**" hingegen stets deren Nutzung als Werk, und demnach ebenfalls Nutzungsrechte. Denn eine Werknutzung auch aufgrund etwaiger anderer Rechte erfordert – zumindest konkludent im Wege der Vertragsauslegung – stets auch ein entsprechendes urheberrechtliches Nutzungsrecht. Der Begriff „Rechte" ist hier demnach wie „**Nutzungsrechte**" zu verstehen (so auch *Frey/Rudolph* ZUM 2007, 13, 17 Fn. 44). Freilich muss der Vertrag das Wort „Nutzungsrecht" nicht ausdrücklich enthalten, solange dessen Auslegung nach dem Verständnis der Parteien unter Berücksichtigung der Verkehrssitte ergibt, dass der Vertrag eine Nutzung des Werkes ermöglichen soll.

b) Einräumung oder Verpflichtung dazu. Der Verwerter muss die Nutzungsrechte (s. oben Rn. 7) durch Vertrag (s. oben Rn. 5) erworben haben. Die in § 31a genannten Alternativen „einräumt oder sich dazu verpflichtet" berücksichtigt das auch im Urhebervertragsrecht geltende **Trennungsprinzip**, wonach zwischen dem der Einräumung von Nutzungsrechten zugrunde liegenden schuldrechtlichen Rechtsgeschäft, und der Einräumung als dinglichem Rechtsgeschäft selbst zu unterscheiden ist (s. Vor §§ 31ff. Rn. 6). Zur Anwendung des § 31a muss das Nutzungsrecht in Hinblick auf unbekannte Nutzungsarten dem Verwerter noch nicht in Gestalt von Nutzungsrechten dinglich überlassen worden sein (zur rechtlichen Konstruktion s. Vor §§ 31ff. Rn. 21). Es genügt, dass sich der Urheber zur **Überlassung** bisher lediglich schuldrechtlich verpflichtet hat.

In der Praxis geschieht die Einräumung in der Regel zumindest stillschweigend mit dem **Vollzug des schuldrechtlichen Vertrages.** Fraglich ist, wann die Einräumung unbekannter Nutzungsarten **dinglich wirksam wird,** sofort mit Vollzug des Vertrages ex ante (so *Berger* GRUR 2005, 907, 909 unter Hinweis auf insolvenzrechtliche Folgen), oder erst ex post mit Entstehung oder Bekanntwerden einer konkreten technisch und wirtschaftlich neuen Art der Werknutzung (in diesem Sinne wohl *Frey/Rudolf* ZUM 2007, 13, 17 unter Hinweis auf den allgemeinen Bestimmtheitsgrundsatz). Sinn und Zweck des Gesetzes ist es, dem Verwerter schon mit Abschluss des Nutzungsvertrages eine rechtliche Basis für die Werkverwertung auch für künftige Nutzungsarten zu geben, wobei der Urheber durch entsprechende Widerrufsrechte in Bezug auf jede konkrete neue Nutzungsart geschützt ist. Demnach ist davon auszugehen, dass die Rechtseinräumung neuer Nutzungsarten bereits mit Abschluss und Vollzug des Nutzungsvertrages dingliche Wirkung entfaltet, denn sie ist spätestens im Moment der Entstehung konkreter neuer Nutzungsarten jeweils bestimmbar, was für eine wirksame Forderungsabtretung ausreicht (insoweit gegen *Frey/Rudolf* ZUM 2007, 13, 14 ff.). Die Rechtseinräumung ist gewissermaßen schwebend wirksam, und wird lediglich bei fristgemäßem Widerruf des Urhebers ex tunc unwirksam (s. u. Rn. 75).

10 **c) Pauschale Rechtseinräumung, Beschränkungen, globale Rechtseinräumung.**
Die Einräumung oder Verpflichtung muss „für unbekannte Nutzungsarten" gelten. Es liegt auf der Hand, dass der Vertrag diese noch unbekannten Nutzungsarten nicht im Einzelnen bezeichnen kann, sondern sich mit allgemeinen, alle denkbaren künftigen Nutzungsarten umfassenden Formulierungen behelfen muss (*Frey/Rudolph* ZUM 2007, 17; *Berger* GRUR 2005, 907, 908). Fraglich ist, ob der (schriftliche, s. § 31a Rn. 55 ff.) Vertrag hierzu ausdrücklich auf die Nutzung „auf unbekannte Nutzungsarten" verweisen muss, oder ob auch andere Formulierungen den Anforderungen genügen. Nach dem historischen Willen des Gesetzgebers sollen auch **pauschale Rechtseinräumungen** erfasst sein, „etwa dahingehend, dass die Vereinbarung auch Nutzungsrechte an erst künftig entstehenden Technologien erfasst" (BT-Drucks. 16/1828, 24). Dies ist zu Recht kritisiert worden (Dreier/Schulze/*Schulze* § 31a Rn. 5; *Frey/Rudolph* ZUM 2007, 17; *Hahn* 77; *Schack* Rn. 619; *Wandtke*, Stellungnahme zu § 31 Abs. 4 im Protokoll der 34. Sitzung des Rechtsausschusses v. 8.11.2006, 426). Zur Ermittlung des objektiven Gesetzesinhalts ist auf den Zweck und die systematische Bedeutung des § 31a abzustellen. Der Gesetzgeber verfolgte mit der Streichung des § 31 Abs. 4a. F. und der Einfügung der §§ 31a, 32c und 137l mehrere rechtspolitische Zielsetzungen: zunächst sollten „die in Archiven ruhenden Schätze ... endlich neuen Nutzungsarten problemlos zugänglich gemacht werden" (s. BT-Drucks. 16/1828, 22). Dies ist primär eine Frage der Übergangsregelung des § 137l, welche auf vor Inkrafttreten der Neuregelung geschlossene Nutzungsverträge Anwendung findet (krit. zu der Übertragungsfiktion *Sprang/Ackermann* K&R 2008, 8, 10; *Klöhn* K&R 2008, 77, 82; G. *Schulze* UFITA 2007/III, 641, 646; *Hucko* Zweiter Korb 2007, 25; *Frey/Rudolph* ZUM 2007, 21; *Spindler/Heckmann* ZUM 2006, 620; näher § 137l Rn. 3 f.). Folgerichtig stellt das Gesetz in § 137l – anders als § 31a – nicht allgemein auf Verträge über „Rechte für unbekannte Nutzungsarten" ab, sondern auf umfassende Rechtseinräumungen „aller wesentlichen Nutzungsrechte", welche nach alter Rechtslage neue Nutzungsarten nicht umfassen konnten (s. § 137l Rn. 7 ff.). Für die Auslegung des § 31a ist eine etwaige Auswirkung auf **Altverträge** demnach ohne Bedeutung.

11 Des Weiteren sollte der Urheber sicherstellen können, dass sein Werk Teil des auf der Basis neuer Technologien stattfinden Kulturlebens bleibt, nicht zuletzt um sich und seinen Nachkommen die hieraus fließenden Erlöse zu sichern (s. BT-Drucks. 16/1828, 22). Schließlich soll es dem Verwerter möglich sein, künftig nach einmaliger Vereinbarung i. S. d. §§ 31a, 32c solche Nutzungen mit neuen Technologien vorzunehmen, ohne Rechte nacherwerben zu müssen (BT-Drs. 16/1828, 22). Da eine Vereinbarung unbekannter Nutzungsarten bis zum Inkrafttreten der Neuregelung gesetzlich ausgeschlossen war, richten sich die §§ 31a, 32c **allein auf die Vertragspraxis nach Inkrafttreten der Regelung am 1.1.2008** (ebenso *Hucko* Zweiter Korb, 2007, 25). Da die Neuregelung Rechtssicherheit schaffen soll unter Berücksichtigung der Interessen der Verwerter (wirksamer Erwerb von Nutzungsrechten für unbekannte Nutzungsarten) und der Urheber (Widerrufsrecht, besonderer Vergütungsanspruch aus § 32c Abs. 1), genügen alle Formulierungen den Anforderungen, die sich nicht nur auf alle oder einzeln benannte, bereits bekannte Nutzungsarten beziehen, sondern erkennbar auch künftige Nutzungsarten umfassen sollen, etwa

§ 31a Verträge über unbekannte Nutzungsarten 12–15 § 31a UrhG

„dem Verwerter werden alle gegenwärtigen bekannten und künftig entstehenden Nutzungsarten zur Nutzung des Werkes eingeräumt".

Nach dem Willen des Gesetzgebers soll eine pauschale Rechtseinräumung für unbekannte Nutzungsarten auch **abstrakt beschränkt** werden können, etwa auf Technologien zur Nutzungen im privaten Bereich (s. BT-Drucks. 16/1828, 22). Dies ergibt sich schon aus der Anwendung der allgemeinen Regelungen, die grds. auch für die Einräumung unbekannter Nutzungsarten gelten (s. § 31a Rn. 4). Gem. § 31 Abs. 1 S. 2 können Nutzungsrechte als einfaches oder ausschließliches Recht, sowie räumlich, zeitlich oder inhaltlich beschränkt eingeräumt werden. Dies gilt auch für die Einräumung unbekannter Nutzungsarten, welche wie andere Nutzungsrechte auch mit dinglicher Wirkung räumlich, zeitlich oder inhaltlich beschränkt eingeräumt werden können (hierzu und zu den Grenzen ausführlich § 31 Rn. 4 ff.).

Nach Inkrafttreten der Neuregelung vereinbarte, **globale Rechtseinräumungen** ohne jeden Hinweis auf unbekannte oder künftig entstehende Nutzungsarten (etwa „dem Verwerter werden alle Nutzungsrechte ausschließlich sowie räumlich und zeitlich unbegrenzt eingeräumt" und gleichwertige Formulierungen) **genügen** den Anforderungen der §§ 31a, 32c **nicht,** weil ein Mindestmaß an Bestimmbarkeit fehlt (ebenso Mestmäcker/Schulze/ Scholz § 31a Rn. 15; Fromm/Nordemann/J. B. Nordemann § 31a Rn. 53; G. Schulze UFITA 2007/III, 641, 661; Frey/Rudolph ZUM 2007, 17; Hahn 77; a.A. Klöhn K&R 2008, 77, 79). Der Verwerter erwirbt damit keine Nutzungsrechte für unbekannte Nutzungsarten, und muss später entsprechende Rechte nacherwerben. Ohne einen solchen Nacherwerb begeht der Verwerter durch die Nutzung auf eine unbekannte Nutzungsart eine Urheberrechtsverletzung, und der Urheber kann die Ansprüche der §§ 97 ff. geltend machen.

Eine globale Rechtseinräumung oder Verpflichtung hierzu ist zwar nicht per se unzulässig, ist aber wie bisher auch an dem in § 31 Abs. 5 verankerten **Zweckübertragungsprinzip** zu messen (s. im Einzelnen § 31 Rn. 39 ff.). Enthält eine nach Inkrafttreten der Neuregelung vereinbarte globale Rechtseinräumung keinen Hinweis auf künftig entstehende, bisher unbekannte Nutzungsarten, sind diese gerade nicht erfasst, es sei denn, dies ergibt sich aus der Zweckbestimmung des Vertrages (ebenso Dreier/Schulze/Schulze § 31a Rn. 74; Fromm/Nordemann/J. B. Nordemann § 31a Rn. 53; Dreyer/Kotthoff/Meckel/ Kotthoff § 31a Rn. 7; G. Schulze UFITA 2007/III, 662; Hoeren MMR 2007, 615, 616; Frey/Rudolph ZUM 2007, 15; a.A. Klöhn K&R 2008, 77, 79: § 31 Abs. 5 gilt nicht). Zum Schutz des Urhebers kann dabei nicht ohne weiteres davon ausgegangen werden, eine globale Rechtseinräumung im digitalen Zeitalter erfasse vom Zweck des Vertrages stets auch künftig entstehende, noch unbekannte Nutzungsarten. Die Parteien müssen bei Abschluss des Vertrages vielmehr gerade auch den Fall neuer Nutzungsarten bedacht und hierfür eine Rechtseinräumung (§ 31a Abs. 1), sowie bestenfalls eine entsprechende Vergütungsregelung (§ 32c) vereinbart haben.

3. Unbekannte Nutzungsart

a) Bedeutung. Unter der Geltung des § 31 Abs. 4 a. F. (s. § 31 Rn. 38) haben sich Rechtsprechung und Literatur umfangreich und nicht selten bis in die höchste Instanz mit der Frage auseinandergesetzt, ob eine bestimmte, neu entstandene Nutzungsart (z.B. Taschenbuch, Video, Musik-CD, Kabelfernsehen, On-demand Dienste für verschiedene Werkarten, Fotos und Texte als Teil von CD-ROM Datenbanken oder Internet-Angeboten, Verwendung von Kompositionen als Klingelton für Mobiltelefone, Zweitverwertung von Fernsehfilmen oder Kinofilmen als VHS-Kassette, DVD etc.) zum Zeitpunkt der Rechtseinräumung unbekannt war, bzw. ab welchem Zeitpunkt die konkrete Verwertungsmöglichkeit bekannt, und damit von einer – in aller Regel vorhandenen – globalen Rechtseinräumung umfasst war. Anlass war in der Regel die Nutzung durch den Verwerter auf neue Verwertungsarten ohne weitere Rechteeinholung, die zu Klagen der betroffenen Urheber auf Vergütung für diese neue Nutzung im Wege des Schadensersatzes führten.

16 **Nach Inkrafttreten der Neuregelung** am 1.1.2008 (s. Vor §§ 31 ff. Rn. 5) hat sich der Schwerpunkt der Auseinandersetzung über den Begriff der unbekannten Nutzungsart allerdings verschoben. Rechtsprechung und Literatur zur alten Rechtslage sind vor dem Hintergrund der grundlegenden Änderung zum Verständnis der Neuregelung nur mit Einschränkungen und mit Vorsicht verwendbar. Ein im Sinne der Neuregelung nach deren Inkrafttreten abgeschlossener Nutzungsvertrag mit einer umfassenden Rechtseinräumung unter Hinweis auf künftige Nutzungsarten (s. oben § 31a Rn. 8 ff.) umfasst alle Nutzungen, gleichgültig ob diese zur Zeit des Vertragsschlusses (schon) bekannt oder (noch) unbekannt waren. Ob die konkrete Nutzungsart neu ist, oder schon von der Rechtseinräumung im Übrigen erfasst ist, ist aber für das Vorhandensein und die Befristung des **Widerrufsrechts** von Belang (s. unten § 31a Rn. 64 ff.), sowie für den besonderen Vergütungsanspruch des Urhebers aus § 32c.

17 Für **vor Inkrafttreten der Neuregelung geschlossene Nutzungsverträge** mit Einräumung aller wesentlichen Nutzungsrechte wird die Einräumung unbekannter Nutzungsarten gesetzlich fingiert (§ 137l), soweit der Urheber nicht binnen eines Jahres seit Inkrafttreten der Neuregelung widerspricht. Die Frage, welche Nutzungsart im Vergleich zur Zeit der Rechtseinräumung neu und unbekannt ist, stellt sich für solche Verträge demnach nur noch für Nutzungen **innerhalb der Jahresfrist** nach Inkrafttreten der Neuregelung für den Fall, dass der Urheber innerhalb dieser Jahresfrist der Nutzung widerspricht mit dem Argument, es handele sich um eine neue Nutzungsart, und mit dem Widerspruch in der Regel die Forderung nach einer zusätzlichen Vergütung verbindet (näher § 137l Rn. 4).

18 **b) Unbekannte Nutzungsart.** Die Auslegung des Begriffes der unbekannten Nutzungsart (in der Praxis synonym gebraucht: neuen Nutzungsart) ist aufgrund der Reformen des Urhebervertragsrechts 2002 und 2007 (s. Vor §§ 31 ff. Rn. 3 ff.) möglicherweise zu modifizieren und künftig eine neue Nutzungsart unter weniger strengen Voraussetzungen als nach altem Recht zu bejahen (in diesem Sinne Schricker/Loewenheim/*Spindler* § 31a Rn. 34; Mestmäcker/Schulze/Scholz § 31a Rn. 13; *Kitz* GRUR 2006, 548). Es ist nicht davon auszugehen, dass die bisherige Rechtsprechung insb. des BGH zur Abgrenzung bekannter von unbekannten Nutzungsarten in allen Einzelfällen fortgeführt werden kann, nachdem das gesetzliche Verbot des § 31 Abs. 4 a. F. entfallen ist (BVerfG GRUR 2010, 332, 333 – Filmurheberrecht). Nach herrschendem Verständnis zu § 31 Abs. 4 a. F. (s. § 31 Rn. 38) ist Nutzungsart jede konkrete technisch und wirtschaftlich eigenständige Verwertungsform eines Werkes (ständige Rechtsprechung, zuletzt BGH ZUM-RD 2012, 192, 199 Rn. 51 – Das Boot; BGH GRUR 2005, 937, 939 – Der Zauberberg m. w. N.), wobei es für neue Nutzungsarten – nach Ansicht des BGH entscheidend – auf die im Vergleich zu bisherigen Nutzungsarten wirtschaftlich eigenständige Vermarktungsmöglichkeit im Sinne einer zusätzlichen und vertieften Verwertung des Werkes ankommt, welche zusätzliche Märkte erschließt und zusätzliche Einnahmen generiert, an denen der Urheber angemessen zu beteiligen ist, im Gegensatz zur bloßen Substitution bereits bekannter oder bestehender Werknutzungen durch technische Verbesserungen (sog. **Substitutionstheorie,** vgl. BGH ZUM-RD 2012, 192, 199 Rn. 51 – Das Boot; BGH ZUM 2011, 560, 564 – Der Frosch mit der Maske; BGH ZUM 2011, 498 – Polizeirevier Davidswache; BGH GRUR 2005, 937, 939 – Der Zauberberg; *Fitzek* 145; *Löffler/Berger* UrhR BT Rn. 182; *Jänich/Eichelberger* MMR 2008, 576, 578; krit. Wandtke UrhR/*Wandtke* Kap. 4 Rn. 82; Fromm/Nordemann/*J. B. Nordemann* § 31a Rn. 31 f.; Schricker/Loewenheim/*Spindler* § 31a Rn. 34; *Reber* GRUR 1998, 792, 795 f.).

19 Im Zentrum des Regelungsgehaltes des § 31 Abs. 4 a. F. stand die Sicherung des **Beteiligungsgrundsatzes** des Urhebers (s. Vor §§ 31 ff. Rn. 1), die Norm schützte aber darüber hinaus auch die persönlichkeitsrechtlichen Interessen des Urhebers. Zur Sicherung

einer angemessenen Vergütung für jede Werknutzung dienen seit der Reform 2002 (s. Vor §§ 31 ff. Rn. 3) die §§ 32, 32a, 36, für unbekannte Nutzungsarten nunmehr ergänzt durch § 32c. Die Ersetzung des § 31 Abs. 4a. F. durch die §§ 31a, 32c, 137l im Zuge der Reform 2007 (s. Vor §§ 31 ff. Rn. 5) hat aber zunächst Nichts daran geändert, dass die Regelungen zur Nutzung unbekannter Nutzungsarten nach wie vor Schutzvorschriften zur Verwirklichung des Beteiligungsgrundsatzes sind. Allerdings tritt als weiterer Regelungsgehalt der Schutzregelungen zu unbekannten Nutzungsarten die – auch urheberpersönlichkeitsrechtlich geprägte – Dispositionsfreiheit des Urhebers verstärkt in den Vordergrund, wonach dem Urheber aufgrund der Widerrufsmöglichkeit (§ 31a Abs. 1 S. 3) nach wie vor die grundsätzliche Entscheidung vorbehalten ist, ob sein Werk auf die jeweils in Frage stehende bisher unbekannte Nutzungsart überhaupt verwertet werden darf (**Autonomiegrundsatz**, zutreffend *Kitz* GRUR 2006, 548, 550 mit Gründen, warum ein Widerspruch gegen neuen Nutzungsarten aus Sicht des Urhebers sinnvoll sein kann).

Eine Nutzungsart ist dann selbstständig, wenn sie eine **konkrete technisch abgrenzbare Verwendungsform** des Werkes darstellt, etwa die Videozweitauswertung von Spielfilmen oder neue Vertriebswege für Musikaufnahmen wie Music-on-Demand im Internet (dazu ausführlich *Wandtke/Schäfer* GRUR Int. 2000, 187 ff.) oder Taschenbuch- und Hardcoverausgaben (BGH WRP 2011, 1197, 1201 – World's End). Eine Nutzungsart darf aber nicht nur als technisch möglich angesehen werden, sie muss auch **wirtschaftlich bedeutsam und konkret verwertbar** sein (BGH MMR 2010, 106, 108 – Musik für Werbezwecke; BGHZ 128, 336, 341 m. w. N. – Videozweitauswertung III; für eine Abschaffung des Kriteriums der „wirtschaftlichen Eigenständigkeit" mit guten Gründen *Kitz* GRUR 2006, 548, 551), etwa die **Online-Nutzung** von Werken in Datenbanken und im Internet (*Berberich/Kilian* ZUM 2013, 542; *Ring/Gummer* ZUM 2007, 436; *Poll* GRUR 2007, 476, 482; *Schack* Rn. 624; *Hoeren* CR 1995, 710, 713), wobei aber nach der konkreten Nutzungshandlung weiter zu unterscheiden ist. Denn das Internet stellt als solches keine Nutzungsart dar, sondern ermöglicht jeweils eigenständige Nutzungshandlungen, die jeweils für sich auf ihre Selbstständigkeit als Nutzungsarten zu untersuchen sind (*Schack* Rn. 624; *Grunert/Ohst* KUR 2001, 8, 16 ff.; *Schuster/Müller* MMR 2000 Beilage 1, 27 m. w. N.). Eine restriktive Auslegung der technischen und wirtschaftlichen Eigenständigkeit der unbekannten Nutzungsart (in diesem Sinne Fromm/Nordemann/*J. B. Nordemann* § 31a Rn. 25) ist abzulehnen. Das Aufkommen von Connected- oder Hybrid-TV, bei dem Merkmale des Internets und des Web 2.0 in moderne Fernsehgeräte integriert werden, wirft auch Fragen der neuen Nutzungsarten auf. Denn zusätzlich zum traditionellen Fernsehangebot erhalten Verbraucher als Nutzer durch vernetzte Geräte wie Tablets, Smartphones und Spielkonsolen auch Zugang zum Videoabruf über Apps und zu Catch-up-TV über Hybrid-Broadcast/Broadband-Plattformen der Fernsehanbieter. TV-Set-Top-Boxen, Blu-Ray-Abspielgeräte und Set-Top-Boxen für Bezahlfernsehen sind als solche grundsätzlich jeweils als eigenständige Nutzungsarten zu bewerten (s. im Einzelnen unten Rn. 24 ff.).

c) Unbekannt. Unbekannte Nutzungsarten sind alle Nutzungsmöglichkeiten, die zum **Zeitpunkt des Vertragsabschlusses** (ex ante) noch nicht bekannt waren (vgl. Vor §§ 31 ff. Rn. 25; Schricker/Loewenheim/*Spindler* § 31a Rn. 30; Dreier/Schulze/*Schulze* § 31 Rn. 65; Ahlberg/Götting/*Soppe* § 31a Rn. 5; a. A. Fromm/Nordemann/*J. B. Nordemann* § 31a Rn. 23: Vertragsschluss unwesentlich, vielmehr Vergleich zwischen vorbekannter und neuer Nutzungsform). Die **Bekanntheit** einer Nutzungsart ist durch Vergleich mit den herkömmlichen Methoden der technischen Möglichkeiten der Verwendung des Werkes zu bewerten und ist dann anzunehmen, wenn sie zum Zeitpunkt des Vertragsschlusses technisch realisierbar war und sich aus Sicht der Vertragsparteien als – zumindest potentiell – wirtschaftlich bedeutsam darstellte.

Unbekannt ist eine Nutzungsart auch dann, wenn zwar ihre technische, nicht aber ihre **wirtschaftliche Bedeutung und Verwertbarkeit** zum Zeitpunkt des jeweiligen Vertragsabschlusses bekannt gewesen ist (zum alten Recht: BGH ZUM-RD 2012, 192, 199 Rn. 51 – Das Boot; BGH GRUR 2005, 937, 939 – Der Zauberberg; BGH GRUR 1991, 133, 135 – Videozweitauswertung I; BGHZ 95, 274, 284 – GEMA-Vermutung I; BGH GRUR 1988, 296, 298 – GEMA-Vermutung IV; BGHZ 128, 336, 341 – Videozweitauswertung III; OLG Hamburg ZUM 2005, 833, 835 – Online-Zeitschriften). Dabei gilt ein generalisierender Maßstab, indem auf die **Kenntnis** (nicht die bloße Prognose, *Fitzek* 177 ff., 193) **des durchschnittlichen Urhebers** abzustellen ist (so auch OLG Hamburg GRUR 2000, 45 – CD Cover; Mestmäcker/Schulze/*Scholz* § 31a Rn. 12; Schricker/ Loewenheim/*Spindler* § 31a Rn. 30: „einschlägige Urheberkreise"; anders BGH GRUR 1997, 215, 217 – Klimbim; Fromm/Nordemann/*J. B. Nordemann* § 31a Rn. 22; Dreier/ Schulze/*Schulze* § 31a Rn. 38: Sicht des Endverbrauchers, dagegen zu Recht *Kitz* GRUR 2006, 548, 551; noch anders *Rehbinder* Rn. 300: Wirtschaftskreise; offen BGH GRUR 1991, 133, 136: konkrete Vertragspartei oder durchschnittlicher Urheber) über die jeweilige neue Rezeptionsmöglichkeit und den daraus erwachsenden neuen Nachfragemarkt für seine Werke (*Fitzek* 193). Auf „die Fachwelt" (so noch BGH GRUR 1982, 727, 731 – Altverträge) kann es ebenso wenig ankommen wie auf die Kenntnis beteiligter Fachjuristen oder Marktforscher, denn §§ 31a, § 32c dienen dem Schutz des Urhebers, der Werke schafft und nicht Märkte analysiert oder entsprechende Fachzeitschriften liest (so zum alten Recht *Fitzek* 206). Auch der Kenntnisstand „technisch informierter Fachkreise" ist unerheblich (OLG Hamburg NJW-RR 2001, 123). Bekannt ist eine neue Nutzungsart auch nicht schon aufgrund Medienberichten über neue Geräte der Informations- und Kommunikationstechnologie und deren – denkbare – Funktionsmöglichkeiten, oder deren Markteinführung in anderen Ländern, solange eine entsprechende Nutzung auf den für die Werke des Urhebers relevanten Märkten entweder technisch noch nicht durchführbar oder wirtschaftlich noch nicht bedeutsam ist. Da § 31a Abs. 1 keine Auslegungsregel, sondern eine zwingende Norm darstellt, kommt es nicht darauf an, ob die Nutzungsart den konkreten Vertragspartnern bekannt war. Es kommt vielmehr auf die objektive Bekanntheit in Urheber- und Verwerterkreisen an.

23   **d) Risikogeschäfte.** Nach Ansicht der Rechtsprechung sollte § 31 Abs. 4 a. F. (s. § 31 Rn. 38) nicht eingreifen, wenn der Vertrag eine den Parteien zwar bekannte, aber wirtschaftlich zunächst völlig bedeutungslose Nutzungsart umfasst. Solche Risikogeschäfte ließ die Rechtsprechung durch entsprechend enge Auslegung des § 31 Abs. 4 a. F. zu, jedenfalls dann, wenn die jeweilige **Nutzungsart konkret benannt** und ausdrücklich zum **Vertragsgegenstand** gemacht wurde (BGHZ 128, 336, 338 – Videozweitauswertung III; OLG München GRUR 1994, 115, 116: OLG München ZUM-RD 1997, 354, 357). Derartige Risikogeschäfte gehen aber im Erfolgsfall zu Lasten des Urhebers. Die enge Auslegung widersprach dem Zweck des § 31 Abs. 4a. F. als eine die Interessen des Urhebers schützende Verbotsnorm und war abzulehnen (Bedenken haben auch Schricker/Loewenheim/*Spindler* § 31a Rn. 36; ebenso Castendyk ZUM 2007, 177; *Fitzek* 201, der aber die ausdrückliche Individualvereinbarung zulässt; a. A. *Flechsig* ZUM 2000, 484, 489; *Schack* ZUM 2001, 453, 456; *v. Gamm* § 31 Rn. 15 unter Hinweis auf den genügenden Urheberschutz durch § 36 a. F.; *Lütje* in: Hoeren/Sieber Teil 7.2 Rn. 59 und *Haberstumpf* Rn. 406 mit dem Argument, eine erste Nutzung als Pilotprojekt für eine spätere Massenverwertung sei ansonsten unmöglich; ausführlich zum vormaligen Streitstand *Reber* GRUR 1997, 162 ff. m. w. N.; *Fitzek* 196 ff.). Die Frage der Zulässigkeit solcher Risikogeschäfte ist mit der Einführung der §§ 31a, 32c, 137l obsolet, denn die Einräumung unbekannter Nutzungsarten ist nunmehr möglich (vgl. zum Ganzen *Klöhn* K&R 2008, 77, 80 f.; zum Problem der etwaigen mangelnden Bestimmtheit *Frey/Rudolph* ZUM 2007, 16 und oben Rn. 9; a. A. Dreyer/Kotthoff/Meckel/*Kotthoff* § 31a Rn. 9; Dreier/ Schulze/*Schulze* § 31a Rn. 30*)*.

24   **e) Einzelfragen.** Für Nutzungsverträge aus der Zeit vor Inkrafttreten der Reform am 1.1.2008 (s. Vor §§ 31 ff. Rn. 5) kommt es für das Bestehen des Widerrufsrechts des Urhe-

bers darauf an, ob die nachfolgend untersuchten Nutzungsarten zum Zeitpunkt des Vertragsschlusses schon bekannt waren. Die genannten Meinungen aus Rechtsprechung und Literatur beziehen sich aber auf die Rechtslage vor Inkrafttreten und sind bei Übertragung auf Fragen des geltenden Rechts jeweils einer kritischen Prüfung zu unterziehen (vgl. BVerfG GRUR 2010, 332, 334 – Filmurheberrecht).

aa) Senderechte. Nach Ansicht des BGH zu § 31 Abs. 4a. F. sollte die Erweiterung einer Fernsehsendung von der terrestrischen Übermittlung zur **Satellitensendung** oder von der Funksendung zur **Kabelweitersendung** keine neue Verwendungsform und damit keine neue Nutzungsart darstellen (zuletzt BGH NJW 2001, 2402, 2405 – Barfuß ins Bett; BGHZ 133, 281 ff. – Klimbim; OLG München ZUM-RD 2002, 77, 84 – Kehraus, zustimmend Fromm/Nordemann/*J. B. Nordemann* § 31a Rn. 36; *Rehbinder* Rn. 547; *Platho* ZUM 1986, 572, 576 f.). Der BGH argumentierte, eine neue Nutzungsart läge dann nicht vor, wenn eine schon bisher übliche Nutzungsmöglichkeit durch den technischen Fortschritt (hier: ein neuer Übertragungsweg vom Sender zum Zuschauer) nur erweitert und verstärkt werde.

Hier ist aber zu beachten, dass sowohl die Satellitensendung als auch die Kabelweiterleitung regelmäßig eine **intensivere Nutzung** des Werkes durch den Verwerter in anderer Übertragungsqualität und zwar auch durch einen größeren Zuschauerkreis (sowie einen erweiterten professionellen Markt; *Fitzek* 101) ermöglicht. Aufgrund des Schutzzweckes des § 31 Abs. 4 a. F. war bisher davon auszugehen, dass sowohl die Satellitensendung als auch die Kabelweiterleitung im Vergleich zur herkömmlichen Sendung selbstständige Nutzungsarten darstellen (ähnlich Schricker/Loewenheim/*Spindler* § 31a Rn. 40; *W. Nordemann* Europarecht 43, 52; *Loewenheim* GRUR 1997, 220, 221; *Fitzek* 94 ff., 102; *Donhauser* 147 f.). Einräumungen des Senderechts in Nutzungsverträgen aus der Zeit nach Inkrafttreten des Urheberrechtsgesetzes 1966 und vor Inkrafttreten des Zweiten Gesetzes zur Regelung des Urheberrechts in der Informationsgesellschaft am 1.1.2008 umfassen daher weder Satellitensendungen noch die Kabelweitersendung (a. A. aber die herrschende Meinung der Rechtsprechung des BGH, s. oben Rn. 24). Wesentliches Indiz für die Selbstständigkeit dieser Nutzungen ist auch ihre gesonderte Nennung in der Neufassung der §§ 20, 20a, 20b durch die Reform 1998; nach verbreiteter Ansicht dürfte hierdurch die Entscheidung des BGH (BGHZ 133, 281 ff. – Klimbim) obsolet geworden sein (so auch § 20b Rn. 1; *W. Nordemann* Europarecht 43, 52; *Fitzek* 102; a. A., allerdings ohne Auseinandersetzung mit dieser Kritik BGH NJW 2001, 2402, 2405 – Barfuß im Bett). Ein Abstellen alleine auf die Sicht des letzten Werknutzers (Zuschauer) wurde dem Schutzzweck des § 31 Abs. 4 a. F. nicht gerecht. Dies dürfte im Rahmen der neuen §§ 31a, 32c ebenso zu bewerten sein.

bb) Bezahlfernsehen. Beim Bezahlfernsehen (oft **„Pay-TV"** im allgemeinen Sinne) ist zu unterscheiden zwischen dem Fall, dass der Fernsehzuschauer das ganze über Kabel ausgestrahlte Fernsehprogramm eines Veranstalters sehen kann und dafür unabhängig von der tatsächlichen Inanspruchnahme ein Entgelt zu zahlen hat, also gleichsam das gesamte Programm abonniert („Pay-TV" im engeren Sinne), oder er nur von ihm gewünschte Einzelsendungen abruft und bezahlt (sog. **„Pay-per-View"**). Obwohl beide Arten mittels derselben Übermittlungsvorgänge stattfinden (per verschlüsselter Sendung durch Kabel und Entschlüsselungsgerät mit Karte beim Zuschauer), sind sie als zueinander unterschiedliche Nutzungsarten anzusehen, die sich auch in ihrer Bekanntheit unterscheiden (*v. Gamm* ZUM 1994, 591, 595; ähnlich *Fitzek* 130 ff., 134 (Pay-TV) und 139 ff., 140 (Pay-per-View); a. A. Fromm/Nordemann/*J. B. Nordemann* § 31a Rn. 37; Loewenheim/*Castendyk* § 75 Rn. 37; *M. Schwarz* GRUR 1996, 836, 837; *Platho* ZUM 1986, 572; *Lütje* in: Hoeren/Sieber Teil 7.2 Rn. 101; *v. Hartlieb* Kap. 184 Rn. 11; *Donhauser* 149). Das „Pay-TV" im Sinne des Abonnements eines ganzen Programms ist etwa seit **Mitte der 1990er Jahre** bekannt (*Reber* GRUR 1998, 798; *Haberstumpf* Rn. 407; a. A. *Fitzek* 226: seit 1991), ältere Nutzungsverträge über die Fernsehauswertung von Filmen oder anderen Werken umfassen daher die Sendung im „Pay-TV" nicht. „Pay-per-View" ist etwa seit Anfang der 2000er Jahre bekannt (*Lutz* 35). Seit Reform der §§ 20–20b im Jahre 1998 dürften Pay-TV und Pay-per-View vom Senderecht des § 20 umfasst sein (zu weiteren neuen Formen der Verwertung von Fernseh- und Rundfunksendungen s. u. Rn. 42, 51).

27   **cc) Digitalisierung und Multimedia.** Unter dem Schlagwort „Multimedia" verbergen sich vielfältige einzelne Nutzungsarten, die jede für sich zu betrachten sind (für viele *Fitzek* 108 m. w. N.). Der Begriff **„Multimedia"** ist unscharf (*Gahrau* in: Hoeren/Sieber Kap. 7.1 Rn. 1) und weder zur spezifischen Bezeichnung einer bestimmten Nutzung noch als Sammelbezeichnung für alle möglichen Nutzungen im Zusammenhang mit den sog. „Neuen Medien" geeignet. Die nur pauschale Einräumung eines **„Rechtes der Multimedianutzung"** reicht regelmäßig nicht aus, um damit auch erst künftig entstehende Möglichkeiten der „multimedialen" Verwertung zu erfassen (*Grunert/Ohst* KUR 2001, 8, 19 m. w. N.; a. A. *Feldmann* ZUM 2000, 77, 78: „Verwertung durch digitale Medien" vertraglich ausreichend). Vielmehr ist auf die konkrete Art der Werkverwertung (Online-Radio, Music-on-Demand, Textrecherche am Bildschirm, Print-on-Demand etc.) abzustellen und zu fragen, inwieweit diese im Vergleich zu anderen Verwertungshandlungen technisch selbstständig ist und eigenständige wirtschaftliche Bedeutung hat.

28   Die **Digitalisierung** an sich stellt regelmäßig keine eigenständige Nutzungsart dar, sondern ist lediglich als rein technisches Hilfsverfahren zur Speicherung und Übertragung von Werken zu betrachten, welchem zunächst kein eigenständiger wirtschaftlich-technischer Nutzen zukommt (BGH GRUR 2005, 937, 939 – Der Zauberberg; *Hoeren* MMR 2002, 233; Fromm/Nordemann/*J. B. Nordemann* § 31a Rn. 35; *v. Gamm* ZUM 1994, 591, 593; *Schack* Rn. 624; *Lütje* in: Hoeren/Sieber Teil 7.2 Rn. 63; *Fitzek* 108 f.; *Ostermaier* CR 2000, 469) wie anderen (analogen) Verfahren zur Werkverbreitung und -wiedergabe auch (Schallplatte, Tonband). Hierfür spricht, dass die Digitalisierung zunächst nichts weiter ist als die Umwandlung eines Werkes gleich welcher Art in eine elektromagnetische Abfolge von zwei Zuständen („0" als Nicht-Strom und „1" als Strom) – und damit jedenfalls eine Vervielfältigung (österr. OHG MuR 1999, 94, 95; *G. Schulze* ZUM 2000, 432, 439 m. w. N.; Lehmann/*Lehmann* Cyberlaw 61; Schricker/Loewenheim/*Loewenheim* § 16 Rn. 19 m. w. N.; näher § 16 Rn. 13) –, und dass das digitalisierte Werk der sinnlichen Wahrnehmung nicht zugänglich ist und zur Rezeption erst noch der Rückumwandlung in eine „analoge" Form bedarf.

29   Allerdings sind durch die Digitalisierung mit den entsprechenden neuen technischen Geräten nicht nur ganz neue Seh- und Hörgewohnheiten, sondern auch **neue Märkte** und damit weitere neue Nutzungsarten entstanden (*Reber* GRUR 1998, 792, 797). Des weiteren eröffnet sich dem Verwerter durch die Digitalisierung eines Werkes (Text, Bild, Musik, Film) eine so umfangreiche und **technisch praktisch unbegrenzbare wirtschaftliche Nutzungs- und Verwertungsmöglichkeit** einschließlich neuer Rezeptionsmöglichkeiten und eines neuen Marktes im professionellen Bereich des Informations- und Medienhandels, dass nach dem Schutzzweck der Norm die Betrachtung der Digitalisierung als solche als Nutzungsart durchaus gerechtfertigt erscheint (so offenbar LG München I NJW-RR 2000, 1148 – Fernsehbeitrag im Internet; *Fechner* Rn. 872), wobei bisher noch offen ist, ob die Digitalisierung an sich als Nutzungsart heute schon von Bedeutung und damit dem durchschnittlichen Urheber schon bekannt ist. Die **Versendung von Werken** in digitaler Form **per Email** ist eine eigene Nutzungsart (KG Berlin ZUM 2002, 828, 832; zur Vervielfältigung s. § 16 Rn. 27; a. A. *Haupt* ZUM 2002, 797, 802). Wer sich als Werkverwerter konkrete Anwendungsmöglichkeiten als Nutzungsrecht einräumen lässt, welche eine Digitalisierung des Werkes voraussetzen, erwirbt damit aber gleichzeitig insoweit auch das Recht zur Digitalisierung, wenn das Werk noch nicht in digitalisierter Form vorliegt.

30   **dd) Compact-Disc (CD).** Wegen ihrer Einsatzmöglichkeiten (klein, unempfindlich, dauerhaft, leicht verschickbar und ohne Qualitätseinbußen vermietbar (dazu LG Köln

ZUM-RD 1999, 387, 390) und ihrer Tonqualität (mit der insb. auch alte Aufnahmen neu und verbessert verwertet werden können) ist die CD gegenüber der Schallplatte eine **eigenständige Nutzungsart,** die bis Anfang der 80er Jahre unbekannt war. Ältere Verträge, die dem Musikverleger oder Plattenhersteller sämtliche Nutzungsrechte an Musikaufnahmen einschließlich des Rechtes zur Herstellung, Werbung, Verkauf, Vermietung, Lizenzierung und Vertrieb für andere Nutzungen einräumen, umfassen deshalb nicht die Verwertung als CD (so auch *Lütje* in: Hoeren/Sieber Teil 7.2 Rn. 124; *Fitzek* 105 f.; KG ZUM 2000, 164, 165: CD 1979 als Nutzung gegenüber LP und MC noch unbekannt; OLG Düsseldorf NJW-RR 1996, 420; KG CR 1999, 711, 712; OLG Hamburg GRUR 2000, 45 – CD-Cover; a. A. OLG Hamburg ZUM 2002, 297 – Der grüne Tisch; Fromm/Nordemann/*J. B. Nordemann* § 31a Rn. 39; *v. Gamm* ZUM 1994, 591, 593; *Reber* GRUR 1998, 792, 796; *Schack* Rn. 624; LG Hamburg MMR 1998, 44; LG Köln ZUM-RD 1999, 387, 390; OLG Köln ZUM 2001, 166, 172 – The Kelly Family; *Freitag* in: Kröger/Gimmy 324: CD ersetzt Schallplatte, keine eigenständige Nutzungsart).

Spätestens **seit der Markteinführung 1983** dürfte die CD als Nutzungsart **bekannt** **31** sein (OLG Düsseldorf ZUM 2001, 164; OLG Hamburg GRUR 2000, 45; *Haberstumpf* Rn. 407; *Lütje* in: Hoeren/Sieber Teil 7.2 Rn. 124). Auch die **Nutzung eines Fotos als CD-Cover** statt für die Plattenhülle kann eine unbekannte Nutzungsart sein, wobei hier aber die Vereinbarung einer fortgesetzten Nutzung im Wege der Vertragsauslegung in Betracht kommt (LG München I ZUM 2009, 681, 685; OLG Hamburg GRUR 2000, 45 – CD-Cover; a. A. Fromm/Nordemann/*J. B. Nordemann* § 31a Rn. 39).

ee) Klingeltöne. Die Verwendung von Werken der Musik (§ 2 Abs. 1 Nr. 2) als Klin- **32** gelton für Festnetztelefone, Pausenmusik in Telefonanlagen, oder als **Handy-Klingelton** ist in der Regel aufgrund der hierzu erforderlichen Reduzierung auf wenige Takte, der vollständig anderen Funktion im Vergleich zum Musikwerk sowie der Qualitätseinbußen als eigenständige, neue Nutzungsart im Vergleich zur sonstigen Auswertung von Musikwerken (Schallplatte, CD, Sendung, etc.) anzusehen (zu Handy-Klingeltönen ebenso BGH NJW 2009, 774, 775 – Klingeltöne für Mobiltelefone; OLG Hamburg ZUM 2002, 480, 482 – Handy-Klingelton; LG Hamburg ZUM 2005, 483; LG Hamburg ZUM 2005, 485 – Handy-Klingelton; Fromm/Nordemann/*J. B. Nordemann* § 31a Rn. 40; Schricker/Loewenheim/*Spindler* § 31a Rn. 44; *Landfermann* 123 f.; *Rehmann/Bahr* CR 2002, 229 ff.; *Castendyk* ZUM 2005, 9, 13; *Poll* MMR 2004, 67, 69; differenzierend nach Art des Klingeltones *Wandtke/Schunke* UFITA 2007/I, 61). Die Nutzungsart ist etwa **seit Ende 1999 bekannt** (BGH NJW 2009, 774, 775 – Klingeltöne für Mobiltelefone; OLG Hamburg NJW-RR 2002, 1410, 1414; *Castendyk* ZUM 2005, 9, 13; *Landfermann* 124). Darüber hinaus war lange umstritten, ob eine Lizenzierung von Werken der Musik zur Verwendung als Handy-Klingelton alleine durch die GEMA möglich ist (dafür auf Grundlage des GEMA Berechtigungsvertrages in den Fassungen von 2002 und 2005 nunmehr BGH NJW 2009, 774, 775 – Klingeltöne für Mobiltelefone; dagegen noch OLG Hamburg GRUR 2006, 323: aufgrund Beeinträchtigungsschutz zusätzliche Lizenz und Zustimmung durch Urheber oder Musikverlag erforderlich), oder ob eine doppelte Lizenzierung (einmal des Verwertungsrechtes am Werk der Musik z. B. durch die GEMA, einmal durch den Urheber oder dessen Musikverleger hinsichtlich des Bearbeitungsrechts) erforderlich ist (so im Ergebnis noch OLG Hamburg GRUR 2006, 323; *v. Einem* ZUM 2005, 540; krit. *Poll* ZUM 2006, 379; *Ulbricht* CR 2006, 468; *Wandtke/Schunke* UFITA 2007/I, 61 m. w. N.: Vorschlag eines einheitlichen Lizenzmodells durch Erweiterung des GEMA Berechtigungsvertrages; s. auch § 39 Rn. 35 und § 14 Rn. 56; *Ulbricht* CR 2006, 468).

ff) CD-ROM. Bei der Nutzung eines Werkes durch CD-ROM handelt es sich um eine **33** neue, selbstständige Nutzungsart, wenn diese Nutzungsmöglichkeit zum Zeitpunkt des Vertragsschlusses noch unbekannt war. Die CD-ROM ist im Vergleich zu Printmedien (etwa einem Gesetzeskommentar oder einem Lexikon) und Mikrofiche (etwa ein Bibliothekskatalog oder eine wissenschaftliche Sammlung) eine **neue Nutzungsart,** denn durch die CD-ROM kann eine intensivere Nutzung dieser Werke erfolgen (Dreier/Schulze/ *Schulze* § 31 Rn. 97; Fromm/Nordemann/*J. B. Nordemann* § 31a Rn. 42; Schricker/ Loewenheim/*Spindler* § 31a Rn. 45; *Schack* Rn. 624; *Reber* GRUR 1998, 792, 796; *Ahlberg* GRUR 2002, 313, 314 ebenso im Ergebnis BGH GRUR 2002, 248 – SPIEGEL-CD-ROM; OLG Hamburg CR 1999, 322; KG CR 1999, 711, 712; OLG Celle CR 1997, 735 – Medizin-CD = K&R 1998, 79f.; LG Hamburg ZUM 2001, 711, 713; *Fechner* Rn. 872; *Freitag* in: Kröger/Gimmy 325; Möhring/Nicolini/*Spautz* § 31 Rn. 45; differenzierend *Fitzek* 123ff., 129, Dreyer/Kotthoff/Meckel/*Kotthoff* § 31 Rn. 114: Hörbücher auf CD-ROM keine neue Nutzungsart; *Zscherpe* 159: nur Archiv-CD-ROM neue Nutzungsart). Es geht hier nicht nur um eine neue Übermittlungstechnik, sondern der Endbenutzer nimmt die gespeicherten Informationen auf andere Weise wahr als bei herkömmlichen Medien.

34   Die Nutzbarkeit ist intensiviert, mit der CD-ROM können etwa schnellere **Such- oder Rechenoperationen** durchgeführt werden, sie ist (etwa im Vergleich zu Büchern oder Karteikästen) klein, leicht, billiger und einfacher zu lagern und zu versenden. Die Recherchemöglichkeit mittels CD-ROM eröffnet neue, zusätzliche Absatzmärkte und Gewinnchancen (*Katzenberger* AfP 1997, 434, 440). Die CD-ROM kann zu herkömmlichen Medien ein wirtschaftliches Substitut sein, welches sich aber durch überlegene Suchmöglichkeiten auszeichnet (BGH NJW 1997, 1911, 1914 – Zeitschriftenregister).

35   Unklar ist, seit wann die CD-ROM als Nutzungsart **bekannt** ist. Hier werden unterschiedliche Daten genannt, etwa „1988" (*Katzenberger* AfP 1997, 434, 441; *Maaßen* ZUM 1992, 338, 349; LG Hamburg CR 1998, 32 – CD-ROM), „1989" (LG Hamburg AfP 1997, 944: nicht mehr unbekannt), der **„Beginn der 90er Jahre"** (Lehmann/*Dreier* Cyberlaw 134), „jedenfalls ab 1994" (Fromm/Nordemann/*J. B. Nordemann* § 31a Rn. 49) oder gar erst „1996" (*Haberstumpf* Rn. 407; *G. Schulze* FS Beier 403, 405; *W. Nordemann/ Schierholz* AfP 1998, 365, 367). Der Zeitpunkt hängt vor allem von der wirtschaftlichen Bedeutung und Verwertbarkeit zum Zeitpunkt des jeweiligen Vertragsabschlusses ab und ist jeweils im Einzelfall zu überprüfen.

36   Wegen der unterschiedlichen Einsatzmöglichkeit der CD-ROM ist hier richtigerweise zwischen verschiedenen Arten der Werkverbreitung durch CD-ROM zu unterscheiden, etwa der Verbreitung von **Fachzeitschriften** durch CD-ROM (seit Anfang 1989 bekannt; *Fitzek* 215f.), der Verbreitung von **Publikumszeitschriften und Büchern** mittels CD-ROM (seit 1993 bekannt; *Fitzek* 219) und der Verwendung der CD-ROM als **Träger multimedialer Werke,** welche erst seit Mitte 1995 bekannt sein dürfte, denn vorher fand eine derartige Werknutzung von wirtschaftlicher Bedeutung kaum statt (*Fitzek* 220ff. m.w.N., 223). Bei einem Vertrag aus dem Jahr 1984 über „das gesamte literarische Werk" eines Autors, der Rechte im Printbereich zum Gegenstand hat, umfasst das übertragene ausschließliche Nutzungsrecht also nicht die Vervielfältigung und Verbreitung im Internet oder auf CD-ROM (so auch OG Österreich ZUM 1998, 1027, 1028).

37   Werden **Fotografien,** die in einem Nachrichtenmagazin zwischen 1989 und 1993 veröffentlicht wurden, vom Verlag erneut über CD-ROM verbreitet, liegt eine Verletzung der Rechte der Fotografen vor, wenn diese keine erneuten Nutzungsrechte für die CD-ROM Nutzung eingeräumt hatten (BGH GRUR 2002, 248 – SPIEGEL-CD-ROM; OLG Hamburg MMR 1999, 225; anders noch LG Hamburg AfP 1997, 944 – Der Spiegel).

38   **gg) Online-Nutzung.** Eine Nutzung von Werken „online" ist mangels Abgrenzbarkeit keine Nutzungsart an sich, sondern lediglich ein Oberbegriff für verschiedene Nutzungsarten, die sich aus der Möglichkeit der Werkverbreitung online ergeben haben (ähnlich Fromm/Nordemann/*J. B. Nordemann* § 31a Rn. 49; *Fitzek* 112; offen gelassen bei *Haberstumpf* Rn. 407) und künftig noch entwickeln werden. Zu unterscheiden ist bereits zwischen geschlossenen Angeboten, die nur den jeweiligen Abonnenten oder angemeldeten Nutzern gegen Entgelt offen stehen, und den offenen Angeboten für jedermann im Inter-

net, denn in ersterem Fall erfolgt zumeist eine Bearbeitung durch den Provider oder zumindest die redaktionelle Einarbeitung in einen größeren Informationsverbund (ähnlich *Fitzek* 117 ff., 120).

Das **Internet** ist ein weltweiter Verbund von Computernetzwerken und Rechnern. Die angeschlossenen Rechner sind in der Lage, untereinander beliebig Daten auszutauschen. Das Internet enthält etwa **Online-Datenbanken,** die – im Unterschied zu portablen elektronischen Datenbanken (z. B. CD-ROM, Diskette, Magnetband etc.) – über ein einfaches dialogfähiges Endgerät (PC) mit entsprechender Übertragungssoftware und Modem per DSL, ISDN, Breitband LAN/WLAN, lokaler Netze, analoger Telefonleitung, Mobilfunknetz oder anderen Formen der Datenübertragung von jedem Rechner erreichbar sind. Wer seinen PC mit dem Internet verbinden möchte, ist auf die Hilfe sog. **Provider** angewiesen, über die eine Leitungsanbindung ins Internet erfolgen kann (näher Vor §§ 31 ff. Rn. 70 ff.). **39**

Die **Online-Nutzung von Werken im Internet** kann dann auf unterschiedliche Weise erfolgen, etwa durch Herunterladen von Texten zum Lesen und Ausdrucken (vgl. OLG Hamburg ZUM 2005, 833, 835 – Yacht Archiv; OLG Hamburg ZUM 2000, 870, 873 – Onlinezeitung; KG GRUR 2002, 252, 254 – Mantellieferung: Internetauftritt einer Zeitung als neue Nutzungsart im Vergleich zur Printausgabe; *Ehmann/Fischer* GRUR Int. 2008, 284, 286), das Betrachten von Bildern auf dem Bildschirm, der Empfang von Rundfunksendungen via Internet, das Hören von Musik oder das Herunterladen und Speichern von Musik auf der Festplatte des PCs und die anschließende Herstellung eines körperlichen Tonträgers mittels CD Brenner (eingehend zum Music-on-Demand *Wandtke/Schäfer* GRUR Int. 2000, 187 ff.). Die Vielfalt der urheberrechtlichen Nutzungshandlungen wird insb. durch die Möglichkeit von sog. **Hyperlinks** gefördert, mit deren Hilfe der Anbieter einer Webseite praktisch unbeschränkt fremde Inhalte auf seiner Seite zugänglich machen kann und sich der Benutzer per Mausklick über eine Vielzahl von Webseiten bewegt, deren Inhaber und Ursprung quer über dem Globus verstreut sind. **40**

Die **Bekanntheit** von Nutzungsarten, die die Bereitstellung von Werken auf Websites und in Datenbanken im Internet zum Gegenstand oder zur Voraussetzung haben, ist zumindest für Deutschland wohl **generell nicht vor 1995** anzunehmen (Dreier/Schulze/ *Schulze* § 31 Rn. 100; *Schack* Rn. 624; Fromm/Nordemann/*J. B. Nordemann* § 31a Rn. 49; *Haberstumpf* Rn. 407; *Hoeren* CR 1995, 710, 713; *Frohne* ZUM 2000, 810, 815; OLG Hamburg ZUM 2005, 833, 836 – Yacht Archiv: ab 1993; OLG Hamburg ZUM 2000, 870, 873 – Onlinezeitung; KG GRUR 2002, 252 – Mantellieferung; LG München I ZUM 2003, 64, 66 – Pumuckl; *Ehmann/Fischer* GRUR Int. 2008, 284, 286: ab 1993 bekannt). Es ist aber zwischen den vielfältigen Möglichkeiten der Online-Nutzung (Browsen, Download, Video-on-Demand, Music-on-Demand, Print-on-Demand, E-Book etc.) zu unterscheiden (*Freitag* in: Kröger/Gimmy 325; *M. Schwarz* ZUM 2000, 816, 818) und für jede konkrete Nutzungsart im Einzelfall festzustellen, ob diese zum Zeitpunkt des Vertragsschlusses schon bekannt war. **41**

Beim **Web-TV** wird eine Fernsehsendung gleichzeitig mit der terrestrischen Ausstrahlung unverändert im Internet bereitgestellt (vgl. *Frohne* ZUM 2000, 810, 813: neue Nutzungsart; *Schardt* ZUM 2000, 849, 853; *Rigopoulos* 263: keine neue Nutzungsart). Das gleiche gilt für **Rundfunksendungen,** die zeitgleich **über** das **Internet** empfangen werden können. Falls in älteren Lizenzverträgen ein „Internet-Recht" oder „Online-Recht" nicht vereinbart wurde, wäre die Nutzung einer TV-Produktion oder Rundfunksendung im Internet nicht durch das dem Lizenznehmer eingeräumte Senderecht gedeckt. In Lizenzverträgen kann wirksam mit dinglicher Wirkung zwischen „Broadcast-TV-Rechten" und „Web-TV-Rechten" unterschieden werden (*Poll* GRUR 2007, 476, 482). Der **Online-Auftritt von Tageszeitungen** war jedenfalls 1980 eine unbekannte Nutzungsart (OLG Hamburg NJW-RR 2001, 123, 124). Die Verbreitung der Online-Ausgabe einer Tageszeitung als **E-Paper** ist eine eigenständige Nutzungsart gegenüber der Printausgabe, denn den **42**

Käufern sind im Vergleich zur Printausgabe alle Artikel der Printausgabe jederzeit weltweit online zugänglich, und zwar regelmäßig mit zusätzlichen Leistungsmerkmalen wie Zugriff auf alle Regionalausgaben der Zeitung, Zugriff auch auf ältere Ausgaben, etc. (LG Frankenthal ZUM-RD 2013, 138; KG GRUR 2002, 252; vgl. auch OLG Düsseldorf ZUM-RD 2010, 663: offengelassen).

43   hh) **On-Demand-Dienste.** Solche Nutzungsarten sind bspw. die Abrufdienste „Video-on-Demand" (VoD), „Music-on-Demand" (MoD) und „Print-on-Demand" (PoD), welche jeweils als neue Nutzungsarten zu qualifizieren sind (so zu § 31 Abs. 4 a.F.: Dreyer/Kotthoff/Meckel/*Kotthoff* § 31 Rn. 120; *Schack* JZ 1998, 753, 759; Schricker/Loewenheim/*Spindler* § 31a Rn. 49; *Lütje* in: Hoeren/Sieber Teil 7.2 Rn. 105; *Ostermaier* 130 ff.; *v. Gamm* ZUM 1994, 591, 594; *Eberle* GRUR 1995, 790, 798; *Ernst* GRUR 1997, 592, 596; *Wandtke/Schäfer* GRUR Int. 2000, 187 ff.; *Fitzek* 135 ff., 139; *Sasse/Waldhausen* ZUM 2000, 837, 840; *Zscherpe* 162; a.A. Fromm/Nordemann/*J. B. Nordemann* § 31a Rn. 41; *M. Schwarz* 112; *Hoeren* CR 1995, 710, 713: nur Substitute für bisherige Träger ohne qualitative Änderung der Werknutzung; offen gelassen für PoD von *Melichar* FS Dittrich 229, 234), denn die Werknutzungsmöglichkeiten von Bild und Ton sind hiermit wesentlich erweitert worden (keine Bindung an Ladenöffnungszeiten, jederzeitige und weltweite Verfügbarkeit usw.).

44   **VoD** und **MoD** spielen im System der Online-Nutzung im Internet eine bedeutende Rolle. Während VoD den Nutzer in die Lage versetzt, einen in digitaler Form im Internet eines Anbieters (Provider) gespeicherten Film abzurufen (vgl. OLG München CR 1998, 559, 560 – Video on demand), geschieht dies bei MoD auf ähnliche Weise für Musikstücke. Beim MoD können im Wesentlichen zwei technische Arten unterschieden werden. Entweder steht die Musik zum Download frei, etwa im sog. mp3-Format (mp3 steht für Motion Picture Expert Group Audio Layer 3), bei dem das komprimierte Tonsignal aus dem Internet auf den heimischen PC geladen wird, oder die Musik wird „gestrent", d. h. nach dem Hören der Musik verbleibt keine Kopie der Datei beim Hörer (*Pflaum* Musiker 1999, 31). Die Abrufdienste sind mit den herkömmlichen Mitteln der Werknutzung nicht zu vergleichen, denn der Nutzer kann einfach, billig, schnell und ohne das Haus zu verlassen Filme, Musik und andere Werke jederzeit abrufen, die Werke sind ständig an allen Orten der Welt verfügbar. Hier entstehen für die Anbieter ganz neue Absatzmärkte (*Lütje* in: Hoeren/Sieber Teil 7.2 Rn. 128).

45   Ab wann neue Offline- und Online-Nutzungsarten wie VoD und MoD **bekannt** sind, hängt von der wirtschaftlichen Verwertung ab. Die Auswertung muss für die einzelne Art der Nutzung tatsächlich einen wirtschaftlich bedeutsamen Umfang erreicht haben (BGH GRUR 1995, 212, 213 – Videozweitauswertung III). Für MoD und VoD ist dies etwa **seit Anfang 2000** anzunehmen (ähnlich Dreyer/Schulze/*Schulze* § 31 Rn. 99: frühestens ab 1995, allgemein aber erst ab 2000; a.A. Fromm/Nordemann/*J.B. Nordemann* § 31a Rn. 47; *Schardt* ZUM 2000, 849, 853: MP3 ab 1997 bekannt), denn vorher fand eine einigermaßen nennenswerte Verwertung von wirtschaftlicher Bedeutung kaum statt (a.A. OLG München ZUM 1998, 413, 416 unter Hinweis auf Pilotversuche: VoD schon 1995 als wirtschaftlich bedeutsam und verwertbar bekannt; vgl. auch *Fitzek* 228: VoD in Deutschland 2000 noch unbekannt, da keinerlei wirtschaftliche Bedeutung mangels technischer Voraussetzungen; vgl. dazu noch *Hoeren* CR 1995, 710, 712: On-Demand-Dienste technisch nicht realisierbar.

46   ii) **Filmzweitauswertung. (1) Fernsehzweitauswertung.** Hinsichtlich der Auswertung von Kinofilmen im Fernsehen ist die Rechtsprechung uneinheitlich. Während der BGH das Fernsehen schon 1936 als bekannt voraussetzte (BGH GRUR 1982, 727, 730 – Altverträge) und das OLG München für 1938 schon von der Bekanntheit des Fernsehens ausging (OLG München ZUM 1995, 485, 486), verneinte das LG Berlin die Bekanntheit des Fernsehens noch für 1939 (LG Berlin GRUR 1983, 438, 440 – Joseph Roth, zustimmend Fromm/Nordemann/J. B. Nordemann § 31a Rn. 36). Zumindest in Deutschland hat sich das Fernsehen aber erst nach dem 2. Weltkrieg als wirtschaftlich bedeutsam herausgestellt, so dass von einer Bekanntheit i. S. d. § 31a Abs. 1 wohl erst noch später (Anfang der 50er Jahre) auszugehen ist. Zum Bezahlfernsehen („Pay-TV" und „Pay-per-View") s. o. Rn. 26.

(2) Videozweitauswertung. Umstritten ist, bis wann die Auswertung von Filmen mittels Videokassetten (sog. Videozweitauswertung) eine im Vergleich zur Sendung im Fernsehen oder zur Vorführung im Kino unbekannte Nutzungsart war. Die Angaben schwanken hier **zwischen 1970 und 1980** (Schricker/*Schricker* §§ 31/32 Rn. 30 m. w. N.; *Poll* ZUM 1985, 248; *Scheuermann* 92 f.; Fromm/Nordemann/*J. B. Nordemann* § 31a Rn. 47: noch 1978 unbekannt; Dreyer/Schulze/*Schulze* § 31 Rn. 92: als Massengeschäft seit 1977 bekannt). Auch die **Rechtsprechung** ist hier **uneinheitlich** (BGH ZUM-RD 2012, 192, 199 Rn. 51 – Das Boot: spätestens seit 1977 bekannt; OLG München ZUM 1985, 514, 515 – Olympiafilm: jedenfalls 1936 noch unbekannt; BGH GRUR 1974, 786, 788 – Kassettenfilm: Herstellung von Super-8 Filmen für den häuslichen Gebrauch 1966 noch unbekannt; BGH GRUR 1991, 133, 136 – Videozweitauswertung I; OLG München GRUR 1987, 908 – Videozweitauswertung: 1968 noch unbekannt; BGH GRUR 1995, 212, 214 – Videozweitauswertung III: zweifelhaft, ob 1972 bzw. 1975 schon bekannt; OLG München GRUR 1994, 115, 116 – Audiovisuelle Verfahren: 1972 schon bekannt; OLG München ZUM-RD 1997, 354: 1975 schon bekannt).

47

Da trotz der frühen Ankündigungen von Videosystemen (Anfang der 70er Jahre) eine signifikante Marktrelevanz jedenfalls für den Videoabspielmarkt (im Gegensatz zum Videoaufzeichnungsmarkt, vgl. *Fitzek* 92) erst **Ende 1979/Anfang 1980** festzustellen ist, dürfte aus Sicht des durchschnittlichen Urhebers die Videozweitverwertung aber erst auch zu diesem Zeitpunkt als bekannt anzusehen sein (so auch *Fitzek* 212). § 31 Abs. 4 a. F. (s. § 31 Rn. 38) galt auch für **Wahrnehmungsverträge** (zum Begriff Vor §§ 31 ff. Rn. 69) zwischen den Verwertungsgesellschaften und den Urhebern, in denen der Verwertungsgesellschaft Nutzungsrechte zur treuhänderischen Wahrnehmung eingeräumt werden (BGHZ 95, 274, 282 ff. – GEMA-Vermutung I). Hier ist das Recht zur Vervielfältigung und Verbreitung von Musik auf Bildtonträger erst 1972 in den Wahrnehmungsverträge der GEMA aufgenommen worden; die Videozweitauswertung von Spielfilmen zum Zwecke der Wiedergabe im häuslichen Bereich war mithin jedenfalls bis 1972 eine unbekannte Nutzungsart (BGH GRUR 1988, 296, 299 – GEMA-Vermutung IV). Für in der ehemaligen **DDR** tätige Filmurheber ist die Videozweitauswertung hingegen erst **seit Anfang 1990** als bekannt anzusehen, da eine solche Auswertung zuvor mangels technischer und ökonomischer Voraussetzungen kaum stattfand (näher EVtr Rn. 67).

48

(3) Video-on-Demand. Der online Abruf von Videofilmen durch den Zuschauer aus dem Internet oder einem anderen Netz (Angebote verschiedener Netzbetreiber wie Deutsche Telekom, Premiere, Kabel Deutschland, 1&1 etc.) stellt sich im Vergleich zur Auswertung von Filmen per Videokassette oder einem anderen körperlich vertriebenen Bild- und Tonträger als neuen, eigenständige technische Möglichkeiten der Filmverbreitung für den Hausgebrauch dar, und damit auch als neue Nutzungsarten. Filme per Video-on-Demand sind jederzeit von zu Hause aus verfügbar, eine entsprechende wirtschaftliche Bedeutung und Bekanntheit ist **seit etwa dem Jahr 2000** (s. o. Rn. 45) anzunehmen.

49

(4) DVD; Blue-ray; Online-Videorekorder. Umstritten ist, ob sich die Filmauswertung per DVD als neue Nutzungsart im Vergleich zur herkömmlichen Videokassette darstellt. Die DVD bietet im Vergleich zur Videokassette eine Reihe von weiteren Leistungsmerkmalen (Standbilder, Filmplakate, Besetzungslisten, Soundtracks, mehrere Sprachversionen etc.); auch ist davon auszugehen, dass sich hieraus ein eigener Markt für Spielfil-

50

me auf DVD mit einer intensiveren Auswertung und Nutzung entwickelt (für die DVD als **ab Mitte 1999 bekannte** neue Nutzungsart im Vergleich zur Videokassette: Schricker/ Loewenheim/*Spindler* § 31a Rn. 47; *Loewenheim* GRUR 2004, 36, 39 m.w.N.; *Katzenberger* GRUR Int. 2003, 889, 895; *Stieper/Frank* MMR 2000, 643, 646; LG München I ZUM 2002, 71, 73; OLG Köln NJW 2003, 839, 840 – Filmmusik: DVD als Nutzungsart 1998 bekannt; **a. A.** aber der **BGH** ZUM-RD 2012, 192, 199 Rn. 51 – Das Boot; BGH GRUR 2006, 319, 321 – Alpensinfonie; BGH GRUR 2005, 937, 938 – Der Zauberberg: **DVD keine neue Nutzungsart im Vergleich zur Videokassette;** ebenso Fromm/ Nordemann/*J. B. Nordemann* § 31a Rn. 38; Dreyer/Kotthoff/Meckel/*Kotthoff* § 31 Rn. 121; *Fette* ZUM 2003, 49f.; BGH I ZR 285/02; LG München I ZUM 2003, 147, 148; OLG München GRUR 2003, 50, 54 – Zauberberg; krit. hierzu Dreier/Schulze/ *Schulze* § 31 Rn. 75, 98; *Petersdorff-Campen* ZUM 2002, 74ff.). Auch die **Blue-ray** dürfte im Verhältnis zur DVD aufgrund der vertieften und umfangreicheren Nutzungsmöglichkeiten sowie der Erschließung zusätzlicher Märkte eine neue Nutzungsart darstellen (str., anders die bisherige Rechtsprechung, OLG München GRUR-RR 2011, 303, 304 – Blu-ray-Disc; LG München I ZUM 2011, 269, 273). Für Altverträge, die vor dem 1.1.1966 abgeschlossen wurden, sind dagegen sowohl DVD als auch Videokassette unbekannte Nutzungsarten zum Zeitpunkt des Vertragsabschlusses (BGH ZUM 2011, 560, 564 – Der Frosch mit der Maske; BGH ZUM 2011, 498, 499 – Polizeirevier Davidswache). Der Betrieb eines **Online-Videorekorders** durch einen Internetdienst, der es dem Kunden ermöglicht, die Sendesignale direkt auf seinen Computer herunterzuladen oder wiederholt anzusehen, stellt eine eigenständige neue Nutzungsart dar (OLG München MMR 2011, 106, 107). Der Abruf bzw. Aufruf der Sendungen ist über das Internet weltweit und von jedem beliebigen Ort und mit jedem denkbaren Zugang zum Internet, z. B. mittels PC, Mobiltelefon etc. möglich. Eine ähnliche Mobilität ist mit den sog. **Cloud-Diensten** verbunden, bei denen die Nutzer immer und überall auf ihre extern gespeicherten Daten zugreifen können (Einigungsvorschlag der Schiedsstelle des DPMA, ZUM 2012, 1009, 1013).

51   **jj) Handy TV, Mobile-TV.** Fraglich ist, ob die Auswertung von Fernsehsendungen und Kinofilmen per Mobiltelefon (Smartphones der diversen technischen Standards einschließlich iPhone, Android, etc.) oder Tablet-PC (einschließlich iPad oder sonstiger Notepads) als neue Nutzungsart gegenüber den zuvor (Rn. 24ff.) genannten herkömmlichen Verwertungsformen darstellt, wobei die für die Komprimierung, Verschlüsselung, sowie Übertragung zum Endverbraucher gewählten Datenformate (etwa Digital Video Broadcasting – Handhelds (DVB-H), Digital Multimedia Broadcasting (DMB), DVB-T, UMTS, HSDPA, DHB, DVB-SH, H.264) unerheblich sein dürften. Abzustellen ist dabei auf die Besonderheiten im Vergleich zu bisherigen Verwertungsformen, insb. die jederzeitige Verfügbarkeit an jedem Ort durch ein kleines, tragbares Abspielgerät im Taschenformat, ohne Erfordernis von Stromanschluss, kabelgebundener Verbindung, stationären Abspielgeräten und gesondertem Bild- und Tonträger, also die nochmals gesteigerte Mobilität, aber auch die zu erwartenden Qualitätseinbußen durch den kleinen Bildschirm, die einfachen Lautsprecher oder Kopfhörer, sowie die Komprimierungsvorgänge. Hiergegen könnte sprechen, dass kleine tragbare TV-Geräte seit Jahrzehnten bekannt sind (ebenso *Weber* ZUM 2007, 688: DVB-T, DVB-H, DMB keine eigenständigen Nutzungsarten im Vergleich zu herkömmlichen terrestrischen Sendetechniken; ähnlich aber ohne Stellungnahme *Bauer/ v. Einem* MMR 2007, 698, 701). Man wird diese Frage wohl dennoch bejahen müssen aufgrund der technischen Selbstständigkeit, der – zumindest potentiellen – weit umfangreicheren Werknutzung aufgrund der hohen Verbreitung von Mobiltelefonen, wodurch neue Nutzer gewonnen werden (vgl. *Ring/Gummer* ZUM 2007, 436; *Bauer/v. Einem* MMR 2007, 698, 701), und der qualitativen Unterschiede in der Werkvermittlung (dagegen *Kreile* ZUM 2007, 682, 687: keine Frage der unbekannten Nutzungsart, sondern des Urheberpersönlichkeitsrechts). **Mobile-TV** als neue Nutzungsart dürfte etwa ab Mitte 2006 be-

kannt sein (so *Bauer/v. Einem* MMR 2007 Fn. 43 unter Hinweis auf die Ausstrahlung der Fußball Weltmeisterschaft im UMTS-Standard). Freilich dürfte die Verwertung per Mobile TV von herkömmlichen Einräumungen des Senderechts (§ 20) umfasst sein (s. § 20 Rn. 6). Zusätzlich zum traditionellen Fernsehangebot erhalten Verbraucher als Nutzer durch vernetzte Geräte wie Tablets, Smartphones und Spielkonsolen auch Zugang zum Videoabruf über Apps und zu Catch-up-TV-Angeboten über die Hybrid-Broadcast/Broadband-Plattformen der Fernsehanbieter. Die Umstellung auf Connected-TV wirft auch die Frage auf, inwieweit das Buy-out-Modell in der Zukunft die Interessen der Urheber berücksichtigt.

kk) Schriftwerke. (1) Vertriebsformen Buchvertrieb. Die Rechtsprechung hat in 52 der Vergangenheit verschiedene Ausstattungsvarianten als auch Vertriebsformen für Bücher als eigenständige Nutzungsarten angesehen, etwa den **Buchgemeinschaftsvertrieb** gegenüber dem Sortimentenvertrieb (BGH GRUR 1959, 200, 201 – Der Heiligenhof), sowie **Hardcoverausgaben** einerseits und **Taschenbuchausgaben** andererseits (BGH GRUR 1992, 310, 311 – Taschenbuchlizenz). Dagegen soll der **Vertrieb von Büchern über Kaffeefilialen,** Kaufhäuser und sonstige Nebenmärkte keine eigenständige Nutzungsart sein (BGH GRUR 1990, 669, 671 f. – Bibelreproduktion); sofern hier aber über Preisgestaltung und Absatzweg neue Rezeptionsmöglichkeiten und neue Nachfragemärkte entstehen, dürften auch diese Vertriebswege als eigenständige Nutzungsarten anzusehen sein (so zum alten Recht *Fitzek* 85). Auch der Handel mit urheberrechtlichen Werken per **E-Commerce** (weltweit jederzeit auch von zu Hause) kommt durchaus als neue Nutzungsart gegenüber dem herkömmlichen Einzelhandelsvertrieb in Frage (für den **Internet-Buchhandel** als neue Nutzungsart gegenüber dem Sortimentenbuchhandel etwa *Fitzek* 121 f.). Die Nutzung von Schriftwerken als **E-Book** (auch eBook, eingedeutscht E-Buch oder Digitalbuch) ist eine eigene, neue Nutzungsart, und gestatten den Download von beliebigen Inhalten durch den Nutzer auf ein einheitliches Lesegerät. Diese Nutzungsart ist erst seit der Verbreitung von geeigneten Lesegeräten wirtschaftlich bedeutsam, und dürfte seit ca. 2006 bekannt sein.

(2) Verfilmung. Wer sich als Verleger das **Verlagsrecht** einräumen lässt, hat damit re- 53 gelmäßig keine Nutzungsrechte für die sonstige Verwertung des Schriftwerkes erworben, etwa die **Verfilmung** oder die Dramatisierung für die Bühne. Dies ergibt sich im Zweifel schon aus dem Zweckeinräumungsgrundsatz (§ 31 Abs. 5; näher § 31 Rn. 39 ff.) oder aus § 31 Abs. 4 a. F., wenn die später erfolgte Art der Verwertung zur Zeit der Einräumung des Verlagsrechts noch unbekannt war (Sächs. OLG GRUR 1934, 760, 761: Verleger hatte kein Tonfilmherstellungsrecht aus Verlagsvertrag von 1878). Enthält der Verlagsvertrag weder die Einräumung aller wesentlichen Nutzungsrechte ausschließlich sowie zeitlich und räumlich unbeschränkt i. S. d. § 1371 Abs. 1 (s. § 1371 Rn. 7 ff.) noch eine – schriftliche – Einräumung unbekannter Nutzungsarten, kann sich der Verleger zur Auswertung des Schriftwerkes auf neue Nutzungsarten auch nicht auf § 31a stützen, sondern muss entsprechende Nutzungsrechte vom Urheber nacherwerben.

ll) Künftige technische Neuentwicklungen. Es ist absehbar, dass aktuelle und zu- 54 künftige technische Entwicklungen durch die fortschreitende Digitalisierung und neue Geschäftsmodelle innerhalb und außerhalb des Internets zu weiteren neuen Nutzungsarten führen werden. Soweit der konkrete Nutzungsvertrag noch keine nunmehr mögliche Rechtseinräumung unbekannter Nutzungsarten enthält, ist jeweils zu untersuchen, ob es sich lediglich um eine verfeinerte oder andere technische Ausgestaltung oder Weiterentwicklung bereits bekannter und praktizierter Verwertungen, deren technischen Übertragungswegen und den hierbei eingesetzten Geräten handelt, oder die technische Entwicklung zu einer eigenständigen neuen Werknutzung führt, deren besondere Merkmale (etwa Art der Werknutzung und Wiedergabe, Umfang der Werknutzung, Erschließung neuer

Märkte) im Vergleich zur bestehenden Nutzung ein Widerrufsrecht des Urhebers rechtfertigen. Hierbei ist zu beachten, dass neben den bei § 31 Abs. 4 a. F. (s. § 31 Rn. 38) nach Ansicht der Rechtsprechung noch im Vordergrund stehenden **Beteiligungsgrundsatz** nunmehr verstärkt der **Autonomiegrundsatz** tritt (s. o. Rn. 18 f.), und aufgrund der im Vergleich zu § 31 Abs. 4 a. F. (s. § 31 Rn. 38: Unwirksamkeit) wesentlich weniger einschneidenden Rechtsfolgen der §§ 31a, 32c (Widerspruchsrecht, Vergütungsanspruch) weniger Gründe für eine enge Auslegung des Begriffs der unbekannten Nutzungsart bestehen, wie dies die Rechtsprechung im Rahmen des § 31 Abs. 4 a. F. noch angenommen hat (s. o. Rn. 19). Es ist durchaus denkbar, dass neue Geräte und Formate wie **HD-DVD, Blue Ray Discs** (dazu oben Rn. 50, anders aber OLG München GRUR-RR 2011, 303, 304 – Blu-ray-Disc; LG München I ZUM 2011, 269, 273), **Personal Digital Assistent** (PDA) (seit ca. 2000), **iPods** (in Deutschland seit ca. Ende 2006), Smartphones wie das **iPhone** (in Deutschland seit Anfang 2008), **iPads** (seit ca. Herbst 2010), **Tablets** (seit 2011) oder andere **Kombinationsgeräte** mit einer Verbindung bisher üblicherweise getrennter Funktionalitäten (etwa mobil telefonieren, Musik und Videos wiedergeben, Internetzugang, E-Mails, GPS Positionsbestimmung, Handy-TV, Radio, etc.), oder auch neue Vertriebsmodelle im Internet (Web 2.0, Second Life oder Web 3.0) nicht lediglich bestehende Arten der Werknutzung ersetzen, sondern neue Arten der Werknutzung oder kommerziellen Auswertung schaffen. Im Zweifel ist es hier dem Urheber die Möglichkeit vorbehalten, einer solchen neuen Werknutzung zu widersprechen, eine neue Nutzungsart wird also im Zweifel anzunehmen sein (**Autonomiegrundsatz**, s. o. Rn. 19).

4. Rechtsfolge: Schriftformerfordernis

55   **a) Grundsatz.** Ein Vertrag, der eine Rechtseinräumung unbekannter Nutzungsarten oder eine Verpflichtungen hierzu enthält, bedarf der Schriftform, es gilt also § 126 BGB (LG Hamburg ZUM 2010, 819, 824; *Schack* Rn. 620; Mestmäcker/Schulze/*Scholz* § 31a Rn. 16; Dreier/Schulze/*Schulze* § 31a Rn. 75; Dreyer/Kotthoff/Meckel/*Kotthoff* § 31a Rn. 11; *G. Schulze* UFITA 2007/III, 641, 662; *Hertin* Rn. 375; Berger/Wündisch/*Berger* § 1 Rn. 110; Schricker/Loewenheim/*Spindler* § 31a Rn. 65; *Spindler* NJW 2008, 9; *Frey/Rudolph* ZUM 2007, 17; *Berger* GRUR 2005, 907, 909; *Kreile* ZUM 2007, 682, 684). Er ist also grds. von beiden Seiten auf derselben Urkunde zu unterzeichnen (§ 126 Abs. 2 BGB); alternativ ist ein gleichlautendes Dokument jeweils von beiden Seiten mit einer qualifizierten elektronischen Signatur nach dem Signaturgesetz zu versehen (§§ 126 Abs. 3, 126a Abs. 2 BGB). Die **Textform** nach § 126b BGB (z. B. per Email, Unterschrift auf einem Fax etc.) **genügt nicht** (Mestmäcker/Schulze/*Scholz* § 31a Rn. 16; *Hertin* Rn. 375; zu Recht krit. Berger/Wündisch/*Berger* § 1 Rn. 110; *Berger* GRUR 2005, 907, 909). Ein Vertrag über die Rechtseinräumung unbekannter Nutzungsarten, der diesen Anforderungen nicht genügt, ist grds. **nichtig** (§ 125 S. 1 BGB; Dreyer/Kotthoff/Meckel/*Kotthoff* § 31a Rn. 11; Fromm/Nordemann/*J. B. Nordemann* § 31a Rn. 51; Mestmäcker/Schulze/ *Scholz* § 31a Rn. 18; Dreier/Schulze/*Schulze* § 31a Rn. 79; *G. Schulze* UFITA 2007/III, 641, 662). Das Schriftformerfordernis erfüllt nicht nur eine Beweis-, sondern auch eine Warnfunktion (*Spindler* NJW 2008, 9).

56   **b) Ausnahme für Open-Content-Modelle (§ 31a Abs. 1 S. 2).** Der Schriftform bedarf es nicht, wenn der Urheber unentgeltlich ein einfaches Nutzungsrecht für jedermann einräumt (§ 31a Abs. 1 S. 2). Mit dieser Ausnahme soll den Besonderheiten von Open Source-Software (z. B. Linux) und anderem vergleichbaren sog. **Open-Content**-Modellen Rechnung getragen werden, bei denen Urheber ihre Werke kostenlos der Allgemeinheit zur Verfügung stellen (Dreyer/Kotthoff/Meckel/*Kotthoff* § 31a Rn. 12; Schricker/Loewenheim/*Spindler* § 31a Rn. 68; Mestmäcker/Schulze/*Scholz* § 31a Rn. 19; *G. Schulze* UFITA 2007/III, 641, 663; *Hertin* Rn. 376; Berger/Wündisch/*Berger* § 1 Rn. 111. In der Regel werden in einem solchen öffentlichen Lizenzierungssystem keine

schriftlichen Lizenzen vergeben, was angesichts der typischerweise kollaborativ erstellten Werke (etwa Linux oder der Internet Enzyklopädie Wikipedia) und der Vielzahl von – auch anonymen – Urhebern kaum möglich wäre (s. Begründung zur Beschlussempfehlung des Rechtsauschusses des Bundesrates, BT-Drucks. 16/5939, 77).

c) Umfang der Nichtigkeit, Umdeutung (§§ 125, 139, 140 BGB). Fraglich ist, ob ein nicht schriftlich geschlossener Nutzungsvertrag unter Einschluss unbekannter Nutzungsarten insgesamt nichtig ist, oder ob die Nichtigkeitsfolge lediglich die nicht formgemäße Vereinbarung unbekannter Nutzungsarten umfasst. Nach dem Wortlaut des Gesetzes betrifft das Schriftformerfordernis jeden Vertrag, durch den der Urheber Rechte für unbekannte Nutzungsarten einräumt oder sich dazu verpflichtet, auch wenn dies nur ein Teil des Vertrages ist. Nach einer verbreiteten Ansicht ist die Nichtigkeitsfolge lediglich auf die Einräumung unbekannter Nutzungsarten beschränkt, der schuldrechtliche Vertrag und die Einräumung bekannter Nutzungsarten bleiben hingegen wirksam (Dreier/Schulze/*Schulze* § 31a Rn. 79; Dreyer/Kotthoff/Meckel/*Kotthoff* § 31a Rn. 11; Schricker/Loewenheim/*Spindler* § 31a Rn. 71). Nach allgemeinem Zivilrecht umfasst aber ein gesetzlicher Formzwang das Rechtsgeschäft im Ganzen, also alle Abreden, aus denen sich nach dem Willen der Parteien der Vertragsinhalt zusammensetzen soll (vgl. nur BGHZ 40, 252, 262; Palandt/*Ellenberger* § 125 BGB Rn. 7). Bei Nichtbeachtung der gesetzlichen Form ist daher im Zweifel (§ 139 BGB) auch das **Rechtsgeschäft im Ganzen** nichtig, und nicht nur der formbedürftige Teil.

Ein mündlich geschlossener Vertrag über die Einräumung von Nutzungsrechten unter Einschluss unbekannter Nutzungsarten ist demnach insgesamt nichtig, es sei denn, die Parteien hätten bei Kenntnis der Nichtigkeit etwas anderes gewollt (§ 140 BGB), so dass eine **Umdeutung** in einen wirksamen Vertrag über die Nutzung des Werkes unter Ausschluss unbekannter Nutzungsarten möglich ist. Hierzu müssen sich die vertraglichen Vereinbarungen allerdings insoweit aufspalten lassen, dass sich auch bei Wegfall der in jedem Fall unwirksamen Einräumung unbekannter Nutzungsarten noch ein sinnvoller Vertragsinhalt ergibt, vom dem anzunehmen ist, dass beide Parteien einen solchen Vertragsinhalt gewollt und bei Kenntnis der Nichtigkeit eines Teiles auch vereinbart hätten. Haben die Parteien eine umfassende Verwertung einschließlich unbekannter Nutzungsarten gegen ein pauschales Entgelt für den Urheber – nicht schriftlich – vereinbart, ist eine Umdeutung in einen gültigen Vertrag über nur bekannte Nutzungsarten zum pauschalen Entgelt in aller Regel nicht möglich, weil kaum feststellbar ist, wie hoch der für bekannte Nutzungsarten bestimmte Anteil an der Pauschalvergütung sein soll. Eine Umdeutung ist eher möglich, wenn statt pauschaler Vergütungen eine – bspw. prozentuale – Beteiligung des Urhebers am jeweiligen Verwertungserlös vereinbart wird.

Ein schriftlicher Nutzungsvertrag (z.B. Verlags- oder Sendevertrag), der nur bestimmte oder auch alle bekannten Nutzungsarten ohne Hinweis auf unbekannte Nutzungsarten enthält, ist wirksam, ermöglicht aber – abgesehen von der Übergangsregelung des § 137l, die nur für vor Inkrafttreten der Neuregelung geschlossene Verträge mit umfassenden Rechtseinräumungen gilt – keine Nutzung auf unbekannte Nutzungsarten. Eine neben einem solchen Vertrag getroffene mündliche Vereinbarung zu unbekannten Nutzungsarten ist wegen Formmangel von Anfang an unwirksam (§ 125 S. 1 BGB), berührt aber die Wirksamkeit des schriftlichen Vertrages nicht, es sei denn, es ist unter Berücksichtigung der konkreten Umstände des Falles anzunehmen, dass auch der schriftliche Vertrag ohne die mündliche Nebenabrede nicht geschlossen worden wäre (§ 139 BGB).

Fraglich ist, inwieweit **vollzogene Gesellschafts- oder Arbeitsverträgen** von der Nichtigkeit umfasst sind, wenn auf ihrer Grundlage urheberrechtliche Werke zumindest auch auf unbekannte Nutzungsarten genutzt wurden oder werden, die Verträge aber dem Schriftformerfordernis des § 31a nicht entsprechen. Dies kommt vor allem bei Werkschöpfern in Betracht, die sich zur gemeinsamen Verwertung ihrer jeweils einzeln geschaffenen Werke zusammenschließen, und dabei, vielleicht ohne sich dessen bewusst zu sein, aufgrund mündlicher Absprachen eine Gesellschaft bürgerlichen Rechts begründen (§§ 705 ff. BGB). Nach allgemeinen Grundsätzen werden vollzogene Gesellschafts- oder Arbeitsverträge, die einer gesetzlich vorgeschriebenen Form nicht entsprechen, bis zur Geltendmachung der Formnichtigkeit als wirksam betrachtet, die Nichtigkeitsfolge tritt demnach erst ex nunc ein (s. Palandt/*Ellenberger* § 125 BGB Rn. 10). Ferner ist zu unterscheiden, ob die Nutzungsrechtseinräumung für unbekannte Nutzungsarten zum wesentlichen Inhalt des Gesellschafts- oder Arbeitsvertrages gehört, oder dieser lediglich am Rande Bedeutung zukommt. In der Regel dürften unbekannte Nutzungsarten hierbei kaum im Mittelpunkt stehen, da eine auf unbekannte, mögliche und noch nicht absehbare Verwertungen gerichtete gesellschaftsrechtliche oder arbeitsrechtliche Vereinbarung wenig praxisnah ist (zur Anwendung des § 31a auf **Urheber im Arbeitsverhältnis** s. § 43 Rn. 67 ff.).

61 **d) Heilung des Formmangels, Bestätigung (§ 141 BGB).** Der Formmangel wird nicht durch Erfüllung geheilt. Für das Formerfordernis nach § 31a Abs. 1 S. 1 fehlt eine entsprechende gesetzliche Regelung (vgl. nur § 311b Abs. 1 S. 2 BGB), bei Heilung durch Erfüllung liefe der Schutzzweck des § 31a leer (ebenso Schricker/Loewenheim/*Spindler* § 31a Rn. 71 m.w.N.). Eine Heilung des Formmangels ist damit nur durch schriftliche Vereinbarung zwischen dem Urheber und dem Vertragspartner möglich, also durch erneute Vornahme des formungültigen Rechtsgeschäftes entsprechend der Formvorschrift. Soweit hierbei auch eine angemessene Vergütung i.S.d. § 32c vereinbart wird, entfällt das Widerspruchsrecht des Urhebers in Bezug auf zu diesem Zeitpunkt bekannte Nutzungsarten (§ 31a Abs. 2). Im Übrigen ist der Nutzer des Werkes den Ansprüchen der §§ 97 ff. ausgesetzt, wenn er ohne Heilung des Formmangels das Werk nutzt.

62 Die erneute Vornahme der Einräumung von unbekannten Nutzungsarten kann als **Bestätigung** der ursprünglichen, mangels Schriftlichkeit aber nichtigen Nutzungseinräumung anzusehen sein, so dass die Parteien im Zweifel verpflichtet sind, sich dasjenige zu gewähren, das sie haben würden, wenn der Vertrag von Anfang an gültig gewesen wäre (§ 141 Abs. 2 BGB). Die Bestätigung muss jedoch dem Formerfordernis entsprechen (vgl. Palandt/*Ellenberger* § 141 BGB Rn. 4).

63 **e) Nichtbeachtlichkeit des Formmangels.** In seltenen Ausnahmefällen (zutreffend Schricker/Loewenheim/*Spindler* § 31a Rn. 71) kann die Berufung des Urhebers auf den Formmangel bei nur mündlicher Vereinbarung unbekannter Nutzungsarten nach den allgemeinen Grundsätzen von Treu und Glauben unbeachtlich sein (§ 242 BGB). Rechtsprechung und Literatur zu § 242 BGB haben hierzu Fallgruppen entwickelt (s. nur Palandt/*Ellenberger* § 242 BGB Rn. 42 ff.). Grds. müssen beide Seiten von der Wirksamkeit der getroffenen Vereinbarung ausgehen, die Formnichtigkeit darf also nicht beiden Seiten bekannt sein. Der Formmangel kann etwa unbeachtlich sein, wenn die Parteien die Vereinbarung bei Kenntnis der Werknutzung auch auf unbekannte Nutzungsarten längere Zeit als gültig behandelt haben, und auch der Urheber hieraus erhebliche Vorteile gezogen hat, bspw. für die Werknutzung auf unbekannte Nutzungsarten angemessen (§ 32c Abs. 1) vergütet wurde.

III. Widerrufsrecht (§ 31a Abs. 1 S. 3 und 4, Abs. 2)

1. Widerrufsrecht des Urhebers (§ 31a Abs. 1 S. 3)

64 **a) Bedeutung, Rechtscharakter, Übertragbarkeit des Widerrufsrechts.** Der Urheber kann die Rechtseinräumung über unbekannte Nutzungsarten oder Verpflichtungen hierzu widerrufen (§ 31a Abs. 1 S. 3). Der Urheber kann demnach trotz Einräumung unbekannter Nutzungsarten in der Vergangenheit **in Bezug auf jede nach der Vereinbarung entstehende neue Nutzungsart** bis zum Beginn der Verwertung erneut darüber entscheiden, ob sein Vertragspartner sein Werk auf diese neue Nutzungsart verwerten darf, muss also aktiv tätig werden, um eine zusätzliche wirtschaftliche Verwertung seines Werkes auf neue Nutzungsarten zu verhindern (zum einem indem er seine postalische Erreichbarkeit sicherstellt, zum anderen indem er aktiv der Nutzung widerspricht). Indirekt sichert das Widerrufsrecht dabei auch die finanziellen Interessen des Urhebers, da das Bestehen des Widerrufsrechts den Abschluss einer entsprechenden Vergütungsvereinbarung (§ 31a Abs. 2 S. 1) erleichtern dürfte.

Das Widerrufsrecht ist ein Gestaltungsrecht besondere Art (Dreier/Schulze/*Schulze* 65 § 31a Rn. 95). Sein Bestehen soll den Urheber vor vertraglichen Bindungen schützen, um nicht übereilt und ohne gründliche Abwägung des Für und Wider Werknutzungen zuzulassen, die der Urheber wirtschaftlich oder urheberpersönlichkeitsrechtlich zum Zeitpunkt der Rechtseinräumung nicht übersehen konnte (G. *Schulze* UFITA 2007/III, 641, 646). Fraglich ist, ob das Widerrufsrecht **übertragbar** ist. Die Entscheidung des Urhebers, ob sein Werk auf eine bestimmte Nutzungsart genutzt werden darf oder nicht, ist zum einen materiell begründet, hat aber insoweit auch urheberpersönlichkeitsrechtlichen Charakter (*Kitz* GRUR 2006, 549; *Castendyk* ZUM 2002, 333), als der Urheber grds. frei darüber entscheiden kann, ob und wie sein Werk genutzt werden darf. Das deutsche Urheberrecht folgt der so genannten monistischen Lehre des Urheberrechts, und sieht materielle wie persönlichkeitsrechtliche Inhalte als untrennbare Bestandteile einheitlicher, aus dem Urheberrecht folgender Rechte (s. § 11 Rn. 1f.). Für eine **Unübertragbarkeit** des Widerrufsrechts und damit den Vorrang des eher persönlichkeitsrechtlichen Gehaltes spricht § 31a Abs. 2 S. 3, wonach das Widerrufsrecht mit dem Tod des Urhebers erlischt, vergleichbar mit der insoweit weniger weit gehenden Einschränkung des Rückrufsrechts wegen gewandelter Überzeugung nach § 42 UrhG durch den Rechtsnachfolger (§ 42 Abs. 1 S. 2).

Das Widerrufsrecht ist daher als **höchstpersönliches Recht** ausgestaltet und zu Lebzei- 66 ten nicht übertragbar (ebenso Schricker/Loewenheim/*Spindler* § 31a Rn. 74 m.w.N.). Durch die Verknüpfung des Widerrufsrechts mit § 32c über § 31a Abs. 2 will das Gesetz erkennbar sicherstellen, dass der Werkverwerter auf Grundlage der Nutzungsvereinbarung das Werk – gegen angemessene Vergütung – auf neue Nutzungsarten sicher nutzen kann. Das Widerrufsrecht steht nur dem Urheber zu. Deshalb ist eine Aufspaltbarkeit von Verwertungsrecht und Widerrufsrecht auf verschiedene Personen nicht möglich. Das Widerrufsrecht ist aber insoweit als **akzessorisches Gestaltungsrecht** anzusehen, als es mit dem Nutzungsrecht abtretbar ist (vgl. nur Palandt/*Grüneberg* § 399 BGB Rn. 7). Eine Übertragung auf den Werkverwerter oder einen mit diesem verbundenen Dritten selbst käme allerdings einem Verzicht gleich und ist ausgeschlossen (§ 31a Abs. 4).

b) Inhaber des Widerrufsrechts. aa) Urheber. Das Widerrufsrecht steht zunächst 67 dem Urheber zu, also dem Schöpfer des Werkes (§ 7 UrhG). Bei einem gemeinsam geschaffenen Werk steht das Widerrufsrecht den **Miturhebern** zur gesamten Hand zu (§ 8 Abs. 2 UrhG), mehrere Urheber **verbundener Werke** sind – unabhängig von den besonderen Ausübungsbeschränkungen des § 31a Abs. 3 – im Innenverhältnis an § 9 UrhG gebunden.

bb) Ausübende Künstler? Zwar gelten wesentliche Bestimmungen des Urheberver- 68 tragsrechts seit dem Gesetz zur Stärkung der vertraglichen Stellung von Urhebern und ausübenden Künstlern v. 22.3.2002 (BGBl. I S. 1155) entsprechend auch für ausübende Künstler (s. § 79 Abs. 2). Schon nach der alten Rechtslage war die Bestimmung des § 31 Abs. 4 a.F. hiervon jedoch ausgenommen. Ausübende Künstler konnten schon bisher wirksam Nutzungsrechte an unbekannten Nutzungsarten einräumen (vgl. BGH GRUR 2003, 324 – EROC III, zur Bewertung § 79 Rn. 10). Der Gesetzgeber hat hieran festgehalten und § 79 Abs. 2 entsprechend angepasst. **Ausübende Künstler** (§ 73) haben daher weder ein Widerrufsrecht gegen eine Verwertung ihrer künstlerischen Leistung durch unbekannte Nutzungsarten, noch steht ihnen der besondere Vergütungsanspruch nach § 32c zu (näher § 79 Rn. 10).

69 **cc) Rechtsnachfolger des Urhebers?** Das Widerrufsrecht des Urhebers nach § 31a Abs. 1 S. 3 erlischt mit dem Tod des Urhebers (§ 31a Abs. 2 S. 3). Demnach steht es denjenigen nicht zu, die aufgrund Verfügung von Todes wegen oder Universalsukzession (§ 1922 BGB) Rechtsnachfolger des Urhebers werden. Soweit eine Übertragung des Widerrufsrecht zu Lebzeiten auf Dritte möglich sein sollte (s. o. Rn. 66), wäre eine Ausübung durch den Dritten denkbar.

70 **dd) Bindung des Urhebers im Fall des § 31a Abs. 3?** Fraglich ist, ob unter den Voraussetzungen des § 31a Abs. 3 das Widerrufsrecht bei den einzelnen Urhebern verbleibt, oder ob es zu einem gemeinsamen Recht aller betroffenen Urheber wird, welches den genannten Ausübungsbeschränkungen unterliegt. Zwar unterstellt das Gesetz in § 31a Abs. 3 „das Widerrufsrecht" besonderen Beschränkungen. Allerdings können die bei jedem einzelnen Urheber bestehenden Widerrufsrechte in Hinblick auf seine eigenen Werke durch die Zusammenfassung mehrerer Werke zu einer Gesamtheit nicht zu einem einzigen Widerrufsrecht verschmelzen. Das Gesetz unterstellt daher das Widerrufsrecht jedes einzelnen Urhebers, der zur Gesamtheit Werke oder Werkbeiträge beigetragen hat, besonderen Bestimmungen für dessen Ausübung.

71 **c) Ausübung des Widerrufsrechts. aa) Grundsatz.** Die Ausübung des Widerrufsrechts ist nicht formgebunden, der Widerruf kann demnach mündlich oder schriftlich (auch in Textform oder elektronischer Form) erklärt werden (ebenso Dreier/Schulze/*Schulze* § 31a Rn. 89; Fromm/Nordemann/*J. B. Nordemann* § 31a Rn. 57; *Verweyen* ZUM 2008, 217; Mestmäcker/Schulze/*Scholz* § 31a Rn. 22; *G. Schulze* UFITA 2007/III, 641, 669; *Hertin* Rn. 378; Berger/Wündisch/*Berger* § 1 Rn. 114). Der Widerruf bedarf keiner Begründung, das Wort „Widerruf" muss nicht ausdrücklich genannt sein (vgl. BGH NJW 1996, 1964). Als empfangsbedürftige Willenserklärung muss ein unter Abwesenden erklärter Widerruf dem Vertragspartner grds. zugehen (§ 130 BGB). Aus Gründen der Beweiserleichterung sollte der Urheber einen Widerruf stets schriftlich erklären, und auch für eine Beweisbarkeit des Zugangs des Widerrufs beim Vertragspartner sorgen, bspw. durch Einschreiben mit Rückschein oder Anforderung der Rücksendung einer gegengezeichneten Kopie des Widerrufsschreibens (*G. Schulze* UFITA 2007/III, 641, 669; *Hertin* Rn. 382).

72 **bb) Beschränkungen des Widerrufsrechts?** Das Widerrufsrecht unterliegt *de lege lata* keinen weiteren Voraussetzungen, insb. muss der Urheber nicht begründen, warum er der Auswertung seiner Werke auf die jeweilige neue Nutzungsart widerspricht (zu denkbaren Gründen *Kitz* GRUR 2006, 548, 550: Absenkung technischer Verwertungshürden, Zunahme der Schrankennutzung, höheres Rechtsverletzungspotential durch neue Nutzungsart). *De lege ferenda* wurde vorgeschlagen, der Urheber solle das Widerrufsrecht nur bei Vorliegen eines „berechtigen Interesses" ausüben dürfen, etwa bei persönlichkeitsrechtlichen Beeinträchtigungen durch die neue Werknutzung (so Berger/Wündisch/*Berger* § 1 Rn. 115; *Berger* GRUR 2005, 907, 909). Eine derartige Beschränkung hat aber im Gesetz keinen Niederschlag gefunden. Grenzen können sich allenfalls ergeben aus dem allgemeinen **Verbot widersprüchlichen Verhaltens** (venire contra factum proprium) oder dem allgemeinen Grundsatz von **Treu und Glauben** (§ 242 BGB), etwa wenn der Urheber den Verwerter durch konkrete Handlungen zu verstehen gibt, er werde der neuen Werknutzung nicht widerrufen oder begrüße diese sogar, und der Verwerter mit Kenntnis des Urhebers im Vertrauen auf den Bestand hierauf bereits Investitionen tätigt, der Urheber dann aber dennoch mit dem Widerruf droht, etwa um eine höhere Vergütung durchzusetzen (vgl. auch Schricker/Loewenheim/*Spindler* § 31a Rn. 82; Fromm/Nordemann/*J. B. Nordemann* § 31a Rn. 76; Dreyer/Kotthoff/Meckel/*Kotthoff* § 31a Rn. 13; *Verweyen* ZUM 2008, 217, 219: Urheber erhält vereinbarte höhere Vorabvergütung für umfassende Rechtseinräumung, und widerruft anschließend die Einräumung unbekannter Nutzungsarten). Nach Ausübung des Widerrufrechts kann der Urheber anderweitig verfügen, es sei

§ 31a Verträge über unbekannte Nutzungsarten 73–76 § 31a UrhG

denn er ist gegenüber seinem bisherigen Vertragspartner zur Enthaltung verpflichtet (G. *Schulze* UFITA 2007/III, 641, 663). Die – engen – Voraussetzungen der genannten allgemeinen Rechtsinstitute sind hierzu eingehend zu prüfen.

Fraglich ist, ob der Verwerter den Urheber über das Bestehen, die Dreimonatsfrist, und **73** die Folgen einer Fristversäumnis bzw. eines Widerrufs in Anlehnung an allgemeine Normen des Zivilrechts (§ 355 BGB) **zu belehren** hat, beispielsweise in der Mitteilung nach § 31a Abs. 1 S. 4 oder bei Abschluss des Nutzungsvertrages, welcher unbekannte Nutzungsarten enthält. Zwar wird der Verwerter in der Regel als Unternehmer auftreten und mancher Urheber mag wie ein geschäftlich unerfahrener Verbraucher schutzwürdig sein, doch ist die Interessenlage ansonsten kaum vergleichbar, und es ist nicht davon auszugehen, der Gesetzgeber habe hier eine ungewollte Regelungslücke gelassen (ebenso *Klett* K&R 2008, 1, 2; Fromm/Nordemann/*J. B. Nordemann* § 31a Rn. 64; Dreyer/Kotthoff/Meckel/*Kotthoff* § 31a Rn. 18). Es bietet sich aber an, das Bestehen sowie die gesetzlichen Voraussetzungen und Folgen des Widerrufsrechts im Nutzungsvertrag zu nennen, um beiden Vertragspartnern hierauf aufmerksam zu machen (Dreier/Schulze/*Schulze* § 31a Rn. 108). Zu Lasten des Urhebers abweichende Vereinbarungen sind dabei freilich nicht möglich (§ 31a Abs. 4).

d) Rechtsfolgen eines Widerrufs. aa) Schwebende Wirksamkeit. Eine vertragli- **74** che Vereinbarung über die Einräumung unbekannter Nutzungsarten ist zunächst nur schwebend wirksam (s. oben Rn. 9). Sie wird ex tunc unwirksam, wenn der Urheber die konkrete neue Nutzungsart fristgemäß widerruft (s. unten Rn. 75). Sie wird endgültig ex tunc wirksam (i) mit Ablauf der Widerrufsfrist (was eine ordnungsgemäße Mitteilung des Verwerters an den Urheber voraussetzt), (ii) mit dem Abschluss einer Vergütungsvereinbarung nach § 32c hinsichtlich der dann bekannten neuen Nutzungsart (§ 31a Abs. 2 S. 1), (iii) mit Vereinbarung der Geltung einer gemeinsamen Vergütungsregel in Bezug auf unbekannte Nutzungsarten (§ 31a Abs. 2 S. 2), sowie (iv) – dann umfassend in Bezug auf alle denkbaren neuen Nutzungsart – mit dem Tod des Urhebers (§ 31a Abs. 2 S. 3).

bb) Unwirksamkeit der Rechtseinräumung. Bei (fristgemäßer) Ausübung des Wi- **75** derrufsrechts werden die Verpflichtung des Urhebers zur Einräumung von Nutzungsrechten in Bezug auf jeweilige neue Nutzungsart, sowie die entsprechende dingliche Einräumung des Nutzungsrechts, soweit diese schon erfolgt ist, ex tunc unwirksam (ebenso Schricker/Loewenheim/*Spindler* § 31a Rn. 59; Dreier/Schulze/*Schulze* § 31a Rn. 96; G. *Schulze* UFITA 2007/III, 641, 671; *Hertin* Rn. 238; a. A. Ahlberg/Götting/*Soppe* § 31a Rn. 29; Fromm/Nordemann/*J. B. Nordemann* § 31a Rn. 59; Mestmäcker/Schulze/*Scholz* § 31a Rn. 30: ex nunc; differenzierend Dreyer/Kotthoff/Meckel/*Kotthoff* § 31a Rn. 15). Der Widerruf wirkt gleichsam wie eine auflösende Bedingung (§ 158 Abs. 2 BGB), nach deren Eintritt der frühere Rechtszustand ipso jure wieder eintritt (*Spindler* NJW 2008, 9 Fn. 17). Der Verwerter verliert mit dem Widerrufsrecht ex tunc sein Verfügungsrecht über die neue Art der Werknutzung. Soweit der Verwerter vor Ablauf der Widerrufsfrist (s. u. Rn. 88) mit der neuen Art der Werknutzung schon begonnen hatte und ein wirksamer Widerruf erfolgt, stellt die Werknutzung eine Urheberrechtsverletzung dar. Neben dem Schadensersatz nach §§ 97 ff. ist auch das Bereicherungsrecht nach §§ 812 ff. BGB anwendbar (ebenso Dreyer/Schulze/*Schulze* § 31a Rn. 96; G. *Schulze* UFITA 2007/III, 641, 671; a. A. Mestmäcker/Schulze/*Scholz* § 31a Rn. 30). Der Vertrag im Übrigen sowie die Einräumung der bekannten Nutzungsarten werden hiervon nicht berührt. Der Vertragspartner des Urhebers sowie der Dritte, die seine Nutzungsrechte von diesem ableiten, darf das Werk nach erfolgtem Widerruf ohne erneute Vereinbarung eines entsprechenden Nutzungsrechts für die jeweilige neue Nutzungsart nicht nutzen. Die bisherigen Nutzungen werden vom Widerruf ebenso wenig berührt wie künftige Nutzungen auf bekannte Nutzungsarten.

cc) Umfang der Unwirksamkeit. (1) Widerrufserklärung. Die Reichweite des **76** Widerrufs und damit der Umfang der Unwirksamkeit der Rechtseinräumung ergeben sich zunächst aus der Widerrufserklärung selbst. Bezieht sich diese erkennbar auf die entsprechende Mitteilung des Verwerters (s. u. Rn. 84 f.), benennt einzelne neue Nutzungsarten, oder umfasst eindeutig sämtliche unbekannte Nutzungsarten, ist eine Unwirksamkeit der Rechtseinräumung in entsprechendem Umfang anzunehmen. Fraglich ist aber, ob sich ein nicht näher bestimmter Widerruf jeweils nur auf konkrete, erst nach Rechtseinräumung bekannt gewordene aber zur Zeit des Widerrufs schon bekannte Nutzungsarten bezieht, oder ob auch weitere, zum Zeitpunkt des Widerrufs noch unbekannte Nutzungsarten mit dem Widerruf an den Urheber zurückfallen. Dies hat erhebliche Auswirkungen für die Praxis: bei einer Beschränkung der Widerrufswirkung auf – einzelne oder alle – zum Zeitpunkt des Widerrufs bekannten Nutzungsarten würde sich sowohl die Einräumung unbekannter Nutzungsarten als auch das Widerrufsrecht des Urhebers mit der Zeit **aufspalten in eine Vielzahl von einzelnen Widerrufsrechten, bezogen auf jede neue Nutzungsart.** Bei einer umfassenden Wirkung entfällt die Einräumung zur Nutzung unbekannter Nutzungsarten insgesamt, und zwar grds. ex tunc.

77 (2) **Wortlaut des Gesetzes.** Der Gesetzeswortlaut ist nicht eindeutig. Demnach kann der Urheber „Rechte *für unbekannte Nutzungsarten*" einräumen oder sich dazu verpflichten (§ 31a Abs. 1 S. 1), und „*diese Rechtseinräumung* oder die Verpflichtung hierzu" widerrufen (§ 31a Abs. 1 S. 3, 1. Halbs.). Bei wörtlicher Betrachtung des § 31a Abs. 1 S. 3 umfasst der Widerruf demnach die in § 31a Abs. 1 S. 1 genannte Rechtseinräumung („*diese Rechtseinräumung*"), also die gesamte, notwendiger Weise abstrakt erfolgte Einräumung von Rechten für unbekannte Nutzungsarten. Andererseits ist dann unklar, was das Gesetz mit *„der neuen Nutzungsart"* bezeichnet, irgendeine neue Nutzungsart, jede neue Nutzungsart, oder gar nur die erste neue Nutzungsart.

78 (3) **Gesetzesbegründung.** Der Wortlaut steht nicht im Einklang mit der letzten Fassung der Gesetzesbegründung, wonach der Urheber seinen Widerruf **bezüglich jeder einzelnen neuen Nutzungsart,** oder auch umfassend für alle künftig entstehenden Nutzungsarten erklären kann (BT-Drucks. 16/1828, 24). Soweit kein umfassender Widerruf erfolgt ist, geht der historische Gesetzgeber also offenbar von einer nur beschränkten Wirkung des Widerrufs für die konkrete in Frage stehende neue Nutzungsart aus. Abgesehen von der widerrufenen Nutzungsart entfaltet dann die pauschale Rechtseinräumung weiterhin Wirkung, und der Verwerter kann das Werk grds. auf andere neue Nutzungsarten nutzen, es sei denn, der Urheber widerruft die Einräumung auch hinsichtlich dieser weiteren, neuen Nutzungsarten fristgemäß nach Erhalt einer entsprechenden – weiteren – Mitteilung.

79 (4) **Systematische Erwägungen.** Abzustellen ist auf den Sinn und Zweck der gesetzlichen Regelungen im Gesamtgefüge des Urhebervertragsrechts, unter Berücksichtigung der Gesetzgebungsgeschichte. Zu den wesentlichen Prinzipien des Urhebervertragsrechts gehören der **Beteiligungsgrundsatz,** wonach der Urheber tunlichst an der Nutzung seiner Werke zu beteiligen ist (s. Vor §§ 31 ff. Rn. 1, § 32 Rn. 1 mit Nachweisen zur Rechtsprechung), sowie die **Zweckeinräumungsregel,** wonach der Urheber im Zweifel nicht mehr an Rechten einräumt, als zur Durchführung des jeweiligen Vertrags notwendig sind (s. § 31 Rn. 39 ff.). Das Widerrufsrecht des § 31a Abs. 1 ersetzt – ebenso wie der besondere gesetzliche Vergütungsanspruch des Urhebers nach § 32c – das vormalige gesetzliche Verbot der Einräumung von unbekannten Nutzungsarten (§ 31 Abs. 4 a. F., s. § 31 Rn. 38). Dieses Verbot diente dem Schutz des Urhebers vor einer Übervorteilung bei der umfassenden Einräumung von Nutzungsrechten. Der Urheber sollte sich nicht vorschnell seiner Rechte begeben hinsichtlich solcher Nutzungsarten, deren technische Möglichkeiten und wirtschaftliche Bedeutung zum Zeitpunkt der Rechtseinräumung für den Urheber nicht erkennbar waren. Das Widerrufsrecht des § 31a Abs. 1 dient zunächst demselben Zweck, ist aber im Interesse einer einfacheren und sichereren Werknutzung mehrfach eingeschränkt. Andererseits hat der Urheber nunmehr für die Werknutzung auf jede neue Nutzungsart einen besonderen gesetzlichen Vergütungsanspruch (§ 32c), so dass dem Beteiligungsgrundsatz insoweit Genüge getan ist.

(5) Ergebnis. Es ist davon auszugehen, dass sich der nicht weiter qualifizierte Widerruf des Urhebers zunächst nur auf die konkrete, in der Mitteilung des Verwerters benannte neue Nutzungsart bezieht. Ein ohne Mitteilung erfolgter Widerruf des Urhebers dürfte auf solche Nutzungsarten beschränkt sein, die zum Zeitpunkt des Widerrufes schon bekannt waren, es sei denn der Urheber widerruft ausdrücklich sämtliche unbekannte Nutzungsarten. Hat der Verwerter ein wirtschaftliches Interesse an einer konkreten neuen Nutzungsart und teilt er dies dem Urheber mit, haben die Vertragsparteien die konkrete, nunmehr bekannte neue Nutzungsart vor Augen, nicht aber etwaige weitere, auch jetzt noch unbekannte Nutzungsarten. Das Gesetz soll aber grds. die Werknutzung auf alle künftig entstehenden neuen Nutzungsarten ermöglichen. Demnach kann der Werknutzer auch nach einem Widerruf des Urhebers zur Nutzung des Werkes auf die zur Zeit des Widerrufs bereits bekannten, neuen Nutzungsarten das Werk auf weitere, zur Zeit eines Widerrufs noch unbekannte Nutzungsarten nutzen, es sei denn, dass der Urheber auch dieser Nutzung nach Erhalt einer entsprechenden Mitteilung fristgemäß widerspricht, oder einen generellen Widerruf hinsichtlich aller unbekannten Nutzungsarten ausgesprochen hatte. 80

e) Widerrufsrecht bei Unterlizensierung. Fraglich ist, ob das Widerrufsrecht auch gegenüber einem Dritten besteht, dem der Vertragspartner des Urhebers seine Nutzungsrechte für unbekannte Nutzungsarten durch Einräumung eines ausschließlichen oder einfachen Nutzungsrechts übertragen hat (s. § 32c Abs. 2, näher § 32c Rn. 37ff.). Das Gesetz sagt hierzu nichts, entsprechende Verweisungen in den §§ 31a, 32c fehlen. Da zwischen Urheber und Dritten aber keine Rechtseinräumung erfolgte, und eine solche auch nicht aufgrund der Unterlizensierung durch den Vertragspartner entsteht, kann sich auch das Widerrufsrecht nicht auf das Verhältnis zum Dritten erstrecken. Andererseits kann der Urheber seines Widerrufsrechts nicht verlustig gehen, weil sein Vertragspartner das Nutzungsrecht Dritten überträgt. Anderenfalls wäre einer Vertragsgestaltung zur Umgehung des Widerrufsrechts Tür und Tor geöffnet, indem der Vertragspartner des Urhebers, etwa ein Verlag, ein Tonträgerhersteller oder ein Filmproduzent, das erworbene Nutzungsrecht für unbekannte Nutzungsarten sogleich auf einen Rechtsträger, etwa ein verbundenes Unternehmen, überträgt. 81

Folglich bleibt das **Widerrufsrecht bis zum Ablauf der Widerrufsfrist nach Mitteilung** bestehen, unabhängig davon, ob diese durch den Vertragspartner des Urhebers selbst, oder durch eine Dritten aufgrund Unterlizensierung erfolgt (ähnlich Mestmäcker/Schulze/*Scholz* § 31a Rn. 26: Widerruf gegenüber Unterlizenznehmer möglich; *G. Schulze* UFITA 2007/III, 641, 663). Mit dem Widerruf gegenüber seinem Vertragspartner wird die Rechtseinräumung ex tunc unwirksam (s. oben § 31a Rn. 75), das Nutzungsrecht fällt insoweit an den Urheber zurück. Nach bisheriger überwiegender Ansicht zum Problem des Wegfall von Enkelrechten beim Fortfall des Tochterrechts (siehe § 35 Rn. 7–9) konnte der Dritte demnach vom Vertragspartner des Urhebers keine Nutzungsrechte erwerben, und die Werknutzung durch den Dritten verletzt das Urheberrecht. Der Urheber hat gegen den Dritten Ansprüche aus §§ 97ff., im Verhältnis zwischen Vertragspartner des Urhebers und Drittem kommen die Grundsätze der sog. Leerübertragung (s. Vor §§ 31ff. Rn. 124ff.) zur Anwendung. Um diese Folgen zu vermeiden, ist der Lizenzvertrag zwischen Vertragspartner des Urhebers und Drittem entsprechend zu fassen, bspw. indem die Nutzungseinräumung nur auflösend bedingt gewährt wird für den Fall, dass der Urheber die Rechtseinräumung insoweit widerruft. Wenn die Sublizenzierung unbekannter Nutzungsarten durch den Ersterwerber an einen Zweiterwerber mit dem Urheber vereinbart ist, sollte der Erstwerber dem Urheber die erfolgte Sublizenzierung mitteilen, um Schadensersatzansprüche wegen Verletzung einer vertraglichen Nebenpflicht zu vermeiden 82

(Fromm/Nordemann/*J. B. Nordemann* § 31a Rn. 62). Das Gleiche gilt bei Zugang eines Widerrufs durch den Urheber beim Ersterwerber. Zur ähnlichen Fallgestaltung des Fortfalls des ausschließlichen Nutzungsrechts durch Rückruf wegen Nichtausübung (§ 41) hat sich der BGH in mehreren jüngeren Entscheidungen der Meinung angeschlossen, die trotz Wegfall des Tochterrechts aus Gründen des Verkehrsschutzes eine Rechtsbeständigkeit des hiervon abgeleiteten einfachen (Enkel-)Nutzungsrechts annimmt (BGH GRUR 2009, 946 – Reifen Progressiv; BGH GRUR 2012, 916, 917 – M2Trade: Fortbestand des einfachen Nutzungsrechts bei Erlöschen der Hauptlizenz durch Kündigung wegen Zahlungsverzug; BGH GRUR 2012, 914, 915 – Take Five: Fortbestand des ausschließlichen Nutzungsrechts bei einvernehmlicher Aufhebung des Hauptlizenzvertrages; ausführlich s. § 35 Rn. 7–9). Diese Argumentation ist auf die hiesige Fallgestaltung nicht übertragbar, da das Widerrufsrechts des Urhebers bei Unterlizenzierung dann regelmäßig leer laufen würde.

2. Erlöschen des Widerrufsrechts nach Nutzungsmitteilung (§ 31a Abs. 1 S. 4)

83 **a) Voraussetzungen für das Erlöschen des Widerrufsrechts. aa) Bedeutung und Verpflichteter der Obliegenheit zur Mitteilung.** Das Widerrufsrecht erlischt nach Ablauf von drei Monaten, nachdem der andere „die" (gemeint ist: eine) Mitteilung über die beabsichtigte Aufnahme der neuen Art der Werknutzung an den Urheber unter der ihm zuletzt bekannten Anschrift abgesendet hat (§ 31a Abs. 1 S. 4). Fraglich ist zunächst, wer „der andere" im Sinne des Gesetzes ist. Nach dem ursprünglichen Gesetzesvorschlag (vgl. BT-Drucks. 16/1828, 5) sollte es noch dem Urheber obliegen, die Nutzung seiner Werke und die Entwicklung möglicher neuer Nutzungsarten zu beobachten und vor dem etwaigen Beginn einer solchen Nutzung durch seine Vertragspartner zu widersprechen. Die jetzige Regelung wurde auf Vorschlag des Bundesrates in das Gesetz zur Stärkung des Widerrufsrechts aufgenommen. Diese Anknüpfung an die Mitteilung soll die streitträchtige Feststellung des Zeitpunktes der Aufnahme einer neuen Nutzung vermeiden und den Vertragsparteien Klarheit geben (s. BR-Drucks. 257/06, 4), freilich bedeutet die bloße Mitteilung über eine beabsichtigte Werknutzung noch nicht, dass diese tatsächlich umgesetzt wird. Demnach obliegt es dem Verwerter, den Urheber auf eine beabsichtigte neue Werknutzung hinzuweisen, damit dieser entscheiden kann, ob er der Nutzung widerspricht. In der Begründung wird hierbei u.a. auf § 32c Abs. 1 S. 3 verwiesen, wonach „der Vertragspartner" den Urheber über die neue Art der Werknutzung unverzüglich zu unterrichten hat (vgl. BR-Drucks. 257/06, 4). Mit „der andere" ist demnach in der Regel **der Vertragspartner** des Urhebers gemeint. Im Falle der **Unterlizenzierung** an einen Dritten obliegt es aber ebenso dem Dritten, dem Urheber eine entsprechende Mitteilung zu machen, um die für den Dritten nachteiligen Folgen eines Widerrufs (s. o. Rn. 81 f.) zu vermeiden (ebenso Schricker/Loewenheim/*Spindler* § 31a Rn. 90; Ahlberg/Götting/*Soppe* § 31a Rn. 22; Mestmäcker/Schulze/*Scholz* § 31a Rn. 35). Mangels entsprechender Regelung entlässt dies aber den Vertragspartner des Urhebers nicht seiner Verantwortung, für eine Mitteilung zu sorgen.

84 **bb) Inhalt und Rechtsnatur der Mitteilung.** Es muss sich um eine Mitteilung „über die beabsichtigte Aufnahme der neuen Art der Werknutzung" handeln. Es genügt also nicht, wenn der andere (s. o. Rn. 83) ohne nähere Bestimmung die beabsichtigte Nutzung „auf neue Nutzungsarten" mitteilt oder in einer konkreten Mitteilung Nutzungsarten umschreibt, die mangels technischer und wirtschaftlicher Bedeutung (s. o. Rn. 18 ff.) zum Zeitpunkt der Mitteilung noch gar nicht bekannt sind. Grds. bedarf es also für jede Art der neuen, zum Zeitpunkt der Rechtseinräumung unbekannten Nutzungsart einer gesonderten Mitteilung, und **für jeden Fall hat der Urheber ein gesondertes Widerrufsrecht**. In einer Mitteilung können aber mehrere – zum Zeitpunkt der Mitteilung bereits bekannte – Nutzungsarten zusammengefasst werden. Die beabsichtigte **neue Art der Werknut-**

zung ist so **konkret zu benennen oder zu umschreiben,** dass der Urheber sich ein Bild von der Art und Weise der beabsichtigten neuen Werknutzung sowie dessen potentielle wirtschaftliche Bedeutung machen kann. Anderenfalls hätte der Urheber keine ausreichende Entscheidungsgrundlage für sein Widerrufsrecht. Die neue Art der Werknutzung muss **beabsichtigt** sein, die Mitteilung hat also **vor Beginn** der neuen Werknutzung zu erfolgen, und zwar in aller Regel mindestens drei Monate vorher. Anderenfalls läuft der Verwerter Gefahr, im Falle eines Widerrufs eine Urheberrechtsverletzung zu begehen oder sinnlose Investitionen zu tätigen (Hucko Zweiter Korb 2007, 23; Dreier/Schulze/*Schulze* § 31a Rn. 101). Fraglich ist, ob sich aus der Schutzfunktion des § 31a oder als Nebenpflicht aus der ursprünglichen Vereinbarung über unbekannte Nutzungsarten eine **Belehrungspflicht** des Verwerters über die Dreimonatsfrist ergibt (so Schricker/Loewenheim/*Spindler* § 31a Rn. 92; Dreier/Schulze/*Schulze* § 31a Rn. 108; G. *Schulze* UFITA 2007/III, 641, 665). Eine solche ist gesetzlich nicht vorgesehen, bietet sich aber zur Klarstellung insbesondere des Fristbeginns und Ablaufes der Dreimonatsfrist an.

Die Mitteilung ist nicht auf die Herbeiführung von Rechtsfolgen gerichtet, die allein vom Willen des Erklärenden abhängt, und damit keine Willenserklärung im eigentlichen Sinne. Mit Absendung der Mitteilung beginnt aber die gesetzliche Dreimonatsfrist für das Widerrufsrecht des Urhebers zu laufen. Die Mitteilung ist demnach eine **geschäftsähnliche Handlung** (ebenso *Hoeren* MMR 2007, 615, 616), die Vorschriften über Willenserklärungen sind demnach entsprechend anwendbar (vgl. nur BGHZ 47, 352, 357; BGH NJW 89, 1792). Die Mitteilungspflicht des Vertragspartners ist mehr als eine Obliegenheit. Wird die Pflicht zur rechtzeitigen Unterrichtung des Urhebers vom Vertragspartner verletzt, so macht sich der Vertragspartner möglicherweise gegenüber dem Urheber schadensersatzpflichtig nach §§ 280, 249 BGB (Mestmäcker/Schulze/*Scholz* § 31a Rn. 38). 85

cc) **Empfänger der Mitteilung.** Die Mitteilung ist „an den Urheber unter der ... zuletzt bekannten Anschrift" zu richten. Dies gilt auch für den Fall der Unterlizenzierung. Der Verwerter ist nicht verpflichtet, Ermittlungen über die aktuelle Anschrift des Urhebers anzustellen, sondern darf sich auf den ihm zuletzt bekannt gewordenen Stand verlassen. Nach der Gesetzesbegründung soll auch diejenige Anschrift des Urhebers als bekannt gelten, die der Verwerter durch Nachfrage bei der entsprechenden Verwertungsgesellschaft ermittelt hat, was dem Verwerter zumutbar sein soll (vgl. BT-Drucks. 16/5939, 78). Im Gesetz geht eine solche Recherchepflicht allerdings nicht hervor (ebenso *Hucko* Zweiter Korb 2007, 23; *Hoeren* MMR 2007, 615, 616), auch ist zweifelhaft, ob die Verwertungsgesellschaften zur Weitergabe der Anschriften befugt wären. Daraus folgt eine **Obliegenheit des Urhebers,** dem Verwerter jeweils eine **aktuelle Anschrift mitzuteilen,** unter der der Urheber erreichbar ist. Hierbei muss es sich nicht um die Wohn- oder Geschäftsanschrift des Urhebers handeln, es kann sich auch um die Anschrift eines Vertreters oder sonstigen Dritten handeln. Die Obliegenheit dient alleine dem Urheber zur Erhaltung seines Widerrufsrechts. Ist der Urheber dieser Obliegenheit durch Nichtmitteilung seiner Anschrift und Unerreichbarkeit für seinen Vertragspartner nicht nachgekommen, ist ihm ein Verlust des Widerrufsrechts zuzumuten. 86

dd) **Absenden.** Fraglich ist, wann der andere (oben Rn. 83) seiner Obliegenheit genügt, die Mitteilung an den Urheber „abzusenden". Der Begriff ist gesetzlich nicht definiert. Offensichtlich wollte der Gesetzgeber mit diesem Erfordernis vom ansonsten für Willenserklärungen (und entsprechend für geschäftsähnliche Handlungen) geltenden Grundsatz der Zugangsbedürftigkeit (vgl. § 130 Abs. 1 S. 1 BGB) Abstand nehmen und den Werknutzer nicht mit Nachweis des Zugangs der Mitteilung beim Urheber belasten. Unter Absenden ist demnach jede Handlung zu verstehen, die die Mitteilung (s. o. Rn. 84) so **auf den Weg bringt, dass sie nach dem gewöhnlichen Lauf der Dinge so in den Machtbereich des Urhebers gelangt, dass dieser davon Kenntnis nehmen kann,** wobei das Gesetz zu Gunsten des Verwerters unterstellt, dieser Machtbereich befin- 87 de sich **unter der dem Verwerter zuletzt bekannten Anschrift**. Der Verwerter muss im Streitfall also lediglich darlegen und ggf. beweisen, dass er die Mitteilung an die ihm zuletzt bekannte Adresse abgesendet hat, sei es durch Fax, per einfachen Brief, Einwurfeinschreiben, Einschreiben mit Rückschein, per Boten, oder auch per Email. Aus Beweisgründen sollte der Verwerter einen Kommunikationsweg wählen, der ihm einen anerkannten und einfachen **Nachweis der Absendung einschließlich des Datums** ermöglicht (*Hoeren* MMR 2007, 616; *Scheja/Mantz* CR 2007, 715, 716). Kommt die Sendung als unzustellbar zurück, ist der Faxbericht negativ, oder folgt auf die Email eine Nachricht zur Unzustellbarkeit, ist für den Verwerter erkennbar, dass die Mitteilung den Urheber nicht erreicht hat, und er kann sich im Falle eines späteren Widerrufs des Urhebers nicht darauf berufen, er habe die Mitteilung ordnungsgemäß abgesendet. Dies folgt schon daraus, dass der Verwerter im Falle des Beginns der neuen Werknutzung gem. § 32c Abs. 1 S. 3 zur Unterrichtung des Urhebers verpflichtet ist. Das **Verlustrisiko** der Mitteilung trägt allerdings der Urheber.

88 ee) **Ablauf der Dreimonatsfrist. Fristbeginn** ist die Absendung der Mitteilung durch den Verwerter an den Urheber, wobei der Tag der Absendung nicht mitgerechnet wird (§ 187 Abs. 1 BGB). Das **Fristende** ist drei Monate nach dem Fristbeginn, also mit dem Ablauf desjenigen Tages, der dem Tag des Fristbeginns entspricht (§ 188 Abs. 2 S. 1 BGB). Wurde die Mitteilung am 10. Januar abgesendet, endet die Widerrufsfrist mit Ablauf des 10. April. Erfolgte die Absendung am 31. Dezember, endet die Widerrufsfrist am 28. Februar des Folgejahres, ist dieses ein Schaltjahr am 29. Februar (§ 188 Abs. 3 BGB). Der Widerruf muss dem Verwerter spätestens am Tag des Fristendes **zugegangen** sein (s. o. Rn. 71), über die Einhaltung der Frist ist der Urheber darlegungs- und beweispflichtig, er sollte aus diesem Grund für den Widerruf eine Übermittlungsart wählen, die dem Urheber im etwaigen Streitfall einen solchen Nachweis ermöglicht (Einschreiben mit Rückschein, Willenserklärung unter Zeugen, etc.).

89 b) **Rechtsfolgen.** Hat der Urheber die in der Mitteilung genannten oder beschriebenen neue Werknutzung nicht fristgemäß widerrufen, erlischt das entsprechende Widerrufsrecht des Urhebers **in Bezug auf diese neue Werknutzung**. Die zunächst nur schwebend wirksame Einräumung dieser konkreten neuen Nutzungsart wird damit endgültig wirksam, und zwar ex tunc. Die Verfügung des Urhebers bleibt dann bestehen und der Lizenznehmer kann die Werknutzung in der neuen Nutzungsart aufnehmen. Hinsichtlich weiterer unbekannter Nutzungsarten bleibt das jeweilige Widerrufsrecht des Urhebers hiervon unberührt. Der besondere Vergütungsanspruch nach § 32c Abs. 1 besteht in jedem Fall der Nutzung des Werkes auf zum Zeitpunkt der Rechtseinräumung unbekannte Nutzungsarten, unabhängig davon ob eine Mitteilung und/oder ein Widerruf erfolgte.

90 c) **Folgen einer unterbliebenen Mitteilung.** Die Mitteilung löst den Beginn der Dreimonatsfrist aus. Unterbleibt die Mitteilung, **bleibt der Urheber** in Bezug auf die konkrete neue Werknutzung – grds. auf unbegrenzte Dauer bis zum Eintritt eines andern Erlöschensgrundes (§ 31a Abs. 2) – **zum Widerruf** des eingeräumten Nutzungsrechts insoweit **berechtigt**. Nutzt der Verwerter das Werk in der Zwischenzeit bereits und widerruft der Urheber später die Rechtseinräumung für die neue Nutzungsart (sei es aufgrund einer späteren Mitteilung oder anderweitig erlangter Kenntnis von der neuen Werknutzung), war die Werknutzung insoweit eine Urheberrechtsverletzung, welche Ansprüche des Urhebers etwa auf Schadensersatz (§§ 97 ff.) auslöst (Dreier/Schulze/*Schulze* § 31a Rn. 101; G. *Schulze* UFITA 2007/III, 682). Widerruft der Urheber binnen drei Monaten nach Absendung einer Mitteilung oder im Falle der unterbliebenen Mitteilung bis zu seinem Tod (§ 31a Abs. 2 S. 3) hingegen nicht, oder tritt ein sonstiger Erlöschensgrund des Widerrufsrechts ein (§ 31a Abs. 2 S. 2 oder 3), wird die Rechtseinräumung ex tunc endgültig wirksam, und die zunächst nur schwebend (da mit dem noch möglichen Widerruf belastete) rechtmäßige Werknutzung wird geheilt. Eine **Heilung** ist auch denkbar, wenn der Verwerter eine zunächst unterbliebene Mitteilung mit der Unterrichtung nach § 32c Abs. 1 S. 3 verknüpft, vorausgesetzt der Urheber macht binnen drei Monaten nach Absendung von seinem Widerrufsrecht keinen Gebrauch.

3. Entfallen des Widerrufsrechts durch Vergütungsvereinbarungen (§ 31a Abs. 2 S. 1, 2)

a) Individuelle Vergütungsvereinbarung (§ 31a Abs. 2 S. 1). aa) Nach Bekanntwerden der Nutzungsart. Das Widerrufsrecht des Urhebers entfällt, wenn sich die Parteien nach Bekanntwerden der Nutzungsart geeinigt haben, dass der Urheber für die Nutzung des Werkes auf die zunächst noch unbekannte Verwertungsform eine Vergütung i. S. d. § 32c erhält (*Hucko* Zweiter Korb 2007, 24; *Frey/Rudolph* ZUM 2007, 19). Weil eine solche das Widerrufsrecht ausschließende Vergütungsvereinbarung erst **nach Bekanntwerden der Nutzungsart** möglich ist, kann diese nicht zusammen mit der Rechtseinräumung getroffen worden sein, bspw. im Wege einer prozentualen Beteiligung des Urhebers an weiteren Nutzungen des Werkes auf bisher unbekannte Nutzungsarten. Denn das Entfallen des Widerrufsrechts aufgrund einer solchen **abstrakten Vergütungsvereinbarung** mit Geltung auch für unbekannte Nutzungsarten widerspräche dem Anliegen des Gesetzes, den Urheber vor einer Rechtevergabe zu einer Zeit zu schützen, zu der er die wirtschaftliche Bedeutung der neue Nutzungsart noch nicht absehen kann. Eine pauschale Vergütungsvereinbarung für unbekannte Nutzungsarten lässt das Widerrufsrecht bezüglich solcher Nutzungsarten, die zur Zeit der pauschalen Vergütungsvereinbarung noch unbekannt waren, demnach nicht entfallen (ebenso *Hoeren* MMR 2007, 615, 616).

bb) Vergütung nach § 32c Abs. 1. Fraglich ist, ob die Voraussetzungen des § 32c erfüllt sein müssen, um das Widerrufsrecht entfallen zu lassen, insb. ob die getroffene Vergütungsregelung **angemessen** sein muss, oder ob es genügt, dass die Parteien in Hinblick auf die neue Nutzungsart überhaupt eine Vergütungsabrede getroffen haben. Mit „Vergütung nach § 32c Abs. 1" kann das Gesetz kaum den in § 32c Abs. 1 geregelten gesetzlichen Anspruch auf eine gesonderte, angemessene Vergütung selbst meinen. Aus einer Einigung der Parteien i. S. d. § 31a Abs. 2 S. 1 folgt ein vertraglicher Anspruch in vereinbarter Höhe, wobei zunächst gleichgültig ist, ob dieser angemessen ist oder nicht. Die Ausübung des Widerrufsrechts ist daher jedenfalls ausgeschlossen, wenn die Parteien eine diesbezügliche Vergütungsabrede getroffen haben (ebenso Dreyer/Kotthoff/Meckel/*Kotthoff* § 31a Rn. 19; Ahlberg/Götting/*Soppe* § 31a Rn. 23; Mestmäcker/Schulze/*Scholz* § 31a Rn. 40; a. A. Dreier/Schulze/*Schulze* § 31a Rn. 122; Schricker/Loewenheim/*Spindler* § 31a Rn. 106). Entscheidend ist, dass es sich um eine gesonderte Vergütung für die Nutzung des Werkes auf zunächst unbekannte Nutzungsarten handelt. Soweit die Vereinbarung keine angemessene Vergütung vorsieht, kann der Urheber die Differenz zur angemessenen Vergütung nach § 32c Abs. 1 geltend machen (näher dazu § 32c Rn. 14).

cc) Einigung. Erforderlich ist eine **Einigung** im Sinne einer vertraglichen Vereinbarung. Die bloße gemeinsam getragene Ansicht, dass dem Urheber für die zusätzliche neue Nutzung des Werkes der besondere gesetzliche Anspruch aus § 32c Abs. 1 zusteht, reicht nicht aus. Der Verwerter muss sich vielmehr bindend verpflichten, eine besondere Vergütung für die neue Werknutzung zu zahlen, und der Urheber muss hiermit einverstanden sein. Anders als die Einräumung unbekannter Nutzungsarten ist eine entsprechende Vergütungsabsprache formfrei möglich, sollte aber im beiderseitigen Interesse gleichwohl schriftlich erfolgen (Fromm/Nordemann/*J. B. Nordemann* § 31a Rn. 68; Schricker/Loewenheim/ *Spindler* § 31a Rn. 101).

dd) Rechtsfolge. Mit Entfallen des Widerrufsrechts wird die Rechtseinräumung für die konkrete neue Nutzungsart endgültig wirksam (s. oben § 31a Rn. 74).

95 **b) Vereinbarung der Geltung einer gemeinsamen Vergütungsregel (§ 31a Abs. 2 S. 2). aa) Gemeinsame Vergütungsregel.** Das Widerrufsrecht entfällt auch, wenn die Parteien die Vergütung nach einer gemeinsamen Vergütungsregel vereinbart haben. Das Gesetz bezieht sich hier auf gemeinsame Vergütungsregeln i. S. d. § 36, also solche, die nach dem in den §§ 36, 36a geregelten Verfahren zustande gekommen sind (vgl. Ahlberg/Götting/*Soppe* § 31a Rn. 24; BT-Drucks. 16/1828, 24) oder deren Geltung als solche vereinbart wurde (s. § 36 Rn. 20).

96 **bb) Vereinbart.** Fraglich ist, ob Urheber und Verwerter eine Vergütung für die Werknutzung auf unbekannte Nutzungsarten in einer gemeinsamen Vergütungsregel selbst vereinbart haben müssen, wie es der Wortlaut nahe legt, oder ob es ausreicht, dass eine solche gemeinsame Vergütungsregel für das konkrete Nutzungsverhältnis überhaupt besteht. Gemeinsame Vergütungsregeln werden von Vereinigungen von Urhebern mit Vereinigungen von Werknutzern oder einzelnen Werknutzern aufgestellt (§ 36 Abs. 1 S. 1). Solche Vereinigungen müssen repräsentativ, unabhängig und zur Aufstellung gemeinsamer Vergütungsregeln ermächtigt sein (§ 36 Abs. 2, s. § 36 Rn. 10f.). Gemeinsame Vergütungsregeln entfalten aber **keine unmittelbare Wirkung** für die einzelnen Nutzungsverhältnisse zwischen Urheber und Verwerter, sondern wirken lediglich indirekt über die gesetzliche Vermutung, dass in solchen gemeinsamen Vergütungsregeln niedergelegte Verwertungsbedingungen und insb. Nutzungsvergütungen angemessen sind (vgl. § 36 Rn. 17f.). § 31a Abs. 2 S. 2 stellt den Fall der Vereinbarung einer Vergütung nach gemeinsamen Vergütungsregeln dem Fall einer konkreten Vergütungsvereinbarung nach Bekanntwerden der neuen Nutzungsart im Einzelfall in der Rechtsfolge gleich („auch"). Nachdem der Zweck des Widerrufsrechts, nämlich der Schutz des Urhebers vor Übervorteilung, hier wie dort gleichermaßen zum Tragen kommen muss, wird man daher auch im Fall gemeinsamer Vergütungsregeln verlangen müssen, dass diese für das konkrete Nutzungsverhältnis rechtliche Bindung entfalten müssen, um als „vereinbart" zu gelten. Zum Entfall des Widerrufsrechts nach § 31a Abs. 2 S. 2 müssen Urheber und Verwerter daher im Einzelfall vereinbart haben, dass der Verwerter für die Werknutzung auf eine neue Nutzungsart eine besondere Vergütung schuldet, welche in – bestimmten – gemeinsamen Vergütungsregeln niedergelegt ist.

97 **cc) Gemeinsame Vergütungsregel vor Bekanntwerden der neuen Nutzungsart?** Fraglich ist, ob Vergütungsvereinbarungen für neue Nutzungsarten, die in gemeinsamen Vergütungsregelungen getroffen wurden, das Widerrufsrecht auch dann entfallen lassen, wenn sie schon vor Bekanntwerden der jeweiligen neuen Nutzungsart vereinbart wurden. Der historische Gesetzgeber ging jedenfalls davon aus, dass eine Vergütungsregelung für unbekannte Nutzungsarten im Rahmen von gemeinsamen Vergütungsregeln nach § 36 etwa im Wege einer prozentualen Beteiligung auch hinsichtlich solcher Nutzungsarten wirksam möglich sein soll, die zum Zeitpunkt der Aufstellung der gemeinsamen Vergütungsregel noch unbekannt sind (BT-Drucks. 16/1828, 24). Der Wortlaut der Vorschrift ist indessen nicht eindeutig. Zwar enthält die Regelung des § 31a Abs. 2 S. 2 anders als § 31a Abs. 2 S. 1 keine Beschränkung auf solche Vereinbarungen, die „nach Bekanntwerden der neuen Nutzungsart" getroffen wurden. Andererseits nimmt die Regelung des § 31a Abs. 2 S. 2 auf § 31a Abs. 2 S. 1 Bezug („auch"), und nach dem Schutzzweck beider Normen soll der Urheber hier wie dort vor Übervorteilung geschützt werden, nämlich Vergütungsbedingungen hinsichtlich Nutzungsarten zu vereinbaren, deren wirtschaftliche Tragweite zum Zeitpunkt der Vergütungsvereinbarung unabsehbar ist.

98 Allerdings sieht das Gesetz durch das Instrument der gemeinsamen Vergütungsregeln nach § 36 einen Ausgleich zwischen Urheberinteressen und Verwerterinteressen darin, dass sich diese selbst in gemeinsamen Vergütungsregeln auf angemessenen Verwertungsbedingungen einigen, die sowohl dem Schutz der Urheber als auch dem Interesse der Verwerter auf verlässliche und planbare Vergütungen Rechnung tragen. Dies kommt darin zum Ausdruck, dass in gemeinsamen Vergütungsregeln niedergelegte Vergütungen unwiderleglich als angemessen gelten (§ 32 Abs. 2 S. 1, s. § 32 Rn. 26). Durch Einfügung des § 31a Abs. 2 S. 2, der im ursprünglichen Referentenentwurf des Gesetzes nicht vorhanden war, wollte der Gesetzgeber offensichtlich diesem Systems des Vorrangs gemeinsamer Vergütungsregelungen Rechnung tragen, und die Aufnahme von Vergütungen auch für unbekannte Nutzungsarten in gemeinsame Vergütungsregelungen ermöglichen. Trägt man diesem Vorrang Rechnung, entfällt das Widerrufsrecht nach § 31a Abs. 2 S. 2 auch dann, wenn **die gemeinsamen Vergütungsregelungen bereits vor Bekanntwerden der neuen Nutzungsart aufgestellt wurden.** Soweit diese sich in Anbetracht einer später bekannt werdenden Nutzungsart als unangemessen erweisen, sind die gemeinsamen Vergütungsregeln neu zu verhandeln und zu ändern; es entsteht aber kein diesbezügliches Widerrufsrecht des Urhebers.

4. Erlöschen des Widerrufsrechts durch Tod des Urhebers (§ 31a Abs. 2 S. 2)

Das Widerrufsrecht des Urhebers erlischt mit dem Tod des Urhebers, die Rechtseinräumung für unbekannte Nutzungsarten wird damit endgültig wirksam. Das Gesetz schließt Erben von der Einflussnahme auf den Verwertungsprozess nach dem Tod des Urhebers insoweit aus (zu Recht krit. Schricker/Loewenheim/*Spindler* § 31a Rn. 107; Mestmäcker/Schulze/*Scholz* § 31a Rn. 42; Ahlberg/Götting/*Soppe* § 31a Rn. 25; *Frey/ Rudolph* ZUM 2007, 13, 19). Der Gesetzgeber bezeichnet diese Einschränkung für Erben als ein Kernelement des Interessenausgleichs zwischen Urheber und Verwerter. Demnach haben nicht nur die Verwerter, sondern auch die Allgemeinheit ein Interesse daran, dass neue technische Nutzungsarten eingesetzt werden und Kultur früherer Zeiten auch auf dieser Nutzungsebene erhalten bleibt (BT-Drucks. 16/1828, 24). § 31a Abs. 2 S. 2 enthält insoweit eine „andere Bestimmung" im Sinne des letzten Halbsatzes von § 30.

Nach dem Tod des Urhebers kann es zu einem Konflikt zwischen der Verwertung unbekannter Nutzungsarten und den Rechten der Erben aus den **Urheberpersönlichkeitsrechten** kommen (ebenso *Hoeren* MMR 2007, 615, 616). Der Gesetzgeber hat dies offenbar übersehen. Beginnt der Verwerter, eine entsprechende Rechtseinräumung vorausgesetzt, nach dem Tod des Urhebers mit der Werknutzung auf eine neue Nutzungsart, mit der der Erbe des Urhebers nicht einverstanden ist, so kann der Erbe versuchen, sich dieser weiteren Werknutzung unter Berufung auf Urheberpersönlichkeitsrechte, etwa das Recht, eine Entstellung oder Beeinträchtigung zu verbieten (§ 14), zu widersetzen. Nach herrschender Meinung gehen die Urheberpersönlichkeitsrechte grds. so, wie sie beim Urheber bestanden, auf den Rechtsnachfolger über, auch wenn die urheberpersönlichkeitsrechtlichen Interessen mit dem zeitlichen Abstand zum Tode des Urhebers an Gewicht verlieren (BGH GRUR 1989, 106 ff., 107 – Oberammergauer Passionsspiele; Schricker/*Dietz* Vor §§ 12 ff. Rn. 31; *Grunert* 122; s. auch Vor §§ 12 ff. Rn. 10 f.). Ist mit der Verwertung auf eine neue Nutzungsart eine „Änderungen des vom Urheber geschaffenen geistig-ästhetischen Gesamteindruck des Werkes" (BGH NJW 1989, 384, 385 – Oberammergauer Passionsspiele II) verbunden, so sollte sich der Werknutzer daher der Zustimmung der Erben versichern.

IV. Widerrufsrecht bei Zusammenfassung einer Gesamtheit von Werken (§ 31a Abs. 3)

1. Zusammenfassung einer Gesamtheit von Werken oder Werkbeiträgen

a) **Mehrere Werke oder Werkbeiträge.** Sollen im Zuge der Verwertung auf eine neue Nutzungsart mehrere Werke oder Werkbeiträge zu einer Gesamtheit zusammengefasst werden, die sich in der neuen Nutzungsart in angemessener Weise nur unter Verwendung sämtlicher Werke oder Werkbeiträge verwerten lassen, so sind die jeweiligen Urheber der zusammengefassten Werke in der Ausübung ihrer Widerrufsrechte beschränkt. Es muss sich zunächst um **mehrere** Werke oder Werkbeiträge handeln, also mindestens zwei. Werke sind lediglich urheberrechtlich geschützte **Werke** i. S. d. § 2, nicht aber sonstige künstlerische Leistungen, etwa ausübender Künstler, oder technische Leistungen etwa von Sendeunternehmen und Tonträgerherstellern, die leistungsschutzrechtlich geschützt sind. Dies ist folgerichtig, da das Widerrufsrecht nach § 31a Abs. 1 nur für Urheber urheberrechtlicher Werke besteht, nicht aber für Leistungsschutzberechtigte (s. § 79 Abs. 2).

102   Zu klären ist, was **Werkbeiträge** im Sinne der Vorschrift sind (*Frey/Rudolph* ZUM 2007, 13, 19). Die Gesetzesbegründung nimmt auf Filmwerke Bezug, bei denen Widerrufsrechte einschließlich § 31a Abs. 3 freilich ausgeschlossen sind (§§ 88 Abs. 1 S. 2, 89 Abs. 1 S. 2), sowie neuartige Werkkonstellationen, die unter der Zusammenfügung von „Beiträgen" entsteht. Hiervon soll auch der Fall erfasst sein, dass ein oder mehrere Werkbeiträge mit anderen nach dem Gesetz geschützten Schutzgegenständen zusammengefasst worden sind (BT-Drs. 16/1828, 25). Folglich benennt das Gesetz mit Werkbeiträgen nicht nur die **Beiträge von Miturhebern** zu einem gemeinsam geschaffenen Werk (§ 8), sondern offenbar auch sonstige künstlerische Leistungen, die leistungsschutzrechtlich geschützt sind, etwa die Beiträge von Schauspielern zum einheitlichen Filmwerk. Da das Widerrufsrecht für Leistungsschutzberechtigte ohnehin nicht gilt (s. § 79 Abs. 2), ergeben sich hieraus keine weiteren Folgen.

103   **b) Gesamtheit.** Die Werke oder Werkbeiträge müssen zu einer Gesamtheit zusammengefasst werden. Hierbei muss es sich nicht um von mehreren Urhebern gemeinsam geschaffene Werke i. S. d. § 8, verbundene Werke i. S. d. § 9, oder Sammelwerke nach § 4 handeln. Anders als die vorgenannten Regelungen setzt § 31a Abs. 3 nicht auf der Ebene der Werkschöpfung an, sondern allein auf der **Ebene der Werkverwertung** (*Spindler* NJW 2008, 9, 10). Die Regelung findet Anwendung, wenn mehrere gleich- oder verschiedenartige Werke und Werkbeiträge, unter denen sich durchaus auch solche i. S. d. §§ 8, 9 oder 4 befinden können, sowie sonstige nach dem Gesetz geschützte künstlerische Beiträge, zum Zwecke der Verwertung zu einer neuen Einheit verbunden sind oder werden, bspw. Texte, Grafiken, Filme, Fotos und Musik zu einer CD-ROM oder DVD, Texte mehrerer Autoren zu einem E-Book oder einer Website, Fotos und Melodien zu einem UMTS-Datenpaket etc. Ob der Verbindung der Werke selbst Werkqualität zukommt, ist für § 31a Abs. 3 unerheblich. Auch ein von den Urhebern der einzelnen Werke getragener Wille zur gemeinsamen Verwertung wie bei der Werkverbindung nach § 9 ist für die Gesamtheit von Werken i. S. d. § 31a Abs. 3 gerade nicht erforderlich. Die Gesamtheit wird in der Regel durch den Verwerter hergestellt, und die Urheber werden von dieser Gesamtheit möglicherweise erst nach Verwertungsbeginn erfahren (zu Recht krit. *Frey/Rudolph* ZUM 2007, 13, 19: Vereinbarkeit mit Art. 14 Abs. 1 GG fraglich; *Spindler* NJW 2008, 9, 10).

104   **c) Zusammenfassung.** Zusammenfassung bedeutet nicht notwendig, ja wahrscheinlich nicht einmal regelmäßig die Verbindung der Werke i. S. d. § 9. Es genügt vielmehr, dass mehrere Werke auf eine neue Art und Weise gemeinsam verwertet werden. Die Werke werden dabei zu einer neuen Einheit verbunden, um eine Verwertung auf die neue Nutzungsart zu ermöglichen. Der Gesetzgeber spricht vom **„Zusammenfügen von Beiträgen"** (BT-Drs. 16/1828, 25). Das Gesetz will mit dieser Regelung offensichtlich der zunehmenden Konvergenz verschiedener Medienträger Rechnung tragen, und neuartige Werkkombinationen ermöglichen (BT-Drucks. 16/1828, 24). Als traditionelles Beispiel nennt die Gesetzesbegründung das Filmwerk, in dem eine Vielzahl von urheberrechtlichen (und leistungsrechtlich geschützten) Werken zusammengefasst ist. Beim Filmwerk ist das Widerrufsrecht freilich ohnehin ausgeschlossen (§§ 88 Abs. 1 S. 2, 89 Abs. 1 S. 2).

2. Verwertung in angemessener Weise nur unter Verwendung sämtlicher Werke oder Werkbeiträge möglich

a) Bedeutung. Die Einschränkungen bei der Ausübung der Widerrufsrechte sollen dadurch gerechtfertigt sein, dass es einem Verwerter möglich sein muss, eine Vielzahl von Werken und Werkbeiträgen verschiedener Urheber zur Verwertung zusammenzufassen, auch wenn einzelnen Urheber damit nicht einverstanden sind. Das Gesetz will also die „Blockade" der Werknutzung durch einzelne Urheber gegen die Interessen des Verwerters und auch der übrigen Urheber **verhindern** (BT-Drucks. 16/1828, 22; *Hucko* Zweiter Korb 2007, 23). Wann eine Verwertung in angemessener Weise nur unter Verwendung sämtlicher Werke oder Werkbeiträge möglich ist, hat der Gesetzgeber durch eine Vielzahl unbestimmter Begriffe offen gelassen: 105

b) Sämtliche Werke oder Werkbeiträge. Die Unschärfe beginnt schon bei der Frage, wie sich die Gruppe der Werke oder Werkbeiträge zusammensetzt, deren Gesamtheit zur angemessenen Verwertung erforderlich ist. Dies kann sich aus technischen oder auch wirtschaftlichen Gründen ergeben, ein Filmwerk ist etwa ohne alle dazu gehörenden Einzelbeiträge kaum auf eine neue Nutzungsart verwertbar. Dies kann sich aber auch erst aus der Auswahl des Verwerters ergeben, der zur Ermöglichung der angestrebten neuen Nutzungsart die Zusammenfassung mehrere Werke oder Werkbeiträge herbeiführt und aus einer Vielzahl von Werken oder Werkbeiträgen auswählt. Will ein Verwerter aber ein Archiv vieler Werke eines bestimmten Genres anbieten und wählt hierzu alle oder zumindest repräsentative Werke aus, stellt sich die Frage, ob damit notwendiger Weise auch alle ausgewählten Werke und Werkbeiträge zu den **„sämtlichen Beiträgen"** gehören, die zur Verwertung in angemessener Weise notwendig sind, oder ob einzelne Beiträge, deren Urheber mit der neuen Werknutzung nicht einverstanden sind, nicht weggelassen oder durch andere, ähnliche Werke ersetzt werden können. Dies ist eine Frage des Einzelfalls und von der Rechtsprechung zu klären. 106

c) Neue Nutzungsart. Der Verwerter muss die Gesamtheit der Werke und Werkbeiträge in ihrer Zusammenfassung „in der neuen Nutzungsart" verwerten. Hiermit ist jede **denkbare neue Nutzungsart** gemeint. Demnach stellt sich bei jeder neuen Nutzungsart sowie bei jeder Zusammenfassung von Werken oder Werkbeiträgen zur Verwertung als Gesamtheit erneut die Frage der Ausübung der Widerrufsrechte der Urheber der zusammengefassten Werke oder Werkbeiträge. 107

d) Verwertung in angemessener Weise. Fraglich ist darüber hinaus, was unter einer **Verwertung in angemessener Weise** zu verstehen ist. Anders als im Rahmen des § 32 Abs. 2 (angemessene Vergütung) geht es hier weniger um einen normativen Rahmen der Üblichkeit und Redlichkeit, als vielmehr um die Eröffnung eines **Abwägungsspielraums** für den Einzelfall. Auf der einen Seite steht das Interesse der – verwertungsunwilligen – Urheber der einzelnen Werke oder Werkbeiträge, ihr jeweiliges Widerrufsrecht ohne die Beschränkung des § 31a Abs. 3 ausüben zu können. Auf der anderen Seite stehen die Interessen des Verwerters, der verwertungsbereiten oder insoweit gleichgültigen Urheber der übrigen Werke oder Werkbeiträge der Gesamtheit von Werken, und das Interesse der Allgemeinheit. Zu berücksichtigen sind aber auch die normativen Überlegungen des Gesetzgebers, wonach eine „Blockade" durch einzelne Urheber verhindert werden soll, und das Gesetz die Entwicklungsfähigkeit neuartiger Werkkombinationen nicht verhindern, sondern vielmehr ermöglichen soll (BT-Drs. 16/1828, 25). Im Sinne des Gesetzes sind die Anforderungen an eine Verwertung in angemessener Weise daher nicht zu hoch anzusetzen (krit. *Frey/Rudolph* ZUM 2007, 13, 19). 108

Schließlich muss sich die Gesamtheit der zusammengefassten Werke **nur unter Verwendung sämtlicher Werke** oder Werkbeiträge verwerten lassen. Nach vorstehend Gesagtem ist es nicht erforderlich, dass eine Verwertung ohne einen oder einige wenige Wer- 109 ke oder Werkbeiträge logisch ausgeschlossen, also schlechterdings unmöglich ist. Zu fragen ist vielmehr, ob eine solche Verwertung dann **noch angemessen** wäre, wobei die Art und Weise der Werknutzung, das Gewicht der fraglichen Einzelbeiträge, und die Umstände des Einzelfalls zu berücksichtigen sind. Auch dies ist kaum sicher vorherzusagen, und wird im Einzelfall von der Rechtsprechung zu klären sein.

3. Rechtsfolge: Ausübung des Widerrufsrechts nicht wider Treu und Glauben

110   a) **Nicht wider Treu und Glauben.** Die Urheber der in einer Gesamtheit zusammengefassten Werke oder Werkbeiträge dürfen ihr jeweiliges Widerrufsrecht **nicht wider Treu und Glauben** ausüben (vgl. *Hucko* Zweiter Korb 2007, 24; Dreier/Schulze/*Schulze* § 31a Rn. 140; Mestmäcker/Schulze/*Scholz* § 31a Rn. 46; Dreyer/Kotthoff/Meckel/ *Kotthoff* § 31a Rn. 26; *G. Schulze* UFITA 2007/III, 641, 676). Nach dem Vorbild der Regelungen für gemeinsam geschaffene Werke (§ 8 Abs. 2 S. 2) und verbundene Werke (§ 9) kann sich ein einzelner, hier von der Verwertung einer Gesamtheit von Werken betroffener Urheber demnach nicht uneingeschränkt auf sein Widerrufsrecht berufen, um die gemeinsame Verwertung zu verhindern. Liegen die Voraussetzungen der §§ 8, 9 vor, ist grundsätzlich nur ein gemeinschaftlicher Widerruf möglich (Dreier/Schulze/*Schulze* § 31a Rn. 138; *G. Schulze* UFITA 2007/III, 641, 675). Aufgrund der Zusammenfassung mehrerer Werke oder Werkbeiträge zu einer Gesamtheit zwecks gemeinsamer Verwertung ist vielmehr zwischen den Interessen aller Beteiligter eine umfassende **Abwägung** vorzunehmen. Mangels eines von den Urhebern getragenen Willen zur gemeinsamen Werkverwertung kommt es dabei weniger auf eine gegenseitige Rücksichtnahme aufgrund Rechtsgemeinschaft an, als vielmehr eine **Beschränkung der individuellen Rechte der betroffenen Urheber** im Interesse der technischen und wirtschaftlich sinnvollen Verwertbarkeit seines Werkes innerhalb einer Gesamtheit von Werken oder Werkbeiträgen. Dem einzelnen Urheber soll es demnach zuzumuten sein, gewisse Einschränkungen seiner Rechte hinzunehmen. Die Grenze ist hierbei unklar. Der Ausschluss des Widerrufsrechts ist nur in Ausnahmefällen denkbar, vor allem vor dem Hintergrund des intensiven Eingriffs in Art. 14 GG, da sonst das Eigentumsrecht des Urhebers vom Verhalten Dritter abhängig ist (*Spindler* NJW 2008, 9, 10). Zu berücksichtigen ist, dass der Verwerter, weitere Urheber und die Allgemeinheit ein Interesse an der neuen Werknutzung haben können, und alle betroffenen Urheber ein wirtschaftliches Interesse an der neuen Werknutzung haben, indem sie durch die Nutzung einen besonderen Vergütungsanspruch erwerben (§ 32c Abs. 1). Demnach sollen sich urheberpersönlichkeitsrechtliche Ansprüche betroffener Urheber offenbar nicht ohne weiteres gegen wirtschaftliche Interessen durchsetzen können. Dies ist sehr bedenklich (ebenso *Frey/Rudolph* ZUM 2007, 13, 19). Jedenfalls sollten urheberpersönlichkeitsrechtlichen Interessen im Rahmen der Abwägung besonders berücksichtigt werden.

111   b) **Folgen.** Entsprach die Ausübung des Widerrufsrechts – vor Beginn der Werknutzung (§ 31a Abs. 1 S. 3) – auch nur durch einen der von der gemeinsamen Verwertung betroffenen Urheber Treu und Glauben, war ihm eine solche gemeinsame Verwertung also nicht zuzumuten, darf bzw. durfte die Gesamtheit von Werken oder Werkbeiträgen nicht auf die neue Nutzungsart genutzt werden. Da der Verwerter die Nutzungsrechte derjenigen Urheber, die der Verwertung nicht widersprochen hatten, aber noch inne hat, und deren Rechtseinräumungen mit Beginn der Verwertung sogar endgültig wirksam geworden sind (s. oben § 31a Rn. 74), muss sich der Verwerter für die Zukunft lediglich noch gesonderte Nutzungsrechte bei den widersprechenden Urhebern einholen und ist nur gegenüber diesen widersprechenden Urhebern wegen Urheberrechtsverletzung zur Unterlassung einer weiteren Nutzung sowie zum Schadensersatz gemäß den Voraussetzungen der §§ 97 ff. verpflichtet.

112   Entsprachen die erfolgten Widerrufe nicht dem Grundsatz von Treu und Glauben, und lagen im Übrigen die Voraussetzungen des § 31a Abs. 3 vor, konnten die widersprechen-

den Urheber ihre Widerrufsrechte nicht wirksam ausüben. Die Widerrufe gingen ins Leere, die Einräumung der unbekannten Nutzungsarten bleibt wirksam. Die Werknutzung war dann von Anfang an rechtmäßig.

4. Befristung, Entfallen und Erlöschen des Widerrufsrechts bei Zusammenfassung einer Gesamtheit von Werken oder Werkbeiträgen

Die Begrenzungen des Widerrufsrechts des Urhebers gelten auch hinsichtlich jedes Widerrufsrechtes der an einer Gesamtheit von Werken oder Werkbeiträgen beteiligten Urheber, und zwar **bezogen auf jedes Widerrufsrecht** gesondert. Haben alle an einer Gesamtheit von Werken oder Werkbeiträgen beteiligten Urhebern dem Verwerter Nutzungsrechte an unbekannten Nutzungsarten eingeräumt, kann es in dieser Gruppe von Nutzungsrechten sowohl noch schwebend wirksame Nutzungsrechte, als auch bereits endgültig wirksame Nutzungsrechte geben, sei es dass einige Urheber sich mit dem Nutzer bereits auf eine Vergütung nach § 32c oder Vergütungen nach gemeinsamen Vergütungsregeln geeinigt haben, so dass ihr Widerrufsrecht entfallen ist (§ 31a Abs. 2 S. 1 oder S. 2), sei es dass einzelne Urheber bereits verstorben sind (§ 31a Abs. 2 S. 3), sei es dass hinsichtlich einiger Urheber nach Mitteilung die Widerrufsfrist bereits abgelaufen ist (§ 32a Abs. 1 S. 4).

Ein Widerrufsrecht steht in diesem Fall nur noch den nicht zu den oben genannten Gruppen gehörenden Urhebern zu. Fraglich ist, ob bei Feststellung der Voraussetzungen des § 31a Abs. 3 auch die Werke derjenigen Urheber zu berücksichtigen sind, hinsichtlich derer der Werknutzer bereits endgültig wirksame Nutzungsrechte inne hat. Dies ist der Fall, da das Gesetz die in der Nutzung zusammengefasste Gesamtheit der Werke als Bezugsgröße für die Feststellung der Angemessenheit der Verwertbarkeit nur unter Verwendung sämtlicher Beiträge benennt. Demnach sind beim Erfordernis der Verwendung „sämtlicher Beiträge" auch diejenigen Werke und Werkbeiträge und deren Urheber zu berücksichtigen, hinsichtlich deren keine Widerrufsrechte mehr bestehen.

V. Kein Vorausverzicht auf Rechte (§ 31a Abs. 4)

Auf die Schriftform nach § 31a Abs. 1 S. 1, und das Widerrufsrecht des Urhebers mit seinen Grenzen nach § 31a Abs. 1 S. 2, Abs. 2 und Abs. 3 kann nicht im Voraus verzichtet werden, auch eine Umgehung ist nicht wirksam (Dreier/Schulze/*Schulze* § 31a Rn. 142; Dreyer/Kotthoff/Meckel/*Kotthoff* § 31a Rn. 27; *Verweyen* ZUM 2008, 217, 219; *Spindler* NJW 2008, 9, 10). Eine Umgehung läge auch vor, wenn ein Teil der vereinbarten Vergütung bei Ausübung des Widerrufsrecht zurückgezahlt werden müsste (Dreyer/Kotthoff/Meckel/*Kotthoff* § 31a Rn. 27; *Verweyen* ZUM 2008, 217, 219). Das Gesetz verhindert somit, dass sich Urheber durch eine entsprechende, regelmäßig von Seiten der Verwerter vorgegebene Vertragsgestaltung ihrer Rechte hinsichtlich neuer Nutzungsarten begeben können. Dies gilt nicht nur für Regelungen, nach denen der Urheber ausdrücklich auf die Rechte verzichtet, sondern **auch für andere, inhaltsgleiche Regelungen.** Eine Regelung, wonach der Urheber auf einen späteren Widerruf verzichtet, der Widerruf insgesamt ausgeschlossen ist, die Rechtseinräumung unbekannter Nutzungsarten „unwiderruflich" ist, oder der Urheber erklärt, seine Rechte nicht auszuüben, ist insoweit unwirksam und unbeachtlich.

VI. Regelung für bestehende Nutzungsverträge (§ 137l)

Für zum Inkrafttreten der Neuregelung am 1.1.2008 (s. Vor §§ 31 ff. Rn. 5) bereits bestehende Nutzungsverträge gibt es eine besondere Regelung in § 137l, bei der es sich weniger um eine Übergangsregelung, als vielmehr um materielles Urhebervertragsrecht für Altverträge handelt (vgl. § 137l Rn. 3). Diese greift allerdings nur hinsichtlich solcher Nutzungsverträge ein, in denen alle wesentlichen Nutzungsrechte ausschließlich sowie räumlich und zeitlich unbegrenzt eingeräumt wurden (vgl. *Kreile* ZUM 2007, 682, 685 f.; näher § 137l Rn. 7 ff.). Die Übergangsregelung sieht eine Übertragungsfiktion vor (krit. *Spindler/ Heckmann* ZUM 2006, 620, 624; *Schippan* ZUM 2008, 844, 848), wonach solche umfassenden Rechtseinräumungen in bestehenden Altverträgen auch unbekannte Nutzungsarten umfassen, sofern der Urheber nicht innerhalb eines Jahres seit Inkrafttreten der Neuregelung der Nutzung widerspricht (näher § 137l Rn. 37 ff.). Das Gesetz sieht hingegen keine Übergangsregelung für Verträge vor, die vor dem Inkrafttreten des UrhG am 1.1.1966 abgeschlossen wurden. Bis zu diesem Zeitpunkt war die Einräumung unbekannter Nutzungsarten möglich, nach richtiger Ansicht der Rechtsprechung allerdings nur durch eindeutige Erklärung des Berechtigten hinsichtlich der Einräumung unbekannter Nutzungsarten sowie die Vereinbarung einer angemessenen Beteiligung an den Erlösen aus der Verwertung unbekannter Nutzungsarten, im Falle eines Pauschalhonorars durch erkennbare Berücksichtigung bei Vereinbarung der Höhe desselben (BGH ZUM 2011, 560, 565 – Der Frosch mit der Maske; BGH ZUM 2011, 498, 499 – Polizeirevier Davidswache; *Kloth* GRUR Prax. 2011, 285, 287). Selbst wenn allgemeine Vertragsbedingungen vor 1966 die Rechtseinräumung unbekannter Nutzungsarten vorsehen, kann diese unwirksam sein, wenn es an der Vereinbarung einer angemessenen Beteiligung fehlt (BGH ZUM 2011, 498, 499 – Polizeirevier Davidswache; kritisch *Diesbach* ZUM 2011, 623, 628). Bestehen in solchen Nutzungsverträgen keine Regelungen zu unbekannten Nutzungsarten, ist eine nachträgliche Übertragungsfiktion ausgeschlossen (*Spindler/Heckmann* ZUM 2006, 620, 627; de lege ferenda dafür *Nolte* CR 2006, 254, 259). Enthalten Nutzungsverträge aus der Zeit vor 1966 keine Klauseln über unbekannte Nutzungsarten, muss der Verwerter entsprechende Nutzungsrechte für jeden Einzelfall nacherwerben (*Kloth* GRUR Prax. 2011, 285, 287; Mestmäcker/ Schulze/*Scholz* § 137l Rn. 54; *Rehbinder* Rn. 585; *G. Schulze* UFITA 2007/III, 641, 659).

§ 32 Angemessene Vergütung

(1) **Der Urheber hat für die Einräumung von Nutzungsrechten und die Erlaubnis zur Werknutzung Anspruch auf die vertraglich vereinbarte Vergütung. Ist die Höhe der Vergütung nicht bestimmt, gilt die angemessene Vergütung als vereinbart. Soweit die vereinbarte Vergütung nicht angemessen ist, kann der Urheber von seinem Vertragspartner die Einwilligung in die Änderung des Vertrages verlangen, durch die dem Urheber eine angemessene Vergütung gewährt wird.**

(2) **Eine nach einer gemeinsamen Vergütungsregel (§ 36) ermittelte Vergütung ist angemessen. Im Übrigen ist die Vergütung angemessen, wenn sie im Zeitpunkt des Vertragsschlusses dem entspricht, was im Geschäftsverkehr nach Art und Umfang der eingeräumten Nutzungsmöglichkeit, insbesondere nach Dauer und Zeitpunkt der Nutzung, unter Berücksichtigung aller Umstände üblicher- und redlicherweise zu leisten ist.**

(3) **Auf eine Vereinbarung, die zum Nachteil des Urhebers von den Absätzen 1 und 2 abweicht, kann der Vertragspartner sich nicht berufen. Die in Satz 1 bezeichneten Vorschriften finden auch Anwendung, wenn sie durch anderweitige Gestaltungen umgangen werden. Der Urheber kann aber unentgeltlich ein einfaches Nutzungsrecht für jedermann einräumen.**

(4) **Der Urheber hat keinen Anspruch nach Absatz 1 Satz 3, soweit die Vergütung für die Nutzung seiner Werke tarifvertraglich bestimmt ist.**

§ 32 Angemessene Vergütung § 32 UrhG

Literatur: *Basse*, Gemeinsame Vergütungsregeln im Urhebervertragsrecht, Berlin 2008; *Bayreuther*, Zum Verhältnis zwischen Arbeits-, Urheber- und Arbeitnehmererfindungsrecht, GRUR 2003, 570; *v. Becker*, Die angemessene Übersetzungsvergütung – Eine Quadratur des Kreises?, ZUM 2007, 249; *v. Becker/Wegner*, Offene Probleme der angemessenen Vergütung, ZUM 2005, 695; *Becker*, §§ 32 ff. UrhG – eine gelungene oder verfehlte Reform? ZUM 2010, 89; *Ch. Berger*, Sieben Jahre §§ 32 ff. UrhG – Eine Zwischenbilanz aus der Sicht der Wissenschaft, ZUM 2010, 90; *Ch. Berger*, Besprechung zu Wandtke/Bullinger, Praxiskommentar zum Urheberrecht, UFITA 2003/III, 879; *Ch. Berger*, Zwangsvollstreckung in urheberrechtliche Vergütungsansprüche, NJW 2003, 853; *Ch. Berger*, Das neue Urhebervertragsrecht, Baden-Baden 2003; *Ch. Berger*, Zum Anspruch auf angemessene Vergütung (§ 32 UrhG) und weitere Beteiligung (§ 32a UrhG) bei Arbeitnehmer-Urhebern, ZUM 2003, 173; *Czychowski*, Die angemessene Vergütung im Spannungsfeld zwischen Urhebervertrags- und Arbeitnehmererfindungsrecht – ein Beitrag zur Praxis des neuen Urhebervertragsrechts im Bereich der angestellten Computerprogrammierer, FS Nordemann 2004, 157; *D. Becker*, Der Anspruch auf angemessene Vergütung gemäß § 32 UrhG: Konsequenz für die Vertragsgestaltung, ZUM 2003, 521; *Beyerlein*, Insolvenzfestigkeit von Lizenzverträgen – Gedanken zum neuen Reformwillen der Justizministerkonferenz, WRP 2007, 1074; *Dietz*, Die Pläne der Bundesregierung zu einer gesetzlichen Regelung des Urhebervertragsrechts, ZUM 2001, 276; *Dreier*, Creative Commons, Science Commons – Ein Paradigmenwechsel im Urheberrecht? FS Schricker 2005, 283; *Dreier*, Kompensation und Prävention, 2002 (zit. *Dreier* Kompensation); *Erdmann*, Urhebervertragsrecht im Meinungsstreit, GRUR 2002, 923; *Flechsig*, Entwurf eines Gesetzes zur Stärkung der vertraglichen Stellung von Urhebern und ausübenden Künstlern, ZUM 2000, 484; *Fuchs*, Arbeitnehmerurhebervertragsrecht, Baden-Baden 2005; *Gerlach*, Praxisprobleme der Open-Source-Lizenzierung, CR 2006, 649; *Grabig*, Die Bestimmung einer weiteren angemessenen Beteiligung in gemeinsamen Vergütungsregeln und in Tarifverträgen nach § 32a Abs. 4 UrhG, Berlin 2005; *Grunert/Ohst*, Grundprobleme der kommerziellen und privaten Nutzung künstlerischer Leistungen im Internet, KUR 2001, 8 (Teil I) und KUR 2001, 25 (Teil II); *Haas*, Das neue Urhebervertragsrecht, München 2002; *Haupt/Flisak*, Angemessene Vergütung in der urheberrechtlichen Praxis, KUR 2003, 41; *Heckmann/Weber*, Open Access in der Informationsgesellschaft – § 38 UrhG de lege ferenda, GRUR Int. 2006, 995; *Hertin*, Urhebervertragsnovelle 2002: Das Update von Urheberrechtsverträgen, MMR 2003, 16; *Hilty/Peukert*, Das neue Urhebervertragsrecht im internationalen Kontext, GRUR Int. 2002, 643; *Hoeren*, Was bleibt von §§ 32, 32a, 36 UrhG? Überlegungen zur Zukunft des Urhebervertragsrechts, FS Wandtke 159; *Hoeren*, Auswirkungen der §§ 32, 32a UrhG n. F. auf die Dreiecksbeziehung zwischen Urheber, Produzent und Sendeanstalt im Filmbereich, FS Nordemann 2004, 181; *Hoeren*, Auf der Suche nach dem „iustum pretium": Der gesetzliche Vergütungsanspruch im Urhebervertragsrecht, MMR 2000, 449; *Hucko*, Das neue Urhebervertragsrecht, Halle/Saale 2002; *Jacobs*, Die Karlsruher Übersetzertarife – Zugleich Anmerkung zu BGH „Destructive Emotions", GRUR 2011, 306; *Jacobs*, Die angemessene und unangemessene Vergütung – Überlegungen zum Verständnis der §§ 32, 32a UrhG, FS Ullmann, 79); *Jacobs*, Das neue Urhebervertragsrecht, NJW 2002, 1905; *Jaeger/Metzger*, Open Content-Lizenzen nach deutschem Recht, MMR 2003, 431; *Kasten*, Strategien der Verweigerung und Risikoanhäufung, ZUM 2010, 130; *Loewenheim*, Bemerkung zur Schadensberechnung nach der doppelten Lizenzgebühr bei Urheberrechtsverletzungen, in: Ahrens/Bornkamm/Gloy/Starck (Hrsg.), Festschrift für Willi Erdmann zum 65. Geburtstag, Köln 2002, 131 (zit.: *Loewenheim* FS Erdmann); *Kreile*, Neue Nutzungsarten – Neue Organisation der Rechteverwaltung? Zur Neuregelung des § 31 Abs. 4 UrhG, ZUM 2007, 682; *W. Nordemann*, Das neue Urhebervertragsrecht, München 2002; *v. Olenhusen*, Der Gesetzentwurf für ein Urhebervertragsrecht, ZUM 2000, 736; *Ory*, Das neue Urhebervertragsrecht, AfP 2002, 93; *Peukert*, Der Gemeinfreiheit, Tübingen 2012; *Plaß*, Open Contents im deutschen Urheberrecht, GRUR 2002, 670; *Reber*, Der „Ertrag" als Grundlage der angemessenen Vergütung/Beteiligung des Urhebers (§§ 32, 32a, 32c UrhG) in der Film-und Fernsehbranche, GRUR Int. 2011, 569; *Reber*, Das neue Urhebervertragsrecht, ZUM 2000, 729; *Reber*, Die Redlichkeit der Vergütung (§ 32 UrhG) im Film und Fernsehbereich, GRUR 2003, 393; *Schack*, Neuregelung des Urhebervertragsrechts, ZUM 2001, 453; *Schack*, Urhebervertragsrecht im Meinungsstreit, GRUR 2002, 853; *Schimmel*, Das Urhebervertragsrecht – Fehlschlag oder gelungene Reform? ZUM 2010, 95; *Schlink/Poscher*, Verfassungsfragen der Reform des Urhebervertragsrechts, 2002; *H. Schmidt*, Urheberrechte als Kreditsicherheit nach der gesetzlichen Neuregelung des Urheberrechts, WM 2003, 461; *U. Schmidt*, Der Vergütungsanspruch des Urhebers nach der Reform des Urhebervertragsrechts, ZUM 2002, 781; *Scholz*, Zum Fortbestand abgeleiteter Nutzungsrechte, GRUR 2009, 1107; *Schricker*, Auswirkungen des Urhebervertragsgesetzes auf das Verlagsrecht, FS Nordemann 2004, 243; *Schricker*, Zum neuen deutschen Urhebervertragsrecht, GRUR Int. 2002, 797; *Schricker*, Urhebervertragsrecht im Meinungsstreit, MMR 2000, 713; *Schricker*, Zum Begriff der angemessenen Vergütung im Urheberrecht – 10% vom Umsatz als Maßstab?, GRUR Int. 2002, 737; *Schricker*, Einführung in das neue Urhebervertragsrecht, in *Möhring/Schulze/Ulmer/Zweigert*, Quellen des Urheberrechts, Band 2, Deutschland/V/1/a (zit. *Schricker* Quellen); *G. Schulze*, Wann beginnt eine urheberrechtlich relevante Nutzung?, ZUM 2000, 126; *Spindler/Wiebe*, Open Source-Vertrieb – Rechtseinräumung und Nutzungsberechtigung, CR 2003, 873; *Sprang*, Die Vereinbarung angemessener Vergütung in der Verlagsbranche, ZUM 2010, 116; *Schwarz*, Die Vereinbarung angemessener Vergütungen

UrhG § 32

und der Anspruch auf Bestsellervergütungen, ZUM 2010, 107; *Thüsing,* Tarifvertragliche Chimären – Verfassungsrechtliche und arbeitsrechtliche Überlegungen zu den gemeinsamen Vergütungsregeln nach § 36 UrhG n. F., GRUR 2002, 203; *Wandtke,* Der Anspruch auf angemessene Vergütung für Filmurheber nach § 32 UrhG, GRUR Int. 2010, 704; *Wandtke,* Anmerkung zu Kammergericht, Urteil vom 30. Mai 2012 – 24 U 14/11, ZUM 2012, 688; *Wimmers/Rode,* Der angestellte Softwareprogrammierer und die neuen urheberrechtlichen Vergütungsansprüche, CR 2003, 399; *v. Rom,* Der Schutz des Übersetzers im Urheberrecht, Baden-Baden 2007; *Voß,* Der Anspruch des Urhebers auf angemessene Vergütung und die weitere angemessene Beteiligung, Münster 2005; *Zentek/Meinke,* Urheberrechtsreform 2002, Freiburg 2002; *Zirkel,* Das neue Urhebervertragsrecht und der angestellte Urheber, WRP 2003, 59.

Vgl. darüber hinaus die Angaben im eingangs abgedr. Gesamtliteraturverzeichnis.

Übersicht

	Rn.
I. Bedeutung der Regelung	1–3
II. Anspruch auf angemessene Vergütung (§ 32 Abs. 1)	4–21
1. Anwendungsbereich	4–7
2. Anspruch auf vertragliche Vergütung (§ 32 Abs. 1 S. 1, 2)	8–11
a) Regelungsinhalt, Bedeutung	8, 9
b) Nichtbestimmung der Vergütung	10, 11
3. Anspruch auf Vertragsanpassung (§ 32 Abs. 1 S. 3)	12–21
a) Bedeutung	12
b) Voraussetzungen	13–16
aa) Anspruchsteller	13
bb) Anspruchsgegner	14
cc) Vertragliche Vergütungsregelung	15
dd) Unangemessenheit der Vergütung	16
c) Rechtsfolgen	17–20
aa) Anspruch auf Vertragsanpassung	17, 18
bb) Wirkung für die Vergangenheit	19
cc) Auskunftsanspruch, Stufenklage	20
d) Verjährung	21
III. Angemessenheit der Vergütung (§ 32 Abs. 2)	22–43
1. Allgemeines	22, 23
2. Abfolge und Kriterien für die Angemessenheitsprüfung	24–43
a) 1. Stufe: Tarifvertragliche (§ 32 Abs. 4) oder gemeinsame Vergütungsregelung (§ 32 Abs. 2 S. 1)	25, 26
b) 2. Stufe: Redliche Branchenübung	27–30
c) 3. Stufe: Umstände des Einzelfalls	31–35
d) Heranziehung der Rechtsprechung zur Ermittlung einer angemessenen Lizenzgebühr	36, 37
e) Pauschalabgeltung oder Beteiligungsvergütung	38
f) Unangemessenheit der Vergütung	39, 40
aa) Allgemeines	39
bb) Einzelfälle	40
g) Zeitpunkt der Angemessenheit	41–43
aa) Vertragsschluss (ex-ante Betrachtung)	41
bb) Werknutzung (ex-post Betrachtung)?	42
cc) Prognoseentscheidung ex ante	43
IV. Umgehungsschutz (§ 32 Abs. 3 S. 1, 2)	44
V. Ausnahmen (§ 32 Abs. 3 S. 3, Abs. 4)	45, 46
1. Unentgeltliches Nutzungsrecht für jedermann (§ 32 Abs. 3 S. 3)	45
2. Tarifvertragliche Bestimmung (§ 32 Abs. 4)	46
VI. Verhältnis des § 32 zu anderen Regelungen	47–53
1. Andere urheberrechtliche Vergütungsansprüche (§§ 32a, 32c)	47–51
a) § 32a	47–50
aa) Pauschalvergütung	48, 49
bb) Beteiligungsvergütung	50
b) § 32c	51

§ 32 Angemessene Vergütung   1, 2 § 32 UrhG

Rn.
   2. Vertragsanpassung wegen Störung der Geschäftsgrundlage (§ 313 Abs. 1
      BGB) 52
   3. Kündigung aus wichtigem Grund (§ 314 BGB) 53
VII. Rechtslage für Sachverhalte bis zum 30.6.2002 54–56
   1. Anwendung des § 32 auf Altverträge 54, 55
   2. Fassung des § 32 bis zum 30.6.2002 56

I. Bedeutung der Regelung

Die zum 1.7.2002 in Kraft getretene Neufassung des § 32 (grundlegend BVerfG NJW **1** 2014, 46 – Drop City; zur Reformdiskussion s. die Nachweise bei Vor §§ 31 ff. Rn. 3) ist die gesetzliche Fortschreibung einer schon vom Reichsgericht begonnenen und vom BGH fortgesetzten Rechtsprechung, wonach dem Urheber für jede Nutzung seines Werkes grds. eine angemessene Vergütung gebührt, und dies selbst dann, wenn die Nutzung keinen unmittelbaren Ertrag abwirft (RGZ 113, 413 – Der Thor und der Tod; RGZ 140, 231 – Tonfilm; RGZ 153, 1 – Schallplattensendung; BGHZ 11, 135, 143 – Lautsprecherübertragung; BGHZ 17, 266, 267 – Grundig-Reporter; BGHZ 116, 305, 308 – Altenwohnheim II; BGHZ 123, 149, 155 – Verteileranlagen; BGH GRUR 2013, 717 – Covermount; BGH ZUM-RD 2012, 192, 197 Rn. 40 – Das Boot; BGH ZUM-RD 2010, 16, 19 – Sachbuchübersetzer; BGH GRUR 2009, 1148, 1150 – Talking to Addison; OLG München ZUM 2010, 807; OLG München ZUM 2010, 205; OLG München ZUM-RD 2007, 166, 174; OLG München ZUM-RD 2007, 182, 187; LG Berlin ZUM-RD 2007, 194, 197). Der Anspruch auf angemessene Vergütung ist Ausdruck und Ausfluss des **verfassungsrechtlich garantierten Eigentums des Urhebers** an seiner Schöpfung nach Art. 14 GG; dieses beinhaltet im Kern die grundsätzliche Zuordnung des vermögenswerten Ergebnisses der schöpferischen Leistung an den Urheber (ständige Rechtsprechung, BVerfG NJW 2014, 46 – Drop City; BVerfG GRUR 2012, 53, 56 Rn. 85 – Le-Corbusier-Möbel; BVerfG ZUM-RD 2012, 125, 127 Rn. 21 – AnyDVD; BVerfG GRUR 2010, 999, 1001 Rn. 60 – Drucker und Plotter; BVerfG NJW 2003, 1655, 1656 – Lizenzanalogie; BVerfG GRUR 1972, 481 – Kirchen- und Schulgebrauch; BVerfG GRUR 1989, 193 – Vollzugsanstalten).

Die vorherige gesetzgeberische Konzeption zur Verwirklichung dieses Postulats durch **2** dem Urheber vorbehaltene und nur gebunden als Nutzungsrecht einräumbare Verwertungsrechte (§§ 15 ff. UrhG; zur Konstruktion Vor §§ 31 ff. Rn. 21) und eine in der früheren Praxis weitgehend wirkungslose Korrekturmöglichkeit nur für unerwartete grobe Missverhältnisse zwischen Nutzungsentgelt für den Urheber und Erträgnissen aus der Werkverwertung (§ 36a. F., vgl. § 32a Rn. 38) hat sich aufgrund der in der Wirklichkeit meist schwachen Verhandlungsposition vor allem freischaffender Urheber und aufgrund des wirtschaftlichen Ungleichgewichts zu den Verwertern als unzureichend erwiesen (*Wandtke* GRUR Int. 2010, 704; Ahlberg/Götting/*Soppe* § 32 Rn. 2; *Rehbinder* Rn. 609). Mit den Regelungen der §§ 32, 32a (und der Möglichkeit gemeinsamer Vergütungsregelungen auch für freischaffende Urheber nach § 36 n. F.) verfolgt das Gesetz einen **Ausgleich der gestörten Vertragsparität** zwischen Urhebern und Verwertern (BVerfG NJW 2014, 46 – Drop City; BT-Drucks. 14/6433, 20 f.), den das Bundesverfassungsgericht als eine Hauptaufgabe des Gesetzgebers für den Bereich des Zivilrechts ansieht (BVerfG GRUR 2005, 880, 882 – Xavier Naidoo; BVerfG NJW 1994, 2749, 2750; Ulmer-Eilfort/Obergfell/ *Obergfell* Kap. D Rn. 7; *Wandtke* GRUR Int. 2010, 704; *W. Nordemann* § 32 Rn. 1; *Rehbinder* Rn. 609). Zentrales Anliegen des Gesetzes ist, es dem Urheber und ausübenden Künstler eine angemessene Vergütung für die Verwertung seiner Werke und Leistungen zu verschaffen. Er hat die Möglichkeit eingeräumt, unangemessene Vergütungsvereinbarungen nachträglich zu korrigieren (LG Stuttgart ZUM 2009, 77, 81; Schricker/Loewenheim/ *Schricker/Haedicke* § 32 Rn. 1).

3   Die Norm soll im Zusammenspiel mit gemeinsamen Vergütungsregelungen nach § 36 auch für freischaffende Künstler ein einheitliches und angemessenes Mindestniveau ermöglichen, welches für angestellte Urheber bereits tarifvertraglich gewährleistet ist (vgl. § 43 Rn. 121 ff.). Im Zuge der Reform 2002 (s. Vor §§ 31 ff. Rn. 3) wurde die Regelung des § 32 kontrovers diskutiert. Die derzeitige Form bleibt in ihrer praktischen Tragweite weit hinter dem ursprünglichen Vorschlag der Bundesregierung und der Regierungsfraktionen zurück (vgl. BT-Drucks. 14/6433, 3; BT-Drucks. 14/7564, 5). Bisher ist nicht feststellbar, ob die Regelung die vom Gesetzgeber beabsichtigte wirtschaftliche Besserstellung bestimmter Urhebergruppen tatsächlich erreicht hat oder erreichen kann (kritisch *Hoeren* FS Wandtke 159; *Berger* ZUM 2010, 90, 93; *Sprang* ZUM 2010, 116, 123; *Kasten* ZUM 2010, 130, 132; positiv mit Praxisbeispielen *Schimmel* ZUM 2010, 95, 106; *Schwarz* ZUM 2010, 107, 109; *Wandtke* GRUR Int. 2010, 704). Erste gemeinsame Vergütungsregelungen bewegen sich inhaltlich zumeist auf dem ohnehin schon geltenden Marktniveau (siehe § 36 Rn. 31 ff.). Im Bereich der literarischen Übersetzer hat sich durch eine Vielzahl von Entscheidungen eine einheitliche Linie durchgesetzt (siehe unten § 32 Rn. 30). Auch steht § 32 für die richterliche Inhaltskontrolle von Lizenzverträgen im Rahmen des § 138 BGB zur Verfügung (*Schack* GRUR 2002, 853, 855; *Erdmann* GRUR 2002, 923, 924).

II. Anspruch auf angemessene Vergütung (§ 32 Abs. 1)

1. Anwendungsbereich

4   **§ 32 gilt** für alle möglichen Vertragstypen (z. B. Werk-, Dienst- oder Arbeitsvertrag), soweit diese zumindest auch die Nutzung von urheberrechtlich geschützten Werken oder von Leistungen ausübender Künstler (§ 75 Abs. 4) zum Gegenstand haben, und ist auf alle Arten von Rechtsgeschäften anwendbar (Schricker/Loewenheim/*Schricker/Haedicke* § 32 Rn. 5; Ahlberg/Götting/*Soppe* § 32 Rn. 4). Anknüpfungspunkt ist die schuldrechtliche Vereinbarung (§ 32 Abs. 1 S. 1 1. Var.) oder tatsächliche Erlaubnis (§ 32 Abs. 1 S. 1 2. Var.) zur Nutzung einer künstlerischen Leistung (zur Gestattung s. § 31 Rn. 37).

5   Nach dem Schutzlandprinzip (näher Vor §§ 120 ff. Rn. 4) erfasst § 32 zunächst nur Vereinbarungen, die ein in Deutschland belegenes Urheberrecht berühren, insoweit aber auch dann, wenn der Vertrag **ausländischem Recht** untersteht (AmtlBegr. BT-Drucks. 14/6433, 46). Im internationalen Rechtsverkehr gilt § 32 auch dann, wenn auf den Nutzungsvertrag deutsches Recht anzuwenden wäre (§ 32b Nr. 1, s. § 32b Rn. 3) bzw. soweit Nutzungshandlungen im Geltungsbereich des deutschen UrhG Gegenstand des Vertrages sind (§ 32b Nr. 2, s. § 32b Rn. 4). Das betrifft nicht nur natürliche Personen, sondern aufgrund des europarechtlichen Diskriminierungsverbots auch juristische Personen aus einem anderen EU-Mitgliedstaat (BVerfG GRUR 2012, 53, 54 – Le-Corbusier-Möbel).

6   **Keine Anwendung** findet § 32, wenn ein **unberechtigter Nutzer** das Werk verwertet; in diesem Fall kann der Urheber nach §§ 97 ff. vorgehen (AmtlBegr. BT-Drucks. 14/6433, 47), insb. also Schadensersatz, Gewinnherausgabe oder nach §§ 812 ff. BGB Herausgabe einer ungerechtfertigten Bereicherung beim Verwerter verlangen (meist begründet über die Ersparnis einer angemessenen Lizenzgebühr, vgl. § 97 Rn. 74 ff.; zur doppelten Lizenzgebühr im Falle unberechtigter Werknutzung *Bodewig/Wandtke* GRUR 2008, 220, 228; *Wandtke* GRUR 2000, 942; *Loewenheim* FS Erdmann 131 ff.). § 32 ist auch dann unanwendbar, wenn die **Nutzung kraft gesetzlicher Lizenz** (v. a. §§ 44a ff.) erlaubt ist (AmtlBegr. BT-Drucks. 14/6433, 47). Die hierfür vorgesehenen Vergütungen sind gesetzlich gesondert geregelt (z. B. §§ 27 Abs. 1 und 2, 46 Abs. 4, 47 Abs. 2, 49 Abs. 1, 52 Abs. 1 und 2, 54 Abs. 1, 54a Abs. 1, 101) und gehen vor (ebenso *Flechsig* ZUM 2000, 484, 490).

7   Schließlich gilt § 32 nicht im Verhältnis zwischen Verwertern untereinander, zwischen Verwertern und **Verwertungsgesellschaften** und zwischen Urhebern und den treuhände-

risch für diese deren Rechte wahrnehmende Verwertungsgesellschaften (AmtlBegr. BT-Drucks. 14/6433, 24). § 32 gibt dem Urheber auch keine Ansprüche gegenüber dem Verwerter, der Nutzungsrechte von einer Verwertungsgesellschaft erhalten hat, denn die Norm zielt allein auf das Verhältnis zwischen Urheber und Werknutzer. Die Verwertungsgesellschaften stehen hier auf der Seite der Kreativen, das System der treuhänderischen Rechtewahrnehmung durch die Verwertungsgesellschaft ist vorrangig (ebenso Dreier/Schulze/ *Schulze* § 32 Rn. 8; Schricker/Loewenheim/*Schricker/Haedicke* § 32 Rn. 4).

2. Anspruch auf vertragliche Vergütung (§ 32 Abs. 1 S. 1, 2)

a) Regelungsinhalt, Bedeutung. Aus § 32 Abs. 1 S. 1 ergibt sich kein eigenständiger 8 oder zusätzlicher Vergütungsanspruch des Urhebers oder ausübenden Künstlers (§ 75 Abs. 4). Der Gesetzgeber hat von der zunächst geplanten Einführung eines gesetzlichen Vergütungsanspruchs für jede Werknutzung (vgl. BT-Drucks. 14/6433, 3) Abstand genommen, um ein Nebeneinander von vertraglichem und gesetzlichem Vergütungsanspruch zu vermeiden (BT-Drucks. 14/8058, 41 f.). Ist daher im Nutzungsvertrag eine Vergütung für den Urheber vereinbart, hat § 32 Abs. 1 S. 1 lediglich deklaratorische Bedeutung (ebenso Schricker/Loewenheim/*Schricker/Haedicke* § 32 Rn. 20). Der Anspruch auf die vertragliche Vergütung (s. hierzu Vor §§ 31 ff. Rn. 62) ergibt sich schon aus dem Vertrag selbst, nicht erst mit Beginn der Nutzung (ebenso Ulmer-Eilfort/Obergfell/*Obergfell* Kap. D Rn. 17; Schricker/Loewenheim/*Schricker/Haedicke* § 32 Rn. 21).

In § 32 Abs. 1 S. 1 schlägt sich aber für den Fall der vertraglichen Werknutzung der seit 9 langem verfassungsrechtlich anerkannte **Beteiligungsgrundsatz** des Urheberrechts im Gesetz nieder, wonach der Urheber tunlichst an der Verwertung seiner Werke zu beteiligen ist (s. oben Rn. 1). Zusammen mit der neuen Zielbestimmung des § 11 S. 2 ergibt sich daraus stärker als bisher das Leitbild des Urheberrechts, eine angemessene Vergütung des Urhebers für jede Art der Werknutzung sicherzustellen (ebenso grundlegend BVerfG NJW 2014, 46 – Drop City; BVerfG ZUM 2011, 396, 397; BGH GRUR 2013, 717, 720 – Covermount; BGH ZUM-RD 2011, 208, 211 – Angemessene Übersetzervergütung II; BGH ZUM-RD 2011, 212, 216 – Angemessene Übersetzungsvergütung III; BGH ZUM 2011, 403, 406 – Angemessene Übersetzervergütung IV; BGH ZUM 2011, 408, 411 – Angemessene Übersetzungsvergütung V; BGH GRUR 2011, 328, 330 – Destructive Emotions; BGH ZUM 2010, 255, 257 – literarische Übersetzer IV; BGH ZUM-RD 2010, 16, 19 – Sachbuchübersetzer; BGH GRUR 2009, 1148, 1150 – Talking to Addison; OLG München ZUM-RD 2009, 268, 273; OLG München ZUM-RD 2007, 166, 175; OLG München ZUM-RD 2007, 182, 188; LG München I ZUM 2010, 725, 731; *Reber* GRUR Int. 2011, 569, 571; Fromm/Nordemann/*J. B. Nordemann* § 32 Rn. 8; *Schricker* Quellen 13; *Erdmann* GRUR 2002, 923, 924; a.A. offenbar *Haas* Rn. 136: bloßer Programmsatz). Dies ist sowohl für die Beurteilung von AGB (s. Vor §§ 31 ff. Rn. 97 ff.) als auch für die Auslegung von Nutzungsverträgen insgesamt (dazu Vor §§ 31 ff. Rn. 113 ff.) von Bedeutung. Gleichzeitig drückt sich im Wortlaut des § 31 Abs. 1 S. 1 der Vorrang der vertraglichen Beziehung aus, um im Interesse des Verwerters Rechtsunsicherheit zu vermeiden.

b) Nichtbestimmung der Vergütung. Ist die Höhe der Vergütung im Nutzungsvertrag 10 nicht bestimmt, gilt eine angemessene Vergütung als vereinbart (§ 32 Abs. 1 S. 2). Dies gilt auch dann, wenn ein Urheber mit einem Verwerter – möglicherweise konkludent oder durch schlüssiges Verhalten – die Nutzung von Werken vereinbart, ohne dass eine Gegenleistung hierfür überhaupt zur Sprache kommt (wie hier Dreier/Schulze/*Dreier* § 32 Rn. 23; *W. Nordemann* § 32 Rn. 4; *Schricker* Quellen 19; krit. *Ch. Berger* UFITA 2003/III, 879, 881 f.). Dies kommt zwar im Wortlaut nicht unmittelbar zum Ausdruck (vgl. die insoweit deutlicher gefassten Regelungen der §§ 612 Abs. 1, 632 Abs. 1 BGB), ergibt sich aber aus dem Leitbild des Urheberrechts (§ 11 S. 2), dem Schutzzweck des § 32 (s. o. Rn. 1 ff.), dem Ziel der Reform 2002 (vgl. Vor §§ 31 ff. Rn. 3), der Begründung zur jetzigen Normfassung (BT-

Drucks. 14/8058, 42: „Satz 2 ordnet bei fehlender Vergütungsabrede an, dass dann die angemessene Vergütung geschuldet ist."), sowie der Überlegung, dass in aller Regel nicht von einer schenkweisen Einräumung von Nutzungsrechten auszugehen ist (näher Vor §§ 31 ff. Rn. 62). Eine Mindestvergütung steht dem Urheber auch dann zu, wenn mit einer wirtschaftlichen Nutzung keine geldwerten Vorteile erzielt werden (BGH GRUR 2013, 717, 720 – Covermount; s. u. Rn. 34). Hier sind Ausnahmen denkbar, etwa wenn der Schöpfer aufgrund ehrenamtlichen Engagements keine Vergütung erwartet, oder der Rechtsnachfolger des Urhebers ohne eigene wirtschaftliche Interessen unentgeltliche Nutzungsrechte an nachgelassenen Werken einräumt, nur um diese bekannt zu machen (so BT-Drucks. 14/8058, 43 f.).

11 Fraglich ist, ob die Regelung auch eingreift, wenn zwischen Urheber und Nutzer ausdrücklich die Unentgeltlichkeit der Nutzung vereinbart wird. Abgesehen von der Ausnahme einer unentgeltlichen Einräumung einfacher Nutzungsrechte für jedermann (§ 32 Abs. 3 S. 2) kann sich der Nutzer auf eine solche Vereinbarung nicht berufen, da diese zum Nachteil des Urhebers von § 32 Abs. 1 abweicht (§ 32 Abs. 3 S. 1, 2). Der Werknutzer kann sich demnach auf eine vertragliche Abrede der Unentgeltlichkeit der Werknutzung nicht verlassen, was dem Schutz des Urhebers vor Übervorteilung dient (krit. *Ch. Berger* UFITA 2003/III, 879, 881 f.; wie hier im Ergebnis *Hertin* Rn. 332; *Dreier/Schulze/Schulze* § 32 Rn. 27; *Schricker/Loewenheim/Schricker/Haedicke* § 32 Rn. 22; zur Vergütungsabsprache im Open Source Modell *Spindler/Wiebe* CR 2003, 873 f.). Zwar beschränkt dies die Privatautonomie der Parteien, allerdings nur zu Lasten des Werknutzers, was dem Regelungszweck der Norm entspricht. Der Urheber, der einem Nutzer die unentgeltliche Verwertung ermöglichen will, kann sich ohne weiteres der Ausübung seiner Rechte aus § 32 Abs. 1 enthalten. Ansonsten kann der Urheber von seinem Vertragspartner die Einwilligung in eine Vertragsänderung verlangen (§ 32 Abs. 1 S. 3; *Hertin* Rn. 332).

3. Anspruch auf Vertragsanpassung (§ 32 Abs. 1 S. 3)

12 **a) Bedeutung.** Kern der Neuregelung ist der Anspruch des Urhebers auf Einwilligung in eine Änderung eines Vertrages, der keine angemessene Vergütung vorsieht (§ 32 Abs. 1 S. 3). Seit Inkrafttreten der Neuregelung hat sich die Rechtsprechung umfangreich mit Klagen auf Einwilligung in die Vertragsänderungen und Zahlung von Nachvergütungen befasst, vornehmlich auf dem Gebiet der Übersetzer von belletristischen Werken, vereinzelt auch von Sachbüchern (grundlegend BVerfG NJW 2014, 46 – Drop City; BGH GRUR-RR 2011, 293 – Seitenhonorar; BGH ZUM-RD 2011, 208 – Angemessene Übersetzungsvergütung II; BGH ZUM-RD 2011, 212 – Angemessene Übersetzervergütung III; BGH ZUM 2011, 403 – Angemessene Übersetzungsvergütung IV; BGH ZUM 2011, 408 – Angemessene Übersetzervergütung V; BGH GRUR 2011, 328 – Destructive Emotions; BGH ZUM 2010, 255 – literarische Übersetzer IV; BGH ZUM-RD 2011, 16 – Sachübersetzer; BGH GRUR 2009, 1148 – Talking to Addison; OLG München ZUM 2011, 866 – Vertragsanpassung für Übersetzervergütung; OLG München ZUM-RD 2010, 543, 545; LG München ZUM-RD 2010, 363; KG Berlin ZUM 2009, 407; OLG München ZUM-RD 2009, 268; OLG München ZUM 2009, 300; OLG München ZUM 2007, 142; OLG München ZUM-RD 2007, 166; OLG München ZUM-RD 2007, 182; LG München I ZUM 2010, 704; LG München I ZUM 2007, 228; LG München I ZUM-RD 2007, 550; LG München I ZUM 2006, 154; LG München I ZUM 2006, 73; LG Hamburg ZUM 2006, 683; Überblick bei *Sprang* ZUM 2010, 116; *Schimmel* ZUM 2010, 95; *v. Becker* ZUM 2007, 249 und unten Rn. 30). Im Zusammenhang mit den in § 36 vorgesehenen gemeinsamen Vergütungsregeln sichert dieser Anspruch dem freischaffenden Urheber ein Mindestmaß an wirtschaftlichen Erträgen aus der Nutzung seiner Werke über die gesamte Dauer des Nutzungsvertrages hinweg. Durch die Regelungen zur Bestimmung der Angemessenheit (unten Rn. 22 ff.) hat es der Gesetzgeber dabei vermieden, die Höhe selbst festzulegen; im Ergebnis ergibt sich bei Eingreifen der Regelungen innerhalb einer gewissen Bandbreite ein durchschnittliches Niveau, welches der

Urheber nach § 32 Abs. 1 S. 3 seinem Vertragspartner gegenüber durchsetzen kann. Dies gilt erst recht, wenn gar keine Vergütung vereinbart wurde (Dreier/Schulze/*Schulze* § 32 Rn. 23; Ahlberg/Götting/*Soppe* § 32 Rn. 15; *Schmid/Wirth* § 32 Rn. 5; *W. Nordemann* § 32 Rn. 4; *Schricker* Quellen, 18; a. A. *Ch. Berger* 38).

b) Voraussetzungen. aa) Anspruchsteller. Inhaber des Anspruchs aus § 32 Abs. 1 **13** S. 3 ist der Urheber oder der ausübende Künstler (§ 75 Abs. 4), der einem anderen an seiner künstlerischen Leistung vertraglich Nutzungsrechte eingeräumt oder die Erlaubnis zur Werknutzung erteilt hat. Urheber, die ihre Werke durch eine Gesellschaft bürgerlichen Rechts (GbR) verwerten, deren alleinige Gesellschafter sie sind, können in analoger Anwendung des § 32 Abs. 1 S. 3 von dem Vertragspartner der GbR die Einwilligung in die Änderung des Vertrages mit der GbR verlangen (BGH GRUR 2012, 1022, 1024 – Kommunikationsdesigner), denn insoweit stehen die Urheber als Gemeinschaft von Kreativen dem Vertragspartner in derselben schutzbedürftigen Weise gegenüber, wie es dem Schutzzweck der Norm entspricht. Zu klären bleibt, inwiefern dies auch für sonstige Gesellschaftsformen gilt, zu denen sich Kreative zusammenschließen (BGH GRUR 2012, 1022, 1024 (obiter): gilt nur für Personengesellschaften einschließlich OHG, nicht aber für Kapitalgesellschaften; weiter *Jacobs* GRUR 2012, 1025: auch bei zwischengeschalteter GmbH). Der Erhöhungsanspruch aus § 32 Abs. 1 S. 3 folgt aus dem Selbstbestimmungsrecht des Urhebers und ist weder übertragbar noch pfändbar (*Ch. Berger* NJW 2003, 853, 854). Zahlungsansprüche, die dem Urheber aus § 32 Abs. 1 S. 3 erwachsen, können dagegen abgetreten und verpfändet werden (*H. Schmidt* WM 2003, 461, 467; *Schricker* GRUR Int. 2002, 797, 802). § 32 Abs. 1 S. 3 ist auch auf **Programmierer im Arbeitsverhältnis** anwendbar, denn es gibt keinen plausiblen Grund, die Urheber von Werken rechtlich unterschiedlich zu bewerten (a. A. *Czychowski* FS Nordemann 2004, 163).

bb) Anspruchsgegner. Schuldner des Einwilligungsanspruchs ist der Vertragspartner **14** des Urhebers oder ausübenden Künstlers, also derjenige, dem Nutzungsrechte eingeräumt wurden oder die Erlaubnis zur Werknutzung erteilt wurde. Ob der Anspruchsgegner die künstlerische Leistung tatsächlich nutzt oder ob Erträge hieraus erwirtschaftet werden, ist für § 32 (anders als für § 32a) irrelevant, denn § 32 knüpft nicht an die tatsächliche Nutzung des Werkes an (BT-Drucks. 14/8058, 45), sondern allein an das Bestehen einer vertraglichen Vereinbarung (ebenso Schricker/Loewenheim/*Schricker/Haedicke* § 32 Rn. 2).

cc) Vertragliche Vergütungsregelung. Zwischen Anspruchsteller und Anspruchsgeg- **15** ner muss eine vertragliche Vergütungsregelung zur Abgeltung der eingeräumten Nutzungsrechte oder zur Gestattung der Werknutzung bestehen. Fehlt es nur an einer Abrede zur Vergütung, so schuldet der Werknutzer ohnehin schon nach § 32 Abs. 2 die angemessene Vergütung. Ist kein Nutzungsvertrag vorhanden und kann ein solcher auch nicht aus den Umständen und dem Verhalten der Parteien angenommen werden, so ist bereits die Werknutzung als solche unberechtigt. Gegen diese kann der Urheber nach §§ 97 ff. und nach Bereicherungsrecht vorgehen (s. o. Rn. 6). Die sich hieraus ergebenden Vergütungsansprüche werden mindestens das Niveau einer angemessenen Vergütung erreichen (Lizenzanalogie, vgl. § 97 Rn. 74), und teilweise noch darüber hinausgehen (Verletzerzuschlag bei der Schadensberechnung, vgl. § 97 Rn. 78 ff.).

dd) Unangemessenheit der Vergütung. Die vereinbarte Vergütung muss unterhalb **16** dessen liegen, was nach den Vorgaben des § 32 Abs. 2 (unten Rn. 22 ff.) als angemessen anzusehen ist (*W. Nordemann* § 32 Rn. 7). Der Urheber als Anspruchsteller muss der Unangemessenheit der vereinbarten Vergütung und die Angemessenheit der geforderten Vergütung darlegen und ggf. beweisen (OLG München ZUM-RD 2009, 268, 274; OLG München ZUM 2009, 300, 307; OLG München ZUM-RD 2007, 166, 175; LG München I ZUM 2006, 73, 78; LG Hamburg ZUM 2006, 683, 685; Dreier/Schulze/*Schulze* § 32 Rn. 43).

17 **c) Rechtsfolgen. aa) Anspruch auf Vertragsanpassung.** Liegen die Voraussetzungen vor, kann der Urheber von seinem Vertragspartner die **Einwilligung in eine Änderung der Vergütungsabrede** verlangen, und zwar dahingehend, dass nunmehr eine angemessene Vergütung vereinbart ist (BVerfG NJW 2014, 46 Rn. 86 – Drop City; BGH ZUM-RD 2011, 212, 216 – Angemessene Übersetzervergütung III; BGH GRUR 2011, 328, 329 – Destructive Emotions; BGH ZUM 2010, 255, 257 – literarische Übersetzer IV; BGH ZUM-RD 2010, 16, 19 – Sachbuchübersetzer; BGH GRUR 2009, 1148, 1150 – Talking to Addison; OLG München ZUM 2011, 866, 868 – Vertragsanpassung für Übersetzervergütung; OLG München ZUM-RD 2009, 268, 273; KG Berlin ZUM 2009, 407, 409; OLG München ZUM 2009, 300, 308; LG München I ZUM 2010, 725; LG München I ZUM 2007, 228, 230; LG München I ZUM-RD 2007, 550, 553; *Jacobs* GRUR 2011, 306). Wie auch bei § 32a (s. § 32a Rn. 25) ist die Anpassung nicht auf eine bloße Beseitigung der Unangemessenheit zu beschränken, so dass der Urheber „gerade noch" angemessen beteiligt würde; vielmehr ist das zu vereinbaren, was nach billigem Ermessen des Gerichts üblich und redlich ist (BGH ZUM 2010, 255, 259 – Literarische Übersetzer; BGH ZUM-RD 2010, 16, 23 – Sachbuchübersetzer; OLG München ZUM-RD 2009, 268, 273; KG Berlin ZUM 2009, 407, 409; OLG München ZUM 2007, 142; LG München I ZUM 2010, 725, 731). § 32 ermöglicht den Gerichten nicht, bei Unangemessenheit der vertraglich vereinbarten Vergütung den Vertrag in allen seinen Aspekten nach Gutdünken zu optimieren, sondern lediglich eine Anpassung der Vereinbarung hinsichtlich der Höhe der Vergütung (OLG München ZUM 2009, 300, 308; OLG München ZUM 2007, 142, 150). Dies ist sachlich und dogmatisch vergleichbar mit der Anpassung eines Vertrages wegen Störung der Geschäftsgrundlage nach § 313 Abs. 1 BGB, der seit 1.1.2002 die sog. Lehre von der Geschäftsgrundlage normiert (*Hoeren* FS Nordemann 2004, 187). Im Falle der Verurteilung wird die Abgabe einer entsprechenden Willenserklärung des Vertragspartners fingiert (§ 894 Abs. 1 ZPO).

18 Allerdings ging der Gesetzgeber der Reform 2002 (s. Vor §§ 31 ff. Rn. 3) zu Recht davon aus, dass der Urheber bei Fälligkeit der Vergütungsansprüche auch unmittelbar auf Zahlung des angemessenen Entgelts klagen kann (BT-Drucks. 14/8058, 42 unter Hinweis auf BGHZ 115, 63 – Horoskop-Kalender). Überträgt man hierzu die Überlegungen der Rechtsprechung und der herrschenden Meinung zu vergleichbaren Instituten (Dauner-Lieb/Heidel/Lepa/Ring/*Krebs* § 313 BGB Rn. 53), kann der Urheber unmittelbar das Ergebnis der Anpassung verlangen, also die **Differenz aus vereinbarter und angepasster Vergütung** für die gesamte Zeit der Unangemessenheit (ebenso KG Berlin ZUM 2009, 407, 409; OLG München ZUM 2007, 142, 146; LG Potsdam ZUM-RD 2013, 418, 419; *Jacobs* GRUR 2011, 306; *Erdmann* GRUR 2002, 923, 925; Dreier/Schulze/*Schulze* § 32 Rn. 25). Zahlungsklage und Klage auf Einwilligung nach § 32 Abs. 1 S. 3 können auch verbunden werden (OLG München ZUM-RD 2007, 166, 175; OLG München ZUM-RD 2007, 182, 187; Fromm/Nordemann/*J. B. Nordemann* § 32 Rn. 16; Schricker/Loewenheim/*Schricker/Haedicke* § 32 Rn. 22; *Schricker* FS Nordemann 2004, 246; *Hucko* 159). Sollte die vereinbarte Vergütung geringer sein als die Vergütung in einer gemeinsamen Vergütungsregel nach § 36, kann die Differenzforderung als Zahlungsanspruch eingeklagt oder nach den allgemeinen Regeln der §§ 398 ff. BGB abgetreten werden.

19 **bb) Wirkung für die Vergangenheit.** Die geänderte Vereinbarung gilt auch für die **Vergangenheit.** Das ergibt sich nicht unmittelbar aus dem Wortlaut der Norm, aber aus der Systematik des Anspruches. § 32 gewährt im Ergebnis einen Vergütungsanspruch, den der Verwerter aus ex-ante Sicht zum Zeitpunkt des Vertragsschlusses (s. unten Rn. 41 ff.) schon von Anfang an hätte gewähren müssen (Schricker/Loewenheim/*Schricker/Haedicke* § 32 Rn. 27). Nach der Begründung der Neufassung 2002 soll der Korrekturanspruch insb. eine angemessene Vergütung über die gesamte Laufzeit des Vertrages sicherstellen, und zwar vor allem dann, wenn Vertragsschluss und Nutzungshandlung einige Zeit auseinander liegen (BT-Drucks. 14/8058, 42). § 32 soll dem Urheber insgesamt eine angemessene Vergütung für die gesamte Laufzeit des Vertrages sichern, und zwar unabhängig davon, wann der Urheber den Anspruch geltend macht. Folglich wirkt die Vertragsanpassung für den gesamten (vergangenen und künftigen) Zeitabschnitt, in dem die vertragliche Vergütungsabrede unangemessen war bzw. ist (Dreier/Schulze/*Schulze* § 32 Rn. 28; Schricker/Loewenheim/*Schricker/Haedicke* § 32 Rn. 27; *Jacobs* NJW 2002, 1905, 1907; BGH ZUM-RD 2010, 16, 19 – Sachbuchübersetzer; OLG München ZUM-RD 2009, 268, 273; OLG München ZUM-RD 2007, 166, 175; OLG München ZUM-RD 2007, 182, 188; LG München ZUM 2007, 228, 230; LG München I ZUM-RD 2007, 550, 554).

cc) Auskunftsanspruch, Stufenklage. Zur Vorbereitung und Bezifferung des Anspruchs auf Einwilligung in die Änderung des Vertrages bzw. der Klage auf Differenz desjenigen, was sich aus dem angepassten Vertrag ergibt, kann der Urheber nach allgemeinen Grundsätzen als Hilfsanspruch zunächst **Auskunft und Rechnungslegung** darüber verlangen, welche Erträge die Nutzung gebracht hat (BGH ZUM 1998, 497ff. – Comic-Übersetzung; OLG München ZUM 2001, 994, 997 – Der Diamant des Salomon; näher zum **Auskunftsanspruch** Vor §§ 97ff. Rn. 46ff.); prozessual bietet sich hierfür die **Stufenklage** nach § 254 ZPO an (s. Vor §§ 97ff. Rn. 53). 20

d) Verjährung. Nach § 102 gelten die allgemeinen Verjährungsregeln der §§ 194ff. BGB (s. § 32a Rn. 31). Ansprüche nach § 32 Abs. 1 verjähren in drei Jahren (§ 195 BGB). Die Verjährung beginnt mit dem Schluss des Jahres, in dem der Anspruch entstanden ist (§ 199 Abs. 1 Nr. 1 BGB) und der Urheber von den den Anspruch begründenden Umständen Kenntnis erlangt oder ohne grobe Fahrlässigkeit erlangen müsste (§ 199 Abs. 1 Nr. 2 BGB). Verjährung tritt unabhängig von der Kenntnis spätestens 10 Jahre nach Entstehung des Anspruches ein (§ 199 Abs. 4 BGB). Die Ansprüche aus § 32 Abs. 1 S. 1 und 2 entstehen bei Pauschalvergütungen mit Vertragsschluss, und bei Vereinbarung einer prozentualen Beteiligung mit der jeweiligen Nutzung (*W. Nordemann* § 32 Rn. 57; Loewenheim/*v. Becker* § 29 Rn. 59). Der Anspruch auf Einwilligung in eine Vertragsänderung nach § 32 Abs. 1 S. 3 kann während der gesamten Vertragslaufzeit geltend gemacht werden, sobald die vertragliche Vergütung der jeweils angemessenen Vergütung nicht (mehr) entspricht (Dreier/Schulze/*Schulze* § 32 Rn. 90; a.A. *W. Nordemann* § 32 Rn. 57), und entsteht mit Vertragsschluss (*W. Nordemann* § 32 Rn. 58; Loewenheim/*v. Becker* § 29 Rn. 59; *v. Becker/Wegner* ZUM 2005, 695, 701). Ansprüche aus § 32 existieren erst seit Inkrafttreten der Vorschrift, die Verjährung beginnt damit frühestens Ende 2002 (*v. Becker/Wegner* ZUM 2005, 695, 700). Die Kenntnis des Urhebers i.S.d. § 199 Abs. 1 Nr. 2 BGB muss die Unangemessenheit, also Unüblichkeit oder Unredlichkeit seiner Vergütung umfassen. Bestehen gemeinsame Vergütungsregeln, muss dem Urheber die für ihn ungünstige Abweichung seines vertraglichen Entgelts von diesen bekannt oder grob fahrlässig unbekannt sein (ebenso Dreier/Schulze/*Schulze* § 32 Rn. 89; Fromm/Nordemann/*Czychowski* § 32 Rn. 23; *Haas* Rn. 158; a.A. Loewenheim/*v. Becker* § 29 Rn. 60). Hinsichtlich der allein normativ zu bestimmenden Unredlichkeit muss der Urheber aufgrund der objektiven Umstände eine entsprechende Parallelwertung in der Laiensphäre vorgenommen haben, wonach seine vertragliche Vergütung nicht nur aus seiner subjektiven Sicht grob ungerecht ist. Die Dreijahresfrist kann nicht vertraglich verkürzt werden (Dreier/Schulze/*Schulze* § 32 Rn. 91; a.A. *Hertin* MMR 2002, 16, 18). 21

III. Angemessenheit der Vergütung (§ 32 Abs. 2)

1. Allgemeines

Praktisches Kernproblem im Einzelfall ist die Ermittlung der Angemessenheit der Vergütung. Dies ist zum einen notwendig, um überhaupt erst feststellen zu können, ob sich zwischen vertraglicher und angemessener Vergütung eine Differenz ergibt, die zu einem ent- 22 sprechenden Einwilligungsanspruch führen könnte (s. o. Rn. 17 f.). Zum anderen muss zur Ermittlung des Inhalts der angepassten Vergütungsabrede festgestellt werden, welche Vergütung angemessen wäre. Der Gesetzgeber hat den Begriff der Angemessenheit kaum näher definiert und es der Vertragspraxis (vor allem Urheber- und Verwerterverbänden über das Instrument der gemeinsamen Vergütungsregelung nach § 36, § 32 Abs. 2 S. 1), den Tarifpartnern (§ 32 Abs. 4) und im Übrigen den Gerichten überlassen, über die Angemessenheit im Einzelfall zu entscheiden (§ 287 ZPO).

23 **Leitlinie** bei der Ermittlung muss dabei der gesetzgeberische Wille sein. Die Aushandlung urheberrechtlicher Nutzungsentgelte muss nach wie vor der **Vertragsfreiheit** der Parteien und den Bedingungen der Kulturwirtschaft überlassen bleiben (AmtlBegr. BT-Drucks. 14/6433, 24 f.), aber unter Korrektur der Begrenzung des alten § 36 („Bestsellerparagraph") auf nur wenige Fälle augenfälliger Ungerechtigkeit, um den **Beteiligungsgrundsatz** des Urhebers (zur verfassungsrechtlichen Gebotenheit das Beteiligungsprinzip im Urheberrecht vgl. ausführlich BVerfG NJW 2014, 46 Rn. 76 – Drop City; ferner BVerfG GRUR 2010, 999, 1002 Rn. 60 – Drucker und Plotter; BVerfG GRUR 2010, 332, 334 – Filmurheberrecht; BVerfG GRUR 1997, 124, 155 – Kopierladen II) effektiv in der Praxis durchzusetzen (AmtlBegr. BT-Drucks. 14/6433, 25). Dabei sollte die Reform lediglich einen **Ordnungsrahmen für eigenverantwortliche Absprachen** zwischen den Parteien schaffen, der den unterschiedlichen Strukturen in der Kulturwirtschaft Rechnung trägt (AmtlBegr. BT-Drucks. 14/6433, 25).

2. Abfolge und Kriterien für die Angemessenheitsprüfung

24 Der wirtschaftliche Wert von Nutzungsrechten hängt von zahlreichen Faktoren ab (Art und Rang des Werkes, Art und Umfang der Verwertung, Berühmtheit des Urhebers, Wirtschaftskraft des Verwerters etc.) und müsste im Grunde für jeden konkreten Einzelfall neu entschieden werden (vgl. EuGH JZ 2003, 676 ff. zu Faktoren der Angemessenheit der Vergütung für das Verleihen und Vermieten). Zweckmäßigerweise wird man bei der Ermittlung der Angemessenheit der vom Gesetzgeber festgelegten Ordnung folgen und sich im Übrigen an vergleichbaren Regelungen (§ 22 VerlG, §§ 612, 632 BGB) sowie der Rechtsprechung zur Ermittlung angemessener Lizenzgebühren im Rahmen des Schadensersatzrechtes (dazu näher § 97 Rn. 74 ff.) und des Bereicherungsrechts (näher § 97 Rn. 91 ff.) orientieren. Hierbei bietet sich eine Prüfung in folgenden Stufen an.

25 **a) 1. Stufe: Tarifvertragliche (§ 32 Abs. 4) oder gemeinsame Vergütungsregelung (§ 32 Abs. 2 S. 1).** Findet die Werknutzung innerhalb des sachlichen und persönlichen Geltungsbereiches eines Tarifvertrages statt und ist die Vergütung für die konkrete Werknutzung tarifvertraglich bestimmt, ist der Anspruch nach § 32 Abs. 1 S. 3 ausgeschlossen (§ 32 Abs. 4). Das Gesetz will die Tarifautonomie unangetastet lassen (BT-Drucks. 14/8058, 44) und geht damit im Ergebnis unwiderleglich davon aus, dass tarifvertraglich vorgesehene Vergütungsregelungen stets angemessen sind (ebenso BGH ZUM 2010, 255, 257 – Literarische Übersetzer IV; OLG München ZUM-RD 2009, 268, 273; KG Berlin ZUM 2009, 407, 409; OLG München ZUM 2009, 300, 307; OLG München ZUM-RD 2007, 166, 175; OLG München ZUM-RD 2007, 182, 188; Ahlberg/Götting/*Soppe* § 32 Rn. 40; Schricker/Loewenheim/*Schricker/Haedicke* § 32 Rn. 23). Im Arbeitsverhältnis erfordert dies die Tarifgebundenheit zwischen Arbeitgeber und Arbeitnehmerurheber. Die Vergütung für die Nutzung der Werke des Urhebers ist nur dann tarifvertraglich bestimmt i. S. d. § 32 Abs. 4, wenn die tarifvertraglichen Vergütungssätze auch auf das konkrete Vertragsverhältnis Anwendung finden; ansonsten scheidet die Ausschlusswirkung des § 32 Abs. 4 aus (LG Stuttgart ZUM 2009, 77, 81). Einem Tarifvertrag kann aber auch **indizielle Wirkung** zukommen, wenn derjenige, der sich auf den Tarifvertrag beruft, auch beweisen kann, dass die Vergütungsregel vergleichbar ist (Fromm/Nordemann/*Czychowski* § 32 Rn. 27; Dreier/Schulze/*Schulze* § 32 Rn. 83). Einige **Tarifverträge** im Bereich der Me-

dien (Presse, Rundfunk, Filmproduktion; zur Frage der entsprechenden Anwendung auf arbeitnehmerähnliche Personen s. § 20b Rn. 14) enthalten für die Angehörigen bestimmter Branchen (und teilweise auch für nur vorübergehend beschäftigte Urheber) besondere Bestimmungen über nutzungsrechtliche Vergütungen, die vom Verwerter an den Urheber zu zahlen sind. So bestimmt etwa § 18 Abs. 6 des Manteltarifvertrages für Redakteure von Tageszeitungen (abgedr. in *Hillig* (Hg.), UrhR, BT/dtv 5538 Nr. 10c), dass Redakteuren für eine über den Zweck des Arbeitsvertrages hinausgehende Nutzung ihrer Werke auch nach **Beendigung des Arbeitsverhältnisses** eine zusätzliche angemessene Vergütung zusteht, wobei „als angemessen (...) die Vergütung von mindestens 30% des Erlöses [gilt], den der Verlag aus der Verwertung erzielt". Nach § 12 Abs. 7 S. 3 des Manteltarifvertrages für Redakteure und Redakteurinnen an Zeitschriften gilt eine Vergütung „von mindestens 40% des aus der Verwertung erzielten Nettoerlöses" als angemessen, wenn die Nutzung über den Vertragszweck hinausgeht. In beiden Fällen übertragen die Urheber allerdings im Rahmen des Arbeitsverhältnisses umfangreiche Verwertungsrechte an den Verlag, so dass für darüber hinaus gehende Verwertungen kaum Raum bleibt. Stellt sich heraus, das der Urheber **übertariflich** vergütet wurde, kann der Verwerter den überschießende Betrag nicht vom Urheber zurück verlangen, denn Rechtsgrund für den Anspruch und das Behaltendürfen ist die vertragliche Vereinbarung (Dreier/Schulze/*Schulze* § 32 Rn. 84; Schricker/Loewenheim/*Schricker/Haedicke* § 32 Rn. 23).

Besteht für das konkrete Nutzungsverhältnis eine **gemeinsame Vergütungsregel** und **26** wird die Nutzungsvergütung nach dieser ermittelt, gilt diese als angemessen. Die **gemeinsame Vergütungsregel** muss nach Maßgabe und dem Verfahren des § 36 zwischen Verbänden von (freien) Urhebern und Verwertern aufgestellt worden sein (näher § 36 Rn. 5). Entspricht die vertragliche Vergütung einer solchen gemeinsamen Vergütungsregel, vermutet das Gesetz unwiderleglich die Angemessenheit der Vergütungsabrede (§ 32 Abs. 2 S. 1). Honorarempfehlungen der Berufsverbände sind heranzuziehen (*Zentek/Meinke* 89f.). Wird der Vergütungssatz ohne Hinweis auf gemeinsame Vergütungsregelungen in den Individualvertrag übernommen, reicht dies für die Anwendung des § 32 Abs. 2 S. 1 aus (*Haas* Rn. 168). Gehört der Urheber den Vereinigungen jedoch nicht an, können die Vergütungsregeln nicht in jedem Fall Maßstab der Angemessenheit sein (*Erdmann* GRUR 2002, 923, 925f.; *Hoeren* FS Nordemann 2004, 183; a. A. Dreyer/Kotthoff/Meckel/*Kotthoff* § 32 Rn. 13; Schricker/Loewenheim/*Schricker/Haedicke* § 32 Rn. 28; Ahlberg/Götting/*Soppe* § 32 Rn. 41; *Basse* 144f.). Liegt eine Vergütung unterhalb dessen, was in einer einschlägigen gemeinsamen Vergütungsregel als angemessen bestimmt wird, wird umgekehrt zwar nicht unwiderleglich die Unangemessenheit dieser Vergütung vermutet. Das Bestehen einer solchen Vergütungsregel ist aber ein starkes Indiz für die Unangemessenheit der Vergütung (*Basse* 140). Anfang 2005 wurden die ersten Gemeinsamen Vergütungsregelungen nach § 36 aufgestellt. Der Verband deutscher Schriftsteller in der Vereinigten Dienstleistungsgewerkschaft ver.di e. V. und eine Arbeitsgemeinschaft aus einer Reihe von belletristischen Verlagen einigten sich über gemeinsame Vergütungsregelungen für Autoren belletristischer Werke in deutscher Sprache (s. § 36 Rn. 31). Nach Ansicht der Rechtsprechung sind diese Vergütungsregelungen als **Orientierungshilfe** oder als **Vergleichsmaßstab** auch für Übersetzerverträge heranzuziehen, weil Autoren wie Übersetzer ihre Werke einem Verlag zur Verwertung in Buchform überlassen (BVerfG NJW 2014, 46 Rn. 104 – Drop City; BGH GRUR 2011, 328, 331 – Destructive Emotions; BGH ZUM 2010, 255, 259 – Literarische Übersetzer IV; BGH ZUM-RD 2010, 16, 20 – Sachbuchübersetzer; BGH GRUR 2009, 1148, 1151 – Talking to Addison; OLG München ZUM-RD 2007, 166, 178; OLG München ZUM-RD 2007, 182, 191).

b) 2. Stufe: Redliche Branchenübung. Bestehen (noch) keine für den Einzelfall pas- **27** senden gemeinsamen Vergütungsregeln und ergibt sich auch (etwa mangels Anwendbarkeit) kein Anhaltspunkt aus Tarifverträgen, ist durch Feststellung der Marktverhältnisse zu ermitteln, welche Vergütung für die in Streit stehende Nutzung angemessen ist. Es ist demnach zu fragen, welche Vergütung dieser Urheber für ein vergleichbares Werk und eine vergleichbare Nutzung bei einem vergleichbaren Verwerter redlicherweise erzielen könnte. Zur Bestimmung der angemessenen Beteiligung können in derselben Branche oder in anderen Branchen für vergleichbare Werknutzungen geleistete Vergütungen, soweit diese redlich sind, als Vergleichsmaßstab herangezogen werden (BVerfG NJW 2014, 46 Rn. 76 – Drop City; BGH ZUM-RD 2010, 16, 20 – Sachbuchübersetzer; BGH GRUR 2009, 1148, 1151 – Talking to Addison). Die Vergütung ist dann redlich, wenn die Interessen des Urhebers und des Verwerters gleichberechtigt berücksichtigt werden. Grundsätzlich gewahrt werden die Interessen des Urhebers dann, wenn er an jeder wirtschaftlichen Nutzung des Werkes angemessen beteiligt wird (BGH GRUR 2011, 328, 330 Rn. 17 – Destructive Emotions; BGH ZUM 2010, 255, 258 – Literarische Übersetzer IV; BGH ZUM-RD 2010, 16, 19 – Sachbuchübersetzer; BGH GRUR 2010, 1148, 1151 – Talking to Addison; KG Berlin ZUM 2009, 407, 409; OLG München ZUM-RD 2009, 268, 273). Hier ist demnach weder auf den höchsten denkbaren Erlös beim bestzahlenden Verwerter noch auf die schlechtesten Verwertungsbedingungen abzustellen (*Fuchs* 190). Bei der gebotenen Interessenabwägung zwischen Urheber und Verwerter darf die Höhe des vereinbarten Vergütung, z.B. in Form einer Pauschalvergütung, nicht dazu führen, dass der Urheber durch die Vereinbarung einseitig mit dem Verwertungsrisiko seines Werkes belastet wird, während **eine positive** wirtschaftliche Entwicklung der Verwertung allein dem Verwerter zugutekommt. Die Höhe der Vergütung muss am voraussichtlichen Gesamtertrag der Nutzung orientiert sein (BGH ZUM 2010, 255, 257 – Literarische Übersetzer IV; KG Berlin ZUM 2009, 407, 409). Nach Vorstellung des Gesetzgebers soll es unter der **verfassungsrechtlichen Prämisse** der grundsätzlichen Zuordnung des vermögenswerten Ergebnisses der geistigen Leistung an den Urheber nach Art. 14 GG darauf ankommen, welchen Anteil an dem Endprodukt jeweils der Leistung des Werknutzers und welcher dem Beitrag des Urhebers zuzurechnen ist (AmtlBegr. BT-Drucks. 14/6433, 44). Bei der Berücksichtigung aller Umstände ist entsprechend des Differenzierungsgebotes des Art. 3 Abs. 1 GG eine Differenzierung nach Branchen vorzunehmen (Loewenheim/*v. Becker* § 29 Rn. 40; Ahlberg/Götting/*Soppe* § 32 Rn. 71; *Fuchs* 191).

28 Für die Praxis werden sich wesentliche Indizien dabei aus einer möglicherweise vorhandenen **Branchenüblichkeit** ergeben (Fromm/Nordemann/*Czychowski* § 32 Rn. 33; *Schricker* GRUR Int. 2002, 797, 806; *Haas* Rn. 147). Zwar hat der Gesetzgeber (anders als in §§ 612, 632 BGB) ausdrücklich nicht auf eine „übliche Vergütung" abgestellt (*Dietz* ZUM 2001, 276, 279), sondern auf eine angemessene, d.h. **übliche und redliche,** um über eine bloße ergänzende Vertragsauslegung nach dem Maßstab einer die Urheber möglicherweise benachteiligenden Praxis hinaus Missbräuche bekämpfen zu können (in diesem Sinne BVerfG NJW 2014, 46 Rn. 86 – Drop City; BGH ZUM 2010, 255, 258 – Literarische Übersetzer; BGH ZUM-RD 2010, 16, 19 – Sachbuchübersetzer; BGH GRUR 2009, 1148, 1150 – Talking to Addison; OLG München ZUM 2009, 300, 305; OLG München ZUM-RD 2007, 166, 175; OLG München ZUM-RD 2007, 182, 188; Dreier/Schulze/*Schulze* § 32 Rn. 50; *Schricker* GRUR Int. 2002, 797, 806; *Erdmann* GRUR 2002, 923, 924; krit. hierzu *Schack* ZUM 2001, 453, 458; *W. Nordemann* § 32 Rn. 8; näher zur Branchenübung und Redlichkeit bei der Vergütung literarischer Übersetzer unten § 32 Rn. 30). Andererseits ergeben sich in Ermangelung gemeinsamer Vergütungsregelungen daraus, was in der jeweiligen Branche für vergleichbare Werknutzungen üblicher- und redlicherweise bezahlt wird (so AmtlBegr. BT-Drucks. 14/6433, 44), Anhaltspunkte für die Angemessenheit der **Vergütung.** So existieren etwa im Bereich der **Theaterproduktion seit langem** – zwar unverbindliche, in der Praxis dennoch fast ausnahmslos angewandte – Vorgaben für die Höhe urheberrechtlicher Tantiemen für Autoren und Komponisten für die Vergabe von Aufführungsrechten (§ 19 Abs. 2) von Bühnenwerken (Anlage I zur Regelsammlung Verlage (Vertriebe)/Bühnen, s. § 19 Rn. 22). Ähnliche „Regelwerke" sind in

§ 32 Angemessene Vergütung § 32 UrhG

vielen Branchen für alle möglichen Werknutzungen vorhanden und stellen wesentliche Anhaltspunkte für die Angemessenheit der Vergütung dar (Dreier/Schulze/*Schulze* § 32 Rn. 49; Beispiele bei *Haupt/Flisak* KUR 2003, 41 ff.). Entscheidend ist, ob aus dem Vorhandensein einer Branchenübung der Schluss auf einen bestimmten rechtsgeschäftlichen Willen eines Vertragspartners gezogen werden kann (BGH GRUR 2004, 938, 939 – Comic-Übersetzungen III).

Die Vergütung muss **redlich** sein (hierzu BGH ZUM 2010, 255, 258 – Literarische Übersetzer IV; BGH ZUM-RD 2010, 16, 19 – Sachbuchübersetzer; BGH GRUR 2009, 1148, 1150 – Talking to Addison; OLG München ZUM 2009, 300, 305; OLG München ZUM-RD 2007, 166, 176; OLG München ZUM-RD 2007, 182, 189; LG München I ZUM 2010, 725, 731). Das Gesetz sieht hier eine normative Kontrolle und Korrektur solcher Branchenübungen vor, die dem Normzweck des § 32 nicht entsprechen, nämlich der Verwirklichung einer angemessenen wirtschaftlichen Beteiligung des Urhebers und ausübenden Künstlers an jeder Verwertung seiner Leistungen (LG Hamburg ZUM 2006, 683, 685). Die Redlichkeit kann zunächst als Ausfluss des gegenseitigen Rücksichtnahmegebotes und des Grundsatzes von **Treu und Glauben** (§ 242 BGB) gesehen werden (OLG München ZUM 2009, 300, 305; LG Hamburg ZUM 2006, 683, 685). Die Vergütung ist dann redlich, wenn die Interessen der Urheber und der Verwerter gleichberechtigt berücksichtigt werden. Grundsätzlich gewahrt sind die Interessen des Urhebers, soweit die Beteiligung des Urhebers an der wirtschaftlichen Nutzung des Werkes gesichert ist (BGH GRUR 2011, 328, 331 – Destructive Emotions; BGH ZUM 2010, 255, 258 – Literarische Übersetzer IV; BGH ZUM RD 2010, 16, 19 – Sachbuchübersetzer; BGH GRUR 2009, 1148, 1150 – Talking to Addison). **Unredlich ist jedenfalls,** was unter treuwidriger Ausnutzung der schwachen Verhandlungsposition des Urhebers zu dessen Nachteil vereinbart wird (BVerfG GRUR 2005, 880, 882 – Xavier Naidoo; LG München I ZUM 2007, 228, 230), wobei die Grenze der Sittenwidrigkeit (§ 138 BGB) nicht erreicht werden muss (Schricker/Loewenheim/*Schricker/Haedicke* § 32 Rn. 31; *Fuchs* 193; *Reber* GRUR 2003, 393, 397). Eine Branchenübung, den Urheber für die gesamte Schutzdauer unabhängig vom Umfang der zu erwartenden Nutzungen mit einem Pauschalhonorar zu vergüten (z.B. ein Normseitenhonorar für Buchübersetzungen ohne jegliche Orientierung am Gesamtertrag der Nutzung) ist unredlich und unangemessen (BGH ZUM-RD 2010, 16, 19 – Sachbuchübersetzer; KG Berlin ZUM 2009, 407, 409; OLG München ZUM-RD 2007, 182, 189; OLG München ZUM 2007, 142). Treugemäß und damit redlich kann hingegen eine Vereinbarung sein, die auf eine **kontinuierliche Beteiligung** des Urhebers angelegt ist. Es kommt aber für die Redlichkeit nicht darauf an, ob die Vereinbarung dem Urheber unter Berücksichtigung seines Arbeitsaufwandes eine angemessene Lebensführung ermöglicht. Der Abänderungsanspruch auf angemessene Vergütung besteht nur für die Einräumung von Nutzungsrechten und die Erlaubnis der geschuldeten Nutzung, nicht aber für andere Leistungen bzw. für den Arbeitsaufwand zur Herstellung des Werkes, welcher allenfalls mittelbar zu berücksichtigen ist (vgl. grundlegend BVerfG 2014, 46 Rn. 105 – Drop City; ferner BVerfG ZUM 2011, 396, 397; BGH GRUR 2011, 328, 332 – Destructive Emotions; BGH ZUM 2010, 255, 261 – Literarische Übersetzer IV; BGH ZUM-RD 2010, 16, 23 – Sachbuchübersetzer; BGH GRUR 2009, 1148, 1154 – Talking to Addison; OLG München ZUM-RD 2009, 268, 275; OLG München ZUM-RD 2007, 166, 177; OLG München ZUM-RD 2007, 182, 190; *Jacobs* GRUR 2011, 306, 307; *v. Becker* ZUM 2007, 254; *Jacobs* FS Ullmann 79, 84; *U. Schmidt* ZUM 2002, 781, 784; *Ch. Berger* Rn. 130; anders aber *Hucko* 12 f.; LG Hamburg ZUM 2006, 683, 686 unter Berufung auf die 2. Auflage dieses Kommentars), auch wenn dies eine rechtspolitische Zielsetzung der Reform 2002 war zur Erhaltung und Entwicklung kreativer Tätigkeit (vgl. Erwägungsgründe 4, 9, 11 und 12 der Multimedia-Richtlinie (s. Vor §§ 31 ff. Rn. 2). Für die Bestimmung der angemessenen urheberrechtlichen Vergütung spielt die Qualifikation des Urhebers, die Schwierigkeit des zu übersetzenden Textes oder der Zeitaufwand hierfür keine Rolle (BGH GRUR 2009, 1148, 1154 – Talking to Addison; OLG München ZUM-RD 2010, 543, 546; LG München I ZUM-RD 2007, 550, 554). Auch Entwicklungen nach dem Vertragsschluss sind **vergütungsrechtlich nicht relevant,** etwa eine enttäuschte Absatz- und Ertragserwartung des Verlages, oder eine Verschlechterung der wirtschaftlichen Lage des Urhebers. Abzustellen ist vielmehr auf das verfassungsrechtliche Gebot der Beteiligung der Urheber an der wirtschaftlichen Verwertung seines geistigen Eigentums, in welcher sich die Intensität und der Umfang der Nutzung seines Werkes widerspiegeln muss (BGH GRUR 2009, 1148, 1154 – Talking to Addison; OLG München ZUM 2009, 300, 305; OLG München ZUM-RD 2007, 166, 177; OLG München ZUM-RD 2007, 182; ebenso *Jacobs* FS Ullmann 79, 85; Ahlberg/Götting/*Soppe* § 32 Rn. 71; Schricker/Loewenheim/*Schricker/Haedicke* § 32 Rn. 39). Angemessene urheberrechtliche Vergütungsregelungen orientieren sich nicht am sozialrechtlichen Prinzip der Alimentierung nach Bedürftigkeit, sondern am Grundsatz von Leistung (Rechtseinräumung) und Gegenleistung in Form der urheberrechtlichen Vergütung (OLG München ZUM-RD 2007, 166, 177; OLG München ZUM-RD 2007, 182, 190; *v. Becker* ZUM 2007, 254). Zu beachten ist hier der Unterschied zwischen Werkvergütung (z.B. Werklohn für die Erstellung einer Übersetzung) und urheberrechtliche Nutzungsvergütung als Gegenleistung für die Einräumung urheberrechtlicher Nutzungsrechte (BVerfG NJW 2014, 46 Rn. 105 – Drop City; BGH GRUR 2011, 328, 332; BGH GRUR 2009, 1148, 1154 – Talking to Addison; LG München I ZUM-RD 2007, 550, 555; vgl. § 43 Rn. 136). Anknüpfungspunkt für die Feststellung der Redlichkeit der urheberrechtlichen Nutzungsvergütung sind die eingeräumten Nutzungsrechte bzw. Nutzungsarten sowie der Umfang und die Intensität der Nutzung derselben. Für die Ermittlung der Werkvergütung (z.B. nach § 632 BGB) können andere Kriterien herangezogen werden, etwa der Zeitaufwand, der Schwierigkeitsgrad der zu erfüllenden wissenschaftlichen, literarischen oder künstlerischen Arbeit etc. (*Jacobs* FS Ullmann 79, 83). Das Honorar für Übersetzer kann beide Vergütungsformen enthalten. Dies sollte in Übersetzerverträgen aber zum Ausdruck kommen (etwa ein Seiten- oder Stundenhonorar plus einer Vergütung für den Inhalt und Umfang der Nutzung, vorzugsweise in Form einer Absatzvergütung an den Verwertungserlösen). Aus der **„Schöpfungshöhe"** ergeben sich keine Schlussfolgerungen für die Redlichkeit (so aber *Ch. Berger* Rn. 130; *Ory* AfP 2002, 93, 98; BGH GRUR 2009, 1148, 1152 – Talking to Addison: geringerer schöpferischer Gehalt der Übersetzungstätigkeit im Vergleich zur Tätigkeit des Autor berücksichtigt). Für die Frage der Redlichkeit kann es nicht darauf ankommen, ob Werke der „kleinen Münze" oder solche der Hochkultur verwertet werden. Der Begriff „Redlichkeit" beinhaltet rein objektive Anforderungen an die Angemessenheit der Vergütung (*Haas* Rn. 153).

30 Darüber hinaus zielte das Gesetz mit dem Merkmal der Redlichkeit aktiv auf die **Korrektur bestimmter Branchenübungen,** die Urheber und ausübende Künstler unter Ausnutzung ihrer schwachen Marktmacht unangemessen benachteiligen (*v. Rom* 119; *Jacobs* FS Ullmann 79, 85). Hier sind etwa **Übersetzer** (grundlegend BVerfG NJW 2014, 46 – Drop City; BGH GRUR-RR 2011, 293 – Seitenhonorar; BGH GRUR 2011, 328 – Destructive Emotions; BGH ZUM 2010, 255 – Literarische Übersetzer IV; BGH ZUM-RD 2010, 16 – Sachbuchübersetzer; BGH GRUR 2009, 1148 – Talking to Addison; BGH GRUR 2004, 938 ff. – Comic-Übersetzungen III; BGH GRUR 2000, 144 ff. – Comic-Übersetzungen II; BGH GRUR 1998, 680 ff. – Comic-Übersetzungen I) zu nennen, deren unbefriedigende soziale, wirtschaftliche und vertragliche Situation ein wesentliches Motiv für die Gesetzesreform gewesen ist (BT-Drucks. 14/6433, 9), und deren bis dato überwiegend praktizierte Honorierung (vgl. etwa LG München I ZUM-RD 2010, 363, 368 ff.; KG Berlin ZUM 2009, 407, 410: keine Absatzbeteiligung; LG München I ZUM-RD 2007, 550, 554: 1,5% Absatzbeteiligung; OLG München ZUM 2001, 994 – Der Diamant des Salomon: DM 19,– pro Normseite und 7,5% Beteiligung am Nettoerlös aus Nebenrechten; im Ergebnis erlöste der Verlag DM 9,44 Mio., die Übersetzerin bekam DM

15 410,–, was 0,16% des Erlöses entspricht) nach Auffassung des Gesetzgebers in keinem angemessenen Verhältnis zu ihrer erbrachten Leistung steht (BT-Drucks. 14/8058, 18, 43; *Hucko* 12). Seit Inkrafttreten des § 32 hat die Rechtsprechung literarischen Übersetzern mehrfach Ansprüche auf Vertragsanpassung gewährt. Der BGH hat auf Grundlage von Entscheidungen der Instanzgerichte sowie unter Heranziehung der gemeinsamen Vergütungsregelungen für Autoren belletristischer Werke in deutscher Sprache (s. § 36 Rn. 31) als Vergleichsmaßstab in einer ganzen Reihe von Urteilen (maßgeblich BVerfG NJW 2014, 46 – Drop City; BGH GRUR 2009, 1148 – Talking to Addison sowie BGH GRUR 2011, 328 – Destructive Emotions) Mindeststandards für eine redliche Übersetzervergütung herausgearbeitet: Demnach haben Übersetzer belletristischer Werke oder von Sachbüchern grundsätzlich einen Anspruch auf ein Fünftel dessen, was ein Autor nach den benannten gemeinsamen Vergütungsregeln bekommt, und demnach eine Absatzvergütung in Höhe von 2% des Nettoladenverkaufspreises bei Hardcoverausgaben und 1% des Nettoladenverkaufspreises bei Taschenbuchausgaben. Erhält der Übersetzer für seine Tätigkeit darüber hinaus ein übliches und angemessenes Seitenhonorar als absatzunabhängige Garantiezahlung, ist die Absatzvergütung für Hardcoverausgaben auf 0,8% und für Taschenbuchausgaben auf 0,4% herabzusetzen, welche ab dem 5000 Exemplar zu zahlen ist (BGH ZUM 2011, 408, 412 – Angemessene Übersetzungsvergütung V; BGH ZUM 2011, 403, 406 – Angemessene Übersetzervergütung IV; BGH ZUM-RD 2011, 212, 216 – Angemessene Übersetzervergütung III; BGH ZUM-RD 2011, 208, 211 – Angemessene Übersetzungsvergütung II; BGH GRUR 2011, 328, 331 – Destructive Emotions; BGH ZUM 2010, 255 – Literarische Übersetzer IV; BGH ZUM-RD 2010, 16 – Sachbuchübersetzer; BGH GRUR 2009, 1148 – Talking to Addison). Die Kombination aus Garantiehonorar (Seitenhonorar) mit Absatzvergütung stellt nach Ansicht des BGH eine angemessene Vergütung dar, wenn sie bei objektiver Betrachtung zum Zeitpunkt des Vertragsschlusses insgesamt eine angemessene Beteiligung des Übersetzers am voraussichtlichen Gesamtertrag der Nutzung seiner Übersetzung gewährleistet (BGH GRUR 2011, 328, 332 Rn. 30 – Destructive Emotions). Ist das vereinbarte Seitenhonorar geringer als ein unter Berücksichtigung des Arbeitsaufwands angemessenes Seitenhonorar, ist die Absatzvergütung entsprechend zu erhöhen. Umgekehrt kann die Vereinbarung eines höheren Seitenhonorars zur Verringerung der Absatzvergütung führen (BGH GRUR 2011, 328, 331 – Destructive Emotions; BGH ZUM 2010, 255, 260 – Literarische Übersetzer IV; BGH ZUM-RD 2010, 16, 23 – Sachbuchübersetzer; BGH GRUR 2009, 1148, 1154 – Talking to Addison). Für die Verwertung von Nebenrechten (insbesondere die Einräumung an Nutzungsrechten des übersetzen Werkes an Dritte, etwa zur Veranstaltung einer Taschenbuchausgabe) hat der Übersetzer grundsätzlich einen Anspruch auf ein Fünftel dessen, was der Autor des Originalwerkes hierfür erhält (BGH GRUR 2011, 328, 333 – Destructive Emotions in Abänderung der vorherigen Rechtsprechung, BGH GRUR 2009, 1148 – Talking to Addison). Aufgrund der verschiedenen Geschäftsmodelle deutscher Verlage (etwa Hardcoververlage, die Taschenbuchausgaben stets an Taschenbuchverlage lizenzieren und nicht selbst veranstalten, einerseits und Konzernverlage andererseits, die Taschenbuchausgaben selbst oder durch Konzerntöchter veranstalten können) kann dies im Ergebnis zu durchaus unterschiedlichen redlichen Beteiligungen für den Übersetzer führen (kritisch daher aus Sicht der Verlage *Sprang* FS Pfennig 335 ff.; *Jacobs* GRUR 2011, 306). Das BVerfG hat in einer aktuellen Entscheidung zu § 32 zum Ausdruck gebracht, dass § 32 Abs. 1 S. 3, Abs. 2 S. 2 nicht dem Grundgesetz widerspricht und die Rechtsprechung des BGH zu den Übersetzerfällen bestätig wird. Denn der Gesetzgeber darf die durch Art. 12 Abs. 1 GG geschützte Freiheit der Verwerter (hier ein Verlag) durch zwingendes Gesetzesrecht begrenzen, um sozialen oder wirtschaftlichen Ungleichgewichten entgegenzuwirken (grundlegend BVerfG NJW 2014, 46 – Drop City). Dem urheberrechtlichen Beteiligungsgrundsatz entspricht es am ehesten, wenn ein Absatzhonorar vereinbart wird, d. h. eine prozentuale Beteiligung des Urhebers an den Erlösen aus der Werkverwertung (vgl. zur Entwicklung der Rechtsprechung vor der

Klärung durch den BGH: OLG München ZUM 2011, 866, 868 – Vertragsanpassung für Übersetzervergütung; OLG München ZUM-RD 2010, 543, 546; OLG München ZUM-RD 2007, 166 und ZUM-RD 2007, 182, dem folgend LG Hamburg ZUM 2008, 603: Normseitenhonorar ohne Absatzvergütung unangemessen; OLG München ZUM 2007, 142: Pauschalvergütung möglich, aber Seitenvergütung ohne Berücksichtigung des Nutzungsumfangs unangemessen; LG München I ZUM 2007, 228: Anspruch auf absatzbezogene Vergütung von 0,25% zusätzlich zum Normseitenhonorar; LG Berlin ZUM 2006, 942: Normseitenhonorar ohne Absatzhonorar und ohne Vergütung von Nebenrechten branchenüblich aber unredlich; LG München I ZUM 2006, 154: 1% bis 20 000 und 2% ab 20 000 Exemplare und 25% für Nebenrechte angemessen; vgl. die Übersicht bei *v. Becker* ZUM 2007, 249). Teilweise hat die Rechtsprechung Ansprüche von Übersetzers auf Vertragsänderung auch unter Verneinung der Unangemessenheit oder Anwendbarkeit aus zeitlichen Gründen abgelehnt (LG Hamburg ZUM 2006, 683; LG Berlin ZUM 2005, 904; LG Berlin ZUM 2005, 901; LG Berlin ZUM-RD 2007, 194: kein Anspruch aus § 32, aber teilweise Anspruch aus § 36 a. F. sowie § 32a). Aber auch andere **Honorierungsgepflogenheiten bestimmter Medienbranchen** etwa gegenüber solchen Berufsgruppen, die nach Umstrukturierungen zumeist als selbstständige Unternehmer in Konkurrenz zueinander treten (freischaffende Redakteure, Fotografen, Drehbuchautoren etc.) sind unredlich, wenn die vereinbarten Vergütungen in keinem nachvollziehbaren Verhältnis zu den Erträgen der Verwertung ihres Schaffens stehen. Die Gefahr der Unredlichkeit ist umso höher, umso stärker in der betreffenden Branche „Buy-out" Verträge (s. Vor §§ 31 ff. Rn. 92) praktiziert werden, vor allem wenn diese keine kontinuierliche Beteiligung des Künstlers vorsehen, sondern alle eingeräumten Nutzungsrechte pauschal abgelten (Dreier/Schulze/*Schulze* § 32 Rn. 54; *Fuchs* 193; *Reber* GRUR 2003, 393, 394; a. A. *v. Rom* 145). Eine Bezeichnung der vertragsgegenständlichen Vergütung als branchenüblich und angemessen i. S. d. § 32 Abs. 1 im Vertrag reicht nicht aus, um die Angemessenheit und Redlichkeit festzustellen. Im Übrigen ist das **Verhältnis zwischen Urhebervergütung und wirtschaftlichen Erträgen** aus der Werkverwertung keine Frage der Redlichkeit; die Korrektur erfolgt hier vielmehr über § 32a. § 32 liegt ein Beteiligungsmodell zugrunde, welches an ein fiktives Nutzungsergebnis anknüpft, § 32a gewährt dem Urheber eine weitere Beteiligung am Nettoertrag (*Jacobs* FS Ullmann 79, 92; Ahlberg/Götting/*Soppe* § 32 Rn. 84). Der Beteiligungsgrundsatz im Urheberrecht geht von den durch die Werkverwertung erzielten Bruttoerlösen, d. h. vom Umsatz und nicht vom Gewinn aus (*Reber* GRUR 2003, 393, 397; *Schricker* GRUR 2002, 737, 739; LG Berlin ZUM-RD 2007, 194, 197; LG Berlin ZUM 2005, 904, 906). Die Erlösentwicklung nach Vertragsschluss ist in die Angemessenheitsprüfung nach § 32 einzubeziehen (Dreier/Schulze/*Schulze* § 32 Rn. 45; a. A. *Schwarz* ZUM 2010, 107, 109).

31 c) **3. Stufe: Umstände des Einzelfalls.** Schließlich kommt es – in Ermangelung eines irgendwie feststellbaren Marktwertes ausschließlich – auf die Umstände des Einzelfalls an. Besteht eine entsprechende vergleichbare Verwertungspraxis und lässt sich eine übliche Vergütung für die konkrete Art der Werknutzung ermitteln, die außerdem insoweit „redlich" ist, als sie dem Beteiligungsgrundsatz als Normzweck des § 32 Abs. 1 entspricht, so können sich auch von dieser anhand der Umstände des Einzelfalls Abweichungen nach oben und unten ergeben. Die angemessene Vergütung ist demnach kein fester Wert, sondern lässt eine Bandbreite von möglichen angemessenen Vergütungen zu, wobei nach dem Schutzzweck der Norm nur das Unterschreiten der gerade noch angemessenen (Mindest-)Vergütung den gesetzlichen Anpassungsanspruch entstehen lässt (OLG München ZUM-RD 2009, 268, 275; OLG München ZUM 2007, 136, 148).

32 Bei der Festsetzung der angemessenen Vergütung sind alle **relevanten Umstände** zum Zeitpunkt des Vertragsschlusses nach billigem Ermessen zu berücksichtigen, wie angestrebte Art und Umfang der Nutzung, Marktverhältnisse, Investitionen, Risikotragung, Kosten,

Zahl der hergestellten Werkstücke oder öffentlichen Wiedergaben und die Höhe der voraussichtlich zu erzielenden Einnahmen (AmtlBegr. BT-Drucks. 14/6433, 44; *Haas* Rn. 148; LG München I ZUM 2010, 725, 731; LG München I ZUM-RD 2010, 363, 369; KG Berlin ZUM 2009, 407,409; OLG München ZUM-RD 2009, 268, 273; OLG München ZUM-RD 2007, 166, 175; LG Berlin ZUM 2005, 904, 906; LG München I ZUM 2006, 154, 158; LG München I ZUM 2006, 164, 169). Die Marktverhältnisse (s. Schricker/Loewenheim/*Schricker/Haedicke* § 32 Rn. 30; Ahlberg/Götting/*Soppe* § 32 Rn. 59; Dreier/Schulze/*Schulze* § 32 Rn. 63 f. zu verschiedenen Faktoren) können dabei je nach Werkkategorie und Nutzung verschieden sein (OLG Hamburg ZUM 2002, 833, 836: Nutzung von Fotos im Internet unterliegt anderen Maßstäben als beim Abdruck in einer Zeitung), und werden differieren nach dem Ausmaß der Vervielfältigung und Verbreitung (z.B. Auflagenhöhe, Zuschauer- und Hörerzahl, Internetnutzung) oder neuen wirtschaftlichen Verwertungsmöglichkeiten (z.B. digitale Nutzung). Letztlich geht es hier um eine **Güter- und Interessensabwägung** (Fromm/Nordemann/*Czychowski* § 32 Rn. 56).

Zur **Erhöhung** der angemessenen Vergütung gegenüber der marktüblichen Vergütung **33** kann es etwa führen, wenn das Werk über das übliche Maß hinaus verwertet wird. Auf Verwerterseite wird man der daraus folgenden Unsicherheit tunlichst derart begegnen, dass für künftige Nutzungen im Rahmen der **Vertragsgestaltung** – oder besser noch beim Abschluss gemeinsamer Vergütungsvereinbarungen nach § 36 – **anteilsmäßige Beteiligungen** des Urhebers für alle Formen der intendierten Nutzung vereinbart werden. Entspricht der Prozentsatz des Anteils dann dabei dem Üblichen, dürfte dem Beteiligungsgrundsatz Genüge getan sein, und § 32 stünde einer künftigen Werkverwertung ohne fortwährende Vertragsverhandlungen und Nachforderungen des Urhebers nicht mehr entgegen.

Zur **Verringerung** der angemessenen Vergütung im Vergleich zur üblichen könnten **34** etwa besondere widrige Umstände bei der Werkverwertung führen, die Struktur und Größe des Verwerters, geringe Verkaufserwartung, Vorliegen eines Erstlingswerkes, außergewöhnliche Lektoratsaufwand, niedriger Verkaufspreis, hoher Aufwand bei der Herstellung, Werbung, Marketing, Vertrieb oder bei wissenschaftlichen Gesamtausgaben (BGH GRUR 2011, 328, 331 – Destructive Emotions; BGH ZUM 2010, 255, 261 – Literarische Übersetzer IV; BGH ZUM-RD 2010, 16, 23 – Sachbuchübersetzer; BGH GRUR 2009, 1148 – Talking to Addison), im Einzelfall kann die angemessene Vergütung auch auf null schrumpfen (*Jacobs* FS Ullmann 79, 85; Dreier/Schulze/*Schulze* § 32 Rn. 73: keine Erzielung von Einnahmen), etwa bei wissenschaftlichen Werken (z.B. Dissertationen und Festschriften) mit kleiner Auflage ohne jede Aussicht auf eine auch nur kostendeckende Verwertung, wobei in der Praxis sogar vom Urheber zu zahlende **Druckkostenzuschüsse** vereinbart werden und die Regel sind (AmtlBegr. BT-Drucks. 14/6433, 45), um die Kosten des Verlages zu decken. Zu beachten ist aber, dass § 32 von seinem Schutzzweck nicht dazu führen kann, dass das **Geschäftsrisiko des Verwerters** auf den Urheber abgewälzt wird. Selbst dann, wenn die Nutzung des Werkes keinen unmittelbaren Ertrag abwirft, ist nach dem Beteiligungsgrundsatz ein urheberrechtlicher Vergütungsanspruch gerechtfertigt (BGH GRUR 2013, 717, 720 – Covermount; BGHZ 17, 266, 267 – Grundig-Reporter). Dies entspricht dem Wesen des geistigen Eigentums nach Art. 14 Abs. 1 GG, der einen grundsätzlichen vermögensrechtlichen Anspruch des Urhebers (BVerfG GRUR 1980, 44, 46 – Kirchenmusik) und auch des ausübenden Künstlers (BVerfG GRUR 1990, 438, 440 – Bob Dylan) rechtfertigt.

Noch nicht geklärt ist die Frage, ob bei Ermittlung der Angemessenheit der Nutzungs- **35** vergütung nach § 32 Abs. 1 **sonstige schuldrechtliche Ansprüche des Urhebers** zu berücksichtigen sind, etwa Ansprüche auf Werklohn für die Herstellung des Werkes (dafür *Hertin* GRUR 2011, 1065; dagegen *Cychowski* GRUR 2010, 793; *Wandtke* ZUM 2012, 688). Dies kann insbesondere dann problematisch werden, wenn die Vertragspraxis (wie häufig) nicht zwischen Werklohn einerseits und urheberrechtlicher Nutzungsvergütung andererseits unterscheidet (vgl. *Reber* GRUR Int. 2011, 569; BVerfG ZUM 2011, 396 – Kommunikationsdesigner; BGH ZUM-RD 2012, 192, 196 Rn. 28 – Das Boot). Die Vergütung nach § 32 Abs. 1 wird für die Einräumung von Nutzungsrechten geschuldet, nicht aber für die Erstellung von Werken und die damit verbundene Arbeit und Leistung (richtig BGH GRUR 2009, 1148, 1154 Rn. 55 – Talking to Addison; BGH GRUR 2011, 328, 332 Rn. 29 – Destructive Emotions). Im Ergebnis hat die Rechtsprechung bei Prüfung des § 32 aber auch solche Vergütungsbestandteile, die möglicherweise von den Vertragsparteien ganz oder teilweise als Werkvergütung ansehen werden (etwa die Garantievergütung des Auftragsübersetzers in Form des Seitenhonorars), unbesehen in die Prüfung der Angemessenheit mit einbezogen (BGH GRUR 2009, 1148 – Talking to Addison; BGH GRUR 2011, 228 – Destructive Emotions; kritisch *Czychowski* GRUR 2010, 793: Werklohn ist der Angemessenheitsprüfung des § 32 entzogen; dagegen *Hertin* GRUR 2011, 1065: einheitlicher Vorgang der Werkschöpfung und Nutzungsrechtseinräumung, bei der letztere im Vordergrund der Vertragsvereinbarung steht). Soweit die Einräumung von Nutzungsrechten für Auftragswerke oder für Werke angestellter Urheber nach herrschender Meinung mit dem Lohn bzw. mit dem Werkhonorar abgegolten werden (vgl. § 43 Rn. 134), sind diese bei Ermittlung der Angemessenheit zu berücksichtigen. Richtigerweise ist aber auch bei einer sowohl für die Werkherstellung als auch für die Nutzungseinräumung vereinbarten einheitlichen Pauschalvergütung zwischen einem Werklohnanteil und einem Vergütungsnutzungsanteil zu unterscheiden. Hierzu ist zu ermitteln, was die Vertragsparteien tatsächlich gewollt haben. Bleibt dies bei Ermittlung eines Vertragsanpassungsanspruchs nach § 32 Abs. 1 unklar, gehen Zweifel zu Lasten des Verwerters, der nach § 32 eine angemessene Nutzungsvergütung schuldet (a. A. *Hertin* GRUR 2011, 1065, 1066). Denn das Wesen des urheberrechtlichen Vergütungsanspruchs als Entgelt für die Werknutzung spricht dagegen, den Arbeitsaufwand des Urhebers – und sei es nur mittelbar (so BGH GRUR 2009, 1148, 1154 Rn. 56 – Talking to Addison) – zur Ermittlung des angemessenen Vergütungsanspruchs heranzuziehen. Im Zweifelsfall müsste daher der Verwerter darlegen und beweisen, welcher Honoraranteil für die Werkvergütung und welcher für die Nutzungseinräumung vereinbart wurde.

36   **d) Heranziehung der Rechtsprechung zur Ermittlung einer angemessenen Lizenzgebühr.** Schließlich können die von Rechtsprechung und Literatur bei der Feststellung angemessener Vertragsbedingungen im Rahmen verschiedener anderer Normen schon bisher herangezogenen Grundsätze dabei helfen den Begriff der Angemessenheit weiter zu präzisieren (Loewenheim/*v. Becker* § 32 Rn. 28). Dies betrifft zum einen **§ 22 Abs. 2 VerlG,** der für den Verlagsvertrag mangels vertraglicher Bestimmung die „angemessene Vergütung in Geld als vereinbart" ansieht; auch hier ist Ausgangspunkt die Verlagspraxis unter Berücksichtigung aller Umstände des Einzelfalls (Absatzfähigkeit, Höhe der Auflage, Herstellungs- und Verbreitungskosten, sonst üblicher Honorarsätze für vergleichbare Werke etc.; näher *Schricker* § 22 VerlG Rn. 18). Zum anderen ist von für die Branche üblichen Honorarordnungen, Tarifen, Regelwerken, Verbandsempfehlungen oder ähnlicher abstrakt-generellen Erfahrungswerten auszugehen, wenn sich in dem entsprechenden Zeitraum eine solche Übung herausgebildet hat (BGH ZUM RD 2010, 16, 20 – Sachbuchübersetzer; BGH WRP 2009, 319, 321 – Whistling for a train; BGH GRUR 2006, 136, 138 – Pressefotos; BGH GRUR 1983, 565, 566 – Tarifüberprüfung; OLG Düsseldorf GRUR-RR 2006, 393, 394; OLG Hamburg ZUM 2002, 833, 836; LG Kiel ZUM 2005, 81, 84; DPMA ZUM 2005, 90, 91; DPMA ZUM 2005, 85, 88), vorausgesetzt der streitgegenständliche Sachverhalt ist mit dem Regelungsgehalt des entsprechenden Regelwerkes vergleichbar (abgelehnt wurde etwa die Anwendung der **Grundsätze des JVEG** (vormals: **ZSEG**) auf literarische Übersetzer, vgl. LG München I ZUM 2006, 73, 78; LG Berlin ZUM-RD 2007, 194, 198; LG Berlin ZUM 2005, 901, 903; ohne eigene Stellungnahme

LG München I ZUM 2007, 228; OLG München ZUM-RD 2007, 182; OLG München ZUM-RD 2007, 166).

Das gleiche Ermittlungsproblem wie im Rahmen des § 32 Abs. 1 hatten die Gerichte **37** schon vor der Reform 2002 (s. Vor §§ 31 ff. Rn. 3) im Rahmen von **verschuldensabhängigen Schadensersatzansprüchen nach § 97** bei der gängigen Methode der Schadensberechnung durch Feststellung einer **angemessenen Lizenzgebühr** (Lizenzanalogie, näher § 97 Rn. 74; BVerfG NJW 2014, 46 Rn. 86 – Drop City; OLG Brandenburg ZUM 2009, 412; Schricker/Loewenheim/*Wild* § 97 Rn. 152 ff.), im Rahmen des **bereicherungsrechtlichen Anspruches** gegen den unberechtigten Werknutzer (§ 812 Abs. 1 S. 1 2. Alt. BGB; § 97 Abs. 3; näher § 97 Rn. 91 ff.; Dreier/Schulze/*Schulze* § 32 Rn. 61; Schricker/Loewenheim/*Wild* § 102a Rn. 2) sowie bei der Feststellung der angemessenen Vergütung eines Gesamtvertrages (BGH GRUR 2001, 1139, 1142). Hier wird regelmäßig darauf abgestellt, was verständige Vertragspartner redlicherweise vereinbart hätten (Schricker/Loewenheim/*Wild* § 97 Rn. 155), wobei der objektive, sachlich angemessene Wert der Rechtsbenutzung entscheidet; im Unterschied zu § 32 (*Dietz* ZUM 2001, 276, 279) wird hier aber in erster Linie die angemessene mit der **üblichen Vergütung** gleichgesetzt und auf entsprechende übliche Tarife, z.B. der Verwertungsgesellschaften hingewiesen (BGH WRP 2009, 319, 322 – Whistling for a train; LG München I ZUM 2006, 164, 170: Rückgriff auf Vergütungsregeln der VG Wort für Nebenrechte der Übersetzer; LG München I ZUM 2006, 159, 164; LG München I ZUM 2006, 154, 159), mangels solcher auf die freie Schätzung durch das Gericht nach § 287 ZPO abgestellt (Schricker/Loewenheim/ *Wild* § 97 Rn. 158). Dabei sind der Umfang der Nutzung, der Wert des verletzten Ausschließlichkeitsrechts sowie Umfang und Gewicht des aus dem geschützten Werk übernommenen Teils zu berücksichtigen (BGH WRP 2009, 319, 322 – Whistling for a train). Anders als bei diesen Ansprüchen geht es i. R. d. § 32 Abs. 1 aber nicht um schadensersatzoder bereicherungspflichtige unberechtigte Werknutzungen, sondern um die vertraglich vereinbarte zulässige Werknutzung; alle dort auf die Rechtswidrigkeit der Nutzung abstellenden Gesichtspunkte (etwa das Modell der doppelten Lizenz nicht nur als Abschreckungsinstrument, vgl. *Bodewig/Wandtke* GRUR 2008, 220 ff.; *Wandtke* GRUR 2000, 942, 945 ff.; *Loewenheim* FS Erdmann 131, 141; Dreyer/Kotthoff/Meckel/*Kotthoff* § 32 Rn. 40) müssen hier außen vor bleiben (*Dreier* Kompensation 532). Die angemessene Lizenzgebühr spielt auch in der Insolvenz eine Rolle. Nutzungsverträge bestehen mit Wirkung für die Insolvenzmasse fort. Der Insolvenzverwalter soll nicht an wirtschaftlich nachteiligen Verträgen gebunden sein (*Beyerlein* WRP 2007, 1074, 1075).

e) Pauschalabgeltung oder Beteiligungsvergütung. Im Interesse der verlässlichen **38** Kalkulierbarkeit und einfachen Administration ist der Verwerterseite vor allem bei arbeitsteiliger Kunstproduktion vielfach daran gelegen, möglichst alle benötigten Nutzungsrechte für ein einmaliges Entgelt in Form einer **Pauschalabgeltung** zu erhalten. In anderen Branchen (etwa beim Buchverlag oder bei der Theaterproduktion) wird der Urheber traditionellerweise **anteilsmäßig** an der Werkverwertung **beteiligt**. Der prozentuale Beteiligungsgrundsatz im Buchverlagswesen in Höhe von 10% ist historisch begründet und stützt sich auf hohe Herstellungs- und Vertriebskosten beim herkömmlichen Buchvertrieb. Fehlen diese, etwa bei Abrufdiensten im Internet oder der elektronischen Zurverfügungstellung eines satzfähigen Manuskriptes durch den Urheber, können auch wesentlich höhere Beteiligungssätze angemessen sein (*Schricker* GRUR 2002, 737, 741 f.; Dreier/Schulze/ *Schulze* § 32 Rn. 48; Schricker/Loewenheim/*Schricker/Haedicke* § 32 Rn. 34: angemessen wäre die **hälftige Verteilung** der Bruttoerträge zwischen Urheber und Verwerter). Zwar kann dem gesetzlichen Anspruch auf angemessene Vergütung durchaus auch durch eine Pauschalabgeltung Genüge getan werden, etwa indem im Rahmen eines „Buy-out" Vertrages (zum Begriff Vor §§ 31 ff. Rn. 92) der Urheber für die Einräumung umfassend einzeln bezeichneter Nutzungsrechte ein einmaliges Entgelt erhält (vgl. auch Loewenheim/

v. Becker § 32 Rn. 54; LG Stuttgart ZUM 2008, 163, 167; a. A. wohl *v. Olenhusen* ZUM 2000, 736, 737). Eine Pauschalvergütung kann im Einzelfall der Redlichkeit nach § 32 Abs. 2 S. 2 entsprechen, wenn sie bei objektiver Betrachtungsweise zum Zeitpunkt des Vertragsschlusses eine angemessene Beteiligung am voraussichtlichen Gesamtertrag der Nutzung gewährleistet (BGH GRUR 2012, 1031, 1037 – Honorarbedingungen Freie Journalisten). Allerdings sind dabei Inhalt und Umfang der Nutzung zu beachten. Die Pauschalvergütung darf nicht zum Ergebnis führen, dass der Urheber einseitig mit dem Risiko mangelnder Verwertbarkeit belastet wird, während der wirtschaftliche Erfolg allein dem Verwerter zukommt (BGH ZUM-RD 2010, 16, 19 – Sachbuchübersetzer; BGH GRUR 2009, 1148 – Talking to Addison; OLG München ZUM 2009, 300, 305; OLG München ZUM 2007, 136, 147; *Jacobs* FS Ullmann 79, 87; *v. Rom* 146). Eine Einmalzahlung, die auch die Einräumung von über den Vertragszweck hinausgehenden Nutzungsrechte umfasst, ist nur zulässig, wenn der Wille der einräumenden Partei dies eindeutig zum Ausdruck bringt; dies geschieht regelmäßig in Form einer ausdrückliche Erklärung (BGH GRUR 2004, 938, 939 – Comic-Übersetzungen III). Dort wo die Verhältnismäßigkeit zwischen dem Umfang der Nutzung bzw. der Vielzahl von Nutzungsarten und der Pauschalvergütung nicht mehr gewährleistet ist, kommt § 32 Abs. 1 zum Tragen. Eine Einmalzahlung für alle nur denkbaren Nutzungsrechte und -arten wird regelmäßig schnell an die Grenzen der Angemessenheit stoßen (BGH ZUM-RD 2010, 16, 21 – Sachbuchübersetzer; BGH GRUR 2009, 1148, 1150 – Talking to Addison; LG Braunschweig ZUM 2012, 66, 70; OLG Hamburg ZUM 2012, 846, 855; LG München I ZUM-RD 2007, 550, 554; krit. auch *H. Schmidt* WM 2003, 461, 466; *Reber* GRUR Int. 2011, 569, 571; *Reber* GRUR 2003, 393, 394; *Reber* ZUM 2000, 729, 730; *W. Nordemann* § 32 Rn. 27). Vor allem dann, wenn durch die Vertragsklauseln sämtliche gegenwärtigen und künftigen Nutzungsrechte mit der Pauschalvergütung abgegolten werden und eine angemessene Beteiligung am voraussichtlichen Gesamtertrag der Nutzung nicht gewährleistet wird, widerspricht das dem gesetzlichen Leitbild, wonach der Urheber ausnahmslos an jeder Nutzung seines Werkes zu beteiligen ist (so zu Recht LG Braunschweig ZUM 2012, 66, 70; OLG Hamburg ZUM 2011, 846, 855; LG Rostock ZUM 2010, 828; siehe Vor §§ 31 ff. Rn. 108 f. zur AGB Kontrolle). Jedenfalls birgt die Pauschalvergütung anders als die prozentuale Beteiligung des Urhebers immer die Gefahr in sich, bei intensiverer Werknutzung oder allgemeiner Anhebung des Vergütungsniveaus über kurz oder lang unangemessen zu werden. Eine Honorargestaltung, wonach der entfallende Teil der Vergütung lediglich für die erste Phase einer fortdauernden Werknutzung einen Ausgleich verschafft, aber für die weitere Nutzung keine Beteiligung erfolgt, birgt die Gefahr der Unredlichkeit (OLG München ZUM-RD 2007, 166, 176; OLG München ZUM-RD 2007, 182, 189). Um schwer vorhersehbare spätere Nachforderungen der Urheber aus diesem Grund zu vermeiden, sollten auch und gerade „Buy-out" Verträge vorrangig mit anteilsmäßigen Beteiligungen arbeiten (OLG München ZUM-RD 2007, 166, 176; OLG München ZUM-RD 2007, 182, 189). Bei einer fortlaufenden Nutzung wird dem Beteiligungsgrundsatz am ehesten durch eine erfolgsabhängige Vergütung entsprochen. Dabei wird nicht am Gewinn die Beteiligung festgemacht, sondern an sämtliche Einnahmen des Verwerters; eine bloße Gewinnbeteiligung liefe vor allem in investitionsintensiven Bereichen wie bei der Filmproduktion schnell ins Leere (*Reber* GRUR Int. 2011, 569, 571).

39 **f) Unangemessenheit der Vergütung. aa) Allgemeines.** Die vertragliche Vergütung ist unangemessen, wenn sie der Höhe nach unterhalb der niedrigsten noch angemessenen Vergütung für vergleichbare Werkverwertungen liegt (*Haas* Rn. 175). Sie wird nicht nur, aber jedenfalls dann vorliegen, wenn ein **Missverhältnis** zwischen dem Inhalt und Umfang der Nutzung und der Vergütung als Gegenleistung besteht. Zwar kommt es auf ein grobes Missverhältnis – wie noch in § 36 a. F. (vgl. § 32a Rn. 40) – nicht an, doch können damit die im Schrifttum und in der Rechtsprechung genannten Fälle und Grundsätze zu

§ 36 a. F. bei der Feststellung der Unangemessenheit erst recht herangezogen werden (vgl. BGH GRUR 1998, 683 – Comic-Übersetzung I).

bb) Einzelfälle. Ist bspw. im Bereich von Belletristik oder Wissenschaftsliteratur als **40** Vergütung ein Honorar von nur 5% des Ladenpreises vereinbart, obwohl 10% des Ladenpreises üblich sind (*Haberstumpf* Rn. 434), dürfte diese Vergütungsregelung aufgrund der deutlichen Abweichung vom Üblichen schon unangemessen sein. Zu beachten ist, das 10% des Ladenpreises zwar üblich sein mögen, aber allein deshalb nicht auch redlich sein müssen (*Hertin* Rn. 336; *Schricker* GRUR 2002, 737, 741 f.; *Haupt/Flisak* KUR 2003, 41, 44; sehr weitgehend Schricker/Loewenheim/*Schricker/Haedicke* § 32 Rn. 34: angemessen wäre die hälftige Verteilung der Bruttoerlöse zwischen Urheber und Verwerter).

g) Zeitpunkt der Angemessenheit. aa) Vertragsschluss (ex-ante Betrachtung). 41
Zur Ermittlung der Angemessenheit kommen zwei Anknüpfungspunkte in Betracht, der **Zeitpunkt des Vertragsschlusses** (Betrachtung ex-ante) und der Zeitpunkt der jeweiligen Nutzung des Werkes (Betrachtung ex-post). Für eine **ex-ante-Betrachtung** sprechen der Wortlaut des § 32 Abs. 2 S. 2 („im Zeitpunkt des Vertragsschlusses"), Teile der amtlichen Begründung sowie der systematische Zusammenhang mit § 32a (s. unten Rn. 47). Demnach kommt es für § 32 alleine darauf an, ob die vereinbarte Vergütung „im Zeitpunkt des Vertragsschlusses (...) mit Blick auf die gesamte Nutzungsdauer" dem Üblichen und Redlichen entspricht (BT-Drucks. 14/8058, 2 und 42), während die nachträgliche (ex-post-)Betrachtung nur im Rahmen des § 32a zum Tragen kommt (ebenso BVerfG NJW 2014, 46 Rn. 113 – Drop City; BGH ZUM 2011, 408, 411 – Angemessene Übersetzungsvergütung V; BGH ZUM 2011, 403, 405 – Angemessene Übersetzervergütung IV; BGH ZUM-RD 2011, 212 – Angemessene Übersetzungsvergütung III; BGH GRUR 2011, 328, 330 – Destructive Emotions; BGH ZUM 2010, 255, 258 – Literarische Übersetzer IV; BGH ZUM-RD 2010, 16, 19 – Sachbuchübersetzer; BGH GRUR 2009, 1148, 1150 – Talking to Addison; LG München I ZUM-RD 2010, 363, 367; OLG München ZUM-RD 2009, 268, 273; KG Berlin ZUM 2009, 407, 409; LG Stuttgart ZUM 2009, 77, 81; OLG München ZUM-RD 2007, 182, 188; OLG München ZUM-RD 2007, 166, 175; LG München I ZUM 2010, 725, 729; LG München I ZUM 2007, 228, 230; LG Hamburg ZUM 2006, 683, 685; Ulmer-Eilfort/Obergfell/*Obergfell* Kap. D Rn. 42; Fromm/Nordemann/*Czychowski* § 32 Rn. 35; Ahlberg/Götting/*Soppe* § 32 Rn. 49; *Rehbinder* Rn. 611; *Jacobs* FS Ullmann 79, 82; *v. Becker/Wegner* ZUM 2005, 695, 696 f.; *Hertin* Rn. 333; *Schmid/Wirth* § 32 Rn. 1; Schricker/Loewenheim/*Schricker/Haedicke* § 32 Rn. 27; *Schricker* Quellen 21; *Jacobs* NJW 2002, 1905, 1907; *Haas* Rn. 186; *Zirkel* WRP 2003, 59, 60; Loewenheim/*J. B. Nordemann* § 61 Rn. 4; Dreyer/Kotthoff/Meckel/*Kotthoff* § 32 Rn. 28). Zudem stellt die zum Gesetz gewordenen Fassung des § 32 im Gegensatz zur ersten Reformfassung (vgl. BT-Drucks. 14/6433, 3) nicht auf die Nutzung des Werkes, sondern auf die vertragliche Vereinbarung hierzu ab, vornehmlich um dem Bedürfnis der Werkverwerter nach Rechtssicherheit Rechnung zu tragen. Dem ist zuzustimmen, wobei aber mögliche Entwicklungen während der gesamten Laufzeit des Vertrages im Sinne einer objektiv-generalisierenden Prognose zum Zeitpunkt des Vertragsschlusses zu berücksichtigen sind (s. unten Rn. 43).

bb) Werknutzung (ex-post Betrachtung)? Zwar soll der Anspruch nach § 32 Abs. 1 **42** S. 3 dem Urheber eine angemessene Vergütung über die gesamte Laufzeit des Vertrages sicherstellen (BT-Drucks. 14/8058, 42). Dies führt jedoch nicht dazu, dass man für die Ermittlung der Angemessenheit der vertraglich vereinbarten Vergütung zum Zeitpunkt des Vertragsschlusses (§ 32 Abs. 2 S. 2) entscheidend auf Umstände abstellen könnte, die sich nach Vertragsschluss herausgestellt haben, es sei denn diese wären von einer objektivierten Prognose der Vertragsparteien zum Zeitpunkt des Vertragsschlusses (s. nachfolgend Rn. 43) umfasst.

43 **cc) Prognoseentscheidung ex-ante.** Würde man die Angemessenheit der Vergütungsabrede rein aus ex-ante-Sicht zur Zeit des möglicherweise Jahrzehnte zurückliegenden Vertragsschlusses – ein branchenüblicher Verlagsvertrag über die gesamte Schutzdauer (vgl. § 31 Rn. 12) mit einem 30-jährigen Schriftsteller oder Komponisten, der 80 Jahre alt wird, kann auf eine Laufzeit von 120 Jahren kommen – prüfen, würde man dem Anliegen der Vorschrift nicht gerecht, dem Urheber über die gesamte Vertragslaufzeit eine angemessene Vergütung zu sichern. Maßstab für die Prüfung der Angemessenheit der vereinbarten Vergütung ist daher eine objektiv-generalisierende Prognoseentscheidung zum Zeitpunkt des Vertragsschlusses unter Berücksichtigung der (voraussichtlichen) Laufzeit des Vertrages und solcher Umstände, die zum Zeitpunkt des Vertragsschlusses hierbei üblicher- und redlicherweise zu berücksichtigen sind (in diesem Sinne BGH ZUM 2011, 408, 410 – Angemessene Übersetzervergütung V; BGH ZUM-RD 2010, 16, 19 – Sachbuchübersetzer; BGH GRUR 2009, 1148, 1150 – Talking to Addison; OLG München ZUM-RD 2007, 166; OLG München ZUM-RD 2007, 182; LG München I ZUM-RD 2007, 550, 554; *Reber* GRUR Int. 2011, 569, 570; *v. Becker/Wegner* ZUM 2005, 695, 696; *Fuchs* 189; Dreier/Schulze/*Schulze* § 32 Rn. 45; Schricker/Loewenheim/*Schricker/Haedicke* § 32 Rn. 27; *Jacobs* FS Ullmann 79, 82; *Voß* 79; *Hertin* Rn. 333; *Schmid/Wirth* § 32 Rn. 1; *Jacobs* NJW 2002, 1905, 1907; *Haas* Rn. 186; *Ch. Berger* Rn. 142; *Zirkel* WRP 2003, 59, 60; Loewenheim/*J. B. Nordemann* § 61 Rn. 4; Dreyer/Kotthoff/Meckel/*Kotthoff* § 32 Rn. 28; *Rehbinder* Rn. 611). Wird ex-post über die Angemessenheit entschieden, können die nunmehr bekannten Umstände seit dem Vertragsschluss herangezogen werden zur Feststellung, ob die Vereinbarung aus damaliger Sicht angemessen war (Schricker/Loewenheim/*Schricker/Haedicke* § 32 Rn. 27).

IV. Umgehungsschutz (§ 32 Abs. 3 S. 1, 2)

44 Die Vorschriften der § 32 Abs. 3 S. 1 und 2 schützen die Ansprüche des Urhebers nach § 32 Abs. 1 vor einer Umgehung durch abweichende vertragliche Vereinbarung (S. 1) oder einer anderweitigen Gestaltung (S. 2), beispielsweise die Abtretung der Ansprüche aus Abs. 1, 2 an den Vertragspartner oder an Dritte, soweit durch die Abtretung die Schwelle der Angemessenheit im Ergebnis unterschritten wird (Schricker/Loewenheim/*Schricker/Haedicke* § 32 Rn. 42; Ulmer-Eilfort/Obergfell/*Obergfell* Kap. D Rn. 15; Ahlberg/Götting/*Soppe* § 32 Rn. 94; Dreier/*Schulze* § 32 Rn. 76), der Verzicht auf diese Ansprüche im Nutzungsvertrag (OLG München GRUR-RR 2007, 139, 141 – Fernsehwerbespot) oder auch der erst nachträgliche Verzicht (*Nordemann* § 32 Rn. 37; Dreier/*Schulze* § 32 Rn. 77). Die Regelungen sollen verhindern, dass die dem Urheber zustehenden Rechte nach § 32 Abs. 1 und 2 durch einen Gestaltungsmissbrauch ausgehöhlt werden (Dreyer/Kotthoff/Meckel/*Kotthoff* § 32 Rn. 45). Eine Umgehung durch anderweitige Gestaltung (§ 32 Abs. 3 S. 2) kann sich insbesondere aus wechselseitigen Lizenzgeschäften zwischen Verwertern (mit Dritten und insbesondere konzernintern) ergeben, in denen für die Rechtseinräumung bewusst niedrige Vergütungen vereinbart werden, um die Beteiligung der Urheber hieran zu drücken (Dreier/*Schulze* § 32 Rn. 79). Wenn im Filmbereich Rundfundanstalten die Filmherstellung auf Produktionstöchter auslagern, welche dann mit den Filmurhebern Buy-out Lizenzverträge mit der einmaligen Abgeltung aller Nutzungsrechte für alle bekannten und unbekannten Nutzungsarten sowie die Weiterübertragung auf Dritte abschließen, und zwischen Rundfunkanstalt und Produktionstochter gleichzeitig nur sehr geringe Nutzungsvergütungen vereinbart werden, kann sich aus einer solchen Vertragsgestaltung eine Umgehung des Anspruchs des Urhebers auf angemessene Beteiligung ergeben. Soweit der Urheber den Anspruch auf Vertragsanpassung gegen die Produktionstochter nicht mehr geltend machen kann, ist hier zu überlegen, ob eine unmittelbare Haftung des eigentlichen Werknutzers auf angemessene Vergütung nach § 32 Abs. 1 in Frage kommt (ähnlich der Haftung des Lizenznehmers nach § 32a Abs. 2, siehe § 32a Rn. 26 ff.;

vgl. etwa die Konstellation LG München I ZUM 2012, 1000: eine öffentlich-rechtliche Sendeanstalt ist u. a. aufgrund detaillierter Vorgaben für die Verträge zwischen Auftragsproduzent und Filmurheber selbst als Werknutzer i. S. d. § 36 anzusehen). Ansonsten würde die verfassungsrechtlich gebotene angemessene Zuordnung des vermögenswerten Ergebnisses der schöpferischen Leistung an den Urheber, wie die in § 32 zum Ausdruck gebracht wird, ins Leere laufen. Auch für den Verzicht auf Vergütung aufgrund von zu Gewohnheitsrecht erstarkten Branchenübungen ist nach § 32 Abs. 3 kein Raum (OLG München GRUR-RR 2007, 139, 141). Solche anderweitigen Vereinbarungen sind aber nicht unwirksam, der Vertragspartner des Urhebers kann sich nur nicht darauf berufen, wenn der Urheber nach Abs. 1 vorgeht. Hierdurch sollte klargestellt werden, dass ein Anpassungsanspruch des Urhebers auf eine angemessene Vergütung die sonstigen Regelungen des Nutzungsvertrages unberührt lässt (BT-Drucks. 14/8058, 44), insb. auch die Pflicht des Urhebers zur Einräumung von Nutzungsrechten. Nur die nachteilige Vergütungsregelung ist unwirksam, nicht aber der Nutzungsvertrag (*Schricker* GRUR Int. 2002, 797, 808; Dreier/Schulze/ *Schulze* § 32 Rn. 75; Dreyer/Kotthoff/Meckel/*Kotthoff* § 32 Rn. 42). Das gilt auch für den Lizenznehmer (Dritter) des Vertragspartners (§ 32 Abs. 3 S. 2). § 32 Abs. 3 S. 2 enthält einen zusätzlichen Umgehungsschutz, wonach Abtretungen an den Verwerter, nicht aber an Verwertungsgesellschaften ausgeschlossen sind (*Schricker* GRUR Int. 2002, 797, 808).

V. Ausnahmen (§ 32 Abs. 3 S. 3, Abs. 4)

1. Unentgeltliches Nutzungsrecht für jedermann (§ 32 Abs. 3 S. 3)

In Ausnahme zu § 32 Abs. 1 kann der Urheber oder der ausübende Künstler (§ 75 Abs. 4) **45** jedermann ein unentgeltliches Nutzungsrecht einräumen, ohne dass dadurch eine zweiseitige Nutzungsvereinbarung im Einzelfall oder eine umfassende Nutzungsgestattung für jedermann als Umgehungsgestaltung nach § 32 Abs. 3 S. 1 oder S. 2 unbeachtlich wird. Der Gesetzgeber wollte damit solche Systeme der gemeinsamen Schaffung und Verwertung urheberrechtlich geschützter Erzeugnisse ermöglichen, die auf dem gemeinsamen Verzicht einer gewinnbringenden wirtschaftlichen Auswertung basieren, etwa die Entwicklung von **Open-Source-Software** (sog. „Linux-Klausel"; Begr. BT-Drucks. 14/8058, 44; dazu *Peukert* 209; *Gerlach* CR 2006, 649; ausführlich hierzu und zu den Bestimmungen der GNU General Public License GPL § 69c Rn. 73 ff.). Dies gilt nicht, wenn der Zugang nur gegen Entgelt möglich ist, aber im Vertrag vom Urheber Unentgeltlichkeit verlangt wird (*Dreier* FS Schricker 2005, 283, 298; Dreier/Schulze/*Schulze* § 32 Rn. 81; Schricker/Loewenheim/*Schricker/ Haedicke* § 32 Rn. 43; Ahlberg/Götting/*Soppe* § 32 Rn. 96; Dreyer/Kotthoff/Meckel/ *Kotthoff* § 32 Rn. 43; ebenso *Spindler/Wiebe* CR 2003, 873 f.). Der Lizenznehmer wird lediglich verpflichtet, die ihm kostenfrei zur Verfügung gestellte und gegebenenfalls bearbeitete Software so weiterzugeben, dass auch Dritte diese nutzen können (LG München I ZUM 2004, 861, 864). Der **Umfang der Rechtseinräumung** ergibt sich aus den konkreten Nutzungsbestimmungen des jeweiligen Open-Content-Systems. Bei der GPL handelt es sich um keine schuldrechtliche Einwilligung, sondern um eine dingliche Lizenz (*Schack* Rn. 611). Rechteinräumungen nach der **GNU Free Documentation License FDL** (Version 1.3 Stand November 2008) etwa umfassen das Kopieren und die Verbreiten zur kommerziellen oder nicht-kommerziellen Nutzung (Nr. 2), was auch für Bearbeitungen gilt (Nr. 4; näher § 4 Rn. 18). Dies gilt gemäß GNU FDL Hinweis weiterhin auch für Beiträge zur Online-Enzyklopädie **Wikipedia** (vgl. de.wikipedia.org/wiki/Wikipedia: Lizenzbestimmungen).

2. Tarifvertragliche Bestimmungen (§ 32 Abs. 4)

Ein Vertragsanpassungsanspruch des Urhebers nach § 31 Abs. 1 S. 3 ist ausgeschlossen, **46** soweit die konkrete Nutzung seiner Werke tarifvertraglich bestimmt ist. Der Gesetzgeber sah insoweit keinen Regelungsbedarf, weil die Tarifvertragsparteien selbst für fair ausgehandelte Vertragsbedingungen sorgen können (BT-Drucks. 14/8058, 44). Dies gilt allerdings nur, soweit Nutzer und Urheber tatsächlich tarifgebunden sind und soweit die konkrete Werknutzung vom sachlichen und persönlichen Anwendungsbereich der tarifvertraglichen Regelung umfasst ist. Ist der Tarifvertrag also lückenhaft, etwa weil er zu bestimmten (neuen) Formen der Werknutzung (noch) keine Regelung trifft, ist Raum für einen Anspruch des Urhebers nach § 32 Abs. 1 S. 3 (ebenso Dreier/Schulze/*Schulze* § 32 Rn. 82).

VI. Verhältnis des § 32 zu anderen Regelungen

1. Andere urheberrechtliche Vergütungsansprüche (§§ 32a, 32c)

47 **a) § 32a.** Die **Ansprüche der §§ 32, 32a** stehen selbstständig mit jeweils eigenem Anwendungsbereich in Anspruchskonkurrenz nebeneinander (ebenso BGH GRUR 2009, 1148, 1150 – Talking to Addison; Schricker/Loewenheim/*Schricker/Haedicke* § 32a Rn. 9; Dreier/*Schulze* § 32a Rn. 7; *Jacobs* FS Ullmann 79, 89; *v. Becker/Wegner* ZUM 2005, 695, 698). Nach dem Regelungsmodell des Gesetzgebers korrigiert § 32 Abs. 1 S. 3 die Angemessenheit der vertraglichen Vergütung für den Normalfall der vertraglichen Nutzung auf Grundlage der Vereinbarung (ex-ante), während § 32a dem Urheber im Nachhinein immer dann zusätzliche Beteiligungsansprüche schafft, wenn seine (möglicherweise angemessene) Vergütung durch den Umfang der Nutzung (ex-post) in ein auffälliges Missverhältnis zu den Erträgen des Verwerters gerät. Bei Zusammentreffen der Voraussetzungen im Einzelfall wirken beide Ansprüche kumulativ (zur Unterschieden bei der **Verjährung** vgl. oben Rn. 21 sowie § 32a Rn. 31; *Becker/Wegner* ZUM 2005, 695, 700ff.), wobei zu unterscheiden ist:

48 **aa) Pauschalvergütung.** Eine Vereinbarung über eine vom Umfang der Nutzung des Werkes unabhängigen Pauschalvergütung ist grundsätzlich unangemessen, wenn sie eine zeitlich (70 Jahre p. m. a.) unbeschränkte und inhaltlich umfassenden Einräumung sämtlicher Nutzungsrechte enthält, und den Urheber nicht ausreichend an den Chancen einer erfolgreichen Verwertung beteiligt. Die Bestimmung des § 32a gleicht diesen Mangel nicht aus, da sie nur bei einem – vom Urheber darzulegenden und nachzuweisenden – auffälligen Missverhältnis zwischen Leistung und Gegenleistung greift (BGH ZUM 2010, 255, 258 – Literarische Übersetzer IV; BGH GRUR 2009, 1148, 1151 – Talking to Addison). Bei einer vertraglichen Pauschalvergütung, die als solche schon unangemessen ist, als auch etwa wegen des großen Erfolges des Werkes zu einem auffälligen Missverhältnis mit den Verwertungserträgen führt, ist der Anspruch nach § 32a von der Voraussetzung enger, reicht in der Rechtsfolge aber weiter als § 32 Abs. 1 S. 3. Der Urheber kann dann nach §§ 32 Abs. 1 S. 3, 32a Abs. 1 Einwilligung in die Anpassung der Vergütungsabrede bis zur Herstellung einer angemessenen Vergütung verlangen (bzw. Zahlung des Differenzbetrages, der sich hieraus ergibt, s. o. Rn. 18), und darüber hinaus nach § 32a Abs. 1 Einwilligung in die Anpassung der Vergütungsabrede in einem solchen Umfang, dass auch das auffällige Missverhältnis beseitigt wird.

49 Erhielt der Urheber bspw. für die Schöpfung mehrerer Hörspiele und die Übertragung aller Rechte eine vertragliche Pauschalvergütung von € 17500,–, wären nach den Maßstäben des § 32 Abs. 2 aber mindestens € 30000,– angemessen, und erzielt der Verwerter aus der Nutzung der Hörspiele € 1,9 Mio. (Fall nach BGH GRUR 2002, 153ff. – Kinderhörspiele, dort zu § 36 a. F.), ergibt sich im Ergebnis zunächst ein Ergänzungsanspruch bis zur Höhe der angemessenen Vergütung nach § 32 Abs. 1 S. 3 (im Fall € 12500,–), und zusätzlich ein Ergänzungsanspruch bis zur Beseitigung des auffälligen Missverhältnisses aus § 32a Abs. 1 (in Höhe von weiteren € 65000,–, nimmt man mit dem BGH eine angemessene Vergütung von 5% des Bruttoerlöses an).

bb) Beteiligungsvergütung. Haben die Parteien von vornherein eine kontinuierliche 50
Beteiligung des Urhebers an der Werknutzung vereinbart, etwa einen bestimmten Prozentsatz vom Nettoerlös, ist der Beteiligungssatz aber unangemessen, kann der Urheber zunächst nach § 32 Abs. 1 S. 3 Anpassung des Beteiligungssatzes bis zur Angemessenheit verlangen. Ergibt sich auch dann noch ein auffälliges Missverhältnis zwischen Vergütung und Nutzungserträgen, kommt wiederum § 32a Abs. 1 zum Zuge (BGH GRUR 2009, 1148, 1150 – Talking to Addison). Hätten im obigen Fall (Rn. 49) die Parteien also eine Beteiligung des Urhebers von 1% vereinbart, betrüge der vertragliche Anspruch insgesamt € 19000,–; bei einer angemessenen Vergütung nach § 32 Abs. 2 von 5% ergibt sich demnach schon aus § 32 Abs. 1 S. 3 im Ergebnis ein Differenzanspruch in Höhe von € 76000,–. Da gleichzeitig auch ein auffälliges Missverhältnis vorliegt (dazu § 32a Rn. 8ff.), ergibt sich ein inhaltsgleicher Anspruch aus § 32a Abs. 1.

b) § 32c. Die Ansprüche nach §§ 32, 32c treten innerhalb ihres jeweiligen Anwen- 51
dungsbereiche selbstständig nebeneinander (ebenso *Kreile* ZUM 2007, 682, 684). Aus § 32c ergibt sich ein gesonderter, nutzungsabhängiger Vergütungsanspruch für die Nutzung von im Zeitpunkt des Vertragsschlusses noch unbekannte Nutzungsarten. Sobald Urheber und Verwerter in Hinblick auf eine nunmehr bekannte, konkrete neue Nutzungsart eine Vergütung vertraglich vereinbart haben (§ 31a Abs. 2 S. 1), kommt anstelle § 32c wieder § 32 Abs. 1 zum Tragen, denn die Nutzung erfolgt jetzt aufgrund Vereinbarung einer – zum Zeitpunkt der Vereinbarung bekannten – Nutzungsart (näher s. § 32c Rn. 23f.).

2. Vertragsanpassung wegen Störung der Geschäftsgrundlage (§ 313 Abs. 1 BGB)

§ 313 Abs. 1 BGB gibt einen Anspruch auf Vertragsanpassung bei Störung der Ge- 52
schäftsgrundlage und normiert damit das vormals richterrechtliche Institut des Fehlens oder des Wegfalls der Geschäftsgrundlage (s. Vor §§ 31ff. Rn. 17). Nach dem Willen des Gesetzgebers der BGB Schuldrechtsreform 2002 sollte sich am Anwendungsbereich der Lehre von der Geschäftsgrundlage durch die Normierung nichts ändern. Demnach handelt es sich nach wie vor um ein subsidiäres Institut, welches nur in Ausnahmefällen und nur dann eingreift, wenn alle übrigen gesetzlich vorgesehenen Leistungsstörungsregeln ausscheiden (ebenso *Schricker* Quellen 33; *Dauner-Lieb/Heidel/Lepa/Ring/Krebs* § 313 BGB Rn. 3). § 32 Abs. 1 regelt einen Sonderfall der Vertragsanpassung nach normativer Inhaltskontrolle und geht in seinem Anwendungsbereich § 313 BGB als Spezialregelung vor. Der Urheber kann daher keine Anpassung des Nutzungsvertrages wegen Unangemessenheit der Vergütung nach § 313 Abs. 1 BGB verlangen.

3. Kündigung aus wichtigem Grund (§ 314 BGB)

§ 314 BGB normiert die Kündigungsmöglichkeit aus wichtigem Grund für alle Dauer- 53
schuldverhältnisse und somit auch für die meisten urheberrechtlichen Nutzungsverträge. § 32 Abs. 1 S. 3 ermöglicht dem Urheber im Falle einer unangemessenen Vergütungsregelung nur die Vertragsanpassung, nicht aber die Möglichkeit der Abstandnahme vom Nutzungsvertrag insgesamt; dieser soll vielmehr grds. bestehen bleiben (BT-Drucks. 14/8058, 43). Alleine die Tatsache der Unangemessenheit der Vergütung dürfte dem Urheber noch kein Kündigungsrecht aus wichtigem Grund geben, wobei es auf die Umstände im Einzelfall ankommt. Möglicherweise ergeben sich aus einer gravierenden Unangemessenheit der Vergütung bzw. aus Auseinandersetzungen hierüber Störungen im Leistungsbereich oder Vertrauensbereich, die den Urheber oder den Verwerter zur Kündigung des Nutzungsvertrages aus wichtigem Grund nach § 314 BGB berechtigen (dazu Vor §§ 31ff. Rn. 9ff.).

VII. Rechtslage für Sachverhalte bis zum 30.6.2002

1. Anwendung des § 32 auf Altverträge

54 Grds. gilt für Verträge und sonstige Sachverhalte, die vor Inkrafttreten der Regelung des § 32 am 1.7.2002 (s. Vor §§ 31 ff. Rn. 3) das Gesetz in der am 28.3.2002 geltenden Fassung (§ 132 Abs. 3 S. 1). Gem. § 132 Abs. 3 S. 3 in der Fassung der Reform 2003 (s. Vor §§ 31 ff. Rn. 4) haben Urheber (bzw. ausübende Künstler, § 75 Abs. 4) aber einen Anspruch nach § 32 Abs. 1 S. 3 für alle Nutzungshandlungen, die nach dem 30.6.2002 erfolgen, wenn die Verträge zwischen dem 1.6.2001 und dem 30.6.2002 abgeschlossen wurden. Hat der Vertragspartner nach § 32 Abs. 1 S. 3 in die Änderung des Vertrages einzuwilligen, kann der Urheber die angemessene Vergütung auf der Grundlage des geänderten Vertrages auch für Nutzungen verlangen, die vor Inkrafttreten der Regelung am 1.7.2002 gezogen worden sind. Nach § 132 Abs. 3 S. 3 ist § 32 anwendbar nicht „soweit", sondern „sofern" von dem eingeräumten Recht nach dem 30.6.2002 Gebrauch gemacht wird (BVerfG NJW 2014, 46 Rn. 96 – Drop City; BGH ZUM-RD 2011, 212, 216 – Angemessene Übersetzervergütung III; BGH ZUM-RD 2011, 208, 210 – Angemessene Übersetzungsvergütung II; BGH GRUR 2011, 328, 329 – Destructive Emotions; BGH ZUM 2010, 255, 257 – Literarische Übersetzer IV; BGH ZUM-RD 2010, 16, 19 – Sachbuchübersetzer; BGH GRUR 2009, 1148, 1150 – Talking to Addison). Die vor der Reform 2003 (s. Vor §§ 31 ff. Rn. 4) geltende Fassung des § 132 Abs. 3 S. 3 beruhte auf einem Redaktionsversehen, denn nach Sinn und Zweck des § 32 muss dieser erst recht für solche Verträge gelten, die zwischen Verabschiedung und Inkrafttreten des Gesetzes geschlossen wurden (ebenso Dreier/Schulze/*Schulze* § 32 Rn. 4 am Ende; *Haas* Rn. 506).

55 Soweit in dieser Anwendung auf Altverträge eine unechte **Rückwirkung** liegt, ist diese durch die verfassungsrechtlich gebotene Güterabwägung (BVerfG NJW 2014, 46 Rn. 100 – Drop City; BVerfGE 14, 288, 299; BVerfGE 25, 142, 154) zwischen der vertraglich erworbenen Rechtsposition des Verwerters einerseits und der sozialstaatlich gebotenen Sicherstellung einer angemessenen Vergütung für Kreative andererseits gerechtfertigt (AmtlBegr. BT-Drucks. 14/6433, 63 f.). Die Regelung wirke sich nur dort belastend aus, wo Leistung des Kreativen und Gegenleistung des Verwerters nicht in einem angemessenen Verhältnis zueinander stehen (AmtlBegr. BT-Drucks. 14/6433, 64). Zudem bestehe spätestens seit dem 1.6.2001 kein Vertrauen der Verwerter auf den Bestand unangemessener Vertragsbedingungen mehr (BT-Drucks. 14/8058, 55; enger *Haas* Rn. 504: kein Vertrauen mehr in den Fortbestand der bisherigen Regelungen). Eine Einschränkung auf der Rechtsfolgenseite dergestalt, dass nur die nach dem Inkrafttreten des Gesetzes gezogene Nutzungen auf der Basis des nach § 32 angepassten Nutzungsvertrages angemessen zu vergüten seien, während es für die vorangegangenen Verwertungshandlungen bei der ursprünglichen Parteienvereinbarung bleiben soll, wird zu Recht abgelehnt (OLG München ZUM-RD 2007, 166, 174; OLG München ZUM-RD 2007, 182, 187; LG Stuttgart ZUM 2008, 163, 167; a. A. LG Berlin ZUM 2006, 942, 946).

2. Fassung des § 32 bis zum 30.6.2002

56 Bis zum 30.6.2002 lautete § 32 wie folgt und ist auf vor dem 1.7.2002 liegende Sachverhalte grds. anzuwenden (§ 132 Abs. 1 S. 1):

§ 32. Beschränkung von Nutzungsrechten
Das Nutzungsrecht kann räumlich, zeitlich oder inhaltlich beschränkt werden.

Der Inhalt des bisherigen § 32 wurde nunmehr in § 31 Abs. 1 überführt. Aus der Streichung des alten § 32 ergibt sich insoweit keine inhaltliche Änderung. Zur alten Regelung kann auf die entsprechende Kommentierung bei § 31 verwiesen werden (s. § 31 Rn. 4 ff.).

§ 32a Weitere Beteiligung des Urhebers

(1) Hat der Urheber einem anderen ein Nutzungsrecht zu Bedingungen eingeräumt, die dazu führen, dass die vereinbarte Gegenleistung unter Berücksichtigung der gesamten Beziehungen des Urhebers zu dem anderen in einem auffälligen Missverhältnis zu den Erträgen und Vorteilen aus der Nutzung des Werkes steht, so ist der andere auf Verlangen des Urhebers verpflichtet, in eine Änderung des Vertrages einzuwilligen, durch die dem Urheber eine den Umständen nach weitere angemessene Beteiligung gewährt wird. Ob die Vertragspartner die Höhe der erzielten Erträge oder Vorteile vorhergesehen haben oder hätten vorhersehen können, ist unerheblich.

(2) Hat der andere das Nutzungsrecht übertragen oder weitere Nutzungsrechte eingeräumt und ergibt sich das auffällige Missverhältnis aus den Erträgnissen oder Vorteilen eines Dritten, so haftet dieser dem Urheber unmittelbar nach Maßgabe des Absatzes 1 unter Berücksichtigung der vertraglichen Beziehungen in der Lizenzkette. Die Haftung des anderen entfällt.

(3) Auf die Ansprüche nach den Absätzen 1 und 2 kann im Voraus nicht verzichtet werden. Die Anwartschaft hierauf unterliegt nicht der Zwangsvollstreckung; eine Verfügung über die Anwartschaft ist unwirksam. Der Urheber kann aber unentgeltlich ein einfaches Nutzungsrecht für jedermann einräumen.

(4) Der Urheber hat keinen Anspruch nach Absatz 1, soweit die Vergütung nach einer gemeinsamen Vergütungsregel (§ 36) oder tarifvertraglich bestimmt worden ist und ausdrücklich eine weitere angemessene Beteiligung für den Fall des Absatzes 1 vorsieht.

Literatur zu § 32a und zu § 36 a. F.: *Ch. Berger,* Sieben Jahre §§ 32ff. UrhG – Eine Zwischenbilanz aus der Sicht der Wissenschaft, ZUM 2010, 90; *Ch. Berger,* Das neue Urhebervertragsrecht, Baden-Baden 2003; *Ch. Berger,* Grundfragen der „weiteren Beteiligung" des Urhebers nach § 32a UrhG, GRUR 2003, 675; *Ch. Berger,* Zwangsvollstreckung in urheberrechtliche Vergütungsansprüche, NJW 2003, 853; *Brandner,* Geschäftsgrundlage und Inhaltskontrolle bei der Regelung der Vergütung für Urheber und Erfinder, GRUR 1993, 173; *Brauner,* Das Haftungsverhältnis mehrerer Lizenznehmer eines Filmwerkes innerhalb einer Lizenzkette bei Inanspruchnahme aus § 32a UrhG, ZUM 2004, 96; *Castendyk,* Lizenzverträge und AGB-Recht, ZUM 2007, 169; *Erdmann,* Urhebervertragsrecht im Meinungsstreit, GRUR 2002, 923; *v. Gamm,* Der Bestseller-Paragraph (§ 36 UrhG) bei Bestellverträgen, WRP 1994, 677; *Grabig,* Die Bestimmung einer weiteren angemessenen Beteiligung in gemeinsamen Vergütungsregeln und in Tarifverträgen nach § 32a Abs. 4 UrhG, Berlin 2005; *Hagen,* Der Bestsellerparagraph im Urheberrecht, Baden-Baden 1990; *Haas,* Das neue Urhebervertragsrecht, München 2002; *Hilty/Peukert,* Das neue deutsche Urhebervertragsrecht im internationalen Kontext, GRUR Int. 2002, 643; *Hoeren,* Was bleibt von §§ 32, 32a, 36 UrhG? Überlegungen zur Zukunft des Urhebervertragsrechts, FS Wandtke 159; *Hoeren,* Auswirkungen der §§ 32, 32a UrhG n. F. auf die Dreiecksbeziehung zwischen Urheber, Produzent und Sendeanstalt im Filmbereich, FS Nordemann 2004, 181; *Höckelmann,* Der neue „Bestsellerparagraph", ZUM 2005, 526; *Hucko,* Das neue Urhebervertragsrecht, Halle/Saale 2002; *Jacobs,* Die angemessene und die unangemessene Vergütung – Überlegungen zum Verständnis der §§ 32, 32a UrhG, FS Ullmann, 79; *Kasten,* Strategien der Verweigerung und Risikoanhäufung – Probleme der Anwendung des neuen Urhebervertragsrechts in der Film- und Fernsehwirtschaft, ZUM 2010, 130; *Katzenberger,* Beteiligung des Urhebers an Ertrag und Ausmaß der Werkverwertung, GRUR Int. 1983, 410; *Kreile,* Neue Nutzungsarten – Neue Organisation der Rechteverwaltung? Zur Neuregelung des § 31 Abs. 4 UrhG, ZUM 2007, 682; *Loschelder/Wolff,* Der Anspruch des Urhebers auf „weitere Beteiligung" nach § 32a UrhG bei Schaffung einer Marke, FS Schricker 2005, 425; *W. Nordemann,* Das neue Urhebervertragsrecht, München 2002; *Ory,* Das neue Urhebervertragsrecht, AfP 2002, 93; *Pleister/Ruttig,* Beteiligungsansprüche für ausübende Künstler bei Bestsellern, ZUM 2004, 337; *Poll,* Darf's noch ein bisschen mehr sein? ZUM 2009, 611; *Reber,* Der „Ertrag" als Grundlage der angemessenen Vergütung/Beteiligung des Urhebers (§§ 32, 32a, 32c UrhG) in der Film- und Fernsehbranche, GRUR Int. 2011, 569; *Reber,* Der „Fairnessparagraph" § 32a UrhG, GRUR Int. 2010, 708; *Reber,* Die Redlichkeit der Vergütung (§ 32 UrhG) im Film- und Fernsehbereich, GRUR 2003, 393; *Reinhardt/Distelkötter,* Die Haftung des Dritten bei Bestsellerwerken nach § 32a Abs. 2 UrhG, ZUM 2003, 269; *Runge,* Die urheberrechtlichen Nutzungsrechte, UFITA 66 (1973) 1; *Schack,* Urhebervertragsrecht im Meinungsstreit, GRUR 2002, 853; *Schaub,* Der Fairnessausgleich nach § 32a UrhG im System des Zivilrechts, ZUM 2005, 212; *Schwarz*, Die Vereinbarung angemessener Vergütungen und der Anspruch auf Bestsellervergütungen, ZUM 2010, 107; *Wandtke*, Anmerkung zu Kammergericht, Urteil vom 30. Mai 2012 – 24 U 14/11, ZUM 2012, 688; *Wandtke/Leinemann*, Anmerkung zu Kammergericht, Urteil vom 29. Juni 2011 – 24 U 2/10, ZUM 2011, 746; *Wimmer/Rode*, Der angestellte Softwareprogrammierer und die neuen urheberrechtlichen Vergütungsansprüche, CR 2003, 399; *Zentek*, Anmerkung zu OLG Naumburg, Urteil vom 7. April 2005 – 10 U 7/04, ZUM 2005, 759 ff., ZUM 2006, 17; *Zirkel*, Das neue Urhebervertragsrecht und der angestellte Urheber, WRP 2003, 59.

Vgl. darüber hinaus die Angaben im eingangs abgedr. Gesamtliteraturverzeichnis.

Übersicht

	Rn.
I. Bedeutung, Anwendungsbereich	1, 2
II. Anspruch auf weitere Beteiligung (§ 32a Abs. 1)	3–25
1. Bedeutung	3
2. Voraussetzungen	4–23
a) Anspruchsteller	4, 5
b) Anspruchsgegner	6
c) Nutzungsverhältnis	7
d) Auffälliges Missverhältnis von Gegenleistung und Erträgen	8–21
aa) Vereinbarte Gegenleistung	8–10
bb) Erträge und Vorteile aus der Nutzung des Werkes	11–13
cc) Gesamte Beziehungen zwischen Urheber und Verwerter	14
dd) Vorhersehbarkeit der Erträge (§ 32a Abs. 1 S. 2)	15
ee) Auffälliges Missverhältnis	16–20
ff) Einzelfälle	21
e) Kein Ausschluss (§ 32a Abs. 2 S. 2, Abs. 4)	22, 23
3. Rechtsfolgen	24, 25
a) Anspruch auf Einwilligung, Auskunft	24
b) Höhe der angemessenen Beteiligung	25
III. Anspruch gegen Dritte (§ 32a Abs. 2)	26–31
1. Bedeutung	26
2. Rechtseinräumung durch den Vertragspartner des Urhebers	27
3. Erträge des Dritten, Berücksichtigung der Lizenzkette	28
4. Rechtsfolgen	29, 30
a) Anspruch gegen den Dritten	29
b) Ausschluss des Anspruches gegen „den anderen" (§ 32a Abs. 2 S. 2)	30
5. Verjährung	31
IV. Ausschluss von Vorausverzicht, Zwangsvollstreckung, Verfügung über die Anwartschaft (§ 32a Abs. 3)	32
V. Unentgeltliches Nutzungsrecht für jedermann (§ 32a Abs. 3 S. 3)	33
VI. Abgrenzung zu anderen Regelungen	34–36
1. Andere urheberrechtliche Vergütungsansprüche (§§ 32, 32c)	34
2. Anpassung wegen Störung der Geschäftsgrundlage (§ 313 BGB)	35
3. Nichtigkeit von Verträgen wegen Sittenwidrigkeit (§ 138 BGB)	36
VII. Rechtslage für Sachverhalte bis zum 30.6.2002 und Altverträge	37–44
1. Nutzungshandlungen seit Inkrafttreten des § 32a	37
2. Geltung des § 36 a. F. für Nutzungshandlungen vor dem 28.3.2002	38
3. Voraussetzungen des § 36 a. F.	39–43
a) Anwendungsbereich, Anspruchsinhaber, Anspruchsgegner, Nutzungsrecht	39
b) Grobes, unerwartetes Missverhältnis von Gegenleistung und Erträgnissen	40, 41
c) Rechtsfolgen	42, 43
4. Verjährung der Ansprüche aus § 36 a. F.	44

I. Bedeutung, Anwendungsbereich

1 § 32a ersetzt seit der Reform 2002 (s. Vor §§ 31 ff. Rn. 3) den vormaligen „Bestsellerparagrafen" (§ 36 a. F., s. Rn. 38), der aufgrund seines Wortlautes („grobes Missverhältnis") und wegen seiner engen Interpretation durch die Rechtsprechung („Unerwartetheit" der

§ 32a Weitere Beteiligung des Urhebers 2, 3 § 32a UrhG

Erträge) nur ungenügend dazu geeignet war, den zentralen Beteiligungsgrundsatz des Urheberrechts (s. Vor §§ 31 ff. Rn. 1) in der Praxis durchzusetzen (BT-Drucks. 14/8058, 45). Die von der Rechtsprechung entwickelten Grundsätze zu § 36 a. F. sind zur Auslegung der Norm auch künftig heranzuziehen (BT-Drucks. 14/8058, 45; BGH GRUR 2012, 1248, 1251 Rn. 42 – Fluch der Karibik; Schricker/Loewenheim/*Schricker/Haedicke* § 32a Rn. 1; Dreier/Schulze/*Schulze* § § 32a Rn. 6; Fromm/Nordemann/*Czychowski* § 32a Rn. 1; *Schricker* Quellen 29; *Schaub* ZUM 2005, 212, 213; *Höckelmann* ZUM 2005, 526, 527; *Pleister/Ruttig* ZUM 2004, 337, 339; kritisch zu § 32a *Berger* ZUM 2010, 90, 94), soweit sie nicht solche Voraussetzungen betreffen, die der Wortlaut des § 32a ausdrücklich korrigiert. Darüber hinaus ergänzt § 32a den Anpassungsanspruch des Urhebers nach § 32 Abs. 1 S. 3, indem er unabhängig von der Frage der vertraglichen Angemessenheit die weitere Beteiligung des Urhebers an den mit seiner Leistung erwirtschafteten Erträgen sicherstellt. Schließlich gibt § 32a Abs. 2 dem Urheber einen unmittelbaren gesetzlichen Anspruch gegen jeden Werknutzer, der seine Nutzungsberechtigung nicht vom Urheber selbst, sondern von dessen Vertragspartner oder einem Unterlizenznehmer ableitet.

§ 32a gilt im Rahmen **aller Verträge,** die auch die Einräumung von Nutzungsrechten zum Gegenstand haben; hierzu gehören auch Bestellverträge i. S. d. § 47 VerlG (Schricker/Loewenheim/*Schricker/Haedicke* § 32a Rn. 11; Dreier/Schulze/*Schulze* § 32a Rn. 16). Die Ausnahme bestimmter Vertragstypen vom Anwendungsbereich ergibt sich weder aus dem Wortlaut der Norm noch ist sie mit dem Normzweck vereinbar (so zu § 36a. F. schon BGHZ 137, 387, 389 – Comic-Übersetzungen: Geltung auch im Rahmen eines Bestellvertrages nach § 47 VerlG; a. A. *v. Gamm* WRP 1994, 677, 678 f.; vgl. auch *Poll* ZUM 2009, 611, 613: § 32a sollte aufgrund des besonderen Risikos des Filmproduzenten nicht für *Filmwerke* gelten). Auch § 32a findet wie § 32 keine Anwendung gegenüber dem **unberechtigten Werknutzer,** hier kann der Urheber nach §§ 97 ff. sowie nach Bereicherungsrecht vorgehen (a. A. *Schaub* ZUM 2005, 212, 216), und erhält im Ergebnis mindestens eine angemessene Vergütung („Lizenzanalogie"; s. § 32 Rn. 6). § 32a gilt auch nicht gegenüber demjenigen, der Werke **kraft gesetzlicher Lizenz** (vergütungsfrei oder vergütungsabhängig) nutzt, selbst wenn hieraus große wirtschaftliche Vorteile für den Nutzer entstehen; die entsprechenden Regelungen zu gesetzlichen Lizenzen (s. § 32 Rn. 6) sind insoweit abschließend. Schließlich findet § 32a keine Anwendung im Verhältnis zwischen Urheber und **Verwertungsgesellschaften** (ebenso Schricker/Loewenheim/*Schricker/Haedicke* § 32a Rn. 14; vgl. § 32 Rn. 7). Anders als der frühere § 36 a. F. (vgl. § 90 S. 2 a. F.) gilt § 32a **auch im Filmbereich** (LG München I ZUM 2009, 794, 800); Anspruch eines Synchronschauspielers wegen nicht nur untergeordneter Leistung (BGH GRUR 2012, 1248, 1251 Rn. 42 – Fluch der Karibik; aA KG ZUM 2011, 714; wie der BGH bereits *Wandtke/Leinemann* ZUM 2011, 746 ff.).

II. Anspruch auf weitere Beteiligung (§ 32a Abs. 1)

1. Bedeutung

§ 32a Abs. 1 ist wie § 32 Abs. 1 S. 3 als Vertragsanpassungsanspruch konstruiert (BGH GRUR 2012, 1248, 1251 Rn. 37 – Fluch der Karibik; BGH ZUM – RD 2012, 192, 193 Rn. 10 – Das Boot; BGH GRUR 2009, 939, 941 – Mambo No. 5; OLG München ZUM 2013, 499, 500 – Das Boot II; OLG München GRUR-RR 2011, 245, 247 – Tatort-Vorspann; OLG München ZUM 2011, 665, 673 – Pumuckel; KG Berlin ZUM 2010, 346, 348 – Drehbuchautor; KG Berlin ZUM 2010, 532, 534; LG München I ZUM 2010, 733, 739 – Tatort-Vorspann; OLG München ZUM 2010, 808, 813 – Das Boot; LG München I ZUM 2009, 794, 801 – Das Boot; LG Berlin ZUM 2009, 781, 785 – Drehbuchautor; LG München I ZUM-RD 2007, 137, 146 – Pumuckl-Figur; OLG München ZUM 2006, 473, 478; OLG Naumburg ZUM 2005, 759, 761). Der Anspruchsinhaber hat zunächst keinen unmittelbaren Anspruch auf eine weitere Beteiligung, sondern einen Anspruch auf Einwilligung in eine Vertragsänderung (Schricker/Loewenheim/*Schricker/ Haedicke* § 32a Rn. 25; Berger/Wündisch/*Berger* § 2 Rn. 260). In der Praxis kann aber jedenfalls für abgeschlossene Sachverhalte in der Vergangenheit gleich dasjenige verlangt und eingeklagt werden, was sich aus der angepassten Vertragslage ergeben würde (s. § 32 Rn. 18; unten Rn. 24). Das Nachforderungsrecht ist ein zusätzliches wirkungsvolles Instrument der objektiven Inhaltskontrolle (*Schack* Rn. 1098; Dreyer/Kotthoff/Meckel/ *Kotthoff* § 32a Rn. 1; Dreier/Schulze/*Schulze* § 32a Rn. 8; *Loschelder/Wolff* FS Schricker 2005, 425, 427; *Schack* GRUR 2002, 853, 856; *Erdmann* GRUR 2002, 923, 927; Schricker/Loewenheim/*Schricker/Haedicke* § 32a Rn. 6).

2. Voraussetzungen

4   **a) Anspruchsteller.** Inhaber des Anspruchs ist der Urheber oder der ausübende Künstler (s. § 79 Abs. 2 S. 2; vgl. LG Hamburg ZUM 2008, 530, 533), dessen künstlerische Leistung aufgrund vertraglicher Vereinbarung von einem anderen genutzt wird (*Pleister/Ruttig* ZUM 2004, 337, 338), gleichgültig, ob es sich dabei um einen unmittelbaren Vertragspartner des Urhebers handelt (§ 32a Abs. 1) oder um einen Dritten, der seine Nutzungsberechtigung vom Vertragspartner des Urhebers ableitet (§ 32a Abs. 2). Auch ein **Miturheber** kann allein den Anspruch aus § 32a und den vorbereitenden Anspruch auf Auskunft geltend machen (BGH ZUM-RD 2012, 192, 193 Rn. 19 – Das Boot).

5   Unerheblich ist, ob der **künstlerische Beitrag des einzelnen Anspruchstellers** für das Gesamtwerk wesentlich oder prägend ist. Nach dem Willen des Gesetzgebers soll der Kreis der Anspruchsberechtigten durch solche Überlegungen gerade nicht beschränkt werden (BT-Drucks. 40/8058, 46), das Maß der Beteiligung des Anspruchstellers am Zustandekommen eines arbeitsteiligen Gesamtwerkes wird aber entscheidend sein für die Beurteilung, ob seine Gegenleistung in einem auffälligen Missverhältnis zum Verwertererlrag steht (*Pleister/Ruttig* ZUM 2004, 337, 341; *Loschelder/Wolff* FS Schricker 2005, 425, 433: ebenso im Verhältnis Markeninhaber und Urheber). Urheber und ausübende Künstler, die einen eher untergeordneten Beitrag zum Gesamtwerk leisten, sind nicht von vornherein vom Anwendungsbereich des § 32a ausgeschlossen. Nur bei **gänzlich untergeordneten, gleichsam marginalen Beiträgen**, die üblicherweise durch Pauschalhonorare abgegolten werden, ist ein auffälliges Missverhältnis zwischen Vergütung und den aus der Verwertung erzielten Vorteilen von vornherein ausgeschlossen (BGH GRUR 2012, 1248, 1251 Rn. 42 f. – Fluch der Karibik; zu § 36 a. F. BGH GRUR 2002, 153, 155 – Kinderhörspiele; KG Berlin ZUM 2011, 741: Beitrag eines Synchronsprechers zum Film hat untergeordnete Bedeutung, Pauschalhonorar angemessen, kritisch *Wandtke/Leinemann* ZUM 2011, 746; ebenso BGH GRUR 2012, 1248, 1251 Rn. 42 f. – Fluch der Karibik; OLG München ZUM 2011, 422 – Tatort-Vorspann; Vorspann von untergeordneter Bedeutung für langjährigen Erfolg, kein Anspruch nach § 36 a. F.).

6   **b) Anspruchsgegner.** Der Anspruch nach § 32a Abs. 1 richtet sich gegen jeden „anderen", dem der Urheber oder ausübende Künstler selbst ein vertragliches Nutzungsrecht (zum Begriff Vor §§ 31 ff. Rn. 24) an seiner Leistung eingeräumt hat. Möglicherweise hat der Kreative aber nach § 32a Abs. 2 einen besonderen, eigenständigen Anspruch gegen jeden **Dritten**, der aus abgeleitetem Recht die Leistung verwertet (dazu unten Rn. 26 ff.).

7   **c) Nutzungsverhältnis.** Zwischen Anspruchsinhaber und Anspruchsgegner muss (abgesehen vom besonderen Anspruch nach § 32a Abs. 2) ein Nutzungsrecht eingeräumt worden sein. Dies setzt grds. ein vertragliches Nutzungsverhältnis voraus. Ein solches vertragliches Nutzungsverhältnis besteht, wenn ein Anderer Leistungen eines Urhebers oder ausübenden Künstlers nutzt, und dieser Nutzung eine rechtsgeschäftliche Abrede mit dem Urheber oder ausübenden Künstler zugrunde liegt. Dabei kann es sich etwa um einen

§ 32a Weitere Beteiligung des Urhebers   8   § 32a UrhG

Werkvertrag, einen Kaufvertrag über Rechte, einen urheberrechtlichen Nutzungsvertrag sui generis (s. Vor §§ 31 ff. Rn. 6), einen Dienstvertrag oder auch einen Arbeitsvertrag handeln, der den Kreativen zur Schaffung künstlerischer Leistungen verpflichtet (zu weiteren Vertragstypen s. Vor §§ 31 ff. Rn. 67 ff.). Fraglich ist, ob auch **rein schuldrechtliche** oder auf einer einseitigen Erklärung beruhende **Nutzungsverhältnisse** von § 32a erfasst sind. Der Wortlaut des § 32a Abs. 1 erfasst nur Nutzungsrechte im Sinne der Legaldefinition des Nutzungsrechts nach § 31 Abs. 1 S. 1. Eine andere „Erlaubnis zur Werknutzung" (s. § 32 Abs. 1 S. 1) wird in § 32a im Gegensatz zu § 32 gerade nicht genannt. Die Literatur befürwortet zum Teil die **analoge Anwendung des § 32a** auf sonstige Formen rechtsgeschäftlicher Erlaubnis zur Werknutzung, da auch und gerade hier ein nachträglicher Fairnessausgleich geboten sei, wenn schon die anfängliche Kontrolle im Rahmen des § 32 stattfinde (*Schricker* Quellen 34; ähnlich weit wohl Dreier/Schulze/*Schulze* § 32a Rn. 24: jede erlaubte Nutzung des Werkes). Dem ist zuzustimmen, da nicht davon ausgegangen werden kann, das Gesetz wolle erlaubte Werknutzungen jenseits der Einräumung von Nutzungsrechten vom Anspruch des § 32a bewusst ausnehmen; die Regelungslücke dürfte demnach planwidrig sein. Damit sind gegenständliche und schuldrechtliche Nutzungsverhältnisse von § 32a erfasst (ebenso Schricker/Loewenheim/*Schricker/Haedicke* § 32a Rn. 13).

d) Auffälliges Missverhältnis von Gegenleistung und Erträgen. aa) Vereinbarte 8
Gegenleistung. Aus der rechtsgeschäftlichen Abrede muss sich eine Gegenleistung für den Urheber oder ausübenden Künstler ergeben, wobei unerheblich ist, ob diese Gegenleistung ausdrücklich als Nutzungsentgelt für die Rechtseinräumung konzipiert ist, oder ob sich aus der Auslegung des Vertrages ergibt, dass mit der vorgesehenen Gegenleistung die Rechtseinräumung mit abgegolten sein soll (etwa durch den Werklohn, den Kaufpreis, den Arbeitslohn etc., vgl. § 43 Rn. 134). Als Gegenleistung kommen in erster Linie Vergütungsansprüche in Form von **Pauschalvergütungen** oder **Beteiligungssätzen** in Betracht (vgl. BGH ZUM-RD 2012, 192, 196 Rn. 28 – Das Boot; BGH GRUR 2009, 939, 941 – Mambo No. 5; OLG München ZUM 2013, 499, 500 – Das Boot II; OLG München ZUM 2011, 665, 673 – Pumuckl; LG München I ZUM 2010, 733, 739 – Tatort-Vorspann; OLG München ZUM 2010, 808, 814 – Das Boot; LG München I ZUM 2009, 794, 802 – Das Boot; LG München I GRUR-RR 2007, 187, 192 – Kobold TV; OLG München ZUM 2006, 473, 478; OLG Naumburg ZUM 2005, 759, 761), aber auch andere geldwerte Leistungen. Hierzu gehören auch freie Kost und Logis zur Schaffung von Werken, die Übernahme von Reisekosten, etc. (noch weiter Schricker/Loewenheim/*Schricker/Haedicke* § 32a Rn. 15; *Schricker* Quellen 35; Dreier/Schulze/*Schulze*: auch sonstige vertragsmäßige Zuwendungen wie Freiexemplare oder Sonderdrucke). **Ausschüttungen** der **Verwertungsgesellschaften** sind nicht Teil der vereinbarten Gegenleistung des Verwerters für die Einräumung des Nutzungsrechts durch den Urheber (BGH ZUM-RD 2012, 192, 196 Rn. 29 – Das Boot; a. A. *Schwarz* ZUM 2010, 107, 112). Die Vereinbarung eines Pauschalhonorars schließt Ansprüche nach § 32a nicht aus (Dreier/Schulze/*Schulze* § 32a Rn. 26; *Schaub* ZUM 2005, 212, 213; ebenso zu § 36 a. F. *v. Gamm* § 36 Rn. 6; Schricker/Loewenheim/*Schricker/Haedicke* § 36 Rn. 16; Fromm/Nordemann/*Czychowski* § 32a Rn. 26), die Gefahr eines auffälligen Missverhältnisses ist hier im Vergleich zum Beteiligungshonorar vielmehr besonders hoch, wenn das Werk möglicherweise über Jahre und Jahrzehnte eine umfangreiche Auswertung erfährt (LG München I ZUM-RD 2007, 137, 150 – Pumuckl-Figur: Verträge aus den 1970er Jahren). Unterscheidet der Vertrag bei Vereinbarung eines Pauschalhonorars nicht dazwischen, ob und inwieweit dieses als Werklohn für die Herstellung des Werkes oder aber als urheberrechtliche Nutzungsvergütung für die Rechtseinräumung geschuldet wird, etwa wenn der Vertrag gar keine ausdrückliche Rechtseinräumung enthält und diese lediglich nach dem Vertragszweck konkludent zu ermitteln ist (§ 31 Abs. 5), ist nach Ansicht des BGH die gesamte Pauschalvergütung als vereinbarte Gegenleistung im Sinne des § 32a anzusehen (BGH ZUM-RD 2012, 192,

196 Rn. 28 – Das Boot). Dem ist (anders als bei § 32, s. § 32 Rn. 35) im Rahmen des § 32a insoweit zuzustimmen, als es hier auf einen Vergleich „der gesamten Beziehungen" ankommt (s. unten Rn. 14). Daraus ergibt sich aber nicht, dass bei einem Vergleich der vereinbarten Vergütung mit einer üblichen Vergütung zur Ermittlung der Angemessenheit der vereinbarten Vergütung die gesamte Pauschalvergütung als urheberrechtliches Nutzungsentgelt anzusetzen ist (so aber BGH ZUM-RD 2012, 192, 196 Rn. 28 – Das Boot; ebenso KG ZUM 2012, 686 – Live in Berlin; dagegen *Wandtke* ZUM 2012, 688; s. § 32 Rn. 35).

9   Ideelle Gegenleistungen wie **Marketingberatung,** Vermittlung von Kontakten, weiteren Auftrittsmöglichkeiten oder dergleichen, die Aufnahme in Kataloge und Künstlerlisten etc. bleiben hierbei außer Betracht (ebenso *Schricker* Quellen 35; a. A. *Ch. Berger* Rn. 273). Zum einen sind solche Maßnahmen Instrumente des Verwerters zur Steigerung der Bekanntheit des Urhebers und damit der eigenen Erträge, zum anderen beruht etwa ein steigender Bekanntheitsgrad nebst Anschlussengagements auf den Leistungen des Künstlers selbst und steht in keinem vertraglichen Austauschverhältnis zur konkreten Werknutzung (so auch Dreier/Schulze/*Schulze* § 32a Rn. 27).

10 Ergibt sich im Einzelfall aus den Beziehungen zwischen den Parteien eine **unentgeltliche Überlassung** von Nutzungsrechten, etwa die schenkweise Überlassung im Familien- und Freundeskreis oder im Rahmen einer ehrenamtlichen Tätigkeit (s. § 32 Rn. 10f.), können sich aus § 32a dann weitere Beteiligungsansprüche des Urhebers ergeben, wenn der Umfang der Nutzung des Werkes durch den Beschenkten von der Schenkungsabsicht nicht gedeckt ist (**a. A.** Schricker/Loewenheim/*Schricker*/*Haedicke* § 32a Rn. 16; *Schricker* Quellen 36: wer schenkt, kann nicht später geltend machen, dass sich das Geschenk als unerwartet wertvoll erweist; Dreier/Schulze/*Schulze* § 32a Rn. 26). Verbirgt sich hinter einer Vertragsgestaltung statt einer vordergründigen Schenkung ein – nach § 32a Abs. 3 S. 1 unwirksamer – Vorausverzicht auf den Anspruch, kommt ein Anspruch nach § 32a jedenfalls in Betracht (*Schricker* Quellen 36; Dreier/Schulze/*Dreier* § 32a Rn. 26 a. E.).

11 **bb) Erträge und Vorteile aus der Nutzung des Werkes.** In der Literatur ist umstritten, ob zur Ermittlung der Erträge i. S. d. § 32a die aus der Nutzung der kreativen Leistung vom Verwerter erzielten **Bruttoerlöse** (*Reber* GRUR Int. 2011, 569, 578; *Höckelmann* ZUM 2005, 526, 527; *Grabig* 187; *Schricker* Quellen 36; *Schmid/Wirth* § 32a Rn. 4; *Erdmann* GRUR 2002, 923, 928; Dreier/*Schulze* § 32a Rn. 28), oder auf die **Nettoerträge** abzustellen ist, also dasjenige, was dem Verwerter nach Abzug seiner Kosten (etwa für Druck- und Herstellung, Vertrieb, Werbung, anteilige betriebliche Fixkosten etc.) verbleibt (so insb. Schricker/Loewenheim/*Schricker*/*Haedicke* § 32a Rn. 17; *Schwarz* ZUM 2010, 107, 111; *Poll* ZUM 2009, 611, 616; *Jacobs* FS Ullmann 79, 90 f.; *Schaub* ZUM 2005, 212, 219; *Ch. Berger* GRUR 2003, 675, 678). Die **Rechtsprechung** geht (in Fortführung der ständigen Rechtsprechung zu § 36 a. F., vgl. zuletzt OLG München ZUM 2013, 47, 51; OLG München ZUM 2011, 665, 673 – Pumuckl; BGH GRUR 2002, 153, 154 – Kinderhörspiele; BGH GRUR 1991, 901, 903 – Horoskop-Kalender) bei Feststellung der Erträge und Vorteile aus der Nutzung des Werkes davon aus, dass es auf die **Bruttoerlöse** ankommt, wobei jedoch in einem zweiten Schritt bei Ermittlung des „auffälligen Missverhältnisses" die den **Gewinn des Verwerters schmälernden Aufwendungen** zu berücksichtigen sind (zuletzt BGH GRUR 2012, 1248, 1250 Rn. 30 – Fluch der Karibik; BGH GRUR 2012, 496, 499 – Das Boot; OLG München ZUM 2011, 665, 673 – Pumuckl; LG München I ZUM 2009, 794, 802 – Das Boot; OLG München ZUM 2001, 994, 999; LG Hamburg ZUM 2008, 608, 610; LG Berlin ZUM-RD 2007, 194, 197); es ist unklar, ob die Rechtsprechung damit im Ergebnis ebenfalls auf den Nettoerlös abstellt (so *Jacobs* GRUR 2012, 505 f. – Anmerkung zum Urteil „Das Boot"), und sich die sprachliche Fortschreibung der „Bruttoerlöse" nicht auch daraus ergibt, dass die Rechtsprechung jedenfalls den Auskunftsanspruch des Urheber im Vorfeld der Ermittlung eines etwaigen Vertragsän-

derungsanspruchs nach § 32a Abs. 1 auf sämtliche Vorteile und Bruttoerlöse erstreckt, um eine umfassende Basis für den Vergleich zwischen Gegenleistung und Erträgen zu schaffen (vgl. OLG München ZUM 2010, 808, 815 – Das Boot). Zwar hat der Urheber seit Geltung des neuen § 32 Abs. 1 nunmehr einen durchgängigen Anspruch auf angemessene Vergütung für jede Werknutzung (s. § 32 Rn. 4ff.), so dass ein weiteres Festhalten an der Rechtsprechung zu § 36 a. F. (dem kein dem § 32 Abs. 1 entsprechender Anspruch zur Seite stand) nicht zwingend ist. Dennoch arbeitet die Vertragspraxis insbesondere im Bereich der Wirtschaft besonders bedeutsamen Produktion von Massenmedien über weite Teile nach wie vor mit Pauschalvergütungen. Der Pauschalvergütung ist die Gefahr immanent, dass der entfallende Teil des Fixums dem Urheber lediglich für die erste Phase der fortdauernden Werknutzung einen Ausgleich verschafft, nicht aber für die weitere Verwertung. Wenn bereits im Rahmen des § 32 die fortlaufende Nutzung aus ex-ante Sicht in der Regel eine erfolgsabhängige Vergütung erfordert, kann für die nachträglich Ermittlung eines auffälligen Missverhältnisses nichts anderes gelten (OLG München ZUM 2011, 665, 673 – Pumuckl). Daher sind Erträgnisse i. S. d. § 32a die vom Verwerter erzielten **Bruttoerlöse**, nicht aber lediglich dessen Gewinn (*Reber* GRUR Int. 2011, 569, 577; anders noch die Vorauflage; a. A. Schricker/Loewenheim/*Schricker/Haedicke* § 32a Rn. 17; Ahlberg/Götting/*Soppe* § 32a Rn. 17; *Ch. Berger* ZUM 2010, 90, 94; *Schwarz* ZUM 2010, 107, 111; *Poll* ZUM 2009, 611, 616; *Jacobs* FS Ullmann 79, 90f.).

Neben den unmittelbaren Einkünften aus dem Vertrieb oder der Vermietung von Werkstücken, dem Lizenzhandel etc. sind auch **alle sonstigen Vermögensvorteile** zu berücksichtigen, etwa Prämien, Zuschüsse und sonstige Gelder aus Fördermaßnahmen (Dreier/Schulze/*Schulze* § 32a Rn. 31; zu § 36a. F. *v. Gamm* § 36 Rn. 6; Schricker/Loewenheim/*Schricker/Haedicke* § 32a Rn. 17; Fromm/Nordemann/*Czychowski* § 32a Rn. 15; a. A. *Schwarz* ZUM 2010, 107, 112). Der im Vergleich zu § 36 a. F. erweiterte Wortlaut stellt dies nunmehr klar. **Vorteile** im Sinne der Norm sind auch alle Verwertungshandlungen, die nicht unmittelbar auf Umsatzgeschäfte mit der Nutzung selbst zielen (BT-Drucks. 14/8058, 46), sich aber aus der Nutzungsmöglichkeit ergeben und für den Verwerter einen positiven Vermögenswert haben (Dreier/Schulze/*Schulze* § 32a Rn. 29; *W. Nordemann* § 32a Rn. 8; Ahlberg/Götting/*Soppe* § 32a Rn. 18; *Zentek* ZUM 2006, 117, 120 – Firmenlogo als wesentlicher Beitrag zum wirtschaftlichen Erfolg des Unternehmens; a. A. OLG Naumburg ZUM 2005, 759, 761; LG München I GRUR-RR 2007, 187, 192 – Kobold TV: Wiederholungssendungen ohne Wiederholungsvergütungen). Zu den Vorteilen gehören auch die **Werbeerlöse** durch den Einsatz eines Werkes in der Werbung (BGH GRUR 2012, 496, 505 – Das Boot; OLG München ZUM 2013, 499, 500 – Das Boot II), sowie Gebühren, Förder-, Fonds-, Werbe-, Sponsoringentgelte und sonstige Finanzierungshilfen (OLG München ZUM 2010, 808, 816: jedenfalls vom Auskunftsanspruch umfasst; BGH GUR 2012, 496, 505 – Das Boot), sowie Erlöse eines Fernsehsenders aus im Zusammenhang mit der Sendung eines Filmwerkes gesendeten Werbung (*Bräutigam* ZUM 2009, 787, 788; a. A. KG Berlin ZUM 2010, 532, 535; KG Berlin ZUM 2010, 346, 351 – Drehbuchautor; *Jani* 145ff. m. w. N.: Werbeeinnahmen können in der Regel keinen bestimmten Sendungen zugeordnet werden).

Zu den Erträgen bzw. Vorteilen gehören auch die Einnahmen des Nutzungsberechtigten, die er aufgrund der Verwertung des Werkes in seinem **eigenen Betrieb** erzielt, etwa indem er durch ein Softwareprogramm seinen Umsatz steigert oder seine Kosten senkt (so zu § 36 a. F. *Hagen* 105ff.; offen gelassen in BGH GRUR 1985, 1041, 1046 – Inkasso-Programm). Denn es macht keinen Unterschied, ob die Erträge aus der Vermarktung durch Dritte oder durch die Nutzungshandlung des Nutzungsberechtigten im eigenen Unternehmen herrühren. Bei der Prüfung, ob ein auffälliges Missverhältnis i. S. des § 32a Abs. 2 S. 1 besteht, sind auch die Erträgnisse und Vorteile in die Betrachtung einzubeziehen, die sich aus **Verbreitungshandlungen im Ausland** ergeben haben (BGH GRUR 2012, 1248, 1252 Rn. 56 – Fluch der Karibik).

14 cc) **Gesamte Beziehungen zwischen Urheber und Verwerter.** In die gesamten Beziehungen zwischen dem Urheber und dem Verwerter gehören nur solche, die einen **Bezug zur Werknutzung** haben, z.B. Werbemaßnahmen, Aufwendungen, Verluste und weitere Kosten, sowie persönliche oder sonstige Umstände (BGH GRUR 2012, 1248, 1251 Rn. 42f. – Fluch der Karibik; Schricker/Loewenheim/*Schricker/Haedicke* § 32a Rn. 18; *Schricker* Quellen 36; *Erdmann* GRUR 2002, 923, 928; Dreier/Schulze/*Schulze* § 32a Rn. 33; Fromm/Nordemann/*Czychowski* § 2a Rn. 15; *v. Gamm* § 36 Rn. 8). Auch früher abgeschlossene Verträge zwischen dem Urheber und dem Verwerter können in Betracht zu ziehen sein, etwaige daraus entstandenen Gewinne und Verluste sind ebenfalls zu berücksichtigen (BGH GRUR 2012, 496, 499 – Das Boot; BGH GRUR 2002, 153, 154 – Kinderhörspiele; Loewenheim/*v. Becker* § 29 Rn. 92; differenzierend *W. Nordemann* § 32a Rn. 9). Eine Berücksichtigung von Verlusten des Verwerters mit anderen Werken anderer Urheber (sog. „Quersubventionierung") ist dagegen nicht möglich (BGH GRUR 2012, 496, 499 – Das Boot; Dreier/Schulze/*Schulze* § 32a Rn. 34; Fromm/Nordemann/ *Cychowski* § 32a Rn. 18). Auf einen **besonderen Kausalzusammenhang** zwischen dem Werk (etwa der besonderen Gestaltungskraft des Urhebers) und dem eingetretenen Erfolg kommt es aber **nicht** an (ebenso *Schricker* Quellen 38). Für den Erfolg können auch andere nicht werkbezogene Faktoren eine Rolle spielen (z.B. die Bekanntheit des Urhebers). Ausreichend ist vielmehr, dass der Erfolg eingetreten ist und gesteigerte Erträgnisse feststellbar sind, die im auffälligen Missverhältnis zur vereinbarten Gegenleistung stehen (*Schricker* Quellen 38; *W. Nordemann* § 32a Rn. 9; Schricker/Loewenheim/*Schricker/Haedicke* § 36 Rn. 12; *Hagen* 134; a. A. *v. Gamm* § 36 Rn. 9).

15 dd) **Vorhersehbarkeit der Erträge (§ 32a Abs. 1 S. 2).** Entgegen der früher herrschenden Auslegung des § 36 a. F. stellt das Gesetz nunmehr ausdrücklich klar, dass der Anspruch auf weitere Beteiligung unabhängig davon besteht, ob die Parteien bei Vertragsschluss die Möglichkeit einer besonders umfangreichen oder besonders erfolgreichen Verwertung vorhergesehen und in ihren vertraglichen Willen aufgenommen haben (vgl. OLG München GRUR-RR 2008, 37, 40). § 32a kann insoweit anders als der frühere § 36 a. F. nicht mehr als besondere Ausprägung der Lehre von der Geschäftsgrundlage verstanden werden (ebenso Dreyer/Kotthoff/Meckel/*Kotthoff* § 32a Rn. 1; *Schack* Rn. 1098; Dreier/ Schulze/*Schulze* § 32a Rn. 8; *Schaub* ZUM 2005, 212, 215; *Grabig* 188; Hilty/Peukert GRUR Int. 2002, 643, 646; *Erdmann* GRUR 2002, 923, 925; *Wimmers/Rode* CR 2003, 399, 404; *Ch. Berger* ZUM 2003, 173, 179; anders Schricker/Loewenheim/*Schricker/ Haedicke* § 32a Rn. 6: objektive Geschäftsgrundlage; *Hucko* 14; OLG Hamm ZUM 2008, 14, 18; LG Berlin ZUM-RD 2008, 72, 74), wonach Änderungen eines bestehenden Vertrages nur gerechtfertigt sind, wenn sich die Umstände so schwerwiegend ändern, dass ein Festhalten am Inhalt der Vereinbarung zu schlechterdings unzumutbaren Ergebnissen führt (vgl. zu § 36 a. F. BGHZ 115, 63, 66 – Horoskop-Kalender; zu § 313 BGB s. Rn. 35).

16 ee) **Auffälliges Missverhältnis.** Zwischen der Gegenleistung für den Anspruchsinhaber und den Erträgen und Vorteilen des anderen muss ein „auffälliges Missverhältnis" bestehen. Es handelt sich um unbestimmte Tatbestandsmerkmale, die der Konkretisierung im Einzelfall durch die Rechtsprechung bedürfen. Kriterien lassen sich aus der Entstehungsgeschichte der Norm, dem gesetzgeberischen Leitbild bei der Reform des Urhebervertragsrechts, dem systematischen Zusammenhang mit § 32 und der bisherigen Rechtsprechung zu § 36 a. F. ableiten (ebenso *Höckelmann* ZUM 2005, 526, 527; *Pleister/Ruttig* ZUM 2004, 337, 339).

17 Zunächst muss ein **Missverhältnis** bestehen. Aufgrund des (auch beabsichtigten) systematischen Zusammenhangs mit § 32 (vgl. BT-Drucks. 14/8058, 45) bietet sich als Vergleichsmaßstab für die Feststellung des Missverhältnisses dasjenige an, was das Gesetz als „angemessene Vergütung" (§ 32 Abs. 2) ansieht (ebenso Schricker/Loewenheim/*Schricker/ Haedicke* § 32a Rn. 19; *Höckelmann* ZUM 2005, 526, 528). Denn auch § 32a dient der

§ 32a Weitere Beteiligung des Urhebers   18–20   § 32a UrhG

Sicherung einer angemessenen Beteiligung des Urhebers an jeder Verwertung seiner Werke, wie sich aus der Rechtsfolge ergibt (dazu unten Rn. 25). Nach dem gesetzlichen Leitbild sollen Urheber und ausübende Künstler mindestens im „angemessenen" Rahmen an der Verwertung ihrer kreativen Leistungen partizipieren, wobei es das Gesetz zunächst den beteiligten Verkehrskreisen selbst überlässt, sich im Rahmen von gemeinsamen Vergütungsregeln (§ 36) oder auch im Rahmen von Tarifverträgen auf den Umfang einer angemessenen Beteiligung selbst zu einigen. Folglich besteht ein „Missverhältnis" i. S. d. § 32a jedenfalls dann, wenn sich die vereinbarte Gegenleistung nicht im Rahmen dessen bewegt, was nach § 32 Abs. 2 angemessen, also üblich und redlich wäre (s. dazu § 32 Rn. 22 ff.). Die Branchenübung muss nicht unbedingt das Merkmal der Angemessenheit erfüllen (BGH WRP 2002, 715, 717 – Musikfragmente).

Dieses Missverhältnis muss **„auffällig"** sein, also nach objektiver Betrachtung von einer **18** angemessenen Vergütung erheblich abweichen (Schricker/Loewenheim/*Schricker/Haedicke* § 32a Rn. 19; *Hertin* Rn. 340: Wertungsmaßstab zwischen Angemessenheit (§ 32) und Sittenwidrigkeit (§ 138 BGB)). Dies ist eine Frage des Einzelfalls unter Berücksichtigung der Besonderheiten des konkreten Nutzungsverhältnisses. Das Merkmal der Auffälligkeit ist nicht schon allein dadurch erfüllt, dass die Gegenleistung nicht der Angemessenheit nach § 32 Abs. 2 entspricht, zumal insoweit neben § 32 kein Regelungsbedürfnis mehr bestünde. Andererseits sollte die Neufassung den als zu eng empfundenen Anwendungsbereich des § 36 a. F. gerade dadurch erweitern, dass es nicht auf ein „grobes Missverhältnis" ankommt, sondern ein „auffälliges" ausreicht. Die Schwelle der Auffälligkeit soll dabei deutlich unterhalb der früheren Schwelle eines „groben" Missverhältnisses liegen (BT-Drucks. 14/8058, 45; *Schricker* Quellen 37).

Die Rechtsprechung bejaht schon ein grobes (und damit jedenfalls auffälliges) Missver- **19** hältnis, wenn die vereinbarte Vergütung lediglich **20% oder 35%** dessen erreicht, was als angemessene Beteiligung **üblicherweise** zu zahlen wäre (BGHZ 115, 63 – Horoskop-Kalender). Ein auffälliges Missverhältnis soll nach der Gesetzesbegründung jedenfalls dann vorliegen, wenn die vereinbarte Vergütung um 100% von der angemessenen Beteiligung abweicht (BT-Drucks. 14/8058, 45; LG Berlin ZUM-RD 2012, 281; LG Berlin ZUM 2009, 781, 786 – Drehbuchautor; LG Berlin ZUM-RD 2007, 194, 197; Ulmer-Eilfort/Obergfell/*Obergfell* Kap. D Rn. 70; Dreier/Schulze/*Schulze* § 32a Rn. 37), also nur **die Hälfte** dessen beträgt, was **üblicher- und redlicherweise** zu zahlen wäre (ebenso *Schricker* Quellen 37; *Hucko* 14; Dreyer/Kotthoff/Meckel/*Kotthoff* § 32a Rn. 20; *Zentek* ZUM 2006, 117, 120; BGH GRUR 2012, 1248, 1252 Rn. 55 – Fluch der Karibik; BGH GRUR 2012, 496, 498 – Das Boot; OLG München ZUM 2013, 47, 50). Dies würde im Rahmen des § 138 BGB sogar für die Sittenwidrigkeit einer in Kenntnis des Abweichens geschlossenen Vereinbarung sprechen (*Haas* Rn. 298; LG Berlin ZUM-RD 2008, 72, 74). Die Gefahr der Unredlichkeit ergibt sich insb. durch Buy-out-Verträge gegen ein einmaliges Pauschalhonorar (BGH ZUM-RD 2010, 16, 19 – Sachbuchübersetzer; BGH GRUR 2009, 1148, 1151 – Talking to Addison; *Reber* GRUR 2003, 393, 394; a. A. KG ZUM 2011, 741, 744; KG Berlin ZUM 2010, 532, 535; LG Berlin ZUM 2009, 781, 786 – Drehbuchautor; *Bräutigam* ZUM 2009, 787). AGB-Klauseln in Verträgen mit einer einmaligen Pauschalvergütung, die eine weitere Beteiligung des Urhebers an der künftigen Verwertung nach § 32a ausschließen, widersprechen dem § 32a und unterlaufen das Umgehungsverbot des § 32a Abs. 3. Solche Klauseln sind unwirksam. Sie erschweren in unangemessener Weise, etwaige Ansprüche aus § 32a geltend zu machen (LG Braunschweig ZUM 2012, 66, 71).

Je nach den Umständen des Einzelfalls können auch **geringere Abweichungen** ein **20** auffälliges Missverhältnis begründen (BT-Drucks. 14/8058, 45 f.; ebenso Ahlberg/Götting/*Soppe* § 32a Rn. 12; Dreier/Schulze/*Schulze* § 32a Rn. 37; *Rehbinder* Rn. 613; *Haas* Rn. 290; BGH GRUR 2012, 1248, 1252 Rn. 55 – Fluch der Karibik; OLG München ZUM 2010, 808, 814 – Das Boot). Da nach der Konzeption des Gesetzes auch im Rahmen des § 32a der Vertrag grds. bestehen bleiben soll, liegt ein auffälliges Missverhältnis

UrhG § 32a 21 § 32a Weitere Beteiligung des Urhebers

wohl weit unterhalb der Grenze der Sittenwidrigkeit. Eine weitgehende Ansicht zu § 36a. F. bejahte ein grobes Missverhältnis bei einer Abweichung der Gegenleistung von der üblichen Vergütung um 20% (so zum alten Recht *Hagen* 129), mit dem Hinweis auf den Normzweck, nämlich der Sicherstellung einer angemessenen Beteiligung des Urhebers für jede Werknutzung. Da das Gesetz dieses Ziel nunmehr zusätzlich mit § 32 verfolgt, der eine angemessene vertragliche Vergütung sichert, liegt die Schwelle der Auffälligkeit für den Anspruch auf weitere Beteiligung nach § 32a oberhalb der Angemessenheit, aber unterhalb der Sittenwidrigkeit. Ein auffälliges Missverhältnis dürfte demnach schon dann in Betracht kommen, wenn die Gegenleistung **20% bis 30%** weniger beträgt, als sich aus einer üblichen und redlichen Beteiligung des Urhebers ergäbe (vgl. aber *W. Nordemann* § 32a Rn. 7: Abweichung von 2/3; *Schricker* Quellen 38: bei Berücksichtigung von Schwankungsbreiten und Spürbarkeitsgrenzen Unterschreitung der angemessenen Vergütung um 20%; *Höckelmann* ZUM 2005, 526, 528; *Haas* Rn. 298: Unterschreitung von 50% bis 100% zulässig; *Loewenheim/v. Becker* § 29 Rn. 90/91: 50% und weniger; gegen eine Schwelle von 20 bis 30% *Ch. Berger* Rn. 283; *Grabig* 221: um 25%; *Poll* ZUM 2009, 611, 615: nur Abweichung um 100% begründet auffälliges Missverhältnis).

21 **ff) Einzelfälle.** Ein auffälliges Missverhältnis kann sich aus pauschalen Rechtseinräumungen ergeben, etwa wenn Fernseh-, Kino- und Videorechte pauschal und teilweise unbefristet eingeräumt werden, ohne dass Wiederholungsvergütungen vorgesehen sind (LG München I GRUR-RR 2007, 187, 189 – Kobold TV). Die Vergütung ist dann nicht unangemessen, wenn die prozentuale Beteiligung mit den Erträgnissen steigt (BGH GRUR 2009, 939, 941 – Mambo No. 5). Pauschalvergütungen (Buy-out-Honorare) in der Filmwirtschaft sind nicht generell unangemessen. Es kommt vielmehr stets auf das konkrete Verhältnis der Pauschalvergütung zu einer angemessener Weise zu zahlenden Vergütung an. Nachzahlungsansprüche können nur geltend gemacht werden, wenn das Pauschalhonorar die eigentlich aufgrund der Werknutzung zu zahlende angemessene Vergütung unterschreitet (*Schwarz* ZUM 2010, 107, 109; vgl. KG ZUM 2012, 686 – Live in Berlin; KG ZUM 2010, 532, 535; LG München I ZUM 2010, 733, 739 – Tatort-Vorspann; LG Berlin ZUM 2009, 781, 786 – Drehbuchautor). Dennoch gibt es gerade in der Film- und Fernsehwirtschaft Tendenzen, § 32a abschaffen zu wollen und in seinem Anwendungsbereich zu begrenzen (vgl. nur *Schwarz* ZUM 2010, 107, 111; *Poll* ZUM 2009, 611 ff.), oder den Buy-out Vertrag als zwingend für die risikoreiche Filmproduktion darzustellen (*Reber* GRUR Int. 2011, 569, 571; *Kasten* ZUM 2010, 130, 132; *Reber* GRUR Int. 2010, 707, 709). § 32a ist auch bei untergeordneten Leistungen im Verhältnis zum Gesamtwerk anwendbar, wobei aber der Anteil der Leistungen zum Gesamtwerk beim Merkmal des auffälligen Missverhältnisses zu berücksichtigen ist (Schricker/Loewenheim/*Schricker/Haedicke* § 32a Rn. 21; a. A. KG ZUM 2011, 741, 744; OLG München GRUR-RR 2011, 245, 247 – Tatort-Vorspann (zu § 36 a. F.); Fromm/Nordemann/*Czychowski* § 32a Rn. 17; Dreyer/Kotthoff/Meckel/*Kotthoff* § 32a Rn. 15; Dreier/Schulze/*Schulze* § 32a Rn. 30). Unter Zugrundelegung obiger Maßstäbe wäre ein auffälliges Missverhältnis jedenfalls zu bejahen, wenn die Gegenleistung nur ca. 20% bzw. 35% der angemessenen Urheberbeteiligung beträgt (zu § 36a. F. BGHZ 115, 63 ff. – Horoskop-Kalender: Urheber gestaltet Texte für Horoskopkalender, Pauschalhonorar DM 70000,–, Bruttoerlös ca. DM 9,6 Mio.; angenommene übliche Mindestbeteiligung 3%, also DM 288 000,–), wenn die Beteiligung des Urhebers lediglich 0,7% beträgt, obwohl 5% üblich und angemessen wären (zu § 36 a. F. BGH GRUR 2002, 153 ff. – Kinderhörspiele: Urheber erhält pauschal DM 17 500,– für Hörspielmanuskripte, Verleger erlöst ca. DM 1,95 Mio.), oder das in einem Übersetzer-Bestellvertrag (§ 47 VerlG, s. Vor §§ 31 ff. Rn. 91) für ein Comic-Heft vereinbarte Pauschalhonorar von durchschnittlich DM 4000,– pro Band einem Erlös des Verlages von ca. DM 17 Mio. pro Band gegenübersteht (BGHZ 137, 387, 388 f. – Comic-Übersetzungen: Übersetzerin übersetzt 138 Bände Asterix, Lucky Luke, Isognud und Walt Disneys Lustige

Taschenbücher) oder der Übersetzer eines Romans einschließlich prozentualer Beteiligungen an Nebenrechten ein Honorar in Höhe von 0,16% des Erlöses des Verlages erhält (sogar grobes Missverhältnis nach § 36 a. F. bejaht durch OLG München ZUM 2001, 994, 999 – Der Diamant des Salomon: Übersetzerin erhält DM 15 410,–, Verlag erlöst DM 9,44 Mio.). 2% des Nettoladenpreises soll für Hardcover- und Taschenbuchausgabe einer Übersetzung angemessen sein (OLG München ZUM 2003, 970, 974; a. A. OLG München ZUM 2003, 684, 687: 2,5% unangemessen). Bei einem Kinofilm, der über 15 Jahre vorgeführt und weltweit ausgestrahlt sowie auf Video und DVD erfolgreich vermarktet wird, kann die Pauschalvergütung des Kameramanns unangemessen sein (BGH GRUR 2012, 496, 499 – Das Boot; OLG München ZUM 2010, 808, 814; LG München I ZUM 2009, 794, 802 – Das Boot). Bei Drehbuchautoren sind Wiederholungsvergütungen (im Gegensatz zu Pauschalvergütungen) am ehesten geeignet, ein angemessenes Honorar im Sinne einer kontinuierlichen Beteiligung des Urhebers zu gewährleisten (LG Berlin ZUM-RD 2012, 281).

e) Kein Ausschluss (§ 32a Abs. 2 S. 2, Abs. 4). Der Anspruch auf weitere Beteiligung **22** gegen den Vertragspartner nach § 32a Abs. 1 ist ausgeschlossen, wenn die Erträgnisse und Vorteile nicht bei diesem, sondern bei einem Dritten angefallen sind, der das Werk aus abgeleitetem Recht nutzt (§ 32a Abs. 2 S. 2). Im Falle einer oder mehrerer Unterlizenzierungen haftet also jeweils nur derjenige nach § 32 Abs. 2 S. 1, der das Werk nutzt und hiermit Erträge erwirtschaftet (BGH GRUR 2012, 1248, 1251 Rn. 37 – Fluch der Karibik).

Schließlich ist nach **§ 32a Abs.** 4 der Anspruch ausgeschlossen, soweit die vertragliche **23** Vergütung nach einer gemeinsamen Vergütungsregel (§ 36) oder tarifvertraglich bestimmt wurde und ausdrücklich eine weitere angemessene Beteiligung für den Fall des Abs. 1, also für das Entstehen eines auffälligen Missverhältnisses vorsieht. § 32a Abs. 4 ermöglicht somit die Herstellung von Rechtssicherheit auch für den Fall eines großen wirtschaftlichen Erfolges des Werkes („Bestseller" oder „Longseller"; vgl. BT-Drucks. 14/8058, 47), wobei in erster Linie an gestaffelte Pauschalen oder prozentuale Beteiligungssätze zu denken ist, die den Urheber oder ausübenden Künstler von vornherein kontinuierlich an der Auswertung seiner Leistung beteiligen. Die Regelung muss aber speziell für den von § 32a Abs. 1 erfassten Fall eine zusätzliche, besondere Beteiligung des Urhebers vorsehen, so dass ein Beteiligungshonorar an sich die Anwendung des § 32a Abs. 1 noch nicht ausschließt (ebenso Schricker/Loewenheim/*Schricker/Haedicke* § 32a Rn. 8; *Schricker* Quellen 32; krit. *Schack* GRUR 2002, 853, 856; *Ory* AfP 2002, 93, 99, Dreyer/Kotthoff/Meckel/*Kotthoff* § 32a Rn. 39), wenn auch das spätere Entstehen eines auffälligen Missverhältnisses dann nur noch selten in Betracht kommen wird. Eine erneute Angemessenheitsüberprüfung muss – anders als im Falle des § 32 Abs. 1 S. 1 und Abs. 4 – jedenfalls dann möglich bleiben, wenn neue Tatsachen entstehen (Dreyer/Kotthoff/Meckel/*Kotthoff* § 32a Rn. 40). Wiederholungsvergütungen müssen bei der Feststellung, ob ein auffälliges Missverhältnis vorliegt, berücksichtigt werden (KG Berlin ZUM 2010, 532, 535 – Drehbuchautor).

3. Rechtsfolgen

a) Anspruch auf Einwilligung, Auskunft. Der Urheber hat einen Anspruch gegen **24** den Nutzer auf Einwilligung in eine Vertragsänderung (vgl. (BGH GRUR 2012, 1248, 1251 Rn. 37 – Fluch der Karibik; BGH GRUR 2009, 939, 941 – Mambo No. 5); dies ist zunächst kein Zahlungsanspruch, sondern ein Anspruch auf **Abgabe einer Willenserklärung** (ebenso Schricker/Loewenheim/*Schricker/Haedicke* § 32a Rn. 25; zu § 36 a. F. *v. Gamm* § 36 Rn. 10). Willigt der Nutzungsberechtigte nicht ein, kann der Urheber auf Einwilligung klagen und dabei in seinem Antrag angeben, welche neue Vergütung als angemessen vereinbart werden soll, oder die Höhe der weiteren Beteiligung in das Ermessen des Gerichts stellen (§ 287 Abs. 2 ZPO). Mit dem rechtskräftigen Urteil gilt die Einwilligung des Nutzungsberechtigten als erteilt (§ 894 ZPO). Im Streitfall kann der Urheber aber auch sogleich auf dasjenige klagen, was sich für in der Vergangenheit liegende Nutzungen aus dem geänderten Vertrag ergeben würde (s. § 32 Rn. 18). Bestehen aufgrund nachprüfbarer Tatsachen Anhaltspunkte für einen Anspruch aus § 32a Abs. 1 kann der Urheber oder Miturheber **Auskunft** (§ 242 BGB) und ggf. **Rechnungslegung** (§ 259 Abs. 1 BGB) verlangen, um die zu zahlende Vergütung berechnen zu können (BGH GRUR 2012, 496, 497 – Das Boot; BGH GRUR 2009, 939, 941 – Mambo No. 5; BGH GRUR 2002, 602 – Musikfragmente; OLG München ZUM 2010, 808, 816 – Das Boot; LG München I ZUM 2009, 794, 802 – Das Boot; OLG München GRUR-RR 2008, 37, 40 – Pumuckl-Illustrationen II; LG München I ZUM 2010, 733, 740 – Tatort-Vorspann; Schricker/Loewenheim/*Schricker/Haedicke* § 32a Rn. 26; Dreier/Schulze/*Schulze* § 32a Rn. 63; LG Berlin ZUM-RD 2008, 72, 74). Der Auskunftsanspruch erstreckt sich auf Förder-, Fonds-, Werbe-, Sponsoringentgelte oder sonstige Finanzierungshilfen, die zur Herstellung des Werkes geleistet werden. Diese sind auch nach Ansicht der Rechtsprechung zumindest bei der Prüfung zu beachten, ob unter Berücksichtigung der gesamten Beziehungen des Urhebers zum Verwerter ein auffälliges Missverhältnis besteht (BGH GRUR 2012, 496, 505 – Das Boot); nach weitergehender Ansicht sind sie den Erträgen des Verwerters i. S. d. § 32a Abs. 1 zuzurechnen (siehe oben Rn. 12).

25 **b) Höhe der angemessenen Beteiligung.** Im Rahmen des § 36 a. F. (s. u. Rn. 38) war umstritten, ob sich als Rechtsfolge nur eine Vergütung ergibt, die das grobe Missverhältnis so eben noch beseitigt, oder ob der Urheber bei Vorliegen eines auffälligen Missverhältnis dasjenige verlangen kann, was üblich und redlich, also angemessen ist (so zu § 36 a. F. *Katzenberger* GRUR Int. 1983, 410, 412; *Hagen* 152ff. m.w.N.; zuletzt BGH GRUR 2002, 153, 155 – Kinderhörspiele; BGH WRP 2002, 715, 717 – Musikfragmente: an die Stelle der gänzlich unangemessenen Regelung tritt eine angemessene Regelung). Aufgrund des systematischen Zusammenhangs mit § 32, der die Angemessenheit der vertraglichen Vergütung sicherstellt, ist ein Zurückbleiben der weiteren angemessenen Beteiligung nach § 32a hinter diesem Niveau kaum sinnvoll (so jetzt auch Schricker/Loewenheim/*Schricker/Haedicke* § 32a Rn. 27; *Schricker* Quellen 40 unter Aufgabe der vorher vertretenen Gegenmeinung; a. A. Dreyer/Kotthoff/Meckel/*Kotthoff* § 32a Rn. 21; *Ch. Berger* ZUM 2010, 90, 94: § 32a gleicht „nur" die Differenz zwischen der normativ angemessenen Vergütung nach § 32a und § 32a aus). Die sich aus § 32a ergebende weitere angemessene Beteiligung ist demnach mindestens diejenige, die sich aus einer angemessenen vertraglichen Vergütungsabrede ergeben würde; sie entspricht damit einer üblichen und (!) redlichen Beteiligung (ebenso zu § 32 Abs. 1 OLG München ZUM 2007, 142; s. auch § 32 Rn. 17).

III. Anspruch gegen Dritte (§ 32a Abs. 2)

1. Bedeutung

26 Der Urheber (oder ausübende Künstler, § 75 Abs. 4) kann nach § 32a Abs. 2 den Anspruch auf weitere Beteiligung grds. gegenüber jedem Dritten geltend machen, der aufgrund abgeleitetem Recht aus der Nutzung der kreativen Leistung Erträge und Vorteile zieht, die in einem auffälligen Missverhältnis zu dem stehen, was der Dritte als Gegenleistung hierfür schuldet (vgl. (BGH GRUR 2012, 1248, 1251 Rn. 37 – Fluch der Karibik; KG ZUM 2012, 686 – Live in Berlin; BGH GRUR 2012, 496, 499 – Das Boot: Auskunftsanspruch auch gegenüber dem Dritten; Schricker/Loewenheim/*Schricker/Haedicke* § 32a Rn. 30ff.). Es handelt sich um eine unmittelbare gesetzliche **Durchgriffshaftung** des Dritten unter Umgehung der Vertragsbeziehungen. Nach überwiegender Meinung galt dies auch bisher schon im Rahmen des § 36 a. F. durch dessen analoge Anwendung (vgl. Dreier/Schulze/*Schulze* § 32a Rn. 45; Fromm/Nordemann/*Czychowski* § 32a Rn. 29; i. E. auch *Katzenberger* GRUR Int. 1983, 410, 420; dagegen *v. Gamm* § 36 Rn. 5; *Runge* UFITA

66 (1973) 1, 10; OLG München FuR 1982, 586, 589; zurückhaltend Möhring/Nicolini/*Spautz* § 36 Rn. 12).

2. Rechtseinräumung durch den Vertragspartner des Urhebers

Der „andere" i. S. d. § 32a Abs. 1, also der Vertragspartner des Urhebers, muss Nut- 27
zungsrechte übertragen oder weitere Nutzungsrechte eingeräumt haben nach § 34 bzw.
§ 35 (zu den Grenzen einer solchen Weiterübertragung § 34 Rn. 8 ff.). Nach dem Wortlaut („Lizenzkette") und Sinn und Zweck der Norm ist es dabei unerheblich, wie oft es zu
solchen Übertragungen oder Einräumungen gekommen ist. Jedenfalls muss das vom Dritten ausgeübte Nutzungsrecht vom Vertragspartner des Urhebers und damit von diesem
selbst durch eine lückenlose Kette von rechtsgeschäftlichen Tatbeständen abgeleitet sein
(ebenso Schricker/Loewenheim/*Schricker/Haedicke* § 32a Rn. 31). Wurde die Kette unterbrochen, verletzt der Nutzer die Verwertungsrechte des Urhebers, und dieser kann schon
nach §§ 97 ff. sowie aus Bereicherungsrecht vorgehen (s. § 32 Rn. 6).

3. Erträge des Dritten, Berücksichtigung der Lizenzkette

Vergleichsmaßstab für die Ermittlung des auffälligen Missverhältnisses nach den gleichen 28
Grundsätzen wie im Rahmen des Abs. 1 sind nur die Erträgnisse und Vorteile, die der
Dritte selbst aus der Nutzung der kreativen Leistungen erzielt hat (BGH GRUR 2012,
1248, 1251 Rn. 37 – Fluch der Karibik; *Höckelmann* ZUM 2005, 526, 530; *Rehbinder*
Rn. 615; *Haas* Rn. 311; *Poll* ZUM 2009, 611, 619), wobei Nutzung in diesem Fall auch
die Lizenzierung an Dritte beinhaltet (Schricker/Loewenheim/*Schricker/Haedicke* § 32a
Rn. 32). In einer längeren Kette von Verwertern (z. B. Filmproduzent, Filmlizenzhändler 1,
2 und 3, Filmverleiher, Kino) haftet jeder dem Urheber grds. nur für diejenigen Erträge,
die auf der eigenen Stufe angefallen sind (*Höckelmann* ZUM 2005, 526, 530; Ahlberg/
Götting/*Soppe* § 32a Rn. 48; Schricker/Loewenheim/*Schricker/Haedicke* § 32a Rn. 32;
Dreier/Schulze/*Schulze* § 32a Rn. 51; Fromm/Nordemann/*Czychowski* § 32a Rn. 33;
W. Nordemann § 32a Rn. 13 mit Fallbeispiel; a. A. *Schmid/Wirth* § 32a Rn. 6: Inanspruchnahme nur des Letztverwerters). Unterschiedlich wird beurteilt, ob zur Ermittlung des
auffälligen Missverhältnisses auf die vom Urheber (über die Lizenzkette von seinem Vertragspartner) erhaltene Gegenleistung, die vom Dritten an seinen Vertragspartner gezahlte
Vergütung (so Schaub ZUM 2005, 212, 219), oder auf beides abzustellen ist (vgl. *Poll*
ZUM 2009, 611, 618; Dreier/Schulze/*Schulze* § 32a Rn. 49). Nach dem Wortlaut und
Sinn und Zweck der Vorschrift geht es um die dem Urheber von seinem Vertragspartner
zu erbringende Gegenleistung (Schricker/Loewenheim/*Schricker/Haedicke* § 32a Rn. 32).
Das vom Nutzer unter etwaiger Verletzung der Verwertungsrechte Erzielte ist im Rahmen
des § 32a unbeachtlich (*Schricker* Quellen 42).

4. Rechtsfolgen

a) Anspruch gegen den Dritten. Da zwischen Urheber und Dritten jedenfalls kein Ver- 29
trag besteht und ein solcher auch nicht kraft Gesetzes begründet werden kann, handelt es sich
bei der „Haftung" im Sinne der Norm um einen unmittelbaren gesetzlichen Anspruch des
Urhebers gegen den Dritten (Schricker/Loewenheim/*Schricker/Haedicke* § 32a Rn. 34;
Fromm/Nordemann/*Czychowski* § 32a Rn. 28; Ahlberg/Götting/*Soppe* § 32a Rn. 50; Dreier/Schulze/*Schulze* § 32a Rn. 48; *Ch. Berger* Rn. 306; *Ory* AfP 2002, 93, 100; *Schmid/Wirth*
§ 32a Rn. 6). Der konstruktive Weg zur Verwirklichung dieses Anspruchs ist umstritten.
Nach der hier vertretenen Auffassung richtet sich der Anspruch nicht auf Abgabe einer Willenserklärung wie im Rahmen des Abs. 1, sondern unmittelbar auf Zahlung einer angemessenen Beteiligung, deren Höhe sich nach den Maßstäben des Abs. 1 (s. o. Rn. 25) bestimmt
(ähnlich *Höckelmann* ZUM 2005, 526, 530; *Schaub* ZUM 2005, 212, 217; *W. Nordemann* § 32a

Rn. 15; nunmehr ebenso Schricker/Loewenheim/*Schricker/Haedicke* § 32a Rn. 34). Nach anderer Auffassung ist der Anspruch auf den Abschluss eines auf die Gewährung der Beteiligung gerichteten Vertrages gerichtet, aus dem dann ein vertraglicher Zahlungsanspruch entspringt (so noch Schricker/*Schricker* (3. Auflage) § 32a Rn. 34; Dreier/Schulze/*Schulze* § 32a Rn. 48; *Erdmann* GRUR 2002, 923, 927; *Haas* Rn. 316; *Hilty/Peukert* GRUR Int. 2002, 643, 647). Zweck des Durchgriffsanspruchs in § 32a Abs. 2 ist eine Besserstellung zu § 36 a. F., weil der Dritte nach denselben Maßstäben haften soll wie der Vertragspartner des Urhebers (*Hilty/ Peukert* GRUR Int. 2002, 643, 646). Haftungsgegner für Ansprüche auf weitere angemessene Beteiligung ist z. B. regelmäßig die Sendeanstalt unter Ausschluss des Produzenten. Dies ist vor allem im Dokumentarfilmbereich von Bedeutung (*Hoeren* FS Nordemann 2004, 186). Bestehen aufgrund nachprüfbare Tatsachen klare Anhaltspunkte für einen Anspruch nach § 32a Abs. 2 S. 1, kann der Urheber auch von jedem Dritten **Auskunftserteilung** (§ 242 BGB) und ggf. **Rechnungslegung** (§ 259 Abs. 1 BGB) über die Werknutzung verlangen (BGH GRUR 2012, 496, 499 – Das Boot).

30 b) **Ausschluss des Anspruches gegen „den anderen" (§ 32a Abs. 2 S. 2).** Soweit der Urheber nach Abs. 2 S. 2 gegen einen Dritten vorgehen kann, entfällt die Haftung „des anderen" (§ 32a Abs. 2 S. 2), also zunächst der Anspruch des Urhebers gegen seinen Vertragspartner nach Abs. 1 (so auch die Begründung, BT-Drucks. 14/8058, 46). Fraglich ist, ob mit dem „anderen" auch die übrigen Glieder innerhalb der Lizenzkette gemeint sind. Nach dem Sinn und Zweck der Norm soll jeder Verwerter nur für diejenigen Erträge gerade stehen, die bei ihm selbst angefallen sind, nicht aber für Erträge bei Dritten, auf deren Geschäftsgebaren und Vertragsgestaltung er keinen Einfluss hat (*Brauner* ZUM 2004, 96, 102; *Berger* GRUR 2003, 675, 680f.; Dreyer/Kotthoff/Meckel/*Kotthoff* § 32a Rn. 35). Zudem sollen die vertraglichen Beziehungen in der Lizenzkette berücksichtigt werden. Demnach entfällt nach § 32a Abs. 2 S. 2 auch die Haftung aller „anderen" Dritten nach § 32 Abs. 2 S. 1, soweit Erträge betroffen sind, die an anderen Stellen der Lizenzkette angefallen sind. Eine **Freistellungsklausel** zu Lasten des jeweiligen Lizenzgebers bzw. Veräußerers ist ausgeschlossen (Fromm/Nordemann/*Czychowski* § 32a Rn. 40; Dreyer/Kotthoff/Meckel/*Kotthoff* § 32a Rn. 37; *Zirkel* WRP 2003, 59, 60; differenzierend *Höckelmann* ZUM 2005, 526, 532). Freistellungsklauseln, wonach etwa Sendeanstalten etwaige zusätzliche finanzielle Belastung aus § 32a auf den Produzenten abwälzen, sind nach § 138 Abs. 2 BGB nichtig (*Castendyk* ZUM 2007, 177; *Hoeren* FS Nordemann 2004, 187; *W. Nordemann* § 32a Rn. 17). Im Ergebnis kann der Urheber damit gegen jeden einzelnen Lizenznehmer vorgehen, bei dem solche Erträge angefallen sind, die zu der vom jeweiligen Lizenznehmer geschuldeten vertraglichen Gegenleistung des Urhebers in einem auffälligen Missverhältnis stehen. Eine öffentlich-rechtliche **Rundfunkanstalt,** die ein Filmwerk in ihrem – weitgehend gebührenfinanzierten Programm – ausstrahlt, erlangt als Vorteil die Ersparnis von Aufwendungen für die Erstellung eines eigenen Programms erspart (BGH GRUR 2012, 496, 500 – Das Boot). Der einzelne Lizenznehmer braucht aber nicht für weitere Erträge einzustehen, die auf anderer Stufe von anderen Lizenznehmern realisiert wurden (ebenso Dreier/Schulze/*Schulze* § 32a Rn. 52; *Reinhard/Distelkötter* ZUM 2003, 269, 271: Vorschlag § 32a Abs. 2 S. 2 zu streichen oder einen Ausgleich zwischen Dritten und Vertragspartner im Rahmen eines Teilgesamtschuldverhältnisses vorzunehmen; dagegen *Brauner* ZUM 2004, 96, 100; für eine analoge Anwendung des § 32a Abs. 2 im Verhältnis zwischen Ersterwerber und Zweiterwerber des Nutzungsrechts Dreyer/Kotthoff/Meckel/*Kotthoff* § 32a Rn. 37 unter Hinweis auf § 478 Abs. 2 BGB).

5. Verjährung

31 Anders als § 36a. F. (s. u. Rn. 38) sieht § 32a keine besondere Verjährungsregelung vor. Nach § 102 S. 1 Alt. 2 gelten vielmehr die durch die Schuldrechtsreform grundlegend geänderten allgemeinen Verjährungsregeln nach §§ 194ff. BGB. Demnach verjähren An-

sprüche des Urhebers aus § 32a Abs. 1 und 2 nach drei Jahren (§ 195 BGB), wobei die Verjährung mit dem Schluss des Jahres beginnt, in dem der Anspruch entstanden ist (§ 199 Abs. 1 Nr. 1 BGB) und der Urheber von den anspruchsbegründenden Umständen und der Person des Schuldners Kenntnis erlangt oder ohne grobe Fahrlässigkeit hätte erlangen müssen (§ 199 Abs. 1 Nr. 2 BGB). Unabhängig von der Kenntnis tritt Verjährung spätestens 10 Jahre nach Entstehung des Anspruches ein (§ 199 Abs. 4 BGB; LG München I ZUM 2010, 733, 740 – Tatort-Vorspann). Ansprüche aus § 32a knüpfen an die Nutzung des Werkes an, entstehen also im Falle einer auffälligen Missverhältnisses zwischen Vergütung und Nutzungserträgen fortwährend neu (ebenso *v. Becker/Wegner* ZUM 2005, 696, 701). Für den Beginn der Verjährung muss dem Urheber demnach nicht nur die Verwertung des Werkes durch seine potentiellen Anspruchsgegner als solches bekannt sein, sondern auch alle Umstände, aus denen sich ein auffälliges Missverhältnis zwischen seiner Gegenleistung und den Erträgen aus der Werknutzung ergibt. Allein die Abrechnungen von Erlösen aus Merchandising genügen für die Darlegung einer Kenntnis vom konkreten Auswertungsumfang nicht, vielmehr muss der Verwerter den Urheber über die konkrete Auswertungsform in Kenntnis setzen (LG München I GRUR-RR 2007, 187, 190 – Kobold TV). Alleine aus der **Nichtverfolgung des Marktgeschehens** folgt noch keine grob fahrlässige Unkenntnis des Urhebers (ebenso Schricker/Loewenheim/*Schricker/Haedicke* § 32a Rn. 39; Dreier/Schulze/*Schulze* § 32a Rn. 67; Fromm/Nordemann/*J. B. Nordemann* § 32a Rn. 42; *W. Nordemann* § 32a Rn. 21). Von einer **allgemeinen Marktbeobachtungspflicht** des Urhebers ist **nicht** auszugehen. Aber eine grob fahrlässige Unkenntnis ist z.B. dann anzunehmen, wenn sich der Urheber oder ausübende Künstler einer lang andauernden Kinoauswertung des Films in allen Großstädten, der breiten Resonanz in der lokalen und überregionalen Presse sowie in anderen Medien und der Berichterstattung über die Oscar-Nominierungen verschließt (BGH GRUR 2012, 1248, 1250 Rn. 25 – Fluch der Karibik). Solange der Urheber keine Kenntnis des auffälligen Missverhältnisses erlangt hat und ihm dieses auch nicht grob fahrlässig unbekannt geblieben ist, beginnt die dreijährige Verjährungsfrist nicht zu laufen (§ 199 Abs. 1 Nr. 2 BGB). Sobald er Kenntnis erlangt, kann er innerhalb von drei Jahren (§ 195 BGB) eine weitere angemessene Beteiligung für die gesamte Dauer des auffälligen Missverhältnisses geltend machen, längstens aber für die letzten zehn vollen Kalenderjahre seit Geltendmachung (§ 199 Abs. 4 BGB; missverständlich insoweit *v. Becker/Wegner* ZUM 2005, 696, 701: nur für die zurückliegenden drei vollen Kalenderjahre). Für die unselbstständigen Auskunfts- und Rechnungslegungsansprüche nach allgemeinen Rechtsgrundsätzen (s. Vor §§ 97 ff. Rn. 46 ff.) gilt ebenfalls die allgemeine Verjährungsfrist von drei Jahren (OLG Köln GRUR-RR 2004, 161, 162).

Der als **Hilfsanspruch** zur Bezifferung eines Zahlungsanspruchs geltend gemachte Auskunftsanspruch nach § 242 BGB **verjährt** im Verhältnis zum Hauptanspruch selbstständig nach § 195 BGB innerhalb von drei Jahren. Es gilt auch für diesen Anspruch der Fristbeginn nach § 199 Abs. 1 BGB. Grob fahrlässige Unkenntnis liegt dann vor, wenn dem Urheber oder ausübenden Künstler die Kenntnis fehlt, weil er die im Verkehr erforderliche Sorgfalt in ungewöhnlich grobem Maße verletzt und auch ganz naheliegende Überlegungen nicht angestellt oder das nicht beachtet hat, was jedem hätte einleuchten müssen. Ein persönlich schwerer Obliegenheitsverstoß in seiner eigenen Angelegenheit der Anspruchsverfolgung muss ihm vorgeworfen werden können (BGH GRUR 2012, 1248, 1250 Rn. 23 – Fluch der Karibik).

IV. Ausschluss von Vorausverzicht, Zwangsvollstreckung, Verfügung über die Anwartschaft (§ 32a Abs. 3)

In seinem Interesse kann der Urheber auf die Ansprüche nach Abs. 1 und 2 nicht im Voraus verzichten; ein gleichwohl erklärter Verzicht ist unwirksam. Auf einen nachträglich entstandenen Honoraranspruch nach wirksamer Vertragsänderung kann verzichtet werden (Dreier/Schulze/*Schulze* § 32a Rn. 56; *Pleister/Ruttig* ZUM 2004, 337, 343; vgl. zur inhaltsgleichen Regelung des § 36 Abs. 3 a. F. Möhring/Nicolini/*Spautz* § 36 Rn. 18). Dieser Honoraranspruch ist auch abtretbar und verpfändbar. Solange aber der Vergütungsanspruch nicht wirksam geworden ist (Anwartschaft), unterliegt der Anspruch nicht der Zwangsvollstreckung (§ 32a Abs. 3 S. 2). Erst wenn mit Rechtswirksamkeit der Vertragsänderung die Anwartschaft zum Honoraranspruch erstarkt ist, kann über ihn verfügt werden, d. h. wenn der Urheber ihn durch Erklärung oder Klageerhebung geltend gemacht hat (Schricker/Loewenheim/*Schricker/Haedicke* § 32a Rn. 35; Dreyer/Kotthoff/Meckel/*Kotthoff* § 32a Rn. 37; Dreier/Schulze/*Schulze* § 32a Rn. 57; *Ch. Berger* Rn. 311; *Ch. Berger* NJW 2003, 853, 855; Möhring/Nicolini/*Spautz* § 36 Rn. 20).

V. Unentgeltliches Nutzungsrecht für jedermann (§ 32a Abs. 3 S. 3)

33   In Ausnahme zu § 32 Abs. 1 kann der Urheber jedermann ein unentgeltliches Nutzungsrecht einräumen, ohne dass dies als Vorausverzicht auf Rechte nach § 32a Abs. 3 S. 1 unwirksam wäre. Die Ausnahme dient der Vermeidung von Rechtsunsicherheit bei „open source"-Programmen und anderen „open content"-Inhalten (vgl. Begründung v. 15.6.2006, BT-Drucks. 16/1828, 25). Entsprechende Regelungen enthalten § 32 Abs. 3 S. 3, und § 32c Abs. 3 S. 2 (s. § 32 Rn. 45; § 32c Rn. 47).

VI. Abgrenzung zu anderen Regelungen

1. Andere urheberrechtliche Vergütungsansprüche (§§ 32, 32c)

34   § 32 sichert dem Urheber die Angemessenheit seiner vertraglichen Vergütung für den Fall, dass diese nicht der üblichen Vergütung entspricht oder die übliche Vergütung unredlich ist, indem der Urheber eine Vertragsänderung verlangen bzw. die Differenz zwischen angemessener und vereinbarter Vergütung auch unmittelbar verlangen kann (s. § 32 Rn. 18). § 32c gibt dem Urheber einen unmittelbaren gesonderten Vergütungsanspruch, wenn sein Vertragspartner eine neue Art der Werknutzung aufnimmt, die im Zeitpunkt des Vertragsschlusses vereinbart, aber noch unbekannt war. § 32a gibt dem Urheber im Ergebnis (s. oben Rn. 25) Ansprüche auf weitere angemessene Beteiligung, wenn seine Gegenleistung in einem auffälligen Missverhältnis zu den Erträgen und Vorteilen seines Vertragspartners und Dritter aus der Werknutzung steht. Die Ansprüche stehen grds. unabhängig nebeneinander (ebenso LG Hamburg ZUM 2008, 608, 610f.; *Kreile* ZUM 2007, 682, 684; *Schaub* ZUM 2005, 212, 213; *Haas* Rn. 321) und ergänzen sich kumulativ (s. § 32 Rn. 47ff.; § 32c Rn. 25). Hierzu dient auch der Anspruch auf Auskunft, für dessen Gewährung nicht der Anspruch auf Einwilligung feststehen muss (BGH WRP 2002, 715, 716 – Musikfragmente).

2. Anpassung wegen Störung der Geschäftsgrundlage (§ 313 BGB)

35   Zwar ist § 32a in seiner Neufassung angesichts der weiteren Voraussetzungen nicht mehr als besondere Ausprägung der Lehre von der Geschäftsgrundlage aufzufassen (s. o. Rn. 15), andererseits will das Gesetz wie auch bei § 32 den Nutzungsvertrag als solchen grds. bestehen lassen und nur einen weiteren Anspruch auf Beteiligung sicherstellen, wenn zwischen Urhebervergütung und Nutzererträgen eine Äquivalenzstörung eintritt. § 32a geht dem § 313 BGB daher als besondere Leistungsstörungsregel vor. Der Urheber kann demnach aufgrund einer unangemessenen Beteiligung an den Erträgen aus der Verwertung seiner Leistungen nicht nach § 313 BGB vorgehen; im Übrigen bleibt § 313 BGB anwendbar (Dreier/Schulze/*Schulze* § 32a Rn. 68; *Schaub* ZUM 2005, 212, 216; *Wimmers/Rode* CR

2003, 399, 404; *Ch. Berger* ZUM 2003, 173, 179: Grundlage Bereicherungsrecht, §§ 812 ff. BGB). Das auffallende Missverhältnis kann bereits vor dem 28.3.2003 entstanden sein (*Pleister/Ruttig* ZUM 2004, 337, 338; Dreier/Schulze/*Schulze* § 32a Rn. 11; *Erdmann* GRUR 2002, 923, 931).

3. Nichtigkeit von Verträgen wegen Sittenwidrigkeit (§ 138 BGB)

§ 138 BGB wird von § 32a nicht berührt, dieser kann ergänzend und unabhängig herangezogen werden (so auch zu § 36 a. F. *v. Gamm* § 36 Rn. 2; BGH GRUR 1991, 901, 902 – Horoskop-Kalender; OLG Hamm ZUM-RD 2008, 8, 17; LG Berlin ZUM-RD 2008, 72, 74; anders Schricker/Loewenheim/*Schricker/Haedicke* § 32a Rn. 10: §§ 32, 32a sind leges speciales gegenüber §§ 138, 826 BGB, soweit der Schutz des Urhebers betroffen ist). Während der maßgebende Zeitpunkt für die Sittenwidrigkeit und damit für die Nichtigkeit des Rechtsgeschäfts aber der Zeitpunkt der Vornahme desselben ist (BGH GRUR 1962, 256 – Im weißen Rössl), erfasst § 32a in erster Linie **nachträgliche Änderungen** der Tatsachenlage, aus denen sich ein gesetzlicher Anspruch auf Vertragsanpassung ergibt. Ergibt sich schon aus der vertraglichen Regelung ein sittenwidriges Missverhältnis zwischen Urhebervergütung und vertraglich vereinbartem Umfang der Werknutzung, kann der Nutzungsvertrag nach § 138 BGB nichtig sein (vgl. BGH Urt. v. 1.12.1999 – I ZR 109/97 – Arbeitsblätter Deutsch = BeckRS 1999, 30084893: Schulbuchautor erhält nach der vertraglichen Regelung im Ergebnis nur 0,196% bzw. 0,722% des Erlöses aus einer Werknutzung, bei der mindestens 3% üblich und angemessen wären). 36

VII. Rechtslage für Sachverhalte bis zum 30.6.2002 und Altverträge

1. Nutzungshandlungen seit Inkrafttreten des § 32a

Nach der besonderen Übergangsvorschrift des § 132 Abs. 3 S. 2 findet § 32a auf alle Sachverhalte Anwendung, die nach dem 28.3.2002 entstanden sind (vgl. nur BGH GRUR 2012, 496, 501 – Das Boot; OLG München ZUM 2011, 665, 673 – Pumuckl; OLG München GRUR-RR 2011, 245, 247 – Tatort-Vorspann; OLG München ZUM 2010, 808, 815 – Das Boot; LG München I ZUM 2009, 794, 801 – Das Boot; OLG München GRUR-RR 2008, 37, 40 – Pumuckl-Illustrationen II; OLG Hamm ZUM-RD 2008, 8, 17; LG Berlin ZUM-RD 2007, 194, 197; KG ZUM 2004, 467, 469; OLG München ZUM 2005, 759, 760; OLG Naumburg ZUM 2005, 759, 761). Da § 32a an die Nutzungshandlungen der Verwerter anknüpft und nicht wie die Grundregel des § 132 Abs. 3 S. 1 auch an die zugrunde liegenden Vertragsverhältnisse, gilt § 32a für sämtliche Verwertungsvorgänge und anfallende Erträge seit dem 28.3.2002, gleichgültig, wann die Einräumung der Nutzungsrechte erfolgte. Folglich sind Urheber und ausübende Künstler nach § 32a im Ergebnis an **jeder Nutzung ihrer Leistungen nach dem 28.3.2002** angemessen zu beteiligen, auch wenn der Nutzungsvertrag weit vor dieser Zeit abgeschlossen wurde, sofern zwischen Gegenleistung und Erträgen ein auffälliges Missverhältnis besteht (so auch BGH GRUR 2012, 496, 501 – Das Boot; OLG München ZUM 2010, 808, 815 – Das Boot; LG Hamburg ZUM 2008, 608, 610). Für den Anspruch aus § 32a kommt es nach § 132 Abs. 3 S. 2 nicht darauf an, ob das auffällige Missverhältnis i. S. d. § 32a erst nach dem 28.3.2002 entstanden ist, oder ob es bereits vor dem 28.3.2002 bestand und nach dem 28.3.2002 fortbestanden hat. Dabei sind auch die vor dem 28.3.2002 erzielten Vorteile und Erträge des Verwerters zu berücksichtigen (BGH GRUR 2012, 496, 501 – Das Boot). Auf den Zeitpunkt des Vertragsschlusses kommt es demnach nicht an (*Zentek* ZUM 2006, 117, 118). § 32a erfasst auch Altverträge, die vor dem 1.1.1966 geschlossen wurden, auch wenn der alte Bestsellerparagraf § 36 a. F. für diese gerade nicht galt (s. § 132 Rn. 10; ebenso Schricker/Loewenheim/*Schricker/Haedicke* § 32a Rn. 3). 37

2. Geltung des § 36 a. F. für Nutzungshandlungen vor dem 28.3.2002

38 Für Nutzungshandlungen, Erträge und auffällige Missverhältnisse **vor dem 28.3.2002** gilt § 32a nicht. Hier ist nach § 132 Abs. 3 S. 1 vielmehr weiterhin § 36 a. F. anzuwenden (vgl. BGH GRUR 2012, 496, 502 – Das Boot; LG Berlin ZUM-RD 2008, 72, 74). Dieser lautete wie folgt:

§ 36. Beteiligung des Urhebers

(1) Hat der Urheber einem anderen ein Nutzungsrecht zu Bedingungen eingeräumt, die dazu führen, daß die vereinbarte Gegenleistung unter Berücksichtigung der gesamten Beziehungen des Urhebers zu dem anderen in einem groben Mißverhältnis zu den Erträgnissen aus der Nutzung des Werkes steht, so ist der andere auf Verlangen des Urhebers verpflichtet, in eine Änderung des Vertrages einzuwilligen, durch die dem Urheber eine den Umständen nach angemessene Beteiligung an den Erträgnissen gewährt wird.

(bis 31.12.2001:

(2) Der Anspruch verjährt in zwei Jahren von dem Zeitpunkt an, in dem der Urheber von den Umständen, aus denen sich der Anspruch ergibt, Kenntnis erlangt, ohne Rücksicht auf diese Kenntnis in zehn Jahren.

seit 1.1.2002: Abs. 2 aufgehoben durch das Gesetz zur Modernisierung des Schuldrechts)

(3) Auf den Anspruch kann im Voraus nicht verzichtet werden. Die Anwartschaft darauf unterliegt nicht der Zwangsvollstreckung; eine Verfügung über die Anwartschaft ist unwirksam.

3. Voraussetzungen des § 36 a. F.

39 **a) Anwendungsbereich, Anspruchsinhaber, Anspruchsgegner, Nutzungsrecht.** § 36 a. F. gilt **nicht** im **Filmbereich** (§ 90 S. 2 a. F.). Auch der Anspruch nach § 36 Abs. 1 a. F. ist unverzichtbar, unterliegt nicht der Zwangsvollstreckung und kann nicht im Voraus veräußert werden (§ 36 Abs. 3 a. F., vgl. oben Rn. 32 zum inhaltsgleichen § 32a Abs. 3). Inhaber des Anspruchs kann nur ein **Urheber** sein, nicht aber ein ausübender Künstler. Anspruchsgegner ist (wie bei § 32a) zunächst der **Vertragspartner** des Urhebers, nach zutreffender Ansicht aber auch jeder **Dritte,** der aus der Nutzung des Werkes Vorteile zieht (vgl. Rn. 26 ff.), § 36 a. F. gilt hier analog (Fromm/Nordemann/*Czychowski* § 32a Rn. 29, weitere Nachweise oben Rn. 26). § 36 a. F. kommt nur zum Tragen, wenn die Rechtseinräumung schon vollzogen ist.

40 **b) Grobes, unerwartetes Missverhältnis von Gegenleistung und Erträgnissen.** Anders als bei § 32a muss hier zwischen vereinbarter Gegenleistung (dazu Rn. 8 ff.) und den Erträgen des Verwerters (dazu Rn. 11 ff.) unter Berücksichtigung der gesamten Beziehungen zwischen Urheber und Verwerter (s. Rn. 14) ein „**grobes Missverhältnis**" bestehen (vgl. LG Berlin ZUM-RD 2008, 72, 74; OLG Hamm ZUM-RD 2008, 14, 17). Maßstab für das Missverhältnis ist auch hier dasjenige, was üblicherweise zu leisten ist, um den Urheber angemessen an der Verwertung seiner Werke zu beteiligen (BGH GRUR 2002, 153, 155 – Kinderhörspiele). Die Rechtsprechung nahm zuletzt auch ein grobes Missverhältnis i. S. d. § 36 a. F. schon dann an, wenn die vertragliche Vergütung „deutlich unterhalb der Angemessenheitsgrenze" liegt (BGH GRUR 2002, 153, 155; insoweit enger BGH GRUR 1996, 763, 765 – Salome II: Abweichung von 100% nicht ausreichend; vgl. auch BGHZ 115, 63 – Horoskop-Kalender: vereinbarte Vergütung beträgt 19% bzw. 35% der unteren Grenze eines üblichen Beteiligungshonorars; vgl. auch OLG München ZUM 2001, 994 ff. – Der Diamant des Salomon: Übersetzerin bekommt DM 15 410,–, Verlag erlöst DM 9,44 Mio.) oder in „krassem Missverhältnis" zum üblichen steht (LG Berlin ZUM-RD 2007, 194, 196: anteilige Vergütung für Nebenrechte von nur 2% statt üblichen 25%).

41 Darüber hinaus musste das Missverhältnis nach der bisherigen Rechtsprechung **unerwartet** gewesen sein (BGHZ 137, 387, 397 – Comic-Übersetzungen; BGHZ 115, 63 – Horoskop-Kalender; OLG Hamm ZUM-RD 2008, 14, 17; ebenso BT-Drucks. IV/3401, 5; *v. Gamm* § 36 Rn. 2; Möhring/Nicolini/*Spautz* § 36 Rn. 8). Rechtsprechung und Teile der Lehre sehen § 36 a. F. als besondere Ausprägung der clausula rebus sic stantibus, also der Durchbrechung des Grundsatzes „pacta sunt servanda" wegen schwerwiegender Änderung der Geschäftsgrundlage (s. o. Rn. 15; vgl. LG Berlin ZUM-RD 2008, 72, 74). Rechneten die Parteien also bei Vertragsschluss schon damit, dass das Werk sehr erfolgreich werden könnte, und schlug sich dies möglicherweise sogar in der Vereinbarung nieder, ist für § 36 a. F. nach dieser Ansicht kein Raum. Dies war aber schon bisher abzulehnen. § 36 a. F. ist eine eigenständige Ausprägung des speziellen urheberrechtlichen Beteiligungsgrundsatzes, das Merkmal der „Unerwartetheit" findet keinen Niederschlag im Gesetzeswortlaut und widerspricht dem Sinn und Zweck der Norm (ebenso *Schack* Rn. 1098; *Brandner* GRUR 1993, 173, 176 f.; a. A. aber BGHZ 137, 387, 389 – Comic-Übersetzungen).

c) Rechtsfolgen. Auch § 36 a. F. gibt dem Urheber zunächst nur einen Anspruch auf **42 Abgabe einer Willenserklärung.** Der Urheber kann auf Einwilligung klagen und dabei beantragen, was angemessen sein soll, oder dies in das Ermessen des Gerichts stellen (§ 287 Abs. 2 ZPO). Möglich ist auch die **Stufenklage** (§ 254 ZPO) auf Auskunft darüber, welche Erträge der Verwerter mit der Werknutzung erwirtschaftet hat in Verbindung mit einer Leistungsklage auf dasjenige, was sich aus der vollzogenen Vertragsänderung ergibt (vgl. LG Berlin ZUM-RD 2008, 72, 74). Das Recht auf Auskunftserteilung erfasst nicht nur die Angabe der Namen und Anschriften der Vertragspartner, sondern auch die Auskunft über sämtliche Lizenznehmer sowie über die Lizenzverträge (BGH GRUR 2012, 496, 504 – Das Boot).

Die **angepasste Höhe der angemessenen Beteiligung** an den Erträgnissen der Werk- **43** nutzung entspricht einer üblichen und angemessenen Beteiligung (so zuletzt BGH GRUR 2002, 153, 155 – Kinderhörspiele; nun auch Schricker/Loewenheim/*Schricker/Haedicke* § 32a Rn. 19). Nach § 36 a. F. steht damit derjenige Urheber besser, dessen Vergütung soweit unterhalb einer angemessenen Beteiligung liegt, dass sich ein grobes Missverhältnis ergibt. Ein zwar unangemessen, aber über der Schwelle des groben Missverhältnisses vergüteter Urheber konnte hingegen nicht nach § 36 a. F. vorgehen (nunmehr aber stets nach § 32). In der Rechtsfolge des Korrekturanspruchs aus § 36 a. F. tritt an die Stelle der gänzlich unangemessenen Regelung eine angemessene Regelung (BGH GRUR 2002, 153, 155 – Kinderhörspiele).

4. Verjährung der Ansprüche aus § 36 a. F., Geltung neben § 32a

Bis zum 31.12.2001 verjährten die Ansprüche aus § 36 a. F. **zwei Jahre** nach Kenntnis **44** des Urhebers von den anspruchsbegründenden Tatsachen (BGH ZUM 2002, 549 – Musikfragmente; LG Berlin ZUM-RD 2008, 72, 75; LG Berlin ZUM-RD 2007, 194, 197; OLG Köln ZUM 2004, 489, 490), ohne Kenntnis nach 10 Jahren seit Entstehung (§ 36 Abs. 2 a. F.). Das Gesetz zur Modernisierung des Schuldrechts hat diese Regelung mit Wirkung zum 1.1.2002 aufgehoben. Nach § 102 in der Fassung seit dem 1.1.2002 gelten seitdem die §§ 194 ff. BGB entsprechend. Demnach verjähren Ansprüche aus der Zeit v. 1.1.2002 bis zum Inkrafttreten der Reform des Urhebervertragsrechts am 1.7.2002 in **drei Jahren** (§ 195 BGB) seit dem Schluss des Jahres, in dem der Anspruch entstanden ist (§ 199 Abs. 1 Nr. 1 BGB) und der Urheber Kenntnis von den anspruchsbegründenden Tatsachen erlangt hat oder ohne grobe Fahrlässigkeit hätte erlangen müssen (§ 199 Abs. 1 Nr. 2 BGB), sowie ohne Kenntnis nach 10 Jahren seit Entstehung (§ 199 Abs. 4). Aus den **Übergangsregelungen** des Art. 229 § 6 EGBGB (s. § 137i Rn. 4 ff.) ergibt sich, dass nicht nur alle am 1.1.2002 bereits verjährten Ansprüche nach § 36 a. F. verjährt bleiben, sondern dass sich auch die Vollendung von am 1.1.2002 noch laufenden Verjährungsfristen nach der alten Regelung richtet (§ 36 Abs. 2 a. F., § 137i i. V. m. Art. 229 § 6 Abs. 3 EGBGB). Bei **Altverträgen** kann der Urheber für die Zeit vor dem 28.3.2002 ein Anspruch aus § 36 a. F. haben, und für die Zeit ab dem 28.3.2002 einen Anspruch aus § 32a (siehe BGH GRUR 2012, 496 – Das Boot). Werden vor dem 28.3.2002 erzielte Erträge und Vorteile des Verwerters, die für einen Anspruch aus § 36 a. F. oder für einen entsprechenden Anspruch nach den Grundsätzen über den Wegfall der Geschäftsgrundlage nicht „verbraucht" sind, bei der Prüfung eines Anspruchs aus § 32a Abs. 1 berücksichtigt, hat dies keine unzulässige Rückwirkung zur Folge (BGH GRUR 2012, 496, 502 – Das Boot).

UrhG § 32b

§ 32b Zwingende Anwendung

Die §§ 32 und 32a finden zwingend Anwendung,
1. wenn auf den Nutzungsvertrag mangels einer Rechtswahl deutsches Recht anzuwenden wäre oder
2. soweit Gegenstand des Vertrages maßgebliche Nutzungshandlungen im räumlichen Geltungsbereich dieses Gesetzes sind.

Literatur: *Dessemontet,* Copyright Contracts and choice of law, in: FS Nordemann, 479; *Haas,* Das neue Urhebervertragsrecht, München 2002; *Hausmann,* Möglichkeiten und Grenzen der Rechtswahl in internationalen Urheberrechtsverträgen, in: *Rehbinder* (Hrsg.), Beiträge zum Film und Medienrecht, Festschrift für Wolf Schwarz zum 70. Geburtstag, Baden-Baden 1988 (zit. *Hausmann* FS Schwarz); *Hilty/Peukert,* Das neue deutsche Urhebervertragsrecht im internationalen Kontext, GRUR Int. 2002, 643; *Hilty/Peukert,* „Equitable Remuneration" in Copyright Law: The Amended German Copyright Act as a Trap for the Entertainment Industry in the U.S., Cardozo Arts & Entertainment Law Journal 2004 (Band 22) 401; *Hoffmann,* Die Vergütungsansprüche des Urhebers im reformierten Urhebervertragsrecht, Berlin u. a. 2012; *Katzenberger,* Urheberrechtsverträge im Internationalen Privatrecht und Konventionsrecht, in: FS Schricker 1995, 225; *Kreile/Becker/Riesenhuber,* Recht und Praxis der GEMA, 2. Auflage, Berlin 2008; *Leible/Lehmann,* Die Verordnung über das auf vertragliche Schuldverhältnisse anzuwendende Recht, RIW 2008, 528; *Loewenheim,* Rechtswahl bei Filmlizenzverträgen, ZUM 1999, 923; *Magnus,* Die Rom I-Verordnung, IPRax 2010, 27; *Mäger,* Der Schutz des Urhebers im internationalen Vertragsrecht, Berlin 1995; *Nordemann, W.,* Das neue Urhebervertragsrecht, München 2002; *Nordemann-Schiffel,* Zur internationalen Anwendbarkeit des neuen Urhebervertragsrechts, in: FS Nordemann, 479; *W. Nordemann/J. B. Nordemann,* Die US Doktrin des „work made for hire" im neuen deutschen Urhebervertragsrecht – ein Beitrag insbesondere zum Umfang der Rechtseinräumung für Deutschland, in: FS Schricker 2005, 473; *J. B. Nordemann,* Praxiskommentar zum Urheberrecht – Rezession, NJW 2006, 1719; *Obergfell,* Filmverträge im deutschen materiellen Recht und internationalen Privatrecht, Köln u. a. 2001; *Obergfell,* Deutscher Urheberschutz auf internationalem Kollisionskurs – Zur zwingenden Geltung der §§ 32, 32a UrhG im Internationalen Vertragsrecht, K&R 2003, 118; *Peukert,* Protection of Authors and Performing Artists in International Law – Considering the Example of Claims for Equitable Remuneration Under German and Italian Copyright Law, ICC 2004, 900; *Pfeiffer,* Neues Internationales Vertragsrecht – Zur Rom I-Verordnung, EuZW 2008, 622; *Pütz,* Zum Anwendungsbereich des § 32b UrhG: Internationales Urhebervertragsrecht und angestellte Urheber, IPRax 2005, 13; *Pütz,* Parteiautonomie im internationalen Urhebervertragsrecht, Frankfurt a. M., 2005; *Rixecker/Säcker* Münchener Kommentar zum Bürgerlichen Gesetzbuch, Band 10, Internationales Privatrecht, 5. Auflage, München, 2011; *Schack,* International zwingende Normen im Urhebervertragsrecht, in: *Lorenz* u. a. (Hrsg.), Festschrift für Andreas Heldrich zum 70. Geburtstag, München 2005, 997 (zit. *Schack* FS Heldrich); *Sprang,* Die Vereinbarung angemessener Vergütung in der Verlagsbranche, ZUM 2010, 116; *Spindler/Schuster,* Recht der elektronischen Medien, München, 2. Auflage, 2011; *Stimmel,* Die Beurteilung von Lizenzverträgen unter der Rom I-Verordnung GRUR Int. 2010, 783; *Wandtke/Neu,* Die Bedeutung des § 32b UrhG in Bezug auf die Vereinigten Staaten von Amerika, GRUR Int. 2011, 693; *v. Welser,* Neue Eingriffsnormen im internationalen Urhebervertragsrecht, IPRax 2002, 264; *Zimmer,* Urheberrechtliche Verpflichtungen und Verfügungen im Internationalen Privatrecht, Baden-Baden 2006.
Vgl. darüber hinaus die Angaben im eingangs abgedr. Gesamtliteraturverzeichnis.

Übersicht

	Rn.
I. Bedeutung der Vorschrift	1, 2
II. Vertragsstatut (Nr. 1)	3
III. Maßgebliche Nutzungshandlungen in Deutschland (Nr. 2)	4
IV. Beschränkung der Rechtswahl nach Art. 3, 8 Rom-I-Verordnung	5, 6
V. Fallgruppen	7–11
1. Urheber und Lizenznehmer mit Sitz in Deutschland	8
2. Urheber mit Sitz in Deutschland, Lizenznehmer im Ausland	9
3. Urheber mit Sitz im Ausland, Lizenznehmer in Deutschland	10
4. Urheber und Lizenznehmer mit Sitz im Ausland	11
VI. Rechtslage für Sachverhalte bis zum 30.6.2002	12

I. Bedeutung der Vorschrift

§ 32b regelt den kollisionsrechtlichen Anwendungsbereich der §§ 32, 32a und hat wesentliche Auswirkungen auf das internationale Urhebervertragsrecht (zur Einführung Vor §§ 120 ff. Rn. 21 ff.). Das **Vertragsstatut** ist in der Rom-I-Verordnung (VO [EG] Nr. 593/2008 vom 17. Juni 2008 über das auf vertragliche Schuldverhältnisse anzuwendende Recht) geregelt. Die Rom-I-Verordnung ist auf Verträge anzuwenden, die nach dem 17. Dezember 2009 geschlossen wurden und entspricht nur teilweise den aufgehobenen Art. 27 ff. EGBGB. Art. 3 Rom-I-Verordnung enthält den **Grundsatz der freien Rechtswahl**. Die Parteien können den schuldrechtlichen Vertrag der Rechtsordnung ihrer Wahl unterstellen. Als **Ausnahme** hiervon ordnet § 32b an, dass sich **§§ 32, 32a als kollisionsrechtlich zwingende Normen (Eingriffsnormen)** i. S. d. Art. 9 Rom-I-Verordnung durchsetzen und verhindert eine Umgehung der urheberschützenden Regelungen (Dreier/Schulze/*Schulze* § 32b Rn. 2; Spindler/Schuster/*Wiebe* § 32b Rn. 1). Während § 32b Nr. 1 auf die objektive Anknüpfung des Vertrages verweist, knüpft § 32b Nr. 2 an den Ort der vertraglich geregelten Nutzungshandlung an. Damit werden die wesentlichen Fälle erfasst, die eine enge Beziehung zum Inland aufweisen (vgl. Schricker/Loewenheim/*Katzenberger* Vor §§ 120 ff. Rn. 167; *Katzenberger* FS Schricker 1995, 225, 256). Die Regelung gilt nach § 79 Abs. 2 S. 2 für ausübende Künstler entsprechend.

Auch im Urhebervertragsrecht gilt die **Unterscheidung zwischen Eingriffsnormen und lediglich materiellrechtlich zwingenden Normen** (vgl. Reithmann/Martiny/ *Freitag* Rn. 463). Materiellrechtlich zwingende Normen können durch die Wahl einer fremden Rechtsordnung grds. umgangen werden und sind nur ausnahmsweise im Anwendungsbereich der Art. 3 und Art. 8 Rom-I-Verordnung von Bedeutung. Materiellrechtlich zwingende Vertragsvorschriften sind unter anderem §§ 34 Abs. 3–5, 32, 32a (vgl. *Schack* Rn. 1083; zu § 31 Abs. 4 a. F. vgl. BGH GRUR 1991, 133 – Videozweitauswertung; BGH ZUM 2001, 699, 702 – Barfuß ins Bett). Demgegenüber setzen sich inländische Eingriffsnormen auch dann durch, wenn auf den Sachverhalt ansonsten ausländisches Recht anzuwenden ist. Der Geltungszwang ist also stärker als bei rein materiellrechtlich zwingenden Normen. Das gilt unabhängig davon, ob das ausländische Recht nach Art. 3 Rom-I-Verordnung vereinbart wurde oder Ergebnis einer objektiven Anknüpfung nach Art. 4 Rom-I-Verordnung ist (vgl. *Hoffmann* 187). Kollisionsrechtlich zwingend sind allein §§ 32, 32a (MüKo/*Martiny* Art. 4 Rom-I-VO Rn. 205; *W. Nordemann/J. B. Nordemann* FS Schricker 1995, 473, 482; Reithmann/Martiny/*Obergfell* Rn. 1812; *Obergfell* K&R 2003, 118, 123 f.; *Schack* Rn. 1291; *Schack* FS Heldrich 997, 1000 f.; *Hilty/Peukert* Cardozo Arts & Entertainment Law Journal 2004 (Band 22) 401, 436; *Hilty/Peukert* GRUR Int. 2002, 643, 649 f.; *v. Welser* IPRax 2002, 364, 365). Das folgt im **Umkehrschluss aus § 32b**, der allein §§ 32, 32a zu Eingriffsnormen erklärt und andere Vorschriften nicht nennt (ebenso bereits *Siehr* 292; *Hausmann* FS Schwarz 47, 74; *Obergfell* 321; *Stimmel* GRUR Int. 2010, 783, 791; Kreile/Becker/Riesenhuber/*Himmelmann* Kapitel 18 Rn. 89a; Spindler/Schuster/ *Pfeiffer/Weller/Nordmeier* Art. 9 Rom-I-VO Rn. 16; anders OLG Köln ZUM 2011, 574, 575 – Weitergabe von Fotos; Möhring/Nicolini/*Hartmann* Vor §§ 120 ff. Rn. 44; Schricker/ Loewenheim/*Katzenberger* § 32b Rn. 33; *Schricker* Einl. VerlG Rn. 47; *Katzenberger* FS Schricker 1995, 225, 255 f.). Der BGH ließ die Frage nach dem international zwingenden Charakter des § 31 Abs. 4 a. F. (s. § 31 Rn. 38) offen (BGH ZUM 2001, 699, 702 – Barfuß ins Bett; die international zwingende Anwendung des § 31 Abs. 4 a. F. ablehnend *Obergfell* K&R 2003, 118, 125; *Hilty/Peukert* GRUR Int. 2002, 643, 644; *J. B. Nordemann* NJW 2006, 1719; *v. Welser* IPRax 2002, 364, 365). Zu Unrecht hielten das OLG Köln und das LG München sogar die in § 31 Abs. 5 kodifizierte Zweckübertragungslehre für international zwingend (OLG Köln ZUM 2011, 574, 576 – Weitergabe von Fotos; LG München I ZUM-RD 2002, 21, 25 f. – Aguilera). Diese Auffassung ist schon deshalb unrichtig, weil

§ 31 Abs. 5 nicht einmal eine materiellrechtlich zwingende Vorschrift, sondern eine reine **Auslegungsregel** enthält (BGH, Urteil vom 31. Mai 2012, Aktezeichen I ZR 73/10 – Honorarbedingungen Axel Springer Verlag; BGH GRUR 1984, 45 – Honorarbedingungen: Sendevertrag; BGH GRUR 1984, 119 – Synchronisationssprecher; KG AfP 2010, 388 – Axel Springer; OLG Karlsruhe, Urteil vom 9. März 2011, Aktezeichen 6 U 181/10 – Südkurier; OLG Hamm, Urteil vom 27. Januar 2011, Aktezeichen I-4 U 183/10 – West-Media; *Schack* Rn. 1104; *Obergfell* K&R 2003, 118, 126; *v. Welser* IPRax 2002, 364, 365; anderer Ansicht OLG Hamburg GRUR-RR 2011, 293, 294 – Bauer; OLG Rostock, Urteil vom 9. Mai 2012, Aktezeichen 2 U 18/11 – Nordost-Mediahouse; LG Braunschweig ZUM 2012, 66, 72 – Braunschweiger Zeitung; LG Mannheim ZUM-RD 2012, 161, 162 – Abrechnungsformular; LG Bochum ZUM-RD 2012, 217 – WAZ Fotopool). Das OLG Frankfurt ließ ausdrücklich offen, ob die Grundsätze der Zweckübertragungslehre auch für solche Rechtseinräumungen gelten, die nach US-amerikanischem Recht zu beurteilen sind (OLG Frankfurt ZUM-RD 2004, 349, 355).

II. Vertragsstatut (Nr. 1)

3   § 32b Nr. 1 verweist auf das in Art. 4 Rom-I-Verordnung geregelte Vertragsstatut. Sofern keine Rechtswahl getroffen wurde, beurteilt sich der Vertrag gemäß Art. 4 Abs. 2 Rom-I-VO nach dem Recht des Staates, in dem die Partei, welche die für den Vertrag charakteristische Leistung zu erbringen hat, ihren gewöhnlichen Aufenthalt hat. Bei Verträgen, in denen sich der Urheber zur Schöpfung eines Werkes und die andere Partei zur Zahlung verpflichtet, ist die Werkschöpfung die charakteristische Leistung. Anders ist dies wiederum beim Verlagsvertrag, der dem Verleger eine Verwertungspflicht aufbürdet. Hier erbringt der Verleger die charakteristische Leistung. Bei Nutzungsverträgen, die dem Verwerter eine **Ausübungslast** auferlegen, ist demnach der Sitz des Verwerters maßgeblich, da dieser die **charakteristische Leistung i. S. d. Art. 4 Abs. 2 Rom-I-Verordnung** erbringt (Vor §§ 120 ff. Rn. 24). Verpflichtet ein Verlagsvertrag den Verleger zur Vervielfältigung und Verbreitung des Werkes, so gilt das Recht seines Sitzstaates (BGH ZUM 2001, 989, 991 – Lepo Sumera; *Schricker* Einl. VerlG Rn. 43; Reithmann/Martiny/*Obergfell* Rn. 1802; *Nordemann-Schiffel* FS Nordemann 2004, 479, 480 f.; *Siehr* 291; *Haas* Rn. 475; zur Auswertungspflicht bei Übersetzungsverträgen BGH NJW 2005, 596 – Oceane Mare). Ein in Deutschland ansässiger Verleger kann §§ 32, 32a deshalb nicht dadurch umgehen, dass im Verlagsvertrag eine ausländische Rechtsordnung vereinbart wird. Geht es um die Geltendmachung des Anspruches aus § 32a Abs. 2 S. 2 (Durchgriffshaftung) gegen einen Dritten, der die Rechte vom Vertragspartner des Urhebers erworben hat, so kommt ein Anspruch nur in Betracht, wenn bereits der erste Vertrag bei objektiver Anknüpfung deutschem Recht unterliegen würde (*Hilty/Peukert* GRUR Int. 2002, 643, 664). § 32b Nr. 1 erfasst auch Nutzungshandlungen im Ausland, sofern bei objektiver Anknüpfung deutsches Recht zur Anwendung käme.

III. Maßgebliche Nutzungshandlungen in Deutschland (Nr. 2)

4   § 32b Nr. 2 erstreckt die kollisionsrechtlich zwingende Wirkung auf Verträge, soweit deren Gegenstand maßgebliche Nutzungshandlungen in Deutschland sind. § 32b Nr. 2 ist anwendbar, wenn ausländisches Vertragsrecht kraft objektiver Anknüpfung gilt, unabhängig davon, ob die Parteien die Geltung ausländischen Rechts vereinbart haben oder nicht (Dreier/Schulze/*Schulze* § 32b Rn. 8; *Haas* Rn. 476; vgl. OLG Düsseldorf ZUM 2006, 326 – Marcel Lajos Breuer). Die Regelung erfasst als Auffangtatbestand die Mehrheit der Sachverhalte mit internationalem Bezug. Für die Frage, wann maßgebliche Nutzungshand-

lungen vorliegen, kommt es allein auf die **vertragsgegenständlichen Nutzungshandlungen in Deutschland** an. Ohne Bedeutung ist hingegen, in welchem quantitativen Verhältnis die inländische Nutzungshandlung zu etwaigen ausländischen steht (*Wandtke/ Neu* GRUR Int. 2011, 693, 695 f.; *Nordemann-Schiffel* FS Nordemann 2004, 479, 483). Sind Vertragsgegenstand bspw. die Weltrechte an einem Roman und ist eine Verwertung in Deutschland beabsichtigt, so können die vertragsgegenständlichen Nutzungshandlungen in Deutschland auch dann maßgeblich i. S. d. Nr. 2 sein, wenn sie nur einen geringen Anteil am Gesamtvertrag ausmachen. Maßgeblich sind solche Nutzungshandlungen, die nicht derart geringfügig sind, dass sie typischerweise in Lizenzverträgen vernachlässigt werden (vgl. *Schack* FS Heldrich 997, 999; *Schricker/Loewenheim/Katzenberger* § 32b Rn. 19). Wurde eine Nutzungshandlung zum Gegenstand einer vertraglichen Regelung, so spricht dies dagegen, die Nutzung als unmaßgeblich anzusehen. Ansprüche aus §§ 32, 32a können nur für in Deutschland vorgesehene Nutzungshandlungen geltend gemacht werden. Die Formulierung des § 32b Nr. 2 verdeutlicht, dass sich die §§ 32, 32a kollisionsrechtlich nach § 32b Nr. 2 nur soweit durchsetzen, wie die Berührung mit dem Inland reicht. Wird bspw. einem ausländischen Verleger nach ausländischem Vertragsrecht ein weltweit ausschließliches Nutzungsrecht eingeräumt, so kommt ein Anspruch nach § 32a nur dann und insoweit in Betracht, als es um ein auffälliges Missverhältnis zwischen den beiderseitigen Leistungen in Deutschland geht (*Nordemann-Schiffel* FS Nordemann 2004, 479, 484; *Büscher/ Dittmer/Schiwy/Haberstumpf* § 32b Rn. 3). Anders als § 32b Nr. 1 erfasst § 32b Nr. 2 also keine Auslandsnutzung (*Schricker/Loewenheim/Katzenberger* § 32b Rn. 20; *Reithmann/ Martiny/Obergfell* Rn. 1812; *Obergfell* K&R 2003, 118, 124; *Hoffmann* 188).

IV. Beschränkung der Rechtswahl nach Art. 3 und 8 Rom-I-Verordnung

Eine Beschränkung der Rechtswahl kann sich auch im Anwendungsbereich der Art. 3 Abs. 3 und 4 sowie Art. 8 Rom-I-Verordnung ergeben. Hierbei sind insb. auch rein materiellrechtlich zwingende Vorschriften wie § 31 Abs. 4 relevant. Art. 3 Abs. 3 Rom-I-Verordnung schränkt die Rechtswahl bei **fehlendem Auslandsbezug** ein. Zwingende Bestimmungen eines Landes werden nicht durch die Wahl des Rechts eines anderen Landes berührt, wenn der sonstige Sachverhalt zum Zeitpunkt der Rechtswahl nur mit dem ersten Staat verbunden war. Der Anwendungsbereich des Art. 3 Abs. 3 Rom-I-Verordnung ist im Urheberrecht indes gering, da Nutzungsrechte häufig gleichzeitig für mehrere Staaten eingeräumt werden und dadurch ein entsprechender Auslandsbezug besteht (ebenso *Dreier/Schulze/Schulze* § 32b Rn. 4; *Nordemann-Schiffel* FS Nordemann 2004, 479, 485). Eine Sonderregelung für reine **Binnenmarktsachverhalte** enthält Art. 3 Abs. 4 Rom-I-Verordnung. Weist der Sachverhalt keine Bezüge zu einem Drittstaat auf, so kann nach Art. 3 Abs. 4 Rom-I-Verordnung von zwingendem **Gemeinschaftsrecht** – gegebenenfalls in der jeweils umgesetzten Form – nicht abgewichen werden. Hier können die urheberrechtlich relevanten Richtlinien eine Rolle spielen. In solchen Binnenmarktfällen mit Bezug zu mehreren Mitgliedstaaten kann also durch Rechtswahl durchaus vom zwingenden Recht der berührten Mitgliedstaaten abgewichen werden, nicht hingegen vom zwingenden Gemeinschaftsrecht.

Eine Einschränkung der Rechtswahlfreiheit für **Arbeitsverträge** enthält Art. 8 Rom-I-Verordnung. Die Rechtswahl darf nicht dazu führen, dass dem Arbeitnehmer der Schutz entzogen wird, der ihm durch die zwingenden Bestimmungen des Rechts gewährt wird, welches ohne Rechtswahl auf den Vertrag anzuwenden wäre. Die Wirkung der Rechtswahl wird durch das Günstigkeitsprinzip eingeschränkt (vgl. *Mäger* 124 ff.). Nach Art. 8 Abs. 2 Rom-I-Verordnung unterliegen Arbeitsverträge dem Recht des gewöhnlichen Arbeitsortes. Verrichtet ein Arbeitnehmer bspw. seine vertraglich geschuldete Tätigkeit gewöhnlich in Deutschland, so kann ihm auch durch die Vereinbarung amerikanischen Rechts nicht der Schutz des § 34 Abs. 3–5 genommen werden. Bei einem nicht angestellten Urheber führt die Vereinbarung ausländischen Rechts hingegen zum Verlust des Schutzes aus § 34 Abs. 3–5. Im Hinblick auf die dem Art. 8 Rom-I-Verordnung entsprechende, aufgehobene Regelung in Art. 30 EGBGB wurde vertreten, diese ginge dem § 32b als speziellere Regel vor (*Haas* Rn. 482; dagegen *Pütz* IPRax 2005, 13, 16).

V. Fallgruppen

7   Die Wirkung der rechtswahlbeschränkenden Normen wird im Folgenden anhand von Fallgruppen dargestellt. Gemeinsamer Ausgangspunkt ist die **Vereinbarung einer ausländischen Rechtsordnung** durch die Vertragsparteien.

1. Urheber und Lizenznehmer mit Sitz in Deutschland

8   Aus Art. 3 Abs. 3 Rom-I-Verordnung folgt, dass ausländisches Recht auch dann vereinbart werden kann, wenn der Vertrag keinen Auslandbezug aufweist (*Loewenheim* ZUM 1999, 923, 925). Allerdings setzen sich dann alle materiellrechtlich zwingenden Normen (z. B. §§ 34 Abs. 3–5, 32, 32a) durch. Liegt hingegen eine Auslandberührung vor, sind nach § 32b Nr. 1 allein die Eingriffsnormen zu beachten (§§ 32, 32a). Werden Nutzungsrechte im Rahmen eines Arbeitsverhältnisses eingeräumt, so gilt Art. 8 Rom-I-Verordnung mit der Folge, dass dem Arbeitnehmer nicht der Schutz entzogen werden darf, der ihm durch die zwingenden Bestimmungen des objektiven Arbeitsstatuts gewährt wird. Besteht ein einschlägiger Tarifvertrag, so geht dieser den Ansprüchen aus §§ 32, 32a grds. vor, §§ 32 Abs. 4, 32a Abs. 4. Als zwingende Bestimmungen, deren Umgehung Art. 8 Rom-I-Verordnung verbietet, sind dann die entsprechenden Bestimmungen des Tarifvertrags heranzuziehen. Daneben gilt der Schutz nach § 34 Abs. 3–5, der auch durch § 43 nicht außer Kraft gesetzt wird (vgl. § 43 Rn. 80 ff.).

2. Urheber mit Sitz in Deutschland, Lizenznehmer im Ausland

9   Trifft den Lizenznehmer eine Ausübungslast, so greift § 32b Nr. 1 nicht, da Art. 4 Rom-I-Verordnung auf das ausländische Recht verweist. Zur Anwendung der kollisionsrechtlich zwingenden Bestimmungen kann es nur über § 32b Nr. 2 kommen, soweit Gegenstand des Vertrages maßgebliche Nutzungshandlungen in Deutschland sind. Besteht demgegenüber – bspw. bei einer einfachen Lizenz – keine Ausübungspflicht des Lizenznehmers, so führt die objektive Anknüpfung zum deutschen Recht. Nach § 32b Nr. 1 setzen sich §§ 32, 32a durch. Für Arbeitnehmer gilt Art. 8 Rom-I-Verordnung (s. Rn. 8).

3. Urheber mit Sitz im Ausland, Lizenznehmer in Deutschland

10   Trifft den Lizenznehmer eine Ausübungslast, so greift § 32b Nr. 1 mit der Folge ein, dass der im Ausland ansässige Urheber Ansprüche nach §§ 32, 32a geltend machen kann. Besteht hingegen keine Ausübungslast des Lizenznehmers, so kann der Urheber nur Ansprüche nach §§ 32, 32a geltend machen, soweit maßgebliche Nutzungshandlungen in Deutschland Vertragsgegenstand sind. Für Arbeitnehmer gilt Art. 8 Rom-I-Verordnung (s. Rn. 8).

4. Urheber und Lizenznehmer mit Sitz im Ausland

11   Ansprüche nach §§ 32, 32a sind auch dann denkbar, wenn beide Vertragsparteien ihren Sitz im Ausland haben, soweit Vertragsgegenstand maßgebliche Nutzungshandlungen in Deutschland sind. In der Praxis besteht allerdings die Gefahr, dass inländischen Eingriffsnormen von ausländischen Gerichten wenig Beachtung geschenkt wird. Auch Fallkonstellationen, in denen Arbeitnehmer über Art. 8 Rom-I-Verordnung geschützt werden, dürften praktisch die Ausnahme sein.

VI. Rechtslage für Sachverhalte bis zum 30.6.2002

Das intertemporale Recht regelt § 132 Abs. 3. Da § 32b lediglich die internationale **12** Durchsetzung der §§ 32, 32a bestimmt, kann auf die Kommentierung bei den einzelnen Anspruchsgrundlagen verwiesen werden (§ 32 Rn. 54ff.; § 32a Rn. 37).

§ 32c Vergütung für später bekannte Nutzungsarten

(1) **Der Urheber hat Anspruch auf eine gesonderte angemessene Vergütung, wenn der Vertragspartner eine neue Art der Werknutzung nach § 31a aufnimmt, die im Zeitpunkt des Vertragsschlusses vereinbart, aber noch unbekannt war. § 32 Abs. 2 und 4 gilt entsprechend. Der Vertragspartner hat den Urheber über die Aufnahme der neuen Art der Werknutzung unverzüglich zu unterrichten.**

(2) Hat der Vertragspartner das Nutzungsrecht einem Dritten übertragen, haftet der Dritte mit der Aufnahme der neuen Art der Werknutzung für die Vergütung nach Absatz 1. Die Haftung des Vertragspartners entfällt.

(3) **Auf die Rechte nach den Absätzen 1 und 2 kann im Voraus nicht verzichtet werden.** Der Urheber kann aber unentgeltlich ein einfaches Nutzungsrecht für jedermann einräumen.

Literatur: S. die Angaben bei § 31a sowie die Angaben im eingangs abgedr. Gesamtliteraturverzeichnis.

Übersicht

	Rn.
I. Bedeutung der Regelung	1–3
II. Anspruch auf eine gesonderte angemessene Vergütung (§ 32c Abs. 1 S. 1, 2)	4–25
1. Voraussetzungen des Vergütungsanspruchs	4–10
a) Anspruchsinhaber, Schutzdauer	4
b) Anspruchsgegner	5
c) Aufnahme der Werknutzung auf neue Nutzungsart	7–10
aa) Nutzungsart schriftlich vereinbart, kein Widerruf	7, 8
bb) Zum Zeitpunkt des Vertragsschlusses unbekannt	9
cc) Aufnahme der Werknutzung	10
2. Rechtsfolge: Anspruch auf angemessene Vergütung	11–25
a) Rechtscharakter des Anspruchs	11–13
aa) Keine Vergütungsvereinbarung	12
bb) Vergütungsvereinbarung	13
b) Inhalt des Anspruchs	14, 15
c) Umfang des Anspruchs: Angemessene Vergütung (§ 32c Abs. 1 S. 2 i. V. m. § 32 Abs. 2 und 4)	16–20
d) Verhältnis zu anderen Vergütungsansprüchen	21–25
aa) Zum vertraglichen Anspruch des Urhebers	21, 22
bb) Zum Anspruch nach § 32 Abs. 1	23, 24
cc) Zum Anspruch nach § 32a Abs. 1	25
III. Unterrichtungspflicht (§ 32c Abs. 1 S. 3)	26–36
1. Grundsatz und Rechtscharakter	26
2. Anspruchsinhaber	27
3. Anspruchsgegner	28, 29
4. Unverzüglich	30
5. Form und Inhalt der Unterrichtung	31, 32
6. Verhältnis der Unterrichtung zur Mitteilung nach § 31a Abs. 1 S. 4	33–35
7. Folgen einer unterbliebenen Unterrichtung durch den Verwerter	36
IV. Übertragung des Nutzungsrechts auf Dritte (§ 32c Abs. 2)	37–45
1. Übertragung des Nutzungsrechts	37
2. Dritter	38, 39

	Rn.
3. Beginn der Haftung des Dritten	40
4. Rechtscharakter, Inhalt und Umfang des Anspruchs gegen den Dritten	41
5. Entfallen der Haftung des Vertragspartners (§ 32c Abs. 2 S. 2)	42–45
a) Grundsatz	42
b) Mehrere Werknutzer	43, 44
c) Entfall der Unterrichtungspflicht?	45
V. Kein Vorausverzicht der Rechte (§ 32c Abs. 3 S. 1)	46
VI. Unentgeltliches Nutzungsrecht für jedermann (§ 32c Abs. 3 S. 2)	47
VII. Verjährung des Anspruchs auf besondere Vergütung	48

I. Bedeutung der Regelung

1 § 32c wurde gemeinsam mit § 31a und § 137l in das UrhG durch das Zweite Gesetz zur Regelung des Urheberrechts in der Informationsgesellschaft eingefügt, das am 1.1.2008 in Kraft getreten ist (s. Vor §§ 31 ff. Rn. 5). Nach dem bis dahin geltenden Recht (§ 31 Abs. 4 a. F.) war die Einräumung von Nutzungsrechten für noch nicht bekannte Nutzungsarten sowie die Verpflichtung hierzu unwirksam (s. § 31 Rn. 38). Seit Inkrafttreten der Neuregelung darf der Verwerter das Werk grds. auch auf solche Nutzungsarten verwerten, die zur Zeit der Rechtseinräumung noch nicht bekannt waren, soweit unbekannte Nutzungsarten ausdrücklich eingeräumt wurden (s. § 31a Rn. 5 ff.) oder eine solche Einräumung aufgrund gesetzlicher Übertragungsfiktion besteht (§ 137l Abs. 1 S. 1). § 32c gilt nur für Nutzungsverträge, die seit Inkrafttreten der Regelung am 1.1.2008 abgeschlossen wurden (s. § 31a Rn. 11; zur Behandlung von Altverträgen aus der Zeit vor dem 1.1.1966 s. § 137l Rn. 5).

2 Zum Ausgleich für die zusätzliche Werknutzung auf neue Nutzungsarten erhält der Urheber einen **Anspruch auf eine gesonderte angemessene Vergütung** (§ 32c Abs. 1 S. 1). Die Angemessenheit bestimmt sich wie im Rahmen des § 32 (§ 32c Abs. 1 S. 2). Dieser Vergütungsanspruch kompensiert die Streichung des § 31 Abs. 4 a. F. (vgl. BT-Drucks. 16/1828, 25; *Hucko* Zweiter Korb 2007, 25; Dreier/Schulze/*Schulze* § 32c Rn. 17; Mestmäcker/Schulze/*Scholz* § 32c Rn. 4; Fromm/Nordemann/*Czychowski* § 32c Rn. 8; Dreyer/Kotthoff/Meckel/*Kotthoff* § 32c Rn. 2). Damit der Urheber seinen Vergütungsanspruch effektiv verfolgen und durchsetzen kann, muss der Verwerter den Urheber über die Aufnahme jeder neuen Werknutzung unterrichten (§ 32c Abs. 1 S. 3). Soweit die Nutzung auf unbekannte Nutzungsarten durch Dritte geschieht, denen der Vertragspartner des Urhebers seinerseits Nutzungsrechte eingeräumt hat, schulden diese Dritten die besondere Vergütung (§ 32c Abs. 2 S. 1), und die Haftung des Vertragspartners des Urhebers entfällt (§ 32c Abs. 2 S. 2). Zum Schutz des Urhebers kann auf die Rechte gegenüber den jeweiligen Verwertern nicht verzichtet werden (§ 32c Abs. 3 S. 1). Möglich ist aber die unentgeltliche Einräumung von Nutzungsrechten für jedermann (§ 32c Abs. 3 S. 2).

3 § 32c gilt auch für Urheber in **Arbeitsverhältnissen** (näher § 43 Rn. 68), sowie für die Nutzung von Werken aus der ehemaligen DDR vor der **Wiedervereinigung**, die auf unbekannte Nutzungsarten verwertet werden (näher EVtr Rn. 66). Für **ausübende Künstler** und sonstige Leistungsschutzberechtigte gilt § 32c nicht (s. § 79 Abs. 2).

II. Anspruch auf eine gesonderte angemessene Vergütung (§ 32c Abs. 1 S. 1, 2)

1. Voraussetzungen des Vergütungsanspruchs

4 a) **Anspruchsinhaber, Schutzdauer.** Inhaber des Anspruchs ist zunächst der **Urheber**, und nach dessen Tod der **Rechtsnachfolger** des Urhebers (§ 30), denn im Gegensatz zum Widerrufsrecht, welches mit dem Tod des Urhebers erlischt (§ 31a Abs. 2 S. 3), ist insoweit

„nichts anderes bestimmt" (§ 30). Der Anspruch auf besondere Vergütung für Nutzungen des Werkes auf unbekannte Nutzungsarten besteht demnach für die gesamte Schutzdauer des Urheberrechts, welche sich nach den allgemeinen Regelungen der §§ 64 ff. bestimmt.

b) Anspruchsgegner. Der Anspruch auf besondere Vergütung richtet sich zunächst gegen den **Vertragspartner** des Urhebers, also gegen denjenigen, dem der Urheber an seinem Werk Nutzungsrechte für unbekannte Nutzungsarten eingeräumt hat (Schricker/Loewenheim/*Spindler* § 32c Rn. 14; Fromm/Nordemann/*Czychowski* § 32c Rn. 10). Hat der Vertragspartner im Rahmen der an ihn erfolgten Rechtseinräumung Dritten Nutzungsrechte für unbekannte Nutzungsarten übertragen, so ist Anspruchsgegner jeder **Dritte**, der entsprechende Nutzungen vornimmt (§ 32c Abs. 2 S. 1, dazu unten Rn. 37 ff.).

Der Anspruch aus § 32c besteht hingegen nicht gegen **unberechtigte Werknutzer**, also diejenigen, welche Werke des Urheber ohne jede – wirksame – Rechtseinräumung nutzen. Hier hat der Urheber die Ansprüche aus §§ 97 ff., insb. also einen Anspruch auf Schadensersatz, bspw. in Höhe einer angemessenen Lizenzgebühr zuzüglich etwaiger Verletzerzuschläge (s. § 97 Rn. 78 ff.). Bei der Schadensberechnung ist der gegenüber einem berechtigten Werknutzer bestehende Anspruch aus § 32c allerdings zu berücksichtigen.

c) Aufnahme der Werknutzung auf neue Nutzungsart. aa) Nutzungsart schriftlich vereinbart, kein Widerruf. Der Vergütungsanspruch nach § 32c Abs. 1 S. 1 setzt voraus, dass der Vertragspartner eine neue Art der Werknutzung aufnimmt, die vereinbart wurde, aber zum Zeitpunkt der Vereinbarung noch unbekannt war. Die **Rechtseinräumung** muss demnach **unbekannte Nutzungsarten** mit umfassen. Dazu müssen unbekannte Nutzungsarten Gegenstand der Vereinbarung gewesen sein (zu den Möglichkeiten s. § 31a Rn. 8 ff.), die Vereinbarung muss dem Erfordernis der **Schriftlichkeit** entsprechen (§ 31a Abs. 1 S. 1), und es darf binnen drei Monaten nach Mitteilung des Verwerters gem. § 31a Abs. 1 S. 4 **kein Widerruf** des Urhebers erfolgt sein (§ 31a Abs. 1 S. 3, 4).

Erfolgt die Nutzung auf Grund von **Altverträgen**, die vor Inkrafttreten der Neuregelung abgeschlossen wurden, müssen diese Einräumung aller wesentlichen Nutzungsrechte ausschließlich sowie räumlich und zeitlich unbegrenzt enthalten, und der Urheber darf nicht binnen eines Jahres seit Inkrafttreten der Neuregelung widersprochen haben (§ 137l Abs. 1 S. 1). Sind dem Verwerter unbekannte Nutzungsarten nicht eingeräumt, besteht insoweit kein Vergütungsanspruch aus § 32c Abs. 1 S. 1; der Urheber hat vielmehr – freilich mindestens inhaltsgleiche – Schadensersatzansprüche aus §§ 97 ff. (s. oben Rn. 6).

bb) Zum Zeitpunkt des Vertragsschlusses unbekannt. Die Nutzungsart muss zum Zeitpunkt des Vertragsschlusses unbekannt gewesen sein. Bezogen auf den status quo der bekannten Nutzungsarten zur Zeit des Vertragsschlusses muss sich die nunmehr erfolgte Nutzung als **neue Nutzungsart** darstellen (Dreier/Schulze/*Schulze* § 32c Rn. 12; Mestmäcker/Schulze/*Scholz* § 32c Rn. 9; Fromm/Nordemann/*Czychowski* § 32c Rn. 6; Dreyer/Kotthoff/Meckel/*Kotthoff* § 32c Rn. 7). Hier gelten die gleichen Maßstäbe wie für das Schriftformerfordernis nach § 31a Abs. 1 S. 1 und das Widerrufsrecht gem. § 31a Abs. 1 S. 3 (s. § 31a Rn. 15 ff.). Die Literatur und Rechtsprechung zu § 31 Abs. 4a. F. kann hierfür aufgrund der Bedeutungsverschiebung (s. § 31a Rn. 16) nur noch mit Einschränkungen herangezogen werden. Stellt sich eine bestimmte Art der Nutzung als neue Nutzungsart dar, hat der Urheber hierfür den besonderen Vergütungsanspruch des § 32c Abs. 1 S. 1. War die Nutzungsrecht hingegen zur Zeit des Vertragsschlusses bereits bekannt, kommt neben dem vertraglichen Vergütungsanspruch kein weiterer Anspruch aus § 32c Abs. 1 S. 1 mehr in Betracht.

cc) Aufnahme der Werknutzung. Der Anspruch entsteht mit **Aufnahme der Werknutzung**. Wann diese anzunehmen ist, ist eine Frage der Abwägung aller Umstände des Einzelfalls, insb. der Art und Weise der Werknutzung. Die Werknutzung dürfte spätestens dann aufgenommen worden sein, wenn das Werk in Form der neuen Nutzungsart bereits öffentlich (§ 6 Abs. 1) zugänglich oder wahrnehmbar gemacht wird (vgl. §§ 19 Abs. 3, 19a, 20, 22). Erfordert die neue Nutzungsart die Herstellung und Verbreitung von körperlichen Vervielfältigungsstücken (vgl. §§ 16 Abs. 1, 17 Abs. 1), wird die Werknutzung schon mit dem Beginn der Herstellung der Vervielfältigungstücke aufgenommen, spätestens aber mit deren in Verkehr bringen oder anbieten an die Öffentlichkeit. Unterbleibt die Auswertung einer neuen Nutzungsart durch den Ersterwerber, ist der Urheber vergütungsrechtlich so zu stellen, wie er nach § 32a Abs. 1 im Fall der Nutzungsaufnahme stünde (Mestmäcker/Schulze/*Scholz* § 32c Rn. 13; Ahlberg/Götting/*Soppe* § 32c Rn. 6). Unerheblich ist es, ob der Verwerter mit der neuen Nutzungsart bereits Umsätze erzielt oder gar Gewinne macht. § 32c verwirklicht den Beteiligungsgrundsatz des Urheberrechts (s. § 32 Rn. 1). Eine Vorverlegung des Zeitpunktes etwa auf die Vornahme erheblicher Investitionen zur Vornahme der konkreten neuen Nutzungsart ist nicht notwendig, der Verwerter sollte dem Urheber gem. § 31a Abs. 1 S. 3 ohnehin mindestens drei Monate vor Beginn solcher Investitionen von der beabsichtigten neuen Werknutzung Mitteilung machen, um sich nicht dem Risiko eines späteren Widerrufs der Werknutzung durch den Urheber (§ 31a Abs. 1 S. 2) auszusetzen. Ist diese Mitteilung unterblieben, ist der Urheber durch das weiter bestehende Widerrufsrecht geschützt.

2. Rechtsfolge: Anspruch auf angemessene Vergütung

11   **a) Rechtscharakter des Anspruchs.** Fraglich ist, ob sich aus der Regelung ein **gesetzlicher Anspruch** sui generis auf eine besondere angemessene Vergütung für unbekannte Nutzungsarten ergibt, oder ob die Regelung – insoweit vergleichbar mit § 32 und § 32a – den vertraglichen Anspruch des Urhebers inhaltlich regelt. Der Gesetzgeber ging offenbar von einem besonderen, gesetzlichen Anspruch aus, wobei die Konkretisierung der Angemessenheit der Rechtsprechung überlassen bleibt, die die wirtschaftlichen Rahmenbedingungen bei der Festsetzung der Höhe zu beachten hat (vgl. Begründung des Gesetzesentwurfes v. 15.6.2006, BT-Drucks. 16/1828, 25: „zusätzlicher gesetzlicher Vergütungsanspruch"). Der Gesetzeswortlaut ist nicht eindeutig. Der Zusammenhang mit § 31a Abs. 2 S. 1 legt nahe, dass mit dem Anspruch auf eine „gesonderte angemessene Vergütung" nach § 32c durchaus auch der vertragliche Anspruch gemeint sein kann (ebenso Mestmäcker/Schulze/*Scholz* § 32c Rn. 16). Hier ist zu differenzieren, ob bezogen auf die konkrete neue Nutzungsart bereits eine Vergütung vereinbart wurde:

12   **aa) Keine Vergütungsvereinbarung.** Soweit keine Vergütungsvereinbarung bezogen auf die konkrete neue Werknutzung besteht, handelt es sich bei dem Vergütungsanspruch nach § 32c Abs. 1 S. 1 um einen gesetzlichen Vergütungsanspruch sui generis, der als solcher unmittelbar vom Urheber geltend gemacht werden kann und neben §§ 32, 32a anwendbar ist (vgl. BT-Drucks. 16/1828, 25; Dreier/Schulze/*Schulze* § 32c Rn. 9, 10).

13   **bb) Vergütungsvereinbarung.** Besteht hingegen zwischen den Parteien bereits eine Vergütungsvereinbarung zu der konkreten neuen Werknutzung, so macht es keinen Sinn, dem Urheber für diese Nutzung doppelt zu vergüten – das Gesetz würde so vertragliche Absprachen geradezu verhindern, die es im Übrigen als vorrangig betrachtet (vgl. nur § 32 Abs. 1 S. 1). Dogmatisch lässt sie dies auf verschiedene Weise erreichen: entweder der gesetzliche Anspruch aus § 32c Abs. 1 S. 1 entfällt mit der Vereinbarung – das ist mit dem Gesetzestext des § 32c Abs. 1 kaum zu vereinbaren. Oder die vertragliche Verpflichtung und § 32c Abs. 1 S. 1 begründen konkurrierend ein und denselben Anspruch. Schließlich wäre auch denkbar, dass der Erfüllung des vertraglichen Anspruches gleichzeitig Erfüllungswirkung für den gesetzlichen Anspruch zukommt. Soweit der vertragliche Anspruch hinter den Anforderungen der Angemessenheit nach § 32c Abs. 1 S. 1 zurückbleibt, ergäbe sich in allen drei Fällen aus § 32c Abs. 1 S. 1 ein unmittelbarer, gesetzlicher Ergänzungsanspruch in Höhe der Differenz. Der gesetzliche Vergütungsanspruch besteht insoweit zusätz-

lich zu einem etwaigen vertraglichen Anspruch (Dreier/Schulze/*Schulze* § 32c Rn. 9; Dreyer/Kotthoff/Meckel/*Kotthoff* § 32c Rn. 5; G. *Schulze* UFITA 2007/III, 653).

b) Inhalt des Anspruchs. Anders als den allgemeinen Anspruch auf eine angemessene Vergütung (§ 32) sowie den Anspruch auf eine weitere Beteiligung bei auffälligem Missverhältnis zwischen Gegenleistung und Erträgen (§ 32a Abs. 1 S. 1) kann der Urheber **keine Anpassung** der vertraglich vereinbarten Vergütung verlangen, sondern hat einen unmittelbaren Anspruch auf Zahlung der besonderen Vergütung in angemessener Höhe (Schricker/Loewenheim/*Spindler* § 32c Rn. 7). Anders als bei den zuvor genannten Fällen besteht zwischen Urheber und Verwerter hinsichtlich unbekannter Nutzungsarten in aller Regel keine entsprechende Vergütungsabrede, da die Nutzungsart sowie ihre wirtschaftliche Bedeutung bei Vertragsschluss noch nicht bekannt waren.

Sobald eine **Vergütungsabsprache** auch für die konkrete neue Nutzungsart besteht, und die vertraglich geschuldete Vergütung dem Erfordernis der Angemessenheit entspricht, kommt dem Anspruch nach § 32c Abs. 1 S. 1 allerdings keine eigenständige Bedeutung mehr zu (s. oben § 32c Rn. 13). Soweit die vereinbarte Vergütung nicht angemessen ist, ergibt sich aus § 32c Abs. 1 S. 1 ein gesetzlicher Ergänzungsanspruch in Höhe der Differenz zwischen vertraglicher und angemessener Vergütung.

c) Umfang des Anspruchs: Angemessene Vergütung (§ 32c Abs. 1 S. 2 i. V. m. § 32 Abs. 2 und 4). Der Urheber kann von dem Werknutzer eine gesonderte angemessene Vergütung verlangen. Zur Bestimmung dessen, was „angemessen" ist, verweist das Gesetz auf § 32 Abs. 2 und Abs. 4 (§ 32c Abs. 1 S. 2). Demnach gelten für die Feststellung der angemessenen Vergütung für die Werknutzung auf neue Nutzungsarten die gleichen Prüfungskriterien wie im Rahmen der Feststellung der angemessenen Vergütung für andere – bekannte – Nutzungsarten nach § 32 (s. § 32 Rn. 22 ff.). Eine Klausel, wonach mit dem Honorar alle bekannten und unbekannten Nutzungsarten abgegolten sein sollen, führt in der Regel nicht zu einer angemessenen Vergütung (ebenso Schricker/Loewenheim/ *Spindler* § 32c Rn. 9; Fromm/Nordemann/*Czychowski* § 32a Rn. 8; Dreier/Schulze/ *Schulze* § 32c Rn. 8; Dreyer/Kotthoff/Meckel/*Kotthoff* § 32c Rn. 6). Die Vergütung kann für jede konkrete unbekannte Nutzungsart erst vereinbart werden, wenn die neue Art der Werknutzung entstanden und bekannt geworden ist.

Findet die Werknutzung innerhalb des sachlichen und persönlichen Geltungsbereiches eines **Tarifvertrages** statt, und enthält der Tarifvertrag eine Bestimmung zur Vergütung der konkreten Werknutzung, so ist der Anspruch auf gesonderte Vergütung nach § 32c Abs. 1 S. 1 ausgeschlossen (§ 32c Abs. 1 S. 2 i. V. m. § 32 Abs. 4). Dies kann allerdings dann nicht gelten, wenn der Tarifvertrag den Fall der Werknutzung auf unbekannte Nutzungsarten (noch) nicht berücksichtigt, bspw. weil er aus der Zeit vor Inkrafttreten der Regelungen der §§ 31a, 32c, 137l stammt. Fraglich ist, ob eine generell-abstrakte Vergütungsregelung für nicht näher benannte unbekannte Nutzungsarten in einem Tarifvertrag ausreichend ist, welcher vor Bekanntwerden der konkreten Nutzungsart vereinbart wurde. Dies ist nur dann anzunehmen, wenn die konkrete Werknutzung unter die generell-abstrakte Regelung fällt (G. *Schulze* UFITA 2007/III, 641, 673). In diesem Fall ist über die Verweisung des § 32c Abs. 1 S. 2 der Tarifvertrag vorrangig (§ 32 Abs. 4).

Ist die Vergütung für die konkrete unbekannte Nutzungsart in einer **gemeinsamen Vergütungsregel** nach § 36 festgelegt, gilt die dort vereinbarte Vergütung unwiderleglich als angemessen (§ 32c Abs. 1 S. 2 i. V. m. § 32 Abs. 2 S. 1). In diesem Fall hat der Urheber zwar kein Widerrufsrecht (§ 31a Abs. 2 S. 2), aber gleichwohl einen Anspruch auf gesonderte angemessene Vergütung nach § 32c Abs. 1 S. 1 (Mestmäcker/Schulze/*Scholz* § 32c Rn. 20).

In Abwesenheit gemeinsamer Vergütungsregelungen (§ 32c Abs. 1 S. 2 i. V. m. §§ 32 Abs. 2 S. 1, 36) oder einer tarifvertraglichen Bestimmung (§ 32c Abs. 1 S. 2 i. V. m. § 32 Abs. 4) ist die gesonderte Vergütung angemessen, wenn sie dem entspricht, was **im Ge-**

schäftsverkehr nach Art und Umfang der eingeräumten Nutzungsmöglichkeit, insb. nach Dauer und Zeitpunkt der Nutzung, unter Berücksichtigung aller Umstände **üblicher- und redlicherweise zu leisten** ist (§ 32c Abs. 1 S. 2 i. V. m. § 32 Abs. 2 S. 2, zu den Kriterien s. eingehend § 32 Rn. 27 ff.). Dabei kann es im Rahmen der nur entsprechenden Geltung allerdings nicht auf den Zeitpunkt des Vertragsschlusses ankommen, denn zu diesem Zeitpunkt war die Nutzung noch unbekannt. Abzustellen ist vielmehr auf den **Zeitpunkt der Nutzung** auf die neue Nutzungsart (Schricker/Loewenheim/*Spindler* § 32c Rn. 17; Dreier/Schulze/*Schulze* § 32c Rn. 27; Ahlberg/Götting/*Soppe* § 32c Rn. 16; Berger/Wündisch/*Berger* § 1 Rn. 120; Fromm/Nordemann/*Czychowski* § 32c Rn. 7; a. A. Dreyer/Kotthoff/Meckel/*Kotthoff* § 32c Rn. 7: Zeitpunkt des Vertragsschlusses). Denn wirtschaftlich ist es kaum möglich, zum Zeitpunkt des Vertragsschlusses den ökonomischen Wert der unbekannten Nutzungsart aus Sicht des Urhebers und des Verwerters zu bestimmen. Die entsprechende Geltung der in § 32 Abs. 2 S. 2 genannten Kriterien im Übrigen ist auch folgerichtig, denn wirtschaftlich unterscheidet sich die Werknutzung auf eine zur Zeit der Rechtseinräumung neue Nutzungsart nicht von der Werknutzung auf eine zur Zeit der Rechtseinräumung schon bekannte Nutzungsart. Hier wie dort wird das Werk genutzt, und hier wie dort gebührt dem Urheber hierfür eine angemessene Vergütung (gem. § 32 bzw. § 32c).

20   Fraglich ist die Feststellung der Höhe des Anspruchs in Fällen der **Substitution einer bisherigen mit einer neue Nutzungsart,** bspw. wenn für einen Kinospielfilm das Recht zur Videozweitauswertung oder DVD-Zweitauswertung sowie unbekannte Nutzungsarten eingeräumt wurden, und später eine neue Nutzungsart bekannt wird, die die Verwertung als Video oder DVD vollständig ersetzt (etwa durch die Blue-Ray Disc, Video-on-Demand, oder einen Online-Videorekorder). Erfolgt aufgrund der wirtschaftlichen Substitution in der Tat keine Werknutzung mehr auf die bisherigen Nutzungsarten, so hat der Urheber insoweit keine Vergütungsansprüche mehr. Der besondere Anspruch auf angemessene Vergütung nach § 32c Abs. 1 S. 1 knüpft aber an die in der Vergangenheit erfolgte Rechtseinräumung unbekannter Nutzungsarten, sowie an die tatsächliche Nutzung auf neue Nutzungsarten an, und nicht etwa an die Ertragssumme aus allen Nutzungen beim Verwerter. Soweit hinsichtlich der neuen Nutzungsart keine konkrete Vergütungsabrede besteht (s. oben § 32c Rn. 12), hat der Urheber demnach nunmehr den Anspruch auf besondere Vergütung aus § 32c Abs. 1. Im Fall der Substitution von Werknutzungen geht also nicht der besondere Anspruch des Urhebers aus § 32c Abs. 1 oder ein entsprechender, nach Bekanntwerden der neuen Nutzungsart neu vereinbarter vertraglicher Vergütungsanspruch „gegen Null" (so aber noch die Gesetzesbegründung des Referentenentwurfes vom 27.9.2004, S. 49), sondern vielmehr der bisherige vertragliche Anspruch auf Vergütung des Werkes auf die zur Zeit der Rechtseinräumung bekannten Nutzungsarten, wenn diese aufgrund der Substitution nicht weiter ausgewertet werden.

21   **d) Verhältnis zu anderen Vergütungsansprüchen. aa) Zum vertraglichen Anspruch des Urhebers.** Der besondere Vergütungsanspruch nach § 32c Abs. 1 S. 1 ist ein gesetzlicher Anspruch sui generis, der zunächst unabhängig von vertraglich vereinbarten Vergütungsansprüchen besteht. Andererseits geht das Gesetz im Rahmen der Regelungen zum Widerspruchsrecht nach § 31a davon aus, dass Urheber und Werknutzer nach Bekanntwerden einer neuen Nutzungsart hierzu eine besondere Vergütungsvereinbarung treffen können (s. § 31a Abs. 2 S. 1). Es ist davon auszugehen, dass bei Vorhandensein einer Vergütungsabrede hinsichtlich der konkreten neuen Werknutzung der vertragliche und gesetzliche Anspruch aus § 32c Abs. 1 S. 1 denselben Vergütungsanspruch begründen. Ist der vertragliche Anspruch nicht angemessen, ergibt sich aus § 32c Abs. 1 S. 1 im Ergebnis ein Ergänzungsanspruch in Höhe der Differenz (s. oben Rn. 13, 15).

22   Fraglich ist, ob Urheber und Verwerter schon bei der Rechtseinräumung auch hinsichtlich unbekannter Nutzungsarten eine **pauschale Vergütungsabrede** treffen können, etwa

durch Vereinbarung eines kontinuierlichen Beteiligungshonorars für jede Werknutzung, gleichgültig ob diese zur Zeit der Vergütungsabrede schon bekannt ist, oder ob eine pauschale Vergütungsvereinbarung unbekannte Nutzungsarten umfasst. Dies widerspräche jedoch dem Zweck des Gesetzes, den Urheber vor einer endgültigen Rechtevergabe zu einer Zeit zu schützen, zu der er die wirtschaftliche Bedeutung der neue Nutzungsart noch nicht absehen kann (s. § 31a Rn. 79). Eine pauschale Vergütungsvereinbarung zur Zeit der Rechtseinräumung umfasst daher gerade keine unbekannten Nutzungsarten. Zwar kann der Verwerter die neue Werknutzung vornehmen aufgrund der Rechtseinräumung; der Urheber hat aber jedenfalls den Anspruch auf besondere angemessene Vergütung nach § 32c Abs. 1. Dies gilt auch im Rahmen sog. Buy-out Verträge (s. Vor §§ 31 ff. Rn. 92).

bb) Zum Anspruch nach § 32 Abs. 1. § 32 sichert dem Urheber die Angemessenheit 23 der vereinbarten Vergütung durch einen Anspruch auf Vertragsanpassung (s. § 32 Rn. 17 f. auch zur Möglichkeit, die Differenz aus vereinbarter und angemessener Vergütung zu verlangen). Bei Werknutzung ohne Vergütungsabrede ist in aller Regel schon der Tatbestand des § 32 Abs. 1 nicht erfüllt. Soweit man eine Vergütungsabrede der Höhe nach gesetzlich fingiert (§ 32 Abs. 1 S. 2), verdrängt der Vergütungsanspruch aus § 32c Abs. 1 S. 1 jedenfalls kraft Spezialität den allgemeinen Anspruch des Urhebers auf angemessene Vergütung für jede Werknutzung aus § 32 Abs. 1 S. 1 für den Fall, dass ein Werk auf eine Nutzungsart genutzt wird, welche bei Rechtseinräumung unbekannt war, und die Parteien unbekannte Nutzungsarten aber weder vereinbart haben (§ 31a Abs. 1 S. 1), noch eine entsprechende Rechtseinräumung für unbekannte Nutzungsarten gesetzlich fingiert wird (§ 137l Abs. 1 S. 1). Anderenfalls kämen die besonderen Regelungen der §§ 31a, 32c nicht zum Tragen, insb. der Haftungsausschluss zu Gunsten des Verwerters nach § 32c Abs. 2 S. 2.

Sobald Urheber und Verwerter neue Nutzungsarten aber zum Gegenstand einer neuen 24 oder gesonderten Rechtseinräumung und Vergütungsabrede machen, kommt § 32 Abs. 1 wieder zum Tragen, da die Werknutzung nunmehr aufgrund der Einräumung von Nutzungsrechten mit Vergütungsabrede über den Parteien inzwischen bekannte Nutzungsarten stattfindet. Auf die Vergütungsabrede finden dann die Regelungen des § 32 Anwendung. Liegen die Voraussetzungen des § 32c Abs. 1 S. 1 weiterhin vor, dürfte trotz des Wortlautes der Norm („gesonderte angemessene Vergütung") der Anspruch aus § 32c Abs. 1 S. 1 in dem Anspruch auf angemessene Vergütung nach § 32 aufgehen, etwa in Form eines gesondert auszuweisenden Durchlaufpostens (so *Hoeren* ZUM 2007, 615, 616).

cc) Zum Anspruch nach § 32a Abs. 1. § 32a gibt dem Urheber im Ergebnis An- 25 sprüche auf weitere angemessene Beteiligung, wenn seine Gegenleistung in einem auffälligen Missverhältnis zu den Erträgen und Vorteilen seines Vertragspartners und Dritter aus der Werknutzung steht. Der Anspruch aus § 32a Abs. 1 tritt grds. an Anspruchskonkurrenz neben den unmittelbaren Anspruch auf eine gesonderte Vergütung nach § 32c (ebenso Mestmäcker/Schulze/*Scholz* § 32c Rn. 25; *Klöhn* K&R 2008, 77, 78; *Kreile* ZUM 2007, 682, 684).

III. Unterrichtungspflicht (§ 32c Abs. 1 S. 3)

1. Grundsatz und Rechtscharakter

Nach § 32c Abs. 1 S. 3 muss der Vertragspartner des Urhebers diesen über die Aufnah- 26 me einer neuen Art der Werknutzung unverzüglich unterrichten. Der Anspruch des Urhebers auf Unterrichtung ist ein Hilfsanspruch zur effektiven Durchsetzung des Vergütungsanspruchs nach § 32c Abs. 1 S. 1. Der Urheber soll über die neue Werknutzung informiert werden, um Vergütungsverhandlungen aufzunehmen, bzw. den Anspruch auf besondere Vergütung geltend machen zu können. Es handelt sich um eine spezialrechtliche Ausgestaltung des gewohnheitsrechtlich anerkannten allgemeinen Anspruches auf Auskunftserteilung und Rechnungslegung über alle zur Feststellung eines Anspruches erforderlichen Angaben (vgl. § 97 Rn. 46 ff.; Vor §§ 97 ff. Rn. 46 ff.).

2. Anspruchsinhaber

27 Inhaber dieses besonderen Auskunftsanspruches ist zunächst der **Urheber,** dessen Werk auf eine Nutzungsart genutzt wird, die dem Urheber und seinem Vertragspartner zum Zeitpunkt der Rechtseinräumung nicht bekannt war. Nach dem Tod des Urhebers ist Inhaber dieses besonderen Auskunftsanspruches der **Rechtsnachfolger** des Urhebers, denn insoweit ist nichts anderes bestimmt (§ 30).

3. Anspruchsgegner

28 Zur besonderen Unterrichtung verpflichtet ist der **Vertragspartner** des Urhebers, also derjenige, dem vom Urheber unmittelbar Rechte zur Nutzung des Werkes auch auf unbekannte Nutzungsarten eingeräumt wurden.

29 Fraglich ist, ob in Fällen einer **Unterlizenzierung** bzw. in Fällen des § 32c Abs. 2 der Lizenznehmer des Vertragspartners, also der **Dritte** zur Unterrichtung verpflichtet ist. Dagegen spricht zunächst der Gesetzeswortlaut und die fehlende Verweisung in § 32c Abs. 2. Andererseits soll die Unterrichtungspflicht sicherstellen, dass der Urheber seinen Anspruch auf besondere Vergütung für solche Werknutzungen gegenüber dem Werknutzer effektiv durchsetzen kann. Die Regelung muss deshalb nach ihrem Sinn und Zweck zumindest **entsprechende Anwendung** finden für jeden Werknutzer, der zwar nicht unmittelbarer Vertragspartner des Urheber ist, aber aufgrund vertraglicher Absprachen sein Nutzungsrecht indirekt vom Urheber ableitet (ebenso Schricker/Loewenheim/*Spindler* § 32c Rn. 23; Dreier/Schulze/*Schulze* § 32c Rn. 26; *Frey/Rudolph* ZUM 2007, 13, 20). Der unmittelbare Vertragspartner des Urhebers, der das Nutzungsrecht einem Dritten übertragen hat, hat auf das ob und wie der Werknutzungen in aller Regel keinen weiteren Einfluss mehr, so dass mit dem Urheber mit dem Auskunftsanspruch gegen den Vertragspartner selbst dann nicht mehr gedient ist. Zumindest wird der Dritte seinen Vertragspartner von der Aufnahme der Werknutzung in Kenntnis setzen müssen (*Frey/Rudolph* ZUM 2007, 13, 20).

4. Unverzüglich

30 Die Unterrichtung muss unverzüglich erfolgen, also ohne schuldhaftes Zögern (§ 121 Abs. 1 S. 1 BGB). Fraglich ist, ab wann diese Unterrichtungspflicht besteht. Der Zusammenhang mit S. 1 der Vorschrift legt nahe, dass die Unterrichtungspflicht erst mit der konkreten Aufnahme der Werknutzung beginnt (s. oben Rn. 10). Da der Vergütungsanspruch erst mit Aufnahme der Werknutzung entsteht und der Auskunftsanspruch insoweit als Hilfsanspruch anzusehen ist, besteht keine Notwendigkeit, den Urheber schon vor Beginn der neuen Werknutzung hierüber zu informieren. Folglich entsteht die Pflicht zur Unterrichtung des Urhebers nicht vor dem Beginn der Werknutzung. Zu beachten ist aber, dass der Verwerter den Urheber in jedem Fall vor Aufnahme einer neuen Werknutzung hiervon **Mitteilung gemäß § 31a Abs. 1 S. 4** machen sollte, um die Frist für das Widerrufsrecht des Urhebers in Gang zu setzen; anderenfalls wäre der Verwerter dem Risiko des Widerrufs (§ 31a Abs. 1 S. 2) sowie Verletzungsansprüchen (§§ 97 ff.) des Urhebers ausgesetzt.

5. Form und Inhalt der Unterrichtung

31 Die Unterrichtung ist eine empfangsbedürftige Erklärung tatsächlicher Art, auf die die Regelungen über die Wirksamkeit von Willenserklärungen entsprechende Anwendung finden (ebenso Schricker/Loewenheim/*Spindler* § 32c Rn. 28; Ahlberg/Götting/*Soppe* § 32c Rn. 25). Der Verwerter ist nicht privilegiert. Er muss nach den allgemeinen Regeln für den Zugang der Unterrichtung sorgen und ggf. Nachforschungen über die Anschrift

des Urhebers oder Erben anstellen (Mestmäcker/Schulze/*Scholz* § 32c Rn. 27; *Hertin* Rn. 391). Die Unterrichtung ist formlos möglich, auch mündlich, sollte aber zu Nachweiszwecken schriftlich dokumentiert werden. Um späteren Ansprüchen des Urhebers wegen Pflichtverletzung zu begegnen, wird dem Verwerter daran gelegen sein, auch den Zugang der Willenserklärung beim Urheber zu dokumentieren, etwa durch Rücksendung einer gegengezeichneten Kopie der Unterrichtung.

Das Gesetz bestimmt nicht näher, wie und mit welchem Inhalt der Urheber über die neue Werknutzung zu unterrichten ist. Nachdem es sich um einen Hilfsanspruch zur Verwirklichung des besonderen Vergütungsanspruchs handelt, sind letztlich alle Angaben erforderlich, die den Urheber in die Lage versetzen, über einen vertraglichen Vergütungsanspruch zu verhandeln, oder den besonderen Vergütungsanspruch zu beziffern und geltend zu machen. Konkrete Angaben werden freilich zu Beginn der neuen Werknutzung in aller Regel noch nicht möglich sein. Es genügt damit zunächst die Mitteilung, dass und ggf. welche Werke des Urhebers von wem wie genutzt werden. Die neue Nutzungsart ist dabei so konkret zu beschreiben, dass sich der Urheber hiervon ein Bild machen kann. Konkrete Angaben zur tatsächlichen Nutzung des Werkes und den hierbei erzielten Erträgen sind dann zur Berechnung des Vergütungsanspruches im Einzelfall notwendig. Soweit eine Auskunft hier verweigert wird, ergibt sich der Anspruch des Urhebers aus dem allgemeinen Anspruch auf Auskunftserteilung und Rechnungslegung (vgl. § 97 Rn. 46 ff.; Vor §§ 97 ff. Rn. 46 ff.).

6. Verhältnis der Unterrichtung zur Mitteilung nach § 31a Abs. 1 S. 4

Die Unterrichtungspflicht ist ein Hilfsanspruch zur Verwirklichung des Vergütungsanspruches des Urhebers aus § 32c Abs. 1 S. 1. Mangels entsprechender Verweisungen besteht zunächst kein Zusammenhang zwischen der Unterrichtungspflicht und der Mitteilungsobliegenheit des Verwerters nach § 31a Abs. 1 S. 4. Im systematischen Zusammenspiel ergibt sich Folgendes:

Nach § 32c besteht vor Aufnahme der Werknutzung auf eine neue Nutzungsart keine Unterrichtungspflicht des Verwerters. Dieser kann vielmehr mit der Werknutzung beginnen, und muss den Urheber dann – aber auch erst dann und nicht vorher – hiervon unterrichten. Auch aus der Mitteilungsobliegenheit des § 31a Abs. 1 S. 4 ergibt sich keine Verpflichtung, den Urheber schon vor Aufnahme der neuen Werknutzung hiervon Mitteilung zu machen. Allerdings beginnt die dreimonatige Widerrufsfrist des Urhebers erst mit Absendung der Mitteilung zu laufen, so dass eine ohne vorherige Mitteilung begonnene Aufnahme der Werknutzung unter dem „Damoklesschwert" des noch möglichen Widerrufs des Urhebers steht, bis eine Mitteilung erfolgt und die Dreimonatsfrist abgelaufen ist. Der Verwerter wird dem Urheber daher im eigenen Interesse vor Aufnahme der beabsichtigten Werknutzung (und zwar mindestens drei Monate vorher) davon Mitteilung machen, und dies sinnvoller Weise sogleich mit einem Angebot auf Abschluss einer entsprechenden Vergütungsvereinbarung verbinden. Einigen sich die Parteien auf eine solche, entfällt auch das Widerrufsrecht des Urhebers (§ 31a Abs. 2 S. 1), und der Verwerter kann das Werk auf die neue Nutzungsart sicher nutzen.

Ist eine vorherige Mitteilung nach § 31a Abs. 1 S. 4 unterblieben und unterrichtet der Verwerter den Urheber von der neuen Werknutzung erst mit deren Aufnahme nach § 32c Abs. 1 S. 3, enthält die Unterrichtung als wesensgleiches Minus zugleich eine – nachgeholte – Mitteilung gem. § 31a Abs. 1 S. 3, da die Anforderungen an eine ordnungsgemäße Mitteilung hinter den Anforderungen an eine ordnungsgemäße Unterrichtung zurück bleiben. Die Unterrichtung setzt dann die dreimonatige Widerrufsfrist in Gang (ebenso Schricker/Loewenheim/*Spindler* § 32c Rn. 19; Dreyer/Kotthoff/Meckel/*Kotthoff* § 32c Rn. 8; *G. Schulze* UFITA 2007/III, 641, 678).

7. Folgen einer unterbliebenen Unterrichtung durch den Verwerter

Unterrichtet der Verwerter oder der Dritte (s. oben § 32c Rn. 29) nicht rechtzeitig oder überhaupt nicht, stellt sich die Frage, welche Folgen sich daraus ergeben. Zunächst bleibt der Anspruch auf Unterrichtung bestehen, solange er nicht erfüllt wurde. Die Unterrichtung ist also jedenfalls nachzuholen. Darüber hinaus beginnt die dreijährige Verjährungsfrist (s. unten § 32c Rn. 48) nicht zu laufen, es sei denn, der Urheber erlangt anderweitig Kenntnis von der Werknutzung. Fraglich ist, ob der Urheber **Schadensersatz** geltend machen kann, etwa wenn er wegen Unkenntnis der neuen Werknutzung seinen besonderen Vergütungsanspruch nicht rechtzeitig geltend machen konnte, und sich der Vergütungsanspruch später nicht mehr verwirklichen lässt, etwa bei Insolvenz des Verwerters. Liegt eine wirksame Rechtseinräumung unbekannter Nutzungsarten vor, stellt § 97 Abs. 1 hierfür keine geeignete Anspruchsgrundlage dar, denn das Unterlassen der Unterrichtung stellt keine Verletzung absoluter Urheberrechte oder verwandter Schutzrechte dar (vgl. Schricker/Loewenheim/*Spindler* § 32c Rn. 31; Ahlberg/Götting/*Soppe* § 32c Rn. 28; *Frey/Rudolph* ZUM 2007, 13, 20). Möglich ist aber ein **Schadensersatzanspruch aus § 280 Abs. 1 BGB,** denn die Unterrichtungspflicht ist eine – gesetzlich ausgestaltete – Nebenpflicht nach § 241 Abs. 2 BGB aus dem Schuldverhältnis zwischen dem Urheber und dem Verwerter, und zwar dem vertragliches Schuldverhältnis mit dem Vertragspartner des Urhebers, sowie einem gesetzliches Schuldverhältnis (vgl. Palandt/*Grüneberg* § 280 BGB Rn. 9; Fromm/Nordemann/*Czychowski* § 32c Rn. 14; Dreyer/Kotthoff/Meckel/*Kotthoff* § 32c Rn. 10; Schricker/Loewenheim/*Spindler* § 32c Rn. 31; Dreier/Schulze/*Schulze* § 32c Rn. 25; *G. Schulze* UFITA 2007/III, 680) mit jedem Dritten, der das Werk – berechtigterweise – nutzt. In Frage kommt auch ein Schadensersatzanspruch nach **§ 823 Abs. 2 BGB** in Verbindung mit § 32c Abs. 1 S. 3, der insoweit als Schutzgesetz zu Gunsten des Urhebers anzusehen ist, denn er schützt das – absolute – Recht des Urhebers auf eine angemessene gesonderte Vergütung für die Nutzung seines Werkes auf neue Nutzungsarten (für einen Schadensersatzanspruch auch Mestmäcker/Schulze/*Scholz* § 32c Rn. 33; *Scheja/Mantz* CR 2007, 715, 716 ohne nähere Erläuterung der Rechtsgrundlage).

IV. Übertragung des Nutzungsrechts auf Dritte (§ 32c Abs. 2)

1. Übertragung des Nutzungsrechts

37 Hat der Vertragspartner das Nutzungsrecht einem Dritten übertragen, haftet der Dritte mit der Aufnahme der neuen Art der Werknutzung für die Vergütung nach Abs. 1 (§ 32c Abs. 2 S. 1). Die Regelung entspricht § 32a Abs. 2 mit dem Unterschied, dass die Einräumung weiterer Nutzungsrechte (im Sinne von Enkelrechten oder Unterlizenzen) bei § 32c Abs. 2 vom Wortlaut nicht erfasst ist). Der Vertragspartner des Urhebers muss das Nutzungsrecht demnach auf den Dritten **übertragen** haben im Sinne einer translativen Übertragung gem. § 34 (§ 34 Rn. 1). Die Nutzungsrechte auch für unbekannte Nutzungsarten als „Mutterrechte" liegen beim Urheber und verbleiben dort bzw. seinem Rechtsnachfolger für die Dauer des Urheberrechts. Im Zuge der Einräumung unbekannter Nutzungsarten (§ 31a) erhält der Vertragspartner als „Tochterrechte" entweder ausschließliche (§ 31 Abs. 3) oder einfache Nutzungsrechte (§ 31 Abs. 2) zur Nutzung des Werkes auf unbekannte Nutzungsarten. Der Verwerter kann solche Nutzungsrechte translativ auf Dritte übertragen unter den Voraussetzungen des § 34. Fraglich ist, ob § 32c Abs. 2 (ggf. analoge) Anwendung findet auf **Lizenznehmer** des Vertragspartners des Urhebers, oder Lizenznehmer des Dritten, also solche Personen, die keine Nutzungsrechte durch translative Übertragung (§ 34) erworben haben, sondern denen lediglich abgeleitete, weitere Nutzungsrechte eingeräumt wurden (§ 35 UrhG, zur Konstruktion s. § 35 Rn. 5). Dagegen spricht der Wortlaut und der Unterschied zu § 32a Abs. 2 S. 1, wo die Einräumung gesondert genannt ist. Für eine entsprechende Anwendung spricht aber entscheidend der Sinn und Zweck der Norm: der Vergütungsanspruch nach § 32c ist wie § 32a als eigenständiger, gesonderter Vergütungsanspruch des Urhebers ausgestaltet, welcher an die Nutzung des Werkes auf eine zum Vertragsschluss unbekannte Nutzungsart anknüpft, abgeschöpft werden also hieraus entstehende Erträge. Wenn diese bei einem Lizenznehmer des Vertragspartners des Urhebers entstehen, weil nur dieser (in Ausübung seines Lizenzrechtes) das Werk auf unbekannte Nutzungsarten nutzt, sollte der Urheber auch unmittelbar gegen den Lizenznehmer vorgehen können, wobei die Haftung seines Vertragspartners dann insoweit entfällt (§ 32c Abs. 2 S. 2; ebenso Dreier/Schulze/*Schulze* § 32c Rn. 41; a. A. Schricker/ Loewenheim/*Spindler* § 32c Rn. 36). Der Unterschied im Wortlaut zu § 32a dürfte auf einer redaktionellen Ungenauigkeit im Gesetzgebungsverfahren beruhen, für eine Diskussion dieses Punktes und eine ausdrückliche Entscheidung des Gesetzgebers für diese Lücke bestehen keine Anhaltpunkte. Nach der Gesetzesbegründung sollten in § 32c Abs. 2 (und 3) vielmehr die entsprechenden Regelungen des § 32a sinngemäß übernommen werden (vgl. BT-Drucks. 16/1828, 25).

2. Dritter

Dritter im Sinne der Norm ist jedermann, der das Werk auf eine neue Art der Werknutzung aufgrund eines ihm übertragenen (oder eingeräumten, s. oben Rn. 37) ausschließlichen oder einfachen Nutzungsrechts nutzt, welches sich ohne Unterbrechung in der Kette der Rechtseinräumungen auf die Rechtseinräumung durch den Urheber an dessen Vertragspartner zurückführen lässt. Dies umfasst zunächst jeden, der das Werk aufgrund einer vertraglichen Einräumung ausschließlicher oder einfacher Nutzungsrechte durch den Vertragspartner des Urhebers nutzt **(1. Unterlizenzstufe).** Hat der Dritte in diesem Sinne seinerseits weitere einfache oder ausschließliche Unterlizenzen erteilt, und nutzen weitere Lizenznehmer des Dritten oder deren Lizenznehmern das Werk auf eine neue Nutzungsart **(2. oder höhere Unterlizenzstufe),** sind auch alle weiteren Lizenznehmer „Dritte" im Sinne der Vorschrift. Nach Sinn und Zweck des Gesetzes kann der Urheber gegen jeden Dritten innerhalb einer Lizenzkette vorgehen, der sein Werk auf eine neue Nutzungsart nutzt (ebenso Schricker/Loewenheim/*Spindler* § 32c Rn. 37). **38**

Ist die **Kette der Rechtseinräumungen unterbrochen,** hat also der tatsächliche Werknutzer keine wirksamen Nutzungsrechte, so ist er im Verhältnis zum Urheber wie ein das Urheberrecht verletzender Dritter zu behandeln. Vergütungsansprüche des Urhebers gegen einen solchen unberechtigten Werknutzer ergeben sich dann nicht aus § 32c, sondern im Wege des Schadensersatzes aus § 97. § 32c Abs. 1 ist dann freilich im Wege der Schadensberechnung (Lizenzanalogie, gegebenenfalls Verletzerzuschlag, s. § 97 Rn. 78 ff.) zu berücksichtigen (Schricker/Loewenheim/*Spindler* § 32c Rn. 37). Nach einer neueren Ansicht des BGH ist aber aufgrund der Schutzwürdigkeit des Unterlizenznehmers und dem Grundgedanken des Sukzessionsschutzes (§ 33) wohl im Regelfall davon auszugehen, dass die beim Dritten liegenden Nutzungsrechte (Enkelrechte) auch bei Entfall der Nutzungsrechte beim Vertragspartner des Urhebers (Tochterrechte) wirksam bestehen bleiben, etwa bei Rückruf der Tochterrechte wegen Nichtausübung (§ 41; vgl. BGH GRUR 2009, 946 – Reifen Progressiv; s. § 41 Rn. 28) oder dem Erlöschen der Hauptlizenz (Tochterrecht) aus anderen Gründen (BGH GRUR 2012, 916, 918 – M2Trade: Kündigung der Hauptlizenz wegen Zahlungsverzug; BGH GRUR 2012, 914, 915 – Take Five: einvernehmliche Aufhebung des Hauptlizenzvertrages; s. ausführlich § 35 Rn. 7 bis 9). **39**

3. Beginn der Haftung des Dritten (§ 32c Abs. 2 S. 1)

Die Haftung des Dritten beginnt mit Aufnahme der neuen Art der Werknutzung durch den Dritten (Dreyer/Kotthoff/Meckel/*Kotthoff* § 32c Rn. 11; Mestmäcker/Schulze/*Scholz* § 32c Rn. 42). Hierfür gelten die gleichen Anforderungen wie für die Haftung des Vertragspartners des Urhebers aus § 32c Abs. 1. Demnach muss es sich bei der **Nutzungsart** um eine solche handeln, die bei Vertragsschluss zwischen Urheber und dessen Vertragspartner noch unbekannt war (s. oben Rn. 9, zu den Anforderungen im Einzelnen § 31a Rn. 15 ff.). Der Anspruch gegen den Dritten entsteht mit Aufnahme der Werknutzung **40** durch den Dritten. Die Aufnahme der Werknutzung ist auch hier gleichzusetzen mit dem **Beginn der Nutzung** (s. oben Rn. 10).

4. Rechtscharakter, Inhalt und Umfang des Anspruchs gegen den Dritten

41 Da zwischen Urheber und Dritten kein Vertrag besteht, und ein solcher auch nicht kraft Gesetz begründet werden kann, hat der Urheber gegen den Dritten stets einen unmittelbaren gesetzlichen Anspruch (vgl. Dreier/Schulze/*Scholz* § 32c Rn. 26: gesetzliches Schuldverhältnis). Dieser entsteht kraft Gesetzes, sobald der Dritte die neue Werknutzung begonnen hat, ohne dass entsprechende Vereinbarungen notwendig sind. Der Dritte haftet „nach Absatz 1". Demnach besteht der Anspruch gegen den Dritten so, wie er gegen den Vertragspartner des Urhebers bestünde. Der Urheber kann also von dem Dritten eine angemessene Vergütung für die Nutzung des Werkes auf die neue Nutzungsart verlangen (zu den Voraussetzungen s. oben Rn. 11 ff.). Hat der Urheber das Nutzungsrecht gem. § 31a Abs. 1 S. 3 widerrufen, fallen die Nutzungsrechte des Dritten an den Urheber heim. Das gilt für die gesamte Erwerbskette (s. oben Rn. 38 f.).

5. Entfallen der Haftung des Vertragspartners (§ 32c Abs. 2 S. 2)

42 **a) Grundsatz.** Soweit nach § 32c Abs. 2 S. 1 ein Anspruch gegen einen Dritten besteht, entfällt nach Abs. 2 S. 2 die Haftung des Vertragspartners, mit dem der Urheber einen Nutzungsvertrag über unbekannte Nutzungsarten vereinbart hat (Mestmäcker/Schulze/*Scholz* § 32c Rn. 46). Die Regelung entspricht sinngemäß dem schon bisher geltenden § 32a Abs. 2 S. 2. Der Vertragspartner des Urhebers wird damit insoweit von seiner eigenen Verpflichtung zur Zahlung einer angemessenen Vergütung frei. Die Haftungsbefreiung des Vertragspartners ist bedenklich, weil vom Grundsatz der gesamtschuldnerischen Haftung nach § 34 Abs. 4 abgewichen wird und dem Urheber das Insolvenzrisiko eines Dritten aufgebürdet wird, mit dem er sich vertraglich nicht eingelassen hat (vgl. Mestmäcker/Schulze/*Scholz* § 32c Rn. 47; Ahlberg/Götting/*Soppe* § 32c Rn. 38; Dreier/Schulze/*Schulze* § 32c Rn. 37; Schricker/Loewenheim/*Spindler* § 32c Rn. 40; G. *Schulze* UFITA 2007/III, 681; *Hertin* Rn. 395; *Spindler/Heckmann* ZUM 2006, 620, 630).

43 **b) Mehrere Werknutzer.** Nehmen sowohl der Vertragspartner des Urhebers als auch ein oder mehrere Dritte die neue Werknutzung auf, was auf Grundlage mehrere einfacher Nutzungsrechte (§ 31 Abs. 2) möglich ist, kann der Urheber von jedem Nutzer angemessene Vergütungen verlangen. Gegen seinen unmittelbaren Vertragspartner besteht der Anspruch nach § 32c Abs. 1 bzw. aufgrund vertraglicher Vereinbarung (s. Rn. 13), gegen die Dritten jeweils nach § 32c Abs. 2. Eine Anrechnung zwischen den Verwertern findet nicht statt, wenn sie jeweils selbstständig eine wirtschaftliche Verwertung vornehmen.

44 Fraglich ist, ob § 32c Abs. 2 S. 2 **analoge Anwendung auf Dritte** findet, die vom Vertragspartner des Urhebers Nutzungsrechte erhalten und diese wiederum an Dritte weiter übertragen haben, ohne das Werk selbst auf die neue Nutzungsart zu nutzen. Nach dem Sinn und Zweck der Vorschrift ist davon auszugehen, dass sich der gesonderte, gesetzliche Vergütungsanspruch jeweils nur gegen den unmittelbaren Werknutzer richtet, nicht aber gegen denjenigen, der lediglich Lizenzen einräumt. Soweit einzelne Verwerter innerhalb der Lizenzkette demnach lediglich Lizenzen einräumen, und selbst keine Verwertung des Werkes auf die neue Nutzungsart vornehmen, entfällt ihre jeweilige eigene Haftung nach § 32c Abs. 2 S. 2. Diese Vorschrift gilt demnach für den Vertragspartner des Urhebers unmittelbar, sowie für alle Dritten i. S. d. § 32c Abs. 2 S. 1 (s. oben Rn. 29) entsprechend. Inwieweit Lizenzgebühren zwischen dem Vertragspartner und dem Dritten der 1. Unterlizenz, oder zwischen diesem und weiteren Unterlizenznehmern zu berücksichtigen sind, ist im Einzelfall zu prüfen. Anders als § 32a Abs. 2 soll § 32c Abs. 2 nicht die weitere Beteiligung des Urhebers an Erträgnissen auf grds. jeder Stufe der Lizenzkette ermöglichen, soweit sie im auffälligen Missverhältnis zur vertraglich vereinbarten Vergütung stehen (s. § 32a Rn. 30), sondern lediglich sicherstellen, dass der Urheber für jede erfolgte Werkverwertung auf neue Nutzungsarten angemessen vergütet wird.

c) Entfall der Unterrichtungspflicht? Fraglich ist, ob mit Übertragung des Nutzungsrechts auf einen Dritten der Vertragspartner des Urhebers auch von seiner Unterrichtungspflicht nach § 32c Abs. 1 S. 3 frei wird. Dazu müsste die in § 32c Abs. 2 S. 2 genannte „Haftung des Vertragspartners" auch die Unterrichtungspflicht umfassen. Wortlaut und Abfolge der Regelungen legen zunächst nahe, dass mit der „Haftung" in § 32c Abs. 2 S. 2 lediglich der in § 32c Abs. 2 S. 1 genannte Vergütungsanspruch nach § 32c Abs. 1 S. 1 gemeint ist. Vertritt man allerdings wie hier die Auffassung, dass im Falle der Übertragung die Unterrichtungspflicht auch den Dritten trifft, und § 32c Abs. 1 S. 3 zumindest entsprechend zu Lasten des Dritten gilt (s. oben Rn. 29), so könnte dem Vertragspartner des Urhebers auch die Haftungsfreistellung entsprechend § 32c Abs. 2 S. 1 zugutekommen, zumal er von der Aufnahme der Nutzung durch den Dritten keine Kenntnis aus erster Hand hat. Die Unterrichtspflicht des Dritten ergibt sich aus der Gesetzessystematik. Der Dritte kann nicht besser gestellt sein als der Vertragspartner. Man wird aber vom Vertragspartner des Urhebers verlangen können, den Urheber nach § 32c Abs. 1 S. 3 zumindest bei Kenntniserlangung der Nutzungsaufnahme durch den Dritten hiervon zu unterrichten (Schricker/Loewenheim/*Spindler* § 32c Rn. 23; Dreier/Schulze/*Schulze* § 32c Rn. 26). Das gilt für alle Dritten in der **Lizenzkette**. 45

V. Kein Vorausverzicht der Rechte (§ 32c Abs. 3 S. 1)

Der Urheber kann auf seine Rechte nach Absätzen 1 und 2 nicht im Voraus verzichten. Dies umfasst sowohl die gesonderten, gesetzlichen Vergütungsansprüche nach Abs. 1 S. 1 gegen den Vertragspartner des Urheber und nach Abs. 2 S. 1 gegen Dritte, als auch den besonderen Auskunftsanspruch des Urhebers nach Abs. 1 S. 3. Mit der Unverzichtbarkeit soll der Urheber vor unvorteilhaften Entäußerungen seiner Rechte geschützt werden (Schricker/Loewenheim/*Spindler* § 32c Rn. 41). Dies gilt nicht nur für Regelungen, mit denen der Urheber ausdrücklich auf diese Rechte verzichtet, sondern auch für andere, inhaltsgleiche Regelungen. Hiervon erfasst sind auch pauschale oder sonstige Vergütungsvereinbarungen im Voraus, nach denen die gesetzlichen Ansprüche auf besondere Vergütung nach § 32c Abs. 1 und 2 entfallen sollen (s. oben Rn. 22). 46

VI. Unentgeltliches Nutzungsrecht für jedermann (§ 32c Abs. 3 S. 2)

In Ausnahme zu § 32c Abs. 3 S. 1 kann der Urheber jedermann ein einfaches Nutzungsrecht unentgeltlich einräumen (BT-Drucks. 16/1828, 25). Die Regelung entspricht der sog. Linux-Klausel des § 32 Abs. 3 S. 3 und soll einer befürchteten Rechtsunsicherheit für „open source" Programme und andere „open content" Fälle vorbeugen (s. § 32 Rn. 45; § 69c Rn. 73 ff.). Mit der Neuregelung wurde eine gleich lautende Regelung auch hinsichtlich des Anspruches auf weitere Beteiligung nach § 32a eingeführt (s. § 32a Rn. 33). Ist aufgrund der Tatsachen davon auszugehen, dass der Urheber bei Beteiligung an einem solchen „open content" Projekt jedermann ein einfaches Nutzungsrecht unentgeltlich eingeräumt hat, und sprechen die Umstände dafür, dass sich diese Nutzungsrechtseinräumung auch auf unbekannte Nutzungsarten erstreckt, so ist dies als ausnahmsweise zulässiger Verzicht des Urhebers auf eine gesonderte angemessene Vergütung nach § 32c Abs. 1 oder 2 zu bewerten. 47

VII. Verjährung des Anspruchs auf besondere Vergütung

Mangels Sonderregelungen finden auf den Anspruch auf besondere Vergütung die allgemeinen Verjährungsvorschriften (§§ 194 ff. BGB) Anwendung. Der Anspruch verjährt 48 demnach grds. in drei Jahren ab dem Schluss des Jahres, in dem der Urheber Kenntnis aller den Anspruch begründenden Umstände erlangt hat (§§ 195, 199 Abs. 1 Nr. 2 BGB). Hierzu gehört die Kenntnis des Urhebers vor der Aufnahme der Verwertung des Werkes auf die neue Nutzungsart. Sind die Vertragspartner ihrer Pflicht zur Unterrichtung des Urhebers über die Aufnahme der neuen Werknutzung nachgekommen, beginnt die Verjährung aber nicht per se mit dem Schluss des Jahres, in dem die Unterrichtung beim Urheber zugegangen ist. Vielmehr muss der Urheber auch Kenntnis von allen weiteren den Anspruch begründenden Umständen erlangt haben, etwa von tatsächlich entstandenen Umsätzen mit der neuen Werknutzung (ebenso Schricker/Loewenheim/*Spindler* § 32c Rn. 13; Fromm/Nordemann/*Czychowski* § 32c Rn. 7). Erlangt der Urheber keine Kenntnis von der neuen Werknutzung, und allen weiteren anspruchsbegründenden Umständen, verjähren die Ansprüche in zehn Jahren seit ihrer Entstehung (§ 199 Abs. 4 BGB). Da der Anspruch auf angemessene Vergütung mit Aufnahme der Verwertung auf die neue Nutzungsart entsteht, beginnt zu diesem Zeitpunkt auch die Zehnjahresfrist zu laufen.

§ 33 Weiterwirkung von Nutzungsrechten

Ausschließliche und einfache Nutzungsrechte bleiben gegenüber später eingeräumten Nutzungsrechten wirksam. Gleiches gilt, wenn der Inhaber des Rechts, der das Nutzungsrecht eingeräumt hat, wechselt oder wenn er auf sein Recht verzichtet.

Literatur: S. die Angaben bei Vor §§ 31 ff. sowie die Angaben im eingangs abgedr. Gesamtliteraturverzeichnis.

Übersicht

	Rn.
I. Rechtsnatur und Normzweck, Neufassung 2002	1, 2
II. Voraussetzungen	3–7
1. Spätere Nutzungsrechtseinräumung (§ 33 S. 1)	3–5
2. Inhaberwechsel oder Verzicht (§ 33 S. 2)	6, 7
III. Folgen des Sukzessionsschutzes	8–11
IV. Rechtslage für Sachverhalte bis zum 30.6.2002	12

I. Rechtsnatur und Normzweck, Neufassung 2002

1 § 33 schützt den Inhaber eines einfachen oder ausschließlichen Nutzungsrechts vor Beeinträchtigungen seines Nutzungsrechts durch spätere Verfügungen des Urhebers, den Wechsel in der Inhaberschaft des Urheberrechts oder den Verzicht (sog. **Sukzessionsschutz**). Dies folgt an sich schon aus der dogmatischen Konstruktion der gebundenen Einräumung von Nutzungsrechten mit dinglicher Wirkung (vgl. Vor §§ 31 ff. Rn. 21); demnach sind Nutzungsrechte ihrer Rechtsnatur nach Verfügungen vergleichbar, so dass spätere Einräumungen nach dem Prioritätsprinzip von vornherein mit früheren Einräumungen über denselben Gegenstand (hier: das gleichartige Nutzungsrecht) belastet sind (vgl. § 31 Rn. 30; Ahlberg/Götting/*Soppe* § 33 Rn. 1; schon zur alten Normfassung *v. Gamm* § 33 Rn. 2; Schricker/Loewenheim/*Schricker/Loewenheim* § 33 Rn. 4; a. A. Möhring/Nicolini/*Spautz* § 33 Rn. 1).

2 Mit der Neufassung des § 33 im Zuge der Reform 2002 (s. Vor §§ 31 ff. Rn. 3) hat der Gesetzgeber den Sukzessionsschutz auf alle Fälle der späteren Einräumung von Nutzungsrechten ausgedehnt und insb. den Inhaber einfacher Nutzungsrechte dem ausschließlicher Nutzungsrechte gleichgestellt. Dies entspricht der schon bisher h. M., die zu Recht die

frühere enge Normfassung (entgegen der damaligen amtlichen Gesetzesbegründung M. *Schulze* Materialien 460) entweder analog auf die nunmehr wörtlich erfassten Fälle des Zusammentreffens späterer und früherer Nutzungsrechte gleich welcher Art angewendet hat (vgl. Dreier/Schulze/*Schulze* § 33 Rn. 3; Loewenheim/*J. B. Nordemann* § 26 Rn. 32; Schricker/*Schricker* (2. Auflage) § 33 Rn. 8 ff.; Fromm/Nordemann/*J. B. Nordemann* § 33 Rn. 3; BGH GRUR 1986, 91, 93 – Preisabstandsklausel), oder aber das gleiche Ergebnis aus der Rechtsnatur des Nutzungsrechts hergeleitet hat (Schricker/*Schricker* (2. Auflage) § 33 Rn. 8). Dogmatisch bedeutet die Neufassung die Abkehr von der früheren Vorstellung des Gesetzgebers, bei einfachen Nutzungsrechten handele es sich um Rechte rein schuldrechtlicher Natur ohne dingliche Ausschließlichkeitswirkung (vgl. § 31 Rn. 31 f.; zur alten diesbezüglichen Lehre Schricker/Loewenheim/*Schricker/Loewenheim* § 33 Rn. 2; Dreyer/Kotthoff/Meckel/*Kotthoff* § 33 Rn. 2).

II. Voraussetzungen

1. Spätere Nutzungsrechtseinräumung (§ 33 S. 1)

Geschützt ist der Inhaber eines (einfachen oder ausschließlichen) Nutzungsrechts, welches **zeitlich vor** einem weiteren einfachen oder ausschließlichen Nutzungsrechts wirksam eingeräumt wurde. Räumt z. B. der Autor eines Romans dem Verlag X am 1.1.2007 das Recht ein, den Roman als Taschenbuch zu verbreiten, und am 31.12.2007 dem Verlag Y das ausschließliche (umfassende) Verlagsrecht, ist X durch § 33 geschützt (zu den Folgen auch bei Varianten s. u. Rn. 8 ff.).

Der Inhaber des früheren Nutzungsrechts hat **Sukzessionsschutz** nicht nur gegenüber dem späteren Erwerber, sondern auch **gegenüber dem Urheberrechtsinhaber.** Hat etwa Verlag X als Inhaber des ausschließlichen Verlagsrechts eines Werkes des Autors A dem Verlag Y am 1.1.2012 die einfache Taschenbuchlizenz und dem Verlag Z am 1.1.2013 ein ausschließliches Recht für alle Taschenbuchausgaben eingeräumt, genießt Y Sukzessionsschutz gegenüber Z und A, d. h. die Einräumung des einfachen Nutzungsrechts auch für die gleiche Nutzungsart bleibt wirksam. Aus dem dinglichen Charakter der Nutzungsrechte folgt, das X – ebenso wie der Urheber – dabei nur die jeweils ihm verbliebenen Rechte an Dritte (hier Z) weitergeben kann (BGH GRUR 1986, 91, 93 – Preisabstandsklausel), die spätere Einräumung eines kollidierenden Nutzungsrechts ist also von vornherein unwirksam (Dreier/Schulze/*Schulze* § 33 Rn. 4; *v. Gamm* § 33 Rn. 4; Möhring/Nicolini/*Spautz* § 33 Rn. 7; Schricker/Loewenheim/*Schricker/Loewenheim* § 33 Rn. 9).

Nach neuerer Ansicht des BGH greift der Sukzessionsschutz als allgemeines Rechtsprinzip aufgrund der in der Regel anzunehmenden höheren Schutzbedürftigkeit des Sublizenznehmers auch **zugunsten eines späteren Nutzungsrechts,** wenn das frühere Nutzungsrecht aufgrund der Beendigung des zugrunde liegenden Vertragsverhältnisses **erlischt. Demnach entfällt das spätere einfache oder ausschließliche Nutzungsrecht durch den Heimfall der Nutzungsrechte beim Ersterwerber** (dazu Vor §§ 31 ff. Rn. 49 ff.) an den Urheber **nicht** (BGH GRUR 2009, 946 – Reifen Progressiv: Fortbestand des einfachen Sublizenzrechts bei Widerruf der Hauptlizenz wegen Nichtausübung gem. § 41; BGH GRUR 2012, 916, 918 – M2Trade: Fortbestand der einfachen Sublizenz bei Erlöschen der Hauptlizenz durch Kündigung wegen Zahlungsverzug; BGH GRUR 2012, 914, 915 – Take Five: Fortbestand der ausschließlichen Sublizenz bei einvernehmlicher Aufhebung der Hauptlizenz; siehe ausführlich § 35 Rn. 7 ff.).

2. Inhaberwechsel oder Verzicht (§ 33 S. 2)

Die Fälle des § 33 S. 2 wurden von der herrschenden Meinung auch bisher schon nach dem Gedanken des § 33 bzw. nach der Rechtsnatur der Nutzungsrechte (oben Rn. 2) zu

Gunsten eines Sukzessionsschutzes des Nutzungsrechtsinhabers gelöst (Schricker/Loewenheim/*Schricker/Loewenheim* § 33 Rn. 15 ff.). Wechselt also (im Rahmen des Möglichen, § 29) die Inhaberschaft entweder am Urheberrecht (etwa im Wege der Erbfolge, § 29 Abs. 1) oder aber an einzelnen Nutzungsrechten, bleiben alle vom vormaligen Inhaber eingeräumten Rechte auch dinglich davon unberührt (zur gleichen Folge in schuldrechtlicher Hinsicht für den Fall der Rechtsnachfolge Vor §§ 31 ff. Rn. 35; § 28 Rn. 5).

7   Dies gilt auch, wenn ein Lizenznehmer auf Nutzungsrechte später **verzichtet** (§ 33 S. 2 Alt. 2). Verzicht ist eine Verfügung, die darauf abzielt, ein Recht aufzuheben (*Haberstumpf* Rn. 419). Hat ein Lizenznehmer einem Unterlizenznehmer ausschließliche oder einfache Nutzungsrechte eingeräumt und verzichtet der erste Lizenznehmer später auf seine Nutzungsrechte, bleiben die früher eingeräumten Nutzungsrechte davon unberührt. Der Verzicht kann sich auch auf einzelne Nutzungsarten (Vor §§ 31 ff. Rn. 25) beziehen. Da das Urheberrecht als solches einschließlich der Verwertungsrechte unverzichtbar ist (§ 29 Abs. 1; vgl. *v. Welser* 59), bezieht sich der insoweit missverständliche Wortlaut des § 33 S. 2 Alt. 2 nicht auf den Urheber selbst, sondern nur auf einen Nutzungsrechtsinhaber früherer Stufe (vgl. Fromm/Nordemann/*J. B. Nordemann* § 33 Rn. 11; *Schack* ZUM 2001, 453, 456; a. A. Dreier/Schulze/*Schulze* § 33 Rn. 9).

III. Folgen des Sukzessionsschutzes

8   Früher eingeräumte einfache und ausschließliche Nutzungsrechte bleiben von einer späteren Rechtseinräumung unberührt (zur alten – begrenzten – Rechtslage BGHZ 5, 116, 119 – Parkstraße; BGH GRUR 1959, 200, 203 – Heiligenhof). Weder hat also der **Erwerber** des späteren Nutzungsrechts ein Verbotsrecht gegenüber dem Inhaber des früheren Nutzungsrechts, noch hat der **Urheberrechtsinhaber** urheberrechtliche Ansprüche gegen den Inhaber des früheren Nutzungsrechts für die gleiche Nutzungsart. Urheber und Inhaber des späteren Nutzungsrechts müssen die Nutzung aufgrund früheren Rechts vielmehr dulden (Möhring/Nicolini/*Spautz* § 33 Rn. 4; Schricker/Loewenheim/*Schricker/Loewenheim* § 33 Rn. 9; Fromm/Nordemann/*J. B. Nordemann* § 33 Rn. 7).

9   Der **Inhaber eines früheren einfachen Nutzungsrechts** hat gegen den späteren Erwerber eines (ausschließlichen oder sich auf dieselbe Nutzungsart beziehenden einfachen) Nutzungsrechts kein Verbotsrecht, sondern nur einen Anspruch auf Duldung der eigenen Nutzung, da er als Inhaber eines einfachen Nutzungsrechts ohnehin mit der gleichzeitigen Nutzung durch andere rechnen muss (Schricker/Loewenheim/*Schricker/Loewenheim* § 33 Rn. 12). Gegenüber Dritten steht dem Erwerber eines ausschließlichen Nutzungsrechts auch bei schon vorher bestehenden einfachen Nutzungsrechten (Altrechten) die bezweckte umfassende Rechts- und Verbotsposition am lizenzierten Gegenstand ungeschmälert zu (OLG Hamburg ZUM 2001, 330, 332 – Loriot-Postkarten).

10   Wurden **hintereinander kollidierende Rechte** eingeräumt, etwa zunächst ein ausschließliches und später erneut ein ausschließliches oder ein einfaches, so ergibt sich der Sukzessionsschutz für den Ersterwerber aus der dinglichen Natur des Nutzungsrechts: was der Urheber früher schon weggegeben hatte, konnte er nicht nochmals wirksam weggeben; die spätere Nutzungsrechtseinräumung ist demnach unwirksam.

11   Zwischen Urheberrechtsinhaber und früherem Erwerber kommen aber **vertragliche Schadensersatzansprüche** in Betracht, wenn ein wirksam eingeräumtes späteres Nutzungsrecht das frühere Nutzungsrecht beeinträchtigt, etwa wenn dem Erstinhaber Ausschließlichkeit zugesichert wurde (Schricker/Loewenheim/*Schricker/Loewenheim* § 33 Rn. 12; Dreyer/Kotthoff/Meckel/*Kotthoff* § 33 Rn. 4). Das Gleiche gilt, wenn der Urheberrechtsinhaber den späteren Erwerber nicht auf das Bestehen früherer Nutzungsrechte hingewiesen hat (Möhring/Nicolini/*Spautz* § 33 Rn. 7; Fromm/Nordemann/*J. B. Nordemann* § 33 Rn. 10).

IV. Rechtslage für Sachverhalte bis zum 30.6.2002

Nach § 132 Abs. 3 S. 1 gilt für Verträge und sonstige Sachverhalte, die vor Inkrafttreten **12** der Neufassung am 30.6.2002 entstanden sind, § 33 in seiner bisherigen Form. Diese lautet:

§ 33. Weiterwirkung einfacher Nutzungsrechte
Ein einfaches Nutzungsrecht, das der Urheber vor Einräumung eines ausschließlichen Nutzungsrechts eingeräumt hat, bleibt gegenüber dem Inhaber des ausschließlichen Nutzungsrechts wirksam, wenn nichts anderes zwischen dem Urheber und dem Inhaber des einfachen Nutzungsrechts vereinbart ist.

Durch die Erweiterung des Wortlautes auch auf einfache Nutzungsrechte hat sich in der Sache nur eine Angleichung der Gesetzeslage an die schon bisher weitgehend geltende Rechtspraxis ergeben, wonach § 33 in seiner bisherigen Form auf die nunmehr auch genannten Fälle meist analog angewendet wurde (AmtlBegr. BT-Drucks. 14/6433, 50). Denn auch nach schon bisher herrschender Meinung kam auch einfachen Nutzungsrechten weitgehend dingliche Wirkung zu (vgl. § 31 Rn. 31 f.). Es kann daher auch für Altfälle auf die Kommentierung der jetzigen Fassung verwiesen werden.

§ 34 Übertragung von Nutzungsrechten

(1) Ein Nutzungsrecht kann nur mit Zustimmung des Urhebers übertragen werden. Der Urheber darf die Zustimmung nicht wider Treu und Glauben verweigern.

(2) Werden mit dem Nutzungsrecht an einem Sammelwerk (§ 4) Nutzungsrechte an den in das Sammelwerk aufgenommenen einzelnen Werken übertragen, so genügt die Zustimmung des Urhebers des Sammelwerkes.

(3) Ein Nutzungsrecht kann ohne Zustimmung des Urhebers übertragen werden, wenn die Übertragung im Rahmen der Gesamtveräußerung eines Unternehmens oder der Veräußerung von Teilen eines Unternehmens geschieht. Der Urheber kann das Nutzungsrecht zurückrufen, wenn ihm die Ausübung des Nutzungsrechts durch den Erwerber nach Treu und Glauben nicht zuzumuten ist. Satz 2 findet auch dann Anwendung, wenn sich die Beteiligungsverhältnisse am Unternehmen des Inhabers des Nutzungsrechts wesentlich ändern.

(4) Der Erwerber des Nutzungsrechts haftet gesamtschuldnerisch für die Erfüllung der sich aus dem Vertrag mit dem Urheber ergebenden Verpflichtungen des Veräußerers, wenn der Urheber der Übertragung des Nutzungsrechts nicht im Einzelfall ausdrücklich zugestimmt hat.

(5) Der Urheber kann auf das Rückrufsrecht und die Haftung des Erwerbers im Voraus nicht verzichten. Im Übrigen können der Inhaber des Nutzungsrechts und der Urheber Abweichendes vereinbaren.

Literatur: *Beisel/Klumpp*, Der Unternehmenskauf, 3. Aufl., München 1996; *Ch. Berger*, Der Rückruf urheberrechtlicher Nutzungsrechte bei Unternehmensveräußerungen nach § 34 Abs. 3 S. 2 UrhG, FS Schricker 2005, 223; *Brauer/Sopp*, Sicherungsrechte an Lizenzrechten; eine unsichere Sicherheit, ZUM 2004, 112; *Commandeur*, Betriebs-, Firmen- und Vermögensübernahme, München 1990; *v. Frentz/Masch*, Rechtehandelsunternehmen und Unternehmenskauf, ZUM 2009, 354; *Grützmacher*, Gebrauchssoftware und Übertragbarkeit von Lizenzen, CR 2007, 549; *Haas*, Das neue Urhebervertragsrecht, München 2002; *Haupt*, Besprechung zu Koch-Sembdner, UFITA 2005/III, 904; *Held*, Weiterübertragung von Verlagsrechten – Zur Weitergeltung von § 28 VerlG, GRUR 1983, 161; *Hemler*, Die Stellung des Autors beim Verlagskauf, GRUR 1994, 578; *Hüffer* (Bearb.), Handelsgesetzbuch Großkommentar (begr. von Staub), 4. Aufl., Berlin u. a. 1995 (zit. *Hüffer* in: Großkomm. HGB); *Koch-Sembdner*, Das Rückrufsrecht des Urhebers bei Unternehmensveräußerungen, Göttingen 2004; *Jani*, Der Buy-out-Vertrag im Urheberrecht, Berlin 2002; *Joppich*, § 34 UrhG im Unternehmenskauf, K&R 2003, 211; *Merkt*, Due Diligence und Gewährleistung beim Unternehmenskauf, BB 1995, 1041;

UrhG § 34 § 34 Übertragung von Nutzungsrechten

Müller, Internationalisierung des deutschen Umwandlungsrechts: Die Regelung der grenzüberschreitenden Verschmelzung, ZIP 2007, 1081; *W. Nordemann,* Das neue Urhebervertragsrecht, München 2002; *Partsch/Reich,* Die Change-of-Control-Klausel im neuen Urhebervertragsrecht – Zum Wegfall des § 28 VerlG, AfP 2002, 298; *Partsch/Reich,* Änderungen im Unternehmenskaufvertragsrecht durch die Urhebervertragsrechtsreform, NJW 2002, 3286; *Peukert,* Das Rückrufsrecht des Urhebers bei Unternehmensveräußerung, Besprechung zu Koch-Sembdner, GRUR Int. 2005, 962; *Picot* (Hrsg.), Unternehmenskauf und Restrukturierung, 3. Aufl., München 2004 (zit. Picot/*Bearbeiter*); *Rödder/Hötzel/Mueller-Thums,* Unternehmenskauf, Unternehmensverkauf, München 2003; *Royla/Gramer,* Urheberrecht und Unternehmenskauf, CR 2005, 154; *Schack,* Rechtsprobleme der Online-Übermittlung, GRUR 2007, 639; *Schack,* Neuregelung des Urhebervertragsrechts, ZUM 2001, 453; *K. Schmidt,* Vom Handelsrecht zum Unternehmens-Privatrecht, JuS 1985, 249; *Schricker,* Auswirkungen des Urhebervertragsgesetzes auf das Verlagsrecht, FS Nordemann 2004, 243; *G. Schulze,* Zum Erwerb der CD-ROM-Rechte bei Zeitschriften, in: Struns (Hrsg.), Festgabe für Friedrich-Karl Beier zum 70. Geburtstag, Köln 1996, 403 (zit. *Schulze* FS Beier); *Sudhoff,* Unternehmensnachfolge, 5. Aufl., München 2005; *v. Pfeil,* Urheberecht und Unternehmenskauf – Die Übertragung urheberrechtlicher Nutzungsrechte beim Asset Deal, Berlin 2007; *Wernicke/Kockentiedt,* Das Rückrufsrecht aus § 34 Abs. 3 UrhG – Rechtsfragen und ihre Auswirkungen auf Unternehmenskäufe, ZUM 2004, 348.

Vgl. darüber hinaus die Angaben im eingangs abgedr. Gesamtliteraturverzeichnis.

Übersicht

	Rn.
I. Überblick	1–7
1. Bedeutung und Reform	1–3
2. Anwendungsbereich	4–7
a) Allgemeines	4–6
b) Persönlichkeitsrechte und Bearbeitungsrecht	7
II. Zustimmungserfordernis (§ 34 Abs. 1 S. 1)	8–10
1. Allgemeines	8, 9
2. Übertragung ohne Zustimmung	10
III. Verweigerung der Zustimmung nach Treu und Glauben (§ 34 Abs. 1 S. 2)	11–14
1. Allgemeines	11, 12
2. Kriterien und Einzelfragen	13
3. Rechtsfolgen und prozessuale Durchsetzung	14
IV. Zustimmung bei Sammelwerken (§ 34 Abs. 2)	15, 16
V. Unternehmensveräußerung und Zustimmungserfordernis (§ 34 Abs. 3)	17–29
1. Allgemeines	17
2. Unternehmen oder Unternehmensteil	18, 19
3. Veräußerung	20–22
a) Grundsatz	20
b) Gesellschaftsrechtliche Vorgänge	21
c) Anteilskauf („Share-Deal") als Veräußerung?	22
4. Rückrufsrecht des Urhebers (§ 34 Abs. 3 S. 2, 3)	23–29
a) Übersicht	23
b) Rechtsnatur, Ausübung, Frist, Folgen	24
c) Unzumutbarkeit	25
d) Änderung der Beteiligungsverhältnisse (§ 34 Abs. 3 S. 3)	26–29
aa) Grundsatz	26
bb) Wesentliche Änderung	27
cc) Beteiligungsschwellen	28
dd) Umwandlungsrechtliche Vorgänge	29
VI. Haftung des Erwerbers (§ 34 Abs. 4)	30–35
1. Bedeutung und Reform 2002	30
2. Umfang	31, 32
3. Ausschluss der Erwerberhaftung	33
4. Weitere Haftungsgründe	34, 35
VII. Unverzichtbarkeit, abweichende Vereinbarungen (§ 34 Abs. 5)	36–41
1. Unverzichtbarkeit von Rückrufsrecht und Erwerberhaftung (§ 34 Abs. 5 S. 1)	36
2. Abweichende Vereinbarungen (§ 34 Abs. 5 S. 2)	37–41
VIII. Rechtslage für Sachverhalte bis zum 30.6.2002	42, 43

I. Überblick

1. Bedeutung und Reform

Der Urheber hat ein Interesse daran, dass die von ihm eingeräumten Rechte nicht an Personen gelangen, die sein Vertrauen nicht besitzen und von denen er einen seinen Absichten zuwiderlaufenden Gebrauch des Werkes befürchten muss (Möhring/Nicolini/ *Spautz* § 34 Rn. 1; *Haberstumpf* Rn. 412; Dreier/Schulze/*Schulze* § 34 Rn. 1; Fromm/ Nordemann/*J. B. Nordemann* § 34 Rn. 2; Dreyer/Kotthoff/Meckel/*Kotthoff* § 34 Rn. 2; Schricker/Loewenheim/*Schricker/Loewenheim* § 34 Rn. 1). Denn anders als beim Urheberrecht selbst (§ 29 Abs. 1) ist die **translative Weiterübertragung** der einfachen und ausschließlichen Nutzungsrechte durch den Inhaber des ausschließlichen Nutzungsrechtes grds. möglich, die Verfügungsmacht des Nutzungsrechtsinhabers geht also insofern weiter als die des Urhebers, da der Inhaber des Nutzungsrechts einen endgültigen Rechtsverlust erleidet. Damit der Urheber diesen Vorgang selbst steuern kann, ist ihm aufgrund der urheberpersönlichkeitsrechtlichen Wurzel des Urheberrechts das Zustimmungsrecht in die Hand gegeben worden. Das gilt grds. auch für Gebrauchtsoftware (*Grützmacher* CR 2007, 549, 553; *Schack* GRUR 2007, 639, 644; näher § 69d Rn. 25 f.).

§ 34 bindet die Weiterübertragung von Nutzungsrechten grds. an die **Zustimmung** des Urhebers (LG München I CR 2007, 356, 358; Ahlberg/Götting/*Soppe* § 34 Rn. 8; *Brauer/ Sopp* ZUM 2004, 112, 113), wobei es Ausnahmen für die Übertragung von Nutzungsrechten an Sammelwerken (§ 34 Abs. 2, unten Rn. 15 f.) und im Rahmen von Unternehmensveräußerungen (§ 34 Abs. 3, unten Rn. 17 ff.) gibt. Im Falle der Unternehmensveräußerung haftet außerdem der Erwerber grds. gesamtschuldnerisch auch für die Verbindlichkeiten des Veräußerers (§ 34 Abs. 4, unten Rn. 30 ff.).

Durch die **Neufassung** im Zuge der Reform 2002 (s. Vor §§ 31 ff. Rn. 3) wurde der Schutz des Urhebers insoweit gestärkt, als er im Falle der Unternehmensveräußerung ein besonderes Rückrufsrecht erhalten hat (§ 34 Abs. 3 S. 2, 3), welches zum Schutz des Urhebers ebenso unverzichtbar ist (§ 34 Abs. 5 S. 1 Var. 1) wie die gesamtschuldnerische Haftung des Rechtserwerbers bei Unternehmensveräußerung (§ 34 Abs. 5 S. 1 Var. 2). Die Regelung ist aber im Übrigen nach wie vor **dispositiv** (§ 34 Abs. 5 S. 2).

2. Anwendungsbereich

a) Allgemeines. § 34 gilt für **ausschließliche und einfache Nutzungsrechte,** welche beide übertragbar sind (Dreier/Schulze/*Schulze* § 34 Rn. 6; Möhring/Nicolini/*Spautz* § 34 Rn. 3; Schricker/Loewenheim/*Schricker/Loewenheim* § 34 Rn. 11; OLG Köln GRUR 2004, 142, 143; a. A. *v. Gamm* § 34 Rn. 2: nur ausschließliche Nutzungsrechte übertragbar). Auch die Weiterübertragung ausschließlicher und einfacher Nutzungsrechte ist wie die ursprüngliche Einräumung selbst (dazu Vor §§ 31 ff. Rn. 21) eine Verfügung (vgl. *v. Pfeil* 42). § 34 betrifft aber nur die vollständige Übertragung von Nutzungsrechten (translative Übertragung) und **nicht** die sog. **Unterlizenzen,** bei denen der Nutzungsberechtigte sein Nutzungsrecht nur teilweise überträgt und sich selbst noch einen Teil vorbehält (konstitutive Rechtseinräumung). Dieser Fall wird vielmehr in § 35 geregelt (dazu § 35 Rn. 4 ff.; Fromm/Nordemann/ *J. B. Nordemann* § 34 Rn. 8; Schricker/Loewenheim/*Schricker/Loewenheim* § 35 Rn. 16; anders *Koch-Sembdner* 63: § 34 Abs. 3 entsprechend anzuwenden). Das Zustimmungserfordernis gilt nur für das Verfügungs-, nicht aber für das Verpflichtungsgeschäft (Dreier/Schulze/ *Schulze* § 34 Rn. 10 m. w. N.). Das der Weiterübertragung zugrunde liegende **Kausalgeschäft** bleibt von der fehlenden Zustimmung des Urhebers grds. unberührt (RGZ 65, 40, 44 – Aus einer kleinen Garnison; BGH NJW 1967, 2354, 2358 – Angelique).

Mit der Neufassung des § 34 bei der Reform 2002 (s. Vor §§ 31 ff. Rn. 3) wurde die ältere und weitgehend parallele, aber speziellere Regelung des **§ 28 VerlG** aufgehoben; auch

UrhG § 34 6–8 § 34 Übertragung von Nutzungsrechten

für das **Verlagsrecht** gilt nunmehr einheitlich § 34 (vgl. BVerfG GRUR 2006, 410). Der vorherige Streit um die „kombinierte Geltung" des (neueren) § 34 und des (älteren) § 28 VerlG hat sich damit erledigt (vgl. Dreier/Schulze/*Schulze* § 34 Rn. 3; *Schricker* § 1 VerlG Rn. 1; Schricker/Loewenheim/*Schricker/Loewenheim* § 34 Rn. 12 mit kritischer Anmerkung zur Neuregelung; *Hemler* GRUR 1994, 578; anders *Held* GRUR 1983, 161 ff.: § 28 wurde schon 1965 gegenstandslos und wurde nur irrtümlich nicht aufgehoben).

6   Für den **Filmbereich** schafft § 90 zugunsten des Filmherstellers eine Ausnahme vom Grundsatz der Zustimmungsbedürftigkeit. Demnach ist die Übertragung der in § 88 Abs. 1 und § 89 Abs. 1 bezeichneten Rechte ohne Zustimmung des Urhebers möglich. Hinsichtlich des Rechts zur Verfilmung gilt dies nach § 90 S. 2 allerdings erst ab Beginn der Dreharbeiten (hierzu § 90 Rn. 8 f.; *Wernicke/Kockentiedt* ZUM 2004, 348, 355). Folglich unterliegt die vorherige Übertragung dieses Rechts durch den Filmhersteller auf einen Dritten den Beschränkungen des § 34, ist also insb. zustimmungsbedürftig (Dreier/Schulze/*Schulze* § 34 Rn. 21). § 34 gilt auch für Urheber von **Computerprogrammen** (*Royla/Gramer* CR 2005, 154; a. A. offenbar *Berger* FS Schricker 2005, 223, 229). Bei **gebrauchter Software** ist eine Übertragung des Nutzungsrechts auf einen Dritten als Zweiterwerber nur mit Zustimmung des Rechtsinhabers möglich. Der Erschöpfungsgrundsatz greift nach neuester Rechtsprechung des EuGH auch bei Lizenzen, die nur zum Download von Software berechtigen (EuGH GRUR 2012, 904 – UsedSoft; nunmehr ebenso BGH I ZR 129/08 – UsedSoft II; anders noch BGH GRUR Int. 2011, 439, 443 Rn. 32 – UsedSoft; OLG Stuttgart GRUR-Prax 2012, 143; OLG Zweibrücken MMR 2011, 679; OLG Düsseldorf GRUR-RR 2010, 4 – vorinstallierte Software; OLG München 2009, 70 m. kritischer Anm. Herzog; zur analogen Anwendung des Erschöpfungsgrundsatzes nach § 69c Nr. 3 S. 2 vgl. § 69c Rn. 36; kritisch OLG Frankfurt/M MMR 2009, 544, 545 m. Anm. Bräutigam; OLG München MMR 2008, 601; OLG München MMR 2006, 748 m. Anm. Stögmüller).

7   **b) Persönlichkeitsrechte und Bearbeitungsrecht.** Das Zustimmungserfordernis beruht auf der persönlichen Bindung des Urhebers zu seinem Werk. Dabei sind nicht nur seine vermögensrechtlichen Interessen, sondern auch seine urheberpersönlichkeitsrechtlichen Interessen von Belang (*v. Gamm* § 34 Rn. 10), etwa das Veröffentlichungsrecht (§ 12). Die Zustimmung ist daher über den Wortlaut der Norm hinaus auch für die **Weiterübertragung von Urheberpersönlichkeitsrechten** oder des **Bearbeitungsrechts** (§ 23) erforderlich, § 34 gilt hier **analog** (Schricker/Loewenheim/*Schricker/Loewenheim* § 34 Rn. 14). Denn der Urheber kann ein starkes Interesse daran haben, ob, wann und wie sein bisher unveröffentlichtes Werk noch veröffentlicht werden soll oder wer es bearbeitet. In der Praxis wird sich die Zustimmung des Urhebers auch zur Übertragung seiner Urheberpersönlichkeitsrechte freilich ohne weiteres aus der Zustimmung zur Übertragung des Nutzungsrechts ergeben, da eine Verwertung ohne die Urheberpersönlichkeitsrechte keinen Sinn macht (näher Vor §§ 31 ff. Rn. 36).

II. Zustimmungserfordernis (§ 34 Abs. 1 S. 1)

1. Allgemeines

8   Das Zustimmungserfordernis des Urhebers gilt nur für die Übertragung von Nutzungsrechten als Verfügungsgeschäft, nicht aber für das der Verfügung zugrunde liegende Kausalgeschäft, und greift nur zugunsten des Inhabers des Urheberrechts, nicht aber zugunsten des Erwerbers eines (ausschließlichen) Nutzungsrechts (Fromm/Nordemann/*J. B. Nordemann* § 34 Rn. 9). Der **Begriff der Zustimmung** ist hier entsprechend § 182 BGB zu verstehen (Möhring/Nicolini/*Spautz* § 34 Rn. 4; Dreyer/Kotthoff/Meckel/*Kotthoff* § 33 Rn. 6). Danach kann der Urheber vorher (Einwilligung, § 183 S. 1 BGB) oder nachträglich (Genehmigung, § 184 Abs. 1 BGB) zustimmen. Die Zustimmung ist eine einseitige, emp-

fangsbedürftige Willenserklärung, deren Erklärungsempfänger der Nutzungsberechtigte oder der Rechtserwerber sein kann (§ 182 Abs. 1 BGB), und für die die Regeln über die Willenserklärung gelten (Palandt/*Ellenberger* Einf. v. § 182 Rn. 3; BGH GRUR 1984, 528, 529 – Bestellvertrag). Die Zustimmung kann schriftlich, mündlich, konkludent oder auch formularmäßig in AGB erfolgen (LG Berlin ZUM-RD 2008, 18, 23). Liegt zwischen dem Urheber und dem Veräußerer ein ungültiger schuldrechtlicher Vertrag vor oder enden seine Wirkungen, erlischt wegen der kausalen Zweckbindung auch das Nutzungsrecht des Erwerbers (Schricker/Loewenheim/*Schricker/Loewenheim* § 34 Rn. 25; Dreier/Schulze/ *Schulze* § 34 Rn. 24; *Wandtke* EWiR 2001 § 34, 643, 644; OLG Hamburg ZUM 2001, 105, 108; a. A. Dreyer/Kotthoff/Meckel/*Kotthoff* § 34 Rn. 7).

Die Zustimmung kann schriftlich oder mündlich, aber auch durch **schlüssiges Verhalten** erteilt werden, wenn die Beteiligten dem Verhalten des Urhebers objektiv eine Billigung der Weiterübertragung entnehmen können (Beispiel BGH GRUR 2005, 860, 862 – Fash 2000; BGH GRUR 1962, 595, 598 – Kleine Leute – Große Reise), sowie formularmäßig durch AGB (LG Berlin ZUM-RD 2008, 18, 23). Das **Schweigen** des Urhebers auf eine Aufforderung des Nutzungsberechtigten oder des Rechteerwerbers kann für sich aber noch nicht als Zustimmung gewertet werden (*v. Gamm* § 34 Rn. 16). Liegt der Zustimmung ein formbedürftiger Vertrag zugrunde, ist die Zustimmung selbst weiterhin **formfrei** möglich (§ 182 Abs. 2 BGB). Die Einwilligung ist bis zur Vornahme der Weiterübertragung widerruflich, soweit keine Unwiderruflichkeit vereinbart wurde (§ 34 Abs. 4, § 183 BGB) (*v. Gamm* § 34 Rn. 15; *Haberstumpf* Rn. 416). 9

2. Übertragung ohne Zustimmung

Hat der Urheber in die Weiterübertragung nicht eingewilligt, ist diese Verfügung zunächst schwebend unwirksam (Fromm/Nordemann/*J. B. Nordemann* § 34 Rn. 20; Möhring/ Nicolini/*Spautz* § 34 Rn. 4; *v. Gamm* § 34 Rn. 15). War die Rechtseinräumung von vornherein auf ein nicht abtretbares, einfaches Nutzungsrecht beschränkt, ist jede dennoch versuchte Übertragung der Nutzungsrechte unwirksam (vgl. LG München CR 2007, 356, 358). **Genehmigt** der Urheber die Übertragung, ist die Verfügung von Anfang an wirksam, denn die Genehmigung wirkt dann auf den Zeitpunkt der Weiterübertragung zurück (§ 184 Abs. 2 BGB; dazu RGZ 65, 40, 41 – Aus einer kleinen Garnison; LG Mannheim ZUM 2003, 415, 416). Genehmigt der Urheber die Übertragung nicht, ist der Erwerber nicht Inhaber der vermeintlich übertragenen Nutzungsrechte geworden – ein gutgläubiger Erwerb ist nicht möglich (s. Vor §§ 31 ff. Rn. 47 f.) – und ist den Schadensersatzansprüchen des Urhebers wegen Verletzung des Urheberrechts ausgesetzt (§§ 97 ff.), wenn er das Werk dennoch nutzt, etwa vervielfältigt und verbreitet. Der Nutzungsrechtsinhaber begeht durch die Übertragung gegenüber dem Urheber eine Vertragsverletzung, wenn die Übertragung vertraglich ausgeschlossen worden war (Schricker/Loewenheim/*Schricker/Loewenheim* § 34 Rn. 29). Problematisch ist die Frage der Zustimmung bei **gebrauchter Software**. Ist das Nutzungsrecht nach den Lizenzbedingungen „nicht abtretbar", kann das Recht zur Vervielfältigung der Programme nicht übertragen werden. Eine Weitergabebeschränkung der Nutzungsrechte in Lizenzverträgen und AGB ist zulässig (vgl. EuGH ZUM 2012, 661 – UsedSoft; BGH GRUR Int. 2011, 439 – UsedSoft; nunmehr ebenso BGH I ZR 129/08 – UsedSoft II; OLG Stuttgart GRUR-Prax 2012, 143; OLG Karlsruhe GRUR-RR 2012, 98; OLG Zweibrücken MMR 2011, 679; OLG Düsseldorf GRUR-RR 2010, 4; OLG Frankfurt/M MMR 2010, 681, 682; OLG München MMR 2008, 601). Dies ergibt sich unmittelbar aus § 34 Abs. 1. Die Kunden der Gebrauchtsoftwarehändlerin können sich auf den Erwerb eines vertraglichen Nutzungsrechts nur dann berufen, wenn eine lückenlose Rechtekette vorliegt (*Wolff-Rojczyk/H. Hansen* CR 2011, 228, 229). Ist die Abtretung von Nutzungsrechten an einer Software in AGB ausdrücklich ausgeschlossen, ist der Käufer der Software nicht berechtigt, den Datenträger der Software an 10

Dritte weiterzugeben (OLG München ZUM 2009, 70, 71; a.A. *Herzog* ZUM 2009, 71: Standardsoftware ist wirtschaftliches Massengut, daher Anspruch auf Erteilung der Zustimmung nach § 34 Abs. 1 S. 2).

III. Verweigerung der Zustimmung nach Treu und Glauben (§ 34 Abs. 1 S. 2)

1. Allgemeines

11 Der Urheber darf seine Zustimmung nicht wider „Treu und Glauben" verweigern. Hieraus ergibt sich, dass der Urheber in der Regel nicht zustimmen muss, es sei denn, eine Verweigerung erschiene willkürlich (Dreier/Schulze/*Schulze* § 34 Rn. 18). Das bedeutet, dass im Zweifel derjenige, der das Nutzungsrecht übertragen will, darlegen muss, dass die Verweigerung gegen Treu und Glauben (§ 242 BGB) verstößt. Hier ist im Einzelfall eine **Interessenabwägung** zwischen dem Urheber und dem Nutzungsrechtsinhaber erforderlich (*v. Gamm* § 34 Rn. 17; *Schricker* § 28 VerlG Rn. 13; Schricker/Loewenheim/*Schricker/ Loewenheim* § 34 Rn. 31; *Haberstumpf* Rn. 416; Ahlberg/Götting/*Soppe* § 34 Rn. 11; Thode/ Wirth/Kuffer/*Knipp* § 32 Rn. 61).

12 Die Verweigerung **verstößt** nur dann **gegen Treu und Glauben,** wenn der Urheber keinen sachlichen Grund hat, wenn also weder seine urheberpersönlichkeitsrechtlichen Belange noch sein Verwertungsinteresse einer Weiterübertragung entgegenstehen. Denn der Urheber soll den Vorbehalt seiner Zustimmung nicht dazu missbrauchen dürfen, eine seine Interessen in keiner Weise beeinträchtigende Übertragung des Nutzungsrechts willkürlich zu verhindern (Dreyer/Kotthoff/Meckel/*Kotthoff* § 33 Rn. 8; Möhring/Nicolini/ *Spautz* § 34 Rn. 12). Eine solche Verweigerung ist dann als **missbräuchlich** anzusehen (§ 242 BGB), wenn sich der Urheber gegenüber dem Nutzungsberechtigten als Vertragspartner widersprüchlich verhält (venire contra factum proprium), etwa zunächst keine Einwände hat und der Übertragung später dennoch nicht zustimmt. Hier kommt auch ein Vertrauenstatbestand zugunsten des Verwerters in Betracht (BGH NJW 1986, 2107). Bei ungerechtfertigt verweigerter Zustimmung kommen Schadensersatzansprüche des Nutzers nach § 280 Abs. 1 BGB zum Tragen (Möhring/Nicolini/*Spautz* § 34 Rn. 12; Schricker/ Loewenheim/*Schricker/Loewenheim* § 34 Rn. 36).

2. Kriterien und Einzelfragen

13 Bei der Interessenabwägung ist zu berücksichtigen, wer durch die Übertragung die Nutzungsrechte erwerben soll. So kann die Stellung und der Ruf des Erwerbers für die Entscheidung des Urhebers von erheblicher Bedeutung sein (*Schricker* § 28 VerlG Rn. 13). Ein **sachlicher Grund** zur Verweigerung der Zustimmung kann etwa darin liegen, dass der Erwerber sein Verlagsprogramm dahingehend ändert, nunmehr ausschließlich pornografische Literatur auf den Markt zu bringen. Ist das Werk **künstlerisch geprägt,** ist das persönlichkeitsrechtliche Interesse des Urhebers an der Weiterübertragung höher anzusetzen. Handelt es sich hingegen um ein Werk mit **Massencharakter,** ist die Weiterübertragung für den Urheber eher zumutbar (*v. Gamm* § 34 Rn. 17; Möhring/Nicolini/*Spautz* § 34 Rn. 7; Schricker/Loewenheim/*Schricker/Loewenheim* § 34 Rn. 25; *Herzog* ZUM 2009, 71, 73: Softwarelizenzen; a.A. OLG München ZUM 2009, 70). Ferner ist die Branchenübung von Bedeutung. Im Online-Bereich gilt § 34 ebenfalls als **Leitbild.** Die Zustimmung zur Weiterübertragung nach dem Grundsatz von Treu und Glauben hat zunächst nichts mit der Erschöpfung des Verbreitungsrechts nach den §§ 17 Abs. 2, 69c Nr. 3 S. 2 zu tun. So tritt nach Ansicht des EuGH die **Erschöpfung** des Verbreitungsrechts auch durch online in Verkehr gebrachte Werke ein (EuGH ZUM 2012, 661 – UsedSoft; s. Vorlagebeschluss BGH CR 2011, 223, 224 – UsedSoft). Auch ist es nach § 34 Abs. S. 2 durchaus möglich,

dass in AGB und in **Lizenzverträgen** wirksame Weitergabebeschränkungen aufgenommen werden (OLG Stuttgart GRUR Prax. 2012, 143; OLG Karlsruhe GRUR-RR 2012, 98; OLG Zweibrücken MMR 2011, 679; OLG München MMR 2011, 601; OLG Frankfurt MMR 2010, 681; OLG Hamburg BeckRS 2010, 18231; OLG Düsseldorf GRUR-RR 2010, 4). Denn der Käufer hat kein schrankenloses Recht. Die Verfügungsmacht des Käufers ist in Bezug auf die Weitergabe etwa eines per Download erworbenen Hörbuchs eingeschränkt (OLG Stuttgart GRUR Prax. 2012, 143). Wird mit dem EuGH die Wirkung der Erschöpfung auf einen online übermittelten unkörperlichen Datenbestand ausgedehnt, würde nicht die Erschöpfung des Verbreitungsrechts abgesichert, sondern vielmehr die Weiterübertragung eines Nutzungsrechts ohne Zustimmung des Berechtigten ermöglicht (Wolff-*Rojzyk*/*H. Hansen*, CR 2011, 228, 231; anders aber EuGH ZUM 2012, 661 ff. – UsedSoft). Ebenso kann nach der Branchenübung etwa das Zustimmungserfordernis beim **Musikverlag** regelmäßig entfallen (*v. Gamm* § 34 Rn. 17; BGH GRUR 1964, 326, 331 – Subverleger). Eine Verpflichtung des Urhebers zur Zustimmung kann sich auch aus dem Vertragszweck ergeben, wobei auch hier der Zwecküberragungsgrundsatz gilt (ausführlich § 31 Rn. 39 ff.; Möhring/Nicolini/*Spautz* § 34 Rn. 7); eine solche Verpflichtung ist regelmäßig im Rahmen eines **Dienst- oder Arbeitsverhältnisses** im Verhältnis zwischen Arbeitnehmerurheber und Arbeitgeber anzunehmen (näher § 43 Rn. 80 ff.).

3. Rechtsfolgen und prozessuale Durchsetzung

Verweigert der Urheber die Genehmigung wider Treu und Glauben, stellt dies eine **14 Vertragsverletzung** (des Nutzungsvertrages) im Verhältnis zum Nutzungsrechtsinhaber dar. Dieser kann demnach Schadensersatz verlangen und außerdem zur Kündigung aus wichtigem Grund (§ 314 BGB) berechtigt sein (Schricker/Loewenheim/*Schricker*/*Loewenheim* § 34 Rn. 31). Die **Beweislast** liegt dabei beim Nutzungsberechtigten. Der Nutzungsberechtigte kann gegen den Urheber unmittelbar auf Zustimmung klagen im Wege der **Leistungsklage**. Mit Zustimmung des Nutzungsberechtigten kann auch der **Erwerber** klagen im Wege der gewillkürten Prozessstandschaft, welche aufgrund des rechtlichen Eigeninteresses des Erwerbers hier zulässig ist. Durch den Ausspruch der Genehmigung im (rechtskräftigen) Urteil gilt die Genehmigung als erteilt (§ 894 ZPO), die Weiterübertragung ist dann von Anfang an wirksam (§ 184 Abs. 1 BGB). War die **Verweigerung** der Zustimmung hingegen **rechtmäßig,** hat der Nutzungsrechtsinhaber durch die Weiterübertragung eine unrechtmäßige Verwertungshandlung vorgenommen (Fromm/Nordemann/*J. B. Nordemann* § 34 Rn. 20; Ahlberg/Götting/*Soppe* § 34 Rn. 12; Schricker/Loewenheim/*Schricker*/*Loewenheim* § 34 Rn. 32), der Urheber kann nach §§ 97 ff. vorgehen.

IV. Zustimmung bei Sammelwerken (§ 34 Abs. 2)

§ 34 Abs. 2 soll die Weiterübertragung von Nutzungsrechten an Sammelwerken (§ 4) **15** erleichtern. Demnach genügt zur Weiterübertragung die Zustimmung des Urhebers des Sammelwerkes, ohne dass die Zustimmung der Urheber der einzelnen Beiträge eingeholt werden muss (Ahlberg/Götting/*Soppe* § 34 Rn. 15; Dreier/Schulze/*Schulze* § 34 Rn. 25). Die Urheber der Einzelbeiträge sind nicht mehr schutzbedürftig, da sie schon vertraglich an den Urheber des Sammelwerkes gebunden sind. Diese Bindung reicht aber nur soweit, wie die Urheber der Einzelbeiträge Nutzungsrechte an den Urheber des Sammelwerks tatsächlich übertragen haben. Räumen etwa Pressefotografen einem Zeitungsverleger jeweils Nutzungsrechte an ihren Bildern für die Printausgabe ein, kann dieser nicht unter Berufung auf § 34 Abs. 2 einem Dritten Nutzungsrechte für **den Online-Auftritt der Zeitung** übertragen (ebenso Dreier/Schulze/*Schulze* § 34 Rn. 26; KG ZUM-RD 2001, 485, 492; *G. Schulze* FS Beier 407).

16 Liegt die **Schutzfähigkeit als Sammelwerk** nach § 4 hingegen **nicht** vor (hierzu § 4 Rn. 3 ff.), etwa weil sich die Zusammenstellung als solche mangels Gestaltungshöhe nicht als persönlich geistige Schöpfung (§ 2 Abs. 2) darstellt, muss der Nutzungsberechtigte von jedem Urheber des einzelnen Beitrages die Zustimmung einholen (Fromm/Nordemann/ *J. B. Nordemann* § 34 Rn. 22; Dreyer/Kotthoff/Meckel/*Kotthoff* § 34 Rn. 9; Schricker/ Loewenheim/*Schricker/Loewenheim* § 34 Rn. 38).

V. Unternehmensveräußerung und Zustimmungserfordernis (§ 34 Abs. 3)

1. Allgemeines

17 § 34 Abs. 3 S. 1 macht eine Ausnahme vom Zustimmungserfordernis für den Fall, dass die Nutzungsrechte im Rahmen der **Unternehmensveräußerung** an einen neuen Inhaber übertragen werden müssen. Dies entspringt dem praktischen Bedürfnis, bei derartigen umfangreichen Geschäften (man denke etwa an die Veräußerung der Vermögensgegenstände eines Verlages, der einige hundert Autoren vertritt, oder eines sonstigen Rechtehandelsunternehmens, dazu *v. Frentz/Masch* ZUM 2009, 354) nicht von allen Urhebern die Zustimmung einholen zu müssen (Dreier/Schulze/*Schulze* § 34 Rn. 28; Schricker/ Loewenheim/*Schricker/Loewenheim* § 34 Rn. 39; Möhring/Nicolini/*Spautz* § 34 Rn. 14; *Ulmer* 463). Die **Beweislast** für die Voraussetzungen trägt derjenige, der sich auf die Zustimmungsfreiheit beruft (Möhring/Nicolini/*Spautz* § 34 Rn. 21; Fromm/Nordemann/ *J. B. Nordemann* § 34 Rn. 43; Schricker/Loewenheim/*Schricker/Loewenheim* § 34 Rn. 40). Werden Rechte nicht im Wege der Unternehmensveräußerung übertragen, ist die Zustimmung des Urhebers erforderlich (LG München I ZUM 2003, 73, 76 – Pumuckl). Werden dagegen Nutzungsrechte an einem Werk – auch im Rahmen einer Insolvenz – veräußert, trifft § 34 Abs. 3 S. 1 nicht zu (BGH GRUR 2005, 860, 862 – Fash 2000; LG Kiel ZUM-RD 2010, 477, 478). § 34 Abs. 3 gilt auch wenn im konkreten Fall nur wenige Nutzungsrechte zu übertragen sind, die Umstände des Regelungsanlasses also nicht vorliegen, eine teleologische Reduktion scheidet hier aus (ebenso *v. Pfeil* 54 f.).

2. Unternehmen oder Unternehmensteil

18 **Unternehmen** i. S. d. § 34 Abs. 3 S. 1 ist jede auf Dauer angelegte Zusammenfassung wirtschaftlicher und finanzieller Mittel, welche als Einheit am Wirtschaftsleben teilnimmt (vgl. zum Unternehmensbegriff *Rödder/Hötzel/Mueller-Thums* § 1 Rn. 1 m. w. N.; *K. Schmidt* JuS 1985, 249, 255 ff.; *Wernicke/Kockentiedt* ZUM 2004, 348, 350; *v. Gamm* § 34 Rn. 15). Dazu gehören im urheberrechtlichen Bereich insbesondere Verlage, Theater, Werbeunternehmen, Filmhändler, Filmproduzenten, usw.; gleichgültig ist, in welcher **Rechtsform** das Unternehmen organisiert ist und auftritt, auch das Handelsgeschäft eines Einzelkaufmanns und eine GbR (§§ 705 ff. BGB) kommen als Unternehmen in Frage (*Royla/Gramer* CR 2005, 154, 157). Auch ist unerheblich, ob es sich um rein gewerblich, künstlerisch oder industriell orientierte Unternehmen handelt. Ein (zustimmungsfrei übertragbares) Unternehmen i. S. d. § 34 Abs. 3 S. 1 wurde auch dann schon angenommen, wenn es überhaupt nur ein einzelnes Werk (hier ein Sammelwerk) herausgegeben hatte (RGZ 68, 49, 53 – Süddeutsche Bauhütte; RGZ 115, 358, 361 – Schmollers Jahrbuch; BGHZ 15, 1, 5 – Sport-Wette).

19 Als **Teil eines Unternehmens** gilt im Rahmen dieser Norm nicht nur der rechtlich, sondern auch der bloß fachlich abgrenzbare Teil. Dieser kann sich aus dem Gegenstand, dem Inhalt, der Tendenz oder der Richtung der zur verwerteten Werke (Sachbuchabteilung eines Verlages, Klassikabteilung eines Musikverlages, Ballettabteilung eines Mehrspartenhauses), aus ihrer Verwertungsform (Taschenbuchabteilung eines Buchverlages) oder aus

§ 34 Übertragung von Nutzungsrechten   20, 21   § 34 UrhG

sonstigen Gesichtspunkten ergeben (*v. Gamm* § 34 Rn. 15; Möhring/Nicolini/*Spautz* § 34 Rn. 16; ebenso *Wernicke/Kockentiedt* ZUM 2004, 348, 350). Auch die von einem Unternehmen zur Verwertung erworbenen Nutzungsrechte können einen wesentlichen Unternehmensbestandteil bilden (RGZ 68, 49, 52 – Süddeutsche Bauhütte).

3. Veräußerung

a) Grundsatz. Der Erwerb und die Veräußerung eines Unternehmens richten sich nach   **20** unterschiedlichen Regelungen je nach Rechtsform des Unternehmens und Gestaltung des Einzelfalls (vgl. EuGH EuZW 2005, 404, 405; *Sudhoff* § 51 Rn. 43ff.; Picot/*Picot* Teil I Rn. 27f.). Im Ergebnis kann die Unternehmensveräußerung entweder durch die Übertragung der wesentlichen Vermögenswerte des Unternehmens- oder Betriebsteils (sog. **„Asset-Deal"**), oder durch Veräußerung der Anteile an dem Rechtsträger des Unternehmens (sog. **„Share-Deal"**) erfolgen (vgl. Berger/Wündisch/*Wündisch*/*Gehlich* § 12 Rn. 21ff.; Dreyer/Kotthoff/Meckel/*Kotthoff* § 34 Rn. 10; *Royla/Gramer* CR 2005, 154, 156; s. aber unten Rn. 22 zur streitigen Einordnung des Share-Deals). Begriffsnotwendig muss aber der Erwerber sowohl bei der **Gesamt-** als auch bei der **Teilveräußerung** Inhaber des gesamten oder des Teils des Unternehmens werden (RGZ 68, 49, 53 – Süddeutsche Bauhütte). Darüber hinaus müssen die fraglichen Nutzungsrechte gerade von dem veräußerten Gesamt- oder Teilunternehmen gehalten werden, also selbst auch Gegenstand der Veräußerung sein, und nicht beispielsweise nur anlässlich der Veräußerung an einen Dritten übertragen werden (*v. Pfeil* 50). Wer ein privates Theater kauft (GmbH), erwirbt damit nach den Regelungen des Unternehmenskaufvertrages indirekt auch die dem Theater zustehenden Aufführungsrechte, wer die Werbeabteilung eines Unternehmens erwirbt (etwa im Rahmen von Outsourcing), benötigt hierzu in der Regel auch die Vervielfältigungs- und Verbreitungsrechte der Fotografen, deren Werke dort verwertet werden.

b) Gesellschaftsrechtliche Vorgänge. Fraglich ist, ob Maßnahmen der **Umstruktu-**   **21** **rierung** des Nutzungsrechtsinhabers aus gesellschaftsrechtlichen oder steuerlichen Gründen zu einer Veräußerung (§ 34 Abs. 3 S. 2) oder wesentlichen Änderung der Beteiligungsverhältnisse (§ 34 Abs. 3. S. 3) führt. Dies ist nur dann der Fall, wenn durch die konkrete Maßnahme entweder die Nutzungsrechte auf einen neuen Rechtsträger übertragen werden (dann Zustimmungsfreiheit nach § 34 Abs. 3 S. 1, aber Rückrufsrecht des Urhebers nach § 34 Abs. 3 S. 2 bei Unzumutbarkeit), oder sich die Beteiligungsverhältnisse am Inhaber der Nutzungsrechte wesentlich ändern (dann keine Zustimmungsbedürftigkeit mangels Nutzungsrechtsübertragung, aber Rückrufsrecht des Urhebers nach § 34 Abs. 3 S. 3 bei Unzumutbarkeit, näher unten Rn. 26ff.). Eine Veräußerung ist anzunehmen bei (im Falle der AG, KGaA, GmbH oder SE auch grenzüberschreitenden, vgl. *Müller* ZIP 2007, 1081) **Verschmelzungen** (§§ 2ff. UmwG) zur Aufnahme oder Neugründung in Bezug auf die vor der Verschmelzung vom übertragenden Rechtsträger gehaltenen Nutzungsrechte, **Aufspaltung** zur Aufnahme oder Neugründung (§ 123 Abs. 1 UmwG), **Abspaltung** (§ 123 Abs. 2 UmwG) oder **Ausgliederung** (§ 123 Abs. 3 UmwG) zur Aufnahme oder Neugründung, in den letzten beiden Fällen aber jeweils nur soweit hierbei Nutzungsrechte auf einen oder mehrere aufnehmende Rechtsträger übertragen werden und nicht beim übertragenden Rechtsträger verbleiben (zu weit daher *Koch-Sembdner* 59; *v. Pfeil* 8 Fn. 29), **Vermögensübertragungen** (§§ 174ff. UmwG) in Form der **Vollübertragung** (§ 174 Abs. 1 UmwG) sowie **Teilübertragung unter Auflösung** (§ 174 Abs. 1 Nr. 1 UmwG), im letzteren Fall aber nur soweit hierbei Nutzungsrechte auf einen oder mehrere aufnehmende Rechtsträger übertragen werden und nicht beim übertragenden Rechtsträger verbleiben. Die Veräußerung von Nutzungsrechten, die vor der Umwandlung **vom übertragenden Rechtsträger** gehalten wurden, ist dann zustimmungsfrei möglich (§ 34 Abs. 3 S. 1), die Urheber haben aber ein Rückrufsrecht (§ 34 Abs. 3 S. 2) im Falle der Unzumutbarkeit (s. u. § 34 Rn. 23ff.). Bei Umwandlungen zur Aufnahme gilt dies nicht für Nutzungsrechte, die bereits vor der Umwandlung vom übernehmenden Rechtsträger gehalten wurden, denn diese bleiben vom Umwandlungsvorgang unberührt. Hier kommt als Folge des Umwandlungsvorgangs allenfalls eine Änderung der Beteiligungsverhältnisse in Betracht (s. nachfolgend Rn. 26 ff.). Auch durch die **Einbringung des Unternehmens in eine Personen- oder Kapitalgesellschaft** durch den bisherigen Rechtsträger des Unternehmens erfolgt in aller Regel eine Veräußerung der Nutzungsrechte an den neuen Unternehmensträger (*Koch-Sembdner* 60 ff.), und zwar durch den Vollzug des Einbringungsvertrages. § 34 Abs. 3 kommt aber nicht zum Tragen beim bloßen **Formwechsel** (§§ 190 ff. UmwG) des Rechtsträgers des Unternehmens, der zwar seine Rechtsform ändern, aber mit dem bisherigen Rechtsträger identisch bleibt (ebenso *Berger* FS Schricker 2005, 223, 228; Dreier/Schulze/*Schulze* § 34 Rn. 30). Das Gleiche gilt für **Maßnahmen der Konzernbildung,** also die Bildung einer einheitlichen Leitung im faktischen Konzern oder Vertragskonzern durch Beherrschungsverträge sowie andere Unternehmensverträge (§§ 291 ff. AktG) wie Betriebspachtverträge, Betriebsüberlassungsverträge oder Betriebsführungsverträge, denn hierdurch werden weder Nutzungsrechte übertragen noch ändern sich die rechtlichen Beteiligungs- oder Kontrollverhältnisse (für eine – entsprechende – Anwendung des § 34 Abs. 3 aber *Koch-Sembdner* 53 ff.; vgl. *Peukert* GRUR Int. 2005, 962, 963). Wird das Unternehmen in seiner Gesamtheit von einem neuen Rechtsträger übernommen und kommt es dabei zur Übertragung der Nutzungsrechte, kommt § 34 Abs. 3 zur Anwendung (LG Kiel ZUM-RD 2010, 477: Gesamtübernahme eines Hotelbetriebes von einer insolventen GmbH durch den vormaligen Geschäftsführer).

22 **c) Anteilskauf („Share-Deal") als Veräußerung?** Umstritten ist, ob die Veräußerung von **Gesellschaftsanteilen** (z. B. Aktien einer AG oder Geschäftsanteile einer GmbH) im Wege des „Share-Deals" (Anteilskaufs) unter den Begriff der Unternehmensveräußerung nach § 34 Abs. 3 S. 1 fallen kann, wenn ein Erwerber hierdurch Einfluss auf die Unternehmensleitung erhält (vgl. Ahlberg/Götting/*Soppe* § 34 Rn. 21; Loewenheim/ *J. B. Nordemann* § 28 Rn. 8; *Joppich* K&R 2003, 211, 213; *Koch-Sembdner* 46: Übergänge zwischen S. 2 und S. 3 fließend), etwa weil die Struktur des Erwerbes des Unternehmens aus Sicht des Urhebers keinen Unterschied macht. Dagegen spricht aber, dass bei der bloßen Veräußerung von Anteilen an dem Rechtsträger eines Unternehmen, welches Inhaber der Nutzungsrechte ist und bleibt, keine Übertragung von Nutzungsrechten stattfindet, und sich die Frage des Zustimmungserfordernisses nach § 34 Abs. 1 schon deshalb nicht stellt (ebenso Schricker/Loewenheim/*Schricker/Loewenheim* § 34 Rn. 39; *v. Frentz/Masch* ZUM 2009, 354, 364; *Haas* Rn. 117; *Royla/Gramer* CR 2005, 154, 156 f.; *v. Pfeil* 59; *Berger* FS Schricker 2005, 223, 228). Da keine Nutzungsrechte übertragen werden, bedarf der Vorgang **nicht** der **Zustimmung des Urhebers.** In Bezug auf das Rückrufsrecht besteht aus Sicht des Urhebers für eine solche Annahme auch kein Schutzbedürfnis, denn beim Anteilskauf greift jedenfalls das Rückrufsrecht des Urhebers nach § 34 Abs. 3 S. 3 (s. u. Rn. 26).

4. Rückrufsrecht des Urhebers (§ 34 Abs. 3 S. 2, 3)

23 **a) Übersicht.** Seit der Reform 2002 (s. Vor §§ 31 ff. Rn. 3) hat der Urheber ein besonderes ausdrückliches und unverzichtbares Rückrufsrecht für den Fall, dass ihm die Ausübung des Nutzungsrechts durch den Erwerber nicht zuzumuten ist, und zwar für den Fall der Veräußerung des Unternehmens (S. 2) wie auch für den Fall einer wesentlichen Änderung der Beteiligungsverhältnisse (S. 3). Eine ähnliche, aber schwächere Möglichkeit billigte die h. M. dem Urheber auch vorher zu in Form eines Widerspruchsrechts und schließlich der Möglichkeit einer Kündigung des Nutzungsvertrages aus wichtigem Grund (AmtlBegr. BT-Drucks. 14/6433, 50; vgl. Fromm/Nordemann/*J. B. Nordemann* § 34 Rn. 29; Schricker/Loewenheim/*Schricker/Loewenheim* § 34 Rn. 41), welche aber keine unmittelbare dingliche Wirkung hatte.

b) Rechtsnatur, Ausübung, Frist, Folgen. Das Rückrufsrecht ist ein gestaltender **24** **Rechtsbehelf eigener Art** zum dinglichen Rückruf eines eingeräumten Nutzungsrechts (vgl. § 41 Rn. 1; § 42 Rn. 5). Das Rückrufsrecht schützt vor allem die ideellen, aber auch die materiellen Interessen des Urhebers und hat als speziellere Möglichkeit Vorrang vor anderen Möglichkeiten der Beendigung des Nutzungsvertrages durch Kündigung aus wichtigem Grund (ebenso Schricker/Loewenheim/*Schricker/Loewenheim* § 34 Rn. 41; *Berger* FS Schricker 2005, 223, 230; *Haas* Rn. 107) oder der Berufung auf eine Störung der Geschäftsgrundlage (s. Vor §§ 31 ff. Rn. 17 ff.). Der Rückruf ist **formfrei** möglich, und bedarf als einseitige empfangsbedürftige Willenserklärung des **Zugangs** beim bisherigen Nutzungsberechtigen oder beim Rechtserwerber. Der Rückruf sollte aus Gründen der Beweisbarkeit schriftlich und mit Zugangsnachweis erfolgen. Das Gesetz sieht keine **Frist** zur Ausübung des Rückrufsrechts vor, die überwiegende Meinung in der Literatur geht davon aus, dass der Urheber das Rückrufsrecht nur binnen einer **angemessenen Frist** ausüben kann (im Einzelnen str., vgl. *Royla/Gramer* CR 2005, 154, 159; Dreyer/Kotthoff/ Meckel/*Kotthoff* § 34 Rn. 15: Loewenheim/*J. B. Nordemann* § 28 Rn. 14; *Berger* FS Schricker 2005, 223, 232; *Partsch/Reich* NJW 2002, 3286, 3289: 1 Monat als Obergrenze nach Kenntniserlangung, z. T. in Analogie zu § 613a Abs. 6 BGB; *Werner/Kockentiedt* ZUM 2004, 348, 354: vier Wochen ab Unterrichtung; *v. Pfeil* 117 ff.: keine planwidrige Regelungslücke, keine Frist; *Joppich* K&R 2003, 211, 215: keine Frist, allenfalls Verwirkung, s. dazu Vor §§ 31 ff. Rn. 142). Die Länge der Frist wird sich aber nach dem Einzelfall richten müssen, wobei die bisherige Rechtsprechung zur angemessenen Frist für die Kündigung eines Nutzungsvertrages aus wichtigem Grund wegen einer Unternehmensveräußerung fruchtbar gemacht werden kann (vgl. BGH GRUR 1990, 443, 446 – Musikverleger IV: zweieinhalb Monate; *Werner/Kockentiedt* ZUM 2004, 348, 354). Die Frist kann aber erst mit Kenntnis des Urhebers von den wesentlichen Umständen der Übertragung der Nutzungsrechte beginnen, also der Veräußerung oder Beteiligungsänderung, der Identität des Erwerbers, und etwaige Auswirkungen auf die künftige Verwertung seiner Werke (ebenso *Werner/Kockentiedt* ZUM 2004, 348, 354; *Partsch/Reich* AfP 2002, 298, 301). Teilweise wird darüber hinaus eine kenntnisunabhängige Frist von sieben Monaten seit Veräußerung des Unternehmens oder Änderung des Beteiligungsverhältnisses angenommen (so *Koch-Sembdner* 103 unter Hinweis auf § 5 Abs. 3 S. 2 KSchG), weil es dem Erwerber nicht zumutbar sei, auf lange Zeit mit der Rückrufsmöglichkeit belastet zu sein. Dagegen spricht aber, dass der Erwerber hier selbst Klarheit schaffen kann, indem er den Urheber umfassend über die Umstände der Übertragung informiert und damit eine angemessene Frist in Gang setzt, oder den Urheber um Zustimmung bittet. Mit Zugang der Rückrufserklärung fällt das Nutzungsrecht dinglich an den Urheber zurück (s. Vor §§ 31 ff. Rn. 49). Den Urheber trifft **keine Entschädigungspflicht,** denn eine § 41 Abs. 6 oder § 42 Abs. 3 entsprechende Regelung fehlt gerade, Analogievoraussetzungen liegen nicht vor (ebenso Schricker/Loewenheim/*Schricker/Loewenheim* § 34 Rn. 7; *Koch-Sembdner* 105). Ein bereits erhaltenes Pauschalhonorar darf der Urheber vollständig behalten, denn bei einer Pauschalvergütung trug der Verwerter wie vertraglich vereinbart alleine das – positive wie negative – Risiko der Verwertung (*Schack* Rn. 635; *Koch-Sembdner* 106 f.; a. A. *Haas* Rn. 115: Pauschalvergütung ist anteilig zu erstatten).

c) Unzumutbarkeit. Die **Unzumutbarkeit nach Treu und Glauben** (§ 242 BGB) **25** muss sich aus der Interessenabwägung zwischen den materiellen und ideellen Interessen des Urhebers an der Verwertung seines Werkes einerseits und den Interessen des Veräußerers sowie des Unternehmenserwerbers am Bestand der von ihm mit erworbenen Nutzungsrechte (Verkehrsinteresse) ergeben (Schricker/Loewenheim/*Schricker/Loewenheim* § 34 Rn. 42; Ahlberg/Götting/*Soppe* § 34 Rn. 25; wohl zu eng *Wernicke/Kockentiedt* ZUM 2004, 348, 351). Zur Auslegung können die Kriterien des § 314 BGB (s. Vor §§ 31 ff. Rn. 9 ff.) zwar ergänzend herangezogen werden (*Haas* Rn. 109), aufgrund des Wortlautes des § 34 Abs. 3 S. 2 („*ihm* ... nicht zuzumuten") kommt den Interessen des Veräußerers und des Erwerbes hierbei aber nur ein deutlich geringeres Gewicht zu (ebenso *Koch-Sembdner* 99). Die Unzumutbarkeit kann sich sowohl aus **persönlichkeitsrechtlichen** als auch aus anderen **Gründen** ergeben, etwa wenn der Erwerber bestimmte im Nutzungsvertrag mit dem Veräußerer vorgesehene **Nebenpflichten** nicht erfüllen kann oder will, wenn sich die **Ausrichtung des Unternehmens** durch den Inhaberwechsel grundlegend verändert (etwa ein rechtsextrem eingestellter Verleger eine linke Tageszeitung oder einen Lyrikverlag erwirbt), oder wenn eine Verschlechterung der Umstände der weiteren Verwertung zu befürchten ist (Schricker/Loewenheim/*Schricker/Loewenheim* § 34 Rn. 43; *Royla/Gramer* CR 2005, 154, 159; *W. Nordemann* § 34 Rn. 4; *Wernicke/Kockentiedt* ZUM 2004, 348, 351; *Joppich* K&R 2003, 211, 214; a.A. *Berger* FS Schricker 2005, 223, 230: nur persönlichkeitsrechtliche Umstände; ähnlich *v. Frentz/Masch* ZUM 2009, 354, 358). Zwar ist das Regel-Ausnahme Verhältnis umgekehrt zum Zustimmungserfordernis § 34 Abs. 1 (dort kann der Urheber in der Regel die Zustimmung verweigern, es sei dies sei rechtsmissbräuchlich, s. oben Rn. 11 f.), denn der Urheber kann das im Rahmen des § 34 Abs. 3 zunächst zustimmungsfrei übertragbare Nutzungsrecht nur im Ausnahmefall der Unzumutbarkeit zurückrufen (so Schricker/Loewenheim/*Schricker/Loewenheim* § 34 Rn. 43), Die Anforderungen dürfen dennoch nicht überspannt werden, das Rückrufsrecht nach § 34 Abs. 3 S. 2, 3 geht weiter als das allgemeine Kündigungsrecht aus wichtigem Grund nach § 314 BGB, welches zeitgleich in einem parallelen Gesetzgebungsverfahren eingeführt und vom Gesetzgeber der Reform 2002 (s. Vor §§ 31 ff. Rn. 3) auch berücksichtigt wurde (*Koch-Sembdner* 100; *Nordemann* 112). **Umstrukturierungen innerhalb der Konzerngruppe** des Unternehmensträgers, beispielsweise Anteilsübertragungen zur Einführung einer Holdinggesellschaft für mehrere Verlage oder die Verschmelzung mehrerer Tochterverlage, welche zwar im Ergebnis zu einer Übertragung von Nutzungsrechten oder einer Änderung der Beteiligungsverhältnisse führen (s. o. Rn. 21), durch die sich ansonsten für die Werkverwertung aber nichts ändert, sind dem Urheber in aller Regel ohne weiteres zumutbar.

26 **d) Änderung der Beteiligungsverhältnisse (§ 34 Abs. 3 S. 3). aa) Grundsatz.** Der Urheber kann von seinem Rückrufsrecht auch dann Gebrauch machen, wenn sich die Beteiligungsverhältnisse an dem Unternehmen, welches Inhaber der Nutzungsrechte ist, wesentlich ändern (§ 34 Abs. 3 S. 3). Bejaht man aufgrund einer qualifizierten Änderung der Beteiligungsverhältnisse bereits eine Unternehmensveräußerung i. S. d. S. 2 (s. o. Rn. 22), käme S. 3 insoweit nur deklaratorische Bedeutung zu (*Joppich* K&R 2003, 211, 213). Eine **wesentliche Änderung** setzt voraus, dass sich die Kontrolle über das Unternehmen verändert, bspw. wenn eine andere natürliche oder juristische Person als bisher nach Durchführung der Transaktion über die Mehrheit der Anteile, der Stimmrechte oder sonst über einen erheblichen Einfluss auf die Geschäftspolitik des Unternehmens verfügt (ebenso Schricker/Loewenheim/*Schricker/Loewenheim* § 34 Rn. 44; Dreyer/Kotthoff/Meckel/*Kotthoff* § 34 Rn. 13). Hauptfall einer Änderung der Beteiligungsverhältnisse ist die Übertragung von Anteilen am Rechtsträger des Unternehmens im Wege des **Anteilskaufs** („Share-Deal"), denkbar sind auch der Tausch von Anteilen oder gleichwertige Maßnahmen.

27 **bb) Wesentliche Änderung.** Es wird uneinheitlich beurteilt, wann eine Änderung **wesentlich** ist. Nach der hier vertretenen flexiblen Lösung ist eine Änderung stets wesentlich, wenn sich aus Sicht eines vernünftigen und verständigen Urhebers hieraus negative Auswirkungen für die weitere Verwertung des Werkes (Beispiel: ein Verlag übernimmt durch Anteilskauf de facto einen anderen Verlag, um dessen Konkurrenzprodukte vom Markt zu nehmen), oder für die ideellen Interessen des Urhebers ergeben können, ohne dass es hierbei auf feste Beteiligungsschwellen ankommt (in der Grundaussage ebenso Schricker/Loewenheim/*Schricker/Loewenheim* § 34 Rn. 44; Dreier/Schulze/*Schulze* § 34

Rn. 38; *Haas* Rn. 117; *W. Nordemann* § 34 Rn. 5; Loewenheim/*J. B. Nordemann* § 28 Rn. 14; ähnlich *Koch-Sembdner* 50 f.: maßgeblicher Einfluss). Das Gesetz ermöglicht durch den normativ zu bestimmenden Wertungsbegriff „wesentlich" angemessene Lösungen im Einzelfall. Andererseits bringt dies für die Praxis Rechtsunsicherheit mit sich, solange – wie derzeit – keine Rechtsprechung vorhanden ist.

cc) **Beteiligungsschwellen.** Andere Stimmen in der Literatur wollen sich – zumindest für den Regelfall – an bestimmten Beteiligungsschwellen orientieren, die überschritten werden müssen, um zu einer wesentlichen Änderung der Beteiligungsverhältnisse am Unternehmen des Nutzungsrechtsinhabers führen, wobei die Schwelle im einzelnen unterschiedlich angesetzt wird (vgl. *Partsch/Reich* AfP 2002, 298, 302; *Partsch/Reich* NJW 2002, 3286, 3290: 50%; *Wernicke/Kockentiedt* ZUM 2004, 348, 353; Dreier/Schulze/*Schulze* § 34 Rn. 38: 25%). Solche **Schwellenwerte** dürften angesichts der Vielzahl von oft komplexen Machtkonstellationen und Mehrheitsverhältnissen innerhalb von Personen- oder Kapitalgesellschaften **zu schematisch** sein. Auch ein Gesellschafter oder eine Gesellschaftergruppe mit einer wesentlich geringeren Beteiligung an Anteilen und/oder Stimmrechten kann einen bestimmenden Einfluss darauf haben, wie Nutzungsrechte künftig durch das Unternehmen ausgeübt werden, sei es durch Erreichen einer Sperrminorität nach Gesetz oder Satzung, sei es durch besondere vertragliche Einflussmöglichkeiten im Rahmen einer Unternehmenssanierung, sei es durch die faktischen Machtverhältnisse (ebenso *W. Nordemann* § 34 Rn. 5; *Haas* Rn. 117; Loewenheim/*J. B. Nordemann* § 28 Rn. 14; *Koch-Sembdner* 51: 10% können reichen; *Nordemann* 111).

dd) **Umwandlungsrechtliche Vorgänge.** Umwandlungsrechtliche Vorgänge können zu einer wesentlichen Änderung der Beteiligungsverhältnisse **beim aufnehmenden Rechtsträger** führen, soweit der oder die Anteilseigner des übertragenden Rechtsträgers als Gegenleistung Anteile am aufnehmenden Rechtsträger erhalten, und dies zu einem Kontrollwechsel des aufnehmenden Rechtsträger führt, etwa bei der **Verschmelzung zur Aufnahme** (mit Ausnahme der Verschmelzung einer Tochtergesellschaft auf deren Alleingesellschafter), **Aufspaltung zur Aufnahme, Abspaltung zur Aufnahme,** oder **Ausgliederung zur Aufnahme,** nicht aber bei der Vermögensübertragung (§§ 174 ff. UmwG), da die Gegenleistung hier nicht in der Gewährung von Anteilen besteht (§ 174 Abs. 1 UmwG). Handelt es sich um konzerninterne Strukturmaßnahme, durch die sich ansonsten für die Werkverwertung nichts ändert, sind sie dem Urheber in aller Regel ohne weiteres zumutbar (s. o. Rn. 25).

VI. Haftung des Erwerbers (§ 34 Abs. 4)

1. Bedeutung und Reform 2002

Seit der Neufassung der Regelung durch die Reform 2002 (s. Vor §§ 31 ff. Rn. 3) haftet der Erwerber von Nutzungsrechten nunmehr grds. (und nicht nur im Fall der zustimmungsfrei möglichen Übertragung) gesamtschuldnerisch für die **Verpflichtungen des Veräußerers** (Schricker/Loewenheim/*Schricker/Loewenheim* § 34 Rn. 55; Dreyer/Kotthoff/Meckel/*Kotthoff* § 34 Rn. 16; Dreier/Schulze/*Schulze* § 34 Rn. 41; *Schmid/Wirth* §§ 34/35 Rn. 4), es sei denn, der Urheber hat im Einzelfall der konkreten Übertragung der Nutzungsrechte ausdrücklich zugestimmt (§ 34 Abs. 4 Halbs. 2), wobei er seine Rechte regelmäßig vertraglich absichern kann (vgl. zur **Übertragung von Senderechten an Filmwerken** zur Haftung des Erwerbers nach § 34 Abs. 5a. F. BGH NJW 2001, 2402, 2406 – Barfuß ins Bett: Sender haftet als Erwerber, soweit sich aus ursprünglichen Vertrag des Filmherstellers mit dem Filmurheber eine vertragliche Pflicht zur Vergütung ergibt; s. auch EVtr Rn. 56 ff., 80 ff.). Die Norm soll verhindern, dass der Urheber aus der Veräußerung Nachteile erwachsen. Dies kann insb. dann relevant werden, wenn noch offene

Ansprüche gegen einen Verwerter bestehen, der bspw. kurz vor der Insolvenz noch bei ihm liegende Nutzungsrechte veräußert (krit. zur Neufassung wegen Erhöhung des Haftungsrisikos des Erwerbers *Schack* ZUM 2001, 453, 457). Zu beachten ist, dass die im Handelsrecht bestehenden Enthaftungsprivilegien nach Ablauf von 5 Jahren (§§ 26, 28 Abs. 3, 160 HGB, § 736 Abs. 2 BGB, § 45 UmwG) eine etwaige **Nachhaftung des Veräußerers** aufgrund des Nutzungsvertrages nicht ausschließen (vgl. BVerfG GRUR 2006, 110: Verleger veräußert Verlag vor Erfüllung der vertraglichen Verbreitungspflicht, Erwerber stellt Verbreitung ein).

2. Umfang

31 Die gesamtschuldnerische Haftung des Erwerbers tritt neben die des Veräußerers und erfasst alle **Haupt- und Nebenansprüche** aus dem Vertrag; sie ist nach §§ 421 ff. BGB durchzusetzen (Dreier/Schulze/*Schulze* § 34 Rn. 42; Schricker/Loewenheim/*Schricker/ Loewenheim* § 34 Rn. 57; *v. Gamm* § 34 Rn. 18; Möhring/Nicolini/*Spautz* § 34 Rn. 19; Fromm/Nordemann/*J. B. Nordemann* § 34 Rn. 36; Dreyer/Kotthoff/Meckel/*Kotthoff* § 34 Rn. 16). Hauptansprüche sind in erster Linie die mit dem Veräußerer vereinbarten urheberrechtlichen Nutzungsentgelte (Pauschalen, Tantiemen), als Nebenpflichten kommen z. B. die Zahlung von Erstattungsansprüchen (Entschädigungszahlungen, Reisekosten) oder Pflichten über vereinbarte Werbe- und Publikationsmaßnahmen (Fromm/Nordemann/ *J. B. Nordemann* § 34 Rn. 36) in Betracht.

32 Wenn Veräußerer oder Erwerber ihre Verpflichtungen aus dem Vertrag mit dem Urheber verletzen, haftet jedenfalls der Veräußerer hierfür auch vertraglich. Fraglich ist aber, ob dann der Erwerber als **Erfüllungsgehilfe** des Veräußerers i. S. d. § 278 BGB anzusehen ist. § 278 BGB gilt aber nicht, da eine vertragliche Beziehung nur zwischen Urheber und Veräußerer besteht (so auch Schricker/Loewenheim/*Schricker/Loewenheim* § 34 Rn. 57; Dreier/Schulze/*Schulze* § 34 Rn. 40; a. A. Fromm/Nordemann/*J. B. Nordemann* § 34 Rn. 36). Die gesamtschuldnerische Haftung bedeutet, dass der Urheber sich nach seiner **Wahl** an den Veräußerer (Nutzungsberechtigten) oder an den Erwerber oder an beide halten kann (§ 421 BGB). Die Ansprüche aus § 25 HGB und § 419 BGB (bei Vereinbarungen einer Vermögensübernahme vor Aufhebung dieser Vorschrift, s. u. Rn. 35) bleiben unberührt (Möhring/Nicolini/*Spautz* § 34 Rn. 15).

3. Ausschluss der Erwerberhaftung

33 Die Haftung besteht nicht, wenn der Urheber dem konkreten Übertragungsfall **ausdrücklich** zugestimmt hat (§ 34 Abs. 4 2. Halbs.). Denn in diesem Fall kann (und sollte) der Urheber durch entsprechende Verhandlungen seine Rechte vertraglich absichern. Eine **pauschale oder formularvertragliche Zustimmung** reicht nicht (AmtlBegr. BT-Drucks. 14/6433, 50), der Vorausverzicht auf die Haftung des Erwerbers ist ohnehin ausgeschlossen (§ 34 Abs. 5 S. 1 Var. 2). Gegen eine formularmäßige Vereinbarung der freien Übertragbarkeit bestehen dann Bedenken, wenn eine schrankenlose Ermächtigung in AGB erfolgt und der Urheber aufgrund einer einmaligen Pauschalvergütung nicht ausreichend an der Nutzung seines Werkes beteiligt wird (LG Braunschweig ZUM 2012, 66, 73; Schricker/Loewenheim/*Schricker/Loewenheim* § 34 Rn. 28). Nach dem Sinn und Zweck der Norm muss der Urheber im Zeitpunkt der ausdrücklichen Zustimmung über die Person des Erwerbers als auch über die wesentlichen Umstände der Übertragung und der künftigen Verwertung im Bilde sein, um sich einen mangelfreien Willen bilden zu können (ebenso *Wernicke/Kockentiedt* ZUM 2004, 348, 354). Hat der Urheber der Übernahme des dem übertragenen Nutzungsrecht zu Grunde liegenden Nutzungsvertrag im Rahmen des Vollzugs eines Asset-Deals zugestimmt, ist hierin in aller Regel auch ohne ausdrückliche gesonderte Erwähnung die Zustimmung zur Übertragung des Nutzungsrechts enthalten (ebenso *v. Pfeil* 81).

§ 34 Übertragung von Nutzungsrechten   34–39   § 34 UrhG

4. Weitere Haftungsgründe

Eine gesetzliche Haftung des Erwerbers kann sich auch aus **§ 25 HGB** ergeben, wenn 34
ein Handelsgeschäft übernommen wird. Dabei ist für die Haftung des Erwerbers unerheblich, auf welchem rechtlichen Grund die **Firmenfortführung** im Einzelfall beruht. Liegt eine Firma im Rechtssinne (§§ 17 ff. HGB) vor, so kommt es für die Haftung nach § 25 HGB nicht auf die Berechtigung der Firmenführung durch den Veräußerer oder den Erwerber an (BGHZ 146, 374 = NJW 2001, 1352; Baumbach/Hopt/*Hopt* HGB § 25 Rn. 7 m. w. N.). Auch der vorübergehende Erwerb eines Handelsgeschäfts etwa im Rahmen eines Pachtverhältnisses (§§ 581 ff. BGB) wird von § 25 Abs. 1 S. 1 HGB erfasst.

Eine Haftung des Erwerbers aus urheberrechtlichen Nutzungsverträgen war bis zur Aufhebung 35
der Vorschrift zum 1.1.1999 auch bei **Vermögensübernahme** nach **§ 419 BGB** möglich. Die Norm gilt weiterhin für Vermögensübernahmen, die vor dem 1.1.1999 erfolgt sind (Palandt/*Grüneberg* Anm. zu § 419).

VII. Unverzichtbarkeit, abweichende Vereinbarungen (§ 34 Abs. 5)

1. Unverzichtbarkeit von Rückrufsrecht und Erwerberhaftung (§ 34 Abs. 5 S. 1)

Auf das Rückrufsrecht nach § 34 Abs. 3 S. 2 kann der Urheber im Voraus nicht wirksam 36
verzichten (§ 34 Abs. 5 S. 1). Ein **nachträglicher Verzicht** nach Entstehung des Rückrufsrechts dürfte sowohl ausdrücklich als auch konkludent möglich sein. Da ein Verzicht im Zweifel aber gerade nicht zu vermuten und außerdem eng auszulegen ist (BGH NJW 1984, 1346; Palandt/*Grüneberg* § 397 Rn. 6), muss der Urheber durch sein Verhalten eindeutig zum Ausdruck bringen, dass er – ggf. trotz vorhergehender Unstimmigkeiten oder gegebener Unzumutbarkeit – mit der Übertragung auf den Erwerber des Unternehmens einverstanden ist, sein Gestaltungsrecht also tatsächlich aufgeben will.

2. Abweichende Vereinbarungen (§ 34 Abs. 5 S. 2)

Urheber und Nutzungsberechtigter können abweichend von § 34 Absätze 1 bis 3 auf das 37
Zustimmungserfordernis verzichten (§ 34 Absätze 1, 2 bezüglich des Urhebers des Sammelwerks) oder ein solches zusätzlich vereinbaren (für den Fall des § 34 Abs. 2 bezüglich der Einzelurheber, für den Fall des § 34 Abs. 3 S. 1 auch für Unternehmensveräußerung). Eine abweichende Vereinbarung kann auch konkludent oder stillschweigend erfolgen, was etwa bei Wahrnehmungsverträgen (s. Vor §§ 31 ff. Rn. 69) und bei Verträgen im **Arbeits- und Dienstverhältnis** anzunehmen ist (Berger/Wündisch/*Wündisch/Gehlich* § 12 Rn. 37; Schricker/Loewenheim/*Schricker/Loewenheim* § 34 Rn. 15; Ahlberg/Götting/*Soppe* § 34 Rn. 38; KG AfP 1996, 148, 150 – Poldok). Hier ist wiederum der Zweck des Vertrages von Bedeutung, wobei auch die Grenzen des allgemein geltenden Zweckübertragungsgrundsatzes zu beachten sind.

Aufgrund des Zweckübertragungsgrundsatzes und Treu und Glauben ist die pauschale 38
oder in einem **Buy-out-Vertrag** (dazu Vor §§ 31 ff. Rn. 92 und § 31 Rn. 41 ff.) einzeln aufgeführte Zustimmung des Urhebers zur generellen Übertragung der Nutzungsrechte auf Dritte bedenklich, jedenfalls dann, wenn nach Vertragszweck eine solche Übertragung nicht notwendig ist (*Jani* 61 ff.). Denn der Urheber kann zu diesem Zeitpunkt nicht wissen, auf wen die Übertragung erfolgen wird.

Ein **vertraglicher Ausschluss** der Übertragbarkeit hat nicht nur schuldrechtliche Wir- 39
kung, sondern wirkt als mögliche Verfügungsbeschränkung absolut und gegen jedermann (Dreier/Schulze/*Schulze* § 34 Rn. 52; *v. Frentz/Masch* ZUM 2009, 354, 360; Schricker/Loewenheim/*Schricker/Loewenheim* § 34 Rn. 25; *Haberstumpf* Rn. 412; BGH GRUR 1987, 37, 39 – Videolizenzvertrag; OLG München GRUR 1984, 524, 525 – Nachtblende;

Grützmacher CR 2007, 553; a. A. OLG München GRUR 1996, 972, 973), § 137 S. 1 BGB ist hier nicht einschlägig und steht nicht entgegen (s. § 31 Rn. 22 a. E.). Auch sonstige **Einschränkungen der Verfügung** gegenüber dem Ersterwerber gelten im Falle des Inhaberwechsel weiter, da sie auch gegen Dritte wirken (a. A. OLG München GRUR 1996, 972, 973). Bei freier Übertragbarkeit (durch Abbedingung des Zustimmungserfordernisses) kann der Nutzungsberechtigte sein Nutzungsrecht nach Belieben übertragen.

40   Ein **pauschaler Verzicht** auf das Zustimmungsrecht **in AGB-Klauseln** ist nach § 307 BGB nichtig (zu § 9 AGBG: BGH GRUR 1984, 45, 52 – Honorarbedingung Sendevertrag), da diese Klausel gegen den Grundgedanken des § 34 Abs. 1 verstößt (*v. Pfeil* 46; Dreyer/Kotthoff/Meckel/*Kotthoff* § 34 Rn. 18; Dreier/Schulze/*Schulze* § 34 Rn. 51; Schricker/Loewenheim/*Schricker/Loewenheim* § 34 Rn. 28; Dreyer/Kotthoff/Meckel/*Kotthoff* § 34 Rn. 19; differenzierend Fromm/Nordemann/*J. B. Nordemann* § 34 Rn. 41). Das gilt insb. dann, wenn Werke mit hohem künstlerischem Anspruch verwertet werden sollen.

41   Wurde zwischen den Parteien auch für den Fall der **Gesamtveräußerung eines Unternehmens** (§ 34 Abs. 3 S. 1) das Erfordernis der Zustimmung des Urhebers vereinbart, verbleibt dem Urheber dennoch sein Rückrufsrecht aus § 34 Abs. 3 S. 2, sobald es zu einer Unternehmensveräußerung kommt; denn das Rückrufsrecht ist vorab unverzichtbar (§ 34 Abs. 5 S. 1 Var. 1).

VIII. Rechtslage für Sachverhalte bis zum 30.6.2002

42   Nach § 132 Abs. 3 S. 1 gilt § 34 in der bis zum Inkrafttreten der Neuregelung 2002 geltenden Fassung für Verträge und Sachverhalte, die vor Inkrafttreten geschlossen wurden oder entstanden sind. Die Abs. 1 und 2 blieben gleich, die Abs. 3 bis 5 der alten Fassung lauten wie folgt:

(3) Ein Nutzungsrecht kann ohne Zustimmung des Urhebers übertragen werden, wenn die Übertragung im Rahmen der Gesamtveräußerung eines Unternehmens oder der Veräußerung von Teilen eines Unternehmens geschieht.

(4) Abweichende Vereinbarungen zwischen dem Inhaber des Nutzungsrechts und dem Urheber sind zulässig.

(5) Ist die Übertragung des Nutzungsrechts nach Vertrag oder kraft Gesetzes ohne Zustimmung des Urhebers zulässig, so haftet der Erwerber gesamtschuldnerisch für die Erfüllung der sich aus dem Vertrag mit dem Urheber ergebenden Verpflichtungen des Veräußerers.

43   Nach der alten Fassung des **Abs. 3** vor der Reform 2002 (s. Vor §§ 31 ff. Rn. 3) hatte der Urheber im Fall der Unternehmensveräußerung nach dem Gesetz **kein Rückrufsrecht** als spezielles Gestaltungsrecht (Abs. 3 S. 2). Allerdings billigte ihm die herrschende Meinung schon bisher zu, der Übertragung der Nutzungsrechte zu **widersprechen** und schließlich den Vertrag zwischen ihm und dem nutzungsberechtigten Unternehmen aus wichtigem Grund zu **kündigen** (Schricker/Loewenheim/*Schricker/Loewenheim* § 34 Rn. 41). Teilweise wird vertreten, die neue Fassung des § 34 seit der Reform 2002 gelte nach der Übergangsvorschrift des § 132 Abs. 3 S. 1 unmittelbar auch für Altverträge, die vor deren Inkrafttreten abgeschlossen wurden, wegen der Unverzichtbarkeit des Rückrufsrecht sei nicht auf den Vertragsschluss, sondern vielmehr auf die Unternehmensveränderung (die Veräußerung oder Änderung der Beteiligungsverhältnisse) als den die Anwendung der Neuregelung auslösenden Sachverhalt abzustellen (so *Koch-Sembdner* 129 f.; *Haupt* UFITA 2005/III, 904, 907).

§ 35 Einräumung weiterer Nutzungsrechte

(1) **Der Inhaber eines ausschließlichen Nutzungsrechts kann weitere Nutzungsrechte nur mit Zustimmung des Urhebers einräumen. Der Zustimmung bedarf es nicht, wenn das ausschließliche Nutzungsrecht nur zur Wahrnehmung der Belange des Urhebers eingeräumt ist.**

(2) **Die Bestimmungen in § 34 Abs. 1 Satz 2, Abs. 2 und Absatz 5 Satz 2 sind entsprechend anzuwenden.**

Literatur: *Abel,* Filmlizenzen in der Insolvenz des Lizenzgebers und des Lizenznehmers, NZI 2003, 121; *Adolphsen/Tabrizi,* Zur Fortwirkung zurückgerufener Nutzungsrechte, GRUR 2011, 384; *M. Becker,* Anmerkungen zu BGH, Urteil vom 19. Juli 2012 – I ZR 70/10 – M2Trade, ZUM 2012, 786; *Berger,* Der Lizenzsicherungsnießbrauch – Lizenzerhaltung in der Insolvenz des Lizenzgebers, GRUR 2004, 20; *Dietrich/Szalai,* Anmerkung zu BGH: Fortbestand von Unterlizenzen beim Erlöschen der Hauptlizent – M2Trade, MMR 2012, 687; *Klawitter,* Fortgeltung der Unterlizenz nach Wegfall der Hauptlizenz, GRUR Prax. 2012, 337 260; *Lößl,* Rechtsnachfolge in Verlagsverträge, Frankfurt a. M. 1997; *Loewenheim,* Rückruf des Nutzungsrechts nach § 41 UrhG und Fortbestehen der Enkelrechte, FS Wandtke 199; *Meyer-van Raay,* Der Fortbestand von Unterlizenzen bei Erlöschen der Hauptlizenz, NJW 2012, 3691; *Musiol,* Anmerkung zu BGH Reifen Progressiv, FD-GewRS 2009, 290 122; *J. B. Nordemann,* Die Beendigung urheberrechtlicher Verträge: Automatischer Rechterückfall?, FS Wandtke 187; *Pahlow,* Von Müttern, Töchtern und Enkeln, Zu Rechtscharakter und Wirkung des urhebervertraglichen Rückrufs, GRUR 2010, 112; *Reber,* Anmerkung zu BGH, Urteil vom 26. März 2009 – I ZR 153/06 – Reifen Progressiv, ZUM 2009, 855; *Scholz,* Zum Fortbestand abgeleiteter Nutzungsrechte nach Wegfall der Hauptlizenz, GRUR 2009, 1107; *Szalai,* Anmerkungen zu BGH, Urteil vom 19. Juli 2012 – I ZR 24/11 – Take Five, ZUM 2012, 790; *Wandtke,* Anmerkung zum Urteil des OLG Hamburg v. 15.3.2001 – 3 U 57/99 – Sesamstraße, EWiR § 34 UrhG 1/01, 643; *Wente/Härle,* Rechtsfolgen einer außerordentlichen Vertragsbeendigung auf die Verfügungen in einer „Rechtekette" im Filmlizenzgeschäft und ihre Konsequenzen für die Vertragsgestaltung, GRUR 1997, 96.

Vgl. darüber hinaus die Angaben im eingangs abgedr. Gesamtliteraturverzeichnis.

Übersicht

	Rn.
I. Bedeutung und Anwendungsbereich	1–9
1. Grundzüge und Reform 2002	1–3
2. Einräumung eines weiteren Nutzungsrechts	4–6
3. Fortfall des Tochterrechts und Wirkung auf das Enkelrecht	7–9
a) Problemstellung, bisher herrschende Meinung	7
b) Fortbestand des Enkelrechts nach neuer BGH-Rechtsprechung	8
c) Kritik und Anwendungsbereich der BGH-Rechtsprechung	9
II. Zustimmungserfordernis und Verweisung auf § 34 (§ 35 Abs. 2)	10, 11
III. Wahrnehmung der Belange des Urhebers (§ 35 Abs. 1 S. 2)	12, 13
IV. Rechtslage für Sachverhalte bis zum 30.6.2002	14

I. Bedeutung und Anwendungsbereich

1. Grundzüge und Reform 2002

§ 35 schreibt (wie § 34) ein **Zustimmungserfordernis** des Urhebers auch bei der Einräumung weiterer (einfacher oder ausschließlicher) Nutzungsrechte durch den Inhaber eines ausschließlichen Nutzungsrechts fest und dient ebenfalls dem Schutz des Urhebers. Im Unterschied zu § 34 sieht § 35 keine Ausnahme für den Fall der Unternehmensveräußerung vor; es kommt daher auch nicht zur gesamtschuldnerischen Haftung des Erwerbers nach § 34 Abs. 3. Die übrigen Ausnahmen des § 34 gelten aber über § 35 Abs. 2 entsprechend. 1

Mit der **Neufassung** zum 1.7.2002 (s. Vor §§ 31 ff. Rn. 3) wurde die Norm dahingehend klargestellt, dass § 35 auch dann gilt, wenn der Inhaber des ausschließlichen Nutzungsrechts ein weiteres ausschließliches Nutzungsrecht einräumt. Die herrschende Meinung hatte diesen Fall bisher sachlich gleich durch analoge Anwendung des § 35 gelöst (vgl. nur Schricker/Loewenheim/*Schricker/Loewenheim* § 35 Rn. 2 m. w. N.), die Neufassung war demnach mehr Klarstellung (so die AmtlBegr. BT-Drucks. 14/6433, 51) als Änderung. 2

Die **Abspaltung von Nutzungsrechten** (als „Enkelrechte") vom ausschließlichen 3 Nutzungsrecht (als „Tochterrecht" vom Urheberrecht als „Mutterrecht") geschieht durch konstitutive Rechtseinräumung und nicht durch translative Übertragung (s. Vor §§ 31 ff. Rn. 21), und bedarf nach § 35 grds. der Zustimmung des Urhebers (Dreier/Schulze/ *Schulze* § 35 Rn. 1; Ahlberg/Götting/*Soppe* § 35 Rn. 4; Loewenheim/*J. B. Nordemann* § 25 Rn. 10; Schricker/Loewenheim/*Schricker/Loewenheim* § 35 Rn. 1; Möhring/Nicolini/ *Spautz* § 35 Rn. 2; Fromm/Nordemann/*J. B. Nordemann* § 35 Rn. 6); die Abspaltung wirkt im Übrigen gegenständlich und nicht nur schuldrechtlich (*v. Gamm* § 35 Rn. 2).

2. Einräumung eines weiteren Nutzungsrechts

4 § 35 galt ursprünglich ausdrücklich nur für die Einräumung eines einfachen Nutzungsrechts durch den Inhaber des ausschließlichen Nutzungsrechts. Seit der Reform 2002 (s. Vor §§ 31 ff. Rn. 3) erfasst die Vorschrift auch den Fall, dass der Inhaber des ausschließlichen Nutzungsrechts (Ersterwerber) einem Dritten (Zweiterwerber) weiter **ausschließliche Nutzungsrechte** einräumt (so schon zum alten Recht über eine analoge Anwendung *v. Gamm* § 35 Rn. 4; Schricker/Loewenheim/*Schricker/Loewenheim* § 35 Rn. 2; *W. Nordemann* § 35 Rn. 1).

5 Im Unterschied zur translativen Übertragung (diese ist in § 34 geregelt) begibt sich der Inhaber des ausschließlichen Nutzungsrechts hier nicht vollständig seiner Rechtsposition, sondern **belastet** nur sein **ausschließliches Recht** mit weiteren einfachen oder ausschließlichen Nutzungsrechten zweiter oder weiterer Stufe (Schricker/Loewenheim/*Schricker/Loewenheim* § 35 Rn. 2; *Haberstumpf* Rn. 414). So kann etwa der Verleger als Inhaber des ausschließlichen **Verlagsrechts** an einem Roman einem Dritten eine ausschließliche Taschenbuch-Lizenz als abspaltbare Nutzungsart einräumen, wobei die Abgrenzung der **Taschenbuch-Ausgabe** von der **Hardcover-Ausgabe** im relativ kleinen Format mit einem relativ kleinen Druck und im Paperback-Einband zu sehen ist (BGH GRUR 1992, 310, 312 – Taschenbuch-Lizenz).

6 Eine **analoge Anwendung** ist anzunehmen, wenn der Inhaber des ausschließlichen Nutzungsrechts einem Dritten eine bloß **schuldrechtliche Nutzungsbefugnis** am Werk erteilt (str., wie hier Fromm/Nordemann/*J. B. Nordemann* § 35 Rn. 8; Dreier/Schulze/ *Schulze* § 35 Rn. 9; Schricker/Loewenheim/*Schricker/Loewenheim* § 35 Rn. 8 m. w. N. auch zur Gegenansicht).

3. Fortfall des Tochterrechts und Wirkung auf das Enkelrecht

7 **a) Problemstellung, bisher herrschende Meinung.** Es ist gesetzlich nicht geregelt und seit langem heftig umstritten, ob beim Wegfall des ausschließlichen Nutzungsrechts früherer Stufe (Tochterrecht des Ersterwerbers/Hauptlizenz/Unterlizenz früherer Stufe) etwa durch Anfechtung, einvernehmliche Aufhebung oder Kündigung des Vertrages, Rücktritt vom Vertrag, Rückruf des Nutzungsrechts durch den Urheber nach den spezifischen urheberrechtlichen Regelungen (§ 41 wegen Nichtausübung, § 42 wegen gewandelter Überzeugung, § 34 Abs. 3 S. 2, 3 im Rahmen einer Unternehmensveräußerung) ein hiervon abgeleitetes Nutzungsrecht späterer Stufe (Enkelrecht des Zweiterwerbers/ Sublizenz/Unterlizenz späterer Stufe) ebenfalls automatisch wegfällt (zum **Heimfall des Nutzungsrechts** ausführlich Vor §§ 31 ff. Rn. 49 ff.). Die bisher überwiegende Meinung in Literatur und Rechtsprechung befürwortete einen solchen automatischen Wegfall des abgeleiteten Nutzungsrechts (vgl. nur Schricker/Loewenheim/*Schricker/Loewenheim* § 35 Rn. 22 m. w. N.; Dreyer/Kotthoff/Meckel/*Kotthoff* § 35 Rn. 8; *Wandtke* EWiR § 34 UrhG 1/01, 643 f. m. w. N.; Fromm/Nordemann/*J. B. Nordemann* § 35 Rn. 7; *Schricker* § 29 VerlG Rn. 27; Ahlberg/Götting/*Soppe* § 35 Rn. 5; Dreier/Schulze/*Schulze* § 35 Rn. 16; *Schricker* zu LG Hamburg EWiR § 34 UrhG 1/99, 275; ebenso die Vorauflagen dieses Kommentars bei § 35 Rn. 7; differenzierend *Wente/Härle* GRUR 1997, 96, 99; *Ulmer* 392; OLG Hamburg ZUM 2001, 1005, 1008; OLG Hamburg EWiR § 34 UrhG 1/01, 643 – Sesamstraße; BGHZ 27, 90, 95 (obiter dictum); OLG München ZUM-RD 1997, 510;

OLG München FuR 1983, 605; OLG Stuttgart FuR 1984, 383, 397; OLG Hamburg GRUR Int. 1998, 431, 435 – Feliksas Bajoras), und zwar aufgrund des Zweckbindungsgedankens und der Tendenz des Urheberrechts, so weit wie möglich beim Urheber zu verbleiben, der aus einem Fortbestehen des Enkelrechts folgenden Einschränkung für den Urheber bei der weiteren Verwertung seines Werkes, der gebundenen Übertragung des Urheberrechts durch Abspaltung von Nutzungsrechten, die nach Beendigung automatisch das Stammrecht wieder komplettieren, sowie der Überlegung, dass der Inhaber des Enkelrechts nicht mehr Rechte haben kann als der Inhaber des Tochterrechts, und die Sublizenz aufgrund des dinglichen Charakters des Urheberrechts entfallen muss, wenn die vermittelnde Hauptlizenz nicht mehr besteht.

b) Fortbestand des Enkelrechts nach neuer BGH-Rechtsprechung. Die **Gegenmeinung** plädierte im Interesse der Verkehrssicherheit und seit der Neufassung des § 33 durch die Reform 2002 auch unter Hinweis auf die letzte Alternative des S. 2 für den (zumindest vorläufigen) **Fortbestand** des abgeleiteten Nutzungsrechts beim Zweiterwerber (*Hoeren* CR 2005, 773, 776; *Berger* GRUR 2004, 20, 23; *Abel* NZI 2003, 121, 127; weitere Nachweise bei Schricker/Loewenheim/*Schricker/Loewenheim* § 35 Rn. 22; OLG München ZUM-RD 1997, 551, 553 f. – Piano; für den Fall des Rückrufs nach § 41 und vom Lizenznehmer vertragsgemäß erteilten Unterlizenzen auch schon OLG Köln MMR 2006, 750, 751; ähnlich auf Grundlage einer Interessen- und Güterabwägung im Ausnahmefall schon BGH ZUM 1986, 278, 280 – Alexis Sorbas). Schließlich wurde als vermittelnde Meinung vorgeschlagen, zwischen einer ordentlichen und einer außerordentlichen Beendigung des Primärvertrages (durch Rücktritt, Kündigung, Aufhebung etc., näher Vor §§ 31 ff. Rn. 8 ff.) zwischen dem Urheber und dem Ersterwerber zu differenzieren. Bei der **außerordentlichen Beendigung** soll das abgeleitete Nutzungsrecht fortbestehen, nur bei der **ordentlichen Beendigung** des Primärvertrages soll auch der Zweiterwerber sein abgeleitetes Nutzungsrecht verlieren (*Haberstumpf* Rn. 418). Der BGH war 2009 und 2012 zur Stellungnahme veranlasst. Demnach erlischt ein einfaches Nutzungsrecht, das sich von einem ausschließlichen Nutzungsrecht ableitet, dann nicht, wenn das ausschließliche Nutzungsrecht auf Grund eines wirksamen **Rückrufs wegen Nichtausübung** (§ 41) entfallen ist (BGHZ 180, 344 = GRUR 2009, 946 – Reifen Progressiv). In der Begründung stellte der BGH unter anderem auf die folgenden Gesichtspunkte ab: (i) das Erlöschen der ersten Vereinbarung lasse die Wirksamkeit der zweiten Vereinbarung unberührt, da der erst spätere Wegfall der Berechtigung des Ersterwerbers seine früheren Verfügungen nicht beeinträchtige, (ii) die einmal wirksam eingeräumten Enkelrechte seien aufgrund ihres dinglichen Charakters selbständig und vom Fortbestand des Tochterrechts unabhängig, (iii) hinter der Regelung des § 33 S. 2 sei die Wertung des Gesetzgebers, das aus dem Verlust des Nutzungsrechts (hier durch Verzicht) nicht notwendigerweise der Fortfall abgeleiteter Nutzungsrechte folge, und (iv) – entscheidend – der gebotenen Abwägung der Interesses des Urhebers einerseits und des Zweiterwerbers andererseits, die zu Gunsten des Zweiterwerbers ausfalle, da der Urheber durch den Fortbestand des einfachen Nutzungsrechts nicht übermäßig in der Nutzung seiner Rechte beeinträchtigt werde, der Erteilung weitere Nutzungsrechte durch den Ersterwerber zugestimmt habe, und es daher hinnehmen müsse, wenn das ausschließliche Nutzungsrecht beim Rückfall mit einem einfachen Nutzungsrecht belastet sei (BGH GRUR 2009, 946, 948 f. – Reifen Progressiv). In der Literatur wurde unterschiedlich beurteilt, ob dieses Urteil über den Fall des § 41 hinaus verallgemeinerungsfähig ist (dafür Wandtke UrhR/*Wandtke* Kap. 4 Rn. 72; *Reber* ZUM 2009, 855: Ausweitung auch auf andere Beendigungsgründe außerhalb der Sphäre des Unterlizenznehmers, sowie auf ausschließliche Nutzungsrechte des Zweiterwerbers, wenn Aufspaltung derselben möglich und nötig; *Scholz* GRUR 2009, 1107: Ergebnis zu erzielen durch ergänzende Auslegung der Hauptlizenz, ob nach deren Inhalt die Einräumung von Sublizenzen gewollt bzw. möglich war; *Musiol* FD-GewRS 2009, 290122; kritisch *Pahlow* GRUR

2010, 112, 117: Verschlechterung der Rechtspositionen der Beteiligten durch Schieflage der Lizenzkette nach Entfall der Hauptlizenz; dagegen *Adolphsen/Tabrizi* GRUR 2011, 384: Urteil auf den Einzelfall beschränkt; ähnlich wohl auch Schricker/Loewenheim/ *Schricker/Loewenheim* § 35 Rn. 23; insgesamt kritisch *Loewenheim* FS Wandtke 199 ff.). In zwei Entscheidungen vom 19. Juli 2012 hat der BGH seine neue Rechtsprechung fortgeführt und sie erheblich über den Fall des § 41 hinaus erweitert. Demnach führt das Erlöschen der Hauptlizenz in aller Regel auch dann nicht zum Erlöschen der Unterlizenz, wenn der Hauptlizenznehmer dem Unterlizenznehmer ein einfaches Nutzungsrecht gegen fortlaufende Zahlung von Lizenzgebühren eingeräumt hat, und die Hauptlizenz nicht aufgrund eines Rückrufs wegen Nichtausübung, sondern **aus anderen Gründen erlischt, die nicht in der Sphäre des Unterlizenznehmers liegen** (BGH GRUR 2012, 916, 918 – M2Trade: Erlöschen der Hauptlizenz durch Kündigung des Hauptlizenzvertrages wegen Zahlungsverzugs; vgl. BGH GRUR 2012, 914, 915 – Take Five: Erlöschen der Hauptlizenz durch einvernehmliche Aufhebung des Hauptlizenzvertrages). Dies gilt darüber hinaus auch für eine Unterlizenz in Form eines **ausschließlichen Nutzungsrechts** (BGH GRUR 2012, 914, 915 – Take Five). In der Begründung stellt der BGH neben den zuvor genannten Argumenten auch darauf ab, dass der Hauptlizenzgeber vom Hauptlizenznehmer nach Entfall der Hauptlizenz die Herausgabe der vom Unterlizenznehmer geschuldeten Nutzungsvergütungen verlangen könne (§ 812 Abs. 1 S. 2, 2. Variante – Eingriffskondiktion), und der nicht mehr berechtigte Hauptlizenznehmer daher nicht unbillig profitiere, sondern die Erlöse aus dem Fortbestand der Unterlizenz wieder dem Hauptlizenzgeber zustehen (BGH GRUR 2012, 916, 918 – M2Trade; ähnliche Wertung bei BGH GRUR 2012, 914, 915 – Take Five: Hauptlizenznehmer schuldete nach den Bestimmungen des Aufhebungsvertrages zur Hauptlizenz die Abführung etwaiger weiterer Einnahmen aus der Unterlizenz an den Hauptlizenzgeber).

9   c) **Kritik und Anwendungsbereich der BGH-Rechtsprechung.** Der neueren Rechtsprechung des BGH ist allenfalls im praktischen Ergebnis der entschiedenen Fälle zustimmen; die dogmatischen Begründungen überzeugen jedoch nicht. Auch ist sehr fraglich, inwieweit die Urteile und die zugrundeliegenden Argumente verallgemeinerungsfähig sind. Letztlich lässt sich aus der Rechtsprechung kein allgemeiner Rechtsgrundsatz über den grundsätzlichen Fortbestand von abgeleiteten Nutzungsrechten beim Wegfall des diese vermittelnden Nutzungsrechts ableiten. Es kommt vielmehr auf die Abwägung der Interessen im Einzelfall an. Die bisherigen Urteile betreffen solche Fallgestaltungen, in denen der Urheber bzw. Hauptlizenzgeber dem Ersterwerber ein ausschließliches Nutzungsrecht gerade dazu eingeräumt hatte, damit dieser hieraus Dritten weitere einfache oder ausschließliche Nutzungsrechte einräumt (BGH GRUR 2009, 946 – Reifen Progressiv: Einräumung eines ausschließliches Nutzungsrechts an für Reifenhändler bestimmte Software an Hauptlizenzgeber, damit dieser die Software an Reifenhändler vertreibt und weiterlizenziert; BGH GRUR 2012, 916, 918 – M2Trade: mündlicher Hauptlizenzvertrag zwischen Softwarehersteller an Konzerngesellschaft, damit diese die Software anderen Konzerngesellschaften weiterlizenziert; BGH GRUR 2012, 914, 915 – Take Five: Lizenzierung der ausschließlichen Vertriebsrechte an der Komposition „Take Five" für das Vertriebsgebiet Europa durch den Hauptlizenzgeber an den Hauptlizenznehmer, damit dieser Unterlizenzen für einzelne Länder in Europa an Dritter vergibt). Die Vergabe von Sublizenzen entsprach hier gerade dem Zweck der Vereinbarung, deren weitere Durchführung mit aktiver Beteiligung des Hauptlizenzgebers (durch Rückruf, Vertragsaufhebung, oder Kündigung) beendet wurde. Es liegt hier eher nahe, dass der Hauptlizenzgeber die in der Zwischenzeit im Rahmen der gerade beabsichtigten Werknutzung erfolgten Rechtseinräumungen aus Gründen des Verkehrsschutzes weiterhin gegen sich gelten lassen muss, jedenfalls dann, wenn seine vermögens- wie auch urheberpersönlichkeitsrechtlichen Interessen im Kern gewahrt bleiben. In dogmatischer Hinsicht überzeugt die Begründung des

BGH nicht. Denn sie läuft darauf hinaus, dass das einheitliche Stammrecht (Mutterrecht) durch Einräumung eines ausschließlichen Nutzungsrechts (Tochterrecht) an einen Ersterwerber, Einräumung eines weiteren (einfachen oder ausschließlichen) Nutzungsrechts (Enkelrecht) hieraus an einen Zweiterwerber, und den anschließenden Rückfall des weiteren Nutzungsrechts (Tochterrechts) an das Stammrecht (Mutterrecht) bei angenommenen Fortbestehen eines rechtlich selbständigen und unabhängigen Enkelrechts im Wege einer translativen Übertragung (wenigstens teilweise) veräußert werden könnte, und das Enkelrecht dann ohne verbleibende Bindung zum Urheber unabhängig vom Mutterecht und daneben bestünde, was mit dem gesetzlichen normierten Grundsatz der Unübertragbarkeit des Urheberrechts (§ 29 Abs. 1) nur schwer in Einklang zu bringen ist (zu Recht kritisch daher *Becker* ZUM 2012, 786, 787: Teilverdinglichung im Wege einer Rechtsfortbildung extra legem; *Dietrich/Szalai* MMR 2012, 687, 688 sowie *Szalai* ZUM 2012, 790, 792: kein Anhaltspunkt im Gesetz für eine Interessenabwägung; *Klawitter* GRUR Prax. 2012, 337260: Urheberrecht zielt nicht auf Verkehrsschutz, sondern Schutz des Urhebers, der hier seiner Verfügungsmacht beraubt wird; *Loewenheim* FS Wandtke 199, 202 ff. [zu BGH GRUR 2009, 946 – Reifen Progressiv]: Zweckbindungsgedanke, § 33 S. 2 ist die Ausnahme und nicht die Regel; Wertungen der Interessenabwägung i. R. d. § 41 gelten für die Frage des *Ob* eines Rückrufs, nicht aber für die Frage des Umfangs eines Rückrufs; *Adolphsen/Tabrizi* GRUR 2011, 384, 388: Überschreitung der zulässigen Rechtsfortbildung; vgl. auch *Pahlow* GRUR 2010, 112 zu praktischen Schwierigkeiten bei der Durchführung der weiteren Abwicklung, teilweise gelöst durch BGH GRUR 2012, 916, 918 – M2Trade). Dies dürfte insbesondere dann zum Tragen kommen, wenn in der konkreten Konstellation ein vom BGH angenommener bereicherungsrechtlicher Herausgabeanspruch (wie im Fall BGH GRUR 2012, 916, 918 – M2Trade) nicht möglich ist, oder die Parteien (so wie im Fall BGH GRUR 2012, 914, 915 – Take Five) bei der einvernehmlichen Aufhebung keine entsprechend wirkenden Abreden getroffen haben. Ist aufgrund der Umstände vom Erlöschen der Enkelrechte bei Fortfall des Tochterrechts auszugehen, erfolgt **der Rechterückfall automatisch.** Dann werden auch diejenigen Nutzungsrechte davon erfasst, die der Lizenznehmer an Dritte und diese wiederum weiterübertragen haben (zu vertraglichen Lösungsmöglichkeiten beim Parallelproblem der **Insolvenz eines Vorlizenznehmers** vgl. unten §§ 103, 105, 108 InsO Rn. 12 a. E.; s. auch *Berger* GRUR 2004, 20, 24, mit dem Vorschlag der Vereinbarung eines „Lizenzsicherungsnießbrauchs", der bei Beendigung des Sicherungsverhältnisses infolge Rückfallklausel oder aufgrund vertraglichen Aufhebungsanspruchs endet). Eine denkbare Lösung zur Sicherstellung des Heimfalls aus Sicht des Urhebers in solchen Fällen wäre die Vereinbarung der Rechtseinräumung an den Ersterwerber unter der **auflösenden Bedingung** (§ 158 Abs. 2 BGB) des Fortbestands des zugrundeliegenden schuldrechtlichen Vertrages. Zwischenzeitliche Verfügungen des Ersterwerbers an den Zweiterwerber wären dann als den Eintritt der Bedingung vereitelnde Verfügung gem. § 161 Abs. 2, Abs. 1 S. 1 BGB unwirksam (OLG München UFITA 90 (1981) 166, 170; *Hoeren* CR 2005, 773, 775; anders *Wente/Härle* GRUR 1997, 96, 100: „Weiterübertragung der Bedingung"). Fällt auch das abgeleitete Nutzungsrecht weg, wird aufgrund der Unmöglichkeit eines gutgläubigen Erwerbs von Nutzungsrechten (dazu Vor §§ 31 ff. Rn. 47 f.) der vormalige (nun mehr nur noch vermeintliche) Inhaber des einfachen oder abgespaltenen ausschließlichen Nutzungsrechts ex nunc vom berechtigten zum unberechtigten Nutzer, und sieht sich den Ansprüchen des Urhebers (§§ 97 ff.) ausgesetzt. Allerdings hat er selbst **Schadensersatzansprüche** (§§ 437 Abs. 3, 311a Abs. 2 bzw. 280 ff. BGB) gegen den Inhaber des ausschließlichen Nutzungsrechts (Dreier/Schulze/*Schulze* § 35 Rn. 16), denn der Wegfall des Nutzungsvertrages zwischen dem Urheber und dem Ersterwerber führt zwar zum Verlust des Nutzungsrechts des Zweiterwerbers, hat aber auf das Verpflichtungsgeschäft zwischen Erst- und Zweiterwerber keinen Einfluss.

II. Zustimmungserfordernis und Verweisung auf § 34 (§ 35 Abs. 2)

10 Das Zustimmungserfordernis entspricht dem des § 34 (s. § 34 Rn. 8f.). Die Zustimmung kann als Einwilligung (§ 183 S. 1 BGB) oder Genehmigung (§ 184 Abs. 1 BGB) erfolgen. Erfolgt die Einräumung ohne Zustimmung des Urhebers, ist die Verfügung nicht wirksam (Einzelheiten § 34 Rn. 10). Nach § 35 Abs. 2 sind die Bestimmungen des § 34 Abs. 1 S. 2, Abs. 2 und Abs. 5 S. 2 entsprechend anzuwenden. Der Urheber darf seine Zustimmung demnach verweigern, es sei denn, eine Verweigerung erschiene als Verstoß gegen Treu und Glauben und somit willkürlich (§ 34 Abs. 1 S. 2, näher § 34 Rn. 11f.). Bei Sammelwerken genügt die Zustimmung des Urhebers des Sammelwerkes (§ 34 Abs. 2, näher § 34 Rn. 15f.), **abweichende Vereinbarungen** zwischen dem Inhaber des ausschließlichen Nutzungsrechts und dem Urheber sind zulässig (§ 34 Abs. 5 S. 2, näher § 34 Rn. 37ff.). Sie können etwa vereinbaren, dass eine Zustimmung bei der Einräumung einfacher Nutzungsrechte nicht erforderlich ist oder erteilte Unterlizenzen auch dann fortwirken, wenn der Primärvertrag aufgelöst wird.

11 Fraglich ist, ob **weitere Einräumungen oder Übertragungen** von Lizenzen durch den Zweitwerber auf Dritte usw. jeweils der Zustimmung des Vormannes bedürfen, um wirksam zu sein. § 35 regelt diesen Fall nicht, in der Praxis sind aber sog. **Zustimmungsvorbehalte** üblich, der Vordermann muss der Weiterübertragung des Nutzungsrechts in Form von Unterlizenzen also zustimmen (BGH GRUR 1987, 37, 39 – Videolizenzvertrag). Bei fehlender Zustimmung geht die Einräumung der Unterlizenz auch dinglich ins Leere (LG Leipzig ZUM 2007, 671, 672; *Lößl* 170; Fromm/Nordemann/*J. B. Nordemann* § 35 Rn. 9; a.A. *Schricker* § 28 VerlG Rn. 23: Zustimmungsvorbehalt hat nur schuldrechtliche Wirkung).

III. Wahrnehmung der Belange des Urhebers (§ 35 Abs. 1 S. 2)

12 Einer Zustimmung des Urhebers bedarf es nicht, wenn das ausschließliche Nutzungsrecht nur zur Wahrnehmung der Belange des Urhebers eingeräumt ist. Den Berechtigungs- oder Wahrnehmungsverträgen zwischen den **Verwertungsgesellschaften** (VG) und Urhebern liegt die treuhänderische Übertragung der Nutzungsrechte zugrunde (näher Vor §§ 31ff. Rn. 69). Die VG kann auf der Grundlage der Wahrnehmungsverträge ohne Zustimmung des Urhebers einfache Nutzungsrechte an Verwerter übertragen (LG München ZUM 2003, 73, 76 – Pumuckl; LG Köln ZUM 1998, 168, 169).

13 § 35 Abs. 1 S. 2 gilt **entsprechend** auch für **andere Verträge,** die im Kern die Ausübung von Nutzungsrechten durch Dritte zur Vermarktung im Interesse des Urhebers zum Gegenstand haben, etwa die Verträge mit **Bühnenvertrieben** oder **Musikverlagen** (*v. Gamm* § 35 Rn. 6; Schricker/*Schricker* § 35 Rn. 10). Sonstige treuhänderische Verträge, in denen die Rechtsübertragung nur sicherungshalber erfolgt und die nicht auf die Verwertung der Nutzungsrechte durch Dritte ausgerichtet sind, fallen nicht unter § 35 Abs. 1 S. 2 (BGHZ 32, 67, 70 – Treuhandvertrag im Filmwesen; *v. Gamm* § 35 Rn. 6; Schricker/Loewenheim/*Schricker/Loewenheim* § 35 Rn. 17).

IV. Rechtslage für Sachverhalte bis zum 30.6.2002

14 Nach § 132 Abs. 3 S. 1 gilt für Verträge und Sachverhalte, die vor Inkrafttreten der Reform 2002 (s. Vor §§ 31ff. Rn. 3) am 1.7.2002 geschlossen wurden oder entstanden sind, § 35 in der bis dahin geltenden Fassung. Diese lautet wie folgt:

§ 36 Gemeinsame Vergütungsregeln § 36 UrhG

§ 35 Einräumung einfacher Nutzungsrechte

(1) Der Inhaber eines ausschließlichen Nutzungsrechts kann einfache Nutzungsrechte nur mit Zustimmung des Urhebers einräumen. Der Zustimmung bedarf es nicht, wenn das ausschließliche Nutzungsrecht nur zur Wahrnehmung der Belange des Urhebers eingeräumt ist.

(2) Die Bestimmungen in § 34 Abs. 1 Satz 2, Abs. 2 und Abs. 4 sind entsprechend anzuwenden.

Die Neuregelung hat keine sachliche Änderung mit sich gebracht, da die herrschende Meinung den nunmehr auch erfassten **Fall der Einräumung weiterer ausschließlicher Nutzungsrechte** auch bisher schon durch **analoge Anwendung** der alten Fassung der Norm gleich behandelt hat. Die Änderung des Abs. 2 gleicht die Norm an die Neufassung des § 34 an. Daher kann auf die Kommentierung der jetzigen Fassung verwiesen werden.

§ 36 Gemeinsame Vergütungsregeln

(1) Zur Bestimmung der Angemessenheit von Vergütungen nach § 32 stellen Vereinigungen von Urhebern mit Vereinigungen von Werknutzern oder einzelnen Werknutzern gemeinsame Vergütungsregeln auf. Die gemeinsamen Vergütungsregeln sollen die Umstände des jeweiligen Regelungsbereichs berücksichtigen, insbesondere die Struktur und Größe der Verwerter. In Tarifverträgen enthaltene Regelungen gehen gemeinsamen Vergütungsregeln vor.

(2) Vereinigungen nach Absatz 1 müssen repräsentativ, unabhängig und zur Aufstellung gemeinsamer Vergütungsregeln ermächtigt sein.

(3) Ein Verfahren zur Aufstellung gemeinsamer Vergütungsregeln vor der Schlichtungsstelle (§ 36a) findet statt, wenn die Parteien dies vereinbaren. Das Verfahren findet auf schriftliches Verlangen einer Partei statt, wenn

1. die andere Partei nicht binnen drei Monaten, nachdem eine Partei schriftlich die Aufnahme von Verhandlungen verlangt hat, Verhandlungen über gemeinsame Vergütungsregeln beginnt,
2. Verhandlungen über gemeinsame Vergütungsregeln ein Jahr, nachdem schriftlich ihre Aufnahme verlangt worden ist, ohne Ergebnis bleiben oder
3. eine Partei die Verhandlungen endgültig für gescheitert erklärt hat.

(4) Die Schlichtungsstelle hat den Parteien einen begründeten Einigungsvorschlag zu machen, der den Inhalt der gemeinsamen Vergütungsregeln enthält. Er gilt als angenommen, wenn ihm nicht innerhalb von drei Monaten nach Empfang des Vorschlages schriftlich widersprochen wird.

Literatur: *Basse,* Gemeinsame Vergütungsregeln im Urhebervertragsrecht, Berlin 2008; *v. Becker,* Juristisches Neuland, ZUM 2005, 303; *v. Becker,* Die angemessene Übersetzervergütung – Eine Quadratur des Kreises?, ZUM 2007, 249; *Ch. Berger,* Das neue Urhebervertragsrecht, Baden-Baden 2003; *Erdmann,* Urhebervertragsrecht im Meinungsstreit, GRUR 2002, 923; *Fette,* Der Sender einer Auftragsproduktion als Werknutzer im Sinne von § 36 UrhG, ZUM 2013, 29; *Fikentscher,* Urhebervertragsrecht und Kartellrecht, FS Schricker 1995, 149; *Flechsig/Hendricks,* Zivilprozessuales Schiedsverfahren zur Schließung urheberrechtlicher Gesamtverträge – zweckmäßige Alternative oder Sackgasse?, ZUM 2000, 721; *Flechsig/Hendricks,* Konsensorientierte Streitschlichtung im Urhebervertragsrecht, ZUM 2002, 423; *Grabij,* Die Bestimmung einer weiteren angemessenen Beteiligung in gemeinsamen Vergütungsregeln und in Tarifverträgen nach § 32a Abs. 4 UrhG, Berlin 2005; *Haupt/Flisak,* Angemessene Vergütung in der urheberrechtlichen Praxis, KUR 2003, 41; *Hertin,* Urhebervertragsnovelle 2002: Up-Date von Urheberrechtsverträgen, MMR 2003, 16; *Hoeren,* Was bleibt von §§ 32, 32a, 36 UrhG ? Überlegungen zur Zukunft des Urhebervertragsrechts, FS Wandtke 159; *Hucko,* Das neue Urhebervertragsrecht, Halle/Saale 2002; *Jacobs,* Das neue Urhebervertragsrecht, NJW 2002, 1905; *W. Nordemann/Pfennig,* Plädoyer für eine neue Vertrags- und Vergütungsstruktur im Film und Fernsehbereich, ZUM 2005, 689; *W. Nordemann,* Das neue Urhebervertragsrecht, München 2002; *v. Olenhusen,* Der Gesetzentwurf für ein Urhebervertragsrecht, ZUM 2000, 736; *Ory,* Durchsetzung einer „gemeinsamen" Vergütungsregel nach § 36 UrhG gegen den Willen der anderen Partei, ZUM 2006, 914; *Ory,* Das neue Urhebervertragsrecht, AfP 2002, 93; *Ory,* Gesamtverträge als Mittel des kollektiven Urhebervertragsrechts, AfP 2000, 426; *Reber,* Anmerkung zu LG München I: Auch Sendeanstalt kann „Werknutzer" i. S. d. § 36 I 1 UrhG sein, GRUR Prax 2012, 560; *Reber,* „Gemeinsame Vergütungsregeln" in den Guild Agreements der Film- und Fernsehbranche der USA – ein Vorbild für Deutschland (§§ 32, 32a, 36 UrhG)?, GRUR Int. 2006, 9; *Reber,* Das neue Urhebervertragsrecht, ZUM 2000, 729; *Schack,* Urhebervertragsrecht im Meinungsstreit, GRUR 2002, 853; *Schimmel,* Das Urhebervertragsrecht – Fehlschlag oder gelungene Reform? ZUM 2010, 95; *U. Schmidt,* Der Vergütungsanspruch des Urhebers nach der Reform des Urhebervertragsrechts, ZUM 2002, 781; *Schmitt,* § 36 UrhG – Gemeinsame Vergütungsregelungen europäisch gesehen, GRUR 2003, 294; *Spindler,* Reformen der Vergütungsregeln im Urhebervertragsrecht, ZUM 2012, 921; *Stickelbrock,* Ausgleich gestörter Vertragsparität durch das neue Urhebervertragsrecht?, GRUR 2001, 1087; *Thüsing,* Tarifvertragliche Chimären – Verfassungsrechtliche und arbeitsrechtliche Überlegungen zu den gemeinsamen Vergütungsregeln nach § 36 UrhG n. F., GRUR 2002, 203.

Vgl. darüber hinaus die Angaben im eingangs abgedr. Gesamtliteraturverzeichnis.

Übersicht

	Rn.
I. Bedeutung der Regelung	1–4
1. Kollektives Urheberrecht für Freischaffende	1, 2
2. §§ 36, 36a als Ausnahme zu § 1 GWB	3
3. §§ 36, 36a als Instrument der Vereinfachung	4
II. Voraussetzungen	5–20
1. Gemeinsame Vergütungsregeln (§ 36 Abs. 1)	5–9
a) Inhalt	5, 6
b) Rücksicht auf besondere Umstände (§ 36 Abs. 1 S. 2)	7
c) Vorrang von Tarifverträgen (§ 36 Abs. 1 S. 3)	8, 9
2. Parteien der Vereinbarung	10–16
a) Vereinigungen	10–13
aa) Qualifikationen (§ 36 Abs. 2)	10, 11
bb) Vereinigungen von Urhebern und ausübenden Künstlern	12, 13
cc) Vereinigungen von Werknutzern	14, 15
b) Einzelne Werknutzer	16
3. Wirkung gemeinsamer Vergütungsregeln	17, 18
4. Umwidmung schon bestehender Vereinbarungen	19, 20
III. Verfahren zur Aufstellung (§ 36 Abs. 3 und 4)	21–30
1. Überblick	21
2. Festsetzung gemeinsamer Vergütungsregeln durch die Parteien	22, 23
3. Festsetzung gemeinsamer Vergütungsregeln durch die Schlichtungsstelle	24–29
a) Tätigwerden aufgrund Vereinbarung (§ 36 Abs. 3 S. 1)	24
b) Tätigwerden auf Verlangen einer Partei (§ 36 Abs. 3 S. 2)	25, 26
aa) Grundsatz	25
bb) Prüfung der Verfahrensvoraussetzungen	26
c) Verfahren vor der Schlichtungsstelle, Vorschlag, Widerspruch (§ 36 Abs. 4)	27, 28
d) Wirkungen des Vorschlags	29, 30
aa) Kein Widerspruch	29
bb) Indizielle Wirkung bei Widerspruch?	30
V. Stand der Aufstellung Gemeinsamer Vergütungsregelungen, Beispiele	31–34
1. Autoren deutscher Belletristik	31
2. Literarische Übersetzer	32
3. Film- und Fernsehbereich	33
4. Periodische Presse, Sonstige	34
IV. Rechtslage für Sachverhalte bis zum 30.6.2002	35

I. Bedeutung der Regelung

1. Kollektives Urheberrecht für Freischaffende

1 §§ 36, 36a waren neben § 32 das Kernstück der Urheberrechtsreform 2002 (s. Vor §§ 31 ff. Rn. 3) zur Stärkung der rechtlichen Stellung der Kreativen, also der Urheber und der ausübenden Künstler (§ 75 Abs. 4). Sie betraten insoweit juristisches Neuland, als mit den vorgesehenen gemeinsamen Vergütungsregeln neben das bisherige Individualurheberrecht eine Art **„kollektives" Urheberrecht auch für Freischaffende** tritt, um der schwachen ökonomischen Stellung des Kreativen gegenüber den Verwertern abzuhelfen (ausführlich *Spindler* ZUM 2012, 921; *Schimmel* ZUM 2010, 95; Schricker/Loewenheim/ *Dietz/Haedicke* § 36 Rn. 7ff.; Fromm/Nordemann/*Czychowski* § 36 Rn. 1; Loewenheim/ *v. Becker* § 29 Rn. 62; *Reber* ZUM 2000, 729, 730; *v. Olenhusen* ZUM 2000, 736; Amtl-Begr. BT-Drucks. 14/6433, 37; krit. zur kollektiven Interessenwahrnehmung durch selbstständige Urheber *Schricker* Quellen 5; *Flechsig/Hendricks* ZUM 2000, 721; *Stickelbrock* GRUR 2001, 1087). Hierzu verbindet § 36 Elemente des Tarifvertragsrechts und des zwingenden Individualurheberrechts (v. a. § 32).

Die Regelungen haben zum Ziel, dass von den betroffenen Urheber- und Verwerterkreisen, also von den Marktteilnehmern selbst, angemessene Vergütungsbedingungen ausgehandelt und festgelegt werden, und beschränken sich weitgehend auf die Zurverfügungstellung eines **Verfahrens zur Selbstregulierung** (ebenso Ahlberg/Götting/*Soppe* § 36 Rn. 21; *v. Becker* ZUM 2005, 303, 304; *Rehbinder* Rn. 324). Eine Rechtspflicht zur Aufstellung von gemeinsamen Vergütungsregeln besteht nicht (*Haas* Rn. 228). Im Zusammenspiel mit § 32 ist aber nicht zu verkennen, dass der Gesetzgeber mit dem Verfahren nach den §§ 36, 36a nicht nur die Möglichkeit für gemeinsame Vergütungsregeln schaffen wollte, sondern durchaus einen gewissen Druck aufbaut, sich gemeinsam zu einigen. Dies wird vor allem dadurch deutlich, dass das Gesetz den Inhalt gemeinsamer Vergütungsregeln als angemessen i. S. d. § 32 ansieht und die Verhandlungspartner gewissermaßen mit Rechtssicherheit „belohnt". Angesichts der quasi-normativen Wirkung Gemeinsamer Vergütungsregeln ist problematisch, dass das Gesetz keine Regelung zur Veröffentlichung von Vergütungsregeln trifft (ebenso Dreier/Schulze/*Schulze* § 36a Rn. 22; *Hertin* MMR 2003, 16, 17). Da der Anspruch auf angemessene Vergütung eine schuldrechtliche Forderung und dem Kreis der Eigentumsrechte i. S. d. Art. 14 Abs. 1 GG zugeordnet ist (vgl. BVerfG NJW 2014, 46 Rn. 87 – Drop City; BVerfG GRUR 2010, 999, 1001 f. Rn. 60 – Drucker und Plotter; BVerfGE 45, 142, 179; 68, 193, 222; BVerfG NJW 2004, 1233; zur Verfassungsmäßigkeit der §§ 36, 36a, insb. zur Vereinbarkeit mit Art. 9 Abs. 3 GG s. *Basse* 13ff.), wirkt die verfassungsrechtliche Gewährleistung des Eigentums auch auf das dazugehörende Verfahren (BVerfGE 51, 150, 156; BVerfG NJW 2004, 1233).

2. §§ 36, 36a als Ausnahme zu § 1 GWB

Nach bestehendem Kartellrecht konnten Vereinbarungen freischaffender Urheber etwa über Mindestvergütungen bisher gegen das Kartellverbot des § 1 GWB verstoßen und unwirksam sein (so scheiterte etwa ein Vertragswerk zwischen Deutschem Bühnenverein und Bühnenverlegerverband über die Höhe von Aufführungsantiemen 1965 an Bedenken des Bundeskartellamts, vgl. Schricker/Loewenheim/*Dietz/Haedicke* § 36 Rn. 19; Ahlberg/ Götting/*Soppe* § 36 Rn. 26; allgemein *Fikentscher* FS Schricker 1995, 149, 160ff.). Die §§ 36, 36a sind als Ausnahme zu diesem Verbot zu sehen (AmtlBegr. BT-Drucks. 14/6433, 37f.; Dreier/Schulze/*Schulze* § 36 Rn. 3; im Ergebnis ebenso Schricker/*Dietz* § 36 Rn. 27: aliud, keine Ausnahme zum Kartellverbot erforderlich; krit. *Schack* GRUR 2002, 853, 857; *Ory* AfP 2002, 93, 104; *Schmitt* GRUR 2003, 294f.; *Flechsig/Hendricks* ZUM 2002, 423, 425; *Thüsing* GRUR 2002, 203, 212; zum möglichen Verstoß der §§ 36, 36a gegen das europäische Wettbewerbsrecht s. *Basse* 62ff.).

3. §§ 36, 36a als Instrument der Vereinfachung

Nach Auffassung des historischen Gesetzgebers bieten gemeinsame Vergütungsregelungen vor allem für Werknutzer keine Erschwernis der Bedingungen, sondern vielmehr die Chance, durch den (zunächst aufwändigen) Abschluss von verlässlichen und einheitlichen Vergütungssätzen eine erhebliche Vereinfachung der späteren Vertragspraxis zu erreichen, indem zugeschnitten auf die besonderen Bedingungen der Branche (Kleinverlage, Massengeschäft der Rundfunkveranstalter und Zeitungsverleger etc.) klare Orientierungsmaßstäbe für Einzelvereinbarungen hergestellt werden können (AmtlBegr. BT-Drucks. 14/6433, 38). Ob eine solche Wirkung erreicht werden wird, ist nach wie vor offen; über 10 Jahre nach Inkrafttreten der Neuregelung wurden erst einige wenige Gemeinsame Vergütungsregeln vereinbart oder sind im Verfahren der Aufstellung begriffen (s. unten Rn. 31 ff.; kritisch zu Recht *Hoeren* FS Wandtke 159, 174 ff. mit Vorschlägen zur Reform der Regelungen).

II. Voraussetzungen

1. Gemeinsame Vergütungsregeln (§ 36 Abs. 1)

5   a) **Inhalt.** Die Verbände sollen nach Vorstellung des Gesetzgebers gemeinsame Vergütungsregeln aufstellen. Diese sollen in erster Linie Aussagen darüber treffen, welche **Vergütung** für die Nutzung von Werken angemessen ist. Gesetzliche Vorgaben hinsichtlich Inhalt oder Form der Vereinbarungen bestehen nicht (ebenso *Spindler* ZUM 2012, 921, 923; Dreier/Schulze/*Schulze* § 36 Rn. 5; *W. Nordemann* § 36 Rn. 3; *Haas* Rn. 218). Die Regeln werden aber zweckmäßigerweise je nach den Anforderungen der Branche mehr oder weniger stark aufgeschlüsselt Kategorien von Werknutzungen enthalten, die in der jeweiligen Branche typischerweise vorkommen, und diesen ein Nutzungsentgelt zuordnen. Wo möglich, dürfte dabei wegen der Regelung des § 32 und aufgrund der höheren Flexibilität **anteiligen Beteiligungssätzen** gegenüber Pauschalvergütungen der Vorzug zu geben sein (vgl. § 32 Rn. 38; ebenso Dreier/Schulze/*Schulze* § 36 Rn. 9). Schließlich sollten die Regeln auch für gleichartige Sachverhalte eine gewisse Bandbreite vorgeben, damit eine gewisse Anpassungsmöglichkeit an den Einzelfall bestehen bleibt (*W. Nordemann* § 36 Rn. 2).

6   Die Regeln können aber auch **andere Nutzungsbedingungen** (Belegexemplare, Zweitnutzung, Übertragungsbefugnisse, Zahlungsmodalitäten etc.) einschließen und so die Nutzungsbedingungen für die betreffende Branche entsprechend den spezifischen Bedürfnissen beider Seiten umfassend festlegen (vgl. *Haas* Rn. 218; a. A. Schricker/Loewenheim/*Dietz/Haedicke* § 36 Rn. 66: nur soweit unmittelbarer Zusammenhang mit Berechnung der Vergütung). Zwar kommt solchen Bedingungen nach der gesetzlichen Regelung für die Frage der Angemessenheit der Vergütung kein Gewicht zu, sie können aber die Nutzungsbedingungen im Sinne einer **Branchenüblichkeit** festlegen und auch für andere Auseinandersetzungen als Richtschnur dienen.

7   b) **Rücksicht auf besondere Umstände (§ 36 Abs. 1 S. 2).** Nach dem Gesetz sollen die Regelungen die Umstände des jeweiligen Regelungsbereiches berücksichtigen, insb. auch die Größe und Struktur der Verwerter. Die Regelungen sollen also nicht zu starr sein, sondern auf die Belange etwa kleiner Verwerter mit nur schwacher Wirtschaftskraft eingehen. Offenbar handelt es sich hier um einen gesetzgeberischen Auftrag an Privatpersonen, beim Abschluss privater Regelungen mit Indizwirkung für die Allgemeinheit diese Umstände zu berücksichtigen. Durchsetzbare Ansprüche etwa für kleine Verwerter, die sich von den großen und die Verhandlungen maßgeblich beeinflussenden Marktführern der Branche übergangen fühlen, ergeben sich aus der Regelung aber nicht, zumal keine Sanktionen (Anfechtbarkeit, Unwirksamkeit, Nachverhandelbarkeit etc.) vorgesehen sind.

8   c) **Vorrang von Tarifverträgen (§ 36 Abs. 1 S. 3).** Soweit zur Frage der Vergütung für die Nutzung künstlerischer Leistungen von Kreativen im Arbeitsverhältnis in Tarifverträgen Regelungen bestehen, gehen diese gemeinsamen Vergütungsregeln stets vor (vgl. OLG München GRUR-RR 2011, 441, 442 – Schlichtungsstellenbesetzung). Auch später abgeschlossene Tarifverträge verdrängen frühere Vergütungsregeln (AmtlBegr. BT-Drucks. 14/6433, 53; ebenso *Spindler* ZUM 2012, 921, 924; Dreier/Schulze/*Schulze* § 36 Rn. 14; Schricker/Loewenheim/*Dietz/Haedicke* § 36 Rn. 73). Der Gesetzgeber ging davon aus, dass in vielen

Bereichen gut funktionierende Tarifverträge bestehen und dass dort regelmäßig angemessene Bedingungen und Vergütungen vereinbart werden (AmtlBegr. BT-Drucks. 14/6433, 53). Tarifverträge gehen allerdings nur dort vor, wo beide Parteien des Nutzungsvertrages tarifgebunden sind oder die Anwendung des Tarifvertrages vereinbart haben (vgl. *Haas* Rn. 221); auch gilt der Vorrang nur im Anwendungsbereich des Tarifvertrages (Schricker/Loewenheim/ *Dietz/Haedicke* § 36 Rn. 73; vgl. Ahlberg/Götting/*Soppe* § 36 Rn. 66; LG Stuttgart ZUM 2008, 163, 168).

Fraglich ist, ob eine **entsprechende Anwendung** des § 36 Abs. 2 S. 2 auch auf andere Normen des kollektiven Arbeitsrechts, etwa **Betriebsvereinbarungen** möglich ist, gemeinsame Vergütungsregeln nach § 36 also immer dort ihre Grenze finden, wo andere kollektive Vereinbarungen bestehen. Dafür spräche die Vergleichbarkeit der Sachverhalte, denn § 36 ermöglicht auch den Abschluss von gemeinsamen Vergütungsregeln mit einzelnen Werknutzern, was der Interessenlage bei Betriebsvereinbarungen zwischen Arbeitnehmervertretung und einem Arbeitgeber entspricht. Dagegen spricht aber zunächst die Hürde des § 77 Abs. 3 BetrVG, wonach das Arbeitsentgelt nicht Gegenstand einer Betriebsvereinbarung sein kann (*Schaub* § 66 Rn. 9; *Ory* AfP 2000, 426, 428), und die herrschende Meinung die Abgeltung für die urheberrechtliche Nutzung der Arbeitnehmerwerke vom Arbeitsentgelt umfasst sieht (vgl. § 43 Rn. 134 m.w.N.). Unterscheidet man hingegen mit der hier vertretenen Ansicht zwischen Arbeitslohn und urheberrechtlichem Nutzungsentgelt (vgl. § 43 Rn. 136 ff.), kommen „reine" urheberrechtliche Nutzungsvereinbarungen auch in Betriebsvereinbarungen und deren Vorrang vor gemeinsamen Vergütungsregeln nach § 36 Abs. 1 S. 1 entsprechend § 36 Abs. 1 S. 3 zumindest in Betracht (ebenso Schricker/ Loewenheim/*Dietz/Haedicke* § 36 Rn. 71; a.A. *Grabig* 145; *Ch. Berger* Rn. 158). Vorstellbar wären dann etwa Betriebsvereinbarungen zwischen einem Softwareunternehmen und Programmierervereinigungen, die dann außerhalb des Verfahrens des § 36 stattfinden könnten.

2. Parteien der Vereinbarung

a) **Vereinigungen. aa) Qualifikationen (§ 36 Abs. 2).** Sowohl Urheber- als auch Werknutzervereinigungen müssen repräsentativ, unabhängig und zur Aufstellung gemeinsamer Vergütungsregeln ermächtigt sein, um an der Aufstellung solcher Regeln beteiligt zu sein. Wann Vereinigungen diesen Erfordernissen genügen, hat der Gesetzgeber allerdings ebenso wenig festgelegt (vgl. *v. Becker* ZUM 2007, 255; *Haas* Rn. 224; Ahlberg/ Götting/*Soppe* § 36 Rn. 23; krit. *Thüsing* GRUR 2002, 203, 209; s. hierzu ausführlich *Basse* 107 ff.) wie etwaige Folgen für Vergütungsregeln, deren Beteiligten den Anforderungen nicht entsprochen haben; solche Vergütungsregeln dürften umso weniger als angemessen anzusehen sein, also eine geringere Angemessenheitsvermutung in sich tragen, je weniger ihr Zustandekommen den Erfordernissen des § 36 entsprach (ebenso *Thüsing* GRUR 2002, 203, 212). Für das Merkmal der **Unabhängigkeit** ist zu fordern, dass die Verbände jeweils **gegnerunabhängig** sein müssen, also von der jeweiligen Verhandlungsgegenseite unabhängig sind (ausführlich Schricker/Loewenheim/*Dietz/Haedicke* § 36 Rn. 56 m.w.N.; krit. *Thüsing* GRUR 2002, 203, 205; *Flechsig/Hendricks* ZUM 2002, 423, 425). Zur **Ermächtigung** reicht es nach zutreffender Ansicht der Rechtsprechung nicht aus, wenn die Aufstellung von Regeln nach § 36a zu den allgemeinen satzungsmäßigen Aufgaben der Vereinigung gerechnet werden kann (so aber Dreyer/Kotthoff/Meckel/*Kotthoff* § 36 Rn. 20), vielmehr ist hierzu ein ausdrücklicher Auftrag in der Satzung oder ein Beschluss der Mitglieder für den Einzelfall erforderlich (LG Frankfurt a.M. ZUM 2006, 948, 949; *Spindler* ZUM 2012, 921, 923; Fromm/Nordemann/*Czychowski* § 36 Rn. 10; Dreier/ Schulze/*Schulze* § 36 Rn. 23; *Ory* AfP 2002, 93, 101).

Entsprechend heranziehen könnte man zudem die Maßstäbe und Grundsätze, die Rechtsprechung und Literatur zu vergleichbaren Regelungen entwickelt haben, zum einen für den Anwendungsbereich des **§ 13 Abs. 2 Nr. 2 UWG** a.F., jetzt § 8 Abs. 2 Nr. 3

UWG (dazu näher Hefermehl/Köhler/Bornkamm/*Köhler* § 8 UWG Rn. 3.30 ff. m. w. N.; Dreier/Schulze/*Schulze* § 36 Rn. 18; *Spindler* ZUM 2012, 921, 922; Dreyer/Kotthoff/ Meckel/*Kotthoff* § 36 Rn. 18), und zum anderen die seit dem 30.6.2000 geltende Neufassung des vormaligen **§ 13 Abs. 2 Nr. 2 AGBG,** die seit dem 1.1.2002 durch **§ 3 Abs. 1 S. 1 Nr. 2 UKlaG** ersetzt wurde (vgl. Vor §§ 31 ff. Rn. 111 f.). Diese Vorschriften sind in Hinblick auf den jeweiligen Normzweck aber erheblich enger formuliert als § 36 Abs. 2.

12 **bb) Vereinigungen von Urhebern und ausübenden Künstlern.** Auf Seiten der Urheber und ausübenden Künstler kommen aufgrund ihrer Mitgliederzahlen und überregionalen Bedeutung regelmäßig verschiedene **Berufsverbände** in Betracht, etwa der Deutsche Komponistenverband e. V., der Bund Deutscher Grafik-Designer e. V., die Dramatiker-Union e. V., der Freie Deutsche Autorenverband e. V., der Bundesverband Deutscher Fernsehproduzenten, der Verband deutscher Schriftsteller in ver.di e. V., der Verband Deutscher Drehbuchautoren e. V., der Bundesverband der Film- und Fernsehregisseure in Deutschland e. V., der Bundesverband der bildgestaltenden Kameramänner und -frauen in der Bundesrepublik Deutschland e. V. (BVK) etc. (weitere Verbände bei *Oeckl* (Hrsg.), Taschenbuch des Öffentlichen Lebens Deutschland, Bonn, erscheint jährlich).

13 Die **Verwertungsgesellschaften** (vgl. Vor §§ 1 ff. WahrnG Rn. 4 ff.) scheiden als Urheberverbände i. S. d. § 36 Abs. 2 aus (*Spindler* ZUM 2012, 921, 923). Zwar räumt der Gesetzgeber den Verwertungsgesellschaften durch Zuweisung immer neuer Aufgaben (z. B. die Wahrnehmung der Rechts aus §§ 20b Abs. 1 und 2, 26, 27, 49 Abs. 1 und 54 ff.) mittlerweile eine Kernfunktion im Urheberrecht zu (vgl. Vor §§ 1 ff. WahrnG Rn. 23 ff.). Dennoch ist nicht davon auszugehen, dass die Verwertungsgesellschaften mit ihrer gesetzlich vorgesehenen Monopolstellung in zwei Richtungen (Wahrnehmungszwang nach § 6 WahrnG einerseits und Abschlusszwang zur Rechtevergabe nach § 11 WahrnG andererseits) über ihre bisherige Funktion als kollektive Wahrnehmer für die Rechte der Zweitverwertung nun auch noch Bedingungen für individuelle Verträge zwischen Urheber und Erstverwerter übernehmen sollen. Dies dürfte im Regelfall auch nicht vom Gegenstand der Wahrnehmungsverträge umfasst sein (ebenso Schricker/Loewenheim/*Dietz/Haedicke* § 36 Rn. 57; *Ch. Berger* Rn. 178; Mestmäcker/Schulze/*Dördelmann* § 36 Rn. 18; differenzierend Dreier/Schulze/*Schulze* § 36 Rn. 26: Urheberverband, soweit Verwertungsgesellschaft nur Interessen von Urhebern oder ausübenden Künstlern vertritt).

14 **cc) Vereinigungen von Werknutzern.** Auch auf Seiten der Werkverwerter gibt es eine ganze Reihe von Verbänden in den verschiedenen Branchen, die den Anforderungen des § 36 Abs. 2 genügen dürften, etwa der Bundesverband Deutscher Zeitungsverleger (vgl. LG Potsdam ZUM-RD 2013, 418: Abschluss der Gemeinsamen Vergütungsregeln für hauptberufliche Journalistinnen und Journalisten an Tageszeitungen (VGR), allerdings nur in Vertretung für einzelne (westdeutsche) Mitgliederverbände, daher keine Geltung für andere (ostdeutsche) Mitgliederverbände), der Verband Deutscher Zeitschriftenverleger e. V., der Verband Privater Rundfunk und Telekommunikation e. V., der Börsenverein des Deutschen Buchhandels e. V. (s. aber LG Frankfurt a. M. ZUM 2006, 948 f.: nicht zur Aufstellung ermächtigt), der Deutsche Bühnenverein e. V., verschiedene Verbände der Film- und Fernsehproduzenten, etc. (Fundstelle für weitere Verbände s. o. Rn. 12). **Ausländische Vereinbarungen,** wie z. B. die Vereinbarungen amerikanischer Guilds mit Vereinigungen von Filmstudios begründen für die Auswertung in Deutschland in der Regel keine unwiderlegliche Angemessenheitsvermutung (so aber offenbar v. Hartlieb/Schwarz/*Reber* 53. Kap. Rn. 4; einschränkend Schricker/Loewenheim/*Dietz/Haedicke* § 36 Rn. 48; nur wenn Geltung für Deutschland vom Regelungsgegenstand umfasst).

15 Problematisch ist die Stellung solcher Verbände, deren Tätigkeitsfeld sich nicht an der vom Gesetz offenbar zugrundegelegten Zweiteilung zwischen Kreativen einerseits und Werknutzern andererseits orientiert, sondern die sowohl Interessen von Werknutzern als auch von Urhebern und ausübenden Künstlern wahrnehmen (etwa die Spitzenorganisation

der Filmwirtschaft e. V.). Schließlich gibt es Verbände, die zwar an sich Vereinigungen von Werknutzern sind, nach ihrem Verbandsinteresse und ihrer Aufgabe aber insoweit eher auf Seiten der Urheber stehen, als sie auch deren Rechte treuhänderisch wahrnehmen (etwa der Verband Deutscher Bühnenverleger e. V.). Regelungen, die unter Beteiligung solcher **Mischverbände** aufgestellt wurden, sind nicht als Gemeinsame Vergütungsregeln i. S. d. § 36 anzusehen (Mestmäcker/Schulze/*Hertin* Vor §§ 31 ff. Rn. 27; Schricker/ Loewenheim/*Dietz*/*Haedicke* § 36 Rn. 57; Ahlberg/Götting/*Soppe* § 36 Rn. 28; Dreier/ Schulze/*Schulze* § 36 Rn. 22; ähnlich wohl Flechsig/Hendricks ZUM 2002, 423, 425; krit. auch *Thüsing* GRUR 2002, 203, 204). Solchen Regelungen kann aber indizielle Bedeutung zukommen für § 32 (Dreier/Schulze/*Schulze* § 36 Rn. 22).

b) Einzelne Werknutzer. Während auf Seiten der Urheber nur Verbände handlungsfähig sind, kommen nach § 36 Abs. 1 auf Seiten der Verwerter auch einzelne Werknutzer in Betracht (ebenso OLG München GRUR-RR 2011, 441, 443 – Schlichtungsbestellungsbesetzung; LG München I ZUM-RD 2013, 84, 86; Ahlberg/Götting/*Soppe* § 36 Rn. 38; Schricker/Loewenheim/*Dietz*/*Haedicke* § 36 Rn. 50). Dies wird dann sinnvoll sein, wenn sich auf Seiten der Werknutzer keine Einigung über die Verhandlungen erzielen lässt. Schließlich sind einzelne Werknutzer als Partner von Vergütungsregelungen dann sinnvoll, wenn es sich um einzelne Unternehmen mit großer Marktmacht handelt, etwa öffentlich-rechtliche oder private Sendeanstalten (vgl. LG München I ZUM 2012, 1000, 1003: Sendeanstalten sind sogar dann taugliche Werknutzer i. S. d. § 36, wenn sie maßgeblichen Einfluss auf die Vertragsbedingungen zwischen Auftragsproduzent und Urhebern nehmen; dazu *Fette* ZUM 2013, 29, 33; *Reber* GRUR Prax 2012, 560; vgl. auch die Vereinbarung des Verbandes Deutscher Drehbuchautoren mit dem Zweiten Deutschen Fernsehen ZDF über Eckpunkte für Verträge zwischen Auftragsproduzenten und Autoren vom 19.7.2012, Fundstelle: www.drehbuchautoren.de), einzelne Filmproduzenten (vgl. Gemeinsame Vergütungsregeln zwischen dem BVK Bundesverband Kinematografie e. V. und der Constantin Film Produktion GmbH vom 12.3.2013, Fundstelle: www.bvkamera.org), oder große Verlage. Die Qualifikationen des § 36 Abs. 2 (s. oben Rn. 10 f.) gelten nicht, auch nicht entsprechend, für einzelne Werknutzer, solche müssen also weder repräsentativ noch unabhängig sein, noch müssen sie eine bestimmten Marktmacht besitzen (LG München I ZUM-RD 2013, 84, 86).

3. Wirkung gemeinsamer Vergütungsregeln

Erfolgreich aufgestellte gemeinsame Vergütungsregeln wirken in zweierlei Hinsicht: zum einen wird im Rahmen der Bestimmung des gesetzlichen Vergütungsanspruches nach § 32 Abs. 2 S. 1 gesetzlich vermutet, dass der Inhalt bestehender gemeinsamer Vergütungsregeln angemessen ist. Zum anderen lässt sich (auch hinsichtlich anderer Nutzungsbedingungen, s. o. Rn. 6) aus gemeinsamen Vergütungsregeln für die jeweiligen Branchen und Nutzungsarten die Vertragspraxis und damit die Branchenüblichkeit ablesen (AmtlBegr. BT-Drucks. 14/6433, 52; Ahlberg/Götting/*Soppe* § 36 Rn. 15; vgl. BGH GRUR 2011, 328, 330 – Destructive Emotions; BGH ZUM-RD 2011, 208, 211 – Angemessene Übersetzervergütung II; BGH ZUM-RD 2011, 212, 216 – Angemessene Übersetzervergütung III; BGH ZUM 2011, 403, 406 – Angemessene Übersetzervergütung IV; BGH GRUR 2009, 1148, 1151 – Talking to Addison; BGH ZUM-RD 2010, 16, 20 – Sachbuchübersetzer: „Gemeinsame Vergütungsregeln für Autoren belletristischer Werke in deutscher Sprache" können als Orientierungshilfe und Vergleichsmaßstab für literarische Übersetzer und Sachbuchautoren herangezogen werden).

Sofern Berufsverbände im Einzelfall zur Aushandlung von Vertragsbestimmungen für ihre Mitglieder berechtigt sind, können gemeinsame Vergütungsregelungen auch unmittelbar auf die Verträge Einfluss nehmen. Sind die Vergütungsregeln im Individualvertrag günstiger als gemeinsame Vergütungsregeln, gilt nach dem Günstigkeitsprinzip der Individualvertrag (*Ch. Berger* Rn. 191). Ansonsten wirken sie über die Bestimmung der Angemessenheit i. S. d. § 32 Abs. 2 S. 2 indiziell auch für **Nichtmitglieder** (*Schricker* Quellen 21), bspw. beweiserleichternd für die Höhe der angemessenen Vergütung (ebenso *Ch. Berger* Rn. 145; *Jacobs* NJW 2002, 1905, 1909; nicht geprüft von LG Potsdam ZUM-RD 2013, 418). Bestehen für denselben Sachverhalt **mehrere gemeinsame Vergütungsregeln,** richtet sich die Anwendung nach der Parteivereinbarung (ebenso *Spindler* ZUM 2012, 921, 924; *Flechsig/Hendricks* ZUM 2002, 423, 432; *Thüsing* GRUR 2002, 203, 210 unter Heranziehung der arbeitsrechtlichen Tarifpluralität). Nichtmitglieder der Parteien von Gemeinsamen Vergütungsregelungen können sich ohne verfassungsrechtliche Bedenken qua Vereinbarung solchen Regelungen unterwerfen (*Erdmann* GRUR 2002, 923, 926). Gemeinsame Vergütungsregeln, die von dazu nicht berechtigten Parteien aufgestellt wurden, entfalten weder Bindungs- noch Indizwirkung (BGH ZUM 2011, 732 – Aussetzung eines Schlichtungsverfahrens).

4. Umwidmung schon bestehender Vereinbarungen

19 Fraglich ist, ob schon bisher vorhandene Regelwerke als gemeinsame Vergütungsregelung betrachtet, gewissermaßen also „umgewidmet" werden können, etwa die zwischen Verlegerverband und Deutschem Bühnenverein als unverbindliche Richtlinie turnusmäßig aktualisierte „Regelsammlung Verlage (Vertriebe)/Bühnen", aus der sich die Höhe urheberrechtlicher Tantiemen für die bühnenmäßige Aufführung von Bühnenwerken ergibt (dagegen zu Recht § 19 Rn. 23; weitere bestehende Regelungswerke bei *Haupt/Flisak* KUR 2003, 44 ff.).

20 Dafür spricht, dass der Gesetzgeber bisher schon existierenden Tarifverträgen den Vorrang vor gemeinsamen Vergütungsregeln einräumt (§ 36 Abs. 1 S. 3), also nicht etwa per se davon ausgeht, heutige Nutzungsbedingungen seien unangemessen. **Dagegen spricht** allerdings **entscheidend,** dass sich die Verhandlungspositionen beider Seiten mit Einführung der §§ 32, 32a grundlegend verändert haben, und mit §§ 36, 36a ein besonderes Verfahren eingeführt wurde, um in Verhandlungen unter der Prämisse der neuen Umstände zu einer einvernehmlichen Lösung zu kommen. Demgemäß wird man wenigstens verlangen müssen, dass sich die Verbände von Urhebern und Werknutzern im Verfahren des § 36 darüber einigen, den Inhalt bestehender Regelwerke als gemeinsame Vergütungsregel i. S. d. § 36 Abs. 1 anzuerkennen. Anderenfalls haben bestehende Regelwerke lediglich indizielle Bedeutung für die Feststellung der angemessenen Vergütung nach § 32 (ebenso Dreier/Schulze/*Schulze* § 36 Rn. 22; anders ohne Begründung Loewenheim/*Schlatter* § 72 Rn. 56 a. E.: Regelsammlung sei typische gemeinsame Vergütungsregel; LG Stuttgart ZUM 2008, 163, 168: zum VTV Design).

III. Verfahren zur Aufstellung (§ 36 Abs. 3 und 4)

1. Überblick

21 Nach dem Willen des Gesetzes sollen sich Urheber- und Verwerterverbände nach Inkrafttreten der Regelung einverständlich zusammensetzen und in einem von ihnen **frei zu vereinbarenden Verfahren,** Rahmen und Umfang gemeinsame Vergütungsregeln aufstellen. Die Parteien können jedoch auch sogleich eine Schlichtungsstelle einrichten zur Aufstellung gemeinsamer Vergütungsregeln (§ 36 Abs. 3 S. 1). Können sich die Parteien weder auf ein freies Verhandlungsverfahren noch ein Verfahren vor einer Schiedsstelle einigen, findet Letzteres unter den alternativen Voraussetzungen des § 36 Abs. 3 S. 2 Nr. 1 bis 3 (unten Rn. 25 ff.) auf schriftliches Verlangen nur einer Partei statt (§ 36 Abs. 3 S. 2).

2. Festsetzung gemeinsamer Vergütungsregeln durch die Parteien

22 Bei den gemeinsamen Vergütungsregeln nach § 36 handelt es sich um Vereinbarungen zwischen privaten Rechtssubjekten. Der Gesetzgeber hat nicht nur den Inhalt der gemeinsamen Vergütungsregeln in die Hände der Parteien gelegt, sondern grds. auch das Verfahren zu ihrer Aufstellung. Die Schlichtungsstellen i.S.d. §§ 36 Abs. 3, 36a sind dabei nur ein mögliches Verfahren, welches sich aufgrund der Besetzung und der vorgegebenen Rahmenregeln besonders anbietet.

Stellen die Parteien (i.S.d. § 36 Abs. 1, 2) **im Konsensverfahren** gemeinsame Vergütungsregeln auf (zum möglichen Inhalt s. o. Rn. 5f.), so gelten diese in dem vereinbarten Umfang für den vereinbarten Zeitpunkt. Im Hinblick auf die ansonsten durch die Gerichte im Einzelfall erfolgende Angemessenheitsprüfung nach § 32 Abs. 2 S. 2 wird vornehmlich der Seite der Werknutzer im Interesse der Rechtssicherheit für bereits geschlossene Nutzungsverträge an einer schnellen Aufstellung und an einer möglichst frühen Inkraftsetzung gemeinsamer Vergütungsregeln gelegen sein. 23

3. Festsetzung gemeinsamer Vergütungsregeln durch die Schlichtungsstelle

a) Tätigwerden aufgrund Vereinbarung (§ 36 Abs. 3 S. 1). Die Parteien können zur Aufstellung gemeinsamer Vergütungsregeln sogleich eine Schlichtungsstelle errichten (*v. Becker* ZUM 2007, 255). Der Gesetzgeber folgte damit Vorschlägen von Urheber- und Verwerterverbänden im Rahmen der Diskussion der Neuregelung (BT-Drucks. 14/8058, 48). Einigen sich die Parteien auf ein Verfahren vor einer Schlichtungsstelle, gelten für deren Tätigkeit die Regelungen des § 36 Abs. 4 und § 36a. Demnach hat die Schlichtungsstelle einen begründeten Einigungsvorschlag zu machen, welcher den Inhalt der gemeinsamen Vergütungsregeln enthält (§ 36 Abs. 4, s. u. Rn. 27). 24

b) Tätigwerden auf Verlangen einer Partei (§ 36 Abs. 3 S. 2). aa) Grundsätze. Die gemeinsamen Vergütungsregeln sind auf Verlangen einer Partei auch dann durch eine gemeinsam zu errichtende Schlichtungsstelle aufzustellen, wenn eine der drei in § 36 Abs. 3 S. 2 Nr. 1 bis 3 genannten Alternativen erfüllt ist. Die Parteien einer gemeinsamen Vergütungsregel unterliegen allerdings einer Friedenspflicht. Eine Werknutzervereinigung kann daher von einer Urhebervereinigung während der Geltungsdauer einer zwischen ihnen aufgestellten Vergütungsregel nicht die Aufnahme von erneuten Verhandlungen gem. § 36 Abs. 3 S. 2 verlangen; Gleiches gilt umgekehrt für die Urhebervereinigung im Verhältnis zu der Werknutzervereinigung und den ihr angehörigen Werknutzern (*Basse* 157). Einzelne Werknutzer können sich dem Aufnahmeverlangen aber nicht dadurch entziehen, dass sie die Urhebervereinigung auf mögliche Verhandlungen mit einem Verband verweisen, dem der Werknutzer angehört; Verhandlungen mit einzelnen Werknutzern sind gegenüber Verhandlungen mit Vereinigungen von Werknutzern nicht subsidiär (LG München I ZUM-RD 2013, 84, 86). Beginnt eine Partei nicht binnen drei Monaten nach dem schriftlichen **Aufnahmeverlangen** der Gegenseite mit Verhandlungen, so kann eine von beiden durch schriftliche Erklärung die Durchführung des Schlichtungsstellenverfahrens verlangen **(Nr. 1).** Sind die Verhandlungen über gemeinsame Vergütungsregeln ein Jahr nach dem schriftlichen Aufnahmeverlangen einer Partei ohne Ergebnis geblieben, können beide Parteien jeweils durch schriftliche Erklärung die Durchführung des Schlichtungsstellenverfahrens verlangen **(Nr. 2).** Erklärt eine Partei die Verhandlungen endgültig für gescheitert, kann die Gegenseite oder auch die Partei selbst durch schriftliche Erklärung die Durchführung des Schlichtungsstellenverfahrens verlangen **(Nr. 3).** 25

bb) Prüfung der Verfahrensvoraussetzungen. Nach wie vor ungeklärt ist, ob, in welchem Umfang, und in welchem Verfahren für den Beginn eines Schlichtungsverfahrens die Voraussetzungen der § 36 Abs. 1 bis 3 zu prüfen sind (vgl. Schricker/Loewenheim/ *Dietz/Haedicke* § 36 Rn. 61f.; *Ory* ZUM 2006, 914; *v. Becker* ZUM 2007, 249, 255). Anlass sind u. a. mehrere gerichtliche Verfahren, in dem eine Urhebervereinigung eine Verwertervereinigung zur Aufnahme eines Schlichtungsverfahrens zwingen wollte, im Ergebnis ohne Erfolg (vgl. BGH ZUM 2011, 732 – Aussetzung eines Schlichtungsverfahrens; 26

KG ZUM 2005, 229; LG Frankfurt a. M. ZUM 2006, 948 f.; teilweise anders OLG München GRUR-RR 2011, 441: keine Aussetzung des Verfahrens über die Bestellung des Vorsitzenden und Bestimmung der Zahl der Beisitzer trotz anhängigem Rechtsstreit über die Zulässigkeit des Schlichtungsverfahrens). Das Gesetz hat dies nicht geregelt, denkbar sind die folgenden Möglichkeiten: (i) das nach § 36a Abs. 3 an sich nur für die Bestellung des Vorsitzenden zuständige **OLG** entscheidet (als ungeschriebene Annexkompetenz?) auch über die Voraussetzungen des Schiedsverfahrens (so *Ory* ZUM 2006, 914: umfassende inzidente Prüfung mit dem Argument der Prozessökonomie; enger Schricker/Loewenheim/ *Dietz/Haedicke* § 36 Rn. 61 und § 36a Rn. 9, dem folgend OLG München GRUR-RR 2011, 441, 442 – Schlichtungsstellenbesetzung: kursorische Offensichtlichkeitsprüfung, ob gesetzliche Voraussetzungen nach §§ 36 Abs. 3 S. 2, 36a Abs. 4 und § 36 Abs. 2 vorliegen; noch enger KG ZUM 2005, 229, 230: unzuständig für Prüfung, ob die Voraussetzungen des Verfahrens zur Aufstellung von Vergütungsregeln erfüllt sind, insb. keine Prüfung der Voraussetzungen des § 36 Abs. 2; im Ergebnis ebenso aber offen gelassen BGH ZUM 2011, 732, 733 Rn. 16 – Aussetzung eines Schlichtungsverfahrens), (ii) die **Schlichtungsstelle** selbst entscheidet über das Vorliegen der Verfahrensvoraussetzungen (so *Spindler* ZUM 2012, 921, 925; *C. Berger* Rn. 222), (iii) im Rahmen der Aufstellung der Vergütungsregeln erfolgt keine verbindliche Prüfung, eine solche findet erst (in jedem) **streitigen Verfahren über die Angemessenheit** einer nach Gemeinsamen Vergütungsregeln ermittelten Vergütung nach § 32 statt (so Schricker/Loewenheim/*Dietz/Haedicke* § 36 Rn. 62; Ulmer-Eilfort/Obergfell/*Obergfell* Kap. D Rn. 52), oder (iv) die Verfahrensvoraussetzungen werden in einem gesonderten Feststellungsverfahren von den **ordentlichen Gerichten** entschieden (LG Frankfurt a. M. ZUM 2006, 948 f.; im Ergebnis ebenso BGH ZUM 2011, 732, 733 Rn. 16 – Aussetzung eines Schlichtungsverfahrens: OLG nicht befugt, mit bindender Wirkung über die Zulässigkeit oder Unzulässigkeit des Schlichtungsverfahrens zu entscheiden). Die Möglichkeiten (i) und (ii) dürften mit dem Prinzip des gesetzlichen Richters (Art. 101 Abs. 1 S. 2 GG) nur schwer in Einklang zu bringen sein, denn eine solche Zuständigkeit ergibt sich nicht aus dem Gesetz, (iii) erscheint plausibel, birgt aber die Gefahr widersprechender Entscheidungen, da die Gründe eines über die Angemessenheit einer Vergütung im Einzelfall entscheidenden Urteils an der Rechtskraft nicht teilnehmen (§ 322 Abs. 1 ZPO) und kaum anzunehmen ist, dass die Parteien in einem solchen Verfahren jeweils auch auf Feststellung klagen, ob Gemeinsame Vergütungsregeln verfahrensgemäß zustande gekommen sind. Für Möglichkeit (iv) spricht die Auffangkompetenz der ordentlichen Gerichte (Art. 19 Abs. 4 S. 2 GG, § 13 GVG).

27 **c) Verfahren vor der Schlichtungsstelle, Vorschlag, Widerspruch (§ 36 Abs. 4).** Die Errichtung und das Verfahren der Schlichtungsstelle bestimmt sich nach § 36a. Die Schlichtungsstelle muss den Parteien einen begründeten Einigungsvorschlag unterbreiten, welcher den Inhalt der gemeinsamen Vergütungsregeln enthält (§ 36 Abs. 4 S. 1). Das Verfahren der Schlichtungsstelle eignet sich demnach nicht zur Klärung von Vorfragen. Da das Gesetz zum Umfang und zum Inhalt der gemeinsamen Vergütungsregeln keine Vorgaben macht, können die Parteien selbst bestimmen, was konkreter Gegenstand der jeweiligen gemeinsamen Vergütungsregel ist. Hat der Vorschlag allerdings nur zum Inhalt, für bestimmt – z. B. seltene – Tätigkeiten keine Vergütungsregeln aufstellen zu wollen (in diesem Sinne *Hucko* 16), kann man kaum von gemeinsamen Vergütungsregeln sprechen.

28 Der Vorschlag (s. § 36a Rn. 8) gilt als angenommen, wenn nicht eine Partei binnen drei Monaten nach Empfang **schriftlich widerspricht** (§ 36 Abs. 4 S. 2; wegen der Widerspruchsmöglichkeit verstößt das Schlichtungsverfahren nicht gegen Art. 9 Abs. 3, 2 Abs. 1 GG, da es nicht gegen den Willen der Parteien zu einem verbindlichen Ergebnis führen kann; s. *Basse* 39, 41). Da die Schlichtungsstelle gemeinsam durch die Parteien errichtet wird (§ 36a Abs. 1) und diese den Vorschlag unterbreitet, dürfte eine schriftliche Erklärung **gegenüber der Schlichtungsstelle** (nicht gegenüber der anderen Partei, vgl. Drei-

er/Schulze/*Schulze* § 36 Rn. 35), in der Regel zu richten an den Vorsitzenden (*Haas* Rn. 262; *Spindler* ZUM 2012, 921, 924; Dreier/Schulze/*Schulze* § 36 Rn. 35), ausreichen und wegen der möglichen Vielzahl der auf einer Seite zusammengefassten Verhandlungspartner auch zweckmäßig sein. Der **Empfang** richtet sich nach allgemeinem bürgerlichen Recht, der Vorschlag muss so in den Machtbereich der Schlichtungsstelle gelangen, dass nach der Lebenserfahrung mit seiner Kenntnisnahme durch die zur entsprechenden Willensbildung befugten Personen (als Organe oder Vertreter) zu rechnen ist. Die **Dreimonatsfrist** bestimmt sich gem. § 186 BGB nach den §§ 187 ff. BGB. Es handelt sich um eine materielle Ausschlussfrist (anders *Flechsig/Hendricks* ZUM 2002, 423, 428: Notfrist i. S. d. § 224 ZPO), nach deren Ablauf der Vorschlag als angenommen gilt.

d) Wirkungen des Vorschlags. aa) Kein Widerspruch. Wird dem Einigungsvorschlag **nicht widersprochen,** ist die Gemeinsame Vergütungsregelung mit dem Inhalt des Vorschlages zustande gekommen. Aus dem Vorschlag kann nicht vollstreckt werden, da es sich bei den Gemeinsamen Vergütungsregeln zunächst nur um privatautonom festgestellte, generell-abstrakte Regelungen handelt, aus denen sich unmittelbar keine Ansprüche ergeben. Teilweise wird der – wirksam gewordene – Vorschlag als materieller Vergleich i. S. d. § 779 BGB gesehen (*Flechsig/Hendricks* ZUM 2002, 423, 428; Dreyer/Kotthoff/Meckel/ *Kotthoff* § 36 Rn. 30). Auch hier gilt freilich, dass sich aus dem Vorschlag in einem konkreten Rechtsstreit um die Angemessenheit einer vertraglichen Vergütung im Einzelfall keine unmittelbaren Ansprüche hergeleitet werden können, der Inhalt der Gemeinsamen Vergütungsregelung aber unwiderleglich als angemessene Vergütung gilt (§ 32 Abs. 2 S. 1). 29

bb) Indizielle Wirkung bei Widerspruch? Umstritten ist, ob einem Einigungsvorschlag, dem widersprochen wurde, für vergleichbare Fälle **Indizwirkung** zukommen kann für das, was in solchen Fällen angemessen ist (**dafür** Schricker/Loewenheim/*Dietz/ Haedicke* § 36 Rn. 92; *v. Becker* ZUM 2007, 255; *U. Schmidt* ZUM 2002, 781, 790; Loewenheim/*v. Becker* § 29 Rn. 86; Dreier/Schulze/*Schulze* § 36 Rn. 34; *W. Nordemann* § 36 Rn. 15 jeweils unter Berufung auf die Gesetzgebungsgeschichte und die Begründung des Rechtsausschusses BT-Drucks. 14/8058, 50; **dagegen** Ahlberg/Götting/*Soppe* § 36 Rn. 22; *Ch. Berger* Rn. 242; *Ory* AfP 2002, 93, 98 f.). Eine solche Indizwirkung mag dem Willen des historischen Gesetzgebers entsprechen, Gesetz geworden ist sie freilich nicht. Aus dem – begründeten (§ 36 Abs. 4 S. 1) – Einigungsvorschlag mag sich je nach Erfahrung und Besetzung der Schlichtungsstelle eine gewisse Überzeugungskraft dafür ergeben, dass der Inhalt des Vorschlags angemessen sei. Dies kann aber nicht so weit gehen, dass die Partei, die sich in einem Rechtsstreit über die Angemessenheit einer Vergütungsregelung auf den Inhalt des Vorschlags beruft, in ihrem Vortrag hieraus beschränken könnte, und die Darlegungslast alleine der anderen Seite zufiele. Vielmehr ist die Angemessenheit des Vorschlagsinhaltes erneut und umfassend zu prüfen. 30

IV. Stand der Aufstellung Gemeinsamer Vergütungsregeln, Beispiele

1. Autoren deutscher Belletristik

Als erste gemeinsame Vergütungsregelung vereinbarten der Verband deutscher Schriftsteller in der Vereinigten Dienstleistungsgesellschaft ver.di und Vertreter einiger belletristischer Verlage die **„Gemeinsame Vergütungsregeln für Autoren belletristischer Werke in deutscher Sprache"** vom 9. Juni 2005 (Wortlaut u. a. unter www.bmj.bund.de sowie im Börsenblatt online; vgl. auch Schricker/Loewenheim/*Dietz/Haedicke* § 36 Rn. 95). Demnach soll für den Normalfall eine laufende Beteiligung der beteiligten Urheber (Autor, ggf. Illustrator) von 10% am Nettoladenverkaufspreis für reguläre Ausgaben, für Taschenbuch und Sonderausgaben eine progressive Beteiligung je nach Auflage zwischen 5% (bis 20 000 Exemplare) und 8% (ab 100 000 Exemplare), sowie 60% der Erlöse für 31 buchferne (Medien- und Bühnenrechte) und 50% der Erlöse für Buch nahe Nebenrechte (Übersetzung, Hörbuch) angemessen sein.

2. Literarische Übersetzer

32 Nach mehrjähriger Auseinandersetzung verständigten sich die Bundessparte Übersetzer in ver.di und etwa zwei Dutzend namhafte deutsche Publikumsverlage am 20. Juni 2008 auf eine gemeinsame Vergütungsregel für literarische Übersetzer. Über das Verhandlungsergebnis sollte eine Mitgliederversammlung der Übersetzer am 20. September 2008 ein Votum abgeben, damit die Vergütungsregel wie geplant zum 1.10.2008 hätte in Kraft treten können (vgl. Pressemitteilung des Börsenvereins des deutschen Buchhandels v. 20.6.2008). Der Einigung vorangegangenen war der Versuch der Urheberseite, die Verlegerseite zu einem Schlichtungsverfahren zu zwingen, welcher allerdings an der Rechtsprechung gescheitert war (KG ZUM 2005, 229; LG Frankfurt a.M. ZUM 2006, 948f.: Verlegerseite nicht ermächtigt i. S. d. § 36 Abs. 2). Zu einer Einigung kam es jedoch nicht. Die vorgeschlagenen Vergütungsregeln sahen eine nach Auflagenstärke gestaffelte laufende Beteiligung des Übersetzers für Hardcover-Taschenbuch- und Hörbuchausgaben, eine Beteiligung an Nebenrechtserlösen sowie eine Grundvergütung vor (Fundstelle z.B. www.boersenverein.de). Als weiteren Diskussionsbeitrag stellten Vertreter von zwölf Verlagen unter Federführung von Random House auf der Jahrestagung der Arbeitsgemeinschaft der Publikumsverlage Anfang 2007 ein „Münchner Modell zur Übersetzervergütung" vor (vgl. *v. Becker* ZUM 2007, 249, 256), mit einer degressiven Entwicklung der Beteiligung des Übersetzers mit zunehmender Auflagenhöhe zwischen 3% (bis 1000 Exemplare) und 0,25% (ab 50001 Exemplare), bei Taschenbüchern und Sonderausgaben jeweils die Hälfte, einem anrechenbaren Normseitenhonorar zwischen € 10,– und € 23,– sowie einer Nebenrechtsbeteiligung i. H. v. 5%. Dieser Vorschlag blieb zum Teil sehr deutlich hinter den von der Rechtsprechung als angemessenen angesehenen Beteiligung zurück (vgl. § 32 Rn. 30).

Die Rechtsprechung des **BGH** hat sich nunmehr an den Gemeinsamen Vergütungsregeln für Autoren belletristischer Werke (s. oben § 36 Rn. 31) orientiert und Maßstäbe für angemessene Übersetzervergütungen aufgestellt (siehe ausführlich § 32 Rn. 30; vgl. auch *v. Becker* ZUM 2007, 249ff. zur Instanzrechtsprechung vor der Klärung durch den BGH).

3. Film- und Fernsehbereich

33 Im Film und Fernsehbereich sind nach langer Vorlaufzeit und mehreren Anlaufversuchen (vgl. *W. Nordemann/Pfennig* ZUM 2005, 689, 690f.; *Schimmel* ZUM 2010, 95, 103f.; *Reber* GRUR Int. 2006, 9) bisher nur vereinzelte Gemeinsame Vergütungsregeln vereinbart worden. So einigten sich der BVK Bundesverband Kinematografie e. V. und die Constantin Film Produktion GmbH erst im März 2013 auf die Annahme eines Einigungsvorschlags vom 20.12.2012 der Schlichtungsstelle zum Inhalt Gemeinsamer Vergütungsregeln. Danach sind bildgestaltende Kameramänner und -frauen einer Filmproduktion, die für eine reguläre Erstauswertung auch in deutschen Kinos hergestellt werden, am Erlös der Constantin Film (als Produzent oder Koproduzent) zu beteiligen, und zwar (vereinfacht) mit 0,85% (sobald der Produzent aus der Verwertung alle mit der Finanzierung des Films im Zusammenhang stehenden unbedingt rückführbaren Kredite und Darlehen inklusive Zinsen sowie den Eigenanteil [einschließlich Privatkapital nebst Zinsen] zur Finanzierung nach § 34 des Filmförderungsgesetzes gedeckt hat plus einen eigenen Gewinn von bis zu 5% der budgetierten Herstellungskosten realisiert hat) bzw. 1,6% (sobald der Produzent darüber hinaus auch alle bedingt rückzahlbaren Fördermittel [Projektfilmförderung und/oder Förderdarlehen] zurückbezahlt hat bzw. hätte zurückzahlen können) der Erträge (vorläufige Fundstelle mit Details: www.bvkamera.org). In einer dreiseitigen Vereinbarung zwischen ZDF, der Allianz Deutscher Produzenten und dem Verband Deutscher Drehbuchautoren einigten

sich diese auf ein flexibles Vergütungssystem für Drehbuchautoren bei Auftragsproduktionen (Fundstelle: www.drehbuchautoren.de; s. aber § 20 Rn. 8: keine gemeinsamen Vergütungsregeln).

Nach zutreffender Ansicht des LG München I sind einzelne öffentlich-rechtliche Sendeanstalten auch dann taugliche Werknutzer i. S. d. § 36, wenn sie selbst zwar keine Nutzungsverträge mit Urhebern abschließen, aber maßgeblichen Einfluss auf die Vertragsbedingungen zwischen Auftragsproduzent und Urhebern nehmen (LG München I ZUM 2012, 1000, 1003: dazu *Fette* ZUM 2013, 29, 33; *Reber* GRUR Prax 2012, 560); sie sind daher dazu verpflichtet, sich auf ein Schlichtungsverfahren über Gemeinsame Vergütungsregeln nach § 36a einzulassen.

Diese jüngeren Entwicklungen bringen möglicherweise eine neue Dynamik in das Verfahren zur Aufstellung Gemeinsamer Vergütungsregeln in diesem Bereich.

4. Periodische Presse, Sonstige

Im Bereich **der Zeitungs- und Zeitschriftenverlage** kam es im Anfang 2003 zu ersten Gesprächsrunden zwischen freien Journalisten und Verlegerverbänden (vgl. *Schimmel* ZUM 2010, 95, 104). Seit dem 1.2.2010 sind die „Gemeinsame Vergütungsregeln für freie hauptberufliche Journalistinnen und Journalisten an Tageszeitungen" (VGR) in Kraft (Fundstelle z. B. www.djv.de). Diese Vergütungsvereinbarung wurde zwischen dem Bundesverband Deutscher Zeitungsverleger e. V. (BDZV) in Vertretung für acht Regionalverbände und dem Deutschen Journalisten-Verband e. V. (DJV) sowie der Vereinten Dienstleistungsgewerkschaft – ver.di abgeschlossen. Maßstab für die Berechnung des Honorars nach § 32 ist der gedruckte Umfang des Beitrags und die Höhe der Auflage (§ 2 Abs. 1 der Vereinbarung). Die Berechnung der Honorare erfolgt nach Anzahl der Druckzeilen der einzelnen Beiträge. Als Mindesthonorar für einen Beitrag ist das Honorar für 20 Zeilen des jeweiligen Erstdruckrechts zu zahlen. Der Geltungsbereich der vorgenannten VGR ist auf das Gebiet der durch den BDZV vertretenen Regionalverbände (Südwestdeutschland, Bayern, Bremen, Hamburg, Nordwestdeutschland, Nordrhein-Westfalen, Rheinland-Pfalz und Saarland, Norddeutschland) beschränkt, und erstreckt sich nicht auf die Gebiete weiterer Regionalverbände (LG Potsdam ZUM-RD 2013, 418). Der Normvertrag für Designleistungen in Deutschland **VTV Design** stellt keine Vergütungsregel im Sinne des § 36 dar (LG Stuttgart ZUM 2008, 163, 168).

IV. Rechtslage für Sachverhalte bis zum 30.6.2002

Nach § 132 Abs. 3 S. 1 findet auf Verträge und Sachverhalte, die bis zum Inkrafttreten der Neuregelung geschlossen wurden oder entstanden sind, § 36 grds. in seiner bis dahin geltenden Fassung Anwendung. Aufgrund des sachlichen Zusammenhangs ist § 36a. F. einschließlich Kommentierung am Ende der Kommentierung des § 32a abgedruckt (s. § 32a Rn. 37 ff.).

§ 36a Schlichtungsstelle

(1) **Zur Aufstellung gemeinsamer Vergütungsregeln bilden Vereinigungen von Urhebern mit Vereinigungen von Werknutzern oder einzelnen Werknutzern eine Schlichtungsstelle, wenn die Parteien dies vereinbaren oder eine Partei die Durchführung des Schlichtungsverfahrens verlangt.**

(2) **Die Schlichtungsstelle besteht aus einer gleichen Anzahl von Beisitzern, die jeweils von einer Partei bestellt werden, und einem unparteiischen Vorsitzenden, auf dessen Person sich beide Parteien einigen sollen.**

(3) Kommt eine Einigung über die Person des Vorsitzenden nicht zustande, so bestellt ihn das nach § 1062 ZPO zuständige Oberlandesgericht. Das Oberlandesgericht entscheidet auch, wenn keine Einigung über die Zahl der Beisitzer erzielt wird. Für das Verfahren vor dem Oberlandesgericht gelten die §§ 1063, 1065 der Zivilprozessordnung entsprechend.

(4) Das Verlangen auf Durchführung des Schlichtungsverfahrens gemäß § 36 Abs. 3 Satz 2 muss einen Vorschlag über die Aufstellung gemeinsamer Vergütungsregeln enthalten.

(5) Die Schlichtungsstelle fasst ihren Beschluss nach mündlicher Beratung mit Stimmenmehrheit. Die Beschlussfassung erfolgt zunächst unter den Beisitzern; kommt eine Stimmenmehrheit nicht zustande, so nimmt der Vorsitzende nach weiterer Beratung an der erneuten Beschlussfassung teil. Benennt eine Partei keine Mitglieder oder bleiben die von einer Partei genannten Mitglieder trotz rechtzeitiger Einladung der Sitzung fern, so entscheiden der Vorsitzende und die erschienenen Mitglieder nach Maßgabe der Sätze 1 und 2 allein. Der Beschluss der Schlichtungsstelle ist schriftlich niederzulegen, vom Vorsitzenden zu unterschreiben und beiden Parteien zuzuleiten.

(6) Die Parteien tragen ihre eigenen Kosten sowie die Kosten der von ihnen bestellten Beisitzer. Die sonstigen Kosten tragen die Parteien jeweils zur Hälfte. Die Parteien haben als Gesamtschuldner auf Anforderung des Vorsitzenden zu dessen Händen einen für die Tätigkeit der Schlichtungsstelle erforderlichen Vorschuss zu leisten.

(7) Die Parteien können durch Vereinbarung die Einzelheiten des Verfahrens vor der Schlichtungsstelle regeln.

(8) Das Bundesministerium der Justiz wird ermächtigt, durch Rechtsverordnung ohne Zustimmung des Bundesrates die weiteren Einzelheiten des Verfahrens vor der Schlichtungsstelle zu regeln sowie weitere Vorschriften über die Kosten des Verfahrens und die Entschädigung der Mitglieder der Schlichtungsstelle zu erlassen.

Literatur: *v. Becker*, Die angemessene Übersetzervergütung – Eine Quadratur des Kreises?, ZUM 2007, 249; *v. Becker*, Juristisches Neuland, ZUM 2005, 303; *Ch. Berger*, Das neue Urhebervertragsrecht, Baden-Baden 2003; *Flechsig/Hendricks*, Konsensorientierte Streitschlichtung im Urhebervertragsrecht, ZUM 2002, 423; *Haas*, Das neue Urhebervertragsrecht, München 2002; *Hertin*, Urhebervertragsnovelle 2002: Up-Date von Urheberrechtsverträgen, MMR 2003, 16; *Ory*, Durchsetzung einer „gemeinsamen" Schrankenregel nach § 36 UrhG gegen den Willen der anderen Partei, ZUM 2006, 914; *Pünnel/Isenhardt*, Die Einigungsstelle des BetrVG 1972, 4. Aufl., Neuwied 1997.
Vgl. darüber hinaus die Angaben im eingangs abgedr. Gesamtliteraturverzeichnis.

Übersicht

	Rn.
I. Bedeutung, Reform der Kostenregelung	1
II. Bildung einer Schlichtungsstelle (§ 36a Abs. 1 bis 3)	2–7
1. Voraussetzungen zur Bildung (§ 36a Abs. 1)	2
2. Zusammensetzung der Schlichtungsstelle (§ 36a Abs. 2 und 3)	3–7
a) Beisitzer	3, 4
b) Vorsitzender	5, 6
c) Entscheidungen des OLG (§ 36a Abs. 3)	7
III. Vorschlag über die Aufstellung (§ 36a Abs. 4)	8
IV. Verfahren der Schlichtungsstelle	9–17
1. Bestimmung durch die Parteien (§ 36a Abs. 7)	9, 10
2. Beratung und Beschlussfassung (§ 36a Abs. 5)	11–17
a) Mündliche Verhandlung	11, 12

	Rn.
b) Beschlussfassung	13–17
aa) Allgemeines	13
bb) Beteiligung des Vorsitzenden	14
cc) Nichtbenennung oder Fernbleiben von Beisitzern	15, 16
dd) Schriftliche Niederlegung, Unterschrift und Zuleitung	17
V. Kosten (§ 36a Abs. 6)	18–32
1. Anwendungsbereich und Überblick	18, 19
2. Parteieigene Kosten (§ 36a Abs. 6 S. 1)	20, 21
3. Sonstige Kosten (§ 36a Abs. 6 S. 2)	22–24
a) Allgemeine Verfahrenskosten	22
b) Erstellungskosten für den Vorschlag nach § 36a Abs. 4	23, 24
4. Kostenvorschuss (§ 36a Abs. 6 S. 3)	25–32
a) Überblick	25
b) Erforderlichkeit	26, 27
c) Gesamtschuldnerische Haftung	28, 29
d) Verwaltung der Kosten, Nachforderungen, Abrechnungen	30–32
VI. Bestimmung durch Rechtsverordnung (§ 36a Abs. 8)	33

I. Bedeutung, Reform der Kostenregelung

§ 36a sieht als besonderes Instrument zur Aufstellung der gemeinsamen Vergütungsregeln nach § 36 eine **Schlichtungsstelle** vor und stellt ein Modell für Aufstellung und Verfahren der Schlichtungsstelle zur Verfügung. Diese Regelung erfolgte im Zuge der Reform 2002 (s. Vor §§ 31 ff. Rn. 3) nach dem Vorbild der **betriebsverfassungsrechtlichen Einigungsstelle** von Arbeitgeber und Betriebsrat (§ 76 BetrVG 1972; zur kollektivistischen Tendenz der Reform s. § 36 Rn. 1). In Anbetracht der Vielzahl und Diversifizierung von Urheberverbänden, Verwertergruppen und Medienbranchen (s. § 36 Rn. 10 ff.) wird es voraussichtlich eine Vielzahl von Schlichtungsstellen geben, wobei es allen Beteiligten obliegt, durch eine sinnvolle sachliche Abgrenzung der jeweiligen gemeinsamen Vergütungsregeln Überschneidungen zu vermeiden. Die Kostenregelung des § 36a Abs. 6 a. F. benachteiligte denjenigen, der die Durchführung eines Schlichtungsverfahrens verlangte, und wurde nach berechtigter Kritik (s. die 2. Auflage dieses Kommentars und Schricker/Loewenheim/*Dietz/Haedicke* § 36a Rn. 2 jeweils m.w.N.) mit der Reform 2003 (s. Vor §§ 31 ff. Rn. 4) grundlegend umgestaltet. 1

II. Bildung einer Schlichtungsstelle (§ 36a Abs. 1 bis 3)

1. Voraussetzungen zur Bildung (§ 36a Abs. 1)

Die Schlichtungsstelle ist keine ständige Einrichtung, sondern wird jeweils im Einzelfall und nur dann gebildet, wenn die Parteien dies vereinbart haben (§ 36 Abs. 3 S. 1), oder eine der Parteien unter den Voraussetzungen des § 36 Abs. 3 S. 2 die Durchführung des Schlichtungsverfahrens verlangt hat. Die Schlichtungsstelle **wird von den Parteien selbst** gebildet (*v. Becker* ZUM 2007, 255; KG ZUM 2005, 229). 2

2. Zusammensetzung der Schlichtungsstelle (§ 36a Abs. 2 und 3)

a) Beisitzer. Die Schlichtungsstelle ist paritätisch zu besetzen mit einer gleichen Anzahl von Beisitzern aus beiden Parteien sowie einem Vorsitzenden. Jede Seite bestimmt die Personen ihrer **Beisitzer** selbst. Die Beisitzer kommen damit aus dem Umfeld der Urhebergruppen und der Verwertergruppen und sollten nach Möglichkeit über branchenspezifische Kenntnisse verfügen, um zu sinnvollen gemeinsamen Vergütungsregeln zu gelangen, die den Besonderheiten und Anforderungen beider Seiten der jeweiligen Branche gerecht werden (BT-Drucks. 14/8058, 49). 3

4 Die **Zahl der Beisitzer** ist nicht bestimmt und den Parteien überlassen; damit von einer Schlichtungsstelle i. S. d. §§ 36, 36a gesprochen werden kann, muss es aber **mindestens jeweils einen** Beisitzer geben. Im Übrigen sollte sich die Anzahl der Beisitzer nach der Schwierigkeit der aufzustellenden gemeinsamen Vergütungsregeln richten. Da auf beiden Seiten in aller Regel mehrere Interessenverbände an den Verhandlungen teilnehmen werden, die jeweils innerhalb der eigenen Gruppe zu konsensfähigen Ergebnissen kommen müssen, bietet sich eine **ungerade Anzahl** von Beisitzern für jede Seite (drei, fünf, sieben etc.) besonders an, welche jeweils die wichtigsten Verbände innerhalb der eigenen Gruppe repräsentieren und außerhalb der Schlichtungsstelle zur internen Entscheidungsfindung nach dem Mehrheitsprinzip fähig sind (ebenso Schricker/Loewenheim/*Dietz/Haedicke* § 36a Rn. 10; anders OLG München GRUR-RR 2011, 441, 443 – Schlichtungsstellenbesetzung: Vorschlag von jeweils zwei Beisitzern angemessen). Hinsichtlich der Einigungsstelle nach dem BetrVG (s. oben Rn. 1) sehen einige eine Regelbesetzung von jeweils zwei Beisitzern als erforderlich und ausreichend an (Dieterich/Hanau/Schaub/*Hanau/Kania* § 76 BetrVG Rn. 8 m. w. N.), was zweifelhaft ist (ebenso Däubler/*Berg* § 76 Rn. 24 m. w. N.) und auf die Schlichtungsstelle nach § 36a insoweit nicht übertragbar ist, als es hier nicht lediglich um Betriebsvereinbarungen für einen Betrieb geht, sondern um die Festlegung von gemeinsamen Standards mit Auswirkungen für eine gesamte Branche. Dennoch sollte die Zahl so gering bemessen sein, dass Verfahren, Diskussion und Beschlussfassung überschaubar und handhabbar bleiben.

5 **b) Vorsitzender.** Der Vorsitzende soll einvernehmlich durch beide Parteien bestimmt werden. Er leitet das Verfahren und in aller Regel auch die Diskussion als wesentliches Element der kollektiven Willensbildung, und nimmt im Falle der Stimmengleichheit an der erneuten Beschlussfassung teil (§ 36a Abs. 5 S. 2 Halbs. 2).

6 Nach der Vorstellung des Gesetzes muss der Vorsitzende **unparteiisch** sein, ohne dass dies näher bestimmt wird. Nach dem Normzweck bedeutet dies die Unabhängigkeit des Vorsitzenden in der Ausübung seines Amtes (vgl. Däubler/*Berg* § 76 BetrVG 1972 Rn. 17; Ahlberg/Götting/*Soppe* § 36a Rn. 5; Dreier/Schulze/*Schulze* § 36a Rn. 3), also insb. die Weisungsungebundenheit gegenüber beiden Seiten (OLG München GRUR-RR 2011, 441, 443 – Schlichtungsstellenbesetzung). Können sich beide Seiten auf einen Vorsitzenden einigen, kann dessen Unparteilichkeit regelmäßig unterstellt werden (Richardi/*Richardi* § 76 BetrVG 1972 Rn. 52). Wer als Urheber, ausübender Künstler oder Verwerter von den zu verhandelnden gemeinsamen Vergütungsregeln unmittelbar selbst betroffen ist, kommt als Vorsitzender demnach in aller Regel ebenso wenig in Betracht wie Angehörige oder Beauftragte entsprechender Interessenverbände. Der Unparteilichkeit dürfte aber nicht entgegenstehen, wenn sich der Vorsitzende an einschlägigen Diskussionen beteiligt oder fachlich äußert; auch ein allgemeines partei- oder gesellschaftspolitisches Engagement schadet nicht (vgl. Däubler/*Berg* § 76 BetrVG 1972 Rn. 17).

7 **c) Entscheidungen des OLG (§ 36a Abs. 3).** Können sich die Parteien über die Person des Vorsitzenden nicht einigen, bestellt das nach § 1062 ZPO örtlich zuständige Oberlandesgericht einen Vorsitzenden (§ 36a Abs. 3 S. 1; vgl. BGH ZUM 2011, 732 – Aussetzung eines Schlichtungsverfahrens; KG ZUM 2005, 229). Das Verfahren zur Bestellung des Vorsitzenden und zur Bestimmung der Zahl der Beisitzer kann das OLG aussetzen (§ 148 ZPO), wenn bereits in einem anderen Rechtsstreit über die Voraussetzungen des Schlichtungsverfahrens Streit besteht (BGH ZUM 2011, 732 – Aussetzung eines Schlichtungsverfahrens; a. A. für den entschiedenen Fall OLG München GRUR-RR 2011, 441: Aussetzung nicht zweckmäßig, wenn keine Anhaltspunkte für die Unzulässigkeit des Schlichtungsverfahrens vorliegen, der anderweitige Rechtsstreit erst jüngst anhängig gemacht wurde, und eine endgültige Entscheidung nicht absehbar ist). Wird über die Zahl der Beisitzer (nicht über die Personen, vgl. oben Rn. 3) keine Einigung erzielt, legt das Oberlandesgericht eine **Zahl von Beisitzern** fest (§ 36a Abs. 3 S. 2). Das Oberlandesgericht entscheidet dabei entsprechend der §§ 1063, 1065 ZPO (§ 36a Abs. 3 S. 3), also in der Regel durch **Beschluss** nach Anhörung beider Seiten (§ 1063 Abs. 1 ZPO entsprechend). Aus dem Verweis auf § 1065 ZPO ergibt sich im Interesse einer Beschleunigung des Verfahrens die **Unanfechtbarkeit** (ebenso Schricker/Loewenheim/*Dietz/Haedicke* § 36a Rn. 16; Fromm/Nordemann/Czychowski § 36a Rn. 7; Dreier/Schulze/*Schulze* § 36a Rn. 7; *Ch. Berger* Rn. 203; a. A. *Haas* Rn. 244) der Beschlüsse (§ 1065 Abs. 1 S. 2 ZPO), denn sowohl die Bestellung des Vorsitzenden als auch die Festlegung der Zahl der Beisitzenden sind mit den Fällen der §§ 1065 Abs. 1 S. 2, 1062 Abs. 1 Nr. 2 und 4 ZPO nicht vergleichbar, sondern entsprechen § 1062 Abs. 1 Nr. 1 Alt. 1 ZPO. Hinsichtlich der Kosten des Verfahrens vor dem Oberlandesgericht sollen nach der Begründung die Vorschriften über die Schiedsgerichtsbarkeit entsprechend gelten (BT-Drucks. 14/8058, 50), also offenbar die §§ 1042 ff., 1057 ZPO. Dies kommt in der Vorschrift selbst aber nicht zum Ausdruck. Noch nicht abschließend geklärt ist, ob und inwieweit das OLG im Rahmen der Zulässigkeitsprüfung für eine Sachentscheidung die gesetzlichen **Voraussetzungen des Schlichtungsverfahrens** prüfen kann (s. ausführlich § 36 Rn. 26 sowie Schricker/Loewenheim/*Dietz/Haedicke* § 36a Rn. 9, 14; gegen eine solche Zuständigkeit KG ZUM 2005, 229, 230; im Ergebnis ebenso BGH ZUM 2011, 732, 733 Rn. 16 – Aussetzung eines Schlichtungsverfahrens; a. A. OLG München GRUR-RR 2011, 441, 442: kursorische Offensichtlichkeitsprüfung der Voraussetzungen zur Durchführung des Schlichtungsverfahrens).

III. Vorschlag über die Aufstellung (§ 36a Abs. 4)

Verlangt eine Partei in den Fällen der § 36 Abs. 3 S. 2 Nr. 1 bis 3 schriftlich die Durchführung des Schlichtungsverfahrens, so muss dieses Verlangen einen **Vorschlag** über die Aufstellung gemeinsamer Vergütungsregeln enthalten. Die Regelung dient einer Beschleunigung des Schlichtungsverfahrens; die Schlichtungsstelle soll nicht ohne einen zugrundeliegenden konkreten Vorschlag die Arbeit aufnehmen (KG ZUM 2005, 229; Ahlberg/Götting/*Soppe* § 36a Rn. 14). Einzelne bestehende oder behauptete Unzulänglichkeiten des Vorschlags machen weder den Vorschlag noch das Aufnahmeverlangen unwirksam, denn der Vorschlag steckt lediglich den Rahmen für die Vergütungsregeln ab, welche dann von der Schlichtungsstelle erarbeitet und beschlossen werden sollen (LG München I ZUM-RD 2013, 84, 86). Fraglich ist aber, ob das Durchführungsverlangen unwirksam wäre, wenn kein Vorschlag enthalten ist. Da die Parteien auch von vornherein eine Schlichtungsstelle bilden könnten, der Umfang des Vorschlags nicht näher bestimmt ist, und es sich insgesamt um ein einvernehmliches Schlichtungsverfahren handelt, ist das Durchführungsverlangen wohl nicht deshalb unwirksam, weil es keinen Vorschlag enthält. Ferner braucht der Vorschlag die gemeinsamen Vergütungsregeln selbst nicht zu enthalten, wie sich aus dem Zusammenhang mit § 36 Abs. 4 ergibt, wonach die Entscheidung der Schlichtungsstelle selbst sehr wohl die gemeinsamen Vergütungsregeln beinhalten muss (näher § 36 Rn. 27).

IV. Verfahren der Schlichtungsstelle

1. Bestimmung durch die Parteien (§ 36a Abs. 7)

Zunächst können die Parteien die Einzelheiten des Verfahrens vor der Schlichtungsstelle selbst regeln (§ 36a Abs. 7). Fraglich ist, ob damit auch Abweichungen von den in den Abs. 2 bis 5 vom Gesetz vorgegebenen Regelungen möglich sind, also insb. eine andere Zusammensetzung sowie eine andere Art der Beschlussfassung. Hierfür spricht, dass das Gesetz in Abweichung von der als Vorbild dienenden Regelung (s. o. Rn. 1) nicht lediglich „*weitere* Einzelheiten des Verfahrens" (§ 76 Abs. 4 BetrVG 1972) in das Ermessen der Parteien gestellt hat, sondern „*die* Einzelheiten des Verfahrens". Hierfür spricht weiter, dass die Parteien von vornherein durch ein selbst bestimmtes Verfahren auf anderem Wege als durch eine Schlichtungsstelle zur Aufstellung gemeinsamer Vergütungsregeln kommen können (s. § 36 Rn. 22 f.). Abweichungen sind demnach möglich, vor allem dann, wenn die Parteien von vornherein die Durchführung des Verfahrens vor einer Schlichtungsstelle nach § 36 Abs. 3 S. 1 vereinbaren.

10 Entspricht das Verfahren allerdings nicht den Anforderungen der § 36a Abs. 2 bis 5, wird man schwerlich noch von einer Schlichtungsstelle i. S. d. § 36 Abs. 3 bis 4 sprechen können, es handelt sich dann vielmehr um eine einvernehmliche Aufstellung gemeinsamer Vergütungsregeln durch ein selbst bestimmtes Verfahren nach § 36 Abs. 1 S. 1. Können sich die Parteien hierüber aber gerade nicht einigen, und verlangt eine Partei nach § 36 Abs. 3 S. 2 Nr. 1 bis 3 die Entscheidung durch eine Schlichtungsstelle, muss diese nach dem Regelungszweck den Anforderungen der § 36a Abs. 2 bis 5 entsprechen, also insb. die dort vorgesehene Besetzung haben und nach dem dort geregelten Verfahren beschließen.

2. Beratung und Beschlussfassung (§ 36a Abs. 5)

11 **a) Mündliche Verhandlung.** Zwar wird die Schlichtungsstelle durch die Parteien selbst gebildet, sie ist aber ein gesetzlich vorgesehenes Organ mit Entscheidungskompetenz und muss daher zwingend den **Mindestanforderungen an ein rechtsstaatliches Verfahren** genügen (ebenso Schricker/Loewenheim/*Dietz*/*Haedicke* § 36a Rn. 17; Ahlberg/Götting/*Soppe* § 36a Rn. 21; für die Einigungsstelle Däubler/*Berg* § 76 BetrVG 1972 Rn. 62 m. w. N.). Die Schlichtungsstelle muss daher **mündlich beraten**, und zwar zumindest unmittelbar vor der entscheidenden Beschlussfassung (Schricker/Loewenheim/*Dietz*/*Haedicke* § 36a Rn. 20; Dreier/Schulze/*Schulze* § 36a Rn. 11; Dreyer/Kotthoff/Meckel/*Kotthoff* § 36a Rn. 4). Dieses Erfordernis ist nicht erfüllt, wenn die Parteien (im Rahmen des Möglichen, s. o. Rn. 9) ein rein schriftliches Umlauf- oder Anhörungsverfahren vereinbaren (Schricker/Loewenheim/*Dietz*/*Haedicke* § 36a Rn. 20; ebenso für den wortgleichen § 76 Abs. 3 BetrVG 1972 *Pünnel*/*Isenhardt* Rn. 52 m. w. N.); dies tritt zudem in Konflikt mit dem **Grundsatz des rechtlichen Gehörs** (Art. 103 Abs. 1 GG).

12 Die Sitzungen der Schlichtungsstelle werden durch den Vorsitzenden vorbereitet (Einladungen, gegebenenfalls Festlegung des Tagungsortes) und konstituiert. Ferner leitet der Vorsitzende die Sitzung, erteilt das Wort und trifft verfahrensleitende Maßnahmen. Die Ausgestaltung des Verfahrens im Übrigen (§ 36a Abs. 7) obliegt nicht dem Vorsitzenden, sondern den Parteien, zweckmäßigerweise also allen Mitgliedern der Schlichtungsstelle als Kollegialorgan (ebenso für die Einigungsstelle Däubler/*Berg* § 76 BetrVG 1972 Rn. 65). Wird der **Vorsitzende** von einer Partei **wegen Befangenheit abgelehnt** (in entsprechender Anwendung der §§ 42 ff. ZPO), kommt dies einer Nichteinigung über seine Person gleich, so dass die Bestellung eines neuen Vorsitzenden durch das OLG nach § 36a Abs. 3 S. 1 herbeizuführen ist.

13 **b) Beschlussfassung. aa) Allgemeines.** Die Schlichtungsstelle ist nach dem Mechanismus des § 36a Abs. 5 S. 3 (näher unten Rn. 15) immer schon dann **beschlussfähig,** wenn eine Seite mit der von den Parteien festgelegten Zahl von Beisitzern (s. oben Rn. 4) vertreten ist und die andere Seite keine Beisitzer bestellt hat oder diese trotz rechtzeitiger Einladung nicht erschienen sind. Es gibt demnach keine Mindestzahl von Beisitzern, die bei der Beschlussfassung anwesend sein müssen. Beschlüsse der Schlichtungsstelle werden mit **einfacher Mehrheit** gefasst, wobei zunächst nur die Beisitzer abstimmen. Sinnvollerweise wird nach einer umfangreichen Beratung der vollständige Inhalt der aufzustellenden gemeinsamen Vergütungsregeln als Einigungsvorschlag i. S. d. § 36a Abs. 4, § 36 Abs. 4 zur Beschlussfassung gestellt, wobei mit „Ja" oder „Nein" zu stimmen ist. **Enthaltungen** sind möglich und werden weder zu den „Ja" noch zu den „Nein" Stimmen gezählt. Enthaltungen sind auch für die Feststellung der Mehrheit unerheblich, da es nicht auf die Mehrheit der Mitglieder, sondern nur auf eine einfache Mehrheit innerhalb der Schlichtungsstelle insgesamt ankommt (ebenso zur Einigungsstelle Däubler/*Berg* § 76 BetrVG 1972 Rn. 78 m. w. N.). Ergibt sich schon aus der ersten Abstimmungsfrage („Wer stimmt dafür bzw. dagegen?") eine eindeutige Mehrheit,

kann auf die Gegenprobe verzichtet werden, das Schweigen der übrigen Beisitzer kann als konkludente Verneinung der ersten Frage bzw. als Enthaltung gewertet werden.

bb) Beteiligung des Vorsitzenden. Ergibt sich aus der ersten Abstimmung keine Mehrheit für oder gegen den Einigungsvorschlag, ist zwingend **erneut zu beraten** und anschließend **nochmals abzustimmen,** diesmal unter Beteiligung des Vorsitzenden. Die Stimme des Vorsitzenden gibt also nicht per se den Ausschlag (in diesem Sinne aber die amtliche Begründung, BT-Drucks. 14/8058, 49; dem folgend *Flechsig/Hendricks* ZUM 2002, 423, 430), sondern zählt in der zweiten Abstimmung wie eine einfache Stimme (ebenso Schricker/Loewenheim/*Dietz/Haedicke* § 36a Rn. 25). Wird der vorgesehene unmittelbare Zusammenhang zwischen erfolgloser erster Abstimmung, erneuter Beratung und nochmaliger Abstimmung nicht mehr gegeben, etwa durch eine längere Unterbrechung der Sitzung, ist erneut erstmalig ohne den Vorsitzenden abzustimmen. 14

cc) Nichtbenennung oder Fernbleiben von Beisitzern. Benennt eine Partei keine Beisitzer, oder bleiben die von einer Partei genannten Mitglieder trotz rechtzeitiger Einladung der Sitzung fern, entscheiden der Vorsitzende und die erschienenen Mitglieder alleine, und zwar „nach Maßgabe der Sätze 1 und 2" (§ 36a Abs. 5 S. 3). Im Rahmen des ähnlich gefassten § 76 Abs. 5 S. 2 BetrVG 1972 ist umstritten, ob der Vorsitzende in diesem Fall sogleich an der (ersten) Beschlussfassung teilnimmt (so GK/*Kreuz* § 76 BetrVG 1972 Rn. 85), oder ob zunächst die erschienenen Beisitzer abstimmen und der Vorsitzende erst in einer dann möglicherweise notwendigen zweiten Abstimmung mitstimmt (so Fitting/ *Kaiser/Heither/Engels* § 76 BetrVG 1972 Rn. 52). Da der Gesetzgeber hier anders als in § 76 Abs. 5 S. 2 BetrVG nicht pauschal auf die Regelung zur Beschlussfassung verweist, sondern ausdrücklich S. 2 in die Verweisung einbezieht, stimmen in diesem Fall zunächst die erschienenen Beisitzer ohne Beteiligung des Vorsitzenden ab (ebenso Schricker/*Dietz* § 36a Rn. 23, 25); dabei ist allerdings kaum vorstellbar, dass die Beisitzer nur einer Seite untereinander keine Mehrheit aufbringen werden. 15

Fraglich ist, ob das **Fernbleiben nur einzelner Beisitzer** dem Fernbleiben aller Beisitzer einer Seite gleichzusetzen ist. Der Wortlaut („die genannten Mitglieder") legt nahe, dass alle Beisitzer einer Seite fernbleiben müssen. Andererseits dient die Norm der mittelbaren Begründung eines **Einlassungszwangs** und soll verhindern, dass eine Seite die Arbeit der Schlichtungsstelle durch Nichterscheinen zu den Verhandlungen blockieren oder verzögern kann. Nach dem Sinn und Zweck gilt § 36a Abs. 5 S. 3 demnach entsprechend, wenn einzelne benannte Mitglieder trotz rechtzeitiger Einladung ohne Rechtfertigung nicht erscheinen. In diesem Falle entscheiden die erschienenen Beisitzer ggf. unter Mitwirkung des Vorsitzenden alleine. 16

dd) Schriftliche Niederlegung, Unterschrift und Zuleitung. Der Beschluss der Schlichtungsstelle ist schriftlich niederzulegen, vom Vorsitzenden zu unterschreiben und beiden Parteien zuzuleiten (§ 36a Abs. 5 S. 4). Nach § 36 Abs. 4 muss dieser Beschluss den **Inhalt der gemeinsamen Vergütungsregeln** sowie eine **Begründung** enthalten. Die **Zuleitung** setzt keine förmliche Zustellung voraus; da aber die dreimonatige Widerspruchsfrist (§ 36 Abs. 4 S. 2) mit Empfang des Einigungsvorschlags beginnt, sollte der Vorsitzende eine Art der Zuleitung wählen, bei dem der Empfang durch die Parteien sicher festgestellt werden kann, z. B. per Einschreiben (*Haas* Rn. 264). 17

V. Kosten (§ 36a Abs. 6)

1. Anwendungsbereich und Überblick

§ 36a Abs. 6 kommt nur zum Tragen, wenn sich die Parteien einvernehmlich oder auf Verlangen einer Seite des Schlichtungsverfahrens nach § 36a bedienen, um gemeinsame 18

Vergütungsregeln aufzustellen. Soweit sich die Parteien auf ein anderes Verfahren verständigen (vgl. § 36 Rn. 21), können sie die Kosten auch anders verteilen. Ferner können die Parteien im Rahmen des § 36a Abs. 7 auch für das Schlichtungsverfahren nach § 36a eine von Abs. 6 **abweichende Kostenverteilung vereinbaren** (s. Rn. 9; ebenso zur alten Fassung des § 36a Abs. 6 *Flechsig/Hendricks* ZUM 2002, 423, 431). § 36a Abs. 6 kommt dabei allerdings Vorbildfunktion zu.

19 § 36a Abs. 6 unterscheidet zwischen parteieigenen Kosten (S. 1) und sonstigen Kosten (S. 2), und sorgt für die Arbeitsfähigkeit der Schlichtungsstelle durch einen Kostenvorschuss (S. 3). Die Regelungen des § 36a Abs. 6 sind speziell auf das besondere Schlichtungsverfahren des § 36a zugeschnitten; eine entsprechende Anwendung anderer Kostenregelungen, etwa der §§ 91 ff. ZPO, der §§ 14 f. der Urheberrechtsschiedsstellenverordnung (s. § 15 WahrnG), oder des § 76a BetrVG 1972 kommt mangels Vergleichbarkeit der geregelten Sachverhalte regelmäßig nicht in Betracht.

2. Parteieigene Kosten (§ 36a Abs. 6 S. 1)

20 Die Parteien tragen ihre eigenen Kosten sowie die Kosten der von ihnen bestellten Beisitzer (§ 36a Abs. 6 S. 1). Da jede Partei eine gleiche Zahl von Beisitzern benennt (§ 36a Abs. 2) und diese frei auswählen kann (vgl. Rn. 3 f.), ist die Kostenbelastung strukturell gleichmäßig und liegt in der Hand der jeweiligen Partei selbst. **Parteieigene Kosten** sind Honorare oder Aufwandsentschädigungen sowie die Kosten (Fahrtkosten, Unterkunft, Kommunikationskosten) der eigenen Mitarbeiter und der eigenen Beisitzer für Verhandlungen der Schlichtungsstelle und sonstige Sachkosten, sowie mögliche Kosten für die eigene Rechtsberatung und eigene Gutachterkosten im Zusammenhang mit dem Schlichtungsverfahren. Die **Auswahl** kostengünstiger Verbandsfunktionäre oder auch ehrenamtlich tätiger Personen mit Branchenkenntnissen als **Beisitzer** entspricht durchaus dem Regelungszweck der §§ 36, 36a (vgl. Rn. 3).

21 Die Möglichkeit einer **Erstattung parteieigener Kosten** von der Gegenseite ist nicht vorgesehen. Auch derjenige, der im Fall des § 36 Abs. 3 S. 2 Nr. 1 die Durchführung des Schlichtungsverfahrens verlangt, sowie derjenige, der bei Scheitern der Verhandlungen nach § 36 Abs. 3 S. 2 Nr. 2 und 3 als erster aktiv wird und das Schlichtungsverfahren verlangt, kann von der anderen Seite keinen Ersatz der eigenen Kosten verlangen (zu den Erstellungskosten eines Vorschlages nach § 36a Abs. 4 s. Rn. 23). Aufgrund der Kontrollmöglichkeit über die eigenen Kosten und des Wegfalls der bis zur Reform 2003 noch vorgesehenen generellen Kostentragungspflicht der verlangenden Partei (s. Rn. 1 a. E.) ist diese Regelung hinnehmbar. Sie ist auch insoweit sachgerecht, als dem Verursacherprinzip Rechnung getragen ist und kostenrechtlich nunmehr auf beiden Seiten ein gewisser Druck besteht, sich zügig auf die vom Gesetz gewollten (vgl. § 36 Rn. 2) gemeinsamen Vergütungsregeln zu einigen.

3. Sonstige Kosten (§ 36a Abs. 6 S. 2)

22 a) **Allgemeine Verfahrenskosten.** Die sonstigen Kosten tragen die Parteien jeweils zur Hälfte (§ 36a Abs. 6 S. 2). **Sonstige Kosten** sind alle weiteren Kosten, die nicht auf Seiten der jeweiligen Parteien und nicht ihrer eigenen Dispositionsmöglichkeit unterliegen, sondern die zur Durchführung des Schlichtungsverfahrens erforderlich sind, oder von beiden Parteien einvernehmlich als erforderlich angesehen werden. Hierzu gehören das **Honorar** oder die **Aufwandsentschädigung** für den gemeinsam oder gerichtlich bestellten **Vorsitzenden** (s. Rn. 5) sowie dessen Kosten. Auch die Kosten des gerichtlichen **Bestellungsverfahrens** für den Vorsitzenden und die Beisitzer sind so zu verteilen wie diejenigen des Schlichtungsverfahrens selbst (OLG München GRUR-RR 2011, 441, 443 – Schlichtungsstellenbesetzung). Wollen die Parteien im Rahmen des Schlichtungsverfahrens gemeinsam einzelne Punkte durch externe Gutachter klären lassen oder weitere Tatsachenforschung

(Marktforschungen, statistische Erhebungen) betreiben, sind auch die hierfür anfallenden Kosten sonstige Kosten nach § 36a Abs. 6 S. 2. Sonstige Kosten sind ferner weitere **Kosten des Schlichtungsverfahrens** (etwaige Raummieten, Kommunikationskosten etc.).

b) Erstellungskosten für den Vorschlag nach § 36a Abs. 4. Problematisch ist, ob bei einem auf einseitiges Verlangen durchgeführten Schlichtungsverfahren (§ 36 Abs. 3 S. 2) die **Erstellungskosten für den verfahrensnotwendigen Vorschlag** (§ 36a Abs. 4) als parteieigene Kosten der verlangenden Partei (§ 36a Abs. 6 S. 1) oder als hälftig zu teilende, sonstige Kosten (§ 36a Abs. 6 S. 2) anzusehen sind. Nach der Regelung bis zur Reform 2003 (s. Rn. 1) traf die Kostenlast stets die verlangende Partei, und diese hatte auch die Erstellungskosten für den verfahrensnotwendigen Vorschlag zu tragen (vgl. *Ch. Berger* Rn. 246). Die derzeitige Regelung geht in bewusster Abkehr von der ursprünglichen Norm erkennbar von einer gleichmäßigen Verteilung der Kosten auf beiden Seiten aus (vgl. BT-Drucks. 15/837, 34). Da es sich bei dem Vorschlag gem. § 36 Abs. 4 um eine notwendige, verfahrensbeschleunigende Voraussetzung handelt, und das Verfahren im beiderseitigen Interesse der Parteien liegt (vgl. § 36 Rn. 2; *Berger* Rn. 245), sind diese Kosten regelmäßig als hälftig zu teilende **sonstige Kosten nach § 36a Abs. 6 S. 2** anzusehen. Dies ist auch deshalb angemessen, weil die Initiative der verlangenden Partei nach § 36 Abs. 3 S. 2 stets auch auf dem Verhalten der anderen Partei im Rahmen der Verhandlungen beruht.

Ob und inwieweit diesbezüglich **Erstattungsansprüche** der verlangenden Partei bestehen (s. Rn. 29), hängt von den konkreten Umständen ab. Ist der eingereichte Vorschlag lediglich das Ergebnis bereits durchgeführter, aber gescheiterter Verhandlungen, haben beide Parteien an seiner Entstehung mitgewirkt, und eine Erstattungspflicht der verlangenden Partei kommt nicht in Frage. Geht die verlangende Partei aber mit dem Vorschlag im beiderseitigen Interesse in Vorleistung, und betreibt sie hierbei einen nennenswerten und objektiv notwendigen (§ 670 BGB; s. Rn. 29) Aufwand, ist eine hälftige Erstattung möglich und auch angemessen. Dies ist bei einem nach § 36 Abs. 3 S. 2 Nr. 1 verlangten Verfahren in aller Regel der Fall.

4. Kostenvorschuss (§ 36a Abs. 6 S. 3)

a) Überblick. Der Vorsitzende kann von den Parteien als Gesamtschuldner einen für die Tätigkeit der Schlichtungsstelle erforderlichen **Vorschuss** anfordern (§ 36a Abs. 6 S. 3). Durch den Vorschuss will das Gesetz sicherstellen, dass die Schlichtungsstelle ihre Arbeit unabhängig von Auseinandersetzungen über die gemeinsam zu tragenden Kosten durchführen kann (krit. Schricker/Loewenheim/*Dietz/Haedicke* § 36a Rn. 27: konterkariert das gesetzliche Anliegen einer Hilfestellung für Kreative zur Aufstellung Gemeinsamer Vergütungsregeln), und hinsichtlich Zeit- und Sachaufwendung nicht in Vorleistung treten muss (vgl. § 699 BGB). Da jeder Partei die finanzielle Ausstattung ihrer eigenen Beisitzer (s. Rn. 20) besorgt, bezieht sich der Vorschuss alleine auf die jeweils hälftig zu tragenden sonstigen Kosten nach § 36a Abs. 6 S. 3 (s. Rn. 22 ff.), nicht jedoch auf die parteieigenen Kosten nach § 36a Abs. 6 S. 1 einschließlich der Kosten für die Beisitzer (Rn. 20 f.). Sofern das Schlichtungsverfahren auf Verlangen einer Partei nach § 36 Abs. 3 S. 2 durchgeführt wird, sind auch etwaige erstattungsfähige Aufwendungen für die Erstellung des verfahrensnotwendigen Vorschlages i. S. d. § 36a Abs. 4 (s. Rn. 23 f.) für den Vorschuss nicht zu berücksichtigen, da der Vorschlag zu Verfahrensbeginn bereits vorliegt.

b) Erforderlichkeit. Welcher Vorschuss **erforderlich** ist, richtet sich nach dem finanziellen Aufwand, den die Durchführung des konkreten Schlichtungsverfahrens voraussichtlich mit sich bringen wird. In der Praxis obliegt die Beurteilung zunächst dem Vorsitzenden im Rahmen der Vorbereitung des Schlichtungsverfahrens. Hierbei wird der Vorsitzende nach billigem Ermessen (Rechtsgedanke des § 317 BGB) die voraussichtlichen weiteren **Gesamtkosten des Schlichtungsverfahrens** ermitteln, die vornehmlich von der Dauer seines eigenen Einsatzes, den anfallenden Sachkosten und den gemeinsamen Vorstellungen der Parteien über die Durchführung des Verfahrens abhängen.

27 Fraglich ist, ob sogleich die Gesamtkosten als Vorschuss angefordert werden können, oder lediglich ein Betrag, der zunächst nur zur Aufnahme der Tätigkeit der Schlichtungsstelle ausreicht. Der Wortlaut des § 36a Abs. 6 S. 3 spricht dafür, sämtliche hälftig zu tragenden Kosten (vgl. Rn. 22 ff.) des Schlichtungsverfahrens von Beginn der Einsetzung des Vorsitzenden an über die Übermittlung eines begründeten Einigungsvorschlages nach § 36 Abs. 4 bis hin zur Überwachung des Ablaufs der dreimonatigen Widerspruchsfrist als erforderlich im Sinne dieser Norm anzusehen. Dafür spricht auch der Sinn und Zweck der Regelung. Denn nur so kann sichergestellt werden, dass das Schlichtungsverfahren unabhängig von etwaigen späteren Auseinandersetzungen über die Kosten erfolgreich zu Ende geführt wird und wirksame gemeinsame Vergütungsregeln nach § 36 tatsächlich aufgestellt werden. Ähnlich wie der angemessen Vorschuss des Rechtsanwalts (vgl. § 9 RVG) soll auch der erforderliche Vorschuss nach § 36a Abs. 6 S. 3 den voraussichtlich entstehenden Gesamtaufwand abdecken.

28 **c) Gesamtschuldnerische Haftung.** Die Parteien haften für den Vorschuss als Gesamtschuldner. Im Interesse eines spannungsfreien Verfahrens wird der Vorsitzende den Kostenvorschuss gleichmäßig von beiden Seiten zu gleichen Teilen anfordern. Der Vorsitzende kann den gesamten Vorschuss aber auch von einer Partei alleine anfordern (§ 421 S. 1 BGB), und diese auf die interne **Ausgleichspflicht der anderen Partei** nach § 426 Abs. 1 S. 1 BGB verweisen. Im Innenverhältnis haften die Parteien nach § 36a Abs. 6 S. 2 jeweils zur Hälfte für die sonstigen Kosten (Ahlberg/Götting/*Soppe* § 36a Rn. 44).

29 Die gesamtschuldnerische Haftung gilt nur hinsichtlich des Vorschusses, nicht aber allgemein für die sonstigen zu teilenden Kosten nach § 36a Abs. 6 S. 2. Wurde kein Vorschuss angefordert, oder reicht der Vorschuss zur Deckung der Gesamtkosten nicht aus, haftet jede Partei nur für den von ihr selbst zu tragenden Anteil. Kommt eine Partei im Laufe des Verfahrens alleine für die sonstigen Kosten i. S. d. § 36a Abs. 6 S. 2 auf, oder übersteigen ihre Aufwendungen für gemeinsam zu tragende Kosten die der Gegenseite, hat sie einen **Erstattungsanspruch** gegenüber der anderen Partei in Höhe der Hälfte ihrer diesbezüglichen Aufwendungen nach §§ 677, 683, 670 BGB i. V. m. § 36a Abs. 6 S. 2.

30 **d) Verwaltung der Kosten, Nachforderungen, Abrechnung.** Der Vorsitzende verwahrt und verwaltet geleistete Vorschüsse im Rahmen seines Bestellungsverhältnisses treuhänderisch für die Parteien. Hierfür entstehende Kosten etwa für ein Treuhandkonto sind hälftig zu teilende sonstige Kosten i. S. d. § 36a Abs. 6 S. 2.

31 Sobald sich abzeichnet, dass die bisher angeforderten Vorschüsse zur Deckung der Gesamtkosten des Schlichtungsverfahrens nicht ausreichen, kann der Vorsitzende nach § 36a Abs. 5 S. 3 **weitere Vorschusszahlungen** bei den Parteien anfordern. Die Vorschrift sichert die Tätigkeit der Schlichtungsstelle in finanzieller Hinsicht während der gesamten Verfahrensdauer bis zum Abschluss der Schlichtung.

32 Soweit geleistete Vorschüsse für die Durchführung des Schlichtungsverfahrens nicht benötigt werden, sind Überschüsse nach erfolgter **Abrechnung über die sonstigen Kosten** i. S. d. § 36a Abs. 6 S. 2 an die Parteien zurückzuzahlen. Anspruchsgrundlage ist dabei die Herausgabepflicht nach § 667 BGB aufgrund des zwischen den Parteien und dem Vorsitzenden aufgrund seiner Bestellung bestehenden Geschäftsbesorgungs- oder Auftragsverhältnisses (§§ 675 Abs. 1, 662 ff. BGB, vgl. Palandt/*Sprau* § 669 BGB Rn. 3, § 667 BGB Rn. 2; *Flechsig/Hendricks* ZUM 2002, 423, 430: Schiedsrichtervertrag).

VI. Bestimmung durch Rechtsverordnung (§ 36a Abs. 8)

33 § 36a Abs. 8 ermächtigt das Bundesministerium der Justiz zur Regelung weiterer Einzelheiten des Verfahrens vor der Schlichtungsstelle. Der Gesetzgeber hat wie beabsichtigt

(BT-Drucks. 14/8058, 50) von dieser Ermächtigung bisher keinen Gebrauch gemacht, sondern will nur dann einschreiten, wenn sich in der Praxis Unzulänglichkeiten zeigen.

§ 37 Verträge über die Einräumung von Nutzungsrechten

(1) Räumt der Urheber einem anderen ein Nutzungsrecht am Werk ein, so verbleibt ihm im Zweifel das Recht der Einwilligung zur Veröffentlichung oder Verwertung einer Bearbeitung des Werkes.

(2) Räumt der Urheber einem anderen ein Nutzungsrecht zur Vervielfältigung des Werkes ein, so verbleibt ihm im Zweifel das Recht, das Werk auf Bild- oder Tonträger zu übertragen.

(3) Räumt der Urheber einem anderen ein Nutzungsrecht zu einer öffentlichen Wiedergabe des Werkes ein, so ist dieser im Zweifel nicht berechtigt, die Wiedergabe außerhalb der Veranstaltung, für die sie bestimmt ist, durch Bildschirm, Lautsprecher oder ähnliche technische Einrichtungen öffentlich wahrnehmbar zu machen.

Literatur: S. die Angaben bei Vor §§ 31 ff. und zu § 31 sowie die Angaben im eingangs abgedr. Gesamtliteraturverzeichnis.

Übersicht

	Rn.
I. Bedeutung und Anwendungsbereich	1
II. Einwilligung zu Bearbeitungen eines Werkes (§ 37 Abs. 1)	2–6
1. Allgemeines	2–4
2. Folgen	5, 6
III. Recht der Bild- und Tonträgerübertragung (§ 37 Abs. 2)	7
IV. Recht der öffentlichen Wiedergabe außerhalb der Veranstaltung (§ 37 Abs. 3)	8

I. Bedeutung und Anwendungsbereich

§ 37 enthält verschiedene Auslegungsregeln zur Bestärkung des Grundsatzes, dass das 1 Urheberrecht gleichsam die Tendenz hat, soweit wie möglich beim Urheber zu verbleiben, um ihm eine angemessene Vergütung für die Werknutzung zu sichern (Schricker/Loewenheim/*Schricker/Peukert* § 37 Rn. 3). In Weiterführung der **Zweckübertragungsregel** des § 31 Abs. 5 S. 1 (s. § 31 Rn. 39 ff.) bringt § 37 zum Ausdruck, dass eine globale Rechtseinräumung nicht den Interessen des Urhebers entspricht (BGH GRUR 1996, 121, 122 – Pauschale Rechtseinräumung). Die vertragliche Einräumung von Nutzungsrechten soll klar und unmissverständlich sein, damit dem Schutzgedanken dieser Vorschrift Rechnung getragen werden kann (Fromm/Nordemann/*J. B. Nordemann* § 37 Rn. 1; Dreier/Schulze/*Schulze* § 37 Rn. 1; Möhring/Nicolini/*Spautz* § 37 Rn. 1). § 37 ist allerdings **abdingbar** und daher nur eingeschränkt wirksam. § 37 präzisiert gegenüber der daneben anwendbaren Regelung des § 31 Abs. 5 S. 1 bestimmte Nutzungsrechte ihrem Inhalt nach (anders wohl Dreyer/Kotthoff/Meckel/*Kotthoff* § 37 Rn. 2: § 37 verdrängt die allgemeine Zweckübertragungsregel des § 31 Abs. 5). § 37 wird durch §§ 88, 89 insofern verdrängt, als beim Filmwerk und beim Recht zur Verfilmung die Rechtseinräumung auch das Recht zu Bearbeitung umfasst (näher § 88 Rn. 7; § 89 Rn. 23).

II. Einwilligung zu Bearbeitungen eines Werkes (§ 37 Abs. 1)

1. Allgemeines

§ 37 Abs. 1 greift nur ein, wenn nach der Auslegung des Vertrages nach allgemeinen Re- 2 geln Zweifel darüber bestehen bleiben, ob die Einräumung des Nutzungsrechts auch die Veröffentlichung oder Verbreitung einer Bearbeitung des Werkes umfasst (ebenso LG Berlin ZUM-RD 2008, 18, 21; *Gottschalk* ZUM 2005, 359; Ahlberg/Götting/*Soppe* § 37 Rn. 2; Schricker/Loewenheim/*Schricker/Peukert* § 37 Rn. 8). Bei Zweifeln kann auch nicht von einer stillschweigenden vorherigen Zustimmung des Urhebers ausgegangen werden. Hat etwa der Urheber ein Bühnenbild entworfen, kann nicht von einer stillschweigenden Bearbeitungsbefugnis für Mitwirkende im Rahmen späterer Aufführungen ausgegangen werden (a. A. unter Verkennung des § 37 BGH GRUR 1986, 458, 459 – Oberammergauer Passionsspiele I). § 37 ist anders als § 31 Abs. 5 S. 1 **zu Gunsten des Urhebers** auszulegen.

3   § 37 Abs. 1 erfasst nur eine bereits durch den Urheber selbst oder durch einen Dritten mit Zustimmung des Urhebers hergestellte Bearbeitung und soll dem Urheber die **Verwertungsrechte** an der Bearbeitung (§§ 15–22) sichern (Schricker/Loewenheim/*Schricker/Peukert* § 37 Rn. 10; Ahlberg/Götting/*Soppe* § 37 Rn. 10). Die auch **änderungsrechtlich** relevante Frage, ob eine Bearbeitung des Werkes überhaupt hergestellt werden darf, bestimmt sich nach §§ 39, 23 (näher Schricker/*Schricker* § 37 Rn. 5; vgl. § 39 Rn. 7 ff.; § 23 Rn. 6 ff.); dies betrifft auch die urheberpersönlichkeitsrechtliche Komponente, soweit es um die (Erst-)Veröffentlichung der Bearbeitung (§ 12) geht.

4   Die Bearbeitung muss **schutzfähig** i. S. d. § 3 sein (Fromm/Nordemann/*J. B. Nordemann* § 37 Rn. 6; Schricker/Loewenheim/*Schricker/Peukert* § 37 Rn. 9; *Schricker* § 2 VerlG Rn. 12; *Gottschalk* ZUM 2005, 359). Hat z. B. ein Verleger das Verlagsrecht erhalten, so darf er ohne weitere Zustimmung das Schriftwerk veröffentlichen. Dagegen benötigt er im Zweifel die vorherige Zustimmung des Urhebers, wenn sein Werk in Form einer Übersetzung oder eines Drehbuchs veröffentlicht und verwertet werden soll. Der Lizenznehmer, dem ein Bearbeitungsrecht nicht eingeräumt wurde, kann auch nicht in Ausnahmefällen dem Urheber oder Dritten die Verwertung einer Bearbeitung verbieten (a. A. *Hahn* 107).

2. Folgen

5   Der **Urheber** hat sowohl ein **positives Benutzungsrecht** neben dem Inhaber des Nutzungsrechts als auch ein **negatives Verbotsrecht** gegenüber diesem und Dritten (Dreier/Schulze/*Schulze* § 37 Rn. 2; Schricker/Loewenheim/*Schricker/Peukert* § 37 Rn. 10; *v. Gamm* § 37 Rn. 2; Mestmäcker/*Schulze* § 37 Rn. 1a). Der **Inhaber** des Nutzungsrechts hingegen kann dem Urheber oder jedem Dritten die dem Urheber durch § 37 Abs. 1 im Zweifel vorbehaltene Nutzung des Werkes nicht verbieten, etwa wenn eine Übersetzung oder ein Drehbuch des Werkes veröffentlicht und verwertet wird, selbst wenn der Nutzungsrechtsinhaber dadurch in der ihm erlaubten Verwertung des Werkes beeinträchtigt wird.

6   Ein Verbotsrecht sollte dem **Nutzungsberechtigten** im Ausnahmefall nur dann gegenüber dem Urheber oder Dritten zugestanden werden, wenn die Veröffentlichung und Verwertung der Bearbeitung durch den Urheber bzw. Verleger oder Dritten gegen die Grundsätze von Treu und Glauben (§ 242 BGB) verstoßen (Ahlberg/Götting/*Soppe* § 37 Rn. 10; Fromm/Nordemann/*J. B. Nordemann* § 37 Rn. 7; a. A. *v. Gamm* § 37 Rn. 2; Schricker/Loewenheim/*Schricker/Peukert* § 37 Rn. 10 m. w. N.).

III. Recht der Bild- und Tonträgerübertragung (§ 37 Abs. 2)

7   Bestehen nach Auslegung des Vertrages Zweifel über den Umfang des eingeräumten Vervielfältigungsrechts, umfasst dieses nicht auch die Übertragung auf Bild- und Tonträger. Der Urheber hat wiederum ein positives Benutzungsrecht hinsichtlich dieser Nutzungsarten und ein negatives Verbietungsrecht gegen den Inhaber des Vervielfältigungsrechts und Dritte (Fromm/Nordemann/*J. B. Nordemann* § 37 Rn. 14; Ahlberg/Götting/*Soppe* § 37 Rn. 11; Schricker/Loewenheim/*Schricker/Peukert* § 37 Rn. 12). Die **Legaldefinition des Bild- und Tonträgers** (§ 16 Abs. 2) gilt für das gesamte UrhG (BT-Drucks. IV/270, 47)

und umfasst neben herkömmlichen technischen Möglichkeiten wie Schallplatten, Ton- und Videobänder auch digitale Speichermedien wie CDs, CD-ROMs, DVDs, Disketten, Festplatten, Speicherkarten, BlueRay Discs usw., solange nur die wiederholte Wiedergabe von Bild- oder Tonfolgen möglich ist. Das Vervielfältigungsrecht eines Musikwerkes für die CD-Verwertung umfasst im Zweifel nicht auch die Verwertung durch Bildträger wie etwa Videokassetten (ebenso Dreier/Schulze/*Schulze* § 37 Rn. 20). Zur Abgrenzung sind auch hier die verschiedenen abspaltbaren Nutzungsarten der Bild- und Tonträgerverwertungen bedeutsam (näher § 31a Rn. 24 ff.).

IV. Recht der öffentlichen Wiedergabe außerhalb der Veranstaltung (§ 37 Abs. 3)

Räumt der Urheber einem anderen ein Nutzungsrecht zur öffentlichen Wiedergabe eines Werkes ein, so ist der Nutzungsberechtigte im Zweifel nicht berechtigt, eine **Bild- oder Tonträgerübertragung** außerhalb der Veranstaltung, für die die öffentliche Wiedergabe bestimmt ist, öffentlich wahrnehmbar zu machen. Das Vortrags- oder Aufführungsrecht des § 19 Abs. 3 umfasst eine solche Befugnis hingegen, wobei dort aber allein auf den objektiv feststellbaren Darbietungsort (vgl. § 19 Rn. 47), im Rahmen des § 37 Abs. 3 hingegen auf die subjektive Zweckbestimmung der Vertragspartner abgestellt wird (Möhring/Nicolini/*Spautz* § 37 Rn. 8). Im Gegensatz zu § 37 Abs. 1 und Abs. 2 hat der Nutzungsberechtigte hier aufgrund der anderen Formulierung der Rechtsfolge aber kein positives Benutzungsrecht, sondern **nur ein negatives Verbotsrecht** gegenüber dem Urheber und Dritten (Dreier/Schulze/*Schulze* § 37 Rn. 27; Ahlberg/Götting/*Soppe* § 37 Rn. 19; *v. Gamm* § 37 Rn. 2; Fromm/Nordemann/*J. B. Nordemann* § 37 Rn. 16; Schricker/Loewenheim/*Schricker/Peukert* § 37 Rn. 14). **8**

§ 38 Beiträge zu Sammlungen

(1) Gestattet der Urheber die Aufnahme des Werkes in eine periodisch erscheinende Sammlung, so erwirbt der Verleger oder Herausgeber im Zweifel ein ausschließliches Nutzungsrecht zur Vervielfältigung, Verbreitung und öffentlichen Zugänglichmachung. Jedoch darf der Urheber das Werk nach Ablauf eines Jahres seit Erscheinen anderweit vervielfältigen, verbreiten und öffentlich zugänglich machen, wenn nichts anderes vereinbart ist.

(2) Absatz 1 Satz 2 gilt auch für einen Beitrag zu einer nicht periodisch erscheinenden Sammlung, für dessen Überlassung dem Urheber kein Anspruch auf Vergütung zusteht.

(3) Wird der Beitrag einer Zeitung überlassen, so erwirbt der Verleger oder Herausgeber ein einfaches Nutzungsrecht, wenn nichts anderes vereinbart ist. Räumt der Urheber ein ausschließliches Nutzungsrecht ein, so ist er sogleich nach Erscheinen des Beitrags berechtigt, ihn anderweit zu vervielfältigen und zu verbreiten, wenn nichts anderes vereinbart ist.

(4) Der Urheber eines wissenschaftlichen Beitrags, der im Rahmen einer mindestens zur Hälfte mit öffentlichen Mitteln geförderten Forschungstätigkeit entstanden und in einer periodisch mindestens zweimal jährlich erscheinenden Sammlung erschienen ist, hat auch dann, wenn er dem Verleger oder Herausgeber ein ausschließliches Nutzungsrecht eingeräumt hat, das Recht, den Beitrag nach Ablauf von zwölf Monaten seit der Erstveröffentlichung in der akzeptierten Manuskriptversion öffentlich zugänglich zu machen, soweit dies keinem gewerblichen Zweck dient. Die Quelle der Erstveröffentlichung ist anzugeben. Eine zum Nachteil des Urhebers abweichende Vereinbarung ist unwirksam.

UrhG § 38   1   § 38 Beiträge zu Sammlungen

Literatur: *v. Becker,* Rechtsprobleme bei Mehr-Autoren-Werkverbindungen, ZUM 2002, 581; *Ehmann/Fischer,* Zweitverwertung rechtswissenschaftlicher Texte im Internet, GRUR Int. 2008, 284; *Hansen,* Zugang zu wissenschaftlicher Information – alternative urheberrechtliche Ansätze, GRUR Int. 2005, 378; *Hansen,* Für ein Zweitveröffentlichungsrecht der Wissenschaftler, GRUR Int. 2009, 799; *Heckmann/Weber,* Open Access in der Informationsgesellschaft – § 38 UrhG de lege ferenda, GRUR Int. 2006, 995; *Hirschfelder,* Open-Access – Zweitveröffentlichungsrecht und Anbietungspflicht als europarechtlich unzulässige Schrankenregelungen? §§ 38 und 43 UrhG de lege ferenda im Lichte der RL 2001/29/EG, MMR 2009, 444; *Hirschfelder,* Anforderungen an eine rechtliche Verankerung des Open Access Prinzips, Saarbrücken 2008; *Krings/Hentsch,* Das neue Zweitverwertungsrecht, ZUM 2013, 909; *Melichar,* Die Begriffe "Zeitung" und "Zeitschrift" im Urheberrecht, ZUM 1988, 14; *Pflüger/Ertmann,* E-Publishing und Open-Access – Konsequenzen für das Urheberrecht im Hochschulbereich, ZUM 2004, 436; *Sandberger,* Zweitverwertungsrecht, ZUM 2013, 466; *Sprang,* Zweitveröffentlichungsrecht – ein Plädoyer gegen § 38 Abs. 4 UrhG-E, ZUM 2013, 461.

Vgl. darüber hinaus die Angaben im eingangs abgedr. Gesamtliteraturverzeichnis.

Übersicht

	Rn.
I. Bedeutung	1
II. Anwendungsbereich	2–5
III. Beiträge zu periodisch erscheinender Sammlung (§ 38 Abs. 1 S. 1)	6–8
1. Allgemeines	6
2. Periodische Sammlung	7
3. Rechtsfolge	8
IV. Beiträge zu nicht periodisch erscheinender Sammlung (§ 38 Abs. 2)	9
V. Beiträge für Zeitungen (§ 38 Abs. 3)	10–14
1. Einfaches Nutzungsrecht (§ 38 Abs. 3 S. 1)	10–12
2. Ausschließliches Nutzungsrecht (§ 38 Abs. 3 S. 2)	13, 14
VI. Zweitveröffentlichungsrecht des Urhebers (§ 38 Abs. 4)	15–25
1. Allgemeines	15
2. Anwendungsbereich (§ 38 Abs. 4 S. 1)	16–20
a) Erschienener wissenschaftlicher Beitrag	16
b) Geförderte Forschungstätigkeit	17
c) Periodisch erscheinenden Sammlung; keine Rückwirkung	18
d) Ausschließliches Nutzungsrecht	19
e) Nicht-gewerblicher Zweck	20
3. Rechtsfolge: Öffentliche Zugänglichmachung	21–23
a) Recht zur öffentlichen Zugänglichmachung	21
b) Enthaltungsfrist	22
c) Manuskriptversion	23
4. Pflicht zur Quellenangabe (§ 38 Abs. 4 S. 2)	24
5. Umgehungsschutz (§ 38 Abs. 4 S. 3)	25

I. Bedeutung

1   § 38 enthält Auslegungsregeln für den Umfang der Rechtseinräumung an Beiträgen in periodisch und nicht periodisch erscheinenden Sammlungen sowie Zeitungen. Die Vorschrift ist vor allem im **Pressebereich** von großer praktischer Bedeutung (Löffler/*J. Löffler* UrhR BT Rn. 136) und ist abdingbar (Dreier/Schulze/*Schulze* § 38 Rn. 2; Möhring/Nicolini/*Spautz* § 38 Rn. 1; *v. Gamm* § 38 Rn. 2; Fromm/Nordemann/*Nordemann-Schiffel* § 38 Rn. 1; Ahlberg/Götting/*Soppe* § 38 Rn. 9; Schricker/Loewenheim/*Schricker/Peukert* § 38 Rn. 3). Fehlt eine andere vertragliche oder tarifrechtliche Regelung, erwirbt der Herausgeber oder der Verleger einer periodisch erscheinenden Sammlung (§ 38 Abs. 1 S. 1) bzw. einer nicht periodisch erscheinenden Sammlung (§ 38 Abs. 2) im Zweifel ein ausschließliches Nutzungsrecht zur Vervielfältigung und Verbreitung des Beitrages bzw. ein einfaches Nutzungsrecht für den Beitrag einer Zeitung (§ 38 Abs. 3 S. 1). Andere Auslegungsregeln (v. a. § 31 Abs. 5 und § 37) bleiben von § 38 unberührt und gelten daneben (*v. Gamm* § 38 Rn. 2;

Fromm/Nordemann/*Nordemann-Schiffel* § 38 Rn. 4; BGH GRUR 2012, 1031, 1039 – Honorarbedingungen Freie Journalisten), wobei § 38 partiell vorrangig ist, soweit es um die hier genannten Fälle geht (Schricker/Loewenheim/*Schricker/Peukert* § 38 Rn. 15). § 38 gilt sowohl für die inhaltliche Bestimmung der gegenständlichen Nutzungsrechte als auch für das der Rechtseinräumung zugrunde liegende Verpflichtungsgeschäft (Schricker/Loewenheim/ *Schricker/Peukert* § 38 Rn. 3). Das **Gesetz zur Nutzung verwaister und vergriffener Werke** und einer weiteren Änderung des Urheberrechtsgesetzes v. 1.10.2013 (BGBl. I S. 3728) hat neben den im Zentrum stehenden Neuregelungen zu verwaisten Werken (§§ 61 bis 61c) zwei Änderungen des § 38 mit sich gebracht: Zum ersten umfassen § 38 Abs. 1 S. 1 und S. 2 neben dem Vervielfältigungs- und Verbreitungsrecht nunmehr **auch** das Recht auf **öffentliche Zugänglichmachung** (§ 19a), was lediglich eine Anpassung an die technische Entwicklung im Interesse sowohl der Verleger als auch der Urheber sein soll (RegE BT-Drucks. 17/13 423 S. 17). Darüber hinaus ist der Gesetzgeber nach jahrelanger Diskussion (vgl. *Hansen* GRUR Int. 2005, 378, 386 f.; *Heckmann/Weber* GRUR Int. 2006, 995 m. w. N.) nunmehr Vorschlägen aus der Wissenschaft zur Einführung eines **Zweitveröffentlichungsrecht für Autoren wissenschaftlicher Beiträge** teilweise gefolgt. Durch die Einfügung des neuen § 38 **Abs. 4** erhält der Urheber eines wissenschaftlichen Beitrags, der im Rahmen einer mindestens zur Hälfte mit öffentlichen Mitteln geförderten Forschungstätigkeit entstanden und in einer periodisch mindestens zweimal jährlich erscheinenden Sammlung erschienen ist, auch dann, wenn er dem Verleger oder Herausgeber ein ausschließliches Nutzungsrecht eingeräumt hat, das Recht, den Beitrag nach Ablauf von zwölf Monaten seit der Erstveröffentlichung in der akzeptierten Manuskriptversion öffentlich zugänglich zu machen, soweit dies keinem gewerblichen Zweck dient (Abs. 4 S. 1). Dabei ist die Quelle der Erstveröffentlichung anzugeben (Abs. 4 S. 2). Zum Nachteil des Urhebers abweichende Vereinbarungen sind unwirksam (Abs. 4 S. 3). Die Regelung soll einen freieren und günstigeren Zugang zu solchen wissenschaftlichen Ergebnissen ermöglichen, die überwiegend mit öffentlichen Geldern gefördert wurden, indem wissenschaftliche Autoren ihre Publikationen im Wege des Open Access (zweit-)veröffentlichen können (insgesamt kritisch zur Neuregelung *Sprang* ZUM 2013, 461). Das Zweitveröffentlichungsrecht ist auf wissenschaftliche Beiträge in mindestens zweimal jährlich periodisch erscheinenden Sammlungen beschränkt, erstreckt sich also nicht auf Beiträge zu wissenschaftlichen Schriftenreihen, Handbüchern, Monographien oder Kommentare. Die Regelung zielt damit in erster Linie auf wissenschaftliche Zeitschriften (RegE BT-Drucks. 17/13 423 S. 17). Durch diese Beschränkung und durch die Frist von 12 Monaten nach der Erstveröffentlichung soll die Amortisation verlegerischer Investitionen für die Erstveröffentlichung gewährleistet werden (RegE BT-Drucks. 17/13 423 S. 17). Das neue Autoren-Zweitveröffentlichungsrecht folgt keinem Erfordernis der bis zum 29.10.2014 umzusetzenden Verwaiste-Werke-Richtlinie (s. Vor §§ 31 ff. Rn. 2), sondern nimmt Vorschläge aus der in der wissenschaftlichen Praxis seit Jahren vehement geführten „Open Access"-Diskussion teilweise auf, bleibt aber inhaltlich deutlich hinter diesen zurück. Näheres s. unten Rn. 15 ff.

II. Anwendungsbereich

Für Verträge über **schutzunfähige Beiträge** gilt als speziellere Vorschrift § 39 VerlG (*Schricker* §§ 39/40 VerlG Rn. 1 ff.). § 38 ist hinsichtlich der Zeitspannen analog anzuwenden bei der näheren Bestimmung der **Enthaltungspflicht** des Verfassers i. S. eines Konkurrenzverbots (dazu Vor §§ 31 ff. Rn. 117) in Bezug auf den konkreten Beitrag (*v. Gamm* § 38 Rn. 4; Schricker/Loewenheim/*Schricker/Peukert* § 38 Rn. 3). § 38 gilt nur im Rechtsverhältnis zwischen dem Urheber des Beitrages und dem Verwerter, wobei mit den Begriffen „Verleger" und „Herausgeber" der Inhaber der Sammlung oder Zeitung im Sinne des wirtschaftlichen Eigentümers gemeint ist.

3 Während der **Verleger** der Unternehmer ist, der das Erscheinen und Verbreiten von Druckwerken bewirkt (OLG Düsseldorf NJW 1980, 71), ist der **Herausgeber** die Person, die beim Erscheinen lassen des Druckwerkes die geistige Oberaufsicht führt und somit die „geistige Richtung" des Druckwerkes bestimmt (vgl. Ahlberg/Götting/*Soppe* § 38 Rn. 23; *Schricker* § 41 VerlG Rn. 13 ff.). Für § 38 ist bedeutsam, wer Vertragspartner des Urhebers ist, wem also die Rechte eingeräumt wurden. Dies ist das Unternehmen, welches die Sammlung (Zeitschrift, Buchreihe, Jahrbuch usw.) gründet, den Titel erfindet, Mitarbeiter engagiert, das Entscheidungsrecht über die wirtschaftliche Seite des Unternehmens ausübt, und das wirtschaftliche Risiko trägt (Fromm/Nordemann/*Nordemann-Schiffel* § 38 Rn. 5; *Schricker* § 41 VerlG Rn. 15 m. w. N.; RGZ 68, 49 ff.; BGHZ 15, 1 ff.; BGH GRUR 1968, 329, 331 – Der kleine Tierfreund; OLG Frankfurt a. M. GRUR 1986, 242 – Gesetzessammlung).

4 Als „**Herausgeber**" wird in der Praxis häufig ein Mitautor eines Sammelwerkes bezeichnet, der bei der Auswahl und Sichtung der Beiträge eine leitende Funktion einnimmt. Er ist aber regelmäßig kein Herausgeber im Sinne der Vorschrift, wenn nicht obige Kriterien der **Inhaberschaft** auf ihn zutreffen. Im Verhältnis zwischen Verleger und dem Inhaber des Urheberrechts an einem **Sammelwerk** (§ 4) gilt § 38 nicht. Für Zeitungen, Zeitschriften und sonstige periodische Sammelwerke gelten ferner die Regelungen des **Verlagsgesetzes**, §§ 41, 43 ff. und 45 VerlG (zur Kündigung bei periodischen Sammelwerken) (*v. Gamm* § 38 Rn. 1; *Schricker* § 41 VerlG Rn. 1; Schricker/Loewenheim/ *Schricker/Peukert* § 38 Rn. 15; OLG Frankfurt a. M. GRUR 1967, 151, 153 – Archiv).

5 § 38 ist nicht nur auf Beiträge zugeschnitten, die unverlangt bei Zeitungen bzw. Zeitschriften eingesandt oder im Rahmen sonstiger Vertragsverhältnisse (Werkvertrag, Verlagsvertrag, Abdruckvertrag etc.) geschaffen werden, sondern gilt auch für fest angestellte Urheber, etwa Hausjournalisten. Soweit tarifrechtliche Regelungen oder **arbeitsvertragliche Vereinbarungen** nicht vorliegen, bleibt § 38 anwendbar (Dreier/Schulze/*Schulze* § 38 Rn. 2; Ahlberg/Götting/*Soppe* § 38 Rn. 4; Schricker/Loewenheim/*Rojahn* § 43 Rn. 103; dagegen Löffler/*Löffler* UrhR BT Rn. 136, der im Rahmen eines Arbeits- und Dienstverhältnisses die Anwendung des § 38 ablehnt).

III. Beiträge zu periodisch erscheinender Sammlung (§ 38 Abs. 1 S. 1)

1. Allgemeines

6 Die Gestattung des Urhebers zur Aufnahme des Beitrages in einer periodisch erscheinenden Sammlung impliziert dessen Zustimmung zur Einräumung eines **ausschließlichen Nutzungsrechts**. Dies kann auch konkludent etwa durch Zusenden des Beitrages an den eine Zeitschrift herausgebenden Verlag erfolgen, spätestens aber mit Unterzeichnung der **Druckfertigerklärung** bei Zurücksendung der Korrekturfahnen (OLG Köln WRP 2000, 549, 552). Sind keine vertraglichen Abreden erkennbar, greift § 38 in dem begrenzten Rahmen der gesetzlichen Auslegung, d. h. der Verleger oder Herausgeber erwirbt dann ein ausschließliches Nutzungsrecht zur **Vervielfältigung** (§ 16) und zur **Verbreitung** (§ 17) des Beitrages in seiner Zeitschrift. Ein **Recht zur öffentlichen Zugänglichmachung** (§ 19a) ist nun ausdrücklich mitumfasst; es ergab sich aus den körperlichen Verwertungsformen nach früherem Gesetzeswortlaut nicht (*Heckmann/Weber* GRUR Int. 2006, 995, 996; ebenso *Ehmann/Fischer* GRUR Int. 2008, 284, 288 mit dem Vorschlag einer analogen Anwendung; für analoge Anwendung bereits vor Inkrafttreten der Neuregelung [s. oben Rn. 1] de lege lata anterior Schricker/Loewenheim/*Schricker/Peukert* § 38 Rn. 10a; Dreier/ Schulze/*Schulze* § 38 Rn. 11); dieses Recht der unkörperlichen Verwertung ist heute allerdings in aller Regel zusätzlich vereinbart. Tritt der Urheber alleine mit dem Herausgeber in

Kontakt, der nicht selbst Inhaber des Sammelwerkes ist (dazu oben Rn. 4), so ist zu klären, ob der Herausgeber im eigenen Namen oder als Vertreter (§§ 164 ff. BGB) des Verlegers gehandelt hat (*Schricker* § 41 VerlG Rn. 18). Als Vertreter des Verlegers sind auch andere Personen denkbar, z. B. Chefredakteur bzw. verantwortliche Redakteure.

2. Periodische Sammlung

Unter Sammlungen sind hier nicht nur Sammelwerke (§ 4) zu verstehen, sondern auch **7** **Sammlungen** ohne eigenschöpferische Auswahl und Anordnung (Ahlberg/Götting/*Soppe* § 38 Rn. 16), etwa Zeitschriften, Kalender, Almanache, Jahrbücher usw. Dabei kommt es nicht darauf an, ob die Sammlungen regelmäßig oder unregelmäßig erscheinen, erforderlich ist nur die fortlaufende **(periodische)** Folge der Verbreitung der Sammlung (Dreier/Schulze/*Schulze* § 38 Rn. 10; *v. Gamm* § 38 Rn. 6; Ahlberg/Götting/*Soppe* § 38 Rn. 19), also das Erscheinen in ständiger und unbegrenzter Folge. Solche periodisch erscheinenden Sammlungen bzw. Sammelwerke können, müssen aber nicht mit den periodischen Druckwerken im presserechtlichen Sinn (§ 7 LPG) identisch sein, wonach ein periodisches Druckwerk nur vorliegt, wenn der zeitliche Abstand zwischen den einzelnen Erscheinungsterminen nicht mehr als 6 Monate beträgt (Löffler/*Sedelmeier* § 7 LPG Rn. 76). Auch Jahresbände, die jeweils eine andere inhaltliche Auswahl enthalten, bleiben dennoch eine periodisch erscheinende Sammlung i. S. d. § 38 Abs. 1 S. 1, z. B. ein jährlicher Almanach über neu erschienene Bühnenwerke.

3. Rechtsfolge

Ergibt sich aus dem Vertrag kein Hinweis über die Einräumung der Nutzungsrechte, hat **8** im Zweifel der Verleger oder Herausgeber das **ausschließliche Nutzungsrecht am Werk für ein Jahr** seit Erscheinen (§ 6) des Beitrages (§ 38 Abs. 1 S. 2). Der Verleger oder Herausgeber kann mit dem Autor vereinbaren, dass die weitere Verwertung des Werkes vor Ablauf eines Jahres nach § 38 Abs. 1 S. 2 erfolgen kann (BGH GRUR 2012, 1031, 1039 – Honorarbedingungen Freie Journalisten). Anschließend wird das ausschließliche Nutzungsrecht kraft Gesetz zu einem einfachen Nutzungsrecht (Dreier/Schulze/*Schulze* § 38 Rn. 16; *v. Gamm* § 38 Rn. 5; Schricker/Loewenheim/*Schricker/Peukert* § 38 Rn. 18; Heckmann/*Weber* GRUR Int. 2006, 995, 998), d. h. der Urheber kann nunmehr seinen Beitrag auch anderweitig vervielfältigen und verbreiten lassen bzw. öffentlich zugänglich machen (lassen) i. S. d. § 19a (für eine analoge Anwendung bereits vor Inkrafttreten der Neuregelung Ehmann/*Fischer* GRUR Int. 2008, 284, 288; dem folgend Schricker/Loewenheim/*Schricker/Peukert* § 38 Rn. 10a; im Ergebnis ebenso Dreier/Schulze/*Schulze* § 38 Rn. 11). Der Urheber trägt die Beweislast dafür, dass der Verleger oder Herausgeber nur ein einfaches Nutzungsrecht erworben hat (Möhring/Nicolini/*Spautz* § 38 Rn. 10). Hat der Verleger das einfache Nutzungsrecht, kann er das Werk nur in der vereinbarten Nutzungsart verwerten. Ist etwa ein Vervielfältigungsrecht auf CD-ROM nicht vereinbart, muss der Verleger dieses Nutzungsrecht gesondert erwerben (BGH GRUR 2002, 248, 251 – Spiegel-CD-ROM).

IV. Beiträge zu nicht periodisch erscheinender Sammlung (§ 38 Abs. 2)

Erscheint die Sammlung nicht laufend und hat der Urheber sein Werk dem Verleger **9** oder Herausgeber **ohne** (echte, nicht nur scheinbare) **Vergütung** überlassen, erwirbt dieser im Zweifel das **ausschließliche Nutzungsrecht** zur Vervielfältigung und Verbreitung ebenfalls **für ein Jahr** seit Erscheinen. Bei nicht periodisch erscheinenden Sammlungen kann es sich entweder um einheitlich geschlossene Werke (z. B. **Festschriften**) oder auch um einheitlich geschlossene Werke in Einzellieferungen (z. B. Lexika, Handbücher, Enzyklopädien) handeln (*v. Gamm* § 38 Rn. 7; RGZ 112, 2, 4 – Brehms-Tierleben). Nach Ablauf des Jahres wandelt sich das Nutzungsrecht wiederum in ein **einfaches Nutzungsrecht** um und der Urheber darf das Werk selbst anderweitig verwerten (§ 38 Abs. 2 i. V. m. Abs. 1 S. 2; Schricker/Loewenheim/*Schricker/Peukert* § 38 Rn. 19; *Ehmann/Fischer* GRUR Int. 2008, 284, 290).

V. Beiträge für Zeitungen (§ 38 Abs. 3)

1. Einfaches Nutzungsrecht (§ 38 Abs. 3 S. 1)

10 Überlässt der Urheber ein geschütztes Werk (zu Nachrichten und Agenturmeldungen vgl. § 2 Rn. 54) als Beitrag einem Verleger oder Herausgeber einer Zeitung, so erwerben diese nur das **einfache Nutzungsrecht,** wenn nichts anderes vereinbart worden ist (Dreier/Schulze/*Schulze* § 38 Rn. 20; Schricker/Loewenheim/*Schricker/Peukert* § 38 Rn. 20; Dreyer/Kotthoff/Meckel/*Kotthoff* § 38 Rn. 11). Der Urheber kann also seinen Beitrag verschiedenen Zeitungen anbieten, und diese dürfen ihn nebeneinander abdrucken. Eine Abweichung von diesem gesetzlichen Leitbild durch Vereinbarung einer zeitlich unbefristeten Übertragung des Nutzungsrechts in AGB kann wegen Verstoß gegen § 307 BGB unwirksam sein (vgl. LG Braunschweig ZUM 2012, 66, 72; LG Rostock ZUM 2010, 828). Auch eine vertragliche Klausel, wonach die Rückübertragung eines einfachen Nutzungsrechts an den Urheber davon abhängig gemacht wird, dass der Beitrag vorab in einer bestimmten Zeitung veröffentlicht werden soll, ist mit dem wesentlichen Grundgedanken des § 38 Abs. 3 unvereinbar (LG München ZUM 2012, 904, 908).

11 Im Einzelfall kann die **Abgrenzung** einer Zeitung **zur Zeitschrift** schwierig sein; hier ist im Zweifel zugunsten des Urhebers i. S. d. § 38 Abs. 3 zu entscheiden. Während bei einer **Zeitung** die tagebuchartig fortlaufende Berichterstattung über aktuelle Ereignisse (**Tages-** oder **Wochenzeitungen;** ebenso LG Hamburg BeckRS 2010, 20723 für die „ZEIT") im Vordergrund steht, ist für die Zeitschrift charakteristisch, dass sie sich auf ihrem Gebiet (z. B. Wissenschaft, Wirtschaft, Gesellschaft etc.) mit besonderen Fragen oder Stoffen von längerfristigem Interesse beschäftigt (Dreier/Schulze/*Schulze* § 38 Rn. 21; Löffler/*M. Bullinger* Einl. Rn. 15).

12 Die Einordnung von **Nachrichtenmagazinen** (z. B. „Der Spiegel", „Focus") ist strittig. Diese wird man wohl trotz der Nähe zur Wochenzeitung aufgrund der aufwendigeren Aufmachung mit erhöhten Investitionen und längerfristigen Auswertungsinteressen nicht als Zeitung, sondern als Zeitschrift ansehen müssen (vgl. § 48 Rn. 4 für § 48: Zeitschrift i. S. d. § 8 sowie § 49 Rn. 6 für § 49: Zeitung i. S. d. § 9), weil sie nicht in Blättern, sondern regelmäßig in Heften erscheinen und nicht nur die Funktion haben, die Leser vorwiegend über das Tagesgeschehen zu informieren (str., wie hier § 48 Rn. 4; Dreier/Schulze/*Schulze* § 38 Rn. 21; *Schricker* § 41 VerlG Rn. 6; Schricker/Loewenheim/*Schricker/Peukert* § 38 Rn. 14; Ahlberg/Götting/*Soppe* § 38 Rn. 40; vgl. auch Löffler/*M. Bullinger* Einl. Rn. 16; a. A. Fromm/Nordemann/*Nordemann-Schiffel* § 38 Rn. 17; *Rehbinder* Rn. 228; noch anders *Melichar* ZUM 1988, 14, 18, der nur reine Tageszeitungen als Zeitungen i. S. d. § 38 qualifizieren will; vgl. auch BGH GRUR 2005, 670 – Wirtschaftswoche: Wirtschaftswoche, DM, Spiegel, Focus sind **Zeitungen** i. S. d. § 49; ebenso LG Hamburg BeckRS 2010, 20723 für die „ZEIT").

2. Ausschließliches Nutzungsrecht (§ 38 Abs. 3 S. 2)

13 Räumt der Urheber dem Verleger oder Herausgeber einer Zeitung ein ausschließliches Nutzungsrecht ein (§ 38 Abs. 3 S. 2), so ist der Urheber sogleich nach Erscheinen (§ 6 Abs. 2) des Beitrages berechtigt, einem Dritten das Vervielfältigungs- (§ 16) und Verbrei-

tungsrecht (§ 17) einzuräumen. **Mit dem Erscheinen erlischt zugleich das Ausschließlichkeitsrecht** des Nutzungsberechtigten, dessen Verbotsrecht nur vor oder während des Erscheinens ausgeübt werden kann (Schricker/Loewenheim/*Schricker/Peukert* § 38 Rn. 21; Ahlberg/Götting/*Soppe* § 38 Rn. 28). Wird einem Verleger einer Zeitung der Beitrag für die Montagsausgabe ausschließlich überlassen und wird nichts anderes vereinbart, darf der Urheber also den Beitrag nicht schon am Sonntag vorher im Internet zum Abruf bereitstellen oder einer Sonntagszeitung überlassen.

Erscheint der Beitrag in mehreren **Fortsetzungen** (z.B. Abdruck eines Romans in einer Tageszeitung), dann endet das Ausschließlichkeitsrecht und damit das Verbotsrecht erst mit dem Erscheinen der letzten Folge, es sei denn, die einzelnen Folgen sind gesondert verwertbar (Dreier/Schulze/*Schulze* § 38 Rn. 23; Möhring/Nicolini/*Spautz* § 38 Rn. 9; Fromm/Nordemann/*Nordemann-Schiffel* § 38 Rn. 16; Schricker/Loewenheim/*Schricker/Peukert* § 38 Rn. 21). Die **Beweislast** für eine anderweitige Vereinbarung, wonach der Urheber nicht sogleich nach Erscheinen des Beitrages berechtigt sein soll, ihn selbst anderweitig zu vervielfältigen und zu verbreiten, trägt der Verleger bzw. der Herausgeber (Möhring/Nicolini/*Spautz* § 38 Rn. 10).

VI. Zweitveröffentlichungsrecht des Urhebers (§ 38 Abs. 4)

1. Allgemeines

Das besondere **Zweitveröffentlichungsrecht** des Urhebers (§ 38 Abs. 4) wurde im Rahmen des Gesetzes zur Nutzung verwaister und vergriffener Werke und einer weiteren Änderung des Urheberrechtsgesetzes vom 1.10.2013 (BGBl. I S. 3728) eingeführt und ist seit dem **1.1.2014** in Kraft. Die Regelung (krit. *Krings/Hentsch* ZUM 2013, 909 ff.) beruht auf einer Empfehlung des Bundesrates vom 12.10.2012 (BR-Drucks. 514/12) nach Vorschlägen aus der Praxis zur Erleichterung des Zugangs zu wissenschaftlichen Forschungsergebnissen, insbesondere auch durch Bibliotheken der Universitäten und sonstige Forschungseinrichtungen, deren Beschaffungsetats insbesondere für wissenschaftliche Zeitschriften bei steigenden Preisen seit Jahren stagnieren oder zurückgehen einerseits, und dem steigenden Druck zur Veröffentlichung wissenschaftlicher Ergebnisse in angesehenen kommerziell betriebenen wissenschaftlichen Zeitschriften mit dem Zwang zur Akzeptanz der uneinheitlichen Vertragsbedingungen der in Teilbereichen quasi-monopolistisch agierenden Wissenschaftsverlage andererseits, vom historischen Gesetzgeber als „Publikationskrise" (RegE BT-Drucks. 17/13423, S. 17) bezeichnet. Die Diskussion um das Erfordernis und die Ausgestaltung einer Regelung zur Zweitverwertung wissenschaftlicher Werke wurde bereits im Rahmen des Zweiten Korbes (s. Vor §§ 31 ff. Rn. 5) geführt (vgl. nur *Pflüger/Ertmann* ZUM 2004, 436; *Hansen* GRUR Int. 2005, 378; *Heckmann/Weber* GRUR Int. 2006, 995; Stellungnahme des Bundesrates BR-Drs. 257/06 v. 19.5.2006; dazu Gegenäußerung der Bundesregierung), dann aber vom Gesetzgeber nicht weiter verfolgt. Auf Grundlage eines Referentenentwurfs v. 20.2.2013 (RefE) entstand der Gesetzentwurf der Bundesregierung vom 5.4.2013 (RegE, BT-Drucks. 17/13423). Die Regelung folgt dem urhebervertraglichen Modell, schafft also keine neue Schrankenregelung und keine Zwangslizenz. Vielmehr erhält der Urheber (und nur dieser) ein **unabdingbares Zweitveröffentlichungsrecht** (genauer: ein Recht zur öffentlichen Zugänglichmachung) im Rahmen sog. „Open-Access"-Modelle, und kann über das Ob und Wie dieser Zweitveröffentlichung im Rahmen der Regelung selbst entscheiden, ist aber nicht zur Einräumung von Rechten zur Zweitveröffentlichung verpflichtet. Die Regelung kommt insbesondere Wissenschaftlern und nichtgewerblich handelnden Wissenschaftsinstitutionen (Universitäten, Forschungseinrichtungen) bzw. deren Repositorien zugute. Trotz der Unabdingbarkeit (s. unten Rn. 25) handelt es sich bei dem besonderen Zweitveröffentlichungsrecht nicht um eine Ausnahme oder Beschränkung i. S. d. Art. 5 der Multimedia-Richtlinie

(s. Vor §§ 31 ff. Rn. 2), denn die Regelung sieht gerade keine privilegierten Ausnahmen zur erlaubnisfreien Nutzung durch die Allgemeinheit oder einen bestimmten Personenkreis vor, sondern schränkt lediglich ein vom Urheber selbst eingeräumtes ausschließliches Nutzungsrecht im Interesse des und für den Urheber selbst ein (a. A. zum Normvorschlag offenbar *Hirschfelder* MMR 2009, 444; dagegen zu Recht *Hansen* GRUR Int. 2009, 799, 801 m. w. N.; ähnlich *Sandberger* ZUM 2013, 466, 472: europarechtskonform; a. A. *Sprang* ZUM 2013, 461, 465; europarechtlich unzulässige Schrankenregelung).

2. Anwendungsbereich (§ 38 Abs. 4 S. 1)

16 **a) Wissenschaftlicher Beitrag.** Der Begriff „wissenschaftlicher Beitrag" ist gesetzlich nicht definiert. In Betracht kommen hier in erster Linie Schriftwerke (§ 2 Abs. 1 Nr. 1) mit wissenschaftlichem Inhalt (siehe § 2 Rn. 50), aber auch Darstellungen wissenschaftlicher oder technischer Art wie Zeichnungen, Pläne, Karten, Skizzen, Tabellen und plastische Darstellungen (§ 2 Abs. 1 Nr. 7, s. dazu § 2 Rn. 131 ff.). In beiden Fällen bestehen keine hohen Anforderungen an die Schöpfungshöhe, so dass auch Beiträge mit einfachsten wissenschaftlichen Erkenntnissen in den Anwendungsbereich fallen, so lange nur die sprachliche Gestaltung oder Darstellung auf einer individuellen Gedankenführung oder auf einer individuellen Auswahl oder Darstellung der Inhalte beruhen.

17 **b) Geförderte Forschungstätigkeit.** Der Beitrag muss im Rahmen einer mindestens zur Hälfte **mit öffentlichen Mitteln geförderten Forschungstätigkeit** entstanden sein. Nach dem Regierungsentwurf soll dies nur Forschungstätigkeiten umfassen, die im Rahmen der öffentlichen Projektförderung oder an einer institutionell geförderten außeruniversitären Forschungseinrichtung durchgeführt werden (RegE BT-Drucks. 17/13 423, S. 11 f., 17). Der Referentenentwurf hatte demgegenüber noch auf eine „mit öffentlichen Mitteln finanzierte Lehr- und Forschungstätigkeit" abgestellt und den Hochschulbereich eingeschlossen (RefE 5, 14 f., 20). Die Abkehr von dieser Formulierung und die Begründung des Regierungsentwurfs lassen erkennen, dass Beiträge, die im Rahmen der **universitären Lehre und Forschung an staatlichen Hochschulen** entstanden sind, von der Regelung offenbar **nicht erfasst** sein sollen (RegE BT-Drucks. 17/13 423, S. 17; zu Recht kritisch *Sandberger* ZUM 2013, 466, 469). Dem Gesetzeswortlaut lässt sich dies allerdings nicht entnehmen, rein sprachlich handelt es sich auch und gerade bei der universitären Forschung ohne Weiteres um eine „mit öffentlichen Mitteln geförderte Forschungstätigkeit". Die im Regierungsentwurf genannten Punkte (RegE BT-Drucks. 17/13 423, S. 11 f.) vermögen in Bezug auf den Regelungszweck der Norm eine unterschiedliche Behandlung nicht zu begründen, und nehmen den wohl weitaus umfangreichsten und bedeutendsten Teil wissenschaftlicher Forschung ohne Not aus dem Anwendungsbereich der Norm heraus, und zwar gerade denjenigen Bereich, der zu einem weit überwiegenden Teil oder vollständig von Steuergeldern finanziert wird (so mit Recht die Stellungnahme des Bundesrates zum RegE, BT-Drucks. 17/13 423, Anl. 3 S. 26; hierauf ist die Bundesregierung in ihrer Gegenäußerung BT-Drucks. 17/13 423, Anl. 4 S. 29 nicht eingegangen). Durch eine solche – stillschweigende – Bereichsausnahme bliebe vom ursprünglichen Regelungsanlass (s. oben Rn. 15) nur noch wenig übrig, und die Neuregelung liefe praktisch ins Leere (ähnlich *Sandberger* ZUM 2013, 466, 470: verfassungsrechtlich bedenklich; BRat-Drucks 643/13 Beschluss v. 20.9.2013 S. 2 lit. d): Anwendungsbereich erstreckt sich zumindest im Wege einer verfassungskonformen Auslegung auch auf das gesamte an den Hochschulen beschäftigte wissenschaftliche Personal). Die Norm ist daher objektiv so zu verstehen, dass der gesamte Bereich der (vollständig oder mehrheitlich) öffentlich finanzierten Forschung und Lehre umfasst ist (vgl. *Hansen* GRUR 2005, 378, 380 zu rechtspolitischen Erwägungen de lege ferenda (im Ergebnis ebenso BRat-Drucks 643/13 Beschluss v. 20.9.2013 S. 2 lit. d): verfassungskonforme Auslegung; a. A. unter Hinweis auf die Gesetzesbegründung *Sandberger* ZUM 2013, 466, 459).

c) **Periodisch erscheinende Sammlung; keine Rückwirkung.** Der Beitrag muss **18** erschienen sein (§ 6 Abs. 2 S. 1, s. § 6 Rn. 24ff.), und zwar in einer periodisch mindestens zweimal jährlich erscheinenden Sammlung (s. oben Rn. 6f.). Nach der Entstehungsgeschichte und der Gesetzbegründung bezweckt die Regelung einen Steuerungseffekt auf Beiträge in **wissenschaftliche Zeitschriften**, nicht jedoch auf Beiträge in wissenschaftlichen Schriftenreihen, Handbüchern, Monografien oder Kommentaren (RefE 20, RegE BT-Drucks. 17/13423, S. 17; *Hansen* GRUR Int. 2005, 378, 384). Das Gesetz sieht **keine Rückwirkung** vor. Damit ist die Regelung auf Nutzungsrechte an solchen Beiträgen nicht anwendbar, die aufgrund Einräumung eines ausschließlichen Nutzungsrechts durch den Urheber vor Inkrafttreten der Neuregelung erschienen sind.

d) **Ausschließliches Nutzungsrecht.** Das Zweitveröffentlichungsrecht besteht nach **19** Abs. 4 S. 1 „auch dann, wenn [der Urheber] dem Verleger oder Herausgeber ein ausschließliches Nutzungsrecht eingeräumt hat". Die Regelung beschränkt sich somit auf den praktischen Hauptanwendungsfall, dass der Urheber dem Verleger oder Herausgeber (siehe oben Rn. 3f.) der periodisch erscheinenden Sammlung (siehe oben Rn. 18) ein ausschließliches Nutzungsrecht hierzu eingeräumt hat. Hat der Urheber an einem Beitrag bisher kein oder nur ein einfaches Nutzungsrecht eingeräumt, schließt die Neuregelung das Bestehen eines Zweitveröffentlichungsrechts nicht etwa aus, ein solches ist nur praktisch nicht notwendig, denn der Urheber kann den Beitrag dann ohnehin selbst verwerten und somit auch öffentlich zugänglich machen.

e) **Nicht-gewerblicher Zweck.** Das Zweitveröffentlichungsrecht ist (im Sinne einer **20** negativen Tatbestandsvoraussetzung) ausgeschlossen, wenn die öffentliche Zugänglichmachung einem gewerblichen Zweck dient. Das Gesetz bestimmt nicht näher, was darunter zu verstehen ist. Nach der Gesetzesbegründung soll abweichend vom gewerbe- oder steuerrechtlichen Gewerbebegriff die Zugänglichmachung „zu gewerblichen Zwecken" jede Zugänglichmachung erfassen, die mittelbar oder unmittelbar der Erzielung von Einnahmen dient, sowie jede Zugänglichmachung, die im Zusammenhang mit einer Erwerbstätigkeit steht (RegE BT-Drucks. 17/13423, S. 17). Da insbesondere die vom Regelungszweck (s. oben Rn. 15) erfassten Forschungstätigkeit in aller Regel (wenn nicht stets) eine professionelle Tätigkeit im Rahmen einer Erwerbstätigkeit ist und die Zweitveröffentlichung hiermit natürlich immer im Zusammenhang steht bzw. immer auch mittelbar der künftige Erzielung von Einnahmen dient, würde eine solche umfassende Auslegung den Anwendungsbereich der Norm auf die reine Amateurforschung reduzieren und wäre weder sach- noch normgerecht. Die Regelung ist daher so auszulegen und so zu verstehen, dass aus der bloßen Zweitveröffentlichung selbst keine unmittelbaren Einnahmen (in Form von Honoraren etc.) generiert werden, sondern die Zweitveröffentlichung lediglich dazu erfolgt, um im Interesse des wissenschaftlichen Fortschritts die wissenschaftlichen Ergebnisse (erneut) zu verbreiten und der Allgemeinheit im Sinne einer Verfolgung nicht kommerzieller Zwecke kostenlos zur Verfügung zu stellen (vgl. § 52a Abs. 1, s. dazu § 52a Rn. 15; ähnlich *Sandberger* ZUM 2013, 466, 471: Ausschluss eines Entgelt und Verbot der Überlassung an kommerzielle Datenbanken).

3. Rechtsfolge: Öffentliche Zugänglichmachung

a) **Recht zur öffentlichen Zugänglichmachung.** Der Autor erhält das Recht, den ei- **21** genen wissenschaftlichen Beitrag (erstmals oder erneut) öffentlich zugänglich zu machen (§ 19a, s. § 19a Rn. 5ff.). Dieses Recht kann der Autor selbst ausüben, z.B. indem er den Beitrag auf einer eigenen Website zum Download bereithält (sog. Self-Archiving). Der Autor kann aber den Beitrag auch (unentgeltlich, s. oben Rn. 20) einem Dritten zur öffentlichen Zugänglichmachung zur Verfügung stellen (so schon *Hansen* GRUR Int. 2005, 378, 386), beispielsweise einem Repositorium (Archiv zur Aufbewahrung von Dokumenten, die öffentlich und allgemein zugänglich sind) der Forschungseinrichtung in Form einer Website oder sonstigen Form, die eine öffentliche Zugänglichmachung darstellt (dazu § 19a Rn. 10f.).

22 **b) Enthaltungsfrist.** Das Zweitveröffentlichungsrecht kann frühestens zwölf Monate nach der Erstveröffentlichung ausgeübt werden. Die Frist von zwölf Monaten soll eine Amortisierung der verlagsseitig getätigten Investitionen für das Erscheinen in der periodischen Sammlung ermöglichen (RegE BT-Drucks. 17/13423, S. 17). Hieraus ergibt sich, dass mit „Erstveröffentlichung" nicht die Erstveröffentlichung im urheberpersönlichkeitsrechtlichen Sinn (§ 12 Abs. 1) gemeint ist, sondern vielmehr auf den Zeitpunkt des Erscheinens des Beitrages in der periodischen Sammlung abzustellen ist. Im Rahmen der Diskussion der Neuregelung wurden auch kürzere Fristen ins Feld geführt (vgl. *Hansen* GRUR Int. 2005, 378, 382; BR-Drs. 257/06 v. 19.5.2006, S. 6: sechs Monate), der Gesetzgeber wollte aber den Interessen gewerblicher Verleger entgegen kommen (RegE BT-Drucks. 17/13423, S. 17).

23 **c) Manuskriptversion.** Die Zweitveröffentlichung ist nur in der **akzeptierten Manuskriptversion** zulässig. Das Gesetz bestimmt nicht näher, was damit gemeint sein soll. Die Gesetzesbegründung besagt, dass die Zweitveröffentlichung „nur in der vom Verlag zur Veröffentlichung akzeptierten Manuskriptversion" erfolgen dürfe (RegE BT-Drucks. 17/13423, S. 17). Nach dem Referentenentwurf sollte – bei gleichem Wortlaut insoweit – hierdurch verhindert werden, dass die Zweitveröffentlichung in der Verlagsversion und damit im Format der Erstveröffentlichung erfolgt (RefE 21), wohl um die wirtschaftlichen Investitionen des Verlages zu schützen und dem Urheber keinen etwaigen Ansprüchen wegen Leistungsübernahme auszusetzen (zu Recht kritisch *Heckmann/Weber* GRUR Int. 2006, 995, 999). Der ursprüngliche Normvorschlag aus der Wissenschaft enthielt keine solche Begrenzung, referierte jedoch die geänderte Post-Print-Policy einer maßgeblichen US-Wissenschaftsverlagsgruppe, wonach Autoren nach Ablauf der Karenzzeit „die eigene Endversion" des Beitrages auf die eigene Homepage oder die der betreffenden wissenschaftlichen Institution stellen dürfen (*Hansen* GRUR 2005, 378, 387). Bei normativer Betrachtung unter Berücksichtigung des Zwecks der Vorschrift (s. oben Rn. 15) ist unter der akzeptierten Manuskriptversion diejenige letzte Fassung des Beitrages zu verstehen, die der Urheber dem Verlag zur Drucklegung mit den letzten Korrekturen zur Druckfreigabe übermittelt hat, und zwar einschließlich etwaiger vom Verlag vorgegebener oder vorgenommener Formatierungen, insbesondere der Seitenzahlen der verlegerischen Veröffentlichung (enger *Sandberger* ZUM 2013, 466, 470: Fassung des vom Verlag akzeptierten Manuskripts nach Durchführung des Qualitätssicherungsverfahrens [Peer Review], aber für korrektes Zitat Rückgriff auf Verlagsversion erforderlich). Anderenfalls liefe die Neuregelung leer, denn der Beitrag in der zweitveröffentlichten Form wäre nicht mehr zitierfähig (vgl. *Heckmann/Weber* GRUR Int. 2006, 995, 999; *Hansen* GRUR Int. 2009, 799, 803). Dies bedeutet jedoch nicht, dass der Urheber eine Kopie oder einen Scan seines Beitrages aus der periodischen Sammlung öffentlich zugänglich machen darf.

4. Pflicht zur Quellenangabe (§ 38 Abs. 4 S. 2)

24 Bei der Zweitveröffentlichung des Beitrages ist die Quelle der Erstveröffentlichung anzugeben (§ 38 Abs. 4 S. 2). Dies dient nach der Gesetzesbegründung dem Interesse des Verlegers der periodischen Sammlung (RegE BT-Drucks. 17/13423, S. 17). Das Gesetz verlangt keine bestimmte Form der Quellenangabe. § 63 gilt nicht, da § 38 Abs. 4 weder in § 63 Abs. 1 genannt noch Teil des 6. Abschnitts (Schranken des Urheberrechts) ist. Vielmehr soll es den Beteiligten überlassen bleiben, sich darüber zu verständigen, wie diese Quellenangabe technisch zu gestalten ist (RegE BT-Drucks. 17/13423, S. 17). Sinnvoll sind vollständige bibliographische Angaben entsprechend den üblichen Gebräuchen des jeweiligen Fachgebietes, die es dem Leser der Zweitveröffentlichung ohne besonderen

Mehraufwand ermöglichen, die Erstveröffentlichung zu finden. Denkbar ist darüber hinaus auch eine Verlinkung auf die Website der Erstveröffentlichung.

5. Umgehungsschutz (§ 38 Abs. 4 S. 3)

Trotz der Verortung im Rahmen des § 38 handelt es sich bei dem besonderen Zweitveröffentlichungsrecht nicht lediglich um eine vertragliche Auslegungsregel, sondern um zwingendes Gesetzesrecht. Denn Vereinbarungen, die das Zweitveröffentlichungsrecht des Urhebers zu dessen Nachteil einschränken oder ausschließen, sind unwirksam (§ 38 Abs. 4 S. 3). Das Zweitverwertungsrecht ist damit ein **unabdingbares Recht** zur Stärkung der Rechtsstellung des Urhebers. Das Zweitveröffentlichungsrecht zu Gunsten des Urhebers abändernde Klauseln in Verträgen, etwa die Verkürzung der Enthaltungsfrist auf drei oder sechs Monate, sind im Umkehrschluss wirksam (so ausdrücklich RegE BT-Drucks. 17/13423, S. 18). 25

§ 39 Änderungen des Werkes

(1) **Der Inhaber eines Nutzungsrechts darf das Werk, dessen Titel oder Urheberbezeichnung (§ 10 Abs. 1) nicht ändern, wenn nichts anderes vereinbart ist.**

(2) **Änderungen des Werkes und seines Titels, zu denen der Urheber seine Einwilligung nach Treu und Glauben nicht versagen kann, sind zulässig.**

Literatur: *Bullinger,* Kunstwerkfälschung und Urheberpersönlichkeitsrecht, Berlin 1997; *Castendyk,* Gibt es ein „Klingelton-Herstellungsrecht"?, ZUM 2005, 9; *Depenheuer,* Gegen den Urheberschutz des Theaterregisseurs – Kurze Replik auf Hieber, ZUM 1997, 734; *Dietz,* Werkänderung durch die Regie, FuR 1976, 816; *v. Einem,* Zum Streit um die Lizenzierungspraxis bei monophonen und polyphonen Klingeltönen, ZUM 2005, 540; *Erdmann,* Werktreue des Bühnenregisseurs aus urheberrechtlicher Sicht, in Bruchhausen (Hrsg.), Festschrift Nirk, München 1992, 209 (zit. *Erdmann* FS Nirk); *Goldmann,* Das Urheberrecht an Bauwerken, GRUR 2005, 639; *Grunert,* Urhebererben und Regietheater, FS Wandtke 45; *Grunert,* Werkschutz contra Inszenierungskunst – Der urheberrechtliche Gestaltungsspielraum der Bühnenregie, München 2002; *Grunert,* Götterdämmerung, Iphigenie und die amputierte Csárdásfürstin – Urteile zum Urheberrecht des Theaterregisseurs und den Folgen für die Verwertung seiner Leistung, ZUM 2001, 210; *Grunert,* Was folgt aus dem Urheberrecht des Theaterregisseurs?, KUR 2000, 128; *Grunert/Ohst,* Grundfragen der kommerziellen Nutzung künstlerischer Leistungen im Internet – Teil I, KUR 2001, 8; *Hieber,* Für den Urheberschutz des Theaterregisseurs – die Inszenierung als persönliche geistige Schöpfung, ZUM 1997, 17; *Honscheck,* Der Schutz des Urhebers vor Änderungen und Entstellungen durch den Eigentümer, GRUR 2007, 944; *Kellerhals,* Bemerkungen über das Urheberpersönlichkeitsrecht, UFITA 2000, 617; *Landfermann,* Handy-Klingeltöne im Urheber- und Markenrecht, Göttingen 2006; *Metzger,* Rechtsgeschäfte über das Urheberpersönlichkeitsrecht nach dem neuen Urhebervertragsrecht, GRUR Int. 2003, 9; *Poll,* Urheberrechtliche Beurteilung der Lizenzierungspraxis von Klingeltönen, MMR 2004, 67; *Müller,* Das Urheberpersönlichkeitsrecht des Architekten im deutschen und österreichischen Recht, München 2004; *Obergfell,* Urheberpersönlichkeitsrechte als Exklave der Privatautonomie? Zur Zulässigkeit rechtsgeschäftlicher Verfügungen über Werkänderungen, Urheberbenennung und Erstveröffentlichungshoheit, ZGE 2011, 202; *Poll,* Anmerkung zum Urteil des OLG Hamburg vom 18.1.2006, ZUM 2006, 379; *Raschèr,* Werktreue: Ein tauglicher Prüfstein für Bühneninszenierungen?, ZUM 1990, 281; *Rehbinder,* Die Mitbestimmung des Urhebers bei der Vermarktung seiner Werke, ZUM 1996, 613; *Schack,* Neuregelung des Urhebervertragsrechts, ZUM 2001, 453; *Schmieder,* Werkintegrität und Freiheit der Interpretation, NJW 1990, 1945; *Wandtke/Schunke,* Einheitliche Lizenzierung der Klingeltöne – eine rechtliche Notwendigkeit? UFITA 2007/I, 61; *Wandtke,* Urheberrecht pro Kunstfreiheit, ZUM 1991, 484; *Wündisch,* Anmerkung zum Urteil des OLG Dresden v. 24.5.2000 – 14 U 729/00, ZUM 2000, 959.

Vgl. darüber hinaus die Angaben im eingangs abgedr. Gesamtliteraturverzeichnis.

Übersicht

	Rn.
I. Bedeutung, Reformpläne 2002	1–4
II. Vertragliche Änderungsbefugnis des Werknutzers (§ 39 Abs. 1)	5–19
1. Bedeutung und Anwendungsbereich	5, 6

UrhG § 39 1–3 § 39 Änderungen des Werkes

	Rn.
2. Gestattung von Änderungen	7–14
a) Allgemeines und Änderungsbegriff	7, 8
b) Grenzen von Änderungsvereinbarungen	9–12
aa) Allgemeines	9
bb) Genereller Maßstab	10
cc) Einzelfälle	11, 12
c) Stillschweigende Änderungsbefugnis	13, 14
3. Verhältnis zu § 14	15–18
4. Verhältnis zu § 23	19
III. Gesetzliche Änderungsbefugnis des Werknutzers (§ 39 Abs. 2)	20–34
1. Bedeutung und Anwendungsbereich	20, 21
2. Voraussetzungen	22–24
a) Werk- und Titeländerungen	22
b) Interessenabwägung	23, 24
aa) Grundsätze	23
bb) Einzelne Kriterien	24
3. Einzelfragen	25–34
a) Printmedien	25, 26
b) Theaterproduktion	27–32
c) Film- und Fernsehproduktion	33
d) Multimedia und Online-Produktion	34
e) Musikverwertung	35
IV. Änderungsrecht bei Bauwerken	36–38

I. Bedeutung, Reformpläne 2002

1 Die Norm regelt **Ausnahmen vom urheberpersönlichkeitsrechtlichen Änderungsschutz** (§ 14), auch wenn der Wortlaut von Absatz 1 zunächst Anderes nahe legt. Bei den durch § 39 eröffneten Möglichkeiten handelt es sich nicht um Nutzungsrechte (§§ 31 ff.), sondern um Ausnahmen zu den Urheberpersönlichkeitsrechten (§§ 12 ff.). Die systematische Stellung innerhalb der Regelungen über Nutzungsrechte rechtfertigt sich dadurch, dass die Anwendung der Norm im Regelfall die vertragliche Einräumung von Nutzungsrechten voraussetzt (zur Anwendung im Rahmen gesetzlicher Nutzungsrechte § 62 Rn. 9 ff.).

2 Im Zuge der Reform des Urhebervertragsrechts 2002 (s. Vor §§ 31 ff. Rn. 3) war zunächst auch die Erweiterung und **Neufassung des § 39** geplant, welche der Klarstellung dienen sollten, ohne wesentliche inhaltlichen Änderungen mit sich zu bringen (vgl. BT-Drucks. 14/6433, 56). Die Normüberschrift sollte geändert werden in „Rechtsgeschäfte über Urheberpersönlichkeitsrechte", es wären zwei neue Absätze über ohnehin zulässige (vgl. Vor §§ 31 ff. Rn. 36 ff.; Vor §§ 12 ff. Rn. 6 f.) Vereinbarungen des Urhebers mit dem Werknutzer über das Veröffentlichungsrecht (§ 12) und das Namensnennungsrecht (§ 13) hinzugekommen. Die Umstellung des Wortlautes des Abs. 1 hätte dogmatische Unklarheiten und Streitfragen über die Bedeutung und den Anwendungsbereich der Vorschrift (s. u. Rn. 3 f.) im Sinne der herrschenden Meinung beseitigt und damit wesentlich zur Rechtsklarheit und Rechtssicherheit beigetragen (*Metzger* GRUR Int. 2003, 9, 10). Die vorgeschlagene Neufassung scheiterte an Widerständen aus Verwerterkreisen. Der Gesetzgeber bleibt weiterhin aufgefordert, wenigstens die Neufassung des § 39 Abs. 1 bei nächster Gelegenheit nachzuholen.

3 Der Wortlaut des Abs. 1 führt zu Unklarheiten über die Bedeutung und den Inhalt der Norm im Zusammenhang mit anderen integritätsrechtlichen Vorschriften (§§ 14, 62 und § 93). Die herrschende Meinung geht zu Recht für das Verhältnis zum allgemeinen **Beeinträchtigungs- und Änderungsverbot** aus § 14 davon aus, dass § 39 insoweit nur klarstellende Bedeutung für das Verhältnis des **Urhebers** auch zum vertraglich berechtigten

Werknutzer hat (Dreier/Schulze/*Schulze* § 39 Rn. 3; Schricker/Loewenheim/*Dietz/ Peukert* § 39 Rn. 3; *Haberstumpf* Rn. 218; *Honscheck* GRUR 2007, 944, 945; BGH GRUR 1974, 675, 676 – Schulerweiterung; BGH GRUR 1999, 230, 232 – Treppenhausgestaltung; offen gelassen LG Berlin GRUR 2007, 964, 967 – Hauptbahnhof; differenzierend *Grunert* 167 f.: Doppelfunktion: Begrenzungsfunktion einerseits, Ermöglichungsfunktion andererseits). Teile der Rechtsprechung und Literatur nehmen hingegen an, es gäbe neben den änderungsrechtlichen Vorschriften (§§ 14, 39) auch ein **allgemeines urheberrechtliches Änderungsverbot,** welches als allgemeiner Grundsatz schon aus dem Urheberrecht an sich folge. Demnach sei dem Urheberrecht als Herrschaftsmacht des schöpferischen Menschen über sein Geisteswerk immanent, dass dieser allein bestimmen könne, in welcher Gestalt seine Schöpfung an die Öffentlichkeit trete (zuletzt BGH GRUR 2008, 984, 986 – St.-Gottfried; Fromm/Nordemann/*A. Nordemann* § 39 Rn. 1; BGHZ 62, 331, 333; BGH GRUR 1974, 675 – Schulerweiterung; BGHZ 55, 1, 2 – Maske in Blau; BGH GRUR 1982, 107, 109 – Kirchenraum-Innenausstattung; OLG Saarbrücken GRUR 1999, 420, 425 – Verbindungsgang). Solche Überlegungen sind schon seit Einfügung des § 14 in das UrhG obsolet (ebenso Schricker/Loewenheim/*Dietz/Peukert* § 14 Rn. 2 m. w. N.).

§ 39 Abs. 1 ist **keine selbstständige Anspruchsgrundlage** neben § 14 (so nunmehr **4** auch Fromm/Nordemann/*A. Nordemann* § 39 Rn. 2; Schricker/Loewenheim/*Dietz/ Peukert* § 39 Rn. 1). Der missverständliche Wortlaut resultiert aus der Entstehungsgeschichte der Norm. § 39 ist dem wortgleichen § 9 LUG von 1901 nachgebildet, welches keine dem § 14 vergleichbare allgemeine Integritätsschutzregelung kannte. Die 2002 zunächst geplante Neufassung (s. o. Rn. 2) hätte durch Entfernung der Wendung „darf nicht ändern" den heutigen systematischen Zusammenhang klargestellt, ohne eine sachliche Änderung mit sich zu bringen. Das allgemeine Beeinträchtigungs- und damit Änderungsverbot des § 14 gilt selbstverständlich auch im Verhältnis zwischen Urheber und Werknutzer, wobei aber durch die in § 39 geregelten Einschränkungen der Integritätsschutz gegenüber dem Werknutzer nicht absolut ist (*v. Gamm* § 39 Rn. 1). Für angestellte **Urheber im Arbeitsverhältnis** können sich weitergehende Änderungsbefugnisse des Arbeitgebers aus dem Zweck des Arbeitsvertrages oder aus Tarifverträgen ergeben (vgl. § 43 Rn. 99 ff.).

II. Vertragliche Änderungsbefugnis des Werknutzers (§ 39 Abs. 1)

1. Bedeutung und Anwendungsbereich

§ 39 Abs. 1 eröffnet die Möglichkeit des Urhebers, dem Nutzungsrechtsinhaber unter den **5** genannten einschränkenden Voraussetzungen Änderungen am Werk zu gestatten. Für viele Werknutzungen ist ein Eingriff in die Substanz des Werkes notwendig, um den Zweck der Werkverwertung zu erreichen (Beispiele aus einzelnen Branchen s. unten Rn. 25 ff.). § 39 Abs. 1 dient **dem Schutz des Nutzungsrechtsinhabers** (ausführlich *Grunert* 126 ff.) und verhindert, dass sich der Urheber nach Vereinbarungen über zulässige Änderungen des Werkes später auf seinen urheberpersönlichkeitsrechtlichen Integritätsschutz (§ 14) berufen, und die Verwertung des mit seiner Zustimmung veränderten Werkes verhindern kann.

§ 39 Abs. 1 betrifft nach dem Willen des Gesetzgebers nur **Änderungen des fertigen** **6** **Werkes,** nicht aber Änderungen während des Schöpfungsprozesses wie etwa die Festlegung des „final cut" bei der Filmherstellung, die Anfertigung von Übersetzungen oder sonstigen Bearbeitungen (AmtlBegr. BT-Drucks. 14/6433, 56 f.). Freilich können im Zuge dieses Schöpfungsprozesses verwendete andere Werke (auch schon schutzfähiger Vorstufen, vgl. § 2 Rn. 41) von Absatz 1 gleichwohl umfasst sein. Sind diese allerdings zum Zwecke der Weiterverarbeitung zur Nutzung übertragen worden, ergibt sich schon aus diesem Zweck eine entsprechend weite Änderungsbefugnis. § 39 gilt aber nicht zu Gunsten des Bestellers eines Kunstwerkes im Hinblick auf dessen Vergaben für die Schaffung während des Schöpfungsprozesses (OLG Hamburg ZUM-RD 2008, 199, 201; näher Vor §§ 31 ff. Rn. 129).

2. Gestattung von Änderungen

7 **a) Allgemeines und Änderungsbegriff.** Durch anderweitige Vereinbarung kann der Werknutzungsberechtigte vom Urheber die Erlaubnis erhalten, Änderungen am Werk, am Titel oder an der Urheberbezeichnung vorzunehmen. Die Änderungsvereinbarung ist obligatorischer Natur (*Kellerhals* UFITA 2000, 617, 678), gilt also nur zugunsten des vertraglich Nutzungsberechtigten. Die daraus folgende **Änderungsbefugnis** ist als solche kein Nutzungsrecht, sondern Ausdruck eines gesetzlich ausdrücklich vorgesehenen Verzichts des Urhebers auf einen Teil seines Urheberpersönlichkeitsrechts (Schricker/Loewenheim/ *Dietz/Peukert* § 39 Rn. 1; *Honscheck* GRUR 2007, 944, 945; BGHZ 13, 334, 339 – Dr. H. Schacht und Co.: Ableitung des Rechts, gegen Änderungen vorzugehen, aus dem Urheberpersönlichkeitsrecht; a. A. *v. Gamm* § 39 Rn. 3).

8 Von einer **Werkänderung** kann nicht nur bei Eingriffen in die körperliche Substanz gesprochen werden, sondern auch bei sonstigen Eingriffen in das geistige Werk (Dreier/ Schulze/*Schulze* § 39 Rn. 6; a. A. OLG Saarbrücken GRUR 1999, 420, 425 – Verbindungsgang; KG ZUM 2001, 590, 591 – Gartenanlage), etwa durch den **Gesamtzusammenhang der Werkverwertung** wie Art und Form der Werkwiedergabe ohne Änderung des Textes oder der Musik (vgl. auch § 14 Rn. 1, 8; OLG München GRUR-RR 2001, 177, 180 – Kirchenschiff; BGH GRUR 1982, 107, 109f. – Kirchen-Innenraumgestaltung; BGH GRUR 1971, 35, 38 – Maske in Blau).

9 **b) Grenzen von Änderungsvereinbarungen. aa) Allgemeines.** Da Änderungsvereinbarungen eine Einschränkung des Urheberpersönlichkeitsrechts bedeuten, sind **pauschale Gestattungen** für alle möglichen Werknutzungen ebenso wenig möglich wie die Gestattung unbestimmter Änderungen (ebenso LG Hamburg ZUM-RD 2008, 30, 32; Schricker/Loewenheim/*Dietz/Peukert* § 39 Rn. 10). Eine pauschale Zustimmung des Urhebers zu jeglichen Änderungen wäre schon deshalb nicht wirksam, weil sie eine (nicht mögliche) Verfügung über das Urheberpersönlichkeitsrecht bedeutete (s. Vor §§ 12ff. Rn. 5; Möhring/Nicolini/*Spautz* § 39 Rn. 7; a. A. BGH GRUR 1971, 269, 271 – Das zweite Mal). Der das Werk ändernde Inhaber des Nutzungsrechts trägt die **Beweislast** für eine Vereinbarung mit dem Urheber über zulässige Änderungen (Möhring/Nicolini/ *Spautz* § 39 Rn. 17).

10 **bb) Genereller Maßstab.** Fraglich ist, wie genau die Änderungen nach Art und Ausmaß bezeichnet sein müssen. Aufgrund der vielen Möglichkeiten der Verwertung von Werken kann es hierfür keine allgemein gültigen Maßstäbe geben. Die Änderungsvereinbarung muss generell so bestimmt sein, dass der Urheber im Zeitpunkt der Gestattung im Großen und Ganzen erkennen kann, in welcher Gestalt sein Werk in der veränderten Form an die Öffentlichkeit gelangen wird. Die Anforderungen sind aber **nicht zu hoch** anzusetzen, denn der Nutzungsberechtigte benötigt je nach Werkart und Art der Verwertung einen mehr oder weniger großen **Spielraum** bei der konkreten Ausgestaltung der Änderungen, welche sich in der Regel erst im Rahmen der konkreten Werknutzung ergeben und im Zeitpunkt der Vereinbarung im Detail noch gar nicht feststehen können, etwa bei der Inszenierung eines Bühnentextes (dazu unten Rn. 27ff.; ebenso KG ZUM-RD 2005, 381, 385 – Die Weber) oder bei der Konzeption einer Ausstellung, bei der die Standorte und gegenseitigen Wirkungen aller Exponate nicht schon von vornherein feststehen können.

11 **cc) Einzelfälle.** Bei der Einräumung eines Aufführungsrechts für ein Bühnenwerk (§ 19 Abs. 2) dürfte die Vereinbarung einer noch nicht näher bestimmten „**Regiefassung**" dann nicht spezifisch genug sein, wenn eine Textfassung verwendet werden soll, die über die im Theateralltag üblichen Textstriche und kleineren Sprachglättungen hinausgeht oder gravierende Auswirkungen auf den Sinn oder die geistige Aussage des Stückes hat. Vielmehr müsste wohl schon die konkrete Strichfassung (vom Autor **autorisierte Büh-**

nenfassung) als solche der Vereinbarung zugrunde gelegt werden. War dies nicht der Fall, sind am Text nur die nach Treu und Glauben ohnehin stets zulässigen Änderungen möglich (dazu unten Rn. 27 ff.).

Räumt der Urheber eines Rundfunkbeitrages einem Sender das Senderecht an einer „sendefertigen" Fassung ein, hat der BGH daraus im Zweifel ein Änderungsrecht abgeleitet, welches der Sender nach billigem Ermessen (§ 315 BGB) ausüben kann (BGH GRUR 1971, 269, 271 – Das zweite Mal). 12

c) Stillschweigende Änderungsbefugnis. Nach zutreffender herrschender Meinung sind Änderungsvereinbarungen ohne weiteres auch stillschweigend oder konkludent möglich, vor allem dann, wenn sich das Erfordernis der Bearbeitung bzw. Änderung schon aus der Art und Weise der Werkverwertung zwangsläufig ergibt, also bei der sog. **Werkverwertung mit Bearbeitungscharakter** (BGH GRUR 1986, 458, 459 – Oberammergauer Passionsspiele I; Schricker/Loewenheim/*Dietz/Peukert* § 39 Rn. 15; *v. Gamm* § 39 Rn. 7; *Schack* Rn. 392; *Rehbinder* Rn. 413; *Haberstumpf* Rn. 223; Fromm/Nordemann/ *A. Nordemann* § 39 Rn. 24). Ergibt sich schon aus dem **Inhalt des Nutzungsvertrages** eindeutig die **Änderungsbedürftigkeit des Werkes** für die beabsichtigte Nutzung, so wäre es eine bloße inhaltsleere Förmelei, wollte man hier über Selbstverständlichkeiten noch ausdrückliche Erklärungen verlangen. 13

Eine stillschweigende Änderungsbefugnis kommt auch im Rahmen der **Online-Nutzung** von Werken unterschiedlicher Art in Betracht, und zwar insoweit, als zur Erfüllung des Nutzungszwecks dem Urheber regelmäßig bekannte und bestimmte technische Veränderungen erforderlich sind, die eine Werkänderung mit sich bringen können, etwa die Digitalisierung, die Veränderung der Größe von Bildern gleich welcher Art oder Qualitätsverluste bei der Umwandlung von Musik in MP3 Dateien (*Grunert/Ohst* KUR 2001, 8, 14 Fn. 57). 14

3. Verhältnis zu § 14

Zunächst gelten §§ 14 und 39 Abs. 1 nebeneinander (Möhring/Nicolini/*Kroitzsch* § 14 Rn. 2; BGH GRUR 1982, 107, 109 – Kircheninnenraumgestaltung), wobei § 39 Abs. 1 den Regelungsgegenstand des § 14 für den Fall der Werknutzung konkretisiert und näher ausgestaltet (weitere Konkretisierungen des § 14 sind §§ 62 Abs. 2 bis 4, 93 sowie § 44 VerlG). Während nach § 14 der Urheber das ausschließliche (und unverzichtbare) Recht hat, eine Entstellung oder andere Beeinträchtigungen des Werkes zu verbieten (Schricker/ Loewenheim/*Dietz/Peukert* § 14 Rn. 1; Fromm/Nordemann/*A. Nordemann* § 39 Rn. 7), können nach § 39 Abs. 1 durch qualifizierte Vereinbarung zwischen dem Urhebers und dem Werknutzer Änderungen des Werkes, seines Titels oder der Urheberbezeichnung zulässig sein (*Haberstumpf* Rn. 223). 15

Änderungen können, müssen aber nicht mit einer **Beeinträchtigung oder Entstellungen** als gesteigerte Form der Beeinträchtigung (so auch Dreier/Schulze/*Schulze* § 39 Rn. 3; Schricker/Loewenheim/*Dietz/Peukert* § 14 Rn. 19 m.w.N.; *Schack* Rn. 381; *Schilcher* 60; LG Berlin GRUR 2007, 964, 967 – Hauptbahnhof) nach § 14 zusammenfallen; erhöht etwa das Weglassen von Textstellen das künstlerische Anliegen des Werkes in seiner Tendenz, liegt trotz Änderung gerade keine Entstellung vor. Andererseits kann vor allem bei der Änderung des Werkes allein durch die Art und Weise der Darbietung (oben Rn. 8) eine **indirekte Entstellung** des Werkes vorliegen. 16

Wenn eine **Werkänderung nicht zum Zweck der Ausübung eines urheberrechtlichen Nutzungsrechts** erfolgt, ist für die Anwendung des § 39 Abs. 1 hingegen kein Raum (BGH GRUR 1999, 230, 232 – Treppenhausgestaltung). Auch wenn sich die dann tatsächlich durchgeführten Änderungen **nicht im Rahmen der Vereinbarung** halten, kommt der Schutz des Urhebers durch das Beeinträchtigungs- und Entstellungsverbot nach § 14 wieder zum Tragen. Ansonsten sind Ansprüche nach §§ 14, 97 ff. neben einer wirksamen Änderungsvereinbarung dogmatisch und logisch kaum begründbar. 17

18 Fraglich ist, ob der Urheber auf seine Integritätsansprüche nach § 14 **vertraglich verzichten** kann (vgl. Schricker/Loewenheim/*Dietz/Peukert* § 39 Rn. 3; OLG München GRUR 1986, 460, 464 – Die unendliche Geschichte), was als Unsitte etwa bei **Werbeunterbrechungen** in Filmen festzustellen ist (hierzu § 14 Rn. 61; vgl. EuGH ZUM 2003, 949, 953 – Werbeunterbrechung: viermalige Unterbrechung eines 90 Minuten dauernden Spielfilms; *Schack* Rn. 382, 402). Da § 14 nicht das Werk an sich vor Beeinträchtigungen schützt, sondern allein die geistigen und persönlichen Interessen des Urhebers, kann dieser auf die Ausübung seiner Rechte insoweit auch wirksam verzichten (vgl. BGH GRUR 1971, 269, 271 – Das zweite Mal; s. auch Vor §§ 12ff. Rn. 7), jedenfalls dann, wenn die Einwilligung nicht nur pauschal erteilt wurde und die konkreten Änderungen für den Urheber in etwa absehbar waren (Schricker/Loewenheim/*Dietz/Peukert* § 39 Rn. 3).

4. Verhältnis zu § 23

19 Die vorherige Zustimmung nach § 23 zur Veröffentlichung und Verwertung einer Bearbeitung (i. S. d. § 3) ist von der Vereinbarung zur Änderung des Werkes, des Titels oder der Urheberbezeichnung nach § 39 Abs. 1 zu unterscheiden. Allerdings setzt die **Verwertung der Bearbeitung** die Änderung des Ursprungswerkes voraus. In der Zustimmung des Urhebers zur Veröffentlichung und Verwertung der Bearbeitung kann daher auch eine Abrede über die **Änderungsbefugnis** bzw. die Einwilligung in die Änderung zu sehen sein (*v. Gamm* § 39 Rn. 7; näher § 23 Rn. 12).

III. Gesetzliche Änderungsbefugnis des Werknutzers (§ 39 Abs. 2)

1. Bedeutung und Anwendungsbereich

20 Die Ausnahmeregelung des § 39 Abs. 2 ist eine praktisch bedeutsame Vorschrift im Interesse des Nutzers. Anders als § 39 Abs. 1 setzt Abs. 2 neben dem auch hier erforderlichen Bestehen eines Nutzungsverhältnisses keine besondere Vereinbarung voraus; es handelt sich vielmehr um eine **gesetzliche Änderungsbefugnis** im Interesse des Nutzungsberechtigten. § 39 Abs. 2 ist demnach keine eng auszulegende Urheberschutznorm (so aber Möhring/Nicolini/*Spautz* § 39 Rn. 10; Fromm/Nordemann/*A. Nordemann* § 39 Rn. 21), sondern ist Ausdruck des gegenseitigen vertraglichen Rücksichtnahmegebots (§ 242 BGB) zwischen Urheber und berechtigtem Werknutzer (ebenso LG Stuttgart ZUM-RD 2010, 491, 497 – Hauptbahnhof „Stuttgart 21"; LG Hamburg ZUM-RD 2008, 30, 32; *Poll* ZUM 2006, 379, 382). Sowohl Urheber als auch Werknutzer haben daher Rücksicht auf die Interessen des anderen zu nehmen unter Beachtung der Verkehrssitte (§ 157 BGB).

21 Wer zur Werknutzung **nicht berechtigt** ist, kann sich auf § 39 Abs. 2 nicht berufen, dem nichtberechtigten Werknutzer ist vielmehr jegliche Änderung des Werkes versagt; entsprechende Abwehransprüche des Urhebers ergeben sich aus §§ 14, 97. Änderungen stellen sich regelmäßig zumindest als Beeinträchtigungen i. S. d. § 14 (vgl. § 14 Rn. 3ff.) oder als deren gesteigerte Form der Entstellungen dar; im Rahmen des § 39 Abs. 2 nach Treu und Glauben gesetzlich zulässige Änderungen müssen aber im Rahmen der Abwägung nach § 14 ebenfalls zulässig sein, die Abwägungen müssen hier zum selben Ergebnis führen (ebenso Schricker/Loewenheim/*Dietz/Peukert* § 14 Rn. 4, 18; a. A. Dreyer/Kotthoff/Meckel/*Kotthoff* § 39 Rn. 10; Möhring/Nicolini/*Kroitzsch* § 14 Rn. 2; Fromm/Nordemann/*A. Nordemann* § 39 Rn. 24).

2. Voraussetzungen

22 a) **Werk- und Teiländerungen.** Nach § 39 Abs. 2 sind nach Treu und Glauben nur Änderung des **Werkes und des Werktitels** zulässig, nicht aber der Urheberbezeichnung.

§ 39 Änderungen des Werkes   23–26 § 39 UrhG

Für die Änderung der Urheberbezeichnung ist stets die Zustimmung des Urhebers erforderlich (Dreier/Schulze/*Schulze* § 39 Rn. 8; *Haberstumpf* Rn. 224; Möhring/Nicolini/*Spautz* § 39 Rn. 9; *v. Gamm* § 39 Rn. 8).

b) Interessenabwägung. aa) Grundsätze. Ohne weiteres zulässig sind Änderungen 23
an Werk und Titel, die nur geringfügig vom Original abweichen und nach der Verkehrsanschauung als unwesentlich angesehen werden, etwa die **Korrektur** offensichtlicher Fehler in einem Text (*Mestmäcker/Schulze* § 39 Anm. 1). Ob der Urheber **weitergehende Änderungen** nach Treu und Glauben hinnehmen muss, hängt in erster Linie davon ab, für welchen Zweck der Urheber das Nutzungsrecht eingeräumt hat. Die Zulässigkeit von Änderungen bestimmt sich dann im Rahmen einer **Interessenabwägung zwischen den urheberpersönlichkeitsrechtlichen Belangen des Urhebers und den verwertungsrechtlichen Belangen des Nutzers.** Dabei lassen sich keine starren, allgemeingültigen Regeln aufstellen.

bb) Einzelne Kriterien. Die Interessenabwägung kann je nach dem Rang des in Frage 24
stehenden Werkes und dem **vertraglich eingeräumten Verwertungszweck** zu einem engeren oder weiteren Spielraum des Nutzungsberechtigten bei Werkänderungen führen (BGH GRUR 1971, 35, 37 – Maske in Blau; KG ZUM-RD 2005, 381, 385 – Die Weber). Hier sind die **Art des Werkes** (etwa eine künstlerische, wissenschaftliche oder bloß kunsthandwerkliche Prägung), die **Eigenart der Schöpfung** und vor allem der **Zweck der Rechtseinräumung** zu berücksichtigen. Je geringer das **Maß der schöpferischen Gestaltung** anzusehen ist, desto eher sind ggf. auch umfangreiche Änderungen zulässig. Umgekehrt können Werke von **hoher künstlerischer Individualität** und Formgebung dazu führen, dass der Urheber selbst geringe Änderungen nicht hinzunehmen braucht (LG Hamburg ZUM-RD 2008, 30, 32). Entscheidend ist dabei aber stets, dass der **Sinngehalt** des Werkes im Kern erhalten bleibt (BGH GRUR 1954, 80, 81 – Politische Horoskope; BGH GRUR 1971, 35, 37 – Maske in Blau; OLG Frankfurt a.M. GRUR 1976, 199, 202 – Götterdämmerung). Nach dem Tod des Urhebers kann auch der **zeitliche Abstand** zwischen Werkschöpfung und ändernder Werknutzung berücksichtigt werden; mit der wohl herrschenden Meinung ist davon auszugehen, dass das Integritätsinteresse des Urhebers bzw. seiner Erben mit zunehmendem Abstand der Nutzung vom Tod des Urhebers mehr und mehr verblassen (ebenso BGH GRUR 2008, 984, 986 Rn. 29 – St. Gottfried; BGH NJW 1989, 384, 385 – Oberammergauer Passionsspiele II; Loewenheim/*Dietz* § 16 Rn. 111; *Federle* 56; *Kurz* Kap. 13 Rn. 45; § 30 Rn. 13; ausführlich *Grunert* 120ff.; a.A. *Bullinger* 206f.). Dies gilt im Rahmen des § 39 Absatz 2 gleichermaßen wie im Rahmen des § 14 (so nunmehr auch Vor §§ 12ff. Rn. 10; a.A. noch die Vorauflage).

3. Einzelfragen

a) Printmedien. Im Verlagsbereich sind die Korrektur von Schreib- oder Interpunk- 25
tionsfehlern, die Verbesserung sprachlicher Ausdrücke etwa eines nicht muttersprachlichen Autors oder die **Kürzung von Beiträgen** wegen des begrenzten Umfangs eines Druckwerkes, etwa **bei Zeitungen und Zeitschriften,** regelmäßig nach Treu und Glauben vom Autor hinzunehmen (Dreier/Schulze/*Schulze* § 39 Rn. 20; *Schricker* § 13 VerlG Rn. 11, § 44 VerlG Rn. 1; *v. Gamm* § 39 Rn. 9; Schricker/Loewenheim/*Dietz/Peukert* § 39 Rn. 17), wenn hierdurch der Sinn des Beitrages nicht entstellt wird.

Bei **literarischen Werken** ist hingegen eine Änderung nach Treu und Glauben grds. 26
nicht hinnehmbar (BGHZ 15, 249, 257 – Cosima Wagner). Durch § 18 Manteltarifvertrag für Redakteure (bei *Hillig*, Beck Texte im dtv Nr. 5538 Urheberrecht unter Nr. 10b) räumen Redakteurinnen und Redakteure von Tageszeitungen dem Verlag das Recht zur Bearbeitung und Umgestaltung ihrer Beiträge ein, wobei Änderungen und Kürzungen davon abgedeckt werden (Löffler/*Löffler* UrhR BT Rn. 150). Bei **Werbeanzeigen** und Prospek-

ten muss der Urheber deren Anpassung an die Marktlage weitgehend dulden (Möhring/ Nicolini/*Spautz* § 39 Rn. 12; *v. Gamm* § 39 Rn. 8, 9; *Mestmäcker/Schulze* § 39 Anm. 2; a. A. Schricker/Loewenheim/*Dietz/Peukert* § 39 Rn. 17; Fromm/Nordemann/*A. Nordemann* § 39 Rn. 30; Dreier/Schulze/*Schulze* § 39 Rn. 19).

27 **b) Theaterproduktion.** Im Bühnenbereich war die Rechtsprechung des Öfteren zur Stellungnahme veranlasst. Die teilweise beengenden Realitäten des Theaterlebens, etwa etatmäßige Schwierigkeiten für die Ausstattung, räumliche Verhältnisse (z. B. Tourneeproduktionen), die Zusammensetzung des künstlerischen Personals, aber auch die Notwendigkeit der zeitlichen Begrenzung eines Theaterabends kann bei der Interessenabwägung dazu führen, dass der **Bühnenautor** als Urheber auch **umfangreiche Änderungen** seines (Sprach-)Werkes durch die Regie und den Theaterbetrieb hinzunehmen hat (ausführlich *Grunert* 1ff.; *Kurz* Kap. 13 Rn. 59, 61; *Wandtke/Fischer/Reich* Theater und Recht Rn. 108; vgl. auch *Haberstumpf* Rn. 226; Schricker/Loewenheim/*Dietz/Peukert* § 39 Rn. 20 m. w. N.; Fromm/Nordemann/*A. Nordemann* § 39 Rn. 27; Dreier/Schulze/*Schulze* § 39 Rn. 21; Dreyer/Kotthoff/Meckel/*Kotthoff* § 39 Rn. 12; Loewenheim/*Dietz* § 16 Rn. 117; BGH GRUR 1971, 35, 37 – Maske in Blau; OLG Frankfurt a. M. GRUR 1976, 199, 202 – Götterdämmerung; BGH GRUR 1989, 106, 107 – Oberammergauer Passionsspiele II; zur werkvertraglichen Rechtslage bei Bestellung eines Theaterstückes (hier: Bearbeitung der Oper „Cosi fan tutte") s. oben Rn. 6 a. E. m. w. N.).

28 Dies bedeutet aber nicht, dass der Urheber einer grenzenlosen **„Willkür" des Bühnenregisseurs** im Rahmen der Inszenierung ausgesetzt ist (vgl. Dreier/Schulze/*Schulze* § 39 Rn. 21; *Rehbinder* ZUM 1996, 613, 616). Dabei kommt es aber weniger auf die von einer verbreiteten Meinung ausgemachte Grenze zwischen Interpretation bzw. „werkgetreuer Wiedergabe" (gegen den Begriff der Werktreue zu Recht *Raschèr* ZUM 1990, 281ff.) einerseits und Entstellung (§ 14 UrhG) bzw. Bearbeitung (§ 23 UrhG) des Bühnenwerkes andererseits an, sondern vielmehr darauf, ob sich die Inszenierung noch als zulässige Interpretation der Textvorlage verstehen lässt, und zumindest der Kerngehalt erkennbar bleibt (dazu *Grunert* 232ff.), oder aber diese in ihrem Sinngehalt unzulässig verändert, wobei es weniger auf einzelne Details, als vielmehr auf eine im Einzelfall meist schwierige Gesamtwürdigung ankommt.

29 Die Rechtsprechung hat die Änderungsbefugnis jedenfalls dort für überschritten gehalten, wo der Regisseur **sinnentstellende Streichungen und Änderungen** an Text und Charakteren vorgenommen hat, um das Werk lächerlich zu machen (BGH GRUR 1971, 35 – Maske in Blau).

30 Künstlerisch gewagte Inszenierungen gehören aber zur **Gestaltungsfreiheit des Regisseurs;** hierzu gehört auch die Besetzung von Männerrollen durch Frauen und umgekehrt, wenn nicht vertragliche Abreden über die Besetzung vorliegen (*Wandtke/Fischer/Reich* Theater und Recht Rn. 89; *Kurz* Kap. 13 Rn. 54; a. A. *Schack* Rn. 393; Schricker/ Loewenheim/*Dietz/Peukert* § 39 Rn. 20a). Wird durch die Gestaltung der Aufführung das Werk aber in seinen **wesentlichen Zügen** verändert, so bedarf es hierzu der vorherigen Zustimmung des Urhebers, ohne dass es darauf ankommt, ob etwa werkändernde Regieeinfälle vom künstlerischen Standpunkt vertretbar oder gar dem Erfolg des Werkes beim Publikum eindeutig förderlich sind (BGH GRUR 1971, 35, 37 – Maske in Blau; KG ZUM-RD 2005, 381, 386 – Die Weber). Gelegentlich auf den Bühnen anzutreffende naturalistische Einfälle von Theaterregisseuren (z. B. das Verrichten der Notdurft auf der Bühne) ohne Bezug zum Werk können auch ohne künstlerische Verfremdung des Werkes einen nicht hinnehmbaren Eingriff in die Werkintegrität darstellen.

31 Bei **Meinungsverschiedenheiten** über den Wesensgehalt des Werkes als Grenze der Inszenierungsfreiheit und die Angemessenheit der Inszenierung zwischen Regisseur und Urheber soll nach der Rechtsprechung stets die Auffassung des Urhebers maßgebend sein. Schon deshalb sollten geplante Änderungen beim Erwerb des Aufführungsrechtes bzw.

während der Proben mit dem Urheber vereinbart werden (BGH GRUR 1971, 35, 38 – Maske in Blau). Richtigerweise handelt es sich aber auch hier um eine rechtliche Frage, die vom Gericht nach **objektiven Kriterien** zu bewerten ist, wobei zu berücksichtigen ist, dass nicht nur der Autor, sondern auch der Regisseur sich gegenüber dem staatlich angeordneten und durchgesetzten Privatrecht auf seine verfassungsrechtlich garantierte Kunstfreiheit nach Art. 5 Abs. 3 GG berufen kann (näher *Schmieder* NJW 1990, 1945 ff.; *Wandtke* ZUM 1991, 484, 487 ff.; *Erdmann* FS Nirk 209, 216 ff.; zuletzt *Grunert* FS Wandtke 45, 48 f.). Teilweise wird auch aus dem heute wohl mehrheitlich angenommenen **Urheberrecht des Theaterregisseurs** (zuletzt *Grunert* ZUM 2001, 210 ff.; *Wündisch* ZUM 2000, 959; *Hieber* ZUM 1997, 17; zur Gegenansicht *Depenheuer* ZUM 1997, 734, jeweils m.w.N.; näher § 2 Rn. 55) ein größerer Gestaltungsspielraum gegenüber dem Autor gefolgert (so *Dietz* FuR 1976, 816, 819; zurückhaltend *Grunert* KUR 2000, 128, 135).

Hinsichtlich der **Änderungsbefugnis an Inszenierungswerken** durch das Theater 32 (etwa die Intendanz) nach Veröffentlichung der Inszenierung anlässlich der Premiere ist Zurückhaltung geboten. In der Rechtsprechung hat sich nach anfänglichen Zweifeln (OLG Frankfurt a. M. GRUR 1976, 199 – Götterdämmerung) heute eine Linie durchgesetzt, die die künstlerische Leistung des Regisseurs gegenüber den praktischen, wirtschaftlichen oder künstlerischen Interessen des Theaters zu Recht weitgehend in Schutz nimmt (so schon LG Frankfurt a. M. UFITA 77 (1976) 278 – Götterdämmerung: Neuinszenierung des 3. Aktes und des Schlusses wegen misslungener Inszenierung; OLG München ZUM 1996, 598 – Iphigenie in Aulis: Streichung eines Bewegungschores wegen Geldmangels bei Wiederaufnahme; LG Leipzig ZUM 2000, 331 – Csárdásfürstin: Streichung schockierender Kriegsszenen in einer Operetteninszenierung; OLG Dresden ZUM 2000, 955 – Csárdásfürstin; a. A. Schricker/Loewenheim/*Dietz*/*Peukert* § 39 Rn. 21 unter Berufung auf OLG Frankfurt a. M. GRUR 1976, 199 – Götterdämmerung; Möhring/Nicolini/*Spautz* § 39 Rn. 13 am Ende: weitgehende Änderungsmöglichkeiten), und zwar auch dann, wenn man mit einer früheren Ansicht die Tätigkeit des Regisseurs als rein leistungsschutzrechtlich relevant ansieht (s. § 75 Rn. 8; eingehend zur insoweit gleichen Regelungen des § 83 a. F. vor der Reform 2003 *Grunert* ZUM 2001, 210 ff.). Bei der Interessenabwägung nach § 39 Abs. 2 (bzw. § 75, vormals § 83 a. F.) ist aber jedenfalls zu berücksichtigen, ob die Änderungen prägende Elemente der Inszenierung betreffen, ob die Interessen der anderen an der Produktion des **Gesamtkunstwerkes** Bühnenaufführung angemessen berücksichtigt werden und ob die berechtigten Interessen des Theaters an den Änderungen vorgehen (Dreier/Schulze/*Schulze* § 39 Rn. 21). Im Falle **angestellter Hausregisseure** dürfte sich wegen der besonderen künstlerischen Unabhängigkeit auch des angestellten Regisseurs aus der Stellung des Intendanten als Arbeitgeber kein weitergehendes nachträgliches Änderungsrecht (vgl. Schricker/Loewenheim/*Dietz*/*Peukert* § 14 Rn. 34) ergeben.

c) **Film- und Fernsehproduktion.** Im Film- und Fernsehbereich räumen die Urhe- 33 ber der vorbestehenden Werke dem Filmhersteller bzw. Sender im Zweifel das **Recht zur Bearbeitung oder Umgestaltung** ein (OLG Köln GRUR-RR 2005, 179 – Standbilder im Internet; §§ 88 Abs. 1, 89 Abs. 1). Änderungsrechtlich ergibt sich zudem aus § 93 eine Privilegierung des Filmherstellers (*Haberstumpf* Rn. 227; Fromm/Nordemann/*A. Nordemann* § 39 Rn. 17; Schricker/Loewenheim/*Dietz*/*Peukert* § 93 Rn. 3) hinsichtlich des Entstellungsschutzes, da hier erst die „gröbliche Entstellung" die Grenze der Unzulässigkeit bildet (krit. *Schack* Rn. 401 ff. OLG München GRUR 1986, 460, 462 – Unendliche Geschichte; ausführlich § 93 Rn. 19).

d) **Multimedia und Online-Produktion.** Allein aus der Möglichkeit der umfassen- 34 den Verwertung digitalisierter Werke mittels verschiedener Nutzungsarten ergibt sich noch kein unbegrenztes Änderungsrecht nach Treu und Glauben. Sind für ein Werk ausdrücklich bestimmte Nutzungsarten eingeräumt, dürfte häufig schon eine entsprechende stillschweigende Änderungsvereinbarung vorliegen (s. o. Rn. 14). Ansonsten ist der Werknutzer nur zu solchen Änderungen befugt, die sich im Rahmen des Üblichen bei der jeweiligen Online-Verwertung halten und die die Integritätsinteressen des Urhebers nicht besonders berühren, etwa die Größenänderung im Rahmen der Einbindung auf einer Webseite, die Darstellung im Zusammenhang mit Werbebannern, Anpassungen an gängige Datenformate etc. (vgl. *Grunert/Ohst* KUR 2001, 8, 14). Ein allgemeines **Recht zur Verschmelzung** mit Werken anderer Urheber besteht aber nicht.

35   e) **Musikverwertung.** Die **auszugsweise Verwendung** von Schlagermusik in einer Werbesendung soll nach einer alten Ansicht in der Rechtsprechung eine zulässige Änderung darstellen (s. Schricker/Loewenheim/*Dietz/Peukert* § 39 Rn. 19 m. w. N.). Dies kann allenfalls dann gelten, wenn eine Verwendung für Werbesendungen auch eingeräumt wurde. Für von der GEMA lizenzierte Musikwerke gilt dies jedoch nicht, da die GEMA nach der derzeitigen Fassung des GEMA-Berechtigungsvertrages die Rechte zur Verwendung von Musikwerken für Werbung nicht wahrnimmt. Hierzu ist vielmehr eine Rechtseinräumung durch den Komponisten oder diesen vertretenden Musikverlag im Einzelfall erforderlich. Umstritten ist dies bei der **Verwendung von Musikwerken als (Handy-)Klingelton.** Die damit einhergehende Kürzung, Vereinfachung und Funktionsänderung ist keine nach Treu und Glauben gem. § 39 Abs. 2 zulässige Änderung (OLG Hamburg ZUM 2008, 438, 445; LG Hamburg ZUM 2005, 485, 487 – Handy-Klingelton; OLG Hamburg MMR 2006, 315, 317 – Handy Klingeltöne II; *Landfermann* 171), es sei denn, der Urheber hat im Einzelfall einer solchen Verwendung zugestimmt, woraus sich ein entsprechendes Änderungsrecht nach § 39 Abs. 1 ergibt (vgl. BGH NJW 2009, 774, 777 Rn. 27 – Klingeltöne für Mobiltelefone; Schricker/Loewenheim/*Dietz/Peukert* § 14 Rn. 11a; *Castendyk* ZUM 2005, 9, 19; *Poll* MMR 2004, 67, 71; *Dehmel* MMR 2006, 318, 321: Werkauswertung mit Bearbeitungscharakter). Entsprechendes gilt seit Aufnahme des Rechtes zur Nutzung eines Werkes der Tonkunst als Ruftonmelodie in den GEMA Berechtigungsvertrag (§ 1 Buchstabe h) 2002 sowie 2005, denn im Regelfall sind die zu Herstellung eines Klingeltons aus einem Musikwerk erforderliche Änderungen (Kürzungen, Vereinfachungen, Digitalisierung, etc.) für den Urheber vorhersehbar und damit ein Bearbeitungsrecht zumindest konkludent vereinbart (BGH NJW 2009, 774, 777 – Klingeltöne für Mobiltelefone; Schricker/Loewenheim/ *Dietz/Peukert* § 14 Rn. 11a; *Dehmel* MMR 2006, 318; näher § 14 Rn. 56). Dies gilt jedoch nicht für Nutzungsverträge aus einer Zeit vor Inkrafttreten des insoweit ergänzten GEMA Berechtigungsvertrages; hier stellt sich Verwertung als Klingelton in aller Regel als Beeinträchtigung oder Entstellung (§ 14) und in jedem Fall als Bearbeitung (§ 23) dar, die vom allgemeinen Änderungsrecht nach Treu und Glauben (§ 39 Abs. 2) nicht gedeckt ist (ebenso BGH GRUR 2010, 920, 922 – Klingeltöne für Mobiltelefone II; BGH NJW 2009, 774, 777 – Klingeltöne für Mobiltelefone; OLG Hamburg ZUM 2008, 438, 445; OLG Hamburg MMR 2006, 315, 317 – Handy-Klingeltöne II; LG Hamburg ZUM-RD 2006, 294, 300 – Handy-Klingeltöne). Dies gilt auch für Musikurheber, die mit der GEMA einen Berechtigungsvertrag in einer Fassung seit 2002 abgeschlossen haben, und hierbei das Recht zur Nutzung als Klingelton nur unter der aufschiebenden Bedingung eingeräumt haben, dass der Lizenznehmer der GEMA in jedem Einzelfall vor Beginn der Nutzung eine ihm vom Berechtigten zur Wahrung der Urheberpersönlichkeitsrechte der Komponisten erteilte Benutzungsbewilligung vorgelegt hat (BGH GRUR 2010, 902 – Klingeltöne für Mobiltelefone II). Für den Normalfall (GEMA Berechtigungsvertrag in einer Fassung nach 2002, kein Vorbehalt) scheidet eine Berufung auf das Änderungsverbot der §§ 14, 39 im Normalfall einer Klingeltonnutzung aus. Nur im Einzelfall kann der Abwehranspruch aus § 14 zur Anwendung kommen, wenn die Musik in einer Art und Weise als Klingelton benutzt wird, mit der der Urheber nicht zu rechnen braucht (BGH NJW 2009, 774, 777 – Klingelton für Mobiltelefone; näher § 14 Rn. 56 m. w. N.). Ist ein Recht zur Klingeltonnutzung im Berechtigungsvertrag der GEMA eingeräumt, ist kein zweistufiges Lizenzierungsverfahren erforderlich

§ 39 Änderungen des Werkes

(BGH GRUR 2010, 920, 922 – Klingeltöne für Mobiltelefone II; BGH NJW 2009, 774, 777 – Klingeltöne für Mobiltelefone; vgl. *Wandtke/Schunke* UFITA 2007/I, 69; differenzierend *Landfermann* 163).

IV. Änderungsrecht bei Bauwerken

Der Eigentümer eines Werkoriginals ist allein aufgrund seines Eigentums an dem Werk weder Inhaber eines urheberrechtlichen Nutzungsrechts (§ 44 Abs. 1) noch kann er in das fremde Urheberrecht eingreifende Änderungen an dem ihm gehörenden Original vornehmen (BGH GRUR 2008, 984, 986 – St. Gottfried; BGH GRUR 1999, 230, 231 – Treppenhausgestaltung; BGH GRUR 1974, 675, 676 – Schulerweiterung; BGH GRUR 1982, 107, 109 – Kirchenraum-Innenausgestaltung; BGH GRUR 1999, 420, 425 – Verbindungsgang; OLG Hamm ZUM-RD 2001, 443, 444). Die **Sachherrschaft des Eigentümers** (§ 903 BGB) findet dort ihre Grenze, wo sie Urheberrechte rechtswidrig verletzt (BGH GRUR 1974, 475, 476 – Schulerweiterung; BGH GRUR 1960, 619, 620 – Schallplatten-Künstlerlizenz; BGH GRUR 1999, 420, 425 – Verbindungsgang; LG Hamburg GRUR 2005, 672, 674 – Astra-Hochhaus). 36

Der Interessenkonflikt zwischen **Eigentümer des Originalwerkes und Urheber** kann nur im Rahmen der **Interessenabwägung** gelöst werden (Thode/Wirth/Kuffer/*Knipp* § 32 Rn. 34; *Binder/Kosterhon* Rn. 260; *Honscheck* GRUR 2007, 944, 946; *Goldmann* GRUR 2005, 639, 642; BGH GRUR 2008, 984, 986 – St. Gottfried; OLG Dresden GRUR-RR 2013, 51 – Dresdner Kulturpalast m. Anm. *Jacobs*; LG Leipzig ZUM 2012, 821 – Dresdner Kulturpalast; LG Stuttgart ZUM-RD 2010, 491, 498 – Hauptbahnhof „Stuttgart 21"; LG Berlin GRUR 2007, 964, 968 – Hauptbahnhof). § 39 Abs. 2 wird i. d. R. zugunsten des Urhebers anzuwenden sein, dennoch sind Fälle denkbar, wo die urheberpersönlichkeitsrechtlichen Belange des Urhebers hinter den Interessen des Eigentümers zurücktreten müssen. Im Rahmen der **Abwägung bei Bauwerken** kommt dem intendierten Gebrauchszweck entscheidende Bedeutung zu. Ist der Gebrauchszweck aufrechtzuerhalten, sind Änderungen eher zuzulassen (*Honscheck* GRUR 2007, 944, 947 m. w. N.). Bringen Änderungen aus nutzungserhaltenden, wirtschaftlichen oder technischen Gründen (Vergrößerungen, Umbau- und Erweiterungsarbeiten, Anbauten, Umgestaltungen oder Modernisierungen) keine erheblichen Entstellungen mit sich, setzt sich in der Regel das Eigentümerinteresse durch (BGH GRUR 2008, 984, 988 – St. Gottfried: liturgisches Interesse der Gemeinde überwiegt Interesse des Urhebers des Kircheninnenraumes; OLG München ZUM 1996, 165, 166 – Dachgauben; Thode/Wirth/Kuffer/*Knipp* § 32 Rn. 35; *Müller* 162). Auch kann der Urheber Änderungen seines Werkes im öffentlichen Interesse hinzunehmen haben (BGH ZUM 2012, 33, 34 – Stuttgart 21). Andererseits kann das Bestandsinteresse des Architekten stärker wirken als die Änderungsinteressen des (öffentlichen) Eigentümers (a. A. OLG Dresden GRUR-RR 2013, 51, 52 – Dresden Kulturpalast), denn auch das Urheberrecht hat eine der Allgemeinheit dienende Funktion und kann im Einzelfall überwiegen (*v. Olenhusen* UFITA 2013/II, 1, 13). Bei der Interessensabwägung sind der Rang des Werkes und die Schöpfungshöhe zu berücksichtigen. Je größer die Gestaltungshöhe, desto stärker sind die persönlichen Bindungen des Urhebers am Werk und desto eher ist eine Gefährdung der Urheberpersönlichkeitsrechte anzunehmen (BGH GRUR 2008, 984, 988 – St.-Gottfried; LG Stuttgart ZUM-RD 2010, 491, 498 – Hauptbahnhof „Stuttgart 21"). Dies gilt z.B. für Änderungen und Erweiterungen von **Zweckbauten** (BGH GRUR 1974, 475, 476 – Schulerweiterung; BGH GRUR 1999, 420, 426 – Verbindungsgang), oder der Änderung des Innenraumes einer Kirche aufgrund des kirchlichen Selbstbestimmungsrechts der Gemeinde (BGH GRUR 2008, 984, 987 – St. Gottfried). Eine Änderung des Werkes der bildenden Kunst kann erfolgen, wenn **die öffentliche Sicherheit** gefährdet ist (OLG Celle NJW 1995, 890). Ebenso kann ein un- 37 dichtes Flachdach eines Verwaltungsgebäudes ersetzt und die vorhandenen Fassaden durch eine Attika aus Glas verändert werden (OLG Frankfurt a. M. GRUR 1986, 244, 245 – Verwaltungsgebäude). Wird eine Aula gegenüber den Plänen des Architekten verändert, kann eine Verletzung des Urheberpersönlichkeitsrechts vorliegen (OLG Hamm GRUR 1970, 565, 566). Auch die Veränderung prägender Gestaltungselemente (hier: Einbau einer Flachdecke anstelle einer Kreuzgewölbedecke) mit erheblichen Auswirkungen auf den Gesamteindruck des Betrachters ist als Entstellung vom Änderungsinteresse des Eigentümers nicht gedeckt, wobei es auf den Einzelfall ankommt (vgl. LG Berlin ZUM 2007, 424 – Berliner Hauptbahnhof: Entstellung bejaht, kritisch § 14 Rn. 35). Solange das Bauwerk durch die Veränderungen in seinem **Gesamteindruck** nicht erheblich entstellt wird, setzt sich im Zweifel das Eigentümerinteresse durch (ausführlich § 14 Rn. 27 ff.).

38 **Geschmacklich motivierte Änderungen** des Eigentümers muss der Architekt als Urheber aber nicht hinnehmen (BGH GRUR 1999, 230, 232 – Treppenhausgestaltung; *Goldmann* GRUR 2005, 639, 643; *Binder/Kosterhon* Rn. 260; *Schack* Rn. 396). Die Umstellung eines standortbezogenen Werkes stellt sich regelmäßig als Entstellung i. S. d. § 14 dar (OLG Hamm ZUM-RD 2001, 443, 445; a. A. *Müller* 35). Überwiegen hingegen die Interessen des Eigentümers, geht die Abwägung des § 39 Abs. 2 zu seinen Gunsten aus. Das gilt im Wege der **analogen Anwendung des § 39** selbst dann, wenn der Eigentümer nicht Inhaber eines Nutzungsrechts (§ 44 Abs. 1) ist (*Schack* Rn. 394; differenzierend Schricker/Loewenheim/*Dietz/Peukert* § 39 Rn. 25: nur, wenn vertragliche Beziehungen bestehen). Der schärfsten Form der Beeinträchtigung bzw. Änderung, nämlich der **Zerstörung des Originalwerkes** (Schricker/Loewenheim/*Dietz/Peukert* § 14 Rn. 38 m. w. N.; Möhring/Nicolini/*Spautz* § 39 Rn. 16), kann sich der Urheber nach § 14 entgegen der h. M. widersetzen (näher § 14 Rn. 22 ff. mit Nachweisen zum Streitstand), selbst wenn das UrhG ein Zerstörungsverbot nicht geregelt hat (*Honscheck* GRUR 2007, 944, 949).

§ 40 Verträge über künftige Werke

(1) **Ein Vertrag, durch den sich der Urheber zur Einräumung von Nutzungsrechten an künftigen Werken verpflichtet, die überhaupt nicht näher oder nur der Gattung nach bestimmt sind, bedarf der schriftlichen Form. Er kann von beiden Vertragsteilen nach Ablauf von fünf Jahren seit dem Abschluss des Vertrages gekündigt werden. Die Kündigungsfrist beträgt sechs Monate, wenn keine kürzere Frist vereinbart ist.**

(2) **Auf das Kündigungsrecht kann im voraus nicht verzichtet werden. Andere vertragliche oder gesetzliche Kündigungsrechte bleiben unberührt.**

(3) **Wenn in Erfüllung des Vertrages Nutzungsrechte an künftigen Werken eingeräumt worden sind, wird mit Beendigung des Vertrages die Verfügung hinsichtlich der Werke unwirksam, die zu diesem Zeitpunkt noch nicht abgeliefert sind.**

Literatur: *Bock,* Die Option im Musik- und Buchverlag, 2002; *Brandi-Dohrn,* Der urheberrechtliche Optionsvertrag, 1967; *Brauneck/Brauner,* Optionsverträge über künftige Werke im Filmbereich, ZUM 2006, 513; *Gottschalk,* Wettbewerbsverbote in Verlagsverträgen, ZUM 2005, 359; *v. Olenhusen,* Das Recht am Manuskript und sonstigen Werkstücken im Urheber- und Verlagsrecht, ZUM 2000, 1056.
Vgl. darüber hinaus die Angaben im eingangs abgedr. Gesamtliteraturverzeichnis.

Übersicht

	Rn.
I. Bedeutung	1
II. Anwendungsbereich	2–10
1. Allgemeines	2–5
2. Vertragstypen	6–8
3. Folgen	9, 10

	Rn.
III. Schriftformerfordernis (§ 40 Abs. 1 S. 1)	11–13
IV. Kündigungsrecht und Verzicht (§ 40 Abs. 1 S. 2, Abs. 2)	14–17
1. Kündigungsrecht (§ 40 Abs. 1 S. 2, 3)	14, 15
2. Verzicht (§ 40 Abs. 2)	16, 17
V. Folgen der Beendigung des Vertrages (§ 40 Abs. 3)	18–21
1. Nutzungsrechte	18–20
2. Vergütung	21

I. Bedeutung

Im Prozess der geistigen Produktion soll dem Urheber die wirtschaftliche Beteiligung an der Verwertung seiner Werke gesichert werden. Dies gilt auch dann, wenn der Urheber sich dazu verpflichtet, Werke erst künftig zu schaffen, die bisher überhaupt nicht näher oder nur der Gattung nach bestimmt sind (BGH GRUR 1966, 390, 391 – Werbefilm; BGH GRUR 1957, 387, 389 – Clemens Laar; BGHZ 9, 237, 241 – Gaunerroman; OLG Frankfurt a. M. ZUM 2006, 566, 568). Mit dem **Schriftformerfordernis** und dem **Kündigungsrecht** soll der Urheber vor einer unüberlegten Übernahme einer solchen, in ihren wirtschaftlichen Folgen kaum absehbaren Bindung bewahrt und die Möglichkeit einer solchen Bindung selbst begrenzt werden (*Brauneck/Brauner* ZUM 2006, 513, 514; *Hertin* Rn. 369; Möhring/Nicolini/*Spautz* § 40 Rn. 1; *v. Gamm* § 40 Rn. 1; Schricker/Loewenheim/*Schricker/Peukert* § 40 Rn. 2). Regelungszweck ist einmal mehr die Durchsetzung des Beteiligungsgrundsatzes (s. Vor §§ 31 ff. Rn. 1), aber auch allgemeine persönlichkeitsrechtliche Aspekte. Die Einführung der Ansprüche auf angemessene Vergütung mit der Reform 2002 (§§ 32, 32a) lassen den Regelungszweck nicht entfallen (ebenso Schricker/Loewenheim/*Schricker/Peukert* § 40 Rn. 11a), dasselbe gilt für den mit der jüngsten Reform (s. Vor §§ 31 ff. Rn. 5) eingeführten Vergütungsanspruch für unbekannte Nutzungsarten (§ 32c). 1

II. Anwendungsbereich

1. Allgemeines

§ 40 gilt zunächst für **schuldrechtliche Verpflichtungsgeschäfte** hinsichtlich der Einräumung von Nutzungsrechten an künftigen Werken. Diese Verpflichtung zur Einräumung ist von der Verfügung als Rechtseinräumung zu trennen (Dreier/Schulze/*Schulze* § 40 Rn. 1; Möhring/Nicolini/*Spautz* § 40 Rn. 15; *v. Gamm* § 40 Rn. 3; Schricker/Loewenheim/*Schricker/Peukert* § 40 Rn. 3; Fromm/Nordemann/*J. B. Nordemann* § 40 Rn. 10; *Schack* Rn. 1107). § 40 gilt darüber hinaus für Verträge, in denen bereits eine **Vorausverfügung** über künftige Werke erfolgt (Fromm/Nordemann/*J. B. Nordemann* § 40 Rn. 11; Schricker/Loewenheim/*Schricker/Peukert* § 40 Rn. 3). Wenn in solchen Verträgen das künftige Werk schriftlich nicht hinreichend oder der Gattung nach bestimmt ist, sondern nur eine pauschale Verpflichtung des Urhebers zur Schaffung von Werken und die Einräumung an solchen nicht näher bestimmten künftigen Werken enthält, z. B. „an den nächsten zwei Romanen des Autors", verfügt der Urheber mit Vertragsabschluss über das Verlagsrecht im Voraus. Schafft der Urheber dann das künftige Werk und liefert es ab, hat der Verwerter damit auch die entsprechenden vereinbarten Nutzungsrechte, und die Vorausverfügung wird insoweit wirksam. Wird mit Beendigung des Vertrages das künftige Werk nicht abgeliefert (§ 40 Abs. 3), wird die Vorausverfügung unwirksam. 2

Ob die Vorausverfügung unabhängig von der Einhaltung der Schriftform wirksam bleibt, wenn die Verfügung gleichzeitig mit der formnichtigen (§ 125 S. 1 BGB) Verpflichtung erfolgt ist, ist umstritten (dafür: *v. Gamm* § 40 Rn. 4; *Schack* Rn. 1109; dagegen: *Ulmer* 398; wohl auch Fromm/Nordemann/*J. B. Nordemann* § 40 Rn. 11; Dreyer/Kotthoff/Meckel/ 3

Kotthoff § 40 Rn. 4). Soweit die Verpflichtung mit der Vereinbarung der Vorausverfügung zusammenfällt, ist ein Gleichklang der Wirksamkeit des Verpflichtungsgeschäfts und der Vorausverfügung anzunehmen. Es würde dem Sinn des § 40 widersprechen, wenn zwar das Verpflichtungsgeschäft unwirksam wäre, die Vorausverfügung aber weiterhin wirksam. Damit wäre eine Umgehung des Schriftformerfordernisses möglich. Die kausale Bindung zwischen dem Verpflichtungsgeschäft und der Vorausverfügung ist offensichtlich (Fromm/Nordemann/*J. B. Nordemann* § 40 Rn. 11; Dreyer/Kotthoff/Meckel/*Kotthoff* § 40 Rn. 4; OLG Celle CR 1994, 681, 683). Das zeigt sich in § 40 Abs. 3, welcher in Durchbrechung des Abstraktionsprinzips (welches im Urheberrecht ohnehin nur eingeschränkt gilt, vgl. Vor §§ 31 ff. Rn. 6, 49 f.) – ähnlich wie § 9 VerlG – ausdrücklich anordnet, dass die Verfügung mit der Beendigung des Verpflichtungsvertrages unwirksam wird, soweit das Werk nicht vor der Beendigung des Vertrages abgeliefert wurde (*Schack* Rn. 1109). Durch die Vorausverfügung entsteht dann ein Anwartschaftsrecht des Nutzungsberechtigten, welches mit Schaffung des Werkes zum Vollrecht erstarkt (vgl. OLG München ZUM 2000, 767, 771 – Down under).

4   Die kausale Bindung der Vorausverfügung an die Verpflichtung zur Einräumung von Nutzungsrechten gilt auch im Arbeitnehmerurheberrecht. § 40 Abs. 1 gilt sowohl für den schuldrechtlichen **Arbeitsvertrag** als auch für die Vereinbarung der Vorausverfügung (s. § 43 Rn. 48), um die Warnfunktion des Schriftformerfordernisses im Interesse des Urhebers nicht zu unterlaufen (a. A. für Pflichtwerke Dreier/Schulze/*Schulze* § 40 Rn. 5; Schricker/Loewenheim/*Schricker/Peukert* § 40 Rn. 3). § 40 gilt auch für **Wahrnehmungsverträge** (Dreier/Schulze/*Schulze* § 40 Rn. 4; Schricker/Loewenheim/*Schricker/Peukert* § 40 Rn. 3; Fromm/Nordemann/*J. B. Nordemann* § 40 Rn. 7; *Schack* Rn. 631; a. A. *v. Gamm* § 40 Rn. 4; *Rehbinder* Rn. 315; *Mestmäcker/Schulze* § 40 Anm. 1) sowie im **Verlagsrecht** (*Schricker* § 1 VerlG Rn. 49; Schricker/Loewenheim/*Schricker/Peukert* § 40 Rn. 1).

5   § 138 BGB und **andere Nichtigkeitsgründe** werden durch § 40 nicht verdrängt, spielen aber eher selten eine Rolle (Dreier/Schulze/*Schulze* § 40 Rn. 15; Schricker/Loewenheim/*Schricker/Peukert* § 40 Rn. 10), etwa wenn durch die Vereinbarungen die freie Schaffenskraft des Urhebers beeinträchtigt oder die Konkurrenz anderer Bewerber ausgeschaltet wird (*Ulmer* 397 f.; Möhring/Nicolini/*Spautz* § 40 Rn. 4; RGZ 79, 156, 159). § 40 gilt auch für Verträge, die **vor** dem **Inkrafttreten des UrhG** am 1.1.1966 geschlossen wurden, allerdings mit der Maßgabe, dass die Frist des Abs. 1 S. 2 frühestens mit dem 1.1.1966 beginnt (§ 132 Abs. 1 S. 2).

2. Vertragstypen

6   Verträge, die sich auf künftige Werke beziehen, können als Vorverträge oder als Optionsverträge in Erscheinung treten. Während der **Vorvertrag** (§§ 311 Abs. 1, 241 Abs. 1 BGB) auf den späteren Abschluss eines Hauptvertrages abzielt, z. B. eines Verlagsvertrages, und eine zweiseitige Bindung enthält, verpflichtet der **Optionsvertrag** (auch „Vorrechtsvertrag") einseitig nur den Urheber dazu, künftige Werke anzubieten (Möhring/Nicolini/*Spautz* § 40 Rn. 1; *v. Gamm* § 40 Rn. 6; *Schack* Rn. 1108; Schricker/Loewenheim/*Schricker/Peukert* § 40 Rn. 4, 5; Fromm/Nordemann/*J. B. Nordemann* § 40 Rn. 8; BGHZ 22, 347, 349 – Optionsvertrag; BGHZ 9, 237, 239 – Gaunerroman; OLG München ZUM-RD 1998, 130, 138 – Die Mädels vom Immenhof: höchstpersönliches Optionsrecht, keine Übertragung auf Dritte möglich; LG Hamburg ZUM 2002, 158, 160 – Bandüberlassungsvertrag: Pflicht zur Anbietung neuer Alben an Produzenten nur einfacher Optionsvertrag, einseitige Erklärung des Produzenten geht ins Leere und begründet keinen Nutzungsvertrag.

7   Räumt der Urheber dem Verwerter, z. B. dem Verleger, **Nutzungsrechte für sein „nächstes Werk"** im Vertrag ein, hat der Verleger als Optionsberechtigter die Möglichkeit, durch einseitige Erklärung (Gestaltungsrecht) den Vertrag mit dem im Optionsvertrag festgelegten Inhalt zur Geltung zu bringen (**Optionsvertrag im engeren Sinn** bzw. **qualifizier-**

§ 40 Verträge über künftige Werke 8, 9 § 40 UrhG

ter Optionsvertrag, vgl. LG München I GRUR-RR 2009, 417 – Anatomieatlas: dort Besonderheit, dass Optionsvertrag zwischen 2 Verlegern über fremdsprachige Ausgabe von Neuauflagen eines schon bestehenden Werkes). Das Gestaltungsrecht gibt dem Berechtigten die befristete oder unbefristete Befugnis, durch einseitige Willenserklärung unmittelbar ein inhaltlich bereits in den wesentlichen Punkten fixiertes Vertragsverhältnis herbeizuführen oder zu verlängern (LG München I GRUR-RR 2009, 417 – Anatomieatlas). Der Urheber kann sich aber durch den Optionsvertrag auch lediglich dazu verpflichten, die Nutzungsrechte für sein „nächstes Werk" zunächst dem Optionsberechtigten anzubieten, ohne dass die Konditionen ansonsten schon festgelegt werden (**Optionsvertrag im weiteren Sinn oder einfacher Optionsvertrag,** vgl. zur Abgrenzung LG München I GRUR-RR 2009, 417 – Anatomieatlas; LG München I ZUM 2007, 421, 423; *Brauneck/Brauner* ZUM 2006, 513, 516 ff.). Nimmt der Optionsberechtigte das spätere Angebot des Urhebers an, ist ein entsprechender Hauptvertrag erst noch auszuhandeln und abzuschließen (*Schack* Rn. 1108; Schricker/Loewenheim/*Schricker/Peukert* § 40 Rn. 5, 6; Fromm/Nordemann/*J. B. Nordemann* § 40 Rn. 8; Möhring/Nicolini/*Spautz* § 40 Rn. 3; *v. Gamm* § 40 Rn. 6; BGHZ 22, 347, 349 – Optionsvertrag; LG Hamburg ZUM 2002, 158 – Bandüberlassungsvertrag). Sowohl qualifizierte als auch einfache Optionsverträge unterliegen § 40 (Loewenheim/*J. B. Nordemann* § 60 Rn. 49). Optionsklauseln sind als beiderseitige individuelle Vereinbarungen so **auszulegen,** wie sie die Vertragsparteien im beiderseitigen Interesse nach Treu und Glauben gewollt haben (BGH GRUR 2010, 418, 419 – Neues vom Wixxer; BGH GRUR 2003, 699, 701 – Eterna). Die in der Vertragspraxis unter dem Oberbegriff der „Option" vorkommenden Gestaltungen sind vielfältig, und reichen vom Erstverhandlungsrecht („first negotiation") oder Erstablehnungsrecht („last refusal", jeweils einfache Option) bis zur „letzten Option" („last matching right"), bei der der Optionsberechtigte das Recht hat, die Rechte zu gleichen Konditionen zu erwerben, die der Berechtigte einem Dritten in einer konkret beabsichtigten und durchverhandelten Lizenzierung angeboten hat (qualifizierte Option, vgl. OLG München ZUM 2008, 68, 69 – Optionsklausel).

Bei Ausübung einer einfachen Option (im weiteren Sinne) besteht kein Abschlusszwang 8 hinsichtlich eines Nutzungsvertrages, sondern lediglich die Pflicht zur Aufnahme von Vertragsverhandlungen nach Treu und Glauben (LG München I GRUR–RR 2009, 417 – Anatomieatlas; OLG München ZUM 2008, 68 – Optionsklausel Filmlizenzvertrag; LG München I ZUM 2007, 421, 423). Der die Option einräumende Vertragspartner muss dem Optionsberechtigten das vom Optionsrecht erfasste Werk oder die erfasste Leistung anbieten. Dem Vertragspartner steht es aber frei, die vom Optionsberechtigten gebotenen Bedingungen anzunehmen, oder das Werk an einen anderen Nutzungsberechtigen zu lizenzieren, der bessere Bedingungen bietet (so Schricker/Loewenheim/*Schricker/Peukert* § 40 Rn. 6 m.w.N. auch zur Gegenansicht; *Schack* Rn. 1108). Wieweit sich der Urheber im Optionsvertrag wirklich hat binden wollen, ist durch Auslegung gem. §§ 133, 157 BGB zu ermitteln, wobei ein übereinstimmender Wille beider Vertragsparteien dem Wortlaut des Vertrages und jeder anderweitigen Interpretation vorgeht (LG München I GRUR-RR 2009, 417, 418 – Anatomieatlas; BGH NJW 1994, 1528, 1529). Liegt ein Optionsvertrag im weiteren Sinne vor, kann der Urheber frei verfügen (a.A. Fromm/Nordemann/ *J. B. Nordemann* Vor §§ 31 ff. Rn. 318). Da sich der Urheber mit Optionsverträgen im engeren Sinne fest bindet, gilt § 40 unmittelbar *(Brauneck/Brauner* ZUM 2006, 513, 518), während er für Optionsverträge im weiteren Sinne zumindest **analog** gilt (Schricker/Loewenheim/*Schricker/Peukert* § 40 Rn. 7 m.w.N.; *Schack* Rn. 1109), denn auch hier bindet sich der Urheber, wenn er anderswo keine günstigeren Bedingungen aushandeln kann.

3. Folgen

Optionsverträge gewähren dem Nutzer keine dingliche, sondern nur eine **schuldrecht-** 9 **liche Anwartschaft** an den künftigen Werken des Urhebers (BGHZ 22, 347, 350 – Clemens Laar; *Brauneck/Brauner* ZUM 2006, 513, 516). Verstößt der Urheber schuldhaft gegen seine vertraglich vereinbarte Anbietungspflicht, etwa indem er mit einem anderen Verlag einen Verlagsvertrag abschließt, so löst dies regelmäßig vertragliche **Schadensersatzansprüche** des aus dem Optionsvertrag berechtigten Verwerters aus (BGH GRUR 2010, 418, 419 – Neues vom Wixxer; BGHZ 22, 347, 350 – Optionsvertrag). Dies setzt aber voraus, dass der bevorrechtigte Verwerter bereit und in der Lage gewesen wäre, das fragliche Werk unter Einräumung der gleichen Vertragsbedingungen zu verwerten, etwa zu verlegen (RGZ 79, 156, 159; BGHZ 22, 347, 350 – Optionsvertrag). Ein Schadensersatzanspruch ist ausgeschlossen, wenn der Optionsverpflichtete einem Dritten das optionierte Recht angeboten hat, nachdem er dieses vorher dem Optionsberechtigten zu denselben Bedingungenangeboten hatte (BGH GRUR 2010, 418, 419 – Neues vom Wixxer).

10 **Optionsverträge ohne zeitliche oder gegenständliche Beschränkung** für das gesamte künftige Schaffen des Urhebers, in denen der Verwerter keine angemessene Gegenleistung für die Einräumung des Optionsrechts gewährt, sind nach § 138 BGB nichtig (BGHZ 22, 347, 355 – Optionsvertrag; Loewenheim/*J. B. Nordemann* § 60 Rn. 51; abweichend von RGZ 79, 156: zeitlich unbegrenzte und unentgeltlich übernommene Verpflichtung eines Operettenkomponisten wirksam). Seit Einführung der Regelungen des § 40 mit Inkrafttreten des UrhG 1966 dürfte das Erfordernis einer Annahme einer Sittenwidrigkeit solcher Verträge allerdings weitgehend obsolet geworden sein (vgl. Schricker/Loewenheim/*Schricker/Peukert* § 40 Rn. 7 am Ende).

III. Schriftformerfordernis (§ 40 Abs. 1 S. 1)

11 Alle Verträge, die eine Verpflichtung des Urhebers zur Einräumung von Nutzungsrechten an **unbestimmten künftigen Werken** beinhalten, also Vor- und Optionsverträge, bedürfen zu ihrer Wirksamkeit der Schriftform, (Schricker/Loewenheim/*Schricker/Peukert* § 40 Rn. 14; Dreier/Schulze/*Schulze* § 40 Rn. 11; Schack Rn. 1109; Möhring/Nicolini/ *Spautz* § 40 Rn. 8; *v. Gamm* § 40 Rn. 5). Dies erfordert gem. **§ 126 BGB** grds. die Unterschrift beider Seiten auf derselben Urkunde bzw. bei mehreren gleichlautenden Urkunden die Unterschrift jeder Partei auf der für die andere Partei bestimmten Urkunde (§ 126 Abs. 2 S. 2 BGB), oder eine gleichwertige elektronische Form (§ 126a BGB). Der Vertrag muss auf die Einräumung von Nutzungsrechten an noch nicht in ihren wesentlichen Merkmalen erfassbaren künftigen Werken oder an einer bestimmten Gattung solcher Werke gerichtet sein.

12 Liegt eine **genaue Bezeichnung** oder nähere Konkretisierung der Werke vor, ist für die Anwendung des § 40 Abs. 1 S. 1 kein Raum. Dies kann auch der Fall sein, wenn die Form des Werkes zur Zeit der Absprache schon festliegt, etwa wenn sich ein Maler zur Erstellung eines Werkverzeichnisses über seine vergangenen Werke verpflichtet (OLG Frankfurt GRUR 1991, 601; Fromm/Nordemann/*J. B. Nordemann* § 40 Rn. 15). Nach dem Schutzzweck der Norm reicht es auch aus, wenn **nur ein künftiges Werk** erfasst wird (Schricker/Loewenheim/*Schricker/Peukert* § 40 Rn. 12; Fromm/Nordemann/ *J. B. Nordemann* § 40 Rn. 15; a. A. *v. Gamm* § 40 Rn. 5). Werden alleine die Werkform (Gedicht), der ungefähre Werkinhalt (Kindererzählung, Kriminalroman) oder nur die Art der Werkverwertung (z. B. Opernlibretto, Hörspiel) vereinbart, liegen bloße **Gattungsbezeichnungen** vor, welche die Werke noch nicht ausreichend konkretisieren (so auch OLG Schleswig ZUM 1995, 867, 874 – Werner; Dreier/Schulze/*Schulze* § 40 Rn. 12; *v. Gamm* § 40 Rn. 5).

13 Ein nicht schriftlich abgeschlossener Vertrag ist nichtig (§ 125 S. 1 BGB). § 40 gilt auch, wenn die Werke „überhaupt nicht näher bestimmt" werden, etwa wenn das **gesamte Werkschaffen** des Urhebers Gegenstand des Vertrages sein soll (Schricker/*Schricker* § 40 UrhG Rn. 13; Fromm/Nordemann/*J. B. Nordemann* § 40 Rn. 19). Als nicht hinreichend

bestimmt hat die Rechtsprechung die „gesamten künftigen Werke" angesehen, ohne Rücksicht auf Thema oder sonstige Beschaffenheit (RGZ 79, 156, 158 ff. – Der zerbrochene Krug; BGHZ 22, 347, 350 – Optionsverträge). Für einen (ebenfalls nach § 40 Abs. 1 S. 1 schriftlich zu schließenden) Optionsvertrag im engeren Sinne ist **„das nächste Werk"** dasjenige, das der Verfasser als erstes Werk nach Vertragsschluss fertig stellt und zur Veröffentlichung für geeignet erachtet (BGHZ 9, 237, 241 – Gaunerroman; OLG München ZUM 2000, 767, 771 – Down Under).

IV. Kündigungsrecht und Verzicht (§ 40 Abs. 1 S. 2, Abs. 2)

1. Kündigungsrecht (§ 40 Abs. 1 S. 2, 3)

Dem Urheber und dem künftigen Nutzungsberechtigten stehen ein besonderes gesetzliches Kündigungsrecht zu (OLG Frankfurt a.M. ZUM 2006, 566, 568), das sie nach Ablauf von fünf Jahren (§ 40 Abs. 1 S. 2) seit dem Abschluss des Vertrages ausüben können (Dreier/Schulze/*Schulze* § 40 Rn. 20; Möhring/Nicolini/*Spautz* § 40 Rn. 13; Schricker/Loewenheim/*Schricker/Peukert* § 40 Rn. 15). Die Wartefrist kann vertraglich verkürzt, aufgrund der Unverzichtbarkeit des Kündigungsrechts im Voraus (§ 40 Abs. 2 S. 1) aber nicht verlängert werden (vgl. Dreier/Schulze/*Dreier* § 40 Rn. 19 f.). Für den **Beginn der Frist** kommt es nicht auf die Unterzeichnung, sondern auf die Wirksamkeit des Vertrages an (Möhring/Nicolini/*Spautz* § 40 Rn. 9; Schricker/Loewenheim/*Schricker/Peukert* § 40 Rn. 15; a.A. Fromm/Nordemann/*J.B. Nordemann* § 40 Rn. 23). Die **gesetzliche Kündigungsfrist** beträgt sechs Monate (§ 40 Abs. 1 S. 3). Auch diese Kündigungsfrist kann vertraglich verkürzt, nicht aber verlängert werden. Liegt eine vertragliche Fristverkürzung nicht vor, können die Vertragspartner frühestens nach Ablauf von fünf Jahren die Kündigung erklären, die zum Ende der Kündigungsfrist von sechs Monaten wirksam wird (Dreier/Schulze/*Schulze* § 40 Rn. 21; Möhring/Nicolini/*Spautz* § 40 Rn. 11; *v. Gamm* § 40 Rn. 8; Schricker/Loewenheim/*Schricker/Peukert* § 40 Rn. 15; Fromm/Nordemann/*J.B. Nordemann* § 40 Rn. 24). Liegen unzumutbare Vertragsbedingungen vor, besteht die Möglichkeit über § 313 BGB eine Anpassung des Optionsvertrages zu verlangen oder eine Kündigung nach § 40 (analog) durchzusetzen (LG München I ZUM 2009, 594, 597).

Die **Kündigungserklärung** selbst bedarf nicht der für den Vertrag erforderlichen Schriftform. Sie muss jedoch als einseitig empfangsbedürftige Willenserklärung der anderen Vertragspartei zugehen (§ 130 BGB). Zugegangen ist die Kündigungserklärung, wenn sie so in den Machtbereich des Empfängers gelangt ist, dass dieser unter normalen Verhältnissen von ihr Kenntnis nehmen kann (Palandt/*Ellenberger* § 130 BGB Rn. 5 m.w.N.).

2. Verzicht (§ 40 Abs. 2)

Auf die Ausübung des Kündigungsrechts kann nicht im Voraus verzichtet werden (§ 40 Abs. 2 S. 1). Ein dennoch ausgesprochener **Verzicht ist nichtig** (§ 134 BGB), und zwar unabhängig davon, ob der Verzicht schon bei Vertragsschluss oder irgendwann später vor Ausübung des Kündigungsrechts erklärt wurde (Möhring/Nicolini/*Spautz* § 40 Rn. 12). Andere Kündigungsrechte bleiben von dem in § 40 Abs. 1 S. 2 genannten gesetzlichen Kündigungsrecht unberührt.

So kann der Vertrag auch vor Ablauf von fünf Jahren **aus wichtigem Grund** gem. § 314 BGB gekündigt werden (so zum alten Recht Möhring/Nicolini/*Spautz* § 40 Rn. 13; Fromm/Nordemann/*J.B. Nordemann* § 40 Rn. 25), denn es handelt sich um ein Dauerschuldverhältnis, welches auf dem persönlichen Zusammenwirken und einem vertrauensvollen Einvernehmen der Parteien beruht (*Brauneck/Brauner* ZUM 2006, 513, 521). Ein **wichtiger Grund** ist anzunehmen, wenn die Durchführung des Vertrages erheblich gefährdet ist bzw. wenn die Aufrechterhaltung des Vertrages für den Kündigenden nicht mehr zumutbar ist (BGH GRUR 1984, 754, 755 – Gesamtdarstellung rheumatischer Krankheiten; näher Vor §§ 31 ff. Rn. 9 ff.). Die Kündigung beendet das Verpflichtungsgeschäft **ex nunc** mit dem maßgebenden Kündigungstermin nach den Regeln des BGB (Schricker/Loewenheim/*Schricker/Peukert* § 40 Rn. 16; Fromm/Nordemann/*J. B. Nordemann* § 40 Rn. 28).

V. Folgen der Beendigung des Vertrages (§ 40 Abs. 3)

1. Nutzungsrechte

18 § 40 Abs. 3 stellt eine **Ausnahme vom** zivilrechtlichen Grundsatz der unabhängigen Wirksamkeit der Verfügung dar, wenn das Verpflichtungsgeschäft beendet oder aus sonstigen Gründen unwirksam ist (**Abstraktionsprinzip;** zur nur eingeschränkten Geltung im Urheberrecht Vor §§ 31 ff. Rn. 6).

19 Hat der Urheber zum Zeitpunkt der Beendigung des Vertrages das künftige **Werk noch nicht abgeliefert,** den Vorvertrag aber erfüllt und die Einräumung der Nutzungsrechte vollzogen, fallen die Nutzungsrechte wieder heim (näher Vor §§ 31 ff. Rn. 49 ff.). Mit der Beendigung des Vertrages ist auch die Verfügung hinfällig (Dreier/Schulze/*Schulze* § 40 Rn. 24). Die Beendigung des Vertrages hat dingliche Rückwirkung auf die Verfügung über Nutzungsrechte an einem noch nicht gelieferten aber bereits geschaffenen Werk (Dreier/Schulze/*Schulze* § 40 Rn. 25; *v. Gamm* § 40 Rn. 9; Möhring/Nicolini/*Spautz* § 40 Rn. 15; Fromm/Nordemann/*J. B. Nordemann* § 40 Rn. 28).

20 Hat der Urheber vor Beendigung des Vertrages **das Werk abgeliefert,** also körperlich übergeben, wirkt die Verfügung weiter, obwohl das Verpflichtungsgeschäft beendet ist (*v. Gamm* § 40 Rn. 9; Schricker/Loewenheim/*Schricker/Peukert* § 40 Rn. 17), denn mit der Übergabe erstarkt das **Anwartschaftsrecht des Optionsberechtigten** (s. oben Rn. 3) zum Vollrecht. Wird die Ablieferung eines bereits fertiggestellten Werkes wider Treu und Glauben verhindert, kommen unter Umständen Ansprüche aus §§ 280 ff. BGB wegen Vertragsverletzung oder aus § 826 BGB, soweit eine vorsätzliche sittenwidrige Schädigung vorliegt (MünchKomm. BGB/*Wagner* § 826 Rn. 39 f.: Anspruchskonkurrenz möglich), in Betracht (Dreier/Schulze/*Schulze* § 40 Rn. 26; Möhring/Nicolini/*Spautz* § 40 Rn. 16; Fromm/Nordemann/*J. B. Nordemann* § 40 Rn. 30; ebenso BGH GRUR 2001, 764, 765 – Musikproduktionsvertrag). In Optionsverträgen sollte klargestellt werden, ob die Eigentumsübertragung am Manuskript eine endgültige sein soll (*v. Olenhusen* ZUM 2000, 1056, 1060). Soll die Zurverfügungstellung unkörperlich erfolgen, bspw. durch Freischaltung einer Zugriffsmöglichkeit des Verwerters auf das Werk im Internet, ist mit der Freischaltung eine Ablieferung im Sinne der Norm gegeben (Dreier/Schulze/*Schulze* § 40 Rn. 26).

2. Vergütung

21 Wird der Vertrag vor Ablieferung des Werkes ex nunc beendet und hat der Urheber bereits Vergütungen (etwa **Vorschüsse**) erhalten, ist fraglich, nach welchen Vorschriften er diese zurückzuzahlen hat; Schadensersatzansprüche (§§ 280 ff. BGB) scheiden jedenfalls dann aus, wenn der Urheber nur von einem vertraglichen oder gesetzlichen Kündigungsrecht Gebrauch gemacht hat, ihn keine besondere vertragliche Herstellungspflicht traf und er die Beendigung des Vertrages aus keinem anderen Grund zu vertreten hat. Umstritten ist, ob der Urheber erhaltene Vorschüsse nach §§ 346 ff. BGB analog zurückzuzahlen hat (*Schack* Rn. 1110; Fromm/Nordemann/*J. B. Nordemann* § 40 Rn. 31) oder nur nach §§ 812 ff. BGB (Dreier/Schulze/*Schulze* § 40 Rn. 23; Möhring/Nicolini/*Spautz* § 40 Rn. 15; Schricker/Loewenheim/*Schricker/Peukert* § 40 Rn. 16) mit der Möglichkeit der Einrede der Entreicherung (§ 818 Abs. 3 BGB). Hat der Urheber aber keine vertragliche Herstellungspflicht, und hat er die Beendigung des Vertrages nicht zu vertreten, liegen die

Voraussetzungen der §§ 323, 346 ff. BGB nicht vor, Analogiegründe bestehen nicht. Im Falle der Beendigung ex nunc durch Kündigung (nach § 314 BGB oder nach §§ 41, 42) haftet der Urheber demnach nur nach § 812 Abs. 1 S. 2 Alt. 1 BGB (Leistungskondiktion bei späterem Wegfall des Rechtsgrundes durch die Kündigung); ob der Urheber wegen Kenntnis verschärft haftet, ergibt sich aus §§ 819, 820 BGB.

§ 41 Rückrufsrecht wegen Nichtausübung

(1) **Übt der Inhaber eines ausschließlichen Nutzungsrechts das Recht nicht oder nur unzureichend aus und werden dadurch berechtigte Interessen des Urhebers erheblich verletzt, so kann dieser das Nutzungsrecht zurückrufen. Dies gilt nicht, wenn die Nichtausübung oder die unzureichende Ausübung des Nutzungsrechts überwiegend auf Umständen beruht, deren Behebung dem Urheber zuzumuten ist.**

(2) **Das Rückrufsrecht kann nicht vor Ablauf von zwei Jahren seit Einräumung oder Übertragung des Nutzungsrechts oder, wenn das Werk später abgeliefert wird, seit der Ablieferung geltend gemacht werden. Bei einem Beitrag zu einer Zeitung beträgt die Frist drei Monate, bei einem Beitrag zu einer Zeitschrift, die monatlich oder in kürzeren Abständen erscheint, sechs Monate und bei einem Beitrag zu anderen Zeitschriften ein Jahr.**

(3) **Der Rückruf kann erst erklärt werden, nachdem der Urheber dem Inhaber des Nutzungsrechts unter Ankündigung des Rückrufs eine angemessene Nachfrist zur zureichenden Ausübung des Nutzungsrechts bestimmt hat. Der Bestimmung der Nachfrist bedarf es nicht, wenn die Ausübung des Nutzungsrechts seinem Inhaber unmöglich ist oder von ihm verweigert wird oder wenn durch die Gewährung einer Nachfrist überwiegende Interessen des Urhebers gefährdet würden.**

(4) **Auf das Rückrufsrecht kann im voraus nicht verzichtet werden. Seine Ausübung kann im voraus für mehr als fünf Jahre nicht ausgeschlossen werden.**

(5) **Mit Wirksamwerden des Rückrufs erlischt das Nutzungsrecht.**

(6) **Der Urheber hat den Betroffenen zu entschädigen, wenn und soweit es der Billigkeit entspricht.**

(7) **Rechte und Ansprüche der Beteiligten nach anderen gesetzlichen Vorschriften bleiben unberührt.**

Literatur: *Adolphsen/Tabrizi*, Zur Fortwirkung zurückgerufener Nutzungsrechte, GRUR 2011, 384; *Budde*, Das Rückrufsrecht des Urhebers wegen Nichtausübung in der Musik, Berlin 1997; *Dieselhorst*, Zur Dinglichkeit und Insolvenzfestigkeit einfacher Lizenzen, CR 2010, 69; *Dietz*, Das Urhebervertragsrecht in seiner politischen Bedeutung, FS Schricker 1995, 1; *Ehmann/Fischer*, Zweitverwertung rechtswissenschaftlicher Texte im Internet, GRUR Int. 2008, 284; *Haberstumpf/Hintermeier*, Einführung in das Verlagsrecht, Darmstadt 1985; *Hoeren*, Die Kündigung von Softwareerstellungsverträgen und deren urheberrechtliche Auswirkungen, CR 2005, 773; *Katzenberger*, Beteiligung des Urhebers an Ertrag und Ausmaß der Werkverwertung, GRUR Int. 1983, 410; *Lindner*, Der Rückrufanspruch als verfassungsrechtlich notwendige Kategorie des Medienprivatrechts, ZUM 2005, 203; *Loewenheim*, Rückruf des Nutzungsrechts nach § 41 UrhG und Fortbestehen der Enkelrechte, FS Wandtke 199; *Pahlow*, Von Müttern, Töchtern und Enkeln, Zu Rechtscharakter und Wirkung des urhebervertraglichen Rückrufs, GRUR 2010, 112; *Paschke/Busch*, Hinter den Kulissen des medienrechtlichen Rückrufanspruchs, NJW 2004, 2619; *Samson*, Das neue Urheberrecht, UFITA 47 (1966) 1; *Scholz*, Zum Fortbestand abgeleiteter Nutzungsrechte nach Wegfall der Hauptlizenz, GRUR 2009, 1107; *Spautz*, Wann kommt das Urhebervertragsgesetz?, ZUM 1992, 186; *Wernicke/Kockentiedt*, Das Rückrufrecht aus § 34 Abs. 3 UrhG – Rechtsfragen und ihre Auswirkungen auf Unternehmenskäufe, ZUM 2004, 348.
Vgl. darüber hinaus die Angaben im eingangs abgedr. Gesamtliteraturverzeichnis.

Übersicht

	Rn.
I. Bedeutung	1, 2
II. Anwendungsbereich	3–10
1. Überblick	3–5
2. Verlagsrecht	6
3. Verhältnis zum Rücktrittsrecht	7–9
4. Verwandte Schutzrechte	10
III. Keine oder unzureichende Ausübung und Verletzung berechtigter Interessen (§ 41 Abs. 1 S. 1)	11–15
1. Keine oder unzureichende Ausübung	11–13
2. Interessenverletzung und Kausalität	14, 15
IV. Ausschluss des Rückrufsrechts (§ 41 Abs. 1 S. 2)	16–18
V. Befristung (§ 41 Abs. 2)	19–21
1. Allgemeine Werke	19, 20
2. Zeitungs- und Zeitschriftenbeiträge	21
VI. Nachfristsetzung (§ 41 Abs. 3)	22–25
1. Grundsatz	22
2. Entbehrlichkeit	23–25
VII. Vorausverzicht (§ 41 Abs. 4)	26, 27
VIII. Erlöschen des Nutzungsrechts (§ 41 Abs. 5)	28, 29
IX. Entschädigung des Nutzungsrechtsinhabers (§ 41 Abs. 6)	30, 31
X. Anwendung anderer gesetzlicher Vorschriften (§ 41 Abs. 7)	32, 33

I. Bedeutung

1 Die Rechtsfigur des Rückrufsrechts wurde schon vor Inkrafttreten des UrhG durch die Rechtsprechung entwickelt (BGHZ 15, 249, 258 – Cosima Wagner). Das Rückrufsrecht ist ein **Gestaltungsrecht** mit unmittelbar verfügender Wirkung (Dreier/Schulze/*Schulze* § 41 Rn. 2; *v. Gamm* § 40 Rn. 7; *Wernicke/Kockentiedt* ZUM 2004, 348, 349) und ist eine Schutzvorschrift zugunsten des Urhebers (Fromm/Nordemann/*J. B. Nordemann* § 41 Rn. 1; Ahlberg/Götting/*Wegner* § 41 Rn. 4). Mit dem Rückrufsrecht hat der Gesetzgeber dem Urheber einen besonderen Rechtsbehelf an die Hand gegeben, damit der Nutzungsrechtsinhaber das Werk nicht durch Nichtausübung seines ausschließlichen Nutzungsrechts der Öffentlichkeit vorenthalten kann. Hiervon ist der medienrechtliche Rückrufanspruch des in seinem Persönlichkeitsrecht Verletzten abzugrenzen, der Medienerzeugnisse zurückrufen lassen kann (*Lindner* ZUM 2005, 203 ff.; *Paschke/Busch* NJW 2004, 2620, 2621).

2 Da das eingeräumte **ausschließliche Nutzungsrecht** eine **Nutzungssperre** auch für den Urheber selbst bedeutet, muss er es in einem solchen Fall auch wieder zum Erlöschen bringen können. Daher hat der Urheber die Möglichkeit, sich mit dem Rückruf des Nutzungsrechts vom Vertrag zu lösen (vgl. BGH GRUR 2009, 946, 948 – Reifen Progressiv; OLG München ZUM 2008, 159; *Scholz* GRUR 2009, 1108). Das Verpflichtungs- und Verfügungsgeschäft findet damit ein Ende (*v. Gamm* § 41 Rn. 7; Ahlberg/Götting/*Wegner* § 41 Rn. 4; Schricker/Loewenheim/*Schricker/Peukert* § 41 Rn. 4) und der Urheber erlangt wieder die volle Verfügungsfreiheit über sein Werk. Die Motive des Urhebers können dabei sowohl urheberpersönlichkeitsrechtlicher Natur sein als auch seine **verwertungsrechtlichen Interessen** betreffen, denn oft will der Urheber sein nicht verwertetes Werk einem anderen Vertragspartner zur Verwertung übergeben. In der Praxis spielen beide Aspekte eine Rolle, das Rückrufsrecht wegen Nichtausübung ist demnach **nicht nur persönlichkeitsrechtlicher Natur** (BGH GRUR 2009, 946, 948 – Reifen Progressiv; Loewenheim/*v. Becker* § 16 Rn. 26; *Wernicke/Kockentiedt* ZUM 2004, 348, 349; *v. Gamm* § 41 Rn. 8; *Schricker* § 32 VerlG Rn. 9; Schricker/Loewenheim/*Schricker/Peukert* § 41 Rn. 4;

Katzenberger GRUR Int. 1983, 410, 411; a.A. wohl *Rehbinder* Rn. 586; *Ulmer* 373; *Fischer/Reich* Urhebervertragsrecht 1. Kap. Rn. 101). Zudem ist im ausschließlichen Nutzungsrecht regelmäßig das Veröffentlichungsrecht (§ 16 Abs. 1) mit enthalten, welches seinem Inhalt nach sowohl persönlichkeitsrechtlicher als auch vermögensrechtlicher Natur ist (BGHZ 15, 249, 258 – Cosima Wagner).

II. Anwendungsbereich

1. Überblick

Der Gesetzgeber hat das Rückrufsrecht wegen Nichtausübung nicht zuletzt deshalb eingeführt, weil sich die entsprechenden Regelungen des Verlagsgesetzes als nicht ausreichend erwiesen hatten. § 41 gilt daher für **alle Vertragsarten** des Urheberrechts einschließlich des Verlagsrechts (OLG München ZUM 2008, 159). Das Rückrufsrecht besteht auch hinsichtlich einzelner Werke, wenn **mehrere Werke** dem Verwerter übergeben worden sind (*Schricker* § 32 VerlG Rn. 9; *v. Gamm* § 41 Rn. 12; BGH GRUR 2005, 148 – Oceano Mare; BGH GRUR 1970, 40, 43 – Musikverleger I; LG München I UFITA 90 (1981) 227, 230), und auch hinsichtlich **einzelner Nutzungsrechte** an einem Werk (*Ehmann/Fischer* GRUR Int. 2008, 284, 292; Fromm/Nordemann/*J. B. Nordemann* § 41 Rn. 4; *Dietz* FS Schricker 1995, 1, 31 ff.; *Spautz* ZUM 1992, 186, 191; a. A. *v. Gamm* § 41 Rn. 12). § 41 gilt nur gegenüber dem Inhaber eines **ausschließlichen Nutzungsrechts**, nicht aber gegenüber dem Inhaber eines einfachen Nutzungsrechts. Denn hier hat der Urheber immer noch die Möglichkeit der anderweitigen Verwertung (§ 31 Abs. 2) und ist insofern nicht schutzbedürftig (Fromm/Nordemann/*J. B. Nordemann* § 41 Rn. 2; *v. Gamm* § 41 Rn. 3; Schricker/Loewenheim/*Schricker/Peukert* § 41 Rn. 11; BGH GRUR 1986, 613 – Ligäa; BGH NJW-RR 1988, 762 – Musikverlagsvertrag).

Der **Rückruf** des Urhebers ist eine einseitige empfangsbedürftige Willenserklärung, die dem Inhaber des ausschließlichen Nutzungsrechts zugehen muss (§ 130 BGB). **Miturheber** müssen in der Regel das Rückrufsrecht gemeinsam ausüben (Fromm/Nordemann/ *J. B. Nordemann* § 41 Rn. 5; s. aber § 8 Rn. 24 ff. zu Einzelheiten). § 41 gilt auch für Urheber in **Arbeits- und Dienstverhältnissen** (näher § 43 Rn. 114 ff.; Dreier/Schulze/ *Schulze* § 41 Rn. 5; Schricker/Loewenheim/*Rojahn* § 43 Rn. 88 ff.; Fromm/Nordemann/ *J. B. Nordemann* § 41 Rn. 4; a. A. *Hoeren* CR 2005, 773, 775). Im **Filmbereich** gilt § 41 nur eingeschränkt, denn Urheber vorbestehender Werke können nach § 90 S. 1 das Recht des Filmherstellers zur Verfilmung sowie das Recht, das Filmwerk auf alle bekannten Nutzungsarten zu nutzen (§ 88 Abs. 1), nur bis zum Beginn der Dreharbeiten zurückrufen, wie sich im Umkehrschluss aus § 90 S. 2 ergibt (vgl. § 90 Rn. 5 ff.). Der Rückruf von **vor Inkrafttreten des UrhG** eingeräumten Nutzungsrechten ist möglich (§ 132 Abs. 1 S. 2; näher zum Fristbeginn § 132 Rn. 5).

Ein im Rahmen der Vertragsfreiheit ohne weiteres mögliches **vertragliches Rückrufsrecht** kann über die gesetzlichen Rückrufsmöglichkeiten hinausgehen, darf diesen aber nicht widersprechen (OLG Schleswig ZUM 1995, 867, 871).

2. Verlagsrecht

Das Rückrufsrecht tritt im Anwendungsbereich des VerlG neben die Rechte des Urhebers aus §§ 32 und 30 Abs. 1, 17 S. 3, 45 Abs. 1 VerlG und §§ 323 ff. BGB (offen gelassen BGH WRP 2011, 1197, 1202 – World's End; OLG München ZUM 2008, 154; Schricker/Loewenheim/*Schricker/Peukert* § 41 Rn. 7; *Ulmer* 373; Fromm/Nordemann/ *J. B. Nordemann* § 41 Rn. 14; Ahlberg/Götting/*Wegner* § 41 Rn. 5; OLG München ZUM 2008, 154). Das Rücktrittsrecht gem. § 17 S. 3 VerlG ist der Sache nach mit dem Rückrufsrecht nach § 41 verwandt (*Schricker* § 17 VerlG Rn. 10). § 17 VerlG gilt jedoch **nicht** zu Gunsten von Übersetzern, denn der Übersetzer könnte seine Übersetzung nur dann einer anderweitigen Verwertung zuführen, wenn der Verleger auch das Original freigibt (BGH WRP 2011, 1197, 1200 – World's End; LG München I GRUR-RR 2007, 195, 197 – Tom C. Boyle unter Hinweis auf BGH GRUR 2005, 148 – Oceano Mare). § 41 gilt auch dann, wenn eine Ausübungspflicht zur Verwertung – wie etwa beim **Bestellvertrag** (§ 47 VerlG) – nicht vereinbart wurde (OLG Frankfurt a.M. GRUR 2006, 138, 139 – Europa ohne Frankreich). Nach § 32 VerlG finden zugunsten des Verfassers die Vorschriften des § 30 VerlG entsprechende Anwendung, wenn das Werk nicht vertragsgemäß vervielfältigt und verbreitet wurde. Danach kann der Verfasser dem Verleger eine angemessene Frist mit Ablehnungsandrohung setzen und ist nach Ablauf der Frist zum **Rücktritt** berechtigt (BGH NJW-RR 1988, 762 – Musikverlagsvertrag). Denn den Verleger trifft regelmäßig eine Pflicht zur Ausübung des Nutzungsrechts durch Vervielfältigung und Verbreitung (§ 1 S. 2 VerlG). Verletzt er diese Pflicht, ist zunächst das Rücktrittsrecht nach § 32 i.V.m. § 30 VerlG zu prüfen (BGH GRUR 1986, 613 – Ligäa).

3. Verhältnis zum Rücktrittsrecht

7 Bei vereinbarter **Auswertungspflicht** hilft dem Urheber regelmäßig auch der Rücktritt gem. §§ 323 ff. BGB, welcher allerdings nur einen schuldrechtlichen Rückgewähranspruch auslöst (§§ 346 ff. BGB), das Nutzungsrecht aber nicht automatisch an den Urheber zurückfallen lässt. Auch wenn eine Ausübungspflicht zur Verwertung nicht vereinbart wurde, kann den Inhaber eines Nutzungsrechts eine Ausübungspflicht treffen, etwa beim **Sendevertrag** (*Ulmer* 394; RGZ 107, 62, 65) und beim **Bühnenaufführungsvertrag** (näher § 19 Rn. 27 ff.). Den Verleger trifft hinsichtlich eines vereinbarten Rechts zur **Neuauflage** keine Ausübungspflicht, sondern lediglich eine **Ausübungslast**. Denn der Verleger ist nach § 17 Abs. 1 VerlG nicht verpflichtet, von diesem Recht Gebrauch zu machen. Ob der Verlag seine Ausübungslast ausreichend wahrgenommen hat, ist im Einzelfall nach Maßgabe des Vertragszwecks aufgrund einer **Interessenabwägung** nach **Treu und Glauben** unter Berücksichtigung der **Verkehrssitte** zu ermitteln (BGH WRP 2011, 1197, 1202 – World's End). Das Rücktrittsrecht wird durch den Rücktritt nicht ausgeschlossen (BGH WRP 2011, 1197, 1202 – World's End; BGH GRUR 1986, 613 – Ligäa; a.A. OLG München UFITA 70 (1974) 302, 303), beide Rechte können nebeneinander geltend gemacht werden (§ 41 Abs. 7). Fehlt die vertragliche Ausübungspflicht zur Verwertung, löst die Nichtbeachtung der Ausübungslast als Obliegenheit keine Schadensersatzansprüche aus (Loewenheim/*v. Becker* § 16 Rn. 31).

8 Die wirksame **Ausübung des Rückrufsrechts** als Gestaltungsrecht hat das Erlöschen des Nutzungsrechts zur Folge (§ 41 Abs. 5), während die Ausübung des Rücktrittsrechts zunächst nur ein schuldrechtliches Abwicklungsverhältnis begründet (§ 346 S. 1; Palandt/ *Grüneberg* Einf. v. § 346 BGB Rn. 6; RGZ 108, 27; BGHZ 88, 48; BGH NJW 1990, 2069). Wenn das Ende des Verpflichtungsgeschäfts zur auflösenden Bedingung der Rechtseinräumung gemacht wurde, kann das Nutzungsrecht auch bei Ausübung des Rücktrittsrechts erlöschen.

9 § 41 ist gegenüber dem Rücktritt insoweit vorteilhaft, als der Urheber oder sein Rechtsnachfolger (§ 30) nach § 41 **gegen jeden Inhaber** des ausschließlichen Nutzungsrechts vorgehen kann, mit dem er selbst keine vertraglichen Beziehungen hat, etwa wenn der Vertragspartner des Urhebers das Nutzungsrecht ausschließlich weiterübertragen hat, z.B. auf einen Subverleger oder **Unterlizenznehmer** (Fromm/Nordemann/*J.B. Nordemann* § 41 Rn. 4; Schricker/Loewenheim/*Schricker/Peukert* § 41 Rn. 11; *Haberstumpf* Rn. 233). Die §§ 323 ff. BGB würden hier mangels Vertragsbeziehung des Urhebers gegenüber Dritten ins Leere gehen (*Mestmäcker/Schulze* § 41 Ziff. 1). Nach § 41 kann der Urheber aber auch gegen Zweit- oder Dritterwerber vorgehen, die das zurückgerufene Recht nach Maßgabe der §§ 34, 35 erworben haben (*Haberstumpf* Rn. 233).

§ 41 Rückrufsrecht wegen Nichtausübung

4. Verwandte Schutzrechte

§ 41 gilt auch für einige verwandte Schutzrechte mit persönlichkeitsrechtlicher Komponente, und zwar kraft gesetzlicher Verweisung für wissenschaftliche Ausgaben (§ 70) und Lichtbilder (§ 72), und seit der Reform 2003 (s. Vor §§ 31 ff. Rn. 4) auch für ausübende Künstler (§ 79 Abs. 2 S. 2).

III. Keine oder unzureichende Ausübung und Verletzung berechtigter Interessen (§ 41 Abs. 1 S. 1)

1. Keine oder unzureichende Ausübung

Ob die Ausübung des ausschließlichen Nutzungsrechts durch den Inhaber fehlte oder unzureichend war, muss objektiv festgestellt werden (BGH GRUR 2009, 946, 948 – Reifen Progressiv; OLG München ZUM 2008, 519; LG München I GRUR-RR 2007, 195, 197 – Tom C. Boyle; OLG München ZUM-RD 1997, 451, 452 – Fix und Foxi; Loewenheim/*v. Becker* § 16 Rn. 32; Schricker/Loewenheim/*Schricker/Peukert* § 41 Rn. 13; Fromm/Nordemann/*J. B. Nordemann* § 41 Rn. 10). Eine fehlende Ausübung des ausschließlichen Nutzungsrechts wird jedenfalls bei **völliger Untätigkeit** anzunehmen sein (*Samson* UFITA 47 (1966) 1, 50; vgl. zum VerlG OLG Frankfurt a.M. GRUR 2006, 138, 139 – Europa ohne Frankreich: jahrelange Untätigkeit eines Verlages nach Manuskriptannahme), ebenso bei Geschäftseinstellung (OLG Köln ZUM-RD 2005, 333, 334; BGH GRUR 2009, 946 – Reifen Progressiv: Geschäftseinstellung und Insolvenzantrag). Wenn etwa ein Bühnenverleger fünf Jahre lang das Libretto des Urhebers keiner Bühne angeboten hat, hat er das vereinbarte (ausschließliche) Aufführungsrecht nicht ausgeübt (LG München I UFITA 90 (1981) 227, 230 – Bühnenvertriebsverträge).

Eine **unzureichende Ausübung** des ausschließlichen Nutzungsrechts liegt vor, wenn sein Nutzungsrechtsinhaber weniger Mittel einsetzt, als zur Erreichung des Vertragszwecks objektiv erforderlich sind, gleichgültig, ob er zur Auswertung des Rechts verpflichtet ist und den Vertrag verletzt oder nicht (Dreier/Schulze/*Schulze* § 41 Rn. 15; Ahlberg/Götting/*Wegner* § 41 Rn. 6; Fromm/Nordemann/*J. B. Nordemann* § 41 Rn. 11; *Budde* 44; Schricker/Loewenheim/*Schricker/Peukert* § 41 Rn. 13; BGH GRUR 1970, 40, 43 – Musikverleger I; OLG München ZUM-RD 1997, 451, 452 f.; LG München I GRUR-RR 2007, 195, 197 – Tom C. Boyle), etwa wenn der Filmhersteller nicht mit der Verfilmung eines Drehbuchs beginnt (LG München I ZUM 2007, 758, 760) oder der Verleger nicht die erforderliche Anzahl von Exemplaren herstellt, nicht genügend mit Katalogen und Plakaten wirbt oder als Musikverleger oder Bühnenverleger nicht entsprechende Kontakte zur Branche knüpft und diese aufrechterhält, Demobänder verschickt usw. Auch die **Unterlassung der Verfolgung von Urheberrechtsverletzungen** durch Dritte kann eine unzureichende Ausübung sein (Loewenheim/*v. Becker* § 16 Rn. 40; *Ulmer* 374; *v. Gamm* § 41 Rn. 11).

Das **ausreichende Maß** der Nutzung richtet sich (vornehmlich) nach dem **Vertragszweck** und (als Mindeststandard) nach den Betriebsübungen der **Branche** (Fromm/Nordemann/*J. B. Nordemann* § 41 Rn. 11; OLG München ZUM 2008, 154; LG München I ZUM 2007, 758, 760; LG München I GRUR-RR 2007, 195, 197 – Tom C. Boyle: **Vergabe von Nebenrechten** für Taschenbuchausgaben an Dritten ohne weitere eigene Hardcoverauflage ist ausreichende Nutzung). Hier bestehen erhebliche Unterschiede in der Art und Weise der Planung und Realisierung der Verwertung eines Werkes, bspw. steht für Musikwerke die Werbung im Internet stärker im Vordergrund als für Aufführungen einer Oper oder eines Schauspiels. Jedenfalls muss der Nutzer aktiv tätig werden bei der Vermarktung des Werkes und kann sich nicht darauf verlassen, dass das Werk etwa aufgrund seiner Popularität zum „Selbstläufer" wird (so auch Fromm/Nordemann/*J. B. Nordemann*

§ 41 Rn. 3; a. A. BGH GRUR 1974, 789, 790 – Hofbräuhauslied). Im Einzelfall ist die unzureichende Ausübung nach Maßgabe des Vertragszwecks aufgrund einer Interessenabwägung unter Berücksichtigung von Treu und Glauben (§ 242 BGB) vorzunehmen (*v. Gamm* § 41 Rn. 11; Schricker/Loewenheim/*Schricker/Peukert* § 41 Rn. 14; BGH WRP 2011, 1197, 1202 – World's End; LG München I ZUM 2007, 758, 760; LG München I GRUR-RR 2007, 195, 197 – Tom C. Boyle). Dem Verleger wird eine Prüfungspflicht auferlegt, wenn das Manuskript bei Vertragsschluss vorliegt. Ein Verlag kann sich nicht auf die Rücktrittsgründe nach § 31 VerlG berufen, wenn er das Manuskript jahrelang unbearbeitet liegen lässt (OLG Frankfurt a. M. GRUR 2006, 138, 139 – Europa ohne Frankreich).

2. Interessenverletzung und Kausalität

14   Die (ideellen und vermögensrechtlichen) Interessen des Urhebers sind regelmäßig schon dann erheblich **verletzt,** wenn die Auswertung des Werkes durch den Verwerter von den üblichen Anforderungen an Verwerter der jeweiligen Branche (z. B. Verlag, Theater, Werbeunternehmen, Provider) für den Urheber nachteilig abweicht, also fehlt oder nicht ausreichend ist (LG München I ZUM 2007, 758, 760; OLG Köln ZUM-RD 2005, 333, 334). Nur **geringfügige Versäumnisse** des Verwerters schließen i. d. R. die Erheblichkeit aus (Dreier/Schulze/*Schulze* § 41 Rn. 17; Ahlberg/Götting/*Wegner* § 41 Rn. 7; Fromm/Nordemann/*J. B. Nordemann* § 41 Rn. 12; *Budde* 66; OLG München ZUM 2008, 154, 155: fehlende Ausübung der Nebenrechte). Kleinere Mängel in der Musikbranche sind z. B. fehlende Nennung des Produzenten bei der Bemusterung mit Demobändern zum Zwecke der Tonträgerproduktion. Aus der Summe der an sich geringfügigen Versäumnisse kann sich aber eine Erheblichkeit der Interessenverletzung ergeben.

15   Eine Einschränkung des Rückrufsrechts für **Werke der kleinen Münze** (in diesem Sinne Dreier/Schulze/*Schulze* § 41 Rn. 17; *v. Gamm* § 41 Rn. 11; wohl auch Schricker/Loewenheim/*Schricker/Peukert* § 41 Rn. 15) ist abzulehnen, denn hierzu müsste bei Werken mit niedriger Schöpfungshöhe (z. B. Werbetexte, Katalogtexte etc.) der Inhalt und nicht die Form bewertet werden. Auch im Bereich der U-Musik, vor allem der elektronischen Musik mit Computern, ist eine Einschränkung des Rückrufsrechts sehr fraglich (*Budde* 67; a. A. *v. Gamm* § 41 Rn. 11; ebenso Schricker/Loewenheim/*Schricker/Peukert* § 41 Rn. 15). Zwischen der Nichtausübung des ausschließlichen Nutzungsrechts und der Verletzung berechtigter Interessen des Urhebers muss ein **Kausalzusammenhang** bestehen (*v. Gamm* § 41 Rn. 11).

IV. Ausschluss des Rückrufsrechts (§ 41 Abs. 1 S. 2)

16   Der Rückruf ist ausgeschlossen, wenn die Nichtausübung oder unzureichende Ausübung auf Umständen beruht, deren Behebung dem Urheber **zuzumuten** ist, z. B. die **Überarbeitung** eines Manuskripts. Die Behebung von Umständen, die der Urheber nicht beeinflussen kann, ist für ihn nicht zumutbar. Dabei sind die Interessen des Urhebers und des Nutzungsberechtigten unter Berücksichtigung von Treu und Glauben gegeneinander abzuwägen (Ahlberg/Götting/*Wegner* § 41 Rn. 9; Schricker/Loewenheim/*Schricker/Peukert* § 41 Rn. 16; Fromm/Nordemann/*J. B. Nordemann* § 41 Rn. 11).

17   Zumutbar wird für den Urheber regelmäßig sein, das Werk dem neuesten **Stand der wissenschaftlichen oder technischen Entwicklung** anzupassen. Eine Änderung des Werkes anhand des Publikumsgeschmacks ist für den Urheber regelmäßig unzumutbar, wenn dies zu einer Verkürzung seines Werkes führt. Dies gilt auch für die sog. „kleine Münze" oder in erster Linie unterhaltende Werke von geringerem künstlerischem Anspruch (etwa die Operette im Vergleich zur Oper).

18   Allgemeine aktuelle Strömungen des **Publikumsgeschmacks** oder der sog. „Zeitgeist" begründen keine Zumutbarkeit der Änderung (*Budde* 69; Ahlberg/Götting/*Wegner*

§ 41 Rn. 9; wie hier zurückhaltend Fromm/Nordemann/*J. B. Nordemann* § 41 Rn. 25; Schricker/Loewenheim/*Schricker/Peukert* § 41 Rn. 16). Es kann für den Urheber aber zumutbar sein, das Werk auf Vorschlag des Nutzers zur besseren Unterscheidbarkeit von seinen anderen Werken zu verändern (BGH GRUR 1986, 613, 614 – Ligäa). Der Urheber kann widersprüchlich zu seinem früheren Verhalten handeln, wenn er ein Werk abliefert, das der Form nach unverwertbar ist, um dann sein Rückrufsrecht geltend zu machen. Der Rückruf ist dann als **rechtsmissbräuchlich** (venire contra factum proprium, § 242 BGB) und unzulässig anzusehen.

V. Befristung (§ 41 Abs. 2)

1. Allgemeine Werke

Der Rückruf ist erst nach Ablauf bestimmter Fristen möglich. Der Fristbeginn knüpft an die Einräumung oder Übertragung der Nutzungsrechte an (bei abgelieferten Werken) oder an die (spätere) Ablieferung des Werkes. Die **Zweijahresfrist** gilt grds. für alle Werke außer Zeitungs- und Zeitschriftenbeiträge und beginnt im Normalfall mit Einräumung der Nutzungsrechte (Verfügungsgeschäft); dies kann schon bei Vertragsschluss oder mit Ablieferung des Werkes geschehen, wobei im Verlagsrecht (§ 9 Abs. 1 VerlG) beide Zeitpunkte zusammenfallen (Loewenheim/*v. Becker* § 16 Rn. 45; Schricker/Loewenheim/*Schricker/Peukert* § 41 Rn. 18).

Bei einer **Übertragung der Nutzungsrechte** auf Dritte beginnt die Frist stets von neuem zu laufen. Durch das grundsätzliche Zustimmungserfordernis nach § 34 Abs. 1 für die Weiterübertragung des Nutzungsrechtes hat es der Urheber in der Hand, dass sein Rückrufsrecht nicht vereitelt wird (Ahlberg/Götting/*Wegner* § 41 Rn. 11).

2. Zeitungs- und Zeitschriftenbeiträge

Bei Beiträgen für **Zeitungen** (zum Begriff und zur Abgrenzung zur Zeitschrift vgl. § 38 Rn. 11) kann der Rückruf nicht früher als **drei Monate** seit Rechtseinräumung oder Ablieferung erfolgen. Dagegen wird dem Urheber von Beiträgen für **Zeitschriften,** die monatlich oder in kürzeren Abständen erscheinen, eine Frist von **sechs Monaten** für die Geltendmachung des Rückrufsrechts wegen Nichtausübung gewährt. Bei Zeitschriften, die in einem Abstand von mehr als einem Monat erscheinen (z.B. vierteljährlich) beträgt die Frist wie auch bei § 45 VerlG (Dreier/Schulze/*Schulze* § 41 Rn. 27; Fromm/Nordemann/ *J. B. Nordemann* § 41 Rn. 27) **ein Jahr.**

VI. Nachfristsetzung (§ 41 Abs. 3)

1. Grundsatz

Der Rückruf kann erst ausgeübt werden, nachdem dem Inhaber des Nutzungsrechts unter Ankündigung des Rückrufs eine **angemessene Nachfrist** zur hinreichenden Ausübung des Nutzungsrechts gesetzt worden ist (OLG München ZUM 2008, 519; LG München I ZUM 2007, 758, 760). Die Nachfrist **beginnt** erst nach Ablauf der in § 41 Abs. 2 genannten Fristen zu laufen, kann aber schon vorher gesetzt werden (Loewenheim/*v. Becker* § 16 Rn. 47; Schricker/Loewenheim/*Schricker/Peukert* § 41 Rn. 20; Ahlberg/Götting/ *Wegner* § 41 Rn. 15). Die **Angemessenheit** der Frist richtet sich nach dem Einzelfall, aus einer Branchenübung können sich allenfalls Anhaltspunkte ergeben (Schricker/Loewenheim/*Schricker/Peukert* § 41 Rn. 20; Dreier/Schulze/*Schulze* § 41 Rn. 27; LG München I ZUM 2007, 758, 760). Für die Verfilmung wird z.B. eine Nachfrist von 6 bis 12 Monaten als angemessen angesehen (OLG München ZUM 2008, 519; LG München I ZUM 2007,

758, 761; Dreier/Schulze/*Schulze* § 41 Rn. 27). Wurde eine Nachfrist zu kurz bemessen, ist diese nicht unwirksam, es wird vielmehr eine angemessene Nachfrist in Lauf gesetzt (LG München I ZUM 2007, 758, 761; Dreier/Schulze/*Schulze* § 41 Rn. 28; Schricker/ Loewenheim/*Schricker/Peukert* § 41 Rn. 20; Ahlberg/Götting/*Wegner* § 41 Rn. 15).

2. Entbehrlichkeit

23 Einer Nachfristsetzung bedarf es nicht, wenn dem Inhaber die Ausübung des Nutzungsrechts **unmöglich** ist (§ 41 Abs. 3 S. 2 Alt. 1), (Dreier/Schulze/*Schulze* § 41 Rn. 29; Ahlberg/Götting/*Wegner* § 41 Rn. 16; *v. Gamm* § 41 Rn. 10; Fromm/Nordemann/ *J. B. Nordemann* § 41 Rn. 29), z.B. durch behördliche Stilllegung des Betriebes oder Geschäftsauflösung (OLG Köln ZUM-RD 2005, 333, 334). Unmöglichkeit kann auch vorliegen, wenn der Nutzungsberechtigte wegen **Insolvenz** handlungsunfähig ist (BGH GRUR 2009, 946, 950 – Reifen Progressiv). Unklar ist, ob dabei schon die Eröffnung des Insolvenzverfahren oder erst dessen Abschluss (in diesem Sinne wohl zu verstehen OLG München NJW-RR 1994, 1478, 1479) ausreicht, um die Nachfristsetzung entbehrlich zu machen. Zwar kann die Verwertung theoretisch auch noch innerhalb eines laufenden Insolvenzverfahrens erfolgen (vgl. KG ZUM 2001, 592, 594), so dass eine Verwertung an sich noch möglich ist, doch dürften die Interessen des Urhebers an einer schnellen Klärung bereits zu Beginn der Insolvenz regelmäßig überwiegen (Fall des § 41 Abs. 3 S. 2 Alt. 3).

24 Die Nachfristsetzung ist auch entbehrlich, wenn der Inhaber die Ausübung des Nutzungsrechts **verweigert** (§ 41 Abs. 3 S. 2 Alt. 2). Ist die Verweigerung vor Ablauf der in § 41 Abs. 2 genannten Fristen erklärt worden, kann der Urheber sofort und schon vor Ablauf dieser Fristen sein Rückrufsrecht ausüben (Ahlberg/Götting/*Wegner* § 41 Rn. 17; Fromm/Nordemann/*J. B. Nordemann* § 41 Rn. 29).

25 Einer Nachfristsetzung bedarf es ferner nicht, wenn durch die Gewährung einer Nachfrist **überwiegende Interessen des Urhebers** gefährdet würden (§ 41 Abs. 3 S. 2 Alt. 3). In diesen Fällen muss eine Güter- und Interessenabwägung erfolgen. Da die Nachfrist die Regel sein soll, wird allein das Interesse des Urhebers an einer anderweitigen Verwertung des Werkes durch einen Dritten nicht ausreichen. Dies kann aber anders sein, wenn der Urheber ein überwiegendes Interesse an der sofortigen (anderweitigen) Verwertung ohne weiteres Abwarten hat, etwa bei einem **aktuellen wissenschaftlichen Beitrag** oder sonstige Fälle besondere Dringlichkeit (Ahlberg/Götting/*Wegner* § 41 Rn. 18). Eine Fristsetzung ist nicht erforderlich, wenn 60 Jahre der Nichtausübung feststehen (KG ZUM 2005, 820, 822 – Wagenfeld-Tischleuchte).

VII. Vorausverzicht (§ 41 Abs. 4)

26 Der Gesetzgeber wollte mit dem **Verbot des vertraglichen Vorausverzichts** des Rückrufsrechts eine Beeinträchtigung der Interessen des Urhebers verhindern (Ahlberg/Götting/*Wegner* § 41 Rn. 19; *v. Gamm* § 41 Rn. 10). Möglich sind aber vertragliche Abreden über die **Nichtausübung** des Rückrufsrechts, solange diese nach § 41 Abs. 4 S. 2 auf jeweils fünf Jahre beschränkt bleiben (Möhring/Nicolini/*Spautz* § 41 Rn. 18; *v. Gamm* § 41 Rn. 10; Schricker/Loewenheim/*Schricker/Peukert* § 41 Rn. 21; Fromm/Nordemann/ *J. B. Nordemann* § 41 Rn. 49). Eine vertragliche Abrede über die Nichtausübung des Rückrufsrechts für mehr als fünf Jahre ist unwirksam, ebenso der formularmäßige Ausschluss des Rückrufsrechts durch AGB (LG Braunschweig ZUM 2012, 66, 73).

27 Eine **Verwirkung** des Rückrufsrecht ist ausgeschlossen (Dreier/Schulze/*Schulze* § 41 Rn. 36; Fromm/Nordemann/*J. B. Nordemann* § 41 Rn. 51; *Budde* 86f.; Schricker/Loewenheim/*Schricker/Peukert* § 41 Rn. 21). Umstritten ist, ob dies auch für ein bereits **entstandenes Rückrufsrecht** gilt (so offenbar Fromm/Nordemann/*J. B. Nordemann* § 41 Rn. 51; dagegen Schricker/Loewenheim/*Schricker/Peukert* § 41 Rn. 21). Hat der Urheber dem

§ 41 Rückrufsrecht wegen Nichtausübung

Verwerter eine Frist nach § 41 Abs. 3 gesetzt, trotz Fristablaufs den Rückruf über längere Zeit (Zeitmoment) nicht erklärt und objektive Tatbestände gesetzt, die das Vertrauen des Verwerters in die Nichtausübung begründen (Umstandsmoment), dann erscheint eine Verwirkung des entstandenen Rückrufsrechts zwar denkbar, diese ist aber praktisch bedeutungslos, denn der Urheber könnte jederzeit erneut eine (dann sehr kurze) Frist setzen und den Rückruf dann erklären. Solange mit der Nichtausübung ideelle Interessen des Urhebers berührt werden, muss es dem Urheber gestattet sein, auch über fünf Jahre hinaus das Rückrufsrecht geltend zu machen (Dreier/Schulze/*Schulze* § 41 Rn. 36; *Budde* 87).

VIII. Erlöschen des Nutzungsrechts (§ 41 Abs. 5)

28 Mit der wirksamen Ausübung des Rückrufsrechts, genauer mit dem Zugang (§ 130 BGB) der einseitig empfangsbedürftigen Willenserklärung, fällt das Tochterrecht (Nutzungsrecht) an das Mutterrecht (Urheberrecht) zurück. § 41 Abs. 5 bezieht sich auf die **Nutzungsrechtseinräumung** als Verfügungsgeschäft (*v. Gamm* § 41 Rn. 13; Fromm/Nordemann/*J. B. Nordemann* § 41 Rn. 40). Der gesetzliche Begriff „erlischt" ist nicht zutreffend, vielmehr findet ein **Heimfall** des Rechts an den Urheber statt (zum Rechteheimfall Vor §§ 31 ff. Rn. 49 ff.). Dieser Heimfall löst regelmäßig auch das der Verfügung zugrundeliegende **Verpflichtungsgeschäft** auf (ebenso Dreier/Schulze/*Schulze* § 41 Rn. 37; Schricker/Loewenheim/*Schricker/Peukert* § 41 Rn. 24; *v. Gamm* § 41 Rn. 14). Umstritten ist, ob dies mit Wirkung ex nunc oder ex tunc geschieht (Schricker/Loewenheim/*Schricker/Peukert* § 41 Rn. 24 m.w.N.); aus Gründen der Rechtssicherheit ist die Auflösung nur **ex nunc** anzunehmen, anderenfalls würden aus berechtigten Nutzungen im Nachhinein plötzlich Urheberrechtsverletzungen (ebenso *Pahlow* GRUR 2010, 112, 114; Dreier/Schulze/*Schulze* § 41 Rn. 37; Ahlberg/Götting/*Wegner* § 41 Rn. 21; *Schricker* § 32 VerlG Rn. 9; *Hoeren* CR 2005, 773, 777; Schricker/Loewenheim/*Schricker/Peukert* § 41 Rn. 24; *Haberstumpf* Rn. 233; *Haberstumpf/Hintermeier* 210; LG Köln ZUM 2006, 149, 152). Bislang war heftig umstritten, ob mit dem Rückfall die von zurückgerufenen Nutzungsrecht (Tochterrecht) abgeleiteten Nutzungsrechte (Enkelrechte) ebenfalls heim fallen (näher § 35 Rn. 7 ff.). Entscheidend sind die Interessenlage und die konkrete Vertragssituation in **der Rechtekette** sowie der Grund der Auflösung des Nutzungsvertrages mit den Tochterrechten. Nach neuester Rechtsprechung des BGH erlischt im Regelfall ein einfaches bzw. ausschließliches Nutzungsrecht, das sich von einem ausschließlichen Nutzungsrecht ableitet, dann nicht, wenn das ausschließliche Nutzungsrecht auf Grund eines wirksamen Rückrufs wegen Nichtausübung (§ 41) erlischt (BGHZ 180, 344 = GRUR 2009, 946 – Reifen Progressiv: einfaches Nutzungsrecht bleibt bestehen), die Hauptlizenz durch Kündigung wegen Zahlungsverzugs (BGH GRUR 2012, 916, 918 – M2Trade: einfaches Nutzungsrecht bleibt bestehen, Hauptlizenznehmer hat bereicherungsrechtlichen Anspruch nach § 812 Abs. 1 S. 1 BGB, 2. Variante [Eingriffskondiktion] gegen Hauptlizenznehmer auf Herausgabe der Lizenzansprüche gegen den Unterlizenznehmer) oder durch einvernehmlicher Aufhebung des Hauptlizenzvertrages (BGH GRUR 2012, 914, 915 – Take Five: ausschließliches abgeleitetes Nutzungsrecht bleibt bestehen) erlischt (ausführlich zum Meinungsstand und zur Reichweite der neuen BGH-Rechtsprechung s. § 35 Rn. 7 ff.; *Loewenheim* FS Wandtke 199; *Pahlow* GRUR 2010, 112; *Scholz* GRUR 2009, 1107; *Adolphsen/Tabrizi* GRUR 2011, 384; *Reber* ZUM 2009, 855). Da nach erfolgtem Rückruf nur noch der Lizenzvertrag zwischen dem Inhaber des zurückgerufenen ausschließlichen Nutzungsrechts (Tochterrechte) und dem Lizenznehmer der Nutzungsrechte (Enkelrechte) bestehen bleibt, wird vorgeschlagen, dass der Urheber in dieses Vertragsverhältnis eintritt, oder nach § 32a Abs. 2 analog eine Beteiligung oder Abtretung der Lizenzgebühren vom früheren Inhaber des ausschließlichen Nutzungsrechts verlangen kann (*Pahlow* GRUR 2010, 112, 118; dem folgend Schricker/Loewenheim/*Schricker/Peukert* § 41 Rn. 24 am

UrhG § 41 29–32 § 41 Rückrufsrecht wegen Nichtausübung

Ende; anders BGH GRUR 2012, 916, 918 – M2Trade: Anspruch auf Abtretung aus § 812 Abs. 1 S. 1 BGB, 2. Variante [Eingriffskondiktion]).

29 Anders ist dies aber, wenn die Nutzungsrechtseinräumung konkludent oder ausdrücklich in einem **Arbeitsvertrag** vereinbart wurde und der Arbeitnehmer einen Rückruf nach § 41 geltend macht (zu den Voraussetzungen § 43 Rn. 114 ff.); der Arbeitsvertrag als solcher wird vom Erlöschen des Nutzungsrechts nicht berührt.

IX. Entschädigung des Nutzungsrechtsinhabers (§ 41 Abs. 6)

30 § 41 Abs. 6 berücksichtigt die schutzwürdigen Interessen des Verwerters, verringert aber die praktische Bedeutung des Rückrufsrechts für den Urheber. Für im Vertrauen auf den Nutzungsvertrag getätigte **Aufwendungen** steht dem Verwerter ein **Entschädigungsanspruch** zu, wenn und soweit es der Billigkeit entspricht (§ 41 Abs. 6). Dies ist unter Abwägung und Wertung der Interessen aller Beteiligten sowie unter Beachtung aller Umstände zu ermitteln (Dreier/Schulze/*Schulze* § 41 Rn. 38; Ahlberg/Götting/*Wegner* § 41 Rn. 22; *v. Gamm* § 41 Rn. 15; Schricker/Loewenheim/*Schricker/Peukert* § 41 Rn. 25; Fromm/Nordemann/*J. B. Nordemann* § 41 Rn. 43; *Haberstumpf* Rn. 237). Eine in vorformulierten Geschäftsbedingungen des Werkverwerters enthaltene abstrakt-generelle Pauschale zur Aufteilung der Erlöse nach Rückruf durch den Urheber (im Fall: Verwerter 60%/Urheber 40%) ist wegen Verstoß gegen das gesetzliche Leitbild (§ 307 BGB) unwirksam (LG Braunschweig ZUM 2012, 66, 73).

31 Bei den **Billigkeitserwägungen** spielt eine Rolle, ob dem Inhaber des Nutzungsrechts subjektiv oder objektiv die Nichtausübung des Nutzungsrechts **zugerechnet** werden kann. Zwar sind bereits empfangene **Entgelte** in die Billigkeitserwägungen mit einzubeziehen, doch ist auch zu berücksichtigen, dass der Urheber sein Werk dem Verwerter in der Regel schon jahrelang zur ausschließlichen Nutzungen überlassen hatte, bevor der Rückruf wegen Nichtausübung erfolgte (so auch Fromm/Nordemann/*J. B. Nordemann* § 41 Rn. 43). Hat der Inhaber des Nutzungsrechts **schuldhaft** die Nichtausübung des Nutzungsrechts verursacht, entfällt i. d. R. die Entschädigungspflicht (Schricker/Loewenheim/*Schricker/Peukert* § 41 Rn. 25; Möhring/Nicolini/*Spautz* § 41 Rn. 20; ebenso OLG München ZUM-RD 1997, 451, 453 – Fix und Foxi). Die Entschädigung ist nicht mit einem Schadensersatz gleichzusetzen, es handelt sich vielmehr um eine Ausgleichspflicht nach Billigkeit (Dreier/Schulze/*Schulze* § 41 Rn. 38; Möhring/Nicolini/*Spautz* § 41 Rn. 20; Schricker/Loewenheim/*Schricker/Peukert* § 41 Rn. 25; *v. Gamm* § 41 Rn. 15, 16; /*J. B. Nordemann* § 41 Rn. 47). **Anspruchsberechtigter** ist jeder, der sein Nutzungsrecht durch die Ausübung des Rückrufsrechts verloren hat (Schricker/Loewenheim/*Schricker/Peukert* § 41 Rn. 25), nicht aber auch Dritte (so jetzt auch Möhring/Nicolini/*Spautz* § 42 Rn. 20 gegen die Vorauflage *Möhring/Nicolini* Anm. 17).

X. Anwendung anderer gesetzlicher Vorschriften (§ 41 Abs. 7)

32 Rechte und Ansprüche der Beteiligten nach anderen Regelungen bleiben von der Möglichkeit des Rückrufs und den sich daraus ergebenden Rechten unberührt. Das gilt vor allem für die allgemeinen Vorschriften der **§§ 320 ff. BGB** und für den Verlagsbereich die **§§ 32 mit 30, 17 und 45 VerlG** (OLG München ZUM 2008, 154; Dreier/Schulze/*Schulze* § 41 Rn. 38; Schricker/Loewenheim/*Schricker/Peukert* § 41 Rn. 12; *Rehbinder* Rn. 316; BGH GRUR 1988, 303, 304 f. – Sonnengesang; OLG München ZUM 2008, 154). Auch Schadensersatzansprüche wegen Vertragsverletzung (§ 280 Abs. 1 BGB) und das **Kündigungsrecht aus wichtigem Grund** (§ 314 BGB) sind unabhängig von § 41 (Fromm/Nordemann/*J. B. Nordemann* § 41 Rn. 46; Schricker/*Schricker* § 41 Rn. 12; BGH GRUR 1973, 328, 330 – Musikverleger II).

Auch **vertraglich vereinbarte Rückrufsrechte** bleiben von § 41 unberührt, allerdings 33
dürfen diese den Regelungen zum Schutz des Urhebers nicht widersprechen (OLG
Schleswig ZUM 1995, 867, 871); ansonsten gilt wieder § 41.

§ 42 Rückrufsrecht wegen gewandelter Überzeugung

(1) Der Urheber kann ein Nutzungsrecht gegenüber dem Inhaber zurückrufen, wenn das Werk seiner Überzeugung nicht mehr entspricht und ihm deshalb die Verwertung des Werkes nicht mehr zugemutet werden kann. Der Rechtsnachfolger des Urhebers (§ 30) kann den Rückruf nur erklären, wenn er nachweist, dass der Urheber vor seinem Tode zum Rückruf berechtigt gewesen wäre und an der Erklärung des Rückrufs gehindert war oder diese letztwillig verfügt hat.

(2) Auf das Rückrufsrecht kann im voraus nicht verzichtet werden. Seine Ausübung kann nicht ausgeschlossen werden.

(3) Der Urheber hat den Inhaber des Nutzungsrechts angemessen zu entschädigen. Die Entschädigung muss mindestens die Aufwendungen decken, die der Inhaber des Nutzungsrechts bis zur Erklärung des Rückrufs gemacht hat; jedoch bleiben hierbei Aufwendungen, die auf bereits gezogene Nutzungen entfallen, außer Betracht. Der Rückruf wird erst wirksam, wenn der Urheber die Aufwendungen ersetzt oder Sicherheit dafür geleistet hat. Der Inhaber des Nutzungsrechts hat dem Urheber binnen einer Frist von drei Monaten nach Erklärung des Rückrufs die Aufwendungen mitzuteilen; kommt er dieser Pflicht nicht nach, so wird der Rückruf bereits mit Ablauf dieser Frist wirksam.

(4) Will der Urheber nach Rückruf das Werk wieder verwerten, so ist er verpflichtet, dem früheren Inhaber des Nutzungsrechts ein entsprechendes Nutzungsrecht zu angemessenen Bedingungen anzubieten.

(5) Die Bestimmungen in § 41 Abs. 5 und 7 sind entsprechend anzuwenden.

Literatur: *Lindner,* Der Rückrufanspruch als verfassungsrechtlich notwendige Kategorie des Medienprivatrechts, ZUM 2005, 203; *Paschke/Busch,* Hinter den Kulissen des medienrechtlichen Rückrufanspruchs, NJW 2004, 2619; *Rauda,* Der Rückruf wegen gewandelter Überzeugung nach § 42 UrhG – Von Web 2.0 aus dem Dornröschenschlaf geweckt? GRUR 2010, 22; *Rohlfing/Kobusch,* Das urheberrechtliche Rückrufsrecht an Dissertationen wegen gewandelter Überzeugung, ZUM 2000, 305; *Wandtke,* Die Rechte der Urheber und ausübenden Künstler im Arbeits- und Dienstverhältnis, Berlin 1993 (zit. Wandtke/*Bearbeiter,* Urheber im Arbeitsverhältnis).
Vgl. darüber hinaus die Angaben im eingangs abgedr. Gesamtliteraturverzeichnis.

Übersicht

	Rn.
I. Bedeutung	1
II. Anwendungsbereich	2–4
III. Unzumutbarkeit der Verwertung (§ 42 Abs. 1)	5–9
1. Überzeugungswandel	5, 6
2. Unzumutbarkeit	7, 8
3. Rückruf durch den Rechtsnachfolger (§ 42 Abs. 1 S. 2)	9
IV. Verbot des Vorausverzichts (§ 42 Abs. 2)	10
V. Entschädigungspflicht des Urhebers (§ 42 Abs. 3)	11–13
1. Inhalt	11, 12
2. Folgen für den Rückruf und Mitteilungspflicht	13
VI. Anbietungspflicht bei Wiederverwertung (§ 42 Abs. 4)	14
VII. Erlöschen des Nutzungsrechts (§ 42 Abs. 5)	15
VIII. Ansprüche und Rechte aus anderen gesetzlichen Vorschriften (§ 42 Abs. 5)	16

§ 42 Rückrufsrecht wegen gewandelter Überzeugung

I. Bedeutung

1 § 42 bringt einen Grundgedanken des **Urheberpersönlichkeitsrechts** zum Ausdruck. Das Werk des Urhebers soll nur in der Gestalt der Öffentlichkeit zugänglich gemacht werden, wie er es mit seinen auch aktuellen ideellen Interessen vereinbaren kann. Anders als § 41 ist § 42 in erster Linie urheberpersönlichkeitsrechtlich geprägt (*Rauda* GRUR 2010, 22, 23; Möhring/Nicolini/*Spautz* § 42 Rn. 1; Schricker/Loewenheim/*Dietz/Peukert* § 42 Rn. 1; *Rehbinder* Rn. 588), hier besteht ein direkter Bezug zum Veröffentlichungsrecht nach § 12 (Schricker/Loewenheim/*Dietz/Peukert* § 42 Rn. 2). Während § 41 dem Veröffentlichungsinteresse des Urhebers dient, will § 42 dem Urheber die Möglichkeit geben, die (weitere) Veröffentlichung des Werkes aus ideellen Gründen zu verhindern (Schricker/Loewenheim/ *Dietz/Peukert* § 42 Rn. 6). Denn das einmal geschaffene Werk unterliegt den politischen, religiösen, künstlerischen und wissenschaftlichen Wandlungen der Zeit, denen sich auch der Urheber nicht verschließen kann. Hat der Urheber sein Werk zu einem bestimmten Zeitpunkt in der fertiggestellten Form dem Nutzungsberechtigten zur Verwertung übergeben, muss er wegen seiner engen Bindung zum Werk die Möglichkeit haben, seine eingeräumten Nutzungsrechte zurückzurufen, wenn ein Wandel in seiner politischen, religiösen, künstlerischen oder wissenschaftlichen Überzeugung stattgefunden hat (vgl. *Haberstumpf* Rn. 238). Hiervon ist der medienrechtliche Rückrufanspruch des in seinem allgemeinen Persönlichkeitsrecht Verletzten abzugrenzen, der Medienerzeugnisse zurückrufen kann (*Rauda* GRUR 2010, 22, 27; *Lindner* ZUM 2005, 203; *Paschke/Busch* NJW 2004, 2619, 2621).

II. Anwendungsbereich

2 § 42 gilt für alle Urheberrechtsverträge einschließlich des Verlagsrechts, und zwar auch, wenn diese vor dem 1.1.1966 abgeschlossen wurden (§ 132 S. 1). Im **Verlagsrecht** ist die Regelung (neben § 35 VerlG) erforderlich, weil das Rücktrittsrecht des § 35 VerlG wegen seiner Beschränkung auf die Zeit bis zum Beginn der Vervielfältigung im Falle unvorhergesehener Umstände nicht ausreicht (Schricker/Loewenheim/*Dietz/Peukert* § 42 Rn. 7, 20). § 42 gilt auch für Urheber in **Arbeits- und Dienstverhältnissen** nach § 43 (Dreier/ Schulze/*Schulze* § 42 Rn. 7; *v. Gamm* § 43 Rn. 2; Fromm/Nordemann/*A. Nordemann* § 43 Rn. 50; Schricker/Loewenheim/*Dietz/Peukert* § 42 Rn. 11; Wandtke/*Wandtke* Urheber im Arbeitsverhältnis Rn. 171; s. § 43 Rn. 118f.).

3 Anders als § 41 gilt § 42 nicht nur für ausschließliche, sondern auch für **einfache Nutzungsrechte** (Schricker/Loewenheim/*Dietz/Peukert* § 42 Rn. 13; *Haberstumpf* Rn. 238). Einschränkungen gibt es im **Filmbereich:** Für die Urheber vorbestehender Werke (§ 88 Abs. 1) und am Filmwerk beteiligte Urheber (§ 89 Abs. 3) ist ab dem Beginn der Dreharbeiten die Anwendung des § 42 ausgeschlossen, soweit es sich um die Nutzungsrechte nach § 88 Abs. 1 oder die in § 89 Abs. 1 bezeichneten Rechte handelt (§ 90). Gleiches gilt für Laufbilder (§§ 95, 90). Das Rückrufrecht nach § 42 gilt seit dem 3.9.2003 (s. Vor §§ 31 ff. Rn. 4) auch für ausübende Künstler (§ 79 Abs. 2 S. 2).

4 Hat der Urheber das **Werkoriginal** veräußert, hat er zwar nach § 42 das Recht auf Rückruf der Nutzungsrechte, § 42 begründet aber keinen Anspruch auf Herausgabe des Werkstücks gegen den Eigentümer. Der Urheber kann sich dann nur vom Werk distanzieren, nicht aber das Werkstück zurückrufen (Schricker/Loewenheim/*Dietz/Peukert* § 42 Rn. 15).

III. Unzumutbarkeit der Verwertung (§ 42 Abs. 1)

1. Überzeugungswandel

5 Das **Rückrufsrecht** (Gestaltungsrecht, einseitige empfangsbedürftige Willenserklärung, vgl. § 41 Rn. 1) kann nur ausgeübt werden, wenn das Werk nicht mehr der Überzeugung des Urhebers entspricht und ihm deshalb die (weitere) Verwertung nicht mehr zugemutet werden kann (*Haberstumpf* Rn. 238). Der Begriff der „**Überzeugung**" ist weit auszulegen und betrifft alle Wertvorstellungen des Urhebers (*Rauda* GRUR 2010, 22, 24; Dreier/ Schulze/*Schulze* § 42 Rn. 16; Loewenheim/*Dietz* § 16 Rn. 18; Fromm/Nordemann/ *J. B. Nordemann* § 42 Rn. 8; Schricker/Loewenheim/*Dietz*/*Peukert* § 42 Rn. 24; Möhring/ Nicolini/*Spautz* § 42 Rn. 7: triftige persönliche Gründe). Unter Überzeugung fallen alle künstlerischen, politischen, wissenschaftlichen oder auch persönlichen Ansichten des Urhebers (*Rauda* GRUR 2010, 22, 24). Diese können sich ändern, wenn etwa seine ursprünglichen wissenschaftlichen Erkenntnisse überholt sind (zum Fall des – nicht möglichen – Rückrufs einer Promotion aus diesem Grund OLG Celle NJW 2000, 1579; *Rohlfing*/*Kobusch* ZUM 2000, 305 ff.) oder sich seine künstlerische Auffassung gewandelt hat, so dass die weitere Verwertung für den Urheber ideelle Nachteile bedeuten würde (Möhring/Nicolini/*Spautz* § 42 Rn. 7).

Auch die äußeren **politischen Verhältnisse** können Anlass für einen anzuerkennenden **6** Überzeugungswandel sein, um zu verhindern, dass das Werk in einer Weise verwendet wird oder dem Urheber eine geistige Aussage zugerechnet wird, die dieser nicht will (ebenso *Ulmer* 376). Auch die rein äußere Form, der Stil und die Methode eines Kunstwerkes einschließlich aller Geschmacksrichtungen können für den Überzeugungswandel des Künstlers eine erhebliche Rolle spielen, vor allem bei älteren Kunstwerken (a. A. Möhring/Nicolini/*Spautz* § 42 Rn. 7; *v. Gamm* § 42 Rn. 5).

2. Unzumutbarkeit

Für die Frage der Zumutbarkeit der weiteren Werkverwertung ist eine **Abwägung** er- **7** forderlich (Dreier/Schulze/*Schulze* § 42 Rn. 18; *v. Gamm* § 42 Rn. 6; Schricker/Loewenheim/*Dietz*/*Peukert* § 42 Rn. 25; *Rauda* GRUR 2010, 22, 25) zwischen den urheberpersönlichkeitsrechtlichen Interessen des Urhebers und den verwertungsrechtlichen Interessen des Nutzers. Zumutbar ist die weitere Werkverwertung je eher, desto geringeren Wandlungen die Überzeugungen des Urhebers unterliegen und desto unwesentlicher die mit der weiteren Werkverwertung einhergehenden Änderungen der Werkaufnahme für den Urheber nach Treu und Glauben sind. Die Unzumutbarkeit ist nach objektiven Maßstäben zu beurteilen, und nicht von einem abgestuften Schutzniveau der verschiedenen Werkkategorien, oder der Wertigkeit z. B. zwischen politischen und ästhetischen Überzeugungsänderungen abhängig (*Rauda* GRUR 2010, 22, 25). Da der Rückruf für den Verwerter ein einschneidender Schritt ist, kommen aber regelmäßig nur ein **gravierender und nachweisbarer Überzeugungswandel** in politischer, wissenschaftlicher, künstlerischer oder religiöser Hinsicht in Betracht (*Rauda* GRUR 2010, 22, 25; *Haberstumpf* Rn. 238).

Geht es lediglich um **formale, stilistische oder ästhetische Kriterien** (z. B. im Be- **8** reich von Belletristik, Musik und Kunst), die sich erst durch Interpretation erschließen, ist die weitere Werkverwertung eher zumutbar als im Falle eindeutig formulierter Auffassungen und Überzeugungen im Bereich Wissenschaft, Religion, Politik oder Ideologie (*Rohlfing*/*Kobusch* ZUM 2000, 305, 307). Steht der **Ruf des Urhebers** auf dem Spiel, wird die Unzumutbarkeit eher zu bejahen sein (Fromm/Nordemann/*J. B. Nordemann* § 42 Rn. 8; Möhring/Nicolini/*Spautz* § 42 Rn. 8).

3. Rückruf durch den Rechtsnachfolger (§ 42 Abs. 1 S. 2)

Dem Rechtsnachfolger (§ 30) steht ein Rückrufsrecht grds. nicht zu, es sei denn, er **9** kann nachweisen, dass der Urheber zum Rückruf berechtigt und nur an der Rückrufserklärung gehindert war oder einen Rückruf letztwillig verfügt hat (§ 42 Abs. 1 S. 2). Der **Überzeugungswandel des Urhebers** muss also zu dessen Lebzeiten, nicht aber während der Schutzfrist post mortem auctoris stattgefunden haben (Schricker/Loewenheim/*Dietz*/ *Peukert* § 42 Rn. 27; Fromm/Nordemann/*J. B. Nordemann* § 42 Rn. 14).

IV. Verbot des Vorausverzichts (§ 42 Abs. 2)

10 Eine Vereinbarung über den Vorausverzicht auf das Rückrufsrecht ist unwirksam, die Regelung dient dem Schutz des Urhebers (Dreier/Schulze/*Schulze* § 42 Rn. 20; Möhring/Nicolini/*Spautz* § 42 Rn. 14). Ist das Rückrufsrecht nach § 42 Abs. 1 allerdings schon entstanden, kann der Urheber oder sein Rechtsnachfolger auf das Rückrufsrecht wirksam verzichten. Damit das Verbot des Vorausverzichts nicht durch anderweitige vertragliche Abreden, etwa die **Vereinbarung der Nichtausübung,** umgangen werden kann, ist auch dies ausdrücklich ausgeschlossen (§ 42 Abs. 2 S. 2).

V. Entschädigungspflicht des Urhebers (§ 42 Abs. 3)

1. Inhalt

11 Mit der Entschädigungspflicht des Urhebers wird aus dem Rückrufsrecht weitgehend ein stumpfes Schwert (krit. dazu Fromm/Nordemann/*J. B. Nordemann* § 42 Rn. 23; Schricker/Loewenheim/*Dietz*/*Peukert* § 42 Rn. 32). Anders als bei § 41 muss der Urheber nach § 42 Abs. 3 S. 1 den Nutzer nicht nur nach Billigkeit, sondern **angemessen** entschädigen. Dies bedeutet einen Ausgleich der Vermögenseinbußen des Nutzungsberechtigten im Sinne eines beschränkten Schadensersatzes, weil dieser in eine Situation geraten ist, die er weder verschuldet noch sonst zu vertreten hat (Möhring/Nicolini/*Spautz* § 42 Rn 16; Schricker/Loewenhcim/*Dietz*/*Peukert* § 42 Rn. 29; Loewenheim/*Dietz* § 16 Rn. 21; *Rauda* GRUR 2010, 22, 26).

12 Die zu leistende **Entschädigung** muss mindestens die Aufwendungen decken, die der Inhaber des Nutzungsrechts bis zum Zugang (§ 130 BGB) des Rückrufs gemacht hat, z. B. Druck- und Werbungskosten, Herstellungs- und Verleihkosten beim Film, Inszenierungskosten der Bühne (etwa bei Rückruf durch den Bühnenautor vor der Premiere). Gemeinkosten sind hierbei nicht umlagefähig, allgemeine Verwaltungskosten des Verwerters werden nicht berücksichtigt (Dreier/Schulze/*Schulze* § 42 Rn. 24; Fromm/Nordemann/*J. B. Nordemann* § 42 Rn. 19; Schricker/Loewenheim/*Dietz*/*Peukert* § 42 Rn. 30; Loewenheim/*Dietz* § 16 Rn. 22). Aufwendungen, die auf bereits gezogene Nutzungen entfallen sind, bleiben außer Betracht (§ 43 Abs. 3 S. 2 2. Halbs.). Aufwendungen für Nutzungen, die sich noch in der Auswertung befinden, sind zu erstatten, wobei die Einnahmen von diesen Aufwendungen abzuziehen sind (*Rauda* GRUR 2010, 22, 26). Der Betreiber einer Internet-Plattform, die von Urhebern unentgeltlich mit Inhalt befüllt wird (Web 2.0), hat keine erkennbaren Aufwendungen, wenn Urheber Ihre Inhalte nach § 42 zurückrufen und diese daher zu löschen sind (*Rauda* GRUR 2010, 22, 27).

2. Folgen für den Rückruf und Mitteilungspflicht

13 Der Rückruf wird erst **wirksam,** wenn die Aufwendungen ersetzt worden sind (§ 42 Abs. 3 S. 3) oder eine entsprechende Sicherheitsleistung (§§ 232 ff. BGB) erbracht wurde. Damit der Urheber die Aufwendungen ersetzen kann, muss der Inhaber des Nutzungsrechts binnen drei Monaten nach Erklärung des Rückrufs dem Urheber seine Aufwendungen mitteilen, d. h. die **Mitteilung** muss vor Ablauf der drei Monate dem Urheber zugegangen sein (Dreier/Schulze/*Schulze* § 42 Rn. 26; Schricker/Loewenheim/*Dietz*/*Peukert* § 42 Rn. 31; Fromm/Nordemann/*J. B. Nordemann* § 42 Rn. 9). Mit Verstreichen der Frist ist der Rückruf wirksam, die Entschädigungspflicht bleibt davon aber unberührt (Schricker/Loewenheim/*Dietz*/*Peukert* § 42 Rn. 31; Fromm/Nordemann/*J. B. Nordemann* § 42 Rn. 25).

VI. Anbietungspflicht bei Wiederverwertung (§ 42 Abs. 4)

14 Zur Verhinderung des Missbrauchs hat der Gesetzgeber den Urheber verpflichtet, das Werk bei einer auf den Rückruf folgenden Wiederverwertung dem bisherigen Nutzungsberechtigten wieder anzubieten. Diese **Anbietungspflicht** ist eine Nebenpflicht des Urhebers im Rahmen des Abwicklungsverhältnisses, deren Verletzung **Schadensersatzansprüche** etwa aus § 280 BGB auslösen kann (Fromm/Nordemann/*J. B. Nordemann* § 42 Rn. 23; Schricker/Loewenheim/*Dietz/Peukert* § 42 Rn. 34 mit berechtigter Kritik am Gesetz wegen fehlender Befristung dieser Anbietungspflicht). Der Urheber muss das Werk dem Nutzungsberechtigten nicht zu den früheren, sondern nur zu **angemessenen Bedingungen** wieder anbieten; diese können besser oder schlechter als die früheren sein (Dreier/Schulze/*Schulze* § 42 Rn. 27; Möhring/Nicolini/*Spautz* § 42 Rn. 21).

VII. Erlöschen des Nutzungsrechts (§ 42 Abs. 5)

Mit dem wirksamen Rückruf fällt das Nutzungsrecht **ex nunc** heim (zum **Heimfall** s. Vor §§ 31 ff. Rn. 49 ff.). Inwieweit auch das Verpflichtungsgeschäft betroffen ist, hängt vom Vertragszweck ab (Schricker/Loewenheim/*Dietz/Peukert* § 42 Rn. 33; *Haberstumpf* Rn. 233; Dreier/Schulze/*Schulze* § 42 Rn. 28: regelmäßig Beendigung ex nunc; differenzierend *Schricker* § 35 VerlG Rn. 27). Von der automatischen Auflösung des Verpflichtungsgeschäfts kann aber nicht generell ausgegangen werden. So ist der Heimfall der Nutzungsrechte im **Arbeitsverhältnis** unabhängig vom Bestand des Arbeitsvertrages zu betrachten. Nach Wirksamwerden des Rückrufs ist der Verwerter nicht berechtigt, das Werk weiter zu verwerten. Verletzt er diese Pflicht, ist er Schadensersatzansprüchen des Urhebers ausgesetzt (*Rauda* GRUR 2010, 22, 27).

15

VIII. Ansprüche und Rechte aus anderen gesetzlichen Vorschriften (§ 42 Abs. 5)

Neben der Möglichkeit des Rückrufs wegen gewandelter Überzeugung (§ 42) bleiben die allgemeinen Regelungen anwendbar, etwa die §§ 323 ff. BGB bei Verzug oder Unmöglichkeit und das Recht der Kündigung (näher § 41 Rn. 32 f.).

16

§ 42a Zwangslizenz zur Herstellung von Tonträgern

(1) Ist einem Hersteller von Tonträgern ein Nutzungsrecht an einem Werk der Musik eingeräumt worden mit dem Inhalt, das Werk zu gewerblichen Zwecken auf Tonträger zu übertragen und diese zu vervielfältigen und zu verbreiten, so ist der Urheber verpflichtet, jedem anderen Hersteller von Tonträgern, der im Geltungsbereich dieses Gesetzes seine Hauptniederlassung oder seinen Wohnsitz hat, nach Erscheinen des Werkes gleichfalls ein Nutzungsrecht mit diesem Inhalt zu angemessenen Bedingungen einzuräumen; dies gilt nicht, wenn das bezeichnete Nutzungsrecht erlaubterweise von einer Verwertungsgesellschaft wahrgenommen wird oder wenn das Werk der Überzeugung des Urhebers nicht mehr entspricht, ihm deshalb die Verwertung des Werkes nicht mehr zugemutet werden kann und er ein etwa bestehendes Nutzungsrecht aus diesem Grunde zurückgerufen hat. Der Urheber ist nicht verpflichtet, die Benutzung des Werkes zur Herstellung eines Filmes zu gestatten.

(2) Gegenüber einem Hersteller von Tonträgern, der weder seine Hauptniederlassung noch seinen Wohnsitz im Geltungsbereich dieses Gesetzes hat, besteht die Verpflichtung nach Absatz 1, soweit in dem Staat, in dem er seine Hauptniederlassung oder seinen Wohnsitz hat, den Herstellern von Tonträgern, die ihre Hauptniederlassung oder ihren Wohnsitz im Geltungsbereich dieses Gesetzes haben, nach einer Bekanntmachung des Bundesministeriums der Justiz im Bundesgesetzblatt ein entsprechendes Recht gewährt wird.

(3) Das nach den vorstehenden Bestimmungen einzuräumende Nutzungsrecht wirkt nur im Geltungsbereich dieses Gesetzes und für die Ausfuhr nach Staaten, in denen das Werk keinen Schutz gegen die Übertragung auf Tonträger genießt.

(4) Hat der Urheber einem anderen das ausschließliche Nutzungsrecht eingeräumt mit dem Inhalt, das Werk zu gewerblichen Zwecken auf Tonträger zu übertragen und diese zu vervielfältigen und zu verbreiten, so gelten die vorstehenden Bestimmungen mit der Maßgabe, dass der Inhaber des ausschließlichen Nutzungsrechts zur Einräumung des in Absatz 1 bezeichneten Nutzungsrechts verpflichtet ist.

(5) Auf ein Sprachwerk, das als Text mit einem Werk der Musik verbunden ist, sind die vorstehenden Bestimmungen entsprechend anzuwenden, wenn einem Hersteller von Tonträgern ein Nutzungsrecht eingeräumt worden ist mit dem Inhalt, das Sprachwerk in Verbindung mit dem Werk der Musik auf Tonträger zu übertragen und diese zu vervielfältigen und zu verbreiten.

(6) Für Klagen, durch die ein Anspruch auf Einräumung des Nutzungsrechts geltend gemacht wird, sind, sofern der Urheber oder im Fall des Absatzes 4 der Inhaber des ausschließlichen Nutzungsrechts im Geltungsbereich dieses Gesetzes keinen allgemeinen Gerichtsstand hat, die Gerichte zuständig, in deren Bezirk das Patentamt seinen Sitz hat. Einstweilige Verfügungen können erlassen werden, auch wenn die in den §§ 935 und 940 der Zivilprozessordnung bezeichneten Voraussetzungen nicht zutreffen.

(7) Die vorstehenden Bestimmungen sind nicht anzuwenden, wenn das in Absatz 1 bezeichnete Nutzungsrecht lediglich zur Herstellung eines Filmes eingeräumt worden ist.

Literatur: *Block,* Die Lizensierung von Urheberrechten für die Herstellung und den Vertrieb von Tonträgern im europäischen Binnenmarkt, 1997; *Hilty,* Renaissance der Zwangslizenzen im Urheberrecht?, GRUR 2009, 633; *Schulze,* Teil-Werknutzung, Bearbeitung und Werkverbindung bei Musikwerken – Grenzen des Wahrnehmungsumfangs der GEMA, ZUM 1993, 256; *Wolff,* Zwangslizenzen im Immaterialgüterrecht, Göttingen 2005.

Vgl. darüber hinaus die Angaben im eingangs abgedr. Gesamtliteraturverzeichnis.

Übersicht

	Rn.
I. Bedeutung der Vorschrift	1
II. Eingliederung	2
III. Allgemeines	3, 4
IV. Gegenstand der Zwangslizenz	5–11
1. Werke der Musik	5
2. Verbundene Sprachwerke	6, 7
3. Bearbeitungen von Werken der Musik	8
4. Erschienene Werke	9
5. Vorangegangene Lizenzeinräumung an Tonträgerhersteller	10, 11
V. Inhalt der Zwangslizenz	12–16
1. Anspruch auf Vertragsschluss	12
2. Betroffene Nutzungsrechte	13
3. Zur Tonträgerherstellung	14
4. Angemessenheit der Bedingungen	15
5. Örtlicher Geltungsbereich der Zwangslizenz	16
VI. Verpflichteter	17, 18
1. Urheber	17
2. Inhaber eines ausschließlichen Nutzungsrechts	18

	Rn.
VII. Berechtigter	19–21
1. Tonträgerhersteller	19
2. Inländischer Sitz	20, 21
VIII. Zwangslizenz und Urheberpersönlichkeitsrecht	22–25
1. Rückrufsrecht	23
2. Quellenangaben	24
3. Änderungsverbot	25
IX. Beschränkungen des Anwendungsbereichs	26, 27
1. Ausschluss der Zwangslizenz bei Wahrnahme der Nutzungsrechte durch Verwertungsgesellschaften	26
2. Filmherstellung	27
X. Prozessuales	28, 29
1. Dringlichkeitsregelung für Antrag auf Erlass einer einstweiligen Verfügung	28
2. Örtliche Zuständigkeit des Gerichts	29

I. Bedeutung der Vorschrift

1 Der durch das G. zur Umsetzung der Richtlinie 2001/29/EG mWv 13.9.2003 an dieser Stelle eingefügte § 42a entspricht ohne jede inhaltliche Änderung der früheren Bestimmung des § 61. Die alte und die neue Vorschrift sind deckungsgleich. Die Bestimmung über die Verpflichtung zur Einräumung eines Nutzungsrechts wurde allerdings innerhalb des UrhG systematisch neu eingeordnet; ihre bisherige Zuordnung zu den Schranken des Urheberrechts in §§ 44a ff. wurde aufgegeben. Bei der Bestimmung handelt es sich systematisch nicht um eine Schranke oder Ausnahme zu den vom Urheberrecht gewährten Ausschließlichkeitsrechten, sondern um eine Regelung zur Ausübung der Rechte (*Schack* Rn. 435; Schricker/Loewenheim/*Melichar* Vor §§ 45 ff. Rn. 6, 29, Begr. BT-Drucks. 15/38, 17). Es liegt keine Ausnahme oder Schranke i. S. v. Art. 5 Abs. 1 bis 3 der Multimedia-Richtlinie vor, die einer Ausnahme im abschließenden Katalog zu Ausnahmen und Schranken bedürfte (Begr. BT-Drucks. 15/38, 17).

II. Eingliederung

2 Die neue Einordnung der Bestimmung beugt dem Streit vor, ob die Verpflichtung zur Einräumung eines Nutzungsrechts mangels Anführung im Ausnahmenkatalog zu Art. 5 eine unzulässige Ausnahme oder Schranke zu den Ausschließlichkeitsrechten darstellt. Dabei harmoniert die Neuzuordnung mit der Vorstellung des Richtliniengebers. Art. 9 der Kabel- und Satellitenrichtlinie (RL 93/83/EWG) sieht nach deren Erwägungsgrund 28 durch Einführung einer Verwertungsgesellschaftspflichtigkeit eine ausschließlich kollektive Ausübung des Verbotsrechts vor.

III. Allgemeines

3 Die Vorschrift soll Monopolstellungen von Tonträgerherstellern in Bezug auf bestimmte Werke der Musik verhindern (AmtlBegr. UFITA 45 (1965) 240, 293; Dreier/Schulze/*Schulze* § 42a Rn. 1; Dreyer/Kotthoff/Meckel/*Dreyer* § 42a Rn. 1; Schricker/Loewenheim/*Melichar* § 61 Rn. 1; Loewenheim/*Götting* § 32 Rn. 1; *Wolff* 58; *Haberstumpf* Rn. 242). Die Bestimmung enthält eine Schranke des Urheberrechts. So wird der Urheber oder der Inhaber eines ausschließlichen Nutzungsrechts dazu verpflichtet, Tonträgerherstellern – bei Vorliegen der Voraussetzung des § 42 für das ausschließliche Vervielfältigungsrecht (§ 16 Abs. 1), des Rechts zur Übertragung auf Tonträger (§ 16 Abs. 2) und des Verbreitungsrechts (§ 17 Abs. 1) – eine Zwangslizenz einzuräumen. Im Kern vermittelt § 42a dem konkurrierenden Tonhersteller die Möglichkeit, ein bestimmtes Musikstück, an dem der Urheber einem Mitbewerber die mechanischen Rechte eingeräumt hat, ebenfalls in sein Repertoire aufzunehmen. In der Begründung der Zwangslizenzregelung wird zur Motivlage des Gesetzgebers ausgeführt (AmtlBegr. *Schulze* 505): „Nach wie vor ist ein Bedürfnis dafür anzuerkennen, dass die Werke der Tonkunst allen Herstellern von Tonträgern für die Übertragung auf solche Vorrichtungen gegen angemessene Gebühr zur Verfügung stehen. Damit wird Monopolbildungen zugunsten einzelner Firmen vorgebeugt. Es liegt ebenso im Interesse der Komponisten wie der Allgemeinheit, dass für die Aufnahme auf Tonträger der Wettbewerb mehrerer Hersteller offengehalten und dadurch das Streben nach Vervollkommnung der Tonträger wachgehalten wird."

4   Die Zwangslizenzregelung gilt nicht, wenn die Rechte bereits durch die GEMA wahrgenommen werden, was bei den meisten inländischen wie ausländischen Urhebern der Fall ist (vgl. Rn 26; OLG München ZUM 1994, 303 ff.; Dreier/Schulze/*Schulze* § 42a Rn. 3 f.; Fromm/Nordemann/*Nordemann* § 61 Rn. 2; Schricker/Loewenheim/*Melichar* § 61 Rn. 1; Loewenheim/*Götting* § 32 Rn. 2; *Haberstumpf* Rn. 242; *Ulmer* 336). Die praktische Bedeutung der Vorschrift wird hierdurch erheblich eingeschränkt. § 42a schließt damit nur Lücken.

IV. Gegenstand der Zwangslizenz

1. Werke der Musik

5   Die Zwangslizenz bezieht sich auf Werke der Musik (§ 42a Abs. 1 S. 1). Der Begriff „Werke der Musik" ergibt sich aus § 2 Abs. 1 Nr. 2 (s. § 2 Rn. 68 ff.). Von der Zwangslizenz werden damit **alle Werke der Musik** (ernste Musik, Unterhaltungsmusik, Pop-Musik u. a.) erfasst (Dreier/Schulze/*Schulze* § 42a Rn. 3 f.; Dreyer/Kotthoff/Meckel/ *Dreyer* § 42a Rn. 7). Die Zwangslizenz erlaubt keine Eingriffe in fremde Leistungsschutzrechte oder die Benutzung von Tonträgern, die Dritte erstellt haben (Schricker/Loewenheim/*Melichar* § 61 Rn. 6).

2. Verbundene Sprachwerke

6   Ist das Werk der Musik mit einem Sprachwerk verbunden, so gilt die Zwangslizenzregelung **auch** für dieses Sprachwerk (§ 42a Abs. 5). Ob ein Sprachwerk mit dem Werk der Musik nach § 42a Abs. 5 verbunden ist, also der Zwangslizenzregelung unterfällt, richtet sich nach § 9. Eine Verbindung nach § 9 ist bspw. bei Liedern, Opern, Operetten, Musicals, Schlagern u. a. anzunehmen. § 42a findet dabei auch dann Anwendung, wenn ein **vorbestehender Text** zu einem späteren Zeitpunkt vertont wurde (Schricker/Loewenheim/*Melichar* § 61 Rn. 4). Die Zwangslizenz bezieht sich in diesem Fall jedoch nur auf den Text in Verbindung mit der Musik.

7   In **isolierter Form** ist der Text nicht der Zwangslizenzregelung unterworfen und darf auch nicht alleine ohne die Musik auf der Grundlage der Zwangslizenz verwertet werden (Dreier/Schulze/*Schulze* § 42a Rn. 4; Schricker/Loewenheim/*Melichar* § 61 Rn. 4). Bei Sprachwerken mit Musikeinlagen werden nur die Musikeinlagen selbst von § 61 erfasst. Die Zwangslizenz bezieht sich nicht auf die reinen Textteile eines solchen Werkes (*v. Gamm* § 61 Rn. 4).

3. Bearbeitungen von Werken der Musik

8   § 42a gilt auch für **Bearbeitungen** von Werken der Musik, da auch die Bearbeitung Urheberrechtsschutz genießt (§ 3 Rn. 1). Zu beachten ist in diesem Zusammenhang die Vorschrift des § 3 S. 2. Die Zwangslizenzregelung des § 42a findet keine Anwendung,

wenn ein Werk der Musik nur unwesentlich bearbeitet wurde. Dieses ist nicht selbstständig als Bearbeitung des Werkes nach § 3 geschützt, so dass dem Bearbeiter kein Urheberrecht zusteht. Wer bspw. ein gemeinfreies Werk der Volksmusik geringfügig bearbeitet, muss die lizenzlose Nutzung seiner Bearbeitung mangels Urheberrecht hinnehmen (zum Begriff der geringfügigen Bearbeitung i. S. v. § 3 S. 2 s. § 3 Rn. 29 ff.). Auf die Zwangslizenzregelung kommt es nicht an.

4. Erschienene Werke

Nach § 42a Abs. 2 knüpft die Zwangslizenz an das Erscheinen des Werkes an. Der Begriff des Erscheinens eines Werkes ergibt sich aus **§ 6 Abs. 2** (s. § 6 Rn. 24 ff.). Dabei genügt für die Anwendung des § 42a jede Form des Erscheinens, wie bspw. die Veröffentlichung der Noten oder die Verbreitung des Werkes der Musik auf einem Tonträger (Dreier/Schulze/*Schulze* § 42a Rn. 11; Dreyer/Kotthoff/Meckel/*Dreyer* § 42a Rn. 8). Das Werk kann im In- oder auch im Ausland erschienen sein, um die Zwangslizenzregelung auszulösen.

5. Vorangegangene Lizenzeinräumung an Tonträgerhersteller

Die Zwangslizenz nach § 42a setzt weiter voraus, dass der Urheber einem **Tonträgerhersteller** bereits zuvor ein Nutzungsrecht eingeräumt hat, das Werk zu gewerblichen Zwecken auf Tonträger zu übertragen, diese zu vervielfältigen und zu verbreiten (§ 42a Abs. 1 S. 1). Tonträgerhersteller im Sinne der Vorschrift ist jeder, der Tonträger herstellt oder herstellen lässt, um sie unter **seinem Namen** zu verbreiten. Der Herstellerbegriff bezieht sich dabei auf die Vervielfältigung des bespielten Tonträgers, nicht auf die Herstellung des Rohstoffs, bspw. einer CD-ROM (Fromm/Nordemann/*Nordemann* § 61 Rn. 3). Kein Tonträgerhersteller i. S. v. § 42a Abs. 1 S. 1 ist der Verleger. Solange nur einem Verleger ein Nutzungsrecht eingeräumt worden ist, hat noch kein Hersteller eine Monopolstellung an dem Werk erlangt (AmtlBegr. *Schulze* 506; Dreier/Schulze/*Schulze* § 42a Rn. 12; Dreyer/Kotthoff/Meckel/*Dreyer* § 42a Rn. 9).

Der Urheber, der sein Werk **selbst** auf Tonträgern vervielfältigt und verbreitet, muss keine Zwangslizenz einräumen, da er keinem Tonträgerhersteller ein Nutzungsrecht eingeräumt hat (Möhring/Nicolini/*Gass* § 61 Rn. 19; Dreier/Schulze/*Schulze* § 42a Rn. 12; Dreyer/Kotthoff/Meckel/*Dreyer* § 42a Rn. 9; Schricker/Loewenheim/*Melichar* § 61 Rn. 7).

V. Inhalt der Zwangslizenz

1. Anspruch auf Vertragsschluss

Die Zwangslizenz bedeutet die **Verpflichtung** des Urhebers zur Einräumung weiterer einfacher, d. h. nicht ausschließlicher Nutzungsrechte zur Vervielfältigung und Verbreitung eines Werkes (zu den Begriffen des einfachen und des ausschließlichen Nutzungsrechts s. § 31 Rn. 27 f.). Der Tonträgerhersteller hat dabei lediglich den Anspruch auf die Einräumung der Lizenz (*Wolff* 60; Dreier/Schulze/*Schulze* § 42a Rn. 7). Aus der Systematik des Rechts, das als Lizenz ausgestaltet ist, folgt, dass der Tonträgerhersteller bei Vorliegen der Voraussetzungen des § 42a nicht einfach ohne eine **vertragliche Vereinbarung** mit dem Urheber oder eine, diese ersetzende, gerichtliche Entscheidung das Werk nutzen darf. Eine solche Nutzung bedeutet eine Urheberrechtsverletzung (BGH NJW 1998, 1397 – Coverversion; OLG Dresden ZUM 2003, 231, 234).

2. Betroffene Nutzungsrechte

Die Zwangslizenz bezieht sich inhaltlich auf das Recht zur Übertragung, der Vervielfältigung und Verbreitung des Werkes auf Tonträgern. Die Zwangslizenz erfasst die drei genannten Rechte gemeinsam (Möhring/Nicolini/*Gass* § 61 Rn. 20; Dreyer/Kotthoff/Meckel/*Dreyer* § 42a Rn. 12; Schricker/Loewenheim/*Melichar* § 60 Rn. 10). Ein isolierter Erwerb nur eines Rechtes ist auf der Grundlage der Zwangslizenz nicht möglich, was für die Bestimmung der Höhe der Zwangslizenz eine Rolle spielen kann.

3. Zur Tonträgerherstellung

14   Die Zwangslizenz nach § 42a gestattet nur die Herstellung von Tonträgern. Da es sich bei der Vorschrift um eine eng auszulegende Ausnahmevorschrift handelt, werden von ihr **ausschließlich Tonträger** im engeren Sinne erfasst (Dreier/Schulze/*Schulze* § 42a Rn. 6). Dies sind bspw. CD-ROM, Audio-Kassetten oder Schallplatten. Nicht darunter fallen Filme (s. Rn. 27), Bild/Ton-Träger und digitale Online-Produkte (Schricker/Loewenheim/*Melichar* § 61 Rn. 10, 18).

4. Angemessenheit der Bedingungen

15   Nach § 42a Abs. 1 hat der Urheber dem Lizenznehmer die Zwangslizenz zu angemessenen Bedingungen einzuräumen. Dies bedeutet, dass die Parteien zunächst versuchen können, die Zwangslizenz der zu zahlenden Summe nach selbst auszuhandeln. Den **Maßstab** bildet dabei die **übliche Lizenz,** die der Urheber von anderen Tonträgerherstellern für die vergleichbare Nutzung erhalten hat, oder aber die Lizenzhöhe, die er üblicherweise für vergleichbare Werke erhält (Dreier/Schulze/*Schulze* § 42a Rn. 14; Dreyer/Kotthoff/Meckel/*Dreyer* § 42a Rn. 15). Als Maßstab für die Angemessenheit der Zwangslizenz kann weiter auch ein Vergleich mit den von den Verwertungsgesellschaften für eine vergleichbare Nutzung aufgestellten Tarifen herangezogen werden (Fromm/Nordemann/*Nordemann* § 61 Rn. 5; Schricker/Loewenheim/*Melichar* § 61 Rn. 13). Denn diese übliche Lizenz spiegelt die Angemessenheit der Höhe der Zwangslizenz wider. Können sich der Urheber und der Lizenznehmer nicht über die Höhe der Zwangslizenz einigen, so hat über deren Höhe das Gericht zu entscheiden (§ 287 Abs. 2 ZPO). Dieses kann zum Zwecke der Sachverhaltsermittlung auf ein Sachverständigengutachten zurückgreifen, das die Angemessenheit einer bestimmten Lizenz feststellt.

5. Örtlicher Geltungsbereich der Zwangslizenz

16   Nach § 42a Abs. 3 wirkt die Zwangslizenz grds. nur in der Bundesrepublik Deutschland. Ein Export von Vervielfältigungsstücken ist darüber hinaus nur in Staaten zulässig, in denen das Werk keinen Schutz in Bezug auf das mechanische Recht (bspw. wegen Ablaufs der Schutzfrist) besitzt. Auch ein ausländischer Tonträgerhersteller, der eine Zwangslizenz nach § 42a Abs. 1 S. 1 beanspruchen kann, darf die Vervielfältigungsstücke deshalb nur nach Maßgabe des § 42a Abs. 3 verbreiten. Für die räumliche Wirkung der Zwangslizenz gibt es **keine Ausnahme** bei **EU-Staaten.** Die räumliche Beschränkung der Zwangslizenz ist mit dem AEUV vereinbar und verstößt nicht gegen den Grundsatz des freien Warenverkehrs. Die von der EuGH-Rechtsprechung entwickelten Regeln zur Gemeinschaftserschöpfung sind nicht anwendbar (*Block* 131).

VI. Verpflichteter

1. Urheber

17   Zur Einräumung der Zwangslizenz nach § 42a ist zunächst der Urheber selbst verpflichtet (Dreier/Schulze/*Schulze* § 42a Rn. 11; Dreyer/Kotthoff/Meckel/*Dreyer* § 42a Rn. 13). Haben **mehrere Urheber** das Werk der Musik gemeinsam geschaffen (Miturheberschaft nach § 8), so ist jeder der beteiligten Urheber verpflichtet, die Zwangslizenz einzuräumen.

Auch der Bearbeiter eines vorhandenen Werkes der Musik ist Urheber, so dass sich § 42a auch auf ihn bezieht (s. Rn. 8).

2. Inhaber eines ausschließlichen Nutzungsrechts

Weiter ist auch der Inhaber eines **ausschließlichen Nutzungsrechts** nach § 42a Abs. 4 dazu verpflichtet, die Zwangslizenz mit einem Tonträgerhersteller abzuschließen (Dreier/Schulze/*Schulze* § 42a Rn. 12; Dreyer/Kotthoff/Meckel/*Dreyer* § 42a Rn. 13). In der Praxis ist dies meist der **Verleger**. Wie unter Rn. 10 dargelegt, muss dieser die Zwangslizenz aber erst dann einräumen, wenn er selbst bereits einem Tonträgerhersteller ein Nutzungsrecht an dem Werk der Musik eingeräumt hat.

VII. Berechtigter

1. Tonträgerhersteller

Aus § 42a berechtigt wird der Tonträgerhersteller. Als Tonträgerhersteller im Sinne der Vorschrift ist nicht nur derjenige anzusehen, der bereits Tonträger hergestellt hat bzw. diese gewerbsmäßig herstellt (Dreier/Schulze/*Schulze* § 42a Rn. 8). Ausreichend für die Tonträgerherstellereigenschaft ist die **ernsthafte Absicht** dazu. Dies ergibt sich aus dem Gesetzeszweck, der die Chancengleichheit zwischen den Wettbewerbern im Auge hat. Eine bestimmte Erfahrung oder wirtschaftliche Ausstattung des Tonträgerherstellers ist für seine Berechtigung deshalb nicht erforderlich (ebenso: Schricker/Loewenheim/*Melichar* § 61 Rn. 11).

2. Inländischer Sitz

Nach § 42a Abs. 2 kann sich ein Tonträgerhersteller auf das Recht der Zwangslizenz nur berufen, wenn er in der Bundesrepublik Deutschland seine Hauptniederlassung oder seinen Wohnsitz hat (Dreier/Schulze/*Schulze* § 42a Rn. 9; Schricker/Loewenheim/*Melichar* § 61 Rn. 12). Der Begriff der Hauptniederlassung richtet sich nach **§§ 13–13c HGB, § 17 ZPO**. Der Begriff des Wohnsitzes ergibt sich aus **§ 7 BGB**. Nach Art. 26 Abs. 2, 18 AEUV findet die Vorschrift auch auf Tonträgerhersteller Anwendung, die ihren Sitz in einem anderen Mitgliedstaat der Europäischen Union oder des EWR haben. Die Gleichstellung folgt auch aus § 126 Abs. 1 S. 3 und § 127a Abs. 2.

Weiter sind solche Tonträgerhersteller berechtigt, die ihre Hauptniederlassung oder ihren Wohnsitz in einem Staat haben, für den **Gegenseitigkeit** besteht und diese vom Bundesministerium der Justiz (BMJ) im Bundesgesetzblatt entsprechend bekannt gemacht worden ist. Hervorzuheben ist, dass diese Voraussetzungen bisher für keinen Staat zutreffen. Es fehlt an einer entsprechenden Bekanntmachung des BMJ.

VIII. Zwangslizenz und Urheberpersönlichkeitsrecht

Die Zwangslizenz bedeutet im Zweifel, dass das Werk des Urhebers gegen seinen Willen verwertet wird. Dem Schutz des Urheberpersönlichkeitsrechts kommt deshalb gerade bei der Zwangslizenz besondere Bedeutung zu.

1. Rückrufsrecht

Nach § 42a Abs. 1 S. 1 Halbs. 2 ist der Urheber nicht verpflichtet, die Zwangslizenz einzuräumen, wenn das betreffende Werk nicht mehr seiner Überzeugung entspricht (bspw. bei politisch motivierten mit einem Text verbundenen Musikwerken) und er von seinem **Rückrufsrecht** nach § 42 Gebrauch gemacht hat. Voraussetzung für die Verweigerung der Einräumung der Zwangslizenz nach dieser Bestimmung ist, dass der Urheber bereits zu dem Zeitpunkt, zu dem die Vergabe der Zwangslizenz von ihm verlangt wird, die Rückrufserklärung nach § 42 Abs. 1 abgegeben hat. Gibt der Urheber die Rückrufserklärung erst danach ab, so kann er die Verweigerung der Zwangslizenz nicht mehr auf das Rückrufsrecht stützen bzw. wirkt diese nicht rückwirkend (Dreier/Schulze/*Schulze* § 42a Rn. 13; Dreyer/Kotthoff/Meckel/*Dreyer* § 42a Rn. 14; Schricker/Loewenheim/*Melichar* § 61 Rn. 17). Der Urheber soll nicht die Möglichkeit haben, das Rückrufsrecht **missbräuchlich** auszuüben.

2. Quellenangaben

24   Der Zwangslizenznehmer hatte nach **§ 63 Abs. 1 a. F.** an Werkexemplaren eine umfassende **Quellenangabe** anzubringen. Dies folgte aus § 63 Abs. 1. Aufgrund der neuen systematischen Einordnung des nunmehr § 42a ist diese Regelung ausgespart worden. Ein Anspruch auf Urheberbenennung folgt direkt aus § 13 (Dreier/Schulze/*Schulze* § 42a Rn. 18). Eine Quellenangabe wird damit nicht mehr gefordert. Eine entsprechende Anwendung des § 63 ist trotz der Begründung, dass eine inhaltliche Änderung der Regelung nicht beabsichtigt war (BT-Drucks. 15/38 S. 17), nicht zu befürworten. Dies ist insofern konsequent, als § 42a nicht mehr unter die Schrankenregelung fällt und eine Verweisung auf § 63 nicht im Zuge der Änderungen eingefügt bzw. übernommen wurde (Dreyer/Kotthoff/Meckel/*Dreyer* § 42a Rn. 24).

3. Änderungsverbot

25   Vor der Neuregelung war das **Änderungsverbot** nach **§ 62 Abs. 1** zu beachten. Wegen der systematischen Neuordnung des § 42a ist das Änderungsverbot des § 62 nicht mehr beachtlich. Eine Änderung oder Bearbeitung des Werkes ist dem Zwangslizenznehmer nur noch in unmittelbarer Anwendung des § 39 gestattet (Dreier/Schulze/*Schulze* § 42a Rn. 17; Dreyer/Kotthoff/Meckel/*Dreyer* § 42a Rn. 24). Auf der Grundlage einer Zwangslizenz darf der Tonträgerhersteller bspw. das Werk nicht in seinem Charakter verändern oder in erheblichem Umfang kürzen (OLG Hamburg ZUM 2002, 480, 485 – Handy-Klingelton; *G. Schulze* ZUM 1993, 255, 260), sofern dies nicht vereinbart wurde bzw. sich kein Verstoß gegen § 39 Abs. 2 ergibt.

IX. Beschränkungen des Anwendungsbereichs

1. Ausschluss der Zwangslizenz bei Wahrnahme der Nutzungsrechte durch Verwertungsgesellschaften

26   Eine praktisch **wesentliche Beschränkung** der Zwangslizenz enthält § 42a Abs. 1 S. 1 Halbs. 2. Die Zwangslizenzregelung gilt nicht, wenn die betreffenden Nutzungsrechte erlaubterweise von einer Verwertungsgesellschaft wahrgenommen werden (Dreyer/Kotthoff/Meckel/*Dreyer* § 42a Rn. 11). Dies ist gegeben, wenn das Patentamt als Aufsichtsbehörde der Verwertungsgesellschaft die nach §§ 1 Abs. 1, 2, 18 Abs. 1 WahrnG erforderliche Erlaubnis für ihr Tätigwerden erteilt und der Urheber der Verwertungsgesellschaft die Wahrnehmung seiner Rechte übertragen hat. Die Zwangslizenz des § 42a ist in diesen Fällen überflüssig, da **§ 11 WahrnG** einen **Abschlusszwang** vorsieht (s. § 11 WahrnG Rn. 3 ff.; OLG München ZUM 1994, 303 ff.; Fromm/Nordemann/*Nordemann* § 61 Rn. 2; Schricker/Loewenheim/*Melichar* § 61 Rn. 1; *Haberstumpf* Rn. 242; Loewenheim/*Götting* § 32 Rn. 2; *Ulmer* 336). Die mechanischen Vervielfältigungsrechte inländischer Urheber werden in der Regel von der **GEMA** wahrgenommen. Dies gilt auch für ausländische Urheber. Aufgrund von Gegenseitigkeitsverträgen mit den jeweiligen nationalen Verwertungsgesell-

schaften nimmt die GEMA meist auch die mechanischen Rechte für ausländische Autoren im Inland wahr (Dreier/Schulze/*Schulze* § 42a Rn. 9).

2. Filmherstellung

Die Zwangslizenz bezieht sich nicht auf die Filmherstellung. Dies hat zwei Aspekte. Hat der Urheber ein Nutzungsrecht an dem Werk der Musik nur in Bezug auf die Vervielfältigung und Verbreitungsrechte für einen Film eingeräumt, so ist die Voraussetzung der Nutzungsrechtseinräumung für einen Tonträgerhersteller nicht gegeben. Der Urheber ist in diesem Fall überhaupt nicht zur Einräumung einer Zwangslizenz verpflichtet (Dreier/Schulze/*Schulze* § 42a Rn. 7; *Wolff* 61). Dies regelt ausdrücklich § 42a Abs. 7. Zum anderen bezieht sich die Zwangslizenz, wenn ihre Voraussetzungen im Übrigen vorliegen, nicht auf die Nutzung des Werkes der Musik für einen Film (§ 42a Abs. 1 S. 2).

27

X. Prozessuales

1. Dringlichkeitsregelung für Antrag auf Erlass einer einstweiligen Verfügung

§ 42a Abs. 6 S. 2 enthält eine Dringlichkeitsregelung für das einstweilige Verfügungsverfahren. Der Antragsteller darf seinen Anspruch auf Erteilung der Zwangslizenz auch dann im einstweiligen Verfügungsverfahren durchsetzen, wenn die in §§ 935 und 940 ZPO vorgesehenen Anforderungen an die Dringlichkeit für das Verfügungsverfahren nicht zutreffen. Da sich im summarischen einstweiligen Verfügungsverfahren die Höhe der angemessenen Zwangslizenz nicht feststellen lässt, sollte die Zwangslizenz durch das Gericht nur gegen **Sicherheitsleistung** gem. § 921 Abs. 2 S. 2 ZPO eingeräumt werden (OLG München ZUM 1994, 303, 304 – Beatles-CDs; Dreier/Schulze/*Schulze* § 42a Rn. 21; Dreyer/Kotthoff/Meckel/*Dreyer* § 42a Rn. 22; Schricker/Loewenheim/*Melichar* § 61 Rn. 19; *Marwitz/Möhring* LUG, § 22c Anm. 2).

28

2. Örtliche Zuständigkeit des Gerichts

§ 42a Abs. 6 S. 1 enthält eine Regelung zur örtlichen Zuständigkeit für Klagen und Anträge auf Erlass einer einstweiligen Verfügung gegen ausländische Urheber oder ausschließliche Nutzungsberechtigte, die im Inland keinen allgemeinen Gerichtsstand haben. Zuständig sind das **Landgericht München I** und **das Amtsgericht München** (Dreier/Schulze/*Schulze* § 42a Rn. 20). In München hat das Patentamt, auf das die Vorschrift Bezug nimmt (das Deutsche Patent- und Markenamt – DPMA), seinen Sitz. **Im Übrigen** richtet sich die Zuständigkeit nach den **allgemeinen Regeln,** vgl. §§ 12 ff. ZPO, § 105 (Dreyer/Kotthoff/Meckel/*Dreyer* § 42a Rn. 23).

29

§ 43 Urheber in Arbeits- oder Dienstverhältnissen

Die Vorschriften dieses Unterabschnitts sind auch anzuwenden, wenn der Urheber das Werk in Erfüllung seiner Verpflichtungen aus einem Arbeits- oder Dienstverhältnis geschaffen hat, soweit sich aus dem Inhalt oder dem Wesen des Arbeits- oder Dienstverhältnisses nichts anderes ergibt.

Literatur: *Ahrens/McGuire,* Modellgesetz für Geistiges Eigentum, München 2012; *Balle,* Der urheberrechtliche Schutz von Arbeitsergebnissen, NZA 1997, 868; *Barthel,* Arbeitnehmerurheberrecht in Arbeitsverträgen, Tarifverträgen und Betriebsvereinbarungen, Diss. Berlin 2001; *v. Becker,* Die Übersetzervergütung – Eine Quadratur des Kreises?, ZUM 2007, 249; *Becker,* Urheberrechte und Arbeitsverhältnisse – Strukturfragen zwischen Kreativität und Arbeitsverhältnis, ZUM 2010, 473; *Ch. Berger,* Zum Anspruch auf angemessene Vergütung (§ 32 UrhG) und weitere Beteiligung (§ 32a UrhG) bei Arbeitnehmerurhebern, ZUM 2003, 137; *Baumbach/Hopt,* Handelsgesetzbuch, 32. Aufl., München 2006 (zit. Baumbach/Hopt/*Bearbeiter*);

UrhG § 43 § 43 Urheber in Arbeits- oder Dienstverhältnissen

Bayreuther, Zum Verhältnis zwischen Arbeits-, Urheber- und Arbeitnehmererfindungsrecht, GRUR 2003, 570; *Bayreuther* in: Richardi/Wlotzke/Wissmann/Oetker (Hrsg.), Münchner Handbuch des Arbeitsrechts, Bd. 1 §§ 1–110, 3. Aufl., München 2009 (zit. *Bayreuther* MünchHandbArbR; *Bollack,* Die Rechtsstellung des Urhebers im Dienst- oder Arbeitsverhältnis, GRUR 1976, 74; *Bolwin/Sponer* (Hrsg.), Kommentar zum Bühnentarifrecht, Loseblattsammlung Heidelberg Stand August 2003; *Brandner,* Zur Rechtsstellung des angestellten Programmierers, GRUR 2001, 883; *Buchner,* Die Vergütung für Sonderleistungen des Arbeitnehmers – ein Problem der Äquivalenz der im Arbeitsverhältnis zu erbringenden Leistungen, GRUR 1985, 1; *Buchner,* Die arbeitnehmerähnliche Person, das unbekannte Wesen, ZUM 2000, 624 (Sonderheft); *Castendyk,* Lizenzverträge und AGB-Recht, ZUM 2007, 169; *Czychowski,* Die angemessene Vergütung im Spannungsfeld zwischen Urhebervertrags- und Arbeitnehmererfindungsrecht – ein Beitrag zur Praxis des neuen Urhebervertragsrechts im Bereich der angestellten Computerprogrammierer, FS Nordemann 2004, 157; *Däubler,* Arbeitsrecht und Informationstechnologien, CR 2005, 767; *Dietermann,* Das Arbeitsvertragsgesetz – Initiative ohne Chance?, ZRP 2007, 98; *Dietz,* Urheberrecht im Wandel. Paradigmenwechsel im Urheberrecht?, in: Dittrich (Hrsg.), Woher kommt das Urheberrecht und wohin geht es?, Wien 1988, 200 (zit: *Dietz* in: Dittrich 1988); *Dietz,* Die Pläne der Bundesregierung zu einer gesetzlichen Regelung des Urhebervertragsrechts, ZUM 2001, 276; *D. Dünnwald,* Der Urheber im öffentlichen Dienst, Baden-Baden 1999; *v. Fintel,* Tarifverträge für kreative Arbeitnehmer, ZUM 2010, 483; *Fitzek,* Die unbekannte Nutzungsart, Berlin 2000; *Fuchs,* Der Arbeitnehmerurheber im System des § 43 UrhG, GRUR 2006, 561; *Fuchs,* Arbeitnehmerurhebervertragsrecht, Baden-Baden 2005; *Gamillscheg,* Kollektives Arbeitsrecht Band 1, München 1997; *Gaul,* Die Arbeitnehmererfindung im technischen, urheberrechtsfähigen und geschmacksmusterfähigen Bereich, RdA 1993, 90; *Grabig,* Die Bestimmung einer weiteren angemessenen Beteiligung in gemeinsamen Vergütungsregeln und in Tarifverträgen nach § 32a Abs. 4 UrhG, Diss. Berlin 2005; *Grobys,* Abgrenzung von Arbeitnehmern und Selbstständigen, NJW-Spezial 2005, 81, 82; *Grunert,* Götterdämmerung, Iphigenie und die amputierte Csárdásfürstin – Urteile zum Urheberrecht des Theaterregisseurs und den Folgen für die Verwertung seiner Leistung, ZUM 2001, 210; *Grunert,* Was folgt aus dem Urheberrecht des Theaterregisseurs?, KUR 2000, 128; *Haas,* Das neue Urhebervertragsrecht, München 2002; *Haberstumpf,* Wem gehören Forschungsergebnisse?, ZUM 2001, 819; *Hagen,* Der Bestsellerparagraph im Urheberrecht, Baden-Baden 1990; *Hanau,* Entwicklungslinien im Arbeitsrecht, DB 1998, 69; *Hauptmann,* Abhängige Beschäftigung und der urheberrechtliche Schutz des Arbeitsergebnisses, Frankfurt a. M. 1994; *Heermann,* Der Schutzumfang von Sprachwerken der Wissenschaft und die urheberrechtliche Stellung von Hochschulangehörigen, GRUR 1999, 468; *Henkel,* Beteiligung eines Arbeitnehmers an der wirtschaftlichen Verwertung der von ihm entwickelten Software, BB 1987, 833; *Hensler/Willemsen/Kalb,* Arbeitsrecht, Kommentar, Köln, 2. Aufl. 2006 (zit. Hensler/Willemsen/Kalb/*Bearbeiter*); *Hertin,* Werklohn und angemessene Vergütung, GRUR 2011, 1065; *Hesse,* Der Arbeitnehmerurheber – Dargestellt am Beispiel der tarifvertraglichen Regelung für Redakteure an Tageszeitungen und Zeitschriften, AfP 1987, 562; *Hilty/Peukert,* Das neue deutsche Urhebervertragsrecht im internationalen Kontext, GRUR Int. 2002, 643; *Himmelmann,* Vergütungsrechtliche Ungleichbehandlung von Arbeitnehmer-Erfinder und Arbeitnehmer-Urheber, Baden-Baden 1998; *Hillig,* Wiederholungshonorare für Drehbuchautoren und Regisseure von Fernsehsendereihen bei Übernahmesendungen anderer Rundfunkanstalten, ZUM 2010, 514; *Hoecht,* Urheberrechte im Arbeitsverhältnis, Duisburg 2006; *Hohagen,* Die Freiheit der Vervielfältigung zum eigenen Gebrauch, München 2004; *Hromadka,* Zur Begriffsbestimmung des Arbeitnehmers, DB 1998, 195; *Hromadka,* Arbeitnehmer, Arbeitnehmergruppen und Arbeitnehmerähnliche im Entwurf eines Arbeitsgesetzes, NZA 2007, 838; *Hubmann,* Die Urheberrechtsklauseln in den Manteltarifverträgen für Redakteure an Zeitschriften und an Tageszeitungen, RdA 1987, 89; *Hubmann,* Das Recht am Arbeitsergebnis, in: R. Dietz (Hrsg.), Festschrift Hueck, München u. a. 1959, 43 (zit. *Hubmann* FS Hueck); *Hucko,* Zum Sachstand in Sachen Urhebervertragsgesetz, ZUM 2001, 273; *Hueck/Nipperdey,* Nachschlagewerk des Bundesarbeitsgerichts, München 1962; *Hümmerich,* Arbeitsverhältnis als Wettbewerbsgemeinschaft, NJW 1998, 2625; *Hunziker,* Urheberrecht nach beendetem Arbeitsverhältnis, UFITA 101 (1985) 49; *Kellerhals,* Urheberpersönlichkeitsrechte im Arbeitsverhältnis, München 2000; *Kittner/Zwanziger/Deinert* (Hrsg.), Arbeitsrecht Handbuch, 6. Aufl., Frankfurt a. M. 2011 (zit. Kittner/Zwanziger/Deinert/*Bearbeiter*); *Koch,* Zur Neubestimmung des Sonderleistungsbegriffs beim angestellten Urheber, ZUM 1986, 75; *Kolle,* Der angestellte Programmierer, GRUR 1985, 1016; *Kraßer,* Urheberrecht in Arbeits-, Dienst- und Auftragsverhältnissen, FS Schricker 1995, 77; *Kraßer/Schricker,* Patent- und Urheberrecht an Hochschulen, München 1988; *Lehmann* (Hrsg.), Rechtsschutz und Verwertung von Computerprogrammen, 2. Aufl., Köln u. a. 1993 (zit. *Bearbeiter* in: Lehmann); *Leuze,* Die Urheberrechte der wissenschaftlichen Mitarbeiter, GRUR 2006, 552; *Leuze,* Urheberrechte der Beschäftigten im öffentlichen Dienst, 2. Aufl., Berlin 2003; *Lucas,* Softwareentwicklung durch Arbeitnehmer, Darmstadt 1993; *Mathis,* Der Arbeitnehmer als Urheber, Frankfurt a. M. 1988; *Melot de Beauregard,* Fluch und Segen arbeitsvertraglicher Verweisungen auf Tarifverträge, NJW 2006, 2522; *Meiser,* Urheberrechtliche Besonderheiten bei angestellten Filmschaffenden, NZA 1998, 291; *Müller-Höll,* Der Arbeitnehmerurheber in der Europäischen Gemeinschaft, Frankfurt a. M. 2005; *Nietzer/Stadie/Hopfenziz,* Scheinselbständigkeit – der Rechtsanwalt in der Situation der Vertragsgestaltung, NZA 1999, 19; *Nix/Hegemann/Hemke,* Normalvertrag Bühne, Baden-

Baden 2. Aufl. 2012 (zit. Nix/Hegemann/Hemke/*Bearbeiter*); *A. Nordemann/Czychowski,* § 44 Urheberrecht und verwandte Schutzrechte/§ 45 Internationales Urheberrecht und verwandte Schutzrechte, in: Hasselblatt (Hrsg.), Münchener Anwaltshandbuch Gewerblicher Rechtsschutz, 4. Aufl. München 2012, S. 1741 ff., 1930 ff.; *v. Olenhusen,* Der Arbeitnehmer-Urheber im Spannungsfeld zwischen Urheber-, Vertrags- und Arbeitsrecht, ZUM 2010, 474; *v. Olenhusen,* Der Journalist im Arbeits-und Medienrecht, München 2008; *v. Olenhusen,* Der Gesetzentwurf für ein Urhebervertragsrecht, ZUM 2000, 736; *v. Olenhusen,* Film und Fernsehen, Arbeitsrecht – Tarifrecht – Vertragsrecht, Baden-Baden 2001 (zit. *v. Olenhusen,* Film und Fernsehen); *v. Olenhusen,* Der Urheber- und Leistungsrechtsschutz der arbeitnehmerähnlichen Personen, GRUR 2002, 11; *Opolony,* Die Rechtsnatur des Gastspielvertrages darstellender Künstler, ZUM 2007, 519; *Opolony,* Schriftform bei befristeten Bühnenarbeitsverhältnissen, ZUM 2003, 358; *Ory,* Arbeitnehmer-Urheber im privaten Rundfunk, ZUM 2010, 506; *Ory,* Das neue Urhebervertragsrecht, AfP 2002, 93; *Pakuscher,* Arbeitgeber und Arbeitnehmer im Spiegel des Urheberrechts, in: Wied (Hrsg.), Festschrift für Alfred-Carl Gaedertz, München 1992, 441 (zit. *Pakuscher* FS Gaedertz); *Pflüger/Ertmann,* E-Publishing und Open-Access – Konsequenzen für das Urheberrecht im Hochschulbereich, ZUM 2004, 436; *Ramsauer,* Geistiges Eigentum und kulturelle Identität, München 2005; *Reber,* Die Beteiligung von Urhebern und ausübenden Künstlern an der Verwertung von Filmwerken in Deutschland und den USA, München 1999; *Rehbinder,* Der Urheber als Arbeitnehmer, WiB 1994, 461; *Rehbinder,* Zu den Nutzungsrechten an Werken von Hochschulangehörigen, in: Forkel (Hrsg.), Festschrift Hubmann, Frankfurt a. M. 1985, 359 (zit. *Rehbinder* FS Hubmann); *Rickenbach,* Immaterialgüterrechtliche Nachwirkungen des Arbeitsverhältnisses, UFITA 139 (1999) 233; *Riepenhausen,* Das Arbeitsrecht der Bühne, Berlin 1956; *Rojahn,* Der Arbeitnehmerurheber in Presse, Funk und Fernsehen, München 1978; *Sack,* Arbeitnehmer-Urheberrechte an Computerprogrammen nach der Urheberrechtsnovelle, UFITA 121 (1993) 15; *Sack,* Computerprogramme und Arbeitnehmer-Urheberrecht, BB 1991, 2165; *Sahmer,* Der Arbeitnehmer im Spiegel des Urheberrechts und der verwandten Schutzrechte, UFITA 21 (1956) 34; *Samson,* Die urheberrechtliche Regelung in Dienst- und Tarifverträgen, in: Herschel (Hrsg.), Festschrift für Georg Roeber, Berlin 1973, 547 (zit. *Samson* FS Roeber); *Schacht,* Die Einschränkungen des Urheberpersönlichkeitsrechts im Arbeitsverhältnis, Göttingen 2004; *Schack,* Urhebervertragsrecht im Meinungsstreit, GRUR 2002, 853; *Schiefer/Pogge,* Betriebsübergang und dessen Folgen – Tatbestandsvoraussetzungen des § 631a BGB und Fortgeltung kollektiv-rechtlicher Regelungen, NJW 2003, 3734; *Schlecht,* Das Urhebervertragsrecht des Grafikdesigners, Aachen 1999; *Schmechel-Gaumé,* § 31 Abs. 4 UrhG und der Arbeitnehmerurheber – Ein Spannungsfeld, KuR 2001, 74; *Schmidt/Trenk-Hinterberger,* Grundzüge des Arbeitsrechts, 2. Aufl., München 1994; *Schmidt,* Urheberrecht und Arbeitsverhältnisse – Diskussionsbericht, ZUM 2010, 510; *Schmieder,* Die Rechtstellung der Urheber und künstlerischen Werkmittler im privaten und öffentlichen Dienst, GRUR 1963, 297; *Scholz,* Die rechtliche Stellung des Computerprogramme erstellenden Arbeitnehmers nach Urheberrecht, Patentrecht und Arbeitnehmererfindungsrecht, Köln 1989; *G. Schulze,* Urheber- und Leistungsschutzrechte des Kameramanns, GRUR 1994, 855; *B. Schwab,* Warum kein Arbeitnehmerurheberrecht? – Zur Unzulänglichkeit des § 43 UrhG, AuR 1993, 129; *Schwab,* Arbeitnehmererfindungsrecht, Handkommentar, Baden-Baden 2. Aufl. 2010 (zit. *Schwab*); *Schwab,* Das Namensnennungsrecht des angestellten Werkschöpfers, NZA 1999, 1254; *Schwab,* Das Arbeitnehmer-Urheberrecht, AiB 1997, 699; *Schwab/Weth,* Arbeitsgerichtsgesetz, 3. Aufl. 2010; *Seewald/Freudling,* Der Beamte als Urheber, NJW 1986, 2688; *Skauradszun,* Die Reform des Arbeitnehmererfindungsrechts als Vorbild für das Urheberrecht? UFITA Bd. 2010/II, 373; *Spindler* (Hrsg.), Rechtliche Rahmenbedingungen von Open Access-Publikationen, Göttingen 2006 (zit. Spindler/*Bearbeiter*); *Steinberg,* Urheberrechtliche Klauseln in Tarifverträgen, Baden-Baden 1998; *Stickelbrock,* Ausgleich gestörter Vertragsparität durch das neue Urhebervertragsrecht?, GRUR 2001, 1087; *Sundermann,* Nutzungs- und Vergütungsansprüche bei Softwareentwicklung im Arbeitsverhältnis, GRUR 1988, 350; *Tschöpe* (Hrsg.), Arbeitsrecht Handbuch, 4. Aufl., Köln 2005 (zit. Tschöpe/*Bearbeiter*); *Ullmann,* Das urheberrechtlich geschützte Arbeitsergebnis-Verwertungsrecht und Vergütungspflicht, GRUR 1987, 6; *Ulrici,* Vermögensrechtliche Grundfragen des Arbeitnehmerurheberrechts, Tübingen 2008; *van Hoff,* Die Vergütung angestellter Software-Entwickler, Baden-Baden 2009; *Veddern,* Multimediarecht für die Hochschulpraxis, 2. Aufl., Hagen 2004 (zit. *Veddern,* Multimediarecht); *v. Pfeil,* Urheberrecht und Unternehmenskauf, Berlin 2007; *Vogel,* Kollektives Urhebervertragsrecht unter besonderer Berücksichtigung des Wahrnehmungsrechts, FS Schricker 1995, 117; *Voß,* Der Anspruch des Urhebers auf die angemessene Vergütung und die weitere angemessene Beteiligung, München 2005; *Wandtke,* Zum Bühnentarifvertrag und zu den Leistungsschutzrechten der ausübenden Künstler im Lichte der Urheberrechtsreform 2003, ZUM 2004, 505; *Wandtke,* Die Rechte der Urheber und ausübenden Künstler im Arbeits- und Dienstverhältnis, Berlin 1993 (zit. Wandtke/*Bearbeiter,* Urheber im Arbeitsverhältnis); *Wandtke,* Reform des Arbeitnehmerurheberrechts?, GRUR 1999, 390; *Wandtke/Schäfer,* Music on Demand – Neue Nutzungsart im Internet?, GRUR Int. 2000, 187; *Wandtke,* Zur Reform des Urhebervertragsrechts, KUR 2001, 601; *Wandtke,* Korb II und die unbekannten Nutzungsarten im Arbeitsverhältnis, in: Hilty/Drexl/Nordemann (Hrsg.), Festschrift Loewenheim, München 2009, 393 (zit. *Wandtke* FS Loewenheim); *Wank,* Die „neue Selbstständigkeit", DB 1992, 90; *Wernicke/Kockentiedt,* Das Rückrufrecht aus § 34 Abs. 3 UrhG – Rechtsfragen und ihre Auswirkungen auf Unternehmenskäufe, ZUM 2004,

348; *Wiechmann*, Urhebertarifrecht für Arbeitnehmer und freie Mitarbeiter im öffentlich-rechtlichen Rundfunk, ZUM 2010, 496; *Wimmers/Rode,* Der angestellte Softwareprogrammierer und die neuen urheberrechtlichen Vergütungsansprüche, CR 2003, 399; *Windbichler,* Betriebliche Mitbestimmung als institutionalisierte Vertragshilfe, in: Lieb u. a. (Hrsg.), Festschrift W. Zöllner Bd. 2, Köln u. a. 1999, 999; *Zentek/Meinke,* Urheberrechtsreform 2002, Freiburg 2002; *Zirkel,* Das neue Urhebervertragsrecht und der angestellte Urheber, WRP 2003, 59; *Zirkel,* Das Recht des angestellten Urhebers und das EU-Recht – Rechtsangleichung und Systembrüche dargestellt am Beispiel des angestellten Softwareentwicklers, 2002; *Zöllner,* Die Reichweite des Urheberrechts im Arbeitsverhältnis untypischer Urheber, in: Forkel (Hrsg.), Festschrift Hubmann, Frankfurt a. M. 1985, 523 (zit. *Zöllner* FS Hubmann).

Vgl. darüber hinaus die Angaben im eingangs abgedr. Gesamtliteraturverzeichnis.

Übersicht

	Rn.
I. Bedeutung und Reform	1–3
II. Arbeitnehmer und arbeitnehmerähnliche Personen	4–12
1. Arbeitnehmerbegriff	4, 5
2. Urheber als Arbeitnehmer	6–8
3. Arbeitnehmerähnliche Personen	9, 10
4. Tarifvertraglicher Schutz für arbeitnehmerähnliche Personen	11
5. Freie Mitarbeiter	12
III. Arbeitsverhältnis	13
IV. Dienstverhältnis	14–16
V. Pflichtwerke	17–21
1. Allgemeines	17
2. Umfang der Vereinbarung	18, 19
3. Ort und Zeit des Werkschaffens	20, 21
VI. Freie Werke	22–29
1. Allgemeines	22, 23
2. Einzelfälle	24, 25
3. Werkschaffen im Dienstverhältnis	26, 27
4. Änderung der Pflicht zum Werkschaffen	28, 29
VII. Anbietungspflicht des Urhebers	30–36
1. Herrschende Meinung	30–33
2. Eigene Ansicht	34–36
VIII. Sacheigentum und das urheberrechtliche Werk	37–45
1. Eigentum am Werkstück	37, 38
2. Stellung des Arbeitnehmers	39
3. Freie Werke und Hochschulbereich	40–43
4. Bühnenbereich	44, 45
IX. Einräumung von Nutzungsrechten	46–83
1. Arbeitsvertrag und Rechtseinräumung	46–53
a) Allgemeines	46, 47
b) Schriftformerfordernis	48
c) Stillschweigende Rechtseinräumung und Zeitpunkt	49–51
d) Hinweispflicht bei Abtretung an Verwertungsgesellschaften	52, 53
2. Inhalt und Umfang der Rechtseinräumung	54–83
a) Allgemeines	54
b) Zweckübertragungslehre	55–66
aa) Grundsatz	55–57
bb) Fehlende Vereinbarung	58
cc) Betriebszweck	59–61
dd) Bühnenbereich	62–64
ee) Filmbereich	65, 66
c) Unbekannte Nutzungsarten	67–72
aa) Grundsatz	67–69
bb) Unbekannt	70–72
d) Ausschließliche und einfache Nutzungsrechte	73, 74
e) Beschränkungen der Nutzungsrechte	75

		Rn.
f) Nutzungsrechte nach Beendigung des Arbeitsvertrages		76–79
aa) Grundsatz		76
bb) Folgevereinbarung		77, 78
cc) Tarifvertragliche Sonderregelungen		79
g) Übertragung der Nutzungsrechte auf Dritte		80–83
aa) Durch den Arbeitgeber		80–82
bb) Durch den Arbeitnehmer		83
X. Urheberpersönlichkeitsrechte		84–120
1. Ausgangslage		84–86
2. Veröffentlichungsrecht		87
3. Anerkennung der Urheberschaft		88
4. Recht der Namensnennung		89–98
a) Grundsatz		89–91
b) Verzicht und Branchenübung		92–94
c) Bühne, Film und Rundfunk		95, 96
d) Printmedien und Werbebranche		97, 98
5. Änderungsverbot		99–108
a) Allgemeines		99, 100
b) Änderungen nach Treu und Glauben		101–103
c) Film- und Theaterbereich		104–107
d) Tarifvertragliche Regelungen		108
6. Zugangsrecht des Urhebers zum Werkstück		109–113
a) Inhalt und Umfang		109–110
b) Einzelfragen		111–113
7. Rückrufsrechte des Urhebers		114–120
a) Allgemeines		114, 115
b) Rückruf wegen Nichtausübung		116, 117
c) Rückruf wegen gewandelter Überzeugung		118, 119
d) Rückruf bei Unternehmensveräußerung (§ 34 Abs. 3 S. 2)		120
XI. Tarifverträge		121–133
1. Bedeutung		121–124
2. Urheberrechtsklauseln im Tarifvertrag		125, 126
3. Inhalt und Umfang der Rechtseinräumung im Tarifvertrag		127–130
a) Grundsatz		127, 128
b) Inhalt und Umfang		129, 130
4. Vergütung der Urheber und Künstler im Tarifvertrag		131
5. Einräumung der Nutzungsrechte nach Beendigung des Arbeitsverhältnisses		132, 133
XII. Vergütungsanspruch des Urhebers		134–152
1. Abgeltungstheorie		134, 135
2. Trennungstheorie		136–139
3. Zweckübertragungslehre		140, 141
4. Prozessuale Darlegungs- und Beweislast		142
5. Vergütungsanspruch aus Arbeitnehmererfindungsrecht?		143
6. Urheberrechtliche Vergütung für Beamte		144
7. Anspruch des Arbeitnehmers auf angemessene bzw. weitere Vergütung (§§ 32, 32a, 32c)		145, 146
8. Urhebervergütung nach Beendigung des Arbeitsverhältnisses		147–152
a) Meinungsstand		147, 148
b) Eigene Ansicht		149, 150
c) Reform		151, 152
XIII. Anwendung des § 36 a. F. im Arbeitsverhältnis für Sachverhalte bis zum 30.6.2002		153

I. Bedeutung und Reform

Da die große Mehrheit urheberrechtlich geschützter Werke von abhängig beschäftigten Urhebern geschaffen wird, kommt dieser Norm große praktische Bedeutung zu (*Bayreuther*

MünchHandbArbR § 91 Rn. 1; Berger/Wündisch/*Wündisch* § 15 Rn. 2; *Ulrici* 1; *Rehbinder* Rn. 624; *Ramsauer* 74; Möhring/Nicolini/*Spautz* § 43 Rn. 1; *v. Olenhusen* ZUM 2010, 474, 476; zum aktuellen Diskussionstand vgl. *v. Becker* ZUM 2010, 473; *Schmidt* ZUM 2010, 510; *v. Olenhusen* ZUM 2010, 474; *v. Fintel* ZUM 2010, 483; *Wiechmann* ZUM 2010, 496; *Ory* ZUM 2010, 506). Sie gilt, wenn der Urheber das Werk (z. B. ein Manuskript, eine Fotografie, einen Bühnenbildentwurf) „in Erfüllung seiner Verpflichtungen aus einem **Arbeits- oder Dienstverhältnis**" geschaffen hat (§ 43). Diese ins Urheberrechtsgesetz von 1965 aufgenommene Regelung hat keinen Vorläufer. Das LUG von 1901 und das KUG von 1907 normierten die urheberrechtliche Stellung der Arbeitnehmer noch nicht gesondert. Der Gesetzgeber hat sich gegen einen originären Rechtserwerb in der Person des Arbeitgebers (wie etwa nach dem im angloamerikanischen Rechtskreis verbreiteten Prinzip eines Copyrights des Produzenten) ausgesprochen (AmtlBegr. BT-Drucks. IV/270, 277). Schon **vor Inkrafttreten** des Urheberrechtsgesetzes am 1.1.1966 war allerdings die Rechtsprechung davon ausgegangen, dass das Urheberrecht durch Realakt in der Person des Werkschöpfers entsteht (RGZ 110, 393, 395 – Innenausstattung Riviera; RGZ 124, 68, 71 – Besteckmuster; BGH GRUR 1952, 257, 258 – Krankenhauskartei; BAG GRUR 1961, 491, 492 – Nahverkehrschronik).

2 § 43 bejaht die **Anwendung der Regelungen** der §§ 31 ff. und stellt diese unter die generalklauselartige Einschränkung „soweit sich aus dem Inhalt oder dem Wesen des Arbeits- oder Dienstverhältnisses nichts anderes ergibt". Die seit langem zu Recht geforderte und mit der ersten Reform des Urhebervertragsrechts 2002 (s. Vor §§ 31 ff. Rn. 3) zunächst auch beabsichtigte (vgl. BT-Drucks. 14/6433, 5, 18) Neufassung der Vorschrift (vgl. *Rehbinder* Rn. 118; *Wandtke* GRUR 1999, 390 ff.; *Wandtke* KUR 2001, 601 ff.; *v. Olenhusen* ZUM 2000, 736, 738) hätte weitgehend lediglich klarstellenden Charakter gehabt und sollte im Interesse der Rechtsklarheit und Rechtssicherheit bei nächster Gelegenheit erneut angegangen werden. So bleibt es vorerst weiterhin Rechtsprechung und Schrifttum überlassen, die Rechtsstellung des Arbeitnehmerurhebers inhaltlich zu klären, was zu zahlreichen Unsicherheiten und einem breiten Spielraum für die Anwendung im Einzelfall führt (*Bayreuther* MünchHandbArbR § 91 Rn. 1; Kittner/Zwanziger/Deinert/*Becker* § 56 Rn. 60; *v. Olenhusen* ZUM 2010, 474, 476; *Wiechmann* ZUM 2010, 496, 503). Insb. ist das „Wesen des Arbeitsverhältnis" kaum klar zu bestimmen, gibt es doch schon zum Begriff des Arbeitsverhältnisses unterschiedliche Ansätze (vgl. nur *Hromadka* NZA 2007, 838, 839; *Fuchs* GRUR 2006, 561, 562; *Wank* DB 1992, 90 ff.; *Hromadka* DB 1998, 195 ff.; *Hanau* DB 1998, 69, 73 ff.; *Hümmerich* NJW 1998, 2625 ff.; *Nietzer/Stadie/Hopfenziz* NZA 1999, 19 ff.; BAG DB 1998, 624). Mit einem gesonderten **Arbeitsvertragsgesetz** könnte die Lücke geschlossen und auch eine urheberrechtliche Regelung aufgenommen werden. Bisher spielte aber die urheberrechtliche Stellung des Arbeitnehmerurhebers im Entwurf eines Arbeitsvertragsgesetzes keine Rolle, dies gilt auch für den aktuellen Entwurf (*Hromadka* NZA 2007, 838; *Dietermann* ZRP 2007, 98; www.arbvg.de). Im Rahmen der Diskussion über eine Reform des § 43 wurde ein **Zweitveröffentlichungsrecht** der Hochschulen vorgeschlagen, aber nicht weiterverfolgt (Ulmer-Eilfort/Obergfell/*Ulmer-Eilfort* Kap. E Rn. 30; es gilt nunmehr der neue § 38 Abs. 4, s. § 38 Rn. 15 ff.).

3 Die mit der Reform 2002 (s. Vor §§ 31 ff. Rn. 3) eingefügten §§ 32, 32a stellen aber gesetzlich klar, dass auch der Arbeitnehmerurheber einen gesetzlichen Anspruch auf angemessene Vergütung für die Einräumung von Nutzungsrechten hat (dazu unten Rn. 145 f.), soweit einschlägige tarifvertragliche Regelungen für die in Frage stehende Nutzung des Werkes durch den Arbeitgeber nicht bestehen (vgl. § 32 Abs. 4 und § 32a Abs. 4; Begründung BT-Drucks. 14/8058, 51). Die Reform 2007 (s. Vor §§ 31 ff. Rn. 5) hat mit der Einfügung der §§ 31a, 32c die Aufhebung des § 31 Abs. 4 a. F. (s. § 31 Rn. 38) durch einen gesonderten gesetzlichen Vergütungsanspruch für die Einräumung unbekannter Nutzungsarten kompensiert (s. BT-Drucks. 16/1828, 25). Die Regelungen über das Widerrufsrecht

nach § 31a und der Anspruch auf eine gesonderte angemessene Vergütung für unbekannte Nutzungsarten gelten grds. auch für den Arbeitnehmerurheber (s. näher unten Rn. 67 ff.). Ausgenommen sind davon ausübende Künstler (§ 79 Abs. 2 S. 2), unabhängig davon, in welchem Rechtsverhältnis sie sich befinden. Im Filmbereich ist das Widerrufsrecht für die Urheber vorbestehender Werke und für die Mitwirkenden ausgeschlossen (§§ 88 Abs. 1 S. 2, 89 Abs. 1 S. 2). Die Regeln zur Inhaltskontrolle von AGB der §§ 307 ff. BGB sind auf formularmäßige Arbeitsverträge mit Urheberrechtsklauseln anwendbar (*Castendyk* ZUM 2007, 170). Im Bereich der **Softwareproduktion** geht § 69b vor (näher § 69b Rn. 18 ff.). Im **Filmbereich** sind die §§ 88 ff. zu beachten, die auch für Arbeitnehmerurheber gelten. § 43 findet auch Anwendung auf wissenschaftliche Werke (§ 70), Lichtbilder (§ 72) sowie **Leistungen ausübender Künstler** (§ 79 Abs. 2) (Büscher/Dittmer/Schiwy/*Haberstumpf* Teil 1 Kap. 10 § 43 Rn. 2).

II. Arbeitnehmer und arbeitnehmerähnliche Personen

1. Arbeitnehmerbegriff

Das Urheberrecht geht vom **Schöpferprinzip** aus, wonach nur derjenige Urheber ist, **4** der das Werk geschaffen hat (§ 7). Dieser Grundsatz des kontinentaleuropäischen Urheberrechts bestimmt auch die Stellung des Arbeitnehmer-Urhebers (BGH GRUR 2011, 59, 60 – Lärmschutzwand; *Bayreuther* MünchHandbArbR § 91 Rn. 4; Schricker/Loewenheim/ *Rojahn* § 43 Rn. 2; Möhring/Nicolini/*Spautz* § 43 Rn. 1). Der Begriff des Arbeitnehmers wird durch § 43 vorausgesetzt. Nach überwiegender Ansicht ist **Arbeitnehmer,** wer verpflichtet ist, fremdbestimmte und unselbstständige Arbeit zu leisten bzw. eine vom Arbeitgeber abhängige, weisungsgebundene Tätigkeit ausübt (*Bayreuther* MünchHandbArbR § 91 Rn. 2; *Opolony* ZUM 2007, 521; Henssler/Willemsen/Kalb/*Thüsing* § 5 BetrVG Rn. 2; Dörner/Luczak/Wildschütz/*Dörner* Rn. 2559; Dieterich/Hanau/Schaub/*Preis* § 611 BGB Rn. 45; Brox/Rüthers/*Henssler* Rn. 58; Palandt/*Weidenkaff* Einf v § 611 BGB Rn. 7 m.w.N.; Schaub/*Schaub* § 8 Rn. 22; MünchKomm/*Müller-Glöge* § 611 BGB Rn. 137; *Haberstumpf* Rn. 446). Die Rechtsprechung stellt vornehmlich auf Indizien ab (BAG NJW 2013, 2984, 2985 – Cutterin; BAG NJW 2012, 2903, 2904; BAGE 19, 324, 330; LAG Düsseldorf NJW 1988, 725, 727; BAG ZUM 2000, 691, 693; BAG ZUM 2000, 686, 688; LAG Rheinland-Pfalz KuR 2003, 19, 21; AG Karlsruhe ZUM-RD 2005, 205, 208) und berücksichtigt insb. beim entscheidenden Kriterium der **persönlichen Abhängigkeit** die Eigenart der jeweiligen Tätigkeit. Der Arbeitnehmerbegriff ist im europäischen Arbeitsrecht nicht einheitlich. Der EuGH weist auf den Umstand hin, dass der Arbeitnehmerbegriff nicht zu eng ausgelegt werden soll; so sei eine Person, deren Lohn- oder Gehalt unter dem Existenzminimum liegt oder die Arbeitszeit 10 Stunden pro Woche nicht übersteigt, dennoch als Arbeitnehmer zu qualifizieren (EuGH EuZW 2010, 268, 269). Der EuGH zählt auch Beamte zu Arbeitnehmern (*Krimphove* Rn. 171 m.w.N.).

Nach ständiger **Rechtsprechung des BAG** ist Arbeitnehmer, wer aufgrund eines pri- **5** vatrechtlichen Vertrages in persönlicher Abhängigkeit zur fremdbestimmten Arbeit verpflichtet ist (BAG NJW 2013, 2984, 2985 – Cutterin; BAG ZUM 2007, 507, 508; BAG AfP 2007, 285, 287; BAG AfP 2007, 289, 290; BAG NJW 2004, 461, 462; BAGE 19, 324, 329 ff.; BAG UFITA 81 (1978) 305, 308; BAG UFITA 85 (1979) 294, 302; BAG ZUM 1995, 621; BAG NJW 1997, 2133, 2135; BAG NJW 1998, 3661). Das Merkmal der persönlichen Abhängigkeit findet sich in § 84 Abs. 1 S. 2 HGB, der über den unmittelbaren Anwendungsbereich hinaus eine allgemeine gesetzgeberische Wertung erkennen lässt (Baumbach/Hopt/*Hopt* § 84 HGB Rn. 35; BAG NJW 2013, 2984, 2985 – Cutterin; BGH NJW 2002, 3317, 3318; BAG ZUM-RD 2005, 422, 426; AG Karlsruhe ZUM-RD 2005, 205, 208). Danach ist derjenige unselbstständig, der im Wesentlichen seine **Tätigkeit und Arbeitszeit** nicht frei bestimmen kann, weil er hinsichtlich Inhalt, Durchführung, Zeit, Dauer und Ort der Ausführung der versprochenen Dienste einem umfassenden **Weisungs-**

recht unterliegt oder weil der Freiraum für die Erbringung der geschuldeten Leistung durch die rechtliche Vertragsgestaltung oder die tatsächliche Vertragsdurchführung stark eingeschränkt ist (BAG NJW 2013, 2984, 2985 – Cutterin; BAG NJW 2012, 2903, 2904; BAG NJW 2010, 2455, 2456; BAG NJW 2007, 1485; BAG NJW 2004, 461, 462; BAG ZUM-RD 2002, 319; BAG NJW 1993, 2458; BAG NJW 1997, 2133; BAG ZIP 1998, 612; BAG ZUM 2000, 686, 687; BAG ZUM-RD 2000, 462, 464). Dieser Auffassung hat sich auch der BGH angeschlossen (BGH NJW 1999, 649). Das Bundesverfassungsgericht hat die vom BAG entwickelten Abgrenzungskriterien bestätigt (BVerfGE 59, 231, 245; BVerfG ZUM-RD 2000, 216, 218); letztlich soll es für die Frage der Ausgestaltung des konkreten Rechtsverhältnisses auf eine Gesamtwürdigung aller maßgebenden Umstände ankommen (BAG NJW 2013, 2984, 2985 – Cutterin; BAG ZUM-RD 2000, 462, 464), womit für die Rechtsanwendung im Einzelfall freilich wenig gewonnen ist. So ist die künstlerische Tätigkeit eines sog. Gastes im Inszenierungsprozess einer Bühne sehr wohl einem umfangreichen Weisungsrecht des Regisseurs und des Intendanten in künstlerischer Hinsicht unterworfen (*Opolony* ZUM 2007, 522; a.A. BAG ZUM 2007, 507, 508). Auch die Nichtausübung des Weisungsrechts steht der Annahme eines Arbeitsverhältnisses nicht entgegen (BAG NJW 2007, 1485). Der EuGH hat den Arbeitnehmerbegriff im Zusammenhang mit der Geschmacksmuster-VO v. 12. 12. 01 definiert und ihn vom „Auftragnehmer" abgrenzt durch das Weisungsrecht des Arbeitgebers (EuGH GRUR 2009, 867, 868 – Nachbildung von Kuckucksuhren). Keine Arbeitnehmer sind die Geschäftsführer oder Vorstände juritscher Personen, weil diese Arbeitgeberfunktionen ausüben (Büscher/Dittmer/Schiwy/*Haberstumpf* Teil 1 Kap. 10 § 43 Rn. 3; a.A. Fromm/Nordemann/*A. Nordemann* § 43 Rn. 10).

2. Urheber als Arbeitnehmer

6   Typischerweise treffen die durch die Rechtsprechung entwickelten Grundsätze für die Feststellung der Arbeitnehmereigenschaft auf schöpferisch tätige Personen nicht ohne weiteres zu. Sowohl **Weisungsgebundenheit**, abhängige **Gestaltung der Arbeitszeit** als auch **Eingliederung** in einen fremden Organisationsbereich sind gerade bei schöpferisch Tätigen allenfalls (für sich noch nicht ausreichende) Indizien für oder gegen die Arbeitnehmereigenschaft. So kann etwa der Bühnenbildner auf der Grundlage eines Arbeitsvertrages arbeiten oder (sehr häufig) auch als freier Gastbühnenbildner, von dem nur ein bestimmtes für eine Bühnenaufführung vorgesehenes Bühnenbild verlangt wird, obwohl er sich hinsichtlich seiner Leistung aus tatsächlichen Gründen (Bühnenmaße, Organisation und Arbeitsplan der Werkstätten, Probenplan) in hohem Maße in die Organisation des Theaters einfügen muss. Auch als **Gäste** verpflichtete Sänger und Schauspieler unterliegen einem weitgehenden „Weisungsrecht" in organisatorischer und künstlerischer Hinsicht, werden aber dennoch in aller Regel aufgrund freier Dienstverträge und eben nicht als Arbeitnehmer beschäftigt (BAG ZUM 2007, 507, 508; a.A. *Opolony* ZUM 2007, 519, 522).

7   Das **Weisungsrecht** des Auftraggebers ist **im schöpferischen Bereich** dann begrenzt, wenn das Weisungsrecht auf die konkrete Formgestaltung des Werkes ausgeübt werden soll. So kann der Regisseur oder Intendant nicht in das Werk eines Bühnenbildners eingreifen, der einen bestimmten künstlerischen Spielraum haben muss, was im Wesen der Kunstproduktion liegt (Wandtke/*Wandtke*, Urheber im Arbeitsverhältnis Rn. 88). Der Bühnenbildner muss aber bestimmte Probenzeiten einhalten oder objektive Bedingungen (etwa zur Bühnengröße, zur Leistungsfähigkeit der Werkstätten und zum Ausstattungsetat) hinnehmen. Bei einer künstlerischen Tätigkeit kann die fachliche Weisungsgebundenheit ein entscheidendes Kriterium für die Abgrenzung zwischen freiem und festangestelltem Mitarbeiter sein. Deshalb können z.B. **Filmautoren** und **Regisseure, Drehbuchautoren** (BAG DB 1980, 1996ff.), **Journalisten** (KG GRUR-RR 2004, 228), **Bildhauer, Designer, Fotografen** (BAG ZUM 1998, 863, 864 – Fotoreporter), **Rundfunk- und Fernsehmit-**

arbeiter (BAG NJW 2013, 2984, 2985 – Cutterin; BAG NZA 2007, 147; BVerfG ZUM-RD 2000, 216; BAG ZUM 2000, 686, 688; BAG NZA 2001, 551), **Moderatoren** (AG Berlin ZUM 2004, 587, 588), **Musikarchivare** (BAG NZA 2007, 321), **Übersetzer** (BAG ZUM 2000, 690, 691), **Redakteure** (BAG AfP 2007, 285, 287; BAG AfP 2007, 289, 290; LAG ZUM-RD 2006, 212, 214), **Architekten** (Thode/Wirth/Kuffer/*Knipp* § 32 Rn. 68; *Binder/Kosterhon* Rn. 159) und andere Urheber auch dann Arbeitnehmer sein, wenn sie in fachlicher Hinsicht keinerlei oder selten einer Weisung unterliegen (v. Hartlieb/Schwarz/*Joch* 274. Kap. Rn. 10). Denn zur künstlerischen, literarischen und wissenschaftlichen Produktion gehört ein individueller Spielraum, der notwendig ist, um kreativ arbeiten zu können. Entscheidend ist vielmehr die **Art und Weise der Tätigkeit** und ob diese vergleichbar ist mit der anderer Arbeitnehmer in einer ähnlichen bestimmbaren Organisationsform der Arbeit (*Wegner/Wallenfels/Kaboth* Kap. 1 Rn. 141). Das gilt auch für Designer im Arbeitsverhältnis (Eichmann/v. Falckenstein/*v. Falckenstein* GeschmMG § 7 Rn. 19).

Bei **Tendenzbetrieben** (Rundfunkanstalten) und ähnlichen Einrichtungen, die sich gegenüber dem Staat auf bestimmte Grundrechte berufen können, ist bei der Entscheidung über die Arbeitnehmereigenschaft **programmgestaltender Mitarbeiter** auch zu berücksichtigen, ob aus Sicht der Einrichtung aus grundrechtsrelevanten Gründen (Abwechslungs- und Erneuerungsbedürfnis, Meinungsvielfalt) gerade kein Arbeitnehmerstatus begründet werden sollte (BVerfGE NJW 1982, 1447; BAG NJW 2013, 2984, 2985 – Cutterin; BAG AfP 2007, 289, 290; BAG NZA 2007, 321, 323; BAG ZUM 1995, 621; Schricker/*Rojahn* § 43 Rn. 17).

3. Arbeitnehmerähnliche Personen

Der Begriff „arbeitnehmerähnliche Person" ist in der Praxis insofern sehr bedeutsam, als damit eine Abgrenzung des Selbstständigen zum Arbeitnehmer erfolgt und im Rahmen des § 43 über die Anwendbarkeit entschieden wird. Arbeitnehmerähnliche Personen sind Personen, die selbstständig tätig sind, aber deren Situation von der wirtschaftlichen Abhängigkeit vom Auftraggeber geprägt ist, aufgrund deren sie auf die Verwertung ihrer Arbeitskraft und die Einkünfte aus der Tätigkeit für den Vertragspartner zur Sicherung ihrer Existenzgrundlage angewiesen sind (BAG NJW 2003, 3365; BAG NJW 2007, 1710). Richtungsweisend ist die Entscheidung zur Wiederholungsvergütung für arbeitnehmerähnliche Personen in Rundfunkanstalten (BAG ZUM 2009, 883; dazu *v. Olenhusen* ZUM 2009, 889). Auf arbeitnehmerähnliche Personen werden zwar bestimmte Arbeitnehmerschutzvorschriften (vgl. § 12a TVG), **nicht** aber **§ 43** entsprechend **angewendet** (Schricker/Loewenheim/*Rojahn* § 43 Rn. 18; Büscher/Dittmer/Schiwy/*Haberstumpf* § 43 Rn. 6; für eine analoge Anwendung aber *v. Olenhusen* GRUR 2002, 11; a. A. *Ory* ZUM 2010, 506, 509). Die Abgrenzungskriterien sind nach wie vor unklar (*Hromadka* NZA 2007, 838, 840). Arbeitnehmerähnliche Personen spielen vor allem im **Presse- und Medienbereich** (z. B. Redakteure, Programmgestalter, Autoren und Künstler) eine große und zunehmende Rolle (*v. Olenhusen/Ernst* in: Hoeren/Sieber Teil 7.3 Rn. 9; *Buchner* ZUM 2000, 624). Während auch bei der arbeitnehmerähnlichen Person die aus der (meist einzigen) Beschäftigung fließende Vergütung die Existenzgrundlage darstellt (BAG NJW 2007, 1710; BAG NJW 1997, 1724; BGH NJW 1999, 220; Schaub/*Schaub* § 9 Rn. 1), unterscheiden sie sich von den Arbeitnehmern durch einen **geringeren Grad der Abhängigkeit,** weil bei ihnen die Weisungsgebundenheit und das Arbeitszeitregime nicht einen entsprechenden Stellenwert einnimmt (BAG NJW 2007, 1710; BAG AP Nr. 10 zu § 611 BGB; Nr. 26 zu § 611 BGB). Im Einzelfall wird es darauf ankommen, ob es sich bei dem „freien Mitarbeiter" tatsächlich um einen Selbstständigen oder nicht vielmehr um eine „arbeitnehmerähnliche Person" handelt (BAG NJW 2005, 1741, 1742; LAG Köln ZUM 2002, 840, 842: Musiker als arbeitnehmerähnliche Person). Besteht für die Wahl der Beschäftigung als „freier Mitarbeiter" kein sachlicher Grund, so müssen sich der Beschäftigte und der Arbeitgeber so behandeln lassen, als hätten sie einen Arbeitsvertrag abgeschlossen (BAG AP Nr. 12 zu § 611 BGB).

10 Für die arbeitnehmerähnlichen Personen ist das Merkmal der **wirtschaftlichen Abhängigkeit** entscheidend, die ihn seiner gesamten sozialen Stellung nach einem Arbeitnehmer **vergleichbar schutzwürdig** macht (BAG NJW 2005, 1741, 1742; BAGE 66, 113, 116; BAGE 80, 256, 264; BAG NJW 1996, 3293; BAG NJW 1997, 2404; BAG NJW 1998, 701; BGH NJW 1999, 218, 220; BGH NJW 1999, 648, 650). § 43 gilt nicht für Selbstständige und erfasst auch nicht die arbeitnehmerähnlichen Personen (Dreier/Schulze/ *Dreier* § 43 Rn. 8; Schricker/Loewenheim/*Rojahn* § 43 Rn. 18; *Kraßer* FS Schricker 1995, 77, 88; *Bayreuther* MünchHandbArbR § 91 Rn. 2 ff.; *Fuchs* 41; *Haberstumpf* Rn. 447; Möhring/Nicolini/*Spautz* § 43 Rn. 2; *Fischer/Reich* Urhebervertragsrecht 2. Kap. Rn. 18; *Schack* Rn. 1116; Fromm/Nordemann/*A. Nordemann* § 43 Rn. 9).

4. Tarifvertraglicher Schutz für arbeitnehmerähnliche Personen

11 Unbeschadet dieser Tatsache bedeutet der 1974 eingefügte § 12a TVG für arbeitnehmerähnliche Personen einen höheren Urheberrechtsschutz, wobei die Anwendung gerade für bestimmte schöpferisch tätige Urheber ausgeweitet ist (§ 12a Abs. 3 TVG), denn in den **Tarifverträgen der Medienbranche** finden sich auch Urheberrechtsklauseln. Die Zielsetzung der Norm besteht darin, die freien Mitarbeiter im Bereich der Medien, Kunst, Wissenschaft und Forschung in das Tarifvertragssystem mit einzubeziehen (BAG ZUM-RD 2005, 422, 425). Eine Einschränkung des Urheberrechts durch den Tarifvertrag für arbeitnehmerähnliche Personen ist ausgeschlossen; auch unterliegen Vertragsverhältnisse mit arbeitnehmerähnlichen Personen uneingeschränkt der AGB-Kontrolle durch die §§ 305 ff. BGB (zum alten AGBG *v. Olenhusen* Film und Fernsehen Rn. 177 m.w. N.). Nach dem „TV über die Urheberrechte arbeitnehmerähnliche Personen" in seiner gültigen Fassung steht diesen Personen eine **Wiederholungsvergütung** zu (grundlegend dazu BAG ZUM 2009, 883, 886 Rn. 25; dazu *v. Olenhusen* ZUM 2009, 889; AG München ZUM 2010, 545).

5. Freie Mitarbeiter

12 „Freie Mitarbeiter" sind regelmäßig Selbstständige, die i. d. R. verschiedene Auftraggeber haben und rechtlich über Dienst- (§ 611 BGB) oder Werkverträge (§ 631 BGB) gebunden sind, die in der Praxis zumeist als „Honorarverträge" bezeichnet werden (*v. Olenhusen/ Ernst* in: Hoeren/Sieber Teil 7.3 Rn. 10). Musiker können sowohl als Arbeitnehmer als auch als freie Mitarbeiter tätig sein (vgl. BAG ZUM-RD 2002, 319, 321). Die vertragliche Bezeichnung der Beziehungen sind aber nicht entscheidend (BGH NJW 2002, 3317, 3318); bei sog. **Scheinselbstständigkeit** von Dienstnehmern wird allgemein ein Arbeitsverhältnis angenommen (BAG NZA 1998, 364; vgl. aber *Grobys* NJW-Spezial 2005, 81 zur ersatzlosen Aufhebung der Regelungen zur sog. „Scheinselbstständigkeit" zum 1.1.2003), so dass auch § 43 zur Anwendung kommt (a. A. Dreier/Schulze/*Dreier* § 43 Rn. 8; Fromm/Nordemann/*A. Nordemann* § 43 Rn. 9). Tendenzbetriebe wie **Rundfunkanstalten** haben aber zur Verwirklichung ihrer grundgesetzlich geschützten Aufgaben (Meinungsvielfalt) ein bei der Rechtsanwendung zu berücksichtigendes Entscheidungsrecht darüber, ob programmgestaltende Mitarbeiter wie Regisseure, Moderatoren und Kommentatoren als befristet (BAG NZA 2007, 147) oder unbefristet fest angestellt werden oder ob sie nur als „freie Mitarbeiter" mit Honorarverträgen beschäftigt werden, auch wenn sie wirtschaftlich im Wesentlichen von einem Auftraggeber abhängig sind (BVerfG ZUM 2000, 679, 682; OLG Hamburg ZUM 2004, 487, 489; AG Karlsruhe ZUM-RD 2005, 205, 208; s. o. Rn. 8). Eine Leistung zu einem bestimmten Zeitpunkt zu erbringen oder zu einem bestimmten Zeitpunkt fertig zu stellen, macht den Leistenden im arbeitsrechtlichen

Sinne nicht weisungsabhängig. Auch mit einer Kontrolle der Qualität der Arbeit muss der freie Mitarbeiter rechnen (BAG AfP 2007, 289, 291; BAG ZUM-RD 2002, 319, 321; BAG ZUM-RD 2000, 462 m. w. N.). Handelt ein als sog. „Ich-AG" tätiger Mitarbeiter faktisch wie ein Arbeitnehmer, so kann er als Arbeitnehmer im arbeitsrechtlichen Sinne anzusehen sein (*Grobys* NJW-Spezial 2005, 81, 82). Mit einem Geschäftsführervertrag werden dagegen die vertraglichen Beziehungen der Parteien auf eine neue Grundlage gestellt. Mit der Bestellung zum Geschäftsführer wird das zuvor bestehende Arbeitsverhältnis aufgelöst (BAG NZA 2007, 1095, 1097). Ist der Geschäftsführer auch Urheber, ist seine Rechtsstellung als „freier Mitarbeiter" zu qualifizieren, es sei denn, es ist ein geänderter Arbeitsvertrag abgeschlossen worden.

III. Arbeitsverhältnis

§ 43 spricht zwar von „Arbeitsverhältnis", meint damit aber in Abgrenzung zum (öffentlich-rechtlichen) Dienstverhältnis (s. u. Rn. 14 f.) allgemein **jede Beschäftigung** des Urhebers **aufgrund eines Arbeitsvertrages** (Schaub/*Schaub* § 8 Rn. 13). Die in der arbeitsrechtlichen Literatur umstrittene Frage, ob das Arbeitsverhältnis durch den tatsächlichen Akt der Einstellung des Arbeitsnehmers in den Betrieb (sog. Eingliederungstheorie, dazu *Nikisch* § 1 I m. w. N.), oder allein durch den Arbeitsvertrag (sog. Vertragstheorie, dazu *Hueck/Nipperdey* § 2 m. w. N.) begründet wird, war schon bisher kaum von praktischer Bedeutung, denn regelmäßig war bei Eingliederung eines Arbeitnehmers in einen Betrieb zumindest ein Vertragsschluss durch schlüssiges Verhalten anzunehmen (vgl. BAGE 16, 209). Dennoch ist **„Arbeitsverhältnis"** nicht mit „Arbeitsvertrag" gleichzusetzen (so aber AmtlBegr. BT-Drucks. IV/270, 61), denn der Begriff des Arbeitsverhältnisses ist umfangreicher und umfasst die Gesamtheit der durch den Arbeitsvertrag begründeten Rechtsbeziehungen zwischen Arbeitgeber und Arbeitnehmer (EuGH NJW 2005, 2977, 2978; *Zöllner/Loritz* § 4 III), mithin also auch das kollektive Arbeitsrecht. Der Arbeitsvertrag gehört deshalb zu den unvollständigen Verträgen (*Windbichler* FS Zöllner 999, 1002). Dies ist für den Urheber als Arbeitnehmer von Bedeutung, denn gerade urheberrechtliche Beziehungen (v. a. die Einräumung von Nutzungsrechten) sind häufig in den Tarifverträgen etwa der Medienbranchen geregelt. Der Arbeitsvertrag ist ein **Verbrauchervertrag** i. S. d. § 310 Abs. 3 Nr. 2 (BAG NZA 2012, 1147 Rn. 14; so bereits BAG NJW 2005, 3305 [1. LS]; Däubler/Bonin/Deinert/*Deinert* § 310 BGB Rn. 7 ff.).

IV. Dienstverhältnis

Unter dem Dienstverhältnis (zum Begriff im öffentlichen Recht *Battis* § 4 Rn. 10; *Brox/Rüthers/Henssler* Rn. 40; *Hanau/Adomeit* Rn. 523) wird im Unterschied zum Arbeitsverhältnis hier nur das öffentlich-rechtliche Dienst- und Treueverhältnis der Beamten und sonstigen Angestellten und Arbeiter **im öffentlichen Dienst** verstanden, nicht aber allgemein Dienstverträge i. S. d. § 611 BGB (BT-Drucks. 12/4022, 11; *Battis* § 4 Rn. 3; *Haberstumpf* Rn. 445; Möhring/Nicolini/*Spautz* § 43 Rn. 2; *Ulmer* 401; Schricker/Loewenheim/*Rojahn* § 43 Rn. 10; *D. Dünnwald* 91; *Schack* Rn. 1116; *Leuze* § 5 Rn. 1; Fromm/Nordemann/*A. Nordemann* § 43 Rn. 11). Dies ergibt sich aus der Entstehungsgeschichte und der gesonderten Nennung des Dienstverhältnisses neben dem Arbeitsverhältnis (näher *Battis* § 4 Rn. 3; Schricker/Loewenheim/*Rojahn* § 43 Rn. 10 m. w. N.).

Der Inhalt des **beamtenrechtlichen Dienstverhältnisses** einschließlich der Stellung des Beamten als Urheber wird durch die Grundsätze des Berufsbeamtentums (Art. 33 Abs. 5 GG) bestimmt. Der Begriff des Beamtenverhältnisses wird in § 4 BBG geregelt (dazu *Battis* § 4 Rn. 2). Beschränkungen von Urheberrechtspositionen der Beamten sind im Rahmen des Dienstverhältnisses nur im Einzelfall möglich, soweit sie notwendig und zumutbar sind. Ihre Rechtsstellung ist hinsichtlich des Urheberrechtsschutzes aus dem Wesen des Dienstverhältnisses abzuleiten, wobei das öffentlich-rechtliche Beamtenverhältnis an sich **keine urheberrechtliche Schlechterstellung** im Verhältnis zum Arbeitnehmer zur Folge hat, die Grundsätze des Arbeitnehmerurheberrechts gelten vielmehr uneingeschränkt auch für diese Urheber (*Pakuscher* 443; *Leuze* § 5 Rn. 13). Denn es ist kein Grund ersichtlich, urheberrechtliche Schutzvorschriften für den Beamten als Urheber einzuschränken oder auszuschließen (BGH GRUR 2011, 59, 60 – Lärmschutzwand). Allein die wirtschaftliche Absicherung des Beamten, der für sein Schaffen kein Risiko trägt, weil eine Alimentationspflicht seines Dienstherrn besteht, kann als Begründung nicht überzeugen (a. A. KG ZUM-RD 1997, 175, 179 – Poldok), denn dies gilt gleichermaßen auch für den Arbeitnehmer im privaten Arbeitsverhältnis in Bezug auf sein Werkschaffen.

16 Für einen im Landesdienst stehenden Professor einer Hochschule, der in Ausübung des ihm anvertrauten Amtes eine **Urheberrechtsverletzung** begeht, haftet das Land aus § 839 i. V. m. Art. 34 GG (BGH GRUR 1993, 37, 39 – Seminarkopien).

V. Pflichtwerke

1. Allgemeines

17 Es bleibt Arbeitnehmer und Arbeitgeber überlassen, urheberrechtliches Werkschaffen arbeitsvertraglich zu vereinbaren. Im Interesse der Rechtssicherheit für beide Vertragspartner ist es geboten, den Inhalt und Umfang des vom Arbeitnehmer geschuldeten Werkschaffens in den Arbeitsvertrag aufzunehmen. Die konsequente Anwendung des Urheberrechts zwingt aber zur klaren und eindeutigen Vereinbarung über die vom Arbeitnehmer oder Beamten zu übernehmende Arbeitsaufgabe (Bezeichnung des Inhalts und Umfangs des Werkschaffens) im Arbeitsvertrag. Eine bloße **Tätigkeits- und Berufsbezeichnung** genügt meist nicht, sondern kann allenfalls hilfsweise im Falle eines Rechtsstreites herangezogen werden. So kann aus der Tätigkeitsbezeichnung „Leiterin der Verbraucherinformation" nicht die Pflicht abgeleitet werden, eine Imagebroschüre für Industriemanager erstellen zu müssen (OLG Düsseldorf ZUM-RD 2009, 63, 65). Im Einzelfall müssen die objektiven Umstände geprüft werden, ob eine konkrete oder stillschweigende Abrede über den Inhalt und Umfang der arbeitsvertraglich vereinbarten Arbeitsaufgabe vorliegt.

2. Umfang der Vereinbarung

18 Der Urheber muss das Werk **„in Erfüllung der Verpflichtungen aus dem Arbeits- oder Dienstverhältnis"** geschaffen haben. Hierbei ist entscheidend, welche Tätigkeit vereinbart wurde, wobei die Art der zu leistenden Tätigkeit (Werkschaffen) regelmäßig aus dem Arbeitsvertrag zu entnehmen ist (*Bayreuther* MünchHandbArbR § 91 Rn. 3; *Spindler/Mönch/Nödler* 39; *Ulmer-Eilfort/Obergfell/Ulmer-Eilfort* Kap. E Rn. 5). Unproblematisch sind die Fälle, in denen der Arbeitnehmer in Erfüllung seiner Hauptpflicht aus dem Arbeitsvertrag Werke zu erstellen hat (sog. **Pflichtwerke**), die sich schon aus seiner Berufsbezeichnung oder der Branchenüblichkeit ergeben (BGH GRUR 2011, 59, 60 – Lärmschutzwand; BAG GRUR 1961, 491, 492 – Nahverkehrschronik; BGH GRUR 1974, 480, 482 – Hummelrechte; BGH GRUR 1978, 244 – Ratgeber für Tierheilkunde). So wird man davon ausgehen müssen, dass Fotografen Fotos, Bühnenbildner Bühnenbilder, Grafiker Zeichnungen und Programmierer Software herzustellen verpflichtet sind, wenn sie auf der Grundlage eines Arbeitsvertrages eingestellt werden.

19 **„In Erfüllung"** arbeits- oder dienstvertraglicher Pflichten ist ein Werk aber nur geschaffen, wenn seine Entstehung schon arbeitsvertraglich vorgesehen war, wenn der Arbeitnehmer nach Vertrag bspw. verpflichtet war, Beiträge oder Fotos anzufertigen für eine Zeitung, die in Printform und online erscheint (KG GRUR-RR 2004, 228, 229). Die

Pflicht kann sich nicht allein aus dem Direktionsrecht des Arbeitgebers ergeben, weil dieser das **Direktionsrecht** nur im Rahmen des **Arbeitsvertrages** ausüben kann. Zwar hat der Arbeitgeber das Recht, „die Arbeitspflicht des Arbeitnehmers zu konkretisieren und diesem bestimmte Arbeiten zuzuordnen" (BAG NJW 1990, 204; BAG NJW 1996, 1770), er kann also anordnen, was zu tun ist und wie es zu tun ist, den Umfang der Arbeitspflicht kann er jedoch nicht über den Gegenstand des Arbeitsvertrages hinaus einseitig festlegen (BAG BB 1985, 1240, 1241). Für das Urheberschaffen bedeutet dies, dass die im **Arbeitsvertrag** vereinbarten Aufgaben und Tätigkeiten des Urhebers die Grundlage und auch **Grenze für das Weisungsrecht** des Arbeitgebers darstellen. Was zu den Aufgaben des Arbeitnehmers gehört, ergibt sich aus dem Arbeitsvertrag, daneben aus der betrieblichen Funktion, tarifrechtlichen Regelungen, dem Berufsbild und der Üblichkeit (OLG Düsseldorf ZUM 2004, 756, 757; KG GRUR-RR 2004, 228, 229).

3. Ort und Zeit des Werkschaffens

Der Ort und auch die Zeit der Schöpfung sind für die Frage, ob das Werk in Erfüllung der Verpflichtungen aus dem Arbeits- oder Dienstverhältnis geschaffen wurde, regelmäßig **keine tauglichen Abgrenzungskriterien** (dazu BGH GRUR 1985, 129 – Elektrodenfabrik; BGH GRUR 2005, 860, 862 – Fash 2000; OLG Köln GRUR-RR 2005, 302 – TKD-Programme; OLG Düsseldorf ZUM 2004, 756, 758; OLG Nürnberg ZUM 1999, 657 – Museumsführer; ebenso Fromm/Nordemann/*A. Nordemann* § 43 Rn. 14; Spindler/ Mönch/Nödler 39; *Rehbinder* Rn. 329; *v. Olenhusen/Ernst* in: Hoeren/Sieber Teil 7.3 Rn. 20; *Kraßer* FS Schricker 1995, 77, 89; *Haberstumpf* Rn. 449; *Wandtke* GRUR 1999, 390, 392). Denn die Erbringung schöpferischer Arbeitsleistungen ist häufig nicht zu festgelegten Zeiten möglich. Kreatives Arbeiten überschreitet häufig das arbeitsrechtliche Zeitregime, welches zwar für die arbeitsvertragliche Vergütung von Bedeutung ist, nicht aber für die Feststellung, ob das geschaffene Werk ein arbeitsvertraglich geschuldetes ist. Geistige Arbeit kann weder räumlich noch zeitlich eingegrenzt werden (Schricker/Loewenheim/ *Rojahn* § 43 Rn. 23; *Bayreuther* MünchHandbArbR § 91 Rn. 3). Daher gilt § 43 auch für arbeitsvertraglich geschuldete (Pflicht-)Werke, die in der **Freizeit** und nicht am Arbeitsplatz entstehen.

Das Werk muss jedoch **während der Dauer des Arbeitsverhältnisses** geschaffen worden sein. Werke, die durch den Arbeitnehmer vor Begründung (BGH GRUR 1985, 128 ff. – Elektrodenfabrik) oder nach Beendigung des Arbeitsverhältnisses erstellt worden sind, fallen nicht unter § 43, denn die schuldrechtliche Verpflichtung beginnt und endet mit dem Arbeitsvertrag. Alleine weil der Arbeitnehmer ein Werk unter Benutzung der Sachausstattung des Betriebes oder mit im Betrieb erworbenen Kenntnissen und Erfahrungen geschaffen hat, handelt es sich noch nicht um ein Pflichtwerk (*Ulmer* 403; Schricker/ Loewenheim/*Rojahn* § 43 Rn. 31 für das Dienstverhältnis). Es muss jedenfalls ein innerer Zusammenhang zwischen arbeits- oder dienstvertraglicher Pflichterfüllung und Werkschöpfung bestehen (BGH ZUM 2001, 161, 164 – Wetterführungspläne; OLG Düsseldorf ZUM 2004, 756, 758; OLG München ZUM-RD 2000, 8, 12).

VI. Freie Werke

1. Allgemeines

Der abhängig beschäftigte Urheber kann aber auch sog. „freie Werke" schaffen, das sind auch solche, die er nicht „in Erfüllung", sondern nur **„bei Gelegenheit"** der Beschäftigung oder ganz **außerhalb** derselben schafft (*Haberstumpf* Rn. 455; Möhring/Nicolini/ *Spautz* § 43 Rn. 3; *Rehbinder* Rn. 632; *Ullmann* GRUR 1987, 6f.). Im Zweifel – und die Praxis spricht dafür – ist davon auszugehen, dass in den Fällen, in denen keine klaren Abreden über den Inhalt und Umfang der Arbeitsaufgabe vorgenommen wurden und weder die **Berufs- und Tätigkeitsbezeichnung** noch die praktische Übung im Betrieb Hinweise auf eine entsprechende Arbeitspflicht geben, das Werkschaffen nicht in Erfüllung der Verpflichtung aus dem Arbeits- oder Dienstverhältnis geschehen ist.

23   Unproblematisch sind solche Fälle, wenn etwa ein Arzt oder ein Programmierer in der Freizeit Musikwerke komponiert, da hier **keinerlei Beziehung zum Arbeitsverhältnis** besteht (OLG Düsseldorf ZUM 2004, 756, 758). Schwieriger sind die Fälle zu beurteilen, in denen es zwar eine Beziehung zum Arbeitsverhältnis („bei Gelegenheit"), nicht aber zur arbeitsvertraglich vereinbarten Arbeitsaufgabe („in Erfüllung") gibt. Die Rechtsprechung des BGH hat diese Trennung nicht vollzogen, kommt aber im Ergebnis zur gleichen Unterscheidung (BGH GRUR 1972, 713, 714 f. – Im Rhythmus der Jahrhunderte).

2. Einzelfälle

24   Hat etwa ein Dienstverpflichteter die Aufgabe, ein **Drehbuch** für einen Film zu **begutachten,** gehört zu seiner Arbeitspflicht nicht die Mitarbeit am Drehbuch. Zwar handelte der Arbeitnehmer dabei im Interesse des Arbeitgebers, die Tätigkeit geht aber über den „Rahmen des Dienstverhältnisses" hinaus (BGH GRUR 1972, 713 – Dezernent des Arbeitsgebietes Musikwesen). Ähnlich wurde die Situation beurteilt, als eine **Mitarbeiterin für Schreib- und Hilfsarbeiten** im Rahmen der Fertigstellung eines Buchmanuskriptes eingestellt wurde, sie aber im Verlauf der Arbeit selbst am Manuskript schöpferisch mitwirkte (BGH GRUR 1978, 244 – Ratgeber für Tierheilkunde). Auch hier lag eine Leistung vor, die außerhalb der arbeitsvertraglich vereinbarten Arbeitsaufgabe erbracht wurde, aber im Rahmen des Arbeitsverhältnisses lag.

25   Wenn der Arbeitnehmer **aus eigener Initiative** eine urheberrechtlich relevante Arbeitsleistung erbringt, liegt im Zweifel eine außervertragliche Leistung vor (LAG Frankfurt GRUR 1965, 50 – Wirtschaftsjurist). Wird ein Leiter der **Presseabteilung** beauftragt, eine Betriebschronik während der Arbeitszeit zu erstellen, so geschieht das zwar im Rahmen des Arbeitsverhältnisses (BAG GRUR 1961, 491 – Nahverkehrschronik), es ist aber fraglich, ob das in jedem Fall in Übereinstimmung mit dem Arbeitsvertrag geschieht. Dies wäre nur dann zu bejahen, wenn es in dieser Branche üblich wäre. Auch wenn ein Arbeitnehmer im Rahmen seines Arbeitsverhältnisses **Programme** für seinen Betrieb entwickelt, geschieht dies nicht „in Erfüllung" seines Arbeitsverhältnisses, wenn aus dem Arbeitsvertrag keine derartige Pflicht hervorgeht (KG ZUM 1998, 167, 168).

3. Werkschaffen im Dienstverhältnis

26   Freie Werke liegen bei Dienstverhältnissen von Beamten im Rahmen der sog. „zweckfreien **Forschung**" an Lehrstühlen und Universitäten vor (*Haberstumpf* Rn. 456; *Rehbinder* Rn. 330; *Heermann* GRUR 1999, 468, 472). Denn es gehört nicht zu den öffentlichen Dienstpflichten der Hochschullehrer, ihre Forschungsergebnisse zu veröffentlichen (Möhring/Nicolini/*Spautz* § 43 Rn. 5; Spindler/*Mönch*/*Nödler* 40). Diese gehören selbst dann nicht zu den Dienstwerken (Pflichtwerken), wenn sie während der Arbeitszeit und unter Inanspruchnahme universitärer Personal- und Sachmittel entstanden sind (BGH GRUR 1991, 523, 525 – Grabungsmaterialien; BGH GRUR 1985, 530 – Happening; ebenso Spindler/*Mönch*/*Nödler* 40; a. A. KG ZUM RD 1997, 175, 179 – Poldok). Im Einzelfall kann es sich aber um weisungsabhängige Tätigkeiten handeln, dann stehen die Nutzungsrechte zunächst der Hochschule zu (Schricker/Loewenheim/*Rojahn* § 43 Rn. 132 ff.; Einzelheiten *Kraßer*/*Schricker* 120 ff.). Die Erarbeitung von Beiträgen oder Büchern im geschäftlichen Interesse eines Dritten gehört regelmäßig nicht zum Zweck des universitären Dienstverhältnisses, auch wenn das Buch (hier: Literaturlexikon) vom Lehrstuhlinhaber herausgegeben wird (OLG München NJW-RR 2000, 1574, 1575 – Literaturhandbuch).

§ 43 Urheber in Arbeits- oder Dienstverhältnissen

Auch **andere Hochschulangehörige** (Privatdozenten, Lehrbeauftragte, Wissenschaftliche Mitarbeiter, Doktoranden, Diplomanden, Studenten), die in selbstständiger Tätigkeit eigene wissenschaftliche Werke verfassen, tun dies nicht im Rahmen des eventuellen Dienstverhältnisses zur Hochschule, es sei denn, es handelt sich um eine weisungsgebundene Mitarbeit an fremden Werken. Will die Hochschule an selbstständigen Werken urheberrechtliche Nutzungsrechte erwerben, müssen diese vertraglich eingeräumt werden (*Haberstumpf* Rn. 556; *Leuze* § 6 Rn. 12).

4. Änderung der Pflichten zum Werkschaffen

Über den Umfang arbeitsvertraglicher Verpflichtungen entscheidet nicht allein der Arbeitsvertrag in seiner Fassung zu Beginn des Arbeitsverhältnisses, denn es liegt in der Natur des Arbeitsverhältnisses, dass dieses im Laufe der Zeit geändert werden kann. Abgesehen von **Vertragsstörungen,** die etwa nach § 313 BGB wegen Störung der Geschäftsgrundlage zur Änderung führen können, gibt es im Arbeitsverhältnis vielfältige Anpassungs- und Ergänzungssituationen (eingehend *Windbichler* FS Zöllner 999, 1002 ff.). Die **Änderung der Hauptleistungspflichten** (v. a. die Veränderung der Arbeitsaufgabe) hängt vom Willen der Vertragspartner ab.

Eine **nachträgliche Änderung** des Arbeitsvertrages bietet sich dort an, wo der Arbeitnehmer während der Arbeitszeit und mit Mitteln des Arbeitgebers urheberrechtlich relevante Arbeitsleistungen erbringt, die außerhalb des (bisherigen) Arbeitsvertrages, nicht aber außerhalb des Arbeitsverhältnisses liegen. Dies kann etwa durch den Einzug **neuer Technologien** erforderlich werden. Nach der Änderung muss auch eine Vereinbarung über die Einräumung der Nutzungsrechte getroffen werden. Wird ein Arbeitnehmer als Buchhalter eingestellt, kann nicht unterstellt werden, dass er auch die Erstellung von **Computerprogrammen** schuldet (a. A. wohl noch OLG München NJW-RR 1997, 1405).

VII. Anbietungspflicht des Urhebers

1. Herrschende Meinung

Bei **Pflichtwerken** „gehört" das Arbeitsergebnis kraft Schuldverhältnis dem Arbeitgeber. Da er das Nutzungsrecht zur Verwertung benötigt, um es wirtschaftlich zu seinen Gunsten und auf sein Risiko auf dem Markt zu verwerten, ergibt sich aus dem Wesen und dem Inhalt des Arbeits- oder Dienstverhältnisses, dass der angestellte Urheber dem Arbeitgeber schon mit dem Arbeitsvertrag ein entsprechendes **ausschließliches Nutzungsrecht** überträgt.

Bei „**freien Werken**" (s. o. Rn. 22) stellt sich die Frage, ob der angestellte Urheber diese zunächst seinem Arbeitgeber oder Dienstherrn zur Nutzung anbieten muss. Die Frage ist höchstrichterlich noch nicht entschieden. Im Schrifttum wird unter Hinweis auf den Charakter des Arbeits- oder Dienstverhältnisses als Dauerschuldverhältnis mit besonderen persönlichen Fürsorge- und Treuepflichten überwiegend davon ausgegangen, dass der Arbeitnehmer eine solche **Anbietungspflicht** für freie Werke hat, wenn diese zwar außerhalb der vereinbarten Arbeitsaufgabe liegen, aber im Zusammenhang mit dem Arbeitsverhältnis stehen, die **herrschende Meinung** bejaht also eine Anbietungspflicht unter bestimmten Voraussetzungen (*Ahrens/McGuire* Modellgesetz Buch 10 B § 16 Abs. 1; *Gamillscheg* Rn. 186; *Haberstumpf* Rn. 455; Schricker/Loewenheim/*Rojahn* § 43 Rn. 101; Fromm/Nordemann/*A. Nordemann* § 43 Rn. 24 f.; Dreyer/Kotthoff/Meckel/*Kotthoff* § 43 Rn. 8; Dreier/Schulze/*Dreier* § 43 Rn. 26).

Andere Autoren sehen die Möglichkeit einer Anbietungspflicht auf der Grundlage einer analogen Anwendung des Arbeitnehmererfindungsgesetzes (*Schmieder* GRUR 1963, 297, 299; *Scholz* 117; a. A. Dreier/Schulze/*Dreier* § 43 Rn. 25; ablehnend zu Recht wegen persönlichkeitsrechtlicher Bindung des Urhebers; Kittner/Zwanziger/*Becker* § 75 Rn. 78; *Kraßer* FS Schricker 1995, 77, 104), oder des arbeitsvertraglichen Wettbewerbsverbots (*Haberstumpf* Rn. 455; *Rehbinder* Rn. 644; *Schack* Rn. 1117; *Bayreuther* MünchHandbArbR § 91 Rn. 26; *v. Olenhusen/Ernst* in: Hoeren/Sieber Teil 7.3 Rn. 23).

32 Soweit die urheberrechtliche Leistung im Rahmen des Dienstvertrages eines **Hochschullehrers** erbracht worden ist, wird in der Rechtsprechung eine **Anbietungspflicht** aufgrund der Treuepflicht oder aufgrund einer analogen Anwendung des Arbeitnehmererfindergesetzes konstituiert (BGHZ 112, 243, 249 – Grabungsmaterialien; LG München ZUM 1997, 659, 665; OLG Braunschweig GRUR-RR 2006, 178, 181: Hochschullehrer hat Einschränkungen bei Diensterfindungen hinzunehmen). Jedenfalls dieser Auffassung ist nicht zuzustimmen (ebenso ablehnend Schricker/*Rojahn* § 43 Rn. 131; Fromm/Nordemann/*A. Nordemann* § 43 Rn. 21; *Schack* Rn. 1117; *Leuze* § 6 Rn. 2; differenzierend *Haberstumpf* ZUM 2001, 819, 826), weil die urheberrechtlichen Werke des Hochschullehrers nicht in Erfüllung der Dienstpflichten geschaffen werden, sondern im Rahmen der Wissenschaftsfreiheit des Art. 5 Abs. 3 GG (BVerfG NJW 1978, 1621; *Haberstumpf* ZUM 2001, 819, 825; Schricker/Loewenheim/*Rojahn* § 43 Rn. 126 ff. m.w.N.; *Heermann* GRUR 1999, 468 ff.). Dies gilt auch für andere Hochschulangehörige, die eigene wissenschaftliche Werke schaffen (Dreier/Schulze/*Dreier* § 43 Rn. 12 m.w.N.; *Leuze* GRUR 2006, 552, 554).

33 Wird festgestellt, dass die urheberrechtliche Leistung im Rahmen des Arbeitsvertrages erbracht wurde, besteht eine Pflicht, das Werk zur Nutzung anzubieten, selbst wenn es sich um eine Arbeit handelt, die teilweise innerhalb und teilweise außerhalb des Dienstes fertiggestellt wurde (BAG GRUR 1961, 491 – Nahverkehrschronik).

2. Eigene Ansicht

34 Die überwiegende Ansicht zur Anbietungspflicht bezüglich freier Werke ist abzulehnen. Für außerhalb des Arbeitsvertrages geschaffene Werke, besteht keine Pflicht des Urhebers, diese seinem Arbeitgeber anzubieten. Es gelten vielmehr die **allgemeinen Regeln des Urhebervertragsrechts** (so auch Ulmer-Eilfort/Obergfell/*Ulmer-Eilfort* Kap. E Rn. 29; *Leuze* GRUR 2006, 552, 554; Kittner/Zwanziger/*Becker* § 75 Rn. 78; *Kraßer* FS Schricker 1995, 77, 104; *v. Olenhusen,* Film und Fernsehen Rn. 189; *Schwab* AuR 1993, 129, 132; *Steinberg* 61 ff.) mit einer entsprechenden **Vergütungsvereinbarung**. Eine „Anbietungspflicht" entsteht erst mit Abschluss eines Vertrages über die Rechtseinräumung der vom Arbeitgeber benötigten Nutzungsrechte (*Himmelmann* 86). Das ArbNErfG enthält nur sehr eingeschränkt analogiefähige Spezialregelungen (insoweit h.M., ebenso Bartenbach/*Volz* § 1 ArbNErfG Rn. 3; Reimer/Schade/Schippel/*Kaube* § 2 ArbNErfG Rn. 9). Das Argument, wonach die Nichtanbietung eines außerhalb des Arbeitsvertrages geschaffenen Werkes eine Verletzung des Konkurrenzverbotes oder der Treuepflicht (so *Rehbinder* FS Hubmann 359; *Haberstumpf* Rn. 455; Fromm/Nordemann/*A. Nordemann* § 43 Rn. 25) darstellen würde, ist nicht stichhaltig. Nur das vereinbarte arbeitsrechtliche Werkschaffen begründet eine arbeitsrechtliche Anbietungspflicht zur Rechtseinräumung von Nutzungsrechten. Das gilt auch dann, wenn ein sachlicher Zusammenhang mit dem Arbeitsverhältnis besteht. Aus der Verletzung solcher rein arbeitsrechtlicher Nebenpflichten (z.B. Wettbewerbsverbot oder Treuepflicht) können sich allenfalls Schadensersatzansprüche ergeben, aber keine urheberrechtliche Verpflichtung zur Anbietung von Nutzungsrechten (wie hier Dreier/Schulze/*Dreier* § 43 Rn. 27; *Kraßer* FS Schricker 1995, 77, 104).

35 Nur insoweit **besondere schuldrechtliche Beziehungen** i.S.d. § 43 zwischen Arbeitnehmer und Arbeitgeber bestehen, kann von einer Anbietungspflicht dann gesprochen werden, wenn sich diese aus dem Wesen des Arbeits- und Dienstverhältnisses selbst ergibt. Eine andere Rechtskonstruktion würde das dem § 43 zugrunde liegende Schuldverhältnis unzulässigerweise ausdehnen und den Urheber bei der Verwirklichung seiner Rechte behindern. Eine Anbietungspflicht ist auch nicht für die Fälle anzunehmen, wo der angestell-

te Urheber **vor Abschluss** des Arbeitsvertrages ein Werk geschaffen hat. Schon gar nicht muss er das Werk dem Arbeitgeber unentgeltlich überlassen (so auch BGH GRUR 1985, 129 – Elektrodenfabrik; BAG GRUR 1961, 491 – Nahverkehrschronik). Das Gleiche gilt, wenn Werke „bei Gelegenheit" und nicht „bei Erfüllung" der Verpflichtungen aus dem Arbeitsvertrag geschaffen worden sind.

Eine Anbietungspflicht des Arbeitnehmers für freie Werke ergibt sich auch nicht daraus, dass der Urheber diese **mit Unterlagen des Arbeitgebers** erstellt hat (a. A. Loewenheim/*A. Nordemann* § 63 Rn. 26; Möhring/Nicolini/*Spautz* § 43 Rn. 12); allerdings kommen hier Schadensersatzansprüche (z. B. wegen Verletzung von Betriebsgeheimnissen oder des Verstoßes gegen die Enthaltungspflicht (Wettbewerbsverbot) in Betracht (Loewenheim/*A. Nordemann* § 63 Rn. 26). Nach Beendigung des Arbeitsverhältnisses darf der Urheber alle in redlicher Weise erworbenen Kenntnisse und Erfahrungen aus dem früheren Arbeitsverhältnis in einem späteren Arbeitsverhältnis verwerten (RGZ 63, 333, 337). Die Auswertung unredlich erworbener Kenntnisse (etwa die Heranziehung betrieblicher Konstruktionsunterlagen des Konkurrenten) kann sich für den Konkurrenten allerdings als Verstoß gegen §§ 3, 4 Nr. 9, 10, 11 UWG darstellen (vgl. Hefermehl/Köhler/Bornkamm/ *Köhler* § 17 UWG Rn. 52). **36**

VIII. Sacheigentum und das urheberrechtliche Werk

1. Eigentum am Werkstück

Im arbeitsrechtlichen (Kittner/Zwanziger/Deinert/*Becker* § 56 Rn. 61; *Bayreuther* MünchHandbArbR § 91 Rn. 4; *Gamillscheg* Rn. 186) und urheberrechtlichen Schrifttum (*Rehbinder* Rn. 626; Schricker/Loewenheim/*Rojahn* § 43 Rn. 3; *Leuze* § 5 Rn. 56; *Mathis* 1) wird davon ausgegangen, dass dem **Arbeitgeber** das geschuldete Arbeitsergebnis zusteht, wobei es sich insoweit um eine **sachenrechtliche Zuordnung** und nicht um eine urheberrechtliche handelt. Arbeitnehmer sind nach der sachenrechtlichen Zuordnung infolge der Einordnung in die Betriebsorganisation und der Weisungsgebundenheit nur Besitzdiener für den Arbeitgeber i. S. d. § 855 BGB (vgl. zu den Anforderungen Palandt/ *Bassenge* § 855 BGB Rn. 1 ff.); das gilt auch für Beamte. Im Herstellungsprozess des Werkes erwirbt der Arbeitgeber nach § 950 BGB unmittelbar und originär das Sacheigentum am Werk (BAG GRUR 1961, 491, 492 – Nahverkehrschronik; BGH GRUR 1952, 257, 258 – Krankenhauskartei; BGH GRUR 1976, 264, 265 – gesicherte Spuren). Zwar schafft der Arbeitnehmer aus dem Material, das er bearbeitet, eine neue Sache (durch Schreiben, Zeichnen, Malen, Drucken etc.), der **Arbeitgeber** wird aber als **„Hersteller"** i. S. d. **§ 950 BGB** angesehen, da die Herstellung in seinem Namen und seinem wirtschaftlichen Interesse erfolgt (Palandt/*Bassenge* § 950 BGB Rn. 8). Der Arbeitgeber hat gegen den Arbeitnehmer einen Herausgabeanspruch (§ 985 BGB), wenn der Arbeitnehmer seine Stellung als Besitzdiener überschreitet und arbeitsvertragswidrig Eigenbesitz begründet (*Rehbinder* Rn. 625). Der sachenrechtliche Bezug zum Sacheigentum kann aber nicht bedeuten, dass nicht mehr der Arbeitnehmer, sondern der Arbeitgeber als Schöpfer anzusehen ist (in diesem Sinne aber *Skauradszun* UFITA 2010/II, 383). Eine derartige Auslegung des Schöpferbegriffs nach dem „work made for hire" Prinzip verkennt das Wesen der geistigen Arbeit, deren Ergebnisse in Form eines Werkes Ausdruck der individuellen geistigen und körperlichen Fähigkeiten eines Menschen sind. **37**

Das Recht zur **gewerblichen Verwertung** (etwa von Fotografien) kann aber nicht aus dem Eigentumsrecht abgeleitet werden, sondern nur aus dem **Urheberrecht** (a. A. offensichtlich *Zirkel* 5). Das Urheberrecht kann nicht mit dem Eigentum an einer Sache gleichgestellt werden, weil es des greifbaren Objektes entbehrt. Ob der Arbeitgeber Eigentümer nach § 950 BGB geworden ist, hängt von dem Zweck des Trägers des urheberrechtlichen Werkes ab. Ist ein betrieblicher Zweck zu bejahen, wird vom Eigentum des Arbeitgebers **38** ausgegangen. Waren aber z. B. Karteikarten lediglich für die private wissenschaftliche Forschung gedacht, ist der Urheber Eigentümer auch des materiellen Trägers des urheberrechtlichen Werkes (BGH GRUR 1952, 257, 258 – Krankenhauskartei). Dies gilt für alle möglichen Werkstücke, die urheberrechtlich geschützte Werke enthalten, etwa Foto- und Filmnegative, Tonträger, Manuskripte, technische Zeichnungen, Disketten mit Computerprogrammen oder Datenbanken etc. Stellt der Arbeitnehmer als Urheber im Rahmen eines Arbeitsvertrages Werke her, erwirbt der Arbeitgeber das Eigentum an diesen Werkstücken (BAG GRUR 1961, 491, 492 – Nahverkehrschronik). Soweit der Arbeitgeber Eigentümer des geschuldeten Werkes ist, bleibt er dies auch nach **Beendigung des Arbeitsverhältnisses,** es sei denn, die Vertragspartner haben etwas anderes vereinbart.

2. Stellung des Arbeitnehmers

39   Der Arbeitnehmer hat aus seiner Stellung als Urheber kein Recht zum Besitz am und keinen Anspruch auf Herausgabe des Werkträgers. So kann der Arbeitgeber die Herausgabe der Diskette mit dem arbeitsvertraglich geschuldeten Computerprogramm (§ 985 BGB) verlangen und der Arbeitnehmer hat lediglich einen Anspruch auf Zugang zum Werkstück gem. § 25 Abs. 1 (BAG GRUR 1961, 491, 492 – Nahverkehrschronik). Das Urheberrecht gewährt dem Werkschöpfer nur Ausschließlichkeitsrechte am Werk, nicht aber das Recht auf Eigentum oder Besitz an einzelnen Werkstücken (BGHZ 112, 243, 254 – Grabungsmaterialien).

3. Freie Werke und Hochschulbereich

40   Aufgrund der Besonderheiten im Hochschulbereich ist § 43 dann nicht anwendbar, wenn sich das Hochschulpersonal im Rahmen der Forschung bzw. wissenschaftlichen Tätigkeit auf Art. 5 Abs. 3 GG berufen kann. Universitätsprofessoren und Juniorprofessoren unterliegen nicht dem Weisungsrecht der Universität, urheberrechtliche Werke zu schaffen und zu veröffentlichen (a. A. Spindler/*Mönch*/*Nödler* 40; *Pflüger*/*Ertmann* ZUM 2004, 436, 441). Sie produzieren „freie Werke", nicht Pflichtwerke i. S. v. § 43. Insofern besteht auch keine Anbietungspflicht (Schricker/Loewenheim/*Rojahn* § 43 Rn. 131; Berger/Wündisch/ *Wündisch* § 15 Rn. 54; *Leuze* § 6 Rn. 5). Das trifft auch auf Hochschuldozenten, außerplanmäßigen Professoren, Honorarprofessoren, Lehrbeauftragten und Gastprofessoren zu. Wissenschaftliche Mitarbeiter bzw. Angestellte sind nur dann verpflichtet, Pflichtwerke zu schaffen, wenn dies ausdrücklich im Arbeitsvertrag vereinbart worden ist oder sich aus dem Zweck der Tätigkeit ergibt (*Leuze* GRUR 2006, 552, 553). Hat ein wissenschaftlicher Mitarbeiter oder studentische Hilfskraft z. B. eine urheberrechtlich relevante Homepage des Lehrstuhls oder des Instituts erstellt, gehört dies nicht zu den „Pflichtwerken". Die Rechtslage ist dann eine andere, wenn z. B. der Fachbereich einen Computerspezialisten einstellt, dessen Arbeitsaufgabe darin besteht, eine Datenbank zu entwickeln. Denkbar ist auch, dass der Fachbereich einer Universität eine eigene Publikationsreihe herausbringt, in der wissenschaftliche Werke veröffentlicht werden.

41   Bei der sachenrechtlichen Zuordnung von Werkstücken mit urheberrechtlicher Relevanz im Rahmen von Arbeits- und Dienstverhältnissen an **Hochschulen** differenziert die Rechtsprechung. So weicht der BGH zu Recht von dem Grundsatz ab, dass das Arbeitsergebnis dem Dienstherrn zusteht, denn die dienstrechtliche Stellung des Hochschullehrers ist nicht mit der Stellung der Arbeitnehmer oder Beamten vergleichbar, welche weisungsabhängig sind und ihre Arbeitsergebnisse zur Nutzung zur Verfügung stellen müssen (BGHZ 112, 243, 254 – Grabungsmaterialien). Der Hochschullehrer ist in seiner forschenden und lehrenden Tätigkeit weisungsfrei (BVerfG NJW 1978, 1621).

42   Der **Hochschullehrer** (oder ein anderer selbstständig wissenschaftlich arbeitender Angehöriger der Universität) schafft seine Forschungsergebnisse nicht für den Dienstherrn. Deshalb stehen jedenfalls Manuskripte eines Hochschullehrers zu Forschungszwecken in

Form von Gutachten, Aufsätzen, Lehrbüchern, Monografien etc. grds. auch im Sacheigentum des Hochschullehrers selbst (BGHZ 112, 243, 254 – Grabungsmaterialien). Dies gilt auch für Unterlagen zum Zwecke der Lehre (z. B. Vorlesungsmanuskripte u. ä.), denn eine Abgrenzung zur Forschung ist regelmäßig nur schwer möglich. Zum Zweitveröffentlichungsrecht gemäß § 38 Abs. 4 für Beiträge aus – jedenfalls – außeruniversitärer, öffentlich geförderter Forschung s. § 38 Rn. 17.

Generell ist der Hochschullehrer auch nicht verpflichtet, der Universität Nutzungsrechte 43 (a. A. *Pflüger/Ertmann* ZUM 2004, 436, 447 in Anlehnung an das Arbeitnehmererfindungsgesetz) an seinen Werken einzuräumen und Erlöse aus der Werkverwertung abzuliefern (Berger/Wündisch/*Wündisch* § 15 Rn. 54; Dreier/Schulze/*Dreier* § 43 Rn. 12; Loewenheim/*A. Nordemann* § 63 Rn. 20; *Haberstumpf* ZUM 2001, 819, 826; *Leuze* § 6 Rn. 1 ff.; BGH GRUR 1985, 530 – Happening; a. A. *Schmid/Wirth* § 43 Rn. 10). Dies ergibt sich vor allem aus der Forschungsfreiheit und der Freiheit der Lehre im Rahmen des § 4 HRG, der Art. 5 Abs. 3 GG konkretisiert. Handelt es sich hingegen um **Klausuren für universitäre Prüfungsverfahren,** sollen der Universität als Arbeitgeberin die Nutzungsrechte an solchen Klausuren zustehen, auch wenn der Arbeitsvertrag mit dem Land als Träger der Universität abgeschlossen wurde (LG Köln NJW-RR 2000, 1294, 1295 – Multiple-Choice-Klausur). Dies müsste auch für Werke von sonstigen Angehörigen der Universität gelten, soweit diese weisungsgebunden tätig werden (KG NJW-RR 1996, 1067 – Poldok; *Lenze* GRUR 2006, 552, 557; Spindler/*Mönch*/*Nödler* 41).

4. Bühnenbereich

Wenn mangels besonderer vertraglicher Abrede unklar ist, wer Eigentümer der Sache ist, 44 die in Erfüllung von Arbeitspflichten aus dem Arbeitsvertrag produziert wurde, ist nicht in jedem Fall der Arbeitgeber oder Dienstherr auch Eigentümer. Während unstrittig ist, dass das von angestellten Bühnenbildnern geschaffene **Bühnenbild** in das Eigentum des Theaters übergeht (etwa die bemalten Kulissen), ist dies bei den **Entwürfen von Bühnenbildern** durchaus zweifelhaft. Denn diese bilden im arbeitsteiligen Kunstprozess nur die Vorlage für die Werkstätten und sind nicht zwingend das Ergebnis der Erfüllung der Arbeitspflichten des Bühnenbildners.

Das gleiche gilt für die sog. **Figurinen** (Zeichnungen mit den Entwürfen der Kostüme) 45 der Kostümbildner. Der Zweck der Entwürfe besteht nicht in der Verwertung für die Aufführung eines Bühnenwerkes, sondern sie sind bloß vorbereitende Elemente in der Theaterproduktion. Sind hier keine anderen vertraglichen Abreden getroffen worden, sind die Künstler (Bühnenbildner, Kostümbildner) auch als Arbeitnehmer selbst Hersteller der Entwürfe und damit auch Eigentümer nach § 950 BGB (*Wandtke/Fischer/Reich* Theater und Recht Rn. 144; KG ZUM-RD 1998, 9, 10 – Berliner Ensemble; offen gelassen von *Kurz* Kap. 13 Rn. 67).

IX. Einräumung von Nutzungsrechten

1. Arbeitsvertrag und Rechtseinräumung

a) **Allgemeines.** Die Einräumung von bekannten und unbekannten Nutzungsarten 46 sowie Nutzungsrechten ist abhängig vom Sinn und Zweck des Arbeitsvertrages und ist für den Arbeitgeber nur dann von Interesse, wenn er im Rahmen seiner Betriebsaufgabe das urheberrechtlich geschützte Werk verwerten kann. Der Rechteerwerb durch den Arbeitgeber ergibt sich aus der arbeitsvertraglich vereinbarten Arbeitsaufgabe, wenn diese das Schaffen urheberrechtlich relevanter Werke zum Inhalt hat (OLG Düsseldorf ZUM-RD 2009, 63, 66; KG GRUR-RR 2004, 228, 229 – Zeitungen für Online-Zugriff; *v. Olenhusen* ZUM 2010, 474, 478).

47 Auch die **schuldrechtliche Verpflichtung** zur Einräumung der Nutzungsrechte ergibt sich aus der Vereinbarung im Arbeitsvertrag (Bröcker/Czychowski/Schäfer/*Wirtz* § 8 Rn. 548; Tschöpe/*Westhoff* Teil 2 H Rn. 69 auf Pflichtwerke bezogen). Denn der Arbeitnehmer hat sich im Arbeitsvertrag verpflichtet, gegen Lohnzahlung Werke zu schaffen. Will der Werkschöpfer eine Rechtseinräumung ausschließen, muss er ausdrücklich einen entsprechenden Vorbehalt geltend machen (BGH GRUR 1974, 480 – Hummelrechte). Die schuldrechtliche Verpflichtung zur Rechtseinräumung ist von der Rechtseinräumung als Verfügung zu trennen.

48 **b) Schriftformerfordernis.** Der Abschluss von Arbeitsverträgen ist formfrei, soweit keine Schutzvorschriften entgegenstehen. Die **Einräumung von Nutzungsrechten** sollte zum Schutz des Urhebers im Arbeitsvertrag aber schriftlich erfolgen. Der Umfang wird jeweils von der Spezifik des Werkes abhängen, die Nutzung etwa eines Computerprogramms schließt andere Nutzungsrechte ein (Vervielfältigung) als die eines Bühnenwerkes (Aufführungsrecht). Ferner ist für Arbeitsverträge typisch, dass sie Verpflichtungen für die Herstellung von Werken enthalten, die überhaupt nicht näher oder nur der Gattung nach bestimmt sind. Die vom Urheberrechtsgesetz für die Einräumung der Nutzungsrechte an unbestimmten (!) künftigen Werken geforderte **Schriftform (§ 40)** ist im Arbeits- und auch im Dienstverhältnis aber zwingend (anders noch Wandtke/*Wandtke*, Urheber im Arbeitsverhältnis Rn. 199). Diese Vorschrift hat vor allem den Sinn, die Einräumung von Nutzungsrechten nicht zuungunsten des Urhebers zu unterlaufen. Der Arbeitsvertrag und das Arbeitsverhältnis sichern den Arbeitnehmer als Urheber. Es gibt keinen Grund auf die schützende Warnfunktion der Form zu verzichten (so auch *Fuchs* 78; W*andtke* GRUR 1999, 390, 393; *Lucas* 127; a. A. LG Köln ZUM 2008, 76, 77; *Bayreuther* MünchHandb-ArbR § 91 Rn. 7; Büscher/Dittmer/Schiwy/*Haberstumpf* Teil 1 Kap. 10 § 43 Rn. 12; Ulmer 404; Dreier/Schulze/*Dreier* § 43 Rn. 19; Loewenheim/*A. Nordemann* § 63 Rn. 36; Schricker/Loewenheim/*Rojahn* § 43 Rn. 44; *Haberstumpf* Rn. 452; *Kraßer* FS Schricker 1995, 77, 93; *Schack* Rn. 1119; *Rehbinder* Rn. 638). Fraglich ist, worauf sich die Schriftform bezieht und welche Rechtsfolgen eintreten. Zunächst ist festzustellen, dass das Schutzbedürfnis des Arbeitnehmerurhebers nicht geringer ist als das eines freischaffenden Urhebers (so aber Dreier/Schulze/*Schulze* § 40 Rn. 5). Für Arbeitsverhältnisse, die durch Arbeitnehmer als Urheber begründet werden, ist typisch, dass mit den Arbeitsverträgen die schuldrechtliche Verpflichtung zur Einräumung von Nutzungsrechten an künftigen Werken, die nicht näher oder nur der Gattung nach bestimmt sind, mit der Vereinbarung über eine Vorausverfügung an solchen Werken zusammenfällt. Die fehlende Schriftform erfasst aber nicht nur die schuldrechtliche Seite des Arbeitsvertrages, sondern auch die Wirksamkeit der Vorausverfügung (a. A. *Schack* Rn. 1119: Vorausverfügung formfrei). Denkbar ist, dass im Arbeitsvertrag eine schriftliche Klausel über die Verpflichtung zur Einräumung von Nutzungsrechten fehlt. Schafft der Arbeitnehmer Werke, die nicht oder der Gattung nach im Arbeitsvertrag bestimmt sind oder ist strittig, ob das Schaffen von Werken zum Inhalt des Arbeitsverhältnisses gehört, sind die Verpflichtung und die Vorausverfügung unwirksam. Der Arbeitgeber muss dann mit dem Arbeitnehmerurheber eine konkrete schriftliche Vereinbarung über den Inhalt und Umfang der Nutzungsrechte abschließen, sobald das Werk geschaffen ist und Klarheit über den Inhalt der vereinbarten Arbeitsaufgabe besteht. Erst dann ist die Verfügung wirksam, was keine große Hürde für den Arbeitgeber ist, eine entsprechende Vereinbarung abzuschließen. Würde man die Vorausverfügung als formfrei dogmatisch behandeln, würde der Nichtbeachtung der Schriftform Tür und Tor geöffnet. Der Sinn der Schriftform würde ins Gegenteil verkehrt. Es geht vordergründig um den Schutz des Urhebers. Das Risiko trägt der Arbeitgeber. Die Verfügung bezieht sich auf die Werke, die während des Bestehens des Arbeitsverhältnisses entstanden sind. Die Verfügung ist hinsichtlich der Werke dann unwirksam, wenn mit Beendigung des Arbeitsvertrages diese noch nicht abgeliefert worden sind (§ 40 Abs. 3). Mit der Reform 2007 (s. Vor

§§ 31 ff. Rn. 5) wird die hier vertretene Auffassung unterstützt, wonach die Schriftform sowohl das Verpflichtungs- als auch das Vorausverfügungsgeschäft für künftige Werke, die nicht der Gattung nach bestimmt sind, erfasst. Unklarheiten können nicht zu Lasten des Urhebers gehen. Denn der Arbeitgeber ist aufgefordert, im Arbeitsvertrag eine Klausel über unbekannte Nutzungsarten schriftlich zu vereinbaren (§ 31a Abs. 1 S. 1). Eine nicht schriftliche Vereinbarung über die Rechtseinräumung unbekannter Nutzungsarten ist unwirksam (näher unten Rn. 67 ff.). Auch hier ist gleichsam eine Vorausverfügung für unbekannte Nutzungsarten schriftlich zu vereinbaren. Es soll gleichsam ein Gleichklang für Verpflichtungen und Vorausverfügungen festgeschrieben werden, unabhängig davon, ob der Urheber Freischaffender oder im Arbeitsverhältnis tätig ist. Es gibt eine Akzessorietät zwischen dem kausalen Grund und der Vorausverfügung, soweit ein Arbeitsverhältnis besteht. Das Schriftformerfordernis nur an das Verpflichtungsgeschäft zu binden, reicht für den Schutz nicht aus (a. A. *Ulrici* m. w. N.).

c) Stillschweigende Rechtseinräumung und Zeitpunkt. Anders als aus § 69b folgt **49** aus § 43 keine gesetzliche Einräumung aller vermögensrechtlichen Befugnisse (*A. Nordemann/Czychowski* in: Hasselblatt Teil E Rn. 62), sondern nur der Erwerb ausschließlicher Nutzungsrechte im Zweifel durch den Arbeitgeber im Rahmen seines Betriebszwecks. Im Rahmen der betrieblichen Nutzung erwirbt der Arbeitgeber die Nutzungsrechte durch den Arbeitsvertrag, wenn die vereinbarte Arbeitsaufgabe ausdrücklich das Werkschaffen zum Ausdruck bringt. In vielen Arbeitsverträgen findet sich allerdings keine ausdrückliche Vereinbarung über die Einräumung von Nutzungsrechten und schon gar nicht über den Inhalt und Umfang der Nutzung durch den Arbeitgeber, sondern meist nur eine individuelle Vereinbarung über die Arbeitsaufgabe (zumindest über die Tätigkeitsbezeichnung).

Haben Arbeitnehmer und Arbeitgeber im Arbeitsvertrag eine Rechtseinräumung von **50** (bekannten!) Nutzungsarten und Nutzungsrechten nicht vereinbart, wird zu Recht von einer **stillschweigenden Rechtseinräumung** im Arbeits- oder Dienstverhältnis ausgegangen (so bereits RGZ 110, 393, 396 – Innenausstattung Riviera; BGH GRUR 1952, 257, 258 – Krankenhauskartei; BGH GRUR 1960, 609, 612 – Wägen und Wagen; BGH GRUR 1974, 480, 483 – Hummelrechte; BGH GRUR 1985, 129, 130 – Elektrodenfabrik; BAG GRUR 1984, 429, 431 – Statikprogramme; BAG GRUR 1961, 491 – Nahverkehrschronik; BAG BB 1997, 2112 – Schaufensterdekoration; BGH GRUR 2005, 860, 862 – Fash 2000; LG Düsseldorf ZUM-RD 2008, 556, 558; OLG Düsseldorf ZUM-RD 2009, 63, 66; *Bayreuther* MünchHandbArbR § 91 Rn. 6; Schricker/Loewenheim/*Rojahn* § 43 Rn. 40; Fromm/Nordemann/*A. Nordemann* § 43 Rn. 30; Möhring/Nicolini/*Spautz* § 43 Rn. 8; *Rehbinder* Rn. 642; *Haberstumpf* Rn. 452; *v. Gamm* § 43 Rn. 2; *Ulmer* 402; *Schack* Rn. 1118; *Leuze* § 5 Rn. 57; Kittner/Zwanziger/Deinert/*Becker* § 56 Rn. 78). Denn der Arbeitgeber benötigt die Nutzungsrechte, um das Werk verwerten zu können, und hierin besteht der Sinn jeglicher Produktion, sei es im Bereich der Musik, des Films, des Fernsehens, des Theaters oder der Computerindustrie. Eine stillschweigende Rechtseinräumung **unbekannter Nutzungsarten** scheidet aufgrund des Schriftformerfordernisses (§ 31a Abs. 1 S. 1) aus (*Bayreuther* MünchHandbArbR § 91 Rn. 8; a. A. offensichtlich Fromm/Nordemann/*J. B. Nordemann* § 31a Rn. 79).

Wenn die Rechtseinräumung **nicht ausdrücklich** ausgeschlossen wurde, was rechtlich **51** zwar möglich, praktisch aber widersinnig ist, denn bei Pflichtwerken besteht jedenfalls eine Pflicht zur Rechtseinräumung (Schricker/Loewenheim/*Rojahn* § 43 Rn. 38; *Rehbinder* Rn. 636; *v. Olenhusen* ZUM 2010, 474, 478), hat der Arbeitnehmer dem Arbeitgeber die Nutzungsrechte innerhalb des von ihm gewählten Abhängigkeitsverhältnis zumindest **durch schlüssiges Verhalten** eingeräumt. Denn der Urheber als Arbeitnehmer weiß i. d. R., welche Tätigkeit er schuldet und worin der Zweck seiner Arbeit besteht. Ihm ist bekannt, dass das Werk nicht „an sich" produziert wird, sondern „für den Arbeitgeber". Die stillschweigende Rechtseinräumung geschieht **bereits mit Abschluss des Arbeits-**

vertrages und nicht erst mit der Ablieferung des Werkes (a. A. *Balle* NZA 1997, 868, 870; zur Folge des § 40 bei unbestimmten Werken oben Rn. 48). Die Ablieferung des Werkes liegt im Rahmen der schuldrechtlich vereinbarten Arbeitsaufgabe. Mit ihr wird nur deutlich, dass die stillschweigende oder ausdrückliche Vorausverfügung beim Abschluss des Arbeitsvertrages spätestens zu diesem Zeitpunkt erfüllt wird (BGH GRUR 1974, 480, 483 – Hummelrechte).

52 **d) Hinweispflicht bei Abtretung an Verwertungsgesellschaften.** Arbeitnehmer, die vor Eingehung des Arbeits- oder Dienstverhältnisses die Nutzungsrechte an ihren Werken durch Vorausverfügungen an eine Verwertungsgesellschaft abgetreten haben, müssen dies beim Abschluss des Arbeitsvertrages dem Arbeitgeber offen legen (Berger/Wündisch/ *Wündisch* § 15 Rn. 22; *Hubmann* FS Hueck 54; *Rehbinder* Rn. 640). Das gilt auch für die unbekannten Nutzungsarten. Der Arbeitgeber muss sich dann ggf. mit der entsprechenden Verwertungsgesellschaft auseinandersetzen. Verletzt der Arbeitnehmer diese **Offenbarungspflicht,** dann haftet er für einen möglichen Schaden nach den §§ 311 Abs. 2, 241 Abs. 2, 280 Abs. 1, 249 ff. BGB (*Bayreuther* MünchHandbArbR § 91 Rn. 11).

53 Werden einer Verwertungsgesellschaft **während des Bestehens eines Arbeits- oder Dienstverhältnisses** vom Arbeitnehmerurheber Nutzungsrechte eingeräumt, obwohl sie vom Betriebszweck umfasst sind, geht der Wahrnehmungsvertrag ins Leere. Der Anspruch auf eine gesonderte angemessene Vergütung für unbekannte Nutzungsarten nach § 137l Abs. 5 S. 1 durch Verwertung unbekannter Nutzungsarten aufgrund von Altverträgen mit umfassender Rechtseinräumung (§ 137l Abs. 1) kann nur durch eine Verwertungsgesellschaft geltend gemacht werden (§ 137l Abs. 5 S. 3).

2. Inhalt und Umfang der Rechtseinräumung

54 **a) Allgemeines.** § 31 Abs. 5 bildet das Kernstück des Urhebervertragsrechts und gilt grds. auch im Arbeitsverhältnis. § 43 stellt dies hinsichtlich der Rechtseinräumung insoweit nur klar, indem diese im Zweifel auf den Betriebszweck beschränkt ist. Die Funktion des Arbeitsvertrages besteht darin, konkrete vertragliche Abreden zu vereinbaren, um Rechtssicherheit für die Vertragsparteien zu gewährleisten. Beim Abschluss von Arbeitsverträgen mit Urhebern bedeutet dies vor allem neben der Vereinbarung der Arbeitsaufgabe auch die einzelnen Nutzungsarten, d. h. den **Inhalt und Umfang der Rechtseinräumung** möglichst konkret zu bestimmen. Während der Inhalt der Rechtseinräumung die einzelnen Nutzungsrechte (§§ 15 ff., z. B. Vervielfältigungs-, Verbreitungs-, Aufführungs-, Sende-, Vorführungs-, Wiedergaberecht durch Bild- und Tonträger u. a.) einschließt, erfasst der Umfang der Rechtseinräumung die Reichweite der Einräumung (z. B. Bezeichnung einzelner Nutzungsrechte, Recht zur Übertragung der Rechte auf Dritte etc.).

55 **b) Zweckübertragungslehre. aa) Grundsatz.** Geht weder aus dem Arbeitsvertrag noch aus dem Tarifvertrag der Inhalt und Umfang der Rechtseinräumung hervor, ist die **Zweckübertragungslehre** als Auslegungsregel anzuwenden (ausführlich § 31 Rn. 39 ff.). Sowohl die Rechtsprechung (BGH GRUR 2011, 59, 60 – Lärmschutzwand; RGZ 110, 393, 395 – Inneneinrichtung Riviera; 124, 68, 71 – Besteckmuster; BGH GRUR 1985, 529, 530 – Happening; BAG ZUM 1997, 67, 69; BGH GRUR 1974, 480, 482 – Hummelrechte; BGH GRUR 2005, 860, 862 – Fash 2000; *Hoecht* 47) als auch das Schrifttum gehen unter Berufung auf § 31 Abs. 5 (Dreier/Schulze/*Dreier* § 43 Rn. 17; Dreyer/ Kotthoff/Meckel/*Kotthoff* § 43 Rn. 13; *Leuze* § 5 Rn. 58; Schricker/Loewenheim/*Rojahn* § 43 Rn. 48; *Rehbinder* Rn. 644; Fromm/Nordemann/*A. Nordemann* § 43 Rn. 45; *v. Gamm* § 43 Rn. 2; *Ulmer* 404; *Haberstumpf* Rn. 452; *Bayreuther* MünchHandbArbR § 91 Rn. 9; *Schacht* 51; Schaub/*Koch* § 115 Rn. 7; a. A. *Zöllner* FS Hubmann 523, 531) davon aus, dass dann, wenn nichts vereinbart worden ist, dem Arbeitgeber nur die Rechte eingeräumt worden sind, die er **zur Erfüllung seiner betrieblichen Aufgaben** benötigt. Das

gilt auch für den Kreis der Aufgaben des Dienstherren (BGH GRUR 2011, 59, 60 – Lärmschutzwand).

Dieser Grundsatz wird auch nicht durch **„das Wesen und den Inhalt des Arbeits-** **56** **verhältnisses"** außer Kraft gesetzt (ausführlich *Mathis* 111 ff., 127), denn die Einschränkung des Urheberrechtsschutzes nach § 43 kann nicht soweit führen, dass dem Arbeitgeber Rechte zustehen sollen, die er zur Erfüllung seiner betrieblichen Zwecke gar nicht benötigt. Das gilt auch für das **Beamtenverhältnis** (BGH GRUR 2011, 59, 60 – Lärmschutzwand; *Seewald/Freudling* NJW 1986, 2688, 2690; *D. Dünnwald* 108). Die Zweckübertragungstheorie ist auch im Bereich der **Softwareproduktion** anzuwenden (BGH GRUR 2005, 860, 862 – Fash 2000). Sie wird auch durch § 69b für die in Arbeits- und Dienstverhältnissen geschaffenen Computerprogramme nicht außer Kraft gesetzt (**a. A.** Begründung zum Reg. Entw., BR-Drucks. 629/92, 24; *Sack* UFITA 121 (1993) 15, 24; *Sack* BB 1991, 2165, 2169; *Zirkel* 72). § 43 ist keine Auslegungsregel für **Tarifverträge,** hier hilft aber § 31 Abs. 5 (OLG Hamburg, GRUR 1977, 556, 558 – Zwischen Marx und Rothschild).

Die Zweckübertragungslehre gilt sowohl für **einfache** wie für **ausschließliche Nut-** **57** **zungsrechte,** für den räumlichen, zeitlichen und inhaltlichen **Umfang** der Rechtseinräumung, für die **Weiterübertragung** der Nutzungsrechte auf Dritte, für die Nutzungsarten und für die Übertragung der Ausübung von **Urheberpersönlichkeitsrechten.** Generell erfasst der Zweck eines Dienstvertrages nicht die Pflicht, Unterlizenzen einem Dritten einzuräumen oder das Nutzungsrecht zu übertragen (BGH GRUR 2011, 59, 60 – Lärmschutzwand). Hat der Arbeitgeber das Nutzungsrecht einem **Unterlizenznehmer** übertragen, so muss auch im Arbeitnehmerurheberrecht der Grundsatz gelten, dass mit der Beendigung des Arbeitsverhältnisses die Unterlizenz nicht erlischt (vgl. BGH GRUR 2012, 916, 918 – M2Trade; BGH GRUR 2012, 914, 915 – Take Five; kritisch *Klawitter* GRUR-Prax 2012, 425).

bb) **Fehlende Vereinbarung.** Wenn keine Vereinbarung über den Inhalt und Umfang **58** der Rechtseinräumung besteht, kann weder aus § 43 noch nach der Zweckübertragungslehre eine vollständige stillschweigende Rechtseinräumung über den **Betriebszweck** hinaus angenommen werden. Denn das Urheberrecht hat die Tendenz, im Fall der Nutzungsrechte soweit als möglich beim Urheber zu verbleiben (*Wiechmann* ZUM 2010, 496, 499; *Ulmer* 365; BGH GRUR 2004, 938 – Comic-Übersetzungen III; OLG München NJW-RR 2000, 1574, 1575 – Literaturhandbuch). Eine vollständige Einräumung aller Nutzungsrechte müsste im Arbeitsvertrag oder in einer gesonderten Abrede ausdrücklich vereinbart sein. § 43 und § 31 Abs. 5 führen hier zu einer engen Auslegung der nach dem Betriebszweck eingeräumten Nutzungsrechte (a. A. *Kraßer* FS Schricker 1995, 91). Hat der Arbeitgeber **mehrere Betriebe,** hat er die Nutzungsrechte seines Arbeitnehmers nur für den Betrieb erworben, in dem der Arbeitnehmer tätig ist (BGH GRUR 1978, 244, 246 – Ratgeber für Tierheilkunde).

cc) **Betriebszweck.** Der betriebliche Zweck muss im Einzelfall ermittelt werden, wenn **59** er aus dem Arbeitsvertrag oder den kollektivvertraglichen Regelungen nicht zu entnehmen ist. Die gesetzliche Regelung ist insoweit allgemein gehalten und bedarf der Auslegung, wobei auch hier wieder auf den Zweckübertragungsgrundsatz abzustellen ist, das Urheberrecht im Zweifel also so weit wie möglich beim Arbeitnehmerurheber verbleibt. Wenn bereits aus dem Arbeitsvertrag kein Hinweis über ein Pflichtwerk hervorgeht, lässt sich erst recht keine stillschweigende Weiterübertragung von Nutzungsrechten an Dritte ableiten, es sei denn, die Weiterübertragung wird vom Betriebszweck umfasst (BGH GRUR 2011, 59, 60 – Lärmschutzwand; OLG Düsseldorf ZUM-RD 2009, 63, 66). Als Anhaltspunkt können die Produktionsweise des Betriebes und dessen **Aufgabenstellung** herangezogen werden. So liegt die Nutzung des Werkes im Rahmen des betrieblichen Zweckes, wenn Fotos eines angestellten **Werbefotografen** in Broschüren veröffentlicht werden, Software eines angestellten **Programmierers** verkauft oder durch die Allgemeinheit genutzt wird, das

Bühnenbild eines angestellten **Bühnenbildners** im Rahmen der Inszenierung verwendet und bei der Aufführung vorgeführt wird. Der **Redakteur** einer Sendeanstalt, der einen Artikel für eine Sendung zu schreiben verpflichtet ist, räumt im Zweifel dieser das Recht zur Nutzung für die Sendung ein.

60 Die der Universität erteilte Einwilligung, ein veranstaltetes Happening auf Videoband aufzunehmen, umfasst im Zweifel nicht die Verwertung des Bandes für außeruniversitäre Zwecke (BGH GRUR 1985, 529, 530 – Happening). Der erforderliche Zusammenhang zwischen dem arbeitsvertraglich vereinbarten Werkschaffen und dem Betriebszweck besteht nicht, wenn etwa ein Mitarbeiter arbeitsvertraglich verpflichtet ist, Schreibarbeiten bei der Fertigstellung eines Buchmanuskriptes zu leisten, aber in Wirklichkeit selbst am Manuskript als Miturheber tätig ist (BGH GRUR 1978, 244, 245 – Ratgeber für Tierheilkunde). Der Zusammenhang ist auch durchbrochen, wenn die Nutzung sich auf Werke bezieht, die außerhalb der arbeitsvertraglich vereinbarten Arbeitsaufgabe geschaffen wurden. In diesen Fällen ist eine **zusätzliche Vereinbarung** zum Arbeitsvertrag abzuschließen (*Kraßer* FS Schricker 1995, 77, 101), ansonsten verbleiben die über den betrieblichen Zweck hinausgehenden Nutzungsrechte beim **Arbeitnehmer** (OLG Hamburg GRUR 1977, 556, 558 – Zwischen Marx und Rothschild).

61 Der BGH fordert richtigerweise, dass der **Arbeitgeber nachweisen** muss, dass er mit der Zahlung des Lohnes sämtliche Nutzungsrechte erworben habe (BGH GRUR 1978, 244, 246 – Ratgeber für Tierheilkunde; dagegen Fromm/Nordemann/*A. Nordemann* § 43 Rn. 58), denn es entspricht dem Wesen der Rechtseinräumung im Urheberrecht, dass derjenige, der die Rechte nutzt, im Zweifel auch nachweisen muss, dass dies dem Vertragszweck entspricht. Nur so ist gesichert, dass die Rechte des Urhebers nicht missbraucht werden, ihm keine vermögensrechtlichen Nachteile erwachsen und das Werk nicht in einem Sinn und Umfang genutzt wird, der im Gegensatz zum Vertragsgegenstand steht (RGZ 123, 312, 317 – Wilhelm Busch).

62 dd) **Bühnenbereich.** Im Bühnenbereich sind die vormals unterschiedlichen Tarifverträge für die einzelnen Kunstsparten seit dem 15.10.2002 in der Fassung vom 12. April 2010 in einem einheitlichen Tarifvertrag NV-Bühne geregelt (abgedr. bei Bühnen- und Musikrecht (Hrsg. Deutscher Bühnenverein) Stand August 2010; *Bolwin/Sponer* A I 1a; vgl. Opolony ZUM 2003, 358). Die Rechtseinräumung und die Abgeltung der Urheberrechte und der Leistungsschutzrechte erfolgen im allgemeinen Teil und für die einzelnen Sparten. So wird in § 8 NV Bühne AT der Betriebszweck dahingehend formuliert, dass dem Arbeitgeber für „theatereigene Zwecke" die Rechte der Mitglieder zeitlich und räumlich unbegrenzt eingeräumt werden. Der Dramaturg z.B. eines Theaters räumt diesem die Nutzungsrechte etwa für seine Beiträge zu den **Programmheften** für den „theatereigenen Zweck" ein, und zwar regelmäßig unbefristet, wie sich aus der tarifrechtlichen Regelung ergibt. Der Zweck der Nutzung der Arbeitsleistung kann sich auch aus den tarifrechtlich geregelten arbeitsrechtlichen Mitwirkungspflichten ergeben. So sind Bühnenmitglieder und Musiker zur Mitwirkung bei der unmittelbaren **Übertragung der Aufführung** durch Bildschirm bzw. Lautsprecher oder ähnliche technische Einrichtungen oder bei der Aufnahme auf Bild-, Ton- oder Bildtonträger zum Zwecke der Übertragung für den theater- oder orchestereigenen Zweck (z.B. für Wiederaufnahmeproben, im Rahmen der Aufführung, zur Übertragung in das Foyer für zu spät gekommene Zuschauer) verpflichtet (§ 8 Abs. 3 NV-Bühne AT). Zu den theatereigenen Zwecken gehört auch die Werbung der Bühne (§ 8 Abs. 2 S. 3 NV-Bühne AT). Ähnliche Regelungen gelten für die leistungsschutzberechtigten Bühnenkünstler (§ 59 Abs. 4 NV-Bühne SR Solo; § 80 Abs. 4 NV-Bühne SR Chor; § 93 Abs. 4 NV-Bühne SR Tanz). Eine Vergütung zusätzlich zur Gage erfolgt dann nicht.

63 Zu den Bandaufnahmen für den theater- oder orchestereigenen Zweck gehören auch **Videoaufzeichnungen** (OLG München ZUM 1993, 42, 43). Eine Einwilligung der betreffenden Urheber (z.B. Bühnenbildner, Dramaturgen, Regisseur oder Leistungsschutzberech-

tigten (Schauspieler, Sänger, Tänzer) ist nicht erforderlich (§ 8 Abs. 2 NV Bühne für Solo, Tanz und Chor).

Wenn entsprechende Klauseln im Dienstvertrag fehlen, räumt der angestellte **Theater-** **64** **regisseur** der Bühne stillschweigend das Aufführungsrecht an seinem Inszenierungswerk ein (wenn denn ein solches entstanden ist, vgl. § 2 Rn. 55 zum Streitstand), und zwar jedenfalls für die Zeit seines Arbeitsverhältnisses und mangels vertraglicher Abreden auch darüber hinaus, wenn bei Erarbeitung der Inszenierung absehbar ist, dass diese nach der mittelfristigen Spielplanorganisation des Hauses mehrere Spielzeiten oder gar Jahrzehnte im Repertoirebetrieb bleiben kann (*Grunert* KUR 2000, 128, 142f.). Der Bühnenbrauch wird überwiegend als Auslegungskriterium für Tarif- und Arbeitsverträge herangezogen (*Opolony* ZUM 2003, 358, 360).

ee) Filmbereich. Gewichtige Ausnahmen von der Anwendung des § 43 bestehen zu- **65** gunsten der Filmindustrie. Denn der **Filmhersteller** hat im Zweifel das ausschließliche Recht, das Filmwerk sowie Übersetzungen und andere filmische Bearbeitungen oder Umgestaltungen desselben auf alle bekannten Nutzungsarten zu nutzen (§ 89 Abs. 1). Das trifft auf alle Arbeitnehmer zu, die bei der Herstellung des Filmwerkes als Urheber tätig werden, etwa Filmregisseure, Kameramänner und Cutter (ausführlich Vor §§ 88ff. Rn. 43ff.; weitere Beispiele bei *v. Olenhusen,* Film und Fernsehen Rn. 149), denn § 89 geht § 31 Abs. 5 vor (Schricker/Loewenheim/*Katzenberger* § 89 Rn. 3; vgl. auch *Meiser* NZA 1998, 291, 293), wenn keine Rechtseinräumung vertraglich vereinbart wurde. Die Besonderheiten in der Filmproduktion können nicht dazu führen, dass für Altverträge, die eine pauschale Bezugnahme auf das jeweils geltende Tarifrecht (z. B. „andere zur Zeit bekannte oder erst in Zukunft bekannt werdende Verfahren") enthalten, eine gesonderte angemessene Vergütung für unbekannte Nutzungsarten ausgeschlossen ist. Der Beteiligungsgrundsatz im Urheberrecht ist auch im Arbeitsverhältnis anzuwenden (OLG Köln ZUM 2009, 237, 241).

Dagegen knüpft die Übertragung des **Rechts zur Verfilmung,** bspw. durch einen an- **66** gestellten Skriptautor, nur an den üblichen Zweck eines **Verfilmungsvertrages** an (§ 88 Abs. 1 S. 1). Diese Bestimmung ist eine Konkretisierung der im Urhebervertragsrecht allgemein geltenden Zweckübertragungstheorie, wie sie auch in § 31 Abs. 5 zum Ausdruck kommt. Die bloße **Einwilligung zur Aufzeichnung** eines Ereignisses für Dokumentationszwecke bedeutet keine Einwilligung in die Verwendung der Aufzeichnung für andere Zwecke (BGH GRUR 1985, 529, 530 – Happening).

c) Unbekannte Nutzungsarten. aa) Grundsatz. Mit der jüngsten Reform 2007 (s. **67** Vor §§ 31ff. Rn. 5) wurde § 31 Abs. 4 a. F. (s. § 31 Rn. 38) aufgehoben, und mit den §§ 31a, 32c, 137l neue Grundsätze aufgestellt, die auch die wirtschaftliche Dispositionsfreiheit der Arbeitnehmerurheber und damit das **Vermögensrecht nach Art. 14 Abs. 1 GG** betreffen (vgl. BVerfG ZUM-RD 2012, 125, 127 – AnyDVD; BVerfGE 31, 229, 243; BVerfG NJW 2004, 1233). Um den Urheber vor pauschalen Rechtseinräumungen zu bewahren, war die Einräumung von Nutzungsrechten für noch nicht bekannte Nutzungsarten sowie die Verpflichtung hierzu bisher nichtig (§ 31 Abs. 4 a. F.). Arbeitgeber konnten sich nicht auf Arbeitsverträge oder Tarifverträge stützen, in denen eine Rechtseinräumung für zum Zeitpunkt des Vertragsschlusses noch unbekannte Nutzungsarten vereinbart wurde, denn § 31 Abs. 4 a. F. gehörte zu den zwingenden Normen des UrhG (s. § 31 Rn. 38) und galt gleichermaßen im Arbeitsverhältnis (a. A. *Löffler/Berger* UrhR BT Rn. 222). Deshalb konnte schon gar **kein stillschweigender Verzicht** auf den Vorbehalt der Nutzungsrechte für unbekannte Nutzungsarten vermutet werden (*v. Gamm* § 43 Rn. 2; *Haberstumpf* Rn. 452; Fromm/Nordemann/*A. Nordemann* § 43 Rn. 46; *Schack* Rn. 1118; *Fitzek* 202ff.; a. A. AmtlBegr. zu § 43 BRegE, BT-Drucks. IV/270, 62; wohl auch Schricker/Loewenheim/*Rojahn* § 43 Rn. 36; *v. Olenhusen/Ernst* in: Hoeren/Sieber Teil 7.3 Rn. 92; *Fuchs* 86).

An Stelle des § 31 Abs. 4 a. F. (s. § 31 Rn. 38) wurde nunmehr die Möglichkeit geschaf- **68** fen, Vereinbarungen über unbekannte Nutzungsarten im **Arbeitsvertrag ex ante** aufzunehmen (Berger/Wündisch/*Wündisch* § 15 Rn. 29). Die Rechtseinräumung und die Verpflichtung müssen im Arbeitsvertrag oder gesondert schriftlich vereinbart werden (§ 31a Abs. 1 S. 1). Die **Schriftform ist hierfür ebenso wie die ausdrückliche Einräumung unbekannter Nutzungsarten Wirksamkeitsvoraussetzung** (s. § 31a Rn. 10 ff.). Will der Arbeitgeber Werke des Arbeitnehmerurhebers auf eine ex post entstandene neue Nutzungsart nutzen, ist er verpflichtet, dem Arbeitnehmerurheber hierfür eine **angemessene Vergütung** zu zahlen (§ 32c Abs. 1 S. 1). Der Arbeitnehmer kann die Rechtseinräumung unbekannter Nutzungsarten binnen drei Monaten nach Erhalt einer Mitteilung des Arbeitgebers widerrufen (§ 31a Abs. 1 S. 3, 4). Das **Widerrufsrecht des Arbeitnehmerurhebers** ist ein Schutzrecht und kann ihm nicht für unbekannte Nutzungsarten bei Pflichtwerken versagt oder eingeschränkt werden (Mestmäcker/Schulze/*Scholz* § 31a Rn. 29; *Bayreuther* MünchHandbArbR § 91 Rn. 8; *G. Schulze* UFITA 2007/III, 673; a. A. Schricker/ Loewenheim/*Rojahn* § 43 Rn. 55a; Fromm/Nordemann/*J. B. Nordemann* § 31a Rn. 79; Büscher/Dittmer/Schiwy/Haberstumpf Teil 1 Kap. 10 § 43 Rn. 13; Berger/Wündisch/ *Wündisch* § 15 Rn. 29; *Berger* GRUR 2005, 907, 909). Durch die Mitteilung (§ 31a Abs. 1 S. 4) soll der Arbeitnehmerurheber eine ausreichende Wissensgrundlage für die Ausübung oder Nichtausübung des Widerrufsrechts erhalten. Die **Widerrufsfrist** beginnt erst mit dem Absenden der Mitteilung zu laufen, die Widerspruchsfrist nach § 31a Abs. 1 S. 4 wird weder durch eine unterbliebene noch durch eine nicht ordnungsgemäße Mitteilung ausgelöst. Macht der Arbeitnehmerurheber von seinem Widerrufsrecht Gebrauch, wird die Rechtseinräumung ex tunc unwirksam (s. § 31a Rn. 75). Wird dagegen eine angemessene Vergütung vereinbart, erlischt das Widerrufsrecht. Das gilt auch, wenn ein Tarifvertrag eine angemessene Vergütung für unbekannte Nutzungsarten enthält (§ 31a Abs. 2 S. 2). Der Arbeitgeber hat den Arbeitnehmerurheber über die Aufnahme der neuen Art der Werknutzung unverzüglich zu unterrichten (§ 32c Abs. 1 S. 3). Bei Verletzung der **Unterrichtspflicht** ist der Arbeitgeber möglichen Schadensersatzansprüchen ausgesetzt (s. § 32c Rn. 36). Für Arbeitsverträge, die vor Inkrafttreten der Reform 2007 (s. Vor §§ 31 ff. Rn. 5) abgeschlossen wurden, hat der Arbeitgeber auch die Rechte an unbekannten Arten der Werkverwertung, wenn eine umfassende Rechtseinräumung erfolgt ist, und der Arbeitnehmerurheber sein Widerrufsrecht nicht innerhalb eines Jahres ausübt (§ 137l Abs. 1 S. 2 u. 3).

69 Eine **stillschweigende Abbedingung** der §§ 31a, 32c als Schutzvorschriften ist **ausgeschlossen**, denn §§ 31a, 32c sind keine bloßen Auslegungsvorschriften. §§ 31a, 32c erfahren keine Einschränkung durch den „Inhalt und das Wesen" des Arbeitsverhältnisses. Die technische Entwicklung und die Unmöglichkeit der Kontrolle durch den Urheber gebietet eine enge Auslegung der §§ 31a, 32c und zwar auch bei dem in Abhängigkeit beschäftigten Urheber. Dies muss zumindest dann gelten, wenn zwischenzeitlich das Arbeitsverhältnis beendet wurde. **Tarifverträge,** die die Einräumung von unbekannten Nutzungsarten enthalten, sind nach § 31 Abs. 2 S. 2 insoweit wirksam. Die §§ 31a, 32c sind konsequent auch im Verhältnis zwischen Arbeitnehmerurheber und Arbeitgeber anzuwenden (Dreyer/Kotthoff/Meckel/*Kotthoff* § 43 Rn. 15).

70 **bb) Unbekannt.** Welche Nutzungsarten im Arbeitsverhältnis als „noch nicht bekannt" anzusehen sind, lässt sich nur im Einzelfall ermitteln (näher § 31a Rn. 15 ff.). Unter Nutzungsart sind nicht allgemein die Verwertungsrechte i. S. d. §§ 15 ff. zu verstehen, sondern **Nutzungsart** ist jede wirtschaftlich bedeutsame, selbstständige und abgrenzbare Art und Weise der Auswertung des Werkes (BGH ZUM-RD 2012, 192, 196 Rn. 51 – Das Boot; BGH GRUR 2005, 937, 939 – Der Zauberberg; BGH GRUR 1995, 212, 213 f. – Videozweitauswertung III; BGH GRUR 1997, 464, 465 – CB-Infobank II; BGH GRUR 1997, 215, 217 – Klimbim; ausführlich zu den Begriffen mit Beispielen Vor §§ 31 ff. Rn. 23 ff.).

71 Sind **neu entstehende Verwertungsformen** zur Zeit der Begründung des Arbeits- oder Dienstverhältnisses nicht bekannt (ex ante), kann seit der Reform 2007 (s. Vor

§§ 31 ff. Rn. 5) eine entsprechende Vereinbarung im Arbeitsvertrag oder einem Tarifvertrag erfolgen. War etwa ein Regisseur verpflichtet, Kinofilme zu schaffen (Arbeitsaufgabe), bezog sich die Rechtseinräumung jedenfalls bis Mitte der 70er Jahre nur auf die öffentliche Filmvorführung, nicht aber auf die **Videozweitauswertung.** Dieses Videorecht als Nutzungsrecht musste der Filmhersteller vom Filmregisseur zusätzlich erwerben, wobei für diesen ein zusätzlicher Vergütungsanspruch entstand (BGH ZUM-RD 2012, 192, 196 Rn. 51 – Das Boot; BGH GRUR 1991, 135 – Videozweitauswertung; BGH GRUR 1995, 212, 213 – Videozweitauswertung III). Das gilt auch für Arbeitsverträge, die vor dem 1.1.1966 abgeschlossen worden waren. Das Recht der Videozweitverwertung verbleibt beim Urheber bzw. bei den Erben (BGH ZUM 2011, 560, 564 – Der Frosch mit der Maske; OLG Köln GRUR-RR 2009, 208, 211 – Frosch mit der Maske).

Die verschiedenen Möglichkeiten der **Online-Nutzung** (näher Vor §§ 31 ff. Rn. 70 ff.; **72** § 31a Rn. 38 ff.) von im Rahmen eines Arbeitsverhältnisses geschaffenen Werken etwa im **Internet** stellt sich hier als besonders aktuelles Problem dar, denn viele Arbeits- und Dienstverhältnisse wurden zu einer Zeit geschlossen, als die Nutzung urheberrechtlich geschützter Werke über das Internet ohne jede Bedeutung war; entsprechend fanden sich bisher denn auch kaum Klauseln, die eine Online-Nutzung regeln (*v. Olenhusen/Ernst* in: Hoeren/Sieber Teil 7.3 Rn. 29). Da die verschiedenen Arten der Online-Nutzung von Werken etwa bis 1995 allesamt unbekannte Nutzungsarten waren (Bröcker/Czychowski/ Schäfer/*Wirtz* § 8 Rn. 173; *v. Olenhusen/Ernst* in: Hoeren/Sieber Teil 7.3 Rn. 90; ausführlich § 31 Rn. 60), erfassen **Arbeitsverträge, die vor 1995 abgeschlossen** wurden, keine Art der Online-Nutzung und keine On-Demand-Dienste. Eine entsprechende Rechtseinräumung müsste erst vereinbart werden, und zwar konkret auf die Art des Dienstes bezogen (z. B. Video-on-Demand, Music-on-Demand oder Print-on-Demand). Durch die Reform 2007 (s. Vor §§ 31 ff. Rn. 5) wurde das Problem der Bekanntheit einer neuen Nutzungsart insb. für **Altverträge** entschärft. Hat der Arbeitnehmerurheber zwischen dem 1. Januar 1966 und dem Inkrafttreten der Neuregelung am 1.1.2008 (s. Vor §§ 31 ff. Rn. 5) einem Arbeitgeber alle wesentlichen Nutzungsrechte ausschließlich sowie räumlich und zeitlich unbegrenzt eingeräumt, gelten auch die zum Zeitpunkt des Vertragsschlusses (ex ante) unbekannten Nutzungsarten als dem Arbeitgeber eingeräumt, sofern der Arbeitnehmerurheber das Nutzungsrecht insoweit nicht widerruft. Der Widerruf kann nur **innerhalb eines Jahres** erfolgen (§ 137l Abs. 1 S. 2).

d) **Ausschließliche und einfache Nutzungsrechte.** Der Arbeitgeber erwirbt im **73** Zweifel **ausschließliche Nutzungsrechte,** allerdings beschränkt auf den Zweck seines Betriebes (BGH GRUR 2011, 59, 60 – Lärmschutzwand; *Bayreuther* MünchHandbArbR § 91 Rn. 10; *Schacht* 51). Denn es liegt im Interesse des Arbeitgebers, dass er die Nutzungsrechte ausschließlich verwerten kann (§ 31 Abs. 3), d. h. dass er das Werk unter Ausschluss aller anderen Personen auf die im Arbeitsvertrag ausdrücklich oder stillschweigend vorgenommene Art erlaubterweise nutzen darf (BGH GRUR 2011, 59, 60 – Lärmschutzwand).

Das ausschließliche Nutzungsrecht enthält neben **dem positiven Nutzungsrecht** auch **74** ein **negatives Verbotsrecht** (näher § 31 Rn. 27 ff.). Der Arbeitgeber kann von jedem Dritten und auch vom Urheber selbst, der das Werk auf die fragliche Art nutzt, Unterlassung und ggf. Schadensersatz (§§ 97 ff.) fordern. Im Einzelfall kann möglicherweise dem Arbeitsverhältnis auch nur ein **einfaches Nutzungsrecht** (§ 31 Abs. 2) entsprechen, was besonders zu vereinbaren wäre. Dann könnte der Arbeitnehmer dieses selbst neben dem Arbeitgeber verwerten oder Dritten zur Nutzung überlassen. Freilich kann sich hier dann ein Unterlassungsanspruch des Arbeitgebers aus dem **arbeitsvertraglichen Treueverhältnis** und dem Wettbewerbsverbot ergeben.

e) **Beschränkungen der Nutzungsrechte.** Die Rechtseinräumung kann je nach Ver- **75** tragszweck und Inhalt des Arbeitsverhältnisses in räumlicher, zeitlicher oder inhaltlicher

Hinsicht beschränkt sein (§ 31 Abs. 1 S. 2). Es ist also möglich, neben der Beschränkung nach ausschließlichen und einfachen Nutzungsrechten eine weitere Aufspaltung der Nutzungsrechte vorzunehmen. So kann die räumliche und inhaltliche Beschränkung mit einer Nutzungsart, mit mehreren oder allen Nutzungsarten kombiniert werden (z. B. Taschenbuchausgabe oder Nutzung des Werkes im Internet; zu Beschränkungen s. § 31 Rn. 4ff.).

76   **f) Nutzungsrechte nach Beendigung des Arbeitsvertrages. aa) Grundsatz.** Die zeitliche Beschränkung der Nutzungsrechte vor allem bei Beendigung des Arbeitsverhältnisses ist umstritten. Während vor allem die arbeitsrechtliche Literatur (*Sack* Münch-HandbArbR § 102 Rn. 21 m. w. N.) und die **Rechtsprechung** (BAG GRUR 1984, 429 – Statikprogramme) davon ausgeht, dass im Arbeitsverhältnis eine **zeitlich unbeschränkte Rechtseinräumung** erfolgt (so auch Löffler/*Löffler* UrhR BT Rn. 135; *Fischer/Reich* Urhebervertragsrecht 2. Kap. Rn. 40; früher *Wandtke* GRUR 1992, 139, 144), gehen die Vertreter einer **anderen Ansicht** richtigerweise davon aus, dass mit der Beendigung des Arbeitsverhältnisses auch die Einräumung der Nutzungsrechte **endet** (*Pakuscher* 453; *Mathis* 100; *Wandtke* GRUR 1999, 390, 394; **a. A.** Dreier/Schulze/*Dreier* § 43 Rn. 20; *Bayreuther* MünchHandbArbR § 91 Rn. 13; *Rickenbach* UFITA 139 (1999) 233). So wie der Arbeitgeber die Nutzungsrechte erst durch das den Arbeitsvertrag begleitende Verfügungsgeschäft erwirbt, ist den Nutzungsrechten nach Beendigung des Arbeitsverhältnisses der Boden entzogen. Der Urheber als vormaliger Arbeitnehmer hat nunmehr das Recht, seine Werke wieder selbst zu nutzen, wenn nichts anderes vereinbart wurde. Eine zeitlich unbeschränkte Nutzbarkeit von Arbeitnehmerwerken durch den Arbeitgeber ist § 43 nicht zu entnehmen.

77   **bb) Folgevereinbarung.** Für bekannte und vor allem unbekannte Nutzungsarten ist der Abschluss eines neuen Verfügungsgeschäftes notwendig. Denn der vorherige Arbeitnehmer ist nunmehr wieder freier Urheber. Der Arbeitgeber kann das Werk nach Beendigung des Arbeitsverhältnisses nur weiter nutzen, wenn er dies mit dem Urheber ausdrücklich vereinbart hat (**a. A. die herrschende Meinung,** s. Rn. 76) oder dies im Einzelfall gesetzlich geregelt ist (vgl. § 69b Abs. 1). Denn nunmehr gilt das Urheberrecht, welches mit seinen besonderen urheberrechtlichen Schutzbestimmungen Vorrang vor dem Arbeitsrecht hat. Die **herrschende Meinung,** wonach dem Arbeitgeber das Arbeitsergebnis auch nach Beendigung des Schuldverhältnisses zustehen würde (für den Softwarebereich etwa *Buchner* in: Lehmann Computerprogramme Rn. 42; *Buchner* GRUR 1985, 1, 13), verkennt teilweise den Unterschied zwischen Sacheigentum und geistigem Eigentum.

78   Die Einschränkung des Urheberrechts des Arbeitnehmers durch Inhalt und Wesen des Arbeitsvertrages nach § 43 bedeutet nicht, dass die Reduktion des Urheberrechtsschutzes auch **nach Beendigung des Arbeitsverhältnisses** fortgesetzt werden kann. Die stillschweigende Rechtseinräumung, wie der im Zweifel anzunehmende Erwerb von Nutzungsrechten, ist zeitlich an die Existenz des Arbeitsverhältnisses gebunden, einschließlich des urheberrechtlich relevanten Nutzungsverhältnisses, das nicht mit dem Arbeitsverhältnis identisch ist (*Schwab* Anhang § 1 Rn. 80; a. A. *Rickenbach* UFITA 139 (1999) 233 m. w. N.). Zur Folgevereinbarung gehört auch eine neue Vergütungsregelung nach den §§ 32, 32a, 32c. Haben die Vertragsparteien eine Vergütungsvereinbarung nach den §§ 32, 32a oder § 32c abgeschlossen, ist zu vermuten, dass mit einer Abgeltung für die künftige Nutzung der Werke nach Beendigung des Arbeitsverhältnisses eine zeitlich unbeschränkte Rechtseinräumung gewollt war. Wenn das Arbeitsverhältnis bis zum Inkrafttreten der Reform 2007 (s. Vor §§ 31 ff. Rn. 5) beendet wurde, eine unbekannte Nutzungsart aber erst ab 2009 bekannt wird, hat der ehemalige Arbeitnehmerurheber für die Nutzung einen gesonderten Vergütungsanspruch (§ 32c Abs. 1).

79   **cc) Tarifvertragliche Sonderregelungen.** In einigen Tarifverträgen ist die zeitlich unbeschränkte Rechtseinräumung ausdrücklich geregelt. So wird – jeweils bezogen auf den betrieblichen Zweck (z. B. „theatereigener Gebrauch", „Rundfunkzweck") – dem Arbeit-

geber in der Theaterproduktion (§ 4 Abs. 3 NV-Solo), in der Film- und Fernsehproduktion (§ 12 Abs. 1 des Manteltarifvertrages (MTV) für Redakteure an Zeitschriften und § 18 Abs. 1 MTV für Redakteure an Tageszeitungen) und in der Fernseh- und Hörfunkproduktionen des WDR (Pkt. 13.2.1. des TV für auf Produktionsdauer Beschäftigte des WDR) ein ausschließliches und zeitlich unbeschränktes Nutzungsrecht eingeräumt (OLG Köln ZUM 2005, 235).

g) Übertragung der Nutzungsrechte auf Dritte. aa) Durch den Arbeitgeber. 80
Auch die Übertragung der vom Arbeitnehmer dem Arbeitgeber ausdrücklich oder stillschweigend eingeräumten Nutzungsrechte auf Dritte (§ 34 Abs. 1 S. 1 UrhG) kann ohne Zustimmung des Arbeitnehmers oder öffentlichen Bediensteten erfolgen, soweit der Arbeitgeber oder Dienstherr dieses Recht zur Erfüllung seiner Aufgaben benötigt (BGH GRUR 2011, 59, 60 – Lärmschutzwand). Dies gilt auch, wenn der Arbeitgeber oder Dienstherr als Inhaber von ausschließlichen Nutzungsrechten einfache Nutzungsrechte auf Dritte übertragen will (§ 35 Abs. 1) (BGH GRUR 2011, 59, 60 – Lärmschutzwand; OLG Thüringen ZUM 2003, 55, 57; Fromm/Nordemann/*A. Nordemann* § 43 Rn. 47; Schricker/Loewenheim/*Rojahn* § 43 Rn. 56; *v. Gamm* § 43 Rn. 11, 17; *Rehbinder* Rn. 645; *Bollack* GRUR 1976, 74, 77; *Gloy* 36). Die Zustimmung des Arbeitnehmers zur Übertragung auf Dritte sollte im Arbeitsvertrag oder im Rechtseinräumungsvertrag aufgenommen werden. Hat der Arbeitgeber **unbekannte Nutzungsarten** einem **Dritten** übertragen, haftet der Dritte mit der Aufnahme der neuen Art der Werknutzung für die angemessene Vergütung (§ 32c Abs. 2). Der Dritte hat den Arbeitnehmer über die Aufnahme der neuen Art der Werknutzung unverzüglich zu unterrichten (§ 32c Abs. 2i. V. m. Abs. 1). Fraglich ist, ob die einem Dritten als Sublizenznehmer eingeräumten einfachen oder ausschließlichen Nutzungsrechte (Enkelrechte) rechtlichen Bestand haben, wenn das Arbeitsverhältnis beendet wird. Ein Erlöschen der Enkelrechte ist damit nicht verbunden, soweit die Übertragung der Nutzungsrechte im Rahmen des betrieblichen Zweckes erfolgte. Der Schutz des Sublizenznehmers hat dann Vorrang vor den Interessen des Arbeitnehmerurhebers, dessen Vergütungsanspruch gegen den Sublizenznehmer bestehen bleibt. Denn das Erlöschen des ersten Verpflichtungsgeschäfts zwischen dem Arbeitgeber und dem Arbeitnehmerurheber hat im Regelfall nicht das Erlöschen des Verpflichtungsgeschäft zwischen dem Arbeitgeber und dem Sublizenznehmer zur Folge. Die berechtigte frühere Verfügung des Arbeitgebers gegenüber dem Sublizenznehmer ist rechtlich selbstständig und existiert unabhängig vom Fortbestand des Tochterrechts (vgl. BGH GRUR 2009, 946, 948 – Reifen Progressiv; BGH GRUR 2012, 916, 918 – M2Trade; BGH GRUR 2012, 914, 915 – Take Five; näher zum Meinungsstand § 35 Rn. 7 ff.). Dies sollte auch für ausschließliche Nutzungsrechte gelten, soweit die Umstände und die Interessenslage dies erforderlich machen (so *Reber* ZUM 2009, 855, 857) und der Urheber eine Vergütung vom schuldbefreienden Sublizenznehmer erhält. Es liegt dann hinsichtlich der Rechtsbeziehungen zwischen dem Urheber und dem Sublizenznehmer ein gesetzliches Schuldverhältnis vor. Die einfachen oder ausschließlichen Nutzungsrechte des Sublizenznehmers fallen dann an den Urheber heim, wenn der Sublizenznehmer bösgläubig war oder an der Auflösung des Erstvertrages zwischen dem Urheber und dem Lizenzgeber mitgewirkt hat.

Liegt eine ausdrückliche Zustimmung im Arbeitsvertrag nicht vor, ist von einer **still-** 81
schweigenden Zustimmung zur Weiterübertragung auf Dritte nur dann auszugehen, wenn der **betriebliche Zweck** eine derartige Übertragung möglich und notwendig macht (*Bayreuther* MünchHandbArbR § 91 Rn. 12; Berger/Wündisch/*Wündisch* § 15 Rn. 30; Dreier/Schulze/*Dreier* § 43 Rn. 21; Schricker/Loewenheim/*Rojahn* § 43 Rn. 57; BGH GRUR 2005, 860, 862 – Fash 2000; OLG Jena GRUR-RR 2002, 379, 380 – Rudolstädter Vogelschießen). Der Umfang der Übertragung des Rechts zur Unterlizenzierung richtet sich dann somit allein nach dem Zweckübertragungsgrundsatz (§ 31 Abs. 5). Fehlt in **Tarifverträgen** ein Hinweis auf die Weiterübertragung von Nutzungsrechten, ist ebenfalls

§ 31 Abs. 5 anzuwenden. So gehört es zu den betrieblichen Aufgaben einer Rundfunkanstalt, Rundfunkproduktionen, an denen Urheberrechte von Arbeitnehmern bestehen, an ausländische Rundfunkanstalten weiterzugeben (OLG Hamburg GRUR 1977, 556 – Zwischen Marx und Rothschild).

82 Die Übertragung von Nutzungsrechten an Dritte liegt dann nicht mehr im Rahmen des § 43, wenn der **betriebliche Zweck überschritten** worden ist. So kann sich etwa ein Theater nicht darauf berufen, dass es Inhaber des ausschließlichen Nutzungsrechts am Bühnenbild des angestellten Bühnenbildners sei und dieses zur Nutzung an ein anderes Theater weitergeben. Wenn keine anderweitige Vereinbarung vorliegt, kann das Theater als Arbeitgeber das Bühnenbild nur selbst nutzen (*Wandtke/Fischer/Reich* Theater und Recht Rn. 278; *Riepenhausen* 126 f.). Eine Übertragung von Nutzungsrechten an Dritte durch den Arbeitgeber ist auch nicht möglich, wenn der Arbeitnehmer Werke außerhalb der arbeitsvertraglich vereinbarten Arbeitsaufgabe geschaffen hat. Ist die Zustimmung des Arbeitnehmers noch nicht aus dem Inhalt und Wesen des Arbeitsvertrages herleitbar, sondern noch erforderlich, darf dieser seine Zustimmung aber nicht rechtsmissbräuchlich (BGH GRUR 2005, 860, 862 – Fash 2000), also wider Treu und Glauben, **verweigern** (§ 34 Abs. 1 S. 2).

83 **bb) Durch den Arbeitnehmer.** Der Arbeitnehmer kann die **ihm verbliebenen Nutzungsrechte** grds. auf Dritte übertragen, hier ist allenfalls wiederum die arbeitsvertragliche **Treuepflicht** und das **Wettbewerbsverbot** zu beachten. Manche **Tarifverträge** enthalten aber Klauseln, in denen der Umfang der Übertragung der dem Arbeitnehmer verbliebenen Nutzungsrechte festgelegt und Fristen für die Freigabe der Nutzungsrechte aufgenommen worden sind. So können Mitarbeiter des WDR frühestens einen Monat nach der Erstsendung die Nutzungsrechte freigeben (Ziff. 13.4.2. des TV für auf Produktionsdauer Beschäftigte des WDR).

X. Urheberpersönlichkeitsrechte

1. Ausgangslage

84 Das Urheberpersönlichkeitsrecht ist wie das Urheberrecht insgesamt nicht übertragbar und nicht verzichtbar (§ 29 Abs. 1), auch nicht im Arbeits- oder Dienstverhältnis. Dennoch ist es beim Werkschaffen im Arbeitsverhältnis notwendig, die **Ausübung** einzelner urheberpersönlichkeitsrechtlicher Befugnisse teilweise dem **Arbeitgeber** zu überlassen (näher zur Konstruktion Vor §§ 31 ff. Rn. 36 ff.; s. auch Vor §§ 12 ff. Rn. 5 ff.). Eine generelle Einschränkung der Urheberpersönlichkeitsrechte des Arbeitnehmers ist demnach nicht anzunehmen; allerdings ergeben sich aus der Einräumung ausschließlicher Nutzungsrechte innerhalb des Betriebszweckes Grenzen für das Urheberpersönlichkeitsrecht des Arbeitnehmerurhebers. Hier ist im Zweifel davon auszugehen, dass der Urheber dem Arbeitgeber alle diejenigen Persönlichkeitsrechte überlässt, die dieser zur betrieblichen Verwertung der Arbeitsleistung benötigt (Dreier/Schulze/*Dreier* § 43 Rn. 34 m. w. N.; Kittner/Zwanziger/Deinert/*Becker* § 56 Rn. 70). Dabei darf aber die Entfaltung der Arbeitnehmerpersönlichkeit nach § 75 Abs. 2 BetrVG nicht behindert werden. Das Urheberpersönlichkeitsrecht ist vom allgemeinen Persönlichkeitsrecht des Urhebers zu trennen. Das allgemeine Persönlichkeitsrecht schützt Elemente der Persönlichkeit (z. B. Würde, Ehre, Name, Bildnis u. a.). Es umfasst insb. den Schutz vor Äußerungen, die sich abträglich auf sein Bild in der Öffentlichkeit auswirken. Dazu gehören entstellende und verfälschende Darstellungen der Person in der Öffentlichkeit. Es verleiht aber dem Träger des allgemeinen Persönlichkeitsrechts keinen Anspruch, nur so in der Öffentlichkeit dargestellt zu werden, wie er sich selbst sieht oder von anderen gesehen werden möchte. So ist der Abriss oder die Zuschüttung eines Bauwerkes eines Architekten nicht eine Ehrverletzung (BVerfG ZUM-RD 2005, 169, 170). Es könnte aber dieser Vorgang dem Entstellungsschutz nach § 14 unterliegen (s. § 14 Rn. 22 ff.). Grundlage des **Designerpersönlichkeitsrechts** im

Rahmen des **Geschmacksmusterrechts** ist das allgemeine Persönlichkeitsrecht, wobei mit § 10 GeschmMG (künftig: DesignG) ein Recht auf **Entwerferbenennung** gesetzlich geregelt ist. Der Designer als Arbeitnehmer hat keinen Anspruch auf Entwerferbenennung (Eichmann/v. Falckenstein/*Eichmann* A Rn. 17). Bei gleicher oder gleichartiger Interessenlage können aber die Urheberpersönlichkeitsrechte als Anhaltspunkte dienen (Eichmann/v. Falckenstein/*Eichmann* A Rn. 15). Das ist vor allem der Fall, wenn der Designer im Rahmen des Arbeitsverhältnisses urheberrechtlich relevante Werke schafft, die zugleich geschmacksmusterrechtlich geschützt sind. Ansonsten sind die Besonderheiten des Geschmacksmusterrechts zu beachten.

Der **Umfang** der erforderlichen Ausübung von Urheberpersönlichkeitsrechten durch den Arbeitgeber richtet sich nach den zweckgemäß eingeräumten Nutzungsrechten und wie diese demnach regelmäßig nach dem **betrieblichen Zweck.** So ist das Verbreitungsrecht bei Zeitungen, das Aufführungsrecht bei Bühnenwerken oder das Ausstellungsrecht bei Entwürfen von Bühnen- oder Kostümbildnern zwangsläufig mit dem Veröffentlichungsrecht verbunden (*Schack* Rn. 1118). Ob oder wie die Werke veröffentlicht werden, hängt davon ab, welchen Charakter das Werk aufweist und welche betrieblichen Aufgaben der Arbeitgeber verfolgt. Während man bei der **Software** davon ausgeht, dass das Verwertungsrecht regelmäßig das Recht des Arbeitgebers zur Entscheidung über die Veröffentlichung einschließt (*Kolle* GRUR 1985, 1016, 1023), wird die Veröffentlichungsentscheidung bei **Kunstwerken** vom Votum des Künstlers abhängig sein, wenn es sich um Originale der bildenden Kunst, um pantomimische und choreografische sowie literarische Werke handelt. In der Kunstproduktion ist die Einschränkung der Ausübung der Urheberpersönlichkeitsrechte weitaus geringer als bei anderen kreativen Tätigkeiten. So müssen programmgestaltende Mitarbeiter Textkürzungen ihrer Beiträge für Sendungen hinnehmen, wenn dadurch der wesentliche Inhalt des Beitrages nicht verändert wird (BAG AfP 2007, 289, 291). **85**

Wenn der Urheber das Werk nicht in Erfüllung der arbeitsvertraglich vereinbarten Arbeitsaufgabe geschaffen hat (**freie Werke,** s. o. Rn. 22), ist § 43 unanwendbar (s. Rn. 34 ff.). Eine Ausübung der Urheberpersönlichkeitsrechte durch den Arbeitgeber ist dann ausgeschlossen. Der Urheber als Arbeitnehmer ist hier vielmehr so zu behandeln, als ob er kein Arbeitnehmer sei. Da er weder eine Anbietungspflicht noch die Treuepflicht hat, außerhalb des Arbeits- und Dienstverhältnisses geschaffene Werke dem Arbeitgeber zur Verfügung zu stellen (**anders die h. M.,** s. Rn. 30 ff.), ist auch eine Einschränkung der Urheberpersönlichkeitsrechte des Arbeitnehmers nicht möglich. **86**

2. Veröffentlichungsrecht

Grds. steht das Veröffentlichungsrecht dem Urheber zu, d. h. er kann bestimmen, ob, wann und in welcher Form sein Werk der Öffentlichkeit zugänglich gemacht wird (§ 12). Der Arbeitnehmer muss dem Arbeitgeber aber die Veröffentlichungsbefugnis einräumen, damit jener die eingeräumten Nutzungsrechte zum betrieblichen Zweck verwerten kann (LG Köln GRUR-Prax 2009, 17). Das Veröffentlichungsrecht erlangt der Arbeitgeber i. d. R. **mit Abschluss des Arbeitsvertrages,** spätestens aber mit Ablieferung des Werkes bzw. mit der stillschweigenden Einräumung der Nutzungsrechte (Dreier/Schulze/*Dreier* § 43 Rn. 35; Dreyer/Kotthoff/Meckel/*Kotthoff* § 43 Rn. 17; Loewenheim/*Dietz* § 16 Rn. 13; *Schacht* 164; *Kraßer* FS Schricker 1995, 77, 94; *Bayreuther* MünchHandbArbR § 91 Rn. 15; *Rehbinder* Rn. 648; Schricker/Loewenheim/*Rojahn* § 43 Rn. 73). Der Arbeitnehmer hat aber ein **Namensunterdrückungsrecht,** wenn er der Auffassung ist, dass das Werk nicht veröffentlichungsreif ist (*Rehbinder* Rn. 336) oder eine Verletzung der Werkintegrität vorliegt. **87**

3. Anerkennung der Urheberschaft

Auch das Recht auf Anerkennung der Urheberschaft (§ 13 S. 1) ist unverzichtbar und unbeschränkbar (BGHZ 15, 249, 257). Es ist gleichsam aus dem Schöpferprinzip abgeleitet und **88** findet auch im Arbeitsverhältnis seinen Niederschlag (Kittner/Zwanziger/Deinert/*Becker* § 75 Rn. 72). Das Recht auf **Anerkennung der Urheberschaft** des Arbeitnehmers ist sowohl gegenüber den eigenen Betriebsangehörigen als auch gegenüber Dritten von Bedeutung, denn mit ihm sind das Ansehen und die Ehre des Urhebers verbunden (RGZ 110, 393, 397; BGH GRUR 1978, 360, 361 – Hegel-Archiv). Eine Ausnahme vom Grundsatz der Anerkennung der Urheberschaft besteht dann, wenn der Arbeitnehmer als **Ghostwriter** arbeitet (Schricker/Loewenheim/*Rojahn* § 43 Rn. 77; *Schacht* 172; Ghostwriter-Abrede unzulässig). Wer als Ghostwriter arbeitet, hat damit vertraglich vereinbart, dass er grds. auf die Anerkennung der Urheberschaft verzichtet (s. ausführlich § 13 Rn. 22 f.). Dieser Verzicht wirkt aber nicht dinglich (den das Recht aus § 13 S. 1 ist unverzichtbar), sondern **nur schuldrechtlich** (OLG Köln GRUR 1953, 499 – Kronprinzessin Cäcilie; KG WRP 1977, 187, 188 – Manfred Köhnlechner; *Schack* Rn. 305; *Rehbinder* Rn. 649; Schricker/Loewenheim/*Rojahn* § 43 Rn. 76; a. A. *Zöllner* FS Hubmann 523, 536 f.). Innerhalb des arbeitsteiligen Schaffens in der Kulturwirtschaft (Schaffen im Teamwork, Filmproduktion, Sendeunternehmen, Verlagshäuser, Werbewirtschaft) bezieht sich die Ghostwriter-Abrede jeweils auf unterschiedliche Interessenlagen, hat aber eine ähnliche schuldrechtliche Wirkung.

4. Recht der Namensnennung

89 a) **Grundsatz.** Auch das Recht der Namensnennung (§ 13 S. 2) ist als Urheberpersönlichkeitsrecht im Kern unübertragbar und unverzichtbar (Dörner/Luczak/Wildschütz/ *Dörner* Rn. 2568; Schricker/Loewenheim/*Rojahn* § 43 Rn. 79; *Leuze* § 6 Rn. 14). Grds. hat also auch der Arbeitnehmer als Urheber das Recht, dass sein Name genannt oder eine andere **Urheberbezeichnung** an seinem Werk angebracht wird (RGZ 110, 939, 937). Eine allgemeine Verneinung der Namensnennung im Arbeitsverhältnis wird dem Anliegen des Urheberpersönlichkeitsrechts nicht gerecht (*Schacht* 156). Berufsordnungen der Architekten- und Ingenieurskammern sowie Satzungen der Berufsverbände, durch die die Namensnennung angestellter Architekten verhindert wird, stehen im Widerspruch zum Recht auf Namensnennung nach § 13 S. 1 (*Binder/Kosterhon* Rn. 172).

90 Die **Verwendung** seines Namens **für fremde Werke** kann der Arbeitnehmer aus seinem allgemeinen Persönlichkeitsrecht abwehren (droit de non paternité) (*Rehbinder* Rn. 649). Auch der **Beamte** hat grds. ein Recht auf Namensnennung aus § 13 S. 1 (BGH GRUR 1972, 713, 715 – Im Rhythmus der Jahrhunderte). § 13 S. 2 ist aber abdingbar. Insb. wird auf die Anbringung der Urheberbezeichnung am Werk häufig vertraglich (Arbeits- oder Tarifvertrag) oder stillschweigend verzichtet (BGH GRUR 1972, 713, 715 – Im Rhythmus der Jahrhunderte). Eine Vereinbarung über die Änderung des Namens oder einen Verzicht desselben ist grundsätzlich zulässig (BGH GRUR 1995, 671 – Namensnennungsrecht des Architekten; OLG Hamm GRUR-RR 2008, 154, 155 – Copyrightvermerk). Es sind aber zum Schutz des Urhebers strenge Anforderungen zu stellen. Zur Beurteilung bedarf es einer konkreten Interessenabwägung. Liegt ein vertraglicher Verzicht nicht vor, ist das Recht auf Namensnennung dem Urheber weiterhin vorbehalten. Er muss sich aber bei dessen Ausübung nach Treu und Glauben den Erfordernissen des Betriebes anpassen (KG GRUR 1976, 264 – Gesicherte Spuren). Dabei spielt die **Branchenüblichkeit** eine große Rolle (*Rehbinder* Rn. 650; RGZ 110, 393, 397 – Innenausstattung Riviera; OLG Hamm GRUR-RR 2008, 154, 155 – Copyrightvermerk). **Ghostwriting** von Mitarbeitern im Hochschulbereich bezüglich eigener Forschungsergebnisse verstößt gegen die Dienstpflicht aus § 24 HRG (Schricker/Loewenheim/*Rojahn* § 43 Rn. 134), wonach bei Veröffentlichungen von Forschungsergebnissen diejenigen Mitarbeiter, die einen Beitrag geleistet haben, als Mitautoren zu nennen und ihre Beiträge zu kennzeichnen sind (Dörner/Luczak/Wildschütz/*Dörner* Rn. 2568).

91 Das Urhebernennungsrecht steht auch **Miturhebern** zu. Sie können bestimmen, ob und wie ihre Namensnennung erfolgen oder ob sie unterbleiben soll. Dieses Recht entsteht in der Person jedes einzelnen Beteiligten (OLG Köln GRUR 1953, 499, 500; OLG Karlsruhe GRUR 1984, 812). So hat der Mitverfasser eines Drehbuchs Anspruch auf Nennung des Namens im Vor- und Nachspann des Films (BGH GRUR 1972, 713, 714 – Im Rhythmus der Jahrhunderte).

b) Verzicht und Branchenübung. Ein Verzicht des Arbeitnehmers auf Namensnennung ist jedenfalls dann anzunehmen, wenn die wirtschaftliche Verwertung des Werkes andernfalls leiden würde. So kann der Arbeitgeber die Signierung einer **Werbegrafik** unterlassen, wenn durch ihre Auffälligkeit der Werbezweck gefährdet würde (Schricker/ Loewenheim/*Rojahn* § 43 Rn. 80; *Schacht* 179), andererseits kann der Urheber eines künstlerischen Werbeplakates die Wiedergabe seines den Werbezweck nicht beeinträchtigenden Signums auf den Vervielfältigungsstücken verlangen und im Falle der Nichtnennung Schadensersatz wegen Verletzung des § 13 verlangen (OLG München GRUR 1969, 146 – Werbegrafik; *Ulmer* 215). 92

Eine bloße **Branchenübung,** den Namen der Urheber nicht zu nennen, reicht aber nicht aus, da die Arbeitnehmer als Urheber so in die Anonymität gezwungen werden und immer die Gefahr besteht (und sich in der Praxis allzu häufig auch realisiert), dass Unternehmen aus Unkenntnis des Urheberrechts die Namen der Urheber nicht nennen und sich später auf eine Branchenübung berufen; ein solcher Missbrauch des Arguments der Branchenübung zu Lasten der Urheber ist zu verhindern, vor allem im digitalem Bereich (Dreier/Schulze/*Dreier* § 43 Rn. 36; Schricker/Loewenheim/*Dietz*/*Peukert* § 13 Rn. 25; *Kellerhals* 156). Es ist vielmehr im Einzelfall zu prüfen, ob die Angabe des Namens oder einer anderen individualisierenden Bezeichnung des Urhebers auf jedem Werkstück möglich und erforderlich ist. 93

So erfolgt in der **Computerindustrie** regelmäßig keine Urheberbezeichnung auf dem Original und den Kopien des Programms mit Rücksicht auf die bisherigen Gepflogenheiten der Softwarebranche. § 69b als lex specialis für den angestellten Programmierer (s. hierzu § 69b Rn. 1 ff.) trifft insoweit keine Regelung. Nach einer Auffassung soll mit der Einräumung von Nutzungsrechten ein stillschweigender Verzicht auf die Urheberbezeichnung einhergehen (*Kolle* GRUR 1985, 1016, 1023; so i. E. wohl auch § 69b Rn. 41 sowie Schricker/Loewenheim/*Loewenheim* § 69b Rn. 15). Dem ist nicht zuzustimmen. Denn die Namen der Programmierer können unschwer im Programm angezeigt werden (etwa unter einem eigenen Menüpunkt), ohne dass das verwertungsrechtliche Interesse des Arbeitgebers darunter leidet. Programmierer können daher grds. verlangen, dass ihr Name auf dem Programm festgehalten wird (so bereits *Däubler* AuR 1985, 169, 173; ebenso OLG Hamm GRUR-RR 2008, 154, 155 – Copyrightvermerk). 94

c) Bühne, Film und Rundfunk. In der **Theaterproduktion** ist es üblich, dass auch die beteiligten angestellten Urheber (und auch die ausübenden Künstler als Leistungsschutzberechtigte) im Programmheft und ggf. auf den Plakaten genannt werden. Im **Filmbereich** ist die Namensnennung im Tarifvertrag für Film- und Fernsehschaffende geregelt (vgl. *v. Olenhusen* Film und Fernsehen Rn. 318). Demnach haben Regisseure, Hauptdarsteller, Produktionsleiter, Kameramänner, Architekten, Tonmeister, 1. Aufnahmeleiter, Cutter, Masken- und Kostümbildner einen Anspruch auf Namensnennung im Vor- und Nachspann des Films, soweit ein Vor- und Nachspann hergestellt wird (Ziffer 3.10. des TV, abgedr. bei *Hillig* unter Nr. 10a). Über die genannten Personen hinaus besteht ein Anspruch nur, wenn dies im Einzelvertrag vereinbart wurde. 95

Die **Rundfunk- und Fernsehanstalten** haben in ihren Tarifverträgen die Vereinbarung getroffen, dass eine Namensnennung der Urheber erfolgen soll, soweit es rundfunküblich ist und der Urheber dem nicht widersprochen hat. Im Gegensatz zum Pressebereich hat sich hier eine einheitliche Übung herausgebildet (Informationssendungen Radio: Sprecher, Korrespondenten und Kommentatoren; Unterhaltungssendungen Radio: Sprecher, Moderatoren und Beitragsverfasser; größere Sendungen Radio: zusätzlich Aufnahmeleiter; 96

Hörspiel: zusätzlich Ton, Schnitt und Regie; Fernsehsendung: bei Nachrichtensendungen Verfasser von Kommentaren und Reportagen, bei Spielfilmen und Fernsehserien Autor des Drehbuchs, Schauspieler, Maskenbildner, Kostümbildner und die Verantwortlichen für die sonstige Ausstattung, Musik, Ton, Kamera, Schnitt, Regieassistenz, Aufnahme- und Produktionsleiter, Redaktionsleiter und zum Schluss Regisseur; ausführlich Schricker/Loewenheim/*Rojahn* § 43 Rn. 82).

97 **d) Printmedien und Werbebranche.** Im Zeitungs- und Zeitschriftenbereich geht der Trend dahin, in **Tarifverträgen** die Namensnennungspflicht des Arbeitgebers aufzunehmen. Hier ist aber keine einheitliche Übung festzustellen. Bei Textbeiträgen in einer Zeitung oder Zeitschrift werden i. d. R. die Namen der Autoren genannt. Der Verzicht der Namensnennung vor allem bei rein informationellen **Nachrichtentexten** entspricht aber einer weit verbreiteten Übung (Schricker/Loewenheim/*Rojahn* § 43 Rn. 82; Löffler/*Löffler* UrhR BT Rn. 47).

98 Im Bereich der **Werbeindustrie** ist es nicht üblich, auf Werbeprospekten, bei Werbetexten, Werbeslogans, Werbefilmen etc. die Namen der beteiligten Urheber (Grafiker, Fotograph, Texter, Regisseur) anzugeben. Es wird allenfalls manchmal die Werbeagentur genannt. Die Rechtsprechung hat die Einschränkung dieses Rechts selbst für den freischaffenden Urheber (OLG München GRUR 1969, 146 – Werbegrafik) bestätigt. Eine ähnliche Situation ist auf dem Gebiet der industriellen Formgestaltung festzustellen. Auch hier erscheint auf dem Produkt in der Regel nur der Name der Firma, es sei denn, es handelt sich um eine berühmte und bekannte Künstlerpersönlichkeit (RGZ 139, 214 – Bauhaus-Türdrücker).

5. Änderungsverbot

99 **a) Allgemeines.** Der Schutz des Urhebers gegen Entstellungen und andere Beeinträchtigungen (zur Abgrenzung § 14 Rn. 3) seines Werkes ergibt sich aus **§§ 14, 39,** und für das Filmwerk eingeschränkt aus § 93. Da die Gestaltung des Werkes eng mit der Persönlichkeit des Urhebers verknüpft ist, hat der Gesetzgeber hier besondere urheberpersönlichkeitsrechtliche Schutzvorschriften geschaffen, die **auch im Arbeitsverhältnis** zu beachten sind (*Bayreuther* MünchHandbArbR § 91 Rn. 17; Kittner/Zwanziger/Deinert/*Becker* § 56 Rn. 70; *Schacht* 187). Demnach hat auch der Arbeitnehmer als Urheber grundsätzlich das Recht, eine Entstellung oder andere Beeinträchtigungen seines Werkes durch den Arbeitgeber zu verbieten, wenn sie geeignet sind, seine berechtigten geistigen oder persönlichen Interessen am Werk zu gefährden (§ 14). Dieses generelle Änderungsverbot schützt die Integrität des Werkes, das vom Urheber in der ihm eigenen Art geschaffen wurde. Denn der Urheber hat grundsätzlich ein Recht, dass das von ihm geschaffene Werk, in dem seine individuelle künstlerische Schöpferkraft ihren Ausdruck gefunden hat, der Mit- und Nachwelt in seiner unveränderten Gestalt zugänglich gemacht wird (BGH GRUR 2008, 984, 986 – St. Gottfried; BGHZ 62, 331, 332 – Schulerweiterung; BGH GRUR 1982, 107, 109 – Kirchen-Innenraumgestaltung; BGH GRUR 1999, 230, 232 – Treppenhausgestaltung). Zwar darf auch der Inhaber von Nutzungsrechten (hier der Arbeitgeber) das Werk sowie dessen Titel oder Urheberbezeichnung ohne eine entsprechende Vereinbarung mit dem Werkschöpfer (hier der Arbeitnehmer) nicht ändern, doch sind **arbeitsvertrags- oder tarifrechtliche Vereinbarungen** über die **Änderungsbefugnis des Arbeitgebers** gegenüber dem Arbeitnehmer möglich (§ 39 Abs. 1). So kann etwa der Arbeitgeber eines Architekten die Entwürfe eines angestellten Architekten während der Entstehung ändern und korrigieren (*Binder/Kosterhon* Rn. 176).

100 Eine vertragliche Änderungsgestattung ist aber nur wirksam, wenn die beabsichtigten Änderungen nicht nur pauschal, sondern nach Art und Ausmaß soweit bezeichnet sind, dass der Urheber in etwa vorhersehen kann, wie sich die vereinbarte Änderung auf die Gestalt des geänderten Werkes auswirkt (vgl. § 39 Rn. 10). Wie auch sonst sind an diese

Voraussetzungen aber keine zu hohen Anforderungen zu stellen, denn auch und gerade im Arbeitsverhältnis benötigt der Arbeitgeber ein gewisses Maß an Flexibilität.

b) Änderungen nach Treu und Glauben. Der Arbeitnehmer muss aber Änderung **101** an seinem Werk durch den Arbeitgeber als Nutzungsberechtigten auch über vertragliche Absprachen hinaus dulden, zu denen er nach Treu und Glauben seine Einwilligung nicht versagen kann (§ 43 i. V. m. § 39 Abs. 2). Dies bedeutet aber nicht, dass eine unbeschränkte Änderung des Werkes durch den Arbeitgeber erfolgen kann. Der bloße Hinweis auf das **Direktionsrecht** und auf das Recht am Arbeitsergebnis als Begründung für ein uneingeschränktes Änderungsrecht des Arbeitgebers ist nicht schlüssig. Das gilt auch für Beamte (a. A. KG ZUM-RD 1997, 175, 180 – Poldok). Denn § 43 schließt § 39 nicht aus, sondern gerade ein.

Beinhaltet der Arbeitsvertrag die Anfertigung **künstlerischer oder wissenschaftlicher** **102** Leistungen, ist diese Tätigkeit in aller Regel fachlich weisungsfrei zu erbringen (vgl. Dieterich/Hanau/Schaub/*Preis* § 611 BGB Rn. 292). Der Arbeitgeber kann in solchen Fällen zwar im Rahmen der vereinbarten Arbeitsaufgabe per Direktionsrecht konkrete Aufgaben zuweisen, kann aber hinsichtlich wissenschaftlicher und künstlerischer Leistungen keine **Korrekturen** derselben anordnen, etwa um die eigenen wissenschaftlichen oder künstlerischen Ansichten durchzusetzen (so zur wissenschaftlichen Tätigkeit eines Germanisten bei der kritischen Ausgabe eines Textes LAG Niedersachsen Urt. v. 22.8.2000 – 13 Sa 1870/99, unveröffentlicht).

Welche Änderungen der Werkschöpfer im Arbeitsverhältnis nach Treu und Glauben **103** hinzunehmen hat, richtet sich nach dem **Zweck** des jeweiligen Arbeitsverhältnisses (Dreier/Schulze/*Dreier* § 43 Rn. 37; Schricker/Loewenheim/*Rojahn* § 43 Rn. 86) und der je nach Produktionsweise unterschiedlichen Notwendigkeit, Änderungen am Werk vorzunehmen. So muss sich ein Journalist oder **Redakteur** Änderungen am Text – insb. Kürzungen – regelmäßig gefallen lassen (BAG AfP 2007, 289, 291; OLG Köln GRUR 1963, 297, 299). Dagegen muss der Leiter eines Museums, der aufgrund eines öffentlich-rechtlichen Dienstverhältnisses ein Werk geschaffen hat, nicht dulden, dass seine mit seinem Namen gekennzeichneten Beiträge im Museumsführer geändert werden (OLG Nürnberg ZUM 1999, 656, 658 – Museumsführer).

c) Film- und Theaterbereich. Die Änderungs- und Entstellungsproblematik stellt **104** sich in der Filmproduktion in besonderer Weise, weil nach § 93 der Entstellungsschutz insoweit eingeschränkt ist (Beschränkung des Schutzes auf „grobe" Entstellung, näher *v. Olenhusen*, Film und Fernsehen Rn. 198; s. § 93 Rn. 11 ff.) und die beteiligten Urheber auf die Interessen des Filmherstellers und der übrigen Beteiligten besondere Rücksicht zu nehmen haben. Nach Ziffer 3.5 des TV für Film- und Fernsehschaffende (vgl. Rn. 122) steht die Entscheidung über die inhaltliche, künstlerische und technische Gestaltung des Filmes dem **Filmhersteller** zu. Ob dabei das Urheberpersönlichkeitsrecht der beteiligten Urheber (insb. der Autoren der Vorlage und des Filmregisseurs) verletzt worden ist, muss im Einzelfall entschieden werden (näher § 93 Rn. 11 ff.).

Auch für angestellte Urheber in der **Theaterproduktion** ist das Änderungsverbot von **105** besonderer Bedeutung. So hat der Arbeitgeber (das Theaterunternehmen, in der Regel handelnd durch den Intendanten) grds. nicht das Recht, das **Bühnenbild** auch eines angestellten Bühnenbildners zu ändern (LG Berlin UFITA 24 (1957) 134, 137 – Tod eines Handlungsreisenden), es sei denn, dass objektive Umstände (z. B. beengte, v. a. räumliche oder auch finanzielle Realitäten des Theaterlebens) das Theater zwingen, Änderungen vorzunehmen (vgl. OLG Frankfurt GRUR 1976, 199 – Götterdämmerung).

Von besonderer praktischer Bedeutung ist die **Veränderung der Inszenierung** eines **106** angestellten Regisseurs durch das Theater, sei es das Weglassen eines Bewegungschores bei der Wiederaufnahme zur Einsparung von Statisteriepersonal (LG München ZUM 1996, 598 – Iphigenie in Aulis) oder das Streichen schockierender Szenen in einer Operette zur

Anpassung an den Publikumsgeschmack (LG Leipzig ZUM 2000, 331 ff. – Csárdásfürstin; OLG Dresden ZUM 2000, 955 – Csárdásfürstin: alle Fälle zum freien Gastregisseur), jedenfalls dann, wenn dem Theaterregisseur regelmäßig oder auch nur im Einzelfall ein Urheberrecht an seinem **Inszenierungswerk** zukommt, was heute wohl nur noch vereinzelt bestritten wird (zum Streitstand *Grunert* ZUM 2001, 210 ff.; näher § 2 Rn. 55). Zwar muss sich der Regisseur wie jeder andere Urheber auch eine Abwägung mit den Interessen des Theaters als Werknutzer gefallen lassen (§ 39 Abs. 2 bzw. § 75, vor der Reform 2003 § 83 a. F; s. KG ZUM-RD 2005, 381, 386 – Die Weber; OLG Frankfurt GRUR 1976, 199, 201 f. – Götterdämmerung), diese kann aber nicht so weit gehen, prägende Teile der Inszenierung gegen den Willen des Regisseurs abzuändern (OLG Dresden ZUM 2000, 955 – Csárdásfürstin; OLG München ZUM 1996, 598 – Iphigenie in Aulis; ausführlich *Grunert* ZUM 2001, 210 ff.; *Schacht* 207). Aus der Tatsache des Angestelltenverhältnisses zwischen Theater und Regisseur ergibt sich vielleicht in der Praxis ein anderes Machtverhältnis, aber rechtlich keine weitergehende nachträgliche Änderungsbefugnis des Theaters als gegenüber dem freien Gastregisseur, denn auch der angestellte Hausregisseur ist künstlerisch voll verantwortlich für seine Inszenierung und muss diese nach außen vertreten (vgl. § 39 Rn. 32).

107 Sollte im Einzelfall ein Theater das Stück eines **angestellten „Hausautors"** spielen, was möglicherweise bei Dramaturgen in Frage kommen kann, so bestimmt sich der Umfang der Änderungsbefugnis ebenso wie im (Regel-)Verhältnis zu einem außerhalb des Hauses stehenden Bühnenautor (näher § 39 Rn. 32). Alleine aus dem Angestelltenverhältnis ergibt sich auch hier kein umfangreicheres Änderungsrecht des Theaters.

108 **d) Tarifvertragliche Regelungen.** Auch in einigen Tarifverträgen ist der Umfang von zulässigen Änderungen durch den Arbeitgeber vereinbart worden. So enthält etwa der **TV für auf Produktionsdauer Beschäftigte des WDR** (abgedr. bei *Hillig* unter Nr. 10d) in Ziffer 13.3. Abschn. 13 eine Regelung, wonach der Beschäftigte die Einwilligung zur Bearbeitung, Umgestaltung, Änderung, Synchronisation und Übersetzung seiner arbeitsvertraglichen Leistungen erteilt, wenn damit keine Entstellungen oder keine anderen Beeinträchtigungen verbunden sind (OLG Köln GRUR-RR 2005, 179 – Standbilder im Internet). Änderungen sind insb. zulässig, soweit sie für die Programmarbeit aufgrund produktionsbedingter oder sendetechnischer Erfordernisse geboten sind. Bei wesentlichen Änderungen des **Fernsehfilmwerkes** ist der Hauptregisseur zu unterrichten.

6. Zugangsrecht des Urhebers zum Werkstück

109 **a) Inhalt und Umfang.** Auch der Arbeitnehmer hat wie jeder andere Urheber das Recht, zu dem von ihm hergestellten Werk (Original oder Vervielfältigungsstück) Zugang zu erlangen, soweit das zur Herstellung von Vervielfältigungsstücken oder zur Bearbeitung des Werkes erforderlich ist und keine berechtigten Interessen des Arbeitgebers entgegenstehen (§ 25 Abs. 1). Der Arbeitgeber ist aber nicht verpflichtet, das Werkstück oder ein Vervielfältigungsstück herauszugeben (§ 25 Abs. 2). Er muss lediglich den Zugang sichern, also dem Arbeitnehmer die **tatsächliche Möglichkeit verschaffen,** Vervielfältigungsstücke oder Bearbeitungen herzustellen (Schricker/Loewenheim/*Rojahn* § 43 Rn. 96; *Schacht* 197).

110 Der Arbeitgeber ist nicht verpflichtet, das Werk **zu anderen Zwecken** zugänglich zu machen, z.B. um das Original auszustellen (KG GRUR 1981, 742, 743 – Totenmaske). Die **Verweigerung der Herausgabe** ist möglich, wenn berechtigte Interessen des Arbeitgebers entgegenstehen; hierfür trägt der Arbeitgeber die Darlegungs- und Beweislast. Sie sind im Einzelfall festzustellen und können materieller oder ideeller Natur sein. Eine Verweigerung ist etwa dann möglich, wenn die Zugangsverschaffung im Verhältnis zum Anliegen des Arbeitnehmers einen unverhältnismäßig hohen organisatorischen Aufwand erfordert (Schricker/Loewenheim/*Rojahn* § 43 Rn. 97; Loewenheim/*A. Nordemann* § 63 Rn. 39: Eigentumsfrage am Werkstück abhängig vom Betriebszweck).

b) Einzelfragen. Das Zugangsrecht kann auch in **Tarifverträgen** geregelt werden. **111** Dabei geht es nicht nur um die Art und Weise des Zugangs, sondern auch um den Umfang und die **zeitliche Beschränkung** der Ausübung des Zugangsrechts. So kann der Urheber eines **Fernsehwerkes** innerhalb einer Frist von sechs Wochen nach der Erstsendung Ton- und Bildträgerkopien auf eigene Kosten zum eigenen Gebrauch unter Ausschluss jeglicher anderweitiger Verwertung herstellen. Die Zustimmung kann dazu versagt werden, wenn das für den Arbeitgeber einen unzumutbaren Aufwand bedeutet (Ziff. 13.5. des TV für auf Produktionsdauer Beschäftigte des WDR). Der Filmhersteller erwirbt i. d. R. Eigentum von einem Urheber oder sonstigen Mitwirkenden an den Zeichnungen, Fotos, Entwürfen, Skizzen, Bauten, die zur Filmherstellung dienen (*v. Olenhusen* Film und Fernsehen Rn. 256).

Der Umfang des Zugangsrechts einschließlich einer zeitlichen Begrenzung **nach Been- 112 digung des Arbeitsverhältnisses** sollte im Arbeitsvertrag vereinbart werden. Wenn weder vertragliche noch tarifrechtliche Regelungen bestehen, ist zwischen den Interessen des Arbeitnehmers und des Arbeitgebers abzuwägen. Ein genereller **Verzicht** auf das Zugangsrecht ist nicht möglich, weil das Zugangsrecht seinem Wesen nach einen unverzichtbaren urheberpersönlichkeitsrechtlichen Kern enthält. Gerade bei Kunstwerken, die durch Arbeitnehmer geschaffen worden sind, ist das Zugangsrecht von großem Interesse.

Das Zugangsrecht kann leer laufen, wenn das **Originalwerk vernichtet** wird (zur Zu- **113** lässigkeit de lege lata § 39 Rn. 37 und § 14 Rn. 22 ff. mit Angaben zum Streitstand). Da die Vernichtung eine besondere Form der Verletzung des Urheberrechts ist, sollte bei einmaligen Originalwerken von bedeutender Gestaltungshöhe – damit sind Werke der „kleinen Münze" (zum Begriff § 4 Rn. 5) nicht erfasst –, ein **Vernichtungsverbot** eingeführt werden (Schricker/Loewenheim/*Dietz/Peukert* § 14 Rn. 37 m.w.N.; *Schack* Rn. 398). Wenigstens sollte der Eigentümer dem Urheber eine beabsichtigte Vernichtung mitteilen und ihm innerhalb einer angemessenen Frist den Zugang gewähren, damit der Urheber Vervielfältigungsstücke herstellen kann. In der **Softwareindustrie** steht dem Zugangsrecht des Arbeitnehmers regelmäßig das berechtigte Interesse des Arbeitgebers entgegen, dass durch den Zugang leicht Kopien hergestellt und an Dritte weitergegeben werden können und dies eine wirtschaftliche Einbuße des Arbeitgebers zur Folge hat (*Kolle* GRUR 1985, 1016, 1024).

7. Rückrufsrechte des Urhebers

a) Allgemeines. Die Rückrufsrechte des Urhebers (§§ 41, 42) gelten grds. auch für **114** den Arbeitnehmer (Fromm/Nordemann/*A. Nordemann* § 43 Rn. 50; Schricker/Loewenheim/*Rojahn* § 43 Rn. 88; *Rehbinder* Rn. 653). Dort, wo die Individualität des Urhebers am stärksten im Werk in Erscheinung tritt, namentlich bei **Kunstwerken,** steht das Rückrufsrecht in der Praxis stärker im Mittelpunkt als bei Werken, die Massencharakter haben und eine niedrige Gestaltungshöhe aufweisen, etwa bei der „kleinen Münze" (vgl. § 4 Rn. 5), auch wenn das Rückrufsrecht auch hier uneingeschränkt gilt (§ 41 Rn. 15).

Der **Rückruf** ist eine vertragsauflösende Erklärung eigener Art (näher § 41 Rn. 4) und **115** betrifft im Rahmen des Arbeitsverhältnisses nur die mit dem Arbeitsvertrag ausdrücklich oder stillschweigend eingeräumten ausschließlichen Nutzungsrechte hinsichtlich der geschaffenen (Pflicht-)Werke. Die Ausübung der Rückrufsrechte im Arbeitsverhältnis bedeutet **keine Auflösung des Arbeitsvertrages,** sondern nur die Beendigung der Rechtseinräumung für die ausschließlichen Nutzungsrechte der arbeitsvertraglich geschaffenen Werke; der Rückruf bezieht sich nur auf ausschließliche Nutzungsrechte, weil bei einfachen Nutzungsrechten dem Urheber die Verwertungsmöglichkeiten ohnehin verblieben sind.

b) Rückruf wegen Nichtausübung. Das Rückrufsrecht wegen Nichtausübung (§ 41) **116** kann nach Inhalt und Wesen des Arbeitsverhältnisses **eingeschränkt** (Dreier/Schulze/ *Dreier* § 43 Rn. 38; Möhring/Nicolini/*Spautz* § 43 Rn. 13; Schricker/Loewenheim/

Rojahn § 43 Rn. 88; *Schacht* 191), nicht aber völlig ausgeschlossen werden. Denn es handelt sich im Kern um ein Urheberpersönlichkeitsrecht, das unabhängig davon existiert, ob der Arbeitgeber seine Beschäftigungspflicht realisiert oder nicht. Zwischen dem **Beschäftigungsanspruch des Arbeitnehmers** und der Verwertung besteht aber insofern ein Zusammenhang, als das konkrete Werk immer das Ergebnis der Arbeit selbst ist und der Arbeitgeber daran interessiert ist, die Werke seiner Arbeitnehmer zu verwerten. Inwieweit einzelne Werke nur für die Schublade hergestellt wurden und gar nicht oder nur unzureichend genutzt werden, ist im Einzelfall festzustellen (OLG Köln ZUM-RD 2005, 333, 334; Nichtausübung der Nutzungsrechte seit 4 Jahren). Mit der Wirksamkeit des Rückrufs erlischt das Nutzungsrecht, ohne dass es einer Rückübertragung bedarf (§ 41 Abs. 5).

117 Die Art und Weise der Ausübung des Rückrufsrechts wegen Nichtausübung kann auch in **Tarifverträgen** vereinbart werden. So können Redakteure frühestens 12 Monate nach Ablieferung eines Beitrages das Nutzungsrecht zurückrufen, wenn der Verlag das Nutzungsrecht nicht oder nicht ausreichend ausgeübt hat. Der Redakteur darf seine Rechte aber nur dann verwerten, wenn dies den berechtigten Interessen des Verlages nicht abträglich ist (§ 12 Abs. 5 des Manteltarifvertrages für Redakteure an Zeitschriften). Im Grunde liegt hier ein Konkurrenz- und Wettbewerbsverbot vor.

118 c) **Rückruf wegen gewandelter Überzeugung.** Der Rückruf wegen gewandelter Überzeugung (§ 42) ist vor allem im künstlerischen und wissenschaftlichen Bereich denkbar und soll auch den Arbeitnehmer als Urheber vor allem vor Schäden bewahren, die im Zusammenhang mit der Durchsetzung seiner Urheberpersönlichkeitsrechte von Bedeutung sind. Der Arbeitnehmer kann seine Nutzungsrechte zurückrufen, wenn das Werk seiner Überzeugung nicht mehr entspricht und ihm deshalb die Verwertung nicht mehr zugemutet werden kann (§ 42 Abs. 1).

119 Dieser Grundsatz ist auf alle Werke anwendbar, wenngleich vor allem **Kunstwerke** den Überzeugungswandel (dazu § 42 Rn. 5f.) des Schöpfers am ehesten nachvollziehbar erscheinen lassen. Der Überzeugungswandel ist dann mit dem Wandel künstlerischer Auffassung gleichzusetzen. Im Hinblick auf Inhalt und Wesen von **Computerprogrammen** ist aber ein solcher den Rückruf rechtfertigender Überzeugungswandel auch bei weitester Auslegung dieses Begriffs nicht denkbar (*Kolle* GRUR 1985, 1016, 1024), da hier Fragen der ästhetischen Empfindungswelt keine Rolle spielen. Bei Computergrafik, Computerspielen und elektronischer Musik mag dies anders sein.

120 d) **Rückruf bei Unternehmensveräußerung (§ 34 Abs. 3 S. 2).** Auch das durch die Reform 2002 (s. Vor §§ 31 ff. Rn. 3) eingeführte besondere Rückrufsrecht nach § 34 Abs. 3 S. 2 gilt grds. auch für Arbeitnehmerurheber (*Wernicke/Kockentiedt* ZUM 2004, 348, 355 m. w. N.; a. A. *Berger* FS Schricker 2005, 223, 231). Demnach hat der Arbeitnehmerurheber im Falle der Unternehmensveräußerung, was hier einem Wechsel in der Person des Arbeitgebers gleichkommt (§ 613a Abs. 1 S. 1 BGB), das Recht, Nutzungsrechte zurückzurufen, wenn ihm die Fortsetzung nach **Treu und Glauben** nicht zuzumuten ist. Im Rahmen eines weiter bestehenden Arbeitsverhältnisses dürfte dem Arbeitnehmer die weitere Nutzung wie bisher aber stets zuzumuten sein (Berger/Wündisch/*Wündisch* § 15 Rn. 30). Sofern der Arbeitsvertrag kraft Vereinbarung oder kraft Gesetz (§ 613a BGB) auf den Erwerber des Unternehmens übergeht (*Schiefer/Pogge* NJW 2003, 3734), besteht zudem wieder die Pflicht zur Nutzungsrechtseinräumung an den neuen Arbeitgeber. Ist der Arbeitnehmerurheber mit seinem neuen Arbeitgeber nicht einverstanden, muss er ohnehin nach den arbeitsrechtlichen Möglichkeiten vorgehen und etwa dem Betriebsübergang widersprechen oder letztlich das Arbeitsverhältnis beenden. Die Ausübung des Widerrufsrechts nach § 613a Abs. 6 S. 1 BGB kann als Indikator in die Zumutbarkeitsprüfung des § 34 Abs. 3 S. 2 herangezogen werden (*Wernicke/Kockentiedt* ZUM 2004, 348, 356). Der Arbeitnehmerurheber ist ordnungsgemäß über einen **Betriebsübergang** zu informieren. Der Erwerber und Veräußerer sind für die Erfüllung der Unterrichtspflicht darlegungs- und

beweispflichtig. Die **Widerspruchsfrist nach § 613a Abs. 6 BGB** wird weder durch eine unterbliebene noch durch eine nicht ordnungsgemäße Unterrichtung ausgelöst. Bei der Unterrichtung sind dem Arbeitnehmer jene unternehmerischen Gründe zumindest schlagwortartig mitzuteilen, die sich auf den Arbeitsplatz auswirken können (BAG NJW 2007, 2134, 2136). Für den Arbeitnehmerurheber hat der Betriebsübergang nicht nur arbeitsrechtliche Folgen, sondern die Art und Weise des Betriebsübergangs sowie die Ursachen für einen Arbeitgeberwechsel können für den Schutz der Urheberpersönlichkeitsrechte und der Nutzungsrechte von Bedeutung sein. So kann ein Betriebsübergang i. S. d. Art. 1 lit b der Richtlinie 2001/23/EG vorliegen (EuGH NJW 2009, 2029).

XI. Tarifverträge

1. Bedeutung

Neben dem Individualarbeitsrecht spielen Tarifverträge („TV") bei der Durchsetzung der ideellen und materiellen Interessen der Urheber eine große Rolle (vgl. den Überblick bei *v. Fintel* ZUM 2010, 483). Dabei formen kollektive arbeitsrechtliche Regelungen verschiedene urheberrechtliche Vorschriften aus. Folgende TV enthalten z. B. Urheberrechts- bzw. Leistungsschutzrechtsklauseln und Vergütungsregeln: 121

- **Normalvertrag (NV) Bühne** v. 15.10.2002, zuletzt geändert am 24.4.2013 mit Sonderregelungen (SR) für Solomitglieder, Bühnentechniker, Opern- und Tanzmitglieder; 122
- **TV für Musiker in Kulturorchestern** (TVK) v. 1.7.1971, zuletzt geändert am 31.10.2009;
- TV für arbeitnehmerähnliche **freie Journalisten und Journalistinnen** an Tageszeitungen v. 1.8.2010;
- Mantel-TV für **Film- und Fernsehschaffende** v. 21.11.2011;
- Mantel-TV für **Journalistinnen und Journalisten an Zeitschriften** v. 1.1.2010;
- Mantel-TV für **Redakteurinnen und Redakteure an Tageszeitungen** v. 1.1.2011;
- TV für auf **Produktionsdauer beschäftigte** Film- und Fernsehschaffende v. 21.11.2011;
- TV für **Design-Leistungen** v. 1.12.1997, zuletzt geändert am 15.2.2006;
- **Vergütungstarifvertrag Design** (AGD/SDSt) v. 15.2.2006.

Es wird allgemein anerkannt, dass Tarifverträge Regelungen über **Urheberpersönlichkeitsrechte** und über die Einräumung urheberrechtlicher und leistungsschutzrechtlicher **Nutzungsrechte** treffen können (*Schack* Rn. 1118; *Rehbinder* Rn. 637; Schricker/Loewenheim/*Rojahn* § 43 Rn. 9; *Haberstumpf* Rn. 451; *Ulmer* 401). Urheberrechtsklauseln in Tarifverträgen stellen eine Konkretisierung der Grundrechte dar, namentlich der Art. 1, 2, 5 und 14 GG. Es geht in den Tarifverträgen um eine verfassungskonforme Transformation der Grundrechte der Urheber; sie enthalten Rechtsnormen über den Inhalt, den Abschluss und die Beendigung von Arbeitsverhältnissen sowie betriebliche und betriebsverfassungsrechtliche Fragen (§ 1 Abs. 1 TVG). 123

Diese Rechtsnormen **gelten unmittelbar und zwingend** zwischen den Tarifpartnern (aufgrund des Vertragsschlusses) und zwischen den beiderseits tarifgebundenen Parteien des Arbeitsverhältnisses (§ 4 Abs. 1 S. 1 TVG). Sie sind dann Gesetze im materiellen Sinne und schaffen objektives Recht (BVerfGE 4, 96, 106; BVerfGE 28, 295, 304 f.). Die Bindung der Tarifverträge an die Grundrechte ist eine conditio sine qua non. Die in den Tarifverträgen enthaltenen Urheberrechtsklauseln dürfen wiederum nicht dem Urheberrechtsgesetz widersprechen. Die Regelungen des § 43 werden teilweise durch Tarifverträge ausgefüllt und konkretisiert. Die Urheberrechtsklauseln spiegeln dabei den Kompromiss der Tarifparteien und die Spezifik der Arbeitsverhältnisse wider (BGH GRUR 2005, 937, 938 – Der Zauberberg). Die Anpassung der Urheberrechtsklauseln an die konkreten Bedingungen der jeweiligen Produktionsweise kann im Einzelfall zu einer Modifizierung der Ausübung der 124

Urheberpersönlichkeitsrechte und der Nutzungsrechte führen, ohne selbst gegen verfassungsrechtlich garantierte Grundrechte zu verstoßen.

2. Urheberrechtsklauseln im Tarifvertrag

125 Die im Tarifvertrag enthaltenen Urheberrechtsklauseln stellen zunächst **Mindestnormen** dar (§ 4 Abs. 3 TVG), die eine unmittelbare und zwingende Wirkung auf die privatrechtlichen Arbeitsverhältnisse haben, d. h. es dürfen keine zum Nachteil des Arbeitnehmers abweichenden Vereinbarungen zwischen den tarifgebundenen Vertragsparteien im Arbeitsvertrag getroffen werden. Diese unmittelbare und zwingende Wirkung gilt zunächst nur für die **Mitglieder der Tarifvertragsparteien,** z. B. nur für Urheber, die zugleich Mitglieder der Gewerkschaft sind (§ 3 Abs. 3 TVG). Anders ist die Rechtslage, wenn der Bundesarbeitsminister den Tarifvertrag gem. § 5 TVG für allgemeinverbindlich erklärt hat (zur Rechtsnatur der Allgemeinverbindlichkeitserklärung BVerwG NZA 1989, 364). Dann gilt er auch für nicht gewerkschaftlich organisierte Arbeitnehmer. Der EuGH hat ausdrücklich darauf hingewiesen, dass der Arbeitnehmer, der nicht gewerkschaftlich organisiert ist, in vollem Umfang den Schutz, den der TV bietet, in Anspruch nehmen kann (EuGH NJW 2010, 2563, 2565).

126 Schließlich kann die Geltung des Tarifvertrages auch durch den **Arbeitsvertrag** im Einzelfall vereinbart werden (BGH GRUR 2005, 937, 939 – Der Zauberberg), was etwa im Bühnenbereich regelmäßig durch Bezugnahme auf den NV-Bühne geschieht (*Wandtke* ZUM 2004, 505, 508). Vom Tarifvertrag abweichende Vereinbarungen sind im Arbeitsvertrag nur möglich, soweit sie durch den Tarifvertrag gestattet sind oder sie eine Änderung der Regelungen zugunsten des Arbeitnehmers enthalten (§ 4 Abs. 3 TVG; zum **Günstigkeitsprinzip** insoweit *Hanau/Adomeit* 67; *Vogel* FS Schricker 1995, 117, 131). Urheberrechtsklauseln im Arbeitsvertrag haben Vorrang vor dem Tarifvertrag, wenn diese für den Urheber günstiger sind. Dies gilt auch dann, wenn ein Betriebsübergang i. S. d. § 613a BGB erfolgt. Eine arbeitsvertragliche Verweisungsnorm auf den jeweiligen Tarifvertrag sollte als dynamische Anpassungsklausel ausgestaltet sein (*M. de Beauregard* NJW 2006, 2522, 2525), um künftige Änderungen erfassen zu können, die Urheberrechtsklauseln enthalten. Der Erwerber, der nicht Partei eines den Veräußerer bindenden Tarifvertrages ist, auf den der Arbeitsvertrag verweist, ist nicht an Tarifverträge gebunden, die nach dem Zeitpunkt des Betriebsüberganges abgeschlossen werden (EuGH JZ 2006, 723). Im Falle eines neuen Tarifvertrages mit Urheberrechtsklauseln ist der Arbeitsvertrag entsprechend zu ändern, soweit eine Verweisungsklausel im Arbeitsvertrag existiert und die Arbeitnehmerurheber nicht tarifgebunden sind.

3. Inhalt und Umfang der Rechtseinräumung im Tarifvertrag

127 a) **Grundsatz.** Das Urheberrecht ist unübertragbar. An diese zwingende Regel sind auch die Tarifparteien gebunden. Die Tarifparteien können nur eine **schuldrechtliche Verpflichtung** über den Inhalt und Umfang der Rechtseinräumung vereinbaren. Der Tarifvertrag bewirkt aber keine Verfügung, sondern begründet nur die Verpflichtung zur Rechtseinräumung. Dies ist strittig (*Wandtke* ZUM 2004, 505, 508; ebenso *Vogel* FS Schricker 1995, 117, 131; *Rojahn* 46; *Bayreuther* MünchHandbArbR § 91 Rn. 7; *Hubmann* RdA 1987, 89, 91; *Steinberg* 105 m. w. N.; Wandtke/*Wandtke*, Urheber im Arbeitsverhältnis Rn. 249; **a. A.** *Rehbinder* Rn. 639; Schricker/Loewenheim/*Rojahn* § 43 Rn. 47; *Barthel* 90 m. w. N.; *Schack* Rn. 1118; *Hesse* AfP 1987, 562, 565) und gilt sowohl für die tarif- als auch für die nicht tarifgebundenen Arbeitsverhältnisse.

128 Da die **Einräumung von Nutzungsrechten** ein Verfügungsgeschäft ist, kann dies nur durch den Arbeitsvertrag selbst ausdrücklich oder stillschweigend erfolgen (LG Düsseldorf ZUM-RD 2008, 556, 558), es sei denn, es liegt eine unbekannte Nutzungsart vor. Denn wie das sachenrechtliche Übereignungsgeschäft sind auch die urheberrechtlichen Verfü-

§ 43 Urheber in Arbeits- oder Dienstverhältnissen 129–131 § 43 UrhG

gungen an das Bestimmtheitsgebot gebunden, es müssen also auch die Parteien des Verfügungsgeschäftes feststehen (*Hubmann* RdA 1987, 91; *Steinberg* 104 f.; a. A. *v. Olenhusen* Film und Fernsehen Rn. 179). Es kann also nur ein bestimmter Redakteur, Choreograph etc. einem bestimmten Verlag, Theater oder anderem Unternehmen die Nutzungsrechte an seinen Werken einräumen. Der Tarifvertrag als Gesetz im materiellen Sinne ändert daran nichts. Die Tarifnormen bewirken also nicht die unmittelbare Rechtseinräumung z. B. für den Verlag, wie dies teilweise angenommen wird (Nix/Hegemann/Hemke/*Nix*/Fischer § 8 Rn. 7; *Rehbinder* Rn. 639; *Schack* Rn. 1118; Schricker/Loewenheim/*Rojahn* § 43 Rn. 47; Löffler/Dörner/*Schaub* ArbR BT Rn. 202; ebenso Nix/Hegemann/Hemke/*Nix*/Fischer § 8 Rn. 7; *Ulrici* 231). Tarifklauseln, die auf eine quasi-dingliche Nutzungsrechtseinräumung zielen, sind nach den Grundsätzen der gesetzeskonformen und gesetzesfreundlichen Auslegung tariflicher Regelungen im Sinne einer schuldrechtlichen Verpflichtung zur Rechtseinräumung umzudeuten bzw. auszulegen (*Steinberg* 106).

b) Inhalt und Umfang. Die Tarifverträge im **Verlagsbereich** enthalten eine sehr 129 weitreichende Verpflichtung zur Einräumung von Nutzungsrechten an Zeitungs- und Zeitschriftenbeiträgen (Löffler/*Ricker* Kap. 35 Rn. 38a). So erwirbt der Verleger stets das räumliche, zeitlich und inhaltlich unbeschränkte ausschließliche Recht zur Vervielfältigung, Verbreitung, Vorführung, Sendung, Bearbeitung, Verfilmung und Wiederverfilmung des Beitrages (Löffler/*Löffler* UrhR BT Rn. 135). Nach § 8 II NV-Bühne ist der **Bühnenkünstler** verpflichtet, an Aufnahmen auf Bild-, Ton- und/oder Bildtonträgern für den theatereigenen Zweck oder an Aufnahmen für Werbezwecke mitzuwirken. Diese Verpflichtung zur Rechtseinräumung umfasst aber nur die Nutzung der Aufnahmen bei Proben, Aufführungen und Übertragungen innerhalb der für Theaterzwecke genutzten Räumlichkeiten sowie für die Archivierung, nicht jedoch das Verleihen, Vermieten oder Verkaufen der Bild- oder Tonträger (*Kurz* Kap. 7 Rn. 84).

Die Grenze wird durch den **betrieblichen Zweck** des Betriebes gesetzt (z. B. theatereigener Zweck, Rundfunkzweck, Verlagszweck), wobei wiederum die Zweckübertragungslehre (§ 31 Abs. 5) anzuwenden ist (*Wandtke* ZUM 2004, 505, 509; *Schack* Rn. 1118). Deshalb ist es bedenklich, wenn Tarifverträge über den betrieblichen Zweck hinaus Nutzungsrechte festlegen, die mit der betrieblichen Aufgabenstellung nichts mehr zu tun haben und zeitlich unbeschränkt gelten sollen (*Samson* FS Roeber 553). Eine **unbefristete Rechtseinräumung bekannter Nutzungsarten durch Tarifvertrag** ist ebenso abzulehnen wie der Versuch, alle Nutzungsrechte in den Tarifvertrag aufzunehmen und deren Rechtseinräumung mit dem Gehalt abzugelten (Nix/Hegemann/Hemke/*Nix*/Fischer § 8 Rn. 8). Neue Möglichkeiten der **Online-Verwertung** durch den Arbeitgeber sollten in Tarifverträgen aufgenommen werden, soweit dies noch nicht der Fall ist (z. B. § 8 Abs. 1 NV Bühne i. d. F. von 2006, der die Verwertung für Online-Dienste vorsieht; § 12 Mantel-TV Redakteure an Zeitschriften von 1998, wonach die Rechte zur Nutzung durch digitale Medien einschließlich Online-Diensten mit eingeräumt werden; vgl. auch LG Berlin AfP 2001, 339, 340). Die digitale Übertragungstechnik gilt auch für Redakteure von Zeitungen, wenn dies im Anstellungsvertrag ausdrücklich vereinbart wurde (KG GRUR-RR 2004, 228, 230). Auch diese Regelungen müssen allerdings dem Betriebszweck entsprechen und können nicht darüber hinausgehen. Das gilt auch für Betriebsvereinbarungen und Tarifverträge nach § 613a Abs. 1 S. 2 BGB (*Schiefer*/*Pogge* NJW 2003, 3734; BAG NZA 2003, 670: Fortgeltung von Gesamtbetriebsvereinbarungen).

4. Vergütung der Urheber und Künstler im Tarifvertrag

Üblicherweise schließt nach tarifvertraglichen Regelungen das Gehalt die Rechtseinräumung der Nutzungsrechte ein (LAG Köln ZUM 2001, 612, 613). Die **Abgeltung der Rechtseinräumung** in Form des **Gehalts** widerspricht dem Grundanliegen der

§§ 32, 32a, die sich auf die Verwertung bekannter Nutzungsarten beziehen (ebenso zweifelnd in Bezug auf § 8 Abs. 5 NV-Bühne Nix/Hegemann/Hemke/*Nix/Fischer* § 9 Rn. 11; a. A. *Ory* ZUM 2010, 506, 509). Dies gilt auch für die gesonderte gesetzliche Vergütung für unbekannte Nutzungsarten (§ 32c Abs. 1 S. 1). Der urheberrechtliche Vergütungsanspruch ist ein Vergütungsanspruch eigener Art, der nicht von dem **Schwierigkeitsgrad oder dem Zeitumfang** der Werkschöpfung abhängt, sondern allein von der Rechtseinräumung und vom Inhalt und Umfang der Nutzung (BVerfG ZUM 2011, 396; BVerfG GRUR 1980, 44, 48 – Kirchenmusik). Der Arbeitnehmer muss bereits bei Vertragsabschluss erkennen können, welche Leistung er für die vereinbarte Vergütung maximal zu erbringen hat (BAG NZA 2012, 1147 Rn. 16 m. w. N.). Weder die Qualifikation des Urhebers noch das **sozialrechtliche Prinzip** der Alimentierung nach Bedürftigkeit sind zur Ermittlung der Angemessenheit der Vergütung heranzuziehen, sondern allein die Rechtseinräumung mit dem Umfang der tatsächlichen Nutzung (BGH ZUM-RD 2010, 16, 23 – Sachbuchübersetzer; BGH GRUR 2009, 1148, 1151 – Talking to Addison; OLG München ZUM 2007, 308, 314; OLG München ZUM 2007, 317, 326). Das Gehalt hat die Arbeitsleistung innerhalb einer bestimmten Zeiteinheit zum Inhalt und ist i. d. R. auf die Existenzsicherung gerichtet. Der Unterschied zwischen Gehalt/Lohn und urheberrechtlicher Vergütung muss sich auch im Tarifvertrag widerspiegeln. Dies kann aber nur in der Weise im Tarifvertrag enthalten sein, als sich die Nutzung des Werkes auf den betrieblichen Zweck beschränkt (s. ausführlich Rn. 136 ff.). So wird in § 8 Abs. 5 NV-Bühne geregelt, dass die Einräumung der Nutzungsrechte an Werken, die der Urheber in Erfüllung seiner Verpflichtungen aus dem Arbeitsverhältnis geschaffen hat, abgegolten ist (z. B. das Schaffen eines choreografischen Werkes und dessen Aufführung), es sei denn, es ist etwas anderes vereinbart worden. Ähnliches gilt für die Bühnenkünstler i. S. v. § 73 (BGH ZUM 2005, 389, 390 – Götterdämmerung; *Wandtke* ZUM 2004, 505, 509). Vergütungsrechtlich wird bei Bühnenkünstlern zwischen arbeitsrechtlichen Mitwirkungspflichten (das Singen, Tanzen oder Sprechen in Proben und Aufführungen) und Nutzungsrechten (z. B. die Einwilligung zum Senderecht) unterschieden. Keine Vergütung erfolgt für die Urheber oder Künstler, wenn die Wiedergabezeit von 6 Minuten von Reportagen im Hörfunk und Fernsehen nicht überschritten wird (§ 59 Abs. 3 NV-Bühne SR Solo; § 80 Abs. 3 NV-Bühne SR Chor; § 93 Abs. 3 NV-Bühne SR Tanz). Der gesetzliche Vergütungsanspruch, z. B. die Pressespiegelvergütung nach § 49 besteht unabhängig vom Gehalt für Redakteure und ist als Vorbehalt im Tarifvertrag geregelt (BGH GRUR 2005, 670, 671 – Wirtschaftswoche). Werden Werke oder Leistungen im Rahmen der arbeitsvertraglich vereinbarten Arbeitsaufgabe geschaffen und vom Arbeitgeber hingegen **außerhalb des betrieblichen Zwecks** genutzt, entsteht für den Urheber oder Künstler ein Anspruch auf eine zusätzliche Vergütung zum Gehalt. Damit wird zumindest teilweise eine differenzierte Abgeltung der arbeits- und urheberrechtlichen Vergütung im Bühnenbereich vorgenommen. Nach § 59 – Solisten –, § 80 – SR Chor –, § 93 – SR Tanz – des NV Bühne erhalten die Künstler für die Mitwirkung bei Veranstaltungen für Funkzwecke, für die Sendung und deren Wiedergabe eine angemessene Vergütung (AG Dresden ZUM 2005, 418, 420, mit Anm. *Fallenstein*). Auch Wiederholungsvergütungen für Sendungen von Aufführungen sind geregelt (vgl. § 59 Abs. 2 NV Bühne SR Solo, § 68 Abs. 2 NV Bühne SR Bühnentechniker, § 80 Abs. 2 NV Bühne SR Chor, § 93 Abs. 2 NV Bühne SR Tanz, § 8 Abs. 1 S. 1 TVK). Der Urheber wird gleichsam so gestellt, als ob er das Werk außerhalb der arbeitsvertraglich vereinbarten Arbeitsaufgabe geschaffen hätte (Schaub/*Schaub* § 115 Rn. 61a). Dies ist z. B. der Fall, wenn eine für Schreib- und Hilfsarbeiten eingestellte Sekretärin eigene schöpferische Beiträge bei der Herstellung eines Sammelbandes erbringt (BGH GRUR 1978, 244, 245 – Ratgeber für Tierheilkunde). Dazu gehört z. B. die Fallgruppe, dass die Aufnahme von Orchestermitgliedern zu einer Oper vom Tonträgerhersteller hergestellt und vertrieben wird (BGH ZUM 2005, 389 – Götterdämmerung).

5. Einräumung der Nutzungsrechte nach Beendigung des Arbeitsverhältnisses

Einige Tarifverträge enthalten Regelungen über die **Fortgeltung der Rechtseinräumung** über die Zeit der Beendigung des Arbeitsverhältnisses hinaus (z. B. § 12 Abs. 4 des MTV für Redakteure und Redakteurinnen an Zeitschriften: Urheber darf erst 2 Jahre nach Beendigung des Arbeitsverhältnisses über seine Beiträge verfügen; § 18 Abs. 4 des MTV für Redakteure und Redakteurinnen an Tageszeitungen: Verlag darf Bildbeiträge unbefristet und ausschließlich auch nach Beendigung des Arbeitsverhältnisses nutzen; Ziff. 13.2.1 des TV für auf Produktionsdauer Beschäftigte des WDR: zeitlich unbeschränkte Einräumung zu Rundfunkzwecken; s. o. Rn. 122). Die Fortsetzung der Verwertung der Nutzungsrechte kann auch nach einem Unternehmenskauf erfolgen (§ 34 Abs. 3 S. 1), es sei denn dem Arbeitnehmerurheber ist nach Treu und Glauben die Ausübung des Nutzungsrechts durch den Erwerber nicht zuzumuten. Er kann das Nutzungsrecht dann zurückrufen (§ 34 Abs. 3 S. 2). Mit der Ausübung des Rückrufrechts fallen die Nutzungsrechte heim. 132

Zwar können Tarifverträge generell eine Verpflichtung einer zeitlich und örtlich unbeschränkte Verfügung von Nutzungsrechten aufnehmen, doch muss dies durch eine individuelle Vereinbarung flankiert werden, weil das Schuldverhältnis nach Beendigung des Arbeitsvertrages beendet ist und der Tarifvertrag nicht über individuelle Rechtsverhältnisse Regelungen treffen kann, die außerhalb seines Geltungsbereichs liegen. Mit Beendigung des Arbeitsverhältnisses fallen die Rechte nach der hier vertretenen Ansicht vielmehr an den Urheber zurück (s. Rn. 76 ff. mit Darstellung auch der herrschenden Meinung), es sei denn, es ist ausdrücklich oder stillschweigend individualvertraglich etwas anderes vereinbart worden (*Wandtke* ZUM 2004, 505, 510; *Dietz* ZUM 2001, 276, 278). Klauseln über die Abgeltung der Rechtseinräumung für **unbekannte Nutzungsarten im TV nach Beendigung des Arbeitsverhältnisses sind ausgeschlossen.** Unbekannte Nutzungsarten, die erst nach Beendigung des Arbeitsverhältnisses bekannt werden, können erst wirtschaftlich für den Arbeitgeber bedeutsam sein und dessen Mitteilungs- und Unterrichtungspflicht aus den §§ 31a Abs. 1 S. 4 und 32c Abs. 1 S. 3 begründen. In solchen Fällen bedarf es dann einer individuellen Vereinbarung über eine angemessene Vergütung, wenn der Arbeitgeber eine neue Art der Werknutzung nach § 31a aufnimmt, die im Zeitpunkt des Vertragsschlusses (ex ante) des Arbeitsvertrages noch unbekannt war (§ 32c Abs. 1 S. 1). Denn eine Verpflichtung zur Rechtseinräumung nach Beendigung des Arbeitsverhältnisses besteht nicht. Dem Arbeitnehmerurheber steht dann ein Widerrufsrecht zu (Büscher/Dittmer/Schiwy/*Haberstumpf* § 43 Rn. 13). Außerdem können dabei Fragen des Urheberpersönlichkeitsrechts auftreten. 133

XII. Vergütungsanspruch des Urhebers

1. Abgeltungstheorie

Der erste Gesetzesentwurf zur Reform des Urhebervertragsrechts 2002 (s. Vor §§ 31 ff. Rn. 3) hatte in der geplanten, dann aber nicht verwirklichten Neufassung des § 43 den Vergütungsanspruch des Arbeitnehmerurhebers ausdrücklich vorgesehen (vgl. BT-Drucks. 14/6433, 5). Seit der Reform 2002 gelten aber die §§ 32, 32a. Im Umkehrschluss aus § 32 Abs. 4 und § 32a Abs. 4 ergibt sich, dass auch der Arbeitnehmerurheber Korrekturansprüche nach diesen Vorschriften hat, soweit für die konkrete Nutzung durch den Arbeitgeber keine tarifvertragliche Regelung einschlägig ist (ebenso § 69b Rn. 23 mit Nachweisen zum Streitstand). Im Übrigen ist das Verhältnis zwischen urheberrechtlicher und arbeitsrechtlicher Vergütung weiterhin unklar. Im arbeits- und urheberrechtlichen Schrifttum wird überwiegend die Auffassung vertreten, dass mit dem Lohn bzw. Gehalt jeweils auch die Einräumung der Nutzungsrechte des Urhebers abgegolten ist **(Abgeltungstheorie)**, wenn der Arbeitgeber die im Rahmen der Verpflichtungen des Arbeit- 134 nehmers geschaffenen Werke zu betrieblichen Zwecken nutzt (Büscher/Dittmer/Schiwy/ *Haberstumpf* § 43 Rn. 15; Ulmer-Eilfort/Obergfell/*Ulmer-Eilfort* Kap. E Rn. 15; Tschöpe/ *Westhoff* Teil 2 H Rn. 73; Dreier/Schulze/*Dreier* § 43 Rn. 30; *Schmid/Wirth* § 43 Rn. 7; Dreyer/Kotthoff/Meckel/*Kotthoff* § 43 Rn. 23; *Wegner/Wallenfels/Kaboth* Kap. 1 Rn. 151; *Bayreuther* GRUR 2003, 570, 572; *Haas* Rn. 206; *Zirkel* 101 ff.; *Binder/Kosterhon* Rn. 179; *Bayreuther* MünchHandbArbR § 91 Rn. 21; differenzierend *Ory* ZUM 2010, 506, 509; *Däubler* CR 2005, 767, 768; *Müller-Höll* 66; *v. Olenhusen/Ernst* in: Hoeren/Sieber Teil 7.3 Rn. 123; Schricker/Loewenheim/*Rojahn* § 43 Rn. 64; *Haberstumpf* Rn. 454; *Ulmer* 405; *Loos* 158; *Schack* Rn. 1121; differenzierend Berger/Wündisch/*Wündisch* § 15 Rn. 33; *Veddern,* Multimediarecht 148; *Rehbinder* Rn. 656; *Kraßer* FS Schricker 1995, 77, 97; Fromm/Nordemann/*A. Nordemann* § 43 Rn. 58; *D. Dünnwald* 105; *Ulrici* 265 ff.; Möhring/Nicolini/*Spautz* § 43 Rn. 11; BGH GRUR 2001, 155, 157 – Wetterführungspläne I; OLG Düsseldorf ZUM 2004, 756, 758; **a. A.** *Fuchs* 174; Kittner/Zwanziger/Deinert/ *Becker* § 75 Rn. 80; *A. Dittrich* 87 ff.; *Sahmer* UFITA 21 (1956) 34, 38; *Samson* FS Roeber 547, 553 f.; *Henkel* BB 1987, 833, 836 f.; *Schwab* AuR 1993, 129, 133 ff.; *Schwab* AiB 1997, 699, 707 ff.; *Voß* 49; *Wandtke* GRUR 1999, 394). Darüber hinaus wird im **arbeitsrechtlichen Schrifttum** der urheberrechtliche Vergütungsanspruch für Pflichtwerke im Arbeitsverhältnis entweder versagt oder gar nicht gesondert berücksichtigt (differenzierend *Bayreuther* MünchHandbArbR § 91 Rn. 21; Dieterich/Hanau/Schaub/*Schaub* § 612 BGB Rn 19; Schaub/*Koch* § 115 Rn. 7a; Dörner/Luczak/Wildschütz/*Dörner* C Rn. 2572; Schmidt/Trenk-Hinterberger 1 ff.; Brox/*Rüthers*/Henssler 1 ff.; *Lieb* 1 ff.; *Ring* 1 ff.), und zwar teilweise selbst dann, wenn das Werkschaffen gar nicht zur arbeitsvertraglich geschuldeten Leistung gehört (*Zöllner* FS Hubmann 523, 533). Die **Rechtsprechung** hat unterschiedliche und widersprüchliche Entscheidungen zur Vergütung des Urhebers im Arbeitsverhältnis getroffen (BGH ZUM-RD 2012, 192, 195 Rn. 28 – Das Boot; BGH GRUR 1978, 244, 246 – Ratgeber für Tierheilkunde; OLG Hamburg GRUR 1977, 556, 558 – Zwischen Marx und Rothschild; OLG Frankfurt a. M. GRUR 1965, 50 – Wirtschaftsjurist; BGH GRUR 1974, 480, 481 – Hummelrechte; KG GRUR 1976, 264, 265 – Gesichtete Spuren; BGH GRUR 1991, 133, 135 – Videozweitauswertung; BAG GRUR 1984, 429, 432 – Statikprogramme; BGH GRUR 2001, 155, 157 – Wetterführungspläne I; BGH GRUR 2002, 149, 151 – Wetterführungspläne II).

135 Überwiegend wird in der Rechtsprechung und im Schrifttum ferner davon ausgegangen, dass ein **zusätzlicher Vergütungsanspruch** nur entsteht, wenn es sich um die Nutzung von Pflichtwerken **außerhalb des Betriebszwecks** oder um die Nutzung freier Werke handelt (*Bayreuther* MünchHandbArbR § 91 Rn. 27; Tschöpe/*Westhoff* Teil 2 H Rn. 74; Dreier/Schulze/*Dreier* § 43 Rn. 31; Dörner/Luczak/Wildschütz/*Dörner* C Rn. 2577; *Schmid/Wirth* § 43 Rn. 8; *Zirkel* WRP 2003, 59, 64; *Bayreuther* GRUR 2003, 570, 577; *Haas* Rn. 206; *Veddern* Multimediarecht, 149; Schricker/Loewenheim/*Rojahn* § 43 Rn. 65; Fromm/Nordemann/*A. Nordemann* § 43 Rn. 61; *Rehbinder* Rn. 655; *Haberstumpf* Rn. 454; *D. Dünnwald* 105 f.; *Schack* Rn. 1121; *Ulrici* 295; *Stickelbrock* GRUR 2001, 1087, 1091; ebenso BGH GRUR 1991, 133, 135 – Videozweitauswertung; BGH GRUR 1985, 129, 130 – Elektrodenfabrik; BGH GRUR 1978, 243, 244 – Ratgeber für Tierheilkunde). Dagegen hat das BAG auch für ein außerhalb der arbeitsvertraglich vereinbarten Arbeitsaufgabe geschaffenes Werk (hier Software) keinen gesonderten Vergütungsanspruch gewährt, wenn das Werk in den Betriebszweck des Arbeitgebers fiel (BAG GRUR 1984, 429, 432 – Statikprogramme), was abzulehnen ist (ebenso Kittner/Zwanziger/Deinert/ *Becker* § 75 Rn. 80; *Haberstumpf* Rn. 455). Eine besondere Vergütung schuldet der Arbeitgeber jedenfalls für die Nutzung von Werken, die der Arbeitnehmer vor Abschluss des Arbeitsvertrages geschaffen hat (BGH GRUR 1985, 129, 130 – Elektrodenfabrik). Eine zusätzliche Vergütung für Pflichtwerke kann durch tarifvertragliche Regelungen ausgeschlossen sein (LAG Köln ZUM 2001, 612, 613: § 13 MTV für Redakteurinnen und Redakteure). Wiederholungshonorare und Erlösbeteiligungen, die an ausübende Künstler von

Hörfunk- und Fernsehproduktionen als Nutzungsentgelte für die Einräumung von Nutzungsrechten gezahlt werden (vgl. BFH GRUR 2006, 1021) entsprechen dem Wesen des urheberrechtlichen Vergütungsanspruchs. Wiederholungshonorare sind kein Arbeitslohn im Sinne des Steuerrechts (BFH ZUM-RD 2007, 49, 50).

2. Trennungstheorie

Verfassungsrechtliche Grundlage des urheberrechtlichen Vergütungsanspruchs ist Art. 14 **136** Abs. 1 GG (*Fuchs* GRUR 2006, 561); zudem ist der urheberrechtliche Vergütungsanspruch ein Anspruch eigener Art (*Hohagen* 520). Dogmatisch knüpft der urheberrechtlichen Vergütungsanspruchs an die §§ 32, 32a, weil beide Vorschriften von der Rechtseinräumung als Verfügungsgeschäft und vom Inhalt und Umfang der Nutzung ausgehen. Das Verfügungsgeschäft ist vom schuldrechtlichen Verpflichtungsgeschäft (hier das durch den Arbeitsvertrag begründete Arbeitsverhältnis) zu unterscheiden. Das Gesetz orientiert deshalb nicht am Arbeitsaufwand oder an der erbrachten Leistung oder am sozialrechtlichen Prinzip der Alimentierung nach Bedürftigkeit. Anders als das Arbeitsentgelt wird die angemessene Vergütung nach § 32 Abs. 1 S. 1 nicht für die erbrachte Leistung und damit verbundene Arbeit geschuldet, sondern für die Einräumung von Nutzungsrechten und die Erlaubnis zur Werknutzung. Der Arbeitsaufwand kann sich aber mittelbar auf die Bemessung der Nutzungsvergütung auswirken (grundlegend zu § 32: BVerfG NJW 2014, 46 – Drop City; ferner BGH GRUR 2011, 328, 332 – Destructive Emotions; BGH ZUM-RD 2010, 16, 19 – Sachbuchübersetzer; BGH GRUR 1148, 1154 – Talking to Addison; OLG München ZUM-RD 2007, 166, 177; OLG München ZUM-RD 2007, 182, 190; so auch *v. Becker* ZUM 2007, 254; *Jakobs* FS Ullmann 79, 84; anders BGH ZUM-RD 2012, 192, 195 Rn. 28 – Das Boot; *Hertin* GRUR 2011, 1065, 1067). Das gilt auch für den durch die Reform 2007 (s. Vor §§ 31 ff. Rn. 5) eingeführten gesonderten gesetzlichen Anspruch auf angemessene Vergütung für unbekannte Nutzungsarten nach § 32c. Dieser zusätzliche gesetzliche Vergütungsanspruch gilt nicht für ausübende Künstler (§ 79 Abs. 2 S. 2). Die wohl herrschende Abgeltungstheorie verkennt deshalb die Unterschiede im Wesen des **Lohnanspruchs** des Arbeitnehmers einerseits und des **Nutzungsentgelts** des Urhebers andererseits (krit. zur Abgeltungstheorie *v. Olenhusen* ZUM 2010, 474, 479; *Schwab* Rn. 89; *Kittner/Zwanziger/Deinert/Becker* § 56 Rn. 80; *Grabig* 67; *Fuchs* 174; *Zirkel* WRP 2003, 59, 64; *Hilty/Peukert* GRUR Int. 2002, 643, 648; *Wandtke* FS Loewenheim 2009, 398; *Wandtke* KUR 2001, 601, 606; *Sahmer* UFITA 21 [1956] 34, 38). Die vermögenswerten Interessen des Werkschöpfers sind eben nicht nur Gegenstand des Arbeitsrechts, sondern auch des Urheberrechts, dessen Vergütungsansprüche im Arbeitsverhältnis keine ungerechtfertigte Besserstellung des Urhebers gegenüber anderen Arbeitnehmern bedeuten. Der Arbeitslohn hat einen anderen Sachverhalt zum Gegenstand. Bei der kausalen Lohnfindungsmethode ist die menschliche Arbeitsleistung Gegenstand und Maß der Entlohnung. Diese Methode liegt den herkömmlichen Lohnsystemen zugrunde (Schaub/ *Schaub* § 62 Rn. 2; Dietrich/Hanau/Schaub/*Preis* § 611 BGB Rn. 489). Die Quantifizierung der Arbeitsleistung ergibt sich wiederum aus dem Arbeitswert, d. h. dem Schwierigkeitsgrad und dem Zeitwert. Eine Erscheinungsform des Arbeitslohnes ist das Gehalt, welches aus den Eingruppierungsunterlagen und tarifrechtlichen Vergütungsgruppen zu ermitteln ist (BAG AfP 2006, 288, 290; LAG Köln ZUM-RD 2001, 415, 418). Das Gehalt ist im Unterschied zum Stücklohn eine Erscheinungsform des Zeitlohns (*Wandtke* GRUR 1999, 390, 394). Denkbar ist die Anwendung der vergütungsrechtlichen **Trennungstheorie** auch auf die Herstellung eines Werkes i. S. d. §§ 631 ff. BGB. Das BVerfG und der BGH haben im Zusammenhang mit dem Anspruch auf die angemessene Vergütung eines Urhebers indirekt auf die Trennungstheorie hingewiesen. Die angemessene Vergütung nach § 32 Abs. 1 S. 1, die die Gegenleistung für die Einräumung von Nutzungsrechten und die Erlaubnis zur Werknutzung einschließt, ist von der **Werkvergütung** nach § 631 BGB zu unterscheiden, die die erbrachte Leistung und den damit verbundenen Arbeitsaufwand erfasst (BVerfG NJW 2014, 46 Rn. 105 – Drop City). Das gilt auch für § 32a (BVerfG ZUM 2011, 396, 397; BGH ZUM-RD 2012, 192, 196 Rn. 28; BGH GRUR 2011, 328, 332 – Destructive Emotions; BGH ZUM-RD 2011, 208, 211 – Angemessene Übersetzervergütung II; BGH ZUM-RD 2011, 212, 217 – Angemessene Übersetzervergütung III; BGH ZUM 2011, 403, 407 – Angemessene Übersetzervergütung IV; BGH ZUM 2011, 408, 413 – Angemessene Übersetzervergütung V; BGH ZUM-RD 2010, 16, 23 – Sachbuchübersetzer; BGH GRUR 2009, 1148, 1154 – Talking to Addison; Wandtke/Wandtke/Wöhrn Rechtsprechung zum Urheberrecht, 143; a.A. offensichtlich Hertin GRUR 2011, 1056, 1067). Das BVerfG geht ausdrücklich von dem Grundsatz aus, dass der Arbeitsaufwand für die Erstellung einer Übersetzung allenfalls nur mittelbar berücksichtig werden kann (BVerfG ZUM 2011, 396, 397).

137 Das **Arbeitsentgelt** hat eine andere Funktion als das urheberrechtliche Nutzungsentgelt. Die Rechtseinräumung der Nutzungsrechte beinhaltet die Alimentationsfunktion und soll ein Anreiz zur Innovation sein (v. Olenhusen ZUM 2010, 474, 479). Der arbeitsrechtliche Vergütungsanspruch erfasst hingegen die Tätigkeit, d. h. das „urheberrechtliche" Werkschaffen, während der **urheberrechtliche Vergütungsanspruch** erst aus der Rechtseinräumung und dem Inhalt und Umfang der Nutzung des geschaffenen Arbeitsergebnisses entspringt, wenn dieses Werkcharakter angenommen hat (**Trennungstheorie;** Wandtke GRUR 1999, 390, 398). Die §§ 31a, 32, 32a, 32c bringen dogmatisch die Trennungstheorie zum Ausdruck. Das eine ist Arbeitsentgelt, das andere ist Nutzungsentgelt (BGH GRUR 2006, 1021; ebenso v. Olenhusen ZUM 2010, 474, 479; Kittner/Zwanziger/Deinert/Becker § 75 Rn. 80; Fuchs 175; Bayreuther GRUR 2003, 570, 571, wenngleich er eine zusätzliche Vergütung zum Arbeitslohn ablehnt; Schwab AuR 1993, 129, 133; ähnlich in der Unterscheidung Jacobs FS Ullmann 79, 83; Grunert KUR 2000, 128, 143). Die Quelle des urheberrechtlichen Vergütungsanspruchs sind die Ausschlussrechte (Verwertungsrechte) des Urhebers. Der Urheber im Arbeitsverhältnis erhält für die zu erbringende Leistung wie jeder andere Arbeitnehmer im Austauschverhältnis seinen Lohn bzw. sein Gehalt, unabhängig davon, ob er gut oder schlecht gearbeitet hat. Bei Schlechtleistung, d. h. z. B. ein qualitativ schlechtes Werk, das nicht genutzt werden kann, ist die vereinbarte oder tarifrechtliche arbeitsrechtliche Vergütung zu zahlen (Dietrich/Hanau/Schaub/Preis § 611 BGB Rn. 489). Auch § 69b steht einem Vergütungsanspruch unabhängig vom Arbeitslohn nicht entgegen (Brandner GRUR 2001, 883, 885; a.A. BGH GRUR 2001, 155, 157 – Wetterführungspläne I; OLG Düsseldorf ZUM 2004, 756, 758).

138 Die Argumentation, mit dem **Lohn und Gehalt** sowie den Sozial- und Nebenleistungen seien grds. alle vertraglich geschuldeten und erbrachten Arbeitsleistungen und -ergebnisse, einschließlich der Einräumung von Nutzungsrechten, abgegolten (Barthel 77 m. w. N.; Kolle GRUR 1985, 1016, 1024; Sundermann GRUR 1988, 350, 354), übersieht, dass der Lohn als Mittel zur Sicherung der individuellen Reproduktion der Arbeitskraft des Arbeitnehmers die Urhebervergütung aus historischer Sicht gar nicht erfasst hat (Schwab Rn. 89). Die urheberrechtliche Vergütung ist Ausdruck der Vermögensrechte des Urhebers. Dies gilt auch für Professoren und wissenschaftliche Mitarbeiter (a.A. Leuze GRUR 2006, 552, 557). Der Rechtsprechung, die den **Nachweis des Arbeitsgebers** fordert, dass im Einzelfall mit der Zahlung des Lohnes auch Nutzungsrechte erworben worden sind, ist zuzustimmen (BGH GRUR 1978, 244, 248 – Ratgeber für Tierheilkunde; a.A. Fromm/Nordemann/A. Nordemann § 43 Rn. 58). Der Rechtscharakter der urheberrechtlichen Vergütung ist vergleichbar mit der gesonderten Erfindervergütung nach § 9 ArbNErfG, welche ebenfalls unabhängig vom Arbeitsentgelt geschuldet wird (vgl. dazu BGH GRUR 2013, 498, 499 – Genveränderungen; BGH GRUR 2007, 52, 53 – Rollenantriebseinheit II).

139 Die jetzige Fassung des § 32 bestätigt diese Auffassung (Kittner/Zwanziger/Deinert/Becker § 75 Rn. 80; a.A. Ulrici 351; Berger/Wündisch/Wündisch § 15 Rn. 33). Gehalt und Lohn müssen den gesetzlichen Anforderungen entsprechen die an die Arbeitsvergütung gestellt werden. Sie sollen der Existenzsicherung dienen, während die urheberrechtliche Vergütung nach den §§ 32, 32a, 32c als Gegenleistung von der Rechtseinräumung und dem Umfang der tatsächlichen Nutzung abhängt. Dieser Grundsatz gilt unabhängig davon, welches Rechtsverhältnis vorliegt. Der freischaffende Urheber wie der Arbeitnehmerurheber hat zunächst einen Anspruch auf eine Vergütung (Honorar oder Gehalt), die z. B. nach dem Zeit- und Arbeitsaufwand, dem Arbeitsergebnis (Werk), oder nach sonstigen Kriterien bemessen wird. Die Kriterien der urheberrechtlichen Vergütung sind die Rechtseinräumung der Nutzungsrechte und der Inhalt und Umfang bzw. Intensität der Nutzung derselben. Auch der gesetzliche gesonderte Vergütungsanspruch aus § 32c unterstreicht diese dogmatische Eigenheit des urheberrechtlichen Vergütungsanspruchs. Leistung (Arbeitsleistung) und Gegenleistung (Lohn/Gehalt) im Arbeitsverhältnis als Schuldverhältnis ist eine andere dogmatische Ebene der Leistung und Gegenleistung beim Verfügungsgeschäft. Dem widerspricht es nicht, wenn klargestellt ist, dass das urheberrechtliche Nutzungsentgelt tatsächlich in einer arbeitsrechtlich ausgewiesenen Vergütung enthalten sein kann, soweit eine ausdrückliche schriftliche, nicht aber eine stillschweigende Vereinbarung vorliegt, die auf die Abgeltung der Nutzungsrechte hinweist. Die Formulierung in Arbeitsverträgen, dass mit dem Gehalt alle urheberrechtlichen Nutzungsrechte abgegolten sind, würde nicht ausreichen. Eine Kombination der Arbeits- und Nutzungsvergütung- wie bei den Übersetzern – wäre möglich, vor allem eine Beteiligungsvergütung am Erfolg der Werkverwertung. Der arbeitsrechtliche Gleichbehandlungsgrundsatz gebietet dem Arbeitgeber, seine Arbeitnehmer, die sich in vergleichbarer Lage befinden, gleich zu behandeln (BAG NJW 2007, 2939, 2940). Die Arbeitnehmerurheber würden ungleich behandelt, wenn ihr urheberrechtlicher Vergütungsanspruch aus den §§ 32, 32a, 32c in einem Fall tarifrechtlich oder individualvertraglich gewährt wird und im anderen Fall versagt bliebe. Bei der Ausgestaltung von Arbeitsverträgen und Tarifverträgen sind deshalb die Unterschiede zwischen der urheberrechtlichen und arbeitsrechtlichen Vergütung deutlich zu machen und getrennt auszuweisen (s. z. B. § 7 Vergütungs-TV Design v. 15.2.2006). Die Ausgestaltung unterschiedlicher Vergütungsregelungen in Tarifverträgen spricht nicht gegen die Trennungstheorie, sondern für deren praktische Anwendungsmöglichkeit. So besteht für arbeitnehmerähnliche Personen ein Anspruch auf eine Wiederholungsvergütung i. S. d. § 32 (BAG ZUM 2009, 883, 887; dazu *v. Olenhusen* ZUM 2009, 889). Die tarifrechtliche Ausgestaltung der urheberrechtlichen Vergütung z. B. im Bühnenbereich widerspricht der Abgeltungstheorie. So erhalten die Urheber und ausübenden Künstler im Bühnenbereich für die Senderechte und die Wiederholung von Sendungen, die die Aufführungen zum Inhalt haben, eine zusätzliche Vergütung („Sondervergütung") zum Gehalt (vgl. § 59 NV Bühne SR Solo, § 80 NV Bühne SR Chor, § 93 NV Bühne SR Tanz). Für Musiker sieht der § TVK sogar eine spezielle Regelung für Online-Rechte vor. So darf der Download nur unentgeltlich erfolgen, die Wiedergabedauer 15 Minuten nicht überschreiten und nicht mehr als ein Viertel des Werkes umfassen, § 8 Abs. 1 S. 3 TVK.

3. Zweckübertragungslehre

Ein gesonderter urheberrechtlicher Vergütungsanspruch im Arbeitsverhältnis muss insb. **140** dann bejaht werden, wenn die Rechtslage hinsichtlich der Rechtseinräumung und der Verwertung der Nutzungsrechte unklar ist. Eine **stillschweigende Rechtseinräumung** im Arbeitsverhältnis bedeutet weder das Versagen eines urheberrechtlichen Vergütungsanspruchs als solchem noch kann unterstellt werden, dass durch das Gehalt die stillschweigende Rechtseinräumung mit abgegolten ist (OLG München NJW-RR 2000, 1574, 1576 – Literaturhandbuch). Im Zweifel ist davon auszugehen, dass das Gehalt die Rechtseinräumung gerade nicht erfasst, auch dann nicht, wenn die Abgeltung der Rechtseinräumung im Arbeitsverhältnis mit der Eigentumsfrage am Arbeitsergebnis verknüpft wird (*Dietz* in: Dittrich 1988, 200, 213).

141 Soweit keine besonderen Vergütungsvereinbarungen vorliegen, findet ferner die **Zweckübertragungslehre** als gesetzliche Auslegungsregel (§ 31 Abs. 5) Anwendung, welche auch auf die urheberrechtliche Vergütung im Arbeitsverhältnis anzuwenden ist (Schaub/*Schaub* § 115 Rn. 60; Dörner/Luczak/Wildschütz/*Dörner* Rn. 2563). Im Zweifel ist das Entgelt für die Tätigkeit, nicht aber für die Rechtseinräumung und Nutzung vorgesehen. Ein zusätzlicher Vergütungsanspruch zum Gehalt kann z. B. entstehen, wenn der als Grafiker beschäftigte Arbeitnehmer nebenbei für eine **arbeitgebereigene Zeitung** Illustrationen produziert (ArbG Köln BB 1981, 1032, 1033), ein Wirtschaftsjurist als Berater auf eigene Initiative einen Zeitungsartikel aus seinem Aufgabengebiet verfasst (LAG Frankfurt GRUR 1965, 50 – Wirtschaftsjurist) oder ein Beamter als Dezernent des Arbeitsgebietes Musikwesen über seine Arbeitsaufgabe hinaus nicht nur das Drehbuch eines Militärmusikfilmes begutachtet, sondern an Exposé und Drehbuch mitarbeitet (BGH GRUR 1972, 713 – Im Rhythmus der Jahrhunderte).

4. Prozessuale Darlegungs- und Beweislast

142 Steht nicht fest, welche Nutzungsrechte mit der arbeitsrechtlichen Vergütung erworben worden sind, hat der **Arbeitgeber** den Nachweis darüber zu erbringen (BGH GRUR 1978, 244 – Ratgeber für Tierheilkunde; *Bayreuther* MünchHandbArbR § 91 Rn. 16). Kann der Arbeitgeber den Nachweis nicht erbringen, hat der Arbeitnehmer einen zusätzlichen urheberrechtlichen Vergütungsanspruch zum Gehalt. Das gilt auch für die Ansprüche aus den §§ 32, 32a, 32c (a. A. Fromm/Nordemann/*A. Nordemann* § 43 Rn. 67). Dies ist eine Konsequenz, die sich aus dem Wesen der Nutzungsrechte als dingliche Rechte ergibt. Der **Nutzer** muss nachweisen, ob und wie das Werk verwertet worden ist. So finden sich z. B. Urheberklauseln im Anstellungsvertrag einer Werbeagentur, wonach die Vergütung für die Rechtseinräumung in der Gehaltszahlung enthalten ist (*Schlecht* 124). Wird die Entlohnung als Mittel der urheberrechtlichen Abgeltung berechtigter Vergütungsansprüche eingesetzt, ist dies durch den Nutzer zu vereinbaren und der Erwerb der Nutzungsrechte im Zweifel nachzuweisen (a. A. Fromm/Nordemann/*A. Nordemann* § 43 Rn. 67; *Rehbinder* Rn. 332: Nutzungsrechte sind im Voraus abgetreten, Arbeitsentgelt wird erst post numerando geschuldet). Der Arbeitgeber hat auch die Angemessenheit der Vergütung nach den §§ 32, 32a, 32c nachzuweisen, wenn diese Tatbestände erfüllt sind. Sie sind Vergütungen, die der Arbeitgeber als Gegenleistung für die Rechtseinräumung und für den Inhalt und Umfang der Nutzungsrechte zu zahlen verpflichtet ist (a. A. Büscher/Dittmer/Schiwy/*Haberstumpf* Teil 1 Kap. 10 § 43 Rn. 18). Mit dem Gehalt werden diese Ansprüche nicht erfasst. Die **Gerichte für Arbeitsstreitigkeiten** sind bei Vergütungsstreitigkeiten zuständig (s. § 2 Abs. 2 Buchst. b ArbGG; Hensler/Willemsen/Kalb/*Hensler* Rn. 125; LAG Hamm ZUM-RD 2008, 578).

5. Vergütungsanspruch aus Arbeitnehmererfindungsrecht?

143 Umstritten ist, ob das ArbnErfG für das Verhältnis zwischen Arbeitnehmerurheber und seinem Arbeitgeber analog herangezogen werden können (bejahend: LG München ZUM 1997, 659, 666; *Schwab* Rn. 91; *Gaul* RdA 1993, 97; ablehnend: Schricker/Loewenheim/*Rojahn* § 43 Rn. 64; *Rehbinder* Rn. 121; Bartenbach/*Volz* § 1 ArbNErfG Rn. 3; *Kraßer* FS Schricker 1995, 77, 110; *Himmelmann* 239). Die bisherige Lücke vor allem für vertraglich nicht geschuldete Leistungen ist seit der Reform 2002 (s. Vor §§ 31ff. Rn. 3) durch § 32 insoweit geschlossen worden, als der Arbeitnehmerurheber seitdem in jedem Fall einen Anspruch auf zusätzliche angemessene Vergütung nach § 32 Abs. 1 hat. Denn die Nutzung von freien Werken durch den Arbeitgeber oder von Pflichtwerken außerhalb des Betriebszwecks kann von Lohn und Gehalt nicht erfasst sein und führt jedenfalls zu einem zusätzlichen Anspruch auf angemessene Vergütung aus §§ 32, 32a. Die Grundsätze über die Ermittlung einer angemessenen Vergütung für Arbeitnehmererfinder können herangezogen

§ 43 Urheber in Arbeits- oder Dienstverhältnissen

werden, weil es sich auch um schöpferische Arbeitsergebnisse handelt, die der Verwertung unterliegen. So ist es durchaus möglich, dass der Erfinder im Anstellungsverhältnis neben seiner arbeitsrechtlichen Vergütung eine Erfindervergütung erhält (BGH GRUR 2007, 52, 53 – Rollenantriebseinheit II). Dazu gehört auch die Lizenzanalogie (BGH NJW 2003, 1710, 1712 – Abwasserbehandlung; *Kraßer* Patentrecht 417). Dies gilt im Übrigen auch für Programmierer im Rahmen des § 69b (a. A. *Wimmers/Rode* CR 2003, 399, 403; *Czychowski* FS Nordemann 2004, 163), insoweit es sich nicht um eine Erfindung handelt (BGH GRUR 2001, 155, 157 – Wetterführungspläne I; BGH GRUR 2002, 149, 151 – Wetterführungspläne II: Anwendung von § 36 a. F. bejaht).

6. Urheberrechtliche Vergütung für Beamte

Die Grundsätze der angemessenen Vergütung aus §§ 32, 32a für Urheber in Arbeitsverhältnissen gelten auch für Beamte (grds. zustimmend *Pakuscher* 445). Das Gleiche gilt für den gesonderten gesetzlichen Vergütungsanspruch nach § 32c Abs. 1 S. 1. Die Argumente, dass der Beamte nicht wie in der Privatwirtschaft „entlohnt" wird und dass das besondere Treueverhältnis eine besondere Versorgung einschließt, sind für ein Versagen des urheberrechtlichen Vergütungsanspruchs dogmatisch nicht überzeugend (*Voß* 54). Die fehlende „Entlohnung" der Beamten und das fehlende wirtschaftliche Interesse an der Einnahmeerzielung sind von der Rechtseinräumung unabhängig zu betrachten (a. A. *Ch. Berger* Rn. 48; *Haas* Rn. 425; Schricker/Loewenheim/*Rojahn* § 43 Rn. 70; *D. Dünnwald* 108: gesonderter Vergütungsanspruch nur dann, wenn Werke von Beamten außerhalb der Dienstpflichten geschaffen werden; *Leuze* § 5 Rn. 55 ff.: § 32a im öffentlich-rechtlichen Dienstverhältnis unanwendbar).

7. Anspruch des Arbeitnehmers auf angemessene bzw. weitere Vergütung (§§ 32, 32a, 32c)

§ 32 oder § 32a ist ein schuldrechtlicher, auf Vertragsänderung gerichteter Anspruch und gilt auch im Arbeitsrecht (AG Dresden ZUM 2005, 418, 4420; *Schwab* Rn. 101; Kittner/Zwanziger/Deinert/*Becker* § 56 Rn. 80; Tschöpe/*Westhoff* Teil 2 H Rn. 73; *Schack* Rn. 1121; Schaub/*Schaub* § 115 Rn. 60; *Hertin* Rn. 338; Büscher/Dittmer/Schiwy/*Haberstumpf* § 43 Rn. 15). Der Anspruch auf angemessene Vergütung (§ 32) steht grds. auch dem Arbeitnehmerurheber zu (§ 43i. V. m. § 32), sofern nicht die Vergütung tarifvertraglich bestimmt ist (§ 32 Abs. 4; **dafür** AG Dresden ZUM 2005, 418; *Ulrici* 360; 420; *Schwab* Rn. 101; *Fuchs* 179; *Hertin* Rn. 444; Dreier/Schulze/*Dreier* § 43 Rn. 30; Fromm/Nordemann/*A. Nordemann* § 43 Rn. 59, 60; Schricker/Loewenheim/*Rojahn* § 43 Rn. 64; Dreyer/Kotthoff/Meckel/*Kotthoff* § 43 Rn. 6; *Zirkel* WRP 2003, 59, 64; *Haas* Rn. 422; Hilty/*Peukert* GRUR Int. 2002, 643, 648; *Jacobs* NJW 2002, 1905, 1906; Loewenheim/ *A. Nordemann* § 63 Rn. 66/69; **dagegen** Däubler/Hjort/Schubert/Wolmerath/*Ulrici* § 43 Rn. 38; *Schack* Rn. 1121; Berger/Wündisch/*Wündisch* § 15 Rn. 33; *Bayreuther* MünchHandbArbR § 91 Rn. 21; Löffler/*Berger* UrhR BT Rn. 192; *Hucko* ZUM 2001, 273, 274; *Ory* AfP 2002, 93, 95; *Bayreuther* GRUR 2003, 570, 574; *Ch. Berger* ZUM 2003, 173, 179; Loewenheim/*v. Becker* § 29 Rn. 99; *Loos* 159). Das gilt auch für den gesonderten gesetzlichen Vergütungsanspruch für die Rechtseinräumung und den Umfang der Nutzung für unbekannte Nutzungsarten nach §§ 31a, 32c Abs. 1 S. 1 (*Wandtke* FS Loewenheim 393, 398; Dreyer/Kotthoff/Meckel/*Kotthoff* § 43 Rn. 15; Dreier/Schulze/*Schulze* § 32c Rn. 5; *G. Schulze* UFITA 2007/III, 657). Urheberrechtliche Vergütungsregelungen über bekannte Nutzungsarten in Tarifverträgen gelten im Zweifel als angemessen; wird der Arbeitnehmerurheber demnach tarifvertraglich auch für die Einräumung von Nutzungsrechten vergütet, ergibt sich kein weiterer Anspruch aus den §§ 32, 32a über dieses Maß hinaus; zu beachten ist, dass tarifvertragliche Regelungen nur Pflichtwerke betreffen (*Zirkel* WRP 2003, 59, 64). Für unbekannte Nutzungsarten im Tarifvertrag eine Vergütungsvereinbarung aufzunehmen, wird kaum möglich sein, weil die wirtschaftliche Bedeutung derselben noch nicht bekannt ist. Über eine Nutzungsart, die noch nicht beim Abschluss eines Tarifvertrages bekannt ist, könnte nur eine Verpflichtung über eine pauschale Rechtseinräumung vereinbart werden. Denkbar ist eine prozentuale Beteiligung des Arbeitnehmerurhebers an der Verwertung seines Werkes. Hat der Tarifvertrag ausdrücklich darauf hingewiesen, dass neben dem Arbeitsentgelt noch eine Vergütungsanspruch für die Sendung oder Aufzeichnung besteht, entfällt der Anspruch nicht deshalb, weil die Rundfunksendung nicht stattgefunden hat (AG Dresden ZUM 2005, 218, 220). Die §§ 32, 32a, 32c sind nicht nur für tarifgebundene Arbeitnehmer von Bedeutung. Fehlt eine Allgemeinverbindlichkeitserklärung, kann die Tarifregelung kein genereller Angemessenheitsmaßstab für die Branche sein, sondern allenfalls als Orientierung bei der Angemessenheitsprüfung herangezogen werden.

146 **Zusatzansprüche** des Arbeitnehmerurhebers kommen ferner in Betracht für **freie und sonstige Werke** des Arbeitnehmerurhebers (s. o. Rn. 22 ff.) oder wenn der Arbeitgeber **Pflichtwerke über den Betriebszweck hinaus** nutzt (*Haas* Rn. 421). Nutzt der Arbeitgeber freie Werke (und sei es aufgrund einer Anbietungspflicht des Urhebers) oder Pflichtwerke über den Betriebszweck hinaus, so hat der Urheber erst recht über Lohn und Gehalt hinaus einen Anspruch auf angemessene Vergütung für die Nutzung (§ 43 i. V. m. § 32). Dem Erfordernis der Angemessenheit nach § 32a entspricht das Gehalt dann nicht, wenn etwa der Arbeitgeber mit dem Arbeitnehmerwerk sehr große Einnahmen erzielt, an denen der Urheber nach Treu und Glauben zu beteiligen ist. Zur Vermeidung von Rechtsunsicherheiten bieten sich hier besondere Erfolgsvergütungen bzw. gesonderte Vergütungen in Form prozentualer Beteiligungen an (vgl. § 32 Rn. 38). Dies gilt grds. auch für den Vergütungsanspruch angestellter Programmierer (§ 69b steht dem nicht entgegen). Nach der herrschenden Meinung findet **§ 32a** auch für Arbeitnehmerurheber uneingeschränkt Anwendung (ebenso Däubler/Hjort/Schubert/Wolmerath/*Ulrici* § 43 Rn. 39; *Bayreuther* MünchHandbArbR § 91 Rn. 23; *Schack* Rn. 1121; *Schwab* Rn. 112; Kittner/Zwanziger/Deinert/*Becker* § 56 Rn. 80; *Fuchs* 179; Tschöpe/*Westhoff* Teil 2 H Rn. 73a; Schaub/*Schaub* § 115 Rn. 60; Fromm/Nordemann/*A. Nordemann* § 43 Rn. 60; Schricker/Loewenheim/*Rojahn* § 43 Rn. 71; Dreier/Schulze/*Dreier* § 43 Rn. 30; Dreyer/Kotthoff Meckel/*Kotthoff* § 43 Rn. 22; *Rehbinder* Rn. 658; *Ch. Berger* Rn. 46; *Haas* Rn. 438; Zentek/*Meinke*, 69; *Hertin* Rn. 288), es sei denn, für den Fall des auffälligen Missverhältnisses zwischen Urhebervergütung und Erträgen des Arbeitgebers aus der Werknutzung ist tarifvertraglich ohnehin eine weitere Beteiligung vorgesehen (§ 32a Abs. 4). Hat der Arbeitnehmerurheber einen Vergütungsanspruch aus § 32a Abs. 2 gegen einen Dritten, so ist der Arbeitnehmerurheber nicht verpflichtet, den Arbeitgeber aus der arbeitsrechtlichen Treuepflicht zunächst zum finanziellen Ausgleich aufzufordern (a. A. Tschöpe/*Westhoff* Teil 2 H Rn. 73a). Gesetzliche Vergütungsansprüche gem. §§ 20b Abs. 2, 26 Abs. 1, 27 Abs. 2 stehen auch dem Arbeitnehmerurheber zu. Sie sind unverzichtbar und können nur der Verwertungsgesellschaft abgetreten werden (Loewenheim/*A. Nordemann* § 63 Rn. 72).

8. Urhebervergütung nach Beendigung des Arbeitsverhältnisses

147 **a) Meinungsstand.** Die Einräumung der Nutzungsrechte für den betrieblichen Zweck erfolgt grds. nur für die Dauer des Arbeits- und Dienstverhältnisses und nicht zeitlich unbeschränkt, d. h. mit Beendigung des Schuldverhältnisses fallen die Rechte des Urhebers automatisch heim (dazu Vor §§ 31 ff. Rn. 49 ff.), es sei denn, es ist etwas anderes im Arbeitsvertrag oder Tarifvertrag ausdrücklich vereinbart worden (Kittner/Zwanziger/Deinert/*Becker* § 75 Rn. 79; *Fuchs* 129). Die **herrschende Meinung** geht aber von einem **unbeschränkten Nutzungsrecht nach Beendigung** des Arbeits- oder Dienstverhältnisses aus (BAG ZUM 1997, 67, 69; Ulmer-Eilfort/Obergfell/*Ulmer-Eilfort* Kap. E Rn. 17; Schricker/Loewenheim/*Rojahn* § 43 Rn. 64; Fromm/Nordemann/*A. Nordemann* § 43 Rn. 62; Wegner/Wallenfels/*Kaboth* Kap. 1 Rn. 153; Dreier/Schulze/*Dreier* § 43 Rn. 32; *v. Olenhusen/Ernst* in:

§ 43 Urheber in Arbeits- oder Dienstverhältnissen 148–150 § 43 UrhG

Hoeren/Sieber Teil 7.3 Rn. 102; *Schack* Rn. 1122; *Rehbinder* Rn. 656; *Rickenbach* UFITA 139 (1999) 233 ff.; *Bayreuther* MünchHandbArbR § 91 Rn. 13; Büscher/Dittmer/Schiwy/Haberstumpf § 43 Rn. 15; Berger/Wündisch/*Wündisch* § 15 Rn. 35), und zwar ohne dass hierfür eine zusätzliche Vergütung zu zahlen wäre.

Hier wird die ganze Tragweite der **unterschiedlichen Vergütungsebenen** zwischen **148** dem Arbeits- und Urheberrecht deutlich (ausführlich oben Rn. 136 ff.). Während einsichtig ist, dass der Arbeitslohn bzw. Gehalt als Gegenleistung nur für die Dauer der Tätigkeit gezahlt wird, entfällt die Pflicht zur urheberrechtlichen Vergütung aber nicht mit Beendigung des Arbeitsverhältnisses, wenn die Nutzung der vom Arbeitnehmer geschaffenen Werke weiterhin stattfindet. Entweder es wird ein nachwirkendes Schuldverhältnis konstruiert, indem die Verfügung des Urhebers stillschweigend in die Zukunft gerichtet angenommen und bei Nutzung eine angemessene Vergütung als Gegenleistung fällig wird (sog. culpa post contractum finitum). Insofern bleibt das **Abstraktionsprinzip nach Beendigung** des schuldrechtlichen Vertrages weiterhin bestehen. Das Verfügungsgeschäft wirkt fort. Nach der hier vertretenen Auffassung ist mit dem Ende des Arbeitsverhältnisses auch die Berechtigung der Nutzung nach dem Ende des Schuldverhältnisses aufgehoben. Das bedeutet, dass das Verfügungs- und das Verpflichtungsgeschäft i. S. d. **Kausalitätsprinzips** beendet sind, es sei denn, der Urheber erklärt sich ausdrücklich für die Fortsetzung der Nutzung bereit. Dann ist eine Vereinbarung über eine angemessene Vergütung erforderlich (*Wandtke* FS Loewenheim 393, 403). Der BGH hat sich der überwiegenden Auffassung angeschlossen, wonach die stärkere kausale Verknüpfung zwischen dem Verpflichtungs- und dem Verfügungsgeschäft dazu führt, dass, wenn nichts Anderes vereinbart wurde, mit Beendigung des Lizenzvertrages das eingeräumte Nutzungsrecht ipso iure an den Urheber zurückfällt (BGH GRUR 2012, 916, 918 – M2Trade). Das muss auch für das Arbeitsverhältnis gelten. An eine urheberrechtliche Rechtseinräumung und Nutzung des Werkes ist stets auch eine Vergütungspflicht geknüpft. Einer über das Ende des Arbeitsverhältnisses hinausreichenden Nutzungseinräumung stünde nach der herrschenden Ansicht keine Gegenleistung gegenüber, was dogmatisch nicht überzeugt (Kittner/Zwanziger/Deinert/*Becker* § 56 Rn. 80; *Fuchs* 174; *Schlecht* 161). Vergütungsansprüche aus den §§ 32, 32 a, 32 c stehen nach Beendigung des Arbeits- oder Dienstverhältnisses dem Arbeitnehmerurheber zu. Einige **Tarifverträge** sehen einen Vergütungsanspruch für die Nutzung der Werke nach Beendigung des Arbeitsverhältnisses vor (§ 12 Abs. 7 des MTV für Redakteure an Zeitschriften; § 18 Abs. 6 des MTV für Redakteure an Tageszeitungen, Fundstelle Rn. 122).

b) Eigene Ansicht. Die Auffassung, wonach ein Vergütungsanspruch nach Beendigung **149** des Arbeitsverhältnisses ausgeschlossen ist, wenn der Urheber dem Arbeitgeber die Nutzungsrechte zeitlich unbeschränkt übertragen hat, ist abzulehnen (so aber Berger/Wündisch/*Wündisch* § 15 Rn. 35; *Schack* Rn. 1122; *Schacht* 54; *Zöllner* FS Hubmann 523, 533; *Kraßer* FS Schricker 1995, 77, 97; *Bayreuther* MünchHandbArbR § 91 Rn. 13; *Scholz* 70; *Hunziker* UFITA 101 (1985) 49, 70; *Rehbinder* Rn. 656; Fromm/Nordemann/*A. Nordemann* § 43 Rn. 62; Schricker/Loewenheim/*Rojahn* § 43 Rn. 64; *Kurz* Kap. 13 Rn. 101; Dreier/Schulze/*Dreier* § 43 Rn. 32: Lösung allein über §§ 32, 32a; a. A. *Samson* FS Roeber 547, 553; *Dietz* ÖSGRUM 1988, 200, 213), denn sie steht im Widerspruch zum Inhalt des Schuldverhältnisses und zum Beteiligungsgrundsatz des Urheberrechts (vgl. Vor §§ 31 ff. Rn. 1). Vergütungsansprüche i. S. d. §§ 32, 32a, 32c wirken bei Nutzung der Werke nach Beendigung des Arbeits- bzw. Dienstverhältnisses fort (*Wandtke* FS Loewenheim 393, 403).

In Anlehnung an § 397 BGB wäre ein **Erlassvertrag** erforderlich, wenn der Urheber **150** auf seinen Vergütungsanspruch verzichten würde. Ein solcher kann nicht vermutet werden, vor allem dann nicht, wenn es sich um einen Erlassvertrag über einen (dem Arbeitnehmerurheber regelmäßig unbekannten) Vergütungsanspruch handelt (*Schwab* Anhang § 1 Rn. 114). An die Feststellung eines solchen Willens sind strenge Anforderungen zu stellen

(LG München I ZUM 2007, 581, 584; Palandt/*Grüneberg* § 397 BGB Rn. 6; *Fuchs* 174). Dies kann für den Urheber vor allem dann von erheblicher wirtschaftlicher Bedeutung sein, wenn sich nach der Beendigung des Arbeitsverhältnisses neue Nutzungsarten herausbilden. Schon das RG hatte richtigerweise in derartigen Fällen darauf hingewiesen, dass nicht vermutet werden kann, dass der Urheber auf die Vergütung für neue Nutzungsarten (hier Rundfunk) verzichtet hat (RGZ 123, 312, 318 – Wilhelm Busch). Bei einer Auslegung eines Arbeitsvertrages wäre im Einzelfall der Erfahrungssatz zu beachten, dass ein Kreativer in der Regel nicht sein Recht ohne einen angemessenen Ausgleich aufgeben wird (BGH GRUR 2007, 52, 53 – Rollenantriebseinheit).

151 c) **Reform.** Es widerspricht dem Anliegen des Urheberrechts, wenn auf der einen Seite das Nutzungsrecht als eingeräumt betrachtet wird und der Urheber auf der anderen Seite leer ausgeht. Der Gesetzgeber hätte die bisherigen Reformen des Urhebervertragsrechts (s. Vor §§ 31 ff. Rn. 3 ff.) zum Anlass nehmen sollen, für den Fall der Beendigung des Arbeitsverhältnisses eine klare Regelung über etwaige Vergütungsansprüche des Arbeitnehmerurhebers für die weitere Nutzung seiner Werke durch den Arbeitgeber nach seinem Ausscheiden vorzusehen.

152 Grundsatz der Regelung de lege ferenda wäre die Überlegung, dass es dem Arbeitgeber oder dem Dienstherrn zuzumuten ist, sich etwaige Nutzungsrechte an urheberrechtlichen Werken seiner Urheber grds. nur gegen Vergütung übertragen zu lassen (*Pakuscher* 455; *Wandtke* FS Loewenheim 393, 403; *Wandtke* GRUR 1999, 392 ff.). Dadurch würden die sozialen und ökonomischen Rechte der Urheber gewährleistet.

XIII. Anwendung des § 36a. F. im Arbeitsverhältnis für Sachverhalte bis zum 30.6.2002

153 Gem. § 132 Abs. 3 S. 1 kommt bei Altverträgen grds. die Anwendung des alten „**Bestsellerparagrafen**" (**§ 36 a. F.,** s. § 32a Rn. 38) in Betracht, nämlich wenn das vereinbarte Entgelt in grobem Missverhältnis zu den Erträgnissen des Arbeitgebers aus der Nutzung des Arbeitnehmerwerkes steht (*Hagen* 52; *Schricker/Rojahn* § 43 Rn. 71; *Rehbinder* Rn. 658; *Ulmer* 405; *Schaub* § 115 IX Rn. 61; *Hauptmann* 110; *Schlecht* 126; a. A. *v. Gamm* § 36 Rn. 8; *Mathis* 155 ff.; *Koch* ZUM 1986, 79); dies dürfte aber in der Praxis kaum zum Tragen kommen, weil das grobe Missverhältnis zwischen Werknutzung und urheberrechtlicher Vergütung nur selten nachzuweisen ist (LAG Schleswig-Holstein BB 1983, 994, 995; BAG BB 1997, 2112; Schricker/*Rojahn* § 36 Rn. 2). Wird § 36 a. F. noch dazu so verstanden, dass auch das Risiko des Arbeitgebers, auch für solche Leistungen Arbeitslohn bezahlen zu müssen, die diesen nicht wert sind, in die **Gesamtbetrachtung** mit einzubeziehen sei, kommt die Anwendung des § 36 a. F. im Arbeitsverhältnis in der Tat äußerst selten in Betracht (so *Sack* UFITA 121 (1993) 15, 31; *Ullmann* GRUR 1987, 6, 14). Dabei wurde aber verkannt, dass der Arbeitslohn als Gegenleistung die Rechtseinräumung nicht ausdrücklich erfasst. Der Arbeitslohn wird unabhängig vom Wert oder Unwert der Arbeitsleistung geschuldet. Die vereinbarte Gegenleistung als Arbeitslohn kann nicht im Nachhinein als negatives Korrektiv eingesetzt werden, denn dies widerspricht dem Schutzgedanken des § 36 a. F. (*Hagen* 96). § 36 a. F. galt allerdings nicht für die Urheber von **Filmwerken,** und zwar auch dann nicht, wenn sie angestellt waren (§ 90), wohl hingegen für Urheber im öffentlichen Dienst (*Pakuscher* 443; anders Möhring/Nicolini/*Spautz* § 43 Rn. 11: wegen Alimentationspflicht gilt § 36 a. F. nicht für Beamte; *D. Dünnwald* 108: grundsätzliche Geltung, aber seltene Ausnahme; *Kraßer* FS Schricker 1995, 77, 98; *Bayreuther* MünchHandbArbR § 91 Rn. 21; *Ullmann* GRUR 1987, 6, 14; *Haberstumpf* Rn. 454; AmtlBegr. BT-Drucks. IV/270, 62; Schricker/Loewenheim/*Rojahn* § 43 Rn. 72: § 36 vollständig ausgeschlossen).

§ 44 Veräußerung des Originals des Werkes

(1) Veräußert der Urheber das Original des Werkes, so räumt er damit im Zweifel dem Erwerber ein Nutzungsrecht nicht ein.

(2) Der Eigentümer des Originals eines Werkes der bildenden Künste oder eines Lichtbildwerkes ist berechtigt, das Werk öffentlich auszustellen, auch wenn es noch nicht veröffentlicht ist, es sei denn, dass der Urheber dies bei der Veräußerung des Originals ausdrücklich ausgeschlossen hat.

Literatur: *Elmenhorst,* Anmerkung zu BGH, Urteil vom 1.3.2013 – V ZR 14/12 – Preußische Gärten und Parkanlagen II, GRUR 2013, 626; *Goldmann,* Das Urheberrecht an Bauwerken, GRUR 2005, 639; *Honscheck,* Der Schutz des Urhebers vor Änderungen und Entstellungen durch den Eigentümer, GRUR 2007, 944; *Müller,* Das Urheberpersönlichkeitsrecht des Architekten im deutschen und österreichischen Recht, München 2004; *Schmieder,* Anmerkung zum Urteil des BGH v. 20.9.1974 – I ZR 99/73 – Tegeler Schloss, NJW 1975, 1164; *v. Ungern-Sternberg,* Urheberpersönlichkeitsrecht vs. Eigentümerinteressen, in: Des Künstlers Rechte – die Kunst des Rechts (Hrsg. Weller/Kemle/Lynen), Baden-Baden 2008.
Vgl. darüber hinaus die Angaben im eingangs abgedr. Gesamtliteraturverzeichnis.

Übersicht

	Rn.
I. Bedeutung	1
II. Anwendungsbereich	2–9
1. Allgemeines	2
2. Gutgläubiger Erwerb und Verarbeitung	3–5
3. Einzelfragen	6
4. Urheberrechtliche Begrenzung der Eigentümerstellung	7–9
III. Veräußerung und Rechtseinräumung (§ 44 Abs. 1)	10–14
1. Allgemeines	10, 11
2. Abstraktionsprinzip	12
3. Unklarheiten hinsichtlich einer Eigentumsübertragung	13
4. Einzelfragen	14
IV. Ausstellungsrecht des Eigentümers (§ 44 Abs. 2)	15–19
1. Allgemeines	15, 16
2. Original	17
3. Ausschluss	18
4. Galeristenverträge	19

I. Bedeutung

§ 44 ist für die praktische Durchsetzung des Urheberrechts von erheblicher Bedeutung (a. A. Schricker/Loewenheim/*Vogel* § 44 Rn. 6: wegen Zweckübertragungslehre nur geringe Bedeutung). Wirtschaftlich ist es für den Erwerber von Sacheigentum, welches Träger urheberrechtlich geschützter Werke ist (z. B. Kauf eines Fotos oder eines Gemäldes), bedeutsam, ob er mit dem Erwerb des Eigentums (§§ 929 ff. BGB) oder mit Erlangung des Besitzes (§§ 854 ff. BGB) ggf. auch urheberrechtliche Nutzungsrechte erwerben kann. Da das geistige Eigentum nach modernem Verständnis das Recht des Werkschöpfers an seinem geistigen Produkt ist, welches sich im körperlichen Werk (i. S. d. § 2) nur manifestiert, unterscheidet sich das geistige Eigentum und die daraus entspringenden Nutzungsrechte vom Sacheigentum am Werk. Diesem Umstand hat das Gesetz durch die Auslegungsregel des § 44 in Form einer **gesetzlichen Vermutung** Rechnung getragen (Dreier/Schulze/*Dreier* § 44 Rn. 4; Dreyer/Kotthoff/Meckel/*Kotthoff* § 44 Rn. 1; Möhring/Nicolini/*Spautz* § 44 Rn. 1; *Schack* Rn. 35; Schricker/Loewenheim/*Vogel* § 44 Rn. 5; *v. Gamm* § 44 Rn. 2).

II. Anwendungsbereich

1. Allgemeines

2   § 44 bringt zum Ausdruck, dass das Urheberrecht und das Eigentumsrecht unabhängig bestehen und auch nebeneinander existieren (BGH GRUR 2011, 323, 325 – Preußische Gärten und Parkanlagen; BGH GRUR 2008, 984, 987 – St. Gottfried; BGHZ 62, 331, 333 – Schulerweiterung; *v. Gamm* § 44 Rn. 3; *Binder/Kosterhon* Rn. 19; *Dreyer/Kotthoff/Meckel/Kotthoff* § 44 Rn. 1). Mit der **Übertragung des Eigentums** an einem urheberrechtlichen Werkstück geht das Urheberrecht bzw. **Nutzungsrecht** grds. nicht mit über. Umgekehrt erwirbt der Erwerber eines Nutzungsrechts nicht automatisch das Eigentum an der das Werk tragenden Sache (RGZ 79, 379, 400 – Fresko Malerei; BGHZ 15, 249, 255 – Cosima Wagner; BGHZ 33, 1, 15 – Schallplatten-Künstlerlizenz; BGHZ 44, 288, 293 – Apfel-Madonna; BGHZ 62, 331, 333 – Schulerweiterung; BGH GRUR 1995, 673, 675 – Mauer-Bilder; OLG Stuttgart NJW 2001, 2889, 2890). Die Verwertung seines Werkes ist dem Urheber vorbehalten; will er diese einem Verwerter erlauben, muss er diesem nach den Grundsätzen der **Rechtseinräumung** (§§ 31 ff.) Nutzungsrechte übertragen (LG Leipzig ZUM-RD 2002, 11, 13). Hinsichtlich des Inhalts und Umfangs der Einräumung von Nutzungsrechten bestehen Auslegungsregeln, wozu auch § 44 gehört (Fromm/Nordemann/*J. B. Nordemann* § 44 Rn. 7; Dreyer/Kotthoff/Meckel/*Kotthoff* § 44 Rn. 5).

2. Gutgläubiger Erwerb und Verarbeitung

3   Während die Eigentumsübertragung am Werkstück nach §§ 929 ff. BGB erfolgt und hier auch die Möglichkeit des gutgläubigen Erwerbs nach §§ 932 ff. BGB besteht, ist die Nutzungsrechtseinräumung als Verfügung nach §§ 413, 398 BGB, §§ 31 ff. anzusehen; ein **gutgläubiger Erwerb von Nutzungsrechten** ist nicht möglich (Dreier/Schulze/*Dreier* § 44 Rn. 6; *v. Gamm* § 44 Rn. 3; ausführlich Vor §§ 31 ff. Rn. 47 f.).

4   Eine Besonderheit ist zu beachten, wenn die geistige Produktion durch die **Verarbeitung** oder Umbildung einer beweglichen Sache (§ 950 BGB) erfolgt. Der Urheber erwirbt dann originär Eigentum durch Verarbeitung oder Umbildung des Trägermaterials, sofern nicht der Wert der Verarbeitung oder der Umbildung erheblich geringer ist als der Wert des Stoffes. Als Verarbeitung gilt z. B. das Schreiben, Zeichnen, Malen, Drucken, Gravieren oder eine ähnliche Bearbeitung der Oberfläche (§ 950 Abs. 1 S. 2 BGB) (BGH GRUR 1952, 257, 258 – Krankenhauskartei; BGH GRUR 1991, 523, 525 f. – Grabungsmaterialien). An Entwurfszeichnungen und am Kunstwerk selbst entsteht jeweils eine originäre neue Sache i. S. d. § 950 BGB (OLG Stuttgart NJW 2001, 2889, 2890).

5   Anders ist dies aber, wenn der Urheber **im Arbeits- und Dienstverhältnis** Stoffe verarbeitet oder umbildet. Denn dann gilt zivilrechtlich der Arbeitgeber oder Dienstherr als „Hersteller" der Sache i. S. d. § 950 BGB und wird damit Eigentümer (Dreier/Schulze/*Dreier* § 44 Rn. 12; *Schaub* § 114 Rn. 5 ff.; MünchKomm/*Quack* § 950 Rn. 25; Palandt/*Bassenge* § 950 BGB Rn. 3; BGH GRUR 1952, 257, 258 – Krankenhauskartei; BAG GRUR 1961, 491, 492 – Nahverkehrschronik). Die Inhaberschaft des Arbeitgebers an den urheberrechtlichen Nutzungsrechten ergibt sich nach h. M. aus § 43, wonach der Arbeitgeber im Zweifel ausschließliche Nutzungsrechte erwirbt (s. § 43 Rn. 50).

3. Einzelfragen

6   Aufgrund der Wissenschafts- und Forschungsfreiheit sind **Hochschullehrer** trotz ihres öffentlich-rechtlichen Anstellungsverhältnisses als Beamte oder Angestellte im Rahmen der zweckfreien Forschung selbst Eigentümer der von ihnen hergestellten Materialien (BGH GRUR 1991, 523, 525 – Grabungsmaterialien; näher § 43 Rn. 40 ff.). Ein **Theaterunternehmen** erwirbt zwar das Eigentum am **Bühnenbild** des von ihm beauftragten Bühnen-

§ 44 Veräußerung des Originals des Werkes 7 § 44 UrhG

bildners, dieser bleibt aber nach § 950 BGB Eigentümer seiner **Entwurfszeichnungen** (KG ZUM-RD 1998, 9, 10 – Berliner Ensemble). Das Gleiche gilt für die **Figurinen** (Entwurfszeichnungen) der Kostümbildner. Dagegen ist das Theaterunternehmen Eigentümer der Kostüme, die auf seine Kosten auf der Grundlage der Figurinen hergestellt wurden (*Wandtke/Fischer/Reich* Theater und Recht Rn. 144).

4. Urheberrechtliche Begrenzung der Eigentümerstellung

Das Eigentumsrecht darf an Gegenständen, die ein urheberrechtlich geschütztes Werk 7 verkörpern, nur unbeschadet des Urheberrechts ausgeübt werden. Die **Sachherrschaft des Eigentümers** (§ 903 BGB) findet i. d. R. dort ihre Grenze, wo sie das Urheberrecht verletzt (RGZ 79, 379, 400 – Fresko-Malerei; BGH ZUM 2012, 33 – Stuttgart 21; BGH GRUR 2008, 984, 989 – St. Gottfried; BGHZ 33, 1, 15 – Schulerweiterung; BGH GRUR 1995, 673, 675 – Mauer-Bilder; OLG Hamm ZUM-RD 2001, 443, 444; LG Hamburg GRUR 2005, 672, 674 – Astra-Hochhaus; LG Berlin GRUR 2007, 964, 967 – Berlin Hauptbahnhof; *Goldmann* GRUR 2005, 639, 642). Eine Einschränkung hat der Urheber aber dann hinzunehmen, wenn bei der Herstellung des Werkes eine mit zivil- (§§ 823 ff. BGB) und strafrechtlichen (z. B. §§ 303 ff. StGB) Sanktionen bewehrte Eigentumsverletzung begangen wird. Das ist etwa bei rechtswidrig aufgedrängter Kunst der Fall (etwa **Graffiti-Kunst,** dazu OLG Dresden NJW 2004, 2843 – Graffiti auf Reisezugwagen; BGH NJW 1995, 2117; mit dem Entwurf zu § 304 Abs. 2 StrRÄndG v. 16.4.2005 ist ein spezieller Straftatbestand gegen erhebliche Veränderungen der Sache oder des Gegenstandes durch Graffitisprüher geregelt worden, BT-Drucks. 15/5313), die der Eigentümer niemals hinnehmen muss, denn er würde sonst in unerträglicher Weise in seinem Eigentumsrecht aus Art. 14 GG und seiner im Kern durch Art. 1 und 2 GG geschützten Privatautonomie beschränkt, mit seinem Eigentum nach Belieben zu verfahren (§ 903 BGB). Das Urheberrecht hat dann i. d. R. hinter dem Eigentumsrecht zurückzustehen (vgl. § 14 Rn. 47). Ein Geschmackswandel des Eigentümers schränkt das Entstellungsverbot des Urhebers nicht ein (OLG Hamm ZUM-RD 2001, 443, 445; a. A. *Müller* 157). Das Recht des Urhebers, sich gegen Veränderungen seines Werkes zur Wehr setzen zu dürfen, ist aber nicht schrankenlos. Es hat eine Interessenabwägung zwischen denen des Urhebers und denen des Werkeigentümers stattzufinden. Sie hat konkret und einzelfallbezogen zu erfolgen (BGH ZUM 2012, 33 – Stuttgart 21; BGH GRUR 2008, 984, 987 – St. Gottfried; *Honscheck* GRUR 2007, 944, 946; *v. Ungern-Sternberg* 47, 59; BGH ZUM 1999, 146 – Treppenhausgestaltung; OLG Hamm ZUM 2006, 641, 646). Umstritten ist, ob der Eigentümer ohne weiteres zur **Vernichtung** des Werkes befugt ist (näher § 14 Rn. 22ff.). De lege ferenda wäre ein Vernichtungsverbot von Werkoriginalen der bildenden Kunst im Interesse des Urhebers aber jedenfalls angebracht. Das sollte auch für Bauwerke gelten, soweit sie urheberrechtlich geschützt sind (a. A. *Honscheck* GRUR 2007, 944, 950). Keine Ausnahme vom Zerstörungsverbot liegt bei „aufgedrängter" Kunst (insb. Graffiti) vor. Dem Eigentümer ist nicht zuzumuten, von der Zerstörung Abstand zu nehmen (*Honscheck* GRUR 2007, 944, 950). Anders ist es, wenn der Gegenstand, auf dem das (Kunst-)Werk verkörpert ist, als **verkehrsfähiges Wirtschaftsgut** vom Eigentümer verwertet wird. Das Urheberrecht ist dann zu beachten (BGH GRUR 1995, 673, 675 – Mauer-Bilder). Dem Urheber kann ein Besichtigungsanspruch aus § 809 BGB zustehen, wenn er sich vergewissern möchte, ob ein bestimmtes Werk hergestellt wird (BGH GRUR 2002, 1046, 1048 – Faxkarte). Der Anspruch aus § 809 BGB besteht auch dann, wenn ungewiss ist, ob eine Rechtsverletzung (hier Raubkopien) vorliegt (LG Nürnberg-Fürth CR 2004, 890, 891). Der Eigentümer eines Gemäldes hat keinen Anspruch darauf, in ein Werkverzeichnis des Malers aufgenommen zu werden (OLG Hamm ZUM 2005, 327, 329). Der Abriss oder die Zuschüttung der nach einem Entwurf des mit der Planung beauftragten Architekten bereits errichteter Bauten stellt keine Verletzung des allgemeinen Persönlichkeitsrechts dar (BVerfG ZUM-RD 2005, 169, 170).

8 Der Eigentümer ist dem Urheberrecht nicht mehr ausgesetzt, wenn die **Schutzfrist** von 70 Jahren p. m. a. **abgelaufen** ist. Der Eigentümer unterliegt dann keinerlei Nutzungsbeschränkungen mehr. Er kann andererseits Dritten nicht verbieten, gemeinfreie Werke urheberrechtlich zu verwerten (BGHZ 44, 288, 294 f. – Apfel-Madonna). Ein Fotograf, der ein (gemeinfreies) Schloss fotografiert, begeht nicht nur keine Urheberrechtsverletzung, sondern auch keine Eigentumsverletzung, wenn er die Fotos zur Werbung einsetzt, denn ansonsten könnte der Eigentümer gem. § 1004 BGB ein unbefristetes Ausschlussrecht erhalten (BGH GRUR 1990, 390 – Friesenhaus; *Schack* Rn. 41; **a. A.** BGH GRUR 2013, 623 – Preußische Gärten und Parkanlagen II; BGH GRUR 2011, 323 – Preußische Gärten und Parkanlagen; BGH GRUR 2011, 321, 322 – Preußische Gärten und Parkanlagen auf Internetportal; BGH GRUR 1975, 500, 502 – Tegeler Schloss, wie hier *Elmenhorst* GRUR 2013, 626; *Schmieder* NJW 1975, 1164). Der Eigentümer eines **gemeinfreien Bauwerkes** kann aber über einen Besichtigungsvertrag ein Fotografierverbot vereinbaren und bei dessen Verletzung vertragliche Ansprüche geltend machen (*Schack* Rn. 41; *Elmenhorst* GRUR 2013, 626, 628 m. w. N.). Soweit der **BGH** ein ausschließliches Verwertungsrecht des **Grundstückseigentümers** an Fotografien seiner – gemeinfreien – Bauwerke aus § 99 BGB ableitet, ist dem entgegenzuhalten, dass ein Fruchtziehungsrecht gerade ein ausschließliches Nutzungsrecht voraussetzt. Das Fotografieren der äußeren Ansicht eines Gebäudes bedeutet aber keine Beeinträchtigung der Sachsubstanz und der Nutzung durch den Eigentümer (a. A. BGH GRUR 2013, 623 – Preußische Gärten und Parkanlagen II; BGH GRUR 2011, 323 ff. – Preußische Gärten und Parkanlagen I). Es würde sonst eine Ausdehnung des Immaterialgüterechtes erfolgen und dessen Inhalt verwischt werden. Eine kommerzielle Verwertung der Fotos von Bauwerken und Gartenanlagen, selbst wenn der Zugang zu privaten Zwecken gestattet wurde, obliegt allein dem Fotografen. Er begründet originär ein eigenes Schutzrecht mit dem Herstellen einer Fotografie. Damit wird ein eigenes Recht begründet, welches einen eigenen Zuweisungsgehalt aufweist. Der Vergleich mit dem Persönlichkeitsrecht ist entgegen der Auffassung des BGH deshalb nicht möglich, weil es nicht mit einer körperlichen Sache in Verbindung gebracht werden kann (a. A. BGH GRUR 2013, 623 – Preußische Gärten und Parkanlagen II). Ist der Grundstückseigentümer nicht zugleich Sacheigentümer, kann er zwar über ein **Betretungsverbot** oder über ein **Fotografieverbot** auf dem Grundstück entscheiden. Er kann jedoch nicht mit dinglicher Wirkung die Verwertung von angefertigten Fotos (etwa im **Internet**) verbieten. Möglich wäre der Abschluss eines **Besichtigungsvertrages** zwischen dem Grundstückseigentümer bzw. Sacheigentümer und dem Fotografen mit ausgeschlossener bzw. eingeschränkter **Fotografie- und Verwertungserlaubnis.** Ein derartiger Vertrag begründet schuldrechtliche Verpflichtungen, deren Verletzungen Schadensersatzansprüche auslösen können (AG Hamburg ZUM-RD 2013, 148, 150). Der Eigentümer, der ein über mehrere Tausend Jahre alte „Himmelsscheibe" findet und diese erstmals erscheinen lässt, hat das ausschließliche Nutzungsrecht nur für 25 Jahre i. S. d. § 71 (LG Magdeburg ZUM 2004, 580, 582). Auch eine unberechtigte Eigentumsberühmung kann nach § 1004 Abs. 1 S. 2 BGB einen Unterlassungsanspruch auslösen. Berühmt sich z. B. jemand gegenüber einem außenstehenden Dritten, er sei Eigentümer eines Bildes von Oskar Schlemmer, kann sich der dadurch in seinem Eigentum Betroffene mit Unterlassungsklage wehren (BGH GRUR 2006, 351, 352 – Rote Mitte).

9 **Fotografien von Werken** (z. B. der Ausschnitt eines Gemäldes) verletzen grds. weder das Eigentumsrecht noch Persönlichkeitsrechte, wenn die Fotografie ohne Verletzung der Intim- oder Privatsphäre oder des Hausrechts angefertigt worden ist. Die Anfertigung einer Fotografie eines Gebäudes von einer öffentlich zugänglichen Straße verletzt auch kein Nutzungsrecht des Urhebers, sondern ist von § 59 gedeckt (BGH NJW 1989, 2251, 2252 f.; BGH NJW 1999, 3339, 3340). Bei einem Beitrag zum geistigen Meinungskampf einer die Öffentlichkeit wesentlich berührenden Frage muss das Urheberrecht gegenüber der Meinungsfreiheit zurücktreten, solange die Intim-, Privat- oder Vertraulichkeitssphäre nicht

§ 44 Veräußerung des Originals des Werkes   10–13 § 44 UrhG

betroffen ist (OLG Stuttgart NJW-RR 2004, 619, 622). Es verbietet sich aber, eine Regel anzuwenden, der zufolge Schrankenbestimmungen des Urheberrechts grds. eng auszulegen seien, und umgekehrt der Meinungs- und Pressefreiheit grds. Vorrang vor dem nach Art. 14 Abs. 1 GG geschützten Urheberrecht einzuräumen (BVerfG GRUR 2012, 389, 390 Rn. 17 m.w.N. – Kunstausstellung im Online-Archiv unter Bestätigung von BGH GRUR 2011, 415 – Kunstausstellung im Online-Archiv).

III. Veräußerung und Rechtseinräumung (§ 44 Abs. 1)

1. Allgemeines

Veräußert der Urheber ein Werkstück, räumt er im Zweifel kein Nutzungsrecht 10 (§§ 31 ff.) ein. Mit dieser Vorschrift wird die Auslegung von Verträgen bestimmt, wonach im Zweifel zugunsten des Urhebers weder eine Einräumung von Nutzungsrechten noch eine Übertragung urheberpersönlichkeitsrechtlicher Befugnisse mit der Eigentumsübertragung am Werkstück verbunden sind (RGZ 79, 397, 400 – Fresko-Malerei; BGHZ 15, 249, 255 – Cosima Wagner; BGH GRUR 1952, 257, 258 – Krankenhauskartei; OLG Stuttgart NJW 2001, 2889, 2890).

Der Begriff der **Veräußerung** erfasst jede Übereignung bzw. Entäußerung des Eigentums, 11 ohne dass es auf den Charakter des zugrunde liegenden Kausalgeschäfts (Kauf, Tausch, Schenkung usw.) ankommt (Möhring/Nicolini/*Spautz* § 44 Rn. 2; Fromm/Nordemann/ *J. B. Nordemann* § 44 Rn. 4; Schricker/Loewenheim/*Vogel* § 44 Rn. 8; *Schack* Rn. 36; BGH ZUM 2005, 475, 476 – Atlanta; BGH GRUR 1995, 673, 675 – Mauer-Bilder). Auch der **gesetzliche Eigentumserwerb** (z.B. die Ersitzung nach § 937 BGB) ist Veräußerung i.S.d. § 44. § 44 Abs. 1 gilt (anders als Abs. 2) aber nicht nur für Originale sämtlicher Werkarten (vor allem Werke der bildenden Kunst, Musik und Literatur, etwa Manuskripte, Fotonegative, Gemälde), sondern sinngemäß auch **für einzelne Vervielfältigungsstücke** (Dreier/ Schulze/*Dreier* § 44 Rn. 5; *v. Gamm* § 44 Rn. 3; Schricker/Loewenheim/*Vogel* § 44 Rn. 12).

2. Abstraktionsprinzip

Die schuldrechtlichen Rechtsgeschäfte, die die Pflicht zur Übereignung der Sache zum 12 Inhalt haben, wie z.B. Kauf und Schenkung, sind von den Verfügungsgeschäften hinsichtlich der Eigentumsübertragung (§§ 929 ff. BGB) und hinsichtlich der Einräumung von Nutzungsrechten (§§ 31 ff.) zu trennen (OLG Düsseldorf GRUR 1988, 541 – Warenkatalog [Kauf]; BGHZ 19, 382 – Kirchenfenster [Schenkung-Werklieferungsverträge]; KG ZUM 1987, 293, 295 – Ernst Barlach [Tausch]). Inwieweit der Erwerber auch Inhaber von Nutzungsrechten geworden ist, kann im Wege der Auslegung (§§ 133, 157 BGB) festgestellt werden (Möhring/Nicolini/*Spautz* § 44 Rn. 5; Schricker/Loewenheim/*Vogel* § 44 Rn. 14; Dreyer/Kotthoff/Meckel/*Kotthoff* § 44 Rn. 5).

3. Unklarheiten hinsichtlich einer Eigentumsübertragung

§ 44 gilt entsprechend, wenn zwar die Einräumung der Nutzungsrechte vereinbart wur- 13 de, aber Unklarheiten über eine Eigentumsübertragung bestehen (*v. Gamm* § 44 Rn. 4; Schricker/Loewenheim/*Vogel* § 44 Rn. 15). Nach § 10 VerlG ist z.B. der Verfasser verpflichtet, dem Verleger das Werk in einem für die Vervielfältigung geeigneten Zustand abzuliefern. Hiernach hat der Verfasser die Niederschrift lediglich zum Gebrauch für den Zweck der Vervielfältigung, nicht aber als Eigentum zu überlassen (BGH GRUR 1969, 551, 552 – Der deutsche Selbstmord). Die **Zweckübertragungstheorie** und die Regelung des § 27 VerlG sind dem Grundsatz nach auch auf die Frage der Eigentumsübertragung anzuwenden. Die von Malern oder Grafikern hergestellten **Illustrationen** bleiben deren Eigentum, auch wenn sie einem Verlag das Vervielfältigungs- und Verbreitungsrecht eingeräumt haben. Eine möglicherweise vereinbarte Besitzüberlassung auf unbestimmte Zeit ändert an der Eigentumsstellung der Künstler nichts (OLG München GRUR 1984, 516, 517 – Tierabbildungen). Aus der Zweckübertragungstheorie lässt sich kein gültiger Rechtssatz für alle Sachverhaltsgestaltungen herleiten, dass ein Urheber sein Eigentum am Werkstück, das er einem Dritten ausgehändigt hat, im Zweifel nicht übertragen wollte (BGH ZUM 2005, 475, 476 – Atlanta).

4. Einzelfragen

14   Nach § 44 Abs. 1, der auch im Rahmen des Lichtbildschutzes (§ 72) anzuwenden ist, räumt der **Lichtbildner** im Zweifel selbst demjenigen, an den er sein Lichtbild veräußert, kein Nutzungsrecht, insb. **kein ausschließliches Nutzungsrecht** ein (OLG Düsseldorf GRUR 1988, 541 – Warenkatalogfotos). Die **Beweislast** für das Vorliegen einer Einräumung von Nutzungsrechten trägt stets derjenige, der das Nutzungsrecht in Anspruch nimmt (Möhring/Nicolini/*Spautz* § 44 Rn. 11). Bei der entgeltlichen Überlassung von **Fotoabzügen zu Archivzwecken** kann sich ergeben, dass diese zum Kauf angeboten werden, wenn entsprechende Anhaltspunkte für den Abschluss eines Kaufvertrages als Verpflichtungsgeschäft nach § 433 BGB und den Erwerb des Eigentums als Verfügungsgeschäft nach § 929 S. 1 BGB an den Fotoabzügen vorliegen (BGH AfP 2007, 205, 207 – Archivfotos; LG München I ZUM 2008, 78, 80; OLG Hamburg GRUR 1989, 912, 914 – Spiegel-Fotos; OLG München ZUM-RD 2004, 253, 258). Aus einer entgeltlichen oder unentgeltlichen Überlassung von Fotoabzügen zu Archivzwecken kann dies regelmäßig nicht gefolgert werden. Ob ein Kaufvertrag vorliegt ist durch Auslegung gem. den §§ 133, 157 BGB zu ermitteln (LG München I ZUM 2008, 78, 80). Es können auch gemischte Verträge mit miet- und leihvertraglichen Elementen bestehen (BGH AfP 2007, 205, 207 – Archivfotos). Das Archiv hat ein Nutzungsrecht nur im Rahmen seiner Aufgabenstellung (z. B. eine Vervielfältigung zum Zwecke der Katalogisierung). Die **Veräußerung von Software** durch den Händler an einen Kunden ist nach Ansicht der Rechtsprechung in der Regel nicht mit der Einräumung von Nutzungsrechten verbunden (BFH ZUM 1997, 668, 669 – Standardsoftware); richtigerweise dürfte hier aber von einem urheberrechtlichen Nutzungsvertrag sui generis auszugehen sein, der gerade die Einräumung von Nutzungsrechten zum Inhalt hat (näher Vor §§ 31 ff. Rn. 134).

IV. Ausstellungsrecht des Eigentümers (§ 44 Abs. 2)

1. Allgemeines

15   § 44 Abs. 2 ist eine Ausnahme zu § 44 Abs. 1, denn der Eigentümer (§ 903 BGB) des Originals eines Werkes der bildenden Künste (§ 2 Abs. 1 Nr. 4) oder eines Lichtbildwerkes (§ 2 Abs. 1 Nr. 5) hat das Recht zur Ausstellung (§ 18), wenn dies der Urheber bei der Veräußerung nicht ausdrücklich ausgeschlossen hat. Insoweit hat der Eigentümer Vorrang vor dem Urheber (Schricker/Loewenheim/*Vogel* § 44 Rn. 16). Mit dieser **Auslegungsregel** hat der Gesetzgeber der Tatsache Rechnung getragen, dass das Ausstellungsrecht als Verwertungsrecht der Interessenlage sowohl des Urhebers als auch des Eigentümers entspricht. Ein Maler oder Bildhauer ist normalerweise damit einverstanden, dass sein noch nicht veröffentlichtes Werk durch den Erwerber ausgestellt wird.

16   Die Veröffentlichung (s. § 6 Rn. 3 ff.) bezieht sich auf das **Original** des Werkes und schränkt insofern das allgemeine Ausstellungsrecht des Urhebers nach § 18 ein (vgl. § 6 Rn. 16: Annahme einer stillschweigenden Zustimmung des Urhebers; § 12 Rn. 11: Veräußerung des Originals ohne Vorbehalt ist Ausübung des Veröffentlichungsrechts nach § 12). Der Eigentümer des Originals muss dabei nicht der **Ersterwerber** und damit Vertragspartner des Urhebers sein, sondern kann sein Verfügungsrecht nach §§ 929 ff. BGB von anderen Personen erworben haben.

Vorbemerkung   Vor §§ 44a ff. UrhG

2. Original

Als Original ist **jede reproduktionsfähige Erstfixierung** anzusehen, die vom Urheber 17
stammt oder unter seiner Aufsicht hergestellt wurde (Dreier/Schulze/*Dreier* § 44 Rn. 16;
Schricker/Loewenheim/*Vogel* § 44 Rn. 21; Fromm/Nordemann/*J. B. Nordemann* § 44
Rn. 6), etwa Gemälde, Zeichnungen (z.B. Figurinen oder Entwürfe von Bühnenbildern)
und Plastiken. Zur im Einzelfall mitunter schwierigen Feststellung, ob ein Original vorliegt, gelten die herrschenden Verkehrsauffassungen auf dem Kunstmarkt (ausführlich § 26
Rn. 6 ff.; Schricker/Loewenheim/*Vogel* § 44 Rn. 23–25 m. w. N.). § 44 Abs. 2 ist (anders
als § 44 Abs. 1) nicht auf Vervielfältigungsstücke **unveröffentlichter Werke** anwendbar,
denn der Urheber muss entscheiden können, ob und in welcher Form sein Werk erstmals
der Öffentlichkeit zugänglich gemacht wird (Dreier/Schulze/*Dreier* § 44 Rn. 15, Verbrauch des Ausstellungsanspruchs nach § 18; Schricker/Loewenheim/*Vogel* § 44 Rn. 20).

3. Ausschluss

Der Ausschluss muss ausdrücklich (mündlich oder zu Beweiszwecken besser schriftlich) 18
erfolgen und kann nicht aus den Umständen gefolgert werden. Er hat **dingliche Wirkung**.

4. Galeristenverträge

§ 44 Abs. 2 ist auf Ausstellungsverträge zwischen Künstler und Galerist nicht anwendbar. 19
Denn dieser Vertrag bezweckt nur die Präsentation der Werke in der Galerie. Der Galerist
erwirbt aber kein Eigentum an den Werken, sondern handelt regelmäßig als Kommissionär
(Fromm/Nordemann/*J. B. Nordemann* § 44 Rn. 10; Dreier/Schulze/*Schulze* § 44 Rn. 14).

Abschnitt 6. Schranken des Urheberrechts

Vorbemerkung Vor §§ 44a ff.

Literatur: *Bayreuther,* Beschränkungen des Urheberrechts nach der EU-Urheberrechtsrichtlinie, ZUM 2001, 828; *Berger,* Elektronische Pressespiegel und Informationsrichtlinie, CR 2004, 360; *Bornkamm,* Ungeschriebene Schranken des Urheberrechts?, Anmerkungen zum Rechtsstreit Botko Strauß/Theater heute, in: Erdmann u. a. (Hrsg.), Festschrift für Henning Pieper, München 1996, 641; *Dreier,* Die Umsetzung der Urheberrechtsrichtlinie 2001/29/EG in deutsches Recht, ZUM 2002, 28; *Flechsig,* Grundlagen des Europäischen Urheberrechts, ZUM 2002, 1; *Flechsig,* Der Zweite Korb zur Verbesserung der Urheber- und Leistungsschutzrechte, ZRP 2006, 145; *Gräbig,* Abdingbarkeit urheberrechtlicher Schranken, GRUR 2012, 331; *Hohagen,* Überlegungen zur Rechtsnatur der Kopierfreiheit, FS Schricker 2005, 353; *Hoeren,* Der Zweite Korb – Eine Übersicht zu den geplanten Änderungen im Urheberrechtsgesetz, MMR 2007, 615; *Langhoff/Oberndörfer/Jani,* Der „Zweite Korb" der Urheberrechtsreform – Ein Überblick über die Änderungen des Urheberrechts nach der zweiten und dritten Lesung im Bundestag, ZUM 2007, 593; *Lindner,* Der Referentenentwurf für ein Gesetz zur Regelung des Urheberrechts in der Informationsgesellschaft vom 18.3.2002, KUR 2002, 56; *Metzger/Kreutzer,* Richtlinie zum Urheberrecht in der „Informationsgesellschaft", MMR 2002, 139; *Metzger,* Der Einfluss des EuGH auf die gegenwärtige Entwicklung des Urheberrechts GRUR 2012, 118; *Nolte,* Das Urheberrecht in der Informationsgesellschaft – Der Regierungsentwurf „Zweiter Korb", CR 2006, 254; *Ory,* Blick in den „2. Korb" des Urheberrechts in der Informationsgesellschaft, AfP 2004, 500; *Paulus/Wesche,* Rechtsetzung durch Rechtsprechung fachfremde Gerichte GRUR 2012, 112; *Plaß,* Open Contents im deutschen Urheberrecht, GRUR 2002, 670; *Reinbothe,* Die Umsetzung der EU-Urheberrechtsrichtlinie in deutsches Recht, ZUM 2002, 43; *Reinbothe,* Die EG-Richtlinie zum Urheberrecht in der Informationsgesellschaft, GRUR Int. 2001, 733; *Spindler,* Europäisches Urheberrecht in der Informationsgesellschaft, GRUR 2002, 105; *ders.* Reform des Urheberrechts im „Zweiten Korb", NJW 2008, 9; *v. Ungern-Sternberg,* Die Rechtsprechung des BGH zum Urheberrecht und zu den verwandten Schutzrechten in den Jahren 2010 und 2011 (Teil I) GRUR 2012, 224 und (Teil II) GRUR 2012, 321; *Wandtke/Grassmann,* Einige Aspekte zur gesetzlichen Regelung zum elektronischen Kopienversand im

Rahmen des Zweiten Korbs; ZUM 2006, 889; *Zecher,* Die Umsetzung der EU-Urheberrechtsrichtlinie in deutsches Recht, ZUM 2002, 52 (Teil I), 451 (Teil II); *Zypries,* Neues Urheberrecht: Die Früchte des Zweiten Korbs, MMR 2007, 545.

Vgl. darüber hinaus die Angaben im eingangs abgedr. Gesamtliteraturverzeichnis.

Übersicht

	Rn.
I. Grundlagen zu den Schranken des Urheberrechts	1, 2
II. Systematik des sechsten Abschnittes	3, 4
III. Umsetzung der Multimedia-Richtlinie	5–8
1. Schrankenregelungen der Multimedia-Richtlinie	5–7
2. Umsetzung in deutsches Recht	8
3. Zweiter Korb	9, 10

1 Wie das Sacheigentum unterliegt auch das **Urheberrecht als sozialgebundenes Recht** im Interesse der Allgemeinheit gewissen Schranken. Zwar gebietet Art. 14 Abs. 1 S. 1 GG die grundsätzliche Zuordnung des wirtschaftlichen Wertes eines geschützten Werkes an den Urheber. Der Gesetzgeber hat im Rahmen der Ausprägung des Urheberrechts sachgerechte Maßstäbe festzulegen, die eine der Natur und der sozialen Bedeutung des Urheberrechts entsprechende Nutzung und angemessene Verwertung sicherstellen (BVerfGE 31, 229 – Kirchen- und Schulgebrauch). Mit den Regelungen der **§§ 44a bis 63** sowie den außerhalb des sechsten Abschnittes eingefügten speziellen Schrankenregelungen in den §§ 69d, 69e und 87c ist der Gesetzgeber diesem Auftrag nachgekommen. Sobald der Urheber Beschränkungen seiner ausschließlichen Verwertungsrechte dulden muss, handelt es sich um Ausnahmen vom allgemeinen Grundsatz, dass ihm diese Rechte zustehen. Die Schrankenbestimmungen ermöglichen teilweise eine **unentgeltliche Nutzung** der Werke des Urhebers, teilweise erhält der Urheber einen Anspruch auf angemessene Vergütung (*Hohagen* FS Schricker 2005, 353, 360; Vergütungsansprüche aus § 54 resultieren aus einem einseitig verpflichtenden gesetzlichen Schuldverhältnis). Insoweit wird das urheberrechtliche Ausschließlichkeitsrecht im Wege einer **gesetzlichen Lizenz** zu einem Vergütungsanspruch herabgestuft, der im Regelfall nur von Verwertungsgesellschaften wahrgenommen werden kann. Maßgeblich für die Tätigkeit der Verwertungsgesellschaften ist das WahrnG, nach dessen Bestimmungen Tarife aufgestellt und Gesamtverträge abgeschlossen werden (s. Kommentierung zu den §§ 12, 13 WahrnG). Die Schrankenbestimmungen sind **grundsätzlich eng auszulegen** (BGHZ 50, 147 – Kandinsky I; BGHZ 87, 126 – Zoll- und Finanzschulen; BGHZ 123, 149 – Verteileranlagen; BGHZ 144, 232 – Parfumflakon; BGH GRUR 2002, 963 – Elektronischer Pressespiegel; Schricker/Loewenheim/*Melichar* Vor §§ 44a ff. Rn. 18 f.; Dreier/Schulze/*Dreier* Vor § 44a Rn. 7). Diese enge Auslegung hat ihren Grund weniger darin, dass Ausnahmevorschriften generell eng auszulegen wären, sondern beruht darauf, dass der Urheber an der wirtschaftlichen Nutzung seiner Werke angemessen zu beteiligen ist und die ihm zustehenden Ausschließlichkeitsrechte nicht übermäßig beschränkt werden dürfen. Da mit den Schrankenbestimmungen vielfach besonderen verfassungsrechtlich geschützten Positionen Rechnung getragen wird, sind bei der Auslegung neben den Interessen des Urhebers auch die durch die Schrankenbestimmung geschützten Interessen zu beachten. Die Grundrechtsabwägung hat in diesen Fällen im Rahmen der Auslegung der Schrankenbestimmung stattzufinden. In einem solchen Fall verbietet sich die Anwendung einer Regel, dass Schrankenbestimmungen grundsätzlich eng auszulegen seien, ebenso wie die Anwendung einer umgekehrten Regel, dass die Meinungs- und Pressefreiheit grundsätzlich Vorrang vor dem nach Art. 14 Abs. 1 GG geschützten Urheberrecht habe (BVerfG GRUR 2012, 389 – Kunstausstellung im Online-Archiv). Dies kann im Einzelfall dazu führen, dass eine am Wortlaut orientierte Auslegung einer großzügigeren, dem Informations- oder Nutzungsinteresse der Allgemeinheit Rechnung tragenden Interpretation weichen muss (BGH GRUR 2002, 963 – Elektronischer Pressespiegel m.w.N.; BVerfG GRUR 2001, 149 – Germania 3; BGH GRUR 2003, 956 – Gies-Adler). Der EuGH bestätigt den Grundsatz, die Schrankenregelungen seien als Abweichung von dem in der Multimedia-Richtlinie aufgestellten allgemeinen Grundsatz – dem Erfordernis einer Zustimmung des Inhabers des Urheberrechts für die jeweilige Verwertung eines geschützten Werkes – strikt auszulegen. Er weist aber auch darauf hin, dass die Auslegung erlauben muss, die praktische Wirksamkeit einer umrissenen Ausnahme zu wahren und ihre Zielsetzung zu beachten (EuGH GRUR 2012, 166 – Panier/Standard mit Verweis auf EuGH GRUR 2012, 156 – Football Association Premium League u. Murphy). Bei der Auslegung der Schrankenbestimmungen ist der von Art. 5 Abs. 5 Multimedia-Richtlinie vorgesehene Drei-Stufen-Test (s. Rn. 7) ebenfalls heranzuziehen (EuGH GRUR 2009, 1041 – Infopaq/DDF; OLG Stuttgart GRUR 2012, 718 – Urheberrechtliche Grenzen einer elektronischen Lernplattform).

Bei der Auslegung der urheberrechtlichen Schrankenbestimmungen hat sich das Verständnis der privilegierenden Norm vor allem an den **technischen Gegebenheiten zum Zeitpunkt der Einführung des Privilegierungstatbestandes** zu orientieren (BGHZ 17, 266 – Grundig-Reporter; BGHZ 134, 250 – CB-Infobank I; BGH GRUR 2002, 963 – Elektronischer Pressespiegel). Dieses Verständnis stellt jedoch keine starre Grenze dar. Tritt an die Stelle einer privilegierten Nutzung eine neue Form, ist im Einzelfall zu prüfen, ob der Beteiligungsgrundsatz des Urhebers einerseits und die mit der Schrankenregelung verfolgte Intention andererseits eine weitergehende Auslegung der Schrankenregelung erlauben. Eine analoge Anwendung ist daher durchaus denkbar (s. EuGH GRUR 2012, 166 – Panier/Standard; BGHZ 87, 126 – Zoll- und Finanzschulen; BGH GRUR 1987, 362 – Filmzitat; BGH GRUR 1999, 707 – Kopierversanddienst; BGH GRUR 2002, 246 – Scanner; BGH GRUR 2002, 963 – Elektronischer Pressespiegel).

II. Systematik des sechsten Abschnittes

Die **§§ 44a bis 53a** erlauben zugunsten einzelner Nutzer oder im Interesse der Allgemeinheit die Verwertung von bestimmten urheberrechtlich geschützten Werken unter besonderen Bedingungen. Die **§§ 54 bis 54h** enthalten Regelungen zur Vergütung des Urhebers für Fälle der Vervielfältigung der Werke zum privaten oder sonstigen eigenen Gebrauch des Nutzers i.S.d. § 53. **§§ 55 bis 60** ermöglichen wiederum die Verwertung von bestimmten Werken zugunsten einzelner Nutzer oder im Interesse der Informationsfreiheit. Die **§§ 62 und 63** enthalten zur Wahrung des Urheberpersönlichkeitsrechts das grundsätzliche Verbot zur Änderung von Werken im Rahmen einer nach einer Schranke des sechsten Abschnittes erlaubten Benutzung (§ 62) sowie zur Pflicht der Quellenangabe (§ 63). Zur Durchsetzung der Schrankenbestimmungen gegenüber technischen Schutzmaßnahmen s. § 95b. Der Gesetzgeber hat dort festgelegt, dass sich nicht alle Schranken des Urheberrechts gegenüber technischen Schutzmaßnahmen durchsetzen lassen, teilweise wurde die Durchsetzung der Schrankenregelungen auf analoge Vervielfältigungen beschränkt (s. § 95b Rn. 28).

Schranken des Urheberrechts **außerhalb des sechsten Abschnittes** ergeben sich aus den §§ 69d, 69e und 87c sowie den allgemeinen Rechtfertigungsgründen des **Schikaneverbots** (§ 226 BGB) und der **Notwehr** (§ 227 BGB). Ergänzend erscheint die Anwendung der Vorschrift über den zivilrechtlichen **Notstand** (§ 904 BGB), der im Patentrecht anerkannt ist (BGHZ 116, 122 – Heliumeinspeisung), im Gegensatz zur Heranziehung des Instituts des übergesetzlichen Notstands nahezuliegen (*Bornkamm* FS Piper 641; Schricker/Loewenheim/*Melichar* Vor §§ 44a ff. Rn. 16; Fromm/Nordemann/W. *Nordemann* Vor §§ 44a ff. Rn. 5; a.A. KG NJW 1995, 3392 – Botho Strauß mit Hinweis auf Schricker/Loewenheim/*Wild* § 97 Rn. 34 ff.). Einer Anwendung einer allgemeinen Güter- und Interessenabwägung oder eines Rückgriffs auf das Institut des übergesetzlichen Notstands hat der BGH (GRUR 2003, 956 – Gies-Adler) unter Bezugnahme auf gegenteilige Literaturauffassungen widersprochen.

III. Umsetzung der Multimedia-Richtlinie

1. Schrankenregelungen der Multimedia-Richtlinie

5   Mit der Multimedia-Richtlinie (s. Einl. Rn. 21), die von den Mitgliedstaaten bis zum 22.12.2002 umzusetzen war, sollten der Wettbewerb innerhalb des Binnenmarkts vor Verzerrung geschützt werden (Erwägungsgrund 1), die substanzielle Investition in Kreativität und Innovation durch erhöhte Rechtssicherheit und die Wahrung eines hohen Schutzniveaus im Bereich des geistigen Eigentums gefördert (Erwägungsgrund 4) sowie die Bestimmungen im Bereich des Urheberrechts und der verwandten Schutzrechte an die technische Entwicklung angepasst werden (Erwägungsgrund 5). Regelungen zu den **Ausnahmen und Beschränkungen** des Vervielfältigungsrechts (Art. 2), dem Recht der öffentlichen Wiedergabe von Werken und dem Recht der öffentlichen Zugänglichmachung sonstiger Schutzgegenstände (Art. 3) sowie des Verbreitungsrechts (Art. 4) sind in Art. 5 der Richtlinie enthalten. Die Auflistung der Ausnahmen und Beschränkungen der Rechte in Art. 5 der Richtlinie ist, wie sich aus Erwägungsgrund 32 ergibt, **abschließend**. Außer den genannten Schranken und Ausnahmen dürfen die Mitgliedsstaaten folglich keine weiteren Ausnahmen vorsehen. Durch die Festlegung des abschließenden Katalogs sollte das Ziel der Harmonisierung erreicht werden (*Reinbothe* ZUM 2002, 43), aufgrund des Festhaltens an den nationalen Traditionen ist dieses Vorhaben aber wohl als gescheitert anzusehen (Dreier/Schulze/*Dreier* Vor §§ 44a ff. Rn. 5). Die Harmonisierung der Schrankenregelungen durch die Multimedia-Richtlinie führt zum Erfordernis einer **richtlinienkonformen Auslegung** der §§ 44a ff. (Dreyer/Kotthoff/Meckel/*Dreyer* Vor §§ 44a ff. Rn. 17).

6   **Art. 5 Abs. 1** legt für die Mitgliedstaaten verpflichtend fest, dass das Vervielfältigungsrecht nicht betroffen ist, wenn Vervielfältigungshandlungen kumulativ flüchtig oder begleitend sind, einen integralen und wesentlichen Teil eines technischen Verfahrens darstellen, es deren alleiniger Zweck ist, eine Übertragung in einem Netz zwischen Dritten durch einen Vermittler oder eine rechtmäßige Nutzung eines Werkes oder eines sonstigen Schutzgegenstandes zu ermöglichen und diese keine eigenständige wirtschaftliche Bedeutung haben. **Art. 5 Abs. 2** lässt Regelungen der Mitgliedstaaten zur Beschränkung des Vervielfältigungsrechts unter den dort aufgeführten Voraussetzungen zu.

7   **Art. 5 Abs. 3** erlaubt in den genannten Fällen Beschränkungen des Vervielfältigungs- und des Rechts der öffentlichen Wiedergabe sowie der öffentlichen Zugänglichmachung sonstiger Schutzgegenstände. Die Bestimmung geht auf Regelungen in den nationalen Urheberrechtsordnungen zurück (*Reinbothe* GRUR Int. 2001, 733). Soweit die Regelungen des Art. 5 der Richtlinie die §§ 44a ff. betreffen, s. Kommentierung zu den einzelnen Paragrafen. Nach **Art. 5 Abs. 4** der Richtlinie dürfen die Mitgliedstaaten in den Fällen, in denen eine Beschränkung in Bezug auf das Vervielfältigungsrecht vorgesehen wird, auch das Verbreitungsrecht beschränken, soweit dies durch den Zweck der erlaubten Vervielfältigung gerechtfertigt ist. **Alle** in den Absätzen des Art. 5 genannten Ausnahmen und Beschränkungen der Rechte unterliegen nach Art. 5 Abs. 5 dem so genannten **Drei-Stufen-Test** (entspr. Art. 9 Abs. 2 RBÜ, Art. 10 WCT und Art. 16 WPPT). Danach dürfen die in Art. 5 aufgeführten Ausnahmen und Beschränkungen nur in Sonderfällen angewandt werden, in denen die normale Verwertung des Werkes oder des sonstigen Schutzgegenstandes nicht beeinträchtigt wird und die berechtigten Interessen des Rechtsinhabers nicht ungebührlich verletzt werden. Im Hinblick auf die gesteigerte wirtschaftliche Bedeutung, die Ausnahmen und Beschränkungen im elektronischen Umfeld erlangen können, kann es insoweit sein, dass der Umfang bestimmter Ausnahmen oder Beschränkungen bei bestimmten neuen Formen der

Vorbemerkung 8, 9 **Vor §§ 44a ff. UrhG**

Nutzung urheberrechtlich geschützter Werke und sonstiger Schutzgegenstände möglicherweise noch enger begrenzt werden muss (Erwägungsgrund 44; *Flechsig* ZUM 2002, 1).

2. Umsetzung in deutsches Recht

Die mit dem Gesetz zur Regelung des Urheberrechts in der Informationsgesellschaft v. **8** 10.9.2003 erfolgte Novellierung des UrhG (s. Vor §§ 31 ff. Rn. 4) beschränkte sich auf die Umsetzung der Multimedia-Richtlinie sowie die Implementierung der WIPO-Verträge (WCT und WPPT v. 20.12.1996; s. § 121 Rn. 29 ff.) und notwendige Folgeänderungen. Das Änderungsgesetz enthielt deshalb auch keine Regelung zur Ausfüllung der Kann-Vorschriften zum elektronischen Pressespiegel (s. § 49 Rn. 3) und zur Durchsetzung der Privatkopieschranke bei der Anwendung technischer Schutzmaßnahmen gegen Vervielfältigungen i. S. d. § 95a; Art. 6 Multimedia-Richtlinie. Der Gesetzgeber sah vor, diese Fragen weiter zu prüfen und mit allen Betroffenen ohne Zeitdruck zu erörtern und zum Gegenstand eines weiteren Gesetzgebungsvorhabens zu machen (AmtlBegr. BT-Drucks. 15/38, 15). Im Rahmen der Novellierung wurden die – weitestgehend bereits richtlinienkonformen – deutschen Schrankenregeln an die Vorgaben der Richtlinie angepasst; von der Möglichkeit der Einführung weiterer Schranken wurde neben der Einführung des durch die Multimedia-Richtlinie zwingend vorgesehenen § 44a (Art. 5 Abs. 1 der Multimedia-Richtlinie) nur in zwei Fällen Gebrauch gemacht. Lediglich die Schranke zugunsten behinderter Menschen (s. § 45a) sowie die Schranke zur Ermöglichung der öffentlichen Zugänglichmachung für Unterricht und Forschung (§ 52a) wurden neu eingefügt. Das entsprechend der Richtlinie in § 19a geschaffene Recht der öffentlichen Zugänglichmachung wurde teilweise den Schrankenregelungen unterworfen. Der Drei-Stufen-Test gem. Art. 5 Abs. 5 der Richtlinie, nach dem die zugelassenen Ausnahmen und Beschränkungen der Rechte des Urhebers nur in Sonderfällen angewandt werden dürfen, in denen die normale Verwertung des Werkes oder des sonstigen Schutzgegenstandes nicht beeinträchtigt und die berechtigen Interessen des Rechtsinhabers nicht ungebührlich verletzt werden, wurde ausdrücklich nicht in das Gesetz aufgenommen, da die Schrankenregelungen bereits jenen Anforderungen entsprechen (AmtlBegr. BT-Drucks. 15/38, 15).

3. Zweiter Korb

Entsprechend der Ankündigung in der Begründung des Entwurfs zur Novelle v. **9** 10.9.2003 begann das Bundesministerium der Justiz im September 2003 mit den Arbeiten an einer weiteren Novelle des UrhG. Diese erfassten auch die Schrankenregelungen, um die begonnene Anpassung des deutschen Urheberrechts an die Entwicklungen im Bereich der Informations- und Kommunikationstechnologie fortzuführen. Die vom Bundesministerium der Justiz geschaffenen Arbeitsgruppen entwickelten einen RefE v. 27.9.2004, der im Frühjahr 2005 Grundlage eines Kabinettentwurfs wurde. Das Gesetzgebungsverfahren wurde dann aufgrund der vorgezogenen Bundestagswahlen 2005 zunächst nicht mehr fortgesetzt und erst nach den Wahlen durch die Große Koalition wieder aufgenommen; ein erster Regierungsentwurf wurde am 22.3.2006 veröffentlicht (*Hoeren* MMR 2007, 615; *Langhoff/Oberndörfer/Jani* ZUM 2007, 593). Das Gesetz zum Zweiten Korb wurde nach kritischen Stellungnahmen des Bundesrates (BR-Drucks. 257/06) in einigen Punkten geändert und am 5.7.2007 vom Bundestag beschlossen (BT-Drucks. 16/1828). Der Bundesrat hat keinen Einspruch gegen das Gesetz erhoben, das zum 1.1.2008 in Kraft trat (BGBl. 2007 I S. 2513). Im Bereich der Schrankenregelungen war die Änderungen des Vergütungssystems gemäß §§ 54 ff. Kernpunkt des Zweiten Korbs. Da sich die tatsächlichen Verhältnisse wesentlich geändert hatten, die Entwicklung neuer Geräte und Speichermedien immer rasanter voranschritt und insb. die neuen Kommunikationstechnologien immer breiteren Bevölkerungsschichten neue Quellen für Vervielfältigungen eröffnet hatten, war eine Neuregelung überfällig. Auch der zunehmende Einsatz technischer

Maßnahmen, die es dem Rechtsinhaber ermöglichen, die Vervielfältigung der Inhalte im digitalen Bereich zu verhindern und zu beschränken (Digital Rights Management), machte eine Anpassung des Systems der Pauschalvergütung notwendig. Die bisher durch den Gesetzgeber vorgenommene Festsetzung der Pauschalvergütung wurde durch ein Modell der Selbstregulierung ersetzt, bei dem die Verwertungsgesellschaften einerseits und die Geräteindustrie andererseits die angemessene Vergütungshöhe unmittelbar miteinander aushandeln (*Zypries* MMR 2007, 545). Zu den Änderungen des Pauschalvergütungssystems s. § 54 Rn. 3 ff.

10 Ein weiterer Kernpunkt des Zweiten Korbs war die grundsätzliche Bestätigung der Entscheidung, dass digitale Privatkopien nicht wesentlich beschränkt werden, dass es aber ebenfalls dabei bleibt, dass sich die digitale Privatkopie gegenüber dem Einsatz technischer Schutzmaßnahmen nicht durchsetzt (*Flechsig* ZRP 2006, 145; *Poll* ZUM 2006, 96). Ferner wurde § 53 Abs. 1 Nr. 1 im Hinblick auf den Download aus illegalen Tauschbörsen dahingehend ergänzt, dass die verwandte Quelle nicht offensichtlich rechtswidrig öffentlich zugänglich gemacht worden sein darf, um die peer-to-peer Tauschbörsen zu erfassen. Im Bereich der Kopien für den Schulunterricht wurde durch eine Anpassung des § 53 Abs. 3 Nr. 1 klargestellt, dass die Schrankenbestimmung nun auch die Vor- und Nachbereitung des Unterrichts durch Lehrer erfasst (s. § 53 Rn. 38). Neu war zudem die Kodifizierung der Erweiterung des Zitatrechts mit Blick auf weitere Werkarten wie Filmwerke und Multimedia-Märkte (s. § 51 Rn. 1a.E.) sowie die Einführung einer neuen Schrankenregelung (§ 52b), mit der es öffentlichen Bibliotheken zur Erfüllung des Bildungsauftrags ermöglicht wird, ihre Bestände auch in digitaler Form an eigens dafür eingerichteten elektronischen Leseplätzen den Benutzern zum Zwecke der Forschung und für private Studien zugänglich zu machen. Die Multimedia-Richtlinie lässt eine entsprechende Schrankenregelung in Art. 5 Abs. 3n) zu. Mit der Neueinführung des § 53a soll die Entscheidung des BGH zur Zulässigkeit des Kopienversands (BGHZ 141, 13 – Kopienversanddienst) im Gesetz nachvollzogen werden (*Nolte* CR 2006, 254; *Wandtke/Grassmann* ZUM 2006, 889). Die vom BGH im Wege der Analogie ausgefüllte Regelungslücke sollte durch den Gesetzgeber geschlossen werden (s. § 53a Rn. 3). Eine Änderung des § 49 im Hinblick auf die Entscheidung BGHZ 151, 300 – Elektronischer Pressespiegel wurde hingegen für nicht erforderlich gehalten (s. § 49 Rn. 16). Im Rahmen der Arbeiten am Zweiten Korb wurde nochmals die Frage, ob der Drei-Stufen-Test gem. Art. 5 Abs. 5 der Multimedia-Richtlinie in das Gesetz zu übernehmen sei (s. Rn. 7), aufgeworfen und schließlich verneint. Der Drei-Stufen-Test sei bei der Formulierung der Schrankenregelungen des UrhG berücksichtigt worden und werde in der Rechtsprechung als entscheidender Maßstab für die Anwendung der einschlägigen Vorschriften des UrhG (BGHZ 141, 13 – Kopienversanddienst) beachtet (BT-Drucks. 16/1828, 21).

§ 44a Vorübergehende Vervielfältigungshandlungen

Zulässig sind vorübergehende Vervielfältigungshandlungen, die flüchtig oder begleitend sind und einen integralen und wesentlichen Teil eines technischen Verfahrens darstellen und deren alleiniger Zweck es ist,

1. eine Übertragung in einem Netz zwischen Dritten durch einen Vermittler oder

2. eine rechtmäßige Nutzung

eines Werkes oder sonstigen Schutzgegenstands zu ermöglichen, und die keine eigenständige wirtschaftliche Bedeutung haben.

Literatur: *Bashor*, The Cache Cow: Can Caching and Copyright Co-Exist?, The John Marshall Review of Intellectual Property Law, 2006 (Band 6) 101; *Bayreuther*, Beschränkungen des Urheberrechts nach der EU-Urheberrechtsrichtlinie, ZUM 2001, 828; *Becker*, Bewertung der Richtlinienentwürfe der EU aus der Sicht der Urheber und Verwertungsgesellschaften, in *J. Schwarze* (Hrsg.), Rechtsschutz gegen Urheberrechtsverletzungen und Wettbewerbsverstöße in grenzüberschreitenden Medien, Baden-Baden 2000, 29; *Berberich,* Die urheberrechtliche Zulässigkeit von Thumbnails bei der Suche nach Bildern im Internet, MMR 2005, 145; *Bernhöft,* Die urheberrechtliche Zulässigkeit der digitalen Aufzeichnung einer Sendung, Frankfurt, 2009; *Bornkamm,* Der Dreistufentest als urheberrechtliche Schrankenbestimmung, in: Ahrens u. a. (Hrsg.), Festschrift für Willi Erdmann zum 65. Geburtstag, Köln 2002 (zit. *Bornkamm FS Erdmann); Burmeister,* Urheberrechtsschutz gegen Framing im Internet, Lohmar Köln 2000; *Busch,* Zur urheberrechtlichen Einordnung der Nutzung von Streamingangeboten, GRUR 2011, 496; *Cichon,* Urheberrechte an Webseiten, ZUM 1998, 897; *Eichelberger,* Vorübergehende Vervielfältigungen und deren Freistellung zur Ermöglichung einer rechtmäßigen Werknutzung im Urheberrecht, K&R 2012, 393; *Ernst,* Wirtschaftsrecht im Internet, BB 1997, 1057; *Ensthaler/Heinemann,* Die Fortentwicklung der Providerhaftung durch die Rechtsprechung, GRUR 2012, 433; *Fahl,* Die Bilder- und Nachrichtensuche im Internet, Göttingen 2010; *Flechsig,* Grundlagen des Europäischen Urheberrechts, ZUM 2002, 1; *Garrote,* Linking and Framing, EIPR 2002, 184; *Gutman,* Abruf im Internet von unbekannten und offensichtlich urheberrechtlich unrechtmäßigen Werken, MMR 2003, 706; *v. Gerlach* Das nicht-lineare Audio-Video Streaming im Internet – die verschiedenen technischen Verfahren im System und auf dem Prüfstand urheberrechtlicher Verwertungs- und Leistungsschutzrechte, Dissertation, Berlin, 2012; *Hacker,* „L'Oréal/eBay": Die Host-Provider-Haftung vor dem EuGH, GRUR-Prax 2011, 391; *Hart,* The Copyright in the Information Society Directive, EIPR 2002, 58; *Haupt/Ullmann,* Der Fax- und E-Mail-Versand sind in der Informationsgesellschaft verboten, ZUM 2005, 46; *Hoeren,* Entwurf einer EU-Richtlinie zum Urheberrecht in der Informationsgesellschaft, MMR 2000, 515; *Hoeren,* Rechtliche Zulässigkeit von Meta-Suchmaschinen, MMR Beilage 8/2001; *Hoeren,* Anmerkung zur BGH-Entscheidung – Internet-Versteigerung, MMR 2004, 672; *Hoeren,* Das Telemediengesetz, NJW 2007, 801; *Hugenholtz,* Caching and Copyright: The right of temporary copying, EIPR 2000, 482; *Hugenholtz,* Why the Copyright Directive is unimportant and possibly invalid, EIPR 2000, 499; *Intveen,* Internationales Urheberrecht und Internet, Baden-Baden 1999; *Klett,* Urheberrecht im Internet aus deutscher und amerikanischer Sicht, Baden-Baden 1998; *Klickermann,* Urheberschutz bei zentralen Datenspeichern, MMR 2007, 7; *Koch,* Grundlagen des Urheberrechtsschutzes im Internet und in Online-Diensten, GRUR 1997, 417; *Kianfar,* Die Weitersenderechte für den Betrieb des Online-Videorecorders (OVR), GRUR-RR 2011, 393; *Köhler/Arndt/Fetzer,* Recht des Internet, 7. Aufl., Heidelberg 2011; *Lauber/Schwipps,* Das Gesetz zur Regelung des Urheberrechts in der Informationsgesellschaft, GRUR 2004, 293; *Leistner/Bettinger,* Creating Cyberspace, Immaterialgüterrechtlicher und wettbewerbsrechtlicher Schutz des Web-Designers, CR Beilage 12/1999, 1; *Leupold,* Auswirkungen der Multimedia-Gesetzgebung auf das Urheberrecht, CR 1998, 234; *v. Lewinski,* Die diplomatische Konferenz der WIPO 1996 zum Urheberrecht und zu verwandten Schutzrechten, GRUR Int. 1997, 667; *Lodder/Kaspersen* (Hrsg.), eDirectives: Guide to European Union Law on E-Commerce, 1. Aufl., Den Haag 2002 (zit. Lodder/Kaspersen/*Bearbeiter); Luo,* Verwertungsrechte und Verwertungsschutz im Internet nach neuem Urheberrecht, München 2004; *Ohly,* Keyword Advertising auf dem Weg zurück von Luxemburg nach Paris, Wien, Karlsruhe und Den Haag, GRUR 2010, 776; *Ott,* To link or not to link – This was (or still is?) the question, WRP 2004, 52; *Ott,* Die urheberrechtliche Zulässigkeit des Framing nach der BGH-Entscheidung im Fall „Paperboy", ZUM 2004, 357; *Ott,* Die Google Buchsuche – Eine massive Urheberrechtsverletzung?, GRUR Int. 2007, 562; *Ott,* Das Neutralitätsgebot als Voraussetzung der Haftungsprivilegierung des Host-Providers; K&R 2012, 387; *Plaß,* Hyperlinks im Spannungsfeld von Urheber-, Wettbewerbs- und Haftungsrecht, WRP 2000, 599; *Radmann,* Kino.ko – Filmegucken kann Sünde sein ZUM 2010, 387; *Reinbothe,* Die EG-Richtlinie zum Urheberrecht in der Informationsgesellschaft, GRUR Int. 2001, 733; *Roggenkamp,* Verstößt das Content-Caching von Suchmaschinen gegen das Urheberrecht?, K&R 2006, 405; *Schack,* Neue Techniken und Geistiges Eigentum, JZ 1998, 753; *Schack,* Urheberrechtliche Gestaltung von Webseiten unter Einsatz von Links und Frames, MMR 2001, 9; *Schack,* Rechtsprobleme der Online-Übermittlung GRUR 2007, 639; *Schack,* Anmerkung zur Thumbnails-Entscheidung des OLG Jena, MMR 2008, 414–416, *Senftleben,* Grundprobleme des urheberrechtlichen Dreistufentests, GRUR Int. 2004, 200; *Sosnitza,* Das Internet im Gravitationsfeld des Rechts: Zur rechtlichen Beurteilung so genannter Deep Links, CR 2001, 693; *Spindler,* E-Commerce in Europa, MMR-Beilage 7/2000, 4; *Spindler,* Europäisches Urheberrecht in der Informationsgesellschaft, GRUR 2002, 105; *Spindler,* Europarechtliche Rahmenbedingungen der Störerhaftung im Internet – Rechtsfortbildung durch den EuGH in Sachen L'Oréal/eBay, MMR 2011, 703; *Spindler/Schuster,* Recht der elektronischen Medien, 2. Auflage 2011; *Stieper,* Rezeptive Werkgenuss als rechtmäßige Nutzung – Urheberrechtliche Bewertung des Streaming vor dem Hintergrund des EuGH-Urteils in Sachen FAPL/Murphy, MMR 2012, 12; *Stieper,* Rechtfertigung, Rechtsnatur und Disponibilität der Schranken des Urheberrechts, Tübingen 2010; *von Ungern-Sternberg,* Die Rechtsprechung des Bundesgerichtshofs zum Urheberrecht und zu den verwandten Schutzrechten in den Jahren 2010 und 2011, (Teil I) GRUR 2012, 224, (Teil II), GRUR 2012, 321; *Westkamp,* Der Schutz von Datenbanken und Informationssammlungen im britischen und deutschen Recht, München 2003; *Wiebe,* Vertrauensschutz und geistiges Eigentum am Beispiel der Suchmaschinen, GRUR 2011, 888.

Vgl. darüber hinaus die Angaben im eingangs abgedr. Gesamtliteraturverzeichnis.

UrhG § 44a 1 § 44a Vorübergehende Vervielfältigungshandlungen

Übersicht

	Rn.
I. Bedeutung der Vorschrift	1
II. Flüchtige oder begleitende Vervielfältigungen	2–6
1. Browsing	3
2. Caching	4
a) Client-Caching	5
b) Proxy-Caching	6
III. Teil eines technischen Verfahrens	7
IV. Zweck der Vervielfältigung	8–20
1. Übertragung durch einen Vermittler (§ 44a Nr. 1)	9
a) Schutz gegen Veränderungen	10–13
b) Sanktionen gegen den Vermittler	14, 15
2. Rechtmäßige Nutzung (§ 44a Nr. 2)	16–20
a) Zustimmung durch den Rechtsinhaber	17–19
b) Keine gesetzliche Beschränkung	20
V. Keine eigenständige wirtschaftliche Bedeutung	21
VI. Drei-Stufen-Test	22
VII. Computerprogramme, Datenbankwerke und Datenbanken	23–27
1. Computerprogramme	25
2. Datenbankwerke	26
3. Datenbanken	27
VIII. Hyperlinks	28
IX. Rechtslage vor Inkrafttreten des Gesetzes	29

I. Bedeutung der Vorschrift

1 § 44a setzt **Art. 5 Abs. 1** der Multimedia-Richtlinie (s. Einl. Rn. 21) nahezu wörtlich um. Art. 5 Abs. 1 Multimedia-Richtlinie enthält die **einzige zwingende, von allen EG-Mitgliedstaaten einzuführende Ausnahme vom Vervielfältigungsrecht** und korrespondiert mit Art. 2 Multimedia-Richtlinie, der klarstellt, dass auch vorübergehende Vervielfältigungshandlungen von den Verwertungsrechten der Urheber und Leistungsschutzberechtigten umfasst werden (*Flechsig* ZUM 2002, 1, 9). Dem Vorschlag, die Regelung als inhaltliche Begrenzung des Vervielfältigungsrechtes in § 16 umzusetzen, ist der Gesetzgeber nicht gefolgt. Art. 5 Abs. 1 Multimedia-Richtlinie enthält ebenso wie Art. 5 Abs. 2–4 eine Ausnahmeregelung, auf die der Drei-Stufen-Test (s. u. Rn. 22) gem. Art. 5 Abs. 5 Multimedia-Richtlinie anzuwenden ist (*Senftleben* GRUR Int. 2004, 200, 206; *Lauber/Schwipps* GRUR 2004, 293, 295; *Bornkamm* FS Erdmann 29, 43; *Spindler* GRUR 2002, 105, 111; *Reinbothe* GRUR Int. 2001, 733, 738; *Hugenholtz* EIPR 2000, 482, 488). Mit § 44a hat der Gesetzgeber Art. 5 Abs. 1 Multimedia-Richtlinie zutreffend den Schrankenregelungen zugeordnet. Privilegiert werden insb. die bei Online-Nutzungen anfallenden kurzfristigen Speicherungen (Dreier/Schulze/*Dreier* § 44a Rn. 1; Büscher/Dittmer/Schiwy/*Steden* § 44a Rn. 1). Eine entsprechende Anwendung des § 44a auf das Online-Recht nach § 19a kommt nicht in Betracht. Denn die gesetzlichen Schrankenbestimmungen sind das Ergebnis einer vom Gesetzgeber vorgenommenen, grundsätzlich abschließenden Güterabwägung (BGH GRUR 2010, 628, 630 Rn. 24 – Vorschaubilder; kritisch *Wiebe* GRUR 2011, 888, 893). Gegenstand der Speicherung sind typischerweise **Webseiten**, die in der Literatur als eigenständige Werkarten (**Multimediawerke**) charakterisiert werden (*Schack* MMR 2001, 9, 12). Daneben können auch kurzfristige Vervielfältigungen, wie sie bspw. im Speicher einer Grafikkarte vorgenommen werden, um die Anzeige auf einem Bildschirm zu ermöglichen, unter § 44a fallen (vgl. dazu § 16 Rn. 13). Ebenfalls in den Anwendungsbereich des § 44a können – bei Vorliegen der weiteren Voraussetzungen – kurzfristige Speicherungen

fallen, wie sie beim sogenannten Streaming auftreten (*Schack* GRUR 2007, 639, 641; *Klickermann* MMR 2007, 7, 11). Nach der Rechtsprechung des EuGH müssen die folgenden fünf Voraussetzungen kumulativ erfüllt sein: Die Handlung ist vorübergehend (1.); sie ist flüchtig oder begleitend (2.); sie stellt einen integralen und wesentlichen Teil eines technischen Verfahrens dar (3.); alleiniger Zweck des Verfahrens ist es, eine Übertragung in einem Netz zwischen Dritten durch einen Vermittler oder eine rechtmäßige Nutzung eines geschützten Werkes oder eines Schutzobjekts zu ermöglichen (4.), und die Handlung hat keine eigenständige wirtschaftliche Bedeutung (5.) (EuGH GRUR 2009, 1041, 1045 Rn. 54 – Infopaq I; EuGH MMR 2011, 817, 823 Rn. 161 – Karen Murphy; EuGH Urteil vom 17.1.2012, C-302/10 Rn. 25 Infopaq II). Die Nichterfüllung einer einzigen Voraussetzung hat zur Folge, dass die Handlung nicht vom Vervielfältigungsrecht ausgenommen ist (EuGH GRUR 2009, 1041, 1045 Rn. 55 – Infopaq I).

II. Flüchtige oder begleitende Vervielfältigungen

Die flüchtige Natur und der begleitende Charakter müssen nicht kumulativ, sondern nur 2
alternativ vorliegen. **Flüchtig** (englisch: transient) ist die Vervielfältigung, wenn es sich lediglich um eine besonders kurzlebige Speicherung handelt, die automatisch nach Beendigung einer Arbeitssitzung oder nach einem bestimmten Zeitablauf gelöscht wird (KG GRUR-RR 2004, 228, 231 – Ausschnittsdienst; Walter/*Walter* Kap. IV Info-Richtlinie Rn. 107). Im Ergebnis ähnlich definiert der EuGH Handlungen als flüchtig, wenn ihre Lebensdauer auf das für das ordnungsgemäße Funktionieren des betreffenden technischen Verfahrens Erforderliche beschränkt ist, wobei dieses Verfahren derart automatisiert sein muss, dass es diese Handlungen automatisch, ohne Beteiligung einer natürlichen Person, löscht, sobald ihre Funktion, die Durchführung eines solchen Verfahrens zu ermöglichen, erfüllt ist (EuGH GRUR 2009, 1041, 1045 Rn. 64 – Infopaq I). **Begleitend** (englisch: incidental) sind Vervielfältigungen, die lediglich beiläufig während eines technischen Vorgangs entstehen. Nicht erfasst wird daher die Aufnahme von Fernseh-Sendungen mit einem „Online-Videorekorder" (OLG Dresden NJOZ 2008, 160, 163 – Zeitversetztes Fernsehen). In Betracht kommt bei Online-Videorekordern allerdings die Privatkopierschranke (vgl. OLG Dresden GRUR-RR 2011, 413 – save.tv; BGH GRUR 2009, 845 – Internet-Videorecorder; *Kianfar* GRUR-RR 2011, 393). Auch die Anzeige von Miniaturansichten (thumbnails) in Trefferlisten einer Suchmaschine fällt nicht unter § 44a UrhG (BGH GRUR 2010, 628, 630 Rn. 24 – Vorschaubilder; BGH GRUR 2012, 602 – Vorschaubilder II; *Schack* MMR 2008, 414, 415).

1. Browsing

Browser sind Programme, mit denen Webseiten nutzbar gemacht werden, indem sie eine 3
in der **Seitenbeschreibungssprache HTML (Hyper Text Markup Language)** oder – nach entsprechender Erweiterung – in einer Programmiersprache wie Java verfasste Seite grafisch darstellen. Gängige Browser sind bspw. der Microsoft Internet Explorer und der Netscape Navigator. Beim Browsing (Blättern) werden die Informationen in dem **Arbeitsspeicher (RAM: Random Access Memory)** gelagert, bevor sie auf dem Bildschirm sichtbar gemacht werden können. Auch kurzfristige Speicherungen sind Vervielfältigungen i. S. d. § 16 (OLG Hamburg GRUR 2001, 831 – Roche Lexikon; LG Hamburg GRUR-RR 2004, 313, 315 – thumbnails; *Fahl* 34f.; einschränkend noch KG GRUR 2002, 252, 253 – Mantellieferung; KG ZUM 2002, 828 – Pressespiegel per E-Mail). Die h. M. sieht deshalb im Browsing eine Vervielfältigungshandlung (*Sosnitza* CR 2001, 693, 698; *Schack* JZ 1998, 753, 755; Ensthaler/Bosch/Völker/*Völker* 187; Schricker/*Dreier* Informationsgesellschaft 112; *Klett* 123; *Burmeister* 104 ff.). Diese Auffassung wird auch durch Erwägungsgrund 33 der Multimedia-Richtlinie bestätigt, der klarstellt, dass das Browsing nur unter

den in Art. 5 Abs. 1 Multimedia-Richtlinie geregelten Voraussetzungen zulässig ist. Die beim Browsen vorgenommene Vervielfältigung im Arbeitsspeicher ist nur flüchtiger Natur. Sie endet spätestens mit Abschalten des Rechners (*Ernst* in *Hoeren/Sieber* Teil 7.1 Rn. 59). Da die Speicherkapazität des Arbeitsspeichers begrenzt ist, werden die Daten zum Teil auch schon vor dem Abschalten des Rechners gelöscht.

2. Caching

4 Als **Cache** wird ein **Zwischenspeicher** bezeichnet, der angeforderte Daten aufnimmt, um sie bei Bedarf wieder zur Verfügung zu stellen. Bei diesem Vorgang (Caching) werden die Daten vervielfältigt (*Ernst* BB 1997, 1057, 1059; *Koch* GRUR 1997, 417, 424; Ensthaler/Bosch/Völker/*Völker* 183). Solche Speicher können sowohl nach dem Ort ihrer Verwendung als auch nach ihrer technischen Ausgestaltung unterschieden werden. Während das Client-Caching beim Nutzer stattfindet, kann Proxy-Caching an unterschiedlichen Orten vorkommen. Proxy-Server werden bspw. von Providern verwandt. Sie finden sich aber auch in größeren Unternehmensnetzwerken. Technisch kann ein Cache als sog. Software-Cache oder als Hardware-Cache ausgestaltet sein.

5 a) **Client-Caching.** Das Client-Caching kann durch einen Software-Cache oder durch einen Hardware-Cache ausgeführt werden. Gängige **Browser** benutzen (abschaltbare) Cache-Techniken **(Software-Cache).** Das Browser-Programm speichert Daten und legt diese im Arbeitsspeicher oder auf der Festplatte ab (*Ernst* in *Hoeren/Sieber* Teil 7.1 Rn. 58). Die Speicherung erfolgt automatisch. Bei einem erneuten Zugriff müssen die Daten dann nicht wieder über eine möglicherweise langsame Verbindung aus dem Netz geholt werden. Stattdessen bleibt die Webseite gespeichert und wird erst dann gelöscht, wenn der Speicher durch den nachfolgenden Aufruf anderer Seiten zu voll wird. Dieser Vorgang ist als begleitende Vervielfältigung von der Privilegierung des Browsing mit umfasst. Darüber hinaus kann die Speicherung durch § 53 gerechtfertigt sein (vgl. *Hugenholtz* EIPR 2000, 482, 488; LG München I MMR 2003, 197, 198 – Framing). Beispiel für einen **Hardware-Cache** ist der so genannte **Prozessor-Cache,** der angeforderte Daten aus dem Arbeitsspeicher aufnimmt, um sie bei Bedarf wieder zur Verfügung zu stellen (*Ernst* in *Hoeren/Sieber* Teil 7.1 Rn. 58). Ein weiteres Beispiel für einen Hardware-Cache ist der **Festplatten-Cache,** der in die Festplattenelektronik integriert ist und Festplattendaten speichert. Da der Cache die **Zugriffsgeschwindigkeit** erhöht, beschleunigt das Cachen die Arbeitsgeschwindigkeit des Rechners.

6 b) **Proxy-Caching.** Beim Proxy-Caching wird die Seite in einer Übertragungskette – bspw. von einem **Provider** – gespeichert. Der Proxy-Server dient in einem **lokalen Netzwerk (LAN: Local Area Network)** als Zwischenspeicher für Internet-Seiten, die bereits abgerufen wurden. Bei einem erneuten Abruf prüft der **Proxy-Server (Proxy),** ob die Seite bereits gespeichert wurde und schickt diese dann ggfs. direkt an den Browser des Nutzers. Durch die Proxy-Server verringert sich die Belastung des Netzes und damit zugleich die Wartezeit für den Nutzer. Eine ähnliche Funktion haben die sog. Mirror-Server, auf denen fremde Webseiten unverändert und vollständig wiedergegeben (gespiegelt) werden.

III. Teil eines technischen Verfahrens

7 Die Vervielfältigungshandlung muss einen integralen und wesentlichen Bestandteil eines technischen Verfahrens darstellen. Hierfür ist nicht erforderlich, dass die Vervielfältigung technisch unabdingbar ist. Es reicht schon aus, dass die Vervielfältigung während des Verfahrens anfällt (Schricker/Loewenheim/*Loewenheim* § 44a Rn. 6; *Spindler* GRUR 2002, 105, 111; *v. Gerlach* 162; *Luo* 66; *Bernhöft* 212). Das ist beim Caching und Browsing der Fall.

IV. Zweck der Vervielfältigung

Sind die bereits genannten Voraussetzungen erfüllt, muss mit der Vervielfältigung zusätzlich der alleinige Zweck verfolgt werden, entweder die Übertragung zwischen Dritten durch einen Vermittler oder eine rechtmäßige Nutzung zu ermöglichen. Dabei erfasst § 44a Nr. 1 typischerweise das Proxy-Caching, § 44a Nr. 2 das Browsing und Client-Caching (*Hugenholtz* EIPR 2000, 482, 488).

1. Übertragung durch einen Vermittler (§ 44a Nr. 1)

§ 44a Nr. 1 privilegiert den Übermittler und ist **unabhängig davon, ob die Nutzung, die der Übermittlung dient, rechtmäßig ist** (Schricker/Loewenheim/*Loewenheim* § 44a Rn. 8; *Reinbothe* GRUR Int. 2001, 733, 738; *Radmann*, Kino.ko – Filmegucken kann Sünde sein ZUM 2010, 387, 391). Nach Erwägungsgrund 33 soll Art. 5 Abs. 1 Multimedia-Richtlinie das effiziente Funktionieren von Übertragungssystemen ermöglichen. Das Proxy-Caching ist deshalb grds. als erlaubt anzusehen. Beim Versand von E-Mails erfasst § 44a Nr. 1 nur die Speicherung im Arbeitsspeicher des Diensteanbieters, nicht hingegen die Speicherung beim Versender und beim Empfänger (KG GRUR-RR 2004, 228, 231 – Ausschnittsdienst).

a) **Schutz gegen Veränderungen.** Die Übertragung durch den Vermittler ist nach Erwägungsgrund 33 der Multimedia-Richtlinie privilegiert, wenn der Vermittler die Informationen nicht verändert und technische Vorkehrungen zur Sammlung von Nutzungsdaten nicht beeinträchtigt. Die Formulierung entspricht § 9 S. 1 Nr. 1 und 4 TMG **(Telemediengesetz)** und beruht auf Art. 13 der **E-Commerce-Richtlinie** (Richtlinie 2000/31/EG GRUR Int. 2000, 1004). Das TMG ist am 1.3.2007 in Kraft getreten und hat das TDG **(Teledienstegesetz)** abgelöst (vgl. BGH GRUR 2007, 724, 725 Rn. 6 – Meinungsforum; BGH GRUR 2007, 708, 710 Rn. 18 – Internetversteigerung II). Die Vorschriften des TMG zur Haftung von Diensteanbietern sind mit denen des TDG inhaltsgleich. Auf die Rechtsprechung zum TDG kann daher zurückgegriffen werden (vgl. BGH GRUR 2007, 724, 725 Rn. 6 – Meinungsforum; BGH GRUR 2007, 708, 710 Rn. 18 – Internetversteigerung II; *Hoeren* NJW 2007, 801, 805). Diensteanbieter sind nach § 9 S. 1 Nr. 4 TMG für automatische, zeitlich begrenzte Zwischenspeicherungen nicht verantwortlich, wenn technische Vorkehrungen zur **Sammlung von Nutzungsdaten** nicht beeinträchtigt werden (zu der entsprechenden Vorgängerregelung im Teledienstegesetz Spindler/Schmitz/Geis/*Spindler* § 10 TDG Rn. 18). Für die Haftung mag diese Regelung sinnvoll sein. Im Rahmen des § 44a sind diese Erwägungen hingegen wenig sachgerecht (*Hoeren* MMR 2000, 515, 516).

Die Kopie auf dem Proxy-Server muss nach § 9 S. 1 Nr. 1 TMG dem Original entsprechen, um die Verantwortlichkeit des Providers entfallen zu lassen. Zutreffend wird in der Literatur darauf hingewiesen, dass **Änderungen gecachter Informationen** nicht zur Folge haben können, dass der Vorgang als erlaubnispflichtige Vervielfältigung eingeordnet wird (*Hoeren* MMR 2000, 515, 516). Soweit es sich um urheberrechtlich relevante Änderungen i. S. d. § 39 handelt, fallen diese nicht unter die Schranke des § 44a. Dies gilt erst recht für **Bearbeitungen** nach § 23.

Bei der Verwendung von **Filtersoftware,** die Werbung aus Webseiten herausfiltert, liegt keine Umgestaltung nach § 23, sondern eine Vervielfältigung nach § 16 vor. Vervielfältigungen ohne eigene schöpferische Leistung fallen unter § 16 und nicht unter § 23 (vgl. § 23 Rn. 2 ff. zum Meinungsstand). Wird bei der Speicherung einer Webseite ein **Werbebanner** entfernt, bleibt es bei der Einordnung des Vorganges als Vervielfältigung. Abhängig von der Gestaltung des Werbebanners und der Webseite kann ein Werkverbund nach § 9 oder ein einheitliches Multimediawerk vorliegen. Ob die Entfernung der Werbung zulässig ist, muss im Rahmen des § 14 anhand einer **Interessenabwägung** geprüft werden.

13 Handelt es sich um Filtersoftware, die sich nur auf dem Rechner des Nutzers befindet, wird eine **Verletzung des § 14** regelmäßig nicht vorliegen, da Werkveränderungen, die im privaten Bereich vorgenommen werden und von denen die Öffentlichkeit keine Kenntnis erhält, nicht geeignet sind, die Persönlichkeitsrechte des Urhebers zu beeinträchtigen (s. § 14 Rn. 8). Anders ist die Frage zu beurteilen, wenn die Filtersoftware in Kombination mit einem Proxy-Server eingesetzt wird, der die Webseite dann einer Vielzahl von Nutzern in veränderter Form präsentiert.

14 **b) Sanktionen gegen Vermittler.** Da § 44a Nr. 1 unabhängig von der Rechtmäßigkeit der Nutzung ist, sofern die Daten nur vorübergehend gespeichert und nicht verändert werden, könnte der Rechtsinhaber den Vermittler auch bei rechtswidrigen Nutzungen nicht einmal auf Unterlassung in Anspruch nehmen (Schwarze/*Becker* 29, 38 ff.). Aus diesem Grund sieht **Art. 8 Abs. 3 Multimedia-Richtlinie** vor, dass die Rechtsinhaber **gerichtliche Anordnungen gegen Vermittler** beantragen können, deren Dienste von einem Dritten zur Rechtsverletzung genutzt werden (Walter/*Walter* Kap. IV Info-Richtlinie Rn. 114; *Reinbothe* GRUR Int. 2001, 733, 743; *Bayreuther* ZUM 2001, 828, 838). Der Gemeinschaftsgesetzgeber ging davon aus, dass die Provider häufig am besten in der Lage sind, Urheberrechtsverletzungen zu unterbinden. Erwägungsgrund 59 der Multimedia-Richtlinie stellt klar, dass ein **Unterlassungsanspruch** auch dann besteht, wenn die Handlung des Vermittlers nach Art. 5 Multimedia-Richtlinie freigestellt ist.

15 §§ 7–10 TMG regeln die Verantwortlichkeit von Providern. Diese Vorschriften gelten auch für das Urheberrecht (vgl. OLG Düsseldorf MMR 2012, 118 – Embedded Content; LG München GRUR-RR 2011, 447 – Karl Valentin-Zitat; *Schack* Rn. 771) und werden durch § 44a ergänzt (Dreier/Schulze/*Dreier* § 44a Rn. 3). Nach **§ 7 Abs. 2 S. 2 TMG** bleiben **Verpflichtungen zur Entfernung oder Sperrung der Nutzung von Informationen nach den allgemeinen Gesetzen** auch im Fall der Nichtverantwortlichkeit der Dienstanbieter nach §§ 8 bis 10 TMG unberührt. Die Vorschrift hatte an Bedeutung verloren, da der BGH § 10 TMG nicht auf Unterlassungsansprüche anwenden wollte. Nach Auffassung der Rechtsprechung galt die Haftungsprivilegierung in § 10 TMG nur für die strafrechtliche Verantwortlichkeit und die Schadensersatzhaftung (BGH GRUR 2007, 724, 725 Rn. 7 – Meinungsforum; BGH GRUR 2007, 708, 710 Rn. 19 – Internet-Versteigerung II; BGH WRP 2004, 1287, 1290 – Internet-Versteigerung; Spindler/*Schuster* § 10 TMG Rn. 3 krit. *Hoeren* MMR 2004, 672; LG Hamburg MMR 2007, 333 – Use-Net; abl. *Hoeren* MMR 2007, 334; zur Störerhaftung BGH Urteil vom 12. Juli 2012, Aktenzeichen ZR 18/11 – Alone in the Dark). Zur Begründung verwies der BGH auf den Wortlaut des § 10 TMG, nach dem der Diensteanbieter grds. nur bei positiver Kenntnis, im Falle von Schadensersatzansprüchen allerdings auch bei fahrlässiger Unkenntnis haftet. Wären Unterlassungsansprüche nicht aus dem Anwendungsbereich des § 10 TMG ausgenommen, würden an Unterlassungsansprüche systemwidrig höhere Anforderungen als an Schadensersatzansprüche gestellt (vgl. BGH WRP 2004, 1287, 1290 – Internet-Versteigerung). Aufgrund der neueren Rechtsprechung des EuGH ist allerdings zweifelhaft, ob diese Auffassung Bestand haben kann (EuGH GRUR 2010, 445, 450 ff. – Google; zutreffend *Ohly* GRUR 2010, 776, 784; *Hacker,* GRUR-Prax 2011, 391, 392). In einigen neueren Entscheidungen gibt der I. Senat des BGH diese Haltung auf (BGH GRUR 2011, 1038, 1039 Rn. 22 – Stiftparfüm BGH GRUR 2010, 628 Rn. 39 – Vorschaubilder; von Ungern-Sternberg, GRUR 2012, 321, 327; anders aber der VI. Senat: BGH GRUR 2012, 311, 313 – Blog-Eintrag). Eine Berufung auf § 10 TMG scheidet indes aus, wenn der Host-Provider eine aktive Rolle hatte und Hilfestellung bei der Optimierung oder Bewerbung von Angeboten geleistet hat (EuGH GRUR 2011, 1025 – L'Oréal v. eBay; BGH GRUR 2011, 1038, 1039 – Stiftparfüm; kritisch hierzu *Ott* K&R 2012, 387, 389). § 7 Abs. 2 S. 2 TMG lässt die Verpflichtung zur Entfernung oder Sperrung der Nutzung von Informationen nach den allgemeinen Gesetzen auch im Falle der gesetzlichen Haftungsprivilegierung unberührt. Diese Regelung gilt für alle Diensteanbieter. Auch wenn § 9 TMG bspw. das Caching durch Diensteanbieter privilegiert, können **Beseitigungs- und Unterlassungsansprüche** geltend gemacht werden. Wenngleich § 44a keine bloße Haftungsprivilegierung, sondern eine Urheberrechtsschranke enthält, gilt der Rechtsgedanke des § 7 Abs. 2 S. 2 TMG doch auch hier. Es besteht also grds. ein Unterlassungsanspruch aus § 97 gegen Provider, die an einer rechtswidrigen Übermittlung mitwirken.

2. Rechtmäßige Nutzung (§ 44a Nr. 2)

§ 44a Nr. 2 privilegiert Handlungen, welche die rechtmäßige Nutzung ermöglichen sollen. Nach Erwägungsgrund 33 der Multimedia-Richtlinie sollen Nutzungen als rechtmäßig gelten, soweit sie vom Rechtsinhaber zugelassen bzw. nicht durch Gesetze beschränkt werden. **16**

a) Zustimmung durch den Rechtsinhaber. Praktische Bedeutung hat dabei insb. **17** der Fall der Zustimmung durch den Rechtsinhaber. Erfolgt die Bereitstellung im Internet mit Zustimmung des Rechtsinhabers, so liegt darin zugleich eine **konkludente Willenserklärung** dergestalt, dass Nutzer die entsprechende Seite aufrufen und mit einem Browser ansehen dürfen und dass die Seite zugleich von Proxy-Servern gespeichert werden darf (vgl. BGH GRUR 2010, 628, 630 Rn. 24 – Vorschaubilder; BGH GRUR 2012, 602 – Vorschaubilder II; LG München I K&R 2002, 258, 259; *Hart* EIPR 2002, 58, 59; *Sosnitza* CR 2001, 693, 699; *Leupold* CR 1998, 234, 239; *Ernst* BB 1997, 1057, 1059; Büscher/Dittmer/Schiwy/*Steden* § 44a Rn. 5; dagegen *Intveen* 41 f.). Wer seine Werke online in einem Datennetz zur Verfügung stellt, bringt damit zum Ausdruck, dass er keine Ansprüche wegen vorübergehender Vervielfältigungen durch Browser oder Proxy-Server geltend machen will. Dogmatisch handelt es sich bei dieser konkludenten Willenserklärung um ein **tatbestandsausschließendes Einverständnis.** Nach Auffassung der Literatur kann ein Rechtsinhaber generell gegenüber der Allgemeinheit auf seine Verwertungsrechte verzichten (Schricker/Loewenheim/*Schricker* § 29 Rn. 18). Nichts anderes gilt für das tatbestandsausschließende Einverständnis. Nach § 31 Abs. 5 ist das Einverständnis aber auf die technisch notwendigen Vervielfältigungshandlungen beschränkt.

Zugleich kann das Einverständnis nach § 31 Abs. 5 auch zeitlich beschränkt sein (Schricker/ **18** Loewenheim/*Schricker* §§ 31, 32 Rn. 36). Eine solche Beschränkung kann durch Festlegung eines entsprechenden Ablaufdatums **(expires)** kenntlich gemacht werden. Dadurch wird der Browser veranlasst, die Seite nicht aus dem Cache, sondern von der Originaladresse zu laden. Wird ein solches Ablaufdatum nicht technisch bestimmt, so ist davon auszugehen, dass das Einverständnis des Rechtsinhabers zeitlich uneingeschränkt gilt.

Eine Privilegierung nach § 44a Nr. 2 scheidet demgegenüber aus, wenn der Nutzer die **19** vom Anbieter gestellten Bedingungen, etwa auf Zahlung eines Entgelts, missachtet, indem er bspw. **Schutzmechanismen** umgeht (Walter/*Walter* Kap. IV Rn. 110 Info-Richtlinie).

b) Keine gesetzliche Beschränkung. Die zweite Variante (keine Beschränkung durch **20** Gesetze) hat wenig praktische Bedeutung. Sie greift etwa dann, wenn die Privilegierung bereits aus einer anderen Schrankenregelung folgt (KG GRUR-RR 2004, 228, 231 – Ausschnittsdienst; *Lauber/Schwipps* GRUR 2004, 293, 295). In solchen Konstellationen kann § 44a eine Hilfsfunktion haben (*Eichelberger* K&R 2012, 393, 396). In der **Murphy-Entscheidung** stellte der EuGH fest, dass die kurzzeitigen Vervielfältigungshandlungen, die im Speicher eines Satellitendecoders und auf einem Fernsehbildschirm erfolgen, deren ordnungsgemäßen Betrieb erst ermöglichen (EuGH MMR 2011, 817, 823 Rn. 170 – Karen Murphy). Da aber die Erfassung des Sendesignals und ihre visuelle Darstellung im privaten Kreis rechtmäßig ist, greift der Privilegierungstatbestand (EuGH MMR 2011, 817, 823 Rn. 171 – Karen Murphy).

V. Keine eigenständige wirtschaftliche Bedeutung

21 Die kurzfristige Vervielfältigung darf keine wirtschaftlich eigenständige Bedeutung haben. Das **Browsing** und das damit einhergehende **Client-Caching** hat regelmäßig keine eigenständige wirtschaftliche Bedeutung, ebenso wie die mit der Anzeige von Werken auf einem Bildschirm einhergehenden Vervielfältigungen (*Ernst* in *Hoeren/Sieber* Teil 7.1 Rn. 60), ebenso wie die mit der Anzeige von Werken auf einem Bildschirm einhergehenden Vervielfältigungen. Anders soll es nach verbreiteter Ansicht aber beim Proxy-Caching sein (*Spindler* GRUR 2002, 109, 112). Dies überzeugt nicht. Zwar erhöht das **Proxy-Caching** die Leistungsfähigkeit und die Geschwindigkeit digitaler Netzwerke. Das kommt sowohl Providern als auch Nutzern zugute. Das wirtschaftliche Interesse bezieht sich indes allein auf die **Minimierung der Leitungskosten** und nicht auf eine Verwertung der gecachten Inhalte. Eine wirtschaftliche Nutzung stellt auch die Anzeige von verkleinerten Vorschaubildern (thumbnails) dar, wie sie einige Suchmaschinen anbieten (*Berberich* MMR 2005, 145, 147). Manche sprechen dem Merkmal der fehlenden wirtschaftlichen Bedeutung eine eigenständige Bedeutung ab (Lodder/Kaspersen/*Vivant* 107). Danach haben solche Vervielfältigungen, die sämtliche anderen Tatbestandsvoraussetzungen erfüllen, regelmäßig keine eigenständige wirtschaftliche Bedeutung (vgl. EuGH MMR 2011, 817, 824 Rn. 175 – Karen Murphy; *Eichelberger* K&R 2012, 393, 397). Schon an der nicht unerheblichen wirtschaftlichen Bedeutung scheitert die Anwendung des § 44a beim Laden von gebraucht erworbener Software in den Arbeitsspeicher eines Rechners (LG München I MMR 2007, 328, 329 – Handel mit gebrauchten Softwarelizenzen). Auch die Vervielfältigung, die beim Nutzer eines offensichtlich nicht lizenzierten Streaming-Angebotes erfolgt, ist in aller Regel nicht durch § 44a privilegiert (vgl. AG Leipzig BeckRS 2012, 06777 = NZWiSt 2012, 30 m. Anm. *Klein/Sens* – Kino.to; *Radmann* ZUM 2010, 387, 389 ff.; vgl. dagegen bei fehlender Offensichtlichkeit LG Köln Beschluss vom 24.1.2014, Aktenzeichen 209 O 188/13 – Redtube.com).

VI. Drei-Stufen-Test

22 Nach **Art. 5 Abs. 5 der Multimedia-Richtlinie** dürfen die in Art. 5 Abs. 1–4 genannten Ausnahmen und Beschränkungen (1) nur in bestimmten Sonderfällen angewandt werden, in denen (2) die normale Verwertung des Werkes oder des sonstigen Schutzgegenstandes nicht beeinträchtigt wird und (3) die berechtigten Interessen des Rechtsinhabers nicht ungebührlich verletzt werden. Der Gemeinschaftsgesetzgeber hat mit dieser Regelung **Art. 10 Abs. 1 WCT (WIPO Copyright Treaty)** und **Art. 16 Abs. 2 WPPT (WIPO Performances and Phonograms Treaty)** umgesetzt (eingehend OLG Stuttgart, Urteil vom 4.4.2012, Aktenzeichen 4 U 171/11 – Meilensteile der Psychologie; *Senftleben* GRUR Int. 2004, 200, 202; *Bornkamm* FS Erdmann 29, 41; *Reinbothe* GRUR Int. 2001, 733, 740; *v. Lewinski* GRUR Int. 1997, 667, 675). Der deutsche Gesetzgeber hat darauf verzichtet, diese Schranken-Schranke wörtlich zu übernehmen, da die Ausgestaltung der Schrankenregelungen die Vorgaben des Art. 5 Abs. 5 Multimedia-Richtlinie bereits inhaltlich berücksichtigt.

VII. Computerprogramme, Datenbankwerke und Datenbanken

23 Nach Art. 1 Abs. 2 Multimedia-Richtlinie bleiben die Regelungen der **Computerprogramm-Richtlinie** und der **Datenbank-Richtlinie** unberührt. Vervielfältigungen von Computerprogrammen und Datenbanken wurden in der Computerprogramm-Richtlinie und der Datenbank-Richtlinie autonom geregelt (*Reinbothe* GRUR Int. 2001, 733, 735;

§ 44a Vorübergehende Vervielfältigungshandlungen 24–27 § 44a UrhG

Hoeren MMR 2000, 515, 517; Walter/*Walter* Info-Richtlinie IV. Kap. Rn. 91). Hierfür spricht, dass die **Computerprogramm-Richtlinie** im Verhältnis zur **Multimedia-Richtlinie** *lex specialis* ist (EuGH Urteil vom 3. Juli 2012, C-128/11 Rn. 56 – Usedsoft). Für Computerprogramme und Datenbanken bleibt es deshalb bei den bestehenden Regelungen (offen gelassen von BGH GRUR 2011, 418, 419 Rn. 17 – UsedSoft; für eine Anwendung des § 44a auch bei Computerprogrammen Dreier/Schulze/*Dreier* § 69c Rn. 9; für die Anwendung bei Datenbanken *Westkamp* 76 f.).

Da Webseiten durch Computerprogramme gesteuert werden, sind die Schranken für **24** Computerprogramme von großer praktischer Bedeutung. § 44a würde sein Ziel, das Cachen und Browsen zu privilegieren, verfehlen, wenn eine mit diesen Handlungen einhergehende Vervielfältigung des Computerprogramms unzulässig wäre. Die Regelungen über Datenbankwerke und Datenbanken spielen demgegenüber nur dann eine Rolle, wenn die vervielfältigte Seite überhaupt ein Datenbankwerk oder eine Datenbank enthält. Webseiten können nicht unabhängig von ihrem Inhalt als Datenbankwerke oder Datenbanken qualifiziert werden (*Schack* MMR 2001, 9, 11; *Plaß* WRP 2000, 599, 600; *Leistner/Bettinger* CR Beilage 12/1999, 1, 10 f.; *Cichon* ZUM 1998, 897, 898).

1. Computerprogramme

Für Computerprogramme ergibt sich bereits aus § 69c Nr. 1, dass auch die kurzfristige **25** Übernahme in den Arbeitsspeicher eine Vervielfältigung darstellt (OLG Hamburg GRUR 2001, 831 – Roche Lexikon; *Marly* Rn. 163 ff.; *Schack* Rn. 418; Schricker/Loewenheim/ *Loewenheim* § 69c Rn. 9). Da Webseiten regelmäßig auf einfachen Programmen beruhen, müssen auch die entsprechenden Vervielfältigungshandlungen durch das Browsen und Cachen als erlaubt gelten. Ob das Computerprogramm, das der Webseite zugrunde liegt, überhaupt schutzfähig ist, ist eine Frage des Einzelfalls. Bei der Verwendung komplexerer Programmiersprachen wird die Schutzfähigkeit eher zu bejahen sein, als bei Verwendung der Sprache HTML (vgl. § 69a Rn. 18; *Schack* MMR 2001, 9, 13; *Leistner/Bettinger* CR-B 12/1999, 1, 17 f.). Das Browsen und Cachen ist aber als **bestimmungsgemäßer Gebrauch** nach § 69d Abs. 1 zulässig.

2. Datenbankwerke

Bei Datenbankwerken sind die Festlegung im Arbeitsspeicher und das Browsing als Ver- **26** vielfältigungshandlung dem Urheber vorbehalten (Schricker/Loewenheim/*Loewenheim* § 4 Rn. 44). Nach § 53 Abs. 5 S. 1 gilt die Zulässigkeit von Privatkopien bei elektronisch zugänglichen Datenbankwerken nicht (OLG Hamburg GRUR 2001, 831 – Roche Lexikon). Das Browsen in Datenbankwerken ist nur im Rahmen des § 55a erlaubnisfrei (vgl. Büscher/Dittmer/Schiwy/*Steden* § 44a Rn. 8).

3. Datenbanken

§ 87b Abs. 1 S. 1 gibt dem Datenbankhersteller das ausschließliche Recht, die Daten- **27** bank **insgesamt oder einen wesentlichen Teil** daraus zu vervielfältigen. Ob Teile einer Datenbank wesentlich sind, bestimmt sich sowohl in qualitativer Hinsicht als auch in quantitativer Hinsicht nach den mit der Erstellung der Datenbank verbundenen Investitionen und den Beeinträchtigungen dieser Investitionen durch die diesen Teil betreffende Entnahme (EuGH GRUR 2005, 244, 250 Rn. 69 – British Horseracing Board). Für die Beurteilung der Wesentlichkeit in quantitativer Hinsicht kommt es auf das Verhältnis des entnommenen Datenvolumens zum Volumen der Datenbank insgesamt an. Ob Teile einer Datenbank in qualitativer Hinsicht wesentlich sind, bemisst sich nach der mit der Beschaffung, der Überprüfung oder der Darstellung des entnommenen Inhalts verbundenen Investition (EuGH GRUR 2005, 244, 250 Rn. 71 – British Horseracing Board). § 87b Abs. 1 S. 2 stellt die **wiederholte und systematische Vervielfältigung unwesentlicher Teile** unter bestimmten Voraussetzungen der Vervielfältigung wesentlicher Teile gleich (vgl. EuGH GRUR 2005, 244, 251 Rn. 87 – British Horseracing Board; LG Köln MMR 2002, 689, 690 – Online-Fahrplanauskunft). Diese Regelung erfasst auch die vorübergehende Festlegung im Arbeitsspeicher (LG München I MMR 2002, 58, 60 – Schlagzeilensammlung). Nach § 87c Abs. 1 Nr. 1 gilt die Zulässigkeit von Privatkopien bei elektronisch zugänglichen Datenbanken nicht. § 55a gilt nicht für das Sui-generis-Recht des Datenbankherstellers (Möhring/Nicolini/*Decker* § 87b Rn. 3). Um Datenbanken i. S. d. § 87a handelt es sich bspw. bei **Suchmaschinen** (*Hoeren* MMR Beilage 8/2001, 2). Aus diesem Grunde benötigen **Meta-Suchmaschinen,** die sich anderer Suchmaschinen zur Recherche bedienen, die Zustimmung der jeweiligen Betreiber der Suchmaschinen, in denen recherchiert werden soll (*Hoeren* MMR Beilage 8/2001, 2, 6).

VIII. Hyperlinks

28   Ein beliebtes Gestaltungsmittel bei Webseiten sind **Hyperlinks,** die Verknüpfungen zu anderen Seiten herstellen und es dem Nutzer ermöglichen, durch das Anklicken entsprechend kenntlich gemachter Felder im Netz zu surfen. Zu unterscheiden sind **Surface-Links,** die auf die **Startseite einer fremden Webseite (Homepage)** verweisen und **Deep-Links,** die nicht auf eine Startseite, sondern auf eine darunterliegende Seite verweisen. Beim **Framing** wird der Nutzer nicht auf eine fremde Seite weitergeleitet. Vielmehr erscheint ein Teil der fremden Seite in einem Rahmen **(Frame)** auf der Ausgangsseite. Ein Frame-Link kann sowohl als Surface-Link, als auch als Deep-Link ausgestaltet werden. Die Seite, auf die der Link verweist, liegt auf dem Server des fremden Anbieters (LG München I MMR 2003, 197, 198 – Framing; Österreichischer OGH GRUR 2003, 863 – METEO-data; *Garrote* EIPR 2002, 184, 185). Sie wird erst dann im Arbeitsspeicher des Nutzers vervielfältigt, wenn der Nutzer den Link durch Anklicken des markierten Feldes aufruft. Eine rechtlich relevante Vervielfältigung wird durch das Setzen eines Links noch nicht bewirkt (BGH GRUR 2003, 958, 961 – Paperboy; *Ott* ZUM 2004, 357, 361; *Plaß* WRP 2000, 599, 601). Für denjenigen, der den Link gesetzt hat, wird eine Haftung als Teilnehmer oder als mittelbarer Täter vorgeschlagen (vgl. *Ott* WRP 2004, 52, 54; *Sosnitza* CR 2001, 693, 698; *Schack* MMR 2001, 9, 14). Hyperlinks werden von § 44a grds. nicht erfasst. Denn sie stellen **keinen integralen und wesentlichen Teil eines technischen Verfahrens** dar. Der BGH geht bei Deep-Links von einem stillschweigenden Einverständnis aus, so dass keine Rechtsverletzung vorliegen soll (BGH GRUR 2003, 958, 961 f. – Paperboy; hierzu *Ott* WRP 2004, 52 ff.). Ob dies auch für Frame-Links gilt, mag bezweifelt werden (eingehend *Schack* MMR 2001, 9, 14; *Garrote* EIPR 2002, 184, 192; *Ott* ZUM 2004, 357, 365 f.).

IX. Rechtslage vor Inkrafttreten des Gesetzes

29   § 137j regelt nicht die Behandlung von vorübergehenden Vervielfältigungshandlungen, die vor dem Inkrafttreten des Gesetzes erfolgten. Es besteht aber weitestgehende Einigkeit darüber, dass Browsing und Caching auch nach bisherigem Recht keine Rechtsverletzungen darstellten. Sofern man diese Vorgänge überhaupt unter § 16 fassen konnte, durften sie jedenfalls als zulässig angesehen sein, soweit sie mit konkludentem Einverständnis der Rechtsinhaber erfolgten (vgl. Schricker/Loewenheim/*Loewenheim* § 44a Rn. 4).

§ 45 Rechtspflege und öffentliche Sicherheit

(1) Zulässig ist, einzelne Vervielfältigungsstücke von Werken zur Verwendung in Verfahren vor einem Gericht, einem Schiedsgericht oder einer Behörde herzustellen oder herstellen zu lassen.

(2) Gerichte und Behörden dürfen für Zwecke der Rechtspflege und der öffentlichen Sicherheit Bildnisse vervielfältigen oder vervielfältigen lassen.

(3) Unter den gleichen Voraussetzungen wie die Vervielfältigung ist auch die Verbreitung, öffentliche Ausstellung und öffentliche Wiedergabe der Werke zulässig.

Literatur: *Dreier*, Verletzung urheberrechtlich geschützter Software nach der Umsetzung der EG-Richtlinie, GRUR 1993, 781, s. auch die Angaben bei Vor §§ 44a ff.
Vgl. darüber hinaus die Angaben im eingangs abgedr. Gesamtliteraturverzeichnis.

Übersicht

	Rn.
I. Bedeutung	1
II. Herstellung einzelner Vervielfältigungsstücke zur Verwendung in bestimmten Verfahren (Abs. 1)	2–4
1. Verfahren vor einem Gericht, einem Schiedsgericht oder einer Behörde	2
2. Zur Verwendung in Verfahren	3
3. Einzelne Vervielfältigungsstücke von Werken	4
III. Vervielfältigung von Bildnissen für Zwecke der Rechtspflege und der öffentlichen Sicherheit (Abs. 2)	5
IV. Verbreitung, öffentliche Ausstellung und öffentliche Wiedergabe der Werke (Abs. 3)	6

I. Bedeutung

Durch die Regelungen des § 45 soll **Gerichten und Behörden** im Interesse der **Rechtspflege** und der **öffentlichen Sicherheit** ermöglicht werden, ihre Aufgaben zu erfüllen, ohne durch urheberrechtliche Ansprüche behindert zu werden. Hierfür dürfen sowohl einzelne Vervielfältigungsstücke von Werken zur Verwendung in Verfahren hergestellt (Abs. 1) oder Bildnisse vervielfältigt werden (Abs. 2). Neben der Vervielfältigung ist auch die Verbreitung, öffentliche Ausstellung und öffentliche Wiedergabe der Werke zulässig (Abs. 3). Zur grds. gebotenen engen Auslegung der Schrankenbestimmungen s. Vor §§ 44a ff. Rn. 1. Bei der nach § 45 privilegierten Nutzung ist das **Änderungsverbot** des § 62 zu beachten, bei einer Nutzung gem. § 45 Abs. 1 ist nach § 63 Abs. 1 S. 1 die **Quelle** anzugeben, im Rahmen einer Nutzung nach § 45 Abs. 2 ist dies dagegen nicht erforderlich (§ 63 Abs. 1). Für die öffentliche Wiedergabe nach § 45 Abs. 3 gilt § 63 Abs. 2 S. 1, die Quelle ist anzugeben, wenn und soweit die Verkehrssitte es erfordert (zur Durchsetzung der Schrankenbestimmung gegenüber technischen Schutzmaßnahmen s. § 95b). Die Multimedia-Richtlinie v. 22.5.2001 (s. Einl. Rn. 21), die mit der Novelle v. 10.9.2003 umgesetzt wurde (s. Vor §§ 31 ff. Rn. 4), erforderte keine Änderung des § 45, da sie in Art. 5 Abs. 3e) i.V.m. Abs. 4 Beschränkungen des Vervielfältigungs- und Verbreitungsrechts sowie des Rechts der öffentlichen Wiedergabe für die Nutzung zu Zwecken der öffentlichen Sicherheit oder zur Sicherstellung des ordnungsgemäßen Ablaufs von Verwaltungsverfahren, parlamentarischen Verfahren und Gerichtsverfahren (oder der Berichterstattung hierüber) zulässt. Auch im Rahmen des Zweiten Korbes erfolgte keine Änderung von § 45 (zur Umsetzung der Multimedia-Richtlinie und zum Zweiten Korb Vor §§ 44a ff. Rn. 5 ff.).

II. Herstellung einzelner Vervielfältigungsstücke zur Verwendung in bestimmten Verfahren (Abs. 1)

1. Verfahren vor einem Gericht, einem Schiedsgericht oder einer Behörde

2   § 45 Abs. 1 schränkt die Rechte des Urhebers zugunsten der Durchführung von bestimmten, abschließend genannten **Verfahren** ein. **Gerichte** i. S. d. § 45 Abs. 1 sind alle Organe der rechtsprechenden Gewalt gem. Art. 92 GG, das heißt sowohl die ordentlichen Gerichte der streitigen Gerichtsbarkeit i. S. v. § 12 GVG, die Gerichte der freiwilligen Gerichtsbarkeit, die Verwaltungs-, Arbeits-, Sozial- und Finanzgerichte sowie das Bundespatentgericht. Ebenfalls privilegiert sind Verfahren vor den Schifffahrtsgerichten (§ 14 GVG; Möhring/Nicolini/*Nicolini* § 45 Rn. 8). **Schiedsgerichte** sind die aufgrund einer Vereinbarung der Parteien zur Entscheidung eines Rechtsstreits zuständigen Spruchkörper (§ 1029 ZPO) und die vom Gesetz vorgesehenen Schiedsinstitutionen, wie bspw. die Schiedsstellen nach § 14 WahrnG und § 29 ArbNErfG (Dreier/Schulze/*Dreier* § 45 Rn. 5). **Behörden** i. S. d. § 45 Abs. 1 sind alle Stellen, die Aufgaben der öffentlichen Verwaltung wahrnehmen (§ 1 Abs. 4 VwVfG), unabhängig ob es sich um Bundes-, Landes- oder Kommunalbehörden handelt. Körperschaften, Stiftungen und Anstalten des öffentlichen Rechts sowie beliehene Unternehmen können Behörden i. S. d. § 45 sein, wenn sie **öffentliche Verwaltungsaufgaben** wahrnehmen. Dies ist bspw. bei Bundes- und Landesversicherungsanstalten der Fall, nicht aber bei der AOK (Schricker/Loewenheim/*Melichar* § 45 Rn. 3; Möhring/Nicolini/*Nicolini* § 45 Rn. 10).

2. Zur Verwendung in Verfahren

3   Die Rechte des Urhebers sind nur insoweit eingeschränkt, als einzelne Vervielfältigungsstücke (s. u. Rn. 4) **zur Verwendung in Verfahren** vor den genannten Institutionen hergestellt werden. Verfahren in diesem Sinne ist staatliches Handeln zur Regelung eines Einzelfalls mit Wirkung nach außen. Verwaltungsinterna fallen nicht unter § 45 (Fromm/Nordemann/*Nordemann* § 45 Rn. 2). Die Vervielfältigungsstücke müssen zur Verwendung im Verfahren, gegebenenfalls auch schon vor Verfahrensbeginn, hergestellt werden, ihre Verwendung im Verfahren muss aber bereits beabsichtigt sein (so auch LG Düsseldorf GRUR-RR 2007, 194; a. A. Dreier/Schulze/*Dreier* § 45 Rn. 6 und Schricker/Loewenheim/*Melichar* § 45 Rn. 5, die Vorbreitungshandlungen vor dem Beginn des Verfahrens als nicht durch § 45 Abs. 1 gedeckt ansehen); zur Verwendung einer geschützten Zeichnung durch ein Gericht in einem Urteil, siehe OLG Braunschweig, InstGE 12, 286 – Kühnen II. Nachdem **vorprozessuale Korrespondenz**, bspw. Abmahnungen, nicht der Vorbereitung eines gerichtlichen Verfahrens dient, greift § 45, anders als im Rahmen eines Antrags auf Erlass einer einstweiligen Verfügung, nicht (Möhring/Nicolini/*Nicolini* § 45 Rn. 12). Jede abweichende Verwertung der Vervielfältigungsstücke ist durch § 45 Abs. 1 nicht privilegiert; außerhalb des Verfahrens oder nach dessen Abschluss dürfen keine Verwertungshandlungen erfolgen. Eine **Vernichtung der Vervielfältigungsstücke** nach Abschluss des Verfahrens kann jedoch nicht verlangt werden, solange keine konkrete Begehungsgefahr hinsichtlich rechtswidriger Verwertungshandlungen besteht (Fromm/Nordemann/*Nordemann* § 45 Rn. 2; Schricker/Loewenheim/*Melichar* § 45 Rn. 5; a. A. *v. Gamm* § 45 Rn. 11).

3. Einzelne Vervielfältigungsstücke von Werken

4   Soweit die weiteren Voraussetzungen vorliegen, erlaubt § 45 Abs. 1 die Herstellung **einzelner Vervielfältigungsstücke** von Werken durch jeden Verfahrensbeteiligten, also die Parteien, Streitgenossen, Prozessbevollmächtigte, Gerichte, Sachverständige und Mitarbeiter

der Behörden. **Werke** i. S. d. § 45 Abs. 1 sind alle Arten von Werken i. S. d. § 2 sowie die Bearbeitungen (§ 3) und Sammelwerke (§ 4). Über die Verweisungsvorschriften §§ 72 Abs. 1, 83, 85 Abs. 4, 87 Abs. 4, 94 Abs. 4 und 95 erfolgt eine Anwendung auf Lichtbilder, Leistungsschutzrechte, Filmwerke und Laufbilder (zur Frage, ob § 45 Abs. 1 auf Computerprogramme Anwendung finden kann und in analoger Anwendung das Dekompilieren zu Beweiszwecken zulässt, s. § 69a Rn. 74 f. und § 69e Rn. 29; *Dreier* GRUR 1993, 781). § 45 Abs. 1 erlaubt auch die Herstellung von Vervielfältigungsstücken von Werken, die noch **nicht veröffentlicht** sind, insoweit hat das Urheberpersönlichkeitsrecht gegenüber den Interessen der Rechtspflege zurückzutreten (OLG Frankfurt NJW-RR 2000, 119 – Mein täglich Brot als kunst- und kulturschaffender Mensch; Schricker/Loewenheim/ *Melichar* § 45 Rn. 9; Möhring/Nicolini/*Nicolini* § 45 Rn. 4; Dreier/Schulze/*Dreier* § 45 Rn. 8). Nur die Herstellung **einzelner** Vervielfältigungsstücke ist zulässig; zum Begriff der Vervielfältigungsstücke s. § 16 Rn. 2. Vervielfältigungsstücke dürfen nach § 45 Abs. 1 nur in der Anzahl hergestellt werden, die für die Durchführung des Verfahrens vom Gericht oder den sonstigen Verfahrensbeteiligten, wie Parteien, Bevollmächtigte, Berater, Sachverständige, Zeugen etc., benötigt wird.

III. Vervielfältigung von Bildnissen für Zwecke der Rechtspflege und der öffentlichen Sicherheit (Abs. 2)

Durch § 45 Abs. 2 werden **Gerichte und Behörden** privilegiert; zu den Begriffen s. Rn. 2. Ausgenommen sind, anders als in Abs. 1, die Schiedsgerichte (Möhring/Nicolini/ *Nicolini* § 45 Rn. 16). Für Zwecke der Rechtspflege und der öffentlichen Sicherheit ist die **unveränderte** (§ 62) Vervielfältigung (s. § 16 Rn. 2) von Bildnissen, die nicht vorveröffentlicht sein müssen (vgl. Rn. 4), zulässig. **Bildnisse** sind Abbildungen von identifizierbaren Personen (s. § 60 Rn. 3), der Begriff ist mit dem in §§ 22 ff. KUG identisch (s. § 22 KUG Rn. 5). **Rechtspflege** ist die Tätigkeit der Gerichte und einzelner Behörden wie bspw. der Staatsanwaltschaften. Unter **öffentlicher Sicherheit** ist die Unversehrtheit der Rechtsordnung und der grundlegenden Einrichtungen des Staates sowie von Gesundheit, Ehre, Freiheit und Vermögen seiner Bürger zu verstehen; folglich rechtfertigt nicht jede behördliche Aufgabe die Bildnisvervielfältigung. Entgegen der Regelung in Abs. 1 darf nach Abs. 2 eine **Vielzahl** von Vervielfältigungsstücken hergestellt werden. Ein typischer Anwendungsfall des § 45 Abs. 2 ist die Vervielfältigung von Steckbriefen; der Urheber der zugrundeliegenden Zeichnung kann nicht widersprechen. § 24 KUG enthält eine parallel laufende Regelung, mit der klargestellt wird, dass sich **auch der Abgebildete** nicht gegen eine Vervielfältigung des Bildnisses zum Zwecke der Rechtspflege und der öffentlichen Sicherheit wehren kann (s. § 24 KUG Rn. 2 ff.).

IV. Verbreitung, öffentliche Ausstellung und öffentliche Wiedergabe der Werke (Abs. 3)

Nach § 45 Abs. 3 sind unter den **gleichen Voraussetzungen** wie die Vervielfältigung der Werke (§ 45 Abs. 1 und Abs. 2) auch die **Verbreitung, öffentliche Ausstellung und öffentliche Wiedergabe** dieser Werke zulässig; zum Begriff der öffentlichen Wiedergabe § 15 Rn. 14 ff. § 45 Abs. 3 erlaubt somit die Ausstrahlung von Fahndungsfotos durch Fernsehsender, deren öffentliche Zugänglichmachung (§ 19a) sowie die Verbreitung mittels Steckbriefen (Schricker/Loewenheim/*Melichar* § 45 Rn. 8; Fromm/Nordemann/*Nordemann* § 45 Rn. 4). Auch insoweit gilt zum Schutz des Urheberpersönlichkeitsrechts das **Änderungsverbot** des § 62; zur Quellenangabe siehe Rn. 1.

§ 45a Behinderte Menschen

(1) Zulässig ist die nicht Erwerbszwecken dienende Vervielfältigung eines Werkes für und deren Verbreitung ausschließlich an Menschen, soweit diesen der Zugang zu dem Werk in einer bereits verfügbaren Art der sinnlichen Wahrnehmung auf Grund einer Behinderung nicht möglich oder erheblich erschwert ist, soweit es zur Ermöglichung des Zugangs erforderlich ist.

(2) Für die Vervielfältigung und Verbreitung ist dem Urheber eine angemessene Vergütung zu zahlen; ausgenommen ist die Herstellung lediglich einzelner Vervielfältigungsstücke. Der Anspruch kann nur durch eine Verwertungsgesellschaft geltend gemacht werden.

Literatur: *Bayreuther,* Beschränkungen des Urheberrechts nach der neuen EU-Urheberrechtsrichtlinie, ZUM 2001, 828; *Dreier,* Die Umsetzung der Urheberrechtsrichtlinie 2001/29/EG in deutsches Recht, ZUM 2002, 28; *Flechsig,* Grundlagen des europäischen Urheberrechts, ZUM 2002, 1; *Reinbothe,* Die Umsetzung der EU-Urheberrechtsrichtlinie in deutsches Recht, ZUM 2002, 43; *Reinbothe,* Die EG-Richtlinie zum Urheberrecht in der Informationsgesellschaft, GRUR Int. 2001, 733; *Spindler,* Europäisches Urheberrecht in der Informationsgesellschaft, GRUR 2002, 105; *Zecher,* Die Umsetzung der EU-Urheberrechtsrichtlinie in deutsches Recht, ZUM 2002, 52 (Teil I), 451 (Teil II).

Vgl. darüber hinaus die Angaben bei Vor §§ 44a ff. sowie im eingangs abgedr. Gesamtliteraturverzeichnis.

Übersicht

	Rn.
I. Bedeutung	1
II. Vervielfältigung für und Verbreitung an Behinderte	2–4
1. Zur Ermöglichung des Zugangs erforderlich	3
2. Vervielfältigung und Verbreitung	4
III. Angemessene Vergütung	5

I. Bedeutung

1   Mit dem in Umsetzung der Multimedia-Richtlinie mit Gesetz v. 10.9.2003 (s. Einl. Rn. 21) neu eingeführten § 45a wurde im deutschen Urheberrecht erstmals eine Schrankenbestimmung zugunsten behinderter Menschen geschaffen. Art. 5 Abs. 3b) i. V. m. Abs. 4 der Multimedia-Richtlinie erlauben die Beschränkung des Vervielfältigungs- und Verbreitungsrechts sowie des Rechts der öffentlichen Wiedergabe für die Nutzung zugunsten behinderter Personen, wenn die Nutzung mit der Behinderung unmittelbar im Zusammenhang steht, nichtkommerzieller Art ist und durch die betreffende Behinderung erforderlich wird. Wie alle weiteren, auf der Sozialbindung des geistigen Eigentums beruhenden Schrankenbestimmungen ist auch diese Vorschrift **grundsätzlich eng auszulegen** (BGHZ 144, 232 – Parfumflakon; BGH GRUR 2002, 605 – Verhüllter Reichstag; BGH GRUR 2002, 963 – Elektronischer Pressespiegel). Dies beruht darauf, dass der Urheber an einer wirtschaftlichen Nutzung seiner Werke angemessen zu beteiligen ist und die ihm hinsichtlich der Werkverwertung zustehenden Ausschließlichkeitsrechte nicht übermäßig beschränkt werden dürfen (vgl. Vor §§ 44a Rn. 1). Neben den Interessen des Urhebers sind die durch die Schrankenbestimmung geschützten Interessen zu beachten und ihrem Gewicht entsprechend für die Auslegung der gesetzlichen Regelung heranzuziehen (BGH GRUR 2002, 963 – Elektronischer Pressespiegel). Das **Urheberpersönlichkeitsrecht** wird durch das Änderungsverbot (§ 62) und die Pflicht zur Quellenangabe (§ 63) geschützt. Nach § 45a Abs. 2 ist dem Urheber eine angemessene Vergütung zu zahlen, wenn nicht nur einzelne Vervielfältigungsstücke hergestellt werden, der Anspruch kann nur durch eine Verwertungsgesellschaft geltend gemacht werden. Hiermit dürfte dem **Drei-**

Stufen-Test des Art. 5 Abs. 5 Multimedia-Richtlinie (s. Vor §§ 44aff. Rn. 10) entsprochen sein, da die Schrankenregelung weder die normale Verwertung des Werkes beeinträchtigt noch die berechtigten Interessen des Rechtsinhabers ungebührlich verletzt werden. Zur **Durchsetzung der Schrankenbestimmung gegenüber technischen Maßnahmen zum Schutz eines Werkes** i. S. d. § 95a s. § 95b Abs. 1 Nr. 2. Der Anwendungsbereich des § 45a überschneidet sich weitgehend mit dem der Schrankenregelung zugunsten des privaten Gebrauchs gem. § 53 Abs. 1. Anders als § 53 Abs. 1 ist die Schranke des § 45a aber auch gegenüber mit Kopierschutz versehenen digitalen Originalen privilegiert (s. § 95b Rn. 21). Die Vorschrift wurde im Rahmen des Zweiten Korbs (s. Vor §§ 44aff. Rn. 9ff.) nicht geändert.

II. Vervielfältigung für und Verbreitung an Behinderte

Nach Erwägungsgrund 43 der Multimedia-Richtlinie sollen die Mitgliedstaaten alle erforderlichen Maßnahmen ergreifen, um Personen mit Behinderungen, die ihnen die Nutzung der Werke selbst erschweren, den Zugang zu diesen Werken zu erleichtern. § 45a erlaubt folglich die **Vervielfältigung** (§ 16) eines Werkes und dessen körperliche **Verbreitung** (§ 17), um Behinderten den Zugang zu ermöglichen, die öffentliche Wiedergabe ist jedoch trotz der grundsätzlichen Möglichkeit nach Art. 5 Abs. 3b) der Multimedia-Richtlinie nicht privilegiert. § 45a erfasst alle urheberrechtsschutzfähigen **Werke** i. S. d. § 2 einschließlich der selbstständig geschützten Bearbeitungen i. S. d. § 3. Über die Verweisungsvorschriften der §§ 72 Abs. 1, 83, 85 Abs. 4, 87 Abs. 4, 94 Abs. 4 und 95 ist eine Anwendung auf **Lichtbilder, Leistungsschutzrechte, Filmwerke, Multimediawerke und Laufbilder** möglich. § 45a erlaubt die Vervielfältigung von Werken für und die Verbreitung von Vervielfältigungsstücken an Menschen, die aufgrund einer körperlichen oder geistigen Beeinträchtigung nicht in der Lage sind, ein Werk in einem bereits verfügbaren Format sinnlich wahrzunehmen. In Betracht kommen insb. Blinde und Gehörlose, aber auch Körperbehinderte, die bspw. nicht in der Lage sind, eine Zeitung oder ein Buch zu halten.

1. Zur Ermöglichung des Zugangs erforderlich

Die Vervielfältigung und Verbreitung ist nur soweit zulässig, wie es zur Ermöglichung des Zugangs des Behinderten erforderlich ist. Dies ist dann nicht mehr der Fall, wenn das Werk in einer für den Begünstigten wahrnehmbaren Art zu einem der nicht wahrnehmbaren Art entsprechenden Preis bereits verfügbar ist und sich die verfügbare Form für die konkret vorgesehene Nutzung eignet (AmtlBegr. BT-Drucks. 15/38, 18). Dies wäre bspw. nicht mehr der Fall, wenn ein Sehbehinderter im Rahmen seines Literaturstudiums Zugang zu einem Buch benötigt, das zwar zu einem vergleichbaren Preis als Hörbuch verfügbar ist, mit dem aber nicht den Erfordernissen einer wissenschaftlichen Zitierweise genügt werden kann (AmtlBegr. BT-Drucks. 15/38, 18).

2. Vervielfältigung und Verbreitung

Zulässig ist nur die nicht Erwerbszwecken dienende körperliche **Vervielfältigung** (§ 16) für und deren **Verbreitung** (§ 17) an die Begünstigten, nicht aber die öffentliche Wiedergabe (§§ 19ff.). Bei einem Werk der Literatur kann dies etwa für Blinde oder Sehbehinderte die Aufnahme auf Tonträger oder die Übertragung in Blindenschrift umfassen (AmtlBegr. BT-Drucks. 15/38, 18). Entgegen der Formulierung in der Multimedia-Richtlinie („Nutzung nicht kommerzieller Art") stellt § 45a auf das Fehlen eines Erwerbszwecks ab. In Analogie zu § 52 Abs. 1 dient eine Vervielfältigung und Verbreitung dann **keinem Erwerbszweck,** wenn sie weder unmittelbar noch mittelbar eigene oder fremde betriebliche oder gewerbliche Interessen fördert; keine Erwerbszecke dürften in der Regel

Lüft

Blindenbüchereien verfolgen (Schricker/Loewenheim/*Melichar* § 45 Rn. 9). Dient die Verwertung **auch** einem Erwerbszweck, dürfte die Privilegierung entfallen, wenn dieser nicht völlig hinter anderen Zwecken zurücktritt. Das Urheberpersönlichkeitsrecht wird durch das **Änderungsverbot** (§ 62) und die Pflicht zur **Quellenangabe** (§ 63) geschützt.

III. Angemessene Vergütung

5   Nach § 45a Abs. 2 ist dem Urheber für die Vervielfältigung und Verbreitung eine **angemessene Vergütung** zu zahlen, wenn nicht nur einzelne Vervielfältigungsstücke hergestellt werden. In Analogie zu § 53 Abs. 1 sind einzelne Vervielfältigungsstücke einige wenige; eine genaue Festlegung vermeidet das Gesetz zu Recht. Maßgeblich dürfte der mit der Erstellung der Vervielfältigungsstücke und dessen Verbreitung bestimmte Zweck sein (s. § 53 Rn. 13). Die vom Gesetz vorgenommene Ausnahme von der Vergütungspflicht ist praktisch erforderlich, da in diesen Fällen eine tatsächliche Überprüfung nicht möglich ist. Nach AmtlBegr. BT-Drucks. 15/38, S. 18, wird die Ausnahme von der Vergütungspflicht dadurch gerechtfertigt, dass bei Einzelvervielfältigungen regelmäßig Geräte und Medien verwendet werden, die einer urheberrechtlichen Vergütung nach den §§ 54, 54c (Geräte- und Betreiberabgabe) unterliegen (s. § 54 Rn. 10 ff. und § 54c Rn. 2 ff.). Werden mehr als einzelne Vervielfältigungsstücke hergestellt, steht dem Urheber ein Anspruch auf angemessene Vergütung zu, der nach § 45 Abs. 2 S. 2, wie auch die Ansprüche auf Geräte- und Betreibervergütung gem. § 54 und § 54c, nur durch eine Verwertungsgesellschaft geltend gemacht werden kann. Über § 13 Abs. 3 S. 4 WahrnG wird insoweit sichergestellt, dass sowohl „bei der Tarifgestaltung als auch bei der Einziehung der tariflichen Vergütung namentlich kulturelle und soziale Belange der Vergütungspflicht angemessen berücksichtigt werden" (AmtlBegr. BT-Drucks. 15/38, 18; s. § 13 Abs. 3 und 4 WahrnG).

§ 46 Sammlungen für Kirchen-, Schul- oder Unterrichtsgebrauch

(1) **Nach der Veröffentlichung zulässig ist die Vervielfältigung, Verbreitung und öffentliche Zugänglichmachung von Teilen eines Werkes, von Sprachwerken oder von Werken der Musik von geringem Umfang, von einzelnen Werken der bildenden Künste oder einzelnen Lichtbildwerken als Element einer Sammlung, die Werke einer größeren Anzahl von Urhebern vereinigt und die nach ihrer Beschaffenheit nur für den Unterrichtsgebrauch in Schulen, in nichtgewerblichen Einrichtungen der Aus- und Weiterbildung oder in Einrichtungen der Berufsbildung oder für den Kirchengebrauch bestimmt ist. Die öffentliche Zugänglichmachung eines für den Unterrichtsgebrauch an Schulen bestimmten Werkes ist stets nur mit Einwilligung des Berechtigten zulässig. In den Vervielfältigungsstücken oder bei der öffentlichen Zugänglichmachung ist deutlich anzugeben, wozu die Sammlung bestimmt ist.**

(2) **Absatz 1 gilt für Werke der Musik nur, wenn diese Elemente einer Sammlung sind, die für den Gebrauch im Musikunterricht in Schulen mit Ausnahme der Musikschulen bestimmt ist.**

(3) **Mit der Vervielfältigung oder der öffentlichen Zugänglichmachung darf erst begonnen werden, wenn die Absicht, von der Berechtigung nach Absatz 1 Gebrauch zu machen, dem Urheber oder, wenn sein Wohnort oder Aufenthaltsort unbekannt ist, dem Inhaber des ausschließlichen Nutzungsrechts durch eingeschriebenen Brief mitgeteilt worden ist und seit Absendung des Briefes zwei Wochen verstrichen sind. Ist auch der Wohnort oder Aufenthaltsort des Inhabers des ausschließlichen Nutzungsrechts unbekannt, so kann die Mitteilung durch Veröffentlichung im Bundesanzeiger bewirkt werden.**

§ 46 Sammlungen f. Kirchen-, Schul- o. Unterrichtsgebr.   1, 2 § 46 UrhG

(4) **Für die nach den Absätzen 1 und 2 zulässige Verwertung ist dem Urheber eine angemessene Vergütung zu zahlen.**

(5) **Der Urheber kann die nach den Absätzen 1 und 2 zulässige Verwertung verbieten, wenn das Werk seiner Überzeugung nicht mehr entspricht, ihn deshalb die Verwertung des Werkes nicht mehr zugemutet werden kann und er ein etwa bestehendes Nutzungsrecht aus diesem Grunde zurückgerufen hat (§ 42). Die Bestimmungen in § 136 Abs. 1 und 2 sind entsprechend anzuwenden.**

Literatur: *Bayreuther,* Beschränkungen des Urheberrechts nach der neuen EU-Urheberrechtsrichtlinie, ZUM 2001, 828; *v. Bernuth,* § 46 UrhG und Multimedia-Richtlinie, GRUR Int. 2002, 567; *Dreier,* Die Umsetzung der Urheberrechtsrichtlinie 2001/29/EG in deutsches Recht, ZUM 2002, 28; *Flechsig,* Grundlagen des europäischen Urheberrechts, ZUM 2002, 1; *Neumann,* Urheberrecht und Schulgebrauch, 1994; *Reinbothe,* Die Umsetzung der EU-Urheberrechtsrichtlinie in deutsches Recht, ZUM 2002, 43; *Reinbothe,* Die EG-Richtlinie zum Urheberrecht in der Informationsgesellschaft, GRUR Int. 2001, 733; *Spindler,* Europäisches Urheberrecht in der Informationsgesellschaft, GRUR 2002, 105; *Zecher,* Die Umsetzung der EU-Urheberrechtsrichtlinie in deutsches Recht, ZUM 2002, 52 (Teil I), 451 (Teil II).

Vgl. darüber hinaus die Angaben bei Vor §§ 44a ff. sowie im eingangs abgedr. Gesamtliteraturverzeichnis.

Übersicht

	Rn.
I. Bedeutung	1, 2
II. Verwertung im Rahmen einer Sammlung (Abs. 1)	3–9
1. Vervielfältigung, Verbreitung und öffentliche Zugänglichmachung	3
2. Element einer Sammlung	4
3. Zweck der Sammlung	5–9
a) Unterrichtsgebrauch in Schulen, nicht gewerblichen Einrichtungen der Aus- und Weiterbildung oder in Einrichtungen der Berufsbildung	7
b) Kirchengebrauch	8
c) Angabe des Zwecks nach Abs. 1 S. 2	9
III. Übernommene Werke	10–12
1. Teile von Werken, Sprachwerke oder Werke der Musik von geringem Umfang	10, 11
2. Einzelne Werke der bildenden Künste, einzelne Lichtbildwerke	12
IV. Werke der Musik im Musikunterricht (Abs. 2)	13
V. Mitteilung an den Urheber (Abs. 3)	14
VI. Angemessene Vergütung (Abs. 4)	15, 16
VII. Verbotsrecht wegen gewandelter Überzeugung (Abs. 5)	17

I. Bedeutung

§ 46, der so genannte **Schulbuchparagraf**, ermöglicht ohne Zustimmung des Urhebers die Vervielfältigung und Verbreitung und seit der Novelle 2003 (s. Vor §§ 31 ff. Rn. 4) auch die öffentliche Zugänglichmachung i. S. d. § 19a von definierten Werken und Werkteilen im Rahmen von Sammlungen im Interesse des Kirchen-, Schul- und Unterrichtsgebrauchs, wobei Abs. 2 für Musikwerke engere Grenzen zieht. Bereits in LUG und KUG waren ähnliche Regelungen enthalten, die im Rahmen der Urheberrechtsnovelle 1965 jedoch in einzelnen Aspekten zugunsten der Urheber eingeschränkt wurden. Die Übergangsregelung enthält § 136 (s. § 136 Rn. 2 ff.). Das Bundesverfassungsgericht hat in seiner Entscheidung v. 7.7.1971 (BVerfGE 31, 229 – Kirchen- und Schulgebrauch) die vom UrhG 1965 vorgesehene **Vergütungsfreiheit für verfassungswidrig** erklärt. Als Folge wurde Abs. 4 eingefügt. **1**

Bereits in dem Diskussionsentwurf zur Änderung des UrhG v. 7.7.1998 wurde vorgeschlagen, neben der Vervielfältigung und Verbreitung von Werken auch eine Übertragung **2** zuzulassen. Danach sollten das Werk durch Funk oder ähnliche technische Mittel aufgrund eines Angebots an die Öffentlichkeit einem einzelnen Angehörigen der Öffentlichkeit zugänglich gemacht werden dürfen. Die hierdurch bezweckte Gleichstellung von Sammlungen in digitalen Online-Medien mit Sammlungen, die in digitalen Offline-Medien verkörpert sind, erfolgte im Rahmen der Umsetzung der Multimedia-Richtlinie mit dem Gesetz v. 10.9.2003 (s. Vor §§ 31 ff. Rn. 4), seitdem ist die öffentliche Zugänglichmachung i. S. d. § 19a ebenfalls privilegiert (*Delp* 323). Die **Multimedia-Richtlinie** (s. Einl. Rn. 21) lässt über Art. 5 Abs. 3a) i. V. m. Abs. 4 eine Einschränkung des Vervielfältigungs- und Verbreitungsrechts und des Rechts der öffentlichen Wiedergabe von Werken zur Veranschaulichung im Unterricht zu, wenn und soweit dies zur Verfolgung nicht kommerzieller Zwecke gerechtfertigt ist. Nach Erwägungsgrund 42 sind organisatorische Struktur und Finanzierung der Einrichtung keine maßgeblichen Faktoren. Gem. Art. 5 Abs. 3g) der Multimedia-Richtlinie ist eine Beschränkung der Rechte des Urhebers zur Nutzung bei religiösen Veranstaltungen erlaubt. Das Urheberpersönlichkeitsrecht ist durch die Pflicht zur Angabe der **Quelle** bei der Vervielfältigung nach § 63 Abs. 1 und bei der öffentlichen Zugänglichmachung nach § 63 Abs. 2 geschützt. Für **Änderungen** gilt die Sondervorschrift des § 62 Abs. 4, nach der über die nach § 62 Abs. 1 bis 3 erlaubten Änderungen hinausgehende Änderungen von Sprachwerken zulässig sind, die für den Kirchen-, Schul- oder Unterrichtsgebrauch erforderlich sind, soweit eine entsprechende Einwilligung des Urhebers oder seines Rechtsnachfolgers vorliegt oder diese nicht rechtzeitig widersprechen (s. § 62 Rn. 25 ff.). Zur Durchsetzung der Schrankenbestimmung gegenüber technischen Schutzmaßnahmen vgl. § 95b Abs. 1 Nr. 3, der zwischen Schul- und Unterrichtsgebrauch und dem Kirchengebrauch differenziert. Durch die Novellierung des UrhG im Rahmen des **Zweiten Korbs** (s. Vor §§ 44a ff. Rn. 9 f.) wurde im Interesse der Schulbuchverlage die öffentliche Zugänglichmachung eines für den Unterrichtsgebrauch an Schulen bestimmten Werkes nunmehr in jedem Fall von der Einwilligung des Berechtigten abhängig gemacht (§ 46 Abs. 1 S. 2). Diese Regelung bezweckt – ebenso wie die Beschränkung der Schranke des § 52a – Eingriffe in den Primärmarkt der Schulbuchverlage zu vermeiden. Die Änderung in § 46 Abs. 1 orientiert sich daher am Wortlaut des § 52a (BT-Drucks. 16/1828, 25).

II. Verwertung im Rahmen einer Sammlung (Abs. 1)

1. Vervielfältigung, Verbreitung und öffentliche Zugänglichmachung

3 § 46 Abs. 1 erlaubt neben **Vervielfältigung** (s. § 16) und **Verbreitung** körperlicher Werk- oder Vervielfältigungsstücke (s. § 17) die **öffentliche Zugänglichmachung** von bestimmten Werken und Werkteilen, d. h. die drahtgebundene oder drahtlose öffentliche Wiedergabe in der Weise, dass sie Mitgliedern der Öffentlichkeit von Orten und zu Zeiten ihrer Wahl zugänglich sind (s. § 19a Rn. 5 ff.). Die Werke und Werkteile können folglich bei Vorliegen der sonstigen Voraussetzungen zum Abruf in elektronische Datennetze eingestellt werden. Andere Formen der öffentlichen Wiedergabe i. S. d. § 15 Abs. 2 werden durch § 46 nicht privilegiert. Nach dem mit dem Zweiten Korb eingeführten § 46 Abs. 1 S. 2 ist die öffentliche Zugänglichmachung eines für den Unterrichtsgebrauch an Schulen bestimmten Werkes stets von der Einwilligung des Berechtigten abhängig.

2. Element einer Sammlung

4 § 46 erlaubt ausschließlich die Verwendung der bestimmten Werke und Werkteile (s. Rn. 10 ff.) als Element einer für definierte Zwecke bestimmten **Sammlung**. Die Sammlung i. S. d. § 46 Abs. 1 entspricht der Sammlung i. S. d. § 4 Abs. 1, es muss sich folglich um eine Zusammenstellung mehrerer Werke handeln, die jedoch keine persönliche

geistige Schöpfung, also kein Sammelwerk sein muss. Erforderlich ist nur, dass die Sammlung Werke einer größeren Anzahl von Urhebern vereinigt. Keine Sammlung i. S. d. § 46 Abs. 1 sind daher Buchreihen, bei denen jedes einzelne Werk einen Band ausfüllt, oder CD-Reihen, bei denen jede CD ein einzelnes Werk enthält (Schricker/Loewenheim/ *Melichar* § 46 Rn. 6; Möhring/Nicolini/*Nicolini* § 46 Rn. 14; Fromm/Nordemann/ *W. Nordemann* § 46 Rn. 5). Eine Sammlung kann verschiedenartige Werke umfassen, es kann sich hierbei nicht nur um Bücher, sondern auch um DVDs, CDs, CD-ROMs (*Hoeren* in: Lehmann Cyberlaw 96), Tonbandkassetten (LG Frankfurt GRUR 1979, 155 – Tonbandkassetten) oder Videokassetten etc. handeln. Auch digitale Online-Medien können eine Sammlung darstellen *(Loewenheim/Cötting* § 31 Rn. 191). Ob in einer Sammlung **Werke einer größeren Anzahl von Urhebern** vereinigt sind, ergibt sich aus dem Gebrauchszweck der Sammlung und ihrem Umfang im Verhältnis zur Anzahl der in Frage kommenden Urheber. Abzustellen ist auf die Sammlung als Ganzes. *Melichar* und *Nordemann* gehen davon aus, dass mindestens Werke von sieben Urhebern enthalten sein müssen (Schricker/Loewenheim/*Melichar* § 46 Rn. 7; Fromm/Nordemann/*W. Nordemann* § 46 Rn. 5). Diese Zahl kann zumindest als Anhaltspunkt dienen. Eine Verwertung ist, wie sich aus der Formulierung „als Element einer Sammlung" ergibt, nur im Zusammenhang mit der Verwertung der Sammlung insgesamt zulässig.

3. Zweck der Sammlung

Die Sammlung darf ihrer Beschaffenheit nach nur für die privilegierten Zwecke bestimmt sein, es muss sich hierbei nach dem eindeutigen Wortlaut um den **ausschließlichen Zweck** der Sammlung handeln. Dieses subjektive Element muss objektiv der **Beschaffenheit** der Sammlung nach Aufmachung und Inhalt zu entnehmen sein (BGH GRUR 1972, 432 – Schulbuch). Die Tatsache, dass eine Sammlung theoretisch auch anderen Zwecken dienen kann, schadet der Privilegierung nicht, jeder weitere Zweck lässt sie jedoch entfallen, bspw., wenn eine Sammlung jedermann zum Kauf angeboten wird (BGHZ 114, 368 – Liederbuch; OLG Frankfurt GRUR 1994, 116 – Städel). Bei der Beurteilung der äußeren Beschaffenheit können die Ausstattung, der Einband, die Druckqualität, die Gestaltung des Titels und der Titelseite zu berücksichtigen sein. Auch der Inhalt der Sammlung muss erkennen lassen, dass sie nur für einen der privilegierten Zwecke bestimmt ist, hier sind Auswahl und Zusammenstellung der einzelnen Werke, deren Anordnung, Anmerkungen, Erklärungen etc. beachtlich (BGH GRUR 1972, 432 – Schulbuch). An die Erkennbarkeit der ausschließlich privilegierten Zweckbestimmung aus der äußeren Beschaffenheit sind strenge Anforderungen zu stellen, wenn sich die Zweckbestimmung nicht aus der inneren Gestaltung folgern lässt. 5

Der notwendige **objektive Niederschlag** der ausschließlichen Zweckbestimmung der Sammlung erhält bei der nunmehr zulässigen Verwertungsform der **öffentlichen Zugänglichmachung** eine entscheidende Bedeutung. Die Sammlung ist jedenfalls nicht mehr für ausschließlich einen privilegierten Zweck bestimmt, wenn sie in einer Art und Weise zugänglich gemacht wird, dass beliebigen Personen der Zugriff möglich ist, bspw. durch eine allgemeine Einstellung in das Internet. Eine Einstellung der Sammlung in das lokale Netzwerk einer Schule, so dass ausschließlich von im Unterricht genutzten Arbeitsplätzen zugegriffen werden kann, genügt dagegen den Anforderungen. Der Gesetzgeber hat ausdrücklich die insoweit jeweils gebotenen technischen und organisatorischen Maßnahmen nicht positiv und abschließend festgelegt, sie „werden vielmehr im Einzelfall vor dem Hintergrund des aktuellen Standes der praktisch zur Verfügung stehenden Technik zu bestimmen sein" (AmtlBegr. BT-Drucks. 15/38, 19). 6

a) Unterrichtsgebrauch in Schulen, nicht gewerblichen Einrichtungen der Aus- und Weiterbildung oder in Einrichtungen der Berufsbildung. Dem Unterrichtsgebrauch dienen Sammlungen, die zu Lehrzwecken im Unterricht (Schricker/ 7

Loewenheim/*Melichar* § 46 Rn. 11; Dreyer/Kotthoff/Meckel/*Dreyer* § 46 Rn. 14) verwendet werden sollen. Unterricht setzt insoweit eine pädagogische Anleitung des Lernenden voraus, so dass Arbeitsgemeinschaften Lernender nicht erfasst sind. **Schulen** sind alle öffentlich zugänglichen Schulen, seien es staatliche oder anerkannte Schulen. Erfasst sind alle allgemeinbildenden Schulen, aber auch Berufs- und Sonderschulen sowie Blindenschulen (Dreyer/Kotthoff/Meckel/*Dreyer* § 46 Rn. 12; *v. Gamm* § 46 Rn. 8). Ob es sich um staatliche oder anerkannte Schulen handelt, ist unerheblich. Die nichtgewerblichen Einrichtungen der Aus- und Weiterbildung sowie Einrichtungen der Berufsbildung erstrecken sich auch auf die Weiterbildung von Auszubildenden, sei es in betrieblichen oder überbetrieblichen Ausbildungsstätten; hierzu zählen auch staatliche Stellen für die Referendarausbildung nach Abschluss eines Hochschulstudiums (OLG Karlsruhe GRUR 1987, 818 – Referendarkurs). Der Unterricht in Universitäten und Fachhochschulen ist, wie sich aus dem Vergleich des wortgleichen § 53 Abs. 3 Nr. 1 mit § 53 Abs. 3 Nr. 2 ergibt, nicht erfasst.

8   b) **Kirchengebrauch.** Eine Bestimmung für den **Kirchengebrauch** ist nur dann anzunehmen, wenn die Sammlung in der Kirche durch die Allgemeinheit genutzt werden soll; dies wird für Gesang- und Gebetbücher zutreffen, nicht aber für Predigtsammlungen, die zum Gebrauch durch den Pfarrer, oder für Sammlungen, die auch für die häusliche Erbauung bestimmt sind. Letzteres gilt bspw. für das katholische „Einheitsgesangbuch Gotteslob" (*v. Gamm* § 46 Rn. 7; Schricker/Loewenheim/*Melichar* § 46 Rn. 11; a. A. Fromm/Nordemann/*W. Nordemann* § 46 Rn. 9). **Kirchen** sind Religionsgemeinschaften i. S. d. Art. 137 WRV, Art. 140 GG. Ob die Religionsgemeinschaft eine öffentlich-rechtliche Rechtsform gewählt hat, darf im Hinblick auf den Gleichbehandlungsgrundsatz keine Rolle spielen.

9   c) **Angabe des Zwecks nach Abs. 1 S. 3.** Zusätzlich zu den objektiven Anforderungen an die Erkennbarkeit der Zweckbestimmung muss gem. § 46 Abs. 1 S. 3 in den Vervielfältigungsstücken und bei der öffentlichen Zugänglichmachung **deutlich angegeben** sein, zu welchem Zweck die Sammlung bestimmt ist. Entgegen der vor dem 13.9.2003 geltenden Fassung wird nicht mehr ausdrücklich der Hinweis auf der Titelseite oder an einer entsprechenden Stelle der Sammlung verlangt. Es reicht folglich aus, wenn der Hinweis deutlich sichtbar und erkennbar ist Fromm/Nordemann/*W. Nordemann* § 46 Rn. 11; a. A. Schricker/Loewenheim/*Melichar* § 46 Rn. 14). Ein Hinweis auf dem Einband, sei es Vorder- oder Rückseite oder auf einer Umhüllung einer CD, dürfte ausreichen. Beim Abruf einer Sammlung aus dem Internet (s. Rn. 6) wird dagegen ein Hinweis auf der ersten aufzurufenden Seite erforderlich sein. Eine **wörtliche Angabe** des ausschließlichen Bestimmungszwecks ist nicht erforderlich, maßgeblich ist allein, wie der Verkehr die Angabe versteht (ausreichend ist bspw. „Liedersammlung für Schulen" anstatt „nur für den Musikunterricht in Schulen", BGHZ 114, 368 – Liedersammlung).

III. Übernommene Werke

1. Teile von Werken, Sprachwerke oder Werke der Musik von geringem Umfang

10   § 46 Abs. 1 erlaubt in der seit 13.9.2003 geltenden Fassung die Übernahme (**Entlehnung**) von Teilen von Werken, von Sprachwerken oder Werken der Musik von jeweils geringem Umfang nicht mehr erst **nach** deren **Erscheinen** i. S. d. § 6 Abs. 2, sondern bereits nach deren **Veröffentlichung** i. S. d. § 6 Abs. 1. Eine vorherige Verbreitung körperlicher Werkstücke ist nicht mehr erforderlich, ausreichend ist auch die bloße Einstellung der Werke in ausschließlich digitale Online-Medien oder die Ausstrahlung im Fernsehen (AmtlBegr. BT-Drucks. 15/38, 19). Die dem Urheberpersönlichkeitsrecht zuzuordnende Entscheidung, ob ein Werk veröffentlicht wird (§ 12 Abs. 1), wird durch § 46 nicht ange-

tastet. Änderungen der Werke und Werkteile sind gem. § 62 Abs. 1 nicht zulässig. Für Änderungen, die für den Kirchen-, Schul- und/oder Unterrichtsgebrauch erforderlich sind, ist die Zustimmung des Urhebers erforderlich (§ 62 Abs. 4).

Teile von Werken bezieht sich auf alle in § 2 Abs. 1 aufgelisteten Werkarten einschließlich der selbstständig geschützten Bearbeitungen i. S. d. § 3. Über die Verweisungsvorschrift der §§ 72 Abs. 1, 83, 85 Abs. 4, 87 Abs. 4, 94 Abs. 4 und 95 erfolgt eine Anwendung auf Lichtbilder, Leistungsschutzrechte, Filmwerke, Multimedia-Werke und Laufbilder. Ob die Entlehnung eines Teils eines Werkes i. S. d. § 46 vorliegt, ist quantitativ im Hinblick auf das benutzte Werk und die Werkart festzustellen. Es muss sich um einen beschränkten Teil eines Werkes handeln, durch dessen Übernahme die dem Urheber zustehenden Verwertungsmöglichkeiten des Gesamtwerkes nicht beeinträchtigt werden (*v. Gamm* § 46 Rn. 11). Ein Beispiel für Teile eines Werkes sind einzelne Kapitel eines Buches. Nach Schricker/Loewenheim/*Melichar* § 46 Rn. 18 kann für Sprachwerke als Anhaltspunkt angenommen werden, dass kein Einzelbeitrag den Umfang von zehn DIN A5-Seiten übersteigen darf; Fromm/Nordemann/*W. Nordemann* hält dagegen bei Sprachwerken bis zu drei, höchstens sechs DIN-A5-Seiten für zulässig. Nach § 46 Abs. 1 S. 1 dürfen **vollständige Sprachwerke** oder **Werke der Musik** entlehnt werden, wenn sie von geringem Umfang sind (zum Begriff der Sprachwerke und der Werke der Musik s. § 2 Rn. 45 ff., 68 ff.). Bezüglich der Werke der Musik gilt die Beschränkung des Abs. 2 (s. u. Rn. 13). Werke geringen Umfangs können Aufsätze, Lieder, kleinere Novellen (RGZ 80, 78 – Engl. und franz. Schriftsteller der neueren Zeit) sowie Gedichte (BGH GRUR 1972, 432 – Schulbuch) sein (vgl. *v. Gamm* § 46 Rn. 12; *Ulmer* 316). 11

2. Einzelne Werke der bildenden Künste, einzelne Lichtbildwerke

§ 46 erlaubt des Weiteren die Aufnahme **einzelner Werke der bildenden Künste** oder **einzelner Lichtbildwerke** (nach deren Veröffentlichung, s. o. Rn. 10) in eine Sammlung (zu den Begriffen s. § 2 Rn. 81 ff., 112 ff.). Entlehnt werden dürfen nur **einzelne** Werke der bildenden Künste oder einzelne Lichtbildwerke. Dies ist einerseits im Hinblick auf die Sammlung, andererseits im Hinblick auf das Werkschaffen des Urhebers zu prüfen. Nicht zulässig ist es nach § 46, im Rahmen einer Sammlung das Gesamtwerk oder wesentliche Teile des Gesamtwerks eines Urhebers zu vervielfältigen und zu verbreiten. Nachdem sich auch die Entlehnung von einzelnen Werken der bildenden Künste und Lichtbildwerken im Rahmen des Entlehnungszwecks halten muss, ist die Übernahme bspw. eines Lichtbildwerkes lediglich zu Zwecken der Gestaltung nicht von § 46 Abs. 1 gedeckt (wie hier Schricker/Loewenheim/*Melichar* § 46 Rn. 17). Über § 72 Abs. 1 können bei identischen Voraussetzungen auch **Lichtbilder** in Sammlungen aufgenommen werden. Auch für die Aufnahme einzelner Werke der bildenden Künste, Lichtbildwerke und Lichtbilder gilt, dass diese vor der Entlehnung erschienen sein müssen. Änderungen dürfen grundsätzlich nicht vorgenommen werden (§ 62), die Sondervorschrift des § 62 Abs. 4 gilt nur für Sprachwerke. 12

IV. Werke der Musik im Musikunterricht (Abs. 2)

Gem. Abs. 2 gilt die Privilegierung nach Abs. 1 im Hinblick auf die Werke der Musik nicht zugunsten von Sammlungen zur Verwendung im Musikunterricht für **Musikschulen,** das heißt Schulen, deren Hauptzweck der Musikunterricht ist. Musikwerke dürfen damit nur für Sammlungen zur Verwendung in allgemeinbildenden Schulen entlehnt werden (Dreier/Schulze/*Dreier* § 46 Rn. 12), wobei sicherzustellen ist, dass die Verwendung in Musikschulen unterbleibt (a. A. Dreyer/Kotthoff/Meckel/*Dreyer* § 46 Rn. 13, die trotz des Wortlauts auch bei Musikwerken die Verwendung in Sammlungen für den Kirchengebrauch für zulässig halten). 13

Lüft

V. Mitteilung an den Urheber (Abs. 3)

14 Nach § 46 Abs. 3 darf mit der Vervielfältigung oder der öffentlichen Zugänglichmachung **erst begonnen werden,** wenn dem Urheber oder dem Inhaber des ausschließlichen Nutzungsrechts die Verwendungsabsicht mitgeteilt wurde und eine 2-Wochen-Frist verstrichen ist. Mit dieser Wartefrist soll dem Urheber die Möglichkeit gegeben werden, sein **Rückrufrecht** wegen gewandelter Überzeugung vor der Verwertung auszuüben (s. u. Rn. 17). Die Benachrichtigung des Urhebers oder bei Unkenntnis von dessen Wohnort oder Aufenthaltsort des Inhabers des ausschließlichen Nutzungsrechtes hat durch **eingeschriebenen** Brief zu erfolgen. Wie aus dem Wortlaut zu entnehmen ist, kommt es nicht auf den Zugang der Mitteilung an, allein die Aufgabe zur Post muss gegebenenfalls nachgewiesen werden (Dreier/Schulze/*Dreier* § 46 Rn. 17). Für den Fall, dass auch der Wohnort oder Aufenthaltsort des Inhabers des ausschließlichen Nutzungsrechts, üblicherweise der Originalverlag, unbekannt sind, kann die 2-Wochen-Frist durch Veröffentlichung der Mitteilung im Bundesanzeiger in Gang gesetzt werden. Die Mitteilung nach Abs. 3 muss alle für die Überprüfung der Voraussetzungen des § 46 wesentlichen Punkte enthalten. Angegeben werden müssen der Autor und der Verlag der Sammlung, das übernommene Werk oder der übernommene Werkteil nach Autor und Titel, der Umfang der Sammlung sowie die Anzahl der insgesamt übernommenen Werke oder Werkteile und die Auflage der Sammlung. Eine Pflicht zur Abgabe von Belegexemplaren besteht nicht (Schricker/Loewenheim/*Melichar* § 46 Rn. 28). Erfolgte keine Mitteilung gem. Abs. 3, ist die Verwertung rechtswidrig, es liegt eine Urheberrechtsverletzung vor (Dreier/Schulze/*Dreier* § 46 Rn. 19; Schricker/Loewenheim/*Melichar* § 46 Rn. 27; a. A. v. Gramm § 46 Rn. 49: nur wenn Verbotsrecht bestanden hätte).

VI. Angemessene Vergütung (Abs. 4)

15 Als Reaktion auf eine Entscheidung des Bundesverfassungsgerichts (BVerfGE 31, 229 – Kirchen- und Schulgebrauch) wurde im Rahmen der Urheberrechtsnovelle 1972 Abs. 4 eingefügt, nach dem für die Vervielfältigung und Verbreitung eines Werks oder Werkteiles im Rahmen einer privilegierten Sammlung dem Urheber eine **angemessene Vergütung** zu zahlen ist. Der nach Einführung der Vorschrift bestehende Streit darüber, ob die Vergütung dem Urheber oder dem Inhaber des eingeschränkten Nutzungsrechts zusteht, ist zwischenzeitlich weitgehend obsolet, da der Vergütungsanspruch in nahezu allen Fällen von den jeweils zuständigen Verwertungsgesellschaften geltend gemacht wird. Nachdem das Urheberrecht der Schranke des § 46 von Anfang an unterliegt und somit die Beschränkung hierdurch keinen Eingriff in die Nutzungsrechte nach §§ 15ff. darstellen kann (der Nutzungsberechtigte hat die Nutzungsrechte von Anfang an belastet erworben), steht der Vergütungsanspruch, wie auch durch den Wortlaut des Abs. 4 nahegelegt, dem Urheber und nicht dem Verlag zu (wie hier Schricker/Loewenheim/*Melichar* Vor §§ 44aff. Rn. 24ff.; *Rehbinder* Rn. 277; a. A. Möhring/Nicolini/*Nicolini* § 46 Rn. 34). Nach § 63a kann der Urheber auf diesen Vergütungsanspruch nicht im Voraus verzichten und ihn nur an eine Verwertungsgesellschaft abtreten.

16 Die **VG WORT** (s. Vor §§ 1ff. WahrnG Rn. 6) hat für die Übernahme von Sprachwerken in Sammlungen einen **Gesamtvertrag gem. § 12 WahrnG** mit dem VdS Bildungsmedien e. V. (früher: Verband der Schulbuchverlage e. V.) abgeschlossen. Dieser Gesamtvertrag legt auch fest, dass die Mitteilung nach § 46 an die VG WORT zu erfolgen hat. Auch zwischen der **VG Musikedition** (s. Vor §§ 1ff. WahrnG Rn. 8) und dem Verband der Schulbuchverlage e. V. existiert ein entsprechender Gesamtvertrag. Die **GVL** (s. Vor §§ 1ff. WahrnG Rn. 5) hat mit dem Verband der Schulbuchverlage e. V. einen Gesamtvertrag für die Übernahme erschienener Tonträger geschlossen.

VII. Verbotsrecht wegen gewandelter Überzeugung (Abs. 5)

Nach Abs. 5 hat der Urheber als Ausprägung des **Urheberpersönlichkeitsrechts** die **17** Möglichkeit, die Vervielfältigung und Verbreitung seiner Werke in einer privilegierten Sammlung zu verbieten, wenn ihm die Verwertung des Werkes **aufgrund gewandelter Überzeugung** nicht mehr zugemutet werden kann und er ein bestehendes Nutzungsrecht aus diesem Grunde **bereits zurückgerufen hat;** zu den Voraussetzungen des Rückrufs eines Nutzungsrechts wegen gewandelter Überzeugung s. § 42 Rn. 5 ff. Für den Fall, dass keine Nutzungsverträge (mehr) bestehen, kommt ein vorheriger Rückruf nach § 42 nicht in Betracht. In diesem Fall erklärt der Urheber durch die Ausübung seines Verbotsrechts nach § 46 Abs. 5, dass das Werk seiner Überzeugung nicht mehr entspricht und ihm deshalb die Verwertung des Werkes nicht mehr zugemutet werden kann. Die Erklärung des Urhebers ist auch dann zu beachten. Durch die Verweisung in Abs. 5 S. 2 auf § 136 Abs. 1 und Abs. 2 wird klargestellt, dass die vor Kenntnis des Verlegers der Sammlung von dem durch den Urheber ausgesprochenen Verbot fertiggestellten oder noch nicht vollendeten Vervielfältigungsstücke sowohl fertiggestellt als auch verbreitet werden dürfen (s. Schricker/Loewenheim/*Melichar* § 46 Rn. 29; Dreier/Schulze/*Dreier* § 46 Rn. 23).

§ 47 Schulfunksendungen

(1) **Schulen sowie Einrichtungen der Lehrerbildung und der Lehrerfortbildung dürfen einzelne Vervielfältigungsstücke von Werken, die innerhalb einer Schulfunksendung gesendet werden, durch Übertragung der Werke auf Bild- oder Tonträger herstellen. Das gleiche gilt für Heime der Jugendhilfe und die staatlichen Landesbildstellen oder vergleichbare Einrichtungen in öffentlicher Trägerschaft.**

(2) **Die Bild- oder Tonträger dürfen nur für den Unterricht verwendet werden. Sie sind spätestens am Ende des auf die Übertragung der Schulfunksendung folgenden Schuljahres zu löschen, es sei denn, daß dem Urheber eine angemessene Vergütung gezahlt wird.**

Literatur: Vgl. die Angaben im eingangs abgedr. Gesamtliteraturverzeichnis.

Übersicht

	Rn.
I. Bedeutung	1
II. Privilegierte Institutionen	2–4
1. Schulen und Einrichtungen der Lehrerbildung und -fortbildung	2
2. Heime der Jugendhilfe und staatliche Landesbildstellen sowie vergleichbare Einrichtungen	3, 4
III. Schulfunksendungen	5, 6
IV. Einzelne Vervielfältigungsstücke von Werken und deren Verwertung	7, 8
V. Löschung der Bild- oder Tonträger	9–11

I. Bedeutung

Im Interesse der Schulausbildung und Jugenderziehung ermöglicht § 47 die **vergü-** **1** **tungsfreie** Anfertigung von Vervielfältigungsstücken von Werken, die innerhalb einer Schulfunksendung gesendet wurden. Diese Vorschrift, die verfassungsgemäß Inhalt und Schranken des Urheberrechts bestimmt (BVerfGE 31, 270 – Schulfunksendung), ermöglicht den genannten Schulen und Institutionen, Schulfunksendungen zu dem in den Lehrplan passenden Zeitpunkt denjenigen vorzuführen, für die sie bestimmt sind. Es handelt sich um eine **technische Vorschrift,** die die Rechte des Urhebers nicht übermäßig beeinträchtigt, da die Schulfunksendung nur mit Zustimmung des Urhebers gesendet werden darf und der Urheber damit rechnen muss, dass die Sendung „nicht von allen in Betracht kommenden Schulen zur Sendezeit für den Unterricht verwendet werden kann" (BVerfGE 31, 270 – Schulfunksendungen). Nach Abs. 2 S. 1 dürfen die hergestellten Bild- und Tonträger ausschließlich im Unterricht verwendet werden und müssen innerhalb der gesetzten Frist vernichtet werden, wenn nicht eine angemessene Vergütung gezahlt wird. Die Regelung des § 47 hält sich im Rahmen von Art. 10 Abs. 2 RBÜ (Schricker/Loewenheim/ *Melichar* § 47 Rn. 6; Dreier/Schulze/*Dreier* § 47 Rn. 1). Die sonstigen Verwertungsrechte des Urhebers und des Sendeunternehmens (§ 87 Abs. 1) bleiben durch die Regelung des § 47 unangetastet. Die Multimedia-Richtlinie (s. Einl. Rn. 21) lässt in Art. 5 Abs. 3a) i. V. m. Abs. 4 eine Einschränkung des Vervielfältigungs- und Verbreitungsrechts und des Rechts der öffentlichen Wiedergabe von Werken zur Veranschaulichung im Unterricht und für die wissenschaftliche Forschung zu, wenn und soweit dies zur Verfolgung nicht kommerzieller Zwecke gerechtfertigt ist. Die organisatorische Struktur und die Finanzierung der Einrichtung sollen nach Erwägungsgrund 42 keine maßgeblichen Faktoren darstellen. Eine Änderung der Vorschrift im Rahmen des Zweiten Korbs (Vor §§ 44a ff. Rn. 9 f.) erfolgte nicht. Gem. § 95b Abs. 1 Nr. 4 genießt die Schrankenregelung auch Vorrang vor technischen Schutzmaßnahmen (§ 95b Rn. 24). Das Urheberpersönlichkeitsrecht wird durch **Änderungsverbot** (§ 62) und Pflicht zur **Quellenangabe** (§ 63) geschützt.

II. Privilegierte Institutionen

1. Schulen und Einrichtungen der Lehrerbildung und -fortbildung

2   Privilegiert werden durch § 47 **Schulen,** das heißt allgemeinbildende Schulen, aber auch Berufs- und Sonderschulen, seien sie staatlich oder anerkannt (zum Begriff § 46 Rn. 7). Zu den **Einrichtungen der Lehrerbildung und der Lehrerfortbildung** gehören Lehrerseminare und pädagogische Hochschulen, unabhängig davon, ob sie öffentlich-rechtlich oder privatrechtlich organisiert sind. Ebenfalls durch § 47 privilegiert werden Kurse, Seminare und Vorlesungen an Universitäten, soweit diese nicht der wissenschaftlichen, sondern der pädagogischen Ausbildung dienen (Möhring/Nicolini/*Engels* § 47 Rn. 6; Schricker/Loewenheim/*Melichar* § 47 Rn. 12).

2. Heime der Jugendhilfe und staatliche Landesbildstellen sowie vergleichbare Einrichtungen

3   Während beim Inkrafttreten des UrhG „Erziehungsheime der Jugendfürsorge" privilegiert waren, wurde im Rahmen der Novelle 1985 dieser Begriff durch **„Heime der Jugendhilfe"** ersetzt. Hierunter fallen die Institutionen der Erziehungs- und Eingliederungshilfe gem. § 27 SGB VIII sowie die Einrichtungen zum Schutz von Kindern und Jugendlichen gem. § 45 SGB VIII (Möhring/Nicolini/*Engels* § 47 Rn. 11). Ebenfalls hierzu zählen Jugendstrafanstalten, soweit in ihnen Unterricht durchgeführt wird (Fromm/ Nordemann/*Nordemann* § 47 Rn. 2).

4   **Staatliche Landesbildstellen und vergleichbare Einrichtungen in öffentlicher Trägerschaft** sind Institutionen, die Schulen bei der Beschaffung von Anschauungsmaterial für den Unterricht organisatorisch unterstützen. Die Aufnahme dieser Institutionen in den Kreis der durch § 47 Privilegierten ist die Folge eines Urteils des BGH, durch das die Vervielfältigung von Schulfunksendungen durch die Landesbildstelle unter Inanspruchnahme der Arbeitsbänder des Bayerischen Rundfunks untersagt worden war (BGH GRUR

1985, 874 – Schulfunksendung). Auch wenn die Aufnahme der Landesbildanstalten systemwidrig ist, da diese die Vervielfältigungsstücke nicht für den eigenen Gebrauch herstellen, dient deren Tätigkeit der Unterstützung der staatlichen Schulen, indem sie diesen die für den Unterricht benötigten Vervielfältigungsstücke zur Verfügung stellen, sie entspricht damit dem Zweck der Vorschrift. Eine übermäßige Beeinträchtigung der Rechte der Urheber wird durch die Beschränkung auf die Herstellung von einzelnen Vervielfältigungsstücken (s. u. Rn. 7) verhindert.

III. Schulfunksendungen

Schulfunksendungen sind die Sendungen, die die ausstrahlende Rundfunkanstalt für 5 den Unterricht an Schulen produziert hat. Die Bezeichnung als Schulfunksendung dient hierfür als Indiz (a. A. Dreier/Schulze/*Dreier* § 47 Rn. 4, die nur Schulfunksendungen, die als solche bezeichnet sind, als erfasst ansehen; noch enger Schricker/Loewenheim/*Melichar* § 47 Rn. 10, der zusätzlich fordert, dass die Sendungen deutlich auf den Unterricht als solchen zugeschnitten sind). Keine Schulfunksendungen sind Sendungen mit einem allgemein unterrichtenden Inhalt, wie bspw. Sprachkurse, oder Sendungen, die für das Selbststudium bestimmt sind (Telekolleg). Ebenfalls keine Schulfunksendungen sind Sendungen, die zwar im Unterricht von Lehrern als Anschauungsmaterial etc. verwendet werden können, jedoch nicht für die Verwendung im Unterricht konzipiert wurden, bspw. zeitgeschichtliche Dokumentationen oder populärwissenschaftliche Sendungen (Schricker/Loewenheim/*Melichar* § 47 Rn. 10; Fromm/Nordemann/*W. Nordemann* § 47 Rn. 3).

Nur eine im Rahmen des **Senderechts des § 20** öffentlich wiedergegebene Sendung 6 darf als Quelle für die Übertragung auf Bild- und Tonträger verwendet werden. Die Verwendung anderer Quellen, bspw. der Magnetaufzeichnungen, die Grundlage der Ausstrahlung waren, ließe sich mit den berechtigten Interessen der Urheber nicht mehr vereinbaren, da hierdurch die Beschränkung durch die Zahl der tatsächlichen Empfänger der Sendung innerhalb des reinen Sendegebiets wegfallen würde (BGH GRUR 1985, 874 – Schulfunksendung). Ein Mitschnitt außerhalb des Sendegebiets der jeweiligen Rundfunkanstalt oder von anderen Quellen ist folglich unzulässig. Gem. § 19a **online abrufbare Informationen** stehen folglich Schulfunksendungen nicht gleich (Fromm/Nordemann/ *W. Nordemann* § 47 Rn. 3; Schricker/Loewenheim/*Melichar* § 47 Rn. 16; Möhring/ Nicolini/*Engels* § 47 Rn. 10; Dreier/Schulze/*Dreier* § 47 Rn. 4, der zu Recht darauf hinweist, dass insoweit das Bedürfnis einer zeitversetzten Aufnahme wegen des jederzeitigen Zugriffs nicht besteht).

IV. Einzelne Vervielfältigungsstücke von Werken und deren Verwertung

Die privilegierten Institutionen, also nicht von ihnen beauftragte Dritte (insoweit offen 7 gelassen von BGH GRUR 1985, 874 – Schulfunksendung), sind berechtigt, **einzelne Vervielfältigungsstücke** von Werken, die innerhalb einer Schulfunksendung gesendet wurden, durch Übertragung der Werke auf Bild- oder Tonträger herzustellen. Erfasst sind auch Bild- **und** Tonträger, ansonsten wäre die Aufzeichnung von Fernsehsendungen nicht möglich (Schricker/Loewenheim/*Melichar* § 47 Rn. 17; Möhring/Nicolini/*Engels* § 47 Rn. 8). Hierunter fallen jedoch auch digitale Speichermedien wie CD-ROMs, Disketten, Festplatten etc. (vgl. § 16 Rn. 2, 8 ff.). Wie sich aus dem Wortlaut ergibt, ist die Verwendung von durch einen Lehrer privat hergestellten Mitschnitten im Unterricht nach § 47 nicht zulässig (a. A. Dreier/Schulze/*Dreier* § 47 Rn. 3, der die Lehrer als Beauftragte der Schule und damit als privilegiert ansieht).

Einzelne Vervielfältigungsstücke sind nur einige wenige Exemplare, die für die Verwen- 8 dung in den Klassen oder Unterrichtsgruppen oder dem sonstigen Zweck der Institution erforderlich sind. Wenn innerhalb einer Schule eine zeitversetzte Vorführung in verschiedenen Klassen möglich ist, reicht ein Vervielfältigungsstück. Im Hinblick auf die Landesbildanstalten bedeutet dies, dass diese nur so viele Vervielfältigungsstücke herstellen dürfen, wie gleichzeitig von ihren bestimmungsgemäßen Abnehmern, das heißt den Schulen, angefordert werden (*Ulmer* 319; Schricker/Loewenheim/*Melichar* § 47 Rn. 15). Die einzelnen Vervielfältigungsstücke dürfen nach Abs. 2 S. 1 **nur für den Unterricht** verwendet werden. Jede andere Verwendung, insb. eine öffentliche Wiedergabe i. S. d. § 15 Abs. 2, die nicht zu Zwecken des Unterrichts erfolgt, ist unzulässig und stellt eine Urheberrechtsverletzung dar.

V. Löschung der Bild- oder Tonträger

9   Nach Abs. 2 S. 2 müssen die Bild- oder Tonträger, auf die die Übertragung der Sendung erfolgte, spätestens am Ende des auf die Übertragung der Schulfunksendung folgenden Schuljahres gelöscht werden, wenn dem Urheber keine angemessene Vergütung gezahlt wird. Sollte eine Löschung technisch nicht möglich sein (z. B. bei einer nur einmal beschreibbaren DVD-R), so muss der Träger vernichtet werden. Allein maßgeblicher Zeitpunkt für die Fristberechnung ist folglich die privilegierte Übertragung auf den Bild- und Tonträger. Auf eine danach folgende wiederholte Ausstrahlung der Schulfunksendung i. S. d. § 20 kommt es nicht an.

10 Soweit auf das Schuljahr abgestellt wird, ist dies direkt nur auf Schulen anwendbar. Für die Landesbildanstalten, die die Schulen des jeweiligen Bundeslandes bei der Beschaffung von Unterrichtsmaterial organisatorisch unterstützen, kann das Schuljahr ebenfalls als Kriterium herangezogen werden. Soweit Hochschulen privilegiert sind, kommt es auf die jeweiligen Unterrichtsabschnitte (Semester) an. Soweit seitens der Institutionen keine Unterrichtung nach Zeitabschnitten erfolgt (z. B. Heime), ist nach dem Wortlaut des Abs. 2 S. 2 jeweils auf das im entsprechenden Bundesland geltende Schuljahr abzustellen (Fromm/Nordemann/*W. Nordemann* § 47 Rn. 6; Möhring/Nicolini/*Engels* § 47 Rn. 15; Schricker/Loewenheim/*Melichar* § 47 Rn. 21, der bei Heimen das Kalenderjahr für maßgeblich hält).

11 Die Löschung kann nach Abs. 2 S. 2 nur dann unterbleiben, wenn dem Urheber eine **angemessene Vergütung** gezahlt wird, dann ist ebenfalls die Weiterverwendung im Rahmen des Unterrichts gestattet. Der Löschungsanspruch sowie die angemessene Vergütung stehen nur dem Urheber und nicht dem Sendeunternehmen zu (vgl. § 87 Abs. 4). Die privilegierte Institution kann das Entstehen des Löschungsanspruchs durch Zahlung der angemessenen Vergütung vor Ablauf des genannten Zeitraums verhindern. Bei der Bemessung der Vergütung sind die zusätzliche Aufbewahrungszeit und die Häufigkeit der geplanten Verwertung zu berücksichtigen. Wird die angemessene Vergütung nicht rechtzeitig bezahlt, stellt bereits die Nichtlöschung eine Urheberrechtsverletzung dar. Da folglich die privilegierte Institution im Falle der Zahlung einer nicht ausreichenden Vergütung das Risiko trägt, wird in der Regel der Abschluss einer Vereinbarung mit dem Rechtsinhaber vor Ablauf der durch Abs. 2 S. 2 festgesetzten Aufbewahrungsfrist unumgänglich sein (Schricker/Loewenheim/*Melichar* § 47 Rn. 22). Im Streitfall kann jedoch auch der vom Rechtsinhaber geforderte Betrag unter Vorbehalt bezahlt und die Festlegung der angemessenen Vergütung dem Richter überlassen werden (Möhring/Nicolini/*Engels* § 47 Rn. 18).

§ 48 Öffentliche Reden

(1) Zulässig ist

1. die Vervielfältigung und Verbreitung von Reden über Tagesfragen in Zeitungen, Zeitschriften sowie in anderen Druckschriften oder sonstigen Datenträ-

gern, die im Wesentlichen den Tagesinteressen Rechnung tragen, wenn die Reden bei öffentlichen Versammlungen gehalten oder durch öffentliche Wiedergabe im Sinne von § 19a oder § 20 veröffentlicht worden sind, sowie die öffentliche Wiedergabe solcher Reden,

2. die Vervielfältigung, Verbreitung und öffentliche Wiedergabe von Reden, die bei öffentlichen Verhandlungen vor staatlichen, kommunalen oder kirchlichen Organen gehalten worden sind.

(2) Unzulässig ist jedoch die Vervielfältigung und Verbreitung der in Absatz 1 Nr. 2 bezeichneten Reden in Form einer Sammlung, die überwiegend Reden desselben Urhebers enthält.

Literatur: *Bayreuther*, Beschränkungen des Urheberrechts nach der neuen EU-Urheberrechtsrichtlinie, ZUM 2001, 828; *Dreier*, Die Umsetzung der Urheberrechtsrichtlinie 2001/29/EG in deutsches Recht, ZUM 2002, 28; *Flechsig*, Grundlagen des europäischen Urheberrechts, ZUM 2002, 1; *Reinbothe*, Die Umsetzung der EU-Urheberrechtsrichtlinie in deutsches Recht, ZUM 2002, 43; *Reinbothe*, Die EG-Richtlinie zum Urheberrecht in der Informationsgesellschaft, GRUR Int. 2001, 733; *Spindler*, Europäisches Urheberrecht in der Informationsgesellschaft, GRUR 2002, 105; *Zecher*, Die Umsetzung der EU-Urheberrechtsrichtlinie in deutsches Recht, ZUM 2002, 52 (Teil I), 451 (Teil II).
Vgl. darüber hinaus die Angaben bei Vor §§ 44a ff. sowie im eingangs abgedr. Gesamtliteraturverzeichnis.

Übersicht

	Rn.
I. Bedeutung	1
II. Reden über Tagesfragen bei öffentlichen Versammlungen oder öffentlich i. S. v. § 19a oder § 20 wiedergegebenen Reden (Abs. 1 Nr. 1)	2, 3
1. Reden über Tagesfragen	2
2. Reden bei öffentlichen Versammlungen oder im Rundfunk	3
III. Vervielfältigung, Verbreitung und öffentliche Wiedergabe	4, 5
1. Vervielfältigung und Verbreitung in Zeitungen, Zeitschriften, andere Druckschriften und Datenträgern	4
2. Öffentliche Wiedergabe	5
IV. Reden bei öffentlichen Verhandlungen vor staatlichen, kommunalen oder kirchlichen Organen (Abs. 1 Nr. 2)	6
V. Sammlung, die überwiegend Reden desselben Urhebers enthält (Abs. 2)	7

I. Bedeutung

§ 48, der sich im Rahmen von Art. 2bis Abs. 2 RBÜ hält, ermöglicht im Interesse der **Informationsfreiheit** die vergütungsfreie Vervielfältigung, Verbreitung durch bestimmte Medien sowie öffentliche Wiedergabe von Reden zu tagesaktuellen Fragen sowie von Reden, die vor staatlichen, kommunalen oder kirchlichen Organen gehalten worden sind. Das **Urheberpersönlichkeitsrecht** wird durch das grundsätzliche **Änderungsverbot** und die **Pflicht zur Quellenangabe** (§§ 62 und 63) geschützt. Die **Multimedia-Richtlinie** (s. Einl. Rn. 21) erlaubt in Art. 5 Abs. 3e) Einschränkungen des Vervielfältigungsrechts und des Rechts der öffentlichen Wiedergabe zu Zwecken der Berichterstattung über Verwaltungsverfahren, parlamentarische Verfahren oder Gerichtsverfahren sowie in Art. 5 Abs. 3f. die Nutzung von politischen Reden oder Auszügen aus öffentlichen Vorträgen oder ähnlichen Werken oder Schutzgegenständen, soweit der Informationszweck dies rechtfertigt und die Quelle einschließlich des Namens des Urhebers – wenn möglich – angegeben wird. Über Art. 5 Abs. 4 erlaubt die Multimedia-Richtlinie entsprechende Beschränkungen des Verbreitungsrechts. Im Rahmen der Umsetzung der Multimedia-Richtlinie 2003 (s. Vor §§ 31 ff. Rn. 4) wurde ausschließlich § 48 Abs. 1 Nr. 1 geändert. Der Begriff „andere Informationsblätter" wurde in Anpassung an die technische Entwicklung durch „sonstige Datenträger", die Tagesinteressen Rechnung tragen, ersetzt. Weiterhin wurden i.S.d. § 19a öffentlich zugänglich gemachte Reden ebenfalls als Grundlage von Verwertungshandlungen aufgenommen. Im Rahmen des Zweiten Korbs (s. Vor §§ 44a Rn. 9f.) erfolgte keine Änderung der Vorschrift.

II. Reden über Tagesfragen bei öffentlichen Versammlungen oder öffentlich i. S. v. § 19a oder § 20 wiedergegebenen Reden (Abs. 1 Nr. 1)

1. Reden über Tagesfragen

2 § 48 Abs. 1 Nr. 1 ermöglicht die wortgetreue Vervielfältigung, Verbreitung und öffentliche Wiedergabe von **Reden** über Tagesfragen, die bei öffentlichen Versammlungen gehalten oder i. S. v. § 19a oder § 20 öffentlich wiedergegeben wurden. Nur die tatsächlich vorgetragene oder wiedergegebene Rede ist erfasst. **Tagesfragen** sind aktuelle Ereignisse, die kurz vor der Rede stattgefunden haben. Die Reden müssen das Thema in allgemein verständlicher Form behandeln; wissenschaftliche oder künstlerische Darstellungen sind vom Begriff der Rede über Tagesfragen nicht erfasst (Schricker/Loewenheim/*Melichar* § 48 Rn. 4; Dreier/Schulze/*Dreier* § 48 Rn. 5). Ob die Rede politische, wirtschaftliche, kulturelle oder sonstige öffentliche Themen behandelt, ist unerheblich. Den Gegensatz zu Reden über Tagesfragen bilden Reden über nicht tagesgebundene Themen, die nicht genutzt werden dürfen, wie bspw. Predigten, Dichterlesungen, wissenschaftliche Vorträge (*Rehbinder* Rn. 504) oder Laudationes für Preisträger, wenn diese nicht ausnahmsweise Tagesthemen behandeln (Möhring/Nicolini/*Engels* § 48 Rn. 6). Befasst sich nur ein Teil einer Rede mit Tagesfragen in diesem Sinne, ist nur dieser Teil verwertbar (Fromm/Nordemann/*W. Nordemann* § 48 Rn. 2).

2. Reden bei öffentlichen Versammlungen oder im Rundfunk

3 Eine **öffentliche Versammlung,** die keine Aussprache im Anschluss an die Rede voraussetzt, ist gegeben, wenn die Allgemeinheit Zugang hat; eine Beschränkung aufgrund räumlicher Gegebenheiten oder die Ausgabe von Eintrittskarten ändern den Charakter der Veranstaltung nicht. Politische Kundgebungen sind öffentliche Versammlungen; nicht hierunter fallen Mitglieds- oder Aktionärsversammlungen (Schricker/Loewenheim/*Melichar* § 48 Rn. 5; Dreier/Schulze/*Dreier* § 48 Rn. 7; Fromm/Nordemann/*W. Nordemann* § 48 Rn. 6). Verwendet werden dürfen auch alle Reden über Tagesfragen, die gem. **§ 19a öffentlich zugänglich gemacht** wurden, d. h. drahtgebunden oder drahtlos der Öffentlichkeit online zum Abruf zur Verfügung gestellt wurden oder gem. **§ 20 durch Funk, wie Ton- und Fernsehrundfunk, Satellitenrundfunk, Kabelfunk und ähnliche technischen Mittel** der Öffentlichkeit zugänglich gemacht worden waren (zu den Begriffen s. § 19a Rn. 5ff., sowie § 20 Rn. 1ff.).

III. Vervielfältigung, Verbreitung und öffentliche Wiedergabe

1. Vervielfältigung und Verbreitung in Zeitungen, Zeitschriften, andere Druckschriften und Datenträgern

4 Reden über Tagesfragen dürfen – auch in Auszügen (s. § 62 Abs. 2) – in Zeitungen, Zeitschriften sowie in anderen Druckschriften oder sonstigen Datenträgern, die im Wesentlichen den Tagesinteressen Rechnung tragen, vervielfältigt und verbreitet werden (s. § 16 Rn. 2ff. und § 17 Rn. 4ff.). **Zeitungen** sind regelmäßig, oft täglich, aber auch wöchentlich erscheinende Publikationen, die der Übermittlung von Tagesneuigkeiten dienen (z.B. „Frankfurter Allgemeine Zeitung", „Süddeutsche Zeitung"). Der Begriff der **Zeitschrift** i. S. d. § 48 umfasst die zeitungsähnlichen Zeitschriften, die ebenfalls der Übermittlung von

Tagesneuigkeiten dienen, regelmäßig erscheinen und gebunden sind (z.B. „Der Spiegel", „Focus"), aber auch diejenigen Fachzeitschriften, die regelmäßig über Fachgebiete berichten, sofern sie im Wesentlichen den Tagesinteressen Rechnung tragen (Schricker/Loewenheim/*Melichar* § 48 Rn. 7f.; Möhring/Nicolini/*Engels* § 48 Rn. 11 ff.; *Ulmer* 324; vgl. § 38 Rn. 11; § 49 Rn. 6). Darüber hinaus erlaubt § 48 Abs. 1 Nr. 1 die Vervielfältigung und Verbreitung von Reden in **anderen Druckschriften oder Datenträgern**, die im Wesentlichen den Tagesinteressen Rechnung tragen. Erfasst sind Nachrichtendienste von Presseagenturen, Brancheninformationsdienste, Verbandsmitteilungen sowie weitere Druckschriften, soweit sie im Wesentlichen den Tagesinteressen Rechnung tragen, einzelne Beiträge mit längerlebigem Charakter schaden insoweit nicht (OLG München GRUR 2002, 875, 876 – Herkömmlicher Pressespiegel; zu Informationsblättern i. S. d. § 49 Abs. 1 S. 1 a. F.). Nachdem in der seit 10.9.2003 gültigen Gesetzesfassung der Begriff „Informationsblätter" durch „andere Druckschriften" ersetzt wurde, ist nicht mehr erforderlich, dass das Medium redaktionell gestaltet ist, darüber hinaus dürften nun auch Zeitungsbeilagen und Sonderdrucke erfasst sein (Dreier/Schulze/*Dreier* § 48 Rn. 7). Auch ist die Vervielfältigung und Verbreitung auf sonstigen Datenträgern – auch digitalen Offline-Medien (DVD, CD-ROM etc.) – erlaubt, solange diese ebenfalls im Wesentlichen Tagesinteressen Rechnung tragen.

2. Öffentliche Wiedergabe

Abs. 1 Nr. 1 a. E. lässt des Weiteren die **öffentliche Wiedergabe** von entsprechenden 5
Reden über Tagesfragen in jeder Form der öffentlichen Wiedergabe i. S. d. § 15 Abs. 2, insb. auch das Zugänglichmachen zum Online-Abruf gem. § 19a zu. Aus § 55 folgt das Recht eines Sendeunternehmens, die Rede zunächst auf Bild- oder Tonträger zu übertragen und dann zeitversetzt gem. § 20 zu senden (Schricker/Loewenheim/*Melichar* § 48 Rn. 9; Dreier/Schulze/*Dreier* § 48 Rn. 7; Fromm/Nordemann/*W. Nordemann* § 48 Rn. 6).

IV. Reden bei öffentlichen Verhandlungen vor staatlichen, kommunalen oder kirchlichen Organen (Abs. 1 Nr. 2)

Nach Abs. 1 Nr. 2 ist jedermann berechtigt, Reden zu vervielfältigen, zu verbreiten und öf- 6
fentlich wiederzugeben, die vor staatlichen, kommunalen oder kirchlichen Organen bei öffentlichen Verhandlungen gehalten worden sind. **Öffentliche Verhandlungen** sind Veranstaltungen, zu denen jedermann Zutritt hat (s. o. Rn. 3), bei denen jedoch im Anschluss an die Rede eine Diskussion oder Aussprache zumindest vorgesehen ist (Schricker/Loewenheim/ *Melichar* § 48 Rn. 10; Möhring/Nicolini/*Engels* § 48 Rn. 17). Von der Bezeichnung **Organe** sind sämtliche Stellen, vor denen öffentliche Verhandlungen stattfinden, erfasst, soweit es sich um offizielle Einrichtungen handelt, die gesetzlich vorgesehen sind (Schricker/Loewenheim/ *Melichar* § 48 Rn. 11; Möhring/Nicolini/*Engels* § 48 Rn. 18). Beispiele für Organe sind die Parlamente einschließlich aller Ausschüsse, die staatlichen Gerichte, Stadträte, Synoden der evangelischen Kirche (s. Schricker/Loewenheim/*Melichar* § 48 Rn. 11). Wenn eine Rede vor diesen Institutionen im Rahmen einer öffentlichen Verhandlung gehalten wurde, kann sie ohne Berücksichtigung von Aktualität oder Inhalt vervielfältigt, verbreitet und öffentlich wiedergegeben werden. Sie kann in jeglicher Publikation nachgedruckt, in eine CD-ROM aufgenommen oder über das **Internet** öffentlich zugänglich gemacht werden (Schricker/Loewenheim/*Melichar* § 48 Rn. 13; *Hoeren* in: Lehmann Cyberlaw 97). Die Herstellung von Ton- und Filmaufnahmen vor Gericht wird durch § 169 S. 2 GVG ausgeschlossen.

V. Sammlung, die überwiegend Reden desselben Urhebers enthält (Abs. 2)

Nach Abs. 2 ist die Vervielfältigung und Verbreitung von Reden, die in öffentlichen Ver- 7
handlungen vor Organen gehalten werden, i. S. d. Abs. 1 Nr. 2 in einer Sammlung, die über-

wiegend Reden eines Urhebers enthält, unzulässig. Dies ist jedenfalls dann der Fall, wenn **mehr als die Hälfte der Beiträge** von einem Urheber stammen und diese **mehr als die Hälfte der Seiten** der Sammlung füllen (Fromm/Nordemann/W. *Nordemann* § 48 Rn. 9; zum Begriff der Sammlung § 46 Rn. 4). Der Anwendungsbereich des Abs. 2 ist jedoch schon dann eröffnet, wenn Reden eines Urhebers den **Schwerpunkt der Sammlung** bilden, dies kann auch der Fall sein, wenn bspw. nur 35% der in einer Sammlung wiedergegebenen Reden von einem Urheber stammen (Schricker/Loewenheim/*Melichar* § 48 Rn. 15). Im Hinblick auf Art. 2bis Abs. 3 RBÜ muss auch die Aufnahme aller Reden eines Urhebers in eine Sammlung – unabhängig von der Anzahl der Reden – unter den Anwendungsbereich von Abs. 2 fallen, da allein der Urheber das Recht haben soll, seine Reden in Sammlungen zu vereinigen (Möhring/Nicolini/*Engels* § 48 Rn. 24; Schricker/Loewenheim/*Melichar* § 48 Rn. 15).

§ 49 Zeitungsartikel und Rundfunkkommentare

(1) Zulässig ist die Vervielfältigung und Verbreitung einzelner Rundfunkkommentare und einzelner Artikel sowie mit ihnen im Zusammenhang veröffentlichter Abbildungen aus Zeitungen und anderen lediglich Tagesinteressen dienenden Informationsblättern in anderen Zeitungen und Informationsblättern dieser Art sowie die öffentliche Wiedergabe solcher Kommentare, Artikel und Abbildungen wenn sie politische, wirtschaftliche oder religiöse Tagesfragen betreffen und nicht mit einem Vorbehalt der Rechte versehen sind. Für die Vervielfältigung, Verbreitung und öffentliche Wiedergabe ist dem Urheber eine angemessene Vergütung zu zahlen, es sei denn, daß es sich um eine Vervielfältigung, Verbreitung oder öffentliche Wiedergabe kurzer Auszüge aus mehreren Kommentaren oder Artikeln in Form einer Übersicht handelt. Der Anspruch kann nur durch eine Verwertungsgesellschaft geltend gemacht werden.

(2) Unbeschränkt zulässig ist die Vervielfältigung, Verbreitung und öffentliche Wiedergabe von vermischten Nachrichten tatsächlichen Inhalts und von Tagesneuigkeiten, die durch Presse oder Funk veröffentlicht worden sind; ein durch andere gesetzliche Vorschriften gewährter Schutz bleibt unberührt.

Literatur: *Bayreuther,* Beschränkungen des Urheberrechts nach neuer EU-Urheberrechtsrichtlinie, ZUM 2001, 828; *Berger,* Elektronischer Pressespiegel und Informationsrichtlinie, CR 2004, 360; *Becker u. a.,* Urheberrecht in der Informationsgesellschaft – Der Referentenentwurf zum 2. Korb – Symposium des Bundesministeriums der Justiz in Zusammenarbeit mit dem Institut für Urheber- und Medienrecht vom 2. November 2004, ZUM 2005, 97 ff.; *Dreier,* Die Umsetzung der Urheberrechtsrichtlinie 2001/29/EG in deutsches Recht, ZUM 2002, 28; *Dreier,* Anmerkungen zum Urteil des BGH „Elektronischer Pressespiegel", JZ 2003, 477; *Ernsthaler/Blanz,* Leistungsschutzrecht für Presseverleger, GRUR 2012, 1104; *Flechsig,* Grundlagen des europäischen Urheberrechts, ZUM 2002, 1; *Flechsig,* Governance of Knowledge und Freiheiten selektiver Informationsbeschaffung – Über die Notwendigkeit größerer Pressespiegelfreiheit zu aktueller Informationserlangung in der Wissensgesellschaft, GRUR 2006, 888; *Hoeren,* Pressespiegel und das Urheberrecht, GRUR 2002, 1022; *Hoeren,* Anmerkungen zum BGH-Urteil „Elektronische Pressespiegel", MMR 2002, 742; *Loewenheim,* Die urheber- und wettbewerbsrechtliche Beurteilung der Herstellung und Verbreitung kommerzieller elektronischer Pressespiegel, GRUR 1996, 636; *Niemann,* Pressespiegel de lege ferenda, CR 2003, 119; *Rath-Glawatz/Dannenbaum,* Pressespiegel in Kommunen und das Urheberrecht, KommJur 2011, 4; *Reinbothe,* Die Umsetzung der EU-Urheberrechtsrichtlinie in deutsches Recht, ZUM 2002, 43; *Reinbothe,* Die EG-Richtlinie zum Urheberrecht in der Informationsgesellschaft, GRUR Int. 2001, 733; *Rogge,* Elektronische Pressespiegel in urheber- und wettbewerbsrechtlicher Beurteilung, Hamburg 2001; *Schippan,* Harmonisierung oder Wahrung der nationalen Kulturhoheit? – Die wundersame Vermehrung der Schrankenbestimmungen in Art. 5 der „Multimedia-RL", ZUM 2001, 116; *Spindler,* Europäisches Urheberrecht in der Informationsgesellschaft, GRUR 2002, 105; *Spindler,* Die Archivierung elektronischer Pressespiegel, AfP 2006, 408; *Vogtmeier,* Elektronische Pressespiegel in der Informationsgesellschaft, 2004; *Vogtmeier,* Elektronischer Pressespiegel im zweiten Korb, MMR 2004, 658; *Wandtke,* Copyright und virtueller Markt in der Informationsgesellschaft, GRUR 2002, 1; *Zecher,* Die Umsetzung der EU-Urheberrechtsrichtlinie in deutsches Recht, ZUM 2002, 52 (Teil I), 451 (Teil II).

Vgl. darüber hinaus die Angaben bei Vor §§ 44a ff. sowie im eingangs abgedr. Gesamtliteraturverzeichnis.

Übersicht

	Rn.
I. Bedeutung	1–3
II. Einzelne Rundfunkkommentare und einzelne Artikel aus Zeitungen und anderen Informationsblättern und Abbildungen	4–11
1. Einzelne Rundfunkkommentare	4
2. Einzelne Artikel aus Zeitungen und anderen Informationsblättern und Abbildungen	5–8
3. Politische, wirtschaftliche oder religiöse Tagesfragen betreffend	9, 10
4. Vorbehalt	11
III. Vervielfältigung, Verbreitung und öffentliche Wiedergabe	12
IV. Elektronische Pressespiegel	13–16
V. Angemessene Vergütung	17, 18
VI. Vermischte Nachrichten tatsächlichen Inhalts und Tagesneuigkeiten (Abs. 2)	19–21

I. Bedeutung

1 § 49 beschränkt im Interesse der schnellen unmittelbaren Informationsverarbeitung die Rechte des Urhebers, indem er im Wege einer gesetzlichen Lizenz die Vervielfältigung und Verbreitung einzelner Rundfunkkommentare und einzelner Artikel aus Zeitungen und Informationsblätter in bestimmten Medien sowie deren öffentliche Wiedergabe gegen eine angemessene Vergütung zulässt, wenn sie politische, wirtschaftliche oder religiöse Tagesfragen betreffen (BGH GRUR 2005, 670 – WirtschaftsWoche; BGH GRUR 2002, 963 – Elektronischer Pressespiegel). In weiterem Umfang und vergütungsfrei zulässig ist die Vervielfältigung, Verbreitung und öffentliche Wiedergabe von vermischten Nachrichten (Abs. 2). Die Rechte des Urhebers sind durch das **Änderungsverbot** (§ 62) und die Pflicht zur **Quellenangabe** (§ 63) geschützt; im Fall des § 49 Abs. 1 ist auch die Quelle anzugeben, aus der der Artikel entnommen wurde (§ 63 Abs. 3). Die Geltendmachung des Vergütungsanspruchs ist seit der Novelle 1985 den Verwertungsgesellschaften vorbehalten. Die Regelung des § 49 ist durch Art. 10 Abs. 1 und Art. 10bis Abs. 1 RBÜ gedeckt; zum Verhältnis von Abs. 2 zur RBÜ s. Rn. 18.

2 Die **Multimedia-Richtlinie** (s. Einl. Rn. 21) erlaubt in Art. 5 Abs. 3c) die Beschränkung des Vervielfältigungsrechts und des Rechts der öffentlichen Wiedergabe sowie des Verbreitungsrechts für die Vervielfältigung durch die Presse, die öffentliche Wiedergabe und die Zugänglichmachung von veröffentlichten Artikeln zu Tagesfragen wirtschaftlicher, politischer oder religiöser Natur oder von gesendeten Werken und sonstigen Schutzgegenständen dieser Art, sofern eine solche Nutzung nicht ausdrücklich vorbehalten ist und die Quelle, einschließlich des Namens des Urhebers, angegeben wird. Die Richtlinie gestattet damit nicht nur eine Privilegierung herkömmlicher Pressespiegel, sondern erfasst ausdrücklich auch den elektronisch übermittelten, also nach Art. 3 Abs. 1 Multimedia-Richtlinie öffentlich zugänglich gemachten Pressespiegel (BGH GRUR 2002, 963 – Elektronische Pressespiegel; *Hoeren* GRUR 2002, 1022; *Bayreuther* ZUM 2001, 828; *Schippan* ZUM 2001, 116; *Dreier* ZUM 2002, 28; a. A. *Spindler* GRUR 2002, 105).

3 Die Umsetzung der Multimedia-Richtlinie im Jahr 2003 (s. Vor §§ 31 ff. Rn. 4) beschränkte sich ausdrücklich auf die Implementierung der WIPO-Verträge v. 20.12.1996 (WCT und WPPT; s. § 121 Rn. 29 ff.) und enthielt deshalb auch „keine Regelung zur Ausfüllung der Kann-Vorschriften der Richtlinie zum elektronischen Pressespiegel und zur Durchsetzung der Privatkopieschranke bei der Anwendung technischer Schutzmaßnahmen" (AmtlBegr. BT-Drucks. 15/38, 15). Jene Frage wurde bei den Arbeiten am Zweiten Korb (s. Vor §§ 44a Rn. 9 f.) diskutiert. Nach dem Gesetzesentwurf der Bundesregierung v. 22.3.2006, S. 41 (abrufbar unter www.bmj.de/media/archive/1174.pdf) bestand jedoch angesichts der Entscheidung des Bundesgerichtshofs (BGH GRUR 2002, 963 – Elektronischer Pressespiegel), mit der im Wege der Auslegung entschieden wurde, dass auch elektronische Pressespiegel unter spezifizierten Voraussetzungen unter § 49 zu subsumieren sind, kein weiterer Regelungsbedarf. Die elektronische Erstellung und Übersendung von Pressespiegeln durch kommerzielle Dienste wurde ausdrücklich als den Vorgaben des Drei-Stufen-Tests widersprechend bezeichnet (s. u. Rn. 13 ff.; Vor §§ 44a ff. Rn. 10). Hieran wurde im weiteren Gesetzgebungsverfahren festgehalten. Seit der Umsetzung des Zweiten Korbs erlaubt die Schrankenregelung des § 49 Abs. 1 S. 1 auch die Verwendung bestimmter Abbildungen.

II. Einzelne Rundfunkkommentare und einzelne Artikel aus Zeitungen und anderen Informationsblättern und Abbildungen

1. Einzelne Rundfunkkommentare

4   § 49 Abs. 1 erlaubt bei Vorliegen der weiteren Voraussetzungen die Vervielfältigung und Verbreitung sowie öffentliche Wiedergabe **einzelner Rundfunkkommentare.** Rundfunkkommentare sind i. S. d. § 20 gesendete **Sprachwerke,** die als Meinungsäußerung anzusehen sind, unerheblich ob die Sendung terrestrisch, über Kabel oder Satellit erfolgt ist (*Raue/Hegemann* in: Hoeren/Sieber Teil 7.3 Rn. 33; Schricker/Loewenheim/*Melichar* § 49 Rn. 4). Sprachwerke, die **online zum Abruf** zur Verfügung gestellt werden, fallen nicht unter Rundfunkkommentare, da sie nicht gesendet werden (Möhring/Nicolini/*Engels* § 49 Rn. 6). Umstritten ist, ob Rundfunkkommentare Meinungsäußerungen einer Einzelperson sein müssen oder ob auch Äußerungen im Rahmen eines Interviews oder im Rahmen einer Talkrunde hierunter fallen können. Auch wenn der Wortlaut für eine ausschließliche Anwendung auf Meinungsäußerungen einer Einzelperson spricht, ist mit *Melichar* davon auszugehen, dass ein geschütztes Sprachwerk, das im Rahmen einer Diskussionsrunde gesendet wird, unter den Begriff des Rundfunkkommentars fallen kann, da hiermit eine erhebliche Einschränkung der Rechte der Urheber nicht verbunden sein wird und es nicht darauf ankommen kann, ob eine Meinungsäußerung auf eine Frage hin oder ohne einen solchen Anlass erfolgt (Schricker/Loewenheim/*Melichar* § 49 Rn. 4; Dreier/Schulze/*Dreier* § 49 Rn. 5; a. A. Dreyer/Kotthoff/Meckel/*Dreyer* § 49 Rn. 6). § 49 Abs. 1 erlaubt nur die Verwendung **einzelner** Rundfunkkommentare. Wie in § 46 Abs. 1 (vgl. § 46 Rn. 10 f.) kann es sich hierbei nur um einige wenige Kommentare handeln, was sowohl im Hinblick auf den Umfang des verwerteten Kommentars, den Umfang der ausgestrahlten Sendung sowie das Medium, in dem der Kommentar aufgenommen wird, zu entscheiden ist.

2. Einzelne Artikel aus Zeitungen und anderen Informationsblättern und Abbildungen

5   Einzelnen Rundfunkkommentaren gleichgestellt sind **einzelne Artikel sowie mit ihnen im Zusammenhang veröffentlichte Abbildungen aus Zeitungen und anderen lediglich Tagesinteressen dienenden Informationsblättern** (BGH GRUR 2005, 670, 671 – WirtschaftsWoche; BGH GRUR 2002, 963 – Elektronischer Pressespiegel; zum Begriff Informationsblätter). Artikel in diesem Sinn ist jegliche eigenständige Ausführung, die den Umfang einer bloßen Tatsachenübermittlung übersteigt. Artikel können nur **Sprachwerke** i. S. d. § 2 Abs. 1 Nr. 1 sein. Nach der Neufassung durch den Zweiten Korb dürfen nunmehr auch **Abbildungen** jeglicher Art, wie bspw. Lichtbildwerke, Darstellungen wissenschaftlicher oder technischer Art, wie etwa Grafiken und Lichtbilder, nach § 49 verwertet werden (BT-Drucks. 16/1828, 25). Die Abbildungen müssen dem Wortlaut nach jedoch im Zusammenhang mit den einzelnen Artikeln veröffentlicht worden sein. Auf die Form des Artikels, die Frage, ob der Artikel im redaktionellen oder im Anzeigenteil erscheint oder ob es sich um ein Interview handelt, kommt es für die Privilegierung nach

§ 49 nicht an. Auch Gedichte können, wenn sie den maßgeblichen Inhalt haben (s. u. Rn. 9 f.), unter den Begriff des Artikels fallen (Schricker/Loewenheim/*Melichar* § 49 Rn. 6; a. A. Dreyer/Kotthoff/Meckel/*Dreyer* § 49 Rn. 7, die i. d. R. Gedichte, außer im Einsatz nach Kabarett-Art, ausnimmt). Einzelne Artikel sind wie in § 46 Abs. 1 (vgl. § 46 Rn. 10), einige wenige Artikel, maßgeblich sind die Umstände im Einzelfall (Dreier/Schulze/*Dreier* § 49 Rn. 8). Relevant ist der Umfang der Zeitung oder des Informationsblattes, in dem die Artikel erschienen sind (Schricker/Loewenheim/*Melichar* § 49 Rn. 12).

Die Artikel müssen in Zeitungen oder anderen **lediglich** Tagesinteressen dienenden Informationsblättern erschienen i. S. d. § 6 Abs. 2 sein (s. § 6 Rn. 24 ff.). Der Begriff **Zeitung** ist im UrhG nicht definiert und wird unterschiedlich gebraucht. Zeitungen sind die der Übermittlung von Tagesneuigkeiten dienenden, regelmäßig täglich oder mehrfach wöchentlich erscheinenden Tageszeitungen, die ohne Beschränkung auf ein bestimmtes sachliches Gebiet informieren (BGH GRUR 2005, 670, 672 – WirtschaftsWoche; *Raue/Hegemann* in: Hoeren/Sieber Teil 7.3 Rn. 23; Schricker/Loewenheim/*Schricker/Penkert* § 38 Rn. 13; Möhring/Nicolini/*Engels* § 49 Rn. 8). Keine Zeitungen sind regelmäßig erscheinende wissenschaftliche oder Fachzeitschriften. Umstritten war die Einordnung von wöchentlich erscheinenden Publikumszeitschriften wie „Der Spiegel", „Focus" oder „Wirtschaftswoche". Solange sich diese Publikumszeitschriften mit tagesaktuellen Themen aus Politik, Wirtschaft oder Religion befassen, werden sie teils als Zeitungen angesehen (*Rogge* 189; Schricker/Loewenheim/*Melichar* § 49 Rn. 8; Möhring/Nicolini/*Engels* § 49 Rn. 8). Nach anderer Auffassung dienen wöchentlich erscheinende Publikumszeitschriften schon aufgrund von Konzeption und Erscheinungsweise nicht lediglich Tagesinteressen (siehe § 38 Rn. 12 zur Parallelfrage des Zeitungsbegriffs i. S. d. § 38 Abs. 3). Das OLG München fasste diese Wochenzeitungen unter den Begriff der anderen lediglich Tagesinteressen dienenden Informationsblätter (OLG München GRUR 2002, 875 – Herkömmliche Pressespiegel). Nach dem BGH kommt es darauf an, ob die in einer Zeitschrift veröffentlichten Titel eher der Befriedigung des Informationsbedürfnisses über aktuelle (Tages-)Ereignisse dienen oder ob sie bleibende Bedeutung haben und daher typischerweise archiviert werden, damit sie zu einem späteren Zeitpunkt nachgeschlagen und gelesen werden können. Wochenzeitungen und Nachrichtenmagazine, die über aktuelle politische oder wirtschaftliche Sachverhalte berichten, weisen zu den Zeitungen keine Unterschiede auf, die im Rahmen des § 49 eine unterschiedliche Behandlung rechtfertigen könnten. Diese sind der Ausnahmeregelung des § 49 zu unterstellen. Periodika, die wöchentlich erscheinen, haben ihren Schwerpunkt eher bei der aktuellen Berichterstattung, als 14-tägig oder monatlich erscheinende Titel. „Wirtschaftswoche" und „DM" sind damit ebenso wie „Der Spiegel" oder „FOCUS" unter dem Begriff der Zeitung i. S. d. § 49 einzuordnen (BGH GRUR 2005, 670 – WirtschaftsWoche). Das KG hat dagegen in KG, GRUR-RR 2012, 194 – Editorial, die notwendige Aktualität für die nur alle zwei Monate erscheinenden Zeitschrift „EMMA" verneint.

Andere lediglich Tagesinteressen dienende **Informationsblätter** sind Nachrichtendienste, Mitteilungsblätter von Verbänden und bspw. regelmäßig erscheinende Wirtschaftsbriefe (BGH GRUR 2002, 963 – Elektronischer Pressespiegel; BGH GRUR 2005, 670, 671 – WirtschaftsWoche; *Loewenheim* GRUR 1996, 636). Die Informationsblätter müssen sich an die Öffentlichkeit richten, die enthaltenen Artikel dürfen nur dann nach § 49 nachgedruckt werden, wenn sie in den Informationsblättern i. S. d. § 6 Abs. 2 erschienen sind (Schricker/Loewenheim/*Melichar* § 49 Rn. 9; Fromm/Nordemann/*W. Nordemann* § 49 Rn. 4).

Nicht geklärt ist, ob **online verfügbare Informationsquellen** als Informationsblatt im Sinne der Vorschrift angesehen werden. Nach dem Wortlaut der Vorschrift ist dies nicht der Fall. Dreier/Schulze/*Dreier* § 49 Rn. 7 wollen angesichts der wachsenden Bedeutung von online angebotenen Nachrichten, die die Lektüre gedruckter Zeitungen zunehmend ersetzen, § 49 Abs. 1 analog auf Artikel anwenden, die im Rahmen von Online-Nachrichtendiensten öffentlich zugänglich gemacht wurden. Dieser Auffassung ist zuzustimmen.

Wie die Entscheidung des BGH GRUR 2002, 963 – Elektronischer Pressespiegel zeigt, ist bei der Auslegung der Schrankenbestimmungen nicht zwingend am Wortlaut festzuhalten, sondern zu fragen, ob mit Rücksicht auf die neuen technischen Möglichkeiten auch eine Schrankenbestimmung ausnahmsweise extensiv ausgelegt werden kann und ob der Zweck der Regelung auch im Einzelfall für eine solche extensive Auslegung spricht. Dies ist hier zu bejahen, eine übermäßige Beeinträchtigung der Rechte der Urheber ist nicht zu befürchten, diesen steht ein Vergütungsanspruch zu (a. A. Dreyer/Kotthoff/Meckel/*Dreyer* § 49 Rn. 10; OLG Köln GRUR 2000, 417 – Elektronischer Pressespiegel; *Hoeren* in: Lehmann Cyberlaw 98).

3. Politische, wirtschaftliche oder religiöse Tagesfragen betreffend

9 Nach § 49 Abs. 1 dürfen nur Artikel und Rundfunkkommentare verwertet werden, die **politische, wirtschaftliche oder religiöse Tagesfragen** betreffen. Tagesfragen sind die aktuellen tagesgebundenen Themen, es muss sich um Begebenheiten handeln, die erst kurz vor der Premiereveröffentlichung und dem Nachdruck eingetreten sind (KG, GRUR-RR 2012, 194 – Editorial; a. A. Möhring/Nicolini/*Engels* § 49 Rn. 16, der bezüglich der Aktualität im Hinblick auf den eindeutigen Wortlaut auf das Ersterscheinen abstellt; Schricker/Loewenheim/*Melichar* § 49 Rn. 11 und *Hoeren* in: Lehmann Cyberlaw 98 halten den Zeitpunkt des Nachdrucks für maßgeblich). Ein Ereignis, das schon länger zurückliegt, aber noch immer aktuell ist oder wieder aktuell wurde, ist keine Tagesfrage mehr (Schricker/Loewenheim/*Melichar* § 49 Rn. 11; a. A. Möhring/Nicolini/*Engels* § 49 Rn. 5). Das Gegenstück zu Tagesfragen sind nicht tagesgebundene Themen (s. hierzu § 48 Rn. 2).

10 Nicht übernommen werden dürfen Artikel mit **kulturellem, wissenschaftlichem** oder auch nur **unterhaltendem Inhalt**. Da die Grenzen zu politischen, wirtschaftlichen oder religiösen Fragen fließend sind, muss es im Interesse der Informationsfreiheit genügen, wenn diese Themen von einem Artikel auch und nicht nur völlig untergeordnet berührt werden (wie hier Möhring/Nicolini/*Engels* § 49 Rn. 17; Schricker/Loewenheim/*Melichar* § 49 Rn. 10; a. A. *Hoeren* in: Lehmann Cyberlaw 98, der auf den Schwerpunkt des Textes abstellt; *Flechsig* GRUR 2006, 888, der die Beschränkung auf tagesaktuelle, politische, religiöse oder wirtschaftliche Fragestellungen für überholt hält).

4. Vorbehalt

11 Der Urheber kann den Nachdruck und die öffentliche Wiedergabe seiner Artikel und Abbildungen bzw. Rundfunkkommentare durch die Geltendmachung eines **Vorbehalts der Rechte** verhindern. Die Erklärung muss deutlich machen, dass die Vervielfältigung nicht gestattet wird (bspw. „Nachdruck verboten"). Allein die Angabe des Urhebers dürfte nicht ausreichen, da diese auch als bloße Quellenangabe i. S. d. § 63 zu verstehen sein kann. Nach h. M. müssen der Artikel oder der Kommentar selbst mit dem Vorbehalt versehen sein, eine Angabe im Impressum oder auf der Titelseite einer Zeitschrift oder vom Rundfunkkommentar getrennt reicht nicht aus. Schon aus dem Wortlaut folgt, dass ein Einzelvorbehalt gefordert ist (Möhring/Nicolini/*Engels* § 49 Rn. 18; Dreier/Schulze/*Dreier* § 49 Rn. 10).

III. Vervielfältigung, Verbreitung und öffentliche Wiedergabe

12 Abs. 1 S. 1 ermöglicht die **Vervielfältigung und Verbreitung** (zu den Begriffen s. §§ 16 und 17) der oben behandelten Artikel, Abbildungen und Kommentare in Zeitungen und „anderen Informationsblättern dieser Art"; insoweit wird auf die als Quelle für den übernommenen Artikel in Betracht kommenden „lediglich Tagesinteressen dienenden Informationsblätter" verwiesen. Diese Verweisung erfolgt jedoch nicht im Hinblick auf alle

Tatbestandsmerkmale. Die als Quelle in Betracht kommenden Informationsblätter müssen i. S. d. § 6 Abs. 2 erschienen sein (s. o. Rn. 6). Die aufnehmenden Informationsblätter müssen dieses Merkmal nach h. M. nicht erfüllen. Auch Informationsblätter, insb. sog. herkömmliche **Pressespiegel** in Papierform, die aus einer Vielzahl von Kopien von Presseausschnitten bestehen und für einen beschränkten Personenkreis, bspw. Mitglieder eines Vereins oder Angestellte eines Unternehmens, bestimmt sind und damit lediglich für interne Zwecke verwendet werden, sind „Informationsblätter dieser Art", die Übernahme und Vervielfältigung der Artikel in solchen Pressespiegeln ist zulässig (OLG München NJW-RR 1992, 749). Die Rechte der Urheber gebieten keine andere Auslegung, da sie durch eine Vervielfältigung und Verbreitung im Rahmen von nichterscheinenden Pressespiegeln deutlich weniger belastet werden als durch die zulässige Verbreitung im Rahmen von Zeitungen in großer Auflagenhöhe (Schricker/Loewenheim/*Melichar* § 49 Rn. 16; *Raue/Hegemann* in: Hoeren/Sieber Teil 7.3 Rn. 45). Dies bestätigte der BGH in der Entscheidung Elektronischer Pressespiegel, die in § 49 Abs. 1 vorgesehene Vergütungspflicht ziele gerade auf solche herkömmliche Pressespiegel (BGH GRUR 2002, 963 – Elektronischer Pressespiegel; Möhring/Nicolini/*Engels* § 49 Rn. 9; Schricker/Loewenheim/*Melichar* § 49 Rn. 16; Dreyer/Kotthoff/Meckel/*Dreyer* § 49 Rn. 9; Loewenheim/*Götting* § 31 Rn. 135). Abs. 1 S. 1 lässt darüber hinaus die öffentliche Wiedergabe der definierten Artikel, Abbildungen und Kommentare zu.

IV. Elektronische Pressespiegel

Bis zur Entscheidung des BGH v. 11.7.2002 war strittig, ob unter Bezugnahme auf § 49 Abs. 1 so genannte elektronische Pressespiegel hergestellt werden dürfen. Elektronische Pressespiegel sind dadurch gekennzeichnet, dass die einzelnen Artikel eingescannt und zentral gespeichert und dem Empfänger in elektronischer Form übermittelt werden. Nach Ansicht vieler Stimmen in der Literatur könne es nicht auf das Trägermedium eines Informationsblattes ankommen, das Urheberrecht steht dem technischen Wandel offen. Aus diesem Grunde seien auch elektronische Pressespiegel privilegiert (Schricker/Loewenheim/*Melichar* § 49 Rn. 38; Möhring/Nicolini/*Engels* § 49 Rn 13; *Rogge* 192; *Wandtke* GRUR 2002, 1). Die Gegenmeinung wies auf den Charakter des § 49 als Ausnahmevorschrift und die sich daraus ergebende Pflicht zur engen Auslegung hin, darüber hinaus bestehe die Gefahr, dass elektronische Pressespiegel den üblichen Presseerzeugnissen Abonnenten entziehen können (*Loewenheim* GRUR 1996, 636). Das OLG Köln in GRUR 2000, 417 und das OLG Hamburg in NJW-RR 2001, 552 hatten in Verfügungsverfahren die Anwendung des § 49 Abs. 1 auf elektronische Pressespiegel abgelehnt und dies mit der Gefahr der Textverarbeitung durch jedermann begründet.

In GRUR 2002, 963 stellte der BGH zur Anwendung des § 49 auf in elektronischer Form verbreitete Pressespiegel fest, dass die urheberrechtlichen Schrankenbestimmungen zwar **grundsätzlich eng auszulegen** seien und man sich bei der Auslegung am Verständnis der privilegierenden Norm an den technischen Gegebenheiten zum Zeitpunkt der Einführung des Privilegierungstatbestandes zu orientieren habe (s. Vor §§ 44a ff. Rn. 2), hierin aber keine starre Grenze zu sehen sei. Trete an die Stelle einer privilegierten Nutzung eine neue Form, sei im Einzelfall zu prüfen, ob der verfassungsrechtlich verankerte Beteiligungsgrundsatz des Urhebers (§ 14 Abs. 1 GG) auf der einen Seite und der mit der Schrankenregelung verfolgte Zweck auf der anderen Seite eine weitergehende Auslegung der fraglichen Bestimmungen erlauben. Besonders sei zu beachten, wie sich eine **extensive Auslegung** der Schrankenbestimmung die auf **Interessen des Urhebers** auswirke. Für eine Schranke, die eine unentgeltliche Nutzung ermögliche, könnten insoweit andere Kriterien maßgeblich sein, als im Falle einer gesetzlichen Lizenz, bei der das Ausschließlichkeitsrecht zu einem Vergütungsanspruch herabgestuft werde (BGH GRUR 2002, 963).

15 Da beim elektronischen Pressespiegel lediglich anstatt des Ausdrucks und der Versendung die Übermittlung einer Datei oder die Speicherung einer Datei an einer Stelle tritt, auf die die Nutzer von ihrem Arbeitsplatz aus zugreifen können, unterscheide sich der Pressespiegel, den der Bezieher am eigenen Arbeitsplatz ausdruckt, nicht wesentlich von einem ihm auf herkömmliche Weise übermittelten ausgedruckten Exemplar. Um auszuschließen, dass mit der elektronischen Übermittlung zusätzliche, die Belange des Urhebers beeinträchtigenden Nutzungs- und Missbrauchsmöglichkeiten verbunden sind, erfordert die Zulassung der elektronischen Pressespiegel nach dem BGH folgende **Einschränkungen:** Der elektronische Pressespiegel darf nur betriebs- oder behördenintern verbreitet werden, es muss sich um einen **„In-House"-Pressespiegel** handeln, eine entgeltliche Verbreitung an Dritte ist nicht zulässig (bestätigt auch von KG GRUR-RR 2004, 228 – Ausschnittdienst). An der Herstellung eines Archivs (s. § 53 Abs. 2 Nr. 2) könne das Unternehmen, das den Pressespiegel für die Mitarbeiter erstellt, interessiert sein, wie der Endbezieher. Um insoweit einen Missbrauch auszuschließen, muss sich der Einsatz der Datenverarbeitung bei Erstellung und Versendung des elektronischen Pressespiegels darauf beschränken, dass die fremden Presseartikel – als Faksimile – grafisch dargestellt werden. Eine Volltexterfassung, die es ermögliche, die einzelnen Presseartikel indizierbar zu machen und in eine Datenbank einzustellen, sei dagegen vom Privileg nicht erfasst (Dreier/Schulze/*Dreier* § 49 Rn. 20). Werden diese Voraussetzungen eingehalten, sei die Gefahr für die Rechte der Urheber nicht größer als bei dem Versenden von Pressespiegeln in herkömmlicher Form (BGH GRUR 2002, 963 – Elektronischer Pressespiegel; zu den technischen Fragen s. *Hoeren* GRUR 2002, 1022). Zulässig dürften insoweit die Nutzung von Bildformaten wie gif, tif, jpg oder Bitmap-Dateien sein. Nur-lese-pdf-Dateien dürften ebenfalls trotz der Tatsache, dass sich eine Nutzungsbegrenzung mit geringem Aufwand entfernen lässt, ebenfalls zulässig sein (*Dreier* JZ 2003, 477; *Hoeren* MMR 2002, 742; krit. *Spindler* AfP 2006, 408; der im Hinblick auf den technischen Fortschritt bezweifelt, ob die Unterscheidung zwischen Faksimile-Dateien und recherchierbare Volltextdateien auf Dauer tragfähig ist).

16 Die Entscheidung des BGH wurde vom Gesetzgeber im Rahmen des Zweiten Korbes bewusst nicht in das UrhG übernommen. Angesichts der höchstrichterlichen Klärung zur Auslegung des § 49 bestehe kein weiterer Regelungsbedarf (Gesetzesentwurf der Bundesregierung v. 22.3.2006, S. 41; abrufbar unter www.bmj.de/media/archive/1174.pdf). Der Gesetzgeber sah außerdem davon ab, die elektronische Erstellung und Versendung von Pressespiegeln durch kommerzielle Dienstanbieter zu gestatten.

V. Angemessene Vergütung

17 Für die Vervielfältigung, Verbreitung und öffentliche Wiedergabe steht dem Urheber, nicht den Verlagen, eine angemessene Vergütung zu (vgl. § 46 Rn. 15). Die Vergütungsansprüche der Autoren gehen nicht generell auf die Verlage über (OLG München NJW-RR 1992, 749). Jedenfalls seit der Einführung der Verwertungsgesellschafts-Pflicht mit der Urheberrechtsnovelle 1985 ist der **Tarif der VG WORT** (s. Vor §§ 1 ff. WahrnG Rn. 6) ein Anhaltspunkt für die Angemessenheit der Vergütung. Dieser steht die Vermutung der Aktivlegitimation gem. § 13c Abs. 1 WahrnG zu (s. § 13c WahrnG Rn. 7 ff.). Zur Durchsetzung des Vergütungsanspruchs besteht ein **Auskunftsanspruch** gegen den Herausgeber des Mediums, in das der Artikel oder Kommentar aufgenommen wurde. Zu nennen sind die vervielfältigten Artikel, das Erscheinungsdatum und das Primärmedium sowie der Umfang der Verwertung im Sekundärmedium. Soweit das Primärmedium den Namen des Autors erkennen lässt, ist auch dieser anzugeben (OLG Düsseldorf GRUR 1991, 908 – Pressespiegel; OLG München NJW-RR 1992, 749).

18 Ausgeschlossen ist die Vergütungspflicht, wenn es sich bei den übernommenen Werken um eine Vervielfältigung, Verbreitung oder öffentliche Wiedergabe **kurzer Auszüge aus**

mehreren **Kommentaren oder Artikeln in Form einer Übersicht** handelt (Abs. 1 S. 2 letzter Halbs.). Grund für die Ausnahmebestimmung war die Tradition, dass Presseorgane regelmäßig Kommentare aus anderen Presseorganen nachdruckten, ohne dass hierfür Honorare verlangt werden. Die Vergütungspflicht entfällt nur, soweit **kurze Auszüge** aus Kommentaren und Artikeln verwendet wurden. Wird ein vollständiges Werk herangezogen, ist die angemessene Vergütung zu bezahlen, Gleiches gilt, wenn der Auszug ein Viertel des Umfangs des gesamten Artikels übersteigt (Schricker/Loewenheim/*Melichar* § 49 Rn. 26). Fromm/Nordemann/*W. Nordemann* geht davon aus, dass solcher kurzer Auszug nur aus wenigen Sätzen bestehen darf (§ 49 Rn. 9), jede schematische Festlegung auf eine zulässige Zeilenanzahl erscheint jedoch nicht möglich, der Auszug muss in sich verständlich sein. Eine **Übersicht** ist eine Zusammenstellung von mehr als zwei Auszügen, die verschiedene Themen behandeln dürfen, solange die privilegierten Themenbereiche (s. o. Rn. 9 f.) nicht verlassen werden.

VI. Vermischte Nachrichten tatsächlichen Inhalts und Tagesneuigkeiten (Abs. 2)

Abs. 2 erlaubt die **vergütungsfreie** Vervielfältigung, Verbreitung und öffentliche Wiedergabe von **vermischten Nachrichten tatsächlichen Inhalts und von Tagesneuigkeiten,** die durch Presse oder Funk veröffentlicht worden sind. Insoweit besteht auch keine Verpflichtung zur Angabe der Quelle (vgl. § 63 Abs. 1 und 3). Der Anwendungsbereich des Abs. 2 ist nur sehr gering, da Nachrichten tatsächlichen Inhalts und Tagesneuigkeiten in der Regel mangels schöpferischer Leistung keine Werke i. S. d. § 2 sind. Insoweit hat Abs. 2 nur deklaratorischen Charakter. Da es aber denkbar ist, dass auch Nachrichten tatsächlichen Inhalts aufgrund besonderer Formulierung, Stil oder Diktion urheberrechtlich geschützt sind (s. OLG Hamburg GRUR 1978, 307 – Artikelübernahme), bleibt ein Anwendungsbereich des Abs. 2. Die Verwertung gerade solcher urheberrechtlich geschützter Nachrichten tatsächlichen Inhalts und Tagesneuigkeiten soll freigestellt werden (Schricker/Loewenheim/*Melichar* § 49 Rn. 29; Möhring/Nicolini/*Engels* § 49 Rn. 25; *Rehbinder* Rn. 510). Die Gegenmeinung geht unter Hinweis auf Art. 2 Abs. 8 RBÜ davon aus, dass Abs. 2 Nachrichten mit Werkcharakter nicht erfassen soll. Nach Art. 2 Abs. 8 RBÜ besteht kein Schutz für Tagesneuigkeiten oder vermischte Nachrichten, die einfache Zeitungsmitteilungen darstellen. Nach der h. M. soll diese Regelung sich ausschließlich auf Nachrichten ohne Werkcharakter beziehen (Fromm/Nordemann/*W. Nordemann* § 49 Rn. 12), was zur Folge hätte, dass nach RBÜ Nachrichten mit Werkcharakter im Gegensatz zur Regelung des § 49 Abs. 2 geschützt sind. Hierauf können sich aus Verbandsländern stammende Urheber berufen (s. § 121 Rn. 7 ff.).

Vermischte **Nachrichten tatsächlichen Inhalts** sind reine Tatsachenberichte, die keine Meinungsäußerung, Kommentierungen oder Ergänzungen enthalten dürfen (OLG Karlsruhe, MMR 2012, 42). **Tagesneuigkeiten** sind Berichte über tatsächliche Begebenheiten, die kurz vor der Berichterstattung eingetreten sind. **Vermischte Nachrichten** sind Nachrichten, die sich nicht nur mit politischen, wirtschaftlichen oder religiösen Themen befassen; das Thema der Nachricht spielt insoweit keine Rolle (Schricker/Loewenheim/*Melichar* § 49 Rn. 32). Die Nachrichten tatsächlichen Inhalts und Tagesneuigkeiten müssen durch **Presse oder Funk veröffentlicht** worden sein, damit sind nicht nur Zeitungen, sondern auch Zeitschriften im weiteren Sinne erfasst. Darüber hinaus gilt Abs. 2 ganz allgemein für alle Druckerzeugnisse, die mittels eines zur Vervielfältigung in größeren Auflagen geeigneten Verfahrens hergestellt wurden und für jedermann bestimmt sind (Möhring/Nicolini/*Engels* § 49 Rn. 29). Mit welcher Art von Themen sich die Presseerzeugnisse befassen, spielt im Gegensatz zu Abs. 1 keine Rolle. **Funk** umfasst wie in § 48 sowohl den terrestrischen Rundfunk, den Satellitenrundfunk und den Kabelrundfunk (s. § 48 Rn. 3).

21 Entsprechend veröffentlichte Nachrichten tatsächlichen Inhalts und Tagesneuigkeiten können **unbeschränkt vervielfältigt, verbreitet und öffentlich wiedergegeben** werden. Die Art der Medien, in die die Nachrichten aufgenommen werden dürfen, ist nicht eingeschränkt. Im Rahmen der öffentlichen Wiedergabe ist auch die **Onlineübertragung** zulässig. Der Hinweis darauf, dass ein durch **andere gesetzliche Vorschriften gewährter Schutz** unberührt bleibt, ist rein deklaratorischer Natur. Hinzuweisen ist insb. auf den Schutz nach §§ 3, 4 Nr. 9 UWG gegen unmittelbare Leistungsübernahme (s. BGH GRUR 1988, 308 – Informationsdienst) sowie auf das allgemeine Deliktsrecht (Fromm/Nordemann/*W. Nordemann* § 49 Rn. 13; Schricker/Loewenheim/*Melichar* § 49 Rn. 36; Möhring/Nicolini/*Engels* § 49 Rn. 31).

§ 50 Berichterstattung über Tagesereignisse

Zur Berichterstattung über Tagesereignisse durch Funk oder durch ähnliche technische Mittel, in Zeitungen, Zeitschriften und in anderen Druckschriften oder sonstigen Datenträgern, die im Wesentlichen Tagesinteressen Rechnung tragen, sowie im Film, ist die Vervielfältigung, Verbreitung und öffentliche Wiedergabe von Werken, die im Verlauf dieser Ereignisse wahrnehmbar werden, in einem durch den Zweck gebotenen Umfang zulässig.

Literatur: *Bayreuther*, Beschränkungen des Urheberrechts nach der neuen EU-Urheberrechtsrichtlinie, ZUM 2001, 828; *Bullinger*, BGH: Keine Abbildung von Kunstwerken im Online-Archiv ohne Lizenz, GRUR-Prax 2011, 196, *ders.*, BGH: Rechtfertigung der Ungleichbehandlung von „elektronischen Programmführern" gegenüber Printmedien weiter offen, GRUR-Prax 2012, 414; *Castendyk*, Programminformationen der Fernsehsender in EPG – zugleich ein Beitrag zur Auslegung von § 50 UrhG, ZUM 2008, 916; *Dreier*, Die Umsetzung der Urheberrechtsrichtlinie 2001/29/EG in deutsches Recht, ZUM 2002, 28; *Flechsig*, Grundlagen des europäischen Urheberrechts, ZUM 2002, 1; *Reinbothe*, Die Umsetzung der EU-Urheberrechtsrichtlinie in deutsches Recht, ZUM 2002, 43; *Reinbothe*, Die EG-Richtlinie zum Urheberrecht in der Informationsgesellschaft, GRUR Int. 2001, 733; *Schricker*, Anmerkung zur BGH-Entscheidung „Zeitungsbericht als Tagesereignis", LMK 2003, 9; *Spindler*, Europäisches Urheberrecht in der Informationsgesellschaft, GRUR 2002, 105; *Zecher*, Die Umsetzung der EU-Urheberrechtsrichtlinie in deutsches Recht, ZUM 2002, 52 (Teil I), 451 (Teil II).

Vgl. darüber hinaus die Angaben bei Vor §§ 44a ff. sowie im eingangs abgedr. Gesamtliteraturverzeichnis.

Übersicht

	Rn.
I. Bedeutung	1
II. Berichterstattung über Tagesereignisse	2–4
1. Berichterstattung	2, 3
2. Tagesereignisse	4
III. Verwertung von Werken, die wahrnehmbar werden	5
IV. Umfang der Verwertung	6, 7

I. Bedeutung

1 Im Interesse der **Berichterstattung über Tagesereignisse** schränkt § 50 die Rechte des Urhebers zugunsten von Rundfunk- und Fernsehberichterstattung und der Darstellung in Zeitungen, Zeitschriften und anderen Datenträgern ein und erlaubt im notwendigen Umfang die **vergütungsfreie** Vervielfältigung, Verbreitung und öffentliche Wiedergabe von Werken, die im Zusammenhang mit den Tagesereignissen wahrnehmbar werden. Die Vorschrift geht zurück auf das Gesetz zur Erleichterung der Filmberichterstattung v. 30.4.1936 (RGBl. I 404, aufgehoben gem. § 141 Nr. 7), das zugunsten der Wochenschauberichterstattung eine im Wesentlichen inhaltsgleiche Regelung enthalten hatte. Mit § 50 wurde der Kreis der Begünstigten auf Zeitungen und Zeitschriften ausgeweitet (näher zur Entstehungsgeschichte Schricker/Loewenheim/*Vogel* § 50 Rn. 2). § 50 ist durch Art. 10bis Abs. 2 RBÜ gedeckt. Die Multimedia-Richtlinie (s. Einl. Rn. 21) lässt in Art. 5 Abs. 2c) i. V. m. Abs. 4 eine Einschränkung des Vervielfältigungsrechts, des Verbreitungsrechts und des Rechts der öffentlichen Wiedergabe für die Nutzung von Werken in Verbindung mit der Berichterstattung von Tagesereignissen zu, wenn dies der Informationszweck rechtfertigt und – soweit möglich – die Quelle einschließlich des Namens des Urhebers angegeben wird. Im Rahmen der Umsetzung der Multimedia-Richtlinie wurde die Vorschrift durch das Gesetz v. 10.9.2003 (s. Vor §§ 31 ff. Rn. 4) neu gefasst und einerseits die Beschränkung auf die Bild- und Tonberichterstattung gestrichen, andererseits die privilegierten Medien um Druckschriften und sonstige Datenträger, die im Wesentlichen Tagesinteressen Rechnung tragen, erweitert. Zu einer Änderung der Vorschrift im Rahmen des Zweiten Korbs kam es nicht. Wie alle Schrankenbestimmungen des 6. Abschnitts ist § 50 eng auszulegen (BGH GRUR 1983, 28 – Presseberichterstattung und Kunstwerkwiedergabe II; s. Vor §§ 44a ff. Rn. 1). Die **Urheberpersönlichkeitsrechte** werden durch § 50 nicht eingeschränkt. Zu beachten sind die Rechte des Urhebers nach §§ 12 und 14 sowie das **Änderungsverbot** (§ 62) und die Pflicht zur **Quellenangabe** (§ 63).

II. Berichterstattung über Tagesereignisse

1. Berichterstattung

§ 50 erlaubt in bestimmtem Umfang die Verwertung von Werken zur **Berichterstattung** durch Funk oder durch ähnliche technische Mittel sowie im Film und in Zeitungen, Zeitschriften, bestimmten Druckschriften und Datenträgern. **Berichterstattung** ist insoweit die wirklichkeitsgetreue, sachliche Schilderung einer tatsächlichen Begebenheit (Schricker/Loewenheim/*Vogel* § 50 Rn. 9 unter Hinweis auf *Roeber* UFITA 9 (1936) 336). Abzugrenzen ist die sachliche Berichterstattung von Kommentaren und sonstigen Meinungsäußerungen des Autors. Im Hinblick auf das Interesse der Allgemeinheit an der Berichterstattung über Tagesereignisse und die schwer vorzunehmende Trennung zwischen Berichterstattung und Kommentar sind auch Darstellungen, die Berichterstattung mit Meinungsäußerungen kombinieren, bei denen jedoch die Berichterstattung den Schwerpunkt bildet, zu privilegieren (Möhring/Nicolini/*Engels* § 50 Rn. 5). So kann auch eine Reportage, die die Hintergründe einbezieht, wertet und kommentiert, als Berichterstattung anzusehen sein, wenn die Information über die tatsächlichen Vorgänge im Vordergrund steht (BGH GRUR 2002, 1050 – Zeitungsbericht als Tagesereignis). § 50 begünstigt seit 13.9.2003 (s. Vor §§ 31 ff. Rn. 4) nicht mehr nur die Bild- und Tonberichterstattung, sondern auch die Aufnahme eines Werkes in ein reines Sprachwerk.

Die Berichterstattung durch **Funk** erfasst die Ausstrahlung durch terrestrischen Rundfunk, Satellitenrundfunk und Kabelfunk i. S. d. § 20 (s. § 20 Rn. 1 ff.). Die Berichterstattung durch **Film** erfolgt durch Vorführung eines Filmwerks oder von Laufbildern (s. § 19 Abs. 4). Durch die Erweiterung der Privilegierung auf die Berichterstattung durch den Funk oder durch ähnliche technische Mittel sollte insb. die Berichterstattung im Rahmen digitaler Online-Medien erfasst werden (AmtlBegr. BT-Drucks. 15/38, 19). Die Frage, ob diese bereits durch § 50 a. F. privilegiert waren, war umstritten; nach *Vogel* war schon die Berichterstattung über neue Medien, wie Videotext, Kabeltext, Online-Abrufdienste und Internet, begünstigt (Schricker/Loewenheim/*Vogel* § 50 Rn. 15). § 50 privilegiert ebenfalls die Berichterstattung über Tagesereignisse in **Zeitungen, Zeitschriften und in anderen Druckschriften oder sonstigen Datenträgern,** die im Wesentlichen Tagesinteressen Rechnung tragen. Zum Begriff der **Zeitungen** s. § 48 Rn. 4. Wie in § 48 Abs. 1 sind mit

Zeitschriften zeitungsähnliche Zeitschriften, die im Wesentlichen der Übermittlung von Tagesneuigkeiten dienen (bspw. „Der Spiegel", „Focus"), gemeint. Durch die Novellierung wurden entsprechend der Regelung in § 48 Abs. 1 Nr. 1 auch andere **Druckschriften** oder **sonstige Datenträger,** die im Wesentlichen den Tagesinteressen Rechnung tragen, privilegiert. Die Privilegierung erfasst folglich auch Nachrichtendienste von Presseagenturen und Branchendienste sowie die Berichterstattung in digitalen Offline-Medien (DVD, CD-ROM etc.; s. § 48 Rn. 4). Nicht erlaubt ist durch § 50 aber die dauerhafte öffentliche Zugänglichmachung von Werken in Online-Archiven. Sobald die Berichterstattung sich nicht mehr auf Tagesereignisse bezieht, d. h. diese die Aktualität verloren haben, sind die urheberrechtlich geschützten Werke zu löschen (BGH MMR 2011, 544 – öffentliches Zugänglichmachen von Werken aus einem Online-Archiv). Diese Entscheidung verletzt nicht die durch Art. 5 Abs. 1 GG geschützte Pressefreiheit, bei der Auslegung des § 50 wurden die Grundrechtspositionen der Parteien angemessen berücksichtigt (BVerfG GRUR 2012, 389 – Kunstausstellung im Online-Archiv).

2. Tagesereignisse

4   Die Berichterstattung muss sich auf **Tagesereignisse** beziehen, d. h. tatsächliche Begebenheiten, unabhängig ob sie den Bereichen Politik, Wirtschaft, Sport, Kunst oder Kultur zugehören. Das Ereignis muss aktuell sein und die Allgemeinheit, mindestens aber eine größere Gruppe, interessieren. (BGH GRUR 2002, 1050 – Zeitungsbericht als Tagesereignis). Die Aktualität ist so lange gegeben, wie der Verkehr die Berichterstattung als „Gegenwartsberichterstattung" versteht (Möhring/Nicolini/*Engels* § 50 Rn. 5) und kann sich richtigerweise nur auf Ereignisse beziehen, bei denen es der Öffentlichkeit auf zeitnahe Berichterstattung ankommt (OLG Frankfurt a. M. ZUM 2005, 477, 481 – TV Total). Die Erscheinungsweise des Mediums kann relevant werden; berichtet eine monatlich erscheinende Kulturzeitschrift erst im nächsten Monat über eine Theaterpremiere, ist dies noch aktuell (LG Hamburg GRUR 1989, 591 – Neonrevier), eine Berichterstattung über dieselbe Premiere im Radio wäre jedoch nur einige wenige Tage nach dem Premierendatum aktuell in diesem Sinn. Die Ankündigung eines Fernsehprogramms unter Verwendung von Bildern aus einer Fernsehsendung in einer elektronischen Programmzeitung wurde vom OLG Köln (GRUR-RR 2005, 105) für nach § 50 gedeckt angesehen. Tagesereignis ist jedes aktuelle Geschehen, dass für die Öffentlichkeit von allgemeinem Interesse ist, es kann sich auch um einen eher banalen oder trivialen Vorgang handeln, bspw. eine Auseinandersetzung eines bekannten Ehepaars aus der Show-Branche (BGH GRUR 2002, 1050 – Zeitungsbericht als Tagesereignis) oder den Zusammenbruch eines Kandidaten in einer Casting-Show (OLG Köln NJW 2010, 782 – Zusammenbruch bei Dieter Bohlen). Auch Fernsehprogramme sind daher, ohne dass es auf eine Differenzierung nach ihrem Inhalt ankäme, als kulturelle Ereignisse anzusehen, wenn ein allgemeines und durchaus erhebliches Interesse der breiten Öffentlichkeit besteht. Aufgrund des nahen zeitlichen Zusammenhangs zwischen einer Ausstrahlung einer Sendung und ihrer Ankündigung in einem Programmführer besteht zudem die notwendige Aktualität. Das „aktuelle Geschehen" wird aber nicht allein durch den Zeitraum bestimmt, der zwischen dem Ereignis und der Berichterstattung besteht. Hierzu gehört auch die Qualität des Ereignisses. So ist eine TV-Dokumentation über das Leben von Grizzly-Bären per se kein „Tagesereignis" (OLG Frankfurt a. M. ZUM 2005, 477, 481 – TV Total; bestätigt durch BGH GRUR 2008, 693 – TV-Total). Kommt es der Öffentlichkeit nicht auf eine aktuelle Berichterstattung an und ist es deshalb möglich und zumutbar, die Erlaubnis der Rechteinhaber einzuholen, scheidet § 50 aus (BGH GRUR 2008, 693 – TV-Total). Aus diesem Grund ist auch die Übernahme von Text- und Bildinformationen von Sendern in elektronischen Programmführern nicht durch § 50 gedeckt (BGH ZUM 2012, 807 – Elektronische Programmführer).

III. Verwertung von Werken, die wahrnehmbar werden

Nach § 50 dürfen nur Werke zur Berichterstattung vervielfältigt, verbreitet und öffentlich wiedergegeben werden (zu den Begriffen s. § 16 Rn. 2, § 17 Rn. 4 ff.; § 15 Rn. 14 ff.), die im Verlauf der Vorgänge, über die berichtet wird, **wahrnehmbar,** das heißt hör- oder sichtbar werden. Zulässig ist folglich die Abbildung von ausgestellten Werken der bildenden Künste anlässlich eines Berichts über die Eröffnung einer Ausstellung. Nicht gedeckt ist über § 50 die Abbildung einer Skulptur zum Zwecke der Rezension, da das Werk nicht selbst der Gegenstand der Berichterstattung sein kann (s. aber § 51). Unzulässig ist auch die Abbildung eines Werkes im Rahmen des Berichts über die Schenkung einer Kunstsammlung, wenn das abgebildete Werk nicht ausgestellt wurde und folglich nicht tatsächlich wahrnehmbar war (BGHZ 85, 1 – Presseberichterstattung und Kunstwerkwiedergabe I). § 50 betrifft nur Rechte an Gegenständen über die berichtet wird, nicht das berichtende Material selbst (KG GRUR-RR 2012, 194 – Editorial). Werke i. S. d. § 50 sind alle urheberrechtsschutzfähigen Werke, über die Verweisungsvorschriften §§ 72 Abs. 1, 84, 85 Abs. 3, 87 Abs. 3, 94 Abs. 4 und 95 ist eine Anwendung auf Lichtbilder, Leistungsschutzrechte, Filmwerke, Multimediawerke und Laufbilder möglich.

IV. Umfang der Verwertung

Die Vervielfältigung, Verbreitung und öffentliche Wiedergabe der Werke darf nur in einem durch den Zweck der Berichterstattung gebotenen Umfang erfolgen, das Werk darf nicht alleiniger Gegenstand der Berichterstattung sein. Die Werke müssen jedoch nicht nur bruchstückhaft oder nur im Zusammenhang mit einem das Tagesereignis darstellenden Vorgang wahrnehmbar gemacht werden (z. B. im Hintergrund eine Fotografie eines Eröffnungsakts einer Ausstellung). Das Werk darf vielmehr im Rahmen der Berichterstattung grundsätzlich auch ohne einen das eigentliche Tagesereignis betreffenden Vorgang bildlich dargestellt werden (BGH GRUR 1983, 28 – Presseberichterstattung und Kunstwerkwiedergabe II). Es muss folglich keine während einer Ausstellungseröffnung aufgenommene Abbildung verwendet werden; im Rahmen eines Berichts dürfen vielmehr auch Archivbilder von ein bis zwei Werken, die ausgestellt sind, genutzt werden. Entscheidend ist aber, dass das Werk in der konkreten Gestalt, in der es anlässlich des Ereignisses, über das berichtet wird, in Erscheinung tritt, wiedergegeben wird (BGH GRUR 1983, 28 – Presseberichterstattung und Kunstwerkwiedergabe II).

Der Zweck der Berichterstattung entscheidet auch über **Anzahl und Umfang** der Werke, die zulässigerweise wiedergegeben werden dürfen. Anlässlich der Berichterstattung zur Wiedereröffnung eines Opernhauses war die vierzigminütige Übertragung der Ouvertüre zu „Don Giovanni" von W. A. Mozart und der Symphonie „Mathis der Maler" von P. Hindemith nicht mehr vom Zweck der Berichterstattung gedeckt (OLG Frankfurt GRUR 1985, 83 – Operneröffnung). In BGHZ 85, 1 – Presseberichterstattung und Kunstwerkwiedergabe I wurde die Wiedergabe von Schwarz-Weiß-Reproduktionen von vier ausgestellten Bildern anlässlich eines Berichts über eine Ausstellungseröffnung für zulässig erachtet; im Rahmen der Berichterstattung über das Neuerscheinen der ersten Bände einer Kunstbandreihe wurde die Wiedergabe von zwei in dem Werk abgedruckten Werken ebenfalls als im Rahmen des Berichterstattungszweckes liegend angesehen (BGH GRUR 1983, 28 – Presseberichterstattung und Kunstwerkwiedergabe II). Im Rahmen der Fernsehberichterstattung über die Tournee einer Musikgruppe ist nur die Ausstrahlung von kurzen Ausschnitten eines Live-Auftritts durch § 50 gedeckt. Zur zeitlichen Beschränkung der Verwendung von Werken in einem Online-Archiv s. Rn. 3 und BGH MMR 2011, 544 – öffentliches Zugänglichmachen von Werken aus Kunstausstellung in einem Onlinearchiv und BVerfG GRUR 2012, 389 – Kunstausstellung im Online-Archiv.

§ 51 Zitate

Zulässig ist die Vervielfältigung, Verbreitung und öffentliche Wiedergabe eines veröffentlichten Werkes zum Zweck des Zitats, sofern die Nutzung in ihrem Umfang durch den besonderen Zweck gerechtfertigt ist. Zulässig ist dies insbesondere, wenn

1. einzelne Werke nach der Veröffentlichung in ein selbständiges wissenschaftliches Werk zur Erläuterung des Inhalts aufgenommen werden,
2. Stellen eines Werkes nach der Veröffentlichung in einem selbständigen Sprachwerk angeführt werden,
3. einzelne Stellen eines erschienenen Werkes der Musik in einem selbständigen Werk der Musik angeführt werden.

Literatur: *Berberich/J.B. Nordemann*, Das notwendige Mitzitat „vermittelnder Werke" GRUR 2010, 966; *Bisges*, Grenzen des Zitatrechts im Internet GRUR 2009, 730; *Heermann/John*, Lizenzierbarkeit von Spielplänen im deutschen Ligasport, K&R 2011, 353; *Hertin*, Das Musikzitat im deutschen Urheberrecht, GRUR 1989, 159; *Hillig*, Anmerkung zum Urteil des LG Frankfurt a.M. vom 26.11.2003 – TV Total, ZUM 2004, 397; *Metzger*, Der Einfluss des EuGH auf die gegenwärtige Entwicklung des Urheberrechts GRUR 2012, 118; *Schulz*, Das Zitat in Film- und Multimediawerken, ZUM 1998, 221.
Vgl. darüber hinaus die Angaben im eingangs abgedr. Gesamtliteraturverzeichnis.

Übersicht

	Rn.
I. Bedeutung	1
II. Vervielfältigung, Verbreitung und öffentliche Wiedergabe zum Zweck des Zitats	2–8
1. Entlehntes Werk	2
2. Zitatzweck	3–5
3. Umfang	6, 7
4. In einem selbstständigen Werk	8
III. Regelbeispiele	9–20
1. Wissenschaftliches Großzitat	10–13
a) Einzelne, bereits veröffentlichte Werke	10–12
b) Selbstständiges wissenschaftliches Werk	13
2. Kleinzitat	14–18
a) Stellen eines veröffentlichten Werkes	14, 15
b) Selbstständiges Sprachwerk	16
c) Filmzitat, analoge Anwendung	17, 18
3. Musikzitat	19, 20

I. Bedeutung

1 § 51 erlaubt die vergütungsfreie Übernahme (Entlehnung) von einzelnen Werken oder Werkteilen, als Regelbeispiele genannt sind Großzitat, Kleinzitat und Musikzitat im Interesse der geistigen Auseinandersetzung, da der Urheber bei seinem Schaffen auf den kulturellen Leistungen seiner Vorgänger aufbauen können muss. Insoweit dient die Zitierfreiheit dem allgemeinen kulturellen und wissenschaftlichen Fortschritt (BGHZ 126, 313 – Museumskatalog; BGH GRUR 1986, 59 – Geistchristentum; BGHZ 50, 147 – Kandinsky I). Der bloße Hinweis auf ein Werk eines anderen Urhebers ist kein Zitat i.S.d. § 51. Ohne Beachtung der Voraussetzungen des § 51 ist die Übernahme von gemeinfreien Werken oder nicht schutzfähigen Werkteilen gestattet (BGHZ 28, 234 – Verkehrskinderlied). Die Vorschrift ist durch Art. 10 Abs. 1 RBÜ gedeckt, wonach Zitate aus einem der Öffentlichkeit bereits erlaubterweise zugänglich gemachten Werk zulässig sind, sofern sie anständigen Gepflogenheiten entsprechen und in ihrem Umfang durch den Zweck gerechtfertigt sind.

§ 51 Zitate   2, 3 § 51 UrhG

Die **Multimedia-Richtlinie** (RL 2001/29/EG) lässt in Art. 5 Abs. 3d) i. V. m. Abs. 4 Beschränkungen des Vervielfältigungs- und Verbreitungsrechts und des Rechts der öffentlichen Wiedergabe für Zitate zu Zwecken wie Kritik oder Rezensionen zu, wenn sie ein Werk oder einen Schutzgegenstand betreffen, welches bzw. welcher der Öffentlichkeit bereits rechtmäßig zugänglich gemacht wurde, die Quelle und der Name des Urhebers genannt wird, die Nutzung des anständigen Gepflogenheiten entspricht und vom Umfang her durch den besonderen Zweck gerechtfertigt ist. Das Zitatrecht besitzt nach § 95b keinen Vorrang vor technischen Schutzmaßnahmen (§ 95b Abs. 1). Das **Urheberpersönlichkeitsrecht** wird durch das **Änderungsverbot** und die Pflicht zur **Angabe der Quelle** (§§ 62 und 63) sowie durch die §§ 12 und 14 geschützt. Auch § 51 ist als Ausnahmevorschrift grds. eng auszulegen (BGHZ 50, 147 – Kandinsky I; Vor §§ 44a ff. Rn. 1). Eine entsprechende Anwendung ist jedoch angezeigt, wenn das Gesetz eine Regelungslücke enthält und der Sinn und Zweck der Vorschrift eine Analogie geboten erscheinen lassen (BGHZ 99, 162 – Filmzitat). Mit der Neuformulierung des § 51 im Rahmen Zweiten Korbs (s. Vor §§ 44a ff. Rn. 9 f.) wurde die Schranke der Zitierfreiheit mit Blick auf weitere Werkarten vorsichtig erweitert und zugleich an Art. 5 Abs. 3d) der Multimedia-Richtlinie angepasst. Durch die Neufassung des S. 1 wurde die Zitierfreiheit als Generalklausel formuliert, nach der allgemein die Vervielfältigung, Verbreitung und öffentliche Wiedergabe eines veröffentlichten Werkes zum Zwecke des Zitats zulässig ist, sofern die Nutzung in ihrem Umfang durch den besonderen Zweck gerechtfertigt ist. Als Regelbeispiele werden die Ziffern 1 bis 3 der vorherigen Regelung wiederholt. Somit sind Filmzitate sowie Zitate von Multimediawerken nunmehr direkt zulässig, auf eine entsprechende Anwendung muss nicht mehr zurückgegriffen werden (Loewenheim/*Götting* § 31 Rn. 161). Durch die Neufassung als Generalklausel sollte die Zitierfreiheit jedoch nicht grundlegend erweitert werden, es sollen lediglich einzelne, aus der unflexiblen Grenzziehung des geltenden Rechts folgende Lücken geschlossen werden. Auf die Übernahme des Kriteriums der „anständigen Gepflogenheiten" aus Art. 5 Abs. 3d) der Multimedia-Richtlinie wurde verzichtet, da dieses für die Bundesrepublik bereits aufgrund von Art. 10 Abs. 1 RBÜ gelte (BT-Drucks. 16/1828, 25).

II. Vervielfältigung, Verbreitung und öffentliche Wiedergabe zum Zweck des Zitats

1. Entlehntes Werk

Das entlehnte Werk muss i. S. v. § 6 Abs. 1 veröffentlicht sein (s. § 6 Rn. 4 ff.). Zulässig **2** ist die Vervielfältigung, Verbreitung und öffentliche Wiedergabe des zitierten Werkes. Sämtliche Verwertungsrechte des Urhebers nach §§ 15 ff. – mit Ausnahme des Ausstellungsrechts – werden somit eingeschränkt. Das Ausstellungsrecht gem. §§ 15 Abs. 1 Nr. 3, 18 ist ausgenommen, da es nur an unveröffentlichten Werken besteht (Schricker/Loewenheim/*Schricker/Spindler* § 51 Rn. 25).

2. Zitatzweck

§ 51 erlaubt die Vervielfältigung, Verbreitung und öffentliche Wiedergabe (zu den Be- **3** griffen § 16 Rn. 2; § 17 Rn. 4 ff.; § 15 Rn. 14 ff.) von Werken und Werkteilen in anderen Werken (s. Rn. 8) in dem durch den **Zitatzweck** gebotenen Umfang. Dessen Vorliegen ist die entscheidende Voraussetzung für eine nach § 51 zulässige Übernahme eines Werks oder von Werkteilen in ein anderes Werk (BGHZ 85, 1 – Pressberichterstattung und Kunstwerkwiedergabe I; KG GRUR-RR 2002, 313 – Übernahme nicht genehmigter Zitate aus Tagebüchern; KG MMR 2003, 110, 111 – Paul und Paula; OLG Frankfurt a. M. ZUM 2005, 477, 481 – TV Total; bestätigt durch BGH GRUR 2008, 693 – TV-Total). Der Gesetzestext legt den Zitatzweck nur in S. 2 Nr. 1 für das sog. Großzitat fest, die Aufnahme des einzelnen Werkes in ein anderes Werk ist danach nur zur **Erläuterung** des Inhalts des zitierenden Werkes zulässig. Der Erläuterungszweck kann auch das Kleinzitat und das Musikzitat rechtfertigen. Darüber hinaus kommen für diese aber auch weitere Zitatzwecke in Betracht. Allgemeine Voraussetzung für die Zulässigkeit des Zitats ist, dass es als Belegstelle oder Erörterungsgrundlage für selbstständige Ausführungen dient und eine innere Verbindung zu den eigenen Gedanken hergestellt wird (BGH GRUR 1987, 34 – Liedtextwiedergabe I; BGH GRUR 1987, 362 – Filmzitat, insoweit nicht abgedruckt in BGHZ 99, 162; KG GRUR-RR 2002, 313 – Übernahme nicht genehmigter Zitate; BGH GRUR 2008, 693 – TV-Total; dies kann auch durch Voranstellung eines Mottos erfolgen, s. OLG München NJOZ 2010, 674 – Typisch München). Unzulässig ist es daher, Werk oder Werkteile in das zitierende Werk nur zur Ausschmückung aufzunehmen (BGHZ 50, 147 – Kandinsky I), als Blickfang ohne Belegfunktion zu verwenden (OLG Hamburg ZUM-RD 2004, 75, 79; OLG Hamburg GRUR-RR 2003, 33 – Maschinenmensch, KG ZUM 2010, 883 – Lichtbild im Lichtbild) oder mit Zitaten eigene Ausführungen des Autors zu ersetzen (BGH GRUR 2010, 628 – Vorschaubilder, OLG München ZUM 1998, 417). Es ist auch nicht gestattet, ganze Werke bzw. selbstständige Werkteile im Internet öffentlich zu Zwecken der Vorlesungsvor- und -nachbereitung zugänglich zu machen (LG München I ZUM 2005, 407, 410; krit. Anm. *Taubner* 411 ff. mit Hinweis auf § 52a). Die bloße Übernahme komischer TV-Ausschnitte als Beitrag in einer TV Show mit einigen erklärenden Hinweisen, die keine neue schöpferische Leistung darstellen und keine geistige Auseinandersetzung mit dem übernommenen Beitrag beinhalten, ist insoweit nicht nach § 51 S. 2 Nr. 2 privilegiert (OLG Frankfurt a. M. ZUM 2005, 477, 481 – TV Total; bestätigt BGH GRUR 2008, 693 – TV-Total), anders für die Vergabe des Preises „Raab der Woche" AG Köln, da die Übernahme eines Filmausschnitts als Beleg für den Grund der Vergabe des Preises erforderlich war (AG Köln ZUM 2003, 78 – TV-Total). Die absolute Grenze des Zitatzwecks ist überschritten, wenn das zitierte Werk nicht dem neuen Werk dient, sondern lediglich den Rahmen für die Nutzung des aufgenommen Werks darstellt (OLG München ZUM-RD 2012, 479 – Das unlesbare Buch). Eine über den Zitatzweck hinausgehende erweiternde Auslegung des § 51 ist auch im Hinblick auf Informationsfreiheit, Kommunikationsfreiheit oder Gewerbefreiheit nicht geboten (BGH GRUR 2010, 628 – Vorschaubilder zu Thumbmails in Suchmaschinen).

4   Im Hinblick auf die durch Art. 5 Abs. 3 S. 1 GG geschützte **Kunstfreiheit** kann es im Rahmen einer eigenständigen künstlerischen Gestaltung nach § 51 Nr. 2 auch zulässig sein, urheberrechtlich geschützte Texte nicht nur zur Verdeutlichung übereinstimmender Meinungen, zum besseren Verständnis der eigenen Ausführungen oder zur Begründung oder Vertiefung des Dargelegten zu entlehnen. Die Übernahme von urheberrechtlich geschützten Werkteilen kann auch ohne einen solchen Bezug zulässig sein, wenn die Zitate als solche Gegenstand und Gestaltungsmittel der eigenen künstlerischen Aussage des Zitierenden sind. Dies ist bspw. gegeben, wenn sich die Zitate funktional in die künstlerische Gestaltung und Intention des zitierenden Werkes einfügen und als integraler Bestandteil einer eigenständigen künstlerischen Aussage erscheinen (BVerfG GRUR 2001, 149 – Germania 3 zur Übernahme von Teilen von Werken Bertolt Brechts in ein Werk Heiner Müllers). Allein der Einsatz einer künstlerischen Technik (Collage) reicht aber zur Annahme eines Kunstwerks im Sinne von Art. 5 Abs. 3 Satz 1 GG nicht aus; das Werk muss die der Kunst eigenen materiellen Strukturmerkmale aufweisen, insbesondere das Ergebnis freier schöpferischer Gestaltung sein. Eine bloße Zusammenfassung von Zeitungsausschnitten erreicht diese Schwelle nicht (BGH GRUR 2012, 287 – Blühende Landschaften).Eine großzügige Auslegung des § 51 zugunsten der Freiheit der Lehre dürfte ausgeschlossen sein, da ansonsten die Regelungen der §§ 52a und 53 Abs. 3 ausgehebelt würden (a. A. LG München I ZUM 2005, 407 mit kritischer Anm. *Taubner*).

5   Die Entlehnung anderer Werke oder Werkteile muss **nicht ausschließlich** im Rahmen des Zitatzwecks erfolgen, dieser muss jedoch gegenüber **sonstigen Zwecken,** bspw. dem

Schmuckzweck, überwiegen (BGHZ 50, 147 – Kandinsky I; Schricker/Loewenheim/ *Schricker/Spindler,* § 51 Rn. 15; Möhring/Nicolini/*Waldenberger* § 51 Rn. 5), die Zitate dürfen nicht nur um ihrer selbst willen wiedergegeben werden (LG Köln NJW-RR 1999, 118). Damit übernommene Werke und Werkteile einem Zitatzweck dienen können, müssen sie als Zitat kenntlich gemacht werden und sich vom eigenen Werk abheben (Dreier/ Schulze/*Dreier* § 51 Rn. 3). Während dies beim Sprachwerk üblicherweise durch Anführungszeichen oder sonstige Hervorhebung erfolgt, muss es beim Musikzitat ausreichen, wenn die zitierte Melodie aufgrund ihrer Bekanntheit als das Werk eines Dritten erkannt wird (Schricker/Loewenheim/*Schricker/Spindler* § 51 Rn. 15; *Raue/Hegemann* in *Hoeren/ Sieber* Teil 7.3 Rn. 85).

3. Umfang

Die Entlehnung eines Werks oder von Werkteilen ist nur im Rahmen des durch den Zi- **6** tatzweck vorgegebenen Umfangs zulässig. Im Einzelfall sind Zitatzweck, Inhalt und Umfang des entlehnten Werkes oder Werkteils sowie Inhalt und Umfang des zitierenden Werks zu beurteilen (BGH GRUR 1986, 59 – Geistchristentum). So wie in BGHZ 28, 234 – Verkehrskinderlied die Wiedergabe einer Strophe eines Liedes im Rahmen eines Berichts über eine Verkehrserziehungswoche für zulässig erachtet wurde, eine Übernahme von drei Strophen jedoch nicht mehr gedeckt gewesen wäre, wurde im Rahmen eines Berichts über einen Fotografen die Wiedergabe von 19 Fotografien, ohne dass diese konkret besprochen wurden, für unzulässig erachtet (LG München AfP 1994, 326). Überschreitet die Anzahl der wiedergegebenen Werke den Zitatzweck, ist die gesamte Wiedergabe nicht mehr vom Zitatrecht gedeckt; rechtswidrig ist dann nicht nur die Wiedergabe des überschießenden Teils (BGH GRUR 2012, 819 – Blühende Landschaften; LG München AfP 1994, 326).

Der Umfang eines Zitats darf auch nicht so weitgehend sein, dass hierdurch die **Verwer-** **7** **tung** des Werks an sich durch den Urheber unzumutbar **beeinträchtigt** wird (BGH GRUR 1986, 59 – Geistchristentum; BGHZ 99, 162 – Filmzitat; BGHZ 50, 147 – Kandinsky I). Zu berücksichtigen sind insoweit sowohl die ideellen Interessen des Urhebers, der grds. darüber zu entscheiden hat, welche seiner Werke in andere Werke aufgenommen werden (BGHZ 50, 147 – Kandinsky I), wie auch die materiellen Interessen an der Verwertung des Werkes (BGH GRUR 1986, 59 – Geistchristentum); danach darf die Entlehnung nicht dazu führen, dass die Werke des Urhebers vom Verkehr nicht mehr erworben werden, da das zitierende Werk an deren Stelle tritt.

4. In einem selbstständigen Werk

Voraussetzung für die Anwendung aller drei Varianten des § 51 war nach dem bis **8** 31.12.2007 geltenden Recht, dass die Entlehnung nur in einem **selbstständigen** Werk erfolgen durfte. Daran hat sich auch durch die Neufassung des § 51 zum 1.1.2008 im Rahmen des Zweiten Korbs nichts geändert. Auch wenn dies in der Generalklausel des S. 1 nicht ausdrücklich bestimmt ist, setzen nicht nur die Regelbeispiele des S. 2, sondern auch die Generalklausel voraus, dass das zitierende Werk selbst schutzfähig sein muss. Durch die Neufassung sollten lediglich einzelne, aus der unflexiblen Grenzziehung des geltenden Rechts folgende Lücken geschlossen werden, das Zitatrecht sollte jedoch nicht grundlegend erweitert werden (BT-Drucks. 16/1828, 25). Es muss sich bei dem zitierenden Werk um ein urheberrechtlich schutzfähiges Werk i. S. d. §§ 1, 2 Abs. 1 und 2 handeln, da nur derjenige, der selbst geistig schöpft, durch das Zitatrecht privilegiert werden soll (BGH GRUR 2002, 313 – Übernahme nicht genehmigter Zitate; Schricker/Loewenheim/*Schricker/Spindler* § 51 Rn. 20; Fromm/Nordemann/*Dustmann* § 51 Rn. 19, § 51 Rn. 3a. A.: Dreier/Schulze/*Dreier* § 51 Rn. 6 mit Hinweis auf OLG Jena GRUR-RR 2008, 223 – Thumbnails; vom BGH offen gelassen in GRUR 2010, 628 – Vorschaubilder). Abweichend vom deutschen Recht erfordert Art. 5 Abs. 3d) der Multimedia-Richtlinie nicht, dass der ein Werk oder einen sonstigen Schutzgegenstand zitierende Presseartikel ein urheberrechtlich geschütztes Sprachwerk ist (EuGH GRUR 2012, 116 – Panier/Standard; *Metzger* GRUR 2012, 118).

Selbstständig ist das zitierende Werk, wenn es urheberrechtlich vom zitierten Werk unabhängig ist, es darf sich nicht nur um eine Bearbeitung oder sonstige Umgestaltung i. S. d. § 23 handeln. Die Selbstständigkeit fehlt auch dann, wenn einzelne Zitate ohne besondere eigene Leistung zusammengestellt und wiedergegeben werden. Denkt man sich die Zitate weg, muss ein schutzfähiges Werk verbleiben (BGHZ 126, 313 – Museumskatalog; BGH GRUR 1986, 59 – Geistchristentum; Fromm/Nordemann/*Dustmann* § 51 Rn. 19; Schricker/Loewenheim/*Schricker/Spindler* § 51 Rn. 22; LG München ZUM-RD 2002, 489). Aus diesem Grunde ist bspw. die Erstellung einer Zitatensammlung, bei der sich der Beitrag des Herausgebers im Wesentlichen in der Auswahl und Gliederung des Entlehnten erschöpft, nicht durch § 51 gedeckt (BGH GRUR 1973, 216 – Handbuch moderner Zitate; s. auch OLG München ZUM 1990, 252 – Deutsche Monatshefte). Dies gilt auch für eine kommentarlose Zusammenstellung von Leitsätzen gerichtlicher Entscheidungen (BGHZ 116, 136 – Leitsätze).

III. Regelbeispiele

9   Ergänzend zur Generalklausel in S. 1 wird in S. 2 die bis 31.12.2007 geltende Regelung in Form von Regelbeispielen übernommen. Durch die Beibehaltung des Wortlauts wird deutlich, dass die bis dahin zulässige Nutzung auch weiterhin zulässig ist (BT-Drucks. 16/1828, 25).

1. Wissenschaftliches Großzitat

10   **a) Einzelne, bereits veröffentlichte Werke.** § 51 S. 2 Nr. 1 erlaubt die unveränderte (s. § 62) Aufnahme einzelner Werke in ein selbstständiges wissenschaftliches Werk zur Erläuterung des Inhalts. § 51 S. 2 Nr. 1 unterscheidet sich von § 51 S. 2 Nr. 2 und Nr. 3 dadurch, dass die Entlehnung eines gesamten Werks, das nicht von geringem Umfang sein muss (*Rehbinder* Rn. 489; Schricker/Loewenheim/*Schricker/Spindler* § 51 Rn. 37), erlaubt wird, während Nr. 2 und 3 grds. nur die Übernahme von Werkteilen privilegieren. Das Zitat nach § 51 S. 2 Nr. 1 ist nur zur Erläuterung des Inhalts des zitierenden Werkes zulässig (insoweit enger als § 51 S. 2 Nr. 2 und 3). Das zitierende Werk kann sich krit. mit dem übernommenen Werk auseinandersetzen, es kann jedoch auch zur Untermauerung der verbreiteten eigenen Meinung dienen (zum Zitatzweck s. o. Rn. 3). Das entlehnte Werk muss i. S. d. § 6 Abs. 1 veröffentlicht sein (s. § 6 Rn. 4ff.). Aufgenommen, das heißt übernommen werden dürfen nur einzelne Werke. **Werke** sind insoweit alle urheberrechtsschutzfähigen Werke, über die Verweisungsvorschriften §§ 72 Abs. 1, 84, 85 Abs. 3, 87 Abs. 3, 94 Abs. 4 und 95 ist eine Anwendung auf Lichtbilder, Leistungsschutzrechte, Filmwerke, Multimediawerke und Laufbilder denkbar.

11   Ob i. S. d. § 51 S. 2 Nr. 1 **einzelne** Werke entlehnt werden, ist wie bei § 46 (s. § 46 Rn. 12) **im Hinblick auf das zitierende Werk** wie auch auf das **Werkschaffen des Urhebers** zu prüfen. Obgleich der Begriff einzelne Werke in Beziehung zum gesamten Schaffen des Künstlers steht, enthält er doch eine absolute Beschränkung, da auch im Falle eines Künstlers mit zahlenmäßig umfangreichem Schaffen nur einige wenige und nicht etwa zahlreiche Werke in ein wissenschaftliches Werk aufgenommen werden dürfen (BGHZ 50, 147 – Kandinsky I). Die Aufnahme von 69 Werken Kandinskys in ein Werk über den „Blauen Reiter" überschreitet die Schwelle des „einzelnen Werks" (BGHZ 50, 147 – Kandinsky I) wie die Übernahme von 34 Bildern des Malers Jawlensky in einen Katalog zu einer Ausstellung einer anderen Künstlerin (OLG München ZUM 1989, 529)

oder die Vervielfältigung und Verbreitung von 24 Comiczeichnungen eines Zeichners in einem kulturwissenschaftlichen Buch über die Bildergeschichten des Zeichners (KG ZUM-RD 1997, 135).

Zu berücksichtigen ist, ob Werke eines Urhebers oder **Werke mehrerer Urheber** **12** übernommen werden. Mit *Ulmer* und *Schricker*/Spindler ist davon auszugehen, dass in einem Werk, in dem Werke mehrerer Urheber zitiert werden, die zulässige Gesamtzahl der entlehnten Werke höher liegen darf, als wenn nur Werke eines einzelnen Urhebers zitiert werden, Voraussetzungen ist aber in jedem Fall, dass nur einige wenige Werke desselben Urhebers entnommen werden (*Ulmer* 313; Schricker/Loewenheim/*Schricker/Spindler* § 51 Rn. 34f.; Dreier/Schulze/*Dreier* § 51 Rn. 11; Fromm/Nordemann/*Dustmann* § 51 Rn. 22). Eine bloße Sammlung von Werken verschiedener Urheber ist schon deshalb nicht von § 51 privilegiert, da es sich hierbei nicht um ein selbstständiges Werk im Sinne dieser Vorschrift handelt (s. o. Rn. 8). Laut BGHZ 50, 147 – Kandinsky I sind bei der Beurteilung, ob einzelne Werke eines Urhebers i. S. d. § 51 in ein wissenschaftliches Werk aufgenommen wurden, auch die Werke mitzuzählen, zu deren Aufnahme ausdrücklich eine Einwilligung vorlag (Dreyer/Kotthoff/Meckel/*Dreyer* § 51 Rn. 26).

b) Selbstständiges wissenschaftliches Werk. Nach § 51 S. 2 Nr. 1 ist die Aufnahme **13** einzelner Werke in ein selbstständiges wissenschaftliches Werk privilegiert; zum Begriff des selbstständigen Werks s. Rn. 7. **Wissenschaftliche Werke** sind Werke, die nach Rahmen, Form und Gehalt durch einen eigenen geistigen Gehalt die Wissenschaft durch Vermittlung von Erkenntnissen fördern wollen und der Belehrung dienen (Fromm/Nordemann/ *Dustmann* § 51 Rn. 24 unter Verweis auf LG Berlin GRUR 1962, 207 – Maifeiern). Wissenschaft ist insoweit das methodisch-systematische Streben nach Erkenntnis (*Rehbinder* 490). Auch populärwissenschaftliche Werke sind unter den Begriff des wissenschaftlichen Werkes i. S. d. § 51 S. 2 Nr. 1 einzuordnen, da diese Erkenntnisse für weite Teile der Bevölkerung vermitteln wollen; sobald das zitierende Werk überwiegend auf Unterhaltungszwecke ausgerichtet ist, fällt es nicht mehr unter die Definition (KG GRUR 1970, 616 – Eintänzer; Fromm/Nordemann/*Dustmann* § 51 Rn. 25; Schricker/Loewenheim/*Schricker/ Spindler* § 51 Rn. 32; Dreier/Schulze/*Dreier* § 51 Rn. 8). Da geschäftliche Werbung, Werke der Musik und der bildenden Kunst nicht dem Streben nach Erkenntnis in diesem Sinne dienen, sind sie nicht unter die wissenschaftlichen Werke einzuordnen (Schricker/Loewenheim/*Schricker/Spindler* § 51 Rn. 32; *Raue/Hegemann* in *Hoeren/Sieber* Teil 7.3 Rn. 98). Welcher Gattung das zitierende wissenschaftliche Werk angehört, ist unerheblich, neben den Sprachwerken kommen Filmwerke, Fernsehsendungen, grafische Dokumentationen und **Multimediawerke,** sei es offline oder online, in Betracht (Schricker/Loewenheim/ *Schricker/Spindler* § 51 Rn. 33; *Hoeren* in *Lehmann* Cyberlaw 100). Mangels eigener Urheberschutzfähigkeit sind Lichtbilder und Laufbilder (§§ 72, 95) jedoch nicht privilegiert (s. u. Rn. 15; Dreier/Schulze/*Dreier* § 51 Rn. 8).

2. Kleinzitat

a) Stellen eines veröffentlichten Werkes. Im Gegensatz zu § 51 S. 2 Nr. 1 erlaubt **14** § 51 S. 2 Nr. 2 im Rahmen des Zitatzweckes (s. o. Rn. 3) nur das Anführen von **Stellen** eines Werkes, wobei die Werkgattung nicht beschränkt ist, also bspw. auch Musikwerke, Multimediawerke und Filmwerke in den Anwendungsbereich fallen. Anders als in § 51 S. 2 Nr. 3 ist nicht nur das Anführen einzelner Stellen erlaubt, es können folglich – durch den Zitatzweck gedeckt – auch eine **Vielzahl** von Stellen aus einem Werk übernommen werden. Das zitierte Werk muss i. S. d. § 6 Abs. 1 veröffentlicht sein. Stellen eines Werkes sind kleine Ausschnitte, die jedoch selbst schutzfähig sein müssen, da die freie Benutzung nicht schutzfähiger Werkteile auch ohne Privilegierung zulässig ist (*Hoeren* in *Lehmann* Cyberlaw 102). Der sachliche Umfang der in zulässiger Weise zitierbaren kleinen Ausschnitte wird einerseits durch das Verhältnis des Zitats zum benutzten Gesamtwerk bestimmt; arithmetische Maßstäbe lassen sich nicht anlegen (BGH GRUR 1986, 59 – Geistchristentum). Weder gilt eine Beschränkung auf ein oder zwei Kernsätze, noch darf ein Zitat eine DIN A4-Seite nicht überschreiten. Beschränkt wird der sachliche Umfang des Kleinzitats andererseits durch den konkreten Zitatzweck im Rahmen des zitierenden Werkes, dessen Inhalt und Zweck (BGH GRUR 1986, 59 – Geistchristentum).

15 Wenn der Zitatzweck nicht in anderer Weise erreicht werden kann, ist ausnahmsweise die **Übernahme längerer Ausschnitte** aus einem Werk zulässig, zu beachten ist aber in jedem Fall, dass die Verwertung des Werks durch den Urheber nicht unangemessen beeinträchtigt sein darf (s. Rn. 7). Im Einzelfall kann durch § 51 S. 2 Nr. 2 sogar die Übernahme ganzer Werke privilegiert sein (sog. **großes Kleinzitat**). Insb. bei der Wiedergabe von Werken der bildenden Kunst, wie Zeichnungen, Grafiken und Karikaturen, aber auch von Lichtbildwerken, Lichtbildern und wissenschaftlichen und technischen Darstellungen gem. § 2 Nr. 7 muss in der Regel die ganze Darstellung übernommen werden, um dem Zitatzweck gerecht zu werden (sog. **Bildzitat;** Schricker/Loewenheim/*Schricker/Spindler* § 51 Rn. 45; Möhring/Nicolini/*Waldenberger* § 51 Rn. 16; LG Berlin GRUR 2000, 797 – Screenshots; OLG Hamburg GRUR 1993, 666 – Altersphoto; OLG Hamburg GRUR 1990, 36 – Photo-Entnahme).

16 b) **Selbstständiges Sprachwerk.** Nach § 51 S. 1 Nr. 2 dürfen im Rahmen des Zitatzwecks (s. hierzu o. Rn. 3 ff.) Stellen von Werken in einem selbstständigen Sprachwerk angeführt werden; zum Begriff des selbstständigen Werks s. Rn. 7. Im Gegensatz zu § 51 S. 2 Nr. 1 ist nach § 51 S. 2 Nr. 2 das **Anführen** der zitierten Stellen möglich, während § 51 S. 2 Nr. 1 von der **Aufnahme** des zitierten Werkes spricht. Sachliche Differenzierungen ergeben sich hierdurch jedoch nicht (Schricker/Loewenheim/*Schricker/Spindler* § 51 Rn. 26; Möhring/Nicolini/*Waldenberger* § 51 Rn. 22). Insb. lassen sich keine Aussagen über eventuell im Rahmen von § 51 S. 2 Nr. 2 eher zulässige Änderungen der entlehnten Werke finden, insoweit ist für beide Fälle § 62 maßgeblich. Auch für das Kleinzitat ist erforderlich, dass das Zitat als solches kenntlich gemacht ist, da es sonst einem Zitatzweck nicht dienen kann (s. o. Rn. 5). Nach dem Wortlaut sind die Kleinzitate nur in Sprachwerken i. S. d. § 2 Abs. 1 Nr. 1 zulässig, die selbst urheberrechtlich schutzfähig sind (s. o. Rn. 8).

17 c) **Filmzitat, analoge Anwendung.** Da die Zitierfreiheit dem Interesse des allgemeinen kulturellen und wirtschaftlichen Fortschritts dienen soll und nicht ersichtlich ist, dass ein Filmwerk anders zu behandeln sein soll als ein Sprachwerk in Form eines Hörspiels, eines Bühnenschauspiels oder ähnlichen Werken, wurde das Zitatrecht nach alter Rechtslage gem. § 51 Nr. 2 a. F. analog auch auf Filmwerke angewendet (BGHZ 99, 162 – Filmzitat; OLG Frankfurt a. M. ZUM 2005, 477, 481 – TV Total; OLG Köln GRUR 1994, 47 – Filmausschnitt). Durch die Neufassung der Zitierfreiheit in § 51 S. 1 als Generalklausel werden nunmehr auch Filmzitate **direkt erfasst** (BT-Drucks. 16/1828, 25). Folglich können im Rahmen eines anerkannten Zitatzwecks einzelne Stellen von Werken, gegebenenfalls auch ganze Werke (s. o. Rn. 15) in Filmwerke aufgenommen werden, hierbei kann es sich nicht nur um Stellen eines anderen Filmwerks, Lichtbildwerke, Lichtbilder und Laufbilder handeln, sondern auch um Musikwerke. § 51 S. 1 Nr. 2 kann des Weiteren auch für Fernsehsendungen (OLG Köln GRUR 1994, 47 – Filmausschnitt), pantomimische Werke (Schricker/Loewenheim/*Schricker/Spindler* § 51 Rn. 41) und sonstige Werkarten angewendet werden, bei denen grds. Zitate möglich sind (Schricker/Loewenheim/*Schricker/Spindler* § 51 Rn. 41; Möhring/Nicolini/*Waldenberger* § 51 Rn. 21). Dies gilt auch für **Multimediawerke** (BT-Drucks. 16/1828, 25; zur bis 31.12.2007 geltenden Rechtslage: *Schulz* ZUM 1998, 221; *Raue/Hegemann* in Hoeren/Sieber Teil 7.3 Rn. 105). Nicht zitiert werden darf dagegen in Laufbildern i. S. d. § 95, da es sich hierbei nicht um selbständige Werke handelt (*Hillig* ZUM 2004, 397). Für die Aufnahme von Stellen aus Musikwerken in einzelne Musikwerke gilt § 51 Nr. 3 als lex specialis.

18 Das LG München I ließ offen, ob nach bisheriger Rechtslage eine **analoge Anwendung** auch zugunsten von **Werken der Innenarchitektur** in Frage kommt (LG Mün-

chen NJW-RR 1999, 1978). Gegenstand des Verfahrens war die Wiedergabe einiger Zeilen eines Gedichts in den Räumen einer städtischen Touristeninformationsstelle. Die Entlehnung scheiterte hier in jedem Fall am fehlenden Zitatzweck, da eine innere Verbindung zwischen dem zitierten Sprachwerk und dem Werk der Innenarchitektur nicht bestand. Eine Analogie zugunsten von Laufbildern i. S. v. § 95 dürfte ausscheiden, da nur der selbsttätig Schöpfende durch das Zitatrecht nach § 51 privilegiert werden soll (s. o. Rn. 8); OLG München ZUM-RD 1998, 124).

3. Musikzitat

§ 51 S. 2 Nr. 3 erlaubt die Aufnahme einzelner Stellen eines erschienenen Musikwerks (§ 6 Abs. 2) in einem anderen selbstständigen Musikwerk, die Aufnahme von Musikwerken bzw. Stellen von Musikwerken in Werken anderer Werkgattungen wird von § 51 S. 2 Nr. 1 und 2 erfasst. § 51 S. 2 Nr. 3 ermöglicht die Aufnahme einzelner Stellen eines i. S. d. § 6 Abs. 2 erschienenen Musikwerks, die Regelung ist somit enger als § 51 S. 2 Nr. 2. Einzelne Stellen sind einige wenige **kleine Ausschnitte,** die jedoch ausreichend lang sein müssen, um dem Hörer das Erkennen des Zitats zu ermöglichen (*Hertin* GRUR 1989, 159; wohl zu eng Schricker/Loewenheim/*Schricker/Spindler* § 51 Rn. 49, der den zulässigen Umfang dann erreicht sieht, wenn ein Hörer mit durchschnittlichem musikalischen Empfinden die Melodie gerade erkennt). Eine Obergrenze lässt sich nicht in absoluten Werten festlegen. Weder ist die Anführung auf zehn Sekunden noch auf vier Takte begrenzt (*Hertin* GRUR 1989, 159). 19

Einzelne Stellen aus **Musikwerken** dürfen in einem anderen selbstständigen Werk der Musik im Rahmen des Zitatzwecks angeführt werden. Hierbei ist **§ 24 Abs. 2** zu beachten. Die entnommene Melodie darf folglich nicht dem zitierenden Werk zugrunde gelegt werden, unzulässig sind daher Variationen über ein entnommenes Thema. Schricker/Loewenheim/*Schricker/Spindler* § 51 Rn. 49, Dreier/Schulze/*Dreier* § 51 Rn. 19). Als Zitatzweck i. S. d. § 51 S. 2 Nr. 3 kommen Parodie, Erinnerung an einen anderen Komponisten oder die Herstellung einer Assoziation zu örtlichen und zeitlichen Begebenheiten in Betracht (Möhring/Nicolini/*Waldenberger* § 51 Rn. 26). Auch das Musikzitat muss **unverändert** angeführt werden. Die Angabe der Quelle nach § 63 wird nur auf Noten oder Tonträgern etc. möglich sein; ausführlich zum Musikzitat *Hertin* GRUR 1989, 159. 20

§ 52 Öffentliche Wiedergabe

(1) **Zulässig ist die öffentliche Wiedergabe eines veröffentlichten Werkes, wenn die Wiedergabe keinem Erwerbszweck des Veranstalters dient, die Teilnehmer ohne Entgelt zugelassen werden und im Falle des Vortrages oder der Aufführung des Werkes keiner der ausübenden Künstler (§ 73) eine besondere Vergütung erhält. Für die Wiedergabe ist eine angemessene Vergütung zu zahlen. Die Vergütungspflicht entfällt für Veranstaltungen der Jugendhilfe, der Sozialhilfe, der Alten- und Wohlfahrtspflege, der Gefangenenbetreuung sowie für Schulveranstaltungen, sofern sie nach ihrer sozialen oder erzieherischen Zweckbestimmung nur einem bestimmt abgegrenzten Kreis von Personen zugänglich sind. Dies gilt nicht, wenn die Veranstaltung dem Erwerbszweck eines Dritten dient; in diesem Fall hat der Dritte die Vergütung zu zahlen.**

(2) **Zulässig ist die öffentliche Wiedergabe eines erschienen Werkes auch bei einem Gottesdienst oder einer kirchlichen Feier der Kirchen oder Religionsgemeinschaften. Jedoch hat der Veranstalter dem Urheber eine angemessene Vergütung zu zahlen.**

(3) **Öffentliche bühnenmäßige Darstellungen, öffentliche Zugänglichmachungen und Funksendungen eines Werkes sowie öffentliche Vorführungen eines Filmwerkes sind stets nur mit Einwilligung des Berechtigten zulässig.**

UrhG § 52 1, 2 § 52 Öffentliche Wiedergabe

Literatur: *Bayreuther,* Beschränkungen des Urheberrechts nach der neuen EU-Urheberrechtsrichtlinie, ZUM 2001, 828; *Dreier,* Die Umsetzung der Urheberrechtsrichtlinie 2001/29/EG in deutsches Recht, ZUM 2002, 28; *Flechsig,* Grundlagen des europäischen Urheberrechts, ZUM 2002, 1; *Reinbothe,* Die Umsetzung der EU-Urheberrechtsrichtlinie in deutsches Recht, ZUM 2002, 43; *Reinbothe,* Die EG-Richtlinie zum Urheberrecht in der Informationsgesellschaft, GRUR Int. 2001, 733; *Spindler,* Europäisches Urheberrecht in der Informationsgesellschaft, GRUR 2002, 105; *Zecher,* Die Umsetzung der EU-Urheberrechtsrichtlinie in deutsches Recht, ZUM 2002, 52 (Teil I), 451 (Teil II).

Vgl. darüber hinaus die Angaben im eingangs abgedr. Gesamtliteraturverzeichnis.

Übersicht

	Rn.
I. Bedeutung	1, 2
II. Öffentliche Wiedergabe eines veröffentlichten Werkes (Abs. 1 und Abs. 3)	3–5
III. Weitere Voraussetzungen des Abs. 1	6–8
1. Wiedergabe dient keinem Erwerbszweck des Veranstalters	6
2. Zulassung der Teilnehmer ohne Entgelt	7
3. Kein besonderes Entgelt für Künstler	8
IV. Vergütung	9–15
1. Anspruch auf angemessene Vergütung	9
2. Entfall der Vergütungspflicht	10–14
a) Allgemeines	10
b) Veranstaltungsbegriff	11
c) Privilegierte Veranstaltungen	12
d) Abgegrenzter Personenkreis	13
e) Zweckbestimmung	14
3. Entfall der Vergütungsfreiheit bei Erwerbszweck eines Dritten	15
V. Gottesdienste oder kirchliche Feiern (Abs. 2)	16–18

I. Bedeutung

1 Im Interesse der Allgemeinheit erlaubt § 52 bei Vorliegen seiner Voraussetzungen die öffentliche Wiedergabe urheberrechtlich geschützter Werke und schränkt damit das grds. dem Urheber vorbehaltene Recht zur öffentlichen Wiedergabe (§ 15 Abs. 2) ein. Die öffentliche Wiedergabe des Werkes wird für bestimmte Veranstaltungen zugelassen, teilweise steht dem Urheber ein gesetzlicher Anspruch auf angemessene Vergütung zu. Nach § 52 Abs. 3 sind öffentliche bühnenmäßige Aufführungen, öffentliche Zugänglichmachung und Funksendungen eines Werkes sowie öffentliche Vorführungen eines Filmwerkes in keinem Fall privilegiert und dürfen nur mit Zustimmung des Berechtigten erfolgen. Die Vorschrift geht auf § 27 LUG zurück, in der Fassung des UrhG von 1965 sah § 52 beim Vorliegen einer privilegierten Veranstaltung jedoch keinerlei Vergütungsverpflichtung vor. Dies war Anlass für das Bundesverfassungsgericht, in der Entscheidung BVerfGE 49, 382 – Kirchenmusik festzuhalten, dass es im Hinblick auf Art. 14 GG zwar möglich sei, zugunsten der Durchführung von Veranstaltungen, die keinem Erwerbszweck dienen, und insb. zugunsten von kirchlichen Veranstaltungen das ausschließliche Recht des Urhebers einzuschränken. Überwiegende Gründe des Gemeinwohls dafür, dass die Nutzung regelmäßig vergütungsfrei erfolgen dürfe, seien jedoch nicht gegeben. Als Folge dieser Entscheidung wurde im Rahmen der Urheberrechtsnovelle 1985 die detaillierte Regelung der Abs. 1 und 2 und insb. die grundsätzliche Vergütungspflicht (Abs. 1 S. 2) eingeführt (näher zur Rechtsentwicklung s. Schricker/Loewenheim/*Melichar* § 52 Rn. 2 ff.).

2 Bei der Auslegung der Vorschrift ist wie bei allen Bestimmungen des sechsten Abschnitts zu beachten, dass sie **als Ausnahmevorschrift** grds. **eng auszulegen** ist (BGH GRUR 1992, 386 – Altenwohnheim II; s. Vor §§ 44a ff. Rn. 1). Daneben ist zu berücksichtigen, dass Art. 11 und 11ter RBÜ den Verbandsländern nicht die Möglichkeit geben, das dem Urheber zustehende ausschließliche Recht zur öffentlichen Aufführung und zum öffentli-

chen Vortrag einzuschränken. Die geltende Fassung des § 52 steht damit mit der RBÜ nicht im Einklang, sie fällt auch nicht unter die sogenannten Petites Réserves, die im Rahmen der Brüssler Revisionskonferenz im Jahr 1948 zugelassen wurden (s. Schricker/Loewenheim/*Melichar* § 52 Rn. 6 m. w. N.); dies gilt jedenfalls für die gemäß Abs. 1 Satz 3 von der Vergütungspflicht ausgenommenen Veranstaltungen, es werden erhebliche wirtschaftliche Interessen der Urheber berührt (Loewenheim/*Götting* § 31 Rn. 218; offenlassend Dreyer/Kotthoff/Meckel/*Dreyer* § 52 Rn. 2; a. A. Dreier/Schulze/*Dreier* § 52 Rn. 3). Auch im Hinblick auf den Widerspruch zur RBÜ ist eine enge Auslegung des § 52 geboten (BGHZ 87, 126 – Zoll- und Finanzschulen). Die **Multimedia-Richtlinie** (s. Einl. Rn. 21) lässt in Art. 5 Abs. 2e) eine Beschränkung des Vervielfältigungsrechts in Bezug auf die Vervielfältigung von Sendungen, die von nicht kommerziellen sozialen Einrichtungen wie Krankenhäusern oder Haftanstalten angefertigt werden, unter der Bedingung zu, dass die Rechtsinhaber einen gerechten Ausgleich erhalten. Eine Beschränkung des Rechts der öffentlichen Wiedergabe ist dagegen in der Multimedia-Richtlinie nicht vorgesehen, soweit diese nicht zur Nutzung bei religiösen oder offiziellen, von einer Behörde durchgeführten Veranstaltungen erfolgt (Art. 5 Abs. 3g) der Multimedia-Richtlinie). Hinsichtlich aller anderen Veranstaltungen kann die Regelung des § 52 nur auf Art. 5 Abs. 3o) der Multimedia-Richtlinie gestützt werden, der eine Beschränkung der Rechte des Urhebers für Fälle geringer Bedeutung zulässt, wenn sie nur analoge Nutzungen betreffen und den Waren- und Dienstleistungszweck in der Europäischen Union nicht berühren (Schricker/Loewenheim/*Melichar* § 52 Rn. 6a; Dreyer/Kotthoff/Meckel/*Dreyer* § 52 Rn. 5). Der Schutz des **Urheberpersönlichkeitsrechts** wird durch die §§ 12 und 14 sowie durch das Änderungsverbot (§ 62) und die Verpflichtung zur Quellenangabe (§ 63 Abs. 2) gewährleistet. Im Rahmen der Arbeiten am Zweiten Korb erfolgte keine Änderung des Gesetzes.

II. Öffentliche Wiedergabe eines veröffentlichten Werkes (Abs. 1)

Zum Begriff der öffentlichen Wiedergabe s. § 15 Rn. 14 ff. Nicht von § 52 erfasst sind alle Formen der körperlichen Verwertung. Es ist folglich unzulässig, von einer Funksendung eine Aufzeichnung zu fertigen und diese später zeitversetzt wiederzugeben; eine analoge Anwendung des § 52 Abs. 1 ist im Hinblick auf den Ausnahmecharakter der Vorschrift sowie die besonderen Regelungen des § 47 für die Übertragung von Schulfunksendungen nicht gerechtfertigt (BGHZ 123, 149 – Verteileranlagen; BGH GRUR 1994, 797 – Verteileranlagen im Krankenhaus).

Ausdrücklich **ausgenommen** von der zulässigen öffentlichen Wiedergabe sind gem. Abs. 3 die öffentliche bühnenmäßige Aufführung (s. § 19 Rn. 16), die öffentliche Zugänglichmachung nach § 19a, die Funksendung eines Werkes sowie die Vorführung eines Filmwerkes. Zum Begriff der Funksendung s. § 20 Rn. 1 ff.; unter den Begriff der Funksendung fällt auch die Übertragung geschützter Werke über anstaltseigene Verteileranlagen in Hafträume oder in Patientenzimmer (BGHZ 123, 149 – Verteileranlagen; BGH GRUR 1994, 797 – Verteileranlagen im Krankenhaus). Zur ebenfalls nicht durch § 52 privilegierten Vorführung eines Filmwerkes s. § 19 Rn. 54 ff. Hiervon zu unterscheiden ist die Wahrnehmbarmachung eines Filmwerks i. S. d. §§ 21, 22. Diese ist unter den Voraussetzungen von § 52 Abs. 1 und 2 zulässig (Schricker/Loewenheim/*Melichar* § 52 Rn. 49; Dreier/Schulze/*Dreier* § 52 Rn. 19). Voraussetzung für eine nach § 52 zulässige öffentliche Wiedergabe ist seit der Novelle 2003 (s. Vor §§ 31 ff. Rn. 4), dass es sich bei dem wiedergegebenen Werk um ein i. S. d. **§ 6 Abs. 1 veröffentlichtes Werk** handelt (s. § 6 Rn. 4 ff.). Erfasst sind nicht nur die Werke i. S. d. §§ 2–4, sondern auch Lichtbildwerke, Leistungsschutzrechte, Filmwerke und Laufbilder.

Vor Umsetzung der Multimedia-Richtlinie im Jahr 2003 (s. Vor §§ 31 ff. Rn. 4) war strittig, ob die **Online-Verbreitung** geschützter Werke durch § 52 privilegiert sein kann (dafür *Hoeren* in *Lehmann* Cyberlaw). Den Vorgaben der Multimedia-Richtlinie folgend hat der Gesetzgeber im Rahmen der Novelle 2003 durch die Aufnahme der öffentlichen Zugänglichmachung in den Katalog der nicht privilegierten Formen der öffentlichen Wiedergabe diese Frage entschieden. Die öffentliche Zugänglichmachung von Werken ist damit nach der seit 13.9.2003 geltenden Fassung nicht nach § 52 privilegiert. Für den Zeitraum vor dem 13.9.2003 geht das AG Charlottenburg wohl zu Recht davon aus, dass die Verfügbarmachung im Internet als Unterfall der öffentlichen Wiedergabe von § 52 Abs. 1 gedeckt sein konnte (GRUR-RR 2004, 132).

III. Weitere Voraussetzungen des Abs. 1

1. Wiedergabe dient keinem Erwerbszweck des Veranstalters

6 Die Wiedergabe dient dann keinem **Erwerbszweck** des Veranstalters, wenn sie nicht unmittelbar oder mittelbar dessen betriebliche und gewerbliche Interessen fördert; die Privilegierung entfällt bereits, wenn die Veranstaltung auch einem Erwerbszweck dient, wenn dieser nicht völlig hinter anderen Zwecken zurücktritt (BGHZ 17, 376 – Betriebsfeiern; Schricker/Loewenheim/*Melichar* § 52 Rn. 12). Unerheblich ist, ob der Betrieb insgesamt auf Gewinnerzielungsabsicht ausgerichtet ist, auch gemeinnützige oder staatliche Institutionen können Erwerbszwecken nachgehen (GRUR 1966, 97 – Sportheim; BGHZ 58, 262 – Landesversicherungsanstalt). Selbst ein staatliches Handeln im hoheitlichen Bereich schließt das Vorliegen eines „Erwerbszweckes" nicht aus. Dies gilt jedenfalls bei Vorliegen eines nach wirtschaftlichen Gesichtspunkten geführten Betriebs (BGHZ 87, 126 – Zoll- und Finanzschulen), da der Staat nicht überall freigestellt werden sollte, wo er sich nicht erwerbswirtschaftlich betätigt. In diesen Fällen dürfte nur eine **analoge Anwendung** der Vorschrift in Betracht kommen; wenn ein Vergleich mit einer privaten Einrichtung möglich ist, ist zu fragen, ob diese Erwerbszwecken dienen würde (BGHZ 87, 126 – Zoll- und Finanzschulen, Fromm/Nordemann/*W. Nordemann* § 52 Rn. 11). Ein mit der Veranstaltung verbundener Erwerbszweck eines Dritten schadet nicht, in diesem Fall hat der Dritte nach Abs. 1 S. 3 die Vergütung zu zahlen (Dreyer/Kotthoff/Meckel/*Dreyer* § 52 Rn. 13; Dreier/Schulze/*Dreier* § 52 Rn. 11). **Veranstalter** ist, wer die Veranstaltung angeordnet hat und durch wessen ausschlaggebende Tätigkeit sie ins Werk gesetzt ist (BGH GRUR 1960, 606 – Eisrevue II; BGH GRUR 1960, 253 – Auto-Skooter); auf die Rechtsform kommt es nicht an.

2. Zulassung der Teilnehmer ohne Entgelt

7 Um die Privilegierung nach § 52 Abs. 1 S. 1 zu erhalten, darf für die Zulassung der Teilnehmer zu der Wiedergabe ohne Erwerbszweck kein Entgelt verlangt werden. Es dürfen weder Eintrittsgelder, sonstige Unkostenbeiträge noch die Kurtaxe für Kurkonzerte (RGSt 43, 189) oder eine erhöhte Garderobengebühr verlangt werden (Möhring/Nicolini/ *Waldenberger* § 52 Rn. 13; Schricker/Loewenheim/*Melichar* § 52 Rn. 17). Allgemeine Zahlungen wie Mitgliedsbeiträge für Vereine oder übliche Entgelte für Waren und Leistungen, die anlässlich der Wiedergabe angeboten oder erbracht werden, wie Getränkeverkauf oder Garderobe, sprechen nicht gegen die Privilegierung (Möhring/Nicolini/*Waldenberger* § 52 Rn. 13; Dreier/Schulze/*Dreier* § 52 Rn. 7).

3. Kein besonderes Entgelt für Künstler

8 Im Falle des Vortrags (§ 19 Rn. 6) oder der Aufführung (§ 19 Rn. 16) darf zusätzlich den ausübenden Künstlern (§ 73) keine besondere Vergütung bezahlt oder in sonstiger Weise geleistet werden, da dann dem Veranstalter auch zuzumuten wäre, mit dem Urheber eine Vereinbarung über dessen Honorierung zu treffen. Unerheblich ist, wer dem Künstler die besondere Vergütung bezahlt, auch die Zahlung durch Dritte verhindert die Privilegierung. Kein besonderes Entgelt ist die Erstattung von Reisekosten oder die Bereitstellung von Speisen und Getränken im üblichen Umfang (Möhring/Nicolini/*Waldenberger* § 52 Rn. 14; *v. Gamm* § 52 Rn. 10; a.A. Schricker/Loewenheim/*Melichar* § 52 Rn. 19, der jegliche Sachleistung, die den tatsächlichen Aufwand übersteigt, als besonderes Entgelt ansieht; Dreier/Schulze/*Dreier* § 52 Rn. 8). Das regelmäßige Gehalt eines angestellten Künstlers, bspw. eines Orchestermusikers, das unabhängig von der Wiedergabe bezahlt wird, stellt kein besonderes Entgelt dar (Schricker/Loewenheim/*Melichar* § 52 Rn. 19; Möhring/Nicolini/*Waldenberger* § 52 Rn. 14). Zahlungen an Techniker oder Hilfspersonen, die nicht ausübende Künstler sind, schaden ebenfalls nicht (Dreier/Schulze/*Dreier* § 52 Rn. 8).

IV. Vergütung

1. Anspruch auf angemessene Vergütung

Nach § 52 Abs. 1 S. 2 steht dem Urheber für die unter den Voraussetzungen des S. 1 stattfindende öffentliche Wiedergabe eine **angemessene Vergütung** zu. Nachdem das Recht der öffentlichen Wiedergabe im Wesentlichen von den Verwertungsgesellschaften wahrgenommen wird, sind für die angemessene Vergütung deren Tarife maßgeblich; für die öffentliche Wiedergabe von Musikwerken bspw. die Tarife der GEMA.

2. Entfall der Vergütungspflicht

a) **Allgemeines.** § 52 Abs. 1 S. 3 führt einige Veranstaltungen auf, in deren Rahmen die öffentliche Wiedergabe nicht nur ohne Genehmigung, sondern auch ohne Vergütung zulässig ist, die Voraussetzungen des Abs. 1 müssen grds. alle erfüllt sein. Nur im Hinblick auf das Merkmal des **fehlenden Erwerbszwecks** ist im Fall der gem. Abs. 1 S. 3 privilegierten Veranstaltungen eine einschränkende Auslegung erforderlich, da die Freistellung von der Vergütungspflicht sonst leer laufen würde, nachdem in vielen der in S. 3 aufgeführten Fälle sonst ein Erwerbszweck angenommen werden müsste. In diesen Fällen scheitert die Privilegierung nach S. 1 folglich nur bei Vorliegen von Erwerbszwecken im engeren Sinne und nicht bereits aufgrund der Führung eines Betriebs nach wirtschaftlichen Gesichtspunkten (s. Rn. 6; Schricker/Loewenheim/*Melichar* § 52 Rn. 28 m. w. N.).

b) **Veranstaltungsbegriff.** Veranstaltungen i. S. d. Abs. 1 S. 3 sind nur Einzelveranstaltungen, die zeitlich begrenzt und aus besonderem Anlass stattfinden. Eine Dauerbeschallung wie bspw. in den Aufenthaltsräumen eines Altenheims fällt nicht unter den Begriff der Veranstaltung (BGHZ 116, 305 – Altenwohnheim II, bestätigt durch BVerfG NJW 1996, 2022; BGH GRUR 1999, 45 – Verteileranlagen).

c) **Privilegierte Veranstaltungen.** Die privilegierten Veranstaltungen sind abschließend aufgezählt. Veranstaltungen der Jugendhilfe (§§ 8 und 27 SGB I) sind diejenigen nach §§ 69 und 75 SGB VIII (BayVGH ZUM-RD 1998, 181). Privilegierte Veranstaltungen der Sozialhilfe sind die Veranstaltungen der in § 28 Abs. 2 SGB I aufgezählten Träger im Rahmen der §§ 9 und 28 SGB I. Veranstaltungen der Altenpflege sind nicht nur Tätigkeiten im Rahmen der Altenhilfe i. S. d. § 71 SGB XII, sondern alles, was den „Bedürfnissen alter Menschen zu dienen bestimmt ist", wie zum Beispiel die Arbeit der Altenheime etc. (Fromm/Nordemann/*W. Nordemann* § 52 Rn. 18; a.A. Schricker/Loewenheim/*Melichar* § 52 Rn. 24, der ausschließlich auf die Altenpflege abstellt, die Altenhilfe sei als Teil der Sozialhilfe i. S. d. § 75 BSHG a. F. bereits privilegiert). Veranstaltungen der Wohlfahrtspflege sind Tätigkeiten der freien Wohlfahrtspflege i. S. v. § 5 SGB XII, das heißt der Kirchen und Religionsgemeinschaften und der Verbände der freien Wohlfahrtspflege, **nicht** jedoch der privaten Vereine (Möhring/Nicolini/*Waldenberger* § 52 Rn. 23; Schricker/Loewenheim/ *Melichar* § 52 Rn. 24). Die Gefangenenbetreuung fällt in den Bereich der Wohlfahrtspflege und dürfte nur zur Klarstellung aufgeführt sein. Zum Begriff der Schulen s. § 46 Rn. 7; **nicht privilegiert** sind Hochschulen (OLG Koblenz NJW-RR 1987, 699) und Institute der Erwachsenenbildung.

13   **d) Abgegrenzter Personenkreis.** Die privilegierten Veranstaltungen müssen des Weiteren nach ihrer sozialen und erzieherischen Zweckbestimmung nur einem **abgegrenzten Kreis von Personen** zugänglich sein. Durch das Erfordernis der **Abgegrenztheit** wird sichergestellt, dass die Vergütungsfreiheit den an sich öffentlichen Veranstaltungen gem. Abs. 1 S. 3 nur dann zugute kommt, wenn sich die Veranstaltung an die Betreuten, die Betreuer und einzelne Besucher richtet, die in persönlichen Beziehungen zu den Betreuten stehen. Sind Besuchergruppen teilnahmeberechtigt, entfällt die Privilegierung (Schricker/Loewenheim/ *Melichar* § 52 Rn. 31). Ob eine Veranstaltung einem abgegrenzten Kreis von Personen zugänglich ist, ist jeweils unter Berücksichtigung des Zwecks der Einrichtung zu ermitteln. Nicht mehr erfasst sind Veranstaltungen eines Altenheims oder Jugendzentrums, an denen auch dritte Personen einer bestimmten Altersgruppe teilnehmen können (Seniorencafé, Party im Jugendheim; LG München I ZUM-RD 1997, 146). **Schulveranstaltungen,** die sich auch an Eltern und Verwandte der Schüler richten, stehen dagegen einem abgegrenzten Personenkreis offen; eine Vorführung der Theatergruppe eines Gymnasiums, die auch von Eltern der Schüler besucht werden darf, ist folglich privilegiert. In allen Fällen muss durch den Veranstalter sichergestellt sein, dass nur der abgegrenzte Kreis von Personen teilnehmen kann (Möhring/Nicolini/*Waldenberger* § 52 Rn. 26; Schricker/Loewenheim/*Melichar* § 52 Rn. 32).

14   **e) Zweckbestimmung.** Die Veranstaltung dient dann **sozialen und erzieherischen Zwecken,** wenn der Veranstalter keine darüber hinausgehenden Ziele verfolgt. Die Maßnahme muss ausschließlich dem eigentlichen Zweck der Einrichtung zuzuordnen sein. Dies wird bei Veranstaltungen im Bereich der Sozialhilfe regelmäßig der Fall sein; bei Schulveranstaltungen wie Schulfesten, die der Unterhaltung und nicht der Erziehung dienen, verbleibt es bei der Vergütungspflicht (Schricker/Loewenheim/*Melichar* § 52 Rn. 34; Fromm/ Nordemann/*W. Nordemann* § 52 Rn. 21).

3. Entfall der Vergütungsfreiheit bei Erwerbszweck eines Dritten

15   Nach § 52 Abs. 1 S. 4 entfällt die in Abs. 1 S. 3 festgelegte Vergütungsfreiheit, wenn die Veranstaltung dem Erwerbszweck eines Dritten dient. Diese Ausnahme zur Regelung des Abs. 1 S. 3 setzt voraus, dass der Dritte Einfluss auf die Veranstaltung der privilegierten Institution nehmen konnte, da sonst kein Anlass bestünde, ihn die Vergütung für die vom Veranstalter vorgenommene öffentliche Wiedergabe bezahlen zu lassen. Diese Vergütungspflicht bestünde jedoch zu Lasten des gewerblichen Vermieters, der für die einmalige Aufführung einer Theatergruppe einer Schule einen Saal vermietet.

V. Gottesdienste oder kirchliche Feiern (Abs. 2)

16   Nach § 52 Abs. 2 ist die öffentliche Wiedergabe eines i. S. d. § 6 Abs. 2 erschienenen Werkes auch bei einem Gottesdienst oder einer kirchlichen Feier der Kirchen oder Religionsgemeinschaften zulässig; eine Vergütung ist in angemessener Höhe zu bezahlen. Die Formulierung der Vorschrift ist Folge der Entscheidung des Bundesverfassungsgerichts zur Kirchenmusik (BVerfGE 49, 382 – Kirchenmusik; s. o. Rn. 1). Privilegiert sind alle **Kirchen und Religionsgemeinschaften** unabhängig von ihrer Rechtform; anders als in der von 1985 gültigen Fassung ist nicht mehr erforderlich, dass es sich um eine Organisation des öffentlichen Rechts (vgl. Art. 140 GG i. V. m. Art. 138 Weimarer Reichsverfassung) handelt (Schricker/Loewenheim/*Melichar* § 52 Rn. 38).

Gottesdienste und kirchliche Feiern sind voneinander kaum abzugrenzen. Unter 17
kirchliche Feiern fallen jedenfalls auch Vespern, Taufen, Hochzeiten, Prozessionen und
Andachten, nicht aber Gemeindeabende und Tagungen (Fromm/Nordemann/*W. Nordemann* § 52 Rn. 25; Schricker/Loewenheim/*Melichar* § 52 Rn. 39).

Zum Begriff der nach § 52 Abs. 2 zulässigen **öffentlichen Wiedergabe** s. o. Rn. 3, 18
§ 15 Rn. 14ff. Auch im Rahmen des Abs. 2 ist der Ausschluss von Verwertungshandlungen des Abs. 3 zu beachten (s. o. Rn. 4). Umstritten ist, ob der **Gemeindegesang,** der im
Rahmen von Gottesdiensten stattfindet, unter den Begriff der öffentlichen Aufführung
(§ 19 Abs. 2) einzuordnen und folglich nach § 52 Abs. 2 vergütungspflichtig ist. Dies wird
teilweise mit der Begründung verneint, dass der Gemeindegesang gerade keine persönliche
Darbietung einer Person für einen Zuhörer darstellt; an diesem passiven Zuhörer fehle es
beim gemeinsamen Gemeindegesang, auch das Orgelvorspiel oder die Orgelbegleitung
änderten hieran nichts, da sie nur den gemeinsamen Gesang unterstützten (Schricker/
Loewenheim/*Melichar* § 52 Rn. 42f. m. w. N.; Dreier/Schulze/*Dreier* § 52 Rn. 10). Teilweise wird darauf abgestellt, dass der Gemeindegesang vom Pfarrer bestimmt werde und
dieser daher aus urheberrechtlicher Sicht einem Leiter einer Stimmungskappelle gleichzustellen sei, die Schlager zum Mitsingen durch das Publikum intoniere (Fromm/Nordemann/*W. Nordemann* § 52 Rn. 25). Dies dürfte wohl nicht zutreffen.

§ 52a Öffentliche Zugänglichmachung für Unterricht und Forschung

(1) **Zulässig ist,**
1. **veröffentlichte kleine Teile eines Werkes, Werke geringen Umfangs sowie einzelne Beiträge aus Zeitungen oder Zeitschriften zur Veranschaulichung im Unterricht an Schulen, Hochschulen, nichtgewerblichen Einrichtungen der Aus- und Weiterbildung sowie an Einrichtungen der Berufsbildung ausschließlich für den bestimmt abgegrenzten Kreis von Unterrichtsteilnehmern oder**
2. **veröffentlichte Teile eines Werkes, Werke geringen Umfangs sowie einzelne Beiträge aus Zeitungen oder Zeitschriften ausschließlich für einen bestimmt abgegrenzten Kreis von Personen für deren eigene wissenschaftliche Forschung**

öffentlich zugänglich zu machen, soweit dies zu dem jeweiligen Zweck geboten und zur Verfolgung nicht kommerzieller Zwecke gerechtfertigt ist.

(2) **Die öffentliche Zugänglichmachung eines für den Unterrichtsgebrauch an Schulen bestimmten Werkes ist stets nur mit Einwilligung des Berechtigten zulässig. Die öffentliche Zugänglichmachung eines Filmwerkes ist vor Ablauf von zwei Jahren nach Beginn der üblichen regulären Auswertung in Filmtheatern im Geltungsbereich dieses Gesetzes stets nur mit Einwilligung des Berechtigten zulässig.**

(3) **Zulässig sind in den Fällen des Absatzes 1 auch die zur öffentlichen Zugänglichmachung erforderlichen Vervielfältigungen.**

(4) **Für die öffentliche Zugänglichmachung nach Absatz 1 ist eine angemessene Vergütung zu zahlen. Der Anspruch kann nur durch eine Verwertungsgesellschaft geltend gemacht werden.**

Literatur: *Bayreuther,* Beschränkungen des Urheberrechts nach der neuen EU-Urheberrechtsrichtlinie, ZUM 2001, 828; *Berger,* Die öffentliche Zugänglichmachung öffentlicher Werke für Zwecke der akademischen Lehre – Zur Reichweite des § 52a 1 Nr. 1 UrhG, GRUR 2010, 1058; *v. Bernuth,* Streitpunkt – der Regelungsgehalt des § 52a UrhG, ZUM 2003, 438ff.; *Dreier,* Die Umsetzung der Urheberrechtsrichtlinie 2001/29/EG in deutsches Recht, ZUM 2002, 28; *Evers/Schwarz,* Stellungnahme der Filmwirtschaft zu

UrhG § 52a 1, 2   § 52a Öffentliche Zugänglichm. f. Unterricht u. Forschung

dem Regierungsentwurf Urheberrecht in der Informationsgesellschaft vom 31.7.2002, abrufbar unter www.urheberrecht.org; *Flechsig,* Grundlagen des europäischen Urheberrechts, ZUM 2002, 1; *Gounalakis,* Ein neuer Morgen für den Wissenschaftsparagrafen: Geistiges Eigentum weiter in Piratenhand, NJW 2007, 36; *Haupt,* EG-Richtlinie „Urheberrecht in der Informationsgesellschaft und ihre Konsequenzen für die Nutzung von Werken im Schulunterricht gem. § 52a", ZUM 2004, 104; *Hoeren,* Kleine Werke? – Zur Reichweite von § 52a UrhG, ZUM 2011, 369; *Hoeren/Neubauer,* Zur Nutzung urheberrechtlich geschützter Werke in Hochschulen und Bibliotheken, ZUM 2012, 636; *Hoeren,* Stellungnahme zu § 52a des Entwurfs eines Gesetzes zur Regelung des Urheberrechts in der Informationsgesellschaft vom 2.10.2002, abrufbar unter www.urheberrecht.org; *Hoeren,* Der Zweite Korb – Eine Übersicht zu den geplanten Änderungen im Urheberrechtsgesetz, MMR 2007, 615; *Jani,* Entscheidung im Musterverfahren zu § 52a UrhG: Plädoyer für eine enge Auslegung der Norm, GRUR-Prax 2012, 223; *Kianfar,* Öffentliche Zugänglichmachung und dann? – Zur Frage der Anschlussnutzung im Rahmen des § 52a UrhG, GRUR 2012, 691; *Loewenheim,* Die Benutzung urheberrechtlich geschützter Schriftwerke in der Sekundärliteratur für den Schulunterricht, ZUM 2004, 89; *Pflüger,* Die Befristung von § 52a UrhG – Eine (un)endliche Geschichte?, ZUM 2012, 444; *Rauer,* Was bleibt vom § 52a UrhG, K&R 2012, 440; *Reinbothe,* Die Umsetzung der EU-Urheberrechtsrichtlinie in deutsches Recht, ZUM 2002, 43; *Rauer,* Entscheidung im Musterverfahren zu § 52a UrhG: Plädoyer gegen die Abschaffung der Norm durch die richterliche Hintertür, GRUR-Prax 2012, 226; *Reinbothe,* Die EG-Richtlinie zum Urheberrecht in der Informationsgesellschaft, GRUR Int. 2001, 733; *Schack,* Dürfen öffentliche Einrichtungen elektronische Archive anlegen, AfP 2003, 1; *Simon,* Gewährleistung des freien Zugangs für Studium, Lehre und Forschung zur Information in der digitalen Informationsgesellschaft, Stellungnahme zum § 52a im Regierungsentwurf vom 31.7.2002 vom 4.10.2002, abrufbar unter www.urheberrecht.org; *Spindler,* Europäisches Urheberrecht in der Informationsgesellschaft, GRUR 2002, 105; *Taubner,* Anm. zum Urteil des LG München I v. 19.1.2005, ZUM 2005, 411; *Zecher,* Die Umsetzung der EU-Urheberrechtsrichtlinie in deutsches Recht, ZUM 2002, 52 (Teil I), 451 (Teil II).

Vgl. darüber hinaus die Angaben im eingangs abgedr. Gesamtliteraturverzeichnis.

Übersicht

	Rn.
I. Bedeutung	1–3
II. Verwertung im Unterricht (Abs. 1 Nr. 1)	4–10
1. Verwertungsbasis	4–7
2. Öffentliche Zugänglichmachung im Unterricht	8–11
III. Verwertung zur eigenen wissenschaftlichen Forschung (Abs. 1 Nr. 2)	12–16
IV. Ausnahmeregelung für Werke, die für den Schulunterricht bestimmt sind und Filmwerke (Abs. 2)	17–20
V. Vervielfältigungen (Abs. 3)	21
VI. Angemessene Vergütung (Abs. 4)	22

I. Bedeutung

1   Im **Interesse der Informationsfreiheit** erlaubt der in der Entstehungsgeschichte zwischen den Rechtsinhabern einerseits und den begünstigten Institutionen andererseits heftig umstrittene § 52a (s. Stellungnahme des Bundesrates BT-Drucks. 15/38, 35 und Bericht des Rechtsausschusses BT-Drucks. 15/837, 58 ff.) zugunsten des **Unterrichts** an den genannten Institutionen sowie der **wissenschaftlichen Forschung** das vergütungspflichtige öffentliche Zugänglichmachen von Werkteilen, Werken geringen Umfangs sowie einzelnen Beiträgen aus Zeitungen oder Zeitschriften i. S. d. § 19a, und damit das Bereitstellen zum Online-Abruf von veröffentlichten Werken, für einen jeweils abgegrenzten Kreis von Personen. Ausdrücklich zugelassen ist durch Abs. 3 die Herstellung der zur öffentlichen Zugänglichmachung erforderlichen Vervielfältigungen. Abs. 2 begünstigt insb. die Schulbuch-Verlage sowie die Filmwirtschaft.

2   Eine unzumutbare Beeinträchtigung der Erstverwertung der verwendeten Werke ist durch § 52a in der geltenden Fassung wohl nicht mehr zu erwarten (a. A. *Schack,* Rn. 576, der einen Verstoß der Regelung gegen Art. 14 Abs. 1 GG und den Drei-Stufen-Test, s. vor § 44a ff. Rn. 7 annimmt, da die Bemühungen der Rechtsinhaber zum Vertrieb über Netz-

werklizenzen ohne Not konterkariert würden; siehe auch *v. Bernuth* ZUM 2003, 438). Im Interesse der Rechtsinhaber ist nach dem Bericht des Rechtsausschusses sorgfältig zu beobachten, wie sich die Regelung des § 52a in der Praxis auswirkt. Käme es zu wesentlichen Missbräuchen und Beeinträchtigungen der Verlage, ist der Gesetzgeber aufgerufen, unverzüglich korrigierend einzugreifen (Bericht des Rechtsausschusses, BT-Drucks. 15/538, 76). Darüber hinaus ist der Geltungszeitraum der Norm zunächst bis zum 31.12.2006 befristet worden (s. § 137k Rn. 1 f.; Bericht des Rechtsausschusses, BT-Drucks. 15/837, 2). Im Rahmen der Umsetzung der Folgerechts-Richtlinie wurde die Frist des § 137k durch den Bundestag um zwei weitere Jahre verlängert (BT-Drucks. 16/2019, 4; näher § 137k Rn. 1). Die ursprüngliche Befristung hatte sich als zu knapp erwiesen, eine effektive Evaluierung der Vorschrift sei so noch nicht möglich gewesen (*Hoeren* MMR 2007, 615; krit. *Gounalakis* NJW 2007, 36). Im Rahmen der Arbeiten am Zweiten Korb wurde die Vorschrift nicht verändert. Bei der Verabschiedung des Zweiten Korbs forderte der Gesetzgeber das Bundesjustizministerium in einem Entschließungsantrag ausdrücklich auf, die Regelung des § 52a daraufhin zu überprüfen, ob gesetzgeberisch Handlungsbedarf besteht (BT-Drucks. 16/5939, 3; BT-Drucks. 16/1828). Die Geltungsdauer der Vorschrift wurde im Dezember 2012 bis **31.12.2014** verlängert (s. § 137k); wird die Befristung nicht aufgehoben oder verlängert, tritt sie Ende 2012 außer Kraft.

Mit der Vorschrift wurde von der Möglichkeit nach Art. 5 Abs. 3a) Multimedia-Richtlinie Gebrauch gemacht, das Vervielfältigungsrecht und das Recht der öffentlichen Wiedergabe für die Nutzung von Werken zur Veranschaulichung im Unterricht sowie für Zwecke der wissenschaftlichen Forschung zu beschränken, wenn die Quelle einschließlich des Namens des Urhebers angegeben wird und die Verwertung zur Verfolgung nicht kommerzieller Zwecke gerechtfertigt ist. Wie bei allen auf der **Sozialbindung des geistigen Eigentums** beruhenden Schrankenbestimmungen ist zu berücksichtigen, dass der Urheber an der wirtschaftlichen Nutzung seiner Werke tunlichst angemessen zu beteiligen ist und die ihm hinsichtlich der Werkverwertung zustehenden Ausschließlichkeitsrechte nicht übermäßig beschränkt werden dürfen (BGH GRUR 2002, 605 – Verhüllter Reichstag; BGH GRUR 2002, 963 – Elektronischer Pressespiegel m. w. N.). Bei der Auslegung der Vorschrift sind neben den nach Art. 14 Abs. 1 GG geschützten Eigentumsrechten auch die Informationsfreiheit der Studierenden und die Freiheit der Lehre in die vorzunehmende Abwägung einzustellen, weshalb nicht alleine auf eine enge Auslegung abzustellen ist (BGH Urt. v. 28.11.2013 Az. I ZR 76/12 – Meilensteine der Psychologie; OLG Stuttgart GRUR 2012, 718 – Urheberrechtliche Grenzen einer elektronischen Lernplattform). Die Anwendung der Regel, nach der Schrankenregelungen des Urheberrechts grundsätzlich eng auszulegen seien, verbietet sich insoweit ebenso, wie diejenige der umgekehrten Regel, dass der Freiheit der Wissenschaft, Forschung und Lehre grundsätzlich der Vorrang vor dem Art. 14 Abs. 1 GG geschützten Urheberrecht einzuräumen sei (OLG Stuttgart GRUR 2012, 718 – Urheberrechtliche Grenzen einer elektronischen Lernplattform m. Verw. auf BVerfG GRUR 2012, 389 – Kunstausstellung im Online-Archiv). Das **Urheberpersönlichkeitsrecht** wird durch das Änderungsverbot (§ 62) und die Verpflichtung zur Angabe der Quelle (§ 63 Abs. 2 S. 2) gewahrt. Zur **Durchsetzung der Schrankenbestimmung gegenüber dem Verwender technischer Schutzmaßnahmen** s. § 95b.

II. Verwertung im Unterricht (Abs. 1 Nr. 1)

1. Verwertungsbasis

§ 52a Abs. 1 Nr. 1 ermöglicht die öffentliche Zugänglichmachung von veröffentlichten **kleinen Teilen eines Werkes, Werken von geringem Umfang** sowie **einzelnen Beiträgen aus Zeitungen oder Zeitschriften** zur Veranschaulichung im Unterricht. Anders als in der ursprünglichen Entwurfsfassung wurde die Verwertungsbasis eingeschränkt. Ursprünglich war geplant, die öffentliche Zugänglichmachung vollständiger Werke aller Arten zu erlauben. Da aus der Sicht der Urheber der durch § 52a Abs. 1 Nr. 1 für zulässig erklärte Gesamtvorgang funktional der Herstellung von Vervielfältigungsstücken für den Unterricht gem. § 53 Abs. 3 Nr. 1 entspricht, wurde auch die Verwertungsbasis identisch definiert (Bericht des Rechtsausschusses BT-Drucks. 15/837, 78). Die verwendeten Werke und Werkteile müssen nur i. S. d. § 6 Abs. 1 veröffentlicht sein. Nicht erforderlich ist, dass sie vorher in verkörperter Form der Öffentlichkeit angeboten oder in Verkehr gebracht wurden (vgl. § 6 Abs. 1). § 52a erfasst alle Werke des § 2 einschließlich der selbstständig geschützten Bearbeitungen (§ 3) sowie über die Verweisungsvorschriften der §§ 72 Abs. 1, 83, 85 Abs. 4, 87 Abs. 4, 94 Abs. 4 und 95 Lichtbilder, Leistungsschutzrechte, Filmwerke und Laufbilder; zur **Bereichsausnahme** für Werke, die für den **Schulunterricht** bestimmt sind, sowie für **Filmwerke** s. Abs. 2 (s. u. Rn. 13 ff.).

5 Ein kleiner Teil eines Werkes liegt nicht mehr vor, wenn der verwendete Anteil das Werk ersetzen kann (Möhring/Nicolini/*Decker* § 53 Rn. 28), relevant ist grundsätzlich das Verhältnis zwischen verwendetem Teil und dem gesamten Werk (Schricker/Loewenheim/ *Loewenheim* § 52a Rn. 7; Dreier/Schulze/*Dreier* § 52a Rn. 5). Nach OLG Karlsruhe GRUR 1987, 818 – Referendarkurs übersteigen 10% eines Gesamtwerkes den kleinen Teil nicht. Bei der Beantwortung der Frage, ob ein kleiner Teil eines Werkes vorliegt, darf jedoch nicht nur auf das Verhältnis des Teiles des Werkes zum Gesamtwerk abgestellt werden, da ansonsten bspw. ganze Bände eines mehrbändigen Kommentars oder eines mehrbändigen Geschichtslexikons verwendet werden dürften. Im verfassungsmäßig geschützten Interesse der Rechtsinhaber ist der Gesamtumfang eines kleinen Teils daher objektiv im Hinblick auf die Werkgattung zu begrenzen. Ein kleiner Teil eines Sprachwerkes dürfte jedenfalls nicht mehr vorliegen, wenn dieser den Umfang von zehn DIN-A5-Seiten übersteigt (Schricker/ Loewenheim/*Melichar* § 46 Rn. 18; s. § 46 Rn. 11). Von der Aufnahme einer Theateraufführung dürfte Schülern nach § 52a nur eine Szene, nicht aber ein vollständiger Akt zugänglich gemacht werden, bei Musikwerken dürfte die Zugänglichmachung einzelner Takte, die ein Thema wiedergeben, nicht jedoch eines ganzen Sonatensatzes gedeckt sein. Das OLG München hat in einem Urteil zum Gesamtvertrag zwischen der VG Wort und den Bundesländern als Träger von Hochschuleinrichtungen „kleine Teile eines Werkes" auf maximal 10% eines Werkes, insgesamt nicht mehr als 100 Seiten eines Werkes beschränkt (OLG München ZUM-RD 2011, 603). In seinem Urteil vom 20.3.2013 hat der BGH insoweit beanstandet, dass das OLG von den Definitionen im bestehenden Gesamtvertrag „Schulen" abgewichen ist, und die Sache an das OLG zurückverwiesen (BGH I ZR 84/11 – Gesamtvertrag Hochschul-Intranet). Das OLG Stuttgart wendete sich gegen die Festlegung einer bestimmten relativen Prozentgröße, weil dann ggf. wesentliche Kernteile eines Werkes öffentlich zugänglich gemacht werden könnten und verlangt eine am Einzelfall orientierte Sichtweise. Es seien im Einzelfall die jeweiligen Interessen abzuwägen und aus Gründen der leichteren und rechtssicheren Handhabbarkeit eine absolute Obergrenze festzusetzen. Eine solche Festsetzung hat das OLG jedoch – wohl wegen der Formulierung des Antrags – nicht getroffen. Eine Orientierung an § 46 UrhG, für den bis zu 10 DIN-A5-Seiten als absolute Obergrenze angesehen werden (vgl. § 46 Rn. 11), wurde abgelehnt; wegen der speziellen Regelung der öffentlichen Zugänglichmachung in § 52a und dem eingeschränkten Anwendungsbereich des § 46 auf Sammlungen, die Werke einer größeren von Anzahl von Urhebern vereinigen, sei die dort gezogene Grenze nicht übertragbar (OLG Stuttgart GRUR 2012, 718 – Urheberrechtliche Grenzen einer elektronischen Lernplattform). Sowohl im Interesse der Rechtsinhaber als auch im Interesse der Hochschullehrer erscheint die Festlegung einer Obergrenze aber weiterhin erforderlich. Der BGH hat entschieden, dass eine Universität den Teilnehmern einer Lehrveranstaltung nur dann Teile eines urheberrechtlich geschützten Werkes auf einer elektronischen Lernplattform zur Verfügung stellen darf, wenn diese Teile höchstens 12% des Gesamtwerkes und nicht mehr als 100 Seiten ausmachen und der Rechtsinhaber der Universität keine angemessene Lizenz für die Nutzung angeboten hat (BGH Urt. v.

28.11.2013 Az. I ZR 76/12 – Meilensteine der Psychologie; vgl. auch *Hoeren/Neubauer* ZUM 2012, 636).

Nachdem der Gesetzgeber sich bei der Neuformulierung von § 53 Abs. 3 sowie entsprechend bei § 52a an § 46 orientiert hat (AmtlBegr. BT-Drucks. 15/38, 21), kann zur Bestimmung von **Werken geringen Umfangs** auf die dortige Kommentierung verwiesen werden (s. § 46 Rn. 10f.). Maßgeblich ist insoweit die Werkart. In Betracht kommen Aufsätze, Lieder, kleine Novellen, sowie Gedichte (RGZ 80, 78 – Engl. und franz. Schriftsteller der neueren Zeit; BGH GRUR 1972, 432 – Schulbuch, vgl. *v. Gamm* § 46 Rn. 12; *Ulmer* 316; *v. Bernuth* ZUM 2003, 438; *Hoeren* ZUM 2011, 369) und kleinere wissenschaftliche Arbeiten (RGZ 80, 78). Nach Fromm/Nordemann/*Dustmann* § 52a Rn. 8 hat ein Werk einen geringeren Umfang, wenn es bei einer Gesamtbetrachtung aller möglichen Werke umfänglich zu den Kleinsten gehört. 6

Erstaunlicherweise fasst die Gesetzesbegründung (Bericht des Rechtsausschusses, BT-Drucks. 15/538, 78) „Monografien" unter Werke geringen Umfangs. Im Hinblick auf die durch Art. 14 GG geschützte Position des Urhebers und dem bei der Auslegung der Schrankenbestimmungen zu beachtenden Drei-Stufen-Test gem. Art. 5 Abs. 5 Multimedia-Richtlinie (vgl. § 44a Rn. 22) dürfte diese Auffassung zu weit gehen. Zu berücksichtigen ist das Ziel des § 52a, einem Lehrer zu ermöglichen, seiner Klasse nicht mehr Kopien eines Aufsatzes zu verteilen, sondern diesen Aufsatz seinen Schülern auf Bildschirmen zugänglich zu machen (*Zypries* NJW 2003, Heft 16 – Editorial). Auch wenn die öffentliche Zugänglichmachung von ganzen Werken für Unterrichtszwecke selten geboten sein wird und schon deshalb durch § 52a Abs. 1 Nr. 1 nicht gedeckt ist (s. u. Rn. 9), ist folglich die Grenze der Werke von geringem Umfang objektiv zu bestimmen, wobei sich jedoch eine schematische Festlegung verbietet. Eine wissenschaftliche Monografie ist im Gegensatz zu einem fünfseitigen Beitrag in einer juristischen Fachzeitschrift nicht mehr als Werk von geringem Umfang einzuordnen (*Hoeren* ZUM 2011, 364; Schricker/Loewenheim/ *Loewenheim* § 52a Rn. 7; Dreyer/Kothoff/Meckel/*Dreyer* § 52a Rn. 11); gleiches gilt im Gegensatz zum Text eines Liedes für das Libretto einer Oper. Bei Kunst- und Lichtbildwerken ist auf den schöpferischen Gehalt abzustellen (*Hoeren* ZUM 2012, 369, Dreyer/Kotthoff/Meckel/*Dreyer* § 52a Rn. 12; Fromm/Nordemann/*Dustmann* § 52a Rn. 8). **Einzelne Beiträge** aus Zeitungen oder Zeitschriften sind nur einige wenige Beiträge (zum Begriff der Zeitungen und Zeitschriften s. § 48 Rn. 4). Dreyer/Kothoff/Meckel/ *Dreyer* § 52a Rn. 10 will hier bis zu 40% der Beiträge aus einer Zeitung oder Zeitschrift zulassen, was aber deutlich zu hoch sein dürfte (Schricker/Loewenheim/*Loewenheim* § 52a Rn. 7, § 53 Rn. 53; *Hoeren* ZUM 2011, 369). 7

2. Öffentliche Zugänglichmachung im Unterricht

Zulässig ist nach § 52a Abs. 1 Nr. 1 die öffentliche Zugänglichmachung der definierten Werke zur Veranschaulichung im Unterricht an Schulen, Hochschulen, nicht gewerblichen Einrichtungen der Aus- und Weiterbildung sowie an Einrichtungen der Berufsbildung. Auch insoweit orientiert sich die Regelung an dem Vorbild des § 53 Abs. 3 Nr. 1, privilegiert jedoch ergänzend die Hochschulen, um deren Wettbewerbsfähigkeit im internationalen Vergleich zu gewährleisten (Bericht des Rechtsausschusses, BT-Drucks. 15/538, 78). **Schulen** sind insoweit alle öffentlich zugänglichen Schulen, unabhängig davon, ob es staatliche oder anerkannte Schulen sind. Neben den allgemein bildenden Schulen sind auch Berufs- und Sonderschulen erfasst (s. § 46 Rn. 7). Die **nicht gewerblichen Einrichtungen der Aus- und Weiterbildung** sowie **Einrichtungen der Berufsbildung** erstrecken sich auch auf die Weiterbildung von Auszubildenden, sei es in betrieblichen oder überbetrieblichen Ausbildungsstätten; hierzu zählen auch staatliche Stellen für die Referendarausbildung nach Abschluss eines Hochschulstudiums (OLG Karlsruhe GRUR 1987, 818 – Referendarkurs). 8

UrhG § 52a 9, 10   § 52a Öffentliche Zugänglichm. f. Unterricht u. Forschung

9 Die Zugänglichmachung der Werke bzw. Werkteile darf zur Veranschaulichung im Unterricht ausschließlich für den **abgegrenzten Kreis von Unterrichtsteilnehmern** erfolgen, muss durch den **Unterrichtszweck geboten** und zur Verfolgung **nicht kommerzieller Zwecke** gerechtfertigt sein. Von einer Veranschaulichung im Unterricht ist auszugehen, wenn der Einsatz im Unterricht selbst sowie die Benutzung zu Lernzwecken erfolgt. Zur Veranschaulichung dient die öffentliche Zugänglichmachung, wenn dadurch der Lehrstoff verständlicher dargestellt und deshalb leichter erfassbar wird (Fromm/Nordemann/*Dustmann* § 52a Rn. 9; Schricker/Loewenheim/*Schricker* § 52a Rn. 9). Laut OLG Stuttgart verlangt die Vorschrift zwar eine Veranschaulichung im Unterricht, dies bedeute aber keine Beschränkung auf die eigentliche Unterrichtszeit oder Unterrichtsveranstaltung, auch die Vor- und Nachbearbeitung und etwa Hausaufgaben würden erfasst (OLG Stuttgart GRUR 2012, 718 – Urheberrechtliche Grenzen einer elektronischen Lernplattform). Im Hinblick auf den abweichenden Wortlaut von § 53 Abs. 3 UrhG dürfte diese Auslegung zu weit gehen (a.A. Dreier/Schulze/*Dreier* § 52a Rn. 6). Zugreifen dürfen nur der Lehrer und dessen Schüler, ein Zugriff durch die Verwaltung der Schule oder zur bloßen Unterhaltung der Schüler (Überbrückung einer Freistunde) ist durch § 52a Abs. 1 Nr. 1 nicht gedeckt. Im universitären Bereich dürfen alle Teilnehmer einer Lehrveranstaltung, aber auch nur diese, zugreifen. Bei einer Universität können dies ggf. auch 4000 Teilnehmer sein, wenn diese Teilnehmer einer bestimmten Lehrveranstaltung sind. Die Teilnehmerzahl könne durchaus groß sein, der Teilnehmerkreis dürfe nur nicht unbestimmt oder unbegrenzt ausgeweitet sein (OLG Stuttgart GRUR 2012, 718 – Urheberrechtliche Grenzen einer elektronischen Lernplattform; *Hoeren/Neubauer* ZUM 2012, 637; *Rauer* K&R 2012, 440). Erforderlich ist die Verwendung eines Zugangskontrollsystems, das sicherstellt, dass die Nutzung im Rahmen der Vorschrift erfolgt (Fromm/Nordemann/*Dustmann* § 52a Rn. 11; Schricker/Loewenheim/*Loewenheim* § 52a Rn. 10).

10 Gebotenheit setzt nicht eine absolute Notwendigkeit voraus. Im Hinblick auf den Gesetzestext ist es ausreichend, wenn sich die Zugänglichmachung der Informationen zum Abruf im Hinblick auf den Unterricht anbietet; im Einzelfall ist eine Gesamtabwägung zwischen dem Bedürfnis der Zugänglichmachung und dem Grad der Beeinträchtigung des Rechtsinhabers vorzunehmen. Eine Zugänglichmachung ist aber dann nicht geboten, wenn die Informationen mit demselben Effekt auch auf andere Weise einfacher oder besser vermittelt werden können (Schricker/*Loewenheim* § 52a Rn. 14, Dreier/Schulze/*Dreier* § 52a Rn. 12, Fromm/Nordemann/*Dustmann* § 52a Rn. 15; OLG Stuttgart GRUR 2012, 718 – Urheberrechtliche Grenzen einer elektronischen Lernplattform). Auch wenn der Gesetzgeber den Zugang zu digitalen Informationen ermöglichen wollte, ist die Zugänglichmachung nicht geboten, wenn das Werk ohne erheblichen zusätzlichen Aufwand offline, sei es analog oder digital, zur Verfügung gestellt werden kann (Fromm/Nordemann/*Dustmann* § 52a Rn. 15; Dreyer/Kotthoff/Meckel/*Dreyer* § 52a Rn. 22; a.A. Schricker/Loewenheim/*Loewenheim* § 52a Rn. 14; OLG Stuttgart GRUR 2012, 718 – Urheberrechtliche Grenzen einer elektronischen Lernplattform). Fraglich ist, ob ein Lizenzangebot eines Verlages, das Lehrmaterial auch online elektronisch bereitzustellen, die Gebotenheit der Nutzung ausschließt. Das OLG München ist der Auffassung, dass bei Bestehen online verfügbarer Angebote auf § 52a UrhG nicht zurückgegriffen werden kann, weil dann die Verwertung dieser digitalen Angebote beeinträchtigt würde; anders sei es aber, wenn bei beabsichtigter Verwertung eines Zeitschriftenartikels nur ein digitales Abonnement angeboten werde (OLG München ZUM-RD 2011, 603 mit Hinweis auf BT-Drucks. 16/1828, 27; OLG Stuttgart GRUR 2012, 718 – Urheberrechtliche Grenzen einer elektronischen Lernplattform; zustimmend Dreyer/Kotthoff/Meckel/*Dreyer* § 52a Rn. 21). Der Wortlautvergleich zwischen § 52a und den §§ 52b und 53a UrhG legt dagegen nahe, dass vertragliche Angebote der Rechteinhaber keinen Vorrang haben (*Pflüger* ZUM 2012, 444; LG Stuttgart ZUM 2011, 946). Der BGH hat in seinem Urteil vom 20.3.2013, dem OLG München folgend, den Vorrang angemessener Angebote der Rechteinhaber bestätigt

§ 52a Öffentliche Zugänglichm. f. Unterricht u. Forschung   11–13   § 52a UrhG

(BGH I ZR 84/11 – Gesamtvertrag Hochschul-Intranet). Das OLG Stuttgart hat bei der Beurteilung der Gebotenheit den **Drei-Stufen-Test** als Auslegungsmaßstab herangezogen. Auch wenn der Gesetzgeber der Auffassung war, dass die Schrankenbestimmungen selbst den Anforderungen des Drei-Stufen-Tests genügen (BT-Drucks. 15/38, S. 15), sei es richtig, diesen Maßstab (vgl. vor § 44a Rn. 7) auch bei der Prüfung der Schranken im Einzelfall heranzuziehen (EuGH GRUR 2009, 1041 – Infopaq/ddf; BGH GRUR 1999, 707 – Kopienversanddienst; *Jani* GRUR Prax 2012, 224; *Raue,* K&R 2012, 440). In der konkreten Entscheidung wurde der Drei-Stufen-Test nicht bestanden, weil der gesamte Pflichtstoff einer Vorlesung durch eine Fernuniversität (passwortgesichert) in das Internet eingestellt worden war und die Studenten das Buch selbst folglich nicht mehr kaufen mussten (*Jani* GRUR Prax 2012, 223). Nicht zulässig ist die öffentliche Zugänglichmachung der Werke zu kommerziellen Zwecken. Es ist folglich nicht erlaubt, dass bspw. eine Schule oder eine sonstige privilegierte Bildungsinstitution für die Zugänglichmachung der Werke ein Entgelt verlangt. Die Zugänglichmachung darf nicht auf Gewinnerzielung ausgerichtet sein, eine reine Unkostenerstattung soll aber unschädlich sein (Dreyer/Kotthoff/Meckel/ *Dreyer* § 52a Rn. 12; Dreier/Schulze/*Dreier* § 52a Rn. 13 und Schricker/Loewenheim/ *Loewenheim* § 52a Rn. 15). Nach Auffassung des BGH erlaube § 52a Abs. 1 Nr. 1 nicht nur ein Bereithalten kleiner Teile eines Werkes zum Lesen am Bildschirm, sondern er gestattet deren Zugänglichmachen auch dann, wenn Unterrichtsteilnehmern dadurch ein Ausdrucken und Abspeichern der Texte ermöglicht wird (BGH Urt. v. 28.11.2013 Az. I ZR 76/ 12 – Meilensteine der Psycholgoie).

Durch die Beschränkung der Verwertungsbasis auf kleine Teile eines Werkes, Werke geringen Umfangs sowie einzelner Beiträge aus Zeitungen oder Zeitschriften sowie die Notwendigkeit, dass die öffentliche Zugänglichmachung durch den Unterrichtszweck geboten sein muss, dürfte die Befürchtung, dass Lehrmittelhersteller ihren Primärmarkt verlieren würden, da jede Schule von einer neuen Auflage eines Werkes nur noch ein Exemplar zur Einspeisung in das eigene Übertragungsnetz anschaffen müsse, ausgeräumt sein. Zu den wirtschaftlichen Dimensionen der Nutzung nach § 52a und deren Primärmarktrelevanz vgl. Pflüger ZUM 2012, 444 zum begrenzten Geltungszeitraum und zur Beobachtungspflicht des Gesetzgebers s. o. Rn. 2. Zur Bereichsausnahme für Schulbücher und Filmwerke s. Rn. 17 ff. Die angemessene Beteiligung der Urheber ist durch die Pflicht zur Zahlung einer angemessenen Vergütung gem. Abs. 4 sichergestellt, es ist Sache der Verwertungsgesellschaften, mit den Verwertern entsprechende Verträge abzuschließen.

III. Verwertung zur eigenen wissenschaftlichen Forschung (Abs. 1 Nr. 2)

Die öffentliche Zugänglichmachung zu Zwecken der eigenen wissenschaftlichen Forschung ist durch § 52a Abs. 1 Nr. 2 gedeckt, soweit es sich um veröffentlichte (s. § 6 Abs. 1) Teile eines Werkes, Werke geringen Umfangs sowie einzelne Beiträge aus Zeitungen oder Zeitschriften handelt. Abs. 1 Nr. 2 erfasst ebenfalls alle Werkarten i. S. d. § 2, die selbstständig geschützten Bearbeitungen i. S. d. § 3 sowie über die Verweisungsvorschriften der §§ 72 Abs. 1, 83, 85 Abs. 4, 87 Abs. 4, 94 Abs. 4 und 95 Lichtbilder, Filmwerke, Multimedia-Werke, Laufbilder und Leistungsschutzrechte. Hinsichtlich der für den Unterrichtsgebrauch an Schulen bestimmten Werke und Filmwerke ist auf die Sonderregelung in Abs. 2 (s. u. Rn. 17 ff.) hinzuweisen.

Zur Definition der **Werke geringen Umfangs** sowie der **einzelnen Beiträge aus Zeitungen oder Zeitschriften** kann auf Rn. 6 f. verwiesen werden. Anders als Abs. 1 Nr. 1 erlaubt Abs. 1 Nr. 2 nicht nur die Zugänglichmachung von kleinen Teilen eines Werkes, sondern von **Teilen eines Werkes.** Die Differenzierung zwischen Abs. 1 Nr. 1 und Abs. 1 Nr. 2 ist ausdrücklich beabsichtigt (Bericht des Rechtsausschusses, BT-

UrhG § 52a 14–16 § 52a Öffentliche Zugänglichm. f. Unterricht u. Forschung

Drucks. 15/538, 78). Im Ergebnis bedeutet dies, dass hier ein großzügigerer Maßstab anzulegen ist, als bei der Verwendung für den Unterricht. Teile eines Werkes dürfen jedenfalls nicht anstelle des Gesamtwerkes treten können (Schricker/Loewenheim/*Loewenheim* § 52a Rn. 13; Dreier/Schulze/*Dreier* § 52a Rn. 9), es muss sich immer um einen untergeordneten Werkbestandteil handeln, der zum einen vom Umfang her deutlich unter 50% des Gesamtwerkes liegen muss (laut Schricker/Loewenheim/*Loewenheim* § 52a Rn. 13 „entschieden zu niedrig"). Nach Dreyer/Kotthoff/Meckel/*Dreyer* § 52a Rn. 28 muss es sich aber in jedem Fall um einen Werkteil handeln, das Weglassen von Inhaltsverzeichnis, Gliederung etc. reicht nicht aus. Die in der Vorauflage vertretene Beschränkung auf 20 DIN-A5-Seiten bei Schriftwerken widerspricht der Intention des Gesetzes. Zulässig dürfte danach die öffentliche Zugänglichmachung einzelner Buchkapitel sowie einzelner Szenen eines Bühnenwerkes sein.

14 Die öffentliche Zugänglichmachung der Werke bzw. Werkteile darf nur für einen **bestimmt abgegrenzten Kreis von Personen** für deren eigene wissenschaftliche Forschung erfolgen. Nach der Begründung „ist der zugelassene Kreis durch konkrete und nach dem jeweiligen Stand der Technik wirksame Vorkehrungen ausschließlich auf Personen einzugrenzen, die das Angebot für eigene wissenschaftliche Zwecke abrufen" (Amtl. Begr. BT-Drucks. 15/538, 20). Gedacht ist hierbei an kleine Forschungsteams. Nicht zulässig ist es, Werke so in das Intranet einer Universität einzustellen, dass sämtlichen dort tätigen Forschern die Nutzung des Werkes ermöglicht wird (Bericht des Rechtsausschusses, BT-Drucks. 15/538, 78). Eine ausreichende Abgrenzung des Benutzerkreises dürfte sich durch passwortkontrollierte Intranet-Angebote etc. sicherstellen lassen; es wäre zulässig, wenn in einem wissenschaftlichen Institut Artikel aus Fachzeitschriften so ins Intranet gestellt würden, dass nur die in einem entsprechenden Forschungsteam arbeitenden Mitarbeiter passwortgeschützten Zugriff haben.

15 Die privilegierte Verwertung nach Abs. 1 Nr. 2 ist nur zur Verfolgung **nicht kommerzieller Zwecke** gerechtfertigt. Wie aus Erwägungsgrund 42 der Multimedia-Richtlinie ersichtlich, kommt es hierbei nicht auf die organisatorische Struktur und die Finanzierung der betreffenden Einrichtung an, sondern auf die Forschungstätigkeit als solche, die Auftragsforschung ist daher nicht privilegiert (Dreyer/Kotthoff/Meckel/*Dreyer* § 52a Rn. 36, Schricker/Loewenheim/*Loewenheim* § 52a Rn. 15). Eine Aufwandsentschädigung für das Zugänglichmachen führt aber nicht aus dem Anwendungsbereich (Schricker/Loewenheim/*Loewenheim* § 52a Rn. 15; Dreier/Schulze/*Dreier* § 52a Rn. 13). Die öffentliche Verfügbarmachung muss durch den Zweck der **wissenschaftlichen Forschung** geboten sein. Der Begriff der wissenschaftlichen Forschung ist Art. 5 Abs. 3a) Multimedia-Richtlinie entnommen und weder dort noch in der amtlichen Begründung näher definiert. Als wissenschaftliche Forschung ist in diesem Sinne nicht nur die Forschung, d. h. das methodisch-systematische Streben nach Erkenntnis an universitären Forschungsinstituten, sondern auch die selbstständige Anfertigung von wissenschaftlichen Arbeiten im Rahmen des Studiums anzusehen (*Hoeren* Stellungnahme v. 2.10.2002). Der Begriff ist enger zu verstehen, als der des wissenschaftlichen Gebrauchs in § 53 Abs. 2 Satz 1 Nr. 1 (Fromm/Nordemann/*Dustmann* § 52a Rn. 13; Dreyer/Kotthoff/Meckel/*Dreyer* § 52a Rn. 29; Schricker/Loewenheim/*Loewenheim* § 52a Rn. 11; a. A. Dreier/Schulze/*Dreier* § 52a Rn. 10). Die bloße Unterrichtung über den Stand der Wissenschaft ist daher nicht umfasst (Schricker/Loewenheim/*Schricker* § 52a Rn. 11; Fromm/Nordemann/Dustmann § 52a Rn. 13; a. A. Dreier/Schulze/*Dreier* § 52a Rn. 10). **Geboten** ist das Verfügbarmachen von Werken und Werkteilen zur eigenen wissenschaftlichen Forschung dann nicht mehr, wenn das betreffende Werk ohne erheblichen Aufwand, sei es in digitalisierter Form offline, sei es in analoger Form, beschafft werden kann. Ein entgeltliches Online-Angebot schadet dagegen nicht (Rn. 9). Zur Anwendung des Drei-Stufen-Tests s. Rn. 9.

16 Durch die Begrenzung der Verwertungsbasis auf veröffentlichte Teile eines Werkes, Werke geringen Umfangs sowie einzelne Beiträge aus Zeitungen oder Zeitschriften, sowie die

Forderung nach der „Gebotenheit", scheint die von den Gegnern der Vorschrift im Gesetzgebungsverfahren ins Spiel gebrachte befürchtete Enteignung der wissenschaftlichen Verlage ausgeräumt zu sein. Die Beteiligung der Urheber im Rahmen der Zweitverwertung ist durch den in Abs. 4 geregelten Anspruch auf angemessene Vergütung sichergestellt.

IV. Ausnahmeregelung für Werke, die für den Schulunterricht bestimmt sind und Filmwerke (Abs. 2)

§ 52a Abs. 2 bestimmt, in welchen Fällen die öffentliche Zugänglichmachung i. S. d. **17** Abs. 1 stets nur mit Einwilligung des Berechtigten zulässig ist. Durch die Bereichsausnahme für **Werke, die für den Unterricht an Schulen bestimmt** sind, soll ein Eingriff in den Primärmarkt der Schulbuchverlage vermieden werden (Bericht des Rechtsausschusses, BT-Drucks. 15/538, 78 f.). Zum Begriff der Schulen s. o. Rn. 8. Werke, die für den Unterrichtsgebrauch an Hochschulen, nicht gewerblichen Einrichtungen der Aus- und Weiterbildung sowie an Einrichtungen der Berufsbildung bestimmt sind (s. o. Rn. 8), sind von der Bereichsausnahme nicht erfasst.

Zur Beantwortung der Frage, wann ein Werk für den Unterrichtsgebrauch an Schulen **18** bestimmt ist, kann auf die Grundsätze zu § 46 zurückgegriffen werden (Dreyer/Kotthoff/ Meckel/*Dreyer* § 52a Rn. 40). Auch wenn Abs. 2, anders als § 46, nicht ausdrücklich verlangt, dass das Werk ausschließlich für den Unterrichtsgebrauch an Schulen bestimmt ist, sind im Interesse der Informationsfreiheit nur solche Werke von der Anwendung des § 52a ausgenommen, die ausschließlich für den Schulgebrauch bestimmt sind; eine Privilegierung von Werken, die auch im Unterrichtsgebrauch verwendet werden können, ist gegenüber den Urhebern anderer Werke nicht zu rechtfertigen.

Für den Unterrichtsgebrauch an Schulen bestimmte Werke sind Werke, die speziell für **19** jenen Gebrauch zusammengestellt, vervielfältigt und verbreitet werden. Ob dies der Fall ist, muss sich objektiv der Beschaffenheit des Werkes entnehmen lassen. Es kann hier sowohl auf die äußere Beschaffenheit wie auch auf den Inhalt des Werkes ankommen, sie muss ihre Bestimmung erkennen lassen. Ein expliziter Hinweis auf den Zweck des Werkes, wie ihn § 46 fordert (s. § 46 Rn. 9), ist nach dem Wortlaut von § 52a Abs. 2 aber nicht notwendig, zu Zwecken der Rechtssicherheit jedoch zu empfehlen.

Die Bereichsausnahme für **Filmwerke** (Abs. 2 S. 2) stellt auf die für den Film typische **20** Verwertungskaskade (vgl. Vor §§ 88 ff. Rn. 86 ff.) ab. Als Kompromiss zwischen den Interessen der Filmwirtschaft und der durch § 52a begünstigten Institutionen wurde festgelegt, dass die öffentliche Zugänglichmachung für Unterrichtszwecke und für die eigene wissenschaftliche Forschung erst 2 Jahre nach Beginn der Kinoauswertung eines Filmwerkes in Deutschland zulässig ist. Erfolgt die Verwertung eines Filmwerkes ausschließlich über Video oder DVD oder im Fernsehen, ist die Anwendung von § 52a auf jenes Werk folglich dauerhaft ausgeschlossen (a. A. Schricker/Loewenheim/*Loewenheim* § 52a Rn. 17; Fromm/ Nordemann/*Dustmann* § 52a Rn. 18, die von einem Versäumnis des Gesetzgebers ausgehen und in diesem Fall den Beginn der Zweijahresfrist mit dem Beginn der Auswertung im Fernsehen oder des Videovertriebs gleichsetzen).

V. Vervielfältigungen (Abs. 3)

§ 52a Abs. 3 lässt in den Fällen des Abs. 1 auch die zur öffentlichen Zugänglichmachung **21** erforderlichen Vervielfältigungen i. S. d. § 16 zu. Da § 52a die erlaubnisfreie Nutzung urheberrechtlich geschützter Werke und verwandter Schutzgüter im Online-Bereich regelt, müssen die zu diesem Zweck erforderlichen Vervielfältigungen ebenfalls erlaubt sein. Insoweit ist insb. dem Umstand Rechnung zu tragen, dass sowohl beim Anbieter wie auch

UrhG § 52b § 52b Wiedergabe v. Werken an elektronischen Leseplätzen

beim Abrufenden die Notwendigkeit zur Herstellung von Vervielfältigungen bestehen kann. Hierbei ist insoweit an lokale Speicherungen (für den Upload) oder das Speichern in den Arbeitsspeicher zu denken. Ausdrucke werden nicht erlaubt sein, da sie für die öffentliche insoweit Zugänglichmachung nicht erforderlich sind. Nach dem OLG Stuttgart erlaubt § 52a lediglich das Bereithalten zur Ansicht, nicht die Zulassung eines Ausdrucks (read-only) (OLG Stuttgart, GRUR 2012, 718 – Urheberrechtliche Grenzen einer elektronischen Lernplattform). Anderer Ansicht sind *Rauer* und *Kianfar*, die darauf abstellen, dass § 19a die Option zum Download erfasse. Diese sei damit auch von § 52a erfasst. Was der Unterrichtsteilnehmer mit dem Vervielfältigungsstück mache, sei dessen Verantwortungsbereich zuzuordnen. Dieser könnte sich regelmäßig auf § 53 Abs. 2 UrhG stützen (*Rauer* ZUM 2012, 225; *ders.* K&R 2012, 440; *Kianfar* GRUR 2012, 691). Die rechtlichen Grundlagen für Vervielfältigungen, die nicht für die öffentliche Zugänglichmachung erforderlich sind, werden durch Abs. 3 nicht verändert, dieser wird für den Bereich des Unterrichts und der Wissenschaft insb. von § 53 Abs. 2 und 3 bestimmt (Bericht des Rechtsausschusses, BT-Drucks. 15/538, 79; Schricker/Loewenheim/*Loewenheim* § 52a Rn. 18; *Jani* ZUM 2012, 223). Zur Situation bei § 52b s. § 52b Rn. 26.

VI. Angemessene Vergütung

22 Für die öffentliche Zugänglichmachung nach § 52a Abs. 1 ist eine angemessene Vergütung zu zahlen, die nur durch eine Verwertungsgesellschaft geltend gemacht werden kann. Umfasst sind von der nach § 52a Abs. 4 zu zahlenden Vergütung auch die Vervielfältigungen, die zur öffentlichen Zugängigmachung erforderlich sind (§ 52a Abs. 3 UrhG (Cötting/*Loewenheim* § 31 Rn. 97; Dreyer/Kotthoff/Meckel/*Dreyer* § 52a Rn. 47)). Für solche Vervielfältigungen ist folglich keine gesonderte Vergütung zu zahlen. Zwischen den Verwertungsgesellschaften und den Ländern als Träger der Schulen und Hochschulen bestehen zwei **Gesamtverträge,** ein Gesamtvertrag **Schulen,** der auch mit von der VG Wort abgeschlossen wurde sowie ein Gesamtvertrag für **Hochschulen,** der von verschiedenen Verwertungsgesellschaften, aber nicht der VG Wort abgeschlossen wurde. Die VG Wort verlangt von den Bundesländern den Abschluss eines Gesamtvertrags zur Vergütung von Ansprüche nach § 52a an Hochschulen. Der von der VG Wort aufgestellte Tarif war Gegenstand eines Schiedsstellenverfahrens. Eine Einigung konnte nicht erzielt werden. In der nicht rechtskräftigen Entscheidung vom 24.3.2011 hat das OLG München einen Gesamtvertrag zwischen der VG Wort und den Ländern zur Vergütung von Ansprüchen nach § 52a in Hochschulen festgesetzt (OLG München ZUM-RD 2011, 603). Zu Recht wies das OLG München in dieser Entscheidung darauf hin, dass es der Eigentumsschutz des Art. 14 Abs. 1 GG gebiete, für den Eingriff in das Recht des Rechtsinhabers eine angemessene Vergütung vorzusehen. Um die angemessene Beteiligung des Urhebers sicher zu stellen, hat die Abrechnung grundsätzlich nutzungsbezogen und nicht pauschal zu erfolgen (OLG München ZUM-RD 2011). Der BGH hat in seiner Entscheidung vom 20.3.2013 diese Grundsätze bestätigt, aber Einzelheiten der OLG-Entscheidung beanstandet und die Sache zurückverwiesen (BGH I ZR 84/11 – Gesamtvertrag Hochschul-Intranet).

§ 52b Wiedergabe von Werken an elektronischen Leseplätzen in öffentlichen Bibliotheken, Museen und Archiven

Zulässig ist, veröffentlichte Werke aus dem Bestand öffentlich zugänglicher Bibliotheken, Museen oder Archive, die keinen unmittelbar oder mittelbar wirtschaftlichen oder Erwerbszweck verfolgen, ausschließlich in den Räumen der jeweiligen Einrichtung an eigens dafür eingerichteten elektronischen Leseplätzen zur Forschung und für private Studien zugänglich zu machen, soweit dem keine

§ 52b Wiedergabe v. Werken an elektronischen Leseplätzen   § 52b UrhG

vertraglichen Regelungen entgegenstehen. Es dürfen grundsätzlich nicht mehr Exemplare eines Werkes an den eingerichteten elektronischen Leseplätzen gleichzeitig zugänglich gemacht werden, als der Bestand der Einrichtung umfasst. Für die Zugänglichmachung ist eine angemessene Vergütung zu zahlen. Der Anspruch kann nur durch eine Verwertungsgesellschaft geltend gemacht werden.

Literatur: *Berger,* Die öffentliche Wiedergabe von urheberrechtlichen Werken an elektronischen Leseplätzen in Bibliotheken, Museen und Archiven – Urheberrechtliche, verfassungsrechtliche und europarechtliche Aspekte des geplanten § 52b UrhG, GRUR 2007, 754; *Heckmann,* Die fehlende Annexvervielfältigungskompetenz des § 52b UrhG, K&R 2008, 284; *Heckmann,* Anmerkung zu LG Frankfurt a. M., Urteil vom 13.5.2009, CR 2009, 538; *Heckmann/Weber,* Open Access in der Informationsgesellschaft – § 38 UrhG de lege ferenda, GRUR Int. 2006, 995; *Hoeren,* Der 2. Korb der Urheberrechtsreform – eine Stellungnahme aus der Sicht der Wissenschaft, ZUM 2004, 885; *Hoeren,* Der Zweite Korb – Eine Übersicht zu den geplanten Änderungen im Urheberrechtsgesetz, MMR 2007, 615; *Hoeren/Neubauer,* Zur Nutzung urheberrechtlich geschützter Werke in Hochschulen und Bibliotheken, ZUM 2012, 636; *Jani,* Anmerkung zu LG Frankfurt am Main, Urteil vom 13. Mai 2009, K&R 2009, 514; *Jani,* Eingescannte Literatur an elektronischen Leseplätzen – Was dürfen Bibliotheken?, GRUR-Prax 2010, 27; *Jani,* Urheberrechtspolitik in der 14. und 15. Legislaturperiode des Deutschen Bundestags, UFITA 2006/II, 511; *Kianfar,* Öffentliche Zugänglichmachung und dann? Zur Frage der Anschlussnutzung im Rahmen von § 52a UrhG, GRUR 2012, 691; *Langhoff/Oberndörfer/Jani,* Der „Zweite Korb" der Urheberrechtsreform – ein Überblick über die Änderungen des Urheberrechts nach der zweiten und dritten Lesung im Bundestag, ZUM 2007, 593; *Peifer,* Wissenschaftsmarkt und Urheberrecht: Schranken, Vertragsrecht, Wettbewerbsrecht, GRUR 2009, 22; *Pflüger/Heeg,* Die Vergütungspflicht nichtkommerzieller Nutzung urheberrechtlich geschützter Werke in öffentlichen Bildungs-, Kultur- und Wissenschaftseinrichtungen – ein Plädoyer für einen einheitlichen Vergütungstatbestand, ZUM 2008, 649; *Pflüger,* Positionen der Kultusministerkonferenz zum Dritten Gesetz zur Regelung des Urheberrechts in der Informationsgesellschaft – „Dritter Korb", ZUM 2010, 938; *Schöwerling,* Anmerkung zu LG Frankfurt am Main, Urteil vom 13. Mai 2009, ZUM 2009, 665; *Spindler,* Urheberrecht in der Wissensgesellschaft – Überlegungen zum Grünbuch der EU-Kommission, in: Hilty (Hrsg.), Festschrift für Ulrich Loewenheim zum 75. Geburtstag, München 2009, 287 (zit. Spindler FS Loewenheim); *Spindler,* Reform des Urheberrechts im „Zweiten Korb", NJW 2008, 9; *Spindler/Heckmann,* Retrodigitalisierung verwaister Printpublikationen – Die Nutzungsmöglichkeiten von „Orphan works" de lege und ferenda, GRUR Int. 2008, 271; *Sprang/Ackermann,* Der „Zweite Korb" aus Sicht der (Wissenschafts-)Verlage, K&R 2008, 7; *Steinbeck,* Kopieren an elektronischen Leseplätzen in Bibliotheken, NJW 2010, 2852.
Vgl. darüber hinaus die Angaben im eingangs abgedr. Gesamtliteraturverzeichnis.

Übersicht

	Rn.
I. Entstehungsgeschichte der Vorschrift	1–3
1. Umsetzung von Art. 5 Abs. 3 lit. n) der Multimedia-Richtlinie	1
2. § 52b im Gesetzgebungsverfahren	2, 3
II. Zugänglichmachung an elektronischen Leseplätzen (Satz 1)	4–28
1. Gegenstand der Nutzung	4–8
a) Werke	4, 5
b) Veröffentlichte Werke	6, 7
c) Gemeinfreie Werke	8
2. Privilegierte Einrichtungen	9–11
a) Öffentlich zugängliche Bibliotheken, Museen und Archive	9, 10
b) Kein wirtschaftlicher oder Erwerbszweck	11
3. Elektronische Leseplätze	12–15
a) Begriff	12, 13
b) Eigens eingerichtet	14
c) In den Räumen der Einrichtung	15
4. Zugänglichmachung	16–18
5. Annexvervielfältigungen	19, 20
6. Die Digitalisierung von Altbeständen	21
7. Privilegierter Nutzungszweck	22–26
a) Forschung	23

UrhG § 52b 1–3 § 52b Wiedergabe v. Werken an elektronischen Leseplätzen

	Rn.
b) Private Studien	24, 25
c) Nachfolgende Nutzungen	26
8. Keine entgegenstehenden vertraglichen Regelungen	27, 28
III. Doppelte Bestandsakzessorietät (Satz 2)	29–35
1. Nur Werke aus dem eigenen Bestand	29–31
2. Gleichzeitige Nutzung an mehreren Leseplätzen	32–35
a) Gleichzeitige Nutzung	32, 33
b) Ausnahme	34
c) Vergriffene Werke	35
IV. Angemessene Vergütung (Satz 3)	36, 37
V. Verhältnis zu anderen Vorschriften	38, 39
1. § 53 Abs. 2 S. 1 Nr. 2 (Archivierung)	38
2. § 95b (Durchsetzung von Schrankenbestimmungen)	39

I. Entstehungsgeschichte der Vorschrift

1. Umsetzung von Art. 5 Abs. 3 lit. n) der Multimedia-Richtlinie

1   Mit § 52b ist durch das „Zweite Gesetz zur Regelung des Urheberrechts in der Informationsgesellschaft" (BGBl. 2007 I S. 2513) auf der Grundlage von Art. 5 Abs. 3 lit. n) der Multimedia-Richtlinie eine völlig **neue Schranke** (zum System der urheberrechtlichen Schranken allg.: Vor §§ 44a Rn. 1 ff.) in das UrhG eingefügt worden. Da diese Bestimmung zu den **fakultativen** Schranken der Richtlinie gehört, hatte der Gesetzgeber von einer Umsetzung im Rahmen des ersten Gesetzes zur Regelung des Urheberrechts in der Informationsgesellschaft (BGBl. I S. 1774 v. 10.9.2003) zunächst abgesehen.

2. § 52b im Gesetzgebungsverfahren

2   § 52b soll gewährleisten, dass Benutzer der durch die Vorschrift privilegierten Einrichtungen deren Bestände an elektronischen Leseplätzen in gleicher Weise **wie in analoger Form** nutzen können. Es soll damit dem öffentlichen Bildungsauftrag insb. der öffentlichen Bibliotheken Rechnung getragen und zugleich ein Schritt zur **Förderung der Medienkompetenz** der Bevölkerung unternommen werden (Begr. BT-Drucks. 16/1828, 26). § 52b ist Bestandteil des „Zweiten Gesetzes zur Regelung des Urheberrechts in der Informationsgesellschaft", dem sog. **Zweiten Korb** (zur kontroversen rechtspolitischen Debatte um dieses Gesetz: *Jani* UFITA 2006/II, 511, 522 ff.; *Langhoff/Oberndörfer/Jani* ZUM 2007, 593). Ein wesentlicher Aspekt der kontroversen Auseinandersetzung um dieses Gesetz war die Frage, inwieweit die Ausschließlichkeitsrechte der Urheber zurücktreten sollen zugunsten zustimmungsfreier Nutzungen im Bereich von Wissenschaft, Bildung und Forschung. § 52b gehört aus diesem Grund zu den **besonders umstrittenen Bestimmungen** des Zweiten Korbes. Während den Interessenvertretern von Bibliotheken und Wissenschaftsorganisationen die Vorschläge der Bundesregierung nicht weit genug gingen (z.B. *Hilty* 174 ff.), warnten die Kritiker des Gesetzentwurfs vor einer unverhältnismäßigen Beschneidung der Verwertungsrechte von Urhebern und Verlagen (*Berger* GRUR 2007, 754 s. a. *Sprang/Ackermann* K&R 2008, 7, 8).

3   Die Pläne für § 52b sind im Verlauf des Gesetzgebungsverfahrens mehrfach geändert worden; dabei wurde die Vorschrift zunächst stetig zugunsten der privilegierten Einrichtungen erweitert (eine Übersicht dazu: *Berger* GRUR 2007, 754, 754 ff.). Erst in der Schlussphase der parlamentarischen Beratungen hat der Rechtsausschuss des Bundestags den BRegE in wichtigen Punkten geändert und die Möglichkeiten der digitalen Nutzung an Leseplätzen gegenüber den ursprünglichen Plänen der Bundesregierung wieder eingeschränkt (BT-Drucks. 16/5939, 7). Vor dem Hintergrund des – letztlich erfolglosen – Versuchs des Bundesverbands

Deutscher Bibliotheken und des Börsenvereins des Deutschen Buchhandels, einen Vorschlag zu erarbeiten, der den Bedürfnissen beider Seiten gerecht wird, war auch der Bundestag bemüht, eine die Interessen ausgleichende Lösung zu finden. Der Rechtsausschuss hat dabei allerdings stets auf den grds. Vorrang der Ausschließlichkeitsrechte hingewiesen. Die bildungspolitischen Vertreter aller Fraktionen hatten demgegenüber Sympathien für die mit dem Urheberrecht letztlich nicht zu vereinbarenden Maximalforderungen der Bibliotheken. Vor diesem Hintergrund ist deutlich erkennbar, dass § 52b **das Ergebnis eines Kompromisses** ist, der unter urheberrechtlichen Gesichtspunkten nicht als gelungen bezeichnet werden kann. Der Gesetzgeber hat mit der Schranke des § 52b **urheberrechtliches Neuland** betreten. Ob sich die Vorschrift in der Praxis bewährt, wird sich erst zeigen.

II. Zugänglichmachung an elektronischen Leseplätzen (Satz 1)

1. Gegenstand der Nutzung

a) Werke. § 52b gestattet bestimmten, abschließend benannten Einrichtungen die Zugänglichmachung veröffentlichter Werke an eigens dafür eingerichteten elektronischen Leseplätzen. Maßgeblich ist auch hier der allgemeine Werkbegriff des Urheberrechtsgesetzes in § 2 (Einzelheiten s. dort). Die Bezeichnung „Leseplatz" (zum Begriff unten Rn. 12) führt zu einer scheinbaren Verengung des Anwendungsbereichs von § 52b, die tatsächlich nicht besteht. Sie erweckt den Eindruck, die Vorschrift habe nur Schriftwerke (§ 2 Abs. 1 Nr. 1) zum Gegenstand. Zwar soll die neue Schranke tatsächlich in erster Linie die digitale Zugänglichmachung von Büchern, Zeitschriften usw. ermöglichen (Sieber/Hoeren/*Sieber* 31; *Berger* GRUR 2007, 754, 755); das legt auch die Multimedia-Richtlinie nahe, die in Erwägungsgrund 40 ebenfalls die Bibliotheken als primären Anwendungsbereich des Art. 5 Abs. 3 lit. n) sieht. Der Anwendungsbereich von § 52b ist jedoch keineswegs auf Schriftwerke beschränkt, denn § 52b spricht umfassend von **Werken.** 4

Da § 52b anders als z.B. § 52a **keine Bereichsausnahme** in Bezug auf für den Unterrichtsgebrauch an Schulen bestimmte Werke oder für andere Werke enthält, ist die Vorschrift damit ausnahmslos auf **alle Werke** i.S.v. § 2 anwendbar, sofern sie sich unter technischen Gesichtspunkten zur Nutzung an elektronischen Leseplätzen eignen (*Steinbeck* NJW 2010, 2852, 2854). Auch **Film- und Musikwerke** sowie **Multimediawerke** usw. können deshalb an elektronischen Leseplätzen zugänglich gemacht werden. Sofern audiovisuelle Medien im Rahmen von Ausstellungen usw. präsentiert werden, wird regelmäßig jedoch der Zweck, auf den § 52b abstellt (Forschung oder private Studien), nicht erfüllt sein (s.u.Rn. 22ff.). Insb. bei neueren digitalen Werken ist außerdem zu beachten, dass vertragliche Regelungen gegenüber der gesetzlichen Befugnis aus § 52b Vorrang genießen (s.u.Rn. 27f.). Auch Computerprogramme sind als Werke i.S.v. § 2 Abs. 1 Nr. 1 grds. vom Anwendungsbereich des § 52b umfasst. Allerdings sind insoweit die besonderen Bestimmungen der §§ 69a ff. zu beachten, die eine Nutzung von **Computerprogrammen** an elektronischen Leseplätzen ausschließen dürfte (s.u.Rn. 20).

Im Gegensatz zu anderen Schranken (z.B. § 52a Abs. 1, § 53 Abs. 3, § 53a Abs. 1), die die zustimmungsfreie Nutzung auf **Teile eines Werkes** beschränken, ermöglicht § 52b auch die Zugänglichmachung des **vollständigen** Werkes. Die Grenze dieser Nutzung wird erst überschritten, wenn die Kürzung des Werkes die Grenze zur Bearbeitung überschreitet, denn § 52b gibt kein Recht zur Bearbeitung des Werkes. Die Zugänglichmachung von Ausschnitten darf deshalb nicht zu einer **Bearbeitung** des Werkes (§ 23) führen und das Werk nicht entstellen (§ 14). Insoweit sind die allgemeinen Grundsätze zu beachten. 5

b) Veröffentlichte Werke. Die zugänglich gemachten Werke müssen veröffentlicht sein. Ein Werk ist **veröffentlicht,** wenn es i.S.v. § 6 Abs. 1 mit Zustimmung des Berechtigten der Öffentlichkeit zugänglich gemacht worden ist. In Bezug auf Bibliotheksbestände 6 wird die Veröffentlichung i. d. R. kein Problem bereiten. Ob ein Werk veröffentlicht worden ist, ist aber für Archive und Museen bedeutsam, denn insb. bei Werken aus **Nachlässen** (Briefe, Manuskripte, Entwürfe) kann es sich um unveröffentlichtes Material handeln. Die Ausübung des Veröffentlichungsrechts kann auch konkludent erfolgen und sich aus den Umständen ergeben (s. § 12 Rn. 10). Sofern der Nachlass dem Archiv nur zur Verwahrung übergeben worden ist, kann nicht ohne Weiteres daraus geschlossen werden, dass der Urheber mit Übergabe auch das Veröffentlichungsrecht ausgeübt hat. Das gilt entsprechend auch für erkennbar sehr persönliche Aufzeichnungen. Die Nutzung bisher unveröffentlichter Werke im Rahmen von § 52b ist dann nur zulässig, wenn der Urheber oder seine Erben der Einrichtung die Zustimmung zur Erstveröffentlichung (§ 12) erteilt haben.

7   Die Nutzung an Leseplätzen ist sofort nach der Veröffentlichung des Werkes zulässig. § 52b enthält **keine Sperrfrist**, wonach die Zugänglichmachung des Werkes erst nach Ablauf einer angemessen Zeit nach Beginn der üblichen Auswertung des Werkes zulässig ist. Eine solche Beschränkung hatte der Gesetzgeber bei § 52a in Bezug auf Filme für erforderlich gehalten, um die berechtigten Verwertungsinteressen der Filmhersteller zu wahren (s. § 52a Rn. 4, 19). Es wäre durchaus vertretbar und im Hinblick auf die besondere Interessenlage beim Filmwerk, die auch das Urheberrecht in den §§ 88 ff. ausdrücklich anerkennt, sachgerecht gewesen, eine entsprechende Regelung auch in § 52b aufzunehmen. Da § 52b eine derartige Sperrfrist nicht vorsieht, können auch Filmwerke an elektronischen Leseplätzen ohne zeitliche Einschränkung zugänglich gemacht werden.

8   **c) Gemeinfreie Werke.** Unter konservatorischen Gesichtspunkten wird die elektronische Zugänglichmachung vor allem auch für besonders alte Bibliotheks- und Archivbestände interessant sein. Wenn es sich dabei um Werke handelt, deren **Schutzfrist** bereits **abgelaufen** ist und sie deshalb gemeinfrei sind (§ 64 Rn. 13), unterliegt ihre Nutzung keinen Beschränkungen durch das Urheberrecht mehr, und auch eine Anwendung von § 52b findet nicht statt (Ein bekanntes Beispiel ist die öffentliche Zugänglichmachung der „Gutenbergbibel" – www.gutenbergdigital.de).

2. Privilegierte Einrichtungen

9   **a) Öffentlich zugängliche Bibliotheken, Museen und Archive.** § 52b begünstigt öffentlich zugängliche **Bibliotheken, Museen** und **Archive.** Diese Aufzählung ist abschließend. Sämtliche der von § 52b privilegierten Einrichtungen müssen **öffentlich zugänglich** sein (Dreier/Schulze/*Dreier* § 52b Rn. 9; Schricker/Loewenheim/*Loewenheim* § 52b Rn. 3). Diese Voraussetzung entspricht der Regelung in § 27 Abs. 2 (s. § 27 Rn. 13 f.); für den Begriff der Öffentlichkeit gilt auch die Legaldefinition des § 15 Abs. 3 (Dreier/Schulze/*Dreier* § 52b Rn. 3). Die Einrichtungen sind öffentlich zugänglich, wenn sie im Rahmen ihrer Benutzungsordnung jedermann offen stehen. Unerheblich ist die Rechtsform der Einrichtung; auf eine öffentlich-rechtliche Trägerschaft kommt es nicht an. Auch private Einrichtungen können also durch § 52b privilegiert sein, sofern die Benutzer weder untereinander noch mit dem Betreiber der Einrichtung persönlich verbunden sind (vgl. § 15 Abs. 3). Nicht unter § 52b fallen **nicht öffentliche** Privatsammlungen oder Bibliotheken öffentlicher Einrichtungen, die allein der **internen Nutzung** vorbehalten sind, wie z. B. die Bibliothek eines Gerichts oder einer Behörde (*Spindler* NJW 2008, 9, 13).

10 Bundesrat und Bundesregierung sind der Auffassung, dass auch **Schulbibliotheken,** jedenfalls soweit sie der Gesamtheit der Lehrer und Schüler einer Schule offen stehen, öffentlich zugängliche Bibliotheken i. S. v. § 52b sind (Begr. BT-Drucks. 16/1828, 48). Diese Auffassung ist indes zweifelhaft. Schulbibliotheken stehen Nutzern, die nicht dem Lehrkörper oder der Schülerschaft angehören, in der Regel nicht zur Verfügung. Insofern dürfte das Merkmal der öffentlichen Zugänglichkeit bereits nicht erfüllt sein (a. A. Schricker/Loewenheim/*Loewenheim* § 52b Rn. 3). Dabei ist auch zu beachten, dass gerade im Bereich der Bildungsmedien die Gefahr eines **Eingriffs in den Primärmarkt** der Verlage

durch Schranken besonders groß ist. Das hat der Gesetzgeber in anderem Zusammenhang selbst erkannt und dort Bereichsausnahmen zugunsten von Bildungsmedien geschaffen (vgl. § 52a Abs. 2 und § 53 Abs. 3 Nr. 1). Eine solche Bereichsausnahme fehlt in § 52b. Vor diesem Hintergrund und im Lichte des Drei-Stufen-Tests (s. § 44 Rn. 22) ist § 52b auf Schulbibliotheken zurückhaltend anzuwenden. Der ursprüngliche RefE des Bundesjustizministeriums hatte die Anwendbarkeit von § 52b auf Bibliotheken beschränken wollen; das wurde von Wissenschafts- und Bildungsvertretern als zu eng kritisiert. Deren Forderung, den Kreis der begünstigten Einrichtungen auf Hochschulen oder allgemein **Bildungseinrichtungen** auszuweiten, wurde auch vom Bundesrat unterstützt (BR-Drucks. 257/06 (Beschluss), 8f. und BR-Drucks. 582/07 (Beschluss), 2). Dem ist der Gesetzgeber zu Recht jedoch nicht gefolgt. Bildungseinrichtungen umfassen gem. § 54c Abs. 1 auch Einrichtungen der Berufsbildung sowie der sonstigen Aus- und Weiterbildung, einschließlich **privater** Bildungseinrichtungen wie Privatschulen, Fortbildungsstätten der gewerblichen Wirtschaft, der Gewerkschaften und der Kirchen. Zwar sieht die Multimedia-Richtlinie auch Bildungseinrichtungen ohne nähere Spezifizierung als privilegierte Institutionen vor (Art. 5 Abs. 3 lit. n) i. V. m. Abs. 2 lit. c)). Es ist unter Abwägung mit den verfassungsrechtlich geschützten Interessen der Verlage aber richtig, dass der Gesetzgeber den Begriff nicht in § 52b aufgenommen hat (krit.: *Spindler/Heckmann* GRUR Int. 2008, 271, 275); die Kultusministerkonferenz hält an ihrer Forderung nach einer Ausweitung von § 52b auf sonstige Bildungseinrichtungen fest (*Pflüger* ZUM 2010, 938, 941). Der Gesetzgeber hat allerdings von der in der Multimedia-Richtlinie vorgesehenen Möglichkeit Gebrauch gemacht und Museen und Archive in die Vorschrift einbezogen. Soweit Bildungseinrichtungen über eine eigene Bibliothek oder ein eigenes Archiv verfügen und diese den Kriterien des § 52b entsprechen, werden mittelbar auch die Bildungseinrichtungen durch § 52b privilegiert.

b) Kein wirtschaftlicher Zweck oder Erwerbszweck. Die Einrichtungen dürfen **keinen wirtschaftlichen Zweck oder Erwerbszweck** verfolgen. Diese Einschränkung bezieht sich auf sämtliche der durch § 52b privilegierten Einrichtungen und nicht lediglich auf Archive (a. A. Dreyer/Kotthoff/Meckel/*Dreyer* § 52b Rn. 6). Eine Erwerbszwecken dienende Nutzung liegt immer dann vor, wenn sie in irgendeiner Weise wirtschaftlichen Interessen des Nutzers dient (vgl. § 17 Rn. 26). Organisatorische Struktur und Finanzierung der Einrichtung sind dabei unbeachtlich (vgl. Erwägungsgrund 42 der Multimedia-Richtlinie). Nicht erforderlich ist außerdem, dass der Zugang zur Einrichtung oder deren Nutzung unentgeltlich ist. Die Einrichtung darf ein Eintrittsgeld oder eine allgemeine **Benutzungsgebühr** erheben, deren Betrag das für die Deckung der Betriebs- und Verwaltungskosten der Einrichtung erforderliche Maß nicht überschreitet (Schricker/Loewenheim/*Loewenheim* § 52b Rn. 4; Fromm/Nordemann/*Dustmann* § 52b Rn. 5). Dieser Grundsatz findet sich in Erwägungsgrund 14 der **Vermietrechts-Richtlinie** (dazu § 27 Rn. 4) und gilt auch für die neue Form der Zugänglichmachung an elektronischen Leseplätzen. Eine individuelle Vergütung für das nach § 52b zulässige elektronische Angebot im Sinne eines **pay-per-view** wäre mit der Schranke dagegen nicht zu vereinbaren. Der Gesetzgeber wollte mit § 52b den Zugang der Allgemeinheit zu digitalen Medien erleichtern, nicht den Bibliotheken zusätzliche Erwerbsquellen eröffnen. Auch in anderen Vorschriften des UrhG, insb. in anderen Schrankenbestimmungen ist der (fehlende) Erwerbszweck des Normadressaten maßgeblich (vgl. §§ 17 Abs. 3, 27 Abs. 2, 53 Abs. 1, 58 Abs. 2). Der Erwerbszweck i. S. v. § 52b ist genauso zu verstehen wie in anderem urheberrechtlichen Zusammenhang, so dass hier auf die vorhandene Konkretisierung zurückgegriffen werden kann (s. im Einzelnen § 17 Rn. 26; außerdem Dreier/Schulze/*Schulze* § 27 Rn. 18).

3. Elektronische Leseplätze

a) Begriff. Die Zugänglichmachung darf nur an eigens dafür eingerichteten elektronischen Leseplätzen in den Räumen der Einrichtung erfolgen. Der Begriff „**Leseplätze**" ist eine Schöpfung des deutschen Gesetzgebers und nicht wörtlich zu verstehen (LG Frankfurt a. M. GRUR 2011, 614, 616). Die Multimedia-Richtlinie verwendet auch in ihrer deutschen Fassung den neutraleren Begriff **„Terminal"**. In dem Bemühen, den Rechtsförmlichkeitsgrundsätzen entsprechend einen deutschen Begriff zu verwenden, hat der Gesetzgeber sich die Bezeichnung „Leseplatz" einfallen lassen. Die terminologische Nähe zur Bibliothek, in der die Nutzer auch an Leseplätzen sitzen, ist aber kein Zufall und entspricht dem vorrangigen Anwendungsbereich der Schranke (s. o. Rn. 4). Da § 52b auf alle Werke i. S. v. § 2 anwendbar ist (s. o. Rn. 4), kann der Terminal aber auch ein „Sehplatz" oder „Hörplatz" sein (Schricker/Loewenheim/*Loewenheim* § 52b Rn. 8; *Kianfar* GRUR 2012, 691, 692; *Steinbeck* NJW 2010, 2852, 2854).

13   Wie der elektronische Leseplatz technisch ausgestaltet wird, ist unerheblich. Denkbar sind **Insellösungen,** bei denen die Leseplätze vor Ort sämtliche Komponenten (insb. Speicher mit den Werkstücken und Bildschirm) aufweisen. Zulässig sind aber auch **Netzwerklösungen,** bei denen die digitalen Kopien auf einem Zentralserver gespeichert sind und an den Leseplätzen abgerufen werden (mit oder ohne Zwischenspeicherung). Die Netzwerklösung hat den Vorteil, dass die Zahl der simultanen Zugriffe besser gesteuert werden kann und die vom Gesetzgeber erlaubte Überschreitung der Bestandszahl im Ausnahmefall möglich ist.

14   **b) Eigens eingerichtet.** Die Leseplätze müssen für die Nutzung nach § 52b **eigens eingerichtet** werden. Damit wird klargestellt, dass die Geräte **ausschließlich** für die Werknutzung gem. § 52b verwendet werden dürfen und nicht auch für andere Nutzungen, z. B. sonstige Intranet- oder Internetangebote usw. (Dreier/Schulze/*Dreier* § 52b Rn. 10; Schricker/Loewenheim/*Loewenheim* § 52b Rn. 8; Dreyer/Kotthoff/Meckel/*Dreyer* § 52b Rn. 8). Die Einrichtungen können das Leseplatzangebot deshalb nicht einfach in eine bestehende IT-Infrastruktur integrieren, sondern sie sind zur Anschaffung neuer Computer gezwungen, wenn sie von den Möglichkeiten des § 52b Gebrauch machen wollen. Sofern die Leseplätze auf eine zentrale Datenbank zugreifen, müssen nur die Ausgabegeräte eigens als Leseplatz eingerichtet sein, denn erst in Kombination mit diesen Ausgabegeräten greift die Bibliothek in das Recht der öffentlichen Zugänglichmachung ein. Unzulässig wäre es auch, wenn die Nutzer der Einrichtung auf die elektronischen Werke mit ihren **eigenen Notebooks** über das LAN der Bibliotheken zugreifen können (Dreyer/Kotthoff/Meckel/ *Dreyer* § 52b Rn. 8). Damit der elektronische Leseplatz nutzbar ist, müssen die elektronisch zugänglichen Werke katalogisiert sein. Wenn dieser Katalog des Leseplatzangebots mit dem allgemeinen Bibliothekskatalog verknüpft ist, ist dies nicht zu beanstanden (Dreier/ Schulze/*Dreier* § 52b Rn. 10). Die Einrichtung kann die Recherche elektronisch abrufbarer Werke deshalb in ihren **elektronischen Katalog** (OPAC) einbinden, ohne dass dies gegen die Vorgaben von § 52b verstößt.

15   **c) In den Räumen der Einrichtung.** Die Leseplätze müssen sich ferner **in den Räumen** der Einrichtung befinden. Ausgeschlossen sind damit Online-Nutzungen von außen, in Form von Internet- oder Intranet-Angeboten (Begr. BT-Drucks. 16/1828, 26, Schricker/Loewenheim/*Loewenheim* § 52b Rn. 8; Dreier/Schulze/*Dreier* § 52b Rn. 5; Heckmann/*Weber* GRUR Int. 2006, 995, 996; *Spindler* NJW 2008, 9, 13). Die Zugänglichmachung muss also in einem **geschlossenen Netz** erfolgen, und die Endgeräte, die den Zugang in dieses Netz ermöglichen, müssen sich unmittelbar in den Räumen der Einrichtung befinden. Eine Einwahl von außen oder eine sonstige Übermittlung außerhalb der Räume ist ausgeschlossen. Diese Beschränkung ist im Gesetzgebungsverfahren von Kritikern mit dem Argument abgelehnt worden, sie werde den Bedürfnissen von Wissenschaft und Forschung im 21. Jahrhundert nicht gerecht. Der Forderung nach einer Zulässigkeit der Zugänglichmachung in **dezentralen Netzwerken** hat der Gesetzgeber aber zu Recht eine Absage erteilt. Eine solche Ausweitung wäre mit den zwingenden und abschließenden Vorgaben der Multimedia-Richtlinie nicht zu vereinbaren (vgl. Art. 5 Abs. 3 lit. n) der

Richtlinie). Der Nutzer, der das Leseplatz-Angebot in Anspruch nehmen möchte, muss sich stets in die Räume der Bibliothek etc. begeben. Ob die Räumlichkeiten zur Einrichtung gehören, richtet sich danach, ob sie dem Hausrecht der Einrichtung unterliegen und ausschließlich von ihr genutzt werden. Die Reichweite der Schranke hängt also maßgeblich von der Gebäudesituation der jeweiligen Einrichtung ab (*Hoeren* MMR 2007, 615, 617). Unzulässig ist daher insb. auch eine **gemeinsame Werknutzung** an Leseplätzen durch mehrere Bibliotheken im Rahmen eines **Bibliothekverbundes**. Die einzelnen **Fakultätsbibliotheken** einer Hochschule sind unterschiedliche Einrichtungen, die auch nicht über die ggf. übergeordnete Universitätsbibliothek zusammengefasst werden können. **Außenstellen** einer Bibliothek gehören dann zu den Räumen dieser Bibliothek, wenn sie nicht lediglich zur Bereitstellung von elektronischen Leseplätzen dienen (Fromm/Nordemann/*Dustmann* § 52b Rn. 7; Schricker/Loewenheim/*Loewenheim* § 52b Rn. 8; a.A. wohl Dreyer/Kotthoff/Meckel/*Dreyer* § 52b Rn. 3). Andernfalls könnten die Bibliotheken ihr Angebot durch Anmietung einzelner Räume in andere Einrichtungen beliebig ausdehnen und die Beschränkung in § 52b auf diese Weise umgehen.

4. Zugänglichmachung

§ 52b erlaubt die zustimmungsfreie **Zugänglichmachung** von Werken an elektronischen Leseplätzen (sog. **on-the-spot-consultation**). Im Tatbestand von § 52b wird die Nutzungshandlung nicht ausdrücklich als „öffentliche" Zugänglichmachung bezeichnet. Dieser Begriff findet sich jedoch in der Gesetzesbegründung (Begr. BT-Drucks. 16/1816, 26), denn der Gesetzgeber geht in Übereinstimmung mit der Europäischen Kommission davon aus, dass es sich bei § 52b um eine Schranke des Verwertungsrechts aus § 19a handelt (so auch Schricker/Loewenheim/*Loewenheim* § 52b Rn. 1; Dreier/Schulze/*Dreier* § 52b Rn. 1; *Pflüger/Heeg* ZUM 2008; 649, 652). Ob das zutrifft, ist einer generalisierenden Betrachtung jedoch nicht zugänglich, sondern hängt entscheidend von der konkreten Ausgestaltung der Leseplätze in der jeweiligen Einrichtung ab. Sofern im Einzelfall die Tatbestandsvoraussetzungen von § 19a nicht erfüllt sind, schränkt § 52b ein der öffentlichen Zugänglichmachung ähnliches **unbenanntes Verwertungsrecht** ein.

Das Recht der **öffentlichen Zugänglichmachung** ist das Recht, das Werk der Öffentlichkeit in einer Weise zugänglich zu machen, dass es Mitgliedern der Öffentlichkeit an **Orten** und zu **Zeiten** ihrer Wahl zugänglich ist. Die freie Wahl von Ort und Zeit der Nutzung müssen kumulativ erfüllt sein. Diese Wahlmöglichkeit besteht beim elektronischen Leseplatz aber dann nicht, wenn der Nutzer an die **Räume** der Einrichtung gebunden ist (vgl. § 19a Rn. 8). Im Interesse eines effektiven Rechtsschutzes sind zwar die Voraussetzungen an die Wahlfreiheit nicht zu hoch anzusetzen (§ 19a Rn. 8). Ein Mindestmaß an **Wahlfreiheit** muss in jedem Fall aber bestehen. Sofern der Nutzer nicht zumindest die Möglichkeit hat, das Werk an unterschiedlichen Leseplätzen in einem Netzwerk (Intranet) an unterschiedlichen Orten innerhalb der Einrichtung abzurufen, wird § 19a deshalb nicht einschlägig sein. Im Hinblick auf die freie Zeitwahl ist nicht erforderlich, dass das Werk rund um die Uhr abgerufen werden kann. Ausreichend ist bereits ein Zeitfenster von einigen Stunden (§ 19a Rn. 9). Dass der Nutzer durch die **Öffnungszeiten** der Einrichtung beschränkt wird, ist also im Hinblick auf § 19a unbeachtlich.

Ähnlich wie bei § 19a ist das Zugänglichmachen die **Bereitstellung** von Werken zum interaktiven Abruf. Auf den tatsächlichen Abruf kommt es nicht an (s. § 19a Rn. 10). Ob und in welchem Umfang die Leseplätze genutzt werden, ist also unerheblich. Die Wiedergabe an elektronischen Leseplätzen soll in gleicher Weise erfolgen wie die Nutzung in analoger Form (Begr. BT-Drucks. 16/1828, 26). Damit ist klargestellt, dass die Zugänglichmachung zwar auf elektronischem Wege **mit Hilfe der digitalen Technik** erfolgt. Die Nutzung der spezifischen zusätzlichen Möglichkeiten digitaler Datenverarbeitung ist dabei jedoch ausgeschlossen. Der elektronische Leseplatz ist insofern vergleichbar mit dem her-

UrhG § 52b   19, 20   § 52b Wiedergabe v. Werken an elektronischen Leseplätzen

kömmlichen Mikrofilm-Lesegerät. Wie auch in anderen Zusammenhängen, in denen die digitale Nutzung ein **Substitut für die analoge Nutzung** ist (z. B. elektronischer Pressespiegel, § 49 Rn. 13 ff., 15 oder elektronischer Kopienversand, § 53a Rn. 8 ff., 25), muss die elektronische Zugänglichmachung von Schriftwerken auf **grafische Dateien** beschränkt sein. Insb. die Möglichkeit einer Volltextrecherche ist unzulässig.

5. Annexvervielfältigungen

19 Der Gesetzgeber geht davon aus, dass § 52b in erster Linie dazu dient, analoge Werkstücke, die in **analoger Form** vorliegen, auch einer digitalen Nutzung zugänglich zu machen (Begr. BT-Drucks. 16/1826, 26). Soweit das Werk in gedruckter oder sonstiger analoger Form (Buch, Zeitschrift, Schallplatte, Filmkassette usw.) vorliegt, muss es aber vor seiner Zugänglichmachung, z. B. durch Einscannen, in ein digitales Format umgewandelt und digital gespeichert werden. Diese sog. **Retrodigitalisierung** ist eine Vervielfältigung des Werkes i. S. v. § 16 (s. dort Rn. 13 ff.). Während § 52a Abs. 3 solche vorbereitenden **Annexvervielfältigungen** für die öffentliche Zugänglichmachung nach § 52a Abs. 1 ausdrücklich erlaubt (s. auch § 52a Rn. 20; Dreier/Schulze/*Dreier* § 52a Rn. 16, Schricker/*Loewenheim* § 52a Rn. 18), regelt § 52b eine solche Befugnis nicht. Daraus kann indes nicht der Schluss gezogen werden, dass § 52b nur auf solche Werke anwendbar ist, die bereits in digitaler Form vorliegen. Im Gegenteil soll Hauptanwendungsfall dieser neuen Schranke die digitale Zugänglichmachung gedruckter Altbestände in Bibliotheken sein. Die fehlende Regelung der Annexvervielfältigung ist damit ein **redaktionelles Versehen** des Gesetzgebers, das jedoch im Wege der Auslegung beseitigt werden kann (OLG Frankfurt a. M. GRUR-RR 2010, 1; LG Frankfurt a. M. GRUR 2011, 614, 616, ebenso: Dreier/Schulze/*Dreier* § 52b Rn. 14; Schricker/Loewenheim/*Loewenheim* § 52b Rn. 12; Fromm/Nordemann/*Dustmann* § 52b Rn. 10; Dreyer/Kotthoff/Meckel/*Dreyer* § 52b Rn. 13; *Jani* GRUR-Prax 2010, 27; *Hoeren/Neubauer* ZUM 2012, 636, 640; a. A. *Pflüger/Heeg* ZUM 2008; 649, 652 und *Heckmann* K&R 2008, 284, 287, der allerdings über eine analoge Anwendung von § 52a Abs. 3 zum selben Ergebnis kommt). § 52b wäre andernfalls nicht anwendbar – ein *ius nudum*. Gleichwohl wird eine endgültige Klärung erst durch den EuGH erfolgen. In dem vom LG Frankfurt a. M. erstinstanzlich entscheidenden Verfahren (GRUR 2011, 614) hat der BGH in der Sprungrevision die Frage, nach der Zulässigkeit von Annexvervielfältigungen dem EuGH zur Vorabentscheidung vorgelegt (Beschluss vom 20.9.2012, I ZR 69/11 = GRUR 2013, 503). Auch im Anwendungsbereich des § 52b sind die für die Zugänglichmachung erforderlichen Vervielfältigungen erlaubt. Die Zulässigkeit der technisch bedingten vorübergehenden Vervielfältigungen in den Terminals ergibt sich aus § 44a. Fraglich ist, ob die privilegierten Einrichtungen die Kopien selbst anfertigen müssen, oder auch **durch Dritte** herstellen lassen dürfen. Auch § 52b enthält dazu keine ausdrückliche Regelung. Die Herstellung von Kopien durch Dritte ist nach den Bestimmungen des § 53 nur ausnahmsweise und nur in engen Grenzen zulässig. Zu diesen Ausnahmen gehört gem. § 53 Abs. 2 S. 1 Nr. 2 u. a. die Herstellung von Vervielfältigungen zur Archivierung. Zwar sind die tatbestandlichen Voraussetzungen dieser Schranke hinsichtlich der Kopiervorlage strenger als (s. dazu Rn. 38). Im Hinblick auf die Bestandsakzessorietät (s. dazu Rn. 29 ff.), die die Gefahr einer vollständigen Substituierung der originalen Werkexemplare durch das Leseplatzangebot weitgehend ausschließen soll, erscheint es sachgerecht, die Herstellung der im Rahmen von § 52b erforderlichen Vervielfältigung durch Dritte in Anlehnung an § 53 Abs. 2 S. 1 Nr. 1 zuzulassen, und zwar auch dann, wenn diese Herstellung nicht unentgeltlich geschieht, wie dies gem. § 53 Abs. 1 S. 2 bei der Privatkopie erforderlich ist (Dreier/Schulze/*Dreier* § 52b Rn. 15). Auf diese Weise können die Bibliotheken die Digitalisierung ihrer Altbestände (s. Rn. 21) für die elektronischen Leseplätze auch durch externe Dienstleister durchführen lassen.

20 Eine Ausnahme ist allerdings in Bezug auf **Computerprogramme** zu beachten. Das Vervielfältigungsrecht ist in Bezug auf Computerprogramme samt Ausnahmebestimmun-

gen auf der Grundlage der europäischen Computerprogramm-Richtlinie (vor §§ 69a ff. Rn. 4) umfassend in den §§ 69c–69e geregelt worden (§ 69a Rn. 75). Vervielfältigungen von Computerprogrammen sind danach grds. nicht erlaubt. Da die §§ 69a ff. leges specialis zu den übrigen Bestimmungen des Urheberrechts sind (Schricker/*Loewenheim* Vor §§ 69a ff., Rn. 6) und die Schranken auf Computerprogramme nicht anwendbar sind, soweit sie zu §§ 69a ff. in Widerspruch stehen, kommt die Zulässigkeit einer Annexvervielfältigung von Computerprogrammen nicht in Betracht. § 52b ist im Ergebnis deshalb auf Computerprogramme nicht anwendbar. Das entspricht auch den Vorgaben der Multimedia-Richtlinie, die die Bestimmungen der bisherigen Richtlinien zum Urheberrecht gem. Erwägungsgrund 20 ausdrücklich nicht berührt.

6. Die Digitalisierung von Altbeständen

Der Nutzung alter Bestände aus Sammlungen in neuen digitalen Medien stand bislang vor allem auch die Regelung des § 31 Abs. 4 entgegen. Die Einräumung von Nutzungsrechten für noch nicht bekannte Nutzungsarten sowie Verpflichtungen hierzu waren danach unwirksam (zu § 31 Abs. 4a. F. s. § 31 Rn. 38). Auch Sammlungen, Archive usw. können deshalb Nutzungsrechte für eine Verwertung ihrer Bestände in vormals **unbekannten Nutzungsarten** nicht erwerben. § 52b schafft als urheberrechtliche Schranke (zum Begriff der Schranken: Vor §§ 44a ff. Rn. 1 ff.) für die Zugänglichmachung von Werken an elektronischen Leseplätzen eine gesetzliche Lizenz, durch die das Ausschließlichkeitsrecht des Urhebers begrenzt wird. Insofern löst § 52b in seinem Anwendungsbereich auch das Problem des Nacherwerbs von Rechten für unbekannte Nutzungsarten. Ein Rückgriff auf § 137l ist weder erforderlich noch möglich. Da § 52b mit Wirkung ab sofort die Nutzung geschützter Werke an elektronischen Leseplätzen zustimmungsfrei nutzen können, kommt es auf die Inhaberschaft der Nutzungsrechte grds. nicht an. Die urhebervertragsrechtlichen Bestimmungen des § 137l über den Erwerb von Rechten an unbekannten Nutzungsarten im Wege der gesetzlichen Übertragungsfiktion (dazu § 137l Rn. 16 ff.) ist allerdings von Bedeutung bei der Frage, ob ein Verwerter vertragliche Regelungen mit Vorrangwirkung (s.u. Rn. 27 f.) treffen kann und ob er die erforderlichen Nutzungsrechte vom Urheber erworben hat. 21

7. Privilegierter Nutzungszweck

Die öffentliche Zugänglichmachung darf nur zur Forschung und für private Studien erfolgen. 22

a) Forschung. Forschung ist auch im Anwendungsbereich von § 52b wissenschaftliche Forschung. Wie z.B. bei § 52a (s. Schricker/*Loewenheim*/*Loewenheim* § 52a Rn. 11) ist auch hier der Begriff der **wissenschaftlichen Forschung** enger zu verstehen als der des wissenschaftlichen Gebrauchs bei § 53 Abs. 2 Satz 1 Nr. 1 (Schricker/*Loewenheim*/ *Loewenheim* § 52b Rn. 9). 23

b) Private Studien. Der Begriff „private Studien" entspricht dem Wortlaut der Multimedia-Richtlinie und geht zurück auf den entsprechenden Begriff in Sec. 29 (1) des englischen „Copyright, Designs and Patents Act 1988". Das deutsche Urheberrecht hat dieses Tatbestandsmerkmal bisher nicht verwendet. **Private Studien** sind alle Tätigkeiten von **natürlichen Personen,** die dem persönlichen Erkenntnisgewinn dienen, aber nicht die Kriterien erfüllen, die an eine wissenschaftliche Tätigkeit zu stellen sind. Das Tatbestandsmerkmal hat also eine Auffangfunktion gegenüber der „Forschung". Andererseits sind Nutzungen, die lediglich der Unterhaltung dienen, ausgeschlossen. Derartige sonstige private Zwecke sind von § 52b ausdrücklich nicht erfasst, ebensowenig Nutzungen zu kommerziellen Zwecken (Schricker/*Loewenheim*/*Loewenheim* § 52b Rn. 9; a. A. Dreyer/Kotthoff/Meckel/*Dreyer* § 52b Rn. 9). 24

UrhG § 52b 25, 26 § 52b Wiedergabe v. Werken an elektronischen Leseplätzen

Unter private Studien fallen auch Studien im Rahmen der **Aus- und Fortbildung** (Prüfungsvorbereitung, Erstellung von Seminararbeiten usw.) oder der privaten Weiterbildung. Das private Studium kann Teil einer Ausbildung an einer Schule oder Hochschule usw. sein. Die konkrete Nutzung des elektronischen Leseplatzes muss aber außerhalb der offiziellen Lehrveranstaltungen erfolgen, weil diese nicht privat veranlasst sind. **Unterricht** ist kein privates Studium i. S. v. § 52b. Insoweit dient das Merkmal „privat" auch zur Abgrenzung zum Anwendungsbereich des § 52a. Die Abgrenzung zwischen dem erlaubten privaten Studium und der sonstigen privaten Nutzung wird im Einzelfall schwierig sein, ist aber notwendig. Ein Indiz werden die Funktion der Bibliothek und der generelle Nutzerkreis sein.

25   Die Besonderheit der Schranke des § 52b liegt darin, dass privilegierte Einrichtung und privilegierter Nutzungszweck auseinander fallen. Ob die Nutzer die elektronischen Leseplätze tatsächlich ausschließlich zu den in § 52b genannten Zwecken nutzen, wird die Einrichtung im Regelfall mit den ihr zur Verfügung stehenden Mitteln und verhältnismäßigem Aufwand kaum **überprüfen** können (zu diesem Problem auch: *Berger* GRUR 2007, 754, 757). Die Einrichtung wird aber gehalten sein, sowohl sachgerechte technische Maßnahmen, wie z. B. einen Passwortschutz einzusetzen als auch in ihren **Nutzungsbedingungen** und an den Leseplätzen auf die zulässigen Nutzungszwecke hinzuweisen (Dreier/Schulze/ *Dreier* § 52b Rn. 11; Schricker/Loewenheim/*Loewenheim* § 52b Rn. 9; Dreyer/Kotthoff/ Meckel/*Dreyer* § 52b Rn. 11). Sollte die Einrichtung die ihr zumutbaren Vorkehrungen nicht treffen, kommt bezüglich der Urheberrechtsverletzungen ihrer Nutzer eine Haftung in Betracht, die eine Stilllegung der Terminals zur Folge haben könnte.

26   **c) Nachfolgende Nutzungen.** § 52b enthält keine Regelung darüber, ob eine **Anschlussnutzung** der nach dieser Schranke rechtmäßig zugänglich gemachten Werkstücke zulässig ist, ob also die Nutzer mit Hilfe der nach § 52b zugänglich gemachten Werke Vervielfältigungen herstellen dürfen. Auch die Gesetzesbegründung gibt dazu keinen Hinweis. Die Frage nach der Zulässigkeit solcher Anschlussvervielfältigungen, die auch unter dem Stichwort **„Schrankenkette"** diskutiert wird, ist umstritten (vgl. *Berger* GRUR 2007, 756; Fromm/Nordemann/*Dustmann* § 52b Rn. 13; *Jani* GRUR-Prax 2010, 27). § 52b soll eine Fortsetzung der analogen Nutzung mit digitalen Mitteln ermöglichen (s. o. Rn. 2). Es ist deshalb richtig und sachgerecht, zu differenzieren und die Herstellung reprographischer Vervielfältigungen in Form von **Ausdrucken auf Papier** zuzulassen. Die Anfertigung digitaler Kopien mit Hilfe elektronischer Leseplatzangebote, z. B. über einen **USB-Stick**, über die Infrarotschnittstelle zum eigenen Notebook usw., geht dagegen über das nach § 52b Akzeptable hinaus. **Digitale Vervielfältigungen** durch die Nutzer sind deshalb **unzulässig** und dürfen durch die Einrichtung nicht ermöglicht werden (LG Frankfurt a. M. GRUR 2011, 614, 616; OLG Frankfurt a. M. GRUR-Prax 2010, 1, 4; Dreyer/Kotthoff/Meckel/*Dreyer* § 52b Rn. 13; Fromm/Nordemann/*Dustmann* § 52b Rn. 12; *Steinbeck* NJW 2010, 2852, 2855; *Jani* GRUR-Prax 2010, 27, 29; a. A. und für eine Zulässigkeit sowohl digitaler als auch analoger Kopien *Kianfar* GRUR 2012, 691, 694; *Heckmann* CR 2009, 538, 539). Nach Auffassung der bisherigen Rechtsprechung zu § 52b soll jegliche Vervielfältigung, also auch der **Ausdruck,** unzulässig sein (LG Frankfurt a. M. GRUR 2011, 614, 616; OLG Frankfurt a. M. GRUR-Prax 2010, 1, 4; ebenso: Schricker/Loewenheim/*Loewenheim* § 52b Rn. 11; *Schöwerling* ZUM 2009, 665, 667). Der BGH hat die Frage nach der Zulässigkeit von Anschlussvervielfältigungen dem EuGH zur Vorabentscheidung vorgelegt (Beschluss vom 20. 9. 2012, I ZR 69/11). Eine Differenzierung zwischen digitalen und analogen Vervielfältigungen ist jedoch interessengerecht und entspricht auch dem Leitgedanken der Multimedia-Richtlinie (a. A. *Schöwerling* ZUM 2009, 665, 666). Erwägungsgrund 38 der Richtlinie ordnet ausdrücklich an, dass zwischen analogen und digitalen Vervielfältigungen unterschieden werden soll. Im Gegensatz zur digitalen Speicherung des Werkes stellt der Ausdruck im Vergleich zur Fotokopie eines gedruckten Exemplars keine intensivere Form der Werknutzung dar. Dass der Ausdruck einer Buchseite von einem Leseplatzangebot stärker in die Rechte des

Urhebers eingreift als die Kopie derselben Buchseite aus dem Original, ist deshalb nicht erkennbar. Die Unzulässigkeit des Ausdrucks kann auch nicht damit begründet werden, dass der Begriff „Leseplatz" (dazu Rn. 12) die Möglichkeit zur Vervielfältigung ausschließt (so aber LG Frankfurt a. M. GRUR 2011, 614, 616; OLG Frankfurt a. M. GRUR-Prax 2010, 1, 4). Die Multimedia-Richtlinie verwendet auch in der deutschen Fassung den Begriff „Terminal". Allein aus rechtsförmlichen Gründen war der deutsche Gesetzgeber gehindert, dieses Wort zu übernehmen. Eine inhaltliche Aussage ist damit nicht verbunden (s. o. Rn. 12). Der Zulässigkeit von Ausdrucken kann auch nicht entgegengehalten werden, an Leseplätzen dürften Werke nur in den Räumen der Einrichtung zugänglich gemacht werden (*Kianfar* GRUR 2012, 691, 692). Wenn der Nutzer in den Räumen an einem Leseplatz in der Einrichtung einen Ausdruck herstellt und diesen Ausdruck aus der Einrichtung mitnimmt, führt dies nicht dazu, dass das Leseplatzangebot in unzulässiger Weise außerhalb der Räume der Einrichtung zugänglich ist (a. A. Schricker/Loewenheim/*Loewenheim* § 52b Rn. 11; *Schöwerling* ZUM 2009, 665, 666).

Ob und in welchem Umfang diese Kopie zulässig ist, richtet sich im Übrigen nach § 53, denn die Schranken in § 52b und § 53 stehen nebeneinander (*Steinbeck* NJW 2010, 2852, 2855; *Heckmann* CR 2009, 538, 539) § 52b selbst gibt keine Befugnis zur Vervielfältigung und schränkt das Vervielfältigungsrecht in Bezug auf Anschlussnutzungen durch die Nutzer auch nicht ein (a. A. LG *Heckmann* CR 2009, 538, 539; LG Frankfurt a. M. GRUR 2011, 614, 616; OLG Frankfurt a. M. GRUR-Prax 2010, 1, 4). Zu beachten ist deshalb insbesondere auch § 53 Abs. 4b, wonach eine vollständige Vervielfältigung von Büchern und Zeitschriften unzulässig ist. Ganze Werke dürfen deshalb nicht ausgedruckt werden. Soweit der Nutzer sich bei der Vervielfältigung auf § 53 Abs. 1 berufen kann, wird das Leseplatzangebot **keine offensichtliche rechtswidrige Vorlage** sein, so dass die elektronische Vervielfältigung unter diesem Gesichtspunkt ebenfalls nicht beanstandet werden kann (*Berger* GRUR 2007, 756). Da sie gleichwohl mit den Vorgaben des Drei-Stufen-Tests (dazu § 44a Rn. 22) nicht zu vereinbaren ist und dem Zweck von § 52b widerspricht, ist es Aufgabe der verantwortlichen Einrichtung, die **digitale Vervielfältigung** an elektronischen Leseplätzen durch geeignete und zumutbare technische Maßnahmen zu verhindern. Andernfalls überschreitet die Einrichtung ihre Befugnisse aus § 52b. Dabei kann auf die Grundsätze zurückgegriffen werden, die der BGH in seiner Entscheidung „Kopierladen" aufgestellt hat (GRUR 1984, 54, 56). Die Mitarbeiter der Bibliothek müssen keine Kontrollen der Kopien durchführen (*Steinbeck* NJW 2010, 2852, 2855), aber deutliche Hinweise geben, andernfalls haften sie für Urheberrechtsverletzungen der Nutzer als mittelbare Verletzer (*Steinbeck* NJW 2010, 2852, 2856). Soweit die Einrichtung an den elektronischen Leseplätzen auch den Ausdruck ermöglicht, stellt sich die Frage, ob dies eine gesonderte **Vergütungspflicht** gem. § 54c begründet, weil der Leseplatz dann zugleich ein Ablichtungsgerät im Sinne dieser Vorschrift ist. Der BGH hat die Auffassung vertreten, dass Vervielfältigungen von digitalen Vorlagen mittels Druckern keine Vervielfältigungen in einem Verfahren vergleichbarer Wirkung i. S. v. § 54c sind und deshalb die Abgabepflicht nach § 54c nicht begründen (BGH GRUR 2012, 1017, 1021 – Digitales Druckzentrum). Der EuGH hat inzwischen jedoch entschieden, dass Art. 5 Abs. 2 Buchst. a) der Multimedia-Richtlinie so auszulegen ist, dass er Vervielfältigungen mittels eines Druckers und eines PCs umfasst, sofern diese Geräte miteinander verbunden sind, und zu der Vervielfältigung in einem einheitlichen Verfahren beitragen (EuGH GRUR 2013, 812 – VG Wort/Kyocera). Unter der Voraussetzung, die Möglichkeit zum Ausdruck an einem elektronischen Leseplatz durch eine solche **Gerätekombination** geschaffen wird, unterliegt diese Gerätekombination der Betreiberabgabe gem. § 54c UrhG.

8. Keine entgegenstehenden vertraglichen Regelungen

Die elektronische Zugänglichmachung ist dann ausgeschlossen, wenn ihr **vertragliche Regelungen** entgegenstehen. Dieser Vorbehalt ist zwingend von Art. 5 Abs. 3 lit. n) der

UrhG § 52b 28, 29 § 52b Wiedergabe v. Werken an elektronischen Leseplätzen

Multimedia-Richtlinie vorgegeben. Die Frage, ob ein Vertrag vorliegen muss, oder ob § 52b auch bereits durch ein bloßes Angebot zum Vertragsschluss zu angemessenen Bedingungen ausgeschlossen wird, ist umstritten. Nach zutreffender Auffassung tritt die Vorrangwirkung nur ein, wenn der Rechtsinhaber mit der privilegierten Einrichtung über das betreffende Werk eine vertragliche **Vereinbarung** getroffen hat, an die diese selbst gebunden ist (Dreyer/Kotthoff/Meckel/*Dreyer* § 52b Rn. 12). Der Wortlaut von § 52b knüpft ausdrücklich an „Regelungen" an. Eine einseitige Erklärung oder ein Angebot des Rechtsinhabers reicht deshalb nicht aus. Die Befugnisse aus § 52b werden, anders als z.B. bei § 53a, auch nicht bereits durch ein elektronisches **Angebot** (z.B. www.libreka.de) verdrängt (vgl. Begr. BT-Drucks. 16/1828, 26; ebenso LG Frankfurt a.M. GRUR 2011, 614, 616; OLG Frankfurt a.M. GRUR-Prax 2010, 1, 2; Fromm/Nordemann/*Dustmann* § 52b Rn. 11; Dreyer/Kotthoff/Meckel/*Dreyer* § 52b Rn. 12; a.A. Dreier/Schulze/*Dreier* § 52b Rn. 12; Schricker/Loewenheim/*Loewenheim* § 52b Rn. 10; *Schöwerling* ZUM 2009, 665, 666; *Spindler* FS Loewenheim 290; *Hoeren/Neubauer* ZUM 2012, 636, 639; *Heckmann* CR 2009, 538, 539; *Berger* ZUM 2007, 754, 759). Die Einrichtung müsste in diesem Fall zunächst prüfen, ob ein (angemessenes) vertragliches Angebot besteht. Der Rechercheaufwand wäre hier deshalb zumutbar, weil das Urheberrecht von der Zustimmung des Rechteinhabers vor jeder Werknutzung als Regelfall ausgeht. Dass auch insoweit beim Vorrang von Vertragsangeboten eine handhabbare Lösung möglich ist, die auch dem berechtigten Interesse der begünstigten Einrichtungen Rechnung trägt, zeigt § 53a UrhG. Der BGH hat die Frage, ob die Vorrangwirkung bereits durch Angebote zum Abschluss von Lizenzverträgen ausgelöst wird, dem EuGH zur Vorabentscheidung vorgelegt (Beschluss vom 20.9.2012, I ZR 69/11). Der Wortlaut von Art. 5 Abs. 3 lit. n der Multimedia-Richtlinie lässt – wie bei § 53a – de lege ferenda auch bloße Angebote der Verlage ausreichen, um die Vorrangwirkung zu begründen (a.A. LG Frankfurt a.M. GRUR 2011, 614, 615; OLG Frankfurt a.M. GRUR-Prax 2010, 1, 2).

Erforderlich ist andererseits aber auch nicht, dass die vertragliche Vereinbarung das Ergebnis individueller Verhandlungen ist. Ausreichend sind deshalb insb. auch die in der Praxis üblichen Regelungen zur Nutzung urheberrechtlich geschützter Werke in Form **allgemeiner Geschäftsbedingungen.** Wenn wirksame vertragliche Regelungen bestehen, denen die jeweilige Einrichtung unterworfen ist, richtet sich der Umfang der zulässigen Nutzung ausschließlich nach diesem Vertrag (Begr. BT-Drucks. 16/1828, 26). Der Rechtsinhaber kann aufgrund des Vorrangs vertraglicher Regelungen die Anwendung von § 52b jederzeit **beschränken oder ganz ausschließen.**

28 Für die **vorhandenen Bestände** der Einrichtungen kommt eine Beschränkung des Anwendungsbereichs von § 52b kaum in Betracht, weil in der Vergangenheit getroffene vertragliche Regelungen keine Aussage zur Nutzung an elektronischen Leseplätzen enthalten können. Soweit allgemeine Nutzungsbedingungen pauschale Rechtsvorbehalte enthalten, können diese nicht einseitig auf eine Nutzung nach § 52b ausgedehnt werden.

III. Doppelte Bestandsakzessorietät (Satz 2)

1. Nur Werke aus dem eigenen Bestand

29 § 52b knüpft die elektronische Zugänglichmachung an eine **doppelte Bestandsakzessorietät.** Es dürfen zunächst überhaupt nur Werke zugänglich gemacht werden, die die Einrichtung dauerhaft in ihrem eigenen aktuellen Bestand hat. Werke, die in der Vergangenheit zum Bestand gehört haben, jedoch wieder aus dem Bestand entfernt worden sind, zählen nicht zum Bestand (Dreier/Schulze/*Dreier* § 52b Rn. 8). Auf welche Weise das Werk in den Bestand gelangt ist, spielt keine Rolle. Neben den Werken, die die Einrichtung gekauft oder auf sonstige Weise vertraglich erworben hat, fallen deshalb auch Werke unter § 52b, die die Einrichtung aufgrund einer gesetzlichen oder sonstigen Ablieferungs-

pflicht unentgeltlich als **Pflichtexemplar** erhält (Begr. BT-Drucks. 16/1828, 26). Maßgeblich ist, dass das Werk dem Bestand der Einrichtung zur **dauerhaften Nutzung** überlassen worden ist und die Einrichtung unmittelbaren Besitz an dem Werk hat. Es kommt mithin nicht darauf an, ob die Einrichtung auch **Eigentümerin** des Werkexemplars ist (Dreier/Schulze/*Dreier* § 52b Rn. 8; Schricker/Loewenheim/*Loewenheim* § 52b Rn. 6; Fromm/Nordemann/*Dustmann* § 52b Rn. 6). Auch Dauerleihgaben, z.B. im Rahmen einer Stiftung, sind deshalb dem Bestand i. S. v. § 52b zuzuordnen. Unzulässig ist dagegen die Zugänglichmachung von Werken, die nur vorübergehend in den Bestand der Einrichtung gelangen. Insb. Werke, die im Wege des innerbibliothekarischen Leihverkehrs ausgetauscht werden, dürfen daher nicht an Leseplätzen zugänglich gemacht werden.

Die **Beschränkung auf den Bestand** war im Gesetzgebungsverfahren sehr **umstritten**. In der ersten Fassung seines RefE aus dem Jahr 2004 hatte das Bundesjustizministerium die Bestandsakzessorietät zunächst vorgesehen. Im BRegE war diese Einschränkung dann nicht mehr enthalten. Die Bundesregierung vertrat die Auffassung, eine derartige Beschränkung sei nicht notwendig, weil die Bibliotheken entgegen der Befürchtungen der Verlage ihr Anschaffungsverhalten nicht ändern würden, die Bibliotheken könnten dies durch entsprechende Selbstverpflichtungserklärungen bestätigen (Begr. BT-Drucks. 16/1828, 26). Der Bundesrat hat die Kritik der Rechtsinhaber jedoch geteilt und auf die Gefahr hingewiesen, dass die privilegierten Einrichtungen elektronische Leseplätze zur **Einsparung** zusätzlicher Werkexemplare nutzen werden (Begr. BT-Drucks. 16/1828, 40; in diesem Sinne auch *Peifer,* GRUR 2009, 22, 25). Der Rechtsausschuss des Bundestages hat diese Kritik aufgenommen und § 52b im Verlauf seiner Beratungen entgegen der ursprünglichen Vorstellungen der Bundesregierung entsprechend geändert (BT-Drucks. 16/5939, 44).

Die Bestandsakzessorietät ist aus verfassungs- und gemeinschaftsrechtlichen Gründen 31 zwingend geboten. Art. 5 Abs. 3 lit. n) der **Multimedia-Richtlinie** spricht von Werken, die sich in den Sammlungen oder Einrichtungen befinden. Damit ergibt sich bereits unmittelbar aus der Richtlinie, dass die privilegierten Institutionen ihre Bestände nicht durch die öffentliche Zugänglichmachung von Werkexemplaren aus den Beständen Dritter auffüllen dürfen. Im Übrigen würde die Ausdehnung auf bestandsfremde Werke die berechtigten wirtschaftlichen Interessen der Rechtsinhaber auf eine mit dem **Drei-Stufen-Test** (dazu Rn. 36) unvereinbare Weise beeinträchtigen (*Berger* GRUR 2007, 754, 760).

2. Gleichzeitige Nutzung an mehreren Leseplätzen

a) **Gleichzeitige Nutzung.** Die Werke aus dem Bestand der Einrichtung dürfen außerdem grds. nur in der Anzahl **gleichzeitig** an Leseplätzen zugänglich gemacht werden, wie die Einrichtung körperliche Exemplare in ihrem Bestand hat. Mit dieser zusätzlichen Einschränkung wird verhindert, dass die Bibliotheken aufgrund von § 52b ihr Anschaffungsverhalten ändern. Bereits die jetzt geltende Regelung führt zu einer Verdopplung der Zugriffsmöglichkeiten auf den Bestand der Bibliothek (*Langhoff/Oberndörfer/Jani* ZUM 2007, 593, 596; *Sprang/Ackermann* K&R 2008, 7, 8). Ein Standardwerk, das eine Bibliothek nur in einem Exemplar angeschafft hat, darf also nicht digitalisiert und an mehreren elektronischen Leseplätzen gleichzeitig zugänglich gemacht werden.

Die Zahl der gleichzeitig zugänglich gemachten elektronischen Werkexemplare muss nur 33 **grundsätzlich** der Zahl der Exemplare im Bestand entsprechen. Damit ist eine vorübergehende, zeitlich und zahlenmäßig begrenzte, **Überschreitung** der Anzahl im Bestand **in Ausnahmefällen** möglich. Die Einrichtungen werden sich insb. nicht ohne Weiteres auf eine besondere Nachfrage berufen können. Hier kann nichts anderes gelten als in Bezug auf körperliche Werkexemplare: Ein Buch, das bereits von einem Bibliotheksbesucher genutzt wird, kann nicht zugleich auch von einem anderen gelesen werden. Eine hohe Nachfrage ist für sich genommen keine Rechtfertigung dafür, das Urheberrecht zurückzudrängen, sondern im Gegenteil Anlass, geschützte Werke in ausreichender Zahl anzuschaffen. § 52b soll dem berechtigten Bedürfnis nach verstärkter digitaler Nutzung Rechnung tragen. Die Vorschrift dient nicht dazu, die Bibliotheksetats auf Kosten der Rechtsinhaber zu entlasten. Der Gesetzgeber wollte mit dieser Öffnung stattdessen den Belangen der Bibliotheken Rechnung tragen und ihnen eine gewisse **Flexibilität in Belastungsspitzen** einräumen. Der Gesetzgeber geht davon aus, dass sich das Anschaffungsverhalten der Bibliotheken durch diese Ausnahmeregelung nicht verändert (BT-Drucks. 16/5939, 44). Ob die Einschätzung zutrifft, darf jedoch bezweifelt werden; die Versuchung, die Bestände unter Berufung auf Spitzenbedarf nicht nur ausnahmsweise aufzustocken, wird groß sein.

34   **b) Ausnahme.** Eine verbindliche Höchstgrenze enthält § 52b nicht. Der Begründung des Rechtsausschusses zufolge darf die Nutzung eines Exemplars aus dem Bestand an maximal **vier** elektronischen Leseplätzen gleichzeitig stattfinden (BT-Drucks. 16/5939, 44). Es handelt sich hierbei auch nach dem Willen des Rechtsausschusses um eine **Ausnahmeregelung** (ebenso Dreier/Schulze/*Dreier* § 52b Rn. 9; Schricker/Loewenheim/*Loewenheim* § 52b Rn. 7; Fromm/Nordemann/*Dustmann* § 52b Rn. 9; Dreyer/Kotthoff/Meckel/ *Dreyer* § 52b Rn. 4). Immerhin bedeutet diese Mehrfachnutzung nichts Geringeres als eine Vervierfachung der nutzbaren Bestände; hinzu kommt das unverändert vorhandene körperliche Werkexemplar. Regelmäßig auftretende und wiederkehrende Belastungsspitzen sind deshalb keine Ausnahmefälle und rechtfertigen deshalb keine Mehrfachnutzung (Schricker/ Loewenheim/*Loewenheim* § 52b Rn. 7).

35   **c) Vergriffene Werke.** Unklar ist, ob die Bibliothek zumindest dann dauerhaft mehr Werke, als sie im Bestand hat, elektronisch zugänglich machen darf, wenn das Werk vergriffen ist und deshalb nicht mehr in ausreichender Anzahl in den Bestand aufgenommen werden kann. § 52b enthält im Gegensatz zu § 53 keine ausdrückliche Regelung für **vergriffene Werke**. Dem Gesetzgeber ging es bei der Bestandsakzessorietät darum, eine kostengünstigere Ersatzbeschaffung der Bibliotheken zu Lasten der Verlage zu verhindern. Bei vergriffenen Werken besteht dieses Schutzbedürfnis nicht. Bei vergriffenen Werken wird die **Ausnahmeregel** deshalb großzügiger zur Anwendung kommen können (Schricker/ Loewenheim/*Loewenheim* § 52b Rn. 7; so wohl auch *Hoeren* MMR 2007, 615, 617), wobei die vom Gesetzgeber beschriebene Obergrenze von vier Exemplaren auch hier das Maximum darstellt. Unter welchen Umständen ein Werk vergriffen ist, richtet sich nach den bekannten Kriterien (vgl. dazu § 53 Rn. 35; zur **gesetzlichen Neuregelung** der Nutzung verwaister und vergriffener Werke s. die Kommentierung der §§ 61–61c, 137n).

IV. Angemessene Vergütung (Satz 3)

36   Der Urheber hat für die Zugänglichmachung einen Anspruch auf **angemessene Vergütung**. Art. 5 Abs. 3 lit. n) der **Multimedia-Richtlinie** ordnet die Vergütungspflicht nicht ausdrücklich an. In Erwägungsgrund 35 der Multimedia-Richtlinie heißt es aber, dass in bestimmten Fällen von Beschränkungen der Ausschließlichkeitsrechte die Rechtsinhaber „einen gerechten Ausgleich" erhalten sollen, damit ihnen die Nutzung ihrer geschützten Werke oder sonstigen Schutzgegenstände „angemessen vergütet" wird. Auch die Richtlinie geht also davon aus, dass Ausnahmen von den urheberrechtlichen Ausschließlichkeitsrechten grds. nicht vergütungsfrei sind. Dieser Ansatz ergibt sich schließlich auch aus den im **Drei-Stufen-Test** formulierten Grundgedanken; danach dürfen die Schranken weder die normale Auswertung des Werkes beeinträchtigen noch die berechtigten Interessen der Rechtsinhaber ungebührlich verletzen (Art. 5 Abs. 5 der Multimedia-Richtlinie, Art. 13 TRIPs und Art. 9 Abs. 2 RBÜ; zum Drei-Stufen-Test ausführlich § 44a Rn. 22). Indem § 52b einen Anspruch auf angemessene Vergütung schafft, geht das Urheberrechtsgesetz also keineswegs über die Multimedia-Richtlinie hinaus (so aber *Hilty* 181). Im Übrigen

steht der Vergütungsanspruch im Einklang mit der hergebrachten Rechtsprechung des Bundesverfassungsgerichts (BVerfG GRUR 1980, 44 – Kirchenmusik). Das Urheberrecht ist ein absolutes Recht, das in Bezug auf seine vermögensrechtliche Komponente unter die **verfassungsrechtliche Eigentumsgarantie** (Art. 14 GG) fällt. Entschädigungslose Beschränkungen des Urheberrechts sind deshalb nur in seltenen Ausnahmefällen zulässig (s. m. w. N. Vor §§ 44a ff. Rn. 1). Bei der Bemessung der Vergütungshöhe sind auch die zulässigen **Anschlussvervielfältigungen** (oben Rn. 19 f.) zu berücksichtigen.

Der Vergütungsanspruch aus § 52b S. 3 kann nur von einer **Verwertungsgesellschaft** 37 geltend gemacht werden. Diese Regelung entspricht der allgemeinen Systematik des Urheberrechts, die sämtliche gesetzlichen Vergütungsansprüche der kollektiven Wahrnehmung unterwirft (Begr. BT-Drucks. 16/1828, 26). Wegen der ungeklärten Fragen zu den Voraussetzungen und der Reichweite von § 52b insb. hinsichtlich des Vorrangs vertraglicher Regelungen (oben Rn. 27 f.) und der Zulässigkeit von Anschlussnutzungen (oben Rn. 26) sind die Verhandlungen zwischen der VG Wort und der Kultusministerkonferenz über einen umfassenden Gesamtvertrag schwierig. Bis zur Entscheidung des EuGH über die Vorlagefragen des BGH (Beschluss vom 20.9.2012, I ZR 69/11) wird es hier kaum zu einer abschließenden Regelung kommen.

V. Verhältnis zu anderen Vorschriften

1. § 53 Abs. 2 S. 1 Nr. 2 (Archivierung)

Das UrhG erlaubt die **Archivierung** von Werken zur Bestandssicherung auch **in digi-** 38 **taler Form** (§ 53 Abs. 2 S. 1 Nr. 2). Die Archivierung darf dabei ausschließlich zur Bestandssicherung erfolgen. Weitergehende Nutzungen der für die Archivierung angefertigten Vervielfältigungsstücke sind nicht zulässig. Ob und inwieweit ein nach § 53 Abs. 2 S. 1 Nr. 2 zulässiger Weise erstelltes Archivstück auch an elektronischen Leseplätzen genutzt werden darf, ist allein nach § 52b zu beurteilen. Bei § 53 Abs. 2 S. 1 Nr. 2 muss als Vorlage für die Vervielfältigung stets ein **eigenes Werkstück** verwendet werden, das heißt, es muss im Eigentum des Archivbetreibers stehen (§ 53 Rn. 28). § 52b knüpft nicht an das Eigentum der Einrichtung an, sondern an deren Bestand. Der Bestand kann auch Werke umfassen, an denen die Einrichtung kein Eigentum hat (s. o. Rn. 29). § 52b führt deshalb zu einer Erweiterung der Archivierungsbefugnis, denn die im Rahmen von § 52b angefertigten Vervielfältigungsstücke sind zugleich immer auch zur Bestandssicherung geeignet. Ist eine Einrichtung sowohl nach § 53 Abs. 2 S. 1 Nr. 2 befugt, ein Werk digital zu archivieren als auch es an einem Leseplatz zugänglich zu machen, kann die Einrichtung für beide Nutzungen ein und dieselbe Kopie verwenden. Daraus folgt umgekehrt auch, dass die Einrichtung **vorhandene digitale Vervielfältigungen,** die sie vor Inkrafttreten des § 52b rechtmäßig zu Archivierungszwecken angefertigt hat, jetzt auch an elektronischen Leseplätzen zugänglich machen darf. Zu beachten ist hier allerdings, dass die Kopiervorlage noch im Besitz der Einrichtung sein muss (s. o. Rn. 29).

2. § 95b (Durchsetzung von Schrankenbestimmungen)

Die Schranke des § 52b ist nicht gem. § 95b durchsetzungsstark gegenüber **technischen** 39 **Schutzmaßnahmen.** Die Multimedia-Richtlinie macht auch hier in Art. 6 Abs. 4 abschließende Vorgaben; eine Durchsetzung der Schranke aus Art. 5 Abs. 3 lit. n) gegenüber technischen Maßnahmen ist dort nicht vorgesehen. Wenn digitale Werkexemplare mit einem Kopierschutz ausgestattet sind, der ihre Vervielfältigung verhindert, dann ist die Zugänglichmachung an elektronischen Leseplätzen deshalb ausgeschlossen, wenn dazu zunächst eine Vervielfältigung des Werkes erforderlich ist.

§ 53 Vervielfältigungen zum privaten und sonstigen eigenen Gebrauch

(1) Zulässig sind einzelne Vervielfältigungen eines Werkes durch eine natürliche Person zum privaten Gebrauch auf beliebigen Trägern, sofern sie weder unmittelbar noch mittelbar Erwerbszwecken dienen, soweit nicht zur Vervielfältigung eine offensichtlich rechtswidrig hergestellte oder öffentlich zugänglich gemachte Vorlage verwendet wird. Der zur Vervielfältigung Befugte darf die Vervielfältigungsstücke auch durch einen anderen herstellen lassen, sofern dies unentgeltlich geschieht oder es sich um Vervielfältigungen auf Papier oder einem ähnlichen Träger mittels beliebiger fotomechanischer Verfahren oder anderer Verfahren mit ähnlicher Wirkung handelt.

(2) Zulässig ist, einzelne Vervielfältigungsstücke eines Werkes herzustellen oder herstellen zu lassen

1. zum eigenen wissenschaftlichen Gebrauch, wenn und soweit die Vervielfältigung zu diesem Zweck geboten ist und sie keinen gewerblichen Zwecken dient,
2. zur Aufnahme in ein eigenes Archiv, wenn und soweit die Vervielfältigung zu diesem Zweck geboten ist und als Vorlage für die Vervielfältigung ein eigenes Werkstück benutzt wird,
3. zur eigenen Unterrichtung über Tagesfragen, wenn es sich um ein durch Funk gesendetes Werk handelt,
4. zum sonstigen eigenen Gebrauch,
    a) wenn es sich um kleine Teile eines erschienenen Werkes oder um einzelne Beiträge handelt, die in Zeitungen oder Zeitschriften erschienen sind,
    b) wenn es sich um ein seit mindestens zwei Jahren vergriffenes Werk handelt.

Dies gilt im Fall des Satzes 1 Nr. 2 nur, wenn zusätzlich

1. die Vervielfältigung auf Papier oder einem ähnlichen Träger mittels beliebiger fotomechanischer Verfahren oder anderer Verfahren mit ähnlicher Wirkung vorgenommen wird oder
2. eine ausschließlich analoge Nutzung stattfindet oder
3. das Archiv im öffentlichen Interesse tätig ist und keinen unmittelbar oder mittelbar wirtschaftlichen oder Erwerbszweck verfolgt.

Dies gilt in den Fällen des Satzes 1 Nr. 3 und 4 nur, wenn zusätzlich eine der Voraussetzungen des Satzes 2 Nr. 1 oder 2 vorliegt.

(3) Zulässig ist, Vervielfältigungsstücke von kleinen Teilen eines Werkes, von Werken von geringem Umfang oder von einzelnen Beiträgen, die in Zeitungen oder Zeitschriften erschienen oder öffentlich zugänglich gemacht worden sind, zum eigenen Gebrauch

1. zur Veranschaulichung des Unterrichts in Schulen, in nichtgewerblichen Einrichtungen der Aus- und Weiterbildung sowie in Einrichtungen der Berufsbildung in der für die Unterrichtsteilnehmer erforderlichen Anzahl oder
2. für staatliche Prüfungen und Prüfungen in Schulen, Hochschulen, in nichtgewerblichen Einrichtungen der Aus- und Weiterbildung sowie in der Berufsbildung in der erforderlichen Anzahl

herzustellen oder herstellen zu lassen, wenn und soweit die Vervielfältigung zu diesem Zweck geboten ist. Die Vervielfältigung eines Werkes, das für den Unterrichtsgebrauch an Schulen bestimmt ist, ist stets nur mit Einwilligung des Berechtigten zulässig.

(4) Die Vervielfältigung

§ 53 Vervielfältigungen zum privaten Gebrauch § 53 UrhG

a) graphischer Aufzeichnungen von Werken der Musik,
b) eines Buches oder einer Zeitschrift, wenn es sich um eine im Wesentlichen vollständige Vervielfältigung handelt,

ist, soweit sie nicht durch Abschreiben vorgenommen wird, stets nur mit Einwilligung des Berechtigten zulässig oder unter den Voraussetzungen des Absatzes 2 Satz 1 Nr. 2 oder zum eigenen Gebrauch, wenn es sich um ein seit mindestens zwei Jahren vergriffenes Werk handelt.

(5) Absatz 1, Absatz 2 Satz 1 Nr. 2 bis 4 sowie Absatz 3 Nr. 2 finden keine Anwendung auf Datenbankwerke, deren Elemente einzeln mit Hilfe elektronischer Mittel zugänglich sind. Absatz 2 Satz 1 Nr. 1 sowie Absatz 3 Nr. 1 findet auf solche Datenbankwerke mit der Maßgabe Anwendung, dass der wissenschaftliche Gebrauch sowie der Gebrauch im Unterricht nicht zu gewerblichen Zwecken erfolgen.

(6) Die Vervielfältigungsstücke dürfen weder verbreitet noch zu öffentlichen Wiedergaben benutzt werden. Zulässig ist jedoch, rechtmäßig hergestellte Vervielfältigungsstücke von Zeitungen und vergriffenen Werken sowie solche Werkstücke zu verleihen, bei denen kleine beschädigte oder abhanden gekommene Teile durch Vervielfältigungsstücke ersetzt worden sind.

(7) Die Aufnahme öffentlicher Vorträge, Aufführungen oder Vorführungen eines Werkes auf Bild- oder Tonträger, die Ausführung von Plänen und Entwürfen zu Werken der bildenden Künste und der Nachbau eines Werkes der Baukunst sind stets nur mit Einwilligung des Berechtigten zulässig.

Literatur: *Aschenbrenner*, Leitlinien aus Europa für die Umsetzung der Privatkopie-Schranke im zweiten Korb der Urheberrechtsnovelle, ZUM 2005, 145; *Bayreuther*, Beschränkungen des Urheberrechts nach der neuen EU-Urheberrechtsrichtlinie, ZUM 2001, 828; *Becker*, Onlinevideorecorder im deutschen Urheberrecht, AfP 2007, 5; *Becker*, Zur Berechnung der zulässigen Zahl digitaler Privatkopien, ZUM 2012, 643; *Berger*, Die Neuregelung der Privatkopie in § 53 Abs. UrhG im Spannungsverhältnis von geistigem Eigentum, technischen Schutzmaßnahmen und Informationsfreiheit, ZUM 2004, 257; *Berger*, Die Erstellung von Fotokopien für den Schulunterricht, ZUM 2006, 844; *Braun*, Der Referentenentwurf aus Sicht der Tonträgerwirtschaft, insbesondere im Hinblick auf die Privatkopie, ZUM 2005, 100; *v. Braunmühl*, Entwurf für den zweiten Korb des neuen Urheberrechts bringt weitere Nachteile für Verbraucher, ZUM 2005, 109; *v. Diemar*, Die digitale Kopie zum privaten Gebrauch, Diss., Hamburg, 2002; *Dreier*, Die Umsetzung der Urheberrechtsrichtlinie 2001/29/EG in deutsches Recht, ZUM 2002, 28; *Evers/Schwarz*, Stellungnahme der Filmwirtschaft zum Regierungsentwurf Urheberrecht in der Informationsgesellschaft vom 31.7.2002, abzurufen über www.urheberrecht.org; *Flechsig*, Grundlagen des europäischen Urheberrechts, ZUM 2002, 1; *Freiwald*, Die private Vervielfältigung im digitalen Kontext am Beispiel des Filesharing, Diss., Baden-Baden 2004; *Geerlings*, Das Urheberrecht in der Informationsgesellschaft und pauschale Geräteabgaben im Lichte verfassungs- und europarechtlicher Vorgaben, GRUR 2004, 207; *Gercke*, Zugangsprovider im Fadenkreuz der Urheberrechtsinhaber, CR 2006, 210; *Grassmann*, Gedanken zum Urheberrecht, www.grassmann.info/urhr; *Grassmuck*, Ein Plädoyer für durchsetzbare Schrankenbestimmungen für Privatkopie, Zitat und Filesharing, ZUM 2005, 104; *Häuser*, Pauschalabgabe und Digitale Privatkopie, CR 2004, 829; *Heidemann/Peuser*, Die Pauschalvergütung für privates Kopieren, ZUM 2005, 118; *Hoeren*, Der zweite Korb – Eine Übersicht zu den geplanten Änderungen im Urheberrechtsgesetz, MMR 2007, 615; *Hoffmann*, Die Auslegung des Begriffs der „offensichtlich rechtswidrig hergestellten Vorlage" in § 53 I UrhG, WRP 2006, 55; *Jani*, Was sind offensichtlich rechtswidrig hergestellte Vorlagen?, ZUM 2003, 842; *Kianfar*, Die Weitersenderechte für den Betrieb des Online-Videorecorders (OVR), GRUR-RR 2011, 393; *Knies*, Kopierschutz für Audio-CDs, ZUM 2002, 793; *Koch/Krauspenhaar*; Hat das derzeitige _System_ der Abgaben für Vervielfältigungsgeräte und Speichermedien nach §§ 54 ff. UrhG noch eine Zukunft?, GRUR Int. 2012, 881; *Kreile*, Stellungnahme zum Referentenentwurf, ZUM 2005, 112; *Kreutzer*, Napster, Gnutella & Co.: Rechtsfragen zu Filesharing-Netzen aus der Sicht des deutschen Urheberrechts de lege lata und de lege ferenda – Teil I, GRUR 2001, 193; *Krieger*, Die digitale Privatkopie im zweiten Korb, GRUR 2004, 204; *Langhöff/Oberndörfer/Jani*, Der „zweite Korb" der Urheberrechtsreform, ZUM 2007, 593; *Lauber/Schwipps*, Das Gesetz zur Regelung des Urheberrechts in der Informationsgesellschaft, GRUR 2004, 293; *Lüghausen*, Die Auslegung von § 53 Abs. 1 S. 1 UrhG anhand des urheberrechtlichen Drei-Stufen-Tests, 2008; *Melichar*, Private Vervielfältigung und Pauschalvergütung im Referentenentwurf zum zweiten Korb, ZUM 2005, 119; *Metzger*; Der Einfluss des EuGH auf die gegenwärtige Entwicklung des Urheberrechts,

Lüft 845

GRUR 2012, 118; *Müller;* Die Privatkopie bei Porträtwerken der bildenden Kunst, GRUR 2012, 385; *Nolte,* das Urheberrecht in der Informationsgesellschaft, CR 2006, 254; *Paulus/Wesche;* Rechtsetzung durch Rechtsprechung fachfremder Gerichte, GRUR 2012, 112; *Poll,* „Korb 2": Was wird aus der Privatkopierregelung in §§ 53 ff. UrhG?, ZUM 2006, 96; *Proll/Braun,* Privatkopien ohne Ende oder Ende der Privatkopie?, § 53 Abs. 1 UrhG im Lichte des „Dreistufentests", ZUM 2004, 266; *Reinbothe,* Die Umsetzung der EU-Urheberrechtsrichtlinie in deutsches Recht, ZUM 2002, 43; *Reinbothe,* Die EG-Richtlinie zum Urheberrecht in der Informationsgesellschaft, GRUR Int. 2001, 733; *Rohleder,* Statement zur Neuregelung des Vergütungssystems für die Geräteindustrie, ZUM 2005, 120; *Schack,* Schutz digitaler Werke vor privater Vervielfältigung – Zu den Auswirkungen der Digitalisierung auf § 53 UrhG, ZUM 2002, 497; *Schwarz/Evers,* Der Referentenentwurf aus Sicht der Filmwirtschaft, ZUM 2005, 113; *Slopek/Steigüber,* Die digitale Kopie im Urheberrecht, ZUM 2010, 228; *Spindler,* Europäisches Urheberrecht in der Informationsgesellschaft, GRUR 2002, 105; *Stickelbrock,* Die Zukunft der Privatkopie im digitalen Zeitalter, GRUR 2004, 736; *Wandtke,* Copyright und virtueller Markt in der Informationsgesellschaft, GRUR 2002, 1; *Wandtke/Grossmann,* Einige Aspekte zur gesetzlichen Regelung zum elektronischen Kopienversand im Rahmen des „Zweiten Korbs", ZUM 2006, 889; *Winghardt,* Kopiervergütung für den PC, ZUM 2002, 349; *Zecher,* Die Umsetzung der EU-Urheberrechtsrichtlinie in deutsches Recht, ZUM 2002, 52 (Teil I), 451 (Teil II); *Zypries,* Neues Urheberrecht: Die Früchte des Zweiten Korbs, MMR 2007, 545.

Vgl. darüber hinaus die Angaben im eingangs abgedr. Gesamtliteraturverzeichnis.

Übersicht

	Rn.
I. Bedeutung	1–7
1. Zweck der Vorschrift	1–3
2. Entstehung und Entwicklung	4–7
3. Systematik	8
II. Vervielfältigung zum privaten Gebrauch (Abs. 1)	9–22
1. Einführung	9, 10
2. Einzelne Vervielfältigungen	11–13
3. Vervielfältigtes Werk	14–17
4. Herstellung durch natürliche Personen und Dritte	18–22
5. Privater Gebrauch	23
III. Vervielfältigung zum sonstigen eigenen Gebrauch (Abs. 2)	24–35
1. Einzelne Vervielfältigungen von Werken	24
2. Eigener Gebrauch	25
3. Herstellung durch Dritte	26
4. Einzelne Arten des sonstigen eigenen Gebrauchs	27–35
a) Eigener wissenschaftlicher Gebrauch	27, 28
b) Aufnahme in ein eigenes Archiv	29–31
c) Vervielfältigung eines durch Funk gesendeten Werkes	32, 33
d) Vervielfältigung zum sonstigen eigenen Gebrauch	34–36
IV. Vervielfältigung für Unterricht und Ausbildung sowie Prüfungen (Abs. 3)	37–40
1. Vervielfältigung für Unterrichtszwecke	37–39
2. Vervielfältigung für Prüfungszwecke	40
V. Beschränkungen der Freiheit zur Vervielfältigung und der Benutzung der Vervielfältigungsstücke (Abs. 4 bis 7)	41–47
1. Vervielfältigung von Noten sowie vollständiger Bücher und Zeitschriften (Abs. 4)	41, 42
2. Elektronisch zugängliche Datenbankwerke (Abs. 5)	43
3. Unzulässige Verbreitung von Vervielfältigungsstücken und öffentliche Wiedergabe (Abs. 6)	44, 45
4. Weitere Schranken bei öffentlichen Vorträgen und Aufführungen, Plänen zu Werken der bildenden Künste und Nachbauten (Abs. 7)	46, 47

I. Bedeutung

1. Zweck der Vorschrift

1 Die von *Hoeren* als **„Magna Charta" der gesetzlichen Lizenzen** bezeichnete Vorschrift (*Hoeren* in: Lehmann Cyberlaw 104) dient dem Interesse der Allgemeinheit, im

Rahmen der Entwicklung der modernen Industriegesellschaften zu vorhandenen Informationen und Dokumentationen einen unkomplizierten Zugang zu haben. Sie berücksichtigt, dass ein Verbot von Vervielfältigungen im privaten Bereich kaum durchsetzbar ist (BGHZ 134, 250 – CB-Infobank I). Der Ausgleich mit den Interessen der Urheber, deren Rechte der Sozialbindung unterliegen, erfolgt durch detaillierte Regelungen der zulässigen Vervielfältigungshandlungen sowie die Festlegung einer **Vergütungspflicht** gem. §§ 54–54h, die in einer Abgabe der Hersteller, Importeure und Händler der zur Vervielfältigung bestimmten Geräte und Speichermedien sowie von bestimmten Betreibern von Kopiergeräten besteht und nicht auf den einzelnen Vervielfältigungsakt abstellt. Zum **Änderungsverbot** s. § 62, zur **Pflicht zur Quellenangabe** in den Fällen des § 53 Abs. 2 S. 1 Nr. 1 und Abs. 3 Nr. 1 für Vervielfältigungen eines Datenbankwerkes s. § 63. Zum **Verhältnis zu technischen Schutzmaßnahmen** gegen Kopiervorgänge s. § 95b Abs. 1.

§ 53 hat durch die **elektronische Vervielfältigung** erheblich an Bedeutung gewonnen; **2** aufgrund der Digitalisierung von Werken aller Art und deren Online-Verfügbarkeit sowie der Verfügbarkeit auf CD, DVD und anderen Speichermedien hat der Umfang privater Vervielfältigungen erheblich zugenommen. Massenhaftes Kopieren ohne jeglichen Qualitätsverlust ist zwischenzeitlich möglich, erinnert sei nur an die weitverbreiteten Festplatten, die eine Kopie einer CD ohne jeglichen Qualitätsverlust sowie das Speichern von heruntergeladenen Texten, Musikdateien und Filmen erlauben. Die private Kopiertätigkeit erreicht einen für die Rechtsinhaber bedrohlichen Umfang, exemplarisch genannt sei die Plattenindustrie (*Schack* ZUM 2002, 497).

Als Schrankenregelung ist auch § 53 **grundsätzlich eng auszulegen** (BGHZ 134, 250 **3** – CB-Infobank I; BGH GRUR 2002, 605 – Verhüllter Reichstag; BGH GRUR 2002, 963 – Elektronischer Pressespiegel), da der Urheber an der wirtschaftlichen Nutzung seiner Werke angemessen zu beteiligen ist und die ihm zustehenden Ausschließlichkeitsrechte nicht übermäßig beschränkt werden dürfen (s. Vor §§ 44a ff. Rn. 1). Das Verständnis der Norm hat sich daher „vor allem an den technischen Gegebenheiten der Information im Zeitpunkt der Einführung des Privilegierungstatbestands zu orientieren" (BGHZ 134, 250 – CB-Infobank I; BGHZ 17, 266 – Grundig-Reporter); dies darf jedoch nicht zu einer starren Grenze führen. Tritt an die Stelle einer privilegierten Nutzung eine neue Form, ist im Einzelfall zu prüfen, ob der in Art. 14 Abs. 1 GG verankerte Beteiligungsgrundsatz einerseits und der mit der Schrankenregelung verfolgte Zweck andererseits eine weitergehende Auslegung des Privilegierungstatbestandes erlauben (EuGH GRUR 2012, 166 – Panier/Standard; BGH GRUR 2002, 963 – Elektronischer Pressespiegel).

2. Entstehung und Entwicklung

Schon § 15 Abs. 2 LUG und § 18 Abs. 1 KUG ließen die unentgeltliche Vervielfälti- **4** gung zum persönlichen Gebrauch zu. Aufgrund der Entwicklung von Tonbandgeräten und reprografischen Kopiertechniken wurde jedoch die weitgehende Freistellung von Vervielfältigungen als dem wirtschaftlichen Interesse der Urheber nicht entsprechend angesehen (BGHZ 17, 266 – Grundig-Reporter; BGHZ 18, 84 – Fotokopie). Im UrhG 1965 wurde ergänzend zur Freistellung der Vervielfältigung zum persönlichen Gebrauch ein Vergütungsanspruch gegen die Hersteller von Aufzeichnungsgeräten eingeführt, da ein Abstellen auf den einzelnen Vervielfältigungsvorgang ein nicht gewolltes Eindringen in die Privatsphäre der Benutzer erfordert hätte. Auch für die Vervielfältigung zum sonstigen eigenen Gebrauch wurde ein Vergütungsanspruch festgelegt. Da die Kopiertechnik nicht vom Vergütungsanspruch erfasst war und die weitere technische Entwicklung die Erstellung von qualitativ hochwertigen Kopien laufend erleichterte, wurden mit der Novelle 1985 die Vergütungsansprüche erweitert und die Leerkassettenabgabe (§ 54 Abs. 1 Nr. 2 a. F.), die Abgabe auf fotomechanische Kopiergeräte und die Betreiberabgabe (§ 54a a. F.) eingeführt. Weitere Änderungen erfolgten im Rahmen der Umsetzung der Computerrechts-Richtlinie

1993 (s. Einl. Rn. 21), durch das Gesetz v. 24.7.1995 (BGBl. I 1739, Einführung der §§ 58 bis 54h) und die Umsetzung der Datenbank-Richtlinie 1997 (BGBl. I S. 1870). Ausführlich zur Entstehungsgeschichte s. Schricker/Loewenheim/*Loewenheim* § 53 Rn. 4 ff.

5 Im Rahmen der Umsetzung der **Multimedia-Richtlinie** (RL 2001/29/EG) wurde die Schrankenregelung entsprechend den Vorgaben der Richtlinie ergänzt und modifiziert. Besonders umstritten war die Behandlung digitaler Privatkopien (*Schack* ZUM 2002, 494; *Lindner* KUR 2002, 56; *Zacher* ZUM 2002, 451; Stellungnahme des Bundesrats zum Gesetzentwurf, BT-Drucks. 15/38, 35). In Erwägungsgrund 38 der Multimedia-Richtlinie wurde unter Hinweis auf die weitere Verbreitung und größere wirtschaftliche Bedeutung der digitalen privaten Vervielfältigung gegenüber der analogen privaten Vervielfältigung festgehalten, dass den Unterschieden der Vervielfältigungsarten gebührend Rechnung getragen und hinsichtlich bestimmter Punkte zwischen ihnen unterschieden werden sollte. Ein gerechter Ausgleich zugunsten des Urhebers sei sicherzustellen; dies könne durch die Einführung oder Beibehaltung von Vergütungsregelungen erfolgen, die Nachteile für Rechtsinhaber ausgleichen sollen. Der Gesetzgeber stellte hierzu im Rahmen der Umsetzung im September 2003 klar, dass § 53 auch für digitale Privatkopien gilt, jedoch deren Zulässigkeit entsprechend den Vorgaben der Richtlinie in einigen Punkten eingeschränkt werden muss. Im Hinblick auf die Vervielfältigung zum privaten Gebrauch (Abs. 1) wurde eingefügt, dass die Kopie weder unmittelbar noch mittelbar Erwerbszwecken dienen und zu ihrer Anfertigung keine offensichtlich rechtswidrig hergestellte Vorlage verwendet werden darf. Die Vervielfältigung durch Dritte ist nur zulässig, wenn sie unentgeltlich oder auf Papier oder einem ähnlichen Träger mittels fotomechanischer Verfahren geschieht. Die Schranke zur Herstellung von Vervielfältigungsstücken zum sonstigen Eigengebrauch (Abs. 3) wurde hinsichtlich der Herstellung eines Archivs zur Unterrichtung über Tagesfragen oder zu sonstigem Eigengebrauch im Wesentlichen auf analoge Nutzungsmöglichkeiten beschränkt. In Abs. 3 wurde die Verwertungsbasis auf alle Werkarten erweitert (ergänzend s. die Kommentierung zu den einzelnen Absätzen des § 53).

6 Im Rahmen der Arbeiten am **Zweiten Korb** (s. Vor §§ 44a ff. Rn. 9 f.) wurde wiederum von einem Teil der interessierten Verbände ein Verbot der digitalen Privatkopie gefordert, bspw. durch ein Verbot der digitalen Privatkopie von Musikwerken, eine Beschränkung auf Vervielfältigungen nur vom eigenen Original, ein Verbot der Privatkopie durch Dritte oder die Einführung eines Zeitfensters (bspw. Zulässigkeit der Privatkopie erst ein Jahr nach Beginn der Kinoauswertung). Diese Forderungen wurden vom Gesetzgeber weitestgehend abgelehnt (BT-Drucks. 16/1828, 14). Die Privatkopie bleibt sowohl in analoger wie auch in digitaler Form zulässig; ein bestehender Kopierschutz darf nicht umgangen werden. Die seit dem 1.1.2008 gültige Gesetzesfassung enthält nunmehr lediglich eine Klarstellung zu § 53 Abs. 1 Nr. 1 im Hinblick auf die verwandte Quelle, die weder offensichtlich rechtswidrig hergestellt, noch offensichtlich rechtswidrig öffentlich zugänglich gemacht sein darf. Hierdurch soll der Download aus illegalen Tauschbörsen deutlicher als bisher verboten werden (*Zypries* MMR 2007, 545). Abs. 2 S. 1 Nr. 1 trifft eine weitere Beschränkung dahingehend, dass die Kopie zum wissenschaftlichen Gebrauch weder unmittelbar noch mittelbar gewerblichen Zwecken dienen darf. Ferner wurde die Vervielfältigung zur Aufnahme in ein eigenes Archiv insoweit eingeschränkt, dass dieses im öffentlichen Interesse tätig sein muss (Abs. 2 S. 2 Nr. 3). Schließlich bestimmt der geänderte § 53 Abs. 3 Nr. 1, dass Vervielfältigungen zur Veranschaulichung des Unterrichts in Schulen in der für die Unterrichtsteilnehmer erforderlichen Anzahl zulässig sind; bei Schulbüchern ist jedoch nunmehr immer eine Einwilligung des Berechtigten erforderlich. Zu den Änderungen in § 53 durch den Zweiten Korb: *Berger* ZUM 2006, 844; *Langhoff/Oberndörfer/Jani* ZUM 2007, 593; *Nolte* CR 2006, 254; *Poll* ZUM 2006, 96.

7 Zur Zulässigkeit der Privatkopie ist das letzte Wort möglicherweise noch nicht gesprochen. So wurde erwogen, die Privatkopie zukünftig gegenüber technischen Schutzmaßnahmen wirkungsvoller auszugestalten, falls es zu einer „Behinderung des Informationsflus-

ses" komme (*Nolte* CR 2006, 254, 260; *Freiwald* 200f.). Andererseits wird gefordert, Privatkopien nur vom Original zuzulassen und die Herstellung durch Dritte vollständig zu untersagen. In dem bei Verabschiedung des Zweiten Korbs verabschiedeten Entschließungsantrag hat der Bundestag das Bundesjustizministerium ausdrücklich beauftragt, zu prüfen, ob hinsichtlich einer Begrenzung der Privatkopie auf Kopien vom Original und des Verbots einer Herstellung der Kopie durch Dritte Handlungsbedarf bestehe (BT-Drucks. 16/1828; BT-Drucks. 16/5936). Es ist unwahrscheinlich, dass es im Rahmen der Arbeiten am Dritten Korb zu Änderungen der Vorschrift kommt. Für die Auslegung der Vorschrift werden die bisherigen Entscheidungen des EuGH zur richtlinienkonformen Auslegung immer stärkere Bedeutung erlangen (vgl. EuGH GRUR 2009, 1041 – Infopaq/DDF; GRUR 2011, 50 – Padawan/SGAE und der Vorlagebeschluss des BGB GRUR 2011, 1007 – Drucker und Plotter II; *Metzger* GRUR 2012, 118; Schricker/Loewenheim/*Loewenheim* § 53 Rn. 12).

3. Systematik

§ 53 Abs. 1 bis 3 enthält die Regelungen über die Zulässigkeit von Vervielfältigungen 8
zum **privaten** (Abs. 1), **sonstigen eigenen** (Abs. 2) und **Unterrichts- sowie Prüfungsgebrauch** (Abs. 3). Abs. 4 beschränkt die Vervielfältigung von **Noten** sowie ganzen oder nahezu vollständigen **Büchern und Zeitschriften**. Abs. 5 schließt die Anwendung des wesentlichen Teils der Vorschrift für **elektronisch zugängliche Datenbankwerke** aus. Abs. 6 legt fest, dass die hergestellten Vervielfältigungsstücke grds. **weder verbreitet** noch **zur öffentlichen Wiedergabe** benutzt werden dürfen. Abs. 7 nimmt einzelne **öffentliche Werkwiedergaben**, die **Ausführung von Plänen und Entwürfen von Werken der bildenden Künste** und den **Nachbau eines Werkes der Baukunst** von der Vervielfältigungsfreiheit aus. Nicht von der Regelung des § 53 erfasst sind **Computerprogramme**; für diese gelten die Spezialvorschriften der §§ 69d und 69e.

II. Vervielfältigung zum privaten Gebrauch (Abs. 1)

1. Einführung

Die Multimedia-Richtlinie lässt in Art. 5 Abs. 2a) Beschränkungen vom Vervielfälti- 9
gungsrecht im Hinblick auf Vervielfältigungen auf Papier oder einem ähnlichen Träger mittels beliebiger fotomechanischer Verfahren oder anderer Verfahren mit ähnlicher Wirkung zu, wenn die Rechtsinhaber einen gerechten Ausgleich erhalten; ausgenommen sind ausdrücklich Notenblätter. Art. 5 Abs. 2b) erlaubt zwar Vervielfältigungen zum privaten Gebrauch ohne zahlenmäßige Beschränkung auf beliebigen Trägern, also auch auf elektronischen Datenträgern, nicht jedoch die Herstellung durch Dritte. Nach der Gesetzesbegründung dienten die im Rahmen der Novellierung 2003 (s. Vor §§ 31 ff. Rn. 4) vorgenommenen Änderungen in § 53 vor allem der Klarstellung hinsichtlich der Geltung der Vorschrift auch für digitale Vervielfältigungen. Eine inhaltliche Änderung gegenüber dem bis dahin geltenden Recht sollte sich dadurch nicht ergeben. Die Schranke sollte aber entsprechend der Vorgaben der Multimedia-Richtlinie in Art. 5 Abs. 2 und 3 entsprechend ausgestaltet werden (AmtlBegr. BT-Drucks. 15/38, 20). Im Rahmen der Arbeiten am Zweiten Korb wurden nur geringfügige Änderungen vorgenommen. Das Gesetz hält an der Zulässigkeit der Privatkopie auch im digitalen Bereich fest. Weder wurden den Forderungen der Verwerter folgend weitere Beschränkungen der Privatkopie vorgenommen, noch wurde eine Erweiterung der Privatkopie entsprechend den Vorstellungen der Nutzerseite für notwendig erachtet. Es erfolgte eine Klarstellung hinsichtlich der im Jahr 2003 eingefügten Regelung zur legalen Quelle (BT-Drucks. 16/1828, 18; s. u. Rn. 15).

Zur **Durchsetzung der Schranke gegenüber technischen Schutzmaßnahmen** 10
gegen Vervielfältigungen i. S. d. § 95a s. § 95b Abs. 1 Nr. 6a). Die Nutzer technischer

Schutzmaßnahmen haben nach jener Vorschrift nur Vervielfältigungen auf Papier oder einem ähnlichen Träger mittels beliebiger fotomechanischer Verfahren oder anderer Verfahren mit ähnlicher Wirkung zu ermöglichen. Technische Schutzmaßnahmen gehen aber Privatkopien auf anderen Medien, insb. Bild- und Tonträgern oder Datenträgern, vor. Eine Musik-CD oder eine DVD können daher mit einem Kopierschutz versehen werden, der die Herstellung einer Kopie zu privaten Zwecken ausschließt (im Einzelnen s. § 95b Rn. 26 f.). Es besteht kein Anspruch des Nutzers, dass ihm das Werk in kopierfähiger Form bereitgestellt wird (*Schack* Rn. 554). Es wurde befürchtet, dass diese Regelung in der Praxis die Schranke zugunsten des privaten Gebrauchs in vielen Bereichen leer laufen lassen würde. Dies hat sich jedoch nicht bewahrheitet, Vermarkter von Musikwerken bringen beispielsweise CDs regelmäßig ohne technische Schutzmaßnahmen in den Verkehr.

2. Einzelne Vervielfältigungen

11 § 53 Abs. 1 erlaubt die Herstellung **einzelner Vervielfältigungen** eines Werkes auf **beliebigen Trägern** zum privaten Gebrauch durch eine natürliche Person. Nicht erlaubt ist die Verbreitung der hergestellten Vervielfältigungsstücke sowie deren öffentliche Wiedergabe (s. Abs. 6). Erlaubt ist beispielsweise das Speichern eines gesendeten Films mit einem Festplattenrekorder, das Speichern einer CD in einem Speicher eines Tablet-Computers, die Herstellung einer Kopie eines Zeitungsausschnittes; näher zum Begriff der Vervielfältigung s. § 16 Rn. 2 ff. Zur Eigenschaft eines PC als Vervielfältigungsgerät und umstrittenen Frage, ob dieser nach § 54a Abs. 1 in der bis 31.12.2007 geltenden Fassung vergütungspflichtig ist s. Einigungsvorschlag der Schiedsstelle v. 31.1.2003 (Az.: Sch-Urh 8/2001); LG München I ZUM 2005, 241 – Geräteabgabe für PCs mit Anm. *Bäcker*, OLG München GRUR-RR 2006, 121 – Gerätevergütungspflicht für PCs mit Anm. *Büchner* CR 2006, 313, BGH GRUR 2009; 53 – PC I; BVerfG GRUR 2011, 225 – PC und Vorlagebeschluss BGH GRUR 2011, 1012 – PC II. Zu Druckern und Plottern BGH GRUR 2008, 245 – Drucker und Plotter; BVerfG ZUM 2010, 874 – Geräteabgabepflicht für Drucker und Plotter und Vorlagebeschluss BGH ZUM 2011, 729 – Drucker und Plotter II. Zu Multifunktionsgeräten BGH MMR 2008, 739 – Multifunktionsgeräte, OLG Stuttgart GRUR 2005, 943 – Multifunktionsgeräteabgabe; s. § 54 Rn. 12. Zu sog. Onlinevideorecordern OLG Dresden MMR 2007, 664; BGH ZUM 2009, 765 – Safe.tv; OLG Dresden GRUR-RR 2011, 413 – safe.tv; *Kianfar* GRUR-RR 2011, 393; *Becker* AfP 2007, 5, s. auch *Wandtke* GRUR 2002, 1; *Winghardt* ZUM 2002, 349; *Schack* Rn. 487). Zu PCs mit eingebauter Festplatte als Bild- und Tonaufnahmegerät und zur Vergütungspflicht nach § 54 a. F. siehe BGH GRUR 2012, 705 – PC als Bild- und Tonaufzeichnungsgerät. Näher zur Geräteabgabe s. § 54.

12 **Vervielfältigungsstück** ist jede körperliche Fixierung eines Werkes oder eines Teils davon, die geeignet ist, das Werk den menschlichen Sinnen auf irgendeine Art mittelbar oder unmittelbar wahrnehmbar zu machen (BGHZ 17, 266 – Grundig-Reporter; BGH GRUR 1983, 28 – Presseberichterstattung und Kunstwerkwiedergabe II). Als **Zielmedium der Kopie** kommt ausdrücklich **jeder beliebige Träger** in Betracht. Insoweit erfolgt keine Differenzierung nach der verwendeten Technik (analog oder digital); erfasst sind Fotokopien, Ausdrucke, Aufnahmen auf Videokassetten, sonstige Bild- oder Tonträger sowie die Speicherung auf jeglichen elektronischen Datenträgern. **Der Gesetzgeber behandelt digitale und analoge Vervielfältigungen in § 53 Abs. 1 S. 1 gleich.** Da Vervielfältigungen zum privaten Gebrauch nicht kontrollierbar seien, könne ein Verbot der privaten Vervielfältigung in der Praxis – unabhängig von der verwendeten Vervielfältigungstechnologie – nicht durchgesetzt werden (Schricker/Loewenheim/*Loewenheim* § 53 Rn. 18; BT-Drucks. 15/38, 20). Aufgrund der immer geringeren Bedeutung der analogen Kopie würde die Schranke der Privatkopie in Zukunft weitgehend leer laufen, wenn diese nicht auch auf digitale Kopien angewandt würde. Eine Differenzierung zwischen den Vervielfälti-

gungstechnologien empfehle sich im Rahmen weiterer Gesetzgebungsverfahren bei der Gestaltung der Vergütungssätze (Gegenäußerung der Bundesregierung zur Stellungnahme des Bundesrats BT-Drucks. 15/38, 40).

Erlaubt wird die Herstellung von **einzelnen Vervielfältigungsstücken,** also nur einigen wenigen. Eine genaue Festlegung der zulässigen Anzahl von Vervielfältigungen durch das Gesetz erfolgt nicht, da eine solche Festlegung zum Ausschöpfen der genannten Zahl anregen würde. In einer grundlegenden Entscheidung (BGH GRUR 1978, 474 – Vervielfältigungsstücke) verwies das Gericht auf das in der damaligen Literatur genannte Maximum von sechs bis sieben Vervielfältigungsstücken. Der BGH legte sich nicht fest, hielt aber eine Anzahl von mehr als sieben Vervielfältigungsstücken für unzulässig, wozu er offensichtlich durch den Klageantrag bewegt wurde. Eine starre Orientierung an der Zahl Sieben erscheint nicht angemessen. Maßgeblich ist der jeweils mit der Erstellung der Vervielfältigungsstücke verfolgte Zweck, so dass im einzelnen Fall die Herstellung eines oder zwei Vervielfältigungsstücke bereits ausreichen kann, während in anderen Fällen fünf oder gegebenenfalls auch zehn Vervielfältigungsstücke zulässig sein müssen (so auch Schricker/Loewenheim/*Loewenheim* § 53 Rn. 17; a. A. Fromm/Nordemann/*W. Nordemann* § 53 Rn. 13; sowie *Schack* Rn. 558 und ZUM 2002, 497, die eine Höchstzahl von drei Vervielfältigungsstücken annehmen). Bei digitalen Vervielfältigungen ist ein eher strenger Maßstab anzunehmen (s. *Becker* ZUM 2012, 643). 13

3. Vervielfältigtes Werk

Privilegiert ist grds. die Herstellung einzelner Vervielfältigungsstücke von Werken oder Teilen eines Werkes jeglicher Art einschließlich Lichtbildern, Filmwerken, Multimediawerken, Laufbildern und Leistungsschutzrechten (§§ 72 Abs. 1, 83, 85 Abs. 4, 87 Abs. 4, 94 Abs. 4 und 95), die nicht erschienen sein müssen (§ 6 Abs. 2); zu beachten sind jedoch die Ausnahmen gem. Abs. 4 für grafische Aufzeichnungen von Werken der Musik sowie vollständige Vervielfältigungen von Büchern und Zeitschriften (Rn. 40). Ausgenommen sind ebenfalls die Aufnahme öffentlicher Vorträge und Aufführungen auf Bild- oder Tonträger sowie die Ausführung von Entwürfen von Werken der bildenden Künste und der Nachbau von Werken der Baukunst (Abs. 7). Keine Anwendung findet § 53 Abs. 1 auf elektronische Datenbankwerke (Abs. 5); für Datenbanken i. S. d. § 87a gilt § 87c, für Computerprogramme sind ausschließlich die §§ 69c ff. anwendbar. 14

§ 53 Abs. 1 setzt **nicht** voraus, dass das vervielfältigte Werkstück ein **Original** ist (*Raue/Hegemann* in Hoeren/Sieber Teil 7.3 Rn. 161) oder **im Eigentum** des Begünstigten steht, es kann folglich durchaus ein fremdes Werkstück vervielfältigt werden (BGHZ 134, 250 – CB-Infobank I; Dreier/Schulze/*Dreier* § 53 Rn. 11; Dreyer/Kotthoff/Meckel/*Dreyer* § 53 Rn. 21). Dies folgt im Umkehrschluss aus § 53 Abs. 2 Nr. 2, der für den Zweck der erlaubnisfreien Archivierung ausdrücklich fordert, dass ein eigenes Werkstück genutzt wird. Im Zuge der Umsetzung der Multimedia-Richtlinie wurde vom Bundesrat, der h. M. der Literatur folgend, verlangt, in den Gesetzentwurf aufzunehmen, dass Kopien nur von Werkstücken zulässig sind, soweit der Nutzer auf das Original oder eine zulässige Kopie **berechtigten Zugriff** hat (Stellungnahme des Bundesrats zum Gesetzentwurf BT-Drucks. 15/38, 37; KG GRUR 1992, 168 – Dia-Kopien). Der BGH hat die Frage, ob es für die Anwendung von § 53 Abs. 1 wesentlich sei, dass der Vervielfältigende rechtmäßig in den Besitz der vervielfältigten Werke gelangt sei, ausdrücklich offen gelassen (BGH GRUR 1993, 899 – Dia-Duplikate). Nach der Einführung des Ausschlusses von offensichtlich rechtswidrig hergestellten oder offensichtlich rechtswidrig zugänglich gemachten Vorlagen (s. Rn. 16) kann es hierauf aber nicht mehr ankommen (a. A. Dreyer/Kotthoff/Meckel/*Dreyer* § 53 Rn. 21). 15

Die Bundesregierung hat im Gesetzgebungsverfahren zur Novelle 2003 (s. Vor §§ 31 ff. Rn. 4) darauf verwiesen, beim Erlass von Rechtsnormen sei darauf zu achten, dass die 16

Normadressaten die Norm befolgen. Lasse man die Herstellung von Privatkopien ausschließlich von legalen Quellen zu, sei dies aber zweifelhaft, da sich insb. beim Online-Zugriff und auch in vielen Fällen der Offline-Vervielfältigung die Rechtmäßigkeit der Kopiervorlage nicht beurteilen lasse. Setze man eine legale Quelle voraus, liefe dies auf ein Verbot der Herstellung von Kopien zum privaten Gebrauch hinaus (BT-Drucks. 15/38, 39). Als Ergebnis der Diskussionen wurde in den Gesetzestext aufgenommen, dass die Herstellung von Privatkopien nicht zulässig ist, wenn hierfür eine **offensichtlich rechtswidrig hergestellte Vorlage** verwendet wird (BT-Drucks. 15/1353). Nach dem Zweiten Korb werden nunmehr auch **offensichtlich rechtswidrig öffentlich zugänglich gemachte Vorlagen** als Quelle ausgeschlossen. Hierdurch sollte eine Regelungslücke in Hinblick auf Peer-to-Peer-Netzwerke geschlossen werden. Bis dahin konnten sich die Nutzer eines solchen Netzwerkes darauf berufen, dass für sie beim Herunterladen einer Kopie nicht ersichtlich war, ob die Vorlage offensichtlich rechtswidrig hergestellt wurde (*Hoeren* MMR 2007, 615; *Zypries* MMR 2007, 545). Wenn die Vorlage offensichtlich unter Verletzung der Rechte des Urhebers oder Rechtsinhabers hergestellt oder öffentlich zugänglich gemacht wurde, ist die Rechtswidrigkeit im Sinne der Vorschrift erfüllt und die Privatkopie nicht zulässig; eine rechtswidrige Überlassung der Vorlage schließt die Anwendung der Schranke dagegen nicht aus (Schricker/Loewenheim/*Loewenheim* § 53 Rn. 21; Dreyer/Kotthoff/Meckel/*Dreyer* § 53 Rn. 24; *Raue/Hegemann* in Hoeren/Sieber Teil 7.3 Rn. 168 ff., die zu Recht darauf hinweisen, dass die Herstellung einer Vervielfältigung unter Umgehung eines Kopierschutzes rechtswidrig ist). Es kommt für die Anwendung der Vorschrift nur darauf an, ob exakt die Vorlage, die zur Herstellung des Vervielfältigungsstückes verwendet wurde, rechtswidrig hergestellt bzw. öffentlich zugänglich gemacht wurde (Dreyer/Kotthoff/Meckel/*Dreyer* § 53 Rn. 24).

17 Uneinheitlich wird die Frage beantwortet, ob die Frage der Offensichtlichkeit der Rechtswidrigkeit der Herstellung nach objektiven Kriterien (Fromm/Nordemann/*W. Nordemann* § 53 Rn. 14, *Jani* ZUM 2003, 842) oder subjektiv vom Standpunkt des jeweiligen Benutzers aus beurteilt werden muss. Zur Rechtswidrigkeit der öffentlichen Zugänglichmachung hat der Gesetzgeber in BT-Drucks. 16/1828, 26 festgehalten, dass die Offensichtlichkeit der Rechtswidrigkeit nach der Bildung und dem Kenntnisstand des jeweiligen Nutzers zu beurteilen ist. Nach dem Sinn und Zweck soll der gutgläubige Nutzer einer zum privaten Gebrauch hergestellten Vervielfältigung geschützt werden. Es ist folglich sowohl bei der Frage der Offensichtlichkeit der rechtswidrigen Herstellung wie auch bei der Beurteilung der Frage, ob eine Vorlage offensichtlich rechtswidrig zugänglich gemacht wurde, auf die Sicht des Nutzers abzustellen (so auch Schricker/Loewenheim/*Loewenheim* § 53 Rn. 22; Dreier/Schulze/*Dreier* § 53 Rn. 12). Die Beschränkung der Basis der Vervielfältigung kann nur in eindeutigen Fällen zur Anwendung kommen. Dies ist dann der Fall, wenn keine ernsthaften Zweifel an der Rechtswidrigkeit bestehen (Dreier/Schulze/*Dreier* § 53 Rn. 12) und wenn ohne Schwierigkeiten erkennbar ist, dass die Vorlage rechtswidrig hergestellt oder öffentlich zugänglich gemacht wurde (Schricker/Loewenheim/*Loewenheim* § 53 Rn. 23). Unzulässig ist damit das Herunterladen und Speichern von Musikdateien oder Filmen, bevor diese i. S. d. § 6 Abs. 1 erschienen sind. Auch das Zurverfügungstellen bekannter Musikstücke oder Filme zum unentgeltlichen Download wird in der Regel ebenfalls offensichtlich rechtswidrig sein, die entsprechenden Rechte werden üblicherweise nur gegen Entgelt vergeben. Folglich wird auch beim Herunterladen von Filesharingbörsen bei erschienenen Werken, bspw. auf CD veröffentlichten Musikstücken, für den User erkennbar sein, dass die verwendete Vorlage nicht rechtmäßig öffentlich zugänglich gemacht wurde; seit 1.1.2008 ist das Kopieren von aus solchen Tauschbörsen heruntergeladenen Dateien zum Privatgebrauch nicht mehr sanktionslos. Ebenfalls ausgeschlossen ist die Herstellung von Vervielfältigungen von erkennbar ohne Zustimmung des Rechtsinhabers hergestellten Konzertmitschnitten (§ 35 Abs. 7) oder dann, wenn dem Vervielfältiger bekannt ist, dass entsprechende Werke üblicherweise nur mit Kopierschutz in Verkehr gebracht

werden (Dreier/Schulze/*Dreier* § 53 Rn. 12; Fromm/Nordemann/*W. Nordemann* § 53 Rn. 14 und Schricker/Loewenheim/*Loewenheim* § 53 Rn. 23).

4. Herstellung durch natürliche Personen und Dritte

Nach Abs. 1 S. 1 darf die Herstellung nur zum privaten Gebrauch (hierzu unten Rn. 21 ff.) einer natürlichen Person, also nicht einer juristischen Person, erfolgen. Nach Abs. 1 S. 2 muss die Herstellung der Vervielfältigungsstücke jedoch nicht durch den Befugten selbst erfolgen; er kann die Vervielfältigungsstücke auch **durch einen Dritten** herstellen lassen. Trotz verschiedenster Vorschläge, dies für den digitalen Bereich auszuschließen (*Schack* ZUM 2002, 497; *Evers/Schwarz* Stellungnahme der Filmwirtschaft zum BRegE 2003), ist die Möglichkeit der Herstellung durch Dritte auch für digitale Privatkopien aufrecht erhalten worden, wenn die Vervielfältigung unentgeltlich erfolgt. Es wäre praktisch unmöglich, eine gegenteilige Lösung zu überwachen (AmtlBegr. BT-Drucks. 15/38, 20); dies wurde im Rahmen des Zweiten Korbs nochmals bestätigt (BT-Drucks. 16/1828, 19). Hersteller im Sinne der Vorschrift ist derjenige, der tatsächlich vervielfältigt (Dreier/Schulze/*Dreier*, § 53 Rn. 14). Wer lediglich Kopiergeräte zur Nutzung durch natürliche Personen bereitstellt und betreibt, ist dagegen nicht Hersteller (OLG München GRUR-RR 2003, 361 – zu CD-Kopierautomaten, die öffentlich zugänglich sind und mit denen Vervielfältigungen entgeltlich durchgeführt werden können).

Für die Frage, wer **Hersteller** einer Vervielfältigung ist, kommt es zunächst allein auf eine technische Betrachtung an (BGH ZUM 2009, 765 – Safe.tv; Dreier/Schulze/*Dreier* § 53 Rn. 14). Die Vervielfältigung ist als körperliche Festlegung eines Werkes ein rein technisch-mechanischer Vorgang (BGHZ 134, 250 – CB-Infobank I, BGHZ 141, 13 – Kopienversanddienst). Eine normative Bewertung, wie sie das OLG Dresden in der Vorinstanz vorgenommen hatte (MMR 2007, 664), ist laut BGH (ZUM 2009, 765 – Safe.tv.) nicht zulässig. Hersteller der Vervielfältigung ist derjenige, der die körperliche Festlegung technisch bewerkstelligt. Es ist ohne Bedeutung, ob er sich dabei technischer Hilfsmittel bedient, selbst wenn diese von Dritten zur Verfügung gestellt werden (s. OLG München GRUR-RR 2003, 361 – CD-Kopierautomaten). Veranlasst der Kunde bei einem Online-Videorecorder durch Programmierung einen im Verlauf voll automatisierten Aufnahmeprozess, der dann ohne jeglichen menschlichen Eingriff von außen abläuft und als dessen Ergebnis die Aufzeichnung gespeichert und damit vervielfältigt wird, ist demnach der Kunde Hersteller der Vervielfältigung (OLG Dresden GRUR-RR 2011, 413 – safe.tv).

Voraussetzung für die Zulässigkeit der Herstellung der Vervielfältigungsstücke durch einen **Dritten** nach § 53 Abs. 1 S. 2 ist, dass sich dessen Tätigkeit auf die **technisch-maschinelle Vervielfältigung** beschränkt und er sich **im Rahmen einer konkreten Anweisung** zur Herstellung des bestimmten Vervielfältigungsstückes des vom Gesetz begünstigten Nutzers hält (BGHZ 134, 250 – CB-Infobank I; BGH GRUR 1997, 464 – CB-Infobank II; BGHZ 141, 13 – Kopienversanddienst). Beschränkt sich der Dritte als Hersteller darauf, an die Stelle des Vervielfältigungsgerätes zu treten und als notwendiges Werkzeug des anderen tätig zu werden, ist die Vervielfältigung dem Besteller zuzurechnen und damit zulässig. Erschließt der Dritte jedoch eine urheberrechtlich relevante Nutzung in einem Ausmaß und einer Intensität, die sich mit den Erwägungen, die eine Privilegierung des Privatgebrauchs rechtfertigen, nicht mehr vereinbaren lässt, ist die Vervielfältigung dem Dritten zuzuordnen und nicht mehr durch § 53 Abs. 1 gedeckt (BGH ZUM 2009, 765 – Safe.tv). Erfolgt die Vervielfältigung durch einen Dritten im Zusammenhang mit einem von diesem betriebenen Recherchedienst, der auf interessierende Dokumente von sich aus hinweist oder diese zusammenstellt, ist der Bereich der technisch-maschinellen Vervielfältigung überschritten und die Herstellung der Vervielfältigungsstücke durch jenen Dritten nicht mehr durch § 53 Abs. 1 privilegiert (BGHZ 134, 250 – CB-Infobank I;

BGH GRUR 1997, 464 – CB-Infobank II; BGHZ 141, 13 – Kopienversanddienst; BGH ZUM 2009, 765 – Safe.tv).

21 Der Bereich der zulässigen Herstellung einzelner Vervielfältigungsstücke durch Dritte für eine natürliche Person ist ebenfalls überschritten, wenn ein Medienbeobachtungsunternehmen Dokumentarfilme, die im Fernsehen ausgestrahlt wurden, mitschneidet, um erst anschließend eine Auswahl zu treffen, inwieweit die Mitschnitte für einzelne Auftraggeber von Bedeutung sein können (KG GRUR 2000, 49 – Mitschnitt-Einzelangebot). Im Rahmen der zulässigen Tätigkeiten eines Dritten nach § 53 Abs. 1 hält sich aber eine öffentliche Bibliothek, die auf Bestellungen von Kunden, die vorher in einem online verbreiteten Katalog unterrichtet wurden, zu deren privatem Gebrauch Vervielfältigungsstücke von Zeitschriftenbeiträgen fertigt und diese per Telefax übersendet. Dieses Versenden auf Bestellung durch den Dritten, der zulässigerweise für den Berechtigten die Vervielfältigung durchgeführt hat, stellt kein Verbreiten in der Form des Inverkehrbringens dar (BGH GRUR 1999, 707 – Kopienversanddienst). Um die erforderliche Beteiligung des Urhebers an der Werkverwertung sicherzustellen, stand diesem nach alter Rechtslage in analoger Anwendung der §§ 27 Abs. 2 und 3, 49 sowie 54a Abs. 2 i.V.m. 54h Abs. 1 a.F. ein Anspruch auf angemessene Vergütung zu, der nur durch eine Verwertungsgesellschaft geltend gemacht werden konnte (BGH GRUR 1999, 707 – Kopienversanddienst). Nach dem OLG München (ZUM-RR 2007, 347) war dagegen die Übersendung von Kopien durch den Subito-Dienst per E-Mail im Zeitraum vom 13.9.2003 bis zum 31.12.2007 nicht zulässig; in der Revisionsinstanz wurde der Rechtsstreit von den Parteien übereinstimmend für erledigt erklärt (s. auch § 53a Rn. 2 und *Slopek/Steigüber* ZUM 2010, 228). Durch Einführung des § 53a zum 1.1.2008 wurden der elektronische Kopienversand und die Vergütungsansprüche gesetzlich geregelt (s. § 53a).

22 Die **entgeltliche Herstellung** von Vervielfältigungsstücken durch einen Dritten ist durch Abs. 1 S. 2 nur dann erlaubt, wenn es sich um Vervielfältigungen auf Papier oder einem ähnlichen Träger mittels beliebiger fotomechanischer Verfahren oder anderer Verfahren mit ähnlicher Wirkung handelt; diese Sonderregelung soll potenzielle Missbräuche durch das Entstehen gewerblicher Kopierunternehmen für bspw. Filme und Tonträger verhindern (Schricker/*Loewenheim* § 53 Rn. 16; Möhring/Nicolini/*Decker* § 53 Rn. 14). Erfasst ist damit jedenfalls die klassische Kopie, die im Wege der Reprografie auf Papier hergestellt wird. Fraglich ist aber, ob eine digitale Kopie, wie die bspw. beim elektronischen Versand anfallenden Vervielfältigungen, als „auf Papier oder einem ähnlichen Träger mittels beliebiger fotomechanischer Verfahren oder anderer Verfahren mit ähnlicher Wirkung vorgenommen" angesehen werden können. Das OLG München hat in der Subito-Entscheidung (MMR 2007, 5252) zur Übersendung von Kopien durch Bibliotheken auf elektronischem Weg das Vorliegen eines Verfahrens mit ähnlicher Wirkung wie ein fotomechanisches Verfahren verneint (OLG München ZUM-RD 2007, 347), da der Gesetzgeber gerade digitale Kopien von der Privilegierung des Paragrafen 53 Abs. 2 Nr. 3 und 4 UrhG ausschließen und diese Ausnahme nur für alle Formen reprografischer Vervielfältigungen zulassen wollte (s. *Slopek/Steigüber* ZUM 2010, 228; *Wandtke/Grassmann* ZUM 2006, 889). In den Entscheidungen BGH GRUR 2009, 53 – PC I und BGH GRUR 2008, 245 – Drucker und Plotter, hat der BGH zu § 54a a.F. („Vervielfältigung durch Ablichtung oder ein Verfahren vergleichbarer Wirkung") festgehalten, dass mit dem Begriff der Reprografie die Vervielfältigungstechniken der Fotokopie und der Xerografie gemeint sind, die mit einem PC nicht durchgeführt werden können. Ein Verfahren mit vergleichbarer Wirkung wie ein reprografisches Verfahren setze voraus, dass von einem analogen Werksstück (etwa einem Buch) analoge Vervielfältigungsstücke (vor allem auf Papier) entstehen. Eine einer in einem reprografischen Verfahren hergestellten Vervielfältigung vergleichbare Wirkung eines Vervielfältigungsverfahrens ist demnach nicht gegeben, wenn digitale Vorlagen verwendet oder digitale Kopien hergestellt werden (BGH GRUR 2009, 53 – PC I; BGH GRUR 2008, 245 – Drucker und Plotter mit Anm. *v. Ungern-Sternberg*). Eine analoge Anwendung des

§ 54a a. F. auf die Vervielfältigung von digitalen Vorlagen oder die Herstellung von digitalen Kopien verneinte der BGH. In den Vorlagebeschlüssen (BGH GRUR 2011, 1012 – PC II und ZUM 2011, 729 – Drucker und Plotter) stellte der BGH dem EuGH die Frage, ob Vervielfältigungen mittels PC und Vervielfältigungen mittels Drucker Vervielfältigungen beliebiger fotomechanischer Verfahren oder anderer Verfahren mit ähnlicher Wirkung im Sinne von § 5 Abs. 2a) der Multimedia-Richtlinie sind. § 5 Abs. 2a) der Multimedia-Richtlinie erlaubt Einschränkungen in Bezug auf „Vervielfältigungen auf Papier oder einem ähnlichem Träger mittels beliebiger fotomechanischer Verfahren oder anderer Verfahren mit ähnlicher Wirkung". Die Formulierung entspricht der Formulierung in § 53 Abs. 1 Satz 2, erforderlich ist eine richtlinienkonforme Auslegung. Der BGH vertritt in den Vorlagebeschlüssen die Auffassung, dass nicht nur Vervielfältigungen auf Papier oder einem ähnlichen Träger von der Definition erfasst sind. Vielmehr dürfte Art. 5 Abs. 2a) der Richtlinie laut BGH Vervielfältigungen von analogen Vorlagen auf analogen Trägern erfassen. Legt man die Auffassung des BGH zugrunde, so erlaubt § 53 Abs. 1 Satz 2 die Herstellung von Vervielfältigungen zum privaten Gebrauch durch einen Dritten gegen Entgelt nur, wenn dieser von analogen Vorlagen Vervielfältigungen auf analogen Trägern erstellt. Nach *Slopek/Steigüber* ZUM 2010, 228 soll die Ausnahmeregelung dagegen auch die Herstellung von digitalen Kopien, die eine ausschließlich analoge Nutzung ermöglichen, wie beispielsweise grafische Dateien, erfassen (a. A. Dreyer/Kotthoff/Meckel/*Dreyer* § 53 Rn. 35). Jedenfalls ist die Herstellung einer digitalen Kopie durch Dritte, die nicht auf einem analogen Träger gespeichert wird, nur zulässig, wenn sie unentgeltlich erfolgt. Nach der Gesetzesbegründung ist eine Vervielfältigung auch dann noch **unentgeltlich** i. S. d. § 53 Abs. 1 S. 2, wenn sie bspw. durch Bibliotheken gefertigt wird, die Gebühren oder Entgelte für die Ausleihe erheben, soweit die Kostendeckung nicht überschritten wird (BT-Drucks. 15/38, 20). Die Erstattung der reinen Herstellungskosten, insb. der Materialkosten, führt daher nicht zur Entgeltlichkeit (Dreier/Schulze/*Dreier* § 53 Rn. 16; Schricker/Loewenheim/*Loewenheim* § 53 Rn. 32; Möhring/Nicolini/*Decker* § 53 Rn. 16; Fromm/Nordemann/*W. Nordemann* § 53 Rn. 12).

5. Privater Gebrauch

§ 53 Abs. 1 erlaubt die Herstellung einzelner Vervielfältigungen nur zum **privaten Gebrauch;** sie dürfen weder mittelbar noch unmittelbar Erwerbszwecken dienen (BVerfG GRUR 2005, 1032 = NJW 2006, 42). Der private Gebrauch kann lediglich bei **natürlichen Personen** gegeben sein, so dass eine Privilegierung nach Abs. 1 bei juristischen Personen nicht in Betracht kommen kann (BGHZ 134, 250 – CB-Infobank I). Juristische Personen können sich jedoch ggfs. auf die Privilegierung des sonstigen Eigengebrauchs nach Abs. 2 berufen.

Privater Gebrauch ist dann gegeben, wenn die Vervielfältigung ausschließlich zum Gebrauch in der **Privatsphäre** zur Befriedigung rein persönlicher Bedürfnisse außerberuflicher sowie außerwirtschaftlicher Art dienen soll (BGH GRUR 1978, 474 – Vervielfältigungsstücke). Von der Privatsphäre umfasst sind bspw. Familienmitglieder und Freunde. Der private Gebrauch darf keinen kommerziellen Zwecken dienen. Wenn die Vervielfältigungsstücke auch beruflichen Zwecken dienen, liegt bereits kein privater Gebrauch mehr vor (BGH GRUR 1993, 899 – Dia-Duplikate; Fromm/Nordemann/*W. Nordemann* § 53 Rn. 2). Ein Indiz für das Vorliegen von privatem Gebrauch ist die Verwendung der Vervielfältigungsstücke im Rahmen eines Hobbys. Privilegiert ist bspw. die Videoaufzeichnung von im Fernsehen ausgestrahlten Musikclips zum Gebrauch im Rahmen der eigenen Geburtstagsparty oder die Fertigung einer Kopie von CDs zur Verwendung im eigenen Privatwagen. Eine Vervielfältigung erfolgt nicht mehr zum privaten Gebrauch, wenn bspw. aufgenommene Musiktitel jedermann via Internet zum Download angeboten werden (s. § 53 Abs. 6 S. 1; LG München I ZUM-RD 2003, 607). Ebenfalls gedeckt ist das **Ab-**

schreiben von Noten zur Verwendung im Rahmen einer Schülerband. Nicht unter den Begriff des privaten Gebrauchs fällt die Nutzung von Vervielfältigungsstücken für die Ausbildung, wie bspw. das Kopieren von Ausbildungsskripten durch Referendare im Rahmen der Lehramtsausbildung (BGH GRUR 1984, 54 – Kopierläden; Schricker/Loewenheim/ *Loewenheim* § 53 Rn. 15a; a. A. *Rehbinder* 441).

III. Vervielfältigung zum sonstigen eigenen Gebrauch (Abs. 2)

1. Einzelne Vervielfältigungen von Werken

24   Ergänzend zu Abs. 1 stellt Abs. 2 die Herstellung **einzelner Vervielfältigungen,** nicht die Verbreitung oder öffentliche Wiedergabe, eines Werkes zum sonstigen eigenen Gebrauch außerhalb des Privatbereiches in den Fällen der in Nr. 1 bis 4 aufgeführten Konstellationen frei; zu dem Begriff der einzelnen Vervielfältigungsstücke s. Rn. 11 ff. Im Rahmen der Umsetzung der Multimedia-Richtlinie waren Änderungen dieser Vorschrift notwendig, da in die Regelungen zur Aufnahme in ein eigenes Archiv (§ 53 Abs. 2 S. 1 Nr. 2), Funksendungen über Tagesfragen (§ 53 Abs. 2 S. 1 Nr. 3) und über die Vervielfältigung kleiner Teile erschienener Werke (§ 53 Abs. 2 S. 1 Nr. 4) weitere zusätzliche Voraussetzungen aufgenommen werden mussten. Auch nach Abs. 2 ist grds. die Vervielfältigung von Werken aller Art zulässig. Zu beachten sind jedoch die Ausnahmen des Abs. 5 für elektronische Datenbankwerke sowie die abschließenden Sondervorschriften für Computerprogramme (§§ 69c bis e) und sonstige Datenbanken (§ 87c). Die Vervielfältigung von Musiknoten oder ganzen Büchern bzw. Zeitschriften ist nur unter den gesonderten Voraussetzungen des Abs. 4 zulässig. Zu berücksichtigen ist auch die Ausnahme des Abs. 7 für die Aufnahme öffentlicher Vorträge und Aufführungen auf Bild- oder Tonträger, sowie für die Ausführung von Plänen zu Werken der bildenden Künste und über Werke der Baukunst. Im Rahmen des Zweiten Korbs wurden mit Wirkung ab dem 1.1.2008 Klarstellungen im Hinblick auf Art. 5 Abs. 3a) der Multimedia-Richtlinie aufgenommen.

2. Eigener Gebrauch

25   Im Gegensatz zu Abs. 1, der nur die Vervielfältigung im privaten Bereich erlaubt, erfasst Abs. 2 auch berufliche und erwerbswirtschaftliche Zwecke sowie juristische Personen (BGHZ 134, 250 – CB-Infobank I; OLG Köln GRUR 2000, 414 – GRUR/GRUR Int.; Schricker/Loewenheim/*Loewenheim* § 53 Rn. 34; Dreier/Schulze/*Dreier* § 53 Rn. 18). Der eigene Gebrauch ist grds. dadurch definiert, dass Vervielfältigungsstücke **zur eigenen Verwendung** und nicht zur Weitergabe an Dritte hergestellt werden (AmtlBegr. BT-Drucks. 10/837, 9; Dreier/Schulze/*Dreier* § 53 Rn. 18, Schricker/Loewenheim/*Loewenheim* § 53 Rn. 41). Dieser interne Gebrauch ist überschritten, wenn das Vervielfältigungsstück auch zur Verwendung durch außenstehende Dritte bestimmt ist, wie dies gerade bei Recherchediensten der Fall ist, die auf Kundenwunsch Recherchen zu einem bestimmten Thema durchführen und dem Kunden Kopien der recherchierten Beiträge übermitteln (BGHZ 134, 250 – CB-Infobank I).

3. Herstellung durch Dritte

26   Auch im Rahmen des Abs. 2 darf der Berechtigte die Vervielfältigungsstücke durch **Dritte** herstellen lassen. Im Rahmen des Abs. 2 ist es, anders als in Abs. 1, unerheblich, ob die Herstellung durch den Dritten **entgeltlich oder unentgeltlich** erfolgt. Im Hinblick darauf, dass die Weitergabe von Vervielfältigungsstücken an Dritte nicht mehr im Rahmen des eigenen Gebrauchs liegt, sind bei der zulässigen Herstellung durch Dritte enge Maßstäbe anzuwenden. Soweit die Tätigkeit des Dritten über die bloße Vervielfältigung hinausgeht, wenn dieser bspw. die Auswahl der zu vervielfältigenden Werke übernimmt, liegt

kein Fall des zulässigen Herstellens durch einen Dritten vor; im Einzelnen s. Rn. 18 f. (OLG Köln GRUR 2000, 414 – GRUR/GRUR Int.; Dreier/Schulze/*Dreier* § 53 Rn. 20; Schricker/Loewenheim/*Loewenheim* § 53 Rn. 37).

4. Einzelne Arten des sonstigen eigenen Gebrauchs

a) Eigener wissenschaftlicher Gebrauch. Mit der Freistellung der Anfertigung von 27 Vervielfältigungen zum **eigenen wissenschaftlichen Gebrauch** soll sichergestellt werden, dass die wissenschaftliche Tätigkeit, die auch in der Auseinandersetzung mit Werken anderer Urheber besteht, nicht durch die sonst notwendige ständige Einholung von Nutzungserlaubnissen behindert wird. Die Schranke ist durch Art. 5 Abs. 3a) der Multimedia-Richtlinie gedeckt, sofern die Vervielfältigung zur Verfolgung nichtkommerzieller Zwecke gerechtfertigt ist. Nicht nur Forschungsinstitute und Wissenschaftler, sondern auch Personen, die sonst nicht wissenschaftlich tätig sind, können Vervielfältigungen im Rahmen des wissenschaftlichen Gebrauchs nutzen, wenn sie sich über den Stand der Wissenschaft informieren wollen oder bspw. einen Aufsatz für eine Fachzeitschrift schreiben. Zu eng erscheint es, Wissenschaft nur auf das zu beschränken, was an Universitäten gelehrt wird. Entscheidend ist allein, ob die Vervielfältigung für das **methodisch-systematische Streben nach Erkenntnis** verwendet werden soll (s. § 51 Rn. 13; *Rehbinder* 444). Durch den Zweiten Korb erhielt § 53 Abs. 2 S. 1 Nr. 1 einen Einschub, wonach die Vervielfältigung zum eigenen wissenschaftlichen Gebrauch weder unmittelbar noch mittelbar gewerblichen Zwecken dienen darf, so dass kommerzielle Forschungseinrichtungen der Privatwirtschaft – entsprechend dem Wortlaut des Art. 5 Abs. 3a) der Multimedia-Richtlinie – jedenfalls seit 1.1.2008 nicht mehr privilegiert sind, gleiches gilt für Auftragsforschung durch Hochschullehrer, für Unternehmen und freie Berufe (Schricker/Loewenheim/*Loewenheim* § 53 Rn. 43; Dreier/Schulze/*Dreier* § 53 Rn. 23; ähnlich Dreyer/Kotthoff/Meckel/*Dreyer* § 53 Rn. 53, die auf die Zielsetzung des konkreten Projekts abstellen).

Die Vervielfältigung zum eigenen wissenschaftlichen Gebrauch ist nur zulässig, wenn 28 und soweit diese zum Erreichen dieses Zwecks geboten ist; maßgeblich ist die **Erforderlichkeit**. Diese dürfte zu verneinen sein, wenn das betreffende Werk ohne erheblichen Aufwand, sei es durch Kauf, sei es durch Ausleihe in einer Bibliothek, beschafft werden kann (Dreier/Schulze/*Dreier* § 53 Rn. 23; Schricker/Loewenheim/*Schricker* § 53 Rn. 42; Fromm/Nordemann/*W. Nordemann* § 53 Rn. 19). Ob das vervielfältigte Werk für die wissenschaftliche Arbeit erforderlich war, muss dem wissenschaftlich Tätigen vorbehalten bleiben. Die Vervielfältigung von vollständigen Büchern oder Zeitschriften ist grds. nicht von der Vorschrift gedeckt (*Hoeren* in: Lehmann Cyberlaw 105; Schricker/*Loewenheim* § 53 Rn. 23; Möhring/Nicolini/*Decker* § 53 Rn. 42; Dreier/Schulze/*Dreier* § 53 Rn. 23). Zur **Durchsetzung der Schranke gegenüber technischen Schutzmaßnahmen** gegen Vervielfältigungen s. § 95b Abs. 1. Zur Verpflichtung zur **Quellenangabe** s. § 63 Abs. 1.

b) Aufnahme in ein eigenes Archiv. Abs. 2 S. 1 Nr. 2 erlaubt die Herstellung von 29 einzelnen Vervielfältigungsstücken eines Werkes zur Aufnahme in ein eigenes Archiv, soweit die Vervielfältigung hierdurch geboten ist und – insoweit abweichend von den weiteren Alternativen des § 53 – ein **eigenes,** im Eigentum des Archivbetreibers stehendes **Werkstück** als Vorlage verwendet wird. Im Rahmen der Umsetzung der Multimedia-Richtlinie wurde 2003 Abs. 2 S. 2 an die Vorschrift angefügt, da Art. 5 Abs. 2a) der Richtlinie nur eine Schranke zugunsten reprografischer Vervielfältigungen, Art. 5 Abs. 3o) eine Schranke zugunsten ausschließlich analoger Nutzung und Art. 5 Abs. 2c) nur eine Beschränkung des Vervielfältigungsrechts zugunsten der Aufnahme in Archive rechtfertigt, die keinen unmittelbaren oder mittelbaren wirtschaftlichen oder kommerziellen Zweck verfolgen. Eine Vervielfältigung zur Aufnahme in ein eigenes Archiv ist folglich nur dann zulässig, wenn die Vervielfältigung auf Papier oder einem ähnlichen Träger mittels beliebiger fotomechanischer Verfahren oder ähnlicher Verfahren vorgenommen wird (s. Rn. 22), eine ausschließlich analoge Nutzung nach der Vervielfältigung (Dreyer/Kotthoff/Meckel/*Dreyer* § 53 Rn. 70; Dreier/Schulze/*Dreier* § 53 Rn. 28) stattfindet oder das Archiv keinen unmittelbar oder mittelbar wirtschaftlichen oder Erwerbszweck verfolgt und im öffentlichen Interesse tätig ist (zum elektronischen Archiv, s. Rn. 31). Im Fall, dass die Herstellung der Vervielfältigung einem Dritten übertragen wird, reicht es nicht aus, wenn der Dritte Eigentümer der Vorlage ist (Möhring/Nicolini/*Decker* § 53 Rn. 25; Schricker/Loewenheim/ *Loewenheim* § 53 Rn. 47). Für jede Archivierung eines Dokumentes, auch wenn diese nur unter einem anderen Stichwort erfolgt, ist jeweils ein eigenes Werkstück erforderlich (BGHZ 134, 250 – CB-Infobank I).

30 Die Vervielfältigung muss durch den **Zweck der Archivierung** geboten sein; Sinn der Vorschrift ist es, einer Bibliothek zu ermöglichen, ihre Bestände auf Mikrofilm abzubilden, um Raum zu sparen oder die Filme an einem vor Katastrophen sicheren Ort aufzubewahren; den Bibliotheken sollte nicht die Möglichkeit gegeben werden, ihre Bestände zu erweitern (AmtlBegr. BT-Drucks. IV/270, 73; Raue/*Hegemann* in: Hoeren/Sieber Teil 7.3 Rn. 203). Ein **Archiv** im Sinne der Vorschrift ist eine unter sachlichen Gesichtspunkten geordnete Sammlung vorhandener Werke aller Art zum **internen Gebrauch** (BGHZ 134, 250 – CB-Infobank I).

31 Dieser interne Gebrauch ist überschritten, wenn die archivierten Vervielfältigungsstücke auch zur **Verwendung durch außenstehende Dritte** bestimmt sind. Ein elektronisches Pressearchiv, das ein Unternehmen zur Benutzung durch eine Mehrzahl von eigenen Mitarbeitern einrichtet und auf das gleichzeitig eine Vielzahl von Nutzern elektronisch zurückgreifen kann, war nach § 53 a. F. nicht privilegiert (BGH ZUM 1999, 240 – Elektronische Pressearchive). Nach seit 1.1.2008 geltender Rechtslage sind **elektronische Archive,** die ebenfalls ausschließlich dem Zweck der Bestandssicherung dienen dürfen (s. Raue/*Hegemann* in: Hoeren/Sieber Teil 7.3 Rn. 203; Möhring/Nicolini/*Decker* § 53 Rn. 2), nur zulässig, wenn das Archiv im öffentlichen Interesse tätig ist und – so schon die vorherige Regelung – keinen unmittelbar und mittelbar wirtschaftlichen oder Erwerbszweck verfolgt (Abs. 2 S. 2 Nr. 3). Gewerbliche Unternehmen sind folglich, anders als etwa gemeinnützige Stiftungen, insoweit nicht privilegiert. Im öffentlichen Interesse tätig sind Archive, die der Erfüllung öffentlicher Aufgaben dienen (Dreyer/Kotthoff/Meckel/*Dreyer* § 53 Rn. 71). Nach der Gesetzesbegründung sollen Redaktionsarchive angesichts der öffentlichen Aufgaben, die die Medien erfüllen, i. d. R. im öffentlichen Interesse tätig sein (BT-Drucks. 16/1828, S. 26); sie dürften aber wohl häufig Erwerbszwecke verfolgen. Die gem. S. 2 Nr. 2 zulässige analoge Nutzung liegt bspw. bei Mikroverfilmung vor. Die Einrichtung eines Mikrofilm-Archivs durch gewerbliche Unternehmen ist daher auch in Zukunft erlaubt.

32 **c) Vervielfältigung eines durch Funk gesendeten Werkes.** Abs. 2 S. 1 Nr. 3 erlaubt die Vervielfältigung eines durch **Funk** gesendeten Werkes zur **eigenen Unterrichtung über Tagesfragen.** Erfasst sind neben terrestrischem Ton- und Fernsehrundfunk auch Kabelrundfunk sowie Satellitenrundfunk (s. § 20 Rn. 1 ff.). Im Zuge der Umsetzung der Multimedia-Richtlinie wurde Abs. 2 S. 3 aufgenommen. Danach sind Vervielfältigungen nach Abs. 2 S. 1 Nr. 3 nur noch zulässig, wenn die Vervielfältigung auf **Papier oder einem ähnlichen Träger mittels beliebiger fotomechanischer Verfahren oder anderer Verfahren mit ähnlicher Wirkung vorgenommen** werden (s. Rn. 22) oder ausschließlich eine **analoge Nutzung** stattfindet. Eine Vervielfältigung eines gesendeten Werkes durch Aufnahme auf einen digitalen Datenträger ist daher nicht zulässig. Die Streitfrage, ob die Online-Wiedergabe von Beiträgen in Rechnernetzen ebenfalls Grundlage für eine privilegierte Vervielfältigungshandlung sein kann, wurde durch die Novelle verneint. Nachdem Abs. 2 S. 1 Nr. 3 ausdrücklich Bezug nur auf die Sendung durch Funk i. S. d. § 20 nimmt, sind öffentlich zugänglich gemachte Werke (§ 19a) nicht erfasst (Schricker/ Loewenheim/*Loewenheim* § 53 Rn. 49; Dreier/Schulze/*Dreier* § 53 Rn. 30; a. A. Dreyer/

Kotthoff/Meckel/*Dreyer* § 53 Rn. 78, die auch einen Pull-Dienst als Funksendung ansieht).

33 Ein Werk behandelt **Tagesfragen,** wenn es sich mit zum Zeitpunkt der Sendung aktuellen Ereignissen befasst; nicht maßgeblich ist, ob es sich um politische, wirtschaftliche, kulturelle oder sonstige öffentliche Themen handelt (s. § 48 Rn. 2). Abs. 2 S. 1 Nr. 3 erlaubt die Vervielfältigung nur zur **eigenen Unterrichtung,** d. h. zum internen Gebrauch, die Weitergabe der Vervielfältigungsstücke an außenstehende Dritte ist nicht zulässig. Zulässig ist nur die Herstellung einzelner Vervielfältigungsstücke, gemeint sind wiederum nur einige wenige Stücke (s. Rn. 23), wie sie zur eigenen Unterrichtung erforderlich sind. Die praktische Relevanz der Vorschrift beschränkt sich auf die Vervielfältigung zu **beruflichen und gewerblichen Zwecken,** da die Vervielfältigung von Funksendungen im privaten Bereich bereits von Abs. 1 erfasst ist. Zu beachten sind die Ausschlüsse nach § 53 Abs. 4 und Abs. 5 Satz 1.

34 **d) Vervielfältigung zum sonstigen eigenen Gebrauch. Abs. 2 S. 1 Nr. 4a)** lässt die Herstellung **einzelner Vervielfältigungen** generalklauselartig ohne Beschränkung auf den Verwertungszweck zu, jedoch wiederum nur für den **eigenen Gebrauch.** Im Rahmen der Umsetzung der Multimedia-Richtlinie wurde 2003 der S. 3 dem Abs. 2 angefügt, so dass die Herstellung einzelner Vervielfältigungen nur **auf Papier** oder einem ähnlichen Träger mittels beliebiger fotomechanischer Verfahren oder Verfahren mit ähnlicher Wirkung (s. Rn. 22) im Fall der **ausschließlich analogen Nutzung** zulässig ist. Vervielfältigt werden dürfen **kleine Teile** eines erschienenen Werkes; zum Erscheinen eines Werkes s. § 6 Abs. 2. Die Vorschrift soll es dem Benutzer ersparen, ein ganzes Werk zu erwerben, wenn er nur einen kleinen Teil benötigt (AmtlBegr. BT-Drucks. IV/270, 73). Als **Obergrenze** eines kleinen Teiles werden 20% eines Werkes angesehen. Nach OLG Karlsruhe (GRUR 1987, 818 – Referendarkurs) übersteigen 10% eines Gesamtwerkes den kleinen Teil nicht. Jede statische Festlegung eines Grenzwertes erscheint unangebracht. Sobald der vervielfältigte Anteil das Werk ersetzen kann, ist die zulässige Obergrenze jedenfalls überschritten (Möhring/Nicolini/*Decker* § 53 Rn. 28; Dreier/Schulze/*Dreier* § 53 Rn. 33). Ein **eigenes** Werkstück braucht der Vervielfältigung nicht zugrunde zu liegen (s. Abs. 2 S. 1 Nr. 2; Dreyer/Kotthoff/Meckel/*Dreyer* § 53 Rn. 89). Auch in dieser Alternative ist die Herstellung durch einen Dritten zulässig, wenn sich dieser auf die Tätigkeit der reinen Vervielfältigung beschränkt (s. o. Rn. 17 f.).

35 Ebenfalls nach Abs. 2 S. 1 Nr. 4a) zulässig ist die Vervielfältigung von **einzelnen Beiträgen** zum eigenen Gebrauch, die in Zeitungen oder Zeitschriften erschienen sind. Im Gegensatz zur ersten Alternative der Nr. 4a) ist auch die Vervielfältigung **ganzer** Artikel, Lichtbilder und Grafiken gedeckt (Schricker/Loewenheim/*Loewenheim* § 53 Rn. 53). Zulässig ist nur die Vervielfältigung von **einigen wenigen Beiträgen,** die aber in einer oder mehreren Zeitschriften erschienen (§ 6 Abs. 2) sein können (zum Begriff der Zeitungen und Zeitschriften s. § 48 Rn. 4). Ein Pressearchiv kann über Abs. 2 S. 1 Nr. 4a) nicht zusammengestellt werden, da die Grenze der einzelnen Artikel hier überschritten würde. 40% einer Zeitung oder Zeitschrift dürfen keinesfalls kopiert werden (Schricker/Loewenheim/ *Loewenheim* § 53 Rn. 53; s. aber Dreyer/Kotthoff/Meckel/*Dreyer* § 53 Rn. 53).

36 **Abs. 2 S. 1 Nr. 4b)** erlaubt die Herstellung einzelner Vervielfältigungen von Werken aller Art zum eigenen Gebrauch, wenn das vervielfältigte Werk seit mindestens **zwei Jahren vergriffen** ist. Zulässig ist nur die Herstellung von Kopien auf Papier oder ähnlichen Trägern mittels fotomechanischer oder ähnlicher Verfahren oder die ausschließlich analoge Nutzung (Abs. 2 S. 3). Auch in dieser Alternative ist die Herstellung durch einen Dritten zulässig, wenn sich dieser auf die Tätigkeit der reinen Vervielfältigung beschränkt (s. o. Rn. 17 f.). Die Vorschrift ermöglicht Bibliotheken, die ihre Bestände vervollständigen wollen, die Vervielfältigung und den Verleih (s. Abs. 6 S. 2) fehlender Werke. **Vergriffen** ist ein Werk, wenn es nicht mehr über die allgemeinen Vertriebswege zu erhalten ist; dies entspricht der Auslegung des § 29 VerlG. Nicht notwendig ist, dass das Werk auch antiquarisch nicht mehr bezogen werden kann. Dies wäre schon aus Gründen der Rechtssicherheit nicht praktikabel (wie hier Schricker/Loewenheim/*Loewenheim* § 56 Rn. 34; Möhring/Nicolini/*Decker* § 53 Rn. 33; jetzt auch Fromm/Nordemann/*W. Nordemann* § 53 Rn. 30).

IV. Vervielfältigung für Unterricht und Ausbildung sowie Prüfungen (Abs. 3)

1. Vervielfältigung für Unterrichtszwecke

37 Abs. 3 Nr. 1 erlaubt die Herstellung von Vervielfältigungen von kleinen Teilen eines Werkes, von Werken von geringem Umfang oder von einzelnen Beiträgen, die in Zeitungen oder Zeitschriften erschienen sind oder öffentlich zugänglich gemacht wurden (§ 19a), zum eigenen Gebrauch für Schul- und Unterrichtszwecke in der **hierfür erforderlichen Anzahl.** Die im Rahmen der Umsetzung der Multimedia-Richtlinie vorgenommene Erweiterung der Verwertungsbasis (ursprünglich durften nur kleine Teile eines Druckwerks oder von einzelnen Beiträgen, die in Zeitungen oder Zeitschriften erschienen sind, verwertet werden) erfolgte im Hinblick auf die geänderte Veröffentlichungspraxis. Es wird nun auch die Nutzung von Material ermöglicht, das ausschließlich in den Formen öffentlicher Zugänglichmachung verbreitet wurde (AmtlBegr. BT-Drucks. 15/38, 21). Die eigentliche Herstellung des Vervielfältigungsstücks kann auch Dritten übertragen werden, soweit sich deren Tätigkeit auf die bloße Anfertigung des Vervielfältigungsstückes beschränkt (s. o. Rn. 17 f.). Hergestellt werden dürfen Vervielfältigungsstücke von **kleinen Teilen eines Werkes, von Werken von geringem Umfang** oder von **einzelnen Beiträgen, die in Zeitungen oder Zeitschriften** erschienen sind oder i. S. d. § 19a zugänglich gemacht werden. Diese Beschränkung lehnt sich an § 46 an (AmtlBegr. BT-Drucks. 15/38, 21). Zu dem Begriff „kleine Teile" s. § 52a Rn. 5. Zu den einzelnen Beiträgen in Zeitungen und Zeitschriften s. § 49 Rn. 5 ff. Die Veröffentlichung i. S. d. § 6 Abs. 1 reicht aus. Zur **Durchsetzung der Schranke gegenüber den Verwendern technischer Schutzmaßnahmen** i. S. d. § 95a s. § 95b Abs. 1 Nr. 6e). Zur Pflicht zur **Quellenangabe** s. § 62 Abs. 1.

38 Nach § 53 Abs. 3 Nr. 1a. F. war die Herstellung von Vervielfältigungsstücken der genannten Werke für den eigenen Gebrauch der Institution im Unterricht in **Schulen, nicht gewerblichen Einrichtungen der Aus- und Weiterbildung** sowie **Einrichtungen der Berufsausbildung** jeweils nur in der für eine Schulklasse erforderlichen Anzahl zulässig. Zum 1.1.2008 wurde der Wortlaut dahingehend geändert, dass die Wörter „im Schulunterricht" durch die Formulierung „zur Veranschaulichung des Unterrichts in Schulen" ersetzt wurden; außerdem steht anstelle „eine Schulklasse" nun die Formulierung „die Unterrichtsteilnehmer". Die Änderung sollte ursprünglich laut BRegE lediglich der Anpassung des Sprachgebrauchs dienen (BT-Drucks. 16/1828, 27). Allerdings führt der geänderte Wortlaut dazu, dass die Vervielfältigung zur Vor- und Nachbereitung des Unterrichts ebenfalls umfasst wird (BT-Drucks. 16/5939, 79; Schricker/Loewenheim/*Loewenheim* § 52 Rn. 61; Dreier/Schulze/*Dreier* § 52 Rn. 40; Dreyer/Kotthoff/Meckel/*Dreyer* § 53 Rn. 111; *Hoeren* MMR 2007, 615; krit. dazu *Berger* ZUM 2006, 844). Die Aufzählung der in Abs. 3 Nr. 1 genannten Institutionen ist **abschließend** (Dreier/Schulze/*Dreier* § 53 Rn. 39; Schricker/Loewenheim/*Loewenheim* § 53 Rn. 59). Unterricht in Schulen ist insoweit der Unterricht an allen öffentlich zugänglichen Schulen, seien es staatliche oder staatlich anerkannte Schulen. Erfasst sind alle allgemeinbildenden Schulen, aber auch Berufs- und Sonderschulen (s. § 46 Rn. 7). Die nicht gewerblichen Einrichtungen der Aus- und Weiterbildung sowie Einrichtungen der Berufsbildung erstrecken sich auch auf die betriebliche Weiterbildung von Auszubildenden, sei es in betrieblichen oder überbetrieblichen Ausbildungsstätten (Dreyer/Kotthoff/Meckel/*Dreyer* § 53 Rn. 110; Schricker/Loewenheim/*Loewenheim* § 53 Rn. 59); hierzu zählen auch staatliche Stellen für die Referendarausbildung nach Abschluss eines Hochschulstudiums (OLG Karlsruhe GRUR 1987, 818 – Referendarkurs). Hochschulen sind von Abs. 3 Nr. 1, wie sich im Umkehrschluss aus Abs. 3 Nr. 2 ergibt, nicht erfasst.

Die Vervielfältigungsstücke dürfen nur in der Anzahl hergestellt werden, wie sie für den 39
Unterricht in einer Einheit, sei es Klasse oder Kurs, benötigt werden. Zulässig ist die Vervielfältigung nur für den **Unterrichtszweck,** da sie nur insoweit durch diesen geboten sein kann. Eine Vervielfältigung für die Vorbereitung der Lehrer ist seit 1.1.2008 durch Abs. 3 Nr. 1 ebenfalls gedeckt (Dreyer/Kotthoff/Meckel/*Dreyer* § 53 Rn. 111; a. A. Dreier/Schulze/*Dreier* § 53 Rn. 39). Nach dem neu eingefügten § 53 Abs. 3 S. 2 ist die Vervielfältigung eines zum Unterrichtsgebrauch an Schulen bestimmten Werkes zudem nur noch mit Einwilligung des Berechtigten zulässig. Die Bereichsausnahme für **Schulbücher** soll Eingriffe in den Primärmarkt von Schulbuchverlagen vermeiden, da diese keine anderweitigen Absatzmöglichkeiten als diesen eng umgrenzten und stark fragmentierten Markt haben (BT-Drucks. 16/5939, 79). Die Regelung lehnt sich an § 52a Abs. 2 S. 1 an. Die zur a. F. geführte Diskussion, ob die Verwendung von Schulbüchern durch eine analoge Anwendung von § 52a Abs. 2 S. 1 ausgeschlossen ist (s. Rn. 37 der 2. Auflage), ist durch die Änderung des Gesetzestextes seit dem 1.1.2008 obsolet.

2. Vervielfältigung für Prüfungszwecke

Ebenfalls freigegeben ist gem. Abs. 3 Nr. 2 die Herstellung von Vervielfältigungen für 40
staatliche Prüfungen und Prüfungen in den aufgeführten Institutionen, wenn die Vervielfältigung zu jenem Zweck geboten ist. Zusätzlich zu den in Abs. 3 Nr. 1 genannten Institutionen (s. o. Rn. 37) sind die Hochschulen privilegiert, da im Gegensatz zu Lehrmaterial Prüfungsmaterialien nicht von den Studenten beschafft werden können. **Prüfungen im Sinne der Vorschrift** sind Leistungskontrollen am Ende eines Lehr- oder Studienabschnitts, wie Zwischenprüfungen und Abschlussexamina. Ob Leistungsnachweise im Rahmen des Unterrichts wie Klausuren oder Hausarbeiten erfasst sind, wird uneinheitlich beantwortet (dafür Dreier/Schulze/*Dreier* § 53 Rn. 40; Fromm/Nordemann/*W. Nordemann* § 53 Rn. 33; jetzt auch Schricker/Loewenheim/*Loewenheim* § 53 Rn. 66; dagegen Möhring/Nicolini/*Decker* § 53 Rn. 39). Da die Geprüften auch in diesen Fällen die Materialien nicht beschaffen können, erscheint es richtig, auch Klausuren und Hausarbeiten als privilegierte Prüfungen anzusehen. Die Anzahl der Vervielfältigungsstücke wird durch die Anzahl der Prüflinge bestimmt. Die Kopie fremder Prüfungsaufgaben zur unveränderten Verwendung in einer weiteren Prüfung soll nicht zu Prüfungszwecken geboten und deshalb von § 53 Abs. 3 Nr. 2 nicht mehr gedeckt sein (*Oechsler* GRUR 2006, 205). Zur Durchsetzung der **Schrankenregelung gegenüber den Verwendern technischer Schutzmaßnahmen** s. § 95b Abs. 1 Nr. 6 (§ 95b Rn. 34). Zweifelhaft ist, inwieweit Abs. 3 Nr. 2 durch die Multimedia-Richtlinie gedeckt ist. Soweit die Vervielfältigung nur auf Papier oder einem ähnlichen Träger mittels beliebiger fotomechanischer Verfahren oder Verfahren ähnlicher Wirkung erfolgt, ist die Schranke von Art. 5 Abs. 2a) erfasst. Art. 5 Abs. 3a) kommt dagegen als Grundlage nicht in Betracht, da dieser die Vervielfältigung ausschließlich zur Veranschaulichung im Unterricht erlaubt. Art. 5 Abs. 3o) erlaubt ausschließlich die analoge Nutzung. Aus diesem Grunde dürfte davon auszugehen sein, dass eine digitale Vervielfältigung von Werken für Prüfungszwecke im Sinne der Vorschrift nicht durch die Befugnisse der Multimedia-Richtlinie gedeckt ist.

V. Beschränkungen der Freiheit zur Vervielfältigung und der Benutzung der Vervielfältigungsstücke (Abs. 4 bis 7)

1. Vervielfältigung von Noten sowie vollständiger Bücher und Zeitschriften (Abs. 4)

Die Vervielfältigung von **Noten** sowie eines im Wesentlichen **vollständigen Buches** 41
oder einer im Wesentlichen **vollständigen Zeitschrift** ist ohne Genehmigung des

Rechtsinhabers nur zur Aufnahme in ein eigenes Archiv nach Abs. 2 Nr. 2 oder für den eigenen Gebrauch zulässig, falls das Werk seit mindestens zwei Jahren **vergriffen** (s. Rn. 36) ist. Ergänzend sind Vervielfältigungen zum privaten oder sonstigen eigenen Gebrauch i. S. d. Abs. 1 bis 3 zulässig, wenn die betreffenden Werke **abgeschrieben** werden. Insoweit ist nicht das handschriftliche Abschreiben erforderlich, auch das manuelle Eingeben in den Computer erfüllt dieses Tatbestandsmerkmal, nicht aber das Einscannen (Dreyer/Kotthoff/Meckel/*Dreyer* § 53 Rn. 124).

Die Vervielfältigung von **grafischen Aufzeichnungen von Werken der Musik** zur Aufnahme in ein eigenes Archiv nach Abs. 2 Nr. 2 setzt ebenfalls die Verwendung eines im Eigentum des Archivbetreibers stehenden Werkstücks als Vorlage voraus; zum Begriff des Archivs s. Rn. 28. Ebenso zulässig ist die Vervielfältigung von Noten zum eigenen Gebrauch, also nicht zur Weitergabe an Dritte (zur Ausnahme des Verleihs s. Abs. 6 S. 2), sofern das Werk seit zwei Jahren vergriffen ist (s. o. Rn. 35).

42 Unter den geschilderten Voraussetzungen ist auch die Vervielfältigung eines **nahezu vollständigen Buches** oder einer **nahezu vollständigen Zeitschrift** zulässig. Erfolgt kein Abschreiben und liegt keine Einwilligung des Berechtigten vor, darf das Werk nur zur Aufnahme in ein eigenes Archiv unter Nutzung einer im eigenen Eigentum stehenden Vorlage vervielfältigt werden. Zum weiteren eigenen Gebrauch (Abs. 1 bis 3) dürfen diese Werke nur vervielfältigt werden, wenn sie seit wenigstens zwei Jahren vergriffen sind (s. o. Rn. 35). Ob eine im Wesentlichen vollständige Vervielfältigung eines Buches oder einer Zeitschrift erfolgte – Zeitungen sind nicht erfasst, insoweit gelten die Abs. 1 bis 3 unmittelbar –, ist sowohl nach qualitativen wie auch quantitativen Gesichtspunkten zu bestimmen. Es kommt darauf an, ob alle wesentlichen Hauptbestandteile des Buches oder der Zeitschrift und mehr als 90% des Inhaltes wiedergegeben sind; Register, Inhaltsverzeichnisse etc. sind nicht zu berücksichtigen (Schricker/Loewenheim/*Loewenheim* § 74; Dreier/Schulze/*Dreier* § 53 Rn. 48 sehen eine qualitative und quantitative Prüfung im Einzelfall vor).

2. Elektronisch zugängliche Datenbankwerke (Abs. 5)

43 Elektronisch zugängliche Datenbankwerke dürften nach Abs. 5 weder zum privaten Gebrauch noch zur Aufnahme in ein eigenes Archiv, zur Unterrichtung von Tagesfragen oder dem sonstigen eigenen Gebrauch (Abs. 2 Nr. 2 bis 4) vervielfältigt werden (OLG Hamburg GRUR 2001, 831 – Roche Lexikon Medizin). Ein elektronisch zugängliches Datenbankwerk ist gem. § 4 Abs. 2 ein Sammelwerk, dessen Elemente systematisch oder methodisch angeordnet und einzeln mit Hilfe elektronischer Mittel zugänglich sind (s. § 4 Rn. 8 ff.). Eine Vervielfältigung von Datenbankwerken zur Verwendung für staatliche Prüfungen und Prüfungen in Schulen und sonstigen Ausbildungsstellen gem. Abs. 3 Nr. 2 ist ebenfalls ausgeschlossen. Die entsprechende Ergänzung des Gesetzes wurde im Rahmen der Novellierung 2003 erforderlich, da die Verwertungsbasis des Abs. 3 auch auf öffentlich zugänglich gemachte Werke ausgedehnt wurde (s. o. Rn. 5). Zugelassen ist die Vervielfältigung zum eigenen wissenschaftlichen Gebrauch i. S. d. Abs. 2 S. 1 Nr. 1, wenn dieser nicht zu gewerblichen Zwecken erfolgt. Ohne Erlaubnis der Berechtigten ist folglich die Vervielfältigung von elektronisch zugänglichen Datenbankwerken durch gewerblich forschende Unternehmen wie Biotech-Unternehmen nicht zulässig. Erlaubt ist dagegen die Vervielfältigung von elektronisch zugänglichen Datenbankwerken zur Verwendung im Schulunterricht sowie in den Ausbildungseinrichtungen gem. Abs. 3 Nr. 1, solange der Gebrauch nicht zu gewerblichen Zwecken erfolgt. Die Vorschrift beruht auf Art. 6 Abs. 2a) und b) der Datenbank-Richtlinie (s. Einl. Rn. 21). Zu den Schranken des Leistungsschutzrechts des Datenbankherstellers s. § 87c Rn. 18 ff. Der Ausschluss der Vervielfältigungsrechte an elektronisch zugänglichen Datenbankwerken gem. Abs. 5 erfasst nur die Bestandteile des Datenbankwerkes, welche die urheberrechtliche Qualität als Sammelwerk begründen,

§ 53 Vervielfältigungen zum privaten Gebrauch 44–47 § 53 UrhG

demnach nur die Komponenten, in denen aufgrund Auswahl oder Anordnung die persönliche geistige Schöpfung zum Ausdruck kommt; für die in der Datenbank gespeicherten Dokumente kann § 87b einschlägig sein.

3. Unzulässige Verbreitung von Vervielfältigungsstücken und öffentliche Wiedergabe (Abs. 6)

Nach Abs. 6 ist die Verbreitung, also das Angebot an die Öffentlichkeit und das Inverkehrbringen (s. § 17 Rn. 4ff.), der nach Abs. 1 bis 4 in zulässiger Weise hergestellten Vervielfältigungsstücke unzulässig. Erfolgte die Herstellung des Vervielfältigungsstückes zum Zweck der Weitergabe an Dritte, liegt schon keine Vervielfältigung zum eigenen Gebrauch vor. Wird dagegen eine zunächst in zulässiger Weise bspw. für ein betriebsinternes Archiv hergestellte Kopie später an einen Dritten weitergegeben, liegt ein Verstoß gegen Abs. 6 vor. Bereits das Angebot an Dritte, diesen die Vervielfältigungsstücke zukommen zu lassen, begründet den aus dem Vervielfältigungsrecht (§ 16) folgenden Verbotsanspruch (BGHZ 134, 250 – CB-Infobank I). Ebenso unzulässig ist die Verwendung der in zulässiger Weise hergestellten Vervielfältigungsstücke zur **öffentlichen Wiedergabe** i. S. d. § 15 Abs. 2, also einschließlich der öffentlichen Zugänglichmachung nach § 19a (z. B. Einstellen in filesharing-Börsen). **44**

Als Ausnahme zu dem grundsätzlichen Verbot der Verbreitung von rechtmäßig nach § 53 hergestellten Vervielfältigungsstücken erlaubt Abs. 6 S. 2 den Berechtigten den Verleih der Vervielfältigungsstücke von Zeitungen, vergriffenen Werken sowie Werkstücken, bei denen kleine beschädigte oder abhanden gekommene Teile durch rechtmäßig hergestellte Vervielfältigungsstücke ersetzt wurden (zum Begriff der „kleinen Teile" s. § 52a Rn. 5, zu den vergriffenen Werken s. o. Rn. 35a. E.). **45**

4. Weitere Schranken bei öffentlichen Vorträgen oder Aufführungen, Plänen zu Werken der bildenden Künste und Nachbauten (Abs. 7)

Ohne Zustimmung des Berechtigten dürfen auch bei Vorliegen der sonstigen Voraussetzungen des § 53 weder **öffentliche Vorträge** noch **öffentliche Aufführungen** oder **Vorführungen** auf Bild- oder Tonträger aufgenommen werden; zu den Begriffen Vortrag, Aufführung und Vorführung s. § 19 Rn. 6, 16, 54; zur Öffentlichkeit s. § 15 Rn. 18 ff. Bild- und Tonträger sind nach § 16 Abs. 2 Vorrichtungen zur wiederholbaren Wiedergabe von Bild- oder Tonfolgen. Hier kommen Aufnahmen mit Filmkameras, auf Tonbändern, Minidiscs, Speicherkarten, etc. in Betracht. Erfasst vom Verbot der Aufnahme ist nur die sogenannte **Erstfixierung**. Anders als das Mitschneiden eines Konzertes im Konzertsaal ist die Aufnahme eines im Radio gesendeten Livemitschnitts desselben Konzertes bei Vorliegen der sonstigen Voraussetzungen des § 53 zulässig (Schricker/Loewenheim/*Loewenheim* § 53 Rn. 79). **46**

Verboten sind nach Abs. 7 die Ausführung von Plänen und Entwürfen zu Werken der bildenden Künste sowie der Nachbau eines Werkes der Baukunst. Nicht vom Verbot der Ausführung von Plänen und Entwürfen zu Werken der bildenden Künste erfasst ist die Vervielfältigung eines existierenden Werkes der bildenden Kunst; ebenfalls nicht erfasst ist die Vervielfältigung von Entwürfen zu diesen Werken, solange es dabei nicht zum Werk der bildenden Kunst kommt. Der Nachbau eines Werkes der Baukunst als Modell ist nach Abs. 1 bis 3 zulässig (Schricker/Loewenheim/*Loewenheim* § 53 Rn. 80; Dreier/Schulze/*Dreier* § 53 Rn. 56). Die Regelung des Abs. 7 über Entwürfe zu Werken der bildenden Künste und den Nachbau eines Werkes der Baukunst entspricht der Regelung des § 23 S. 2. **47**

§ 53a Kopienversand auf Bestellung

(1) Zulässig ist auf Einzelbestellung die Vervielfältigung und Übermittlung einzelner in Zeitungen und Zeitschriften erschienener Beiträge sowie kleiner Teile eines erschienenen Werkes im Wege des Post- oder Faxversands durch öffentliche Bibliotheken, sofern die Nutzung durch den Besteller nach § 53 zulässig ist. Die Vervielfältigung und Übermittlung in sonstiger elektronischer Form ist ausschließlich als grafische Datei und zur Veranschaulichung des Unterrichts oder für Zwecke der wissenschaftlichen Forschung zulässig, soweit dies zur Verfolgung nicht gewerblicher Zwecke gerechtfertigt ist. Die Vervielfältigung und Übermittlung in sonstiger elektronischer Form ist ferner nur dann zulässig, wenn der Zugang zu den Beiträgen oder kleinen Teilen eines Werkes den Mitgliedern der Öffentlichkeit nicht offensichtlich von Orten und zu Zeiten ihrer Wahl mittels einer vertraglichen Vereinbarung zu angemessenen Bedingungen ermöglicht wird.

(2) Für die Vervielfältigung und Übermittlung ist dem Urheber eine angemessene Vergütung zu zahlen. Der Anspruch kann nur durch eine Verwertungsgesellschaft geltend gemacht werden.

Literatur: *Baronikians*, Kopienversand durch Bibliotheken – rechtliche Beurteilung und Vorschläge zur Regelung, ZUM 1999, 126; *Czychowski*, „Wenn der dritte Korb aufgemacht wird …" – Das zweite Gesetz zur Regelung des Urheberrechts in der Informationsgesellschaft, GRUR 2008, 586; *Deutschen Vereinigung für gewerblichen Rechtsschutz und Urheberrecht,* Stellungnahme zum Referentenentwurf für ein Zweites Gesetz zur Regelung des Urheberrecht in der Informationsgesellschaft, GRUR 2005, 743; *Flechsig*, Der Zweite Korb zur Verbesserung der Urheber- und Leistungsschutzrechte, ZRP 2006, 145; *Gausling*, Anmerkung zum Urteil des OLG München vom 10. Mai 2007 – Elektronischer Kopienversand, MMR 2007, 529; *Grassmann*, Der elektronische Kopienversand im Rahmen der Schrankenregelungen, Baden-Baden 2006; *Grassmann*, Anmerkung zum Urteil des OLG München vom 10. Mai 2007 – Elektronischer Kopienversand, ZUM 2007, 641; *Hilty*, Das Urheberrecht und der Wissenschaftler, GRUR Int. 2006, 179; *Hoeren*, Pressespiegel und das Urheberrecht – Eine Besprechung des Urteiles des BGH „Elektronischer Pressespiegel", GRUR 2002, 1022; *Hoeren*, Der Zweite Korb – Eine Übersicht zu den geplanten Änderungen im Urheberrechtsgesetz, MMR 2007, 615; *Hoeren/Neubauer* ZUM 2012, Zur Nutzung urheberrechtlich geschützter Werke in Hochschulen und Bibliotheken, ZUM 2012, 636; *Jani*, Urheberrechtspolitik in der 14. und 15. Legislaturperiode des Deutschen Bundestags, UFITA 2006/II, 511; *Kunz-Hallstein/Loschelder*, Stellungnahme zum anstehenden Gesetzgebungsverfahren im Urheberrecht, GRUR 2006, 483; *Kunz-Hallstein/Loschelder*, Referentenentwurf für ein Zweites Gesetz zur Regelung des Urheberrechts in der Informationsgesellschaft vom 27.9.2004, GRUR 2005, 743; *Langhoff/Oberndörfer/Jani*, Der „Zweite Korb" der Urheberrechtsreform – ein Überblick über die Änderungen des Urheberrechts nach der zweiten und dritten Lesung im Bundestag, ZUM 2007, 593; *v. Olenhusen*, Digitale Informations- und Wissensgesellschaft und das Urheberrecht, ZRP 2003, 323; *Peifer*, Wissenschaftsmarkt und Urheberrecht: Schranken, Vertragsrecht, Wettbewerbsrecht, GRUR 2009, 22; *Pflüger/Heeg*, Die Vergütungspflicht nichtkommerzieller Nutzung urheberrechtlich geschützter Werke in öffentlichen Bildungs-, Kultur- und Wissenschaftseinrichtungen – ein Plädoyer für einen einheitlichen Vergütungstatbestand, ZUM 2008, 649; *Sandberger*, Behindert das Urheberrecht den Zugang zu wissenschaftlichen Publikationen?, ZUM 2006, 818; *Schulze*, Der individuelle E-Mail-Versand als öffentliche Zugänglichmachung, ZUM 2008, 836; *Spindler*, Urheberrecht in der Wissensgesellschaft – Überlegungen zum Grünbuch der EU-Kommission, in: Hilty (Hrsg.), Festschrift für Ulrich Loewenheim zum 75. Geburtstag, München 2009, 287 (zit. *Spindler* FS Loewenheim); *Spindler*, Reform des Urheberrechts im „Zweiten Korb", NJW 2008, 9; *Sprang/Ackermann*, Der „Zweite Korb" aus Sicht der (Wissenschafts-)Verlage, K&R 2008, 7; *Wandtke/Grassmann*, Einige Aspekte zur gesetzlichen Regelung zum elektronischen Kopienversand im Rahmen des „Zweiten Korbes", ZUM 2006, 889.

Vgl. darüber hinaus die Angaben im eingangs abgedr. Gesamtliteraturverzeichnis.

Übersicht

	Rn.
I. Entstehungsgeschichte der Vorschrift	1–7
1. Gesetzliche Regelung der Rechtsprechung des Bundesgerichtshofs	1–5
a) Das Urteil des BGH zum Kopienversand	1–2
b) Gesetzliche Umsetzung des BGH-Urteils	3–5

	Rn.
2. Systematische Einordnung des § 53a	6
3. Der Kopienversand im Lichte der Multimedia-Richtlinie	7
II. Kopienversand (Abs. 1)	8–52
1. Berechtigte	8–13
a) Versender	8–9
b) Empfänger	10–12
c) Interbibliothekarischer Leihverkehr	13
2. Gegenstand des Kopienversands	14–18
a) Kleine Teile eines erschienenen Werks	15–17
b) Beiträge aus Zeitungen und Zeitschriften	18
3. Arten des Kopienversands	19–28
a) Postversand	20
b) Faxversand	21
c) Übermittlung in sonstiger elektronischer Form	22–28
aa) Begriff und Erscheinungsformen	23, 24
bb) Nur als grafische Datei	25, 26
cc) Zur Veranschaulichung des Unterrichts und für wissenschaftliche Forschung	27
dd) Soweit die Übermittlung zur Verfolgung nichtgewerblicher Zwecke gerechtfertigt ist	28
4. Vorrang vertraglicher Angebote	29–40
a) Vertragliche Online-Angebote	30, 31
b) Offensichtlichkeit des Angebots	32
c) Zu angemessenen Bedingungen	33–36
d) Zweck der Vorrangbestimmung	37–40
5. Zulässige Nutzungshandlungen	41–48
a) Vervielfältigung	42–44
b) Übermittlung	45
c) Auf Einzelbestellung	46, 47
d) Entgeltlichkeit des Versands	48
6. Unzulässige Nutzungshandlungen	49–52
a) Keine öffentliche Zugänglichmachung	49
b) Keine Zusatzleistungen der Bibliothek	50
c) Keine Archivierung von Kopiervorlagen	51, 52
III. Angemessene Vergütung (Absatz 2)	53–57
1. Allgemeines	53–56
2. Kopienversand mit Auslandsbezug	57, 58

I. Entstehungsgeschichte der Vorschrift

1. Gesetzliche Regelung der Rechtsprechung des Bundesgerichtshofs

a) Das Urteil des BGH zum Kopienversand. Der BGH hat in einer grundlegenden 1
Entscheidung aus dem Jahr 1999 den Kopienversand durch Bibliotheken per Post und per Telefax grds. für zulässig erachtet, sofern der Besteller sich auf § 53 berufen kann und wenn der Versand auf Einzelbestellung erfolgt (BGH GRUR 1999, 707 – Kopienversanddienst). Zugleich schuf der BGH im Wege der Rechtsfortbildung durch analoge Anwendung der §§ 27 Abs. 2, 49 Abs. 1 und 54a Abs. 2 (a. F.) i. V. m. § 54h Abs. 2 (a. F.) eine gesonderten Anspruch des Urhebers auf angemessene Vergütung für den Kopienversand.

Zur Zulässigkeit des **sonstigen elektronischen Kopienversands** hatte sich der BGH 2
seinerzeit nicht geäußert. Das OLG München hatte jedoch Gelegenheit, sich mit dem Thema kurz vor Verabschiedung des Zweiten Korbs zu befassen und mit seiner Entscheidung zum elektronischen Kopienversand durch den Kopienversanddienst **"Subito"** den gesetzgeberischen Handlungsbedarf bestätigt (OLG München MMR 2007, 525 – Elektronischer Kopienversand; nicht rkr., vgl. § 53 Rn. 19). Das OLG München erklärte den elektronischen Ko-

pienversand per E-Mail, FTP oder Internet-Download für unzulässig. Es vertrat die Auffassung, diese Nutzung greife in das den Verlagen eingeräumte Vervielfältigungsrecht (§ 16) ein und bedürfe deshalb der Zustimmung des jeweiligen Rechtsinhabers. Die Bibliotheken könnten sich nicht auf § 53 berufen, denn die Zulässigkeit des Kopienversands **durch Dritte** richte sich nach **§ 53 Abs. 2 S. 3** und dessen Voraussetzungen seien beim elektronischen Kopienversand nach der Änderung der Vorschrift im Jahr 2003 nicht erfüllt (OLG München MMR 2007, 525, 528 – Elektronischer Kopienversand; ebenso: *v. Olenhusen* ZRP 2003, 232, 235; krit. *Grassmann* ZUM 2007, 641, 643 und *Gausling* MMR 2007, 529). § 53 Abs. 2 Nr. 4 lit. a) a. F. machte keinen Unterschied zwischen analogen und elektronischen Vervielfältigungen. Bis zum Inkrafttreten des Ersten Gesetzes zur Regelung des Urheberrechts in der Informationsgesellschaft (13.9.2003) war auch der elektronische Kopienversand deshalb wohl zulässig (OLG München MMR 2007, 525, 528 – Elektronischer Kopienversand).

3 **b) Gesetzliche Umsetzung des BGH-Urteils.** Der Bundesgerichtshof hatte in den Gründen seiner Entscheidung selbst darauf hingewiesen, dass er die Grenzen des geltenden Urheberrechts sehr stark gedehnt habe, dies insb. im Hinblick auf den im Wege der Analogie gebildeten Vergütungsanspruch (dazu § 53 Rn. 18 der Voraufl.). Der BGH hatte deshalb die Erwartung formuliert, dass der Gesetzgeber die Zulässigkeit des Kopienversands mittelfristig gesetzlich regeln werde (BGH GRUR 1999, 707, 714 – Kopienversanddienst). Mit dem durch das „Zweite Gesetz zur Regelung des Urheberrechts in der Informationsgesellschaft" (BGBl. I 2007 S. 2513) neu geschaffenen § 53a hat der Gesetzgeber die **Rechtsprechung** des BGH zum zustimmungsfreien Versand von Kopien durch Bibliotheken nun gesetzlich nachvollzogen (BT-Drucks. 16/1828, 27), um die **Lücke,** die der BGH vorübergehend durch Analogie ausgefüllt hatte, zu schließen (BT-Drucks. 16/1828, 21). § 53a lehnt sich im Einklang mit dieser Zielsetzung stark an die vom Bundesgerichtshof entwickelten Grundsätze an. Der Tatbestand des § 53a ist in seinen wesentlichen Elementen wortlautgleich mit dem Leitsatz des BGH.

4 Über die Entscheidung des Bundesgerichtshofs hinaus regelt § 53a zugleich auch die aktuelle Frage nach der Zulässigkeit des **elektronischen Kopienversands.** Mit dieser Nutzungsform, die heute von wachsendem praktischen Interesse ist, hatte sich der Bundesgerichtshof seinerzeit nicht befasst. Insoweit bestand hier ein konkreter **Handlungsbedarf für den Gesetzgeber,** der durch das Urteil des OLG München kurz vor Abschluss des Gesetzgebungsverfahrens zum Zweiten Korb bestätigt wurde.

5 Ob § 53a langfristig von Bedeutung ist, bleibt abzuwarten. Der klassische Kopienversand – auch der elektronische – ist in der Informationsgesellschaft ein **Auslaufmodell.** In dem Maße, wie es den Verlagen gelingt, innovative Dokumentendienste mit attraktiven Zusatzleistungen zu wettbewerbsfähigen Preisen zu etablieren, wird der Kopienversand durch Bibliotheken an Bedeutung verlieren – und mit ihm § 53a. Diese **vertraglichen Lösungen** stehen außerhalb des Anwendungsbereichs von § 53a.

2. Systematische Einordnung des § 53a

6 § 53a schafft **eine zusätzliche selbstständige Ausnahme** vom ausschließlichen Vervielfältigungsrecht und erweitert die Befugnis zur Herstellung von Vervielfältigungen durch einen Dritten unter bestimmten Voraussetzungen um den Versand dieser Kopien (Mestmäcker/Schulze/*Kröber* § 53a Rn. 3). Dogmatisch handelt es sich bei § 53a um eine verselbstständigte Ergänzung zu § 53. § 53a knüpft hinsichtlich des Post- und Faxversands an § 53 an und setzt voraus, dass dessen Tatbestandsmerkmale selbstständig erfüllt sind (BT-Drucks. 16/1828, 27). Erst dann ist der Anwendungsbereich des § 53a überhaupt eröffnet (Dreier/Schulze/*Dreier* § 53a Rn. 1; Dreyer/Kotthoff/Meckel/*Dreyer* § 53a Rn. 11; *Pflüger/Heeg* ZUM 2008; 649, 652). In Bezug auf den sonstigen Kopienversand enthält § 53a alle Tatbestandsmerkmale selbst. Da § 53a einen Spezialfall der Vervielfältigung zum privaten oder sonstigen eigenen Gebrauch regelt, wäre es systematisch durchaus vertretbar gewesen,

die Bestimmungen in § 53 zu integrieren. Der Gesetzgeber hat sich aber zu Recht dagegen entschieden. Andernfalls wäre § 53, der bereits heute sehr verschachtelt ist, noch unübersichtlicher geworden.

3. Der Kopienversand im Lichte der Multimedia-Richtlinie

Auch bei § 53a war vom Gesetzgeber der Grundsatz zu beachten, dass die urheberrechtlichen Schranken grds. **eng auszugestalten und eng auszulegen** sind (s. Vor §§ 44a ff., Rn. 1) und dass der Spielraum für Schranken abschließend durch die Multimedia-Richtlinie definiert wird. Schranken, die von der Multimedia-Richtlinie nicht vorgesehen sind, sind mit dem Gemeinschaftsrecht nicht zu vereinbaren (s. Vor §§ 44a ff. Rn. 5). Zum Kopienversand enthält die Multimedia-Richtlinie keine ausdrückliche Regelung. Der Kopienversand, wie er jetzt in § 53a geregelt worden ist, steht gleichwohl mit der Richtlinie im Einklang, denn er lässt sich auf die Auffangregelung des Art. 5 Abs. 3 lit. o) stützen (*Hilty* 183); da der sonstige elektronische Kopienversand nur für nichtkommerzielle Zwecke in Wissenschaft und Unterricht zulässig ist (s. u. Rn. 24), ist diese Form des Kopienversands auch durch Art. 5 Abs. 3 lit. a) gedeckt. 7

II. Kopienversand (Abs. 1)

1. Berechtigte

a) **Versender.** § 53a berechtigt **öffentliche Bibliotheken**. Die Bibliothek muss nicht allgemein zugänglich sein; wie in anderen Zusammenhängen (z. B. § 54c – dazu s. § 54c Rn. 4 und BGH NJW 1997, 3440, 3442 – Betreibervergütung) reicht auch hier die – ggf. beschränkte – Zugänglichkeit für die Öffentlichkeit i. S. v. § 15 Abs. 3 (Schricker/Loewenheim/*Loewenheim* § 53a Rn. 9; Fromm/Nordemann/*Nordemann-Schiffel* § 53a Rn. 5; Dreyer/Kotthoff/Meckel/*Dreyer* § 53a Rn. 7). Insb. ist eine öffentlich-rechtliche Trägerschaft keine Voraussetzung. **Kopienversanddienste** anderer Einrichtungen, die keine öffentliche Bibliothek i. S. v. § 53a sind, fallen ausnahmslos nicht unter § 53a. 8

Zu einem erheblichen Anteil wird der Kopienversand in Deutschland über „**Subito**" abgewickelt, einer Initiative von Bund und Ländern zur schnellen Lieferung wissenschaftlicher Dokumente. „Subito" betreibt selbst keine Bibliothek und kann sich deshalb nicht auf § 53a berufen (Schricker/Loewenheim/*Loewenheim* § 53a Rn. 10; zum Dokumentenversanddienst „Subito" ausführlich: Fromm/Nordemann/*Nordemann-Schiffel* § 53a Rn. 22 ff.). Das ist aber auch nicht erforderlich, weil Subito als Dachorganisation nur der organisatorisch-technischen Abwicklung des Kopienversands dient (so auch LG München I BeckRS 2006, 01166 – Subito; insoweit von der Folgeinstanz (OLG München MMR 2007, 525 nicht beanstandet; ebenso Fromm/Nordemann/*Nordemann-Schiffel* § 53a Rn. 6). Der eigentliche Versand wird unmittelbar von den angeschlossenen Bibliotheken durchgeführt. Zutreffend geht auch der Gesetzgeber deshalb davon aus, dass Subito auch nach Einführung von § 53a seine Dienste weiterhin anbieten darf und zwar nunmehr abweichend von der bisherigen Rechtslage auch durch elektronischen Versand (BT-Drucks. 16/1356, 5). 9

b) **Empfänger.** Ob der **Besteller der Kopie** den Versand von Kopien an sich verlangen darf, richtet sich in Bezug auf den Post und Faxversand nach § 53. Da die Herstellung und die – urheberrechtlich unselbstständige – Übermittlung (s. u. Rn. 45, 57) der Kopie durch die Bibliothek unmittelbar dem Besteller zuzurechnen ist, muss die vom Nutzer angestrebte Verwendung der Kopie nach § 53 zulässig sein (Schricker/Loewenheim/*Loewenheim* § 53a Rn. 6; *Wandtke/Grassmann* ZUM 2006, 889, 896). Diese Zulässigkeitsanforderung wird durch § 53a vorausgesetzt, nicht aber ersetzt. 10

Hinsichtlich des sonstigen elektronischen Versands nimmt § 53a dagegen nicht auf § 53 Bezug, sondern enthält die – gegenüber § 53 engeren – Anforderungen selbst (s. u. Rn. 22 ff.). 11

12 Hinsichtlich der individuellen Voraussetzungen, die der Besteller erfüllen muss, stellt sich die Frage nach einer **Prüfungspflicht der Bibliothek**. Wer Vorrichtungen bereitstellt oder Leistungen erbringt, die der Herstellung von Vervielfältigungen urheberrechtlich geschützter Werke für Dritte dienen, muss grds. prüfen, ob er durch seinen Beitrag an einer Verletzung von Urheberrechten mitwirkt. Eine Überprüfung, ob und in welchem Umfang sich der Besteller der Kopien auf § 53 berufen kann, wird die Bibliothek jedoch **in der Praxis** nur schwer leisten können. An die Überprüfungspflichten der Bibliothek dürfen deshalb **keine überhöhten Anforderungen** gestellt werden. Insb. wird man der Bibliothek zubilligen müssen, dass sie sich auf die Angaben des Bestellers verlässt, weil sie insoweit aus praktischen Gründen gar keine Möglichkeit zur Überprüfung hat (Schricker/Loewenheim/*Loewenheim* § 53a Rn. 7; *Grassmann* 90). Da die Bibliothek beim Kopienversand die wesentliche urheberrechtlich relevante Handlung vornimmt, wird man jedoch verlangen müssen, dass die Bibliothek gewisse, ihr zumutbare **Vorkehrungen zum Schutze des Urheberrechts** trifft. Der Bundesgerichtshof hat in Bezug auf Kopierläden entschieden, dass diese ihre Kunden zumindest deutlich **auf die Beachtung des Urheberrechts hinweisen** müssen (BGH GRUR 1984, 54, 56 – Kopierläden). Jedenfalls eine solche Hinweispflicht muss auch für Bibliotheken im Rahmen eines Kopienversandes gelten (ebenso *Grassmann* 90; *Baronikians* ZUM 1999, 127, 134).

13 **c) Interbibliothekarischer Leihverkehr.** Unzulässig ist der Versand **an andere Bibliotheken** (sog. „elektronischer interbibliothekarischer Leihverkehr") – hier fehlt es an der notwendigen Einzelbestellung eines durch § 53 privilegierten Nutzers.

2. Gegenstand des Kopienversands

14 Gegenstand des nach § 53a zulässigen Kopienversands können **einzelne in Zeitungen oder Zeitschriften erschienene Beiträge** sowie **kleine Teile eines erschienenen Werkes** sein. Die Einbeziehung auch kleiner Teile eines erschienen Werkes stellt eine moderate Erweiterung gegenüber der Rechtsprechung des BGH dar (*Flechsig* ZRP 2006, 145, 147). Die Bestimmung über den sonstigen elektronischen Kopienversand in § 53a Abs. 1 S. 2 trifft keine gesonderte Aussage zu den zulässigen Quellen. Auch hier ist deshalb § 53a Abs. 1 S. 1 maßgeblich.

15 **a) Kleine Teile eines erschienenen Werks.** § 53a enthält keine ausdrückliche Beschränkung auf bestimmte **Werkarten**. Aus der Gesetzessystematik sowie der gemeinschaftsrechtlichen Grundlage der Schranke (dazu o. Rn. 7) und schließlich auch aus dem praktischen Anwendungsbereich ergibt sich aber, dass der Kopienversand in erster Linie bei **Schriftwerken** (§ 2 Abs. 1 Nr. 1) in Betracht kommt. Die Bibliothek muss **nicht Eigentümerin** des Werkexemplars sein, das sie zum Kopienversand nutzt. Sie muss das Werk noch nicht einmal in ihrem eigenen **Bestand** haben (so auch Schricker/Loewenheim/*Loewenheim* § 53a Rn. 5; a. A. Fromm/Nordemann/*Nordemann-Schiffel* § 53a Rn. 8). Das folgt im Umkehrschluss aus den ausdrücklichen Bestimmungen anderer Schranken, die das Eigentum an der Vorlage (z.B. § 53 Abs. 2 Nr. 2) oder die Bestandszugehörigkeit (§ 52b) zur Rechtmäßigkeitsvoraussetzung der Nutzung machen. Die Bibliothek kann daher zur Erweiterung ihres Versandangebots auch auf die **Bestände Dritter** zurückgreifen. Unzulässig ist dagegen der Versand von Kopien an eine andere Bibliothek (s. o. Rn. 13).

16 Mit der Beschränkung auf **kleine Teile** eines Werkes ist der Gesetzgeber in qualitativer und quantitativer Hinsicht dem Vorbild anderer urheberrechtlicher Bestimmungen gefolgt, so dass aufgrund des Bezugs der Bestimmung zu § 53 und der funktionalen Ähnlichkeit zu anderen Schranken (s. z.B. § 52a Rn. 5) der Begriff entsprechend zu verstehen ist; da § 53a eigene Einschränkungen formuliert, finden die Bestimmungen aus § 53 Abs. 2 S. 3 allerdings keine Anwendung (Schricker/Loewenheim/*Loewenheim* § 53a Rn. 4). Es gibt **keine starre Obergrenze**; maßgeblich ist das Verhältnis aller vervielfältigten Teile des Werks zum Umfang des Gesamtwerks (Schricker/Loewenheim/*Loewenheim* § 53a Rn. 4; Dreyer/Kotthoff/Meckel/*Dreyer* § 53a Rn. 10). Auch in Bezug auf § 53a handelt es sich um einen kleinen Teil eines Werkes, wenn er nicht geeignet ist, das Gesamtwerk zu ersetzen.

Für die Frage, ob das Werk **erschienen** ist, ist die Legaldefinition in § 6 maßgeblich; Voraussetzung ist also auch bei § 53a, dass die Vervielfältigungsstücke des Werks mit Zustimmung des Berechtigten der Öffentlichkeit angeboten oder in Verkehr gebracht worden sind (s. im Einzelnen die Kommentierung zu § 6). **17**

b) Beiträge aus Zeitungen und Zeitschriften. Die Begriffe Zeitungen und Zeitschriften werden im Urheberrecht nicht einheitlich verwendet; die Begriffe sind deshalb nach **Sinn und Zweck** der jeweiligen Vorschrift auszulegen (Schricker/Loewenheim/*Melichar* § 49 Rn. 8). Der Begriff entspricht im Kontext von § 53a dem in § 53 Abs. 3 Nr. 1 und § 53 Abs. 2 S. 1 Nr. 4 (s. § 53 Rn. 34; § 48 Rn. 4). Zeitschriften und Zeitungen umfassen sämtliche Publikationen mit einer regelmäßigen periodischen Erscheinungsweise. Auf den Inhalt und die Zielgruppe der Publikation kommt es nicht an. Erfasst sind deshalb sowohl Publikumszeitschriften als auch Fachzeitschriften, Tages- und Wochenzeitungen sowie Illustrierte. **Einzelne Beiträge** sind nur einige wenige Beiträge (s. § 52a Rn. 6f.). **18**

3. Arten des Kopienversands

Der Gesetzgeber hat auch insoweit die Rechtsprechung aufgegriffen und will im Grundsatz zwischen den einzelnen Formen der Übermittlung nicht differenzieren (AmtlBegr. BT-Drucks. 16/1828, 27). **19**

a) Postversand. Post ist untechnisch zu verstehen. Der **Postversand** umfasst alle Formen des Transports körperlicher Werkexemplare an den Besteller. Entscheidend ist, dass der Besteller die Kopie nicht selbst am Ort der Vervielfältigung abholt, sondern sich durch einen Dritten bringen lässt. Die Organisationsform des Versands spielt dabei keine Rolle. Erfasst sind deshalb nicht nur die herkömmliche Post, sondern auch **Botendienste** etc. In jedem Fall muss der Transport durch die Bibliothek erfolgen. Wenn derjenige, der die Kopien in Auftrag gibt, diese durch einen Dritten in der Bibliothek abholen lässt, dann fällt dies nicht in den Anwendungsbereich des § 53a. Darauf, wer die Kosten für den Versand trägt, kommt es nicht an. **20**

b) Faxversand. Der wesentliche Unterschied zwischen Fax- und Postversand besteht darin, dass die erste Kopie beim Versender bleibt. Der **Faxversand** umfasst sämtliche Formen der Telefaxübermittlung. Auch die Sendung per Telefax ist stets auch eine Form der elektronischen Übermittlung. Nunmehr ist aber eindeutig gesetzlich geregelt, dass diese Form der Übermittlung stets zulässig ist. Einen Grenzfall stellt das sog. „**Computerfax**" dar, bei dem das Sende- oder das Empfangsgerät ein Computer ist. Aufgrund der engeren Rechtmäßigkeitsvoraussetzungen des sonstigen elektronischen Versands gegenüber dem Faxversand (nur für Forschung und Unterricht, Rn. 27) ist jedoch eine genaue **Abgrenzung** des Faxversands zu anderen Formen der elektronischen Übermittlung erforderlich. Beim Computerfax wird der herkömmliche Faxversand mit der digitalen Datenverarbeitungstechnik verknüpft, und angesichts der fortschreitenden **Konvergenz der Medien** wird eine eindeutige Unterscheidung der Übertragungsformen hier künftig kaum mehr möglich sein (*Spindler* NJW 2008, 9, 14). Wie die Abgrenzung, die im Hinblick auf die Voraussetzungen der Privilegierung von erheblicher praktischer Bedeutung ist, bewältigt werden kann, ist deshalb offen. Teilweise wird vertreten, das Computerfax sei stets eine Faxübermittlung i. S. v. § 53a (Schricker/Loewenheim/*Loewenheim* § 53a Rn. 14; Fromm/Nordemann/*Nordemann-Schiffel* § 53a Rn. 4); nach anderer Auffassung soll das Computerfax zwar eine elektronische Übermittlung darstellen, die jedoch dem Faxversand zuzuordnen und von der elektronischen Übermittlung „in sonstiger Form" (s. u. Rn. 22) zu unterscheiden ist (Dreier/Schulze/*Dreier* § 53a Rn. 9; a. A. *Sprang/Ackermann* K&R 2008, 7, 9). **21**

22 **c) Übermittlung in sonstiger elektronischer Form.** Nach § 53a ist in bestimmten Grenzen nun ausdrücklich auch die **Übermittlung** der Kopien in sonstiger **elektronischer Form** zulässig, soweit diese **funktional** an die Stelle der Einzelübermittlung in körperlicher Form tritt (AmtlBegr. BT-Drucks. 16/1828, 27). Damit geht der neue § 53a über die Rechtsprechung des Bundesgerichtshofs zum Kopienversand hinaus (s. o. Rn. 1) und beseitigt Unklarheiten, die in der Vergangenheit immer wieder zu Auseinandersetzungen geführt haben und Ausgangspunkt des Rechtsstreits um „Subito" waren (*Sandberger* ZUM 2006, 818, 827). Im Gegensatz zum Kopienversand per Post und Telefax ist die Übermittlung in sonstiger elektronischer Form nur unter den zusätzlichen Voraussetzungen zulässig, die in § 53a Abs. 1 S. 2 und 3 geregelt sind. Diese Voraussetzungen müssen **kumulativ** erfüllt sein (Fromm/Nordemann/*Nordemann-Schiffel* § 53a Rn. 12; Schricker/Loewenheim/ *Loewenheim* § 53a Rn. 15; *Spindler* FS Loewenheim 292).

23 **aa) Begriff und Erscheinungsformen.** Der Gesetzgeber geht davon aus, dass der elektronische Versand insb. den **E-Mail-Versand** umfasst (BT-Drucks. 16/1828, 48). § 53a ist aber **technologieneutral** und gilt auch für andere Formen der Übermittlung, etwa durch **FTP-Service.** Bei dieser Übermittlungsform hinterlegt der Versender das Dokument entweder auf seinem eigenen Server und schickt dem Besteller darüber eine E-Mail mit einem Link, über den er die Kopie abrufen kann **(FTP-passiv)** oder der Versender übermittelt die Datei auf den Server des Bestellers **(FTP-aktiv).** Der Besteller entscheidet dann über den Zeitpunkt, wann er das Dokument abruft und speichert oder ausdruckt. Diese unterschiedlichen Übermittlungsformen sind urheberrechtlich einheitlich zu beurteilen. Ob bzw. in welchem Umfang der Besteller durch eigene Handlungen, etwa durch Abruf von einem Server, an der Zugänglichmachung des Werkes aktiv teilnimmt, spielt keine Rolle (zu den unterschiedlichen Übermittlungsformen eingehend *Grassmann* 47 ff.). Die Einordnung des **Computerfaxes** als elektronische Übermittlung oder als Faxversand ist umstritten (s. o. Rn. 21).

24 Unzutreffend ist die Auffassung, E-Mail-Versand und FTP-Angebote seien gar keine elektronischen, sondern ausschließlich **analoge Nutzungen** (so LG München I BeckRS 2006, 01166 – Subito; *Gausling* MMR 2007, 529). Richtig ist zwar, dass beim Faxversand der Versender nicht weiß, ob die von ihm auf herkömmlichem Weg verschickte Kopie beim Empfänger als digitales Fax ankommt. Bei dieser Technik ist eine trennscharfe Abgrenzung von analoger und elektronischer Übermittlung deshalb schwierig. Daraus kann aber nicht der Schluss gezogen werden, auch der E-Mail-Versand sei letztlich eine analoge Übertragung. Und darauf, dass die Nutzung der elektronisch übermittelten Kopie im Ergebnis eine analoge ist, weil die Kopie beim Ausdruck der Grafikdatei wieder zu einer **Papierkopie** wird, spielt für die Frage der Übermittlung gerade keine Rolle. Denn diese analoge Nutzung ist zwar denkbar und vielleicht auch nahe liegend, aber eben nicht zwingend (so i. E. auch OLG München MMR 2007, 525, 528 – Elektronischer Kopienversand).

25 **bb) Nur als grafische Datei.** Die sonstige elektronische Übermittlung ist nur als **grafische Datei** zulässig. Damit lässt § 53a nur diejenige elektronische Form der Übermittlung zu, die der Bundesgerichtshof bereits in seinem Urteil zum elektronischen Pressespiegel als ein **Substitut** der klassischen Übermittlung bezeichnet und anerkannt hat (BGH GRUR 2002, 963, 966 – Elektronischer Pressespiegel). Dass auch § 53a lediglich den Versand in körperlicher Form ersetzt und im Kern **keine weitergehenden** elektronischen **Nutzungsmöglichkeiten** eröffnen soll, entspricht der ausdrücklichen Intention des Gesetzgebers (BT-Drucks. 16/1828, 27). Grafische Dateien sind Formate, bei denen eine Volltextrecherche im Dokument nicht vorgenommen werden kann, weil das Dokument als Bild bzw. als **Faksimile** wiedergegeben wird, und die deshalb im Ergebnis nur auf analoge Weise (durch Ausdruck oder Betrachtung am Bildschirm) nutzbar sind (Schricker/ Loewenheim/*Loewenheim* § 53a Rn. 16; Fromm/Nordemann/*Nordemann-Schiffel* § 53a Rn. 13; Dreyer/Kotthoff/Meckel/*Dreyer* § 53a Rn. 15; weitere Einzelheiten zum Begriff der graphischen Datei bei Dreier/Schulze/*Dreier* § 49 Rn. 20). Mit dieser Beschränkung wollte der Gesetzgeber sicherstellen, dass mit der elektronischen Übermittlung keine zusätzlichen, die Belange der Urheber und der Verlage beeinträchtigende Nutzungs- und Missbrauchsmöglichkeiten verbunden sind. Zutreffend geht der Gesetzgeber davon aus, dass ein unbeschränkter elektronischer Kopienversand in beliebigen Dateiformaten die legitimen Interessen der Verlage an einer eigenen elektronischen Primärverwertung beeinträchtigen würden und dass diese Beeinträchtigung mit den Kriterien des Drei-Stufen-Tests nicht zu vereinbaren wäre (BT-Drucks. 16/1828, 27).

Maßgebliches Kriterium zur Abgrenzung grafischer Dateien von sonstigen Dateien ist **26** die Möglichkeit zur **Volltextrecherche** (BGH GRUR 2002, 963, 967 – Elektronischer Pressespiegel). Diese Abgrenzung wird aufgrund des technischen Fortschritts indes schwieriger (*Spindler* NJW 2008, 9, 14; mit Beispielen: *Hoeren* GRUR 2002, 1022, 1026 ff.). Mit Hilfe geeigneter **Software** („Optical Character Recognition" – OCR) können auch Texte in Bilddateien ausgewertet werden. Unter dem Aspekt der reinen **Texterkennung** wird die vom BGH entwickelte Beschränkung auf grafische Dateien daher an Bedeutung verlieren. Was bleibt, ist allerdings die in ihr ausgedrückte grundsätzliche Wertentscheidung des Gesetzgebers, dass der digitale Kopienversand die originäre Werkverwertung nicht behindern soll und dass das Werk nicht als vollelektronische Datei verschickt werden darf.

cc) Zur Veranschaulichung des Unterrichts und für Zwecke der wissenschaft- **27** **lichen Forschung.** Diese engere Zweckbestimmung des sonstigen elektronischen Kopienversands ist nachträglich vom Rechtsausschuss vorgenommen worden. Die Formulierung entspricht dem Wortlaut von Art. 5 Abs. 3 lit. a der Multimedia-Richtlinie und soll die nichtrichtlinienkonforme Ausgestaltung von § 53a sicherstellen (BT-Drucks. 16/5939, 45). Die Begriffe der wissenschaftlichen Forschung und des Unterrichts sind im Lichte der Multimedia-Richtlinie auszulegen (Art. 5 Abs. 3 lit. a) und entsprechen deshalb den gleich lautenden Tatbestandsmerkmalen in § 52a Abs. 1 Nr. 2 (Schricker/Loewenheim/*Loewenheim* § 53a Rn. 17; Dreyer/Kotthoff/Meckel/*Dreyer* § 53a Rn. 16; zu Einzelheiten s. § 52a Rn. 8 ff.). Der Begriff der wissenschaftlichen Forschung ist deshalb enger als der Begriff des eigenen wissenschaftlichen Gebrauchs i. S. v. § 53 (Dreyer/Kotthoff/Meckel/*Dreyer* § 53a Rn. 16). Einen Unterschied weist § 53a jedoch zu § 52a und der Multimedia-Richtlinie auf, indem er die Veranschaulichung **des** Unterrichts gestattet und nicht lediglich **im** Unterricht. Ob es sich dabei um eine redaktionelle Nachlässigkeit des Gesetzgebers handelt, ist nicht bekannt. Die Formulierung stellt im Ergebnis aber klar, dass die Verwendung der Kopie auch außerhalb der eigentlichen Unterrichtszeit, also im Rahmen der Vor- und Nachbereitung, verwendet werden kann. Das ist auch sachgerecht.

dd) Soweit die Übermittlung zur Verfolgung nicht gewerblicher Zwecke ge- **28** **rechtfertigt ist.** Der Unterricht oder die Forschung, in dessen Rahmen die Kopie angefordert wird, darf nicht der **Gewinnerzielung** dienen, wobei bloße Kostenerstattungen und Aufwandsentschädigungen nicht kommerziellen Zwecken nicht entgegenstehen (Fromm/Nordemann/*Nordemann-Schiffel* § 53a Rn. 14). Es kommt in Bezug auf die Frage der Gewinnerzielung nicht auf die organisatorische Struktur und die Finanzierung der betreffenden Einrichtung an, sondern auf die Forschungstätigkeit als solche (vgl. Erwägungsgrund 42 der Multimedia-Richtlinie). Auch die bezahlte Auftragsforschung oder „**Drittmittelforschung**" öffentlicher Einrichtungen sind daher nicht privilegiert (*Hoeren* MMR 2007, 617, 618; Schricker/Schricker/*Loewenheim* § 53a Rn. 18; a. A. Dreyer/Kotthoff/Meckel/*Dreyer* § 53a Rn. 17). Der Kopienversand muss für nicht gewerbliche Zwecke **gerechtfertigt** sein. Diese Formulierung entspricht dem Wortlaut des der Vorschrift zugrunde liegenden Art. 5 Abs. 3 lit. a) der Multimedia-Richtlinie (BT-Drucks. 16/5939, 45). Wann die Übermittlung einer Kopie gerechtfertigt ist, erläutern die Gesetzesmaterialien nicht. § 53 Abs. 2 Nr. 1 setzt voraus, dass eine Vervielfältigung zu den dort genannten Zwecken „geboten" ist. Die Formulierung in § 53a meint dasselbe (Schricker/Loewenheim/*Loewenheim*

§ 53a Rn. 19). Nicht erforderlich ist deshalb, dass die Kopien für die privilegierten Zwecke tatsächlich benötigt werden.

4. Vorrang vertraglicher Angebote

29 Die Vervielfältigung und Übermittlung in sonstiger elektronischer Form ist außerdem nur dann zulässig, wenn der Zugang zu Werken oder Beiträgen den Mitgliedern der Öffentlichkeit nicht offensichtlich von Orten und zu Zeiten ihrer Wahl mittels einer vertraglichen Vereinbarung zu angemessenen Bedingungen ermöglicht wird. Diese Voraussetzung muss stets **zusätzlich** zu den übrigen Voraussetzungen erfüllt sein, unter denen die sonstige elektronische Übermittlung zulässig ist (Schricker/Loewenheim/*Loewenheim* § 53a Rn. 20; Fromm/Nordemann/*Nordemann-Schiffel* § 53a Rn. 16). Der Vorrang gilt nur für die elektronische Übermittlung. Der Kopienversand **per Post oder Fax** ist auch bei Online-Angeboten des Rechtsinhabers **stets zulässig**. Die elektronische Übermittlung durch Computerfax (s. o. Rn. 21) steht nur dann unter dem Vorbehalt, sofern das Computerfax eine elektronische Übermittlung darstellt (s. o. Rn. 21); der herkömmliche Faxversand ist stets zulässig.

30 **a) Vertragliche Online-Angebote.** § 53a räumt Online-Angeboten der Verlage unter bestimmten Voraussetzungen den Vorrang ein vor der Zulässigkeit des zustimmungsfreien elektronischen Kopienversands. Der Nutzer muss in der Lage sein, den gewünschten Beitrag oder den Werkteil durch **Vertrag** von Orten und zu Zeiten seiner Wahl, also im Wege der **öffentlichen Zugänglichmachung** (§ 19a), in **elektronischer Form** vom Rechtsinhaber zu beziehen. Für die Vorrangwirkung kommt es also auf die bloße **Möglichkeit** des Abschlusses eines Vertrags zu angemessenen Bedingungen an. Die Vorrangwirkung tritt – anders als z. B. bei § 52b – nicht erst dann ein, wenn tatsächlich eine vertragliche Regelung besteht (Dreier/Schulze/*Dreier* § 53a Rn. 15; Dreyer/Kotthoff/Meckel/*Dreyer* § 53a Rn. 18; *Pflüger/Heeg* ZUM 2008; 649, 653).

31 Da die Subsidiaritätsklausel nur bei Angeboten durch öffentliche Zugänglichmachung (§ 19a) eingreift, sind digitale Verlagsangebote auf körperlichen **Datenträgern** (CD-ROM, DVD usw.) unbeachtlich. Wird das Werk in digitalisierter Form auf Speichermedien angeboten, bleibt der Versand elektronischer Kopien gem. § 53a daher gleichwohl zulässig, sofern diese Kopien im Übrigen die Voraussetzungen von § 53a erfüllen.

32 **b) Offensichtlichkeit des Angebots.** Der Beitrag muss ferner offensichtlich erhältlich sein. Die Beschränkung der Vorrangklausel auf offensichtliche Angebote hat der Rechtsausschuss am Ende seiner Beratungen eingefügt. Der Gesetzgeber hat damit eine Sorge der Bibliotheken aufgegriffen und wollte sie vor übermäßigen **Rechercheverpflichtungen** bewahren. Nach Auffassung des Gesetzgebers ist ein Angebot jedenfalls dann offensichtlich, wenn es in einer **Datenbank** aufgeführt ist, die von den Bibliotheken und Verlagen aufgrund einer Vereinbarung zentral administriert wird (BT-Drucks. 16/5939, 45). Eine solche Datenbank steht mit der Elektronischen Zeitschriftenbibliothek der Universität Regensburg (EZB) inzwischen zur Verfügung, so dass das Merkmal der Offensichtlichkeit in der Praxis überwiegend keine größeren Probleme bereiten dürfte. Der Deutsche Bibliotheksverband und der Börsenverein des Deutschen Buchhandels haben vereinbart, dass ein Angebot im Sinne von § 52b offensichtlich ist, wenn es in der EZB registriert ist. Im Hinblick auf die umfassenden und allgemeinzugänglichen Recherchemöglichkeiten im Internet dürfen die Anforderungen an die Offensichtlichkeit eines Angebots nicht überspannt werden. Die erforderlichen Informationen werden in der Regel ohne weiteres auch über normale **Suchmaschinen** bzw. bei großen Verlagen über deren eigene Internetseiten zugänglich sein (so auch Fromm/Nordemann/*Nordemann-Schiffel* § 53a Rn. 17), so dass Angebote nur im Ausnahmefall i. S. v. § 53a nicht „offensichtlich" sein werden. Das dürfte v. a. für Angebote ausländischer Verlage zutreffen. Soweit im Ein-

zelfall eine Bewertung erforderlich ist, ist das Offensichtlichkeitsmerkmal **objektiv** auszulegen. Auf die individuellen Recherchemöglichkeiten der jeweiligen Bibliothek und ihrer Mitarbeiter kommt es nicht an.

c) Zu angemessenen Bedingungen. Das Verlagsangebot genießt schließlich nur dann 33 Vorrang, wenn es zu angemessenen Bedingungen erhältlich ist. Diese Einschränkung war zunächst nur in der Begründung des Gesetzentwurfs enthalten und sollte lediglich der Klarstellung dienen. Nach Auffassung der Bundesregierung sollten es sich um berechtigte Interessen der Verlage im Sinne des Drei-Stufen-Tests, der eine Rücksichtnahme auf diese Interessen rechtlich gebietet, nur dann handeln, wenn das Angebot angemessen ist (BT-Drucks. 16/1828, 48). Im Zuge der Verhandlungen hat der Rechtsausschuss das Kriterium der Angemessenheit in den Tatbestand aufgenommen und hat damit auch die Kompromisslinie berücksichtigt, auf die sich Verlage und Bibliotheken im Verlauf der Debatte um den „Zweiten Korb" verständigt hatten.

Das Kriterium der angemessenen Bedingungen ist **wirtschaftlich** zu verstehen; der für 34 das Angebot erhobene Preis muss kostendeckend sein und eine angemessene Vergütung enthalten (BT-Drucks. 16/1356, 5). Die angemessenen Bedingungen sind also nicht zu verwechseln mit dem im Urheberrecht vielfach verwendeten Begriff der angemessenen Vergütung. Während im Kontext des Postulats der angemessenen Vergütung gefragt wird, ob das Entgelt, welches der Urheber bekommt, zu niedrig ist, und eine Angemessenheitskontrolle am unteren Rand stattfindet, geht es im Rahmen von § 53a um das Gegenteil, nämlich um eine (vermeintlich) überhöhte Vergütung. Zudem ist Ausgangspunkt nicht ein urheberrechtlich geschütztes Werk, sondern ein Verlagsprodukt, das eine Vielzahl zusätzlicher Elemente enthalten kann. Die Überprüfung der Bedingungen auf ihre Angemessenheit muss also umfassend die unternehmerische Leistung des Unternehmers würdigen und darf die grundsätzliche **Freiheit des Unternehmers** bei der Zusammenstellung seines Produkts und der Preisbildung im Kern nicht in Frage stellen. Wie in anderen Zusammenhängen wird zwar auch hier als vorrangiger Maßstab auf die redliche Branchenübung abzustellen sein. Andernfalls liefe das Gebot der Angemessenheit in § 53a auf eine unzulässige urheberrechtliche **Preis- und Konditionenkontrolle** hinaus. Eine unmittelbare Anwendung von § 32 ist im Hinblick auf den Schutzzweck dieser Norm aber falsch (so aber BT-Drucks. 16/5939, 45).

Angemessene Bedingungen sind mehr als der Preis. Sie umfassen alle relevanten 35 Komponenten des Angebots. Zu den angemessenen Bedingungen gehört auch die Gewährleistung eines dauerhaften, zuverlässigen **Werkzugangs**. Außerdem soll die Preisgestaltung insb. auch im Hinblick daraufhin zu überprüfen sein, dass dem Nutzer ein angemessener Zugang nur zu den von ihm gewünschten Werken ermöglicht wird, ohne dass er zugleich auch nicht benötigte Beiträge **im Paket** oder ein **Abonnement** erwerben muss (BT-Drucks. 16/1365, 5; BT-Drucks. 16/5939, 45; Dreier/Schulze/*Dreier* § 53a Rn. 15; Fromm/Nordemann/*Nordemann-Schiffel* § 53a Rn. 16; Schricker/Loewenheim/*Loewenheim* § 53a Rn. 22; Dreyer/Kotthoff/Meckel/*Dreyer* § 53a Rn. 19). Im Ergebnis werden unter die Vorrangbestimmung daher nur werkbezogene Angebote im Sinne eines echten **pay-per-view** fallen.

Die Beschränkung auf Produkte, die zu angemessenen Bedingungen erhältlich sind, ist 36 mit den **Grundsätzen des Urheberrechts** im Grunde kaum zu vereinbaren. Sie ist das Ergebnis des politischen Ringens um einen Kompromiss zwischen Verlagen und Bibliotheken. Wie die Angemessenheit in der Praxis ermittelt werden soll, ist unklar. Zu beachten ist in jedem Fall, dass das Urheberrecht nicht kartellrechtlichen Zielen dient. Sofern einzelne Verlage eine dominante Stellung haben und diese bei ihrer Angebotsgestaltung missbräuchlich ausnutzen, ist dies allein eine Frage des Kartellrechts. Eine Beschränkung (angeblicher) Marktmacht mit Hilfe das Urheberrechts kommt nicht in Betracht (in diesem Sinne auch: *Czychowski* GRUR 2008, 586, 589; *Sprang/Ackermann* K&R 2008, 7, 9; a. A. *Hilty* GRUR 2006, 179, 186).

37 d) **Zweck der Vorrangregelung.** Mit dieser **Subsidiaritätsklausel** wollte der Gesetzgeber sicherstellen, dass § 53a nicht auf unverhältnismäßige Weise die eigenständige **Vermarktung** der Werke im Onlinebereich durch die Urheber und Rechtsinhaber beeinträchtigt; das ausgewogene Verhältnis zwischen den berechtigten Interessen der Urheber und Rechtsinhaber auf der einen Seite und denjenigen der Allgemeinheit auf der anderen Seite geriete für das digitale Umfeld in Gefahr, wenn den Bibliotheken eine Versendung in sonstiger elektronischer Form ohne jede Beschränkung gestattet würde (BT-Drucks. 16/1828, 27). Diese Beschränkung gehörte zu den umstrittensten Punkten des Zweiten Korbs und ist in den abschließenden Beratungen des Rechtsausschusses zugunsten der Nutzer relativiert worden. Von Vertretern der Wissenschafts- und Forschungsorganisationen und Teilen der Literatur ist die Beschränkung als unverhältnismäßige Belastung der Nutzer kritisiert worden (vgl. *Hilty* 183 ff.; *Sandberger* ZUM 2006, 818, 827). Diese Kritik ist unbegründet. Der Vorrang der Verlagsangebote ist eine sachgerechte Beschränkung, um den Verlagen die Chance zu geben, die gewünschte Literaturversorgung in den elektronischen Medien zu Marktbedingungen selbst zu organisieren (in diesem Sinne z. B. auch *Peifer* GRUR 2009, 22, 25).

38 Der Vorrang von Verlagsangeboten ist **kein Verbotsrecht,** von dem der Rechtsinhaber aktiv Gebrauch machen muss (so aber *Gausling* MMR 2007, 529, 530), sondern im Sinne einer „**Schranken-Schranke**" wird die zustimmungsfreie Zulässigkeit des elektronischen Kopienversands unmittelbar durch die bloße Existenz des Verlagsangebots beschränkt.

39 Die **Multimedia-Richtlinie** schreibt jedoch ausdrücklich vor, dass die für den Interessenausgleich zwischen Rechtsinhabern und Nutzern gebotenen Mindestnutzungsrechte in der digitalen Welt anders auszugestalten sind als in der analogen Welt (vgl. Erwägungsgrund 31). Ihre Konkretisierung erfahren die gemeinschaftsrechtlichen Vorgaben im sog. **Drei-Stufen-Tests** (Art. 5 Abs. 5 Multimedia-Richtlinie, ausführlich dazu § 44a Rn. 22).

40 Das Bedürfnis nach einer Rücksichtnahme auf die ungestörte Primärverwertung durch den Verlag ergibt sich aus dem sog. **Drei-Stufen-Test** nach Art. 5 Abs. 5 der Multimedia-Richtlinie, der eine verbindliche Gestaltungsanordnung für den Gesetzgeber bedeutet und gegen den ein unbegrenzter elektronischer Kopienversand verstoßen würde (BT-Drucks. 16/1828, 27). Darauf, dass dieses schutzwürdige Interesse der Verlage im Rahmen der urheberrechtlichen Schranken zu berücksichtigen ist, hat auch der BGH hingewiesen (BGH GRUR 2002, 963, 966 – Elektronischer Pressespiegel).

5. Zulässige Nutzungshandlungen

41 Unter der Voraussetzung, dass die Vervielfältigung durch den Besteller nach § 53 zulässig ist (s. o. Rn. 6), gestattet § 53a die **Vervielfältigung** geschützter Werke und die **Übermittlung** dieser Kopien durch den Besteller.

42 a) **Vervielfältigung.** Die Bibliothek darf die für den Kopienversand erforderlichen Vervielfältigungen herstellen (wegen der Einzelheiten s. die Kommentierung zu § 16), insb. auch mittels digitaler Technik (§ 16 Rn. 3, 13; Schricker/Loewenheim/*Loewenheim* § 16 Rn. 17; Dreier/Schulze/*Schulze* § 16 Rn. 7). Beim klassischen Postversand erzeugt die Bibliothek lediglich ein Duplikat, das sie direkt an den Besteller versendet. Bei den anderen Varianten des Kopienversandes werden in Abhängigkeit von der eingesetzten Übermittlungstechnik jedoch **mehrere Vervielfältigungen** angefertigt. Bereits beim **Faxversand** werden mindestens zwei Vervielfältigungsstücke hergestellt; eine Kopie benötigt die Bibliothek als Übermittlungsvorlage, eine weitere Kopie wird auf dem Empfangsgerät des Bestellers erzeugt, ggf. fallen weitere Kopien an, z. B. im Arbeitsspeicher des Geräts. Beim elektronischen Kopienversand werden beim Versand und beim Abruf ebenfalls mehrere Kopien erzeugt. § 53a gestattet **alle** für den Kopienversand **notwendigen Vervielfältigungen** (Dreier/Schulze/*Dreier* § 53a Rn. 3).

43 Die beim **sonstigen elektronischen Versand** erzeugten Kopien werden weder auf Papier noch einem ähnlichen Träger mittels beliebiger photomechanischer Verfahren oder anderer Verfahren mit ähnlicher Wirkung, sondern auf elektronische Weise vorgenommen (OLG München MMR 2007, 525, 528 – Elektronischer Kopienversand; a. A. *Wandtke/ Grassmann* ZUM 2006, 889, 893). Das ist auch dann der Fall, wenn die Bibliothek eine grafische Datei übermittelt, die am Ende des Versands vom Besteller ausgedruckt und in ein analoges Format zurückgeführt wird.

Die Zulässigkeit der Herstellung durch die Kopie durch die Bibliothek ergibt sich unmittelbar und abschließend aus § 53a. Es handelt sich hierbei um einen besonders geregelten Fall der **Herstellung** von Kopien **durch einen Dritten** (Dreier/Schulze/*Dreier* § 53a Rn. 6). **44**

b) Übermittlung. § 53a gestattet auch die Übermittlung der Kopie. Dieses Tatbestandsmerkmal ist im Grunde ohne eigenständige Bedeutung, denn die Übermittlung der Kopie per Post, per Fax oder mittels elektronischer Datenübertragung ist ohne urheberrechtliche Relevanz. In seiner Entscheidung zum Kopienversand hat der BGH auch in Bezug auf den elektronischen Faxversand ausdrücklich festgestellt, dass es sich hierbei um einen **unkörperlichen Verwertungsvorgang** handelt, der als Form der Individualkommunikation nicht in ein Verwertungsrecht eingreift. Insb. tangiert der Versand nicht das **Verbreitungsrecht** (BGH GRUR 1999, 707, 711 – Kopienversanddienst; *Grassmann* 61; Dreier/Schulze/*Dreier* § 53a Rn. 4; Schricker/Loewenheim/*Loewenheim* § 53a Rn. 13; a. A. *Baronikians* ZUM 1999, 126, 132 und Dreyer/Kotthoff/Meckel/*Dreyer* § 53a Rn. 21), denn die Herstellung der Kopie durch die Bibliothek sei in urheberrechtlicher Hinsicht unmittelbar dem Besteller zuzurechnen. Die elektronische Übermittlung ist **keine öffentliche Zugänglichmachung** i. S. v. § 19a (Schricker/Loewenheim/*Loewenheim* § 53a Rn. 13; Dreier/Schulze/*Dreier* § 53a Rn. 5; a. A. *Schulze*, ZUM 2008, 836, 843, der einzelfallbezogen davon ausgeht, dass der E-Mail-Versand eine Form der öffentlichen Wiedergabe sein kann, die zumindest einem unbenannten Verwertungsrecht unterfällt); das Recht der öffentlichen Zugänglichmachung wird durch § 53a daher nicht eingeschränkt (s. u. Rn. 49). Nachdem der RefE des Bundesjustizministeriums aus dem Jahr 2004 noch von Verbreitung sprach (zur Debatte um den Zweiten Korb in der 15. Legislaturperiode: *Jani* UFITA 2006/II, 511, 522 ff.), hat der Gesetzgeber diese zutreffende Wertung des BGH aufgegriffen. Er hat einem Vorschlag der Deutschen Vereinigung für gewerblichen Rechtsschutz und Urheberrecht (*Kunz-Hallstein/Loschelder* GRUR 2005, 743, 744 f.) den Begriff der „Übermittlung" der Kopie in den Tatbestand von § 53a aufgenommen, um auf diese Weise einen Anknüpfungspunkt für die Vergütung beim Kopienversand **aus dem Ausland** zu schaffen (BT-Drucks. 16/1828, 28, s. dazu unten Rn. 57). **45**

c) Auf Einzelbestellung. In Anlehnung an das Urteil des BGH (BGH GRUR 1999, 707 – Kopienversanddienst) darf der Kopienversand nur auf **Einzelbestellung** erfolgen. Das bedeutet, jede Kopie muss aufgrund einer **ausdrücklichen Anforderung** des Nutzers hergestellt und übermittelt werden, die auch eine genaue Auswahl und Bezeichnung des Werkes enthält, das vervielfältigt werden soll (Dreyer/Kotthoff/Meckel/*Dreyer* § 53a Rn. 8). Die Auswahl des Werkes darf nicht der Bibliothek überlassen bleiben. Es reicht nicht, dass der nach § 53 Berechtigte gegenüber der privilegierten Einrichtung einmal erklärt, Kopien zu einem bestimmten Thema etc. beziehen zu wollen. Für jede einzelne Kopie ist jeweils erneut eine **konkrete Auftragserteilung** notwendig. Andernfalls würden auch die Versendung von Massen-E-Mails und andere mit technischen Mitteln erzeugten Sendungen unter § 53a fallen. Genau dies wäre mit den Vorgaben der Multimedia-Richtlinie und den Intentionen des Gesetzgebers (vgl. BT-Dr. 16/1828, 27) jedoch nicht zu vereinbaren. Von § 53a nicht gedeckt sind daher **Abonnentendienste,** bei denen die Bibliothek dem Besteller aufgrund eines einmaligen Auftrags automatisch Kopien von Artikeln zu einem bestimmten Sachgebiet schickt (Schricker/Loewenheim/*Loewenheim* § 53a Rn. 8). **46**

Aus dem Gebot der Einzelbestellung, das den individuellen Charakter der bibliothekarischen Dienstleistung betont, folgt auch, dass die Bibliothek **Kopiervorlagen** nicht archi- **47** vieren darf (s. Rn. 51). Beim Postversand erzeugt die Bibliothek ein Vervielfältigungsstück, das dem Besteller zugeschickt wird. Bei den anderen heute viel wichtigeren Übermittlungsformen werden aus technischen Gründen dagegen stets mindestens **zwei Kopien** hergestellt. Die erste Kopie verbleibt nach Übermittlung als Faxvorlage oder als elektronische Datei bei der Bibliothek.

48   d) **Entgeltlichkeit des Versands.** Sowohl für den Versand von Vervielfältigungen auf Papier als auch für den elektronischen Kopienversand darf die Bibliothek eine Vergütung verlangen, die über die reine Erstattung von Unkosten hinausgeht. Eine Beschränkung, wonach der Kopienversand nur als unentgeltliche Leistung erbracht werden darf, enthält § 53a nicht.

6. Unzulässige Nutzungshandlungen

49   a) **Keine öffentliche Zugänglichmachung.** Beim Kopienversand werden die Werkexemplare nicht i. S. v. § 19a öffentlich zugänglich gemacht (OLG München MMR 2007, 525, 529 – Elektronischer Kopienversand; *Grassmann* ZUM 2007, 641, 642). Das gilt insb. für die Übermittlung der Kopien per **E-Mail** (*Grassmann* 69, vgl. § 19a Rn. 27). Bei der öffentlichen Zugänglichmachung muss die Werkwiedergabe für eine Mehrzahl von Mitgliedern der Öffentlichkeit bestimmt sein (dazu § 19a Rn. 6 m. w. N.). Das ist beim Kopienversand nicht der Fall. Sowohl bei einem Versand per E-Mail als auch bei anderen elektronischen Übermittlungsformen ist die Kopie nur für den Besteller bestimmt und auch nur von diesem abruf- bzw. empfangbar (vgl. § 19a Rn. 31). § 53a ist deshalb **keine Schranke des Rechts der öffentlichen Zugänglichmachung** aus § 19a (BT-Drucks. 16/1828, 27; Schricker/Loewenheim/*Loewenheim* § 53a Rn. 13; Dreier/Schulze/*Dreier* § 53a Rn. 5). Die Bibliotheken dürfen den Kopienversand deshalb nicht zu einem Angebot entwickeln, das eine öffentliche Zugänglichmachung darstellt. Z. B. könnte die Bibliothek die Dateien einmal bestellter Artikel auf einem **zentralen Server** dauerhaft speichern und bei nachfolgenden Bestellungen dem Besteller jeweils nur ein individuelles Passwort übermitteln, das ihm den Zugriff auf den hinterlegten Artikel erlaubt. Abgesehen davon, dass die dauerhafte Speicherung der Vorlagen bereits ein Verstoß gegen das Kriterium der Einzelbestellung ist (s. o. Rn. 39), würde diese Form der Übermittlung eine öffentliche Zugänglichmachung darstellen und damit die gesetzlichen Befugnisse aus § 53a überschreiten. Weder ein **Passwortschutz** noch die zeitlich gestaffelte Nutzung der Dateien durch einzelne Nutzer schließt die Erfüllung des Tatbestands von § 19a aus, da es bei der öffentlichen Zugänglichmachung allein auf das Angebot an die Öffentlichkeit und nicht auf den tatsächlichen Abruf ankommt (§ 19a Rn. 10; a. A. *Grassmann* 71). Ein Dokumentenangebot mittels öffentlicher Zugänglichmachung würde auf unverhältnismäßige Weise in die berechtigten Interessen der Verlage an einer eigenen elektronischen Primärverwertung eingreifen und deshalb gegen den Drei-Stufen-Test verstoßen (BT-Drucks. 16/1928, 27).

50   b) **Keine Zusatzleistungen der Bibliothek.** Der Kopienversanddienst darf im Lichte der allgemeinen urheberrechtlichen Grundsätze zur Ausübung von Schranken durch Dritte nicht mit zusätzlichen Dienstleistungen kombiniert werden. Das gilt insb. für **Recherchedienste.** Wer eine Vervielfältigung bei einer Bibliothek bestellt, muss die **Auswahl** über das zu kopierende Werk stets selbst treffen (BGH GRUR 1997, 249, 462 – CB-Infobank I; BGH GRUR 1997, 1997, 464, 466 – BGH Infobank II, BGH GRUR 1999, 707, 709 – Kopienversanddienst). Mit § 53a und mit § 53 Abs. 2 zu vereinbaren ist, wenn die Bibliothek dem Nutzer für seine Recherche einen elektronischen **Online-Katalog** (OPAC) zur Verfügung stellt und der Nutzer auch außerhalb der Räume der Bibliothek seine Kopienbestellung unmittelbar aus diesem Katalog heraus vornehmen kann (so zu bisherigen Rechtslage BGH GRUR 1999, 707, 709 – Kopienversand).

c) Keine Archivierung der Kopiervorlagen. Sowohl zur Übermittlung einer Faxkopie als auch beim elektronischen Versand muss die Bibliothek i. d. R. zuvor eine (digitale) Vervielfältigung als Kopiervorlage erstellen. Die Bibliothek darf auch diese Vervielfältigung anfertigen, weil es sich hierbei um die Kopie für einen Dritten handelt. Wenn die Bibliothek die elektronische Kopie oder das Fax bestellungsgemäß versandt hat, muss sie die **Vorlage** jedoch umgehend **vernichten** bzw. löschen. Andernfalls entstünden beim Kopienversand aus technischen Gründen stets zwei Kopien, von der eine bei der Bibliothek verbleibt. Insb. bei häufig nachgefragten Titeln wäre es zwar zweckmäßig, wenn die Bibliothek einen Bestand von Vorlagen zur Mehrfachverwendung vorhielte, um nicht für jede Bestellung eine neue Vorlage anfertigen zu müssen. Eine solche Vorratsspeicherung würde jedoch auf eine (elektronische) **Archivierung** hinauslaufen, die in § 53a keine Rechtsgrundlage hat (Schricker/Loewenheim/*Loewenheim* § 53a Rn. 11; *Grassmann* 31 f.; a. A. Dreier/Schulze/*Dreier* § 53a Rn. 3). Eine Archivierung eigener Bestände ist zustimmungsfrei nur in den Grenzen des § 53 Abs. 2 Nr. 2 zulässig, also zweckgebunden für die reine Bestandssicherung. Eine weitergehende Verwendung des Archivs, z. B. als Grundlage für elektronischen Kopienversand, ginge über die von der Schranke privilegierte Handlung hinaus (s. § 53 Rn. 30).

Dass die Archivierung von § 53a nicht gedeckt wäre, ergibt sich auch aus dem Erfordernis der **Einzelbestellung** der Vervielfältigung (s. o. Rn. 46).

III. Angemessene Vergütung (Abs. 2)

1. Allgemeines

Der Urheber hat für die nach Abs. 1 erstellten und übermittelten Vervielfältigungen gegen die Bibliothek einen Anspruch auf **angemessene Vergütung.** Der Vergütungsanspruch trägt dem allgemeinen Prinzip Rechnung, dass der Urheber angemessen an dem wirtschaftlichen Nutzen zu beteiligen ist, der aus seinem Werk gezogen wird (dazu ausführlich § 11 Rn. 3; Vor §§ 31 ff. Rn. 1; *Jani* 113 ff. m. w. N.). Auch die **Multimedia-Richtlinie** schreibt vor, dass den Rechtsinhabern für die Beschränkung ihres Ausschließlichkeitsrechts ein gerechter Ausgleich zu gewähren ist (Art. 5 Abs. 2 lit. a).

Auch der **Bundesgerichtshof** hatte in seinem Urteil zur Zulässigkeit des Kopienversands in rechtsanaloger Anwendung der §§ 27 Abs. 2 und 3, 49 Abs. 1, 54a Abs. 2 i. V. m. § 54h Abs. 1 einen gesonderten Vergütungsanspruch der Urheber für den Kopienversand anerkannt. Er hatte dabei den Anforderungen des Art. 9 RBÜ, der Art. 9 und 13 des TRIPs-Übereinkommens, der Eigentumsgarantie des Art. 14 GG, sowie dem im gesamten Urheberrecht zu beachtenden Vergütungsgrundsatz Rechnung tragen wollen (BGH GRUR 1999, 707, 712 – Kopienversanddienst). Diese **Rechtsfortbildung** des Bundesgerichtshofs fand zwar im Ergebnis weitgehend Zustimmung. Dogmatisch war sie von vielen jedoch als zu weitgehend kritisiert worden (*Schack* Rn. 448a; *Grassmann* 137), und auch der BGH selbst hatte die Erwartung geäußert, dass der Gesetzgeber hier eine ausdrückliche Regelung schaffen werde (BGH GRUR 1999, 707, 714 – Kopienversanddienst). Mit § 53a Abs. 2 wird dieser vom Bundesgerichtshof geschaffene Anspruch auf ein gesetzliches Fundament gestellt (Amtl. Begr. BT-Drucks. 16/1828, 28).

Soweit die Inanspruchnahme einer urheberrechtlichen Schranke vergütungspflichtig ist, trifft die Pflicht zur Vergütung grds. denjenigen, der von dieser Schranke begünstigt wird, weil er den Vorteil hat, der sich aus der Beschränkung der urheberrechtlichen Ausschließlichkeitsrechte ergibt. Im Fall des § 53a ist davon abweichend **Schuldner** des Anspruchs nicht der Besteller der Kopie, sondern **die Bibliothek** als Gehilfe des Begünstigten (Schricker/Loewenheim/*Loewenheim* § 53a Rn. 25). Hier besteht eine Parallele zur Abgabenpflicht des Betreibers von Vervielfältigungsgeräten gem. § 54c. Das ist nicht nur aus praktischen Gründen sachgerecht, weil sie die relevante Nutzung für den Besteller vornimmt. Es ist auch insofern geboten, als die versendende Bibliothek i.d.R. ein **eigenes Interesse** an ihrem Versandangebot hat. Die Bibliothek kann die Vergütung im Rahmen ihrer Gebührenordnung von dem Besteller der Kopien ersetzt verlangen. Die Bibliothek muss die Vergütung werkbezogen abrechnen. Nur dann ist gewährleistet, dass die Vergütung angemessen ist.

56 In Übereinstimmung mit der Konstruktion des BGH kann der Vergütungsanspruch aus § 53a Abs. 2 **nur von einer Verwertungsgesellschaft** geltend gemacht werden. Diese Regelung entspricht der allgemeinen Systematik des Urheberrechts, die sämtliche gesetzlichen Vergütungsansprüche der kollektiven Wahrnehmung unterwirft. Die **Aktivlegitimation** der Verwertungsgesellschaften ergibt sich aus entsprechender Anwendung von § 13c Abs. 2 WahrnG (§ 13c WahrnG Rn. 9; Mestmäcker/Schulze/*Kröber* § 53a Rn. 9). Die VG Wort hat für Vervielfältigungen einen Tarif aufgestellt und auf der Grundlage dieses Tarifs diverse Gesamtverträge (§ 12 WahrnG) geschlossen.

2. Kopienversand mit Auslandsbezug

57 Wenn der **Kopienversand aus dem Ausland** erfolgt, scheidet die Vervielfältigung als Anknüpfungspunkt für den Vergütungsanspruch aus, weil sie außerhalb des Geltungsbereichs des UrhG vorgenommen wird. Die Einfuhr des Vervielfältigungsstücks nach Deutschland ist keine Verbreitung i.S.v. § 17 (s.o. Rn. 45), so dass auch insoweit eine den Anspruch begründende urheberrechtlich relevante Handlung nicht vorliegt. Der Gesetzgeber sah hier deshalb die Gefahr einer **Vergütungslücke** (BT-Drucks. 16/1828, 28). Um diese Lücke zu schließen und um zu verhindern, dass die Vergütungspflicht aus § 53a Abs. 2 durch eine Verlagerung des Versanddiensts ins Ausland umgangen wird, ist § 53a um das Merkmal der Übermittlung ergänzt worden (BT-Drucks. 16/1828, 28), um auch eine Vergütung von Kopien zu gewährleisten, die aus dem Ausland nach Deutschland versendet werden (Dreier/Schulze/*Dreier* § 53a Rn. 4). Ob dieser Ansatz mit den Grundsätzen des Urheberrechts in Einklang steht, ist jedoch vor allem mit Blick auf das **Schutzlandprinzip** (s. Vor §§ 120 ff. Rn. 4) zweifelhaft, denn er führt im Ergebnis zu einer extraterritorialen Anwendung des deutschen Urheberrechts (*Flechsig* ZRP 2004, 145, 147). Mit der „Übermittlung" der Kopie hat der Gesetzgeber zudem etwas erlaubt, was durch das Urheberrecht gar nicht verboten ist. Ein solches urheberrechtliches nullum der Vergütungspflicht zu unterwerfen, ist außer mit dem erklärten Zweck, auch den Kopienversand aus dem Ausland der Vergütungspflicht nach deutschem Recht zu unterwerfen, kaum zu begründen. Ob die Vergütungspflicht aus dem Ausland versendeter Kopien einer gemeinschaftsrechtlichen Bewertung standhält oder ob der Gesetzgeber seine Kompetenzen hier überschritten hat und statt dessen eine übergreifende europäische Lösung erforderlich wäre, bleibt abzuwarten.

58 Für Kopien durch in Deutschland ansässige Bibliotheken **in das Ausland** gibt es keine Besonderheiten. § 53a ist unabhängig vom Sitz des Bestellers anwendbar, so dass der Kopienversand auch an einen im Ausland ansässigen Besteller nach § 53a zulässig ist, wenn die Voraussetzungen dieser Vorschrift erfüllt sind. Ob der Vorgang insgesamt zulässig ist, hängt allerdings davon ab, ob das Urheberrecht des jeweils betroffenen Staates, aus dem die Bestellung erfolgt, die Herstellung und Übersendung einer Kopie durch eine ausländische Bibliothek an einem Empfänger in dem betreffenden Land gestattet (Fromm/Nordemann/ *Nordemann-Schiffel* § 53a Rn. 3).

§ 54 Vergütungspflicht

(1) **Ist nach der Art eines Werkes zu erwarten, dass es nach § 53 Abs. 1 bis 3 vervielfältigt wird, so hat der Urheber des Werkes gegen den Hersteller von Geräten und von Speichermedien, deren Typ allein oder in Verbindung mit anderen Geräten, Speichermedien oder Zubehör zur Vornahme solcher Vervielfältigungen benutzt wird, Anspruch auf Zahlung einer angemessenen Vergütung.**

§ 54 Vergütungspflicht 1 § 54 UrhG

(2) **Der Anspruch nach Absatz 1 entfällt, soweit nach den Umständen erwartet werden kann, dass die Geräte oder Speichermedien im Geltungsbereich dieses Gesetzes nicht zu Vervielfältigungen benutzt werden.**

Literatur: *Aschenbrenner,* Leitlinien aus Europa für die Umsetzung der Privatkopie-Schranke im zweiten Korb der Urheberrechtsnovelle, ZUM 2005, 145; *Bayreuther,* Beschränkungen des Urheberrechts nach der neuen EU-Urheberrechtsrichtlinie, ZUM 2001, 828; *Berger,* die Neuregelung der Privatkopie in § 53 UrhG im Spannungsverhältnis von geistigem Eigentum, technischen Schutzmaßnahmen und Informationsfreiheit, ZUM 2004, 257; *Braun,* Der Referentenentwurf aus Sicht der Tonträgerwirtschaft, insbesondere im Hinblick auf die Privatkopie, ZUM 2005, 100; *v. Braunmühl,* Entwurf für den zweiten Korb des neuen Urheberrechts bringt weitere Nachteile für Verbraucher, ZUM 2005, 109; *Diemar,* Kein Recht auf Privatkopie – Zur Rechtsnatur der gesetzlichen Lizenz zugunsten von Privatpersonen, GRUR 2002, 587; *Dreier,* Padawan und die Folgen für die deutsche Kopiervergütung, ZUM 2011, 281; *Flechsig,* Zur Verkehrsfähigkeit gesetzlicher Vergütungsansprüche des Filmherstellers, ZUM 2012, 855; *Frank,* Urheberabgaben nach Padawan, CR 2011, 1; *Geerlings,* Das Urheberrecht in der Informationsgesellschaft und pauschale Geräteabgaben im Lichte verfassungs- und europarechtlicher Vorgaben, GRUR 2004, 207; *Häuser,* Pauschalabgabe und digitale Privatkopie, CR 2004, 829; *Heidemann/Peuser,* Die Pauschalvergütung für privates Kopieren, ZUM 2005, 118; *Hilty,* Vergütungssystem und Schrankenregelungen, GRUR 2005, 819; *Hoeren,* Der gesetzliche Vergütungsanspruch im Urhebervertragsrecht, MMR 2000, 449; *Hoeren,* Der Zweite Korb – Eine Übersicht zu den geplanten Änderungen im Urheberrechtsgesetz, MMR 2007, 615; *Hohagen,* Überlegungen zur Rechtsnatur der Kopierfreiheit, FS Schricker 2005, 353; *Klett,* Muss das System urheberrechtlicher Geräteabgaben im deutschen Urheberrecht neu überdacht werden?, K&R 2010, 800; *Koch/Krauspenhaar,* Hat das derzeitige System der Abgaben auf Vervielfältigungsgeräte und Speichermedien nach §§ 54 ff. UrhG noch eine Zukunft?, GRUR Int. 2012, 881; *Krüger,* Die digitale Privatkopie im zweiten Korb, GRUR 2004, 204; *Langhoff/Oberndörfer/Jani,* Der „zweite" Korb" der Urheberrechtsreform, ZUM 2007, 593; *Lauber/Schwipps,* Das Gesetz zur Regelung des Urheberrechts in der Informationsgesellschaft, GRUR 2004, 293; *Melichar,* Private Vervielfältigung und Pauschalvergütung im Referentenentwurf zum zweiten Korb, ZUM 2005, 119; *Müller,* Die Ergebnispflicht des deutschen Gesetzgebers zur Gewährleistung der praktischen Durchsetzung von Ansprüchen nach den §§ 54 ff. UrhG; ZUM 2011, 631*Nolte,* Das Urheberrecht in der Informationsgesellschaft, CR 2006, 254; *Ory,* Blick in den „2. Korb" des Urheberrechts in der Informationsgesellschaft, AfP 2004, 500; *Proll,* Anmerkung zum BGH-Urteil vom 5.7.2001 – Urheberrechtliche Vergütungspflicht für Scanner, CR 2002, 178; *Richters/Schmitt,* Die urheberrechtliche Pauschalvergütung für PCs, CR 2005, 473; *Rohleder,* Statement zur Neuregelung des Vergütungssystems für die Geräteindustrie, ZUM 2005, 120; *Schack,* Schutz digitaler Werke vor privater Vervielfältigung – Zu den Auswirkungen der Digitalisierung auf § 53 UrhG, ZUM 2002, 497; *G. Schulze,* Anmerkung zu BGH, Urteil vom 30. November 2011 – I ZR 59/10 – PC als Bild- und Tonaufzeichnungsgerät, ZUM 2012, 573; *G. Schulze,* Vergütungssystem und Schrankenregelungen, GRUR 2005, 828; *Stickelbrock,* Die Zukunft der Privatkopie im digitalen Zeitalter, GRUR 2004, 736; *Ullmann,* EuGH v. 22.10.2010 – Rs. C-467/08 – Padawan/SGAE – und kein Ende, CR 2012, 288; *Wandtke,* Copyright und virtueller Markt in der Informationsgesellschaft, GRUR 2002, 1; *Winghardt,* Kopiervergütung für den PC, ZUM 2002, 349; *Zypries,* Neues Urheberrecht: Die Früchte des Zweiten Korbs, MMR 2007, 545.
Vgl. darüber hinaus die Angaben im eingangs abgedr. Gesamtliteraturverzeichnis.

Übersicht

	Rn.
I. Bedeutung	1
II. Seit dem 1.1.2008 geltende Rechtslage	2–5
III. Vervielfältigungen von Werken nach § 53 Abs. 1 bis 3	6, 7
IV. Anspruchsberechtigte	8
V. Geräte oder Speichermedien, die zur Vervielfältigung benutzt werden	9–18
VI. Vergütungsschuldner	19, 20
VII. Rechtslage bis 31.12.2007	21–23

I. Bedeutung

Unter den Voraussetzungen des § 53 Abs. 1 bis 3 hat der Urheber oder der sonstige Berechtigte Vervielfältigungshandlungen hinzunehmen. Die insoweit im Rahmen der Sozial- 1 bindung des durch Art. 14 Abs. 1 GG geschützten geistigen Eigentums liegende Beschränkung der Rechte des Urhebers bedeutet jedoch nicht, dass er diese ohne **angemessene Vergütung** hinzunehmen hat (BVerfGE 31, 229 – Kirchen- und Schulgebrauch; s. § 46 Rn. 1). Da Vervielfältigungen zum privaten oder sonstigen Gebrauch i. S. d. § 53 Abs. 1 bis 3 nicht kontrollierbar sind, begründet § 54 einen Vergütungsanspruch des Urhebers gegen den Hersteller von Geräten und von Speichermedien, die allein oder in Verbindung mit anderen Geräten, Speichermedien oder Zubehör zur Vornahme solcher Vervielfältigungen benutzt werden (zur Vergütungshöhe s. § 54a, zur Ausübung der Ansprüche s. §§ 54b–h). Dies entspricht **Art. 9 Abs. 2 RBÜ** und setzt die auch von **Art. 5 Abs. 2b) und Art. 5 Abs. 5 der Multimedia-Richtlinie** (s. Einl. Rn. 21) geforderte angemessene Beteiligung des Urhebers bei Vervielfältigungen zum privaten Gebrauch fest (s. Bayreuther ZUM 2001, 828). Dogmatisch handelt es sich um einen Anspruch eigener Art; er resultiert aus einem einseitig verpflichtenden gesetzlichen Schuldverhältnis (Hohagen FS Schricker 2005, 353, 360). Vorläufer der Vergütungsregelung war § 53 Abs. 5 in der Fassung von 1965. Hersteller und Importeure von Geräten zur Aufnahme oder Übertragung von Werken auf Bild- oder Tonträger hatten als **Geräteabgabe** einen angemessenen Anteil an dem aus der Veräußerung der Geräte erzielten Erlös abzuführen, der zugunsten aller Berechtigten nicht mehr als 5% des Verkaufserlöses der Herstellers betragen durfte. Der Siegeszug der Leerkassetten führte im Jahr 1985 zur Einführung der zusätzlich zur Geräteabgabe zu zahlenden **Leerkassettenvergütung** und zur Einführung einer Geräte- und Betreiberabgabe für Kopiergeräte. Weitere Änderungen brachten das Produktpirateriegesetz v. 7.3.1990 sowie das Gesetz zur Änderung des Patentgebührengesetzes v. 25.7.1994. Die Verfassungsmäßigkeit des gesetzlichen Vergütungsanspruches wurde vom BVerfG für die Leerkassettenabgabe in NJW 1992, 1303 – Leerkassettenabgabe und für die Betreibervergütung in Kopierläden in GRUR 1997, 123 – Kopierladen I bestätigt. Angesichts der im Hinblick auf die elektronischen Medien rapide gestiegenen Vervielfältigungstätigkeit war zunehmend fraglich geworden, ob die bisherige Gestaltung der Pauschalvergütung noch eine angemessene Beteiligung der Urheber sicherstellt. Schon im zweiten Vergütungsbericht der Bundesregierung v. 11.7.2000 (BT-Drucks. 14/3972) war Reformbedarf festgestellt worden. Das bestehende System zur Urhebervergütung für Vervielfältigungen zum privaten und sonstigen eigenen Gebrauch i. S. d. § 53 Abs. 1 bis 3 sollte durch den Zweiten Korb an die aktuellen Entwicklungen auf dem Gebiet neuer Vervielfältigungsgeräte und Speichermedien angepasst werden. Neben der pauschalen Vergütung sollte den Rechtsinhabern verstärkt auch eine individuelle Abrechnung – etwa im Wege des so genannten Digital Rights Managements (DRM) – ermöglicht werden. Kernpunkt der Reform ist aber, dass die bisher staatliche Regulierung der Vergütungssätze nunmehr in die Hände der Parteien übergeben wurde. Näher zur Entstehungsgeschichte der §§ 54–54h s. Schricker/Loewenheim/*Loewenheim* § 54 Rn. 2f. Nach zwei Entscheidungen des EuGH (EuGH GRUR 2011, 50 – Padawan/SGAE; EuGH GRUR-Int. 2011, 716 – Stichting) ist umstritten, ob das derzeit in Deutschland praktizierte Modell der Pauschalabgaben, das auf den Gerätetyp und nicht auf die tatsächliche Nutzung des Gerätes abstellt und als Vergütungsschuldner den Hersteller, Importeur oder Händler eines Vervielfältigungsgerätes oder Speichermediums bestimmt, **europarechtskonform** ist. Hierzu im Einzelnen siehe Rn. 11ff. und 19ff.

II. Seit dem 1.1.2008 geltende Rechtslage

2   Ein Kernstück der Arbeiten am Zweiten Korb (s. Vor §§ 44aff. Rn. 9) war die Neugestaltung des Systems der Pauschalvergütung der §§ 54ff. Nachdem bereits im Jahr 2000 im zweiten Vergütungsbericht der Bundesregierung (BT-Drucks. 14/3972) auf Regelungsbedarf hingewiesen worden war, sollte entgegen der bis dahin geltenden gesetzlich festgelegten Vergütungssätze (s. Rn. 21) eine Flexibilisierung der Pauschalvergütung im Hinblick

auf neue Vervielfältigungstechniken erreicht werden. Den betroffenen Verwertungsgesellschaften und den Herstellern von Vervielfältigungsgeräten und Speichermedien wurde die Bemessung der Vergütungssätze innerhalb gesetzlich definierter Rahmenbedingungen übertragen (*Zypries* MMR 2007, 545). Ferner wurde die verstärkte Nutzung der individuellen Lizenzierung von Werken im digitalen Bereich mit der Pauschalvergütung in Einklang gebracht. Schließlich wurde das Verfahren zur Schlichtung und zur gerichtlichen Prüfung von Streitfällen über die Vergütung für Geräte und Speichermedien mit dem Ziel rascher Klärung und effektiven Rechtschutzes gestrafft (vgl. §§ 14, 14a WahrnG).

Anders als in der früheren Fassung (s. Rn. 21) sieht § 54 nunmehr vor, dass der Urheber **3** eines Werkes gegen den Hersteller von Geräten und von Speichermedien, deren Typ allein oder in Verbindung mit anderen Geräten, Speichermedien oder Zubehör zur Vornahme von Vervielfältigungen i.S.d. § 53 Abs. 1 bis 3 genutzt wird, Anspruch auf Zahlung einer angemessenen Vergütung hat. Eine Differenzierung nach der Art der Nutzung, wie bisher in § 54 und § 54a a.F. vorgenommen, erfolgt nicht mehr. Durch die Neuformulierung hat der Gesetzgeber außerdem deutlich gemacht, dass auch PCs und Drucker vergütungspflichtig sind. Zur Situation nach altem Recht s. Rn. 22.

Maßstab für die Vergütungshöhe nach § 54a Abs. 1 ist, in welchem Maße die Geräte und **4** Speichermedien **tatsächlich** für entsprechende Vervielfältigungen genutzt werden. Berücksichtigt werden soll dabei auch, inwieweit technische Schutzmaßnahmen nach § 95a angewandt werden. Damit wird anders als nach der bisherigen Rechtslage nicht auf die Bestimmung eines Gerätes zur Vervielfältigung, sondern auf die typisierte tatsächliche Nutzung abgestellt. Ursprünglich war außerdem vorgesehen, dass nur solche Gerätetypen der Vergütungspflicht unterliegen, die „in nennenswertem Umfang" für urheberrechtlich relevante Vervielfältigungen genutzt werden. Als nicht nennenswert war in der Gesetzesbegründung ein „Nutzungsumfang [von] zumindest unter 10%" genannt (BT-Drucks. 16/1828, 29). Die **De-minimis-Klausel** wurde aber schließlich ebenso wie die vorgesehene Deckelung der Geräteabgabe in § 54a gestrichen (*Langhoff/Oberndörfer/Jani* ZUM 2007, 593).

Die nutzungsrelevanten Eigenschaften der Geräte und Speichermedien, insb. die Leis- **5** tungsfähigkeit der Geräte sowie die Speicherkapazität und Mehrfachbeschreibbarkeit, sollen bei der Bestimmung der Vergütungshöhe ebenfalls eine Rolle spielen (§ 54a Abs. 3). Die Vergütung muss in einem wirtschaftlich angemessenen Verhältnis zum Preisniveau des Geräts oder des Speichermediums stehen und darf Hersteller von Geräten und Speichermedien nicht unzumutbar beeinträchtigen (§ 54a Abs. 4). Die Vergütung ist dabei so zu gestalten, dass sie auch mit Blick auf die Vergütungspflicht für in den Geräten enthaltene Speichermedien oder anderen mit diesen funktionell zusammenwirkende Geräte oder Speichermedien insgesamt angemessen ist (§ 54a Abs. 2). An den Regelungen zur Vergütungspflicht von Händler und Importeur (§ 54b) wurde im Wesentlichen festgehalten. Gleiches gilt für die Betreiberabgabe (s. § 54c) und die Verwertungsgesellschaftspflicht der Ansprüche (vgl. § 54h). Werke, die durch technische Schutzmaßnahmen gem. § 95a geschützt sind, sollen bei der Verteilung der Einnahmen durch die Verwertungsgesellschaft nicht berücksichtigt werden (§ 54h Abs. 2 S. 2). Bei der Gestaltung der Tarife ist die nach der Neufassung maßgebliche tatsächliche Nutzung durch empirische Untersuchungen zu ermitteln (§ 14 Abs. 5 lit. a WahrnG), die zu veröffentlichen sind. In Streitfällen kann die Schiedsstelle gem. § 14 WahrnG angerufen werden. Diese soll innerhalb eines Jahres nach Anrufen einen Einigungsvorschlag unterbreiten (§ 14a Abs. 2 WahrnG). Über Streitfälle entscheidet gem. § 16 Abs. 4 S. 1 WahrnG ausschließlich das für den Sitz der Schiedsstelle zuständige OLG im ersten Rechtszug (s. *Ory* AfP 2004, 500; *Braun* ZUM 2005, 100; *Geerling* GRUR 2004, 207; *Krüger* GRUR 2004, 204; *Lauber/Schwipps* GRUR 2004, 293; *Melichar* ZUM 2005, 119; *Rohleder* ZUM 2005, 120; *Flechsig* ZRP 2006, 145; *Langhoff/Oberndörfer/Jani* ZUM 2007, 593; *Nolte* CR 2006, 254; *Zypries* MMR 2007, 545). Kommt es dennoch zu keiner Einigung zwischen den Verwertungsgesellschaften und den Geräteherstellern, so kann die Verwertungsgesellschaft einseitig einen Tarif festlegen (*Hoeren*

MMR 2007, 615). Gem. § 27 WahrnG galten die bis 31.12.2007 gültigen Vergütungssätze für einen Übergangszeitraum von bis zum 31.12.2009 weiter, solange sie nicht durch neue Vergütungssätze ersetzt worden sind. In dem bei Verabschiedung der Novelle gefassten Endschließungsbeschluss (BT-Drucks. 16/5939) wurde das Justizministerium angewiesen, zu prüfen, ob es durch das neue System zu Wettbewerbsverzerrungen kommt und ob eine Rückkehr zur gesetzlichen Festlegung der Vergütung erforderlich wird.

III. Vervielfältigung von Werken nach § 53 Abs. 1 bis 3

6 § 54 fasst die bis 31.12.2007 geltenden Vorschriften der §§ 54, 54a a.F. zusammen. § 54 a.F. enthielt eine Vergütungspflicht für die Vervielfältigung durch Bild- und Tonaufzeichnung, § 54a a.F. eine Vergütungspflicht für Vervielfältigung durch Ablichtung. Der nunmehr geltende § 54 Abs. 1 ist nicht mehr auf bestimmte Vervielfältigungsmethoden wie Aufnahme, Übertragung oder Ablichtung beschränkt, sondern erfasst gleichsam alle Vervielfältigungsverfahren. Ebenso offen ist die Vorschrift in Hinblick auf die Vervielfältigungsquellen. Erfasst sind folglich alle Arten von Werken, wenn sie nach ihrer Art erwarten lassen, dass sie nach § 53 Abs. 1 bis 3 (unabhängig vom verwendeten Verfahren) vervielfältigt werden (Schricker/Loewenheim/*Loewenheim* § 54 Rn. 5; Dreier/Schulze/*Dreier* § 54 Rn. 4; Dreyer/Kotthoff/Meckel/*Dreyer* § 54 Rn. 3).

7 Weil § 54 auf zulässige Vervielfältigungen nach § 53 Abs. 1 bis 3 abstellt, ist bei grafischen Aufzeichnungen von Werken der Musik grds. nicht mit einer reprografischen Vervielfältigung zu rechnen (§ 53 Abs. 4). Vervielfältigungshandlungen, die nicht durch § 53 Abs. 1 bis 3 gedeckt sind, beispielsweise die Vervielfältigung von Computerprogrammen, können nicht zu einem Vergütungsanspruch nach § 54 führen (Schricker/Loewenheim/*Loewenheim* § 54 Rn. 7; Dreier/Schulze/*Dreier* § 54 Rn. 4). Für durch Leistungsschutzrechte geschützte Leistungen gilt § 54 soweit die maßgeblichen Schrankenregelungen des § 53 Abs. 1 bis 3 für diese Anwendung finden (Dreier/Schulze/*Dreier* § 54 Rn. 4; Schricker/Loewenheim/*Loewenheim* § 54 Rn. 7).

IV. Anspruchsberechtigte

8 Nach § 54 Abs. 1 ist der Urheber des Werkes anspruchsberechtigt, nach § 54h Abs. 1 können die Ansprüche jedoch nur durch Verwertungsgesellschaften geltend gemacht werden. Entsprechend berechtigt zum Erhalt einer angemessenen Vergütung sind Verfasser wissenschaftlicher Ausgaben (§ 70 Abs. 1), der Herausgeber eines nachgelassenen Werks (§ 71 Abs. 1), der Lichtbildner (§ 72 Abs. 1), ausübende Künstler und Veranstalter (§ 83), Tonträgerhersteller (§ 85 Abs. 4), Filmhersteller (§ 94 Abs. 4) sowie Laufbildhersteller (§ 95) (Möhring/Nicolini/*Gass* § 54 Rn. 20; Schricker/Loewenheim/*Loewenheim* § 54 Rn. 24). Explizit ausgeschlossen sind Vergütungsansprüche nach § 54 für Sendeunternehmen gem. § 87 Abs. 4 (Schricker/Loewenheim/*Loewenheim* § 54 Rn. 24). Der Anspruch des Urhebers ist **abtretbar**. Hierbei ist **§ 63a** zu beachten, Vorausabtretungen sind folglich nur beschränkt möglich (Dreyer/Kotthoff/Meckel/*Dreyer* § 54 Rn. 24; Schricker/Loewenheim/*Loewenheim* § 54 Rn. 23). Die nach § 63a S. 2 zulässige Vorausabtretung an Verleger widerspricht nach EuGH GRUR 2012, 489 – Luksan/van der Let den Vorgaben der Multimedia-Richtlinie (*Flechsig* ZUM 2012, 855, 864f.; ähnlich, wenn auch zurückhaltender, *v. Ungern-Sternberg* GRUR 2012, 321, 330).

V. Geräte und Bild- oder Speichermedien, die zur Vervielfältigung benutzt werden

9 Nach § 54 Abs. 1a.F. war die Pflicht zur Zahlung der angemessenen Vergütung an **Geräte** und **Bild- oder Tonträger** geknüpft, die **erkennbar** zur Vornahme der Aufnahmen

von Funksendungen oder der Übertragung von Bild- oder Tonträgern auf andere Bild- oder Tonträger von geschützten Werken **bestimmt** waren. Nicht maßgeblich war die Eignung zur Vervielfältigung oder die tatsächliche Durchführung der Vervielfältigung. Die Bild- oder Tonträger sowie Geräte mussten auch nicht ausschließlich für entsprechende Vervielfältigungen eingesetzt werden können oder hierfür ausschließlich bestimmt sein (BGHZ 121, 215 – Readerprinter). Demgegenüber knüpfte § 54a Abs. 1a. F. die Verpflichtung zur Zahlung einer angemessenen Vergütung an Geräte, die zur Vornahme von Ablichtungen oder Vervielfältigungen in einem Verfahren vergleichbarer Wirkung bestimmt waren.

Nunmehr erfasst die Vergütungspflicht **Geräte oder Speichermedien,** deren Typ allein oder in Verbindung mit anderen Geräten, Speichermedien oder Zubehör zur Vornahme von Vervielfältigungen benutzt wird. Die zunehmenden Abgrenzungsschwierigkeiten zwischen § 54 und § 54a a. F. wurden durch die Neuformulierung beseitigt (Gesetzesentwurf der Bundesregierung v. 22.3.2006, BT-Drucks. 16/1828, 28). Geräte oder Speichermedien, die nach bis 31.12.2007 geltender Rechtslage vergütungspflichtig waren, unterliegen nach dem Willen des Gesetzgebers auch nach neuem Recht der Vergütungspflicht gem. § 54. Ob Geräte in typischer Weise tatsächlich zur Vervielfältigung genutzt werden (*Flechsig* ZRP 2006, 145), ist durch eine typisierende Beurteilung anhand des üblichen Gebrauchs des Gerätetyps festzustellen (BT-Drucks. 16/1828, 29; Schricker/Loewenheim/*Loewenheim* § 54 Rn. 12; Dreier/Schulze/*Dreier* § 54 Rn. 9; Dreyer/Kotthoff/Meckel/*Dreyer* § 54 Rn. 9). Der Umfang der Nutzung ist für die Frage der Vergütungspflicht nicht relevant, er ist aber bei der Vergütungshöhe entscheidend s. § 54a (Schricker/Loewenheim/*Loewenheim* § 54 Rn. 13; Dreyer/Kotthoff/Meckel/*Dreyer* § 54 Rn. 9). Im Gesetzgebungsverfahren war zunächst vorgesehen, die Vergütungspflicht auf solche Geräte zu beschränken, die in nennenswertem Umfang für Vervielfältigungen benutzt werden. Eine nicht nennenswerte Nutzung sollte dann vorliegen, wenn der Nutzungsumfang der entsprechenden Geräte unter 10% liegt (BT-Drucks. 16/1828, 29). Auf Betreiben des Bundesrates wurde die so genannte De-minimis-Klausel wieder gestrichen. Der Nutzungsumfang soll im Rahmen der Vergütungshöhe berücksichtigt werden (Stellungnahme des Bundesrates, BR-Drucks. 257/06, 13). Für die Vergütungspflicht nach § 54 Abs. 1 genügt es auch, wenn die Geräte oder Speichermedien nur im Zusammenwirken mit anderen Geräten, Speichermedien oder Zubehör die Funktion eines Vervielfältigungsgeräts erfüllen können **(Gerätekombination).** Werden Geräte nur im Rahmen einer Gerätekombination zu Vervielfältigungen verwendet, ist dies nach § 54a Abs. 2 bei der Frage der Vergütungshöhe zu berücksichtigen.

Ob ein Vergütungsmodell, das rein auf eine typisierende Beurteilung anhand des üblichen Gebrauchs des Gerätetyps abstellt, **europarechtlich zulässig** ist, ist zweifelhaft. In der Padawan-Entscheidung betreffend eine Vergütung für die Herstellung von Privatkopien nach spanischem Recht (entsprechend § 53 Abs. 1) hat der EuGH zu dem Begriff des gerechten Ausgleichs nach Art. 5 Abs. 2b) der Multimedia-Richtlinie festgestellt, dass dieser als autonomer Begriff des Unionsrechts einheitlich zu bemessen sei. Maßgebliches Kriterium zur Bemessung des gerechten Ausgleichs sei der Schaden, der dem Inhaber des Rechts dadurch entsteht, dass ohne seine Genehmigung vom geschützten Werk in einer vom Gesetzgeber zugelassenen Weise Privatkopien gefertigt werden. Notwendig sei, dass ein Zusammenhang zwischen der Anwendung der zur Finanzierung des gerechten Ausgleichs bestimmten Abgabe auf Anlagen, Geräte und Medien zur digitalen Vervielfältigung und dem mutmaßlichen Gebrauch dieser Anlagen zu privaten Vervielfältigungen bestehe. Eine unterschiedslose Anwendung der Abgabe für Privatkopien auf Anlagen, Geräte und Medien zu digitalen Vervielfältigungen, die nicht privaten Nutzern überlassen werden und eindeutig anderen Verwendungen als der Anfertigung von Privatkopien vorbehalten sind, sei dagegen mit der Multimedia-Richtlinie nicht vereinbar (EuGH GRUR 2011, 50 – Padawan/SGAE).

12 Das deutsche Vergütungssystem stellt dagegen in § 54 Abs. 1 nicht auf die konkrete Nutzung eines Gerätes ab. Die Vergütungspflicht besteht nach dem derzeitigen System auch für solche Geräte, die letztendlich an gewerbliche Abnehmer abgegeben werden, die die Geräte aber unter keinen Umständen für Privatkopien nutzen (*Koch/Krauspenhaar* GRUR Int. 2012, 881). Damit steht das deutsche System im Widerspruch zu den vom EuGH formulierten Vorgaben, da es nicht den notwendigen Zusammenhang zwischen der Anwendung der Abgabe auf die Geräte und deren Verwendung zur Anfertigung von Privatkopien sicherstellt (*Koch/Krauspenhaar* GRUR Int. 2012, 881; *Ullmann* CR 2012, 288). Dieser Auffassung wird entgegengehalten, dass die Padawan-Entscheidung sich nur auf die angemessene Vergütung für Privatkopien i. S. d. § 53 Abs. 1 bezieht, während § 54 Abs. 1 auch die Vergütungspflicht für Vervielfältigungen betrifft, die im Rahmen der Schrankenregelungen des § 53 Abs. 2 und Abs. 3 hergestellt werden und für die die Multimedia-Richtlinie keine angemessene Vergütung erfordert. Die Schrankenregelungen des § 53 Abs. 2 und Abs. 3 würden außerdem zugunsten gewerblicher Nutzer gelten, weshalb die Geräteabgabe auch gewerblichen Nutzern auferlegt werden könne. In diesem Fall bestehe auch kein Anlass, Geräte, die an gewerbliche Abnehmer geliefert werden, von der Vergütungspflicht auszunehmen, ggf. sei aber bei der Höhe der Vergütung zu unterscheiden (*Dreier* ZUM 2011, 281). Da der Begriff der angemessenen Vergütung nach § 54 Abs. 1 im Ergebnis als „gerechter Ausgleich" im Sinn der Multimedia-Richtlinie auszulegen sein dürfte, ist auch zur Begründung einer Vergütung der nach § 53 Abs. 2 und Abs. 3 privilegierten Nutzungshandlungen die positive Feststellung erforderlich, dass das technische Medium im konkreten Fall zu Vervielfältigungshandlungen der dort genannten Art eingesetzt wird. Ein Vergütungssystem, das allein auf den Typ des Speichermediums anknüpft, ohne danach zu fragen, ob es nicht im konkreten Fall ausgeschlossen ist, dass der Endnutzer das Medium im Rahmen der jeweiligen Schrankenbestimmungen nutzt, erscheint unzulässig (*Ullmann* CR 2012, 288; *Frank* CR 2012, 1).

13 Der BGH setzte sich in der Entscheidung PC als Bild- und Tonaufzeichnungsgerät (BGH GRUR 2012, 705), die PCs, welche an gewerbliche Endabnehmer geliefert wurden, betrifft, mit der Padawan-Entscheidung des EuGH auseinander: Eine Vergütung für Privatkopien auf Geräte, die nicht privaten Nutzern überlassen werden, ist danach mit der Multimedia-Richtlinie vereinbar, wenn die Geräte nicht eindeutig anderen Verwendungen als der Anfertigung von Privatkopien vorbehalten sind. Werden die Geräte natürlichen Personen überlassen, bestehe eine **unwiderlegliche Vermutung,** dass mit diesen Geräten tatsächlich Privatkopien angefertigt werden. Der Vergütungsanspruch für Privatkopien bestehe bereits aufgrund der mit der Überlassung der Geräte an natürliche Personen begründeten Möglichkeit zur Anfertigung von Privatkopien. Werden Geräte, die zur Anfertigung von Privatkopien geeignet und bestimmt sind, anderen als natürlichen Personen überlassen, sei gleichfalls die Vermutung gerechtfertigt, dass die Geräte auch zur Anfertigung von Privatkopien verwendet werden. Nur die Anwendung dieser Vermutung stelle sicher, dass die Urheber einen gerechten Ausgleich erhalten. Insoweit sei die Vermutung allerdings **widerleglich,** es könne von Nutzern nachgewiesen werden, dass die Geräte eindeutig anderen Zwecken als der Anfertigung von Privatkopien vorbehalten sind.

14 Diese Aussagen des BGH zur Darlegungs- und Beweislast bei Vervielfältigung zum privaten Gebrauch sind nicht vollumfänglich für die Darlegungs- und Beweislast bei Vervielfältigung zum sonstigen Eigengebrauch (§ 53 Abs. 2 und 3 UrhG) zu übernehmen. Nach den Grundsätzen der Padawan-Entscheidung ist es ausgeschlossen, eine Abgabe zu verlangen, wenn das Gerät oder Speichermedium eindeutig nicht im insoweit privilegierten Bereich verwendet wird. Eine Vermutungsregel, dass jeder Erwerber, ob Privatperson oder Unternehmer, das technische Medium auch in den von § 53 Abs. 2 und 3 privilegierten Bereichen benutzt, existiert nicht. Für die Erhebung und Bemessung der Vergütung nach § 53 Abs. 2 und 3 bedarf es folglich der Feststellung, ob und inwieweit entsprechende Handlungen vorgenommen werden; in diesem Zusammenhang kann der Aufgabenbereich

§ 54 Vergütungspflicht   15, 16   § 54 UrhG

einer Behörde (bspw. einer Schule) eine Vermutung einer entsprechenden Nutzung begründen (*Ullmann* CR 2012, 288). Die **Höhe** der jeweiligen **Abgabe** richtet sich auch insoweit nach dem Schaden, der dem Inhaber des Rechts dadurch entsteht, dass ohne seine Genehmigung vom geschützten Werk in einer vom Gesetzgeber zugelassenen Weise Privatkopien (bzw. sonstige eigene Kopien) hergestellt werden (EuGH GRUR 2011, 50 – Padawan/SGAE). Diese Vorgaben des EuGH erfordern, bei der Festsetzung der Vergütung für Vervielfältigungsgeräte und Speichermedien auf die konkrete Nutzung und den bei den jeweiligen Nutzungen entstehenden Schaden des Urhebers abzustellen. Eine pauschale Festsetzung einer Vergütung für einen bestimmten Gerätetyp wird daher wohl nicht mehr möglich sein.

    Unklarheit besteht auch dahingehend, ob eine **Einwilligung** des Rechtsinhabers zur Vervielfältigung den Vergütungsanspruch entfallen lässt. Soweit der EuGH in der Padawan-Entscheidung festgelegt hat, dass der gerechte Ausgleich den Urhebern die ohne ihre Genehmigung erfolgte Nutzung der geschützten Werke angemessen vergüten solle (EuGH GRUR 2011, 50 – Padawan/SGAE), könnte hieraus geschlossen werden, dass keine Vergütung zu zahlen ist, wenn der Rechtsinhaber die Nutzung seines Werkes genehmigt hat. In diesem Fall wäre die Nutzung des geschützten Werkes aufgrund der Genehmigung des Rechtsinhabers und nicht aufgrund der Schrankenregelung zulässig. Der BGH vertritt in den Vorlagebeschlüssen Drucker und Plotter II und PC II (BGH GRUR 2011, 1012 und GRUR 2011, 1008) die Auffassung, dass die durch die Schrankenregelungen erfolgten Einschränkungen des Vervielfältigungsrechts Genehmigungen des Rechtsinhabers vorgehen, dieser habe nicht die Möglichkeit, solche Vervielfältigungen zu verbieten oder zu gestatten. Die Genehmigung gehe dann ins Leere und lasse die Bedingungen oder die Möglichkeit eines gerechten Ausgleichs unberührt. Geht man mit dem EuGH davon aus, dass der gerechte Ausgleich nach dem Schaden zu bemessen ist, den der Urheber gegen seinen Willen erleidet, dürfte eine Genehmigung im Ergebnis den Vergütungsanspruch entfallen lassen, Klarheit wird auch hier erst die zu erwartende EuGH-Entscheidung bringen.   **15**

    Geräte i. S. d. § 54 Abs. 1 sind Video- und Kassettenrecorder, digitale Aufnahmegeräte wie Minidisc-Player mit Aufnahmefunktion, CD-Brenner und DVD-Brenner (ZUM 2000, 599; s. auch LG Stuttgart ZUM 2001, 614). Ebenfalls zu den vergütungspflichtigen Geräten sind **Computer** einschließlich PDAs zu zählen, die in unüberschaubarem Umfang der Vervielfältigung von Werken auf Festplatten, CD-ROMs oder anderen digitalen Speichern genutzt werden, und Drucker und Plotter (Schricker/Loewenheim/*Loewenheim* § 54 Rn. 14; Dreyer/Kotthoff/Meckel/*Dreyer* § 54 Rn. 15). Vergütungspflichtig sind außerdem **Fotokopiergeräte, Readerprinter** (Geräte, mit denen auf Mikrofilm verkleinertes Schriftgut sowohl auf einem Bildschirm vergrößert lesbar gemacht wie auch auf Normalpapier kopiert werden können; BGHZ 121, 215) sowie **Telefaxgeräte**. Auch **Scanner** (BGH GRUR 2002, 246 – Scanner; OLG Hamburg ZUM 1999, 248; OLG Düsseldorf NJW-RR 1999, 552) und **Multifunktionsgeräte** (BGH GRUR 2008, 786 – Multifunktionsgeräte) werden von dem neu gefassten § 54 ebenso wie zuvor von § 54a a. F. erfasst (Möhring/Nicolini/*Gass* § 54a Rn. 8). Ebenfalls vergütungspflichtige Geräte sind **Mobiltelefone** mit Speicherfunktion, **MP3- und MP4-Player** (s. Rundschreiben der Zentralstelle für private Überspielungsrechte, www.zpue.de). **Diktiergeräte und Bänder** für diese Geräte waren schon nach alter Rechtslage von der Vergütungspflicht ausgenommen, da sie grds. nicht zur Aufnahme urheberrechtlich geschützter Werke bestimmt sind (Schricker/Loewenheim/*Loewenheim* § 54 Rn. 12). Daran hat sich im Prinzip nach neuem Recht nichts geändert. Zwar kommt es nunmehr auf die tatsächliche Benutzung zur Vervielfältigung und nicht mehr auf die Bestimmung des Geräts dazu an, allerdings kann auch hier davon ausgegangen werden, dass Diktiergeräte jedenfalls bisher nicht tatsächlich zur Vervielfältigung benutzt werden. Hier sollte die tatsächliche und technische Entwicklung beobachtet werden, je eher diese Geräte auch zur Aufnahme von geschützten Werken benutzt werden, desto eher sollte eine Abgabe gerechtfertigt sein.   **16**

Lüft

17 Geeignete **Speichermedien** zum Bespielen durch den Endverbraucher sind alle elektronischen, magnetischen oder optischen Speicher, wie unbespielte Videokassetten, Audiokassetten, Tonbänder, Minidiscs, DVDs, Blue-ray, CD-ROM, CD-R, CD-RW-Rohlinge und USB-Sticks, Smartcards, Festplatten (Möhring/Nicolini/*Gass* § 54 Rn. 29; Dreier/Schulze/*Dreier* § 54 Rn. 8; Dreyer/Kotthoff/Meckel/*Dreyer* § 54 Rn. 10). Die Vergütungspflicht besteht aber auch, wenn der Ton- oder Bildträger bereits **bespielt** erworben wird, jedoch technische Vorrichtungen gegen die ungewollte Löschung fehlen oder auf die Möglichkeit zur Löschung und Neubespielung hingewiesen wird (Dreyer/Kotthoff/Meckel/*Dreyer* § 54 Rn. 15).

18 Der Vergütungsanspruch **entfällt** nach § 54 Abs. 2, wenn nach den Umständen erwartet werden kann, dass die Geräte oder Speichermedien im Geltungsbereich des UrhG nicht zu Vervielfältigungen benutzt werden. Die Darlegungs- und Beweislast für die Voraussetzungen des § 54 Abs. 2 trifft den Hersteller bzw. Importeur oder Händler (Schricker/Loewenheim/*Loewenheim* § 54 Rn. 30; Dreier/Schulze/*Dreier* § 54 Rn. 24). Mit dieser Vorschrift wollte der Gesetzgeber vor allem eine Rückerstattungsregelung für die Fälle des Exports von Geräten ins Ausland einführen (amtl. Begr. BT-Drucks. 16/1828, 29; *Koch/Krauspenhaar* GRUR Int. 2010, 881). Stellt sich heraus, dass der Endnutzer eines Gerätes für Vervielfältigungen nach § 53 Abs. 1 bezahlt wurde, das Gerät nicht zur Herstellung von solchen Vervielfältigungen nutzt, soll sich ein Rückzahlungsanspruch aus direkter oder analoger Anwendung des § 54 Abs. 2 ergeben (*Ullmann* CR 2012, 288; *Koch/Krauspenhaar* GRUR Int. 2012, 881).

VI. Vergütungsschuldner

19 Nach § 54 Abs. 1 ist Schuldner des angemessenen Vergütungsanspruchs der **Hersteller,** folglich derjenige, der die Geräte bzw. Speichermedien tatsächlich produziert hat, und nicht der Zulieferer (Schricker/Loewenheim/*Loewenheim* § 54 Rn. 26; Dreyer/Kotthoff/Meckel/*Dreyer* § 54 Rn. 27; Fromm/Nordemann/*W. Nordemann* § 54 Rn. 6, Dreier/Schulze/*Dreier* § 54 Rn. 12). Ein inländisches Unternehmen, das die Geräte von ausländischen Unternehmern produzieren lässt, diese jedoch unter seinem Waren- oder Firmenzeichen erstmals im Inland in Verkehr bringt, ist nicht Hersteller. Dies gilt ebenfalls für ein Unternehmen, das Geräte von einem anderen, mit ihm konzernrechtlich verbundenen Unternehmen, sei es ein ausländisches Unternehmen, sei es ein inländisches Unternehmen, bezieht und in Deutschland vertreibt (BGH GRUR 1984, 518 – Herstellerbegriff I; BGH GRUR 1985, 280 – Herstellerbegriff II; BGH GRUR 1985, 284 – Herstellergriff III; BGH GRUR 1985, 287 – Herstellerbegriff IV).

20 Neben dem Hersteller haftet als Gesamtschuldner der **Importeur,** der die Geräte oder die Bild- oder Tonträger gewerblich einführt oder wiedereinführt. Als weiterer Gesamtschuldner haftet der **Händler,** also derjenige, der entsprechende Geräte oder Bild- oder Tonträger erwirbt und gewerblich weiterveräußert, unabhängig von der Handelsstufe (§ 54b Abs. 1 Alt. 2). Näher zur Vergütungspflicht des Händlers oder Importeurs s. § 54b. Der EuGH hat in den Entscheidungen Padawan und Stichting (EuGH GRUR 2011, 55 – Padawan/SGAE; EuGH GRUR-Int. 2011, 716 – Stichting) klargestellt, dass eigentlicher Schuldner der Privatkopieabgabe der private Endverbraucher ist, der die Kopien herstellt, durch die den Urhebern ein Schaden entsteht. Die Mitgliedsstaaten hätten aber die Möglichkeit, eine Abgabe einzuführen, die nicht die betroffenen Privatpersonen, sondern diejenigen belastet, die über Anlagen, Geräte und Medien zur digitalen Vervielfältigung verfügen und sie zu diesem Zweck Privatpersonen rechtlich oder tatsächlich zur Verfügung stellen oder diesen die Dienstleistung einer Vervielfältigung erbringen. Im Rahmen eines solchen Systems hätten die über diese Anlagen verfügenden Personen die Abgabe für Privatkopien zu leisten. Diese Schuldner könnten den Betrag der Abgabe in den Preis für die

Überlassung der Anlagen, Geräte und Medien zur Vervielfältigung oder in den Preis für die Erbringung der Vervielfältigungsleistung einfließen lassen. So werde im Ergebnis die Abgabe letztlich vom privaten Nutzer getragen, der den Preis zahle, er sei als „indirekter Schuldner" des gerechten Ausgleichs anzusehen (EuGH GRUR 2011, 55 – Padawan/SGAE; EuGH GRUR-Int. 2011, 716 – Stichting). Hieraus wird geschlossen, dass nur die Händler, die direkt an Endverbraucher liefern, Schuldner des gerechten Ausgleichs und damit der angemessenen Vergütung sein dürften (*Koch/Krauspenhaar* GRUR Int. 2012, 881). Da aber auch Importeure und Hersteller, die nicht an den Endverbraucher liefern, die Vergütung einpreisen können und die Abgabe folglich bis zum Endverbraucher, dem nach EuGH eigentlichen Schuldner, durchgereicht werden kann, sollten der Inanspruchnahme dieser Gruppen richtigerweise keine europarechtlichen Hindernisse entgegenstehen (*Frank* CR 2011, 1). Diese Frage wird der EuGH aufgrund einer Vorlage des obersten österreichischen Gerichtshofs zu klären haben (OGH GRUR Int. 2012, 262).

VII. Rechtslage bis 31.12.2007

Nach den §§ 54 und 54a in der bis zum 31.12.2007 geltenden Fassung hatte der Urheber als Ausgleich für die nach § 53 Abs. 1 und 3 erlaubnisfrei zulässigen Vervielfältigungen zum Privat- und zum sonstigen eigenen Gebrauch einen Anspruch auf angemessene Vergütung. Dieser Anspruch richtete sich gegen den Hersteller von Geräten zur Aufnahme von Funksendungen auf Bild- oder Tonträger sowie gegen den Hersteller solcher Bild- und Tonträger und die Hersteller von Geräten, mit denen ein Werkstück abgelichtet oder in einem Verfahren vergleichbarer Wirkung vervielfältigt werden kann (so genannte **Geräteabgabe**). Darüber hinaus stand dem Urheber nach § 54a Abs. 2 a.F. ein Anspruch auf angemessene Vergütung gegen den Betreiber von Kopiergeräten und ähnlichen Geräten in Schulen, Hochschulen sowie Einrichtungen der Berufsbildung oder sonstiger Aus- oder Weiterbildung, Forschungseinrichtungen, öffentlichen Bibliotheken oder Einrichtungen, die solche Geräte für die Herstellung von Ablichtungen entgeltlich bereithalten, zu (sog. **Betreiberabgabe,** jetzt § 54c, s. Kommentierung zu § 54c). Als angemessene Vergütung legten § 54d a.F. und die zugehörige Anlage gesetzlich bestimmte Vergütungssätze fest, die Anwendung fanden, wenn zwischen den Beteiligten oder ihren Verbänden keine vertraglichen Regelungen bestanden. Existierten weder gesetzliche Vergütungssätze noch Gesamtverträge setzen die Verwertungsgesellschaften Tarife fest.

Nach § 54 Abs. 1 a.F. war die Pflicht zur Zahlung der angemessenen Vergütung an Geräte und Bild- oder Tonträger geknüpft, die erkennbar zur Aufnahme von Funksendungen auf Bild- oder Tonträger oder zur Übertragung von einem Bild- oder Tonträger auf einen anderen **bestimmt** waren. Nach § 54a a.F. bestand der Vergütungsanspruch bei Geräten, die zur Vornahme von Vervielfältigungen nach § 53 Abs. 1 bis 3 durch Ablichtung oder in einem anderen Verfahren vergleichbarer Wirkung **bestimmt** waren. Das Gesetz knüpfte nicht an die tatsächliche Nutzung, sondern an die Nutzungsmöglichkeit an (BGH GRUR 1993, 553 – Readerprinter; Schricker/Loewenheim/*Loewenheim* § 54 Rn. 20). Wenn Geräte nur im Zusammenwirken mit anderen Gerätetypen zur Vervielfältigung genutzt werden können, unterlagen nicht sämtliche Geräte der Vergütungspflicht, sondern nur dasjenige, welches am deutlichsten dazu bestimmt ist, mit anderen Geräten zusammen zur Vervielfältigung verwendet zu werden (BGH GRUR 2008, 245 – Drucker und Plotter; BGH GRUR 2009, 53 – PC). Der BGH stellte in diesen Entscheidungen fest, dass bei einer Einheit aus Scanner, PC und Drucker der Scanner das maßgebliche Gerät sei. Nach Aufhebung dieser beiden Entscheidungen durch das BVerfG wegen nicht ausreichende Behandlung der Frage, ob eine Vorlage zum EuGH erforderlich ist, hat der BGH die streitentscheidende Frage, ob mit PC bzw. Druckern Vervielfältigungen im Wege der Ablichtung oder in einem Verfahren vergleichbarer Wirkung hergestellt sind dem EuGH

UrhG § 54a § 54a Vergütungshöhe

vorgelegt (s. Vorlagebeschlüsse BGH GRUR 2011, 1012 – Drucker und Plotter II und BGH GRUR 2011, 1008 – PC II).

23 **Vervielfältigungseräte** i. S. d. § 54 Abs. 1 a. F. sind beispielsweise **Video- und Kassettenrecorder, digitale Aufnahmegeräte wie Festplattenrekorder oder Minidisc-Player mit Aufnahmefunktion** (Schricker/Loewenheim/*Loewenheim* § 54 Rn. 18). Die Schiedsstelle beim Deutschen Patent- und Markenamt hat mit der Entscheidung vom 4.5.2000 **CD-Brenner** ebenfalls zum Kreis der vergütungspflichtigen Geräte gezählt (ZUM 2000, 599; s. auch LG Stuttgart ZUM 2001, 614). Ebenfalls zu den nach § 54 Abs. 1 a. F. vergütungspflichtigen Geräten sind **Computer** mit ausreichend großen Festplatten zu zählen (BGH GRUR 2012,705 – PC als Bild- und Tonaufzeichnungsgerät; Möhring/Nicolini/*Gass* § 54 Rn. 27; *Wandtke* GRUR 2002, 1). Geeignete **Bild- und Tonträger** zum Bespielen durch den Endverbraucher i. S. d. § 54 Abs. 1 a. F. sind beispielsweise **unbespielte Videokassetten, Audiokassetten, Tonbänder, Minidiscs, CD- und DVD-Rohlinge, externe Festplatten** und **Speichkarten** (Schricker/Loewenheim/*Loewenheim* § 54 Rn. 39; Möhring/Nicolini/*Gass* § 54 Rn. 29; Dreier/Schulze/*Dreier* § 54 Rn. 6). Vergütungspflichtig sind i. S. d. § 54a Abs. 1 a. F. bspw. **Fotokopiergeräte, Readerprinter** (Geräte, mit denen auf Mikrofilm verkleinertes Schriftgut sowohl auf einem Bildschirm vergrößert lesbar gemacht wie auch auf Normalpapier kopiert werden können; BGHZ 121, 215) sowie **Telefaxgeräte** und **Multifunktionsgeräte** (BGH GRUR 2008,786 – Multifunktionsgeräte). Auch **Scanner** (BGH GRUR 2002, 246 – Scanner; OLG Hamburg ZUM 1999, 248; OLG Düsseldorf NJW-RR 1999, 552) werden von § 54a a. F. erfasst. Zu PC und Druckern und Plottern s. Rn. 22.

§ 54a Vergütungshöhe

(1) **Maßgebend für die Vergütungshöhe ist, in welchem Maß die Geräte und Speichermedien als Typen tatsächlich für Vervielfältigungen nach § 53 Abs. 1 bis 3 genutzt werden. Dabei ist zu berücksichtigen, inwieweit technische Schutzmaßnahmen nach § 95a auf die betreffenden Werke angewendet werden.**

(2) **Die Vergütung für Geräte ist so zu gestalten, dass sie auch mit Blick auf die Vergütungspflicht für in diesen Geräten enthaltene Speichermedien oder andere, mit diesen funktionell zusammenwirkenden Geräten oder Speichermedien insgesamt angemessen ist.**

(3) **Bei der Bestimmung der Vergütungshöhe sind die nutzungsrelevanten Eigenschaften der Geräte und Speichermedien, insbesondere die Leistungsfähigkeit von Geräten sowie die Speicherkapazität und Mehrfachbeschreibbarkeit von Speichermedien, zu berücksichtigen.**

(4) **Die Vergütung darf Hersteller von Geräten und Speichermedien nicht unzumutbar beeinträchtigen; sie muss in einem wirtschaftlich angemessenen Verhältnis zum Preisniveau des Geräts oder des Speichermediums stehen.**

Literatur: *Büchner,* Anmerkung zu OLG München, Urt. v. 15.12.2005 – 29 U 1913/05, CR 2006, 313; *Degenhart,* Verfassungsfragen urheberrechtlicher Geräteabgaben nach dem „2. Korb", K&R 2006, 388; *Dreier,* Padawan und die Folgen für die deutsche Kopiervergütung, ZUM 2011, 281; *Flechsig,* Der Zweite Korb zur Verbesserung der Urheber- und Leistungsschutzrechte, ZRP 2006, 145; *Frank,* Urheberabgaben nach Padawan, CR 2011, 1; *Klett,* Muss das System urheberrechtlicher Geräteabgaben im deutschen Urheberrecht neu überdacht werden?, K&R 2010, 800; *Koch/Krauspenhaar,* Hat das derzeitige System der Abgaben auf Vervielfältigungsgeräte und Speichermedien nach §§ 54ff. UrhG noch eine Zukunft?; *Krüger,* Anpassung der Höhe der Urhebervergütung für die Privatkopie durch einen neuen § 54a III 1 UrhG? – Kritische Überlegungen zum Referentenentwurf für den „Zweiten Korb", GRUR 2005, 206; *Langhoff/Oberndörfer/Jani,* Der „zweite Korb" der Urheberrechtsreform, ZUM 2007, 593; *Müller,* Festlegung und Inkasso von Vergütungen für die private Vervielfältigung auf der Grundlage des „Zweiten Korbs", ZUM 2007, 777; *Nolte,* Das Urheberrecht in der Informationsgesellschaft, CR 2006, 254; *Wiesemann,* Die urhe-

§ 54a Vergütungshöhe

§ 54a UrhG

berrechtliche Pauschal- und Individualvergütung für Privatkopien im Lichte technischer Schutzmaßnahmen unter besonderer Berücksichtigung der Verwertungsgesellschaften, Hamburg 2007; *Zypries,* Neues Urheberrecht: Die Früchte des Zweiten Korbs, MMR 2007, 545.
Vgl. darüber hinaus die Angaben im eingangs abgedr. Gesamtliteraturverzeichnis.

Übersicht

	Rn.
I. Bedeutung	1
II. Tatsächliche urheberrechtsrelevante Nutzung	2–4
III. Keine unzumutbare Beeinträchtigung	5

I. Bedeutung

Der im Rahmen des Zweiten Korbs neu gefasste § 54a regelt die Vergütungshöhe. Dabei wird nunmehr ebenso wie in § 54 nicht mehr nach Art und Weise der Vervielfältigung unterschieden. Kernstück der Arbeiten am **Zweiten Korb** (s. Vor §§ 44a ff. Rn. 9 f.) war die Neugestaltung des Systems der Pauschalvergütung der §§ 54 ff. Nachdem bereits im Jahr 2000 im zweiten Vergütungsbericht der Bundesregierung (BT-Drucks. 14/3972) auf Regelungsbedarf hingewiesen worden war, sollte nunmehr eine Flexibilisierung der Pauschalvergütung im Hinblick auf neue Vervielfältigungstechniken erreicht werden. Dabei sollte den betroffenen Verwertungsgesellschaften und den Herstellern von Vervielfältigungsgeräten und Speichermedien die Bemessung der Vergütungssätze innerhalb gesetzlich definierter Rahmenbedingungen übertragen werden. Die Beteiligten sollen in **gesetzlich vorgeschriebenen Verhandlungen** selbst die Vergütungshöhe bestimmen (§ 13a Abs. 1 S. 2 WahrnG). Ausgangspunkt ist dabei zunächst der verfassungsrechtliche Grundsatz, nach dem der Urheber für die zulässige Nutzung seiner Werke im Rahmen von § 53 angemessen zu vergüten ist (BVerfGE 31, 229 – Kirchen- und Schulgebrauch; s. § 46 Rn. 1). § 54a legt den Rahmen fest, nach dem die Höhe der Vergütung zu bestimmen ist (*Nolte* CR 2006, 254). Ob dieses „Selbstregulierungsmodell" erfolgreich sein wird, ist zweifelhaft. Bei Verabschiedung der Novelle gab der Gesetzgeber dem Bundesjustizministerium auf, die Entwicklung zu überwachten und zu prüfen, ob gesetzgeberisch Handlungsbedarf besteht, zum ehemaligen System der gesetzlich festgelegten Vergütungshöhe zurückzukehren (BT-Drucks. 16/5939). Um ein Einbrechen des Vergütungsaufkommens mit Inkrafttreten des Zweiten Korbs zu verhindern, wurde in § 27 WahrnG eine Übergangsregelung getroffen, wonach die bisherigen Vergütungssätze bis 31.12.2009 weiter galten, soweit sie nicht durch neue – ausgehandelte – Vergütungssätze ersetzt wurden (*Langhoff/Oberndörfer/Jani* ZUM 2007, 593). Für den Zeitraum ab dem 1.1.2010 obliegt die Festlegung der angemessenen Vergütung allein den Verwertungsgesellschaften und den Verbänden der Hersteller, Importeure und Händler von Vervielfältigungsgeräten und Speichermedien. Dies führte mangels Einigung der Beteiligten für viele Produktkategorien zu erheblicher, bis heute andauernder Rechtsunsicherheit. Eine der am heftigsten umstrittenen Fragen des Zweiten Korbs war die zunächst vorgesehene **Deckelung der Geräteabgabe** auf maximal 5% des Verkaufspreises in § 54a Abs. 4. Die Deckelung wurde schließlich – ebenso wie die **De-minimis-Klausel** in § 54 Abs. 1 – wieder aus dem Gesetzesentwurf gestrichen (ausführlich dazu unten Rn. 5). Zur Neugestaltung des Systems der Pauschalvergütung im Überblick vgl. § 54 Rn. 2 ff. Die Schwierigkeiten bei der Festsetzung der angemessenen Vergütung zeigen sich deutlich an der Tatsache, dass viele der von den Verwertungsgesellschaften festgesetzten Tarife für Unterhaltungselektronik, Speichermedien, Handys Gegenstand gerichtlicher Auseinandersetzungen sind. § 54a sagt über die tatsächliche Höhe der angemessenen Vergütung nichts aus (Schricker/Loewenheim/*Loewenheim* § 54a Rn. 4; Dreier/Schulze/*Dreier* § 54a Rn. 7).

II. Tatsächliche urheberrechtsrelevante Nutzung

2 § 54a Abs. 1 stellt nunmehr für die Vergütungshöhe auf das **urheberrechtsrelevante Maß der tatsächlichen Nutzung** des Gerätetyps oder des Speichermediums ab, und nicht wie bisher auf die Bestimmung eines Geräts zur Vervielfältigung. Dadurch soll einerseits gewährleistet werden, dass der Urheber an der tatsächlichen wirtschaftlichen Nutzung seiner Werke angemessen beteiligt wird. Andererseits soll aber sichergestellt werden, dass die Hersteller und sonstigen Verpflichteten (s. § 54b) nur insoweit vergütungspflichtig sind, als ihre Geräte und Speichermedien auch tatsächlich für Privatkopien genutzt werden (BT-Drucks. 16/1828, 29; Schricker/Loewenheim/*Loewenheim* § 54a Rn. 5). Die typisierte Betrachtungsweise der Benutzung soll dennoch verhindern, dass jedes nur theoretisch zur Vervielfältigung nutzbare Gerät vergütungspflichtig ist. Entscheidend soll der übliche Gebrauch des Geräts sein (*Langhoff/Oberndörfer/Jani* ZUM 2007, 593). Zu den Bedenken an der europarechtlichen Zulässigkeit dieser typisierten Betrachtung nach der Padawan-Entscheidung des EuGH (EuGH GRUR 2011, 50) siehe § 54 Rn. 11ff. Das Maß der Nutzung der Geräte und Speichermedien soll durch empirische Untersuchungen ermittelt werden. Diese sollen veröffentlicht werden, um Transparenz zu gewährleisten, Akzeptanz zu schaffen (BT-Drucks. 16/1828, 29) und als Anhaltspunkt für die Bemessung der Vergütung für ähnliche Geräte oder Speichermedien dienen (Dreier/Schulze/*Dreier* § 54a Rn. 5). In Streitfällen kann die Schiedsstelle gem. § 14 WahrnG angerufen werden, die innerhalb eines Jahres nach Anrufen einen Einigungsvorschlag unterbreiten soll (§ 14a WahrnG). Über Streitfälle entscheidet gem. § 16 Abs. 4 S. 1 WahrnG ausschließlich das für den Sitz der Schiedsstelle zuständige OLG im ersten Rechtszug.

3 Die Verwendung von **technischen Schutzmaßnahmen** i. S. v. § 95a ist bei der Festlegung der Vergütungshöhe nach § 54a Abs. 1 S. 2 ausdrücklich zu berücksichtigen; relevant kann dies wohl nur bei der Vergütung von Geräten und Speichermedien für digitale Vervielfältigungen werden (Schricker/Loewenheim/*Loewenheim* § 54a Rn. 7). Es bleibt somit mit gutem Grund bei der Koexistenz von Pauschalvergütung und individuellen technischer Schutzmaßnahmen. So ist die angemessene Vergütung für Urheber gesichert, die ihre Werke – etwa aus finanziellen Gründen – nicht mit technischen Schutzmaßnahmen versehen können. Gleichzeitig soll der faktische Ausschluss der Privatkopie durch technische Schutzmaßnahmen nicht noch durch den Gesetzgeber gefördert werden (*Nolte* CR 2006, 254). Technische Schutzmaßnahmen dienen gerade dazu, Vervielfältigungen mittels bestimmter Geräte zu verhindern oder zu beschränken. Je mehr Werkexemplare mit technischen Schutzmaßnahmen versehen sind, desto geringer ist der Anteil urheberrechtlich relevanter Kopien an der Gesamtzahl der Vervielfältigungen mit einem bestimmten Gerät (BT-Drucks. 16/1828, 29). Die Verwendung technischer Schutzmaßnahmen wird dabei nicht nur auf der Verteilungsseite, sondern durch § 54h Abs. 2 S. 2 auch auf Erhebungsseite der Vergütungen berücksichtigt. Es wäre ansonsten ebenso widersprüchlich, die Nutzer einerseits mit Pauschalabgaben zu belasten, obwohl sie die Werke aufgrund des Kopierschutzes gar nicht privat vervielfältigen können, wie es ungerechtfertigt wäre, diejenigen Rechtsinhaber von der Pauschalvergütung profitieren zu lassen, die ihre Werke mit technischen Schutzmaßnahmen versehen (*Nolte* CR 2006, 254). Der Gesetzgeber versteht unter dem Begriff „technische Schutzmaßnahmen" nicht nur DRM-Systeme (digital rights management), welche die Vervielfältigung gänzlich verhindern, sondern auch solche, welche die Vervielfältigung nur beschränken, indem sie Vervielfältigungen etwa gegen Entgelt zulassen (BT-Drucks. 16/1828, 15; a.A. *Wiesemann* 319f.). Eine Doppelbelastung der Konsumenten wird durch § 54a Abs. 1 S. 2 somit vermieden.

4 § 54a Abs. 2 soll nach der Gesetzesbegründung den Grundgedanken der Scanner-Entscheidung des BGH (BGH GRUR 2002, 246 – Scanner) zur **Gerätekombination** aufgreifen. Bei einer Kette von mehreren Geräten, Speichermedien oder Zubehör, die nur

§ 54a Vergütungshöhe

in Kombination zur Vornahme von Vervielfältigungen geeignet sind, ist sicherzustellen, dass es nicht zu einer insgesamt unangemessen hohen Gesamtvergütung kommt. Aus dieser Regelung folgt aber auch, dass grds. jedes Gerät der Kombination vergütungspflichtig ist (BT-Drucks. 16/1828, 30; Schricker/Loewenheim/*Loewenheim* § 54a Rn. 8). Es bleibt den Verwertungsgesellschaften und Geräteherstellern überlassen, in Verhandlungen festzulegen, welche Vergütung für Geräte, wie etwa PCs, angemessen sein soll. Bei der Bestimmung der Vergütungshöhe sind schließlich die **nutzungsrelevanten Eigenschaften** der Geräte und Speichermedien, wie etwa Leistungsfähigkeit, Speicherkapazität und Mehrfachbeschreibbarkeit, gem. § 54a Abs. 3 zu berücksichtigen (Dreier/Schulze/*Dreier* § 54a Rn. 9; Schricker/Loewenheim/*Loewenheim* § 54a Rn. 9; Dreyer/Kotthoff/Meckel/*Dreyer* § 54a Rn. 7).

III. Keine unzumutbare Beeinträchtigung

Die Vergütung darf Hersteller von Geräten und Speichermedien gem. § 54a Abs. 4 nicht unzumutbar beeinträchtigen, sie muss in einem wirtschaftlich angemessenen Verhältnis zum Preisniveau des Gerätes oder Speichermedium stehen. Die Begrenzung soll verhindern, dass durch die Pauschalvergütung, die in den Nachbarstaaten nicht erhoben wird, der Inlandsabsatz der Geräte und Speichermedien beeinträchtigt wird. Es sei letztlich auch Interesse der Vergütungsempfänger, dass die Vergütungspflicht nicht durch Einkäufe im Ausland umgangen wird (BT-Drucks. 16/1828, 30). Um ein wirtschaftlich angemessenes Verhältnis sicherzustellen und die Hersteller nicht übermäßig zu belasten, sah der RegE in Abs. 4 eine **Deckelung** der Geräteabgabe auf maximal 5% des Verkaufspreises vor (BT-Drucks. 16/5939, 13f.). Der Bundesrat kritisierte die Deckelung in seiner Stellungnahme als verfassungsrechtlich problematisch: Der Preis eines Gerätes sage nichts über die Höhe eines angemessenen Ausgleichs für den mit Hilfe dieses Gerätes erfolgten Eingriffs in das Urheberrecht aus (BR-Drucks. 257/1/06, 15; krit. auch *Flechsig* ZRP 2006, 145; *Degenhart* K&R 2006, 388; *Krüger* GRUR 2005, 206). Auf Betreiben der Regierungsfraktionen wurde die Deckelung schließlich – ebenso wie die **De-minimis-Klausel** in § 54 Abs. 1 – wieder aus dem Gesetzesentwurf gestrichen. Begründet wurde dies damit, dass die wirtschaftlichen Belange der Hersteller durch den verbleibenden Abs. 4 S. 1 hinreichend berücksichtigt würden. Die Regelung stelle die erforderliche Flexibilität bei Berücksichtigung aller Umstände des Einzelfalls, einschließlich der Markt- und Wettbewerbssituation, sicher (BT-Drucks. 16/5939, 81f.). Um eine unzumutbare Beeinträchtigung der einzelnen Hersteller und Importeure zu vermeiden, wird unter anderem vorgeschlagen, die Vergütung auf weitere Schultern zu verteilen, etwa durch die Einbeziehung der Hersteller und Importeure von Verbrauchsmaterialien (*Krüger* GRUR 2005, 206); diesem Vorschlag ist der Gesetzgeber aber nicht gefolgt. Die Gerätehersteller, die einen Nachteil im internationalen Wettbewerb befürchteten, hatten zwischenzeitlich vergebens die Zahlung einer pauschalen Summe von € 50 Mio. an die Verwertungsgesellschaften in Aussicht gestellt, um die Deckelung sowie die De-minimis-Klausel beizubehalten (*Langhoff/Oberndörfer/Jani* ZUM 2007, 593; *Nolte* CR 2006, 254). Auch die nunmehr vom Gesetzgeber verabschiedete Fassung führt zu Zweifeln an ihrer verfassungsrechtlichen Zulässigkeit. Die Anbindung der Vergütungshöhe an das Preisniveau der Produkte kann bei einem Preisverfall zu einem Absinken der Vergütungshöhe auf ein Niveau führen, welches dem verfassungsrechtlich geschützten Gebot der angemessen Vergütung des Urhebers nicht mehr entspricht (*Müller* ZUM 2007, 777). Es ist durchaus zweifelhaft, ob § § 54a Abs. 4 **europarechtskonform** ist. In der Padawan-Entscheidung stellte der EuGH zum Begriff des angemessenen Ausgleichs fest, dass dieser anhand des Schadens zu ermitteln sei, den der Urheber durch die gegen seinen Willen aber in einer durch den Gesetzgeber zugelassenen Weise erfolgte Vervielfältigung erleidet (EuGH GRUR 2011, 55 – Padawan/SGAE). Die Urhebervergütung kann folglich nicht von dem Verkaufspreis des Vervielfältigungsgeräts oder des Speichermediums abhängen.

§ 54b Vergütungspflicht des Händlers oder Importeurs

(1) Neben dem Hersteller haftet als Gesamtschuldner, wer die Geräte oder Speichermedien in den Geltungsbereich dieses Gesetzes gewerblich einführt oder wiedereinführt oder wer mit ihnen handelt.

(2) Einführer ist, wer die Geräte oder Speichermedien in den Geltungsbereich dieses Gesetzes verbringt oder verbringen lässt. Liegt der Einfuhr ein Vertrag mit einem Gebietsfremden zugrunde, so ist Einführer nur der im Geltungsbereich dieses Gesetzes ansässige Vertragspartner, soweit er gewerblich tätig wird. Wer lediglich als Spediteur oder Frachtführer oder in einer ähnlichen Stellung bei dem Verbringen der Ware tätig wird, ist nicht Einführer. Wer die Gegenstände aus Drittländern in eine Freizone oder in ein Freilager nach Artikel 166 der Verordnung (EWG) Nr. 2913/92 des Rates vom 12. Oktober 1992 zur Festlegung des Zollkodex der Gemeinschaften (ABl. EG Nr. L 302 S. 1) verbringt oder verbringen lässt, ist als Einführer nur anzusehen, wenn die Gegenstände in diesem Bereich gebraucht oder wenn sie in den zollrechtlich freien Verkehr übergeführt werden.

(3) Die Vergütungspflicht des Händlers entfällt,
1. soweit ein zur Zahlung der Vergütung Verpflichteter, von dem der Händler die Geräte oder die Speichermedien bezieht, an einen Gesamtvertrag über die Vergütung gebunden ist oder
2. wenn der Händler Art und Stückzahl der bezogenen Geräte und Speichermedien und seine Bezugsquelle der nach § 54h Abs. 3 bezeichneten Empfangsstelle jeweils zum 10. Januar und 10. Juli für das vorangegangene Kalenderhalbjahr schriftlich mitteilt.

Literatur: *Kröber*, Der grenzüberschreitende Internet-Handel mit CD- und DVD-Rohlingen und die Vergütungsansprüche nach §§ 54ff. UrhG, ZUM 2006, 89; *Müller*, Verbesserung des gesetzlichen Instrumentariums zur Durchsetzung von Vergütungsansprüchen für private Vervielfältigungen, ZUM 2008, 377; *Müller*, Die Erlaubnispflicht des deutschen Gesetzgebers zur Gewährleistung der praktischen Durchsetzung von Ansprüchen nach den §§ 54ff. UrhG, ZUM 2011, 631.
Vgl. darüber hinaus die Angaben im eingangs abgedr. Gesamtliteraturverzeichnis.

Übersicht

	Rn.
I. Bedeutung	1
II. Schuldner der Vergütung	2–3
III. Wegfall der Vergütungspflicht des Händlers	4–5

I. Bedeutung

1 In dem seit 1.1.2008 geltenden § 54b wurden die Bestimmungen für Händler und Importeure von Geräten und Speichermedien zusammengefasst. Es ergaben sich dadurch keine inhaltlichen Änderungen zum bis dahin geltenden Recht: § 54b Abs. 1 stimmt mit dem vorherigen § 54 Abs. 1 S. 2 und 3 a. F. überein. § 54b Abs. 2 entspricht dem vorher geltenden § 54 Abs. 2 a. F. und § 54b Abs. 3 entspricht dem § 54b a. F. Allerdings wurden die bis 31.12.2007 geltenden Ausnahmeregelungen für Kleinhändler in § 54 Abs. 1 S. 3 a. F. und § 54a Abs. 1 S. 3 a. F. nicht übernommen. Diese waren in der Praxis ohne Bedeutung geblieben (BT-Drucks. 16/1828, 31; Schricker/Loewenheim/*Loewenheim* § 54b Rn. 5). In der Entscheidung Stichting hat der EuGH zu einem Fall des Versandhandels von Rohlingen für Vervielfältigungsträger aus Deutschland an niederländische Verbraucher entschieden, dass ein Mitgliedstaat, der eine Vergütungsregelung für Privatkopien zulasten des Herstellers oder

Importeurs von Vervielfältigungsmedien eingeführt hat und in dessen Hoheitsgebiet den Urhebern durch die Privatnutzung ihrer Werke durch dort ansässige Käufer Schäden entstehen, sicherstellen müssen, dass die Urheber tatsächlich den gerechten Ausgleich erhalten. Der Umstand, dass die gewerblichen Verkäufer von Anlagen, Geräten und Medien zu Vervielfältigungen in einem anderen Mitgliedsstaat als demjenigen ansässig sind, in dem die Käufer wohnen, ist ohne Einfluss auf diese Ergebnispflicht (EuGH GRUR 2011, 909 – Stichting). Der EuGH bestätigt damit die Verpflichtung der Mitgliedsstaaten, auch bei grenzüberschreitendem Vertrieb sicherzustellen, dass die Urheber für Vervielfältigungshandlungen im Inland eine angemessene Vergütung zu erhalten haben (*Müller*, ZUM 2011, 631, der zurecht darauf hinweist, dass für Klagen gegen ausländische Internetversender de lege lata kein inländischer Gerichtsstand besteht und die Einführung eines deutschen Gerichtsstands fordert). Zu Frage, ob die Inanspruchnahme von Herstellern, Importeuren und Händlern, die nicht an Endverbraucher liefern, europarechtskonform ist, s. § 54 Rn. 17.

II. Schuldner der Vergütung

Nach § 54 Abs. 1 ist Schuldner des angemessenen Vergütungsanspruchs der **Hersteller,** folglich derjenige, der Bild- oder Tonträger bzw. Geräte tatsächlich produziert hat, und nicht der Zulieferer (zum Herstellerbegriff vgl. § 54 Rn. 16). Als weitere Gesamtschuldner haften der Importeur (s. Rn. 3) und der **Händler,** also derjenige, der entsprechende Geräte oder Bild- oder Tonträger erwirbt und gewerblich weiterveräußert, unabhängig von der Handelsstufe (Schricker/Loewenheim/*Loewenheim* § 54b Rn. 6; Dreier/Schulze/*Dreier* § 54b Rn. 3). Die angemessene Vergütung i. S. d. §§ 54 und 54a soll in erster Linie von den Herstellern und Importeuren bezahlt werden. Der Händler haftet daher nicht, wenn er die Geräte oder die Speichermedien von einem Lieferanten bezieht, der an einem Gesamtvertrag (i. S. v. § 12 WahrnG) mit Verwertungsgesellschaften gebunden ist (Abs. 3 Nr. 1); s. Rn. 4. Alternativ wird der Händler frei, wenn er jeweils zu den genannten Daten Anzahl der bezogenen Geräte und Speichermedien sowie seine Bezugsquelle der Empfangsstelle gem. § 54h Abs. 3 meldet (Abs. 3 Nr. 2; s. Rn. 5).

Neben dem Hersteller haftet als Gesamtschuldner der **Importeur,** der die Geräte oder die Bild- oder Tonträger gewerblich einführt oder wiedereinführt (§ 54b Abs. 1 Alt. 1, Abs. 2); wer Geräte oder Speichermedien privat einführt, haftet nicht (Dreier/Schulze/*Dreier* § 54b Rn. 2; Schricker/Loewenheim/*Loewenheim* § 54b Rn. 3). Auch der Reimporteur haftet, wenn die Vergütung nicht bereits von einem anderen bezahlt wurde (Schricker/Loewenheim/*Loewenheim* § 54b Rn. 2; Dreier/Schulze/*Dreier* § 54b Rn. 2). Es ist nicht erforderlich, dass die Geräte bzw. Speichermedien vom Importeur weiterveräußert werden; auch wenn er sie selbst zu eigenen gewerblichen Zwecken einsetzt, besteht die Vergütungspflicht (Dreier/Schulze/*Dreier* § 54b Rn. 2). Der Spediteur oder Frachtführer haftet nicht (Abs. 2 S. 3), der handelsrechtliche Kommissionär wird dagegen wie ein Vertriebshändler als Importeur angesehen (Möhring/Nicolini/*Gass* § 54 Rn. 34; Schricker/Loewenheim/*Loewenheim* § 54b Rn. 4; Dreier/Schulze/*Dreier* § 54b Rn. 2; Dreyer/Kotthoff/Meckel/*Dreyer* § 54b Rn. 4; LG Köln ZUM-RD 2008, 238). Bei einem Einfuhrgeschäft mit einem Gebietsfremden gilt der in Deutschland ansässige Vertragspartner als Importeur, wenn er gewerblich tätig wird, also zum Weitervertrieb oder zum gewerblichen Gebrauch einführt. Liefert der Gebietsfremde dagegen an einen Endabnehmer, ist allein der Lieferant vergütungspflichtig (Schricker/Loewenheim/*Loewenheim* § 54b Rn. 4; Dreier/Schulze/*Dreier* § 54b Rn. 2). Diese Regelung entspricht den Vorgaben des EuGH in EuGH GRUR 2011, 909 – Stichting. Der private Endabnehmer in Deutschland, der selbst einführt, kann folglich nicht vergütungspflichtig sein. Der Umzug eines Verkäufers ins Ausland ändert nichts an seinen Verpflichtungen aus den §§ 54ff., sofern er weiterhin – z. B. über das Internet – seine Geräte oder Speichermedien an deutsche Kunden vertreibt.

UrhG § 54c   § 54c Vergütungspflicht des Betreibers von Ablichtungsgeräten

Seine Haftung als Händler bleibt bestehen, da in Hinblick auf den Adressatenkreis Deutschland als derjenige Ort anzusehen ist, an dem die Geräte oder Speichermedien veräußert bzw. in den Verkehr gebracht werden (vgl. *Kröber* ZUM 2006, 89). Zu Lieferungen in Freizonen oder Freilager s. Abs. 2 S. 4.

III. Wegfall der Vergütungspflicht des Händlers

4   **Gesamtverträge** im Sinne der Nr. 1 sind Verträge zwischen Verwertungsgesellschaften und Vereinigungen von Vergütungspflichtigen i. S. d. § 12 WahrnG (Schricker/Loewenheim/*Loewenheim* § 54b Rn. 8). Die von den Herstellern mit der ZPÜ (s. § 54h Rn. 3) geschlossenen Gesamtverträge bezüglich Unterhaltungselektronik, Speichermedien, etc. sind von den Parteien spätestens zum 31.12.2009 gekündigt worden; über die angemessene Vergütung wird zwischen den Interessengruppen derzeit intensiv verhandelt und es werden auch Rechtsstreitigkeiten geführt. Die Befreiung des Händlers durch Abs. 3 Nr. 1 wird damit begründet, dass die Vergütung vom Lieferanten, der selbst vergütungspflichtig sein muss, aufgrund des Gesamtvertrages unschwer eingezogen werden kann. Hierbei ist es unerheblich, ob die vergütungspflichtigen Waren unmittelbar oder nur mittelbar von dem an den Gesamtvertrag gebundenen Unternehmen bezogen werden (Schricker/Loewenheim/*Loewenheim* § 54b Rn. 8; AmtlBegr. BT-Drucks. IV/270, 15).

5   Die Vergütungspflicht des Händlers entfällt nach Abs. 3 Nr. 2 ebenfalls, wenn dieser schriftliche Mitteilungen zum 10. 1. und 10. 7. für das jeweils vorangegangene Kalenderhalbjahr abgibt. Eine gemeinsame Empfangsstelle ist bspw. die ZPÜ, die „Zentralstelle für private Überspielungsrechte", vgl. § 54h. Zu verwenden sind die vom Deutschen Patent- und Markenamt gem. § 54h Abs. 4 herausgegebenen Muster. Die Befreiung des Händlers von der Haftung tritt nur ein, wenn die Mitteilung richtig, vollständig und rechtzeitig erfolgt (Möhring/Nicolini/*Gass* § 54b Rn. 5; Schricker/Loewenheim/*Loewenheim* § 54b Rn. 10).

§ 54c Vergütungspflicht des Betreibers von Ablichtungsgeräten

(1) Werden Geräte der in § 54 Abs. 1 genannten Art, die im Weg der Ablichtung oder in einem Verfahren vergleichbarer Wirkung vervielfältigen, in Schulen, Hochschulen sowie Einrichtungen der Berufsbildung oder der sonstigen Aus- und Weiterbildung (Bildungseinrichtungen), Forschungseinrichtungen, öffentlichen Bibliotheken oder in Einrichtungen betrieben, die Geräte für die entgeltliche Herstellung von Ablichtungen bereithalten, so hat der Urheber auch gegen den Betreiber des Geräts einen Anspruch auf Zahlung einer angemessenen Vergütung.

(2) Die Höhe der von dem Betreiber insgesamt geschuldeten Vergütung bemisst sich nach der Art und dem Umfang der Nutzung des Geräts, die nach den Umständen, insbesondere nach dem Standort und der üblichen Verwendung, wahrscheinlich ist.

Literatur: *Wandtke,* Copyright und virtueller Markt in der Informationsgesellschaft, GRUR 2002, 1; *Zypries,* Neues Urheberrecht: Die Früchte des Zweiten Korbs, MMR 2007, 545.

Vgl. darüber hinaus die Angaben im eingangs abgedr. Gesamtliteraturverzeichnis.

Übersicht

	Rn.
I. Bedeutung	1
II. Vergütungspflicht des Betreibers	2–5
III. Vergütungshöhe	6

I. Bedeutung

§ 54c enthält die Bestimmung zur Vergütungspflicht der Betreiber von Vervielfältigungsgeräten, die im Wege der Ablichtung oder einem Verfahren vergleichbarer Wirkung vervielfältigen, also von Geräten mit denen von analogen Werkstücken analoge Vervielfältigungen hergestellt werden (s. BGH ZUM 2011, 729 – Drucker und Plotter II, BGH GRUR 2011, 1012 – PC II und § 53 Rn. 21). Diese so genannte **Betreiberabgabe** war bis 31.12.2007 in § 54a Abs. 2 a. F. geregelt. Wie § 54 soll § 54c sicherstellen, dass der Urheber, der nach § 53 Abs. 1 bis 3 Vervielfältigungshandlungen seiner Werke hinzunehmen hat, die von Art. 14 Abs. 1 GG geforderte **angemessene Beteiligung an der Verwertung** erhält (BGHZ 135, 1 – Betreibervergütung; BGHZ 121, 215 – Readerprinter). Zusätzlich zur gesamtschuldnerischen Haftung von Herstellern, Händlern und Importeuren nach §§ 54, 54b legt § 54c gegenüber Verwertern, die üblicherweise erhebliche Mengen von Ablichtungen herstellen, eine zusätzliche **Betreiberabgabe** fest. **Anspruchsberechtigt** sind die **Urheber** der i. S. d. § 54 vergütungspflichtigen Werke sowie ggf. eine Vielzahl von **Leistungsschutzberechtigten** (s. § 54 Rn. 8). Voraussetzung für die Vergütung ist, dass die Werke und durch Leistungsschutzrechte geschützten Leistungen ihrer Art nach gemäß § 53 Abs. 1 bis 3 vervielfältigt werden, dies folgt schon aus dem Verweis auf § 54 Abs. 1 (Schricker/Loewenheim/*Loewenheim* § 54c Rn. 2). Werke, die nach diesen Vorschriften nicht vervielfältigt werden dürfen, sind deshalb bei der Berechnung der Betreibervergütung nicht heranzuziehen (Schricker/Loewenheim/*Loewenheim* § 54c Rn. 2). Die **Höhe** der Vergütung richtet sich nach § 54c Abs. 2. Der Anspruch entsteht mit dem Aufstellen der Geräte (Schricker/Loewenheim/*Loewenheim* § 54c Rn. 1). Zur Reform durch den Zweiten Korb s. § 54 Rn. 2 ff.

II. Vergütungspflicht des Betreibers

Zusätzlich zum Vergütungsanspruch gegen den Hersteller, Importeur und Händler des Gerätes nach § 54 Abs. 1 haben die Berechtigten (s. o. Rn. 1) gem. § 54c Abs. 1 den Anspruch auf Zahlung der **Betreiberabgabe** gegenüber Institutionen, bei denen der Gesetzgeber vom Anfall von erheblichen Mengen von urheberrechtlich relevanten Vervielfältigungen ausging. Die Aufzählung in § 54c Abs. 1 ist abschließend (Schricker/Loewenheim/*Loewenheim* § 54c Rn. 5; Dreyer/Kotthoff/Meckel/*Dreyer* § 54c Rn. 16). Gewerbliche Wirtschaft, Behörden und freie Berufe sind mit Ausnahme der von ihnen betriebenen Bildungs- und Forschungseinrichtungen sowie Bibliotheken nicht erfasst. Die Inanspruchnahme von gewerblichen Betrieben, die Bibliotheken und Forschungseinrichtungen unterhalten, ist durch Art. 3 GG gedeckt (BGHZ 135, 1 – Betreibervergütung). Vergütungsschuldner ist der **Betreiber**, unabhängig, ob er Eigentümer, Mieter oder Leasingnehmer ist, entscheidend ist, auf wessen Rechnung das Kopiergerät aufgestellt wird (Schricker/Loewenheim/*Loewenheim* § 54c Rn. 12). Die Vergütungspflicht entsteht bereits mit dem Aufstellen des Geräts, dem Bereithalten zur Herstellung von Vervielfältigungen (Schricker/Loewenheim/*Loewenheim* § 54c Rn. 1; Fromm/Nordemann/*W. Nordemann* § 54c Rn. 7).

Bildungseinrichtungen sind nicht nur staatliche Schulen, Hochschulen und Einrichtungen der Berufsbildung sowie der sonstigen Aus- und Weiterbildung, sondern auch **private** Bildungseinrichtungen wie Privatschulen, Fortbildungsstätten der gewerblichen Wirtschaft, der Gewerkschaften und Kirchen. Im Bereich der gewerblichen Wirtschaft erfordert eine Einrichtung i. S. d. § 54c Abs. 1 zum Zweck der Abgrenzung eine gewisse organisatorische Selbstständigkeit und Abgrenzbarkeit gegenüber dem Produktionsbereich. Diese abgrenzbare Einrichtung muss auch als Schwerpunktbereich der urheberrechtlich relevanten Kopiertätigkeit anzusehen sein, in dem die Vervielfältigung von urheberrechtlich geschütztem Fremdmaterial gegenüber den sonstigen Unternehmensteilen deutlich überwiegt (BGHZ 135, 1 – Betreibervergütung). Auch **Forschungseinrichtungen** im Sinne der Vorschrift können öffentlich oder privat getragen werden. Die Forschungseinrichtung muss ebenfalls den Schwerpunktbereich der urheberrechtlich relevanten Kopiertätigkeit bilden und von den gewerblichen Betriebsteilen abzugrenzen sein.

4   Eine von einem Gewerbebetrieb unterhaltene **Bibliothek** i. S. v. § 54c Abs. 1 muss als Einrichtung den besonderen Organisationsanforderungen genügen und einen systematisch gesammelten und Benutzern zentral zur Verfügung gestellten Bibliotheksbestand aufweisen, der seinem Umfang nach einer besonderen Verwaltung und Katalogisierung bedarf. Weitere Voraussetzung für die Anwendung von § 54c Abs. 1 auf Bibliotheken gewerblicher Träger ist, dass diese von einem Personenkreis genutzt werden können, der nach § 15 Abs. 3 als Öffentlichkeit anzusehen ist (BGHZ 135, 1 – Betreibervergütung). Weder bei Schulen, Hochschulen, sonstigen Einrichtungen der Berufsbildung, Forschungseinrichtungen und öffentlichen Bibliotheken erfordert § 54c Abs. 1, dass die Kopiergeräte entgeltlich bereitgehalten werden; diese Institutionen sind in jedem Fall verpflichtet, die Betreiberabgabe zu bezahlen. Die Voraussetzung des entgeltlichen Bereithaltens gilt nur für die letzte Variante in der Aufzählung des Abs. 1 (Schricker/Loewenheim/*Loewenheim* § 54c Rn. 6f.).

5   **Einrichtungen, die Geräte entgeltlich bereithalten,** sind Copyshops, aber auch andere Betriebe, die gegen Bezahlung die Erstellung von Kopien ermöglichen, wie bspw. Postämter, Supermärkte und Schreibwarengeschäfte (Fromm/Nordemann/*W. Nordemann* § 54c Rn. 7; Schricker/Loewenheim/*Loewenheim* § 54c Rn. 9). Letztlich unterliegen der Vergütungspflicht alle Betriebe, die Kopiergeräte entgeltlich als Kundenservice einsetzen, wie bspw. auch Hotels, hierbei kommt es nicht darauf an, ob der Kopierer als Hauptgeschäft oder als Kundenservice eingesetzt wird oder ob die Geräte frei zugänglich sind (OLG München GRUR 2004, 324; Möhring/Nicolini/*Gass* § 54a Rn. 19).

III. Vergütungshöhe

6   Die **Höhe des Vergütungsanspruchs** richtet sich nach § 54c Abs. 2, der dem § 54a Abs. 2 a. F. entspricht. Nach der bis 31.12.2007 geltenden Rechtslage waren für die Höhe der Vergütung die gesetzlichen Vergütungssätze des § 54d Abs. 2 a. F. nebst Anlage maßgebend. Durch den Zweiten Korb wurde § 54d in seiner bisherigen Form aufgegeben, um den betroffenen Verwertungsgesellschaften und den Herstellern von Vervielfältigungsgeräten und Speichermedien die Bemessung der Vergütungssätze innerhalb gesetzlich definierter Rahmenbedingungen zu übertragen (*Zypries* MMR 2007, 545). Gem. § 54c Abs. 2 bemisst sich die Höhe der geschuldeten Vergütung nach Art und Umfang der Nutzung des Gerätes, sowie nach den Umstände des Einzelfalls, insb. nach dem Standort und der üblichen Verwendung des Gerätes. Berücksichtigt wird bspw. die Nähe des Standorts zu einer Hochschule. Zur Auskunftspflicht des Betreibers s. § 54f Abs. 2. Für das Verfahren zur Bemessung der Vergütung und für Streitigkeiten hieraus vgl. §§ 13 ff. WahrnG und § 54a Rn. 6. Die Vergütung ist auch dann in voller Höhe vom Betreiber eines Copyshops zu bezahlen, wenn er eine Selbstbedienung durch den Kunden ausgeschlossen und die Angestellten angewiesen hat, nur urheberrechtlich nicht geschützte Werke zu vervielfältigen. Die gesetzliche Vermutung, dass Geräte, die zur Vornahme von Ablichtungen bestimmt sind, auch entsprechend ihrer Zweckbestimmung zur Herstellung von Vervielfältigungen nach § 53 Abs. 1 bis 3 genutzt werden (BGH GRUR 1993, 553 – Readerprinter), wird dadurch nicht entkräftet (BGH GRUR 2009, 480 – Kopierläden II). Zu dieser widerleglichen Vermutung s. auch BGH GRUR 2012, 101 – Digitales Druckzentrum. Zu den aktuellen Tarifen der VG Wort s. www.vgwort.de.

§ 54d Hinweispflicht

Soweit nach § 14 Abs. 2 Satz 1 Nr. 2 Satz 2 des Umsatzsteuergesetzes eine Verpflichtung zur Erteilung einer Rechnung besteht, ist in Rechnungen über die Veräußerung oder ein sonstiges Inverkehrbringen der in § 54 Abs. 1 genannten Geräte oder Speichermedien auf die auf das Gerät oder Speichermedium entfallende Urhebervergütung hinzuweisen.

Übersicht

	Rn.
I. Bedeutung	1
II. Hinweispflicht auf Rechnungen	2

I. Bedeutung

In Anlehnung an den bis 31.12.2007 geltenden § 54e a. F. ist gem. § 54d auf Rechnungen für die Veräußerung oder das sonstige Inverkehrbringen eines der in § 54 Abs. 1 genannten Geräte oder Speichermedien auf die auf das Gerät oder Medium entfallende Urhebervergütung hinzuweisen. Die in § 54e a. F. geregelte Unterscheidung der Hinweispflicht nach Abs. 1 für Ablichtungsgeräte und nach Abs. 2 für Geräte und Träger der Bild- und Tonaufzeichnung wurde in Hinblick auf die einheitliche Vergütungspflicht in § 54 aufgegeben. **1**

II. Hinweispflicht auf Rechnungen

Die Verpflichtung zur Angabe der entfallenden Urhebervergütung auf der Rechnung dient der Weitergabe der Vergütung an die Endverbraucher. Der Hinweisvermerk kennt keine zwingend vorgeschriebene Form. Üblicherweise erfolgt der Hinweis entweder durch einen Vermerk in der Rechnung, dass die Urhebervergütung im Rechnungsbetrag enthalten ist, oder durch gesonderten Ausweis der angefallenen Summe (Schricker/Loewenheim/ *Loewenheim* § 54d Rn. 2). Von einer generellen Verpflichtung zur Angabe des Vergütungsbetrages wurde angesichts der Vielzahl der unterschiedlichen Geräte und Speichermedien und des daraus resultierenden Bürokratieaufwandes abgesehen (BT-Drucks. 16/1828, 31). Die Hinweispflicht gilt nur für die Fälle, in denen der Verkäufer zum gesonderten Ausweis der Umsatzsteuer nach § 14 Abs. 2 S. 1 Nr. 2 S. 2 UStG verpflichtet ist, also bei Lieferung an einen anderen Unternehmer i. S. d. § 2 UStG. Hierdurch wird diesem die Feststellung ermöglicht, ob die Urhebervergütung bereits bezahlt wurde. Bei einem Verkauf an einen Endverbraucher ist die USt. dagegen nicht gesondert auszuweisen, es gilt auch keine Hinweispflicht nach § 54d (Schricker/Loewenheim/*Loewenheim* § 54d Rn. 2). **2**

§ 54e Meldepflicht

(1) **Wer Geräte oder Speichermedien in den Geltungsbereich dieses Gesetzes gewerblich einführt oder wiedereinführt, ist dem Urheber gegenüber verpflichtet, Art und Stückzahl der eingeführten Gegenstände der nach § 54h Abs. 3 bezeichneten Empfangsstelle monatlich bis zum zehnten Tag nach Ablauf jedes Kalendermonats schriftlich mitzuteilen.**

(2) **Kommt der Meldepflichtige seiner Meldepflicht nicht, nur unvollständig oder sonst unrichtig nach, so kann der doppelte Vergütungssatz verlangt werden.**

Literatur: Vgl. die Angaben im eingangs abgedr. Gesamtliteraturverzeichnis.

Übersicht

	Rn.
I. Bedeutung	1
II. Pflicht zur Meldung der Einfuhr	2
III. Doppelte Vergütung	3

I. Bedeutung

1 Durch die in § 54e Abs. 1 enthaltene Verpflichtung zur Meldung der gewerblichen Einfuhr oder der Wiedereinfuhr sollen den Verwertungsgesellschaften die für die Geltendmachung der Vergütungsansprüche notwendigen Informationen beschafft werden. Die Einführung einer Meldepflicht wurde erforderlich, nachdem durch die Einführung des Binnenmarkts der Europäischen Union Grenzkontrollen und Einfuhrkontrollmeldungen wegfielen (Schricker/Loewenheim/*Loewenheim* § 54e Rn. 1). Der durch den Zweiten Korb neu gefasste § 54e entspricht inhaltlich dem bis 31.12.2007 geltenden § 54f a. F. Die Änderungen in Abs. 1 sind Folge der nunmehr einheitlichen Regelung der Vergütungspflicht in § 54 Abs. 1 (BT-Drucks. 16/1828, 31).

II. Pflicht zur Meldung der Einfuhr

2 Zur Meldung über Art und Stückzahl der eingeführten Geräte und Speichermedien sind nach Abs. 1 die **Importeure** und **Reimporteure** verpflichtet. Nicht erfasst von der Meldepflicht werden inländische und ausländische Hersteller (Schricker/Loewenheim/*Loewenheim* § 54e Rn. 2; Dreyer/Kotthoff/Meckel/*Dreyer* § 54e Rn. 8). Die Meldepflicht besteht gegenüber dem Urheber, ist aber durch Meldung bei der bezeichneten Empfangsstelle (vgl. § 54h Abs. 3) zu erfüllen. Die Meldung ist jeweils bis zum 10. Tag des Folgemonats zu erteilen.

III. Doppelte Vergütung

3 Als Sanktion im Fall der Verletzung der Meldepflicht, unabhängig davon, ob der Meldepflichtige seiner Pflicht nicht, nur unvollständig oder sonst unrichtig nachkommt, **kann** der doppelte Vergütungssatz verlangt werden (Abs. 2). Bereits die verspätete Meldung stellt eine Nichterfüllung der Pflicht dar. Der doppelte Vergütungssatz kann jedoch nur dann verlangt werden, wenn der Verstoß gegen die Meldepflicht **schuldhaft** (es handelt sich um pauschalierten Schadensersatz) erfolgte und kann nur durch eine Verwertungsgesellschaft geltend gemacht werden (§ 54h Abs. 1; Schricker/Loewenheim/*Loewenheim* § 54e Rn. 4). Eine nachträgliche Korrektur einer unvollständigen Meldung soll den Anspruch nicht entfallen lassen (Fromm/Nordemann/W. Nordemann § 54e Rn. 1). Es ist nicht ersichtlich, dass die Verwertungsgesellschaften bisher von ihrem Anspruch auf doppelte Vergütung Gebrauch gemacht haben (Dreyer/Kotthoff/Meckel/*Dreyer* § 54e Rn. 11). Der Anspruch auf Meldung **verjährt** als akzessorischer Anspruch mit dem Hauptanspruch auf Vergütung (§§ 54, 54b) nach drei Jahren, § 102 i. V. m. §§ 195 ff. BGB (vgl. § 102 Rn. 6 ff.). Die Verjährungsfrist beginnt mit dem Schluss des Jahres, in dem der Anspruch entstanden ist und der Gläubiger von den den Anspruch begründenden Tatsachen und der Person des Schuldners Kenntnis erlangt hat bzw. hätte erlangen müssen. Fraglich ist, ob auch der Anspruch auf den doppelten Vergütungssatz akzessorisch zum Hauptanspruch in der regelmäßigen Frist von drei Jahren verjährt. Hierfür spricht, dass durch § 54e Abs. 2 der bereits bestehende Vergütungsanspruch in der Höhe nur verdoppelt wird, insofern also kein zusätzlicher Anspruch entsteht. Etwas anderes könnte man nur aufgrund des Sanktionscharakters der Vorschrift vertreten. Dies greift aber wohl zu weit und lässt sich dem Wortlaut der §§ 54e Abs. 2, 54f Abs. 3 nicht entnehmen.

§ 54f Auskunftspflicht

(1) Der Urheber kann von dem nach § 54 oder § 54b zur Zahlung der Vergütung Verpflichteten Auskunft über Art und Stückzahl der im Geltungsbereich dieses Gesetzes veräußerten oder in Verkehr gebrachten Geräte und Speichermedien verlangen. Die Auskunftspflicht des Händlers erstreckt sich auch auf die Benennung der Bezugsquellen; sie besteht auch im Fall des § 54b Abs. 3 Nr. 1. § 26 Abs. 7 gilt entsprechend.

(2) Der Urheber kann von dem Betreiber eines Gerätes in einer Einrichtung im Sinne des § 54c Abs. 1 die für die Bemessung der Vergütung erforderliche Auskunft verlangen.

(3) Kommt der zur Zahlung der Vergütung Verpflichtete seiner Auskunftspflicht nicht, nur unvollständig oder sonst unrichtig nach, so kann der doppelte Vergütungssatz verlangt werden.

Literatur: Vgl. die Angaben im eingangs abgedr. Gesamtliteraturverzeichnis.

Übersicht

	Rn.
I. Bedeutung	1
II. Auskunftsansprüche im Hinblick auf die Geräteabgabe	2
III. Auskunftsanspruch wegen der Betreibervergütung	3
IV. Doppelte Vergütung	4

I. Bedeutung

Die Vorschrift gibt den Urhebern Ansprüche auf Erteilung der zur Berechnung und Durchsetzung der Vergütungsansprüche nach § 54 Abs. 1 und § 54c Abs. 1 nötigen Informationen. Abs. 1 regelt insoweit die Ansprüche wegen des Vertriebs von Geräten und Speichermedien. Schuldner der Auskunft sind die grds. nach § 54 Abs. 1 zur Zahlung Verpflichteten, also Hersteller, Importeure und Händler. Abs. 2 gibt dem Urheber gegenüber dem Betreiber von Ablichtungsgeräten in einer Einrichtung des § 54c Abs. 1 den Anspruch auf Auskunft über alle für die Bemessung und Durchsetzung der Betreibervergütung notwendigen Tatsachen. Die Auskunftsansprüche stehen nach dem Gesetzeswortlaut den Urhebern zu, gem. § 54h Abs. 1 können sie jedoch nur durch eine Verwertungsgesellschaft geltend gemacht werden. Bestehen begründete Zweifel an der Richtigkeit und Vollständigkeit einer erteilten Auskunft, kann die Verwertungsgesellschaft nach § 54f Abs. 1 S. 2, § 26 Abs. 7 Einsicht in die Geschäftsbücher verlangen. Außerdem hat der Urheber nach dem neuen § 54g nunmehr Anspruch auf einen Kontrollbesuch bei dem Betreiber von Ablichtungsgeräten, soweit dies zur Bemessung der Betreiberabgabe nach § 54c erforderlich ist. Der Anspruch kann gem. § 54h Abs. 1 nur durch eine Verwertungsgesellschaft geltend gemacht werden.

II. Auskunftsansprüche im Hinblick auf die Geräteabgabe

Hersteller, Importeur und Händler sind verpflichtet, Auskunft über Art und Stückzahl der in Deutschland veräußerten und in Verkehr gebrachten Geräte und Speichermedien zu

UrhG § 54g

erteilen. Die Händler haben insoweit auch ihre Bezugsquellen zu benennen. Die Auskunftspflicht des Händlers wird nicht dadurch aufgehoben, dass er die Waren von einem Unternehmen bezogen hat, das einen Gesamtvertrag über die Vergütung abgeschlossen hat (§ 54b Abs. 3 Nr. 1; Schricker/Loewenheim/*Loewenheim* § 54f Rn. 6). Bei Zweifeln an der Richtigkeit oder Vollständigkeit der Auskunft kann die Verwertungsgesellschaft verlangen, dass der Auskunftspflichtige ihr oder einem von ihm zu bestimmenden Wirtschaftsprüfer oder vereidigten Buchprüfer Einsicht in die Geschäftsbücher gewährt (§ 26 Abs. 7).

III. Auskunftsanspruch wegen der Betreibervergütung

3   Nach Abs. 2 haben die Betreiber von Vervielfältigungsgeräten i. S. v. § 54c Abs. 1 die zur Ermittlung der Betreibervergütung erforderliche Auskunft zu erteilen. Dies erfasst die Zahl der hergestellten Kopien, den Typ der aufgestellten Geräte und deren typische Nutzung, den Standort der Geräte sowie den voraussichtlichen Anteil von Kopien, die urheberrechtlich geschützte Materialien betreffen (BGHZ 135, 1 = NJW 1997, 3440 – Betreibervergütung; Schricker/Loewenheim/*Loewenheim* § 54f Rn. 8). Will der Betreiber die Vermutung widerlegen, dass Vervielfältigungen i. S. d. § 53 Abs. 1 bis 3 hergestellt wurden, muss er dies konkret nachweisen.

IV. Doppelte Vergütung

4   Nach Abs. 3 kann von dem zur Zahlung Verpflichteten, das heißt Gerätebetreiber oder Hersteller, Importeur und Händler, der seiner Auskunftspflicht nicht, nur unvollständig oder sonst unrichtig nachkommt, der doppelte Vergütungssatz verlangt werden. Hierdurch soll den Verwertungsgesellschaften als pauschalierter Schadensersatz ein Ausgleich für ihre zusätzlichen Aufwendungen zukommen, die als Folge unrichtiger, unvollständiger oder verspäteter Auskunftserteilung entstehen (Möhring/Nicolini/*Gass* § 54g Rn. 12). Wie bei § 54e Abs. 2 ist die doppelte Vergütung nur zu zahlen, wenn dem Verletzer Verschulden vorzuwerfen ist, er muss folglich vorsätzlich oder fahrlässig unvollständig oder unrichtig Auskunft erteilt haben. Der Anspruch auf doppelte Vergütung kann nur geltend gemacht werden, wenn dem Verpflichteten ein Auskunftsverlangen zugegangen ist, dem er nicht oder nicht zutreffend Folge geleistet hat (OLG Köln NJW-RR 1998, 1263 – Verdoppelung der Betreibervergütung; Schricker/Loewenheim/*Loewenheim* § 54f Rn. 11). Fraglich ist, ob ein Importeur, der sowohl gegen die Meldepflicht nach § 54e als auch gegen die Auskunftspflicht nach § 54f verstößt, insgesamt den dreifachen Vergütungssatz schuldet. Für eine Verpflichtung zur Zahlung der dreifachen Vergütung spricht wohl vor allem der Sanktionscharakter von §§ 54e, 54f. § 54f Abs. 1 setzt denklogisch voraus, dass der Importeur seiner Meldepflicht nach § 54e Abs. 1 nicht nachgekommen ist. Dennoch ist hier nur die Rede von einem „doppelten Vergütungssatz". Im Hinblick auf den Sanktionscharakter und die gegenüber § 54e weitergehenden Informationsverpflichtungen nach § 54f dürfte eine insgesamt dreifache Vergütung anfallen können. Der Auskunftsanspruch nach § 54f Abs. 1 und 2 kann ebenso wie der Anspruch auf Zahlung der doppelten Vergütung (Abs. 3) gem. § 54h Abs. 1 nur durch Verwertungsgesellschaften geltend gemacht werden. Zur Verjährung s. a. § 54e Rn. 3.

§ 54g Kontrollbesuch

Soweit dies für die Bemessung der vom Betreiber nach § 54c geschuldeten Vergütung erforderlich ist, kann der Urheber verlangen, dass ihm das Betreten der Betriebs- und Geschäftsräume des Betreibers, der Geräte für die entgeltliche Herstellung von Ablichtungen bereithält, während der üblichen Betriebs- oder

§ 54h Verwertungsgesellsch.; Handhabung der Mitteil.

Geschäftszeit gestattet wird. Der Kontrollbesuch muss so ausgeübt werden, dass vermeidbare Betriebsstörungen unterbleiben.

Übersicht

	Rn.
I. Bedeutung	1
II. Kontrollbesuche während der üblichen Betriebszeit	2

I. Bedeutung

Der durch den Zweiten Korb neu in das Gesetz aufgenommene § 54g billigt dem Urheber ein Recht auf Kontrollbesuche bei Betreibern von Kopiergeräten in den von § 54c genannten Institutionen zu. Der Anspruch kann gem. § 54h Abs. 1 nur durch die Verwertungsgesellschaften geltend gemacht werden. Nach bis 31.12.2007 geltender Rechtslage bestand kein Anspruch auf einen Kontrollbesuch; dieser ergab sich weder aus § 54g Abs. 2 und 3 a. F. noch aus § 809 BGB (BGH GRUR 2004, 420 – Kontrollbesuch; Schricker/Loewenheim/*Loewenheim* § 54g Rn. 1). Die Neuregelung in § 54g ist die gesetzgeberische Reaktion auf das Urteil des BGH (BGH GRUR 2004, 420 – Kontrollbesuch), wonach der Verwertungsgesellschaft Kontrollbesuche gegen den Willen des Geschäftsinhabers untersagt sind. Die zuständige VG WORT hatte bisher in der Praxis trotz der nach § 54f bestehenden Auskunftspflicht erhebliche Schwierigkeiten, die nach § 54c bestehenden Ansprüche zu realisieren. Das Kontrollbesuchsrecht soll die Durchsetzung der Ansprüche beschleunigen und vereinfachen (BT-Drucks. 16/1828, 31).

1

II. Kontrollbesuche während der üblichen Betriebszeit

Der Urheber hat gem. § 54g ein Recht auf Kontrollbesuche, sofern dies zur Bemessung der Betreiberabgabe nach § 54c erforderlich ist. Er kann verlangen, dass ihm das Betreten der Betriebs- und Geschäftsräume des Betreibers während der üblichen Betriebs- oder Geschäftszeit gestattet wird, um die bereitgehaltenen Vervielfältigungsgeräte zu erfassen und zu kontrollieren. Der Kontrollbesuch ist so auszuüben, dass vermeidbare Betriebsstörungen unterbleiben, also der Geschäftsbetrieb fortgeführt werden kann. Das neue Recht auf Kontrollbesuche stellt allerdings **kein Selbsthilferecht** dar. Verwehrt der Betreiber den Kontrollbesuch, muss der Rechtsweg beschritten werden (BT-Drucks. 16/1828, 31; Schricker/Loewenheim/*Loewenheim* § 54g Rn. 2).

2

§ 54h Verwertungsgesellschaften; Handhabung der Mitteilungen

(1) **Die Ansprüche nach den §§ 54 bis 54c, 54e Abs. 2, 54f und 54g können nur durch eine Verwertungsgesellschaft geltend gemacht werden.**

(2) **Jedem Berechtigten steht ein angemessener Anteil an den nach den §§ 54 bis § 54c gezahlten Vergütungen zu.** Soweit Werke mit technischen Maßnahmen gemäß § 95a geschützt sind, werden sie bei der Verteilung der Einnahmen nicht berücksichtigt.

(3) **Für Mitteilungen nach §§ 54b Abs. 3 und 54e haben die Verwertungsgesellschaften dem Deutschen Patent- und Markenamt eine gemeinsame Empfangsstelle zu bezeichnen.** Das Deutsche Patent- und Markenamt gibt diese im Bundesanzeiger bekannt.

(4) **Das Deutsche Patent- und Markenamt kann Muster für die Mitteilungen nach § 54b Abs. 3 Nr. 2 und § 54e im Bundesanzeiger oder im elektronischen**

Bundesanzeiger bekanntmachen. Werden Muster bekannt gemacht, sind diese Muster zu verwenden.

(5) **Die Verwertungsgesellschaften und die Empfangsstelle dürfen die gemäß § 54b Abs. 3 Nr. 2, den §§ 54e und 54f erhaltenen Angaben nur zur Geltendmachung der Ansprüche nach Absatz 1 verwenden.**

Literatur: Vgl. die Angaben im eingangs abgedr. Gesamtliteraturverzeichnis.

Übersicht

	Rn.
I. Bedeutung	1–2
II. Geltendmachung der Vergütungs- und Auskunftsansprüche durch Verwertungsgesellschaften	3
III. Angemessener Anteil von Berechtigten an den gezahlten Vergütungen	4
IV. Gemeinsame Empfangsstelle, Muster, Geheimhaltungspflicht	5

I. Bedeutung

1 § 54h legt fest, dass die Ansprüche auf Gerätevergütung und Betreibervergütung, die vorbereitenden Auskunftsansprüche und der Anspruch auf Zahlung des doppelten Vergütungssatzes wegen Nichterfüllung der Meldepflicht (§ 54e Abs. 2) oder der Pflicht zur Auskunftserteilung (§ 54f Abs. 3) nur von Verwertungsgesellschaften geltend gemacht werden können. Abs. 2 bestimmt, dass jedem Berechtigten ein angemessener Anteil an den gezahlten Vergütungen zusteht, es folglich nicht zu Diskriminierungen kommen darf. Mit technischen Schutzmaßnahmen i.S.v. § 95a versehene Werke sind bei der Verteilung der Einnahmen nicht zu berücksichtigen. Nach Abs. 3 haben die Verwertungsgesellschaften eine gemeinsame Empfangsstelle für eingehende Meldungen zu schaffen. Abs. 4 regelt die Formalien für erforderliche Mitteilungen. Abs. 5 bestimmt, dass die von den Verwertungsgesellschaften und der gemeinsamen Empfangsstelle erhaltenen Informationen nur zur Geltendmachung von Vergütungs- und Auskunftsansprüchen verwendet werden dürfen.

2 Die Vorschrift wurde durch den Zweiten Korb nur unwesentlich geändert. Die Anpassungen sind größtenteils Folge der Zusammenfassung der §§ 54 und 54a a. F. in einer Vorschrift. Neu eingefügt wurde die Regelung in § 54h Abs. 2 S. 2. Hierdurch sollen die Auswirkungen des Einsatzes technischer Schutzmaßnahmen auch im Hinblick auf die Verteilung des Vergütungsaufkommens an die Berechtigten berücksichtigt werden. Wer durch technische Maßnahmen die Vervielfältigung seiner Werke unterbindet oder beschränkt (indem er diese etwa nur gegen Entgelt zulässt), schließt die Anwendung des Vergütungsanspruchs aus und kann somit an den Einnahmen aus der Pauschalvergütung nicht teilhaben. Etwas anderes gilt aber dann, wenn die Werke über andere Quellen (bspw. den Rundfunk) vervielfältigt werden können. Die Einzelheiten der Anspruchskürzung bzw. des Anspruchsausschluss sollen über § 7 WahrnG geregelt werden (BT-Drucks. 16/1828, 31). In § 54h Abs. 4 wird nunmehr klargestellt, dass das Deutsche Patent- und Markenamt die Muster für Mitteilungen auch im elektronischen Bundesanzeiger bekannt machen kann.

II. Geltendmachung der Vergütungs- und Auskunftsansprüche durch Verwertungsgesellschaften

3 Die Ansprüche nach § 54 sowie die vorbereiteten Auskunftsansprüche für Aufzeichnungsgeräte und Speichermedien werden von der ZPÜ, der „Zentralstelle für private Überspielungsrechte", wahrgenommen; Gesellschafter sind die GEMA, die VG WORT,

die VG Bild-Kunst, die GVL, die GÜFA, die GWFF, die VFF und die VGF (s. Vor §§ 1 ff. WahrnG Rn. 4 ff.). Die Gesellschafter haben die ihnen zur Wahrnehmung übertragenen Ansprüche in die ZPÜ eingebracht (Schricker/Loewenheim/*Loewenheim* § 54h Rn. 3). Die Geräteabgabe für Reprographiegeräte und die Betreiberabgabe für Vervielfältigungsgeräte werden von der VG WORT geltend gemacht (Schricker/Loewenheim/*Loewenheim* § 54h Rn. 4). Die Verwertungsgesellschaften sind selbst materiell anspruchsberechtigt (Schricker/Loewenheim/*Loewenheim* § 54h Rn. 2).

III. Angemessener Anteil von Berechtigten an den gezahlten Vergütungen

Neben den Urhebern kommen als Berechtigte noch eine Vielzahl von Inhabern von Leistungsschutzrechten in Betracht (vgl. § 54 Rn. 9). Ein willkürliches Vorgehen bei der Verteilung ist entsprechend den Grundsätzen des § 7 WahrnG nicht zulässig, es müssen Diskriminierungen verhindert und Verteilungspläne aufgestellt werden (vgl. § 7 WahrnG Rn. 2 ff.). **4**

IV. Gemeinsame Empfangsstelle, Muster, Geheimhaltungspflicht

Die beiden bereits genannten Institutionen ZPÜ (private Überspielung) und VG WORT (Reprographie) haben jeweils für ihren Bereich dem Deutschen Patent- und Markenamt eine gemeinsame Empfangsstelle benannt. Diese sind im Bundesanzeiger bekannt gemacht (BAnz. 1995 Nr. 63 S. 3717). Nach Inkrafttreten des neuen Rechts erfolgte keine neue Benennung. Die Meldungen werden weiterhin gegenüber der ZPÜ oder der VG WORT abgegeben. **5**

Existieren nach § 54h Abs. 4 S. 1 vom DPMA bekannt gemachte **Muster** für die Abgabe der Mitteilungen, so sind sie nach § 54h Abs. 4 S. 2 zu verwenden. Durch Bekanntmachung vom 28.6.2013 hat das DPMA jedoch die bisherigen, am 23.4.1996 (BAnz. Nr. 157a) bekannt gemachten Muster für Mitteilungen nach § 54b Abs. 3 Nr. 2 und nach § 54f UrhG ersatzlos aufgehoben. Fraglich ist, ob danach die von der ZPÜ und der VG WORT verwendeten Formblätter, die sich an die Muster des DPMA anlehnten, noch als verbindlich angesehen werden können oder ob die Mitteilungen nun generell formfrei abgegeben werden können.

Alle Informationen, die die gemeinsame Empfangsstelle und die Verwertungsgesellschaften aus jenen Mitteilungen sowie den Auskünften nach § 54f erhalten, sind, da sie den Charakter von Geschäftsgeheimnissen haben können, von diesen geheim zu halten und dürfen nicht anderweitig als zur Berechnung der Vergütungen verwendet werden (Abs. 5). Schuldhafte Verstöße gegen dieses gesetzliche Schuldverhältnis begründen Schadensersatzansprüche.

§ 55 Vervielfältigung durch Sendeunternehmen

(1) **Ein Sendeunternehmen, das zur Funksendung eines Werkes berechtigt ist, darf das Werk mit eigenen Mitteln auf Bild- oder Tonträger übertragen, um diese zur Funksendung über jeden seiner Sender oder Richtstrahler je einmal zu benutzen. Die Bild- oder Tonträger sind spätestens einen Monat nach der ersten Funksendung des Werkes zu löschen.**

(2) **Bild- oder Tonträger, die außergewöhnlichen dokumentarischen Wert haben, brauchen nicht gelöscht zu werden, wenn sie in ein amtliches Archiv aufgenommen werden. Von der Aufnahme in das Archiv ist der Urheber unverzüglich zu benachrichtigen.**

UrhG § 55 1, 2 § 55 Vervielfältigung durch Sendeunternehmen

Literatur: *Jani*, Alles eins? – Das Verhältnis des Rechts der öffentlichen Zugänglichmachung zum Vervielfältigungsrecht, ZUM 2009, 722; *Schulze*, Aspekte zu Inhalt und Reichweite von § 19 UrhG, ZUM 2011, 2.

Vgl. die Angaben im eingangs abgedr. Gesamtliteraturverzeichnis.

Übersicht

	Rn.
I. Bedeutung	1
II. Übertragung eines Werkes mit eigenen Mitteln auf Bild- oder Tonträger	2, 3
1. Berechtigter	2
2. Übertragung eines Werkes	3
III. Verwendung der Aufnahme zur Funksendung	4
IV. Pflicht zur Löschung des Bild- oder Tonträgers	5
V. Aufnahme in ein amtliches Archiv	6, 7

I. Bedeutung

1   Die Vorschrift gibt Sendeunternehmen, die zur Funksendung eines Werkes berechtigt sind, also das Recht zur Sendung i. S. d. § 20 besitzen, die Möglichkeit, das Werk auf Bild- oder Tonträger zu übertragen, um dieses – zu einem späteren Zeitpunkt – auszustrahlen. Der Bild- oder Tonträger ist nach S. 2 spätestens einen Monat nach der ersten Funksendung des Werkes zu löschen. Bei der zugelassenen Übertragung auf den Bild- oder Tonträger (Vervielfältigung i. S. d. § 16 Abs. 2) handelt es sich folglich nur um eine vorübergehende, eine sogenannte **ephemere Aufnahme**. Abs. 2 enthält für Aufnahmen mit außergewöhnlichen dokumentarischen Werten eine Ausnahme zur Löschungsverpflichtung nach Abs. 1 S. 2. Die Regelung entspricht Art. 11bis Abs. 3 S. 2 und 3 RBÜ und ist von Art. 5 Abs. 2d) Multimedia-Richtlinie gedeckt. Im Rahmen der Arbeiten am Zweiten Korb wurden keine Änderungen vorgenommen.

II. Übertragung eines Werkes mit eigenen Mitteln auf Bild- oder Tonträger

1. Berechtigter

2   Berechtigt zur unentgeltlichen und ohne Erlaubnis des Urhebers erfolgenden Übertragung eines Werkes mit eigenen Mitteln auf Bild- oder Tonträger ist das **Sendeunternehmen,** das zur Funksendung des Werkes berechtigt ist. Zum Begriff des Sendeunternehmens s. § 87 Rn. 8; unabhängig von der öffentlich-rechtlichen oder privatrechtlichen Trägerschaft muss es sich um ein Unternehmen handeln, das Funksendungen veranstaltet, das heißt, auf eigene Rechnung durchführt, die Sendung kontrolliert und verantwortet. Maßgeblich ist, dass das Unternehmen ein Programm zusammenstellt und verbreitet (Schricker/Loewenheim/*Melichar* § 55 Rn. 3). Nicht entscheidend ist dagegen, ob das Unternehmen seine Sendungen via Kabel, Satellit oder terrestrisch ausstrahlt. Ein Kabelweitersendeunternehmen ist nicht privilegiert, da es lediglich technische Einrichtungen zur Verfügung stellt (Dreier/Schulze/*Dreier* § 55 Rn. 4; Schricker/Loewenheim/*Melichar* § 55 Rn. 3). Das Sendeunternehmen, welches das Werk vorübergehend vervielfältigen will, muss zur Funksendung dieses Werkes i. S. d. § 20 berechtigt sein. Insb. kommt hier die vertragliche Gestattung in Betracht, ggfs. kann sich die Befugnis zur Funksendung jedoch auch aus Schrankenregeln wie §§ 48, 49 ergeben (Schricker/Loewenheim/*Melichar* § 55 Rn. 4; Dreyer/Kotthoff/Meckel/*Dreyer* § 55 Rn. 3).

2. Übertragung eines Werkes

Die Übertragung des Werkes (in Betracht kommen grds. alle Werkarten), auf Bild- oder Tonträger, also die Vervielfältigung i. S. d. § 16 Abs. 2 ist zulässig, wenn sie mit eigenen Mitteln des Sendeunternehmens erfolgt. Zum Begriff der Bild- oder Tonträger s. § 16 Abs. 2. In Betracht kommen sowohl analoge Datenträger wie Magnetbänder und Film, aber auch digitale Speichermedien, wie beispielsweise DVDs und Festplatten. Da die Aufzeichnung mit **eigenen Mitteln** des Senders erfolgen muss, war nach früher herrschender Meinung nur die Verwendung von eigenem Personal und eigenen Sachmitteln (Speichermedien) zulässig; unabhängige Dritte durften nicht mitwirken (Möhring/Nicolini/*Gass* § 55 Rn. 10; Schricker/Loewenheim/*Melichar* § 55 Rn. 5; a. A. Dreyer/Kotthoff/Meckel/*Dreyer* § 55 Rn. 4 unter Hinweis auf Erwgr. 41 der Multimedia-Richtlinie: auch Personen, die im Namen oder unter Verantwortung des Sendeunternehmens handeln, erfasst). Der EuGH hat nunmehr festgehalten, dass zum Begriff der eigenen Mittel auch Mittel eines Dritten zählen, der im Namen oder unter der Verantwortung des Sendeunternehmens handelt (z. B. unabhängige Produktionsgesellschaften, die auf Bestellung des Senders agieren); die deutsche Regelung ist richtlinienkonform auszulegen (EuGH GRUR 2012, 810 – DR und TV2 Danmark). Die Einschaltung Dritter ist daher zulässig, wenn der Dritte keinen Handlungsspielraum hat (Handeln im Namen) *oder* das Sendeunternehmen für Handlungen des Dritten haftet (Handeln unter der Verantwortung des Senders); es genügt, wenn eine dieser beiden Voraussetzungen erfüllt ist (EuGH GRUR 2012, 810, 813 Rn. 58 – DR und TV2 Danmark).

III. Verwendung der Aufnahme zur Funksendung

Die mit eigenen Mitteln vorgenommene Vervielfältigung des Werkes auf Bild- oder Tonträger darf nur zur **Funksendung** verwendet werden; zum Begriff der Funksendung s. §§ 20–20b Rn. 10. Funksendungen sind, unabhängig ob Hörfunk oder Fernsehrundfunk, Sendungen, die terrestrisch, über Kabel oder mittels Satellit oder ähnliche technische Mittel der Öffentlichkeit zugänglich gemacht werden. Das Verfügbarmachen zum Abruf mittels **Online-Diensten** im Sinne des § 19a fällt **nicht** unter den Begriff der Funksendung (Schricker/Loewenheim/*Melichar* § 55 Rn. 6; Dreier/Schulze/*Dreier* § 55 Rn. 4; missverständlich Dreyer/Kotthoff/Meckel/*Dreyer* § 55 Rn. 3, die Internet-Radios privilegieren will, die aber auch nach hier vertretener Auffassung im Sinne des § 20 senden und damit nach § 55 Berechtigte sein können). Das in zulässiger Weise hergestellte Vervielfältigungsstück darf nur in beschränktem Maß zur Funksendung verwendet werden. § 55 erlaubt nur die **einmalige** Ausstrahlung des Werkes über jeden der Sender des Sendeunternehmens oder dessen Richtstrahler, ggfs. zeitversetzt von Sender zu Sender, wobei dieses Recht nicht über das vom Berechtigten eingeräumte Senderecht hinausgehen darf (*v. Gamm* § 55 Rn. 5). **Richtstrahler** sind gerichtete Sender, das heißt Sender, die zielgerichtet in bestimmte Gebiete ausstrahlen, als Beispiele sind Radio Free Europe oder die Deutsche Welle zu nennen (Schricker/Loewenheim/*Melichar* § 55 Rn. 7). Durch die Beschränkung auf die einmalige Benutzung des Werkes zur Funksendung über jeden Sender oder Richtstrahler ist ausgeschlossen, dass das Werk mehrfach, sei es auch in kurzen Abständen, ausgestrahlt wird. Nur hierdurch ist sichergestellt, dass die Rechte des Urhebers, der grds. das Recht zur Sendung erteilt hatte, durch die zwischenzeitliche Vervielfältigung des Werkes nicht beeinträchtigt werden. Für Kabelfunkveranstalter, die Sendeunternehmen sind, wird die Beschränkung auf die einmalige Ausstrahlung pro Sender dahingehend auszulegen sein, dass das Werk nur einmal in das jeweilige Kabel eingespeist werden darf (Schricker/Loewenheim/*Melichar* § 55 Rn. 8; Dreier/Schulze/*Dreier* § 55 Rn. 6). § 55 deckt nicht Aufnahmen zur nochmaligen Ausstrahlung einer bereits gesendeten Life-Sendung (Dreyer/Kotthoff/Meckel/*Dreyer* § 55 Rn. 5).

IV. Pflicht zur Löschung des Bild- oder Tonträgers

5   Nach § 55 Abs. 1 Nr. 2 ist der Bild- oder Tonträger, auf den das Werk in zulässiger Weise mit eigenen Mitteln des Sendeunternehmens übertragen wurde, innerhalb eines Monats nach der ersten Ausstrahlung des Werkes zu löschen. Hier entspricht die Vorschrift Art. 11bis Abs. 3 RBÜ, der ephemere Aufnahmen zulässt. Durch die Löschungspflicht wird sichergestellt, dass die Aufnahme auch wirklich nur vorübergehend ist. Die Frist zur Löschung berechnet sich nach §§ 187 Abs. 1, 188 Abs. 2 und 3 BGB (Schricker/Loewenheim/*Melichar* § 55 Rn. 10). Sollte das Löschen des Bild- oder Tonträgers nicht möglich sein, ist es erforderlich, diesen unbrauchbar zu machen.

V. Aufnahme in ein amtliches Archiv

6   Haben die Bild- oder Tonträger, auf die nach § 55 Abs. 1 in zulässiger Weise ein Werk übertragen wurde, **außergewöhnlichen dokumentarischen Wert,** besteht eine Ausnahme von der Verpflichtung zur Löschung, wenn sie in ein amtliches Archiv aufgenommen werden. Diese Ausnahme entspricht Art. 11bis Abs. 3 S. 3 RBÜ sowie Art. 5 Abs. 2d) der Multimedia-Richtlinie. Damit einer Aufnahme ein außergewöhnlicher dokumentarischer Wert zugemessen werden kann, muss die Aufnahme selbst etwas Einmaliges sein, das historische Bedeutung hat (Fromm/Nordemann/*W. Nordemann* § 55 Rn. 4). Der Ansatz eines zu strengen Maßstabs erscheint hier nicht angebracht, da die Verbringung der Aufnahme in ein amtliches Archiv für das Sendeunternehmen keinerlei Vorteil hat und insb. keine besonderen Nutzungsrechte entstehen (Fromm/Nordemann/*W. Nordemann* § 55 Rn. 4; Schricker/Loewenheim//*Melichar* § 55 Rn. 12).

7   **Amtliche Archive** im Sinne der Vorschrift sind nach der Gesetzesbegründung auch die Archive öffentlich-rechtlicher Rundfunkanstalten (Schricker/Loewenheim/*Melichar* § 55 Rn. 13). Archive privater Rundfunkveranstalter werden aufgrund des insoweit klaren Wortlautes nicht als geeigneter Aufbewahrungsort in Betracht kommen (Dreier/Schulze/*Dreier* § 55 Rn. 8). Wird die Aufnahme in ein amtliches Archiv im Sinne der Vorschrift aufgenommen, ist nach Abs. 2 S. 2 der Urheber unverzüglich, das heißt ohne schuldhaftes Zögern (§ 121 BGB), zu benachrichtigen. Die Pflicht zur Mitteilung beginnt mit der Aufnahme in das Archiv. Ebenso wie die nicht rechtzeitige Löschung der Aufnahme gem. Abs. 1 S. 2 stellt die Archivierung ohne Mitteilung an den Urheber eine Urheberrechtsverletzung dar, da die Grenzen der im Rahmen der Sozialbindung zulässigen Beschränkung der Rechte des Urhebers dann überschritten sind (Schricker/Loewenheim/*Melichar* § 55 Rn. 14; Dreier/Schulze/*Dreier* § 55 Rn. 14; a. A. Dreyer/Kotthoff/Meckel/*Dreyer* § 55 Rn. 11: keine Urheberrechtsverletzung, wenn die sonstigen Voraussetzungen für die Aufnahme in das amtliche Archiv gegeben waren).

§ 55a Benutzung eines Datenbankwerkes

Zulässig ist die Bearbeitung sowie die Vervielfältigung eines Datenbankwerkes durch den Eigentümer eines mit Zustimmung des Urhebers durch Veräußerung in Verkehr gebrachten Vervielfältigungsstücks des Datenbankwerkes, den in sonstiger Weise zu dessen Gebrauch Berechtigten oder denjenigen, dem ein Datenbankwerk aufgrund eines mit dem Urheber oder eines mit dessen Zustimmung mit einem Dritten geschlossenen Vertrags zugänglich gemacht wird, wenn und soweit die Bearbeitung oder Vervielfältigung für den Zugang zu den Elementen des Datenbankwerkes und für dessen übliche Benutzung erforderlich ist. Wird aufgrund eines Vertrags nach Satz 1 nur ein Teil des Datenbankwerkes zugänglich gemacht, so ist nur die Bearbeitung sowie die Vervielfältigung dieses Teils zulässig. Entgegenstehende vertragliche Vereinbarungen sind nichtig.

Literatur: *Heermann/John,* Lizenzierbarkeit von Spielplänen im deutschen Ligasport, K&R 2011, 753, sowie die Angaben zu § 4 sowie die Angaben im eingangs abgedr. Gesamtliteraturverzeichnis.

Übersicht

	Rn.
I. Bedeutung	1
II. Benutzung des Datenbankwerks	2–7
1. Berechtigte	2–4
2. Zulässige Nutzungshandlungen	5–7

I. Bedeutung

Die Vorschrift setzt Art. 6 Abs. 1 der Datenbank-Richtlinie (s. Einl. Rn. 21) um **1** (GRUR Int. 1996, 806). Art. 6 Abs. 1 der Datenbank-Richtlinie besagt kurz, dass die ausschließlichen Rechte des Urhebers zur Vervielfältigung, Übersetzung, Bearbeitung, Umgestaltung und öffentlichen Verbreitung der Datenbank soweit eingeschränkt sind, wie dies für den Zugang zum Inhalt der Datenbank und der normalen Benutzung durch den rechtmäßigen Benutzer erforderlich ist. Diese Schrankenregelung findet sich nunmehr in dem **nicht abdingbaren** (S. 3) § 55a wieder. Die Regelung bezieht sich ausschließlich auf das Datenbankwerk und nicht auf die Rechte an dessen Inhalt, für den die allgemeinen Vorschriften gelten (Dreier/Schulze/*Dreier* § 55a Rn. 2; Schricker/Loewenheim/*Loewenheim* § 55a Rn. 4; Dreyer/Kotthoff/Meckel/*Dreyer* § 55a Rn. 2). Die Vorschrift wurde im Rahmen der Arbeiten am Zweiten Korb nicht geändert.

II. Benutzung des Datenbankwerks

1. Berechtigte

Anders als die Datenbank-Richtlinie, die nur von einem berechtigten Benutzer ausgeht, **2** unterscheidet § 55a zwischen dem Eigentümer eines Vervielfältigungsstückes des Datenbankwerkes, den in sonstiger Weise zum Gebrauch des Vervielfältigungsstücks des Datenbankwerkes Berechtigten und denjenigen, denen ein Datenbankwerk aufgrund eines mit dem Urheber oder mit dessen Zustimmung abgeschlossenen Vertrages zugänglich gemacht wird. Differenziert wird insoweit zwischen der **Offline-Nutzung** und der **Online-Nutzung** von Datenbankwerken. Die Offline-Nutzung ist der Nutzung einer nicht elektronischen Datenbank gleichzustellen (Schricker/Loewenheim/*Loewenheim* § 55a Rn. 5).

Der Eigentümer eines **Vervielfältigungsstückes** (§ 55a 1. Var.) ist derjenige, der ein **3** Vervielfältigungsstück erworben hat und das Datenbankwerk offline nutzt. Der in sonstiger Weise zum Gebrauch des Vervielfältigungsstückes Berechtigte (§ 55a 2. Var.), auch diese Variante bezieht sich auf die Offline-Nutzung (Vervielfältigungsstück), ist derjenige, der zwar kein Eigentum am Vervielfältigungsstück erworben hat, aber von einem Berechtigten zur Benutzung in urheberrechtlich zulässiger Weise autorisiert wurde (Schricker/Loewenheim/*Loewenheim* § 55a Rn. 6; Fromm/Nordemann/*Czychowski* § 55a Rn. 4; Dreier/Schulze/*Dreier* § 55 Rn. 4).

Der dritte angesprochene berechtigte Benutzer ist derjenige, der mit dem Urheber oder **4** mit dessen Zustimmung einen Vertrag über die Zugänglichmachung des Datenbankwerkes geschlossen hat (§ 55a 3. Var.), mit dem ihm die urheberrechtlichen Befugnisse zur Online-Nutzung des Datenbankwerks eingeräumt wurden (Dreier/Schulze/*Dreier* § 55a

UrhG § 56 § 56 Vervielfält. u. öffentl. Wiedergabe in Geschäftsbetr.

Rn. 5; Fromm/Nordemann/*W. Nordemann* § 55a Rn. 4; Schricker/Loewenheim/*Loewenheim* § 55 Rn. 7). Dieser Nutzer besitzt regelmäßig kein Vervielfältigungsstück. Soweit das Datenbankwerk im Internet zum freien Download bereitgestellt wird, ist von einer konkludent erteilten vertraglichen Berechtigung auszugehen im Sinne der dritten Variante des § 55a S. 1 (Dreier/Schulze/*Dreier* § 55 Rn. 5).

2. Zulässige Nutzungshandlungen

5 § 55a erlaubt die Bearbeitung sowie die Vervielfältigung (§ 16) eines Datenbankwerkes. Andere Verwertungshandlungen sind abweichend von Art. 6 Abs. 1 der Datenbank-Richtlinie nicht erfasst. Als **Bearbeitung** (§ 23) des Datenbankwerkes ist bspw. die Änderung von Ordnungssystemen, die Hinzufügung von neuen Dateien sowie das Anbringen von Markierungen zu verstehen. Die **Vervielfältigung von elektronischen Datenbanken** erfolgt bspw. beim Laden in den Arbeitsspeicher (RAM) oder beim sonstigen Speichern auf digitale Datenträger. Diese Handlungen sind zulässig, wenn sie vom Berechtigten ausgeführt werden und diese Handlungen für den **Zugang zu den Elementen des Datenbankwerks** und für dessen **übliche Benutzung erforderlich** sind.

6 Die **übliche Benutzung** des Datenbankwerkes ist nur unter Berücksichtigung der Umstände des Einzelfalles festzulegen. Diese übliche Benutzung, in der Datenbank-Richtlinie als normale Benutzung (Art. 6 Abs. 1) bezeichnet, dürfte im Wesentlichen von den dem Benutzer vom Urheber eingeräumten Befugnissen abhängen (Dreier/Schulze/*Dreier* § 55a Rn. 7; Schricker/Loewenheim/*Loewenheim* § 55a Rn. 8). Mit *Loewenheim* ist davon auszugehen, dass es sich im Rahmen der üblichen Benutzung halten muss, wenn der Berechtigte mit der Datenbank arbeitet und sie wirtschaftlich sinnvoll nutzt (Schricker/Loewenheim/*Loewenheim* § 55a Rn. 8).

7 Die Vervielfältigung und Bearbeitung des Datenbankwerkes muss für den Zugang zu den Elementen und die übliche Benutzung **erforderlich** sein. Dies ist jedenfalls dann nicht der Fall, wenn eine Benutzungshandlung zwar sinnvoll ist, aber nicht notwendig, um das Datenbankwerk bestimmungsgemäß zu verwenden. Bei einer dauerhaften Vervielfältigung des Datenbankwerkes oder großer Teile hiervon besteht die Gefahr der Verbreitung ohne Einwilligung des Urhebers. Die dauerhafte Vervielfältigung wird daher wohl nur in seltensten Fällen als erforderlich für die Nutzung der Datenbank anzusehen sein (Schricker/Loewenheim/*Loewenheim* § 55a Rn. 10). Nach § 55a S. 2 beziehen sich die Befugnisse des Berechtigten immer nur auf den Teil der Datenbank, der ihm vertraglich zugänglich gemacht wurde. Da der Benutzer im Hinblick auf den ihm nicht zugänglich gemachten Teil des Datenbankwerkes schon nicht Berechtigter ist, erscheint die explizite Klarstellung überflüssig (Schricker/Loewenheim/*Loewenheim* § 55a Rn. 11).

§ 56 Vervielfältigung und öffentliche Wiedergabe in Geschäftsbetrieben

(1) In Geschäftsbetrieben, in denen Geräte zur Herstellung oder zur Wiedergabe von Bild- oder Tonträgern, zum Empfang von Funksendungen oder zur elektronischen Datenverarbeitung vertrieben oder instand gesetzt werden, ist die Übertragung von Werken auf Bild-, Ton- oder Datenträger, die öffentliche Wahrnehmbarmachung von Werken mittels Bild-, Ton- oder Datenträger sowie die öffentliche Wahrnehmbarmachung von Funksendungen und öffentliche Zugänglichmachungen von Werken zulässig, soweit dies notwendig ist, um diese Geräte Kunden vorzuführen oder instand zu setzen.

(2) Nach Absatz 1 hergestellte Bild-, Ton- oder Datenträger sind unverzüglich zu löschen.

§ 56 Vervielfält. u. öffentl. Wiedergabe in Geschäftsbetr.   1, 2   § 56 UrhG

Literatur: *Bayreuther,* Beschränkungen des Urheberrechts nach der neuen EU-Urheberrechtsrichtlinie, ZUM 2001, 828; *Dreier,* Die Umsetzung der Urheberrechtsrichtlinie 2001/29/EG in deutsches Recht, ZUM 2002, 28; *Flechsig,* Grundlagen des europäischen Urheberrechts, ZUM 2002, 1; *Loewenheim,* Die Benutzung urheberrechtlich geschützter Werke auf Messen und Ausstellungen, GRUR 1987, 659; *Reinbothe,* Die Umsetzung der EU-Urheberrechtsrichtlinie in deutsches Recht, ZUM 2002, 43; *Reinbothe,* Die EG-Richtlinie zum Urheberrecht in der Informationsgesellschaft, GRUR Int. 2001, 733; *Spindler,* Europäisches Urheberrecht in der Informationsgesellschaft, GRUR 2002, 105; *Zecher,* Die Umsetzung der EU-Urheberrechtsrichtlinie in deutsches Recht, ZUM 2002, 52 (Teil I), 451 (Teil II).

Vgl. darüber hinaus die Angaben im eingangs abgedr. Gesamtliteraturverzeichnis.

Übersicht

	Rn.
I. Bedeutung	1
II. Begünstigte Geschäftsbetriebe	2
III. Zulässige Verwertungshandlungen	3, 4
IV. Löschung der Bild-, Ton- oder Datenträger	5

I. Bedeutung

Die ursprünglich auf Betreiben des Elektrohandels 1965 eingeführte Regelung soll es **1** bestimmten Geschäftsbetrieben mit Publikumsverkehr im Zusammenhang mit dem Vertrieb oder der Reparatur von Geräten ermöglichen, urheberrechtlich geschützte Werke zu nutzen, soweit dies für die **Vorführung und Reparatur erforderlich** ist, ohne eine Erlaubnis des Urhebers einholen oder eine Vergütung zahlen zu müssen. Art. 5 Abs. 3l) der Multimedia-Richtlinie (s. Einl. Rn. 21) ermöglicht Beschränkungen des Vervielfältigungs- und Verbreitungsrechts sowie des Rechts der öffentlichen Wiedergabe für die Nutzung im Zusammenhang mit der Vorführung und Reparatur von Geräten. Im Rahmen der Umsetzung der Multimedia-Richtlinie 2003 (s. Vor §§ 31 ff. Rn. 4) wurden neben redaktionellen Änderungen die privilegierten Betriebe im Hinblick auf die technische Entwicklung auf solche Unternehmen erweitert, die Geräte zur **elektronischen Datenverarbeitung** vertreiben und instandsetzen. Um die Funktion auch jener Geräte darstellen und prüfen zu können, wurde der Kreis der privilegierten Handlungen auf die öffentliche Zugänglichmachung von Werken (§ 19a) erstreckt. Als Schranke des Urheberrechts ist § 56 grds. **eng auszulegen** und einer analogen Anwendung nur in seltenen Ausnahmefällen zugänglich, doch muss es die Auslegung auch erlauben, die praktische Wirksamkeit der Ausnahme zu wahren und ihre Zielsetzung zu beachten (EuGH GRUR 2012, 166 – Panier/Standard; BGHZ 144, 232 – Parfumflakon; BGH GRUR 2002, 963 – Elektronischer Pressespiegel m. w. N.; s. Vor §§ 44a ff. Rn. 1). Im Rahmen der Umsetzung des Zweiten Korbs erfolgte keine Änderung der Vorschrift.

II. Begünstigte Geschäftsbetriebe

Durch § 56 werden Geschäftsbetriebe mit **Publikumsverkehr** begünstigt, die sich mit **2** dem **Vertrieb oder der Instandsetzung** von Geräten zur Herstellung oder Wiedergabe von Bild- oder Tonträgern (DVD, CD, Minidiscs, Videobänder, Filme, Tonbänder, etc.; s. § 16 Rn. 2), zum Empfang von Funksendungen (bspw. Radio- und Fernsehgeräte) oder zur elektronischen Datenverarbeitung befassen. Geräte zur Herstellung oder zur Wiedergabe von Bild- oder Tonträgern sind beispielsweise Plattenspieler, Tonbandgeräte, Videorekorder, DVD-Rekorder, Festplattenrekorder, CD-Player, Videokameras und Lautsprecher (Möhring/Nicolini/*Gass* § 56 Rn. 11; Dreier/Schulze/*Dreier* § 56 Rn. 4). Durch die Aufnahme von Geräten zur elektronischen Datenverarbeitung werden auch Geräte zur Vermittlung digitalisierter Werke, wie zum Beispiel Computerbildschirme, Drucker oder Modems, erfasst, die anders als bspw. digitale Speichergeräte, wie z. B. Computer oder MP3-Player, nicht als Geräte zur Wiedergabe von Bild- oder Tonträgern angesehen werden konnten. Da Bild- oder Tonträger definitionsgemäß Vorrichtungen zur Wiedergabe von Bild- oder Tonfolgen sind (s. § 16 Abs. 2), Fotokameras und Kopiergeräte aber jeweils nur Einzelabbildungen herstellen, war strittig, ob diese von § 56 erfasst und entsprechende Betriebe privilegiert waren. Da aber bspw. eine Digitalkamera ebenso wie ein digitaler Kopierer als Gerät zur elektronischen Datenverarbeitung anzusehen sein wird, besteht keine Veranlassung, Betriebe, die analoge Fotoapparate oder Kopierer vertreiben oder instand setzen, von der Privilegierung auszunehmen, da eine weitergehende Beeinträchtigung der Rechte des Urhebers insoweit nicht zu befürchten ist (Fromm/Nordemann/*W. Nordemann* § 56 Rn. 1 (für Fotoapparate); a. A. Dreyer/Kotthoff/Meckel/*Dreyer* § 56 Rn. 11; zustimmend für alle Formen von digitalen Aufnahme- und Wiedergabegeräten Schricker/Loewenheim/*Melichar* § 56 Rn. 6).

III. Zulässige Verwertungshandlungen

3   Die privilegierten Geschäftsbetriebe dürfen nach § 56 Werke auf Bild-, Ton- oder Datenträger übertragen (s. § 16 Abs. 2), Werke mittels Bild-, Ton- oder Datenträger öffentlich wahrnehmbar machen (§ 21), Funksendungen öffentlich wahrnehmbar machen (§ 22) und Werke i. S. d. § 19a öffentlich zugänglich machen, d. h. online zum Abruf bereitstellen. Erfasst sind alle Werkarten i. S. d. § 2 einschließlich deren Bearbeitungen (§ 3) sowie über die Verweisungsvorschriften Lichtbilder, Leistungsschutzrechte, Filmwerke, Multimediawerke und Laufbilder (§§ 72 Abs. 1, 83, 85 Abs. 4, 87 Abs. 4, 94 Abs. 4 und 95). Die Verwertungshandlungen sind jedoch nur zulässig, soweit sie notwendig sind, um den Kunden die aufgeführten Geräte vorzuführen bzw. diese zu reparieren. Die Vorführung der Bild- oder Tonträger selbst ist nicht privilegiert; es ist nicht Sinn der Vorschrift, die Vorführung einer CD zu ermöglichen, sondern die des CD-Players oder dessen Reparatur (AmtlBegr. BT-Drucks. 15/38, 21). Nach der ausdrücklichen Erweiterung der privilegierten Handlungen auf die öffentliche Zugänglichmachung von Werken ist sichergestellt, dass auch der Abruf von Online-Angeboten zur Vorführung bspw. eines Computers oder eines Modems zulässig ist.

4   Die Verwertungshandlungen sind nur insoweit zulässig, wie sie zur **Vorführung der Geräte** oder deren **Instandsetzung notwendig** sind. Jeder andere, nicht nur unerhebliche Nebenzweck lässt die Privilegierung entfallen (Schricker/Loewenheim/*Melichar* § 56 Rn. 9 verlangt, dass keine anderen Zwecke verfolgt werden). Der ständige Betrieb von Stereoanlagen in Warenhäusern oder das Abspielen von Videobändern zur reinen Unterhaltung der Kunden oder zur allgemeinen Kundenwerbung ist nicht gedeckt (Dreier/Schulze/*Dreier* § 56 Rn. 7; Schricker/Loewenheim/*Melichar* § 56 Rn. 9). Für eine **Vorführung** ist kein persönliches Verkaufsgespräch mit einem Interessenten erforderlich, auch eine Erläuterung eines Gerätes gegenüber einer größeren Gruppe von Interessenten, wie etwa bei einer Verkaufsmesse, kann zulässig sein. Im Bereich der **Instandsetzung** von Geräten ist ausschließlich die Nutzung der Werke im Rahmen der Fehlersuche, der eigentlichen Fehlerbehebung und der nach Abschluss der Instandsetzung erforderlichen Funktionsprüfung gedeckt. Liegt kein konkreter Zusammenhang mit den Maßnahmen zur Instandsetzung vor, ist dies von § 56 nicht mehr gedeckt.

IV. Löschung der Bild-, Ton- oder Datenträger

5   Gem. Abs. 2 sind die nach Abs. 1 in zulässiger Weise hergestellten Bild-, Ton- oder Datenträger **unverzüglich zu löschen**. Dies geschieht nur dann ohne schuldhaftes Zögern (§ 121 BGB), wenn der Bild-, Ton- oder Datenträger unmittelbar nach Abschluss der Re-

paraturarbeit oder nach der Vorführung des Gerätes gelöscht oder, falls eine Löschung nicht möglich, ggfs. unbrauchbar gemacht wird (Dreyer/Kotthoff/Meckel/*Dreyer* § 56 Rn. 16; Schricker/Loewenheim/*Melichar* § 56 Rn. 10). Ein im Rahmen der Vorführung aufgenommenes Tonband oder eine gebrannte CD darf deshalb nicht für eine spätere Vorführung für einen weiteren Kunden aufbewahrt werden (Schricker/Loewenheim/*Melichar* § 56 Rn. 10). Eine Verbreitung des nach § 56 in zulässiger Weise bespielten Bild-, Ton- oder Datenträgers ist durch die Vorschrift nicht gedeckt.

§ 57 Unwesentliches Beiwerk

Zulässig ist die Vervielfältigung, Verbreitung und öffentliche Wiedergabe von Werken, wenn sie als unwesentliches Beiwerk neben dem eigentlichen Gegenstand der Vervielfältigung, Verbreitung oder öffentlichen Wiedergabe anzusehen sind.

Literatur: Vgl. die Angaben im eingangs abgedr. Gesamtliteraturverzeichnis.

Übersicht

	Rn.
I. Bedeutung	1
II. Unwesentliches Beiwerk	2

I. Bedeutung

Nach § 57 können urheberrechtlich geschützte Werke ohne Zustimmung des Urhebers 1 unentgeltlich vervielfältigt, verbreitet und öffentlich wiedergegeben werden, wenn sie mehr oder weniger **zufällig bei der Verbreitung, Vervielfältigung oder öffentlichen Wiedergabe eines anderen Werkes benutzt** werden, bspw. wenn bei Filmaufnahmen in Innenräumen beiläufig ein Gemälde wiedergegeben wird. Nachdem das verwendete Werk nur zufällig und ohne weiteren Bezug zum eigentlichen Werk genutzt wird, werden die Interessen des Urhebers des Beiwerks nur in hinzunehmender Art und Weise betroffen. § 57 ist wie die weiteren Schrankenregelungen grds. **eng auszulegen** (BGH GRUR 2001, 51 – Parfumflakon), da dem Urheber die Verwertungsrechte möglichst uneingeschränkt zustehen müssen, wobei auch hier bei der Auslegung beachtet werden muss, dass diese die praktische Wirksamkeit der Ausnahme wahren und deren Zielsetzung zu beachten hat (EuGH GRUR 2012, 166 – Painer/Standard). Nach Art. 5 Abs. 3i) i. V.m. Abs. 4 der Multimedia-Richtlinie ist eine Beschränkung der Rechte des Urhebers für die beiläufige Einbeziehung eines Werkes oder sonstigen Schutzgegenstandes in anderes Material zulässig. Das **Urheberpersönlichkeitsrecht** ist durch die §§ 12, 14 und das Änderungsverbot (§ 62) geschützt. Für die Quellenangabe gilt § 63 Abs. 2, sie ist bei öffentlicher Wiedergabe erforderlich, wenn dies der Verkehrssitte entspricht. Die Regelung des § 57 bezieht sich auf **alle Werkarten** und erlaubt die **Vervielfältigung, Verbreitung und öffentliche Wiedergabe** (zu den Begriffen § 16 Rn. 2; § 17 Rn. 4ff.; § 15 Rn. 14ff.).

II. Unwesentliches Beiwerk

Begrifflich kann ein **unwesentliches Beiwerk** nur dann vorliegen, wenn ein Haupt- 2 werk vorhanden ist, das der eigentliche Gegenstand der Verwertung ist. Unwesentlich kann das Beiwerk nur dann sein, wenn es ausgetauscht werden kann, ohne die Wirkung des eigentlichen Werkes zu beeinträchtigen, es darf keinen Bezug zum eigentlichen Verwertungsgegenstand haben. In dem Moment, in dem das Beiwerk beispielsweise in die Handlung eines Filmes einbezogen wird und nicht ausgetauscht werden könnte, ohne dass dies dem Betrachter auffällt oder die Wirkung auf den Betrachter ändert, kann von einem unwesentlichen Beiwerk nicht mehr die Rede sein (Schricker/Loewenheim/*Vogel* § 57 Rn. 8 f.; Möhring/Nicolini/*Gass* § 57 Rn. 8; Fromm/Nordemann/*W. Nordemann* § 57 Rn. 2). Fromm/Nordemann/*W. Nordemann* wollen als unwesentliches Beiwerk nur Gegenstände anerkennen, deren Erscheinen im eigentlichen Gegenstand der Verwertung **unvermeidlich** ist und die darüber hinaus so nebensächlich sind, dass sie **nicht auffallen** (Fromm/Nordemann/*W. Nordemann* § 57 Rn. 2). Richtigerweise ist die **beabsichtigte** Einbeziehung eines Werkes in den eigentlichen Gegenstand der Verwertung ein Indiz, dass kein unwesentliches Beiwerk vorliegt; maßgeblich für die Einschätzung ist die Sicht eines **objektiven Betrachters** (Schricker/Loewenheim/*Vogel* § 57 Rn. 10; Möhring/Nicolini/ *Gass* § 57 Rn. 6 und 10). Für die Beurteilung sind jeweils die konkreten Umstände des Einzelfalles maßgeblich (OLG München NJW 1989, 404 – Kunstwerke in Werbeprospekten). Sind in Werbeprospekten von Einrichtungshäusern im Hintergrund Werke eines Urhebers erkennbar, die von Stil, Farbe und Design zu den beworbenen Gegenständen passen und somit einen Gesamteindruck abrunden, liegt kein unwesentliches Beiwerk vor; ebenso wenn ein Kunstwerk zum Gegenstand einer Spielszene im Theater gemacht wird. Das OLG München bestätigte das Vorliegen eines unwesentlichen Beiwerks bei der Abbildung eines Mannes auf einem Zeitschriftartikel, der ein T-Shirt mit einem geschützten Design trug, weil keine Beziehung zwischen dem Design des T-Shirts und dem Titelthema bestand (OLG München ZUM-RD 2008, 260 – T-Shirt als unwesentliches Beiwerk).

§ 58 Werke in Ausstellungen, öffentlichem Verkauf und öffentlich zugänglichen Einrichtungen

(1) **Zulässig ist die Vervielfältigung, Verbreitung und öffentliche Zugänglichmachung von öffentlich ausgestellten oder zur öffentlichen Ausstellung oder zum öffentlichen Verkauf bestimmten Werken der bildenden Künste und Lichtbildwerken durch den Veranstalter zur Werbung, soweit dies zur Förderung der Veranstaltung erforderlich ist.**

(2) **Zulässig ist ferner die Vervielfältigung und Verbreitung der in Absatz 1 genannten Werke in Verzeichnissen, die von öffentlich zugänglichen Bibliotheken, Bildungseinrichtungen oder Museen in inhaltlichem und zeitlichem Zusammenhang mit einer Ausstellung oder zur Dokumentation von Beständen herausgegeben werden und mit denen kein eigenständiger Erwerbszweck verfolgt wird.**

Literatur: *Bayreuther,* Beschränkungen des Urheberrechts nach der neuen EU-Urheberrechtsrichtlinie, ZUM 2001, 828; *Berger,* Zur zukünftigen Regelung der Katalogbildfreiheit in § 58 UrhG, ZUM 2002, 120; *Bullinger,* Kunstwerke in Museen – die klippenreiche Bildauswertung, in: Jacobs u. a. (Hrsg.), Festschrift für Peter Raue, Köln 2006 (zit. *Bullinger FS Raue*); *Dreier,* Die Umsetzung der Urheberrechtsrichtlinie 2001/29/EG in deutsches Recht, ZUM 2002, 28; *Flechsig,* Grundlagen des europäischen Urheberrechts, ZUM 2002, 1; *Jacobs,* Die neue Katalogbildfreiheit, in: Keller u. a. (Hrsg.), Festschrift für Winfried Tilmann zum 65. Geburtstag, Köln 2003, 49 (zit. *Jacobs FS Tilmann*); *Merker/Mittl,* Die Begrenzung der Werbung eines Auktionshauses durch die Katalogbildfreiheit, ZUM 2010, 397); *Reinbothe,* Die Umsetzung der EU-Urheberrechtsrichtlinie in deutsches Recht, ZUM 2002, 43; *Reinbothe,* Die EG-Richtlinie zum Urheberrecht in der Informationsgesellschaft, GRUR Int. 2001, 733; *Spindler,* Europäisches Urheberrecht in der Informationsgesellschaft, GRUR 2002, 105; *Zecher,* Die Umsetzung der EU-Urheberrechtsrichtlinie in deutsches Recht, ZUM 2002, 52 (Teil I), 451 (Teil II).
Vgl. darüber hinaus die Angaben im eingangs abgedr. Gesamtliteraturverzeichnis.

§ 58 Werke in Ausstellungen 1–3 § 58 UrhG

Übersicht

	Rn.
I. Bedeutung	1, 2
II. Werke der bildenden Künste und Lichtbildwerke	3, 4
III. Vervielfältigung, Verbreitung und öffentliche Zugänglichmachung durch den Veranstalter zur Werbung (§ 58 Abs. 1)	5–9
IV. Vervielfältigung und Verbreitung in Verzeichnissen von Bibliotheken, Bildungseinrichtungen oder Museen (§ 58 Abs. 2)	10, 11

I. Bedeutung

§ 58 Abs. 1 ermöglicht im Interesse der **Durchführung von Ausstellungen und öf-** **1** **fentlichen Verkaufsveranstaltungen,** aber auch im Interesse des Urhebers, dessen Bekanntheit und Werkabsatz gesteigert wird, die vergütungsfreie Vervielfältigung, Verbreitung und öffentliche Zugänglichmachung von Werken der bildenden Künste und von Lichtbildwerken zur Werbung, soweit dies zur Förderung der Veranstaltung erforderlich ist. Nach Abs. 2 ist darüber hinaus die Vervielfältigung und Verbreitung (nicht die öffentliche Zugänglichmachung) der in Abs. 1 bezeichneten Werke in **Verzeichnissen** zulässig, die von öffentlich zugänglichen Bibliotheken, Bildungseinrichtungen oder Museen in inhaltlichem und zeitlichem **Zusammenhang mit einer Ausstellung** oder zur **Bestandsdokumentation** herausgegeben werden, wenn mit diesen kein eigenständiger Erwerbszweck verfolgt wird. § 58 gilt nur im Verhältnis zum Urheber des zur Werbung etc. verwendeten Werks (also nicht gegenüber dem Fotografen, dessen Bild verwendet wird; *Schulze* Rn. 570, *Bullinger* FS Raue, 382; Schricker/Loewenheim/*Vogel* § 58 Rn. 9).

Art. 5 Abs. 3j) i. V. m. Abs. 4 der Multimedia-Richtlinie (RL 2001/29/EG) erlauben die **2** Beschränkungen des Vervielfältigungs- und des Verbreitungsrechts sowie des Rechts der öffentlichen Zugänglichmachung gem. Abs. 1. Art. 5 Abs. 2c) i. V. m. mit Abs. 4 decken Beschränkungen des Vervielfältigungs- und Verbreitungsrechts zugunsten von öffentlich zugänglichen Bibliotheken, Bildungseinrichtungen oder Museen. Als Schrankenregelung ist § 58, der in der seit 2003 geltenden Fassung weit über die in § 58 a. F. geregelte **Katalogbildfreiheit,** d. h. die zulässige Aufnahme von Werken ausschließlich in Ausstellungs- oder Versteigerungsverzeichnisse, hinausgeht, **eng auszulegen,** wobei die Auslegung die praktische Wirksamkeit der Ausnahme wahren und deren Zielsetzung zu beachten hat (EuGH GRUR 2012, 166 – Painer/Standard; BGH GRUR 2002, 605 – Verhüllter Reichstag; BGH GRUR 2002, 963 – Elektronischer Pressespiegel m. w. N.; siehe Vor §§ 44a ff. Rn. 1). Das **Urheberpersönlichkeitsrecht** wird durch § 14 und das Änderungsverbot (§ 62) bzw. die Verpflichtung zur Quellenangabe (§ 63) gewahrt.

II. Werke der bildenden Künste und Lichtbildwerke

§ 58 bezieht sich auf Werke der **bildenden Künste,** also auf Bilder, Skulpturen und Grafi- **3** ken (vgl. § 2 Abs. 1 Nr. 4) sowie **Lichtbildwerke** (§ 2 Abs. 1 Nr. 5). Bereits vor Umsetzung der Multimedia-Richtlinie war anerkannt, dass § 58 auch auf Lichtbildwerke Anwendung findet, da dies der Systematik der §§ 18, 44 entspricht (Schricker/Loewenheim/*Vogel* § 58 Rn. 2; Möhring/Nicolini/*Gass* § 58 Rn. 18). Strittig blieb, inwieweit auch Werke der angewandten Kunst (s. § 2 Rn. 96 f.) unter § 58 fallen können. In der Entscheidung „Parfumflakon" zu § 58 a. F. (BGHZ 144, 232) hat der BGH diese Frage offen gelassen, aber auch bei Werken der angewandten Kunst wie bei Werken der reinen Kunst das Bedürfnis gesehen, sie in einem Ausstellungs- und Versteigerungskatalog abzubilden. Ein sachlicher Grund für eine Differenzierung scheint nicht existent zu sein, so dass eine analoge Anwendung auch auf

Werke der angewandten Kunst angezeigt ist (Schricker/Loewenheim/*Vogel* § 58 Rn. 9; Dreier/Schulze/*Dreier* § 58 Rn. 3, der auch eine analoge Anwendung auf Darstellungen wissenschaftlicher und technischer Art (§ 2 Abs. 1 Nr. 7) befürwortet).

4 Die nach § 58 Abs. 1 vervielfältigten, verbreiteten und öffentlich zugänglich gemachten Werke müssen gem. Abs. 1 **öffentlich ausgestellt** sein oder **zu öffentlichen Ausstellungen oder zum öffentlichen Verkauf bestimmt** sein. Werke sind dann zur öffentlichen Ausstellung bestimmt, wenn sie in absehbarer Zeit ausgestellt werden; es schadet nicht, wenn sie vorübergehend aus Platzmangel im Magazin des Museums eingelagert sind (BGHZ 126, 313 – Museums-Katalog). **Ausstellungen** i. S. d. § 58 sind nicht nur vorübergehende, sondern auch ständige Ausstellungen (Schricker/Loewenheim/*Vogel* § 58 Rn. 10; jetzt auch Fromm/Nordemann/*W. Nordemann* § 58 Rn. 2). Zum **öffentlichen Verkauf** sind Werke bestimmt, wenn sie einer Vielzahl, theoretisch nicht abgegrenzten Anzahl von potentiellen Interessenten (s. § 15 Abs. 3) angeboten werden sollen. Die Vorschrift erfasst nicht mehr nur Versteigerungen, sondern auch jede andere Art des öffentlichen Verkaufs. Diese Erweiterung des Privilegierungstatbestandes war erforderlich, weil die besondere Begünstigung von Versteigerern im Hinblick auf den Erschöpfungsgrundsatz (§ 17 Abs. 2) nicht berechtigt war. Sie entspricht dem Wortlaut von Art. 5 Abs. 3j) Multimedia-Richtlinie (*Berger* ZUM 2002, 21). Nachdem es ausreicht, wenn die Werke zur öffentlichen Ausstellung oder zum öffentlichen Verkauf bestimmt sind, ändert die spätere Nichtdurchführung einer geplanten Veranstaltung nichts an der Zulässigkeit der Verwertungshandlung gem. § 58 Abs. 1 (Möhring/Nicolini/*Gass* § 58 Rn. 23; Schricker/Loewenheim/*Vogel* § 58 Rn. 11).

III. Vervielfältigung, Verbreitung und öffentliche Zugänglichmachung durch den Veranstalter zur Werbung (§ 58 Abs. 1)

5 § 58 Abs. 1 privilegiert den **Veranstalter**, d. h. denjenigen, der in organisatorischer und finanzieller Hinsicht für die Durchführung der Ausstellung oder der öffentlichen Verkaufsveranstaltung verantwortlich ist (zum Veranstalterbegriff s. § 81 Rn. 7 f.), dieser kann sich aber durchaus eines Verlags bedienen (Dreyer/Kotthoff/Meckel/*Dreyer* § 58 Rn. 13; Schricker/Loewenheim/*Vogel* § 58 Rn. 15). Kunstbände, die von Dritten anlässlich einer Ausstellung unabhängig vom Veranstalter herausgegeben werden, fallen dagegen nicht unter die Privilegierung (Dreier/Schulze/*Dreier* § 58 Rn. 5; Schricker/Loewenheim/*Vogel* § 58 Rn. 16; Dreyer/Kotthoff/Meckel/*Dreyer* § 58 Rn. 13).

6 § 58 Abs. 1 erlaubt die Vervielfältigung, Verbreitung und öffentliche Zugänglichmachung durch den Veranstalter zur Werbung für eine öffentliche Ausstellung oder einen öffentlichen Verkauf, soweit dies zu der Förderung der Veranstaltung erforderlich ist. Anders als in § 58 a. F. ist folglich die Verwertung nicht nur in „Verzeichnissen", nach ehemals herrschender Ansicht gedruckte Kataloge, sondern auch im Rahmen digitaler Offline-Medien (CD-ROM etc.) sowie das zum Abruf in digitalen Netzen Verfügbarhalten i. S. d. § 19a zulässig. Beschränkt wird die Verwertung durch den erforderlichen Zweck der Werbung, soweit dies zur Förderung der öffentlichen Ausstellung oder des öffentlichen Verkaufs (beispielsweise auf Einladungskarten, Plakaten oder Werbeprospekten, Dreier/Schulze/*Dreier* § 58 Rn. 7); nicht zulässig ist folglich eine Verwertungshandlung, die die Vermittlung des Werkgenusses in den Vordergrund stellt, z. B. der Abdruck auf Bildpostkarten. Ein allgemeiner Werbeprospekt, mit dem generell für die Tätigkeit eines Veranstalters geworben wird, dürfte weiterhin nicht privilegiert sein, da nicht die Werbung für eine konkrete Ausstellung oder eine konkrete Verkaufsveranstaltung im Vordergrund steht (zu § 58 a. F. BGH GRUR 1993, 822 – Katalogbild; Schricker/Loewenheim/*Vogel* § 58 Rn. 17). Die Werbung muss unmittelbar und ausschließlich dem Besuchs- oder Verkaufszweck dienen (Fromm/Nordemann/*W. Nordemann* § 58 Rn. 3).

In **zeitlicher Hinsicht** erlaubt § 58 Abs. 1 die Verwertung der Werke nur in der Vorbereitungszeit der Veranstaltung oder während der Dauer der Veranstaltung. Nach Abschluss der Veranstaltungen sind weitere Verwertungshandlungen zustimmungsbedürftig, da sie nicht mehr der Werbung für die Veranstaltung dienen können (a. A. Schricker/Loewenheim/*Vogel* § 58 Rn. 21, der einen kürzeren Nachlauf zulassen will). Nicht durch § 58 Abs. 1 privilegiert sein dürfte die Verwertung von Werken mit **Gewinnerzielungsabsicht,** bspw. wenn Poster, Postkarten oder Kataloge gegen Entgelt verbreitet oder im Buchhandel vertrieben werden (s. zu § 58 Schricker/Loewenheim/*Vogel* § 58 Rn. 19; Möhring/Nicolini/*Gass* § 58 Rn. 37).

Zweifelhaft ist, ob **Ausstellungs- und Museumskataloge** zur Werbung für eine Ausstellung dienen und diese fördern, da die Existenz eines Kataloges die Anziehungskraft einer Ausstellung oder einer öffentlichen Verkaufsveranstaltung jedenfalls erhöht und für weite Teile des Verkehrs die Akzeptanz und Einschätzung einer Veranstaltung verbessert. Eine Subsumtion des „klassischen" Ausstellungskataloges unter die Werbemaßnahmen i. S. d. § 58 Abs. 1 ist wohl noch möglich (s. auch *Bayreuther* ZUM 2001, 828). Überschritten ist die Grenze aber dann, wenn die Abbildung eines Werks als Bestandteil der Ausstellung nicht mehr im Vordergrund steht, sondern dem Werkgenuss losgelöst von der Ausstellung dient (Schricker/Loewenheim/*Vogel* § 58 Rn. 18).

Der Auffassung, das Prinzip, den Urheber in möglichst großem Umfang am wirtschaftlichen Nutzen seines Werkes teilhaben zu lassen, erfordere einen finanziellen Ausgleich (Schricker/Loewenheim/*Vogel* § 58 Rn. 7; Möhring/Nicolini/*Gass* § 58 Rn. 11; *Berger* ZUM 2002, 26), ist der Gesetzgeber nicht gefolgt, obwohl dies möglich gewesen wäre s. Erwägungsgrund 36 der Multimedia-Richtlinie). Da § 58 Abs. 1 nur zur Werbung für eine öffentliche Ausstellung und dem öffentlichen Verkauf von Werken berechtigt und zur Förderung der Veranstaltung erforderlich sein muss, erscheint eine i. S. d. Drei-Stufen-Tests gem. Art. 5 Abs. 5 Multimedia-Richtlinie (vgl. § 44a Rn. 22) ungebührliche Verletzung der Interessen des Rechtsinhabers nicht vorzuliegen; soweit eine öffentliche Verkaufsveranstaltung beworben wird, sind die Interessen des Urhebers bereits durch das Folgerecht des § 26 gewahrt (*Berger* ZUM 2002, 26).

IV. Vervielfältigung und Verbreitung in Verzeichnissen von Bibliotheken, Bildungseinrichtungen oder Museen (§ 58 Abs. 2)

Die bei der Reform 2003 (s. Vor §§ 31 ff. Rn. 4) neu ins UrhG aufgenommene Schranke des § 58 Abs. 2 erlaubt ausgehend von der zu Abs. 1 identischen Verwertungsbasis, d. h. Werken der bildenden Künste, der angewandten Kunst und Lichtbildwerken (s. o. Rn. 3), die Vervielfältigung und Verbreitung in Verzeichnissen. Nach „dem mittlerweile geänderten technischen Umfeld in diesem Zusammenhang" umfasst der Begriff des Verzeichnisses auch digitale Offline-Medien wie die CD-ROM (AmtlBegr. BT-Drucks. 15/38, 22). Nicht von § 58 Abs. 2 privilegiert ist das öffentliche Zugänglichmachen i. S. d. § 19a; Verzeichnisse können folglich nicht nach § 58 Abs. 2 im Internet zum Abruf zur Verfügung gestellt werden.

Die von § 58 Abs. 2 privilegierten Verzeichnisse müssen von öffentlich zugänglichen Bibliotheken, Bildungseinrichtungen oder Museen in inhaltlichem und zeitlichem Zusammenhang mit einer Ausstellung oder zur Dokumentation von Beständen herausgegeben werden. Ein inhaltlicher und zeitlicher Zusammenhang mit einer Ausstellung dürfte nur gegeben sein, wenn Gegenstand des Kataloges die ausgestellten Werke sind und die Herausgabe während der Vorbereitungsphase und während des Ausstellungszeitraumes erfolgt. Bestandsverzeichnisse dürfen dagegen den gesamten Bestand der Institution, auch wenn dieser nicht ausgestellt wird, zeigen (Schricker/Loewenheim/*Vogel* § 58 Rn. 25 und Dreier/Schulze/*Dreier* § 58 Rn. 13). Ein **eigenständiger Erwerbszweck** darf mit den privilegierten Verzeichnissen nicht verfolgt werden. Nachdem die Schranke den öffentlich zugänglichen Bibliotheken, Bildungseinrichtungen und Museen im Hinblick auf ein kulturpolitisches Bedürfnis die Möglichkeit zur Herausgabe von Katalogen sichern soll (Amtl- Begr. BT-Drucks. 15/38, 22), wird eine Veräußerung der Verzeichnisse zum Selbstkostenpreis noch privilegiert sein (Schricker/Loewenheim/*Vogel* § 58 Rn. 26; Dreier/Schulze/ *Dreier* § 58 Rn. 14; a. A. Dreyer/Kotthoff/Meckel/*Dreyer* § 58 Rn. 23: Erwerbszweck schon dann, wenn jedenfalls mittelbar Einnahmen erzielt werden sollen).

§ 59 Werke an öffentlichen Plätzen

(1) **Zulässig ist, Werke, die sich bleibend an öffentlichen Wegen, Straßen oder Plätzen befinden, mit Mitteln der Malerei oder Graphik, durch Lichtbild oder durch Film zu vervielfältigen, zu verbreiten und öffentlich wiederzugeben. Bei Bauwerken erstrecken sich diese Befugnisse nur auf die äußere Ansicht.**

(2) **Die Vervielfältigungen dürfen nicht an einem Bauwerk vorgenommen werden.**

Literatur: *Lehnert,* Anmerkung, GRUR 2011, 327; *Schack,* Anmerkung, JZ 2011, 375; *Wanckel,* Auf dem Weg zum „Recht an der eigenen Sache?", NJW 2011, 1779; Vgl. die Angaben im eingangs abgedr. Gesamtliteraturverzeichnis.

Übersicht

	Rn.
I. Bedeutung	1, 2
II. Werke, die sich bleibend an öffentlichen Wegen, Straßen und Plätzen befinden	3–5
1. Werke an öffentlichen Wegen, Straßen und Plätzen	3
2. Bleibend	4, 5
III. Vervielfältigung, Verbreitung und öffentliche Wiedergabe	6, 7

I. Bedeutung

1 § 59 erlaubt die Vervielfältigung, Verbreitung und öffentliche Wiedergabe von Werken, die jedermann frei zugänglich und damit der Allgemeinheit gewidmet sind. Keinen Einfluss hat § 59 auf das zivilrechtliche Eigentum am Werk; der Eigentümer kann also jederzeit den Zugang oder den Blick auf das Werkstück durch die Öffentlichkeit ausschließen. Ist ein Werk jedoch von öffentlichen Straßen aus sichtbar, besteht kein Abwehranspruch des Eigentümers gegen die Vervielfältigung, wie bspw. das Abfotografieren und die Verwertung dieser Fotografien, da die urheberrechtliche Wertung des § 59 nicht unterlaufen werden soll (BGH GRUR 2011, 323 – Preußische Gärten und Parkanlagen; BGH GRUR 1990, 390 – Friesenhaus, LG Frankenthal ZUM-RD 2005, 408, 409 – Grassofa). Wenn die Abbildung dagegen vom fremden Grundstück aus gemacht wird, soll der Grundstückseigentümer die Fotografie und deren Verwertung untersagen können, wenn keine Urheberrechte entgegenstehen, was laut BGH GRUR 2011, 323 auch der Fall ist, wenn die Schutzfrist abgelaufen ist (a. A. *Schack* JZ 2011, 375; *Lehnert* GRUR 2011, 327).

2 Die Multimedia-Richtlinie lässt in Art. 5 Abs. 3h) i. V. m. Abs. 4 eine Einschränkung des Vervielfältigungs- und Verbreitungsrechts und des Rechts der öffentlichen Wiedergabe von Werken, wie Werken der Baukunst oder Plastiken, zu, die dazu angefertigt wurden, sich bleibend an öffentlichen Orten zu befinden. Als eine auf der Sozialbindung des geistigen Eigentums beruhende Schrankenbestimmung ist § 59 grds. eng auszulegen (BGH GRUR 2001, 51 – Parfumflakon; s. Vor §§ 44a ff. Rn. 1). Die Rechte des Urhebers werden durch **§ 14** (LG Mannheim GRUR 1997, 364 – Freiburger Holbein-Pferd), das **Änderungsverbot** (§ 62) sowie die Pflicht zur **Quellenangabe** (§ 63) gewährleistet.

II. Werke, die sich bleibend an öffentlichen Wegen, Straßen und Plätzen befinden

1. Werke an öffentlichen Wegen, Straßen und Plätzen

Grds. erfasst § 59 **alle Arten von Werken,** besonders kommen Werke der Baukunst sowie Werke der bildenden Kunst (Brunnen, Statuen) in Betracht. Denkbar ist auch die Anwendung auf Sprachwerke oder Musikwerke, wenn diese im Rahmen einer Gedenktafel, bspw. am Geburtshaus eines Komponisten oder Schriftstellers, wiedergegeben sind (*v. Gamm* § 59 Rn. 1). Die Werke müssen sich an öffentlichen Wegen, Straßen oder Plätzen befinden (OLG München ZUM 2005, 755, 757); wesentlich ist, dass sie von dort aus frei sichtbar sind, auch wenn sich das Werk selbst auf Privatgrund befindet (Schricker/Loewenheim/*Vogel* § 59 Rn. 10). Nicht an öffentlichen Straßen und Wegen befindet sich, was nur mit Hilfsmitteln wie z.B. Leitern oder aus der Luft aus einem Hubschrauber, durch Beiseitedrücken einer Hecke oder Überwinden eines Zauns zu sehen ist (BGH GRUR 2003, 1035 – Hundertwasserhaus: eine Aufnahme von einem öffentlich nicht zugänglichen Ort, z.B. von einem Balkon, ist nicht privilegiert; Schricker/Loewenheim/*Vogel* § 59 Rn. 10; Dreyer/Kotthoff/Meckel/*Dreyer* § 59 Rn. 4; Fromm/Nordemann/*W. Nordemann* § 59 Rn. 2). Wege, Straßen und Plätze sind dann öffentlich, wenn sie im Gemeingebrauch stehen und jedermann frei zugänglich sind. Öffentliche Wege sind in diesem Sinn auch für jedermann frei zugängliche Privatwege und Privatparks (Dreier/Schulze/*Dreier* § 59 Rn. 3), nicht jedoch privates Gelände, das aufgrund von Zäunen und Kontrollen nicht dem freien Zutritt unterliegt. Auch wenn Bahnhofshallen und Flughafenhallen sowie U-Bahnhöfe dem Verkehrszweck dienen, sind sie regelmäßig jedermann frei zugänglich, Werke in diesen Bauwerken sollten daher in den Anwendungsbereich des § 59 fallen (a.A. Möhring/Nicolini/*Gass* § 59 Rn. 14; Schricker/Loewenheim/*Vogel* § 59 Rn. 9; Fromm/Nordemann/*W. Nordemann* § 59 Rn. 2). Bei Bauwerken erstrecken sich die Rechte aus § 59 Abs. 1 gem. S. 2 nur auf die äußere Ansicht des Bauwerks, nicht also auf Innenhöfe, Kuppeln, Treppenhäuser etc., sondern nur auf die von der Straße aus sichtbare Fassade einschließlich Terrassen etc.

2. Bleibend

Vervielfältigt, verbreitet und öffentlich wiedergegeben werden dürfen nach § 59 nur Werke, die sich **bleibend** an öffentlichen Wegen, Straßen oder Plätzen befinden. Maßgeblich ist hierfür zunächst die Widmung des Urhebers; entscheidend ist, ob der Urheber das Werk auf Dauer an den öffentlichen Platz verbracht hat (Dreier/Schulze/*Dreier* § 59 Rn. 5; Fromm/Nordemann/*W. Nordemann* § 59 Rn. 3). Die Lebensdauer des Werks kann bspw. bei Pflastermalerei nur kurz sein. Kein Zweifel kann aber daran bestehen, dass diese Werke nach dem Willen des Urhebers auf Dauer an einem öffentlichen Platz angebracht sein sollen. Anders stellte sich die Situation bei dem **verhüllten Reichstag von Christo** und Jeanne-Claude dar. Hier war von Anfang an beabsichtigt, nach dem Ende der vorgesehenen Installationszeit das Werk wieder zu entfernen, die Widmung war folglich nicht auf eine bleibende Verwirklichung des Kunstwerks gerichtet. Allein auf die subjektive Bestimmung des Berechtigten kann jedoch nicht abgestellt werden. Bei urheberrechtlich geschützten Bauwerken wäre es bspw. nicht sachgerecht, allein danach zu entscheiden, ob – etwa beim Bau eines Provisoriums, das nach einigen Jahren einem Neubau weichen soll – schon bei Errichtung einen Zeitpunkt für den Abriss des Bauwerks ins Auge gefasst ist. Nach BGH GRUR 2002, 605 – Verhüllter Reichstag kommt es für eine sachgerechte Abgrenzung auf den Zweck an, zu dem das geschützte Werk an dem öffentlichen Ort aufgestellt worden ist. Da der verhüllte Reichstag von den Künstlern in einer Art Ausstellung präsentiert wurde und die Aktion für die kurze Dauer von 2 Wochen geplant war, konnte von einer auf Dauer gedachten Installation nicht die Rede sein, so dass § 59 nicht eingreifen konnte (BGH GRUR 2002, 605 – Verhüllter Reichstag; KG GRUR 1997, 129 – Verhüllter Reichstag II). Wird dagegen ein Kunstwerk, das in einer Gartenanlage aufgestellt ist, als „work in progress" mit offenem Ende dargestellt, so lässt diese Außendarstellung des Aufstellungszwecks auf ein dauerhaft errichtetes Werk schließen (LG Frankenthal NJW 2005, 607 – Grassofa).

5   Graffiti an Hauswänden werden nach der Intention des Schöpfers als dauerhaft bleibend anzusehen sein; dies gilt dagegen nicht für Werke in Schaufenstern, die Verbringung dieser Werke erfolgt nicht auf Dauer (Schricker/Loewenheim/*Vogel* § 59 Rn. 15f.; LG Berlin NJW 1996, 2380 – Postkarten). Strittig ist, inwieweit § 59 auf Graffiti anzuwenden ist, die sich an öffentlichen Verkehrsmitteln wie Omnibussen und S-Bahnen befinden. Da diese von der Intention der Urheber aber ebenfalls auf Dauer verbleiben sollen und sie von öffentlichen Plätzen aus sichtbar sind, ist mit Schricker/Loewenheim/*Vogel* § 59 Rn. 15 von der Anwendbarkeit des § 59 auszugehen (a. A. Möhring/Nicolini/*Gass* § 59 Rn. 17).

III. Vervielfältigung, Verbreitung und öffentliche Wiedergabe

6   § 59 lässt die Vervielfältigung und Verbreitung der Werke in Form von **Malerei oder Grafik, Lichtbild oder Film** zu. Zu den Begriffen der Vervielfältigung und Verbreitung s. § 16 Rn. 2; § 17 Rn. 4ff. Die ebenfalls nach § 59 zulässige **öffentliche Wiedergabe** nimmt Bezug auf die Verwertungsformen des § 15 Abs. 2. § 59 lässt nur die zweidimensionale Darstellung zu, plastische Nachbildungen sind nicht erfasst (Fromm/Nordemann/ *W. Nordemann* § 59 Rn. 4; Schricker/Loewenheim/*Vogel* § 59 Rn. 19). Aufgrund eines Redaktionsversehens ist die Verwertung durch **Lichtbildwerke** nicht aufgenommen worden; diese ist jedoch nach allgemeiner Auffassung auch von § 59 gedeckt (Möhring/ Nicolini/*Gass* § 59 Rn. 19). **Film** i. S. d. § 59 Abs. 1 S. 1 sind nicht nur Filmwerke und Werke, die ähnlich wie Filmwerke geschaffen werden (§ 2 Abs. 1 Nr. 6), sondern auch **Laufbilder** i. S. d. § 95 (Schricker/Loewenheim/*Vogel* § 59 Rn. 18).

7   Nicht von § 59 gedeckt sind die Vervielfältigung und Verbreitung von Vervielfältigungsstücken eines i. S. v. § 14 entstellten Werkes sowie die Vornahme von Änderungen, die über § 62 Abs. 3 hinausgehen (LG Mannheim GRUR 1997, 364 – Freiburger Holbein-Pferd). Ausdrücklich nicht zugelassen sind durch § 59 Abs. 2 **Vervielfältigungen an einem Bauwerk**. Es ist folglich nicht durch § 59 gedeckt, eine sich an der Fassade eines Hauses befindliche Fassadenmalerei auf der Fassade eines weiteren Hauses zu kopieren (Schricker/ Loewenheim/*Vogel* § 59 Rn. 24; Dreier/Schulze/*Dreier* § 59 Rn. 9).

§ 60 Bildnisse

(1) **Zulässig ist die Vervielfältigung sowie die unentgeltliche und nicht zu gewerblichen Zwecken vorgenommene Verbreitung eines Bildnisses durch den Besteller des Bildnisses oder seinen Rechtsnachfolger oder bei einem auf Bestellung geschaffenen Bildnis durch den Abgebildeten oder nach dessen Tod durch seine Angehörigen oder durch einen im Auftrag einer dieser Personen handelnden Dritten. Handelt es sich bei dem Bildnis um ein Werk der bildenden Künste, so ist die Verwertung nur durch Lichtbild zulässig.**

(2) **Angehörige im Sinne von Absatz 1 Satz 1 sind der Ehegatte oder der Lebenspartner und die Kinder oder, wenn weder ein Ehegatte oder Lebenspartner noch Kinder vorhanden sind, die Eltern.**

Literatur: *Bayreuther,* Beschränkungen des Urheberrechts nach der neuen EU-Urheberrechtsrichtlinie, ZUM 2001, 828; *Dreier,* Die Umsetzung der Urheberrechtsrichtlinie 2001/29/EG in deutsches Recht,

ZUM 2002, 28; *Flechsig,* Grundlagen des europäischen Urheberrechts, ZUM 2002, 1; *Müller,* Die Privatkopie bei Portraitwerken der bildenden Kunst, GRUR 2012, 785; *Reinbothe,* Die Umsetzung der EU-Urheberrechtsrichtlinie in deutsches Recht, ZUM 2002, 43; *Reinbothe,* Die EG-Richtlinie zum Urheberrecht in der Informationsgesellschaft, GRUR Int. 2001, 733; *Spindler,* Europäisches Urheberrecht in der Informationsgesellschaft, GRUR 2002, 105; *Zecher,* Die Umsetzung der EU-Urheberrechtsrichtlinie in deutsches Recht, ZUM 2002, 52 (Teil I), 451 (Teil II).

Vgl. darüber hinaus die Angaben im eingangs abgedr. Gesamtliteraturverzeichnis.

Übersicht

	Rn.
I. Bedeutung	1, 2
II. Bildnisse auf Bestellung	3, 4
1. Bildnis	3
2. Auf Bestellung	4
III. Besteller und Auftraggeber bzw. Rechtsnachfolger	5
IV. Zugelassene Nutzungshandlungen	6, 7

I. Bedeutung

Im Interesse des **Bestellers eines Bildnisses** oder dessen Rechtsnachfolger bzw. des auf **1** einem auf Bestellung geschaffenen Bildnis **Abgebildeten** oder dessen Angehörigen erlaubt § 60 die Herstellung von Vervielfältigungsstücken sowie die unentgeltliche und nicht zu gewerblichen Zwecken vorgenommene Verbreitung. Die Multimedia-Richtlinie (s. Einl. Rn. 21) enthält keine dem § 60 entsprechende Regelung. Der Fortbestand der Schranke des § 60 war damit nach Art. 5 Abs. 3o) der Multimedia-Richtlinie nur zulässig, soweit die Schranke ausschließlich analoge Nutzungen betrifft. Konsequenterweise wurden bei der Neuformulierung des § 60 im Jahr 2003 die erlaubnisfrei zulässigen Verwertungshandlungen nicht auf die öffentliche Zugänglichmachung und damit auf eine digitale Nutzungsform ausgeweitet (AmtlBegr. BT-Drucks. 15/38, 22). Sinn der Vorschrift ist es, den Bestellern oder Abgebildeten zu ermöglichen, Erinnerungsstücke von Bildnissen herzustellen und Vervielfältigungsstücke zu verschenken (Schricker/Loewenheim/*Vogel* § 60 Rn. 11). Ob der Urheber aufgefunden werden kann oder nicht ist unerheblich. Umstritten ist, ob § 60 eine **Schrankenbestimmung** des Urheberrechts darstellt, oder vielmehr als **abdingbare urhebervertragsrechtliche Auslegungsregel** im Verhältnis zwischen Urheber und Besteller oder Abgebildetem anzusehen ist (OLG Karlsruhe ZUM 1994, 737 – Musikgruppe S). Dreyer/Kotthoff/Meckel/*Dreyer* § 60 Rn. 4 und Fromm/Nordemann/*W. Nordemann* § 60 Rn. 2 sehen die Norm schon aus systematischen Gründen als abdingbare Schrankenregelung, während Schricker/Loewenheim/*Vogel* § 60 Rn. 5 von einer Auslegungsregel ausgeht und eine Schranke nur annimmt, wenn zwischen dem Abgebildeten und dem Urheber keine vertraglichen Beziehungen bestehen. Gerade letzte Konstellation spricht für die Annahme einer abdingbaren Schrankenregelung.). Die Einbehaltung des Negativs durch einen Fotografen kann schon nicht als stillschweigende Abbedingungen angesehen werden (Dreier/Schulze/*Dreier* § 60 Rn. 2). Sind die Rechte aus § 60 wirksam abbedungen, begründet die Vervielfältigung eines Bildnisses Ansprüche aus §§ 97 ff. Ein Anspruch auf Herausgabe des Bildnisses im Original, eines Vervielfältigungsstückes oder von Negativen kann aus der Vorschrift nicht hergeleitet werden (LG Wuppertal GRUR 1989, 54 – Lichtbild-Negative).

§ 60 gilt für das Verhältnis zwischen Besteller und Urheber sowie Abgebildetem und **2** Urheber. Möchte der Besteller Vervielfältigungsstücke der Abbildung verbreiten oder öffentlich zur Schau stellen, benötigt er die Zustimmung des Abgebildeten nach § 22 KUG. § 53 ist uneingeschränkt neben § 60 anwendbar (Schricker/Loewenheim/*Vogel* § 60 Rn. 8; *Rehbinder* 467). Als Beschränkung der Rechte des Urhebers ist § 60 **eng auszulegen**

(BGHZ 126, 313 – Museumskatalog; siehe Vor §§ 44aff. Rn. 1). Eine Verpflichtung zur Quellenangabe besteht in den Fällen des § 60 nicht. Das Urheberpersönlichkeitsrecht wird durch das **Änderungsverbot** (§ 62) geschützt.

II. Bildnisse auf Bestellung

1. Bildnis

3   Bildnisse i. S. d. § 60 sind wie in § 22 KUG (s. § 22 KUG Rn. 5) **Personendarstellungen**, die eine oder mehrere Personen wiedergeben (OLG Karlsruhe ZUM 1994, 737 – Musikgruppe S; OLG Köln GRUR 2004, 499 – Portraitfoto im Internet; Schricker/Loewenheim/*Vogel* § 60 Rn. 16; Fromm/Nordemann/*W. Nordemann* § 60 Rn. 7). Die abgebildete Person muss hierbei anhand von persönlichen individuellen Merkmalen, wie regelmäßig Gesichtszügen oder Statur, wiederzuerkennen sein. Ob es sich beim Bildnis um ein Portrait oder um eine Wiedergabe des gesamten Körpers oder des Torsos handelt, ist unerheblich. Auch eine Totenmaske kommt als Bildnis i. S. d. § 60 in Betracht (KG GRUR 1981, 742 – Totenmaske I; Fromm/Nordemann/*W. Nordemann* § 60 Rn. 7), da es weder darauf ankommt, ob die abgebildete Person bereits verstorben ist, noch, ob es sich um ein zweidimensionales Werk, sei es ein Lichtbildwerk, sei es ein Lichtbild oder ein Aquarell, Ölgemälde oder um ein dreidimensionales Werk wie Statuen, Büsten oder Reliefs handelt (Schricker/Loewenheim/*Vogel* § 60 Rn. 18; Möhring/Nicolini/*Gass* § 60 Rn. 19). Für das Eingreifen von § 60 ist jedoch Voraussetzung, dass die wiedergegebene Person oder Personen **Hauptgegenstand der Darstellung** sind (Möhring/Nicolini/*Gass* § 60 Rn. 18; Schricker/Loewenheim/*Vogel* § 60 Rn. 17).

2. Auf Bestellung

4   Die durch § 60 erfolgte Einschränkung der Rechte des Urhebers eines Bildnisses gilt nur für Bildnisse, die **auf Bestellung**, d. h. im Auftrag des Abgebildeten oder einer dritten Person gefertigt wurden. Bildet der Urheber Personen ohne Vorliegen eines Auftrages, sondern aus eigenem Antrieb, ab, greift § 60 nicht; die Zulässigkeit der Fertigung von Vervielfältigungsstücken richtet sich dann nach den weiteren Vorschriften, insb. nach § 53. Nur die Beschränkung des § 60 auf Bildnisse, die auf Bestellung gefertigt wurden, dürfte die Vorschrift rechtfertigen, da der Schöpfer die Möglichkeit hat, eine angemessene Vergütung im Rahmen des Auftrags zur Erstellung des Werks zu erhalten.

III. Besteller und Auftraggeber bzw. Rechtsnachfolger

5   Nach § 60 Abs. 1 ist der Besteller des Bildnisses oder dessen Rechtsnachfolger begünstigt. **Besteller** ist hierbei derjenige, in dessen Auftrag der Fotograf, Bildhauer oder Maler etc. bei der Erstellung des Bildnisses tätig wurde. Für die Bestimmung des Rechtsnachfolgers sind die allgemeinen Regeln des BGB maßgeblich. Es kommen im Hinblick auf die Rechte des Bestellers sowohl **Einzelrechtsnachfolge** wie auch **Universalsukzession** in Betracht (Schricker/Loewenheim/*Vogel* § 60 Rn. 20; Dreyer/Kotthoff/Meckel/*Dreyer* § 60 Rn. 18). **Abgebildete** sind die erkennbar im Bildnis wiedergegebenen Personen, bei Geschäftsführern von juristischen Personen die Geschäftsführer und nicht die juristische Person (OLG Köln GRUR 2004, 499 – Portraitfotos im Internet). Die Angehörigen, auf die die Rechte des Abgebildeten nach dessen Tode übergehen, sind in Abs. 2 definiert. Die Übertragung der Rechtsposition des Abgebildeten auf die Angehörigen stellt keine echte Rechtsnachfolge dar, sie führt lediglich zu eigenen Werknutzungsmöglichkeiten (*v. Gamm* § 60 Rn. 5); diese Position der Angehörigen ist nicht übertragbar.

IV. Zugelassene Nutzungshandlungen

Die durch § 60 Berechtigten dürfen das Bildnis **vervielfältigen;** zum Begriff der Vervielfältigung s. § 16 Rn. 2. Im Gegensatz zur vorher geltenden Rechtslage beschränkt die seit 2003 geltende Fassung die Vervielfältigung nicht nur auf eine Vervielfältigung durch Lichtbildwerk oder Lichtbild. Das Bildnis darf folglich auch abgemalt, abgezeichnet oder digital gespeichert werden. Allein solche Veränderungen des Bildnisses kann der Urheber nicht nach § 23 untersagen. Sonstige Änderungen sind unzulässig, soweit der Urheber nicht nach Treu und Glauben zustimmen hätte müssen (s. § 62 Abs. 1; Fromm/Nordemann/*W. Nordemann* § 60 Rn. 14; Schricker/Loewenheim/*Vogel* § 60 Rn. 25) Handelt es sich bei dem Bildnis aber um ein Werk der bildenden Künste i. S. d. § 2 Nr. 4 (s. § 2 Rn. 81 ff.), ist die Verwertung, d. h. die Vervielfältigung jedoch nur durch Lichtbild i. S. d. § 72 zulässig (Abs. 1 S. 2). Die Vervielfältigung der Bildnisse darf durch Dritte erfolgen; es ist unerheblich, ob diese gegen Entgelt oder unentgeltlich für die Berechtigten tätig werden. 6

Die nach § 60 in zulässiger Weise hergestellten Vervielfältigungsstücke der Bildnisse dürfen nach Abs. 1 S. 1 **verbreitet** werden, soweit die Verbreitung unentgeltlich und nicht zu gewerblichen Zwecken erfolgt; zum Begriff der Verbreitung siehe § 17 Rn. 4 ff. Die Rechte des Abgebildeten aus §§ 22 ff. KUG sind zu beachten. Nach der seit 2003 geltenden Fassung darf das Bildnis nicht mehr zu gewerblichen Zwecken verbreitet werden. Das zur Eigenwerbung erfolgende Verteilen von Handzetteln mit dem Bildnis des Werbenden fällt folglich nicht mehr unter die Privilegierung des § 60 (AmtlBegr. BT-Drucks. 15/38, 22). Ebenso wenig ist das Ins-Netz-Stellen eines Bewerbungsfotos durch den Besteller auf seiner Webseite noch von § 60 gedeckt. Nach Auffassung des LG Köln geht es hierbei nicht mehr um „Bewerbung", sondern um Werbung und damit um eine wirtschaftlich eigenständige Verwendungsform außerhalb des bei einem Bewerbungsfoto zugrunde liegenden Vertragszwecks (LG Köln MMR 2007, 465). Unentgeltlich ist eine Verbreitung, wenn die Berechtigten hierfür keinerlei Entgelt erhalten. Selbst eine Erstattung von Herstellungskosten für die Vervielfältigungsstücke dürfte im Hinblick auf die gebotene enge Auslegung (s. Rn. 2) die Verbreitung nicht mehr durch § 60 gedeckt sein lassen (Möhring/Nicolini/*Gass* § 60 Rn. 26; Schricker/Loewenheim/*Vogel* § 60 Rn. 28; Dreyer/Kotthoff/Meckel/*Dreyer* § 60 Rn. 12). 7

§ 61 Verwaiste Werke

(1) Zulässig sind die Vervielfältigung und die öffentliche Zugänglichmachung verwaister Werke nach Maßgabe der Absätze 3 bis 5.
(2) Verwaiste Werke im Sinne dieses Gesetzes sind
1. Werke und sonstige Schutzgegenstände in Büchern, Fachzeitschriften, Zeitungen, Zeitschriften oder anderen Schriften,
2. Filmwerke sowie Bildträger und Bild- und Tonträger, auf denen Filmwerke aufgenommen sind, und
3. Tonträger

aus Sammlungen (Bestandsinhalte) von öffentlich zugänglichen Bibliotheken, Bildungseinrichtungen, Museen, Archiven sowie von Einrichtungen im Bereich des Film- oder Tonerbes, wenn diese Bestandsinhalte bereits veröffentlicht worden sind, deren Rechtsinhaber auch durch eine sorgfältige Suche nicht festgestellt oder ausfindig gemacht werden konnte.
(3) Gibt es mehrere Rechtsinhaber eines Bestandsinhaltes, kann dieser auch dann vervielfältigt und öffentlich zugänglich gemacht werden, wenn selbst nach sorgfältiger Suche nicht alle Rechtsinhaber festgestellt oder ausfindig gemacht werden konnten, aber von den bekannten Rechtsinhabern die Erlaubnis zur Nutzung eingeholt worden ist.

(4) Bestandsinhalte, die nicht erschienen sind oder nicht gesendet wurden, dürfen durch die jeweilige in Absatz 2 genannte Institution genutzt werden, wenn die Bestandsinhalte von ihr bereits mit Erlaubnis des Rechtsinhabers der Öffentlichkeit zugänglich gemacht wurden und sofern nach Treu und Glauben anzunehmen ist, dass der Rechtsinhaber in die Nutzung nach Absatz 1 einwilligen würde.

(5) Die Vervielfältigung und die öffentliche Zugänglichmachung durch die in Absatz 2 genannten Institutionen sind nur zulässig, wenn die Institutionen zur Erfüllung ihrer im Gemeinwohl liegenden Aufgaben handeln, insbesondere wenn sie Bestandsinhalte bewahren und restaurieren und den Zugang zu ihren Sammlungen eröffnen, sofern dies kulturellen und bildungspolitischen Zwecken dient. Die Institutionen dürfen für den Zugang zu den genutzten verwaisten Werken ein Entgelt verlangen, das die Kosten der Digitalisierung und der öffentlichen Zugänglichmachung deckt.

Literatur: *Adolphsen/Mutz*, Das Google Book Settlement, GRUR Int. 2009, 789; *Bechtold*, Optionsmodelle und private Rechtsetzung im Urheberrecht am Beispiel von Goggle Book Search, GRUR 2010, 282; *Bohne/Elmers*, Die Digitalisierung von Wissen in der Informationsgesellschaft und ihre rechtliche Regulierung, WRP 2009, 586; *Bohne/Krüger*, Das „Settlement Agreement" zwischen Google und der Authors Guild als Leitbild einer europäischen Regelung; *Krogmann*, Zum „Entwurf eines Gesetzes zur Nutzung verwaister Werke und zu weiteren Änderungen des Urheberrechtgesetzes" sowie zur technologieneutralen Ausgestaltung des § 20b UrhG, ZUM 2013, 457; *de la Durantaye*, Wofür wir Google dankbar sein müssen, ZUM 2011, 538; *de la Durantaye*, Ein Heim für Waisenkinder – Die Regelungsvorschläge zu verwaisten Werken in Deutschland und der EU aus rechtsvergleichender Sicht, ZUM 2011, 777; *de la Durantaye*, Der Regierungsentwurf eines Gesetzes zur Nutzung verwaister und vergriffener Werke, ZUM 2013, 437; *Evers*, Nutzung verwaister Werke, ZUM 2013, 454; *Grünberger*, Digitalisierung und Zugänglichmachung verwaister Werke, ZGE 2012, 321; *Haupt, Verwaiste Werke*, FS Pfennig, 269; *Hüttner/Ott*, Schachern um das Weltkulturerbe – Das Google Book Settlement, ZUM 2010, 377; *Klass*, Die deutsche Gesetzesnovelle zur „Nutzung verwaister und vergriffener Werke und einer weiteren Änderung des Urheberrechtsgesetzes" im Kontext der Retrodigitalisierung in Europa, GRUR-Int. 2013, 881; GRUR, Stellungnahme v. 11. März 2013 zum Referentenentwurf eines Gesetzes zur Nutzung verwaister Werke und zu weiteren Änderungen des Urheberrechtsgesetzes und des Urheberrechtswahrnehmungsgesetzes, abrufbar unter www.urheberrecht.org; Max-Planck-Institut für Immaterialgüter- und Wettbewerbsrecht, Stellungnahme v. 15. März 2013 zum Referentenentwurf eines Gesetzes zur Einführung einer Regelung zur Nutzung verwaister Werke und weiterer Änderungen des Urheberrechtsgesetzes sowie des Urheberrechtswahrnehmungsgesetzes, abrufbar unter www.urheberrecht.org; *Peifer*, Das neue Google Book Settlement Agreement – Chancen verspielt oder gewahrt?, GRUR-Prax 2010, 1; *Peifer*, Vergriffene und verwaiste Werke: Gesetzliche Lösung in Sicht?, GRUR-Prax 2011, 1; *Rauer*, „Google Book Search" – Richter Chin verweigert auch dem überarbeiteten Vergleichsvorschlag seine Zustimmung, GRUR-Prax 2011, 185; *Schierholz*, Verwaiste Werke – die Lösung für Probleme der Massendigitalisierung, FS Pfennig, S. 319; *Spindler/Heckmann*, Retrodigitalisierung verwaister Printpublikationen – Die Nutzungsmöglichkeiten von „orphan works" de lege lata und ferenda, GRUR Int 2008, 271; *Spindler*, Ein Durchbruch für die Retrodigitalisierung? Die Orphan-Works-Richtlinie und der jüngste Referentenentwurf zur Änderung des Urheberrechts, ZUM 2013, 349; *Staats*, in: Peifer (Hrsg.), Kollektives Rechtemanagement im Zeitalter von Google und Youtube, München 2011, S. 93, 102; *Staats*, Regelungen für verwaiste und vergriffene Werke – Stellungnahme zu dem Gesetzentwurf der Bundesregierung, ZUM 2013, 446; *Steinhauer*, EU-Kommission will Digitalisierung verwaister Werke ermöglichen – Auswirkungen der geplanten Richtlinie auf Recht und Gesetzgebung in Deutschland, GRUR-Prax 2011, 288; *Tattay*, Die Neuregelung des geistigen Eigentums in Ungarn, GRUR Int. 2011, 295.

Übersicht

	Rn.
I. Überblick	1–14
1. Rechtsentwicklung	1–5
2. Bedeutung	6–10
3. Regelungsinhalt	11–14
II. Erfasste Verwertungsrechte (§ 61 Abs. 1)	15, 16
1. Vervielfältigungsrecht	15
2. Recht der öffentlichen Zugänglichmachung	16

§ 61 Verwaiste Werke   1, 2   § 61 UrhG

Rn.
III. Verwaiste Werke (§ 61 Abs. 2) 17–27
  1. Veröffentlichte Werke in Sammlungen (Bestandsinhalte) 17, 18
  2. Privilegierte Einrichtungen 19–22
  3. Erfolglose sorgfältige Suche 23
  4. Erfasste Werke 24–27
     a) Werke und sonstige Schutzgegenstände in Schriften (§ 61 Abs. 2 Nr. 1) ... 24, 25
     b) Filmwerke sowie Bildträger und Bild- und Tonträger, auf denen Filmwerke aufgenommen sind (§ 61 Abs. 2 Nr. 2) 26
     c) Tonträger (§ 61 Abs. 2 Nr. 3) 27
IV. Teilverwaiste Werke (§ 61 Abs. 3) 28
V. Nicht erschienene oder nicht gesendete Bestandsinhalte (§ 61 Abs. 4) 29–29
  1. Veröffentlichung und Erscheinen von Werken 29
  2. Mit Zustimmung des Rechtsinhabers der Öffentlichkeit zugänglich gemacht 30
  3. Vermutete Zustimmung des Rechtsinhabers in die Digitalisierung und öffentliche Zugänglichmachung 31
  4. Beschränkung auf Bestandsinhalte, die den Einrichtungen vor dem 29. Oktober 2014 überlassen wurden (§ 137n) 32
VI. Erfüllung von Aufgaben im Gemeinwohl (§ 61 Abs. 5) 33–35
  1. Zweckbestimmung 33
  2. Entgeltmöglichkeit 34
  3. Zusammenarbeit mit Dritten 35

I. Überblick

1. Rechtsentwicklung

Die Problematik der Nutzung von sog. verwaisten Werken ist vor allem im Zusammenhang mit **Massendigitalisierungsprojekten** in den Bibliotheken bekannt geworden. Nachdem das Unternehmen **Google** im Jahr 2004 angekündigt hatte, mit der Digitalisierung von Bibliotheksbeständen in den USA im großen Stil zu beginnen, entstanden in Europa verschiedene **staatliche Digitalisierungsprojekte,** wie insbesondere das Projekt der EU-Kommission für eine digitale europäische Bibliothek **(Europeana)** oder in Deutschland das Vorhaben für eine **Deutsche Digitale Bibliothek** (DDB). Da für eine Digitalisierung und öffentlichen Zugänglichmachung von geschützten Werken die erforderlichen Rechte von den Rechtsinhaber eingeholt werden mussten, stellte sich schon bald die Frage, wie mit Werken umgegangen werden sollte, bei denen die Rechtsinhaber nicht ermittelt oder ausfindig gemacht werden konnten. Für diese Werke setzte sich der Begriff „orphan works" oder „verwaiste Werke" durch (vgl. zur Begrifflichkeit *Grünberger* ZGE 2012, 321, 339). Er ist zu unterscheiden von dem Begriff der **„vergriffenen Werke".** Vergriffene Werke sind Werke, die nicht lieferbar sind. Verwaiste Werke sind deshalb in der Regel auch vergriffen, umgekehrt gibt es aber viele vergriffene Werke, deren Rechteinhaber bekannt sind, die also nicht verwaist sind. 1

Ausgehend von ihrer **Mitteilung vom 30. September 2005 i2010: Digitale Bibliotheken** (KOM(2005)465 endg) sprach sich die EU-Kommission in der **Empfehlung 2006/585/EG zur Digitalisierung und Online-Zugänglichkeit kulturellen Materials und dessen digitaler Bewahrung** (ABl. L 236 v. 31. August 2006, S. 28) für die Einführung von Mechanismen aus, die eine Verwendung verwaister Werke erleichtern (vgl. zu den verschiedenen Initiative der EU-Kommission nur *Grünberger* ZGE 2012, 321, 335). Ferner befasste sich seit dem Jahr 2006 eine **High Level Expert Group on Digital Libraries** mit der Problematik. Deren Copyright Subgroup legte im Jahr 2008 einen ausführlichen Abschlussbericht vor. Von praktischer Bedeutung war ferner ein **Memorandum of Understanding on Diligent Search Guidelines for Orphan Works,** das von Vertretern von Rechtsinhabern und Kultureinrichtungen im Juni 2008 unterzeichnet wur- 2

Staats

de. Außerdem wurde im Jahr 2008 das so genannte **ARROW-Projekt** (Accessible Registries of Rights Information and Orphan Works towards Europeana) von europäischen Nationalbibliotheken, Verlegerverbänden und Verwertungsgesellschaften ins Leben gerufen, das sich mit Fragen der Rechteklärung und des Datenaustausches bei verwaisten und vergriffenen Werken befasst. Auch das **Grünbuch der Kommission „Urheberrechte in der wissensbestimmten Wirtschaft"** vom Juli 2008 (KOM(2008)466 endg.) widmete sich dem Thema. Am 19. Oktober 2009 legte die Kommission die **Mitteilung über Urheberrechte in der wissensbestimmten Wirtschaft** (KOM(2009)532) vor, in der eine Folgenabschätzung angekündigt wurde, wie mit verwaisten Werken in der EU umzugehen sei. Bereits wenige Tage später, am 26. Oktober 2009, fand eine **Anhörung der EU-Kommission** zu Orphan Works statt. Mit der Nutzung von verwaisten und vergriffenen Werken befasste sich ferner auch das von der EU-Kommission berufene **Comité des Sages**, das seinen Abschlussbericht am 10. Januar 2011 veröffentlichte. Im Hinblick auf die Nutzung von vergriffenen Printwerken kann es außerdem am 20. September 2011 zu einem **Memorandum of Understanding „Key principles on the digitization and making available of out-of-commerce works"**, das von Vertretern von europäischen Autoren-, Verleger- und Bibliotheksverbänden, Dachverbänden der betroffenen Verwertungsgesellschaften sowie der EU-Kommission (als „Zeuge") unterzeichnet wurde. Am 26. Mai 2011 legte die EU-Kommission den Vorschlag für eine **Richtlinie über bestimmte zulässige Formen der Nutzung verwaister Werke** vor (KOM (2011) 289 endgültig). Nach intensiver Beratung wurde schließlich die **Richtlinie 2012/28/EU des Europäischen Parlaments und des Rates über bestimmte zulässige Formen der Nutzung verwaister Werke** vom 25. Oktober 2012 verabschiedet (ABl. L 299 vom 27. Oktober 2012, S. 5; im Folgenden: **Verwaiste-Werke-RL**).

3 In Deutschland befasste sich bereits seit dem Jahr 2006 die Arbeitsgruppe Digitale Bibliotheken der **Deutschen Literaturkonferenz** mit der Problematik der verwaisten Werke. In dieser Arbeitsgruppe sind Autoren, Verlage, Bibliotheken und die Verwertungsgesellschaften VG WORT und VG Bild-Kunst vertreten (vgl. *Schierholz*, FS Pfennig, S. 319, 329; *Staats*, in Peiffer (Hrsg.), Kollektives Rechtemanagement im Zeitalter von Google und Youtube, München 2011, S. 93, 101). Die Arbeitsgruppe entwickelte konkrete Vorschläge für gesetzliche Regelungen zur erleichterten Nutzung von verwaisten und vergriffenen Werken. Diese Vorschläge wurden vom **Deutschen Kulturrat** (vgl. *Haupt*, FS Pfennig, S. 269, 286) sowie insbesondere von der **SPD-Bundestagsfraktion** in einer konkreten Gesetzesinitiative aufgegriffen (BT-Drs. 17/3991; vgl. dazu *Peifer* GRUR-Prax 2011, 1; Dreier/Schulze/*Schulze* § 13c Rn. 34 ff.). Ferner legte auch die **Fraktion DIE LINKE** einen Gesetzesvorschlag vor (BT-Drs. 17/4661). Die Fraktion **BÜNDNIS 90/DIE GRÜNEN** befasste sich im Rahmen eines parlamentarischen Antrags mit dem Thema (BT-Drs. 17/4695). Am 19. September 2011 fand im **Rechtsausschuss des Deutschen Bundestages** eine Anhörung zu den beiden Gesetzentwürfen und dem Entschließungsantrag statt (vgl. zu den Fraktionsvorschlägen *de la Durantaye* ZUM 2011, 777). Konkrete weitere Schritte der Bundesregierung folgten zunächst nicht. Die Bundesministerin der Justiz hatte zwar bereits in ihrer **Berliner Rede zum Urheberrecht** am 14. Juni 2010 Maßnahmen im Hinblick auf die Nutzung von verwaisten Werken angekündigt. Ferner hatte der Beauftragte der Bundesregierung für Kultur und Medien am 26. November 2011 ein **Positionspapier zum Urheberrecht** vorgelegt, das sich ebenfalls für Regelungen im Hinblick auf die Nutzung von verwaisten und vergriffenen Werken aussprach (vgl. *Haupt* FS Pfennig, S. 269, 287). Nachdem aber im Frühjahr 2011 der Richtlinienentwurf der EU-Kommission veröffentlicht worden war, wollte die Bundesregierung offenbar zunächst die Entwicklung auf EU-Ebene abwarten. Der **Referentenentwurf für ein Gesetz zur Nutzung verwaister Werke und zu weiteren Änderungen des Urheberrechtsgesetzes und des Urheberrechtswahrnehmungsgesetzes** wurde jedenfalls erst am 20. Februar 2013 übersandt (abrufbar unter www.urheberrecht.org). Der Regierungsentwurf für ein **Gesetz zur Nutzung verwaister und vergriffener Werke und einer weiteren Änderung des Urheberrechtsgesetzes** folgte am 11. April 2013 (BT-Drs. 17/13423). Dabei wurden die Regelungsvorschläge des Referentenentwurfs – im Hinblick auf die verwaisten und vergriffenen Werke – weitgehend unverändert übernommen. Der Deutsche Bundestag verabschiedete den Gesetzentwurf mit einigen wenigen Änderungen entsprechend dem Bericht (BT-Drs. 17/14217) und der Beschlussempfehlung (BT-Drs. 17/14194) seines Rechtsausschusses am 27. Juni 2013. Der Bundesrat erhob am 20. September 2013 keine Einwände. Nach Art. 3 des am 8. Oktober 2013 (BGBl. I S. 3728) verkündeten Gesetzes treten die Änderungen des Urheberrechtsgesetzes, also auch die neuen Vorschriften für die verwaisten Werke, am 1. Januar 2014 und die Änderungen des WahrnG, die sich auf die Nutzung von vergriffen Werken beziehen, am 1. April 2014 in Kraft.

Im Ausland (vgl. den Überblick bei *Grünberger* ZGE 2012, 321, 363 ff.) finden sich ausdrückliche Regelungen zu verwaisten Werken in **Kanada** (Sec. 77 f. Copyright Act; vgl. *Bohne/Elmers* WRP 586, 594; *Grünberger* ZGE 2012, 321, 363 f.; *de la Durantaye* ZUM 2011, 777, 785), **Japan** (vgl. Nachweis bei *Grünberger* ZGE 2012, 321, 363; **Ungarn** (Art. 57 A, B, C Gesetz über das Urheberrecht; *Tattay* GRUR Int. 2011, 295, 299), **Frankreich** (L. 113-10 Code de la propriété intellectuelle), **Schweiz** (Art. 22b URG für die Nutzung von Ton- oder Tonbildträgern) und jüngst dem **Vereinigten Königreich** (Sec. 116A ff. Copyright, Designs and Patent Act). In den **USA** waren im Jahr 2008 zwei Gesetzentwürfe zum Umgang mit verwaisten Werken eingebracht worden, die allerdings beide nicht weiter verfolgt wurden (Orphan Works Act 2008; Shawn Bentley Orphan Works Act; vgl. *Schierholz*, FS Pfennig, S. 319, 324; *de la Durantaye* ZUM 2011, 777, 786; *Bohne/Elmers* WRP 2009, 586, 593). Ferner kann die Nutzung von verwaisten Werken – aufgrund eines „Mitnahmeeffektes" – über eine sog. **extended collective licence** ermöglicht werden, wie sie vor allem in den nordischen Ländern bekannt ist (vgl. *Spindler/Heckmann*, GRUR Int. 2008, 271, 277; *de la Durantaye* ZUM 2011, 777, 782; *Schierholz*, FS Pfennig, S. 319, 328; *Bohne/Elmers* WRP 2009, 586, 594; *Grünberger* ZGE 2012, 321, 366 ff.), kürzlich aber auch im Vereinigten Königreich eingeführt wurde (Sec 116B Copyright, Designs and Patent Act UK). Dieses System sieht im Grundsatz vor, dass Verbände oder Verwertungsgesellschaften mit Nutzern eine Lizenzvereinbarung schließen können, die anschließend auch Rechtsinhaber erfasst, die nicht von dem Verband oder der Verwertungsgesellschaft vertreten werden. So hat die norwegische Verwertungsgesellschaft Kopinor im Wege der extended collective licence eine Vereinbarung mit der norwegischen Nationalbibliothek geschlossen, die die Digitalisierung und öffentliche Zugänglichmachung von Büchern erfasst, die in den Jahren 1790–1799, 1890–1899 und 1990–1999 in Norwegen erschienen sind („**Bokhylla-Projekt**"; vgl. *Schierholz* FS Pfennig, 319, 328; *Grünberger* ZGE 2012, 321, 369). Unter diesen Büchern dürften auch viele verwaiste Werke sein.

Eine Nutzung von vergriffenen und verwaisten Werken ermöglichte schließlich auch das hochumstrittene **Google-Settlement** (vgl. *Schierholz* FS Pfennig, S. 319, 324; *Hüttner/Ott* ZUM 2010, 377 ff; *Adolphsen/Mutz* GRUR Int. 2009, 789 ff.; *Bohne/Krüger*, WRP 2009, 599 ff.; *Grünberger* ZGE 2012, 321, 360 ff.; *Peifer* GRUR-Prax 2010, 1 ff.; *de la Durantaye* ZUM 2011, 538; *Bechtold* GRUR 2010, 282). Hintergrund des Settlements war es, dass das Unternehmen Google seit dem Jahr 2004 in Bibliotheken urheberrechtlich geschützte Bücher einscannte und für die **Google-Buchsuche** nutzte. Dagegen hatten Authors Guild und Association of American Publishers in den USA im Rahmen einer class action („Gruppenklage") geklagt. Umstritten war dabei insbesondere, ob die Digitalisierungen und die Anzeige von kurzen Ausschnitten **(Snippets)** nach US-Recht als Fair Use erlaubt waren. Nach einigen Jahren der Auseinandersetzung kam es im Oktober 2008 zu dem ersten Vergleichsvorschlag und im November 2009 zu einem veränderten Vergleichsvorschlag der Parteien des Rechtsstreits. Der Vergleichsvorschlag ermöglichte es Google Bücher und Beiträge in den USA einzuscannen und darüber hinaus in bestimmter Weise digital (insbesondere in sogenannten „**display uses**") zu nutzen. Dabei wurde zwischen lieferbaren

Werken und vergriffenen Werken unterschieden. Bei **lieferbaren Büchern** durfte Google die Werke in „display uses" nur nutzen, wenn die *Rechteinhaber* zuvor zugestimmt hatten. Bei **vergriffenen Werken** war es umgekehrt, d. h. Google durfte die Werke nutzen, wenn die Rechteinhaber das nicht untersagten. Unter das Regime der vergriffenen Werke fielen grundsätzlich auch verwaiste Werke. Insoweit war allerdings – nach erheblicher Kritik – bei dem veränderten Vergleichsvorschlag vom November 2009 die Einsetzung eines Treuhänders vorgesehen worden (vgl. *Hüttner/Ott* ZUM 2010, 377, 386). Für die Nutzungen waren Vergütungen zu zahlen, die über eine neu zu gründende **Books Rights Registry** abgewickelt werden sollten. Die **VG WORT** hatte vorsorglich im Jahr 2009 ihren Wahrnehmungsvertrag geändert und sich verschiedene Rechte der Autoren und Verlage aufgrund des geplanten Settlements einräumen lassen. Zu einer kollektiven Wahrnehmung dieser Rechte ist es aber nicht gekommen. Der Vergleichsvorschlag wurde vielmehr von dem zuständigen US District Court in New York (Judge Chin) am 22. März 2011 zurückgewiesen (dazu *de la Durantaye* ZUM 2011, 538 ff.; *Rauer* GRUR-Prax 2011, 185). Das Gericht folgte damit erheblichen Bedenken, die insbesondere auch von ausländischen Rechtsinhabern vorgebracht worden waren. Die Association of American Publishers hat sich daraufhin im Oktober 2012 außergerichtlich mit Google verglichen. Die Authors Guild setzte dagegen das Verfahren gegen Google fort. Im November 2013 entschied das U.S. District Court – 05 Civ. 8/36 (DC) – den Rechtsstreit zu Gunsten von Google; hiergegen hat die Authors Guild Berufung eingelegt.

2. Bedeutung

6 Die **Deutsche Digitale Bibliothek** (DBB) befindet sich derzeit im Aufbau. Der Onlinebetrieb einer sog. Betaversion wurde Ende 2012 aufgenommen (www.deutsche-digitale-bibliothek.de). Ziel ist es, das nationale Kulturgut zu digitalisieren und für die Allgemeinheit zugänglich zu machen (AmtlBegr. BT-Drs. 17/13423, S. 10). Daran sollen sich langfristig alle deutschen Kultur- und Wissenschaftseinrichtungen beteiligen. Die Einrichtungen können sich bei der DBB registrieren lassen und anschließend ihre Inhalte digital übermitteln. Derzeit (Februar 2014) sind gut 2000 Einrichtungen bei der DDB registriert. Die DDB wird darüber hinaus die digitalen Inhalte auch der europäischen digitalen Bibliothek **Europeana** (vgl. unter www.europeana.eu) zur Verfügung stellen.

7 Unter den zu digitalisierenden Inhalten befindet sich eine Vielzahl von verwaisten Werken. Die genaue Anzahl dieser Werke ist allerdings unbekannt (vgl. zu Schätzungen *Grünberger* ZGE 2012, 321, 337). Die Gesetzesbegründung geht davon aus, dass nur in der **Deutschen Nationalbibliothek** mit bereits ca. 585 000 verwaisten Buchtiteln, 138 000 Tonträgern, 49 640 Filmen und einer hohen sechsstelligen Zahl von verwaisten Zeitschriften und Periodika zu rechnen ist (AmtlBegr. BT-Drs. 17/13423, S. 13).

8 Bei der Digitalisierung und anschließenden Online-Bereitstellung von geschützten Werken sind nach deutschem Urheberrecht das **Vervielfältigungsrecht** (§ 16) und das **Recht der öffentlichen Zugänglichmachung** (§ 19a) betroffen. Einschlägige Schrankenbestimmungen für die beabsichtigte digitale Nutzung von verwaisten Werken waren bisher nicht vorhanden. § 53 Abs. 2 Satz 1 Nr. 2 erlaubt lediglich die Anfertigung einer Archivkopie, § 52a erfasst nur die öffentliche Zugänglichmachung im Intranet von Bildungs- und Forschungseinrichtungen und § 52b betrifft lediglich die Wiedergabe an elektronischen Leseplätzen in Bibliotheken.

9 Auch die Übergangsregelung für **unbekannte Nutzungsarten gemäß § 137l** führt nicht zu einer befriedigenden Lösung des Problems (*Spindler/Heckmann* GRUR Int. 2008, 271, 275 f.; *Bohne/Elmers* WRP 2009, 586, 591; *Spindler* ZUM 2013, 349 f.). Diese Vorschrift sieht – verkürzt gesagt – vor, dass dem „Hauptverwerter" des Urhebers, dem alle wesentlichen Nutzungsrechte ausschließlich sowie räumlich und zeitlich unbegrenzt eingeräumt wurden, auch die Rechte an den ehemals unbekannten Nutzungsarten kraft Gesetzes übertragen wer-

den. § 137l hilft deshalb nicht weiter, wenn der **Hauptverwerter verwaist ist**. Im Übrigen gilt § 137l nur für Verträge, die zwischen dem **1. Januar 1966 und dem 1. Januar 2008** abgeschlossen wurden. Gerade bei verwaisten Werken liegen die Nutzungsrechtseinräumungen an den Verwerter aber häufig deutlich länger zurück. Soweit teilweise beklagt wird, dass § 137l dazu führen kann, dass Nutzungsrechte zwar bei – bekannten – Verwertern liegen, diese aber von ihrer **Verwertungsmöglichkeit keinen Gebrauch machen** (*Spindler/ Heckmann* GRUR Int. 2008, 271, 275; *Steinhauer* GRUR-Prax 2011, 288, 289; Stellungnahme der GRUR v. 11. März 2013, S. 2; *Spindler* ZUM 2013, 349, 357), so handelt es sich dabei nicht um ein Problem der Nutzung von verwaisten Werken. Denn der Rechtsinhaber steht aufgrund der Übertragungsfiktion des § 137l Abs. 1 fest und kann kontaktiert werden, um seine Einwilligung in die Nutzung einzuholen. Das gilt jedenfalls dann, wenn man – zu Recht – davon ausgeht, dass § 137l Abs. 1 zu einem Erwerb ausschließlicher Nutzungsrechte seitens des Verwerters führt (vgl. § 137l Rn. 25 mwN zu dem Streitstand).

Ohne besondere gesetzliche Regelung müssten deshalb die privilegierten Einrichtungen die **erforderlichen Rechte** für die Digitalisierung und Zugänglichmachung der Werke einholen. Das aber ist bei verwaisten Werken, bei denen die Rechtsinhaber unauffindbar sind, unmöglich. Hier schafft die Verwaiste-Werke-RL Abhilfe, die durch die Einfügung der §§ 61 bis 61c in das deutsche Recht umgesetzt wurde. **10**

3. Regelungsinhalt

§ 61 sieht eine neue **Schrankenregelung** für die Vervielfältigung und öffentliche Zugänglichmachung von verwaisten Werken vor, die sich in den Beständen von bestimmten privilegierten Einrichtungen befinden. Andere Verwertungsrechte, wie z.B. das Verbreitungsrecht (§ 16) oder das Vorführungsrecht (§ 19 Abs. 4), fallen nicht unter die Bestimmung (kritisch dazu *de la Durantaye* ZUM 2013, 437, 440). Erfasst werden dabei **Werke und sonstige Schutzgegenstände in Schriften, Filmwerke sowie Bildträger und Bild- und Tonträger, auf denen Filmwerke aufgenommen sind und Tonträger**. Voraussetzung ist stets, dass vor der Nutzung der verwaisten Werke eine **sorgfältige Suche** nach den Rechteinhabern (vgl. dazu § 61a) erfolglos verlaufen ist. **11**

Die Einführung einer Schrankenbestimmung wird – anders als noch im Entwurf der Kommission (KOM(2011)289endgültig) – durch die Verwaiste-Werke-Richtlinie **unmittelbar vorgegeben** (vgl. Art. 6 Abs. 1). Der Katalog von Ausnahmen und Beschränkungen in **Art. 5 Multimedia-Richtlinie** wird damit um eine weitere Regelung ergänzt (vgl. auch *Spindler* ZUM 2013, 349). Die neue Schrankenregelung ist zwingend von den Mitgliedstaaten einzuführen. **12**

Soweit in den Mitgliedstaaten eine Nutzung von verwaisten Werken auf der Grundlage der **kollektiven Rechtewahrnehmung** möglich ist, bleibt dies allerdings weiterhin zulässig (vgl. Art. 1 Abs. 5 Verwaiste-Werke-RL; Dreier/Schulze/*Schulze* § 13c Rn. 40). Das hat insbesondere Bedeutung für das System der **extended collective licence** (vgl. Rn. 4) sowie für **gesetzliche Vermutungsregelungen**, wie sie bspw. in § 13c Abs. 3 UrhWG vorgesehen sind (vgl. Erwägungsgrund 24 Verwaiste-Werke-RL). Ferner wird in Erwägungsgrund 4 Verwaiste-Werke-RL ausdrücklich darauf hingewiesen, dass Lösungen in den Mitgliedstaaten für die Nutzung von **vergriffenen Werken**, wie sie insbesondere in dem Memorandum of Understanding vom 20. September 2011 (vgl. Rn. 2) vorgeschlagen werden, von der Richtlinie unberührt bleiben. **13**

Die allgemeinen Regelungen für Schrankenbestimmungen, wie das **Änderungsverbot** nach § 62 Abs. 1 und das **Gebot der Quellenangabe** in § 63 Abs. 1 Satz 1, Abs. 2 Satz 2 finden auch bei der Nutzung von verwaisten Werken Anwendung. Das bedeutet insbesondere, dass nach § 63 Abs. 2 Satz 2 bei der öffentlichen Zugänglichmachung der **Name des Urhebers**, soweit möglich, stets angegeben werden muss. Dadurch wird gleichzeitig Art. 6 Abs. 3 Verwaiste-Werke-RL umgesetzt. **14**

Staats

II. Erfasste Verwertungsrechte (§ 61 Abs. 1)

1. Vervielfältigungsrecht

15 § 61 Abs. 1 beschränkt in Umsetzung von Art. 6 Abs. 1b Verwaiste-Werke-RL das **Vervielfältigungsrecht** des Urhebers (§ 16). Dabei ist eine Nutzung nur im Rahmen der allgemeinen Zweckbestimmung nach § 61 Abs. 5 zulässig, wonach die Vervielfältigung im **Gemeinwohl** liegen muss. Die Verwaiste-Werke-RL gibt insoweit vor, dass die Vervielfältigung zum **Zweck der Digitalisierung, Zugänglichmachung, Indexierung, Katalogisierung, Bewahrung oder Restaurierung** vorgenommen werden muss (Art. 6 Abs. 1b). Eine Beschränkung auf digitale Vervielfältigungen dürfte dabei weder den Vorgaben der Verwaiste-Werke-RL noch dem Wortlaut des § 61 Abs. 1 zu entnehmen sein (aA *de la Durantaye* ZUM 2013, 437, 440).

2. Recht der öffentlichen Zugänglichmachung

16 Neben dem Vervielfältigungsrecht wird durch die Schrankenregelung ferner das **Recht der öffentlichen Zugänglichmachung** (§ 19a) erfasst. Eine konkrete Zweckbestimmung – wie beim Vervielfältigungsrecht – ist in der Verwaiste-Werke-RL nicht vorgesehen (vgl. Art. 6 Abs. 1a). Dessen ungeachtet ist auch eine öffentliche Zugänglichmachung nur zulässig, wenn die Nutzung gemäß § 61 Abs. 5 im Interesse des Gemeinwohls ist (vgl. dort).

III. Verwaiste Werke (§ 61 Abs. 2)

1. Veröffentlichte Werke in Sammlungen (Bestandsinhalte)

17 Verwaiste Werke im Sinne des § 61 sind nur Werke, die im **Bestand von Sammlungen** enthalten sind. Die Digitalisierung und öffentliche Zugänglichmachung eines einzelnen Werkes außerhalb einer Sammlung ist damit von vornherein nicht abgedeckt, mögen auch die Rechtsinhaber des Werkes unbekannt sein. § 61 Abs. 2 erfasst allerdings nicht nur Bestandsinhalte, die bei Inkrafttreten des Gesetzes bereits vorhanden waren. Vielmehr können auch Werke darunterfallen, die erst **später in den Bestand der Einrichtung** übernommen werden. Ferner muss es sich bei den Bestandsinhalten um bereits veröffentlichte Werke handeln. Unter engen Voraussetzungen ist eine Nutzung von nicht erschienenen oder nicht gesendeten Bestandsinhalten erlaubt (vgl. dazu § 61 Abs. 4).

18 Wichtig ist, dass die Werke in einem **Mitgliedstaat der EU erstveröffentlicht** sein müssen (Erwägungsgrund 12 Verwaiste-Werke-RL; AmtlBegr. BT-Drs. 17/13423, S. 14). Soweit in den Sammlungen demnach Werke vorhanden sind, die in Drittstaaten erstveröffentlicht wurden, können diese nicht auf der Grundlage des § 61 UrhG genutzt werden (*Spindler* ZUM 2013, 349, 350).

2. Privilegierte Einrichtungen

19 Die Schrankenregelung gilt nur zu Gunsten von bestimmten **privilegierten Einrichtungen.** § 61 Abs. 2 nennt – in Umsetzung von Art. 1 Abs. 1 Verwaiste-Werke-RL – öffentlich zugängliche Bibliotheken, Bildungseinrichtungen, Museen, Archive sowie Einrichtungen im Bereich des Film- und Tonerbes. Die ebenfalls privilegierten öffentlich-rechtlichen Rundfunkanstalten sind in § 61c gesondert erfasst. Mit Ausnahme der Einrichtungen im Bereich des Film- und Tonerbes stimmt der Kreis der begünstigten Institutionen mit denen überein, die bereits in Art. 5 Abs. 2c Multimedia-RL genannt werden. Anders als in der Multimedia-RL fehlt hier allerdings der ausdrückliche Hinweis darauf, dass es sich um Einrichtungen handeln muss, die keinen unmittelbaren oder mittelbaren wirtschaftlichen

oder kommerziellen Zweck erfüllen. Allerdings ergibt sich aus der Zweckbestimmung in § 61 Abs. 5, dass die Einrichtungen **im Gemeinwohl** tätig sein müssen. Auch die Verwaiste-Werke-RL nimmt in Art. 1 Abs. 1 sowie in Art. 6 Abs. 2 darauf Bezug. Hier zeigt sich deutlich die Zielrichtung der neuen Schrankenregelung, die in erster Linie den Aufbau von digitalen Bibliotheken, wie der Europeana und der DDB, ermöglichen soll, um damit die **Bewahrung und Verbreitung des europäischen und des nationalen Kulturgutes sicherzustellen** (vgl. Erwägungsgrund 1 Verwaiste-Werke-RL; AmtlBegr. BT-Drs. 17/13423, S. 10f.; *de la Durantaye* ZUM 2013, 437, 439). **Kommerziell tätige Einrichtungen** fallen damit nicht selbst unter die Schrankenregelungen. Allerdings ist die Zusammenarbeit der privilegierten Einrichtungen mit kommerziellen Partnern nicht ausgeschlossen (vgl. dazu § 61 Abs. 5).

Die **Organisationsform** spielt im Hinblick auf die Privilegierung keine Rolle, so dass 20 nicht nur öffentlich-rechtliche, sondern auch privatrechtlich organisierte Einrichtungen erfasst werden können (*Spindler* ZUM 2013, 349, 351).

Unter Einrichtungen im **Bereich des Film- oder Tonerbes** sind Institutionen zu 21 verstehen, die sich im staatlichen Auftrag der Sammlung, Katalogisierung, Erhaltung und Restaurierung von Filmen und anderen audiovisuellen Werken oder Tonträgern widmen (vgl. Erwägungsgrund 20 Verwaiste-Werke-RL; AmtlBegr. BT-Drs. 17/13423, S. 15). Hierzu gehören insbesondere die Mitglieder des Kinemathekverbunds, Filmmuseen sowie die DEFA-Stiftung oder die Friedrich-Wilhelm-Murnau-Stiftung (AmtlBegr. BT-Drs. 17/13423, S. 15).

Bibliotheken, Bildungseinrichtungen, Museen und Archive müssen nach § 61 Abs. 2 **öf-** 22 **fentlich zugänglich** sein (aA *Spindler* ZUM 2013, 349, 351; vgl. aber zu der ähnlichen Formulierung in § 52b Satz 1 Dreier/Schulze/*Dreier* § 52b Rn. 3). Bei Einrichtungen des Film- oder Tonerbes dürfte dies dagegen nach dem Wortlaut des § 61 Abs. 2 nicht erforderlich sein. Die Formulierung in Art. 1 Abs. 2a Verwaiste-Werke-RL legt es sogar nahe, auch bei Archiven auf dieses Erfordernis zu verzichten (anders aber AmtlBegr. BT-Drs. 17/13423, S. 15). Im Ergebnis kommt dieser Frage aber keine große Bedeutung zu. Ob eine Einrichtung öffentlich zugänglich ist, bestimmt sich nach § 15 Abs. 3 (Dreier/Schulze/*Schulze* § 52b Rn. 3). Soweit demnach Einrichtungen für mehrere Personen zugänglich sind, die nicht durch persönliche Beziehungen miteinander verbunden sind, handelt es sich um öffentlich-zugängliche Einrichtungen. Das dürfte bei den meisten der genannten Institutionen der Fall sein.

3. Erfolglose sorgfältige Suche

Ein verwaistes Werk im Sinne des Gesetzes liegt nur vor, wenn die Rechtsinhaber trotz 23 einer **sorgfältigen Suche** nicht festgestellt oder ausfindig gemacht werden konnten. Damit wird – in leicht verkürzter Form (vgl. die Stellungnahme des Max-Planck-Instituts für Immaterialgüter- und Wettbewerbsrechts v. 15. März 2013, Rn. 56) – Art. 2 Abs. 1 der Verwaiste-Werke-RL umgesetzt. Die Definition macht deutlich, dass es bei verwaisten Werken nicht darum geht, dass – objektiv gesehen – kein Rechtsinhaber mehr vorhanden ist. Entscheidend ist vielmehr ein **subjektiver „Waisenstatus"**: Die Rechtsinhaber oder ihr Aufenthaltsort sind trotz sorgfältiger Suche nicht feststellbar oder ausfindig zu machen. Die gesetzlichen Voraussetzungen der sorgfältigen Suche ergeben sich dabei aus § 61a (vgl. dort).

4. Erfasste Werke

a) Werke und sonstige Schutzgegenstände in Schriften (§ 61 Abs. 2 Nr. 1). Ver- 24 waiste Werke im Sinne des Gesetzes können zunächst Werke und sonstige Schutzgegenstände in Büchern, Fachzeitschriften, Zeitungen, Zeitschriften oder anderen Schriften sein. Damit wird Art. 1 Abs. 2a Verwaiste-Werke-RL umgesetzt. Erfasst werden somit zunächst sämtliche **Schriftwerke** im Sinne des § 2 Abs. 1 Nr. 1 (z. B. Romane, Erzählungen, Gedichte, Fachaufsätze oder Zeitungsartikel). Darüber hinaus fallen aber auch alle sonstigen **Werke, die in Schriften veröffentlicht worden sind,** unter die Regelung. Hierzu können insbesondere Werke der Musik gemäß § 2 Abs. 1 Nr. 2 (Noten), Werke der bildenden Künste gemäß § 2 Abs. 1 Nr. 4 (z. B. Illustrationen, Abbildungen, Zeichnungen), Lichtbildwerke im Sinne des § 2 Abs. 1 Nr. 5 (Fotos) und Darstellungen wissenschaftlicher oder technischer Art nach § 2 Abs. 1 Nr. 7 (z. B. Karten) gehören. Das deutsche Umsetzungsgesetz bringt dies durch die Formulierung „Werke in Büchern, Fachzeitschriften …" zum Ausdruck. Dies steht im Einklang mit Art. 1 Abs. 4 Verwaiste-Werke-RL, wonach auch Werke oder Schutzgegenstände, die in Schriftwerke **eingebettet oder eingebunden** sind („embedded works") oder **integraler Bestandteil** dieser Werke sind, erfasst werden. Soweit derartige Werke nicht in Schriften veröffentlicht worden sind, fallen sie dagegen nicht unter § 61 Abs. 2. Veröffentlichungen von **Fotos, Illustrationen oder Abbildungen** für sich genommen können damit, auch wenn sie sich in Sammlungen von privilegierten Einrichtungen befinden, nicht als verwaiste Werke genutzt werden (*de la Durantaye* ZUM 2013, 437; *Klass* GRUR Int. 2013, 881, 888; vgl. zu Sonderproblemen bei Bildmaterial *Schierholz* FS Pfennig, S. 319, 322 f.).

25 Neben den geschützten Werken fallen unter die Regelung des § 61 Abs. 2 Nr. 1 auch **sonstige Schutzgegenstände,** die in Schriften enthalten sind. Insoweit ist vor allem an die Leistungsschutzrechte für wissenschaftlichen Ausgaben (§ 70), nachgelassene Werke (§ 71) oder Lichtbilder (§ 72) zu denken.

26 **b) Filmwerke sowie Bildträger und Bild- und Tonträger, auf denen Filmwerke aufgenommen sind (§ 61 Abs. 2 Nr. 2).** Als weitere Werkkategorien nennt das Gesetz – in Umsetzung von Art. 1 Abs. 2b und 2c Verwaiste-Werke-RL – Filmwerke sowie Bildträger und Bild- und Tonträger, auf denen Filmwerke aufgenommen sind. Erfasst sind damit sämtliche **Filmwerke sowie die audiovisuellen Trägermedien** (AmtlBegr. BT-Drs. 17/13423, S. 15; vgl. zu der Einbeziehung der Trägermedien auch Rn. 27). Etwas unklar bleibt aufgrund des Gesetzeswortlauts, ob im Filmbereich auch Leistungsschutzrechte unter die Regelung fallen. Wie sich aus Art. 1 Abs. 2 Verwaiste-Werke-RL ergibt, ist dies der Fall. Ferner können nach Art. 1 Abs. 4 Verwaiste-Werke-RL auch hier **eingebettete oder eingebundene Werke oder Werke, die integraler Bestandteil des Filmwerks sind,** genutzt werden (Begr., BT-Drs. 17/13423, S. 18). Das dürfte insbesondere für **Drehbücher** und **Filmmusik** von Bedeutung sein.

27 **c) Tonträger (§ 61 Abs. 2 Nr. 3).** Verwaiste Werke im Sinne des Gesetzes können schließlich auch Tonträger sein. Diese Terminologie, die von der Richtlinie vorgegeben wird, überrascht, weil es sich bei dem körperlichen Trägermedium nicht um ein Werk im Sinne des UrhG handelt. Richtigerweise – und unter Berücksichtigung von Art. 1 Abs. 4 Verwaiste-Werke-RL – dürften unter den Begriff des Tonträgers sämtliche Werke und sonstigen Schutzgegenstände fallen, die auf einem Tonträger enthalten sind. Das gilt insbesondere für **Werke der Musik** (§ 2 Abs. 1 Nr. 2) und für **Sprachwerke** (§ 2 Abs. 1 Nr. 1). Erfasst werden damit bspw. die Urheberrechte der Komponisten, Textdichter oder Hörbuchautoren sowie die Leistungsschutzrechte der Tonträgerhersteller und ausübenden Künstler.

IV. Teilverwaiste Werke (§ 61 Abs. 3)

28 Unter „teilverwaisten" Werken sind Werke mit **mehreren Rechtsinhabern** zu verstehen, bei denen einzelne Rechtsinhaber trotz einer sorgfältigen Suche nicht ermittelt oder ausfindig gemacht werden können, andere Rechtsinhaber aber bekannt sind (vgl. *Grünberger*, ZGE 2012, 321, 340; AmtlBegr. BT-Drs. 17/13423, S. 15). § 61 Abs. 3 sieht – in Um-

setzung von Art. 2 Abs. 2 Verwaiste-Werke-RL – vor, dass in diesem Fall eine Digitalisierung und öffentliche Zugänglichmachung der Bestandsinhalte zulässig ist, wenn die **bekannten Rechtsinhaber ihre Einwilligung erteilt haben**. Bei Werken mit einer Vielzahl von Rechteinhabern (z.B. bei Filmwerken) kann sich damit die Schwierigkeit ergeben, dass die Nutzung dieser Werke durch die privilegierten Einrichtungen nicht möglich ist, weil ein – bekannter – Rechteinhaber in die Nutzung nicht einwilligt. Letztlich handelt es sich dabei aber weniger um ein Problem der Nutzung von verwaisten Werken, sondern um eine Schwierigkeit, die sich bei dem Nacherwerb von Rechten an „komplexen Werken" stets ergibt (*Staats* ZUM 2013, 446, 447). Abhilfe schaffen könnte hier nur eine Schrankenregelung, die die Digitalisierung und öffentliche Zugänglichmachung der teilverwaisten Werke auch im Hinblick auf die bekannten Rechtsinhaber erlaubt. Diesen Weg ist der europäische Gesetzgeber nicht gegangen. Auch eine Regelung wie in § 137l Abs. 4, wonach das dort vorgesehene Widerspruchsrecht des Urhebers nicht entgegen von Treu und Glauben ausgeübt werden kann, findet sich in der Verwaiste-Werke-RL nicht.

V. Nicht erschienene oder nicht gesendete Bestandsinhalte (§ 61 Abs. 4)

1. Veröffentlichung und Erscheinen von Werken

§ 61 erfasst nur Bestandsinhalte in den privilegierten Einrichtungen, die bereits **veröffentlicht** worden sind. Der Regierungsentwurf (BT-Drs. 17/13423) sah dagegen in § 61 Abs. 4 noch eine Ausnahme für **unveröffentlichte Bestandsinhalte** vor, die von der Einrichtung bereits mit Zustimmung des Rechtsinhabers **ausgestellt** oder **verliehen** wurden. Hiermit sollte Art. 1 Abs. 3 Verwaiste-Werke-RL umgesetzt werden, wo ebenfalls von Werken die Rede ist, die nicht „veröffentlicht" wurden. Die Regelung des § 61 Abs. 4 in der Fassung des Regierungsentwurfs warf allerdings einige Fragen auf (vgl. *Staats* ZUM 2013, 446, 447f.; *de la Durantaye* ZUM 2013, 437, 438; *Klass* GRUR Int. 2013, 881, 890). Insbesondere war davon auszugehen, dass Werke, die ausgestellt (§ 18) oder verliehen (§ 27 Abs. 2) wurden, in aller Regel auch veröffentlicht im Sinne des § 6 Abs. 1 waren. Näher lag es deshalb, den Begriff der Veröffentlichung in Art. 1 Abs. 3 Verwaiste-Werke-RL im Sinne eines „**Erscheinens**" gemäß § 6 Abs. 2 zu verstehen (*Staats* ZUM 2013, 446, 447). Hierfür sprach der Wortlaut der englischen Fassung der Verwaiste-Werke-RL, in der in Art. 1 Abs. 3 von „works ..., which have never been **published or broadcast** but which have been made publicly accessible ..." die Rede ist. Es kam hinzu, dass auch in Art 3 Schutzdauer-Richtlinie sowie in internationalen Verträgen unter „**Veröffentlichung**" oder „**publication**" ein „Erscheinen" im Sinne des § 6 Abs. 2 verstanden wird (vgl. Dreier/Schulze/*Dreier* § 6 Rn. 5; Schricker/Loewenheim/*Katzenberger* § 6 Rn. 4, 58). Der Rechtsausschuss des Bundestages hat diese Bedenken aufgegriffen und eine entsprechende Änderung in seinen Bericht (BT-Drs. 17/14217, S. 6) und seine Beschlussempfehlung (BT-Drs. 17/14194, S. 5) aufgenommen. Der Bundestag ist dem gefolgt: § 61 Abs. 4 erfasst lediglich Werke, die nicht erschienen oder gesendet, dennoch aber bereits der Öffentlichkeit zugänglich gemacht und damit iSd § 6 Abs. 1 veröffentlicht worden sind. **Unveröffentlichte Werke** sind dagegen von einer Nutzung vollständig ausgeschlossen.

2. Mit Zustimmung des Rechtsinhabers der Öffentlichkeit zugänglich gemacht

Eine Digitalsierung und öffentliche Zugänglichmachung der „unveröffentlichten" Bestandsinhalte sollte nach § 61 Abs. 4 in der Fassung des Regierungsentwurfs (BT-Drs. 17/13423) nur zulässig sein, wenn sie bereits mit Zustimmung des Rechtsinhabers **ausgestellt oder verliehen wurden**. Für diese Begrenzung fand sich in der Richtlinie kein Anhaltspunkt (*de la Durantaye* ZUM 2013, 437, 438; vgl. auch die Stellungnahme des Bundesrates,

BT-Drs. 17/13423, S. 28). Vielmehr stellte Art. 1 Abs. 3 Verwaiste-Werke-RL Richtlinie darauf ab, ob die Werke für die Öffentlichkeit zugänglich gemacht wurden. Der Rechtsausschuss des Bundestages hat diese Bedenken in seinen Bericht (BT-Drs. 17/14217, S. 6) und seine Beschlussempfehlung (BT-Drs. 17/14194, S. 5) aufgenommen; der Bundestag ist dem gefolgt. In § 61 Abs. 4 kommt es demnach nur darauf an, ob die nicht erschienenen oder nicht gesendeten Bestandsinhalte bereits mit Erlaubnis des Rechtsinhabers der **Öffentlichkeit zugänglich gemacht wurden.** Dies kommt bspw. auch dann in Betracht, wenn ein Werk, z. B. ein Manuskript (vgl. Bericht des Rechtsausschusses, BT-Drs. 17/14217, S. 6), in einer Bibliothek oder einem Archiv von jedermann eingesehen werden kann (anders, wenn die Nutzung nur gegen Nachweis eines besonderen Interesseses möglich ist, OLG Zweibrücken GRUR 1997, 362, 364).

3. Vermutete Zustimmung des Rechtsinhabers in die Digitalisierung und öffentliche Zugänglichmachung

31 Wichtig ist, dass eine Digitalisierung und öffentliche Zugänglichmachung durch die privilegierten Einrichtungen nur zulässig ist, wenn nach **Treu und Glauben anzunehmen ist, dass der Rechtsinhaber in diese Nutzung einwilligen würde.** Diese Voraussetzung sollte nicht leichtfertig bejaht werden. Es ist keineswegs gesagt, dass nicht erschienene oder nicht gesendete Werke, die einer Bibliothek, einem Museen oder einem Archiv überlassen wurden, nach dem Willen des Rechtsinhabers auch für jedermann frei zugänglich in das Internet gestellt werden sollten. Hier gilt es insbesondere, **urheberpersönlichkeitsrechtliche Aspekte** zu berücksichtigen.

4. Beschränkung auf Bestandsinhalte, die den Einrichtungen vor dem 29. Oktober 2014 überlassen wurden (§ 137n)

32 Der deutsche Gesetzgeber hat von der Möglichkeit des Art. 1 Abs. 3 Satz 2 Verwaiste-Werke-RL Gebrauch gemacht und die Nutzung von nicht erschienenen oder nicht gesendeten Bestandsinhalten nach § 61 Abs. 4 auf solche beschränkt, die der privilegierten Einrichtung **vor dem 29. Oktober 2014** überlassen wurden. Das erscheint sachgerecht, weil die Digitalisierung und öffentliche Zugänglichmachung derartiger Bestandsinhalte – nicht zuletzt aus urheberpersönlichkeitsrechtlichen Gründen – nur begrenzt zulässig sein sollte. In der Zukunft haben die privilegierten Einrichtungen die Möglichkeit, sich die Rechte der Digitalisierung und öffentlichen Zugänglichmachung von den Rechtsinhabern, die ihnen die Bestandsinhalte übergeben, einräumen zu lassen (vgl. AmtlBegr. BT-Drs. 17/13423, S. 17).

V. Erfüllung von Aufgaben im Gemeinwohl (§ 61 Abs. 5)

1. Zweckbestimmung

33 Die Nutzung der verwaisten Werke durch die privilegierten Einrichtungen ist – in Umsetzung von Art. 6 Abs. 2 Verwaiste-Werke-RL – gemäß § 61 Abs. 5 Satz 1 nur zulässig, wenn sie zur Erfüllung ihrer **im Gemeinwohl liegenden Aufgaben** handeln. Das Gesetz nennt als Beispiele die Bewahrung und Restaurierung von Bestandsinhalten und die Eröffnung des Zugangs zu den Sammlungen. Diese Aufgaben müssen stets kulturellen und bildungspolitischen Zwecken dienen. Durch diese Regelung wird – entsprechend der Zielrichtung der Richtlinie – der Anwendungsbereich klar begrenzt. Eine Digitalisierung und öffentliche Zugänglichmachung von Bestandsinhalten zu **kommerziellen Zwecken** ist damit ausgeschlossen (*Spindler* ZUM 2013, 349, 354).

2. Entgeltmöglichkeit

Die privilegierten Einrichtungen dürfen allerdings nach § 61 Abs. 5 Satz 2 ein Entgelt 34 für den Zugang zu den verwaisten Werken nur verlangen, um damit ihre Kosten für die Digitalisierung und öffentliche Zugänglichmachung zu decken. Mit diesem **„Kostendeckungsprinzip"** wird der Anwendungsbereich der Schrankenregelung auf den nichtkommerziellen Bereich nochmals verstärkt. Eine Nutzung von verwaisten Werken mit dem Ziel der Gewinnerzielung ist damit für die privilegierten Einrichtungen ausgeschlossen. Das sollte auch für Einnahmen gelten, die mittelbar – insbesondere durch Werbung – erzielt werden. Auch insoweit sind Einnahmen nur zulässig, um die Kosten zu decken (*Spindler* ZUM 2013, 349, 354).

3. Zusammenarbeit mit Dritten

Nach Art. 6 Abs. 4 Verwaiste-Werke-RL bleibt es den privilegierten Einrichtungen aber 35 möglich, zur Erfüllung ihrer Gemeinwohlaufgaben Vereinbarungen im Rahmen einer **public-private-partnership** einzugehen. Wie sich Erwägungsgrund 21 Verwaiste-Werke-RL entnehmen lässt, sollen damit Anreize für die Digitalisierung geschaffen werden. Die Institutionen können im Rahmen solcher Vereinbarungen auch Einnahmen erzielen. Allerdings gilt die Begrenzung der Einnahmemöglichkeit auf die Kosten der Digitalisierung und öffentlichen Zugänglichmachung auch hier (vgl. AmtlBegr. BT-Drs. 17/13423, S. 16). Ferner stellt Erwägungsgrund 22 Verwaiste-Werke-RL klar, dass die Zusammenarbeit mit kommerziellen Partnern nicht dazu führen darf, dass die Nutzung der verwaisten Werke beschränkt wird. Außerdem dürfen solchen Partner keine Rechte zur Nutzung oder Kontrolle der Nutzung verwaister Werke eingeräumt werden. Gänzlich ausgeschlossen ist es selbstverständlich, dass sich **kommerzielle Partner selbst auf die Schrankenregelung** berufen und Werke unmittelbar öffentlich zugänglich machen (*Spindler* ZUM 2013, 349, 354). Diese engen Vorgaben sind berechtigt (a. A. *Klass* GRURInt. 2013, 881, 889). Es geht bei der Richtlinie um den Erhalt und den Zugang zu verwaisten Werken aus kulturpolitischen Gründen. Die Beschränkung der Rechte der Urheber und sonstigen Rechtsinhaber ist nur vor diesem Hintergrund gerechtfertigt.

§ 61a Sorgfältige Suche und Dokumentationspflichten

(1) **Die sorgfältige Suche nach dem Rechtsinhaber gemäß § 61 Absatz 2 ist für jeden Bestandsinhalt und für in diesem enthaltene sonstige Schutzgegenstände durchzuführen; dabei sind mindestens die in der Anlage bestimmten Quellen zu konsultieren. Die sorgfältige Suche ist in dem Mitgliedstaat der Europäischen Union durchzuführen, in dem das Werk zuerst veröffentlicht wurde. Wenn es Hinweise darauf gibt, dass relevante Informationen zu Rechtsinhabern in anderen Staaten gefunden werden können, sind auch verfügbare Informationsquellen in diesen anderen Staaten zu konsultieren. Die nutzende Institution darf mit der Durchführung der sorgfältigen Suche auch einen Dritten beauftragen.**

(2) **Bei Filmwerken sowie bei Bildträgern und Bild- und Tonträgern, auf denen Filmwerke aufgenommen sind, ist die sorgfältige Suche in dem Mitgliedstaat der Europäischen Union durchzuführen, in dem der Hersteller seine Hauptniederlassung oder seinen gewöhnlichen Aufenthalt hat.**

(3) **Für die in § 61 Absatz 4 genannten Bestandsinhalte ist eine sorgfältige Suche in dem Mitgliedstaat der Europäischen Union durchzuführen, in dem die Institution ihren Sitz hat, die den Bestandsinhalt mit Erlaubnis des Rechtsinhabers ausgestellt oder verliehen hat.**

(4) Die nutzende Institution dokumentiert ihre sorgfältige Suche und leitet die folgenden Informationen dem Deutschen Patent- und Markenamt zu:
1. die genaue Bezeichnung des Bestandsinhaltes, der nach den Ergebnissen der sorgfältigen Suche verwaist ist,
2. die Art der Nutzung des verwaisten Werkes durch die Institution,
3. jede Änderung des Status eines genutzten verwaisten Werkes gemäß § 61b,
4. die Kontaktdaten der Institution wie Name, Anschrift sowie gegebenenfalls Telefonnummer, Faxnummer und E-Mail-Adresse.

Diese Informationen werden von dem Deutschen Patent- und Markenamt unverzüglich an das Harmonisierungsamt für den Binnenmarkt (Marken, Muster, Modelle) weitergeleitet.

(5) Einer sorgfältigen Suche bedarf es nicht für Bestandsinhalte, die bereits in der Datenbank des Harmonisierungsamtes für den Binnenmarkt (Marken, Muster, Modelle) als verwaist erfasst sind.

Anlage
(zu § 61a)

Quellen einer sorgfältigen Suche

1. für veröffentlichte Bücher:
a) der Katalog der Deutschen Nationalbibliothek sowie die von Bibliotheken und anderen Institutionen geführten Bibliothekskataloge und Schlagwortlisten;
b) Informationen der Verleger- und Autorenverbände, insbesondere das Verzeichnis lieferbarer Bücher (VLB);
c) bestehende Datenbanken und Verzeichnisse, WATCH (Writers, Artists and their Copyright Holders), die ISBN (International Standard Book Number);
d) die Datenbanken der entsprechenden Verwertungsgesellschaften, insbesondere der mit der Wahrnehmung von Vervielfältigungsrechten betrauten Verwertungsgesellschaften wie die Datenbank der VG Wort;
e) Quellen, die mehrere Datenbanken und Verzeichnisse zusammenfassen, einschließlich der Gemeinsamen Normdatei (GND), VIAF (Virtual International Authority Files) und ARROW (Accessible Registries of Rights Information and Orphan Works);

2. für Zeitungen, Zeitschriften, Fachzeitschriften und Periodika:
a) das deutsche ISSN (International Standard Serial Number) – Zentrum für regelmäßige Veröffentlichungen;
b) Indexe und Kataloge von Bibliotheksbeständen und -sammlungen, insbesondere der Katalog der Deutschen Nationalbibliothek sowie die Zeitschriftendatenbank (ZDB);
c) Depots amtlich hinterlegter Pflichtexemplare;
d) Verlegerverbände und Autoren- und Journalistenverbände, insbesondere das Verzeichnis lieferbarer Zeitschriften (VLZ), das Verzeichnis lieferbarer Bücher (VLB), Banger Online, STAMM und pressekatalog.de;
e) die Datenbanken der entsprechenden Verwertungsgesellschaften, einschließlich der mit der Wahrnehmung von Vervielfältigungsrechten betrauten Verwertungsgesellschaften, insbesondere die Datenbank der VG Wort;

3. für visuelle Werke, einschließlich Werken der bildenden Künste, Fotografien, Illustrationen, Design- und Architekturwerken, sowie für deren Entwürfe und für sonstige derartige Werke, die in Büchern, Zeitschriften, Zeitungen und Magazinen oder anderen Werken enthalten sind:
a) die in den Ziffern 1 und 2 genannten Quellen;
b) die Datenbanken der entsprechenden Verwertungsgesellschaften, insbesondere der Verwertungsgesellschaften für bildende Künste, einschließlich der mit der Wahrnehmung von Vervielfältigungsrechten betrauten Verwertungsgesellschaften wie die Datenbank der VG BildKunst;
c) die Datenbanken von Bildagenturen;

4. für Filmwerke sowie für Bildträger und Bild- und Tonträger, auf denen Filmwerke aufgenommen sind, und für Tonträger:

§ 61a Sorgfältige Suche und Dokumentationspflichten 1 § 61a UrhG

a) die Depots amtlich hinterlegter Pflichtexemplare, insbesondere der Katalog der Deutschen Nationalbibliothek;
b) Informationen der Produzentenverbände;
c) die Informationen der Filmförderungseinrichtungen des Bundes und der Länder;
d) die Datenbanken von im Bereich des Film- oder Tonerbes tätigen Einrichtungen und nationalen Bibliotheken, insbesondere des Kinematheksverbunds, des Bundesarchivs, der Stiftung Deutsche Kinemathek, des Deutschen Filminstituts (Datenbank und Katalog www.filmportal.de), der DEFA- und Friedrich-Wilhelm-Murnau-Stiftung, sowie die Kataloge der Staatsbibliotheken zu Berlin und München;
e) Datenbanken mit einschlägigen Standards und Kennungen wie ISAN (International Standard Audiovisual Number) für audiovisuelles Material, ISWC (International Standard Music Work Code) für Musikwerke und ISRC (International Standard Recording Code) für Tonträger;
f) die Datenbanken der entsprechenden Verwertungsgesellschaften, insbesondere für Autoren, ausübende Künstler sowie Hersteller von Tonträgern und Filmwerken;
g) die Aufführung der Mitwirkenden und andere Informationen auf der Verpackung des Werks oder in seinem Vor- oder Abspann;
h) die Datenbanken anderer maßgeblicher Verbände, die eine bestimmte Kategorie von Rechtsinhabern vertreten, wie die Verbände der Regisseure, Drehbuchautoren, Filmkomponisten, Komponisten, Theaterverlage, Theater und Opernvereinigungen;

5. für unveröffentlichte Bestandsinhalte:
a) aktuelle und ursprüngliche Eigentümer des Werkstücks;
b) nationale Nachlassverzeichnisse (Zentrale Datenbank Nachlässe und Kalliope);
c) Findbücher der nationalen Archive;
d) Bestandsverzeichnisse von Museen;
e) Auskunftsdateien und Telefonbücher.

Literatur: Vgl. die Angaben bei § 61 UrhG.

Übersicht

	Rn.
I. Überblick	1
II. Sorgfältige Suche (§ 61a Abs. 1)	2–11
1. Gegenstand der Suche	2
2. Konsultation von Quellen	3–5
a) Anlage zu § 61a	3, 4
b) Sonstige Quellen	5
3. Zuständigkeit für eine sorgfältige Suche	6–8
4. Ort der sorgfältigen Suche	9–11
a) Suche im Mitgliedstaat der Erstveröffentlichung (§ 61a Abs. 1 S. 2)	9
b) Ort der sorgfältigen Suche bei Filmwerken (§ 61a Abs. 2)	10
c) Ort der sorgfältigen Suche bei nicht erschienenen oder nicht gesendeten Werken (§ 61a Abs. 3)	11
III. Dokumentations- und Informationspflichten (§ 61a Abs. 4)	12–14
1. Zuständigkeit	12
2. Inhalt der Dokumentations- und Informationspflichten	13
3. Weiterleitung der Informationen	14
IV. Gegenseitige Anerkennung von verwaisten Werken (§ 61a Abs. 5)	15

I. Überblick

Die in § 61a geregelte „**sorgfältige Suche**" nach dem Rechtsinhaber ist das zentrale Element für die Nutzung verwaister Werke auf der Grundlage der **Richtlinie 2012/28/EU** über bestimmte zulässige Formen der Nutzung verwaister Werke (ABl. L 299 v. 27. Oktober 2012, S. 5; im Folgenden: **Verwaiste-Werke-RL**) und des deutschen Umsetzungsgesetzes. Sie ist genau genommen Teil der Definition eines verwaisten Werkes: Nur dann, wenn eine sorgfältige Suche entsprechend den Vorgaben des Gesetzes durchgeführt wurde, handelt es sich überhaupt um ein verwaistes Werk im Sinne des § 61 Abs. 2. Gegenstand der sorgfältigen Suche ist eine Konsultation von **„Quellen"**, die Angaben zu

1

Rechtsinhabern enthalten. Dabei handelt es sich um **Datenbanken** verschiedener Einrichtungen; die wichtigsten sind in der Anlage zur Richtlinie – und in der (oben abgedr.) **Anlage zu § 61a** – aufgelistet. Die Rechercheergebnisse sind zu dokumentieren und mit bestimmten, weiteren Informationen über die zuständigen nationalen Behörden – in Deutschland dem **Deutschen Patent- und Markenamt** (DPMA) – an die Online-Datenbank beim **Harmonisierungsamt für den Binnenmarkt** (HABM) in Alicante weiterzuleiten. Die Verwaiste-Werke-RL verfolgt einen einheitlichen europäischen Ansatz bei der sorgfältigen Suche, um ein **hohes Schutzniveau** zu gewährleisten (AmtlBegr. BT-Drs. 17/13423, S. 16). Gleichzeitig soll europaweit Rechtssicherheit für die Nutzung der verwaisten Werke geschaffen werden. Letzteres wird insbesondere dadurch sichergestellt, dass Bestandsinhalte, die in einem Mitgliedstaat als verwaist gelten, diesen Status auch in allen anderen Mitgliedstaaten besitzen und dort genutzt werden können (vgl. Art. 4 Verwaiste-Werke-RL).

II. Sorgfältige Suche (§ 61a Abs. 1)

1. Gegenstand der Suche

2   Die sorgfältige Suche ist für jeden Bestandsinhalt im Sinne des § 61 Abs. 2 durchzuführen. Es muss demnach bei jedem einzelnen Werk oder sonstigen Schutzgegenstand nach dem Rechtsinhaber gesucht werden. Das gilt auch für **Werke, die in Bestandsinhalte eingebettet oder eingebunden sind** („embedded works"). Dazu gehören beispielsweise Werke der bildenden Kunst, Lichtbildwerke, Lichtbilder oder Illustrationen (AmtlBegr. BT-Drs. 17/13423, S. 16). Bei Werken mit **mehreren Rechtsinhabern** muss ebenfalls versucht werden, jeden einzelnen Rechtsinhaber zu ermitteln (AmtlBegr. BT-Drs. 17/13423, S. 16). Das kann insbesondere bei komplexen Werken mit einer Vielzahl von Rechtsinhabern, wie beispielsweise Filmwerken, zu einem ganz erheblichen Rechercheaufwand führen (vgl. zu Filmwerken *Evers* ZUM 2013, 454 ff.). Eine Beschränkung der Suchpflicht auf die wichtigsten Rechtsinhaber bei Filmwerken dürfte allerdings mit § 61a Abs. 1 Satz 1 kaum vereinbar sein (vgl. aber *de la Durantaye* ZUM 2013, 437, 440; *Evers* ZUM 2013, 454, 457; *Klass* GRURInt. 2013, 881, 890). Bei **teilverwaisten Werken** (vgl. § 61 Abs. 3) muss die Suche nach den Rechtsinhabern durchgeführt werden, die nicht bekannt sind. Wichtig ist im Übrigen, dass die sorgfältige Suche stets durchgeführt werden muss, **bevor** ein verwaistes Werk seitens einer privilegierten Einrichtung genutzt werden darf (vgl. Art. 3 Abs. 2 Verwaiste-Werke-RL).

2. Konsultation von Quellen

3   a) **Anlage zu § 61a.** § 61a Abs. 1 schreibt vor, dass **mindestens** die in der Anlage genannten Quellen zu konsultieren sind. Die Anlage zu § 61a orientiert sich dabei eng an dem Anhang zu Art. 3 Abs. 2 Verwaiste-Werke-RL. In der Struktur unterscheidet die Anlage zwischen den unterschiedlichen Werkkategorien, die nach § 61 Abs. 2 als verwaiste Werke in Betracht kommen. Das sind veröffentlichte Bücher (Nr. 1), Zeitungen, Zeitschriften, Fachzeitschriften und Periodika (Nr. 2), visuelle Werke, die in Büchern, Zeitschriften, Zeitungen und Magazinen oder anderen Werken enthalten sind (Nr. 3), Filmwerke sowie Bildträger und Bild- und Tonträger, auf denen Filmwerke aufgenommen sind und Tonträger (Nr. 4). Ferner finden sich in der Anlage zum deutschen Umsetzungsgesetz – anders als in der Anlage zur Verwaiste-Werke-RL – bestimmte Quellen, die bei **unveröffentlichten Bestandsinhalten** konsultiert werden müssen. Eine solche Erweiterung des Quellenkatalogs ist ohne weiteres möglich, weil die Mitgliedstaaten frei sind, zusätzliche Quellen zu bestimmen (Art. 3 Abs. 2 Verwaiste-Werke-RL). Allerdings handelt es sich bei der Bezeichnung „unveröffentlichte" Bestandsinhalte um ein Redaktionsversehen, welches auf der Begrifflichkeit des § 61 Abs. 4 in der Fassung des Regierungsentwurfs beruht (BT-

Drs. 17/13423, S. 5). Richtigerweise müsste deshalb hier von „nicht erschienenen oder nicht gesendeten" Bestandsinhalten die Rede sein (vgl. § 61 Abs. 4, Rn. 29).

Die aufgelisteten Datenbanken unterscheiden sich in ihrer Bedeutung für eine sorgfältige 4 Suche. Bei Büchern wird insbesondere die Recherche im **Katalog der Deutschen Nationalbibliothek** (DNB), in dem **Verzeichnis lieferbarer Bücher** (VLB) sowie bei den **Verwertungsgesellschaften VG WORT und VG Bild-Kunst** eine wichtige Rolle spielen. Bei Zeitungen, Zeitschriften, Fachzeitschriften und Periodika dürfte darüber hinaus das deutsche **ISSN** von erheblicher Bedeutung sein. Im audiovisuellen Bereich und bei Tonträgern kommen die Datenbanken mit den einschlägigen Identifikationsstandards hinzu (z.B. **ISAN**). Eine besondere Schwierigkeit wird bei der sorgfältigen Suche sein, die **aktuellen Adressen von Rechtsinhabern** festzustellen (vgl. auch *Spindler* ZUM 2013, S. 349, 353). Insoweit kommen als Quellen vor allem die Datenbanken der Verwertungsgesellschaften in Betracht. Die praktische Abwicklung der sorgfältigen Suche wird zwischen den beteiligten Institutionen abzustimmen sein. Dabei muss eine automatisierte Abfrage der Datenbanken organisiert werden; alles andere wäre im Rahmen von Massendigitalisierungsprojekten mit einem nicht vertretbaren Aufwand verbunden. Hierbei kann insbesondere **ARROW** (Accessible Registries of Rights Information and Orphan Works; vgl. Anhang zu § 61a Nr. 7e) eine wichtige Bedeutung zukommen. ARROW wurde im November 2008 als ein gemeinsames Projekt von Bibliotheken, Verlegern und Verwertungsgesellschaften gestartet und soll die europaweite Suche nach Rechtsinhabern ermöglichen (vgl. www.arrow-net.eu). Dennoch werden Aufwand und Kosten für die sorgfältige Suche nicht unerheblich sein (vgl. die Stellungnahme des Bundesrates, BT-Drs. 17/13423, S. 22; *Spindler* ZUM 2013, 349, 353). Das ändert aber nichts daran, dass die Voraussetzungen hierfür durch die Verwaiste-Werke-RL zwingend vorgegeben werden (vgl. die Gegenäußerung der Bundesregierung, BT-Drs. 17/13423, S. 24).

b) Sonstige Quellen. § 61a Abs. 1 sieht vor, dass „**mindestens**" die in der Anlage ge- 5 nannten Quellen konsultiert werden. Das entspricht dem Wortlaut von Art. Abs. 2 Verwaiste-Werke-RL. Dort bezog sich allerdings die Vorgabe auf die Umsetzung durch die Mitgliedstaaten. Die deutsche Vorschrift überlässt es dagegen den privilegierten Einrichtungen, **ob zusätzliche Quellen** konsultiert werden. Eine solche freiwillige Recherche dürfte nur ausnahmsweise durchgeführt werden. Allerdings wird man jedenfalls dann von einer entsprechenden **Verpflichtung** der privilegierten Einrichtungen ausgehen können, wenn sich **neue Datenbanken** etablieren, die sachdienliche Rechercheergebnisse liefern können.

3. Zuständigkeit für die sorgfältige Suche

a) Nutzende Einrichtung. Die **Zuständigkeit für die sorgfältige Suche** liegt bei 6 den privilegierten Einrichtungen (vgl. AmtlBegr. BT-Drs. 17/13423, S. 16). Das ist sachgerecht, weil diese Einrichtungen darüber entscheiden, welche Werke digitalisiert und öffentlich zugänglich gemacht werden sollen. Die Organisationen, die die in der Anlage genannten Datenbanken unterhalten, sind dagegen lediglich unterstützend tätig. Streng genommen ergibt sich weder aus dem UrhG noch aus der Verwaiste-Werke-RL eine Verpflichtung dieser Organisationen, sich überhaupt an der sorgfältigen Suche mit ihren Datenbanken zu beteiligen. Eine solche Verpflichtung ließe sich höchstens mittelbar den gesetzlichen Regelungen oder den internen Vorgaben der beteiligten Organisationen entnehmen. Problematisch ist aber vor allem, dass es an jeder Regelung fehlt, wer die **Kosten der Abfrage der Datenbanken** zu tragen hat. Eine Möglichkeit der Entgelterhebung wird in der Richtlinie lediglich im Hinblick auf Dritte angesprochen, die mit der Durchführung der sorgfältigen Suche beauftragt werden (vgl. unter b). Diese Möglichkeit sollte in gleicher Weise für die Betreiber der in der Anlage genannten Datenbanken bestehen.

Die privilegierten Einrichtungen tragen die **Verantwortung** dafür, dass die sorgfältige 7 Suche entsprechend den gesetzlichen Vorgaben durchgeführt wird. Bei einer nicht ordnungsgemäßen Durchführung der sorgfältigen Suche stellt jede Nutzung des Bestandsinhalts eine **Urheberrechtsverletzung** dar, gegen die zivil- und strafrechtlich vorgegangen werden kann (vgl. Erwägungsgrund 19 Verwaiste-Werke-RL).

8   **b) Beauftragung eines Dritten.** Die privilegierten Einrichtungen dürfen nach § 61a Abs. 1 Satz 4 **Dritte** mit der Durchführung der sorgfältigen Suche beauftragen. Das können externe Dienstleister sein, die sich hierauf spezialisieren. Grundsätzlich kommen aber auch **Verwertungsgesellschaften** für eine solche Tätigkeit in Betracht (dafür spricht sich *Krogmann* ZUM 2013, 457, 460 aus). Die beauftragten Dritten können von der privilegierten Einrichtung ein Entgelt verlangen (vgl. Erwägungsgrund 13 Verwaiste-Werke-RL). Die Übertragung der Verantwortung für die ordnungsgemäße sorgfältige Suche auf einen Dritten dürfte allerdings nur eingeschränkt möglich sein. Bei den privilegierten Einrichtungen verbleiben **zumindest Überwachungspflichten** (weitergehend *Spindler* ZUM 2013, 349, 353). Schon deshalb sollten sie die **Nachweise über die sorgfältige Suche archivieren** (so ausdrücklich die AmtlBegr. BT-Drs. 17/13422, S. 16; vgl. ferner Erwägungsgrund 15 Verwaiste-Werke-RL). Insgesamt bleibt abzuwarten, ob die Verlagerung der Durchführung der sorgfältigen Suche auf externe Dienstleister in der Praxis tatsächlich Bedeutung gewinnt.

4. Ort der sorgfältigen Suche

9   **a) Suche im Mitgliedstaat der Erstveröffentlichung (§ 61a Abs. 1 S. 2).** Die sorgfältige Suche ist nach § 61a Abs. 1 Satz 2 in dem Mitgliedstaat durchzuführen, in dem das Werk zuerst veröffentlicht wurde. Das gilt für alle Bestandsinhalte mit Ausnahme von audiovisuellen Werken (vgl. unter b) und nicht erschienenen oder nicht gesendeten Werken (vgl. unter c). Bei Werken oder sonstigen Schutzgegenständen, die in einen Bestandsinhalt **eingebettet oder eingebunden sind** („embedded works") ist die sorgfältige Suche im Mitgliedstaat der **Erstveröffentlichung des Hauptwerks** durchzuführen (Erwägungsgrund 15 Verwaiste-Werke-RL; AmtlBegr. BT-Drs. 17/13423, S. 16). Werke, die **außerhalb der EU** erstveröffentlicht wurden, sind von vornherein von dem Anwendungsbereich der Richtlinie – und dem deutschen Umsetzungsgesetz – ausgenommen (AmtlBegr. BT-Drs. 17/13423, S. 14). Die Anknüpfung an den Ort der Erstveröffentlichung wird voraussichtlich dazu führen, dass die nationalen privilegierten Einrichtungen in erster Linie ihr **nationales Repertoire** digitalisieren und öffentlich zugänglich machen werden. Denn die Durchführung einer sorgfältigen Suche wird derzeit noch am leichtesten in dem eigenen Mitgliedstaat zu organisieren sein. Allerdings gibt § 61a Abs. 1 Satz 3 – in Umsetzung von Art. 3 Abs. 4 Verwaiste-Werke-RL – vor, dass auch **Quellen in anderen Staaten zu konsultieren sind**, wenn es Hinweise darauf gibt, dass Informationen zu Rechtsinhabern in anderen Staaten gefunden werden können. Diese Bestimmung dürfte insbesondere bei **übersetzten Werken** eine Rolle spielen. Dort sind zwar Übersetzer und Verwerter der Übersetzung (z.B. ein Verlag) am besten in dem Mitgliedstaat zu ermitteln, in dem dieses Werk erstveröffentlicht wurde. Für den Autor und Verwerter des Originalwerks gilt das allerdings nicht. Hier ist in erster Linie die Konsultation der Quellen in dem Staat erfolgversprechend, in dem das Originalwerk veröffentlicht wurde. Auch bei **Parallelveröffentlichungen** dürfte regelmäßig ein Fall des § 61a Abs. 1 Satz 3 vorliegen und eine sorgfältige Suche in allen Staaten, in denen das Werk erstveröffentlicht ist, erforderlich sein (vgl. zu **Koproduktionen bei Filmwerken** Erwägungsgrund 15 Verwaiste-Werke-RL). Nicht zuletzt vor diesem Hintergrund spricht viel dafür, die nationalen Recherchemöglichkeiten europaweit zu verknüpfen, wie es insbesondere bei ARROW (vgl. oben Rn. 4) vorgesehen ist.

10   **b) Ort der sorgfältigen Suche bei Filmwerken (§ 61a Abs. 2).** § 61a Abs. 2 sieht – in Umsetzung von Art. 3 Abs. 3 Verwaiste-Werke-RL – eine **Sonderregelung für den audiovisuellen Bereich** vor. Bei Filmwerken sowie bei Bildträgern und Bild- und Ton-

trägern, auf denen Filmwerke aufgenommen sind, ist die sorgfältige Suche in dem Mitgliedstaat durchzuführen, in dem der **Filmproduzent seine Hauptniederlassung oder seinen gewöhnlichen Aufenthalt hat**. Das dürfte sinnvoll sein, weil sich bei der Vielzahl von Rechtsinhabern bei audiovisuellen Werken, eine erfolgreiche Recherche noch am ehesten an dem Ort vorstellen lässt, in dem der Produzent seine Hauptniederlassung oder seinen gewöhnlichen Aufenthaltsort hat. Allerdings kann es nur um den Hauptwohnsitz oder den gewöhnlichen Aufenthaltsort **zum Zeitpunkt der Veröffentlichung des Filmwerks** gehen, weil der aktuelle Wohnort bei verwaisten Filmwerken regelmäßig unbekannt ist (so zu Recht *Spindler* ZUM 2013, 349, 35). Bei **Koproduktionen**, bei denen die Filmproduzenten in unterschiedlichen Mitgliedstaaten ihren Sitz oder ihren gewöhnlichen Aufenthaltsort haben, ist die sorgfältige Suche in jedem dieser Mitgliedstaaten durchzuführen (vgl. Erwägungsgrund 15 Verwaiste-Werke-RL). Das dürfte sich auch hier aus Art. 3 Abs. 4 Verwaiste-Werke-RL ergeben, wonach bei entsprechenden Hinweisen eine Recherche auch in anderen Staaten durchgeführt werden muss. Das deutsche Umsetzungsgesetz hat dem Wortlaut nach diese Vorgabe zwar nur auf den Regelfall der Erstveröffentlichung in einem Mitgliedstaat bezogen (vgl. § 61a Abs. 1 Satz 3). Die **systematische Stellung der Regelung** in Art. 3 Abs. 4 Verwaiste-Werke-RL legt es aber nahe, die Bestimmung auch bei den Sonderfällen nach § 61a Abs. 2 und Abs. 3 anzuwenden (vgl. auch *de la Durantaye* ZUM 2013, 437, 439, die von einem Redaktionsversehen ausgeht).

c) **Ort der sorgfältigen Suche bei nicht erschienenen oder nicht gesendeten** 11
Werken (§ 61a Abs. 3). Bei nicht erschienenen oder nicht gesendeten Bestandsinhalten im Sinne des § 61 Abs. 4 hat nach § 61a Abs. 3 die sorgfältige Suche in dem Mitgliedstaat stattzufinden, in dem die **Einrichtung ihren Sitz hat,** die die Bestandsinhalte mit Einwilligung des Rechtsinhabers der Öffentlichkeit zugänglich gemacht hat. Das Gesetz bezieht sich zwar auf den Ort, wo die Bestandsinhalte „ausgestellt oder verliehen" wurden. Hierbei handelt es sich aber um ein Redaktionsversehen, das auf dem Wortlaut des § 61 Abs. 4 in der Fassung des Regierungsentwurfs beruht (vgl. § 61 Abs. 4 Rn. 30). Mit der Bestimmung des § 61a Abs. 3 wird Art. 3 Abs. 3 UnterAbs. 2 Verwaiste-Werke-RL umgesetzt. Auch diese Vorgabe ist sinnvoll, weil im Zweifel die meisten Informationen in dem Mitgliedstaaten zu ermitteln sind, in dem die privilegierten Einrichtung – und im Zweifel auch die Rechtsinhaber – beheimatet sind.

III. Dokumentations- und Informationspflichten (§ 61a Abs. 4)

1. Zuständigkeit

§ 61a Abs. 4 sieht vor, dass die sorgfältige Suche zu **dokumentieren ist und be-** 12
stimmte Informationen an das DPMA weiterzuleiten sind. Zuständig ist hierfür ebenfalls die privilegierte Einrichtung, die das verwaiste Werk nutzen will. Allerdings wird man die Möglichkeit der **Beauftragung eines Dritten** nach § 61a Abs. 1 Satz 4 sinnvollerweise auch auf diese Pflichten erstrecken können. Keine Dokumentations- und Informationspflichten treffen dagegen die Organisationen, deren Datenbanken entsprechend der Anlage zu § 61a zu konsultieren sind.

2. Inhalt der Dokumentations- und Informationspflichten

§ 61a Abs. 4 lässt offen, inwieweit die sorgfältige Suche selbst zu dokumentieren ist. 13
Aufgelistet werden lediglich die Informationen, die an die zuständigen Stellen weiterzuleiten sind. Eine gewisse Überschneidung ergibt sich bei § 61 Abs. 4 Nr. 1, wonach die genaue Bezeichnung des Bestandsinhalts, der nach den Ergebnissen der sorgfältigen Suche verwaist ist, mitzuteilen ist. Wichtig dürfte darüber hinaus aber insbesondere sein, dass die privilegierte Einrichtung dokumentiert, **welche Quellen sie im Einzelnen kontaktiert**

hat (so auch *de la Durantaye* ZUM 2013, 437, 440; *Klass* GRURInt. 2013, 881, 889). Das gilt in besonderer Weise bei Bestandsinhalten, bei denen auch Recherchen **in anderen Staaten** durchzuführen sind (vgl. § 61a Abs. 1 Satz 3). Die übrigen Informationen, die in § 61a Abs. 4 genannt werden, haben mit der sorgfältigen Suche letztlich nichts mehr zu tun. Mitzuteilen sind die Art der Nutzung des verwaisten Werkes (Nr. 2), die Änderung des Status eines genutzten verwaisten Werkes (Nr. 3) sowie die Kontaktdaten der nutzenden Institution (Nr. 4).

3. Weiterleitung der Informationen

14   Die genannten Informationen sind zunächst an das DPMA weiterzuleiten. Diese Einbeziehung der zuständigen nationalen Behörde ist in Art. 3 Abs. 5 Verwaiste-Werke-RL ausdrücklich vorgesehen. Im Ergebnis fungiert das DPMA aber lediglich als „**Zwischenstopp**". § 61a Abs. 4 Satz 2 sieht vor, dass die übermittelten Informationen unverzüglich an das **HABM** weiterzuleiten sind. Dort soll eine **zentrale Online-Datenbank** für verwaiste Werke aufgebaut werden (vgl. Art. 3 Abs. 6 Verwaiste-Werke-RL). Diese Datenbank soll der Allgemeinheit zur Verfügung stehen und Rechtsinhabern und privilegierten Einrichtungen den Zugriff auf die entsprechenden Informationen über verwaiste Werke erleichtern (vgl. Erwägungsgrnd 16 Verwaiste-Werke-RL; AmtlBegr. BT-Drs. 17/13423, S. 16).

IV. Gegenseitige Anerkennung von verwaisten Werken (§ 61a Abs. 5)

15   § 61a Abs. 5 stellt klar, dass es einer sorgfältigen Suche durch die privilegierten Einrichtungen nicht mehr bedarf, wenn Bestandsinhalte bereits in der Datenbank beim HABM als verwaistes Werk erfasst werden. Damit wird dem **Grundsatz der gegenseitigen Anerkennung** von verwaisten Werken Rechnung getragen. Art. 4 Verwaiste-Werke-RL sieht insoweit vor, dass ein Werk (oder ein Tonträger), welches in einem Mitgliedstaat als verwaist gilt, diesen Status auch in allen anderen Mitgliedstaaten hat. Dieses Werk (oder der Tonträger) kann demnach in allen Mitgliedstaaten digitalisiert und öffentlich zugänglich gemacht werden. Ferner soll es erlaubt sein, dass von allen Mitgliedstaaten aus auf die verwaisten Werke zugegriffen werden kann. Letzteres ergibt sich zwar nicht unmittelbar aus § 61a Abs. 5, dürfte aber dennoch der Fall sein. Wenn ein Einzelnutzer in Deutschland ein verwaistes Werk abruft, dass in einem anderen Mitgliedstaat digitalisiert und online gestellt wurde, so ist – aufgrund der **Harmonisierungswirkung der Richtlinie** – die Vervielfältigung und öffentliche Zugänglichmachung des Werkes in dem anderen Mitgliedstaat und in Deutschland erlaubt. Ein Zugriff ist deshalb ohne weiteres zulässig (*Staats* ZUM 2013, 446, 449), ohne das es auf die Frage ankommt, welches Recht Anwendung findet. Der Grundsatz der gegenseitigen Anerkennung ermöglicht damit insbesondere die grenzüberschreitende Nutzung der verwaisten Werke in Europa. Das entspricht einem wichtigen Anliegen der Richtlinie, wonach verwaiste Werke nicht nur in einem Mitgliedstaat, sondern auch in anderen Mitgliedstaaten zugänglich gemacht werden sollen, um damit den **Zugang der Unionsbürger zum europäischen Kulturerbe zu fördern** (vgl. Erwägungsgrund 23 Verwaiste-Werke-RL). Eine öffentliche Zugänglichmachung der verwaisten Werke **außerhalb Europas** kann dagegen rechtlich problematisch sein (vgl. *Spindler* ZUM 2013, 349, 356), weil es dort an einer vergleichbaren einheitlichen Schrankenregelung fehlt.

§ 61b Beendigung der Nutzung und Vergütungspflicht der nutzenden Institution

Wird ein Rechtsinhaber eines Bestandsinhalts nachträglich festgestellt oder ausfindig gemacht, hat die nutzende Institution die Nutzungshandlungen unverzüglich zu unterlassen, sobald sie hiervon Kenntnis erlangt. Der Rechtsinhaber hat gegen die nutzende Institution Anspruch auf Zahlung einer angemessenen Vergütung für die erfolgte Nutzung.

Literatur: *Pflüger*, Positionen der Kultusministerkonferenz zum Dritten Gesetz zur Regelung des Urheberrechts in der Informationsgesellschaft – „Dritter Korb", ZUM 2010, 938; *Reinbothe*, in: Riesenhuber (Hrsg.), Die Angemessenheit im Urheberrecht, Tübingen 2013, S. 141.
Vgl. ferner die Angaben zu § 61.

Übersicht

	Rn.
I. Überblick	1
II. Nachträgliche Ermittlung des Rechtsinhabers und Unterlassung der Nutzung (§ 61b S. 1)	2
III. Anspruch auf Zahlung einer angemessenen Vergütung (§ 61b S. 2)	3–6

I. Überblick

§ 61b regelt den Fall, dass ein Rechtsinhaber erst ermittelt wird, nachdem ein verwaistes Werk im Sinne des § 61 Abs. 2 bereits von einer privilegierten Einrichtung genutzt wurde. Das deutsche Umsetzungsgesetz sieht als Rechtsfolge vor, dass die nutzende Einrichtung, sobald sie Kenntnis von dem Rechtsinhaber erlangt hat, die Nutzungshandlungen **unverzüglich zu unterlassen** hat. Ferner hat der bekannt gewordene Rechtsinhaber einen Anspruch auf **angemessene Vergütung** gegenüber der nutzenden Einrichtung. Damit sollen Art. 5 und Art. 6 Abs. 5 der Richtlinie 2012/28/EU über bestimmte zulässige Formen der Nutzung verwaister Werke (ABl. L 299 vom 27. Oktober 2012, S. 5; im Folgenden: **Verwaiste-Werke-RL**) umgesetzt werden. 1

II. Nachträgliche Ermittlung des Rechtsinhabers und Unterlassung der Nutzung (§ 61b S. 1)

§ 61b Satz 1 setzt tatbestandlich voraus, dass der Rechtsinhaber eines Bestandsinhalts **nachträglich festgestellt oder ausfindig gemacht** wird und die nutzende Einrichtung davon **Kenntnis erlangt**. Sobald dies der Fall ist, hat die Einrichtung die Nutzung **unverzüglich zu unterlassen**. Dabei soll es sich nach der Gesetzesbegründung um eine „urheberrechtliche Selbstverständlichkeit" handeln (BT-Drs. 17/13423, S. 17). Unklar ist allerdings, wie diese Vorgaben in der Praxis umgesetzt werden sollen. Die privilegierten Einrichtungen sind zu einer „sorgfältigen Nachsuche" nicht verpflichtet (*Staats* ZUM 2013, 446, 450). Es dürfte deshalb eher Zufall sein, dass ein Rechtsinhaber davon Kenntnis erhält, dass sein Werk oder Schutzgegenstand als verwaistes Werk genutzt wird und es bleibt ebenfalls dem Zufall überlassen, wie die nutzende Einrichtung von seiner Existenz Kenntnis erlangt. Der **Unterlassungsanspruch** schließlich dürfte von einem einzelnen Rechtsinhaber gegenüber einer Vielzahl von nutzenden Einrichtungen nur sehr schwer geltend gemacht und durchgesetzt werden. Die Verwaiste-Werke-RL verfolgt hier im Übrigen ein etwas **anderes Konzept** (vgl. auch die Stellungnahme des Max-Planck-Instituts für Immaterialgüter- und Wettbewerbsrecht v. 15. März 2013, Rn. 58; *de la Durantaye* ZUM 2013, 437, 441; *Klass* GRURInt. 2013, 881, 889). Nach Art. 5 Verwaiste-Werke-RL müssen die Mitgliedstaaten lediglich sicherstellen, dass der Inhaber der Rechte an einem als verwaist qualifizierten Werk oder Tonträger jederzeit die Möglichkeit hat, in Bezug auf seine Rechte den **Status als verwaistes Werk zu beenden**. Hier liegt es deshalb bei dem Rechtsinhaber, im Wege eines „opt out" die Nutzung durch die privilegierten Einrichtungen zu beenden. Tut er das nicht, bleibt die Einrichtung weiter zur Nutzung be- 2 rechtigt. Dieser Lösungsansatz stellt für die nutzenden Einrichtungen eine erhebliche Verbesserung dar. Die Regelung in § 61b vermeidet zwar formal den „opt-out"-Ansatz, dürfte aber für den individuellen Rechtsinhaber dennoch kaum Vorteile haben und für die nutzenden Einrichtungen zu einigen rechtlichen Unsicherheiten führen (kritisch auch die Stellungnahme des Max-Planck-Instituts für Immaterialgüter- und Wettbewerbsrecht v. 15. März 2013, Rn. 59 ff.; *de la Durantaye* ZUM 2013, 437, 441). Das gilt im Übrigen auch für eine mögliche **zukünftige Nutzung des verwaisten Werkes** durch die Einrichtungen. Nach der Gesetzesbegründung ist dies – wie stets – bei einem **Einverständnis** des Rechtsinhabers zulässig (AmtlBegr. BT-Drs. 17/13423, S. 17). Ein nachträglich bekannt gewordener Rechtsinhaber, der mit der weiteren Nutzung seines Werkes einverstanden ist, wird aber vermutlich keine ausdrückliche Vereinbarung mit sämtlichen nutzenden Einrichtungen abschließen, sondern lediglich gegen die Nutzung nichts unternehmen. Das gilt umso mehr, weil völlig unklar ist, ob und in welcher Höhe seitens der Einrichtungen eine Vergütung gezahlt wird (vgl. dazu unten). Für die nutzenden Einrichtungen ist aber damit eine zukünftige Nutzung der ehemals verwaisten Werke ausgeschlossen, weil es an einer ausdrücklichen Einwilligung des bekannten Rechtsinhabers fehlt. Der Regelungsansatz in § 61b Satz 1 dürfte auch nicht aus grundsätzlichen Überlegungen heraus erforderlich sein. Hier geht es nicht um den Bereich des **unbeschränkten Ausschließlichkeitsrechts**, in dem stets eine ausdrückliche Einwilligung des Rechtsinhabers erforderlich ist. Vielmehr stellt sich die Frage, wie eine Nutzung zu beenden ist, die zunächst **aufgrund einer Schrankenregelung gesetzlich erlaubt** war (*Staats* ZUM 2013, 446, 450). In einem solchen Kontext dürfte eine Ausnahme von dem Grundsatz des „opt in" gerechtfertigt sein. Derartige Ausnahmen sind dem Urheberrechtsgesetz im Übrigen auch sonst nicht völlig fremd (vgl. § 62 Abs. 4 Satz 3; § 137l Abs. 1 Satz 1).

III. Anspruch auf Zahlung einer angemessenen Vergütung (§ 61b S. 2)

3   Nach § 61b Satz 2 hat der nachträglich bekannt gewordene Rechtsinhaber gegen die privilegierte Einrichtung einen **Anspruch auf Zahlung einer angemessenen Vergütung** für die erfolgte Nutzung. Die Verwaiste-Werke-RL verwendet in Art. 6 Abs. 5 Satz 1 dagegen den Begriff des **„gerechten Ausgleichs"**. Diese unterschiedliche Terminologie ist bereits im Zusammenhang mit anderen europarechtlich vorgegebenen Vergütungsansprüchen bekannt. So sieht insbesondere auch Art. 5 Abs. 2a und Abs. 2b der Multimedia-RL vor, dass ein gerechter Ausgleich zu zahlen ist (vgl. dazu *Reinbothe*, in: Riesenhuber (Hrsg.), Die „Angemessenheit" im Urheberrecht, Tübingen 2013, S. 141 ff.). Die entsprechenden deutschen Regelungen in §§ 54, 54c UrhG verwenden aber auch hier den Begriff der angemessenen Vergütung.

4   Bei der **Berechnung der Vergütung** soll – entsprechend Erwägungsgrund 18 Verwaiste-Werke-RL – der **nicht kommerzielle Charakter** der Nutzung berücksichtigt werden (AmtlBegr. BT-Drs. 17/13423, S. 17). Ein Hinweis auf den **eventuellen Schaden** für die Rechtsinhaber, der ebenfalls in Erwägungsgrund 18 der verwaiste-Werke-RL erwähnt wird, fehlt dagegen. Auch sonst lassen sich weitere Vorgaben für die Höhe der Vergütung dem deutschen Umsetzungsgesetz nicht entnehmen. Das wäre durchaus naheliegend gewesen, weil § 6 Abs. 5 Satz 3 Verwaiste-Werke-RL vorsieht, dass die Höhe der Vergütung durch die **Mitgliedstaaten** geregelt werden soll. Auch die **näheren Umstände für die Zahlung eines Ausgleichs** hätten im deutschen Umsetzungsgesetz festgelegt werden können (vgl. Art. 6 Abs. 5 Satz 2 Verwaiste-Werke-RL). Das gilt insbesondere auch für den **Zeitpunkt**, zu dem die Zahlung fällig ist (Erwägungsgrund 18 Verwaiste-Werke-RL). So bleibt unklar, wie – und in welcher Höhe – ein bekannt gewordener individueller Rechtsinhaber die angemessene Vergütung geltend machen soll (kritisch auch die Stellungnahme des Max-Planck-Instituts für Immaterialgüter- und Wettbewerbsrecht v. 15. März

§ 61c Nutzung verwaister Werke durch Rundfunkanstalten § 61c UrhG

2013, Rn. 59 ff.; *de la Durantaye* ZUM 2013, 437, 441). Es steht deshalb zu befürchten, dass der Vergütungsanspruch weitgehend ins Leere geht. Das mag den fiskalischen Interessen der privilegierten Einrichtungen entgegenkommen. Eine Vergütung, die in der Regel „gegen Null" tendiert, entspricht aber nicht den Vorgaben der Richtlinie (vgl. dagegen die Stellungnahme des Bundesrats zum Regierungsentwurf; BR-Drs. 265/13 [Beschluss] Nr. 3; gegen eine Vergütungspflicht auch bereits *Pflüger*, ZUM 2010, 938, 943; vgl. auch *Klass* GRURInt. 2013, 881, 890). Sehr viel näher hätte es gelegen, den Vergütungsanspruch **verwertungsgesellschaftspflichtig** auszugestalten und damit sicher zu stellen, dass zwischen Verwertungsgesellschaften und privilegierten Einrichtungen eine angemessene Vergütung zentral ausgehandelt wird und ein bekanntgewordener Rechtsinhaber tatsächlich seine Vergütung erhält. Diesen Vorschlag, der im Vorfeld von verschiedener Seite gemacht worden war (vgl. die Stellungnahme des Max-Planck-Instituts für Immaterialgüter- und Wettbewerbsrecht v. 15. März 2013, Rn. 63; für die Einbeziehung von Verwertungsgesellschaften auch *Krogmann* ZUM 2013, 457, 460), hat der Gesetzgeber nicht aufgegriffen. Möglich wäre es zwar auch, dass der Vergütungsanspruch **freiwillig auf vertraglicher Basis** einer Verwertungsgesellschaft zur Wahrnehmung eingeräumt wird. Ob es dazu in der Praxis kommt, bleibt allerdings abzuwarten.

Der Vergütungsanspruch steht dem – bekannt gewordenen – **Rechtsinhaber** zu. Das 5 kann der **Urheber**, aber auch ein **Verwerter**, wie bspw. ein Verlag oder Filmproduzent, sein. Es kommt darauf an, wer die ausschließlichen Rechte zur Vervielfältigung und öffentlichen Zugänglichmachung des ehemals verwaisten Werkes innehat. Die Berechtigung, eine angemessene Vergütung zu verlangen, folgt damit der Inhaberschaft an den genutzten Rechten. Soweit **mehrere Rechtsinhaber** eines verwaisten Werkes nachträglich bekannt werden, steht ihnen die Vergütung gemeinsam zu.

Fraglich ist, ob **§ 63a** auf den gesetzlichen Vergütungsanspruch nach § 61b Anwendung 6 findet. Grundsätzlich dürfte das der Fall sein, weil sich § 63a auf sämtliche gesetzliche Vergütungsansprüche im Abschnitt 6 des Urheberrechtsgesetzes bezieht. In der Praxis dürfte allerdings der Anwendungsbereich denkbar gering sein, weil sich die Vorschrift auf den Verzicht oder die Abtretbarkeit von Vergütungsansprüchen **im Voraus** bezieht. Der Vergütungsanspruch nach § 61b entsteht aber nur, wenn ein zunächst verwaistes Werk seitens der privilegierten Einrichtungen genutzt wird und der Rechtsinhaber erst später bekannt wird. Eine Anwendbarkeit des § 63a käme demnach nur in Betracht, wenn ein Rechtsinhaber einen Vorausverzicht oder eine Vorausabtretung für den Fall erklärt, dass er – vorübergehend – nicht festgestellt oder ausfindig gemacht werden kann. Das ist wenig wahrscheinlich. Sollte dies dennoch vorkommen, so ist der **Vorausverzicht nach § 63a Satz 1 unwirksam**. Eine Vorausabtretung ist nach § 63a Satz 2 nur an eine **Verwertungsgesellschaft** möglich oder zusammen mit dem Verlagsrecht an einen Verleger, der den Vergütungsanspruch in eine Verwertungsgesellschaft einbringt, die Rechte von **Urhebern und Verlegern** gemeinsam wahrnimmt.

§ 61c Nutzung verwaister Werke durch öffentlich-rechtliche Rundfunkanstalten

Zulässig sind die Vervielfältigung und die öffentliche Zugänglichmachung von

1. Filmwerken sowie Bildträgern und Bild- und Tonträgern, auf denen Filmwerke aufgenommen sind, und
2. Tonträgern,

die vor dem 1. Januar 2003 von öffentlich-rechtlichen Rundfunkanstalten hergestellt wurden und sich in deren Sammlung befinden, unter den Voraussetzungen

UrhG § 61c 1–3   § 61c Nutzung verwaister Werke durch Rundfunkanstalten

des § 61 Absatz 2 bis 5 auch durch öffentlichrechtliche Rundfunkanstalten. Die §§ 61a und 61b gelten entsprechend.

Literatur: Vgl. die Angaben bei § 61.

Übersicht

	Rn.
I. Überblick	1
II. Nutzung durch öffentlich-rechtliche Rundfunkanstalten (§ 61c S. 1)	2–7
1. Öffentlich-rechtliche Rundfunkanstalten	2
2. Erlaubte Nutzungen	3
3. Erfasste Werke	4–6
a) Filmwerke sowie Bildträger und Bild- und Tonträger, auf denen Filmwerke aufgenommen sind, und Tonträger	4
b) Produktionen der öffentlich-rechtlichen Rundfunkanstalten	5
c) Produktionen, die vor dem 1. Januar 2003 hergestellt wurden	6
4. Bestandsinhalte von öffentlich-rechtlichen Rundfunkanstalten	7
III. Voraussetzungen des § 61 Abs. 2 bis 5	8
IV. Entsprechende Anwendung der §§ 61a, 61b (§ 61c S. 2)	9

I. Überblick

1 § 61c erweitert unter bestimmten Voraussetzungen die Schrankenregelung des § 61 auf verwaiste Werke, die in den Sammlungen von öffentlich-rechtlichen Rundfunkanstalten vorhanden sind. Damit wird Art. 1 Abs. 2c der Richtlinie 2012/28/EU über bestimmte zulässige Formen der Nutzung verwaister Werke (ABl. L 299 vom 27. Oktober 2012, S. 5; im Folgenden: **Verwaiste-Werke-RL**) umgesetzt. Erfasst werden dabei nur Eigen- und Auftragsproduktionen, die **vor dem 1. Januar 2003** durch die öffentlich-rechtlichen Rundfunkanstalten hergestellt wurden und sich in ihren Sammlungen befinden. Die Regelungen für sonstige verwaiste Werke, insbesondere im Hinblick auf die sorgfältige Suche (§ 61a) und die Vergütungspflicht (§ 61b), finden dabei entsprechende Anwendung.

II. Nutzung durch öffentlich-rechtliche Rundfunkanstalten (§ 61c S. 1)

1. Öffentlich-rechtliche Rundfunkanstalten

2 Die Erweiterung der Schrankenregelung betrifft **ausschließlich öffentlich-rechtliche Sendeunternehmen**. Das sind in Deutschland die Landesrundfunkanstalten der ARD, das ZDF und das Deutschlandradio. Das Gesetz stellt damit öffentlich-rechtliche Sendeunternehmen im Wesentlichen den sonstige privilegierten Einrichtungen nach § 61 Abs. 2 gleich. Das entspricht Art. 1 Abs. 1 Verwaiste-Werke-RL. **Private Sendeunternehmen** fallen dagegen weder unter die Richtlinie noch unter das deutsche Umsetzungsgesetz. Soweit darin eine Ungleichbehandlung liegt (vgl. *de la Durantaye*, ZUM 2013, 437, 439), ist diese europarechtlich vorgegeben. Die erlaubten Ausnahmen oder Beschränkungen des Vervielfältigungsrechts und des Rechts der öffentlichen Zugänglichmachung werden in Art. 5 Multimedia-RL abschließend geregelt. Die Multimedia-RL wird lediglich durch die Richtlinie über die Nutzung verwaister Werke – in dem dort vorgesehenen Umfang – ergänzt (vgl. Erwägungsgrund 20 Verwaiste-Werke-RL). Eine Ausweitung der Schrankenregelung durch den deutschen Gesetzgeber auf private Sendeunternehmen wäre deshalb europarechtlich unzulässig (AmtlBegr. BT-Drs. 17/13423, S. 17).

2. Erlaubte Nutzungen

3 Die Schrankenregelung zu Gunsten der öffentlich-rechtlichen Rundfunkanstalten erfasst – wie bei den sonstigen privilegierten Einrichtungen nach § 61 Abs. 2 – ausschließlich das Vervielfältigungsrecht (§ 16) und das Recht der öffentlichen Zugänglichmachung (§ 19a).

3. Erfasste Werke

a) Filmwerke sowie Bildträger und Bild- und Tonträger, auf denen Filmwerke 4
aufgenommen sind, und Tonträger. Die Reglung gilt für Filmwerke sowie Bildträger und Bild- und Tonträger, auf denen Filmwerke aufgenommen sind (§ 61c Nr. 1), und Tonträger (§ 61c Nr. 2). Das entspricht § 61 Abs. 2 Nr. 2 und 3 (vgl. dort). **Schriften** im Sinne des § 61 Abs. 2 Nr. 1 dürfen dagegen, auch wenn sie sich in den Sammlungen der Rundfunkanstalten befinden, nicht genutzt werden.

b) Produktionen der öffentlich-rechtlichen Rundfunkanstalten. Voraussetzung ist 5 ferner, dass die Werke oder Tonträger vor dem **1. Januar 2003** von öffentlich-rechtlichen Rundfunkanstalten hergestellt wurden. Der Begriff „**Herstellen**" erfasst nach der Begründung Werke und Tonträger, die für die ausschließliche Verwertung durch die öffentlich-rechtlichen Rundfunkanstalten in Auftrag gegeben wurden (AmtlBegr. BT-Drs. 17/13423, S. 17). Werke, die nicht von den Rundfunkanstalten produziert oder in Auftrag gegeben wurden und zu deren Nutzung die Rundfunkanstalten nur im Rahmen eines Lizenzvertrages berechtigt sind, dürfen dagegen nicht digitalisiert und öffentlich zugänglich gemacht werden (AmtlBegr. BT-Drs. 17/13423, S. 17; vgl. auch Erwägungsgrund 11 Verwaiste-Werke-RL). Die Schrankenregelung erfasst damit **Eigenproduktionen und echte Auftragsproduktionen** der Sendeanstalten (missverständlich, AmtlBegr. BT-Drs. 17/13423, S. 17 wo nur von Eigenproduktionen die Rede ist). Bei **unechten Auftragsproduktionen**, bei denen der Auftragnehmer – und nicht die öffentlich-rechtliche Rundfunkanstalt – als Filmhersteller anzusehen ist (vgl. § 94 Rn. 33), scheidet dagegen aufgrund des klaren Wortlauts des Gesetzes – und der Richtlinie (vgl. Art 1 Abs. 2c Verwaiste-Werke-RL) – eine Nutzung durch die Sendeanstalten aus.

c) Produktionen, die vor dem 1. Januar 2003 hergestellt wurden. Wichtig ist fer- 6 ner, dass die verwaisten Werke im Sinne des § 61c Nr. 1 und 2 **vor dem 1. Januar 2003** produziert worden sein müssen. Ein solches Stichdatum findet sich bei den übrigen privilegierten Einrichtungen nicht. In der Gesetzesbegründung (AmtlBegr. BT-Drs. 17/13423, S. 17) – und in Erwägungsgrund 10 Verwaiste-Werke-RL – wird insoweit auf die besondere Stellung der Rundfunkanstalten als Film- und Tonträgerproduzenten und auf die Notwendigkeit hingewiesen, dass die Rundfunkanstalten interne Verfahren einrichten sollten die das Vorkommen verwaister Werke in Zukunft begrenzen; vgl. zur Stichtagsregelung *Krogmann* ZUM 2013, 457, 460; *Klass* GRURInt. 2013, 881, 889). Das erklärt allerdings nicht das **in der Vergangenheit** liegende Stichdatum. Möglicherweise hat insoweit eine Rolle gespielt, dass spätestens ab dem 1. Januar 2003 die Rechte für die Digitalisierung und öffentliche Zugänglichmachung der Produktionen ohnehin in aller Regel bei den Rundfunkanstalten liegen. Zu diesem Zeitpunkt handelte es sich insbesondere bei diesen Nutzungsformen nicht mehr um **unbekannte Nutzungsarten** (vgl. nur Dreier/Schulze/*Schulze* § 31a Rn. 41 ff.), so dass auch § 31 Abs. 4 UrhG a. F. einer Rechteeinräumung nicht mehr entgegenstand.

4. Bestandsinhalte von öffentlich-rechtlichen Rundfunkanstalten

Die öffentlich-rechtlichen Rundfunkanstalten dürfen ausschließlich verwaiste Werke 7 vervielfältigen und öffentlich zugänglich machen, die in ihren **Sammlungen** vorhanden sind. Das deckt sich mit der **Vorgabe für die sonstigen privilegierten Einrichtungen** in § 61 Abs. 2, wobei diese Vorschrift durch den Verweis in § 61c Satz 1 ohnehin Anwendung findet.

III. Voraussetzungen des § 61 Abs. 2 bis 5

§ 61c Satz 1 sieht ferner vor, dass bei der Nutzung von verwaisten Werken durch öffent- 8 lich-rechtliche Rundfunkanstalten die Voraussetzungen, die nach § 61 Abs. 2 bis 5 für die

UrhG § 62 § 62 Änderungsverbot

sonstigen privilegierten Einrichtungen gelten, ebenfalls Anwendung finden. Auch hier ist demnach stets eine **sorgfältige Suche** nach den Rechtsinhabern durchzuführen ist (§ 61 Abs. 2) und dürfen **teilverwaiste Werke** unter den Voraussetzungen des § 61 Abs. 3 sowie **nicht erschienene oder nicht gesendete Werke** gemäß § 61 Abs. 4 genutzt werden. Ferner ist die Vervielfältigung und öffentliche Zugänglichmachung durch die öffentlich-rechtlichen Rundfunkanstalten ebenfalls nur zulässig, wenn sie zur Erfüllung von **Gemeinwohlaufgaben** handeln. Auf die Kommentierung zu § 61 Abs. 2 bis 5 kann insoweit verwiesen werden.

IV. Entsprechende Anwendung der §§ 61a, 61b (§ 61c S. 2)

9   Die erforderliche **sorgfältige Suche** und die **Dokumentationspflichten** richten sich bei öffentlich-rechtlichen Rundfunkanstalten ebenfalls nach § 61a. Soweit ein Rechtsinhaber nachträglich festgestellt oder ausfindig gemacht wird, findet ferner § 61b entsprechende Anwendung. Auf die Kommentierungen zu §§ 61a, 61b wird verwiesen.

§ 62 Änderungsverbot

(1) **Soweit nach den Bestimmungen dieses Abschnitts die Benutzung eines Werkes zulässig ist, dürfen Änderungen an dem Werk nicht vorgenommen werden. § 39 gilt entsprechend.**

(2) **Soweit der Benutzungszweck es erfordert, sind Übersetzungen und solche Änderungen des Werkes zulässig, die nur Auszüge oder Übertragungen in eine andere Tonart oder Stimmlage darstellen.**

(3) **Bei Werken der bildenden Künste und Lichtbildwerken sind Übertragungen des Werkes in eine andere Größe und solche Änderungen zulässig, die das für die Vervielfältigung angewendete Verfahren mit sich bringt.**

(4) **Bei Sammlungen für Kirchen-, Schul- oder Unterrichtsgebrauch (§ 46) sind außer den nach den Absätzen 1 bis 3 erlaubten Änderungen solche Änderungen von Sprachwerken zulässig, die für den Kirchen-, Schul- oder Unterrichtsgebrauch erforderlich sind. Diese Änderungen bedürfen jedoch der Einwilligung des Urhebers, nach seinem Tode der Einwilligung seines Rechtsnachfolgers (§ 30), wenn dieser Angehöriger (§ 60 Abs. 2) des Urhebers ist oder das Urheberrecht auf Grund letztwilliger Verfügung des Urhebers erworben hat. Die Einwilligung gilt als erteilt, wenn der Urheber oder der Rechtsnachfolger nicht innerhalb eines Monats, nachdem ihm die beabsichtigte Änderung mitgeteilt worden ist, widerspricht und er bei der Mitteilung der Änderung auf diese Rechtsfolge hingewiesen worden ist.**

Literatur: S. die Angaben bei § 14 und § 39 sowie die Angaben im eingangs abgedr. Gesamtliteraturverzeichnis.

Übersicht

	Rn.
I. Allgemein	1–5
1. Bedeutung der Vorschrift	1
2. § 62 im Gefüge der änderungsrelevanten Vorschriften	2
3. Anwendungsbereich	3
4. § 62 und die Herstellungsfreiheit von Bearbeitungen nach § 23 S. 1	4, 5
II. Vorschrift des § 62 Abs. 1	6–11
1. Systematik	6–8

	Rn.
2. Verweis auf § 39 Abs. 1	9
3. Verweis auf § 39 Abs. 2	10, 11
III. Vorschrift des § 62 Abs. 2	12–19
1. Übersetzungen	12–14
2. Auszüge	15–18
3. Übertragung von Werken der Musik in andere Ton- oder Stimmlagen	19
IV. Vorschrift des § 62 Abs. 3	20–24
1. Größenänderungen	20, 21
2. Verfahrensbedingte Änderungen	22–24
V. Vorschrift des § 62 Abs. 4	25–29
VI. Rechtsfolgen der Verletzung	30

I. Allgemein

1. Bedeutung der Vorschrift

Die Vorschrift wurde durch die Reform 2003 (s. Vor §§ 31 ff. Rn. 31) aufgrund der Multimedia-Richtlinie in ihrem Regelungsgehalt nicht berührt. Es erfolgte lediglich eine redaktionelle Anpassung an die Umstellung der Absätze in § 60. Die Verweisung des § 62 Abs. 4 a. F. auf § 60 Abs. 3 a. F. wurde geändert. § 62 Abs. 4 n. F. verweist auf § 60 Abs. 2 n. F., der nunmehr den Begriff des „Angehörigen" definiert. **1**

2. § 62 im Gefüge der änderungsrelevanten Vorschriften

Jede Form der Werkänderung kann urheberpersönlichkeitsrechtliche Belange berühren, da das geänderte Werk einen vom Werk in seiner ursprünglichen Form abweichenden ästhetischen oder inhaltlichen Gehalt hat. Das Urheberrecht schützt deshalb den Urheber durch ein Geflecht von Bestimmungen gegen ungewollte Eingriffe in die Integrität des Werkes. § 62 ist als spezielle Regelung bei Werkänderungen im Rahmen der Nutzungsfreiheit nach §§ 44a ff. anwendbar. Durch die Gesetzesnovellierung vom 10.9.2003 aufgrund der Multimedia-Richtlinie werden zwar die neu eingefügten §§ 44a, 45a, 52a, nicht aber § 42a (s. § 42a Rn. 25) von § 62 erfasst (Dreier/Schulze/*Schulze* § 42a Rn. 17; Dreyer/Kotthoff/Meckel/*Dreyer* 62 Rn. 1, 10). Die Bestimmung steht im Zusammenhang mit der zentralen **urheberpersönlichkeitsrechtlichen** Vorschrift des § 14, die den Urheber vor der **Beeinträchtigung und Entstellung des Werkes** schützt (§ 14 Rn. 1 f.). Durch den Verweis des § 62 auf § 39, der für die Werkänderung bei Einräumung eines Nutzungsrechts gilt, sind die für diese Bestimmungen entwickelten Grundsätze zur Interessenabwägung bei Werkänderungen auch bei der Anwendung von § 62 zu berücksichtigen. Im Kern hat bei der Entscheidung über die Zulässigkeit einer werkändernden Maßnahme im Einzelfall eine **Abwägung** zwischen den berechtigten Interessen des Urhebers und denen des Werknutzers zu erfolgen (Schricker/Loewenheim/*Dietz/Peukert* § 62 Rn. 1; Loewenheim/*Götting* § 32 Rn. 6). **2**

3. Anwendungsbereich

§ 62 findet bei allen Formen der nach §§ 44a ff. erlaubten Werknutzung Anwendung. Weiter gilt die Bestimmung für **amtliche Werke,** die nicht in der Aufzählung des § 5 Abs. 1, die jeden Urheberrechtsschutz ausschließt, genannt sind. § 5 Abs. 2 enthält einen Verweis auf § 62 Abs. 1 bis 3. Die Vorschrift führt damit bei den „anderen" amtlichen Werken zu einem Rumpfschutz gegenüber Werkänderungen. **3**

4. § 62 und die Herstellungsfreiheit von Bearbeitungen nach § 23 S. 1

4 Der Anwendungsbereich des Änderungsverbots aus § 62 beschränkt sich bei den meisten Werkarten wegen der Herstellungsfreiheit von Bearbeitungen nach § 23 S. 1 auf die **Veröffentlichung** oder **Verwertung** des geänderten Werkes. Die Bearbeitung, die stets zugleich eine Änderung des bearbeiteten Werkes bedeutet, ist grds. zulässig und muss nicht auf die in § 62 enthaltenen Ausnahmen zum Änderungsverbot gestützt werden (s. § 23 Rn. 1; BGH NJW 1970, 2247 – Maske in Blau; BGH NJW 1999, 790, 791 – Treppenhausgestaltung; Dreier/Schulze/*Schulze* § 62 Rn. 8; Dreyer/Kotthoff/Meckel/*Dreyer* § 62 Rn. 6, 20 f.; Schricker/Loewenheim/*Dietz/Peukert* § 62 Rn. 10). Jedermann ist bspw. frei, für den **privaten Kreis** Zitate aus einem Roman umzuschreiben. Erst wenn das veränderte Zitat, gestützt auf § 51, veröffentlicht werden soll, ist das Änderungsverbot des § 62 zu beachten; denn seine Veröffentlichung wird in der Regel wegen der Änderungen gegen § 62 verstoßen.

5 § 62 ist bereits bei der Herstellung der Werkänderung zu beachten, wenn die Herstellungsfreiheit der Bearbeitung nach § 23 S. 1 wegen § 23 S. 2 ausnahmsweise ausgeschlossen ist. § 23 S. 2 enthält eine Aufzählung von Werkarten (z. B. Verfilmung eines Werkes, Nachbau eines Bauwerkes), bei denen bereits die Bearbeitung selbst der Zustimmung des Urhebers bedarf (§ 23 Rn. 13 ff.). Im Rahmen der Nutzungsfreiheit nach §§ 44a ff. dürften die Ausnahmen des § 23 S. 2 in der Praxis kaum praktisch relevant werden, da sie Bearbeitungen betreffen, die ohnehin von der Nutzungsfreiheit nach §§ 44a ff. in der Regel nicht gedeckt sind.

II. Vorschrift des § 62 Abs. 1

1. Systematik

6 § 62 geht von einem **grundsätzlichen Änderungsverbot** für Werke aus, die im Rahmen der Nutzungsfreiheiten nach §§ 44a ff. verwandt werden (Dreier/Schulze/*Schulze* § 62 Rn. 5; Dreyer/Kotthoff/Meckel/*Dreyer* § 62 Rn. 10). Dieser Ausgangspunkt ergibt sich aus § 62 Abs. 1 S. 1, der Werkänderungen untersagt und eng auszulegen ist (Dreier/Schulze/*Schulze* § 62 Rn. 6, 13). § 62 Abs. 2 und Abs. 3 bestimmen, welche konkreten Änderungen in Bezug auf bestimmte Werkarten zulässig sind. Die dort erwähnten Änderungen bilden damit Ausnahmen zu dem grundsätzlichen Änderungsverbot des § 62 Abs. 1. Angeführt werden Eingriffe wie bspw. die Anpassung der Größenverhältnisse bei der Wiedergabe von Kunstwerken, die typischerweise mit der erlaubten Werknutzung nach §§ 44a ff. einhergehen. Da § 62 Abs. 2 und Abs. 3 jeweils eine ausdrückliche Erlaubnis für die genannten Eingriffe enthalten, bedarf es für deren Vornahme weder der Zustimmung des Urhebers noch einer allgemeinen Abwägung nach Treu und Glauben.

7 Eine Grenze für die grds. zulässigen Änderungen bildet aber das urheberpersönlichkeitsrechtliche **Entstellungsverbot** des § 14. Eine Werkänderung gem. § 62 Abs. 2 und Abs. 3 darf nicht zu einer unzulässigen Beeinträchtigung oder Entstellung des Werkes des Urhebers führen. Bei einer Beeinträchtigung oder Entstellung des Werkes i. S. d. § 14 ist die Vorschrift unmittelbar anzuwenden (Begr. *Schulze* 504). Es sind die Interessen des Urhebers mit denen des Werknutzers innerhalb der Interessenabwägung in § 14 abzuwägen (s. § 14 Rn. 10 ff.).

8 Nicht in § 62 Abs. 2 und 3 genannte Werkänderungen können dennoch nach § 39 zulässig sein, auf den § 62 Abs. 1 S. 2 vollumfänglich verweist. Dieser Verweis begründet die weitere Ausnahme vom Grundsatz des Änderungsverbots des § 62 Abs. 1 S. 1.

2. Verweis auf § 39 Abs. 1

9 Von geringer praktischer Bedeutung ist dabei zunächst die Bezugnahme auf § 39 Abs. 1. Nach dieser Bestimmung sind Werkänderungen erlaubt, zu denen der Urheber seine Zustimmung erteilt hat. Da die Werknutzung gem. der §§ 44a ff. ohne die **Zustimmung** des

Urhebers erfolgen darf, wird der Urheber, der zu der Werknutzung an sich in der Regel nicht zugestimmt hat, nur selten eine isolierte Erlaubnis zur Änderung des Werkes einräumen (vgl. Dreyer/Kotthoff/Meckel/*Dreyer* § 62 Rn. 10, 19).

3. Verweis auf § 39 Abs. 2

Von großer praktischer Bedeutung ist der Verweis auf § 39 Abs. 2. Auch ohne die Zustimmung des Urhebers sind danach Änderungen des Werkes zulässig, zu denen der Urheber nach Treu und Glauben seine Zustimmung nicht versagen darf (Dreier/Schulze/*Schulze* § 62 Rn. 12; Dreyer/Kotthoff/Meckel/*Dreyer* § 62 Rn. 20; Loewenheim/*Götting* § 32 Rn. 5). Werkänderungen, die im Rahmen der Nutzungsfreiheit vorgenommen werden sollen, sind demnach daran zu messen, ob sie vernünftigerweise für die konkrete Werknutzung gem. dem Zweck der jeweiligen Vorschrift (§§ 44a ff.), die die Nutzung erlaubt, **erforderlich** sind. Es findet in diesen Fällen eine **Interessenabwägung** mit den Interessen des Urhebers statt, wobei die für § 39 Abs. 2 gültigen Maßstäbe herangezogen werden können (s. § 39 Rn. 20 ff.; Dreyer/Kotthoff/Meckel/*Dreyer* § 62 Rn. 20; Schricker/Loewenheim/*Dietz*/*Peukert* § 62 Rn. 14). Auf Seiten des Urhebers ist insb. das Urheberpersönlichkeitsrecht zu berücksichtigen, wobei dem Schutz des Urhebers gegen die Werkentstellung nach § 14 besondere Bedeutung zukommt. **10**

Der Verweis in § 62 Abs. 1 S. 2 auf § 39 bezieht sich auch auf dessen Regelungsgehalt in Bezug auf Werktitel und die Form der Urheberbezeichnung (so ausdrücklich Begr. *Schulze* 504). **11**

III. Vorschrift des § 62 Abs. 2

1. Übersetzungen

Nach § 62 Abs. 2 darf ein Werk übersetzt werden, wenn die Übersetzung für die nach §§ 44a ff. erlaubte Werknutzung erforderlich ist. Die Übersetzung ist die Übertragung eines Sprachwerkes von einer in die andere Sprache (zum Begriff der Übersetzung im Einzelnen: § 3 Rn. 4 ff.). Sie führt als Bearbeitung des übersetzten Werkes zu seiner Änderung und wurde deshalb in § 62 ausdrücklich geregelt. **12**

Erforderlich ist die Übersetzung, wenn die erlaubte Werknutzung nach dem Zweck der jeweiligen Vorschrift, die sie gestattet (§§ 44a ff.), nur dann in sinnvoller Weise erfolgen kann, wenn das Werk von der Ausgangssprache in eine andere Sprache übertragen wird (Fromm/Nordemann/*A. Nordemann* § 62 Rn. 8; Dreyer/Kotthoff/Meckel/*Dreyer* § 62 Rn. 12). Zitiert ein Kritiker bspw. in einem deutschsprachigen Zeitungsbeitrag einen fremdsprachigen Text (§ 51), so setzt der Zitatzweck die Übersetzung des zitierten Textes voraus. Die Belegfunktion eines Zitates ist nur gegeben, wenn der Adressat das Zitat auch verstehen kann. Nur dann ist der Gebrauch des Zitates sinnvoll (Begr. *Schulze* 504). Die Übersetzung ist erforderlich. **13**

Die Übersetzung darf der Werknutzer grds. selbst vornehmen und zwar auch dann, wenn es bislang noch keine Übersetzung des Werkes in die Zielsprache gibt. Sofern es allgemein zugängliche, vom Urheber **autorisierte Übersetzungen** des Textes (insb. bei Belletristik) in die Zielsprache gibt, muss der Werknutzer allerdings auf diese zurückgreifen. Eine eigene Übersetzung des Werknutzers, die von der vom Urheber autorisierten Übersetzung abweicht, ist keine nach § 62 Abs. 2 erforderliche Werkänderung (Fromm/Nordemann/ *A. Nordemann* § 62 Rn. 9; krit.: Schricker/Loewenheim/*Dietz*/*Peukert* § 62 Rn. 19). **14**

2. Auszüge

§ 62 Abs. 2, 2. Alt. erlaubt die auszugsweise Nutzung von Werken nach §§ 44a ff. Die Bildung von Auszügen aus einem Werk bedeutet eine **Verkürzung durch Weglassen** von **15**

Werkteilen und damit eine Werkänderung i. S. d. § 62. Wer ein Werk nach §§ 44a ff. nutzt, muss nicht das vollständige Werk verwenden, sondern darf Auszüge bilden. Bei Zitaten muss sich der Werknutzer häufig sogar auf Auszüge beschränken, damit das Zitat nicht den zulässigen Umfang nach § 51 überschreitet (§ 51 Rn. 6 f.). Weiter ist es bspw. nur zulässig, den Ausschnitt eines Musikstückes nach § 53 zum privaten Gebrauch zu vervielfältigen. Auch hier hat der Werknutzer einen Auszug aus dem Werk zu bilden. Die mit der Entnahme eines Werkausschnitts verbundene Werkänderung bei Zitaten und anderen Formen der Werknutzung gem. §§ 44a ff. ist grds. von § 62 gedeckt.

16 Die Nutzung eines Auszuges aus einem Werk darf zu keiner beeinträchtigenden oder entstellenden Werkänderung führen, die § 14 verletzt (Möhring/Nicolini/*Gass* § 62 Rn. 9; Dreier/Schulze/*Schulze* § 62 Rn. 16; Schricker/Loewenheim/*Dietz*/*Peukert* § 62 Rn. 20). Jede auszugsartige Nutzung eines Werkes reduziert den Aussagegehalt des Werkes, da es unvollständig bleibt und Werkteile bei der Vervielfältigung, Verbreitung oder Wiedergabe des bloßen Auszuges verloren gehen. Die mit der Kürzung verbundene Beeinträchtigung wiegt aber geringer, wenn dem Publikum aufgrund der Umstände oder wegen eines ausdrücklichen **Hinweises** vermittelt wird, dass nicht das vollständige, sondern nur ein Auszug aus dem Werk verwendet wird. Dies ist im Rahmen der Interessenabwägung bei der Prüfung des § 14 zugunsten des Werknutzers zu berücksichtigen. Eine ausdrückliche Regelung für ganze Sprach- und Musikwerke hierzu, die einen ausdrücklichen Hinweis für Kürzungen verlangt, enthält § 63 Abs. 1 S. 3. Für Auszüge aus anderen Werkarten fehlt eine entsprechende Regelung. Zur Vermeidung der Störung des Urheberpersönlichkeitsrechts (§ 14) kann ein ausdrücklicher Hinweis darauf notwendig sein, dass ein Auszug aus dem Werk benutzt wird, wenn dies nicht aus der Art und Weise der Nutzung offensichtlich wird. Der Urheber soll dagegen geschützt werden, dass ihm ein verstümmelter Werkteil als scheinbar vollständiges Werk in der Öffentlichkeit zugeordnet wird. Ein Auszug ist bspw. nach § 14 unzulässig, wenn das Publikum den hinweislosen Ausschnitt aus einem Bild für das vollständige Werk halten kann.

17 Die Nutzung eines Auszuges in einem bestimmten Zusammenhang darf das Werk nicht verfälschen (Schricker/Loewenheim/*Dietz*/*Peukert* § 62 Rn. 20). Bspw. führt ein aus dem Zusammenhang gerissener Auszug aus einem Sprachwerk in Form eines Zitates zu einer **Entstellung nach § 14,** wenn der Auszug durch die Kürzung oder seine Kommentierung einen gegenteiligen Sinngehalt erfährt, also dem Autor etwas anderes als das tatsächlich Gesagte untergeschoben wird (OLG Frankfurt a. M. ZUM 1996, 97, 99 – Magritte Kondomverpackung; Dreier/Schulze/*Schulze* § 62 Rn. 16; Schricker/Loewenheim/*Dietz*/ *Peukert* § 62 Rn. 20; *Schack* Kunst und Recht Rn. 337).

18 Ein sinnentstellendes Zitat kann auch zur Verletzung des Allgemeinen Persönlichkeitsrechts des Urhebers führen, wenn diesem bspw. eine politische Anschauung untergeschoben wird, die er nicht vertritt. Die Verletzung des **allgemeinen Persönlichkeitsrechts** (§§ 823 Abs. 1, 1004 BGB, Art. 2 Abs. 1, Art. 1 Abs. 2 GG) kann wegen der unterschiedlichen Schutzrichtung neben die Verletzung des Urheberpersönlichkeitsrechts aus § 14 wegen der Werkentstellung treten (vgl. Vor §§ 12 ff. Rn. 18 ff.).

3. Übertragung von Werken der Musik in andere Ton- oder Stimmlagen

19 Nach § 62 Abs. 2 ist bei Werken der Musik eine Übertragung in eine andere Tonart oder Stimmlage zulässig, wenn sie der Benutzungszweck nach §§ 44a ff. erfordert. Die Übertragung darf deshalb nicht aufgrund einer künstlerischen Absicht vorgenommen werden, sondern muss sich aus **technischen Sachzwängen** ergeben bzw. notwendig sein (Fromm/Nordemann/*A. Nordemann* § 62 Rn. 9; Dreier/Schulze/*Schulze* § 62 Rn. 17; Loewenheim/*Götting* § 32 Rn. 6). Die Änderung der Ton- oder Stimmlage darf nicht zu einer nach § 14 unzulässigen Beeinträchtigung oder Entstellung des Musikstückes führen.

IV. Vorschrift des § 62 Abs. 3

1. Größenänderungen

Die Vervielfältigung, die Verbreitung oder die unkörperliche Wiedergabe von Werken **20** der bildenden Kunst oder von Lichtbildwerken im Rahmen der §§ 44a ff. können selten ohne Änderung der **Größenverhältnisse** geschehen. Der Ausstellungsbesucher, der zum privaten Gebrauch eine Plastik ablichtet, verkleinert das Werk in der Wiedergabe auf dem fotografischen Papierabzug. Ein großformatiges gemaltes Bild, das fotografisch reproduziert und in einer Zeitung als Zitat gedruckt wird, erhält ein gegenüber dem Original wesentlich verkleinertes Format. Dem praktischen Bedürfnis nach Formatanpassung entspricht § 62 Abs. 3, 1. Alt., indem er die damit verbundene Werkänderung erlaubt. Nicht davon erfasst ist die Übersetzung eines zwei- in ein dreidimensionales Werk oder anders herum (Dreyer/Kotthoff/Meckel/*Dreyer* § 62 Rn. 15).

Aus § 62 Abs. 1 i. V. m. § 39 Abs. 2 ergibt sich, dass die Befugnis zur Formatsänderung **21** auch für die anderen Werkgattungen gilt, sofern ein tatsächliches Bedürfnis besteht (Dreyer/Kotthoff/Meckel/*Dreyer* § 62 Rn. 20). Die Anpassung der Größenverhältnisse im Rahmen der Werknutzung gehört zu den Änderungen, die der Urheber grds. nach Treu und Glauben hinnehmen muss (§ 39 Abs. 2). Eine zweidimensionale wissenschaftliche Darstellung (§ 2 Nr. 7) darf bspw. bei der Wiedergabe ebenso verkleinert werden wie ein Werk der bildenden Kunst.

2. Verfahrensbedingte Änderungen

§ 62 Abs. 2 2. Alt. erlaubt bei der Werknutzung gem. der §§ 44a ff. **verfahrensbedingte** **22** **Änderungen** bei Werken der bildenden Kunst und bei Lichtbildwerken. Die Bestimmung beruht auf der Erkenntnis, dass jedes Werk der bildenden Kunst oder der Fotografie bei der Wiedergabe aufgrund der Reproduktionstechnik eine Veränderung erfährt. Bei der Reproduktion der Werke ergeben sich abhängig von dem technischen Verfahren **Informationsverluste,** die sich auf die ästhetische Wahrnehmung des Werkes als Verlust von Bildqualität auswirken. Die Wiedergabe eines plastischen Werkes durch eine Reproduktionsfotografie oder einen Film bringt sogar eine **Umgestaltung** oder **Bearbeitung** des Werkes (§ 23 Rn. 2 ff.) mit sich. Sie erfordert Entscheidungen des Fotografen über Aufnahmeperspektive und Lichtführung, die die Wiedergabe gegenüber dem ursprünglichen Werk ändern. Diese Werkänderungen meint § 62 Abs. 2 2. Alt.

Zulässig ist bspw. der Abdruck eines farbigen Originalbildes als schwarz/weiß Re- **23** produktion in einer Tageszeitung (Dreier/Schulze/*Schulze* § 62 Rn. 18; Dreyer/Kotthoff/Meckel/*Dreyer* § 62 Rn. 15). Wenn eine im Original hochaufgelöste Großbildfotografie drucktechnisch bedingt in einer Zeitschrift mit gröberem Raster wiedergegeben wird, ist dies durch § 62 Abs. 2, 2. Alt. gedeckt. Unzulässig ist dagegen bspw. die bewusste Verzerrung der Farbigkeit der Reproduktion gegenüber dem Original aus ästhetischen Gründen, da diese Änderung nicht durch das Wiedergabeverfahren verursacht ist, sondern einen gestalterischen Eingriff darstellt (Dreier/Schulze/*Schulze* § 62 Rn. 18).

Wie die erste Alternative der Vorschrift ist § 62 Abs. 2, 2. Alt. über § 62 Abs. 1 entspre- **24** chend auf andere Werkarten anzuwenden. Auch bei Werken der Musik entstehen bspw., verursacht durch die Aufnahmetechnik, bei der Wiedergabe Änderungen. Gleiches gilt für die Wiedergabe von wissenschaftlichen und technischen Darstellungen (so die h. M.: Dreier/Schulze/*Schulze* § 62 Rn. 19; Dreyer/Kotthoff/Meckel/*Dreyer* § 62 Rn. 15; Möhring/Nicolini/*Gass* § 62 Rn. 21; Schricker/Loewenheim/*Dietz/Peukert* § 62 Rn. 22). Ebenso wird bei Filmwerken verfahren. Der Abs. 3 wird analog auf die Fälle der öffentlichen Wiedergabe angewandt (Schricker/Loewenheim/*Dietz/Peukert* § 62 Rn. 23; Dreier/Schulze/*Schulze* § 62 Rn. 19).

V. Vorschrift des § 62 Abs. 4

25 § 62 Abs. 4 enthält eine spezielle Bestimmung, die sich auf **Änderungen von Sprachwerken** nach § 2 Abs. 1 Nr. 1 **bei Sammlungen für Kirchen-, Schul- und Unterrichtsgebrauch** bezieht. Auf § 62 Abs. 4 muss nur zurückgegriffen werden, wenn sich die Befugnis zur Änderung des Werkes nicht bereits aus § 62 Abs. 1 bis 3 ergibt (Dreier/Schulze/*Schulze* § 62 Rn. 21; Dreyer/Kotthoff/Meckel/*Dreyer* § 62 Rn. 17; Schricker/Loewenheim/*Dietz/Peukert* § 62 Rn. 24). Die Änderungsbefugnisse des Abs. 4 werden über die Rechte aus den Absätzen 1 bis 3 hinaus gewährt, wie sich aus dem Wortlaut der Vorschrift ergibt. Da § 62 Abs. 4 an die Erlaubnis höhere Anforderungen stellt als § 62 Abs. 1 bis 3, ist die Bestimmung nur **subsidiär** heranzuziehen.

26 § 62 Abs. 4 S. 2 verlangt eine Einwilligung des Urhebers zu den beabsichtigten Änderungen des Werknutzers. Der Werknutzer hat wegen der Werkänderungen eine **Anfrage an den Urheber** zu richten. Nach dem Tod des Urhebers müssen dessen Erben die Einwilligung erteilen, aber nur dann, wenn sie entweder Angehörige des Urhebers sind oder durch letztwillige Verfügung des Urhebers als Erben bestimmt worden sind (Dreier/Schulze/*Schulze* § 62 Rn. 23). Damit soll sichergestellt werden, dass nur solche Personen aktivlegitimiert sind, die mit dem verstorbenen Urheber in besonderer Weise familiär oder ideell verbunden waren, wovon entfernte gesetzliche Erben, die keine Angehörigen sind, auszunehmen sind.

27 Erteilt der Urheber nach § 62 Abs. 4 S. 2 die Einwilligung zu bestimmten Änderungen seines Werkes, so sind sie in dem **genehmigten Umfang** zulässig. Auch bei einer Einwilligung des Urhebers dürfen diese aber nicht zu einer Beeinträchtigung oder Entstellung des Werkes führen, die **§ 14** verletzt.

28 § 62 Abs. 4 S. 3 **fingiert** die Einwilligung des Urhebers, wenn er nicht innerhalb eines Monats nach der Anfrage der beabsichtigten Werkänderung widerspricht. Die Einwilligung wird aber nur fingiert, wenn der Urheber in der Anfrage auf die drohende Fiktion der Einwilligung bei Nichtbeantwortung auch hingewiesen worden ist (Dreier/Schulze/*Schulze* § 62 Rn. 22; Loewenheim/*Götting* § 32 Rn. 8). Der Urheber erhält aufgrund der Regelung des § 62 Abs. 4 die Möglichkeit, Änderungen seines Werkes durch den Werknutzer, die über die nach § 62 Abs. 1 bis 3 zulässigen Werkänderungen hinausgehen, zu untersagen.

29 Bei dem Eintritt der fiktiven Einwilligung wegen des nicht rechtzeitigen Widerspruchs des Urhebers zu einer beabsichtigten Änderung nach § 62 Abs. 4 ist die Zulässigkeit der Änderung am Maßstab der Erforderlichkeit zu messen (Schricker/Loewenheim/*Dietz/Peukert* § 62 Rn. 25).

VI. Rechtsfolgen der Verletzung

30 Eine nach § 62 unzulässige Werkänderung führt nicht zur Unzulässigkeit der Werknutzung nach §§ 44a ff. insgesamt. Ein Zitat, das den Anforderungen des § 51 entspricht, wird nicht aufgrund einer nach § 62 unzulässigen Werkänderung als solches unzulässig (OLG Hamburg GRUR 1970, 38 – Heintje; Dreier/Schulze/*Schulze* § 62 Rn. 24; Dreyer/Kotthoff/Meckel/*Dreyer* § 62 Rn. 23; a.A. Schricker/Loewenheim/*Dietz/Peukert* § 62 Rn. 27; LG Mannheim GRUR 1997, 364, 366). Die nicht gedeckte Werkänderung begründet eine eigenständige Urheberrechtsverletzung, die der Urheber aus § 97 Abs. 1 i.V.m. § 62 verfolgen kann. Für einen Unterlassungsanspruch hat dies zur Folge, dass der Urheber nicht die Entnahme seines Werkes als Zitat verbieten kann, sondern nur die Werkänderung im Rahmen des Zitats (Dreier/Schulze/*Schulze* spricht sich für ein Wahlrecht zwischen einem Verbot der konkreten Änderung oder einer vollständigen Untersagung des die Änderung beinhaltenden Zitats aus). Ist eine Ablösung des den Urheber verletzenden Teils von dem Werk nicht möglich, so kann die Änderung völlig versagt werden (Dreier/Schulze/*Schulze* § 62 Rn. 24; Dreyer/Kotthoff/Meckel/*Dreyer* § 62 Rn. 23).

§ 63 Quellenangabe

(1) Wenn ein Werk oder ein Teil eines Werkes in den Fällen des § 45 Abs. 1, der §§ 45a bis 48, 50, 51, 53 Abs. 2 Satz 1 Nr. 1 und Abs. 3 Nr. 1 sowie der §§ 58, 59, 61 und 61c vervielfältigt wird, ist stets die Quelle deutlich anzugeben. Bei der Vervielfältigung ganzer Sprachwerke oder ganzer Werke der Musik ist neben dem Urheber auch der Verlag anzugeben, in dem das Werk erschienen ist, und außerdem kenntlich zu machen, ob an dem Werk Kürzungen oder andere Änderungen vorgenommen worden sind. Die Verpflichtung zur Quellenangabe entfällt, wenn die Quelle weder auf dem benutzten Werkstück oder bei der benutzten Werkwiedergabe genannt noch dem zur Vervielfältigung Befugten anderweit bekannt ist.

(2) Soweit nach den Bestimmungen dieses Abschnitts die öffentliche Wiedergabe eines Werkes zulässig ist, ist die Quelle deutlich anzugeben, wenn und soweit die Verkehrssitte es erfordert. In den Fällen der öffentlichen Wiedergabe nach den §§ 46, 48, 51 und 52a sowie der öffentlichen Zugänglichmachung nach den §§ 61 und 61c ist die Quelle einschließlich des Namens des Urhebers stets anzugeben, es sei denn, dass dies nicht möglich ist.

(3) Wird ein Artikel aus einer Zeitung oder einem anderen Informationsblatt nach § 49 Abs. 1 in einer anderen Zeitung oder in einem anderen Informationsblatt abgedruckt oder durch Funk gesendet, so ist stets außer dem Urheber, der in der benutzten Quelle bezeichnet ist, auch die Zeitung oder das Informationsblatt anzugeben, woraus der Artikel entnommen ist; ist dort eine andere Zeitung oder ein anderes Informationsblatt als Quelle angeführt, so ist diese Zeitung oder dieses Informationsblatt anzugeben. Wird ein Rundfunkkommentar nach § 49 Abs. 1 in einer Zeitung oder einem anderen Informationsblatt abgedruckt oder durch Funk gesendet, so ist stets außer dem Urheber auch das Sendeunternehmen anzugeben, das den Kommentar gesendet hat. .

Literatur: *Gerschel,* Faustregeln für die Nennung von Architekten, ZUM 1990, 349; *Kakies,* Kunstzitate in Malerei und Fotografie, Berlin 2007; *Rehbinder,* Der Schutz der Pressearbeit im neuen Urheberrechtsgesetz, UFITA (48) 1966, 102; *Rehbinder,* Das Namensnennungsrecht des Urhebers, ZUM 1991, 221.
Vgl. darüber hinaus die Angaben im eingangs abgedr. Gesamtliteraturverzeichnis.

Übersicht

	Rn.
I. Allgemeines	1–4
II. Quellenangabe bei Vervielfältigung	5–24
1. Anwendungsbereich	5–7
2. Vervielfältigung des Werkes oder eines Werkteils	8–10
a) Vervielfältigung ohne und mit Änderungen	8, 9
b) Vervielfältigung von Werkteilen	10
3. Begriff der Quellenangabe	11
4. Erforderliche Angaben	12–14
5. Deutlichkeitsgebot	15–17
6. Zusätzliche Anforderungen bei den in § 63 Abs. 3 geregelten Sachverhalten	18–20
7. Kenntlichmachung von Kürzungen und Änderungen	21, 22
8. Wegfall der Pflicht zur Quellenangabe nach § 63 Abs. 1 S. 4	23, 24
III. Quellenangabe bei der öffentlichen Wiedergabe des Werkes	25–30
1. Unkörperliche Werkverwertung	25
2. Erforderlichkeit der Quellenangabe	26, 27
3. Verhältnis zum Namensnennungsrecht	28
4. Beispiele	29, 30
IV. Rechtsfolgen der fehlenden Quellenangaben	31

I. Allgemeines

1 Die Vorschrift des § 63 ergänzt das Recht des Urhebers auf Anerkennung seiner Urheberschaft aus § 13. Sie geht über § 13 hinaus. Im Rahmen der Vervielfältigungs- und Wiedergabefreiheit (§§ 44a ff.) verschafft dies zur Quellenangabenregelung dem Urheber einen Ausgleich für den Nachteil, der für ihn in der meist unentgeltlichen Nutzung des Werkes liegen kann. Die Quellenangabe ordnet das Werk nicht nur – wie die bloße Namensnennung – dem Urheber als Person zu, sondern umfasst weitere Angaben, die es dem Publikum ermöglichen, die Quelle selbst zu finden. Die Quellenangabe hat damit eine über die Urheberbenennung hinausgehende **Werbefunktion** für den Urheber, aber auch für denjenigen, der das Werk verlegt hat (Möhring/Nicolini/*Gass* § 63 Rn. 1; Dreier/Schulze/*Schulze* § 63 Rn. 1). Z. B. erhält das Publikum, dessen Interesse an dem Werk durch ein Zitat geweckt wurde, durch die Quellenangabe die Möglichkeit, das Werk auf einfache Weise zu identifizieren und sich das vollständige Werk durch Kauf zu verschaffen. Hiervon haben der Urheber wie auch der Verlag einen Vorteil. In der Begründung zum UrhG wird das Nennungsinteresse von Verlagen ausdrücklich erwähnt (*M. Schulze* Materialien 505).

2 Durch die Quellenangabe kann das Publikum weiter die Quelle vergleichen und **überprüfen,** ob das Werk in dem Vervielfältigungsexemplar zutreffend wiedergegeben wurde (Möhring/Nicolini/*Gass* § 63 Rn. 1; Fromm/Nordemann/*Dustmann* § 63 Rn. 10; Dreier/Schulze/*Schulze* § 63 Rn. 1). Der Urheber, der häufig nicht einmal von der Verwertung seines Werkes nach §§ 44a ff. Kenntnis erlangt, wird durch das Erfordernis der Quellenangabe damit auch gegen die **Verfälschung** seines Werkes geschützt. Wer bspw. unrichtig zitiert, läuft wegen der einfachen Überprüfungsmöglichkeit des Zitats aufgrund der Quellenangabe Gefahr, entlarvt zu werden. Der Zitierende wird damit durch § 63 dazu angehalten, richtig und nicht verfälschend zu zitieren. Die Bestimmung gibt dem Urheber präventiven Schutz gegenüber der Verfälschung seines Werkes. § 63 hat urheberpersönlichkeitsrechtlichen Charakter (*Rehbinder* ZUM 1991, 221 f.; Möhring/Nicolini/*Gass* § 63 Rn. 2; Dreyer/Kotthoff/Meckel/*Dreyer* § 63 Rn. 3).

3 **Systematisch** geht die Vorschrift zwei Wege. Sofern die Vervielfältigung des Werkes und damit die körperliche Verwertung betroffen ist, sieht § 63 Abs. 1 die Quellenangabe (mit der Ausnahme von § 63 Abs. 1 S. 3, früher S. 4) in allen Fällen vor. Die Begründung zum UrhG (*M. Schulze* Materialien 504 f.) führt aus: „Sie betreffen vor allem Tatbestände, in denen Werke oder Teile von Werken in einem fremden Werk oder in Verbindung mit diesem oder für die Zwecke eines anderen Werkes vervielfältigt werden dürfen. Hier ist für den Urheber die Kennzeichnung seiner geistigen Schöpfung zur Abhebung von dem fremden Werk besonders wichtig."

4 Bei den Formen der **unkörperlichen Werkverwertung** (§ 15 Abs. 2) besteht die Pflicht zur Quellenangabe dagegen nur, wenn und soweit eine entsprechende **Verkehrssitte** besteht. Für das „Ob" und gegebenenfalls das „Wie" der Quellenangabe ist deshalb die jeweilige Verkehrsübung einer Branche entscheidend, die der Urheber im Streitfall nachweisen muss.

4a Aufgrund der Multimedia-Richtlinie wurde 2003 (s. Vor §§ 31 ff. Rn. 4) der Abs. 2 S. 2 neu eingeführt. § 42a entspricht seitdem ohne inhaltliche Änderung dem vorherigen § 61, d. h., dass die **Zwangslizenz** zur Herstellung von Tonträgern sich nicht mehr bei den Schrankenbestimmungen befindet, sondern bei den Regelungen zur Ausübung der Nutzungsrechte. Damit haben die Rechtsinhaber zwar weiterhin das nunmehr direkt anwendbare Recht aus § 13 auf Urheberbenennung (Dreier/Schulze/*Schulze* § 42a Rn. 18), eine Quellenangabe ist fortan allerdings **nicht mehr** gefordert und damit entbehrlich (vgl. auch § 42a Rn. 24; Dreyer/Kotthoff/Meckel/*Dreyer* § 63 Rn. 5). Eine vertragliche Vereinbarung zur Quellenangabe ist darüber hinaus möglich.

II. Quellenangabe bei Vervielfältigung

1. Anwendungsbereich

§ 63 **Abs. 1** regelt die Fälle der Vervielfältigungsfreiheit, in denen die Verpflichtung zur **5** Quellenangabe **generell** besteht. Es **bedarf einer Quellenangabe** nach § 63 für Vervielfältigungsstücke
– zur Verwendung in Gerichts-, Schiedsgerichts- oder behördlichen Verfahren (§ 45 Abs. 1),
– zur Aufnahme in Sammlungen für Kirchen-, Schul- und Unterrichtsgebrauch (§ 46),
– zur Nutzung im Schulgebrauch (§ 47),
– von öffentlichen Reden (§ 48),
– bei der Bild- und Tonberichterstattung über Tagesereignisse (§ 50),
– bei Zitaten (§ 51),
– bei Katalogbildern (§ 58),
– von Werken an öffentlichen Plätzen (§ 59) sowie
– von verwaisten oder vergriffenen Werken (§§ 61, 61c).

Eine Quellenangabe ist weiter nach § 63 Abs. 1 S. 1 (früher S. 2) für die Vervielfältigung **6** einer Datenbank zum eigenen wissenschaftlichen Gebrauch und im Bereich von Schul- und Bildungseinrichtungen (§ 53 Abs. 2 S. 1 Nr. 1 und Abs. 3 Nr. 1) erforderlich.

Keine Quellenangabe im Bereich der Vervielfältigungsfreiheit ist dagegen erforderlich **7** bei der Vervielfältigung
– unter Zwangslizenz (§ 42a; s. hierzu Rn. 4a).
– von Bildnissen durch Gerichte und Behörden zum Zwecke der Rechtspflege und der öffentlichen Sicherheit (§ 45 Abs. 2),
– vermischter Nachrichten tatsächlichen Inhalts und von Tagesneuigkeiten (§ 49 Abs. 2),
– zum privaten oder sonstigen Eigengebrauch (§ 53),
– von Werken im Rahmen der zweckgemäßen Nutzung durch Sendeunternehmen (§ 55),
– durch Geschäftsbetriebe, die Aufnahme- und Wiedergabegeräte (z. B. Fernseher) vertreiben (§ 56),
– wenn das betroffene Werk lediglich unwesentliches Beiwerk darstellt (§ 57).

2. Vervielfältigung des Werkes oder eines Werkteils

a) Vervielfältigung ohne und mit Änderungen. Der Vervielfältigungsbegriff ergibt **8** sich aus §§ 15 Abs. 1 Nr. 1, 16. Die Vervielfältigung betrifft zunächst die **unveränderte** körperliche Wiedergabe des Werkes. Wird das Werk durch den Nutzer bei der Vervielfältigung umgestaltet oder bearbeitet, entfällt dennoch nicht die Pflicht zur Quellenangabe. Der Begriff der Vervielfältigung umfasst nämlich auch die körperliche Wiedergabe des Werkes in einer **veränderten Form** (s. § 16 Rn. 6). Nur wenn der Bearbeiter das Werk derart tiefgreifend umgestaltet, dass eine freie Benutzung nach **§ 24** vorliegt, entfällt die Pflicht zum Quellennachweis. Das neue Werk wird vom Schutzbereich des Urheberrechts an dem vorbestehenden Werk nicht mehr erfasst (s. § 24 Rn. 1). Von praktischer Bedeutung ist dies insb. bei der Wiedergabe von Werken an öffentlichen Plätzen mit den Mitteln der Malerei oder der Grafik **(§ 59)**. Eine solche Wiedergabe des Werkes stellt wegen der Übersetzung des Ausgangswerks in eine neue Werkform (bspw. Plastik in Malerei oder Zeichnung) nie eine einfache Vervielfältigung i. S. einer Kopie dar, sondern stets eine Bearbeitung des Ausgangswerkes, die bei der entsprechenden Eigenständigkeit gegenüber der Vorlage auch eine freie Benutzung nach § 24 darstellen kann.

Eine Quellenangabe gem. § 63 ist erforderlich, wenn das bearbeitete Werk nicht die **9** Grenze zur freien Benutzung nach § 24 überschreitet. Wird sie überschritten, ist die Quellenangabe entbehrlich. Nimmt der Urheber bspw. eine Skulptur an einem öffentlichen

Platz zum Anlass, ein eigenständiges neues Werk zu schaffen, das das Ausgangswerk lediglich als Anregung frei benutzt, so entfällt die Pflicht zur Quellenangabe nach § 63 Abs. 1. Der Urheber, der die Skulptur auf dem öffentlichen Platz aber in naturalistischer Manier nachempfindet, muss die Quelle nach § 63 Abs. 1 nennen. Entgegen der teilweise geäußerten Ansicht bedarf es hierfür keiner berichtigenden Auslegung der §§ 59, 63 (so aber: Fromm/Nordemann/*W. Nordemann* § 59 Rn. 6).

10 **b) Vervielfältigung von Werkteilen.** Bereits aus dem Wortlaut des § 63 Abs. 1 S. 1 folgt, dass die Quellenangabe auch dann notwendig ist, wenn der Nutzer nur einen Teil des Werkes vervielfältigt. Der Urheber erhält auch den Schutz für Werkteile (s. § 2 Rn. 42 ff.). § 63 stellt sicher, dass keine Fragmente des Werkes ohne Quellenangabe vervielfältigt und anonym verbreitet werden. Allerdings meint die Vorschrift mit dem Begriff „Teil eines Werkes" nur Werkteile, die für sich genommen **urheberrechtlich geschützt** sind. Ausschnitte aus einem Werk, die mangels Schöpfungshöhe der entnommenen Gestaltung keinen eigenständigen Urheberrechtsschutz genießen, können nach den allgemeinen Grundsätzen ohne Einschränkung benutzt werden. Die Regelung zur Quellenangabe nach § 63 Abs. 1 begründet keinen Schutz von Werkteilen über § 2 hinaus. Wer bspw. einen Ausschnitt aus einem Werk der bildenden Kunst, der mangels Schöpfungshöhe keinen Urheberrechtsschutz nach § 2 genießt, kopiert, muss die Quelle nicht angeben.

3. Begriff der Quellenangabe

11 Der Begriff der Quellenangabe des § 63 Abs. 1 erschließt sich aus dem Regelungszweck. Die Quellenangabe soll die **Herkunft** des ohne die Einwilligung des Urhebers benutzten Werkes oder Werkteils belegen (OLG Hamburg GRUR 1974, 165, 167 – Gartentor; Möhring/Nicolini/*Gass* § 63 Rn. 11). Die Angabe der Quelle ist in der Regel **mehr als die bloße Namensnennung** des Urhebers des Werkes; denn das Recht auf Namensnennung des Urhebers ergibt sich bereits aus § 13. Bei der Quellenangabe müssen weitere, das Werk identifizierende Merkmale neben der bloßen Urheberbezeichnung angeführt werden, die es dem Publikum ermöglichen, das Originalwerk aufzufinden. Die Quellenangabe soll verhindern, dass das Werk unzuordenbar bleibt oder nur mit großer Mühe aufgefunden werden kann. § 63 a. F. ist immer noch für Sachverhalte vor dem 13.9.2003 anwendbar, so dass eine Angabe der Quelle bei Vervielfältigungen bzw. Verbreitungen für Fälle des § 61 a. F. (nunmehr § 42a) nötig ist.

4. Erforderliche Angaben

12 An die Quellenangabe sind im Einzelnen folgende Anforderungen zu stellen: Der Urheber des Werkes muss mit vollem Namen genannt werden (Dreier/Schulze/*Schulze* § 63 Rn. 11; Schricker/Loewenheim/*Dietz/Spindler* § 63 Rn. 13). Es reicht nicht, nur den Vornamen zu nennen (Möhring/Nicolini/*Gass* § 63 Rn. 14 unter Hinweis auf AG Baden-Baden Schulze AGZ 28, wonach die Verpflichtung zur Quellenangabe den Namen des Autors und die Fundstelle, nicht jedoch den Vornamen umfasst). Weiter sind der Titel und gegebenenfalls der Herausgeber des Werkes vollständig anzugeben (Dreyer/Kotthoff/Meckel/*Dreyer* § 63 Rn. 10; Schricker/Loewenheim/*Dietz/Spindler* § 63 Rn. 14). Bei periodisch erscheinenden Druckwerken müssen auch das Publikationsorgan bzw. die Ausgabe oder der Erscheinungszeitpunkt genannt werden (Schricker/Loewenheim/*Dietz/Spindler* § 63 Rn. 14). Bspw. sind bei einem Zeitschriftenbeitrag die Zeitschrift, in der das Werk erschienen ist, das Erscheinungsjahr, die Ausgabe (bezeichnet durch die Ziffer, die Woche oder den Monat) sowie die Seitenzahl zu nennen. Bei Werken der bildenden Kunst sind neben dem Urheber und dem Titel das Entstehungsjahr sowie, falls bekannt, der Ausstellungsort anzugeben. Befindet sich bei einer Vervielfältigung im Internet (bspw. im Rahmen eines Zitates) auch die Quelle im Internet, so ist per Hyperlink hierauf zu verweisen.

Für **ganze Sprachwerke** und **ganzer Werke der Musik** bestimmt § 63 Abs. 1 S. 2 **13** (früher S. 3) ausdrücklich, dass die Quellenangabe neben der Namensnennung des Urhebers auch die Angabe des Verlages umfasst. Die Nennung des Verlages kann aber auch bei Werkteilen nach den allgemeinen Grundsätzen des § 63 Abs. 1 zur Quellenangabe gehören, bspw. wenn es sich um ein ohne Verlagsangabe schwer auffindbares, entlegenes Werk handelt (Möhring/Nicolini/*Gass* § 63 Rn. 11; Dreier/Schulze/*Schulze* § 63 Rn. 12, 15; zu den bei **Datenbankwerken** erforderlichen Angaben s. § 87c Rn. 36).

Die Quellenangabe umfasst **wenigstens** die Urheberbezeichnung sowie den Werktitel. So **14** ist bei der Wiedergabe von an öffentlichen Plätzen aufgestellten Werken der bildenden Kunst neben dem Namen des Urhebers auch der Werktitel anzugeben (OLG Hamburg GRUR 1974, 165, 167 – Gartentor verlangt nur die Urheberbezeichnung). Bei Werkoriginalen kann zur Quellenbezeichnung auch der Aufstellungsort des Werkes gehören. Es ist ungenügend, in diesen Fällen nur die Urheberbezeichnung ohne weitere Angaben zu verlangen (Schricker/Loewenheim/*Dietz*/*Spindler* § 63 Rn. 15; OLG Hamburg GRUR 1974, 165, 167 – Gartentor). Gleiches gilt für in Museen öffentlich ausgestellte Werke. Das Museum, in dem das Originalwerk ausgestellt ist, ist mit Ortsangabe zu nennen, wenn sich das Werk dauerhaft an dem Ort befindet (Fromm/Nordemann/*Dustmann* § 63 Rn. 8). Im Bereich der Architektur tritt neben die Nennung der Architekten die Bezeichnung des Gebäudes (bspw. „Neue Pinakothek, München"; Einzelheiten bei *Gerschel* ZUM 1990, 349).

5. Deutlichkeitsgebot

Die Quellenangabe muss deutlich sein. Sie muss an dem Vervielfältigungsstück so angebracht werden, dass sie ohne weiteres von dem Publikum mit dem benutzten Werk oder **15** Werkteil in Verbindung gebracht werden kann (Dreier/Schulze/*Schulze* § 63 Rn. 13; Dreyer/Kotthoff/Meckel/*Dreyer* § 63 Rn. 13). Diese Voraussetzung ist in der Regel erfüllt, wenn die Quellenangabe an dem Vervielfältigungsstück selbst angebracht ist oder bspw. bei der Wiedergabe von Fotografien neben der Fotografie abgedruckt wird. Ist dies im Einzelfall aufgrund der künstlerischen Gestaltung des aufnehmenden Werkes (bspw. bei einem Literaturzitat) nicht ohne erhebliche ästhetische **Störung** des aufnehmenden Werkes möglich, kann die Quellenangabe ausnahmsweise auch an anderer Stelle angebracht werden. Ist das Zitat durch Kursivdruck von dem übrigen Text abgesetzt und kann der Leser aus dem Zusammenhang den zitierten Autor erschließen, so ist eine zulässige Quellenangabe gegeben (OLG Brandenburg NJW 1997, 1162, 1163 – Stimme Brecht; krit. Schricker/Loewenheim/*Dietz*/*Spindler* § 63 Rn. 15a; LG Berlin ZUM 2000, 513, 514 – Screenshots hält fest, dass der Kursivdruck allein nicht für eine hinreichende Quellenangabe reicht und verlangt weitere Angaben, um Autor und Fundstelle, wie z. B. eine in einem Buch sich anschließende Quellenangabe, deutlich werden zu lassen).

Eine Quellenangabe ist bspw. ungenügend, wenn sie wegen ihrer **Letterngröße** im **16** Verhältnis zu der Größe des Werkstückes so gestaltet ist, dass sie bei oberflächlicher Betrachtung unbeachtet bleiben kann, oder aber wenn sie wegen der Stelle, an der sie angeführt ist, nur schwer zu finden ist. Bei bildlichen Darstellungen hat die Quellenangabe wegen des Deutlichkeitsgebots des § 63 Abs. 1 grds. **unmittelbar neben** der bildlichen Darstellung selbst zu erfolgen. Gleiches gilt für Vervielfältigungsstücke von Texten, insb. Zitaten. Ausnahmen sind dort zulässig, wo die Quellenangabe als Fremdkörper erscheint, z. B. in einem Kunstzitat in Malerei oder Fotografie („Bild-in-Bild-Zitat"; zu Recht differenzierend daher *Kakies* Rn. 256ff.).

Bei der Quellenangabe können allgemeinverständliche, übliche Abkürzungen, bspw. für **17** Ortsangaben, benutzt werden.

6. Zusätzliche Anforderungen bei den in § 63 Abs. 3 geregelten Sachverhalten

§ 63 Abs. 3 enthält Regelungen, die die Anforderungen an die Quellenangabe bei den **18** dort aufgeführten Nutzungsformen konkretisieren. Im Bereich der Vervielfältigung des

Werkes ist folgendes zu beachten: Wird ein Werk, das einen **Zeitungsbeitrag** oder einen Beitrag in einem **anderen Informationsblatt** (§ 49 Abs. 1) darstellt, in einer anderen Zeitung oder einem anderen Informationsblatt wiedergegeben, so müssen der Urheber und auch die Zeitung oder das Informationsblatt, die die Quelle bilden, angegeben werden.

19 Bei der Namensnennung des Urhebers stellt § 63 Abs. 3 S. 1 dabei auf die Angabe zur Urheberschaft in der Publikation ab, die die Quelle bildet. Dies hat zwei Aspekte: In der Regel wird an dem Fundort der richtige Urheber in der Weise genannt, wie er es bestimmt hat. Hat der Urheber einen **Künstlernamen** oder ein **Pseudonym** benutzt, so hat der Werknutzer diese Bezeichnung zu übernehmen, da § 63 Abs. 1 S. 1 auf die Angabe in der Quelle abstellt. Der nach § 51 Zitierende darf bspw. den bürgerlichen Namen des Urhebers in der Quellenangabe nicht benutzen, wenn der Urheber das Buch, dem das Zitat entnommen ist, mit einem Pseudonym versehen hat. § 63 steht damit im Einklang mit § 13 S. 2, der es dem Urheber überlässt, das „Ob" und „Wie" der Urheberbezeichnung zu bestimmen (s. § 13 Rn. 10 ff.).

20 Die Pflicht zur Angabe der Publikation, der das Werk entnommen wurde, bedeutet nichts anderes als einen Fundstellenhinweis. § 63 Abs. 3 S. 2 bestimmt, dass dabei der ursprüngliche Fundort des Werkes entscheidend ist (Dreier/Schulze/*Schulze* § 63 Rn. 28). Bei einer indirekten Entnahme des Werkes ist also nicht die Publikation anzugeben, die das Werk wiederum einer anderen Quelle entnommen hat. Als Quelle anzugeben ist auch bei dieser Art der indirekten Entnahme die ursprüngliche Quelle.

7. Kenntlichmachung von Kürzungen und Änderungen

21 Nach § 63 Abs. 1 S. 2 (früher S. 3) muss bei der Vervielfältigung ganzer Sprach- und Musikwerke zusätzlich jede Kürzung oder andere Änderung des Werkes kenntlich gemacht werden. Wegen des Wortlauts von § 63, der auch das **„Ob" einer Kürzung** anführt, muss in diesen Fällen auch angegeben werden, ob der vollständige Text oder das vollständige Musikstück benutzt wird (Dreier/Schulze/*Schulze* § 63 Rn. 16; Fromm/Nordemann/*Dustmann* § 63 Rn. 11; Schricker/Loewenheim/*Dietz*/*Spindler* § 63 Rn. 16). Dieses Gebot gilt auch für Vervielfältigungen ganzer Sprachwerke nach § 49 Abs. 1 in Verbindung mit § 63 Abs. 3 (*Rehbinder* UFITA (48) 1966, 102, 116). § 63 Abs. 1 S. 1 umschließt nämlich § 49 Abs. 1.

22 Wird ein Werk wiedergegeben, das aus einer Quelle stammt, die ihrerseits ein Werkoriginal nur nachbildet (z.B. durch Zeichnung), so ist hierauf in der Quellenangabe hinzuweisen (Möhring/Nicolini/*Gass* § 63 Rn. 11). Denn die Nachbildung eines Werkes ist stets mit einer Veränderung des Werkes verbunden.

8. Wegfall der Pflicht zur Quellenangabe nach § 63 Abs. 1 S. 4

23 Die Nutzung eines Werkes nach §§ 44a ff. ist auch dann erlaubt, wenn die Quellenangabe dem Nutzer nicht möglich ist, bspw. weil es sich um ein **anonymes Werk** handelt. Die Pflicht zur Quellenangabe entfällt nämlich, wenn die entsprechenden Angaben, die die Quellenangabe bilden, auf dem als Quelle dienenden Werkstück fehlen oder bei der benutzten Werkwiedergabe nicht genannt sind und sie dem zur Vervielfältigung Befugten anderweitig auch nicht bekannt sind (Dreier/Schulze/*Schulze* § 63 Rn. 18; Dreyer/Kotthoff/Meckel/*Dreyer* § 63 Rn. 20). Der Werknutzer kann sich auf § 63 Abs. 1 S. 4 aber nur dann berufen, wenn er die fehlenden Quellenangaben nicht durch einfache **Nachforschungen** ermitteln konnte (Schricker/Loewenheim/*Dietz*/*Spindler* § 63 Rn. 17; Fromm/Nordemann/*Dustmann* § 63 Rn. 12). Wer bspw. ein bekanntes Literaturstück vervielfältigen möchte, dem ist zuzumuten, durch Nachforschungen einen Quellennachweis zu finden. Wegen des Wortlautes der Vorschrift, der eine solche Nachforschungspflicht nicht ausdrücklich vorsieht, dürfen aber keine zu hohen Anforderungen an die Mühen des Werknutzers bei der Suche nach dem Quellennachweis gestellt werden.

Hat der Urheber sein **Recht auf Anonymität** nach § 13 S. 2 ausgeübt (dies lässt sich in der Regel der Quelle entnehmen), so ist dies bei der Quellenangabenregelung zu berücksichtigen. Die Anonymität des Urhebers ist auch bei der Quellenangabe zu wahren. Die Quellenangabe besteht in diesem Fall aus den anderen, in der Quelle selbst angeführten Angaben zum Werk (z. B. Titel) sowie in den Hinweisen zu dem Fundort (z. B. Publikationsorgan). 24

III. Quellenangabe bei der öffentlichen Wiedergabe des Werkes

1. Unkörperliche Werkverwertung

§ 63 Abs. 2 regelt die Pflicht zur Quellenangabe im Bereich der öffentlichen Wiedergabe eines Werkes. Gemeint sind damit die unkörperlichen Formen der Werkverwertung nach **§ 15 Abs. 2**. Die öffentliche Wiedergabe i. S. d. § 63 Abs. 2 umfasst damit insb. das Vortrags-, Aufführungs- und Vorführungsrecht (§ 19), das Recht der öffentlichen Zugänglichmachung (§ 19a), das Senderecht (§ 20), das Recht der Wiedergabe durch Bild- und Tonträger (§ 21) sowie das Recht der Wiedergabe von Funksendungen (§ 22). 25

2. Erforderlichkeit der Quellenangabe

Bei der öffentlichen Wiedergabe des Werkes ist die Quellenangabe nach § 63 Abs. 2 S. 1 grds. nur erforderlich, wenn eine entsprechende **Verkehrssitte** besteht (zur Ausnahme des § 63 Abs. 3 S. 2 s. Rn. 20). Das Ergebnis ist entlang der **Formel** zu ermitteln, die besagt, dass der Verkehrssitte ein Verhalten entspricht, das ein billig und gerecht denkender Benutzer unter Berücksichtigung der Interessen des Urhebers im Rahmen einer gewissen Branchenübung zeigt (Möhring/Nicolini/*Gass* § 63 Rn. 25; Fromm/Nordemann/*Dustmann* § 63 Rn. 13). Sowohl die Frage nach dem „Ob" der Quellenangabe als auch deren Ausgestaltung, wenn sie erforderlich ist, hängt von der Branchenüblichkeit ab. Die **Beweislast** für eine bestimmte Branchenübung trägt der Urheber (Fromm/Nordemann/ *Dustmann* § 63 Rn. 23; Dreier/Schulze/*Schulze* § 63 Rn. 22; Dreyer/Kotthoff/Meckel/ *Dreyer* § 63 Rn. 17). Allein die umfassende und ausschließliche Einräumung von Nutzungs- und Verwertungsrechten an einem Werk führt nicht dazu, dass die Pflicht zur Quellenangabe entfällt (OLG Hamm GRUR-RR 2008, 154, 155). 26

Beruhend auf der Umsetzung der Art. 5 Abs. 3 lit. a, d und f der Multimedia-Richtlinie besteht seit 2003 eine Pflicht zur Quellenangabe bei der öffentlichen Wiedergabe von Werken für den **Kirchen-, Schul- und Unterrichtsgebrauch** (§ 46), von öffentlichen **Reden** (§ 48), von **zitierten Werken** (§ 51), der öffentlichen Zugänglichmachung von Werken für **Unterricht und Forschung** (§ 52a) und seit der Umsetzung der Verwaiste-Werke-Richtlinie (s. dazu § 61 Rn. 2f., 11ff., Übergangsregelung in § 137n) auch die öffentliche Zugänglichmachung **verwaister und vergriffener Werke** nach §§ 61, 61c (§ 61 Rn. 14). 27

Diese Pflicht ist nur durch die Unmöglichkeit der Quellenangabe begrenzt. Hierbei gelten infolge der unterschiedlichen Formulierung **strengere Maßstäbe** als bei Abs. 1 S. 4. Wer die Quelle nicht kennt muss daher recherchieren (vgl. Dreier/Schulze/*Schulze* § 63 Rn. 25).

3. Verhältnis zum Namensnennungsrecht

Eine Pflicht zur Quellenangabe kann im Einzelfall allerdings auch dann bestehen, wenn der Urheber wegen einer entgegenstehenden Verkehrssitte oder einer entsprechenden vertraglichen Regelung keine Namensnennung im Werkexemplar, das die Quelle bildet, verlangen konnte. Die Vorschrift des § 63 begründet teilweise **über § 13 hinausgehende Pflichten** und dient einer Besserstellung des Urhebers. Wenn der Nutzungsberechtigte, 28 der in der Regel für seine Erlaubnis an den Urheber Geld bezahlt hat, dessen Namen nicht nennen muss, so bedeutet dies nicht ohne weiteres, dass dies auch für denjenigen gilt, der das Werk aufgrund der Freiheiten der §§ 44a ff. nutzen darf (a. A. Schricker/Loewenheim/ *Dietz/Spindler* § 63 Rn. 19).

4. Beispiele

29   Folgende Beispiele lassen sich der Rechtsprechung und Literatur zur Verkehrssitte entnehmen: Bei einem Fotozitat in einer **Fernsehmagazinsendung** ist eine Quellenangabe nicht üblich (LG München I AfP 1984, 118). Das Gericht geht in der Entscheidung auch davon aus, dass der Urheber kein Recht auf Benennung hat. Bei **Funksendungen** muss die Quellenangabe bei der An- oder der Absage der Sendung erfolgen. Der Quellennachweis muss nicht an der Stelle angeführt werden, an der das Zitat steht. Die Quellenangabe in **Programmzeitschriften** ist jedoch nicht ausreichend. Wird ein Werk aufgeführt oder vorgetragen, so ist die Quelle gemäß der Verkehrsübung im Programmheft zu nennen (Fromm/Nordemann/*Dustmann* § 63 Rn. 14, 15).

30   In den Fällen des § 63 Abs. 3 S. 2 ist auch bei der öffentlichen Wiedergabe stets eine Quellenangabe erforderlich. Die Bestimmung betrifft die Wiedergabe von **Rundfunkkommentaren** nach § 49 Abs. 1. Bei der Wiedergabe dieser Kommentare ist sowohl der Urheber als auch das Sendeunternehmen anzugeben, das den Kommentar gesendet hat.

IV. Rechtsfolgen der fehlenden Quellenangaben

31   Eine nach den Vorschriften der §§ 44a ff. zulässige Werknutzung wird durch einen Verstoß gegen das Gebot der Quellenangabe nach § 63 **nicht insgesamt unzulässig** (OLG Hamburg GRUR 1970, 38, 40 – Heintje; Dreier/Schulze/*Schulze* § 63 Rn. 30 ff.; Dreyer/ Kotthoff/Meckel/*Dreyer* § 63 Rn. 21; differenzierend: Schricker/Loewenheim/*Dietz/ Spindler* § 63 Rn. 20 unter Bezugnahme auf eine richtlinienkonforme Auslegung). So kann der Werknutzer die Störung des Urheberrechts nach §§ 97 Abs. 1, 63 durch das nachträgliche Anbringen der Quellenangabe beseitigen (Möhring/Nicolini/*Gass* § 63 Rn. 32; Dreier/Schulze/*Schulze* § 63 Rn. 30). Allerdings ist die konkrete Handlung, wie das Herstellen von Vervielfältigungsstücken ohne Quellenangabe, rechtswidrig. Ein Unterlassungsanspruch bezieht sich auf die konkrete Verletzungsform. Der verletzte Urheber kann verlangen, dass keine weiteren Vervielfältigungsstücke hergestellt werden, ohne dass die Quellenangabe angebracht wird. Die Rechtsfolgen entsprechen im Übrigen denen der Verletzung des Rechts auf Namensnennung (§ 13), vgl. § 97 Rn. 6, 35 ff., 46 ff., 51 ff.

§ 63a Gesetzliche Vergütungsansprüche

Auf gesetzliche Vergütungsansprüche nach diesem Abschnitt kann der Urheber im Voraus nicht verzichten. Sie können im Voraus nur an eine Verwertungsgesellschaft oder zusammen mit der Einräumung des Verlagsrechts dem Verleger abgetreten werden, wenn dieser sie durch eine Verwertungsgesellschaft wahrnehmen lässt, die Rechte von Verlegern und Urhebern gemeinsam wahrnimmt.

Literatur: v. Bernuth, Leistungsschutz für Verleger von Bildungsmedien, GRUR 2005, 196; *Czernik*, Ausschüttungsmodell der VG Wort ist unzulässig, GRUR-Prax 2012, 355; *Däubler-Gmelin*, In die Diskussion einschalten, Kunst und Kultur 2005, 7; *Flechsig*, Vorausabtretung gesetzlicher Vergütungsansprüche – Unionsrechtliche Auswirkungen der EuGH-Entscheidung Luksan auf Urheber, Verwerter und Intermediäre, MMR 2012, 293; *Flechsig*, Zur Verkehrsfähigkeit gesetzlicher Vergütungsansprüche des Filmherstellers, ZUM 2012, 855; *Flechsig*, Verteilungspläne von Wahrnehmungsgesellschaften, ZUM 2013, 745; *Flechsig/ Bisle*, Unbegrenzte Auslegung pro autore? ZRP 2008, 115; *Hanewinkel*, Urheber versus Verleger – Zur Problematik des § 63a S. 2 UrhG und dessen geplanter Änderung im Zweiten Korb, GRUR 2007, 373;

§ 63a Gesetzliche Vergütungsansprüche

Hoeren, Der Zweite Korb – Eine Übersicht zu den geplanten Änderungen im Urheberrechtsgesetz, MMR 2007, 615; *Melichar,* § 63a UhrG – die Chronik einer Panne, FS Wandtke 2013, 243; *Riesenhuber,* Priorität als Verteilungsprinzip?, ZUM 2012, 746; *v. Ungern-Sternberg,* Die Rechtsprechung des Bundesgerichtshofs zum Urheberrecht und zu den verwandten Schutzrechten in den Jahren 2010 und 2011 (Teil II), GRUR 2012, 321.

Vgl. darüber hinaus die Angaben im eingangs abgedr. Gesamtliteraturverzeichnis.

Übersicht

	Rn.
I. Allgemeines	1, 2
II. Einzelheiten	3–9
1. Unverzichtbarkeit	3, 4
2. Nichtausübung	5
3. Nachträglicher Verzicht	6
4. Grundsatz der Unübertragbarkeit	7
5. Ausnahme bei Abtretung an eine Verwertungsgesellschaft (S. 2 1. Alt)	8
6. Ausnahme bei Abtretung an einen Verleger (S. 2 2. Alt)	9

I. Allgemeines

Die Vorschrift betrifft den Urheber, dem die gesetzlichen Vergütungsansprüche **zustehen** oder die Erben (§ 30). Sie gilt nicht für den Nutzungsberechtigten (BT-Drucks. 14/6433 S. 14). **1**

Inhaber der gesetzlichen Vergütungsansprüche bleibt der Urheber nach § 63a auch dann, wenn er einem **Werknutzer** ein ausschließliches urheberrechtliches Nutzungsrecht eingeräumt hat. Die gesetzlichen Vergütungsansprüche werden dem Urheber als Teil seiner angemessenen Vergütung zugedacht und verbleiben bei ihm, wenn er Nutzungsrechte an dem Werk einräumt (Materialien BT-Drucks. 14/6433, 14). Damit wird der Gedanke der Unverzichtbarkeit des Urheberrechts gestärkt. Auch in vermögensrechtlicher Hinsicht kann der Urheber also nicht alle Rechte an den Werknutzer übertragen. **2**

II. Einzelheiten

1. Unverzichtbarkeit

§ 63a S. 1 sieht vor, dass der Urheber auf gesetzliche Vergütungsansprüche solange nicht verzichten kann, wie sie nicht entstanden sind. Dies kann der Formulierung „im Voraus nicht verzichten" entnommen werden. Damit ist bspw. eine Erklärung des Urhebers unwirksam, auf die gesetzlichen Vergütungsansprüche für die zukünftige Werknutzung durch einen Dritten zu verzichten. **3**

Die gesetzlichen Vergütungsansprüche entstehen mangels Vertragsbeziehung zwischen Urheber und Werknutzer mit der tatsächlichen Nutzungshandlung. Diese bildet die Zäsur für die Verzichtbarkeit. **4**

2. Nichtausübung

Der Urheber kann sich aber schuldrechtlich gegenüber einem Werknutzer im Voraus dazu verpflichten, die gesetzlichen Vergütungsansprüche in einem konkreten Fall nicht geltend zu machen. Fragt bspw. ein Werknutzer vor der Nutzungshandlung nach §§ 44a ff. bei dem Urheber an, ob er den gesetzlichen Vergütungsanspruch bei einer anstehenden Werknutzung nicht geltend machen wird, so hat der Urheber die Freiheit, dem wirksam zuzustimmen. Die Abrede ist nicht nach § 63a unwirksam. Allerdings wird bei der beschriebenen Interessenlage häufig eine unentgeltliche Nutzungsrechtseinräumung gegeben sein, so dass gesetzliche Vergütungsansprüche nicht in Betracht kommen. **5**

3. Nachträglicher Verzicht

6 § 63a S. 1 steht einem nachträglichen Verzicht des Urhebers auf gesetzliche Vergütungsansprüche nicht im Wege. Der Urheber hat es in der Hand, entstandene Ansprüche durch einen Verzicht entfallen zu lassen. Denn der Urheber kann in diesem Fall genau beurteilen, auf was er verzichtet und ist deshalb nicht schutzbedürftig. Er kann ohnehin nicht durch eine zwingende gesetzliche Bestimmung dazu gezwungen werden, einen gesetzlichen Vergütungsanspruch auch geltend zu machen. Es ist deshalb sinnvoll, die sonst bestehende Rechtsunsicherheit durch die Möglichkeit eines wirksamen Anspruchsverzichts zu beseitigen.

4. Grundsatz der Unübertragbarkeit

7 Die gesetzlichen Vergütungsansprüche sind nicht übertragbar. Obgleich § 63a S. 1 dies nicht ausdrücklich erwähnt, ergibt sich die Nichtübertragbarkeit aus der Systematik der Vorschrift. Nach § 63a S. 2 kann die Abtretung nur an Verwertungsgesellschaften (s. u. Rn. 8) und unter bestimmten Voraussetzungen an Verleger (s. u. Rn. 9) erfolgen. Im Umkehrschluss lässt sich feststellen, dass die Abtretung im Übrigen ausgeschlossen ist.

5. Ausnahme bei Abtretung an eine Verwertungsgesellschaft (S. 2 1. Alt.)

8 § 63a S. 2 1. Alt. enthält die praktisch wichtige Ausnahme, dass der Urheber die gesetzlichen Vergütungsansprüche an eine **Verwertungsgesellschaft** abtreten kann. Vielfach ist es für den Urheber organisatorisch gar nicht möglich, die gesetzlichen Vergütungsansprüche selbst geltend zu machen. Er kann sich wegen § 63a S. 2 1. Alt. der Hilfe der Verwertungsgesellschaft dazu bedienen.

6. Ausnahme bei Abtretung an einen Verleger (S. 2 2. Alt.)

9 Mit dem Zweiten Korb (s. Vor §§ 31 ff. Rn. 5) wurde neben der Abtretung an eine Verwertungsgesellschaft die Möglichkeit geschaffen, die gesetzlichen Vergütungsansprüche an einen **Verleger** abzutreten. Diesem müssen hierbei die Ansprüche im Rahmen der Einräumung des Verlagsrechts abgetreten worden sein und von ihm durch eine Verwertungsgesellschaft wahrgenommen werden, die die Rechte von Verlegern *und* Urhebern wahrnimmt. Die Regelung soll gewährleisten, dass die Verleger, denen kein eigenes Leistungsschutzrecht (wie den Filmherstellern, Tonträgerherstellern oder Sendeunternehmen) zusteht, ebenso weiterhin angemessen an den Erträgen der VG WORT zu beteiligen sind (BT-Drucks. 16/1828, 32). Dieser Beteiligung drohte durch das Abtretungsverbot in dem im Rahmen der Reform des Urhebervertragsrechts geschaffenen § 63a a. F. die Grundlage entzogen zu werden, da die materielle Rechtslage zwar keine unmittelbare Auswirkung auf den Verteilungsplan hat, im Abstimmungsverfahren über den Verteilungsschlüssel aber von erheblichem Einfluss ist (vgl. *Hanewinkel* GRUR 2007, 373, 378 m. w. N. in Fn. 55). Mit der neu geschaffenen 2. Alt. ist dieses gesetzgeberische Ziel erreicht. Es dürfte sich jedoch die Frage anschließen, ob sich die Neuregelung mittelbar im Verteilungsplan zuungunsten der Urheber auswirken kann (in dieser Vorahnung *Hoeren* MMR 2007, 615, 619; mit ähnlicher Kritik *Flechsig/Bisle* ZRP 2008, 115, 117). Insofern wird die Abtretungsbefugnis an die Verleger in ihrer mittelbaren Wirkung jedoch eng auszulegen sein, da ein anderes Verständnis nicht vom Willen des Gesetzgebers gedeckt ist und auch dessen grundsätzliches Anliegen des Schutzes des Urhebers vor Übervorteilung explizit gewahrt bleiben soll (BT-Drucks. 16/1828, 32). Vgl. hierzu auch § 54 Rn. 8 a. E. Hat der Urheber alle Vergütungsansprüche an die VG Wort abgetreten, stellt die pauschale Ausschüttung zu Gunsten der Verleger nach Rechtsauffassung des OLG München einen Verstoß gegen das Willkürverbot dar (OLG München GRUR 2014, 272 – Verlegeranteil, nicht rechtskräftig). Damit wird die zeitliche Priorität der Abtretung zum maßgeblichen Kriterium erhoben und der feste

Verlegeranteil in den Verteilungsplänen der VG Wort als unzulässig angesehen. Der Zweck des § 63a, die Verleger an den Ausschüttungen zu beteiligen, bleibt somit unberücksichtigt (zu Recht kritisch *Melichar*, FS Wandtke 2013, 234, 246 ff.).

Hat ein Autor zuerst seine gesetzlichen Vergütungsansprüche (z. B. aus § 54) per Wahrnehmungsvertrag an die VG Wort abgetreten, bevor er einen Verlagsvertrag abschließt, in dem er dem Verleger neben dem Verlagsrecht auch die gesetzlichen Vergütungsansprüche abtritt, stellt die pauschale Ausschüttung eines bestimmten Prozentsatzes an die Verleger in den Verteilungsplänen der VG Wort nach Ansicht des LG und OLG München einen Verstoß gegen das Willkürverbot gem. § 7 UrhWG dar (LG München I MMR 2012, 618, 620; OLG München, GRUR 2014, 272, 277 – Verlegeranteil, nicht rechtskräftig). 10

Zur Begründung verweisen die Gerichte darauf, dass die Verleger über keine eigenen Leistungsschutzrechte verfügten, die sie in die VG Wort einbringen könnten. Sie seien daher auf den Rechteerwerb vom Urheber angewiesen. Habe dieser aber, wie im Streitfall, bereits alle Rechte einschließlich der gesetzlichen Vergütungsansprüche über den Wahrnehmungsvertrag an die VG Wort abgetreten, laufe die zweite spätere Abtretung an die Verleger insoweit ins Leere. Die Verleger seien in diesem Fall Nicht-Berechtigte und der pauschale Abzug zu ihren Gunsten willkürlich. Damit wird die zeitliche Priorität der Abtretung vom LG und OLG München zum maßgeblichen Kriterium erhoben und der feste Verlegeranteil in den Verteilungsplänen der VG Wort als unzulässig angesehen.

Das OLG München stellt unter Bezugnahme auf die Luksan-Entscheidung des EuGH (GRUR 2012, 489) klar, dass allein die Urheber und Leistungsschutzberechtigten originär Berechtigte der gesetzlichen Vergütungsansprüche seien (OLG München GRUR 2014, 272, 275 – Verlegeranteil; unklar bzw. überholt daher BGH NJW 2009, 1353 Rz. 9 – Kopierläden II). Wegen dieser EuGH-Vorgaben ermögliche § 63a S. 2 auch nur eine zweckgebundene Abtretung und dürfe nicht weit i. S. einer uneingeschränkten Abtretung an Verleger ausgelegt werden (OLG München GRUR 2014, 272, 275 – Verlegeranteil). Dies überzeugt, weil nur diese Auslegung dazu führt, dass § 63a S. 2 nicht gegen das Unionsrecht verstößt (so auch Dreier/Schulze/*Schulze* § 63a Rn. 12; a. A. *Flechsig* MMR 2012, 293, 299 f.; *v. Ungern-Sternberg* GRUR 2012, 321, 330).

Auf die Vereinsautonomie nach Art. 9 GG (so *Czernik* GRUR-Prax 2012, 355; kritisch dazu *Flechsig* ZUM 2012, 855, 864; ZUM 2013, 745, 748) könne sich die VG Wort laut OLG München nicht berufen, weil der Wahrnehmungsvertrag, der die Satzung und Verteilungspläne umfasst, nicht das mitgliedschaftliche Verhältnis, sondern die schuldrechtliche treuhänderische Beziehung regle (OLG München GRUR 2014, 272, 278 – Verlegeranteil m. w. N.). Weiterhin erteilt der Senat der Argumentation, dass die Partizipation der Verleger durch eine Auslegung zumindest der schuldrechtlichen Abrede zwischen dem Urheber und dem Verleger (auch wenn die Abtretung als dingliches Rechtsgeschäft ins Leere geht) gerechtfertigt sei (so *Riesenhuber* ZUM 2012, 746, 747 ff.), eine Absage. Ein entsprechender Wille könne nicht ohne weiteres angenommen werden (OLG München GRUR 2014, 272, 278 – Verlegeranteil).

Das Argument der VG Wort, dass die Beteiligung der Verleger historisch gewachsen sei und die Verleger ebenfalls schutzwürdige Leistungen wie andere Leistungsschutzberechtigte erbringen (so auch Dreier/Schulze/*Schulze* § 63a Rn. 12), was sich in der Neufassung des § 63a S. 2 zum 1.1.2008 niedergeschlagen habe, lassen die Gerichte nicht gelten. In der amtlichen Begründung heißt es wörtlich (Drs. 16/1828, S. 31 f.): „Ein Ausschluss der Verleger von der pauschalen Vergütung wäre angesichts der von ihnen erbrachten erheblichen Leistung auch sachlich nicht hinnehmbar. Das gilt um so mehr, als den Verlegern im Gegensatz zu anderen Verwertern vom Gesetzgeber bisher keine eigenen Leistungsschutzrechte zugesprochen worden sind. Der neue Satz 2 soll gewährleisten, dass die Verleger auch in Zukunft an den Erträgen der VG WORT angemessen zu beteiligen sind." Dieser Zweck des § 63a, die Verleger an den Ausschüttungen zu beteiligen, bleibt somit unberücksichtigt (zu Recht kritisch *Melichar* FS Wandtke 2013, 243, 246 ff.). Denn laut LG München I müsse „eine Billigkeitsgesichtspunkten entsprechende Umverteilung contra legem" unterbleiben (MMR 2012, 618, 619). § 63a S. 2 begründe gerade keine originären Ansprüche der Verleger. Es werden nur bestimmte Voraussetzungen für eine ausnahmsweise zulässige Vorausabtretung an die Verleger aufgestellt, die im Streitfall nicht erfüllt seien. Eine materielle Berechtigung der Verleger ergebe sich insbesondere auch nicht aus der amtlichen Begründung (OLG München GRUR 2014, 272, 275 – Verlegeranteil).

Im Kern erkennt jedoch auch das OLG München die Leistungen der Verleger an und führt aus, dass ohne die Verlegung der Werke gar keine durch die Schrankenbestimmungen privilegierten Nutzungshandlungen möglich wären und folglich auch gar keine Vergütungsansprüche zu Gunsten der Urheber entstünden (OLG München GRUR 2014, 272 – Verlegeranteil). Der Ruf nach dem Gesetzgeber liegt nahe; denn soll die schutzwürdige Leistung der Verleger unabhängig von dem Prioritätsprinzip unter Beachtung der konkreten vertraglichen Absprachen zwischen VG Wort, Urheber und Verleger honoriert werden, wäre die Schaffung eines eigenen Leistungsschutzrechts für die Verleger erforderlich.

Es ist anerkannt, dass bei der Aufstellung von Verteilungsplänen Typisierungen, Pauschalierungen und Schätzungen zulässig sind, um die Verwaltungskosten nicht unverhältnismäßig steigen zu lassen, was letztlich die Berechtigten belasten würde (Dreier/Schulze/*Schulze* § 7 UrhWG Rn. 6 m. w. N.; *Flechsig* ZUM 2013, 745, 750). Dennoch lässt das LG München I den Einwand, dass die Berücksichtigung der genauen Rechteverteilung einen unverhältnismäßig hohen organisatorischen Mehraufwand darstellen würde, nicht gelten. Laut Gericht sei die genaue Erfassung des Urheberanteils mit der heutigen EDV kein Problem; es fehle substantiierter Vortrag der VG Wort hierzu (LG München I MMR 2012, 618, 620). Der Verweis auf die heutige EDV überzeugt jedoch nicht. Das Gericht verkennt den erheblichen Aufwand, der bei strenger Anwendung des Prioritätsprinzips entsteht. Die VG Wort muss für jedes Werk (nicht nur pauschal für jeden Autor) prüfen, wann welche Verträge mit welchem Inhalt geschlossen wurden. Aktuell gibt es in Deutschland mehr als 400 000 Autoren und über 10 000 Verlage. Diese enorme Anzahl sowie der Umstand, dass Verlagsverträge oftmals nur mündlich geschlossen werden, machen eine genaue Zuordnung schwer bis unmöglich.

Anders als das LG München I stellt das OLG München den sehr großen Verwaltungs- und Zeitaufwand nicht in Frage, sieht sich aber rechtlich daran gehindert, diesen Aspekt zu berücksichtigen und führt dies nicht näher aus. Zwar sind Typisierungen anerkannt. Es ist allerdings auch anerkannt, dass diese Typisierungen nicht grenzenlos zulässig sind. Der konkrete Anteil des Berechtigten an der Vergütungsmasse ist so zu bemessen, dass er Art und Umfang der eingebrachten Rechte entspricht (BVerfG ZUM 1997, 555 f.; Dreier/Schulze/*Schulze* § 7 UrhWG Rn. 8). Im Streitfall fehlte es wegen der Doppelabtretung aber gerade an der Einbringung eigener oder fremder Rechte durch die Verleger. Insgesamt zeigt das Argument des unverhältnismäßig hohen organisatorischen Mehraufwands aber ebenfalls das Bedürfnis nach einer gesetzgeberischen Änderung zum Schutz der Verleger.

Eine weitere negative Folge in der Praxis ist, dass sich die Anwendung eines strengen Prioritätsprinzips auch zu Lasten der Urheber auswirken könnte (so auch *Riesenhuber* ZUM 2012, 746, 747). Räumt der Autor nämlich dem Verleger zuerst mit dem Verlagsrecht auch die gesetzlichen Vergütungsansprüche ein, bringt der Verleger diese zu 100% in die VG Wort ein. In diesem Fall müsste der Verleger auch 100% der Ausschüttungen auf die gesetzlichen Vergütungsansprüche erhalten, da der Autor insoweit ja anschließend keine Rechte mehr in die VG Wort einbringen könnte. Dies wirft indes unionsrechtliche Probleme auf, weil Art. 5 Abs. 2 lit. b der InfoSoc-Richtlinie einen „gerechten Ausgleich" für den Urheber bei Privatkopien fordert. In der Luksan-Entscheidung hat der EuGH dazu geurteilt, dass die gesetzlichen Vergütungsansprüche originär beim Urheber entstehen sowie unverzichtbar sind und dass die Zahlungen dem Urheber unbedingt zustehen (EuGH GRUR 2012, 489, Rz. 94, 100, 108; „unbedingt" heißt indes nicht zwingend Barzahlung, ein mittelbarer Ausgleich kann laut EuGH ebenfalls zulässig sein, vgl. GRUR 2013, 1025

Leitsatz 3 und Rz. 49f. – Amazon/Austro-Mechana). In diesem Sinne ist auch § 63a auszulegen, der darauf abzielt, dem Urheber eine angemessene Vergütung zu sichern (oben Rn. 2) und ihn vor einer Übervorteilung zu schützen (Dreier/Schulze/*Schulze* § 63a Rn. 14). Genau diese Gefahr einer Übervorteilung droht aber, wenn der Urheber ohne angemessene Vergütung zuerst dem Verleger auch die gesetzlichen Vergütungsansprüche nach § 63a S. 2 abtritt und deswegen später bei der VG Wort wegen des Prioritätsprinzips nicht mehr berücksichtigt wird. In diesem Falle würde der Urheber entgegen den unionsrechtlichen Vorgaben seinen gerechten Ausgleich verlieren, was sehr bedenklich ist.

Abschnitt 7. Dauer des Urheberrechts

§ 64 Allgemeines

Das Urheberrecht erlischt siebzig Jahre nach dem Tode des Urhebers.

Literatur: *Beier,* Die urheberrechtliche Schutzfrist, München 2001; *Dietz,* Die Schutzdauer-Richtlinie der EU, GRUR Int. 1995, 670; *Flechsig,* Europäisches Diskriminierungsverbot und Tod des Urhebers vor Inkrafttreten des EWG-Vertrages, ZUM 2000, 1088; *Flechsig,* Diskriminierungsverbot und europäisches Urheberrecht, ZUM 2002, 732; *Flechsig,* Materielle Harmonisierung der Schutzdauer für musikalische Kompositionen mit Text, ZUM 2012, 227; *Schulze/Bettinger,* Wiederaufleben des Urheberrechtsschutzes bei gemeinfreien Fotografien auf Grund der EU-Schutzdauerrichtlinien, GRUR 2000, 12; *Seifert,* Markenschutz und urheberrechtliche Gemeinfreiheit, WRP 2000, 1014; *Wandtke,* Auswirkungen des Einigungsvertrags auf das Urheberrecht in den neuen Bundesländern, GRUR 1991, 263; *Wandtke/Bullinger,* Die Marke als urheberrechtlich schutzfähiges Werk, GRUR 1997, 573; *Vogel,* Die Umsetzung der Richtlinie zur Harmonisierung der Schutzdauer des Urheberrechts und bestimmter verwandter Schutzrechte, ZUM 1995, 451.
Vgl. darüber hinaus die Angaben im eingangs abgedr. Gesamtliteraturverzeichnis.

Übersicht

	Rn.
I. Bedeutung	1–3
1. Grundlagen	1
2. Systematik	2, 3
II. Rechtsentwicklung	4–8
1. Entstehungsgeschichte des § 64	4, 5
2. Urheberrechtsreformen 1995, 2013	6, 7
3. Überblick über internationale Abkommen	8
III. Anwendungsbereich	9–12
1. Werke	9
2. Lichtbildwerke	10, 11
3. Nachgelassene Werke	12
IV. Rechtsfolge des Ablaufs der Schutzfrist	13–15
1. Gemeinfreiheit	13, 14
2. Titelschutz	15

I. Bedeutung

1. Grundlagen

Mit der in § 64 erfolgten Festlegung der Regelschutzdauer eines urheberrechtlich geschützten Werkes werden die nach Art. 14 Abs. 1 GG geschützten Rechte der Urheber im Interesse der Allgemeinheit beschränkt. Werke der Literatur, Wissenschaft und Kunst sind anders als körperliche Gegenstände ihrer Natur nach Mitteilungsgut und müssen „nach einer die geistigen und wirtschaftlichen Interessen des Urhebers und seiner Erben angemessen berücksichtigenden Frist der Allgemeinheit frei zugänglich sein" (AmtlBegr. BT-Drucks. IV/270, 33). Weder aus Art. 14 GG noch aus Art. 3 GG ergibt sich eine Pflicht zur Schaffung ewiger Urheber- und Leistungsschutzrechte (Schricker/Loewenheim/*Katzenberger* § 64 Rn. 2; Möhring/Nicolini/*Gass* § 64 Rn. 6 ff.; Dreyer/Kotthoff/Meckel/*Meckel* § 64 Rn. 3). Der Festlegung der Schutzdauer auf 70 Jahre post mortem auctoris liegt zugrunde, dass bis zu diesem Zeitpunkt noch nähere Angehörige des Urhebers vorhanden sind, denen die Einkünfte aus der Nutzung des Werkes billigerweise nicht entzogen werden sollen (*Ulmer* 341). Nach Ablauf der Schutzfrist ist das Werk **gemeinfrei**, kann also von jedermann ohne Zustimmung genutzt werden. Zu beachten bleiben aber Titelschutz und eventuelle Markenrechte (s. Rn. 15).

2. Systematik

2   Mit § 64 wird die **Regelschutzdauer** von urheberrechtlichen Werken festgelegt. § 69 trifft Bestimmungen zur Fristberechnung. § 65 enthält Sondervorschriften für die Ermittlung der Schutzdauer bei Mitwirkung mehrerer Miturheber sowie für Filmwerke und ähnliche Werke. In § 66 sind Regelungen über die Schutzdauer von anonymen und pseudoanonymen Werken getroffen, § 67 enthält eine Klarstellung für die Bemessung der Schutzdauer bei Lieferungswerken.

3   Sondervorschriften zu den §§ 64–67 für die mit dem Urheberrecht **verwandten Leistungsschutzrechte** enthalten § 70 Abs. 3 für den Schutz wissenschaftlicher Ausgaben (s. § 70 Rn. 26 f.), § 71 Abs. 3 für nachgelassene Werke (s. § 71 Rn. 37 ff.), § 72 Abs. 3 für den Schutz von Lichtbildern (s. § 72 Rn. 35), § 76 für die Dauer des Schutzes gegen Entstellung der Rechte des ausübenden Künstlers (s. § 76 Rn. 2 ff.), § 82 für den Schutz der Rechte der ausübenden Künstler, deren Darbietung auf einem Bild- oder Tonträger aufgenommen wurde (s. § 82 Rn. 3 ff.), § 85 Abs. 2 für den Schutz des Herstellers eines Tonträgers (s. § 85 Rn. 28 f.), § 87 Abs. 2 für den Schutz des Sendeunternehmens (s. § 87 Rn. 24), § 87d für die Schutzdauer der Rechte des Datenbankherstellers (s. § 87d Rn. 4 ff.) und § 94 Abs. 3 für den Schutz des Filmherstellers (s. § 94 Rn. 71 ff.).

II. Rechtsentwicklung

1. Entstehungsgeschichte des § 64

4   Die bis dahin seit ca. 100 Jahren gültige Regelschutzdauer, die die Lebenszeit des Urhebers und 30 Jahre nach seinem Tod umfasste, wurde durch die mit dem Gesetz zur Verlängerung der Schutzfristen im Urheberrecht vom 13.12.1934 (RGBl. II S. 1395) vorgenommenen Änderungen der Bestimmungen der §§ 29 LUG und 25 KUG auf 50 Jahre post mortem auctoris verlängert (zur Übergangsregelung vgl. OLG München ZUM-RD 1997, 294 – Salome II; BGH GRUR 2000, 869 – Salome III). Die **Urheberrechtsnovelle 1965** führte zu einer Verlängerung der Regelschutzdauer auf 70 Jahre nach dem Tode des Urhebers. Zu den Übergangsbestimmungen s. §§ 129 ff. Im Rahmen der Urheberrechtsnovelle 1985 wurde § 68, der für Lichtbildwerke eine verkürzte Schutzdauer vorgesehen hatte, aufgehoben und die Übergangsregelung des § 137a eingefügt (s.u. Rn. 10 und Kommentierung zu § 137a).

5   Nach Art. 8 des **Einigungsvertrages vom 31.8.1990** (BGBl. II S. 889) gilt seit dem 3.10.1990 das UrhG der Bundesrepublik Deutschland auch im Gebiet der ehemaligen DDR. Das Urheberrechtsgesetz der ehemaligen DDR vom 13.9.1965, das eine allgemeine Regelschutzdauer von 50 Jahren post mortem auctoris und für verwandte Schutzrechte eine Schutzfrist von 10 Jahren vorgesehen hatte, trat außer Kraft. Die Überleitung der bundesrepublikanischen Vorschriften führte nicht nur zu einer Verlängerung der Schutzfristen,

§ 64 Allgemeines 6–8 § 64 UrhG

sondern auch zu einem Wiederaufleben des Urheberrechtsschutzes von Werken, die im Gebiet der ehemaligen DDR bereits gemeinfrei waren, für die seit dem Tod des Urhebers jedoch noch keine 70 Jahre verstrichen waren (§ 1 I Anl. 1 Kapitel III Sachgebiet E Abschnitt 2 EVtr; ausführlich EVtr Rn. 18 ff.). Diese Regelungen im EVtr, die zur Anwendung der am 3.10.1990 geltenden längeren bundesrepublikanischen Schutzfristenregelungen führte, waren die allein mögliche Konsequenz aus dem Enteignungsverbot des Art. 14 GG (*Wandtke* GRUR 1991, 263, 264). Zur Sonderproblematik der Auswirkungen des Einigungsvertrages auf den Schutz von Lichtbildwerken s. u. Rn. 11 und EVtr Rn. 21 f.

2. Urheberrechtsreformen 1995, 2013

Ausgangspunkt für die Urheberrechtsreform 1995, die zu wesentlichen Änderungen der §§ 64–67 führte, war die **Schutzdauer-Richtlinie** (RL 93/98/EWG). Nachdem die internationalen Abkommen (s. u. Rn. 8) nur Mindestschutzfristen festlegen und einige Mitgliedstaaten in ihrem nationalen Recht längere Schutzfristen festgelegt hatten (Erwägungsgrund 1 der Schutzdauer-Richtlinie), die unterschiedliche Schutzdauer in den Mitgliedsländern den freien Warenverkehr sowie den freien Dienstleistungsverkehr behindern und die Wettbewerbsbedingungen im gemeinsamen Markt verfälschen kann (Erwägungsgrund 2), sollten sowohl die Schutzdauer des Urheberrechts wie auch die Dauer der verwandten Schutzrechte harmonisiert werden. Ausdrücklich ausgenommen aus dem Geltungsbereich der Schutzdauer-Richtlinie sind die Urheberpersönlichkeitsrechte (Erwägungsgrund 21); die Umsetzung der Richtlinie hatte bis 1.7.1995 zu erfolgen (Art. 13 Abs. 1). Die Schutzdauer-Richtlinie 93/98/EWG vom 29.10.1993 wurde durch die Richtlinie **2006/116/EG** vom 12.12.2006 neu kodifiziert. Letzte Änderungen erfolgten durch die Richtlinie **2011/77/EU** vom 27.9.2011. Die darin vorgenommenen Änderungen sind von den Mitgliedstaaten bis 1.11.2013 umzusetzen (Art. 2 Abs. 1 der Richtlinie 2011/77/EU). Dies ist in Deutschland durch das am 6.7.2013 in Kraft getretene **9. UrhGÄndG** v. 2.7.2013 (BGBl. I S. 1940) geschehen. S. hierzu näher § 65 Rn. 5. 6

Die Schutzdauer-Richtlinie, die eine lückenlose Harmonisierung bezweckte (*Dietz* GRUR Int. 1995, 670; Schricker/Loewenheim/*Katzenberger* § 64 Rn. 15), enthält neben den Regelungen über die einzelnen Schutzfristen eine Vereinheitlichung der Zeitpunkte, von denen diese Fristen zu laufen beginnen. Die Schutzdauer-Richtlinie sieht eine Schutzfrist von 70 Jahren nach dem Tod des Urhebers für das Urheberrecht (Art. 1, 2), von 50 Jahren für die verwandten Schutzrechte der ausübenden Künstler, Tonträger-, Filmhersteller und der Sendeunternehmen (Art. 3), von 25 Jahren für nachgelassene, das heißt zu Lebzeiten nicht veröffentlichte Werke (Art. 4) und von höchstens 30 Jahren für den Schutz kritischer und wissenschaftlicher Ausgaben von gemeinfrei gewordenen Werken (Art. 5) vor. Nach Art. 10 Abs. 2 findet die Schutzdauer-Richtlinie auf alle Werke Anwendung, die in einem der Mitgliedstaaten am 1.7.1995 geschützt waren; dies konnte zu einem Wiederaufleben des Schutzes in Deutschland führen (s. § 137 f Rn. 5 ff.; ausführlich zur Schutzdauerrichtlinie *Dietz* GRUR Int. 1995, 670; Schricker/Loewenheim/*Katzenberger* § 64 Rn. 13 ff.; Möhring/Nicolini/*Gass* § 64 Rn. 20 ff.). Die Umsetzung der Schutzdauer-Richtlinie durch die Urheberrechtsnovelle 1995 führte zur Aufhebung des § 64 Abs. 2, der eine Sonderregelung zur Schutzdauer nachgelassener Werke enthielt (s. u. Rn. 12). 7

3. Überblick über internationale Abkommen

Die **Revidierte Berner Übereinkunft** (RBÜ) legt in Art. 7 Abs. 1 die Mindestschutzdauer der durch die Konvention erfassten Werke in allen Verbandsländern mit Ausnahme des Ursprungslandes auf die Lebenszeit des Urhebers sowie 50 Jahre nach dessen Tod fest (zu den Mitgliedstaaten s. § 121 Rn. 6). Die Verbandsländer sind nach Art. 7 Abs. 6 RBÜ befugt, eine längere Schutzdauer zu gewähren. Maßgeblich ist nach Art. 7 Abs. 8 RBÜ die Schutzdauer nach dem Gesetz des Landes, in dem der Schutz beansprucht wird, diese 8 überschreitet jedoch nicht die im Ursprungsland des Werkes festgesetzte Schutzdauer, so genannter **Schutzfristenvergleich**. Auch das **Welturheberrechtsabkommen (WUA)** wendet die Prinzipien der Festlegung einer Mindestschutzdauer, der Inländerbehandlung und des Schutzfristenvergleichs im Schutzland und im Ursprungsland an. Art. IV Abs. 2 WUA legt insoweit eine Mindestschutzdauer von 25 Jahren ab der ersten Veröffentlichung oder Registrierung fest. Auch das **TRIPs-Übereinkommen** vom 15.4.1994 sowie der **WIPO-Urheberrechtsvertrag (WCT)** vom 20.12.1996 bauen auf den genannten Prinzipien der RBÜ auf und enthalten in Art. 12 (TRIPs-Übereinkommen) und Art. 8 (WCT) Vorschriften über die Mindestschutzdauer. Art. 12 TRIPs-Übereinkommen verweist inhaltlich auf Art. 7 RBÜ, Art. 8 WCT enthält eine Sonderregelung für die Mindestschutzdauer von Werken der Fotografie. Der WCT ist am 6.3.2002 in Kraft getreten. Modifikationen beim Schutzfristenvergleich können sich aus bilateralen Staatsverträgen ergeben, z.B. dem Urheberrechtsabkommen zwischen dem Deutschen Reich und den USA vom 15.4.1892, nach welchem amerikanische Urheber wie Inländer ohne Schutzfristenvergleich behandelt werden (BGH GRUR 1978, 302 – Wolfsblut; Schricker/Loewenheim/*Katzenberger* Vor §§ 120ff. Rn. 72).

III. Anwendungsbereich

1. Werke

9 § 64 gilt für alle urheberrechtlich geschützten Werke i.S.d. § 2, einschließlich der gem. § 69a geschützten Computerprogramme, nicht aber für die mit dem Urheberrecht verwandten Leistungsschutzrechte; die einschlägigen Vorschriften über diese Schutzrechte enthalten jeweils Sondervorschriften (s.o. Rn. 3).

2. Lichtbildwerke

10 Mit der Urheberrechtsnovelle 1985 wurde § 68, der für **Lichtbildwerke** eine verkürzte Schutzdauer von 25 Jahren nach dem Erscheinen des Werkes bzw. von 25 Jahren nach Herstellung bei Nichterscheinen vorgesehen hatte, aufgehoben. Seit dem Inkrafttreten (1.7.1985) gilt auch für Lichtbildwerke die Regelschutzdauer. Die Übergangsregelung des § 137a legt fest, dass die Verlängerung der Schutzdauer auch für die Lichtbildwerke gilt, deren Schutzfrist am 1.7.1985 nach dem bis dahin geltenden Recht noch nicht abgelaufen war. Diese Verweisung auf das bis dahin geltende Recht bezieht sich nicht nur auf § 68 a.F., also nicht nur auf Lichtbildwerke, die nach dem 31.12.1959 erschienen waren oder hergestellt wurden, sondern auch auf Lichtbildwerke, deren Schutzdauer gem. § 135a zum Stichtag noch nicht abgelaufen war (OLG Hamburg GRUR 1999, 717 – Wagner-Familienphotos: zu Lichtbildwerken, die zwischen 1930 und 1934 entstanden, jedoch bis zum Tod des Urhebers nicht erschienen waren).

11 Die **Herstellung der deutschen Einheit** führte für Lichtbildwerke, die zwischen dem 1.1.1941 und dem 31.12.1959 erschienen sind, auf Grund der unterschiedlichen Schutzfristenregelungen zu einem Schutzüberschuss in der ehemaligen DDR. Dort waren Lichtbildwerke seit Inkrafttreten des Urhebergesetzes am 1.1.1966 50 Jahre post mortem auctoris geschützt. Die Urheberrechtsnovelle 1985 in der Bundesrepublik führte grds. nur für Lichtbilder, die nach dem 1.1.1960 erschienen waren, zu einer Erstreckung des Schutzes von Lichtbildwerken auf 70 Jahre post mortem auctoris. Die nach dem Einigungsvertrag vorgesehene Anwendung der bundesrepublikanischen Vorschriften in der ehemaligen DDR (s.o. Rn. 5) hätte daher zu einem Verlust der in der ehemaligen DDR erworbenen Rechte geführt. Dieses verfassungsrechtlich problematische Ergebnis lässt sich durch analoge Anwendung des § 137a Abs. 1 dahingehend vermeiden, dass den insoweit betroffenen Rechtsinhabern der erworbene Schutz auch über das Inkrafttreten des Einigungsvertrages

hinaus erhalten bleibt. Dieser zusätzliche Schutz ist auf die territorialen und zeitlichen Grenzen des Schutzes nach dem Recht der ehemaligen DDR zu beschränken; begünstigt können nur Angehörige der ehemaligen DDR sein (Schricker/Loewenheim/*Katzenberger* § 64 Rn. 72; Fromm/Nordemann/*A. Nordemann* § 64 Rn. 17; Möhring/Nicolini/*Gass* § 64 Rn. 19). Mit der Einführung der Regelung des § 137f Abs. 2 wurde die Problematik nach dem 1.7.1995 endgültig erledigt; danach lebte der Schutz von Werken, unabhängig welchen Ursprungs in Deutschland, wieder auf, wenn die Werke zu diesem Zeitpunkt in einem anderen EU- oder EWR-Staat noch geschützt waren. Frankreich, Spanien, Belgien und die Niederlande wendeten bereits traditionell auf Lichtbildwerke die urheberrechtliche Regelschutzdauer an (Schricker/Loewenheim/*Katzenberger* § 64 Rn. 64; Fromm/Nordemann/*A. Nordemann* § 64 Rn. 17; Möhring/Nicolini/*Gass* § 64 Rn. 19; zum Wiederaufleben des Urheberschutzes bei Fotografien vgl. *Schulze/Bettinger* GRUR 2000, 12).

3. Nachgelassene Werke

Für nachgelassene Werke, das heißt Werke, die zu Lebzeiten des Autors nicht veröffentlicht worden waren (§ 6 Abs. 1), sah der bis zum Inkrafttreten der Urheberrechtsnovelle 1995 geltende § 64 Abs. 2 eine Sonderregelung vor. Wurde ein nachgelassenes Werk nach Ablauf von 60, aber vor Ablauf von 70 Jahren nach dem Tod des Urhebers veröffentlicht, verlängerte sich die Schutzfrist zugunsten des Rechtsinhabers auf 10 Jahre nach der Veröffentlichung. Wenn ein unveröffentlichtes nachgelassenes Werk im letzten Jahr der Regelschutzdauer des § 64 Abs. 1 erstmals veröffentlicht wurde, betrug die Schutzdauer danach 80 Jahre nach dem Tod des Urhebers (Schricker/Loewenheim/*Katzenberger* § 64 Rn. 67). In Umsetzung des Art. 1 Abs. 1 der Schutzdauer-Richtlinie, die festlegt, dass die Regelschutzdauer 70 Jahre post mortem auctoris unabhängig von dem Zeitpunkt, zu dem das Werk erlaubterweise der Öffentlichkeit zugänglich gemacht worden ist, gilt, wurde diese Sonderregelung aufgehoben. Seitdem gilt auch für nachgelassene Werke die Regelung des § 64 ohne Ausnahme. Die Übergangsregelung enthält § 137f Abs. 1 S. 1, wonach die drohende Verkürzung der laufenden Schutzfrist für nachgelassene Werke durch die weitere Anwendung des § 64 Abs. 2a.F. vermieden wird (*Vogel* ZUM 1995, 451; Schricker/Loewenheim/*Katzenberger* § 64 Rn. 66; s. § 137f Rn. 2ff.). Die Übergangsvorschrift für die Änderung des Schutzes nachgelassener Werke durch § 64 Abs. 2a.F. gegenüber § 29 S. 1 LUG enthält § 129 Abs. 2 (s. § 129 Rn. 6). Erscheint ein Werk erst nach Ablauf der Schutzdauer des § 64 oder wird es erst danach veröffentlicht, gewährt § 71 ein Leistungsschutzrecht für die Dauer von 25 Jahren zugunsten des Herausgebers oder des die Wiedergabe Veranlassenden.

IV. Rechtsfolge des Ablaufs der Schutzfrist

1. Gemeinfreiheit

Mit dem Ablauf der Schutzfrist endet kraft Gesetzes das Urheberrecht. Die Werke sind ab diesem Zeitpunkt **gemeinfrei.** Auch die abgeleiteten Werke, insb. das Verlagsrecht und die abgeleiteten Nutzungsrechte, die der Urheber Dritten eingeräumt hat, erlöschen. Das Werk kann von jedermann **frei verwertet** werden, ohne dass es der Zustimmung des Urhebers bzw. seiner Rechtsnachfolger bedarf (*Rehbinder* 527; *Ulmer* 347; Schricker/Loewenheim/*Katzenberger* § 64 Rn. 5; *Schack* Rn. 524). Mit dem Urheberrecht erlischt auch der **urheberpersönlichkeitsrechtliche Schutz,** die Urhebererben können folglich nicht mehr bestimmen, ob ein bisher unveröffentlichtes Werk weiterhin der Öffentlichkeit vorenthalten bleiben soll (§ 12); sie können sich weder gegen Verschandelungen oder Entstellungen des Werkes zur Wehr setzen (§ 14), noch steht ihnen ein Zugangsrecht (§ 25) zu. Auch das Recht zur Bestimmung, ob das Werk mit einer Urheberbezeichnung zu ver-

UrhG § 65 § 65 Miturheber, Filmwerke, Musikkomposition mit Text

sehen und welche Bezeichnung zu verwenden ist (§ 13), endet (Fromm/Nordemann/ *A. Nordemann* § 64 Rn. 18; Möhring/Nicolini/*Gass* § 64 Rn. 54; Schricker/Loewenheim/ *Katzenberger* § 64 Rn. 7). In Ausnahmefällen kann ein weiterer Schutz durch das allgemeine bürgerliche Recht, Wettbewerbsrecht und durch den öffentlich-rechtlichen Denkmalschutz bestehen (Möhring/Nicolini/*Gass* § 64 Rn. 54; Schricker/Loewenheim/*Katzenberger* § 64 Rn. 7).

14 Aus rechtsvergleichender Sicht wird diskutiert, eine **Urhebernachfolgevergütung** für gemeinfreie Werke einzuführen; für die Verwertung individuell-urheberrechtlich nicht mehr geschützter Werke soll eine Vergütungspflicht bestehen (sog. domaine public payante). Weder der deutsche Gesetzgeber noch die Schutzdauer-Richtlinie sind diesem Gedanken gefolgt (zur Diskussion s. Schricker/Loewenheim/*Katzenberger* § 64 Rn. 3 f.; *Schack* Rn. 525 ff.; *Rehbinder* 535; *Ulmer* 347 ff.).

2. Titelschutz

15 Der Werktitel ist in aller Regel nicht selbst urheberrechtlich geschützt (§ 2 Rn. 65). Praxisrelevant ist der kennzeichenrechtliche Schutz des Werktitels nach §§ 5, 15 MarkenG. Der Ablauf der Schutzfrist für das urheberrechtlich geschützte Werk berührt den Fortbestand der Titelrechte nicht. Da Titelrechte gem. § 5 Abs. 3 MarkenG auch für Werke entstehen können, die keinen urheberrechtlichen Schutz genießen, kann das Bestehen oder Nichtbestehen des urheberrechtlichen Schutzes am Fortbestand des Titelschutzes nichts ändern (OLG Naumburg WRP 2000, 1168 – Winnetou; RGZ 104, 90 – Trotzkopf). Mit dem Urheberrecht ist der Titelschutz jedoch soweit verknüpft, dass jedermann mit dem Eintritt der Gemeinfreiheit des Werkes dessen Titel mit dem Werk benutzen kann (OLG Naumburg WRP 2000; 1168; RGZ 112, 2 – Brehms Tierleben; Schricker/Loewenheim/ *Katzenberger* § 64 Rn. 74; Fromm/Nordemann/*A. Nordemann* § 64 Rn. 22; Dreyer/Kotthoff/Meckel/*Meckel* § 64 Rn. 33). Der Titel des gemeinfreien Werkes darf jedoch nicht für andere Werke genutzt werden (BGH GRUR 1980, 227 – Monumenta Germaniae Historica). Soweit urheberrechtlich gemeinfreie Werke als Marken eingetragen sind, sind diese zu beachten. Eine markenmäßige Nutzung ist daher untersagt, soweit nicht § 23 MarkenG einschlägig ist. Zum Markenschutz für Titel gemeinfrei gewordener Werke vgl. BGH WRP 2000, 1140 – Bücher für eine bessere Welt; *Wandtke/Bullinger* GRUR 1997, 573; *Seifert* WRP 2000, 1014).

§ 65 Miturheber, Filmwerke, Musikkomposition mit Text

(1) Steht das Urheberrecht mehreren Miturhebern (§ 8) zu, so erlischt es siebzig Jahre nach dem Tode des längstlebenden Miturhebers.

(2) Bei Filmwerken und Werken, die ähnlich wie Filmwerke hergestellt werden, erlischt das Urheberrecht siebzig Jahre nach dem Tod des Längstlebenden der folgenden Personen: Hauptregisseur, Urheber des Drehbuchs, Urheber der Dialoge, Komponist der für das betreffende Filmwerk komponierten Musik.

(3) Die Schutzdauer einer Musikkomposition mit Text erlischt 70 Jahre nach dem Tod des Längstlebenden der folgenden Personen: Verfasser des Textes, Komponist der Musikkomposition, sofern beide Beiträge eigens für die betreffende Musikkomposition mit Text geschaffen wurden. Dies gilt unabhängig davon, ob diese Personen als Miturheber ausgewiesen sind.

Literatur: Vgl. die Angaben bei § 64 und im eingangs abgedr. Gesamtliteraturverzeichnis.

§ 65 Miturheber, Filmwerke, Musikkomposition mit Text   1–3 § 65 UrhG

Übersicht

	Rn.
I. Bedeutung	1
II. Miturheberschaft	2, 3
III. Filmwerke und ähnliche Werke (Abs. 2)	4
IV. Musikkompositionen mit Text (Abs. 3)	5, 6

I. Bedeutung

§ 65 **Abs. 1** regelt die Dauer des Urheberrechtes für den Fall, dass dieses mehreren Urhebern als Miturheber i. S. d. § 8 zusteht. Maßgeblich ist der Tod des längstlebenden Miturhebers. Diese Bestimmung entspricht § 30 LUG und § 27 KUG. Sie entspricht auch der Bestimmung in Art. 1 Abs. 2 Schutzdauer-Richtlinie. **Abs. 2,** der eine abweichende Sonderregelung für Filmwerke enthält, wurde im Rahmen der Urheberrechtsnovelle 1995 eingeführt, ist seit 1.7.1995 in Kraft und beruht auf Art. 2 Abs. 2 der Schutzdauer-Richtlinie. Die mit der Richtlinie 2011/77/EU erfolgte Änderung der Schutzdauer-Richtlinie erforderte eine Änderung des § 65 im Hinblick auf die Schutzdauer von Musikkompositionen mit Text. Die Umsetzungsfrist endete am 1.11.2013. Zum neuen **Abs. 3** s. Rn. 5 f. **1**

II. Miturheberschaft

§ 65 Abs. 1 nimmt ausdrücklich Bezug auf die Miturheberschaft i. S. d. § 8. Jeder Miturheber muss damit einen **eigenen schöpferischen Beitrag** zum Werk geliefert haben, und diese Beiträge dürfen **nicht gesondert verwertet** werden können (s. § 8 Rn. 7 ff.). Auf Werkverbindungen i. S. d. § 9 ist § 65 Abs. 1 nicht anwendbar. Hier bleibt es bei der getrennten Schutzfristberechnung für jedes der verbundenen Werke, die durch die Werkverbindung ihre Selbstständigkeit und Eigenständigkeit nicht einbüßen (*v. Gamm* § 65 Rn. 1; Schricker/Loewenheim/*Katzenberger* § 65 Rn. 3). Als typische Fälle für Werkverbindungen i. S. d. § 9 sind Libretto und Musikkomposition für eine Oper angesehen worden (s. § 9 Rn. 9 f.; Schricker/Loewenheim/*Katzenberger* § 65 Rn. 3). Hierbei ist aber Art. 1 Abs. 7 der Schutzdauer-Richtlinie in der Fassung vom 31.10.2011 zu beachten, der ausdrücklich festlegt, dass die Schutzdauer einer **Musikkomposition mit Text** siebzig Jahre nach dem Tod des letzten Überlebenden aus dem Personenkreis des Verfassers des Textes oder Komponist endet, wenn beide Beiträge eigens für die Musikkomposition mit Text geschaffen wurden; s. Rn. 5. **Keine Fälle der Miturheberschaft** i. S. d. § 8 und damit des § 65 Abs. 1 sind Sammelwerke i. S. d. § 4. Die Schutzdauer der einzelnen Beiträge und des Urheberrechts am Sammelwerk selbst ist jeweils gesondert zu ermitteln (Schricker/Loewenheim/*Katzenberger* § 65 Rn. 3). **2**

Die Anwendung von § 65 setzt voraus, dass das in Miturheberschaft geschaffene Werk **weder anonym noch mit einem unbekanntem Pseudonym versehen** ist oder nicht zumindest ein Urheber nachträglich bekannt wird. Wie § 64 im Falle eines einzelnen Urhebers nicht angewendet werden kann, wenn dieser nicht bekannt ist, gilt dies auch für § 65. In diesen Fällen muss ebenfalls auf § 66 zurückgegriffen werden (Schricker/Loewenheim/*Katzenberger* § 66 Rn. 13). § 65 ist jedoch anwendbar, wenn bei einem von mehreren Urhebern in Miturheberschaft geschaffenen Werk nur ein Urheber erkennbar ist, sich offenbart oder bei Nutzung eines Pseudonyms erkennbar wird (s. § 66 Rn. 7; Dreyer/Kotthoff/Meckel/*Meckel* § 65 Rn. 2). Maßgeblich ist für die Schutzdauer dann der Tod des längstlebenden identifizierbaren Urhebers. Auf die Tatsache, ob die Miturheber oder einer von ihnen nach § 10 als Urheber bezeichnet wurden, kann es nicht ankommen. **3**

III. Filmwerke und ähnliche Werke (Abs. 2)

4   Mit § 65 Abs. 2, der Art. 2 Abs. 2 der Schutzdauer-Richtlinie für **Filmwerke und Werke, die ähnlich wie Filmwerke hergestellt werden,** umsetzte, wurde unter Abweichung der Regel des § 65 Abs. 1 festgelegt, dass es bei der Ermittlung der Schutzdauer des Filmwerkes oder ähnlicher Werke (zum Begriff Vor §§ 88 ff. Rn. 21) auf den Tod des Längstlebenden der vier genannten Filmschaffenden, den Hauptregisseur, den Urheber des Drehbuchs, den Urheber der Dialoge und des Komponisten, der für das jeweilige Filmwerk speziell komponierten Musik ankommt. Die Aufzählung ist **abschließend,** da sonst das Ziel der Harmonisierung nicht erreicht werden würde (Schricker/Loewenheim/ *Katzenberger* § 65 Rn. 4; Möhring/Nicolini/*Gass* § 65 Rn. 8). Es ist darauf hinzuweisen, dass durch die Regelung in § 65 Abs. 2 nicht etwa das Miturheberrecht von anderen Filmschaffenden (s. Vor §§ 88 ff. Rn. 28 ff.), wie beispielsweise Kameramann, Cutter, Tonmeister oder Szenenbildner, bestritten wird; allein für die Ermittlung der Schutzdauer des Werkes sind diese Personen nicht maßgeblich. Die Nichtberücksichtigung dieser Filmurheber bei der Bemessung der Schutzdauer kann in Sonderfällen, beispielsweise im Falle eines sehr jungen Tonmeisters, jedoch eines älteren Komponisten der Filmmusik, zu einer Verkürzung der Schutzdauer gegenüber der Anwendung der allgemeinen Vorschriften führen. Die hieraus resultierende verfassungsrechtliche Problematik wird durch die Übergangsregelung in § 137 f Abs. 1 S. 1 entschärft, wonach die Schutzdauer übergangsrechtlich nach den bisherigen Vorschriften, das heißt gegebenenfalls nach § 65 a. F., der § 65 Abs. 1 n. F. entspricht, zu bemessen ist, wenn die Anwendung des neuen Rechts zu einer Verkürzung der Dauer des Schutzrechts führen würde (s. § 137 f Rn. 3 ff.).

III. Musikkompositionen mit Text

5   Die Richtlinie **2011/77/EU** stellte fest, dass in einigen Mitgliedstaaten Musikkompositionen mit Text eine einheitliche Schutzdauer, die ab dem Tod des letzten überlebenden Urhebers berechnet wird, erhielten, während in anderen Mitgliedstaaten für Musik und Text eine unterschiedliche Schutzdauer galt. Musikkompositionen mit Text würden in der großen Mehrzahl der Fälle gemeinsam geschrieben; als Beispiele nennt die Richtlinie Werke eines Librettisten und eines Komponisten bei einer Oper, auch in anderen musikalischen Genres wie Jazz, Rock und Pop sei der kreative Prozess häufig kooperativer Art. Die unterschiedliche Schutzdauer in den Mitgliedstaaten behindere den freien Verkehr von Waren und Dienstleistungen. Um dies zu beseitigen, soll für solche Werke in allen Mitgliedstaaten die gleiche Schutzdauer gelten (Erwägungsgründe 18 und 19). Nach Art. 1 (1) der Richtlinie 2011/77/EU, die bis zum 1.11.2013 von den Mitgliedstaaten umzusetzen war, erlischt die Schutzdauer einer Musikkomposition mit Text, bei denen Text und Musik „eigens für die betreffende Musikkomposition mit Text geschaffen wurden" einheitlich **70 Jahre nach dem Tod des Längstlebenden** von Komponist und Verfasser des Textes, dies unabhängig von den ausgewiesenen Miturhebern. Wie sich aus den Erwägungsgründen 18 und 19 der Richtlinie 2011/77/EU zeigt, handelt es sich hierbei um eine reine Schutzfristenregelung; eine Änderung der §§ 8 und 9 UrhG bzw. des Konzepts der Miturheberschaft und Werkverbindung ist nicht erforderlich (vgl. § 9 Rn. 9; a. A. *Flechsig* ZUM 2012, 227). Da das deutsche Recht Musikkompositionen mit Text als verbundene Werke im Sinne von § 9 und nicht als miturheberschaftlich geschaffene Werke im Sinne des § 8 ansieht, entsprachen die Schutzfristen nach deutschem Recht nicht den Vorgaben der Richtlinie 2011/77/EU. Durch Art. 1 des 9. UrhGÄndG v. 2.7.2013 (BGBl. I S. 1940) wurde daher m. W. v. 6.7.2013 dem § 65 ein neuer Abs. 3 angefügt, der an der Sonderregelung für Filmwerke des § 65 Abs. 2 orientiert ist. Ausdrücklich stellt auch die AmtlBegr. (BT-Drucks. 17/

12013 S. 15) fest, dass die Vorgaben der Richtlinie **keine Änderung der §§ 8 und 9** erfordere. Die Harmonisierung beschränke sich allein auf die Vereinheitlichung der Schutzdauer. Der neue Abs. 3 entspricht weitgehend dem Wortlaut des Richtlinien-Textes. Beachtlich ist, dass die neue Regelung der Richtlinie folgend nur dann einschlägig ist, wenn Text und Musik eigens für die betreffende Musikkomposition mit Text geschaffen werden; die Vertonung eines vorbestehenden Textes oder die Erstellung eines Textes für eine vorbestehende Musik führt nicht zur einheitlichen, verlängerten Schutzfrist (§ 9 Rn. 9; BT-Drucks. 17/12013 S. 8).

Der Richtlinie folgend legt die Übergangsvorschrift des § 137m fest, dass die Regelung des Abs. 3 für Musikkompositionen mit Text, von denen Komposition oder Text am 1.11.2013 in einem Mitgliedstaat geschützt sind sowie für Musikkompositionen mit Text, die nach diesem Datum entstehen, gelten soll. Wenn nach der geplanten Regelung der Schutz von Kompositionen oder Text wieder auflebt, sollen die wieder auflebenden Rechte dem Urheber zustehen. Eine vor dem 1.11.2013 begonnene Nutzungshandlung darf fortgesetzt werden; für diese ist jedoch eine angemessene Vergütung zu zahlen§ 137m Abs. 2).

§ 66 Anonyme und pseudonyme Werke

(1) Bei anonymen und pseudonymen Werken erlischt das Urheberrecht siebzig Jahre nach der Veröffentlichung. Es erlischt jedoch bereits siebzig Jahre nach der Schaffung des Werkes, wenn das Werk innerhalb dieser Frist nicht veröffentlicht worden ist.

(2) Offenbart der Urheber seine Identität innerhalb der in Absatz 1 Satz 1 bezeichneten Frist oder läßt das vom Urheber angenommene Pseudonym keinen Zweifel an seiner Identität zu, so berechnet sich die Dauer des Urheberrechts nach den §§ 64 und 65. Dasselbe gilt, wenn innerhalb der in Absatz 1 Satz 1 bezeichneten Frist der wahre Name des Urhebers zur Eintragung in das Register anonymer und pseudonymer Werke (§ 138) angemeldet wird.

(3) Zu den Handlungen nach Absatz 2 sind der Urheber, nach seinem Tode sein Rechtsnachfolger (§ 30) oder der Testamentsvollstrecker (§ 28 Abs. 2) berechtigt.

Literatur: Vgl. die Angaben zu § 64 und im eingangs abgedr. Gesamtliteraturverzeichnis.

Übersicht

	Rn.
I. Bedeutung	1
II. Rechtsentwicklung	2
III. Anwendungsbereich	3–7
1. Anonyme und pseudonyme Werke	3, 4
2. Ausnahmefälle	5–7
IV. Überblick über den Schutz anonymer und pseudonymer Werke nach § 66 a. F.	8, 9

I. Bedeutung

Nachdem das Urheberrecht unabhängig von der Einhaltung jeglicher Förmlichkeiten entsteht und es damit auch nicht darauf ankommt, ob der Urheber bekannt ist oder sich zu erkennen gibt – in § 13 wird dem Urheber ausdrücklich das Recht eingeräumt, darüber zu entscheiden, ob das Werk mit einer Urheberbezeichnung zu versehen ist und welche Bezeichnung zu verwenden ist –, geschieht es häufig, dass bei einzelnen Werken nicht bekannt ist, wer deren Urheber ist. Nachdem in diesen Fällen die Berechnung der Schutzdauer nach § 64 unmöglich ist, ist die Sonderregelung in § 66 erforderlich. § 66 Abs. 1 legt insoweit als Grundregel fest, dass bei Werken, deren Urheber nicht bekannt ist, das Urheberrecht 70 Jahre nach der Veröffentlichung endet. Wird das Werk innerhalb von 70 Jahren seit Erschaffung nicht veröffentlicht, erlischt das Urheberrecht nach dieser Zeitspanne. Offenbart sich der Urheber innerhalb von 70 Jahren nach der Veröffentlichung oder lässt das Pseudonym keinen (weiteren) Zweifel an der Identität zu, gelten die allgemeinen Vorschriften der §§ 64 und 65.

II. Rechtsentwicklung

2 Bereits das LUG von 1901 enthielt eine Regelung über die Schutzdauer von anonymen und pseudonymen Werken. Die zunächst 30-jährige Schutzfrist ab der ersten Veröffentlichung wurde mit dem Gesetz zur Verlängerung der Schutzfristen im Urheberrecht von 1934 (s. § 64 Rn. 4) auf 50 Jahre verlängert. Die Anwendung der damaligen Regelschutzdauer von zunächst 30, dann 50 Jahren post mortem auctoris konnte dadurch erreicht werden, dass innerhalb der Schutzdauer des anonymen oder pseudonymen Werks der wahre Name des Urhebers angegeben oder zur Eintragung in die Eintragungsrolle angemeldet wurde (Schricker/Loewenheim/*Katzenberger* § 66 Rn. 5). Nach § 66 Abs. 1 in der Fassung der Urheberrechtsnovelle 1965 erlosch das Urheberrecht 70 Jahre nach der Veröffentlichung des Werkes, wenn weder der wahre Name noch der bekannte Deckname des Urhebers nach § 10 Abs. 1 oder bei einer öffentlichen Wiedergabe des Werkes angegeben wurde. Auf Werke der bildenden Künste sollten die Vorschriften über anonyme und pseudonyme Werke nicht angewendet werden können (§ 66 Abs. 4 a. F.). In Umsetzung des Art. 1 Abs. 3 und 6 der Schutzdauer-Richtlinie erhielt § 66 seinen jetzigen Wortlaut. Soweit es durch diese Änderung zu Schutzdauerverkürzungen kommen würde, greift die Übergangsvorschrift des § 137f Abs. 1 S. 1 ein (s. § 137f Rn. 3ff.).

III. Anwendungsbereich

1. Anonyme und pseudonyme Werke

3 § 66 Abs. 1 gilt für alle anonymen und pseudonymen Werke i. S. d. § 2 einschließlich der Werke der bildenden Künste, da der Anwendungsausschluss, den § 66 Abs. 4 a. F. für diese Werke vorgesehen hatte, in Umsetzung der Schutzdauer-Richtlinie gestrichen wurde. **Anonyme Werke** sind Werke, die nicht mit einer Urheberbezeichnung versehen sind oder verwertet werden. **Pseudonyme Werke** sind Werke, für die ein Pseudonym, ein Deckname des Urhebers verwendet wird (Schricker/Loewenheim/*Katzenberger* § 66 Rn. 9; Möhring/Nicolini/*Gass* § 66 Rn. 7). Da die Regelung des § 66 nur eine Auffangvorschrift für die Fälle darstellt, in denen die §§ 64 und 65 aufgrund der Unbekanntheit des Urhebers nicht angewendet werden können, sind an die Kennzeichnung des Namens des Urhebers keine zu hohen Anforderungen zu stellen (Schricker/Loewenheim/*Katzenberger* § 66 Rn. 9; Dreyer/Kotthoff/Meckel/*Meckel* § 66 Rn. 6). Ein anonymes Werk liegt deshalb schon dann nicht mehr vor, wenn eine übliche Urheberbezeichnung auf dem Manuskript, dem Original oder auf Vervielfältigungsstücken angegeben ist, sei es bürgerlicher Name, bekanntes Pseudonym oder Künstlerzeichen.

4 **Zeitlich** stellt § 66 Abs. 1 S. 1 auf die **Veröffentlichung** des Werkes ab. Er verweist damit auf § 6 Abs. 1, ein Erscheinen i. S. d. § 6 Abs. 2 ist nicht erforderlich. Wird ein anonymes oder pseudonymes Werk innerhalb von 70 Jahren nach seiner Erschaffung nicht veröffentlicht, so erlischt nach § 66 Abs. 1 S. 2 das Urheberrecht mit dem Ablauf dieser Frist. Hierdurch wird ein ewiger Schutz nicht veröffentlichter anonymer und pseudonymer Werke verhindert. Die von Schricker/Loewenheim/*Katzenberger* § 66 Rn. 17 dargestellte

Konstellation, dass im Zusammenspiel von § 66 Abs. 1 S. 2 und § 66 Abs. 1 S. 1 durch ein Erscheinenlassen des bisher noch nicht erschienenen Werkes im letzten Jahr der 70-jährigen Schutzfrist eine Schutzdauer von 140 Jahren entstehen kann, entspricht den Regelungen der Schutzdauer-Richtlinie und ist daher hinzunehmen. Die praktische Bedeutung dürfte sich in Grenzen halten.

2. Ausnahmefälle

Nach § 66 Abs. 2 S. 1 bestimmt sich die Schutzdauer nach den §§ 64 und 65, wenn der Urheber innerhalb von 70 Jahren nach Veröffentlichung seine Identität offenbart oder das vom Urheber angenommene Pseudonym keinen Zweifel an seiner Identität mehr zulässt. Die erste Alternative verlangt, wie sich aus dem Wortlaut, der Begründung (BT-Drucks. 13/781, 9) und § 66 Abs. 3 ergibt, ein aktives Handeln des Urhebers, der Urheber muss folglich seine Identität zumindest durch Mitteilung an Dritte feststellbar gemacht haben (Fromm/Nordemann/*A. Nordemann* § 66 Rn. 8). Die 2. Alternative, die zur Anwendung der Regelschutzdauer der §§ 64 und 65 führt, ist nach § 66 Abs. 2 S. 1 gegeben, wenn das vom Urheber angenommene Pseudonym keine Zweifel an seiner Identität zulässt. Anders als in der 1. Alternative des § 66 Abs. 2 S. 1 kommt es hier nicht darauf an, auf welche Art und Weise die ursprünglich bei der Veröffentlichung des Werkes noch bestehenden Zweifel an der Urheberschaft ausgeräumt wurden (Schricker/Loewenheim/*Katzenberger* § 66 Rn. 21).

Die Regelschutzdauer von 70 Jahren post mortem auctoris greift auch dann ein, wenn der wahre Name, das heißt der bürgerliche Name der Urhebers, innerhalb der Frist des § 66 Abs. 1 S. 1 zur Eintragung in das Register anonymer und pseudonymer Werke, früher Urheberrolle (s. § 138 Rn. 1), angemeldet wird, die Anmeldung eines Pseudonyms genügt daher nicht (zum insoweit identischen § 66 Abs. 2 Nr. 2 a.F. Schricker/Loewenheim/*Katzenberger* § 66 Rn. 47).

Nach § 66 Abs. 3 kann die **Offenbarung der Identität des Urhebers** sowie die **Anmeldung zur Eintragung des Namens des Urhebers in das Register** nur durch den Urheber, nach dessen Tod durch seinen Rechtsnachfolger i. S. d. § 30 oder den Testamentsvollstrecker i. S. d. § 28 Abs. 2 erfolgen. Wurde ein anonymes oder pseudonymes Werk von mehreren in **Miturheberschaft** gem. § 8 geschaffen, ist jeder Miturheber für sich berechtigt, seinen Namen zur Eintragung anzumelden. Allein die Anmeldung des Namens eines Miturhebers führt ebenso wie das sonstige Bekanntwerden des Namens eines Miturhebers, weil das gewählte Pseudonym keinen Zweifel mehr zulässt, zur Anwendung der Regelschutzdauer. Das Werk ist in einem solchen Fall nicht weiterhin ein anonymes oder unbekannt pseudonymes Werk. Maßgeblich für die Schutzdauer ist der Tod des nachweisbar längstlebenden Urhebers (Schricker/Loewenheim/*Katzenberger* § 66 Rn. 51; a. A. *v. Gamm* § 66 Rn. 4, der auf den Tod des längstlebenden angemeldeten bzw. bekannt gewordenen Miturhebers abstellt).

IV. Überblick über den Schutz anonymer und pseudonymer Werke nach § 66 a. F.

Da nach der Übergangsvorschrift des § 137f Abs. 1 S. 1 dann, wenn die Anwendung des § 66 n. F. zu einer Schutzdauerverkürzung führt, für die Bestimmung der Schutzfrist weiterhin die bis zum 30.6.1995 geltenden Vorschriften, also § 66 a. F., maßgeblich sein können, sind die Regelungen des § 66 a. F. kurz darzustellen (zu den Einzelheiten Schricker/Loewenheim/*Katzenberger* § 66 Rn. 23 ff.).

Die Schutzfrist von 70 Jahren für ein anonymes oder pseudonymes Werk galt dann, wenn die folgenden Voraussetzungen nicht kumulativ gegeben waren; fehlte eine der Voraussetzungen, griff die Regelschutzdauer der §§ 64 und 65 a. F. Ein unter den Anwendungsbereich des § 66 a. F. fallendes Werk, nicht also Werke der bildenden Künste, musste vor dem Tode des Urhebers **erstveröffentlicht** sein. Hierbei durfte weder der wahre Name noch ein bekannter Deckname i. S. d. § 10 Abs. 1 oder bei einer öffentlichen Wiedergabe (s. § 15 Abs. 3) angegeben worden sein. Nach § 66 Abs. 2 a. F. berechnete sich auch bei Vorliegen dieser Voraussetzungen die Dauer des Urheberrechts nach §§ 64 und 65 a. F., wenn innerhalb von 70 Jahren nach der Erstveröffentlichung des Werkes der wahre Name oder der bekannte Deckname des Urhebers (durch ihn oder in sonstiger Weise) angegeben oder der Urheber auf andere Weise als Schöpfer des Werkes bekannt wurde (§ 66 Abs. 2 Nr. 1 a. F.), wenn innerhalb dieser Frist der wahre Name des Urhebers zur Eintragung in die Urheberrolle, jetzt in das Register anonymer und pseudonymer Werke (§ 138), angemeldet (§ 66 Abs. 2 Nr. 2 a. F.) oder wenn das Werk erst nach dem Tode des Urhebers veröffentlicht wurde (§ 66 Abs. 2 Nr. 3 a. F.).

§ 67 Lieferungswerke

Bei Werken, die in inhaltlich nicht abgeschlossenen Teilen (Lieferungen) veröffentlicht werden, berechnet sich im Falle des § 66 Abs. 1 Satz 1 die Schutzfrist einer jeden Lieferung gesondert ab dem Zeitpunkt ihrer Veröffentlichung.

Literatur: Vgl. die Angaben im eingangs abgedr. Gesamtliteraturverzeichnis.

Übersicht

	Rn.
I. Bedeutung der Vorschrift	1
II. Anwendungsbereich	2, 3

I. Bedeutung der Vorschrift

1 § 67 trifft eine Regelung für die Fälle, in denen die Bemessung der Schutzfrist nicht vom Tod des Urhebers abhängt und ein Werk in einzelnen Teilen nacheinander erscheint. Bis zur Urheberrechtsnovelle 1995 besagte § 67 a. F. für Werke, die in inhaltlich nicht abgeschlossenen Teilen veröffentlicht wurden, dass für die Berechnung der Schutzfrist der Zeitpunkt der Veröffentlichung der letzten Lieferung maßgeblich ist. § 67 n. F., mit dem Art. 1 Abs. 5 der Schutzdauer-Richtlinie umgesetzt wurde und der seit 1.7.1995 in Kraft ist, besagt, dass sich auch bei anonymen oder pseudonymen Werken, die in nicht abgeschlossenen Teilen veröffentlicht werden, die Schutzdauer für jede Lieferung nach deren Veröffentlichung richtet.

II. Anwendungsbereich

2 Die Bezugnahme auf Werke, die in inhaltlich nicht abgeschlossenen Teilen veröffentlicht werden, lässt eine Differenzierung zur Schutzdauer von Lieferungen von abgeschlossenen Teilen (bspw. Veröffentlichung eines Werkes in mehreren selbstständigen Bänden) vermuten. Dies entspricht jedoch nicht der seit 1.7.1995 geltenden Rechtslage, da auch bei anonymen oder pseudonymen Werken, die in abgeschlossenen Teilen geliefert werden, die Schutzdauer jeweils mit der Veröffentlichung der einzelnen Teile beginnt (Schricker/Loewenheim/*Katzenberger* § 67 Rn. 4; Möhring/Nicolini/*Gass* § 67 Rn. 4; Dreyer/Kotthoff/Meckel/*Meckel* § 67 Rn. 2; zum Begriff der Veröffentlichung s. § 66 Rn. 4).

3 Die bis 1.7.1995 geltende Rechtslage, bei der auf den Zeitpunkt der Veröffentlichung der letzten Lieferung der inhaltlich nicht abgeschlossenen Teile abgestellt wurde, kann im Rahmen der Übergangsvorschriften des § 137f Abs. 1 S. 1 maßgeblich sein. Da die Anwendung des § 67 n. F. zu einer Schutzdauerverkürzung für Lieferungen von nicht abgeschlossenen

Vorbemerkung Vor §§ 69a ff. UrhG

Teilen vor dem 1.7.1995 führen kann, kann die Definition der inhaltlich nicht abgeschlossenen Teile in Einzelfällen relevant werden. Beispiele hierfür sind eine wissenschaftliche Abhandlung, die in aufeinander folgenden Heften einer Fachzeitschrift erscheint, oder ein Zeitungsroman, der in Fortsetzungen veröffentlicht wird. Maßgeblich für die Beurteilung ist, ob der Verkehr der einzelnen Lieferung einen abgeschlossenen Inhalt zuweist (Schricker/Loewenheim/*Katzenberger* § 67 Rn. 8; *Ulmer* 345), was bspw. beim Erscheinen von verschiedenen Werken innerhalb einer wissenschaftlichen Buchreihe der Fall sein dürfte.

§ 68 Lichtbildwerke *(aufgehoben)*

Zur im Rahmen der Urheberrechtsnovelle 1985 aufgehobenen Sondervorschrift für den Schutz von Lichtbildwerken s. § 64 Rn. 10; zur Übergangsvorschrift s. § 137a Rn. 1 f. **1**

§ 69 Berechnung der Fristen

Die Fristen dieses Abschnitts beginnen mit dem Ablauf des Kalenderjahres, in dem das für den Beginn der Frist maßgebende Ereignis eingetreten ist.

Übersicht

	Rn.
I. Bedeutung	1
II. Beispiel	2

I. Bedeutung

§ 69 legt fest, wie die in den §§ 64–68 festgelegten Schutzfristen zu berechnen sind. **1** Diese Fristen und die Fristen, für deren Berechnung auf § 69 verwiesen wird (§§ 70 Abs. 3, 72 Abs. 3, 82, 85 Abs. 3, 87 Abs. 3), beginnen jeweils mit dem Ablauf des Kalenderjahres zu laufen, in dem das maßgebliche Ereignis, das heißt der Tod des Urhebers, die erste Veröffentlichung, die Schaffung des Werkes oder gem. § 68a. F. das Erscheinen oder die Herstellung des Lichtbildwerkes, eintrat. Die Schutzfrist beginnt jeweils mit dem 1. 1. des darauf folgenden Jahres und endet mit dem Ablauf des 70. Kalenderjahres. Die Regelung des § 69 entspricht sowohl Art. 7 Abs. 5 RBÜ als auch Art. 8 Schutzdauer-Richtlinie.

II. Beispiel

Die Schutzfrist eines Werkes, dessen Urheber im Jahr 1990 verstorben ist, beginnt nach **2** § 69 am 1.1.1991 zu laufen und endet am 31.12.2060; Gleiches gilt, wenn ein anonymes Werk i. S. d. § 66 Abs. 1 S. 1 im Jahr 1990 veröffentlicht wurde. Die Schutzdauer endet ebenfalls am 31.12.2060, wenn sich der Urheber nicht vorher offenbart oder seinen Namen zur Eintragung in das Register anonymer und pseudonymer Werke (§ 138) anmeldet.

Abschnitt 8.
Besondere Bestimmungen für Computerprogramme

Vorbemerkung Vor §§ 69a ff.

Literatur: *Ahn,* Der urheberrechtliche Schutz von Computerprogrammen im Recht der Bundesrepublik Deutschland und der Republik Korea, Baden-Baden 1999; *Auer-Reinsdorff,* Der Besichtigungsanspruch bei Rechtsverletzungen an Computerprogrammen – Reichweite, Voraussetzungen und Durchsetzung, ITRB

UrhG Vor §§ 69a ff. Vorbemerkung

2006, 82; *Becker,* „Intellectual Property Law" in den USA, Entwicklung im Jahre 1993 und Ausblick auf das Jahr 1994, CR 1994, 336; *Beysen,* Der privatrechtliche Schutz des Softwareherstellers vor Programmpiraterie – Eine Untersuchung der Rechtsgrundlagen nach deutschem, französischem und belgischem Recht, Hamburg 2003; *Bierekoven,* Lizenzmanagement und Lizenzaudits – Bedeutung und Organisation des Lizenzmanagements für Softwarenutzer und -hersteller, ITRB 2008, 84; *Bork,* Effiziente Beweissicherung für den Urheberrechtsverletzungsprozeß – dargestellt am Beispiel raubkopierter Computerprogramme, NJW 1997, 1665; *Bornkamm,* Der Schutz vertraulicher Informationen im Gesetz zur Durchsetzung von Rechten des geistigen Eigentums – In-camera-Verfahren im Zivilprozess? –, in: Ahrens/Bornkamm/Kunz-Hallstein (Hrsg.), Festschrift für Eike Ullmann, Saarbrücken 2006, 893 (zit. *Bornkamm* FS Ullmann); *Bothe/Kilian,* Rechtsfragen grenzüberschreitender Datenflüsse, Köln 1992; *Brandi-Dohrn,* Softwareschutz nach dem neuen deutschen Urheberrechtsgesetz, BB 1994, 658; *Brandi-Dohrn,* Die Verfolgung von Softwareverletzungen mit den Mitteln des Zivilrechts, CR 1985, 67; *Brandi-Dohrn,* Probleme der Rechtsverwirklichung zum Schutz von Software, CR 1987, 835; *Busche/Stoll,* TRIPs, Internationales und europäisches Recht des geistigen Eigentums, Köln u. a. 2007 (zit. Busche/Stoll/*Bearbeiter*); *Caduff,* Die urheberrechtlichen Konsequenzen der Veräußerung von Computerprogrammen, Bern 1997; *Conrad,* Wege zum Quellcode – Zu den Konsequenzen aus der Entscheidung des BGH v. 16.12.2003 – X ZR 129/01, ITRB 2005, 12; *De Wachter,* Software Written by Software – Is Copyright Still the Appropriate Tool to Protect IT, CRi 2010, 12; *Dohrmann,* Rechtsschutz für Computerprogramme und Software in Indien – Ein Vergleich mit dem englischen Recht unter Berücksichtigung des TRIPS-Abkommens, Hannover 2001; *Dorner,* Umfassende Nutzungsrechteeinräumung gegen Pauschalabgeltung – Ende für „Buy-outs", Aktuelle Entwicklungen der urhebervertragsrechtlichen Rechtsprechung und ihre Relevanz für die IT-rechtliche Vertragspraxis, MMR 2011, 780; *Dreier,* Verletzung urheberrechtlich geschützter Software nach der Umsetzung der EG-Richtlinie, GRUR 1993, 781; *Dreier,* Die internationale Entwicklung des Rechtsschutzes von Computerprogrammen, in: Lehmann (Hrsg.), Rechtsschutz und Verwertung von Computerprogrammen, 2. Aufl., Köln 1993, 31 (zit. *Dreier* in Lehmann); *Dreier/Hugenholtz,* Concise European Copyright Law, Alphen aan den Rijn 2006 (zit. Dreier/Hugenholtz/*Bearbeiter*); *Dujardin/Lejeune,* Einführung in das französische Softwarevertragsrecht: Urheberrecht, ITRB 2011, 136; *Engel,* Der Software-Verletzungsprozeß, in: Lehmann (Hrsg.), Rechtsschutz und Verwertung von Computerprogrammen, 2. Aufl., Köln 1993, 869 (zit. *Engel* in Lehmann); *Frank/Wiegand,* Der Besichtigungsanspruch im Urheberrecht de lege ferenda, CR 2007, 481; *Fröhlich-Bleuler/Roth,* IT-Verträge im deutsch-schweizerischen Rechtsvergleich, ITRB 2009, 108; *Gabriel/Cornels,* Kunde oder König – Gibt es ein Recht auf Lizenz oder Update?, ITRB 2008, 277; *v. Gamm,* Der urheber- und wettbewerbsrechtliche Schutz von Rechenprogrammen, WRP 1969, 96; *Geffers,* in: Büchner/Briner (Hrsg.), DGRI Jahrbuch 2009, Die Übertragung von Software-Nutzungsrechten: Gebrauchtsoftware und Outsourcing – Länderbericht Italien, 2009, 99 (zit. *Geffers* in Büchner/Briner); *Grützmacher,* Urheber-, Leistungs- und Sui-generis-Schutz von Datenbanken, Baden-Baden 1999; *Günther,* Die Umsetzung der Softwareschutzrichtlinie in England und urheberrechtliche Trends im Softwareschutz aus den USA, JurPC 1994, 2488; *Günther,* „Look and feel" in den USA, Ein „Update" zu Apple v. Microsoft und Lotus v. Borland, CR 1995, 641; *Gulbis/Neurauter,* Der Schutz von Computerprogrammen in der Russischen Föderation, GRUR Int. 2011, 93; *Haberstumpf,* Der urheberrechtliche Schutz von Computerprogrammen, in: Lehmann (Hrsg.), Rechtsschutz und Verwertung von Computerprogrammen, 2. Aufl., Köln 1993, 69 (zit. *Haberstumpf* in Lehmann); *Heinemann,* Gefährdung von Rechten des geistigen Eigentums durch Kartellrecht – Der Fall „Microsoft" und die Rechtsprechung des EuGH, GRUR 2006, 705; *Hertin,* AGB-Gesetz und Urhebervertragsrecht, AfP 1978, 72; *Heymann,* Das Gesetz zur Verbesserung der Durchsetzung von Rechten des geistigen Eigentums, CR 2008, 568; *Hoeren,* Die Kündigung von Softwareerstellungsverträgen und deren urheberrechtliche Auswirkungen, CR 2005, 773; *Hoeren,* Softwareauditierung – Zur Zulässigkeit von Audit-Klauseln, CR 2008, 409; *Huppertz/Schneider,* Softwareaudits im Unternehmen. Datenschutzrechtliche Aspekte bei der Überprüfung von Softwarenutzung, ZD 2013, 427; *Karger,* Beweisermittlung im deutschen und U. S.-amerikanischen Softwareverletzungsprozeß, Köln 1996; *Keplinger,* Authorship in the Information Age, Protection for Computer Programs under the Berne and Universal Copyright Conventions, Copyright 1985, 119; *Koch,* Computer-Vertragsrecht, 7. Aufl., Freiburg 2009; *Koch,* Zivilprozeß in EDV-Sachen, Köln 1988 (zit. *Koch* Zivilprozeßpraxis); *Körber,* Machtmissbrauch durch Multimedia? – Der Fall Microsoft zwischen Produktinnovation und Behinderungsmissbrauch, RIW 2004, 568; *Körber,* Geistiges Eigentum, essential facilities und „Innovationsmissbrauch" – Überlegungen zum Microsoft-Fall im Lichte der EuGH-Entscheidung IMS Health GmbH, RIW 2004, 881; *Konrad/Timm-Goltzsch/Ullrich,* Teil I: Kapitel 4: Kartellrecht, in Ullrich/Lejeune (Hrsg.), Der internationale Softwarevertrag, 2. Aufl. Heidelberg 2006, 363 (zit. Konrad/Timm-Goltzsch/*Ullrich* in Ullrich/Lejeune); *Kuck,* Kontrolle von Musterverträgen im Urheberrecht, GRUR 2000, 285; *Kühnen,* Die Besichtigung im Patentrecht – Eine Bestandsaufnahme zwei Jahre nach „Faxkarte", GRUR 2005, 185; *Lehmann,* Softwarevertragsrecht, in: Beier (Hrsg), Urhebervertragsrecht, Festgabe für Gerhard Schricker zum 60. Geburtstag, München 1995, 543 (zit. *Lehmann* FS Schricker); *Lehmann,* TRIPS/WTO und der internationale Schutz von Computerprogrammen, CR 1995, 2; *Lehmann,* Die kartellrechtlichen Grenzen der Lizenzierung von Computerprogrammen, in: Lehmann (Hrsg.), Rechts-

Vorbemerkung   **Vor §§ 69a ff. UrhG**

schutz und Verwertung von Computerprogrammen, 2. Aufl., Köln 1993, 775 (zit. *Lehmann* in Lehmann); *Leonardos,* Vertrieb und Schutz von Computer-Software in Brasilien, GRUR Int. 1988, 921; *v. Lewinski,* Die WIPO-Verträge zum Urheberrecht und zu verwandten Schutzrechten vom Dezember 1996, CR 1997, 438; *Lovenworth/Dittrich,* Urheberrechtsschutz für Computer-Software in China, GRUR Int. 1996, 32; *Lutz,* Der Schutz der Computerprogramme in der Schweiz, GRUR Int. 1993, 653; *Marinos,* Der Schutz von Computerprogrammen nach dem neuen griechischen Urheberrechtsgesetz Nr. 2121/1993, GRUR Int. 1993, 747; *Marly,* Urheberrechtsschutz für Computersoftware in der Europäischen Union, München 1995 (zit. *Marly* Urheberrechtsschutz); *Mes,* Si tacuisses. – Zur Darlegungs- und Beweislast im Prozeß des gewerblichen Rechtsschutzes, GRUR 2000, 934; *Metzger,* Am Ende der Lizenzkette: Rechtsprobleme des mehrstufigen Softwarevertriebs, ITRB 2013, 239; *Moos,* Softwarelizenz-Audits – Wirksamkeit und Umfang gesetzlicher und vertraglicher Pflichten zur Lizenzüberprüfung, CR 2006, 797; *Moritz,* Softwarelizenzverträge (I), Rechtslage nach der Harmonisierung durch die EG-Richtlinie über den Rechtsschutz von Computerprogrammen, Teil 1: Grenzen nach Art. 85 EWG-Vertrag, CR 1993, 257; *Moritz,* Softwarelizenzverträge (II), Rechtslage nach der Harmonisierung durch die EG-Richtlinie über den Rechtsschutz von Computerprogrammen, Teil 2: Grenzen nach Art. 86 EWG-Vertrag, CR 1993, 341; *Moritz,* Softwarelizenzverträge (III), Harmonisierung durch die EG-Richtlinie über den Rechtsschutz von Computerprogrammen, Teil 3: Grenzen nach dem GWB, CR 1993, 414; *Moritz,* Microsoft in Not? – Der europäische Rechtsrahmen für Koppelungen und Zwangslizenzen an Interface-Informationen im Lichte der Microsoft-Entscheidung der EU-Kommission, CR 2004, 321; *Neff/Arn/Lück,* Urheberrecht im EDV-Bereich, Basel 1998; *Oman,* Urheberrechtsschutz für Computerprogramme, Neue Entwicklungen in den U. S. A., GRUR Int. 1988, 467; *Paton/Morton,* Copyright Protection for Software Written by Software, Another Look at the English Law Position, CRi 2011, 8; *Pres,* Gestaltungsformen urheberrechtlicher Softwarelizenzverträge, Köln 1994; *Rauschhofer,* Quellcodebesichtigung im Eilverfahren – Softwarebesichtigung nach § 809 BGB, Anmerkung zu OLG Frankfurt a. M. GRUR-RR 2006, 295, GRUR-RR 2006, 249; *Rauschhofer,* Beweismittelverschaffung bei Softwareverletzung, JurPC Web-Dok. 44/2010; *Redeker,* IT-Recht, 5. Aufl., München 2012; *Redeker,* Vollstreckung im Softwareverletzungsprozeß, in: Bartsch (Hrsg.), Softwareüberlassung im Zivilprozeß, Köln 1991, 105 (zit. *Redeker* in Bartsch); *Rehbinder/Staehelin,* Das Urheberrecht im TRIPs-Abkommen, Entwicklungsschub durch die New Economic World Order, UFITA 127 (1995), 5; *Reinbothe,* Der Schutz des Urheberrechts und der Leistungsschutzrechte im Abkommensentwurf GATT/TRIPs, GRUR Int. 1992, 707; *Rigamonti,* Der Handel mit Gebrauchtsoftware nach schweizerischem Urheberrecht, GRUR Int. 2009, 14; *Rüffler,* Ist der Handel mit gebrauchter Software urheberrechtlich zulässig?, ÖBL 2008, 52; *Schneider, Jochen,* Handbuch des EDV-Rechts, 4. Aufl., Köln 2009; *Schneider, Jörg,* Softwarenutzungsverträge im Spannungsfeld von Urheber- und Kartellrecht, München 1989 (zit. *Jörg Schneider* Softwarenutzungsverträge); *Schweyer,* Die rechtliche Bewertung des Reverse Engineering in Deutschland und den USA, Tübingen 2013; *Söbbing,* Besonderheiten des chinesischen Softwarerechts für die Gestaltung von IT-Verträgen, ITRB 2011, 45; *Sommer,* Die Schutzfähigkeit von Computerprogrammen nach japanischem Recht, GRUR Int. 1994, 383; *Spindler/Weber,* Der Geheimnisschutz nach Art. 7 der Enforcement-Richtlinie, MMR 2006, 711; *Spindler/Weber,* Die Umsetzung der Enforcement-Richtlinie nach dem Regierungsentwurf für ein Gesetz zur Verbesserung der Durchsetzung von Rechten des geistigen Eigentums, ZUM 2007, 257; *Stögmüller,* Quellcode-Herausgabe zum Nachweis von Urheberrechtsverletzungen, K&R 2013, 444; *Straub,* Der Sourcecode von Computerprogrammen im schweizerischen Recht und in der EU-Richtlinie über den Rechtsschutz von Computerprogrammen, UFITA 2001/III, 807; *Strowel,* Das belgische Gesetz vom 30. Juni 1994 über Computerprogramme: Entwicklung zu einem Urheberrecht sui generis, GRUR Int. 1995, 374; *Stutz/Ambühl,* Rechte an Computerprogrammen, geschaffen im öffentlich-rechtlichen Arbeitsverhältnis – eine Schweizer Sonderlösung?, GRUR Int 2010, 667; *Sucker,* Lizenzierung von Computersoftware (I), Kartellrechtliche Grenzen nach dem EWG-Vertrag, CR 1989, 353; *Sucker,* Lizenzierung von Computersoftware (II), Kartellrechtliche Grenzen nach dem EWG-Vertrag, CR 1989, 468; *Tilmann/Schreibauer,* Die neueste BGH-Rechtsprechung zum Besichtigungsanspruch nach § 809 BGB, GRUR 2002, 1015; *Tinnefeld,* Der Anspruch auf Besichtigung von Quellcode nach der Entscheidung „UniBasic-IDOS" des BGH, CR 2013, 417; *Tosi,* Lizenz- und Kaufvertrag über Softwarekopien in Italien, CR 1995, 457; *Ullmann,* Sachvortragslast und Beweisbeschluß zur Urheberrechtsschutzfähigkeit von Software, in Bartsch (Hrsg.), Softwareüberlassung im Zivilprozeß, Köln 1991, 96 (zit. *Ullmann* in Bartsch); *Ullmann,* Urheberrechtlicher und patentrechtlicher Schutz von Computerprogrammen, Aufgaben der Rechtsprechung, CR 1992, 641; *Ullrich/Körner,* Der internationale Softwarevertrag, Heidelberg 1995; *Ullrich/Lejeune* (Hrsg.), Der internationale Softwarevertrag, 2. Aufl., Heidelberg 2006; *van den Brande/Coughlan/Jaeger* (Hrsg.), The International Free and Open Source Software Law Book, München 2011; *van der Hoff,* Die Vergütung angestellter Software-Entwickler, Baden-Baden 2009; *Vinje,* Softwarelizenzen im Lichte von Art. 85 des EWG-Vertrages, CR 1993, 401; *Wiebe,* Know-how-Schutz von Computersoftware, München 1993; *Wiebe,* „User Interfaces" und Immaterialgüterrecht, Der Schutz von Benutzeroberflächen in den U. S. A. und in der Bundesrepublik Deutschland, GRUR Int. 1990, 21; *Wiebe,* in: Büchner/Briner (Hrsg.), DGRI Jahrbuch 2009, Die Übertragung von Software-Nutzungsrechten: Gebrauchtsoftware und Outsourcing – Länderbericht Österreich, 2009, 107 (zit.

Wiebe in Büchner/Briner); *Wöstehoff,* Die First Sale Doktrin und der U.S.-amerikanische Softwaremarkt, Hamburg 2008; *Zimmerlich,* Der Fall Microsoft – Herausforderungen durch die Internetökonomie, WRP 2004, 1260.
Vgl. darüber hinaus die Angaben im eingangs abgedr. Gesamtliteraturverzeichnis.

Übersicht

	Rn.
I. Der „urheberrechtliche" Schutz von Computerprogrammen	1–10
1. Die deutsche und europäische Rechtsentwicklung	1–5
2. Besondere Bestimmungen in einem besonderen Abschnitt	6
3. Auslegung der §§ 69a ff.	7
4. Internationaler Schutz von Computerprogrammen	8, 9
5. Ausländisches Computerurheberrecht	10
II. Die urheberrechtliche Vertragsberatung und -gestaltung	11–17
1. Allgemeines	11
2. Urhebervertragsrecht (§§ 31 ff.), insb. die Zweckübertragungslehre, AGB-Recht und Computerprogramme	12–14
3. Urhebervertragsrecht, Kartellrecht und Computerprogramme	15–17
III. Der Urheberrechtsprozess wegen Computerprogrammen	18–30
1. Klagearten und Verfahren	18
2. Darlegungs- und Beweislast, Beweiserhebung und Beweissicherung	19–28
a) Darlegungs- und Beweislast	19, 20
b) Beweiserhebung, insb. die besondere Rolle des Sachverständigen	21, 22
c) Beweissicherung	23–31

I. Der „urheberrechtliche" Schutz von Computerprogrammen

1. Die deutsche und europäische Rechtsentwicklung

1 Die Regelungen der §§ 69a ff. sind das Ergebnis der bewegten Vergangenheit des Urheberschutzes von Computerprogrammen, deren Kenntnis auch für ihre Auslegung von dementsprechender Bedeutung ist. Schon Ende der 60er Jahre wurde in der Literatur die These aufgestellt, dass Computerprogramme dem Urheberschutz kaum zugänglich sind, sondern schwerpunktmäßig mittels des Wettbewerbsrechts zu schützen sind (grundlegend *v. Gamm* WRP 1969, 96 ff.). Der 1977 unterbreitete Vorschlag von **Mustervorschriften** durch die **WIPO,** die den Schutz von Computerprogrammen befürwortete (vgl. WIPO-Mustervorschriften für den Urheberschutz von Computersoftware; abgedr. GRUR 1979, 300, 307 ff.; GRUR Int. 1978, 286, 290 ff.), konnte die Skepsis gegenüber einem Urheberschutz von Computerprogrammen im kontinentaleuropäischen Raum nie nachhaltig ausräumen. In regelmäßigen Abständen ist deshalb auch der Patentschutz und der Leistungsschutz von Computerprogrammen als Alternative diskutiert worden (dazu näher unten Rn. 3, § 69g Rn. 9 ff., 22 ff.).

2 Insb. in Deutschland lehnte die Rechtsprechung nach tendenziell befürwortenden Entscheidungen zu Beginn der 80er Jahre (BAG GRUR 1984, 429 – Statikprogramme; OLG Karlsruhe GRUR 1983, 300 – Inkasso-Programm; OLG Nürnberg GRUR 1984, 736 – Glasverschnitt-Programm; OLG Frankfurt GRUR 1985, 1049 – Baustatikprogramme; OLG Frankfurt GRUR 1983, 757 – Donkey Kong Junior I; OLG Koblenz BB 1983, 992; LG Kassel BB 1983, 992; LG München I GRUR 1983, 175 – Visicalc; LG München I CR 1986, 384; OLG Frankfurt GRUR 1983, 753 – Pengo; ablehnend: LG Mannheim BB 1981, 1543; OLG Karlsruhe GRUR 1984, 521, 522 – Atari-Spielcassetten) und trotz der Aufnahme der Programme für die Datenverarbeitung in den Katalog des § 2 Abs. 1 Nr. 1 a. F. (BGBl. I 1985 S. 1137; vgl. dazu BT-Drucks. 10/3360, 18) einen Urheberrechtsschutz von Computerprogrammen Ende der 80er Jahre mangels eigenschöpferischer Leistung auf

Vorbemerkung 3–5 **Vor §§ 69a ff. UrhG**

der Linie der **Inkasso-Programm-Entscheidung** des BGH (BGHZ 94, 276, 281 ff. – Inkasso-Programm) fast durchgängig ab (BGHZ 112, 264 – Betriebssystem; OLG Hamm GRUR 1990, 185; OLG Karlsruhe CR 1987, 767; KG Berlin CR 1987, 850, 851 f. – Kontenrahmen; OLG Frankfurt GRUR 1989, 678, 679 – PAM-Crash; LG Braunschweig CR 1986, 806 f.; OLG Hamm CR 1986, 811; befürwortend hingegen: LG Bielefeld CR 1986, 445; LG München I CR 1988, 380; OLG Frankfurt BB 1990, Beilage 24, 9; OLG Nürnberg NJW 1989, 2634; LG Hannover CR 1994, 626; vgl. auch LAG München CR 1987, 511). Gefordert wurde ein „deutliches Überragen der Gestaltungstätigkeit ... gegenüber dem allgemeinen Durchschnittskönnen" (BGHZ 94, 276, 287 – Inkasso-Programm). Diese kaum zu erfüllende Voraussetzung, die aber mit Blick auf die technikgeprägten Computerprogramme dem persönlichkeitsrechtlichen Ansatz des deutschen **monistischen Urheberrechts** gerecht wurde, durfte als berechtigte Konsequenz der Dogmatik des deutschen Urheberrechts im Softwarebereich begriffen werden (zu Datenbanken umfassend *Grützmacher* 180 ff., 422 ff.).

Die hohen Anforderungen trafen jedoch auf ein mit ihnen nicht zu erfüllendes, **berechtigtes Schutzinteresse der Hersteller** von Computerprogrammen, deren Investitionen allein durch einen ergänzenden wettbewerbsrechtlichen Leistungsschutz nur unzureichend geschützt waren (dazu § 69g Rn. 22 ff.). In Deutschland wurde daher die Einführung eines speziellen Leistungsschutzes diskutiert (Bericht der Bundesregierung über die Auswirkungen der Urheberrechtsnovelle 1985 und Fragen des Urheber- und Leistungsschutzrechts, BT-Drucks. XI/4929, 40 ff.). Gleichzeitig bestand in Großbritannien und Irland seit jeher ein Schutz von Computerprogrammen durch das allein auf den Investitionsschutz zielende Copyright und damit innerhalb des europäischen Binnenmarktes ein starkes Schutzgefälle. 3

Zumal auch die USA zum Schutz ihrer Industrie einen (weltweiten) Copyright-Schutz protegierte (dazu ausführlich *Dreier* in Lehmann Kap. I Rn. 3 ff.), wurde nach einem ersten Aufgreifen im Weißbuch zur Vollendung des Binnenmarkes (KOM [1985] 320 v. 12.6.1985, 36 ff.) als Konsequenz dieser Ausgangssituation, und insb. der Rechtsprechung des BGH im Fall „Inkasso-Programm", 1988 im „Grünbuch über Urheberrecht und die technologische Herausforderung – Urheberrechtsfragen, die sofortiges Handeln erfordern" die Harmonisierung und Stärkung des Urheberschutzes von Computerprogrammen gefordert (KOM [1988] 172 v. 23.8.1988, 170 ff.). Es folgten der Vorschlag der Kommission für eine Richtlinie des Rates v. 5.1.1989 (ABl. EG Nr. C 91/4 v. 12.4.1989 = GRUR Int. 1989, 450), der Bericht im Namen des Ausschusses für Recht und Bürgerrechte des Europäischen Parlaments Teil A (Entwurf einer legislativen Entschließung und Stellungnahmen) und Teil B (Begründung) (Sitzungsdokument des Europäischen Parlaments A3–173/90/Teil A + B SYN 183 [PE 136025/endg./Teil A + B] v. 29.6.1990 bzw. 4.7.1990), die Entschließung des Europäischen Parlaments v. 11.7.1990 (ABl. EG Nr. C 231/78 v. 17.10.1990), der geänderte Vorschlag der Kommission für eine Richtlinie des Rates v. 18.10.1990 (ABl. EG Nr. C 320, 22 v. 22.12.1990) und dessen Begründung (KOM [1990] 509 endg. – SYN 183, 1–14), der gemeinsame Standpunkt des Rates v. 14.5.1991 (Rats-Dok. 10652/1/90 v. 14.12.1990 = GRUR Int. 1991, 548), die Mitteilung der Kommission an das Europäische Parlament gem. Art. 149 Abs. 2 Buchstabe b EWG-Vertrag (SEK [1991] 87 endg. – SYN 183 v. 18.1.1991), die Empfehlung des Ausschusses für Recht und Bürgerrechte des Europäischen Parlaments betreffend den gemeinsamen Standpunkt des Rates (Sitzungsdokument A3–0083/91 [PE 146106/endg.] v. 4.4.1991) und schließlich die Entschließung des Europäischen Parlaments v. 17.4.1991 (Billigung des gemeinsamen Standpunktes; ABl. EG Nr. C 129/93 v. 20.5.1991). Erst dann wurde am 14.1.1991 durch den Rat die Computerprogramm-Richtlinie, nämlich die Richtlinie 91/250/EWG, verabschiedet (ABl. EG Nr. L 122/42 v. 17.5.1991). 4

Die Computerprogramm-Richtlinie verfolgt, wie auch aus ihren Erwägungsgründen 1 und 4–8 ersichtlich ist, vor allem das Ziel, die durch die Inkasso-Programm-Rechtsprechung entstandenen Unsicherheiten über den Urheberschutz von Computerprogram- 5 men abzustellen (vgl. *Dreier* GRUR 1993, 781, 782), um so Investitionen eine sichere gesetzliche Grundlage zu bieten (vgl. Erwägungsgründe 2 und 3). Sie soll einheitliche Wettbewerbsbedingungen und einen einheitlichen, einer uniformen Lizenzpraxis im Binnenmarkt entgegenkommenden Rechtsrahmen schaffen. Nach nicht ganz 20 Jahren ist die Richtlinie bestätigt und erneut kodifiziert worden (vgl. Vorschlag der Kommission für eine kodifizierte Fassung der Richtlinie vom 28.1.2008, KOM(2008) 23 endgültig 2008/0019 (COD), Stellungnahme des Europäischen Wirtschafts- und Sozialausschusses, ABl. EU Nr. C 204/24 vom 9.8.2008 sowie Stellungnahme des Europäischen Parlaments vom 17.6.2008, P6 TA(2008)0268, ABl. EU Nr. C 286 E/61 v. 27.11.2009, und Beschluss des Rates vom 23. März 2009, CS/2009/7781). Angepasst bzw. gestrichen wurde vor allem die Regelung in Art. 8 der Richtlinie a. F. über die Schutzdauer. Sonst wurde die Richtlinie am 23.4.2009 erneut fast wortgleich – leider dementsprechend auch ohne Modernisierung – als Richtlinie 2009/24/EG verabschiedet (ABl. EU Nr. L 111/16 v. 5.5.2009).

2. Besondere Bestimmungen in einem besonderen Abschnitt

6   Nach einem von der Bundesregierung am 18.12.1992 vorgelegten Gesetzesentwurf samt Stellungnahme des Bundesrates und Gegenäußerung der Bundesregierung (BT-Drucks. XII/4022), Beschlussempfehlung und Bericht des Rechtsausschusses v. 23.3.1993 (BT-Drucks. XII/4597) sowie Gesetzesbeschluss des deutschen Bundestages v. 16.4.1993 und Beschluss des Bundesrates v. 7.5.1993 (BR-Drucks. 253/93) wurde die Computerprogramm-Richtlinie en bloc mit dem Zweiten Gesetz zur Änderung des Urheberrechtsgesetzes, welches am 24.6.1993 in Kraft getreten ist (BGBl. I S. 910), in einem gesonderten Abschnitt des Urhebergesetzes umgesetzt. Diese Form der Umsetzung ist angesichts des in Deutschland zuvor favorisierten Leistungsschutzes (s. o. Rn. 3) konsequent. Der Gesetzgeber hat zu erkennen gegeben, dass er die Umsetzung der Vorschriften der Computerprogramm-Richtlinie (wohl nur) um der Harmonisierung und des internationalen Schutzsystems willen im Urheberrecht vorgenommen hat, dass er Computerprogramme aber nicht für klassische Urheberwerke hält (Begr. BRegE BT-Drucks. XII/4022, 7 f., 9). Die Vorzüge einer solchen sehr zu begrüßenden Umsetzung (s. demgegenüber zur misslungenen und inkonsequenten Umsetzung der Datenbank-Richtlinie (s. Vor §§ 31 ff. Rn. 3) durch Integration in die ersten Abschnitte des Urheberrechtsgesetzes *Grützmacher* 464 ff.) liegen darin, dass im Interesse der Rechtsklarheit und leichteren Anwendbarkeit „der Rechtsanwender [...] die wesentlichen Vorschriften über den Rechtsschutz von Computerprogrammen übersichtlich an einer Stelle im Gesetz" findet und dadurch **„Ausstrahlungen von Sonderregelungen für Computerprogramme auf das ‚klassische' Urheberrecht" besser vermieden** werden können (Begr. BRegE BT-Drucks. XII/4022, 8). Im Gegensatz zu den gem. §§ 1 und 2 dem Urheberschutz primär unterfallenden Werken der Literatur, Wissenschaft und Kunst, die regelmäßig von Einzelpersonen geschaffen werden und die aufgrund deren eigenschöpferischen Schaffens nicht nur eines wirtschaftlichen, sondern auch eines umfassenden persönlichkeitsrechtlichen Schutzes bedürfen, handelt es sich bei Computerprogrammen um regelmäßig in Teamarbeit unter Leitung eines Produzenten geschaffene, auf gewerblichen Leistungen beruhende sowie ständig fortzuentwickelnde Wirtschaftsgüter. Computerprogramme haben also die Charakteristika von **Industrieprodukten** (Begr. BRegE BT-Drucks. XII/4022, 7). Die Bestimmungen über den Schutz von Computerprogrammen zeichnen sich zudem dadurch aus, dass sie von urheberrechtsfremden Überlegungen (etwa Schaffung und Begrenzung des Know-how-Schutzes mit dem Ziel der Förderung kompatibler Produkte und des Wettbewerbs) geprägt sind (Begr. BRegE BT-Drucks. XII/4022, 7 f.; dazu näher § 69e Rn. 1 ff.). Es handelt sich mithin bei einem Computerprogramm um eine Werkart, „die an der Grenze zwischen dem Urheberrecht traditioneller Art und anderen Rechtssystemen zum Schutz des geistigen Eigentums liegt" (Begr. BRegE BT-Drucks. XII/4022, 8).

3. Auslegung der §§ 69a ff.

Entsprechend ihrer Sonderstellung im Gesetz und der durch die §§ 69a ff. geschützten Interessen und Leistungen gelten für die Bestimmungen über den Urheberschutz von Computerprogrammen gesonderte Auslegungsgrundsätze. Zu nennen sind folgende **Prinzipien:** Geschützt werden die Investition und der faire Wettbewerb, so dass keine überhöhten Anforderungen an die Eigentümlichkeit der Leistungen gestellt werden dürfen. Der wirtschaftliche Schutz steht im Mittelpunkt und hat Vorrang; ideelle Interessen, die des persönlichkeitsrechtlichen Schutzes bedürften, bestehen höchstens ansatzweise. Der Urheberschutz darf nicht derart weit ausgelegt werden, dass er kompatible Produkte oder die Fortentwicklung von Programmen verhindert. Dies hat insb. zur Folge, dass den §§ 12–14 und 39 kaum Bedeutung zukommt. Weiter finden die Nutzungsrechte ihre Grenzen in den wettbewerbsrechtlichen Vorgaben der §§ 69a ff. und des Kartellrechts (Schutz des Wettbewerbs bzw. Wettbewerbers; kein Primat des Urheberrechts über das Kartellrecht; dazu näher unten Rn. 15). Auch der berechtigte Programmnutzer ist vor Ausuferungen der Urheberrechte zu schützen. Schließlich ist zu bedenken, dass es sich bei den §§ 69a–69e sowie § 69g um ein Element europäischen Urheberrechts innerhalb des Urhebergesetzes handelt (Begr. BRegE BT-Drucks. XII/4022, 8). Regelmäßig ist daher eine **richtlinienkonforme Auslegung** angebracht.

4. Internationaler Schutz von Computerprogrammen

Computerprogramme genießen aufgrund von Art. 5 Abs. 1 RBÜ sowie Art. II Abs. 1 und 2 WUA Schutz im Rahmen der sog. **Inländerbehandlung** (dazu näher § 121 Rn. 13, 27). Urheber können danach für (verbandseigene) Werke in allen anderen Verbandsländern bzw. Vertragsstaaten denjenigen Schutz in Anspruch nehmen, der auch den inländischen Urhebern zukommt. Als Sprachwerke (§ 2 Abs. 1 Nr. 1 und § 69a Abs. 4) unterfallen Computerprogramme der RBÜ (*Haberstumpf* in Lehmann Kap. II Rn. 30) und damit der Inländerbehandlung (*Bothe/Kilian* 470; offen lassend *Dreier/Hugenholtz/Dreier* Berne Convention, Art. 2, 2. (c)). Eine Pflicht zur Gewährung von Mindestrechten besteht für Computerprogramme hingegen *allein* nach der RBÜ nicht (str.; so auch Busche/Stoll/*Klopmeier* TRIPs Art. 10 Rn. 1 f.; *Dreier/Hugenholtz* TRIPs Art. 10, 1; Dreier/Hugenholtz/*Dreier* Berne Convention Art. 2, 2. (c) im Rückschluss aus Art. 10 TRIPs und Art 4 WCT; wohl auch Begr. BRegE BT-Drucks. XII/4022, 7; a. A. *Bothe/Kilian* 470; *Keplinger* Copyright 1985, 119, 127f.). Anerkannt wurde von der Rechtsprechung auch der Schutz von Computerprogrammen durch das Welturheberrechtsabkommen WUA, allerdings aufgrund des eingeschränkten Mindestkataloges des Art. I WUA ebenfalls lediglich mit der Folge der Inländerbehandlung (OLG Karlsruhe GRUR 1984, 521, 522 – Atari-Spielcassetten; vgl. auch *Haberstumpf* in Lehmann Kap. II Rn. 30; a. A. *Keplinger* Copyright 1985, 119, 127f.: Verpflichtung zum Mindestschutz; offen lassend *Bothe/Kilian* 473). Strittig ist, ob auch der Laufbildschutz von Computerprogrammen der Verpflichtung zur Inländerbehandlung (nach der RBÜ) unterfällt (dazu näher § 69g Rn. 5).

Eine das Prinzip der Inländerbehandlung ergänzende völkerrechtliche Verpflichtung zur Schaffung eines gewissen urheberrechtlichen **Mindestschutzes** für Computerprogramme als Werke der Literatur besteht allein aufgrund von **Art. 10 TRIPs** sowie **Art. 4 World Copyright Treaty** v. 20.12.1996 (WCT). Mit dem TRIPs-Abkommen wurden so genannte Bern-plus-Regeln geschaffen, aus denen Verpflichtungen resultieren, die nach der RBÜ nicht bestehen (dazu näher *Lehmann* CR 1995, 2ff.; *Rehbinder/Staehelin* UFITA 127 (1995) 5, 17ff.; *Dreier/Hugenholtz* TRIPs Art. 10, 1f.; vgl. *Dreier* in Lehmann Kap. I Rn. 39f.; *Reinbothe* GRUR Int. 1992, 707, 709ff.). So sind die Mitgliedstaaten über Art. 10 i. V. m. 9 Abs. 1 TRIPs die Gewährung von (wirtschaftlichen) Mindestrechten an Computerprogrammen schuldig. Über die RBÜ hinaus sind sie nach Art. 11 TRIPs zur Schaffung von Vermietrechten an Computerprogrammen verpflichtet. Andererseits dürfen Ideen, Verfahren, Arbeitsweisen und mathematische Konzepte als solche nach Art. 9 Abs. 2

TRIPs keinen Schutz erlangen (s. dazu § 69a Rn. 22, 27 ff.). Art. 13 TRIPs erlaubt die kartellrechtliche Beschränkung des Urheberschutzes von Computerprogrammen (*Lehmann* CR 1995, 2, 3; dazu auch unten Rn. 15 ff., § 69c Rn. 40, § 69d Rn. 46 ff., § 69e Rn. 25, 27). Zu beachten ist schließlich das Meistbegünstigungsprinzip (Art. 4 TRIPs). Eine mit Art. 10 TRIPs vergleichbare Verpflichtung zum Urheberschutz von Computerprogrammen besteht aufgrund von Art. 4 WCT. Anders als Art. 10 Abs. 1 TRIPs stellt Art. 4 WCT aber explizit klar, dass Computerprogramme „ohne Rücksicht auf die Art und Form des Ausdrucks" geschützt sind. Dies stellt sicher, dass nicht nur der Quell- und Objektcode geschützt sind (vgl. Dreier/Hugenholtz/*Senftleben* WCT, Art. 4, 1.), sondern auch die innere Gestaltung (*v. Lewinski* CR 1997, 438, 442). Ausgenommen bleibt gem. Art. 2 WCT der Schutz der Ideen. Im Übrigen findet sich auch in Art. 4 WCT keine Definition des Begriffs „Computerprogramm"; die Begriffsbestimmung obliegt insofern nationalen Gesetzen und Gerichten (vgl. Dreier/Hugenholtz/*Senftleben* WCT Art. 4, 1.). Art. 7 WCT verpflichtet zur Gewährung eines Vermietrechts, Art. 8 zur Schaffung eines Rechts der öffentlichen Wiedergabe einschließlich der öffentlichen Zugänglichmachung (Online-Recht). Insoweit gehen die internationalen Verpflichtungen über die Vorgaben der Computerprogramm-Richtlinie hinaus (näher dazu § 69c Rn. 1). Weil der WCT Abkommen i. S. v. Art. 20 RBÜ ist, wird über Art. 4 WCT für die Mitgliedstaaten des WCT der Katalog der Werkarten der RBÜ erweitert (Busche/Stoll/*Klopmeier* TRIPs Art. 10 Rn. 1 f.), was zur Folge hat, dass anders als bei Art. 9 und 10 TRIPs auch Art. 6bis RBÜ anzuwenden ist.

5. Ausländisches Computerurheberrecht

10 Infolge der Anregung durch die WIPO-Musterverträge, der offenen Kataloge der Art. 2 Abs. 1 RBÜ und Art. I WUA sowie schließlich der Verpflichtungen gem. Art. 10 Abs. 1 TRIPs und Art. 4 WCT ist der Urheberschutz von Computerprogrammen heute nahezu weltweit etabliert (es finden sich zahlreiche Darstellungen auch in deutscher Sprache: Kapitel über verschiedene Rechtsordnungen, nämlich Belgien, Dänemark, Hongkong, Korea, Österreich, Singapur, Taiwan und Ungarn finden sich bei *Ulrich/Körner;* über China, England, Frankreich, Indien, Israel, Italien, Japan, Niederlande, Polen, Russland, Schweden, die Schweiz, Spanien und die USA bei *Ulrich/Lejeune;* in englisch die einführende Beiträge über Belgien, China, Finnland, Frankreich, Israel, Italien, die Niederlande, Polen, Spanien, die Schweiz, Großbritannien und die USA bei *Van den Brande/Coughlan/Jaeger;* weiter sei auf die Darstellungen für Belgien von *Strowel* GRUR Int. 1995, 374 sowie *Beysen* (kursorisch); Brasilien von *Leonardos* GRUR Int. 1988, 921; China von *Lovenworth/Dittrich* GRUR Int. 1996, 32; *Söbbing* ITRB 2011, 45; Frankreich von *Dujardin/Lejeune* ITRB 2011, 136 sowie *Beysen* (kursorisch); Großbritannien von *Günther* JurPC 1994, 2488; *De Wachter* CRi 2010, 12 sowie *Paton/Morton* CRi 2011, 8; Griechenland von *Marinos* GRUR Int. 1993, 747; Indien von *Dohrmann;* Italien von *Tosi* CR 1995, 457; *Geffers* in Büchner/Briner, 99; Japan von *Sommer* GRUR Int. 1994, 383; Korea von *Ahn* 279 ff.; Österreich von *Rüffler* ÖBL 2008, 52; *Wiebe* in Büchner/Briner, 107; Russland von *Gulbis/Neurauter* GRUR Int. 2011, 93; die Schweiz von *Caduff; Neff/Arn/Lück; Fröhlich-Bleuler/Roth* ITRB 2009, 108; *Lutz* GRUR Int. 1993, 653; *Rigamonti* GRUR Int. 2009, 14; *Straub,* UFITA 2001/III, 807 sowie *Stutz/Ambühl,* GRUR Int 2010, 667; die USA von *Becker* CR 1994, 336; *Bothe/Kilian* 475 ff.; *Günther* JurPC 1994, 2488; *Günther* CR 1995, 641; *Karger; Oman* GRUR Int. 1988, 467; *Schweyer* (2013); *Wiebe* 94 ff.; *Wiebe* GRUR Int. 1990, 21 sowie *Wöstehoff* verwiesen).

II. Die urheberrechtliche Vertragsberatung und -gestaltung

1. Allgemeines

11 Es gibt im Bereich des EDV-Rechts kaum Verträge ohne urhebervertragsrechtlichen Gehalt. Zu nennen sind etwa Überlassungsverträge auf Dauer und Lizenzverträge auf Zeit

für die Einzelplatz- oder Mehrplatznutzung, Projekt- und Softwareerstellungsverträge, Softwarevertriebsverträge, Outsourcing- und ASP-Verträge sowie Pflege- und Wartungsverträge. Zu unterscheiden sind bei all diesen Verträgen das Kausalgeschäft (Verpflichtungsgeschäft), zu dessen Behandlung auf die einschlägige Literatur zu verweisen ist (insb. *Koch; Pres; Marly* Praxishandbuch; *Redeker; Jochen Schneider*) und das dingliche Geschäft (Rechteeinräumung). Nach der Rechtsprechung besitzen dabei auch einfache Nutzungsrechte einen gewissen dinglichen Charakter (BGH GRUR 2009, 946, 948 – Reifen Progressiv). Auch im Urhebervertragsrecht gilt mithin das **Trennungsprinzip**. Streitig ist lediglich, ob auch das Abstraktionsprinzip Anwendung findet (ablehnend für Computerprogramme BGH CR 2012, 572, 573 – M2Trade; OLG Köln GRUR-RR 2007, 33, 34; LG Köln GRUR-RR 2006, 357, 358 ff.; LG Mannheim CR 2004, 811, 814 m. krit. Anm. *Grützmacher; Lehmann* FS Schricker 1995, 543, 546; *Pres* 150; allgemein OLG Hamburg GRUR Int. 1999, 76; OLG Hamburg GRUR 2002, 335; *Schricker/Loewenheim* Vor § 28 Rn. 61; nicht ganz so klar BGH GRUR 1966, 567, 569; BGH GRUR 1982, 308, 309; BGH NJW 1990, 1989; a.A. für Computerprogramme *Hoeren* CR 2005, 773, 774; allgemein BGHZ 27, 90, 95 f.; Brandenburgisches OLG NJW-RR 1999, 839; *Schack* Rn. 589 ff.; näher Vor §§ 31 ff. Rn. 6, 50). Hinterfragen kann man, ob nach der Novellierung des Urhebervertragsrechts für die Analogie zu § 9 VerlG überhaupt noch die erforderliche planwidrige Lücke besteht (vgl. *Grützmacher* CR 2004, 814). Für Computerprogramme gibt es zudem im Rahmen von der Überlassungsverträgen anders als bei Verlagsverträgen keine Auswertungspflicht (*Hoeren* CR 2005, 773, 774). Unabhängig davon, wie die Hauptlizenz zu behandeln ist, hat die Rechtsprechung im Übrigen klargestellt, dass für die Unterlizenz bei Erlöschen der Hauptlizenz ein Sukzessionsschutz besteht (BGH GRUR 2009, 946, 948 – Reifen Progressiv; BGH CR 2012, 572, 573 f. – M2Trade; OLG Köln GRUR-RR 2007, 33, 34; LG Köln GRUR-RR 2006, 357, 358 ff.: jeweils in Anlehnung an § 33; s. dazu auch *Metzger* ITRB 2013, 239 ff.). Laut BGH soll dieses sogar dann gelten, wenn die Unterlizenz auf beschränkte Zeit und gegen laufende Gebühr erworben wurde (BGH CR 2012, 572, 573 ff. – M2Trade). Letzteres erscheint trotz der im Gegenzug gewährten Bereicherungsrechtsansprüche sehr fragwürdig. Demgegenüber führt die Gewährung des Sukzessionsschutzes im Übrigen zu einer erfreulichen Absicherung von Unterlizenzen im Insolvenzfall des Hauptlizenzgebers.

2. Urhebervertragsrecht (§§ 31 ff.), insb. die Zweckübertragungslehre, AGB-Recht und Computerprogramme

Die urheberrechtliche Vertragsgestaltung wird geprägt durch die sog. Zweckübertragungslehre (dazu im Einzelnen § 69a Rn. 59 ff.; allgemein § 31 Rn. 39 ff.). Nach ihr werden im Zweifel nur solche Nutzungsrechte eingeräumt, welche entweder ausdrücklich benannt wurden, nach dem Zweck des zugrundeliegenden Kausalgeschäfts erforderlich sind oder deren Einräumung der Branchenübung entspricht (vgl. zur Grenze aber § 31 Rn. 46).

Aus diesem Prinzip folgt, dass insb. der Lizenznehmer peinlich genau darauf achten muss, dass ihm zumindest alle für seine Zwecke notwendigen Nutzungsrechte für entsprechende (bekannte) Nutzungsarten eingeräumt werden. Er trägt die Spezifizierungslast (dazu § 31 Rn. 40, 47; § 69a Rn. 62). Auch der Lizenzgeber sollte aber auf die genaue Umschreibung achten, um spätere Streitigkeiten insb. auch über das, was zweckgemäß, erforderlich oder branchenüblich ist, zu vermeiden. In der Software-Lizenzpraxis finden sich häufig auch sog. **Buy-out-Klauseln** (dazu allgemein Vor §§ 31 ff. Rn. 92, § 31 Rn. 41 f.), an denen der Lizenznehmer von Computerprogrammen anders als bei anderen Werkarten oftmals ein rundum berechtigtes Interesse hat, denn Computerprogramme stellen anders als etwa Kunstwerke unpersönliche Wirtschaftgüter dar, welche regelmäßig von einer Vielzahl von Urhebern im Team geschaffen werden und trotzdem unabhängig von deren nachfolgender Zustimmung auch in der Zukunft verwertet und weiterentwickelt werden können müssen. Inhalt dieser Buy-out-Klauseln ist die erschöpfende und umfassende Aufzählung aller Nutzungsrechte und -arten.

14 Das Urhebervertragsrecht (§§ 29–44) unterliegt im Grundsatz der AGB-rechtlichen **Inhaltskontrolle des §§ 307 ff. BGB** (dazu eingehend *Kuck* GRUR 2000, 285, 287 *ff.*; Wolf/Lindacher/Pfeiffer/*Stoffels* AGB.-Recht Klauseln Rn. U 25 ff.; *Hertin* AfP 1978, 72 ff.; ausführlich dazu Vor §§ 31 ff. Rn. 97 ff.). Umstritten ist aber, inwieweit das in Ansehung der Zweckübertragungslehre gem. § 31 Abs. 5 auch für die Nutzungsrechtseinräumung im engeren Sinne gilt. Während die Anwendung des § 307 BGB in der Literatur schon immer befürwortet wurde (etwa *Schack* Rn. 1086; *Schricker/Loewenheim* Vor § 28 Rn. 40; Vor §§ 31 ff. Rn. 108), lehnte die höchstrichterliche Rechtsprechung die Anwendung des AGB-Rechts ab (BGH GRUR 1984, 45, 49 – Honorarbedingungen; BGH GRUR 1984, 119, 121 – Synchronisationssprecher; *Kuck* GRUR 2000, 285, 288; näher dazu Vor §§ 31 ff. Rn. 108). Der BGH hat nunmehr entsprechend den Hinweisen in der Gesetzesbegründung, die für die Beibehaltung seiner Rechtsprechung auch nach der Novellierung des Urhebervertragsrechts 2002 sprechen (Begr. BRegE BT-Drucks. XIV/6433, 11 f., 14), seine alte Rechtsprechung bestätigt und wendet § 307 BGB weiterhin auch in Ansehung des § 31 Abs. 5 zur Überprüfung der Rechteklauseln nicht an (BGH WRP 2012, 1107, 1111 f. – Honorarbedingungen Freie Journalisten). Laut BGH ist den Gesetzesmaterialien zur Urhebervertragsrechtsreform vielmehr zu entnehmen, dass sogar die Vereinbarung von Einmalzahlungen in sog. Buy-out-Verträgen nicht grundsätzlich ausgeschlossen ist; das ergibt sich auch aus der Begründung des Regierungsentwurfs (BGH WRP 2012, 1107, 1113 f. unter Hinweis auf BT-Drucks. 14/6433, 12). Der BGH hat damit auch die von den Instanzgerichten (siehe die Zusammenfassung dieser Rechtsprechung bei *Dorner* MMR 2011, 781 ff.) favorisierte Argumentation mit § 11 S. 2 verworfen. Selbst wenn entsprechend der h. L. eine Inhaltskontrolle entsprechender Nutzungsklauseln vorzunehmen wäre, bestünde im Übrigen für umfassende Buy-out-Klauseln im Rahmen der ausgelagerten oder mit Hilfe freier Mitarbeiter bewerkstelligten Programmentwicklung in aller Regel ein berechtigtes Interesse des Herstellers (dazu oben Rn. 6, 7, 13; siehe dazu auch *Dorner* MMR 2011, 780, 784 f. sowie auch *van der Hoff*, 58 f.). Insofern ist zudem zu bedenken, dass das Urheberrecht an Computerprogrammen in anderen Mitgliedstaaten der europäischen Union übertragbar ist und dass das de lege ferenda, ganz im Gegensatz zu den klassischen Urheberwerken, eigentlich auch für das deutsche Computerurheberrecht angezeigt wäre. Eine zu strikte Inhaltskontrolle würde also die Weiterentwicklung von durch eine Vielzahl, auch externer Urheber, erstellten Programmen ganz erheblich behindern und damit deutsche Hersteller im europäischen Vergleich stark benachteiligen.

3. Urhebervertragsrecht, Kartellrecht und Computerprogramme

15 Zahlreiche durch die EU-Kommission und den Gesetzgeber immer noch unbefriedigend gelöste, in der Praxis oft übersehene Probleme ergeben sich bei der Vertragsberatung und -gestaltung aus dem **Spannungsverhältnis von Urheberrecht und Kartellrecht** (dazu eingehend: *Marly* Praxishandbuch Rn. 823 ff., 1031, 1034, 1586 f.; *Lehmann* in: Lehmann Kap. XVI Rn. 15 ff., 38 ff.; Immenga/Mestmäcker/*Ullrich* GRUR A. Rn. 18 ff., 63 ff., D. Rn. 13 ff.; *Moritz* CR 1993, 257, 341 und 414; *Jörg Schneider*, Softwarenutzungsverträge; *Gabriel/Cornels* ITRB 2008, 277; *Jochen Schneider* C. Rn. 300 ff.; *Sucker* CR 1989, 353 und 468; *Konrad/Timm-Goltzsch/Ullrich* in Ullrich/Leujeune 363; *Vinje* CR 1993, 401). Nach dem bis zum 1.5.2004 bzw. 30.6.2005 geltenden § 17 GWB a. F. waren im Geschäftsverkehr grds. solche Beschränkungen in Lizenzverträgen verboten, die über den Inhalt gewerblicher Schutzrechte hinausgehen. Gem. § 18 Nr. 3 GWB a. F. fand § 17 GWB a. F. auf urheberrechtlich geschützte Software aber nur dann Anwendung, wenn deren Lizenzierung im Zusammenhang mit der Lizenzierung von gewerblichen Schutzrech-

ten (etwa für patentgeschützte computerimplementierte Erfindungen) oder von ungeschützten Betriebsgeheimnissen erfolgte. Was galt, wenn nur Computerprogramme lizenziert wurden, war unklar. Nach der Rechtsprechung fand § 17 Abs. 1 GWB a. F. auf Softwareüberlassungsverträge als reine Austauschverträge über Urheberrechte und verwandte Schutzrechte keine Anwendung (vgl. OLG Düsseldorf CR 1995, 730). Die kartellrechtliche Kontrolle, insb. gem. §§ 14 und 16 GWB a. F., konnte daher auch im Fall von Urheberrechten an Computerprogrammen in Anlehnung an die §§ 17, 18 GWB a. F. erst dort einsetzen, wo Wettbewerbsbeschränkungen nicht mehr durch Inhalt und Funktion dem Schutzrecht entsprechen, nicht aber bei Bindungen, die sich lediglich als Einräumung eines nach § 31 Abs. 1 beschränkten urheberrechtlichen Nutzungsrechts unter Versagung einer weitergehenden Berechtigung darstellen (str.; umfassend *Jörg Schneider* Softwarenutzungsverträge 111 ff., 120 f., 200 f. m. w. N. auch zur Gegenmeinung; s. auch 1. Aufl. Vor §§ 69a ff. Rn. 15). Nach den seit dem 1.7.2005 geltenden **§§ 1, 2, 19 f. GWB** hingegen finden die gleichen Prinzipien wie bei Art. 101, 102 AEUV Anwendung (dazu unten Rn. 17). Deutsches und europäisches Kartellrecht unterscheiden sich damit praktisch kaum noch.

Die **Art. 101, 102 AEUV** können (dabei) nur eingreifen, wenn Verträge spürbare Auswirkungen auf den zwischenstaatlichen Handel haben. Voraussetzung hierfür ist, dass es sich gem. Art. 101 AEUV um Vereinbarungen zwischen Unternehmen handelt oder diese ihr Verhalten abstimmen oder dass der Lizenzgeber ein marktbeherrschendes Unternehmen i. S. d. Art. 102 AEUV ist. Lizenzverträge mit Privatpersonen, die nicht von einem marktbeherrschenden Unternehmen geschlossen werden, unterliegen also dem europäischen Wettbewerbsrecht in aller Regel nicht. 16

Auch nach Art. 101, 102 AEUV sind im Grundsatz die urheberrechtlichen Vorgaben zu berücksichtigen, so dass insb. auch die auf bestimmte Nutzungsarten beschränkte Rechtseinräumung der kartellrechtlichen Kontrolle nicht unterliegt (vgl. *Lehmann* in Lehmann Kap. XVI Rn. 25 ff.; *Haberstumpf* in Lehmann Kap. II Rn. 158). Gleichwohl ist auch bei Art. 101, 102 AEUV **kein Primat des Urheberrechts über das Kartell- und Wettbewerbsrecht** anzuerkennen (vgl. *Grützmacher* 355 ff.; *Lehmann* FS Schricker 1995, 543, 545; a. A. *Moritz* CR 1993, 257, 259; zu kartellrechtlichen Beschränkungen im Detail s. § 69c Rn. 40, § 69d Rn. 46 ff., § 69e Rn. 26, 28). So hat die EG-Kommission für ihre kartellrechtliche Verwaltungspraxis klargestellt, dass die Computerprogramm-Richtlinie zwar Vorgaben für den unantastbaren Bestand des Urheberrechts macht, gleichzeitig aber jede Vereinbarung oder Maßnahme, die den Bereich des Bestands des Urheberrechts verlässt, einer Kontrolle nach den Wettbewerbsregeln des AEUV unterliegt (EG-Kommission ABl. EG 1989 Nr. C 91/16). Unzulässig können insb. Versuche sein, durch vertragliche Vereinbarungen oder andere Übereinkünfte den Schutzbereich auf urheberrechtlich ungeschützte Elemente zu erstrecken, oder die Untersagung von Verwertungshandlungen, die nicht dem Rechtsinhaber vorbehalten sind (EG-Kommission ABl. EG 1989 Nr. C 91/16). Die Äußerung der Kommission ist geprägt von der sog. **Lehre vom spezifischen Gegenstand**. Nach der Rechtsprechung des EuGH und der Verwaltungspraxis der EU-Kommission ist diese in der jüngeren Praxis durch die **wesentliche Funktion des Schutzrechtes** als Ansatzpunkt der wettbewerbsrechtlichen Kontrolle abgelöst worden, wobei auch Missbrauchskriterien herangezogen werden (EuG Slg. 1999 II-3989 Rn. 56 f. – Micro Leader Business; EuGH GRUR Int. 1995, 490, Rn. 48 ff. – Magill; ausführlich zu diesen unterschiedlichen Ansätzen *Grützmacher* 349 ff. m. w. N.; vgl. auch EuG GRUR Int. 2002, 67 Rn. 22 ff. – IMS Health; EuGH GRUR Int. 2004, 644 Rn. 34 ff. – IMS Health; EU-Kommission, COMP/C-3/37792, C (2004) 900 final v. 24.3.2004 Rn. 542 ff., 709 ff., 743 ff. [= auszugsweise wiedergegeben in WuW/E EU-V 931] – Microsoft; dazu EuG WuW/E EU-R 863 Rn. 198 ff., insb. 207 und 222 ff. – Microsoft/Kommission; EuG CRi 2007, 148 Rn. 312 ff., 643 ff. – Microsoft/Kommission; auch *Heinemann* GRUR 2006, 705, 710 ff.; *Moritz* CR 2004, 321; *Körber* RIW 2004, 568, 570 ff.; *Körber* RIW 2004, 17

UrhG Vor §§ 69a ff. 18 Vorbemerkung

881 ff.; *Zimmerlich* WRP 2004, 1260 ff.). Im Übrigen greifen teils die EU-Gruppenfreistellungsverordnungen ein (s. § 69c Rn. 67, § 69d Rn. 46).

III. Der Urheberrechtsprozess wegen Computerprogrammen

1. Klagearten und Verfahren

18   Bei der Verletzung von Rechten an Computerprogrammen gelten wie für andere Urheberwerke die §§ 96 ff. (dazu näher § 69a Rn. 77). Dementsprechend kommen als Klagearten die Leistungsklage – insb. in Form der (vorbeugenden) Unterlassungsklage, Zahlungsklage, Klage auf Vernichtung oder Auskunft (zur Antragsfassung nachfolgend) – und mitunter die Feststellungsklage in Betracht. Entscheiden muss sich der Rechtsinhaber gegebenenfalls, ob er das **Verfahren des einstweiligen Rechtsschutzes** wählt **oder** gleich eine **Hauptsacheklage** anhängig macht. Vor Schaffung der §§ 69a ff. war es bei Computerprogrammen praktisch unmöglich, Urheberrechtsverletzungen im Verfügungsverfahren zu verfolgen (etwas anderes galt nur für den Laufbildschutz von Computerspielen, dazu § 69g Rn. 5), denn die Darlegung und der Beweis einer eigenschöpferischen Leistung war im Wege der einstweiligen Verfügung faktisch nicht möglich (vgl. etwa LG Hannover CR 1994, 626). Heute besteht dieses Problem aufgrund der in Rechtsprechung und Literatur anerkannten tatsächlichen Vermutung der Schutzfähigkeit oft nicht mehr (dazu näher unter Rn. 20; § 69a Rn. 37). Gleichwohl lassen sich im Wege der einstweiligen Verfügung nur evidente Verstöße, insb. Produktpirateriefälle (dazu näher § 69c Rn. 9 ff., 11), verfolgen. Für rechtsverletzende Nachahmungen, insb. auf konzeptioneller Ebene, hingegen bleibt der einstweilige Rechtsschutz regelmäßig ungeeignet (OLG Celle CR 1994, 748 f. – Einstweilige Verfügung in Softwareurheberrechtssachen), da diese zumeist ein ausführliches Sachverständigengutachten erfordern (dazu unten Rn. 21 f.). Zudem kann ein Vertriebsverbot die Hauptsache vorwegnehmen (OLG Celle CR 1994, 748 f. – Einstweilige Verfügung in Softwareurheberrechtssachen; krit. zu dieser Entscheidung Fromm/Nordemann/*Czychowski* Vor § 69a Rn. 16). Im Falle der Hauptsacheklage steht der Kläger vor der Wahl einer Stufenklage (§ 254 ZPO) oder einer Feststellungsklage (§ 256 ZPO). Nach der Rechtsprechung ist auch Letztere zulässig, und zwar u. a. deshalb, weil bei der Stufenklage nur eine sechsmonatige Hemmung eintritt (§ 204 Abs. 1 Nr. 1 und Abs. 2 BGB), die dann zu Schwierigkeiten führt, wenn Streit über die Vollständigkeit der Auskunft besteht, während der Feststellungsantrag nach § 197 Abs. 1 Nr. 3 BGB für eine mit dem Urteil 30jährige Verjährung sorgt (BGH CR 2004, 132 – Feststellungsinteresse III m. Anm. *Grützmacher*). Im Detail ergeben sich im Softwareverletzungsprozess weitere Spezialprobleme. Der **Klageantrag** (dazu näher *Redeker* in Bartsch 105, 108 ff.; *Redeker* Rn. 206 ff.; *Engel* in Lehmann Kap. XVIII Rn. 94 ff.; bei der Unterlassungsklage *Brandi-Dohrn* CR 1987, 835 f., 838; *Brandi-Dohrn* CR 1985, 67, 71; s. auch § 69g Rn. 1 a. E.) kann sich bei Unterlassungsanträgen auf die Marktbezeichnung eines Programms auch dann beziehen, wenn nur ein Teil eines Programms verletzt wird (*Brandi-Dohrn* CR 1987, 835 f., 838). Streitig ist, inwieweit das im Antrag benannte Programm durch vorgelegte Unterlagen oder Datenträger eindeutig bestimmt werden muss (strikt *Engel* in Lehmann Kap. XVIII Rn. 118; a. A. *Brandi-Dohrn* CR 1987, 835, der zu Recht die Konkretisierung im Laufe des Prozesses zulässt; vgl. BGHZ 112, 264, 268 – Betriebssystem m. w. N.). Nach der Rechtsprechung reicht es insofern in der Regel nicht, im Antrag lediglich auf Anlagen zu verweisen, die nur aus Listen bestehen, in denen die Namen der jeweiligen Datei, ihre Größe in Bytes, die Daten der letzten Änderung, des letzten Zugriff und der Erstellung sowie ein Zuordnungskriterium angegeben sind (BGH GRUR 2003, 786, 787 – Innungsprogramm), oder die nur auf eine Beschreibung von dessen Anforderungen (BGH GRUR 2008, 357, 359 – Planfreigabesystem m. krit. Anm. *Sodtalber* K&R 2008, 299) oder gar nur auf die Programmbezeichnung (BGH GRUR 2008, 357, 358 – Planfreigabesystem; OLG Hamm GRUR 1990, 185,

m. Anm. *Schulze* CR 1989, 798). Vielmehr ist es im Zweifel erforderlich, im Antrag auf einen (als Anlage) beigefügten Datenträger mit den aufgelisteten Dateien zu verweisen (BGH GRUR 2003, 786, 787 – Innungsprogramm – unter Hinweis auf BGHZ 94, 276, 291 – Inkasso-Programm – und BGHZ 142, 388, 390 f. – Musical-Gala; BGH GRUR 2008, 357, 358 – Planfreigabesystem; *Sodtalber* K&R 2008, 299, 300; vgl. OLG Hamburg GRUR-RR 2002, 217 – CT-Klassenbibliotheken; s. auch Vor §§ 97 ff. Rn. 18). Etwas anderes mag bei Raubkopien von weitverbreiteter Standardsoftware gelten (*Redeker* Rn. 207). Der Antrag ist bei Nachahmungen oder Teilübernahmen im Zweifel an dem verletzenden und nicht am verletzten Programm sowie, solange nicht lediglich eine identische Übernahme vorliegt, zudem an den verletzenden, d. h. übereinstimmenden Teilen auszurichten (BGH GRUR 2003, 786, 787 – Innungsprogramm; s. aber OLG Hamburg GRUR-RR 2002, 217, 218 – CT-Klassenbibliotheken: Benennung einzelner Komponenten, die identisch übernommen wurden). Abgewandelte Verletzungsformen können nur in den Grenzen des § 253 Abs. 2 Nr. 2 ZPO und der bestehenden Wiederholungsgefahr in den Antrag mit einbezogen werden (dazu näher *Engel* in Lehmann Kap. XVIII Rn. 118; vgl. *Brandi-Dohrn* CR 1987, 835 f., 838; *Brandi-Dohrn* CR 1985, 67, 71; *Redeker* Rn. 208 ff.). So ist etwa der pauschale Antrag, es zu unterlassen, den Programmcode abzuändern oder in diesen einzugreifen, mangels Bestimmtheit unzulässig, weil er lediglich den Tatbestand des § 69c Nr. 2 wiedergibt und die Bestimmung der konkreten Verletzungshandlung nicht umschreibt, sondern in unzulässiger Weise ins Vollstreckungsverfahren verlagert (OLG Düsseldorf CR 2001, 371, 372). Unbegründet ist ein solcher Antrag nach der Rechtsprechung, soweit er die zulässige Dekompilierung nicht ausnimmt (OLG Düsseldorf CR 2001, 371, 372). Der **Streitwert** im Fall der Klage auf Unterlassung der unbefugten Softwarenutzung soll sich nach Teilen der Rechtsprechung allein nach dem Wert eines Programmstücks und nicht nach einer unbekannten Vielzahl und allgemeinen Vertriebsinteressen des Klägers bemessen (OLG Celle CR 1995, 16). Maßstab sollen in Pirateriefällen allein der dem Rechtsinhaber durch das Verhalten des Klägers entgehende Gewinn sowie die vermutliche Anzahl der in Zukunft vom Verletzer verkauften Kopien sein (OLG Celle CR 1993, 209, 210). Hingegen sollen bei der Streitwertbemessung generalpräventive Aspekte ohne Bedeutung sein (OLG Celle CR 1995, 16; OLG Celle CR 1993, 209, 211; OLG Celle K&R 2012, 61). Nach anderer und richtiger Auffassung sind auch diese zu berücksichtigen (OLG Hamburg GRUR-RR 2004, 342 f.; KG GRUR 2005, 88).

2. Darlegungs- und Beweislast, Beweiserhebung und Beweissicherung

a) Darlegungs- und Beweislast. Beim Verletzungsprozess ist vom Rechtsinhaber gegebenenfalls Beweis zu erbringen über die von Amts wegen zu prüfende Schutzfähigkeit (dazu näher § 69a Rn. 32 ff.; noch zum alten Recht *Koch* Zivilprozesspraxis 94 ff.) und über die Verletzungshandlung (dazu näher § 69c Rn. 11 ff.; noch zum alten Recht *Koch* Zivilprozesspraxis 94 ff.). Ihn trifft dementsprechend auch die Darlegungslast.

Immerhin ist Folge der aufgrund § 69a Abs. 3 herabgesetzten Anforderungen an die **Schutzfähigkeit** von Computerprogrammen, dass bei diesen eine **tatsächliche Vermutung** für eine ausreichende eigene, schöpferische Leistung bestehen kann (dazu näher § 69a Rn. 37; BGH GRUR 2005, 860, 861 – Fash 2000; krit. dazu *Engel* in Lehmann Kap. XVIII Rn. 113a, 116). Bestehen aufgrund der äußeren Umstände ernsthafte Anhaltspunkte dafür, dass das Programm nicht ausreichend eigentümlich ist, was bei der klassischen Programmierung die Ausnahme ist, in Zukunft aber aufgrund **objektorientierter Programmierung** wieder zu erwägen ist (dazu näher § 69a Rn. 40; vgl. OLG Hamburg GRUR-RR 2002, 217, 218 – CT-Klassenbibliotheken), scheidet die Vermutung aus. Dann wird der Rechtsinhaber zum schlüssigen Vortrag den Quellcode und die Programmunterlagen samt Entwicklungsdokumentation vorlegen müssen (vgl. *Engel* in Lehmann Kap. XVIII Rn. 118 f.). Die Parteien können durch die Erklärung, übereinstimmend davon auszugehen, dass die erforderliche Werkqualität vorliege, über die Frage der Schutzfähigkeit nicht disponieren (*Ullmann* in Bartsch 96, 98; *Ullmann* CR 1992, 641, 644; vgl. *Engel* in Lehmann Kap. XVIII Rn. 113). Der Vortrag des Rechtsinhabers wäre unsubstantiiert. Hingegen können die Parteien denselben Vortrag zur Werkqualität bringen und so den Sachverhalt unstreitig stellen (*Engel* in Lehmann Kap. XVIII Rn. 113; *Ullmann* in Bartsch 96, 98; *Ullmann* CR 1992, 641, 644; vgl. OLG Köln CR 1996, 723, 724; OLG Frankfurt CR 2000, 581 – OEM-Version). Dann ist Beweis nicht zu erheben. Ähnlich stellt sich die Situation auf der Ebene der **Verletzungshandlung** dar (dazu näher § 69c Rn. 9ff.). Insb. bei der Nachahmung wird der Rechtsinhaber umfangreich zu den schöpferischen Elementen (vgl. *Engel* in Lehmann Kap. XVIII Rn. 122: bei der 1:1-Kopie reicht die Darlegung der Eigentümlichkeit überhaupt) und zu deren Übernahme vortragen müssen (dazu *Engel* in Lehmann Kap. XVIII Rn. 125f.; zu der Frage, inwieweit der Schutzrechtsinhaber gem. § 138 ZPO Behauptungen aufstellen darf, von denen er nicht weiß, ob sie wahr sind, ausführlich *Mes* GRUR 2000, 934, 937ff.; zu den Möglichkeiten der Beweissicherung s. unten Rn. 23ff.).

21 **b) Beweiserhebung, insb. die besondere Rolle des Sachverständigen.** Im Softwareverletzungsprozess lässt sich die Verletzung für den Richter, anders als etwa bei klassischen, bildnerischen Kunstwerken, nicht ohne weiteres feststellen. **Augenschein und Zeugenaussage** kommen daher als (alleinige) Beweismittel regelmäßig nicht in Frage. Zwar tendieren einige Gerichte dazu, den Schutz auf äußere Elemente wie die Bildschirmoberfläche zu erstrecken, gerechtfertigt ist das aber angesichts des Schutzgegenstandes des § 69a nicht (dazu näher § 69a Rn. 14; etwas anderes gilt für den Filmwerk- und den Laufbildschutz von Computerspielen, dazu näher § 69g Rn. 4f.). Greift die **tatsächliche Vermutung** für die **Schutzfähigkeit** im Rahmen des § 69a Abs. 3 nicht (dazu § 69a Rn. 38, 40), scheidet auch der Zeugen- oder Augenscheinsbeweis über die Urheberrechtsqualität aus (vgl. *Ullmann* in Bartsch 96, 97).

22 Aufgrund der geringen Anschaulichkeit des Codes von Computerprogrammen und deren innerer Gestaltung spielt mit Ausnahme von Pirateriefällen (Raubkopien) oder der Nutzung über die gewährte Lizenz hinaus, auch sofern die tatsächliche Vermutung der Schutzfähigkeit eingreift, im Verletzungsprozess der **Sachverständige** eine besonders bedeutende Rolle (dazu und zum Inhalt des Beweisbeschlusses ausführlich *Ullmann* CR 1992, 641, 645; zum grundsätzlichen Umgang mit diesem *Ullmann* in Bartsch 96, 102ff.). Ihm bleibt es letztlich oft vorbehalten, zu beurteilen, ob eine Übernahme von Programmcode und anderen geschützten Elementen oder deren Nachahmung vorliegt (s. auch § 69c Rn. 11ff.).

23 **c) Beweissicherung.** Zur Beweissicherung im Fall der Urheberrechtsverletzung bei Computerprogrammen bietet sich oftmals der **Testkauf** an. Schwierig ist die Beweissicherung aber, wenn ein Testkauf nicht möglich oder nicht zielführend ist, wie etwa im Fall der Raubkopien auf Rechnern in einem Unternehmen oder zur Erlangung des Quellcodes zum Beweis der Nachahmung innerer Strukturen (*Bork* NJW 1997, 1665, 1666). Die Klage allein auf einen Zeugenbeweis (etwa durch Mitarbeiter) zu stützen, ist in ersterem Fall zwar möglich, aber unsicher und scheidet im zweiten wohl komplett aus. Die durch die ZPO-Reform erfolgte Neufassung bzw. Modifizierung des § 371 ZPO samt der Normen, auf die dieser verweist, helfen in der Praxis nur selten; sie werden von den Gerichten gerne missachtet. Der Vergleich der Programme allein auf der Basis des Maschinencodes ist, selbst bei **Dekompilierung** durch einen zur Verschwiegenheit verpflichteten Sachverständigen (s. dazu näher § 69c Rn. 11, § 69e Rn. 29), oft zu aufwendig, unmöglich oder nicht aussagekräftig genug (vgl. *Brandi-Dohrn* BB 1994, 658, 662; zudem bleibt das Problem des schlüssigen Vortrags, *Engel* in Lehmann Kap. XVIII Rn. 81df.). Auch eine **analoge Anwendung des § 45** (dazu näher § 69a Rn. 75) hilft nicht, da § 45 erst im Prozess eingreift (*Dreier* GRUR 1993, 781, 789; Dreier/Schulze/*Dreier* § 69e Rn. 12). Zurückhaltung ist

Vorbemerkung 24 Vor §§ 69a ff. UrhG

schließlich gegenüber einer eingehenden Untersuchung auf Basis des diese **rechtfertigenden berechtigten Interesses** (*Engel* in Lehmann Kap. XVIII Rn. 81e, 126) geboten (*Dreier* GRUR 1993, 781, 790). Zudem bedarf es eines schnellen und überraschenden Zugreifens, was nur die Besichtigung und Sequestrierung gem. § 101a, § 809 BGB, § 883 ZPO analog gewährleisten. Andernfalls läuft der Rechtsinhaber Gefahr, wertvolle Beweismittel zu verlieren, zumal auch eine **staatsanwaltliche Durchsuchung** oder ein selbstständiges **Beweissicherungsverfahren** trotz der Vorteile der Verwertbarkeit der Beweisaufnahme (§ 493 ZPO) regelmäßig aus Sicht des Verletzten unzulänglich ist (dazu näher *Bork* NJW 1997, 1665, 1666 ff.; *Brandi-Dohrn* CR 1985, 67, 68; in Betracht kommt aber mitunter die Kombination des Beweissicherungsverfahren mit der Geltendmachung des Besichtigungsanspruchs – sog. Düsseldorfer Praxis –, dazu unter Rn. 24). Insb. hilft ihm auch nicht weiter, dass die Beweismittelvernichtung oder die Zutrittsverweigerung im Beweissicherungsverfahren (§ 485 Abs. 1 ZPO) zur Beweisumkehr führen können (vgl. LG Düsseldorf ZUM 2007, 559, 565; vgl. auch LG Köln CR 1994, 284, 285; LG Oldenburg NJW 1992, 1771, 1772; aber auch LG Köln CR 2000, 815 f.: keine Beweisvereitelung bei Sicherungskopie durch einen Dritten), wenn ihm schon ein substantiierter Vortrag ohne Beweissicherung unmöglich ist (*Bork* NJW 1997, 1665, 1667 f.).

Mit **§ 101a** besteht seit einiger Zeit ein urheberrechtlicher **Besichtigungsanspruch,** 24 wie er durch die Rechtsprechung für das Urheberrecht, auch dem Umfang nach, bereits aufgrund von **§ 809 BGB** anerkannt war (BT-Drucks. 16/5048, 27, 40). Nach dieser Rechtsprechung kann der Rechtsinhaber unter bestimmten Umständen einen Besichtigungsanspruch zumindest im Wege der **Klage** durchsetzen (so schon RGZ 69, 401, 405 f. – Nietzsche-Briefe; für das Computerurheberrecht: BGH GRUR 2002, 1046, 1048 – Faxkarte; BGH GRUR 2013, 509 – UniBasic-IDOS; OLG Hamburg ZUM 2001, 519, 523 – Faxkarte). Ggf. ist insofern wohl auch eine Stufenklage möglich (BGH GRUR 2002, 1046 – Faxkarte; BGH GRUR 2013, 509, 511 – UniBasic-IDOS; OLG Nürnberg, unveröffentl. Urt. vom 20.1.2009 –3 U 942/06 [juris Rn. 22]; LG Nürnberg-Fürth BeckRS 2010, 11898; *Tinnefeld* CR 2013, 417, 420). Darüber hinaus war es, nicht zuletzt auch in Ansehung des Art. 50 Abs. 1 lit. b, Abs. 4 TRIPs (dazu Busche/Stoll/*Vander* TRIPS Art. 50, Rn. 10 f., 22 ff.; *Heymann* CR 2008, 568, 573), schon auf Basis des § 809 BGB nach h.M. zulässig, eine **einstweilige Verfügung** auf Besichtigung und Sequestrierung analog § 883 ZPO gem. § 937 Abs. 2 ZPO ohne Anhörung des Verfügungsgegners von den Gerichten zu erlassen, wenn die Veränderung oder Vernichtung der Beweismittel drohte (KG NJW 2001, 233, 234; LG Nürnberg-Fürth CR 2004, 890, 891 f.; vgl. BGH GRUR 2002, 1046, 1048 – Faxkarte; OLG Frankfurt CR 2007, 145; OLG München GRUR 1987, 33 – Besichtigungskosten; *Brandi-Dohrn* CR 1987, 835, 838; *Bork* NJW 1997, 1665, 1670; *Engel* in Lehmann Kap. XVIII Rn. 80; *Dreier* GRUR 1993, 781, 789 f.; *Koch* Zivilprozeßpraxis 210 f.; *Dittmer* EWiR § 809 BGB 2002, 903, 904; zur Herausgabe der Quellcodes auch *Marly* Urheberrechtsschutz 277; ausführlich *Karger* 1 ff.). § 101a Abs. 3 bestätigt diese Möglichkeit der Besichtigung im Wege der einstweiligen Verfügung (ein Muster findet sich bei *Rauschhofer* JurPC Web-Dok. 44/2010 Abs. 10 ff.). Die sog. Düsseldorfer Praxis, welche auch andernorts größtenteils anerkannt wird, erlaubt dabei die Kombination mit einem Beweissicherungsverfahren (dazu ausführlich *Kühnen* GRUR 2005, 185, 187 ff.; *Tinnefeld* CR 2013, 417, 420 f.; sowie das Muster bei *Rauschhofer* JurPC Web-Dok. 44/2010 Abs. 28 ff.; s. aber auch OLG Frankfurt GRUR-RR 2012, 322). Es liegt bei einer Besichtigung im Wege der einstweiligen Verfügung auch kein Fall der Vorwegnahme der Hauptsache vor (OLG Köln CR 2009, 289). Allerdings gelten nach wohl h.M. die hergebrachten Grundsätze, dass die Sache dringlich sein muss (so mit weiteren Nachweisen auch zur Gegenauffassung OLG Köln CR 2009, 289, 290; OLG Braunschweig, unveröffentl. Beschl. vom 6.4.2011, Az. 2 W 24/11 S. 3; allgemein Köhler/Bornkamm/*Köhler* § 12 UWG Rn. 3.15a; a.A. mit guten Gründen OLG Düsseldorf Mitt. 2011, 151 f.; *Tinnefeld* CR 2013, 417, 421). Verzögerte Untersuchungen können dabei nach der Rechtsprechung dringlichkeitsschädlich sein, selbst wenn diese erst die entscheidenden Erkenntnisse bringen (so etwa OLG Köln CR 2009, 289, 290; OLG Braunschweig, unveröffentl. Beschl. vom 6.4.2011, Az. 2 W 24/11 S. 3f.). Dieser Trend zu einem Abstellen auf die grob fahrlässige Unkenntnis entspricht zwar dem in der allgemeinen Rspr. zum gewerblichen Rechtsschutz und Wettbewerbsrecht, führt aber gleichzeitig zu erheblichen Unsicherheiten hinsichtlich der sog. „Dringlichkeitsfrist" und ist auch sonst abzulehnen. **Voraussetzung** für den Besichtigungsanspruch ist, dass er zur Durchsetzung im Übrigen **erfolgversprechender Hauptansprüche** geltend gemacht wird (vgl. *Grützmacher* CR 2002, 794f.; im konkreten Fall deshalb zu Recht ablehnend OLG Hamburg CR 2005, 558, 559) und objektive Indizien für eine Urheberverletzung vorliegen. Solche Indizien sollen gegeben sein, wenn (ehemalige) Mitarbeiter entsprechende Hinweise auf Raubkopien geben oder ausgeschiedene Angestellte kurz nach ihrem Ausscheiden ein Konkurrenzprodukt anbieten (*Bork* NJW 1997, 1665, 1668; vgl. auch BGH GRUR 2002, 1046, 1049 – Faxkarte; OLG Nürnberg BeckRS 2010, 11897; s. zu Letzterem auch § 69g Rn. 36). Insofern ist es nach § 101a Abs. 1 erforderlich, dass eine Urheberrechtsverletzung mit **hinreichender Wahrscheinlichkeit** vorliegt. Für das Computerurheberrecht ist sowohl mit Blick auf diese Anforderung als auch auf das Geheimhaltungsinteresse zwischen der Quellcodebesichtigung in Nachahmungsfällen (s. u. Rn. 25f.) und der Besichtigung zur Überprüfung des Lizenzbestands (s. u. Rn. 27) zu unterscheiden. Weil die Besichtigung zur Begründung von entsprechenden Ansprüchen erforderlich sein muss, stellt sich die Frage, ob durch die Besichtigung die letzte Lücke zur Überzeugungsbildung geschlossen werden muss (so *Redeker* CR 2010, 426, 427) bzw. andere zumutbare Möglichkeiten der Beweisführung bestehen (LG Nürnberg-Fürth BeckRS 2010, 11898).

25   In der Vergangenheit wurde teils aus guten Gründen zumindest dann ein ganz erheblicher Grad der Wahrscheinlichkeit für eine Verletzung gefordert, wenn die **Gefahr der Ausforschung und des Ausspähens von Betriebsgeheimnissen,** insb. des Quellcodes, bei einer vom vermeintlich Verletzten missbräuchlich vorgetäuschten Verletzung bestand (im Anschluss an die patentrechtliche Entscheidung BGHZ 93, 191, 213 – Druckbalken – für den Urheberschutz von Computerprogrammen: OLG München GRUR 1987, 33 – Besichtigungskosten; OLG Hamburg ZUM 2001, 519, 521, 523 – Faxkarte; KG NJW 2001, 233; *Brandi-Dohrn* CR 1985, 67, 69f.; *Brandi-Dohrn* CR 1987, 835, 836; *Bork* NJW 1997, 1665, 1669; *Dreier* GRUR 1993, 781, 789; Mestmäcker/Schulze/*Haberstumpf* § 69f Rn. 20; allgemein *Mes* GRUR 2000, 934, 941). Der BGH forderte hingegen (schon bisher) für die **Besichtigung des Quellcodes** von Programmen keinen erheblichen Grad der Wahrscheinlichkeit einer Rechtsverletzung mehr; er hat es vielmehr in Abkehr von seiner patentrechtlichen Rechtsprechung für ausreichend gehalten, wenn aufgrund zahlreicher Übereinstimmungen ein begründeter Verdacht einer Verletzung besteht (**„gewisse Wahrscheinlichkeit"**), zumal im konkreten Fall das Programm des Rechtsinhabers über einen früheren Mitarbeiter zum mutmaßlichen Verletzer gelangt sein konnte (BGH GRUR 2002, 1046, 1049 – Faxkarte – m. zust. Anm. *Tilmann/Schreibauer* GRUR 2002, 1015, 1016ff. und *Dittmer* EWiR § 809 BGB 2002, 903f. und krit. Anm. *Grützmacher* CR 2002, 794f.; BGH GRUR 2013, 509, 510 – UniBasic-IDOS; OLG Frankfurt CR 2007, 145, 146; LG Düsseldorf ZUM 2007, 559, 565; vgl. auch zum Patentrecht BGH GRUR 2006, 962, 967 – Restschadstoffentfernung). Der erst in der Folge geschaffene § 101a Abs. 1 entspricht insofern trotz des leicht divergierenden Wortlauts („hinreichende Wahrscheinlich") der Faxkarten-Entscheidung (so auch *Frank/Wiegand* CR 2007, 481, 484f.; ähnlich *Tinnefeld* CR 2013, 417, 419). Idealerweise sind dazu Anhaltspunkte dafür vorzutragen, dass die Konzeption, Funktionalität, Struktur und Systematik übernommen wurden (OLG Karlsruhe CR 2010, 427, 432). Ob eine hinreichende Wahrscheinlichkeit schon bei durch ausgeschiedene Mitarbeiter nach kurzer Zeit angebotenen Konkurrenzprodukten wirklich zu bejahen ist (so *Bork* NJW 1997, 1665, 1668; vgl. LG Köln MMR 2009, 640, 643), dürfte eine Frage des Einzelfalls sein. Nach Teilen der Rechtsprechung reicht weiter

eine hochgradige Übereinstimmung der automatischen Abläufe und die Verwendung nahezu identischer Bildschirmmasken, Dialoge und Eingabefelder (OLG Frankfurt CR 2007, 145, 146). Andere Gerichte haben die Besichtigung allein auf Basis von Übereinstimmungen äußerer Merkmale abgelehnt (vgl. OLG Nürnberg BeckRS 2010, 11897 Rn. 39f.; OLG Karlsruhe CR 2010, 427, 432: zumindest wenn Ursache die Geschäftsvorgänge sein können; LG Köln MMR 2009, 640, 643: äußere Ähnlichkeiten, Identitäten, Übereinstimmungen im HTML-Text und der Benennung der Dateien für sich nicht ausreichend). Unzureichend ist auch die Übereinstimmung von Programmblöcken geringen Umfangs, deren Urheberschutzfähigkeit nicht dargelegt wurde (OLG Hamburg ZUM 2001, 519, 521, 523 – Faxkarte; OLG Hamburg CR 2005, 558, 559; a.A. offenbar BGH GRUR 2002, 1046ff. – Faxkarte). Laut dem BGH soll es aber einem Besichtigungsanspruch nicht entgegenstehen, dass nicht das gesamte Computerprogramm übernommen wurde, sondern lediglich einzelne Komponenten und es deswegen nicht von vornherein ausgeschlossen werden kann, dass gerade die übernommenen Komponenten nicht auf einem individuellen Programmierschaffen des Klägers oder desjenigen beruhen, von dem der Kläger seine Ansprüche ableitet; es darf nur nicht eine lediglich entfernte Möglichkeit der Übernahme bestehen (BGH GRUR 2013, 509, LS, 510f. – UniBasic-IDOS, dazu *Stögmüller* K&R 2013, 444f.). Bei dem abgesenkten Anforderungen an den Wahrscheinlichkeitsgrad übergehen bzw. übersehen § 101a Abs. 1 S. 1 und die Rechtsprechung das Interesse des Urhebers am Know-how-Schutz und die Tatsache, dass dieses Geheimhaltungsinteresse gesetzlich anerkannt ist (vgl. § 69e Rn. 1ff.; so auch Mestmäcker/Schulze/*Haberstumpf* § 69f Rn. 20). Ein gewisser Ausgleich ist immerhin im Rahmen des **§ 101a Abs. 1 S. 3** möglich und geboten, nach dem der vermeintliche Verletzer den Schutz vertraulicher Informationen verlangen kann. Unklar bleibt aber, wie dieses bei einstweiligen Verfügungen ohne vorherige Anhörung geschehen soll. Problematisch wäre die Rechtslage insb. dann, wenn man wie tendenziell der BGH kein „in camera"-Verfahren (s. BGH GRUR 2006, 962, 967 – Restschadstoffentfernung) zuließe, gleichzeitig aber auf Basis der Quellcode-Besichtigung Geheimnisse an den Kläger bzw. Antragssteller oder deren Prozessvertreter gäbe (skeptisch auch *Spindler/Weber* ZUM 2007, 257, 263, 264; *Spindler/Weber* MMR 2006, 711, 713f.; s. auch *Bornkamm* FS Ullmann 893, 897, 910: „Gerichte sind zur Rechtsfortbildung genötigt", der aber keine Bedenken gegen die Freigabe an den Prozessvertreter hat).

Richtig erscheint es wegen des Verbots der Vorwegnahme der Hauptsache (vgl. OLG **26** Frankfurt CR 2007, 145; *Frank/Wiegand* CR 2007, 481, 483) und in Ansehung des § 101a Abs. 1 S. 3, dass eine Besichtigung im Wege der **einstweiligen Verfügung nur** durch einen unabhängigen, **zur Geheimhaltung verpflichteten Sachverständigen** erlaubt sein kann. Dessen Bericht kann vom Gericht zumindest bei Behauptung und im Umfang von geheimhaltungsbedürftigen Tatsachen erst im Rahmen eines Zwischenstreits (vgl. *Rauschhofer* JurPC Web-Dok. 44/2010 Abs. 58ff.) oder gar nach der Entscheidung über den Besichtigungsanspruch im Hauptsacheverfahren freigegeben werden (zum Urheberschutz von Computerprogrammen: OLG München GRUR 1987, 33 – Besichtigungskosten; LG Nürnberg-Fürth BeckRS 2010, 11898; *Brandi-Dohrn* CR 1985, 67, 68; *Brandi-Dohrn* BB 1994, 658, 662; *Bork* NJW 1997, 1665, 1671; *Koch*, Zivilprozesspraxis 210f.; *Redeker* Rn. 113; wohl auch OLG Frankfurt CR 2007, 145f.; für eine Beschleunigung durch Freigabe im Verfügungsverfahren; *Brandi-Dohrn* CR 1987, 835, 838; *Tillmann/ Schreibauer* GRUR 2002, 1015, 1016; zu möglichen anderen Variationen der Verfahrensgestaltung: *Heymann* CR 2008, 568, 572; zum Patentrecht: OLG Düsseldorf GRUR 1983, 745 – Besichtigung und Geheimhaltungsinteresse II; BGHZ 93, 191, 213 – Druckbalken; offen lassend bei Raubkopien [dazu unten Rn. 27] KG NJW 2001, 233, 234: Herausgabe der Ergebnisse möglicherweise aufgrund von Art. 50 Abs. 1 TRIPs zu beschleunigen, nämlich mit dem Ende des Verfügungsverfahrens; dafür auch *Conrad* ITRB 2005, 12, 15; *Auer-Reinsdorff* ITRB 2006, 82, 84; vgl. auch *Engel* in Lehmann Kap. XVIII Rn. 118: wegen des zeitraubenden Vorprozesses äußerst ineffizientes Aufklärungsmittel). Ausreichend (auch für eine entsprechende, sich anschließende Unterlassungsverfügung) muss es im Verfügungsverfahren sein, dass nicht die Details, sondern das Ergebnis der Sachverständigenuntersuchung (Verletzung ja oder nein) mitgeteilt oder aber zumindest ein nach Anhörung der Gegenparteien ggf. passagenweise geschwärztes Gutachten überlassen wird (für diese Variante aus Gründen der Antragsfassung *Frank/Wiegand* CR 2007, 481, 483, 487; siehe auch *Tinnefeld* CR 2013, 417, 421; zum Patentrecht *Kühnen* GRUR 2005, 185, 192). Ob Letzteres wirklich erforderlich ist, hängt aber davon ab, ob der Antrag wirklich abstrakt gestellt werden muss, denn erforderlich ist (nur) ein Antrag unter Bezugnahme auf das verletzende Programm (s. zur Antragsfassung oben Rn. 18). Keinesfalls scheint es gerechtfertigt, im Verfügungsverfahren den Quellcode selbst an den Antragsteller auszuhändigen (so wohl auch OLG Frankfurt CR 2007, 145, 146; LG Nürnberg-Fürth BeckRS 2010, 11898; dafür aber *Auer-Reinsdorff* ITRB 2006, 82, 85; *Rauschhofer* GRUR-RR 2006, 249, 250f.). Selbst im Falle der **Hauptsacheklage** ist ein zur Verschwiegenheit verpflichteter Sachverständiger zumindest dann ein- und dessen Untersuchung vorzuschalten, wenn vom Anspruchsgegner Geheimhaltungsinteressen geltend gemacht werden (*Redeker* Rn. 113; so wohl auch der Gesetzgeber, BT-Drucks. 16/5048, 28, sowie BGH GRUR 2002, 1046, 1049 – Faxkarte; zu den Sanktionen BT-Drucks. 16/5048, 41). Im Zweifel bleibt in Fällen der umfassenden Quellcodebesichtigung letztlich ein (weitgehendes) „in camera"-Verfahren unumgänglich (für dieses auf Basis des § 101a Abs. 1 S. 3 RefE *Bornkamm* FS Ullmann 893, 897, 909f.; nur de lege ferrenda fordernd *Spindler/Weber* MMR 2006, 711, 712ff.; eher ablehnend *Frank/Wiegand* CR 2007, 481, 483). Schließlich sind die Geheimhaltungsinteressen auch im Rahmen der Verhältnismäßigkeitsprüfung gem. § 101a Abs. 2 zu berücksichtigen (BT-Drucks. 16/5048, 41, 49; *Bornkamm* FS Ullmann 893, 897). Zu weit gehen dürfte es regelmäßig, bei Nachprogrammierungen zunächst eine umfassende Untersuchung i. S. v. § 69d Abs. 3 zu fordern (so aber *Dreier* GRUR 1993, 781, 789f.).

27 Hingegen ist die Verletzung von Geheimhaltungsinteressen bei der Überprüfung auf **Raubkopien** nicht zu befürchten, so dass hier grds. **weniger strikte Maßstäbe** anzulegen sind (LG Nürnberg-Fürth CR 2004, 890, 891f.; *Heymann* CR 2008, 568, 572; widersprüchlich KG NJW 2001, 233, 235, das nur einen gewissen Grad der Wahrscheinlichkeit fordert, diesen aber schnell widerlegt sehen will). Im Normalfall reicht daher für die hinreichende Wahrscheinlichkeit im Rahmen des § 101a Abs. 1 der Hinweis eines (ehemaligen) Angestellten (vgl. noch zu § 809 BGB KG NJW 2001, 233, 235; *Bork* NJW 1997, 1665, 1668; vgl. LG Nürnberg-Fürth CR 2004, 890, 891). Nicht ausreichend sind nach der Rechtsprechung die eidesstattliche Versicherung eines Angestellten, er habe keine Lizenzen gesehen, und zumindest im Fall einer sog. Open Licence, bei der der Datenträger keine Lizenz verkörpert, auch die Tatsache, dass die Programme von einer selbstgebrannten CD auf die Computer kopiert wurden (KG NJW 2001, 233, 235). Ein zusätzliches Indiz kann die Einräumung der Verletzung von Urheberrechten eines anderen Herstellers und der daraus ersichtliche generelle Eindruck gesetzeswidrigen Umgangs mit Software sein (LG Nürnberg-Fürth CR 2004, 890, 891). Das Verbot der Vorwegnahme der Hauptsache greift anders als bei Fällen der Nachahmung oder Übernahme von Teilen des Codes bei Pirateriefällen nicht; es fehlt schon am unwiederbringlichen Eingriff in eine Rechtsposition oder das Vermögen des Antragsgegners (LG Nürnberg-Fürth CR 2004, 890, 892). Trotz der Vorwegnahme fehlt einem anschließenden Antrag nach § 926 ZPO aufgrund des Kosteninteresses nicht das Rechtsschutzbedürfnis (OLG Nürnberg ZUM-RD 2005, 515).

28 Die Besichtigung muss weiter erforderlich sein (dazu oben Rn. 23) und sich auch im Rahmen des Erforderlichen halten (dazu ausführlich *Bork* NJW 1997, 1665, 1669f.). Aufgrund der Verpflichtung zur Gewährung einer effizienten Beweissicherung gem. Art. 50 Abs. 1 lit. b TRIPs sollte die Rechtsprechung des BGH, der Besichtigungsanspruch nach § 809 BGB umfasse nicht das Recht auf Substanzeingriffe durch Aus- und Einbau einzelner Teile oder die Inbetriebnahme der zu besichtigenden Sache, zumindest für Computer-

programme einer eingehenden Untersuchung nicht entgegenstehen (vgl. *Brandi-Dohrn* CR 1985, 67, 68: Kopieren des Quellcodes kein Substanzeingriff; *Bork* NJW 1997, 1665, 1670: kein Substanzeingriff, da Inbetriebnahme des Computers wie Aufschließen eines Raumes und zudem Art. 50 Abs. 1 lit. b TRIPs; zust. *Moos* CR 2006, 797, 799: auch Maßnahmen, die einen Einblick in das Innenleben eines Computers gewähren, sind zulässig).

Die **Vollziehung** einer Verfügung oder eines Urteils erfolgt sodann **analog § 883 ZPO** 29 im Wege der Sequestrierung durch den Gerichtsvollzieher und mit Hilfe eines Sachverständigen, der entsprechende Dateien und Unterlagen sichert (dazu näher *Bork* NJW 1997, 1665, 1671 f.; zum Inhalt eines entsprechenden Antrags s. LG Frankfurt, Beschluss v. 28.7.1998 – 2–03 O 243/98, wiedergegeben bei *Tilmann/Schreibauer* GRUR 2002, 1015, 1020; s.a. *Rauschhofer* GRUR-RR 2006, 249, 250, der aber zu Unrecht auch im Verfügungsverfahren eine Quellcodeherausgabe zu fordern scheint, dazu oben Rn. 26; für die Kombination mit einem Beweissicherungsverfahren, wenn auch zum Patentrecht, *Kühnen* GRUR 2005, 185, 187). Wichtig ist, dass die zu besichtigenden Sachen und Programme konkretisiert und genau bezeichnet werden, weil ein Recht auf Durchsuchung nicht besteht (*Auer-Reinsdorff* ITRB 2006, 82, 83, 86; *Moos* CR 2006, 797, 799 unter Hinweis auf BGH GRUR 2004, 420, 421 – Kontrollbesuch; *Heymann* CR 2008, 568, 572: keine Besichtigung „ins Blaue"). Streitig ist, inwieweit die genauen Befehlseingaben des Sachverständigen bei der Untersuchung durch einen entsprechenden **Antrag** bzw. den Titel beschrieben werden müssen (für genaue Vorgaben *Koch* Zivilprozesspraxis 211; dagegen *Bork* NJW 1997, 1665, 1671, Fn. 78; *Redeker* in Bartsch, 105, 113). Regelmäßig wird sich dies im Einzelfall nach der Interessenlage entscheiden. Geht es um den Nachweis von Raubkopien einer Standardsoftware im PC-Netz eines Unternehmens, ist eine bestimmte Befehlsfolge regelmäßig ausreichend und kann daher zum Gegenstand des Antrags gemacht werden (s. bei KG NJW 2001, 233, 234). Bis dato war streitig, ob auch die Herausgabe von Lizenzunterlagen gefordert werden darf (dafür LG Nürnberg-Fürth CR 2004, 890, 892; dagegen KG NJW 2001, 233, 235; OLG Köln ZUM 1996, 892), künftig spricht dafür § 101a Abs. 1 S. 2, und zwar nach Stimmen in der Lit. nunmehr auch im EV-Verfahren (*Moos* CR 2006, 797, 800). In Fällen der Nachprogrammierung hingegen muss der Sachverständige flexibel handeln können. Mitunter ist zudem zur praktischen Durchsetzung eine richterliche Durchsuchungsanordnung (§ 758a ZPO) zu besorgen (dazu *Tinnefeld* CR 2013, 417, 421). Dabei ist seit dem 1.3.2013 der amtliche Vordruck zu nutzen (§ 758a Abs. 6 S. 2 ZPO).

Nur die **Kosten** der Inbesitznahme und Übergabe an den Sequester können gem. § 788 30 ZPO als Kosten der Zwangsvollstreckung festgesetzt werden, die Sequesterkosten hingegen nicht (OLG Koblenz CR 1991, 673; *Zöller/Vollkommer* § 938 ZPO Rn. 9; a. A. OLG München GRUR 1987, 33, 34 – Besichtigungskosten). Auch die Sachverständigenkosten (Besichtigungs- und Begutachtungskosten) sind weder Prozess- noch Vollstreckungskosten, sondern vielmehr (zunächst) vom Verletzten zu tragen (OLG München GRUR 1987, 33 f. – Besichtigungskosten) und gegebenenfalls im Wege des Schadensersatzes gem. § 97 Abs. 1 geltend zu machen. Für den Rechtsstreit über die Besichtigung gilt, dass über dessen Kosten unabhängig von der Frage der Rechtsverletzung zu entscheiden ist (OLG Frankfurt CR 2007, 145, 146). Der Streitwert richtet sich nach dem Streitwert der Ansprüche, deren Vorbereitung er dient, und ist mit $1/10$ bis $1/4$ anzusetzen (BGH WRP 2010, 902, 903).

Softwareanbieter berufen sich zur Aufklärung von Rechtsverletzungen zudem auf sog. 31 **Auditklauseln.** Formularmäßige Auditklauseln werden aber in der Literatur zu Recht kritisch betrachtet. Sie sind zumindest dann AGB-rechtswidrig, wenn sie grundlegend von den Voraussetzungen des § 101a UrhG und § 809 BGB abweichen (*Hoeren* CR 2008, 409, 410 f.; a.A. *Moos* CR 2006, 797, 800 ff.; tendenziell auch *Huppertz/Schneider* ZD 2013, 427, 428 m.w. N. und Darstellung auch zum BDSG; s. auch *Bierekoven* ITRB 2008, 84, 87 f.).

§ 69a Gegenstand des Schutzes

(1) Computerprogramme im Sinne dieses Gesetzes sind Programme in jeder Gestalt, einschließlich des Entwurfsmaterials.

(2) Der gewährte Schutz gilt für alle Ausdrucksformen eines Computerprogramms. Ideen und Grundsätze, die einem Element eines Computerprogramms zugrunde liegen, einschließlich der den Schnittstellen zugrundeliegenden Ideen und Grundsätze, sind nicht geschützt.

(3) Computerprogramme werden geschützt, wenn sie individuelle Werke in dem Sinne darstellen, dass sie das Ergebnis der eigenen geistigen Schöpfung ihres Urhebers sind. Zur Bestimmung ihrer Schutzfähigkeit sind keine anderen Kriterien, insbesondere nicht qualitative oder ästhetische, anzuwenden.

(4) Auf Computerprogramme finden die für Sprachwerke geltenden Bestimmungen Anwendung, soweit in diesem Abschnitt nichts anderes bestimmt ist.

(5) Die Vorschriften der §§ 95a bis 95d finden auf Computerprogramme keine Anwendung.

Literatur: *Amann,* Der Handel mit Second-Hand-Software aus rechtlicher Sicht – Eine Betrachtung auf Grundlage des deutschen Rechts, Edewecht 2011; *Arlt,* Ansprüche des Rechteinhabers bei Umgehung seiner technischen Schutzmaßnahmen, MMR 2005, 148; *Backu,* Die Behandlung von Software bei Umwandlungen nach dem UmwG, ITRB 2009, 213; *Barnitzke/Möller/Nordmeyer,* Die Schutzfähigkeit graphischer Benutzeroberflächen nach europäischem und deutschem Recht – Eine immaterialgüterrechtliche Einordnung und rechtspolitische Untersuchung, CR 2011, 277; *Bartsch,* Softwarerechte bei Projekt- und Pflegeverträgen, CR 2012, 141; *Bechtold,* Vom Urheber- zum Informationsrecht, München 2002; *Berger,* Der Rückruf urheberrechtlicher Nutzungsrechte bei Unternehmensveräußerungen nach § 34 Abs. 3 Satz 2 UrhG, in: Ohly/Bodewig/Dreier/Götting/Lehmann (Hrsg.), Perspektiven des Geistigen Eigentums und Wettbewerbsrechts – Festschrift für Gerhard Schricker zum 70. Geburtstag, München 2005 (zit. *Berger* FS Schricker); *Bielenberg,* Das urheberrechtlich schützbare Werk und das Urheberpersönlichkeitsrecht, GRUR 1974, 589; *Bothe/Kilian,* Rechtsfragen grenzüberschreitender Datenflüsse, Köln 1992; *Brandi-Dohrn,* Softwareschutz nach dem neuen deutschen Urheberrechtsgesetz, BB 1994, 658; *Bröckers,* Second Hand-Software im urheberrechtlichen Kontext, Frankfurt a. M. 2010; *Bröckers,* Software-Gebrauchthandel: Der Teufel steckt im Detail, MMR 2011, 18; *Bullinger/Czychowski,* Digitale Inhalte: Werk und/oder Software?, GRUR 2011, 19; *Busche/Stoll,* TRIPs, Internationales und europäisches Recht des geistigen Eigentums, Köln u. a. 2007 (zit. Busche/Stoll/*Bearbeiter*); *Caduff,* Die urheberrechtlichen Konsequenzen der Veräußerung von Computerprogrammen, Bern 1997; *Chrocziel,* Softwareanpassung und Urheberrecht, CR 1988, 381; *Cichon,* Urheberrechte an Webseiten, ZUM 1998, 897; *Dierk/Lehmann,* Die Bekämpfung der Produktpiraterie nach der Urheberrechtsnovelle, CR 1993, 537; *Dreier,* Die internationale Entwicklung des Rechtsschutzes von Computerprogrammen, in: *Dreier,* Verletzung urheberrechtlich geschützter Software nach der Umsetzung der EG-Richtlinie, GRUR 1993, 781; *Dreier,* Die internationale Entwicklung des Rechtsschutzes von Computerprogrammen, in: Lehmann (Hrsg.), Rechtsschutz und Verwertung von Computerprogrammen, 2. Aufl., Köln 1993, 31 (zit. *Dreier* in Lehmann); *Dreier,* Rechtsschutz von Computerprogrammen, Die Richtlinie des Rates der EG vom 14. Mai 1991, CR 1991, 577; *Dreier,* Die Umsetzung der Urheberrechtsrichtlinie 2001/29/EG in deutsches Recht, ZUM 2002, 28; *Eilmansberger,* Immaterialgüterrechtliche und kartellrechtliche Aspekte des Handels mit gebrauchter Software, GRUR 2009, 1123; *Engel,* Der Software-Verletzungsprozeß, in: Lehmann (Hrsg.), Rechtsschutz und Verwertung von Computerprogrammen, 2. Aufl. Köln 1993 (zit. *Dreier,* in: Lehmann) (Hrsg.), Rechtsschutz und Verwertung von Computerprogrammen, 2. Aufl., Köln 1993, 869 (zit. *Engel* in Lehmann); *Erdmann/Bornkamm,* Schutz von Computerprogrammen, Rechtslage nach der EG-Richtlinie, GRUR 1991, 877; *Ernst,* Die Verfügbarkeit des Source Codes, Rechtlicher Know-how-Schutz bei Software und Webdesign, MMR 2001, 208; *Föhr,* Registrierung von Software und Copyrightvermerk, CR 1988, 453; *Fuchs/Meierhöfer/Morsbach/Pahlow,* Agile Programmierung – Neue Herausforderungen für das Softwarevertragsrecht? – Unterschiede zu den „klassischen" Softwareentwicklungsprojekten, MMR 2012, 427; *Gennen,* Die Software-Entwicklergemeinschaft, Voraussetzungen und Rechtsfolgen, ITRB 2006, 161; *Gennen,* „Auseinandersetzungen" von Miturhebergemeinschaften – Möglichkeiten zur Minimierung der Auswirkungen einer Miturhebergemeinschaft bei gemeinschaftlicher Softwareentwicklung, ITRB 2008, 13; *Th. Götting,* Gewerbliche Schutzrechte bei der Softwareentwicklung von Versicherungsprodukten im Internet, VersR 2001, 410; *Groß,* Aktuelle Lizenzgebühren in Patentlizenz-, Know-how- und Computerprogrammlizenz-Verträgen: 2009/2010, K&R 2011, 292; *Grützmacher,* Urheber-, Leistungs- und Sui-generis-Schutz von Datenbanken, Baden-Baden 1999; *Grützmacher,* Application

§ 69a Gegenstand des Schutzes § 69a UrhG

Service Providing – Urhebervertragsrechtliche Aspekte, ITRB 2001, 59; *Grützmacher*, Rechtliche Aspekte der Herstellung und Nutzung von Embedded Systems, in: Büchner/Dreier, Von der Lochkarte zum globalen Netzwerk – 30 Jahre DGRI, Köln 2007, 87 (zit. *Grützmacher* in Büchner/Dreier); *Grützmacher*, Gebrauchtsoftware und Übertragbarkeit von Lizenzen – Zu den Rechtsfragen auch jenseits der Erschöpfungslehre, CR 2007, 549; *Grützmacher*, in: Büchner/Briner (Hrsg.), DGRI Jahrbuch 2009, Die Übertragung von Software-Nutzungsrechten: Gebrauchtsoftware und Outsourcing – Länderbericht Deutschland, 2009, 127 (zit. *Grützmacher* in Büchner/Briner); *Grützmacher*, Gebrauchtsoftwarehandel mit erzwungener Zustimmung – eine gangbare Alternative? Zugleich Anmerkung zur Entscheidung des LG Mannheim, Urt. v. 22.12.2009 – 2 O 37/09, zur Zustimmungspflicht des Softwareherstellers bei Lizenzübertragung, CR 2010, 141; *Grützmacher*, Auswirkungen von Lizenzregelungen zu Standardsoftware auf Projekte, ITRB 2012, 135; *Günther*, Änderungsrechte des Softwarenutzers, CR 1994, 321; *Günther*, Die Umsetzung der Softwareschutzrichtlinie in England und urheberrechtliche Trends im Softwareschutz aus den USA, JurPC 1994, 2488; *Haberstumpf*, Der urheberrechtliche Schutz von Computerprogrammen, in: Lehmann (Hrsg.), Rechtsschutz und Verwertung von Computerprogrammen, 2. Aufl., Köln 1993, 69 (zit. *Haberstumpf* in Lehmann); *Haberstumpf*, Der Handel mit gebrauchter Software und die Grundlagen des Urheberrechts, CR 2009, 346; *Hansen/Wolff-Rojczyk/Eifinger*, Die Strafbarkeit neuer Arten des Softwarevertriebs, CR 2011, 332; *Heinemeyer/Nordmeyer*, Super Marios, Kratos' und des Master Chiefs Erzfeind – Die Legalität der Modchips und Softwaremods für Videospielkonsolen – Die Rechtmäßigkeit von Konsolenmodifikationen speziell nach dem Umgehungsverbot des § 69f UrhG, CR 2013, 586; *Heinrich*, Die Strafbarkeit der unbefugten Vervielfältigung und Verbreitung von Standardsoftware, Berlin 1993; *Herzog*, Handel mit gebrauchter Software, Baden-Baden 2009; *Heutz*, Freiwild Internetdesign? – Urheber- und geschmacksmusterrechtlicher Schutz der Gestaltung von Internetseiten, MMR 2005, 567; *Hoeren*, Die Pflicht zur Überlassung des Quellcodes – Eine liberale Lösung des BGH und ihre Folgen, CR 2004, 721; *Hoeren*, Die Kündigung von Softwareerstellungsverträgen und deren urheberrechtliche Auswirkungen, CR 2005, 773; *Hoeren*, Urheberrecht und Vertragsfreiheit: Kritische Überlegungen am Beispiel der Verwendungsbeschränkungen, in: Klumpp/Kubicek/Roßnagel/Schulz (Hrsg.), Medien, Ordnung und Inovation, Heidelberg 2006 (zit. *Hoeren* in Klumpp/Kubicek/Roßnagel/Schulz); *Hoeren*, Der Erschöpfungsgrundsatz bei Software – Körperliche Übertragung und Folgeprobleme, GRUR 2010, 665; *Hofmann*, Die Schutzfähigkeit von Computerspielesystemen nach Urheberrecht, „How to keep your balance – playfully", CR 2012, 281; *Holländer*, Das Urheberpersönlichkeitsrecht des angestellten Programmierers, CR 1992, 279; *Horns*, Anmerkungen zu begrifflichen Fragen des Softwareschutzes, GRUR 2001, 1; *Jaeger*, Auswirkungen der EU-Urheberrechtsrichtlinie auf die Regelungen des Urheberrechtsgesetzes für Software, CR 2002, 309; *Jaeger/Koglin*, Der rechtliche Schutz von Fonts, CR 2002, 169; *Joppich*, § 34 UrhG im Unternehmenskauf, K&R 2003, 211; *Junker/Benecke*, Computerrecht, 3. Aufl., Baden-Baden 2003; *Kappes*, Der zivilrechtliche Schutz von Computerprogrammen nach der Urheberrechtsnovelle, JuS 1994, 659; *Karger*, Rechtseinräumung bei der Software-Erstellung, CR 2001, 357; *Karger*, Softwareentwicklung, ITRB 2001, 67; *Karl*, Der urheberrechtliche Schutzbereich von Computerprogrammen, München 2009; *Koch*, Begründung und Grenzen des urheberrechtlichen Schutzes objektorientierter Software, GRUR 2000, 191; *Koch*, Grundlagen des Urheberschutzes im Internet und in Online-Diensten, GRUR 1997, 417; *Koch*, Rechte an Webseiten, NJW-CoR 1997, 298; *Koch*, Rechtsschutz für Benutzeroberflächen von Software, GRUR 1991, 180; *Koch*, Software-Urheberrechtsschutz für Multimedia-Anwendungen, GRUR 1995, 459; *Koch*, Urheberschutz für das Customizing von Computerprogrammen, ITRB 2005, 140; *Koch/Schnupp*, Expertensysteme als Gegenstand von Entwicklungsverträgen und Schutzrechten (III), Schutzrechte an Expertensystemen, CR 1989, 975; *Kochmann*, Schutz des „Know-how" gegen ausspähende Produktanalysen („Reverse Engineering"), Berlin 2009; *Köhler*, Der Schutz von Websites gemäß §§ 87a ff. UrhG, ZUM 1999, 548; *Kolle*, Der angestellte Programmierer, GRUR 1985, 1016; *König*, Urheberrechtsschutz von Bildschirmmasken II, NJW-CoR 1994, 391; *Kotthoff/Pauly*, Software als Kreditsicherheit, WM 2007, 2085; *Kreutzer*, Schutz technischer Maßnahmen und Durchsetzung von Schrankenbestimmungen bei Computerprogrammen, CR 2006, 804; *Kreutzer*, Computerspiele im System des deutschen Urheberrechts – Eine Untersuchung des geltenden Rechts für Sicherungskopien und Schutz technischer Maßnahmen bei Computerspielen, CR 2007, 1; *Lehmann*, Portierung und Migration von Anwendersoftware, Urheberrechtliche Probleme, CR 1990, 625; *Lehmann*, Softwarevertragsrecht, FS Schricker 1995, 543 (zit. *Lehmann* FS Schricker); *Lehmann*, Die Europäische Richtlinie über den Schutz von Computerprogrammen, in: Lehmann (Hrsg.), Rechtsschutz und Verwertung von Computerprogrammen, 2. Aufl., Köln 1993, 1 (zit. *Lehmann* in Lehmann); *Lehmann/v. Tucher*, Urheberrechtlicher Schutz von multimedialen Webseiten, CR 1999, 700; *Leistner/Bettinger*, Creating Cyberspace, CR Beilage 1999, 1; *Lesshaft/Ulmer*, Urheberrechtliche Schutzfähigkeit und tatsächliche Schutzfähigkeit von Software, CR 1993, 607; *Lindhorst*, Schutz von und vor technischen Maßnahmen, Osnabrück 2002; *Link*, Die Auswirkungen des Urheberrechts auf die vertraglichen Beziehungen bei der Erstellung von Computerprogrammen, GRUR 1986, 141; *Loewenheim*, Urheberrechtliche Probleme bei Multimedia-Anwendungen, in: Erdmann (Hrsg.), Festschrift für Henning Piper, München 1996, 709 (zit. *Loewenheim* FS Piper); *Marly*, Urheberrechtsschutz für Computersoftware in der EU, München 1995 (zit. *Marly* Urheberrechtsschutz); *Marly*, Der Urheberrechtsschutz grafischer Benutzeroberflächen von Computerprogrammen – Zugleich Besprechung der EuGH-Entscheidung „BSA/Kulturministerium", GRUR 2011, 204; *Marly,* Der Schutzgegenstand des urheberrechtlichen Softwareschutzes – Zugleich Besprechung zu EuGH, Urt. v. 2.5.2012 – C-406 – SAS Institute, GRUR 2012, 773; *Matthiesen,* Die Freistellung von Softwarenutzungsverträgen nach Artikel 101 des Vertrages über die Arbeitsweise der Europäischen Union, Bern 2010, *Metzger/Jaeger,* Open Source Software und deutsches Urheberrecht, GRUR Int. 1999, 839; *Meyer,* Miturheberschaft bei freier Software – Nach deutschem und amerikanischem Sach- und Kollisionsrecht, Baden-Baden 2011; *Meyer,* Miturheberschaft und Aktivlegitimation bei freier Software, CR 2011, 560; *Moritz,* Der Handel mit „gebrauchter" Software – Wolkenkuckucksheim ohne tragfähiges Fundament?, in: Schneider (Hrsg.), Festschrift für Benno Heussen zum 65. Geburtstag, Der moderne Anwalt, Köln 2009 (zit. *Moritz* FS Heussen); *Nordmeyer,* Lizenzantiquitätenhandel: Der Handel mit „gebrauchter" Software aus kartellrechtlicher Perspektive, GRUR Int 2010, 489; *Ohst,* Computerprogramm und Datenbank, Definition und Abgrenzung – Eine Untersuchung beider Begriffe und ihrer Wechselbeziehungen im Urheberrechtssystem der Informationsgesellschaft, Frankfurt a. M. 2004; *Osterloh,* Inhaltliche Beschränkungen des Nutzungsrechts an Software, GRUR 2009, 311; *Partsch/ Reich,* Die Change-of-Control-Klausel im neuen Urhebervertragsrecht – Zum Wegfall des § 28 VerlG, AfP 2002, 298; *Paulus,* Software in der Vollstreckung, in: Lehmann (Hrsg.), Rechtsschutz und Verwertung von Computerprogrammen, 2. Aufl., Köln 1993, 831 (zitiert: *Paulus* in Lehmann); *Paulus,* Software in Vollstreckung und Insolvenz, ZIP 1996, 2; *Peukert,* Technische Schutzmaßnahmen, in: Loewenheim (Hrsg.), Handbuch des Urheberrechts, München 2003 (zit. Loewenheim/ *Peukert); Plaß,* Hyperlinks im Spannungsfeld von Urheber-, Wettbewerbs- und Haftungsrecht, WRP 2000, 599; *Pres,* Gestaltungsformen urheberrechtlicher Softwarelizenzverträge, Köln 1994; *Raubenheimer,* Vernichtungsanspruch gemäß § 69f UrhG, CR 1994, 129; *Redeker,* IT-Recht, 5. Aufl., München 2012; *Redeker,* Eigentumsvorbehalte und Sicherungsklauseln in Softwareverträgen, ITRB 2005, 70; *Roy/Palm,* Zur Problematik der Zwangsvollstreckung in Computer, NJW 1995, 690; *Royla/Gramer,* Urheberrecht und Unternehmenskauf – Reichweite von Zustimmungserfordernis und Rückrufrecht des Urhebers von Computerprogrammen, CR 2004, 154; *Sack,* Computerprogramme und Arbeitnehmer-Urheberrecht, BB 1991, 2165; *Sack,* Arbeitnehmer-Urheberrechte an Computerprogrammen nach der Urheberrechtsnovelle, UFITA 121 (1993) 15; *Schack,* Urheberrechtliche Gestaltung von Webseiten unter Einsatz von Links und Frames, MMR 2001, 9; *Schlatter,* Der Schutz von Computerspielen, Benutzeroberflächen und Computerkunst, in: Lehmann (Hrsg.), Rechtsschutz und Verwertung von Computerprogrammen, 2. Aufl., Köln 1993, 169 (zit. *Schlatter* in Lehmann); *Schmidt,* Urheberrechte als Kreditsicherheit nach der gesetzlichen Neuregelung des Urhebervertragsrechts, WM 2003, 461; *Schneider,* Handbuch des EDV-Rechts, 4. Aufl., Köln 2009; *Schneider,* Neues zu Vorlage und Herausgabe des Quellcodes? – Kritische Überlegungen zur Dissonanz zwischen vertraglicher und prozessualer Beurteilung des Quellcodes durch den BGH, CR 2003, 1; *Schneider,* Urheberrechtliche Probleme bei objektorientierten Programmen, in: Büllesbach/Heymann (Hrsg.), Informationsrecht 2000, Perspektiven für das nächste Jahrzehnt, Köln 2000, 143 (zit. *Schneider* in *Büllesbach/Heymann); Scholz, Jochen,* Zum Fortbestand abgeleiteter Nutzungsrechte nach Wegfall der Hauptlizenz – Zugleich Anmerkung zu BGH „Reifen Progressiv", GRUR-RR 2009, 1107; *Scholz, Matthias,* Die urheberrechtliche Stellung des Computerprogramme erstellenden Arbeitnehmers nach Urheberrecht, Patentrecht und Arbeitnehmererfindungsrecht, Köln 1989; *Schröder,* Rechtmäßigkeit von Modchips, MMR 2013, 80; *Schulte,* Der Referentenentwurf eines Zweiten Gesetzes zur Änderung des Urheberrechtsgesetzes, CR 1992, 648; *Schulz,* Dezentrale Softwareentwicklungs- und Softwarevermarktungskonzepte, Köln u. a. 2005; *Schumacher,* Schutz von Algorithmen für Computerprogramme, Münster 2004; *Schweyer,* Die rechtliche Bewertung des Reverse Engineering in Deutschland und den USA, Tübingen 2012; *Seffer,* Softwareschutz beim Asset-Deal – Übertragung der gewerblichen Schutzrechte bei Individualsoftware mit Tücken, ITRB 2006, 146; *Söbbing,* Bring your own Device: Haftung des Unternehmens für urheberrechtsverletzenden Inhalt – Absicherung einer urheberrechtskonformen Hard- und Softwarenutzung für Unternehmenszwecke, ITRB 2012, 15; *Spindler,* Grenzen des Softwareschutzes – Das Urteil des EuGH in Sachen SAS Institute, CR 2012, 417; *Spindler/Weber,* Die Umsetzung der Enforcement-Richtlinie nach dem Regierungsentwurf für ein Gesetz zur Verbesserung der Durchsetzung von Rechten des geistigen Eigentums, ZUM 2007, 257; *Sucker,* Lizenzierung von Computersoftware (II), Kartellrechtliche Grenzen nach dem EWG-Vertrag, CR 1989, 468; *Thormann,* Links und Frames und ihr Rechtsschutz im Internet, Mitt. 2002, 311; *Ullmann,* Urheberrechtlicher und patentrechtlicher Schutz von Computerprogrammen, Aufgaben der Rechtsprechung, CR 1992, 641; *Vinje,* Die EG-Richtlinie zum Schutz von Computerprogrammen und die Frage der Interoperabilität, GRUR Int. 1992, 250; *Westpfahl,* Das strafrechtliche Ermittlungsverfahren und seine Bezüge zur Durchsetzung zivilrechtlicher Ansprüche, in: Lehmann (Hrsg.), Rechtsschutz und Verwertung von Computerprogrammen, 2. Aufl., Köln 1993, 961 (zit. *Westpfahl* in Lehmann); *Wiebe,* Know-how-Schutz von Computersoftware, München 1993; *Wiebe,* „User Interfaces" und Immaterialgüterrecht, Der Schutz von Benutzungsoberflächen in den U.S.A. und in der Bundesrepublik Deutschland, GRUR Int. 1990, 21; *Wiebe,* Rechtsschutz für Software in den neunziger Jahren, BB 1993, 1094; *Wiebe/ Funkat,* Multimedia-Anwendungen als urheberrechtlicher Schutzgegenstand, MMR 1998, 69; *Wieduwilt,* Cheatbots in Onlinespielen – eine Urheberrechtsverletzung?, MMR 2008, 715; *Wimmers,* Urheberrechtli-

§ 69a Gegenstand des Schutzes   § 69a UrhG

che Probleme beim IT-Outsourcing, in: Büchner/Dreier, Von der Lochkarte zum globalen Netzwerk – 30 Jahre DGRI, Köln 2007, 169 (zit. *Wimmers* in Büchner/Dreier); *Witte,* Zur Schadensberechnung bei der Verletzung von Urheberrechten an Software – Die drei Berechnungsarten, der Bereicherungsausgleich und der Ausgleich für die Verletzung von Urheberpersönlichkeitsrechten, ITRB 2006, 136; *Witte,* Schadensersatz für Urheberrechtsverletzungen in der Lizenzkette, ITRB 2010, 210; *Wuermeling,* Neue U.S.-Entscheidungen zum Softwareschutz, Vorbild für Deutschland?, CR 1993, 665; *Zecher,* Zur Umgehung des Erschöpfungsgrundsatzes bei Computerprogrammen, Baden-Baden 2004; *Zscherpe,* Urheberrechtsschutz digitalisierter Werke im Internet, MMR 1998, 404.

Vgl. darüber hinaus die Angaben im eingangs abgedr. Gesamtliteraturverzeichnis.

Übersicht

	Rn.
I. Schutzzweck und Systematik	1
II. Regelungsinhalt	2–84
1. Begriff des Computerprogramms (Abs. 1)	2–21
a) Computerprogramme im engeren Sinne	2, 3
b) Ausprägungen	4–11
aa) Entwicklungsstufen von Computerprogrammen	5, 6
bb) Entwurfsmaterial	7–9
cc) Quellcode	10
dd) Maschinen- bzw. Objektcode	11
c) Einzelne Programmteile und -module	12
d) Keine Computerprogramme	13–21
2. Schutz der Ausdrucksform und nicht der Ideen und Grundsätze (Abs. 2)	22–31
a) Ausdrucksform	23–26
b) Kein Schutz der Ideen und Grundsätze	27–31
3. Die Schutzvoraussetzung der eigenen geistigen Schöpfung (Individualität) (Abs. 3)	32–42
a) Eigene geistige Schöpfung (§ 69a Abs. 3 S. 1)	32–40
aa) Geistige Schöpfung	32
bb) Eigene Schöpfung	33–35
cc) Beweis- und Darlegungslast	36–38
dd) Einzelfälle	39, 40
b) Keine anderen Kriterien (§ 69a Abs. 3 S. 2)	41, 42
4. Entsprechende Anwendung der für Sprachwerke geltenden Vorschriften (Abs. 4)	43–79
a) Urheber und Urheberschaft (§§ 7–10)	44–47
b) Urheberpersönlichkeitsrecht (§§ 12–14)	48–52
c) Verwertungs- und sonstige Rechte (§§ 15–27)	53, 54
d) Rechtsnachfolge in das Urheberrecht (§§ 28–30)	55
e) Nutzungsrechte (§§ 31–44)	56–73
aa) Allgemeines	56
bb) § 31	57–69
(1) Gegenständliche Aufspaltung der Nutzungsrechte	60, 61
(2) Umfang der Rechtseinräumung nach der Zweckübertragungslehre	62–69
(a) Einräumung der Rechte bei der Auftragserstellung	63–67
(b) Einräumung der Rechte an vorgefertigten Programmen	68
(c) Sonstige Rechtseinräumungen	69
cc) §§ 32–44	70–73
f) §§ 44 a–63	74, 75
g) §§ 64–69	76
h) §§ 96–119	77–79
5. Keine Anwendung der §§ 95 a ff. (Abs. 5)	80–84
a) Hintergrund und Systematik des § 69a Abs. 5	80, 81
b) Regelungsinhalt des § 69a Abs. 5	82–84

I. Schutzzweck und Systematik

1 § 69a schafft in Umsetzung des Art. 1 Computerprogramm-Richtlinie die Grundvoraussetzung für die weitergehende Harmonisierung des Urheberschutzes von Computerprogrammen. Er bestimmt den Schutzgegenstand (Abs. 1 und 2) und damit insb. im Zusammenspiel mit §§ 69c, 69e den Umfang des Schutzes gegenüber Wettbewerbern. Zentrale Bedeutung kommt ihm bei der Angleichung der Schutzvoraussetzungen an den mit der Computerprogramm-Richtlinie neu geschaffenen Standard zu. Ziel der Richtlinie wie des § 69a Abs. 3 war es, die bis zum 24.6.1993 (s. auch die Übergangsvorschrift des § 137d) bestehende Rechtslage (dazu Vor §§ 69a ff. Rn. 2) zu modifizieren, nach der Computerprogramme Urheberschutz praktisch kaum erlangen konnten. § 69a ist insofern lex specialis insb. zu § 2 Abs. 2 (vgl. LG München I CR 1995, 344; Möhring/Nicolini/*Hoeren* § 69a Rn. 16: Leistungsschutz im urheberrechtlichen Gewand; Mestmäcker/Schulze/*Haberstumpf* § 69a Rn. 22). Weiter legt § 69a im Zusammenspiel mit § 2 Abs. 1 Nr. 1 fest, dass Computerprogramme im Grundsatz wie Sprachwerke zu behandeln sind (Abs. 4) und bringt so die allgemeinen Regeln zur Anwendung, welche den §§ 69a ff. gewissermaßen als allgemeiner Teil dienen.

II. Regelungsinhalt

1. Begriff des Computerprogramms (Abs. 1)

2 **a) Computerprogramme im engeren Sinne.** Der **Begriff** der Computerprogramme in § 69a Abs. 1 korrespondiert mit § 2 Abs. 1 Nr. 1. Er setzt Art. 1 Abs. 1 Computerprogramm-Richtlinie um. Damit ist der Begriff „Programme für die Datenverarbeitung", wie ihn § 2 Abs. 1 Nr. 1a. F. benutzte, überholt. Dieser Begriff war ohnehin unzureichend, weil Programme nicht denknotwendig Datenverarbeitung i. e. S. bewirken müssen. Auf der anderen Seite spricht § 69a zu Recht von Computerprogrammen und nicht von Computersoftware und gewährleistet so treffend die notwendige **Abgrenzung zu reinen Daten** (dazu Rn. 16). Der Begriff Computerprogramm ist enger gefasst als der Begriff Software. Unter Software fallen auch digitale Texte, Grafiken, Soundfiles oder sonstige Daten und Datenbanken, bei denen es sich nicht um Computerprogramme im technischen Sinne handelt.

3 Von sonstiger Software unterscheiden sich Computerprogramme vor allem dadurch, dass für sie **Steuerbefehle** notwendig sind (vgl. BAG NZA 2011, 1029, 1031; OLG Hamburg CR 1998, 332, 333f. – Computerspielergänzung; OLG Rostock CR 2007, 737f.; KG CR 2010, 424, 425; LG Köln ZUM-RD 2010, 426, 427; LG Rottweil ZUM 2002, 490, 491). Dafür sprechen auch § 1 (i) WIPO-Mustervorschriften für den Schutz von Computersoftware aus dem Jahr 1977 (abgedr. GRUR 1979, 300, 307 ff.; GRUR Int. 1978, 286, 290 ff.): „eine Folge von Befehlen, die nach Aufnahme in einen maschinenlesbaren Träger fähig sind zu bewirken, dass eine Maschine mit informationsverarbeitenden Fähigkeiten eine bestimmte Funktion oder Aufgabe oder ein bestimmtes Ergebnis anzeigt, ausführt oder erzielt" sowie die ähnlich gefasste DIN 44300 aus dem Jahr 1988: „eine nach den Regeln der verwendeten Sprache festgelegte syntaktische Einheit aus Anweisungen und Vereinbarungen, welche die zur Lösung einer Aufgabe notwendigen Elemente umfasst" (auf diese Vorschriften abstellend etwa auch Schricker/Loewenheim/*Loewenheim* § 69a Rn. 2; *Haberstumpf* in Lehmann Kap. II Rn. 15, 30; Mestmäcker/Schulze/*Haberstumpf* § 69a Rn. 3, der den sich ergänzenden Charakter der Definitionen betont; auf DIN 44300 abstellend OLG Düsseldorf NJWE-WettbR 2000, 61 – Add-On CD; vgl. auch *Lesshaft/ Ulmer* CR 1993, 607, 608: „ablauffähige Folge von Einzelanweisungen, die dazu dient, den Computer zur Ausführung einer bestimmten Funktion zu veranlassen"; zur Gesetzgebungsgeschichte der Richtlinie und den Details dieser Vorschriften ausführlich *Marly* GRUR 2012, 773, 774 ff.: auch zum Begriff „Computersoftware"; vgl. auch zum alten Recht BGHZ 94, 276, 283 – Inkasso-Programm; zu Definitionen in anderen Rechtsordnungen und krit. zur DIN-Definition *Ohst* 22 ff.). Unzureichend erscheint es, wenn lediglich Datenbeschreibungen vorliegen, denn von einem Computerprogramm kann erst dann gesprochen werden, wenn es bzw. zumindest die genutzte Programmiersprache eine Datenverarbeitung im eigentlichen Sinne ermöglicht (*Ohst* 30 f.; ähnlich EuGH GRUR 2012, 814, 815 Rn. 39, 42 f. – SAS Institute: Dateiformat ist keine Ausdrucksform des Computerprogramms). Es müssen also Daten eingegeben und ausgegeben werden können, sei es über die Benutzerschnittstelle oder durch Interaktion mit anderen Programmen. Der Begriff ist also zwar in einem **weiten Sinne** zu verstehen (Begr. BRegE BT-Drucks. XII/4022, 9; Schricker/Loewenheim/*Loewenheim* § 69a Rn. 2; *Koch* GRUR 2000, 191, 195), gleichwohl aber nicht ein rechtlicher im engeren Sinne, sondern ein technischer Begriff der Informationswissenschaft (*Koch* GRUR 2000, 191, 195: informatiktheoretischer).

b) Ausprägungen. Computerprogramme sind nach der Legaldefinition des § 69a **in jeder Gestalt** geschützt. Es sind also auf Datenträgern (etwa CD-ROM, Harddisk, Bändern und Disketten) gespeicherte ebenso wie in Hardware (etwa ROM und EPROMs; vgl. Erwägungsgrund 7 Computerprogramm-Richtlinie) integrierte Computerprogramme geschützt (EuGH CR 2011, 221 – BSA/Ministerstvo kultury; Schricker/Loewenheim/*Loewenheim* § 69a Rn. 2, 4, 11). Erfasst werden Maschinen-, Objekt- und Quellcode (auch als Programmausdruck) sowie das Entwurfsmaterial, mithin Programme auf unterschiedlichen Entwicklungsstufen, nicht aber Handbücher (dazu Rn. 13).

aa) Entwicklungsstufen von Computerprogrammen. Die Entwicklung von Computerprogrammen lässt sich bei schulbuchmäßigem klassischen Vorgehen in **vier oder mehr Phasen** mit zahlreichen Unterschritten aufgliedern (vgl. *Haberstumpf* in Lehmann Kap. II Rn. 20 ff.; *Link* GRUR 1986, 141, 142 f.; zu den ersten drei Phasen auch BGHZ 94, 276, 281 ff. – Inkasso-Programm; heute sind daneben die agile Entwicklungstechniken des sog. Rapid Design, Rapid Prototyping, Extreme Programming gebräuchlich; dazu *Fuchs/Meierhöfer/Morsbach/Pahlow* MMR 2012, 427; zu den Besonderheiten bei sog. objektorientierter Programmierung Rn. 19). Vor der ersten Phase, der **Anforderungsphase,** erfolgt eine Problemanalyse. Dabei wird eine Ist-Analyse der bestehenden Programmumgebung in Form der Schwachstellen- und Relevanzanalyse vorgenommen. In einem nächsten Schritt der ersten Phase wird die Soll-Analyse durchgeführt, also die Festlegung und Definition der zu lösenden Aufgabenstellung. Weiter wird regelmäßig eine Durchführbarkeitsstudie erstellt und das weitere Projekt geplant. Die Ergebnisse werden im sog. Pflichtenheft festgehalten.

In der **Konzeptionsphase** wird dann zunächst ein sog. Grobkonzept des Programms ausgearbeitet. Dieses beinhaltet eine grafische Darstellung der Strukturen in einem sog. Datenflussplan (Flussdiagramm). Es folgt die Definition des genauen Programmablaufs in dem sog. Feinkonzept (Programmablaufplan). Das Feinkonzept wird in der **Implementierungsphase** (auch Kodierungsphase genannt) mittels einer Programmiersprache in Quelltext umgesetzt. Handelt es sich um eine Sprache, die Programme durch Interpreter ausführt (so etwa bei vielen Basic-Derivaten oder Java-Script), ist der eigentliche Erstellungsvorgang abgeschlossen. Das Programm wird nach einer **abschließenden Testphase** und der in dieser erfolgenden Fehlerbereinigung in dieser Form vertrieben. Objekt- und Maschinencode werden run-time erzeugt. Regelmäßig wird der Quellcode aber noch in den Objektcode umgewandelt (sog. Kompilation) und mit Funktionsbibliotheken so verbunden, dass er zum ausführbaren Maschinenprogramm wird (sog. Linken). Solche Programme werden dann (etwa bei C, C^{++} oder Pascal) als Maschinen- oder Objektcode vertrieben. Es folgen die fortlaufende Pflege und Wartung der Programme.

7 **bb) Entwurfsmaterial.** Computerprogramme sind ausweislich § 69a einschließlich ihres **Entwurfsmaterials** geschützt. Erfasst wird das Entwurfsmaterial zur Entwicklung von Computerprogrammen (Erwägungsgrund 7 Computerprogramm-Richtlinie) bzw. zu ihrer Vorbereitung (Art. 1 Abs. 1 S. 2 Computerprogramm-Richtlinie). Die Art der vorbereitenden Leistung muss also die spätere Entstehung eines Computerprogramms nach sich ziehen können. Das entspricht weitgehend den Anforderungen der „Programmbeschreibung" gem. § 1 (ii) WIPO-Musterdefinition, welche dort definiert wird als „eine vollständige prozedurale Darstellung in sprachlicher, schematischer oder anderer Form, deren Angaben ausreichend sind, um eine Folge von Befehlen festzulegen, die ein ihr entsprechendes Computerprogramm darstellen" (dazu auch *Marly* Urheberrechtsschutz 110; *Marly* GRUR 2012, 773, 775). Nur bedingt hilfreich ist der Hinweis des EuGH in diesem Kontext, dass „jede Ausdrucksform eines Computerprogramms ab dem Moment geschützt [sei], ab dem ihre Vervielfältigung die Vervielfältigung des Computerprogramms zur Folge hätte und auf diese Weise der Computer zur Ausführung seiner Funktion veranlasst werden könnte" (EuGH CR 2011, 221 f. – BSA/Ministerstvo kultury; ähnlich EuGH GRUR 2012, 814, 815 Rn. 36 – SAS Institute; dazu auch *Marly* GRUR 2011, 204, 207).

8 Nach alledem kann bereits das in der Konzeptionsphase erstellte **Grobkonzept inklusive Datenflussplan** (dazu Rn. 6) Schutz als Computerprogramm erlangen (so auch OLG Karlsruhe CR 2010, 427, 432; Schricker/Loewenheim/*Loewenheim* § 69a Rn. 5; *Lehmann* in Lehmann Kap. I Rn. 5 Fn. 21; wohl auch *Haberstumpf* in Lehmann Kap. II Rn. 29; Dreier/Schulze/*Dreier* § 69a Rn. 14; Mestmäcker/Schulze/*Haberstumpf* § 69a Rn. 6; ablehnend *Ohst* 35, die verkennt, dass auch eine innere Gestaltung schutzfähig sein kann). Das entspricht Erwägungsgrund 7 Computerprogramm-Richtlinie, der lediglich fordert, dass die vorbereitenden Arbeiten der Programmerstellung dienen. Dass Fluss- und Blockdiagramme im Wesentlichen aus grafischen Elementen bestehen, steht einem Schutz trotz des Wortlauts der §§ 2 Abs. 1 Nr. 1, 69a Abs. 4 („Sprachwerke") und des Art. 1 Abs. 1 S. 1 Computerprogramm-Richtlinie („als literarische Werke") nicht entgegen (so offenbar auch OLG Karlsruhe CR 2010, 427, 432; vgl. aber noch zum alten Recht BGHZ 94, 276, 282 f., 285 – Inkasso-Programm: § 2 Abs. 1 Nr. 7; zum Streitstand nach früherem Recht *Haberstumpf* in Lehmann Kap. II Rn. 29). Denn § 69a Abs. 1 kennt diese Einschränkungen nicht. Zweck der §§ 69a ff. ist der Schutz der Computerprogramme in jeder Gestalt einschließlich ihrer inneren Formgebung. § 69a Abs. 1 unterfällt auch das **Feinkonzept** (vgl. *Spindler* CR 2012, 417, 428: die Ablaufplanung). Die explizite Erwähnung schon des Entwurfsmaterials ist deshalb konsequent, weil gerade in diesem frühen Stadium die eigentlichen, individuellen Entscheidungen über das Design getroffen werden (s. zum Schutzgegenstand Rn. 23 ff., 35). Nur der früh einsetzende Schutz gewährleistet, den eigentlichen, kreativen und wertvollen Impetus des Programms zu schützen. In der Regel nur aufgrund der Konzeptionsleistungen auf dieser frühen Stufe kann auch ein objektorientiertes Computerprogramm vom Schutz erfasst werden; dementsprechend ist bei solchen Programmen die Schutzfähigkeit genau zu prüfen (vgl. *Koch* GRUR 2000, 191, 192, 193 f., 198 f.; dazu näher Rn. 19, 40).

9 Vertreten wird, dass schon das **Pflichtenheft** als Entwurfsmaterial und damit als Computerprogramm geschützt ist (so etwa *Lehmann* in Lehmann Kap. I Rn. 5 Fn. 21; Fromm/Nordemann/*Vinck* 9. Aufl. § 69a Rn. 4; *Ohst* 25). Das Pflichtenheft ist aber – zumindest in seiner Reinform – nicht als Entwurfsmaterial i. S. v. § 69a Abs. 1 (so auch *Lesshaft/Ulmer* CR 1993, 607, 609; Mestmäcker/Schulze/*Haberstumpf* § 69a Rn. 7; Möhring/Nicolini/*Hoeren* § 69a Rn. 4; Fromm/Nordemann/*Czychowski* § 69a Rn. 24; *Karl* 84; *Bartsch* CR 2012, 141, 142 m. w. N. zur Fachliteratur aus dem Bereich Softwareengineering), sondern allenfalls gem. § 2 Abs. 1 Nr. 1 und 7 als gewöhnliches Schriftwerk oder Darstellung wissenschaftlicher oder technischer Art geschützt; dabei scheidet eine schöpferische Leistung regelmäßig deshalb aus, weil die Beschreibung der zu lösenden Probleme oft rein sachbedingt ist (dazu näher § 2 Rn. 137 ff.; ebenso BGHZ 94, 276, 282 – Inkasso-Programm –

zu § 2 Nr. 1 a.F.: Schutz bestenfalls als gewöhnliches Schriftwerk und nicht als Programm für die Datenverarbeitung; tendenziell auch OLG Köln CR 2005, 624, 625 f.). Die das Programm prägende intellektuelle Leistung steht im Stadium der Problemanalyse und Pflichtenhefterstellung in aller Regel gerade noch aus; das spätere Computerprogramm, erstmalig im Grobkonzept verkörpert, ist die Lösung der im Pflichtenheft aufgeworfenen Probleme (vgl. DIN 44300; insofern anders BGHZ 94, 276, 282 – Inkasso-Programm: Pflichtenheft enthalte den Lösungsweg bereits). Das Pflichtenheft umfasst laut DIN 69905 lediglich die „vom Auftragnehmer erarbeiteten Realisierungsvorgaben aufgrund der Umsetzung des vom Auftraggeber vorgegebenen Lastenhefts". Daraus folgt zugleich, dass bei Pilotprojekten dem Kunden keine Rechte an dem später vom Hersteller entwickelten Programm zustehen, nur weil der Kunde die zu lösenden Probleme im **Lastenheft** skizziert oder weil er bei der Erarbeitung des Pflichtenheftes mitgewirkt hat. Etwas anderes gilt nur, wenn im Pflichtenheft entgegen der reinen Lehre auch konkrete Lösungen aufgezeigt werden. Das Computerprogramm ist in diesem Sinne keine Bearbeitung des Pflichtenheftes und, wenn überhaupt, eine freie Bearbeitung i. S. v. § 24. Abzugrenzen sind Computerprogramme weiter von **Handbüchern,** die ebenfalls nur als Schriftwerke i. S. v. § 2 Abs. 1 Nr. 1 geschützt sind (dazu Rn. 13; § 69g Rn. 3).

cc) Quellcode. Mit der **Kodierung** wird auf der Grundlage der Entwurfsmaterialien (Grob- und Feinkonzept) der **Quellcode** geschaffen. Dieser Vorgang wird nur unter besonderen Umständen eine für sich schutzfähige Leistung zum Gegenstand haben (vgl. BGHZ 94, 276, 283, 286 – Inkasso-Programm). Streiten kann man darüber, ob der Quell- oder Source-Code noch als Entwurfsmaterial anzusehen ist (so *Lehmann* in Lehmann Kap. I Rn. 5 Fn. 21; vgl. auch BGHZ 94, 276, 283, 284 – Inkasso-Programm). Wenn auch der Quellcode oftmals noch kompiliert werden muss, spricht aber der allgemeine Sprachgebrauch gegen eine derartige Auslegung (so wohl auch EuGH CR 2011, 221 – BSA/Ministerstvo kultury; EuGH GRUR 2012, 814, 815 Rn. 35 – SAS Institute). Auch gibt es Computersprachen, bei denen Computerprogramme nicht kompiliert, sondern interpretiert werden. 10

dd) Maschinen- bzw. Objektcode. Ohne Zweifel sind der **Maschinen- und Objektcode** schutzfähige Computerprogramme. Daran ändert auch die Tatsache nichts, dass diese von Menschen nicht ohne weiteres gelesen werden können, sondern primär maschinenlesbar sind (*Schack* Rn. 209; noch zum alten Recht BGHZ 94, 276, 283 f. – Inkasso-Programm). Ausreichend ist die sinnliche Wahrnehmbarkeit (BGHZ 94, 276, 281 – Inkasso-Programm). § 69a Abs. 1 betont, dass Computerprogramme in jeder Gestalt geschützt sind. Computerprogrammen in Maschinen- bzw. Objektcode sind die individuellen Züge der Konzeption und des Quellcodes des Programms inhärent. Gleichwohl darf nicht verkannt werden, dass die Kompilierung, d. h. die Umwandlung von Quell- und Objektcode keine schutzfähige Leistung ist, da sie vollautomatisch erfolgt (dazu Rn. 32). 11

c) Einzelne Programmteile und -module. Schutz kann nicht nur dem Programm als Ganzem, sondern bei Vorliegen der weiteren Voraussetzungen des § 69a schon einzelnen **Unterprogrammen, Modulen** und sonstigen Programmteilen zukommen, sofern sie individuell und nicht von untergeordneter Bedeutung sind (OLG Hamburg ZUM 2001, 519, 521 – Faxkarte; vgl. noch zum alten Recht BGHZ 94, 276, 284 – Inkasso-Programm). Es kommt also nicht darauf an, dass die Programme autonom funktions- und ablauffähig sind. Das ergibt sich nicht zuletzt daraus, dass bereits das Entwurfsmaterial geschützt ist. – Auch Makros (Dreier/Schulze/*Dreier* § 69a Rn. 12; *Ohst* 42) und Scripte können Computerprogramme i. S. v. § 69a darstellen. 12

d) Keine Computerprogramme. Keine Computerprogramme sind die **Handbücher** und sonstigen Bedienungsunterlagen bzw. -hilfen zu einem Computerprogramm. Diese sind zwar im Grundsatz als Werk eigenständig urheberschutzfähig bzw. über §§ 3, 4 Nr. 9 13 und 10 UWG schutzfähig (dazu LG Köln CR 1994, 226f. – DV-Handbücher), sie fallen jedoch, selbst in digitaler Form, nicht unter den Begriff des Computerprogramms i. S. v. § 69a Abs. 1 (so auch *Heymann* CR 1994, 228; Dreier/Schulze/*Dreier* § 69a Rn. 15; *Junker*/*Benecke* Rn. 55; Mestmäcker/Schulze/*Haberstumpf* § 69a Rn. 7; *Ohst* 26; *Schneider* C Rn. 17; Schricker/Loewenheim/*Loewenheim* § 69a Rn. 6; Möhring/Nicolini/*Hoeren* § 69a Rn. 4; anders noch § 1 Abs. (iii) WIPO-Mustervorschriften; offen lassend BGH NJW 2000, 3571, 3572 – OEM-Version). Dementsprechend finden nicht die niedrigen Schutzanforderungen des § 69a Abs. 3 Anwendung, sondern die des § 2 Abs. 1 Nr. 1 oder Nr. 7, Abs. 2 (vgl. Schricker/Loewenheim/*Loewenheim* § 69a Rn. 6; Möhring/Nicolini/*Hoeren* § 69a Rn. 4; a. A., nämlich für entsprechend abgesenkte Anforderungen, *Heymann* CR 1994, 228; Fromm/Nordemann/*Czychowski* § 69a Rn. 29), so dass Handbücher mit Ausnahme von Grafiken aufgrund der vielfältigen funktionellen Vorgaben und technischen Sachzwänge regelmäßig nicht die notwendige Schöpfungshöhe erreichen.

14 Umstritten ist, ob **Benutzeroberflächen** (Graphical User Interface; kurz: GUI), **Bildschirmmasken** und **Displays** Computerprogramme i. S. v. § 69a Abs. 1 sind. Technisch werden diese durch das Programm bzw. dessen Befehle und Grafikdaten generiert und dementsprechend erst durch den Programmablauf sichtbar gemacht. Ein Teil der Rechtsprechung und Literatur hat sich für den Schutz als Ausdrucksform eines Computerprogramms nach § 69a Abs. 1 und 2 ausgesprochen (OLG Karlsruhe GRUR 1994, 726, 729 – Bildschirmmasken [ausdr. aufgegeben durch OLG Karlsruhe CR 2010, 427, 428]; KG CR 2010, 424, 425; *Koch* GRUR 1995, 459, 465; Möhring/Nicolini/*Hoeren* § 69a Rn. 6; Fromm/Nordemann/*Vinck* 9. Aufl. § 69a Rn. 2; *Marly* Urheberrechtsschutz 144f.; differenzierend *Karl* 182ff.: geschützt über § 69a ist zwar nicht die Grafik, wohl aber das Verhalten der Oberfläche). Hingegen unterfallen diese nach h. M. dem urheberrechtlichen Schutz als Computerprogramm nicht (so EuGH CR 2011, 221f. – BSA/Ministerstvo kultury; EuGH GRUR 2012, 814, 815 Rn. 38 – SAS Institute; OLG Düsseldorf CR 2000, 184 – Framing; OLG Hamburg ZUM 2001, 519, 521 – Faxkarte; OLG Hamm MMR 2005, 106; OLG Karlsruhe CR 2010, 427, 428; LG Mannheim NJW-RR 1994, 1007f.; LG Frankfurt CR 2007, 424, 425; LG Düsseldorf ZUM 2007, 559, 563; Dreier/Schulze/*Dreier* § 69a Rn. 16; Fromm/Nordemann/*Czychowski* § 69a Rn. 27; *Barnitzke*/*Möller*/*Nordmeyer* CR 2011, 277, 278f.; *Günther* CR 1994, 610, 611; *Grützmacher* ITRB 2001, 59, 60; *Haberstumpf* in Lehmann Kap. II Rn. 31; Mestmäcker/Schulze/*Haberstumpf* § 69a Rn. 9; *König* NJW-CoR 1994, 391f.; *Ohst* 51; *Schlatter* in Lehmann Kap. III Rn. 3f., 67ff.; Schricker/Loewenheim/*Loewenheim* § 69a Rn. 7; *Wiebe*/*Funkat* MMR 1998, 69, 71; vgl. *Wiebe* GRUR Int. 1990, 21, 31f.; so früher auch *Koch* GRUR 1991, 180, 183, 189; wohl auch BGH GRUR 1994, 39, 41 – Buchhaltungsprogramm; keine Aussage zur Schutzfähigkeit von Benutzeroberflächen enthält entgegen *Zscherpe* MMR 1998, 404, 405 die Entscheidung des KG GRUR 1996, 974f. – OEM-Software, in der missverständlich mit Blick auf die streitgegenständliche Software festgestellt wurde, die „grafische Benutzeroberfläche ‚Windows for Workgroups'" genieße urheberrechtlichen Schutz; die Oberfläche als solche war aber gar nicht Streitgegenstand). Die Begründung der erstgenannten Auffassung, dass keine Übereinstimmung in der Programmierung erforderlich sei, da Computerprogramme gem. § 69a Abs. 1 „in jeder Gestalt" und gem. Abs. 2 auch deren „Ausdrucksform" geschützt würden, verkennt, dass es schon am Computerprogramm fehlt (Schricker/Loewenheim/*Loewenheim* § 69a Rn. 7) und folglich unter der Ausdrucksform i. S. v. § 69a nur der Programmcode sowie die innere Gestaltung in Form der Struktur und Organisation des Programms zu verstehen sind (OLG Düsseldorf CR 2000, 184 – Framing). Im Übrigen muss **Kontrollüberlegung** zur Abgrenzung sein, ob es technisch möglich ist, das gleiche Ergebnis, auch mit verschiedenen Computerprogrammen zu erzeugen (OLG Düsseldorf CR 2000, 184 – Framing; OLG Karlsruhe CR 2010, 427, 428; LG Frankfurt CR 2007, 424, 425; Schricker/Loewenheim/*Loewenheim* § 69a Rn. 7, 25f.; *König* NJW-CoR 1994, 391f.; *Wiebe*/*Funkat* MMR 1998, 69, 71; wohl auch BGH GRUR 1994, 39, 41 –

Buchhaltungsprogramm; zust. OLG Frankfurt MMR 2005, 705 f.; s. auch OLG Nürnberg, unveröffentl. Urt. vom 20.1.2009 – 3 U 942/06, juris Rn. 40). Die Benutzeroberflächen und Bildschirmmasken werden erst durch den Programmablauf generiert und damit sichtbar, sind also das Ergebnis des Programmbetriebs und nicht Programme (*Günther* CR 1994, 610, 611; Mestmäcker/Schulze/*Haberstumpf* § 69a Rn. 9; *König* NJW-CoR 1994, 391 f.; *Wiebe/Funkat* MMR 1998, 69, 71; vgl. *Schlatter* in Lehmann Kap. III Rn. 3 f.; *Koch* GRUR 1991, 180, 187; vgl. auch OLG Düsseldorf CR 2000, 184 – Framing). Die Bildschirmmasken als solche sind beim Einsatz moderner Programmiertechniken auch nicht verkörpert und damit ohne das Programm im technischen Sinne kopierbar (*König* NJW-CoR 1994, 391 f.). Trotz der allgemeinen Diskussion über die Schutzfähigkeit von Bildschirmmasken ergeben sich weder aus den Gesetzesmaterialien noch aus der Computerprogramm-Richtlinie selber Hinweise für deren Schutzfähigkeit, mit Erwägungsgrund 15 n. F. bzw. 19 a. F. Computerprogramm-Richtlinie aber ein Argument gegen diese (*Günther* CR 1994, 610 f.). Zudem kommt auch durch die §§ 69a Abs. 2 und 69e bzw. Art. 1 Abs. 2 und Art. 6 Computerprogramm-Richtlinie die Intention der Computerprogramm-Vorschriften zum Ausdruck, Marktzutrittsschranken zu verhindern (*Günther* CR 1994, 610, 614 f.; *Grützmacher* 215 f.; *König* NJW-CoR 1994, 391 f.; vgl. auch *Wiebe* GRUR Int. 1990, 21, 31; Begr. BRegE BT-Drucks. XII/4022, 7 f.). In Betracht kommt aber der **Schutz als sonstiges urheberrechtsfähiges Werk,** sofern der Schutz nicht mangels Gestaltungsspielraums an der nötigen Eigentümlichkeit scheitert (dazu *Wiebe* GRUR Int. 1990, 21, 31 f.; vgl. auch § 2 Rn. 60), sowie nach Maßgabe von §§ 3, 4 Nr. 9 und 10 UWG oder nach dem Geschmacksmustergesetz, hingegen nach h. M. nicht ein Schutz gem. § 72 oder § 95 (dazu näher § 69g Rn. 3, 5, 7, 25). Man kann insofern vom steuerungsbezogenen Programmschutz und vom oberflächenbezogenen allgemeinen Urheberrechtsschutz sprechen (so *Marly* GRUR 2011, 204, 206). Schutz gem. § 69a kommt erst recht nicht dem „**Look and Feel**" eines Programms zu (zust. LG Köln ZUM 2005, 910, 913; LG Köln CR 2008, 61, 62; insb. für Computerspiele tendenziell a. A. *Wieduwilt* MMR 2008, 715; *Karl* 204 ff.). Darunter versteht man die Eigenschaften, die über die Benutzeroberfläche hinausgehen, etwa die Belegung der Tastatur (dazu näher *Koch* GRUR 1991, 180, 181; § 69g Rn. 25).

In der Regel keine Computerprogramme sind **Computer-Schriften** (Mestmäcker/Schulze/*Haberstumpf* § 69a Rn. 12; a. A. wohl LG Köln CR 2000, 431, 432 – Urheberschutz für Computerschriften, das von Computer-Schriften zugrunde liegenden Programmen spricht, obwohl diesen strikt genommen nur Grafikdaten zugrunde liegen, und dann in der Folge sogar direkt auf die Computer-Schriften abstellt; zu diesem Urteil ausführlich *Jaeger/Koglin* CR 2002, 169, 172 ff.: Schutz nur ganz ausnahmsweise, bei Programmierung von Steuerbefehlen; ebenso *Ohst* 43 ff.: Schutz als Computerprogramm nur für True-Type-Fonts). In Betracht kommt nur ein typografischer Schutz bzw. seit kurzem ein Geschmacksmusterschutz (dazu § 69g Rn. 7 f.) oder ganz ausnahmsweise ein Schutz gem. § 2 Abs. 1 Nr. 4 (offen lassend insoweit wohl LG Köln CR 2000, 431, 432 – Urheberschutz für Computerschriften). 15

Auch **Datenbanken, Dateiformate, Datenstrukturen und Daten** sind, wie sich schon aus §§ 4, 87a ergibt, keine Computerprogramme i. S. v. § 69a (vgl. Art. 1 Abs. 3 und Art. 2 lit. a) Datenbank-Richtlinie; § 4 Abs. 2 S. 2; BAG NZA 2011, 1029, 1031; Fromm/Nordemann/*Czychowski* § 69a Rn. 12, 47; Dreier/Schulze/*Dreier* § 69a Rn. 12; Mestmäcker/Schulze/*Haberstumpf* § 69a Rn. 11; s. aber § 69a Rn. 3). Die Abgrenzung ist allerdings oft schwierig (dazu eingehend *Grützmacher* 174 ff.; *Marly* Urheberrechtsschutz 109 f., 112; *Karl* 215 ff., 232 ff.; vgl. auch BGH GRUR 1994, 39, 40 – Buchhaltungsprogramm; OLG Hamburg ZUM 2001, 519, 521 f. – Faxkarte; BAG NZA 2011, 1029, 1031). Schwierigkeiten bereitet insb., dass die Auswahl und Anordnung von Datensatzelementen einerseits den Datenbankentwurf prägt, andererseits die Festlegung der Datensätze und Kriterien ihrer Auswahl in das von § 69a erfasste Entwurfsmaterial des Computerprogramms eingeht und im Programm implementiert wird (*Grützmacher* 175; vgl. BGH 16

GRUR 1994, 39, 40 – Buchhaltungsprogramm; *Haberstumpf* in Lehmann Kap. II Rn. 25, 66; Mestmäcker/Schulze/*Haberstumpf* § 69a Rn. 3, 11). Der EuGH hat klargestellt, dass Dateiformate keinen Schutz als Computerprogramm genießen (EuGH GRUR 2012, 814, 815 Rn. 39, 42f. – SAS Institute). Gleichwohl wurde vom BGH die Datenstruktur zur Beurteilung der individuellen Züge eines Computerprogramms herangezogen, wobei nicht klar war, ob er auf die die Datenstruktur umsetzende Programmierung, die nach § 69a Abs. 2 nun explizit ungeschützte Methode (Rn. 27ff.) oder die Datenstruktur selbst abgestellt hat (BGH GRUR 1994, 39, 40 – Buchhaltungsprogramm: Strukturierung der Daten durch verkettete Listen und Indizes mit Zeigern innerhalb eines Finanzbuchhaltungssystems neu). Einen Schutz erlangen Datenbankstrukturen auch nicht als Ausdrucksform des Computerprogramms (so aber *Koch* GRUR 1997, 417, 419). Das gilt zumindest dann nicht, wenn damit letztlich das Ergebnis des Computerprogramms geschützt würde (näher Rn. 14, 26; ablehnend auch *Ohst* 115, 194). Auch die Gestaltung der Datensätze trägt nicht zum Urheberschutz eines Computerprogramms bei (vgl. OLG Hamburg ZUM 2001, 519, 521 – Faxkarte). Nach Umsetzung der Datenbankrichtlinie spricht gegen das Abstellen auf die Datenstruktur als solche auch, dass mit § 4 eine spezielle Norm zum Schutz individueller Leistungen beim Entwurf von komplexen Datenstrukturen und Datenbanken besteht (dazu ausführlich *Grützmacher* 178ff.; § 4 Rn. 8ff.; vgl. BGHZ 94, 276, 288f. – Inkasso-Programm: kein Schutz aufgrund der Datenstruktur mangels schöpferischer Leistung). Im Übrigen beinhalten Daten im engeren Sinne und Datenstrukturen als solche keine Steuerbefehle, so dass sie nicht von der gängigen Definition eines Computerprogramms (Rn. 2f.) umfasst werden. Die in **Datenbankmanipulationssprachen** enthaltenen Abfrageelemente (command procedure) können im Einzelfall wegen ihrer Ähnlichkeit mit in herkömmlichen Computersprachen geschriebenen Programmen ein Computerprogramm i. S. v. § 69a darstellen (*Grützmacher* 176; wohl auch *Ohst* 52ff., 197f.). Auch das zum Betrieb der Datenbank notwendige Datenbankmanagementprogramm fällt unter § 69a, anders als Thesaurus und Datenbankindex (*Grützmacher* 175f.; Fromm/Nordemann/Czychowski § 69a Rn. 47; *Wiebe/Funkat* MMR 1998, 69, 74).

17 Keine Computerprogramme sind reine **Daten**. Klassische Beispiele sind etwa betriebliche oder grafische Daten (*Ohst* 43), Sound-Daten (LG Rottweil ZUM 2002, 490, 491; *Ohst* 42), aber etwa auch in Dateien gespeicherte Spielstände eines Computerspiels (OLG Hamburg CR 1998, 332, 333 – Computerspielergänzung). Daten stellen deshalb kein schutzfähiges Computerprogramm dar, weil in ihnen **keine** Folge von Befehlen liegt, die das Programm zur Kontrolle bzw. **Steuerung des Programmablaufs** nutzen würde (vgl. OLG Hamburg CR 1998, 332, 333 – Computerspielergänzung; OLG Rostock CR 2007, 737f.; *Marly* Urheberrechtsschutz 112; dazu Rn. 2f.). Daten können vielmehr definiert werden als Gebilde aus Zeichen oder kontinuierlichen Funktionen, die aufgrund bekannter oder unterstellter Abmachungen Informationen darstellen, vorrangig zum Zwecke der Verarbeitung oder als deren Ergebnis (DIN 44300 Teil 2 Nr. 2.1.13; *Marly* Urheberrechtsschutz 112, Fn. 304). Dass Dateien das Ablaufen eines Computerprogramms ermöglichen bzw. beeinflussen, lässt allein nicht zwingend auf eine Folge von Befehlen schließen (OLG Hamburg CR 1998, 332, 334 – Computerspielergänzung). Gleiches gilt für Initialisierungsdaten, die in sog. INI-Files gespeichert sind (OLG Hamburg ZUM 2001, 519, 521f. – Faxkarte; OLG Düsseldorf NJWE-WettbR 2000, 61 – Add-On CD; Dreier/Schulze/*Dreier* § 69a Rn. 16; vgl. auch OLG Hamburg CR 1998, 332, 333f. – Computerspielergänzung). Solche Dateien entsprechen nicht der DIN 44300 (OLG Düsseldorf NJWE-WettbR 2000, 61 – Add-On CD). Wohl aufgrund der zweifelhaften Prämisse, dass INI-Dateien Steuerungsbefehle enthalten, hat hingegen das OLG Hamburg INI-Files in einer früheren Entscheidung noch als Computerprogramme i. S. v. § 69a qualifiziert (OLG Hamburg CR 1999, 298, 299 – Vervielfältigung einer Datei).

18 Keine Computerprogramme sind lediglich auf SGML (Standard Generalized Markup Language) sowie dessen Internet- und WAP-Derivaten **HTML** (HyperText Markup Lan-

guage) bis Version 4, XHTML (Extensible HyperText Markup Language), **XML** (Extensible Markup Language) und **WML** (Wireless Markup Language) basierende **Webseiten,** denn der Code enthält letztlich primär § 69a nicht unterfallende Daten (dazu Rn. 14) über die Formatierung der Seite und macht zudem nur Texte oder Grafiken sichtbar, so dass § 69a auf Webesites als grafische Oberfläche ebenso wie auf Benutzeroberflächen (dazu Rn. 14) nicht anzuwenden ist. Es mangelt insb. auch an einer Datenverarbeitung durch den Code (dazu Rn. 3). Entsprechend wird der Schutz von HTML-Code (so OLG Düsseldorf CR 2000, 184 – Framing; OLG Frankfurt MMR 2005, 705 f.; OLG Rostock CR 2007, 737 f.; OLG Celle JurPC Web-Dok. 89/2012, Abs. 12; *Wiebe/Funkat* MMR 1998, 69, 71; *Grützmacher* ITRB 2001, 59, 60, Fn. 10; *Ernst* MMR 2001, 208, 211; Mestmäcker/Schulze/*Haberstumpf* § 69a Rn. 10; *Köhler* ZUM 1999, 548; *Ohst* 54 f., 208; *Thormann* Mitt. 2002, 311, 312; vgl. Möhring/Nicolini/*Hoeren* § 69a Rn. 7; Dreier/Schulze/*Dreier* § 69a Rn. 12; a. A. Fromm/Nordemann/*Vinck* 9. Aufl. § 69a Rn. 2; *Cichon* ZUM 1998, 897, 899; *Koch* GRUR 1997, 417, 420; *Plaß* WRP 2000, 599, 601; *Schack* MMR 2001, 9, 13; *Lehmann/v. Tucher* CR 1999, 700, 703; OGH GRUR Int. 2002, 349 – telering.at; OGH GRUR Int. 2002, 452, 453 – C-Villas; ebenso auch *Redeker* Rn. 6 sowie *Heutz* MMR 2005, 567, 569 f., die jedoch von einer mangelnden Schutzhöhe ausgehen; vgl. auch LG Köln CR 2008, 61, 62), der Schutz von XML-Code (LG Frankfurt CR 2013, 286, 287 m. Anm. *Wiesemann* jurisPR-ITR 16/2013 Anm. 3; Mestmäcker/Schulze/*Haberstumpf* § 69a Rn. 10; a. A. *Leistner/Bettinger* CR Beilage 1999, 1, 17 f.; *Horns* GRUR 2001, 1, 14 f.) und auch der Schutz des sichtbaren Erscheinungsbilds einer Website als solches (so OLG Düsseldorf CR 2000, 184 – Framing; OLG Hamm MMR 2005, 106; AG Erfurt ZUM-RD 2007, 504; *Lehmann/v. Tucher* CR 1999, 700, 703; Dreier/Schulze/*Dreier* § 69a Rn. 12; a. A. *Koch* NJW-CoR 1997, 298; *Koch* GRUR 1997, 417, 420; *Schack* MMR 2001, 9, 13; *Zscherpe* MMR 1998, 404, 405: Schutz als Ausdrucksform eines Computerprogramms; dagegen schon Rn. 14; undifferenziert OLG Hamburg CR 2001, 704, 705 – Framing: Webseite unterfällt § 69a) als Computerprogramm i. S. v. § 69a abgelehnt. Hingegen können **Webseiten** bzw. deren Kodierung in Teilen dann Schutz als Computerprogramm erlangen, wenn sie **Flash** (LG Frankfurt JurPC Web-Dok. 8/2007; LG Köln ZUM-RD 2010, 426, 427), **Java-Applets, Java-Script** oder **PHP** enthalten, denn hierbei handelt es sich um ab-lauffähige bzw. interpretierbare Steuerbefehle (*Grützmacher* ITRB 2001, 59, 60; Dreier/Schulze/*Dreier* § 69a Rn. 12; *Ohst* 57 ff., 216 f., 239 f.: auch zu DHTML; OLG Köln CR 2009, 289, 290; LG Köln MMR 2009, 640, 642 f.: beide zu PHP; offen lassend Möhring/Nicolini/*Hoeren* § 69a Rn. 7; vgl. auch *Ernst* MMR 2001, 208, 212). Dies gilt insb. bei CGI-Programmen und -Scripten. Auch bei HTML 5 kann aufgrund von Steuerbefehlen ein Computerprogramm vorliegen. Probleme ergeben sich höchstens aus anderen Gründen. Bei JAVA handelt es sich nämlich um eine objektorientierte Programmiersprache.

Objektorientierte Computerprogramme zeichnen sich durch einen hohen Grad an Vorfertigung und Abstraktion aus. Vorfertigung und Abstraktion wiederum erfordern die Schaffung sog. Klassen samt Vererbungsstrukturen, bei denen trotz äußerer Kapselung Eigenschaften (Funktionen und Daten) der Objekte von Ober- an Unterklassen weitergegeben, aber auch im Zuge der Vererbung verändert werden können (zur Technik des objektorientierten Programmierens näher *Koch* GRUR 2000, 191, 192 ff.; vgl. auch *Grützmacher* 38 ff.). Objektorientierte Programme basieren dementsprechend regelmäßig auf abstrakten, nicht für den konkreten Erstellungsvorgang geschriebenen Modulen bzw. Klassen, die aus vorgefertigten Klassenbibliotheken übernommen werden (*Koch* GRUR 2000, 191, 194; *Schneider* in Büllesbach/Heymann 143, 145 f.). Korrespondierend zu dieser Abstraktion und Vorfertigung besteht zum Zeitpunkt der Erstellung entsprechender Klassen kein konkreter Bezug zur Erstellung eines bestimmten Programms. In der Literatur wird daher in Ansehung der Definition von Computerprogrammen (dazu Rn. 2 f.) vertreten, vorgefertigte Klassen seien mitunter mangels Maschinenbezug und Anbindung an ein bestimmtes Programm keine Computerprogramme bzw. Entwurfsmaterialien i.S.v. § 69a Abs. 1, sondern allenfalls eigenständige Werke i.S.v. § 2 Abs. 1 Nr. 7 (*Koch* GRUR 2000, 191, 192, 194 ff.). Weiter soll hierfür die von der Rechtsprechung teilweise geforderte *Einheitlichkeit* der Werkgestaltung sprechen, die bei der Vorfertigung und Wiederverwendung nicht gegeben ist (*Koch* GRUR 2000, 191, 196 f., 199 unter Hinweis auf LG Frankfurt GRUR 1996, 125 – Tausendmal berührt). Schutz als Computerprogramm käme dann höchstens der konkreten Implementierung zu. Diese Argumentation vermag nicht zu überzeugen. § 69a Abs. 1 stellt explizit klar, dass bereits Entwurfsmaterial geschützt sein kann, ohne zu fordern, dass dieses für ein bestimmtes Programm vorgesehen ist (zust. Mestmäcker/ Schulze/*Haberstumpf* § 69a Rn. 8). Laut Erwägungsgrund 7 bzw. Art. 1 Abs. 1 S. 2 Computerprogramm-Richtlinie muss Entwurfsmaterial zur Entwicklung von Computerprogrammen bzw. zu ihrer Vorbereitung dienen, nicht aber zur Entwicklung oder Vorbereitung eines bestimmten Programms. Auch § 1 (ii) WIPO-Musterdefinition (Rn. 3) fordert dies nicht. Die fehlende Einheitlichkeit der Werkgestaltung hat höchstens Folgen mit Blick auf die Autorenschaft gem. §§ 7 ff. und Schutzfähigkeit der Implementierung gem. § 3. **Abzugrenzen** sind objektorientierte Programme hingegen **von objektorientierten Datenbanken** (dazu *Grützmacher* 38 ff., 148; *Koch* GRUR 2000, 191, 199 ff., 202). Der Übergang ist fließend und eine Frage des Einzelfalles (*Grützmacher* 148; *Koch* GRUR 2000, 191, 199, 202). Hinzu kommt schließlich, dass im Einzelfall zweifelhaft sein kann, ob die Erstellung von objektorientierten Computerprogrammen, die durch das Konzept der abstrakten Problemlösung und Wiederverwendung im konkreten Anwendungsfall geprägt ist, nicht die im Rahmen von § 69a Abs. 3 notwendige **Eigentümlichkeit** aufweist (dazu näher Rn. 33 ff.).

20 Bei **Expertensystemen** genießt regelmäßig die sog. Dialogkomponente und die Interferenzmaschine Schutz als Computerprogramm (LG Oldenburg CR 1996, 217, 218 f. – Expertensystem; *Ohst* 199; Dreier/Schulze/*Dreier* § 69a Rn. 12; vgl. *Koch/Schnupp* CR 1989, 975 f.), während die sog. Wissenskomponente höchstens als Datenbank geschützt sein kann (dazu *Grützmacher* 64 f., 172, 177; *Koch/Schnupp* CR 1989, 975, 977; *Ohst* 199 f.; a.A. Mestmäcker/Schulze/*Haberstumpf* § 69a Rn. 11: insgesamt Schutz nach § 69a). Dabei versteht man unter der Interferenzmaschine den Teil eines Expertensystems, der die Regeln enthält, nach denen aus dem gespeicherten Wissen Schlüsse gezogen werden. Die Dialogkomponente hingegen ist der Teil des Systems, mit dessen Hilfe der Nutzer das System befragen oder der Experte es mit Wissen anreichern kann. Die Wissensbasis schließlich enthält in strukturierter Form und komplexen Datensätzen das eigentliche Wissen des Expertensystems. Ähnliches gilt für **Neuronale Netze.** Deren neuronale Eingabe-, Zwischen- und Ausgabeschicht, der Verbindungsstruktur, den einzelnen Neuronen dieser Schichten und Strukturen samt den in diesen abgelegten Lernergebnissen, den Kontroll-, Vermittlungs- und Adaptionsregeln kommt gleich der Wissensbasis anderer Expertensysteme kein Urheberschutz als Computerprogramm i.S.v. § 69a Abs. 1 und 2 zu. Etwas anderes gilt für die Daten-, Prozess- und Schnittstellenverwaltung, die durch Steuerbefehle eines Computerprogramms i.S.v. § 69a Abs. 1 realisiert wird (vgl. auch *Ohst* 202; a.A. Mestmäcker/Schulze/*Haberstumpf* § 69a Rn. 11: insgesamt Schutz nach § 69a).

21 **Multimediaerzeugnisse** bestehen regelmäßig aus Texten, Grafiken, Einzelbildern, Video- und Audiosequenzen. Alle diese Daten können als Werke Urheberschutz gem. §§ 2, 4 sowie Leistungsschutz gem. §§ 70 ff. und § 3, 4 Nr. 9 und 10 UWG genießen (vgl. § 2 Rn. 151 ff.). Ohne den Einsatz von Computerprogrammen können sie nicht in digitaler Form erfasst werden. Ein Computerprogramm i.S.v. § 69a Abs. 1 stellen sie damit allein aber noch nicht dar. Gleichwohl fragt sich, ob die durch Daten kombinierende und synchronisierende Computerprogramme erstellten Multimediaprodukte selber als Computerprogramme gem. § 69a Abs. 1 geschützt sind. Teils wird vertreten, dieses sei schon deshalb der Fall, weil auch die Ausdrucksform eines Computerprogramms nach dem Wortlaut des § 69a Abs. 1 und 2 S. 1 geschützt sei und die Multimediaprodukte die Ausdrucksform

des generierenden Computerprogramms in einer durch seine Autoren geschaffenen individuellen Form wiedergeben (so *Koch* GRUR 1995, 459, 465 f. unter Hinweis auf OLG Karlsruhe GRUR 1994, 726, 729 – Bildschirmmasken; vgl. auch *Zscherpe* MMR 1998, 404, 405). Diese Auffassung verkennt, dass die Ausdrucksform nicht kausal mit dem Computerprogramm verknüpft ist, mithin auch anderweitig generiert werden könnte und dass unter der Ausdrucksform i. S. v. § 69a in erster Linie der Programmcode sowie die innere Gestaltung in Form der Struktur und Organisation des Programms zu verstehen ist (OLG Düsseldorf CR 2000, 184 – Framing; LG Köln ZUM 2005, 910, 915; vgl. Dreier/Schulze/*Dreier* § 69a Rn. 18; *Ohst* 221). Darüber hinaus schafft der Multimediaproduzent weder die Steuerungsfunktion noch findet die schöpferische Leistung der Multimediaproduktion gerade im Computerprogramm seinen Niederschlag (*Loewenheim* FS Piper 709, 714 f.; *Wiebe/Funkat* MMR 1998, 69, 71). Richtig ist es daher, mit der h. M. (OLG Düsseldorf CR 2000, 184 – Framing; LG Köln ZUM 2005, 910, 915; *Loewenheim* FS Piper 709, 714 f.; *Wiebe/Funkat* MMR 1998, 69, 71) einen Urheberschutz der Multimediaprodukte im Grundsatz nicht im Schutz von Computerprogrammen nach § 69a zu suchen, sondern in §§ 2, 4 (dazu näher § 2 Rn. 60, 93, 104, 151 ff.; § 4 Rn. 13 ff.). Nur ganz **ausnahmsweise** kommt einem Multimediaerzeugnis (mittelbarer) Schutz über § 69a zu, **wenn** ein **Computerprogramm** in dieses **integriert** ist (zust. Fromm/Nordemann/*Czychowski* § 69a Rn. 10; vgl. auch *Koch* GRUR 1995, 459, 464; *Wiebe/Funkat* MMR 1998, 69, 74 f.; *Lehmann/v. Tucher* CR 1999, 700, 703). Dies ist etwa bei Multimediaprodukten in Form von EXE-Files der Fall. Allerdings steht der Schutz gem. § 69a hier dem Hersteller des Computerprogramms und nicht dem des Multimediawerkes zu, da die urhebergeschützte Struktur des Programms durch die Herstellung des Multimediaproduktes nicht bearbeitet wird (vgl. LG Köln ZUM 2005, 910, 915; tendenziell auch *Wiebe/Funkat* MMR 1998, 69, 71; vgl. auch *Koch* GRUR 1995, 459, 464). Ähnliches gilt für die **Spielsysteme von Computerspielen;** auch das Spielsystem ist nicht kausal mit dem Code verknüpft (dazu *Hofmann* CR 2012, 281, 282 f.; § 69g Rn. 3 ff.).

2. Schutz der Ausdrucksform und nicht der Ideen und Grundsätze (Abs. 2)

Im Urheberrecht wird allgemein davon ausgegangen, dass Ideen, Erkenntnisse und Informationen nicht monopolisiert werden dürfen (*Schack* Rn. 194; näher dazu § 2 Rn. 39). Diese Ausnahme vom Urheberschutz betrifft aber nicht den Plot eines Werkes und auch nicht dessen sonstige innere Gestaltung. Entsprechend erstreckt sich der Urheberschutz gem. § 69a Abs. 2 nur auf die Ausdrucksform, während die Ideen und Grundsätze vom Schutz ausgenommen bleiben, also auch insofern die Monopolisierung von Ideen verhindert werden soll (vgl. EuGH GRUR 2012, 814, 815 Rn. 32 ff., 40 – SAS Institute; *Marly* GRUR 2012, 773, 777). *Marly* weist darauf hin, dass das Prinzip aber international nicht einheitlich gehandhabt wird und auch die Richtline und das nationale Recht keine Präzisierung enthalten (*Marly* GRUR 2012, 773, 776). Im angloamerikanischen Computerurheberrecht wird diese oder zumindest eine sehr ähnliche Frage unter den Stichworten **idea expression dichotomy** und **merger doctrine** diskutiert (dazu näher *Dreier* in Lehmann Kap. I Rn. 26 ff.; *Günther* JurPC 1994, 2488, 2490 ff.; *Haberstumpf* in Lehmann Kap. II Rn. 55; *Ohst* 27 f.; *Wiebe* 111 ff.; *Wiebe* BB 1993, 1094, 1095 f.; *Wuermeling* CR 1993, 665 ff.). Tatsächlich wird die Orientierung an der US-amerikanischen Rechtsprechung in der Literatur teils nahegelegt (so *Wuermeling* CR 1993, 665, 670; s. auch die in diese Richtung zielende Äußerung von EU-Kommissar *Bangemann,* wiedergegeben bei *Vinje* GRUR Int. 1992, 250, 260, Fn. 73; vgl. *Schulte* CR 1992, 648, 650). Demgegenüber handelt es sich bei § 69a Abs. 2 nach h. M. um ein Stück autonomen europäischen Urheberrechts (*Günther* JurPC 1994, 2488, 2493; Dreier/Schulze/*Dreier* § 69a Rn. 20; Schricker/Loewenheim/*Loewenheim* § 69a Rn. 8; *Schulte* CR 1992, 648, 649; *Wiebe* BB 1993, 1094, 1096). Der Übergang von ungeschützten Ideen und Grundsätzen zur geschützten Ausdrucksform ist fließend (Schricker/Loewenheim/*Loewenheim* § 69a Rn. 9; *Karl* 98 ff.; vgl. *Günther* JurPC 1994, 2488, 2493: Abgrenzung unmöglich). Die genaue Abgrenzung ist Aufgabe der Rechtsprechung (Begr. BRegE BT-Drucks. XII/4022, 9; Schricker/Loewenheim/*Loewenheim* § 69a Rn. 8 f.; *Schulte* CR 1992, 648, 649; *Wiebe* BB 1993, 1094, 1096; krit. *Marly* GRUR 2012, 773, 776; *Junker/Benecke* Rn. 32, die fürchten, dass letztlich die Gutachten ausschlaggebend sind) und dementsprechend im Einzelfall strittig. Für den Schutz von Computerprogrammen ist diese Frage aber elementar, da sich an dieser Grenzlinie entscheidet, welche Programmelemente noch gegen unerlaubte Nachprogrammierung und sonstige Vervielfältigungshandlungen geschützt sind (dazu auch § 69c Rn. 9 ff.).

23 **a) Ausdrucksform.** Die **Ausdrucksform** erfasst neben den **Programmdaten** des Maschinen-, Objekt- oder Quellcodes (vgl. *Lehmann/v. Tucher* CR 1999, 700, 703: Computerprogramme in Datenform, in ausgedruckter Form oder in Form des Source Code) vor allem die **innere Struktur und Organisation** des Computerprogramms (OLG Düsseldorf CR 2000, 184 – Framing; KG CR 2010, 424, 425 m. Anm. *Redeker; Günther* CR 1994, 610; *Wiebe* BB 1993, 1094, 1096; vgl. *Haberstumpf* in Lehmann Kap. II Rn. 57; Mestmäcker/Schulze/*Haberstumpf* § 69a Rn. 14; im angloamerikanischen Recht: „structure, sequence and organisation", dazu *Günther* JurPC 1994, 2488, 2491). Eine wahrnehmbare Ausdrucksform des Computerprogramms kann auf allen Entwicklungsstufen vorliegen (*Haberstumpf* in Lehmann Kap. II Rn. 36; dazu näher Rn. 4 ff.).

24 Dem Urheberschutz zugänglich sind auf der Ebene des Programmcodes und der niedrigsten Abstraktion zunächst die konkrete **Sammlung, Auswahl und Gliederung der Befehle** (BGHZ 112, 264, 277 – Betriebssystem; *Wiebe* BB 1993, 1094, 1096: Anordnung der Befehle; *Marly* Urheberrechtsschutz 129: Zusammenstellung einer Folge von Befehlen). Abzugrenzen ist diese Leistung vom nicht schutzfähigen Algorithmus im engeren Sinne (dazu näher Rn. 28 f.). Die konkrete Befehlsfolge und -auswahl entspricht dem, was teils – wenn auch sprachlich unpräzise – als Implementationsalgorithmus bezeichnet wird (*Haberstumpf* in Lehmann Kap. II Rn. 26 f., 59).

25 Der BGH hat (noch zum alten Recht) zu verstehen gegeben, dass er nicht nur den Programmcode, sondern auch das **Gewebe des Computerprogramms** für schutzfähig hält (BGHZ 112, 264, 277 – Betriebssystem; ähnlich BGH GRUR 1994, 39, 40 f. – Buchhaltungsprogramm: Programmstruktur; zurückhaltender noch BGHZ 94, 276, 289 – Inkasso-Programm). Dieses entspricht der Auffassung der ganz h. M. in der Literatur zu § 69a Abs. 2 (etwa *Lehmann* in Lehmann Kap. I Rn. 6; *Wiebe* BB 1993, 1094, 1095 f.). Gleichwohl ist nicht zu verkennen, dass die Feststellung, das Gewebe des Programms sei geschützt, noch nicht besagt, was das Gewebe eines Programms ausmacht und wann ein Abstraktionsgrad erreicht ist, bei dem kein Schutz mehr besteht. Doch gibt es Hinweise darauf, was die Rechtsprechung hierunter versteht. Das Gewebe entspricht danach der individuellen (formalen) Programmstruktur (BGHZ 112, 264, 276 f. – Betriebssystem; BGH GRUR 1994, 39, 40 f. – Buchhaltungsprogramm). Diese wiederum beruht auf der vom Schutz mitumfassten Konzeption des Programms (dazu näher Rn. 6 ff., 35). Geschützt ist damit die Art, wie Unterprogramme und Arbeitsroutinen aufgeteilt und mit Verzweigungsanweisungen verknüpft werden (BGHZ 112, 264, 277 – Betriebssystem; BGH GRUR 1994, 39, 40 f. – Buchhaltungsprogramm; OLG Celle CR 1994, 748, 749 f.; Schricker/Loewenheim/*Loewenheim* § 69a Rn. 10, 12). Korrespondierend dazu sind Algorithmen zwar nicht als solche einem Urheberschutz zugänglich (dazu Rn. 28 f.), aber mitunter „in der Art und Weise der Implementierung und Zuordnung zueinander" (BGHZ 112, 264, 277 – Betriebssystem; OLG Frankfurt GRUR 1985, 1049, 1050 – Baustatikprogramme; *Haberstumpf* in Lehmann Kap. II Rn. 26 f.; restriktiver BGHZ 94, 276, 285, 286 f., 289 f. – Inkasso-Programm). Schutz kommt der Anordnung von Befehlsgruppen, Unterprogrammen und Modulen zu (*Wiebe* BB 1993, 1094, 1096).

Aus § 69a Abs. 2 folgt nach h. M. nicht, dass jedes durch ein Programm erzeugte Er- 26
gebnis erfasst werden soll (OLG Düsseldorf CR 2000, 184 – Framing; *Lehmann/v. Tucher*
CR 1999, 700, 703; str., dazu näher bei der Diskussion des Schutzes von Bildschirmmasken, Multimediawerken und Webseiten unter Rn. 14, 21 und 18). Hierfür spricht unter anderem auch Erwägungsgrund 15 n. F. bzw. 19 a. F. Computerprogramm-Richtlinie,
nach dem der „Programmcode" und nicht die Erzeugnisse des Programms geschützt ist.

b) Kein Schutz der Ideen und Grundsätze. Ungeschützt bleiben nach Abs. 2 S. 2   27
die Ideen und Grundsätze, die dem Computerprogramm als Ganzem oder als einem Element desselben zugrunde liegen. Entscheidendes Kriterium ist der Abstraktionsgrad. Der
Übergang zur Schutzfähigkeit ist fließend. Je abstrakter das Leistungsergebnis ist, desto
wahrscheinlicher ist es, dass es als Idee urheberrechtlich ungeschützt bleibt. Abs. 2 S. 2
verhindert insofern die **Monopolisierung von Ideen** (EuGH GRUR 2012, 814, 815
Rn. 40 – SAS Institute; Generalanwalt *Bot* BeckRS 2011, 81702 Rn. 55 ff.). Dieses war
dementsprechend nach der Gesetzgebungsgeschichte auch intendiert (vgl. Nr. 3.7 der Begründung der EU-Kommission zum RL-Vorschlag, KOM [1988] 816 endg. – SYN 1983,
ABl. Nr. C 91/4 v. 12.4.1989; EuGH GRUR 2012, 814, 815 Rn. 41 – SAS Institute;
Marly GRUR 2012, 773, 778; *Spindler* CR 2012, 417, 418). Dieses betrifft insb. die abstrakte Problemstellung und die Leitgedanken der mit Hilfe des Programms zu lösenden
Probleme (OLG Karlsruhe GRUR 1994, 726, 729 – Bildschirmmasken; OLG Köln CR
2005, 624, 625 f.; KG CR 2010, 424, 425; *Marly* Urheberrechtsschutz 129; vgl. BGHZ 94,
276, 289 f. – Inkasso-Programm: Arbeitsvorgänge der Aufgabenlösung und deren Beschreibung sind nicht schutzfähig) bzw. die eben nicht geschützte **Funktionalität** eines Programms im eigentlichen Sinne (EuGH GRUR 2012, 814, 815 Rn. 39, 46 – SAS Institute
m. Anm. *Fiedler* EuZW 2012, 588 f.; *Marly* GRUR 2012, 773, 778). Genauso wenig sind –
im Gegensatz zu ihrer konkreten Ausgestaltung – die Spielideen von Computerspielen als
solche schutzfähig (LG Düsseldorf ZUM 2007, 559, 562 unter Hinweis auf OLG Hamburg
GRUR 1983, 437 – PUCKMANN). Andererseits zeigt der durch § 69a Abs. 1 ausdrücklich vorgesehene Schutz auch des Entwurfsmaterials, dass nicht erst der Quelltext schutzfähig ist, sondern auch die innere Gestaltung (dazu näher Rn. 5 ff., 23 ff. und 35). Entgegen
anderer Auffassung (*Lehmann* in Lehmann Kap. I Rn. 6) ist dementsprechend die **Pro-
grammlogik** prinzipiell **schutzfähig,** soweit sie nicht mit den dem Programm zugrunde
liegenden Ideen und Grundsätzen gleichgesetzt werden kann (Schricker/Loewenheim/
Loewenheim § 69a Rn. 10, 12; *Dreier* CR 1991, 577, 578; *Dreier* GRUR 1993, 781, 786
mit Hinweis auf die Gesetzgebungsgeschichte: Art. 1 Abs. 3 des ersten Richtlinienvorschlags, ABl. EG Nr. C 91 v. 12.4.1989, 4 ff., sah dies noch vor; anders jetzt aber auch Erwägungsgrund 11 n. F. bzw. 14 a. F. Computerprogramm-Richtlinie; wohl auch KG CR
2010, 424, 425).

Als Ideen und Grundsätze **ungeschützt** bleiben nach ganz **h. M. Algorithmen** als sol- 28
che, also die Algorithmen einzelner Routinen (OLG Celle CR 1994, 748 f.; Drei-
er/Schulze/*Dreier* § 69a Rn. 22; *Lehmann* in Lehmann Kap. I Rn. 6; *Marly* Urheberrechtsschutz 112 ff., 128 ff.; *Ullmann* CR 1992, 641, 644; Schricker/Loewenheim/*Loewenheim*
§ 69a Rn. 10, 12; Möhring/Nicolini/*Hoeren* § 69a Rn. 12; *Ohst* 36 ff.; *Karl* 96 f.; bei leicht
abweichender Definition des Begriffs des Algorithmus im Ergebnis ebenso *Schumacher*
87 ff., insb. 97 f., 127, 139; noch zum alten Recht: BGHZ 94, 276, 285 – Inkasso-
Programm; BGHZ 112, 264, 277 – Betriebssystem; zur Gegenauffassung Rn. 29; krit. zur
Abgrenzung anhand dieses Begriffs *Marly* GRUR 2012, 773, 777; *Marly* Praxishandbuch
Rn. 29 ff.). Dies gilt trotz der Tatsache, dass Algorithmen im Entwurf der Kommission
unter Art. 1 Abs. 4 (KOM [1988] 816 endg. – SYN 1983, ABl. Nr. C 91/4 v. 12.4.1989)
noch explizit vom Schutz ausgenommen waren, und trotz Erwägungsgrund 11 n. F. bzw.
14 a. F. Computerprogramm-Richtlinie, nach dem „nur" die Ideen und Grundsätze, die
den Algorithmen zugrunde liegen, vom Schutz auszunehmen sind. Der Gesetzgeber wollte

insofern offenbar nur eine Anknüpfung an den technischen Begriff vermeiden und das Problem bewusst offen lassen (*Schumacher* 94). Unter Algorithmen im engeren Sinne versteht man Rechen- bzw. Verarbeitungsvorschriften, die auf eine ganze Klasse von Problemen anwendbar sind und die so präzise festgelegt sind, dass sie ein gegebenes Problem – trotz Schleifen und Verzweigungen – mit endlich vielen Rechenschritten (Finitheit) und regelmäßig bei gleichen Ausgangsbedingungen nur in einer Weise abarbeiten und nur mit einem bestimmten Ergebnis lösen (Determiniertheit). Der Algorithmus beschreibt also die schrittweise Lösung eines Problems mit Hilfe elementarer Regeln. Seine Beschreibung kann durch Struktogramme, in einer virtuellen Programmiersprache oder auch in der gewünschten Programmiersprache erfolgen, wobei der Algorithmus dann von seiner konkreten Umsetzung zu abstrahieren ist. Algorithmen ähneln Kochrezepten und Spielregeln, denen ebenfalls kein Urheberschutz zukommt (näher dazu § 2 Rn. 52). Bekannte Beispiele von Algorithmen sind etwa Sortieralgorithmen. Geschützt ist aber mitunter die Art und Weise der Implementierung und Zuordnung der Algorithmen zueinander (BGHZ 112, 264, 277 – Betriebssystem; OLG Frankfurt GRUR 1985, 1049, 1050 – Baustatikprogramme; OLG Celle CR 1994, 748, 749f.; Schricker/Loewenheim/*Loewenheim* § 69a Rn. 10, 12; *Schumacher* 129 ff.; dazu Rn. 24 f.). Ungeschützt bleiben weiter **sonstige Rechenregeln, mathematische Formeln oder abstrakte Lehrsätze,** die einem Programm zugrunde liegen (OLG Celle CR 1994, 748; OLG Köln CR 2005, 624, 625 f.; LG Hamburg ZUM-RD 2008, 563, 566; vgl. BGHZ 94, 276, 285 – Inkasso-Programm; BGHZ 112, 264, 277 – Betriebssystem; *Lehmann* in Lehmann Kap. I Rn. 6; vgl. nicht zu Computerprogrammen BGH GRUR 1979, 465 – Flughafenpläne; BGH GRUR 1984, 660 – Ausschreibungsunterlagen).

29 Nicht zu überzeugen vermag dagegen die **abweichende Auffassung,** Algorithmen sowie andere technische Lehren und Erkenntnisse seien in den Urheberrechtsschutz einzubeziehen (*Haberstumpf* in Lehmann Kap. II Rn. 39, 67 ff., insb. 77 f.; Mestmäcker/Schulze/*Haberstumpf* § 69a Rn. 15 ff.; Fromm/Nordemann/*Czychowski* § 69a Rn. 30; wohl auch KG CR 2010, 424, 425; Busche/Stoll/*Klopmeier* TRIPs Art. 10 Rn. 17 zu Art. 9 TRIPs unter Hinweis auf dessen Entstehungsgeschichte; s. zu weiteren abweichenden Ansätzen sowie zur Kritik dieser Ansätze auch *Schumacher* 60 ff., 119 ff.). Die Argumentation, dass eine Monopolisierung nicht zu befürchten und vom Gesetzgeber sogar in Kauf genommen worden sei, überzeugt nicht. Dass eine Monopolisierung von Ideen vom Urheberrecht nicht intendiert ist, zeigt gerade § 69a Abs. 2 S. 2 deutlich. Auch gibt es zur Lösung einiger Probleme in der Tat nur einen Lösungsweg, mithin einen Algorithmus. Sofern argumentiert wird, die Rechtsmacht dürfe nicht ermöglichen, alle Konkretisierungen des Algorithmus zu verhindern, und die Gefahr der Monopolisierung bei Algorithmen sehr hoher Allgemeinheitsstufe bestünde aufgrund der Vielzahl von Wahl- und Entscheidungsmöglichkeiten zur Implementierung nicht (*Haberstumpf* in Lehmann Kap. II Rn. 61, 77), ist diesem zuzustimmen. Es ist allerdings zugleich anzumerken, dass dies gerade voraussetzt, dass die abstrakte Darstellung der Problemlösung, nämlich der Algorithmus als solcher, ungeschützt bleibt. Insofern widerspricht die Auffassung sich selbst. Sie dürfte vielmehr aus einem inkonsistenten Algorithmusbegriff resultieren. Schließlich wird der bei Computerprogrammen makroökonomisch wünschenswerte Investitionsschutz auch dann erreicht, wenn Algorithmen von diesem ausgenommen werden bzw. nur mittelbar geschützt werden, weil aus dem Schutz des konkreten Programms der Schutz des head start resultiert (s. auch *Schumacher* 120 ff.; *Ohst* 38).

30 Vertreten wird, **Programmiersprachen** seien ungeschützt (EuGH GRUR 2012, 814, 815 Rn. 39, 42 f. – SAS Institute; *Lehmann* in Lehmann Kap. I Rn. 6; *Spindler* CR 2012, 417, 418; tendenziell auch Fromm/Nordemann/*Czychowski* § 69a Rn. 31; s. auch *Marly* GRUR 2012, 773, 779). Verwiesen wird dazu vom EuGH auf Erwägungsgrund 11 n. F. bzw. 14 a. F. Computerprogramm-Richtlinie und die Gefahr der Monopolisierung zu Lasten des technischen Fortschritts, wobei der EuGH aber zugleich im Widerspruch zu dieser

Argumentation in den Raum stellt, dass ein allgemeiner Urheberschutz (in Deutschland nach § 2) in Betracht käme (EuGH GRUR 2012, 814, 815 Rn. 32, 40, 45, 63 ff. – SAS Institute – m. Anm. *Fiedler* EuZW 2012, 588 f.). Weiter wird damit argumentiert, dass die Programmiersprachen gerade die Voraussetzungen für die Werke schafften (Fromm/Nordemann/*Czychowski* § 69a Rn. 31). Richtig erscheint es trotz der WIPO-Definition (dazu Rn. 3), von Computerprogrammen i. S. d. § 69a auszugehen, sowie auch hier davon, dass der Schutz nur ausscheidet, **soweit** die den Programmiersprachen zugrunde liegenden **Ideen und Grundsätze betroffen** sind (*Dreier* CR 1991, 577, 578; *Dreier* GRUR 1993, 781, 786; Schricker/Loewenheim/*Loewenheim* § 69a Rn. 10, 12; Dreier/Schulze/*Dreier* 3. Aufl. § 69a Rn. 24, der allerdings auf eine mögliche Lizenzierungspflicht aus Kartellrechtsgründen hinweist). Der Schöpfer einer Programmiersprache ist etwa in der Bezeichnung der Befehle durchaus frei (vgl. aber Schricker/Loewenheim/*Loewenheim* § 69a Rn. 12 sowie Mestmäcker/Schulze/*Haberstumpf* § 69a Rn. 12: kein Schutz der Programmiersprache als Ausdrucks- und Kommunikationsmittel; dagegen offenbar Dreier/Schulze/*Dreier* § 69a Rn. 24). Auch das einer Programmiersprache zugrunde liegende Konzept kann schutzfähig sein (Fromm/Nordemann/*Vinck* 9. Aufl. § 69a Rn. 2, 5; vgl. Schricker/Loewenheim/*Loewenheim* § 69a Rn. 12). Das in Programmiersprachen vorgesehene Prinzip des modularen Aufbaus ist aber beispielsweise ein ungeschütztes Element. Ungeschützt sind bestimmte **Entwicklungs- und Programmiermethoden** (vgl. Mestmäcker/Schulze/ *Haberstumpf* § 69a Rn. 14; *Haberstumpf* in Lehmann Kap. II Rn. 50, 57: Methoden und Prinzipien des Software-Engineering). So werden etwa die Konzepte der Vererbung, Kapselung und des Polymorphismus sowie sonstige Methoden der objektorientierten Programmierung nicht vom Urheberschutz erfasst, während die konkreten Klassen und deren Vererbungsstrukturen der mit diesen Methoden erstellten Computerprogrammen keine gem. § 69a Abs. 2 S. 2 gemeinfreien Ideen und Grundsätze sind (*Koch* GRUR 2000, 191, 198, 200).

Als ungeschützte Ideen und Grundsätze benennt § 69a Abs. 2 S. 2 insb. die den **Schnittstellen zugrunde liegenden Ideen und Grundsätze.** Unter Schnittstellen (Interfaces) werden allgemein die Teile einer Hard- oder Software verstanden, über die verschiedene Hard- und/oder Softwarekomponenten miteinander kommunizieren (vgl. zur Definition auch Erwägungsgründe 10 n. F. bzw. 10–12 a. F. Computerprogramm-Richtlinie; Begr. BRegE BT-Drucks. XII/4022, 9; *Haberstumpf* in Lehmann Kap. II Rn. 31; § 69e Rn. 6; weiter gibt es noch Benutzerschnittstellen, sog. Graphical User Interfaces, die aber keine technischen Schnittstellen im eigentlichen Sinne sind; dazu Rn. 14 und § 69g Rn. 25). Zu unterscheiden sind Hardware-, Software- und Programmierschnittstellen (API). Auf die letzten beiden zielt § 69a Abs. 2 S. 2. Softwareschnittstellen ermöglichen den Datenaustausch zwischen Programmen und einzelnen Modulen, während Programmierschnittstellen sogar einen standardisierten Zugriff auf die Funktionalität des Betriebssystems oder eines sonstigen Programms erlauben. Wie auch die Gesetzgebungsgeschichte zeigt (Grünbuch der EG, KOM [1988] 172 v. 23.8.1999, 179, 194a, und ursprünglicher Entwurf der Kommission, KOM [1988] 816 endg. – SYN 1983, ABl. Nr. C 91/4 vom 12.4.1989, 7 f., 16, lehnten den Urheberschutz noch komplett ab), folgt aus § 69a Abs. 2 S. 2 im Gegenschluss zunächst, dass der die **Schnittstellen umsetzende Code** im Einzelfall **Urheberrechtsschutz** als Computerprogramm erlangen kann (vgl. Dreier/Schulze/ *Dreier* § 69a Rn. 23; *Haberstumpf* in Lehmann Kap. II Rn. 31; *Lehmann* in Lehmann Kap. I Rn. 7; *Schneider* C Rn. 18; auch *Schulte* CR 1992, 648; Schricker/Loewenheim/*Loewenheim* § 69a Rn. 13; Fromm/Nordemann/*Czychowski* § 69a Rn. 32; OGH GRUR Int. 2006, 775, 777; s. aber auch *Marly* GRUR 2012, 773, 779, der aus der Entscheidung EuGH GRUR 2012, 814 – SAS Institute ableiten will, dass ein solcher im Zweifel nicht bestehe). Dieser bezieht sich aber nur auf deren Implementierung durch Computercode und nicht auf die den Schnittstellen zugrunde liegenden Ideen oder Grundsätze (*Schulte* CR 1992, 648, 649; Schricker/Loewenheim/*Loewenheim* § 69a Rn. 13; Mestmäcker/

Schulze/*Haberstumpf* § 69a Rn. 20; dazu näher Rn. 23 ff., 27). Die konkrete Form der Schnittstellen können als Teile von Computerprogrammen die Schutzvoraussetzungen des § 69a durchaus erfüllen, sofern sie nicht rein sachbedingt und funktional, also der Natur der Sache nach zwingend vorgegeben ist (vgl. *Dreier* CR 1991, 577, 583; *Vinje* GRUR Int. 1992, 250, 259 f., insb. auch Fn. 73; näher dazu Rn. 35; vgl. auch OLG Hamburg ZUM 2001, 519, 521 – Faxkarte; *Marly* GRUR 2012, 773, 779) oder Ausdruck der (fortschreitenden) Normierung und Standardisierung ist (*Lehmann* in Lehmann Kap. I Rn. 7; Mestmäcker/Schulze/*Haberstumpf* § 69a Rn. 20; Schricker/Loewenheim/*Loewenheim* § 69a Rn. 13). Selbst wenn Schnittstellen im Grundsatz urheberschutzfähig sind, kann eine Verletzung an der Geringfügigkeit des übernommenen Teils scheitern (*Dreier* CR 1991, 577, 583; *Marly* GRUR 2012, 773, 779; *Vinje* GRUR Int. 1992, 250, 259 f.; s. auch *Schulte* CR 1992, 648, 650). Im Zweifel ist Zurückhaltung geboten, weil die Richtlinie dadurch geprägt ist, Interoperabilität von Computersystemen zu gewährleisten (*Lehmann* in Lehmann Kap. I Rn. 7; Begr. Reg., BT-Drucks. XII/4022, 8; dazu weiter § 69e Rn. 6). Dies gilt auch unabhängig davon, ob eine Schnittstelle dokumentiert ist oder nicht. Inwieweit § 69e über die Dekompilierung hinaus hilft, Vervielfältigungen zur Herstellung der Kompatibilität zu erlauben (so wohl Dreier/Schulze/*Dreier* § 69a Rn. 23), ist eine Frage des Einzelfalls, im Grundsatz aber zweifelhaft. Grds. **ungeschützt** sind hingegen die Ideen und Grundsätze, die den Schnittstellen zugrunde liegen. Hierunter fällt vor allem die **Schnittstellenspezifikation** (*Vinje* GRUR Int. 1992, 250, 259; Schricker/Loewenheim/*Loewenheim* § 69a Rn. 13; Mestmäcker/Schulze/*Haberstumpf* § 69a Rn. 20; s. auch die Bedeutung im Fall der EU-Kommission, COMP/C-3/37792, C (2004) 900 final vom 24.3.2004 Rn. 568 ff. – Microsoft). In ihr werden die Regeln und Methoden des Datenaustausches und der Zusammenarbeit der verschiedenen Programme und Module beschrieben.

3. Die Schutzvoraussetzung der eigenen geistigen Schöpfung (Individualität) (Abs. 3)

32   a) **Eigene geistige Schöpfung (§ 69a Abs. 3 S. 1). aa) Geistige Schöpfung.** Eine **geistige Schöpfung** liegt wie bei § 2 Abs. 2 nur dann vor, wenn das Computerprogramm von einem Menschen und nicht von einer Maschine geschaffen wurde. Denn eine geistige Schöpfung setzt nach herkömmlichem Verständnis voraus, dass das Werk einen **geistigen Gehalt** hat, also der Gedanken- und Gefühlswelt des Werkschaffenden entspringt und nicht Zufallsprodukt ist (Fromm/Nordemann/*A. Nordemann* § 2 Rn. 25; Schricker/Loewenheim/*Loewenheim* § 2 Rn. 14, 18; s. § 2 Rn. 21 f.). Weiter kann Schöpfer eines Werkes nach kontinentaleuropäischem Urheberrechtsverständnis nur ein **Mensch** sein (Schricker/Loewenheim/*Loewenheim* § 2 Rn. 12; § 2 Rn. 15; anders etwa Sec. 9 Abs. 3 des britischen Copyright Design Patent Act 1988). Programme, die rein computergeneriert sind, bleiben daher nach dem Urheberrecht ebenso ungeschützt (vgl. Schricker/Loewenheim/*Loewenheim* § 69a Rn. 15; *Haberstumpf* in Lehmann Kap. II Rn. 34; Mestmäcker/Schulze/*Haberstumpf* § 69a Rn. 24) wie der eigentliche Kompilierungsvorgang. Davon zu unterscheiden ist aber die computerunterstützte Software-Entwicklung (Computer Aided Software Engineering; CASE). Bei ihr fehlt es nicht an einem geistigen Gehalt und einer menschlichen Schöpfung, mitunter aber aufgrund der automatisierten Vorgänge an der nötigen Individualität (vgl. Fromm/Nordemann/*Czychowski* § 69a Rn. 19; Möhring/Nicolini/*Hoeren* § 69a Rn. 14).

33   **bb) Eigene Schöpfung.** Im Unterschied zur alten Rechtslage fordert § 69a nur noch eine „**eigene**" und nicht eine „persönliche" (vgl. § 2 Abs. 2) geistige Schöpfung (zum Unterschied *Grützmacher* 181 f.; diesen Unterschied ohne hinreichendes Studium der früheren Rechtsprechung negierend: Mestmäcker/Schulze/*Haberstumpf* § 69a Rn. 22). § 69a ist insofern lex specialis zu § 2 Abs. 2. Rechtsprechung und ganz h. L. haben dieses sowie die Gesetzgebungsgeschichte (dazu Vor §§ 69a ff. Rn. 1 ff.) zu Recht dahingehend ausgelegt, dass

aufgrund von § 69a auch für Computerprogramme Schutz nach den Grundsätzen der **kleinen Münze** gewährt werden muss (BGH GRUR 2005, 860, 861 – Fash 2000; BGH GRUR 1994, 39 – Buchhaltungsprogramm [obiter]; BGH GRUR 2013, 509, 510 – UniBasic-IDOS; OLG Karlsruhe GRUR 1994, 726, 729 – Bildschirmmasken; OLG Hamburg CR 1998, 332, 333 – Computerspielergänzung; OLG Frankfurt CR 1998, 525 – Nutzungsrechte an Software; OLG Hamburg CR 1999, 298 – Vervielfältigung einer Datei; OLG München CR 1999, 688, 689; OLG München CR 2000, 429, 430; KG ZUM 2000, 1089 – Demoversion; KG CR 2010, 424, 425; KG ZUM-RD 2011, 544, 547; LG Oldenburg CR 1996, 217, 219 – Expertensystem; LG Düsseldorf ZUM 2007, 559, 563; aus der Literatur etwa: *Erdmann/Bornkamm* GRUR 1991, 877 ff.; *Dreier* CR 1991, 577, 578; *Dreier* GRUR 1993, 781, 782; *Ullmann* CR 1992, 641, 642 f.; *Wiebe* BB 1993, 1094, 1097). Auch der Teil der Rechtsprechung, der nicht explizit vom Schutz der kleinen Münze spricht, hat die Anforderungen entsprechend abgesenkt (etwa BGH NJW 2000, 3571, 3572 – OEM-Version; BGH GRUR 2000, 866, 868 – Programmfehlerbeseitigung; OLG Celle CR 1994, 748; OLG Düsseldorf CR 1995, 730; OLG Düsseldorf CR 1997, 337 f. – Dongle-Umgehung; OLG Frankfurt CR 1999, 7, 9 – Update-Software; OLG Frankfurt CR 2000, 581 – OEM-Vertrieb; OLG Hamburg ZUM 2001, 519, 521 – Faxkarte; OLG Karlsruhe CR 1996, 341 – Dongle; OLG Köln CR 1996, 723, 724; KG GRUR 1996, 974 – OEM-Software; KG CR 1998, 137; LG Mannheim NJW 1995, 3322; LG Düsseldorf CR 1996, 737 – Dongle-Umgehung; s. auch OGH GRUR Int. 2006, 775, 777). Damit wurde das Merkmal einer **besonderen Schöpfungs- bzw. Gestaltungshöhe** von der Rechtsprechung faktisch **aufgegeben**. Für diese Auslegung der Anforderungen des § 69a spricht nicht zuletzt auch das in § 69a Abs. 3 S. 2 enthaltene Verbot qualitativer Kriterien (OLG Düsseldorf CR 1997, 337 f. – Dongle-Umgehung – unter Hinweis auf Begr. BRegE BT-Drucks. XII/4022, 9 f. und Erwägungsgrund 9 Computerprogramm-Richtlinie; LG Düsseldorf CR 1996, 737 – Dongle-Umgehung; Mestmäcker/Schulze/*Haberstumpf* § 69a Rn. 22; ebenso zu Datenbankwerken *Grützmacher* 203, 205; a. A.; *Brandi-Dohrn* BB 1994, 658, 659: sehr reduziertes Maß von Schöpfungshöhe weiterhin nötig; wohl auch Möhring/Nicolini/*Hoeren* § 69a Rn. 15; Fromm/Nordemann/*Czychowski* § 69a Rn. 16).

Aus der Herabsetzung der Anforderungen folgt, wie das OLG Düsseldorf festgestellt hat, **34** nicht, dass die Schutzfähigkeit gar nicht mehr zu prüfen ist (OLG Düsseldorf CR 1997, 337 – Dongle-Umgehung; s. dazu auch Rn. 36 f.). Als Tatbestandsmerkmal verbleibt das der **Individualität**. Individualität i. S. d. § 69a Abs. 3 erfordert allerdings kein Herausragen aus der Masse des Alltäglichen mehr. Ausreichend soll nach Teilen der Rechtsprechung und Literatur **eher statistische Einmaligkeit** sein (OLG Hamburg CR 1998, 332, 333 – Computerspielergänzung; OLG Hamburg CR 1999, 298 – Vervielfältigung einer Datei; OLG München CR 1999, 688, 689; OLG München CR 2000, 429, 430; Fromm/Nordemann/*Vinck* 8. Aufl. § 69a Rn. 4). Letzteres ist abzulehnen (ebenso OLG Hamburg GRUR-RR 2002, 217, 218 – CT-Klassenbibliotheken und jetzt auch Fromm/Nordemann/*Czychowski* § 69a Rn. 16). Auch auf den angloamerikanischen Begriff der **Originalität** lässt sich der Begriff der Individualität i. S. d. § 69a Abs. 3 nicht reduzieren (vgl. Rn. 41; ausführlich Mestmäcker/Schulze/*Haberstumpf* § 69a Rn. 23 unter Hinweis auf die Gesetzgebungsgeschichte; so aber tendenziell *Marly* Softwareüberlassungsverträge Rn. 133 ff.; *Marly* Urheberrechtsschutz 119 ff.). Nötig und zugleich ausreichend ist vielmehr ein bescheidenes Maß an Gestaltertätigkeit. Abgestellt wird dabei auf **individuelle analytisch-konzeptionelle Fähigkeiten, Geschick, Einfallsreichtum und planerisch-konstruktives Denken** (OLG München CR 2000, 429, 430; Schricker/Loewenheim/*Loewenheim* § 69a Rn. 19). Nach alter Rechtslage war die höchstrichterliche Rechtsprechung hingegen davon ausgegangen, dass für den Urheberschutz eines Computerprogramms ein „deutliches Überragen der Gestaltungstätigkeit ... gegenüber dem allgemeinen Durchschnittskönnen" nötig war (BGHZ 94, 276, 287 – Inkasso-Programm; BGHZ 112, 264, 273 f. – Betriebssystem; vgl. BGH GRUR 1994, 39 – Buchhaltungsprogramm; s. auch näher Vor §§ 69a ff.

Rn. 2; allgemein zu den Anforderungen an die Gestaltungshöhe nach § 2 Abs. 2 auch *Grützmacher* 182 ff.; § 2 Rn. 23 ff.). Ein Programm muss auch nicht mehr im Gesamtvergleich mit vorbestehenden Gestaltungen eigenschöpferische Züge aufweisen, die es vom durchschnittlichen Schaffen bei der Programmerstellung abheben (so in Anlehnung an die Rechtsprechung zum alten Recht aber weiterhin *Ullmann* CR 1992, 641, 643; *Wiebe* BB 1993, 1094, 1097). Als Computerprogramm geschützt sind Computerprogramme, soweit deren Konzeption Eigentümlichkeiten aufweist, die **nicht** als **trivial oder völlig banal** (BGH GRUR 2005, 860, 861 – Fash 2000; BGH GRUR 2013, 509, 510 – UniBasic-IDOS; Mestmäcker/Schulze/*Haberstumpf* § 69a Rn. 22; Dreier/Schulze/*Dreier* § 69a Rn. 27; gegen den Ausschluss aufgrund Banalität Möhring/Nicolini/*Hoeren* § 69a Rn. 16) und von der Sachlogik her zwingend vorgegeben sind (OLG Düsseldorf CR 1997, 337, 338 – Dongle-Umgehung; OLG München CR 2000, 429, 430; vgl. OLG Frankfurt CR 1999, 7, 9 – Update-Software; OLG München CR 1999, 688, 689). Schwierig ist die Beurteilung von Bearbeitungen (s. auch § 3). Ausreichend sollen zwar nicht rein handwerkliche Verbesserungen von Programmdetails, wohl aber die handwerkliche Verbesserung in Form einer Programmoptimierung sein (*Ohst* 35; s. auch OGH GRUR Int. 2006, 775, 777: gewisse Komplexität erforderlich). Das reine Customizing eines Programms führt im Zweifel nicht zum Urheberschutz (vgl. *Koch* ITRB 2005, 140 ff.). Jedenfalls können auch Be-, Um- und Einarbeitungen Schutz genießen (BGH GRUR 2013, 509, 510 – UniBasic-IDOS).

35 An der nötigen Individualität kann es fehlen, wenn **betriebswirtschaftliche, technische und funktionale Zwänge,** etwa solche der Effizienz oder solche, die auf externen Faktoren (z.B. Kompatibilitätsanforderungen) oder auf dem jeweiligen Sachgebiet beruhen, den Gestaltungsspielraum einschränken (vgl. *Wiebe* BB 1993, 1094, 1096; *Haberstumpf* in Lehmann Kap. II Rn. 56; *Karl* 124; ähnlich *Link* GRUR 1986, 141, 143). Individualität scheidet aus, wenn die Befehlsabfolge notwendigerweise aus der Problemanalyse oder der Hardware folgt. So scheidet der Urheberschutz für die Grundaufteilung einzelner Module als schutzbegründende Leistung aus, wenn sie auf der zu lösenden Problemstellung beruht und damit aus rein **sachbedingten** Vorgaben besteht (OLG Karlsruhe GRUR 1994, 728, 729). Nicht mehr zu individuellen, schöpferischen Leistungen führt die reine Kodierung, die allein auf den Vorgaben eines Feinkonzeptes basiert (vgl. *Link* GRUR 1986, 141, 143; dazu auch Rn. 9 f.). Auch sonst verhindert das Aufbauen auf Vorgeschaffenem und auf Standards Individualität (dazu näher Rn. 40). Da die Leistungen der einzelnen Phasen von unterschiedlichen Personen erbracht werden können, fragt sich mit Blick auf §§ 7 ff., 64 ff. (dazu näher Rn. 44 f.), auf welcher Stufe individuelle schöpferische Leistungen i.S.v. Abs. 3 erbracht werden. Grds. kommen alle Stufen in Betracht (Dreier/Schulze/*Dreier* § 69a Rn. 27; Mestmäcker/Schulze/*Haberstumpf* § 69a Rn. 27). Eigentümlich sind aber vor allem die Leistungen während der Feinkonzeptionierung, denn hier legt der Entwickler Befehlsfolgen, Unterprogramme und Module fest (*Link* GRUR 1986, 141, 143; *Ullmann* CR 1992, 641, 645; ähnlich Mestmäcker/Schulze/*Haberstumpf* § 69a Rn. 27; hingegen nehmen Fromm/Nordemann/*Czychowski* § 69a Rn. 26 an, dass auch das Kodieren regelmäßig noch schöpferisch ist; s. auch Rn. 5 ff., 10). Das Versehen des Programmcodes mit Kommentaren mag zwar zur Individualität des Quellcodes beitragen (*Ohst* 30; wohl auch Mestmäcker/Schulze/*Haberstumpf* § 69a Rn. 27), führt aber allenfalls zu einem eng umgrenzten, nämlich auf die Kommentare beschränkten Schutz.

36 **cc) Beweis- und Darlegungslast.** Die **Beweis- und Darlegungslast** für die Schutzfähigkeit des Programms **trifft** auch nach § 69a **grundsätzlich den Rechtsinhaber** (Begr. BRegE BT-Drucks. XII/4022, 9; *Dreier* GRUR 1993, 781, 788; Dreier/Schulze/*Dreier* § 69a Rn. 29; *Engel* in Lehmann Kap. XVIII Rn. 113a; *Ullmann* CR 1992, 641, 643; dazu allgemeiner auch Vor §§ 69a ff. Rn. 19 ff.; vgl. auch BGH GRUR 2005, 860, 861 – Fash 2000: keine gesetzliche Vermutung). Hingegen ist fraglich, ob wirklich die

Feststellung ausreichend ist, dass „keine tatsächlichen Anhaltspunkte dafür [bestehen], dass das Programm nur ganz einfach strukturiert ist und nicht wenigstens die Anforderungen der ‚kleinen Münze' erreicht" (KG ZUM 2000, 1089 – Demoversion; ähnlich Begr. BRegE BT-Drucks. XII/4022, 10), denn die Beweis- und Darlegungslast würde dann mehr oder minder auf ein Nicht-Kopiertsein reduziert (so zu Recht die Kritik von *Dreier* GRUR 1993, 781, 788; *Engel* in Lehmann Kap. XVIII Rn. 113a). Anderseits kann nicht mehr davon ausgegangen werden, dass weiter die in der Entscheidung „Betriebssystem" (BGHZ 112, 264 – Betriebssystem) vom BGH niedergelegten Prinzipien gelten (so aber *Dreier* GRUR 1993, 781, 788; *Ullmann* CR 1992, 641, 643 ff.; wohl auch Mestmäcker/Schulze/ *Haberstumpf* § 69a Rn. 28 f., der die Darlegung der schöpferischen Elemente und Gestaltungsspielräume verlangt; *Engel* in Lehmann Kap. XVIII Rn. 117, der die genaue Erläuterung der Bedeutung, Funktion und des Programms samt Herausarbeitung der schöpferischen Elemente fordert; strikt auch LG München CR 1998, 655, 656), denn nach dieser sind die einzelnen schöpferischen Elemente auf jeden Fall darzulegen und gegenüber vorbestehenden Gestaltungsformen abzugrenzen.

Mitunter können **Indizien** für die nötige Eigentümlichkeit sprechen. In solchen Fällen besteht dann zwar keine rechtliche, wohl aber eine **tatsächliche Vermutung** für die Schutzfähigkeit, die die Darlegungs- und Beweislast auf die Gegenseite übergehen lässt (BGH GRUR 2005, 860, 861 – Fash 2000; OLG Düsseldorf CR 2009, 214, 216; *Dreier* GRUR 1993, 781, 789). So kann schon die Komplexität eines Programms (zumindest im Verfügungsverfahren) dafür sprechen, dass es sich um ein urheberschutzfähiges Programm handelt (BGH NJW 2000, 3571, 3572 – OEM-Version; BGH GRUR 2005, 860, 861 – Fash 2000; OLG Hamburg CR 1999, 298, 299; OLG Düsseldorf CR 2009, 214, 216; *Dreier* GRUR 1993, 781, 789; Dreier/Schulze/*Dreier* § 69a Rn. 29; Fromm/Nordemann/ *Czychowski* § 69a Rn. 20; Möhring/Nicolini/*Hoeren* § 69a Rn. 18; Mestmäcker/Schulze/ *Haberstumpf* § 69a Rn. 27 f.; OGH GRUR Int. 2006, 775, 777; einschränkend OLG Hamburg GRUR-RR 2002, 217, 218 – CT-Klassenbibliotheken). Zu berücksichtigen sind weiter die Länge des Programms und die Vielschichtigkeit der Aufgabenstellung (*Dreier* GRUR 1993, 781, 789), wenngleich eher als Indiz (so auch OGH GRUR Int. 2006, 775, 777). Auch die Tatsache, dass es sich um hochwertige Spezialprogramme handelt, kann für die nötige Individualität sprechen (OLG Düsseldorf CR 1997, 337, 338 – Dongle-Umgehung; ähnlich auch BGH GRUR 2013, 509, 510 – UniBasic-IDOS). Indiz für die Schutzfähigkeit soll auch die Prämierung des Programms sein (OLG Frankfurt CR 1998, 525, 526 – Nutzungsrechte an Software; Möhring/Nicolini/*Hoeren* § 69a Rn. 18) oder auch ein hoher Preis für die Veräußerung der Rechte samt Quellcode (BGH GRUR 2013, 509, 510 – UniBasic-IDOS). Zweifel bestehen aber, ob aufgrund aufwendiger technischer Schutzvorkehrungen (Dongle) auf die Schutzfähigkeit geschlossen werden kann (so aber OLG Düsseldorf CR 1997, 337, 338 – Dongle-Umgehung; wie hier Mestmäcker/ Schulze/*Haberstumpf* § 69a Rn. 30). Hier wird der aus originären Rechten vorgehende Rechtsinhaber zumindest vortragen müssen, dass er diese entwickelt und nicht lediglich auf ein vorgefertigtes Modul zurückgegriffen hat.

Aus § 69a lässt sich nicht entnehmen, wer **vorzutragen** hat, dass die Gestaltung des Programms nicht rein sachbedingt oder funktional ist. Der Rechtsinhaber würde in seinem Schutz beschränkt, würde man ihm dies regelmäßig und insb. auch im Verfügungsverfahren auferlegen. Anderseits ist der Gegenseite ein solcher Vortrag ohne detaillierte Kenntnis des Programms regelmäßig unmöglich. Das spricht wiederum dafür, die Darlegungs- und Beweislast dem Rechtsinhaber aufzuerlegen. Letztlich ist hier der Einzelfall entscheidend. Bei klassischer Programmierung größerer Programme ist nach der Lebenserfahrung davon auszugehen, dass dem Programmentwickler genügend Freiräume verbleiben, so dass sachbedingte Elemente für die Frage der Schutzfähigkeit zu vernachlässigen sind. Hier wird folglich nicht der Rechtsinhaber, sondern der Verletzer darlegen müssen, dass die Programmgestaltung sachbedingt ist (so auch OLG Frankfurt CR 2000, 581 – OEM-Vertrieb;

vgl. Fromm/Nordemann/*Czychowski* § 69a Rn. 20; Mestmäcker/Schulze/*Haberstumpf* § 69a Rn. 29: Beweislast für vorbekannte Gestaltungen beim Verletzer). Anders kann sich die Situation bei Programmen darstellen, deren schöpferische Elemente schon von vornherein zweifelhaft sind, wie es etwa bei einer auf vorgefertigten Bibliotheken basierenden objektorientierten Programmierung der Fall sein kann (dazu Rn. 40; vgl. auch OLG Hamburg GRUR-RR 2002, 217, 218 – CT-Klassenbibliotheken). Hier wird der Rechtsinhaber unter Umständen die schöpferischen Elemente seines Schaffens genauer darlegen und erläutern müssen und damit auch, dass diese nicht sachbedingt waren. Vor diesem Hintergrund macht es sich der BGH deutlich zu leicht, wenn er äußert, es sei grundsätzlich die Sache des (vermeintlichen) Verletzers darzutun, dass das Programm nur eine gänzlich banale Programmierleistung sei bzw. das Programmschaffen eines anderen Programmierers übernähme (BGH GRUR 2013, 509, 510 – UniBasic-IDOS).

39 **dd) Einzelfälle.** Im Zweifel geschützt sind komplexe Computerprogramme wie etwa **Betriebssysteme** mit grafischer Benutzeroberfläche (BGH NJW 2000, 3571, 3572 – OEM-Version; KG Berlin GRUR 1996, 974, 975 – OEM-Software; KG CR 1998, 137; Fromm/Nordemann/*Czychowski* § 69a Rn. 21; Möhring/Nicolini/*Hoeren* § 69a Rn. 18; vgl. LG München I CR 1997, 351, 352; a. A. *Lesshaft/Ulmer* CR 1993, 607, 608), **Migrationsprogramme** (BGH GRUR 2013, 509, 510 – UniBasic-IDOS) und **hochwertige Anwendungs- oder Spezialprogramme** (OLG Düsseldorf CR 1997, 337, 338 – Dongle-Umgehung; OLG Düsseldorf CR 1995, 730 – Shareware) sowie komplexe **Computerspiele** (LG Düsseldorf ZUM 2007, 559, 563). Schutz genießt im Grundsatz aber auch sog. **Public-Domain-Software** (LG Stuttgart CR 1994, 162, 163 – Public-Domain-Software; vgl. OLG Stuttgart CR 1994, 743, 744 – Public-Domain-Software; vgl. auch OLG Düsseldorf CR 1995, 730 – Shareware; OLG Hamburg CR 1994, 616, 617; a. A. OLG Frankfurt GRUR 1989, 678, 679 – PAM-Crash; s. auch § 69c Rn. 69 zu der Frage, inwieweit der Rechtsinhaber bei dieser auf seine ausschließlichen Nutzungsrechte verzichtet oder der Allgemeinheit Nutzungsrechte einräumt).

40 Im Einzelfall wird ein originärer – nicht aber ein abgeleiteter – Schutz einem Hersteller dann versagt bleiben, wenn er, wie es dem heutigen Stand der Technik beim Software-Engineering entspricht, auf umfangreiche **Programmbibliotheken** zurückgreift und für die Programmerstellung vorgefertigte Module oder Strukturelemente ohne besondere schöpferische Leistung kombiniert (vgl. *Caduff* 28 f.). Im Gegensatz dazu wurden in der Vergangenheit Programme oft von Grund auf konzipiert und implementiert, so dass Raum für individuelle Leistungen auf allen Stufen der Programmentwicklung (dazu näher Rn. 5 ff.) bestand. Letztlich konzentriert sich der Schutz bei der extensiven Nutzung von vorbestehenden Programmbibliotheken auf das Konzipieren. Mit zunehmender Abstraktion der vorgefertigten Module schwindet hier auch der Freiraum für Individualität. Dieses ist vor allem bei **objektorientierter Programmierung** der Fall (vgl. *Koch* GRUR 2000, 191, 192, 194 f., 201 f.; *Schneider* in Büllesbach/Heymann 143, 148; nicht ganz so deutlich OLG Hamburg GRUR-RR 2002, 217, 218 – CT-Klassenbibliotheken; zu dieser Art der Programmierung auch Rn. 19). Bei dieser Art der Programmerstellung stehen Vorfertigung, Wiederverwendung von Komponenten und Abstraktion im Mittelpunkt der Technik. Das Entwerfen von Algorithmen entfällt, so dass sich die schutzfähige Leistung auf die „Analyse und Bildung von Beziehungen zwischen objektorientierten Klassen und hierbei zu verwendenden Begrifflichkeiten", mithin auf das Konzipieren und auf das primär im Deklarieren von Eigenschaften (Attributen) liegende Gestalten verlagert (*Koch* GRUR 2000, 191, 193 f., 198, 201). Ein **originärer Urheberschutz** besteht hingegen nicht, wenn die individuelle Attributzuordnung und sonstige Gestaltung durch technische Zwänge (Vorgaben aufgrund von Schnittstellen oder vorbestehenden Klassen und Modulen) weitgehend ausgeschlossen ist oder die Gestaltung sonst sachbedingt oder routinemäßig-schablonenhaft erfolgt (*Koch* GRUR 2000, 191, 201). Daneben wird das Problem der Ein-

schränkung der Gestaltungsräume durch stärkere Standardisierung diskutiert (*Schneider* in Büllesbach/Heymann 143, 148). Etwas anderes gilt für die Erstellung der vorgefertigten Module und abstrakten Klassen selbst, von denen dann auch ein durch Einräumung entsprechender Rechtspositionen **abgeleiteter Schutz** ausgehen kann (vgl. *Koch* GRUR 2000, 191, 193, 197, 202).

b) Keine anderen Kriterien (§ 69a Abs. 3 S. 2). Nach § 69a Abs. 3 S. 2 sind an die **41** Schutzfähigkeit keine anderen Kriterien zu stellen. Nach dem Wortlaut des Gesetzes scheiden insb. qualitative und ästhetische Kriterien aus. Ebenso wenig ist für die Beurteilung der Urheberfähigkeit auf Kriterien wie Effizienz und Funktionalität, Quantität im Sinne des Umfangs des Programms, Aufwand und Kosten (Fromm/Nordemann/*Czychowski* § 69a Rn. 16; vgl. noch zum alten Recht LG Oldenburg CR 1997, 292; vgl. Kritik der Kommission an der britischen Umsetzung, Bericht der Kommission über die Umsetzung und die Auswirkung der Richtlinie 91/250/EWG über den Rechtsschutz von Computerprogrammen, KOM [2000] 199 endg. vom 10.4.2000, 10; a. A. *Marly* Softwareüberlassungsverträge Rn. 133; *Marly* Urheberrechtsschutz 121 ff.), objektive Neuheit, gewerbliche Verwertbarkeit oder die Gesetzes- und Sittenwidrigkeit abzustellen. Vor allem aber ist das Merkmal der Schöpfungs- bzw. Gestaltungshöhe nicht mehr zu prüfen (näher dazu Rn. 33). Auf Bedenken muss auch der von der Rechtsprechung in der Vergangenheit vorgenommene Vergleich mit dem Vorbestehenden stoßen.

Schließlich ist der Schutz in Übereinstimmung mit Art. 5 Abs. 2 S. 1 RBÜ nicht von **42** der Einhaltung irgendwelcher Förmlichkeiten abhängig. Das auf Computerprogrammen häufig zu findende ©-Zeichen ist diesbezüglich (s. aber Rn. 47) ein Relikt aus Zeiten, in denen die USA lediglich Mitglied im WUA war, welches dieses als Voraussetzung für den Schutz verlangte (vgl. Art. III Abs. 1 WUA). Heute kommt ihm aufgrund von Art. 9 und 10 TRIPs insoweit nur geringe Bedeutung zu (nur noch für Nur-WUA-Mitgliedstaaten ist es von Relevanz; auch in den USA entsteht der Schutz seit dem Berne Convention Implementation Act 1988 ohne Registrierung oder sonstige Einhaltung irgendwelcher Förmlichkeiten, vgl. *Bothe/Kilian* 481 f.; wegen der damit verbundenen Vorteile empfehlen sich dort aber das Anbringen des ©-Zeichens und die Registrierung des Computerprogramms weiterhin; dazu *Bothe/Kilian* 480 ff.; *Föhr* CR 1988, 453, 456 ff.).

4. Entsprechende Anwendung der für Sprachwerke geltenden Vorschriften (Abs. 4)

Die §§ 69a ff. umfassen zwar die wesentlichen und nahezu alle durch die Computerpro- **43** gramm-Richtlinie vorgeschriebenen und harmonisierten Regeln des Urheberschutzes von Computerprogrammen. Gleichwohl sind ergänzend insb. die allgemeinen Regelungen über die Rechtsinhaberschaft, das Urhebervertragsrecht und die Rechtsbehelfe heranzuziehen, für welche die Richtlinie ebenfalls Vorgaben enthält und ohne die die gesetzlichen Vorschriften unvollständig blieben. Rechtstechnisch hat der Gesetzgeber dies mit § 69a Abs. 4 durch eine Verweisungsvorschrift, nämlich die Gleichsetzung mit Sprachwerken, bewerkstelligt, die als **eingeschränkte Rechtsgrundverweisung** einzuordnen ist. Aus der Einordnung als Sprachwerk folgt zudem die Anwendbarkeit der RBÜ und des WUA (*Haberstumpf* in Lehmann Kap. II Rn. 30).

a) Urheber und Urheberschaft (§§ 7–10). Urheber sind gem. § 7 die **Schöpfer** ei- **44** nes Computerprogramms (so genanntes Schöpferprinzip) und damit nur die persönlichen Personen. Juristische Personen scheiden als Urheber aus. Eine Verpflichtung zur Schaffung einer Vorschrift, nach der juristische Personen als Rechtsinhaber anzusehen sind, oder zur Anerkennung kollektiver Werke, besteht aufgrund Art. 2 Abs. 1 S. 1 der Computerprogramm-Richtlinie nicht (Begr. BRegE BT-Drucks. XII/4022, 10). Weiter sind nur die Personen Schöpfer, die einen individuellen, schöpferischen Beitrag geleistet haben. Da

Ideen gem. § 69a Abs. 2 explizit vom Schutz ausgenommen sind und auch Kosten und Aufwand gem. § 69a Abs. 3 S. 2 keine schutzbegründenden Kriterien sind (dazu näher Rn. 27ff., 41), kommen insb. reine Ideengeber und der lediglich finanzierende Auftraggeber als Schöpfer nicht in Betracht (*Haberstumpf* in Lehmann Kap. II Rn. 103; das scheint *Th. Götting* VersR 2001, 410f. zu verkennen). Schwierig, wenn nicht unmöglich, ist die Bestimmung des individuellen, schöpferischen Beitrags und damit die Bestimmung des Schöpfers bei großen Entwicklungsteams (dazu *Caduff* 28f.; *Haberstumpf* in Lehmann Kap. II Rn. 102). Lediglich im Fall von § 69b besteht das Problem nicht. Erschwert wird die Bestimmung der Schöpfer auch durch den heute regelmäßig vorzufindenden Rückgriff auf Programmbibliotheken und Module Dritter, sei es beim Entwurf, Kodieren, Kompilieren oder Linken (vgl. *Caduff* 28f.; s. auch dazu Rn. 40; § 69c Rn. 95f.). Weiter führt die Erstellung im Team dazu, dass, soweit nicht § 69b die wirtschaftlichen Rechte auf den Arbeitgeber übergehen lässt, der Bestimmung des § 8 bei Computerprogrammen eine ganz zentrale Rolle zukommt. Er setzt Art. 2 Abs. 1 S. 1, 2. Alternative der Computerprogramm-Richtlinie („Gruppe natürlicher Personen") um.

45   Gem. § 8 Abs. 1 sind **Miturheber** eines Computerprogramms alle diejenigen, die im Rahmen des gemeinsamen Schaffens einen schöpferischen Beitrag zu dem gemeinsam erstellten Computerprogramm geleistet haben (BGH GRUR 1994, 39, 40 – Buchhaltungsprogramm), ohne dass sich dieser gesondert verwerten ließe. Letzteres ist bei Computerprogrammen die Regel (*Haberstumpf* in Lehmann Kap. II Rn. 104; *Karger* CR 2001, 357, 366). Eine Ausnahme kann für selbstständig verwertbare Module bestehen (vgl. *Gennen* ITRB 2006, 161). Die schöpferische Mitwirkung eines Entwicklers kann dabei auf jeder der Entwicklungsstufen des Computerprogramms (dazu näher Rn. 5ff.), also auch in einem Vorstadium erfolgen, wenn sie als unselbstständiger Beitrag zum einheitlichen Schöpfungsprozess der Werkvollendung geleistet wird (BGH GRUR 1994, 39, 40 – Buchhaltungsprogramm; *Karger* CR 2001, 357, 366; vgl. BGHZ 94, 276, 284 – Inkasso-Programm; *Bartsch* CR 2012, 141, 142; nicht ganz präzise insofern *Meyer* 35, 38). Es ist dabei ausreichend, wenn Entwickler in Unterordnung unter die gemeinsame Gesamtidee einzelne schöpferische Beiträge zur Programmgestaltung erbringen; die Mitwirkung an allen schöpferischen Elementen ist nicht erforderlich (BGH GRUR 1994, 39, 40f. – Buchhaltungsprogramm; BGH GRUR 2005, 860, 863 – Fash 2000; *Karger* CR 2001, 357, 366; *Haberstumpf* in Lehmann Kap. II Rn. 104f.: auch zur Abgrenzung gegenüber der Bearbeitung, bei der ohne Willensübereinstimmung auf Vorarbeiten aufgebaut wird). Das gilt auch für die Programmentwicklung in arbeitsteiligen und nachgeschalteten Prozessen bzw. bei aufeinander folgenden Werkstufen, vorausgesetzt, es geht nicht bloß um die nachträgliche Bearbeitung des Programms i. S. v. §§ 3, 23 bzw. 24 (vgl. *Gennen* ITRB 2006, 161f.; vgl. auch LG Frankfurt CR 2006, 729, 730). Miturheber i. S. v. § 8 Abs. 2 kann insb. auch der Auftraggeber des Programms sein, der detaillierte Vorgaben bei der bzw. für die Konzeption macht (vgl. *Brandi-Dohrn* BB 1994, 658, 661: auch zu den Konsequenzen; wohl auch *Meyer* 35, 38). Zur Begründung der Miturheberschaft ist bei mehreren Beteiligten mit unterschiedlichen Arbeitsleistungen eine nähere Prüfung und Differenzierung der schöpferischen Programmelemente nötig (BGH GRUR 1994, 39, 40 – Buchhaltungsprogramm – unter Hinweis auf BGHZ 94, 276, 284 – Inkasso-Programm). Für eine Miturheberschaft nicht ausreichend ist aber ein auf die Ausarbeitung der Aufgabenstellung beschränkter Beitrag (OLG Köln CR 2005, 624, 625f.) oder ein Beitrag für andere Werke, die mit dem Programm einhergehen, wie etwa die Benutzeroberfläche (*Meyer* 36f.; s. zum GUI Rn. 14) oder das Anwenderhandbuch (*Meyer* 37; dazu Rn. 10, 13 sowie § 69g Rn. 3). Auch fehlt es an der Erbringung eines schöpferischen Beitrags in Unterordnung unter die gemeinsame Gesamtidee, wenn spätere Ergänzungen und Verbesserungen vom Handlungswillen der ursprünglichen Programmierer nicht umfasst waren; vielmehr liegen dann abhängige Bearbeitungen vor (BGH GRUR 2005, 860, 863 – Fash 2000; ebenso offenbar LG Düsseldorf ZUM 2007, 559, 564). So soll auch bei agilen Programmiermethoden in der Regel keine

Miturheberschaft gegeben sein (*Fuchs/Meierhöfer/Morsbach/Pahlow* MMR 2012, 427, 431)Demgegenüber reicht es, wenn anfangs nicht eingeplante Dritte für die Fortentwicklung und Fertigstellung eines unvollendeten Programms weitere umfangreiche Programmierleistungen vornehmen (LG Düsseldorf ZUM 2007, 559, 562).

Rechtsfolge der Miturheberschaft ist gem. § 8 Abs. 2 vorbehaltlich anderer Erklärungen und Vereinbarungen, dass die Veröffentlichung, Verwertung sowie Änderungen des Computerprogramms nur durch die Miturheber als gesamthänderisch abgestimmte Maßnahmen erfolgen dürfen (vgl. OLG Frankfurt BB 1996, Beilage 9, 3; dazu und zur Verwaltung der Rechte näher *Meyer* 50 ff.), wobei die Einwilligung einzelner Miturheber nicht wider Treu und Glauben verweigert werden darf (s. näher § 8 Rn. 33). Es entsteht insofern eine Gemeinschaft besonderer Art und dabei eine gewisse gesamthänderische Bindung (vgl. zur Frage, inwieweit eine Gesamtshandsgemeinschaft vorliegt ausführlich *Meyer* 43 ff. m.w.N. sowie § 8 Rn. 21 ff.). Weiter können nach § 8 Abs. 3 S. 2 mit Ausnahme von Unterlassungsansprüchen, für die schon der einzelne Miturheber aktivlegitimiert ist (OLG Düsseldorf CR 2009, 214, 215; § 8 Rn. 38 f.), Ansprüche aus Verletzungen des gemeinsamen Urheberrechts nur an alle Miturheber verlangt werden (zur vertraglichen und deliktischen Haftung gegenüber Miturhebern sowie zu spezifischen Problemen bei freier Software ausführlich *Meyer* 115 ff., 127 ff.; *Meyer* CR 2011, 560 ff.); dies ist bei der Stellung entsprechender Anträge zu berücksichtigen (vgl. BGH GRUR 1994, 39, 41 – Buchhaltungsprogramm; § 8 Rn. 39, 41). Bei Auskunftsansprüchen ist aber strittig, ob diese auch von einzelnen Miturhebern an diesen alleine geltend gemacht werden können (ablehnend sowie zur Darlegungs- und Beweislast hinsichtlich der Abtretung bei Geltendmachung nur durch einen Miturheber LG Düsseldorf ZUM 2007, 559, 561 f. sowie OLG Düsseldorf CR 2009, 214 f.; a.A. BGH GRUR 2011, 714 – Der Frosch mit der Maske; wohl auch LG Frankfurt CR 2006, 729, 730; zu der Fragestellung näher § 8 Rn. 39, 41a). Der vor diesem Hintergrund in Verträgen regelmäßig vorzufindende Verzicht auf die Rechte der einzelnen Miturheber gem. § 8 Abs. 4 (dazu auch *Gennen* ITRB 2008, 13 f.; vgl. OLG Düsseldorf CR 2009, 214) umfasst auch das Bearbeitungsrecht nach § 69c Nr. 2 und, sofern überhaupt anwendbar, das Änderungsverbot gem. § 39 (vgl. *Link* GRUR 1986, 141, 144). Schließlich stellt sich die Frage, inwieweit Miturheber auch in eine Mithaftung für Rechtsverletzungen geraten können (zu Recht ablehnend *Meyer* 111 ff.).

Einer Einwilligung bedarf gem. § 9 auch die Veröffentlichung, Verwertung und Änderung **verbundener Werke**. In der Literatur zu Computerprogrammen wird vertreten, dass die Zusammenstellung und Herstellung einer Sammel-CD, auf der verschiedene Programme zu finden sind, eine Werkverbindung i. S. d. § 9 darstelle (*Heymann* CR 1994, 618). Demgegenüber hat das OLG Hamburg die Anwendung des § 9 (zumindest auf Shareware) zu Recht abgelehnt (OLG Hamburg CR 1994, 616, 617). Entgegen der in der Literatur vertretenen Auffassung ist mit Ausnahme von Extremfällen davon auszugehen, dass die urheberpersönlichkeitsrechtliche Intention des § 9 gerade gegen seine Anwendung auf Computerprogramme in solchen Fällen spricht. **46**

Gem. § 10 Abs. 1 wird die **Urheberschaft** zu Gunsten desjenigen **vermutet,** der auf bzw. in Vervielfältigungsstücken eines Werkes in der üblichen Weise **als Urheber bezeichnet** ist. Die Beweislast kehrt sich dadurch um. § 10 gilt auch bei Computerprogrammen (BGH GRUR 1994, 39, 41 – Buchhaltungsprogramm; LG Frankfurt CR 2006, 729, 730; *Koch/Schnupp* CR 1989, 975, 979; *Karger* CR 2001, 357, 366). Üblich ist etwa die Bezeichnung im Rahmen einer Bildschirmmaske, im Bedienungshandbuch oder in den Kopfzeilen des Quellcodes eines Programms oder Programmmoduls (vgl. BGH GRUR 1994, 39, 41 – Buchhaltungsprogramm; LG Frankfurt CR 2006, 729, 730; *Koch/Schnupp* CR 1989, 975, 979; dazu auch Rn. 51; § 69b Rn. 41). Ausreichend können auch zugehörige Textdateien sein (LG Frankfurt CR 2006, 729, 730). Als unzureichend angesehen wurde aber die Benennung innerhalb der „Credits" (Danksagung) eines Computerprogramms (LG Düsseldorf ZUM 2007, 559, 563 mit der verfehlten Begründung, es seien **47** dort auch unter § 69b Abs. 1 fallende Mitarbeiter genannt worden). Bei Computerprogrammen gibt es im eigentlichen Sinne zwar weder Herausgeber noch Verleger, so dass § 10 Abs. 2 seinem Wortlaut nach nicht anzuwenden wäre, die Vermutungsregel des § 10 Abs. 2 fand aber nach der Rechtsprechung analog zu Gunsten desjenigen Anwendung, der sich auf der Originalverpackung oder einem entsprechenden Aufkleber auf dieser unter Hinweis auf die Urheberrechte, insb. durch Anbringung eines Copyright-Vermerks (©), als Rechtsinhaber ausweist (vgl. OLG Köln GRUR 1992, 312, 313 – Amiga-Club – unter Hinweis auf OLG Hamm NJW 1991, 2162; LG Hannover GRUR 1987, 635; LG Hannover CR 1988, 826; dogmatisch nicht präzise insofern LG Köln ZUM 2011, 350). Diese Rechtsprechung wurde in Frage gestellt (s. BGH GRUR 2003, 228, 230 f. – P-Vermerk – sowie § 10 Rn. 48). Nunmehr soll seit der Ergänzung des § 10 Abs. 3 für die **Inhaber ausschließlicher Nutzungsrechte** eine der Urhebervermutung entsprechende Vermutung der Aktivlegitimation gelten, wenn auch nur im EV-Verfahren bzw. bei der Geltendmachung von Unterlassungsansprüchen. Gerade die Softwareindustrie profitiert hiervon (s. etwa LG Frankfurt, CR 2010, 354, 355; LG Köln ZUM-RD 2012, 99, 100; so auch *Spindler/Weber* ZUM 2007, 257 f., die jedoch verfassungsrechtliche Bedenken gegen die Norm äußern). Nach der Rechtsprechung soll sich aus der Registrierung bei der WIPO und Inhaberschaft einer dem Titel entsprechenden Marke die Vermutung für die Inhaberschaft der ausschließlichen Nutzungsrechte ableiten lassen (LG Köln ZUM 2011, 88, 90). Andererseits gilt Abs. 3 für Schadensersatzansprüche nicht, so dass hier im Zweifel die gesamte Lizenzkette darzulegen ist (*Witte* ITRB 2010, 210, 211).

48 b) **Urheberpersönlichkeitsrecht (§§ 12–14).** Die Frage des **urheberpersönlichkeitsrechtlichen Schutzes** von Computerprogrammen gehört, wie auch deren Erwägungsgrund 19 n. F. bzw. 28 a. F. zeigt, nicht zum durch die Computerprogramm-Richtlinie harmonisierten Bereich (vgl. Begr. BRegE BT-Drucks. XII/4022, 10). Hier gelten demnach grds. die allgemeinen Bestimmungen. Allerdings besteht bei der kleinen Münze des Urheberrechts, zu denen in aller Regel auch Computerprogramme zählen (dazu Rn. 33), mangels mit dem eigenschöpferischen Schaffen einhergehender, ausgeprägter ideeller Interessen ein persönlichkeitsrechtliches Schutzbedürfnis nur sehr eingeschränkt, so dass eine dementsprechender Schutz nur begrenzt anzuerkennen ist (*Bielenberg* GRUR 1974, 589, 590; Fromm/Nordemann/*Hertin* 8. Aufl. Vor § 12 Rn. 7). Zudem überwiegen bei Computerprogrammen als Industrieprodukten im Zweifelsfall die wirtschaftlichen Interessen (dazu Vor §§ 69 a ff. Rn. 6; im Bereich des Arbeitnehmerurheberrechts ergibt sich dies schon aus Art. 2 Abs. 3 Computerprogramm-Richtlinie, dazu näher § 69 b Rn. 38 ff.). – Wenn daher in der Folge für einen stark reduzierten persönlichkeitsrechtlichen Schutz der nur objektiv-individuellen Computerprogramme plädiert wird, kann das auf klassische, subjektiv-persönliche, eigenschöpferische Urheberwerke, bei denen von anderen Prämissen auszugehen und bei denen daher ein vollumfänglicher, persönlichkeitsrechtlicher Schutz angebracht ist, nicht übertragen werden (s. zu dieser differenzierten Auslegung auch Vor §§ 69 a ff. Rn. 7). – Einigkeit herrscht bei Computerprogrammen darüber, dass ein urheberpersönlichkeitsrechtlicher Schutz nicht vollen Umfangs besteht, Streit herrscht hingegen über Details (s. auch zu § 25 unter Rn. 54, § 39 unter Rn. 71 sowie §§ 41, 42 unter Rn. 72). Teilweise wird vertreten, die §§ 12–14 und 39 Abs. 2 seien auch auf Computerprogramme grds. anwendbar, müssten nur eher zurückstehen (*Dreier* GRUR 1993, 781, 783; *Kappes* JuS 1994, 659; *Metzger/Jaeger* GRUR Int. 1999, 839, 844 f.; Schricker/Loewenheim/*Loewenheim* § 69 a Rn. 24). Da das geistige Band zwischen Schöpfer und Werk bei Computerprogrammen (wie bei sonstiger Software) nur äußerst schwach ist und Computerprogramme zumeist von einer Vielzahl von Personen entwickelt werden, scheint es hingegen richtig, die §§ 11 ff. schon im Grundsatz teleologisch zu reduzieren und bestenfalls teilweise anzuwenden (*Lehmann* FS Schricker 1995, 543, 562 f.; *Lehmann* CR 1990, 625, 630; vgl. *Chrocziel* CR 1988, 381; *Holländer* CR 1992, 279; *Marly* Urheberrechtsschutz 70 f.; vgl. zu Datenbanken *Grützmacher* 272). Dafür spricht auch die Tatsache, dass die §§ 69a ff. eher Leistungsschutzcharakter haben und daher in einem gesonderten Abschnitt umgesetzt wurden (vgl. *Lehmann* FS Schricker 1995, 543, 563 Fn. 95).

Kaum eine Rolle dürfte das **Veröffentlichungsrecht** an Computerprogrammen gem. § 12 spielen. Auf dieses verzichtet der Urheber regelmäßig spätestens mit der Fertigstellung und Übergabe des Werkes konkludent (dazu allgemein § 12 Rn. 10; vgl. auch *Kolle* GRUR 1985, 1016, 1023: bereits mit der erstmaligen Einräumung von Nutzungsrechten). Bei der Software-Konzipierung und -Entwicklung im Team muss der Entwickler auch schon Veröffentlichungen im Vorfeld hinnehmen, sofern diese der Projektplanung entsprechen oder sonst geboten sind.

Beschränkt anwendbar bleibt § 13 (dazu *Marly* Urheberrechtsschutz 71). Beeinträchtigungen der wirtschaftlichen Interessen des Herstellers sind kaum zu befürchten. Hierfür spricht auch, dass sogar dem Erfinder ein Recht auf Namensnennung zusteht (§§ 37, 63 PatG). Auf das Recht auf **Anerkennung der Urheberschaft** gem. § 13 S. 1 kann der Urheber nach ganz h. M. nicht verzichten (dazu Vor §§ 12 ff. Rn. 5 ff., 7; § 69b Rn. 40). Eine Verletzung stellt aber nicht schon die Herstellerangabe ohne Hinweis auf die Urheber (analog § 10 Abs. 2 bzw. gem. § 10 Abs. 3 n. F.), insb. das Anbringung eines Copyright-Vermerks (©), dar (a. A. wohl *Link* GRUR 1986, 141, 145; vgl. auch OLG Frankfurt BB 1996, Beilage 9, 3: Entfernung verletzt § 13). Auch die Entfernung des Copyrightvermerks des Herstellers und das Ersetzen durch einen solchen mit der Bezeichnung des exklusiven Nutzungsrechtsinhabers stellt keinen Verstoß gegen § 13 dar (a. A. OLG Hamm CR 2008, 280, 281, das aber bereits verkennt, dass Urheberpersönlichkeitsrechte nur den Urhebern zustehen). Das ergibt sich schon aus der Bedeutung des Copyrightvermerks (dazu Rn. 47). Der Produzent eines Computerprogramms kann und sollte sich schuldrechtlich das Recht einräumen lassen, neben dem Urheber gegen die Urheberbehauptung Dritter vorgehen zu können.

Soweit es um das Recht auf **Urheberbenennung** geht (§ 13 S. 2), ginge es aber zu weit, zwingend die Benennung zu Beginn des Programmablaufs, also auf dem Bildschirm, zu fordern, denn hierdurch würden die wirtschaftlichen Interessen des Programmherstellers sehr wohl beeinträchtigt (*Lehmann* FS Schricker 1995, 543, 562; s. auch bei § 69b Rn. 41). Bei Computerprogrammen kann die Namensnennung auf unterschiedlichen Ebenen stattfinden, auf der Benutzerebene oder im Text des Quellcodes (*Scholz* 86 f.). Lange Aufzählungen der Urheber auf Benutzerebene würden die Verwertung des Programms stören (§ 69b Rn. 41). Ausreichend ist es, wenn der Autor im Handbuch genannt wird (vgl. *Lehmann* FS Schricker 1995, 543, 562; *Gennen* ITRB 2008, 13, 15). Da der Quellcode regelmäßig geheim gehalten wird, ist fraglich, ob die Nennung auf dieser Ebene den Interessen des Arbeitnehmers schon im Grundsatz genügt (so aber *Lehmann* FS Schricker 1995, 543, 562; *Scholz* 87). Im Übrigen ist anerkannt, dass der Urheber auf das Recht verzichten kann (ganz h. M.; dazu allgemein § 13 Rn. 10). Ein stillschweigender Verzicht kann sich aus der Kenntnis des Urhebers von einer entsprechenden Branchenübung ergeben. Eine solche Branchenübung dürfte sich heute für kommerzielle Programme eingespielt haben (a. A. § 43 Rn. 94), und zwar nicht lediglich innerhalb eines bestehenden Arbeitsverhältnisses (dazu näher § 69b Rn. 41). Der Verzicht auf die Namensnennung hat Auswirkung auf die anderen Urheberpersönlichkeitsrechte und schwächt damit die Rechtsposition des Urhebers (str., vgl. BGH GRUR 1971, 35, 38 – Maske in Blau; *Scholz* 85 f.; vgl. auch OLG Frankfurt GRUR 1976, 199, 202 – Götterdämmerung; Vor §§ 12 ff. Rn. 5 ff.). Bei Computerprogrammen ist dies insb. für § 14 anzunehmen, sofern dieser überhaupt anwendbar ist.

§ 14 bietet Schutz gegen **Entstellungen.** § 14 ist grds. weder übertragbar noch kann auf seinen Schutz verzichtet werden (dazu Vor §§ 12 ff. Rn. 5 ff.). Teils wird die Auffassung vertreten, der Schutz des § 14 bestehe auch bei Computerprogrammen, greife allerdings nur ausnahmsweise ein, da Änderungen, die in der Natur von Computerprogrammen liegen, regelmäßig keine Entstellung darstellen (*Dreier* GRUR 1993, 781, 783; *Metzger/ Jaeger* GRUR Int. 1999, 839, 844; die Bedeutung im Open-Source-Umfeld betonend *Karl* 115; weitere Nachweise bei § 69b Rn. 42). Im Übrigen wäre es schwer zu bestimmen, wann eine Entstellung i. S. v. § 14 und wann lediglich eine mitunter nach Treu und Glauben hinzunehmende Änderung i. S. v. § 39 vorliegt. Zu Recht zweifeln andere daran, ob § 14 auf Computerprogramme überhaupt anwendbar ist (*Lehmann* FS Schricker 1995, 543, 563; vgl. auch *Holländer* CR 1992, 279, 282). Keinesfalls steht § 14 der Weiterentwicklung von Computerprogrammen, Updates/-grades oder der Portierung von Programmen entgegen (*Lehmann* FS Schricker 1995, 543, 563; s. auch § 69b Rn. 42). Denkbar ist allenfalls, dass eine Programmänderung deshalb als Entstellung angesehen wird, weil sie den Eindruck erweckt, der Urheber sei fachlich nicht auf dem allgemeinen Stand der Technik, oder weil das Programm so verändert wurde, dass es zu niederen Zwecken, etwa rassistischen, sexistischen oder illegalen, missbraucht wird (*Scholz* 90 f.).

53 c) **Verwertungs- und sonstige Rechte (§§ 15–27).** Die §§ 15–27 finden keine Anwendung, soweit sich in § 69c spezielle Regelungen finden. Dies betrifft insb. die §§ 16, 17 sowie 23 und seit dem 13.9.2003 für die Online-Übertragung und -Bereithaltung auch § 15 Abs. 2 und 3 (anders aber in Altfällen, vgl. BGH GRUR 2009, 864, 865 – CAD-Software); hingegen ist für das Verleihen auf § 27 zurückzugreifen (näher zu § 15 Abs. 2 und 3 s. § 69c Rn. 1, 49 ff. sowie Bericht der Kommission über die Umsetzung und die Auswirkung der Richtlinie 91/250/EWG über den Rechtsschutz von Computerprogrammen, KOM [2000] 199 endg. vom 10.4.2000, 18; näher zu § 27 s. § 69c Rn. 62). Auch der Normgehalt des § 24 kann zumindest gedanklich herangezogen werden (vgl. auch *Haberstumpf* in Lehmann Kap. II Rn. 141 ff.; *Schumacher* 98, 111).

54 Besonderheiten ergeben sich auch beim **Zugangsrecht** gem. § 25 (s. für Arbeitnehmer § 69b Rn. 43). Der Schutz von Betriebsgeheimnissen stellt regelmäßig ein berechtigtes Interesse des Auftraggebers i. S. v. § 25 dar, so dass insb. bei dem Markt erhältlicher Software dem Urheber der Zugang regelmäßig versagt werden kann (s. auch Nachweise bei § 69b Rn. 43). Auf das Recht aus § 25 kann verzichtet werden. Ein Verzicht kann sich schon aus den Umständen des Vertrages ergeben (strikter *Link* GRUR 1986, 141, 145).

55 d) **Rechtsnachfolge in das Urheberrecht (§§ 28–30).** Beim Urheber verbliebene Urheberrechte an Computerprogrammen werden im Todesfalle nach den **§§ 28 ff.** übertragen. Zweifelhaft ist, inwieweit der Grundsatz der Unübertragbarkeit gem. § 29 Abs. 1 auf Computerprogramme durchgehend Anwendung findet. Teils wird zumindest vertreten, nach § 69b Abs. 1 würden die Verwertungsrechte übergehen (näher dazu § 69b Rn. 18 ff.). Dies ist mit dem de lege lata auch für Computerprogramme geltenden Schöpferprinzip nicht zu vereinbaren. Hingegen spricht einiges dafür, dass die gesamten vermögensrechtlichen Befugnisse i. S. v. § 69b übertragbar sind, denn es ist nicht einzusehen, warum diese zwar im Wege der gesetzlichen Lizenz auf den Arbeitgeber übergehen, dann aber nicht „als Bündel" weiter übertragen werden können (vgl. auch *Th. Götting* VersR 2001, 410, 411 f.). Der Arbeitgeber ist insofern nicht schutzwürdiger als der Arbeitnehmerurheber.

56 e) **Nutzungsrechte (§§ 31–44). aa) Allgemeines.** Anwendung auf Computerprogramme finden grds. auch die urhebervertragsrechtlichen Vorschriften der **§§ 31 ff.** (vgl. Begr. Rechtsausschuss BT-Drucks. XIV/5058, 19; Begr. BRegE BT-Drucks. XIV/6433, 15). Diese gelten **vorbehaltlich spezieller Regelungen der §§ 69a ff.**, insb. des § 69d (*Dreier* GRUR 1993, 781, 785; Fromm/Nordemann/*Czychowski* Vor § 69a Rn. 42; *Marly* Softwareüberlassungsverträge Rn. 1109; zu den Ausnahmen der §§ 69d, 69e s. näher § 69d Rn. 5 ff. und § 69e Rn. 4 ff.). Während die Regelungen der §§ 31 ff. urheberschützend sind, ist nämlich § 69d nutzerschützend, so dass die §§ 31 ff., soweit sie nicht § 69d wider-

sprechen, nur ergänzend heranzuziehen sind (*Dreier* GRUR 1993, 781, 785). Zu beachten ist insb. auch der zwingende Kern des § 69d Abs. 1 (dazu näher § 69d Rn. 34 ff.). Zu unterscheiden ist das Lizenzverhältnis zwischen Urheber und Verwerter (Hersteller), auf das § 69d keinen oder höchstens einen ganz mittelbaren Einfluss hat, sowie das Rechtsverhältnis zwischen Verwerter (bzw. Urheber) und Nutzer.

bb) § 31. Gem. **§ 31 Abs. 1–3** kann der Urheber oder, wie sich aus dem Wortlaut des § 69c („Rechtsinhaber") und Art. 4 Computerprogramm-Richtlinie ergibt, der in seine Position eingetretene Rechtsinhaber (also auch der Arbeitgeber, vgl. § 69b) einfache oder ausschließliche Rechte einräumen (s. neben der nachfolgenden Darstellung auch zum Trennungs- und Abstraktionsprinzip Vor §§ 69a ff. Rn. 11; allgemein Vor §§ 31 ff. Rn. 6, 50; § 31 Rn. 27 ff.; zum umstrittenen dinglichen Charakter auch einfacher Nutzungsarten BGH GRUR 2009, 946, 948 – Reifen Progressiv).

Bedenken bestehen gegen die unbeschränkte Anwendung des **§ 31 Abs. 4a. F.** auf Computerprogramme (wohl auch Dreier/Schulze/*Dreier* § 69a Rn. 33). Nach § 31 Abs. 4a. F. war die Einräumung von Rechten an **unbekannten Nutzungsarten** unwirksam (näher 2. Aufl. § 31 Rn. 38 ff.). Dem Schutzzweck des § 31 Abs. 4a. F., Urheber möglichst weitgehend an den Früchten ihres Werkschaffens zu beteiligen, steht bei Computerprogrammen, die in aller Regel von einem Team gut bezahlter Entwickler geschaffene, fortzuentwickelnde Industrieprodukte darstellen, das überwiegende Interesse des Herstellers entgegen, Computerprogramme auch bei fortschreitender Technik weiter vermarkten zu können. Nicht von ungefähr sind die meisten Leistungsschutzrechte, deren Grundsätze auf Computerprogramme besser passen als die urheberrechtlichen (s. näher Vor §§ 69a ff. Rn. 3, 6 f.), komplett übertragbar. Daneben ergeben sich auch Widersprüche zu § 69b bzw. Art. 2 Abs. 3 Computerprogramm-Richtlinie, weil im Arbeitsverhältnis alle vermögenswerten Befugnisse übergehen und damit nach der Richtlinie für die Anwendung des § 31 Abs. 4a. F. kein Raum mehr ist (dazu § 69b Rn. 19). Ob und in welcher Form die Rechtsprechung solchen Bedenken Rechnung tragen wird, bleibt abzuwarten. Zu betonen ist aber, dass diese für Computerprogramme (und mitunter auch für Datenbankwerke) bestehenden Bedenken und Grundsätze bei klassischen Werken nicht zum Tragen kommen (dazu näher Vor §§ 69a ff. Rn. 6 f.). Künftig (s. zur Überleitungsregelung und gewissen Rückwirkungseffekten § 137l) ist nach § 31a n. F. eine schriftliche Vereinbarung über unbekannte Nutzungsarten möglich, allerdings mit (eingeschränktem) dreimonatigem Widerrufsrecht ab Nutzung. Bei mehreren Werken bzw. Beiträgen, wie sie bei Computerprogrammen regelmäßig vorkommen, steht das Widerrufsrecht unter dem Vorbehalt von Treu und Glauben. Zu diesen Regelungen korrespondiert der Vergütungsanspruch des § 32c n. F.

Die **Zweckübertragungslehre** nach **§ 31 Abs. 5** findet nach ganz h. M. auch auf Computerprogramme Anwendung (BGH GRUR 1994, 363, 365 – Holzhandelsprogramm; BGH GRUR 2008, 357, 359 ff. – Planfreigabesystem; Fromm/Nordemann/*Czychowski* § 69a Rn. 42). § 31 Abs. 5 wird durch § 69d nicht verdrängt, sondern nach dem Rangverhältnis der Normen in seinem weitergehenden Anwendungsbereich durch § 69d nur beschränkt (dazu näher § 69d Rn. 2 f.; allgemein § 31 Rn. 39 ff.). Im Rahmen des § 31 ist zunächst zu bestimmen, ob eine eigenständige Nutzungsart mit dinglicher Wirkung vorliegt und diese eingeräumt wurde oder ob die Nutzung lediglich schuldrechtlich gestattet wurde (vgl. § 29 Abs. 2). Schuldrechtliche Klauseln unterfallen § 31 Abs. 5 nicht; für sie gilt aber die allgemeine Zweckübertragungslehre (Schricker/Loewenheim/*Schricker/Loewenheim* § 31 Rn. 81; zu schuldrechtlichen Klauseln in Endnutzerlizenzen § 69d Rn. 6, 34 ff.). Dingliche Wirkung kommt der Rechtseinräumung nur zu, wenn eine **eigenständige Nutzungsart** vorliegt. Das ist auch bei der Einräumung von Nutzungsrechten an Computerprogrammen nur für solche inhaltlichen Beschränkungen der Fall, die derart bestimmt sind, dass die abgespaltenen Nutzungsrechte nach der Verkehrsauffassung klar abgrenzbar sind und wirtschaftlich-technisch als einheitlich und selbstständig erscheinen (dazu näher § 31 Rn. 2).

60 **(1) Gegenständliche Aufspaltung der Nutzungsrechte.** Insb. **im Verhältnis des Programmschöpfers zum Verwerter** kommen gem. § 31 Abs. 1 neben zeitlichen sowohl inhaltliche als auch zahlenmäßige (Stückzahlen) und räumliche Beschränkungen in Betracht (*Haberstumpf* in *Lehmann* Kap. II Rn. 162 f.; *Pres* 159 ff.; s. dazu ergänzend § 69c Rn. 68 ff., 82 ff., § 69d Rn. 9 ff.). Anerkannte **inhaltliche Beschränkungen** mit dinglicher Wirkung sind etwa die Integration von Software in Hardware („Software im Gehäuse": ROMs, EPROMs etc.) in Abgrenzung zur Speicherung auf selbstständigen Datenträgern sowie ein entsprechender Vertrieb (*Haberstumpf* in Lehmann Kap. II Rn. 163; *Pres* 163), die Vervielfältigung des Programmlistings im Quellcode und deren Verbreitung in einschlägigen Fachzeitschriften (*Haberstumpf* in Lehmann Kap. II Rn. 162; *Pres* 163), die Einräumung der Rechte als Einzelplatz gegenüber der sowohl in technischer als auch in wirtschaftlicher Hinsicht abgrenzbaren Einräumung als Mehrplatzversion (*Pres* 155 f.; *Grützmacher* ITRB 2001, 59, 62 f.; Loewenheim/*Lehmann* § 76 Rn. 16, 34; *Haberstumpf* in Lehmann Kap. II Rn. 163 m. w. N.). Eigenständige Nutzungsart ist auch die Erstellung einer Programmsammlung etwa auf CD im Vergleich zum Einzelvertrieb (OLG Köln CR 1996, 723, 725; *Heymann* CR 1994, 618). Keine eigenständige Nutzungsart ist aber die Vervielfältigung und Verbreitung auf CD-ROM im Vergleich zur Vervielfältigung und Verbreitung auf Diskette (OLG Hamburg CR 1994, 616, 617 m. Anm. *Heymann,* der zwischen Verbreitung und Herstellung differenzieren will; a. A. *Pres* 161 f.; vgl. auch oben Rn. 46 zu § 9). Als Nutzungsarten kristallisieren sich im Markt wohl weiterhin so genannte Vertriebs- oder Run-Time-Lizenzen (Loewenheim/ *Lehmann* § 76 Rn. 16, 28; *Schneider* I Rn. 90, J Rn. 53) in Abgrenzung zu Entwickler-Lizenzen heraus und weiter die Embedded-Version eines Programms – also die integrierte, mitunter nicht mehr wahrzunehmende Verwendung des Programms innerhalb eines anderen Programms oder Systems – (dazu Rn. 63 und 68) gegenüber der Normalversion. Inwieweit sich ausreichend trennscharfe Begrifflichkeiten entwickeln, bleibt abzuwarten. Nicht bloß eine eigenständige Nutzungsart, sondern sogar ein anderes Nutzungsrecht betrifft die Übermittlung im Wege der Datenfernübertragung im Gegensatz zum Vertrieb mittels Datenträgern (offen lassend *Haberstumpf* in Lehmann Kap. II Rn. 162 unter Hinweis auf BGH CR 1990, 26 f.; dazu näher § 69c Rn. 49 ff.).

61 **Keine eigenständige Nutzungsart** ist die gewerbliche Nutzung für eigene Zwecke im Vergleich zur gewerblichen Nutzung für Dritte (*Grützmacher* ITRB 2001, 59, 63; *Osterloh* GRUR 2009, 311, 312; a. A. tendenziell BGH GRUR 1997, 464, LS, 466 – CB-infobank II; unklar BGH GRUR 2008, 357, 359 f. – Planfreigabesystem) oder auch die Beschränkung auf die private Nutzung (Begr. BRegE zu § 32, BT-Drucks. IV/270, 56; zu § 17 Schricker/ Loewenheim/*Loewenheim* § 17 Rn. 28; BGH GRUR 1986, 736, 737 f. – Schallplattenvermietung; § 69c Rn. 72; a. A. OLG Karlsruhe GRUR 1984, 198 – Beschränkte Nutzung bei Video-Cassetten). Auch die Beschränkung im Rahmen so genannter CPU-Klauseln stellt keine eigene Nutzungsart dar (BGH CR 2003, 323, 325 – CPU-Klausel; s. auch § 69d Rn. 37 f., 42 f.). **Zahlenmäßige** Beschränkungen der Vervielfältigungsvorgänge sind nur für die Herstellung von dauerhaften Vervielfältigungsstücken auf eigenen Datenträgern, nicht für bei der Programmbenutzung automatisch entstehende zwischenzeitliche Kopien als dingliche Nutzungsbeschränkung zulässig (*Haberstumpf* in Lehmann Kap. II Rn. 163; *Pres* 164; s. auch § 69d Rn. 35). **Räumliche** Beschränkungen können sich etwa auf bestimmte Länder beziehen (Begr. BRegE zu § 32 BT-Drucks. IV/270, 56; *Pres* 164 f.; zu beachten sind aber die Erschöpfungswirkung des § 69c Nr. 3 S. 2 sowie die kartellrechtliche Absicherung des EU-Binnenmarktes). Keine räumliche Beschränkungen sind sog. Raum- oder Betriebslizenzen (*Haberstumpf* in Lehmann Kap. II Rn. 163). Vergleichbare Nutzungsarten finden sich auch im **Verhältnis des Nutzers zum Lizenzgeber,** also zum Hersteller, Verwerter, Programmschöpfer etc. (dazu näher § 69d Rn. 34 ff.).

62 **(2) Umfang der Rechtseinräumung nach der Zweckübertragungslehre.** Liegt eine eigenständige Nutzungsart vor, so fragt sich, ob die entsprechenden Nutzungsrechte eingeräumt wurden (Umfang der Rechtseinräumung). Dies beurteilt sich gem. § 31 Abs. 5 in erster Linie nach dem Vertragszweck und sekundär nach der Branchenüblichkeit (dazu näher § 31 Rn. 52, 55). Die Nutzungsrechte werden mangels näherer Abreden im Zweifel also nur soweit eingeräumt, wie dies für den Vertragszweck erforderlich ist. Insofern besteht zu Lasten des Lizenznehmers eine **Spezifizierungslast.** Diese Grundsätze schließen aber nicht aus, dass im Einzelfall ohne explizite Regelung Nutzungsrechte auch zu Lasten des Urhebers in einem weiteren Umfang eingeräumt werden (*Link* GRUR 1986, 141, 146, der daher auch aus dessen Sicht die genaue Spezifizierung zumindest des Vertragszwecks empfiehlt). Die pauschale Rechtseinräumung aller Nutzungsrechte am Auftragsergebnis reicht zur Erlangung der umfassenden Rechte nicht (vgl. *Link* GRUR 1986, 141, 145; allgemein BGH GRUR 1996, 121, 123 – Pauschale Rechteeinräumung; *Schricker/ Loewenheim/Schricker/Loewenheim* § 31 Rn. 69f., 74; näher Vor § 31 Rn. 109, § 31 Rn. 41 ff.). Üblich und anders als bei klassischen Urheberwerken im Fall von Computerprogrammen unter Abwägung der beiderseitigen Interessen oftmals auch gerechtfertigt sind daher so genannte **Buy-Out-Klauseln** (dazu auch Vor §§ 69a ff. Rn. 13 f.; allgemein § 31 Rn. 41 ff.; zum Begriff Vor §§ 31 ff. Rn. 92).

(a) Einräumung der Rechte bei der Auftragserstellung. Computerprogramme **63** werden als Auftragswerke, regelmäßig im Rahmen eines Werkvertrags, für den individuellen Einsatz beim Auftraggeber, zur Vermarktung durch den Auftraggeber sowie die Integration in vom Auftraggeber kommerziell genutzte oder sogar vermarktete Maschinen, elektronische Geräte, Fahrzeuge oder Anlagen erstellt (s. zur Rechtseinräumung bei sog. Embedded Systems näher *Grützmacher* in Büchner/Dreier 87, 89 ff.). Bei der Erstellung zur **Weitervermarktung,** also bei der Fremderstellung von Standardsoftware oder der Erstellung zur Integration in Hardware ist im Normalfall davon auszugehen, dass auch die umfassenden, für den Vertrieb und für die Einräumung der Rechte gegenüber dem Anwender notwendigen **Rechte zur Vervielfältigung, Verbreitung und öffentlichen Wiedergabe** (einschließlich Zugänglichmachung) eingeräumt werden, und zwar soweit erforderlich einschließlich des Rechts zur Unterlizenzierung (§ 35). Dies gilt insb. auch bei freien, periodisch vergüteten Mitarbeitern (vgl. BGH GRUR 2005, 860, 862 – Fash 2000). Inwieweit alle Nutzungsarten (Einzel-, Mehrplatz-, OEM-, Demo-, Shareware-, Outsourcing-, ASP-Versionen etc.; dazu näher § 69c Rn. 82 ff.; § 69d Rn. 9 ff.) erfasst werden, beurteilt sich im Einzelfall nach dem Vertrag, dem Vertragszweck und der Branchenübung. Im Fall der (exklusiven) Herstellung eines Programms (lediglich) **für die individuelle Nutzung** hingegen trifft den Rechtserwerber die volle Spezifizierungslast des § 31 Abs. 5, sofern sich nicht aus dem Vertragszweck ganz ausnahmsweise etwas anderes ergibt (vgl. *Karger* CR 2001, 357, 365; *Pres* 167; die Höhe der Vergütung ist kein sicheres Indiz, vgl. *Schneider* C Rn. 122).

Nach § 31 Abs. 5 beurteilt sich auch, ob **exklusive** oder lediglich **einfache Rechte** **64** (§ 31 Abs. 1 und 2) eingeräumt werden. Auch hier werden bei der Programmentwicklung zur Weitervermarktung im Zweifelsfall exklusive (*Karger* CR 2001, 357, 365; für das Verhältnis Auftraggeber – freier Mitarbeiter *Möhring/Nicolini/Hoeren* § 69b Rn. 7 unter Hinweis auf OLG Frankfurt ECR OLG 195 = BB 1996, Beilage 9, 3; vgl. *Pres* 167; auch OLG Frankfurt CR 1995, 81; LG Osnabrück, Urt. v. 27.8.2002, Az. 18 O 286/02), bei der Herstellung zur individuellen Nutzung hingegen regelmäßig nur einfache Nutzungsrechte eingeräumt (*Karger* CR 2001, 357, 365; *Pres* 167; weiter ergeben sich diese schon aus § 69d). In der Rechtsprechung ist in einem Einzelfall (ausnahmsweise) etwas anderes angenommen worden, weil die vertragsgemäß „exklusive Herstellung" und ein entsprechender Copyright-Vermerk klar auf die exklusive Verwertung durch den Auftraggeber schließen ließen. Hinzu kam, dass sich aus den sonstigen Umständen die, wenn auch stillschweigend vereinbarte, Pflicht ergab, das Programm nicht in (wesentlich) identischer Form zu nutzen oder Dritten zukommen zu lassen (BGH GRUR 1985, 1041, 1044f. –

Inkasso-Programm –, insoweit nicht abgedr. unter BGHZ 94, 276, 280; OLG Karlsruhe GRUR 1983, 300 – Inkasso-Programm; aufgegriffen von *Link* GRUR 1986, 141, 146; *Th. Götting* VersR 2001, 410, 412; tendenziell auch *Sucker* CR 1989, 468, 477).

65 Aus der Einräumung der ausschließlichen Nutzungsbefugnis allein kann selbst bei einem Vertrag über die Erstellung von Individualsoftware nicht zwingend auf eine Pflicht zur **Lizenzierung und Herausgabe des Quellcodes** geschlossen werden, es sei denn, dass sich aus den sonstigen Vertragsumständen etwas anderes ergibt (BGH NJW 1987, 1259f. – Quellprogramm; *Ernst* MMR 2001, 208, 210; *Karger* CR 2001, 357, 365; *Pres* 167; vgl. aber LG Köln NJW-RR 2001, 1711f.). Hierfür sprechen die berechtigten Interessen des Softwareherstellers am Schutz seines Know-how (vgl. Vor §§ 69aff. Rn. 6; § 69e Rn. 3; OGH CR 2006, 155, 158). Eine Pflicht ist im Einzelfall aber anzunehmen, wenn das Programm ersichtlich zur Weitervermarktung entwickelt wurde (vgl. BGH CR 2004, 490, 491f.; LG Aschaffenburg CR 1998, 203, 206; *Ernst* MMR 2001, 208, 211; für das Verhältnis des Auftraggebers zu freien Mitarbeitern Möhring/Nicolini/*Hoeren* § 69b Rn. 7 unter Hinweis auf OLG Frankfurt ECR OLG 195 = BB 1996, Beilage 9, 3). Allerdings ist insoweit auch zu hinterfragen, ob der Quellcode für den Weitervertrieb im Einzelfall wirklich erforderlich ist (so zu Recht die Kritik von *Hoeren* CR 2004, 721, 724 an BGH CR 2004, 490, 491f.; grds. zurückhaltender auch OGH CR 2006, 155, 158). Die Einräumung des Bearbeitungsrechts kann für ein Recht am und auf den Quellcode insb. dann sprechen, wenn ein geschlossener Wartungsvertrag beendet wird oder nicht besteht (*Ernst* MMR 2001, 208, 211; *Pres* 167; vgl. LG München I DB 1989, 973). Allein die Erforderlichkeit von künftigen Fehlerbeseitigungs-, Wartungs- und Änderungsarbeiten am Programm kann aber angesichts von §§ 69d und 69e genauso wenig als zwingendes Indiz gesehen werden (*Hoeren* CR 2004, 721, 724; a.A. BGH CR 2004, 490, 491f.; noch zur Rechtslage vor Einführung der §§ 69aff. LG München DB 1989, 973f.; zurückhaltend demgegenüber BGH CR 1986, 377, 380; *Schneider* C Rn. 41) wie der Umfang der Vergütung (vgl. BGH CR 2004, 490, 491f.).

66 Die Einräumung eines **Bearbeitungsrechts** geht mit der Einräumung der ausschließlichen Nutzungsbefugnis, wie sich aus § 37 Abs. 1 ergibt, nicht per se einher (OLG Karlsruhe GRUR 1983, 300 – Inkasso-Programm; *Link* GRUR 1986, 141, 146). Die Einräumung eines Bearbeitungsrechts kann weiter nicht schon daraus geschlossen werden, dass nach dem Vertrag im Fall der Bearbeitung durch den Lizenznehmer die Fiktion der Abnahme eintritt oder die Gewährleistung entfällt (vgl. *Chrocziel* CR 1988, 381; a.A. OLG München CR 1988, 378f.). Selbst bei der Fertigung von Programmen zur Weitervermarktung wird das Bearbeitungsrecht nicht per se eingeräumt. Auch aus der Höhe der Vergütung lässt sich nicht zwingend auf die Einräumung der Bearbeitungsrechte schließen (vgl. *Schneider* C Rn. 31). Die (Pflicht zur) Lieferung des Quellcodes spricht tendenziell für ein Bearbeitungsrecht (*Schneider* CR 2003, 1, 4).

67 Als **Zeitpunkt** der Rechtseinräumung ist im Zweifel davon auszugehen, dass die Nutzungsrechte bei der Programmerstellung vorbehaltlich anderer Abreden beim Dienstvertrag konkludent mit der Ablieferung und beim Werkvertrag erst mit der Abnahme der Software eingeräumt werden, die Rechtseinräumung also nicht von der Zahlung abhängig ist (*Karger* ITRB 2001, 67, 69f.; *Karger* CR 2001, 357, 363, 364; vgl. auch allgemein zu Werkverträgen Fromm/Nordemann/*Hertin* 9. Aufl. §§ 31/32 Rn. 38; vgl. auch OGH GRUR Int. 1994, 758f.: „mit Vollendung des Werkes"). So wird sogar vertreten, dass eine Klausel, welche die einfache Rechtseinräumung von der Zahlung abhängig macht, nur individuell, nicht aber in AGB vereinbart werden kann (*Redeker* ITRB 2005, 70, 71). Anders soll sich die Rechtslage bei eigentumsvorbehaltsähnlichen Klauseln für die Einräumung exklusiver Rechte darstellen (*Redeker* ITRB 2005, 70, 71f.). Bei einem vorzeitigen Abbruch von Projekten ist vor diesem Hintergrund höchst zweifelhaft, ob die Rechte dem Kunden nach dem Gesetz zustehen (vgl. dazu *Grützmacher* ITRB 2012, 135f., 139f.). Soweit dieses angenommen wird, wird teils gar nicht diskutiert (so *Hoeren* CR 2005, 773, 775ff.), ob die Rechte vor Abnahme eingeräumt sind. Teils wird auf die Entscheidung BGH NJW 2011,

989 verwiesen (*Bartsch* CR 2012, 141, 144), die zwar einen Anspruch gemäß § 631 Abs. 1 BGB auf Ablieferung bzw. Herausbabe der bis zum Abbruch erstellten digitalen Pläne und Fotos zusprach, der allerdings keine urheberrechtliche Wertung zu entnehmen ist. Erst Recht fehlen, soweit nicht § 69d Abs. 1 greift, im Zweifel die nötigen Bearbeitungsrechte (vgl. auch *Bartsch* CR 2012, 141, 144).

(b) Einräumung der Rechte an vorgefertigten Programmen. An **vorgefertigten Programmen** wird gegenüber Anwendern eine Endnutzerlizenz gegeben. Dafür werden die Nutzungsrechte zum dauerhaften oder zeitweisen Normalgebrauch im Rahmen von § 69d eingeräumt (*Pres* 171, 176: Nutzungsart Normalgebrauch; näher § 69d Rn. 6ff.; s. weiter auch zu Public-Domain-Software, Free- und Shareware § 69c Rn. 68ff.). Werden die Nutzungsrechte im Überlassungsvertrag dauerhaft eingeräumt, ist dies in Ansehung der Zweckübertragungslehre mangels ausdrücklicher Regelung im Pflegevertrag auch für die Rechte an Updates anzunehmen (LG Köln GRUR-RR 2006, 357, 358). Daneben gibt es zur Weiterverarbeitung und -vermarktung so genannte Run-time- und Embedded-Lizenzen. Bei diesen räumt ein Hersteller einem anderen das Recht ein, das Programm in der eigenen Software (oder Firmware) zu integrieren und mit dieser zu vermarkten (*Schneider* C Rn. 80, leicht abweichend *Schneider* J Rn. 53; dazu ausführlich *Grützmacher* in Büchner/Dreier 87, 89ff.). Umfasst ist also regelmäßig auch ein weitergehendes Vervielfältigungs- und Verbreitungsrecht (s. weiter auch zum Outsourcing- und ASP-Betrieb § 69c Rn. 44f., § 69d Rn. 13). Bei der Überlassung vorgefertigter Software werden die Nutzungsrechte im Zweifel mit der Übergabe oder Übertragung des Programms eingeräumt. Hierfür spricht gegenüber dem Endnutzer bereits § 69d Abs. 1. AGB-Klauseln, die von diesem in der Praxis gängigen Grundsatz abweichen, können gegen § 305c Abs. 1 BGB verstoßen (*Redeker* ITRB 2005, 70, 71).

(c) Sonstige Rechtseinräumungen. Sonstige Verträge, in denen – terminologisch unzutreffend – lediglich vom Eigentumsübergang und der Übereignung des Softwarepaketes die Rede ist, die Art der Einräumung der Nutzungsrechte aber nicht weiter beschrieben wird, können trotz § 31 Abs. 5 je nach Vertragszweck zur **umfassenden Einräumung der ausschließlichen Nutzungsrechte** führen (so etwa BGH GRUR 1994, 363, 365f. – Holzhandelsprogramm – für die **Sicherungsübereignung;** vgl. Fromm/Nordemann/Hertin 9. Aufl. Vor § 31 Rn. 68; s. auch *Redeker* ITRB 2005, 70f.; *Kotthoff/Pauly* WM 2007, 2085, 2089ff.; *Schmidt* WM 2003, 461, 470f.). Die umfassenden und ausschließlichen Nutzungsrechte räumt seinem Zweck nach auch ein **Geschäftsanteilsübertragungsvertrag** ein, nach dessen Wortlaut das exklusive Recht zum Vertrieb bzw. zur Modifizierung des Computerprogramms übertragen wird (LG Oldenburg CR 1996, 217, 220 – Expertensystem). Von der Einräumung des **Vermietrechts** ist zu Gunsten des Leasinggebers auszugehen, wenn dem Hersteller bekannt ist, dass die Überlassung **zu Zwecken des Leasings** erfolgen soll (KG KGR 1998, 341, 342; s. auch § 69c Rn. 44).

cc) §§ 32–44. Die **§§ 32, 32a und 32b** finden auch auf Computerprogramme Anwendung. Das ergibt sich nicht zuletzt daraus, dass für die Anwendung des **§ 32** im Fall der unentgeltlichen Einräumung eine Ausnahme vorgesehen wurde (vgl. Rechtsausschuss Begr. BT-Drucks. XIV/8058, 19; Begr. BRegE BT-Drucks. XIV/6433, 15 zur sog. „Linux-Klausel" des § 32 Abs. 3 S. 3). Inwieweit die §§ 32, 32a und 32b mit der Computerprogramm-Richtlinie vereinbar sind, wird im Streitfall letztlich der EuGH zu klären haben (s. insb. zu Art. 2 Abs. 3 Computerprogramm-Richtlinie § 69b Rn. 23ff.). Der **Anspruch auf angemessene Vergütung** bei Fehlen einer vertraglichen Vereinbarung gemäß der zwingenden Regelung des § 32 Abs. 1 S. 1 und 2 (vgl. Abs. 2 S. 2: Ex-ante-Betrachtung des nach der redlichen Branchenübung Üblichen; vgl. auch §§ 612, 632 BGB: übliche Vergütung) erscheint auch für Computerprogramme praxisrelevant. Demgegenüber ist zu erwarten, dass der zwingende **Anspruch** des § 32 Abs. 1 S. 2 gegen den Vertragspartner auf Einwilligung in die Änderung des Vertrages, durch die dem Urheber die angemessene Vergütung gewährt werden soll, für Computerprogramme selten bestehen wird; denn Software-Entwickler werden im Unterschied zu Urhebern anderer Werke (zumindest derzeit) in aller Regel gut und wohl auch angemessen bezahlt. Tarifvertragliche Vergütungsregeln gelten gem. §§ 32 Abs. 4, 36 Abs. 2 S. 3 als angemessen (s. dazu aber auch § 69b Rn. 23 ff.). Die Gründung von Vereinigungen i. S. v. § 36 ist bei Computerprogrammen nach dem Gesagten eher nicht zu erwarten. Der **Bestsellerparagraf** gem. § 32a unterscheidet sich von § 36a. F. dadurch, dass schon ein ex post auffälliges – nicht erst ein grobes – Missverhältnis der vereinbarten Gegenleistung zu den Erträgen und Vorteilen aus seiner Nutzung gegenüber dem Vertragspartner zu einem Anspruch auf Einwilligung in die Vertragsänderung führt. Ziel soll dabei eine angemessene Beteiligung des Urhebers sein. Zu beachten ist die Regressmöglichkeit nach § 32 Abs. 2 S. 1. Die Anwendung des Bestsellerparagrafen auch im Rahmen von Arbeitsverhältnissen ist strittig (dazu näher § 69b Rn. 24). Im Übrigen ist nach der Rechtsprechung zu § 36a. F. bei der Anwendung des Bestsellerparagraphen Zurückhaltung geboten, weil Software-Entwickler weder wirtschaftlich noch ideell besonders schutzwürdig sind (vgl. BGH GRUR 1985, 1041, 1046 – Inkasso-Programm –, insoweit nicht abgedr. unter BGHZ 94, 276, 281; vgl. auch BGH GRUR 2002, 149, 152 f. – Wetterführungspläne II). Unklar ist, inwieweit die §§ 32 und 32a auch dann gem. § 32b zwingend sind, wenn ein im EU-Ausland in Verkehr gebrachter Datenträger (Erschöpfung gem. § 69c Nr. 3 S. 2) an Unternehmen im Inland veräußert wird. Während § 32b Nr. 1 dann von vornherein nicht einschlägig ist, fehlt es für § 32b Nr. 2 wohl an einer Nutzungshandlung in Deutschland (§ 69d Abs. 1; dazu § 69d Rn. 6, 24 ff.). § 33 gilt auch für Computerprogramme, was die exklusive Nutzungsrechtseinräumung beschränkt um vorher eingeräumte einfache Nutzungsrechte ermöglicht (LG Frankfurt CR 2006, 729, 731; vgl. BGH GRUR 2009, 946, 948 – Reifen Progressiv).

Entsprechende Anwendung finden grds. zwar auch die **§§ 34, 35** (vgl. BGH GRUR 2005, 860, 862 – Fash 2000; BGH GRUR 2009, 946, 948 – Reifen Progressiv; OLG München CR 2008, 551; OLG Düsseldorf K&R 2009, 730, 731; OLG Frankfurt CR 2009, 423; OLG Frankfurt GRUR-RR 2010, 5, 6; OLG Frankfurt CR 2010, 571, 574; OLG Karlsruhe GRUR-RR 2012, 98, 101; LG München CR 2007, 356, 358, 360; LG Köln CR 2010, 576, 578; LG Mannheim CR 2010, 159, 161; Schricker/Loewenheim/ *Loewenheim* § 69a Rn. 24; wohl auch LG München CR 2006, 159, 160; OLG München CR 2006, 655), allerdings ergeben sich für Computerprogramme deshalb einige Besonderheiten, weil bei diesen die ohnehin reduzierten persönlichkeitsrechtlichen hinter den wirtschaftlichen Interessen zurücktreten (vgl. *Dreier* GRUR 1993, 781, 783; *Pres* 225) und weil nach der Computerprogramm-Richtlinie eine richtlinienkonforme Auslegung geboten ist (zur Auslegung der §§ 69a ff. näher Vor §§ 69a ff. Rn. 6 f.; s. ferner auch die Ausführungen zum Urheberpersönlichkeitsrecht unter Rn. 48 ff.). Nach Art. 2 Abs. 3 Computerprogramm-Richtlinie und § 69b gehen sämtliche vermögensrechtlichen Befugnisse auf den **Arbeitgeber** über (dazu näher § 69b Rn. 18 ff.). Daraus folgt, dass der Arbeitgeber trotz des Wortlautes der §§ 34, 35 Dritten Nutzungsbefugnisse einräumen oder seine Nutzungsrechte auf Dritte übertragen kann (OLG Frankfurt CR 1998, 525, 526 – Nutzungsrechte an Software; *Sack* UFITA 121 (1993) 15, 24; *Sack* BB 1991, 2165, 2169). Einer Zustimmung des Arbeitnehmerurhebers bedarf es in richtlinienkonformer Auslegung der Vorschriften nicht. Vielmehr tritt der Arbeitgeber wirtschaftlich an seine Stelle. Daraus zu folgern, dass § 34 Abs. 1 auch auf den Rechteinhaber als Rechtsnachfolger anzuwenden ist (so *Haberstumpf* CR 2009, 346, 350) überzeugt nicht, zumal der exklusive Rechteinhaber oft nicht der Arbeitgeber ist. Weder der Arbeitgeber noch der sonstige Rechteinhaber können sich auf § 34 Abs. 1 berufen, weil diese eben nur exklusiver Nutzungsrechtsinhaber sind, nicht Urheber. Zu Gunsten des exklusiven Nutzungsrechtsinhabers greift die primär persönlichkeitsrechtliche Regelung des § 34 Abs. 1 aber nicht (ganz h. M.: Schricker/ Loewenheim/*Schricker/Loewenheim* § 34 Rn. 1; *Grützmacher* CR 2007, 549, 553 m. w. N.;

§ 34 Rn. 8; dazu näher *Grützmacher* in Büchner/Briner 107, 143 Fn. 52). Aber auch sonst fragt sich, inwieweit § 34 Abs. 1 zu Gunsten der Urheber von Computerprogrammen greift. Denn § 34 war im Grundsatz ohnehin nie für die Einräumung von Nutzungsrechten an wirtschaftlichen Massengütern wie Computerprogrammen gegenüber Endverbrauchern bestimmt (*Pres* 225; die Anwendbarkeit bezweifelnd auch *Schulz* 140f.: die persönlichkeitsrechtliche Regelung würde den freien Wirtschaftsverkehr bei Computerprogrammen stärker beschränken als bei klassischen Werkarten; s. a. *Zecher* 112ff. m.w.N.). So kann weitergehend die Weisungsabhängigkeit der Entwickler von ihrem Auftraggeber im Einzelfall mangels ideeller Interessen auch schon im Rahmen von Dienst- oder Werkverträgen (auch ohne explizite Regelung) dafür sprechen, dass die Nutzungsrechte frei einräumbar und übertragbar sind (vgl. auch BGH GRUR 2005, 860, 862 – Fash 2000; a.A. *Link* GRUR 1986, 141, 144). Dementsprechend verfehlt ist es, wenn große Teile der Rspr. (etwa OLG Karlsruhe GRUR-RR 2012, 98, 101; OLG München CR 2008, 551; OLG Düsseldorf K&R 2009, 730, 731; OLG Frankfurt CR 2009, 423; LG Mannheim CR 2010, 159, 161; LG Frankfurt MMR 2011, 683, 684; LG München CR 2007, 356, 358ff.) § 34 Abs. 1 ohne nähere Begründung zu Gunsten von Softwareanbietern anwenden. In der Literatur wird dieses immerhin teilweise erkannt und dann mit gleicher Zielrichtung für Computerprogramme ausnahmsweise für eine extensive Anwendung plädiert (*Bröckers* 192ff.; *Bröckers* MMR 2011, 18, 22f.). Zudem ist § 34 nicht anzuwenden, wenn ein Fall der **Weiterveräußerung** des Computerprogramms i. S. v. § 69c Nr. 3 S. 2 vorliegt (OLG Frankfurt NJW-RR 1997, 494; LG Hamburg, Urt. v. 25.10.2013, Az. 315 O 449/12, juris, Rn. 37; ähnlich *Schulz* 139). Hier ergibt sich die Nutzungsberechtigung des Zweiterwerbers direkt aus § 69d Abs. 1 und die Erlaubnis zur Weiterveräußerung aus § 69c Nr. 3 S. 2 (str., dazu näher § 69c Rn. 37, 39, § 69d Rn. 24ff.). § 34 wird also durch die europarechtlichen Vorgaben der Art. 4 lit. c und 5 Abs. 1 Computerprogramm-Richtlinie eingeschränkt. Das muss auch gelten, soweit § 69c Nr. 3 S. 2 entsprechend der Entscheidung des EuGH CR 2012, 498 – Oracle/Usedsoft erweitert oder analog anzuwenden ist (LG Hamburg, Urt. v. 25.10.2013, Az. 315 O 449/12, juris, Rn. 37; vgl. § 69c Rn. 31). Anders verhält es sich allenfalls bei den Nutzungsrechten an gemieteten Computerprogrammen oder anderen nicht mit dem dauerhaften Erwerb einhergehenden Nutzungsrechtseinräumungen. Hier erschöpfen sich die Rechte nicht. Hier ist zu erwägen, § 34 heranzuziehen. Es kann also entweder gem. § 34 Abs. 5 S. 2 die Nichtübertragbarkeit vereinbart werden oder, sofern nicht ein Ausnahmetatbestand, insb. § 34 Abs. 3, eingreift, mangels Vereinbarung gem. § 34 Abs. 1 die Zustimmung des Urhebers notwendig sein, die nicht wider Treu und Glauben verweigert werden darf. Aber auch hier erschiene es zweifelhaft, § 34 Abs. 1 analoge zu Gunsten des exklusiven Nutzungsrechtsinhabers anzuwenden (vgl. auch *Paulus* in Lehmann Kap. XVII Rn. 25f.; *Paulus* ZIP 1996, 2, 4). Selbst soweit § 34 Abs. 1 Anwendung findet, geht der BGH davon aus, dass je nach den Umständen des Einzelfalls von einer stillschweigenden Zustimmung zur Übertragung i. S. v. § 34 Abs. 1 S. 1 auszugehen ist (BGH GRUR 2005, 860, 862 – Fash 2000; ebenso *Haberstumpf* CR 2009, 346, 349). Dies soll insb. im Insolvenzfall des Lizenznehmers gelten, für den im Zweifel auch von einer Zustimmungspflicht gem. § 34 Abs. 1 S. 2 auszugehen ist (BGH GRUR 2005, 860, 862 – Fash 2000; vgl. auch LG München CR 2007, 356, 359). Einen Verstoß gegen Treu und Glauben stellt mitunter auch die Verweigerung beim Sicherungsvertrag dar (*Schmidt* WM 2003, 461, 470). – Besonders relevant ist die Zustimmungspflicht auch im Zusammenhang mit dem **Gebrauchthandel von Software;** denn im Regelfall ist bei Löschung des Programms beim Ersterwerber, sofern der Zweiterwerber den Nutzungsbedingungen zustimmt, nicht erkennbar, dass die Zustimmung verweigert werden darf (*Grützmacher* CR 2007, 549, 554ff.; *Grützmacher* in Büchner/Briner 107, 146f.; *Herzog* 90ff., insb. 112; *Ammann* 187ff.; etwas vorsichtiger *Haberstumpf* CR 2009, 346, 350, 352; *Hoeren* GRUR 2010, 665, 672f.; nur bei Aufspaltungen von Volumenlizenzverträgen ablehnend *Wolff-Rojczyk/Hansen* CR 2011, 228, 230; ähnlich *Bröckers* 195ff.; *Bröckers* MMR 2011, 18, 23).

Vielmehr ist die Verweigerung der Zustimmung darüber hinaus mitunter sogar kartellrechtswidrig (*Grützmacher* CR 2007, 549, 554 ff.; *Eilmansberger* GRUR 2009, 1123, 1127 f.; *Grützmacher* CR 2010, 141, 144 f.; *Grützmacher* in Büchner/Briner 107, 148 f.; *Herzog* 128 ff.; explizit offen gelassen von OLG Frankfurt ZUM 2012, 162, 165; LG Hamburg CR 2010, 778, 779: im konkreten Fall Verstoß gegen §§ 3, 4 Nr. 10 UWG; zurückhaltend *Nordmeyer* GRUR Int 2010, 489, 492 ff.; *Ammann* 198 ff.; vollständig ablehnend *Moritz* FS Heussen, 221, 228 f.; offen lassend OLG Karlsruhe GRUR-RR 2012, 98, 103; von der Rspr. entschieden wurde bisher nur, dass ein Aufspaltungsverbot kartellrechtskonform ist, so OLG Karlsruhe GRUR-RR 2012, 98, 103; LG Mannheim CR 2010, 159, 162 f.; vgl. auch LG Hamburg, Urt. v. 25.10.2013, Az. 315 O 449/12, juris, Rn. 40 ff.). Bei einer unberechtigten Weigerung besteht wegen der Einrede dolo agit (§ 242 BGB) wohl auch kein Unterlassungsanspruch mehr (*Grützmacher* CR 2007, 549, 553 m.w.N.; *Haberstumpf* CR 2009, 346, 350). Auch (pauschale) Übertragungsverbote ändern hieran nichts. So ist ein Abweichen von § 34 Abs. 1 S. 2 trotz Abs. 5 S. 2 kartellrechtswidrig, und zwar im Einzelfall auch in Form von sog. Aufspaltungsverboten (*Eilmansberger* GRUR 2009, 1123, 1127; *Grützmacher* CR 2010, 141, 144; *Nordmeyer* GRUR Int 2010, 489, 490 ff.; differenzierend *Haberstumpf* CR 2009, 346, 349, 352; a.A. *Ammann* 185 ff., wohl auch *Matthiesen* 87 f.; der jedenfalls ein Aufspaltungsverbot für zulässig erachtet; OLG Karlsruhe GRUR-RR 2012, 98, 103). Und vorformulierte vertragliche Übertragungs- und Aufspaltungsverbote, die über § 34 Abs. 1 S. 2 hinausgehen, verstoßen in kaufähnlichen Überlassungsverträgen gegen das gesetzliche Leitbild des Kaufvertrags; sie sind daher in AGB im Zweifel – wie auch so manches allgemeine Abtretungsverbot – unwirksam (*Grützmacher* CR 2007, 549, 553 f. m. w. N.; *Haberstumpf* CR 2009, 346, 349, 352; vgl. *Wimmers* in Büchner/Dreier 169, 186; a.A. BGH CR 2011, 223, 224 – Usedsoft; OLG München CR 2008, 551; OLG Karlsruhe GRUR-RR 2012, 98, 100 f.; LG Mannheim CR 2010, 159, 161; LG München CR 2007, 356, 358 ff.; *Moritz* jurisPR-ITR 11/2006, Anm. 2; wohl auch OLG München CR 2006, 655; LG München CR 2006, 159, 160). Ohne vertragliche Abrede kann mitunter bei der Veräußerung eines Unternehmens oder Unternehmensteils auf § 34 Abs. 3 zurückgegriffen werden, bei dem erst recht in Frage steht, ob eine abweichende Regelung AGB-konform ist (nicht diskutiert von LG Köln CR 2010, 576, 578).

Schon die auszulagernde IT-Abteilung kann ein abgrenzbarer Unternehmensteil i. S. v. § 34 Abs. 3 sein (a. A. *Wimmers* in Büchner/Dreier 169, 178). Ein **Rückrufsrecht** gem. § 34 Abs. 3 S. 2 (Asset-Deal) oder 3 (Share-Deal) dürfte bei Software die Ausnahme bleiben, denn dieses ist primär urheberpersönlichkeitsrechtlich motiviert, während Computerprogramme unpersönliche Werke darstellen (so wohl auch *Joppich* K&R 2003, 211, 213, 216; ähnlich *Berger* FS Schricker 2005, 223, 229, 230; *Backu* ITRB 2009, 213, 214: „(nur) der Urheber"; zum Rückrufrecht allgemein *Partsch/Reich* AfP 2002, 298, 299 ff.). Für die Verschmelzung (dazu *Backu* ITRB 2009, 213, 214) und Spaltung nach dem UmwG gilt dieses ebenso. Entgegen vereinzelten Stimmen (*Royla/Gramer* CR 2004, 154, 159; wohl auch *Seffer* ITRB 2006, 146) ist die Ausübung der Nutzungsrechte auch dann nicht unzumutbar i. S. v. § 34 Abs. 3 UrhG, wenn das Nutzungsrecht an einen Wettbewerber fällt, der das Unternehmen erwirbt. Für die Unterlizenzierung greift § 35 (BGH GRUR 2009, 946, 948 – Reifen Progressiv m. Anm. *Scholz* GRUR-RR 2009, 1107, 1112; LG Köln CR 2010, 576, 578).

71 Von besonderer Bedeutung für Computerprogramme ist § 37, da Programme regelmäßig weiterentwickelt werden müssen. Nach § 37 Abs. 1 verbleiben die **Bearbeitungsrechte** aber im Zweifel beim Urheber. Dieses gilt selbst dann, wenn das Programm individuell erstellt wurde (OLG Karlsruhe GRUR 1983, 300, 308 f. – Inkasso-Programm; *Haberstumpf* in Lehmann Kap. II Rn. 155; *Link* GRUR 1986, 141, 144; s. auch Rn. 66). Das **Änderungsverbot** des § 39 findet zwar Anwendung (vgl. LG Köln GRUR-RR 2006, 357, 358), § 39 Abs. 2 ist jedoch, insb. mit Blick auf Art. 2 Abs. 3 (dazu näher § 69b Rn. 44) und Art. 5 Abs. 1 Computerprogramm-Richtlinie richtlinienkonform auszulegen. Die Interessenabwägung i. S. v. Abs. 2 wird folglich durch § 69d Abs. 1 vorgegeben (vgl. *Gün*-

ther CR 1994, 321, 326; *Haberstumpf* in Lehmann Kap. II Rn. 107). Dies gilt insb. in Fällen der Fehlerbeseitigung. Zudem sind Computerprogramme von Natur aus änderungsbedürftig. Updates und Patches entsprechen dem normalen Gang der Weiterentwicklung. Regelmäßig wird der Urheber die Änderungsbefugnis gem. § 39 Abs. 2 deshalb aufgrund der Branchenüblichkeit (stillschweigend) einräumen (*Haberstumpf* in Lehmann Kap. II Rn. 108). Zumal keine über die durch § 69c Nr. 2 geschützten wirtschaftlichen Interessen hinausgehenden besonders schutzwürdigen ideellen Interessen zu erkennen sind, ergibt sich daraus auch sonst, dass der Urheber gem. § 39 Abs. 2 die Einwilligung nach Treu und Glauben regelmäßig nicht versagen darf (h. M., etwa *Haberstumpf* in Lehmann Kap. II Rn. 109; etwas restriktiver *Link* GRUR 1986, 141, 144). Damit ist ein eigenständiger Anwendungsbereich des § 39 praktisch nicht mehr ersichtlich (s. zum Verhältnis zu § 69c Nr. 2 auch § 69c Rn. 23; vgl. auch *Haberstumpf* in Lehmann Kap. II Rn. 139, der entgegen der h. M. – etwa Schricker/Loewenheim/*Loewenheim* § 23 Rn. 4 – annimmt, dieser läge in nichtschöpferischen Bearbeitungen). Einschneidende Konsequenzen kann die Regelung des § 40 haben. Danach ist für **Verträge** zur Einräumung der Nutzungsrechte **an künftigen Werken** die **Schriftform** erforderlich. Probleme bereitet dies insb. beim Dienstvertrag (*Karger* CR 2001, 357, 364). Im Arbeitsverhältnis gilt dies aufgrund der Legalzession des § 69b nicht.

Ein **Rückrufrecht wegen Nichtausübung** besteht gem. § 41, wenn der Inhaber eines ausschließlichen Nutzungsrechts dies nicht (für den Fall der Nichtausübung bei Insolvenz des Lizenznehmers: BGH GRUR 2009, 946, 947 f. – Reifen Progressiv; OLG Köln CR 2005, 624, 625; OLG Köln GRUR-RR 2007, 33, 34; LG Köln GRUR-RR 2006, 357 f.) oder nur unzureichend ausübt. Bei Computerprogrammen steht das Recht dem Urheber regelmäßig deshalb nicht zu, weil entweder sämtliche wirtschaftlichen Entscheidungen und Befugnisse gem. § 69b auf den Arbeitgeber übergegangen sind (§ 69b Rn. 45) oder weil vom Auftraggeber eine Pauschalvergütung gezahlt wurde (*Link* GRUR 1986, 141, 146; vgl. auch *Haberstumpf* in Lehmann Kap. II Rn. 106; *Hoeren* CR 2005, 773, 775; s. aber BGH GRUR 2009, 946, 947 f. – Reifen Progressiv; OLG Köln CR 2005, 624, 625; OLG Köln GRUR-RR 2007, 33, 34; LG Köln GRUR-RR 2006, 357 f.). Ein Urheber kann im Übrigen auf sein Recht aus § 41 allenfalls nachträglich verzichten oder aber im Voraus vertraglich höchstens vereinbaren, das Recht die nächsten fünf Jahre nicht auszuüben (näher § 41 Rn. 26 f.). Dies kann jeweils konkludent geschehen, wenn ein angemessenes Entgelt vereinbart ist, nicht aber bei stückzahlabhängigen, laufenden Lizenzgebühren, denn das Rückrufrecht des § 41 dient in erster Linie der Absicherung der wirtschaftlichen Existenz. Im Übrigen gilt auch hier, dass eine sonstige erhebliche Beeinträchtigung der ohnehin schwachen ideellen Interessen des Programmentwicklers nicht zu befürchten ist (dazu auch § 69b Rn. 45). Der Heimfall der Rechte wirkt ex nunc (dazu § 41 Rn. 28) und erstreckt sich bei Computerprogrammen ggf. in Anlehnung an § 33 nicht auf die Enkelrechte (BGH GRUR 2009, 946, 947 f. – Reifen Progressiv; BGH CR 2012, 572, 574 – M2Trade; OLG Köln GRUR-RR 2007, 33, 34; LG Köln GRUR-RR 2006, 357 ff.; ausführlich *Hoeren* CR 2005, 773, 775 ff. m. w. N. auch zur Gegenauffassung). Die Voraussetzungen des **Rückrufrechts wegen gewandelter Überzeugung** gem. § 42 werden bei Computerprogrammen so gut wie nie erfüllt sein (ebenso *Link* GRUR 1986, 141, 146; *Holländer* CR 1992, 279, 283 f.; *Haberstumpf* in Lehmann Kap. II Rn. 106). Zudem ist im Ausnahmefall seiner theoretischen Anwendbarkeit zu bedenken, dass mangels ausgeprägter persönlichkeitsrechtlicher Interessen einzelner Entwickler von Computerprogrammen § 42 teleologisch zu reduzieren ist (vgl. *Lehmann* FS Schricker 1995, 543, 563; *Lehmann* CR 1990, 625, 630).

§ 43 tritt hinter der Spezialregelung des § 69b **zurück,** dürfte aber noch in einigen Altfällen zur Anwendung kommen (s. dazu § 69b Rn. 21 und § 137d Rn. 5). Allerdings wird vertreten, § 43 fände Anwendung auf die von § 69b nicht erfassten Urheberpersönlichkeitsrechte (*Haberstumpf* in Lehmann Kap. II Rn. 106; dazu § 69b Rn. 38).

Nach § 44 führt die **Veräußerung des Originaldatenträgers** samt Programm nicht automatisch zur Einräumung der Nutzungsrechte am Computerprogramm (vgl. *Link* GRUR 1986, 141, 143; *Karger* CR 2001, 357, 360, 364: zusätzlich Erst-Recht-Schluss bei Eigentumsvorbehalt an Datenträger). Die Vorschrift passt für Computerprogramme aber ohnehin regelmäßig nicht, weil Computerprogramme in aller Regel als Vervielfältigungsstücke weitergegeben werden. Im Rahmen der allgemeinen Zweckübertragungslehre ist davon auszugehen, dass bei der individuellen Programmerstellung die Nutzungsrechte mit der Abnahme und beim Verkauf mit der Übergabe eingeräumt werden (dazu Rn. 67f.).

74 f) §§ 44a–63. Keine ausdrückliche Regelung ist den §§ 69a ff. bzw. der Computerprogramm-Richtlinie darüber zu entnehmen, inwieweit die §§ 44a ff. weiterhin auch für Computerprogramme gelten. Eine klare Aussage lässt sich auch Erwägungsgrund 15 n.F. bzw. 19 a.F. Computerprogramm-Richtlinie nicht entnehmen (a.A. *Haberstumpf* in Lehmann Kap. II Rn. 148, der unter Hinweis auch auf die Begründung des Geänderten Vorschlags der Kommission vom 18.10.1999, KOM [1990] 509) endg. – SYN 183, 4, die Anwendung der Schrankbestimmungen grds. ablehnt). Nach Erwägungsgrund 19 n.F. bzw. 28 a.F. Computerprogramm-Richtlinie berührt die Richtlinie nicht die in den einzelstaatlichen Vorschriften in Übereinstimmung mit der RBÜ vorgesehenen Ausnahmeregelungen für Punkte, die nicht von der Richtlinie erfasst werden. Entscheidend ist daher, ob der harmonisierte Bereich berührt wird (vgl. *Dreier* GRUR 1993, 781, 784) und ob die Schranken im Übrigen überhaupt der Sache nach einschlägig sind.

75 Diskutiert wird, für die Übertragung in Netzen **§ 44a** entsprechend heranzuziehen (*Hoeren* in Klumpp/Kubicek/Roßnagel/Schulz 273, 278; Fromm/Nordemann/*Czychowski* § 69a Rn. 43; widersprüchlich Dreier/Schulze/*Dreier* § 69a Rn. 34, § 69d Rn. 3; s. § 44a Rn. 25; § 69c Rn. 15; s. auch OLG München GRUR-RR 2009, 91, 92; explizit offen lassend BGH CR 2011, 223, 224 – UsedSoft). Im Übrigen ist allein die (entsprechende) **Anwendung des § 45** zu bejahen (vgl. Fromm/Nordemann/*Czychowski* § 69a Rn. 43; *Dreier* GRUR 1993, 781, 784; gegen die Anwendung von § 45 *Haberstumpf* in Lehmann Kap. II Rn. 148). Auch bei Computerprogrammen besteht das berechtigte Bedürfnis zur Durchsetzung der eigenen Rechte oder zur sonstigen Auseinandersetzung Vervielfältigungstücke anzufertigen und vorzulegen. Ein wirtschaftlicher Verlust ist für den Rechtsinhaber nicht zu befürchten. In Teilen können Computerprogramme nicht angewendet werden, so dass § 46 praktisch weitgehend ausscheidet (so auch *Dreier* GRUR 1993, 781, 784; Dreier/Schulze/*Dreier* § 69d Rn. 3). Gleiches gilt für § 52a (Dreier/Schulze/*Dreier* § 69d Rn. 3). Denkbar ist höchstens der teilweise Abdruck eines Programmlistings im Informatikunterricht oder für sonstige Lehrveranstaltungen. §§ 47–50 passen für Computerprogramme nicht. Weiter wird zwar auch die Anwendbarkeit des Zitatrechts nach § 51 erwogen (bejahend *Dreier* GRUR 1993, 781, 784; Dreier/Schulze/*Dreier* § 69a Rn. 34, § 69d Rn. 3; Schricker/Loewenheim/*Loewenheim* § 69a Rn. 24; ablehnend *Haberstumpf* in Lehmann Kap. II Rn. 148). § 51 passt aber seinem ganzen Sinn und Zweck nach nicht für Computerprogramme. Ausgeschlossen ist auch § 52. Keine Anwendung findet die Schranke des § 53, weil das Vervielfältigungsrecht samt Ausnahmebestimmungen umfassend in den §§ 69c–69e geregelt wird (so ausdrücklich anlässlich der Aufhebung des § 53 Abs. 4 S. 2 Begr. BRegE BT-Drucks. XII/4022, 8f.; vgl. *Dreier* GRUR 1993, 781, 784; Fromm/Nordemann/*Czychowski* § 69a Rn. 43; Schricker/Loewenheim/*Loewenheim* § 69a Rn. 24; vgl. LG Stuttgart ZUM 2001, 614, 617 – Gerätevergütung für CD-Brenner). Weiter sollen auch die §§ 54–54h nicht für Computerprogramme gelten (*Dreier* GRUR 1993, 781, 784; Schricker/Loewenheim/*Loewenheim* § 69a Rn. 24; vgl. LG Stuttgart ZUM 2001, 614, 617 – Gerätevergütung für CD-Brenner). Die §§ 55–63 passen ebenfalls für Computerprogramme schon inhaltlich nicht.

76 g) §§ 64–69. Uneingeschränkte Anwendung finden hingegen die §§ 64 ff., die schon Art. 8a.F. Computerprogramm-Richtlinie umsetzten und die nun gemäß Erwägungsgrund

15 und Art. 11 Abs. 1 der Schutzdauer-Richtlinie (s. Vor §§ 31 ff. Rn. 21) dem an dessen Stelle getretenen Art. 1 Schutzdauer-Richtlinie Rechnung tragen. Danach steht Computerprogrammen grds. gem. § 64 ein (rechtspolitisch kaum zu rechtfertigender) Schutz von 70 Jahren post mortem auctoris zu. Regelmäßig ist bei Computerprogrammen die speziell für Miturheber geltende Norm des § 65 Abs. 1 einschlägig, nach der das Urheberrecht 70 Jahre nach dem Tode des längstlebenden Urhebers erlischt. Wird kein Urheber angegeben (anonyme oder pseudonyme Werke), besteht eine Schutzdauer von 70 Jahren ab Veröffentlichung (dazu näher § 66 Rn. 3 ff.). Die Eintragung der Urheber in das **Register anonymer und pseudonymer Werke** gem. § 66 Abs. 2 S. 2 kommt deshalb bei Computerprogrammen nicht ernsthaft in Betracht, weil das DPMA Computerprogramme nur im Quellcode entgegennimmt (*Haberstumpf* in Lehmann Kap. II Rn. 100), gleichzeitig aber gem. § 138 Abs. 4 jedermann ein Einsichtsrecht in das Register hat (vgl. auch Fromm/Nordemann/*Vinck* 9. Aufl. § 69a Rn. 5). Die Berechnung der Schutzdauer erfolgt auch bei Computerprogrammen nach § 69.

h) §§ 96–119. Die §§ 96 ff. gelten für Computerprogramme entsprechend. Danach stehen dem Rechtsinhaber nach § 97 ein **Unterlassungsanspruch** für die Zukunft (zur Störerhaftung des Händlers bei Gutgläubigkeit hinsichtlich Fälschungen OLG Hamburg CR 2002, 415 ff.) sowie ein **Beseitigungs- und Schadensersatzanspruch** für die Nutzung in der Vergangenheit zu (zu den Übergangsproblemen bei vor 24.6.1993 begangenen Verletzungen s. § 137d Rn. 2). Teilnehmer von Verletzungshandlungen kann schon sein, wer ohne entsprechende Berechtigung (vermeintliche) Lizenzen zum Einsatz der Software erteilt (BGH GRUR 2005, 860, 863 – Fash 2000). Der verschuldensabhängige Schadensersatzanspruch geht entweder gem. § 97 Abs. 2 S. 1, § 249 BGB auf den konkreten Schaden einschließlich entgangenem Gewinn oder § 97 Abs. 2 S. 3 auf angemessene Lizenzentschädigung oder aber gem. § 97 Abs. 2 S. 2 (bzw. entsprechend §§ 687 Abs. 2, 681 S. 2, 667 BGB) auf Herausgabe des Verletzergewinns (dazu BGH GRUR 2001, 329 – Gemeinkostenanteil; OLG Düsseldorf GRUR 2004, 53 – Gewinnherausgabeanspruch; allgemein zur dreifachen Schadensberechnung § 97 Rn. 58 ff.). Das für einen Schadenersatz erforderliche Verschulden kann durch die Einstellung eines Strafverfahrens nach § 153a StPO indiziert sein (OLG Karlsruhe CR 2009, 217, 219). Als Geschäftsführer soll im Übrigen schuldhaft handeln, wer die unlizenzierte Nutzung nicht durch entsprechende, instruierten Mitarbeitern zumutbare (organisatorische) Maßnahmen (wie etwa die regelmäßige Kontrolle und Einrichtung beschränkter Admin-Rechte) zu verhindern versucht hat (sehr weitgehend OLG Karlsruhe CR 2009, 217, 219 f.; insbesondere zum Thema bring your own device – BYOD – *Söbbing* ITRB 2012, 15, 16 f.). Bei Computerprogrammen ist die Schadensberechnung schwierig (speziell zu Computerprogrammen und dem strategischen Vorgehen bei der Verfolgung von Softwarepiraterie *Dierk/Lehmann* CR 1993, 537, 540 ff.; zur Berechnung OLG Karlsruhe CR 2009, 217, 218 f.; *Witte* ITRB 2006, 136 ff.; zur Höhe der Lizenzgebühren bei Computerprogrammen *Groß* K&R 2011, 292 ff.). Dies gilt insb. für die Berechnung der Lizenzanalogie, bei der der Verletzer nicht besser, aber auch nicht schlechter als ein rechtstreuer Verletzter gestellt werden darf (*Witte* ITRB 2006, 136, 137 unter Hinweis auf BGH GRUR 1990, 1008, 1009 – Lizenzanalogie; *Witte* ITRB 2010, 210, 212). Ggf. ist § 287 ZPO heranzuziehen (LG Köln CR 2010, 576, 578). So wird von den Gerichten teils anerkannt, dass die Lizenzgebühr beim **Vertrieb** von Fälschungen danach zu berechnen ist, was ein rechtstreuer Händler bei vertraglicher Einräumung der Nutzungsrechte vernünftiger Weise gezahlt hätte; das entspricht dem Händlerpreis (LG Frankfurt CR 2011, 428, 434 m.w.N.: Händlernettoeinkaufs- bzw. Distributorenpreis; so wohl auch *Witte* ITRB 2010, 210, 212), wobei hier anstelle des Preise für die Einzelhandelsversion u. U. auch auf die Möglichkeit des legalen Bezugs als OEM-Version abgestellt werden kann (OLG Düsseldorf GRUR-RR 2005, 213 f.; a.A. für Anwender OLG Karlsruhe CR 2009, 217, 218 f.). Demgegenüber soll es nach anderer Auffassung nicht auf den Händlerabgabepreis ankommen, sondern auf die entgangenen Gebühren des exklusiven Rechtsinhabers für die Lizenzerteilung (s. dazu LG Stuttgart CR 2000, 663, 664) bzw. genauer den (Händler-)Einkaufspreis bei Bezug vom letzten Glied des Vertriebssystems des Rechtsinhabers (so OLG Stuttgart, unveröffentl. Urt. vom 21.7.2001 – 4 U 12/01 [in der Berufungsinstanz]; s. auch LG Hamburg GRUR-RR 2004, 288 – Handelskette – sowie BGH GRUR 2009, 660). In der Literatur wird für die Vertriebskette gefordert, bei der Geltendmachung durch den exklusiven Rechtsinhaber nicht auf den Preis des nachfolgenden Zwischenhandels abzustellen, sondern in diesen hineingerechnete Margen herauszurechnen (*Witte* ITRB 2006, 136, 137; s.a. *Witte* ITRB 2010, 210, 212). Ähnliche Grundsätze geltend beim unautorisierten **Anwender** (vgl. dazu etwa LG Köln CR 2012 77, 80ff. sowie OLG Karlsruhe CR 2009, 217, 219: irrelevant sind von Dritten angebotene Konditionen). Anhaltspunkte liefern im Übrigen auch bei Computerprogrammen ggf. branchenübliche Tarife; und, wo kein unmittelbar anwendbarer Tarif existiert, ist von derjenigen Vergütung auszugehen, die ihrer Art und ihrem Umfang nach der Verwertung am nächsten kommt (LG Köln CR 2010, 576, 578). Ein Anspruch auf Erstattung der Rechtsverfolgungskosten besteht gem. § 97 Abs. 2 bzw. §§ 670, 683 BGB. Bei mangelnder Urheberbenennung wird auch bei Computerprogrammen ein Anspruch auf Entschädigung gem. § 97 Abs. 2 S. 4 für möglich gehalten (*Witte* ITRB 2006, 136, 137). Verschuldensunabhängig sind bereicherungsrechtliche Ansprüche (dazu näher Vor §§ 97ff. Rn. 52, § 97 Rn. 91ff.). Daneben besteht der **Vernichtungsanspruch** nach § 69f. § 98 tritt im Grundsatz hinter der Spezialregelung des § 69f zurück (ebenso Schricker/Loewenheim/*Loewenheim* § 69a Rn. 24; verfehlt insoweit OLG Frankfurt CR 2010, 571, 575; dazu näher § 69f Rn. 2). Für die Zukunft kann der Verletzer vor die Wahl gestellt werden, entweder die rechtswidrigen Kopien der Programme zu vernichten bzw. zu löschen oder eine Lizenz für die Nutzung zu erwerben (*Dierk/Lehmann* CR 1993, 537, 541). Zusätzlich gibt es den **Rückrufanspruch** gem. § 98 Abs. 2, nach dem der Verletzer auf Rückruf von rechtswidrig hergestellten, verbreiteten oder zur rechtswidrigen Verbreitung bestimmten Vervielfältigungstücken in Anspruch genommen werden kann. Alternativ ist die rechtverletzende Ware endgültig aus den Vertriebswegen zu entfernen. Gerade im Softwarehandel kann diese Norm relevant werden. Ob sie auch praktikabel ist, wird sich zeigen. Unklar ist, ob sich der Anspruch auf Entfernung aus den Vertriebswegen gegen den Verletzer richtet (so § 98 Rn. 36ff.) oder nur ein Vorgehen des Verletzten ermöglicht (s. dazu *Spindler/Weber* ZUM 2007, 257, 259). Der Arbeitgeber haftet auch für seinen Arbeitnehmer (§ 99), was insbesondere beim Thema bring your own device (BYOD) zu beachten ist (dazu *Söbbing* ITRB 2012, 15). Der **Auskunftsanspruch** gem. § 101 kann auch im Wege der einstweiligen Verfügung durchgesetzt werden (Abs. 7; OLG Frankfurt CR 2010, 571, 575; anders, wenn die Rechtsverletzung nicht offensichtlich ist, vgl. OLG Hamburg CR 2012, 503, 506). Der titulierte Auskunftsanspruch ist mit Blick auf die Programmversion im Zweifelsfall weit zu verstehen und nach § 888 ZPO vollstreckbar (OLG Köln GRUR 2000, 920). Der früher nur mit § 809 BGB begründete **Besichtigungsanspruch** ist in § 101a geregelt (s. dazu im Detail Vor §§ 69a Rn. 24ff.). Zu beachten ist, dass der Anspruch auch auf Vorlage von Urkunden, bei Verletzungen von gewerblichen Ausmaß sogar von Bank-, Finanz- oder Handelsunterlagen gehen können soll (§ 101a Abs. 1 S. 2). Voraussetzung ist auch insofern, dass dies zu Begründung eines Anspruchs erforderlich ist. Aber auch zur Sicherung von Schadensersatzansprüchen soll die Vorlage der letztgenannten Unterlagen verlangt werden können (§ 101b). Ansprüche verjähren gem. § 102 in drei Jahren ab dem Ende des Jahres ihrer Kenntnis oder grob fahrlässigen Unkenntnis, spätestens nach 10 bzw. 30 Jahren ab Entstehung oder dem schadensauslösenden Ereignis (vgl. §§ 195, 199, 852 BGB). Die Installation eines nicht lizenzierten Programms führt zu einer andauernden Beeinträchtigung, bei der die Verjährung nicht beginnt, solange der Eingriff noch anhält (OLG Karlsruhe CR 2009, 217, 220). Anspruchsgegner kann auch der Geschäftsführer oder Vorstand sein, und zwar ggf. auch aus deliktischen Organisationspflichtverletzungen (vgl. OLG Hamburg GRUR-

RR 2002, 240, 242f. – Super Mario; OLG Karlsruhe CR 2009, 217, 219f.). Für Rechtsstreitigkeiten zum Computerurheberrecht greift § 104, und zwar sogar zur Abgrenzung des Rechtsweges der ordentlichen Gerichte gegenüber dem der Arbeitsgerichte (vgl. LAG Baden-Württemberg AE 2007, 266: ordentliche Gerichte, wenn Vorschriften des UrhG betroffen sind), nach Teilen der Rspr. aber dann nicht, wenn trotz urheberrechtlich geprägtem Sachverhalt nur wettbewerbsrechtliche Ansprüche geltend gemacht werden (LG Karlsruhe CR 1990, 592). Mitunter kann auch ein Interesse an einer Urteilsveröffentlichung nach § 103 bestehen (dazu ausf. LG Frankfurt CR 2011, 428, 435).

Eine besondere Bedeutung kommt bei Softwarepiraterie auch den §§ 106ff. zu (s. etwa LG Braunschweig CR 2003, 801 m. Anm. *Leonardy:* Gesamtfreiheitsstrafe von 3 Jahren; AG Würzburg JurPC Web-Dok. 45/2004: Freiheitsstrafe von einem Jahr auf Bewährung; LG Berlin JurPC Web-Dok. 59/2005: Gesamtfreiheitsstrafen von einem Jahr bzw. einem Jahr und neun Monaten auf Bewährung; AG Velbert MMR 1998, 153f.; ausführlich zum Urheberstrafrecht bei Computerprogrammen *Heinrich; Hansen/Wolff-Rojczyk/Eifinger* CR 2011, 332 vgl. auch LAG Sachsen MDR 2000, 710, 711; AG Mainz CR 1989, 626, 627 zum Schutz als Laufbild bzw. Lichtbild. m. w. N.). Sie ermöglichen dem Rechtsinhaber eine Aufklärung und Beweissicherung mit Hilfe der Staatsanwaltschaft. Gem. Nr. 185 Abs. 3 RiStBV kann dessen bevollmächtigter Rechtsanwalt oder Rechtsbeistand Akteneinsicht nehmen. Als rechtspolitisch problematisch erachtet wird, dass schon leichte Überschreitungen der eingeräumten Lizenz den Straftatbestand erfüllen (vgl. *Dreier* GRUR 1993, 781, 788). Regelmäßig wird hier jedoch § 153 StPO eingreifen. Gewerbsmäßige (vgl. AG Mainz CR 1989, 626, 627: Nebeneinkommen reicht trotz geringer Gewinnspanne bei entsprechender Stückzahl) unerlaubte Verwertungen (Piraterie) sind durch die Staatsanwaltschaft immer, also auch ohne Strafantrag und ohne Rücksicht auf ein besonderes **öffentliches Interesse** i. S. v. § 109 (wird regelmäßig aber ohnehin bejaht, *Dierk/Lehmann* CR 1993, 537, 544), zu verfolgen (§ 108a). Auch die Einziehungs- und Beschlagnahmevorschriften (§ 110 UrhG i.V. m. §§ 111b, 111c StPO) gelten entsprechend, sofern die Voraussetzungen des § 74a StGB vorliegen (*Raubenheimer* CR 1994, 129, Fn. 4; dazu näher *Westpfahl* in Lehmann Kap. XX Rn. 90). Der zivilrechtliche **Vernichtungsanspruch** gem. § 69f, auf den § 110 S. 3 entsprechend anzuwenden ist, geht im Adhäsionsverfahren (§§ 403–406c StPO) vor. § 111a gilt auch für Computerprogramme.

Auch die uneingeschränkte Anwendung der **Zwangsvollstreckungsvorschriften** der §§ 112ff. auf das Wirtschaftsgut Computerprogramm ist (rechtspolitisch) kaum zu rechtfertigen (dazu ausführlich *Paulus* in Lehmann Kap. XVII Rn. 15ff.; *Paulus* ZIP 1996, 2ff.). Nach § 113 kann wegen einer Geldforderung in das Original eines Computerprogramms nur vollstreckt werden, wenn der Urheber seine Einwilligung erklärt hat. Allerdings hat weder der deutsche Gesetzgeber die Folgen der Anwendung der normalen Urheberregeln durchdacht noch erfordert das europäische Recht eine Regelung vergleichbar der des § 113. Daher ist mit Stimmen in der Literatur eine teleologische Reduktion der Regelung angebracht. Nach dieser Auffassung soll die Zwangsvollstreckung in Computerprogramme trotz § 113 dann ohne Einwilligung zulässig sein, wenn der Urheber seine Kommerzialisierungsabsicht geäußert hat (*Paulus* in Lehmann Kap. XVII Rn. 20; *Paulus* ZIP 1996, 2, 4; *Roy/Palm* NJW 1995, 690, 692; a.A. *Möhring/Nicolini/Lütje* § 113 Rn. 21). Besondere Probleme ergeben sich, wenn nicht in die (wirtschaftlichen) Rechte des Urhebers, sondern in die Rechte des Nutzungsrechtsinhabers vollstreckt wird. Hier ist eine Vollstreckung dann zulässig, wenn der Urheber oder Rechtsinhaber die Nutzungsrechtsübertragung nicht verweigern darf (dazu näher Rn. 70 a. E.; *Paulus* in Lehmann Kap. XVII Rn. 21ff.; *Paulus* ZIP 1996, 2, 4). Relativ unproblematisch ist hingegen die Anwendung des § 114 für die Zwangsvollstreckung gegen den Urheber in das Original. Zwar erfordert § 114 die Einwilligung des Urhebers, er macht hiervon jedoch dann eine Ausnahme, wenn die Zwangsvollstreckung in das Original zur Durchführung der Zwangsvollstreckung in ein Nutzungsrecht am Werk notwendig ist. Die Grundsätze der Zwangsvollstreckung finden bei **Insolvenz** gem. § 36 InsO gleichermaßen für die in die Insolvenzmasse fallenden Verwertungs- und Nutzungsrechte Anwendung.

5. Keine Anwendung der §§ 95a ff. (Abs. 5)

80 **a) Hintergrund und Systematik des § 69a Abs. 5.** Die Regelung ist **Ausnahme zu** bzw. i. S. v. **§ 69a Abs. 4.** Nach § 69a Abs. 4 sollen auf Computerprogramme die für Sprachwerke geltenden Bestimmungen Anwendung finden, soweit die §§ 69a ff. nichts anderes bestimmen. In diesem Sinne stellt Abs. 5 klar, dass die **für Sprachwerke** geltenden Regelungen **§§ 95a bis 95d** über den Schutz technischer Maßnahmen zum Schutz von Urheberrechten auf Computerprogramme grds. keine Anwendung finden.

81 Für **Computerprogramme** bleibt es **allein** (beachte aber auch das Zugangskontrolldiensteschutz-Gesetz – ZKDSG) bei der **Spezialregelung des § 69f Abs. 2.** Der Regierungsentwurf begründet dies damit, dass die Multimedia-Richtlinie (s. Vor §§ 31 ff. Rn. 3) selbst den Schutz nicht auf den Bereich der Computerprogramme erstrecke (vgl. Art. 1 Abs. 2 lit. a sowie Erwägungsgrund 50 Multimedia-Richtlinie; *Dreier* ZUM 2002, 28, 36), sowie damit, dass schon im Hinblick auf die erheblichen Probleme im Verhältnis zu § 69d Abs. 2 – Erstellung von Sicherheitskopien – (s. § 69d Rn. 57; § 69f Rn. 19) und § 69e – Dekompilierung – eine über die Umsetzungspflicht der Multimedia-Richtlinie hinausgehende Ausdehnung des Schutzes der technischen Maßnahmen auf Software nicht angezeigt sei (Begr. BRegE BR-Drucks. 684/02, 50; vgl. Erwägungsgrund 50 S. 3 Multimedia-Richtlinie; vgl. zur Kritik des Bundesrats an der generellen Ausnahme von Computerprogrammen, BR-Drucks. 684/1/02, 8f., die Gegenäußerung der Bundesregierung, BT-Drucks. 15/38, 42; krit. auch *Lindhorst* 117, 121 f., 131, 139, 143 f., 164 f., der eine konsistente Regelung für alle Werke bevorzugt hätte). Die Richtlinie gebietet in Erwägungsgrund 50 S. 2, den harmonisierten Rechtsschutz von Computerprogrammen nicht zu erweitern (s. aber auch *Lindhorst* 122, 137, 143, der betont, dass die Ausnahme europarechtlich und inhaltlich nicht zwingend war). Genau dies geschähe aber ohne § 69a Abs. 5, weil die Multimedia-Richtlinie bzw. § 95a Abs. 1 anders als die Computerprogramm-Richtlinie bzw. § 69f Abs. 2 nicht nur einen Schutz gegen das In-Verkehr-Bringen und gegen das Besitzen von Umgehungsmitteln, sondern auch einen Schutz gegen die Umgehung von technischen Schutzmaßnahmen als solche vorsieht (*Jaeger* CR 2002, 309, 310; vgl. *Dreier* ZUM 2002, 28, 36, 39). Außerdem sollen nach Erwägungsgrund 50 S. 1 Multimedia-Richtlinie „any", also jegliche (und nicht bloß entsprechend der deutschen Fassung „andere"; dazu *Jaeger* CR 2002, 309, 310) Mittel zur Umgehung technischer Maßnahmen weiterhin entwickelt und verwendet werden können, die erforderlich sind, um Handlungen nach Art. 5 Abs. 3 und Art. 6 Computerprogramm-Richtlinie bzw. § 69d Abs. 3 und § 69e vorzunehmen.

82 **b) Regelungsinhalt des § 69a Abs. 5.** Die Wirkung des § 69a Abs. 5 wird **maßgeblich** durch die **Definition von Computerprogrammen** i. S. d. § 69a bestimmt (s. dazu näher Rn. 2 ff.). Abgrenzungsschwierigkeiten ergeben sich dementsprechend dort, wo diese Definition vage ist (etwa bei der Abgrenzung zu Datenbanken; s. Rn. 16, 19 a. E.). Weiter können Computerprogramme zusammen mit anderen Werken auf einem Medium oder sogar in Form eines interaktiven Multimedia- oder sonstigen Werkes ausgeliefert werden (s. auch § 69g Rn. 3 ff.), und zwar geschützt durch technische Maßnahmen. Unter solchen Umständen führt § 69a Abs. 5 nicht zwangsläufig zum Ausschluss der §§ 95a ff. Zwar ist im **Grundsatz** davon auszugehen, dass die **§§ 95a bis 95d** entsprechend § 69a Abs. 5 auf Computerprogramme **keine Anwendung** finden. Erste Auslegungsprobleme bestehen dabei, wo Computerprogramme mit gem. § 2 urheberschutzfähigen Benutzeroberflächen (s. Rn. 14; § 69g Rn. 3) ausgestattet sind. Hier dient der technische Schutz i. S. v. § 95a noch dem Schutz des Computerprogramms, so dass die Anwendung der §§ 95a ff. gem. § 69a Abs. 5 ausgeschlossen ist.

Abweichend vom Grundsatz sind die §§ 95a ff. mitunter aber dann anzuwenden, 83 wenn der technische Schutz nicht nur dem Schutz von Computerprogrammen dient, sondern zugleich auch dem von anderen Werken oder Schutzgegenständen (vgl. § 95a Abs. 1: „technische Maßnahmen zum Schutz eines ... Werkes oder eines anderen ... geschützten Schutzgegenstandes"). In derartigen Fällen führt der von der EU vorgegebene (s. Rn. 2) und vom deutschen Gesetzgeber umgesetzte Grundsatz zu extremen Abgrenzungsproblemen (besonders besorgt insofern *Lindhorst* 144, der fürchtet, dass der Schutz gem. §§ 95a ff. durchlöchert wird; ähnlich auch *Bechtold* 215, Fn. 1087; *Arlt* MMR 2005, 148, 154 f.) und überlässt den Rechtsanwender einer kaum zu prognostizierenden Rechtsprechung (eine gewisse Klärung ist nunmehr aufgrund der Vorlage des BGH GRUR 2013, 1035 – Videospielkonsolen zu erwarten). Denn dem Wortlaut nach ist § 95a in solchen Fällen erfüllt, ohne dass § 69a Abs. 5 dessen Anwendung – über Computerprogramme hinaus – entgegensteht. Diese Situation ist bei manchen Produkten die Regel, so etwa bei Computerspielen, Software bestehend aus Computerprogrammen und Datenbanken oder programmgesteuerten Multimediaapplikationen. Sie ergibt sich auch bei der Speicherung eines Programms mit anderen, von diesen unabhängigen Werken auf einem kopiergeschützten Medium. Es fragt sich jeweils, ob schon die Kombination der Werkgattungen bzw. Schutzgegenstände zur vollen Anwendbarkeit der §§ 95a ff. führt (für die parallele Anwendung BGH GRUR 2013, 1035, 1037 – Videospielkonsolen mit zust. Anm. *Ludwig/Falkner* K&R 2013, 654, 655; LG München MMR 2008, 839, 841; so wohl auch EuGH BeckRS 2014, 80197 Rn. 16 – Nintendo; GA *Sharpston* BeckRS 2013, 82019; für die alleinige Anwendung offenbar LG Köln CR 2010, 76, 77). Da kaum noch Software ohne Datenbanken i. S. v. § 87a ausgeliefert wird, würde § 69a Abs. 5 dann weitgehend leer laufen. Das übersieht eine Auffassung (*Arlt* MMR 2005, 148, 154 f.; *Kochmann* 193), die für eine restriktive Anwendung des § 69a Abs. 5 und die Anwendung nur „auf Computerprogramme im eigentlichen Sinn" plädiert, sonst aber kein Abgrenzungskriterium anbietet. Die Probleme im Verhältnis zu §§ 69d Abs. 2 und 69e wären nicht gelöst, Erwägungsgrund 50 der Multimedia-Richtlinie nicht umgesetzt. Keine Lösung ist es, den §§ 69a ff. stets Vorrang vor den §§ 95a ff. einzuräumen (so aber Loewenheim/*Peukert* § 34 Rn. 8; Schricker/Loewenheim/*Götting* § 95a Rn. 4; *Heinemeyer/Nordmeyer* CR 2013, 586, 590), denn dabei werden die Wertungen der §§ 95a ff. völlig ignoriert. Vielmehr ist nach dem Telos des § 69a Abs. 5 darauf abzustellen, ob im **Schwerpunkt** ein Computerprogramm oder ein anderes Werk geschützt werden soll (zust. *Kreutzer* CR 2007, 1, 6; *Schweyer* 209 f.; skeptisch *Hofmann* CR 2012, 281, 283). Entscheidend dürfte insofern auf die wirtschaftlichen Werte der Schutzgegenstände und deren Verhältnis zueinander abzustellen sein. Danach sind die §§ 95a ff. nicht anzuwenden auf **Computerspiele,** weil bei diesen die technischen Maßnahmen die Übernahme des Codes und nicht die Nachahmung der Sequenzen des Spiels verhindern sollen, und auf Software, deren besonderer Wert im Programm und nicht in der mitgelieferten Datenbank liegt (zust. *Schweyer* 210; *Schröder* MMR 2013, 80, 82 mit Hinweisen zu anderen Ländern; ähnlich *Kreutzer* CR 2007, 1, 6; s. a. *Kreutzer* CR 2006, 804, 805; a. A. LG München I MMR 2008, 839, 841; LG München I CR 2010, 76, 77; offenbar OLG München, unveröffentl. Urteil v. 9.6.2011, Az. 6 U 5037/09; *Bullinger/Czychowski* GRUR 2011, 19, 25; die Frage wurde vom BGH GRUR 2013, 1035 – Videospielkonsolen dem EuGH vorgelegt). Erst recht gilt dieses für Betriebssysteme mit u. U. gem. § 2 Abs. 1 Nr. 4 oder 7 geschützten grafischen Benutzeroberflächen (*Kreutzer* CR 2007, 1, 5; s. § 69g Rn. 3 und 6). Hingegen wären **umfangreiche Datenbanken** mit primär deren Bedienung dienenden Programmen und **Multimediaapplikationen** nicht nur über § 69f, sondern auch über die §§ 95a ff. zu schützen (zust. *Kreutzer* CR 2007, 1, 6 sowie *Schweyer* 210). Ebenso finden die §§ 95a ff. trotz § 69a Abs. 5 Anwendung, wenn die technische Maßnahme, also etwa der Kopierschutz, softwareimplementiert ist (vgl. Begr. BRegE BR-Drucks. 684/02, 60). Dann schützt sich das dafür genutzte Computerprogramm zwar mittelbar selbst mit, sein Einsatz dient aber im Kern dem Schutz anderer Wer-

UrhG § 69b § 69b Urheber in Arbeits- und Dienstverhältnissen

ke. Bei der Kombination eines Computerprogramms mit einem davon unabhängigen sonstigen Werk oder Schutzgegenstand wird darauf abzustellen sein, ob der Schutz separat besteht bzw. umgangen werden kann. Nur dann finden die §§ 95a ff. Anwendung.

84   Neben §§ 95a und 95b findet entgegen anders lautenden Vorschlägen im Gesetzgebungsverfahren (BT-Drucks. 15/1066, 2) auch § 95c keine Anwendung auf Computerprogramme, und zwar mangels planwidriger Lücke auch nicht analog. Direkte Rechtsfolge des § 69a Abs. 5 ist weiter, dass für Computerprogramme einerseits keine Kennzeichnungspflicht gem. § 95d besteht (vgl. aber OLG München CR 2001, 11: fehlender Hinweis auf Programmsperre irreführend i. S. v. § 3 UWG a. F. = §§ 3, 5 UWG), anderseits aber auch kein Strafrechtsschutz gem. § 108b in Ansehung des Vorhaltens oder der Verwendung von nach § 69f verbotenen Umgehungsmitteln. Letzteres ist mit Blick auf § 108b Abs. 2 dem Verweis auf § 95a Abs. 3 zu entnehmen, bei § 108b Abs. 1 der Gesetzeshistorie und -systematik. Erst auf Empfehlung des Rechtsausschusses wurden nämlich Verweisungen auf die §§ 95a und 95c durch vermeintlich klarere Texte (vgl. zu den Motiven die Beschlussempfehlung und den Bericht des Rechtsausschusses, BT-Drucks. 15/837, 35) ersetzt. Dass § 108b Abs. 1 für Computerprogramme nicht gelten soll, ergibt sich weiter aus den in § 108b Abs. 1 genutzten Begriffen „wirksame technische Maßnahme" und „Information für die Rechtewahrnehmung", die § 95a bzw. § 95c entstammen. Weder die Richtlinie (dazu Rn. 2) noch Art. 11 WCT (dazu *Lindhorst* 99 f.) erfordern einen Strafrechtsschutz bei Computerprogrammen. Die Unklarheit ist mithin ein gesetzgeberisches Redaktionsversehen.

§ 69b Urheber in Arbeits- und Dienstverhältnissen

(1) **Wird ein Computerprogramm von einem Arbeitnehmer in Wahrnehmung seiner Aufgaben oder nach den Anweisungen seines Arbeitgebers geschaffen, so ist ausschließlich der Arbeitgeber zur Ausübung aller vermögensrechtlichen Befugnisse an dem Computerprogramm berechtigt, sofern nichts anderes vereinbart ist.**

(2) **Absatz 1 ist auf Dienstverhältnisse entsprechend anzuwenden.**

Literatur: *Auer-Reinsdorff,* IT-Arbeitsverhältnisse, Regelungsbedarf in Arbeitsverträgen mit Programmierern und Urhebern, ITRB 2004, 116; *Bartsch,* Softwarerechte bei Projekt- und Pflegeverträgen, CR 2012, 141; *Bayreuther,* Zum Verhältnis zwischen Arbeits-, Urheber- und Arbeitnehmererfindungsrecht – Unter besonderer Berücksichtigung der Sondervergütungsansprüche des angestellten Softwareerstellers, GRUR 2003, 570; *Benecke,* Entwicklung von Computerprogrammen durch Arbeitnehmer – Aktuelle Entwicklungen des gewerblichen Rechtsschutzes für Computerprogramme und ihre arbeitsrechtlichen Folgen, NZA 2002, 883; *Berger,* Zum Anspruch auf angemessene Vergütung (§ 32 UrhG) und weitere Beteiligung (§ 32a UrhG) bei Arbeitnehmer-Urhebern, ZUM 2003, 173; *Brandi-Dohrn,* Arbeitnehmererfindungsschutz bei Softwareerstellung, CR 2001, 285; *Brandi-Dohrn,* Urheberrechtlicher Vergütungsanspruch des Arbeitnehmers, CR 2002, 252; *Brandner,* Zur Rechtsstellung des angestellten Programmierers, GRUR 2001, 883; *Buchner,* Der Schutz von Computerprogrammen und Know-how im Arbeitsverhältnis, in: Lehmann (Hrsg.), Rechtsschutz und Verwertung von Computerprogrammen, 2. Aufl., Köln 1993, 421 (zit. *Buchner* in Lehmann); *Diederichsen,* Der Vergütungsanspruch des angestellten Urhebers – Gleichbehandlung mit dem Arbeitnehmererfinder, Diss., Kiel 2002; *Dreier,* Rechtsschutz von Computerprogrammen, Die Richtlinie des Rates der EG vom 14. Mai 1991, CR 1991, 577; *Dreier,* Verletzung urheberrechtlich geschützter Software nach der Umsetzung der EG-Richtlinie, GRUR 1993, 781; *Gaul,* Zur Entwicklung des Urheberrechts im Arbeitsverhältnis, RDV 1994, 1; *Gaul,* Arbeitsrechtliche Aspekte einer Beschäftigung im IT-Bereich, in: Haesemann/Gennen/Bartenbach/Bartenbach (Hrsg.), Festschrift für Kurt Bartenbach zum 65. Geburtstag, Köln 2005, 505 (zit. *Gaul* FS Bartenbach); *Götting, Th.,* Gewerbliche Schutzrechte bei der Softwareentwicklung von Versicherungsprodukten im Internet, VersR 2001, 410; *Grützmacher,* Urheber-, Leistungs- und Sui-generis-Schutz von Datenbanken, Baden-Baden 1999; *Haberstumpf,* Der urheberrechtliche Schutz von Computerprogrammen, in: Lehmann (Hrsg.), Rechtsschutz und Verwertung von Computerprogrammen, 2. Aufl., Köln 1993, 69 (zit. *Haberstumpf* in Lehmann); *Haberstumpf,* Wem gehören Forschungsergebnisse?, Zum Urheberrecht an Hochschulen, ZUM 2001, 819; *Henkel,* Beteiligung eines Arbeitnehmers an der wirtschaftlichen Verwertung der von ihm entwickelten Software, BB 1987, 833; *Heymann,* Vertragsmuster

Nutzungsrechte, CR 1991, 638; *Hilty/Peukert,* Das neue deutsche Urhebervertragsrecht im internationalen Kontext, GRUR Int. 2002, 643; *Hoeren,* Die Kündigung von Softwareerstellungsverträgen und deren urheberrechtliche Auswirkungen, CR 2005, 773; *Holländer,* Das Urheberpersönlichkeitsrecht des angestellten Programmierers, CR 1992, 279; *Holländer,* Nutzungsrechte an freiwillig erstellter Software im Arbeitsverhältnis, CR 1991, 614; *Hubmann,* Das Recht am Arbeitsergebnis, in: Dietz u. a. (Hrsg.), Beiträge zum Arbeits-, Handels- und Wirtschaftsrecht, Festschrift für Alfred Hueck, München u. a. 1959, 43 (zit. *Hubmann* FS Hueck); *Joppich,* § 34 UrhG im Unternehmenskauf, K&R 2003, 211; *Junker/Benecke,* Computerrecht, 3. Aufl., Baden-Baden 2003; *Karger,* Rechtseinräumung bei der Softwareerstellung, CR 2001, 357; *Karger,* Weitere Beteiligung des Urhebers bei Software-Erstellung, ITRB 2006, 279; *Kather,* Mitarbeiter- und Beraterverträge in: Redeker (Hrsg.), Handbuch der IT-Verträge, Teil 5, Loseblatt Köln, Stand: 2005; *Katko/Maier,* Computerspiel – die Filmwerke des 21. Jahrhunderts?, MMR 2009, 306; *Kindermann,* Das Nutzungsrecht am Computerprogramm, Zum Urteil des Bundesarbeitsgerichts vom 13. September 1983, NZA 1984, 209; *Koch,* Urheberrechte an Computerprogrammen im Arbeitsverhältnis, CR 1985, 86; *Koch,* Computer-Vertragsrecht, 7. Aufl., Freiburg i. Br. u. a. 2009; *Kolle,* Der angestellte Programmierer, GRUR 1985, 1016; *Kraßer/Schricker,* Patent- und Urheberrecht an Hochschulen, Baden-Baden 1988; *Lampenius,* Geheimhaltungsvereinbarungen mit entliehenen Softwareentwicklern im Spannungsfeld zwischen Arbeits-, AGB-, Wettbewerbs- und Urheberrecht, K&R 2012, 12; *Lehmann,* Der neue Europäische Rechtsschutz von Computerprogrammen, NJW 1991, 2112; *Leinhas,* IT-Outsourcing und Betriebsübergang im Sinne des § 613a BGB – arbeitnehmererfindungsrechtliche und arbeitnehmerurheberrechtliche Problemlösungen, Köln 2009; *Lejeune,* Neues Arbeitnehmerurheberrecht – Die wesentlichen Auswirkungen des Gesetzes zur Stärkung der vertraglichen Stellung von Urhebern und ausübenden Künstlern („Urhebervertragsrechtsgesetz") auf das Arbeitnehmerurheberrecht, ITRB 2002, 145; *Leuze,* Urheberrechte der Beschäftigten im öffentlichen Dienst, 2. Aufl., Berlin 2003; *Leuze,* Die Urheberrechte der wissenschaftlichen Mitarbeiter, GRUR 2006, 552; *Lüken,* Der Arbeitnehmer als Schöpfer von Werken geistigen Eigentums, Hamburg 2008; *Moritz/Tybussek,* Computersoftware, Rechtsschutz und Vertragsgestaltung, 2. Aufl., München 1992; *v. Olenhusen,* Der Urheber- und Leistungsschutz arbeitnehmerähnlicher Personen, GRUR 2002, 11; *Ory,* Das neue Urhebervertragsrecht, AfP 2002, 93; *Ruzman,* Softwareentwicklung durch Arbeitnehmer, Hamburg 2004; *Sack,* Computerprogramme und Arbeitnehmer-Urheberrecht, BB 1991, 2165; *Sack,* Arbeitnehmer-Urheberrechte an Computerprogrammen nach der Urheberrechtsnovelle, UFITA 121 (1993) 15; *Schacht,* Die Einschränkungen des Urheberpersönlichkeitsrechts im Arbeitsverhältnis, Göttingen 2004; *Scholz,* Die rechtliche Stellung des Computerprogramme erstellenden Arbeitnehmers nach Urheberrecht, Patentrecht und Arbeitnehmererfindungsrecht, Köln 1989; *Steinberg,* Urheberrechtliche Klauseln in Tarifverträgen, Baden-Baden 1998; *Ullmann,* Das urheberrechtlich geschützte Arbeitsergebnis, Verwertungsrecht und Vergütungspflicht, GRUR 1987, 6; *Ulbricht,* Unterhaltungssoftware: Urheberrechtliche Bindungen bei Projekt- und Publishingverträgen, CR 2002, 317; *van der Hoff,* Die Vergütung angestellter Software-Entwickler, Baden-Baden 2009; *Wandtke,* Die Rechte der Urheber und ausübenden Künstler im Arbeits- und Dienstverhältnis, Berlin 1993 (zit. Wandtke/*Bearbeiter*); *Wimmers/Rhode,* Der angestellte Softwareprogrammierer und die neuen urheberrechtlichen Vergütungsansprüche, Argumente für die Fortgeltung der bisherigen Grundsätze auch nach dem neuen Urhebervertragsrecht, CR 2003, 399; *Zahrnt,* Arbeitnehmerüberlassung, Abgrenzungskriterien der Bundesanstalt für Arbeit bei Softwareleistungen, CR 1991, 736; *Zirkel,* Der angestellte Urheber und § 31 Abs. 4 UrhG, ZUM 2004, 626; *Zirkel,* Das neue Urhebervertragsrecht und der angestellte Urheber, WRP 2003, 59; *Zirkel,* Das Recht des angestellten Urhebers und EU-Recht – Rechtsangleichung und Systembrüche dargestellt am Beispiel des angestellten Softwareentwicklers, Stuttgart 2002; *Zöllner,* Die Reichweite des Urheberrechts im Arbeitsverhältnis untypischer Urheber, in: Forkel u. a. (Hrsg.), Beiträge zum Schutz der Persönlichkeit und ihrer schöpferischen Leistung, Festschrift für Heinrich Hubmann zum 70. Geburtstag, Frankfurt a. M. 1985, 523 (zit. *Zöllner* FS Hubmann).

Vgl. darüber hinaus die Angaben im eingangs abgedr. Gesamtliteraturverzeichnis.

Übersicht

	Rn.
I. Schutzzweck und Rechtsnatur	1
II. Regelungsinhalt	2–26
1. Arbeitnehmer oder Dienstverpflichteter	2–4
2. In Wahrnehmung seiner Aufgaben	5–15
a) Kriterien	6–9
b) Zeitliche Grenzen der geschuldeten Aufgaben	10
c) Inhaltliche Grenzen der geschuldeten Aufgaben	11–15
3. Oder nach Anweisung des Arbeitgebers oder Dienstherren	16
4. Keine abweichende Vereinbarung	17

	Rn.
5. Rechtsübergang aller vermögensrechtlichen Befugnisse auf den Arbeitgeber oder Dienstherren	18–26
a) Regelung der Zuordnung	18–21
b) Regelung der Vergütung	22–25
c) Nicht erfasste Rechte	26
III. Einzelfragen	27–46
1. Einräumung der Nutzungsrechte an freien Werken und gebundenen Freiwerken	27–37
a) Tarifverträge und Betriebsvereinbarungen	28
b) Mustervereinbarungen und Arbeitsverträge	29
c) Stillschweigende und konkludente Einräumung	30
d) Entsprechende Anwendung des § 4 Abs. 2 Nr. 2 ArbNErfG	31
e) Anbietungspflicht	32–37
aa) Analog §§ 18, 19 ArbNErfG	33
bb) Aus arbeitsrechtlichen Pflichten heraus	34–36
cc) Umfang der Anbietungspflicht bzw. des Übergangs bei Anbietung auf Grund arbeitsrechtlicher Treuepflicht	37
2. Urheberpersönlichkeitsrecht	38–46
a) Veröffentlichungsrecht (§ 12)	39
b) Recht der Anerkennung der Urheberschaft (§ 13 S. 1) und Recht auf Urheberbezeichnung (§ 13 S. 2)	40, 41
c) Entstellungsverbot (§ 14)	42
d) Zugangsrecht (§ 25)	43
e) Änderungsverbot (§ 39)	44
f) Rückrufrechte (§§ 41, 42)	45, 46

I. Schutzzweck und Rechtsnatur

1 § 69b, der Art. 2 Abs. 3 der Computerprogramm-Richtlinie umsetzt, bezweckt und bewirkt die Übertragung aller nach dem Schöpferprinzip (§ 7) beim Arbeitnehmer liegenden vermögensrechtlichen Befugnisse auf den Arbeitgeber. Computerprogramme sind nach § 69b in erster Linie ein dem Arbeitgeber zustehendes Wirtschaftsgut. § 69b wird umfassend dem sog. Austauschgedanken (dazu *Hubmann* FS Hueck 43, 45) gerecht. § 69b ist lex specialis zu § 43. Anders als bei § 43 (zu diesem etwa OLG Koblenz BB 1983, 992, 993 f.) bedarf es bei § 69b keiner Unterstellung einer stillschweigenden Nutzungsrechtseinräumung mehr, da die Rechte nach h. M. bereits kraft Gesetzes im Wege einer **gesetzlichen Lizenz** eingeräumt werden (BGH CR 2001, 223 – Wetterführungspläne; BGH GRUR 2002, 149, 151 – Wetterführungspläne II; *Sack* UFITA 121 (1993) 15, 23 f.; *Sack* BB 1991, 2165, 2168; *Buchner* in Lehmann Rn. 16, 59 f.; *Koch* Teil 9 Rn. 60; *Rehbinder* Rn. 659; Wandtke/*Wandtke* Rn. 300; a.A. *Schack* Rn. 304; *Schacht* 116: cessio legis). Nach anderer Auffassung handelt es sich bei § 69b um eine Auslegungsregel (mit validen Gegenargumenten Schricker/Loewenheim/*Loewenheim* § 69b Rn. 11; Fromm/Nordemann/*Czychowski* § 69b Rn. 2; wohl auch OLG Düsseldorf CR 1997, 337, 338 – Dongle-Umgehung: gesetzliche Vermutung). Dagegen spricht, dass eine entgegenstehende einseitige Erklärung des Arbeitnehmers dem Zweck und Wortlaut der Vorschrift nach unerheblich ist (*Sack* UFITA 121 (1993) 15, 23; *Sack* BB 1991, 2165, 2168; vgl. Möhring/Nicolini/*Hoeren* § 69b Rn. 4). Auch trägt die Begründung, dass eine anderweitige Vereinbarung möglich sei, diese Auffassung nicht. Vielmehr stellt der Gesetzeswortlaut des § 69b nur klar, dass es sich um dispositives Recht handelt. Anders als bei § 43 sind alle Nutzungsrechte umfassend für alle Nutzungsarten eingeräumt (vgl. Begr. BRegE BT-Drucks. XII/4022, 10; *Buchner* in Lehmann Kap. XI Rn. 54 ff.; Gaul/Bartenbach Rn. C 530; *Grützmacher* 294; dazu näher Rn. 18 f.). Als gesetzliche Lizenz minimiert § 69b zudem das Risiko, dass unwirksame Arbeitsverträge auf die Lizenz durchschlagen (vgl. *Grützmacher* 293). Trotzdem handelt es sich wie bei § 43 um einen **derivativen Erwerb,** der die Ersturheberschaft und das **Schöpfer-**

prinzip durchaus anerkennt (ganz h. M.: *Buchner* in Lehmann Kap. XI Rn. 18; *Grützmacher* 294; *Sack* UFITA 121 (1993) 15, 23; *Schack* Rn. 304; vgl. auch *Dreier* CR 1991, 577, 579; *Lehmann* NJW 1991, 2112, 2113; *Sack* BB 1991, 2165, 2168: die Richtlinie hätte auch eine gespaltene Entstehung zugelassen; dieses verkennend LG Düsseldorf ZUM 2007, 559, 563).

II. Regelungsinhalt

1. Arbeitnehmer oder Dienstverpflichteter

Arbeitnehmer ist jeder weisungsgebundene, in abhängiger Tätigkeit Beschäftigte (vgl. auch § 43 Rn. 4f.). Es gilt der Arbeitnehmerbegriff des Arbeitsrechts (Begr. BRegE BT-Drucks. XII/4022, 11; die Anwendung des europäischen Arbeitnehmerbegriffs diskutiert *Buchner* in Lehmann Kap. XI Rn. 24f.). In der Praxis stellt sich oft die Frage, was gilt, wenn ein im Rahmen von Softwareerstellungs- und Projektverträgen tätiger Programmierer auf Grund § 10 Abs. 1 des Gesetzes zur Regelung der gewerbsmäßigen **Arbeitnehmerüberlassung** (AÜG) als Arbeitnehmer des Auftraggebers gilt (zu den Abgrenzungskriterien bei Softwareleistungen LAG Stuttgart CR 1991, 740, 742 ff.; *Zahrnt* CR 1991, 736 ff.). Auch diese Arbeitnehmer einer verdeckten Arbeitnehmerüberlassung sind ebenso wie **Scheinselbstständige** i. S. v. § 69b als Arbeitnehmer des Auftraggebers zu qualifizieren, so dass dem Auftraggeber gem. § 69b die Rechte zustehen. Denn sowohl das AÜG als auch der durch die Rechtsprechung geprägte Arbeitnehmerbegriff verfolgen den Zweck, die rechtlichen Verhältnisse den tatsächlichen anzupassen, nicht aber den Auftraggeber lediglich zu beanspruchen und zu bestrafen (zust. wohl *Lampenius* K&R 2012, 12, 16). Weiter wirkt sich hier aus, dass es sich bei § 69b um eine gesetzliche Lizenz handelt (s. Rn. 1). Mangels einer § 11 Abs. 7 AÜG entsprechenden Regelung ist unklar, ob eine entsprechende Anwendung des § 69b zu Gunsten des Entleihers im Rahmen der Arbeitnehmerüberlassung erfolgt oder ob hier zwischen Ver- und Entleiher eine Lizenzvereinbarung abgeschlossen werden muss (dazu ausf. *Lampenius* K&R 2012, 12, 15 ff.; s. auch Fromm/Nordemann/*Czychowski* § 69b Rn. 6).

Unter **Dienstverpflichteten** werden wie bei § 43 **Beamte** (LG München CR 1997, 351, 353; OLG München CR 2000, 429), Soldaten und Richter und in **sonstigen öffentlich-rechtlichen Dienstverhältnissen** in abhängiger Tätigkeit stehende Beschäftigte verstanden (Begr. BRegE BT-Drucks. XII/4022, 11; vgl. *Sack* UFITA 121 (1993) 15, 22; zu Hochschullehrern s. Rn. 15). Dem nicht differenzierenden Art. 2 Abs. 3 der Computerprogramm-Richtlinie liegt das europarechtliche Vorverständnis zugrunde, dass auch Beschäftigte des öffentlichen Dienstes unter die Regelung fallen (dazu *Buchner* in Lehmann Kap. XI Rn. 22 f.; vgl. auch Begr. BRegE BT-Drucks. XII/4022, 11; a. A. BT-Drucks. XIV/6433, 18; dagegen wiederum BT-Drucks. XIV/7564, 10, 12 f.). § 69b gilt **nicht** für **selbstständige Dienstnehmer** i. S. v. § 611 BGB (Begr. BRegE BT-Drucks. XII/4022, 11; BGH GRUR 2005, 860, 862 – Fash 2000; ausführlich *Junker/Benecke* Rn. 100 f.; *Buchner* in Lehmann Kap. XI Rn. 26: selbst bei Zugrundelegung eines europäischen Arbeitnehmerbegriffs; entgegen *Vinck* Rn. 3 in der 8. Aufl. nun auch Fromm/Nordemann/*Czychowski* § 69b Rn. 4, der jedoch zu Unrecht § 43 für anwendbar hält). Selbst arbeitnehmerähnliche Personen unterfallen § 69b nicht (*v. Olenhusen* GRUR 2002, 11, 13 f.; zu diesen auch § 43 Rn. 9 f.; a. A. *Th. Götting* VersR 2001, 410, 411 f. unter Hinweis auf BGH GRUR 1974, 480, 481; dagegen *Junker/Benecke* Rn. 100; vgl. auch § 12a TVG), ebenso wenig Vorstände und Geschäftsführer. Für diese sowie für sonstige Auftragnehmer und freie Mitarbeiter gelten daher gem. § 69a Abs. 4 die allgemeinen Grundsätze, insb. § 31 Abs. 5 (für einen freien Programmierer OLG Frankfurt BB 1996, Beilage 9, 3; dazu näher § 69a Rn. 64 f.; zu beachten sind bei Vorständen und Geschäftsführern aber deren erweiterte gesellschaftsrechtliche Treuepflichten. Ihre Rechtsposition wurde durch den Verzicht auf eine zunächst vorgesehene, explizite Regelung durch die Richtlinie bewusst gestärkt (*Dreier* CR 1991, 577, 579).

4 Gem. **Art. 30 EGBGB a. F.** bzw. **Art. 8 ROM I-VO** gilt § 69b nur für Arbeitnehmer und Dienstverpflichtete, die ihre Arbeit gewöhnlich in Deutschland verrichten (*Sack* UFITA 121 [1993] 15, 26 m. w. N.).

2. In Wahrnehmung seiner Aufgaben

5 Wie § 43 differenziert auch § 69b zwischen im Rahmen des Arbeitsverhältnisses geschaffenen Pflichtwerken und privaten (sog. freien) Werken. Im Ergebnis dürfte die Grenzziehung ähnlich, wenn nicht sogar identisch sein (vgl. Begr. BRegE BT-Drucks. XII/4022, 11; *Buchner* in Lehmann Kap. XI Rn. 32, 40; *Diederichsen* 54 m. w. N.; vgl. auch § 43 Rn. 18 ff.). Dass ein Programm in Wahrnehmung der Aufgaben des Arbeitnehmers entstanden ist, hat der Arbeitgeber zu beweisen.

6 **a) Kriterien.** Die Aufgaben eines Arbeitnehmers oder Dienstverpflichteten ergeben sich aus Art und Umfang der **geschuldeten Arbeitsleistung** unter Berücksichtigung des Betriebszweckes (d. h. aus Arbeitsvertrag, Weisungen, Betriebsvereinbarungen, betrieblicher Übung sowie Tarifverträgen), aber auch aus der betrieblichen Funktion, dem Betätigungsfeld, dem Berufsbild und der Branchenübung (*Sack* UFITA 121 (1993) 15, 17 f.; *Sack* BB 1991, 2165, 2166; vgl. ferner OLG München CR 2000, 429 f.; LG München CR 1997, 351 f.; *Gaul* RDV 1994, 1, 2; *Holländer* CR 1991, 614 f.; noch zu § 43 BAG GRUR 1984, 429, 431 – Statikprogramme). So wird man das Handeln in Erfüllung der Arbeitspflichten bei dem Leiter der Abteilung Softwareentwicklung eher unterstellen können (vgl. OGH Medien und Recht 2002, 237, 238 – Computer-Spielprogramm) als etwa bei einfachen Angestellten anderer Abteilungen. Streitig ist, ob auch sonstige Faktoren noch eine Rolle spielen.

7 Teils wird vertreten, auch der Umfang der in Anspruch genommenen **Betriebsmittel** und in Anlehnung an § 4 Abs. 2 ArbNErfG auch des genutzten **betrieblichen Knowhow und Erfahrungswissens** des Arbeitgebers spiele eine ausschlaggebende Rolle (so etwa *Gaul/Bartenbach* Rn. C 531; *Kolle* GRUR 1985, 1016, 1020 f.). Danach soll § 69b auch dann eingreifen, wenn der Arbeitnehmer der konkreten Aufgabenstellung oder der Art seiner geschuldeten Tätigkeit nach mit dem Programm keiner arbeitsvertraglichen Aufgabe nachkommt. Dieser Ansatz wird von der h. M. zu Recht abgelehnt (gegen ihn etwa *Sack* UFITA 121 (1993) 15, 21 f.; *Gaul* FS Bartenbach 505, 514; *Holländer* CR 1991, 614, 615; *Zirkel* 25 f.; ablehnend auch OLG München CR 2000, 429 f.; LG München CR 1997, 351 f., das stattdessen die analoge Anwendung des ArbNErfG befürwortet). Keinesfalls ausreichend ist insb., wenn der Arbeitnehmer zur Erstellung zwar auf die Rechner des Arbeitgebers zugegriffen hat, die Programme aber grds. auf eigener Hardware entwickelt hat (vgl. LG München CR 1997, 351 f.; OLG München CR 2000, 429 f.). Auch sonst können die verwendeten Betriebsmittel und das Betriebs-Know-how nicht die geschuldeten Aufgaben bestimmen; allenfalls kann hieraus eine Anbietungspflicht resultieren (näher dazu Rn. 35).

8 Ebenso wenig dürften im Rahmen des bestehenden Arbeitsverhältnisses der **Ort** und der **Zeitpunkt** des Schaffens die maßgeblichen Faktoren darstellen (OLG Köln CR 2005, 557; *Leinhas* 112; *Kolle* GRUR 1985, 1016, 1020; *Scholz* 27 f., 30; *Sack* UFITA 121 (1993) 15, 20; *Sack* BB 1991, 2165, 2166, 2167; Schricker/Loewenheim/*Loewenheim* § 69b Rn. 10; Möhring/Nicolini/*Hoeren* § 69b Rn. 9; *Zirkel* 24 f.; wohl auch LG München CR 1997, 351 f.; OLG München CR 2000, 429 f.; Fromm/Nordemann/*Czychowski* § 69b Rn. 7; tendenziell a. A. KG NJW-RR 1996, 1066, 1067 – Poldok; KG NJW-RR 1997, 1405; *Junker/Benecke* Rn. 98; *Gaul* RDV 1994, 1, 2). Demnach soll § 69b sogar in der **Freizeit** oder zu Hause geschaffene Computerprogramme erfassen können (OLG Köln CR 2005, 557: für einen Fall der zeitweiligen Freistellung von der betrieblichen Anwesenheit – „Home Office"; *Sack* UFITA 121 (1993) 15, 17, 20; Möhring/Nicolini/*Hoeren* § 69b Rn. 9; Fromm/Nordemann/*Czychowski* § 69b Rn. 7; *van der Hoff* 135 f.). Auch ist es rich-

tig, dass ein Programmierer gerade schwierige Probleme oft in Ruhe und damit gelegentlich auch zu Hause und am Wochenende lösen wird (*Scholz* 27 f., 30; *Kolle* GRUR 1985, 1016, 1020; Schricker/Loewenheim/*Loewenheim* § 69b Rn. 10). Trotzdem hat die Programmierung in der Freizeit oder zu Hause eine gewisse Indizwirkung dafür, dass der Arbeitnehmer nicht in Wahrnehmung seiner Aufgaben gehandelt hat (vgl. KG NJW-RR 1997, 1405; wohl auch LG Düsseldorf ZUM 2007, 559, 564; zust. *van der Hoff* 136).

Abzulehnen sind die darüber hinaus in der Literatur diskutierten **subjektiven Kriterien**, nämlich Eigeninteresse und -antrieb des Arbeitnehmers (so auch *Scholz* 29 m. w. N. der Gegenmeinung). Es kommt allein auf die arbeitsrechtlich geschuldeten Aufgaben an. 9

b) Zeitliche Grenzen der geschuldeten Aufgaben. § 69b erfasst nicht Computer- 10 programme, welche der Arbeitnehmer schon **vor Beginn des Arbeitsverhältnisses** geschaffen hat (LG Düsseldorf ZUM 2007, 559, 564; OLG Düsseldorf CR 2009, 214 f.; *Buchner* in Lehmann Kap. XI Rn. 46; Möhring/Nicolini/*Hoeren* § 69b Rn. 14; *Sack* UFITA 121 (1993) 15, 20; *Sack* BB 1991, 2165, 2166; Walter/v. Lewinski/Blocher/*Walter* Art. 2 Rn. 5.2.29; zu § 43: BGH GRUR 1985, 129 – Elektrodenfabrik; LAG München CR 1987, 509, 512). Insofern kann aber das Wettbewerbsverbot gem. § 60 HGB zu beachten sein (vgl. *Kindermann* NZA 1984, 209, 214; *Sack* UFITA 121 (1993) 15, 38 f.). Bei Programmen, die erst **nach** einem **Arbeitsplatzwechsel** oder einer Arbeitsplatzaufgabe **fertiggestellt** werden, liegen alle Rechte an den bis zum Wechsel entstandenen schutzfähigen Programmteilen inklusive Entwurfsmaterialien beim früheren Arbeitgeber (*Schweyer* CR 1994, 684, 686; *Buchner* in Lehmann Kap. XI Rn. 53; Schricker/Loewenheim/*Loewenheim* § 69b Rn. 8, 11; vgl. *Kolle* GRUR 1985, 1016, 1023; a. A. *Sack* UFITA 121 (1993) 15, 21; *Sack* BB 1991, 2165, 2166: entsprechend § 4 Abs. 2 ArbNErfG; im Ergebnis ebenso noch zu § 43 OLG Celle CR 1994, 681, 682 ff., welches für Zwischenergebnisse eine hinreichend dokumentierte Individualisierung fordert; unklar Möhring/Nicolini/*Hoeren* § 69b Rn. 14). Nicht anwendbar ist § 69b, wenn das Programm nicht während des Arbeitsverhältnisses geschaffen wird, sondern der Arbeitnehmer während dieser Zeit lediglich ein einfaches Nutzungsrecht einräumt (BAG CR 1997, 88, 89).

c) Inhaltliche Grenzen der geschuldeten Aufgaben. In Wahrnehmung seiner Auf- 11 gaben handelt ein Arbeitnehmer, der primär für die Erstellung von Computerprogrammen eingestellt wurde und folglich Computerprogramme als Ergebnis der Arbeitstätigkeit **gerade schuldet** (vgl. etwa BGH CR 2001, 223 – Wetterführungspläne; OLG Frankfurt CR 1998, 525, 526 – Software-Innovation; *Zirkel* 22; vgl. weiter OGH Medien und Recht 2002, 237, 238 – Computer-Spielprogramm). Umstritten ist hingegen, ob § 69b auch eingreift, wenn die Programmierung sich nicht mit dem **arbeitsvertraglich festgelegten Aufgaben- und Tätigkeitsbereich** deckt.

Hier wird von der wohl h. M. vertreten, dass dem Arbeitgeber die Rechte an Program- 12 men, die ohne arbeitsrechtliche Verpflichtung nur „bei Gelegenheit" geschaffen wurden, zumindest auf Grund von § 69b nicht zustehen. Erfüllt ist § 69b danach nur, wenn ein **enger innerer Zusammenhang** zwischen arbeitsvertraglicher Pflichterfüllung und der Schaffung des Computerprogramms besteht (OLG München CR 2000, 429, 430; *van der Hoff* 140 ff.; *Ullmann* GRUR 1987, 6, 8 zu § 43). Eigeninitiative allein ist nicht ausreichend. Vielmehr soll eine **konkrete Anweisung oder Beauftragung** (so etwa im Fall OLG Köln CR 2005, 557) nötig sein (OLG München CR 2000, 429 f.; LG München CR 1997, 351 f.; Möhring/Nicolini/*Hoeren* § 69b Rn. 9, 11; ebenso BAG GRUR 1984, 429, 431 – Statikprogramme; *Ullmann* GRUR 1987, 6, 8 f. zu § 43; ähnlich *Holländer* CR 1991, 614, 615; vgl. *Zirkel* WRP 2003, 59, 61; *Zirkel* 23 f.: kein Pflichtwerk, wenn ins Belieben des Arbeitnehmers gestellte Werkerstellung allgemein in den Tätigkeitsbereich des Arbeitnehmers fällt.

Nach anderer Auffassung soll die Entwicklung von Computerprogrammen auch dann 13 eine arbeitsrechtlich geschuldete Leistung sein, wenn der Arbeitgeber dem Arbeitnehmer

Spielraum für eine entsprechende Organisation und Gestaltung seiner **Tätigkeit** lässt und der Arbeitnehmer aus freiem Antrieb mit **Billigung** und auf Kosten des Arbeitgebers das Programm erstellt (KG NJW-RR 1997, 1405; *Buchner* in Lehmann Kap. XI Rn. 30f.; *Sack* UFITA 121 (1993) 15, 18f.; *Sack* BB 1991, 2165, 2166f.; *Fromm/Nordemann/ Czychowski* § 69b Rn. 7 a. E.; *Schricker/Loewenheim/Loewenheim* § 69b Rn. 6; *Junker/Benecke* Rn. 99; ähnlich *Ruzman* 110f., der aber zur Begründung zusätzlich die arbeitsvertragliche Treuepflicht heranzieht; vgl. zu § 43 OLG Karlsruhe GRUR 1987, 845, 848 – Schutzrechtsverwarnung; *Zöllner* FS Hubmann, 523, 533; ähnlich unter Hinweis auf § 4 Abs. 2 ArbNErfG *Gaul/Bartenbach* Rn. C 531; vgl. *Kolle* GRUR 1985, 1016, 1020f.). Dies soll auch dann noch gelten, wenn der Spielraum nicht schon ursprünglich, sondern erst später konkludent eingeräumt wurde; hierfür sollen die **vom Arbeitnehmer** selbst **vorgenommene nachträgliche Anpassung und Erweiterung** seines vertraglich festgelegten **Aufgabenbereichs** sowie die dynamische Entwicklung seiner Tätigkeiten sprechen (vgl. *Sack* UFITA 121 (1993) 15, 18f.; *Sack* BB 1991, 2165, 2166f.; *Buchner* in Lehmann Rn. 31). Nach dieser Auffassung blieben aber Computerprogramme regelmäßig nur dann Werke des Arbeitnehmers, wenn er sie aus eigenem Antrieb und zudem in der Freizeit entwickelt hat (so wohl in der Tat KG NJW-RR 1997, 1405). Es wäre letztlich entscheidend, ob das Computerprogramm während der Arbeits- oder während der Freizeit geschaffen wurde. Die Auffassung geht insofern über den Wortlaut des § 69b weit hinaus. Auch der Hinweis auf den Schutzzweck der Norm, alle vermögensrechtlichen Befugnisse dem Arbeitgeber vollständig zu überweisen (so KG NJW-RR 1997, 1405), vermag dies nicht zu rechtfertigen. Vor allem aber werden die Grundsätze der Rechtsgeschäftslehre verkannt. Denn übereinstimmende Willenserklärungen, die auf eine Pflicht des Arbeitnehmers gerichtet waren, wurden nie ausgetauscht (§§ 133, 157 BGB).

14 Richtig erscheint es demgegenüber, differenzierend darauf abzustellen, ob das **Nichttätigwerden** des Arbeitnehmers eine **Verletzung seiner Arbeitspflichten** darstellt, sei es auf Grund des Vertrags oder angesichts konkreter, vom Direktionsrecht gedeckter Weisungen (*Holländer* CR 1991, 614, 615; tendenziell wohl auch OLG München CR 2000, 429, 430; vgl. auch *Gaul* FS Bartenbach 505, 514f. unter Hinweis auf Art. 14 GG: „… wird man … Voraussetzungen verlangen müssen, die die anregungsbezogene Entwicklung … zum Bestandteil der Arbeitspflicht bzw. seiner Aufgabenwahrnehmung werden lassen."). Anzuerkennen ist nämlich, dass es Fälle von **geschuldeter Eigeninitiative** geben kann. Der Ansatz ermöglicht eine vom Wortlaut des § 69b gedeckte, dem modernen Berufsleben angemessene, praxisgerechte Ausweitung des Aufgabenbereichs. Er trägt damit sowohl arbeitsrechtlichen Grundsätzen als auch dem sog. Austauschgedanken Rechnung, ohne in Einzelfällen bei Freiräumen eine abweichende Beurteilung zu Gunsten des Arbeitnehmers zu verhindern. Zielführend sollte dabei die Überlegung sein, dass es zwar grds. die Pflicht des Arbeitgebers ist, die Arbeitsmittel zur Verfügung zu stellen, die Verbesserung, Ergänzung oder Schaffung von Arbeitsmitteln, soweit der Arbeitnehmer hierfür nicht angestellt ist, also regelmäßig nicht die Aufgabe des Arbeitnehmers ist (*Holländer* CR 1991, 614, 615), dass aber andererseits auch bei einem primär auf andere Tätigkeiten ausgerichteten Aufgabenbereich für einen verantwortungsbewussten Mitarbeiter in der heutigen Zeit im Einzelfall Anlass und damit die Pflicht bestehen kann, einen Computer zu nutzen und erforderlichenfalls auch Programme zu entwickeln (*Gaul* RDV 1994, 1, 2; *Holländer* CR 1991, 614, 615; vgl. auch KG NJW-RR 1997, 1405; *Ruzman* 111: Nebenpflicht wirtschaftlicher und rentabler Aufgabenerfüllung). Es bedarf also nicht erst der konkreten Weisung, wenn der Arbeitsvertrag die Programmerstellung nicht als Aufgabe vorsieht. Berücksichtigung finden muss vielmehr ein dynamisches Berufsbild.

15 Wenn auch teils von einem etwas weiteren Pflichtenkreis ausgegangen wird, gelten für Beamten und Angestellte im öffentlichen Dienst im Wesentlichen die gleichen Grundsätze (dazu im Detail *Leuze* 71ff.). Besonderheiten ergeben sich nach h. M. demgegenüber für **Hochschullehrer**. Aufgrund ihrer nach § 43 HRG und Art. 5 Abs. 3 GG freien und ei-

§ 69b Urheber in Arbeits- und Dienstverhältnissen genverantwortlichen Stellung sind ihre Werke regelmäßig freie Werke und unterfallen daher § 69b nicht (*Sack* UFITA 121 (1993) 15, 22; Schricker/Loewenheim/*Loewenheim* § 69b Rn. 6; zu § 43 BGHZ 112, 243, 248 f. – Grabungsmaterialien; Schricker/Loewenheim/*Rojahn* § 43 Rn. 130 ff.; ausführlich *Kraßer/Schricker* 100 ff.; *Leuze* GRUR 2006, 552, 558; *Leuze* 120 ff. mit Hinweisen auch zu Juniorprofessoren und Professoren an Fachhochschulen sowie zum Umfang der Wissenschaftsfreiheit in außeruniversitären Forschungseinrichtungen; siehe auch *Zirkel* 18: abweichende Vereinbarung i. S. v. § 69b). Etwas anderes kann aber dann gelten, wenn ein Hochschullehrer durch die Hochschule gerade beauftragt ist, ein Computerprogramm zu schaffen (vgl. KG NJW-RR 1996, 1066, 1067 – Poldok; *Haberstumpf* ZUM 2001, 819, 826; Mestmäcker/Schulze/*Haberstumpf* § 69b Rn. 17; siehe auch *Leuze* 129). Inwieweit das Hochschulprivileg besteht, ist also im Einzelfall genau zu analysieren, zumal es im Arbeitnehmererfindungsrecht, auf das in der Vergangenheit regelmäßig ergänzend verwiesen wurde (*Haberstumpf* ZUM 2001, 819, 826; Schricker/Loewenheim/*Rojahn* § 43 Rn. 131; vgl. weitere Nachweise bei *Leuze* 120 ff., der jedoch klarstellt, dass eine Analogie zu § 42 ArbNErfG a. F. nie erforderlich war), seit der Neufassung des § 42 ArbNErfG nicht mehr besteht (*Leuze* 121 hält diese Änderung allerdings angesichts Art. 5 Abs. 3 GG für verfassungswidrig).

3. Oder nach Anweisung des Arbeitgebers oder Dienstherren

Das Tatbestandsmerkmal „nach Anweisungen" ist insoweit deklaratorisch, als der Arbeitnehmer bei Weisungen, die von der Weisungsbefugnis des Arbeitgebers gedeckt sind, ein Programm ohnehin schon „in Wahrnehmung seiner Aufgaben" schafft (*Buchner* in Lehmann Kap. XI Rn. 34; *Gaul* RDV 1994, 1, 2 f.; *Sack* UFITA 121 (1993) 15, 20; *Ruzman* 112). Nicht zu verkennen ist, dass das Merkmal Streit darüber vermeidet, ob § 69b eingreift, wenn die Schaffung eines Programms nicht den ursprünglichen, arbeitsvertraglichen Aufgaben entspricht, sondern nur auf den Weisungen im Rahmen des **Direktionsrechts** des Arbeitgebers fußt (*Gaul* RDV 1994, 1, 2 f.). Allerdings sind die Weisungsbefugnisse umso enger, je detaillierter der Arbeitsvertrag ist (*Gaul* RDV 1994, 1, 2). Eigenständige Bedeutung hat das Merkmal für Weisungen, die über das Direktionsrecht hinausgehen, so dass auch auf diese Art entstehende Programme von § 69b erfasst werden (*Sack* UFITA 121 (1993) 15, 20; Schricker/Loewenheim/*Loewenheim* § 69b Rn. 7; *Ruzman* 113; a. A. *Gaul* RDV 1994, 1, 2 f.; vgl. auch *Buchner* in Lehmann Kap. XI Rn. 34: dann durch Ausführung Zustimmung zur Erweiterung der Aufgabenstellung; zweifelhaft Walter/v. Lewinski/Blocher/*Walter* Art. 2 Rn. 5. 2. 28, die meinen, die Regelung ziele auf Sondervereinbarungen mit dem Arbeitgeber ab). Der Arbeitnehmer ist dann möglicherweise aus arbeitsrechtlichen Gründen gesondert zu vergüten und kann sich solchen Weisungen arbeitsrechtlich auch verweigern.

4. Keine abweichende Vereinbarung

Arbeitnehmer und Arbeitgeber können **ausdrücklich** eine abweichende Vereinbarung treffen (KG NJW-RR 1997, 1405; *Buchner* in Lehmann Kap. XI Rn. 19, 61: konkludent nur, wenn konkreter Wille beider Parteien erkennbar). Es handelt sich also um dispositives Recht, bei dem andererseits ohne vertragliche Regelung ein gewisser Automatismus eintritt. Auch eine tarifvertragliche Vereinbarung ist möglich (a. A. *Sack* BB 1991, 2165, 2171). Die Beweislast trifft den Arbeitnehmer. An die Annahme einer konkludenten Vereinbarung sind hohe Anforderungen zu stellen (a. A. wohl Schricker/Loewenheim/*Loewenheim* § 69b Rn. 20). Insb. liegt in dem Verzicht auf die Inanspruchnahme einer Erfindung nach dem ArbNErfG regelmäßig nicht zugleich eine abweichende Vereinbarung i. S. v. § 69b (so aber *Brandi-Dohrn* CR 2001, 285, 291 f.), denn der Verzicht kann allein dadurch motiviert sein, dass der Arbeitgeber die Patentanmeldung für zu aufwändig oder nicht für Erfolg versprechend hält.

5. Rechtsübergang aller vermögensrechtlichen Befugnisse auf den Arbeitgeber oder Dienstherren

18 **a) Regelung der Zuordnung.** § 69b hat die Rechtsfolge, dass alle vermögensrechtlichen Befugnisse an dem Computerprogramm (einschließlich Quellcode LAG Baden-Württemberg AE 2007, 266; nicht jedoch an Handbüchern und ähnlichen Unterlagen, für die die §§ 43, 31 Abs. 5 gelten, vgl. Möhring/Nicolini/*Hoeren* § 69b Rn. 18; s. auch § 69a Rn. 13) automatisch und umfassend auf den Arbeitgeber bzw. Dienstherren übergehen. Natürlich gilt das nur für vom Arbeitnehmer erstellte Computerprogramme, nicht für Drittsoftware (LAG Sachsen, CR 2008, 553) Einer einseitigen Erklärung der Inanspruchnahme durch den Arbeitgeber wie früher nach dem ArbNErfG a. F. bedarf es dazu nicht. Noch nicht einmal die Gegenleistung des Arbeitgebers ist Voraussetzung des Rechtsübergangs (*Bayreuther* GRUR 2003, 570, 572). Die Formulierung des § 69b weicht inhaltlich nicht von Art. 2 Abs. 3 der Computerprogramm-Richtlinie („wirtschaftliche Rechte") ab, sondern sollte nur dem Wortlaut des Art. 6bis RBÜ angepasst werden (Begr. BRegE BT-Drucks. XII/4022, 10). § 69b regelt unstreitig die Zuordnung der Rechte. Aus § 69b folgt zwar **nicht,** dass dem Arbeitgeber die **Verwertungsrechte** zustehen (so aber Fromm/Nordemann/*Czychowski* § 69b Rn. 1; *Junker/Benecke* Rn. 57), wohl aber, dass er unbefristet, unwiderruflich, unbeschränkt und vor allem **exklusiv sämtliche Nutzungsrechte** zur Verwertung erhält (vgl. BGH CR 2001, 223 f. – Wetterführungspläne; BGH GRUR 2002, 149, 151 – Wetterführungspläne II; *Buchner* in Lehmann Rn. 41 ff.; *Sack* UFITA 121 (1993) 15, 24; *Sack* BB 1991, 2165, 2169; *Grützmacher* 293 f.; *Schack* Rn. 1115; Schricker/Loewenheim/*Loewenheim* § 69b Rn. 12; Möhring/Nicolini/*Hoeren* § 69b Rn. 15; siehe zur Einstufung als derivativen Erwerb auch Rn. 1). Erfasst sind insb. auch das **Bearbeitungsrecht** (Begr. BRegE BT-Drucks. XII/4022, 10; Fromm/Nordemann/*Czychowski* § 69b Rn. 13; *Gaul/Bartenbach* Rn. C 531; *Sack* UFITA 121 (1993) 15, 24; *Sack* BB 1991, 2165, 2169; Schricker/Loewenheim/*Loewenheim* § 69b Rn. 12) sowie sämtliche gesetzlichen **Vergütungsansprüche,** etwa gem. § 27 Abs. 2 und 3 (Möhring/Nicolini/*Hoeren* § 69b Rn. 16; tendenziell auch Fromm/Nordemann/*Czychowski* § 69b Rn. 7; deutsche Landesgruppe der ALAI GRUR 1992, 837, 837 f.: ausfüllungsbedürftige Lücke der Richtlinie; einschränkend *Dreier* GRUR 1993, 781, 785, der insofern die Zweckübertragungslehre anwenden will; offen lassend Walter/v. Lewinski/Blocher/*Walter* Art. 2 Rn. 5. 2. 26). Weiter darf der Arbeitgeber trotz des Wortlautes der §§ 34, 35 Dritten Nutzungsbefugnisse einräumen oder seine Nutzungsrechte auf Dritte übertragen (OLG Frankfurt CR 1998, 525, 526 – Software-Innovation; *Sack* UFITA 121 (1993) 15, 24; *Sack* BB 1991, 2165, 2169; näher § 69a Rn. 70; a. A. *Leinhas* 201 ff., die aber von einem treuwidrigen Verhalten i. S. v. § 34 Abs. 1 S. 2 und § 242 BGB ausgeht). Auch besteht kein Rückrufrecht nach § 34 Abs. 3 (vgl. auch *Joppich* K&R 2003, 211, 216). Der Arbeitgeber wird ggf. auch zum Teilhaber einer Miturhebergemeinschaft (OLG Düsseldorf CR 2009, 214, 215; *Bartsch* CR 2012, 141).

19 Als Folge von § 69b findet die Zweckübertragungslehre keine Anwendung, so dass dem Arbeitgeber die Nutzungsrechte **inhaltlich** unbeschränkt für betriebliche wie außerbetriebliche Nutzungen sowie zumindest für **alle bekannten Nutzungsarten** zustehen (BGH CR 2001, 223 – Wetterführungspläne; *Buchner* in Lehmann Rn. 58; Gaul/Bartenbach Rn. C 531; *Sack* UFITA 121 (1993) 15, 24; *Sack* BB 1991, 2165, 2169; *Bayreuther* GRUR 2003, 570, 572; vgl. LAG Sachsen MDR 2000, 710 f.; verfassungsrechtliche Bedenken äußern insofern Wandtke/*Wandtke* Rn. 314; zweifelnd *Dreier* GRUR 1993, 781, 785). Damit erledigt sich für Computerprogramme der früher bestehende Streit, ob sich im Konfliktfall zu Gunsten des Arbeitgebers arbeitsrechtliche oder zu Gunsten des Arbeitnehmers urheberrechtliche Grundsätze durchsetzen (vgl. dazu *Scholz* 34 ff.). Darüber hinaus werden auch **unbekannte Nutzungsarten** erfasst (*Grützmacher* 294; *Kather* Rn. 37; *Ulbricht* CR 2002, 317, 321, 323; *Zirkel* ZUM 2004, 626, 629; Dreier/Schulze/*Dreier*

§ 69b Rn. 9; a. A., allerdings zu § 43 BGH NJW-RR 1991, 429, 431 – Videozweitauswertung). § 31 Abs. 4 a. F. findet keine Anwendung, da andernfalls entgegen Zweck und Wortlaut des § 69b vermögensrechtliche Befugnisse beim Arbeitnehmer blieben. Dafür spricht auch, dass die Computerprogramm-Richtlinie dem Gesetzgeber die Möglichkeit bietet, das Schöpferprinzip zu durchbrechen und die Vermögensrechte originär dem Arbeitgeber zuzuweisen, so dass die Anwendung von § 31 Abs. 4 a. F. der europäischen Harmonisierung entgegenstünde (so auch *Zirkel* ZUM 2004, 626, 629). Aber auch die §§ 31a, 31c n. F. sind folglich im Rahmen des § 69b nicht anzuwenden.

Problematisch ist allerdings die **räumliche** Reichweite der eingeräumten Nutzungsbefugnisse. Folgt man der Auffassung, dass es sich bei § 69b um eine gesetzliche Lizenz handelt (vgl. Rn. 1), stellt sich die Frage, ob nicht angesichts des geltenden Territorialitätsprinzips (und der Rechtsprechung des EuGH zum Immaterialgüterrecht im Binnenmarkt) der Übergang der Nutzungsbefugnisse auf das deutsche Staatsgebiet beschränkt bleibt (vgl. *Sack* UFITA 121 (1993) 15, 25 unter Hinweis auf EuGH GRUR Int. 1985, 822, 824 – Pharmon – und EuGH GRUR Int. 1990, 960, 962 – HAG II). Allerdings bleibt es Arbeitnehmer und Arbeitgeber unbenommen, sich vertraglich zu einigen, während die in den Urteilen des EuGH im Streit liegenden Parteien gerade nicht vertraglich verbunden waren. Zu Recht wird daher darauf verwiesen, dass das **Arbeitsvertragsstatut** gem. Art. 30 EGBGB a. F. bzw. jetzt Art. 8 ROM I-VO dem nach h. M. für das Urheberrechtsstatut geltenden Schutzlandprinzip vorgeht, soweit es um Fragen der Voraussetzungen und Reichweite der Verwertungsbefugnisse des Arbeitgebers an Arbeitsergebnissen eines gewöhnlich seine Arbeit in Deutschland verrichtenden Arbeitnehmers geht (*Leinhas* 176 f.; *Sack* UFITA 121 (1993) 15, 26 m. w. N.; zweifelhaft daher die Auffassung des OLG Hamburg FuR 1983, 432, 433 – Puckman – für den umgekehrten Fall der Rechteeinräumung durch ausländische, im Ausland arbeitende Arbeitnehmer). 20

Unklar ist, ob, was § 137d Abs. 1 S. 1 nahe legt, die gesetzliche Lizenz des § 69b auch auf Computerprogramme zu erstrecken ist, die **vor dem 24.6.1992** geschaffen wurden (dafür BGH CR 2001, 223 f. – Wetterführungspläne; BGH GRUR 2002, 149, 151 f. – Wetterführungspläne II; OLG München CR 2000, 429, 430; a. A. wohl OLG Frankfurt CR 1995, 81). Verfassungsrechtlich wäre die uneingeschränkte Rückwirkung angesichts Art. 14 GG zumindest bedenklich (dazu § 137d Rn. 5). 21

b) Regelung der Vergütung. Streitig ist, inwieweit § 69b über die Zuordnung hinaus auch die Vergütung der Rechtseinräumung regelt (vgl. dazu m. w. N. *Diederichsen* 55 ff., die dies im Ergebnis mit dem Hinweis auf das urheberrechtliche Prinzip der Vergütung im Falle gesetzlicher Lizenzen verneint). Grds. gehen die **Rechte** nach ganz h. M. **unabhängig von einer Gegenleistung** des Arbeitgebers auf diesen über, also insb., ohne dass es einer zusätzlichen Vergütung bedarf (zur Verfassungsmäßigkeit dieses Grundsatzes BGH GRUR 2002, 149, 152 – Wetterführungspläne II). Diese sog. Abgeltungstheorie sieht grds. in dem Leistungserfolg zu Recht die Gegenleistung zum gezahlten Lohn (dazu und zu der entgegenstehenden Trennungstheorie bezogen auf § 69b *Ruzman* 123 ff.; *Leinhas* 152 ff., 180 ff.; für die Trennungstheorie § 43 Rn. 136 ff.; s. auch *Wandtke* S. 203 f.). Sofern das Computerprogramm keine patentfähige Erfindung darstellt, hat der BGH auch Ansprüche entsprechend §§ 9, 10 bzw. §§ 3, 20 ArbNErfG abgelehnt (BGH CR 2001, 223, 224 – Wetterführungspläne; BGH GRUR 2002, 149, 151 – Wetterführungspläne II; vgl. *Ruzman* 130 f., 133 f.; *Benecke* NZA 2002, 883, 886, 888; krit. dazu *Brandner* GRUR 2001, 883, 885). Offen ist aber angesichts äußerst unzureichender Gesetzgebungsarbeiten (zur Gesetzgebungsgeschichte ausführlich *van der Hoff* 37–51) die **Frage, ob die §§ 32, 32a, 32b, 32c und 36** entsprechend der deutschen Rechtsprechung zu § 36a. F. (s. BGH GRUR 2002, 149, 152 f. – Wetterführungspläne II) auf den angestellten Urheber von Computerprogrammen **anwendbar** sind (zur Frage der Anwendbarkeit im Rahmen des Betriebsübergangs gem. § 613a BGB [bzw. beim Widerspruch des Arbeitnehmers] ausführlich *Leinhas* 185 ff.; 198 ff.: u. U. § 32a analog gegen alten Betriebsinhaber. 22

23 Zwar spricht hiergegen entgegen Stimmen im Schrifttum (weder § 32 noch § 32a auf Arbeitnehmerurheber anwenden wollen *Ory* AfP 2002, 93, 95; gegen eine Anwendung nur von § 32 *Berger* ZUM 2003, 173, 175 ff.; ähnlich *Wimmers/Rhode* CR 2003, 399, 402, die § 32a zudem noch teleologisch reduzieren wollen; schwankend *Bayreuther* GRUR 2003, 570, 573 ff.) nicht, dass die §§ 32, 32a auf den **Arbeitnehmerurheber generell** keine Anwendung fänden. Die Argumentation gegen die Anwendung auch im Arbeitsverhältnis, dass die Schutzvorschriften des Arbeitsverhältnisses Vorrang hätten (*Ory* AfP 2002, 93, 95; im Verhältnis zu § 32 *Bayreuther* GRUR 2003, 570, 574 f.), überzeugt nämlich nicht. Ihr stehen der Wortlaut der Vorschriften sowie deren Entstehungsgeschichte entgegen. Die h. M. in der Lit. hat sich daher nicht nur für die Anwendung des § 32a, sondern auch des § 32 auf Arbeitnehmerurheber ausgesprochen (Dreier/Schulze/*Schulze* § 32 Rn. 13; *Hilty/Peukert* GRUR Int. 2002, 643, 648; *Ruzman* 142 ff.; *Leinhas* 150; *van der Hoff* 121 ff.; ebenso § 43 Rn. 134 f.). § 43 verweist grds., d. h. „soweit sich aus dem Inhalt und Wesen des Arbeits- oder Dienstverhältnisses nichts anderes ergibt", auch auf die Vorschriften der §§ 31 ff. („Vorschriften des Unterabschnitts"), also auch auf die §§ 32 und 32a (vgl. *van der Hoff* 121 f.; vgl. auch *Diederichsen* 37 f.: § 43 lässt sich keine Wertung entnehmen). Zudem regeln die §§ 32 Abs. 4, 32a Abs. 4, dass §§ 32, 32a durch tarifvertragliche Regelungen abbedungen werden können. Das lässt den Umkehrschluss zu, dass die §§ 32, 32a in allen anderen Fällen auf Arbeitnehmerurheber anwendbar sind (so § 43 Rn. 134; *Hilty/Peukert* GRUR Int. 2002, 643, 648; *Ruzman* 142 f.). Denn Tarifverträge im Sinne des in §§ 32, 32a zitierten § 36 Abs. 1 S. 3 sind primär auch solche, die Arbeitnehmer betreffen (so schon Begr. BRegE BT-Drucks. XIV/6433, 15, 17; deutlich Rechtsausschuss BT-Drucks. 14/8058, 20). Es gibt mithin keine fundierten Anhaltspunkte dafür, dass der Umkehrschluss aus § 32 Abs. 4 deshalb nicht gerechtfertigt wäre, weil § 32 Abs. 4 lediglich § 12a TVG im Blick hätte (so aber *Berger* ZUM 2003, 173, 175 ff., der deshalb nur § 32a auf Arbeitnehmerurheber anwenden will; ähnlich *Wimmers/Rhode* CR 2003, 399, 402; *Ory* AfP 2002, 93, 95; wie hier demgegenüber *Hilty/Peukert* GRUR Int. 2002, 643, 648; *Bayreuther* GRUR 2003, 570, 574; *Ruzman* 143). Die Unanwendbarkeit der §§ 32, 32a ergibt sich auch nicht daraus, dass auf § 43 Abs. 3 BRegE („Der Urheber hat einen Anspruch aus § 32, soweit die Nutzung seiner Werke nicht durch Lohn und Gehalt tatsächlich abgegolten ist", BT-Drucks. 14/7564) verzichtet wurde (so wohl auch *Lejeune* ITRB 2002, 145, 146). Denn diese Änderung erfolgte vielmehr mit Blick darauf, dass nach dessen Wortlaut auch Tarifverträge überprüft werden hätten können (so die deutliche Äußerung der Regierung BT-Drucks. 14/7564, 13, auf die insofern bestehende Kritik des Bundesrates BT-Drucks. 14/7564, 9). Dementsprechend heißt es in der Begründung des Rechtsausschusses zum jetzigen Gesetzeswortlaut des § 43, die in Abs. 3 des Gesetzesentwurfs vorgesehene Regelung zum Vergütungsanspruch für Urheber in *Arbeits-* oder Dienstverhältnissen fände sich nun in § 32 Abs. 4 und § 32a Abs. 4 (BT-Drucks. 14/8058, 21; siehe aber auch den Hinweis bei *Ory* AfP 2002, 93, 95, der auf ein Redaktionsversehen hinweist). Auch die Tatsache, dass sich die PDS mit dem Antrag, § 43 Abs. 3 BRegE beizubehalten, nicht durchsetzte, steht dem nicht entgegen, denn der Antrag zielte ebenfalls auf Überprüfung auch von Tarifverträgen durch § 32. Allenfalls die Aussage, dass die von der Rechtsprechung und Lehre entwickelten Grundsätze zu den Vergütungsansprüchen der Urheber in Arbeits- und Dienstverhältnissen unberührt blieben (BT-Drucks. 14/8058, 21), mag zumindest mit Blick auf § 32 gewisse Restzweifel aufkommen lassen.

24 Der **Anspruch auf angemessene Vergütung gem.** § 32 wird hingegen **bei Arbeitnehmerurhebern von** *Computerprogrammen* von Teilen der Literatur für nicht anwendbar gehalten, weil nach der Computerprogramm-Richtlinie die Nutzungsrechte des Arbeitgebers durch den Arbeitslohn mit abgegolten sein sollten (Fromm/Nordemann/ *Czychowski* § 69b Rn. 24, 26; *Leinhas* 182 f.; *Zirkel* WRP 2003, 59, 65; *Zirkel* 88 ff.) und weil es sich bei § 69b um eine gesetzliche Lizenz handelt (s. Rn. 1), so dass § 32 weder anwendbar erscheine noch tatbestandsmäßig erfüllt sei (*Zirkel* WRP 2003, 59, 65; für eine zurückhaltende Anwendung Schricker/Loewenheim/*Loewenheim* § 69b Rn. 18). Auch der **Bestsellerparagraf** könnte auf den angestellten **Urheber von Computerprogrammen** aus diesen Gründen unanwendbar sein. Hierüber kann man aber trefflich streiten. Zwar hat der BGH noch zu dem in den entscheidenden Fragen mit § 32a vergleichbaren § 36a. F. geurteilt, der Bestsellerparagraf sei auch auf angestellte Programmierer anwendbar (BGH GRUR 2002, 149, 152 f. – Wetterführungspläne II; zustimmend auch nach neuem Recht *Bayreuther* GRUR 2003, 570, 572 f. unter Berufung auf Art. 14 GG und mit Hinweisen zum Rechtsweg; Dreier/Schulze/*Schulze* § 32a Rn. 16; Schricker/Loewenheim/*Loewenheim* § 69b Rn. 19; *van der Hoff* 156 f.; *Zirkel* WRP 2003, 59, 65; *Lüken* 20; § 43 Rn. 145 f.; für die Anwendbarkeit des § 36a. F. auch *Sack* UFITA 121 (1993) 15, 31 f.; *Sack* BB 1991, 2165, 2171; *Brandi-Dohrn* CR 2001, 285, 291; *Dreier* GRUR 1993, 781, 785; *Kather* Rn. 39; Möhring/Nicolini/*Hoeren* § 69b Rn. 19; *Brandner* GRUR 2001, 883, 885; noch zu § 43 BAG GRUR 1984, 429, 432 – Statikprogramme – m. Anm. *Kindermann* NZA 1984, 209, 211 f., 213; LAG Schleswig-Holstein BB 1983, 994, 995; doppeldeutig BGH CR 2001, 223, 224 – Wetterführungspläne; a. A. auch schon zur früheren Rechtslage *Buchner* in Lehmann Kap. XI Rn. 77 ff.; Gaul/Bartenbach Rn. C 531a), was es nahe legt, dass die Rechtsprechung so auch für die Ansprüche nach § 32a entscheiden wird (so auch *Benecke* NZA 2002, 883, 886; *Gaul* FS Bartenbach 505, 513; *Lejeune* ITRB 2002, 145, 146). Der BGH hat sich dabei aber mit Blick auf den Tatbestand des Bestsellerparagrafen nicht mit der Tatsache auseinander gesetzt, dass es sich bei § 69b anders als bei § 43 um eine gesetzliche Lizenz handelt (s. Rn. 1), was gegen die Anwendung des § 32a auf angestellte Programmierer spricht (so tendenziell auch *Wimmers/Rhode* CR 2003, 399, 403 f.; noch zu § 36 a. F. *Buchner* in Lehmann Kap. XI Rn. 80). Dem lässt sich noch mit einer weiten Auslegung und dem Hinweis darauf, dass die Rechtseinräumung mittelbar auf dem Arbeitsvertrag beruht, entgegnen (*Benecke* NZA 2002, 883, 886; *Ruzman* 147 ff.; vgl. auch § 43 Rn. 146). Auch verweist § 69b anders als § 43 nicht auf den Unterabschnitt der §§ 31 ff. (*Wimmers/Rhode* CR 2003, 399, 403). Allerdings wird dem entgegenhalten, dass der Verweis aus § 69a Abs. 4 folge (*Ruzman* 147; ähnlich *van der Hoff* 151). Nicht überzeugend ist weiter, wenn gegen dessen Anwendung angeführt wird, der Charakter des § 32a unterscheide sich von dem des § 36 a. F., § 32a sei nämlich nicht mehr als Ausprägung der Lehre vom Wegfall der Geschäftsgrundlage, sondern eher als eine Art Bereicherungsanspruch anzusehen (so aber *Wimmers/Rhode* CR 2003, 399, 402, 404). Wenn nach § 69b sämtliche vermögensrechtlichen Befugnisse von Gesetzes wegen auf den Arbeitnehmer übergehen sollen, fragt sich, ob die Anwendung des § 32a die Harmonisierung der Rechtslage gem. Art. 2 Abs. 3 der Computerprogramm-Richtlinie in der EU konterkarieren würde (so *Wimmers/Rhode* CR 2003, 399; Fromm/Nordemann/*Czychowski* § 69b Rn. 26; *Leinhas* 184). Im Ergebnis läuft somit mangels sonstiger zwingender Argumente alles auf die Frage hinaus, ob Art. 2 Abs. 3 der Computerprogramm-Richtlinie und damit in europarechtskonformer Auslegung auch § 69b eine abschließende Regelung aller *urheberrechtlichen* Ansprüche darstellt (so tendenziell *Brandi-Dohrn* CR 2002, 252, 253; Fromm/Nordemann/*Czychowski* § 69b Rn. 26; offen lassend *Karger* ITRB 2006, 279, 280). Während der Richtlinientext von „allen wirtschaftlichen Rechten" und damit eher für den Einschluss der Vergütungsansprüche spricht, spricht im Übrigen einiges dafür, dass auf EU-Ebene die vorliegende Problematik inhaltlich gar nicht erkannt wurde und damit für den nationalen Gesetzgeber ein entsprechender Umsetzungsspielraum besteht (Walter/v. Lewinski/Blocher/*Walter* Art. 2 Rn. 5.2.26; s. auch *van der Hoff* 151 f., 156 f. sowie *Diederichsen* 58 f., 104: Art. 2 Abs. 3 der Computerprogramm-Richtlinie enthält keine vergütungsrechtliche Aussage). Das letzte Wort wird im Zweifel der EuGH haben. Dass im Rahmen von § 69b trotz § 31 Abs. 4 a. F. die Rechte schon immer umfassend auch für unbekannte Nutzungsarten übergangen sind (dazu Rn. 19) und dass § 32c nur den Wegfall von § 31 Abs. 4 a. F. ausgleichen soll, spricht dafür, dass § 32c im Rahmen von § 69b nicht anwendbar ist (vgl. *Leinhas* 184 f.; tendenziell a. A. *van der Hoff* 157 ff.).

25 Diskutiert wird sogar, ob vorformulierte Vergütungsklauseln einer Inhaltskontrolle unterliegen (mit Blick auf § 307 Abs. 3 ablehnend zu Recht *van der Hoff* 56 f. m. w. N. auch zur Gegenauffassung). Aus § 69b folgt schließlich, dass eine **analoge Anwendung des § 612 BGB** zu Gunsten des Arbeitnehmers ausscheidet (*Buchner* in Lehmann Kap. XI Rn. 77 ff.; *Gaul/Bartenbach* Rn. C 531a; a. A. *Sack* UFITA 121 (1993) 15, 31 f.; *Sack* BB 1991, 2165, 2171; *Brandi-Dohrn* CR 2001, 285, 291; *Benecke* NZA 2002, 883, 885 f. vgl. auch noch zum alten Recht BAG GRUR 1984, 429, 432 – Statikprogramme; ArbG Essen iur 1987, 381 f.). Zudem ist eine Analogie zu § 612 BGB heute angesichts des § 32 abzulehnen (vgl. aber auch *Bayreuther* GRUR 2003, 570, 575 f.). Dies gilt jedenfalls soweit, wie § 612 BGB zum Ausgleich für die urheberrechtliche Nutzungsrechtseinräumung herangezogen wird (vgl. *Diederichsen* 74, 154 ff.). Sondervergütungsansprüche kommen auch nicht für die Verwertung zu außerbetrieblichen Zwecken (ebenso *Ruzman* 128) oder für den Zeitraum nach Beendigung des Arbeitsverhältnisse in Betracht (*Ruzman* 128 f.; a. A. § 43 Rn. 149). Anders sieht es aber für die Verfügbarmachung freier Computerprogramme (s. Rn. 30) aus (*Gaul* FS Bartenbach 505, 516).

26 **c) Nicht erfasste Rechte. Nicht** unter § 69b fallen die nach ganz h. M. grds. unübertragbaren **Urheberpersönlichkeitsrechte** (Begr. BRegE BT-Drucks. XII/4022, 10; EG-Kommission ABl. EG Nr. C 91/4, 10; KG NJW-RR 1997, 1405). Gleichwohl wirkt sich § 69b bzw. Art. 2 Abs. 3 der Computerprogramm-Richtlinie auch auf deren Auslegung aus (so auch *Holländer* CR 1992, 279 ff.; *Sack* UFITA 121 (1993) 15, 32 ff.; *Sack* BB 1991, 2165, 2170 f.; *van der Hoff* 134 f.; vgl. dazu unten Rn. 38 ff.). Auch die Rechte an parallelen Werken (etwa audio-visuellen Elementen der Software) werden, was insbesondere bei Computerspielen von Relevanz ist (dazu § 69g Rn. 4 ff.), nicht erfasst (Katko/Maier MMR 2009, 206, 309, 310). Ebenfalls von § 69b unberührt bleiben gegebenenfalls parallel bestehende **patent- und gebrauchsmusterrechtliche Befugnisse und Vergütungsansprüche nach dem ArbNErfG** (BGH CR 2001, 223, 224 – Wetterführungspläne; BGH GRUR 2002, 149, 151 – Wetterführungspläne II; dazu näher *Sack* UFITA 121 (1993) 15, 38, 42 f.; zu den Vergütungsansprüchen *Gaul* FS Bartenbach 505, 517 ff.; *van der Hoff* 159 ff.). Die insofern vom BGH GRUR 2002, 149, 151 f. – Wetterführungspläne II mit Blick auf den Tatbestand des § 20 ArbNErG eingenommene, ablehnende Auffassung wird in der Literatur nicht ganz zu Unrecht kritisch hinterfragt (*van der Hoff* 175 ff., 178 ff.; Leinhas 179). Unklar bleibt, was für solche urheberrechtlichen oder leistungsschutzrechtlichen Befugnisse an Computerprogrammen gilt, die nicht aus § 69a resultieren (dazu näher § 69g Rn. 2 ff.).

III. Einzelfragen

1. Einräumung der Nutzungsrechte an freien Werken und gebundenen Freiwerken

27 Auch wenn die Rechte an freien Werken nicht auf Grund von § 69b übergehen, kann ein Arbeitnehmer zur Einräumung der Nutzungsrechte oder zur Anbietung der Nutzungsrechte verpflichtet sein (sog. gebundene Freiwerke).

28 **a) Tarifverträge und Betriebsvereinbarungen.** Denkbar ist, dass Nutzungsrechte an freien Werken auf Grund einer Betriebsvereinbarung oder auf Grund von Tarifverträgen (vgl. *Steinberg* 66 ff.; *v. Olenhusen* GRUR 2002, 11, 15, 17, *Leinhas* 116 f.) eingeräumt werden oder angeboten werden müssen. Soweit ersichtlich, besteht aber für Datenverarbeitungsfachleute, Informatiker und Softwareentwickler kein spezieller Manteltarifvertrag mit (derartigen) urheberrechtlichen Klauseln (vgl. *Steinberg* 37; *v. Olenhusen* GRUR 2002, 11, 17; s. auch *van der Hoff* 210 Fn. 1002), so dass die Schaffung von Computerprogrammen höchstens Firmentarifverträgen oder ganz ausnahmsweise artverwandten Tarifverträgen unterfallen könnte. Allerdings fragt sich, ob Andienungsregelungen in Tarifverträgen, die über den von § 69b erfassten Bereich hinausgehen, noch von der Tarifautonomie erfasst würden. Hiergegen wird zu Recht eingewandt, dass lediglich das Konkurrenzverbot arbeitsrechtlich zu rechtfertigen ist, eine Andienungsregelung hingegen nicht dem Koalitionszweck von Tarifverträgen entspricht, eine sinnvolle Ordnung des Arbeitslebens zu schaffen (so allgemein *Steinberg* 63, 65). Ähnliches dürfte für Betriebsvereinbarungen zutreffen.

b) Mustervereinbarungen und Arbeitsverträge. Teilweise finden in der Praxis Mustervereinbarungen Anwendung. So hat etwa das Bundesministerium für Inneres ein Vertragsmuster für Beamte oder Angestellte des öffentlichen Diensts herausgegeben (abgedruckt CR 1991, 638 ff.). Diese Vereinbarung über die Einräumung von Nutzungsrechten an Programmen für die Datenverarbeitung sieht unter Nr. 1 S. 3 vor, dass dem Dienstherrn bzw. Arbeitgeber an außerhalb der Dienstzeit entwickelten Programmen das ausschließliche, zeitlich und räumlich unbeschränkte Nutzungsrecht für alle Nutzungsarten zusteht, sowie unter Nummer 2 lit. a), dass eine Andienungspflicht, also die Pflicht zum Anbieten von freien Werken besteht. Dabei handelt es sich nicht mehr um arbeitsrechtliche, das Konkurrenzverbot umsetzende, sondern allein um eine der Billigkeitskontrolle unterliegende lizenzrechtliche Frage (Bedenken mit Blick auf die Wirksamkeit dieser sehr weitgehenden Klauseln äußert zu Recht *Heymann* CR 1991, 638; *Leuze* 157 hält sie für eindeutig rechtswidrig; vgl. dazu auch allgemein *v. Olenhusen* GRUR 2002, 11, 17 f.; zu beachten sind auch die §§ 307, 310 Abs. 4 BGB, und zwar auch mit Blick auf die Nutzungsrechtseinräumung, dazu Vor § 69a Rn. 14). Entsprechendes gilt für einseitig vom Arbeitgeber festgelegte Klauseln in Arbeitsverträgen (vgl. auch *Buchner* in Lehmann Kap. XI Rn. 63 ff.). Vorgeschlagen wird auch die Vereinbarung einer Pflicht zur Andienung gegen angemessene Vergütung (*Auer-Reinsdorff* ITRB 2004, 116, 117 f.). 29

c) Stillschweigende und konkludente Einräumung. Je nach Einzelfall kommt eine stillschweigende oder konkludente Einräumung von Nutzungsrechten in Betracht, wenn **sog. freie Werke** ohne ausdrückliche Vereinbarung, aber mit Billigung des Arbeitgebers eingesetzt werden (BAG GRUR 1984, 429, 431 f. – Statikprogramme – mit Anmerkung *Ulmer*; *Kindermann* NZA 1984, 209; *Holländer* CR 1991, 614, 617; vgl. *Buchner* in Lehmann Kap. XI Rn. 48 zu vor Beginn des Arbeitsverhältnis erstellten Programmen; str.). Zu denken ist etwa an die stillschweigende Einräumung von Nutzungsrechten an sog. Verbesserungsvorschlägen, insb. wenn diese prämiert werden (vgl. LG München CR 1997, 351, 352 f.). Für die Einräumung gelten abweichend von § 69b die allgemeinen Regeln, insb. § 31 Abs. 4 a. F. bzw. §§ 31a, 31c n. F. und § 31 Abs. 5 (vgl. *Scholz* 34; *Holländer* CR 1991, 614, 617 f.). Str. ist, ob eine Vermutung für ein exklusives (dafür: *Scholz* 39; differenzierend *Holländer* CR 1991, 614, 617 f.; vgl. auch OLG Koblenz BB 1983, 992, 993; ArbG Köln Schulze ArbG 9, 5 ff.), räumlich unbeschränktes (dafür *Kolle* GRUR 1985, 1016, 1022) und zeitlich nicht auf das Arbeitsverhältnis begrenztes (dafür BAG GRUR 1984, 429, 432 – Statikprogramme; *Kolle* GRUR 1985, 1016, 1022; *Scholz* 34; vgl. ArbG Köln Schulze ArbG 9, 6; a. A. LAG Schleswig-Holstein BB 1983, 994, 995 – Statikprogramme; differenzierend *Holländer* CR 1991, 614, 618; vgl. auch BAG CR 1997, 88 f.) Nutzungsrecht spricht. 30

d) Entsprechende Anwendung des § 4 Abs. 2 Nr. 2 ArbNErfG. Teilweise wird der Rechtsübergang in analoger Anwendung des § 4 Abs. 2 Nr. 2 ArbNErfG auf solche Computerprogramme befürwortet, die zwar nicht in Wahrnehmung der Aufgaben des Arbeitnehmers oder nach den Anweisungen des Arbeitgebers geschaffen wurden, die aber maßgeblich auf Erfahrungen, Kenntnissen, Arbeitsmitteln oder Arbeiten des Arbeitgebers beruhen; gleichzeitig soll dabei der Arbeitgeber analog § 9 Abs. 1 ArbNErfG vergütungspflichtig sein (so LG München CR 1997, 351, 353 f.; unklar OLG München CR 2000, 31

429, 431: Begründung bestätigt, aber Vergütungsanspruch aus § 242 BGB; tendenziell wohl auch *Gaul/Bartenbach* Rn. C 531; de lege ferenda fordernd *Gaul* RDV 1994, 1, 3f.). Dafür wird auf die angesichts der Gemeinschaftsleistung vergleichbare Interessenlage und eine (vermeintlich) bestehende Regelungslücke hingewiesen (LG München CR 1997, 351, 353f.). Zwar sind bei der Erstellung von Software neben der Fähigkeit zu analytischem Denken und technischem Einfallsreichtum vor allem auch Know-how und Betriebsmittel erforderlich, was die Situation mit der bei technischen Schutzrechten vergleichbar macht. Gegen eine analoge Anwendung spricht jedoch, dass entgegen der Auffassung des LG München keine planwidrige Lücke besteht. Dem Gesetzgeber war das ArbNErfG bekannt, eine derartige Regelung hat er gerade auch für Computerprogramme im Urheberrecht nicht gewollt (vgl. *Holländer* CR 1991, 614, 615; *Ruzman* 111f., 130f.; *Leinhas* 113 f.; vgl. mit Blick auf die Vergütungsansprüche analog dem ArbNErfG allgemein auch BGH CR 2001, 223, 224 – Wetterführungspläne; BGH GRUR 2002, 149, 151 – Wetterführungspläne II; ablehnend auch *Bayreuther* GRUR 2003, 570, 577; a. A. *Scholz* 114 f.; *Diederichsen* 108 ff., 187 ff. m.w.N.). Vor allem aber muss bedacht werden, dass § 69b Art. 2 Abs. 1 und 3 der Computerprogramm-Richtlinie umsetzt, was einer analogen Anwendung des ArbNErfG entgegensteht. Es besteht gewissermaßen ein „europarechtliches Analogieverbot", weil davon ausgegangen werden muss, dass die Computerprogramm-Richtlinie die Frage abschließend regeln wollte, und andernfalls nationale Gerichte die Harmonisierung des Rechtes sehr leicht rückgängig machen könnten. Selbst bei Software, die als technische Erfindung (dazu näher § 69g Rn. 9ff.) dem ArbNErfG unmittelbar unterfällt (OLG Düsseldorf WRP 1998, 1202 – Wetterführungspläne; *Brandi-Dohrn* CR 2001, 285, 288, 290ff.; vgl. auch BGH CR 2001, 223f. – Wetterführungspläne; BGH GRUR 2002, 149, 151 – Wetterführungspläne II), gehen nur die Rechte an der Erfindung, nicht aber die urheberrechtlichen Nutzungsrechte über (a. A. wohl *Brandi-Dohrn* CR 2001, 285, 288, 291: Zuweisung des Patentrechts ausschlaggebend).

32 e) **Anbietungspflicht.** Auch wenn die Nutzungsrechte bei freien Werken nicht eingeräumt sind, vertreten manche, dass eine Anbietungspflicht zur Einräumung der Rechte bestehen kann. Diskutiert werden die analoge Anwendung des ArbNErfG und eine arbeitsrechtliche Verpflichtung (zum Meinungsstand § 43 Rn. 30ff.; Schricker/Loewenheim/ *Rojahn* § 43 Rn. 100ff.).

33 **aa) Analog §§ 18, 19 ArbNErfG.** Eine Anbietungspflicht kann sich nach Stimmen in der Literatur aus einer analogen Anwendung der §§ 18, 19 ArbNErfG ergeben, wenn die Erstellung mit Mitteln des Arbeitgebers oder in der Arbeitszeit gemacht wurde (gebundene freie Werke), letzteren Falls, weil diese durch das Gehalt bezahlt wird (dafür etwa *Scholz* 33f., 116f.; *Henkel* BB 1987, 833, 836f.; de lege ferenda fordernd *Gaul* RDV 1994, 1, 3f.). Dafür wird angeführt, dass die ratio legis der §§ 18, 19 ArbNErfG, Störungen des Betriebsfriedens zu vermeiden, der Interessenlage beim Urheberschutz von Computerprogrammen entspreche (*Scholz* 117). Aber auch hier fehlt die planwidrige Lücke (vgl. oben Rn. 31; vgl. *Ruzman* 117; *Zirkel* 34 zu § 43). Zudem bezwecken die §§ 18, 19 ArbNErfG den Schutz des Arbeitgebers gegen ein ihn vom Wettbewerb ausschließendes Monopol eines Dritten, welches im Urheberrecht nicht droht (*Ullmann* GRUR 1987, 6, 9; *Holländer* CR 1991, 614, 616 m.w.N.; zust. *Leinhas* 122; auf Ersteres abstellend auch *Sack* UFITA 121 (1993) 15, 38, 43; Möhring/Nicolini/*Hoeren* § 69b Rn. 13; ähnlich *Bayreuther* GRUR 2003, 570, 577).

34 **bb) Aus arbeitsrechtlichen Pflichten heraus.** Diskutiert wird, in bestimmten Fällen eine **Anbietungspflicht** auf Grund der arbeitsrechtlichen **Treuepflicht** (§ 242 BGB) anzunehmen (extensiv für Computerprogramme: *Moritz/Tybusseck* Rn. 988; wohl auch *Ruzman* 118f.; sowie allgemein: BGHZ 112, 242, 257f. – Grabungsunterlagen; unklar OLG München CR 2000, 429, 431). Insofern ist aber im Grundsatz Zurückhaltung geboten (so

auch für Computerprogramme: *Holländer* CR 1991, 614, 616f.; *Sack* UFITA 121 (1993) 15, 38; wohl auch Fromm/Nordemann/*Czychowski* § 69b Rn. 9; sowie allgemein: *Schack* Rn 1117; *Rehbinder* Rn. 634f.; *Steinberg* 63; *Ullmann* GRUR 1987, 6, 9; ganz ablehnend Fromm/Nordemann/*Vinck* 9. Aufl. § 69b Rn. 4; *Buchner* in Lehmann Kap. XI Rn. 39; Schricker/Loewenheim/*Loewenheim* § 69b Rn. 9; *Bayreuther* GRUR 2003, 570, 577; *Leinhas* 123; offen lassend: Möhring/Nicolini/*Hoeren* § 69b Rn. 12).

35 Ausnahmsweise dürfte eine solche Anbietungspflicht nur bestehen, wenn das Programm mit Hilfe von Arbeitsmitteln des Arbeitgebers, betrieblichem Know-how, sonstiger Unterstützung, basierend auf Arbeiten oder sonstigen Leistungen des Arbeitgebers oder während der Arbeitszeit geschaffen wurde (*Holländer* CR 1991, 614, 616; *Sack* UFITA 121 (1993) 15, 38; vgl. auch *Ruzman* 118f.; a.A. wohl *Buchner* in Lehmann Kap. XI Rn. 66: vertragliche Einräumung nötig; vgl. *Ullmann* GRUR 1987, 6, 9). Letztlich stellt die Anbietungspflicht in diesen Fällen die Gegenleistung für „dem Arbeitgeber zustehende geldwerte Faktoren" dar (*Holländer* CR 1991, 614, 616). Das entspricht dem **Austauschgedanken**. Die Gegenargumente, die Treuepflicht bzw. das arbeitsrechtliche Wettbewerbsverbot stellten keine Verpflichtung zum positiven Tun dar und die Pflicht verschiebe das Gleichgewicht zwischen Leistung und Gegenleistung, treffen hier nicht den Kern des Interessenkonflikts.

36 Zweifel bestehen, ob auch die Anbietung solcher Programme geschuldet ist, die der Arbeitnehmer zur Verbesserung der Arbeitsbewältigung oder zu sonstigen Zwecken in seiner Freizeit erstellt hat, ohne dass geldwerte Faktoren des Arbeitgebers in sie eingeflossen sind (dafür *Moritz/Tybusseck* Rn. 988; *Kolle* GRUR 1986, 1016, 1021). Dagegen wird zu Recht angeführt, dass der Arbeitnehmer nicht verpflichtet sei, Arbeitsmittel zu verbessern und seine Freizeit zum Wohle des Arbeitgebers einzusetzen, und dass der Arbeitgeber ggf. ausreichend durch das **arbeitsrechtliche Wettbewerbsverbot** geschützt ist (*Holländer* CR 1991, 614, 616f.). Letztlich unterfallen diese Programme nicht dem sog. Austauschgedanken. Zudem lässt sich dem Wettbewerbsverbot keine Pflicht zum positiven Tun entnehmen (*Sack* UFITA 121 (1993) 15, 38; *Gaul* FS Bartenbach 505, 516; *Junker/Benecke* Rn. 98; *Buchner* in Lehmann Rn. 40; *Steinberg* 63: Verpflichtung zur Nichtverwertung). Will der Arbeitnehmer sie jedoch verwerten, so kann er dies nur durch seinen Arbeitgeber oder mit dessen Zustimmung. Es besteht insofern ein Verwertungsverbot (Schricker/Loewenheim/*Loewenheim* § 69b Rn. 9) Dieser mittelbare Anbietungszwang, der keine Pflicht im engeren Sinne darstellt, endet mit dem Arbeitsverhältnis. Er besteht in Konkordanz mit dem Wettbewerbsverbot zudem nur, wenn der Arbeitgeber im Rahmen seines Betriebes die Möglichkeit hat, das Werk zu verwerten oder das Werk seinen unternehmerischen Zielen entspricht (vgl. allgemein *Rehbinder* Rn. 634f.; BGHZ 33, 20; vgl. auch *Scholz* 33). Anderenfalls besteht weder ein besonderes Interesse des Arbeitgebers an dem Programm noch ist das Konkurrenzverbot tangiert. Vom Einzelfall abhängig ist, ob und in welcher Höhe dem Arbeitnehmer ein **Sondervergütungsanspruch** zusteht (dazu *Sack* UFITA 121 (1993) 15, 39; *Ruzman* 120ff.).

37 cc) Umfang der Anbietungspflicht bzw. des Übergangs bei Anbietung auf Grund arbeitsrechtlicher Treuepflicht. Umstritten ist weiter der Umfang der Anbietungspflicht bzw. der infolgedessen eingeräumten Nutzungsrechte. Während einige zur Konkretisierung die §§ 18, 19 ArbNErfG für die Bestimmung des Umfangs und der Fristen heranziehen wollen (*Moritz/Tybusseck* Rn. 988; vgl. auch allgemein *Rehbinder* Rn. 635), erscheint es nach der hier vertretenen Meinung konsequent, die Fragen nach der Exklusivität und zeitlichen Dauer der Nutzungsrechte auf der Grundlage arbeitsrechtlicher Grundsätze zu entscheiden. Wenn geldwerte Faktoren des Arbeitgebers eingeflossen sind und ein berechtigtes Interesse an der Unterbindung von Konkurrenztätigkeit besteht, erscheint danach ein unbegrenztes exklusives Nutzungsrecht angemessen, zumal ein arbeitsrechtliches **Wettbewerbsverbot** Konkurrenztätigkeit nicht auf Dauer unterbinden kann, so dass der Arbeitnehmer entgegen arbeitsrechtlichen Grundsätzen faktisch unkündbar wäre (*Holländer*

CR 1991, 614, 617). Ein unbegrenztes Nutzungsrecht ist auch einzuräumen, wenn eine nicht unerhebliche Betriebsumstellung notwendig wäre (*Holländer* CR 1991, 614, 617). Hinsichtlich der eingeräumten Nutzungsarten gelten die allgemeinen Grundsätze des § 31 Abs. 5. Mithin kommt es auf die Umstände des Einzelfalls an (*Ruzman* 119).

2. Urheberpersönlichkeitsrecht

38 § 69b erfasst grds. nicht die Urheberpersönlichkeitsrechte (vgl. Rn. 26). Allerdings bestehen Urheberpersönlichkeitsrechte an Computerprogrammen ohnehin nur höchst eingeschränkt (vgl. § 69a Rn. 48); soweit sie bestehen, kann der Arbeitnehmer sie nach ganz h. M. zwar nicht übertragen, sehr wohl aber bis zum einem gewissen Grad auf sie verzichten und ihre Wahrnehmung dem Arbeitgeber überlassen. Für die Fragen, inwieweit der Arbeitnehmer auf seine Urheberpersönlichkeitsrechte verzichten kann und ob er dies regelmäßig auch stillschweigend tut, sind seine Interessen gegen die Interessen des Arbeitgebers, insb. dasjenige an der ungestörten Verwertung, abzuwägen. Dabei ist für Computerprogramme als Ergebnis regelmäßig sachlich bedingter, kaum eigenschöpferischer Leistungen (vgl. BGHZ 94, 276, 288 ff. – Inkasso-Programm) zu bedenken, dass die geistige, ideelle Beziehung zwischen Werk und Urheber bestenfalls schwach ist (vgl. *Holländer* CR 1992, 279 ff.; a. A. *Schacht* 160 f.). Zudem resultieren aus § 69b weitergehende Einschränkungen der Urheberpersönlichkeitsrechte als aus § 43 (*Buchner* in Lehmann Kap. XI Rn. 70; Schricker/Loewenheim/*Loewenheim* § 69b Rn. 14; *Steinberg* 18; vgl. auch *Haberstumpf* in Lehmann Kap. II Rn. 102, der meint, § 43 sei neben § 69b auf die Urheberpersönlichkeitsrechte anzuwenden, was dazu führe, dass auf alle verzichtbaren Rechte verzichtet werde).

39 a) **Veröffentlichungsrecht (§ 12).** Der Arbeitnehmer verzichtet (spätestens) mit der Fertigstellung und Werkübergabe stillschweigend auf sein Veröffentlichungsrecht an dem Computerprogramm (vgl. *Scholz* 77; *Kolle* GRUR 1985, 1016, 1023; restriktiver Schricker/Loewenheim/*Loewenheim* § 69b Rn. 15: soweit Verwertung beeinträchtigt). Was vor der Fertigstellung und Werkübergabe gilt, ist gemeinhin strittig. Aufgrund der geringen ideellen Interessen des angestellten Programmierers einerseits, dem besonderen Interesse des Arbeitgebers an einem ungestörten, teambasierten Software-Engineering mittels arbeitsteiliger Programmkonzipierung und -entwicklung andererseits, muss das Veröffentlichungsrecht des Arbeitnehmers zumindest im Falle der nur betriebsinternen Veröffentlichung schon aus Gründen der Praktikabilität und Effizienz regelmäßig zurückstehen (*Scholz* 78, 80 ff. unter Berufung auf eine verdeckte Regelungslücke und den Grundsatz von Treu und Glauben; im Ergebnis ebenso *Kolle* GRUR 1985, 1016, 1023, der davon ausgeht, dass der Programmierer bereits mit der erstmaligen Einräumung von Nutzungsrechten auch auf sein Erstveröffentlichungsrecht verzichtet). Andersherum kann der Arbeitnehmer nicht eine Veröffentlichung verlangen, die den wirtschaftlichen Zielen des Arbeitgebers entgegensteht (*Scholz* 77). In richtlinienkonformer Auslegung dürfte § 12 im Übrigen heute auf Grund von Art. 2 Abs. 3 der Computerprogramm-Richtlinie bzw. § 69b derart zu lesen sein, dass der Arbeitnehmer vorbehaltlich einer abweichenden Vereinbarung bereits **mit der Eingehung des Arbeitsverhältnisses** zu Gunsten des Arbeitgebers auf das **Veröffentlichungsrecht verzichtet** (vgl. auch *Holländer* CR 1992, 279, 280 f.; *Sack* UFITA 121 (1993) 15, 32 f.; *Sack* BB 1991, 2165, 2170: Arbeitgeber hat Recht zur Veröffentlichung). Damit ist ihm auch urheberrechtlich und nicht nur arbeitsrechtlich und aus Gründen des Geheimnisschutzes (§§ 3, 4 Nr. 11, 17 UWG) weder die Veröffentlichung noch die Verweigerung der Veröffentlichung erlaubt.

40 b) **Recht der Anerkennung der Urheberschaft (§ 13 S. 1) und Recht auf Urheberbezeichnung (§ 13 S. 2).** Auf das Recht der **Anerkennung der Urheberschaft** kann der Arbeitnehmer nicht verzichten, so dass sich der Arbeitgeber oder ein Dritter nicht fälschlich als Urheber ausgeben dürfen, wenn sie keine schöpferischen Beiträge geleistet haben; entgegenstehende Regelungen des Arbeitsvertrages oder sonstige Vereinbarungen sind nichtig (ganz h. M.; vgl. *Scholz* 84; *Holländer* CR 1992, 279, 281; *Sack* BB 1991, 2165, 2169; allgemein Vor §§ 12 ff. Rn. 5 ff.; a. A. *Zöllner* FS Hubmann 523, 536 f.). Allerdings dürfte es insofern keinen Urheberrechtsverstoß darstellen, wenn ein Unternehmen, insb. durch Anbringung eines Copyright-Vermerks (©), sich als Rechtsinhaber der wirtschaftlichen Befugnisse geriert, um sich die Vorteile des § 10 zu sichern (vgl. § 69a Rn. 47). Außerdem ist es dem Arbeitgeber möglich und auch ratsam, sich schuldrechtlich das Recht einräumen zu lassen, neben dem Urheber gegen die Urheberbehauptung Dritter vorgehen zu können.

Wirksam ist ein Verzicht auf die **Urheberbezeichnung** gem. § 13 S. 2 (ganz h. M.; **41** dazu allgemein § 13 Rn. 10). Ein Verzicht kann sich explizit aus dem Arbeitsvertrag (siehe etwa den Formulierungsvorschlag bei *Auer-Reinsdorff* ITRB 2004, 116, 117) oder, wenn ausnahmsweise vorhanden, auch aus einem entsprechenden Tarifvertrag ergeben (*Scholz* 85). Stillschweigend erfolgt der Verzicht auch bei Kenntnis des Arbeitnehmers von einer entsprechenden betrieblichen Übung oder Branchenübung (vgl. *Kolle* GRUR 1985, 1016, 1023; *Scholz* 85: stillschweigend nur, wenn die Zuordnung seines Werkes unmöglich ist). Eine solche Branchenübung dürfte sich heute (*Auer-Reinsdorff* ITRB 2004, 116, 117; *Leuze* GRUR 2006, 552, 558; a. A. *Möhring/Nicolini/Hoeren* § 69b Rn. 17; in den 80er Jahren mag eine andere Beurteilung angebracht gewesen sein, wie hier aber trotzdem schon *Kolle* GRUR 1985, 1016, 1023; dagegen noch *Scholz* 86; *Koch* CR 1985, 86, 90 f.) für kommerzielle Programme eingespielt haben. Nach anderer Auffassung ist der Verzicht auf das Recht auf Urheberbezeichnung bei Computerprogrammen nur dann gerechtfertigt, wenn die Verwertung beeinträchtigt würde (*Sack* UFITA 121 (1993) 15, 34; ähnlich, allerdings nur für den stillschweigenden Verzicht *Holländer* CR 1992, 279, 282; a. A. Schricker/Loewenheim/*Loewenheim* § 69b Rn. 15: schon bei berechtigtem Interesse an Vermarktung unter Namen des Arbeitgebers). Teils wird vor diesem Hintergrund noch restriktiver argumentiert, es seien allenfalls Einschränkungen hinsichtlich der Form der Urheberbezeichnung erforderlich (*Schacht* 178 f.; vgl. § 43 Rn. 94). Bei Computerprogrammen kann die Namensnennung auf unterschiedlichen Ebenen stattfinden, auf der Benutzerebene oder im Text des **Quellcodes** (*Scholz* 86 f.). Da der Quellcode regelmäßig geheim gehalten wird, erscheint es fraglich, ob die Nennung auf dieser Ebene den Interessen des Arbeitnehmers schon im Grundsatz genügt (so aber *Scholz* 87). Ausschlaggebend dürfte vielmehr sein, ob eine lange Aufzählung der Urheber auf Benutzerebene die Verwertung des Programms stören würde (vgl. auch *Sack* UFITA 121 (1993) 15, 34; a. A. wohl *Holländer* CR 1992, 279, 282), so dass deren Interessen angesichts der Wertung des Art. 2 Abs. 3 der Computerprogramm-Richtlinie zurückstehen müssen (s. auch oben Rn. 38). Zu beachten ist schließlich, dass der Verzicht auf die Namensnennung Auswirkung auf die anderen Urheberpersönlichkeitsrechte hat und die Rechtsposition des Arbeitnehmers nach der Rechtsprechung auch in dieser Hinsicht schwächt (str., vgl. BGH GRUR 1971, 35, 38 – Maske in Blau; *Scholz* 85 f. m. w. N.; vgl. auch OLG Frankfurt GRUR 1976, 199, 202 – Götterdämmerung).

c) **Entstellungsverbot (§ 14).** Das Recht gegen die Entstellung des Werkes gem. § 14 **42** kann der Urheber nicht übertragen; auch kann er im Kern nicht auf dieses verzichten (h. M.; *Scholz* 87 f.; *Holländer* CR 1992, 279, 282; dazu allgemein Vor §§ 12 ff. Rn. 5 ff.). Allerdings ist, soweit überhaupt Urheberpersönlichkeitsrechte an Computerprogrammen bestehen, schwer zu bestimmen, wann bei diesen eine Entstellung i. S. v. § 14 und wann lediglich eine regelmäßig nach Treu und Glauben hinzunehmende Änderung i. S. v. § 39 vorliegt. Grds. werden Änderungen von Computerprogrammen keine Entstellung darstellen, weil sie in der Natur von Computerprogrammen liegen (*Sack* UFITA 121 (1993) 15, 35; *Sack* BB 1991, 2165, 2170; *Kolle* GRUR 1985, 1016, 1023; restriktiver *Scholz* 90 f.;

einschränkend: *Holländer* CR 1992, 279, 282f.: sachlich begründete Änderung erforderlich). Im Arbeitsverhältnis sind zudem gem. Art. 2 Abs. 3 der Computerprogramm-Richtlinie die wirtschaftlichen Interessen des Arbeitgebers an einer ungestörten Verwertung zu berücksichtigen (*Holländer* CR 1992, 279, 283; *Sack* UFITA 121 (1993) 15, 35; *Sack* BB 1991, 2165, 2170). Denkbar ist allenfalls, dass eine Programmänderung deshalb als Entstellung angesehen wird, weil sie den Eindruck erweckt, der Urheber sei fachlich nicht auf dem allgemeinen Stand der Technik, oder weil das Programm so verändert wurde, dass es zu niederen Zwecken, etwa rassistischen, sexistischen oder illegalen, missbraucht wird (*Scholz* 90f.).

43 **d) Zugangsrecht (§ 25).** Der Arbeitnehmer hat grds. keinen Anspruch, gem. § 25 die Herausgabe einer Programmkopie oder gar des Quellcodes zu verlangen (Schricker/Loewenheim/*Loewenheim* § 69b Rn. 15; *Koch* Teil 9 Rn. 65; *Holländer* CR 1992, 279, 283; *Sack* UFITA 121 (1993) 15, 35ff.; *Sack* BB 1991, 2165, 2171; siehe auch OLG Koblenz BB 1983, 992, 994; a. A. *Schacht* 200: Interessenabwägung im Einzelfall). Die Position des Arbeitnehmers wird schon insofern geschwächt, als vermögensrechtliche Interessen, die § 25 normalerweise ebenfalls schützt, nach § 69b bzw. Art. 2 Abs. 3 der Computerprogramm-Richtlinie dem Arbeitgeber zustehen (*Sack* UFITA 121 (1993) 15, 36f.; *Sack* BB 1991, 2165, 2171; *Lüken* 88). Zudem stellt insb. der Schutz von Betriebsgeheimnissen normalerweise ein berechtigtes Interesse des Arbeitnehmers i.S.v. § 25 dar (*Holländer* CR 1992, 279, 283; zurückhaltender *Sack* UFITA 121 (1993) 15, 36; *Sack* BB 1991, 2165, 2171). Insb. bei auf dem Markt erhältlicher Software kann dem Arbeitnehmer im Übrigen der Zugang regelmäßig versagt werden (vgl. *Holländer* CR 1992, 279, 283; *Sack* UFITA 121 (1993) 15, 36; differenzierend *Koch* CR 1985, 86, 91f.).

44 **e) Änderungsverbot (§ 39).** Das Recht aus § 39 steht dem Arbeitnehmer in aller Regel nicht zu. Da Computerprogramme **von Natur aus änderungsbedürftig** sind, Updates und Patches der normalen Verwertung entsprechen, ergibt sich dieses schon aus dem Vorbehalt des § 39 Abs. 2, die Einwilligung nach Treu und Glauben nicht versagen zu dürfen (in dieser Richtung auch Begründung des Richtlinienvorschlags durch die EG-Kommission, ABl. EG 1989 Nr. C 91, 10). Außerdem ist in diesem Zusammenhang zu bedenken, dass gem. Art. 2 Abs. 3 der Computerprogramm-Richtlinie alle vermögensrechtlichen Befugnisse dem Arbeitgeber obliegen (vgl. *Sack* UFITA 121 (1993) 15, 35; *Sack* BB 1991, 2165, 2170; *Buchner* in Lehmann Rn. 71; *Lüken* 87; vgl. auch *Rehbinder* Rn. 659; zu § 43 KG NJW-RR 1996, 1066, 1067 – Poldok; *Kolle* GRUR 1985, 1016, 1023; *Scholz* 90; wohl auch OLG Koblenz BB 1983, 992, 994; zum Verhältnis zu § 69c Nr. 2 s. näher § 69c Rn. 23).

45 **f) Rückrufrechte (§§ 41, 42).** Gem. § 41 steht dem Urheber grds. das Recht zu, das Nutzungsrecht an seinem Werk zurückzurufen, wenn der Inhaber eines ausschließlichen Nutzungsrechts dies nicht oder nur unzureichend ausübt. Das Recht dürfte dem Arbeitnehmer bei Computerprogrammen schon deshalb nicht zustehen, weil sämtliche wirtschaftlichen Entscheidungen und Befugnisse gem. Art. 2 Abs. 3 der Computerprogramm-Richtlinie dem Arbeitgeber obliegen (*Holländer* CR 1992, 279, 283f.; zust. *Lüken* 89; vgl. *Hoeren* CR 2005, 773, 775). Teils wird zudem vertreten, dass der Arbeitnehmer auf sein Recht nach § 41 umfassend verzichten kann (*Holländer* CR 1992, 279, 283f. m. w. N. unter Hinweis auf Begr. BRegE BT-Drucks. IV/270, 62). Nach a. A. kann § 41 durch das Wesen des Arbeitsverhältnisses eingeschränkt sein (Schricker/Loewenheim/*Rojahn* § 43 Rn. 88; s. auch § 43 Rn. 116 m. w. N.). Zumindest dürfte der Tatbestand des § 41 („berechtigte Interessen") hier regelmäßig nicht erfüllt sein, denn die ideellen Interessen sind bei Computerprogrammen zu vernachlässigen, zudem dient § 41 primär der Absicherung der wirtschaftlichen Existenz (*Koch* CR 1985, 86, 92; Begr. BRegE BT-Drucks. IV/270, 62; *Hoeren* CR 2005, 773, 775; zust. *Lüken* 89; a. A. wohl Möhring/Nicolini/*Hoeren* § 69b Rn. 17).

§ 69c Zustimmungsbedürftige Handlungen

Anders stellt sich die Rechtslage beim Rückruf wegen gewandelter Überzeugung gem. **46**
§ 42 dar (vgl. allgemein Schricker/Loewenheim/*Rojahn* § 43 Rn. 92 ff.; § 43 Rn. 118 f.),
dessen Voraussetzungen bei Computerprogrammen aber so gut wie nie erfüllt sein dürften
(vgl. Schricker/Loewenheim/*Loewenheim* § 69b Rn. 15).

§ 69c Zustimmungsbedürftige Handlungen

Der Rechtsinhaber hat das ausschließliche Recht, folgende Handlungen vorzunehmen oder zu gestatten:

1. **die dauerhafte oder vorübergehende Vervielfältigung, ganz oder teilweise, eines Computerprogramms mit jedem Mittel und in jeder Form. Soweit das Laden, Anzeigen, Ablaufen, Übertragen oder Speichern des Computerprogramms eine Vervielfältigung erfordert, bedürfen diese Handlungen der Zustimmung des Rechtsinhabers;**
2. **die Übersetzung, die Bearbeitung, das Arrangement und andere Umarbeitungen eines Computerprogramms sowie die Vervielfältigung der erzielten Ergebnisse. Die Rechte derjenigen, die das Programm bearbeiten, bleiben unberührt;**
3. **jede Form der Verbreitung des Originals eines Computerprogramms oder von Vervielfältigungsstücken, einschließlich der Vermietung. Wird ein Vervielfältigungsstück eines Computerprogramms mit Zustimmung des Rechtsinhabers im Gebiet der Europäischen Union oder eines anderen Vertragsstaates des Abkommens über den Europäischen Wirtschaftsraum im Wege der Veräußerung in Verkehr gebracht, so erschöpft sich das Verbreitungsrecht in bezug auf dieses Vervielfältigungsstück mit Ausnahme des Vermietrechts;**
4. **die drahtgebundene oder drahtlose öffentliche Wiedergabe eines Computerprogramms einschließlich der öffentlichen Zugänglichmachung in der Weise, dass es Mitgliedern der Öffentlichkeit von Orten und zu Zeiten ihrer Wahl zugänglich ist.**

Literatur: *Ammann*, Der Handel mit Second Hand-Software aus rechtlicher Sicht – Eine Betrachtung auf Grundlage des deutschen Rechts, Edewecht 2011; *Backu*, Open Source Software und Interoperabilität, Zur Zulässigkeit der Offenlegung von Programminformationen durch Open Source Software, ITRB 2003, 180; *Bartsch*, Weitergabeverbote in AGB-Verträgen zur Überlassung von Standardsoftware, CR 1987, 8; *Bartsch*, Grad der Marktdurchdringung von Software als rechtliches Kriterium, CR 1994, 667; *Bartsch*, Rechtsmängelhaftung bei der Überlassung von Software, CR 2005, 1, 7; *Bartsch*, Softwarerechte bei Projekt- und Pflegeverträgen, CR 2012, 141; *Baus*, Umgehung der Erschöpfungswirkung durch Zurückhaltung von Nutzungsrechten?, MMR 2002, 14; *Baus*, Verwendungsbeschränkungen in Softwareüberlassungsverträgen, Köln 2004; *Beckmann*, Computer- und Softwareleasing in: Martinek/Stoffels/Wimmer-Leonhardt (Hrsg.), Leasinghandbuch, 2. Auflage München 2008, 575 (zit. *Beckmann* in Martinek/Stoffels/Wimmer-Leonhardt); *Berger*, Zum Erschöpfungsgrundsatz beim Vertrieb sogenannter OEM-Software, NJW 1997, 300; *Berger*, Urheberrechtliche Erschöpfungslehre und digitale Informationstechnologie, GRUR 2002, 198; *Berger*, Zur Anwendbarkeit der neuen Technologietransfer-Gruppenfreistellungsverordnung auf Softwareverträge, K&R 2005, 15; *Bergmann*, Zur Reichweite des Erschöpfungsprinzips bei der Online-Übermittlung urheberrechtlich geschützter Werke, in: Ahrens/Bornkamm/Gloy/Starck/v. Ungern-Sternberg (Hrsg.), Köln u. a. 2002, 17 (zit. Bergmann FS Erdmann); *Bettinger/Scheffelt*, Application Service Providing: Vertragsgestaltung und Konfliktmanagement, CR 2001, 729; *Bierekoven*, Lizenzierung in der Cloud, ITRB 2010, 42; *Bisges*, Urheberrechtliche Aspekte des Cloud Computing, MMR 2012, 574; *Bräutigam*, Der Handel mit „gebrauchten" Unternehmens- und Konzernlizenz, in: Heymann/Schneider (Hrsg.), Festschrift für Michael Bartsch zum 60. Geburtstag 2006 (zit. Bräutigam FS Bartsch); *Brandi-Dohrn*, Zur Reichweite und Durchsetzung des urheberrechtlichen Softwareschutzes, GRUR 1985, 179; *Bröckers*, Second Hand-Software im urheberrechtlichen Kontext, Frankfurt a. M. 2010; *Bröckers*, Software-Gebrauchthandel: Der Teufel steckt im Detail, MMR 2011, 18; *Büchner*, Bericht über den Arbeitskreis „Urheberrechtliche Beurteilung neuer Softwarekonzepte" in: Büllesbach/Heymann (Hrsg.), Informationsrecht 2000, Perspektiven für das nächste Jahrzehnt, Köln 2000, 129 (zit. *Büchner* in: Büllesbach/Heymann); *Busche/Stoll*, TRIPs, Internationales und europäisches Recht des geistigen Eigentums, Köln u. a. 2007 (zit. Busche/Stoll/*Bearbeiter*); *Caduff,* Die urheberrechtlichen Konsequenzen der Veräußerung von Computerprogrammen, Bern 1997; *Degen/Lanz/ Luthiger,* Open Source Lizenzmodelle entmystifiziert, Informatik-Spektrum 2003, 305; *Deike,* Open Source Software: IPR-Fragen und Einordnung ins deutsche Rechtssystem, CR 2003, 9; *Determann,* Softwarekombinationen unter der GPL, GRUR Int. 2006, 645; *Dietrich,* ASP – öffentliche Zugänglichmachung oder unbenannte Nutzungsart?, ZUM 2010, 567; *Dietrich,* Die Onlineerschöpfung bei Computerprogrammen, UFITA 2012, 69; *Dreier,* Rechtsschutz von Computerprogrammen, Die Richtlinie des Rates der EG vom 14. Mai 1991, CR 1991, 577; *Dreier,* Verletzung urheberrechtlich geschützter Software nach der Umsetzung der EG-Richtlinie, GRUR 1993, 781; *Dreier,* Die Umsetzung der Urheberrechtsrichtlinie 2001/29/EG in deutsches Recht, ZUM 2002, 28; *Dreier/Hugenholtz,* Concise European Copyright Law, Alphen aan den Rijn 2006 (zit. Dreier/Hugenholtz/*Bearbeiter*); *Eilmansberger,* Immaterialgüterrechtliche und kartellrechtliche Aspekte des Handels mit gebrauchter Software, GRUR 2009, 1123; *Flechsig,* Grundlagen des Europäischen Urheberrechts, ZUM 2002, 1; *Fritzemeyer/Schoch,* Übernahme von Softwareüberlassungsverträgen beim IT-Outsourcing – Rechtliches Vorgehen und Gestaltungsmöglichkeiten unter Beachtung des Urheberrechts des Lizenzgebers, CR 2003, 793; *Funk/Zeifang,* Die GNU General Public License, Version 3 – Eine Analyse ausgewählter Neuregelungen aus dem Blickwinkel deutschen Rechts, CR 2007, 617; *Gerlach,* Praxisprobleme der Open-Source-Lizenzierung, CR 2006, 649; *v. Gerlach,* „Making available right" – Böhmische Dörfer?, ZUM 1999, 278; *Giedke,* Cloud Computing: Eine wirtschaftliche Analyse mit besonderer Berücksichtigung des Urheberrechts, München 2013; *v. Gravenreuth,* Open source und fremder Code nach zwingendem nationalem Recht, JurPC Web-Dok. 209/2004; *Grassmuck,* Freie Software – Zwischen Privat- und Gemeineigentum, Bonn 2004; *Grützmacher,* Urheber-, Leistungs- und Sui-generis-Schutz von Datenbanken, Baden-Baden 1999; *Grützmacher,* Rechtliche Aspekte der Herstellung und Nutzung von Embedded Systems, in: Büchner/Dreier, Von der Lochkarte zum globalen Netzwerk – 30 Jahre DGRI, Köln 2007, 87 (zit. *Grützmacher* in Büchner/Dreier); *Grützmacher,* in: Büchner/Briner (Hrsg.), DGRI Jahrbuch 2009, Die Übertragung von Software-Nutzungsrechten: Gebrauchtsoftware und Outsourcing – Länderbericht Deutschland, 2009, 127 (zit. *Grützmacher* in Büchner/Briner); *Grützmacher* in Lehmann/Meents, Handbuch des Fachanwalts Informationstechnologierecht, 2. Aufl, Köln 2011, Kap 18. Urheberrecht (zit. *Grützmacher* in Lehmann/Meents); *Grützmacher,* Application Service Providing – Urhebervertragsrechtliche Aspekte, ITRB 2001, 59; *Grützmacher,* Open-Source-Software – Die GNU General Public License – Lizenzbestimmungen im Umfeld des neuen Schuld- und Urhebervertragsrechts, ITRB 2002, 84; *Grützmacher,* Das Recht des Softwarevertriebs – Eine Gegenüberstellung verschiedener Vertriebsformen, ITRB 2003, 199; *Grützmacher,* Unternehmens- und Konzernlizenzen – Zur Einräumung urheberrechtlicher Nutzungsrechte an Software bei Unternehmens- und Konzernlizenzen, ITRB 2004, 204; *Grützmacher,* Open Source Software – BSD Copyright und Apache Software License – Copyright statt Copyleft, ITRB 2006, 108; *Grützmacher,* „Gebrauchtsoftware" und Erschöpfungslehre: Zu den Rahmenbedingungen eines Second-Hand-Marktes für Software, ZUM 2006, 302; *Grützmacher,* Gebrauchtsoftware und Übertragbarkeit von Lizenzen – Zu den Rechtsfragen auch jenseits der Erschöpfungslehre, CR 2007, 549; *Grützmacher,* Open Source Software und Embedded Systems – Eine Analyse vor dem Hintergrund der GNU GPL und LGPL, ITRB 2009, 184; *Grützmacher,* Gebrauchtsoftwarehandel mit erzwungener Zustimmung – eine gangbare Alternative?, CR 2010, 141; *Grützmacher,* Software-Urheberrecht und Virtualisierung, Eine erste Problemübersicht, ITRB 2011, 193; *Grützmacher,* Lizenzgestaltung für neue Nutzungsformen im Lichte von § 69d UrhG (Teil 2), CR 2011, 697; *Grützmacher,* Endlich angekommen im digitalen Zeitalter!?, Die Erschöpfungslehre im europäischen Urheberrecht: der gemeinsame Binnenmarkt und der Handel mit gebrauchter Software, ZGE/ IPJ 2013, Bd. 5, 46; *Grzeszick,* Freie Software: Eine Widerlegung der Urheberrechtstheorie, MMR 2000, 412; *Günther,* Änderungsrechte des Softwarenutzers, CR 1994, 321; *Günther,* Die Umsetzung der Softwareschutzrichtlinie in England und urheberrechtliche Trends im Softwareschutz aus den USA, JurPC 1994, 2488; *Günther,* Zur Reichweite des Urheberrechtsschutzes bei Computerprogrammen, CR 1994, 611; *Haberstumpf,* Der urheberrechtliche Schutz von Computerprogrammen, in: Lehmann (Hrsg.), Rechtsschutz und Verwertung von Computerprogrammen, 2. Aufl., Köln 1993, 69 (zit. *Haberstumpf* in Lehmann); *Haberstumpf,* Der Handel mit gebrauchter Software und die Grundlagen des Urheberrechts, CR 2009, 345; *Haberstumpf,* Der Handel mit gebrauchter Software im harmonisierten Urheberrecht, Warum der Ansatz des EuGH einen falschen Weg zeigt, CR 2012, 561; *Harte-Bavendamm/Wiebe,* Urheberrecht in *Kilian/*Heussen (Hrsg.), Computerrechts-Handbuch (Stand 2011), Kapitel 51 (zit. *Harte-Bavendamm/Wiebe* in Kilian/ Heussen); *Heath,* Kartellrecht, in: Spindler, Rechtsfragen bei Open Source, Köln 2004, 267 (zit. *Heath* in Spindler); *Heckmann/Rau,* „Gebrauchtsoftware" im unternehmerischen Geschäftsverkehr, ITRB 2009, 208; *Heussen,* Rechtliche Verantwortungsebenen und dingliche Verfügungen bei der Überlassung von Open Source Software, MMR 2004, 445; *Hengstler/Pfitzer,* Das wettbewerbsrechtliche Dilemma bei hybriden Softwareprojekten, K&R 2012, 169; *Herzog,* Handel mit gebrauchter Software, Baden-Baden 2009; *Heydn/Schmidl,* Der Handel mit gebrauchter Software und der Erschöpfungsgrundsatz, K&R 2006, 74; *Hilber/Knorr/Müller,* Serververlagerungen im Konzern, CR 2011, 417; *Hilty,* Die Rechtsnatur des Softwarevertrages, Erkenntnisse aus der Entscheidung des EuGH UsedSoft vs. Oracle, CR 2012, 625; *Hoeren,* Soft-

§ 69c Zustimmungsbedürftige Handlungen § 69c UrhG

wareüberlassung als Sachkauf, Ausgewählte Rechtsprobleme des Erwerbs von Standardsoftware, München 1989; *Hoeren,* Der Public-Domain-Vertrag, CR 1989, 887; *Hoeren,* Entwurf einer EU-Richtlinie zum Urheberrecht in der Informationsgesellschaft, MMR 2000, 515; *Hoeren,* Grundzüge des Internetrechts, 2. Aufl., München 2002; *Hoeren,* Nutzungsbeschränkungen in Softwareverträgen – Rechtsprechungsübersicht, RDV 2005, 11; *Hoeren,* Urheberrecht und Vertragsfreiheit: Kritische Überlegungen am Beispiel der Verwendungsbeschränkungen in: Klumpp/Kubicek/Roßnagel/Schulz (Hrsg.), Medien, Ordnung und Inovation, Heidelberg 2006 (zit. *Hoeren in Klumpp/Kubicek/Roßnagel/Schulz*); *Hoeren,* Der urheberrechtliche Erschöpfungsgrundsatz bei der Online-Übertragung von Computerprogrammen, CR 2006, 573; *Hoeren,* Die Online-Erschöpfung im Softwarebereich, MMR 2010, 447; *Hoeren,* Der Erschöpfungsgrundsatz bei Software – Körperliche Übertragung und Folgeprobleme, GRUR 2010, 665; *Hoeren/Försterling,* Onlinevertrieb „gebrauchter" Software – Hintergründe und Konsequenzen der EuGH-Entscheidung „UsedSoft", MMR 2012, 642; *Hoeren/Schumacher,* Verwendungsbeschränkungen im Softwarevertrag, CR 2000, 137; *Hövel/Hansen,* Download-Fallen im Internet aus der Perspektive der Software-Hersteller, CR 2010, 252; *Hoppen/Thalhofer,* Der Einbezug von Open Source-Komponenten bei der Erstellung kommerzieller Software, CR 2010, 275; *Huppertz,* Handel mit Second Hand-Software – Analyse der wesentlichen Erscheinungsformen aus urheber- und schuldrechtlicher Perspektive, CR 2006, 145; *Igel,* Anmerkung zu einer Entscheidung des OLG Frankfurt a. M., Urteil vom 18. Dezember 2012 – 11 U 68/11, ZUM 2013, 300; *Intveen,* Softwarelizenzmanagement im Konzern, ITRB 2009, 237; *Jacobs,* Der neue urheberrechtliche Vermietbegriff, GRUR 1998, 246, 249; *Jaeger,* Die Erschöpfung des Verbreitungsrechts bei OEM-Software, ZUM 2000, 1070; *Jaeger,* Auswirkungen der EU-Urheberrechtsrichtlinie auf die Regelungen des Urheberrechtsgesetzes für Software, CR 2002, 309; *Jaeger/Metzger,* Open Source Software – Rechtliche Rahmenbedingungen freier Software, 3. Aufl., München 2011; *Jaeger/Metzger,* Die neue Version 3 der GNU General Public License, GRUR 2008, 130; *Jobke,* Produktaktivierung und Registrierung bei Software für den Massenmarkt, Hamburg 2010; *Junker/Benecke,* Computerrecht, 3. Aufl., Baden-Baden 2003; *Kappes,* Rechtsschutz computergestützter Informationssammlungen: gesetzliche und vertragliche Schutzmöglichkeiten für CD-ROM- und Online-Datenbanken, Köln 1996; *Karl,* Der urheberrechtliche Schutz von Computerprogrammen, München 2009; *Katzenberger,* Elektronische Printmedien und Urheberrecht, Stuttgart 1996; *Kilian,* Entwicklungsgeschichte und Perspektiven des Rechtsschutzes von Computersoftware in Europa, GRUR Int. 2011, 895; *Knies,* Erschöpfung Online?, GRUR Int. 2002, 314; *Koch,* Computervertragsrecht, 7. Aufl., Freiburg 2009; *Koch,* Lizenzrechtliche Grenzen des Handels mit Gebrauchtsoftware, ITRB 2007, 140; *Koch,* Das neue Softwarerecht und die praktischen Konsequenzen, NJW-CoR 1994, 293; *Koch,* Urheber- und kartellrechtliche Aspekte der Nutzung von Open-Source-Software (I), CR 2000, 273; *Koch,* Urheber- und kartellrechtliche Aspekte der Nutzung von Open-Source-Software (II), CR 2000, 333; *Koch,* Braucht die Softwarenutzung auf dem „Internet-PC" neue Lizenzformen?, NJW-CoR 1996, 252; *Koch,* Application Service Providing als neue IT-Leistung, ITRB 2001, 39; *Koch,* Urheberrechtliche Zulässigkeit technischer Beschränkungen und Kontrolle der Software-Nutzung, CR 2002, 629; *Koch,* Urheberrechtsschutz für das Customizing von Computerprogrammen, ITRB 2005, 140; *Koch,* Probleme beim Wechsel zur neuen Version 3 der General Public License (Teil 1), Die neuen Regelungen in Version 3 der GPL, ITRB 2007, 261; *Koch,* Probleme beim Wechsel zur neuen Version der General Public License (Teil 2), Auswirkungen und Handhabung verschiedener GPL-Versionen in der Vertragspraxis, ITRB 2007, 285; *Koch,* Kundenrechte bei Online-Erwerb von Software-Vollversionen – Rechtsverlust durch Wechsel vom datenträger- zum onlinebasierten Erwerb, ITRB 2008, 209; *Koch,* Der Content bleibt im Netz – gesicherte Werkverwertung durch Streaming-Verfahren, GRUR 2010, 576; *Koch,* Client Access License – Abschied von der Softwarelizenz?, ITRB 2011, 42; *Koch,* Auswirkungen des EuGH-Urteils zum Gebrauchtsoftwarehandel auf das Urheberrecht –Teil 1, ITRB 2013, 9; *Koch,* Auswirkungen des EuGH-Urteils zum Gebrauchtsoftwarehandel auf das Urheberrecht – Teil 2, ITRB 2013, 38; *Kochmann,* Schutz des „Know-how" gegen ausspähende Produktanalysen („Reverse Engineering") Berlin 2009; *Koglin,* Die Nutzung von Open Source Software unter neuen GPL-Versionen nach der „any later version"-Klausel, CR 2008, 137; *König,* Das Computerprogramm im Recht, Technische Grundlagen, Urheberrecht und Verwertung, Überlassung und Gewährleistung, Frankfurt 1991; *Konrad/Timm-Goltzsch/Ullrich,* Teil I, Kapitel 4: Kartellrecht, in: Ullrich/Lejeune (Hrsg.), Der internationale Softwarevertrag, 2. Aufl., Heidelberg 2006, 363 (zit. *Konrad/Timm-Goltzsch/Ullrich* in Ullrich/Lejeune); *Kotthoff,* Zum Schutz von Datenbanken beim Einsatz von CD-ROMs in Netzwerken, GRUR 1997, 597; *Kreutzer,* Firmware, Urheberrecht und GPL – Zu den Folgen einer Verwendung von GPL-lizenzierten Open-Source-Software-Komponenten auf die Durchsetzung von Urheberrechten an Firmware, CR 2012, 146; *Kröger,* Die Urheberrechtsrichtlinie für die Informationsgesellschaft – Bestandsaufnahme und kritische Bewertung, CR 2001, 316; *Kumar/Koglin,* GPL Version 3's DRM and Patent Clauses under German and U.S. Law, CRi 2008, 33; *Lehmann,* Aktuelle kartell- und wettbewerbsrechtliche Probleme der Lizenzierung von urheberrechtlich geschützten Computerprogrammen, BB 1985, 1209; *Lehmann,* Der neue Europäische Rechtsschutz von Computerprogrammen, NJW 1991, 2112; *Lehmann,* Die Europäische Richtlinie über den Schutz von Computerprogrammen, in: Lehmann (Hrsg.), Rechtsschutz und Verwertung von Computerprogrammen, 2. Aufl., Köln 1993, 1 (zit. *Lehmann* in Lehmann); *Lehmann,* Softwarevertragsrecht, in: Beier u. a. (Hrsg.), Urhebervertragsrecht, Festgabe für Gerhard Schricker zum 60. Geburtstag, München 1995, 543 (zit.: *Lehmann* FS Schricker); *Lehmann,* Die Europäische Richtlinie über den Schutz von Computerprogrammen, GRUR Int. 1991, 327; *Lehmann,* Portierung und Migration von Anwendersoftware, Urheberrechtliche Probleme, CR 1990, 625; *Lehmann,* Vermieten und Verleihen von Computerprogrammen, CR 1994, 271; *Lehmann,* Das neue Software-Vertragsrecht − Verkauf und Lizenzierung von Computerprogrammen, NJW 1993, 1822; *Leistner,* Gebrauchtsoftware auf dem Weg nach Luxemburg, CR 2011, 209; *Lehmann/Giedke,* Urheberrechtliche Fragen des Cloud Computing, CR 2013, 681; *Lejeune,* Die neue europäische Gruppenfreistellungsverordnung für Technologietransfer-Vereinbarungen − Ein Überblick zu ihrer Bedeutung und Tragweite für die Vertragsgestaltung, CR 2004, 467; *Lenhard,* Vertragstypologie von Softwareüberlassungsverträgen − Neues Urhebervertragsrecht und neues Schuldrecht unter Berücksichtigung der Open Source-Softwareüberlassung, München 2006; *Leupold,* Auswirkungen der Multimedia-Gesetzgebung auf das Urheberrecht, CR 1998, 234; *Leupold,* „Push" und „Narrowcasting" im Lichte des Medien- und Urheberrechts, ZUM 1998, 99; *v. Lewinski,* Die Multimedia-Richtlinie, MMR 1998, 115; *Lietz,* Technische Aspekte des Reverse Engineering, Motivation, Hilfsmittel, Vorgehensweise, Nachweisbarkeit, CR 1991, 564; *Lutz,* Software-Nutzungen und die Natur der Sache, München 2009; *Mäger,* Der urheberrechtliche Erschöpfungsgrundsatz bei der Veräußerung von Software, CR 1996, 522; *Mantz,* Open Content-Lizenzen und Verlagsverträge − Die Reichweite des § 33 UrhG, MMR 2006, 784; *Marly,* Public Domain-Software: Rechtliche, insbesondere vertragsrechtliche Probleme, Teil: 1, JurPC 1990, 612; *Marly,* Public Domain-Software: Rechtliche, insbesondere vertragsrechtliche Probleme, Teil: 2, JurPC 1990, 671; *Marly,* Shareware − Ein neues Vertriebskonzept für Computersoftware und seine juristische Bewältigung, JurPC 1991, 940; *Marly,* Urheberrechtsschutz für Computersoftware in der EU, München 1995 (zit.: *Marly* Urheberrechtsschutz); *Matthiesen,* Die Freistellung von Softwarenutzungsverträgen nach Artikel 101 des Vertrages über die Arbeitsweise der Europäischen Union, Bern 2010; *Mayer-Wegelin,* Käuferrechte bei Computerspielen − Technische Kopierschutzmaßnahmen und End User License Agreements, JurPC 2009, Web-Dok. 28/2009; *Metzger/Jaeger,* Open Source Software und deutsches Urheberrecht, GRUR Int. 1999, 839; *Meyer,* Miturheberschaft bei freier Software − Nach deutschem und amerikanischem Sach- und Kollisionsrecht, Baden-Baden 2011; *Meyer,* Miturheberschaft und Aktivlegitimation bei freier Software, CR 2011, 560; *Meyer/Spasche/Störing/Schneider,* Strafrechtlicher Schutz für Lizenzschlüssel, Die Schutzmechanismen von Windows 8, CR 2013, 131; *Moos/Gallenkemper/Volpers,* Rechtliche Aspekte der Abgabe von gebrauchter Hardware, CR 2008, 477; *Moritz,* Softwarelizenzverträge (I) − Rechtslage nach der Harmonisierung durch die EG-Richtlinie über den Rechtsschutz von Computerprogrammen, CR 1993, 257; *Moritz,* Vervielfältigungsstücke eines Programms und seine berechtigte Verwendung, § 69d und die neueste BGH-Rechtsprechung, MMR 2001, 94; *Moritz,* Keine Nutzungsberechtigung für ein "gebrauchtes" Computerprogramm nach Art. 5 Abs. 1 der RL 2009/24/EG ohne Zustimmung des Rechtsinhabers − Zugleich Kommentar zu BGH, Beschl. v. 3.2.2011 − I ZR 129/08, K&R 2011, 240; *Moritz,* Eingeschränkte Zulässigkeit der Weiterveräußerung gebrauchter Software, Zugleich Kommentar zu EuGH, Urt. v. 3.7.2012 − C-128/11 − Oracle/Usedsoft, K&R 2012, 493 ff., K&R 2012, 456; *Moritz/Tybusseck,* Computersoftware, Rechtsschutz und Vertragsgestaltung, 2. Aufl., München 1992; *Müller-Broich,* Autodistributive Computersoftware − Shareware, Freeware und Public Domain Software als Sonderformen der Softwareüberlassung, Franfurt a. M. 1998; *Nägele/Jacobs,* Rechtsfragen des Cloud Computing, ZUM 2010, 281; *Niemann/Paul,* Bewölkt oder wolkenlos − rechtliche Herausforderungen des Cloud Computings, K&R 2009, 444; *Nimmer,* Coexisting with Free and Open Source Software, CRi 2006, 129; *Nordemann, W.,* CPU-Klauseln in Software-Überlassungsverträgen, CR 1995, 5; *Omsels,* Open Source und das deutsche Vertrags- und Urheberrecht, in Schertz/Omsels (Hrsg.), Festschrift für Hertin von 60. Geburtstag, München 2000, 141 (zit. *Omsels* FS Hertin); *Oswald,* Erschöpfung durch Online-Vertrieb urheberrechtlich geschützter Werke, Hamburg 2005; *Paul/Preuß,* Softwarelizenzen und Erschöpfung, K&R 2008, 526; *Plaß,* Open Contents im deutschen Urheberrecht, GRUR 2002, 670; *Pohle/Ammann,* Software as a Service − auch rechtlich eine Evolution?, K&R 2009, 625; *Pohle/Ammann,* Über den Wolken ... − Chancen und Risiken des Cloud Computing, CR 2009, 273; *Polley,* Verwendungsbeschränkungen in Softwareüberlassungsverträgen, CR 1999, 345; *Polley,* Softwareverträge und ihre kartellrechtliche Wirksamkeit − Zur Anwendbarkeit Gruppenfreistellungsverordnungen der Europäischen Kommission auf Softwareverträge unter besonderer Berücksichtigung der neuen Technologietransfer-GVO, CR 2004, 641; *Polley,* Die neue Vertikal-GVO − Inhaltliche Neuerungen und verpasste Chancen, CR 2010, 625; *Polley/Seeliger,* Anwendung der neuen Gruppenfreistellungsverordnung für Vertikalverträge Nr. 2790/1999, CR 2001, 1; *Pres,* Gestaltungsformen urheberrechtlicher Softwarelizenzverträge, Köln 1994; *Rath/Maiworm,* Weg frei für Second-Hand-Software?, EuGH, Urteil vom 3.7.2012 − C-128/11 ebnet Handel mit gebrauchter Software, WRP 2012, 1051; *Raubenheimer,* Beseitigung/Umgehung eines technischen Programmschutzes nach UrhG und UWG, CR 1996, 69; *Raubenheimer,* Die jüngste Rechtsprechung zur Umgehung/Beseitigung eines Dongles, NJW-CoR 1996, 174; *Redeker,* IT-Recht, 5. Aufl., München 2012; *Reinbothe,* Der Schutz des Urheberrechts und der Leistungsschutzrechte im Abkommensentwurf GATT/TRIPs, GRUR Int. 1992, 707; *Reinbothe,* Die EG-Richtlinie zum Urheberrecht in der Informationsgesellschaft, GRUR Int. 2001, 733; *Reinbothe,* Die

Umsetzung der EU-Richtlinie ins deutsche Recht, ZUM 2002, 43; *Rinkler,* BGH-Vorlagebeschluss – Lizenz bis zur Erschöpfung, ITRB 2011, 234; *Royla/Gramer,* Urheberrecht und Unternehmenskauf – Reichweite von Zustimmungserfordernis und Rückrufrecht des Urhebers von Computerprogrammen, CR 2004, 154; *Rosén,* Urheberrecht und verwandte Schutzrechte in der Informationsgesellschaft – Zur Umsetzung der EG-Richtlinie 2001/29/EG in den nordischen Ländern, GRUR Int. 2002, 195; *Rüffler,* Ist der Handel mit gebrauchter Software zulässig?, ÖBl. 2008, 52; *Sack,* Das internationale Wettbewerbs- und Immaterialgüterrecht nach der EGBGB-Novelle, WRP 2000, 269; *Schack,* Rechtsprobleme der Online-Übermittlung, GRUR 2007, 639; *Schäfer,* Aktivlegitimation und Anspruchsumfang bei der Verletzung der GPL v2 und v3, K&R 2010, 298; *Senftleben,* Die Fortschreibung des urheberrechtlichen Erschöpfungsgrundsatzes im digitalen Umfeld, Die UsedSoft-Entscheidung des EuGH: Sündenfall oder Befreiungsschlag?, NJW 2012, 2924; *Schneider, Jochen,* Handbuch des EDV-Rechts, 4. Aufl. Köln 2009; *Schneider, Jochen,* Rechnerspezifische Erschöpfung bei Software im Bundle ohne Datenträgerübergabe, CR 2009, 553; *Schneider/Spindler,* Der Kampf um die gebrauchte Software – Revolution im Urheberrecht?, Das Urteil des EuGH vom 3.7.2012 – Rs. C-128/11 – „UsedSoft" Gebrauchtsoftware, CR 2012, 489; *Schneider, Jörg,* Softwarenutzungsverträge im Spannungsfeld von Urheber- und Kartellrecht, München 2011; *Schulte,* Der Referentenentwurf eines Zweiten Gesetzes zur Änderung des Urheberrechtsgesetzes, CR 1992, 648; *Schultze/Pautke/Wagener,* Die letzte ihrer Art – Die Gruppenfreistellungsverordnung für Technologietransfer-Vereinbarungen – Reformentwürfe der Kommission, WRP 2004, 175; *Schrader/Rautenstrauch,* Geltung des Erschöpfungsgrundsatzes beim Online-Erwerb durch unkörperliche Übertragung urheberrechtlich geschützter Werke, K&R 2007, 249; *Schulz,* Dezentrale Softwareentwicklungs- und Softwarevermarktungskonzepte, Köln u. a. 2005; *Schumacher,* Wirksamkeit von typischen Klauseln in Softwareüberlassungsverträgen, CR 2000, 641; *Schumacher,* Schutz von Algorithmen für Computerprogramme, Münster 2004; *Schumacher/Schmid,* Die neue Gruppenfreistellungsverordnung für Technologietransfer-Vereinbarungen, GRUR 2006, 1; *Schmidt,* Die Kontrolle Allgemeiner Geschäftsbedingungen in Programmüberlassungsverträgen, in: Lehmann (Hrsg.), Rechtsschutz und Verwertung von Computerprogrammen, 2. Aufl., Köln 1993, 701 (zit.: Schmidt in Lehmann); *Schuppert/Greissinger,* Gebrauchthandel mit Softwarelizenzen – Wirksamkeit vertraglicher Weitergabebeschränkungen, CR 2005, 81; *Schuster/Reichl,* Cloud Computing & SaaS: Was sind die wirklich neuen Fragen? – Die eigentlichen Unterschiede zu Outsourcing, ASP & Co liegen im Datenschutz und der TK-Anbindung, CR 2010, 38; *Schweyer,* Die rechtliche Bewertung des Reverse Engineering in Deutschland und den USA, Tübingen 2012; *Seffer/Beninca,* OEM-Klauseln unter dem Gesichtspunkt des europäischen Kartellrechts, ITRB 2004, 210; *Seitz,* „Gebrauchte" Softwarelizenzen, Der Zweiterwerb von Nutzungsrechten an Computerprogrammen, München 2012; *Sester,* Open-Source-Software: Vertragsrecht, Haftungsrisiken und IPR-Fragen, CR 2000, 797; *Siepmann,* Lizenz- und haftungsrechtliche Fragen bei der kommerziellen Nutzung Freier Software, JurPC Web-Dok. 163/1999; *Splittgerber/Rockstroh,* Sicher durch die Cloud navigieren – Vertragsgestaltung beim Cloud Computing, BB 2011, 2179; *Söbbing,* Embedded Software, ITRB 2013, 162; *Sosnitza,* Die urheberrechtliche Zulässigkeit des Handels mit „gebrauchter" Software, K&R 2006, 206; *Sosnitza,* Gemeinschaftsrechtliche Vorgaben und unionsberrechtlicher Gestaltungsspielraum für den Handel mit gebrauchter Software, ZUM 2009, 521; *Sosnitza,* „Gebrauchte Software": Licht und Schatten auf dem Weg von Karlsruhe nach Luxemburg, K&R 2011, 243; *Spindler,* Europäisches Urheberrecht in der Informationsgesellschaft, GRUR 2002, 105; *Spindler,* Rechtsfragen bei Open Source, Köln 2004; *Spindler,* Der Handel mit Gebrauchtsoftware, Erschöpfungsgrundsatz quo vadis?, CR 2008, 69; *Spindler,* Grenzen des Softwareschutzes – Das Urteil des EuGH in Sachen SAS Institute CR 2012, 417; *Steinle,* Eine rechtliche Analyse der Softwarelizenzen von Webbrowsern, JurPC Web-Dok. 139/2007; *Stögmüller,* Handel mit Softwarelizenzen – tatsächlich erlaubt? – Anmerkung zum Urteil des LG München I vom 28.11.2007 30 O 8684/07, K&R 2008, 428; *Strowel,* Exhaustion: New Interpretation for Software Distribution, – A European notion of consent could determine the exhaustion of a copyright holder's distribution right, CR Int. 2002, 7; *Sucker,* Lizenzierung von Computersoftware (II), Kartellrechtliche Grenzen nach dem EWG-Vertrag, CR 1989, 468; *Sujecki,* Vertrags- und urheberrechtliche Aspekte von Open Source Software im deutschen Recht, JurPC Web-Dok. 145/2005; *Teufel,* Freie Software, Offene Innovation und Schutzrechte, Mitt. 2007, 341; *Thum,* Internationalprivatrechtliche Aspekte der Verwertung urheberrechtlich geschützter Werke im Internet, GRUR Int. 2001, 9; *Timm,* Kartellrecht der Softwareverträge, Frankfurt a. M. 2005; *Ulmer,* Online-Bezug von Software – Tritt dennoch Erschöpfung ein?, ITRB 2008, 138; *Ulmer/Hoppen,* Was ist das Werkstück des Software-Objektcodes? – Ein technisch fundierter Ansatz zur Erschöpfungs-Debatte bei Online-Übertragungen, CR 2008, 681; *Ulmer/Hoppen,* Die UsedSoft-Entscheidung des EuGH: Europa gibt die Richtung vor – Zu Voraussetzungen und Umfang der Erschöpfung des Verbreitungsrechts, ITRB 2012, 232; *van den Brande/Coughlan/Jaeger* (Hrsg.), The International Free and Open Source Software Law Book, München 2011; *Vander,* Urheberrechtliche Implikationen des EDV-Leasings – „Rental Rights" im Blickpunkt, CR 2011, 77; *Vianello,* Handel mit gebrauchter Software für Schüler, Studenten und Lehrkräfte, MMR 2012, 139; *Vinje,* Die EG-Richtlinie zum Schutz von Computerprogrammen und die Frage der Interoperabilität, GRUR Int. 1992, 250; *Wemmer/Bodensiek,* Bewertung von Online-Computerspielen in nicht lizenzierten Territorien, K&R 2010, 16; *Wiebe,* Rechtsschutz für Software in den neunziger Jahren, BB 1993, 1094; *Wiebe/Heidinger,* European Union Public Licence – EUPL V0.2, Kommentar, Wien 2006; *Wie-*

be/Heidinger, GPL 3.0 und EUPL – Aktuelle Entwicklungen im Bereich Open Source Lizenzen, MR 2006, 258; *Wimmers,* Urheberrechtliche Probleme beim IT-Outsourcing, in: Büchner/Dreier, Von der Lochkarte zum globalen Netzwerk – 30 Jahre DGRI, Köln 2007, 169 (zit. *Wimmers* in Büchner/Dreier); *Wissel/Eickhoff,* Die neue EG-Gruppenfreistellungsverordnung für Technologietransfer-Vereinbarungen – Neue Freistellungsvoraussetzungen für Lizenzvereinbarungen, WuW 2004, 1244; *Witte,* Online-Vertrieb von Software – Möglichkeiten der Erschöpfung des Verbreitungsrechts bei der Onlineübertragung von Software, ITRB 2005, 86; *Witte,* Entlokalisierung deutscher Softwareüberlassungsverträge – Auswirkungen des Folgebezugs mit Auslandsberührung, ITRB 2007, 190; *Wöstehoff,* Die First Sale Doktrin und der U. S.-amerikanische Softwaremarkt, Hamburg 2008; *Wolf,* Vertikale Kontrolle durch Immaterialgüterrecht, Baden-Baden 2009; *Zahrnt,* Überlassung von Softwareprodukten nach neuem Urheberrecht, CR 1994, 457; *Zecher,* Die Umsetzung der EU-Urheberrechtsrichtlinie in deutsches Recht II, ZUM 2002, 451; *Zecher,* Zur Umgehung des Erschöpfungsgrundsatzes bei Computerprogrammen, Baden-Baden 2004; *Zöttl,* Das neue EG-Kartellrecht für Technologietransferverträge – Erste Erfahrungen aus der Anwendungspraxis, WPR 2005, 33.

Vgl. darüber hinaus die Angaben im eingangs abgedr. Gesamtliteraturverzeichnis.

Übersicht

	Rn.
I. Schutzzweck und Systematik	1
II. Regelungsinhalt	2–61
1. Ausschließliche Rechte	2
2. Rechtsinhaber	3
3. Das Vervielfältigungsrecht	4–16
a) Vervielfältigung	4–13
aa) Einfache Kopie	4
bb) Benutzung	5–8
cc) Nachahmung	9–13
b) Ganz oder in Teilen	14
c) Dauerhafte oder vorübergehende Vervielfältigungen	15
d) In jeder Form und mit jedem Mittel	16
4. Das Recht zur Übersetzung, Bearbeitung, zum Arrangement und zur sonstigen Umarbeitung	17–23
a) Bedeutung und Systematik	17
b) Umarbeitungen	18–21
c) Vorbehalt des § 69c Nr. 2 S. 2	22
d) Verhältnis zu § 39	23
5. Das Verbreitungsrecht (einschließlich seiner Erschöpfung)	24–41
a) Verbreitung	25–27
b) Original oder Vervielfältigungsstück	28, 29
c) Erschöpfung	30–41
aa) Inverkehrbringen eines Vervielfältigungsstückes im Wege der Veräußerung	30–32
bb) Mit Zustimmung des Rechtsinhabers	33
cc) Rechtsfolge der Erschöpfung in Bezug auf das Vervielfältigungsstück	34–37
dd) Weitergabeverbote	38–41
6. Vermietrecht	42–48
a) Allgemeines	42
b) Körperliche Gebrauchsüberlassung	43
c) Keine Anwendung bei unkörperlicher Überlassung	44, 45
d) Nicht im Rahmen eines Arbeits- oder Dienstverhältnisses	46
e) Zu unmittelbaren oder mittelbaren Erwerbszwecken	47, 48
7. Das Recht der öffentlichen Wiedergabe einschließlich der öffentlichen Zugänglichmachung	49–61
a) Öffentliche Wiedergabe eines Computerprogramms	50
b) Insb. in Form der öffentlichen Zugänglichmachung	51–56
aa) Zugänglichmachung eines Computerprogramms	51–53
bb) Mitglieder der Öffentlichkeit	54
cc) Von Orten ihrer Wahl zugänglich	55
dd) Zu Zeiten ihrer Wahl zugänglich	56
c) Drahtgebundene oder drahtlose Übertragung	57
d) Anwendungsgrenzen	58–61

	Rn.
III. Einzelfragen	62–96
1. Sonstige Nutzungsrechte	62–66
a) Verleihen	62
b) Netzwerkbetrieb	63, 64
c) Datenfernübertragung, Application Service Providing und Cloud Services	65, 66
2. Fragen des Lizenzrechts	67–96
a) Softwarevertriebsverträge	67
b) Public-Domain-Software, Freeware, Shareware	68–72
c) Open-Source-Software	73–81
d) OEM-Software, Updates, Schulversionen und andere Spezialversionen	82–94
aa) Anwendbarkeit des § 31 neben § 69c Nr. 3 S. 2	83
bb) Selbstständige Nutzungsart	84–88
(1) Upgrade-Versionen	85
(2) Update-Versionen	86
(3) OEM-Versionen	87
(4) Demo- und Testversionen, Schüler- und Studentenversionen, Schulversionen	88
cc) Keine beschränkte Erschöpfungswirkung	89–91
dd) Maßnahmen mit gleichem Effekt	92–94
e) Fremdmodule	95, 96

I. Schutzzweck und Systematik

§ 69c Nr. 1–3 setzt Art. 4 der Computerprogramm-Richtlinie um. Danach stehen dem **1** Urheber das **Vervielfältigungs-, Umarbeitungs- und Verbreitungsrecht** zu. Die Computerprogramm-Richtlinie soll der Vereinheitlichung der Verwertungs- und Nutzungsrechte dienen und damit die Grundlage für europaweit angeglichene Lizenzen schaffen. Dementsprechend hat sich der deutsche Gesetzgeber für eine fast wörtliche Umsetzung entschieden (AmtlBegr. BT-Drucks. XII/4022, 11). Die §§ 16, 17 und 23 werden durch diese verdrängt, während § 24 entsprechend heranzuziehen ist (s. auch § 69a Rn. 53). Das **Recht der öffentlichen Wiedergabe einschließlich der öffentlichen Zugänglichmachung** (insb. in der Form der Online-Übertragung) wurde durch Art. 4c Computerprogramm-Richtlinie nicht zwingend vorgeschrieben (Bericht der Kommission über die Umsetzung und die Auswirkung der Richtlinie 91/250/EWG über den Rechtsschutz von Computerprogrammen, KOM [2000] 199 endg. vom 10.4.2000, 18). Allerdings galten für Computerprogramme bis zum 13.9.2003 über § 69a Abs. 4 die allgemeinen Regeln des § 15 Abs. 2 und 3 (s. § 69a Rn. 53; BGH GRUR 2009, 864, 865 – CAD-Software). Zumal § 15 neben den benannten auch unbenannte Verwertungsrechte kennt (dazu *v. Gamm* § 15 Rn. 1, 3 f.), stellten auch die gegenüber der Öffentlichkeit erfolgende Online-Übermittlung und -Bereithaltung nach h. M. eine Form der öffentlichen Wiedergabe dar (dazu 1. Aufl. Rn. 51 ff.). Neu aufzunehmen war ein solches Verwertungsrecht in Form eines Rechts der öffentlichen Wiedergabe einschließlich der öffentlichen Zugänglichmachung erst aufgrund von Art. 4 i. V. m. **8 WCT** (Bericht der Kommission KOM [2000] 199 endg. v. 10.4.2000, 18; zu Art. 8 WCT auch Vor §§ 69a ff. Rn. 9). Auch **Art. 3** der **Multimedia-Richtlinie** (s. Vor §§ 31 ff. Rn. 3) führte ein solches Recht ein. Der Gesetzgeber sah sich mithin veranlasst, mit § 69c Nr. 4 das Recht der öffentlichen Wiedergabe auch speziell für Computerprogramme zu kodifizieren und mit der Regelung des Rechts der öffentlichen Zugänglichmachung eine Form der öffentlichen Wiedergabe als Ausschließlichkeitsrecht explizit zu benennen. Er folgt damit den Empfehlungen der EU-Kommission (vgl. Bericht der Kommission KOM [2000] 199 endg. vom 10.4.2000, 18). Der Neueinführung der besagten Rechte steht auch nicht Art. 1 Abs. 2 lit. a) Multimedia-Richtlinie entgegen, denn die Regelung besagt lediglich, dass bereits aufgrund der Computerprogramm-Richtlinie vorgesehene Bestimmungen unberührt bleiben müssen

(*Jaeger* CR 2002, 309, 311; *Dreier* ZUM 2002, 28, 29). Eine gleichartige Bestimmung gab es bisher nach der Computerprogramm-Richtlinie aber nicht.

II. Regelungsinhalt

1. Ausschließliche Rechte

2 § 69c gewährt dem Rechtsinhaber ausschließliche Rechte. Das entspricht §§ 15 ff. und beinhaltet wie bei diesen das positive Benutzungs- sowie das negative Verbietungsrecht. Eine Verpflichtung zur Rechtseinräumung kann ganz ausnahmsweise aufgrund des Kartellrechts für marktmächtige Unternehmen bestehen (vgl. dazu auch Vor §§ 69a ff. Rn. 17; § 69e Rn. 27). Unklar ist, ob die Rechte des § 69c zugleich vermögensrechtlichen und urheberpersönlichkeitsrechtlichen Gehalt haben. Dagegen spricht § 69b und der Charakter der §§ 69a ff. (dazu Vor §§ 69a ff. Rn. 6f. und § 69a Rn. 48 ff.). Eingeschränkt werden die Rechte insb. durch die §§ 69d und 69e, daneben aber auch aufgrund kartellrechtlicher Normen. Hingegen bestehen Schranken im eigentlichen Sinne für Computerprogramme grds. nicht. Lediglich § 45 kann anzuwenden sein (dazu näher § 69a Rn. 74f.).

2. Rechtsinhaber

3 Inhaber der Verwertungsrechte ist nach § 15 grds. der „Urheber", mithin der Schöpfer (§ 7). Abweichend hiervon spricht § 69c vom „Rechtsinhaber", ohne näher darzulegen, wer Rechtsinhaber ist. Dies legt den Schluss nahe, dass die Verwertungsrechte übertragen werden können (s. auch § 69a Rn. 55). Allerdings spricht nichts dafür, § 69b sogar dagegen (vgl. § 69b Rn. 1, 18), dass sich der Gesetzgeber vom sog. Schöpferprinzip lösen wollte, nach dem grds. der Urheber Inhaber aller Verwertungsrechte bleibt. Rechtsinhaber ist also primär der Urheber und gegebenenfalls nach § 69b eine logische Sekunde später der Arbeitgeber. Haben mehrere gemeinschaftlich das Computerprogramm geschaffen, sind sie Miturheber (vgl. dazu § 69a Rn. 45).

3. Das Vervielfältigungsrecht

4 **a) Vervielfältigung. aa) Einfache Kopie.** Das bei Computerprogrammen wirtschaftlich bedeutendste Recht ist das Vervielfältigungsrecht. Eine Vervielfältigung liegt nach ganz h. M. immer dann vor, wenn die Programmdaten dem Menschen, etwa durch Ausdruck, sichtbar gemacht werden können (näher § 16 Rn. 4 ff., 16). Folglich stellt jegliches Abspeichern auf selbstständig verkehrsfähigen **Datenträgern** (etwa Diskette, Festplatte, Streamer-Band, CD-ROM, CD-RW, MO-Disk, ZIP-Disk, DVD etc.) eine Vervielfältigungshandlung dar (BGH GRUR 1994, 363, 364f. – Holzhandelsprogramm; *Grützmacher* 228 m.w.N.). Hieraus folgt ein Schutz gegen die **Eins-zu-eins-Übernahme des Programmcodes,** wie sie für Raubkopien und Produktpiraterie typisch ist, aber auch die urheberrechtliche Kontrolle der Erstinstallation. Auch der **Ausdruck** des Computerprogramms, sei es des Quellcodes (Programmlistings) oder des Objektcodes, ist eine Vervielfältigung i. S. d. § 69c Nr. 1 (vgl. *Marly* Praxishandbuch Rn. 134, 1541).

5 **bb) Benutzung.** Weiter sorgt das Vervielfältigungsrecht dafür, dass jedes im Einsatz befindliche Computerprogramm im Grundsatz käuflich erworben oder aufgrund einer Lizenz benutzt werden muss. In Netzwerken darf ein Computerprogramm zudem nur auf Basis einer entsprechenden Lizenz parallel von mehreren Nutzern gleichzeitig genutzt werden (s. Rn. 6, 63 f.). Es findet also eine **urheberrechtliche Kontrolle der Benutzung,** nämlich des Ladens, nicht aber des Ablaufenlassens des Programms (s. u. Rn. 7) statt. Technisch gesehen erfordert die Benutzung in aller Regel ein Laden in den Arbeitsspeicher (vgl. § 69c Nr. 1 S. 2; etwas anderes gilt mitunter für ROMs und EPROMs; zur Problematik der rich-

tigen Antragsformulierung *Bartsch* CR 1999, 361). Selbst die nur vorübergehende Speicherung im **Arbeitsspeicher** stellt aber nach heute ganz h. M. eine Vervielfältigung dar (BGH CR 2011, 223, 224 – UsedSoft; OLG Celle CR 1995, 16; OLG Karlsruhe CR 2009, 217, 220; OLG Celle JurPC Web-Dok. 89/2012, Abs. 10; LG München MMR 2008, 839, 840; Mestmäcker/Schulze/*Haberstumpf* § 69c Rn. 5; Dreier/Schulze/*Dreier* § 69c Rn. 8; *Haberstumpf* in Lehmann Kap. II Rn. 117 ff.; *Marly* Urheberrechtsschutz 164 ff.; *Marly* Praxishandbuch Rn. 135 ff., 1540 f.; *Grützmacher* 231 f.; *Pres* 110 f.; *Schack* Rn. 418; *Bartsch* CR 1999, 361 f.; *Lehmann* FS Schricker 1995, 543, 566; indirekt auch AmtlBegr. BT-Drucks. XII/4022, 14; wohl auch BGH GRUR 2005, 860, 863 – Fash 2000; FG München CR 1997, 23, 24; noch zum alten Recht AG Freising CR 1990, 55; AG Amberg CR 1990, 658; a. A. Möhring/Nicolini/*Hoeren* § 69c Rn. 5; *Hoeren*/Schumacher CR 2000, 137, 144; *Schumacher* CR 2000, 641, 645, 646; zum alten Recht *Bartsch* CR 1987, 8, 10; *König* Rn. 481 ff.; unklar LG Mannheim CR 1999, 360, 361, welches augenscheinlich von der technisch falschen Prämisse ausgeht, die Benutzung erfordere kein Laden in den Arbeitsspeicher; vgl. auch die Kritik von *Bartsch* CR 1999, 361 f.; offen lassend BGH GRUR 1994, 363, 365 – Holzhandelsprogramm).

Die **Gegenargumentation,** es fehle an der nötigen Beständigkeit, wie sie für ein Vervielfältigungsstück typisch sei, vermag aufgrund der schon nach dem Wortlaut der Vorschrift nicht geforderten Dauerhaftigkeit nicht zu überzeugen (*Marly* Praxishandbuch Rn. 140 ff., 1540; *Pres* 110). Dafür spricht nunmehr auch die Anpassung des Wortlauts des § 16 Abs. 1 an die Formulierung des § 69c Nr. 1 (*Marly* Praxishandbuch Rn. 140 unter Hinweis auf die Gesetzesbegründung zu § 44a, Begr. BRegE BT-Drucks. 684/02, 39). Zudem kann keineswegs davon gesprochen werden, dass einmal geladene Software in Großrechnern wie in Notebooks nicht dauerhaft genutzt werden kann (vgl. *Marly* Praxishandbuch Rn. 147 ff.; *Grützmacher* 231). Auch kann es nicht darauf ankommen, ob eine zusätzliche Nutzungsmöglichkeit geschaffen werden kann (so aber noch *Bartsch* CR 1987, 8, 10 Fn. 12; *König* Rn. 486 ff.), da andernfalls nur gegen die auf Speichermedien erstellte Raubkopie, nicht aber auf die hiervon im Speicher vorhandene Kopie vorgegangen werden könnte (*Marly* Praxishandbuch Rn. 151 ff.; *Grützmacher* 232; jetzt auch *Bartsch* CR 1999, 361, 362; vgl. aber auch LG Mannheim CR 1999, 360 f.). Weiter wird zu Recht darauf hingewiesen, dass es die Interessen des Rechtsinhabers erfordern, ihn gegen die unbegrenzte **Nutzung in Netzwerken** abzusichern, während die Interessen der Nutzer heute durch § 69d umfassend geschützt sind (Schricker/*Loewenheim* [2. Aufl.] § 69c Rn. 9). Bestätigt wird diese Rechtsauffassung nicht zuletzt durch die amtliche Begründung zu § 69f (Amtl-Begr. BT-Drucks. XII/4022, 14) sowie Art. 5 lit. a Datenbank-Richtlinie und dessen Entstehungsgeschichte (*Grützmacher* 233). Ob hingegen Art. 4 lit. a S. 2 Computerprogramm-Richtlinie den Mitgliedstaaten die Vorgabe macht, das Speichern als Vervielfältigung anzusehen, ist streitig (bejahend *Marly* Urheberrechtsschutz 177 f.; *Schulte* CR 1992, 648, 650; *Moritz*/Tybusseck Rn. 444; verneinend *Dreier* CR 1991, 577; 579 f.; *Lehmann* GRUR Int. 1991, 327, 330 f.; *Lehmann* in Lehmann Kap. I Rn. 13; *Günther* JurPC 1994, 2488, 2494; tendenziell *Vinje* GRUR Int. 1992, 250, 253). – Im Übrigen wird der Rechtsinhaber nach heutigem Stand der Technik teilweise zugleich gegen Parallelnutzungen geschützt, weil einige Betriebssysteme im Rahmen so genannten Cachings und Swappings Teile des Arbeitsspeichers kurzfristig auf der Festplatte zwischenspeichern (*Caduff* 26 Fn. 153, 156a. E.; *Koch* NJW-CoR 1994, 293; *Marly* Praxishandbuch Rn. 139, Fn. 367). Hier ist die Vervielfältigung immanent.

Keine Vervielfältigung stellt hingegen nach h. M. der **bloße Programmablauf (,,Lauf als solcher"),** d. h. das Abarbeiten der Daten im Prozessor dar (LG Mannheim CR 1999, 360, 361; Schricker/Loewenheim/*Loewenheim* § 69c Rn. 8; Fromm/Nordemann/*Czychowski* § 69c Rn. 8, 10; *Marly* Urheberrechtsschutz 164 ff.; *Marly* Praxishandbuch Rn. 135 f., 159 ff., 1541 jeweils m. w. N.; *Haberstumpf* in Lehmann Kap. II Rn. 122 ff.; *Lehmann* FS Schricker 1995, 543, 566; *Lehmann* CR 1994, 277, 278; *Hoeren*/Schumacher CR 2000, 137, 139; *Pres*

112; a. A. *Junker/Benecke* Rn. 64; *Moritz/Tybusseck* Rn. 233; *Giedke* 379f., Fn. 2136 offen lassend BGH GRUR 1994, 363, 365 – Holzhandelsprogramm; wohl ablehnend noch zum alten Recht: BGHZ 112, 264, 278 – Betriebssystem; zum Parallelproblem bei Datenbanken *Grützmacher* 235 ff.). Nach Auffassung des BGH ist diese Frage auch durch die Neuregelung des § 69c Nr. 1 nicht abschließend beantwortet (BGH GRUR 1994, 363, 365 – Holzhandelsprogramm). Entscheidend ist die Frage aber dann, wenn sich das Computerprogramm im ROM-Speicher (so auch Fromm/Nordemann/*Czychowski* § 69c Rn. 8, 10) oder aufgrund vorheriger Anwendung aus irgendwelchen Gründen noch im Arbeitsspeicher befindet. Nach der Mindermeinung wird das „reine Benutzen", also der Programmablauf, deshalb vom „computerrechtlichen Vervielfältigungsbegriff" des § 69c Nr. 1 erfasst, weil eine Differenzierung zwischen Laden und Ablauf des Programms nicht praktikabel und für den Besitzer gerade die Nutzung entscheidend sei (*Junker/Benecke* Rn. 64). Nach der h. M. hingegen reicht das sequentielle Kopieren der einzelnen Programmdaten in die Register des Prozessors nicht, um von einer Vervielfältigung sprechen zu können (vgl. *Marly* Praxishandbuch Rn. 159 ff.). Zweifel bestehen jedoch dann, wenn der Prozessor selbst über einen internen Cache-Speicher verfügt, in den Programmteile zu Beschleunigungszwecken geladen werden (vgl. § 69c Nr. 1 S. 2: „Soweit das ... Ablaufen ..."; eine Vervielfältigung für den Fall wesentlicher Teile nehmen *Kochmann* 166 und *Schweyer* 93 f. an; *Marly* Praxishandbuch Rn. 161 hegt diese Zweifel erst bei externem Caching und verweist a. a. O. Rn. 163 hilfsweise noch auf § 44a; vgl. auch *Caduff* 26 Fn. 153, 156 aE; Berger/Wündisch/*Frank/Wimmers* § 24 Rn. 15; Mestmäcker/Schulze/*Haberstumpf* § 69c Rn. 2; *Hoeren/Schumacher* CR 2000, 137, 139 Fn. 17; s. dazu oben Rn. 6; immer eine Vervielfältigung annehmend *Giedke* 379 f., Fn. 2136, die hierfür eine vom Gesetz nicht gedeckte Gesamtbetrachtung anführt). Gleichwohl ist bei mehreren Cores nicht ohne Weiteres von zusätzlichen Vervielfältigungshandlungen auszugehen (diese verneinend offenbar auch LG Frankfurt CR 2013, 768, 771; siehe dazu auch § 69d Rn. 39; *Grützmacher* CR 2011, 697, 704 f.). Hier wird die Rechtsprechung klären müssen, ob diese **technischen Zufälligkeiten** über die urheberrechtliche Qualität der Handlung entscheiden können. Dagegen spricht tendenziell auch das in Art. 5 Abs. 1 Multimedia-Richtlinie statuierte und in § 44a umgesetzte Prinzip, das allerdings gem. Art. 1 Abs. 2 lit. a auf Computerprogramme keine direkte Anwendung findet (dazu Rn. 15; im Grundsatz ähnlich Mestmäcker/Schulze/*Haberstumpf* § 69c Rn. 2; Dreier/Schulze/*Dreier* § 69c Rn. 9).

8 Nach allgemeiner Meinung keine Vervielfältigung stellt mangels Verkörperung die **Darstellung auf dem Bildschirm** dar (Schricker/Loewenheim/*Loewenheim* § 69c Rn. 9; im Grundsatz ähnlich Mestmäcker/Schulze/*Haberstumpf* § 69c Rn. 3; *Haberstumpf* in Lehmann Kap. II Rn. 116; *Marly* Urheberrechtsschutz 174 ff.; *Marly* Praxishandbuch Rn. 134, 1541 jeweils m. w. N.; *Pres* 112; *Schweyer* 94 ff.; noch zum alten Recht BGHZ 112, 264, 278 – Betriebssystem). Dagegen spricht auch nicht die offene Formulierung des § 69c Nr. 1 S. 2 („Soweit das ... Anzeigen ...").

9 cc) **Nachahmung.** Schließlich schützt das Vervielfältigungsrecht vor unerlaubten **Nachahmungen und Übernahmen der Programmstruktur.** Zwar schützt der Urheberschutz nicht vor der Übernahme von Ideen, wohl aber vor der Übernahme individueller Züge des Werkes, die nicht allein in der äußeren Form zu suchen sind (näher § 69a Rn. 4 ff., 22 ff.; allgemein *Schack* Rn. 188). Vorausgesetzt, Programmstruktur bzw. Grob- und Feinkonzeption sind nicht rein sachbedingt und daher schutzfähig (dazu näher § 69a Rn. 34 f.), liegt dementsprechend eine Vervielfältigung vor, wenn das individuelle Design eines Programms, wie es sich bereits in der Phase der Grob- und Feinkonzeption herauskristallisiert, übernommen wird (zustimmend *Karl* 127 f.). Da Programme theoretisch auf jeder ihrer Entwicklungsstufen schutzfähig sein können, kann die Nachahmung sich theoretisch auch auf jede dieser Stufen beziehen. In der Praxis wird vor allem die Konzeption die nötige Individualität aufweisen (§ 69a Rn. 8, 35) und übernommen werden. Dementsprechend kann etwa die Wiederverwertung der einer Auftragserstellung zugrunde liegenden Konzeption entgegen Stimmen in der Literatur zum alten Recht (*Sucker* CR 1989, 468, 477; vgl. auch *Brandi-Dohrn* GRUR 1985, 179, 180) unzulässig sein (entscheidend ist, ob ausschließliche oder einfache Nutzungsrechte eingeräumt wurden; dazu § 69a Rn. 64).

Zu prüfen ist also zunächst, welche Elemente übernommen wurden bzw. identisch 10 sind, und dann, ob diese schutzfähig sind (dazu ausführlich *Schumacher* 129 ff.; s. a. *Karl* 222 ff.). Eine Verletzung durch Nachahmung des Gewebes des Computerprogramms kann demnach vorliegen bei einer **ähnlichen inneren Struktur und Organisation** des Computerprogramms (Grobkonzept) oder bei der Übernahme der **konkreten Sammlung, Auswahl und Gliederung der Befehle** (Feinkonzept). Das erfordert die Übernahme der Grundkonzeption des Programms, der individuellen (formalen) Programmstruktur oder der Art und Weise der Implementierung und Zuordnung von Algorithmen zueinander (Grobkonzept) oder, sei es kumulativ oder alternativ, die Übernahme der konkreten Befehlsfolge und -auswahl, der Anordnung von Befehlsgruppen, Unterprogrammen und Modulen oder der Art, wie Unterprogramme und Arbeitsroutinen aufgeteilt und mit Verzweigungsanweisungen verknüpft werden (Feinkonzept). Ausreichend kann etwa die Übernahme des Programmablauf-/Flussdiagramms sein (OLG Karlsruhe CR 2010, 427, 432), allerdings in den Grenzen der Schutzfähigkeit nach § 69a Abs. 2 (s. § 69a Rn. 22 f.). Andersherum sprechen unterschiedliche Programmiersprachen per se noch nicht gegen eine Übernahme (OLG Karlsruhe CR 2010, 427, 432). Erlaubt ist demgegenüber die Übernahme der Ideen, mithin eine funktionelle Imitation (vgl. KG CR 2010, 424, 425), insb. mittels Clean-room-Programmierung (dazu § 69d Rn. 65). Kann demgegenüber eine Übereinstimmung von mehr als nur Ideen festgestellt werden, ist weiter zu fragen, ob die **betroffenen Teile ausreichend individuell,** ob also die Übereinstimmungen nicht lediglich sachbedingt sind (vgl. OLG Hamburg ZUM 2001, 519, 521 – Faxkarte). Schließlich darf es sich nicht um einen nur marginalen Teil handeln (Gedanke des § 24). Eingegriffen wird bei einer derart festgestellten Verletzung des Vervielfältigungsrechts durch die unerlaubte Nachahmung und Übernahme der Programmstrukturen zugleich immer in das Bearbeitungsrecht (s. Rn. 17 ff.), welches bei einer anderen Person liegen kann.

Die **Darlegungs- und Beweislast bei der Nachahmung** trifft den Rechtsinhaber, 11 was dazu führt, dass ein einstweiliges Verfügungsverfahren oftmals ausscheiden muss (dazu Vor §§ 69a ff. Rn. 18). Sieht man von Raubkopien ab, ist der **Nachweis** der unerlaubten Übernahme und Nachahmung für den Rechtsinhaber sehr schwierig, weil er in aller Regel nur die Eins-zu-eins-Kopie des Programmcodes und die Übernahme äußerer Gestaltungsmerkmale leicht nachweisen kann. Die Erzeugung des gleichen **Objektcodes** ist unwahrscheinlich (vgl. *Lietz* CR 1991, 564, 568). Die Übernahme des Programmcodes lässt sich aber durch Dekompilierung, Neu-Kompilierung mittels eines anderen Compilers sowie die Nutzung anderer Bibliotheken vertuschen, da ein solches Verfahren zu einem erheblich geänderten Programmcode führt (vgl. *Lietz* CR 1991, 564, 567; *Marly* Urheberrechtsschutz 275 f.). Und **gegen eine Indizwirkung** der Übernahme **äußerer Gestaltungsmerkmale** (etwa der Bildschirmmaske) für die Übernahme der inneren Struktur (so aber LG Mannheim CR 1994, 627; vgl. auch OLG Karlsruhe GRUR 1994, 726 – Bildschirmmasken – m. krit. Anm. *Günther* CR 1994, 610, 611 f.; dagegen hingegen auch OLG Hamburg ZUM 2001, 519, 521 – Faxkarte; s. a. *Karl* 268) spricht, dass die gleiche äußere Gestaltung mit unterschiedlichem Programmcode erzeugt werden kann (OLG Karlsruhe CR 2010, 427, 432; OLG Nürnberg, unveröffentl. Urt. vom 20.1.2009 – 3 U 942/06, juris Rn. 40; LG Frankfurt CR 2007, 424, 425; zweifelnd wohl auch BGH GRUR 1994, 39, 41 – Buchhaltungsprogramm; s. dazu auch § 69a Rn. 14). Auch eine Übereinstimmung von etwa 5% des Objektcodes oder beim Absturzverhalten beweist angesichts der heute gängigen Verwendung von Programmbibliotheken (Dritter) eine Übernahme des Codes des Anspruchstellers nicht (LG Düsseldorf ZUM 2007, 559, 564 f.). Unzureichend ist in Ansehung von § 69a Abs. 2 auch die Darlegung, dass Programmfunktionalitäten und -ideen sich gleichen (KG CR 2010, 424, 425 m. Anm. *Redeker*).

12 Daher wird sich der Rechtsinhaber die Mühe machen müssen, die Nachahmung oder Übernahme der inneren Struktur (seinerseits) mittels **Reverse Engineering** (vgl. auch § 69d Rn. 61 ff.) oder **Quellcodevergleich** (vgl. KG CR 2010, 424, 425 m. Anm. *Redeker;* LG Frankfurt CR 2006, 729, 731) etwa durch einen zur Verschwiegenheit verpflichteten Sachverständigen (s. zum Besichtigungsanspruch entsprechend § 101a UrhG, § 809 BGB, Vor §§ 69a ff. Rn. 24 ff. und zur Dekompilierung § 69e Rn. 30) nachzuweisen. Dabei ist praktisch zunächst nach gleichartigen Codesequenzen und an den so gefundenen Stellen dann nach gleichen Strukturen zu suchen (*Lietz* CR 91, 564, 567 f.). Ohne einen Quellcodevergleich ist der Rechtsinhaber prozessual kaum in der Lage, Bearbeitungen oder kleinere Übernahmen zu beweisen, denn der Binärcodevergleich reicht hierfür nicht (KG CR 2010, 424, 425 m. Anm. *Redeker*). Lässt ein Gericht den Quellcodevergleich durch einen Sachverständigen nicht zu, müssen aufgrund von Reverse Engineering ermittelte Indizien für die Übernahme der inneren Strukturen reichen. Würden auch noch strikte Anforderungen an den Nachweis der Übernahme der inneren Strukturen gestellt, bliebe der Urheber praktisch rechtlos, weil die Übernahme des Programmcodes, wie gesagt, vertuscht werden kann. Andererseits sind je nach Sachzwängen Doppelschöpfungen (von Teilen) der Programmstruktur denkbar und zulässig (vgl. dazu allgemein § 23 Rn. 19 ff.). So bleibt es am Imitator, die Indizien zu entkräften (LG Frankfurt CR 2006, 729, 731), etwa durch den Nachweis der Üblichkeit der Programmierung oder der Doppelschöpfung, insb. mittels dokumentierter Clean-room-Programmierung (vgl. § 69d Rn. 65).

13 **Indizien** für eine abhängige Nachschaffung, die durch einen Quellcodevergleich aufgedeckt werden können, sind primär die individuellen Merkmale des Programms (dazu Rn. 9 f.; *Karl* 269 ff.). Daneben können insb. mittels einer Quellcodebesichtigung die Übernahme von Programmfehlern, ineffizienten Gestaltungen, überflüssigen Programmbefehlen sowie sonstigen individuellen Elementen, die nicht zwangsläufig vorgegeben waren, als Indizien aufgedeckt werden (dazu näher OLG Frankfurt CR 1986, 12, 20 – Baustatikprogramme; LG München CR 1986, 384, 386; Schricker/Loewenheim/*Loewenheim* § 69c Rn. 17). Gleichwohl muss der Rechtsinhaber auch dann noch vortragen bzw. gegebenenfalls nachweisen, dass schutzfähige Teile übernommen wurden (ablehnend OLG Hamburg ZUM 2001, 519, 521 f. – Faxkarte: bei 13 identischen Programmblöcken mit jeweils 100 Byte, zu deren Urheberschutzfähigkeit nicht vorgetragen wurde). Gelingt es aber dem Rechtsinhaber nachzuweisen, dass Zeichenketten aus dem Quellcode des Rechtsinhabers übernommen wurden, muss der übernehmende Anbieter diese Indizien entkräften (LG Frankfurt CR 2006, 729, 731). Dass die übereinstimmenden Teile urheberrechtlich relevant, also ausreichend individuell sind, soll laut OLG Düsseldorf wieder vermutet werden; insofern trifft den vermeintlichen Verletzer die Darlegungs- und Beweislast für die Behauptung, dass technisch nicht-triviale und umfangmäßig nicht unerhebliche Sequenzen keinen Schutz genössen (OLG Düsseldorf CR 2009, 214, 216 unter Hinweis auf die Entscheidung BGH GRUR 2004, 860, 861; s. dazu § 69a Rn. 34, 36 f.). Demgegenüber soll laut dem Kammergericht der Verletzungskläger wohl entgegen der BGH-Rspr. nicht nur die Urheberschutzfähigkeit des eigenen Programms, sondern auch gerade die Übernahme urheberrechtlich geschützter Teile umfassend, d. h. ohne Annahme einer faktischen Vermutung darlegen und beweisen müssen (KG CR 2010, 424, 425 m. Anm. *Redeker*). Ist der Quellcode (vermeintlich) verloren gegangen, kann dies im Fall der **Beweisvereitelung** zur Beweiserleichterung führen (im konkreten Fall – Verlust während des Insolvenzverfahrens – verneinend LG Düsseldorf ZUM 2007, 559, 565).

14 **b) Ganz oder in Teilen.** Eine Vervielfältigung liegt schon vor, wenn Teile eines Programms übernommen wurden. Für die Vervielfältigung ist es ausreichend, dass Teile des Computerprogramms übernommen werden. § 69c Nr. 1 S. 1 („ganz oder teilweise")

§ 69c Zustimmungsbedürftige Handlungen   15–17   § 69c UrhG

bringt dieses im Gegensatz zu § 16 explizit zum Ausdruck. Das gilt für den Programmcode wie für die innere Struktur. Auch wenn die Grenze weit zu ziehen ist (*Haberstumpf* in Lehmann Kap. II Rn. 31), ist es auch gem. § 69c Nr. 1 S. 1 nicht ausreichend, wenn ungeschützte oder sonst gemeinfreie Teile übernommen werden (vgl. OLG Hamburg CR 1998, 332, 333 – Computerspielergänzung; OLG Hamburg ZUM 2001, 519, 521 f. – Faxkarte). Heranzuziehen sind die Rechtsgedanken des § 24, nach dem bei einem Verblassen der individuellen Züge keine unerlaubte Vervielfältigung bzw. Bearbeitung vorliegt (näher dazu § 24 Rn. 7 ff.).

c) Dauerhafte oder vorübergehende Vervielfältigungen. Erfasst werden sowohl 15 dauerhafte wie auch vorübergehende Vervielfältigungen. Als vorübergehende Vervielfältigung sollte durch § 69c Nr. 1 vor allem das Laden in den Arbeitsspeicher erfasst werden (dazu Rn. 5 f.). Auch Caching und Swapping durch Betriebssysteme und Hardware dürften im Grundsatz umfasst sein, wenn sie nicht technische Zufälligkeiten darstellen. Demgegenüber ist davon auszugehen, dass sich weder der europäische noch der deutsche Gesetzgeber Gedanken über Zwischenspeicherungen im Rahmen der Verbreitung über Online-Netze, insb. das Internet, gemacht haben. Zwischenspeicherungen vergleichbar der Proxy-Speicherung und dem Caching, wie sie hier verstärkt auftreten, waren zwar auch für die damals genutzten Datex-Dienste erforderlich. Dass Richtlinie und Gesetz solchen Übertragungsformen aber keine übermäßige Bedeutung beimaßen, zeigt schon, dass auch kein Verwertungsrecht für die Online-Bereithaltung vorgesehen wurde (dazu Rn. 1). Daher spricht vieles dafür, § 69c Nr. 1 S. 1 mit Blick auf die Zwischenspeicherungen bei der Datenfernübertragung (in Anlehnung an Art. 5 Abs. 1 Multimedia-Richtlinie) teleologisch zu reduzieren, weil die Zwischenspeicherungen keine weiteren Nutzungsmöglichkeiten eröffnen (vgl. auch Möhring/Nicolini/*Hoeren* § 69c Rn. 4; BGHZ 112, 264, 278 – Betriebssystem; a. A. *Harte-Bavendamm/Wiebe* in Kilian/Heussen Rn. 56). Heute wird ergänzend auf § 44a verwiesen (Dreier/Schulze/*Dreier* § 69a Rn. 34, § 69c Rn. 9; *Hoeren* in Klumpp/Kubicek/Roßnagel/Schulz, 273, 278; zwischen teleologischer Reduktion des § 69c und analoger Anwendung des § 44a schwankend Schricker/Loewenheim/*Loewenheim* § 69c Rn. 5, 8; § 44a Rn. 3), der allerdings nicht unmittelbar anwendbar ist (so auch *Zecher* 39 f.; Mestmäcker/Schulze/*Haberstumpf* § 69c Rn. 2, 20; dazu § 44a Rn. 23, 25; § 69a Rn. 75; § 69c Rn. 58).

d) In jeder Form und mit jedem Mittel. Klargestellt wird von § 69c Nr. 1 S. 1, dass 16 es auf die Form und die Mittel, mit der die Vervielfältigung vorgenommen wird, nicht ankommt. Vervielfältigung ist daher der körperliche Ausdruck des Programms genauso wie die unkörperliche Online-Übertragung mit anschließender Verkörperung oder sogar die rein gedankliche Nachprogrammierung.

4. Das Recht zur Übersetzung, Bearbeitung, zum Arrangement und zur sonstigen Umarbeitung

a) Bedeutung und Systematik. In nahezu wörtlicher Anlehnung an Art. 2 Abs. 3 17 RBÜ sind gem. Art. 4 lit. b Computerprogramm-Richtlinie bzw. § 69c die Übersetzung, Bearbeitung, das Arrangement und sonstige Umarbeitungen zustimmungsbedürftige Handlungen. Die einzelnen Handlungen sind kaum zu unterscheiden, so dass oft auch lediglich der Oberbegriff **Umarbeitung** benutzt wird (zur Terminologie eingehend *Pres* 113). § 69c Nr. 2 weicht von § 23 S. 1 insofern ab, als bereits die Erstellung und nicht erst die Veröffentlichung oder Verwertung zustimmungsbedürftig ist (s. dazu auch *Karl* 107 f., der eine Verwertung einer auf diesem Wege illegal erarbeiteten Fassung i. S. e. freien Benutzung für zulässig hält). Strittig ist die Rechtfertigung des weitergehenden Rechtes für Computerprogramme. So wird teils vorgetragen, das Recht diene dem umfassenden Schutz der Partizipationsinteressen des Rechtsinhabers, insb. auch an Wartung und Pflege (vgl. Lehmann

GRUR Int. 1991, 327; *Lehmann* NJW 1991, 2112, 2115). Die EG-Kommission hatte sich auf die (Beweis-)Probleme hinsichtlich der Kausalität von Mängeln bei geänderter Software bei Vereinbarungen über Gewährleistung und Wartung berufen und befürchtet, Kopierschutzmechanismen sowie programminterne Zählroutinen könnten entfernt bzw. umgangen werden (ABl. EG Nr. C 91, 12 v. 12.4.1989). Beide Argumentationslinien sind in der Literatur zurückgewiesen worden (insb. *Marly* Praxishandbuch Rn. 164 ff.; *Marly* Urheberrechtsschutz 220 ff. m. w. N., der nicht ganz zu Unrecht darauf verweist, dass die Frage der Gewährleistung mit Hilfe des Schuldrechts – vgl. § 434 Abs. 1 BGB: zur Zeit des Gefahrübergangs; aber auch § 476 BGB – zu lösen ist und im Übrigen die Gefahr überhöhter Preise für die Wartung besteht). Der Streit wirkt sich insb. für die Frage aus, was unter einer für die **bestimmungsgemäße Benutzung** notwendigen Handlung i. S. v. § 69d Abs. 1 zu verstehen ist (vgl. § 69d Rn. 17 ff., 23). Andererseits ist nicht zu verkennen, dass der mit § 69c Nr. 2 verfolgte Know-how-Schutz und das grundsätzliche Recht nur des Rechtsinhabers, Weiterentwicklungen zu vermarkten, berechtigte Anliegen des § 69c Nr. 2 sind.

18 **b) Umarbeitungen. Übersetzungen** sind vor allem die Übertragung eines Programms in eine andere Programmiersprache (etwa von C++ nach Java) sowie vom Source-Code in Objekt-Code und umgekehrt (also die Kompilierung und Assemblierung bzw. Dekompilierung und Disassemblierung; vgl. BGH GRUR 2002, 149, 151 – Wetterführungspläne II; OLG Düsseldorf CR 2001, 371, 372; Mestmäcker/Schulze/*Haberstumpf* § 69c Rn. 8; *Marly* Praxishandbuch Rn. 171 f.; *Schweyer* 96 f.). Im Übrigen kommt insb. eine Übersetzung der natürlichen Sprache des Entwurfsmaterials (Grob- und Feinkonzept; dazu § 69a Rn. 7 f.) und der Kommentarzeilen im Quellcode in Betracht (vgl. auch OLG Karlsruhe CR 2010, 427, 432).

19 Im Kontext der Verwertung und Nutzung von Computerprogrammen ungewöhnlich dürften **Arrangements** sein. Hierunter fällt das Neuarrangieren der einzelnen Module eines Programms (*Koch* Teil 9 Rn. 134). Zweifelhaft ist hingegen die Auffassung, als Arrangement könne die Neuanordnung von Elementen auf der Benutzeroberfläche oder das Binden von Programmteilen (also die Konvertierung symbolischer Adressen in speicherbezogene entsprechend der physischen Zuordnung der Programmteile) zur Laufzeit (runtime) verstanden werden (*Koch* Teil 9 Rn. 134). Mit Blick auf die Benutzeroberfläche ist anzumerken, dass diese den §§ 69a ff. gar nicht unterfällt (dazu näher § 69a Rn. 14). Im Übrigen stellt das Verbinden von Programmen kein Arrangement und auch keine sonstige Bearbeitung oder Umarbeitung dar. Dieses ergibt sich nicht zuletzt aus dem Sinn und Zweck der §§ 69a Abs. 2 und 69e, welche die Interoperabilität gerade ermöglichen und (so) den Wettbewerb stärken wollen. Etwas anderes gilt nur, wenn hierzu nicht lediglich Schnittstellen benutzt werden, sondern Umgestaltungen der fremden Programme erforderlich sind.

20 Als **Bearbeitungen und sonstige Umarbeitungen** zu nennen sind insb. die Ergänzung des Quellcodes oder Objektcodes (für das Hinzufügen eines zusätzlichen Moduls offen lassend BGH GRUR 2000, 866, 868 – Programmfehlerbeseitigung; s. auch OLG Düsseldorf CR 2009, 214, 215) oder der Kommentarzeilen eines Programms, sei es zur Fehlerbeseitigung, zur Erreichung von Mehrplatzfähigkeit, zur Anpassung an individuelle Wünsche oder zur Portierung auf ein anderes Hardware- und/oder Betriebssystem; auch neue Releases, Updates, Upgrades und Wartungsarbeiten sind Bearbeitungen (Dreier/Schulze/*Dreier* § 69c Rn. 16; *Karl* 106; *Marly* Urheberrechtsschutz 213 ff.; *Marly* Praxishandbuch Rn. 173; *Lehmann* NJW 1991, 2112, 2114; *Lehmann* FS Schricker 1995, 543, 567; *Wiebe* BB 1993, 1094, 1097; speziell zur Portierung und Migration *Lehmann* CR 1990, 625, 626 ff.; zur Auslegung entsprechender vertraglicher Abreden LG Düsseldorf CR 2002, 326, 328). Weiter erfordert die Vererbung bei der objektorientierten Programmierung (dazu § 69a Rn. 19) eine Bearbeitung, wenn in ihrem Zuge eine Anpassung der Eigenschaften der Objekte für die abgeleiteten Klassen vorgenommen wird (vgl. *Koch* Teil 9

Rn. 125; wohl a. A. *Karl* 242). Die Rechtsprechung tendiert teilweise dazu, von einer Bearbeitung schon dann zu sprechen, wenn einem Programm Funktionen genommen werden (vgl. LG Düsseldorf CR 1996, 737 f.). Die Installation als solche kann eine, im Rahmen von § 69d Abs. 1 zulässige, Bearbeitung darstellen (*Marly* Urheberrechtsschutz 218 f.). Keine Bearbeitung stellt hingegen das im Programm weiter vorgesehene Customizing dar, zumindest wenn es durch reine Parameterisierung erfolgt (vgl. *Koch* ITRB 2005, 140 f.). Regelmäßig sind hierfür keine Eingriffe in die Programmsubstanz erforderlich (vgl. *Koch* ITRB 2005, 140 f.; i. d. R. ohne Codeänderung). Häufig werden nur Daten verändert (vgl. auch OLG Hamburg CR 1998, 332, 333 f. – Computerspielergänzung). Allgemein ist für § 69c Nr. 2 zu fordern, dass Eingriffe in die Programmsubstanz vorliegen (zustimmend *Spindler* CR 2012, 417, 419 f.; wohl auch KG ZUM-RD 2011, 544, 547 f.; a. A. OLG Hamburg CR 2012, 503, 504). Keinesfalls ausreichend sind Programmaufrufe und reine externe Befehle, auch wenn sie in den Programmablauf eingreifen, oder das Nichtaufrufen von Programmen (KG ZUM-RD 2011, 544, 548, nach dem sogar ein „Verschieben" nicht reicht; a. A. aber OLG Hamburg CR 2012, 503, 504; dagegen zu Recht unter Hinweis auf die weitreichenden Konsequenzen und mit zahlreichen Argumenten *Spindler* CR 2012, 417, 419 ff.), wie §§ 69a Abs. 2 S. 2, 69e mit Blick auf die insofern betroffenen Schnittstellen zeigt; diese Normen wären sonst weitgehend sinnlos. Im Übrigen unterliegen weitergehende Änderungen § 69d Abs. 1 (dazu § 69d Rn. 21).

Ergänzungen des Quellcodes und damit eine Umarbeitung des Programms werden regelmäßig auch notwendig, wenn eine **Dongle-Abfrage umgangen und entfernt** wird (vgl. OLG Karlsruhe CR 1996, 341; OLG Düsseldorf CR 1997, 337, 338 – Dongle-Umgehung; LG Düsseldorf CR 1996, 737 f. – Dongle-Umgehung m. Anm. *Raubenheimer*; LG Mannheim NJW 1995, 3322; *Raubenheimer* NJW-CoR 1996, 174, 176; *Raubenheimer* CR 1996, 69, 76; *Karl* 106). Hier macht sich in besonderem Maße bemerkbar, dass bereits die Herstellung – und nicht erst wie bei § 23 die Verwertung – eine erlaubnispflichtige Bearbeitung ist. Das führt dazu, dass selbst dann, wenn das Modul zur Dongle-Abfrage zugekauft ist und der Rechtsinhaber insofern nur ein einfaches Nutzungsrecht besitzt, das Gesamtprogramm bearbeitet – und im Übrigen regelmäßig auch vervielfältigt – werden muss. Das Anbieten entsprechender Programme ist zumindest Beihilfe (§ 830 BGB; OLG Düsseldorf CR 1997, 337, 339 – Dongle-Umgehung; *Raubenheimer* CR 1996, 740). Hingegen überzeugt die Argumentation der Rechtsprechung nicht, welche davon ausgeht, dass der Rechtsinhaber des Gesamtprogramms durch die Anpassung des Dongle-Abfrage-Moduls letztlich die Rechte am Gesamtprogramm inklusive Dongle-Umgehung hält, und folglich auf die Änderung des angepassten Dongle-Abfrage-Moduls als integriertem Teil des Gesamtprogramms abstellt (OLG Düsseldorf CR 1997, 337, 338 – Dongle-Umgehung; ähnlich schon LG Düsseldorf CR 1996, 737 f. – Dongle-Umgehung). Denn ein Bearbeitungsurheberrecht am Abfrage-Modul i. S. v. § 3 entsteht hierdurch regelmäßig nicht. Verfehlt ist auch die Argumentation, ob das Dongle-Abfrageprogramm ein selbstständiges oder integriertes Programm sei, sei eine technische, formalistische und daher für das Vorliegen eines Verstoßes gegen § 69c S. 2 unbedeutende Frage (LG Düsseldorf CR 1996, 737 – Dongle-Umgehung m. zust. Anm. *Raubenheimer* CR 1996, 740). Denn gerade die technischen sind nach der ganzen Schutzrichtung der §§ 69a ff. die ausschlaggebenden Aspekte und damit alles andere als nach dem Sinn und Zweck des § 69c unbedeutend. Entscheidend sind diese Fragen für die Aktivlegitimation.

c) Vorbehalt des § 69c Nr. 2 S. 2. § 69c Nr. 2 S. 2 stellt klar, dass Personen, die das Computerprogramm bearbeiten, ein eigenes Urheberrecht aus dieser Bearbeitung erwachsen kann (vgl. § 3; dazu § 69a Rn. 34). Anders als im Rahmen des § 3, dessen Rechtsgedanke aber gleichwohl heranzuziehen ist, ist keine persönliche (so aber Schricker/Loewenheim/*Loewenheim* § 69c Rn. 19), sondern in Anlehnung an § 69a Abs. 3 lediglich eine eigene, geistige Schöpfung erforderlich. Hieran ändert auch die Tatsache nichts, dass der Gesetzgeber sich durch die Verwendung des Begriffs der Bearbeitung anstelle des Begriffs der Umarbeitung (Art. 4 lit. b Computerprogramm-Richtlinie) ganz bewusst an den Sprachgebrauch des § 3 angelehnt hat (BT-Drucks. XII/4022, 11). Als abhängiges Urheberrecht gestattet das Bearbeiterurheberrecht die Verwertung nur bei Zustimmung sowohl des Rechtsinhaber der Rechte am Originalprogramm als auch des Rechtsinhaber der Rechte an der Bearbeitung.

23 **d) Verhältnis zu § 39.** Das Recht aus § 39 ist im Zusammenhang mit § 14 zu sehen, hat eine urheberpersönlichkeitsrechtliche Zielrichtung und steht dem Urheber zu. § 69c steht als primär vermögensrechtliches (dazu Rn. 2) Recht hingegen dem Rechtsinhaber (zum Unterschied Rn. 3) zu. Aufgrund der unterschiedlichen Anwendungsbereiche ist § 39 gem. § 69a Abs. 4 grds. anwendbar, wenn auch mit der Maßgabe, dass § 39 Abs. 2 durch §§ 69d, 69e eingeschränkt wird (dazu § 69a Rn. 71). Im Verhältnis zu § 69c Nr. 2 gilt (wie im Verhältnis zu § 23 bei anderen Werken), dass § 39 Abs. 2 kein Änderungsrecht des Erwerbers, Lizenznehmers oder sonst berechtigten Nutzers zu begründen vermag (*Günther* CR 1994, 321, 326; a. A. *Pres* 115). Weiter wird § 39 Abs. 1 gem. Abs. 2 regelmäßig mangels schutzwürdiger Interessen zurücktreten müssen, sofern ein zur Umarbeitung gem. § 69c Nr. 2 Berechtigter Änderungen vornimmt (*Metzger/Jaeger* GRUR Int. 1999, 839, 844; *Marly* Urheberrechtsschutz 211 f.). Neben § 69c Nr. 2 verbleibt damit für § 39 praktisch kein Raum mehr (*Marly* Urheberrechtsschutz 212).

5. Das Verbreitungsrecht (einschließlich seiner Erschöpfung)

24 Verbreitet werden kann ein Computerprogramm oder ein Vervielfältigungsstück desselben durch Veräußerung, Verschenken, Vermieten oder Verleihen. Gemeinsam ist den unterschiedlichen Formen der Verbreitung, dass das Werk der Kontrolle des Rechtsinhabers entzogen wird. Einher geht damit die gesteigerte Gefahr, dass das Computerprogramm kopiert wird. Zudem verliert der Rechtsinhaber bei der Verbreitung durch einen Erwerber die Möglichkeit, selber eine Programmkopie abzusetzen. Seine Erwerbsmöglichkeiten werden reduziert, während der weiterverbreitende Erwerber je nach Verbreitungsform einen Erlös erzielt. In besonderem Maße kumulieren sich diese Aspekte bei der Vermietung durch den Erwerber, so dass der Gesetzgeber dem Rechtsinhaber hier eine besonders starke Rechtsposition einräumt. Erfasst ist durch § 69c Nr. 3 „jede Form" der Verbreitung, was teilweise als Argument für eine weite Auslegung angeführt wird (LG Köln CR 2010, 576, 577; Dreier/Schulze/*Dreier* § 69c Rn. 20).

25 **a) Verbreitung.** Verbreitung i. S. v. § 69c Nr. 3 entspricht nach der Gesetzesbegründung der Verbreitung gem. § 17 (AmtlBegr. BT-Drucks. 12/4022, 11; dazu allgemein § 17 Rn. 10 ff.). Umfasst sind also sowohl das Inverkehrbringen als auch das Anbieten. Beides muss gegenüber der Öffentlichkeit erfolgen. **Inverkehrbringen** ist jede Handlung, durch die das Computerprogramm aus der internen Betriebssphäre in die Öffentlichkeit gebracht wird (BGH GRUR 1991, 316, 317 – Einzelangebot; zum Inverkehrbringen bei Einschaltung eines Transporteurs s. OLG Hamburg GRUR-RR 2002, 286). Entscheidend ist die Besitzüberlassung (zustimmend LG Köln CR 2010, 576, 577). Nicht erforderlich ist die Veräußerung. Auch Vermieten und Verleihen werden erfasst (BGH GRUR 1972, 141 – Konzertveranstalter; BGH GRUR 1986, 736 – Schallplattenvermietung; BGH GRUR 1987, 37, 38 – Videolizenzvertrag), unterfallen aber mit Blick auf die Erschöpfung besonderen Regelungen (und sind deshalb gesondert zu behandeln; dazu unten Rn. 42 ff. und 62; Probleme bereitet dies beim Unternehmenskäufen im Wege des Asset-Deals, dazu auch § 69a Rn. 70a. E., und beim Outsourcing, dazu *Fritzemeyer/Schoch* CR 2003, 793, 794 ff.; *Wimmers* in Büchner/Dreier 169, 179 ff.).

26 Vorstufe zum Inverkehrbringen ist das **Anbieten.** Darunter ist jedes Auffordern zum Eigentums- oder Besitzerwerb zu verstehen (KG GRUR 1983, 174 – Videoraubkassetten;

§ 17 Rn. 10, 14). Anbieten liegt schon dann vor, wenn ein öffentliches Angebot abstrakt und unbestimmt bleibt (Schricker/Loewenheim/*Loewenheim* § 69c Rn. 23; *Grützmacher* 247; a.A. KG GRUR 1983, 174 – Videoraubkassetten). Gerade bei Computerprogrammen könnte der Produktpiraterie nicht wirksam begegnet werden, wenn nicht bereits im Vorfeld der Verbreitungshandlung eingegriffen werden könnte (den Vorfeldschutz bestätigend auch BGH GRUR 2007, 871, 874 – Wagenfeldlampe). Nur diese weite Auslegung ermöglicht einen effektiven Urheberschutz. Unerheblich ist es daher auch, ob das Anbieten erfolgreich war oder das Vervielfältigungsstück bereits erstellt ist (BGH GRUR 1991, 316, 317 – Einzelangebot; OLG Köln GRUR 1992, 312, 313 – Amiga-Club; Mestmäcker/Schulze/*Haberstumpf* § 69c Rn. 10; *Schack* Rn. 428; a.A. KG GRUR 1983, 174f. – Videoraubkassetten), denn digitale Kopien sind so schnell herstellbar, dass eine Verletzung sonst nie nachweisbar wäre. Dieser Auslegung steht auch nicht Art. 4 lit. c Computerprogramm-Richtlinie entgegen, der nur ganz allgemein vom Recht der Verbreitung spricht. Ein Anbieten liegt sogar dann vor, wenn im Inland zum Erwerb im Ausland aufgefordert wird und der im Auslandsstaat stattfindende Veräußerungsvorgang dort kein Urheberrecht verletzt (BGH GRUR 2007, 871, 874f. – Wagenfeldlampe).

Sowohl das Anbieten als auch das Inverkehrbringen muss der **Öffentlichkeit** gegenüber 27 erfolgen. Der Öffentlichkeitsbegriff entspricht dem von § 15 Abs. 3 bzw. § 69c Nr. 4 (vgl. näher § 17 Rn. 17f.). Dementsprechend kann eine Weitergabe von Programmen auf Datenträgern in größeren Unternehmen und Konzernen durchaus tatbestandsmäßig sein (str.; wie hier BFH CR 2006, 12, 13f. unter Hinweis auf EuGH Slg. 1974, 1147 – Centrafarm I; wohl auch BGH GRUR 1985, 924f. – Schallplattenimport II; ablehnend OLG Hamburg GRUR Int. 1970, 377 – Polydor; wohl auch Schricker/Loewenheim/*Loewenheim* § 17 Rn. 46, 66; differenzierend je nach dem, ob Markt für Dritte zugänglich, *Oswald* 143f.). Nicht erfasst werden hingegen die Weitergabe, das Anbieten und Überlassen im persönlichen Freundeskreis (*Schack* Rn. 427). Hingegen kommt es nicht auf die Zahl der überlassenen Exemplare an, selbst das Anbieten oder Überlassen eines Exemplars reicht (BGH GRUR 1980, 227, 230 – Monumenta Germaniae Historica; BGH GRUR 1985, 129, 130 – Elektrodenfabrik; BGH GRUR 1991, 316, 317 – Einzelangebot; OLG Köln GRUR 1992, 312, 313 – Amiga-Club). Weiter reicht das Anbieten an einen einzigen Dritten, zu dem keine persönlichen Bindungen bestehen (BGH GRUR 1991, 316, 317 – Einzelangebot; OLG Köln GRUR 1992, 312, 313 – Amiga-Club).

b) Original oder Vervielfältigungsstück. Nach dem Wortlaut des § 69c Nr. 3 erfor- 28 dert dieser die Verbreitung des Originals oder des Vervielfältigungsstücks. § 69c Nr. 3 entspricht damit auch in diesem Punkt § 17. Art. 4 lit. c macht diese Vorgabe nicht. Der Gesetzgeber hat mit § 69c Nr. 3 den ihm zustehenden Umsetzungsspielraum genutzt; er war nicht verpflichtet, auch die **Online-Übermittlung** als Verbreitung zu qualifizieren (*Dreier* GRUR 1993, 781, 784, Fn. 32; ausführlich dazu *Grützmacher* 258ff.; vgl. Bericht der Kommission über die Umsetzung und die Auswirkung der Richtlinie 91/250/EWG über den Rechtsschutz von Computerprogrammen, KOM [2000] 199 endg. vom 10.4.2000, 18; *Lutz* 65ff.; a.A. *Marly* Urheberrechtsschutz 245, 250ff.: Pflicht zum Einbezug auch der unkörperlichen Verbreitung). Insb. Art. 8 WCT spricht mittlerweile dafür, Online-Übermittlung und Verbreitung von Vervielfältigungsstücken zu unterscheiden.

Auch eine **extensive Auslegung** oder **analoge Anwendung** des § 69c Nr. 3 S. 1 ist 29 abzulehnen (h.M., Schricker/Loewenheim/*Loewenheim* § 69c Rn. 26; Fromm/Nordemann/*Czychowski* § 69c Rn. 26; zu § 17: *Grützmacher* 253, 263f.; a.A. LG Frankfurt CR 2006, 729, 732; Fromm/Nordemann/*Vinck* 9. Aufl. § 69c Rn. 5; *Baus* 85; *Mäger* CR 1996, 522, 524; *Berger* GRUR 2002, 198, 199, 201, 203; *Pres* 115f.; *Oswald* 34ff.; zu § 17: *Katzenberger* 47ff.; wohl auch BFH CR 2006, 12, 14; LG Mannheim MMR 2007, 537). Zum einen war dem Gesetzgeber bei der Schaffung des § 69c Nr. 3 durchaus bewusst, dass Computerprogramme auch online übermittelt werden können, so dass es an einer planwidrigen Lücke fehlt. Zum anderen ist die tatsächliche und rechtliche Situation nicht in jeder Hinsicht vergleichbar. So rechtfertigt nicht jede Form der Online-Übermittlung von Computerprogrammen die Erschöpfung des Rechts an der Online-Übermittlung (de lege ferenda zu fordern ist die Erschöpfung auch des Rechts an der Online-Übermittlung dann, wenn sie einer Veräußerung eines Vervielfältigungsstückes gleicht, wenn also der Veräußernde keinerlei Kopien des Programms zurückbehält; dazu *Grützmacher* 263 f.). Schließlich hätte eine Gleichstellung höchst einschneidende Wirkungen mit Blick auf die systematische Fortentwicklung des Rechts und sollte schon deshalb sowie aus Gründen der Rechtssicherheit dem Gesetzgeber überlassen werden (*Grützmacher* 263).

30 **c) Erschöpfung. aa) Inverkehrbringen eines Vervielfältigungsstückes im Wege der Veräußerung.** Voraussetzung für die Erschöpfung des Verbreitungsrechts ist nach dem Wortlaut des § 69c Nr. 3 S. 2, dass das Werkstück oder ein Vervielfältigungsstück desselben mit Zustimmung des Rechtsinhabers im Wege der **Veräußerung** innerhalb der EU oder des EWR in den Verkehr gebracht wurde. Veräußerung ist danach die **körperliche Überlassung** auf unbestimmte Dauer. Folglich führen nicht nur der Verkauf, sondern auch Tausch und Schenkung (Fromm/Nordemann/*Czychowski* § 69c Rn. 26), nicht hingegen Verleihen und Vermieten zur Erschöpfung. Diskutiert wird aber, inwieweit bei einer atypisch langen, über die wirtschaftliche Lebensdauer des Computerprogramms hinausreichenden Vertragsdauer, der Erschöpfungsgrundsatz auszudehnen (*Lehmann* BB 1985, 1209, 1210; *Zecher* 105 ff.) oder eine Umdeutung des Vertragstypus vorzunehmen ist (*Bartsch* CR 1987, 8, 12; *Baus* 143 ff.). Primär zurückzugreifen ist auf den letztgenannten Ansatz; entscheidend ist insofern der Einzelfall. Beim **Leasing** etwa führt das Herstellerleasing als Vermietung durch den Anbieter zumindest zunächst nicht zur Erschöpfung, während beim Finanzierungsleasing Erschöpfung hinsichtlich des Verbreitungsrechts (s. zum Vermietrecht beim Leasing unter Rn. 43) im Zweifel eintritt, weil der Anbieter die Sache endgültig aus der Hand gibt (*Bartsch* CR 1987, 8, 12; *Beckmann* in Martinek/Stoffels/Wimmer-Leonhardt § 62 Rn. 32, 33, 39; wohl auch OLG Hamm CR 2013, 214, 217; etwas zurückhaltender *Marly* Praxishandbuch Rn. 1581, 1623; noch weitergehend *Vander* CR 2011, 77, 80 ff., 82 ff., der in der Überlassung an den Leasingnehmer auch keine Vermietung sieht; s. auch OLG Bremen CR 1997, 609). Weiter ist zwischen Vollamortisations- und sonstigem Leasing zu unterscheiden (vgl. *Lehmann* FS Schricker 1995, 543, 564). Mit der Vollamortisation bzw. Ausübung der Kaufoption tritt nämlich auch beim Herstellerleasing die Erschöpfung ein (vgl. *Wimmers* in Büchner/Dreier 169, 185).

31 Höchst streitig ist, ob die **Erschöpfung auch bei einer Veräußerung per Datenfernübertragung** eintritt. Der EuGH hat dieses auf Ebene des EU-Rechts bejaht (EuGH CR 2012, 498 – UsedSoft) und insofern den Weg für eine europarechtskonforme (OLG Frankfurt GRUR 2013, 279, 280 f. – Adobe/UsedSoft; vgl. OLG Hamburg CR 2013, 700, 701) analoge oder gar direkte Anwendung des § 69c Nr. 3 S. 2, der seinem Wortlaut nach von Art. 4 Abs. 2 der Computerprogramm-Richtlinie („**Erstverkauf** einer Programmkopie") abweicht, freigemacht. Dem hat sich der BGH offenbar im Sinne einer direkten Anwendung angeschlossen (BGH BeckRS 2014, 02107 Rn. 30, 40 – UsedSoft II). Die Hauptargumente des EuGH sind, dass ein Verkauf im Wortsinne der Richtlinie auch bei einer Online-Veräußerung vorliegt, wobei er insofern von einem autonomen Begriff des Unionsrechts ausgeht (EuGH CR 2012, 498 Rn. 36 ff., insb. 49 – UsedSoft: Zahlung eines Entgelts für ein unbefristetes Nutzungsrecht; so schon *Rüffler* ÖBl. 2008, 52, 55 ff.; *Grützmacher* in Büchner/Briner 136 f.; ebenso *Ulmer/Hoppen* ITRB 2012, 232, 233 f.; nunmehr auch OLG Frankfurt GRUR 2013, 279, 281 – Adobe/UsedSoft; kritisch dazu *Haberstumpf* CR 2012, 561, 562 ff.; *Hilty* CR 2012, 625, 628 ff., der das europäische bzw. deutsche Recht und dessen Wertungen tendenziell ignorierend rein lizenzrechtlich argumentiert), sowie dass der Rechteinhaber durch DRM-Maßnahmen geschützt werden kann (EuGH CR 2012, 498 Rn. 79, 87 – UsedSoft). Dabei soll dieses auch für die im

§ 69c Zustimmungsbedürftige Handlungen   31   § 69c UrhG

Rahmen der Wartung bzw. Pflege erworbenen Programmkopien gelten (EuGH CR 2012, 498 Rn. 66 ff. – UsedSoft). Richtiger Weise ist § 69c Nr. 3 S. 2 insofern **analog** auch auf die **unkörperliche Veräußerung** per Datenfernübertragung anzuwenden (LG Hamburg CR 2006, 812, 814; Möhring/Nicolini/*Hoeren* § 69c Rn. 16; *Hoeren* CR 2006, 573 f.; *Berger* GRUR 2002, 198, 199; *Kilian* GRUR Int. 2011, 895, 900; *Jobke* 98 ff.; *Lutz* 93 ff.; *Marly* Praxishandbuch Rn. 204 f.; *Oswald* 50 ff.; vgl. *Bartsch* CR 1987, 8, 12; *Grützmacher* 250 f.; ausführlich aus Sicht des europäischen und österreichischen Rechts *Rüffler* ÖBl. 2008, 52, 55 ff.; *Eilmansberger* GRUR 2009, 1123, 1124 ff.; wohl auch LG Düsseldorf CR 2009, 358, 359; OLG Hamburg CR 2013, 700, 701; Dreier/Schulze/*Dreier* § 69c Rn. 24; *Royla/Gramer* CR 2005, 154, 155; wegen BGH CR 2007, 75 – ASP-Vertrag mit gewisser Tendenz zur direkten Anwendung *Schrader/Rautenstrauch* K&R 2007, 249, 253, 255; offen lassend OLG Hamburg CR 2007, 355 f.; *Haberstumpf* CR 2009, 345, 351; vgl. auch *Bröckers* 206 ff., 220 ff., der aber davon ausgeht, dass der Zweiterwerber nicht das nötige Vervielfältigungsrecht erhält). Hingegen halten andere (LG Düsseldorf CR 2009, 221, 222; Fromm/Nordemann/*Vinck* 9. Aufl. § 69c Rn. 6; *Mäger* CR 1996, 522, 524 ff.; *Pres* 116, Fn. 546 und wohl auch *Lehmann* FS Schricker 1995, 543, 564) sogar eine **extensive Auslegung** für ausreichend. § 69c Nr. 3 S. 2 **direkt** anwenden wollen diejenigen, die auch im Fall der Online-Übertragung eine Verbreitung annehmen (so LG Frankfurt CR 2006, 729, 732; wohl auch BGH BeckRS 2014, 02107 Rn. 30, 40, 45 f. – UsedSoft II; s. auch Nachweise oben unter Rn. 29), aber auch sonstige Stimmen (Walter/v. Lewinski/*Blocher/Walter*, Art. 4 Rn. 5. 4. 37 ff.; *Leistner* CR 2011, 209, 213; *Zecher* 236 ff. argumentiert, dass sowohl die Rechtsprechung des BGH zum abstrakten Angebot als Verbreitungshandlung – s. Rn. 26 – als auch die Entscheidungen zum In-Verkehr-Bringen bei an unbeweglichen Sachen eines Dritten hergestellten Werkstücken, namentlich RGZ 79, 397, 400 f. – Frescogemälde – in Abgrenzung zu BGH ZUM 1995, 716 ff. – Mauer-Bilder, indiziere, dass ein Vorbestehen des Datenträgers nicht erforderlich sei; weiter wird teils vom Schuldrecht denkend auf ein älteres BGH-Urteil zum Abzahlungskauf – BGH CR 1990, 112 – verwiesen, nach dem eine „Übergabe einer beweglichen Sache" i. S. v. § 1 AbzG angenommen wurde, obwohl gar keine physische Übereignung, sondern nur ein Überspielen per Kabel erfolgt war, so *Ulmer* ITRB 2007, 68, 69 f.; ähnlich auch *Ulmer/Hoppen* CR 2008, 681, 684; so in der Schweiz auch Kantonsgericht Zug CR 2011, 781, 782 ff.; nicht überzeugend *Witte* ITRB 2005, 86, 89 f., der § 69c Nr. 3 S. 2 direkt anwenden will, weil die Veräußerung nach §§ 929 S. 2, 854 BGB erfolge, dabei aber übersieht, dass der Lizenzgeber bei der Online-Übertragung zu keiner Zeit Eigentümer des Datenträgers ist).

Demgegenüber werden die direkte Anwendung, die erweiternde Auslegung und die hier befürwortete Analogie von einer durch die EuGH-Entscheidung nunmehr zurückgewiesenen und damit überholten (OLG Frankfurt JurPC Web-Dok. 29/2013 Abs. 32, 63) **Gegenauffassung** abgelehnt (so im Kontext mit dem Handel gebrauchter Software OLG München CR 2006, 655; OLG München CR 2008, 551; OLG Frankfurt CR 2009, 423, 424; OLG Frankfurt MMR 2010, 621, 622; OLG Düsseldorf GRUR-RR 2010, 4 f.; OLG Zweibrücken CR 2012, 6, 7; OLG Stuttgart CR 2012, 299, 301; LG Frankfurt CR 2011, 566, 567; LG München CR 2006, 159, 160; LG München CR 2007, 356, 358 f. m. zust. Anm. *Dieselhorst;* Schricker/Loewenheim/*Loewenheim* § 69c Rn. 34; Fromm/Nordemann/*Czychowski* § 69c Rn. 33; *Herzog* 63 ff.; *Dietrich* UFITA 2012, 69, 92 ff.; *Heydn/Schmidl* K&R 2006, 74, 76 f.; *Koch* ITRB 2007, 140, 142 f.; *Moritz* K&R 2011, 240, 242; *Paul/Preuß* K&R 2008, 527, 528; *Spindler* CR 2008, 69, 70 f.; *Schack* GRUR 2007, 639, 643 f.; ebenso LG München CR 2008, 57, 58; vgl. zudem *Bergmann* FS Erdmann 17, 24 ff.; Mestmäcker/Schulze/*Haberstumpf* § 69c Rn. 14; *Koch* CR 2002, 629, 631; *Zahrnt* CR 1994, 457; Bericht der Kommission über die Umsetzung und die Auswirkung der Richtlinie 91/250/EWG über den Rechtsschutz von Computerprogrammen, KOM [2000] 199 endg. v. 10.4.2000, 18; zum belgischen Recht Gericht erster Instanz Gent CRi 2009, 185, 186; wohl auch OLG Frankfurt CR 2010, 571, 573; offen lassend OLG Düsseldorf K&R

2009, 730, 731; LG München CR 2008, 414 m. Anm. *Moritz*). Der analogen Anwendung wird entgegnet, dass dem Gesetzgeber das Phänomen der unkörperlichen Übertragung bekannt gewesen und (auch) eine analoge Anwendung im Übrigen schon wegen Erwägungsgrund 29 und Art. 3 Abs. 3 Multimedia-Richtlinie nicht angezeigt sei (zweifelnd unter den Genannten allerdings OLG Düsseldorf GRUR-RR 2010, 4, 5). Konsequenz dieser Auffassung wäre es ggf. auch, dass Programme, die online upgedated werden, zumindest in der aktualisierten Form nicht weiterverbreitet werden dürften (konsequent insofern *Koch* ITRB 2008, 209, 212).

Allerdings übersieht diese Auffassung, dass trotz Art. 3 Multimedia-Richtlinie eine **planwidrige Regelungslücke** besteht (wie hier auch LG Hamburg CR 2006, 812, 814; ausführlich *Bröckers* 206 ff.; *Hoeren* CR 2006, 573 f.; *Hoeren* MMR 2010, 447 f.; *Grützmacher* ZUM 2006, 302, 304 f.; *Lutz* 94 ff.; *Rüffler* ÖBl. 2008, 52, 55 ff.; *Eilmansberger* GRUR 2009, 1123, 1125; *Sosnitza* K&R 2006, 206, 208; *Knies* GRUR Int. 2002, 314, 315 ff.; *Ammann* 130 ff.; *Jobke* 98 f; vgl. auch *Zecher* 252 ff. m.w.N.; s. auch Rn. 59; *Senftleben* NJW 2012, 2924, 2925; dieses gilt entgegen *Heydn* MMR 2011, 310 und *Koch* ITRB 2013, 38 ff. trotz **Art. 6 WCT**, dazu *Sosnitza* K&R 2011, 243, 244; BGH BeckRS 2014, 02107 Rn. 40 – UsedSoft II; eingehend *Grützmacher* ZGE 5 (2013), 46, 58 f. sowie auch EuGH CR 2012, 498 Rn. 52 – UsedSoft; Generalanwalt *Bot* Schlussantrag BeckRS 2012, 81372 Rn. 73). So stellen sowohl Art. 3 Abs. 3 als auch Erwägungsgrund 29 der Multimedia-Richtlinie nur auf das Recht der öffentlichen Zugänglichmachung ab, also auf die Übertragung eins-zu-viele und nicht auf die Übertragung eins-zu-eins (so auch Schricker/Loewenheim/*v. Ungern-Sternberg* § 19a Rn. 5 f.; *Haberstumpf* CR 2012, 561, 564; *Huppertz* CR 2006, 145, 149; *Schrader/Rautenstrauch* K&R 2007, 253; noch deutlicher die englische, französische, italienische und spanische Fassungen der Multimedia-Richtlinie, die von „Dienstleistungen, insbesondere Dienstleistungen online" sprechen, dazu *Zecher* 258 ff.; *Hoeren* CR 2006, 573, 574; *Hoeren* MMR 2010, 447 f.). Da sich der Gesetzgeber dieser Rechtslage offensichtlich nicht bewusst war, fehlt es hier auch nicht an einer planwidrigen Lücke. Der EuGH hat zudem betont, dass nach deren Art. 1 Abs. 2 lit. a die Multimedia-Richtlinie auf Computerprogramme gar nicht anwendbar ist (EuGH CR 2012, 498 Rn. 51, 56 – UsedSoft; zuvor Generalanwalt *Bot* Schlussantrag BeckRS 2012, 81372 Rn. 72). Für eine analoge Anwendung spricht auch, dass zwischen körperlicher und unkörperlicher Erstüberlassung auch nach Maßgabe der **Art. 36 und 56 AEUV** mit Rücksicht auf den freien Waren- und Dienstleistungsverkehr nur dann differenziert werden darf, wenn dieses mit Blick auf die Verwertungsinteressen, wie etwa bei der angestrebten wiederholten öffentlichen Wiedergabe, geboten ist (*Grützmacher* 251; *Rüffler* ÖBl. 2008, 52, 55 ff.; *Eilmansberger* GRUR 2009, 1123, 1124; dazu vertiefend *Grützmacher* ZGE 5 (2013), 46 ff.; vgl. *Leupold* CR 1998, 234, 238; *Leistner* CR 2011, 209, 212 f.; vgl. auch *Redeker* Rn. 62c; *Oswald* 55 ff., 155 f., 169 ff., die davon ausgeht, dass bestimmte Formen des Online-Vertriebs nicht der Dienstleistungs-, sondern der Warenfreiheit unterfallen). Der EuGH hat hierzu betont, dass der Erschöpfungsgrundsatz gerade bezwecke, „die Einschränkung der Verbreitung ... auf das zum Schutz des spezifischen Gegenstandes ... Erforderliche zu begrenzen, um so eine Abschottung der Märkte zu vermeiden", und zu verhindern, dass der Rechteinhaber den Wiederverkauf über Gebühr kontrolliert, indem er erneute Entgelte fordert (EuGH CR 2012, 498 Rn. 62, 63 – UsedSoft; s. a. OLG Frankfurt GRUR 2013, 279, 282 – Adobe/UsedSoft). Hingegen sind Verwertungsinteressen bei der körperlichen wie bei der unkörperlichen Überlassung eines einzigen Werkexemplars gleich (so auch EuGH CR 2012, 498 Rn. 61 – UsedSoft; LG Hamburg CR 2006, 812, 814; *Oswald* 76 f.; *Vianello* MMR 2012, 139, 140; *Kilian* GRUR Int. 2011, 895, 900 unter Hinweis auf Ziffer 5. 6. 13 a. E. des Grünbuchs über Urheberrechte und die technologischen Herausforderungen, KOM (88) 182, endg. vom 23.8.1988, 191). Mit dem Erstverkauf ist der Rechteinhaber ausreichend vergütet, so dass gegen die hier vertretene Position bzw. das EuGH-Urteil auch nicht die Eigentumsordnung ins Feld geführt werden kann (so unter

Verweis auf Art. 345 AEUV aber der zirkuläre Einwand von *Moritz* K&R 2012, 456, 459; ähnlich wie hier *Ulmer/Hoppen* ITRB 2012, 232, 233 f.). Mikroökonomisch ist die Analogie geboten (s. dazu die ökonomische Analyse von *Wolf* 201 f., 222 f., 234 f.; zu den wirtschaftlichen Interessen *Grützmacher* CR 2010, 141, 142 f.; *Grützmacher* in Büchner/Briner 129 f., 137 f.). Die Gefahr von Raubkopien ist nicht größer als beim körperlichen Vertrieb (*Grützmacher* in Büchner/Briner 138; so auch *Schrader/Rautenstrauch* K&R 2007, 249, 253). Das Kontrollinteresse im Übrigen kann, wie jetzt auch der EuGH betont (EuGH CR 2012, 498 Rn. 79, 87 – UsedSoft), der Anbieter durch technische Maßnahmen (vgl. auch *Schrader/Rautenstrauch* K&R 2007, 249, 255 f.; *Marly* Praxishandbuch Rn. 205; *Ulmer/Hoppen* CR 2008, 681, 684; *Ulmer/Hoppen* ITRB 2012, 232, 236 f.; zustimmend de lege ferenda auch *Dietrich* UFITA 2012, 69, 97) und Informationspflichten befriedigen. Das heißt aber nicht, dass technische Schutzmaßnahmen nach der EuGH-Rechtsprechung unbeschränkt möglich wären; sie dürfen im Zweifel keine im Vergleich zur Erschöpfungslehre überschießende Tendenz haben (s. Rn. 36, 41; s. auch *Schneider/Spindler* CR 2012, 489, 493 f., 495 f.). Schließlich muss der Erwerber **darlegen und beweisen,** von wem *genau* er die Software übertragen bekommen bzw. erworben hat, wofür abstrakte Notartestate unzureichend sind (so zu Recht BGH BeckRS 2014, 02107 Rn. 56 ff., 64 – UsedSoft II; OLG Frankfurt MMR 2010, 621, 622; OLG Frankfurt ZUM 2012, 162, 165, 166; LG Frankfurt CR 2010, 354, 355; LG Frankfurt CR 2011, 428, 434; skeptisch auch *Ammann* 197 f.; geringere Anforderungen stellend demgegenüber *Hoeren* MMR 2010, 447, 449 f.); denn nur so kann die Lizenz- bzw. Erwerbskette nachvollzogen werden. Allerdings bleibt abzuwarten, ob sich die Darlegungs- und Beweislast umkehren kann, wenn der Softwareanbieter im Verdacht steht, auf die Nachweismöglichkeiten einzuwirken (dazu ausführlich und sehr weitgehend *Ammann* 118 ff.). Auch allgemein bleiben die Anforderungen insofern abzuwarten, (nicht allzu streng OLG Frankfurt GRUR 2013, 279, 282 – Adobe/UsedSoft; skeptisch *Stieper* ZUM 2012, 668, 670).

Nicht ausreichend ist es nach der Rechtsprechung schließlich, wenn ohne Datenträger entweder die **Produktkeys** weitergegeben werden, zumal wenn sie sich auf eine andere Sprachversion beziehen (LG Frankfurt CR 2009, 142, 143; OLG Zweibrücken CR 2012, 6, 7; vgl. LG Frankfurt CR 2011, 566, 567), oder auch nur die isolierten **Echtheitszertifikate** (sog. CoAs) ohne entsprechende Software und Datenträger (OLG Frankfurt CR 2009, 423, 424; vgl. OLG Frankfurt ZUM 2012, 162, 165, 167; zu diesen auch *Hoeren* MMR 2010, 447, 448, der zu Recht betont, dass die CoAs als solche keine Werkstücke sind; ebenso *Leistner* CR 2011, 209, 213 Fn. 28). Inwieweit diese Rechtsprechung nach der EuGH-Entscheidung noch haltbar ist, erscheint fraglich (so aber tendenziell LG Frankfurt CR 2012, 771, 772 f.; s. a. *Ulmer/Hoppen* ITRB 2012, 232, 235 f.). Abzustellen ist auf das durch die Produktkeys und CoAs nur symbolisierte Angebot der Nutzungsrechtsübertragung. Letztlich geht es bei CoAs um Markenrechtsfragen, die allerdings in Ansehung von § 24 MarkenG bis zu einem gewissen Grad als Annex zur Zulässigkeit des Weiterverkaufs des Programms zu prüfen sind (vgl. BGH BeckRS 2014, 02107 Rn. 50 – UsedSoft II; dazu auch BGH CR 2012, 295; BGH CR 2000, 651, 654 – OEM; auch zum belgischen Recht Gericht erster Instanz Gent CRi 2009, 185, 187; mitunter auch bei den Produktkeys, vgl. LG Frankfurt MMR 2011, 683; LG Frankfurt CR 2011, 566, 567 f.; a. A. LG Frankfurt CR 2012, 771, 773, das § 24 MarkenG aber zu eng auslegt). Insofern überzeugt der Hinweis, dass die Vorlagefragen des BGH anders gelagert gewesen sind (OLG Frankfurt ZUM 2012, 162, 167), wenn überhaupt, nur begrenzt. Anders stellt sich die Situation dar, wenn gebrauchte PCs mit CoA verkauft werden, weil dann das Programm auf dem Datenträger zwar gelöscht, theoretisch aber mit Hilfe einer Recovery-CD wieder hergestellt werden hätte dürfen (OLG Frankfurt GRUR-RR 2010, 5, 6).

Das Inverkehrbringen (näher dazu Rn. 25) muss **innerhalb der EU oder des EWR** geschehen (vgl. EuG Slg. 1999 II-3989 Rn. 34, 54 – Micro Leader Business; ausführlich EuGH Slg. 2006 I-08089 – Laserdisken ApS gegen Kulturministeriet; vgl. auch zu Original-Papierhüllen mit Seriennummern bzw. Produktkeys LG Frankfurt CR 2009, 142, 143). Es gilt das Prinzip der gemeinschaftsweiten, nicht der internationalen Erschöpfung. Bei der unkörperlichen Veräußerung ist hierfür der Ort entscheidend, an dem der Datenbestand erstmalig vervielfältigt wird. Die Erschöpfungswirkung ist folglich auf die Gemeinschaft und den Europäischen Wirtschaftsraum begrenzt. Verhindert werden können also Importe in dieses Gebiet. Der Binnenmarkt wird durch die Regelung aber gefördert. Nationale Vertriebsgebiete können urheberrechtlich nicht abgegrenzt werden (vgl. OGH GRUR Int. 2000, 1028, 1030 – HWP WIN-Programm).

33   bb) Mit Zustimmung des Rechtsinhabers. Die Zustimmung muss sich auf das konkrete Werkstück bzw. den konkreten Datenbestand und auf die konkrete Nutzungsart (zu Letzterem näher unter Rn. 82 ff.) beziehen. Wird das Verbreitungsrecht dinglich beschränkt, was nach h. M. gem. § 31 Abs. 1 i. V. m. § 69a Abs. 4 in räumlicher, zeitlicher und inhaltlicher Hinsicht möglich ist (BGH CR 2000, 651, 652 – OEM; OLG Frankfurt – 6. Senat – CR 2000, 581, 582 – OEM-Vertrieb; OLG Bremen WRP 1997, 573, 575; KG CR 1998, 137, 138 – Software-Vertriebsbeschränkung; KG GRUR 1996, 974, 975 – OEM-Software; *Erben/Zahrnt* CR 1996, 535; zu § 17 a. F.: BGH GRUR 1959, 200, 202 – Heiligenhof; BGH GRUR 1986, 736, 737 – Schallplattenvermietung; OLG Karlsruhe GRUR 1984, 521, 522 – Atari-Spielekassetten; OLG Karlsruhe GRUR 1984, 198 – Beschränkte Nutzung bei Video-Cassetten; zum LUG: BGH GRUR 1959, 200, 202 – Heiligenhof), entfaltet das dingliche Wirkungen (zumindest) auf der ersten Vertriebsstufe (dazu näher Rn. 89 ff.; vgl. allgemein § 31 Rn. 24 ff.; § 17 Rn. 23 ff.). Dabei wird teilweise vertreten, dass eine dinglich wirkende Beschränkung entgegen § 31 Abs. 5 explizit erklärt werden müsse (OLG Karlsruhe GRUR 1984, 521, 522 – Atari-Spielekassetten). Schließlich reicht eine Zustimmung zu einem Inverkehrbringen außerhalb von EU und EWR nicht aus (vgl. OLG Hamburg GRUR 1990, 127, 128 – Super Mario III: insb. dann keine stillschweigende Zustimmung für den EWR, wenn technische Schutzvorkehrungen getroffen wurden; s. auch zur Beweislast bei ausschließlichen Vertriebssystemen EuGH WRP 2003, 623 – Stüssy). Stimmt der Rechtsinhaber infolge der Täuschung dem Inverkehrbringen zu, ist seine Erklärung mitunter nach allgemeinen zivilrechtlichen Regeln anfechtbar.

34   cc) Rechtsfolge der Erschöpfung in Bezug auf das Vervielfältigungsstück. Mit der Veräußerung unterliegt die weitere **körperliche Verbreitung** nicht mehr der Zustimmung und Kontrolle durch den Urheber, und zwar EU- bzw. EWR-weit (vgl. OGH GRUR Int. 2000, 1028, 1030 – HWP WIN-Programm). Ausgenommen von dieser Erschöpfung des Verbreitungsrechts ist das Vermieten (zur Abgrenzung näher Rn. 42 ff.), nicht hingegen das Verleihen (dazu näher Rn. 62). Das Vermieten bedarf also auch nach der Veräußerung der Zustimmung des Rechtsinhabers.

35   Streit besteht aber darüber, ob die Weiterverbreitung, mithin der weitere Absatzweg, urheberrechtlich-dinglich kontrolliert werden kann, die Erschöpfungswirkung also nur beschränkt ist (so OLG Frankfurt – 6. Senat – CR 2000, 581, 582 – OEM-Vertrieb; KG CR 1998, 137, 138 – Software-Vertriebsbeschränkung; KG GRUR 1996, 974, 975 – OEM-Software; *Erben/Zahrnt* CR 1996, 535) oder ob sich auf den nächsten Vertriebsstufen die Erschöpfungswirkung im Interesse des Verkehrsschutzes durchsetzt (so BGH CR 2000, 651, 652 – OEM; näher dazu Rn. 89 ff.).

36   Die Erschöpfungswirkung bezieht sich nach dem Wortlaut des § 69c Nr. 3 S. 2 auf das ganz konkret in Verkehr gebrachte Vervielfältigungsstück (dazu auch Rn. 37 a. E.). Der EuGH hat demgegenüber klargestellt, dass sich die Computerprogramm-Richtlinie nicht auf die Programmkopie bezieht (s. auch *Senftleben* NJW 2012, 2924, 2925: „in abstraktem Sinne die ... vermittelte Nutzungsmöglichkeit"; dazu besonders kritisch *Haberstumpf* CR 2012, 561, 563 ff.), und zwar ggf. auch die im Rahmen der Wartung bzw. Pflege gelieferte Kopie (EuGH CR 2012, 498 Rn. 55, 63 ff. – UsedSoft; dazu *Schneider/Spindler* CR 2012, 489, 492 f., 495 f.; s. schon *Marly* Praxishandbuch Rn. 204). Bei der analogen (oder gar

direkten) Anwendung des § 69c Nr. 3 S. 2 auf die **unkörperliche Veräußerung** (dazu Rn. 31) ist auf den konkret übertragenen Datenbestand abzustellen (vgl. LG Düsseldorf CR 2009, 221, 222 m. Anm. *Witte; Mäger* CR 1996, 522, 525 f.; *Ulmer/Hoppen* CR 2008, 681, 683: „Bit-Strom"; Fromm/Nordemann/ *Vinck* 9. Aufl. § 69c Rn. 6, welche die Norm insofern extensiv auslegen). Es muss also beim Online-Erwerb wie bei vorinstallierter Software nicht etwa das Speichermedium der ersten Verkörperung (regelmäßig die Harddisk des Rechners) weitergegeben werden (so für vorinstallierte Programme auch LG Düsseldorf CR 2009, 221, 222 f.; a. A. in dem Fall aber das aufgrund der EuGH-Rechtsprechung wohl überholte OLG Düsseldorf GRUR-RR 2010, 4, 5: auch die mit Zustimmung erstellte Sicherungskopie reicht nicht; stellte man hierauf ab, ergäben sich, wie *Moos/Gallemper/Volper* CR 2008, 477, 478 zu Recht anmerken, Probleme schon dann, wenn OEM-Versionen durch Images überschrieben und die Hardware später weiterverkauft werden soll). Vielmehr erschöpft sich in diesen Fällen über den Wortlaut hinaus auch das für die digitale Weiterveräußerung im Wege der Datenfernübertragung notwendige **Vervielfältigungsrecht,** vorausgesetzt, der Veräußernde löscht alle auf seinen Rechnern noch befindlichen Kopien des Computerprogramms (EuGH CR 2012, 498 Rn. 70, 78 – UsedSoft; BGH BeckRS 2014, 02107 Rn. 63 – UsedSoft II; für eine analoge Anwendung des § 69c Nr. 3 S. 2 auf das Vervielfältigungsrecht auch LG Hamburg CR 2006, 812, 813 f.; LG Düsseldorf CR 2009, 221, 222 f.; *Hoeren* CR 2006, 573, 574; *Oswald* 89 ff.; *Sosnitza* K&R 2006, 206, 210, der zudem auf § 69d verweist; für den Fall des Erstvertriebs auf Masterdatenträgern auch LG München CR 2008, 416, 417 f. m. Anm. *Huppertz;* wohl auch OLG Hamburg CR 2013, 700, 701; LG Düsseldorf CR 2009, 358, 359; offen lassend *Schrader/Rautenstrauch* K&R 2007, 249, 256 unter Hinweis auf § 9b PatG; OLG Düsseldorf K&R 2009, 730, 731; **gegen** diese **doppelte Analogie** noch Generalanwalt *Bot* Schlussantrag BeckRS 2012, 81372 Rn. 95 ff. *Wimmers/Schulz* ZUM 2007, 162, 163; *Stögmüller* K&R 2008, 428, 429 f.; OLG Frankfurt CR 2009, 423, 424; OLG Frankfurt ZUM 2012, 162, 166; LG München CR 2006, 159, 160; LG München CR 2007, 356, 359; LG Frankfurt, CR 2010, 354, 355; *Haines/Scholz* CR 2006, 161, 162; *Heydn/Schmidl* K&R 2006, 74, 77; vgl. auch OLG München CR 2006, 655; OLG Zweibrücken, CR 2012, 6, 7; LG Frankfurt CR 2009, 142, 143; nur gegen die zweite Analogie *Bröckers* 225 f; wohl auch *Redeker* Rn. 62c; skeptisch insoweit auch *Hoeren* GRUR 2010, 665, 671 f. [anders tendenziell noch *Hoeren* CR 2006, 573, 574 f.]; *Leistner* CR 2011, 209, 214; jedenfalls gegen diese zweite Analogie BGH CR 2011, 223, 226 – UsedSoft m. zust. Anm. *Heydn* MMR 2011, 310 f.). Es ist also im Detail darzulegen, dass die Kopie beim Ersterwerber unbrauchbar gemacht wurde (dazu OLG Frankfurt GRUR 2013, 279, 282 – Adobe/UsedSoft). Der Veräußernde ist dazu regelmäßig auch vertraglich gehalten. Begründet wird dies auch damit, dass eine die berechtigten Partizipationsinteressen beeinträchtigende Vervielfältigung wertungsmäßig nur vorliegt, wenn der nutzbare Datenbestand verdoppelt wird (Fromm/Nordemann/ *Vinck* 9. Aufl. § 69c Rn. 6; *Mäger* CR 1996, 522, 526). So muss auch beim körperlichen Vertrieb im Falle der Zerstörung des ausgelieferten Vervielfältigungsstücks der Software eine nach § 69d Abs. 1 und 2 angefertigte Sicherungskopie weiterverkauft werden und werden dürfen (so auch OLG Frankfurt GRUR-RR 2010, 5, 6).

Relevant ist dieses etwa für den Handel mit online erworbener **Gebrauchtsoftware** (dazu auch Rn. 31), sofern bei diesem nicht der Datenträger der Erstspeicherung, sondern Zweitkopien weitergegeben werden (s. auch Rn. 38). Die Vorlage kann wie in der EuGH-Entscheidung von der Anbieter-Website oder vom Ersterwerber stammen (*Koch* ITRB 2013, 9, 14 f.). Leicht abgewandelt stellt sich die Problematik bei Programmen, deren Kopien beim Ersterwerber mit Hilfe eines körperlich erworbenen sog. **Masterdatenträgers** erstellt wurden. Weil hier keine Zustimmung zum Inverkehrbringen, sondern lediglich zur Nutzung vorliegt, wird der Handel mit dieser Form von Gebrauchtsoftware teils ebenfalls abgelehnt, und zwar selbst bei der Annahme der Erschöpfung für den Masterdatenträger selber (OLG Frankfurt CR 2009, 423, 424; OLG Frankfurt ZUM 2012, 162, 166; vgl. *Stögmüller* K&R

2008, 428, 429 ff.). Demgegenüber ist nach der hier vertretenen Auffassung und erst recht nach der EuGH-Entscheidung auch hier § 69c Nr. 3 S. 2 analog anzuwenden (so auch LG Hamburg CR 2006, 812, 813 f.; LG Düsseldorf CR 2009, 221, 222 f.; LG München CR 2008, 416, 417 f.; *Grützmacher* in Büchner/Briner 134 f.; für die Zulässigkeit nur bei Einzelplatz-, nicht aber Client-Server-Volumenlizenzen *Paul/Preuß* K&R 2008, 527, 528; differenzierend auch *Bröckers* 113 ff., 146 ff.; *Bröckers* MMR 2011, 18, 19 ff.).

Einschränkungen faktischer Art sind urheberrechtlich irrelevant (s. zu sonstigen Rechtsfolgen aber Rn. 41). So wird der Erschöpfungsgrundsatz nicht tangiert, wenn ein auf einem Datenträger vertriebenes Programm so gestaltet ist, dass es erst nach der online erfolgten Zuweisung einer individuellen Kennung genutzt werden kann, und wenn vertraglich geregelt ist, dass auch – wenn das Programm sonst nur sehr beschränkt genutzt werden kann – diese Kennung nicht an Dritte weitergegeben werden darf (BGH CR 2010, 565, 566 – Half-Life 2 – m. Anm. *Menz/Neubauer;* zustimmend Dreyer/Kotthoff/Meckel/ *Kotthoff* § 69c Rn. 31; s. dazu auch *Mayer-Wegelin* JurPC Web-Dok. 28/2009 Abs. 125 ff.). Denn der Erschöpfungsgrundsatz gewährt dem Erwerber keine Rechte; er beschränkt vielmehr die Rechte des Urheberrechtsinhabers.

37 Die **Nutzungsberechtigung des Zweiterwerbers** ergibt sich **aus § 69d** (näher dazu § 69d Rn. 4, 24 ff.; dies verkennend *Mäger* CR 1996, 522, 524, der § 34 für anwendbar hält und eine stillschweigende Zustimmung unterstellt). Aus § 69c Nr. 3 S. 2 ergibt sich die Befugnis nicht (vgl. LG Frankfurt CR 2009, 142, 143). Die Weiterveräußerung ist zudem keine Übertragung der Nutzungsrechte i. S. v. § 34 (OLG Frankfurt NJW-RR 1997, 494; *Baus* 146 f.; wohl auch OLG Frankfurt GRUR-RR 2010, 5, 6; vgl. *Zecher* 114 ff.). Eine Zustimmung des Urhebers ist also auch mit Blick auf die Nutzung nicht erforderlich (*Zecher* 117; im Ergebnis ebenso OLG Frankfurt NJW-RR 1997, 494; *Lehmann* NJW 1993, 1822, 1825: Nutzungsrechte an Vervielfältigungsstücken sind akzessorisch zum Verbreitungsrecht und verbleiben daher nicht beim Veräußerer; wohl auch OLG Frankfurt GRUR-RR 2010, 5, 6; vgl. *Royla/Gramer* CR 2005, 154, 155). Von Bedeutung ist dieses vorbehaltlich vertraglicher Weitergabeverbote (dazu Rn. 38 ff.) insb. auch für sog. Asset-Deals, d. h. die Übertragung von Unternehmen oder Unternehmensteilen im Wege der Vermögensübertragung, wie sie beim Unternehmenskauf oder auch beim Outsourcing vorkommen (vgl. dazu aber auch § 69a Rn. 70; s. zur Übertragung beim Outsourcing *Wimmers* in Büchner/Dreier 169, 178 ff. sowie *Fritzemeyer/Schoch* CR 2003, 793, 797 f., wobei Letztere jedoch übersehen, dass es mitunter hinsichtlich der Nutzungsart „Outsourcing" einer zusätzlichen Zustimmung bedarf; dazu § 69d Rn. 13). **Besonderheiten** gelten für **Unternehmens- und Konzernlizenzen;** so tritt bei Konzernlizenzen, die entweder ein Garantieversprechen auf künftige Rechtseinräumung oder das Recht zur Unterlizenzierung beinhalten, regelmäßig – etwas anderes gilt für Mainframe-Systeme – schon keine umfassende Erschöpfung dieser Rechte ein (dazu *Grützmacher* ITRB 2004, 204, 206 ff.: dementsprechend sind Übertragungs- und Weitergabeverbote nicht an § 69c Nr. 3 S. 2, sondern allenfalls gem. § 307 BGB am vertraglichen Leitbild und an § 34 zu messen; OLG Düsseldorf CR 2006, 656, 657 f.; *Huppertz* CR 2006, 145, 149 ff.; *Marly* Praxishandbuch Rn. 207; wohl auch *Sosnitza* K&R 2006, 206, 209, Fn. 26; a. A. *Bräutigam* FS Bartsch 13, der meint, eine Erschöpfung finde in dem Umfang statt, in dem die Software eingesetzt werde, dabei aber eine Antwort auf die Frage schuldig bleibt, wie dieses rechtssicher festgestellt werden kann; *Hoeren* GRUR 2010, 665, 668; s. zu Konzernlizenzen auch *Intveen* ITRB 2009, 237 ff.; *Hilber/Knorr/Müller* CR 2011, 417, 423). Strittig ist, ob die Erschöpfung die Abspaltung einzelner Nutzerlizenzen erlaubt, d. h. den Weiterverkauf einzelner, isolierter Nutzungsberechtigungen ohne Datenträger, da es hierbei nicht um den Weiterverkauf eines Vervielfältigungsstücks, sondern um die Übertragung einzelner Vervielfältigungsrechte geht (ablehnend *Schuppert/Greissinger* CR 2005, 81, 83, 84 f.; *Heydn/Schmidl* K&R 2006, 74, 77 ff.; *Bräutigam/Sosna* jurisPR-ITR 12/2006, Anm. 5; *Ulmer* ITRB 2007, 68, 70; *Ulmer/Hoppen* ITRB 2012, 232, 237 f.). Insofern geht die Rechtsprechung teils und mit ihr auch ein Teil der Literatur auch für die Überlassung „einer" **Masterkopie** für „mehrere Lizenzen" von einer planwidrige Regelungslücke und einer insofern zulässigen Analogie zu § 69c Nr. 3 S. 2 aus (so LG Hamburg CR 2006, 812, 813 f.; LG München CR 2008, 416, 417 f.; *Jobke* 101 ff.; *Rüffler* ÖBl. 2008, 52, 60; *Eilmansberger* GRUR 2009, 1123, 1126; *Sosnitza* K&R 2006, 206, 208 f.; wohl auch LG Düsseldorf CR 2009, 358, 359; offen lassend OLG Hamburg CR 2007, 355 f.; LG München CR 2007, 626, 627). Teils wird die Weitergabe komplett abgelehnt (OLG Frankfurt MMR 2010, 621, 622; *Heyden/Schmidl* MMR 2006, 832 f.; *Wimmers/Schulz* ZUM 2007, 162, 163; *Spindler* CR 2008, 69, 72 f.; zu den eine analoge Anwendung des § 69c Nr. 3 S. 2 grds. ablehnenden Stimmen Rn. 31). Schließlich wird teils vermittelnd immerhin jeweils die Weitergabe des Gesamtpaketes für zulässig erachtet (vgl. OLG Frankfurt MMR 2010, 621, 622, das von einer nur einmaligen Verkörperung auf dem Datenträger spricht; *Bröckers* 153 ff., 155 ff.; *Hoeren* GRUR 2010, 665, 668 f. sowie *Bräutigam/Sosna* jurisPR-ITR 12/2006, Anm. 5). Unklar ist, ob diese Auffassung auch der EuGH (EuGH CR 2012, 498 Rn. 69 ff., 86 – UsedSoft) teilt (so die Interpretation von *Heydn* MMR 2012, 592 f. unter Hinweis auf Rn. 44, 71 des Urteils). Teils wird hier angenommen, dass dieser die Aufspaltung nicht bei Masterdatenträgern, sondern nur bei Userzahl-orientierten Lizenzen bei Client-Server-Software ablehne (OLG Frankfurt GRUR 2013, 279, 282 f. – Adobe/UsedSoft m. Anm. *Marly* 284 und krit. Anm. *Igel* ZUM 2013, 300, 301 f.; *Schneider/Spindler* CR 2012, 489, 497; *Hoeren/Försterling*, MMR 2012, 642, 646; offen gelassen in BGH BeckRS 2014, 02107 Rn. 65 – UsedSoft II). Schließlich wird alternativ argumentiert, eine Vervielfältigung zur Aufspaltung sei angesichts von § 69d Abs. 1 zulässig, weil die bestimmungsgemäße Nutzung bei der Auslieferung von Masterdatenträgern im Zweifel auch die Herstellung von Einzeldatenträgern umfasst, und zwar zumindest, wenn der Zweiterwerber bereits über eine Programmkopie verfügt (so wohl *Huppertz* CR 2006, 145, 148 f.). Im Übrigen bleibt der Rückgriff auf **§ 34 UrhG** (dazu mit Blick auf Gebrauchsoftware im Detail § 69a Rn. 70). Denn zu fragen ist hier wie dort ohnehin, ob überhaupt eine Aufspaltung oder ob nicht eine entsprechende Anzahl einzelner Nutzungsrechte vorliegt (s. *Marly* Praxishandbuch Rn. 206; *Grützmacher* in Büchner/Briner 145 f.; *Ammann* 210 ff.; beachtenswert insoweit auch OLG Frankfurt GRUR 2013, 279, 282 f. – Adobe/UsedSoft). Wirtschaftlich und in sich jedenfalls ist die EuGH-Entscheidung inkonsequent (*Hilty* CR 2012, 625, 633 ff.; s. dazu die weiteren Nachweise unter Rn. 38).

dd) Weitergabeverbote. Regelmäßig finden sich in Softwareüberlassungsverträgen Weitergabeverbote. Soweit die Voraussetzungen der Erschöpfung i. S. v. § 69c Nr. 3 S. 2 vorliegen, haben solche Verbote aber keine dingliche, sondern lediglich schuldrechtliche Wirkung (OLG Bremen WRP 1997, 573, 575; OLG Hamburg CR 2013, 700, 701; LG Hamburg, Urt. v. 25.10.2013, Az. 315 O 449/12, juris, Rn. 36; s. aber zur dinglichen Aufspaltbarkeit Rn. 33, 82 ff.). Nur in diesem Sinne hat § 69c Nr. 3 S. 2 einen „zwingenden" Charakter. Dies entspricht in etwa den bei Weitergabeverboten regelmäßig ebenfalls angeführten Regelungen des § 137 S. 1 und 2 BGB (dazu ausführlich *Baus* 138 ff. m. w. N.). Wenn allgemein davon gesprochen wird, der Erschöpfungsgrundsatz sei zwingendes Recht (so etwa Schricker/Loewenheim/*Loewenheim* § 69c Rn. 33; *Baus* 135), ist dieses daher zumindest missverständlich (zu beachten ist das auch für die Frage, inwieweit bei der Wahl ausländischen Vertragsrechts mit Blick auf die Erschöpfungslehre Art. 34 EGBGB a. F. bzw. Art. 9 Rom I greift; für die unbeschränkte Anwendung *Witte* ITRB 2007, 190, 192). Soweit **pauschale Weitergabeverbote** allerdings in Formularverträgen, insb. bei einer nach h. M. (BGHZ 102, 135, 140 ff.; BGH NJW 1990, 3011, 3012; OLG Frankfurt NJW-RR 1997, 494; OLG München CR 2001, 11, 12; tendenziell wohl auch LG Köln CR 2010, 576, 577 m. in Hinblick auf den unterstellten Mietvertrag krit. Anm. *Redeker;* offen lassend BGH CR 1987, 358, 359 f. – Programmsperre II) als Kaufvertrag zu qualifizierenden dauerhaften Überlassung von Standardprogrammen, aber auch bei der dauerhaften Überlassung von Individualprogrammen vereinbart werden, sind sie auch als schuldrechtliche Regelungen in aller Regel als Abweichung sowohl vom **vertraglichen** (i. d. R. kaufrechtlichen) wie vom **urheberrechtlichen Leitbild gem. § 307 Abs. 2 Nr. 1 BGB unwirksam,** sofern nicht ganz ausnahmsweise ein berechtigtes Interesse vorliegt (OLG Bremen WRP 1997, 573, 575 f.; OLG Hamm CR 2013, 214, 217: zudem Verstoß gegen § 305c BGB; OLG Frankfurt NJW-RR 1997, 494; OLG München CR 2001, 11, 12; OLG Hamburg CR 2013, 700, 701; LG Hamburg, Urt. v. 25.10.2013, Az. 315 O 449/12, juris Rn. 36; *Haberstumpf* in Lehmann Kap. II Rn. 133; *Lehmann* FS Schricker 1995, 543, 564; *Bartsch* CR 1994, 667, 672; *Bartsch* K&R 2000, 612; *Mäger* CR 1996, 522, 523 f.; *Pres* 224 f.; *Schumacher* CR 2000, 641, 648; *Wolf/Lindacher/Pfeiffer/Stoffels* AGB-Recht Klauseln Rn. S 221; ausführlich *Marly* Praxishandbuch Rn. 1584 ff., 1593 ff.; noch zum alten Recht OLG Nürnberg NJW 1989, 2634, 2635; nur das vertragliche Leitbild anerkennend *Baus* 225 ff., da keine Gefährdung der durch § 69c Nr. 3 S. 2 abgesicherten Verkehrsschutzes; offen lassend BGH GRUR 2000, 249, 251 – Programmsperre III; a. A. *Schmidt* in Lehmann Kap. XV Rn. 68). Dies gilt nach der hier vertretenen Auffassung (dazu Rn. 31 und 36) auch für Weitergabeverbote bei **online übertragenen** Werkexemplaren (so etwa auch OLG Hamburg CR 2013, 700, 701; LG Hamburg CR 2006, 812, 815; *Hoeren* CR 2006, 573, 578; jetzt auch OLG Frankfurt GRUR 2013, 279, 282 – Adobe/UsedSoft unter Berufung auf das Europarecht; einige Vertreter der Gegenauffassung gelangen zum gleichen Ergebnis, indem sie nur auf das vertragliche Leitbild abstellen, so etwa *Koch* CR 2002, 629, 631; zur Gegenauffassung oben unter Rn. 31). Das ist im Rahmen von bei **Volumenlizenzen** gewährten, oft signifikanten Rabatten nicht anders, denn degressive Gebührenstrukturen sind kein besonders schutzwürdiges Vergütungsinteresse (LG Hamburg CR 2006, 812, 815; *Huppertz* CR 2006, 145, 147 f.; *Hilty* CR 2012, 625, 632 f.; *Grützmacher* ZUM 2006, 302, 305; *Sosnitza* K&R 2006, 206, 209; *Bräutigam/Sosna* jurisPR-ITR 12/2006, Anm. 5; vgl. *Grützmacher* CR 2007, 549 f., 555; s. zur ökonomischen Analyse *Wöstehoff* 260–268, insb. 264 ff.; *Wolf* 76 ff.; 222 f.; a. A. LG München CR 2006, 159, 161; LG München CR 2007, 356, 359; *Haines/Scholz* CR 2006, 161, 163; vgl. auch EuGH CR 2012, 498 Rn. 69 ff., 86 – UsedSoft; OLG Frankfurt MMR 2010, 621, 622: nur einmalige Verkörperung auf Daten). Zumindest soweit § 69c Nr. 3 S. 2 anwendbar ist (im Detail str.; dazu Rn. 31 und 36 f.), darüber hinaus auch mit Blick auf §§ 433 ff. BGB sind derartige Weitergabeverbote AGB-rechtswidrig (so auch LG Hamburg CR 2006, 812, 814 f.; *Huppertz* CR 2006, 145, 150; *Sosnitza* K&R 2006, 206, 210; offen lassend OLG Hamburg CR 2007, 355 f.; a. A. auf Basis anderer Prämissen OLG München CR 2006, 655 m. zust. Anm. *Lehmann;* vgl. zu Übertragungsverboten auch § 69a Rn. 70 sowie *Schrader/Rautenstrauch* K&R 2007, 249, 254; siehe auch die Rechtsprechung, nach der ein Verbot der Herstellung von Vervielfältigungsstücken zum Zweck der Weiterveräußerung zulässig sein soll, nämlich des OLG Frankfurt CR 2010, 571, 574 f. und besonders abwegig LG Frankfurt CR 2011, 428, 430; LG Frankfurt MMR 2011, 683, 684, das entgegen den Grundsätzen der OEM-Rechtsprechung des BGH dafür sogar eine eigenständige Nutzungsart konstruiert). Denn der Lizenzgeber ist durch den Verkauf der Software entlohnt worden, während der Käufer über den Kaufgegenstand gerade die volle Verfügungsberechtigung erhalten soll.

39 **Ausnahmsweise** können lediglich ganz gewichtige wirtschaftliche Gründe ein Weitergabeverbot auch im Rahmen von § 307 BGB rechtfertigen (*Lehmann* FS Schricker 1995, 543, 565; *Marly* Praxishandbuch Rn. 1603 ff.). Zulässig könnte etwa ein Weitergabeverbot bei unentgeltlichen Demo- bzw. Testversionen sein, weil hier andernfalls für den Hersteller erhebliche Haftungsrisiken bestehen können (vgl. auch OLG Düsseldorf MMR 1998, 417 – Weiterverkauf von Testversionen: keine dingliche Wirkung). Zulässig sind nach Stimmen in der Literatur weiter Klauseln, welche die Weitergabe von der Zustimmung des Erwerbers zu den Bedingungen des Vertrages abhängig machen (so *Bartsch* CR 1994, 667, 672; *Bartsch* K&R 2000, 612; *Schuppert/Greissinger* CR 2005, 81, 84; *Wolf/Lindacher/Pfeiffer/Stoffels* AGB-Recht Klauseln Rn. S 221; zu Produktaktivierungsmechanismen *Koch* CR

2002, 629, 632; zwischen billiger Massensoftware und hochwertigen Programmen differenzierend *Marly* Praxishandbuch Rn. 1613 ff.; offen lassend *Polley* CR 1999, 345, 348), denn für Klauseln, die im Erstvertrag AGB-rechtlich zulässig sind, besteht aus Sicht des Verwenders auch gegenüber einem Zweiterwerber ein berechtigtes Interesse nicht zuletzt an einer ausreichenden Partizipation und an einem Schutz vor Raubkopien. Dafür spricht auch § 69d, der mit Blick auf das Vervielfältigungsrecht vertragliche Abweichungen vom Gesetz explizit zulässt. Andererseits haben Verstöße gegen rein schuldrechtliche Verbote nur Auswirkungen im Verhältnis zum Vertragspartner, gegenüber dem der Ersterwerber sich höchstens schadensersatzpflichtig macht. Der Erwerber wird Berechtigter i. S. v. § 69d (*Lehmann* FS Schricker 1995, 543, 564; s. auch bei § 69d Rn. 26). Daneben ist zu beachten, dass Konditionenbindungen zumindest bis zum 30.6.2005 im Grundsatz kartellrechtswidrig waren (§ 14 a. F.), soweit sie nicht durch den Inhalt eines Schutzrechts gedeckt sind und der Unternehmensverkehr betroffen ist. Vertreten wird sogar, dass Klauseln zulässig seien, nach denen der Hersteller im Grundsatz zustimmen muss, seine Zustimmung aber nur aus wichtigen Gründen verweigern darf (so *Bartsch* CR 1994, 667, 672; *Schmidt* in Lehmann Kap. XV Rn. 72). Diese an **§ 34 Abs. 1** angelehnte Auffassung verkennt aber, dass § 69c Nr. 3 S. 2 von § 34 Abs. 1 zugunsten des Erwerbers deutlich abweicht, so dass diesem die Einholung der Zustimmung nicht mehr zuzumuten ist (*Schumacher* CR 2000, 641, 649; *Schuppert/Greissinger* CR 2005, 81, 84; *Pres* 224 f.; so jetzt auch LG Hamburg Urt. v. 25.10.2013, Az. 315 O 449/12, juris Rn. 37; vgl. *Baus* 230 f.; OLG Hamburg CR 2013, 700, 701; s. a. *Mayer-Wegelin* JurPC Web-Dok. 28/2009 Abs. 110 f.: beim Verbrauchsgüterkauf auch Verstoß gegen § 475 Abs. 1 BGB; differenzierend *Marly* Praxishandbuch Rn. 1614 ff.; s. dazu auch § 69d Rn. 26). Unzulässig ist es, eine schriftliche Zustimmung zu fordern (Wolf/Lindacher/Pfeiffer/*Stoffels* AGB-Recht Klauseln Rn. S 221). Auch der **pauschale Ausschluss des Vermietens** verstößt gegen § 307 BGB, sofern er das Vermieten zu nichtgewerblichen Zwecken und damit auch das urheberrechtliche Verleihen erfasst (*Marly* Praxishandbuch Rn. 1632; *Schumacher* CR 2000, 641, 649; vgl. auch Wolf/Lindacher/Pfeiffer/*Stoffels* AGB-Recht Klauseln Rn. S 221). Im Einzelfall können jedoch die berechtigten Interessen des Herstellers, Produktpiraterie zu unterbinden, auch weitergehende Verbote rechtfertigen (s. Rn. 62).

Schuldrechtliche Weitergabeverbote in Verträgen zur dauerhaften Überlassung können zudem mangels Rechtfertigung aus dem Urheberrecht gegen das **Kartellrecht** verstoßen (vgl. *Bartsch* CR 1994, 667, 671; *Polley* CR 1999, 345, 349 ff.; *Timm* 163 ff.; *Matthiesen* 82 ff., der diese aber bei entsprechenden Marktanteilen unter der GVO-TT – dazu aber § 69d Rn. 46 – für freigestellt hält; zum früheren deutschen Kartellrecht *Schneider* 125 ff., 141 ff.; 184 ff.; vgl. auch KG CR 1998, 137, 138; *Marly* Praxishandbuch Rn. 1586: nur § 16 GWB a. F.; a. A. zum EU-Wettbewerbsrecht *Sucker* CR 1989, 468, 469; *Moritz* CR 1993, 257, 263 f. unter Hinweis auf Art. 5 Abs. 1 Computerprogramm-Richtlinie und den Umkehrschluss aus Art. 9 Abs. 1 S. 2 Computerprogramm-Richtlinie; vgl. auch EuG Slg. 1999 II-3989 Rn. 27 ff. – Micro Leader Business; das wird offenbar übersehen von *Heckmann/Rau* ITRB 2009, 208, 209; weitere Nachweise mit Bezug auf Übertragungsverbote bei § 69a Rn. 70). Dies gilt insb. für absolute Weitergabeverbote. **40**

Die **faktische Durchsetzung** von unwirksamen Weitergabeverboten durch Programmsperren und Programmaktivierungsmechanismen kann mitunter Ansprüche aus **Gewährleistungsrecht** und bei entsprechendem Vorsatz sogar aus Delikt, etwa gem. **§ 826 BGB,** begründen (vgl. BGH NJW 1981, 2684 – Programmsperre I; BGH CR 1987, 358 ff. – Programmsperre II; BGH GRUR 2000, 249, 250 f. – Programmsperre III; OLG Bremen WRP 1997, 573, 574 ff.; dazu *Baus* 243 ff., insb. 259 ff.; *Koch* Teil 9 Rn. 282 ff.; *Jobke* 157 ff., 168 ff.; zum Gewährleistungsrecht *Koch* CR 2002, 629, 633 f.; *Mayer-Wegelin* JurPC 2009, Web-Dok. 28/2009 Abs. 138, 140, 142, 156; *Metzger/Jaeger* CR 2011, 77; *Jobke* 58 ff., 141 ff.; *Marly* Praxishandbuch Rn. 1747 ff.; nicht thematisiert wurde dieses mangels entsprechender Anträge in der Entscheidung BGH CR 2010, 565 – Half-Life 2 – m. Anm. *Menz/Neubauer* CR **41**

2010, 569; das gilt auch im Lichte der vom EuGH CR 2012, 498 Rn. 79, 87 – UsedSoft erwähnten technischen Schutzmaßnahmen, die laut diesem auch nur das Unbrauchbarmachen absichern sollen; s. dazu auch *Rath/Maiworm* WRP 2012, 1051, 1055; *Witzel* CRi 2012, 123; *Hoeren/Försterling* MMR 2012, 642, 645; *Schneider/Spindler* CR 2012, 489, 493 f., 495 f., die zudem datenschutzrechtliche Bedenken äußern; siehe zu Lizenzschlüsseln auch *Meyer-Spasche/Störing/Schneider* CR 2013, 131 ff.). Auch die Verweigerung von Pflegeleistungen könnte kartellrechtlich relevant sein (*Ulmer/Hoppen* ITRB 2012, 232, 238 f.; *Hoeren/Försterling,* MMR 2012, 642, 646; *Grützmacher* ITRB 2011, 133, 135 f.).

6. Vermietrecht

42 **a) Allgemeines.** Von der Erschöpfung ausgeschlossen bleibt gem. § 69c Nr. 3 S. 2 das Recht zur Verbreitung mittels Vermietung. Das Vermietrecht ist damit im Gegensatz zum Verleihrecht als ausschließliches Recht dinglich eigenständig, was mit Art. 11 TRIPs korrespondiert (zu diesem auch Vor §§ 69a ff. Rn. 9). Die Ausnahme des Vermietrechts von der Erschöpfungswirkung soll nicht nur eine angemessene Vergütung für den erweiterten Nutzerkreis gewährleisten, sondern auch den Programmautor vor der gesteigerten Gefahr illegaler Vervielfältigung schützen (dazu *Caduff* 57 ff.). Gegen Letzteres spricht nicht, dass das Verleihrecht nicht (zwingend) als Verbotsrecht (s. dazu näher Rn. 62) ausgestaltet wurde. Vielmehr hatte zumindest die Kommission auch bei der Schaffung der Vermiet- und Verleih-Richtlinie die Schaffung eines effektiven Schutzes gegen Produktpiraterie sehr wohl im Auge (*Lehmann* CR 1994, 271, 273). Zumindest seinem Wortlaut nach unterscheidet sich § 69c Nr. 3 von dem in § 17 Abs. 3 geregelten Vermietrecht, insb. auch § 17 Abs. 3 S. 2, 2. Alt. § 69c Nr. 3 ist eine Sonderregelung im Verhältnis zu § 17 (vgl. Art. 3 Vermiet- und Verleih-Richtlinie). Eine unterschiedliche Auslegung ist aber grds. nicht intendiert.

43 **b) Körperliche Gebrauchsüberlassung.** Vermieten ist die entgeltliche und zeitlich befristete **körperliche Gebrauchsüberlassung.** Die Überlassung zur Verwertung wird nicht erfasst (vgl. *Jacobs* GRUR 1998, 246, 249). Klassische Form des Vermietens ist etwa die Gebrauchsüberlassung durch den Softwarehersteller oder seine Distributoren, der schuldrechtlich ein zeitlich befristeter Lizenzvertrag mit regelmäßig wiederkehrenden Lizenzgebühren zugrunde liegt. Ein weiteres Beispiel ist die Überlassung von Computerspielen durch Videotheken (vgl. dazu OLG Karlsruhe GRUR 1984, 521, 522: trotz § 31 Abs. 5 wird Videotheken im Zweifel das Vermietrecht eingeräumt, wenn einem Softwarehersteller oder -distributor bekannt ist, dass es sich bei dem Käufer um eine Videothek handelt). Regelmäßig beurteilen sich diese Geschäfte nach dem Mietrecht des BGB. Die schuldrechtliche Abgrenzung ist aber weder immer zweifelsfrei möglich noch ausschlaggebend. Die **vertragsrechtliche Typisierung präjudiziert** die **urheberrechtliche nicht.** Entscheidend ist vielmehr die zeitliche Befristung. Dies gilt insb. bei Kaufverträgen mit Umtausch- oder Rückgabeoptionen. So kann auch der Verkauf mit Rückgaberecht urheberrechtlich ein Vermieten darstellen (BGH GRUR 1989, 417, 419 – Kauf mit Rückgaberecht; *Jacobs* GRUR 1998, 246, 250). U. U. gilt dies auch für den Kauf auf Probe gem. § 454 BGB (BGH GRUR 2001, 1036, 1037 f. – Kauf auf Probe; *Schack* Rn. 437 Fn. 80), wie er nach Stimmen in der Literatur insb. bei der Überlassung von Shareware vorliegen soll (so *Hoeren* Rn. 453 ff.; *Hoeren* CR 1989, 887 ff.; a. A. *Marly* JurPC 1991, 940, 942 ff.). Weiter kann beim Desktop-Outsourcing, bei dem die Client-Rechner samt Software vom Outsourcinganbieter überlassen werden, eine Vermietung vorliegen. Ein Recht zur außerordentlichen Kündigung in einem Lizenzvertrag hingegen führt nicht automatisch dazu, dass der gesamte Vertrag als Mietvertrag und die Überlassung des Computerprogramms als Vermieten einzustufen ist. Vielmehr liegt auch in diesem Fall eine Veräußerung und Erschöpfung des Verbreitungsrechts i. S. v. § 69c Nr. 3 S. 2 vor. Das außerordentliche Kündigungsrecht ist vielmehr AGB-rechtlich unzulässig (§ 69d Rn. 37, 41; a. A. wohl *Nordemann*

CR 1995, 5, 7; *Mäger* CR 1996, 522). Ebenso werden Programme bei der Überlassung auf Datenträgern im Rahmen von Pflegeverträgen nicht bloß vermietet, mag auch die Überlassung neuer Datenträger unter der (mitunter auch nur impliziten) Bedingung des Verzichts auf die Rechte aus dem früheren Datenträger erfolgen (s. auch EuGH CR 2012, 498 Rn. 64ff. – UsedSoft; a. A. *Bartsch* CR 2012, 141, 145: nur beim letzten Datenträger dauerhafte Überlassung, vorher Vermietung). Der Beurteilung im Einzelfall bedarf weiter das wirtschaftlich bedeutende **Leasing** von Computerprogrammen (s. dazu auch Rn. 30). Die Rechtsprechung geht davon aus, dass das Verleasen durch einen Dritten, also den Leasinggeber, in das Vermietrecht eingreift, gleichzeitig aber auch von einer entsprechenden Rechtseinräumung u. U. schon dann, wenn dem Hersteller bzw. dessen insoweit autorisierten Vertriebspartner bekannt ist, dass das Computerprogramm zu Zwecken des Leasings überlassen wird (KG KGR 1998, 341, 342 m. Anm. *v. Westphalen* KG EWiR, § 2 UrhG 1/98, 280; OLG Hamm CR 2013, 214, 215f.; vgl. auch LG Köln CR 2010, 576, 577 m. krit. Anm. *Redeker; Wimmers* in Büchner/Dreier 169, 185; *Beckmann* in Martinek/Stoffels/Wimmer-Leonhardt § 62 Rn. 33ff.; demgegenüber nimmt *Vander* CR 2011, 77, 82f. für das Finanzierungsleasing in teleologischer Reduktion des § 69c Nr. 3 S. 2 sogar an, dass durch die Überlassung an den Leasingnehmer gar nicht in das Vermietrecht eingegriffen werde).

c) Keine Anwendung bei unkörperlicher Überlassung. Strittig ist, ob die zeitlich **44** befristete **unkörperliche Überlassung** Vermieten darstellt. Dieses Problem stellt sich aus Anbietersicht insb. bei Programmbereitstellung im Rahmen von Rechenzentrumsleistungen (RZ-Betrieb), Outsourcing, Application Service Providing (ASP) und bei Cloud Services. So wird teils vertreten, dass auch der zeitlich begrenzte **Remote Access** oder vergleichbare, unkörperliche Formen des Zugriffs im Rahmen von Outsourcing, Rechenzentrums- und Terminalbetrieb als (urheberrechtliches) Vermieten zu qualifizieren sind (für den RZ-Betrieb und Outsourcing *Bartsch* CR 1994, 667, 671; zum Schweizer Recht: *Caduff* 19, 59f., dort insb. auch Fn. 110f., 310; für ASP *Koch* ITRB 2001, 39, 41; für Cloud Services *Giedke* 393ff.; anders noch *Koch* NJW-CoR 1996, 252, 253 für netzzentrierte Softwareanwendungen; letztlich offen lassend BGH CR 2007, 75, 76 – ASP-Vertrag). Auch wird vertreten, dass allgemein die Überlassung eines Datenträgers bzw. einer Sache für die Qualifizierung als Vermieten nicht zwingend erforderlich ist (*Pres* 117 Fn. 16). Andererseits ist anerkannt, dass die Online-Übertragung keine Vermietung darstellt (h. M., etwa Schricker/Loewenheim/*Loewenheim* § 17 Rn. 36; *Jacobs* GRUR 1998, 246, 249f., 251, der allerdings eine analoge Anwendung erwägt). Seiner ganzen Systematik nach verlangt § 69c Nr. 3 ein körperliches Werkstück. Etwas anderes ergibt sich auch nicht aus dem Wortlaut von Art. 4 lit. c Computerprogramm-Richtlinie, der von Verbreitungen in jeder Form spricht (dazu näher Rn. 28).

Weiter kann dieses Werkstück auch nicht in dem etwa beim Outsourcing-Anbieter oder **45** Application bzw. Cloud Service Provider vorliegenden Werkexemplar gesucht werden, denn gemäß Erwägungsgrund 13 der analog heranzuziehenden Vermiet- und Verleih-Richtlinie stellt die Überlassung zur Einsichtnahme an Ort und Stelle keine Vermietung dar (für ASP *Grützmacher* ITRB 2001, 59, 61; zust. *Bettinger/Scheffelt* CR 2001, 729, 734; *Lutz* 163f.; für Cloud Services etwa auch *Bisges* MMR 2012, 574, 578; *Marly* Praxishandbuch Rn. 1084: auch für SaaS; für Cloud Services *Niemann/Paul* K&R 2009, 444, 448; vgl. *Lehmann* CR 1994, 271, 274; *Jacobs* GRUR 1998, 246, 249, 250; im Ergebnis für Cloud-Services *Nägele/Jacobs* ZUM 2010, 281, 286; nur für Cloud Services Dreier/Schulze/*Dreier* § 69c Rn. 7, 36, 36a). Auch die Nutzung von Computerspielen in Spielhallen und -cafés ist daher idR kein Vermieten.

d) Nicht im Rahmen eines Arbeits- oder Dienstverhältnisses. Das Vermietrecht **46** gilt entsprechend § 17 Abs. 3 S. 2, 2. Alt. nicht bei der Überlassung im Rahmen eines **Arbeits- oder Dienstverhältnisses**. Diese Regelung ist aufgrund der gleichartigen Interessen auf Computerprogramme analog heranzuziehen (vgl. Mestmäcker/Schulze/*Haberstumpf* § 69c Rn. 12), soweit § 69d überhaupt noch eine Lücke lässt.

47 **e) Zu unmittelbaren oder mittelbaren Erwerbszwecken.** Für die Abgrenzung zum Verleihen ist in Anlehnung an § 17 Abs. 3 darauf abzustellen, ob **unmittelbar oder mittelbar Erwerbszwecke** verfolgt werden (vgl. Begr. BRegE BT-Drucks. XII/4022, 11). Damit wird auch die zeitlich beschränkte Gebrauchsüberlassung von Computerprogrammen an Mitgliederbeiträge zahlende Clubmitglieder zur Vermietung erfasst (allgemein *Schack* Rn. 437). Ein Erwerbszweck wird auch verfolgt, wenn die über Werbung finanzierte Überlassung von Computerprogrammen gewinnbringend ist. Demgegenüber liegt kein Vermieten vor, wenn lediglich der zur Deckung der Verwaltungskosten notwendige Betrag eingefordert wird (*Jacobs* GRUR 1998, 246, 249). Vielmehr liegt lediglich Verleihen i. S. v. § 27 vor (dazu näher Rn. 62). Probleme bereitet die Beurteilung der Vermietung von elektrischen Geräten, Fahrzeugen, Hardware und anderen Gegenständen, die heute in aller Regel im ROM oder auf EPROMs implementierte Computerprogramme enthalten (dazu *Caduff* 62 ff.; zur Vermietung von Notebooks *Pres* 117 f.). Zur Abgrenzung könnte man darauf abstellen, ob durch den Werkgehalt die Höhe des Mietzinses beeinflusst wird, mithin ein abschöpfbarer Gewinn vorliegt.

48 Vorzugswürdig erscheint hingegen, eine **teleologische Reduktion** (zum Schutzzweck des Vermietrechts schon Rn. 42) in den Fällen vorzunehmen, in denen weder eine **erhöhte Kopiergefahr** noch ein spürbarer Gewinn durch die Überlassung des **Computerprogramms als wesentlichem Objekt** der gewerblichen Vermietung erzielt wird oder werden soll. Diese Auslegung berücksichtigt die zwingenden Vorgaben der Art. 11 S. 3 TRIPs und Art. 7 Abs. 1i) und 2i) WCT, nach denen eine Reduktion des Vermietrechts nur dann nicht mehr in Betracht kommt, wenn das Computerprogramm der wesentliche Gegenstand der gewerblichen Vermietung ist (vgl. *Reinbothe* GRUR Int. 1992, 707, 710; *Dreier/Hugenholtz* TRIPs, Art. 11, 1 f.; Busche/Stoll/*Klopmeier* TRIPs Art. 11 Rn. 12; *Vander* CR 2011, 77, 79; *Söbbing* ITBR 2013, 162, 164; vgl. auch *Caduff* 65 f., 68 f., der die Grenze etwas anders zieht und die Frage des Gewinns zwar nicht berücksichtigen, ausgleichend aber einen Vergütungsanspruch gewähren will). Erfasst wird das Vermieten von schwer kopierbaren Computerspielen auf Cartridges, nicht aber das Vermieten von Waschmaschinen oder Fahrzeugen mit Bordcomputern. Beim Vermieten von Hardware mit implementierten Computerprogrammen kommt es auf den Einzelfall an. Tendenziell wird hier aber kein Vermieten vorliegen (zustimmend, wenn auch im Einzelfall wohl etwas großzügiger *Vander* CR 2011, 77, 79 f.; vgl. aber auch die Gegenbeispiele bei *Grützmacher* in Büchner/Dreier 87, 93).

7. Das Recht der öffentlichen Wiedergabe einschließlich der öffentlichen Zugänglichmachung

49 § 69c Nr. 4 hat ausweislich der Begründung des Gesetzgebers primär klarstellende Funktion (Begr. BRegE BR-Drucks. 684/02, 51). Ausschließlich dem Rechtsinhaber soll das in den §§ 69a ff. vor dem 13.9.2003 nicht geregelte Recht der öffentlichen Zugänglichmachung und der sonstigen öffentlichen Wiedergabe eines Computerprogramms zustehen. Die Neuregelung bestätigt, dass auch der Gesetzgeber davon ausgeht, dass Online-Übertragungen nicht dem Verbreitungsrecht unterfallen, sondern Teil des Rechts der öffentlichen Wiedergabe sind. Es entfällt der Streit, ob das Recht der öffentlichen Wiedergabe auch auf eine sukzessive Zugänglichmachung Anwendung findet (zur früheren Rechtslage Rn. 1; BGH GRUR 2009, 864, 865 – CAD-Software; KG GRUR 2002, 252, 253 – Mantellieferung; LG Köln MMR 2002, 689, 690 – Online-Fahrplanauskunft; LG München I K&R 2002, 261, 264). Wie zu den entsprechenden Änderungen der §§ 15 und 19a ausgeführt wird, hat sich der Gesetzgeber damit begnügt, dem Wortlaut des Art. 3 Abs. 1 und 2 der Multimedia-Richtlinie weitestgehend zu folgen und damit den Stand der inter-

nationalen Rechtsvereinheitlichung mit Blick auf das Recht der öffentlichen Zugänglichmachung abzubilden (Begr. BRegE BR-Drucks. 684/02, 37f.). Er hat dadurch die so genannte „Umbrella"-Lösung des Art. 8 WCT übernommen, bei der das Recht der öffentlichen Zugänglichmachung Bestandteil des Rechts der öffentlichen Wiedergabe ist (*Reinbothe* ZUM 2002, 43, 48).

a) Öffentliche Wiedergabe eines Computerprogramms. Eine öffentliche Wiedergabe liegt vor, wenn das Computerprogramm einer **Vielzahl von nicht persönlich verbundenen Nutzern** gleichzeitig oder sukzessive (früher str., s. Nachweise bei Rn. 49) in unkörperlicher Form wahrnehmbar oder zugänglich gemacht wird. Heranzuziehen ist die **Definition des § 15 Abs. 3**, die im Rahmen der Novellierung leicht modifiziert wurde (vgl. Begr. BRegE BR-Drucks. 684/02, 36ff.; § 15 Rn. 14, 23). Das Nutzungsrecht geht damit über die öffentliche Wiedergabe im Sinne der Multimedia-Richtlinie hinaus. Diese umfasst laut englischer Fassung nur das „right of communication to the public" (inkl. der Rundfunkübertragung), nicht aber das der „performance" und fordert daher eine gewisse Distanz zwischen dem Ursprungsort der Wiedergabe und dem Empfangsort (vgl. Art. 3 Abs. 1 und Erwägungsgrund 23 Multimedia-Richtlinie; *Dreier* ZUM 2002, 28, 30; *Reinbothe* GRUR Int. 2001, 733, 736; *Rosén* GRUR Int. 2002, 195, 197f.; *Spindler* GRUR 2002, 105, 107). Auf den **Auffangtatbestand** ist regelmäßig dann zurückzugreifen, wenn **Übertragungen ohne vorherige Interaktion** mit den Nutzern erfolgen (s. § 69c Rn. 51), insb. wenn der Nutzer sich zur ohnehin erfolgenden Übertragung lediglich „zuschaltet" (vgl. *v. Lewinski* MMR 1998, 115, 116). Keine öffentliche Wiedergabe ist gem. Erwägungsgrund 27 Multimedia-Richtlinie das bloße Bereitstellen von Einrichtungen, die eine Wiedergabe ermöglichen oder bewirken (dazu *Flechsig* ZUM 2002, 1, 8; *Spindler* GRUR 2002, 105, 107: haftungsausschließende Klarstellung auf Wunsch und zu Gunsten von Herstellern, TK-Unternehmen und Providern).

b) Insb. in Form der öffentlichen Zugänglichmachung. aa) Zugänglichmachung eines Computerprogramms. Als Spezialform der öffentlichen Wiedergabe besonders geschützt ist das Recht der öffentlichen Zugänglichmachung. Dieses unterscheidet sich von sonstigen Verwertungshandlungen, die nur dem Auffangtatbestand der (allgemeinen) öffentlichen Wiedergabe unterfallen, dadurch, dass es **interaktive Übertragungen auf Abruf** erfasst („On-Demand", nicht hingegen „Near-on-Demand"; vgl. Erwägungsgrund 25 S. 2 und 3 Multimedia-Richtlinie; *Kröger* CR 2001, 316, 318; *Reinbothe* GRUR Int. 2001, 733, 736; *Spindler* GRUR 2002, 105, 108; a. A. § 19a Rn. 19ff.). Das ergibt sich aus den Merkmalen „von Orten und zu Zeiten [nach] Wahl" der Empfänger (dazu Rn. 55ff.). Computerprogramme werden – es sei denn, sie werden physisch verbreitet – fast immer interaktiv zugänglich gemacht. Nur selten werden sie übertragen, ohne dass ein Abruf oder eine ähnliche Interaktion erfolgt. Regelmäßig werden sie über Netzwerke zugänglich gemacht (vgl. Erwägungsgrund 25 S. 1 Multimedia-Richtlinie: netzwerkvermittelte Übertragung), und zwar entweder über ein Lokal Area Network (LAN) – wie etwa ein betriebseigenes PC- oder Intra-Netz (dazu Rn. 53) – oder ein Wide Area Network (WAN) – z.B. das Internet bzw. WWW. Einen Grenzfall zum nicht umfassten „Zuschalten" stellt das Browsen im Internet dar, bei dem mitunter aus Java-Applets oder Java-Script bestehende Computerprogramme (vgl. § 69a Rn. 18) übertragen werden (zu ASP und Cloud-Serives Rn. 66). Aber auch hier veranlasst der Nutzer die Übertragung, wenn auch oft unbewusst. Erfasst ist dementsprechend die Nutzung als Teil einer Website (LG Köln ZUM-RD 2010, 426, 427: dort Flash). Noch schwieriger ist die Abgrenzung zwischen Abruf- und Verteildiensten im Fall von Push-Diensten und die Einordnung von E-Mail-Verteildiensten in Form von Mailing-Listen (vgl. *Spindler* GRUR 2002, 105, 108 m.w.N.; *Dreier* ZUM 2002, 28, 30, Fn. 20; Ensthaler/Weidert/*Werner* 178ff.). Richtig erscheint die Auffassung, dass Push-Dienste mangels Abrufs nur dem Generaltatbestand der (allgemeinen) öffentlichen Wiedergabe unterfallen (vgl. § 19a Rn. 30f.; zweifelnd wohl *Dreier* ZUM 2002, 28, 30, Fn. 20 m.w.N.; vgl.

auch Ensthaler/Weidert/*Werner* 179f. und *Leupold* ZUM 1998, 99, 106f.: kein interaktives Abrufmedium, daher Sendung i. S. v. § 20).

52 Ausreichend ist als Verwertungshandlung i. S. d. § 69c Nr. 4 **bereits das Zugänglichmachen** des Computerprogramms **zum interaktiven Abruf;** sichergestellt werden soll damit ein möglichst frühzeitiger Schutz (vgl. Begr. BRegE BR-Drucks. 684/02, 36 zu §§ 15, 19a, 22), also schon gegen das unerlaubte Bereithalten zur bzw. Anbieten der Online-Übertragung (*v. Lewinski* MMR 1998, 115, 116; *Reinbothe* GRUR Int. 2001, 733, 736f.). Nur das Abstellen auf die Bereithaltung wird dem Anliegen des Art. 8 WCT gerecht, den Rechtsinhaber bereits im Vorfeld effektiv zu schützen (vgl. Bericht über die 5. Sitzung des Sachverständigenkomitees zum WCT vom 4.–8. und 12.9.1995, WIPO-Dokument BCP/CE/V/9-INR/CEIV/8, 59 zu Art. 8 WCT). Denn die Übertragung wird man oft nicht nachweisen können. Aus der Multimedia-Richtlinie ergibt sich nichts Gegenteiliges, die Begründung zu Art. 3 des ersten Richtlinien-Vorschlags bestätigt die hier vertretene Auffassung (KOM [97] 628 endg. vom 10.12.1997, 33ff.). Dem steht auch nicht der Wortlaut des § 69c Nr. 4 entgegen, wie kritische Stimmen zu befürchten scheinen, die daher ein Bereithaltungs- und Übertragungsrecht in einem zweistufigen Alternativtatbestand (ähnlich § 17) gefordert hatten (vgl. etwa *v. Ungern-Sternberg,* berichtet von *Zecher* ZUM 2002, 451, 453f.; Antrag der FDP-Fraktion, BT-Drucks. 15/837, 29). Denn zumindest zugänglich ist ein Werk schon mit dem Anbieten der Übertragung. Ausreichend ist etwa das Einstellen eines Programms in einen öffentlich zugänglichen Downloadbereich (BGH GRUR 2009, 864, 865 – CAD-Software; LG Hamburg CR 2013, 498) oder eine Internet-Tauschbörse (OLG Köln MMR 2010, 780, 781 – Kfz-Diagnose-Software sowie LG Köln ZUM 2011, 88, 90f.: Registry-Eintrag als ergänzendes Indiz neben der Zuordnung der IP-Adresse; LG Hamburg ZUM-RD 2010, 416, 417: Hash-Wert reicht mangels substantiierten Bestreitens zum Nachweis der Verletzung; LG Köln ZUM 2011, 350f. sowie OLG Köln ZUM 2012, 579, 580f.; OLG Köln MMR 2011, 396f. m. Anm. *Hannemann/Solmecke;* LG Köln ZUM-RD 2012, 99, 100: jeweils auch zur Störerhaftung bei Peer-To-Peer-Netzwerken; dazu vertiefend *Grützmacher* in Lehmann/Meents 208ff.). Ausreichend ist allerdings noch nicht das Setzen eines Links auf das Werk (BGH MMR 2003, 719, 722f. – Paperboy – m. w. N.; BGH GRUR 2011, 56, 58 – Session ID: es sei denn, dass ein technischer Schutz umgangen wird; a. A. *Wiebe* MMR 2003, 724; siehe aber auch die Vorlage des BGH CR 2013, 331 an den EuGH zum Framing). Daher dürfte § 69c Nr. 4 UrhG auch bei Abo- oder Download-Fallen nicht verletzt sein (unerörtert gelassen von LG Hamburg ZUM 2011, 347 mit diesbezüglich bejahender Anm. *Stögmüller;* s. a. Rn. 65).

53 Anderseits bedeutet die Erstreckung auf das Zugänglichmachen nicht, dass die Abruf- bzw. **Übertragungshandlung** unbeachtlich wäre (ausführlich *v. Gerlach* ZUM 1999, 278, 279ff.; s. auch Rn. 60). Auch sie stellt ein Zugänglichmachen und damit eine urheberrechtsrelevante Handlung i. S. v. § 69c Nr. 4 dar. – Nach dem Wortlaut ist weiter unklar, ob ein Zugänglichmachen erst dann vorliegt, wenn das Programm oder wesentliche Teile desselben für den Nutzer im Quell- oder Objektcode abrufbar sind, oder ob es reicht, dass der Nutzer das Programm online nutzen kann, ohne dass dafür das Programm übertragen wird. Nach der gesamten Systematik der urheberrechtlichen Verwertungsrechte ist Ersteres der Fall.

54 **bb) Mitglieder der Öffentlichkeit.** Das Computerprogramm muss einer Vielzahl von Personen, die nicht persönlich verbunden sind (§ 15 Abs. 3; Begr. BRegE BR-Drucks. 684/02, 37), zugänglich gemacht werden. Die zielgerichtete Zugänglichmachung eines Computerprogramms gegenüber einer bestimmten Person erfüllt diese Tatbestandsvoraussetzung nicht (vgl. *Pres* 116; Ensthaler/Weidert/*Werner* 164, 166 m. w. N.). Das gilt etwa für die Versendung individueller E-Mails (Ensthaler/Weidert/*Werner* 166, 178; wohl auch *Spindler* GRUR 2002, 105, 108; s. aber auch Rn. 51). Ein weiteres Beispiel stellt mitunter das im Rahmen eines Wartungs- bzw. Pflegevertrages online erfolgende Updating dar (vgl. *Koch* CR 2002, 629, 631). Hier mangelt es jeweils an der Vielzahl der nicht persönlich verbundenen Personen. Der Übergang von der mehrfachen Einzelübertragung zur öffentlichen Wiedergabe ist aber fließend. Entscheidend ist, ob ein nicht mehr abgrenzbarer, nicht mehr persönlich verbundener, also durch ein gewisses Vertrauensverhältnis geprägter, Nutzerkreis erreicht wird. Kein Zweifel besteht demgegenüber, dass die Zugänglichmachung von Patches oder Updates durch das unbegrenzte Bereitstellen von Programmen im **Internet** § 69c Nr. 4 unterfällt. Verallgemeinernd lässt sich sagen, dass die Datenfernübertragung im Wege von **On-Demand-Services** in § 69c Nr. 4 eingreift, denn hier werden Programme einer Vielzahl persönlich nicht verbundener Personen zugänglich gemacht (krit. *v. Ungern-Sternberg*, berichtet von *Zecher* ZUM 2002, 451, 453 f.). Nicht persönlich verbunden sind aber regelmäßig auch schon die **Beschäftigten eines Betriebes** (BGHZ 17, 376, 380 f. – Betriebsfeier; OLG München GRUR-RR 2009, 91; *Grützmacher* 260 f.; *Kotthoff* GRUR 1997, 597, 600; vgl. *Spindler* GRUR 2002, 105, 108 f.; tendenziell a. A. *Hoeren* 87 f.; differenzierend und m.w.N. zur Rspr. *Kotthoff* GRUR 1997, 597, 600: je nach Mitarbeiteranzahl und -fluktuation). Bei ihnen fehlt es an der persönlichen Verbundenheit im Gesetzessinne, also an einem gewissen Vertrauensverhältnis (*Hoeren/Schumacher* CR 2000, 137, 145 f. m. w. N.: ein abgrenzbarer Nutzerkreis kann durch Passwörter zur Zugangsberechtigung gewährleistet werden). Jedenfalls fehlt es an der persönlichen Verbundenheit bei Personen, die nur technisch miteinander verbunden sind (Begr. BRegE BR-Drucks. 684/02, 37 nennt beispielhaft File-Sharing-Systeme; vgl. Ensthaler/Weidert/*Werner* 164: auch bei kleineren Netzwerken und Intranets; a. A. wohl *Hoeren* 87 f.) oder bei Programmen, die auch Externen zugänglich gemacht werden (OLG München GRUR-RR 2009, 91, 92).

cc) **Von Orten ihrer Wahl zugänglich.** Eine öffentliche Zugänglichmachung liegt auch 55 dann noch vor, wenn die Mitglieder der Öffentlichkeit sich „an" (vgl. Art. 8 WCT) ganz unterschiedlichen Orten aufhalten und das Computerprogramm „von" (vgl. BT-Drucks. 15/ 837, 34 sowie Art. 3 Abs. 1 Multimedia-Richtlinie) diesen Orten zugänglich ist. Räumliche Verbundenheit ist wie schon früher im Rahmen des § 15 Abs. 3 (s. § 15 Rn. 18) nicht erforderlich. Erfasst wird damit insb. auch die öffentliche Zugänglichmachung über Wide Area Networks (WANs), insb. das Internet. Das Tatbestandsmerkmal darf hingegen nicht missverstanden werden: Wenn das Computerprogramm nicht von (allen) Orten nach Wahl einer Vielzahl von Personen zugänglich ist, schließt das nicht aus, dass eine öffentliche Zugänglichmachung vorliegt. Telos ist lediglich, die Abruf- und Kommunikationshandlung zu betonen.

dd) **Zu Zeiten ihrer Wahl zugänglich.** Dieses Merkmal stellt klar, dass auch eine 56 „sukzessive Öffentlichkeit" (der sukzessive Zugang) ausreichend ist (Begr. BRegE BR-Drucks. 684/02, 37 f. zu §§ 15, 19a, 22). Die Regierungsbegründung geht davon aus, dass für einige digitale Netze Geschäftsmodelle vorliegen können, bei denen dieses Tatbestandsmerkmal nicht erfüllt ist, gleichwohl aber das allgemeine Recht der öffentlichen Wiedergabe vorliegen kann (vgl. Begr. BRegE BR-Drucks. 684/02, 36 zu §§ 15, 19a, 22). Das bedeutet aber nicht, dass das Computerprogramm jederzeit zugänglich sein muss. Telos ist auch hier wieder lediglich, den Aspekt der Abrufhandlung zu betonen.

c) **Drahtgebundene oder drahtlose Übertragung.** Die Übertragung kann **draht-** 57 **gebunden** – etwa über herkömmliche kabelgebundene Telekommunikationssysteme wie Telefon-, Glasfaser- oder Breitbandnetze – oder aber **drahtlos** – etwa über Bluetooth, WLAN, Mobilfunk- (GSM, GPRS, HDGE, I-MODE, UMTS, LTE etc.), Satellitenfunk- oder sonstige Funknetze oder Radiosendungen – erfolgen. Dass § 69c Nr. 4 beide Alternativen erfasst, ist schon deshalb konsequent, weil die Übertragungsarten im Rahmen der Datenfernübertragung oft kombiniert auftreten.

d) **Anwendungsgrenzen.** Dass es notwendig sein wird, die **§§ 69d Abs. 2 und 69e** 58 auch auf das Recht der öffentlichen Wiedergabe und Zugänglichmachung entsprechend anzuwenden, erscheint zweifelhaft (so aber *Jaeger* CR 2002, 309, 311). Denn technisch sind zum Programmlauf, zur Anfertigung von Sicherheitskopien und zur Dekompilierung regelmäßig nur Vervielfältigungen und Bearbeitungen des Programms notwendig. Etwas anderes gilt aber für § 69d Abs. 1, der ggf. auf die Rechte gem. § 69c Nr. 4 analog anzuwenden ist (s. § 69d Rn. 12; *Jaeger* CR 2002, 309, 311). Auch § 44a greift nicht (OLG München GRUR-RR 2009, 91, 92).

59 Ausweislich des Art. 3 Abs. 3 Multimedia-Richtlinie unterliegen das Recht der öffentlichen Wiedergabe und das Recht der öffentlichen Zugänglichmachung nicht der **Erschöpfung**. Wenn die Kommission diesen Grundsatz allerdings auch auf die unkörperliche Übertragung als verbreitungsähnlichen Einzelakt und das aus dieser resultierende Vervielfältigungsstück erstrecken will (vgl. Erwägungsgrund 29 Multimedia-Richtlinie; Bericht der Kommission über die Umsetzung und die Auswirkung der Richtlinie 91/250/EWG über den Rechtsschutz von Computerprogrammen, KOM [2000] 1999 endg. v. 10.4.2000, 18), überzeugt dies nicht (s. dazu Rn. 31; *Dreier* ZUM 2002, 28, 32; *Hoeren* MMR 2000, 515, 517; *Knies* GRUR Int. 2002, 314, 315ff.; *Kröger* CR 2001, 316, 318; tendenziell auch *Spindler* GRUR 2002, 105, 110; *Reinbothe* GRUR Int. 2001, 733, 737; vgl. auch *Witte* ITRB 2005, 86ff.; a.A. *Flechsig* ZUM 2002, 1, 7f.). Vielmehr ist auch im Fall der unkörperlichen Veräußerung § 69c Nr. 3 S. 2 entsprechend heranzuziehen (s. Rn. 31, 36; detailliert zu den Analogievoraussetzungen im Lichte von Erwägungsgrund 29 Multimedia-Richtlinie *Knies* GRUR Int. 2002, 314, 315ff.; *Hoeren* MMR 2010, 447f.; *Jobke* 98f.).

60 Die öffentliche **Wiedergabe bzw. Zugänglichmachung** kann auch **aus dem Ausland** oder dorthin erfolgen. Für das Internet ist dieses geradezu typisch. Dann fragt sich, ob es angesichts des im Urheberrecht nach h.M. grds. geltenden Territorialitätsprinzips (dazu Vor §§ 120ff. Rn. 4ff.) für die Anknüpfung des Rechts allein auf den Ort der Einspeisung (Server bzw. Ort des Angebots) oder auch auf den des Empfangs ankommt. Grds. ist bei Übertragungsvorgängen im Internet und ähnlichen Netzen nach ganz h.M. von der **Bogsch-Theorie** auszugehen, die auch auf den Empfangsort abstellt (näher *Dreier* ZUM 2002, 28, 32f.; *Grützmacher* 264, 339; *Sack* WRP 2000, 269, 277; *Schack* Rn. 1060; *Spindler* GRUR 2002, 105, 109; vgl. *Hoeren* 67f.; mit Nachweisen zum internationalen Streitstand *Thum* GRUR Int. 2001, 9, 20ff.; Vor §§ 120ff. Rn. 19 mit Nachweisen zur Gegenauffassung; s. ferner BGH GRUR 2003, 328, 329f. – Sender Felsberg; zur Frage der Bewerbung in nicht lizenzierten Territorien *Wemmer/Bodensiek* K&R 2010, 16). Dass für § 69c Nr. 4 im Übrigen schon auf das Zugänglichmachen selbst als Vorbereitung des Empfangs abzustellen ist (dazu Rn. 52), steht dem nicht entgegen. Intention der Richtlinie (und deren nationaler Umsetzung) war es nicht, eine Kollisionsregelung zu treffen, zumal die Kommission die Ursprungstheorie bzw. die Herkunftslandtheorie wegen der Gefahr einer Flucht in Urheberrechtsoasen explizit abgelehnt hat (Begr. der Multimedia-Richtlinie, KOM [1997] 628 endg., 11f.; *v. Gerlach* ZUM 1999, 278, 280; *Spindler* GRUR 2002, 105, 109, 120; *Hoeren* 68). Gem. § 3 Abs. 4 Nr. 6 TMG ist das Urheberrecht auch innereuropäisch vom Herkunftslandprinzip nach der E-Commerce-Richtlinie (vgl. § 3 TMG; Art. 3 der Richtlinie 2000/31/EG v. 8.6.2000 über den elektronischen Geschäftsverkehr, ABl. EG Nr. L 178/1 v. 17.7.2000) ausgenommen.

61 Wurde in der **Vergangenheit** das Recht zur Online-Übertragung und -Bereithaltung als unbenanntes Recht i.S.v. § 15 Abs. 2 und 3 **vertraglich eingeräumt,** umfasst diese Lizenz nach Inkrafttreten des § 69c Nr. 4 regelmäßig auch das nun benannte Recht zur öffentlichen Zugänglichmachung; wurde pauschal nur das Recht der öffentlichen Wiedergabe eingeräumt, ist eine Auslegung nach Maßgabe der Zweckübertragungslehre angebracht (vgl. *Dreier* ZUM 2002, 28, 41f.).

III. Einzelfragen

1. Sonstige Nutzungsrechte

62 **a) Verleihen.** Gem. Art. 5 Abs. 1 Vermiet- und Verleih-Richtlinie (s. Vor §§ 31ff. Rn. 3) müssen die Mitgliedstaaten in Bezug auf das Verleihen von Computerprogrammen

zumindest eine angemessene Vergütung für den Urheber vorsehen. Dieser Verpflichtung ist der deutsche Gesetzgeber mittels der Schaffung des § 27 nachgekommen, der gem. § 69a Abs. 4 auch für Computerprogramme gilt (grundsätzliche Bedenken äußert *Lehmann* CR 1994, 271, 273 ff.; s. zum Hintergrund und der Selbstverpflichtungserklärung der Bibliotheken ausführlich Schricker/Loewenheim/*Loewenheim* § 27 Rn. 14). Verleihen liegt insb. vor, wenn einer öffentlich zugänglichen Einrichtung für die zeitweise Überlassung eines Computerprogramms lediglich ein Entgelt bezahlt wird, dessen Betrag das für die Deckung ihrer Verwaltungskosten erforderliche Maß nicht überschreitet. Gleichwohl dürfte angesichts der in der Vermiet- und Verleih-Richtlinie vorgesehenen Option zur Schaffung eines Ausschließlichkeitsrechts ein vertraglich vorgesehenes Verbot des Verleihens nicht ausnahmslos kartellrechts- und AGB-rechtswidrig sein. Hierfür sprechen zumindest im Einzelfall die berechtigten Interessen der Hersteller, der Anfertigung von Raubkopien entgegenzuwirken (vgl. auch *Lehmann* CR 1994, 271, 273; a.A. *Marly* Praxishandbuch Rn. 1645).

b) Netzwerkbetrieb. Kein spezielles Verwertungsrecht ist für den **Netzwerkbetrieb** 63 (etwa im Lokal Area Network, LAN) vorgesehen (dazu ausführlich *Hoeren/Schumacher* CR 2000, 137, 141 ff.; *Marly* Praxishandbuch Rn. 1680 ff.). Dieser greift zunächst einmal in das Vervielfältigungsrecht ein, weil das Laden in den Arbeitsspeicher zumindest nach h.M. (dazu Rn. 5; a.A. *Hoeren/Schumacher* CR 2000, 137, 144) eine zustimmungsbedürftige Handlung ist. Zumal Einzel- und Mehrplatznutzung als eigenständige Nutzungsarten unterschieden werden (*Haberstumpf* in Lehmann Kap. II Rn. 163; *Marly* Praxishandbuch Rn. 1683 ff.; *Grützmacher* ITRB 2001, 59, 62 f.; *Hoeren/Schumacher* CR 2000, 137, 141; *Pres* 155 f.; dazu § 69a Rn. 60; § 69d Rn. 10 ff.), steht dem Rechtsinhaber damit zumindest im **Serverbetrieb** ein ausreichender Schutz zu (*Bartsch* CR 1999, 361, 362). Das entspricht auch dem Willen des Gesetzgebers zu § 69c, der gewährleisten wollte, dass „ein Programm nicht unter Umgehung der Lizenzverträge gleichzeitig auf verschiedenen Terminals benutzt werden kann" (AmtlBegr. BT-Drucks. XII/4022, 11; *Bartsch* CR 1999, 361, 362).

Gleiches gilt aber auch im **Terminalbetrieb** im engeren Sinne, bei dem, wie treffend 64 festgestellt wird (*Hoeren/Schumacher* CR 2000, 137, 141), wegen der sog. „dummen" Terminals technisch die im Arbeitsspeicher eines Großrechners ein- oder mehrfach vorhandene Kopie mehrfach abgearbeitet wird, denn hier ist aufgrund der technischen Unterschiede eine klar abgrenzbare, wirtschaftlich bedeutsame, eigene Nutzungsart betroffen. Trotzdem finden sich in der Literatur auch Stimmen, die den Netzwerk-Zugriff als Eingriff in ein neues, unbenanntes körperliches Verwertungsrecht qualifizieren wollen (so etwa *Kappes* 109). Jedoch fehlt es hierfür schon an einer körperlichen Festlegung über das einfache Vervielfältigungsrecht hinaus (*Grützmacher* ITRB 2001, 59, 61; *Kotthoff* GRUR 1997, 597, 601; vgl. *Grützmacher* 260; allgemein zum Prinzip des unbenannten Rechts § 15 Rn. 11 ff.). Bei größeren Betrieben ist der **Netzwerkeinsatz** zudem eine Form der öffentlichen Wiedergabe i.S.v. § 69c Nr. 4, denn dort wird schnell ein nicht mehr abgrenzbarer, nicht mehr persönlich verbundener Nutzerkreis erreicht (s. Rn. 54; vgl. auch *Bröckers* 90 f., 93, 108; *Bröckers* MMR 2011, 18, 21, der dieses zu Unrecht auch für den Terminal-/Mainframebetrieb annimmt, obwohl hier i.d.R. keine Übertragung des Programms auf den Terminalrechner stattfindet). Selbst beim Terminalbetrieb wird das Programm vom Anwender aber im Wege der Interaktion noch aktiv genutzt. Demgegenüber liegt in der reinen Server-Konnektierung durch Client-Rechner (sog. **Client Access**) im Regelfall kein urheberrechtsrelevanter und damit kein lizenzpflichtiger Vorgang. Das Programm, auf das serverseitig zugegriffen wird, wird weder zusätzlich kopiert noch heruntergeladen, so dass weder § 69c Nr. 1 noch Nr. 4 greifen (so auch *Koch* ITRB 2011, 42, 43 f.). Mithin steht in Frage, inwieweit es sog. **CAL**s (Client Access Licenses) bedarf. Urheberrechtlich angezeigt ist das nur, wenn dazu auch auf der Client-Seite noch zusätzlich Software zu installieren ist bzw. zusätzlich genutzt wird (*Koch* ITRB 2011, 42, 44; s. auch § 69d Rn. 11,

44). Auch die **Arbeitsplatzvirtualisierung** – teils wird vom „Roaming-Use" gesprochen – stellt regelmäßig keine „öffentliche" Zugänglichmachung des Programms dar (dazu *Grützmacher* ITRB 2011, 193, 194).

65   **c) Datenfernübertragung, Application Service Providing und Cloud Services.** Die **Datenfernübertragung** von Computerprogrammen ist aufgrund der erhöhten Übertragungskapazitäten und der breiteren Zugänglichkeit der Öffentlichkeit zu solchen Datennetzen (insb. dem Internet, geschlossenen Online-Diensten oder sonstigen Wide Area Networks, WANs) zu einer für den Rechtsinhaber eminent wichtigen Verwertungsform geworden. Sie greift nach h. M. nicht in das Verbreitungsrecht gem. § 69c Nr. 3, 17 ein (näher Rn. 28f.). Gleichwohl stellt sie mitunter gem. § 69c Nr. 4 eine zustimmungsbedürftige Handlung dar, wenn nur theoretisch eine Vielzahl von Personen das Programm herunterladen können (s. näher Rn. 52). Im Übrigen herrscht Einigkeit darüber, dass die nach der Online-Übertragung erfolgende endgültige Speicherung in das Vervielfältigungsrecht des Rechtsinhabers eingreift (etwa *Haberstumpf* in Lehmann Kap. II Rn. 117, 137; Schricker/Loewenheim/*Loewenheim* § 69c Rn. 6; zur bei der Online-Übertragung auftretenden Zwischenspeicherungen in Form des Cachings und der Proxy-Speicherung s. Rn. 15). Das Setzen eines Hyperlinks auf ein Download-Angebot des Rechtsinhabers stellt noch keinen Eingriff in das Vervielfältigungsrecht oder das Recht der öffentlichen Zugänglichmachung dar und begründet auch keine entsprechende Störerhaftung (vgl. BGH MMR 2003, 719, 721 ff. – Paperboy). Insofern ist es (leider) auch sehr zweifelhaft, ob trotz anderer Sachverhaltsumstände Download-Fallen gegen § 69c Nr. 4 verstoßen (so aber *Hövel/Hansen* CR 2010, 252, 256f.).

66   Auch das sog. **Application Service Providing** (s. dazu auch Rn. 44f., § 69d Rn. 13) kann ausnahmsweise unter § 69c Nr. 4 fallen, nämlich dann, wenn Programmteile und nicht bloß Grafikdaten übertragen werden (s. dazu näher *Grützmacher* ITRB 2001, 59, 62). Die Gegenauffassung (OLG München GRUR-RR 2009, 91; *Marly* Praxishandbuch Rn. 1087; *Jaeger* CR 2002, 309, 311; *Spindler* 87; *Lutz* 164f.; differenzierend *Dietrich* ZUM 2010, 567ff.) will § 69c Nr. 4 offenbar unabhängig davon anwenden, ob Programmteile übertragen und damit zugänglich gemacht werden. Der insofern vom OLG München GRUR-RR 2009, 91 vorgebrachte Vergleich, auch andere Werke (Theaterstücke oder Musikwerke) würden etwa durch öffentliche Darbietung (z.B. ohne Textbuch oder Partitur) in unkörperlicher Form zugänglich gemacht, ist technisch verfehlt. Denn in diesen Fällen wird das ganze Werk wahrnehmbar gemacht, beim ASP das Computerprogramm aber nicht (ähnlich auch *Koch* ITRB 2011, 42, 43 f. zu CALs; als technisch verfehlt wird das Urteil auch von *Nägele/Jacobs* ZUM 2010, 281, 287 eingestuft). Für **Cloud-Services** gilt Ähnliches. Dabei ist entsprechend den verschiedenen Modellen zu unterscheiden: (1) Bei einer Infrastructure Cloud (**IaaS**) oder einer Plattform Cloud (**PaaS**) wird vom Cloud-Anbieter die Betriebssystemsoftware und ggf. die Plattformsoftware einer Vielzahl von Kunden zur Verfügung gestellt. Genutzt wird je nach Softwareebene mitunter nur ein Vervielfältigungsstück i. S. v. § 69c Nr. 1, das entgegen wohl h. M. (speziell für das Cloud Computing *Giedke* 402ff.; *Pohle/Ammann* CR 2009, 273, 276; *Niemann/Paul* K&R 2009, 444, 448) dann wie beim ASP auch nicht i. S. v. § 69c Nr. 4 öffentlich zugänglich gemacht wird (so auch *Nägele/Jacobs* ZUM 2010, 281, 287). Dabei erstellt bzw. veranlasst der Endkunde zusammen mit dem Provider auf dem Server des Providers Vervielfältigungstücke (*Nägele/Jacobs* ZUM 2010, 281, 286; *Bisges* MMR 2012, 574, 578; siehe schon zum ASP *Grützmacher* ITRB 2001, 59, 60; weitergehend *Niemann* CR 2009, 661, 662f., der annimmt, dass teils nur der Anwender für die Vervielfältigung verantwortlich ist; a. A. *Schuster/Reichl* CR 2010, 38, 40; *Giedke* 382ff.: nur der Anbieter; unklar *Niemann/Paul* K&R 2009, 444, 448). Die Vervielfältigung der Applikation beim IaaS oder PaaS erfolgt primär nur durch den Nutzer (vgl. *Grützmacher* CR 2011, 697, 704f.; *Nägele/Jacobs* ZUM 2010, 281, 290; *Giedke* 384, Fn. 2159). (2) Beim **SaaS**, bei dem auch die Applikation durch den

Provider zur Verfügung gestellt wird, verhält sich die Situation ähnlich wie beim ASP und wie beim IaaS bzw. PaaS hinsichtlich der System- bzw. Plattformsoftware. Der Provider bietet die Software an, benötigt dafür aus Sicht des deutschen Rechts zwar ein auf diese Nutzungsart (dazu § 69d Rn. 13) bezogenes Vervielfältigungsrecht, entgegen der wohl h. M. aber nur dann ein Recht zur öffentlichen Zugänglichmachung, wenn die Benutzeroberfläche selber schutzfähig ist, oder bei Verwendung client-seitig laufender Programmteile (z. B. Java-Applets; so auch *Nägele/Jacobs* ZUM 2010, 281, 287, 290; vgl. zum ASP *Grützmacher* ITRB 2001, 59, 62). Für den Fall des nicht applet-basierten Cloud-Services fehl geht hingegen die Auffassung (so aber *Pohle/Ammann* CR 2009, 273, 276; *Pohle/Ammann* K&R 2009, 625, 629; *Splittgerber/Rockstroh* BB 2011, 2179f.; s.a. *Bierekoven* ITRB 2010, 42, 43), die von durch §§ 44a bzw. § 69d Abs. 1 erlaubten Vervielfältigungen auf dem Rechner des Anwenders und dabei zumeist von einem mit Blick auf das Programm urheberrechtsrelevanten „Streaming" über den Browser ausgeht (dagegen auch *Nägele/Jacobs* ZUM 2010, 281, 289f.). Denn gestreamt werden heute im Zweifel (noch) lediglich die Grafikdaten (vgl. *Lehmann/Giedke* CR 2013, 681, 682); und selbst soweit technisch doch (schon) ein Streaming der Programmdaten stattfindet (dazu *Giedke* 70, 385), liegt nur auf dem Rechner des Anbieters ein Vervielfältigungsstück vor, mithin i. d. R. mangels wesentlichen Programmteilen auf dem Kundenrechner keine Vervielfältigung (so etwa auch *Koch* GRUR 2012, 574, 575; a. A. *Giedke* 385 ff., die aber mit der Mindermeinung schon beim bloßen Programmlauf eine Vervielfältigung annimmt; dazu oben Rn. 7). Allerdings kann man im Fall des Streaming über das Eingreifen von § 69c Nr. 4 nachdenken; zu prüfen ist dabei die im Einzelfall vorliegende technische Situation.

2. Fragen des Lizenzrechts

a) Softwarevertriebsverträge. Bei Softwarevertriebsverträgen (dazu grundlegend *Polley/Seeliger* CR 2001, 1 ff.; *Pres* 159f., 194ff., 245 ff.) werden regelmäßig Vervielfältigungsstücke überlassen. In diesem Fall ist zumindest bei der dauerhaften Überlassung das Verbreitungsrecht gem. § 69c Nr. 3 erschöpft. Soweit für die Endanwender-Lizenzen Vorgaben gemacht werden, war dies schon immer dann kartellrechtlich unbedenklich, wenn diese Vorgaben für Unterlizenzen der Sicherung der urheberrechtlichen Nutzungsrechte dienen (vgl. *Sucker* CR 1989, 468, 475) und mit § 69d und § 69e vereinbar sind. Für die sonstige Gestaltung der Vertriebsverträge gilt daher, solange nicht eine echte Handelsvertreter- oder Kommissionslösung gewählt wird, die Gruppenfreistellungsverordnung für Vertikalverträge (**GVO-VV;** vgl. Art. 2 Abs. 3 GVO-VV; ABl. EU 2010 Nr. L 102/1; dazu Leitlinien der Kommission für vertikale Beschränkungen, ABl. EU 2010 Nr. C 130/1, Rn. 40 ff.; *Matthiesen* 111 ff.; *Polley/Seeliger* CR 2001, 1 ff.; *Polley* CR 2010, 625 f.; *Schumacher/Schmid* GRUR 2006, 1, 5, Fn. 35; vgl. auch *Sucker* CR 1989, 468, 475). Voraussetzung ist, dass Datenträger vertrieben werden (vgl. Leitlinien der Kommission für vertikale Beschränkungen, ABl. EU 2010 Nr. C 130/1, Tz. 33, 41). Teils wird dann noch nicht einmal ein Recht zur Unterlizenzierung eingeräumt (vgl. etwa LG Stuttgart CR 2005, 97 f.). Aber auch bei einer Unterlizenzbefugnis ist die GVO-VV anzuwenden (*Grützmacher* ITRB 2005, 205, 208; *Matthiesen* 111 ff.; a. A. *Berger* K&R 2005, 15, 17; *Timm* 56 f.; *Schumacher/Schmid* GRUR 2006, 1, 5). Alternativ zur Lieferung der Datenträger wird Vertriebspartnern das Vervielfältigungs- und das Verbreitungsrecht gem. § 69c Nr. 1 und 3 eingeräumt und ein **Masterdatenträger** zur Verfügung gestellt, um mit dessen Hilfe die zu verbreitenden Vervielfältigungsstücke zu erstellen (dazu *Pres* 161 f., 198 ff.). Bei dieser Form des Vertriebs greift nicht die GVO-VV, sondern die Gruppenfreistellungsverordnung für Technologie-Transfer-Vereinbarungen (**GVO-TT;** abgedruckt ABl. EU 2004 Nr. L 123; vgl. Leitlinien der Kommission für vertikale Beschränkungen ABl. EG 2010 Nr. C 130/1, Tz. 33; Leitlinien der Kommission zur Anwendung von Artikel 81 EG-Vertrag auf Technologietransfer-Vereinbarungen, ABl. EG 2004 Nr. C 101/2 Rn. 51;

Berger K&R 2005, 15, 17 f.; *Wissel/Eickhoff* WuW 2004, 1244, 1246; *Zöttl* WPR 2005, 33, 35; *Polley* CR 2004, 641, 645 f.; ebenso, wenn auch sehr skeptisch, *Matthiesen* 117 ff.; wohl auch *Lejeune* CR 2004, 467, 471 f.; wohl auch *Schumacher/Schmid* GRUR 2006, 1, 5; a. A. *Timm* 61 f.; *Schultze/Pautke/Wagener* WRP 2004, 175, 180; *Seffer/Beninca* ITRB 2004, 210, 211). Einer besonderen Nutzungsrechtsregelung bedarf es auch dann, wenn der Vertriebspartner die **Software vermieten** können soll. Zunehmende Bedeutung hat weiter der **Online-Vertrieb,** bei dem anstelle des Verbreitungsrechts das Recht zur Online-Bereithaltung bzw. -Übertragung (dazu näher Rn. 51 ff.) eingeräumt werden muss. In beiden Fällen scheidet daher angesichts Art. 2 Abs. 1 und 3 GVO-VV die Anwendung der GVO-VV aus (vgl. *Polley* CR 2004, 641, 644; zum Online-Vertrieb *Matthiesen* 127 f.). Für den Online-Vertrieb wird die Anwendung der GVO-TT erwogen (*Polley* CR 2004, 641, 646; dagegen *Matthiesen* 127 f.). Strittig ist schließlich, ob dem Nutzer vom Softwarehersteller oder Händler Nutzungsrechte eingeräumt werden müssen (dazu § 69d Rn. 24 ff.). Bejaht man dieses mit Teilen der Literatur, ist dem Händler je nach Vertriebsmodell die Befugnis zur Einräumung entsprechender Nutzungsrechte zu erteilen (vgl. etwa *Pres* 160, 195 f.; *Grützmacher* ITRB 2003, 199, 201 f.; abweichend hiervon wird teils unterstellt, entsprechende Rechte ergäben sich auch ohne Einräumung aus § 69d Abs. 1, s. dazu § 69d Rn. 5, 25).

68 **b) Public-Domain-Software, Freeware, Shareware.** Unter **Public-Domain-Software** wird allgemein unentgeltliche und frei nutz-, vervielfältig-, bearbeit- und verbreitbare Software verstanden (OLG Stuttgart CR 1994, 743, 744 m. w. N.; LG Stuttgart CR 1994, 162, 163; *Haberstumpf* in Lehmann Kap. II Rn. 156; *Müller-Broich* 150; *Lenhard* 288 ff.). Anders als bei Public-Domain-Software ist es bei **Freeware** nicht erlaubt, Veränderungen vorzunehmen und die Software in dieser veränderten Form zu vertreiben (*Marly* Praxishandbuch Rn. 867; *Lenhard* 290 ff.; genau andersherum noch *Marly* JurPC 1990, 612, 615; *Haberstumpf* in Lehmann Kap. II Rn. 156; *Müller-Broich* 139 f.; vgl. Schricker/Loewenheim/*Spindler* Vor §§ 69a ff. Rn. 20). **Shareware** hingegen wird dauerhaft nur gegen Registrierung überlassen, wobei der Benutzer aufgefordert wird, eine Registrierungs-, letztlich also eine Lizenzgebühr an den Rechtsinhaber zu entrichten (OLG Hamburg CR 1994, 616, 617; *Haberstumpf* in Lehmann Kap. II Rn. 156; *Marly* Praxishandbuch Rn. 884, 892, 894 f.; *Marly* JurPC 1991, 940 f., 944, 946; *Werner* CR 1996, 727; *Pres* 190; *Lenhard* 291; demgegenüber behaupten das OLG Düsseldorf CR 1995, 730 – Shareware-Vertrieb auf CD-ROM – und das OLG Köln CR 1996, 723, 724 – Shareware, es gebe kein einheitliches Begriffsverständnis). Die Software wird regelmäßig als Testversion mit beschränktem Funktionsumfang oder zeitlich oder nach der Zahl der Benutzungshandlungen beschränkter Lauffähigkeit ausgeliefert (*Marly* JurPC 1991, 940; *Werner* CR 1996, 727; vgl. Schricker/Loewenheim/*Spindler* Vor §§ 69a ff. Rn. 21). Nicht jede Prüf- oder Testversion ist damit aber automatisch Shareware (OLG Düsseldorf CR 1995, 730 – Shareware-Vertrieb auf CD-ROM).

69 Nach Auffassung des OLG Stuttgart liegt bei entsprechender Bezeichnung in dem Vertrieb als Public-Domain-Software ein Verzicht auf die Nutzungsrechte gem. § 69c (vgl. OLG Stuttgart CR 1994, 743; ebenso *Pres* 188 f.; allgemein für die Zulässigkeit des Verzichts Schricker/Loewenheim/*Schricker/Loewenheim* § 29 Rn. 22 ff.; obiter BGHZ 129, 66, 72 – Mauer-Bilder). Dagegen sprechen aber schon die §§ 29 Abs. 1 und 31 Abs. 4 (so zu Recht auch *Caduff* 32, Fn. 181; *Haberstumpf* in Lehmann Kap. II Rn. 157; *Marly* Praxishandbuch Rn. 869; *Marly* JurPC 1990, 612, 614 f.: einfaches Nutzungsrecht i. S. v. § 31 Abs. 2 für jeden Nutzer, die Software auf die erlaubte Art zu nutzen; allgemein AmtlBegr. BT-Drucks. IV/270, 41; *Schack* Rn. 348, der aber auch einen Erlassvertrag hinsichtlich der Ansprüche aus der Verletzung diskutiert). Weiter soll nach der Entscheidung des OLG Stuttgart sogar der kommerzielle Vertrieb von Public-Domain-Software durch Dritte gestattet sein (OLG Stuttgart CR 1994, 743; ebenso OLG Düsseldorf CR 1995, 730 f. – Shareware; OLG Köln CR 1996, 723, 724). Auch in diesem Punkt verkennt die Entscheidung, dass gem. § 69a Abs. 4 auch für Computerprogramme § 31 Abs. 5 anzuwenden ist (s. § 69a Rn. 59 ff.). Danach räumt der Rechtsinhaber im Zweifelsfall das Nutzungsrecht nur in dem nach dem Zweck der Einräumung erforderlichen Umfang ein. Public-Domain-Software soll frei verbreitet werden. Die **Einräumung der Nutzungsrechte** erfolgt daher mit dinglicher Wirkung nur **insoweit, als** die nachfolgenden Vervielfältigungs- und Verbreitungshandlungen **nicht mit Gewinnerwartungsabsicht,** sondern lediglich zur Kostendeckung erfolgen. Wie die Vorinstanz treffend entschieden hatte, räumt der Rechtsinhaber in einem solchen Fall gerade nicht das Recht ein, die Software kommerziell zu vertreiben (LG Stuttgart CR 1994, 162, 163; *Marly* Praxishandbuch Rn. 872 ff.; *Marly* JurPC 1990, 612, 615 f.; *Marly* JurPC 1990, 671, 672; tendenziell auch OLG Düsseldorf CR 1995, 730 f. – Shareware; OLG Köln CR 1996, 723, 724 – Shareware). Es handelt sich um zwei verschiedene Nutzungsarten i. S. v. § 31 Abs. 1, 4 und 5. Soll die Einräumung weitergehen, muss dieses nach § 31 Abs. 5 klar zum Ausdruck kommen. Gleiches gilt für die Verbindung mit anderer Software auf einem Datenträger, welche als eigene Nutzungsart ohne explizite Erlaubnis ebenfalls untersagt ist (dazu Rn. 72). Bei Freeware gilt das Gleiche.

Bei Freeware darf das Computerprogramm aber nicht geändert werden. Anders verhält es sich mit **Public-Domain-Software.** Bei dieser wird also auch das **Bearbeitungsrecht** und ein erweitertes Verbreitungsrecht eingeräumt (*Marly* Praxishandbuch Rn. 869; *Müller-Broich* 150; genau anders herum noch *Marly* JurPC 1990, 612, 615; *Haberstumpf* in Lehmann Kap. II Rn. 156).

Kein Verzicht auf die Nutzungsrechte liegt weiter bei **Shareware** vor (*Caduff* 31; vgl. OLG Hamburg CR 1994, 616, 617; LG München CR 1993, 143). Auch bei Shareware räumt der Rechtsinhaber Händlern und sonstigen Dritten die zur Herstellung und für den Vertrieb notwendigen Vervielfältigungs- und Verbreitungsrechte ein (vgl. OLG Hamburg CR 1994, 616). Der Händler darf nur ein Entgelt für Vertrieb und Vervielfältigung erheben. Nicht erlaubt ist ihm aber, einen Gewinn zu erwirtschaften (*Marly* Praxishandbuch Rn. 887 vgl. OLG Düsseldorf CR 1995, 730 f. – Share-ware; OLG Köln CR 1996, 723, 724, die dies im konkreten Fall allerdings aus den jeweils beigefügten Lizenzbestimmungen abgeleitet haben; vgl. auch BGH NJW-RR 2000, 184 f.; a. A. OLG Hamburg CR 1994, 616, 617; LG München CR 1993, 143). Auch hier gilt, dass die dingliche Beschränkung auf die private Nutzung nicht möglich ist (§ 69a Rn. 61). Anders als bei Public-Domain-Software ist aber das zur Nutzung erforderliche Vervielfältigungsrecht zeitlich oder quantitativ nur beschränkt eingeräumt und muss nach Ablauf der Nutzungsbefugnis durch Registrierung und gegen ein gewisses Entgelt erworben werden (*Marly* Praxishandbuch Rn. 892, 894 f.; *Marly* JurPC 1991, 940, 944, 946; *Müller-Broich* 145, 147).

Weder bei Shareware noch bei Freeware noch bei Public-Domain-Software kann das Vervielfältigungsrecht mit dinglicher Wirkung auf den Gebrauch zu privaten Zwecken beschränkt werden (*Marly* Praxishandbuch Rn. 870, 894; *Marly* JurPC 1990, 612, 615; *Marly* 1991, 940, 944; § 69a Rn. 61). Untersagt werden kann, wie auch aus § 4 VerlG ersichtlich ist, dagegen bei allen Vertriebsformen als eigenständige Nutzungsart die Auslieferung auf Sammel-Datenträgern (OLG Köln CR 1996, 723, 725 – Shareware; *Marly* Praxishandbuch Rn. 872; *Marly* JurPC 1990, 612, 616; *Heymann* CR 1994, 618; § 69a Rn. 60; zurückhaltender *Müller-Broich* 142 ff., 145 f.). Von der Rechtsprechung bisher nicht abschließend geklärt wurde die Frage, ob die Rechte bei Public-Domain-Software, Freeware und Shareware für Herstellung und Vertrieb zeitlich unbegrenzt eingeräumt werden. Das OLG Hamburg hat für Shareware das Argument, die alte und fehlerhafte Programmversion sei durch eine neue abgelöst worden, nicht gehört (OLG Hamburg CR 1994, 616 f.). § 31 Abs. 5 spricht aber dafür, dass im Zweifel die Rechte für Herstellung und Vertrieb zeitlich beschränkt bis zur Ablösung der Version eingeräumt werden. Etwas anderes muss für Freeware gelten, da dort auch die Bearbeitung und Weiterentwicklung erlaubt ist.

73 **c) Open-Source-Software.** Eine wirtschaftlich besonders bedeutende, mit den unter Rn. 68 ff. dargestellten Formen der Verbreitung freier Software verwandte Vermarktungsform ist so genannte Open-Source-Software, wie sie etwa der Vermarktung des Betriebssystems Linux zugrunde liegt. Solche Software ist weder Freeware noch Shareware, da ihre Verbreitung an die Einhaltung bestimmter Bedingungen – bei Lizenzen mit so genanntem **Copyleft-Effekt** insb. die der Offenlegung des Quellcodes (vgl. etwa LG Hamburg CR 2013, 498, 499 m. Anm. *Mantz* CR 2013, 640, 641) – geknüpft ist (*Koch* Teil 9 Rn. 343; zu den unterschiedlichen Ansätzen *Nimmer* CRi 2006, 129; zur Beurteilung aus der Sicht diverser Rechtsordnungen siehe die Beiträge bei *Van den Brande/Coughlan/Jaeger*). Open-Source-Software unterliegt besonderen Lizenzbedingungen, von denen die **GNU General Public License (GPL)** Version 2 aus dem Jahr 1991 (GPLv2; wiedergegeben bei *Jaeger/Metzger* Anhang A; *Siepmann* JurPC Web-Dok. 163/1999, Abs. 159 ff.; in Teilen bei *Koch* CR 2000, 333 ff. und *Metzger/Jaeger* GRUR Int. 1999, 839 ff.) die wohl bekannteste ist. Im Jahr 2007 ist die Version 3 der GNU GPL verabschiedet worden (GPLv3; zu dieser *Fromm/Nordemann/Czychowski* Nach § 69c Rn. 1 ff.; *Funk/Zeifang* CR 2007, 617; *Grützmacher* in Büchner/Dreier 87, 97 f.; *Grützmacher* ITRB 2009, 184, 186 ff.; *Jaeger/Metzger* GRUR 2008, 130; *Koch* Teil 9 Rn. 386 ff.; *Koch* ITRB 2007, 261 und 285; *Koglin* CR 2008, 137; *Kumar/Koglin* CRi 2008, 33; *Marly* Praxishandbuch Rn. 953 f.; *Teufel* Mitt. 2007, 341; *Wiebe/Heidinger* MR 2006, 258), auf welche unter der Version 2 entwickelte Programme aber nur umgestellt werden können, sofern von dem Umstellungsvorbehalt unter Nr. 9 GPLv2 Gebrauch gemacht wurde (vgl. dazu *Wiebe/Heidinger* MR 2006, 258, 261 f.: bei Linux wäre die Zustimmung zahlreicher Urheber erforderlich; vgl. zu der Frage der Umstellung eingehend *Koglin* CR 2008, 137; *Jaeger/Metzger* GRUR 2008, 130, 137). Daneben existieren weitere Open-Source-Software-Lizenzbedingungen mit und ohne sog. Copyleft-Effekt (s. die Nachweise bei *Koch* CR 2000, 273 f.; dazu *Jaeger/Metzger* Rn. 81 ff. samt Anhang; einen Überblick über die Grundzüge verschiedener Modelle gibt *Nimmer* CRi 2006, 129; zur LGPL LG Bochum CR 2011, 289; *Grützmacher* in Büchner/Dreier 87, 99 f.; *Grützmacher* ITRB 2009, 184, 187 ff.; *Hoppen/Thalhofer* CR 2010, 275, 278 ff.; zu „BSD"- und „Mozilla"-artigen Lizenzen *Arlt/Brinkel/Volkmann* in Spindler 317 ff.; zur BSD Copyright und Apache Software License *Grützmacher* ITRB 2006, 108; *Grassmuck* 279 ff.; zur Mozilla Public License (MPL) *Steinle* JurPC Web-Dok. 139/2007; *Grassmuck* 307 ff.; zur EUPL *Wiebe/Heidinger* sowie *Wiebe/Heidinger* MR 2006, 258). Die Lizenzbedingungen der GPLv2 (zum anwendbaren Recht LG München GRUR-RR 2004, 695 m. zust. Anm. *Metzger* CR 2004, 778, 779 f.; näher *Metzger/Jaeger* GRUR Int. 1999, 839, 842; *Deike* CR 2003, 9, 11 ff.; *Grützmacher* ITRB 2002, 84, 86; *Spindler* 134 ff., 184 ff.; *Lenhard* 295 ff.; siehe auch LG Frankfurt CR 2006, 729 m. krit. Anm. *Grützmacher;* LG Berlin CR 2012, 152, 154 m. krit. Anm. *Schäfer* K&R 2012, 127 und *Schreibauer/Mantz* GRUR-RR 2011, 111 f.) und GPLv3 erlauben zum einen, die Computerprogramme und deren Source- wie Objectcode frei zu vervielfältigen, zu verbreiten und zu nutzen. Sie sollen aber zugleich sicherstellen, dass dieses auch für jegliche Bearbeitungen der Computerprogramme gilt und dass bei deren Vermarktung kein Gewinn erzielt wird. Erlaubt ist lediglich die Kostendeckung. Die Bedingungen sind auf Englisch verfasst, so dass ihr Einbezug gegenüber Verbrauchern wegen § 305 Abs. 2 BGB problematisch erscheint (ablehnend *Spindler* 67 f.; Schricker/Loewenheim/*Spindler* Vor §§ 69a ff. Rn. 30; *Plaß* GRUR 2002, 670, 678 f., die den Nutzer aber über Treu und Glauben schützen will; u. a. wegen des Systems der GPL und des Schutzes der Bedingungen bejahend *Jaeger/Metzger* Rn. 181 f.; *Kreutzer* MMR 2004, 695, 698; differenzierend *Schulz* 200 ff., je nach freiwilliger Übernahme des Verständnisrisikos). Bei Unternehmen stellt sich das Problem nicht (LG München GRUR-RR 2004, 350 – GPL-Verstoß). Wenn die Bedingungen unwirksam wären, stellte sich die Frage, ob sich der Verletzer hierauf berufen könnte (verneinend LG München CR 2008, 57, 58).

74 Aufgrund der GPL werden den Lizenznehmern grds. **das Vervielfältigungs-, das Verbreitungs- und das Bearbeitungsrecht** an dem der GPL unterstellten Computerprogramm eingeräumt (LG Berlin CR 2012, 152, 154; LG Hamburg CR 2013, 498, 499). Trotz der gelegentlichen Bezeichnung als freie Software liegt kein Verzicht der Urheber auf die Rechte vor (*Metzger/Jaeger* GRUR Int. 1999, 839, 842; *Koch* CR 2000, 333; *Lenhard* 307f.; *Heymann,* berichtet von *Büchner* in Büllesbach/Heymann 129, 131: wohl auch nicht gem. § 8 Abs. 4). Das Bearbeitungsrecht umfasst neben der Befugnis zur Umarbeitung und Weiterentwicklung insb. auch die Erlaubnis zum Dekompilieren und Kompilieren (*Koch* Teil 9 Rn. 379; *Koch* CR 2000, 333, 338; zu § 14 *Metzger/Jaeger* GRUR Int. 1999, 839, 844f. einerseits, aber auch § 69a Rn. 52). Das Verbreitungsrecht beschränkt sich nach deutschem Recht auf die Berechtigung zur dauerhaften körperlichen Verwertung und gewährt **kein Vermietrecht** (*Koch* Teil 9 Rn. 384; *Koch* CR 2000, 333, 336; *Spindler* 84ff.; der ASP-Einsatz ist aber nach der hier vertretenen Auffassung zulässig; dazu Rn. 44f., 66; *Bettinger/Scheffelt* CR 2001, 729, 736; a.A. *Jaeger/Metzger* 33f., die „distribution" dem Zweck des GPL nach so weit auslegen wollen, dass die Vermietung umfasst ist, obwohl entgeltliche Verwertungen der GPL tendenziell entgegen stehen; s. zum Vermietrecht für die MPL auch *Steinle* JurPC Web-Dok. 139/2007 Abs. 35ff.). Im Zweifel wird ein solches nur eingeräumt, wenn dies aus den Umständen des Einzelfalls ersichtlich wird (§ 31 Abs. 5; vgl. auch Rn. 43). Das ist bei der GPL nicht der Fall, zumal die Vermietung entgegen der Zielsetzung der GPL Erwerbszwecken dient. Weiterhin steht dem Lizenznehmer zumindest explizit kein **Recht zur öffentlichen Wiedergabe und Zugänglichmachung** einschließlich Online-Bereitstellung oder -Übertragung zu (*Koch* Teil Rn. 384; *Koch* CR 2000, 333, 338). Erlaubt wären damit höchstens individuelle Eins-zu-eins-Übertragungen, die lediglich das Vervielfältigungsrecht tangieren. Zu prüfen ist aber, ob sich nicht aus den Umständen etwas anderes ergibt. Hierfür spricht die Tatsache, dass Programme für die Entwicklung von Linux unter der GPL schon 1991 online ausgetauscht wurden (vgl. *Omsels* FS Hertin 141, 158, 164f.; *Grützmacher* ITRB 2002, 84, 87; *Jaeger/Metzger* Rn. 29; *Lenhard* 320f.; ausführlich *Schulz* 167ff.; zweifelnd und die Probleme mit Blick auf § 31 Abs. 4a. F. betonend *Spindler* 82ff.; Schricker/Loewenheim/*Spindler* Vor §§ 69a ff. Rn. 43). Auch ist nach der für die Auslegung der GPL ergänzend heranzuziehenden, im Vergleich zum deutschen Rechtsverständnis (str., dazu Rn. 28f.) weiteren Interpretation des sog. distribution rights auch die Online-Übertragung erfasst (vgl. *Bettinger/Scheffelt* CR 2001, 729, 736).

Strittig ist, ob zwischen Urheber und Lizenznehmer ein zweiseitiger (kausaler) Lizenzvertrag zustande kommt (so die h.M.: *Deike* CR 2003, 9, 13, 15ff.; *Metzger/Jaeger* GRUR Int. 1999, 839, 843; *Koch* CR 2000, 333, 338; *Kreutzer* MMR 2004, 695, 696f.; *Sester* CR 2000, 797, 804; *Sujecki* JurPC Web-Dok. 145/2005 Abs. 36f.; *Jaeger/Metzger* Rn. 27, 176ff.; *Marly* Praxishandbuch Rn. 925; wohl auch *Schack* Rn. 348, 611; *Plaß* GRUR 2002, 670, 678: Botenlösung; zum Vertragsschluss krit. *Spindler* 53ff.; *Redeker* Rn. 91a) oder lediglich „**einseitig**" die Nutzungsrechte von den Urhebern **eingeräumt** werden (so *Heymann,* berichtet von *Büchner* in Büllesbach/Heymann 129, 131; ähnlich *Heussen* MMR 2004, 445, 447f.: rein dingliche Verfügung). Keinesfalls kann hingegen lediglich von einer Gestattung (dazu § 31 Rn. 37) ausgegangen werden, zumindest nicht, soweit diese frei widerruflich ist (vgl. *Plaß* GRUR 2002, 670, 673). Nr. 5 GPLv2 und Nr. 9 GPLv3 gehen von der Annahme der Lizenz durch konkludentes Handeln aus, wie sie nach deutschem Recht gem. § 151 S. 1 BGB vorliegen kann, wenn dieses der Verkehrssitte entspricht (vgl. LG München GRUR-RR 2004, 350 – GPL-Verstoß; LG Frankfurt CR 2006, 729, 731; *Marly* Praxishandbuch Rn. 925 m.w.N.). Letzteres scheint zumindest aufgrund des hohen Verbreitungsgrades der GPL nicht ausgeschlossen. Andererseits gelten die erforderlichen Rechte nach Nr. 6 GPLv2 bzw. Nr. 10 Abs. 1 GPLv3 als jeweils unmittelbar von den (exklusiven) Urheberrechtsinhabern eingeräumt (*Meyer* CR 2011, 560, 564f.: je ein Vertrag pro Rechtsinhaber), so dass § 34 Abs. 1 keine Anwendung findet (*Koch* CR 2000, 333, 338f.; *Koch* Teil 9 Rn. 398). Es wäre (auch mit Blick auf die Haftung) insofern lebensfremd anzunehmen, dass der Nutzer mit einer Vielzahl, ihm nicht einmal bekannter Urheberrechtsinhaber und diese mit ihm kontrahieren (schuldrechtlich) wollen (ähnlich *Heussen* MMR 2004, 445, 447f.; demgegenüber meint *Lenhard* 310f., dass der letzte Bearbeiterurheber einziger Vertragspartner sei; zum Streit, ob die Fiktion der Nr. 5 GPLv2 – entsprechendes gilt für Nr. 9 GPLv3 – andernfalls wegen §§ 307, 308 Nr. 5, 309 Nr. 12 BGB unwirksam ist, s. einerseits *Koch* Teil 9 Rn. 369; dagegen *Omsels* FS Hertin 141, 152). Rechtsgrund für die Einräumung der Nutzungsrechte dürfte vielmehr ein Gefälligkeitsverhältnis sein (s. zu Freeware auch *Marly* Praxishandbuch Rn. 882; dagegen Schricker/Loewenheim/*Spindler* Vor §§ 69a ff. Rn. 29; *Meyer* 86f.; vgl. zu diesem allgemein Palandt/ *Grüneberg* Einl. v. § 241 Rn. 7ff.). Die bedingte Rechtseinräumung (dazu Rn. 79) erfordert zur Durchsetzung der Beschränkungen auch keinen schuldrechtlichen Vertrag (das übersieht *Meyer* 86; s. aber *ders.* 98). Für eine neue einseitige Form der Rechtseinräumung könnte auch § 32 Abs. 3 S. 3 sprechen. Schwierigkeiten könnte es im Übrigen bereiten, dass sich der Urheber bzw. exklusive Rechtsinhaber für die Zukunft ohne Sukzessionsschutz der weiteren Lizenzierung durch die Einräumung exklusiver Nutzungsrechte an Dritte „entziehen" könnte (vgl. dazu für Open Content-Lizenzen *Mantz* MMR 2006, 784; vgl. auch LG Frankfurt CR 2006, 729, 732 m. Anm. *Grützmacher*). Demgegenüber ergeben sich aus dem automatischen Rechtsübergang gem. § 69b keine Friktionen (ähnlich *Meyer* CR 2011, 560, 565; *Meyer* 83f.; a. A. *Sujecki* JurPC Web-Dok. 145/2005 Abs. 31, der „copyright holder" bzw. „original licensor" zu eng mit „Urheber" übersetzt). Zustande kommt aber zumeist ein kausaler Vertrag zwischen Veräußerer und Erwerber, sei es in Form eines Werkvertrags, eines Kaufvertrags oder einer Schenkung (so auch *Marly* Praxishandbuch Rn. 923f.). Bei der Aufnahme in eine Entwicklergemeinschaft kommt auch ein gesellschaftsähnlicher Vertrag in Betracht (*Grützmacher* ITRB 2002, 84, 86; vgl. *Koch* CR 2000, 273, 277f., 279: Verwertungsgesellschaft; *Sester* CR 2000, 797, 802: Publikumsgesellschaft; zurückhaltend *Jaeger*/*Metzger* Rn. 199; s. auch Schricker/Loewenheim/*Spindler* Vor §§ 69aff. Rn. 35 m.w.N. zum internationalen Gesellschaftsrecht). Kartellrechtliche Bedenken gegen einen solchen Zusammenschluss dürften nicht bestehen (vgl. EG-Kommission CR 1987, 224ff. – X/Open Group: zu einer Unix-Schnittstellen-Kooperation; *Konrad*/*Timm-Goltzsch*/*Ullrich* in Ullrich/Lejeune Teil I Rn. 877f.). Im Verletzungsfall kann letztlich offen bleiben, ob der Verletzer an die Bedingungen gebunden ist und die Nutzungsrechte aufgrund deren Verletzung verliert oder ob er mangels Vertragsschluss von vornherein nicht über die nötigen Nutzungsrechte verfügt (so zu Recht LG Berlin CR 2006, 735).

76 Für Lizenzierung und **Vertrieb jeglicher Software** (in unveränderter wie in bearbeiteter Form) geben Nr. 1 GPLv2 bzw. Nr. 4 GPLv3 die **Bedingungen** vor, dass diese unter Urheberhinweis, unter Ausschluss der Mängelrechte und Haftung sowie unter Beifügung einer Kopie der GPL erfolgen müssen. Ein Entgelt darf nur für den eigentlichen Kopiervorgang oder für eine besondere Gewährleistung verlangt werden. Gewinn darf also im Grundsatz nicht erwirtschaftet werden; in welchem Umfang das auch für die GPLv3 gilt, ist strittig (einschränkend *Koch* ITRB 2007, 261, 262; dagegen *Koglin* CR 2008, 137, 141). Gewährleistet sein muss, wie auch Nr. 7 GPLv2 sowie Nr. 10 Abs. 3, Nr. 11 Abs. 3, 7 und Nr. 12 GPLv3 zeigen, die entgeltfreie Zugänglichkeit der Software. Abgesichert wird das auch durch § 32 Abs. 3 S. 3 (vgl. Begr. BT-Drucks. XIV/8058, 19; Begr. BRegE BT-Drucks. XIV/6433, 15), nach dem die §§ 32, 36 auf Open-Source-Software keine Anwendung finden (sog. „Linux-Klausel"). Kein Problem stellt aufgrund von § 69b der Arbeitslohn von angestellten Programmierern dar, denn in Ansehung des § 32 Abs. 3 S. 3 erfolgt die eigentliche Rechteeinräumung im Zweifel nicht gegen gesondertes Entgelt (ähnlich *Koch* CR 2000, 333, 341; a.A. *Spindler* 108f.; *Deike* CR 2003, 9, 17, der zudem noch die Ausschließlichkeit gem. § 69b hinterfragt; *Sujecki* JurPC Web-Dok. 145/2005 Abs. 32). Und zudem fehlt es an einer Verbreitung oder Veröffentlichung durch den Arbeitnehmer, wenn dieser das Programm einfach nur seinem Arbeitgeber zur Verfügung stellt. Anders sieht es aber bei freien Programmierern aus. Auch Dritte dürfen die Software nur unter Einhaltung dieser Bedingung nutzen und verbreiten. Die Bedingung des Gewährleistungs-/Haftungsausschlusses steht nach Nr. 11, 12 GPLv2 bzw. Nr. 15, 16 GPLv3 unter dem Vorbehalt der Zulässigkeit nach nationalem Recht (vgl. insb. § 309 Nr. 7 und Nr. 8 sowie § 307 BGB; zu den streitigen Details näher *Metzger/Jaeger* GRUR Int. 1999, 839, 846 ff.; *Grützmacher* ITRB 2002, 84, 89 f.; *Spindler* 161 ff.; *Koch* Teil 9 Rn. 407 ff.; *Koch* CR 2000, 333, 335, 340 f.; *Sester* CR 2000, 797, 805 f.; *Jaeger/Metzger* Rn. 219 ff., 242, 247, 257, 266 f.; *Büchner* in Büllesbach/Heymann 129, 132; vgl. insb. zum Einbezug gegenüber Endnutzern *Omsels* FS Hertin 141, 152 ff.; zu möglichen wettbewerbsrechtlichen Konsequenzen *Hengstler/Pfitzer* K&R 2012, 169, 172 ff.). Zumindest teilweise eingehalten werden können die Bedingungen aber, wenn die Gewährleistung gegen ein Entgelt gewährt wird (Nr. 1 Abs. 2 GPLv2 und Nr. 4 Abs. 2 GPLv3; vgl. *Koch* CR 2000, 333, 340; zur Erbringung kostenpflichtiger Service- und Supportleistungen *Schulz* 230 ff.). Vor allem steht in Frage, ob der Gewährleistungs- und Haftungsausschluss sich nicht lediglich auf die Rechtseinräumung vom Urheber beziehen und damit nicht (zwingend) auf den eigentlichen Überlassungsvertrag (s. auch die wenig überzeugende Differenzierung von *Lenhard* 318 f., 332, 336, nach dem die Lizenzierung der Basisnutzung und der qualifizierten Nutzung in zwei Vertragsverhältnissen erfolgen soll). Gem. Nr. 3 GPLv2 muss das Programm (im Objektcode) weiter entweder mit dem Quellcode oder unter dem Angebot, diesen zur Verfügung zu stellen, ausgeliefert werden, und zwar in vollständiger und aktueller Fassung (vgl. LG Hamburg CR 2013, 498, 499 m. Anm. *Mantz* CR 2013, 640, 641). Gleiches gilt gem. Nr. 6 GPLv3, der im Falle der Peer-to-Peer-Übermittlung die Information über die öffentliche „Bezugsquelle" ausreichen lässt. Die Regelungen der Nr. 1 GPLv3 (insb. die Definition von „Corresponding Source" in Nr. 1 Abs. 4 GPLv3) schaffen weitergehende Klarheit über den Umfang der auszuliefernden Sourcen (s. auch *Wiebe/Heidinger* MR 2006, 258, 259: auch Skripte und dynamisch verlinkte Bibliotheken). Bei gesetzlich zwingenden Beschränkungen auf den Vertrieb im Objektcode ergeben sich kaum lösbare Schwierigkeiten (vgl. *v. Gravenreuth* JurPC Web-Dok. 209/2004: zu geplanten gesetzlichen Objektcode-Vorgaben gegen Geldfälschungen). Schwierigkeiten kann auch die Offenlegung der Schnittstelleninformationen proprietärer Software durch Open-Source-Software bereiten (dazu *Backu* ITRB 2003, 180 ff.). Im Rahmen der Nr. 3 und 6 GPLv3 finden sich zudem noch spezielle Bedingungen, die einen den Open Source-Gedanken entgegenlaufenden DRM-Schutz verhindern sollen (dazu *Jaeger/Metzger* GRUR 2008, 130, 131 f.; *Kumar/Koglin* CRi 2008, 33, 34 f.).

Für den **Vertrieb von Bearbeitungen der Software** durch den Veräußerer gelten nach Nr. 2 GPLv2 und bzw. Nr. 5 GPLv3 **zusätzliche Bedingungen:** Es muss ein Hinweis auf vorgenommene Modifizierungen einschließlich des Datums der Änderungen aufgenommen werden (vgl. auch *Metzger/Jaeger* GRUR Int. 1999, 839, 845: kein Verstoß gegen § 13). Für die Veränderungen darf der Bearbeiter keine Lizenzgebühren erheben. Bei interaktiven Programmen muss eine Meldung aufgenommen werden, die einen Hinweis auf die Urheber, den Haftungsausschluss (bzw. eine „Garantie" durch den Veräußerer) und die Lizenzbedingungen enthält (vgl. Nr. 2d) GPLv2 sowie Nr. 0 Abs. 8 und Nr. 5d) GPLv3). Weiter darf der Nutzungslauf nicht eingeschränkt werden (Nr. 0 Abs. 2 S. 2 GPLv2; vgl. auch Nr. 4 GPLv3), so dass auch jeder Form der an den Programmlauf anknüpfenden Vergütung (Metering) die Grundlage entzogen wird (*Koch* CR 2000, 333, 337). **77**

Während die bedingte Einräumung des Vervielfältigungsrechts zulässig sein dürfte, ist die Beschränkung des Verbreitungsrechts nach der Rechtsprechung des BGH (BGH CR 2000, 651, 652 – OEM; dazu näher Rn. 83, 87 ff.) mit dinglicher Wirkung aufgrund der **Erschöpfungslehre** nur für die Erstverbreitung, nicht aber für die Weiterverbreitung möglich (*Heymann*, berichtet von *Büchner* in Büllesbach/Heymann 129, 131; *Wiebe* CRI 2004, 156, 158; Schricker/Loewenheim/*Spindler* Vor §§ 69a ff. Rn. 41; detailliert *Spindler* 92 ff.; *Schulz* 144 ff.; a.A. wohl LG München GRUR-RR 2004, 350, 351 – GPL-Verstoß; *Siepmann* JurPC Web-Dok. 163/1999, Abs. 105; *Koch* Teil 9 Rn. 382; *Koch* CR 2000, 333, **78**

336, der meint, die Erschöpfung scheide mangels Veräußerung bzw. aufgrund von Nr. 6 GPLv2 aus). Dies hat zur Konsequenz, dass die Weiterverbreitung auch gewinnbringend erfolgen darf. Allerdings darf der Zweiterwerber das Programm dann nur nutzen, nicht aber darüber hinausgehend vervielfältigen oder bearbeiten (detailliert *Spindler* 91 ff.; *Schulz* 164; vgl. LG Frankfurt CR 2006, 729, 732; vgl. auch *Heussen* MMR 2004, 445, 449 f.: Lizenznehmer erhält die Rechte unmittelbar vom Hersteller, also nicht über Vertriebskette). Liegt im Übrigen ein Verstoß gegen die Bedingungen vor, endet laut Nr. 4 S. 1 und 2 GPLv2 bzw. Nr. 8 Abs. 1 GPLv3 die Lizenz, wobei die Wirksamkeit dieser Bedingung sowohl nach § 305c als auch nach § 307 BGB zweifelhaft erscheint. Nr. 8 Abs. 2–3 GPLv3 führen bei einem im Folgenden lizenzkonformen Verhalten u. U. zur Wiedereinräumung der Lizenz (dazu *Funk/Zeifang* CR 2007, 617, 623; skeptisch zur Wirksamkeit der Regelung *Teufel* Mitt. 2007, 341, 344). Der nachrangige Erwerber des Programms genießt gem. Nr. 4 S. 3 GPLv2 bzw. Nr. 8 Abs. 4 GPLv3 „Gutglaubensschutz".

79 Umstritten ist die **dogmatische Einordnung der Bedingungen,** insb. gem. Nr. 1–3 GPLv2 bzw. Nr. 4–6 GPLv3, unter denen die Einräumung des Vervielfältigungs- und Verbreitungsrechts erfolgt. Während teils vertreten wird, die Bedingungen führten, wie aus dem „Rückfall" der Rechte gem. Nr. 4 GPLv2 ersichtlich sei, zu einer i. S. v. § 158 Abs. 2 BGB auflösend bedingten Einräumung einfacher Nutzungsrechte (LG Frankfurt CR 2006, 729, 732; *Deike* CR 2003, 9, 16; *Metzger/Jaeger* GRUR Int. 1999, 839, 843 f.; *Grzeszick* MMR 2000, 412, 415; *Kreutzer* MMR 2004, 695, 698; *Sester* CR 2000, 797; *Omsels* FS Hertin 141, 156; *Jaeger/Metzger* Rn. 152; *Schack* Rn. 612; *Marly* Praxishandbuch Rn. 921 f.; *Spindler* 50 ff.; Schricker/Loewenheim/*Spindler* Vor §§ 69a ff. Rn. 31; *Lenhard* 329 ff.; ausführlich *Schulz* 181 ff.; ebenso zu Nr. 8 Abs. 1 GPLv3 *Funk/Zeifang* CR 2007, 617, 622 f.; siehe auch zu Creative Commons-Lizenzen LG Berlin MMR 2011, 763 m. Anm. *Mantz*), gehen andere (zumindest für Linux-basierte Programme) gem. § 31 von einer dinglichen Beschränkung im Sinne einer eigenen Nutzungsart aus (*Koch* CR 2000, 333, 334, 335 f.; *Koch* Teil 9 Rn. 370; bedingt auch *Redeker* Rn. 93 unter Hinweis auf § 32 Abs. 3 S. 3; wohl auch *Siepmann* JurPC Web-Dok. 163/1999, Abs. 105, 122). Nach der Rechtsprechung ist eine lediglich bedingte Einräumung von Nutzungsrechten möglich (LG München GRUR-RR 2004, 350, 351 – GPL-Verstoß – m. krit. Anm. *Hoeren* CR 2004, 776 f.; LG Frankfurt CR 2006, 729, 732; wohl auch LG München CR 2008, 57, 58 m. krit. Anm. *Wimmers/Klett;* allgemein BGH GRUR 1958, 504, 505 – Die Privatsekretärin; OLG München UFITA 90 (1981) 166; Schricker/Loewenheim/*Schricker/Loewenheim* Vor § 28 Rn. 77; vgl. *Marly* Praxishandbuch Rn. 869). Im Rahmen der GPL wird hierfür zudem angeführt, dass die Beschränkung der dinglichen Gestaltung insb. der Verkehrsfähigkeit dienen solle, die GPL insofern aber schon in Nr. 3 und 4 GPLv2 einen hinreichenden Schutz des Verkehrs gewährleisten und dass die Prinzipien der Lizenzierung durch § 31 Abs. 3 S. 3 anerkannt würden (LG München GRUR-RR 2004, 350, 351 – GPL-Verstoß; LG Frankfurt CR 2006, 729, 732). Gleiches folgt aus Nr. 6 und Nr. 8 Abs. 4 GPLv3. Für die erste Auffassung wird zudem – man denke an OpenOffice und StarOffice – wenig überzeugend angeführt, dass Nutzungsarten sich regelmäßig ergänzen, Open-Source-Computerprogramme hingegen nach Maßgabe von Nr. 3 GPL gerade nicht gleichzeitig kommerziell und frei vermarktet werden dürfen (*Metzger/Jaeger* GRUR Int. 1999, 839, 843; zust. LG München GRUR-RR 2004, 350, 351 – GPL-Verstoß). Ausschlaggebend dürfte hingegen sein, dass nach Nr. 4 GPLv2 bzw. Nr. 8 GPLv3 die Einräumung der Nutzungsrechte bei Verstoß gegen die Bedingungen insgesamt entfallen und der Verstoß nicht bloß eine Urheberrechtsverletzung darstellen soll (zust. *Spindler* 49 f.; vgl. *Metzger/Jaeger* GRUR Int. 1999, 839, 844) und dass die detaillierten Einzelbestimmungen (etwa der GPL) keine sich von anderen Nutzungsformen klar abgrenzende wirtschaftlich-technische Nutzung darstellen. Für die zweite Auffassung spricht zwar, dass bei einer Qualifizierung der Bedingungen als dingliche Beschränkungen i. S. v. § 31 Abs. 1, 4 und 5 diese eher als kartellrechtlich zulässige **Preis- und Konditionenbindungen** verstanden werden können, da sie Teil des nicht kontrollfähigen Bestandes des Urheberrechts wären (vgl. *Koch* CR 2000, 333, 341 ff., 343). Die insoweit bedenklichen Bestimmungen (etwa Verpflichtung zur Quelltextoffenlegung und die Auferlegung dieser wie anderer Pflichten Dritter) dürften aber größtenteils freistellungsfähig i. S. v. Art. 101 AEUV sein (dazu *Matthiesen* 143; vgl. auch *Timm* 290 ff.; a. A. *Fromm/Nordemann/Czychowski* Nach § 69c Rn. 29 ff.), wobei es hierauf ohnehin nur im unternehmerischen Verkehr ankommt. Zudem gilt der besonders strikte § 14 GWB a. F. seit dem 1.7.2005 nicht mehr. Die Höchstpreisbindung, d. h. die Verpflichtung zur kostenfreien Verbreitung, ist kartellrechtlich unbedenklich (vgl. Art. 4 lit. a GVO-VV und Art. 4 Abs. 1 lit. a bzw. Abs. 2 lit. a GVO-TT; US Court of Appeals for the 7th Circuit GRUR Int. 2007, 358 f. – Daniel Wallace v. IBM u. a.; s. auch *Konrad/Timm-Goltzsch/Ullrich* in Ullrich/Lejeune Teil I Rn. 869 ff.; *Matthiesen* 142 f.; *Timm* 288 ff.; *Heath* in Spindler 272 ff.: freistellungsfähige Preisbindung; offen lassend LG Frankfurt CR 2006, 729, 732 m. Anm. *Grützmacher*). Mittels § 158 BGB dinglich gesichert sind auch die Pflicht zur unentgeltlichen Weitergabe der Software und zur Beifügung einer Kopie der GPL (überzeugend *Spindler* 52 f. gegen *Plaß* GRUR 2002, 670, 677). Die hierin liegende Rücklizenz ist, da sie nicht ausschließlich ist, unbedenklich (vgl. *Determann* GRUR Int. 2006, 645, 651). **Miturheber** von Open-Source-Software können, soweit sie ihre Miturheberschaft nachzuweisen vermögen, die Bedingungen gem. § 8 Abs. 2 S. 3 1. HS auf Basis von Unterlassungsansprüchen durchsetzen (vgl. LG München I GRUR-RR 2004, 350 – GPL-Verstoß m. Anm. *Kreutzer* MMR 2004, 695 f.; LG Frankfurt CR 2006, 729, 732; *Grützmacher* ITRB 2002, 84, 86, 90; *Jaeger/Metzger* Rn. 166; *Meyer* CR 2011, 560, 562; *Meyer* 121 ff.; *Schäfer* K&R 2010, 298, 300). Schadensersatzansprüche dürften regelmäßig an § 8 Abs. 2 S. 3 2. HS scheitern, weil dazu sämtliche Miturheber zu benennen und deren Mitarbeit zu beschreiben sind (*Koch* CR 2000, 273, 279; *Meyer* CR 2011, 560, 562; *Meyer* 122 f., 134; *Schäfer* K&R 2010, 298, 301; a. A. § 8 Rn. 41). Das LG Frankfurt hat einem Miturheber gleichwohl auch Auskunftsansprüche zugesprochen (LG Frankfurt CR 2006, 729 m. krit. Anm. *Grützmacher*; allgm. krit. zum Treuhandvertrag bei der Durchsetzung der GPL *Fromm/Nordemann/Czychowski* Nach § 69c Rn. 39 sowie zum Urteil Rn. 41). Das LG Bochum hält trotz des kostenfreien Vertriebs von Open-Source-Software Schadensersatzansprüche nach den Grundsätzen der Lizenzanalogie für möglich und daher Auskunftsansprüche für gegeben (LG Bochum CR 2011, 289, 290; ebenso mit beachtenswerten Argumenten *Schäfer* K&R 2010, 298, 301 f.: insbesondere auch beim Dual Licensing). Überzeugend ist das für den Verletzergewinn und einen theoretisch denkbaren Schmerzensgeldanspruch (*Meyer* CR 2011, 560, 563). Zweifelhaft ist aber, ob pauschal auf eine zu schätzende kommerzielle Lizenzvergütung abgestellt werden dürfte (so *Meyer* CR 2011, 560, 562 f.). Noch nicht gerichtlich entschieden wurde, ob auch **Nutzer** die Einhaltung der GPL als Vertrag zu Gunsten Dritter einklagen können (so *Schäfer* K&R 2010, 298, 299 f. 302).

Das Lizenzmodell der GPL steht trotz seiner Regelung Nr. 9 GPLv2 bzw. Nr. 14 GPLv3 im potentiellen Konflikt mit der Regelung des **§ 31 Abs. 4 a. F.** (vgl. *Metzger/Jaeger* GRUR Int. 1999, 839, 845 f.; *Omsels* FS Hertin 141, 158; *Jaeger/Metzger* Rn. 140– 142). Weil mit § 31 Abs. 4 a. F. der wirtschaftliche Schutz des Urhebers gesichert werden soll, während der Urheber bei der GPL auf jegliche wirtschaftliche Partizipation von vornherein bewusst verzichtet, dürfte unter der GPL nach Treu und Glauben ganz ausnahmsweise die Geltendmachung der aufgrund von § 31 Abs. 4 a. F. zurückbleibenden Rechte ausgeschlossen sein. Auch kann, wenn im Rahmen einer Entwicklergemeinschaft entsprechend Nr. 9 GPLv2 bzw. Nr. 14 GPLv3 ein Vorbehalt zu Gunsten von erweiterten Lizenzbedingungen gemacht wird, die spätere mehrheitliche Verabschiedung der Erweiterung als eine Art Satzungsänderung gesehen werden. Für künftige Entwicklungen relativiert sich das Problem angesichts von § 31a n. F.

80

Zu beachten ist schließlich, dass nur für solche Programme die Nutzungsrechte eingeräumt und die Lizenzbedingungen erfüllt sein müssen, welche das GPL-Programm ganz

81

oder in Teilen enthalten. Zulässig ist also durchaus die gewinnerzielende Vermarktung von auf GPL-Software aufsetzenden, aber nicht basierenden Anwendungsprogrammen (*Koch* CR 2000, 273, 281; *Koch* CR 2000, 333, 337: etwa bei einem von Linux unabhängigen Anwendungsprogramm). Gleiches gilt für mit Tools auf Basis von GPL-Software erarbeiteter Software (Nr. 0 Abs. 2 S. 2 GPLv2; *Koch* Teil 9 Rn. 374; *Koch* CR 2000, 333, 337). Demgegenüber ist der Zugriff auf proprietäre Bibliotheken problematisch (*Koch* CR 2000, 333, 337). Und die Programmierung von Treibern, die auf wesentliche Teile des Linux-Betriebssystems zurückgreifen, unterfällt den Bedingungen der GPL (s. zur Abgrenzung im Rahmen von Nr. 0 Abs. 2 S. 2 und Nr. 2 GPLv2 bzw. Nr. 0 Abs. 4 S. 2 und Nr. 5 GPLv3 und zum sog. **viralen Effekt** weiterführend *Degen/Lanz/Luthiger* Informatik-Spektrum 2003, 305, 307 ff.; Fromm/Nordemann/*Czychowski* Nach § 69c Rn. 11 ff.; *Determann* GRUR Int. 2006, 645, 648 ff.; *Funk/Zeifang* CR 2007, 617, 618 ff.; *Grützmacher* in Büchner/Dreier 87, 97 ff.; *Grützmacher* ITRB 2009, 184, 187 f.; *Hoppen/Thalhofer* CR 2010, 275, 278 ff.; *Jaeger/Metzger* Rn. 45 ff.; *Kreutzer* CR 2012, 146, 150; *Marly* Praxishandbuch Rn. 942 ff.; 962 ff.; *Spindler* 111 ff.; Schricker/Loewenheim/*Spindler* Vor §§ 69a ff. Rn. 47 ff.; *Teufel* Mitt. 2007, 341, 344 f.; insb. zum viralen Effekt mit Bezug auf Sammelwerke LG Berlin CR 2012, 152, 154, das aber Nr. 4 GPLv2 missinterpretiert, m. krit. Anm. *Kreutzer* CR 2012, 146, 148 f.; *Schäfer* K&R 2012, 127, 128 und *Schreibauer/Mantz* GRUR-RR, 2011, 111 f.; s. auch KG ZUM-RD 2011, 544, 548 f.; LG Hamburg CR 2013, 498, 499). Die LGPL ist hier etwas großzügiger und erlaubt etwa die dynamische Verlinkung im Wesentlichen unter der Voraussetzung, dass diese auch bei neuen Versionen der LGPL-Programm-Bibliothek funktionsfähig bleibt (*Teufel* Mitt. 2007, 341, 346; vgl. *Hoppen/Thalhofer* CR 2010, 275, 278 ff.; zu den anderen Bedingungen *Grützmacher* in Büchner/Dreier 87, 99 f.).

82   **d) OEM-Software, Updates, Schulversionen und andere Spezialversionen.** In Rechtsprechung und Literatur umstritten ist, inwieweit **dingliche Beschränkungen und Aufspaltungen** der Nutzungsrechte, insb. des Verbreitungsrechts, zulässig sind und **Auswirkungen auf die Erschöpfung** der Rechte haben. An der dinglichen Aufspaltung haben Softwarehersteller aus Vertriebsgründen ein besonderes Interesse. Ihnen ist daran gelegen, in ihrer Preisgestaltung differenzieren zu können und Kunden durch stark vergünstigte Versionen an sich binden zu können.

83   **aa) Anwendbarkeit des § 31 neben § 69c Nr. 3 S. 2.** Teilweise tendieren Rechtsprechung und Literatur dazu, § 69c Nr. 3 S. 2 als **abschließende Spezialregelung** gegenüber § 31 zu sehen. Dies hätte zur Folge, dass eine dingliche Aufspaltung von vornherein vollständig ausgeschlossen ist (so OLG Frankfurt – 11. Senat – CR 1999, 7, 8; OLG München CR 1998, 266, 267; tendenziell auch LG München CR 1998, 141 f.). Abweichend von § 17 Abs. 2 nehme § 69c Nr. 3 S. 2 lediglich das Vermietrecht als dinglich abspaltbares Teilrecht des Verbreitungsrechts von der Erschöpfung aus und führe im Übrigen zu einer umfassenden Erschöpfung (OLG Frankfurt CR 1999, 7, 8). Diese Argumentation ist von der restlichen Rechtsprechung und in der Literatur zu Recht verworfen worden (BGH CR 2000, 651, 652 – OEM; OLG Frankfurt – 6. Senat – CR 2000, 581, 582 – OEM-Vertrieb; KG CR 1998, 137, 138 – Software-Vertriebsbeschränkung; KG GRUR 1996, 974, 975 – OEM-Software aus der Lit. etwa *Baus* 94 ff.). Die Stellung des Urhebers sollte durch das europäische Recht gerade gestärkt werden (KG CR 1998, 137, 138 – Software-Vertriebsbeschränkung; KG GRUR 1996, 974, 975 – OEM-Software; OLG Frankfurt – 6. Senat – CR 2000, 581, 582 – OEM-Vertrieb). Weiter findet sich weder im Gesetz noch in der Richtlinie eine Stütze für die Gegenmeinung (BGH CR 2000, 651, 652 – OEM; *Leistner/Klein* MMR 2000, 751; *Erben/Zahrnt* CR 1998, 267 f.). Es finden sich keine Hinweise darauf, dass § 17 Abs. 2 bzw. Art. 1 Abs. 4 Vermiet- und Verleih-Richtlinie anders auszulegen ist als § 69c Nr. 3 S. 2 bzw. Art. 4 lit. c Computerprogramm-Richtlinie, sieht man einmal von Art. 3 Vermiet- und Verleih-Richtlinie ab. Eine Differenzierung zwischen Computerprogrammen und sonstigen Werken ist nicht angezeigt, wie

sich auch daraus ergibt, dass der Gesetzgeber eine von § 17 Abs. 2 abweichende Umsetzung für Datenbanken nicht für erforderlich hielt.

bb) Selbstständige Nutzungsart. Entscheidend ist damit weiter, ob die vorgesehenen Einschränkungen einer **selbstständigen Nutzungsart** entsprechen. Nach der ständigen Rechtsprechung des BGH liegt eine solche vor, wenn die Nutzungsform üblich sowie wirtschaftlich und technisch gegenüber anderen Nutzungsformen eigenständig und klar abgrenzbar ist (BGH CR 2000, 651, 652 – OEM; BGH GRUR 1992, 310, 311 – Taschenbuchlizenz; Schricker/Loewenheim/*Schricker/Loewenheim* Vor § 28 Rn. 87; näher § 31 Rn. 2; § 31a Rn. 18 ff.). So wird gegen die dingliche Beschränkung des Verbreitungsrechts bei bestimmten Vertriebsformen vorgebracht, einzelne Nutzungsarten seien als solche nicht hinreichend abgrenzbar und bestimmt, so dass die Interessen der Allgemeinheit an einem Verkehrsschutz gegenüber den Interessen des Urhebers an einer optimalen Verwertung überwiegen und die Vertriebsbeschränkungen als eigenständige Nutzungsarten nicht in Betracht kämen (so ergänzend zu ihrer sonstigen Argumentation OLG Frankfurt – 11. Senat – CR 1999, 7, 9; LG München CR 1998, 141, 142 zu Upgrade-Versionen).

(1) Upgrade-Versionen. Teils wird zwar anerkannt, dass dem durchschnittlichen Anwender zwar der Unterschied zwischen Vollversion und Update-Version geläufig sei und auch vernünftige wirtschaftliche Gründe für eine unterschiedliche Handhabung der Produkte im Markt bestehen mögen, im konkreten Fall wurde dagegen aber eingewandt, dass die Gründe jedoch mangels eindeutigem Erklärungswert nicht bei einer als **Upgrade-Version** gekennzeichneten Version griffen, die sich zudem von der Voll-Version lediglich durch einen Aufkleber unterschiede, im Übrigen aber vollständig identisch sei (LG München CR 1998, 141, 142). Dies legt es nahe, dass nach der Auffassung des LG München bei einer unterschiedlichen technischen Ausstattung eine selbstständige Nutzungsart vorliegt.

(2) Update-Versionen. Eine eigenständige Nutzungsart soll nach Auffassung des LG München möglicherweise bei als **Update-Version** gekennzeichneten Programmen vorliegen (LG München CR 1998, 141, 142). Das hat der 11. Senat des OLG Frankfurt wiederholt verneint (OLG Frankfurt CR 1999, 7, 9; OLG Frankfurt GRUR-RR 2004, 198; zust. *Hoeren* in Klumpp/Kubicek/Roßnagel/Schulz 273, 276; s. auch *Hoeren* RDV 2005, 11, 13). Nach dem Inhalt des Verbreitungsrechts könne sich eine urheberrechtlich beachtliche Beschränkung nur auf Verbreitungsarten oder auf Absatz- oder Vertriebswege, nicht aber auf bestimmte Personenkreise und deren Besitz von Vollversionen beschränken, insb. wenn die Update-Version kein maßgeblich anderes Erscheinungsbild im Vergleich zur Vollversion habe. Dies entspricht der h. L. (Möhring/Nicolini/*Hoeren* § 69c Rn. 17; *Zecher* 96 ff. m. w. N.; § 31 Rn. 19). Auch nach dem OLG Frankfurt könnte bei Update-Versionen aber dann ein klar abgrenzbarer Vertriebsweg angenommen werden, wenn bestimmte Händler erkennbar lediglich bestimmte Versionen anböten (OLG Frankfurt – 11. Senat – CR 1999, 7, 9).

(3) OEM-Versionen. In der Rechtsprechung und Literatur umstritten ist weiter die Beurteilung sog. **OEM-Software.** Darunter versteht man Computerprogramme, die nur als Bundle zusammen mit Hardware vertrieben, mithin nicht ohne diese vertrieben werden dürfen. Das Inverkehrbringen als Bundle erfolgt hier regelmäßig entweder durch autorisierte Hersteller (sog. Authorized Replicator), die das Programm selber in Lizenz vervielfältigen und mit ihrer Hardware verbinden, oder durch Zwischenhändler (sog. Delivery-Service-Partner), die das Programm ihrerseits, aber ohne Hardware von Authorized Replicator beziehen (so im Fall LG Berlin CR 1996, 730, 731 – OEM-Software). Während Teile der Rechtsprechung und Literatur davon ausgehen, dass der Vertrieb von OEM-Versionen bei entsprechender Verpackungs- und Produktgestaltung und aufgrund des besonderen Vertriebsweges auch in letzterer Form hinreichend klar von der als Vollversion zu unterscheiden ist und sich mit dem Inverkehrbringen das Verbreitungsrecht damit nur für diese eigenständige Nutzungsart erschöpft (OLG Frankfurt – 6. Senat – CR 2000, 581, 582 – OEM-Vertrieb; KG CR 1998, 137, 138 – Software-Vertriebsbeschränkung; KG GRUR 1996, 974, 975 – OEM-Software; LG Berlin CR 1996, 730, 731 – OEM-Software; zustimmend LG München CR 1998, 141, 142; Loewenheim/*Lehmann* § 76 Rn. 28), sind andere Stimmen diesem entgegengetreten (s. § 31 Rn. 19; Schricker/Loewenheim/*Loewenheim* § 69c Rn. 30; *Jaeger* ZUM 2000, 1070, 1075; *Baus* 113 ff.; *Oswald* 139 f.; *Zecher* 93 ff.; *Leistner/Klein* MMR 2000, 751, 752: keine ausreichenden technischen Unterschiede, sondern lediglich Beschränkung des Vertriebsweges; *Berger* NJW 1997, 300, 301, hat argumentiert, es handele sich um eine Beschränkung, die nicht den Umfang der eingeräumten Befugnisse bestimme, sondern um eine solche, die den Inhalt und die Gestaltung der Ausübungshandlung auf der Grundlage dieser Befugnisse beträfe). Der BGH hat die Frage explizit offen gelassen, scheint aber skeptisch zu sein (BGH CR 2000, 651, 653 – OEM).

88 **(4) Demo- und Testversionen, Schüler- und Studentenversionen, Schulversionen.** Eine eigenständige Nutzungsart stellen auch **Demo- und Testversionen** dar (*Bartsch* CR 2005, 1, 6; vgl. KG ZUM 2000, 1089 f. – Demoversion). Diese sind regelmäßig in ihrem Nutzungsumfang begrenzt und unterscheiden sich dadurch technisch von normalen Endnutzerlizenzen. Klar abgrenzbar sind sie regelmäßig weiter durch einen entsprechenden Nutzerhinweis. Keine eigenständige Nutzungsart stellen hingegen Schüler- und Studentenversionen (*Zecher* 98 ff.; a. A. OLG Wien EDV&R 1994, 164 f.) sowie Schulversionen für die entsprechenden Bildungseinrichtungen (*Baus* 118; *Zecher* 102 ff.; *Vianello* MMR 2012, 139, 141; vgl., wenn auch zur Nutzungsrechtseinräumung, OLG Düsseldorf CR 2002, 95, 96 f. – Mitarbeiterschulung; a. A. Loewenheim/*Lehmann* § 76 Rn. 28; LG Frankfurt CR 2011, 428, 430 f.) dar. Diese sind technisch – außer im Preis – auch sonst nicht von herkömmlichen Versionen zu unterscheiden.

89 **cc) Keine beschränkte Erschöpfungswirkung.** Nach dem BGH und Teilen der Literatur kommt selbst einem dinglich beschränkten Verbreitungsrecht **keine** mit Blick auf den weiteren Absatzweg im gleichen Umfang **beschränkte Erschöpfungswirkung** zu, sondern nur eine, wenn auch dinglich wirkende, Beschränkung mit Blick auf die Erstverbreitung (BGH CR 2000, 651, 652, 653 – OEM mit zust. Anm. *Witte* CR 2000, 654 f.; Schricker/Loewenheim/*Loewenheim* § 69c Rn. 31; *Berger* NJW 1997, 300, 301 f.; *Bartsch* K&R 2000, 612; *Jaeger* ZUM 2000, 1070, 1073 f.; *Lehmann* CR 2000, 740 f.; *Zecher* 68 ff.; *Vianello* MMR 2012, 139, 141 f.; vgl. BGH GRUR 1986, 736, 737; in der Folge der BGH-Rspr. auch KG ZUM 2001, 592, 594 (zu Dias); OLG Frankfurt – 11. Senat – GRUR-RR 2004, 198; OLG Düsseldorf GRUR-RR 2005, 213 f.; wenig überzeugend ist demgegenüber die Interpretation des BGH-Urteils durch *Leistner/Klein* MMR 2000, 751, die meinen, entscheidend sei gewesen, dass die OEM-Software zunächst ohne Hardware verbreitet wurde; ähnlich wie diese *Oswald* 140 f.; a. A. OLG Frankfurt – 6. Senat – CR 2000, 581, 582 – OEM-Vertrieb; KG CR 1998, 137, 138 – Software-Vertriebsbeschränkung; KG GRUR 1996, 974, 975 – OEM-Software; LG Berlin CR 1996, 730, 731 – OEM-Software; wohl auch Schricker/Loewenheim/*Schricker/Loewenheim* Vor § 28 Rn. 93; *Erben/Zahrnt* CR 1998, 267, 268; unklar OLG Stuttgart CR 2006, 88, 91).

90 Die **dingliche Wirkung der Beschränkung** soll allein darin liegen, dass sich das Verbreitungsrecht dann nicht erschöpft, wenn der Ersthändler die Ware nicht weisungsgemäß veräußert. Mit der Erstveräußerung aber endet die Kontrolle. Das Gesetz gehe anders als das belgische und französische Recht von einem Erstverbreitungsrecht aus (*Zecher* 73). Der BGH hat mit der OEM-Entscheidung den **Verkehrsschutz** weitgehend über die Interessen des Urhebers an einer umfassenden Verwertung gestellt und anerkennt nur eine Beschränkung auf der ersten Vertriebsstufe. Danach wirkt sich eine nach § 31 zulässige dingliche Beschränkung des Nutzungsrechtes nicht in der Weise aus, dass der Rechtsinhaber nach dem mit seiner Zustimmung erfolgten Inverkehrbringen auch alle weiteren Verbreitungsakte daraufhin überprüfen könnte, ob sie mit der ursprünglichen Begrenzung des

Nutzungsrechtes im Einklang stehen; die Weiterverbreitung ist vielmehr frei (BGH CR 2000, 651, 652f. – OEM). Die Entscheidung ist zu OEM-Software ergangen, lässt sich jedoch auf alle übrigen, oben genannten Vertriebsformen übertragen.

Die Auffassung des BGH überzeugt nicht (ebenso § 31 Rn. 26; vgl. aber § 17 Rn. 35). Sie **91** entwertet die vom BGH im Grundsatz anerkannte und in § 31 angelegte Möglichkeit der Aufspaltung der Vertriebswege. Von einer dinglichen Begrenzung im eigentlichen Sinne kann kaum noch gesprochen werden (vgl. dazu *Chrocziel* CR 2000, 738, 739). Insofern bestehen gegen diese Rechtsprechung verfassungsrechtliche Bedenken in Ansehung von Art. 14 GG. Denn der Verkehrsschutz wird ohne Not über die Vergütungsinteressen des Rechtsinhabers gestellt. Diese Rechtsprechung vernichtet Handelsstufen und fördert den Direktvertrieb, was letztlich den intrabrand-Wettbewerb weitgehend ausschließt (s. aber auch *Wolf* 229ff., 234). Der Zweck der Erschöpfungslehre liegt demgegenüber primär darin, sicherzustellen, dass ein veräußertes Programm weiterveräußert werden kann. Dies wäre auch bei der Erschöpfung nur für einen Vertriebsweg ermöglicht. Die Bedenken lassen sich auch nicht einfach durch Hinweis auf die verfassungsrechtliche Rechtsprechung (BVerfG GRUR 1972, 481, 483 – Kirchen- und Schulgebrauch; BVerfG GRUR 1990, 183, 184 – Schallplattenvermietung) ausräumen (so aber *Zecher* 71f.), denn diese betraf Sachverhalte, bei denen die Nachteile der Beschränkung der Rechte wirtschaftlich durch Vergütungsansprüche ausgeglichen wurden. Weiter werden gegen die Entscheidung auch europarechtliche Bedenken geäußert (*Strowel* CR Int. 2002, 7, 9; gegen diesen *Zecher* 59f.). Die Bindung allein der ersten Stufe schließlich lässt sich, wenngleich mit nicht ganz so weit reichenden Konsequenzen, ohnehin schuldrechtlich erreichen. Trotz aller Kritik überzeugt der Versuch des LG Frankfurt CR 2011, 428, 430f. sowie LG Frankfurt MMR 2011, 683, 684 nicht, die OEM-Entscheidung durch eine entsprechende dingliche Beschränkung des Vervielfältigungsrechts zu umgehen.

dd) Maßnahmen mit gleichem Effekt. Lösungswege für die Praxis hat der BGH **92** zwar angedeutet, bei näherer Betrachtung versagen diese aber weitgehend. Eine **schuldrechtliche Durchsetzung** scheitert zumeist daran, dass nach dem durch den BGH vorgegebenen Leitbild i. S. v. § 307 BGB auch gehört, dass urheberrechtlich eine weitergehende Aufspaltung gerade nicht zulässig ist (ähnlich *Chrocziel* CR 2000, 738, 739; *Bartsch* CR 2005, 1, 7; wohl auch *Leistner/Klein* MMR 2000, 751f.; tendenziell a. A. für Vertriebsverträge *Baus* 220f.; s. aber auch OLG Stuttgart CR 2006, 88, 91). Weiter ist zu bedenken, dass der BGH eine Preisdiskriminierung für unberechtigt hält (BGH CR 2000, 651, 652 – OEM; *Bartsch* K&R 2000, 612). Auch auf der Basis des Vervielfältigungsrechts lässt sich angesichts von § 69d Abs. 1 die Wirkung der Erschöpfung nach Maßgabe der BGH-Rechtsprechung kaum umgehen (*Chrocziel* CR 2000, 738, 740; *Baus* MMR 2002, 14, 15f.; *Baus* 77, 118ff.; gegen *Moritz* MMR 2001, 94ff.; s. dazu auch § 69d Rn. 4, 24ff.).

Schließlich stand der Durchsetzung des Bundling gegenüber Unternehmen in der Ver- **93** gangenheit das Verbot der Konditionenbindung des § 14 GWB a. F. (*Lehmann* CR 2000, 740) entgegen. Einiges spricht dafür, dass auch die **§§ 1, 2 GWB und Art. 101 AEUV** dieses verbieten (demgegenüber halten *Seffer/Beninca* ITRB 2004, 210, 213, OEM-Klauseln für freistellungsfähig). Zwar haben die Instanzgerichte kartellrechtliche Bedenken gegen OEM-Versionen zurückgewiesen (KG CR 1998, 137, 138f. – Software-Vertriebsbeschränkung; KG GRUR 1996, 974, 976 – OEM-Software; LG Berlin CR 1996, 730, 732 – OEM-Software), obwohl OEM-Versionen insb. durch marktmächtige Unternehmen zur Kundenbindung genutzt werden. Dieser Argumentation lag aber noch die Auffassung der urheberrechtlichen Aufspaltbarkeit des Verbreitungsrechtes zu Grunde. Wird diese aber nicht anerkannt, liegt eine rein schuldrechtliche, nicht durch ein Schutzrecht gerechtfertigte Wettbewerbsbeschränkung vor (so wohl auch *Leistner/Klein* MMR 2000, 751f.; ähnlich *Chrocziel* CR 2000, 738, 739). Im Übrigen bestanden zumindest für marktmächtige Unternehmen auch zuvor schon Zweifel an der Richtigkeit dieser Rechtsprechung (*Erben/Zahrnt* CR 1998, 267, 269).

UrhG § 69 d § 69d Ausnahmen v. d. zustimmungsbed. Handlungen

94 Versuche, den Mangel der urheberrechtlichen Beschränkbarkeit mit **technischen Mitteln** auszugleichen, laufen Gefahr, deliktische Ansprüche (§ 826 BGB) oder zumindest Mängelrechte auszulösen (OLG Bremen WRP 1997, 573, 575), und dürften zudem ebenfalls latent kartellrechtswidrig sein (s. auch Rn. 41).

95 e) **Fremdmodule.** Der Hersteller eines Computerprogramms benötigt für die Nutzung und Vermarktung der in das Quellprogramm eingearbeiteten **Module oder Programmteile eines Dritten** gem. § 69c Nr. 1–4 entsprechende Nutzungs- und möglicherweise auch Bearbeitungsrechte (dazu Rn. 18ff.; s. zu Entwicklungslizenzen auch *Schneider* C Rn. 190f.); Gleiches gilt, wenn Bibliotheken genutzt werden und Module oder Programmteile (erst) beim Kompilieren oder Linken (s. dazu auch § 69a Rn. 40, 60) eingebunden werden (*Caduff* 28; vgl. *Redeker* Rn. 16; vgl. auch zur Freistellungsfähigkeit der exklusiven Rechtseinräumung nach europäischem Wettbewerbsrecht *Sucker* CR 1989, 468, 475). Nicht selten zu finden und, soweit nicht verstecktes Mittel zur Kundenaufteilung, wettbewerbsrechtlich zulässig sind dabei in Übereinstimmung mit § 31 Abs. 1 sog. **Field-of-use-Beschränkungen** (*Sucker* CR 1989, 468, 476; dazu näher § 69d Rn. 47).

96 Etwas anderes gilt nur, wenn es sich, wie oft, bei Runtime-Modulen und Standardbibliotheken um **Public-Domain-Software** handelt (s. dazu Rn. 68ff.). Dann fragt sich, ob ein Verzicht oder eine Lizenz erga omnes vorliegt (*Caduff* 30f.). Hingegen können Computerprogramme ohne die Einräumung entsprechender Nutzungsrechte vermarktet werden, wenn externe Module erst während der Laufzeit eingebunden werden (sog. Runtime-Module). Sie werden daher nicht mitgeliefert, weil sie dem Benutzer (etwa mit dem Betriebssystem) direkt von Dritten zur Verfügung gestellt werden; entsprechend verhält es sich mit dem beim Benutzer vorhandenen Interpreter (*Caduff* 28f.). Bei **Open-Source-Modulen** sind die entsprechenden Nutzungsbestimmungen (dazu Rn. 73ff.) zu beachten.

§ 69d Ausnahmen von den zustimmungsbedürftigen Handlungen

(1) Soweit keine besonderen vertraglichen Bestimmungen vorliegen, bedürfen die in § 69c Nr. 1 und 2 genannten Handlungen nicht der Zustimmung des Rechtsinhabers, wenn sie für eine bestimmungsgemäße Benutzung des Computerprogramms einschließlich der Fehlerberichtigung durch jeden zur Verwendung eines Vervielfältigungsstücks des Programms Berechtigten notwendig sind.

(2) Die Erstellung einer Sicherungskopie durch eine Person, die zur Benutzung des Programms berechtigt ist, darf nicht vertraglich untersagt werden, wenn sie für die Sicherung künftiger Benutzung erforderlich ist.

(3) Der zur Verwendung eines Vervielfältigungsstücks eines Programms Berechtigte kann ohne Zustimmung des Rechtsinhabers das Funktionieren dieses Programms beobachten, untersuchen oder testen, um die einem Programmelement zugrundeliegenden Ideen und Grundsätze zu ermitteln, wenn dies durch Handlungen zum Laden, Anzeigen, Ablaufen, Übertragen oder Speichern des Programms geschieht, zu denen er berechtigt ist.

Literatur: *Ammann*, Der Handel mit Second Hand-Software aus rechtlicher Sicht – Eine Betrachtung auf Grundlage des deutschen Rechts, Edewecht, 2011; *Bartsch*, Grad der Marktdurchdringung von Software als rechtliches Kriterium, CR 1994, 667; *Bartsch*, Rechtsmängelhaftung bei der Überlassung von Software, CR 2005, 1; *Baus*, Umgehung der Erschöpfungswirkung durch Zurückhaltung von Nutzungsrechten?, MMR 2002, 14; *Baus*, Verwendungsbeschränkungen in Softwareüberlassungsverträgen, Köln 2004; *Berger*, Zum Erschöpfungsgrundsatz beim Vertrieb sogenannter OEM-Software, NJW 1997, 300; *Berger*, Urheberrechtliche Erschöpfungslehre und digitale Informationstechnologie, GRUR 2002, 198; *Berger*, Zur Anwendbarkeit der neuen Technologietransfer-Gruppenfreistellungsverordnung auf Softwareverträge, K&R 2005, 15; *Bettinger/Scheffelt*, Application Service Providing: Vertragsgestaltung und Konflikt-Management, CR 2001, 729; *Bierekoven*, Lizenzierung in der Cloud, ITRB 2010, 42; *Bröckers*, Second Hand-Software im urheberrechtlichen Kontext, Frankfurt a. M. 2010; *Bröckers,* Software-Gebrauchthandel: Der Teufel steckt im Detail, MMR 2011, 18; *Busche/Stoll,* TRIPs, Internationales und europäisches Recht des geistigen Eigentums, Köln u. a. 2007 (zit. Busche/Stoll/*Bearbeiter*); *Caduff,* Die urheberrechtlichen Konsequenzen der Veräußerung von Computerprogrammen, Bern 1997; *Diedrich,* Nutzungsrechte für Systemsicherungen nach § 69d UrhG, CR 2012, 69; *Dietrich,* ASP – öffentliche Zugänglichmachung oder unbenannte Nutzungsart?, ZUM 2010, 567; *Dreier,* Rechtsschutz von Computerprogrammen, Die Richtlinie des Rates der EG vom 14. Mai 1991, CR 1991, 577; *Dreier,* Verletzung urheberrechtlich geschützter Software nach der Umsetzung der EG-Richtlinie, GRUR 1993, 781; *Fischl,* Softwarekauf mit Kündigungsklausel? – Zum urheberrechtlichen Typenzwang des § 31 Abs. 1 S. 2 UrhG, ITRB 2004, 286; *Fritzemeyer/Schoch,* Übernahme von Softwareüberlassungsverträgen beim IT-Outsourcing – Rechtliches Vorgehen und Gestaltungsmöglichkeiten unter Beachtung des Urheberrechts des Lizenzgebers, CR 2003, 793; *Giedke,* Cloud Computing: Eine wirtschaftliche Analyse mit besonderer Berücksichtigung des Urheberrechts, München 2013; *Grapentin/ Ströbl,* Third Party Maintenance: Abschlusszwang und Kopplungsverlangen, CR 2009, 137; *Grützmacher,* Application Service Providing – Urhebervertragsrechtliche Aspekte, ITRB 2001, 59; *Grützmacher,* Urheber-, Leistungs- und Sui-generis-Schutz von Datenbanken, Baden-Baden 1999; *Grützmacher,* Softwarelizenzverträge und CPU-Klauseln – Möglichkeiten der Vertragsgestaltung nach Maßgabe der Entscheidung des BGH v. 24.10.2002 – I ZR 3/00, ITRB 2003, 279; *Grützmacher,* Software-Verträge und die 7. GWB-Novelle – Auf dem Weg zu einer europaweit einheitlichen Praxis, ITRB 2005, 205; *Grützmacher,* in: Büchner/Briner (Hrsg.), DGRI Jahrbuch 2009, Die Übertragung von Software-Nutzungsrechten: Gebrauchtsoftware und Outsourcing – Länderbericht Deutschland, 2009, S. 127 (zit. *Grützmacher* in: Büchner/Briner); *Grützmacher,* Software-Urheberrecht und Virtualisierung, Eine erste Problemübersicht, ITRB 2011, 193; *Grützmacher,* Lizenzgestaltung für neue Nutzungsformen im Lichte von § 69d UrhG (Teil 1), CR 2011, 485; *Grützmacher,* Lizenzgestaltung für neue Nutzungsformen im Lichte von § 69d UrhG (Teil 2), CR 2011, 697; *Grützmacher,* Teilkündigungen bei Softwarepflege- und Softwarelizenzverträgen – Eine Analyse unter besonderer Berücksichtigung der AGB- und kartellrechtlichen Aspekte; ITRB 2011, 133; *Günther,* Änderungsrechte des Softwarenutzers, CR 1994, 321; *Haberstumpf,* Das Software-Urhebervertragsrecht im Lichte der bevorstehenden Umsetzung der EG-Richtlinie über den Rechtsschutz von Computerprogrammen, GRUR Int. 1992, 715; *Haberstumpf,* Der urheberrechtliche Schutz von Computerprogrammen, in: Lehmann (Hrsg.), Rechtsschutz und Verwertung von Computerprogrammen, 2. Aufl., Köln 1993, 69 (zit. *Haberstumpf* in Lehmann); *Haberstumpf,* Der Handel mit gebrauchter Software und die Grundlagen des Urheberrechts, CR 2009, 345; *Haberstumpf,* Der Handel mit gebrauchter Software im harmonisierten Urheberrecht – Warum der Ansatz des EuGH einen falschen Weg zeigt, CR 2012, 561; *Herzog,* Handel mit gebrauchter Software, Baden-Baden 2009; *Heydn,* Identitätskrise eines Wirtschaftsguts: im Spannungsfeld zwischen Schuldrecht und Urheberrecht, CR 2010, 765; *Heymann,* Software im Outsourcing-Fall, CR 1995, 62; *Hilber/ Knorr/Müller,* Serververlagerungen im Konzern, CR 2011, 417; *Hilber/Litzka,* Wer ist urheberrechtlicher Nutzer von Software bei Outsourcing-Vorhaben?, ZUM 2009, 730; *Hoeren,* Der urheberrechtliche Erschöpfungsgrundsatz bei der Online-Übertragung von Computerprogrammen, CR 2006, 573; *Hoeren,* Der Erschöpfungsgrundsatz bei Software, GRUR 2010, 665; *Hoeren/Schumacher,* Verwendungsbeschränkungen im Softwarevertrag, CR 2000, 137; *Huppertz,* Handel mit Second Hand-Software – Analyse der wesentlichen Erscheinungsformen aus urheber- und schuldrechtlicher Perspektive, CR 2006, 145; *Junker/ Benecker,* Computerrecht, 3. Aufl., Baden-Baden 2003; *Kindermann,* Vertrieb und Nutzung von Computersoftware aus urheberrechtlicher Sicht, GRUR 1983, 150; *Koch,* Computervertragsrecht, 7. Aufl., Freiburg 2009; *Koch,* Das neue Softwarerecht und die praktischen Konsequenzen, NJW-CoR 1994, 293; *Koch,* Client Access License – Abschied von der Softwarelizenz?, ITRB 2011, 42; *Kochmann,* Schutz des „Knowhow" gegen ausspähende Produktanalysen („Reverse Engineering"), Berlin 2009; *Köhler/Fritzsche,* Die Herstellung und Überlassung von Software im bürgerlichen Recht, in: Lehmann (Hrsg.), Rechtsschutz und Verwertung von Computerprogrammen, 2. Aufl., Köln 1993, 513 (zit. *Köhler/Fritzsche* in Lehmann); *König,* Zur Zulässigkeit der Umgehung von Software-Schutzmechanismen, NJW 1995, 3293; *Kreutzer,* Schutz technischer Maßnahmen und Durchsetzung von Schrankenbestimmungen bei Computerprogrammen, CR 2006, 804; *Konrad/Timm-Goltzsch/Ullrich,* Teil I, Kapital 4: Kartellrecht, in: Ullrich/Lejeune (Hrsg.), Der internationale Softwarevertrag, 2. Aufl., Heidelberg 2006, 363 (zit. *Konrad/Timm-Goltzsch/Ullrich* in Ullrich/ Lejeune); *Lehmann,* Die neue Europäische Rechtsschutz von Computerprogrammen, NJW 1991, 2112; *Lehmann,* Die Europäische Richtlinie über den Schutz von Computerprogrammen, GRUR Int. 1991, 327; *Lehmann,* Softwarevertragsrecht, in: Beier u. a. (Hrsg.), Urhebervertragsrecht, Festgabe für Gerhard Schricker zum 60. Geburtstag, München 1995, 543 (zit. *Lehmann* FS Schricker); *Lehmann,* Die kartellrechtlichen Grenzen der Lizenzierung von Computerprogrammen, in: Lehmann (Hrsg.), Rechtsschutz und Verwertung von Computerprogrammen, 2. Aufl., Köln 1993, 775 (zit. in Lehmann); *Lehmann,* Das neue Software-Vertragsrecht – Verkauf und Lizenzierung von Computerprogrammen, NJW 1993, 1822; *Leistner,* Gebrauchtsoftware auf dem Weg nach Luxemburg, CR 2011, 209; *Lejeune,* Die neue europäische Gruppenfreistellungsverordnung für Technologietransfer-Vereinbarungen – Ein Überblick zu ihrer Bedeutung und Tragweite für die Vertragsgestaltung, CR 2004, 467; *Lietz,* Technische Aspekte des Reverse Engineering,

UrhG § 69d § 69d Ausnahmen v. d. zustimmungsbed. Handlungen

Motivation, Hilfsmittel, Vorgehensweise, Nachweisbarkeit, CR 1991, 564; *Loewenheim,* Zur Zulässigkeit sog. CPU-Klauseln beim Erwerb von Computersoftware, in: Wild u. a. (Hrsg.), Festschrift für Alfred-Carl Gaedertz, München 1992, 359 (zit. *Loewenheim* FS Gaedertz); *Lütcke/Bähr,* Outsourcing-Verträge und Service Level Agreements in der IT-Branche, K&R 2001, 82; *Lutz,* Softwarelizenzen und die Natur der Sache, München 2009; *Mäger,* Der urheberrechtliche Erschöpfungsgrundsatz bei der Veräußerung von Software, CR 1995, 522; *Marly,* Stellungnahme zum Diskussionsentwurf des Bundesjustizministeriums zur Änderung des Urheberrechtsgesetzes (Teil 2), JurPC 1992, 1652; *Marly,* Urheberrechtsschutz für Computersoftware in der EU, München 1995 (zit. *Marly* Urheberrechtsschutz); *Matthiesen,* Die Freistellung von Softwarenutzungsverträgen nach Artikel 101 des Vertrages über die Arbeitsweise der Europäischen Union, Bern 2010; *Mayer-Wegelin,* Käuferrechte bei Computerspielen – Technische Kopierschutzmaßnahmen und End User License Agreements, JurPC 2009, Web-Dok. 28/2009; *Metzger,* Zur Zulässigkeit von CPU-Klauseln in Softwarelizenzverträgen, NJW 2003, 1994; *Moritz,* Vervielfältigungsstück eines Programms und seine berechtigte Verwendung – § 69d und die neueste BGH-Rechtsprechung, MMR 2001, 94; *Moritz,* Softwarelizenzverträge (I) – Rechtslage nach der Harmonisierung durch die EG-Richtlinie über den Rechtsschutz von Computerprogrammen, CR 1993, 257; *Moritz,* Keine Nutzungsberechtigung für ein „gebrauchtes" Computerprogramm nach Art. 5 Abs. 1 der RL 2009/24/EG ohne Zustimmung des Rechtsinhabers – Zugleich Kommentar zu BGH, Beschl. v. 3.2.2011 – I ZR 129/08, K&R 2011, 240; *Moritz/Tybusseck,* Computersoftware, Rechtsschutz und Vertragsgestaltung, 2. Aufl., 1992; *Nägele/Jacobs,* Rechtsfragen des Cloud Computing, ZUM 2010, 281; *Niemann,* Shift der urheberrechtlichen Verwertungsrechte in der arbeitsteiligen digitalen Welt – Auswirkungen der BGH-Entscheidungen zu Online-Videorekordern (shift.tv, save.tv) auf Outsourcing, Virtualisierung und Web 2.0 Dienste, CR 2009, 661; *Niemann/Paul,* Bewölkt oder wolkenlos – rechtliche Herausforderungen des Cloud Computings, K&R 2009, 444; *W. Nordemann,* CPU-Klauseln in Software-Überlassungsverträgen, CR 1995, 5; *Oswald,* Erschöpfung durch Online-Vertrieb urheberrechtlich geschützter Werke, Hamburg 2005; *Pohle/Ammann,* Software as a Service – auch rechtlich eine Evolution?, K&R 2009, 625; *Pohle/Ammann,* Über den Wolken ... – Chancen und Risiken des Cloud Computing, CR 2009, 273; *Polley,* Verwendungsbeschränkungen in Softwareüberlassungsverträgen, CR 1999, 345; *Polley,* Softwareverträge und ihre kartellrechtliche Wirksamkeit – Zur Anwendbarkeit von Gruppenfreistellungsverordnungen der Europäischen Kommission auf Softwareverträge unter besonderer Berücksichtigung der neuen Technologietransfer-GVO, CR 2004, 641; *Polley,* Die neue Vertikal-GVO – Inhaltliche Neuerungen und verpasste Chancen, CR 2010, 625; *Polley/Seeliger,* Anwendung der neuen Gruppenfreistellungsverordnung für Vertikalverträge Nr. 2790/1999, CR 2001, 1; *Pres,* Gestaltungsformen urheberrechtlicher Softwarelizenzverträge, Köln 1994; *Raubenheimer,* Beseitigung/Umgehung eines technischen Programmschutzes nach UrhG und UWG, CR 1996, 69; *Raubenheimer,* Die jüngste Rechtsprechung zur Umgehung/Beseitigung eines Dongles, NJW-CoR 1996, 174; *Raubenheimer,* Vernichtungsanspruch gemäß § 69f UrhG, CR 1994, 129; *Raubenheimer,* Zur Unzulässigkeit der Umgehung oder Beseitigung eines Dongles, CR 1996, 342; *Redeker,* IT-Recht, 5. Aufl., München 2012; *Röhrborn/Sinhart,* Application Service Providing – juristische Einordnung und Vertragsgestaltung, CR 2001, 69; *Romey,* Verwendungsbeschränkungen in Softwareüberlassungsverträgen, CR 1999, 345; *Sahin/Haines,* Einräumung von Nutzungsrechten im gestuften Vertrieb von Standardsoftware – Unter welchen Voraussetzungen kann ein Vertragshändler Endkunden Nutzungsrechte einräumen?, CR 2005, 241; *Schmidt,* Die Kontrolle Allgemeiner Geschäftsbedingungen in Programmüberlassungsverträgen, in: Lehmann (Hrsg.), Rechtsschutz und Verwertung von Computerprogrammen, 2. Aufl., Köln 1993, 701 (zit. *Schmidt* in: Lehmann); *Schneider, Jochen,* Handbuch des EDV-Rechts, 4. Aufl., Köln 2009; *Schneider, Jörg,* Softwarenutzungsverträge im Spannungsfeld von Urheber- und Kartellrecht, München 1989 (zit. *Jörg Schneider* Softwarenutzungsverträge); *Schnell/Fresca,* Reverse Engineering, Darstellung der Diskussion in der Bundesrepublik Deutschland und in den USA, CR 1990, 157; *Scholz,* Sind Lizenzen kündbar? – Beendigung der Nutzungsrechtseinräumung bei Softwareüberlassung, ITRB 2012, 162; *Scholz/Haines,* Hardwarebezogene Verwendungsbeschränkungen in Standardverträgen zur Überlassung von Software – Eine Betrachtung von CPU- und Upgradeklauseln, CR 2003, 393; *Scholz/Wagner,* Kartellrechtliche Bewertung hardwarebezogener Verwendungsbeschränkungen in Software-Überlassungsverträgen, CR 2003, 880; *Schulz,* Dezentrale Softwareentwicklungs- und Softwarevermarktungskonzepte, Köln u. a. 2005; *Schumacher,* Wirksamkeit von typischen Klauseln in Softwareüberlassungsverträgen, CR 2000, 641, 649; *Schumacher/Schmid,* Die neue Gruppenfreistellungsverordnung für Technologietransfer-Vereinbarungen, GRUR 2006, 1; *Schweyer,* Die rechtliche Bewertung des Reverse Engineering in Deutschland und den USA, Tübingen 2012; *Söbbing,* Backuplizenz vs. Sicherheitskopie – Rechtliche Differenzierung zwischen Backuplizenzen und Sicherheitskopien in Lizenzmodellen, ITRB 2007, 50; *Söbbing,* Die Zulässigkeit von sog. „Hostingklauseln" in Lizenzbedingungen, MMR 2007, 479; *Sosnitza,* Die urheberrechtliche Zulässigkeit des Handels mit „gebrauchter" Software, K&R 2006, 206; *Splittgerber/Rockstroh,* Sicher durch die Cloud navigieren – Vertragsgestaltung beim Cloud Computing, BB 2011, 2179; *Sucker,* Lizenzierung von Computersoftware (I), Kartellrechtliche Grenzen nach dem EWG-Vertrag, CR 1989, 353; *Sucker,* Lizenzierung von Computersoftware (II), Kartellrechtliche Grenzen nach dem EWG-Vertrag, CR 1989, 468; *Timm,* Kartellrecht der Softwareverträge, Frankfurt a. M. 2005; *Ulmer,* Werkge-

§ 69d Ausnahmen v. d. zustimmungsbed. Handlungen   § 69d UrhG

brauch und Urheberrecht – Ein Beitrag zur Erschöpfungslehre, ITRB 2001, 214; *Ulmer,* Softwareüberlassung: Formulierung eines Lizenzvertrags, ITRB 2004, 213; *Ullrich/Konrad,* Teil I, Kapitel 4: Kartellrecht, in: Ullrich/Körner (Hrsg.), Der internationale Softwarevertrag, Heidelberg 1995, 263 (zit. *Ullrich/Konrad* in: Ullrich/Körner); *Vinje,* Die EG-Richtlinie zum Schutz von Computerprogrammen und die Frage der Interoperabilität, GRUR Int. 1992, 250; *Ullrich/Lejeune* (Hrsg.), Der internationale Softwarevertrag, 2. Aufl., Heidelberg 2006 (zit. *Bearbeiter* in: Ullrich/Lejeune); *Vinje,* Softwarelizenzen im Lichte von Art. 85 des EWG-Vertrages, CR 1993, 401; *Wächter,* Die „komplementäre" Nutzung von Standardsoftware bei Inanspruchnahme von Rechenzentrumsbetriebsleistungen, NJW-CoR 1999, 292; *Werner,* Sind Sicherheitskopien von CDs notwendig?, CR 2000, 807; *Wimmers,* Urheberrechtliche Probleme beim IT-Outsourcing, in: Büchner/Dreier, Von der Lochkarte zum globalen Netzwerk – 30 Jahre DGRI, Köln 2007, 169 (zit. *Wimmers* in: Büchner/Dreier); *Wissel/Eickhoff,* Die neue EG-Gruppenfreistellungsverordnung für Technologietransfer-Vereinbarungen – Neue Freistellungsvoraussetzungen für Lizenzvereinbarungen, WuW 2004, 1244; *Zahrnt,* Überlassung von Software-Produkten: Stand 1996, NJW 1996, 1798; *Zecher,* Zur Umgehung des Erschöpfungsgrundsatzes bei Computerprogrammen, Baden-Baden 2004; *Zöttl,* Das neue EG-Kartellrecht für Technologietransferverträge – Erste Erfahrungen aus der Anwendungspraxis, WPR 2005, 33.

Vgl. darüber hinaus die Angaben im eingangs abgedr. Gesamtliteraturverzeichnis.

Übersicht

	Rn.
I. Schutzzweck	1–4
II. Regelungsinhalt	5–67
1. Die bestimmungsgemäße und notwendige Benutzung (Abs. 1)	6–52
a) Bestimmungsgemäße Benutzung einschließlich der Fehlerberichtigung	6–22
aa) Einzelplatzbetrieb	9
bb) Netzwerkbetrieb	10–12
cc) RZ-, Outsourcing- und ASP-Betrieb sowie Cloud-Services	13
dd) Service-Büro-Betrieb	14
ee) Software zu speziellen Zwecken	15
ff) Sicherungskopien und sonstige Sicherheitsmaßnahmen	16
gg) Fehlerberichtigung und sonstige bestimmungsgemäße Umarbeitungen	17–22
b) Notwendigkeit der Handlungen	23
c) Zur Verwendung des Vervielfältigungsstücks Berechtigte	24–28
d) Kein Entgegenstehen vertraglicher Bestimmungen	29–51
aa) Typische Regelungen	30, 31
bb) Wirksame Vereinbarung	32
cc) Schranken der vertraglichen Bestimmungen	33–51
(1) Zwingender Kern des Abs. 1	34–40
(2) Recht der allgemeinen Geschäftsbedingungen (§§ 305 ff. BGB)	41–45
(3) Kartellrecht	46–51
e) Wirkung vertraglicher Bestimmungen	52
2. Die Erstellung von Sicherungskopien für die künftige Benutzung (Abs. 2)	53–67
a) Sicherungskopie	53
b) Für die künftige Benutzung erforderlich	54–58
c) Berechtigter	59
d) Zwingendes Recht	60
3. Erlaubte Formen des Beobachtens, Untersuchens und Testens (Abs. 3)	61
a) Allgemeines	62
b) Beobachten, Untersuchen oder Testen	63, 64
c) Ermittlung der zugrunde liegenden Ideen und Grundsätze	65
d) Berechtigter	66
e) Zwingendes Recht	67

I. Schutzzweck

§ 69d ist einerseits die im Rahmen der Vertragsgestaltung zentrale Norm des Computerurheberrechts, andererseits aber auch die wohl am schwersten zugängliche Vorschrift. Das resultiert nicht zuletzt aus der bewegten Entstehungsgeschichte des Art. 5 Computerprogramm-Richtlinie (dazu ausführlich *Lehmann* FS Schricker 1995, 543, 549 ff.). § 69d will die aus den Ausschließlichkeitsrechten resultierende (Monopol-)Macht und die aus den technischen Gegebenheiten von Software resultierenden, dem Urheberrecht aber artfremde Befugnisse des Rechtsinhabers zu Gunsten des berechtigten Benutzers beschränken. § 69d Abs. 1 verhindert ein Gebrauchsrecht, § 69d Abs. 3 ein Beobachtungsrecht (*Caduff* 24 ff.). Anders als die §§ 44a ff., die für Computerprogramme nur höchst eingeschränkt gelten (vgl. § 69a Rn. 74 ff.), handelt es sich bei § 69d nicht um eine Schrankenbestimmung im herkömmlichen Sinne (Dreier/Schulze/*Dreier* § 69d Rn. 2; Mestmäcker/Schulze/*Haberstumpf* § 69d Rn. 2; Fromm/Nordemann/*Czychowski* § 69d Rn. 4; a. A. *Lehmann* FS Schricker 1995, 543, 549, 553; Möhring/Nicolini/*Hoeren* § 69d Rn. 3 f.; Schricker/Loewenheim/*Loewenheim* § 69d Rn. 1; s. eingehend zum Meinungsstreit *Zecher* 40 ff.).

2   Abs. 1 erfüllt nach **h. M. eine ähnliche Funktion wie die Zweckübertragungslehre** (OLG Karlsruhe CR 1996, 341, 342 – Dongle – m. w. N.). Teilweise wird sogar behauptet, § 69d Abs. 1 sei Ausfluss der Zweckübertragungslehre (OLG Karlsruhe NJW-CoR 1996, 186; LG Düsseldorf CR 1996, 737, 738; Fromm/Nordemann/*Vinck* 9. Aufl. § 69d Rn. 1; *Raubenheimer* NJW-CoR 1996, 174, 176; Mestmäcker/Schulze/*Haberstumpf* § 69d Rn. 5; vgl. *Lehmann* GRUR Int. 1991, 327, 332). Dem kann nur sehr bedingt beigepflichtet werden.

3   Anders als bei § 31 Abs. 5 handelt es sich bei § 69d nicht lediglich um eine Auslegungs-, sondern im Ausgangspunkt um eine **Inhaltsnorm** (*Lehmann* FS Schricker 1995, 543, 553, 561; Loewenheim/*Lehmann* § 76 Rn. 27; *Pres* 123 ff., 127; *Lutz* 126 ff.; a. A. *Dreier* CR 1991, 577, 579: Auslegungsregel; nicht so absolut Dreier/Schulze/*Dreier* § 69d Rn. 2: Mischform aus gesetzlicher Lizenz und Auslegungsregelung). Während § 31 Abs. 5 insb. die Verwertungsinteressen des Urhebers im Blick hat, betont § 69d im Zweifel die Interessen des Nutzers, indem diesem, wenn auch unter Berücksichtigung der Partizipationsinteressen des Rechtsinhabers, die „normale" Benutzung erlaubt und § 31 Abs. 5 damit wieder eingeschränkt wird (vgl. OLG Düsseldorf CR 2002, 95, 96 – Mitarbeiterschulung; Loewenheim/*Lehmann* § 76 Rn. 27; *Lehmann* FS Schricker 1995, 543, 557 f., 568 f.; *Dreier* GRUR 1993, 781, 785; *Pres* 132; *Schack* Rn. 534; vgl. auch OLG Karlsruhe CR 1996, 341, 342 – Dongle; zu § 31 Abs. 5 auch § 69a Rn. 59 ff.). § 69d soll als Gegengewicht zu § 69c die Missachtung legitimer Interessen der Nutzer verhindern und zugleich eine effiziente Property-Rights-Struktur schaffen (*Pres* 118; vgl. auch *Dreier* GRUR 1993, 781, 785: § 69d hat einen den berechtigten Programmnutzer und Wettbewerber schützenden Charakter; *Lehmann* FS Schricker 1995, 543, 553: verbraucherschutzrechtlich orientierte Grenze des Property-Rights-Schutzes). Letztlich werden die Transaktionskosten bei der Vertragsgestaltung bzw. -verhandlung gesenkt und damit, soweit vorhanden, Transaktionsbarrieren abgebaut. Die Regelung entspricht ihrer Rechtsnatur nach insoweit weitgehend der **doctrine of implied licence** (*Marly* Urheberrechtsschutz 214; *Marly* Praxishandbuch Rn. 1546; vgl. *Grützmacher* 265). § 69d ist nicht abschließend, sondern Ergänzung zu § 31 Abs. 5, der neben diesem anzuwenden ist. § 31 Abs. 5 tritt aber im engeren Anwendungsbereich des § 69d Abs. 1 im Konfliktfall zurück (*Baus* 78, 153 f.; s. auch § 69a Rn. 59 ff.). Die Gemeinsamkeit beider Normen beschränkt sich im Wesentlichen darauf, dass sie eine genaue Beschreibung des Lizenzzwecks fordern (dazu Rn. 6 ff.).

4   Häufig findet sich auch der Hinweis darauf, § 69d diene der Normierung des im Urheberrecht allgemein geltenden Grundsatzes, dass der Werkgenuss als solcher nicht geschützt sei (FG München CR 1997, 23, 24). Das stimmt im Computerurheberrecht nur bedingt. Dieses und daher auch § 69d Abs. 1 gehen im Grundsatz vielmehr vom Zustimmungserfordernis aus, bewirken aber, dass es einer Zustimmung im Einzelfall für die bestimmungsgemäße Benutzung durch einen Berechtigten nicht bedarf. Im Ergebnis hat § 69d Abs. 1 damit – ähnlich wie Art. 12 Abs. 2 Schweizer Urhebergesetz – eine **Erschöpfungswirkung hinsichtlich aller gebrauchsbeschränkenden Nutzungsrechte** zur Folge (so zum Schweizer Recht *Caduff* 25; vgl. Walter/v. Lewinski/Blocher/*Blocher*, Art. 5

§ 69d Ausnahmen v. d. zustimmungsbed. Handlungen   5–7 § 69d UrhG

Rn. 5.5.8, 5. 5. 16, 5.5.18; *Baus* MMR 2002, 14, 16; *Baus* 77, 118 ff.; Dreier/Schulze/ *Dreier* § 69d Rn. 5 f.; *Hoeren* GRUR 2010, 665, 667; *Ulmer* ITRB 2001, 214, 217 f.; *Oswald* 108 ff.; *Sahin/Haines* CR 2005, 241, 244 f.; *Schweyer* 105: Erschöpfung der Mindestrechte bzw. der für die bestimmungsgemäße Nutzung erforderlichen Rechte; vgl. auch *Schulz* 135 ff.; *Zecher* 50 f.). Eng mit der Zweckbestimmung zusammen hängt die Frage, ob es einer gesonderten Nutzungsrechtseinräumung bedarf (vgl. dazu Rn. 24 ff.). § 69d ist also eine partiell zwingende Inhaltsnorm mit darüber hinausgehender Erschöpfungswirkung im Bereich der dauerhaften Programmüberlassung. § 69d Abs. 1 hat urhebervertragsrechtliche wie schrankenähnliche Elemente (*Zecher* 51 spricht von einer Doppelnatur; ähnlich *Herzog* 50; *Schulz* 123 ff., der aber einen Schwerpunkt in den urhebervertragsrechtlichen Elementen attestiert). Ungeklärt ist das Verhältnis von § 69d zu Art. 9 ff. TRIPs, die keine Schutzausnahmen vorsehen (vgl Busche/Stoll/*Klopmeier* TRIPs, Art. 10 Rn. 24 ff., der letztlich auf Art. 13 TRIPs verweist).

II. Regelungsinhalt

§ 69d bestimmt Ausnahmen zu § 69c Nr. 1 und 2, also nur zum Vervielfältigungs- und Bearbeitungsrecht, nicht aber zum Verbreitungsrecht (§ 69c Nr. 3). Während die Abs. 2 und 3 des § 69d schon aufgrund der Regelung des § 69g zwingend sind, hat der Gesetzgeber die Herausarbeitung des zwingenden Kerns des § 69d Abs. 1 der Rechtsprechung überlassen (dazu Rn. 34). § 69d Abs. 1 ist eine Ausnahmebestimmung zu Gunsten des Benutzers. Seinem Wortlaut und Zweck nach findet sie keine Anwendung auf Vertriebsverträge, Lizenzverträge zur Weiterbearbeitung, Entwicklungsverträge etc. (dazu näher Rn. 25; a. A. *Pres* 128; *Sahin/Haines* CR 2005, 241, 242 ff.). 5

1. Die bestimmungsgemäße und notwendige Benutzung (Abs. 1)

a) **Bestimmungsgemäße Benutzung einschließlich der Fehlerberichtigung.** Trotz der Unterschiede zwischen § 31 Abs. 5 und § 69d Abs. 1 ist ihnen gemeinsam, dass sie beim Fehlen einer ausdrücklichen vertraglichen Regelung maßgeblich den Inhalt von Softwareüberlassungs- und -lizenzverträgen mitbestimmen. Wie § 31 Abs. 5 fordert nämlich auch § 69d Abs. 1, im Vertrag den Zweck der Softwareüberlassung genau zu beschreiben. Entscheidend für die Auslegung des Merkmals „bestimmungsgemäß" ist, ob der Zweck der Handlung bzw. Benutzung dem konkreten Zweck der Softwareüberlassung entspricht (etwas weiter *Günther* CR 1994, 321, 326: dem konkreten Zweck nicht widerspricht; vgl. auch *Marly* Urheberrechtsschutz 227 f.). Der Begriff der bestimmungsgemäßen Benutzung entspricht zwar nicht dem Begriff der Nutzungsart i. S. v. § 31 (*Pres* 122; *Lehmann* FS Schricker 1995, 543, 568), gleichwohl kann eine bestimmungsgemäße Benutzung derart klar abgrenzbar sein, dass ihr zugleich dingliche Wirkung nach Maßgabe des § 31 Abs. 1, 4 und 5 zukommt. Der Begriff der **bestimmungsgemäßen Benutzung** ist also weiter und umfasst sowohl lediglich **schuldrechtliche Einwilligungen bzw. Beschränkungen als auch dinglich wirkende Einräumungen** der Nutzungsrechte (ebenso Dreier/Schulze/*Dreier* § 69d Rn. 7; vgl. auch *Marly* Praxishandbuch Rn. 1546; dazu eingehend *Grützmacher* CR 2011, 485, 487 ff.). 6

Wonach sich im Grundsatz richtet, ob eine bestimmungsgemäße Benutzung vorliegt, ist umstritten. Während teilweise vorrangig auf die wirtschaftlichen Partizipationsinteressen des Herstellers abgestellt und in solchen Fällen die bestimmungsgemäße Benutzung verneint wird (*Lehmann* FS Schricker 1995, 543, 560, 568; *Lehmann* GRUR Int. 1991, 327, 333; vgl. auch LG Düsseldorf CR 1996, 737, 738 – Dongle-Umgehung, welches einseitig auf die großen wirtschaftlichen Interessen des Rechtsinhabers am Bestehen eines Kopierschutzes abstellt), soll nach anderen allein entscheidend sein, ob die Handlungen „funktionsgerichtet" sind und dem **technischen Fortschritt** dienen (*Marly* Urheberrechtsschutz 7

227). Richtig scheint es, im Einzelfall zu differenzieren und den **Überlassungszweck und sonstige vertragliche** Umstände zur Entscheidung heranzuziehen (OLG Düsseldorf CR 2002, 95, 96f. – Mitarbeiterschulung; Dreier/Schulze/*Dreier* § 69d Rn. 7; Möhring/ Nicolini/*Hoeren* § 69d Rn. 6: entsprechend §§ 133, 157 BGB; *Günther* CR 1994, 321, 326; vgl. *Hoeren/Schumacher* CR 2000, 137, 139; *Pres* 128; mit *Lutz* 119ff., 148ff. ist insofern bei einem Dreipersonenverhältnis Rechteinhaber-Händler-Nutzer auf das Verhältnis Rechteinhaber-Händler abzustellen, zumal ein gutgläubiger Erwerb von Nutzungsrechten nicht möglich ist). Insofern unterscheidet sich § 69d von § 55a (vgl. § 55a Rn. 5ff.; *Grützmacher* 268). Dabei kann es jedoch nicht darum gehen, die Ausnutzung eines Lock-In-Effekts durch den Rechteinhaber zu legitimieren; der Rechteinhaber sollte nicht von Effizienzvorteilen und Einsparungen aufgrund neuer Techniken oder Betriebsmodelle nur deshalb profitieren (können), weil deren urheberrechtliche Effekte ihm „Nachforderungen", mithin ein (teilweises) Abschöpfen solcher Effizienzgewinne ermöglichen würden (*Grützmacher* CR 2011, 485, 488; so auch *Diedrich* CR 2012, 69, 72). Es besteht ganz im Sinne der Property-Rights-Theorie (s. Rn. 3) kein Anlass, den Softwareanbieter hierfür über Gebühr zu belohnen. Anders ist die Situation, wenn dem Rechteinhaber durch neue Nutzungsformen abstrakte Einnahmemöglichkeiten auf der Ebene des „Erstverkaufs" entgehen, also die gegenteilige Situation berechtigter Herstellerinteressen besteht (*Grützmacher* CR 2011, 485, 488).

8 Fraglich ist, ob § 69d Abs. 1 auch Handlungen erfasst, die nicht die reine Benutzung, also Installation und Speichervorgänge beim und für den Lauf des Programms, betreffen (zur reinen Benutzung Rn. 9; zu anderen Handlungen Rn. 10ff.).

9 **aa) Einzelplatzbetrieb.** Sofern sich nichts anderes aus den technischen oder sonstigen Umständen ergibt, ist grds. vom Einzelplatzbetrieb als Normalgebrauch auszugehen. Bei diesem sind das **Laden, Anzeigen und Ablaufenlassen, Übertragen oder Speichern** des Computerprogramms im Arbeitsspeicher oder auf den Speichermedien (vgl. § 69c Nr. 1) in Softwareüberlassungsverträgen regelmäßig von der bestimmungsgemäßen Benutzung umfasst (vgl. EuGH GRUR 2012, 814, 816 Rn. 58f. – SAS Institute; FG München CR 1997, 23, 24; *Haberstumpf* in Lehmann Kap. II Rn. 159; *Lehmann* FS Schricker 1995, 543, 566; *Pres* 212; *Schack* Rn. 418; *Marly* Praxishandbuch Rn. 1544, 1549; vgl. auch OLG Düsseldorf CR 2002, 95, 96f. – Mitarbeiterschulung). Insb. gilt dies für Speicherungen im Arbeitsspeicher wie auf Speichermedien, soweit diese zur Benutzung nötig sind, sei es vorübergehend, auch in Form des Caching, Swapping (dazu § 69c Rn. 6), oder dauerhaft im Wege der einmaligen Installation auf externen Speichermedien. Erlaubt ist demnach auch die Löschung des Programms und Neuinstallation auf einem anderen Rechner (*Hoeren/Schumacher* CR 2000, 137, 139). Zulässig dürfte auch die zusätzliche Installation auf demselben Rechner unter einem anderen Betriebssystem sein, sofern die Installationen zeitgleich nicht mehrfach genutzt werden können (*Hoeren/Schumacher* CR 2000, 137, 139). Hingegen ist die parallele Installation auf anderen Rechnern (etwa einem Notebook) auch dann nicht erlaubt, wenn sie nicht von verschiedenen Personen zeitgleich genutzt wird (ebenso Dreier/Schulze/*Dreier* § 69d Rn. 8; a. A. *Hoeren/Schumacher* CR 2000, 137, 139; Mestmäcker/Schulze/*Haberstumpf* § 69d Rn. 7). Auch die Erstellung eines Datenträgers für die Weiterveräußerung ist für sich genommen kein bestimmungsgemäßer Gebrauch (*Bröckers* 184ff.; *Bröckers* MMR 2011, 18, 22; anders aber u. U. die Erstellung weiterer Datenträger auf Basis eines Masterdatenträgers, vgl. *Grützmacher* CR 2007, 549, 552).

10 **bb) Netzwerkbetrieb.** Je nach Softwareüberlassungsvertrag kann auch der **Netzwerkbetrieb** (Mehrplatz-/Terminalsystem, LAN, WAN) die bestimmungsgemäße Benutzung sein (*Lehmann* FS Schricker 1995, 543, 568). Der Netzwerkbetrieb stellt grds. eine eigene Nutzungsart dar (*Pres* 155f.; *Marly* Praxishandbuch Rn. 1684ff., insb. 1688; *Grützmacher* ITRB 2001, 59, 62f.; *Haberstumpf* in Lehmann Kap. II Rn. 163; *Hoeren/Schumacher* CR 2000, 137, 141; im Ergebnis auch *Baus* 174ff.), so dass nach der ergänzend heranzuziehenden Zweckübertragungslehre ohne explizite Rechtseinräumung nur bei **Programmen,**

§ 69d Ausnahmen v. d. zustimmungsbed. Handlungen 11, 12 § 69d UrhG

die speziell für den Einsatz in Netzwerken bzw. auf Mehrplatz-/Terminalsystemen ausgelegt sind, vom Netzwerkbetrieb als bestimmungsgemäßer Benutzung i. S. v. § 69d Abs. 1 und damit vom Vorhandensein entsprechender Nutzungsbefugnisse ausgegangen werden kann (*Pres* 155f.; *Grützmacher* ITRB 2001, 59, 62f.; *Haberstumpf* in Lehmann Kap. II Rn. 163; vgl. *Lehmann* FS Schricker 1995, 543, 559; *Lutz* 153; *Marly* Praxishandbuch Rn. 1687; *Hoeren/Schumacher* CR 2000, 137, 141f.; BT- Drucks. XII/4022, 12; im Ergebnis auch *Schumacher* CR 2000, 641, 649). Die für den Netzwerkeinsatz notwendigen Vervielfältigungshandlungen sind dann zumindest für einen Nutzer erlaubt. Je nach Anzahl der in Abhängigkeit von der Zahl der Nutzer notwendigen Vervielfältigungen muss mitunter eine weitergehende Lizenz erworben werden. Etwas anderes gilt für alle Programme, die **(auch) als Einzelplatzversion eingesetzt** werden können. Hier bedarf schon der Netzwerkeinsatz selbst zumindest wegen der Vervielfältigung des Programms in den Arbeitsspeicher des Client-Rechners der expliziten Erlaubnis oder muss zumindest dem Vertragszweck entsprechen (vgl. *Marly* Praxishandbuch Rn. 1688; *Dreier/Schulze/Dreier* § 69d Rn. 8; s. aber auch *Hoeren/Schumacher* CR 2000, 137, 142ff., die entgegen der h. M. zu § 69c Nr. 1 davon ausgehen, dass keine Vervielfältigung erforderlich ist).

Darüber hinaus sind die **reine Mehrplatz-/Terminalnutzung,** bei der das Programm lediglich im Speicher des Host und nicht in dem des Terminals vorgehalten wird, und die Nutzung in Rechnern eines **Server-Netzwerkes,** bei denen das Programm in den Speicher des Client-Rechners geladen wird und dort abläuft, zu unterscheiden (dazu auch § 69c Rn. 63f.). Beim reinen Terminalbetrieb finden keine weiteren Vervielfältigungsvorgänge statt. Je nach Größe und Art des Netzwerksystems liegt höchstens eine öffentliche Wiedergabe vor (§ 69c Rn. 54, 65). Die Begrenzung auf eine bestimmte Nutzerzahl soll daher lediglich schuldrechtlicher Natur sein (*Pres* 155; *Hoeren/Schumacher* CR 2000, 137, 141; *Lutz* 180f.). Wird hingegen das Programm vom Massenspeicher des Netzwerk-Servers in den **Arbeitsspeicher des Client-Rechners** geladen, erfordert dies nach h. M. eine Vervielfältigung (s. näher § 69c Rn. 5), die im Fall einer Netzwerklizenz von § 69d Abs. 1 gedeckt wird, solange nicht mehr Client-Rechner das Programm parallel nutzen, als die Lizenz erlaubt. Davon wiederum zu unterscheiden ist der reine **Client-Access** des Servers, der zumindest dann, wenn hierfür client-seitig keine spezielle Software genutzt wird, urheberrechtlich nicht relevant ist bzw. zumindest eine bestimmungsgemäße Nutzung darstellt (siehe dazu und zu sog. CALs *Koch* ITRB 2011, 42, 44f. sowie Rn. 44 und § 69c Rn. 64). **11**

Schwierigkeiten bereitet, dass § 69d Abs. 1 im Grundsatz nicht für das Recht zur öffentlichen Wiedergabe (§ 69c Nr. 4; dazu § 69c Rn. 1, 58) gilt, so dass für den Netzwerkbetrieb nicht die Erlaubnis aufgrund von § 69d reichte. Da der Gesetzgeber dieses Problem augenscheinlich übersehen hat, erscheint eine analoge Anwendung des § 69d Abs. 1 gerechtfertigt (a. A. *Dreier/Schulze/Dreier* § 69d Rn. 10). **Zentrale Softwareeinspielung** zeichnet sich dadurch aus, dass Computerprogramme im Netzwerk auf einem Server vorgehalten und bei Bedarf am einzelnen Arbeitsplatz zur Verfügung gestellt werden, was entsprechend wiederum Kopiervorgänge zur Folge hat. Grds. werden diese durch eine Netzwerklizenz abgedeckt. Ökonomisch und effizient ist dieses Verfahren aber regelmäßig nur, wenn auf den Arbeitsplatzrechnern einzelne, nicht als solche lauffähige Programmdateien verbleiben. Wenn die Anzahl dieser Dateien über die der lizenzierten Nutzer hinausgeht, können Zweifel bestehen, ob diese Vervielfältigungen aufgrund dieser Form der Softwareinstallation noch notwendig i. S. v. § 69d Abs. 1 sind (s. dazu näher Rn. 23). Von § 69d Abs. 1 erfasst wird auch die Remote-Nutzung, die man auch als Anwendungsvirtualisierung bzw. eine Art unternehmensinternes ASP umschreiben kann (*Grützmacher* CR 2011, 697, 702f.; vgl. *Grützmacher* ITRB 2011, 193, 194f.: **Virtualisierung** keine öffentliche Zugänglichmachung). Weiter ist zwar das mehrfache Betreiben eines Computerprogramms in einer virtualisierten Umgebung nicht mehr vom bestimmungsgemäßen Gebrauch umfasst, sehr wohl aber der einfache Betrieb einer Programmkopie in einer solchen (*Grützmacher* ITRB 2011, 193, 194). **12**

13 cc) RZ-, Outsourcing- und ASP-Betrieb sowie Cloud-Services. Weitgehend ungeklärt ist, wie **Rechenzentrumsleistungen, Outsourcing** und **Application Service Providing (ASP)** unter dem Regime von § 69d Abs. 1 zu behandeln sind. Fest steht, dass eine normale Netzwerklizenz noch nicht per se den Einsatz einer Software zur Nutzung im RZ-, Outsourcing- oder ASP-Betrieb rechtfertigt (zustimmend Dreier/Schulze/*Dreier* § 69d Rn. 2, 8; *Wimmers* in Büchner/Dreier 169, 193; vgl. zum RZ- und Outsourcing-Betrieb, wobei bei Letzterem oft vorhandene Lizenzen bzw. Software vom Auftraggeber an den Outsourcing-Provider weitergereicht werden: *Lütcke/Bähr* K&R 2001, 82, 85; *Schneider* M Rn. 6; *Redeker* Rn. 70 f., 801e; tendenziell auch *Fritzemeyer/Schoch* CR 2003, 793, 795, Fn. 9; *Söbbing* MMR 2007, 479, 482; wohl auch *Wächter* NJW-CoR 1999, 292, 295; offen lassend *Bartsch* CR 1994, 667, 670 f.; *Heymann* CR 1995, 62 f.; zum ASP, bei dem der Provider die Lizenz stellt: *Grützmacher* ITRB 2001, 59, 61 f.; *Bettinger/Scheffelt* CR 2001, 729, 733 ff.; *Lutz* 167 f., 177 f., 183; *Marly* Praxishandbuch Rn. 1080; siehe auch BGH GRUR 2008, 357, 359 f. – Planfreigabesystem). Bei diesem auftretende Vervielfältigungshandlungen sind nicht schon nach § 69d Abs. 1 vom Urheberschutz ausgenommen, solange die Software nur für einen normalen Netzwerk- oder Terminalbetrieb überlassen ist. Vielmehr liegt beim Angebot gegenüber mehreren Kunden angesichts der technischen Besonderheiten und der eigenständigen wirtschaftlichen Bedeutung sowohl im RZ- bzw. Outsourcing-Betrieb (vgl. *Schneider* M Rn. 6; *Grützmacher* in Büchner/Briner 107, 150 f.) als auch im ASP-Betrieb grundsätzlich eine eigene Nutzungsart (*Grützmacher* ITRB 2001, 59, 62; *Bettinger/Scheffelt* CR 2001, 729, 735 ff.; *Röhrborn/Sinhart* CR 2001, 69, 73; *Giedke* 410 f.; nicht angesprochen von BGH CR 2007, 75, 76 – ASP-Vertrag; offen lassend OLG München GRUR-RR 2009, 91; a. A. *Dietrich* ZUM 2010, 567, 569 ff.). Nicht ausreichend differenziert wird insofern regelmäßig aber zwischen der Frage, ob ohne spezifische Erlaubnis nur die **Nutzung für sonstige Dritte** (Nutzung für eine Vielzahl von Kunden) **oder** auch die **für den Auftraggeber** als (u. U. vormaligen) Lizenznehmer ausgeschlossen ist. Nur im ersten Fall ist das Partizipationsinteresse des Rechtsinhabers wirklich berührt (Dreyer/Kotthoff/Meckel/*Kotthoff* § 69d Rn. 16; *Grützmacher* CR 2011, 697, 704; *Grützmacher* in Büchner/Briner 107, 15; dazu Rn. 7; vgl. auch *Dietrich* ZUM 2010, 567, 572; *Wimmers* in Büchner/Dreier 169, 194 ff., der im Ergebnis gegen eine solche Differenzierung wenig überzeugend – s. auch *Söbbing* MMR 2007, 479, 481 – die erschwerte Rechtsverfolgung und Kontrolle der Nutzung durch den Rechtsinhaber anführt). – Erst recht tangiert das unternehmensinterne ASP, letztlich also eine Form der Remote-Nutzung (siehe dazu oben Rn. 12) die wirtschaftlichen Vergütungsinteressen des Rechteinntharbers nicht (*Dietrich* ZUM 2010, 567, 572). – Andere wollen vor allem mit Blick auf das Outsourcing zum gleichen Ergebnis dadurch kommen, dass sie in angelehnt an BGH CR 2009, 598 – Internet-Videorekorder argumentieren, im Rahmen einer wertenden Betrachtung sei der Kunde allein für die Vervielfältigung verantwortlich (*Niemann* CR 2009, 661, 662 f.; je nach Konstellation auch *Hilber/Litzka* ZUM 2009, 730, 733 ff.; für das konzerninterne Outsourcing *Hilber/Knorr/Müller* CR 2011, 417, 422 f.). Allerdings spricht dagegen, dass der BGH die Frage der Abgrenzung des Herstellerbegriffs im Rahmen des § 53 und der dort geregelten Frage des Herstellenlassens zu beurteilen hatte. Von einer Vervielfältigung auch durch den Outsourcingprovider ist davon abweichend (ausgenommen beim Infrastruktur-Outsourcing für die Software auf Applikationsebene, und auch dort nur vorbehaltlich von Hilfstätigkeiten aufgrund der Root-Rechte) im Zweifel schon aufgrund seiner Systemhoheit auszugehen (*Grützmacher* CR 2011, 697, 703; s. auch *Hilber/Knorr/Müller* CR 2011, 417, 422 f.). Die Berufung auf § 69d Abs. 1 scheitert dann auch nicht daran, dass die Auslagerung nicht erforderlich ist (so aber *Hilber/Litzka* ZUM 2009, 730, 735), denn bestimmungsgemäß ist eben auch diese, soweit sie nur für den Lizenznehmer erfolgt. Hat der Rechteinhaber auch für den Fall des Einsatzes für Dritte eine entsprechende Zustimmung gegeben, erstreckt sich der bestimmungsgemäße Gebrauch gem. § 69d Abs. 1 auf Vervielfältigungs- und sonstige zustimmungsbedürftige Handlungen sowohl der Kunden wie des Providers (zu Sicherheitsmaßnahmen beim RZ-Betrieb s. Rn. 16; je nach Anwendung kann ausnahmsweise auch das Vorhalten des Programms in einem Fall-Back-System von der bestimmungsgemäßen Nutzung umfasst sein). Im Zweifel ist dann der Kreis der Nutzungsberechtigten i. S. v. § 69d Abs. 1 mit Zustimmung des Rechtsinhabers bzw. des Lizenzgebers erweitert. Ebenfalls zu unterscheiden sind verschiedene Formen des Outsourcing wie etwa das Outsourcing nur der IT-Infrastruktur einerseits und (auch) der Applikationen andererseits bzw. das Systems und das Application Management. Sehr verkürzt bzw. technisch falsch ist daher auch die Einschätzung, es käme regelmäßig bzw. immer zu Vervielfältigungen bei zwei verschiedenen Rechtsträgern (so aber *Wimmers* in Büchner/Dreier 169, 178, 188, 190, 195). Denn bei den unterschiedlichen Formen des Outsourcing (dazu ausführlich *Grützmacher* in Büchner/Briner 107, 150 f.) ist es keinesfalls naturgegeben, dass die Software sowohl auf Hardware des Outsourcing-Providers als auch des Auftraggebers vorgehalten bzw. im engeren Sinne genutzt wird. Jedenfalls dann, wenn zwar die IT-Infrastruktur (Host/Großrechner oder Server samt Betriebssystemen) vom Outsourcing-Provider administriert bzw. zur Verfügung gestellt wird, die Applikationen (abgesehen von Administrationsrechten im Rahmen des Betriebssystems) aber vom Auftragnehmer gestellt, kontrolliert, genutzt und gewartet werden, ist von einer bestimmungsgemäßen Benutzung auszugehen; zumindest ist der Outsourcing-Provider dann berechtiger Nutzer i. S. d. § 69d Abs. 1 (vgl. Rn. 28). Schon bei der Übertragung der Pflege der Applikationen mag es anders aussehen (*Söbbing* MMR 2007, 479, 482). Zwingend ist aber auch das nicht. Zu erwägen ist mitunter auch, ob lediglich ein Verleihen i. S. v. § 27 vorliegt. So wird als Lösung mit Blick auf die Betriebssystemssoftware oder beim Outsourcing auch des Application Managements in der Praxis oft die so genannte „Beistellung" des Computerprogramms durch den Outsourcing-Nehmer (Kunden) diskutiert. Dabei bleibt der Kunde Lizenznehmer (vgl. *Wächter* NJW-CoR 1999, 292, 295 f.; davon zu unterscheiden ist die **„Beistellung"** durch den Outsourcing-Provider, s. *Fritzemeyer/Schoch* CR 2003, 793, 796 f.) und es stellt sich die Frage, ob der Provider Berechtiger i. S. d. § 69d Abs. 1 ist (dafür könnten die Entscheidungen OLG Düsseldorf CR 2002, 95, 96 f. – Mitarbeiterschulung sowie LG Köln CR 2010, 576, 577 [berechtigte Nutzung nicht für eigene Zwecke ausschließlich auf Anweisung des Leistungsempfängers] sprechen; vgl. auch die Hinweise bei *Wimmers* in Büchner/Dreier 169, 180, 194 f. auf die Entscheidungen BGH GRUR 2000, 866, 868 – Programmfehlerbeseitigung – und BGH GRUR 1999, 707, 709 – Kopien-Versanddienst). Alternativ denkbar ist die Unterlizenzierung an den Provider, die aber ebenfalls der Zustimmung des Lizenzgebers bzw. Rechtsinhabers bedarf (*Fritzemeyer/Schoch* CR 2003, 793, 796 f.). Regelmäßig vorzuziehen ist es, die Verträge (vorsorglich) mit umfangserweiternder Zustimmung des Rechtsinhabers bzw. Lizenzgebers auf den Outsourcing-Provider (Anbieter) zu übertragen (vgl. auch *Hilber/Knorr/Müller* CR 2011, 417, 423; *Fritzemeyer/Schoch* CR 2003, 793, 795, Fn. 9, 796, 798, die aber offenbar eine Zustimmung aus Gründen der Nutzungsart in Ansehung von § 69c Nr. 3 S. 2 bei Kauflizenzen für nicht erforderlich halten und diese daher nur bei mietrechtlich ausgestalteten Lizenzverträgen einholen wollen, solange der Kunde nur auf die Ergebnisse der Programmnutzung und nicht auf die Programme selbst zurückgreifen kann).

Für die Beurteilung der Reichweite des § 69d Abs. 1 bei **Cloud-Services** ist für die unterschiedlichen Modelle grundsätzlich zunächst zu beachten, dass beim Infrastructure as a Service (IaaS) oder einer Platform as a Service (PaaS) einerseits und Software as a Service (SaaS) andererseits vom Cloud-Anbieter in unterschiedlichen Maße die Betriebssystemsoftware, ggf. die Plattformsoftware und Anwendungssoftware einer Vielzahl von Kunden zur Nutzung bereitgehalten wird. Nach richtiger Auffassung ist jedenfalls das Vervielfältigungsrecht, nicht das Vermietrecht und nur ausnahmsweise das Recht der öffentlichen Zugänglichmachung betroffen (zu den unterschiedlichen Ansätzen § 69c Rn. 44 f., 66). Für den Fall des nicht applet-basierten Cloud-Services finden entgegen Stimmen in der Literatur dabei auf dem Anwenderrechner im Zweifel keine Vervielfältigungen statt, so dass es auch keines Rückgriffs auf § 44a bzw. § 69d Abs. 1 bedarf (so aber *Pohle/Ammann* CR 2009, 273, 276; *Pohle/Ammann* K&R 2009, 625, 629; *Splittgerber/Rockstroh* BB 2011, 2179; s.a. *Bierekoven* ITRB 2010, 42, 43; a.A. wie hier *Nägele/Jacobs* ZUM 2010, 281, 289f.; dazu auch § 69c Rn. 66). Anders sieht es jedenfalls hinsichtlich des Cloud-Rechners aus. Mit Blick auf die Lizenzierung des Cloud-Anbieters liegt aufgrund der eigenständigen technischen und bei mehreren Nutzern wirtschaftlichen Bedeutung eine eigenständige Nutzungsart vor und ohne entsprechende Rechtseinräumung keine bestimmungsgemäße Nutzung (*Nägele/Jacobs* ZUM 2010, 281, 290; *Giedke* 409ff.; *Pohle/Ammann* CR 2009, 273, 276 empfehlen eine solche Regelung auch aus Anwendersicht). Das zeigt auch die Kontrollüberlegung, dass der Softwarehersteller sonst Erstkunden verlöre (dazu Rn. 7; ähnlich *Nägele/Jacobs* ZUM 2010, 281, 290). Analog zum Outsourcing – je nach Form der Cloud bedarf es aber weltweiter Rechte (zum IPR *Nägele/Jacobs* ZUM 2010, 281, 284ff.) – erfolgt die kundenspezifische Nutzung einer vom Kunden beigestellten und nur für diesen genutzten Applikation im Rahmen der bestimmungsgemäßen Nutzung (*Grützmacher* CR 2011, 697, 704f.; *Nägele/Jacobs* ZUM 2010, 281, 290; noch weiter gehend *Giedke* 425).

14 **dd) Service-Büro-Betrieb.** Fraglich ist, ob die bestimmungsgemäße Nutzung einer einfachen Lizenz auch den sog. **Service-Büro-Betrieb** umfasst. Dagegen spricht, dass durch diesen Betrieb Kunden des Computerprogramms verloren gehen können (vgl. *Sucker* CR 1989, 468, 476). Andererseits führt das mangels klarer Abgrenzbarkeit und technischer Besonderheiten noch nicht dazu, dass eine eigenständige Nutzungsart vorliegt (*Grützmacher* ITRB 2001, 59, 63). Richtig ist es daher davon auszugehen, dass der Service-Büro-Betrieb mangels anderweitiger Abrede aufgrund von § 69d Abs. 1 erlaubt ist.

15 **ee) Software zu speziellen Zwecken.** Zweifelhaft ist, ob und inwieweit Überlassungsverträge die bestimmungsgemäße Nutzung auf bestimmte, abgrenzbare Teilmärkte, etwa **privater, wissenschaftlicher, beruflicher, gewerblicher Gebrauch,** mit dinglicher Wirkung beschränken können (so *Lehmann* FS Schricker 1995, 543, 560, 568). Dagegen spricht, dass diese Nutzungsformen nicht klar und deutlich voneinander abgegrenzt werden können (dazu § 69a Rn. 61).

16 **ff) Sicherungskopien und sonstige Sicherheitsmaßnahmen.** Mit Teilen der Literatur ist davon auszugehen, dass sich die Befugnis zur Erstellung einer **Sicherungskopie** nicht aus dem Verbot des § 69d Abs. 2 ergeben kann (ausführlich *Marly* Praxishandbuch Rn. 1554; *Baus* 128f.; a.A. *Haberstumpf* in Lehmann Kap. II Rn. 160; *Lehmann* FS f. Schricker 543, 553). Die Befugnis folgt vielmehr aus § 69d Abs. 1, der insoweit extensiv auszulegen ist (Begr. BRegE BT-Drucks. XII/4022, 12; *Hoeren/Schumacher* CR 2000, 137, 139; *Baus* 128f.; zu § 55a *Grützmacher* 269; a.A. *Marly* Praxishandbuch Rn. 1555: §§ 133, 157 BGB; *Diedrich* CR 2012, 69, 73). Hierfür spricht nicht nur die Schutzwürdigkeit des Benutzers, sondern auch die Systematik des § 69d, nach der Abs. 2 nur absichern soll, dass Abs. 1 nicht abbedungen werden kann (ebenso Begr. BRegE BT-Drucks. XII/4022, 12). Letztlich kann diese Frage in der Praxis dahinstehen, wenn man mit der h.M. den Anspruch zumindest auf Abs. 1 oder Abs. 2 oder gar auf beide stützt (so auch *Hoeren/Schumacher* CR 2000, 137, 139; a.A. *Marly* Praxishandbuch Rn. 1554: §§ 133, 157 BGB; zum Umfang näher Rn. 53ff.). Die Anfertigung von **Sicherungskopien** im Rahmen der regelmäßigen **Datensicherung** ist im Normalfall eine zur bestimmungsgemäßen Nutzung zu zählende (notwendige) Handlung (*Caduff* 161ff.; *Lehmann* FS Schricker 1995, 543, 553; *Hoeren/Schumacher* CR 2001, 137, 140; wohl auch *Bartsch* CR 2005, 1, 7: Datensicherung nach dem Stand der Technik; a.A. *Marly* Praxishandbuch Rn. 1550ff.; dazu näher Rn. 53ff.). Schließlich werden von § 69d Abs. 1 ausnahmsweise Kopien erfasst, die aus Gründen der Hochverfügbarkeit und Sicherheit erforderlich sind; dazu gehören Plattenspiegelungen oder RAID-Sicherheitsmaßnahmen (*Hoeren/Schumacher* CR 2000, 137, 139; *Grützmacher* CR 2011, 697, 701). Teilweise wird auch angenommen, derartige Maßnah-

men unterfielen Abs. 2 (so *Diedrich* CR 2012, 69, 73; dazu Rn. 53 ff.). Beim Clusterbetrieb ist ggf. danach zu differenzieren, ob es um die Datensicherheit und datenschutzrechtliche oder auch aus sonstigen Gründen gebotene Verfügbarkeit der Systeme geht oder ob es um eine reine Leistungssteigerung geht, für die dann die gleichen Prinzipien wie bei CPU-Klauseln (dazu 37 ff.; 42 f.) heranzuziehen sind (*Grützmacher* CR 2011, 697, 701 f.; ähnlich auch *Diedrich* CR 2012, 69, 71, 72 f., der aber auf § 69d Abs. Abs. 2 abstellt). Das Vorhalten der Programme in Backup-Systemen bzw. –RZs ist im Zweifel von der bestimmungsgemäßen Nutzung umfasst, zumal die Software nicht wirklich produktiv genutzt wird (a. A. *Söbbing* ITRB 2007, 50 f. der eine zusätzliche Lizenz für Backup-Systeme für erforderlich hält). Man wird hier allenfalls – und auch das ist eine Frage des Einzelfalls – danach unterscheiden können, inwieweit die Vervielfältigungen für „cold" oder „warm" bzw. gar „hot" gehaltene Backup-Rechenzentren erfolgen (*Grützmacher* CR 2011, 697, 702; so schon *Schneider* C Rn. 224, M 110a). Bei derartigen Sicherheitsmaßnahmen stellt sich sodann die Frage, ob diese erforderlich sind (zur Frage der Notwendigkeit allgemein Rn. 23 und Rn. 54 sowie *Grützmacher* CR 2011, 697, 701 f.; *Diedrich* CR 2012, 69, 72 f. unter Hinweis auf die Vorgaben des BSI).

gg) Fehlerberichtigung und sonstige bestimmungsgemäße Umarbeitungen. 17
Nach § 69d Abs. 1 explizit erlaubt sind die **Fehlerberichtigung** und sonstige bestimmungsgemäße Umarbeitungen. Darunter fällt das Entfernen oder Umgehen von Programmfehlern. Beides erfordert zumindest die Bearbeitung des Programms. Ein Verstoß gegen Art. 8 und 12 RBÜ liegt hierin nicht (*Marly* Urheberrechtsschutz 214). Umfasst ist auch die Behebung von Kompatibilitätsproblemen und das Hinzufügen von Programmteilen (Modulen), soweit dieses überhaupt eine Umarbeitung darstellt (BGH GRUR 2000, 866, 868 – Programmfehlerbeseitigung). Streitig ist, inwieweit auch die Vervielfältigung erlaubt ist (dafür *Junker/Benecke* Rn. 73; wohl auch BGH GRUR 2000, 866, 867, 868 – Programmfehlerbeseitigung; Fromm/Nordemann/*Czychowski* § 69d Rn. 11; dagegen *Lehmann* NJW 1993, 1822, 1823). Nach dem Wortlaut ist dies zu bejahen. Zur Fehlerberichtigung gehört auch die **Virenbeseitigung** (Schricker/Loewenheim/*Loewenheim* § 69d Rn. 10; *Junker/Benecke* Rn. 73; *Lehmann* NJW 1993, 1822, 1823 f.; vgl. auch *Hoeren/Schumacher* CR 2000, 137, 140; *Schweyer* 108: Wiederherstellung des Originalzustands und daher schon keine Umarbeitung).

Streitig ist, ob als Fehlerberichtigung auch die **Entfernung eines Störungen hervor-** 18
rufenden Dongles (auch Entdongelierung genannt) zulässig ist. Nach Teilen der Rechtsprechung und Literatur ist die Beseitigung oder Umgehung des Dongles erlaubt, sofern und soweit die Dongle-Beseitigung kein Selbstzweck ist, sondern – notfalls aufgrund Untersuchung i. S. v. § 69d Abs. 3 – feststeht, dass der Fehler auf dem Dongle beruht (LG Mannheim NJW 1995, 3322; *Schack* Rn. 473; *König* NJW-CoR 1995, 191; *König* NJW 1995, 3293, 3294). Nach der **h. M.** hingegen ist die Dongle-Beseitigung selbst dann **keine zulässige Form der Fehlerbeseitigung** (OLG Karlsruhe CR 1996, 341, 342 – Dongle – m. zust. Anm. *Raubenheimer;* LG Düsseldorf CR 1996, 737, 738 – Dongle-Umgehung; OLG Düsseldorf CR 1997, 337, 338 f. – Dongle-Umgehung; vgl. BGH CR 1997, 27; *Raubenheimer* NJW-CoR 1996, 174, 176 ff.; *Kochmann* 182; vgl. auch OLG München CR 1996, 11, 16 f. – Dongle; LG München CR 1995, 663, 665 – UNPROTECT; LG München CR 1995, 669, 670 – AutoCAD zu § 1 UWG a. F.). Der Betrieb des Programms ohne Dongle-Abfrageprogramm sei **nicht bestimmungsgemäß.** Keine Fehlerberichtigung i. S. v. § 69d stellt auch die Entfernung eines softwarebasierten „SIM-Lock" dar (BGH CR 2005, 337, 338 – SIM-Lock II; AG Göttingen CR 2011, 792, 794).

Ausschlaggebend soll hierfür sein, dass die Veränderung Programmierleistungen konter- 19
kariert, dem erkennbaren Willen des Programmschöpfers entgegensteht, nach dem die Dongle-Abfrage zum fehlerfreien Betrieb des Programms gehört, und der Gesetzgeber dem technischen Schutz mit § 69f Abs. 2 entsprechendes Gewicht beimisst (OLG Karlsruhe

CR 1996, 341 – Dongle – m. zust. Anm. *Raubenheimer* CR 1996, 342; vgl. LG Düsseldorf CR 1996, 737, 738 – Dongle-Umgehung; gegen diese Argumentation *Schack* Rn. 473). § 69d Abs. 1 ziele lediglich auf Unzulänglichkeiten, die der Programmschöpfer selbst nicht beabsichtigt habe und deren Behebung seine Rechte ohnehin nicht tangiere (LG Düsseldorf CR 1996, 737, 738 – Dongle-Umgehung). Bestimmungsgemäß ist nach dieser Rechtsprechung nur die Reparatur des Dongles oder eine Beseitigung der Mängel des Abfragesystems (OLG Karlsruhe CR 1996, 341, 342; OLG Düsseldorf CR 1997, 337, 338 f. – Dongle-Umgehung; zustimmend *Raubenheimer* NJW-CoR 1996, 174, 176 f.; *Kochmann* 182; vgl. auch LG München CR 1995, 663, 665 – UNPROTECT zu § 1 UWG a. F.). Der in diesem Zusammenhang regelmäßig auch erfolgende Verweis des Nutzers auf das Gewährleistungsrecht überzeugt nicht, da dem Nutzer ein Nachbesserungsanspruch nicht immer zusteht (*König* NJW 1995, 3293, 3294; vgl. aber auch obiter OLG München CR 1996, 11, 16 – Dongle: Anspruch auf Lieferung eines Ersatzdongles). Das gilt trotz §§ 439, 634 Nr. 1 und 635 BGB. Ergänzend wird auch formalistisch argumentiert, es liege kein Fehler des Programms, sondern des Dongles vor (OLG München CR 1996, 11, 17 – Dongle; vgl. *Raubenheimer* CR 1996, 69, 73). Letztlich führt dies zu dem zweifelhaften Ergebnis, dass der Nutzer spätestens nach Ablauf der Gewährleistungsfrist u. U. Unmögliches leisten muss, nämlich die Fehlerkorrektur unter Beibehaltung des Dongles. Der Telos des § 69f fordert das nicht. Und der Verweis auf die aufgrund eines fehlerhaften Dongles verminderten Erfolgsaussichten eines Softwareproduktes im Markt (OLG Karlsruhe CR 1996, 341 – Dongle; LG Düsseldorf CR 1996, 737, 738 f. – Dongle-Umgehung) hilft dem einzelnen Benutzer nicht. Richtig scheint es daher, danach zu differenzieren, ob der Anbieter die Fehlerbeseitigung abgelehnt hat oder nicht leisten kann (vgl. *Baus* 193 f., 196; vgl. auch *Junker/Benecke* Rn. 76; *Dreier/Schulze/Dreier* § 69d Rn. 9; *Mestmäcker/Schulze/Haberstumpf* § 69d Rn. 10; LG Düsseldorf CR 1996, 737, 738 – Dongle-Umgehung). Weiter kann es für die Ermittlung des „Bestimmungsgemäßen" nicht auf den Willen des Programmschöpfers ankommen, sondern nur auf den Inhalt des Softwareüberlassungsvertrags und damit zumindest auch auf den Willen des Lizenznehmers (vgl. *Schack* Rn. 473). Kein bestimmungsgemäßer Gebrauch ist hingegen die Nutzung ohne (Original-)Dongle, wenn die Beseitigung des Dongles nicht aus Gründen der Fehlerberichtigung erfolgt (LG Düsseldorf CR 1996, 737, 738 m. zust. Anm. *Raubenheimer* CR 1996, 740) oder wenn die Beseitigung zwar auch zur Fehlerbeseitigung erfolgt, aber mit dem Vorsatz verbunden ist, weitere unerlaubte Kopien anzufertigen.

20 Die **Beweislast** für das Vorliegen einer durch die Dongleabfrage hervorgerufenen Störung trägt im Grundsatz der Nutzungsberechtigte. Allerdings sind keine zu strengen Anforderungen an den Beweis zu stellen (gegen *Raubenheimer* CR 1996, 69, 72 f.), denn ein eindeutiger Nachweis ist ihm regelmäßig gerade erst dadurch möglich, dass er den Dongle umgeht oder beseitigt. Und selbst dann kann der Fehler seine Ursache noch in anderen Hard- und Softwarekomponenten des Systems haben. Ausreichend muss daher sein, darzulegen und zu beweisen, dass die Störung nach der Umgehung oder Beseitigung des Dongles nicht mehr auftritt. Der Rechtsinhaber, der regelmäßig auch Zugang zum Quellcode hat, hat dann die Möglichkeit des Gegenbeweises. Gleiches gilt im Grundsatz für Programmsperren (*Baus* 196 f.).

21 Für die Zulässigkeit **sonstiger bestimmungsgemäßer Umarbeitungen** ist entscheidend, ob der Zweck der Programmänderung dem konkreten Zweck der Programmüberlassung entspricht bzw. zur Benutzung notwendig ist (etwas weiter *Günther* CR 1994, 321, 326: dem konkreten Zweck nicht widerspricht; vgl. auch *Marly* Praxishandbuch Rn. 1705; *Marly* JurPC 1992, 1652, 1662; *Lehmann* FS Schricker 1995, 543, 558, 568). In der Rechtsprechung sind solche Fälle, soweit ersichtlich, bisher nicht diskutiert worden. Bestimmungsgemäße Umarbeitungen sind z. B. solche, die zur einem Programm inhärenten **Konfiguration** vorgesehen sind (etwa die Anpassung **mit Hilfe von Scriptsprachen** etc.). Regelmäßig werden solche Anpassungen aber schon gar nicht in das Bearbeitungsrecht

§ 69d Ausnahmen v. d. zustimmungsbed. Handlungen **22, 23** § **69d UrhG**

eingreifen (s. auch § 69c Rn. 20). Auch die **Portierung** und Emulation von Computerprogrammen kann aufgrund von § 69d Abs. 1 erlaubt sein, wenn dadurch lediglich die bisherige Nutzungsmöglichkeit erhalten wird (vgl. Dreier/Schulze/*Dreier* § 69d Rn. 8; *Lehmann* FS Schricker 1995, 543, 560; *Lehmann* NJW 1993, 1822, 1826; Wolf/Lindacher/Pfeiffer/*Stoffels* AGB-Recht, Klauseln Rn. S 223; großzügiger *Schweyer* 115 f.; Fromm/Nordemann/*Czychowski* § 69d Rn. 18: Portierung uneingeschränkt zulässig; restriktiver Mestmäcker/Schulze/*Haberstumpf* § 69d Rn. 9; s. zur Auslegung entsprechender vertraglicher Abreden LG Düsseldorf CR 2002, 326, 328). In der Literatur wird weiter die Anpassung eines Programms an **geänderte Steuer- oder Gebührensätze** für zulässig gehalten (*Günther* CR 1994, 321, 326; *Lehmann* FS Schricker 1995, 543, 567). Hingegen stellen Wartungsarbeiten, die (lediglich) der Verbesserung des Programms dienen, oder die Vergrößerung der Nutzerzahlen nach h. M. grds. keine bestimmungsgemäßen Umarbeitungen dar (*Lehmann* FS Schricker 1995, 543, 560, 567; Dreier/Schulze/*Dreier* § 69d Rn. 9; Mestmäcker/Schulze/*Haberstumpf* § 69d Rn. 9; *Schweyer* 113 f., der auch auf die Ersetzung des Begriffs Wartung durch Fehlerberichtigung verweist; .a A. *Marly* Praxishandbuch Rn. 1705 ff.; Möhring/Nicolini/*Hoeren* § 69d Rn. 12; tendenziell auch LG Köln GRUR-RR 2006, 357, 358: Fehlerbeseitigung kann die Fortentwicklung in die intendierte Richtung beinhalten). Vorstehende Umarbeitungen setzen regelmäßig voraus, dass der Nutzer sich auch den Quellcode geben und lizenzieren lassen hat.

Im Grundsatz unzulässig ist die **Dekompilierung** zur Fehlerbeseitigung und sonstigen **22** bestimmungsgemäßen Umarbeitung, wie der Umkehrschluss aus § 69e zeigt (so auch Schricker/Loewenheim/*Loewenheim* § 69d Rn. 3; *Lehmann* NJW 1993, 1822, 1824; *Lehmann* FS Schricker 1995, 543, 558, 567 f.; *Raubenheimer* CR 1996, 69, 76; *Junker/Benecke* Rn. 73; s. auch § 69e Rn. 7; a. A. Hoeren/*Schumacher* CR 2000, 137, 140; *Schweyer* 110 ff.; *Kochmann* 181; *Koch* NJW-CoR 1994, 293, 296 f., der zudem noch für eine extrem weite Anwendung des § 69d Abs. 1 plädiert; differenzierend *Moritz* CR 1993, 257, 266 f.: vertraglich verbietbar). § 69e geht § 69d Abs. 1 als Spezialnorm vor, zumal andernfalls entgegen dem mit ihm verfolgten Zweck des Know-how-Schutzes (s. § 69e Rn. 3) sämtliche Beschränkungen des § 69e umgangen werden könnten, denn kein Programm ist fehlerfrei. Ausnahmsweise kann aber aufgrund schwerwiegender, nutzungsverhindernder Programmfehler die punktuelle Dekompilierung erlaubt sein, wenn auf Nachfrage weder Programmhersteller noch Lieferant eine Fehlerbeseitigung oder die zur Fehlerbeseitigung notwendigen Informationen anbieten (vgl. *Lehmann* FS Schricker 1995, 543, 558, 567; *Pres* 131; vgl. auch *Raubenheimer* CR 1996, 69, 76). Voraussetzung hierfür ist aber weiter, dass die Dekompilierung technisch erforderlich ist.

b) Notwendigkeit der Handlungen. An die Voraussetzungen für die Notwendigkeit **23** einer Handlung sind nach der Rechtsprechung und Teilen der Literatur zugunsten des Rechtsinhabers strikte Anforderungen zu stellen (OLG München CR 1996, 11, 17 – Dongle; Dreier/Schulze/*Dreier* § 69d Rn. 11; Fromm/Nordemann/*Czychowski* § 69d Rn. 18; wohl auch *Lehmann* NJW 1991, 2112, 2115, der die wirtschaftlichen Partizipationsinteressen des Herstellers betont). Hierfür wird der **Ausnahmecharakter** der Vorschrift angeführt. Demgegenüber wird abweichend vertreten, ausreichend seien schon Handlungen, die nützlich und vom Überlassungszweck gedeckt sind (*Günther* CR 1994, 321, 325) bzw. die im begründeten Interesse des Anwenders vorgenommen würden (*Marly* Urheberrechtsschutz 227). Dieses wiederum soll der Fall sein, wenn die Handlung der Effizienz und dem technischen Fortschritt dient. Hierfür kann der nutzerschützende Charakter der Vorschrift angeführt werden. Letztlich wird man wohl im Einzelfall abzuwägen haben, ob die bestimmungsgemäße Benutzung auch ohne die Handlung problemlos erfolgen kann. Andererseits soll etwa die Notwendigkeit der Fehlerbeseitigung schon entfallen, wenn der Softwarelieferant sich hierzu verpflichtet (Mestmäcker/Schulze/*Haberstumpf* § 69d Rn. 9).

24 **c) Zur Verwendung des Vervielfältigungsstücks Berechtigte.** Abweichend von Art. 5 Abs. 1 Computerprogramm-Richtlinie, der vom rechtmäßigen Erwerber spricht, stellt § 69d Abs. 1 auf den rechtmäßigen Nutzer ab, um das Redaktionsversehen der Richtlinie zu korrigieren, welches entgegen deren Intention Lizenznehmer von § 69d ausgenommen hätte (Begr. BRegE BT-Drucks. 12/4022, 12). Zur Verwendung des Vervielfältigungsstücks i. S. v. § 69d Abs. 1 berechtigt sind dementsprechend sowohl der **Käufer (oder sonstige Erwerber)** als auch der **Lizenznehmer** (ganz h. M.: z. B. *Haberstumpf* in Lehmann Kap. II Rn. 159; Dreier/Schulze/*Dreier* § 69d Rn. 6; *Pres* 119; Schricker/Loewenheim/*Loewenheim* § 69d Rn. 4; Bericht der Kommission über die Auswirkung der Umsetzung der Richtlinie 91/250/EWG über den Rechtsschutz von Computerprogrammen, KOM [2000] 199 endg. v. 10.4.2000, 13; deutlicher § 55a, dazu *Grützmacher* 266). Ein gutgläubiger Erwerb des Datenträgers führt zwar nicht zum gutgläubigen Erwerb der Nutzungsrechte (vgl. *Marly* Praxishandbuch Rn. 211). Jedoch ist nach der in der Folge (Rn. 26) vertretenen Auffassung allein entscheidend, ob der Erwerb im Einklang mit dem Verbreitungsrecht erfolgte (so wohl auch *Berger* NJW 1997, 300, 302; Dreier/Schulze/*Dreier* § 69d Rn. 6; *Ulmer* ITRB 2001, 214, 217f.; a. A. *Marly* Praxishandbuch Rn. 211; Mestmäcker/Schulze/*Haberstumpf* § 69d Rn. 3). Das entspricht dem durch § 69d Abs. 1 abgesicherten Verkehrsschutzinteresse.

25 Strittig ist aber, ob diesen Berechtigten jeweils **zusätzlich noch** vom Rechtsinhaber oder durch einen zur Unterlizenzierung Berechtigten **ein Nutzungsrecht** eingeräumt sein muss. Von Relevanz ist dieses für den Erst- wie für den Zweiterwerber (zu Letzterem OLG Frankfurt GRUR-RR 2010, 5, 6), der keinen Vertrag direkt mit dem Hersteller geschlossen hat. Hierfür hat sich eine Mindermeinung in der Literatur ausgesprochen (*Pres* 120ff.; *Haberstumpf* in Lehmann Kap. II Rn. 159; *Lutz* 135ff., insb. 144; *Haberstumpf* CR 2009, 345, 346f.; *Haberstumpf* CR 2012, 561, 567; Mestmäcker/Schulze/*Haberstumpf* § 69d Rn. 3; *Marly* Praxishandbuch Rn. 212; *Moritz* K&R 2011, 240, 241f.; *Heydn* CR 2010, 765, 772; *Wolff-Rojczyk/Hansen* CR 2011, 228, 229f.; vgl. aber auch *Marly* Urheberschutz 180). Nach dieser Auffassung werden auf der Basis der Rechtseinräumung durch den Hersteller durch § 69d Mindestrechte konkretisiert (*Marly* Praxishandbuch Rn. 212). Berechtigter i. S. v. § 69d Abs. 1 wäre somit nur, wer vertraglich Nutzungsrechte am Programm erworben hat. **Konsequenz** dieser Ansicht ist es **für den Vertrieb** über Zwischenhändler, dass die Distributoren auch bei der dauerhaften Überlassung von Programmen entweder zur Lizenzierung im Namen des Herstellers bevollmächtigt (§ 166 BGB) oder zur Lizenzierung im eigenen Namen ermächtigt werden müssten (§ 185 BGB) oder aber der Hersteller seiner Software Lizenzbestimmungen (einseitige Willenserklärung in Form der Erlaubnis) beifügen müsste. Wird hingegen die Lizenz nicht im Wege einer dieser Formen ein geräumt, etwa weil der Hersteller eine zweiseitige sog. **Shrink-wrap-Lizenz** beigefügt hat, die jedoch nach h. M. regelmäßig unwirksam ist (*Marly* Praxishandbuch Rn. 973ff.; *Pres* 179ff.; vgl. Begr. BRegE BT-Drucks. 12; s. aber Leitlinien der EU-Kommission für vertikale Beschränkungen, ABl. EU 2010 Nr. C 130/1, Rn. 41), läge nach dieser Ansicht ein Fall von Rechtsmängelhaftung des Händlers vor. Darüber hinaus legt die Auffassung nahe, der Hersteller könnte auch beim Verkauf von Computerprogrammen Rechte zurückhalten (so in der Tat *Moritz* MMR 2001, 94, 95f.; gegen diesen *Baus* MMR 2002, 14ff.; Dreier/Schulze/*Dreier* § 69d Rn. 6) und so seine Bedingungen durchsetzen. Diese Schwierigkeiten können bestenfalls durch die Anwendung von § 69d Abs. 1 auch auf das Verhältnis der Händler zum Hersteller vermieden werden (so *Marly* Praxishandbuch Rn. 214; dafür auch *Sahin/Haines* CR 2005, 241, 246f., die allerdings § 69d Abs. 1 grds. anders interpretieren).

26 Hingegen stehen dem **rechtmäßigen Erwerber** eines Vervielfältigungsstücks nach herrschender Auffassung **auch ohne vertragliche Einräumung** gem. § 69d Abs. 1 die Nutzungsrechte zur bestimmungsgemäßen Nutzung zu (EuGH CR 2012, 498 Rn. 82f. – UsedSoft m. Anm. *Stieper* ZUM 2012, 668; BGH CR 2011, 223, 225 – UsedSoft; BGH

§ 69d Ausnahmen v. d. zustimmungsbed. Handlungen **26** § 69d UrhG

BeckRS 2014, 02107 Rn. 28, 30 – UsedSoft II; OLG Frankfurt GRUR-RR 2010, 5, 6; LG Hamburg CR 2006, 812, 815; *Baus* MMR 2002, 14, 16; *Baus* 77, 147f.; *Berger* GRUR 2002, 198, 202; Walter/v. Lewinski/Blocher/*Blocher* Art. 5 Rn. 5.5.8, 5. 5. 12, 5. 5. 16, 5.5.18; Dreier/Schulze/*Dreier* § 69d Rn. 6; *Herzog* 24ff., 54ff.; *Hoeren* CR 2006, 573, 575; *Hoeren* GRUR 2010, 665, 667f.; *Huppertz* CR 2006, 145, 146f.; *Köhler/Fritzsche* in Lehmann Rn. 47, 61; *Leistner* CR 2011, 209, 210f.; *Oswald* 111f.; *Sahin/Haines* CR 2005, 241, 244f.; *Schweyer* 102ff.; *Sosnizta* K&R 2006, 206, 210; *Ulmer* ITRB 2001, 214, 217f.; *Ulmer* ITRB 2004, 213, 215; *Zahrnt* NJW 1996, 1798f.; *Zecher* 46, 50; so auch die Finanzgerichte: BFH CR 1997, 461, 462; BFH CR 2002, 411f.; BFH CR 2006, 12, 13; FG München CR 1997, 23, 24; FG Hamburg EFG 1997, 1557, 1559f.; FG Köln EFG 1999, 1159, 1160; FG Köln CR 2001, 300, 301f.; wohl auch OLG Frankfurt NJW-RR 1997, 494: Nutzungsrechte an den Vervielfältigungsstücken akzessorisch zum Verbreitungsrecht; *Schulz* 138f., 147, 151f.; Möhring/Nicolini/*Hoeren* § 69d Rn. 4: im Kern gesetzliche Schranke; *Hoeren/Schumacher* CR 2000, 137, 139: kein zusätzlicher Lizenzvertrag mit Hersteller nötig; *Berger* NJW 1997, 300, 302; Fromm/Nordemann/*Czychowski* § 69d Rn. 4, 10; *Lehmann* FS Schricker 1995, 543, 553, 556, 558: Mindestrechte ex lege; *Lehmann* NJW 1993, 1822, 1825; *Chrocziel* CR 2000, 738, 739; zur Parallelvorschrift des § 55a: *Grützmacher* 266 sowie *Berger* GRUR 2002, 198, 202 unter Hinweis auf den zu dieser Norm klar geäußerten gesetzgeberischen Willen in BT-Drucks. 13/7934, 52; zum aber schon im Ansatz klareren Schweizer Recht *Caduff* 24ff., 114ff., 122ff., der zum deutschen Recht wohl zur Gegenmeinung neigt, *Caduff* 76). Hierfür sprechen Wortlaut sowie Gesetzeshistorie, -systematik und -zweck (dazu im Detail *Grützmacher* CR 2011, 485, 486f.). Es handelt sich also letztlich um eine gesetzliche Lizenz des Erwerbers, die zugleich der Absicherung der Erschöpfung der Rechte (als konsequente Ergänzung zu § 69c Nr. 3) dient (s. auch Rn. 4). Insofern ist es auch kein Gegenargument, dass ein Großteil der Software heute online vertrieben wird (so aber Mestmäcker/Schulze/*Haberstumpf* § 69d Rn. 3, der insofern verkennt, dass auch dort eine Erschöpfung und damit eine Berechtigung i. S. v. § 69d anzunehmen ist; wie hier LG Hamburg CR 2006, 812, 815; *Berger* GRUR 2002, 198, 202; *Hoeren* CR 2006, 573, 574f.; *Sosnizta* K&R 2006, 206, 210; *Oswald* 111f.; s. § 69c Rn. 31, 36, 59). Ist ein Vertrag über die Nutzungsrechte geschlossen, wird dieser inhaltlich bestimmt. Dafür spricht nicht nur der Wortlaut der Vorschrift selbst, sondern auch die gesetzliche Überschrift („Ausnahmen von den zustimmungsbedürftigen Handlungen"). Kein überzeugender Einwand ist, dass gesetzliche Lizenzen normalerweise mit einer Vergütungspflicht einhergehen (so aber *Pres* 121). Denn die Vergütung wird über den Erstverkauf gesichert. Danach erschöpfen sich die Rechte des Herstellers. Dies entspricht dem Zweck der Erschöpfungslehre, die durch die Gegenmeinung gerade ausgehöhlt würde (zustimmend EuGH CR 2012, 498 Rn. 82f.; BGH CR 2011, 223, 225 – UsedSoft; *Hoeren* GRUR 2010, 665, 667, der betont, dass sonst der zwingende Kern des § 69d Abs. 1 – dazu Rn. 34 – gar nicht abgesichert werden könnte). Bestätigt wird diese Auffassung durch Art. 5 Computerprogramm-Richtlinie, welcher, wenn auch etwas zu eng, vom „Erwerber" spricht. Auch das Argument, die Berechtigungen würden sich mit dem Weiterverkauf vervielfältigen (*Haberstumpf* CR 2009, 345, 346f.; *Haberstumpf* CR 2012, 561, 570f.; *Lutz* 153ff.) überzeugt nicht; denn der Ersterwerber verliert mit dem Weiterverkauf des Datenträgers bzw. konkreten Datenbestandes seine Berechtigung und muss das Programm löschen (siehe auch § 69c Rn. 36). Schließlich ist die Weiterveräußerung mit Blick auf die Rechte zur bestimmungsgemäßen Nutzung keine Übertragung der Nutzungsrechte i. S. v. § 34 (OLG Frankfurt NJW-RR 1997, 494; *Köhler/Fritzsche* in Lehmann Kap. XIII Rn. 61; vgl. *Baus* 146f.; *Hoeren*, GRUR 2010, 665, 668; a. A. *Mäger* CR 1995, 522, 524; *W. Nordemann* CR 1995, 5, 7; *Koch* NJW-CoR 1994, 293, 295; vgl. auch *Pres* 224f., der ebenfalls zu dem hier vertretenen Ergebnis kommt, hierfür aber eine teleologische Reduktion des § 34 vornehmen muss, da er im Grundsatz die Gegenauffassung vertritt, nach der zunächst eine Einräumung der Nutzungsrechte notwendig ist).

27 Zweifelhaft ist, ob mit der Rechtsprechung zum alten Recht eine **geschlossene Vertragskette** vom Nutzungsrechtsinhaber zum Erwerber zu fordern ist (BGH GRUR 1994, 363, 365 – Holzhandelprogramm; so Mestmäcker/Schulze/*Haberstumpf* § 69d Rn. 3; wohl auch *Lehmann* FS Schricker 1995, 543, 548). Richtig scheint es allein auf § 69c Nr. 3 abzustellen (s. Rn. 24). Die gesetzlich implizierte Lizenz nach Maßgabe des § 69d reicht also aus (zur Funktion und Rechtsnatur s. näher oben Rn. 1 ff.; wie hier offenbar *Zecher* 47; *Schweyer* 105 f.). Berechtigt ist auch ein Erwerber, dessen Erwerb gegen ein (lediglich) schuldrechtlich wirkendes Weitergabeverbot verstößt (*Lehmann* FS Schricker 1995, 543, 564).

28 Unklar bleibt, inwieweit **Dritte** sich auf die Nutzungsberechtigung des berechtigten Erwerbers berufen können. Bejaht wird dies für Angestellte, Familienmitglieder, Freunde und Bekannte (Schricker/Loewenheim/*Loewenheim* § 69d Rn. 4; Mestmäcker/Schulze/*Haberstumpf* § 69d Rn. 4). Die amtliche Begründung nennt zudem den Bibliotheksnutzer (Begr. BRegE BT-Drucks. XII/4022, 12). Zudem folgt bereits aus § 69d Abs. 1, dass Dritte zur Fehlerbeseitigung berechtigt sind (BGH GRUR 2000, 866, 868 – Programmfehlerbeseitigung; a. A. wohl LG Mannheim NJW 1995, 3322, dass sich auf § 69e stützt; dazu § 69e Rn. 7, 12). Die Rechtsprechung hält mitunter auch die Schulung durch Dritte für zulässig (so OLG Düsseldorf CR 2002, 95, 97 – Mitarbeiterschulung). Die vorbenannten Dritten sind Berechtigte i. S. v. § 69d Abs. 1, wenn dies nicht durch besondere vertragliche Bestimmungen anderweitig geregelt ist (vgl. dazu Rn. 40, 51). Der Berechtigte übt dann sein Recht durch Dritte aus, übertragen kann er es hingegen nicht (OLG Düsseldorf CR 2002, 95, 97; *Caduff* 160 f.; Schricker/Loewenheim/*Loewenheim* § 69d Rn. 5).

29 **d) Kein Entgegenstehen vertraglicher Bestimmungen.** § 69d Abs. 1 ist von einem zwingenden Kern (dazu näher Rn. 34 ff.) abgesehen im Grundsatz dispositiv. Die **Darlegungs- und Beweislast** für abweichende vertragliche Regelungen trägt der Lizenzgeber (*Lehmann* FS Schricker 1995, 543, 557 f.; Mestmäcker/Schulze/*Haberstumpf* § 69d Rn. 17; OLG Düsseldorf CR 2002, 95, 97; s. auch Möhring/Nicolini/*Hoeren* § 69d Rn. 27). Er hat nachzuweisen, dass eine von dem bestimmungsgemäßen Gebrauch abweichende Regelung getroffen wurde.

30 **aa) Typische Regelungen.** In der Praxis findet sich eine kaum zu übersehene Vielzahl von Klauseln. Ein Großteil dieser Klauseln entstammt der liberaleren angloamerikanischen Rechtskultur und dürfte weder mit den zwingenden Bestimmungen des § 69d noch dem AGB-Recht (§§ 305 ff. BGB) noch den kartellrechtlichen Schranken zu vereinen sein (so auch die Einschätzung von *Hoeren/Schumacher* CR 2000, 137). Unproblematisch sind zahlenmäßige und zeitliche Beschränkungen der Rechtseinräumung, problematisch hingegen territoriale und inhaltliche (*Haberstumpf* in Lehmann Kap. II Rn. 162).

31 Zu unterscheiden sind inter partes wirkende schuldrechtliche und gegenüber Dritten wirkende dingliche Nutzungsbeschränkungen. Dingliche Beschränkungen können nur dann vorliegen, wenn die umschriebenen Rechte nach der Verkehrsauffassung wirtschaftlich-technisch einheitliche und abgrenzbare Nutzungsarten darstellen (s. dazu unter § 69a Rn. 59 ff.; § 31 Rn. 2; a. A. *Zahrnt* NJW 1996, 1798, 1799, der davon ausgeht, vorrangige Vereinbarungen i. S. v. § 69d Abs. 1 seien nur solche mit dinglicher Wirkung).

32 **bb) Wirksame Vereinbarung.** Abweichende Bestimmungen können mit dem Softwareüberlassungsvertrag vereinbart werden (zur Problematik der Shrink-wrap-Lizenzen Rn. 25). § 69d Abs. 1 fordert eine **vertragliche** Bestimmung. Die lediglich einseitige Beschränkung etwa mittels Lizenzbedingungen scheint unwirksam. Daran dürfte auch die Tatsache nichts ändern, dass in der Rechtsprechung zu Shareware die einseitige Einschränkung von Vertriebsrechten durch „Liesmich.txt"-Dateien auf der CD-ROM für möglich gehalten wird (so OLG Köln CR 1996, 723, 724 f.; OLG Düsseldorf CR 1995, 730 f. – Shareware), denn die Entscheidungen betrafen das Verbreitungsrecht und damit nicht § 69d Abs. 1. Die Rechte wurden also gleich beschränkt gewährt und nicht eine gesetzliche Lizenz wieder eingeschränkt. Gleichwohl lassen die Entscheidungen Spielraum für die Frage, ob nicht bei Shareware die beschränkenden Nutzungsbedingungen ebenfalls durch „Liesmich.txt"-Dateien vereinbart werden können.

cc) Schranken der vertraglichen Bestimmungen. Schranken der vertraglichen Bestimmungen ergeben sich aus dem **zwingenden Recht des Kerns von § 69d Abs. 1,** dem AGB-Recht (§§ 305ff. BGB) und dem Kartellrecht (zu Weitergabebeschränkungen § 69c Rn. 38ff.). Dabei unterliegen nach h.M. solche Nutzungsbegrenzungen nicht der **AGBund kartellrechtlichen Kontrolle,** welche klar abgrenzbare Verwertungsmöglichkeiten darstellen und als eigenständige Nutzungsarten § 31 Abs. 1, 4 und 5 unterfallen (*Haberstumpf* in Lehmann Kap. II Rn. 158; zur AGB-rechtlichen Kontrolle: Wolf/Lindacher/Pfeiffer/ *Stoffels* AGB-Recht, Klauseln Rn. S 223; zur kartellrechtlichen Kontrolle: *Schneider* C Rn. 300, 356ff.), wobei freilich § 69d Abs. 1 § 31 Abs. 1 als Spezialregelung vorgeht (*Schumacher* CR 2000, 641, 646). Denn Nutzungsbegrenzungen, welche sich im Rahmen des § 31 halten, unterfallen dem urheber(vertrags)rechtlichen Leitbild des Gesetzes.

(1) Zwingender Kern des Abs. 1. Unklar ist, inwieweit auch § 69d Abs. 1 als solcher zwingendes Recht ist. Nach der Gesetzesbegründung ist ein zwingender Kern auf jeden Fall vorhanden (Begr. BRegE BT-Drucks. 12/4022, 12; ganz h.M.: EuGH GRUR 2012, 814, 816 Rn. 58 – SAS Institute; BGH GRUR 2000, 866, 868 – Programmfehlerbeseitigung; BGH CR 2003, 323, 326 – CPU-Klausel; BGH BeckRS 2014, 02107 Rn. 32 – UsedSoft II; OLG Düsseldorf CR 2002, 95, 96 – Mitarbeiterschulung; *Caduff* 76; *Günther* CR 1994, 321, 326; *Lehmann* FS Schricker 1995, 543, 552f.; *Haberstumpf* in Lehmann Kap. II Rn. 107, 110, 159; *Hoeren* GRUR 2010, 665, 667; *Marly* Praxishandbuch Rn. 1711; *Schmidt* in Lehmann Rn. 75f.; *Schumacher* CR 2000, 641, 646; vertiefend *Grützmacher* CR 2011, 485, 489f.). Dies ergibt sich auch aus Erwägungsgrund 13 n.F. bzw. 17 a.F. der Computerprogramm-Richtlinie und der Begründung des geänderten Vorschlags der Kommission (KOM [90], 509 endg., 9 – SYN 183 vom 18.10.1990). Die genaue Bestimmung dieses Kerns obliegt der Rechtsprechung (Begr. BRegE BT-Drucks. 12/4022, 12). Maßstab soll nach Stimmen in der Literatur sein, ob eine Nutzungsbeschränkung über das hinausgeht, was dem wirtschaftlichen Partizipationsinteresse des Rechtsinhabers sachdienlich und was hierfür erforderlich und verhältnismäßig ist (*Lehmann* FS Schricker 1995, 543, 559). Ob diese allein auf den Rechtsinhaber abstellende Formel weiterhilft, ist zu bezweifeln, denn letztlich verbessert der Rechtsinhaber durch fast alle Nutzungsbeschränkungen seine wirtschaftliche Position. Demgegenüber bezweckt § 69d Abs. 1 gerade den Schutz des Nutzers (dazu näher Rn. 3f.).

Zum Kern der aufgrund von § 69d Abs. 1 erlaubten Nutzungen gehören zunächst alle technisch bedingten, notwendigen Vervielfältigungsvorgänge im Rahmen der **Programmnutzung,** die für die Installation, das Laden in den Arbeitsspeicher und im Rahmen von Caching und Swapping erfolgen (vgl. *Lehmann* NJW 1993, 1822, 1824f.; *Junker/Benecke* Rn 75; *Caduff* 75, 150f.). Untersagt werden dürfen solche Vervielfältigungsvorgänge daher nur ganz ausnahmsweise, wenn sie nicht erforderlich sind, also etwa wenn die Installation auf der Festplatte nicht erforderlich ist, weil das Programm direkt von der CD läuft (a.A. *Schumacher* CR 2000, 641, 645). Gegen den zwingenden Kern verstößt aber eine **zahlenmäßige Beschränkung der Vervielfältigungsvorgänge,** die zu Zwecken der Programmnutzung notwendig sind (*Haberstumpf* in Lehmann Kap. I Rn. 159).

Zulässig nach § 69d Abs. 1 sind je nach genauer Gestaltung auch so genannte **Netzwerkklauseln.** Darunter versteht man die Beschränkung der Nutzungsbefugnis mit Blick auf die Rechnerumgebung, in der das Computerprogramm eingesetzt wird. Verboten werden kann entweder das Vorhalten des Programms auf dem Server eines Netzwerks oder die Freigabe eines auf irgendeinem der Rechner eines Netzwerks vorgehaltenen Programms für andere Rechner (*Schumacher* CR 2000, 641, 649; vgl. *Romey* CR 1999, 345, 347; *Lehmann* FS Schricker 1995, 543, 559; ähnlich *Baus* 171ff., der betont, dass zwar die Netzwerknutzung, nicht aber die Nutzung auf einem netzwerkfähigen Rechner untersagt werden darf). Denn der Netzwerkbetrieb stellt eine eigene Nutzungsart gegenüber der Einzelplatznutzung dar (dazu Rn. 9 ff.). Zulässig sind weiter sog. **Floating-Lizenzen,** welche die Höchstzahl der Parallelnutzer (concurrent user) begrenzen (*Lehmann* FS Schricker 1995, 543, 559; *Bartsch* CR 1994, 667, 668 f.) Anders als Floating-Lizenzen sind **Named-User-Lizenzen,** die auf bestimmte, namentlich berechtigte User abstellen, nach wohl h. M. eine rein vertragliche Festschreibung der „Berechtigten" (vgl. *Koch* CR 2006, 112, 117, Fn. 14; zum Unterschied zwischen Floating-Lizenzen und sog. Named-user-Lizenzen auch OLG München ZUM 2005, 838; nach a. A. soll die Beschränkung auf eine bestimmte Zahl von Named Usern – weil bestimmungsgemäße Nutzung – bei einer Weiterveräußerung auch für den Zweiterwerber gelten, so *Spindler* CR 2008, 69, 76; *Bröckers* 94 f., 154; wohl auch *Huppertz* CR 2006, 145, 149). Named User-Lizenzen können auch das Recht umfassen, im Rahmen der Lizenzzahl zum Zwecke der technischen Kundenbetreuung virtuelle Zugangskennungen ohne eigenständige Zugriffsmöglichkeiten anzulegen (LG Köln CR 2012, 77, 81). Einzelnen Gestaltungselementen kann danach eine lediglich schuldrechtliche Wirkung zukommen, so dass diese der AGB-rechtlichen Überprüfung unterliegen (dazu Rn. 44).

37 In **Kaufverträgen** unzulässig dürften schon aufgrund von § 69d Abs. 1 sog. **CPU-Klauseln** sein, nach welchen je nach Ausprägung entweder der **Umstieg auf andere/ leistungsfähigere Hardware** (Rechnergröße, -typ oder -klasse) **pauschal verboten** – CPU-Klauseln i. e. S. – **oder** pauschal von der Entrichtung eines **Zusatzentgelts** (Nachzahlung) abhängig – so genannte Upgrade-Klauseln – ist (so auch *Pres* 233; *Schumacher* CR 2000, 641, 646 ff.; *Romey* CR 1999, 345, 347; offen lassend BGH CR 2003, 323, 325 f. – CPU-Klausel; vgl. auch LG Düsseldorf CR 2002, 326, 328; a. A. *Moritz/Tybusseck* Rn. 943; LG Arnsberg CR 1994, 283; *Scholz/Haines* CR 2003, 393, 397; wohl auch *Lehmann* FS Schricker 1995, 543, 559; tendenziell auch *W. Nordemann* CR 1995, 5, 8 ff., der von einem urheberrechtlichen Lizenzvertrag anstelle eines Kaufvertrags schon dann ausgeht, wenn eine Regelung die außerordentliche Kündigung vorsieht und ein Weitergabeverbot enthält, und der dabei verkennt, dass diese Klauseln bei Überlassung gegen Einmalzahlung ebenfalls unwirksam sind; vgl. auch die Nachweise unter Rn. 41; differenzierend und zusätzlich unter Hinweis auf § 69c Nr. 3 S. 2 *Baus* 147 ff., 163 f.: nur für CPU-Klauseln i. e. S., nicht aber für Upgrade-Klauseln). Denn für den Kaufvertrag ist es, was im Rahmen der bestimmungsgemäßen Nutzung zu berücksichtigen ist, typisch, dass der Erwerber die erworbene Sache weitgehend frei verwenden kann (*Pres* 233). Im Übrigen würde entgegen der Zielrichtung des § 69d Abs. 1 der technische Fortschritt gehemmt; die Übertragung auf einen neuen, leistungsstärkeren Rechner ist also auch notwendig (so auch *Schumacher* CR 2000, 641, 646; s. oben Rn. 23). Rechtfertigen lässt sich die Einschränkung auch nicht mit § 31 Abs. 1 (anders aber für Lizenzverträge mit Dauerschuldcharakter *W. Nordemann* CR 1995, 5, 8; *Pres* 239 f.). Denn eine dinglich wirkende Beschränkung, also eine wirtschaftlich und technisch abgrenzbare einheitliche Nutzungsform, liegt nicht vor; insb. werden nicht verschiedene Verbraucherkreise angesprochen (*Marly* Praxishandbuch Rn. 1656 ff.; *Schumacher* CR 2000, 641, 647 f.). Zudem tritt § 31 Abs. 1 hinter der Spezialvorschrift des § 69d zurück. Ausnahmsweise liegt ein Verstoß gegen den zwingenden Kern des § 69d Abs. 1 aber dann nicht vor, wenn reputationsschädigende technische Schäden zu befürchten sind (vgl. Rn. 42). Darüber hinaus sind CPU-Klauseln in urheberrechtlich geprägten, kaufweisen Softwareüberlassungsverträgen regelmäßig nach § 307 BGB unwirksam (s. u. Rn. 42).

38 Demgegenüber sind CPU-Klauseln nach h. M. bei **lizenz- bzw. mietrechtlich** gestalteten **Verträgen** nicht ohne weiteres nach § 69d Abs. 1 unwirksam, solange sie den Einsatz eines gleich starken Austauschrechners erlauben (BGH CR 2003, 323, 326 – CPU-Klausel; *Pres* 239 f.; *W. Nordemann* CR 1995, 5, 8; *Scholz/Haines* CR 2003, 393, 396; wohl auch OLG Frankfurt CR 2000, 146, 147 f., 150; *Schneider* J Rn. 144, 390, 396 ff., 408; a. A. *Schumacher* CR 2000, 641, 647 f.; *Polley* CR 1999, 345, 347; unklar *Baus* 152, 165). Wenig überzeugend ist es zwar, dies damit zu begründen, dass der Urheber am Nutzen im

§ 69d Ausnahmen v. d. zustimmungsbed. Handlungen   39–41   § 69d UrhG

ausreichenden Maße zu beteiligen ist (so aber OLG Frankfurt CR 2000, 146, 150), denn die gesteigerte Nutzung resultiert aus der verbesserten Hardware, nicht aus Leistungen des Software-Herstellers (*Schumacher* CR 2000, 641, 646). Vielmehr spricht für die Zulässigkeit vor allem, dass gemietete Computerprogramme nicht im gleichen Maße verkehrsfähig sind (§ 69c Nr. 3) und der Disposition des Nutzers unterliegen (§§ 535 ff. BGB) wie gekaufte. Die Grenzen des Zulässigen werden jedoch überschritten, wenn auch die Nutzung auf einem (Ersatz-)Rechner mit gleicher Leistungskapazität verboten wird, also eine CPU-Klausel i. e. S. und nicht bloß eine Upgrade-Klausel vorliegt (vgl. BGH CR 2003, 323, 326 – CPU-Klausel).

Ähnlich den CPU-Klauseln sind Beschränkungen auf eine bestimmte **Anzahl von Co-** **39** **res** zu behandeln, die selbst dann, wenn mit zusätzlichen Cores doch einmal zusätzliche Vervielfältigungshandlungen verbunden sein sollten (dieses verneinend offenbar LG Frankfurt CR 2013, 768, 771; s. dazu auch § 69c Rn. 7), als bestimmungsgemäße Nutzung anzusehen sind (dazu vertiefend *Grützmacher* CR 2011, 697, 699 f.; ferner Berger/Wündisch/*Frank/Wimmers* § 24 Rn. 116 f. sowie *Schneider* Rn. C 166; *Koch* Teil 9 Rn. 250, die beide eine dinglich-urheberrechtliche Wirkung derartiger Klauseln in Abrede stellen; demgegenüber hält Dreyer/Kotthoff/Meckel/*Kotthoff* § 69d Rn. 13 eine vertragliche Bindung für zulässig). Verbreitet sind weiter Beschränkungen mit Blick auf das **Transaktionsvolumen** (verarbeitetes Datenvolumen). Einen Verstoß gegen den zwingenden Kern des § 69d stellen diese nicht dar (zur AGB-rechtlichen Zulässigkeit Rn. 44). Gleiches gilt für sog. **Field-of-use-Klauseln** (*Lehmann* FS Schricker 1995, 543, 559), die aber insb. der kartellrechtlichen Kontrolle unterliegen. Gegen den zwingenden Kern verstoßen auch Verbote des **Outsourcing,** soweit diese auch untersagen, dass das Computerprogramm im jeweiligen Auslagerungsfall (nur) dem berechtigten Nutzer zur Verfügung gestellt wird (*Grützmacher* CR 2011, 697, 704; a. A. *Hilber/Litzka* ZUM 2009, 730, 735) sowie **Service-Büro-Klauseln.** Zweifelhaft ist, ob und inwieweit Überlassungsverträge die bestimmungsgemäße Nutzung auf bestimmte, abgrenzbare Teilmärkte (privater, wissenschaftlicher, beruflicher, gewerblicher Gebrauch) beschränken können (so *Lehmann* FS Schricker 1995, 543, 560, 568). Unzulässig sind sog. **Site-, Installations- oder Gebäude-Lizenzen,** die dem Anwender den Ort der Nutzung des Programms (etwa bestimmte Betriebstätte, bestimmter Raum etc.) vorschreiben (*Lehmann* FS Schricker 1995, 543, 560; *Hilber/Knorr/Müller* CR 2011, 417, 423; vgl. auch OLG Düsseldorf CR 2002, 95, 96 – Mitarbeiterschulung).

Pauschale **Übersetzungs- und Änderungsverbote** sind schon gem. § 69g Abs. 2 **40** nichtig, weil die zwingenden Regelungen des § 69e nicht abbedungen werden können (*Günther* CR 1994, 321, 326). Nach der Rechtsprechung verstoßen auch generelle Fehlerbeseitigungsverbote gegen den zwingenden Kern des § 69d Abs. 1 (BGH GRUR 2000, 866, 868 – Programmfehlerbeseitigung; so auch Wolf/Lindacher/Pfeiffer/*Stoffels* AGB-Recht, Klauseln Rn. S 223; a. A. wohl *Raubenheimer* CR 1996, 69, 72). Unzulässig ist es auch, die Fehlerbeseitigung durch Dritte pauschal zu versagen; demgegenüber soll eine vertragliche Regelung zulässig sein, welche die (entgeltliche) Fehlerbeseitigung einschließlich der Behebung von Kompatibilitätsproblemen dem Softwarehersteller vorbehält, solange sie dem Vertragspartner das Recht einräumt, den Fehler durch einen Dritten beheben zu lassen, wenn der Hersteller selbst hierzu nicht willens oder in der Lage ist (BGH GRUR 2000, 866, 868 – Programmfehlerbeseitigung). Bisher von der Rechtsprechung nicht geklärt ist, inwieweit **Wartungsverbote** gegen den zwingenden Kern von § 69d Abs. 1 verstoßen (vgl. *Junker/Benecke* Rn. 75; für die Zulässigkeit von Wartungsverboten wohl *Lehmann* FS Schricker 1995, 543, 560, 567). Ein Recht zur Entdongelierung dürfte nach der Rechtsprechung im Zweifel nicht bestehen (oben Rn. 18 f.; *Junker/Benecke* Rn. 76).

(2) Recht der allgemeinen Geschäftsbedingungen (§§ 305 ff. BGB). Klauseln in **41** Formularverträgen unterliegen der AGB-rechtlichen Kontrolle. Insb. dürfen sie nicht überraschend i. S. v. § 305c BGB sein und keine unangemessenen Benachteiligungen i. S. d. § 307 BGB darstellen (ein guter Überblick findet sich bei Wolf/Lindacher/Pfeiffer/*Stoffels* AGB-Recht, Klauseln Rn. S 220ff.; *Schmidt* in Lehmann Kap. XV Rn. 65ff.; zu den in der Folge nicht behandelten **Auditklauseln** Vor §§ 69a Rn. 31). Zu messen sind die Klauseln dabei sowohl an den schuldrechtlichen Regelungen des der Überlassung zugrunde liegenden Vertrags (vgl. bspw. zur Rechtswidrigkeit von Kündigungsklauseln in Kaufverträgen *Fischl* ITRB 2004, 286f.; *Scholz* ITRB 2012, 162, 164f.; *Schneider* J Rn. 189; s. aber auch OLG Bamberg ECR OLG 160, 613) als auch an den urheberrechtlichen Bestimmungen. Deshalb sind alle gegen den zwingenden Kern des § 69d Abs. 1 verstoßenden Regelungen zugleich gem. § 307 BGB unwirksam (Wolf/Lindacher/Pfeiffer/*Stoffels* AGB-Recht, Klauseln Rn. S 222).

42 **CPU-Klauseln** (zum Begriff oben Rn. 37) beschreiben keine eigenständige Nutzungsart und unterliegen daher der AGB-rechtlichen Inhaltskontrolle (so auch BGH CR 2003, 323, 325 – CPU-Klausel; ausführlich *Baus* 153ff.; a. A. *Scholz/Haines* CR 2003, 393, 398f.; Loewenheim/*Lehmann* § 76 Rn. 16, 28). In formularmäßigen Überlassungsverträgen **auf Dauer** verstoßen sie (auch im Unternehmensverkehr) grds. gegen § 307 BGB (h. M.: OLG Frankfurt – 6. Senat – NJW-RR 1995, 182f.; LG Frankfurt CR 1999, 147, 148; *Haberstumpf* in Lehmann Kap. II Rn. 165; *Bartsch* CR 1994, 667, 668f.; *Baus* 237, 239; *Marly* Praxishandbuch Rn. 1661ff.; *Schumacher* CR 2000, 641, 646f.; *Wimmers* in Büchner/Dreier, 169, 198f.; Wolf/Lindacher/Pfeiffer/*Stoffels* AGB-Recht, Klauseln Rn. S 223; *Wiebe/Neubauer* CR 2003, 327, 328; der Entscheidung des OLG Frankfurt zustimmend wohl BGH CR 2003, 323, 325 – CPU-Klausel; noch zum alten Recht: OLG Frankfurt NJW 1991, 2160; OLG Frankfurt CR 1994, 398, 399; *Loewenheim* FS Gaedertz 359, 360ff.; a. A. *Scholz/Haines* CR 2003, 393, 396f.; *Metzger* NJW 2003, 1994, 1995; wohl LG Arnsberg CR 1994, 283; offen lassend OLG Frankfurt – 11. Senat – CR 2000, 146, 149f.), es sei denn, dass vom Hersteller gefertigte Programm ist in seiner Ablauffähigkeit, seiner Performance oder sonst darauf angewiesen, nur auf bestimmten Computertypen eingesetzt zu werden, und jeder Einsatz auf einem anderen Rechner brächte die Gefahr mit sich, dass im Ergebnis den Ruf des Herstellers gefährdende Ablaufschwierigkeiten auftreten können (OLG Frankfurt NJW-RR 1995, 182; OLG Frankfurt NJW 1991, 2160; Wolf/Lindacher/Pfeiffer/*Stoffels* AGB-Recht, Klauseln Rn. S 223; *Loewenheim* FS Gaedertz 359, 361; skeptisch auch insoweit *Marly* Praxishandbuch Rn. 1666; *Baus* 238). Dies ergibt sich daraus, dass der Käufer sein Eigentum grds. im Rahmen der technischen Möglichkeiten des Programms frei nutzen kann. Zulässig sind höchstens technische Einschränkungen der Leistungsfähigkeit, wobei diese gewährleistungsrechtlich je nach den Umständen des Einzelfalls einen Sachmangel darstellen können (vgl. auch *Bartsch* CR 1994, 667, 669f.).

43 Etwas anderes gilt nach der Rechtsprechung wohl bei der **zeitlich befristeten Überlassung** von Computerprogrammen (BGH CR 2003, 323, 325 – CPU-Klausel m. Anm. *Wiebe/Neubauer* CR 2003, 327; OLG Frankfurt – 11. Senat – CR 2000, 146, 149ff. m. Anm. *Chrocziel; Schneider* J Rn. 144, 390, 396ff., 408; *Scholz/Haines* CR 2003, 393, 396; *Baus* 240f.; a. A. *Marly* Praxishandbuch Rn. 1670f.; *Schumacher* CR 2000, 641, 647f.; *Schmidt* in Lehmann Kap. XV Rn. 74). Hier soll das urheberrechtliche Partizipationsinteresse des Herstellers an einem erhöhten wirtschaftlichen Nutzen des Anwenders solche CPU-Klauseln rechtfertigen, die lediglich die Ausnutzung der Kapazitäten leistungsstärkerer Rechner – MIPS-Zahl – unterbinden wollen. Vorausgesetzt, eine Klausel enthält auch eine entgeltliche Upgrade-Option auf eine größere Rechnerklasse, soll laut BGH auch eine Klausel, die die Nutzung auf einem zwar leistungsstärkeren, aber „gedrosselten" Rechner von der Zahlung eines Zusatzentgelts abhängig macht und damit allein auf die Möglichkeit der gesteigerten Nutzung als solche abstellt, wirksam sein; begründet wird dies damit, dass die Drosselung vom Nutzer leicht rückgängig gemacht werden könne, während diese Klausel vor Missbrauchsgefahren schütze und damit die wirtschaftliche Partizipation des Rechtsinhabers sichere (BGH CR 2003, 323, 325f. – CPU-Klausel m. zust. Anm.

§ 69d Ausnahmen v. d. zustimmungsbed. Handlungen 44, 45 **§ 69d UrhG**

Wiebe/Neubauer CR 2003, 327, 328; *Metzger* NJW 2003, 1994f.). Im Extremfall kann diese Rechtsprechung dazu führen, dass ein Anwender eher eine alte Anlage um einen neuen Rechner ergänzen wird, als diese durch einen einzigen (im Unterhalt dann billigeren) neuen Rechner zu ersetzen. Beizupflichten ist daher der hiervon abweichenden Auffassung, u. a. der Vorinstanz, dass derartige Klauseln anders als solche, die auf die tatsächlich genutzte Leistung abstellen, nicht ausgewogen i. S. v. § 307 BGB sind (vgl. OLG Frankfurt CR 2000, 146, 149ff.; *Marly* Praxishandbuch Rn. 1671; *Wandtke* KUR 2003, 78ff.; *Bartsch* CR 1994, 667, 668f.). Der Vertragsgestaltung bleibt es vorbehalten, eine solche Klausel zu wählen (vgl. *Grützmacher* ITRB 2003, 279, 280f.).

An die **Zahl der Transaktionen** (verarbeitetes Datenvolumen) anknüpfende Klauseln **44** sind im Grundsatz damit zu rechtfertigen, dass sie den Preis und den Nutzen des Kunden fair miteinander verkoppeln und so der angemessenen Beteiligung des Urhebers sowie der Amortisierung des Programms dienen (vgl. *Bartsch* CR 1994, 667, 669, 672; vgl. auch *Schmidt* in Lehmann Kap. XV Rn. 74; *Vinje* CR 1993, 401, 403). Dem kaufrechtlichen Leitbild entspricht eine solche Beschränkung jedoch nicht. Sie dürfte auch für diese Form der Überlassung im Regelfall nicht statthaft sein. Zulässig ist die vertragliche und technische Beschränkung auf eine bestimmte **Anzahl von Nutzern**. Insb. kann der Vertrag unabhängig von der Anzahl der Installationen vorsehen, wieviele Nutzer das Programm im **Netzwerk** parallel (so genannte concurrent user) nutzen dürfen (sog. Floating-Licence; vgl. *Bartsch* CR 1994, 667, 669f.; *Grützmacher* CR 2011, 697; vgl. auch *Schmidt* in Lehmann Kap. XV Rn. 74; OLG München ZUM 2005, 838). Auch Named-User-Lizenzen sind zulässig (dazu *Grützmacher* CR 2011, 697f.). Weiter darf der Netzwerkeinsatz eines Programms (im Sinne der Beschreibung unter Rn. 36) verboten werden (dazu ausführlich *Marly* Praxishandbuch Rn. 1691ff.; s. auch Rn. 10ff.). Allerdings sind die Beschränkungen sog. **CAL**s (Client-Access-Lizenzen), soweit sie die reine Server-Konnektierung betreffen, im Zweifel AGB-rechtswidrig (*Koch* ITRB 2011, 42, 44). Keine Stütze findet sich im Gesetz dafür, dass eine Beschränkung zur **Nutzung nur zum eigenen Gebrauch** erlaubt ist oder gar eine eigene Nutzungsart darstellt (dazu § 69a Rn. 61). AGB-rechtlich dürften daher auch sog. Service-Büro-Beschränkungen verboten sein (*Grützmacher* ITRB 2001, 59, 63; vgl. aber auch *Sucker* CR 1989, 468, 476: Partizipationsinteresse dienende und Bestand des Schutzrechtes sichernde Beschränkung). Und auch ein Verbot der Auslagerung (**Outsourcing**) verstößt gegen § 307 BGB, sofern das Programm nur für den berechtigten Nutzer betrieben wird (*Grützmacher* CR 2011, 697, 704; tendenziell auch *Hilber/Litzka* ZUM 2009, 730, 736; s. dazu ferner oben Rn. 13). Auch der Betrieb innerhalb einer virtualisierten Umgebung darf nicht verboten werden, wiewohl die entsprechenden Instanzen zahlenmäßig zu lizenzieren sind (*Grützmacher* ITRB 2011, 193, 194f.; s. Rn. 12). Unzulässig sind weiter sog. **Site-, Installations- oder Gebäude-Lizenzen,** die den Einsatzort der Software festlegen, oder **Koppelungsbindungen** (*Lehmann* FS Schricker 1995, 543, 560; Loewenheim/*Lehmann* § 76 Rn. 28, Fn. 110; *Schmidt* in Lehmann Kap. XV Rn. 74). Sie beschränken die wirtschaftliche Freiheit des Anwenders über Gebühr.

Auch **Übersetzungs- und Änderungsverbote** sind an § 307 BGB zu messen. Das gilt **45** insb. auch vor dem Hintergrund der nach Abs. 1 erlaubten Fehlerbeseitigung. **Pauschale Änderungs- oder Bearbeitungsverbote** sind jedenfalls unzulässig (*Marly* Praxishandbuch Rn. 1716; Wolf/Lindacher/Pfeiffer/*Stoffels* AGB-Recht, Klauseln Rn. S 223; *Schmidt* in Lehmann Kap. XV Rn. 76). Eine Einschränkung durch AGB und trotzdem kein Abweichen vom gesetzlichen Leitbild kann unter Umständen durch eine möglichst genaue (restriktive) Umschreibung des Zwecks der Programmüberlassung erreicht werden (vgl. *Günther* CR 1994, 321, 326). Zumutbar sind allenfalls Ersatzlösungen wie die Verpflichtung zur alsbaldigen Fehlerbeseitigung (Wolf/Lindacher/Pfeiffer/*Stoffels* AGB-Recht, Klauseln Rn. S 223). Mit § 307 BGB vereinbar sind weiter Verbote der Veröffentlichung und Verwertung der Bearbeitungen (Wolf/Lindacher/Pfeiffer/*Stoffels* AGB-Recht, Klauseln Rn. S 223). Zulässig kann der Schutz vor Änderungen durch (konkurrierende) Drittunternehmen sein (vgl. *Marly* Praxishandbuch Rn. 1716 f.). Der BGH hat dies mit Blick auf den zwingenden Kern des § 69d Abs. 1 dahingehend konkretisiert, dass die Behebung durch Dritte ausnahmsweise erlaubt sein muss, wenn der Hersteller selbst hierzu nicht willens oder in der Lage ist (BGH GRUR 2000, 866, 868 – Programmfehlerbeseitigung). Folgt man der h. M., die in der Umgehung und Beseitigung eines Dongles keine nach § 69d erlaubte Fehlerbeseitigung sieht, verstoßen Klauseln, welche die **Umgehung oder Beseitigung von Dongeln verbieten** (*Raubenheimer* CR 1996, 343; dazu Rn. 18 f.), ebenfalls nicht gegen § 307 BGB (vgl. *Marly* Praxishandbuch Rn. 1719 ff.). Verboten werden kann auch das Entfernen und Ändern von Identifikationszeichen, Seriennummern sowie Urheberhinweisen (Wolf/Lindacher/Pfeiffer/*Stoffels* AGB-Recht, Klauseln Rn. S 223; *Marly* Praxishandbuch Rn. 1718).

46 (3) **Kartellrecht.** Weiter können vertragliche Bestimmungen i. S. d. § 69d ihre Grenzen in §§ **1 ff.**, **19 ff. GWB** n. F. und **Art. 101, 102 AEUV** finden (dazu allgemein Vor §§ 69a ff. Rn. 15 ff.). Die §§ 1, 2 GWB und Art. 101 AEUV gelten zwar nicht für Verträge mit Endverbrauchern, wohl aber für solche mit Unternehmen. Dabei findet sowohl nach deutschem Recht (§ 2 GWB n. F.) als auch nach europäischem Recht (Art. 101 Abs. 3 AEUV) die **Gruppenfreistellungsverordnung für Technologie-Transfer-Vereinbarungen** (GVO-TT; abgedruckt ABl. EU 2004 Nr. L 123) auch auf reine Softwareüberlassungsverträge Anwendung (Art. 1 lit. b) GVO-TT). Zu beachten ist insofern, dass es anders als vor deren Geltung nicht mehr erforderlich ist, dass im Rahmen eines Lizenzvertrags auch geschütztes Know-how überlassen werden, also der Quellcode oder dessen Beschreibung und Dokumentation offenbart wird, etwa um die überlassenen Programme weiterzuentwickeln oder in andere Software zu integrieren, oder dass das lizenzierte Computerprogramm patentrechtlich geschützt ist. Der beschränkte Anwendungsbereich der früheren Gruppenfreistellungsverordnung für Technologie-Transfer-Vereinbarungen (abgedr. ABl. EG 1996 Nr. L 32/2; vgl. *Sucker* CR 1989, 353, 359 f.; *Vinje* CR 1993, 401, 402 f.) wurde damit deutlich erweitert. Dies bedeutet aber nicht, dass alle Softwarelizenz- bzw. -überlassungsverträge freistellungsfähig nach Art. 2 GVO-TT sind, denn die Freistellung gilt nur für Technologietransfer-Vereinbarungen zwischen zwei Unternehmen, welche die Produktion von Vertragsprodukten ermöglichen. Auch sind nach der Definition in Art. 1 Abs. 1 lit. b) solche Verträge nicht erfasst, bei denen die Lizenzierung oder Übertragung von Rechten an der Software den eigentlichen Gegenstand der Vereinbarung bilden, ohne dass das mit der Verwertung der Technologie verbundene Risiko zumindest zum Teil beim Veräußerer verbleibt. Erfasst werden damit zwar Vertriebsverträge, welche die Fertigung von Vervielfältigungsstücken auf Basis einer Masterkopie vorsehen, nicht aber Vertriebsverträge, die lediglich den Weitervertrieb von gelieferten Datenträgern oder von auf Hardware vorinstallierten Computerprogrammen betreffen (*Berger* K&R 2005, 15, 17; *Wissel/Eickhoff* WuW 2004, 1244, 1246; *Zöttl* WPR 2005, 33, 35; vgl. *Lejeune* CR 2004, 467, 471 f.; *Polley* CR 2004, 641, 645 f.; wohl auch *Schumacher/Schmid* GRUR 2006, 1, 5; ebenso, wenn auch skeptisch *Matthiesen* 108 ff., 117 f.; a. A. *Scholz/Wagner* CR 2003, 880, 885; dazu § 69c Rn. 67). Ebenso fallen **Softwareüberlassungsverträge mit Endnutzern** grds. nicht in den Anwendungsbereich der GVO-TT (*Berger* K&R 2005, 15, 18; *Lejeune* CR 2004, 467; *Polley* CR 2004, 641, 645; *Zöttl* WPR 2005, 33, 35; *Timm* 100 f.). Diskutiert wird aber, ob etwas anderes gilt, wenn die Programme der Herstellung von Waren oder der Erbringung von Dienstleistungen dienen (*Berger* K&R 2005, 15, 18 unter Hinweis auf Rn. 41 Leitlinien GVO-TT; *Schumacher/Schmid* GRUR 2006, 1, 4: insb. bei Individualsoftware; sehr weitgehend für funktionsorientierte und auch für einfache Office-Software *Matthiesen* 30 ff., 53 ff.). Davon ist regelmäßig nicht auszugehen. Denn hierfür wäre es erforderlich, dass die Programme der Herstellung eines bestimmten Vertragsproduktes und dabei der spürbaren Verbesserung des Herstellungsprozesses dienen (*Polley* CR 2004, 641, 646 f.). Erforderlich wäre also die Übertragung der Technologie, nicht bloß die reine Anwendung des Programms (*Timm* 100 f.). Auf Urheberlizenzverträge mit „normalen" Anwendern findet mithin keine der Gruppenfreistellungsverordnungen unmittelbare Anwendung. Allerdings wurde in der Vergangenheit für Urheberlizenzverträge betont, dass bei diesen im Rahmen der Einzelfreistellung dieselben Grundsätze Anwendung wie für Patentlizenzverträge finden (vgl. *Sucker* CR 1989, 353, 357 f. m. w. N. zur Praxis der Kommission: etwa EG-Kommission GRUR Int. 1992, 687; GRUR Int. 1983, 805 – Neilson-Hordell/Richmark), mithin insb. die Grundsätze der GVO-TT. Demgegenüber dürfte die **Gruppenfreistellungsverordnung für Vertikalverträge** (GVO-VV; abgedruckt ABl. EU 2010 Nr. L 102/1) regelmäßig nicht einschlägig sein, da bei Softwareüberlassungsverträgen die Einräumung der Nutzungsrechte den Hauptgegenstand des Vertrages bildet (vgl. Art. 2 Abs. 3 GVO-VV; dazu Leitlinien der Kommission für vertikale Beschränkungen, ABl. EU 2010 Nr. C 130/1, Rn. 40 ff.; *Polley/Seeliger* CR 2001, 1, 5, 7; *Polley* CR 2004, 641, 644 f.; *Polley* CR 2010, 625 f.). Über die Funktion des Urheberschutzes nach §§ 69a ff. hinausgehende Beschränkungen sind mithin tendenziell dann individuell freistellungsfähig, wenn entsprechende Klauseln nach der GVO-TT freigestellt wären, hingegen dann nicht, wenn sie sog. schwarzen Klauseln i. S. d. GVO-TT entsprechen.

Kartellrechtskonform sind, wie sich auch aus § 31 Abs. 2 und 3 ergibt, **Unterlizenzverbote** (zum EU-Wettbewerbsrecht: *Sucker* CR 1989, 468, 469; *Moritz* CR 1993, 257, 262; *Konrad/Timm-Goltzsch/Ullrich* in Ullrich/Lejeune Teil I Rn. 809 ff.; *Matthiesen* 81 f. unter Hinweis auf Rn. 155 Leitlinien GVO-TT, der aber die Kartellrechtskontrolle von Beschränkungen der Unterlizenzierungserlaubnissen hervorhebt). Zumindest im Rahmen der entsprechenden Marktanteilsgrenzen erlaubt sind, sofern diese nicht lediglich die Kundenaufteilung bezwecken, **Field-of-use-Klauseln,** also Beschränkungen mit Blick auf den technischen Anwendungsbereich (zum EU-Wettbewerbsrecht: *Sucker* CR 1989, 468, 469, 475; *Lehmann* in Lehmann Kap. XVI Rn. 25; *Moritz* CR 1993, 257, 262; *Grützmacher* ITRB 2005, 205, 207; *Matthiesen* 89 ff.; *Konrad/Timm-Goltzsch/Ullrich* in Ullrich/Lejeune Teil I Rn. 845 ff.; vgl. auch Art. 4 Abs. 1 lit. c) i) GVO-TT). Nicht freistellungsfähig sind unausgewogene **Rücklizenzierungspflichten,** insb. zur ausschließlichen und einseitigen Rechteeinräumung (vgl. Art. 5 Abs. 1 lit. a) und b) GVO-TT; *Lehmann* in Lehmann Kap. XVI Rn. 33; *Sucker* CR 1989, 468, 476; *Grützmacher* ITRB 2005, 205, 208; *Konrad/Timm-Goltzsch/Ullrich* in Ullrich/Lejeune Teil I Rn. 852 ff.; vgl. *Moritz* CR 1993, 257, 262).

Keinen kartellrechtlichen Bedenken begegnen Klauseln, welche die Vergütung vom Umfang der Nutzung abhängig machen (*Vinje* CR 1993, 401, 404). Zulässig sind sog. **Floating-Lizenzen,** welche die Höchstzahl der Parallelnutzer (concurrent user) begrenzen (*Lehmann* in Lehmann Kap. XVI Rn. 59; Loewenheim/*Lehmann* § 76 Rn. 16, 28, 34; OLG München ZUM 2005, 838). Kartellrechtswidrig sind hingegen sog. **Site-, Installations- oder Gebäude-Lizenzen,** die den Einsatzort der Software festlegen (*Lehmann* in Lehmann Kap. XVI Rn. 59; *Lehmann* FS Schricker 1995, 543, 560; a. A. *Sucker* CR 1989, 468, 469 unter Hinweis auf das Partizipationsinteresse des Rechtsinhabers und auf EuGH Slg. 1980, 881, 902 f. – Coditel – und EuGH Slg 1988, 2605 – Warner Brothers, Metronome/Christiansen; *Moritz* CR 1993, 257, 263; *Kindermann* GRUR 1983, 150, 156). Das gilt zumindest für Endnutzerlizenzverträge (*Grützmacher* ITRB 2005, 205, 207). Kartellrechtlich unbedenklich sollen rein schuldrechtlich wirkende Beschränkungen auf den **Service-Büro-Betrieb** sein, da nur diese vor dem Verlust von Kunden und damit das Partizipationsinteresse schützen (vgl. *Sucker* CR 1989, 468, 476; problematisch aber in AGB, s. dazu Rn. 44).

CPU-Klauseln (zum Begriff Rn. 37) beschränken die Verwendungsmöglichkeiten der überlassenen Programme und können im Extremfall der unmittelbaren oder mittelbaren Festlegung auch des Hardwareherstellers andere Hardwarehersteller beim Marktzutritt behindern. Zwischen Unternehmen vereinbarte CPU-Klauseln können zur Marktaufteilung führen und daher gegen das Kartellrecht verstoßen (vgl. *Jörg Schneider* Softwarenutzungsverträge 123 f., 143, 171; *Grützmacher* ITRB 2005, 205, 207; differenzierend zum EU-

UrhG § 69d 50–53   § 69d Ausnahmen v. d. zustimmungsbed. Handlungen

Wettbewerbsrecht *Moritz* CR 1993, 257, 263 unter Hinweis auf das Partizipationsinteresse des Rechtsinhabers; a. A. *Timm* 117 ff.; *Konrad/Timm-Goltzsch/Ullrich* in Ullrich/Lejeune Teil I Rn. 804 ff., die lediglich eine Koppelung an die Hardware für unzulässig halten; vgl. auch *Matthiesen* 77 ff., der Upgrade-Klauseln für zulässig hält). Wie im Rahmen der Beurteilung aufgrund des zwingenden Kerns von § 69d Abs. 1 sind CPU-Klauseln nur bei der Überlassung auf Dauer auch kartellrechtlich bedenklich, weil die Verkehrsfähigkeit und damit der Wettbewerb eingeschränkt werden, während anderenfalls die positiven Effekte der Absicherung der Partizipationsinteressen des Rechtsinhabers überwiegen, solange nicht der Herstellerwechsel verhindert wird. Im Übrigen sind auch Programmsperren und Produktaktivierungsmechanismen mit dem gleichen Effekt mitunter kartellrechtswidrig (vgl. *Timm* 134 f.).

50 Zu differenzieren ist bei **Koppelungsbindungen** (*Sucker* CR 1989, 468, 469; *Moritz* CR 1993, 257, 263, 267 f.; *Konrad/Timm-Goltzsch/Ullrich* in Ullrich/Lejeune Teil I Rn. 827 ff.; a. A. *Lehmann* FS Schricker 1995, 543, 560; *Jörg Schneider* Softwarenutzungsverträge 143 ff., 158 ff., 171 ff.: immer unzulässig). Wird die Abnahme weiterer Hard- oder Software zur Bedingung gemacht, verstößt dies regelmäßig gegen Art. 81 Abs. 1 lit. e) bzw. § 1 GWB, es sei denn, die weitere Hard- oder Software stellt sich nach dem Nutzungszweck oder aufgrund technischer Umstände als notwendige Ergänzung dar (*Sucker* CR 1989, 468, 473 f.; *Konrad/Timm-Goltzsch/Ullrich* in Ullrich/Lejeune Teil I Rn. 831; vgl. *Lehmann* in Lehmann Kap. XVI Rn. 88; Loewenheim/*Lehmann* § 76 Rn. 16; *Moritz* CR 1993, 257, 267; zurückhaltend demgegenüber *Jörg Schneider* Softwarenutzungsverträge 165 ff.). Voraussetzung für einen Kartellrechtsverstoß ist zudem, dass es sich um zwei getrennte oder als solche im Markt wahrgenommene Produkte handelt (*Sucker* CR 1989, 468, 473; *Moritz* CR 1993, 257, 267; *Konrad/Timm-Goltzsch/Ullrich* in Ullrich/Lejeune Teil I Rn. 830). Die Kopplung des Softwareüberlassungsvertrages mit einem Pflege- bzw. Wartungsvertrag ist tendenziell eher zu rechtfertigen, insb. bei der generellen Weiterentwicklung von komplexer Standardsoftware (vgl. *Sucker* CR 1989, 468, 474; *Konrad/Timm-Goltzsch/Ullrich* in Ullrich/Lejeune Teil I Rn. 832; *Timm* 202 ff.; *Matthiesen* 97 ff.; s. zu den kartellrechtlichen Effekten von Pflegeverträgen aber auch *Grützmacher* ITRB 2011, 133, 135 f.).

51 **Pauschale Änderungs- oder Bearbeitungsverbote** verstoßen angesichts des immanenten Verbotes der im Rahmen von § 69d Abs. 1 grds. erlaubten **Fehlerbeseitigung** und sonstigen Umarbeitung (dazu näher oben Rn. 40, 45) gegen Art. 101 AEUV bzw. § 1 GWB (vgl. *Sucker* CR 1989, 468, 470; *Grützmacher* ITRB 2005, 205, 207; vgl. auch *Marly* Praxishandbuch Rn. 1724; *Moritz* CR 1993, 257, 265; *Konrad/Timm-Goltzsch/Ullrich* in Ullrich/Lejeune Teil I Rn. 825; *Timm* 172 ff.; *Matthiesen* 95 ff.). Ausgefeilte Verbote, die vom Schutzrecht gem. §§ 69c Nr. 2, 69d Abs. 1 gedeckt sind, sind hingegen zulässig (so auch *Matthiesen* 96 f.).

52 **e) Wirkung vertraglicher Bestimmungen.** Fraglich ist, ob entgegenstehende Bestimmungen lediglich gegenüber dem Ersterwerber oder auch gegenüber dem Zweiterwerber wirken. Vieles spricht dafür, dass sich das danach beurteilt, ob die Bestimmung in ihrer beschränkenden Wirkung den **Anforderungen einer Nutzungsart i. S. v. § 31 Abs. 1, 4 und 5 entspricht** (dazu § 69a Rn. 59), also sich wirtschaftlich und technisch klar abgrenzen lässt (so tendenziell auch *Marly* Praxishandbuch Rn. 1702). Demgegenüber wird in der Literatur teils vertreten, dass entgegenstehende vertragliche Bestimmungen für den Zweiterwerber stets zum Leerlaufen der gesetzlichen Lizenz gem. § 69d führten, also praktisch dingliche Wirkung haben (*Moritz* CR 1993, 257, 264).

2. Die Erstellung von Sicherungskopien für die künftige Benutzung (Abs. 2)

53 **a) Sicherungskopie.** Unter einer Sicherungskopie ist eine Kopie eines Programms auf einem beliebigen Datenträger zu verstehen, auf die zurückgegriffen wird, wenn das Originalprogramm aus irgendwelchen Gründen nicht mehr nutzbar ist (*Werner* CR 2000, 807,

808; *Caduff* 161 ff.; vgl. dazu auch OLG Frankfurt GRUR-RR 2010, 5, 6). Die Sicherungskopie bezieht sich also auf die überlassene Form und umfasst im Regelfall nicht die Benutzerdaten (*Lehmann* FS Schricker 1995, 543, 554). Die Erstellung erfordert zumindest eine Vervielfältigungshandlung. Streitig ist, ob sich die Sicherungskopie lediglich auf eine einzige Sicherung bezieht oder auch mehrere Sicherungen umfassen kann (dazu Rn. 56). Dort, wo § 69d Abs. 2 wortsinngemäß nicht mehr greift wie etwa bei RAID- oder Cluster-Systemen, kann auf den zwingenden Kern von § 69d Abs. 1 abgestellt werden (*Grützmacher* CR 2011, 697, 701 f.; dazu Rn. 16; vgl. *Schneider* M 110b; s. aber auch *Diedrich* CR 2012, 69, 71, 72 f., der § 69d Abs. 2 insoweit extensiv auslegen will).

b) Für die künftige Benutzung erforderlich. Die Erstellung muss der Sicherung der künftigen Benutzung dienen. Der Wortlaut des § 69d Abs. 2, der an die Stelle der Formulierung des Art. 5 Abs. 2 Computerprogramm-Richtlinie („für die Benutzung") getreten ist, stellt lediglich eine sprachliche Korrektur dar (Begr. BRegE BT-Drucks. 12/4022, 12; *Pres* 118 f.; *Marly* Urheberrechtsschutz 181). **Erforderlich** ist immer nur das gebotene Maß an Sicherungskopien. Sicherungskopien sind also nicht per se erlaubnisfrei (dazu ausführlich *Marly* Urheberrechtsschutz 181 ff.). Sichergestellt werden soll, dass der Nutzer das Programm bzw. dessen Nutzungsmöglichkeit nicht unvorhergesehen verliert (Fromm/Nordemann/*Czychowski* § 69d Rn. 24). An diesem Normzweck ist die Erstellung der Sicherungskopie zu messen. Erforderlichkeit ist dann nicht mehr gegeben, wenn dem Softwarenutzer eine Sicherungskopie zur Verfügung gestellt wird (Begr. BRegE BT-Drucks. 12/4022, 12; *Haberstumpf* in Lehmann Kap. II Rn. 160; *Hoeren/Schumacher* CR 2000, 137; *Junker/Benecke* Rn. 78; *Lehmann* NJW 1993, 1822, 1823; *Lehmann* FS Schricker 1995, 543, 554; *Marly* Urheberrechtsschutz 183). Weiter wird vertreten, dass eine Kopie dann nicht erforderlich sei, wenn der Hersteller dem Nutzer das Recht einräumt, unbrauchbare Datenträger zeitlich unbeschränkt gegen brauchbare auszuwechseln (*Marly* Urheberrechtsschutz 183). Dies Auffassung geht aber insofern zu weit, als dem Nutzer regelmäßig weder das Warten auf die Zusendung eines Ersatzdatenträgers noch der Aufwand für die Mitteilung und das Verschicken des beschädigten Exemplars zuzumuten ist (*Schmidt* in Lehmann Kap. XV Rn. 390; *Hoeren/Schumacher* CR 2000, 137, 140; *Baus* 126 f.; Wolf/Lindacher/Pfeiffer/*Stoffels* AGB-Recht, Klauseln Rn. S 222: zugleich Verstoß gegen § 307 BGB; Mestmäcker/Schulze/*Haberstumpf* § 69d Rn. 10; a.A. Dreier/Schulze/*Dreier* § 69d Rn. 16). Auch ist ihm das Insolvenzrisiko nicht zuzumuten (*Mayer-Wegelin* JurPC Web-Dok. 28/2009 Abs. 71; a.A. *Marly* Praxishandbuch Rn. 1563).

Erforderlich sind Sicherungskopien danach im Fall der Online-Übertragung und bei **magnetischen Speichermedien.** Dies gilt regelmäßig auch bei der Lieferung eines solchen Datenträgers zusätzlich zu einem vorinstallierten Programm, weil nur eine Kopie des Datenträgers auch gegen die Folgen eines potentiellen Verlusts desselben schützt, während das vorinstallierte Programm eine erneute Installation oft nicht ermöglicht (*Hoeren/Schumacher* CR 2000, 137, 140). Streitig ist, ob die Anfertigung von Sicherungskopien auch bei **CD-ROMs/DVDs** erlaubt ist (dagegen LG Bochum CR 1998, 381; *Koch* Teil 9 Rn. 180; *Marly* Praxishandbuch Rn. 1564; *Marly* Urheberrechtsschutz 182; *Baus* 125 f.; a.A. Dreier/Schulze/*Dreier* § 69d Rn. 16; *Kreutzer* CR 2006, 804, 809; *Werner* CR 2000, 807, 808 f.). Dafür sprechen nicht so sehr der Wortlaut der Bestimmung und Erwägungsgrund 13n. F. bzw. 17a. F. Computerprogramm-Richtlinie, als vielmehr die Tatsache, dass Programme im Einzelfall bis 30 Jahre benutzt, CDs aber mitunter nur 10 Jahre nutzbar sind und dass schon kleine Kratzer auf einer CD/DVD zum unwiederbringlichen Verlust der Programmdaten führen können (vgl. *Werner* CR 2000, 807, 808 f.). Keiner Sicherungskopie bedarf es bei Computerprogrammen auf **ROM und EPROM** (Dreier/Schulze/*Dreier* § 69d Rn. 16; *Marly* Urheberrechtsschutz 185; *Marly* Praxishandbuch Rn. 1564), da bei diesen der überraschende Programmverlust nahezu ausgeschlossen erscheint. Anders ist dieses aber im Fall extrem wertvoller Software zu beurteilen.

56 Auch **quantitativ** setzt das Merkmal der Erforderlichkeit Grenzen (dazu auch *Haberstumpf* GRUR Int. 1992, 715, 719). Regelmäßig dürfte nur eine Sicherungskopie erforderlich sein (*Marly* Urheberrechtsschutz 187). Dies schließt es aber nicht aus, dass § 69d Abs. 2 nicht auch mehrere Kopien im Rahmen von **Sicherungen des Gesamtsystems** oder der Spiegelung einer Festplatte erfassen kann, wobei letztlich auf die Benutzbarkeit des Gesamtsystems abzustellen ist (Fromm/Nordemann/*Czychowski* § 69d Rn. 24; *Marly* Urheberrechtsschutz 188f.; *Baus* 129ff.; *Hoeren/Schumacher* CR 2000, 137, 140; *Diedrich* CR 2012, 69, 71, der auf die unbestimmten Artikel auch in anderen Sprachfassungen der Richtlinie hinweist; a.A. hingegen *Pres* 134; *Bartsch* CR 2005, 1, 7; *Lehmann* NJW 1993, 1822, 1823; *Lehmann* FS Schricker 1995, 543, 553, die nur Abs. 1 anwenden wollen; nicht mehr ganz so strikt Schricker/Loewenheim/*Loewenheim* § 69d Rn. 17; s. aber auch *Marly* Praxishandbuch Rn. 1566f.: nur Anspruch auf Zustimmung; dazu oben Rn. 16; offen lassend Begr. BRegE BT-Drucks. 12/4022, 12; vgl. auch Dreier/Schulze/*Dreier* § 69d Rn. 17).

57 Verschiedene Auslegungsprobleme wirft § 69d Abs. 2 insb. im Zusammenhang mit **Kopierschutzmechanismen** auf. Streit besteht darüber, ob ein solcher notfalls übergangen werden darf (so *Raubenheimer* CR 1994, 129, 131; *Lehmann* NJW 1993, 1822, 1823; *Kreutzer* CR 2006, 804, 807f.; a.A. zu Recht *Marly* Urheberrechtsschutz 184f.). Hiergegen spricht die Regelung des § 69f (dazu näher § 69f Rn. 19). Strittig ist weiter, ob korrespondierend zu § 69d Abs. 2 oder alternativ ein vertraglicher Anspruch auf die Beseitigung eines Kopierschutzmechanismus oder Lieferung einer Sicherheitskopie besteht (so *Haberstumpf* in Lehmann Kap. II Rn. 160; Mestmäcker/Schulze/*Haberstumpf* § 69d Rn. 12; Schricker/Loewenheim/*Loewenheim* § 69d Rn. 20 und § 69f Rn. 12; nur für Letzteres zu Recht *Marly* Urheberrechtsschutz 184f., der vom Anwender zudem noch die Zahlung einer Aufwandsentschädigung fordert; wohl auch Dreier/Schulze/*Dreier* § 69d Rn. 19 unter Hinweis auf § 95b; a.A. *Raubenheimer* CR 1994, 129, 131; *Kreutzer* CR 2006, 804, 807f.; wohl auch *Junker/Benecke* Rn. 78; s. auch § 69f Rn. 19). Allerdings ist ein solcher Anspruch bei einem Dongle, der nur ein Ablauf- und kein Kopierschutz ist, nicht erforderlich (*Raubenheimer* CR 1994, 129, 131).

58 § 69d Abs. 2 rechtfertigt nicht Bearbeitungen und andere Maßnahmen, die vor einem **Verlust eines Dongles** schützen sollen (LG Düsseldorf CR 1996, 737, 739 – Dongle-Umgehung; OLG Düsseldorf CR 1997, 337, 339 – Dongle-Umgehung), denn § 69d Abs. 2 schützt nur vor dem Verlust der Programms, nicht vor dem des Dongles, den der Anwender regelmäßig selbst zu verantworten hat.

59 **c) Berechtigter.** Berechtigter Benutzer ist wie bei § 69d Abs. 1 der Erwerber oder der Lizenznehmer (dazu Rn. 24ff.). Besonderheiten sind nicht ersichtlich (a.A. Schricker/Loewenheim/*Loewenheim* § 69d Rn. 18; Dreier/Schulze/*Dreier* § 69d Rn. 14). Auch Dritte dürfen die Datensicherung für den Berechtigten vornehmen.

60 **d) Zwingendes Recht.** Vereinbarungen, welche die zwingende Vorschrift des § 69d Abs. 2 verletzen, sind gem. § 69g Abs. 2 nichtig und verstoßen zugleich gegen § 307 BGB (Wolf/Lindacher/Pfeiffer/*Stoffels* AGB-Recht, Klauseln § 9 Rn. S 222).

3. Erlaubte Formen des Beobachtens, Untersuchens und Testens (Abs. 3)

61 § 69d Abs. 3 kann als eine Ergänzung zu § 69a Abs. 2 Satz 2 (vgl. auch Art. 9 Abs. 2 TRIPs) gesehen werden (ähnlich auch EuGH GRUR 2012, 814, 816 Rn. 51f. – SAS Institute). Er garantiert wie diese den Grundsatz der Freiheit der Ideen und wird gelegentlich auch mit § 11 Abs. 2 PatG in einem Atemzug genannt (*Lehmann* FS Schricker 1995, 543, 554).

62 **a) Allgemeines.** § 69d Abs. 3 nimmt einerseits die Programmbeobachtung vom Urheberschutz aus, stellt andererseits aber die ausschließlichen Rechte des Urhebers zur Verhinderung der Programmanalyse i. e. S. klar (*Caduff* 28). § 69d Abs. 3 ist vor dem Hintergrund der auch in § 69e zum Ausdruck kommenden Know-how-Schutz-Funktion der §§ 69a ff. und dem Ringen um eine Kompromisslinie zwischen Schutz und Gemeinfreiheit zu sehen (zum wettbewerbspolitisch-technischen Hintergrund *Vinje* GRUR Int. 1992, 250 ff.; *Lietz* CR 1990, 564 ff.; Vor §§ 69a ff. Rn. 6 f.). § 69d Abs. 3 erlaubt in Abgrenzung zu § 69e (sog. Dekompilierung und Disassemblierung) im Grundsatz die Programmanalyse in jedweder sonstiger Form des Reverse Engineering (sog. **Black-Box-Techniken**) (vgl. zur Intention und Gesetzgebungsgeschichte *Vinje* GRUR Int. 1992, 250, 253 f.; *Schweyer* 74 f., 131 f.). Wenn aber derart weitgehende Untersuchungen gestattet sind, spricht das erst recht dafür, dass auch Maßnahmen des **Benchmarking** erlaubt sind.

b) Beobachten, Untersuchen oder Testen. Erlaubt ist gem. § 69d Abs. 3 nur das **Beobachten, Untersuchen oder Testen** des Funktionierens des Programms. Nicht aufgrund von § 69d Abs. 3 erlaubt sind die Formen des Reverse-Engineering, die zusätzliche Vervielfältigungen, Programmänderungen oder -übersetzungen erfordern. Dies ergibt sich schon aus dem Wortlaut. Beobachten ist der rein passive Vorgang der Wahrnehmung des Programms bei der Benutzung. Testen erlaubt seiner Bedeutung nach lediglich, dass Testdaten zur genauen Ergründung des Funktionierens des Programms benutzt werden dürfen. Am weitesten reicht die Erlaubnis des Untersuchens. Auch sie impliziert aber nicht, dass eine Änderung oder Bearbeitung erlaubt ist. Ein weiterer Anhaltspunkt für diese Auslegung findet sich in der Beschränkung auf Handlungen, zu denen der Nutzer berechtigt ist. Im Grundsatz erlaubt ist danach, das Programm ablaufen zu lassen und die Bildschirmausgabe zu beobachten oder das Beobachten und Auswerten der Verarbeitung von Testdaten (*Marly* Urheberrechtsschutz 269; EuGH GRUR 2012, 814, 816 Rn. 59 – SAS Institute: Handlungen, die die Lizenz gestattet, sowie Handlungen zum Laden und Ablaufen, die für die Benutzung des Programms erforderlich sind). Weiter fallen unter § 69d Abs. 3 auch sog. Memory-Dumps, bei denen der Programmcode (regelmäßig in Hexadezimalform) auf dem Bildschirm angezeigt wird, die Aufzeichnung der Signalkommunikation und sog. Debugging (zweifelnd *Marly* Urheberrechtsschutz 273) oder Line-Tracing, bei dem mit Hilfe von Tools die einzelnen Befehlsschritte und Registerinhalte der CPU beim Programmablauf verfolgt werden können (Dreier/Schulze/*Dreier* § 69d Rn. 22; *Marly* Urheberrechtsschutz 270; Schricker/Loewenheim/*Loewenheim* § 69d Rn. 22; *Vinje* GRUR Int. 1992, 250, 254; vgl. zu diesen Techniken im Einzelnen *Lietz* CR 1990, 564 ff.).

Nicht erlaubt ist die Vervielfältigung des Programms über das zum Laden, Anzeigen, Ablaufen, Übertragen oder Speichern **normale Maß** hinaus (*Marly* Urheberrechtsschutz 271). Zweifelhaft ist es daher, ob sog. Dumps in Form von Speicherabzügen auf Datenträgern zulässig sind (so aber etwa *Vinje* GRUR Int. 1992, 250, 252 f.) und ob Disk-Editoren eingesetzt werden dürfen, bei denen eine Vervielfältigung durch Laden von Dateiteilen in den Speicher erfolgt. Ebenso sind zusätzliche Papierausdrucke des Programms nicht gestattet (Mestmäcker/Schulze/*Haberstumpf* § 69d Rn. 16). Auch das Entfernen des Programmschutzes ist durch § 69d Abs. 3 nicht gedeckt (vgl. *Raubenheimer* CR 1996, 69, 75 f.; zweifelhaft ist, ob darüber hinaus in solchen Fällen nicht schon die vorbereitende Analyse unzulässig ist, da sie nicht der Ermittlung der zugrunde liegenden Ideen und Grundsätze dient).

c) Ermittlung der zugrunde liegenden Ideen und Grundsätze. Weiter müssen die Handlungen der **Ermittlung der** einem Programmelement **zugrunde liegenden Ideen und Grundsätze** einschließlich der Schnittstelleninformationen dienen. Nicht erlaubt ist die Ermittlung und Untersuchung des Programmcodes, also des Quellcodes selber (EuGH GRUR 2012, 814, 816 Rn. 61 – SAS Institute; *Marly* Urheberrechtsschutz 272). Die zugrunde liegenden Ideen und Grundsätze dürfen zu unterschiedlichen Zwecken genutzt werden. Insofern macht § 69d Abs. 3 anders als § 69e im Grundsatz keine Einschränkung. Die zugrunde liegenden Ideen und Grundsätze können etwa der Herstellung der Kompatibilität und Programmierung von Schnittstellen, möglicherweise auch dem Nachweis der Übernahme von Programmcode in Verletzungsprozessen dienen (Schricker/ Loewenheim/*Loewenheim* § 69d Rn. 22). Die Ergründung der Ideen und Grundsätze kann allein aus Neugier, Wissensdurst oder zur Know-how-Gewinnung erfolgen, zur Ermittlung inoffizieller und undokumentierter Schnittstellen oder auch zur Dokumentation von Alt-Programmen dienen sowie schließlich bei der Fehlersuche helfen (vgl. *Lietz* CR 1990, 564f.). Erlaubt sind weiter Handlungen, die der **funktionellen Imitation** eines Programms dienen, sofern dabei nicht Vervielfältigungen des schöpferischen Teils des Programms vorgenommen werden. Die Rechtsprechung hat hingegen die Nachprogrammierung der inneren Struktur eines Programms (LG Mannheim NJW-RR 1994, 1007) und zu Unrecht auch die Nachprogrammierung der Benutzeroberfläche (OLG Karlsruhe GRUR 1994, 726 – Bildschirmmasken – m. Anm. *Günther* CR 1994, 610ff.; vgl. dazu § 69a Rn. 14) für unzulässig erklärt und klargestellt, dass diese nicht von § 69d Abs. 3 gedeckt sind (LG Mannheim NJW-RR 1994, 1007f.; *Günther* CR 1994, 610, 613, 615; *Junker/ Benecke* Rn. 81). Zur funktionellen Nachahmung wird daher sog. **Clean-room-Programmierung** eingesetzt (vgl. dazu *Sucker* CR 1989, 468, 471f.; *Schnell/Fresca* CR 1990, 157, 159; *Vinje* GRUR Int. 1992, 250, 259). Dabei werden die ungeschützten, zugrunde liegenden Ideen und Grundsätze, insb. Schnittstelleninformationen (vgl. § 69a Abs. 2; dazu § 69a Rn. 22ff.) des Originalprogramms von einem untersuchenden Team analysiert. Ein anderes Team entwirft, erstellt und codiert dann auf der Grundlage dieser Informationen (sozusagen in einem clean room) ein funktionell gleichwertiges Programm. Das Vorgehen mittels dieser erlaubten Form des Reverse Engineering muss sodann nur noch dokumentiert werden können, um einen Gegenbeweis zur Nachprogrammierung erbringen zu können (*Günther* CR 1994, 610, 615).

66   **d) Berechtigter.** Da das Beobachten, Untersuchen und Testen einen Programmlauf voraussetzen, fordert das Gesetz, dass die Handlungen zum Laden, Anzeigen, Übertragen oder Speichern durch einen **Berechtigten** vorgenommen werden. Hier gilt das Gleiche wie bei Abs. 1 (dazu Rn. 24ff.). Ausreichend ist es insb. auch, wenn ein Dritter im Besitz des Programms ist und berechtigt ist, das Recht zur Nutzung einzuräumen (*Vinje* GRUR Int. 1992, 250, 254). Weiter verlangt § 69d Abs. 3, dass eine Handlung vorliegt, zu welcher der Handelnde berechtigt ist. § 69d Abs. 3 erweitert also nicht etwa die Nutzungsrechte des Berechtigten, sondern sichert i. V. m. § 69g Abs. 2 nur ab, dass diese nicht beschränkt werden (Schricker/Loewenheim/*Loewenheim* § 69d Rn. 21; vgl. Mestmäcker/Schulze/ Haberstumpf § 69d Rn. 16; a. A. wohl Dreier/Schulze/*Dreier* § 69d Rn. 20: über den bestimmungsgemäßen Gebrauch hinaus). Verhindert werden soll, dass der Berechtigte unter dem Vorwand des Reverse Engineerings seine Nutzungsbefugnisse unzulässig erweitert; lizenzvertragliche Einschränkungen der Programmnutzung sind also auch bei Testläufen und sonstigen Handlungen i. S. v. § 69d Abs. 3 zu beachten (Begr. BRegE BT-Drucks. 12/ 4022, 12f.; *Vinje* GRUR Int. 1992, 250, 254; *Junker/Benecke* Rn. 80; *Marly* Urheberrechtsschutz 271; Schricker/Loewenheim/*Loewenheim* § 69d Rn. 23).

67   **e) Zwingendes Recht.** § 69d Abs. 3 scheint zunächst deklaratorisch, entfaltet seine Wirkung aber im Zusammenspiel mit § 69g Abs. 2, der ihm seinen zwingenden Charakter verleiht. Abweichende bzw. einschränkende vertragliche Regelungen sind demnach nichtig und stehen den nach § 69d Abs. 3 erlaubten Handlungen demnach ggf. nicht entgegen (EuGH GRUR 2012, 814, 816 Rn. 47f., 58f. – SAS Institute: Lernausgabe für nichtproduktive Zwecke ausreichend) und auch gem. § 307 BGB unwirksam (Wolf/ Lindacher/Pfeiffer/*Stoffels* AGB-Recht, Klauseln Rn. S 222). Ferner sind sie, da nicht mehr vom spezifischen Gegenstand des Urheberrechts gedeckt, mitunter aufgrund von Art. 101 AEUV und §§ 1ff. GWB kartellrechtswidrig (vgl. *Schnell/Fresca* CR 1990, 157, 159 noch zu §§ 17, 18 GWB a. F.; *Vinje* CR 1993, 401, 407; vgl. auch *Sucker* CR 1989, 468, 472).

§ 69e Dekompilierung

(1) Die Zustimmung des Rechtsinhabers ist nicht erforderlich, wenn die Vervielfältigung des Codes oder die Übersetzung der Codeform im Sinne des § 69c Nr. 1 und 2 unerlässlich ist, um die erforderlichen Informationen zur Herstellung der Interoperabilität eines unabhängig geschaffenen Computerprogramms mit anderen Programmen zu erhalten, sofern folgende Bedingungen erfüllt sind:
1. Die Handlungen werden von dem Lizenznehmer oder von einer anderen zur Verwendung eines Vervielfältigungsstücks des Programms berechtigten Person oder in deren Namen von einer hierzu ermächtigten Person vorgenommen;
2. die für die Herstellung der Interoperabilität notwendigen Informationen sind für die in Nummer 1 genannten Personen noch nicht ohne weiteres zugänglich gemacht;
3. die Handlungen beschränken sich auf die Teile des ursprünglichen Programms, die zur Herstellung der Interoperabilität notwendig sind.

(2) Bei Handlungen nach Absatz 1 gewonnene Informationen dürfen nicht
1. zu anderen Zwecken als zur Herstellung der Interoperabilität des unabhängig geschaffenen Programms verwendet werden,
2. an Dritte weitergegeben werden, es sei denn, dass dies für die Interoperabilität des unabhängig geschaffenen Programms notwendig ist,
3. für die Entwicklung, Herstellung oder Vermarktung eines Programms mit im wesentlichen ähnlicher Ausdrucksform oder für irgendwelche anderen das Urheberrecht verletzenden Handlungen verwendet werden.

(3) Die Absätze 1 und 2 sind so auszulegen, dass ihre Anwendung weder die normale Auswertung des Werkes beeinträchtigt noch die berechtigten Interessen des Rechtsinhabers unzumutbar verletzt.

Literatur: *Dreier,* Rechtsschutz von Computerprogrammen, Die Richtlinie des Rates der EG vom 14. Mai 1991, CR 1991, 577; *Dreier,* Verletzung urheberrechtlich geschützter Software nach der Umsetzung der EG-Richtlinie, GRUR 1993, 781; *Dreier/Hugenholtz,* Concise European Copyright Law, Alphen aan den Rijn 2006 (zit. Dreier/Hugenholtz/*Bearbeiter*); *Ernst,* Die Verfügbarkeit des Source Codes, Rechtlicher Know-how-Schutz bei Software und Webdesign, MMR 2001, 208; *Fichert/Sohns,* Wettbewerbsschutz auf dem Markt für Server-Betriebssysteme – Wettbewerbspolitische Anmerkung zur Microsoft-Entscheidung der EU-Kommission, WuW 2003, 907; *Grützmacher,* Urheber-, Leistungs- und Sui-generis-Schutz von Datenbanken, Baden-Baden 1999; *Günther,* Die Umsetzung der Softwareschutzrichtlinie in England und urheberrechtliche Trends im Softwareschutz aus den USA, JurPC 1994, 2488; *Haberstumpf,* Der urheberrechtliche Schutz von Computerprogrammen, in: Lehmann (Hrsg.), Rechtsschutz und Verwertung von Computerprogrammen, 2. Aufl., Köln 1993, 69 (zit. *Haberstumpf* in Lehmann); *Heinemann,* Gefährdung von Rechten des geistigen Eigentums durch Kartellrecht – Der Fall „Microsoft" und die Rechtsprechung des EuGH, GRUR 2006, 705; *Koch,* Grundlagen des Urheberrechtsschutzes im Internet und in Online-Diensten, GRUR 1997, 417; *Koch,* Das neue Softwarerecht und die praktischen Konsequenzen, NJW-CoR 1994, 293; *Körber,* Machtmissbrauch durch Multimedia? – Der Fall Microsoft zwischen Produktinnovation und Behinderungsmissbrauch, RIW 2004, 568; *Kochmann,* Schutz des „Know-how" gegen ausspähende Produktanalysen („Reverse Engineering"), Berlin 2009; *Körber,* Geistiges Eigentum, essential facilities und „Innovationsmissbrauch" – Überlegungen zum Microsoft-Fall im Lichte der EuGH-Entscheidung IMS Health GmbH, RIW 2004, 881; *Lehmann,* Die Europäische Richtlinie über den Schutz von Computerprogrammen, GRUR Int. 1991, 327; *Lehmann,* Die Europäische Richtlinie über den Schutz von Computerprogrammen, in: Lehmann (Hrsg.), Rechtsschutz und Verwertung von Computerprogrammen, 2. Aufl., Köln 1993, 1 (zit. *Lehmann* in Lehmann); *Lehmann,* Softwarevertragsrecht, in: Beier (Hrsg.), Urhebervertragsrecht, Festgabe für Gerhard Schricker zum 60. Geburtstag, München 1995, 543 (zit. *Lehmann* FS Schricker); *Lehmann,* Der neue Europäische Rechtsschutz von Computerprogrammen, NJW 1991, 2112; *Lehmann,* TRIPS/WTO und der internationale Schutz von Computerprogrammen, CR 1996, 2; *Marly,* Der neue Urheberrechtsschutz für Computersoftware, NJW-CoR 1993, 21; *Marly,* Urheberrechtsschutz für Computersoftware in der EU, München 1995 (zit. *Marly* Urheberrechtsschutz); *Moritz,* Softwarelizenzverträge (I) – Rechtslage nach der Harmonisierung durch die EG-Richtlinie über den Rechtsschutz von Computerprogrammen, CR 1993, 257; *Moritz*, Microsoft in Not? – Der europäische Rechtsrahmen für Koppelungen und Zwangslizenzen an Interface-Informationen im Lichte der Microsoft-Entscheidung der EU-Kommission, CR 2004, 321; *Pres*, Gestaltungsformen urheberrechtlicher Softwarelizenzverträge, Köln 1994; *Raubenheimer*, Softwareschutz nach den Vorschriften des UWG, CR 1994, 264; *Raubenheimer*, Beseitigung/Umgehung eines technischen Programmschutzes nach UrhG und UWG, CR 1996, 69; *van Rooijen*, Essential Interfaces – Exploring the Software Directive's equilibrium between intellectual property rights and competition law, CRi 2007, 129; *Schulte*, Der Referentenentwurf eines Zweiten Gesetzes zur Änderung des Urheberrechtsgesetzes, CR 1992, 648; *Schumacher*, Schutz von Algorithmen für Computerprogramme, Münster 2004; *Schweyer*, Die rechtliche Bewertung des Reverse Engineering in Deutschland und den USA, Tübingen 2012; *Senftleben*, Grundprobleme des urheberrechtlichen Dreistufentests, GRUR Int. 2004, 200; *Vinje*, Softwarelizenzen im Lichte von Art. 85 des EWG-Vertrages, CR 1993, 401; *Vinje*, Die EG-Richtlinie zum Schutz von Computerprogrammen und die Frage der Interoperabilität, GRUR Int. 1992, 250; *Werner*, Eingriff in das (Rollen-)Spielsystem, Spielregeln und regelwidrige Drittprogramme bei Online-Spielen; CR 2013, 516; *Wiebe*, Know-how-Schutz von Computersoftware, München 1993; *Wiebe*, Reverse Engineering und Geheimnisschutz von Computerprogrammen, CR 1992, 134; *Wiebe*, Interoperabilität von Software: Art. 6 der Computerprogramm-Richtlinie aus heutiger Sicht, JIPITEC 2 (2011), 89; *Wolf*, Vertikale Kontrolle durch Immaterialgüterrecht, Baden-Baden 2009; *Zimmerlich*, Der Fall Microsoft – Herausforderungen durch die Internetökonomie, WRP 2004, 1260.

Vgl. darüber hinaus die Angaben im eingangs abgedr. Gesamtliteraturverzeichnis.

Übersicht

	Rn.
I. Schutzzweck	1–3
II. Regelungsinhalt	4–25
1. Die Vervielfältigung oder Übersetzung des Programmcodes	4, 5
2. Zur Herstellung der Interoperabilität eines unabhängig geschaffenen Programms	6–11
a) Herstellung der Interoperabilität	6, 7
b) Mit anderen Programmen	8, 9
c) Unabhängigkeit der Erstellung	10, 11
3. Zur Dekompilierung berechtigte Personen, Abs. 1 Nr. 1	12
4. Unerlässlichkeit der Dekompilierung	13–19
a) Mangelnder anderweitiger Zugang zu den Informationen, Abs. 1 Nr. 2	14, 15
b) Beschränkung der Dekompilierung auf notwendige Programmteile, Abs. 1 Nr. 3	16, 17
c) Sonstige Anforderungen und Kriterien	18
d) Beweislast	19
5. Verwendungs- und Weitergabebeschränkungen, Abs. 2	20–23
a) Zweckbeschränkung, Abs. 2 Nr. 1	20
b) Weitergabebeschränkung, Abs. 2 Nr. 2	21
c) Nachahmungsbeschränkung, Abs. 2 Nr. 3	22, 23
6. Interessenabwägung, Abs. 3	24, 25
7. Zwingendes Recht und sonstige Auswirkungen	26
III. Einzelfragen	27–33
1. Dekompilierung zur Herstellung interoperabler Hardware	27, 28
2. Dekompilierung zur Programmwartung durch Drittunternehmen	29
3. Dekompilierung zum Beweis der Rechtsverletzung	30
4. „Dekompilierung" von Web-Sites	31
5. Verhältnis zum UWG	32, 33

I. Schutzzweck

1 Als Maschinen- bzw. Objektcode sind Computerprogramme für Menschen nicht lesbar. § 69e erlaubt unter bestimmten Voraussetzungen die in das Vervielfältigungs- und Bearbeitungsrecht eingreifende Rückübersetzung von maschinenlesbarem Code in eine höhere Programmiersprache oder sonstigen Fachleuten verständlichen Code (Dekompilierung). Die Bestimmung dient der Erhaltung des Wettbewerbs (vgl. Begr. BRegE BT-Drucks. XII/4022, 13). Im Zusammenspiel mit § 69a Abs. 2 soll sie die Schaffung konkurrierender, auf Inte-

roperabilität angewiesener Programme ermöglichen. Insb. Hersteller von Betriebssystemen sollen den Wissensvorsprung über ihre Produkte nicht missbrauchen können, um sich etwa auf dem Sekundärmarkt für Anwendungsprogramme einen nicht auf Leistung bei der Erstellung von Sekundärprodukten beruhenden Vorsprung zu verschaffen. Während § 69a Abs. 2 insb. die Schnittstelleninformationen vom Rechtsschutz ausnimmt, verhindert § 69e die mittelbare Monopolisierung der Schnittstellen- und sonstigen für die Schaffung interoperabler Computerprogramme nötigen Informationen; er sichert damit den Fortschritt der Softwareentwicklung (vgl. Begr. BRegE BT-Drucks. XII/4022, 13). Gleichzeitig soll § 69e aber das im Quellcode verkörperte Know-how und damit die Leistungen, die in das originäre Produkt eingeflossen sind, schützen(vgl. BT-Drucks. XII/4022, 13; Walter/v. Lewinski/Blocher/*Walter,* Art. 6 Rn. 5.6.22f.; Spindler/Schuster/*Wiebe* § 69e Rn. 2f.; vgl. auch Möhring/Nicolini/*Hoeren* § 69e Rn. 1).

Die Vorschrift ist Ergebnis einer umfassenden Debatte und eines dabei gefundenen **2** Kompromisses zwischen den widerstreitenden Interessen unterschiedlicher Positionen innerhalb der Softwareindustrie und der Anwender (vgl. Begr. BRegE BT-Drucks. XII/4022, 13; ausführlich *Marly* Urheberrechtsschutz 276; Schricker/Loewenheim/*Loewenheim* § 69e Rn. 2; Walter/v. Lewinski/Blocher/*Walter* Art. 6 Rn. 5.6.1). Heute stellt sich die Frage, ob die Regelung wegen Art. 4, 10 WCT am Drei-Stufen-Test zu messen ist (Dreier/Hugenholtz/*Senftleben* WCT, Art. 4, 3.).

Als Regelung des bzw. Konsequenz des über § 69c Nr. 1 und 2 erreichten Know-how- **3** Schutzes ist § 69e dem Urheberrecht systemfremd (*Schulte* CR 1992, 648, 653; *Marly* Urheberrechtsschutz 313, 317f.; vgl. Mestmäcker/Schulze/*Haberstumpf* § 69e Rn. 1). Er schränkt den Know-how-Schutz teilweise wieder ein, der aus der Vorverlegung des Übersetzungsschutzes (§ 69c Nr. 2 im Vergleich zu § 23 S. 1) und aus dem Verbot des Kopierens zu eigenen Zwecken (§ 69c Nr. 1; aus § 69d ergibt sich nichts anderes; dazu näher § 69a Rn. 75; § 69d Rn. 1) resultiert.

II. Regelungsinhalt

1. Die Vervielfältigung oder Übersetzung des Programmcodes

Erlaubt sind gem. § 69e Abs. 1 Vervielfältigungs- und Übersetzungshandlungen i.S.v. **4** § 69c Nr. 1 und 2, **nicht** aber **sonstige Umarbeitungen** i.S.v. § 69c Nr. 2 (OLG Karlsruhe CR 1996, 341, 342; weitergehend OLG Düsseldorf CR 2001, 371, 372; Schricker/Loewenheim/*Loewenheim* § 69e Rn. 17; *Koch* NJW-CoR 1994, 293, 298; Walter/v. Lewinski/Blocher/*Walter* Art. 6 Rn. 5. 6. 26: auch sonstige Umarbeitungen, soweit sie zur Übersetzung notwendig sind). **Dekompilierung** (Aufwärts- oder Rückübersetzung) bewirkt das Gegenteil der Kompilierung. Bei der Kompilierung wird Quellcode mittels eines Compilers in Zielcode, maschinenlesbaren Objektcode oder Maschinencode, bei der Dekompilierung maschinenlesbarer Objektcode oder Maschinencode mittels eines Decompilers in Quellcode übersetzt (vgl. auch § 69c Rn. 18). Neben der Übersetzungshandlung wird das Programm hierbei vervielfältigt, da es am Ende des Dekompilierungsvorgangs sowohl als Quell- wie auch als Objekt- bzw. Maschinencode vorliegt (abwegig die insofern abw. Auffassung von *Kochmann* 167).

Keine Dekompilierung im eigentlichen Sinne ist die **Disassemblierung.** Auch Disas- **5** semblierung ist aber eine Form der Aufwärtsübersetzung und unterfällt damit § 69e. Bei ihr wird mittels eines Disassemblers Maschinencode in ein Assemblerprogramm umgewandelt, welches von Fachleuten lesbar ist, gleichwohl Kommentarzeilen und bedeutungstragende Variablen durch Disassemblierung nicht generiert werden können. Im Vergleich zur Dekompilierung stellt sie ein Minus dar, dessen Durchführung unter den weiteren Voraussetzungen daher erst recht zulässig sein muss (vgl. Schricker/Loewenheim/*Loewenheim* § 69e Rn. 17; Walter/v. Lewinski/Blocher/*Walter* Art. 6 Rn. 5.6.21; Dreier/Schulze/

UrhG § 69e 6, 7 § 69e Dekompilierung

Dreier § 69e Rn. 9). Erlaubt ist schließlich die **Rekompilierung** des durch die Dekompilierung erlangten Codes zu Zwecken des Vergleichs mit dem Originalcode (*Koch* NJW-CoR 1994, 293, 298; Schricker/Loewenheim/*Loewenheim* § 69e Rn. 17; Dreier/Schulze/ *Dreier* § 69e Rn. 9). Regelmäßig werden für die gem. § 69e erlaubten Handlungen entsprechende Software-Tools (Decompiler, Disassembler, Compiler und Assembler) eingesetzt.

2. Zur Herstellung der Interoperabilität eines unabhängig geschaffenen Programms

6 a) **Herstellung der Interoperabilität.** Gem. § 69e darf mit der Dekompilierung nur ein beschränkter Zweck verfolgt werden. Die Dekompilierung muss der **Herstellung der Interoperabilität** dienen, bzw. genauer der Erlangung der hierfür erforderlichen Informationen. Unter Interoperabilität ist in Anlehnung an Erwägungsgrund 12 a. F. bzw. 10 n. F. der Computerprogramm-Richtlinie die Fähigkeit von Computerprogrammen zum Austausch von Informationen und zur wechselseitigen Verwendung der ausgetauschten Informationen zu verstehen (vgl. EU-Kommission, COMP/C-3/37792, C(2004)900 final v. 24.3.2004 Rn. 750 ff., insb. Rn. 758 [= auszugsweise wiedergegeben in WuW/E EU-V 931] – Microsoft). Interoperabilität ist also gekennzeichnet durch die Möglichkeit der funktionalen Verbindung und Interaktion, die erforderlich ist, um zu gewährleisten, dass Computerprogramme zusammenarbeiten können (vgl. Präambel des ersten Richtlinien-Vorschlags, EG-Kommission ABl. EG 1989 Nr. C 91, 13). Regelmäßig wird die nach § 69e zulässige Dekompilierung daher, wie Erwägungsgrund 11 a. F. bzw. 10 n. F. der Computerprogramm-Richtlinie zeigt, auf die Erlangung von Schnittstelleninformationen abzielen (Walter/v. Lewinski/Blocher/*Walter* Art. 6 Rn. 5.6.29).

7 Wird mit der Dekompilierung ein **anderer Zweck** verfolgt, ist diese im Grundsatz **unzulässig** und daher von der Zustimmung des Rechtsinhabers abhängig. Unzulässig ist insb., eine Dekompilierung ohne Streben nach Interoperabilität vorzunehmen, um lediglich Ideen und Grundsätze eines Programms auszuforschen. Hierfür bleiben nur die nach Maßgabe des § 69d Abs. 3 zulässigen Formen des Reverse Engineering (*Vinje* GRUR Int. 1992, 250, 257; *Lehmann* GRUR Int. 1991, 327, 334; *Lehmann* NJW 1991, 2112, 2116). Nicht erlaubt ist die Dekompilierung zum Beweis von Rechtsverletzungen (ebenso *Redeker* CR 2010, 426, 427; s. dazu aber Rn. 30). Unzulässig ist dem Wortlaut nach auch die Dekompilierung zu Zwecken der Forschung, privaten Verwendung oder Programmanpassung, Fehlerbeseitigung und Wartung (s. dazu aber Rn. 29), wie zudem die Gesetzgebungsgeschichte des Art. 6 der Computerprogramm-Richtlinie zeigt (vgl. EG-Kommission KOM (90) 509 endg. – SYN 183 vom 18.1.1990, 4, 13; Begr. BRegE BT-Drucks. XII/4022, 13; *Marly* Urheberrechtsschutz 314 ff.; *Vinje* GRUR Int. 1992, 250, 258; Schricker/Loewenheim/*Loewenheim* § 69e Rn. 10; *Raubenheimer* CR 1996, 69, 76). Auch die Dekompilierung zu Zwecken der Migration unterfällt § 69e grds. nicht (so auch Dreier/Schulze/*Dreier* § 69e Rn. 12; a.A. wohl OLG Düsseldorf CR 2001, 371, 372; *Schweyer* 137 für die Schaffung von Übersetzungsprogrammen), weil dabei die Übersetzung nicht (nur) erfolgt, um Schnittstelleninformationen zu erlangen, sondern um das Programm in unveränderter Form zu nutzen. Im Graubereich liegt die Dekompilierung für die Erstellung von Emulationsprogrammen (mit guten Argumenten für zulässig erachtet von *Schweyer* 136 f.). Weiter hat die Rechtsprechung bestätigt, dass für die Beseitigung einer Fehler verursachenden Dongle-Abfrage nicht nur eine von § 69e nicht gedeckte Umgestaltung nötig ist, sondern auch, dass die Beseitigung nicht zur Herstellung der Interoperabilität erforderlich ist (OLG Karlsruhe CR 1996, 341, 342 mit zust. Anm. *Raubenheimer*; Mestmäcker/Schulze/ *Haberstumpf* § 69e Rn. 6; vgl. auch LG Düsseldorf CR 1996, 737, 739: auf Grund § 69e Abs. 3 ablehnend; a. A. LG Mannheim NJW 1995, 3322 f.: Berufung auf § 69e im Grundsatz anerkennend).

b) Mit anderen Programmen. Die Interoperabilität **mit anderen Programmen** 8 muss bezweckt werden. Nach dem Wortlaut des § 69e und des Art. 6 der Computerprogramm-Richtlinie ist es also gleichgültig, ob das zu schaffende Programm mit dem dekompilierten oder mit einem dritten Programm interoperabel sein soll. Es darf, worum im Gesetzgebungsverfahren lange gerungen wurde, im Rahmen des § 69e also auch eine Dekompilierung stattfinden, wenn ein konkurrierendes, ersetzendes Programm geschaffen werden soll (h.M., OLG Düsseldorf CR 2001, 371, 372; *Marly* Urheberrechtsschutz 316f.; *Vinje* GRUR Int. 1992, 250, 255f. jeweils mit Darstellung und Nachweisen zur Gesetzgebungsgeschichte; EG-Kommission, XX. Bericht über die Wettbewerbspolitik, Brüssel 1991, 78; *Lehmann* in Lehmann Rn. 21, insb. Fn. 87f.; *Lehmann* NJW 1991, 2112, 2115f.; *Lehmann* GRUR Int. 1991, 327, 334; *Vinje* CR 1993, 401, 408; *Dreier* CR 1991, 577, 582; Dreier/Schulze/*Dreier* § 69e Rn. 11; *Haberstumpf* in Lehmann Rn. 175; Walter/v. Lewinski/Blocher/*Walter* Art. 6 Rn. 5. 6. 29; *Schweyer* 133; *Wiebe*, JIPITEC (2) 2011, 89, 91; *Wolf* 241; *Schumacher* 215; a.A. unter Hinweis auf § 69e Abs. 3 bzw. Art. 6 Abs. 3 der Computerprogramm-Richtlinie *Moritz* CR 1993, 257, 266; vgl. auch *Pres* 140f.; *Schulte* CR 1992, 648, 653f., EU-Kommission, COMP/C-3/37.792, C(2004)900 final vom 24.3.2004 Rn. 750ff., insb. Rn. 762 [= auszugsweise wiedergegeben in WuW/E EU-V 931] – Microsoft).

Zugleich folgt aus diesem Tatbestandsmerkmal, dass § 69e keine direkte Anwendung auf 9 die Herstellung **interoperabler Hardware** findet (h.M., Schricker/Loewenheim/*Loewenheim* § 69e Rn. 11; Möhring/Nicolini/*Hoeren* § 69e Rn. 9; Fromm/Nordemann/*Czychowski* § 69e Rn. 1; Mestmäcker/Schulze/*Haberstumpf* § 69e Rn. 7; *Moritz* CR 1993, 257, 266; dazu näher Rn. 26f.). Auch dies ist das Resultat langanhaltender Diskussionen in den europäischen Gesetzgebungsorganen (Begr. BRegE BT-Drucks. XII/4022, 13; vgl. auch *Marly* Urheberrechtsschutz 322ff.). Allerdings kann Hardware im ROM verkörperte Computerprogramme oder Teile von diesen enthalten (etwa ein sog. BIOS = Basic Input Output System; s.a. *Schweyer* 136: Mikroprogramm des Prozessors erfasst). Die Herstellung der Interoperabilität mit diesen Programmen fällt in den direkten Anwendungsbereich des § 69e. Auch die Ergründung von Dateiformaten ist erfasst (*Schweyer* 133ff.) zumal es hier in der Regel um die Interoperabilität zwischen Programmen geht.

c) Unabhängigkeit der Erstellung. Weiter fordert § 69e, dass die Herstellung eines 10 **unabhängig geschaffenen Programms** verfolgt wird. Das gewährleistet, dass die Interessen des Herstellers des Originalprogramms gewahrt bleiben, denn unabhängig geschaffen ist ein Programm nur dann, wenn es nicht mit Hilfe des durch die Dekompilierung gewonnenen Codes und sonstiger Informationen und Erkenntnisse erstellt wurde. Schnittstellen und andere Teile des durch den Dekompilierenden hergestellten Programms müssen also entweder derart gestaltet werden, dass sie mit Ausnahme der gem. § 69a Abs. 2 oder sonst ungeschützten Elemente keine Ähnlichkeit mit dem Originalprogramm haben, oder am besten ohne genauere Kenntnis des Programms nur mit Hilfe der **Schnittstellenspezifikationen** und ähnlichen Informationen geschaffen werden. Die Übernahme des die Schnittstellen realisierenden Codes ist im Grundsatz nicht erlaubt; etwas anderes gilt nur, wenn ähnlich der sog. merger doctrine des britischen und amerikanischen Rechts (zu dieser *Günther* JurPC 1994, 2488, 2491ff.) für Programmelemente, die funktional, also durch die Natur der Sache, zwingend vorgegeben sind, kein Urheberschutz besteht oder ein Urheberrechtsschutz auf Grund der Geringfügigkeit der übernommenen Teile ausscheidet (*Dreier* CR 1991, 577, 583; *Vinje* GRUR Int. 1992, 250, 259f., dort insb. auch Fn. 73; s. auch *Schulte* CR 1992, 648, 650). Zum Nachweis der Unabhängigkeit empfiehlt es sich im Übrigen, eine sog. Clean-Room-Programmierung vorzunehmen, welche in Fällen, in denen keine andere Gestaltung möglich ist, zur erlaubten Doppelschöpfung führt (vgl. dazu *Vinje* GRUR Int. 1992, 250, 259; § 69d Rn. 65; vgl. auch Schricker/Loewenheim/*Loewenheim* § 69e Rn. 9: subjektive Neuheit reicht). Im Übrigen wird sogar gefordert, dass ein Programm nicht dekompiliert wird, bevor nicht das unabhängig geschaffene Programm zumindest in Form von Entwurfsmaterial vorliegt (EG-Kommission KOM (2000) 199 endg. v. 10.4.2000, 15; Walter/v. Lewinski/Blocher/*Walter* Art. 6 Rn. 5.6.30).

11 Auf gar keinen Fall dürfen Teile übernommen werden, deren Übernahme zur Herstellung der Interoperabilität nicht erforderlich ist (Schricker/Loewenheim/*Loewenheim* § 69e Rn. 9). Weiter kann aber nach dem Vorgesagten auch nicht der Argumentation zugestimmt werden, dass die Übernahme **urheberschutzfähiger Elemente** zur Herstellung der Interoperabilität im Einzelfall erforderlich und daher nach dem Zweck des § 69e erlaubt sein müsse (so aber *Haberstumpf* in Lehmann Rn. 173; Mestmäcker/Schulze/*Haberstumpf* § 69e Rn. 5; Schricker/Loewenheim/*Loewenheim* § 69e Rn. 18; ähnlich *Marly* Urheberrechtsschutz 324; Dreier/Schulze/*Dreier* § 69e Rn. 20 unter Hinweis auf die Interoperabilität im Bereich des Musterschutzes; s. dazu auch *Schweyer* 140f.). Zunächst können auch die Vertreter dieser Auffassung nicht erklären, woher sie das dann notwendige Verbreitungsrecht ableiten. Weiter spricht gegen die Auffassung § 69e Abs. 2 Nr. 3 (s. Rn. 22f.; ähnlich *Wiebe*, JIPITEC (2) 2011, 89, 92). Vor allem ist eine teleologische Extension des § 69e nicht nötig, da bereits die Clean-Room-Programmierung gewährleistet, dass der Zweck des Gesetzes, nämlich die Ermöglichung der Herstellung und Verwertung interoperabler Programme, auch ohne eine über den Wortlaut des § 69e hinausgehende Beschränkung des Verbreitungs- und Vervielfältigungsrechts erreicht wird. Und schließlich gewährleistet nur die hier vertretene Lösung, dass der Zweithersteller auch in solchen Fällen keine Investitionen des Originalherstellers für die Programmentwicklung übernimmt. Hinzuweisen ist abschließend darauf, dass andererseits ein Verstoß gegen §§ 17, 18 UWG nicht vorliegt, da § 69e insofern der Verwertung der reinen Information die Rechtswidrigkeit nimmt (s. Rn. 32).

3. Zur Dekompilierung berechtigte Personen, Abs. 1 Nr. 1

12 Zur Dekompilierung unter den Voraussetzungen des § 69e berechtigt sind nur der Lizenznehmer oder eine andere zur Verwendung des Vervielfältigungsstücks des Programms berechtigte Person (1. und 2. Alt.), also die Nutzungsberechtigten i.S.v. § 69d (s. dazu oben § 69d Rn. 24ff.) sowie eine in deren Namen ermächtigte Person (3. Alt.). Anders als § 69d Abs. 1 stellt § 69e klar, dass der Nutzungsberechtigte auch Dritten, insb. entsprechenden Fachleuten (Schricker/Loewenheim/*Loewenheim* § 69e Rn. 14), gestatten kann, die Dekompilierung für ihn („in deren Namen") vorzunehmen (dazu näher Walter/v. Lewinski/Blocher/*Walter* Art. 6 Rn. 5.6.31f.). Ein Nutzungsrecht braucht der Dritte nicht (a.A. *Moritz* CR 1993, 257, 265). Demgegenüber erlaubt die Regelung nicht, dass ein Dritter unter Berufung auf die Ermächtigung durch den Nutzungsberechtigten das Programm für seine Zwecke dekompiliert. Auch enthält die Regelung in § 69e Abs. 1 Nr. 1 keine Aussage mit Blick auf die Erlaubnis für Dritte, (fehlerbeseitigende) Handlungen i.S.v. § 69d vorzunehmen (so auch OLG Karlsruhe CR 1996, 341, 342 – Dongle – mit zust. Anm. *Raubenheimer;* a.A. LG Mannheim NJW 1995, 3322; vgl. auch LG Düsseldorf CR 1996, 737, 739 – Dongle-Umgehung; dazu § 69d Rn. 28).

4. Unerlässlichkeit der Dekompilierung

13 Gem. § 69e Abs. 1 muss die Dekompilierung unerlässlich sein. Wann dies der Fall ist, wird weder von Art. 6 der Computerprogramm-Richtlinie noch von der deutschen Umsetzung in § 69e näher positiv definiert. Deutlich wird anhand des Wortlauts lediglich, dass die Dekompilierung die ultima ratio darstellt (*Marly* Urheberrechtsschutz 319; *Lehmann* GRUR Int. 1991, 327, 334; *Lehmann* NJW 1991, 2112, 2116; Walter/v. Lewinski/Blocher/*Walter* Art. 6 Rn. 5.6.28). Know-how soll nicht unnötig preisgegeben werden. Die praktischen Schwierigkeiten und der nicht unerhebliche zeitliche und personelle Aufwand, der mit der Dekompilierung verbunden ist, dürften aber regelmäßig dazu führen, dass Softwarehersteller eine Dekompilierung ohnehin nur dann vornehmen, wenn sie unerlässlich ist (*Vinje* GRUR Int. 1992, 250, 257). Eine negative Konkretisierung findet sich in § 69e Abs. 1 Nr. 2 und 3.

a) Mangelnder anderweitiger Zugang zu den Informationen Abs. 1 Nr. 2. Danach ist die Dekompilierung **nicht** unerlässlich, wenn die Informationen dem zur Dekompilierung gem. Abs. 1 Nr. 1 Berechtigten **bereits zugänglich** gemacht wurden. Nicht ohne weiteres zugänglich i. S. v. Abs. 1 Nr. 2 sind Informationen, wenn sie vom Hersteller der Originalprogramme nur gegen ein Entgelt angeboten werden (*Haberstumpf* in Lehmann Rn. 174; *Kochmann* 173; *Schumacher* 215: kostenlos; wohl auch Mestmäcker/Schulze/ *Haberstumpf* § 69e Rn. 11; a. A. *Marly* NJW-CoR 1993, 21, 24; Fromm/Nordemann/ *Czychowski* § 69e Rn. 11; Schricker/Loewenheim/*Loewenheim* § 69e Rn. 15; Möhring/ Nicolini/*Hoeren* § 69e Rn. 11: reine Aufwandsentschädigung zulässig; vgl. aber auch mit Hinweisen zur Gesetzgebungsgeschichte *Schulte* CR 1992, 648, 650, 657). Demgegenüber sind die Informationen anderweitig zugänglich, wenn sie dem Dekompilierenden oder allgemein bekannt sind oder vom Hersteller oder einem Dritten (unentgeltlich) zur Verfügung gestellt werden (vgl. Fromm/Nordemann/*Czychowski* § 69e Rn. 11). Eine diesen Anforderungen entsprechende **Veröffentlichung** kann insb. durch eine dem Programm **beigefügte Dokumentation**, durch **Fachliteratur** (Mestmäcker/Schulze/*Haberstumpf* § 69e Rn. 8) oder durch Bereitstellung der Informationen auf einer **Website** (Dreier/ Schulze/*Dreier* § 69e Rn. 15) erfolgen. Eine in der Vergangenheit vorgenommene Veröffentlichung reicht nur dann aus, wenn sie weiter leicht zugänglich ist.

Strittig ist, ob der Dekompilierende die Informationen beim Hersteller erfragen muss (dafür *Haberstumpf* in Lehmann Rn. 174; Dreier/Schulze/*Dreier* § 69e Rn. 15; Schricker/ Loewenheim/*Loewenheim* § 69e Rn. 15; *Kochmann* 172; Möhring/Nicolini/*Hoeren* § 69e Rn. 11; Mestmäcker/Schulze/*Haberstumpf* § 69e Rn. 1, 11; Spindler/Schuster/*Wiebe* § 69e Rn. 7; dagegen *Marly* Urheberrechtsschutz 319; Fromm/Nordemann/*Czychowski* § 69e Rn. 11; *Vinje* GRUR Int. 1992, 250, 257 unter Hinweis auf die Gesetzgebungsgeschichte; nach *Günther* JurPC 1994, 2488, 2497 sind Richtlinie und deutsche Umsetzung insofern auslegungs- und konkretisierungsbedürftig). Dafür sprechen der Wortlaut und die Tatsache, dass § 69e als Ausnahmevorschrift eng auszulegen ist (§ 69e Abs. 3). Allerdings ist dem Dekompilierenden die langwierige Suche nach den Ansprechpersonen beim Hersteller nicht zuzumuten, weil er dann entgegen der Zielrichtung des § 69e Gefahr liefe, den Anschluss an den Markt zu verlieren. Auch ist dem Hersteller nur eine kurze Antwortfrist zuzugestehen. Schließlich muss die Information, soweit sie auch entsprechend abgefragt wurde, vollständig sein. Dass die Nachfrage aber unentbehrlich ist, ergibt sich u. a. daraus, dass § 69e UrhG nach ganz h. M. dem (indirekten) Know-how-Schutz dienen soll (vgl. Rn. 1, 3). Dem Know-how-Schutz stünde es entgegen, wenn Dritte im freien Ermessen und ohne vorherige Anfrage dekompilieren und so den Quellcode in Erfahrung bringen könnten. Ungeklärt ist weiter, ob die Dekompilierung mit Werkzeugen zulässig ist, bei denen die nochmalige Dekompilierung von Teilen mit solchen Schnittstelleninformationen nicht verhindert werden kann, die bereits offen gelegt wurden (bejahend *Koch* NJW-CoR 1994, 293, 298). Wortlaut und Zweck der Vorschrift entsprechend sollte dies nur zugelassen werden, wenn keine anderen Werkzeuge auf dem Markt sind, die das Problem nicht mit sich bringen.

b) Beschränkung der Dekompilierung auf notwendige Programmteile, Abs. 1 Nr. 3. Die Dekompilierung ist weiter nur soweit unerlässlich, wie **Programmteile** dekompiliert werden, **welche Informationen** zur Herstellung der Interoperabilität **enthalten.** Das ist eine Frage des Einzelfalles, die aber nicht ausschließlich ex post zu beurteilen ist (so aber *Vinje* GRUR Int. 1992, 250, 257). Richtigerweise kann der Dekompilierende die Frage zwar ex ante nicht beurteilen. Entscheidend muss daher aber sein, was er angesichts der ihm bekannten Tatsachen **ex ante** für erforderlich halten durfte (vgl. Schricker/Loewenheim/*Loewenheim* § 69e Rn. 16; Walter/v. Lewinski/Blocher/*Walter* Art. 6 Rn. 5. 6. 35 f.; *Wiebe,* JIPITE (2) 2011, 89, 91). Im Normalfall enthalten nur wenige Teile des Programms die zur Herstellung der Interoperabilität notwendigen Schnittstelleninformationen. Sind aber über die Schnittstelleninformationen hinaus weitere Informationen zur Erreichung der Interoperabilität erforderlich, ist auch die Dekompilierung weiterer Programmteile erlaubt, im Extremfall des gesamten Programms (*Vinje* GRUR Int. 1992, 250, 257; Fromm/Nordemann/*Czychowski* § 69e Rn. 12). Weiter muss der Dekompilierende sich nicht auf die offiziellen Schnittstellen beschränken, wenn etwa ein Betriebsystem weitere **inoffizielle** (mitunter tiefer gelagerte) **Schnittstellen** hat, welche der Hersteller selber nutzt (Dreier/Schulze/*Dreier* § 69e Rn. 16; vgl. auch Walter/v. Lewinski/Blocher/ *Walter* Art. 6 Rn. 5.6.36). Sinn des § 69e ist es, auch insofern für gleiche Wettbewerbsbedingungen zu sorgen.

17 Der Dekompilierende soll außerdem gehalten sein, mittels Reverse Engineering i. S. v. § 69d Abs. 3, Programmhandbüchern und sonstiger technischer Literatur erst zu ermitteln, welche Teile er zur Erlangung der Schnittstelleninformationen dekompilieren muss (*Marly* Urheberrechtsschutz 319; Schricker/Loewenheim/*Loewenheim* § 69e Rn. 16; Mestmäcker/ Schulze/*Haberstumpf* § 69e Rn. 12; Walter/v. Lewinski/Blocher/*Walter* Art. 6 Rn. 5.6.35). Allerdings sollten die Anforderungen nicht überspannt werden. Insb. Reverse Engineering kann derart aufwändig sein, dass der Schutzzweck des § 69e unterlaufen würde, müsste der Dekompilierende vorweg erst die Mittel des § 69d Abs. 3 zur Identifizierung der relevanten Programmteile ausschöpfen.

18 **c) Sonstige Anforderungen und Kriterien.** Erst recht kann für die Unerlässlichkeit nicht verlangt werden, dass der Dekompilierende zunächst mit Hilfe von **Reverse Engineering** i. S. v. § 69d Abs. 3 versucht, die notwendigen Informationen zu erlangen, denn ein solches Vorgehen würde, insb. angesichts der kurzen Entwicklungszyklen bei Computerprogrammen, entgegen dem Zweck der Vorschrift den Wettbewerb stark einschränken (*Vinje* GRUR Int. 1992, 250, 257; Dreier/Schulze/*Dreier* § 69e Rn. 15; tendenziell a. A. *Marly* Urheberrechtsschutz 319; Schricker/Loewenheim/*Loewenheim* § 69e Rn. 16; Walter/ v. Lewinski/Blocher/*Walter* Art. 6 Rn. 5.6.28).

19 **d) Beweislast.** Die Richtlinie macht keine Vorgaben, wer die Beweislast für die Unerlässlichkeit trägt (*Vinje* GRUR Int. 1992, 250, 257). Nach deutschen Rechtsgrundsätzen obliegt dies dem Dekompilierenden (vgl. Fromm/Nordemann/*Czychowski* § 69e Rn. 17; vgl. aber auch OLG Düsseldorf CR 2001, 371, 372).

5. Verwendungs- und Weitergabebeschränkungen, Abs. 2

20 **a) Zweckbeschränkung, Abs. 2 Nr. 1.** Abs. 2 Nr. 1 betont entsprechend den Voraussetzungen des Abs. 1 („zur Herstellung der Interoperabilität") noch einmal, dass die erlangten Informationen auch nur zur Herstellung interoperabler Produkte verwendet werden dürfen (s. näher Rn. 6 f.). Damit wird über Abs. 1 hinaus geregelt, dass die Informationen nicht noch für weitere Zwecke benutzt werden dürfen (*Marly* Urheberrechtsschutz 320; dies übersieht das OLG Düsseldorf CR 2001, 371, 372). Informationen i. S. d. Abs. 2 sind dabei auch solche, die urheberrechtlich nicht geschützt sind (ganz h. M., etwa *Marly* Urheberrechtsschutz 319 ff.; Dreier/Schulze/*Dreier* § 69e Rn. 18; Mestmäcker/Schulze/ *Haberstumpf* § 69e Rn. 13; a. A. Walter/v. Lewinski/Blocher/*Walter* Art. 6 Rn. 5.6.41 ff.; *Schweyer* 141 f.; zur Auswirkung des Meinungsstreits im Lichte des Abs. 2 Nr. 2 *van Rooijen* CRi 2007, 129, 134 f.). Dies ergibt sich sowohl aus dem Bezug auf Informationen i. S. d. Abs. 1 als auch aus dem Schutzzweck des § 69e (dazu Rn. 1 ff.). Zu Unrecht wird insofern geltend gemacht, hierin läge ein Verstoß gegen Art. 5 GG (so aber *Schumacher* 216 f.). Denn § 69e dient, wenn auch urheberrechtlich systemfremd, dem Know-how-Schutz (vgl.

Rn. 3), und zwar insb. auch dann, wenn eine Dekompilierung in größerem Umfang erforderlich ist (vgl. Rn. 16), um die Schnittstelleninformationen zu erlangen.

b) Weitergabebeschränkung, Abs. 2 Nr. 2. Gem. Abs. 2 Nr. 2 dürfen die Informationen grds. nicht an Dritte weitergegeben werden. Eine eingeschränkte Ausnahme wird nur insofern gemacht, als dieses für die Interoperabilität des durch den Dekompilierenden erstellten Programms notwendig ist. Denkbar ist dies etwa, wenn der Dekompilierende Dritte mit der Programmierung oder Entwicklung einzelner Module seines Programms beauftragt. Demgegenüber ist die Weitergabe an andere Hersteller untersagt, auch wenn dieses zu unnötigem Doppelaufwand und dem faktischen Ausschluss kleinerer Hersteller vom Wettbewerb führen kann (Walter/v. Lewinski/Blocher/*Walter* Art. 6 Rn. 5.6.49; *Marly* Urheberrechtsschutz 320, 328, der hiergegen europarechtliche Bedenken äußert). Unzulässig ist demgemäß auch die Veröffentlichung der Schnittstellen in der einschlägigen Fachliteratur (*Marly* Urheberrechtsschutz 321; Mestmäcker/Schulze/*Haberstumpf* § 69e Rn. 14). Unter entsprechenden Umständen kann Abs. 2 Nr. 2 erlauben, Schnittstelleninformationen in Kundenhandbücher aufzunehmen (vgl. dazu *Vinje* GRUR Int. 1992, 250, 258). Dies ist aber eine Frage der Einzelfalls und der sonstigen geheimnisschützenden Regelungen mit dem Kunden. 21

c) Nachahmungsbeschränkung, Abs. 2 Nr. 3. Nach Abs. 2 Nr. 3 dürfen die Informationen nicht für die Entwicklung, Herstellung und Vermarktung eines Programms mit im Wesentlichen ähnlicher **Ausdrucksform** oder für sonstige Urheberrechtsverletzungen verwendet werden. Letzteres scheint eine Selbstverständlichkeit zu sein, spielt aber wohl auch darauf an, dass die innere Form schutzfähig ist. Ersteres betont, wogegen sich die Verfechter eines Verbots der Schaffung von Konkurrenzprodukten lange gewehrt hatten, nämlich dass die funktionale **Nachschaffung** und damit die Schaffung konkurrierender Produkte erlaubt ist, soweit nicht der Programmcode oder sonstige schutzfähige Gestaltungselemente des dekompilierten Programms übernommen werden (*Vinje* GRUR Int. 1992, 250, 258; *Marly* Urheberrechtsschutz 321 f.; Walter/v. Lewinski/Blocher/*Walter* Art. 6 Rn. 5.6.50; vgl. auch *Wiebe*, JIPITEC (2) 2011, 89, 91 f.). Der Anwendungsbereich der Beschränkung des Abs. 2 Nr. 3 bleibt unklar. 22

Teils wird er in der Vorverlegung des Schutzes gegen die Entwicklung und Herstellung eines in der Ausdrucksform ähnlichen Programms gesehen (*Marly* Urheberrechtsschutz 322). Das überzeugt jedoch nicht, denn auch hier greift schon das Vervielfältigungs- und Bearbeitungsrecht ein. Abs. 2 Nr. 3 bestätigt vielmehr die oben vertretene Auffassung, dass die Übernahme schutzfähiger Elemente nie erlaubt ist (ausführlich oben Rn. 11). 23

6. Interessenabwägung, Abs. 3

Nach Abs. 3 sind die Interessen an der Dekompilierung gegenüber den normalen Interessen an der Verwertung und den berechtigten Interessen des Rechtsinhabers abzuwägen. § 69e Abs. 3 soll die Vereinbarkeit der Dekompilierungsvorschrift mit **Art. 9 Abs. 2 RBÜ** sicherstellen (vgl. *Vinje* GRUR Int. 1992, 250, 258; EG-Kommission KOM (2000) 199 endg. v. 10.4.2000, 14; zur Konformität mit Art. 13 TRIPs *Lehmann* CR 1996, 2, 4; heute könnte hier ggf. auch der wegen Art. 4 WCT zu erwägende Drei-Stufen-Test des Art. 10 WCT [Dreier/Hugenholtz/*Senftleben* WCT, Art. 4, 3.] berücksichtigt werden), und zwar entsprechend dessen deutscher Fassung (Begr. BRegE BT-Drucks. XII/4022, 13). Ein konkreter Inhalt ist Abs. 3 nicht zu entnehmen; vielmehr wird noch einmal das Ziel der Vorschrift betont, einen angemessenen Interessenausgleich herbeizuführen (*Marly* Urheberrechtsschutz 325 f.). Es findet also eine letzte Kontrolle im Sinne des angloamerikanischen **Fair-Use-Gedankens** statt (*Lehmann* NJW 1991, 2112, 2115, Fn. 61; *Lehmann* GRUR Int. 1991, 327, 334; vgl. auch Walter/v. Lewinski/Blocher/*Walter* Art. 6 Rn. 5.6.54: Missbrauchskontrolle). § 69e Abs. 3 und Art. 6 Abs. 3 der Computerprogramm-Richt- 24 linie stellen insofern aber nicht bloß eine einfache Auslegungsregeln dar, sondern eine völkerrechtlich bedingte, verbindliche Vorschrift (Walter/v. Lewinski/Blocher/*Walter* Art. 6 Rn. 5.6.54; *Lehmann* CR 1996, 2, 4) zur weiteren Begrenzung des § 69e Abs. 1. Sie setzen die fast wortgleichen, zwingenden Vorgaben von Art. 9 RBÜ, Art 13 TRIPs und Art. 10 Abs. 2 WCT um. Dabei erfasst der vor der Bestätigung der Richtlinie in Kraft getretene Art. 13 TRIPs anders als Art. 9 RBÜ auch das Bearbeitungsrecht (vgl. Busche/Stoll/*Füller* TRIPs Art. 13 Rn. 1). Der durch diese Normen zur Stärkung der Rechteinhaber eingeführte sog. **Drei-Stufen-Test** hält zu einer engen Auslegung von urheberrechtlichen Schranken an; er bildet nach Stimmen in der Literatur auch im Rahmen des auf diesem beruhenden Art. 6 Abs. 3 der Computerprogramm-Richtlinie mit seinem Verbot „einer ungebührlichen Verletzung berechtigter Urheberinteressen das Zentrum des Prüfungsvorgangs" (so allgemein, aber auch gerade mit Blick auf Art. 6 Abs. 3 der Computerprogramm-Richtlinie *Senftleben* GRUR Int. 2004, 200, 205; s. auch Evaluationsbericht zur Richtlinie, Bericht der Kommission über die Umsetzung und die Auswirkungen der Richtlinie 91/250/EWG über den Rechtsschutz von Computerprogrammen v. 10.4.2000, KOM [2000] 199, 14). Konkretes Ziel des Gesetzgebers war es, einen angemessenen Interessenausgleich abzusichern. In der Literatur wird insofern zu Recht betont, dass die Aufnahme der Generalklausel des Abs. 3 auch (sachlich) zwingend gewesen sei, weil der Gesetzgeber „insbesondere mit Blick auf Missbräuche oder andere unzumutbare Beeinträchtigungen der Rechtsinhaber" die Bedeutung der Ausnahmevorschrift des § 69e nicht absehen konnte (so Fromm/Nordemann/*Czychowski* § 69e Rn. 15). Die „Generalklausel" (LG Düsseldorf CR 1996, 737, 740) des Abs. 3 trägt in diesem Sinne dafür Sorge, dass die ohnehin **eng auszulegende,** stark begrenzte **Schranke** des § 69e Abs. 1 ggf. **weiter zu begrenzen** ist. Dass der Gesetzgeber im Verlauf der höchst kontroversen Beratungen ein Bedürfnis für diese Einschränkung gesehen hat, bestätigt der Evaluationsbericht zur Richtlinie (Bericht der Kommission über die Umsetzung und die Auswirkungen der Richtlinie 91/250/EWG über den Rechtsschutz von Computerprogrammen, v. 10.4.2000, KOM [2000] 199, 7; vgl. auch BT-Drucks. XII/4022, 13). Aus dem beschränkenden Charakter des Abs. 3 und den besagten völkerrechtlichen Vorgaben folgt, dass Abs. 3 auch Vorrang vor den Abs. 1 und 2 haben muss, also vorgehen müsste, wenn die wörtliche Auslegung der Absätze 1 und 2 im Widerspruch zu Abs. 3 stünde (Walter/v. Lewinski/Blocher/*Walter* Art. 6 Rn. 5.6.54 m. w. N.).

25 Konkret sind im Rahmen von Abs. 3 die **Interessen** an der Dekompilierung gegenüber den normalen Interessen an der Verwertung und den berechtigten Interessen des Rechteinhabers **abzuwägen** (vgl. Dreyer/Kotthoff/Meckel/*Kotthoff* § 69e Rn. 17). Als berechtigtes Interesse einzustellen, ist das ökonomische Interesse, das der Urheber an der Geltendmachung seiner international anerkannten Ausschließlichkeitsrechte hat (*Senftleben* GRUR Int. 2004, 200, 210). Die **normale Verwertung** i. S. v. Art. 13 TRIPs und wohl auch i. S. v. § 69e Abs. 3 soll sich an den gewährten Nutzungsmöglichkeiten orientieren und dabei sowohl die Benutzung als auch den Gebrauch zu eigenen Zwecken umfassen; eine **unzumutbare Interessenverletzung** soll demgegenüber nach wirtschaftlichen Maßstäben zu beurteilen und gegeben sein, wenn nicht lediglich die übliche Verwertung eines Werkes beeinträchtigt ist, sondern wenn aktuell oder potenziell ein unverhältnismäßiger Einkommensverlust des Rechteinhabers verursacht wird bzw. werden kann (Busche/Stoll/*Füller* TRIPs Art. 13 Rn. 1 und 13f.). Derartige Einkommensverluste müssen also über die üblichen Lizenzverluste hinausgehen. Denkbar ist dieses möglicherweise auch, wenn zu befürchten ist, dass es durch den Einsatz der Software des Dekompilierenden zu massiven Schäden und Reputationsverlusten kommt. Möglich erscheint das im Einzelfall etwa bei in sich geschlossenen Hochsicherheitssystemen (Embedded Systems), soweit durch unzureichend getestete und abgestimmte Fremdprogramme signifikante Risiken für die Allgemeinheit entstehen können. Nicht zu rechtfertigen ist etwa auch das Entfernen einer Dongle-Abfrage (LG Düsseldorf CR 1996, 739), die aber auch sonst nicht die Vorausetzungen des § 69e erfüllt (s. Rn. 7). Denn hierbei werden das Piraterierisiko und damit das Risiko von Einkommensverlusten signifikant gesteigert. Ähnlich wird teils auch im Kontext von sog. Cheatbots für regelwidrig zugreifende Drittprogramme argumentiert (*Werner,* CR 2013, 516, 522).

7. Zwingendes Recht und sonstige Auswirkungen

§ 69e ist zwingendes Recht. Abweichungen sind schon auf Grund von § 69g Abs. 2 **26** nichtig. Im Übrigen sind solche Vereinbarungen in Formularverträgen zugleich gem. **§ 307 BGB** unwirksam (Wolf/Lindacher/Pfeiffer/*Schmidt* AGB-Recht Klauseln Rn. S 222). Einschränkungen verstoßen im Grundsatz zugleich gegen deutsches und europäisches Kartellrecht; entsprechende Lizenzverträge sind auch nicht freistellungsfähig (*Moritz* CR 1993, 257, 263; *Vinje* CR 1993, 401, 408). Macht ein Softwarehersteller die zur Herstellung eines interoperablen Programms notwendigen Informationen nicht zugänglich, liegt hierin im Grundsatz ein kartellrechtswidriges Verhalten. Auf dieses finden insb. bei marktmächtigen Unternehmen die **Art. 101 und 102 AEUV** Anwendung (Erwägungsgrund 26 a. F. bzw. 18 n. F. der Computerprogramm-Richtlinie; EG-Kommission, KOM (90) 509 endg. – SYN 183 v. 18.10.1990, 3f.; EG-Kommission ABl. EG 1989 Nr. C 91/16; EU-Kommission, COMP/C-3/37792, C(2004)900 final vom 24.3.2004 Rn. 743 ff. [= auszugsweise wiedergegeben in WuW/E EU-V 931] – Microsoft; vgl. auch EuG WuW/E EU-R 863 Rn. 198 ff., insb. 207 und 222 ff. – Microsoft/Kommission; EuG CRi 2007, 148 Rn. 369 ff., 643 ff. [= auszugsweise wiedergegeben in WuW/E EUR-R 1307] – Microsoft/Kommission; EU-Kommission COMP/39.294 5 – Microsoft; EU-Kommission COMP/39.530, ABl. EU 2010 Nr. C 36/5 v. 13.2.2010 – Microsoft; *Marly* Urheberrechtsschutz 304 ff., 313; *Lehmann* NJW 1991, 2112, 2116; *Lehmann* GRUR Int. 1991, 327, 334; Mestmäcker/Schulze/*Haberstumpf* § 69e Rn. 7; *Wiebe,* JIPITEC (2) 2011, 89, 93 ff.; s. auch Rn. 27, Vor §§ 69a ff. Rn. 17; *Wolf* 235 ff.; a. A. Dreier/Schulze/*Dreier* § 69e Rn. 6), aber auch die entsprechenden Regeln des GWB (OLG München NJW-WettbR 1999, 142). So hat die EU-Kommission – bestätigt durch das EuG – auf der Basis von Art. 102 Abs. 2 lit. b AEUV in Verbindung mit der EG-VO 17/62 Microsoft aufgegeben, aktiv durch Offenlegung der erforderlichen Schnittstelleninformationen die volle Interoperabilität von Microsoft-Betriebssystemsoftware und entsprechenden Serverprogrammen konkurrierender Hersteller zu ermöglichen (EU-Kommission, COMP/C-3/37792, C(2004)900 final vom 24.3.2004 Rn. 542 ff., 709 ff., 743 ff. [= auszugsweise wiedergegeben in WuW/E EU-V 931] – Microsoft; EuG WuW/E EU-R 863 – Microsoft/Kommission; EuG CRi 2007, 148 Rn. 369 ff., 643 ff. [= auszugsweise wiedergegeben in WuW/E EUR-R 1307] – Microsoft/Kommission; zust. *Heinemann* GRUR 2006, 705, 711 f.). Dabei fragt sich zwar, ob diese Entscheidung der EU-Kommission auf einer Linie mit der Rechtsprechung des EuGH im Fall „IMS Health" wäre (zweifelnd mit Blick auf das Kriterium der Verhinderung eines „neuen" Produkts insofern *Moritz* CR 2004, 321, 325; *Körber* RIW 2004, 568, 571, *Körber* RIW 2004, 881, 888 ff. unter Hinweis auf EuGH GRUR Int. 2004, 644 Rn. 34 ff. – IMS Health), andererseits aber auch, ob nicht diese Rechtsprechung ohnehin zu restriktiv ist (so im Zusammenhang mit dem Microsoft-Fall auch *Zimmerlich* WRP 2004, 1260, 1270; *Heinemann* GRUR 2006, 705, 712; s. auch EU-Kommission, Discussion paper on the application of Article 82 of the Treaty to exclusionary abusues, v. 19.12.2005 Rn. 240 ff.; *Fichert/Sohns* WuW 2003, 907 ff.). Das EuG stellt konsequenterweise aber nicht etwa auf die Verhinderung eines neuen Produkts, sondern vielmehr auf die Behinderung technologischer Entwicklungen ab (EuG CRi 2007, 148 Rn. 647 [= WuW/EU-R 1307] – Microsoft/Kommission; abl. *van Rooijen* CRi 2007, 129, 131 ff., der kritisiert, dass das EuG die Möglichkeit einer legalen Dekompilierung und den mit Blick auf Schnittstelleninformationen geschaffenen, gesetzlichen Interessenausgleich ignoriert; ähnlich Dreier/Schulze/*Dreier* § 69e Rn. 6).

III. Einzelfragen

1. Dekompilierung zur Herstellung interoperabler Hardware

27 Ein Teil der Literatur tendiert dazu, Art. 6 der Computerprogramm-Richtlinie entgegen seinem Wortlaut auch auf die Herstellung interoperabler Hardware anzuwenden (*Marly* Urheberrechtsschutz 323; Dreier/Schulze/*Dreier* § 69e Rn. 11; wohl auch *Lehmann* NJW 1991, 2112, 2115f., Fn. 61; *Lehmann* GRUR Int. 1991, 327, 333f., Fn. 95). Angeführt werden für eine erweiternde Auslegung des Normtextes die mit der Interessenlage bei der Herstellung von Computerprogrammen vergleichbare Interessenlage sowie Erwägungsgrund 22 a. F. bzw. 15 n. F. der Computerprogramm-Richtlinie, der von Computersystemen spricht (*Marly* Urheberrechtsschutz 323; gegen die Argumentation mit Erwägungsgrund 22 a. F. bzw. 15 n. F. *Moritz* CR 1993, 257, 266). Erweiternde und analoge Auslegung kommen aber schon deshalb nicht in Betracht, weil europäischer und nationaler Gesetzgeber sich bewusst gegen die Erstreckung der Dekompilierung auch auf Fälle der Herstellung interoperabler Hardware entschieden haben (EG-Kommission KOM (90) 509 endg. – SYN 183 v. 18.10.1990; Begr. BRegE BT-Drucks. XII/4022, 13; weitere Nachweise zur Gesetzgebungsgeschichte bei *Marly* Urheberrechtsschutz 322; wie hier daher Walter/v. Lewinski/*Blocher*/*Walter* Art. 6 Rn. 5.6.53; Mestmäcker/Schulze/*Haberstumpf* § 69e Rn. 7). Auch § 69e Abs. 2 Nr. 1 bestätigt dies (*Koch* NJW-CoR 1994, 293, 298). Keine Hardware in diesem Sinne ist aber „Software im Gehäuse" (s. Rn. 9; Rats-Dok. 10652/1/90 v. 14.12.1990, 3).

28 Hingegen kann sich, wie Erwägungsgrund 26a. F. bzw. 17n. F. der Computerprogramm-Richtlinie bestätigt, aus kartellrechtlichen Gründen insb. bei marktmächtigen Unternehmen eine Pflicht zur Offenbarung der Schnittstelleninformationen auch gegenüber Hardwareherstellern ergeben (vgl. Missbrauchsverfahren gegen IBM: EG-Kommission, Bull. EG 7/8–1984, 7ff.; 10–1984, 105ff.; *Marly* Urheberrechtsschutz 309f.; vgl. auch zur kartellrechtlichen Beurteilung des Informationsvorsprungs einer Schnittstellen-Kooperation EG-Kommission CR 1987, 224 Rn. 32, 45 – X/Open Group). Der Schutzgegenstand des Urheberrechts rechtfertigt eine Verweigerung also nicht zwingend (vgl. EuGH Slg. 1995, I-743 = GRUR Int. 1995, 490ff. – Magill; dazu ausführlich *Grützmacher* 349ff.; EU-Kommission, COMP/C-3/37792, C (2004) 900 final vom 24.3.2004 Rn. 33, 542ff., 709ff., 743ff. [= auszugsweise wiedergegeben in WuW/E EU-V 931] – Microsoft; EuG WuW/E EU-R 863 Rn. 222ff. – Microsoft/Kommission; EuG CRi 2007, 148 Rn. 369ff. 643ff. – Microsoft/Kommission; *Wolf* 235ff.; a. A. Dreier/Schulze/*Dreier* § 69e Rn. 6; vgl. auch EuG GRUR Int. 2002, 67 Rn. 22ff. – IMS Health; EuGH GRUR Int. 2004, 644 Rn. 34ff. – IMS Health). Besteht ein Anspruch auf Offenbarung der Informationen, steht in Frage, ob dieser angesichts der möglichen Dekompilierung nach § 887 ZPO vollstreckt werden kann.

2. Dekompilierung zur Programmwartung durch Drittunternehmen

29 Die Dekompilierung zur **Fehlerbeseitigung** und **Programmwartung** wird nicht durch § 69e privilegiert (vgl. Rn. 7). Auch § 69d Abs. 1 vermag, wie § 69e zeigt, die Dekompilierung zur Fehlerbeseitigung nur ganz ausnahmsweise zu rechtfertigen (s. § 69d Rn. 22). Allerdings können marktmächtige Unternehmen aus kartellrechtlichen Gründen gezwungen sein, die notwendigen Informationen preiszugeben (*Marly* Urheberrechtsschutz 308, 310, 315f.), denn nach der Rechtsprechung des EuGH sind auch bei immaterialgüterrechtlich geschützten Produkten Reparatur, Wartung und Ersatzteillieferung als gesonderte Märkte anzusehen (vgl. EuGH GRUR Int. 1980, 46 – Hugin; EuGH GRUR Int. 1990, 140f. – Renault; EuGH GRUR Int. 1990, 141, 142 – Volvo). Die Vollstreckung könnte auch hier wieder gem. § 887 ZPO erfolgen.

3. Dekompilierung zum Beweis der Rechtsverletzung

§ 69e erlaubt die Dekompilierung zum Beweis von Rechtsverletzungen nicht (Begr. **30** BRegE BT-Drucks. XII/4022, 13; *Dreier* GRUR 1993, 781, 789; Schricker/Loewenheim/ *Loewenheim* § 69e Rn. 10; *Redeker* CR 2010, 426, 427). Allerdings hat der Gesetzgeber betont, dass ein Gericht einem möglichen Verletzer aufgeben kann, entweder einem Sachverständigen den Quellcode bzw. die für die Untersuchung erforderlichen Teile zur Verfügung zu stellen oder in die Dekompilierung einzuwilligen; in Anlehnung an die Rechtsprechung zur Aussageverweigerung unter Verweis auf das Bankgeheimnis oder die Berufsverschwiegenheit (BGH NJW 1967, 2012f.; BGH MDR 1984, 48) soll eine nicht stichhaltige Verweigerung als Beweisvereitelung oder Indiz für eine Urheberrechtsverletzung zu werten sein (Begr. BRegE BT-Drucks. XII/4022, 13). Weiter ist zu erwägen, ob nicht § 45 UrhG die Dekompilierung zu Beweiszwecken rechtfertigen kann. Dieses setzt voraus, dass man ihn analog auch auf das Bearbeitungsrecht anwendet (dafür *Dreier* GRUR 1993, 781, 784, 789 mit Hinweis auf Erwägungsgrund 28 a. F. bzw. jetzt 19 n. F. der Computerprogramm-Richtlinie; s. dazu auch § 69a Rn. 74f.).

4. „Dekompilierung" von Web-Sites

In der Literatur wird vertreten, dass die Ansicht der Quelltexte von Web-Sites mittels **31** Web-Browser eine Dekompilierung darstelle, die von § 69e regelmäßig nicht gedeckt werde (*Koch* GRUR 1997, 417, 429f.; Fromm/Nordemann/*Vinck* 9. Aufl. § 69e Rn. 2; a. A. wie hier jetzt auch Nordemann/*Czychowski* § 69e Rn. 7). Diese Beurteilung verkennt, dass viele Elemente einer Web-Site (HTML-Code, Grafik-Dateien etc.) gar kein Computerprogramm i. S. v. § 69a sind (*Ernst* MMR 2001, 208, 211f.; Mestmäcker/Schulze/ *Haberstumpf* § 69e Rn. 4; dazu näher § 69a Rn. 18). Soweit dieses aber der Fall ist, etwa bei der Nutzung von Java-Applets oder Java-Script, hat es der Web-Site-Inhaber in der Hand, die Visualisierung des Quelltextes mittels Browsern zu unterbinden (Java-Applets werden im Objektcode, Java-Script hingegen im Quellcode übertragen), so dass andernfalls von einer konkludenten Einwilligung ausgegangen werden kann (zust. Nordemann/*Czychowski* § 69e Rn. 7). Schließlich liegen Übersetzungshandlungen bei der Betrachtung des Quelltextes von Java-Script gar nicht vor. Denn technisch ist der Browser ein Interpreter. Das aber heißt, dass die Web-Site dem Nutzer bereits in weiten Teilen – anders aber wie gesagt bei Java-Applets (dazu Walter/v. Lewinski/Blocher/*Walter* Art. 6 Rn. 5.6.13) – als Quelltext zur Verfügung gestellt wird, eine Dekompilierung also gar nicht nötig ist (vgl. *Ernst* MMR 2001, 208, 212; Mestmäcker/Schulze/*Haberstumpf* § 69e Rn. 4).

5. Verhältnis zum UWG

§ 69e steht in möglichem Konflikt mit dem gesetzlichen Geheimnis- und Know-how- **32** Schutz gem. § 17 Abs. 2 UWG (dazu im Einzelnen § 69g Rn. 33 ff.). Zudem erklärt § 69g Abs. 1, dass die Bestimmungen der §§ 69a ff., mithin auch § 69e, den Schutz von Computerprogrammen als Geschäfts- und Betriebsgeheimnis unberührt lassen. Explizit hat sich der Rat gegen den Vorrang urheberrechtlicher Bestimmungen über sonstige Rechtsvorschriften zum Schutz von Computerprogrammen entschieden (vgl. *Schulte* CR 1992, 648, 656). Trotzdem vertritt die h. M. zu Recht, dass ein Schutz gem. **§ 17 UWG** dann **zurücktreten** muss, wenn der Tatbestand des § 69e erfüllt ist (*Marly* Urheberrechtsschutz 302f.; *Haberstumpf* in Lehmann Rn. 172f., 177; Mestmäcker/Schulze/*Haberstumpf* § 69e Rn. 1; *Raubenheimer* CR 1994, 264, 269; *Schulte* CR 1992, 648, 656; *Schweyer* 475; Dreier/ Schulze/*Dreier* § 69e Rn. 5; jetzt auch *Wiebe*, JIPITEC (2) 2011, 89, 92; **a. A.** *Moritz* CR 1993, 257, 267; früher *Wiebe* 269; *Wiebe* CR 1992, 134, 138; unklar *Lehmann* GRUR Int. 1991, 327, 333; *Lehmann* NJW 1991, 2112, 2117). Dogmatisch lässt sich dies entweder damit begründen, dass, wie § 69e zeigt, kein Geschäftsgeheimnis i. S. eines berechtigten

UrhG § 69f

wirtschaftlichen Interesses vorliegt (so *Schulte* CR 1992, 648, 657) oder dass § 69e als Rechtfertigungsgrund verstanden wird (vgl. LG Mannheim NJW 1995, 3322, 3323: nicht unbefugt). Allgemein anerkannt ist, dass ein vertraglich vereinbarter Geheimnisschutz auf Grund von § 69g Abs. 2 der Regelung des § 69e nicht vorgehen kann.

33 Umgekehrt können bei der über § 69e hinausgehenden Dekompilierung von Computerprogrammen in einem Land, in dem diese nicht verboten ist, bei der anschließenden Verwertung der erlangten Informationen in Deutschland möglicherweise die §§ 3, 4 Nr. 9, 10 UWG zur Anwendung kommen (vgl. *Lehmann* FS Schricker 1995, 543, 555).

§ 69f Rechtsverletzungen

(1) Der Rechtsinhaber kann von dem Eigentümer oder Besitzer verlangen, dass alle rechtswidrig hergestellten, verbreiteten oder zur rechtswidrigen Verbreitung bestimmten Vervielfältigungsstücke vernichtet werden. § 98 Abs. 3 und 4 ist entsprechend anzuwenden.

(2) Absatz 1 ist entsprechend auf Mittel anzuwenden, die allein dazu bestimmt sind, die unerlaubte Beseitigung oder Umgehung technischer Programmschutzmechanismen zu erleichtern.

Literatur: *Arlt,* Ansprüche des Rechteinhabers bei Umgehung seiner technischen Schutzmaßnahmen, MMR 2005, 148; *Arnold,* Die Gefahr von Urheberrechtsverletzungen durch Umgehungsmittel nach Wettbewerbsrecht und Urheberrecht, Frankfurt a.M. u.a. 2006; *Arnold,* Rechtmäßige Anwendungsmöglichkeiten zur Umgehung von technischen Kopierschutzmaßnahmen?, MMR 2008, 144; *Baus,* Verwendungsbeschränkungen in Softwareüberlassungsverträgen, Köln 2004; *Bechtold,* Vom Urheber- zum Informationsrecht, München 2002; *Dreier,* Verletzung urheberrechtlich geschützter Software nach der Umsetzung der EG-Richtlinie, GRUR 1993, 781; *Harte-Bavendamm/Wiebe,* Urheberrecht in *Kilian*/Heussen (Hrsg.), Computerrechts-Handbuch (Stand 2011, Kapitel 51 (zit. *Harte-Bavendamm/Wiebe* in *Kilian/Heussen*); *Hecht/Kockentiedt,* Wettbewerbsrechtlicher Schutz von Online-Games gegen Cheatbots, Zugleich Anmerkung zur Entscheidung LG Hamburg, Beschl. v. 9.7.2009 – 308 O 332/09, CR 2009, 756, CR 2009, 719; *Heinemeyer/Normeyer,* Super Marios, Kratos und das Master Chiefs Erzfeind – Die Legalität der Modchips und Softwaremodus für Videokonsolen – Die Rechtmäßigkeit von Konsolenmodifikationen speziell nach dem Umgehungsverbot des § 69f UrhG, CR 2013, 586; *Junker/Benecke,* Computerrecht, 3. Aufl., Baden-Baden 2003; *König,* Zur Zulässigkeit der Umgehung von Software-Schutzmechanismen, NJW 1995, 3293; *Kreutzer,* Schutz technischer Maßnahmen und Durchsetzung von Schrankenbestimmungen bei Computerprogrammen, CR 2006, 804; *Kreutzer,* Computerspiele im System des deutschen Urheberrechts – Eine Untersuchung des geltenden Rechts für Sicherungskopien und Schutz technischer Maßnahmen bei Computerspielen, CR 2007, 1; *Kuhlmann,* Kein Rechtsschutz für den Kopierschutz?, CR 1989, 177; *Kusnik,* Hände weg von der Handysperre?, CR 2011, 718; *Lehmann,* Zur wettbewerbsrechtlichen Zulässigkeit von Computerprogrammen zur Umgehung des Kopierschutzes, sog Dongle-Umgehung, CR 1996, 81; *Lindhorst,* Schutz von und vor technischen Maßnahmen, Osnabrück 2002; *Marly,* Urheberschutz für Computersoftware in der Europäischen Union, München 1995 (zit. *Marly* Urheberrechtsschutz); *Mayer-Wegelin,* Käuferrechte bei Computerspielen – Technische Kopierschutzmaßnahmen und End User License Agreements, JurPC 2009, Web-Dok. 28/2009; *Raubenheimer,* Die jüngste Rechtsprechung zur Umgehung/Beseitigung eines Dongles, NJW-CoR 1996, 174; *Raubenheimer,* Beseitigung/Umgehung eines technischen Programmschutzes nach UrhG und UWG, CR 1996, 69; *Raubenheimer,* Softwareschutz nach den Vorschriften des UWG, CR 1994, 264; *Raubenheimer,* Vernichtungsanspruch gemäß § 69f UrhG, CR 1994, 129; *Raubenheimer,* Zur Unzulässigkeit der Umgehung oder Beseitigung eines Dongles, CR 1996, 342; *Runte,* Produktaktivierung – Zivilrechtliche Fragen der »Aktivierung« von Software, CR 2001, 657; *Schweyer,* Die rechtliche Bewertung des Reverse Engineering in Deutschland und den USA, Tübingen 2012; *Spindler/Weber,* Die Umsetzung der Enforcement-Richtlinie nach dem Regierungsentwurf für ein Gesetz zur Verbesserung der Durchsetzung von Rechten an den geistigen Eigentums, ZUM 2007, 257; *Wand,* Technische Schutzmaßnahmen und Urheberrecht, München 2001; *Wieduwilt,* Cheatbots in Onlinespielen – eine Urheberrechtsverletzung?, MMR 2008, 715; *Witte,* Schadensersatz für Urheberrechtsverletzungen in der Lizenzkette, ITRB 2010, 210.

Vgl. darüber hinaus die Angaben im eingangs abgedr. Gesamtliteraturverzeichnis.

Übersicht

	Rn.
I. Schutzzweck und Systematik der Sanktionsregelungen	1–4
II. Regelungsinhalt	5–24
1. Der Vernichtungsanspruch (Abs. 1 S. 1)	5–12
a) Anspruchsinhaber und -gegner	5
b) Vervielfältigungsstücke	6
c) Rechtswidrigkeit	7
d) Vernichtung und Verhältnismäßigkeitsgrundsatz	8–12
2. Die entsprechende Anwendung auf Mittel zur Umgehung von Programmschutzmechanismen (Abs. 2)	13–24
a) Entsprechende Anwendung	13
b) Programmschutzmechanismen	14
c) Beseitigungs- und Umgehungsmittel	15, 16
d) Rechtswidrigkeit	17–20
e) Alleinige Bestimmung	21
f) Vernichtungsanspruch und Verhältnismäßigkeitsanspruch	22
3. Der Überlassungsanspruch, Abs. 1 S. 2	23
4. Verjährung	24
III. Sonstiger Umgehungs- und Beseitigungsschutz gem. § 97 Abs. 1, §§ 3, 4 Nr. 10 UWG sowie §§ 823, 826 BGB	25–28

I. Schutzzweck und Systematik der Sanktionsregelungen

1 § 69f dient vor allem der **Bekämpfung von Software-Piraterie (Verbreitung von Raubkopien und illegalen Copying-Devices)**. § 69f setzt insoweit Teile des Art. 7 der Computerprogramm-Richtlinie um. Art. 7 Abs. 1 der Computerprogramm-Richtlinie schützt vor (nach britischem Rechtsverständnis) sog. secondary infringements (Begr. BRegE BT-Drucks. 12/4022, 15), also letztlich vor gewissen mittelbaren Verletzungsformen und (unlauteren) Vorbereitungshandlungen (*Dreier* GRUR 1993, 781, 787). Nach Art. 7 Abs. 1 der Computerprogramm-Richtlinie sind geeignete Maßnahmen zum Schutz gegen Personen vorzusehen, die unberechtigt eine Kopie oder ein Mittel, das die unerlaubte Beseitigung oder Umgehung technischer Programmschutzmechanismen erleichtert, in Verkehr bringen oder aber (nur) wissentlich oder trotz des nahe liegenden Verdachts im Besitz einer zu Erwerbszwecken bestimmten unerlaubten Kopie oder eines solchen Mittels sind; zudem regt Art. 7 Abs. 2 und 3 der Computerprogramm-Richtlinie an, Beschlagnahmevorschriften (zum Begriff der Beschlagnahme Walter/v. Lewinski/*Blocher/Walter* Art. 7 Rn. 5.7.35) für unerlaubte Kopien von Computerprogrammen vorzusehen (dazu § 69a Rn. 78).

2 § 69f geht einerseits über Art. 7 Abs. 1 der Computerprogramm-Richtlinie hinaus, indem er einen **verschuldensunabhängigen** Vernichtungsanspruch schon beim Auffinden von Raubkopien und Beseitigungs- oder Umgehungsmitteln unabhängig vom Zweck des Besitzes vorsieht (vgl. Fromm/Nordemann/*Czychowski* § 69f Rn. 1; Schricker/Loewenheim/*Loewenheim* § 69f Rn. 7; zur Richtlinie Walter/v. Lewinski/*Blocher/Walter* Art. 7 Rn. 5.7.21ff.). Andererseits wird Art. 7 Abs. 1 der Computerprogramm-Richtlinie im Übrigen nicht durch § 69f, sondern durch die §§ 96ff. i.V.m. § 69a Abs. 4 entsprochen (vgl. Begr. BRegE BT-Drucks. 12/4022, 15; dazu auch Rn. 25 sowie § 69a Rn. 77). **§ 69f Abs. 1 ist lex specialis zu § 98 Abs. 1 S. 1**, der dem Rechtsinhaber zwar ebenfalls einen Vernichtungsanspruch gewährt, aber nur gegen den Verletzer (vgl. zur Schricker/Loewenheim/*Loewenheim* § 69a Rn. 25; so wohl zur a.F. auch *Dreier* GRUR 1993, 781, 787f.; s. zu der Frage, ob Art. 10 Enforcement-Richtlinie auch gegen sonstige Dritte wirkt, *Spindler/Weber* ZUM 2007, 257, 260). Die Besonderheit des § 69f Abs. 1 ist also, dass der Anspruch nach § 69f Abs. 1 nicht nur gegenüber dem Verletzter, sondern **gegen-**

über jedem Eigentümer und Besitzer des illegalen Vervielfältigungsstücks besteht (Begr. BRegE BT-Drucks. 12/4022, 14; eine Beschränkung auf den Erwerbszwecken dienenden Besitz fordert unter Bezugnahme auf die Richtlinie *Schweyer* 226). § 69f soll seinem Schutzzweck nach den Besonderheiten der Softwarepiraterie Rechnung tragen, dass illegale Programmkopien besonders leicht vervielfältigt und verbreitet werden können und daher aus dem Verkehr gezogen werden müssen (vgl. Begr. BRegE BT-Drucks. 14/4022, 14; *Dreier* GRUR 1993, 781, 787; Schricker/Loewenheim/*Loewenheim* § 69f Rn. 6).

3   § 69f Abs. 2 geht den §§ 95a ff. vor, welche nach § 69a Abs. 5 auf Computerprogramme nicht anzuwenden sind (s. dazu und zu entsprechenden Abgrenzungsschwierigkeiten im Einzelnen § 69a Rn. 80 ff. sowie § 95a Rn. 8). Inhaltlich bleibt der Schutz damit im Vergleich zu den §§ 95a ff. beschränkt. Anderseits geht der Schutz nach **§ 69f Abs. 2 über** den Schutz gem. **§§ 3, 4 Nr. 10 UWG und § 823 BGB hinaus.** Er **entspricht § 98 Abs. 1 S. 2** n. F., der aber für die dort genannten Vorrichtungen weiter zur Anwendung kommen soll (Dreier/Schulze/*Dreier* § 69f Rn. 2). Zwar bieten auch die §§ 3, 4 Nr. 10 UWG und § 823 BGB nach h. M. einen Schutz gegen das Anbieten und Verbreiten von Programmen und Mitteln, mit deren Hilfe Kopierschutzmechanismen umgangen werden können (dazu näher unten Rn. 26 f.), jedoch greift der wettbewerbsrechtliche Schutz nicht, wenn kein Wettbewerbsverhältnis vorliegt, wie etwa bei der privaten Weitergabe. Wettbewerbsrechtlicher und deliktischer Schutz sind auch nie auf die Vernichtung gerichtet. § 69f Abs. 2 erfüllt für Computerprogramme in Teilen die Verpflichtung aus Art. 11 WCT, nach dem die Unterzeichnerstaaten einen wirksamen Schutz gegen die Umgehung wirksamer technischer Schutzmaßnahmen vorsehen müssen. § 69f Abs. 2 zeigt, dass Programmschutzmechanismen zulässig sind (*Raubenheimer* CR 1994, 129, 130). Er soll im Umkehrschluss aber nicht positiv regeln, wann eine Selbsthilfe bei Störungen aufgrund von Programmierschutzmechanismen besteht (LG Düsseldorf CR 1996, 737, 739 – Dongle-Umgehung). Aus dem Nichtvorliegen der Voraussetzungen des § 69f Abs. 2 darf nicht im Erst-Recht-Schluss auf das Vorliegen einer bestimmungsgemäßen Nutzung i. S. v. § 69d geschlossen werden (LG Düsseldorf CR 1996, 737, 739; OLG Düsseldorf CR 1997, 337, 339 – Dongle-Umgehung). – Abzugrenzen ist der Umgehungs- und Beseitigungsschutz nach § 69f Abs. 2 schließlich vom Zugangsschutz nach dem Zugangskontrolldienstegesetz (ZKDSG), welches auch für urheberrechtlich nicht geschützte Dienste eingreift und bei Computerprogrammen nur selten relevant werden wird.

4   Unklar ist, inwieweit der Vernichtungsanspruch nach § 69f gem. § 110 i. V. m. § 403 ff. StPO auch im **Strafverfahren** geltend gemacht werden kann. § 110 S. 3 bezieht sich explizit nur auf § 98. Trotzdem spricht nichts dagegen, § 69f gem. § 69a Abs. 4 i. V. m. § 110 S. 3 auch im **Adhäsionsprozess** anzuwenden (so *Raubenheimer* CR 1994, 129 Fn. 4; wohl auch Walter/*Walter* [1. Aufl.] Software-Richtlinie Art. 7 Rn. 22; s. auch § 69a Rn. 78).

II. Regelungsinhalt

1. Der Vernichtungsanspruch (Abs. 1 S. 1)

5   **a) Anspruchsinhaber und -gegner.** Der Anspruch aus § 69f steht nur dem Rechtsinhaber zu, nicht etwa dem einfachen Lizenznehmer. Letzterer kann sich höchstens auf gewillkürte Prozessstandschaft berufen; hingegen steht dem exklusiven Lizenznehmer, sei es des Vervielfältigungs-, Verbreitungs- oder des Bearbeitungsrechts, der Anspruch direkt zu (dazu näher § 97 Rn. 8 f.). Anspruchsgegner sind Eigentümer oder Besitzer des Vervielfältigungsstücks (laut *Schweyer* 226 hingegen nicht bei rein privatem Besitz). In entsprechender Anwendung des **§ 99** greift der Anspruch auch gegenüber dem Inhaber eines Unternehmens, dessen Arbeitnehmer oder Beauftragte gegen § 69f verstoßen, wenn nicht schon mittelbarer Besitz vorliegt (Schricker/Loewenheim/*Loewenheim* § 69f Rn. 6; Möh-

ring/Nicolini/*Hoeren* § 69f Rn. 11, 15; Dreier/Schulze/*Dreier* § 69f Rn. 6; Mestmäcker/Schulze/*Haberstumpf* § 69f Rn. 3).

b) Vervielfältigungsstücke. § 69f lässt nach seinem Wortlaut offen, ob nur die rechts- **6** widrigen Vervielfältigungsstücke von **Computerprogrammen einschließlich des Entwurfsmaterials** (§ 69a Abs. 1; dazu § 69a Rn. 4ff.) oder auch Handbücher, Bedienungsunterlagen und sonstige Begleitinformationen dem Vernichtungsanspruch gem. § 69f unterfallen. Entgegen Stimmen in der Literatur (*Harte-Bavendamm/Wiebe* in *Kilian/Heussen* Rn. 129) ist eine Auslegung im Sinne der ersten Alternative zu favorisieren, denn als Sondervorschrift des achten Abschnitts (§§ 69aff.) kann sich der Anspruch schon aus systematischen Gründen nur auf Computerprogramme samt deren Entwurfsmaterial beziehen. Handbücher unterfallen hingegen dem Schutz gem. § 2 (dazu näher § 69a Rn. 13; § 69g Rn. 3) und damit nur dem Vernichtungsanspruch gegenüber dem Verletzer nach § 98 (so auch Dreier/Schulze/*Dreier* § 69f Rn. 4; Mestmäcker/Schulze/*Haberstumpf* § 69f Rn. 2; jetzt auch Schricker/Loewenheim/*Loewenheim* § 69f Rn. 4). Diese restriktive Auslegung ist sowohl aufgrund des verfassungsrechtlichen Eigentumsschutzes als auch vom Schutzzweck der Norm geboten, nach dem nur die besonders leicht zu vervielfältigenden und zu verbreitenden illegalen Programmkopien aus dem Verkehr gezogen werden sollen (dazu Rn. 1). Allein mit dem Begleitmaterial kann der Besitzer oder Eigentümer, der nicht zugleich Verletzer ist, regelmäßig nichts anfangen. Dass es sinnvoll gewesen wäre, auch sonstiges Begleitmaterial § 69f zu unterwerfen (so die Argumentation von Schricker/Loewenheim/*Loewenheim* 3. Aufl., § 69f Rn. 4), hätte vielmehr der Gesetzgeber zum Anlass nehmen sollen, die Norm explizit auszuweiten. Aber auch mit Blick auf (auf Papierhüllen aufgebrachten) Seriennummern, die rechtswidrig als Lizenzen angeboten werden, ergibt sich aus § 69f UrhG kein Anspruch auf Vernichtung (LG Frankfurt CR 2009, 142, 143f.).

c) Rechtswidrigkeit. Die Vervielfältigungsstücke müssen rechtswidrig hergestellt, ver- **7** breitet oder zur rechtswidrigen Verbreitung bestimmt sein. Rechtwidrige Kopien werden damit erfasst (vgl. § 96 Abs. 1). Die zweite und dritte Alternative geben aber auch einen Anspruch in den besonders praxisrelevanten Fällen illegaler Parallelimporte bzw. -exporte zur Weiterverbreitung im EWR. Rechtswidrigkeit liegt dann vor, wenn ein Verstoß gegen § 69c **nicht durch § 69d oder § 69e gedeckt** ist (dazu näher Rn. 17ff.). In Betracht kommt im Rahmen des Abs. 1 insb. die Rechtfertigung durch § 69d Abs. 2. Der Anspruch ist verschuldensunabhängig. Diskutiert wird aber, § 100 (§ 101 Abs. 1 a. F.) analog heranzuziehen (Möhring/Nicolini/*Hoeren* § 69f Rn. 12; Dreier/Schulze/*Dreier* § 69f Rn. 9; Mestmäcker/Schulze/*Haberstumpf* § 69f Rn. 3; vgl. § 69a Abs. 4; ablehnend demgegenüber Fromm/Nordemann/*Czychowski* § 69f Rn. 6), so dass der Nutzer, der eine Verletzung nicht zu vertreten hat, sofern ein unverhältnismäßiger Schaden droht, diesen gegen eine Entschädigung in Geld (fiktive Lizenzgebühr) abwenden kann. Dafür spricht, dass der Nutzer von Computerprogrammen von der weiteren Programmnutzung mitunter extrem abhängig ist und damit zumindest genauso schutzbedürftig sein kann, wie § 100 es unterstellt. Der Gesetzgeber hat zudem explizit betont, § 69f stünde im Einklang mit der Zielsetzung des ProduktpiraterieG (Begr. BRegE BT-Drucks. 12/4022, 14). Art. 7 der Computerprogramm-Richtlinie steht der analogen Anwendung des. § 100 nicht entgegen, weil dieser geeignete Maßnahmen nur bei Fahrlässigkeit fordert.

d) Vernichtung und Verhältnismäßigkeitsgrundsatz. Der Anspruch ist gerichtet **8** auf die Vernichtung der Vervielfältigungsstücke, also der **Datenträger,** auf denen das Computerprogramm gespeichert ist (Disketten, CD-ROMs, DVDs, Festplatten, Bänder etc.), oder der **Hardware,** in der das Programm integriert ist (ROMs, EPROMs etc.). Erfasst werden auch Sicherungskopien der rechtswidrigen Vervielfältigungsstücke (Fromm/Nordemann/*Czychowski* § 69f Rn. 3). Unter Vernichtung ist grds. die Zerstörung der Datenträger oder Hardware zu verstehen.

9 Nach § 69f Abs. 1 S. 2 i. V. m. § 98 Abs. 4 n. F. gilt allerdings der **Verhältnismäßigkeitsgrundsatz**, so dass die Beseitigung der Störung wo möglich mit milderen Mitteln zu erfolgen hat. An die Stelle des Vernichtungsanspruchs tritt daher mitunter ein **Löschungsanspruch** (widersprüchlich *Raubenheimer* CR 1994, 129, 130: grds. nur Löschungsanspruch, da Anspruch auf Programmkopie und nicht auf Datenträger gerichtet ist, bei Disketten aber Vernichtungsanspruch). Nach h. M. soll eine Löschung bei **Festplatten** ausreichen, weil diese von nicht unerheblichem Wert sind (OLG Frankfurt ZUM 2012, 162, 168; Fromm/Nordemann/*Czychowski* § 69f Rn. 4; Dreier/Schulze/*Dreier* § 69f Rn. 7; Mestmäcker/Schulze/*Haberstumpf* § 69f Rn. 5; Möhring/Nicolini/*Hoeren* § 69f Rn. 9; im Ergebnis ebenso *Raubenheimer* CR 1994, 129, 130). Zu fordern ist dabei im Rahmen der Verhältnismäßigkeit aber u. U. eine **Low-Level-Formatierung** oder eine andere Maßnahme, die sicherstellt, dass die gelöschten Daten nicht wiederherstellbar sind (strikt Mestmäcker/Schulze/*Haberstumpf* § 69f Rn. 7; wie hier wohl auch OLG Frankfurt ZUM 2012, 162, 168; Schricker/Loewenheim/*Loewenheim* § 69f Rn. 8; Fromm/Nordemann/*Czychowski* § 69f Rn. 4; a. A. Möhring/Nicolini/*Hoeren* § 69f Rn. 9; *Dreier* GRUR 1993, 781, 787; Dreier/Schulze/*Dreier* § 69f Rn. 7; *Raubenheimer* CR 1994, 129, 130). Dagegen kann nicht eingewandt werden, dass andere Computerprogramme und Daten dann ebenfalls gelöscht werden (so aber Möhring/Nicolini/*Hoeren* § 69f Rn. 9; wohl auch Fromm/Nordemann/*Vinck* 9. Aufl. § 69f Rn. 2), denn diese können vorher gesichert werden. Weiter kann bei der Speicherung auf Festplatten auch die nur teilweise Beseitigung von Computerprogrammen gefordert werden, wenn lediglich einzelne Module einen Urheberrechtsverstoß darstellen (Fromm/Nordemann/*Czychowski* § 69f Rn. 4; vgl. *Raubenheimer* CR 1994, 129, 132, Fn. 31). Bei der Speicherung im **RAM** reicht das einfache **Löschen** (Begr. BRegE BT-Drucks. 12/4022, 14). Teils wird diskutiert, ob in Fällen der nachträglichen „Legalisierung" durch eine Schadensersatzzahlung im Wege der Lizenzanalogie der Löschungsanspruch nicht wegen des Verhältnismäßigkeitsgrundsatzes ganz entfiele (*Witte* ITRB 2010, 210, 212 f.). Diese Auffassung ist schon deshalb fragwürdig, weil die Lizenzanalogie nur eine von drei möglichen Berechnungsmethoden für den Schadensersatz ist (dazu § 69a Rn. 77).

10 **Vernichtung** kann hingegen bei **ROMs und EPROMs** verlangt werden. Gleiches gilt für **CD-ROMs, DVDs, Disketten, Bänder und andere wieder beschreibbare Träger** (OLG Frankfurt ZUM 2012, 162, 168; Fromm/Nordemann/*Czychowski* § 69f Rn. 4; Mestmäcker/Schulze/*Haberstumpf* § 69f Rn. 5; a. A. Möhring/Nicolini/*Hoeren* § 69f Rn. 9: bei Disketten hat Verletzer die Wahl, nur eine Neuformatierung durchzuführen). Bei wieder beschreibbaren Trägern ist die Löschung regelmäßig nicht ausreichend. Die Gegenauffassung (*Dreier* GRUR 1993, 781, 787) verkennt die Gefahr, dass die Löschung rückgängig gemacht werden kann. Als Kompromiss kann allenfalls die Neuformatierung in Betracht kommen (Schricker/Loewenheim/*Loewenheim* § 69f Rn. 8, 17). Die Darlegungs- und Beweislast für die Unverhältnismäßigkeit liegt beim Anspruchsgegner (Mestmäcker/Schulze/*Haberstumpf* § 69f Rn. 5).

11 Die **Vernichtung oder Löschung** muss der Anspruchsgegner nach dem Wortlaut des § 69f („vernichtet werden") persönlich oder durch einen von ihm beauftragten Dritten vornehmen (Möhring/Nicolini/*Hoeren* § 69f Rn. 10; Mestmäcker/Schulze/*Haberstumpf* § 69f Rn. 6). Er trägt damit auch die Kosten der Vernichtung. Die zu vernichtenden Gegenstände sind dabei im Antrag genau zu konkretisieren (großzügig BGH GRUR 2003, 228 – P-Vermerk). Zweifelhaft ist, ob nach dem Gesetzeswortlaut der Vernichtungsanspruch gewissermaßen als Minus grds. auch als Herausgabeanspruch an den zur Vernichtung bereiten Gerichtsvollzieher geltend gemacht werden kann. Für § 98 Abs. 1 a. F. ist das durch die höchstrichterliche Rechtsprechung zu Recht anerkannt worden (BGH GRUR 2003, 228 – P-Vermerk unter Hinweis auf Begr. BRegE zu § 98, BT-Drucks. 4/270, 104). Die in der Literatur geäußerte Kritik (Mestmäcker/Schulze/*Haberstumpf* § 69f Rn. 6), der Wortlaut gäbe dies nicht her, ist zumindest für § 98 Abs. 1 a. F. unberechtigt, denn in § 98

Abs. 1a. F. war nicht festgelegt, wer die Vernichtung vornimmt. Bei § 69f hingegen lässt sich hierüber streiten, weil dessen Wortlaut zweideutig ist („... von dem Eigentümer oder Besitzer verlangen, ..."). Da aber auch hier eine Deutung der Art möglich ist, dass der Wortlaut nur festlegt, gegen wen sich der Anspruch richtet, und nicht, wer die Vernichtung vorzunehmen hat, ist die Frage wie bei § 98 Abs. 1 a. F. zu beurteilen, zumal nicht zu erkennen ist, dass der Gesetzgeber insoweit bei § 69f etwas anderes regeln wollte. Einigkeit besteht, dass im einstweiligen Verfügungsverfahren nur die Herausgabe an den Gerichtsvollzieher zur Verwahrung (Sequestration) beantragt werden kann (Mestmäcker/Schulze/*Haberstumpf* § 69f Rn. 7; vgl. OLG Frankfurt CR 2010, 571, 575). Alternativ kann der Rechtshaber aber gem. § 69f Abs. 1 S. 2 auch die Überlassung gegen angemessene Vergütung fordern (dazu näher Rn. 23).

Strittig ist, ob die **Vollstreckung** des Vernichtungsanspruchs nach §§ 883, 886 **12** ZPO (Schricker/Loewenheim/*Wild* §§ 98/99 Rn. 12) oder nach §§ 887, 892 ZPO erfolgt (Mestmäcker/Schulze/*Haberstumpf* § 69f Rn. 6).

2. Die entsprechende Anwendung auf Mittel zur Umgehung von Programmschutzmechanismen (Abs. 2)

a) Entsprechende Anwendung. Bei der Verweisung des Abs. 2 auf Abs. 1 handelt **13** es sich um eine **eingeschränkte Rechtsgrundverweisung**. Anstelle der rechtswidrig hergestellten, verbreiteten oder zur rechtswidrigen Verbreitung bestimmten Vervielfältigungsstücke müssen also rechtswidrige Mittel vorliegen, die allein dazu bestimmt sind, die unerlaubte Beseitigung oder Umgehung technischer Programmschutzmechanismen zu erleichtern. Dementsprechend gilt für den Anspruchsinhaber und -gegner das zu Abs. 1 Ausgeführte (dazu Rn. 5). Darüber hinaus kann der Vernichtungsanspruch auch verschiedenen Herstellern von Programmschutzmechanismen gleichzeitig zustehen, wenn das gleiche Mittel deren Programmschutz ausschaltet (Begr. BRegE BT-Drucks. 12/4022, 15). Im Unterschied zu § 95a, der für Computerprogramme nicht gilt (s. § 69a Rn. 80ff.), besteht aber kein direktes und umfassendes Umgehungsverbot; allenfalls steht im Raume, ob die nicht bestimmungsgemäße Nutzung zum Verstoß auch gegen § 69c führt (vgl. dazu *Kreutzer* CR 2006, 804, 805ff.; s. Rn. 18, 25).

b) Programmschutzmechanismen. Technische Programmschutzmechanismen sind **14** alle Vorrichtungen, die Urheberrechtsverletzungen verhindern sollen, indem sie Handlungen in Bezug auf urheberrechtlich geschützte Programme einschränken (vgl. *Wand* 70, 146; Schricker/ Loewenheim/*Loewenheim* § 69f Rn. 10; vgl. auch *Bechtold* 222). Ein Programm kann sowohl gegen die unberechtigte (Mehrfach-)**Nutzung** einschließlich deren Art und Weise (Ablaufschutz; mittelbarer Kopierschutz) als auch gegen das unerlaubte **Kopieren** selbst (unmittelbarer Kopierschutz) und schließlich gegen **Änderungen** geschützt werden. Das wiederum kann durch Hardware wie durch Software (insb. sog. Digital Rights Management-Systeme) geschehen. Programmschutzmechanismen sind dementsprechend etwa Dongles (inklusive entsprechender Abfrageprogramme oder -routinen), Passwortabfragen, zeit- oder nutzungsabhängige Programmsperren, Routinen zur Abfrage der Nutzerzahl sowie Kopierschutzmechanismen im eigentlichen Sinne (zu den Techniken näher Schricker/Loewenheim/ *Loewenheim* § 69f Rn. 10; *Raubenheimer* CR 1996, 69, 71f.; *Wand* 70f.). Bekannte Verfahren aus der Spielebranche sind heute die Kopierschutzmechanismen SecuROM, StarForce und SafeDisc sowie der Einsatz von CD-Keys (gegen zeitgleiche Mehrfachnutzungen) und Internetaktivierungsmechanismen (dazu ausführlich *Mayer-Wegelin* JurPC Web-Dok. 28/ 009 Abs. 8–38; *Schweyer* 181ff., 212f.). Technisch können alle diese Mechanismen die unberechtigte Nutzung oder Vervielfältigung nur verhindern, indem sie im Rahmen des Ablaufs des Computerprogramms entsprechende Abfrageroutinen vorsehen. Verhindert wird hier also nicht der eigentliche Kopiervorgang, sondern die spätere Ausführung der Kopie

UrhG § 69f 15, 16 § 69f Rechtsverletzungen

(*Mayer-Wegelin* JurPC Web-Dok. 28/2009 Abs. 86). Als Programmschutzmechanismus eingestuft werden können mitunter auch ROMs, EPROMs und ähnliche dauerhafte Speicher. Dies gilt etwa bei der Verwendung im Rahmen von zwar auslesbaren, dem Benutzer aber nicht ohne weiteres zugänglichen Cartridges, wie sie insb. im Bereich von Computerspielen häufig zu finden sind. Programmschützend sind auch die in diesem Umfeld genutzten Hard- und Softwarekomponenten, die den sog. Lead-in-Bereich überprüfen, um das Kopieren von Programmen (Spielen) von anderen Datenträgern in den Arbeitsspeicher eines Konsolensystems zu verhindern (vgl. LG München MMR 2008, 839, 841 zu sog. Modchips). Schließlich wird für die Verschlüsselung und Code Obfuscation diskutiert, dass diese einen Programmschutz bewirken (*Schweyer* 212). Programmschutzmechanismen werden über § 69f auch dann geschützt, wenn ihre Effektivität in Frage steht (Möhring/Nicolini/ *Hoeren* § 69f Rn. 18). **Zweifelhaft** ist, ob es sich bei Produktaktivierungs- und Registrierungsmechanismen um Programmschutzmechanismen handelt (vgl. dazu auch *Runte* CR 2001, 657, 661; *Marly* Praxishandbuch Rn. 1475; *Mayer-Wegelin* JurPC Web-Dok. 28/2009 Abs. 29–38; vgl. auch *Schweyer* 206f., 212ff.); denn entsprechende Mechanismen zielen teils nicht auf urheberrechtsrelevante Handlungen, sondern auf unzulässige Hardwarebindungen (dazu Rn. 18, § 69c Rn. 41 sowie § 69d Rn. 37, 42) ab. Zweifel bestehen auch, ob softwaregestützte Maßnahmen gegen sog. Cheatbots Programmschutzmechanismen für Onlinespiele sind; dies ließe sich mit Stimmen in der Lit. allenfalls bejahen, wenn man davon ausginge, dass das Spielen mit Cheatbots keine bestimmungsgemäße Nutzung und damit eine Urheberrechtsverletzung darstellt (so *Wieduwilt* MMR 2008, 715, 716ff.; siehe dazu Rn. 18, 25; offenlassend *Hecht/Kockentiedt,* CR 2009, 719, 723; s. zu Cheatbots auch § 69g Rn. 31). **Keine Programmschutzmechanismen,** sondern Mittel zur Vertragsbindung an ein bestimmtes Netz, sind Handy-SIM-Lock-Sperren (*Kusnik* CR 2011, 718, 720f.).

15 c) **Beseitigungs- und Umgehungsmittel.** Mittel, die die unerlaubte Beseitigung oder Umgehung technischer Programmschutzmechanismen erleichtern, können sowohl Hardware als auch Computerprogramme sein. Hardware dieser Art sind etwa **Ersatzdongles** und Ersatzprogrammsperren (ebenso Fromm/Nordemann/*Czychowski* § 69f Rn. 8), aber auch **Geräte** zum Auslesen nicht ohne weiteres zugänglicher ROMs, EPROMs und ähnlicher dauerhafter Speicher oder sog Modchips (vgl. LG München MMR 2008, 839, 841; *Arnold* MMR 2008, 144, 146ff.; *Heinemeyer/Nordmeyer* CR 2013, 586, 590f.). Soweit es sich um softwaretechnische Umgehungsmechanismen handelt, ermöglichen diese etwa das Kopieren eines sonst nicht vervielfältigbaren Programms. Sie führen etwa dazu, dass die vom Computerprogramm ausgeschaltete Kopierroutine des Betriebssystems wieder eingeschaltet wird. An solche **Kopierprogramme** hatte der Gesetzgeber in erster Linie gedacht (Begr. BRegE BT-Drucks. 12/4022, 14f.). Denkbar ist auch, dass das Betriebssystem (etwa bei Spielkonsolen) eine Kopierroutine gar nicht vorsieht und erst das Kopierprogramm eine solche Funktionalität schafft. Die bisherige Gerichtspraxis hatte sich demgegenüber primär mit Programmen zu befassen, welche die bereits erwähnten (Rn. 14) Abfrageroutinen ausschalteten oder etwa die Dongle-, Programmsperren- oder Passwortabfrage umgingen (zu **Umgehungsprogrammen** von Dongle-Abfragen etwa: BGH GRUR 1996, 78 – Umgehungsprogramm; OLG Karlsruhe CR 1996, 341; OLG Düsseldorf CR 1997, 337 – Dongle-Umgehung; OLG München CR 1996, 11; OLG München CR 1995, 663 – UNPROTECT; OLG Stuttgart CR 1989, 685). Umgehungsmittel sind auch Deobfuskatoren und Entschlüsselungsprogramme (vgl. *Schweyer* 229; s. Rn. 14 sowie aber auch Rn. 19).

16 Da die Mittel die Umgehung des Programmschutzes lediglich **erleichtern** müssen, findet § 69f Abs. 2 auch auf solche Mittel Anwendung, die für sich allein die Umgehung oder Beseitigung des Programmschutzes noch nicht zur Folge haben, diese aber fördern und ermöglichen. In diesem Sinne ist Kausalität erforderlich. Auch ein Mittel, das erst zusammen mit anderen effektiv ist, kann die Umgehung erleichtern (Dreier/Schulze/*Dreier* § 69f Rn. 12).

d) Rechtswidrigkeit. Auch der Anspruch nach Abs. 2 ist verschuldensunabhängig und dann gegeben, wenn die Mittel rechtswidrig sind (dazu näher Rn. 7), also die Umgehung oder Beseitigung weder vertraglich noch gesetzlich, insb. nicht durch § 69d Abs. 1 oder § 69e, erlaubt ist. **17**

Nach h. M. ist die Entfernung des Dongles keine bestimmungsgemäße Benutzung bzw. **Fehlerbeseitigung i. S. v. § 69d Abs. 1.** Die bestimmungsgemäße Benutzung umfasst nach h. M. nur die Nutzung mit Dongle und erlaubt daher nach dieser nur, die Probleme mit dem Dongle zu beheben (OLG Karlsruhe CR 1996, 341, 342 m. zust. Anm. *Raubenheimer;* OLG Düsseldorf CR 1997, 337, 338f. – Dongle-Umgehung m. zust. Anm. *Raubenheimer* WRP 1997, 1106, 1107; *Raubenheimer* NJW-CoR 1996, 174; vgl. auch LG Frankfurt CR 1997, 25 m. Anm. *Raubenheimer;* OLG München CR 1995, 663, 665 – UNPROTECT; LG München CR 1995, 669, 670 – AutoCAD zu § 1 UWG a. F. = § 3 UWG n. F.; *Mayer-Wegelin* JurPC 2009, Web-Dok. 28/2009 Abs. 87; für sog. Cheatbots *Wieduwilt* MMR 2008, 715, 716ff.; a. A. LG Mannheim NJW 1995, 3322 m. zust. Anm. *König* NJW-CoR 1995, 191; *König* NJW 1995, 3293, 3294; dazu näher § 69d Rn. 18f.; wohl auch *Kreutzer* CR 2007, 1, 3; *Kreutzer* CR 2006, 804, 806ff., der zwischen verschiedenen Umgehungshandlungen differenziert). **18**

Strittig ist, inwieweit sich der berechtigte Benutzer auf sein Recht zur Anfertigung einer **Sicherungskopie** berufen kann, um einen Kopierschutzmechanismus zu umgehen oder zu beseitigen. Auch der Gesetzgeber hat den insofern zwischen Art. 5 Abs. 2 und Art. 7 Abs. 1 lit. c der Computerprogramm-Richtlinie bestehenden Konflikt erkannt (Begr. BRegE BT-Drucks. 12/4022, 12), aber nicht zu lösen vermocht. Nach einem Teil der Literatur erlaubt **§ 69d Abs. 1 und 2** den Einsatz von Kopier- oder Umgehungsprogrammen im Grundsatz (so *Raubenheimer* CR 1994, 129, 131; *Raubenheimer* CR 1996, 69, 72; *Kreutzer* CR 2006, 804, 807f.; *Kreutzer* CR 2007, 1, 3, 7; *Möhring/Nicolini/Hoeren* § 69f Rn. 16). Der Hersteller könnte nach dieser Auffassung deren Einsatz nur durch Lieferung einer Sicherheitskopie verhindern, weil eine weitere Kopie nicht mehr i. S. v. § 69d Abs. 1 und 2 erforderlich wäre. Nach h. M. gestattet hingegen § 69d Abs. 1 und 2 solche Beseitigungs- oder Umgehungsmittel nicht (Schricker/Loewenheim/*Loewenheim* § 69f Rn. 12; *Marly* Urheberrechtsschutz 184f.; *Baus* 188f., 198; wohl auch Dreier/Schulze/ *Dreier* § 69f Rn. 12; Mestmäcker/Schulze/*Haberstumpf* § 69f Rn. 14; *Schweyer* 228f.). Danach gibt § 69d Abs. 1 und 2 in solchen Fällen allenfalls einen Anspruch auf Lieferung einer Sicherheitskopie (dazu näher § 69d Rn. 57), nicht aber ein Selbsthilferecht (kritisch *Schweyer* 226ff.). Zwar erscheint auch ein solcher Anspruch zweifelhaft (vgl. *Kreutzer* CR 2006, 804, 808), gleichwohl ist dem aber mit der Maßgabe zuzustimmen, dass der Hersteller bzw. dessen Vertriebspartner eine Sicherungskopie auf Anfrage de facto unverzüglich liefern muss. Andernfalls liefe § 69f Abs. 2 praktisch regelmäßig leer, weil ein Kopier- oder Umgehungsprogramm zumindest auch legale Anwendungsbereiche hätte und damit nicht mehr allein zu unerlaubten Zwecken bestimmt wäre (Schricker/Loewenheim/*Loewenheim* § 69f Rn. 12; *Marly* Urheberrechtsschutz 184). Abzulehnen ist hingegen der Ansatz, zwischen umgehungsspezifischen Erlaubnissen und Schranken und solchen zu unterscheiden, die im Rahmen des § 69f keine Bedeutung haben (gegen diese Auffassung von *Wand* 73, 147 auch *Lindhorst* 81). Keinesfalls erlaubt sind nach § 69d Abs. 2 (bzw. Abs. 1) Bearbeitungen des Programms und ähnliche Maßnahmen, die nur vor einem Verlust eines Dongles schützen sollen (LG Düsseldorf CR 1996, 737, 739 – Dongle-Umgehung; OLG Düsseldorf CR 1997, 337, 339 – Dongle-Umgehung – m. zust. Anm. *Raubenheimer* WRP 1997, 1106, 1108; s. ebenso § 69d Rn. 58). Gleichfalls kontrovers diskutieren lässt sich § 69f Abs. 2 mit Blick auf die nach **§ 69d Abs. 3** zwingend zulässige Programmbeobachtung (dazu *Schweyer* 225). Im Ergebnis sprechen hier gute Argumente dafür, Deobfuskatoren und Entschlüsselungsprogramme nicht als unerlaubte Mittel anzusehen (dazu ausf. *Schweyer* 229ff.). **19**

Gute Argumente sprechen allerdings dafür, dass der rechtmäßige Benutzer Beseitigungs- und Umgehungsmittel einsetzen kann, um sich gegen Programmsperren zur Wehr zu set- **20** zen, mit deren Hilfe lediglich ein **rechtswidriges Weitergabeverbot** (dazu näher § 69c Rn. 38ff., 41) durchgesetzt werden soll.

21   e) **Alleinige Bestimmung.** Anders als die Unterlassungsansprüche nach §§ 3, 4 Nr. 10 UWG (dazu Rn. 25; vgl. aber OLG Hamburg GRUR 1990, 127, 128 – Super Mario III: kein Anspruch aus § 1 UWG a. F. bei legalen Einsatzmöglichkeiten) sowie §§ 3, 4 Nr. 11 UWG i. V. m. §§ 2 Nr. 3, 3 ZKDSG (dazu OLG Frankfurt CR 2003, 766, 767) und der Vernichtungsanspruch gem. § 98 Abs. 1 S. 2 n. F. („vorwiegend ... gedient") greift der Vernichtungsanspruch nach § 69f nur, wenn die Mittel allein zur unerlaubten Beseitigung oder Umgehung bestimmt sind. Ausgenommen werden damit etwa betriebssystemeigene Vervielfältigungsroutinen (Begr. BRegE BT-Drucks. 12/4022, 15), aber auch betriebssystemnahe Tools (etwa zur Wartung, Dekompilierung etc.), mit denen auch andere Zwecke verfolgt werden können (Schricker/Loewenheim/*Loewenheim* § 69f Rn. 14). Das Merkmal ist nicht zu eng auszulegen (so auch LG München MMR 2008, 839, 841). Abzustellen ist für die Frage der alleinigen Bestimmung auf die **Sicht eines objektiven Betrachters** (LG München MMR 2008, 839, 841; Möhring/Nicolini/*Hoeren* § 69f Rn. 16; Dreier/Schulze/*Dreier* § 69f Rn. 13; strikter wohl Schricker/Loewenheim/*Loewenheim* § 69f Rn. 14; weiter hingegen Fromm/Nordemann/*Czychowski* § 69f Rn. 11: Hauptzweck des Mittels nach allgemeiner Lebenserfahrung; ebenso *Raubenheimer* CR 1994, 129, 130, 131f., nach dem die nahezu ausschließliche Nutzung und Bestimmung zur Beseitigung und Umgehung genügt; *Wand* 76; gegen diese *Lindhorst* 80; vgl. auch Mestmäcker/Schulze/*Haberstumpf* § 69f Rn. 13: Hauptzweck aus Sicht des objektiven Betrachters). Entscheidend ist, dass die Hard- oder Software mit der entsprechenden Funktion objektiv allein deshalb versehen wurde, um die rechtswidrige Umgehung oder Beseitigung zu ermöglichen (etwas weiter LG München MMR 2008, 839, 842: Hauptzweck; *Heinemeyer/Nordmeyer* CR 2013, 586, 591: wesentlicher Zweck des Mittels). Allein ein Hinweis auf die Gesetzeslage führt zu keiner anderen Beurteilung (vgl. OLG Düsseldorf CR 1997, 337, 339 – Dongle-Umgehung – m. zust. Anm. *Raubenheimer* WRP 1997, 1106, 1107; LG München MMR 2008, 839, 841). Auch zusätzliche legale Funktionen lassen den Anspruch gem. § 69f dann nicht entfallen (zust. LG München MMR 2008, 839, 841; ebenso Schricker/Loewenheim/*Loewenheim* § 69f Rn. 14; Mestmäcker/Schulze/*Haberstumpf* § 69f Rn. 13; vgl. *Arnold* MMR 2008, 144, 146: § 69f greift bei auf rechtswidrige Anwendungen spezialisierten Funktionen oder Teilfunktionen). Dies muss erst Recht bei offensichtlichen Scheinhinweisen gelten (so zu §§ 2 Nr. 3, 3 ZKDSG auch OLG Frankfurt CR 2003, 766, 767; zust. LG München MMR 2008, 839, 841). Teils wird darauf abgestellt, ob es entsprechende gezielte Anreize durch die Produktgestaltung oder Werbung und subsidiär – auch ohne solche gezielten Anreize – sonstige Anreize bei wirtschaftlicher Betrachtung gibt (*Arnold* MMR 2008, 144, 146ff.; zust. für das Heranziehen der Werbung *Wieduwilt* MMR 2008, 715, 719). Ob hieraus der Schluss für eine entsprechende alleinige Bestimmung gezogen werden kann, ist demgegenüber eine Frage des Einzelfalls; mehr als Indizien bringen die Kriterien im Zweifel nicht. Für Modchips wird dieses etwa wegen des weiteren Kopierschutzes des Datenträgers in Frage gestellt (so *Heinemeyer/Nordmeyer* CR 2013, 586, 591, deren weitere Argumentation, dass sonst ein systemwidriger Doppelschutz bestünde, nicht überzeugt).

22   f) **Vernichtungsanspruch und Verhältnismäßigkeitsanspruch.** Dem Rechtsinhaber steht wie bei Abs. 1 ein Vernichtungsanspruch zu, der aber durch den Verhältnismäßigkeitsgrundsatz eingeschränkt werden kann. Auch im Rahmen des Abs. 2 hat dies zur Folge, dass sich der Anspruch u. U. nur auf einzelne Programmmodule beziehen kann (*Raubenheimer* CR 1994, 129, 132, Fn. 31; offen lassend LG München MMR 2008, 839, 842) und teils nur ein Löschungsanspruch besteht (dazu näher Rn. 8ff.). Der Vernichtungsanspruch für sich konstituiert noch nicht zwingend eine Urheberrechtsverletzung i. S. v. § 97 Abs. 1 (*Lindhorst* 81f. gegen *Raubenheimer* CR 1994, 129, 130; s. auch Rn. 1, 25ff.).

3. Der Überlassungsanspruch, Abs. 1 S. 2

Nach § 69f Abs. 1 S. 2 hat der Rechtsinhaber **alternativ** einen Überlassungsanspruch. **23** Dies folgt aus der Verweisung auf § 98 Abs. 3, der aber mit der Modifikation gilt, dass sich der Anspruch auf Überlassung der rechtswidrigen Vervielfältigungsstücke oder Beseitigungs- und Umgehungsmittel auch gegen Besitzer und Eigentümer richtet, die nicht zugleich Verletzer sind. Danach kann der Rechtsinhaber die Überlassung entsprechender Kopien oder Mittel (samt Datenträger) gegen eine angemessene Vergütung verlangen, welche die Herstellungskosten aber nicht übersteigen darf (dazu näher § 98 Rn. 41). Bei wieder beschreibbaren Datenträgern kann der Rechtsinhaber sich die Datenträger auch ohne Vergütung übergeben lassen, wenn er sie nach dem Löschen wieder zurückgibt (vgl. *Raubenheimer* CR 1994, 129, 130). Die Vollstreckung erfolgt mit Blick auf die Herausgabe nach §§ 883, 756 ZPO und mit Blick auf die Eigentumsübertragung nach §§ 894, 726 Abs. 2 ZPO (Mestmäcker/Schulze/*Haberstumpf* § 69f Rn. 8). Da kein Fall einer echten Wahlschuld i. S. v. § 262 BGB vorliegt, muss der Anspruchsteller bereits mit Klageerhebung zwischen dem Vernichtungs- und dem Überlassungsanspruch wählen (str., dazu näher Mestmäcker/Schulze/*Haberstumpf* § 69f Rn. 9; s. auch § 98 Rn. 12).

4. Verjährung

Der Anspruch auf Vernichtung oder Überlassung verjährt gem. § 102 i. V. m. § 69a **24** Abs. 4 in drei Jahren von dem Zeitpunkt der Kenntniserlangung der Rechtsverletzung und der Person oder grob fahrlässiger Unkenntnis, spätestens aber in 10 Jahren von der Verletzung an (§§ 195, 199 Abs. 1, 4 BGB). § 197 Abs. 1 Nr. 1 BGB findet auf den Überlassungsanspruch gem. § 69f Abs. 1 S. 2 keine Anwendung. Dies gebietet sowohl der Telos als auch der Wortlaut der Vorschriften. Bei § 69f Abs. 1 S. 2 handelt es sich nicht um einen Anspruch „aus" Urheberrecht, sondern wegen dessen Verletzung (vgl. dazu auch Schricker/Loewenheim/*Wild* § 102 Rn. 1). Für Ansprüche, die vor dem 1.1.2002 entstanden sind, sei auf § 137i verwiesen.

III. Sonstiger Umgehungs- und Beseitigungsschutz gem. § 97 Abs. 1, §§ 3, 4 Nr. 10 UWG sowie §§ 823, 826 BGB

Neben dem Schutz nach § 69f Abs. 2 steht dem Rechtsinhaber zum Umgehungs- und **25** Beseitigungsschutz noch der urheberrechtliche **Unterlassungsanspruch gem. § 97 Abs. 1** zu, sofern der Anspruchsgegner durch die Bereitstellung von bestimmungsgemäß oder in aller Regel als illegal Beseitigungs- und Umgehungsmittel genutzten Mitteln kausal und adäquat eine Urheberrechtsverletzung verursacht oder im Falle vorbeugender Unterlassungsansprüche die Gefahr einer solchen Rechtsverletzung herbeigeführt hat (*Wand* in Lehmann Cyberlaw 35, 49f.; vgl. *Raubenheimer* CR 1994, 129, 130, 132; *Bechtold* 222f.; BT-Drucks. 12/4022, 15; einschränkend *Kuhlmann* CR 1989, 177, 179f.: Güterabwägung nach § 242 BGB). Dies hat auch die Rechtsprechung bestätigt (OLG Düsseldorf CR 1997, 337, 339 – Dongle-Umgehung – m. zust. Anm. *Raubenheimer* WRP 1997, 1106; LG Düsseldorf CR 1986, 133; LG München MMR 2008, 839, 840; vgl. auch BGH GRUR 1960, 338, 340 – Werbung für Tonbandgeräte; BGH GRUR 1964, 92, 93 – Tonbänder-Werbung; BGH GRUR 1964, 94, 96 – Tonbandgeräte-Händler; BGH GRUR 1965, 686, 687 – Magnettonband II; BGHZ 42, 118, 124 ff. – Personalausweise; BGH GRUR 1984, 54, 55 – Kopierläden). Eine solche Verletzung liegt regelmäßig in den (drohenden) Eingriffen in das Vervielfältigungs-, Verbreitungs- und Bearbeitungsrecht (zu Letzterem § 69c Rn. 21). Dies ist auch dann der Fall, wenn ein illegaler Ersatzdongle geliefert wird, da hier die Gefahr der unberechtigten Mehrfachnutzung besteht.

UrhG § 69f 26–28 § 69f Rechtsverletzungen

26 Daneben können sich zum Umgehungs- und Beseitigungsschutz für den Rechtsinhaber Unterlassungsansprüche aus **§§ 3, 4 Nr. 10 UWG** ergeben (dazu auch § 69g Rn. 22 ff.; h. M. zu § 1 UWG a. F. – unter Hinweis auf § 69g: BGH GRUR 1996, 78 – Umgehungsprogramm – m. Anm. *Lehmann* CR 1996, 80 f.; OLG München CR 1996, 11, 16 f. – Dongle – bestätigt durch Nichtannahmebeschluss des BGH, vgl. CR 1996, 674; LG München CR 1995, 669, 670 – AutoCAD; *Junker/Benecke* Rn. 120 ff.; *Raubenheimer* CR 1994, 264 f.; *Raubenheimer* NJW-CoR 1996, 174 f.; *Raubenheimer* CR 1996, 69, 77; *Raubenheimer* CR 1996, 342, 343; *Wand* in Lehmann Cyberlaw 35, 51 f.; noch zum alten Recht: OLG Stuttgart NJW 1989, 2633 – Hardlock-Entferner; OLG Düsseldorf GRUR 1990, 535 – Hardware-Zusatz; OLG München CR 1995, 663, 665 – UNPROTECT; LG Düsseldorf CR 1990, 46, 47; *Kuhlmann* CR 1989, 177, 182 f.; zum Schutz gegen das Umprogrammieren und sog. Cracken: LG München NJW-CoR 1996, 120 f.; OLG Karlsruhe NJW 1996, 2583; Nachweise unveröffentlichter Urteile bei *Raubenheimer* NJW-CoR 1996, 174, 175 Fn. 13; vgl. auch zum Pay-TV-Decoder-Schutz OLG München WRP 1992, 661 – Multifilter; OLG Frankfurt NJW 1996, 264 f. – Piratenkarte; vgl. auch BGH MMR 2004, 662, 664; zu den Parallelen *Raubenheimer* CR 1996, 69, 78 f.; a. A. unter Hinweis auf die Spezialität des Urheberrechtsschutzes: LG Mannheim NJW 1995, 3322, 3323; *König* NJW 1995, 3293, 3295; vgl. auch OLG Hamburg GRUR 1990, 127, 128 – Super Mario III; OLG Düsseldorf CR 1990, 394, 396 f. m. abl. Anm. *Schweyer*). Nach anderer Auffassung sollen die §§ 3, 4 Nr. 11, 8 und 9 UWG einschlägig sein (LG München CR 2010, 76, 78).

So verstößt die unerlaubte Beseitigung oder Umgehung von Programmsperren sowie das Anbieten, Feilhalten oder In-Verkehr-Bringen von entsprechenden Beseitigungs- und Umgehungsmitteln (zugleich) gegen §§ 3, 4 Nr. 10 UWG. Unabhängig von der inneren Willensrichtung des Anbieters (OLG München CR 1996, 11, 17 – Dongle) wurde hierin von der Rechtsprechung zu Recht eine Form des **Behinderungswettbewerbs** gesehen, die sowohl die in der Erstellung des Programms liegenden Leistungen des Herstellers ausnutzt als auch den weiteren Absatz des Programms beeinträchtigt. Teilweise wird (zusätzlich) noch auf die unlautere Leistungsübernahme abgestellt (OLG Stuttgart NJW 1989, 2633 – Hardlock-Entferner; OLG Düsseldorf GRUR 1990, 535 – Hardware-Zusatz; *Raubenheimer* CR 1996, 69, 77). Anders als bei § 69f Abs. 2 war es nach Teilen der Rechtsprechung zu § 1 UWG a. F. keinesfalls erforderlich, dass die missbräuchliche Anwendung der Beseitigungs- und Umgehungsmittel überwiegt oder sogar die Regel darstellt (OLG München CR 1996, 11, 17 – Dongle; vgl. auch OLG Düsseldorf GRUR 1990, 535 – Hardware-Zusatz: Erwerb sinnvoller Weise nur dazu dienen kann). Es ist davon auszugehen, dass dieses trotz der von § 4 Nr. 10 UWG geforderten Zielgerichtetheit der Behinderung im Wesentlichen so weiter gilt (restriktiv *Arlt* MMR 2005, 148, 152 f.). Keinesfalls reicht es aus, dem Bestimmungszweck nicht entsprechende, eher theoretische legale Verwendungszwecke zur Rechtfertigung heranzuziehen (*Raubenheimer* CR 1994, 264, 265; tendenziell anderer Auffassung OLG Düsseldorf CR 1990, 394, 397 m. abl. Anm. *Schweyer*).

27 Schließlich ist ein Schutz durch das **allgemeine Deliktsrecht** unter den Aspekten des eingerichteten und ausgeübten Gewerbebetriebs sowie der sittenwidrigen Schädigung (vgl. *Wand* in Lehmann Cyberlaw 35, 52; OLG Frankfurt NJW 1996, 264 f. – Piratenkarte) und in Verbindung mit strafrechtlichen Schutzvorschriften, insb. § 303a StGB (offen lassend LG München CR 1995, 669, 671 – AutoCAD; nicht hingegen § 202a StGB, dazu *Kuhlmann* CR 1989, 177, 184 f.; vgl. auch *Bechtold* 206 f., 224 m. w. N., der auch § 202a StGB für einschlägig hält), zu erwägen.

28 Dabei dürfen für vorbeugende **Unterlassungsansprüche** gem. § 97 Abs. 1, §§ 3, 4 Nr. 10 UWG sowie §§ 823, 826 BGB an die Konkretisierung der Gefahr keine zu strikten Anforderungen gestellt werden (verfehlt insofern LG Mannheim NJW 1995, 3322, 3323: Verhalten muss unmittelbar drohend bevorstehen). Vielmehr muss aus Gründen einer effektiven Bekämpfung von Softwarepiraterie schon das Angebot von Mitteln, die nach der Lebenserfahrung einen hohen Anreiz zu einer rechtswidrigen Beseitigung und Umgehung

eines Programmschutzes bieten, ausreichend sein (BGH GRUR 1996, 78 – Umgehungsprogramm; OLG München CR 1996, 11, 16 f.; LG München CR 1995, 669, 670 – AutoCAD; *Raubenheimer* CR 1996, 69, 74 f.). Daneben stehen dem Rechtsinhaber **Auskunfts- und Schadenersatzansprüche** zu (BGH GRUR 1996, 78 f. – Umgehungsprogramm; OLG München CR 1996, 11, 16; LG München CR 1995, 669, 671 – AutoCAD; *Raubenheimer* CR 1996, 69, 75 f.; vgl. LG München CR 2010, 76, 78).

§ 69g Anwendung sonstiger Rechtsvorschriften; Vertragsrecht

(1) **Die Bestimmungen dieses Abschnitts lassen die Anwendung sonstiger Rechtsvorschriften auf Computerprogramme, insbesondere über den Schutz von Erfindungen, Topographien von Halbleitererzeugnissen, Marken und den Schutz gegen unlauteren Wettbewerb einschließlich des Schutzes von Geschäfts- und Betriebsgeheimnissen sowie schuldrechtliche Vereinbarungen unberührt.**

(2) **Vertragliche Bestimmungen, die in Widerspruch zu § 69d Abs. 2 und 3 und § 69e stehen, sind nichtig.**

Literatur: *Anders,* Erfindungsgegenstand mit technischen und nichttechnischen Merkmalen, GRUR 2004, 461; *Basinski/de Beaumont/Betten/Faria Correa/Freischem/Laurie/Miyasaka/Tani/deVisscher,* Patentschutz für computer-softwarebezogene Erfindungen, GRUR Int. 2007, 44; *Betten,* Titelschutz von Computerprogrammen?, CR 1995, 383; *Betten,* Titelschutz von Computerprogrammen, GRUR 1995, 5; *Beysen,* Der privatrechtliche Schutz des Softwareherstellers vor Programmpiraterie – Eine Untersuchung der Rechtsgrundlagen nach deutschem, französischem und belgischem Recht, Hamburg 2003; *Blind/Edler/Nack/Straus,* Mikro- und makroökonomische Implikation der Patentierung von Softwareinnovationen: Geistige Eigentumsrechte in der Informationstechnologie im Spannungsfeld von Wettbewerb und Innovation, Karlsruhe 2001; *Brandi-Dohrn,* Softwareschutz nach dem neuen deutschen Urheberrechtsgesetz, BB 1994, 658; *Buchner,* Der Schutz von Computerprogrammen und Know-how im Arbeitsverhältnis, in: Lehmann (Hrsg.), Rechtsschutz und Verwertung von Computerprogrammen, 2. Aufl., Köln 1993, 421 (zit. *Buchner* in Lehmann); *Büchner,* Schutz von Computerbildern als Lichtbild(werk), ZUM 2011, 549–552; *Bullinger/Czychowski,* Digitale Inhalte: Werk und/oder Software?, GRUR 2011, 19; *Busche/Stoll,* TRIPs, Internationales und europäisches Recht des geistigen Eigentums, Köln u. a. 2007 (zit. *Busche/Stoll/Bearbeiter*); *Dreier,* Verletzung urheberrechtlich geschützter Software nach der Umsetzung der EG-Richtlinie, GRUR 1993, 781; *Ensthaler,* Begrenzung der Patentierung von Computerprogrammen?, GRUR 2013, 666; *Esslinger/Betten,* Patentschutz im Internet, CR 2000, 18; *v. Falckenstein,* Der Schutz von Computerprogrammen nach dem Gebrauchsmusterrecht und Geschmacksmusterrecht, in: Lehmann (Hrsg.), Rechtsschutz und Verwertung von Computerprogrammen, 2. Aufl., Köln 1993, 319 (zit. *v. Falckenstein* in Lehmann); *Gaster,* Europäisches Patentrecht: Aktuelle Entwicklungen, CR 2000, 634; *v. Gravenreuth,* Computerspiele und Urheberrecht, CR 1987, 161; *Grützmacher,* Urheber-, Leistungs- und Sui-generis-Schutz von Datenbanken, Baden-Baden 1999; *Grützmacher/Schmidt-Bogatzky,* Kompatibilitätshinweise bei Computersoftware und ihre kennzeichenrechtlichen Grenzen, Eine Untersuchung unter besonderer Berücksichtigung der Rechtsprechung zum markenmäßigen Gebrauch, CR 2005, 545; *Haberstumpf,* Der urheberrechtliche Schutz von Computerprogrammen, in: Lehmann (Hrsg.), Rechtsschutz und Verwertung von Computerprogrammen, 2. Aufl., Köln 1993, 69 (zit. *Haberstumpf* in Lehmann); *Harte-Bavendamm,* Wettbewerbsrechtlicher Schutz von Computerprogrammen, CR 1986, 615; *Haß,* Der strafrechtliche Schutz von Computerprogrammen, in: Lehmann (Hrsg.), Rechtsschutz und Verwertung von Computerprogrammen, 2. Aufl., Köln 1993, 467 (zit. *Haß* in Lehmann); *Horns,* Anmerkungen zu begrifflichen Fragen des Softwareschutzes, GRUR 2001, 1; *Hecht/Kockentiedt,* Wettbewerbsrechtlicher Schutz von Online-Games gegen Cheatbots, Zugleich Anmerkung zur Entscheidung LG Hamburg, Beschl. v. 9.7.2009 – 308 O 332/09, CR 2009, 756, CR 2009, 719; *Hofmann,* Die Schutzfähigkeit von Computerspielesystemen nach Urheberrecht, „How to keep your balance – playfully", CR 2012, 281; *Horns,* Der Patentschutz für softwarebezogene Erfindungen im Verhältnis zur „Open Source"-Software, JurPC Web-Dok 223/2000; *Jacobs,* Werktitelschutz für Computerspiele und Computerprogramme, GRUR 1996, 601; *Jaeger/Koglin,* Der rechtliche Schutz von Fonts, CR 2002, 169; *Jersch,* Ergänzende Leistungsschutz und Computersoftware, München 1993; *Junker/Benecke,* Computerrecht, 3. Aufl., Baden-Baden 2003; *Kamlah,* Softwareschutz durch Patent- und Urheberrecht, Ein Vergleich für die Praxis, CR 2010, 485; *Katko/Maier,* Computerspiele – die Filmwerke des 21. Jahrhunderts?, MMR 2009, 306; *Katzenberger,* Kein Laufbildschutz für ausländische Videospiele in Deutschland, GRUR Int. 1992, 513; *Kiesewetter-Köbinger,* Pacta sunt servanda, JurPC Web-Dok. 100/2008; *Koch,* Rechtsschutz für Benutzeroberflächen von Software,

UrhG § 69g § 69g Anwend. sonstiger Rechtsvorschriften; Vertragsrecht

GRUR 1991, 180; *Kraßer,* Patentrecht, 6. Aufl. 2008; *Kreutzer,* Computerspiele im System des deutschen Urheberrechts – Eine Untersuchung des geltenden Rechts für Sicherungskopien und Schutz technischer Maßnahmen bei Computerspielen, CR 2007, 1; *Kur,* Die Auswirkungen des neuen Geschmacksmusterrechts auf die Praxis, GRUR 2002, 661; *Laub,* Patentfähigkeit von Softwareerfindungen: Rechtliche Standards in Europa und in den USA und deren Bedeutung für den internationalen Anmelder, GRUR Int. 2006, 629; *Lehmann,* Die Europäische Richtlinie über den Schutz von Computerprogrammen, GRUR Int. 1991, 327; *Lehmann,* Softwarevertragsrecht, FS Schricker 1995, 543 (zit. *Lehmann* FS Schricker); *Lehmann,* Der wettbewerbsrechtliche Schutz von Computerprogrammen gem. § 1 UWG – sklavische Nachahmung und unmittelbare Leistungsübernahme, in: Lehmann (Hrsg.), Rechtsschutz und Verwertung von Computerprogrammen, 2. Aufl., Köln 1993, 383 (zit. *Lehmann* in Lehmann); *Lehmann,* Neuer Titelschutz von Software im Markengesetz, CR 1995, 129; *Lehmann,* Titelschutz für Software, CR 1998, 2; *Lehmann,* Titelschutz von Computerprogrammen – Eine Erwiderung –, GRUR 1995, 250; *Loewenheim,* Urheberrechtlicher Schutz von Videospielen, in: Forkel u.a. (Hrsg.), Beiträge zum Schutz der Persönlichkeit und ihrer schöpferischen Leistung, Festschrift für Heinrich Hubmann zum 70. Geburtstag, Frankfurt 1985, 307 (zit. *Loewenheim* FS Hubmann); *Marly,* Urheberrechtsschutz für Computersoftware in der Europäischen Union, München 1995 (zit. *Marly* Urheberschutz); *Marly,* Das Verhältnis von Urheber- und Markenrecht bei Open Source Software – Zugleich eine Besprechung von OLG Düsseldorf, GRUR-RR 2010, GRUR-RR Jahr 2010, 467 – xt:Commerce, GRUR-RR 2010, 457; *Moritz,* Softwarelizenzverträge (I), Rechtslage nach der Harmonisierung durch die EG-Richtlinie über den Rechtsschutz von Computerprogrammen, Teil 1: Grenzen nach Art. 85 EWG-Vertrag, CR 1993, 257; *Müller,* Künftige EG-Richtlinie über Patentierbarkeit von Computerprogrammen, CRI 2000, 17; *Müller/Gerlach,* Softwarepatente und KMU, Eine kritische Würdigung der aktuellen Richtlinienentwürfe des Parlaments und der Ratspräsidentschaft unter Berücksichtigung der Konsequenzen für kleine und mittlere Unternehmen, CR 2004, 389; *Nack,* Sind jetzt computerimplementierte Geschäftsmethoden patentfähig? – Analyse der Bundesgerichtshof-Entscheidung „Sprachanalyseeinrichtung", GRUR Int. 2000, 853; *W. Nordemann,* Bildschirmspiele – eine neue Werkart im Urheberrecht, GRUR 1981, 891; *Nuthmann,* Reform des Geschmacksmusterrechts auf den Weg gebracht, ITRB 2003, 93; *Peiffer,* Zur Diskussion der Softwareregelungen im Patentrecht – Zum Ausschluss von „Programmen für Datenverarbeitungsanlagen... als solche" von der Patentfähigkeit, GRUR 2003, 581; *Raubenheimer,* Softwareschutz nach den Vorschriften des UWG, CR 1994, 264; *Reichl,* Beobachtungen zur Patentierung computerimplementierter Erfindungen, Mitt. 2006, 6; *Risthaus,* Spiele und Spielregeln im Urheberrecht – Rien ne va plus?, WRP 2009, 698; *Röttinger,* Patentierbarkeit computerimplementierter Erfindungen – Zum EG-Richtlinien-Vorschlag KOM 2002 (92) v. 20.2.2002, CR 2002, 616; *Rupprecht,* Achtung Falle! Titelschutz für Softwaremarken, WRP 1996, 385; *Schiuma,* TRIPS und das Patentierungsverbot von Software „als solcher", GRUR Int. 1998, 852; *Schlatter,* Der Schutz von Computerspielen, Benutzeroberflächen und Computerkunst, in: Lehmann (Hrsg.), Rechtsschutz und Verwertung von Computerprogrammen, 2. Aufl., Köln 1993, 169 (zit. *Schlatter* in Lehmann); *Schölch,* Softwarepatente ohne Grenzen, GRUR 2001, 16; *Schölch,* Patentschutz für computergestützte Entwurfsmethoden – ein Kulturbruch?, GRUR 2006, 969; *Schricker,* Urheberschutz für Spiele, GRUR Int. 2008, 200; *Schumacher,* Schutz von Algorithmen für Computerprogramme, Münster 2004; *Schulte,* Der Referentenentwurf eines Zweiten Gesetzes zur Änderung des Urheberrechtsgesetzes, CR 1992, 648; *G. Schulze,* Der Schutz von technischen Zeichnungen und Plänen – Lichtbildschutz für Bildschirmzeichnungen?, CR 1988, 181; *Sedlmaier,* Der Richtlinienvorschlag für die Patentierbarkeit computerimplementierter Erfindungen – eine Anmerkung, Mitt. 2002, 97; *Stjerna,* Neues zur Patentierbarkeit computerimplementierter Erfindungen, Mitt. 2005, 49; *Syndicus,* Computerspiele, Eine Rechtsprechungsübersicht, CR 1991, 529; *Taeger,* Softwareschutz durch Geheimnisschutz, CR 1991, 449; *Tauchert,* Zum Begriff der „technischen Erfindung", JurPC Web-Dok. 28/2002; *Tauchert,* Nochmals: Anforderungen an einen Patentschutz für Computerprogramme, GRUR 2004, 922; *Teufel,* Aktuelles aus dem Bereich Softwarepatentierung, Neues (?) zur Patentierung von computerimplementierten Erfindungen und Geschäftsmethoden in Europa und USA, Mitt. 2010, 405; *Ulbricht,* Unterhaltungssoftware: Urheberrechtliche Bindungen bei Projekt- und Publishingverträgen, CR 2002, 317; *van der Hoff,* Die Vergütung angestellter Software-Entwickler, Baden-Baden 2009; *Weyand/Haase,* Anforderungen an einen Patentschutz für Computerprogramme, GRUR 2004, 198; *Wandtke/Ohst,* Zur Reform des deutschen Geschmacksmustergesetzes, GRUR Int. 2005, 91; *Werner,* Eingriff in (Rollen-)Spielsysteme, Spielregeln und regelwidrige Drittprogramme bei Online-Spielen; CR 2013, 516; *Wiebe,* Know-how-Schutz von Computersoftware, München 1993; *Wiebe,* Reverse Engineering und Geheimnisschutz von Computerprogrammen CR 1992, 134; *Wiebe,* „User Interfaces" und Immaterialgüterrecht, Der Schutz von Benutzungsoberflächen in den U.S.A. und in der Bundesrepublik Deutschland, GRUR Int. 1990, 21; *Wiebe,* Softwarepatente und Open Source – Analyse des Konfliktpotentials zwischen Open Source und dem Patentschutz für softwarebezogene Erfindungen, CR 2004, 881; *Wiebe/Heidinger,* Ende der Technizitätsdebatte zu programmbezogenen Lehren? Anmerkungen zur EPA-Entscheidung „Auktionsverfahren/Hitachi", GRUR 2006, 179; *Wieduwilt,* Cheatbots in Onlinespielen – eine Urheberrechtsverletzung?, MMR 2008, 715; *Wimmer-Leonhardt,* Softwarepatente – eine „Never-Ending-Story", WRP 2007, 273; *Zahrnt,* Titelschutz für Software-Produkte – ein

§ 69g Anwend. sonstiger Rechtsvorschriften; Vertragsrecht   1, 2   **§ 69g UrhG**

Irrtum?!, BB 1996, 1570; *Zirn,* Softwareschutz zwischen Urheberrecht und Patentrecht – Aktuelle Entwicklungen vor historischem Hintergrund und internationaler Zusammenhang, Stuttgart 2004.
Vgl. darüber hinaus die Angaben im eingangs abgedr. Gesamtliteraturverzeichnis.

Übersicht

	Rn.
I. Schutzzweck	1
II. Regelungsinhalt	2–39
1. Sonstiger Schutz von Computerprogrammen und nicht § 69a unterfallenden Elementen von Computerprogrammen (Abs. 1)	2–38
a) Urheberschutz als Sprachwerk, Werk der bildenden Künste, Lichtbildwerk oder Darstellung wissenschaftlicher oder technischer Art	3
b) Schutz als Filmwerk oder Laufbild gem. § 2 Abs. 1 Nr. 6 und §§ 94, 95	4, 5
c) Lichtbildschutz	6
d) Designschutz	7
e) Typografischer Schutz	8
f) Patent- und Gebrauchsmusterschutz	9–17
g) Topografienschutz durch das Halbleitergesetz	18
h) Marken- und Werktitelschutz	19–21
i) Schutz gem. §§ 3, 4 Nr. 9 und Nr. 10 UWG	22–32
aa) Ergänzender Leistungsschutz gem. §§ 3, 4 Nr. 9 und Nr. 10 UWG	23–29
bb) Schutz von Programmschutzmechanismen gem. §§ 3, 4 Nr. 10 UWG	30
cc) Schutz gegen unlautere Lieferung von Ersatzwaren oder Zubehör und das unlautere Einschieben in die fremde Serie	31
dd) Dekompilierung	32
j) Geheimnisschutz	33–36
k) Allgemeines Deliktsrecht	37
l) Vertraglicher Schutz	38
2. Nichtige vertragliche Bestimmungen (Abs. 2)	39

I. Schutzzweck

§ 69g Abs. 1 setzt Art. 8 Abs. 1 n. F. bzw. Art. 9 Abs. 1 S. 1 a. F. der Computerprogramm-Richtlinie um, § 69g Abs. 2 Art. 8 Abs. 2n. F. bzw. Art. 9 Abs. 1 S. 2 n. F. der Computerprogramm-Richtlinie. Inhaltlich haben die Regelungen kaum Berührungspunkte, sieht man einmal davon ab, dass beide den Einfluss der §§ 69a ff. auf Vertragsverhältnisse regeln. Nach Abs. 1 bleiben schuldrechtliche Vereinbarungen von den §§ 69a ff. im Grundsatz unberührt, während Abs. 2 diesen Grundsatz gleich wieder mit Blick auf den zwingenden Charakter der § 69d Abs. 2 und 3 und § 69e einschränkt. § 69g Abs. 1 ist mit Ausnahme des Verhältnisses vom Wettbewerbsrecht zum Urheberschutz, für welches grds. und auch für Computerprogramme das Subsidiaritätsprinzip gilt, nach deutschem Rechtsverständnis eine Selbstverständlichkeit. Er stellt klar, dass mit dem Urheberschutz von Computerprogrammen nicht der Verlust sonstiger Schutzmöglichkeiten einhergeht. Dieses sog. **Kumulationsprinzip** ist Konsequenz der unterschiedlichen Schutzgegenstände der einzelnen Schutzrechte. Dementsprechend sind auch prozessual verschiedene Ansprüche (Streitgegenstände) betroffen (vgl. BGH GRUR 2001, 755, 756 f. – Telefonkarte).   1

II. Regelungsinhalt

1. Sonstiger Schutz von Computerprogrammen und nicht § 69a unterfallenden Elementen von Computerprogrammen (Abs. 1)

§ 69g Abs. 1 erwähnt als sonstigen Schutz den Schutz von Erfindungen, Topografien von   2
Halbleitererzeugnissen, Marken und den Schutz gegen unlauteren Wettbewerb einschließ-

UrhG § 69g 3, 4 § 69g Anwend. sonstiger Rechtsvorschriften; Vertragsrecht

lich des Schutzes von Geschäfts- und Betriebsgeheimnissen sowie den Schutz durch schuldrechtliche Vereinbarungen. Nicht erwähnt wird der sonstige urheberrechtliche Schutz, der bei strenger Auslegung auch nicht das Computerprogramm i. S. v. § 69a, sondern andere Werke betrifft. Gleichwohl bringt § 69g Abs. 1 zum Ausdruck, dass auch ein solcher urheber- oder leistungsschutzrechtlicher Schutz unberührt bleibt. Computerprogramme i. S. v. § 69a werden durch die anderen Schutzrechte ebenfalls nicht direkt, sondern nur mittelbar geschützt. Zudem handelt es sich bei § 69g Abs. 1 um eine Generalklausel.

3   **a) Urheberschutz als Sprachwerk, Werk der bildenden Künste, Lichtbildwerk, Darstellung wissenschaftlicher oder technischer Art oder Sammelwerk. Benutzeroberfläche, Bildschirmmasken und einzelne Displays** können einen Schutz als Sprachwerk, Werk der bildenden Künste oder Darstellung wissenschaftlicher oder technischer Art gem. § 2 Abs. 1 Nr. 1, 4 bzw. 7 genießen (so – im konkreten Fall allerdings abl. – auch LG Frankfurt CR 2007, 424, 425; dazu näher *Koch* GRUR 1991, 180, 182 ff.; *Schlatter* in Lehmann Kap. III Rn. 75 ff.; a. A. OLG Karlsruhe GRUR 1994, 726, 729 – Bildschirmmasken; *Marly* Urheberrechtsschutz 144 f.: Teil des Computerprogramms i. S. v. § 69a; dagegen unter § 69a Rn. 14). Voraussetzung ist jedoch, dass die nötige Schöpfungshöhe erreicht wird. Das dürfte aufgrund ihrer funktionellen, sachbedingten, oft standardisierten Gestaltung die Ausnahme bleiben, am ehesten aber bei Grafiken der Fall sein (vgl. *Wiebe* GRUR Int. 1990, 21, 31 f.; OLG Karlsruhe CR 2010, 427, 429; vgl. auch OLG Hamm MMR 2005, 106 f.; OLG Köln GRUR-RR 2010, 141, 142; LG Berlin CR 1987, 584, 585 – btx-Grafik: kein Urheberschutz für eine BTX-Grafik; OLG Rostock CR 2007, 737, 738: kein Schutz für Webseite). Abzuwarten bleibt, ob die Entscheidung BGH GRUR 2014, 175 – Geburtstagszug dies tendenziell ändert. Auch **Handbücher, Bedienungsanleitungen und Hilfstexte** können nur urheberrechtlichen Schutz gem. § 2 Abs. 1 Nr. 1 oder 4 genießen (EuGH GRUR 2012, 814, 816 Rn. 64 – SAS Institute; LG Köln CR 1994, 226 – DV-Handbücher; vgl. *Haberstumpf* in Lehmann Kap. II Rn. 28 f.), nicht aber nach § 69a (*Heymann* CR 1994, 228; *Junker/Benecke* Rn. 55; dazu § 69a Rn. 13). Dieser kommt mitunter auch für sonstige das Programm ergänzende visuelle Hilfsmittel nichtelektronischer Art in Betracht (OLG Köln ZUM 1999, 404 – Overlays; siehe aber auch KG GRUR-RR 2002, 91 f. – Memokartei). Teils wird vertreten, die Spielesysteme von Computerspielen könnten ebenfalls in den Genuss des Schutzes gem. § 2 Abs. 1 Nr. 1 oder Nr. 7 gelangen (*Hofmann* CR 2012, 281, 283, 284 ff.; vgl. auch § 2 Rn. 52); allerdings ist in der Rechtsprechung zu sonstigen Spielen allgemein anerkannt, dass deren Ideen zumindest nicht schutzfähig sind (grundlegend BGH GRUR 1962, 51, 52; dazu weiterführend *Risthaus* WRP 2009, 698). Laut dem EuGH sollen **Programmiersprachen und Dateiformate** bei Erreichen der nötigen Schöpfungshöhe aufgrund der Auswahl, Anordnung und Kombination der Wörter, Zahlen und mathematischen Konzepte nach den Vorschriften zu den allgemeinen Werken – also wohl als Sprachwerk oder Darstellung wissenschaftlicher oder technischer Art – geschützt sein können (EuGH GRUR 2012, 814, 816 Rn. 45, 63 ff. – SAS Institute). Diese Rechtsauffassung ist mit Blick auf Programmiersprachen aber sehr fragwürdig, da perplex. Denn der EuGH lehnt deren Schutz als Computerprogramm gerade unter Hinweis auf Art. 2 WCT und Art. 9 Abs. 2 TRIPs ab, nämlich weil diese rein funktional seien (EuGH GRUR 2012, 814, 816 Rn. 33, 41 f. – SAS Institute). Im Rahmen des allgemeinen Urheberrechts gelten Art. 2 WCT und Art. 9 Abs. 2 TRIPs aber selbstredend auch. Mitunter können zusammengestellte Programmdateien nach der Rspr. auch als **Sammelwerk** nach § 4 UrhG geschützt sein (vgl. bejahend zu Modulen von Firmware LG Berlin CR 2012, 152, 153 f. m. zu Recht krit. Anm. *Schäfer* K&R 2012, 127, 128 und *Schreibauer/Mantz* GRUR-RR 2012, 111; a. A. KG ZUM-RD 2011, 544, 548 f.).

4   **b) Schutz als Filmwerk oder Laufbild gem. § 2 Abs. 1 Nr. 6 und §§ 94, 95.** Computerprogramme können auch als **Filmwerk** nach § 2 Abs. 1 Nr. 6 geschützt sein. Dieser Schutz kommt nach h. M. regelmäßig **Computerspielen** zu (OLG Hamburg

§ 69g Anwend. sonstiger Rechtsvorschriften; Vertragsrecht   5 § 69g UrhG

GRUR 1983, 436, 437 – Puckman; OLG Hamburg GRUR 1990, 127, 128 – Super Mario III; OLG Hamm NJW 1991, 2161, 2162; OLG Köln GRUR 1992, 312, 313 – Amiga Club; BayObLG GRUR 1992, 508 f. – Verwertung von Computerprogrammen; AG Mainz CR 1989, 626, 627; Dreier/Schulze/*Dreier* § 69a Rn. 17; *Bullinger/Czychowski* GRUR 2011, 19, 22 f.; *v. Gravenreuth* CR 1987, 161; *Katko/Maier* MMR 2009, 306, 307 f.; Schricker/Loewenheim/*Katzenberger* Vor §§ 88 ff. Rn. 44; Schricker/Loewenheim/ *Loewenheim* § 2 Rn. 188 f.; *Loewenheim* FS Hubmann 307, 318 ff.; *Kreutzer* CR 2007, 1, 2; *W. Nordemann* GRUR 1981, 891; *Schlatter* in Lehmann Kap. III Rn. 33 ff.; *Schricker* GRUR Int. 2008, 200, 202; *Syndicus* CR 1991, 529; *Ulbricht* CR 2002, 317, 320; *Wiebe* GRUR Int. 1990, 21, 30 f.; Vor §§ 88 ff. Rn. 61 f.; zurückhaltend *Schack* Rn. 248, 731 f.; grundsätzlich ablehnend *Wieduwilt*, MMR 2008, 715, 716; offen lassend OLG Frankfurt GRUR Int. 1993, 171, 172 – Parodius; dazu auch § 2 Rn. 129 mit Nachweisen zur Gegenansicht; siehe für die Schweiz BG GRUR Int. 2008, 70, 72). Der Schutz ist von jenem gem. § 69a zu unterscheiden (a. A. wohl *Marly* Urheberrechtsschutz 147 f., der wohl nur § 69a anwenden will). Durch § 2 Abs. 1 Nr. 6 werden nicht der Programmcode und die sonstige innere Gestaltung geschützt, sondern die bewegten Bilder und Tonfolgen. Auf diese alleine finden auch § 89 Abs. 1 (OLG Hamburg FuR 1983, 432, 433 – Puckman; *Katko/Maier* MMR 2009, 306, 309, 310; für eine analoge Anwendung bei Publishingverträgen demgegenüber *Ulbricht* CR 2002, 317, 321, 323; noch weitergehend *Bullinger/Czychowski* GRUR 2011, 19, 26) und § 90 (*Ulbricht* CR 2002, 317, 320) Anwendung. Voraussetzung hierfür ist zwar eine persönliche, geistige Schöpfung und nicht lediglich eine eigene wie bei § 69a, anders als bei der oft sachbedingten Gestaltung des Programmcodes von Anwendungsprogrammen können die Urheber (Entwickler des Spielablaufs und des Programms) bei Computerspielen ihrer Kreativität aber freien Lauf lassen. Daher wird die nötige Schöpfungshöhe regelmäßig erreicht (h. M.; dazu etwa *Katko/Maier* MMR 2009, 306, 307 f.; *Bullinger/ Czychowski* GRUR 2011, 19, 23; a. A. OLG Frankfurt GRUR 1983, 753, 756 – Pengo; gegen dieses *Schlatter* in Lehmann Kap. III Rn. 37 f. sowie Rn. 41 mit Ausführungen zur Darlegungslast unter Hinweis auf OLG Köln GRUR 1992, 312 – Amiga Club). Geschützt wird gegen Spiele, auch mit unterschiedlichem Programmcode, die einen gleichartigen Spielablauf und ein ähnliches Erscheinungsbild aufweisen.

Daneben kommt für **Computerspiele** der leichter darzulegende **Laufbildschutz** in 5 Betracht (OLG Karlsruhe CR 1986, 723, 725 – „1942"; OLG Hamm NJW 1991, 2161, 2162; BayObLG GRUR 1992, 508 f. – Verwertung von Computerprogrammen; LG Hannover CR 1988, 826; LG Braunschweig CR 1991, 223; LG Bochum CR 1995, 274; AG Mainz CR 1989, 626, 627; Dreier/Schulze/*Dreier* § 69a Rn. 17; *Kreutzer* CR 2007, 1, 2; *Schricker* GRUR Int. 2008, 200, 202; Schricker/Loewenheim/*Katzenberger* Vor §§ 88 ff. Rn. 44; Schricker/Loewenheim/*Loewenheim* § 2 Rn. 188; *Loewenheim* FS Hubmann 307, 318 ff.; *Schlatter* in Lehmann Kap. III Rn. 43 ff.; *Wiebe* GRUR Int. 1990, 21, 30 f.; einschränkend *Ulbricht* CR 2002, 317, 320, Fn. 17; s. auch § 2 Rn. 129). Schutzgegenstand ist hier allein der Bild- und Tonträger, so dass §§ 94, 95 nur gegen Raubkopien schützen (vgl. OLG Hamburg GRUR 1983, 436, 437 – Puckman). Dass der Spielablauf nicht wie der Geschehensablauf bei einem Film festgelegt ist, steht weder dem Filmwerk- noch dem Laufbildschutz entgegen, da alle Ablaufvarianten Ausfluss der Gestaltung des Computerspiels sind (OLG Karlsruhe CR 1986, 723, 725 – „1942"; OLG Hamm NJW 1991, 2161 – Computerspiele; BayObLG GRUR 1992, 508 f. – Verwertung von Computerprogrammen; Schricker/Loewenheim/*Loewenheim* § 2 Rn. 188; *Loewenheim* FS Hubmann 307, 318 ff.; *W. Nordemann* GRUR 1981, 891, 893; *Schlatter* in Lehmann Kap. III Rn. 35 f., 43; *Wiebe* GRUR Int. 1990, 21, 30 f.; Vor §§ 88 ff. Rn. 62; a. A. OLG Frankfurt GRUR 1983, 753, 756 – Pengo; OLG Frankfurt GRUR 1983, 757 – Donkey Kong Junior I; OLG Frankfurt GRUR 1984, 509 – Donkey Kong Junior II; offen lassend OLG Frankfurt GRUR Int. 1993, 171, 172 – Parodius). Auch dass die Herstellung nicht durch Filmaufnahmen erfolgt, steht dem Schutz nicht entgegen (BayObLG GRUR 1992, 508, 509 –

UrhG § 69g 6, 7 § 69g Anwend. sonstiger Rechtsvorschriften; Vertragsrecht

Verwertung von Computerprogrammen: mit Hinweis auf die Zeichentrickfertigung). Anders als beim „Licht"-Bildschutz gem. § 72 (s. dazu näher Rn. 6) wird die Aufnahme dem Wortlaut der Vorschriften nach nicht gefordert. Laufbildschutz findet allein aufgrund der RBÜ nach h. M. bei ausländischen Computerspielen keine Anwendung (OLG Frankfurt GRUR Int. 1993, 171, 172 – Parodius; *Schlatter* in Lehmann Kap. III Rn. 47; *Katzenberger* GRUR Int. 1992, 513, 516; *Dreier* GRUR 1993, 781, 782; *Brandi-Dohrn* BB 1994, 658, 659; a. A. OLG Hamburg GRUR 1990, 127, 128 – Super Mario III; Hintergrund dieses Streites ist die Frage, ob Art. 5 Abs. 1 RBÜ auch dann für Leistungsschutzrechte greifen kann, wenn der Gesetzgeber diese neben dem (dieselbe „Werkart" schützende) Urheberrecht einführt – dazu und dafür ausführlich *Grützmacher* 406 ff. – und die Frage, ob diese urheberrechtlichen Charakter i. S. d. RBÜ haben). – Urheberschutz auf Basis des § 2 Abs. 1 Nr. 4 können im Einzelfall auch die einzelnen Grafiken und grafischen Figuren genießen (dazu *Bullinger/Czychowski* GRUR 2011, 19, 23 f.; § 2 Rn. 130, 94 ff.). Nicht überzeugend ist es allerdings, in Kollisionsfällen allein aus Zweckmäßigkeitserwägungen heraus statt der §§ 69a ff. für das gesamte Spiel gewisse Normen einheitlich anzuwenden, nämlich namentlich § 53, §§ 89b Abs. 1 und §§ 95a ff. (so aber *Bullinger/Czychowski* GRUR 2011, 19, 25 f.; s. zu § 69a Abs. 5 die Kommentierung unter § 69a Rn. 80 ff.). – Der Filmwerk- und Laufbildschutz kommt weiter für Computerprogramme mit **sonstigen multimedialen Inhalten** in Betracht. Diskutiert wird der eingeschränkte Laufbildschutz auch für den Schutz des look and feel von Anwenderprogrammen in Form der **Benutzeroberflächen** (*Koch* GRUR 1991, 180, 189 f.). Allerdings dürfte es bei Benutzeroberflächen anders als bei Spielen, die einen gewissen, wenn auch flexiblen, Ablauf meist in Form von verschiedenen Spiel-Leveln oder durch einen räumlichen Fortgang aufweisen, an einer Ton- bzw. Bildfolge fehlen (*Schlatter* in Lehmann Kap. III Rn. 72; *Wiebe* GRUR Int. 1990, 21, 31).

6   **c) Lichtbildschutz.** Bildschirmmasken und Displays kann nach Stimmen in der Rechtsprechung und Literatur **Lichtbildschutz** zukommen (LG Bochum CR 1995, 274; *G. Schulze* CR 1988, 181, 190 f.; *Schricker* GRUR Int. 2008, 200, 202; *Wiebe* GRUR Int. 1990, 21, 32; ebenso *Schlatter* in Lehmann Kap. III. Rn. 73 f. und *Koch* GRUR 1991, 180, 184 f., die darüber hinaus auch noch einen Schutz als **Lichtbildwerk** nach § 2 Abs. 1 Nr. 5 erwägen, der aber schon mangels Schöpfungshöhe ausscheiden dürfte; s. aber § 2 Rn. 112; § 72 Rn. 5 ff.). Sieht man einmal davon ab, dass der Schutz nach § 72 seinem Umfang nach sehr beschränkt wäre, so dass schon mit geringen Abweichungen eine Verletzung vermieden werden könnte (vgl. *Schlatter* in Lehmann Kap. III. Rn. 74; *Koch* GRUR 1991, 180, 185: nur gegen unmittelbare Übernahmen oder nahezu identisches Nachahmen), ist der Lichtbildschutz mit der h. M. (OLG Hamm MMR 2005, 106 f.; OLG Köln GRUR-RR 2010, 141, 142; Schricker/Loewenheim/*Vogel* § 72 Rn. 21 m. w. N.; s. auch *Büchner* ZUM 2011, 549, 550 ff., der – technisch unerklärlich – zwar nicht auf die Wirkung strahlender Energie, sehr wohl aber das Abbild der Wirklichkeit fordert) schon aus grundsätzlichen Erwägungen zu verwerfen, da er voraussetzt, dass Lichtreize verarbeitet wurden und diese nicht lediglich auf Programmbefehlen beruhen (dem entsprechen nur digitale Fotos). Damit kann auch dahinstehen, inwieweit der Abdruck oder die sonstige Wiedergabe von Displays in Anleitungs- und Handbüchern Dritter dem Zitatrecht nach § 51 unterfallen.

7   **d) Designschutz.** In der Vergangenheit erschien es denkbar, dass Bildschirmdarstellungen von Computerprogrammen, insb. Bildschirmdisplays und -masken Designschutz erlangen konnten (*Wiebe* GRUR Int. 1990, 21, 33; *Koch* GRUR 1991, 180, 192; skeptisch hingegen *v. Falckenstein* in Lehmann Kap. VI Rn. 18 ff., der auf das Erfordernis einer körperlich manifestierten Darstellung des Musters hinweist). Eine Verkörperung war nach altem Geschmacksmusterrecht nicht erforderlich. Zweifel bestanden regelmäßig hinsichtlich der notwendigen Neuheit (*Koch* GRUR 1991, 180, 192). Demgegenüber ist heute bereits zweifelhaft, ob nach dem seit dem 1.6.2004 in Kraft getretenen § 1 Nr. 2 GeschmG (nunmehr DesignG), der Art. 1 lit. b der Richtlinie 98/71/EG über den rechtlichen Schutz von Mus-

tern und Modellen fast wörtlich umsetzt, und nach Art. 3 lit. b der Verordnung (EG) Nr. 6/2002 des Rates vom 12.12.2001 über das Gemeinschaftsgeschmacksmuster (ABl. EG Nr. L 3/1 v. 5.1.2002) Bildschirmmasken überhaupt noch Designschutz zukommen kann (bejahend Eichmann/v. Falckenstein/*Eichmann* GeschmMG § 1 Rn. 27; offen lassend *Nuthmann* ITRB 2003, 93). Hierfür spricht, dass es sich bei Bildschirmmasken nicht um Computerprogramme handelt (*Wandtke/Ohst* GRUR Int. 2005, 91, 94; § 69a Rn. 14). Die Tatsache, dass das „look and feel" von Computerprogrammen nicht geschützt werden sollte (vgl. Erläuterungen des Vorschlags einer Verordnung des Europäischen Parlaments und des Rates über das Gemeinschaftsgeschmacksmuster, BR-Drucks. 42/94, 13), steht dem nicht entgegen (so aber *Kur* GRUR 2002, 661, 663). Denn das „look and feel" ist mehr als die bloße Bildschirmmaske (vgl. Rn. 5, § 69a Rn. 14). Zweck der Vorschrift ist zudem, Überschneidungen mit dem Urheberschutz von Computerprogrammen zu vermeiden. Unstreitig ist im Übrigen, dass einzelne Icons und eben auch Menüs von Programmen im Grundsatz schutzfähig sind (*Kur* GRUR 2002, 661, 663; *Wandtke/Ohst* GRUR Int. 2005, 91, 94; Erläuterungen des Vorschlags einer Verordnung des Europäischen Parlaments und des Rates über das Gemeinschaftsgeschmacksmuster, BR-Drucks. 42/94, 13). Weiter werden Computerschriften erfasst (vgl. *Wandtke/Ohst* GRUR Int. 2005, 91, 94, Fn. 51 unter Hinweis auf das Grünbuch zum Geschmacksmusterschutz, Kap. 5.6.2., 76, Kommissions-Dok. III/F/5131/91 vom Juni 1991).

e) **Typografischer Schutz.** In Betracht kommt für Computerschriften (sowie figürliche Zeichen und Ornamente) ein typografischer Schutz nach dem Schriftzeichengesetz (BGBl. 1981 II S. 382; *Wiebe* GRUR Int. 1990, 21, 33; *Jaeger/Koglin* CR 2002, 169, 171). Dies gilt allerdings nur noch für „alte" Schriften; neue Schriften unterfallen, auch wenn sie computergeneriert sind, dem Schutz nach dem Geschmacksmusterrecht (dazu Rn. 7). Demgegenüber wurde in der Rechtsprechung ein Schutz gem. § 69a bejaht (LG Köln CR 2000, 431, 432 – Urheberschutz für Computerschriften: den Schutz gem. § 2 Abs. 1 Nr. 4 offen lassend). Bezweifelt werden muss allerdings, ob es sich bei Computerschriften wirklich um Programme i. S. v. § 69a handelt (dazu näher § 69a Rn. 15; differenzierend *Jaeger/Koglin* CR 2002, 169, 173).

f) **Patent- und Gebrauchsmusterschutz.** In letzten 20 Jahren gab es eine zunehmende Tendenz dazu, Computerprogrammen gegebenenfalls **auch Patentschutz** zu gewähren (für einen weitergehenden Patentschutz die technischen Beschwerdekammern des Europäischen Patentamtes, EPA GRUR Int. 1995, 909, 910 ff. – Universelles Verwaltungssystem/SOHEI; EPA GRUR Int. 1999, 1053, 1054 ff. – Computerprogrammprodukt/IBM; EPA [1999] R. P. C. 861 – Computerprogrammprodukt II; EPA ABl. EPA 2004, 575 – Auktionsverfahren/Hitachi; EPA Mitt. 2008, 116 – Schaltkreissimulation I/Infineon Technologies; Große Beschwerdekammer EPA GRUR Int. 2010, 608, 616, 618; wohl auch technische Beschwerdekammer EPA, GRUR Int. 2003, 852, 854 – Zwei Kennungen/COMVIK; *Schöniger* CR 2000, 361 f.; *Esslinger* CR 2000, 502 f.; *Gaster* CR 2000, 634 f.; *Peiffer* GRUR 2003, 581, 585 ff.; *Müller* CRI 2000, 17; *Wiebe* CR 2004, 881, 883 ff.; *Weyand/Haase* GRUR 2004, 198 ff.; EU-Kommission GRUR Int. 1999, 335, 339 f.; Verwaltungsrat der Europäischen Patentorganisation und der Regierungskonferenz der Mitgliedstaaten der Europäischen Patentorganisation, EPA ABl. 1999, 425, 429 f. bzw. EPA ABl. 1999, 545, 550; High Court of Justice (Ch. D.) Mitt 2008, 124, 127 – Astron Clinica; tendenziell auch BGH GRUR 2000, 1007 – Sprachanalyseeinrichtung; BGH GRUR 2000, 498 – Logikverifikation; krit. zu dieser Entwicklung etwa: *Blind/Edler/Nack/Straus* 224 ff.; *Horns* JurPC Web-Dok 223/2000; *Sedlmeier* Mitt. 2002, 97 ff.; *Müller/Gerlach* CR 2004, 389, 392 ff.; *Nack* GRUR Int. 2000, 853, 856, 858; *Schumacher* 185 ff.; *Schölch* GRUR 2001, 16, 17 ff.; *Schölch* GRUR 2006, 969, 975 f.; *Wimmer-Leonhardt* WRP 2007, 273; *Zirn* 135 ff.; Enquete-Kommission „Globalisierung der Weltwirtschaft Herausforderungen und Antworten" des 14. Deutschen Bundestages, BT-Drucks. 14/9200, 298 ff.; 14. Hauptgutachten der

UrhG § 69g 10 § 69g Anwend. sonstiger Rechtsvorschriften; Vertragsrecht

Monopolkommission, BT-Drucks. 14/9903, 41, 348 ff.; die Fraktionen von Bündnis 90/Die Grünen, CDU/CSU, FDP und SPD, vgl. BT-Drucks. 15/3240, 15/3941, 15/4034 Antrag derselben Fraktionen „Wettbewerb und Innovationsdynamik im Softwarebereich sichern – Patentierung von Computerprogrammen effektiv begrenzen", BT-Drucks. 17/13086; dazu *Ensthaler,* GRUR 2013, 666). Die EU-Kommission hat am 20.2.2002 einen patentfreundlichen **Vorschlag für eine Richtlinie** über die Patentierbarkeit computerimplementierter Erfindungen vorgelegt (KOM [2002] 92 endg. v. 20.2.2002, EG-ABl. 2002 Nr. C 151 E/129; dazu *Röttinger* CR 2002, 616 ff.; krit. *Sedlmeier* Mitt. 2002, 97 ff.; *Schumacher* 190 ff.; *Zirn* 91 ff.). Obwohl dieser vom Wirtschafts- und Sozialausschuss (EG-ABl. 2003 Nr. C 61/154) kritisiert und vom Europäischen Parlament in erster Lesung weitgehend zurückgewiesen wurde (Dok.-Nr. PE 336.399; dazu *Müller/Gerlach* CR 2004, 389 ff.; nicht ganz so krit. der vorhergehende „McCarthy"-Report, Dok.-Nr. PE327. 249), hat sich der Ministerrat diese Kritik nur in wenigen Passagen seines Gegenentwurfs (Gemeinsamer Standpunkt) zu eigen gemacht (siehe Dok.-Nr. 5570/04; dazu *Müller/Gerlach* CR 2004, 389, 391 f.). Insb. wurde die vom EU-Parlament vorgeschlagene einschränkende Technikdefinition gestrichen und die Festschreibung der Kerntheorie verworfen. Ungeachtet der noch im Fluss befindlichen rechtspolitischen Entwicklungen wurden diese teils von der Rechtsprechung antizipiert. Der Richtlinienvorschlag ist aber am 6.7.2005 durch das EU-Parlament in zweiter Lesung (vorerst) endgültig gestoppt worden (Dok.-Nr. PE359.364, 8 ff.). Zum Ganzen ausführlich und differenzierend *Kraßer* § 12 IV. Es bleibt abzuwarten, ob die Entwicklung über die Einführung eines Europäischen Gemeinschaftspatents umgekehrt wird (dazu *Wimmer-Leonhardt* WRP 2007, 273, 274). Ein AIPPI-Sonderausschuss hat sich jedenfalls weiterhin deutlich für den Patentschutz ausgesprochen (vgl. *Basinski/de Beaumont/Betten/Faria Correa/Freischem/Laurie/Miyasaka/Tani/de Visscher* GRUR Int. 2007, 44).

10 Der Patentschutz von **Computerprogrammen „als solche"** ist nach § 1 Abs. 3 Nr. 3 und Abs. 4 PatG und Art. 52 EPÜ **ausgeschlossen.** Das heißt aber nicht, dass der Patentschutz für computerimplementierte Erfindungen völlig ausgeschlossen ist (überblicksartige Darstellungen finden sich bei *van der Hoff* 87 ff.; *Teufel* Mitt. 2010, 405 ff.). Vielmehr folgert die Rechtsprechung hieraus zunächst nur, dass Erfindungen mit nichttechnischen Lehren auch **nicht schon deshalb patentierbar** sind, **weil** sie bestimmungsgemäß den **Einsatz eines Computers erfordern** oder weil sie mittels eines Computersystems implementiert werden (BGH CR 2002, 88, 91 – Suche fehlerhafter Zeichenketten; BGH GRUR 2004, 667, 668 – Elektronischer Zahlungsverkehr; BPatG GRUR 2003, 413, 414 – Satzanalyseverfahren; BPatG CR 2004, 412, 414 – Bedienhandlungen; BPatG GRUR 2006, 43, 44 – Transaktion im elektronischen Zahlungsverkehr II; BPatG GRUR 2007, 316, 317 – Bedienoberfläche; vgl. auch EPA BeckRS 2006, 30591484 – Ermittlung von Boni/WEBMILES), auf einem Datenträger gespeichert sind (BGH CR 2002, 88, 91 – Suche fehlerhafter Zeichenketten) bzw. die menschliche Information durch das Datenverarbeitungssystem erteilt werden (vgl. BPatG GRUR 2005, 45 – Systemansprüche: Rat nicht von einem menschlichen Experten, sondern durch ein Datenverarbeitungssystem). § 1 Abs. 3 Nr. 3 PatG steht anderseits nicht entgegen, wenn die prägenden Anweisungen der beanspruchten Lehre der Lösung eines konkreten technischen Problems dienen; Erfindungen, die zur Lösung eines Problems auf den herkömmlichen Gebieten der Ingenieurwissenschaften, der Physik, der Chemie oder der Biologie die Abarbeitung bestimmter Verfahrensschritte durch einen Computer vorschlagen, betreffen insofern kein Programm für Datenverarbeitungsanlagen als solches, also i. S. v. § 1 Abs. 3 Nr. 3 i. V. m. § 1 Abs. 4, sondern sind grds. patentfähig (BGH CR 2000, 88, 90 – Suche fehlerhafter Zeichenkette; BPatG CR 2003, 18, 20 – Kabelbaum). Es vermag also die Software selbst keinen Anspruch „auf" ein Patent zu begründen; sie kann aber Schutz unter dem Recht „aus" einem Patent genießen (dazu *Peiffer* GRUR 2003, 581 ff.). Offen gelassen wurde in der Rechtsprechung, ob ein Patentanspruch schon durch die Erwähnung nur einer die Patentierbarkeit rechtfertigenden Eigenheit insgesamt patentierbar werden kann oder ob eben nur diese technische Eigenheit Ge-

§ 69g Anwend. sonstiger Rechtsvorschriften; Vertragsrecht **11 § 69g UrhG**

genstand eines Anspruchs sein kann (BPatG CR 2004, 412, 414 – Bedienhandlungen). Erforderlich ist, dass ein Patentschutz für Anweisungen in Anspruch genommen wird, denen ein konkretes technisches Problem zu Grunde liegt, wobei außerhalb der **Technik** liegende Anweisungen, insb. wenn sie sich darauf beschränken zu umschreiben, wozu der Computer eingesetzt werden soll, grds. nicht genügen (BGH GRUR 2004, 667, 669 – Elektronischer Zahlungsverkehr; BPatG MMR 2005, 595, 594 – Strukturierungsprogramm; EPA BeckRS 2006, 30659517 – Modellieren eines Prozessnetzwerks/XPERT; kritisch zur Anknüpfung an den Technikbegriff *Kiesewetter-Köbinger* JurPC Web-Dok. 100/2008 Abs. 133 ff.). Betont wird heute in Abwendung von der so genannten Kerntheorie (so noch BGH GRUR 1981, 29 – Walzabteilung – sowie später noch der 17. Senat des BPatG), dass für die Beurteilung der Technizität eine **Gesamtbetrachtung** erforderlich und der prägende Teil entscheidend ist (so genannte Abwägungslehre, etwa BGH GRUR 2000, 498, 500 – Logikverfikation; BGH CR 2002, 88, 90 – Suche fehlerhafter Zeichenketten; BGH GRUR 2009, 479, 480 – Steuerungseinrichtung für Untersuchungsmodalitäten; BGH CR 2010, 493, 494 f. – Dynamische Dokumentengenerierung; BGH GRUR 2011, 125, 126 f. – Wiedergabe topografischer Informationen; BPatGE 47, 42, 46 – Rentabilität eines medizinischen Geräts; BPatG GRUR 2003, 413, 416 – Satzanalyseverfahren; BPatG Mitt. 2004, 363, 364 – Preisgünstige Telefonverbindung; BPatG CR 2004, 412, 413 – Bedienhandlungen; wohl auch BPatG GRUR 2008, 330 – Expertensystem; ähnlich EPA ABl. EPA 2004, 575 – Auktionsverfahren/Hitachi; EPA Mitt. 2008, 116, 118 f. – Schaltkreissimulation I/Infineon Technologies; High Court of Justice (Ch. D.) Mitt 2008, 124, 127 – Astron Clinica; Große Beschwerdekammer EPA GRUR Int. 2010, 608, 616, 618). Allerdings besteht eine gegenläufige Tendenz bei der Prüfung der Neuheit und erfinderischen Höhe (s. die Ausführungen unter Rn. 15) und dazu, die Gesamtbetrachtungslehre vor diesem Hintergrund im Rahmen einer pauschalen Darstellung zu kassieren (so etwa BPatG GRUR 2007, 316, 317 – Bedienoberfläche).

Im Laufe der Jahre wurde der Bereich patentierbarer computerimplementierter Erfindungen kontinuierlich ausgeweitet. Insgesamt ist die Rechtsprechung uneinheitlich und nur schwer zu fassen. Nicht immer orientiert sie sich an einer strikten Sachprüfung. Vielmehr neigt sie teils dazu, gestützt auf die Formulierung der Ansprüche über den sachlichen Inhalt hinwegzugehen; richtig ist es hingegen, auf eine Sachprüfung statt auf eine Formalprüfung abzustellen (*Kiesewetter-Köbinger* JurPC Web-Dok. 100/2008 Abs. 39). Zunächst hatte sich der BGH zum Patentschutz von Computerprogrammen entsprechend patentrechtlicher Lehren und später in Anlehnung an § 1 Abs. 3 Nr. 3 und Abs. 4 PatG (1981) zu Recht restriktiv geäußert und Patentschutz nur dann zugesprochen, wenn computerimplementierte Erfindungen einen strikt technischen Charakter hatten. Patentschutz kam daher allein solchen Programmen zu, welche entweder die **Nutzung der Datenverarbeitungsanlage auf eine neue,** bisher nicht übliche und auch nicht nahe liegenden **Art und Weise** oder sogar einen **neuen, erfinderischen Aufbau der EDV-Anlage** erforderten (BGHZ 67, 22 – Dispositionsprogramm; vgl. ebenso BGH GRUR 1980, 849 – Antiblockiersystem; aber auch BGH GRUR 1977, 657 – Straken; BGH GRUR 1978, 102 – Prüfverfahren; BGH GRUR 1978, 420 – Fehlerortung). Erforderlich war also, dass das Patentbegehren auf die Veränderung des Rechners gerichtet war. Patentfähig war daneben insb. Software, welche der **industriellen oder sonstigen Steuerung** (BGH GRUR 1980, 849, 850 – Antiblockiersystem) **und Fertigung** diente. Erst zu Beginn der 90er Jahre erkannte der BGH zudem an, dass Computerprogramme technische Verfahren darstellen können und ein Patentbegehren dann schutzfähig ist, wenn es auf eine programmbezogene Lehre gerichtet ist, welche „die **Funktionsfähigkeit der Datenverarbeitungsanlage** als solche betrifft und damit das unmittelbare Zusammenwirken ihrer Elemente ermöglicht" (BGHZ 115, 11 – Seitenpuffer; vgl. BGHZ 115, 23 – Chinesische Schriftzeichen; BGHZ 117, 144 – Tauchcomputer). Insb. Betriebssystem-Software, welche die Funktionsfähigkeit des Computers verbessert, ist hiernach potentiell patentierbar (vgl. auch

BGH MMR 2010, 553 – Windows-Dateiverwaltung; BPatG GRUR 2004, 320, – Mikroprozessor; BPatG CR 2009, 420, 421 – Web-to-Print-Patent; bestätigend BGH CR 2012, 420 – Web-to-Print-Patent; restriktiv demgegenüber BPatG Beschl. v. 5.10.2006, Az. 17 W (pat) 82/04 = BeckRS 2007, 07279 – Intertask-Kommunikation in einem Multitasking-Betriebssystem). So liegt nach dem BPatG eine technische Lehre auch in der Anweisung, wie eine benötigte Hardware konfiguriert sein muss, insb. in der Beschreibung eines speziellen Speichers und eines Verteilers, um die Übertragung von elektronischen Nachrichten in einem Weitverkehrsnetz zu verbessern (BPatG Beschl. v. 19.2.2004, Az. 17 W (pat) 10/02 – elektronisches Mitteilungssystem). Aufgrund eines technischen Charakters grds. patentfähig sollen auch Verschlüsselungstechniken sein (BGH GRUR 2004, 667, 668 – elektronischer Zahlungsverkehr). Die Möglichkeiten der Patentierung wären nach diesen Grundsätzen trotzdem stark eingeschränkt. Demgegenüber haben die Gerichte seit der Entscheidung „Logikverfahren" entschieden, dass auch Programme, die **Daten mit technischem Bedeutungsgehalt** verarbeiten und so der industriellen Fertigung von Gütern oder Lösung technischer Probleme dienen, patentfähig seien können (BGH GRUR 2000, 498, 500 f. – Logikverfahren: zu Silizium-Chips; BPatG CR 2003, 18, 20 – Kabelbaum: zu Kabelbäumen; BPatG GRUR 2004, 850, 851 – Kapazitätsberechnung: zu Leiterstrukturen bei integrierten Schaltungen; wohl auch BGH CR 2001, 223, 224 – Wetterführungspläne; BGH GRUR 2002, 149, 151 – Wetterführungspläne II; zu dieser Fallgruppe zu Recht krit. *Schölch* GRUR 2001, 16, 18; *Schumacher* 173 f., 184 f.; vgl. auch BGH GRUR 2005, 143, 145 – Rentabilitätsermittlung). Die Aufweichung gegenüber der früheren Lehre in dieser Entscheidung besteht „lediglich" darin, dass der unmittelbare Einsatz von Naturkräften nicht mehr gefordert wurde. Eine aus einem Computerprogramm bestehende Lehre weist die erforderliche Technizität also nach diesen Entscheidungen schon dann auf, wenn sie bei der erforderlichen Gesamtbetrachtung des Anmeldegegenstandes durch eine auf technischen Überlegungen beruhende Erkenntnis und deren Umsetzung geprägt ist. Allerdings betonte das BPatG, dass die Fortschreibung des Technikbegriffs durch den BGH in der Entscheidung „Logikverfahren", d. h. der Verzicht auf das bisherige Erfordernis des „unmittelbaren Einsatzes von beherrschbaren Naturkräften", nicht so weit gehe, dass auch bloße Überlegungen auf dem Gebiet der Statistik oder die Erkenntnis grundsätzlicher naturwissenschaftlicher oder physikalischer Zusammenhänge dem Patentschutz zugänglich wären (BPatG GRUR 2004, 850, 851 – Kapazitätsberatung).

12 Mit der Entscheidung „Sprachanalyseeinrichtung" schien der BGH noch über sein erst kurz zuvor ausgesprochenes Urteil „Logikverifikation" hinausgegangen zu sein. Trotz unveränderter Gesetzeslage hatte der BGH mit der Entscheidung „Sprachanalyseeinrichtung" die Möglichkeiten des Patentschutzes **bei auf Vorrichtungen gerichteten Patentansprüchen** für Computerprogramme nicht an dem Kriterium der technischen Lehre und dem Ausschluss für den Schutz von Programmen „als solchen" scheitern lassen (BGH GRUR 2000, 1007, 1008 – Sprachanalyseeinrichtung; bestätigend: BPatGE 47, 42 – Rentabilität eines medizinischen Geräts; zurückhaltend demgegenüber BGH CR 2002, 88, 91 – Suche fehlerhafter Zeichenketten; BPatG GRUR 2002, 871, 873 f. – Suche fehlerhafter Zeichenketten II; BPatG GRUR 2003, 413, 416 – Satzanalyseverfahren; offenbar ablehnend BPatG GRUR 2002, 869, 870 – Geschäftliche Tätigkeit; vgl. auch EPA GRUR Int. 1999, 1053, 1055 ff. – Computerprogrammprodukt/IBM; *Zirn* 49 f., 71 f.). Er stellte nämlich fest, das Patentbegehren sei „auf eine Vorrichtung (Datenverarbeitungsanlage), die in bestimmter, näher definierter Weise programmtechnisch eingerichtet ist, und nicht auf ein Verfahren oder ein Programm gerichtet" (BGH GRUR 2000, 1007, 1008 – Sprachanalyseeinrichtung). Der technische Charakter liege in der Datenverarbeitungsanlage. Dieser werde auch nicht dadurch in Frage gestellt, dass durch die Anlage lediglich Texte bearbeitet werden und ein Eingreifen des Menschen in den Ablauf des Programms in Betracht komme. Die bisherigen Einschränkungen schienen mit der vorliegenden Entscheidung überschritten. Entscheidend schien nach dieser Rechtsprechung nur, dass Patentschutz für eine

Vorrichtung bzw. Einrichtung begehrt wird (s. auch BPatGE 47, 42, 48f. – Rentabilität eines medizinischen Geräts). So soll nach der Rechtsprechung etwa auch eine Einrichtung zum Ausführen des Verfahrens mit den im Patentanspruch vorrichtungsmäßig gekennzeichneten Merkmalen eines Computers nach der BGH-Entscheidung „Sprachanalyseeinrichtung" dem Patentschutz zugänglich sein, wenn die beanspruchte Vorrichtung in bestimmter Weise programmtechnisch eingerichtet ist (BPatG Mitt. 2004, 363, 364 – Preisgünstige Telefonverbindung). Allein die beiläufige Nennung eines (technischen) Vorrichtungsmerkmals im Patentanspruch soll den technischen Charakter eines nichttechnischen Verfahrens daher laut BPatG nicht begründen können (BPatG GRUR 2003, 413 – Satzanalyseverfahren; s. a. BPatG MMR 2005, 595, 594 – Strukturierungsprogramm). Computerprogramme, deren Patentschutz trotz der mit der Entscheidung „Sprachanalyseeinrichtung" aufgestellten Kriterien an § 1 Abs. 3 PatG scheitert, schienen nach diesen Entscheidungen kaum denkbar. Eine dementsprechend große Rolle spielten bzw. spielen Vorrichtungspatente für Computerprogramme (*Kamlah* CR 2010, 485, 486).

Demgegenüber wurde für als **Verfahrenspatente** ausgestaltete Anmeldungen lange Zeit noch entschieden, dass deren computerimplementierte Verfahren keinen technischen Charakter haben: Suche und/oder Korrektur einer fehlerhaften Zeichenkette in einem Text (BPatG CR 2001, 155 – Suche fehlerhafter Zeichenketten I; BGH CR 2002, 88, 91 – Suche fehlerhafter Zeichenketten; BPatG GRUR 2002, 871, 872f. – Suche fehlerhafter Zeichenketten II); computerimplementierte Lehre, die lediglich ein geschäftliches Outsourcing-Modell lehrt (BPatG Beschl. v. 19.2.2004, Az. 17 W (pat) 63/02 – Verfahren zur Instandhaltung einer Anlage in der Nahrungs- und Genussmittelindustrie); Verfahren, benutzerspezifische Datensätze vergleichbar zu machen (BPatG Beschl. v. 13.3.2003, Az. 17 W (pat) 40/02 – Datensatzerfassungsverfahren); computerimplementierte Lehre, die im Wesentlichen beschreibt, wie einem Benutzer von einem Experten ein Rat erteilt werden kann (BPatG GRUR 2005, 45 – Systemansprüche); computerimplementiertes Verfahren zur Satzanalyse nach grammatikalischen Gesichtspunkten als Lehre auf linguistischem Gebiet (BPatG GRUR 2003, 413, 414 – Satzanalyseverfahren); computerimplementiertes Verfahren zur Reorganisation von in Unternehmen ablaufenden Prozessen zum Zweck der Optimierung des Einsatzes der vorhandenen Ressourcen (BPatG GRUR 2002, 869, 870 – Geschäftliche Tätigkeit); computerimplementiertes Verfahren zum Protokollieren einer Mailingkampagne und Erstellen einer Mailingadressenliste für Mailingaktionen (BPatG CR 2002, 248f. – Mailing-Adresslisten); computerimplementierte Lehre auf geschäftlichem Gebiet, wie bei der Abwicklung von Geschäften die Bedienhandlungen des Kunden auszuwerten sind, um eine interaktive Hilfestellung anzubieten, so dass die Zahl der Auftragserteilungen mit hoher Wahrscheinlichkeit erhöht wird (BPatG CR 2004, 412 – Bedienhandlungen; BGH GRUR 2005, 141 – Anbieten interaktiver Hilfe); Verfahren, bei dem mittels automatischer Erfassung und Übertragung von Betriebsdaten eines medizintechnischen Gerätes und der Ermittlung der Vergütungsdaten und Kosten die Rentabilität der Anschaffung eines zweiten Gerätes errechnet wird (BGH GRUR 2005, 143, 145 – Rentabilitätsermittlung); Verfahren zur Positionierung der Gleisabschnittsgrenzen von Streckenabschnitten schienengebundener Verkehrssysteme (BPatG CR 2006, 85, 87f. – Schienengebundenes Verkehrssystem); Verfahren zur Auswertung medizinischer Daten (BPatG BeckRS 2007, 07267 – Auswertung von medizinischen Daten); Verfahren zur Realisierung einer Intertask-Kommunikation in einem Multitasking-Betriebssystem (BPatG BeckRS 2007, 07279 – Intertask-Kommunikation in einem Multitasking-Betriebssystem); Verfahren zur Bestimmung von Verkaufsdaten und geografischen Daten (Techn. Beschwerdekammer des EPA CRi 2007, 126, 127 – Duns Licensing Associataes, L. P.); Verfahren im Rahmen medizinischer Expertensysteme (BPatG CR 2007, 695, 696f.). Teils wurde aber auch nur der Verfahrensanspruch abgelehnt, mit Blick auf den Vorrichtungsanspruch hingegen anders entschieden (so etwa BPatGE 47, 42, 46ff. – Rentabilität eines medizinischen Geräts: offen lassend zur Vorrichtung; wohl auch BPatG Mitt. 2004, 363, 364 – Preisgünstige Telefonverbindung: eine computerimplementierte Lehre, statt für die Gesamtheit der Telefongespräche für jedes Einzelgespräch unter Berücksichtigung auch seiner Dauer den preisgünstigsten Tarif zu ermitteln, liegt nicht auf technischem Gebiet, sondern beruht auf bloßen geschäftlichen Überlegungen). Einiges spricht rückblickend dafür, dass diese Entscheidungen von der Kerntheorie beeinflusst waren. Andere, mit Blick auf den BGH vor allem jüngere Entscheidungen, haben auch bei Verfahrenspatenten die erforderliche Technizität nicht vereint. So soll eine Lehre zur Lösung des Problems, den elektronischen Zahlungsverkehr sicher zu machen, technisch sein (BPatG GRUR 2002, 791, 792 – Elektronischer Zahlungsverkehr; BPatG GRUR 2006, 44, 45 – Transaktion im elektronischen Zahlungsverkehr II: aber kein Patentschutz wegen mangelnder erfinderischer Höhe, dazu Rn. 15; ähnlich, wenn auch offen lassend, aber gegen die abweisende Entscheidung BPatG GRUR 2003, 1033, 1034 – Transaktion im elektronischen Zahlungsverkehr – BGH GRUR 2004, 667, 668 – elektronischer Zahlungsverkehr: einem Verfahren, das der Abwicklung eines im Rahmen wirtschaftlicher Betätigung liegenden Geschäfts mittels Computern dient, kann ein Patentschutz dann zukommen, wenn für Anweisungen, denen ein konkretes technisches Problem zu Grunde liegt, ein Patentschutz in Anspruch genommen wird). Gleiches soll für ein Verfahren zum Verarbeiten von im Voraus bezahlten Telefonanrufen (BGH CR 2006, 579, 580 – Verarbeitungsverfahren für vorausbezahlte Telefongespräche), für ein Verfahren zum Zugriff auf ein elektronisches Steuergerät (BPatG Mitt. 2006, 217 f. – Zugriff auf elektronisches Steuergerät), für ein Verfahren zum Auswerten einer Folge von diskreten Messwerten (BPatG GRUR, 2007, 133, 135 – Auswertung diskreter Messwerte), ein Verfahren zur Einsparung von Übertragungskapazitäten beim Desktop-Publishing über Datennetze (BPatG CR 2009, 420, 421 – Web-to-Print-Patent; bestätigend BGH CR 2012, 420), ein Verfahren zur Verarbeitung medizinisch relevanter Daten bei Untersuchungen (BGH GRUR 2009, 479, 480 – Steuerungseinrichtung für Untersuchungsmodalitäten), für ein Verfahren zur dynamischen Dokumentengenerierung (BGH CR 2010, 493, 494 f. – Dynamische Dokumentengenerierung; anders noch die Vorinstanz BPatG CR 2008, 626, 627 f. – Dynamische Dokumentengenerierung), für ein Verfahren zur Dateiverwaltung (BGH MMR 2010, 553 – Windows-Dateiverwaltung), für ein Verfahren zum visuellen Darstellen eines Teils einer topographischen Karte (BGH GRUR 2011, 125 – Wiedergabe topografischer Informationen) sowie ein Verfahren zum Wiederauffinden zuvor besuchter Internetseiten (BGH GRUR 2011, 610 – Webseitenanzeige). Das EPA war seit jeher großzügiger. So ist es etwa für ein automatisiertes Auktionsverfahren auf einem Servercomputer (Techn. Beschwerdekammer des EPA Mitt. 2007, 135, 137 f. – Auktionsverfahren/HITACHI; dazu *Wiebe/Heidinger* GRUR 2006, 177, 178 f.; *Wimmer-Leonhardt* WRP 2007, 273, 279 f.) und ein Verfahren zur Simulation eines Schaltkreises und der diesen betreffenden Rauscheinflüsse (Techn. Beschwerdekammer des EPA Mitt. 2008, 116, 118 f. – Schaltkreissimulation I/Infineon Technologies) von einer technischen Lehre ausgegangen.

14   Ob die zitierte Rechtsprechung, die in dem Merkmal der Technizität kein Hindernis für programmbezogene Vorrichtungs- und Verfahrenspatenten sieht, mit dem **Gesetzeswortlaut** des § 1 Abs. 3 Nr. 3 und Abs. 4 PatG zu vereinbaren ist, erscheint mehr als zweifelhaft (vgl. *Zirn* 75). Zwar betont der BGH, der Umkehrschluss aus der Regelung in § 1 Abs. 3 Nr. 3, Abs. 4 PatG und der parallelen Regelung in Art. 52 EPÜ ergebe jedenfalls nicht ein generelles Verbot der Patentierung von Lehren, die von Programmen für Datenverarbeitungsanlagen Gebrauch machen. Die Entscheidung steht aber im Widerspruch zu dem durch das Gesetz bezweckten Ausschluss von Computerprogrammen „als solche" aus dem Schutzbereich des Patentrechts (vgl. dazu auch BT-Drucks. VII/3712, 27), was eine extensive Auslegung des Wortlauts nahe legt. Die Rechtsprechung lässt sich auch nicht allein durch den Hinweis auf **Art. 27 TRIPs** rechtfertigen (so aber BGH GRUR 2000, 498, 499 – Logikverifikation; BGH GRUR 2000, 1007, 1009 – Sprachanalyseeinrichtung; sowie aus der Lit.: *Schiuma* GRUR Int. 1998, 852 ff., 855; *Esslinger/Betten* CR 2000, 18, 22; *Horns* GRUR 2001, 1, 9, Fn. 66; *Röttinger* CR 2002, 616, 618). Denn Art. 27 TRIPs besagt lediglich, dass Patente für Erfindungen auf technischem Gebiet erteilt werden müssen, woraus entgegen anderen Stimmen nicht folgt, dass § 1 Abs. 3 Nr. 3 und Abs. 4 PatG nicht TRIPs-konform sind (ähnlich auch BGH GRUR 2011, 610, 612 – Webseitenanzeige; BPatG GRUR 2003, 413, 415 – Satzanalyseverfahren; vgl. aber Busche/Stoll/*Neef* TRIPs, Art. 27 Rn. 33: nur ob und wann Computerprogramme als technisch anzusehen sind, könne der Gesetzgeber bestimmen, ggf. aber keinen Ausschluss vorsehen). Eine Definition der Technizität findet sich in Art. 27 TRIPs nicht, so dass mit Blick auf die nationalen Rechtsordnungen von dem kleinsten gemeinsamen Nenner auszugehen ist (zur Vertragshistorie von Art. 27 TRIPs Busche/Stoll/*Neef* TRIPs Art. 27 Rn. 33). Dafür spricht eindeutig Art. 1 Abs. 1 TRIPs. Mit dem TRIPs sollte ein Minimalschutz, nicht aber ein Maximalschutz, erreicht werden (vgl. Art. 1 Abs. 1 TRIPs). Daraus folgt, dass Art. 27 Abs. 3 abweichend von Art. 1 Abs. 1 TRIPs als Ausnahme zur Regel nur für einige Bereiche einen Maximalschutz festschreiben sollte.

Allerdings hat der BGH in der Folge seines Umschwenkens klargestellt, dass auch vorrichtungsmäßig gefasste Patentansprüche, die eine programmbezogene Lehre beschreiben, einem Patentschutz nicht ohne weiteres zugänglich sind (BGH GRUR 2005, 141, 142 – Anbieten interaktiver Hilfe; BGH GRUR 2005, 143, 145 – Rentabilitätsermittlung). Denn es bleiben als Hürden eines Patentschutzes auch bei diesen die **Neuheit** der Erfindung und die **erfinderische Höhe**. Bei der „vorrichtungsmäßigen Einkleidung einer Lehre", die sich der elektronischen Datenverarbeitung bedient, sei deren Patentfähigkeit nur dann zu bejahen, wenn hierbei die Lösung eines konkreten „technischen" Problems mit Mitteln gelehrt wird, die neu sind, auf einer erfinderischen Tätigkeit beruhen und gewerblich anwendbar sind (BGH GRUR 2005, 141, 142 – Anbieten interaktiver Hilfe; BGH GRUR 2005, 143, 145 – Rentabilitätsermittlung; BPatG MMR 2005, 595, 594 – Strukturierungsprogramm; BPatG GRUR 2006, 43, 45 – Transaktion im elektronischen Zahlungsverkehr II; BPatG GRUR 2007, 316, 317 – Bedienoberfläche; so tendenziell auch die ausführliche Analyse der erstgenannten BGH-Urteile von *Stjerna* Mitt. 2005, 49ff., insb. 54, die aber in diesem Punkt nicht ganz widerspruchsfrei ist; ähnlich zu Art. 52 EPÜ High Court of Justice (Ch. D.) CRi 2006, 52, 55 ff.; im Ansatz wohl auch EPA BeckRS 2006, 30591484 – Ermittlung von Boni/WEBMILES; Techn. Beschwerdekammer des EPA Mitt. 2007, 135, 138 – Auktionsverfahren/HITACHI; dieser Interpretation der Entscheidung folgend auch *Laub* GRUR Int. 2006, 629, 632; *Wiebe/Heidinger* GRUR 2006, 177, 179; EPA Mitt. 2007, 503, 504; vgl. zu der Entscheidung auch *Wimmer-Leonhardt* WRP 2007, 273, 279; tendenziell a.A. wohl BPatG GRUR, 2007, 133, 136 f. – Auswertung diskreter Messwerte; Große Beschwerdekammer EPA GRUR Int. 2010, 608, 616, 618). Gleiches gilt nach der jüngeren Rechtsprechung auch für Verfahrenspatente (BGH GRUR 2009, 479, 480 – Steuerungseinrichtung für Untersuchungsmodalitäten; BGH CR 2010, 493, 495 – Dynamische Dokumentengenerierung; BGH GRUR 2011, 125, 126 f. – Wiedergabe topografischer Informationen; BGH GRUR 2011, 610, 612 – Webseitenanzeige). So sollen laut BGH dann auch das vom Gesetzgeber mit den Ausschlusstatbeständen verfolgte Anliegen dadurch verwirklicht werden, dass jedenfalls bei der Prüfung einer Erfindung auf erfinderische Tätigkeit nur diejenigen Anweisungen berücksichtigt werden, die die Lösung des technischen Problems mit technischen Mitteln bestimmen oder zumindest beeinflussen (BGH GRUR 2011, 125, 127 – Wiedergabe topografischer Informationen). Ein Konflikt mit Art. 27 TRIPs wird vom BGH insofern explizit verneint (BGH GRUR 2011, 610, 612 – Webseitenanzeige). Die Frage der Technik stellt sich also „nur" tatbestandsmäßig später. Dies gilt zumindest dann, wenn man hier keine Gesamtbetrachtung vornimmt (a.A. aber offenbar noch BGH GRUR 2000, 1007, 1008 – Sprachanalyseeinrichtung; vgl. *Horns* GRUR 2001, 1, 13; *Schölch* GRUR 2001, 16, 17), sondern mit der jüngeren Rechtsprechung fordert, dass die erfinderische Leistung auf technischem Gebiet liegen muss (BGH GRUR 2005, 141, 142 – Anbieten interaktiver Hilfe; BGH GRUR 2009, 479, 480 – Steuerungseinrichtung für Untersuchungsmodalitäten; BGH CR 2010, 493, 495 – Dyna-

UrhG § 69g 16–19 § 69g Anwend. sonstiger Rechtsvorschriften; Vertragsrecht

mische Dokumentengenerierung; BPatG GRUR 2002, 791, 792 – Elektronischer Zahlungsverkehr; BPatG Mitt. 2004, 363, 364 f. – Preisgünstige Telefonverbindung; BPatG GRUR 2003, 791, 792 – Elektronischer Zahlungsverkehr; BPatG CR 2009, 420, 421 f. – Web-to-Print-Patent; wohl auch BGH GRUR 2004, 667, 669 – Elektronischer Zahlungsverkehr; BPatG CR 2007, 695, 698; vgl. *Tauchert* JurPC Web-Dok. 28/2002, Abs. 51 ff.; *Busse* § 1 Rn. 34; offen lassend BGH CR 2012, 420). Die grundlegende Überlegung ist insofern, dass Anweisungen zur Patentfähigkeit nur in dem Umfang beitragen könnten, in dem sie auf die Lösung eines technischen Problems mit technischen Mitteln Einfluss nehmen (vgl. BGH GRUR 2004, 667, 669 – Elektronischer Zahlungsverkehr). Im Ergebnis führt diese Rechtsprechung dann zu wenigstens ähnlichen Resultaten wie die Kerntheorie (so auch die Interpretation von *Reichl* Mitt. 2006, 6, 13 unter Hinweis auf *Anders* GRUR 2004, 461, 468). Nach dieser Vorselektion verbleibt die Prüfung der erfinderischen Höhe, an der der Patentschutz dann auch noch scheitern kann (so etwa BPatG CR 2009, 420, 421 – Web-to-Print-Patent; BGH GRUR 2011, 125, 127 – Wiedergabe topografischer Informationen).

16 Soweit eine computerimplementierte Erfindung nach §§ 1 ff. PatG bzw. Art. 52 ff. EPÜ im Einzelfall patentierbar ist, bedarf es im Übrigen zur Vervollständigung einer Lehre auf dem Gebiet der Datenverarbeitung **nicht notwendig** einer **Offenbarung des Quellcodes,** weil der Gegenstand der Patentierung computerimplementierter Erfindungen nicht eine konkrete Ausführung einer Lehre, sondern ein übergeordnetes Prinzip ist (BPatG GRUR 2004, 934, 936 – Quellcode; vgl. auch *Tauchert* GRUR 2004, 922 f.; eine Offenlegung de lege ferenda fordern *Weyand/Haase* GRUR 2004, 198, 201 ff.). Auch steht § 34 Abs. 3 Nr. 3 und Abs. 4 PatG einer Patentierung von Computerprogrammen nicht entgegen, selbst wenn es bei Computerprogrammen oftmals besonders schwierig ist zu bestimmen, was die patentgeschützte Erfindung ausmacht (BPatG Mitt. 2004, 304 f. – Rahmensynchronisation).

17 Praktisch problematisch und von untergeordneter Bedeutung, aber möglich ist auch ein **Gebrauchsmusterschutz** von Computerprogrammen (hierzu *v. Falckenstein* in Lehmann VI. Rn. 1 ff.; *Wiebe* GRUR Int. 1990, 21, 34). So hat der BGH für eine Signalfolge, die ein Programm zum Ablauf auf einem Rechner darstellt, entschieden, dass eine als Gebrauchsmuster angemeldete computerimplementierte Erfindung trotz Fehlens eines körperlichen Substrats nicht automatisch als nicht anmeldefähiges Verfahren i. S. v. § 2 Nr. 3 GebrMG anzusehen ist, gleichzeitig aber klargestellt, dass im Einzelfall zu prüfen ist, ob es sich nach dem angemeldeten Anspruch lediglich um ein nicht schutzfähiges Programm „als solches" handelt (BGH GRUR 2004, 495, 497 – Signalfolge).

18 **g) Topografienschutz durch das Halbleitergesetz.** § 69g Abs. 1 erwähnt zwar weiter den Halbleiterschutz, dieser schützt aber nur Halbleitererzeugnisse bzw. deren Design und kommt damit zum Schutz von Computerprogrammen, selbst wenn diese in ROMs etc. verkörpert sind, nicht in Betracht.

19 **h) Marken- und Werktitelschutz.** Einen eingeschränkten Schutz von Computerprogrammen kann auch das Markenrecht bieten. **Markenschutz** kommt gem. § 4 MarkenG Kennzeichen für Computerprogramme zu, die eingetragen wurden (Nr. 1), durch Benutzung im geschäftlichen Verkehr Verkehrsgeltung erlangt haben (Nr. 2) oder die in einer nach Art. 6 bis PVÜ notorisch bekannten Marke gründen (Nr. 3). Schutz erlangen Programme nur gegen markenmäßige Benutzungshandlungen (dazu OLG Düsseldorf GRUR-RR 2010, 467, 468 f. m. Anm. *Marly* GRUR-RR 2010, 457; OLG Düsseldorf CR 2012, 434 f. m. Anm. *Labesius;* LG Berlin CR 2012, 152, 154; *Grützmacher/Schmidt-Bogatzky* CR 2005, 545). Dies betrifft insb. die Benutzung der Kennzeichen auf Datenträgern, Begleitmaterialien und Produktverpackungen. Das Computerprogramm selbst kann durch das Markenrecht dann geschützt werden, wenn das Kennzeichen so in den Programmablauf eingebettet wird, dass es als Teil der grafischen Darstellung markenmäßig benutzt wird *(Junker/Benecke* Rn. 141 f.; Schricker/Loewenheim/*Loewenheim* Vor §§ 69a ff. Rn. 11).

§ 69g Anwend. sonstiger Rechtsvorschriften; Vertragsrecht   20–23   § 69g UrhG

Daneben kann die Bezeichnung von Computerprogrammen nach h. M. gem. § 5 **20** Abs. 3 MarkenG **Werktitelschutz** genießen, weil diese eine mit den dort benannten anderen vergleichbare, sonstige Werkart ist (BGHZ 135, 278, 280 ff. – PowerPoint; BGH NJW 1997, 3315 f. – FTOS; BGH GRUR 1998, 1010 – WINCAD; BGH GRUR 2004, 241, 243 – GeDIOS; OLG Hamburg CR 1995, 335, 336, 338 – PowerPoint; OLG München CR 1995, 599, 600 – WINCAD; OLG Hamburg CR 2001, 298 f. – Conquest of the new world; OLG Hamburg ZUM 2001, 514, 516; KG AfP 2003, 445, 446; LG Düsseldorf CR 2001, 438, 439; LG Hamburg CR 1994, 159, 160 ff. – PowerPoint; LG München CR 1995, 344 f. – FTOS; *Jacobs* GRUR 1996, 601, 602 ff.; *Lehmann* CR 1995, 129, 130; *Lehmann* GRUR 1995, 250; *Lehmann* CR 1998, 2, 3; vgl. schon BGHZ 121, 157, 159 – Zappel-Fisch: obiter; ebenso OLG München GRUR 2001, 522, 524; a. A. *Betten* GRUR 1995, 5, 6 ff.; *Betten* CR 1995, 383 f.; *Rupprecht* WRP 1996, 385 ff.; *Zahrnt* BB 1996, 1570 ff.). Der kennzeichenrechtliche Werkbegriff ist offen gehalten; vom Gesetzgeber waren Computerprogramme bewusst nicht erwähnt und die Frage der Rechtsprechung überlassen worden (vgl. AmtlBegr. BT-Drucks. XII/6581, 67). Voraussetzung ist nach der h. M. lediglich, dass die kennzeichnungs- und unterscheidungskräftige oder im Verkehr durchgesetzte Bezeichnung das Computerprogramm benennen kann, also Namensfunktion hat (BGHZ 121, 157, 160 – Zappel-Fisch; LG München CR 1995, 344, 345; OLG Hamburg CR 1995, 335, 338 – PowerPoint; *Jacobs* GRUR 1996, 601, 604; *Lehmann* CR 1995, 129, 130; *Lehmann* CR 1998, 2, 3).

Der Titelschutz beginnt mit der **ersten Benutzung,** ganz ausnahmsweise mit der **Ein-** **21** **führungswerbung** oder **Vorankündigung** (restriktiv BGHZ 135, 278, 279, 283 – PowerPoint; BGH GRUR 1998, 1010 – WINCAD; LG Düsseldorf CR 2001, 438, 439: Vorstellung der Basisversion auf einer Messe reicht nicht; LG München CR 1995, 344, 346 f. – FTOS: öffentliche Ankündigung in branchenüblicher Weise). Es empfiehlt sich mitunter zur Begründung der Priorität die Veröffentlichung im Titelschutz-Anzeiger („Der Software Titel") (vgl. BGH NJW 1997, 3315, 3316 – FTOS; LG München CR 1995, 344, 346 – FTOS; dazu *Lehmann* CR 1995, 129, 130; *Lehmann* CR 1998, 2, 3 f.). Die Veröffentlichung einer Online-Version im Internet begründet die Priorität zumindest im experimentell erscheinenden Stadium nicht (dazu eingehend OLG Hamburg ZUM 2001, 514, 516 ff.; vgl. BGH GRUR 1998, 1010 – WINCAD; OLG München GRUR 2001, 522, 524 – Kuecheonline). Der Werktitelschutz schützt gegen Verwechselungen. Er kann auch Nachfolgeversionen schützen (KG AfP 2003, 445, 446). Anders als dem Markenschutz ist ihm kein herkunftshinweisender Charakter immanent (OLG Hamburg CR 2001, 298 – Conquest of the new world).

i) Schutz gem. §§ 3, 4 Nr. 9 und Nr. 10 UWG. Zusätzlich zum Schutz gem. §§ 69a ff. **22** können Computerprogramme auch aufgrund von § 3 und § 4 Nr. 9 und 10 UWG geschützt sein (AmtlBegr. BT-Drucks. XII/4022, 15 zu § 1 UWG a. F.). Dabei sind die Wertungen der §§ 69a ff., insb. der §§ 69d und 69e, zu berücksichtigen (vgl. OLG München CR 1996, 11, 16 – Dongle). Ist ein Urheberschutz nicht gegeben, sei es, weil die Schutzvoraussetzungen nicht vorliegen, sei es, weil Ausnahmeregelungen (§§ 69d und 69e) eingreifen, erfordert ein Schutz gem. §§ 3 und 4 Nr. 9 oder Nr. 10 UWG, dass weitere Umstände hinzukommen, die dann den Vorwurf des unlauteren Vorgehens rechtfertigen.

aa) Ergänzender Leistungsschutz gem. §§ 3, 4 Nr. 9 und Nr. 10 UWG. Ergänzen- **23** der Leistungsschutz steht dem Hersteller (nicht dem Händler; siehe BGH CR 1991, 229) von Computerprogrammen gem. §§ 3 und 4 Nr. 9 und Nr. 10 UWG in den Fällen der Herkunftstäuschung durch **Nachahmung** und **unmittelbare Leistungsübernahme** zu (aus der Rechtsprechung zu § 1 UWG a. F.: OLG Frankfurt GRUR 1989, 678, 680 – PAM-Crash; OLG München CR 1991, 217, 219; OLG Celle NJW-RR 1993, 109; OLG Hamburg CR 1998, 332, 334 f. – Computerspielergänzung; LG Mannheim BB 1981, 1543, 1544; LG München CR 1986, 332, 333; LG Berlin IuR 1986, 24, 25; LG München CR 1988, 920 f.; LG

Hamburg NJW 1990, 1610; LG Karlsruhe CR 1990, 592, 594; LG Oldenburg CR 1996, 216, 222 f. – Expertensystem; vgl. auch OLG Frankfurt GRUR 1983, 757, 758 – Donkey Kong Junior I; OLG Frankfurt GRUR 1984, 509 – Donkey Kong Junior II: beschränkt auf maximal ein Jahr; ablehnend OLG Karlsruhe GRUR 1983, 300, 309 – Inkasso-Programm; LG Berlin CR 1987, 584, 585 f. – btx-Grafik; wegen der Gutgläubigkeit des Handelnden LG Karlsruhe IuR 1986, 25, 26; wegen der nur teilweisen Übereinstimmung LG Berlin CR 1989, 989 f.; dazu ausführlich *Harte-Bavendamm* CR 1986, 615 ff.; *Jersch* 107 ff.; *Lehmann* in Lehmann Kap. IX Rn. 6 ff.; *Junker/Benecke* Rn. 110 ff.; *Wiebe* 131 ff.). Dieser Schutz kommt in Betracht bei Nachahmungen und bei der unmittelbaren Leistungsübernahme.

24   Voraussetzung dafür ist die Übernahme der **wettbewerblichen Eigenart** des Computerprogramms. Dabei gilt auch für diese: Je stärker die Nachahmung, desto geringer muss das Maß der erforderlichen Eigenart sein (BGHZ 50, 125, 130 f. – Pulverbehälter). Nicht nur komplexe (BGH GRUR 1996, 78 – Umgehungsprogramm), sondern auch einfachere Anwendungsprogramme und Computerspiele weisen diese Eigenart auf (*Lehmann* CR 1996, 80, 81; *Junker/Benecke* Rn. 114; *Harte-Bavendamm* CR 1986, 615, 617; OLG Karlsruhe CR 2010, 427, 430; einschränkend LG München CR 1998, 655, 656).

25   Gefordert wird die wettbewerbliche Eigenart vor allem für die **Herkunftstäuschung durch Nachahmung** (§ 4 Nr. 9 lit. a UWG). Der Programmcode und die innere Konzeption des Programms bestimmen zwar die Eigenart des Programms, sind aber im Verkehr nicht sichtbar. Auch für die Verbreitung von Dateien bzw. Datensätzen, welche als Ergänzung zu einem Computerprogramm dienen, hat die Rechtsprechung entschieden, dass die wettbewerbliche Eigenart nicht in den Datensätzen liegt, weil diese nur von untergeordneter Bedeutung sind und lediglich eine Momentaufnahme des Programms darstellen (OLG Hamburg CR 1998, 332, 334 – Computerspielergänzung). Ansatzpunkt für die Herkunftstäuschung können höchstens die äußeren Gestaltungsmerkmale eines Computerprogramms sein, also das look and feel der (grafischen) **Benutzeroberfläche** (Graphical User Interface; kurz: GUI; zum Begriff *Marly* Urheberrechtsschutz 141 f.), insb. die Bildschirmmasken, die Menüaufteilung, die Benennung der Befehle, die Belegung der Funktionstasten sowie sonstige erkennbare Programmeigenschaften (LG Frankfurt CR 2007, 424, 425 f.; *Koch* GRUR 1991, 180, 191 f.; *Jersch* 113; *Junker/Benecke* Rn. 115; *Schlatter* in Lehmann Kap. III Rn. 81 ff.; *Schumacher* 208; *Wiebe* 157 f.; vgl. LG Hamburg CR 1989, 697 ff.: Übernahme der Hilfstexte und Befehlssätze eines Mailbox-Systems; vgl. auch KG Berlin CR 1987, 850 – Kontenrahmen; vgl. auch OLG Karlsruhe CR 2010, 427, 430; ablehnend LG Nürnberg-Fürth CR 1993, 145, 147 – r-FIBU: Benutzeroberfläche nachahmungsfrei; offen lassend OLG Karlsruhe GRUR 1994, 726, 730 f. – Bildschirmmasken). Zu bedenken ist aber, dass funktionell oder technisch notwendige Gestaltungen sowie abstrakte Ideen und Lehren schutzfrei bleiben müssen (für eine restriktive Anwendung daher zu Recht *Lehmann* in Lehmann Kap. IX. Rn. 14 f.; *Koch* GRUR 1991, 180, 192; *Schumacher* 173 f., 208 ff.; *Wiebe* 147, 149 f., 158 f.; vgl. KG Berlin CR 1987, 850, 852 f. – Kontenrahmen: kein Schutz für Kontenrahmen; LG Berlin CR 1987, 584, 585 f. – btx-Grafik: kein Wettbewerbsschutz für eine BTX-Grafik; zu Recht zurückhaltend gegenüber dem Schutz einzelner Displays auch *Schlatter* in Lehmann Kap. III Rn. 86; OLG Hamburg GRUR 1983, 436, 438 – Puckman: kein Schutz für Spielideen; dazu auch *Loewenheim* FS Hubmann 307, 311 f.). Zudem müssen die Gestaltungsmerkmale, die übernommen wurden, gerade die wettbewerbliche Eigenart ausmachen (OLG Karlsruhe CR 2010, 427, 430). Gerade bei Fachleuten wird eine zur Täuschung notwendige Fehlvorstellung allein durch die Ähnlichkeit der Masken selten hervorgerufen werden (vgl. OLG Karlsruhe CR 2010, 427, 430). Erforderlich ist eine gewisse Bekanntheit (LG Köln MMR 2009, 640, 641). Auch eine **Rufausbeutung** (§ 4 Nr. 9 lit. b UWG) auf Basis übernommener Masken ist zwar im Einzelfall einmal denkbar, im Zweifel aber bei umfassenden Softwareprodukten nicht anzunehmen, zumal die Rspr. zu Recht im Sinne des Wettbewerbs das Interesse der Konkurrenz anerkennt, wechselwilligen, aufgrund jahrelangen Umgangs mit einem Programm

§ 69g Anwend. sonstiger Rechtsvorschriften; Vertragsrecht   26–30   § 69g UrhG

vertrauten Kunden durch eine ähnliche Maske den Wechsel zu erleichtern (OLG Karlsruhe CR 2010, 427, 431). Zudem stellt die Rechtsprechung auch hier nicht unerhebliche Anforderungen an die Bekanntheit (vgl. LG Köln MMR 2009, 640, 641).

Eine **Herkunftstäuschung** kann im Einzelfall insb. auch **bei ergänzender Software** 26 (z. B. Zusatzdaten oder Add-Ons) vorliegen, wenn der Eindruck erweckt wird, es handele sich um Originalware, d. h. um Ware vom Originalhersteller und nicht nur für Originalware passende Ergänzungen (vgl. OLG Hamburg CR 1998, 332, 335 – Computerspielergänzung: im konkreten Fall ablehnend).

Weit häufiger wird ein Fall der **unmittelbaren Leistungsübernahme** vorliegen (zu 27 § 1 UWG a. F.: OLG Frankfurt GRUR 1989, 678, 680 – PAM-Crash; OLG München CR 1991, 217, 219; OLG Celle NJW-RR 1993, 109; OLG Hamburg CR 1998, 332, 334 – Computerspielergänzung; LG Mannheim BB 1981, 1543, 1544; LG München CR 1986, 332, 333; LG Berlin IuR 1986, 24, 25; LG München CR 1988, 920 f.; LG Karlsruhe CR 1990, 592, 594; LG Oldenburg CR 1996, 217, 222 f. – Expertensystem; vgl. auch OLG Frankfurt GRUR 1983, 757, 758 – Donkey Kong Junior I; OLG Frankfurt GRUR 1984, 509 – Donkey Kong Junior II: beschränkt auf maximal ein Jahr; *Jersch* 123 ff.; *Lehmann* in Lehmann Kap. IX Rn. 9 ff.; *Wiebe* 134 ff.; vgl. auch OLG Karlsruhe CR 2010, 427, 431; LG Köln MMR 2009, 640, 642). Hier kommt es weniger auf die wettbewerbliche Eigenart an. Ansatz der Unlauterkeit ist die **Behinderung** durch die Aneignung fremder Arbeitsergebnisse des Originalherstellers, dem billigerweise die Früchte seiner Arbeit zustehen (ausführlich LG Oldenburg CR 1996, 217, 222 f. – Expertensystem – m. w. N.). Geschützt wird der als Produktionsanreiz notwendige head-start (vgl. LG Oldenburg CR 1996, 217, 223; *Grützmacher* 307 f.). Mittelbar geschützt werden die in die Programmentwicklung eingehenden Leistungen des **Software-Engineering,** also der Konzeptionierung und sonstigen inneren Gestaltung sowie der Programmierung. Dahinstehen kann, ob hierin ein Fall der §§ 3 und 4 Nr. 10 UWG zu sehen ist oder, wie dies teils vertreten wird (etwa OLG Karlsruhe CR 2010, 427, 431; LG Köln MMR 2009, 640, 642; Hefermehl/Köhler/Bornkamm/*Köhler* § 4 Rn. 9.63, der meint, für § 4 Nr. 10 UWG fehle die zielgerichtete Behinderung), ein über die aufgezählten Fälle des § 4 Nr. 9 UWG hinausgehender, ungeschriebener Fall der Behinderung.

Streit besteht darüber, ob der ergänzende Leistungsschutz auch dann in Betracht kommt, 28 wenn nachweislich **nur Teile** übernommen wurden (dafür OLG München CR 1991, 217, 219; LG Oldenburg CR 1996, 217, 223 – Expertensystem; *Harte-Bavendamm* CR 1986, 615, 616; a. A. LG Berlin CR 1989, 989 f.). Richtig erscheint es, den Schutz bei der Übernahme größerer funktionsfähiger Teile im Grundsatz zu bejahen (dazu näher *Jersch* 177 f.). Von der Rechtsprechung wird die Übernahme wesentlicher Programmteile gefordert (besonders strikt OLG Frankfurt GRUR 1989, 678, 680 – PAM-Crash).

Kein Schutz besteht aufgrund von §§ 3, 4 UWG gegenüber **privaten Konsumenten** 29 und Endverbrauchern sowie bei betriebsinterner Nutzung (§ 2 Abs. 1 Nr. 1 UWG; *Grützmacher* 301; ausführlich *Jersch* 180 ff.; vgl. aber auch OLG Celle NJW-RR 1993, 109 f.). Der Schutz ist überdies zeitlich begrenzt auf den **Amortisationszeitraum** (LG Oldenburg CR 1996, 216, 223 – Expertensystem; *Wiebe* 141 f.; OLG Frankfurt GRUR 1983, 757, 758 – Donkey Kong Junior I; OLG Frankfurt GRUR 1984, 509 – Donkey Kong Junior II: Videospiel halbes bis ein Jahr; *Jersch* 179 f.: Videospiele ein bis zwei Jahre, kommerzielle Anwendungen drei bis zehn Jahre; a. A. *Lehmann* in Lehmann Kap. IX Rn. 19 f.: zwischen Amortisations- und Vermarktungszeit). Anders als etwa beim Leistungsschutz von Datenbanken gem. §§ 87a, 87d (dazu *Grützmacher* 314) kann beim im Grundsatz zu langen Urheberschutz von Computerprogrammen nicht davon ausgegangen werden, dass der Richter an die gesetzgeberische Schutzdauervorgabe gebunden ist.

bb) Schutz von Programmschutzmechanismen gem. §§ 3, 4 Nr. 10 UWG. 30 Nach h. M. verstoßen die unerlaubte **Beseitigung oder Umgehung** von **Programm-**

sperren sowie das Anbieten, Feilhalten oder In-Verkehr-Bringen von entsprechenden Beseitigungs- und Umgehungsmitteln gegen § 3 UWG (vgl. BGH GRUR 1996, 78 – Umgehungsprogramm; dazu näher § 69f Rn. 26). Auch hierin wird eine Form des Behinderungswettbewerbs gesehen. Insofern fehlt es auch nicht an der Zielgerichtetheit i. S. v. § 4 Nr. 10 UWG (s. aber oben Rn. 27).

31   cc) **Schutz gegen unlautere Lieferung von Ersatzwaren oder Zubehör und das unlautere Einschieben in die fremde Serie.** In Betracht kommen weiter die Fallgruppen der unlauteren Lieferung von Ersatzwaren oder Zubehör und des Einschiebens in die fremde Serie (vgl. OLG Hamburg CR 1998, 332, 334 f. – Computerspielergänzung; *Wiebe* 160 ff.; dazu allgemein Hefermehl/Köhler/Bornkamm/*Köhler* § 4 Rn. 9.50, 9.56 ff.). Allerdings wird die Lieferung ergänzender Software nur selten eine unlautere Lieferung von Ersatzware oder Zubehör darstellen. Denn grds. sollen Sekundärmärkte frei versorgt werden, wenn das fremde Erzeugnis nicht sonderrechtlich geschützt ist; dies gilt erst recht dann, wenn der ursprüngliche Gebrauchszweck des Computerprogramms erweitert wird (OLG Hamburg CR 1998, 332, 335 – Computerspielergänzung). Ein unlauteres Einschieben in die fremde Serie liegt bei Computerprogramme ergänzender Software nur vor, wenn ein Mitbewerber bei einem von vornherein auf Ergänzung oder Zukauf angelegten Computerprogramm den durch das Programm geschaffenen Markt durch Überleitung des Fortsetzungsbedarfs auf sich ausbeutet (OLG Hamburg CR 1998, 332, 335 – Computerspielergänzung). Laut der Rechtsprechung kann auch im Angebot von sog. Cheatbots eine Rufausbeutung im Sinne eines Einschiebens in eine fremde Serie oder eine unlautere Behinderung (§§ 3, 4 Nr. 9b und 10 UWG) gesehen werden (LG Hamburg CR 2009, 756, 757; zust. *Hecht/Kockentiedt* CR 2009, 719, 72; LG Hamburg CR 2012, 120, 121 ff.; LG Hamburg CR 2013, 604, 605 ff.; so auch *Werner,* CR 2013, 516, 519 m. w. N. auch zu unveröffentlichten Urteilen).

32   dd) **Dekompilierung.** Bedeutung kommt §§ 3, 4 Nr. 9 und Nr. 10 UWG schließlich potentiell dann zu, wenn eine nach § 69c i. V. m. § 69e unzulässige **Dekompilierung im Ausland** vorgenommen wurde (vgl. *Lehmann* FS Schricker 1995, 543, 555). Daneben kann ein Schutz gem. § 17 UWG bestehen (s. Rn. 35; vgl. auch § 69e Rn. 32).

33   j) **Geheimnisschutz.** Gem. **§§ 17, 19 UWG** werden Geschäfts- und Betriebsgeheimnisse weitgehend gegen das unerlaubte Verraten, Verschaffen oder Weiterleiten geschützt. Solche **Geschäfts- und Betriebsgeheimnisse,** also nicht offenkundige Informationen, stellen – mittelbar geschützt auch über §§ 69c Nr. 2, 69e (vgl. BT-Drucks. XII/4022, 13) – bei Computerprogrammen insb. der nicht offenkundige Quellcode, die Konzeption, Algorithmen, Daten-, Ein- und Ausgabeformate, besonders wichtige Programmdaten und sonstiges technisches Know-how dar (vgl. BayObLG GRUR 1991, 694, 695 f. – Geldspielautomat; OLG Celle CR 1989, 1002, 1003; LG Stuttgart NJW 1991, 441, 442: Algorithmus; *Jersch* 117; *Harte-Bavendamm* CR 1986, 615, 619; *Haß* in Lehmann Kap. XII Rn. 28; *Raubenheimer* CR 1994, 264, 266; *Taeger* CR 1991, 449, 453, 455 f.; *Schweyer* CR 1994, 684, 686; *Wiebe* 188 ff., 223 ff.; vgl. OLG Frankfurt GRUR 1989, 678, 680 – PAM-Crash; LG Oldenburg CR 1996, 217, 223; str. ist, ob Schnittstellen Geschäfts- oder Betriebsgeheimnisse sind; dazu näher Rn. 35).

34   Voraussetzung ist weiter, dass nur ein eng begrenzter Personenkreis Kenntnis von den Geheimnissen hat und seitens des Herstellers ein entsprechender **Geheimhaltungswille** sowie ein berechtigtes **wirtschaftliches Interesse** an der Geheimhaltung dokumentiert werden kann (zur Verbreitung von Programmen BayObLG GRUR 1991, 694, 696 – Geldspielautomat). Der von der Kenntnis des konkreten Geheimnisses losgelöste, abstrakte Wille reicht aus (vgl. BGH GRUR 1977, 539, 540 – Prozessrechner; BayObLG GRUR 1991, 694, 696 – Geldspielautomat). Diese Voraussetzungen können sich aus den Umständen ergeben (vgl. *Haß* in Lehmann Kap. XII Rn. 28; *Jersch* 118 ff.; *Taeger* CR 1991, 449,

453 ff.; vgl. etwa LG Stuttgart NJW 1991, 441, 442: verplombte EPROMs). Aufgrund von §§ 69c Nr. 2, 69e ist heute im Zweifel von Geschäfts- und Betriebsgeheimnissen auszugehen, es sei denn der Quellcode wird offenbart (*Raubenheimer* CR 1994, 264, 266; *Taeger* CR 1991, 449, 453 f., 456; *Wiebe* 223). Dies gilt insb. für komplexe Programme (vgl. BGH GRUR 1977, 539, 540 – Prozessrechner). Besonderes Indiz ist die Dongelierung, so dass die Entdongelierung sogar gegen § 17 Abs. 2 Nr. 1 UWG verstoßen kann (*Junker/Benecke* Rn. 127; ausführlich *Raubenheimer* CR 1994, 264, 267 f.; *Harte-Bavendamm* CR 1986, 615, 619). Auch die Dekompilierung verstößt gegen § 17 Abs. 2 Nr. 1 UWG (*Harte-Bavendamm* CR 1986, 615, 619; *Raubenheimer* CR 1994, 264, 266; zweifelnd *Schumacher* 219).

Weiter muss die **Geheimnisverschaffung unerlaubt** sein. Die Frage, ob ein Dritter sich das möglicherweise in einem Programm liegende Geheimnis unbefugt verschafft hat, richtet sich nach §§ 69a ff., insb. nach § 69d und § 69e (vgl. LG Mannheim NJW 1995, 3322, 3323; *Raubenheimer* CR 1994, 264, 268 f.; *Junker/Benecke* Rn. 129). Insb. bei der nach § 69e erlaubten Dekompilierung scheidet § 17 UWG aus, und zwar entsprechend dem Zweck des § 69e gem. § 69g Abs. 2 auch dann, wenn diese vertraglich verboten wurde (*Lehmann* GRUR Int. 1991, 327, 335; *Haß* in Lehmann Kap. XII Rn. 37a; *Raubenheimer* CR 1994, 264, 269 f.; *Junker/Benecke* Rn. 129; *Schumacher* 220; a. A. *Moritz* CR 1993, 257, 267; *Wiebe* 269; *Wiebe* CR 1992, 134, 138; näher dazu § 69e Rn. 31; im Ergebnis ebenso *Schulte* CR 1992, 648, 656 f., der meint, bei Vorliegen der Voraussetzungen des § 69e mangele es mit Blick auf die Programmschnittstellen schon am berechtigten wirtschaftlichen Interesse an einer Geheimhaltung und damit grds. am Geheimnischarakter; dagegen *Raubenheimer* CR 1994, 264, 269 f. mit dem Hinweis, § 69g Abs. 2 erlaube lediglich bestimmte Handlungen; einschränkend vertritt *Taeger* CR 1991, 449, 457, die Auffassung, der Geheimnisschutz von Schnittstelleninformationen entfalle mangels Schutzwürdigkeit bei marktmächtigen Unternehmen, die kartellrechtlich verpflichtet sind, die Informationen zu offenbaren; dazu näher § 69e Rn. 25, 27). Zweifelhaft ist die Auffassung, dass eine **unbefugte Verwertung und Weitergabe** i. S. v. § 17 Abs. 2 Nr. 2 UWG dann nicht mehr vorliegen soll, wenn es lediglich um die Mitteilung von abstrakten Ideen und Grundsätzen geht (so aber *Schumacher* 221).

Schutz besteht vor Geheimnisverrat durch **abhängig Beschäftigte**, denen ein Programm anvertraut oder zugänglich gemacht wurde (§ 17 Abs. 1 UWG; dazu näher BGH GRUR 1977, 539, 540 f. – Prozessrechner; *Buchner* in Lehmann Kap. XI Rn. 97 ff.; *Junker/Benecke* Rn. 130; *Wiebe* 227 f.) sowie gegen bestimmte Formen des Ausspähens und der Verwertung durch oder der Mitteilung an **Dritte** (§ 17 Abs. 2 UWG; näher dazu *Haß* in Lehmann Kap. XII Rn. 34 ff.; *Junker/Benecke* Rn. 132 f.; *Wiebe* 261 ff.; ferner BGH GRUR 1977, 539, 541 – Prozessrechner; zu Abs. 2 Nr. 2: LG Stuttgart NJW 1991, 441, 442). Einen typischen Verstoß gegen § 17 Abs. 2 UWG stellt auch die Mitnahme des Quellcodes durch einen Arbeitnehmer dar (*Schweyer* CR 1994, 684, 686; *Buchner* in Lehmann Kap. XI Rn. 116 f.; *Wiebe* 228 ff.). Nichts anderes gilt, wenn die Daten noch zu Zeiten des Beschäftigungsverhältnisses befugt auf einem privaten Rechner gesichert wurden (vgl. BGH GRUR 2006, 1044, 1045 f. – Kundendatenprogramm). Indiz für einen Verstoß kann im Einzelfall sein, dass schon kurze Zeit nach dem Ausscheiden eines Mitarbeiters ein Konkurrenzprogramm erhältlich ist (so OLG Frankfurt GRUR 1989, 678, 680 – PAM-Crash, das aufgrund der Umstände des Falles aber die Indizwirkung widerlegt sah; siehe auch LG Karlsruhe CR 1990, 592, 594 f.). Kein Verstoß gegen § 17 Abs. 2 UWG liegt hingegen im reinen Vervielfältigen des Programms (LG Oldenburg CR 1996, 217, 223). Auch **§ 18 UWG** kann bei Computerprogrammen Anwendung finden (LG Oldenburg CR 1996, 217, 223; LG Karlsruhe CR 1990, 592, 595; Hefermehl/Köhler/Bornkamm/ *Köhler* § 18 UWG Rn. 10; dazu *Harte-Bavendamm* CR 1986, 615, 619 f.).

k) Allgemeines Deliktsrecht. Zwar bietet § 823 Abs. 1 BGB außer bei dem Eingriff in den eingerichteten und ausgeübten Gewerbebetrieb regelmäßig keinen zusätzlichen und damit keinen gesonderten Schutz für Computerprogramme (vgl. *Beysen* 116 ff.). Ansprüche können sich aber aus **§ 823 Abs. 2 i. V. m. einem Schutzgesetz** ergeben. Eher selten in Betracht kommt der deliktische Schutz bei Vorliegen der Voraussetzungen des § 202a StGB (dazu näher *Haß* in Lehmann Kap. XII Rn. 19 ff.; *Grützmacher* 415 f.; *Wiebe* 274 ff.). Geschützt werden durch diesen Informationen jeder Art, insb. auch Programmdaten, soweit diese nicht für den Kopierenden bestimmt und besonders gesichert sind. Als besonders gesichert gelten aber nur Daten, „bei denen der Verfügungsberechtigte durch eine Sicherung sein Interesse an der Geheimhaltung dokumentiert" (BT-Drucks. X/5058, 29), also nur bei Zugangssicherungen (Passwörter, Kennnummern, Magnetstreifen etc.), nicht schon bei Kopiersicherungen (dazu Rn. 30). Ergänzender Leistungsschutz kann ausnahmsweise auf **§ 826 BGB** beruhen (dazu BGH GRUR 1977, 539, 541 ff. – Prozessrechner; *Jersch* 183 ff.; *Beysen* 121 ff. mit Hinweis auf die im Vergleich zum UWG unterschiedlichen Tatbestandsvoraussetzungen und Verjährung).

38   **l) Vertraglicher Schutz.** Denkbar ist schließlich ein vertraglicher Schutz von Computerprogrammen. Regelmäßig wird dieser wegen der Relativität der Schuldverhältnisse aber nur dort effizient sein, wo ein Programm nur vom Vertragspartner eingesetzt werden kann. Auch sind die Grenzen der Vertragsautonomie zu beachten (insb. Kartellrecht, §§ 305 ff. BGB und § 69g Abs. 2).

2. Nichtige vertragliche Bestimmungen (Abs. 2)

39   § 69g Abs. 2 sichert die Mindestrechte des berechtigten Nutzers (zu den Details näher unter § 69d Rn. 53 ff. und § 69e Rn. 4 ff.). Die Bestimmung ist nicht abschließend. Neben § 69d Abs. 2 und 3 enthält auch § 69d Abs. 1 anerkanntermaßen einen zwingenden Kern (dazu § 69d Rn. 34). Außerdem können vertragliche Regelungen wegen Verstoßes gegen die §§ 305 ff. BGB oder das deutsche oder europäische Kartellrecht unwirksam sein. Gem. § 137d Abs. 2 ist die Regelung rückwirkend anzuwenden (siehe dazu näher § 137d Rn. 4). Trotz seines weiten Wortlauts ist § 69g Abs. 2 in erster Linie auf Lizenz-, Softwareerstellungs- und diesen ähnliche Verträge anzuwenden.

Teil 2. Verwandte Schutzrechte

Abschnitt 1. Schutz bestimmter Ausgaben

§ 70 Wissenschaftliche Ausgaben

(1) Ausgaben urheberrechtlich nicht geschützter Werke oder Texte werden in entsprechender Anwendung der Vorschriften des Teils 1 geschützt, wenn sie das Ergebnis wissenschaftlich sichtender Tätigkeit darstellen und sich wesentlich von den bisher bekannten Ausgaben der Werke oder Texte unterscheiden.

(2) Das Recht steht dem Verfasser der Ausgabe zu.

(3) Das Recht erlischt fünfundzwanzig Jahre nach dem Erscheinen der Ausgabe, jedoch bereits fünfundzwanzig Jahre nach der Herstellung, wenn die Ausgabe innerhalb dieser Frist nicht erschienen ist. Die Frist ist nach § 69 zu berechnen.

Literatur: *Berke,* Tantiemen für Bach, Beethoven oder Bruckner? – Über die Schutzfähigkeit von Werken älterer Komponisten, Das Orchester 2002, 27; *Berke,* Zur Problematik des Schutzes wissenschaftlicher Ausgaben im deutschen Urheberrechtsgesetz, in: Bachania et alia Musicologica, Festschrift für Dürr, Kassel 1983, 17 (zit. *Berke* FS Dürr); *Berke,* „Auswirkungen" einer Verlängerung der Schutzfrist für nach §§ 70 und 71 geschützte Werke und Ausgaben, in: Hubmann (Hrsg.), Rechtsprobleme musikwissenschaftlicher Editionen, München 1982, 12 (zit. Hubmann/*Berke*); *Berke,* Schutz wissenschaftlicher Leistung durch Urheberrecht oder Arbeitsschutzrecht, in: Hubmann (Hrsg.), Rechtsprobleme musikwissenschaftlicher Editionen, München 1982, 32 (zit. Hubmann/*Berke*); *Dietz,* Die Schutzdauer-Richtlinie der EU, GRUR Int. 1995, 670; *Hofmann,* Rechtsbeziehungen zwischen Editionsinstitut, Herausgeber und Verlag, in: Hubmann (Hrsg.), Rechtsprobleme musikwissenschaftlicher Editionen, München 1982, 17 (zit. Hubmann/*Hofmann*); *Hubmann,* Diskussionsbeitrag zum Schutz wissenschaftlicher Leistungen, in: Hubmann, Rechtsprobleme musikwissenschaftlicher Editionen, München 1982, 44 (zit. Hubmann/*Hubmann*); *Gentz,* Schutz von wissenschaftlichen und Erst-Ausgaben im musikalischen Bereich, UFITA 52 (1969) 135; *Gounalakis,* Urheberschutz für die Bibel?, GRUR 2004, 996; *Gounalakis,* US-Copyright für das Neue Testament?, GRUR Int. 2004, 480; *Katzenberger,* Urheberrechtliche und urhebervertragsrechtliche Fragen bei der Edition philosophischer Werke, GRUR 1984, 319; *Klinkenberg,* Urheber- und verlagsrechtliche Aspekte des Schutzes wissenschaftlicher Ausgaben nachgelassener Werke, GRUR 1985, 419; *Lührig,* Die Revision der Lutherbibel – eine schöpferische Leistung?, WRP 2003, 1269; *Möhring,* Der Schutz wissenschaftlicher Ausgaben im Urheberrecht, Festschrift für Alois Troller, Basel 1976, 153 (zit. *Möhring* FS Troller); *Nordemann, W.,* Anmerkung zum Urteil BGH GRUR 1975, 667 – Reichswehrprozeß, GRUR 1975, 669; *Püschel,* Einigungsvertrag und Geltungsbereich des Urhebergesetzes, GRUR 1992, 579; *Rehbinder,* Zum Rechtsschutz der Herausgabe historischer Texte, UFITA 106 (1987) 255; *Ruzicka,* Zum Leistungsschutzrecht des Wissenschaftlers nach § 70 UrhG, UFITA 84 (1979) 65; *Stang,* Das urheberrechtliche Werk nach Ablauf der Schutzfrist – Negative Schutzrechtsüberschneidung, Remonopolisierung und der Grundsatz der Gemeinfreiheit, Tübingen 2011; *Tietze,* VG Musikedition, in: Handbuch der Musikwirtschaft, Moser/Scheuermann (Hrsg.), München 2003, 715; *Ulmer,* Diskussionsbeitrag zum Schutz wissenschaftlicher Leistungen, in: Hubmann (Hrsg.), Rechtsprobleme musikwissenschaftlicher Editionen, München 1982, 40 (zit. Hubmann/*Ulmer*); *Unverricht,* Der Schutz musikwissenschaftlicher Editionen nach dem neuen Urheberrechtsgesetz, Die Musikforschung XIX (1966), 164.

Vgl. darüber hinaus die Angaben im eingangs abgedr. Gesamtliteraturverzeichnis.

Übersicht

	Rn.
I. Regelungszweck	1
II. Voraussetzungen des Schutzes	2–17
1. Ausgabe eines urheberrechtlich nicht geschützten Werkes oder Textes	2–8
a) Urheberrechtlich nicht geschützte Werke oder Texte	2–7
b) Ausgabe	8

	Rn.
2. Ergebnis wissenschaftlich sichtender Tätigkeit	9, 10
3. Wesentlicher Unterschied zu bisher bekannten Ausgaben der Werke oder Texte	11–17
III. Inhalt und Umfang des Schutzes	18–22
1. Die Rechte des Verfassers	18
2. Gegenstand des Leistungsschutzes	19–22
IV. Inhaber des Schutzrechts	23, 24
1. Schöpferprinzip: Verfasser als originärer Rechtsinhaber, Unübertragbarkeit des Schutzrechts	23
2. Rechtsverhältnis zwischen mehreren Verfassern	24
V. Entstehung und Dauer des Schutzrechts	25–30
1. Entstehung	25
2. Dauer	26, 27
3. Nachträgliche Entstehung des Schutzrechts bei späterem Wegfall zunächst vorhandenen Urheberschutzes?	28–30
VI. Sonstige Fragen	31–49
1. Abgrenzung zum Urheberrechtsschutz	31–39
2. Vertragsrechtliche Fragen	40
3. Verhältnis von § 70 und § 71	41
4. Beweisrecht	42, 43
5. Verwertungsgesellschaft	44
6. Fremdenrecht	45, 46
7. Übergangsrecht	47, 48
a) Schutzfristverlängerung durch das PrPG zum 1.7.1990	47
b) Wiederaufleben von Urheberschutz an den der Ausgabe zugrunde liegenden Werken	48
8. Ausland	49

I. Regelungszweck

1 § 70 gewährt demjenigen, der das nicht vorhandene Original eines alten Werkes oder Textes unter wissenschaftlich sichtender Aufarbeitung vorhandenen Quellenmaterials wiederherstellt, an der so erarbeiteten **wissenschaftlichen Ausgabe** für die Dauer von 25 Jahren ein in seinem Umfang dem Urheberrecht inhaltlich entsprechendes Leistungsschutzrecht (AmtlBegr. *M. Schulze* Materialien 528). Belohnt werden soll die wissenschaftliche Editionsarbeit, die, da sie auf die Rekonstruktion eines fremden Werkes bzw. Textes gerichtet ist, zwar keine eigenschöpferische, aber häufig eine bedeutende wissenschaftliche Leistung darstellt und darüber hinaus, insb. bei der Suche und Sammlung oftmals verstreuten Quellenmaterials, die Aufwendung hoher Kosten erfordert (AmtlBegr. *M. Schulze* Materialien 528; *Ulmer* 507). Erforderlich für den Schutz nach § 70 ist lediglich, dass die Ausgabe auf wissenschaftlicher Arbeit beruht (dazu unten Rn. 9) und sich – aus Rechtssicherheitsgründen – wesentlich von den bisher bekannten Fassungen des Werkes oder Textes unterscheidet (dazu unten Rn. 11 ff.). Neben dem Leistungsschutz nach § 70 kann ein zusätzlicher Urheberrechtsschutz an eigenen Ergänzungen, Kommentierungen etc. bestehen (zur Abgrenzung s. unten Rn. 31 ff.). Ist die wissenschaftliche Ausgabe zugleich eine Erstausgabe, kommt neben § 70 zusätzlich Schutz nach § 71 in Betracht (s. u. Rn. 41). Durch die im Vergleich zu anderen Leistungsschutzrechten kurze Schutzdauer soll eine zu starke Behinderung künftiger wissenschaftlicher Arbeit vermieden werden (AmtlBegr. *M. Schulze* Materialien 528; vgl. *Stang* S. 133 ff.).

II. Voraussetzungen des Schutzes

1. Ausgabe eines urheberrechtlich nicht geschützten Werkes oder Textes

2 **a) Urheberrechtlich nicht geschützte Werke oder Texte.** Gegenstand der geschützten wissenschaftlichen Ausgabe können zum einen **nicht geschützte Werke,** d.h.

persönliche geistige Schöpfungen i. S. v. § 2 Abs. 2 sein, sofern ihr Urheberschutz entweder abgelaufen ist, es sich also um **gemeinfreie Werke** handelt, oder aber niemals bestanden hat, z. B. weil es sich um **amtliche Werke i. S. v. § 5** oder um ein aufgrund fremdenrechtlicher Bestimmungen (s. Rn. 45 f.) schutzloses Werk eines ausländischen Urhebers handelt (Dreier/Schulze/*Dreier* § 70 Rn. 5; Mestmäcker/Schulze/*Hertin* § 70 Rn. 7; Möhring/Nicolini/*Kroitzsch* § 70 Rn. 3; Schricker/Loewenheim/*Loewenheim* § 70 Rn. 5). Keine Rolle spielt die Werkart, d. h. es kann sich um Werke jeder beliebigen Werkart i. S. v. § 2 Abs. 1 Nr. 1–7 handeln, etwa um alte Landkarten, Baupläne, Lithografien, Choralbücher, alte Filme etc. (Fromm/Nordemann/*Nordemann* § 70 Rn. 11; *v. Gamm* § 70 Rn. 5).

Gegenstand der wissenschaftlichen Ausgabe können zum anderen auch urheberrechtlich **3** niemals geschützte **Texte** sein, wie etwa alte Handschriften, Geschäftsbriefe und Rechnungen, Chroniken, Urkunden oder Inschriften, die sich auf die Schilderung tatsächlicher Begebenheiten beschränken, ohne individuelle Züge aufzuweisen und insoweit nicht die Anforderungen des § 2 Abs. 2 an die für die Bejahung des Werkcharakters erforderliche Schöpfungshöhe erfüllen (*Möhring* FS Troller 161; Möhring/Nicolini/*Kroitzsch* § 70 Rn. 1; vgl. AmtlBegr. *M. Schulze* Materialien 527).

Umstritten ist allerdings, ob das Leistungsschutzrecht des § 70 über die Kategorie der **4** Sprachwerke („Texte") hinaus insgesamt auf den **Werkcharakter** des mit der geschützten Ausgabe wieder herzustellenden Originals verzichtet. Zum Teil wird insoweit die Auffassung vertreten, dass die Formulierung „urheberrechtlich nicht geschütztes Werk" dahingehend auszulegen sei, dass das herausgegebene Material insgesamt keinen Werkcharakter i. S. v. § 2 Abs. 2 aufweisen müsse und die gesonderte Erwähnung der „Texte" in § 70 rechtlich bedeutungslos sei (OLG Braunschweig GRUR 1974, 411 – Zinn-Stadtmarken; Dreier/Schulze/*Dreier* § 70 Rn. 5; Loewenheim/*A. Nordemann* § 44 Rn. 6; Mestmäcker/Schulze/*Hertin* § 70 Rn. 9; *v. Gamm* § 70 Rn. 5).

Nach a. A. ist hingegen von einer **einheitlichen Verwendung des Werkbegriffs** im **5** UrhG auszugehen, so dass, da nach der **Legaldefinition in § 2 Abs. 2** „Werke" i. S. d. UrhG „nur persönliche geistige Schöpfungen" sind, sich auch der Leistungsschutz des § 70 grds. auf die Wiederherstellung von Werkoriginalen, somit persönlicher geistiger Schöpfungen beschränkt, soweit nicht der Gesetzgeber mit der ausdrücklichen Erwähnung der bloßen „Texte" eine begrenzte Ausnahme im Bereich der Sprachwerke geschaffen hat (Schricker/Loewenheim/*Loewenheim* § 70 Rn. 5; Möhring/Nicolini/*Kroitzsch* § 70 Rn. 3; Dreyer/Kotthoff/Meckel/*Meckel* § 70 Rn. 6 f.).

Diese Ansicht verdient Zustimmung, auch wenn die Bevorzugung wissenschaftlicher **6** Ausgaben von nicht schöpferischen Texten gegenüber sonstigen nicht schöpferischen Materialien nur historisch erklärbar ist. Insoweit ergibt sich aber gerade aus der Tatsache, dass der Gesetzgeber die gesonderte Erwähnung der „Texte" neben den „Werken" für notwendig erachtet hat, um den Schutz des § 70 auf Ausgaben alter Urkunden, Handschriften, Inschriften etc. zu erstrecken, im Umkehrschluss, dass mit der Formulierung „urheberrechtlich nicht geschützte Werke" ein Verzicht auf die nach § 2 Abs. 2 an den Werkcharakter zu stellende Anforderung der Schöpfungshöhe gerade nicht beabsichtigt war. Es sollte lediglich das Entstehen des Leistungsschutzrechts nach § 70, solange und soweit für ein bestimmtes Werk Urheberrechtsschutz besteht, verhindert werden, das Leistungsschutzrecht sollte jedoch nicht auf die Wiederherstellung beliebigen historischen Materials erstreckt werden. Letztlich spricht für diese Ansicht auch der Wortlaut von **Art. 5 Schutzdauer-Richtlinie,** wonach den Mitgliedstaaten lediglich ein Schutz wissenschaftlicher Ausgaben von „gemeinfrei gewordenen Werken" erlaubt wird, da hieraus erkennbar wird, dass der Richtlinien-Gesetzgeber nur die Wiederherstellung grds. schutzfähiger Werkoriginale schützen wollte. Insoweit stellt sich sogar umgekehrt die Frage, ob die bloß historisch erklärbare Ausdehnung des § 70 auf einfache „Texte" mit Art. 5 Schutzdauer-Richtlinie vereinbar ist, die aber gem. Erwägungsgrund 20 zu bejahen sein dürfte.

7 Im Ergebnis dürften sich die Unterschiede zwischen beiden Auffassungen jedoch angesichts des urheberrechtlichen Schutzes auch der „kleinen Münze" praktisch nur selten auswirken, zumal auch die Beurteilung der in Höhlenmalereien oder alten Landkarten verkörperten schöpferischen künstlerischen oder wissenschaftlichen Leistung in der Praxis ohne besondere Schwierigkeiten vorgenommen wird (vgl. z. B. LG Magdeburg GRUR 2004, 672 f. – Himmelsscheibe von Nebra; zweifelnd Loewenheim/*A. Nordemann* § 44 Rn. 6).

8 **b) Ausgabe.** Der Begriff der **Ausgabe** ist nicht im verlagstechnischen Sinne zu verstehen (etwa „Taschenbuchausgabe" etc.), gemeint ist vielmehr das geschützte **immaterielle Leistungsergebnis** in Form der **wissenschaftlich erarbeiteten „Fassung"** des Werkes (Dreier/Schulze/*Dreier* § 70 Rn. 6; Mestmäcker/Schulze/*Hertin* § 70 Rn. 5). Da der Schutz dieser Fassung jedoch erst mit ihrer „Herstellung" beginnt, ist in praktischer Hinsicht eine stoffliche Fixierung erforderlich, die regelmäßig erstmals im originalen Manuskript des Wissenschaftlers vorliegen wird (*Ruzicka* UFITA 84 (1979) 65, 71; *Möhring* FS Troller 160). Grds. kann die Festlegung der wissenschaftlichen Fassung dabei in beliebiger Form erfolgen, d. h. insb. als Buch, als Zeitschrift, als Musik- oder Videokassette, CD, CD-ROM, DVD etc. oder auch online im Internet, etwa auf einer Website (Loewenheim/*A. Nordemann* § 44 Rn. 4; Mestmäcker/Schulze/*Hertin* § 70 Rn. 5). Allerdings wird in den meisten dieser Fälle die wissenschaftlich erarbeitete Textfassung, die „Ausgabe", bereits vorab und offline in Form eines Original-Manuskripts „hergestellt" worden sein, wohingegen die Buch-, Zeitschriften- oder Internet-Publikation lediglich deren – für die Schutzfrist relevantes – „Erscheinen" bewirkt (s. dazu unten Rn. 25 sowie § 6 Rn. 29, insb. zum Erscheinen im Internet). Auch einem bloßen Vortrag oder einer Live-Sendung im Rundfunk wird regelmäßig eine vortrags- bzw. sendefähige Originalausgabe zugrunde liegen, auf die sich der ab „Herstellung" der Ausgabe laufende Schutz des § 70 in diesem Fall bezieht (s. unten Rn. 25; a. A. Mestmäcker/Schulze/*Hertin* § 70 Rn. 5).

2. Ergebnis wissenschaftlich sichtender Tätigkeit

9 Voraussetzung für den Schutz nach § 70 ist, dass die Ausgabe das Ergebnis wissenschaftlich sichtender Tätigkeit darstellt, d. h. dass der Verfasser zu ihrer Herstellung wissenschaftliche, insb. quellenkritische Methoden angewendet hat (AmtlBegr. *M. Schulze* Materialien 528; Schricker/Loewenheim/*Loewenheim* § 70 Rn. 7). Wissenschaftlich sichtende Tätigkeit liegt dabei jedenfalls dann vor, wenn vorhandenes **(Text)material verglichen, kritisch gesichtet, bewertet und geordnet** wird, wobei die Bewertung auch durch eine Klassifizierung nach Wahrscheinlichkeits- und Häufigkeitsgesichtspunkten erfolgen kann (BGH GRUR 1975, 667, 669 – Reichswehrprozess; krit. insoweit *Möhring* FS Troller 163 f.). In BGH GRUR 1975, 667 hatte der Verfasser eines Buches über den Reichswehrprozess von 1929/30 u. a. den urheberrechtlich nicht geschützten Wortlaut der Verhandlungen vor dem Reichsgericht rekonstruiert, indem er angesichts des Fehlens von Verhandlungsprotokollen u. a. Berichte möglichst vieler Tageszeitungen verschiedener politischer Richtungen durch Gegenüberstellung und kritischen Vergleich auswertete. Der BGH sah in dieser **Rekonstruktion** aufgrund vergleichender kritischer Prüfung des Materials eine wissenschaftliche Ausgabe i. S. d. § 70 Abs. 1 (a. A. *Möhring* FS Troller 163 ff.: eigenschöpferische Bearbeitung i. S. v. § 3, dazu unten Rn. 31 ff.). Allerdings scheidet, auch wenn insgesamt keine übertriebenen Anforderungen an die wissenschaftliche Sichtung gestellt werden dürfen, ein Schutz nach § 70 aus, wenn lediglich aufgefundenes altes Material veröffentlicht wird (AmtlBegr. *M. Schulze* Materialien 528) und etwa nur eine Auswahl nach dem Ordnungsgesichtspunkt der Wichtigkeit erfolgt (OLG Braunschweig GRUR 1974, 411 – Zinn-Stadtmarken; Dreier/Schulze/*Dreier* § 70 Rn. 7; a. A. Mestmäcker/Schulze/*Hertin* § 70 Rn. 11). Sofern vorhandenes Material inhaltlich unverändert veröffentlicht wird, kommt damit allenfalls Schutz als Sammelwerk nach § 4 in Betracht, sofern sich Auswahl und/oder Anordnung des vorgefundenen Materials als schöpferisch erweisen (vgl. § 4 Rn. 5 ff.).

Nicht erforderlich ist für die Anerkennung des Leistungsschutzrechts aus § 70 allerdings, **10** dass die wissenschaftlich sichtende Tätigkeit durch einen umfangreichen Apparat von Fußnoten dokumentiert wird, in denen die benutzten Quellen und darin etwa enthaltene Varianten näher kenntlich gemacht werden (*Schack* Rn. 657). Ein derartiger **Fußnotenapparat** wird in der Praxis allerdings ein **Beweisanzeichen** für wissenschaftliches Arbeiten darstellen (vgl. *W. Nordemann* GRUR 1975, 669; Mestmäcker/Schulze/*Hertin* § 70 Rn. 11) und kann seinerseits Urheberrechtsschutz genießen. Grds. unerheblich ist für die Entstehung des Schutzrechts schließlich auch, ob das Ergebnis der Arbeit wissenschaftlich vertretbar ist (Dreier/Schulze/*Dreier* § 70 Rn. 7).

3. Wesentlicher Unterschied zu bisher bekannten Ausgaben der Werke oder Texte

Nach dem Wortlaut von § 70 sind wissenschaftliche Ausgaben nur dann schutzfähig, **11** wenn sie sich von den bisher bekannten Ausgaben „wesentlich unterscheiden". Der deutsche Gesetzgeber 1965 hielt dieses Kriterium aus Gründen der **Rechtssicherheit** für erforderlich, da sich ansonsten bei öffentlichen Wiedergaben eines Werkes kaum jemals mit Sicherheit feststellen lasse, ob die Originalfassung oder eine gemeinfreie Ausgabe eines Werkes für die konkrete öffentliche Wiedergabe benutzt worden sei (AmtlBegr. *M. Schulze* Materialien 528). Im Ergebnis wird durch dieses Erfordernis eines wesentlichen Unterscheidens bei wissenschaftlichen Ausgaben ein **Schutz zufälliger „Doppelschöpfungen"** ausgeschlossen (Mestmäcker/Schulze/*Hertin* § 70 Rn. 15; Fromm/Nordemann/*Nordemann* § 70 Rn. 17). Da es sich lediglich um eine Schutzbeschränkung handelt, dürfte das Schutzerfordernis des „wesentlichen Unterschieds", auch wenn dieses Kriterium in Art. 5 Schutzdauer-Richtlinie nicht enthalten ist, richtlinienkonform sein.

Ein Problem tritt allerdings dann auf, wenn die nur unwesentlich abweichende Zweitfassung zu einem Zeitpunkt hergestellt wird, zu dem die **vorbestehende Erstfassung noch nicht erschienen** ist. Denn da § 70 einen wesentlichen Unterschied nur zu „den bisher bekannten" Ausgaben verlangt, würde der gesetzliche Schutzausschluss für die nur unwesentlich unterschiedliche Zweitfassung mangels „Bekanntheit" der Erstfassung in diesem Fall nicht eingreifen, während anderseits aber auch die Erstfassung nach § 70 – sofern Art. 5 Schutzdauer-Richtlinie keine korrigierende Auslegung verlangt (dazu unten Rn. 26) – bereits ab ihrer Herstellung Schutz genießt. Hier läge es zwar nahe, nach dem Sinn und Zweck des Schutzausschlusses für nur unwesentlich unterschiedliche Ausgaben, aus Rechtssicherheitsgründen ausnahmsweise auf die bloße Existenz der geschützten vorbestehenden Ausgabe abzustellen (vgl. hierzu auch unten Rn. 24), sofern man nicht davon ausgeht, dass § 70 dahingehend zu korrigieren ist, dass der Schutz erst mit dem Erscheinen der Ausgabe entsteht (s. unten Rn. 25) und daher in richtlinienkonformer Auslegung allein die zuerst erschienene Ausgabe geschützt ist.

Umstritten ist, nach welchen **Maßstäben** sich die **„Wesentlichkeit"** der Abweichung **13** von bisher bekannten Ausgaben beurteilt. Bei der Auslegung dieses Kriteriums ist davon auszugehen, dass sein einziger Zweck darin besteht, im Falle von öffentlichen Wiedergaben für **Rechtssicherheit** zu sorgen, indem die Feststellung ermöglicht wird, welche von mehreren Ausgaben für die Wiedergabe verwendet worden ist (AmtlBegr. *M. Schulze* Materialien 528). Immer dann, wenn eine solche Feststellung möglich ist, d.h. wenn die Unterschiede solcher Art sind, dass ein Fachmann auch im Falle einer öffentlichen Wiedergabe feststellen könnte, welche Ausgabe der jeweiligen Nutzung zugrundelag, sollte das Kriterium daher als erfüllt angesehen werden und ein Erwerb des Schutzrechts nach § 70 für die Zweitfassung möglich sein. Letztlich dürfen damit keine hohen Anforderungen an die Wesentlichkeit des Unterschieds gestellt werden, sondern vielmehr schon relativ geringfügige Änderungen zur Bejahung ausreichen (s. dazu unten Rn. 14f.). Unterscheidet sich eine Zweitfassung danach von einer noch geschützten Erstfassung wesentlich, so sagt dies andererseits noch nichts darüber

Thum

aus, ob es sich bei der Zweitfassung um eine freie Bearbeitung der Erstfassung analog § 23 oder um eine freie Benutzung analog § 24 handelt. Diese Frage betrifft allein den Schutzumfang des Rechts nach § 70 (dazu unten Rn. 21), hat jedoch mit der Frage des wesentlichen Unterschieds zu bekannten Ausgaben als Schutzvoraussetzung nichts zu tun. Auch wenn also der Zweitverfasser eine wesentlich unterschiedliche Ausgabe erarbeitet hat, die prinzipiell schutzfähig ist, kann es sein, dass er zu ihrer Verwertung die Zustimmung des Verfassers der Erstausgabe benötigt, solange deren Schutzfrist nach § 70 noch läuft, sofern seine Zweitfassung zwar ähnlich wie eine Bearbeitung selbstständig schutzfähig ist, andererseits aber von der Erstfassung gleichfalls Gebrauch macht und damit in das an der Erstfassung bestehende Schutzrecht eingreift. Erst recht liegt ein solcher Eingriff in das Recht an der Erstfassung natürlich vor, wenn die Zweitfassung von ihr nur unwesentlich abweicht und insofern noch nicht einmal selbstständig schutzfähig ist (Hubmann/*Hubmann* 46; a. A. Loewenheim/ *A. Nordemann* § 44 Rn. 11). In beiden Fällen verbleibt dem Zweitverfasser, wenn er die Zustimmung des Erstverfassers nicht erhält, lediglich die Möglichkeit, seine (unwesentlichen oder wesentlichen) Änderungsvorschläge als kritische Abhandlung zu veröffentlichen, wobei er frühere wissenschaftliche Ausgaben in seine Abhandlung, soweit es das Zitatrecht und insbesondere der Zitatzweck erlauben, nach der analog auf § 70 anwendbaren Vorschrift des § 51 S. 2 Nr. 1 aufnehmen kann (vgl. Hubmann/*Hubmann* 46 f.; Mestmäcker/Schulze/*Hertin* § 70 Rn. 19; vgl. näher § 51 Rn. 3 ff., 6, 10 ff.).

14 Im Ergebnis liegen damit die **Anforderungen** an das Erreichen der Schutzschwelle des „wesentlichen Unterschieds" deutlich unterhalb der Grenze zur freien Benutzung nach § 24 (a. A. Dreyer/Kotthoff/Meckel/*Meckel* § 70 Rn. 10). Die Ausgaben müssen sich nicht einmal zueinander wie zwei (oder mehrere) **unabhängige Bearbeitungen mit jeweils eigener Werkqualität** verhalten (a. A. Mestmäcker/Schulze/*Hertin* § 70 Rn. 15, 19, 24; Fromm/ Nordemann/*Nordemann* § 70 Rn. 16; Schricker/Loewenheim/*Loewenheim* § 70 Rn. 8; Möhring/Nicolini/*Kroitzsch* § 70 Rn. 9; *v. Gamm* § 70 Rn. 7). Denn die Beantwortung der Frage, ob es sich bei der Zweitfassung um eine freie oder lediglich unfreie Benutzung der Erstausgabe handelt, setzt eine umfassende rechtliche Würdigung und Bewertung der beiden Fassungen in ihrer Gesamtheit voraus (dazu unten Rn. 20 f.). Die allein aus Rechtssicherheitsgründen vorgegebene Schwelle des „wesentlichen Unterschieds" liegt hingegen auch insoweit deutlich niedriger und wird bereits dann erreicht, wenn ein Fachmann auf dem betreffenden Gebiet (dazu unten Rn. 43) selbst im Falle einer öffentlichen Wiedergabe feststellen könnte, ob Fassung A oder Fassung B verwendet worden ist (vgl. Möhring/Nicolini/ *Kroitzsch* § 70 Rn. 9; Schricker/Loewenheim/*Loewenheim* § 70 Rn. 9; Dreyer/Kotthoff/ Meckel/*Meckel* § 70 Rn. 10; Mestmäcker/Schulze/*Hertin* § 70 Rn. 14). Unstrittig kommt es jedenfalls bei der Beurteilung nicht auf den Grad oder Umfang der wissenschaftlichen Tätigkeit oder die dabei angewandte Methode an, sondern **allein** auf das konkrete **Arbeitsergebnis** (AmtlBegr. *M. Schulze* Materialien 528; Mestmäcker/Schulze/*Hertin* § 70 Rn. 14; Dreier/Schulze/*Dreier* § 70 Rn. 8; Möhring/Nicolini/*Kroitzsch* § 70 Rn. 8 f.; Dreyer/Kotthoff/Meckel/*Meckel* § 70 Rn. 10). Auf die absolute **Anzahl der Unterschiede** kommt es hingegen nicht an, schon wenige Änderungen können zu einem wesentlichen Unterschied zu den bisher bekannten Fassungen führen.

15 Bei **musikwissenschaftlichen Editionen** müssen die erkennbaren Abweichungen insoweit **musikalisch wesentlich** sein, um den Schutz nach § 70 zu begründen. Musikalisch wesentlich sind erkennbare Abweichungen immer dann, wenn die Unterschiede im Falle einer Aufführung für das geschulte Gehör hörbar sind. Die eindeutige Hörbarkeit ist jedoch nicht erforderlich. Vielmehr genügt es, wenn die Änderungen lediglich im Notentext **optisch sichtbar** sind und, was vom Fachmann zu beurteilen ist, **auf hörbare Unterschiede** für den Fall einer musikalischen Aufführung **abzielen,** auch wenn sie nicht bei jeder Interpretation hörbar sind (Hubmann/*Berke* 37 f.; Hubmann/*Hubmann* Rechtsprobleme 68 ff.; Mestmäcker/Schulze/*Hertin* § 70 Rn. 16; *Berke* Das Orchester 2002, 27, 29 („ideell hörbar"); *Gentz* UFITA 52 (1969) 135, 143).

§ 70 Wissenschaftliche Ausgaben 16–18 § 70 UrhG

Die VG Musikedition hat insoweit detaillierte Kriterien für die Schutzfähigkeit einer 16 Ausgabe aufgestellt (vgl. Moser/Scheuermann/*Tietze* 715, 716; *Berke* Das Orchester 2002, 27, 29). **Beispiele** für musikalisch **wesentliche,** da potenziell hörbare Unterschiede sind danach z. B. neue Takte oder entsprechende Kürzungen, abweichende Tonhöhen nicht nur bei Melodietönen, sondern auch bei akkordeigenen Tönen, sofern sie in einer hervortretenden Instrumentation die Klangfarbe und damit den Höreindruck wesentlich verändern, darüber hinaus veränderte Tondauern sowie abweichende Angaben zur Dynamik (Lautstärke) und Agogik (Tempo), sofern sie nicht von völlig untergeordneter Bedeutung und Wirkung sind, sonstige Spielanweisungen, etwa zum Charakter des Werkes in der Satzüberschrift sowie eine veränderte Instrumentation, da alle diese Unterschiede auf eine hörbare Änderung des Werkcharakters zielen (Mestmäcker/Schulze/*Hertin* § 70 Rn. 16; *Berke* Das Orchester 2002, 27, 29). Bei kritischer Rekonstruktion ganzer fehlender Stimmen oder Werkteile, veränderten Editionsformen wie Übertragungen aus Tabulaturen oder anderen älteren Notationsformen in ein mordernes Notenbild, erstmaligen Partiturausgaben bei einer Überlieferung in Stimmen etc. können dabei auch Bearbeiter-Urheberrechte begründet werden (*Berke* Das Orchester 2002, 27, 29). Als lediglich **unwesentliche** Änderung stellt sich hingegen z. B. die Korrektur von Stichfehlern in älteren Ausgaben oder die Hinzufügung von einfachsten Interpretationshinweisen, etc. dar (vgl. *Berke* Das Orchester 2002, 27, 29).

Im Übrigen verlangt das Kriterium des wesentlichen Unterschieds natürlich keineswegs 17 die Existenz früherer Ausgaben, vielmehr kann eine wissenschaftliche Ausgabe ohne weiteres zugleich auch Erstausgabe sein. In diesem Fall kommen § 70 und § 71 nebeneinander zur Anwendung, und das Kriterium des wesentlichen Unterschieds zu bisher bekannten Ausgaben ist bedeutungslos (s. u. Rn. 41 und § 71 Rn. 40 f.; Mestmäcker/Schulze/*Hertin* § 70 Rn. 13; anders LG München I ZUM-RD 2007, 212, 215 – Rudolf Steiner).

III. Inhalt und Umfang des Schutzes

1. Die Rechte des Verfassers

Inhaltlich ist das dem „Verfasser" der wissenschaftlichen Ausgabe gewährte Leistungs- 18 schutzrecht nach § 70 dem Urheberrecht völlig gleichgestellt (§ 70 Abs. 1; zur Inhaberschaft s. u. Rn. 23 ff.). Aufgrund dieser Gleichstellung lässt sich § 70 auch keineswegs als eine eng auszulegende Ausnahme vom Grundsatz der Freiheit zur Benutzung fremder Leistungen ansehen (so aber *v. Gamm* § 70 Rn. 2). Den Bedürfnissen der Wissenschaft wird insoweit durch die kurze Schutzfrist sowie durch § 53 Abs. 2 Nr. 1, Abs. 4, die die Herstellung von Vervielfältigungsstücken zum eigenen wissenschaftlichen Gebrauch regeln, hinreichend Rechnung getragen. Dem Verfasser stehen somit zum einen die ausschließlichen **Verwertungsrechte** der §§ 15–23 zu, also insb. die Rechte zur Vervielfältigung, Verbreitung und öffentlichen Wiedergabe der Ausgabe einschließlich in „bearbeiteter" Form (dazu unten Rn. 20 ff.). Diese Rechte unterliegen jedoch wiederum den Vorschriften über die urheberrechtlichen Schranken nach §§ 44a–63, wobei die Verfasser wissenschaftlicher Ausgaben umfassend in den Genuss der gesetzlichen **Vergütungsansprüche** gelangen (Mestmäcker/Schulze/*Hertin* § 70 Rn. 18; vgl. auch BVerfG GRUR 1990, 183, 185 – Vermietungsvorbehalt). Darüber hinaus stehen dem Verfasser einer wissenschaftlichen Ausgabe aber auch sämtliche **urheberpersönlichkeitsrechtlichen Befugnisse** nach §§ 12–14 im Hinblick auf seine Ausgabe zu, darunter das Recht zur Erstveröffentlichung (§ 12), das Recht auf Anerkennung der Verfasserschaft und Bestimmung der Verfasserbezeichnung (§ 13) und das Recht, Entstellungen der Ausgabe zu verbieten (§ 14). Gem. § 97 Abs. 2 kann der Verfasser dabei im Falle einer schuldhaften Verletzung grds. auch Ersatz immaterieller Schäden verlangen (vgl. § 97 Rn. 84 ff.). Auch die Regeln über die Rechtsnachfolge in das Urheberrecht (§§ 28 ff.) und über die Einräumung von Nutzungsrechten (§§ 31 ff.)

sind entsprechend anwendbar (*Ulmer* 509; Mestmäcker/Schulze/*Hertin* § 70 Rn. 18), gleichfalls auch die **Vermutungsregelung des § 10** (s. § 10 Rn. 3). Aufgrund seines persönlichkeitsrechtlichen Bezugs ist das dem Verfasser nach § 70 gewährte Recht **nicht übertragbar** (Mestmäcker/Schulze/*Hertin* § 70 Rn. 18; zum Vertragsrecht s. unten Rn. 40). Bei der praktischen Umsetzung des **Namensnennungsrechts** nach § 13 treten bei wissenschaftlichen Ausgaben zuweilen Schwierigkeiten auf, da legitime Bezeichnungsrechte von Trägern unterschiedlicher Funktionen zusammentreffen, insb. der wissenschaftlichen Bearbeiter der einzelnen Teilbände und des wissenschaftlichen Leiters der Gesamtausgabe, die im allgemeinen Sprachgebrauch oft beide als „Herausgeber" bezeichnet werden, sowie schließlich der Institution, welche die organisatorischen und finanziellen Mittel für die Editionsarbeit bereitstellt (dazu ausf. *Katzenberger* GRUR 1984, 319, 322). Hier sollten im Vorfeld klare vertragliche Absprachen zwischen den verschiedenen Beteiligten getroffen werden. Im Übrigen kann einem Mitarbeiter dann, wenn die an den einzelnen Bänden einer Gesamtausgabe beteiligten Verfasser nach der vertraglichen Regelung als „Herausgeber" bezeichnet werden, das Recht, ebenfalls als „Herausgeber" benannt zu werden, nicht schon deshalb abgesprochen werden, weil er vor Vollendung des betreffenden Bandes ausgeschieden ist, sofern sein bis dahin geleisteter Beitrag zur Fertigstellung des Bandes in etwa den von den neuen Bearbeitern geleisteten Beiträgen entspricht (BGH GRUR 1978, 360 – Hegel-Archiv).

18a Da in § 70 Abs. 1 lediglich die Vorschriften des ersten Teils des UrhG auf wissenschaftliche Ausgaben für entsprechend anwendbar erklärt werden, steht den Verfassern wissenschaftlicher Ausgaben formal kein Beteiligungsanspruch gegen die Presseverleger nach § 87h zu (vgl. § 87h Rn. 1). Möglicherweise handelt es sich dabei um ein unbeabsichtigtes Redaktionsversehen.

2. Gegenstand des Leistungsschutzes

19 Das Schutzrecht des § 70 bezieht sich nicht auf das vorgegebene Originalwerk bzw. den vorgegebenen Originaltext als solchen, sondern **nur auf die wissenschaftlich erarbeitete „Fassung"** dieses Werkes oder Textes, also auf diejenigen Bestandteile der Ausgabe, in denen sich die konkreten wissenschaftlichen Leistungsergebnisse der Arbeit des Verfassers verkörpern (*Klinkenberg* GRUR 1985, 419, 421; Fromm/Nordemann/*Nordemann* § 70 Rn. 18; Schricker/Loewenheim/*Loewenheim* § 70 Rn. 11; Möhring/Nicolini/*Kroitzsch* § 70 Rn. 12; für das Originalwerk bzw. den Originaltext selbst kommt Schutz unter den Voraussetzungen des § 71 in Betracht, s. dort Rn. 9 ff., 40 f.). Alle weiteren Bestimmungen aus dem Ersten Teil des UrhG, die § 70 für entsprechend anwendbar erklärt, beziehen sich damit auf diese eine Ausgabe, nicht auf das Werk generell (vgl. *Berke* Das Orchester 2002, 27, 29). Da lediglich die „Ausgabe" geschützt ist und nicht das zugrundeliegende Werk als solches, wird das Recht aus § 70 z.B. nicht verletzt, wenn ein Werknutzer auf das Quellenmaterial unmittelbar zurückgreift (*Gentz* UFITA 52 (1969) 135, 145), sondern lediglich dann, wenn er daraus eine im Vergleich zu bekannten Fassungen nur unwesentlich abweichende Ausgabe bzw. abhängige „Bearbeitung" einer geschützten Erstfassung erstellt (dazu oben Rn. 13 f.); nur wenn die vorbestehende wissenschaftliche Ausgabe zugleich als Erstausgabe dem Schutz des § 71 unterfällt, ist für eine neue wissenschaftlich revidierte Ausgabe stets eine Genehmigung des Erstverfassers erforderlich (*Gentz* UFITA 52 (1969) 135, 145; dazu auch § 71 Rn. 40 f.).

20 Bei der Beurteilung, ob ein **Eingriff in das Schutzrecht** des § 70 vorliegt, ist zwischen den verschiedenen Teilen einer wissenschaftlichen Ausgabe zu unterscheiden (vgl. auch *Gounalakis* GRUR 2004, 996 ff.): (1) Diejenigen Teile einer Ausgabe, die mit noch vorhandenen Teilen des Werkoriginals oder mit freien anderen Ausgaben übereinstimmen, sind (vorbehaltlich eines Schutzes nach § 71) gemeinfrei und unterfallen daher nicht dem Leistungsschutz des § 70. Durch eine Übernahme dieser Teile kann eine Verletzung des

Rechts nach § 70 daher nicht begründet werden; (2) Diejenigen Teile der Ausgabe, die sich als eigenschöpferische Ergänzung von Lücken darstellen, sind urheberrechtlich geschützt und nicht durch § 70 (zum Urheberrechtsschutz näher unten Rn. 30 ff.). Eine Übernahme dieser Teile kann und wird regelmäßig eine Urheberrechtsverletzung begründen, darf jedoch nicht zur Begründung einer Verletzung des Rechts nach § 70 herangezogen werden. Im Ergebnis ist damit ein Eingriff in das Schutzrecht des § 70 allein durch (3) Übernahme derjenigen Teile einer Ausgabe möglich, die **Ergebnis der wissenschaftlich sichtenden Tätigkeit** sind (so analog zum Urheberrecht BGH GRUR 1953, 299, 301 f. – Lied der Wildbahn; s. BGH GRUR 1975, 667 f. – Reichswehrprozeß; Mestmäcker/Schulze/*Hertin* § 70 Rn. 20; Fromm/Nordemann/*Nordemann* § 70 Rn. 15) **und von bisher bekannten Ausgaben abweichen** (ausf. *Gounalakis* GRUR 2004, 996, 1001). Da grds. auch durch eine neuartige Kombination verschiedener Änderungen eine wesentlich unterschiedliche und damit schutzfähige Zweitfassung entstehen kann, kommt es bei dieser Betrachtung allerdings nicht nur auf einen Einzelvergleich isolierter Stellen an, sondern stets auch auf eine Würdigung der jeweiligen Ausgaben in ihrer Gesamtheit.

Die **Übernahme** von im Verhältnis zu sämtlichen bisher bekannten Ausgaben **wesentlich abweichenden Textstellen** wird dabei allerdings i. d. R. eine Verletzung begründen, wobei der Schutzumfang infolge der fehlenden schöpferischen Eigenart und dem der Ausgabe stets zugrunde liegenden gemeinfreien Werk in praktischer Hinsicht auch insoweit auf eine **identische oder allenfalls im engsten Ähnlichkeitsbereich** liegende Verletzung beschränkt ist (*v. Gamm* § 70 Rn. 8; Mestmäcker/Schulze/*Hertin* § 70 Rn. 21). Schwieriger zu beurteilen ist eine Verletzung hingegen, wenn sich die **Übernahme** auf Textstellen bezieht, die im Vergleich zu vorbestehenden Ausgaben zwar erkennbar, jedoch nur **unwesentlich abweichen**. Diese Frage ist vergleichbar der Frage des urheberrechtlichen Teileschutzes (s. § 16 Rn. 4) und unter entsprechender Anwendung der urheberrechtlichen Grundsätze (§ 70 Abs. 1) dahingehend aufzulösen, dass nur dann, wenn der übernommene Teil seinerseits eine gewisse „wissenschaftliche Höhe" (*v. Gamm* § 70 Rn. 6) erreicht und er in der neuen Fassung nicht vollkommen verblasst (§§ 23, 24), das Schutzrecht des § 70 verletzt ist. Damit wird im Ergebnis eine Monopolisierung einzelner, im Vergleich zu vorbekannten Ausgaben nur unwesentlich abweichender Textstellen verhindert (vgl. *Gounalakis* GRUR 2004, 996, 1001), zumal es andererseits dem Gebot der Wissenschaftlichkeit entspricht, die Erkenntnisse und Ergebnisse sämtlicher vorbestehender Ausgaben in der neuen Ausgabe zu berücksichtigen (Mestmäcker/Schulze/*Hertin* § 70 Rn. 15). Ob und inwieweit die Übernahmen in der Zweitfassung angesichts ihres individuellen wissenschaftlichen Charakters verblassen oder nicht, ob es sich somit um eine freie Benutzung analog § 24 oder um eine unfreie Bearbeitung analog § 23 handelt, kann dabei letztlich nur von einem **Fachmann** auf dem betreffenden Gebiet unter Würdigung sämtlicher bereits vorhandener Ausgaben getroffen werden (vgl. unten Rn. 43), wobei zu berücksichtigen ist, dass sich der Schutz des § 70 auf die möglichst werkgetreue Wiedergabe fremder Werke oder Texte bezieht und somit – anders als § 71 – nicht das der Ausgabe zugrunde liegende Werk oder den Text als solchen schützt, sondern lediglich die **naturgemäß nahe beieinander liegenden** konkret erarbeiteten **wissenschaftlichen „Fassungen"** des Werkes bzw. Textes. Eine Erstreckung des Schutzes nach § 70 durch eine zu weite Bestimmung des Schutzumfangs auf das Werk oder den Text als solchen ist zu vermeiden.

Darauf, ob die Übernahme in eine weitere wissenschaftliche Ausgabe erfolgt oder zur Schaffung eines neuen Werkes verwendet wird, kommt es nicht an. So hat der BGH in einem Fall, in dem der Reichswehrprozess nach wissenschaftlichen Kriterien rekonstruiert worden war und später auf der Grundlage dieser Rekonstruktion die filmische Dramaturgie der entsprechenden Szenen eines Films über den Reichswehrprozess gestaltet worden war, eine Verletzung des Rechts nach § 70 bejaht, und zwar unabhängig davon, ob der Film seinerseits eigenständigen Werkcharakter aufwies oder nicht (BGH GRUR 1975, 667, 668 – Reichswehrprozeß; krit. dazu *Möhring* FS Troller 163 ff.). Eine ganz andere Frage ist schließlich auch diejenige nach der **angemessenen Vergütung** für den Verfasser einer nach § 70 geschützten neuen Ausgabe, wenn sich die erkennbaren Abweichungen, wie oftmals der Fall, im Verhältnis zum Gesamtwerk lediglich auf wenige Stellen (Textpassagen, Noten) beschränken. Hier dürfte, wenn die neue Ausgabe einer Darbietung zugrunde gelegt wird, von dem Grundsatz auszugehen sein, dass Gegenstand der Vergütungspflicht letztlich die gesamte neue Ausgabe ist und nicht nur die wenigen erkennbaren Änderungen zu vergüten sind. Denn zum einen stellen nicht nur die geänderten, sondern auch die nicht geänderten, durch das kritische Quellenstudium in ihrer bisherigen Form vielmehr bestätigten Stellen älterer Fassungen in gleicher Weise das Ergebnis wissenschaftlicher Arbeit dar. Ob und inwieweit sich die wissenschaftliche Arbeit in einem **sichtbaren Arbeitsergebnis** niederschlägt, ist daher nur für die Frage der Schutzfähigkeit der neuen Ausgabe bedeutsam. Ist diese – bei wesentlichem Unterschied zu den bekannten Ausgaben – zu bejahen, erstreckt sich der Schutz sodann jedoch auf die **gesamte neu erarbeitete Ausgabe,** so dass derjenige, der das Werk in dieser geschützten neuen Fassung verwerten möchte, diese gesamte Ausgabe und nicht nur einzelne Teile zu vergüten hat.

IV. Inhaber des Schutzrechts

1. Schöpferprinzip: Verfasser als originärer Rechtsinhaber, Unübertragbarkeit des Schutzrechts

23   Das Schöpferprinzip findet Anwendung (§ 70 Abs. 1, Abs. 2 i. V. m. § 7). Das bedeutet zum einen, dass die Inhaberschaft des Leistungsschutzrechts nach § 70 dem „**Verfasser**" der Ausgabe zusteht, also demjenigen Historiker, Musik- oder Literaturwissenschaftler, der die wissenschaftlich sichtende Tätigkeit erbracht hat, nicht jedoch dem Institut oder Verlag, in dessen Auftrag die Ausgabe erstellt wurde (AmtlBegr. *M. Schulze* Materialien 528; zum Namensnennungsrecht s. näher oben Rn. 18). In der Rechtspraxis wird der „Verfasser" der Ausgabe allerdings meistens als „Herausgeber" bezeichnet (etwa im Fall BGH GRUR 1978, 360 – Hegel-Archiv). Das Schöpferprinzip gilt auch für Ausgaben, die im Rahmen von **Arbeits- oder Dienstverhältnissen** geschaffen werden, so dass der Arbeitgeber stets auf den vertraglichen Erwerb derjenigen Rechte seiner Arbeitnehmer angewiesen ist, die er zur Werkverwertung benötigt (eingehend zur Editionstätigkeit in Arbeits- und Dienstverhältnissen *Katzenberger* GRUR 1984, 319, 321 ff.; zu musikwissenschaftlichen Editionen s. Hubmann/*Hofmann* 17 ff.; s. zur stillschweigenden Rechtsübertragung mit Abschluss des Arbeitsvertrages oder bei Manuskriptablieferung § 43 Rn. 50). Das Recht ist, ebenso wie das Urheberrecht, zu Lebzeiten des Verfassers **unübertragbar** (im Gegensatz zu § 71, s. dort Rn. 36). Der Verfasser kann Dritten nur Nutzungsrechte einräumen und, soweit zulässig (vgl. § 63a Rn. 7 ff.), Vergütungsansprüche abtreten.

2. Rechtsverhältnis zwischen mehreren Verfassern

24   Mehrere Verfasser sind als Miturheber i. S. d. § 8 Abs. 1 zu behandeln und bilden hinsichtlich der Verwertungsrechte einschließlich des Änderungsrechts eine Gemeinschaft zur gesamten Hand gem. § 8 Abs. 2 (§ 70 Abs. 1; OLG Karlsruhe GRUR 1984, 812 f. – Egerlandbuch; dazu § 8 Rn. 22 ff.). Auf den Grad der Beteiligung der einzelnen Verfasser aufgrund der von ihnen geleisteten Arbeit kommt es hierbei nicht an (OLG Karlsruhe GRUR 1984, 812 f. – Egerlandbuch; vgl. dazu auch § 8 Rn. 3). Die gesamthänderische Bindung führt dazu, dass, wenn ein Mitverfasser gegen die übrigen Verfasser sein Recht auf Benennung als Mitverfasser geltend machen möchte, eine entsprechende Klage gegen die übrigen Mitverfasser in ihrer gesamthänderischen Verbundenheit zu richten und die nur gegen einen oder einige Mitverfasser gerichtete Klage wegen fehlender Passivlegitimation unbegründet ist (OLG Karlsruhe GRUR 1984, 812 f. – Egerlandbuch; § 8 Rn. 27). Die übri-

gen Mitverfasser sind prozessrechtlich als Streitgenossen i.S.d. § 62 Abs. 1, 2. Alt. ZPO anzusehen. Die gegen nur einen Mitverfasser erhobene Klage ist als unzulässig abzuweisen (OLG Karlsruhe GRUR 1984, 812f. – Egerlandbuch).

V. Entstehung und Dauer des Schutzrechts

1. Entstehung

Das Schutzrecht des § 70 entsteht nach dem Gesetzeswortlaut im Gegensatz zu demjenigen des § 71 (s. dort Rn. 21 ff.) nicht erst mit der Veröffentlichung oder dem Erscheinen der Ausgabe, sondern allein kraft Gesetzes bereits mit der **Herstellung der Fassung,** d. h. regelmäßig mit der Erstellung des Manuskripts oder der Festlegung auf Bild- oder Tonträger (§ 70 Abs. 3 S. 1; *Ulmer* 508; zur Frage der Vereinbarkeit mit Art. 5 Schutzdauer-Richtlinie s. unten Rn. 26). Anders als bei § 71 ist es für das Entstehen des Leistungsschutzrechts nach § 70 somit unschädlich, wenn vor der Veröffentlichung der fertiggestellten Ausgabe eine andere Ausgabe erscheint (Hubmann/*Ulmer* 44; Schricker/Loewenheim/ *Loewenheim* § 70 Rn. 13f.; Mestmäcker/Schulze/*Hertin* § 70 Rn. 25; Dreier/Schulze/*Dreier* § 70 Rn. 12; Fromm/Nordemann/*Nordemann* § 70 Rn. 18; zu dem Prioritätserfordernis bei § 71 s. dort Rn. 21 f.), wobei sich in diesem Fall jedoch umgekehrt die Frage stellt, welche Konsequenzen die aufgrund des Nichterscheinens regelmäßig fehlende „Bekanntheit" der zuerst hergestellten Ausgabe für die Entstehung des Leistungsschutzrechts nach § 70 an der später hergestellten Ausgabe hat (dazu oben Rn. 12).

2. Dauer

Die Schutzfrist beträgt **25 Jahre** (§ 70 Abs. 3 S. 1). Sie wurde mit dem Inkrafttreten des Produktpirateriegesetzes am 1.7.1990 erstmals von zuvor 10 auf nunmehr 25 Jahre verlängert (zum Übergangsrecht s. unten Rn. 47f.). Durch die im Vergleich zu sonstigen Leistungsschutzrechten kürzere Schutzdauer für wissenschaftliche Ausgaben sollte eine zu starke Behinderung der wissenschaftlichen Arbeit durch das 1965 neu eingeführte Recht vermieden werden (AmtlBegr. *M. Schulze* Materialien 528). Die 25-jährige Schutzfrist beginnt mit dem **Erscheinen der Ausgabe** zu laufen, wenn das Erscheinen innerhalb von 25 Jahren nach Herstellung der Ausgabe erfolgt (§ 70 Abs. 3 S. 1). Ist dies nicht der Fall, endet die Schutzfrist **hilfsweise** 25 Jahre nach **Herstellung der Ausgabe,** d. h. nachdem der Verfasser seine in der wissenschaftlichen Fassung verkörperte Leistung erbracht hat (§ 70 Abs. 3 S. 1). Ob diese Regelung mit Art. 5 Schutzdauer-Richtlinie vereinbar ist, oder ob § 70 in richtlinienkonformer Auslegung dahingehend zu korrigieren ist, dass nur das Erscheinen der Ausgabe das Schutzrecht nach § 70 entstehen lässt (so Walter/von Lewinski/*Walter* Term Directive 8.5.10) ist fraglich (vgl. dazu Walter/*Walter* Schutzdauer-Richtlinie Art. 5 Rn. 9; *Dietz* GRUR Int. 1995, 670, 680), zumal die Länder nach Erwägungsgrund 20 frei sein sollten, ihre Schutzrechte für wissenschaftliche Ausgaben in bisheriger Form beizubehalten, sofern die Schutzdauer spätestens 30 Jahre nach dem Erscheinen endet und insoweit keine Vollharmonisierung beabsichtigt war. Relevant werden dürfte diese Frage jedoch nur in Fällen, in denen es um die Verletzung bereits hergestellter, aber noch nicht erschienener Ausgaben geht.

Da auf die Berechnung der Frist § 69 Anwendung findet (§ 70 Abs. 3 S. 2), beginnt der Lauf der Schutzfrist immer am 1. Januar des auf das Erscheinen bzw. die Herstellung folgenden Jahres und endet immer 25 Jahre später mit Ablauf des 31. Dezembers, wobei das Erscheinen spätestens im 25. Jahr seit Herstellung erfolgt sein muss (s. zur Fristberechnung § 69 Rn. 1f. und zu § 71 dort Rn. 37ff.). Sobald die Schutzfrist abgelaufen ist, wird die Ausgabe gemeinfrei. Sie kann somit als Grundlage für neue wissenschaftliche Ausgaben ohne Einschränkung benutzt oder auch in unveränderter Form nachgedruckt werden (AmtlBegr. *M. Schulze* Materialien 528; Dreier/Schulze/*Dreier* § 70 Rn. 12).

3. Nachträgliche Entstehung des Schutzrechts bei späterem Wegfall zunächst vorhandenen Urheberschutzes?

28 Fraglich ist, ob das Leistungsschutzrecht nach § 70 auch dann – nachträglich – entsteht, wenn der Urheberschutz an dem Werk, das den Gegenstand der wissenschaftlichen Ausgabe bildete, im Zeitpunkt der Herstellung und/oder des Erscheinens der Ausgabe zunächst noch bestand und dann nach Herstellung und/oder Erscheinen, aber noch vor Ablauf der Fristen des § 70 Abs. 3 erloschen ist.

29 Teilweise wird insoweit die Ansicht vertreten, dass das Leistungsschutzrecht nach § 70 zwar entstehe, wenn der Urheberschutz im Zeitpunkt der Herstellung der Ausgabe noch bestand, jedoch im Zeitpunkt des Erscheinens bereits erloschen war, er jedoch nicht entstehe, wenn der Urheberrechtsschutz erst nach dem Erscheinen der Ausgabe abläuft (Loewenheim/ *A. Nordemann* § 44 Rn. 7). Zutreffenderweise dürfte jedoch, da in § 70 jegliche dem § 71 vergleichbare zeitliche Einschränkung der Schutzentstehung („nach Erlöschen des Urheberrechts") fehlt, das Leistungsschutzrecht des § 70 **kraft Gesetzes in dem Moment** entstehen, in dem **sämtliche Schutzvoraussetzungen kumulativ vorliegen,** im Falle zunächst vorhandenen Urheberschutzes für das zugrunde liegende Werk somit mit Ablauf des Urheberschutzes, ob dieser Zeitpunkt nun vor oder nach dem Erscheinen der Ausgabe liegt.

30 Dieser nachträgliche Zeitpunkt ist insoweit auch für die Beurteilung des wesentlichen Abstands zu den bisher bekannten Fassungen maßgeblich (vgl. oben Rn. 11 ff.). Die Restlaufzeit des Schutzrechtes beurteilt sich nach § 70 Abs. 3 (s. dazu oben Rn. 26).

VI. Sonstige Fragen

1. Abgrenzung zum Urheberrechtsschutz

31 Die **wissenschaftlich sichtende Tätigkeit,** aufgrund derer die Ausgabe nach § 70 hergestellt wird, dient der **möglichst originalgetreuen Wiedergabe fremder Geistestätigkeit** durch die Herausarbeitung und Verfügbarmachung eines in seiner Originalfassung ganz oder in Teilen unbekannten alten Textes oder Werkes (*Ulmer* 507). Eigene Werkschöpfung, etwa in Form einer Bearbeitung gem. § 3, wird damit von § 70 nicht nur nicht verlangt, vielmehr **schließen sich** im Gegenteil der **Leistungsschutz** nach § 70 und der **Bearbeiterurheberschutz** nach § 3 **gegenseitig aus,** da das Wesen der **Bearbeitung** gerade nicht in der Werktreue, sondern in der eigenschöpferischen **Veränderung** eines vorbestehenden Werkes besteht (vgl. *v. Gamm* § 70 Rn. 6).

32 Urheberrechtsschutz ist jedoch dort möglich, wo sich neben dem wiederhergestellten Werkoriginal eigenes Werkschaffen des Verfassers findet. Hierfür kommen insb. der mitveröffentlichte sogenannte **„wissenschaftliche Apparat",** d. h. der text- und quellenkritische Bericht des Verfassers in Form von Kommentaren, Anmerkungen oder Abhandlungen in Betracht (für einen Schutz als Sammelwerk nach § 4 Abs. 1 *Gounalakis* GRUR 2004, 996, 1000) sowie – sofern ein Text oder Werk nur lückenhaft überliefert ist – eine auf eigener Fantasie oder Vermutung beruhende **eigenschöpferische Ergänzung** der Werke oder Texte durch den Verfasser im Wege der **Ausfüllung von Lücken** (KG GRUR 1991, 596 f. – Schopenhauer-Ausgabe; BGH GRUR 1980, 227, 231 – Monumenta Germaniae Historica – für einen Index; *Ulmer* 507). Solche Teile unterliegen nicht dem Leistungsschutzrecht nach § 70, sondern, sofern die Grenze für eine persönliche geistige Schöpfung i. S. v. § 2 Abs. 2 erreicht wird, dem **Urheberschutz** (KG GRUR 1991, 596 f. – Schopenhauer-Ausgabe; vgl. auch öst. OGH MR 2003, 162 – Felsritzbilder, zur Vervollständigung von Höhlenzeichnungen; Schricker/Loewenheim/*Loewenheim* § 70 Rn. 3; *v. Gamm* § 70 Rn. 6; Fromm/Nordemann/*Nordemann* § 70 Rn. 11; *Schricker* §§ 39/40 VerlG Rn. 1; *Ulmer* 135). Gleiches gilt selbstverständlich für die Anfertigung von **Übersetzungen,** d. h. Fassungen in einer anderen Sprache als das Werkoriginal. Auch an ihnen entsteht ein Bearbeiterurheberrecht nach § 3, nicht jedoch Leistungsschutz nach § 70. In gleicher Weise genießt derjenige, der bei einem gemeinfreien Werk einen fehlenden Teil nachkomponiert, Urheberschutz nach § 2 in Bezug auf den von ihm geschaffenen Ergänzungsteil; und derjenige, der ein einstimmig überliefertes freies Werk instrumentiert, erwirbt ein **Bearbeiterurheberrecht** in Bezug auf die instrumentierte Fassung (*Gentz* UFITA 52 (1969) 135, 142).

Auch wenn sich Urheberschutz und Leistungsschutz nach § 70 grds. ausschließen und § 70 insb. keinen subsidiär zum Tragen kommenden Schutz „unterhalb" des Urheberrechts gewährt (so aber wohl *Gounalakis* GRUR 2004, 996, 1001), sondern mit dem Schutz der wissenschaftlichen Leistung eine gänzlich andere Zielrichtung hat, kann die Abgrenzung zwischen der wissenschaftlich sichtenden (§ 70) und der eigenschöpferischen (§§ 2, 3) Tätigkeit im Einzelfall dann Schwierigkeiten bereiten, wenn der Verfasser der Ausgabe zwar bestrebt ist, den Originaltext möglichst werkgetreu wiederherzustellen, das Quellenmaterial aber so dürftig ist, dass er ganz oder streckenweise auf Spekulation angewiesen ist und mit wissenschaftlichen Methoden nicht mehr weiterkommt. In einer um Werktreue bemühten wissenschaftlich-kritischen Ausgabe wird auf diese Lücken in der wiederhergestellten Textfassung regelmäßig hingewiesen werden. Nimmt der Verfasser der Ausgabe eine wissenschaftlich weder begründ- noch nachvollziehbare Lückenausfüllung vor, entsteht für diese Textpassagen Urheberrechtsschutz, nicht jedoch das Leistungsschutzrecht des § 70 (*Möhring* FS Troller 166).

Dass sich der Ursprungstext „mit Sicherheit" oder überhaupt rekonstruieren lässt, wird von § 70 allerdings gerade nicht vorausgesetzt (a. A. *Gounalakis* GRUR 2004, 996, 997), im Gegenteil knüpft der Leistungsschutz des § 70 gerade da an, wo ein gesichertes Werkoriginal fehlt und die Ursprungsfassung wissenschaftlich-sichtend rekonstruiert werden muss. Jede wissenschaftliche Methode wird dabei mit Unsicherheiten behaftet sein, so dass sich die Identität einer Ursprungsfassung nur dann „mit Sicherheit" feststellen lässt, wenn das Werkoriginal aufgefunden wird. Insoweit zeigt auch insb. das gesetzliche Erfordernis des „wesentlichen Unterschieds" einer Ausgabe „zu den bisher bekannten Ausgaben" für die Schutzentstehung nach § 70, dass der Gesetzgeber selbst davon ausgeht, dass auch bei Anwendung wissenschaftlicher Methoden voneinander wesentlich verschiedene parallele Fassungen ein und desselben Urtextes erarbeitet werden können, die gleichermaßen schutzwürdig sind.

Für die Abgrenzung zwischen Leistungsschutz und Urheberschutz kommt es damit letztlich auf das **methodische Vorgehen und die Zielrichtung bei der Herstellung der Ausgabe** an: soweit der Verfasser den **Originaltext wiederherstellen** will, greift der Leistungsschutz, will er hingegen einen **Originaltext anpassen,** korrigieren und ggf. modernisieren, kommt Urheberschutz zum Tragen. Und sofern der Verfasser **wissenschaftliche Methoden** zur Herstellung des Textes anwendet, und mag dabei auch, etwa aufgrund einer komplexen Quellenlage, eine Vielzahl von wertenden wissenschaftlichen Abwägungsentscheidungen zu treffen sein, die von Wissenschaftler zu Wissenschaftler subjektiv unterschiedlich ausfallen, wird Leistungsschutz nach § 70 begründet werden. Nur dann, wenn jegliche Ausgangsbasis in Form von Quellenmaterial für die Anwendung wissenschaftlicher Methodik fehlt oder/und der Verfasser ohne wissenschaftliche Methodik rein **intuitiv nachschöpft,** kommt Urheberschutz in Betracht.

Mit dieser Abgrenzung lassen sich auch die bislang von der Rechtsprechung entschiedenen Fälle ohne Weiteres einordnen: So hat der BGH in der Entscheidung **„Reichswehrprozess"** (BGH GRUR 1975, 667 – Reichswehrprozeß) dem Verfasser eines Buchs über den Ulmer Reichswehrprozess von 1929/30, der den Wortlaut der Verhandlungen vor dem Reichsgericht angesichts des Fehlens von Protokollen u. a. durch Gegenüberstellung und kritischen Vergleich von Zeugenaussagen, der Berichte möglichst vieler Tageszeitungen verschiedener politischer Richtungen etc. wissenschaftlich rekonstruiert hatte, für das Ergebnis dieser Rekonstruktion grds. zu Recht Leistungsschutz nach § 70 und nicht Urheberschutz gewährt (a. A. *Gounalakis* GRUR 2004, 996, 998; *Möhring* FS Troller 163 ff.). Denn das Ziel des Verfassers bestand in einer wissenschaftlich-methodisch durchgeführten textgetreuen Rekonstruktion der Verhandlungen.

37 Auf der anderen Seite hat das KG in der Entscheidung „**Schopenhauer-Ausgabe**" (KG GRUR 1991, 596, 598) dem Verfasser, der die Rechtschreibung und Zeichensetzung modernisiert, altsprachliche Übersetzungen, naturwissenschaftliche Bezeichnungen und termini technici überprüft und ggf. deren Berichtigungen eingefügt hatte, und der sich ferner sämtliche seit 1818 erschienene Ausgaben vorgenommen hatte, um sämtliche Schriften in die editorisch richtige Reihenfolge zu bringen und dabei in Fällen, in denen sich die Sprache des Philosophen im Laufe der Zeit gewandelt hatte, die älteren Textpassagen im Sinne des veränderten Begriffsverständnisses korrigiert hatte, zu Recht Urheberrechtsschutz nicht nur im Hinblick auf die textkritischen Nachworte und das vollkommen neu geschaffene Personen- und Sachregister gewährt, sondern auch dem Obertext der Ausgabe selbst Urheberrechtsqualität als eigenständig schutzfähige Bearbeitung in Form eines Sprachwerks i.S.d. § 2 Abs. 1 Nr. 1 zugebilligt anstelle von Leistungsschutz nach § 70 (KG GRUR 1991, 596, 598 – Schopenhauer-Ausgabe; vgl. *Gounalakis* GRUR 2004, 996, 998). Denn ganz offensichtlich ging es bei dieser Ausgabe gerade nicht um die werkgetreue Rekonstruktion einer zwar verloren gegangenen, aber einmal vorhanden gewesenen Originalfassung, sondern es ging ganz im Gegenteil um die philologisch begründete **Konstruktion einer „idealen"**, als solche allerdings niemals vorhanden gewesenen **Werkfassung** unter gezielter, wissenschaftlich begründeter Korrektur und Abänderung der vorhandenen, bekannten Originaltexte.

38 Und schließlich hat auch das LG Stuttgart in der Entscheidung „**Lutherbibel 1984**" (LG Stuttgart GRUR 2004, 325) die Revisionsfassung des Neuen Testaments der Lutherbibel aus dem Jahre 1984, bei der es sich um eine durch Umstellung, Anpassung und teilweise Neuübersetzung ganzer Satzpassagen erstellte „moderne" Textfassung der alten Lutherbibel aus dem 16. Jahrhundert handelte, zu Recht als urheberrechtlich geschützte Bearbeitung i.S.v. § 3 eingestuft, ohne eine genauere Abgrenzung zu § 70 vorzunehmen (ausf. *Gounalakis* GRUR 2004, 996, 998). Denn auch hier ging es den Verfassern ganz offensichtlich nicht um die werkgetreue Rekonstruktion eines unbekannten alten Originaltextes, sondern im Gegenteil um die **Konstruktion einer modernen Bibelausgabe** auf der Basis einer vollständig überlieferten Originalfassung der Lutherbibel aus dem 16. Jahrhundert (ebenso Mestmäcker/Schulze/*Hertin* § 70 Rn. 12).

39 Im Gegensatz zu dieser „Lutherbibel 1984" dürften allerdings die beiden Ausgaben des Neuen Testamentes „Novum Testamentum Graece" (NA) und „Greek New Testament" (GNT) wiederum als klassische wissenschaftliche Ausgaben i.S.v. § 70 und nicht als Bearbeitungen i.S.v. § 3 zu beurteilen sein (a.A. *Gounalakis* GRUR 2004, 996, 1001; *Gounalakis* GRUR Int. 2004, 481; wie hier Mestmäcker/Schulze/*Hertin* § 70 Rn. 12), da ihr Ziel gerade in einer wissenschaftlich fundierten, möglichst werkgetreuen Rekonstruktion der nicht mehr vorhandenen Originalfassung auf der Basis des vorhandenen Quellenmaterials besteht. Dass verschiedene Wissenschaftler dabei aufgrund zahlreicher subjektiv zu treffender komplexer Abwägungsentscheidungen zu unterschiedlichen Fassungen gelangen, ist kein Indiz für eigenschöpferische Tätigkeit, sondern für wissenschaftliche Tätigkeit auf höchstem Niveau und zugleich Voraussetzung für die Entstehung des Leistungsschutzes nach § 70, der sich auf Ausgaben beschränkt, die sich von den bisher bekannten Ausgaben „wesentlich unterscheiden" (s. dazu oben Rn. 13; a.A. *Gounalakis* GRUR 2004, 996, 1001; wie hier Mestmäcker/Schulze/*Hertin* § 70 Rn. 12).

2. Vertragsrechtliche Fragen

40 Bei der Herausgabe kritischer Gesamtausgaben gibt es oft zahlreiche Beteiligte, die miteinander in Vertragsbeziehungen stehen (ausf. *Katzenberger* GRUR 1984, 319). Im Normalfall unterscheidet man einen **finanziellen Träger,** der die notwendigen Finanzmittel zur Verfügung stellt, sowie einen **organisatorischen Träger,** häufig in Form eines wissenschaftlichen Instituts oder einer wissenschaftlichen Akademie mit den erforderlichen sachlichen und personellen Mitteln zur Durchführung des Projekts. In der Regel schließt der organisatorische Träger sowohl den Vertrag mit dem Geldgeber als auch mit dem **Verlag,** der das Werk vervielfältigen und verbreiten soll, sowie auch mit den **Herausgebern,** welche für die Konzeption verantwortlich sind und als geistige Träger des Unternehmens bezeichnet werden können. Die Herausgeber ihrerseits schließen dann oft die Verträge mit den einzelnen **wissenschaftlichen Mitarbeitern,** die mit leistungsschutz- oder urheberrechtlich geschützten Beiträgen – sei es auch nur mit der Erstellung eines sogenannten „wissenschaftlichen Apparates" – an dem Gesamtprojekt beteiligt sind (zur Vertragsgestaltung bei musikwissenschaftlichen Editionen s. Hubmann/*Hofmann* 17 ff.). Wer im konkreten Fall sodann originärer Inhaber des Leistungsschutzrechts nach § 70 wird, bestimmt das Schöpferprinzip (s. o. Rn. 23 f.), so dass sich ausdrückliche vertragliche Regelungen hinsichtlich der Verwertungsrechte empfehlen.

3. Verhältnis von § 70 und § 71

Wenn es sich bei der wissenschaftlichen Ausgabe zugleich um eine Erstausgabe handelt, kommt neben § 70 auch § 71 zur Anwendung (s. ausführlich § 71 Rn. 40 f., vgl. auch oben Rn. 19). **41**

4. Beweisrecht

Anders als objektive Übereinstimmungen gestalterischer Merkmale beim Plagiat (s. § 24 Rn. 7 ff.) sind **objektive Übereinstimmungen** im wissenschaftlich ermittelten Forschungsergebnis nicht ohne weiteres, sondern **nur im Einzelfall bei zusätzlichen Verdachtskriterien Indiz für** die **rechtswidrige Benutzung** einer vorbestehenden Ausgabe. Denn die Benutzung gleicher Quellen legt die Ermittlung eines jedenfalls annähernd gleichen Ergebnisses grds. nahe (Mestmäcker/Schulze/*Hertin* § 70 Rn. 15, 21). **42**

Bei der Frage, ob sich eine spätere Ausgabe von bereits bekannten früheren Ausgaben so **„wesentlich" unterscheidet,** dass auch für die spätere Ausgabe das Leistungsschutzrecht des § 70 entsteht, dürfte das Gericht dann, wenn es die Wesentlichkeit **bejahen** will, weil ihm die Unterschiede selbst als editorischem Nichtfachmann „ohne weiteres erkennbar" erscheinen, **u. U. auch ohne Einholung eines Sachverständigengutachtens** entscheiden können. Wenn allerdings ein editorischer Nichtfachmann keinen „wesentlichen" Unterschied erkennt, dürfte – von den klaren Fällen nahezu identischer Fassungen abgesehen – im Zweifel die Einholung eines Sachverständigengutachtens vor endgültiger Ablehnung des Leistungsschutzes für die später hergestellte Textausgabe geboten sein, da sich die Wesentlichkeit der Unterschiede dem Fachmann leichter erschließt als dem editorischen Laien (vgl. auch oben Rn. 21; enger, stets Sachverständigengutachten, Loewenheim/*A. Nordemann* § 44 Rn. 9). **43**

5. Verwertungsgesellschaft

Die Rechte nach § 70 an wissenschaftlichen Ausgaben von Musikwerken werden von der **VG Musikedition** wahrgenommen (s. Vor §§ 1 ff. WahrnG Rn. 8; Sitz in Kassel, www.vg-musikedition.de; vormals IMHV). Ist das Musikwerk im Zeitpunkt der Herstellung der Ausgabe noch geschützt, und scheidet ein Schutz nach § 70 somit aufgrund bestehenden Urheberschutzes zunächst (vgl. oben Rn. 28 f.) aus, genügt regelmäßig die Erlaubnis der GEMA (s. Vor §§ 1 ff. WahrnG Rn. 4; Sitz in München, www.gema.de). Eine Datenbank mit sämtlichen bei der VG Musikedition angemeldeten und von ihr auf das Bestehen eines Schutzes nach den §§ 70/71 überprüften Werken ist zugänglich unter www.vg-musikedition.de. Die Überprüfung, ob die gesetzlichen Voraussetzungen für einen Schutz nach §§ 70/71 vorliegen, wird dabei in einem aufwändigen Verfahren durch den aus renommierten Musikwissenschaftlern bestehenden „Werkausschuss" der VG Musikedition vorgenommen (ausf. zur VG Musikedition Moser/Scheuermann/*Tietze* 715 ff.; *Berke* Das Orchester 2002, 27). **44**

6. Fremdenrecht

45 Da wissenschaftlichen Ausgaben der urheberrechtliche Werkcharakter fehlt, kommt ein Schutz aufgrund der RBÜ oder des WUA, deren Anwendungsbereich sich auf den Urheberrechtsschutz beschränkt, nicht in Betracht (*Ulmer* 508; *Gentz* UFITA 52 (1969) 135, 137).

46 Der Schutz ausländischer Verfasser wissenschaftlicher Ausgaben in Deutschland bestimmt sich somit nach den fremdenrechtlichen Bestimmungen der §§ 120–123, die gem. § 124 auf den Schutz wissenschaftlicher Ausgaben sinngemäß anzuwenden sind. Danach steht nur der persönlichkeitsrechtliche Schutz jedem Verfasser ohne Rücksicht auf seine Staatsangehörigkeit zu (§§ 121 Abs. 6, 124). Im Übrigen genießen allein deutsche Staatsangehörige (§ 120 Abs. 1) und die ihnen gleichgestellten Bürger von EU- und EWR-Staaten (§ 120 Abs. 2) den Schutz des § 70 unabhängig vom Erscheinungsort der Ausgabe. Andere Ausländer werden nach § 124 i. V. m. § 121 Abs. 1 nur dann durch § 70 geschützt, wenn sie die von ihnen verfassten Ausgaben erstmalig oder gleichzeitig (innerhalb von 30 Tagen) in der Bundesrepublik erscheinen lassen.

7. Übergangsrecht

47 a) **Schutzfristverlängerung durch das PrPG zum 1.7.1990.** Die Schutzdauer für wissenschaftliche Ausgaben wurde durch das am 1.7.1990 in Kraft getretene ProduktpiraterieG von 10 auf 25 Jahre verlängert (AmtlBegr. *M. Schulze* Materialien 816). In den Genuss der verlängerten Schutzfrist sind diejenigen Ausgaben gekommen, bei denen die damalige 10-jährige Schutzfrist am 1.7.1990 noch nicht abgelaufen war, die also nach dem 31.12.1979 hergestellt oder, sofern ihre Herstellung im Zeitpunkt des Erscheinens noch nicht länger als 10 Jahre zurücklag, nach dem 31.12.1979 erschienen sind (§ 137b Abs. 1). Übergangsfragen bei bestehenden Nutzungsverträgen regelt § 137b Abs. 2.

48 b) **Wiederaufleben von Urheberschutz an den der Ausgabe zugrunde liegenden Werken.** Sofern an einem urheberrechtlich nicht geschützten Werk, auf das sich die wissenschaftliche Ausgabe bezieht, Urheberrechtsschutz, bspw. aufgrund von Schutzfristverlängerungen (etwa nach § 137f Abs. 2) im Nachhinein (wieder) entsteht, stellt sich die Frage, wie die Kollision von Leistungsschutz an der Ausgabe und Urheberschutz am Originalwerk zu lösen ist. Da der Schutz nach § 70 ein „urheberrechtlich nicht geschütztes Werk" zur Voraussetzung hat, sind aufgrund des wieder aufgelebten Urheberrechtsschutzes an sich im Nachhinein die Schutzvoraussetzungen für den Leistungsschutz nach § 70 wieder entfallen. Auf der anderen Seite kann das Leistungsschutzrecht nach § 70 als wohlerworbenes Recht in diesen Fällen nicht einfach ersatzlos wegfallen (Art. 14 Abs. 1 GG). Mangels gesetzlicher Regelung handelt es sich um eine verdeckte Regelungslücke. Eine Lösungsmöglichkeit dieses Konflikts besteht in einer **analogen Anwendung von § 137f Abs. 3** (s. Loewenheim/*A*. Nordemann § 44 Rn. 7, der allerdings für den Fall der Schutzfristverlängerung von einer unmittelbaren Anwendbarkeit von § 137f Abs. 3 ausgeht), d. h. grds. bleibt das Leistungsschutzrecht des § 70 als **positives Benutzungsrecht** des Verfassers der Ausgabe auch bei einem Wiederaufleben des Urheberschutzes **bestehen** und können bereits begonnene Verwertungen der wissenschaftlichen Ausgabe grds. fortgesetzt werden, ohne dass dies der Urheberrechtsinhaber verhindern könnte (Loewenheim/*A*. Nordemann § 44 Rn. 7). Auf der anderen Seite dürfte allerdings das Leistungsschutzrecht des § 70 als **negatives Verbotsrecht** im Zeitpunkt des Wiederauflebens des Urheberschutzes **entfallen,** da die Schutzvoraussetzungen für den Leistungsschutz des § 70 entfallen sind und ansonsten der Inhaber des Leistungsschutzrechts die Werkverwertung durch den Urheberrechtsinhaber behindern könnte (a. A. Loewenheim/*A*. Nordemann § 44 Rn. 7, der den Fortbestand des Schutzrechtes gem. § 70 wohl insgesamt, d. h. einschließlich negativem Verbotsrecht, bejaht).

§ 71 Nachgelassene Werke § 71 UrhG

8. Ausland

Ein dem § 70 vergleichbares Schutzrecht für wissenschaftliche Ausgaben existiert bisher 49 nur in wenigen anderen Ländern. **Art. 5 Schutzdauer-Richtlinie** erlaubt insoweit ausdrücklich die Neueinführung eines entsprechenden Schutzrechts, wovon insb. Italien im Zuge der Richtlinienumsetzung mit Einfügung eines neuen Art. 85^{quater} Gebrauch gemacht hat (vgl. Walter/*Walter* Schutzdauer-Richtlinie Art. 5 Rn. 6; zur Mitteilungspflicht an die Kommission vgl. Erwägungsgrund 20; zum Schutz nach US-Recht vgl. *Gounalakis* GRUR Int. 2004, 480 ff.).

§ 71 Nachgelassene Werke

(1) **Wer ein nicht erschienenes Werk nach Erlöschen des Urheberrechts erlaubterweise erstmals erscheinen läßt oder erstmals öffentlich wiedergibt, hat das ausschließliche Recht, das Werk zu verwerten. Das gleiche gilt für nicht erschienene Werke, die im Geltungsbereich dieses Gesetzes niemals geschützt waren, deren Urheber aber schon länger als siebzig Jahre tot ist. Die §§ 5 und 10 Abs. 1 sowie die §§ 15 bis 24, 26, 27, 44a bis 63 und 88 sind sinngemäß anzuwenden.**

(2) **Das Recht ist übertragbar.**

(3) **Das Recht erlischt fünfundzwanzig Jahre nach dem Erscheinen des Werkes oder, wenn seine erste öffentliche Wiedergabe früher erfolgt ist, nach dieser.**

Literatur: *Berke,* Tantiemen für Bach, Beethoven oder Bruckner? – Über die Schutzfähigkeit von Werken älterer Komponisten, Das Orchester 2/2002, 27; *Birkmeyer,* Der Schutz der editio princeps. Ein Beitrag zur bevorstehenden Reform der Urheberrechts-Gesetzgebung, Wismar 1899, 7, neu abgedruckt in: UFITA 105 (1987), 185; *Bohne/Elmers,* Die Digitalisierung von Wissen in der Informationsgesellschaft und ihre rechtliche Regulierung, wrp 2009, 586; *Büscher,* Concertino Veneziano – Zum Schutz nachgelassener Werke gemäß § 71 UrhG, Festschrift für Raue, Köln 2006, 363 (zit. *Büscher* FS Raue); *Dietz,* Die Schutzdauer-Richtlinie der EU, GRUR Int. 1995, 670; *Dörre,* Anm. zu BGH: Herausgeber eines nachgelassenen Werks, hier der Opernkomposition „Motezuma", muss beweisen, dass das Werk bislang „nicht erschienen" ist, FD-GewRS 2009, 289157; *Eberl,* Die Himmelsscheibe von Nebra, GRUR 2006, 1009; *Ekrutt,* Der Schutz der „editio princeps", UFITA 84 (1979) 45; *Gentz,* Schutz von wissenschaftlichen und Erst-Ausgaben im musikalischen Bereich, UFITA 52 (1969) 135; *Götting/Lauber-Rönsberg,* Der Schutz nachgelassener Werke, GRUR 2006, 638; *Götting/Lauber-Rönsberg,* Noch einmal: Die Himmelsscheibe von Nebra, GRUR 2007, 303; *Götting/Lauber-Rönsberg,* Der Schutz nachgelassener Werke unter besonderer Berücksichtigung der Verwertung von Handschriften durch Bibliotheken, Baden-Baden 2006 (zit. *Götting/Lauber-Rönsberg*); *Haller,* Der Schutz zuvor unveröffentlichter Werke und seine Einführung ins österreichische Urheberrecht, in: Beiträge zum Urheberrecht V, Wien 1997, 62; *Hofmann,* Rechtsbeziehungen zwischen Editionsinstitut, Herausgeber und Verlag, in: Hubmann (Hrsg.), Rechtsprobleme musikwissenschaftlicher Editionen, München 1982, 17 (zit. *Hofmann* in: Hubmann); *Katzenberger,* Urheberrecht und Urhebervertragsrecht in der deutschen Einigung, GRUR Int. 1993, 2; *Kleinheisterkamp,* Der Schutz des Herausgebers nach § 71 UrhG im internationalen Vergleich, ZUM 1989, 548; *Klinkenberg,* Urheber- und verlagsrechtliche Aspekte des Schutzes wissenschaftlicher Ausgaben nachgelassener Werke, GRUR 1985, 419; *Kohler,* Ist ein Autorschutz bei Herausgabe eines Ineditums zu befürworten?, Grünhuts Zeitschrift für das Privat- und öffentliche Recht der Gegenwart 15 (1888), 207, neu abgedruckt in: UFITA 105 (1987) 163; *Langer,* Der Schutz nachgelassener Werke, Göttingen 2012; *v. Lewinski,* Richtlinie des Rates v. 29. Oktober 1993 zur Harmonisierung der Schutzdauer des Urheberrechts und bestimmter verwandter Schutzrechte, in: Möhring/Schulze/Ulmer/Zweigert (Hrsg.), Quellen des Urheberrechts, Europäische GemeinschaftR/II/4, Neuwied Loseblatt Stand: Dez. 2000 (zit. *v. Lewinski* in: Möhring/Schulze/Ulmer/Zweigert); *v. Linstow,* Motezuma, Himmelsscheibe und das System der Schutzrechte, Festschrift für Ullmann, Saarbrücken 2006, 297 (zit. *v. Linstow* FS Ullmann); *Merten,* Der Urheberrechtsschutz des Herausgebers historischer Texte, Zürich 1948; *Ohly,* Von einem Indianerhäuptling, einer Himmelsscheibe, einer Jeans und dem Lächeln der Mona Lisa – Überlegungen zum Verhältnis zwischen Urheber- und Kennzeichenrecht, Festgabe für Klippel, Tübingen 2008, 203 (zit. *Ohly* FS Klippel); *Püschel,* Einigungsvertrag und Geltungsbereich des Urheberrechtsgesetzes, GRUR 1992, 579; *Rehbinder,* Zum Rechtsschutz der Herausgabe historischer Texte, UFITA 106 (1987) 255; *Rüberg,* Mo(n)tezumas späte Rache – der Schutz nachgelassener Werke im deutschen Urheberrecht, zugleich Anmerkung zum Urteil des OLG Düsseldorf vom 16. August 2005, ZUM 2006, 122; *Schmieder,* Die verwandten Schutzrechte – ein Torso?, UFITA 73 (1975) 65; *Schricker,* Zur Bedeutung des Urheberrechtsgesetzes von 1965 für das Verlagsrecht, GRUR Int. 1983, 446; *Schulze,* Zählt die DDR rückwirkend zum Geltungsbereich des Urheberrechtsgesetzes?, GRUR 1991, 731; *Stang,* Das urheberrechtliche Werk nach Ablauf der Schutzfrist – Negative Schutzrechtsüberschneidung, Remonopolisierung und der Grundsatz der Gemeinfreiheit, Tübingen 2011; *Stroh,* Der Schutz nachgelassener Werke gemäß § 71 UrhG, in: Festschrift für W. Nordemann, Baden-Baden 1999, 269 (zit. *Stroh* FS Nordemann); *Tietze,* VG Musikedition, in: Handbuch der Musikwirtschaft, Moser/Scheuermann (Hrsg.), Starnberg 2003, 715; *Vogel,* Die Umsetzung der Richtlinie zur Harmonisierung der Schutzdauer des Urheberrechts und bestimmter verwandter Schutzrechte, ZUM 1995, 451; *Waitz,* Das Leistungsschutzrecht am nachgelassenen Werk, Baden-Baden 2008; *Walter,* Der Schutz nachgelassener Werke nach der EG-Schutzdauer-Richtlinie im geänderten deutschen Urheberrecht und nach der österreichischen UrhG-Novelle 1996, in: Festschrift für Beier, Weinheim 1996, 425 (zit. *Walter* FS Beier).

Vgl. darüber hinaus die Angaben im eingangs abgedr. Gesamtliteraturverzeichnis.

Übersicht

	Rn.
I. Grundzüge	1–8
1. Regelungszweck, Grundsatzdiskussion	1, 2
2. Grundlegende Umgestaltung durch das 3. UrhGÄndG	3–8
a) Schutzerwerb durch erstmalige öffentliche Wiedergabe	3–6
b) Irrelevanz des Erscheinungs- bzw. Wiedergabeortes	7
c) Ausgestaltung als umfassendes Verwertungsrecht	8
II. Voraussetzungen des Schutzes	9–28
1. Werk als Schutzgegenstand	9
2. Noch nicht erschienenes („nachgelassenes") Werk	10, 11
3. „Noch nicht öffentlich wiedergegebenes Werk"?	12–18
a) Im Falle des Rechtserwerbs durch erste öffentliche Wiedergabe	12, 13
b) Im Falle des Rechtserwerbs durch erstes Erscheinenlassen	14–18
4. Gemeinfreiheit des Werkes	19, 20
a) Erlöschen des deutschen Urheberrechts (Abs. 1 S. 1) oder Urheber schon länger als 70 Jahre tot (Abs. 1 S. 2)	19
b) Zeitliche Beschränkung?	20
5. Die Entstehung des Schutzrechts	21–28
a) Rechtserwerb durch erstes Erscheinenlassen (editio princeps, Abs. 1 S. 2, 1. Alt.)	21
b) Rechtserwerb durch erstmalige öffentliche Wiedergabe (Abs. 1 S. 2, 2. Alt.)	22
c) „Erlaubterweise"	23–28
III. Inhalt des Schutzes	29–31
1. Verwertungsrechte und Schranken	29
2. Vergütungsansprüche	30
3. Kein Urheberpersönlichkeitsrecht	31
IV. Inhaber des Schutzrechts	32–36
1. Veranlasser des Erscheinens bzw. der öffentlichen Wiedergabe als originärer Inhaber des Schutzrechts	32–35
2. Verlagsverträge über Erstausgaben und vollständige Übertragbarkeit des Rechts nach § 71	36
V. Schutzdauer und Fristbeginn	37–39
VI. Sonstige Fragen	40–45
1. Verhältnis von § 70 und § 71	40, 41
2. Analoge Anwendung von § 5	42
3. In der ehemaligen DDR erschienene Erstausgaben	43
4. Fremdenrecht	44
5. Verwertungsgesellschaft	45
6. Übergangsrecht	46

§ 71 Nachgelassene Werke   1, 2 § 71 UrhG

I. Grundzüge

1. Regelungszweck, Grundsatzdiskussion

Das Leistungsschutzrecht des § 71 gewährt demjenigen, der ein bisher noch nicht erschienenes und noch nicht nach dem 1.7.1995 öffentlich wiedergegebenes Werk (str. s. unten Rn. 12 ff.) nach Ablauf der Urheberschutzfrist **erstmals erscheinen lässt** oder **erstmals öffentlich wiedergibt,** für die Dauer von 25 Jahren ein ausschließliches, dem Urheberrecht gleichgestelltes Verwertungsrecht an dem gemeinfreien Werk. 1

Durch die Gewährung dieses Leistungsschutzrechts soll ein **Anreiz** für die Herausgabe und öffentliche Wiedergabe **bislang unbekannter Werke** geschaffen werden. Zu diesem Zweck wird die mit § 71 verbundene **zeitweise Remonopolisierung gemeinfreier Werke** in Kauf genommen. Der Gesetzgeber ging insoweit davon aus, dass das **Auffinden und die Herausgabe** eines alten, vorher unbekannten Werkes auch dann, wenn eine wissenschaftliche Bearbeitung nicht erforderlich ist, zumeist einen **erheblichen Arbeits- und Kostenaufwand** erfordert, der es rechtfertigt, dem Herausgeber dafür, dass er das Werk der Allgemeinheit zugänglich macht, für eine gewisse Zeit das ausschließliche Recht zur Verwertung des Werkes zu gewähren (AmtlBegr. *M. Schulze* Materialien 529). Während dieser Rechtfertigungsgrund einerseits durch die kostengünstigen modernen Vervielfältigungstechniken zunehmend in Frage gestellt wird, wurde das Schutzrecht nach § 71 andererseits stetig ausgeweitet. So wurde zunächst die **Schutzdauer** durch das ProduktpiraterieG zum **1.7.1990 von 10 auf 25 Jahre** mehr als verdoppelt (dazu unten Rn. 37 ff.). Darüber hinaus wurde das Leistungsschutzrecht des § 71 durch das am **1.7.1995** in Kraft getretene 3. UrhGÄndG in Umsetzung von **Art. 4 der Schutzdauer-Richtlinie** (s. Vor §§ 31 ff. Rn. 2), mit der das Recht an nachgelassenen Werken europaweit harmonisiert bzw. – soweit noch nicht vorhanden – eingeführt worden ist, in grundlegender, jedoch höchst problematischer Weise **umgestaltet und erweitert,** insb. durch die Aufnahme der **erstmaligen öffentlichen Wiedergabe** als zweitem Entstehungstatbestand und durch die Gewährung eines **umfassenden Verwertungsrechts** (Einzelheiten unten Rn. 3 ff., 12 ff.; s. zum Übergangsrecht § 137 f). Trotz der insoweit berechtigten Kritik an der Neuregelung des § 71 ist bei der Auslegung jedoch stets zu beachten, dass der **europäische Gesetzgeber** die Gewährung eines Schutzes für nachgelassene Werke in dem von Art. 4 Schutzdauer-Richtlinie vorgesehenen Umfang **verbindlich vorgegeben** hat (vgl. Walter/von Lewinski/*Walter* Term Directive 8.0.3, 8.4.12). Und bei der dadurch gebotenen richtlinienkonformen Auslegung von § 71 sollte bedacht werden, dass, während sich diese Harmonisierung in Deutschland als Erweiterung des bisherigen Schutzes darstellt, andere Länder, insb. Frankreich, an dem zuvor gewährten 70-jährigen Schutz nachgelassener Ausgaben erhebliche Abstriche machen mussten (vgl. Walter/von Lewinski/*Walter* Term Directive 8.4.5 ff.; Walter/*Walter* Schutzdauer-Richtlinie Art. 4 Rn. 7; *Waitz* S. 67).

Soweit es sich bei der Erstausgabe zugleich um eine **wissenschaftliche Ausgabe** handelt, kann neben § 71 auch das Leistungsschutzrecht des § 70 entstehen (Einzelheiten unten Rn. 40 f.).

Das Leistungsschutzrecht des § 71 ist **rechtspolitisch sehr umstritten.** Die Kritik sorgt sich dabei angesichts der mit § 71 verbundenen Remonopolisierung gemeinfreier Werke vor allem um eine Beeinträchtigung der **Wissenschaftsfreiheit.** Diese Sorge ist nach hier vertretener Ansicht zwar berechtigt, soweit nach der grundlegenden Umgestaltung durch das 3. UrhGÄndG zum 1.7.1995 der Schutz des § 71 (wohl) auch durch eine erstmalige öffentliche Wiedergabe erworben werden kann (str., vgl. unten Rn. 22). Soweit jedoch der Schutzerwerb durch erstmaliges Erscheinenlassen erworben wird, ist die Kritik unberechtigt. Denn wer ein bislang unbekanntes Werk findet und durch erstmalige Publikation der wissenschaftlichen Öffentlichkeit zur Verfügung stellt, ermöglicht durch seine Leistung überhaupt erst die wissenschaftliche Erforschung dieses Werkes und hat insoweit den quali- 2 fizierten „Finderlohn" des § 71 nach hier vertretener Ansicht verdient. Eine Beeinträchtigung der Wissenschaftsfreiheit ist insoweit nicht zu besorgen, da die wissenschaftliche Auseinandersetzung mit dem aufgefundenen Werk insb. aufgrund des Zitatrechts gem. § 51 gesichert und lediglich eine rein kommerzielle Verwertung – für eine begrenzte Zeit von 25 Jahren – blockiert ist. Und wer z. B. tatsächlich den zweiten Teil der Poetik des Aristoteles auffinden, als solchen erkennen und der Öffentlichkeit dauerhaft zur Verfügung stellen würde, der hätte sich nach hier vertretener Ansicht den „qualifizierten Finderlohn" des § 71 in gleicher Weise verdient (s. das Beispiel von *Langer* S. 15) wie Projekte, die wie die World Digital Library, Europeanea, etc. in durchaus verdienstvoller Weise bislang unbekannte Schätze heben und öffentlich verfügbar machen (vgl. *Langer* S. 14; vgl. auch *Stang* S. 135 ff., 141 ff.).

Ein weiterer Kritikpunkt an § 71 ist, dass er grundsätzlich **keine zeitliche Begrenzung** in Bezug auf das **Alter seiner Schutzgegenstände** vorsieht (krit. vor allem *Langer* S. 81 ff., s. dazu auch unten Rn. 20). Und in der Tat erscheint es auf den ersten Blick ungewöhnlich, dass mehrere tausend Jahre alte Schöpfungen einem 25-jährigen heute geltenden Ausschließlichkeitsrecht unterfallen können (vgl. LG Magdeburg GRUR 2004, 672 f. – Himmelsscheibe von Nebra). Wer dies als ungewöhnlich empfindet, verkennt jedoch die ratio des Schutzrechts nach § 71, das überhaupt erst zur Entstehung gelangen kann, sobald der Urheber bereits 70 Jahre tot ist (s. Rn. 19) und das sich daher regelmäßig auf Werke bezieht, deren Entstehung 100 Jahre oder länger zurückliegt. Insofern macht es in rechtlicher Hinsicht keinen prinzipiellen Unterschied, ob das Werk ca. 150, 300 oder 3600 Jahre alt ist (BGH GRUR 1975, 447 – TE DEUM; BGH GRUR 2009, 942 – Motezuma; LG Magdeburg GRUR 2004, 672 – Himmelsscheibe von Nebra). Im Gegenteil ist das Auffinden und Publizieren eines bislang unbekannten Werkes als die von § 71 mit einem Schutzrecht honorierte Leistung regelmäßig umso verdienstvoller, je älter das Werk ist. Jegliche **Grenzziehung** erscheint insofern **willkürlich** und bedürfte einer gesetzgeberischen Legitimation (dazu näher Rn. 20). Problematisch erscheint daher an § 71 in erster Linie die Einführung der bloßen öffentlichen Wiedergabe als zweitem Entstehungstatbestand für das Leistungsschutzrecht im Jahre 1995 (dazu Rn. 3 ff.) in Verbindung mit der 1990 erfolgten Schutzdauerverlängerung von 10 auf 25 Jahre (dazu Rn. 37 ff.).

2. Grundlegende Umgestaltung durch das 3. UrhGÄndG

3   **a) Schutzerwerb durch erstmalige öffentliche Wiedergabe.** Während das Leistungsschutzrecht des § 71 bis zum 1.7.1995 nur durch das erstmalige Erscheinenlassen eines Werkes erworben wurde, genügt für den Schutzerwerb **seit** Inkrafttreten des 3. UrhGÄndG am **1.7.1995** in Umsetzung von Art. 4 der Schutzdauer-Richtlinie auch die **erstmalige öffentliche Wiedergabe** eines nicht erschienenen Werkes (s. näher unten Rn. 12 ff.). Diese Regelung erscheint nach einhelliger Ansicht wenig geglückt, wobei insoweit teilweise sogar eine berichtigende Korrektur von Art. 4 Schutzdauer-Richtlinie dahingehend gefordert wird, dass nach wie vor nur das erste Erscheinen schutzbegründend wirkt (s. Walter/von Lewinski/*Walter* Term Directive 8.4.15 ff., 8.4.19; Walter/*Walter* Schutzdauer-Richtlinie Art. 4 Rn. 16; a. A. *Langer* S. 114). Denn zum einen wird erst durch das Erscheinen eines Werkes gem. § 6 Abs. 2, d. h. durch das Inverkehrbringen einer ausreichenden Anzahl von Vervielfältigungsstücken, der Öffentlichkeit der bleibende Besitz des nachgelassenen Werkes vermittelt und interessierten Dritten eine weitere Auseinandersetzung mit demselben ermöglicht, während durch bloßen Vortrag, Sendung oder Aufführung dieses Ziel nicht in gleicher Weise erreicht werden kann (so die AmtlBegr. *M. Schulze* Materialien 529 zu § 71 a. F.; Schricker/Loewenheim/*Loewenheim* § 71 Rn. 3; Fromm/Nordemann/*Nordemann* § 71 Rn. 21; *Walter* FS Beier 425, 432; Dreyer/Kotthoff/Meckel/*Meckel* § 71 Rn. 5; a. A. Möhring/Nicolini/*Kroitzsch* § 71 Rn. 12). Zum anderen führt dieser neue Entstehungstatbestand zu einer erheblichen Rechtsunsicherheit (dazu unten Rn. 5 f., 13 ff.).

§ 71 Nachgelassene Werke 4–7 § 71 UrhG

Berücksichtigt man jedoch, dass auch vor 1995 ein Erscheinen nach deutschem Recht **4** bereits durch die „Bemusterung" von Werkvermittlern wie Sendeunternehmen und Veranstaltern mit wenigen Werkexemplaren herbeigeführt werden konnte (BGH GRUR 1981, 360 – Erscheinen von Tonträgern; *Kleinheisterkamp* ZUM 1989, 548) und ein „Erscheinen" daher nicht unabdingbar zur Voraussetzung hatte, dass Vervielfältigungsstücke den Endverbrauchern als Öffentlichkeit unmittelbar zur Verfügung gestellt wurden (s. zum Erscheinen § 6 Rn. 24 ff.) und dass zum anderen gerade bei nachgelassenen Werken alter Musik eine öffentliche Wiedergabe durchaus sehr verdienstvoll und finanziell aufwändig sein und ein Werk vor dem Vergessen bewahren kann, dann ist die Erweiterung der Schutzentstehung des Rechts nach § 71 auf erstmalige öffentliche Wiedergaben vielleicht doch gerechtfertigt. Allerdings ist die Gefahr, dass die seit dem 1.7.1995 bestehende Möglichkeit des Schutzerwerbs insb. an Werken der Musik durch bloße öffentliche Wiedergabe dazu genutzt werden kann, um eine weitere wissenschaftliche oder künstlerische Auseinandersetzung mit dem betreffenden Werk durch Dritte für 25 Jahre zu blockieren, nicht von der Hand zu weisen (*Tietze* 715, 718 f.). Eine insoweit durchaus denkbare verkürzte Schutzdauer z. B. von lediglich 10 Jahren für ein durch bloße öffentliche Wiedergabe entstandenes Schutzrecht wurde bislang jedoch anscheinend noch nicht diskutiert.

Die eigentliche Problematik, die sich aus der Gewährung eines Leistungsschutzrechts **5** nach § 71 seit dem 1.7.1995 für **erstmalige öffentliche Wiedergaben** ergibt, ist jedoch vor allem in der **erheblichen Rechtsunsicherheit** zu sehen, die daraus resultiert, dass sich bei alten Werken kaum jemals mit Sicherheit feststellen lässt, ob sie in der Vergangenheit schon einmal öffentlich wiedergegeben worden sind oder nicht, so dass das durch eine öffentliche Wiedergabe erworbene Schutzrecht nach § 71 immer mit dem Risiko behaftet sein wird, dass die zunächst für schutzbegründend gehaltene öffentliche Wiedergabe letztlich doch nicht „erstmalig" war (Schricker/Loewenheim/*Loewenheim* § 71 Rn. 3; *Dietz* GRUR Int. 1995, 670, 680; AmtlBegr. *M. Schulze* Materialien 530; zu verschiedenen Lösungsansätzen s. unten Rn. 13).

Auch soweit das Recht weiterhin durch **erstmaliges Erscheinenlassen** erworben wird, **6** ist der Rechtsinhaber mit Inkrafttreten des 3. UrhGÄndG inzwischen dem **Risiko** ausgesetzt, dass sein Rechtserwerb an einer **nach dem 1.7.1995** erfolgten, dem Erscheinen seiner Erstausgabe jedoch vorhergehenden **erstmaligen öffentlichen Wiedergabe** scheitert und er mit seiner unter Aufwand hergestellten Erstedition das zuvor bereits durch die öffentliche Wiedergabe erworbene Leistungsschutzrecht eines Dritten nach § 71 verletzt (s. näher unten Rn. 12 f.). Falls eine solche erstmalige öffentliche Wiedergabe eines Dritten droht, wäre daher in Fällen, in denen sich das Erscheinen einer Erstausgabe über einen längeren Zeitraum hinzieht – etwa wenn es sich zugleich um eine wissenschaftliche Ausgabe nach § 70 handelt – daran zu denken, sich das Schutzrecht des § 71 durch eine eigene öffentliche Wiedergabe „vorab" schon einmal zu sichern, um einer möglichen Blockade des Projekts durch Dritte vorzubeugen (vgl. *Tietze* 715, 718 f.; vgl. auch unten Rn. 40).

b) Irrelevanz des Erscheinungs- bzw. Wiedergabeortes. Des Weiteren ist zum **7** 1.7.1995 die Beschränkung, dass das Schutzrecht nach § 71 nur durch erstes Erscheinenlassen in der Bundesrepublik entstehen konnte, ersatzlos gestrichen worden. Der Gesetzgeber wollte damit den mit der Schutzdauer-Richtlinie beabsichtigten einheitlichen Schutz innerhalb der EU und des EWR erreichen (AmtlBegr. *M. Schulze* Materialien 943). Aus europarechtlichen Gesichtspunkten wäre jedoch lediglich eine Erweiterung des relevanten Erscheinungsortes auf das gesamte Gebiet der EU bzw. des EWR erforderlich und sinnvoll gewesen. Nachdem sich der deutsche Gesetzgeber jedoch explizit gegen diese Lösung und für den ersatzlosen Wegfall jeglicher räumlichen Einschränkung entschieden hat, ist seit dem 1.7.1995 von der **Irrelevanz des Erscheinungs- bzw. Wiedergabeortes** für die Schutzentstehung auszugehen, so dass auch ein erstmaliges Erscheinen oder eine erstmalige öffentliche Wiedergabe außerhalb der EU und des EWR das Leistungsschutzrecht nach

§ 71 in Deutschland entstehen lassen (Fromm/Nordemann/*Nordemann* § 71 Rn. 4; Möhring/Nicolini/*Kroitzsch* § 71 Rn. 13; Dreier/Schulze/*Dreier* § 71 Rn. 7; Schricker/Loewenheim/*Loewenheim* § 71 Rn. 10; zum Übergangsrecht s. § 137 f Rn. 7, 9; zum Fremdenrecht s. Rn. 44). Da eine unterschiedliche Regelung dieser Frage durch die einzelnen Länder dem Ziel der Schutzdauer-Richtlinie, einen einheitlichen Schutz innerhalb der EU und des EWR zu erreichen, zuwiderläuft, sollten die Anforderungen an den Erscheinungs- bzw. Wiedergabeort, sofern es einmal auf sie ankommt, vom EuGH geklärt werden.

8 **c) Ausgestaltung als umfassendes Verwertungsrecht.** Seit dem 1.7.1995 gewährt das Leistungsschutzrecht nach § 71 schließlich in Umsetzung von Art. 4 Schutzdauer-Richtlinie einen den **vermögensrechtlichen Befugnissen** des **Urhebers entsprechenden uneingeschränkten Schutz,** so dass Dritte grundsätzlich von der Nutzung des Werkes ausgeschlossen werden können, soweit sie sich nicht auf zu ihren Gunsten greifende Schranken berufen können (AmtlBegr. *M. Schulze* 943 f.; Schricker/Loewenheim/*Loewenheim* § 71 Rn. 4; Fromm/Nordemann/*Nordemann* § 71 Rn. 1; Möhring/Nicolini/*Kroitzsch* § 71 Rn. 2). § 71 a. F. hingegen hatte die Befugnisse des editor princeps auf das Vervielfältigungs- und Verbreitungsrecht sowie auf die Nutzung der hergestellten Vervielfältigungsstücke zu öffentlichen Wiedergaben des Werkes beschränkt, so dass öffentliche Wiedergaben nach der Originalpartitur bzw. nach zuvor von dieser hergestellten Vervielfältigungsstücken vom Verbotsrecht nicht erfasst wurden (s. BGH GRUR 1975, 447 – TE DEUM; AmtlBegr. *M. Schulze* 943 f.). Diese seit dem 1.7.1995 bestehende umfassende Schutzgewährung für einen Zeitraum von 25 Jahren erscheint als zu weit gehend, insbesondere soweit das Leistungsschutzrecht des § 71 auch durch die bloße erstmalige öffentliche Wiedergabe erworben werden kann (krit. insb. auch Schricker/Loewenheim/*Loewenheim* § 71 Rn. 4; Fromm/Nordemann/*Nordemann* § 71 Rn. 4; *Tietze* 715, 718 f.; *Vogel* ZUM 1995, 451, 456).

II. Voraussetzungen des Schutzes

1. Werk als Schutzgegenstand

9 Ein Schutzrecht nach § 71 kann nur an einem „Werk", d. h. an einer **persönlichen geistigen Schöpfung** im Sinne von § 2 Abs. 2 erworben werden (im Gegensatz zu § 70, der auch die wissenschaftlich fundierte Herausgabe einfacher Texte schützt, s. dort Rn. 3). Es kann sich um Werke jeder **beliebigen Werkart** gem. § 2 Ziff. 1–7 handeln. Praktisch bedeutsam sind neben Sprachwerken vor allem Werke der Musik (s. zur VG Musikedition, die Rechte an etwa 3000 Werken verwaltet, unten Rn. 45), aber auch Werke der bildenden Kunst (zu einem vermutlich 3600 Jahre alten Werk der bildenden Kunst vgl. LG Magdeburg GRUR 2004, 672 f. – Himmelsscheibe von Nebra) bzw. einfache Lichtbilder nach § 72 (vgl. *Waitz* S. 76 f.).

Auch wenn es dabei zunächst praktisch ungewohnt ist, die Schutzfähigkeit von Werken, die **mindestens 70 Jahre alt** sein müssen und daher im Normalfall weit mehr als 100 Jahre alt sind, an Hand des heutigen § 2 Abs. 2 zu bestimmen (s. insb. die Kritik von *Eberl* GRUR 2006, 1009 f.), sind die Maßstäbe jedoch theoretisch klar. Der urheberrechtliche **Werkbegriff** ist ein **Rechtsbegriff** (dazu § 2 Rn. 5 ff.), bei dessen Subsumtion das Gericht die Individualität eines Werkes vor dem Hintergrund des im Zeitpunkt der Werkschöpfung bereits vorhandenen gleichartigen Werkschaffens beurteilt (vgl. § 2 Rn. 9 f.; OLG Düsseldorf GRUR 2006, 673 – Motezuma II), einschließlich der Möglichkeit einer Doppelschöpfung (dazu § 23 Rn. 19 f.), wobei die Anforderungen an die Darlegungslast des Rechtsinhabers nicht allzu hoch sind (vgl. OLG Düsseldorf GRUR 2006, 673 – Motezuma II). Hingegen muss derjenige, der einwendet, dass es dem betreffenden Werk im Zeitpunkt seiner Schöpfung im Vergleich zum Allgemeingut an der erforderlichen Individualität gefehlt habe, konkret darlegen, welche vorbekannten Schöpfungen das Werk vorweggenommen haben (vgl. LG Mannheim ZUM 2005, 915, 917 – Gesangsmelodie).

Während insoweit die Schutzfähigkeit von **Werken der Musik, Literatur und freien Kunst** vergangener Epochen relativ problemlos feststellbar und oft zu bejahen sein dürfte, könnte die Beurteilung der Schutzfähigkeit von **Werken der angewandten Kunst,** wie etwa von Vasen oder Schmuck, auf den ersten Blick durchaus Schwierigkeiten bereiten (vgl. *Langer* S. 79). Andererseits sind die kunsthandwerklichen Epochen jedoch sehr gut erforscht und museal dokumentiert, so dass eine Beurteilung nicht grundsätzlich unmöglich ist. Soweit sich kunsthandwerkliche Produkte vergangener Epochen regelmäßig innerhalb vorgegebener enger Stilgrenzen bewegten, dürfte Urheberrechtsschutz letztlich nur im Ausnahmefall zu bejahen sein. Um eine solche ungewöhnliche Ausnahme handelte es sich bei dem „Jahrhundertfund" der „Himmelsscheibe von Nebra" (LG Magdeburg GRUR 2004, 672f. – Himmelsscheibe von Nebra).

Eine andere Frage ist diejenige, ob überhaupt Werke sämtlicher Epochen zum Schutzgegenstand eines Leistungsschutzrechts nach § 71 werden können, oder ob es hier eine **zeitliche Grenze** gibt, d. h. dass an Werken, die vor einem bestimmten Stichtag geschaffen worden sind, kein Schutzrecht nach § 71 mehr erworben werden kann (zu dieser str. Frage s. unten Rn. 19f.).

2. Noch nicht erschienenes („nachgelassenes") Werk

Das Werk darf bisher noch **nirgendwo erschienen** sein, d. h. gem. § **6 Abs. 2** dürfen Vervielfältigungsstücke **weder im In- noch im Ausland** in **genügender Anzahl** (dazu ausf. *Götting/Lauber-Rönsberg* GRUR 2006, 638, 640f.; *Langer* S. 118) der Öffentlichkeit angeboten oder in Verkehr gebracht worden sein, insb. sollte durch § **71** das bloße **Abdrucken** bereits **im Ausland erschienener Werke** gerade **nicht geschützt** werden (h. M. Walter/*Walter* Schutzdauer-Richtlinie Art. 4 Rn. 12; Schricker/Loewenheim/*Loewenheim* § 71 Rn. 7f.; Fromm/Nordemann/*Nordemann* § 71 Rn. 12; Möhring/Nicolini/*Kroitzsch* § 71 Rn. 8f.; *Ulmer* 509; differenzierend *Ekrutt* UFITA 84 (1979) 45, 48ff.; LG München I ZUM-RD 2007, 212, 214f. – Rudolf Steiner; a. A. *v. Gamm* Rn. 3; zu den Voraussetzungen des Erscheinens s. näher § 6 Rn. 24ff.; zum Erscheinen in der früheren DDR s. unten Rn. 43). Im Zweifel gilt eine europäisch harmonisierende Auslegung.

Ob und inwieweit das Erscheinen des Werkes vor hundert oder tausend Jahren mit oder ohne nach § **6 Abs. 2** erforderlicher **Zustimmung des Berechtigten** erfolgte, dürfte im Rahmen von § 71 keine Rolle spielen, maßgeblich ist vielmehr allein das **faktische Erschienensein** (s. dazu auch unten Rn. 28; a. A. *Götting/Lauber-Rönsberg* 33f.; auch der BGH hat das Vorliegen der Zustimmung in GRUR 2009, 942, 944 – Erscheinen eines Werkes [Motezuma] bejaht, ohne diese Frage zu thematisieren). Wer ein bereits erschienenes Werk nochmals erscheinen lässt oder öffentlich wiedergibt, verdient nicht den Schutz nach § 71, ganz gleich ob das frühere Erscheinen rechtmäßig war oder nicht. Dies gilt dabei nicht nur für mehrere hundert Jahre alte Werke, sondern auch, wenn ein Werk heutzutage kurz vor Ablauf der Urheberschutzfrist von einem Dritten rechtswidrig publiziert wird. Dem Berechtigten steht in diesem Fall allein ein Schadensersatzanspruch zu (vgl. auch unten Rn. 28).

Da der Begriff der **Vervielfältigung jede Werkverkörperung** umfasst, kommt es auf die Art der Vervielfältigung grundsätzlich nicht an, es genügt die Herstellung und Verbreitung **handschriftlicher Abschriften** oder **unbearbeiteter Faksimilekopien** (BGH GRUR 2009, 943 (Rn. 26) – Erscheinen eines Werkes (Motezuma); OLG Düsseldorf GRUR 2006, 673, 675 – Motezuma II; *Götting/Lauber-Rönsberg* GRUR 2006, 638, 640; kritisch Walter/von Lewinski/*Walter* Term Directive 8.4.13). Da auch das Original als körperliche Festlegung der persönlichen Schöpfung ein Vervielfältigungsstück des (geistigen) Werkes darstellt, nämlich das erste, kann ein Erscheinen darüber hinaus grundsätzlich auch durch das **Angebot oder Inverkehrbringen des Originals** bewirkt werden (BGH GRUR 2009, 943 (Rn. 26) – Erscheinen eines Werkes (Motezuma)). So war nach Ansicht des BGH mit der Übergabe der Originalpartitur an die Beteiligten der Uraufführung das Werk in Verkehr gebracht worden und damit erschienen, selbst wenn die Originalpartituren nach der Uraufführung wieder eingesammelt worden waren; darüber hinaus habe die Hinterlegung des „originale" beim Opernhaus ebenfalls ein Erscheinen bewirkt (BGH GRUR 2009, 943 (Rn. 27, 29) unter Verweis auf BGH GRUR 1972, 141 – Konzertveranstalter; kritisch Walter/von Lewinski/*Walter* Term Directive 8.4.13).

Grundsätzlich dürfte dabei auch eine **Publikation im Internet** ein Erscheinen i. S. v. § 6 Abs. 2 bewirken, wenn die Möglichkeit zum Download gegeben ist (s. näher § 6 Rn. 7, 29; Dreier/Schulze/*Dreier* § 71 Rn. 16; vgl. auch *Götting/Lauber-Rönsberg* 28; a. A. *Langer* S. 93). Für § 71 wird diese Frage nur dann relevant, wenn das Werk zuvor bereits öffentlich wiedergegeben worden ist. Denn anderenfalls wird, da es relevante Internetpublikationen erst seit dem 1.7.1995 gibt, in diesen Fällen eine Schutzentstehung zumindest durch erstmalige öffentliche Wiedergabe vorliegen (s. dazu unten Rn. 22).

In **richtlinienkonformer Auslegung** ist schließlich davon auszugehen, dass der Sondertatbestand für das Erscheinen von **Werken der bildenden Kunst** durch **bleibende öffentliche Ausstellung** gem. § 6 Abs. 2 S. 2 nicht zu einem Erschienensein i. S. v. § 71 führt. Denn Art. 4 Schutzdauer-Richtlinie orientiert sich mit dem Begriff des „previously unpublished work" insoweit offensichtlich an der international gebräuchlichen Terminologie, wonach unter „publication" allein ein Erscheinen durch Vervielfältigen und Verbreiten von körperlichen Werkexemplaren zu verstehen ist (vgl. Walter/von Lewinski/*Walter* Term Directive 8.4.12; Walter/*Walter* Schutzdauer-Richtlinie Art. 4 Rn. 12, Vor Art. 1 Rn. 9, jeweils m. w. N. zum Streitstand; *Langer* S. 104; *Dietz* GRUR Int. 1995, 670, 672 f.; a. A. *Götting/Lauber-Rönsberg* 34). Werke der bildenden Kunst sind daher abweichend von § 6 Abs. 2 S. 2 auch dann als i. S. v. § 71 „nicht erschienen" anzusehen, wenn das Original oder ein Vervielfältigungsstück im In- oder Ausland der Öffentlichkeit bereits durch eine Ausstellung bleibend zugänglich gemacht worden ist. Oftmals wird in diesen Fällen die öffentliche Ausstellung jedoch durch eine (Internet)veröffentlichung oder durch eine Printpublikation begleitet sein, so dass es auf diese Frage im Ergebnis selten ankommt.

10a Bei der Frage, wie das für die Entstehung des Leistungsschutzrechts nach § 71 erforderliche **negative Tatbestandsmerkmal** des „noch nicht Erschienenseins" beweisrechtlich zu handhaben ist, hat der BGH nunmehr entschieden, dass die **Darlegungs- und Beweislast** insoweit grundsätzlich der **Rechtsinhaber** bzw. derjenige trägt, der einen auf § 71 gestützten Anspruch prozessual geltend (BGH GRUR 2009, 942 (Tz. 18) – Erscheinen eines Werkes [Motezuma] m. w. N.; ebenso OLG Düsseldorf BeckRS 2007, 08362 – Motezuma IV; OLG Düsseldorf GRUR 2006, 673 f. – Motezuma II; LG Düsseldorf NJOZ 2006, 4630 – Motezuma III; sowie die h. M., vgl. Nachw. zum Streitstand bei BGH GRUR 2009, 942 Rn. 18). Allerdings kann sich der Rechtsinhaber zunächst auf die bloße Behauptung des Nichterschienenseins beschränken und obliegt es – wegen der regelmäßig mit der Darlegung und dem Nachweis des Nichterschienenseins verbundenen Schwierigkeiten – sodann demjenigen, der die Entstehung des Rechts aus § 71 bestreitet, substanziiert Umstände darzulegen, die dafür sprechen, dass das Werk doch erschienen ist (BGH GRUR 2009, 942 Rn. 14, 17 f. – Erscheinen eines Werkes [Motezuma]). Anschließend ist es Aufgabe des Rechtsinhabers, diese für ein Erscheinen sprechenden Umstände vollständig zu widerlegen. Gelingt ihm dies nicht, kann er sich nicht auf das Schutzrecht des § 71 berufen (BGH GRUR 2009, 942 Rn. 18, 40).

In der Theorie obliegt damit dem potenziellen Rechtsinhaber zwar kein vollständiger Negativbeweis. Da es in praktischer Hinsicht jedoch nahezu immer Umstände geben wird, die für ein früheres Erscheinen eines mehrere hundert Jahre alten Werkes sprechen können – zumal diese Umstände nicht konkret auf das streitgegenständliche Werk bezogen sein müssen, vielmehr eine übliche Handhabung bei anderen Werken genügt (BGH GRUR 2009, 942 (Tz. 38 ff.) – wird der potenzielle Rechtsinhaber regelmäßig doch zur Führung eines vollständigen Negativbeweises gezwungen, indem er entweder darlegen muss, dass die positive Tatsache – das frühere Erscheinen des konkreten Werkes – zwingend hätte wahrgenommen worden sein müssen, wenn es sie gegeben hätte, oder aber eine Tatsache vorträgt, die mit einem früheren Erscheinen des konkreten Werkes unvereinbar ist (vgl. ausf. OLG Düsseldorf GRUR 2006, 673f. – Motezuma II).

Es bleibt abzuwarten, ob und welche Konsequenzen sich hieraus für die Praxis, insb. für die Praxis der VG Musikedition sowie der auf die Herausgabe alter Musikliteratur spezialisierten Verlage ergeben werden (zur VG Musikedition s. unten Rn. 45). Die **zuvor geführte Diskussion,** ob eine Beweismaßreduzierung auf ein richterliches Wahrscheinlichkeitsurteil (so *Götting/Lauber-Rönsberg* GRUR 2006, 638, 644f.; *Götting/Lauber-Rönsberg* 42ff.) oder eine vollständige Beweislastumkehr aus materiellrechtlichen Gründen geboten ist (so die Voraufl. unter Verweis auf die parellele Situation bei § 13 GeschmMG a.F.; *Büscher* FS Raue 373; Büscher/Dittmer/Schiwy/*Pielsticker* § 71 Rn. 5; ähnl. LG Magdeburg GRUR 2004, 672f. – Himmelsscheibe von Nebra; Loewenheim/*Nordemann* § 44 Rn. 20 zumindest für die fehlende öffentliche Wiedergabe bislang unbekannter Lieder; vgl. auch LG Mannheim ZUM 2005, 915, 917 – Gesangsmelodie), hat sich mit der Entscheidung des BGH i. S. „Motezuma" jedoch **erledigt.**

Eine **bloße Vorveröffentlichung nach § 6 Abs. 1** ist hingegen für die Schutzentstehung des Rechts nach § 71 **unschädlich** (Dreier/Schulze/*Dreier* § 71 Rn. 5), sofern die Vorveröffentlichung seit dem 1.7.1995 nicht im Wege der öffentlichen Wiedergabe erfolgt ist (insoweit str., Einzelheiten s. u. Rn. 12ff.). **Unschädlich** ist insb. auch die bloße **Ausstellung** des Werkoriginals (Walter/von Lewinski/*Walter* Term Directive 8.4.12; Walter/*Walter* Schutzdauer-Richtlinie Art. 4 Rn. 12; dazu oben Rn. 10). **11**

3. „Noch nicht öffentlich wiedergegebenes Werk"?

a) Im Falle des Rechtserwerbs durch erste öffentliche Wiedergabe. Soll das Recht nach § 71 durch die **erstmalige öffentliche Wiedergabe** entstehen, darf das Werk unstreitig zuvor nicht nur nicht erschienen, sondern auch noch niemals öffentlich wiedergegeben worden sein, da anderenfalls die Wiedergabehandlung, die den Schutz begründen soll, nicht erstmalig wäre (Schricker/Loewenheim/*Loewenheim* § 71 Rn. 7; Fromm/Nordemann/*Nordemann* § 71 Rn. 18; *Dietz* GRUR Int. 1995, 670, 673; *Vogel* ZUM 1995, 451, 456; generell gegen Schutzentstehung durch öffentliche Wiedergabe Walter/von Lewinski/*Walter* Term Directive 8.4.19; Walter/*Walter* Schutzdauerrichtlinie Art. 4 Rn. 16, dazu oben Rn. 3). Einer „berichtigenden Auslegung" bedarf es dabei nicht (a. A. Schricker/Loewenheim/*Loewenheim* § 71 Rn. 7), da hier bereits das Kriterium der „Erstmaligkeit" der öffentlichen Wiedergabe bei der Schutzentstehung das Schutzrecht des § 71 zwangsläufig nur an zuvor noch nicht öffentlich wiedergegebenen Werken entstehen lässt. **12**

Insoweit stellt sich allerdings wieder die **Frage der Beweislast** bezüglich der Erstmaligkeit der schutzbegründenden öffentlichen Wiedergabe. Die h. M. geht auch hier davon aus, dass denjenigen, der sich auf das Recht nach § 71 stützt, die **volle Beweislast** dafür trifft, dass das Werk weltweit noch niemals zuvor öffentlich wiedergegeben worden ist (vgl. die Nw. Rn. 10a). Die vom BGH in der Entscheidung „Motezuma" aufgestellten Grundsätze für den Beweis des „Nichterschienenseins" dürften auf den Beweis des „noch nie zuvor öffentlich wiedergegeben" entsprechend anwendbar sein, so dass sich auch hier die Vorschläge für entweder eine Beweismaßreduzierung (*Götting/Lauber-Rönsberg* GRUR 2006, 638, 645) oder eine Beweislastumkehr zugunsten des potenziellen Rechtsinhabers (Voraufl. Rn. 10a, 13) erledigt haben (vgl. insoweit auch den explizit geäußerten Vorschlag, durch besonders hohe Anforderungen an den Beweis der Erstmaligkeit der betreffenden Wiedergabe eine rechtspolitisch als verfehlt angesehene und Missbräuchen offen stehende Entstehung des Schutzrechts nach § 71 durch bloße öffentliche Wiedergabe auf beweisrechtlichem Wege zu korrigieren, *Stroh* FS Nordemann 277; ähnlich Fromm/Nordemann/*Nordemann* § 71 Rn. 33). **13**

14 b) Im Falle des Rechtserwerbs durch erstes Erscheinenlassen. Nach früherem Recht hinderte eine vorherige öffentliche Wiedergabe die Entstehung des Schutzrechts nach § 71 nicht. Da jedoch seit dem Inkrafttreten des 3. UrhGÄndG am 1.7.1995 das Recht nach § 71 nicht mehr nur durch das erste Erscheinenlassen, sondern auch durch die erstmalige öffentliche Wiedergabe eines noch nicht erschienenen Werkes erworben wird, kann, da das Schutzrecht nach § 71 insgesamt nur einmal entsteht, an Werken, an denen ein Dritter aufgrund **erstmaliger öffentlicher Wiedergabe nach dem 1.7.1995** Leistungsschutz nach § 71 erworben hat, durch anschließendes Erscheinenlassen kein zweites Leistungsschutzrecht nach § 71 mehr begründet werden. Im Gegenteil würden die mit dem Erscheinenlassen der editio princeps verbundenen Vervielfältigungs- und Verbreitungshandlungen in das bereits durch die erstmalige öffentliche Wiedergabe entstandene Recht des Dritten nach § 71 eingreifen (Fromm/Nordemann/*Nordemann* § 71 Rn. 18; *Stroh* FS Nordemann 274).

15 **Umstritten** ist nun allerdings, ob darüber hinaus seit dem 1.7.1995 auch **vor dem 1.7.1995 erfolgte öffentliche Wiedergaben** die Entstehung des Rechts nach § 71 im Falle des Rechtserwerbs durch späteres erstes Erscheinenlassen verhindern. Teilweise wird insoweit im Wege einer „korrigierenden Auslegung des § 71" eine Gleichstellung der beiden Entstehungstatbestände befürwortet und, da frühere öffentliche Wiedergaben die Schutzentstehung durch öffentliche Wiedergabe nach dem 1.7.1995 hindern, die Möglichkeit der Schutzentstehung durch erstes Erscheinenlassen als ein im Wege der Auslegung zu beseitigender Wertungswiderspruch angesehen, so dass im Ergebnis das Schutzrecht des § 71 daher insgesamt nur an bislang „weder erschienenen noch öffentlich wiedergegebenen Werken" entstehen können soll (Loewenheim/*A. Nordemann* § 44 Rn. 19; Dreyer/Kotthoff/Meckel/*Meckel* § 71 Rn. 7; *Langer* S. 139; offen gelassen von Dreier/Schulze/*Dreier* § 71 Rn. 5; a. A. wie hier Walter/*Walter* Schutzdauer-Richtlinie Art. 4 Rn. 12; Fromm/Nordemann/*Nordemann* § 71 Rn. 18; *Stroh* FS Nordemann 274; *Büscher* FS Raue 374; *Walter* FS Beier 425, 430; *Dietz* GRUR Int. 1995, 670, 673; *Rüberg* ZUM 2006, 122, 128; *Götting/Lauber-Rönsberg* GRUR 2006, 638, 645; noch a. A. Schricker/Loewenheim/*Loewenheim* § 71 Rn. 8, wonach lange zurückliegende mögliche öffentliche Wiedergaben überhaupt nicht berücksichtigt zu werden brauchen; offen gelassen von BGH GRUR 2009, 942, 944 – Erscheinen eines Werkes (Motezuma) und von der Vorinstanz OLG Düsseldorf BeckRS 2007, 08362 – Motezuma IV).

16 Nach der hier vertretenen Ansicht ist eine **korrigierende Auslegung** des § 71 auf „weder erschienene noch öffentlich wiedergegebene Werke" **unzulässig**. Art. 4 Schutzdauer-Richtlinie dürfte insoweit – auch wenn die Umsetzung in einzelnen Ländern das Schutzrecht nur an „unveröffentlichten" Werken entstehen lässt (vgl. dazu *Rüberg* ZUM 2006, 122, 128; OLG Düsseldorf BeckRS 2007, 08362 – Motezuma IV), zutreffender Weise so auszulegen sein, dass nur ein „nicht erschienenes" Werk verlangt wird, so dass eine Vorveröffentlichung und insb. eine öffentliche Wiedergabe vor dem 1.7.1995 die Schutzrechtsentstehung nicht verhindert (Walter/*Walter* Schutzdauer-Richtlinie Art. 4 Rn. 12; *Walter* FS Beier 425, 430; *Stroh* FS Nordemann 274; s. auch oben Rn. 10). Auch ist eine Gleichstellung beider Entstehungstatbestände weder zwingend geboten, noch ist eine solche Korrektur zur Vermeidung der Entstehung von Doppelschutzrechten nach § 71 erforderlich (so aber Dreyer/Kotthoff/Meckel/*Meckel* § 71 Rn. 7). Denn die befürchtete **„Schutzrechtskollision"** für den Fall, dass ein bislang weder erschienenes noch öffentlich wiedergegebenes Werk nach dem 1.7.1995 **zunächst erstmals öffentlich wiedergegeben** wird (mit der Folge, dass das Schutzrecht des § 71 entsteht) und **anschließend erstmals erscheint** (mit der Folge, dass, wenn lediglich auf das Nichterschienensein abgestellt würde, das Schutzrecht des § 71 dem Wortlaut des § 71 nach an sich erneut entstünde), löst sich dahingehend auf, dass das spätere Erscheinen einen Eingriff in das zuvor bereits durch öffentliche Wiedergabe entstandene umfassende Schutzrecht nach § 71 darstellt und insoweit nicht mehr schutzbegründend wirken kann (Fromm/Nordemann/*Nordemann* § 71

Rn. 18; *Stroh* FS Nordemann 274). Und schließlich wäre es auch unbillig, wenn sämtliche erstmaligen öffentlichen Wiedergaben in der Zeit zwischen dem 1.7.1970 und dem 1.7.1995 auf der einen Seite zwar *jeglichen* Erwerb des Schutzrechts nach § 71 ab dem 1.7.1995 verhindern würden, das Schutzrecht des § 71 dann aber nicht einmal zumindest für die Restlaufzeit ab dem 1.7.1995 gewährt würde. Im Extremfall hätte damit eine erstmalige öffentliche Wiedergabe am 30.6.1995 jeglichen Erwerb eines Schutzrechts nach § 71 verhindert, während die gleiche erstmalige öffentliche Wiedergabe einen Tag später, am 1.7.1995 zu einem umfassenden urheberrechtsgleichen Schutz bis zum 31.12.2020 geführt hätte.

Insgesamt ist somit, dem Gesetzeswortlaut des § 71 entsprechend, **lediglich** zu verlangen, **17** dass das betreffende Werk bislang noch „**nicht erschienen**" ist. Dem entspricht auch die Praxis der Werkprüfung durch die VG Musikedition, die öffentliche Aufführungen von musikalischen Werken vor dem 1.7.1995 unberücksichtigt lässt (vgl. *Tietze* 715, 718).

Im **Ergebnis** kann damit das Schutzrecht des § 71 an einem Werk, das in früheren **18** Zeiten vor dem 1.7.1995 bereits öffentlich wiedergegeben worden ist, nicht durch öffentliche Wiedergabe erworben werden (da diese nicht mehr „erstmalig" ist), wohl aber durch erstmaliges Erscheinenlassen, da die Erstmaligkeit des Erscheinenlassens durch frühere öffentliche Wiedergaben nicht gestört wird, Schutzgegenstand des § 71 aber lediglich ein bislang „nicht erschienenes Werk" zu sein braucht (Fromm/Nordemann/*Nordemann* § 71 Rn. 18; *Stroh* FS Nordemann 274).

4. Gemeinfreiheit des Werkes

a) Erlöschen des deutschen Urheberrechts (Abs. 1 S. 1) oder Urheber schon 19 länger als 70 Jahre tot (Abs. 1 S. 2). Nur an **gemeinfreien** Werken kann ein Schutzrecht nach § 71 entstehen. Die Schutzfrist für ein in der Bundesrepublik geschütztes Werk muss daher bereits abgelaufen sein. Bei altem Kulturgut, wie Märchen, Mythen, Sagen, Volksliedern und Volkstänzen, bei denen der **Urheber unbekannt** und das Erlöschen des Urheberrechts insoweit nicht feststellbar ist, kann der **Ablauf der Schutzfrist** nach ganz h. M. bis zum Beweis des Gegenteils **vermutet** werden (Fromm/Nordemann/*Nordemann* § 71 Rn. 20; Schricker/Loewenheim/*Loewenheim* § 71 Rn. 9; Dreier/Schulze/*Dreier* § 71 Rn. 6; Möhring/Nicolini/*Kroitzsch* § 71 Rn. 20; *Götting/Lauber-Rönsberg* GRUR 2006, 638, 640; *Kleinheisterkamp* ZUM 1989, 548 f.; *Götting/Lauber-Rönsberg* 25 f.).

Den nachgelassenen Werken, deren Schutzfrist in der Bundesrepublik abgelaufen ist, werden in Abs. 1 S. 2 nachgelassene Werke gleichgestellt, die in der Bundesrepublik niemals geschützt waren, deren Urheber aber schon länger als 70 Jahre tot ist. Dies ist mit Art. 4 der Schutzdauer-Richtlinie vereinbar (AmtlBegr. *M. Schulze* Materialien 944; Walter/*Walter* Schutzdauer-Richtlinie Rn. 10 f.; Schricker/Loewenheim/*Loewenheim* § 71 Rn. 9; *v. Lewinski* in: Möhring/Schulze/Ulmer/Zweigert 11 f.; *Vogel* ZUM 1995, 451, 456). Mit der Einschränkung, dass an Werken, für die niemals Schutz in der Bundesrepublik bestand, ein Herausgeberrecht nach § 71 erstmals 70 Jahre nach dem Tod des Urhebers begründet werden kann, sollte die nicht gerechtfertigte Begründung eines Leistungsschutzrechts an Ausgaben zeitgenössischer ausländischer Urheber, deren Werke allein aufgrund der fremdenrechtlichen Bestimmungen gem. §§ 120 ff. in der Bundesrepublik schutzlos geblieben sind, verhindert werden (Schricker/Loewenheim/*Loewenheim* § 71 Rn. 9; Fromm/Nordemann/*Nordemann* § 71 Rn. 20; Möhring/Nicolini/*Kroitzsch* § 71 Rn. 5; *Kleinheisterkamp* ZUM 1989, 548, 549).

b) Zeitliche Beschränkung? Umstritten ist, ob sämtliche gemeinfreien Werke mögli- **20** che Schutzgegenstände eines Leistungsschutzrechts nach § 71 sein können, oder ob eine richtlinienkonforme Auslegung des § 71 es *de lege lata* gebietet, den Schutz auf Werke zu beschränken, die erst nach einem bestimmten Datum geschaffen worden sind, bzw. ob eine solche Grenze zumindest *de lege ferenda* gezogen werden sollte, um sehr alte Werke vom

Schutz nach § 71 auszuschließen und dadurch eine höhere Akzeptanz des Schutzrechts nach § 71 in der Öffentlichkeit zu erreichen (vgl. *Langer* S. 85).

Insoweit wird insb. die Auffassung vertreten, dass § 71 dahingehend teleologisch zu reduzieren ist, dass nur solche Werke von ihm erfasst werden, die in der Vergangenheit irgendwann einmal überhaupt urheberrechtlich geschützt waren und deren Schutz in zeitlicher Hinsicht abgelaufen ist (*Eberl* GRUR 2006, 1009; *Langer* S. 81 ff.). In Deutschland komme es somit auf das preußische Nachdruckgesetz vom 11. Juni 1837 an, in Großbritannien auf das Statute of Anne aus dem Jahre 1710 (vgl. *Langer* S. 86). Nach hier vertretener Ansicht würde eine solche historisierende Betrachtungsweise durch Bezugnahme auf unterschiedlichste lokalhistorische Vorläufer der heutigen Urheberrechtsgesetze den beabsichtigten harmonisierenden Effekt von Art. 4 der Schutzdauer-Richtlinie jedoch in erheblichem Maße untergraben und kann daher nicht beabsichtigt gewesen sein (vgl. *Waitz* S. 78 f.), ganz abgesehen davon, dass eine solche gesetzliche Vorgabe die Frage aufwerfen würde, warum etwa das preußische Nachdruckgesetz von 1837 einerseits – selbstverständlich – nicht für das gesamte damalige preußische Territorium Geltung haben soll, andererseits aber für das heutige Bayern, in dem es zu seiner Zeit keinerlei Geltung hatte. Nach hier vertretener Ansicht scheidet eine solche historisierende Auslegung des § 71 daher ganz offensichtlich aus, zumal es für die ratio eines Leistungsschutzrechts nach § 71 vollkommen irrelevant ist, ob das entsprechende Werk irgendeinem Vorläufer eines nationalen Urheberrechtsgesetzes unterfiel oder nicht. Denn die schutzwürdige Leistung ist hiervon völlig unabhängig und jegliche Bezugnahme auf historische Gesetzesvorläufer daher willkürlich (vgl. aber *Langer* S. 82). Insofern ist nach hier vertretener Auffassung eine zeitliche Grenzziehung nur *de lege ferenda* vom europäischen Gesetzgeber durch Einführung einer Stichtagsregelung denkbar, die einheitlich für ganz Europa gilt und frei von nationalen Besonderheiten ist. Eine richtlinienkonforme Auslegung von § 71 gebietet es jedoch keineswegs, nur Werke zu schützen, die ehemals von irgendeinem Vorläufer des jeweiligen nationalen Urheberrechtsgesetzes geschützt gewesen wären (dagegen auch z. B. *Götting/Lauber-Rönsberg* GRUR 2007, 303 f.; Dreier/Schulze/*Dreier* § 71 Rn. 6; Schricker/Loewenheim/*Loewenheim* § 71 Rn. 9; Walter/von Lewinski/*Walter* Term Directive 8.4.10 f. m. w. N.; OLG Düsseldorf GRUR 2006, 673 – Motezuma).

5. Die Entstehung des Schutzrechts

21 **a) Rechtserwerb durch erstes Erscheinenlassen (editio princeps, Abs. 1 S. 2, 1. Alt.).** Das Erscheinen beurteilt sich, wobei auf eine richtlinienkonforme Auslegung zu achten ist, grundsätzlich nach § 6 Abs. 2 (dazu § 6 Rn. 24 ff.) und kann, je nach Werkcharakter, in Printform, d. h. insb. als Buch oder in einer Zeitschrift, aber bspw. auch durch Verteilung von Pressemappen und CDs mit Abbildungen auf einer Pressekonferenz (LG Magdeburg GRUR 2004, 672 – Himmelsscheibe von Nebra), oder, etwa bei Musikwerken oder Werken der Tanzkunst, auf Bild- oder Tonträger erfolgen. Auch ein Erscheinen im Internet ist möglich (s. § 6 Rn. 29 sowie oben Rn. 10; str.), nicht hingegen ein Erscheinenlassen von Werken der bildenden Kunst durch öffentliche Ausstellung (s. oben Rn. 10). Der Ort, an dem die Erstausgabe erscheint, ist seit dem 1.7.1995 irrelevant (s. hierzu näher oben Rn. 7; s. zu Werken, die in der ehemaligen DDR erschienen sind, unten Rn. 43).

22 **b) Rechtserwerb durch erstmalige öffentliche Wiedergabe (Abs. 1 S. 2, 2. Alt.).** Auch soweit seit dem 1.7.1995 das Recht aus § 71 durch erstmalige öffentliche Wiedergabe (§§ 15 Abs. 2, 19–22) erworben werden kann, kommt es auf den Ort, an dem die öffentliche Wiedergabe stattfindet, nicht an (s. oben Rn. 7). Empfehlenswert ist es, den Öffentlichkeitscharakter der jeweiligen Vortrags-, Konzert- oder Bühnenveranstaltung, innerhalb derer ein gemeinfreies Werk erstmals vorgetragen oder aufgeführt wird, hinreichend zu dokumentieren, um späteren Beweisproblemen zu begegnen.

c) „Erlaubterweise". **Unklar** und **umstritten** ist, welche Bedeutung dem Begriff „erlaubterweise" zukommt. Der Gesetzgeber hat diesen in Art. 4 der Schutzdauer-Richtlinie nicht näher bestimmten Begriff („lawfully") zum 1.7.1995 unverändert in das deutsche Gesetz übernommen und der **Auslegung durch die Gerichte überlassen** (AmtlBegr. zum 3. UrhGÄndG *M. Schulze* Materialien 943). Klar ist insoweit zunächst nur, dass die Erlaubnis des Rechtsnachfolgers des Urhebers nicht gemeint sein kann, da das Schutzrecht des § 71 ohnehin nur an gemeinfreien Werken entsteht (AmtlBegr. *M. Schulze* Materialien 943; allg. Ansicht). 23

Teilweise wird davon ausgegangen, dass diesem Kriterium in Deutschland keinerlei Bedeutung zukommt, da es sich entweder um ein **unbeachtliches Redaktionsversehen** handele (*Haller* S. 74; *Linstow* FS Ullmann S. 308) oder um einen Zustimmungsvorbehalt zu Gunsten des Inhabers des in manchen europäischen Ländern, insb. Frankreich und Dänemark, vorgesehenen **ewigen *droit moral*,** welches grundsätzlich auch das Recht zur Veröffentlichung umfasst (so Walter/von Lewinski/*Walter* Term Directive 8.4.21; Walter/*Walter* Schutzdauer-Richtlinie Art. 4 Rn. 17 unter Verweis auf die Rechtslage insb. in Frankreich; vgl. auch OLG Kopenhagen GRUR Int. 1991, 378). 24

Die **h. M.** geht jedoch davon aus, dass diesem Kriterium auch in Deutschland insoweit Bedeutung zukommt, als es insb. verhindern soll, dass in Fällen, in denen das Werkoriginal seinem rechtmäßigen **Eigentümer oder Besitzer entwendet** worden ist, oder wenn die Herstellung bzw. öffentliche Wiedergabe **entgegen** einer **vertraglichen Absprache** mit dem jetzigen Eigentümer bzw. Besitzer vorgenommen wird, der Rechtsverletzer nicht durch die Gewährung eines Leistungsschutzrechts „belohnt" werden soll, wobei im Detail allerdings umstritten ist, ob es insoweit auf die Zustimmung des Eigentümers oder des Besitzers, etwa des Archivs oder Museums, in dem das Werkoriginal aufbewahrt wird, ankommt (Eigentümer: LG Magdeburg GRUR 2004, 672, 674 – Himmelsscheibe von Nebra; Dreier/Schulze/*Dreier* § 71 Rn. 8; Möhring/Nicolini/*Kroitzsch* § 71 Rn. 11; Loewenheim/*A. Nordemann* § 44 Rn. 22; Götting/Lauber-Rönsberg 56; *Langer* S. 146; Besitzer: *Büscher* FS Raue 375 f.; *Tietze* 715, 719; beide: Schricker/Loewenheim/*Loewenheim* § 71 Rn. 11). Unklar ist darüber hinaus auch, ob der Erlaubnisvorbehalt in § 71 eine ausdrückliche Zustimmung des Sacheigentümers bzw. Besitzers zur Publikation bzw. öffentlichen Wiedergabe voraussetzt, oder ob es genügt, dass derjenige, der die Publikation bzw. öffentliche Wiedergabe veranlasst, nur nicht gegen Eigentums- oder Besitzrechte an dem Werkexemplar verstoßen hat (vgl. *Götting/Lauber-Rönsberg* 56). Nur im letzteren Fall würde derjenige, der sich von dem in einem Archiv befindlichen Original rechtmäßig eine eigene Kopie anfertigt und diese anschließend für die Publikation bzw. öffentliche Wiedergabe nutzt, das Schutzrecht nach § 71 erwerben, während der Rechtserwerb im ersteren Fall an der fehlenden ausdrücklichen Zustimmung scheitern würde (vgl. *Götting/Lauber-Rönsberg* 56). 25

Nach **hier vertretener Ansicht** kann es, sofern man dem Kriterium überhaupt eine Bedeutung zumisst – was allerdings der Wortlaut von Art. 4 Schutzdauer-Richtlinie zu verlangen scheint – sinnvoller Weise letztlich nur auf die **ausdrückliche Erlaubnis des Eigentümers des Werkoriginals** ankommen, der allerdings sein Recht zur Ausübung dieser Befugnis einem Besitzer (Archiv, Museum) ggf. stillschweigend eingeräumt haben kann. Insoweit würde Art. 4 Schutzdauer-Richtlinie eine Kombination des früheren deutschen, allein an die Herausgabeleistung anknüpfenden § 71 und des französischen, dieses Recht allein dem Manuskripteigentümer zusprechenden Art. L. 123 Abs. 4 CPI darstellen (vgl. auch Art. L. 123–4 Abs. 2 n. F. sowie die Nachw. bei Walter/*Walter* Schutzdauer-Richtlinie Art. 4 Rn. 7). Dass das Sacheigentum keinerlei immaterialgüterrechtliche Befugnisse verleiht (vgl. den Hinweis von Dreier/Schulze/*Dreier* § 71 Rn. 8 auf die Freiheit des Abfotografierens einer Sache sowie BGH GRUR 1990, 390 – Friesenhaus; vgl. aber neuerdings auch BGH GRUR 2011, 323 – Preußische Gärten und Parkanlagen I, BGH GRUR 2013, 623 – Preußische Gärten und Parkanlagen II, dazu § 72 Rn. 68), widerspricht dieser Auslegung nicht, sondern machte im Gegenteil die Aufnahme eines entsprechenden Erlaubnisvorbehalts gera- 26 de erforderlich, um etwa einem Dieb die Möglichkeit des Schutzerwerbs nach § 71 zu nehmen (vgl. *Götting/Lauber-Rönsberg* GRUR 2007, 303). Auch wenn insoweit ein Diebstahl den Extremfall darstellt, wird die gleiche Interessenbewertung jedoch auch in anderen Fällen dazu führen müssen, dass über die Entstehung des Schutzrechts, sofern dessen Erwerb nicht jedermann nach dem Prioritätsprinzip freigestellt wird, letztlich allein der Sacheigentümer sollte befinden können. Insbesondere jedes Abstellen auf bloß inter partes wirkende Benutzungsabreden würde zu unbefriedigenden Wertungswidersprüchen führen, da das Schutzrecht des § 71 in diesem Fall zwar nicht in der Person des vertraglich Gebundenen, wohl aber jedes beliebigen Dritten entstehen könnte (so auch *Tietze* 715, 719).

27   In ähnlicher Weise hat schließlich auch das LG Magdeburg die Entstehung des Schutzrechts nach § 71 an einem vermutlich 3600 Jahre alten Werk der bildenden Kunst von der ausdrücklichen Zustimmung des Landes Sachsen-Anhalt als Sacheigentümer abhängig gemacht (vgl. LG Magdeburg GRUR 2004, 672, 674 – Himmelsscheibe von Nebra; zust. *Götting/Lauber-Rönsberg* 56; *Ohly* FS Klippel 206).

28   **Rechtsfolge der fehlenden Erlaubnis** des Berechtigten ist zunächst, dass das **Schutzrecht** des § 71 **überhaupt nicht entsteht,** und zwar weder zugunsten des ohne Erlaubnis des Berechtigten Handelnden, noch zu Gunsten des berechtigten Eigentümers oder Besitzers des Werkexemplars (Dreier/Schulze/*Dreier* § 71 Rn. 8; Schricker/Loewenheim/ *Loewenheim* § 71 Rn. 14; LG Magdeburg GRUR 2004, 672, 674 – Himmelsscheibe von Nebra). Fest steht des Weiteren auch, dass diese i. S. v. § 71 „unerlaubte" Publikation aufgrund des bloßen Sacheigentums oder Besitzes am Werkoriginal selbstverständlich nicht verboten werden kann und eine Verletzung etwaiger Benutzungsbedingungen allein schuldrechtliche inter-partes-Wirkungen hätte.

Für die sich insoweit stellende Frage, ob das **Schutzrecht des § 71 nach** einer solchen **unerlaubten Publikationshandlung** überhaupt noch entstehen kann, wird zum Teil davon ausgegangen, dass, soweit es um die Beurteilung der Erstmaligkeit späterer (erlaubter) Publikations- bzw. Wiedergabehandlungen als Entstehungsvoraussetzung des Schutzrechts nach § 71 geht, eine frühere unerlaubte Publikations- bzw. Wiedergabehandlung nicht zu berücksichtigen ist, das Schutzrecht nach § 71 vielmehr nach wie vor „erlaubterweise" entstehen kann (Dreier/Schulze/*Dreier* § 71 Rn. 8). Hiergegen spricht jedoch, dass es, dem Schutzzweck des § 71 entsprechend, im Rahmen des § 71 insoweit allein auf das faktische Erschienensein ankommen kann. Ist das Werk daher bereits erschienen – und sei es auch „unerlaubt" – kann das Recht nach § 71 nicht mehr entstehen. Die Belohnungsfunktion liefe leer (vgl. dazu auch oben Rn. 10).

Stattdessen wäre es eher denkbar, dass der Berechtigte (Eigentümer bzw. Besitzer; str. s. oben Rn. 26) die **unerlaubte Publikationshandlung nachträglich genehmigt** und das Schutzrecht nach § 71 dadurch rückwirkend oder zumindest ex nunc entsteht (wobei sich in beiden Fällen die Schutzdauer ab Erscheinen berechnen würde, so dass im letzteren Fall die Schutzfrist nur noch für die Restlaufzeit liefe). Fraglich wäre aber dann insbesondere, in wessen Person das Schutzrecht entstünde (vgl. unten Rn. 32 ff.). Da der „Berechtigte" in keiner Weise etwas zu der (unerlaubten) Publikation beigetragen hat, dürfte das Recht in diesen Fällen allenfalls in der Person des faktischen „Herausgebers" entstehen können, der die unerlaubte Publikation „veranlasst" hat. Dem Berechtigten stünde es lediglich offen, die nachträgliche Erteilung der Erlaubnis von der Übertragung des entstehenden Rechts auf sich abhängig zu machen (§ 71 Abs. 2; s. auch unten Rn. 31).

Angesichts der damit verbundenen Rechtsunsicherheiten für Nutzer wäre es allerdings auch denkbar, eine nachträgliche Genehmigung nicht zuzulassen. In diesem Fall würde eine **unerlaubte erstmalige Publikation bzw. Wiedergabe** dazu führen, dass das **Schutzrecht des § 71** nicht nur vorläufig, sondern **endgültig nicht mehr zur Entstehung gelangt** (a. A. *Langer* S. 147). Der Anreiz für Berechtigte, insb. Archive, Bibliotheken und Museen, ihre „Schätze" möglichst frühzeitig selbst der Öffentlichkeit zugänglich zu machen, um das Schutzrecht des § 71 zu erwerben, würde sich dadurch verstärken.

III. Inhalt des Schutzes

1. Verwertungsrechte und Schranken

§ 71 gewährt dem Herausgeber der Erstausgabe bzw. demjenigen, der die öffentliche 29 Wiedergabe besorgt, seit dem 1.7.1995 in Umsetzung von Art. 4 Schutzdauer-Richtlinie einen uneingeschränkt den vermögensrechtlichen Befugnissen des Urhebers entsprechenden Schutz (§ 71 Abs. 1 S. 1, 2. Halbs., § 71 Abs. 1 S. 3; AmtlBegr. *M. Schulze* Materialien 943; zum früheren Recht s. oben Rn. 8). Neu ist seit dem 1.7.1995 insb. die Gewährung eines umfassenden Rechts zur öffentlichen Wiedergabe. Das Leistungsschutzrecht nach § 71 erstreckt sich dabei insb. auch auf Verwertungen des Werkes in bearbeiteter Form, und es unterliegt dabei den gleichen Schranken nach §§ 44a–63 wie das Urheberrecht (§ 71 Abs. 1 S. 3; vgl. zu § 44a auch *Langer* S. 46). Darüber hinaus steht dem Rechtsinhaber auch das Verfilmungsrecht nach § 88 zu (vgl. dazu § 88 Rn. 67ff.; *Rehbinder* Rn. 282).

Ob und inwieweit § 71 dem Rechtsinhaber zugleich auch als ein „relatives Schutzhindernis" i. S. v. § 13 Abs. 1 MarkenG das Recht auf eine Markenanmeldung sichert, ist umstritten (vgl. *Linstow* FS Ullmann 309; *Ohly* FS Klippel 210).

2. Vergütungsansprüche

Dem nach § 71 Leistungsschutzberechtigten stehen auch die gesetzlichen Vergütungsan- 30 sprüche aus §§ 20b Abs. 2, 26 Abs. 1, 27 Abs. 1, Abs. 2, 45a Abs. 2, 46 Abs. 4, 47 Abs. 2, 49 Abs. 1, 52 Abs. 1, Abs. 2, 52a Abs. 4, 52b, 53a Abs. 2, 54 Abs. 1, 54a ff. zu (§ 71 Abs. 1 S. 3; vgl. auch BVerfG GRUR 1990, 183, 185 – Vermietungsvorbehalt). Ein Beteiligungsanspruch gegen den Presseverleger steht dem nach § 71 Leistungsschutzberechtigten nach dem Wortlaut des Gesetzes nicht zu (vgl. § 87h Rn. 1).

Das Folgerecht für Werke der bildenden Kunst (§ 26) wurde dabei vom Gesetzgeber zum 1.7.1995 aufgrund der Schutzdauer-Richtlinie eingefügt (AmtlBegr. *M. Schulze* Materialien 944). Die Erforderlichkeit ergab sich aus der umfassenden vermögensrechtlichen Gleichstellung des Rechtsinhabers nach § 71 mit dem Urheber. Erstausgaben von Werken der bildenden Kunst unterfielen aber auch schon zuvor dem Anwendungsbereich des § 71 (a. A. Mestmäcker/Schulze/*Hertin* § 71 Rn. 7). Die Einbeziehung des Folgerechts in den Schutzumfang des § 71 wird kritisiert, da auf diese Weise derjenige, der ein in fremdem Eigentum stehendes, bisher nicht veröffentlichtes Kunstwerk, etwa einen bislang unbekannten Rembrandt, erscheinen lasse bzw. wiedergebe, daran das Folgerecht erwerbe und 25 Jahre lang bei jeder Veräußerung des Werkes fünf Prozent des Veräußerungserlöses kassieren könne (Schricker/Loewenheim/*Loewenheim* § 71 Rn. 3; Dreier/Schulze/*Dreier* § 71 Rn. 10). In der Tat erscheint die Einbeziehung des Folgerechts in den Schutzumfang des § 71 in grundsätzlicher Hinsicht als zu weit gehend. Wenn man jedoch die Entstehung des Schutzrechts nach § 71, wie nach hier vertretener Ansicht (s. oben Rn. 28), an die Erlaubnis des Eigentümers knüpft, hat dieser es in der Hand, die Erteilung seiner Erlaubnis von einer Beteiligung an etwaigen Veräußerungserlösen abhängig zu machen, während das Recht bei unerlaubter Wiedergabe bzw. Erscheinen ohnehin nicht entstünde.

3. Kein Urheberpersönlichkeitsrecht

Das von § 71 belohnte einfache Erscheinenlassen bzw. Wiedergeben eines fremden 31 Geisteswerkes beinhaltet keinerlei eigenschöpferische Tätigkeit i. S. v. § 2 Abs. 2. Dem Rechtsinhaber steht daher, wie sich insb. auch aus dem fehlenden Verweis in § 71 Abs. 1 S. 3 auf die §§ 11–14 ergibt, kein Urheberpersönlichkeitsrecht zu. Konsequenz hieraus ist die **vollständige Übertragbarkeit** des Rechts nach § 71 gem. § 71 Abs. 2, das Fehlen eines urheberrechtlichen Namensnennungsrechts nach § 13 (s. näher zum Vertragsrecht unten Rn. 36), das Fehlen eines Zugangsrechts nach § 25 und der Ausschluss immateriellen Schadensersatzes bei Rechtsverletzungen (§ 97 Abs. 2).

IV. Inhaber des Schutzrechts

1. Veranlasser des Erscheinens bzw. der öffentlichen Wiedergabe als originärer Inhaber des Schutzrechts

32 Unklar und umstritten ist schließlich auch, in wessen Person das Leistungsschutzrecht des § 71 entsteht. Da die Schutzdauer-Richtlinie diesen Punkt nicht harmonisiert, kommt den nationalen Gesetzgebern und Gerichten hierbei ein weites Ermessen zu (vgl. Walter/von Lewinski/*Walter* Term Directive 8.4.24 f. m. w. N.) **Teilweise** wird angenommen, dass das Recht des § 71 in der Person desjenigen entsteht, der das Erscheinen bewirkt und das **unternehmerische Risiko** trägt. Dies ist beim Erscheinen einer editio princeps im Normalfall der Verleger (insb. *Schack* Rn. 660, 662; *Schmieder* UFITA 73 (1975) 65, 68; *Ekrutt* UFITA 84 (1979) 45, 52 ff.; *Gentz* UFITA 52 (1969) 135, 146; auch in BGH GRUR 1975, 447 f. – TE DEUM wird von der „verlegerischen" Leistung gesprochen), im Falle einer erstmaligen öffentlichen Wiedergabe dürfte es regelmäßig der Konzertveranstalter sein (offen gelassen von *Schack* Rn. 661). Die **h. M.** geht hingegen davon aus, dass das Leistungsschutzrecht des § 71 im Falle der editio princeps nicht beim Verleger entsteht, sondern bei demjenigen, der **das Erscheinen „veranlasst"** hat, d. h. in der Person des **Herausgebers,** wobei diese Funktion durchaus auch von einem Institut oder einer juristischen Person ausgeübt werden kann, während der **Verleger** auf einen **abgeleiteten vertraglichen Erwerb** des Rechts nach § 71 angewiesen ist (so schon zum UrhG 1965 AmtlBegr. *M. Schulze* Materialien 529; zum 3. UrhGÄndG AmtlBegr. *M. Schulze* Materialien 943; Schricker/Loewenheim/*Loewenheim* § 71 Rn. 14; Dreier/Schulze/*Dreier* § 71 Rn. 9; Mestmäcker/Schulze/*Hertin* § 71 Rn. 31; Dreyer/Kotthoff/Meckel/*Meckel* § 71 Rn. 13; Fromm/Nordemann/*Nordemann* § 71 Rn. 29; Möhring/Nicolini/*Kroitzsch* § 71 Rn. 12; Walter/*Walter* Schutzdauer-Richtlinie Art. 4 Rn. 20; *Götting*/*Lauber-Rönsberg* GRUR 2006, 638, 646; *Walter* FS Beier 425, 435 f.; *Waitz* S. 69; *Büscher* FS Raue 369; *Haberstumpf* Rn. 332; *Ulmer* 510; *v. Gamm* § 71 Rn. 5; *Rehbinder* UFITA 106 (1987) 255, 272). In gleicher Weise soll es bei der Schutzrechtsentstehung durch erstmalige öffentliche Wiedergabe insb. von musikalischen Werken darauf ankommen, wer die **öffentliche Wiedergabe** maßgeblich **„veranlasst"** hat. Dies kann der **Veranstalter** sein, aber auch, sofern sich die Veranstalterleistung auf eine rein verlegerähnliche Tätigkeit beschränkt, derjenige, der das nachgelassene Werk für die öffentliche Wiedergabe **zur Verfügung stellt** (*Götting/Lauber-Rönsberg* GRUR 2006, 638, 646; Veranstalter: Loewenheim/*A. Nordemann* § 44 Rn. 28; Dreier/Schulze/*Dreier* § 71 Rn. 9; wer das Werk zur Verfügung stellt: Mestmäcker/Schulze/*Hertin* § 71 Rn. 33; Dreyer/Kotthoff/Meckel/*Meckel* § 71 Rn. 13; Fromm/Nordemann/*Nordemann* § 71 Rn. 29).

Nachdem sich auch dem Wortlaut des insoweit seit dem 1.7.1995 maßgeblichen Art. 4 Schutzdauer-Richtlinie für die Frage der Rechtsinhaberschaft nichts Näheres entnehmen lässt (mit „any person who ... publishes ... a previously unpublished work" kann sowohl der Herausgeber als auch der Verleger bezeichnet sein), ist mit der h. M. daran festzuhalten, dass das Schutzrecht demjenigen zusteht, der das Erscheinen bzw. die öffentliche Wiedergabe des aufgefundenen Werkes „veranlasst" hat, d. h. bei der klassischen editio princeps typischer Weise ihr „Herausgeber". Im Falle einer öffentlichen Wiedergabe wird die Rechtsinhaberschaft im Einzelfall nach der Gewichtung der einzelnen Beiträge zu entscheiden sein. Für diese Schutzentstehung in der Person des dem Verleger, Sendeunternehmen etc. regelmäßig vorgelagerten „Veranlassers" des Erscheinens bzw. der öffentlichen Wiedergabe des unbekannten Werkes spricht vor allem die Belohnungsfunktion des § 71. Denn der jeweilige Verleger, Veranstalter etc., mit dessen Tätigkeit das Schutzrecht nach

§ 71 erst entsteht, erbringt dabei regelmäßig lediglich seine übliche Verlegerleistung (vgl. näher *Hofmann* in: Hubmann 17 ff.) bzw. Veranstalterleistung. Seine Investitionen werden dabei durch die Entstehung des Schutzrechts nach § 71, an dem er sich ausschließliche Nutzungsrechte einräumen oder das er sich vollständig übertragen lassen kann, hinreichend geschützt.

Unbefriedigend ist allerdings, dass der Wissenschaftler, der das Werk entdeckt und seinen 33 Wert erkannt hat, hierfür regelmäßig nicht belohnt wird (vgl. *Götting/Lauber-Rönsberg* GRUR 2006, 638, 646; a. A. daher *Tietze* 715, 718 f.), sondern der betreffende „Herausgeber", als welcher vielfach das Archiv oder Museum auftreten wird, in dem das Werk aufgefunden worden ist und das insoweit – als Besitzer oder Eigentümer – die „Sachherrschaft" über das Werkoriginal ausübt (vgl. oben Rn. 23 ff.). Obwohl also § 71 grundsätzlich auch das Auffinden des Werkes und das Erkennen seines Wertes belohnen soll (vgl. AmtlBegr. *M. Schulze* 529), entsteht, wenn das Auffinden und das erstmalige Erscheinenlassen bzw. die erstmalige öffentliche Wiedergabe des Werkes von verschiedenen Personen bewirkt werden, **keine Mitinhaberschaft des Finders** am Leistungsschutzrecht nach § 71; vielmehr entsteht das Recht in diesen Fällen allein in der Person des Herausgebers (Loewenheim/*A. Nordemann* § 44 Rn. 28; a. A. *Tietze* 715, 718 f.).

Angesichts dieser Rechtsunsicherheiten bei der Bestimmung des Rechtsinhabers empfehlen 34 sich in jedem Fall **klare vertragliche Absprachen** im Vorfeld einer erstmaligen öffentlichen Wiedergabe sowie einer editio princeps dahingehend, wem das Recht nach § 71 letztlich zustehen soll. Im Zweifel wird diese Zuordnung des Rechts nach § 71 dann als vollständige Übertragung ausgelegt werden können (zur Übertragbarkeit s. oben Rn. 31).

Da im Übrigen nach der h. M. in Deutschland ein schutzbegründendes erstmaliges Er- 35 scheinen bzw. eine schutzbegründende erstmalige öffentliche Wiedergabe niemals ohne Erlaubnis des Eigentümers des Werkoriginals bewirkt werden können (s. o. Rn. 23 ff.), das **Schutzrecht** somit stets **nur mit Einwilligung des Eigentümers entsteht** (vgl. LG Magdeburg GRUR 2004, 672 zur Eigentumslage an einem archäologischen Fund), ist die Zustimmung des Eigentümers des Werkoriginals zu diesen Vereinbarungen unverzichtbar.

In Umsetzung der Durchsetzungs-Richtlinie ist nunmehr auch die Rechtsinhaberschaftsvermutung nach § 10 Abs. 1 auf das Recht nach § 71 analog anwendbar (vgl. § 10 Rn. 2 f.).

2. Verlagsverträge über Erstausgaben und vollständige Übertragbarkeit des Rechts nach § 71

Das Leistungsschutzrecht des § 71 ist, anders als das Schutzrecht des § 70 (s. dort 36 Rn. 22), auf Dritte **vollständig übertragbar** (§ 71 Abs. 2; vgl. oben Rn. 31). Auf die Übertragung finden die Vorschriften über die **Abtretung, §§ 398 ff. BGB,** Anwendung. Möglich ist allerdings auch die **Einräumung beschränkter Rechte.** Verträge über Erstausgaben sind Verlagsverträge i. S. d. VerlG (*Schricker* § 1 VerlG Rn. 25, s. dort auch zur Abgrenzung von sonstigen Verträgen über gemeinfreie Werke gem. §§ 39, 40 VerlG). Bei der Auslegung von Verlagsverträgen über eine Erstausgabe ist der Gedanke der **Zweckübertragungslehre** analog heranzuziehen, so dass von den Parteien im Zweifel keine vollständige Übertragung aller Rechte aus § 71 an den Verlag unter gleichzeitigem, vollständigen Rechtsverlust beim Herausgeber (§ 71 Abs. 2) gewollt ist (*Klinkenberg* GRUR 1985, 419, 422; Schricker/Loewenheim/*Loewenheim* § 71 Rn. 13; Dreier/Schulze/*Dreier* § 71 Rn. 12; Fromm/Nordemann/*Nordemann* § 71 Rn. 28). Dem nach § 71 Leistungsschutzberechtigten steht wegen Fehlens der urheberpersönlichkeitsrechtlichen Komponente des Schutzrechts nach § 71 (s. o. Rn. 31) **kein** urheberrechtliches **Namensnennungsrecht nach § 13** zu. Allerdings dürfte, auch wenn im Vertrag mit dem Verleger eine ausdrückliche Pflicht zur Nennung des editor princeps fehlt und selbst bei voller Rechtsübertragung eine vollständige Unterdrückung des Namens des editor princeps gegen Treu und Glauben des Verlagsvertrages verstoßen (so auch Fromm/Nordemann/*Nordemann* § 71 Rn. 27;

Dreier/Schulze/*Dreier* § 71 Rn. 11). Um etwaige Zweifel auszuschließen, empfiehlt sich jedoch eine ausdrückliche vertragliche Regelung von Form und Ort der Namensanbringung. Schließlich kann sich der editor princeps wegen Fehlens des persönlichkeitsbezogenen Kerns des Schutzrechts nach § 71 **auch nicht** auf das urheberrechtliche **Änderungsverbot nach § 39** berufen (vgl. zur Schließung von Vertragslücken aufgrund der Streichung von § 13 VerlG a. F. *Schricker* GRUR Int. 1983, 446, 447 f.).

V. Schutzdauer und Fristbeginn

37 Die **Schutzdauer** des Leistungsschutzrechts nach § 71 wurde durch das am **1.7.1990** in Kraft getretene ProduktpiraterieG auf **25 Jahre** erhöht (§ 71 Abs. 3), zuvor betrug sie 10 Jahre (zum Übergangsrecht s. § 137b).

38 Vor dem 1.7.1990 wurden zudem Werke, die erstmals in den letzten 10 Jahren vor Ablauf der Schutzfrist von 70 Jahren nach dem Tode des Urhebers veröffentlicht wurden, gem. § 64 Abs. 2 a. F. durch eine besondere 10-jährige Schutzfrist urheberrechtlich geschützt, deren Lauf jeweils mit der Veröffentlichung des Werkes begann (Einzelheiten § 64 Rn. 12). Diese besondere 10-jährige urheberrechtliche Schutzfrist wurde im Zuge der europäischen Schutzfristenharmonisierung mit Inkrafttreten des 3. UrhGÄndG zum 1.7.1995 abgeschafft. Für denjenigen, der als Rechtsnachfolger des Urhebers kurz vor Ablauf der urheberrechtlichen Schutzfrist ein bislang noch unveröffentlichtes Werk des Erblassers auffindet, kann es daher sinnvoll sein, mit der Veröffentlichung des Werkes bis nach Ablauf der 70 Jahre post mortem auctoris abzuwarten, um dann den Schutz des § 71 Abs. 3 mit seinen 25 Jahren in Anspruch nehmen zu können (Mestmäcker/Schulze/*Hertin* § 71 Rn. 5; Schricker/Loewenheim/*Loewenheim* § 71 Rn. 5; *Dietz* GRUR Int. 1995, 670, 673; sowie § 64 Rn. 12). Erst recht würden derartige Überlegungen natürlich für den Eigentümer eines Werkstücks gelten, der nicht Rechtsnachfolger des Urhebers ist.

39 Mit dem 3. UrhGÄndG zum 1.7.1995 wurde der Verweis auf § 69 in § 71 Abs. 3 S. 2 a. F. gestrichen. Da **Art. 8 der Schutzdauer-Richtlinie** jedoch als Fristbeginn den 1. Januar des Folgejahres für alle in der Richtlinie genannten Fristen zwingend vorschreibt, entspricht letztlich nur eine **analoge Anwendung von § 69** einer **richtlinienkonformen** Auslegung (Walter/*Walter* Schutzdauer-Richtlinie Art. 8 Rn. 3; Fromm/Nordemann/*Nordemann* § 71 Rn. 31; Dreier/Schulze/*Dreier* § 71 Rn. 14; Loewenheim/*A. Nordemann* § 44 Rn. 30; Möhring/Nicolini/*Kroitzsch* § 71 Rn. 18; Schricker/Loewenheim/*Loewenheim* § 71 Rn. 15).

VI. Sonstige Fragen

1. Verhältnis von §§ 70 und 71

40 Erscheint eine wissenschaftliche Ausgabe eines nachgelassenen Werkes als „editio princeps", überlagern sich die Rechte nach § 70 (Schutz der wissenschaftlichen Ausgabe) und § 71 (Schutz der Erstausgabe). Das Schutzrecht des **§ 70** steht dabei dem **Verfasser** der Ausgabe, das Schutzrecht des **§ 71** ihrem **Herausgeber** zu. Dabei hat das Schutzrecht des Herausgebers nach § 71 insofern einen weiteren Umfang, als Schutzgegenstand nicht nur die konkrete Ausgabe, d. h. Fassung des Werkes, sondern das Werk selbst ist. Ein Urheberpersönlichkeitsrecht wiederum steht hingegen nur dem Verfasser zu (s. o. Rn. 31, § 70 Rn. 18). Auch der Schutzbeginn ist unterschiedlich, sofern man mit der h. M. das Recht nach § 70 bereits mit der Anfertigung des Manuskripts durch den Verfasser entstehen lässt (vgl. dazu § 70 Rn. 25), da er für das der Ausgabe zugrundeliegende Original nach § 71 erst mit dem tatsächlichen Erscheinen der Ausgabe entsteht (*Klinkenberg* GRUR 1985, 419, 422). Soweit eine bereits fertiggestellte wissenschaftlich-kritische Ausgabe von einer Ausgabe oder öffentlichen Wiedergabe des Originals „überholt" wird, kann die wissenschaftliche Ausgabe nicht mehr oder nur noch in Lizenz erscheinen, da zwar das Recht nach § 70 bereits entstanden ist, seine Verwertung aber in das selbstständig und unabhängig entstandene Recht nach § 71 am Werkoriginal eingreifen würde. In diesem Fall wäre es allerdings immer noch möglich, den wissenschaftlichen Apparat und unter den Voraussetzungen des § 51 lediglich die Besonderheiten der erarbeiteten Fassung zu veröffentlichen. In diesen Fällen empfiehlt es sich insoweit u. U. für denjenigen, der an einer umfangreichen wissenschaftlichen Ausgabe arbeitet, sich das Recht nach § 71 durch eine rasche, wissenschaftlich unbearbeitete Vorveröffentlichung des Quellenmaterials vorab schon einmal zu sichern (vgl. oben Rn. 6). Umgekehrt stellt die bloße Arbeit an einer wissenschaftlichen Ausgabe keinen Hinderungsgrund für die Entstehung des Schutzrechts nach § 71 dar, da sich der Gegenstand des Schutzrechts nach § 70 lediglich auf die erarbeitete Fassung, nicht hingegen auf das Original erstreckt, wobei die Abgrenzung im Einzelfall schwierig sein dürfte (vgl. zum Schutzgegenstand § 70 Rn. 19 ff.).

Sofern der Verfasser der Ausgabe nach § 70 mit dem Herausgeber nach § 71 identisch ist, stehen ihm beide Rechte zu. Soll die Erstausgabe in Form der wissenschaftlichen Ausgabe dagegen durch einen anderen als den Verfasser erfolgen, so bedarf der Herausgeber der Einräumung des Vervielfältigungs- und Verbreitungsrechts durch den Verfasser der Ausgabe. Gegen Dritte kann der Herausgeber dann sowohl aufgrund des übertragenen als auch aufgrund des eigenen Rechts vorgehen, wobei er allerdings nur kraft eigenen Rechts auch die Verwertung des Werkes in anderer Fassung untersagen kann, da sich der Verbotsumfang des § 70 nicht auf wesentlich andere Fassungen erstreckt. Soweit die Rechte an der wissenschaftlichen Ausgabe – darunter insb. das Bearbeitungsrecht – dem Verfasser verblieben sind, können sie in dem gesetzlich jeweils vorgesehenen Umfang sowohl vom Verfasser als auch vom Herausgeber selbstständig geltend gemacht werden. Zu ihrer Verwertung und Vergabe ist daher gegebenenfalls die Zustimmung beider erforderlich ist (*Ulmer* 510). **41**

2. Analoge Anwendung von § 5

Auf das Leistungsschutzrecht des § 71 findet die Ausnahmeregelung in § 5 für amtliche Werke gem. § 71 Abs. 1 S. 3 sinngemäße Anwendung. Im Rahmen dieser analogen Anwendung stellt sich die Frage, ob Schutzfreiheit nur dann besteht, wenn gerade die Erstausgabe im amtlichen Interesse erfolgte (sog. „amtliche Ausgaben"), oder ob, so die h.M., Schutzfreiheit schon immer dann besteht, wenn das Werk, das den Gegenstand der Erstausgabe bildet, einmal ein „amtliches Werk" i.S.v. § 5 analog dargestellt hatte (vgl. *Götting/Lauber-Rönsberg* 22). Nach h.M. könnte damit an Erstausgaben „amtlicher Werke", z.B. an unveröffentlichten Gerichtsurteilen, kein Schutz nach § 71 erworben werden. **42**

Nach hier vertretener Ansicht erscheint es jedoch nicht sachgerecht, die Interessenwertung des § 5 auf der Ebene des Schutzgegenstands der Erstausgabe analog anzuwenden und damit Erstausgaben etwa von antiken römischen, griechischen oder z.B. auch von mittelalterlichen deutschen oder französischen Gerichtsurteilen nach § 5 analog vom Schutz des § 71 auszunehmen. Urteile, die nach Ablauf der Urheberschutzfrist regelmäßig mehr als 100 Jahre alt und bis dahin noch nicht erschienen sind, dürften keinem aktuellen „amtlichen" Interesse mehr unterfallen, sondern lediglich einem historischen Interesse. Wer ihre individuelle Bedeutung erkennt und sie durch eine Publikation vor dem Vergessen bewahrt, verdient den – kurzen – Schutz nach § 71. Die wissenschaftliche Auseinandersetzung wird durch derartige Publikationen nicht behindert, sondern befördert. Es erscheint daher sachgerecht, bei der analogen Anwendung von § 5 auf das Leistungsschutzrecht des § 71 allein auf den amtlichen Charakter der Ausgabe selbst abzustellen, nicht auf einen etwaigen amtlichen Charakter des Originals (vgl. zur analogen Anwendung von § 5 auf „amtliche Datenbanken" BGH GRUR 2007, 500 – Sächsischer Ausschreibungsdienst, dazu § 87a Rn. 143 ff.; vgl. auch *Waitz* S. 74 f.).

3. In der ehemaligen DDR erschienene Erstausgaben

43 Das UrhG der DDR sah keinen Schutz für Erstausgaben nachgelassener Werke vor. An Erstausgaben nachgelassener Werke, die in der ehemaligen DDR zwischen dem 1.1.1966 und dem 3.10.1990 erschienen sind, ist auch durch die deutsche Einigung das Schutzrecht nach § 71 nicht rückwirkend entstanden (wie hier Dreier/Schulze/*Dreier* § 71 Rn. 6; *Katzenberger* GRUR Int. 1993, 2, 10; *Püschel* GRUR 1992, 579; a. A. EVtr Rn. 16; *Schulze* GRUR 1991, 731, 733).

4. Fremdenrecht

44 Bei § 71 **fehlt jegliche fremdenrechtliche Diskriminierung,** das Recht kommt In- und Ausländern gleichermaßen zugute (vgl. die Nichterwähnung von § 71 in § 124; s. auch § 124 Rn. 1 f.). Dieser Verzicht auf die ansonsten im Urheberrecht übliche fremdenrechtliche Diskriminierung fand ursprünglich seine Rechtfertigung darin, dass das Schutzrecht nur durch erstes Erscheinenlassen im Inland erworben werden konnte und das Schutzrecht somit letztlich dafür gewährt wurde, dass das nachgelassene Werk dem deutschen Publikum zugänglich gemacht wurde (AmtlBegr. *M. Schulze* Materialien 586). Nachdem dieses Fehlen jeglicher fremdenrechtlichen Beschränkung beibehalten wurde, obwohl das Erfordernis des Erscheinenlassens im Inland durch das 3. UrhGÄndG zum 1.7.1995 ersatzlos weggefallen ist (vgl. oben Rn. 7), erwerben das Schutzrecht des § 71 nunmehr In- und Ausländer gleichermaßen für sämtliche Erstausgaben bzw. erstmalige öffentliche Wiedergaben, ob diese nun im In- oder Ausland erfolgt sind. Insoweit stellt sich die Frage nach einer richtlinienkonformen Auslegung, da in anderen EU-Ländern durchaus die fremdenrechtlichen Bestimmungen auch auf das Leistungsschutzrecht an nachgelassenen Werken angewendet werden (vgl. *Langer* S. 129).

5. Verwertungsgesellschaft

45 Die Wahrnehmung der Rechte aus den §§ 70, 71 – soweit nicht die bühnenmäßige Aufführung betroffen ist (*Berke* 28) – erfolgt für nachgelassene Musikwerke durch die VG Musikedition (vormals IMHV) in Kassel (www.vg-musikedition.de; zu Gegenseitigkeitsverträgen vgl. *Tietze* 715, 720 f.; s. auch Vor §§ 1 ff. WahrnG Rn. 8).

6. Übergangsrecht

Das Übergangsrecht für die Änderungen des § 71 durch das am **1.7.1995** in Kraft getretene 3. UrhGÄndG enthält § 137 f. Das Übergangsrecht für die Änderungen durch das am **1.7.1990** in Kraft getretene ProduktpiraterieG, welches die Schutzdauer von 10 auf 25 Jahre verlängert hat, enthält § 137b.

Abschnitt 2. Schutz der Lichtbilder

§ 72 Lichtbilder

(1) **Lichtbilder und Erzeugnisse, die ähnlich wie Lichtbilder hergestellt werden, werden in entsprechender Anwendung der für Lichtbildwerke geltenden Vorschriften des Teils 1 geschützt.**

(2) **Das Recht nach Absatz 1 steht dem Lichtbildner zu.**

(3) **Das Recht nach Absatz 1 erlischt fünfzig Jahre nach dem Erscheinen des Lichtbildes oder, wenn seine erste erlaubte öffentliche Wiedergabe früher erfolgt ist, nach dieser, jedoch bereits fünfzig Jahre nach der Herstellung, wenn das**

§ 72 Lichtbilder § 72 UrhG

Lichtbild innerhalb dieser Frist nicht erschienen oder erlaubterweise öffentlich wiedergegeben worden ist. Die Frist ist nach § 69 zu berechnen.

Literatur: *Bappert/Wagner,* Urheberrechtsschutz oder Leistungsschutz für die Photographie?, GRUR 1954, 104; *Berberich,* Die urheberrechtliche Zulässigkeit von Thumbnails bei der Suche nach Bildern im Internet, MMR 2005, 145; *Brinzer,* Fotohonorare und Konditionen in Europa, Sinzheim/Baden 2003; *Büchner,* Schutz von Computerbildern als Lichtbild(werk), ZUM 2011, 549; *Bullinger,* Kunstwerke in Museen – die klippenreiche Bildauswertung, Festschrift für Peter Raue 2006, S. 379; *Bundesverband der Pressebild-Agenturen und Bildarchive,* Der Bildermarkt – BVPA Handbuch der Bildagenturen 2013, Berlin 2013 (erscheint jährlich); *Davis,* Pixel Piracy, Digital Sampling & Moral Rights, GRUR Int. 1996, 888; *Dreier,* Sachfotografie, Urheberrecht und Eigentum, in: Urheberrecht: gestern – heute – morgen, Festschrift für Adolf Dietz, München 2001, 235 (zit. *Dreier FS Dietz*); *Dünnwald,* Zum Leistungsschutz an Tonträgern und Bildtonträgern, UFITA 76 (1976) 165; *Ekrutt,* Der Rechtsschutz der Filmeinzelbilder, GRUR 1973, 512; *Feldmann,* Urheberrechtlicher Schutz der digitalen Fotografie und Schadensersatz bei unterlassener Urheberbenennung, Anm. zum Urt. d. LG Hamburg v. 4.4.2003, Az. 308 O 515/02, ZUM 2004, 679; *Flechsig,* Das Lichtbild als Dokument der Zeitgeschichte, UFITA 116 (1991) 5; *Flöter/Königs,* Verletzung des Rechts am grundstücksinternen Bild der eigenen Sache und Übertragbarkeit der dreifachen Schadensberechnung auf deliktische Schadensersatzansprüche aus Eigentumsverletzung, ZUM 2012, 383; *Garbers-von Boehm,* Rechtliche Aspekte der Digitalisierung und Kommerzialisierung musealer Bildbestände, Baden-Baden 2011; *Gerauer,* Der Unterlassungsanspruch des Eigentümers bei gewerblichem Fotografieren, GRUR 1988, 672; *Gercke,* Urheberrechtlicher Schutz von Computergrafiken und Stylesheets, Anm. zu OLG Hamm – 4 U 51/04v. 24.8.2004, ZUM 2004, 929; *Gerstenberg,* Zur Schutzfrist für Lichtbilder und Lichtbildwerke, GRUR 1976, 131; *Götz,* Die Neuvermessung des Lebenssachverhalts – Der Streitgegenstand im Unterlassungsprozess, GRUR 2008, 401; *Graf,* Schutz der Reproduktionsfotografie?, Kunstchronik 2008, 206; *Grübler/Jürgens,* Anm. zu OLG Hamburg, GRUR-RR 2008, 230 – Chefkoch, GRUR-RR 2008, 235; *Habel/Meindl,* Das Urheberrecht an Fotografien bei Störung ihrer professionellen Verwertung, ZUM 1993, 270; *Hanser-Strecker,* Zur Frage des urheberrechtlichen Schutzes des Notenbildes, UFITA 93 (1982) 13; *Hamann,* Grundfragen der Originalfotografie, UFITA 90 (1981) 45; *Heitland,* Der Schutz der Fotografie im Urheberrecht Deutschlands, Frankreichs und der Vereinigten Staaten von Amerika, München 1995; *Hoeren/Nielen,* Fotorecht, Recht der Aufnahme, Gestaltung und Verwertung von Bildern, Berlin 2004; *Hoffmann,* Die Verlängerung der Schutzfristen für das Urheberrecht an Lichtbildern, UFITA 13 (1940) 120; *Jacobs,* Photographie und künstlerisches Schaffen, Festschrift Quack, 1991, 32; *Katzenberger,* Neue Urheberrechtsprobleme der Photographie, GRUR Int. 1989, 116; *Koch,* Rechtsschutz für Benutzeroberflächen von Software, GRUR 1991, 180; *Koch,* Handbuch zum Fotorecht, Sinzheim/Baden 2003; *Lammek/Ellenberg,* Zur Rechtmäßigkeit der Herstellung und Veröffentlichung von Sachaufnahmen, ZUM 2004, 715; *Lehment,* Das Fotografieren von Kunstgegenständen, Göttingen 2008; *Kötz/Brüggemann,* Fotografie und Recht, Heidelberg 2009; *Maaßen,* Urheberrechtliche Probleme der elektronischen Bildverarbeitung, ZUM 1992, 338; *Maaßen* (Hrsg.), BFF Handbuch Basiswissen, Köthen 2010; *Maaßen,* Vertragshandbuch für Fotografen und Bildagenturen, Baden-Baden 1995; *Mielke,* Fragen zum Fotorecht, 4. Aufl., Baden-Baden 1996; *Mielke,* Zur Zulässigkeit von sog. Blockierungskosten in Allgemeinen Geschäftsbedingungen von Bildagenturen, in: BVPA Der Bildermarkt – Handbuch der Bildagenturen 2007, 109 (zit. *Mielke in: BVPA*); *L. u. G. Mielke,* Allgemeine Liefer- und Geschäftsbedingungen im Fotobereich, ZUM 1998, 646; *A. Nordemann,* Die künstlerische Fotografie als urheberrechtlich geschütztes Werk, Baden-Baden 1992; *A. Nordemann,* Zur Problematik der Schutzfristen für Lichtbildwerke und Lichtbilder im vereinigten Deutschland, GRUR 1991, 418; *A. Nordemann,* Verwertung von Lichtbildern, FS Schricker 1995, 477; *A. Nordemann/Mielke,* Zum Schutz von Fotografien nach der Reform durch das dritte Urheberrechtsänderungsgesetz, ZUM 1996, 214; *J. Nordemann,* Die MFM-Bildhonorare: Marktübersicht über angemessene Bildhonorare im Fotobereich, ZUM 1998, 642; *J. Nordemann,* Urhebervertragsrecht und neues Kartellrecht gem. Art. 81 EG und § 1 GWB, GRUR 2007, 203; *W. Nordemann,* Lichtbildschutz für fotografisch hergestellte Vervielfältigungen?, GRUR 1987, 15; *W. Nordemann,* Das Dritte Urheberrechtsänderungsgesetz, NJW 1995, 2534; *W. Nordemann,* Die Urheberrechtsreform 1985, GRUR 1985, 837; *W. Nordemann,* Das Prinzip der Inländerbehandlung und der Begriff der „Werke der Literatur und Kunst", GRUR Int. 1989, 615; *Ohly,* Zwölf Thesen zur Einwilligung im Internet, GRUR 2012, 983; *Ohly,* Verwertungsverträge im Bereich der bildenden Kunst, in: Urhebervertragsrecht, Festgabe für Gerhard Schricker, München 1995, 427 (zit. *Ohly FS Schricker*); *Oldekop,* Elektronische Bildbearbeitung im Urheberrecht, Köln 2006; *Oosterlinck,* Der Rechtsschutz von Daten kommerzieller Fernerkundungssatelliten, GRUR Int. 1986, 770; *Omsels,* Urteilsanmerkung zu BGH Urt. v. 6.10.2005 – I ZR 266/02 – „Pressefotos", jurisPR-WettbR 3/2006 Anm. 7; *Ott,* Zulässigkeit der Erstellung von Thumbnails durch Bilder- und Nachrichtensuchmaschinen?, ZUM 2007, 119; *Pausa,* Der urheberrechtliche Lichtbildschutz im Rechtsvergleich, Diss. Wien, 2010; *Pfennig,* Die digitale Verwertung von Werken der bildenden Kunst und von Fotografien, in: *Becker/Dreier* (Hrsg.), Urheber-

UrhG § 72

recht und digitale Technologie, 1994, 95; *Pfennig,* Digitale Bildverarbeitung und Urheberrecht, 1998; *Pfennig,* Die Begegnung von Fotografie und Kunst: Ein Konflikt ohne Ende, KUR 2007, 1; *Platena,* Das Lichtbild im Urheberrecht, Frankfurt a. M. u. a. 1998; *Reuter,* Digitale Film- und Bildbearbeitung im Lichte des Urheberrechts, GRUR 1997, 23; *Riedel,* Der Schutz der Photographie im geltenden und zukünftigen Urheberrecht, GRUR 1951, 378; *Riedel,* Das photografische Urheberrecht in den Referentenentwürfen des Bundesjustizministeriums zur Urheberrechtsreform, GRUR 1954, 500; *Riedel,* Fotorecht für die Praxis, 4. Aufl., München 1988; *Schack,* Anm. zum Urteil des BGH vom 17. 102010 Az.: V ZR 45/10, JZ 2011, 375; *Schack,* Der Vergütungsanspruch der in- und ausländischen Filmhersteller aus § 54 I UrhG, ZUM 1989, 267; *Schneider,* Das Recht des Kunstverlags, München 2001; *Schricker,* Unbefugte Nutzung von Werbefotos nach Vertragsbeendigung, EWiR 2000, 45; *Schulze,* Der Schutz von technischen Zeichnungen und Plänen, Lichtbildschutz für Bildschirmzeichnungen?, CR 1988, 181; *Schulze,* Urheber- und Leistungsschutzrechte des Kameramanns, GRUR 1994, 855; *Schulze/Bettinger,* Wiederaufleben des Urheberrechtsschutzes bei gemeinfreien Fotografien, GRUR 2000, 12; *Stang,* Freie Verwendung von Abbildungen gemeinfreier Werke?, ZGE 2009, 167; *Stang,* Das urheberrechtliche Werk nach Ablauf der Schutzfrist – Negative Schutzrechtsüberschneidung, Remonopolisierung und der Grundsatz der Gemeinfreiheit, Tübingen 2011 (zit. *Stang*); *Stieper,* Anm. zu BGH, Urteil v. 17.12.2010 – V ZR 45/10, ZUM 2011, 331; *Talke,* Lichtbildschutz für digitale Bilder von zweidiemnsionalen Vorlagen, ZUM 2010, 846; *L. Ullmann,* Bedeutung der Honorarempfehlungen der Mittelstandsgemeinschaft Foto-Marketing; jurisPR-WettbR 5/1007 Anm. 6 *Ulmer,* Das Folgerecht im internationalen Urheberrecht, GRUR 1974, 593; *Vogel,* Die Umsetzung der Richtlinie zur Harmonisierung der Schutzdauer des Urheberrechts und bestimmter verwandter Schutzrechte, ZUM 1995, 451; *Wanckel/Nitschke,* Foto- und Bildrecht, München 2004; *Wandtke,* Doppelte Lizenzgebühr im Urheberrecht als Modell für den Vermögensschaden von Persönlichkeitsrechtsverletzungen im Internet?, GRUR 2000, 942.

Vgl. darüber hinaus die Angaben im eingangs abgedr. Gesamtliteraturverzeichnis.

Übersicht

	Rn.
I. Regelungszweck	1, 2
II. Schutzgegenstand	3–18
1. Lichtbilder	3–11
a) Abgrenzung zu Lichtbildwerken (§ 2 Abs. 2)	5–10
b) Abgrenzung zur einfachen Lichtbildkopie (§ 16)	11
2. Erzeugnisse, die ähnlich wie Lichtbilder hergestellt werden	12, 13
3. Einzelfälle	14–18
a) Lichtbildschutz bejaht	14, 15
b) Lichtbildschutz verneint	16–18
III. Inhalt und Umfang des Schutzes	19–33
1. Entsprechende Anwendung der urheberrechtlichen Vorschriften des Ersten Teils	19
2. Verwertungsrechte	20–27
3. Schranken	28–30
4. Vergütungsansprüche	31
5. Urheberpersönlichkeitsrechtliche Befugnisse	32, 33
IV. Inhaber des Schutzrechts	34
V. Dauer des Lichtbildschutzes	35–45
1. Schutzdauer	35–37
2. Übergangsrechtliche Aspekte der Schutzfrist	38–45
a) Rechtslage nach KUG (gültig vom 1.7.1907 bis 31.12.1965)	39
b) Rechtslage nach UrhG (gültig ab 1.1.1966)	40
c) Rechtslage nach UrhG (gültig ab 1.7.1985)	41, 42
d) Änderungen durch das 3. UrhGÄndG (gültig ab 1.7.1995)	43–45
VI. Vertragsrecht	46–56
1. Fehlende Übertragbarkeit (§ 29 Abs. 1)	46
2. Anwendbarkeit der §§ 31 ff., Zweckübertragungstheorie	47, 48
3. Nutzungsverträge mit freischaffenden Fotografen	49–50
a) Auftragsproduktionen	49
b) Archivbestellungen	50
c) Illustrationsverträge	51
d) Bildnisbestellungen	52

	Rn.
4. Angestellte Fotografen (§ 43)	53
5. Vertragsbeziehungen mit Bildagenturen	54, 55
a) Rechtsverhältnis Bildagentur/Lichtbildner	54
b) Rechtsverhältnis Bildagentur/Verwerter	55
6. Wahrnehmungsvertrag der VG Bild-Kunst	56
VII. Sonstige Fragen	57–73
1. Wettbewerbsrechtlicher Schutz	57
2. Prozessuale Aspekte, Urheberschaftsvermutung nach § 10	58–64
3. Digitale Bildbearbeitung	65
4. Fotografierverbote und Rechte Dritter	66–69
5. Lichtbildschutz im DDR-URG und Einigungsvertrag	70
6. Fremdenrecht	71–73

I. Regelungszweck

Während **schöpferische** Fotografien als **Lichtbildwerke** gem. § 2 Abs. 1 Nr. 5, Abs. 2 **1** unmittelbar **Urheberrechtsschutz** genießen, werden **nichtschöpferische Fotografien** als einfache **Lichtbilder** durch das **Leistungsschutzrecht** in § 72 geschützt, welches die für Lichtbildwerke geltenden Vorschriften des Ersten Teils – bis auf die Schutzdauer – auf einfache Lichtbilder für entsprechend anwendbar erklärt (AmtlBegr. *M. Schulze* Materialien 531). Maßgeblich für die rechtliche Gleichstellung nichtschöpferischer mit schöpferischen Fotografien war vor allem die Erwägung, dass eine Abgrenzung zwischen Lichtbildern mit und ohne Werkcharakter in praktischer Hinsicht nahezu unüberwindlichen Schwierigkeiten begegnet (AmtlBegr. *M. Schulze* Materialien 531). Da die **Schutzdauer** von einfachen **Lichtbildern** jedoch nur **50 Jahre** beträgt und bereits mit dem Erscheinen, der ersten öffentlichen Wiedergabe oder der Herstellung des Lichtbildes zu laufen beginnt, während **Lichtbildwerke** seit dem 1.7.1985 die volle urheberrechtliche Schutzfrist von **70 Jahren** post mortem auctoris nach § 64 genießen (näher zur Schutzdauer unten Rn. 35 ff.), spielt die Abgrenzung von Lichtbildern und Lichtbildwerken für die Zeit nach Ablauf der jeweiligen Schutzdauer immer noch eine Rolle; hiervon abgesehen bleiben der Rechtsprechung aber Ausführungen zu der Frage, ob eine Fotografie schöpferischer Natur ist oder nicht, aufgrund von § 72 weitgehend erspart. Abgesehen von dieser besonderen Motivation für die rechtliche Gleichstellung mit Lichtbildwerken in § 72 werden und wurden Fotografien als einfache Lichtbilder aufgrund der in ihnen verkörperten technischen Leistung jedoch um ihrer selbst willen geschützt (vgl. Rn. 35 ff.).

In die Kritik geraten ist das Leistungsschutzrecht des § 72 in letzter Zeit vor allem dadurch, dass es den Eigentümern von **Originalkunstwerken,** darunter insb. Museen, die Möglichkeit bietet, sich faktisch die kommerzielle Verwertung von Abbildungen ihrer Kunstwerke auch nach dem Ablauf der Schutzfrist für einen weiteren erheblichen Zeitraum ausschließlich vorzubehalten und dadurch die Wertungen der **Gemeinfreiheit zu umgehen** (*Stang* ZGE S. 167; *Stang* 157 ff.; dazu unten Rn. 11). Denn indem nur vom Eigentümer autorisierte Reproduktionsfotografien angeboten werden, die ihrerseits für weitere 50 Jahre nach dem ersten Erscheinen geschützt sind, ist eine bildliche Verwertung des Originalkunstwerks ohne Verletzung des Lichtbildschutzes an der Reproduktionsfotografie nicht möglich. Insoweit wird ein Ausschluss des Lichtbildschutzes jedenfalls von Reproduktionen zweidimensionaler Vorlagen, wie vor allem von Gemälden, im Wege einer teleologischen Reduktion des § 72 gefordert, um die Rechtsunsicherheiten und Beschränkungen bei der Verwendung von Abbildungen gemeinfreier Werke bei Online-Projekten wie Europeana, Wikipedia, Wikimedia Commons etc. zu beseitigen (*Stang* ZGE S. 167; *Stang* 157 ff., 183 ff.; dazu unten Rn. 11). Diskussionen gibt es ebenfalls in Bezug auf die Reichweite und Grenzen des sog. **Bildzitats** gem. § 51 (dazu unten Rn. 30). Unklar ist bei § 72 schließlich auch seine Reichweite beim Teileschutz, bei dem insb. diskutiert wird, ob das Leistungsschutzrecht des § 72 einen sog. **Pixelschutz** beinhaltet (dazu unten Rn. 24 ff.).

II. Schutzgegenstand

1. Lichtbilder

3   Der Lichtbildschutz nach § 72 ist zum einen „nach oben" zur **„kleinen Münze"** der **Lichtbildwerke** nach § 2 Abs. 1 Nr. 5, d. h. der gerade noch urheberrechtlich geschützten schöpferischen Fotografien abzugrenzen (dazu unten Rn. 5 ff. sowie § 2 Rn. 116 ff.); zum anderen ist eine Abgrenzung „nach unten" zur **schutzunfähigen mechanischen Reproduktionsfotografie** erforderlich, bei der es sich, wie im Falle einfacher Fotokopien, lediglich um eine Vervielfältigung nach § 16 handelt (dazu unten Rn. 11).

4   Schließlich ist der Begriff des Lichtbildes auch noch **in technischer Hinsicht abzugrenzen**, d. h. es stellt sich die Frage, welche weiteren Abbildungsverfahren jenseits der herkömmlichen Fotografiertechnik zu Erzeugnissen führen, die dem Leistungsschutz des § 72 unterfallen (dazu unten Rn. 12 ff.).

5   a) **Abgrenzung zu Lichtbildwerken (§ 2 Abs. 2).** Im Gegensatz zu schöpferischen Lichtbildwerken ist das **einfache Lichtbild** das Ergebnis einer **rein technischen Leistung**. Seine Anfertigung setzt keinerlei besondere und nicht einmal handwerkliche Fähigkeiten voraus – wobei mit handwerklichem Können angefertigte Fotografien jedoch regelmäßig nach § 72 geschützt sind – und § 72 erfasst damit insb. sämtliche alltäglichen **Amateuraufnahmen und Knipsbilder** (AmtlBegr. *M. Schulze* Materialien 531; BGH GRUR 1990, 669, 673 – Bibelreproduktion; BGH GRUR 1967, 315 f. – skai cubana; Dreier/Schulze/*Schulze* § 72 Rn. 3; Dreyer/Kotthoff/Meckel/*Meckel* § 72 Rn. 7 ff.; Schricker/Loewenheim/*Vogel* § 72 Rn. 10; *Ulmer* 511). Für die Beurteilung, ob es sich bei einer Fotografie um ein schöpferisches Lichtbildwerk oder ein einfaches Lichtbild handelt, ist allerdings allein der **objektive Inhalt der Aufnahme** entscheidend; insb. spielen, da § 7 über die Werkschöpfung als Realakt (vgl. § 7 Rn. 3) Anwendung findet, weder das Alter des Aufnehmenden (vgl. OLG Hamburg GRUR 1999, 717 – Wagner-Familienfotos – zu Aufnahmen eines Dreizehnjährigen; s. auch § 2 Rn. 118), noch ob es sich um einen Amateur- oder einen Berufsfotografen handelt, noch die vorhandene oder fehlende Absicht mit der Aufnahme ein Kunstwerk zu schaffen, bei der rechtlichen Beurteilung des Werkcharakters irgendeine Rolle. Allerdings wird die Tatsache, dass ein Fotograf bereits **Anerkennung als Künstler** gefunden hat – was grundsätzlich sowohl bei Berufs- als auch bei Hobbyfotografen möglich ist –, für ein Gericht Anlass sein, besonders sorgfältig zu prüfen, ob die Fotografien nicht doch das für den fotografischen Urheberschutz erforderliche Mindestmaß an Individualität aufweisen, bevor es ihnen den Werkcharakter abspricht (OLG Düsseldorf GRUR 1997, 49, 51 – Beuys-Fotografien; OLG Düsseldorf GRUR-RR 2009, 45 – Schaufensterdekoration, zur Abbildung von Partygästen; vgl. auch SchweizBG GRUR-Int 2004, 1042 – Bob Marley-Foto; *Lehment* S. 59; zur Individualität s. unten Rn. 10). Umgekehrt können allerdings auch von Amateuren gefertigte private Schnappschüsse, Urlaubsfotos, etc. im Einzelfall durchaus Werkcharakter besitzen.

6   Neben der Vielzahl an alltäglichen Privataufnahmen erfasst § 72 jedenfalls grundsätzlich auch die sogenannte **Gegenstandsfotografie**, d. h. die **rein handwerkliche Abbildung** des Fotografierten, die darauf abzielt, die Vorlage dank perfekter Aufnahme-, Entwicklungs- und Vergrößerungstechnik möglichst unverändert, natur- und farbgetreu wiederzugeben, so dass insb. auch einfache Produktabbildungen in Warenkatalogen dem Lichtbildschutz nach § 72 unterfallen (BGH GRUR 1993, 34 f. – Bedienungsanweisung; BGH GRUR 1990, 669, 673 – Bibelreproduktion; BGH GRUR 1967, 315 f. – skai cubana; OLG Düsseldorf GRUR 1997, 49, 51 – Beuys-Fotografien; OLG Hamburg GRUR

1999, 717 – Wagner-Familienfotos; Dreyer/Kotthoff/Meckel/*Meckel* § 72 Rn. 8). Für **dreidimensionale** Vorlagen bzw. Produkte ist dies weitgehend unstreitig (vgl. *Lehment* S. 51 ff.). Unklar und angesichts der großen wirtschaftlichen Bedeutung umstritten ist allerdings, ob sich der Lichtbildschutz des § 72 auch auf Fotografien von **zweidimensionalen Vorlagen** wie insb. Gemälden und Grafiken beziehen kann, oder ob zweidimensionale Vorlagen generell vom Lichtbildschutz auszunehmen sind bzw. ausgenommen werden sollten (dazu unten Rn. 11).

Ein nach § 2 Abs. 1 Nr. 5, Abs. 2 **urheberrechtlich** geschütztes **schöpferisches Lichtbildwerk** liegt hingegen vor, sobald eine Fotografie die **eigene geistige Schöpfung** des Fotografen darstellt, in der seine Persönlichkeit zum Ausdruck kommt, die sich in dessen bei ihrer Herstellung getroffenen freien kreativen Entscheidungen ausdrückt (EuGH GRUR 2012, 166 (Rn. 87 ff., 94) – Painer/Standard; vgl. ausf. § 2 Rn. 116 ff.). Dieser europäisch einheitliche Originalitätsmaßstab für Lichtbildwerke wurde vom europäischen Gesetzgeber in Art. 6 der Schutzdauer-Richtlinie verbindlich festgelegt. Danach ist eine Fotografie urheberrechtlich bereits dann geschützt, wenn sie ein **individuelles Werk** darstellt, ohne dass es auf irgendwelche anderen Kriterien insb. den Wert oder die Zwecksetzung der Fotografie ankäme (Art. 6 Schutzdauer-Richtlinie i. V. m. Erwägungsgrund 17; LG München I GRUR-RR 2009, 92 – Foto von Computertastatur). Letztlich gilt damit für den Urheberschutz von Fotografien seit dem 1.7.1995 der gleiche **reduzierte Originalitätsbegriff** wie bei Computerprogrammen (s. § 69a Rn. 32 ff.) und Datenbanken (s. § 4 Rn. 11), wonach **keinerlei besondere Anforderungen an die „Gestaltungshöhe"** gestellt werden dürfen, vielmehr bereits ein niedriges gestalterisches Niveau ausreicht (Walter/*Walter* Schutzdauer-Richtlinie Art. 6 Rn. 7). Wo auch nur ein Mindestmaß an schöpferischer Individualität vorhanden ist, wird daher Urheberrechtsschutz als Lichtbildwerk zu bejahen sein (sog. „kleine Münze" der Lichtbildwerke), und **nur wo jegliche schöpferische Individualität fehlt,** kommt der **Leistungsschutz** nach § 72 zur Anwendung (vgl. zur Abgrenzung auch § 2 Rn. 21 f., 116 ff.).

Schöpferische Individualität kann sich dabei aus einer Vielzahl von Faktoren ergeben, und sie kommt keineswegs nur künstlerischen Fotografien zu, wie der EuGH anlässlich einer Porträtfotografie klargestellt hat (EuGH GRUR 2012, 166 (Rn. 87 ff.) – Painer/Standard). So könne der Fotograf bei der Herstellung einer Porträtfotografie **in mehrfacher Weise freie kreative Entscheidungen** treffen, z. B. in der Vorbereitungsphase der Aufnahme über die **Gestaltung,** die **Haltung** der zu fotografierenden Person oder die **Beleuchtung,** und bei der Aufnahme über den **Bildausschnitt,** den **Blickwinkel** oder auch die **Atmosphäre,** sowie schließlich bei der Herstellung des Abzugs über die Auswahl unter den verschiedenen bestehenden **Entwicklungstechniken** oder auch **digitale Bildbearbeitung** vornehmen und auf diese Weise dem fotografischen Porträt seine **„persönliche Note"** verleihen (EuGH GRUR 2012, 166 (Rn. 87 ff.) – Painer/Standard), ohne dass das Ergebnis der Aufnahme dabei „künstlerisch" aussehen muss. Weitere derartige kreative, vom Fotografen zu treffende Entscheidungen bei der Herstellung einer Fotografie sind etwa die **Wahl eines bestimmten Motivs,** das insb. durch die Wahl eines bestimmten **Aufnahmezeitpunktes,** eines bestimmten **Bildausschnitts** sowie einer bestimmten **Perspektive,** festgelegt wird, sowie durch die **Verteilung von Licht und Schatten** und die **Kontrastgebung** oder durch die **Bildschärfe,** die **Linienführung** etc. (eingehend A. *Nordemann* 105 f., 136 ff., 184 ff. und passim).

Beispielsweise wurde nach diesen Kriterien den **Fotografien räumlicher sowie reliefartig ausgestalteter Kunstobjekte** Werkcharakter beigemessen und wurden lediglich die Aufnahmen der Zeichnungen eines Künstlers als rein handwerkliche Fotografentätigkeit und damit als bloße Lichtbilder gem. § 72 gewertet (OLG Düsseldorf GRUR 1997, 49, 51 – Beuys-Fotografien, s. hierzu aber auch die Diskussion in Rn. 11; s. zur Abgrenzung auch OLG Hamburg ZUM-RD 1997, 217, 220 – Troades-Szenenfotos; OLG Hamburg GRUR 1999, 717 – Wagner-Familienfotos; s. zur Abgrenzung auch § 2 Rn. 116 ff.).

Da bereits die überlegte Auswahl des Motivs als solchem, verbunden mit der Wahl der Perspektive und dem richtigen Aufnahmezeitpunkt schutzbegründend sein können und ein „künstlerischer Wert" und damit insb. auch ein „über das Durchschnittskönnen hinausgehendes Werkschaffen" von Art. 6 der Schutzdauer-Richtlinie ausdrücklich für die urheberrechtliche Beurteilung für unbeachtlich erklärt wurden, dürfte auch die gezielte Gestaltung eines (skandalösen) Motivs und dessen professionelle Aufnahme zur Begründung des Werkcharakters als ausreichend angesehen werden können (a. A. LG München I ZUM-RD 2002, 489, 492).

10 Fraglich ist, ob in Deutschland **vor der Umsetzung** der Schutzdauer-Richtlinie bei Fotografien **höhere urheberrechtliche Schutzanforderungen** gegolten haben, ob insb. eine bestimmte Gestaltungshöhe in Form eines besonderen Maßes an schöpferischer Individualität erforderlich war (von BGH MMR 2000, 218, 219 – Werbefotos – ausdrücklich offen gelassen; hiervon wohl ausgehend Dreier/Schulze/*Schulze* § 72 Rn. 36 sowie § 2 Rn. 195 ff.; *W. Nordemann* NJW 1995, 2534, 2535; vgl. dazu auch *Heitland* 62 f.). Dieser Frage nach den vor dem 1.7.1995 geltenden Anforderungen an die „kleine Münze" der Lichtbildwerke kann nach wie vor Bedeutung zukommen, soweit es um die Bestimmung der Schutzdauer von Fotografien geht (dazu ausf. unten Rn. 45). Insoweit sollte in der gerichtlichen Praxis besonders auf eine **richtlinienkonforme Auslegung von § 2 Abs. 2** für den Bereich des Fotografieschutzes geachtet und insb. **auf das Kriterium der „Gestaltungshöhe"** bei Fotografien **verzichtet werden,** da es nach europäischem Recht **allein** auf die **Individualität** einer Fotografie ankommt (s. nunmehr EuGH GRUR 2012, 166 Rn. 87 ff., 94 – Painer/Standard; *W. Nordemann* NJW 1995, 2534, 2535; Loewenheim/*Vogel* § 37 Rn. 10; bedenklich daher OLG Düsseldorf GRUR 1997, 49, 50 – Beuys-Fotografien – wo davon die Rede ist, dass die für die Annahme von Lichtbildwerken „erforderliche Gestaltungshöhe" „nicht zu niedrig" angesetzt werden dürfe, allerdings im praktischen Ergebnis dennoch großzügig Urheberrechtsschutz bejaht wurde; sowie OLG Hamburg GRUR 1999, 717 = NJW-RR 2000, 187, 189 – Wagner-Familienfotos – wo einer Fotografie trotz unstreitig vorhandenen „individuellen Charakters" Schutz als Lichtbildwerk wegen Fehlens der „erforderlichen Gestaltungshöhe" versagt wurde; auch OLG Hamburg ZUM-RD 2004, 303 – U-Boot, forderte noch „eine gewisse Gestaltungshöhe"). Keinesfalls sollte insoweit die weit verbreitete, von § 72 geradezu beabsichtigte „jedenfalls"-Rechtsprechung, bei der die Gerichte das Vorliegen von Werkcharakter dahingestellt lassen und sich in der Urteilsbegründung vor allem darauf stützen, dass die Verletzungsansprüche jedenfalls auch aufgrund von Leistungsschutz nach § 72 begründet sind, dazu verleiten, in denjenigen Fällen, in denen es auf die Abgrenzung zwischen § 2 Abs. 1 Nr. 5 und § 72 tatsächlich einmal ankommen sollte, die Reichweite des Leistungsschutzrechts des § 72 auf Kosten des Urheberschutzes zu weit zu ziehen (zur Abgrenzung der Streitgegenstände s. unten Rn. 64).

11 **b) Abgrenzung zur einfachen Lichtbildkopie (§ 16).** Auch wenn rein technisch gesehen jedes Verfahren, bei dem ein Bild unter Benutzung strahlender Energie erzeugt wird, zu einem nach § 72 geschützten Lichtbild führen kann (BGH GRUR 1990, 669, 673 – Bibelreproduktion; BGH GRUR 1962, 470, 472 – AKI), begründet der **technische Reproduktionsvorgang** allein noch **keinen Lichtbildschutz** nach § 72, sondern führt lediglich zu einer nicht eigenständig geschützten Vervielfältigung der Vorlage nach § 16 (BGH GRUR 2001, 755, 757 – Telefonkarte; BGH GRUR 1990, 669, 673 – Bibelreproduktion). Vielmehr ist für den Lichtbildschutz stets ein **Mindestmaß an geistiger Leistung** erforderlich, die sich in der **Festlegung der Aufnahmebedingungen** manifestiert und die Zuordnung der Aufnahme zu einer bestimmten natürlichen Person als Lichtbildner ermöglicht, die das Lichtbild auf diese Weise **originär als Urbild** schafft (BGH GRUR 2001, 755, 757 – Telefonkarte; BGH MMR 2000, 218 f. – Werbefotos; BGH GRUR 1993, 34 f. – Bedienungsanweisung; BGH GRUR 1990, 669, 673 – Bibelreproduktion sowie Vorinstanz OLG Köln GRUR 1987, 42 f. – Lichtbildkopien m. w. N.; Fromm/ Nordemann/*Nordemann* § 72 Rn. 9; Schricker/Loewenheim/*Vogel* § 72 Rn. 22 f.; *W. Nordemann* GRUR 1987, 15, 17; *Heitland* 73 ff.; *Haberstumpf* Rn. 327; *Talke* ZUM 2010, 846; ähnlich Möhring/Nicolini/*Kroitzsch* § 72 Rn. 4; s. ausf. *Stang* S. 157 ff.; *Hamann* UFITA 90 (1981) 45 ff.). Dieses Urbilderfordernis schließt zum einen die herkömmliche mechanische **Lichtbildkopie** vom Lichtbildschutz aus, da die Aufnahmebedingungen hier technisch vorgegeben sind und kein Urbild, sondern lediglich ein ‚Bild vom Bild' geschaffen wird. Darüber hinaus folgt aus dem **Urbilderfordernis** aber zugleich auch, dass das originalgetreue **Abfotografieren von Fotografien** (Abzüge/Negative) seinerseits keinen Lichtbildschutz nach § 72 begründet, da es lediglich zu einer weiteren Kopie einer bereits vorhandenen Fotografie führt (vgl. Dreier/Schulze/*Schulze* § 72 Rn. 10; From/Nordemann/*Hertin* § 72 Rn. 3; *Stang* ZGE S. 178; a. A. *Lehment* 28 ff.).

Angesichts der großen wirtschaftlichen Bedeutung besonders umstritten und bislang noch nicht geklärt ist die Frage, inwieweit **Reproduktionsfotografien zweidimensionaler Vorlagen,** die nicht selbst Lichtbilder sind, wie z. B. von Buchseiten, Gemälden, Zeichnungen etc. vom Leistungsschutz nach § 72 erfasst werden oder davon ausgenommen sind (vgl. ausf. *Stang* ZGE S. 167; *Stang* 157 ff.; *Talke* ZUM 2010, 846; *Lehment* 51 ff.; *Bullinger* FS Raue S. 379, 382 ff.; *Ohly* FS Schricker S. 427, 455; Fromm/Nordemann/ *A. Nordemann* § 72 Rn. 10; *Graf* Kunstchronik 2008, 206; *Garbers-von Boehm* S. 150 ff., 194; BeckOK UrhG/*Lauber-Rönsberg* § 72 Rn. 15). Die wirtschaftliche Bedeutung ergibt sich zum einen daraus, dass Eigentümer von Originalkunstwerken, wie insb. Museen, dadurch, dass sie ihre Bestände abfotografieren und außer den von ihnen angefertigten Fotografien keine anderen zulassen, in die Lage versetzt werden, sich die bildliche Verwertung der Originalkunstwerke auch noch nach dem Ablauf der 70-jährigen Schutzfrist *p. m. a.* für weitere 50 Jahre nach dem Erscheinen der jeweiligen Reproduktionsfotografie ausschließlich vorzubehalten, da eine bildliche Verwertung des Originalkunstwerks ohne Verletzung des Leistungsschutzrechts an der Reproduktionsfotografie nicht möglich ist bzw. in jedem Fall eine Rechtsunsicherheit angesichts des unklaren Ablaufs des Lichtbildschutzes besteht. Da die damit verbundene mittelbare faktische Schutzdauerverlängerung für das Originalkunstwerk in einem Widerspruch zu den Wertungen der Gemeinfreiheit steht, wird teilweise gefordert, Reproduktionsfotografien zweidimensionaler Vorlagen im Wege einer teleologischen Reduktion des § 72 durch Erweiterung der Urbildtheorie auf sämtliche Lichtbilder zweidimensionaler Vorlagen auszuschließen („erweiterte Urbildtheorie": *Stang* ZGE S. 212 ff., 218; *Stang* 157 ff., 172 ff.), um die anderenfalls bestehenden Rechtsunsicherheiten und Beschränkungen für Digitalisierungsprojekte wie Europeana, Wikimedia Commons, etc. zu beseitigen. Auf der anderen Seite stellt sich umgekehrt die Frage, inwieweit die im Rahmen dieser Projekte massenhaft angefertigten digitalen Abbildungen von Buchseiten, Manuskripten, Gemälden, Zeichnungen etc. ihrerseits dem Lichtbildschutz nach § 72 unterfallen oder nicht (dazu *Talke* ZUM 2010, 846; *Garbers-von Boehm* S. 191 ff.).

Im Ergebnis dürfte zum einen jedenfalls dann, wenn Vorlagen automatisiert eingescannt werden, nach den vom BGH in seiner Entscheidung „Telefonkarte" aufgestellten Grundsätzen ein Lichtbildschutz ausscheiden, da die bloße Festlegung von Auflösung und Farbtiefe am Scangerät genauso wenig eine invidiuelle „fotografische" Leistung darstellt wie die Festlegung der Helligkeitsstufe oder der Vergrößerung/Verkleinerung bei der herkömmlichen Lichtbildkopie (vgl. *Talke* ZUM 2010, 846). Da andererseits ein wichtiger Schutzzweck des § 72 in der Vermeidung von Abgrenzungsschwierigkeiten zwischen schöpferischen und nichtschöpferischen Fotografien besteht und Lichtbilder nicht um ihrer selbst willen urheberrechtsgleichen Schutz genießen, spricht letztlich einiges dafür, Reproduktionsfotografien zweidimensionaler Vorlagen, die – nicht anders als die vorgenannten, vom Leistungsschutz nach § 72 ohnehin ausgeschlossene Scans – lediglich zu einer möglichst **identischen Abbildung der Vorlage** führen, im Wege der teleologischen Reduktion vom fotografischen Leistungsschutzrecht des § 72 auszuschließen (*Stang* ZGE S. 212 ff.

218; *Stang* 157 ff., 172 ff.; Fromm/Nordemann/*A. Nordemann* § 72 Rn. 10) und ihnen lediglich wettbewerbsrechtlichen Schutz, insb. ergänzenden wettbewerbsrechtlichen Leistungsschutz zu gewähren. Bei dreidimensionalen Kunstwerken bestünde die Problemlage jedoch fort.

2. Erzeugnisse, die ähnlich wie Lichtbilder hergestellt werden

12   Als **fotografieähnliches Verfahren** kommt jedes Verfahren in Betracht, bei dem ein Bild unter Benutzung strahlender Energie erzeugt wird (BGH GRUR 1962, 470, 472 – AKI). Entscheidend für den Lichtbildschutz nach § 72 ist dabei das Entstehen einer **selbstständigen Abbildung** der Wirklichkeit. Bei der unmittelbaren Sichtbarmachung irgendwelcher Vorgänge oder Gegenstände der Umwelt, wie etwa bei der Betrachtung durch ein Fernrohr oder ein Mikroskop, entsteht damit grundsätzlich noch kein lichtbildähnliches Erzeugnis (BGH GRUR 1962, 470, 472 – AKI), es sei denn, das Abbild wird (digital) festgehalten, genauso wenig wie bei einem Schattenspiel (a. A. *Schack* Rn. 645). Eine **dauerhafte körperliche Festlegung** dieser selbstständigen Abbildung ist für einen Lichtbildschutz hingegen **nicht erforderlich** (BGH GRUR 1962, 470, 472 f. – AKI). Daher ist bspw. bei Fernsehsendungen Lichtbildschutz für das **einzelne Fernsehbild** zu bejahen, und zwar unabhängig davon, ob die Sendungen erst nach bleibender chemischer oder digitaler Festlegung der Bilder durchgeführt werden, oder ob sie unmittelbar als **Live-Sendungen** ausgestrahlt werden, da auch hier die Bildelemente für den Bruchteil einer Sekunde elektronisch gespeichert werden (so zur herkömmlichen Fernsehtechnik BGH GRUR 1962, 470, 472 – AKI: die Sichtbarmachung der einzelnen Bilder von Fernsehsendungen in Kinos mit Hilfe von Großprojektoren verletzte somit das Vorführungsrecht des Lichtbildners an den Fernseheinzelbildern). Entsprechend können auch **Bildschirmdisplays** (*Schulze* CR 1988, 181, 190 ff.; *Koch* GRUR 1991, 180, 185) und ganz allgemein **elektronisch erstellte Bilder** (*Maaßen* ZUM 1992, 338, 339 f.; *Oldekop* 106 ff.) Erzeugnisse, die ähnlich wie Lichtbilder hergestellt werden, sein, sofern es sich bei ihnen um ein erstmals abbildendes Urbild handelt (nicht hingegen CAD/CAM-Zeichnungen, dazu unten Rn. 18) und es sich nicht um bloße Vervielfältigungen bereits vorhandener Lichtbilder i.S.v. § 16 handelt (s. dazu Rn. 11).

13   Der Lichtbildschutz setzt damit nicht erst in dem **Zeitpunkt** ein, in dem die Abbildung von menschlichen Sinnesorganen tatsächlich wahrgenommen wird, sondern bereits dann, wenn die Abbildung in einer Weise in äußere Erscheinung getreten ist, dass sie von Dritten – unabhängig vom Willen ihres Herstellers (Lichtbildners) – durch Wiedergabe genutzt werden kann bzw. könnte (BGH GRUR 1962, 470, 472 – AKI; s. auch unten Rn. 36).

3. Einzelfälle

14   **a) Lichtbildschutz bejaht.** Lichtbildschutz wurde bejaht für **Filmeinzelbilder** aus belichteten Filmen (BGH GRUR 2010, 620 – Film-Einzelbilder; KG ZUM-RD 2012, 321; OLG München GRUR-RR 2008, 228 – filmische Verwertung; BGH GRUR 1953, 299, 300 f. – Lied der Wildbahn I; BGH GRUR 1962, 470, 472 – AKI; LG Berlin GRUR 1962, 207 – Maifeiern; dazu auch *Ekrutt* GRUR 1973, 512); für die mittels computergesteuerter Digitalkameras aufgenommenen **Standbilder einer Wetterkamera** (so zu § 73 Abs. 1 österr. URG der OGH K&R 2000, 460 f., bei der Speicherung der Standbilder auf der Festplatte handelte es sich hingegen um eine bloße Vervielfältigung).

15   Lichtbildschutz ist des Weiteren zu bejahen für **Satellitenaufnahmen** (vom LG Berlin in GRUR 1990, 270 – Satellitenfoto – offen gelassen; dafür *Katzenberger* GRUR Int. 1989, 116, 118 f.; Schricker/Loewenheim/*Vogel* § 72 Rn. 20; Dreier/Schulze/*Schulze* § 72 Rn. 4; Loewenheim/*Vogel* § 37 Rn. 9; a.A. *Schack* Rn. 646; *Oosterlinck* GRUR Int. 1986, 770), für **Luftbildaufnahmen,** auch soweit dabei automatisierte Aufnahmevorgänge in Gang gesetzt werden (eingehend *Katzenberger* GRUR Int. 1989, 116, 118: schutzbegrün-

dend ist hier die persönliche Leistung der Auswahl von Motiv, Aufnahmeort, Entfernung, Blickwinkel, Zeitpunkt und überhaupt der technischen Einzelheiten der Aufnahme; vgl. auch *Talke* ZUM 2010, 846, 851; zu sog. Orthofotos unten Rn. 17), für **ärztliche Röntgenbilder** sowie Bilder, die mittels **Ultraschall,** Computertomografie oder **Kernspintomografie** hergestellt werden (Möhring/Nicolini/*Kroitzsch* § 72 Rn. 3; Schricker/Loewenheim/*Vogel* § 72 Rn. 19; Dreier/Schulze/*Schulze* § 72 Rn. 6; Loewenheim/*Vogel* § 37 Rn. 9); für Fotografien aus **Passbildautomaten,** bei denen die sich fotografierende Person das Bild individuell einrichtet (h. M. Schricker/Loewenheim/*Vogel* § 72 Rn. 20; *Katzenberger* GRUR Int. 1989, 116, 118; Möhring/Nicolini/*Kroitzsch* § 72 Rn. 3; *Schack* Rn. 646; *Dünnwald* UFITA 76 (1976) 165, 174 Fn. 35; a. A. *Ulmer* 511). Auch **Radarfotos** genießen, ebenso wie **Tierfotografien,** die mit feststehenden Kameras und Bewegungsmeldern angefertigt werden, in gleicher Weise Lichtbildschutz wie Aufnahmen von eingebauten Kameras in Sportfahrzeugen, da die Kamera bzw. das Radargerät eingestellt, ausgerichtet und programmiert werden müssen und somit ein Mindestmaß an geistiger Leistung vorliegt (Fromm/Nordemann/*A. Nordemann* Rn. 10).

b) Lichtbildschutz verneint. Lichtbildschutz wurde verneint für die **Ergebnisse automatischer fotografischer Druck- und Reproduktionsverfahren** (BGH GRUR 2001, 755, 757 – Telefonkarte; BGH GRUR 1990, 669, 673 – Bibelreproduktion; OLG Köln GRUR 1987, 42, 43 – Lichtbildkopien). Auch bei der **Herstellung von Abzügen** und Vergrößerungen nach fotografischen Vorlagen entsteht kein zusätzlicher Lichtbildschutz für das Fotolabor wegen des dort hergestellten Positivs, ebenso wenig für die Druckerei bei der **Herstellung von Klischee- oder Filmvorlagen** für die drucktechnische Wiedergabe vorbestehender Lichtbilder, da es sich insoweit lediglich um Vervielfältigungen nach § 16 handelt (BGH GRUR 1990, 669, 673 – Bibelreproduktion; OLG Köln GRUR 1987, 42 f. – Lichtbildkopien; ähnlich auch BGH GRUR 1967, 315, 316 – skai cubana; früher schon RGZ 130, 196, 206 – Codex aureus; *Riedel* 22; *W. Nordemann* GRUR 1987, 15; a. M. *Katzenberger* GRUR Int. 1989, 116, 117 f.; *Hanser-Strecker* UFITA 93 (1982) 13, 18 für das Klischee bei der Notendruckherstellung; zum Urbilderfordernis vgl. auch oben Rn. 11). 16

Kein Lichtbildschutz entsteht auch für die Speicherung von mittels einer computergesteuerten Digitalkamera aufgenommenen Standbildern auf der Festplatte eines Computers als bloße Vervielfältigung des zuvor in der Digitalkamera aufgenommenen Bildes (OGH K&R 2000, 461 f.). In gleicher Weise stellen auch sog. **Orthofotos,** die entstehen, wenn vorgegebene kartografische Luftbilder computergestützt nach vorgegebenen Algorithmen perspektivisch entzerrt werden, lediglich (verbesserte) Vervielfältigungen der (nach § 72 geschützten) ursprünglichen Luftbildaufnahme dar (Schricker/Loewenheim/*Vogel* § 72 Rn. 21; Hoeren/Nielen/*Fleer* Rn. 132; a. A. *Katzenberger* GRUR Int. 1989, 116, 118). **Mikro-Filme und Mikrofiche, Lithografien,** die in der Halbleitertechnik zur industriellen Fertigung von Mikrochips verwendet werden, sowie **Röntgentiefenlithografien,** mit deren Hilfe Mikrostrukturen hergestellt werden, genießen ebenfalls keinen Lichtbildschutz da es in allen diesen Fällen an einer auf die konkrete Aufnahme bezogenen eigenen persönlichen Leistung fehlt (Möhring/Nicolini/*Kroitzsch* § 72 Rn. 3; *Riedel* 22; a. A. Fromm/Nordemann/*Nordemann* § 72 Rn. 10 (s. o.); *W. Nordemann* GRUR 1987, 15; *Katzenberger* GRUR Int. 1989, 116, 117 f.; *Schack* Rn. 646). 17

Nicht unter den Lichtbildschutz fallen auch **CAD- und CAM-Bilder,** da sie vom Computernutzer aus einem Programm erzeugt werden und daher nicht „Abbildungen" als die Wiedergabe eines tatsächlichen Geschehens sind (OLG Köln GRUR-RR 2010, 141 – Messestände; OLG Hamm GRUR-RR 2005, 73 = ZUM 2004, 927 m. Anm. *Gercke;* LG Köln MMR 2008, 556 – Virtueller Dom in Second Life; Möhring/Nicolini/*Kroitzsch* § 72 Rn. 3; Fromm/Nordemann/*Nordemann* § 72 Rn. 8; *Nordemann* GRUR 1987, 15, 17 f.; Schricker/Loewenheim/*Vogel* § 72 Rn. 21; Loewenheim/*Vogel* § 37 Rn. 9; *Oldekop* 112 ff.; *Maa*- 18 ßen ZUM 1992, 338, 341 f.; *Heitland* 23 ff.; *Reuter* GRUR 1997, 23, 27; a. A. Dreier/ Schulze/*Schulze* § 72 Rn. 7; *Büchner* ZUM 2011, 549; *Schulze* CR 1988, 181, 188 f.). CAD- und CAM-Bilder können jedoch, sofern die entsprechenden Voraussetzungen erfüllt sind, nach § 2 Abs. 1 Nr. 4 als **Werke der angewandten Kunst** (vgl. § 2 Rn. 81 ff.; *Büchner* ZUM 2011, 549; ausf. *Oldekop* 75 ff.) oder nach § 2 Abs. 1 Nr. 7 als **wissenschaftliche oder technische Darstellungen** (vgl. § 2 Rn. 131 ff.; *Oldekop* 97 ff.) urheberrechtlich geschützt sein (OLG Köln GRUR-RR 2010, 141 – Messestände; OLG Hamm ZUM 2004, 927 m. Anm. *Gercke*), und auch Geschmacksmusterschutz kommt in Betracht. Sofern ein Lichtbild zur Herstellung eines Computerbildes verwendet wird, stellt das Computerbild eine digitale Vervielfältigung des Lichtbildes (und kein CAD- oder CAM-Bild) dar, deren Zulässigkeit im Hinblick auf das ursprüngliche Lichtbild sich nach den §§ 23, 24 bemisst (s. u. Rn. 26; LG Köln MMR 2008, 556 – Virtueller Dom in Second Life; zweifelhaft insoweit OLG Hamm ZUM 2004, 927 m. krit. Anm. von *Gercke;* ausf. *Oldekop* 180 ff., 246 ff.).

III. Inhalt und Umfang des Schutzes

1. Entsprechende Anwendung der urheberrechtlichen Vorschriften des Ersten Teils

19   Gemäß der Verweisung in § 72 Abs. 1 stehen dem Lichtbildner für die wenn auch kürzere Schutzdauer (dazu unten Rn. 35 ff.) grundsätzlich **die gleichen umfassenden Rechte wie dem Urheber** eines Lichtbildwerkes zu. Allerdings ergeben sich aus dem fehlenden schöpferischen Charakter der Lichtbildwerke sowohl **bestimmte Einschränkungen** (vgl. unten Rn. 22) als auch in faktischer Hinsicht **bestimmte Erweiterungen des Schutzumfangs** (vgl. unten Rn. 24 f.). Uneingeschränkt zur Anwendung kommt die Urheberschaftsvermutung des § 10 (s. unten Rn. 59).

2. Verwertungsrechte

20   Der Lichtbildner besitzt gem. § 72 Abs. 1 das **ausschließliche Recht zur Verwertung** seiner Fotografie in jeder körperlichen und unkörperlichen Form (§§ 15 ff.), darunter neben dem Vervielfältigungsrecht (§ 16) u. a. das Verbreitungsrecht (§ 17), das Ausstellungsrecht als das Recht, das Original oder Vervielfältigungsstücke eines unveröffentlichten Lichtbildes zur Schau zu stellen (§ 18), das Vorführungsrecht (§ 19 Abs. 4), das Recht der öffentlichen Zugänglichmachung (§ 19a), insb. im Internet (dazu ausführlich § 19a Rn. 12; zu sog. „thumbnails" auch unten Rn. 23), die Senderechte (§§ 20, 20a, 20b) sowie die Wiedergaberechte in §§ 21, 22.

21   Das wichtigste Verwertungsrecht des Lichtbildners ist dabei das **Vervielfältigungsrecht** (§ 16), durch welches jede körperliche Festlegung des Lichtbildes erfasst wird, die geeignet ist, das Lichtbild den menschlichen Sinnen auf irgendeine Weise unmittelbar oder mittelbar wahrnehmbar zu machen (s. dazu ausf. § 16 Rn. 2 ff.). Vervielfältigungshandlung ist daher insb. das **Einscannen** eines Lichtbildes in einen Computer (*Maaßen* ZUM 1992, 338, 344), das **Uploaden** von Bilddateien auf einen Internetserver zwecks Präsentation von Fotos im Internet (dazu ausf. § 15 Rn. 11 ff.; zum sog. Browsing vgl. § 44a Rn. 3; *Maaßen* ZUM 1992, 338, 344); erst recht handelt es sich natürlich bei einem **Download** um eine Vervielfältigung. Sobald Fotos im Internet vom Inland aus abgerufen werden können, ist – jedenfalls sofern sich die Website gerade auch an Internetnutzer in Deutschland richtet – das deutsche Recht der öffentlichen Zugänglichmachung nach § 19a berührt (vgl. BGH MMR 2012, 383 – Vorschaubilder II; BGH MMR 2010, 475 – Vorschaubilder I; zu der Frage des anwendbaren Rechts s. ausf. § 120 Rn. 19).

22   Nicht vom Vervielfältigungsrecht erfasst und daher nicht durch § 16 verboten ist hingegen die **Anfertigung nahezu gleicher Fotoaufnahmen durch nochmalige Auf-**

§ 72 Lichtbilder   23   § 72 UrhG

nahme eines Motivs vom gleichen Standort und unter denselben Lichtverhältnissen, § 72 gewährt insoweit **keinen Motivschutz** (OLG Hamburg ZUM-RD 1997, 217, 219 – Troades; OLG München ZUM 1991, 431, 432 – Hochzeits-Fotograf; Möhring/Nicolini/*Kroitzsch* § 72 Rn. 8; Fromm/Nordemann/*Nordemann* § 72 Rn. 21; Schricker/Loewenheim/*Vogel* § 72 Rn. 27; Loewenheim/*Vogel* § 37 Rn. 16; *A. Nordemann* 121; *Schack* Rn. 647). Es kommt vielmehr allenfalls ausnahmsweise **wettbewerbsrechtlicher Schutz** in Betracht (s. dazu unten Rn. 57). Denn da einfache Lichtbilder definitionsgemäß keine Formelemente aufweisen, die als geistige „Werke" einem abstrakten, von ihrer konkreten körperlichen Festlegung im Werkstück losgelösten Formschutz genießen könnten, beschränkt sich der **Schutzumfang des Vervielfältigungsrechts** bei Lichtbildern auf die unmittelbare Verwertung des **konkreten Lichtbildes als körperlicher Gegenstand**, und nur dessen „Vervielfältigung" ist einem Dritten untersagt (vgl. BGH GRUR 1967, 315 f. – skai cubana; vgl. hingegen zum künstlerischen Motivschutz bei Lichtbildwerken LG Mannheim NJOZ 2007, 4365 – Karlssteg mit Münster; OLG Köln GRUR 2000, 43 – Klammerpose, sowie § 23 Rn. 4). Auf welche Art das Lichtbild vervielfältigt wird, spielt dabei allerdings keine Rolle. So erstreckt sich das Vervielfältigungsrecht des Lichtbildners aufgrund der entsprechenden Anwendung von § 72 insb. auch auf das **identische Abzeichnen oder Abmalen** seiner Fotografie, wodurch ein vom Lichtbild abhängiges Gemälde entsteht (vgl. zum Urheberschutz LG München GRUR 1988, 36 f. – Hubschrauber mit Damen; LG München I Schulze LGZ 87 – Insel der Frauen m. Anm. *Gerstenberg;* vgl. auch das Urteil des OGH Stockholm GRUR Int. 1991, 567 – Evert Taube – zu zwei Porträtzeichnungen nach Fotografien sowie RGZ 169, 109 – Hitler-Bild). Dass die Bearbeitung ihrerseits von künstlerischem Rang ist, rechtfertigt für sich allein insoweit nicht die Annahme einer freien Benutzung (LG München I Schulze LGZ 87 – Insel der Frauen). Allerdings wird, da Lichtbildern per definitionem jeglicher schöpferische Charakter fehlt, regelmäßig schon allein durch das Mittel der Malerei oder Zeichnung ein neuer Gesamteindruck geschaffen und daher der hinreichende Abstand i. S. v. § 24 gewahrt. Unter welchen Umständen die **Verwendung eines Lichtbilds als Bestandteil einer Collage** zulässig ist, ist ebenfalls fraglich (vgl. OLG Hamburg NJW 1996, 1153 – Power of Blue, wo die Übernahme einer Figur aus einem Lichtbildwerk für ein Gemälde unter den Umständen des konkreten Falles als freie Benutzung gewürdigt wurde; LG München I ZUM-RD 2002, 489, 493; AG Charlottenburg ZUM-RD 2010, 373 – Übernahme eines Postkartenmotivs in eine Collage; Schricker/Loewenheim/*Vogel* § 72 Rn. 27 m. w. N.; dazu ausf. § 23 Rn. 4, § 24 Rn. 13; zum Teileschutz unten Rn. 24). Zu beachten ist, dass (in den Grenzen des Entstellungsschutzes nach § 14) die bloße Herstellung einer Collage mittels einer Lichtbildkopie, hinsichtlich derer das Verbreitungsrecht bereits erschöpft ist, in gleicher Weise zulässig ist wie eine spätere Ausstellung der Collage nach § 18 (vgl. unten Rn. 30). Erst bei der Vervielfältigung und Verbreitung der Collage stellt sich damit die Frage nach der Zulässigkeit der Verwertung, wobei hier die **Kunstfreiheit** gegenüber dem Lichtbildschutz abzuwägen ist (vgl. dazu § 23 Rn. 13). Das urheberrechtliche Zitatrecht kann hierfür nicht herangezogen werden, da und soweit die geistige Auseinandersetzung dabei regelmäßig nur mit dem auf dem Lichtbild abgebildeten Motiv stattfindet und das Lichtbild allein als „Mittel zum Zweck" dient (vgl. LG München I ZUM-RD 2002, 489, 493; vgl. auch unten Rn. 30 sowie § 51 Rn. 3 f.).

Um **unfreie Bearbeitungen** handelt es sich schließlich auch bei den so genannten **23** **„thumbnails"**, den stark verkleinerten Miniaturansichten („Daumennagel"-Größe) von Fotos, die mit Hilfe einer speziellen Software durch automatische Konvertierung und Datenreduktion aus den Originalen hergestellt werden und die per Klick vergrößert werden können, wobei allerdings aufgrund der viel größeren Auflösung die Bilder weniger scharf erscheinen und nicht die gleiche Fotoqualität aufweisen wie das Original. Die **Wiedergabe** solcher „thumbnails" in Linklisten **durch Suchmaschinen im Internet** unterfällt als öffentliche Zugänglichmachung und Vervielfältigung der Originalfotos in bearbeiteter

Form grundsätzlich dem Verbotsrecht des Lichtbildners; allerdings kann ein Suchmaschinenbetreiber, sofern die Lichtbilder ohne technische Vorkehrungen gegen das Auffinden in Suchmaschinen ins Internet eingestellt wurden, grundsätzlich von einer **konkludenten Einwilligung** zur Wiedergabe durch Suchmaschinen ausgehen (vgl. BGH MMR 2012, 383 – Vorschaubilder II; BGH MMR 2010, 475 – Vorschaubilder I; § 16 Rn. 20, § 19a Rn. 29; zur Störer- und haftungsrechtlichen Problematik ausf. § 97 Rn. 32). Dabei kommt der einmal erteilten Einwilligung eine abstrakt-generelle Wirkung zu, so dass es keine Rolle spielt, ob die konkrete Quelle des Vorschaubildes das Foto ihrerseits rechtmäßig nutzt (vgl. BGH MMR 2012, 383 – Vorschaubilder II, m. Anm. *Spindler;* Anm. *Thum* in GRUR-Prax 2012, 215; ausf. und krit. *Ohly* GRUR 2012, 983).

24 Besondere Probleme wirft die Frage des **Teileschutzes bei einfachen Lichtbildern** auf. Vom Ansatz her ist insoweit klar, dass nicht nur das Lichtbild insgesamt, sondern auch seine Teile und Ausschnitte gegen Vervielfältigungen und sonstige Verwertungshandlungen geschützt sind. Unklar und **umstritten** ist allerdings die **Reichweite** dieses Teileschutzes. Da der Lichtbildschutz für eine rein **technische Leistung** gewährt wird, ohne dass Individualität vorliegen muss, diese technische Leistung aber prinzipiell noch in jedem kleinsten Ausschnitt eines Lichtbilds verkörpert ist, wird teilweise von einem sog. **Pixelschutz** ausgegangen, d. h. dass der Schutz nach § 72 auch noch die kleinsten Teile eines Lichtbilds, die sog. Pixel, erfasst und gegen Übernahme schützt (Dreier/Schulze/*Schulze* § 72 Rn. 15; vgl. zu parallelen Fragen beim Sampling § 85 Rn. 25). Letztlich stellen sich insoweit grundlegende Fragen nach dem Schutzzweck von § 72. Die h. M. geht insoweit beim Teileschutz davon aus, dass in der von § 72 Abs. 1 vorgegebenen entsprechenden Anwendung der für schöpferische Lichtbilder geltenden Grundsätze, bei denen nur solche Bildausschnitte Schutz gegen Übernahme genießen, die selbst Werkcharakter i. S. v. § 2 Abs. 2 besitzen (vgl. zum urheberrechtlichen Teilschutz auch § 2 Rn. 42 ff.), bei einfachen Lichtbildern nur solche entnommenen Bildteile geschützt sind, die im unmittelbaren Bildvergleich **individualisiert** und **zugeordnet** werden können (Fromm/Nordemann/*Nordemann* § 72 Rn. 20; Schricker/Loewenheim/*Vogel* § 72 Rn. 29; Loewenheim/*Vogel* § 37 Rn. 17; *Reuter* GRUR 1997, 23, 28; *Oldekop* 122 f.; s. zum wettbewerbsrechtlichen Pixel-Schutz Rn. 27, 57). In praktischer Hinsicht ist dies dann der Fall, wenn entnommene Bildteile einem bestimmten Lichtbild etwa aufgrund identischer Linienführung, Schattierung, etc. **erkennbar** zugeordnet werden können. Dann spricht ein Anscheinsbeweis für die Übernahme, den der angebliche Verletzer nur dadurch ausräumen kann, dass er ein zweites Lichtbild vorlegt, das die erkennbar übernommenen Bildteile ebenfalls in identischer Form enthält.

25 Soweit der leistungsschutzrechtliche Fotografieschutz nach diesen Grundsätzen weiter geht als der urheberrechtliche, welcher nur Schutz gegen die Übernahme **schöpferischer Bildteile** gewährt, stellt sich die Frage, ob auch Lichtbildwerke in den Genuss dieses erweiterten, bloße individualisierbare bzw. zurechenbare Bildteile erfassenden lichtbildrechtlichen Teileschutzes gelangen. Diese Frage dürfte aufgrund der Intention des Gesetzgebers, während der Schutzdauer des Lichtbildschutzes die praktisch kaum durchführbare Abgrenzung einfacher und schöpferischer Fotografien zu vermeiden (s. oben Rn. 1), zu bejahen sein, so dass auch schöpferische Fotografien nach § 72 gegen die unmittelbare Übernahme zwar nicht schöpferischer, aber individualisierbarer bzw. zurechenbarer Bildteile geschützt sind.

26 Aufgrund dieses Teileschutzes ist der Lichtbildner analog §§ 16, 23 grundsätzlich auch gegen das „Ausschlachten" seines Lichtbildes und die **digitale Manipulation** mittels Computerprogrammen geschützt, mit denen eine fotografische Vorlage beliebig verändert werden kann (Fromm/Nordemann/*Nordemann* § 72 Rn. 21; vgl. ausf. *Oldekop* 180 ff., 246 ff.; zur Abgrenzung zwischen freier und unfreier Benutzung s. näher § 24 Rn. 7 ff.). Werden bspw. Ausschnitte aus mehreren Lichtbildern einer Dachglaskonstruktion digital bearbeitet und durch Überblendung zu einer Computergrafik miteinander vermischt, so stellt die Computergrafik eine Vervielfältigung der benutzten Lichtbilder in bearbeiteter Form dar, und wer sie ohne Erlaubnis übernimmt, begeht daher eine Rechtsverletzung (diese Frage wurde in OLG Hamm GRUR-RR 2005, 73 nicht behandelt, zu recht krit. insoweit *Gercke* in Anm. ZUM 2004, 929, 930).

Dieser lichtbildrechtliche Teilschutz dürfte schließlich durch einen **wettbewerbsrecht-** **27** **lichen Pixel-Schutz** zu ergänzen sein, wonach derjenige, der sich eigenen Aufwand und eigene Kosten erspart, indem er fremde Lichtbilder für die Herstellung seiner Produkte verwendet, eine **unzulässige unmittelbare Leistungsübernahme** begeht. Dies betrifft insb. Fälle, in denen Webseiten oder Grafiken hergestellt und angeboten werden, zu deren Herstellung fremde Lichtbilder ohne Einwilligung des Lichtbildners unmittelbar verwendet worden sind, um sich die für die Anfertigung des Lichtbilds erforderlichen Kosten und Aufwand zu sparen (vgl. dazu die einschlägigen Kommentierungen zur nicht abschließenden Regelung des ergänzenden wettbewerbsrechtlichen Leistungsschutzes in § 4 Ziff. 9 lit. c UWG; s. auch unten Rn. 57).

3. Schranken, insb. Zitatrecht

Gemäß § 72 Abs. 1 finden die **Schranken der §§ 44a–63** auf das Leistungsschutzrecht **28** an Lichtbildern **entsprechende** Anwendung.

Vervielfältigungen zum **privaten** und sonstigen eigenen Gebrauch (§ 53) sind danach **29** ohne weiteres möglich, so dass sich grundsätzlich jedermann von Lichtbildern zu privaten Zwecken Kopien herstellen bzw. analoge Kopien auch durch ein kommerzielles Fotolabor herstellen lassen kann (vgl. § 53 Abs. S. 1 S. 2), soweit zur Vervielfältigung nicht eine offensichtlich rechtswidrig hergestellte oder öffentlich zugänglich gemachte Vorlage verwendet wird (dazu ausf. § 53 Rn. 16). Soweit eine Vervielfältigung zugleich auch **beruflichen Zwecken** dient, ist sie durch § 53 Abs. 1 nicht mehr gedeckt (BGH GRUR 1993, 899, 900 – Dia-Duplikate). Museen, Bibliotheken und nichtgewerbliche Archive können ihre Fotobestände **nach § 52b an elektronischen Leseplätzen** zugänglich machen (s. dazu § 52b Rn. 4 ff., 29 ff.).

Eine spezielle Regelung enthält **§ 60 für auf Bestellung angefertigte Portraitaufnahmen** oder sonstige Aufnahmen von Menschen („Bildnisse"). Danach dürfen solche Bildnisse von ihrem Besteller, dem Abgebildeten oder in ihrem Auftrag von einem Dritten durch Lichtbild oder auf andere Weise vervielfältigt und unentgeltlich sowie zu nichtgewerblichen Zwecken verbreitet werden (Abs. 1 S. 1; s. dazu § 60 Rn. 5; OLG Karlsruhe ZUM 1994, 737; vgl. OLG Köln GRUR 2004, 499 – Portraitfoto im Internet; LG Köln MMR 2007, 465; LG Köln ZUM-RD 2008, 437; Möhring/Nicolini/*Kroitzsch* § 72 Rn. 9).

Im Rahmen einer **Berichterstattung über Tagesereignisse** kann der Abdruck eines in der Presse veröffentlichten Lichtbildes nach **§ 50** gestattet sein (vgl. BGH GRUR 2002, 1050 – Zeitungsbericht als Tagesereignis; OLG Köln GRUR-RR 2005, 105 – Elektronischer Programmführer; s. auch § 50 Rn. 4).

Soweit Lichtbilder veröffentlicht sind, z. B. in einer Zeitung, bedarf ihre **Ausstellung** (auch) durch einen Gewerbetreibenden in seinem Schaufenster keiner Schranke, da sich das Ausstellungsrecht nach § 18 auf unveröffentlichte Lichtbilder beschränkt (vgl. LG Köln GRUR-RR 2009, 47 zu einer Wanddekoration in einer Gaststätte; s. auch § 18 Rn. 2). Ansprüche aus UWG dürften regelmäßig am fehlenden Wettbewerbsverhältnis scheitern.

Grundsätzlich ist auch das **Zitatrecht** nach § 51 auf Lichtbilder entsprechend anwend- **30** bar (vgl. BGH GRUR 2012, 819 – Blühende Landschafen). Regelmäßig wird die Zulässigkeit eines **Bildzitats bei Lichtbildern** jedoch daran scheitern, dass zwar eine geistige Auseinandersetzung mit dem abgebildeten Motiv stattfindet, nicht jedoch mit dem Lichtbild als technische Aufnahme als solchem (vgl. zu § 51 Nr. 2a. F. LG München I ZUM-RD 2002, 489, 493; vgl. auch OLG Hamburg GRUR 1993, 666, 667 – Altersfoto; OLG Hamburg GRUR 1990, 36 – Foto-Entnahme; LG Berlin GRUR 2000, 797 – Screenshots;

LG München AfP 1994, 326, 327 – Helmut Newton; ausf. § 51 Rn. 13). Da dies zu einer beträchtlichen Einschränkung der freien geistigen Auseinandersetzung mit fremden Werken führen kann, wird insoweit dafür plädiert, entweder *de lege lata* im Wege der entsprechenden Anwendung von § 51 auf den Lichtbildschutz nach § 72, oder *de lege ferenda* im Wege einer ausdrücklichen gesetzlichen Klarstellung die Schranke des § 51 so zu erweitern, dass dann, wenn im Hinblick auf den abgebildeten Inhalt ein zulässiges Zitat nach § 51 vorliegt, Reproduktionsfotografien von Originalkunstwerken zustimmungsfrei genutzt werden dürfen (vgl. insb. *Stang* ZGE S. 199f. einerseits; *Lehment* S. 65 andererseits).

4. Vergütungsansprüche

31 Den Lichtbildnern stehen die gesetzlichen Vergütungsansprüche nach den §§ 46 Abs. 4 (Schulbuchparagraf), 47 Abs. 2 (Aufzeichnung von Schulfunksendungen), 49 Abs. 1 S. 2 (Pressespiegelvergütung), 52 Abs. 1 S. 2, Abs. 2 (öffentliche Wiedergabe), 52a (öffentliche Zugänglichmachung für Unterricht und Forschung), § 52b S. 3 (Wiedergabe an elektronischen Leseplätzen), 54, 54a (Fotokopiervergütung) zu, sowie der Vergütungsanspruch für das Vermieten (§ 27 Abs. 1) und Verleihen (§ 27 Abs. 2, Bibliothekstantieme) und die Kabelweitersendung (§ 20b), nicht dagegen das Folgerecht nach § 26 (Schricker/Loewenheim/*Katzenberger* § 26 Rn. 20; Loewenheim/*Vogel* § 37 Rn. 14; zur Wahrnehmung der Vergütungsansprüche durch die VG Bild-Kunst s.u. Rn. 56). § 63a findet Anwendung, d.h. die Vergütungsansprüche sind unverzichtbar und im Voraus nur an eine Verwertungsgesellschaft abtretbar.

5. Urheberpersönlichkeitsrechtliche Befugnisse

32 Für die urheberpersönlichkeitsrechtlichen Befugnisse der §§ 12–14, 25, 39, 63 kommt aufgrund des fehlenden schöpferischen Charakters von Lichtbildern nur eine sinngemäße Anwendung in Frage (Fromm/Nordemann/*Nordemann* § 72 Rn. 15ff.). Dem Lichtbildner steht danach zum einen das **Veröffentlichungsrecht** nach § 12 sowie das **Namensnennungsrecht** nach § 13 zu (OLG Düsseldorf NJW-RR 1999, 194f. – Werbefotografien; OLG Stuttgart NJW-RR 1995, 935; LG Kiel NJOZ 2005, 126, 129 – Digitalfotos auf CD-ROM; LG München I ZUM 1995, 57 – Venus der Lumpen; LG Berlin ZUM 1998, 668, 673; LG Düsseldorf GRUR 1993, 664 – Urheberbenennung bei Foto; LG München I ZUM-RD 1997, 249; LG Münster NJW-RR 1996, 32f. – T.-Magazin; AG Frankfurt ZUM-RD 2006, 479; vgl. auch LG Leipzig GRUR 2002, 424 – Hirschgewand; *Platena* 179), welchem durch die bloße Angabe einer Nachrichtenagentur (etwa „dpa") nicht Genüge getan wird (Schricker/Loewenheim/*Vogel* § 72 Rn. 33; vgl. dazu § 10 Rn. 7, 14, 16). Vertragliche Abbedingungen des Namensnennungsrechts sind möglich (s. dazu § 13 Rn. 22ff.). Die Annahme eines **Verzichts** auf das Namensnennungsrecht aufgrund einer entsprechenden Branchenübung stellt jedoch einen absoluten Ausnahmefall dar, insb. ist der Fotograf auch im Rahmen einer Werbeanzeige grundsätzlich zu benennen (LG München I ZUM-RD 1997, 249, 253; AG München Schulze AGZ 21, 6; Dreier/Schulze/ *Schulze* § 72 Rn. 27; s. auch § 13 Rn. 24f.).

Eine Urheberbenennung ist nur dann korrekt, wenn sie **eindeutig** in dem Sinne ist, dass jeder abgebildeten Fotografie der Name des Fotografen erkennbar und ausschließlich zugeordnet ist; ist eine solche eindeutige **abbildungsbezogene Zuordnung** nicht möglich, ist das Namensnennungsrecht verletzt (LG Düsseldorf GRUR 1993, 664 – Urheberbenennung bei Foto; LG München ZUM 1995, 57 – Venus der Lumpen) und steht dem Lichtbildner bei der Berechnung des Schadensersatzes im Wege der Lizenzanalogie auf der Basis der MFM-Honorarempfehlungen wegen fehlender Urheberidentifikation regelmäßig ein Anspruch auf materiellen Schadensersatz wegen des Verlusts von Werbemöglichkeiten in Form eines **Zuschlags von 100%** auf das ansonsten angemessene Abbildungshonorar zu (s. dazu unten Rn. 62).

Ebenso kann der Lichtbildner gem. § 72 Abs. 1 in entsprechender Anwendung des § 14 **33** auch gegen **Entstellungen** seines Lichtbildes vorgehen (dazu LG Mannheim GRUR 1997, 364 f. – Freiburger Holbein-Pferd; *Ulmer* 512; Fromm/Nordemann/*Nordemann* § 72 Rn. 17 „Nur eingeschränkt"; Dreier/Schulze/*Schulze* § 72 Rn. 18; *Schack* Rn. 647; *Riedel* 80; ähnlich Dreyer/Kotthoff/Meckel/*Meckel* § 72 Rn. 15: kein grundsätzlicher Ausschluss, aber Abwägung im Einzelfall; a. A. Loewenheim/*Vogel* § 37 Rn. 18; Schricker/Loewenheim/*Vogel* § 72 Rn. 31; Möhring/Nicolini/*Kroitzsch* § 72 Rn. 6: nur allgemeines Persönlichkeitsrecht; vgl. auch OLG München NJW-RR 1997, 493). Für die Gewährung eines Entstellungsschutzes für einfache Lichtbilder spricht insb., dass ansonsten die vom Gesetzgeber mit § 72 beabsichtigte rechtliche Gleichstellung des Schutzes einfacher mit schöpferischen Fotografien insoweit aufgehoben wäre, mit der Folge, dass die Gerichte in diesen Fällen doch wieder eine Abgrenzung zwischen schöpferischen und nichtschöpferischen Fotografien vornehmen müssten. Gerade dies sollte aber durch die entsprechende Anwendung der urheberrechtlichen Vorschriften auf einfache Lichtbilder in § 72 vermieden werden (s. oben Rn. 1), ganz abgesehen davon, dass auch eine missglückte Umgestaltung einer handwerklich einwandfreien Fotografie dem Ruf des Fotografen erheblich schaden kann. Im Übrigen stehen dem Lichtbildner aufgrund ihrer vermögensrechtlichen Bedeutung auch das **Veröffentlichungsrecht** nach § 12 sowie das **Zugangsrecht** nach § 25 zu (Schricker/Loewenheim/*Vogel* § 72 Rn. 32; Fromm/Nordemann/*Nordemann* § 72 Rn. 16, 23); letzteres selbst dann, wenn er das Lichtbild im Rahmen eines Arbeitsverhältnisses gefertigt hat und der Arbeitgeber, eine Fotoagentur, einwendet, sie verwerte das Lichtbild mit „Unikatszusage", zur Herstellung eines Abzugs von einer angemessenen Zahl von ihm gefertigter Fotografien zum privaten Gebrauch (OLG München AfP 1993, 753, 754).

IV. Inhaber des Schutzrechts

Lichtbildner ist der **Hersteller des Lichtbilds.** Dies ist derjenige, der die technischen **34** Bedingungen für die Aufnahme des konkreten Lichtbildes festgelegt, d. h. den Aufnahmeapparat individuell eingerichtet und die Fotos mittels der technischen Hilfsmittel aufgenommen hat (LG Berlin GRUR 1990, 270 – Satellitenfoto; Schricker/Loewenheim/*Vogel* § 72 Rn. 35; Dreier/Schulze/*Schulze* § 72 Rn. 32). Das **Schöpferprinzip** des § 7 findet gem. § 72 Abs. 1 entsprechende Anwendung, d. h. Lichtbildner und damit erster Inhaber des Schutzrechts können **nur natürliche Personen** sein, da nur sie die geistigen Fähigkeiten besitzen, um das Mindestmaß an persönlicher Leistung aufbringen zu können, das für die Einrichtung des Bildes und damit das Entstehen des Lichtbildschutzes nach § 72 erforderlich ist; **juristische Personen** hingegen können lediglich nach den allgemeinen Grundsätzen Nutzungsrechte an den Fotos im Wege des **abgeleiteten Rechtserwerbs** erwerben (LG Berlin GRUR 1990, 270 – Satellitenfoto; wobei teilweise jedoch eine vollständige Übertragbarkeit des Rechts nach § 72 angenommen wird, s. dazu unten Rn. 46). Das Schöpferprinzip findet dabei auch auf die Anfertigung von Lichtbildern im Rahmen von **Arbeits- oder Dienstverträgen** Anwendung, so dass auch hier der Arbeitnehmer bzw. Dienstverpflichtete, der die geistige Leistung erbracht hat, Rechtsinhaber wird. **Lichtbildner** der Einzelbilder **eines Films** ist daher der **Kameramann,** allerdings geht § 89 Abs. 4 (vormals § 91) im Zweifel von der automatischen Übertragung der Nutzungsrechte zur filmischen Verwertung auf den Filmhersteller aus (näher § 89 Rn. 38 f.). Bei **automatischen Lichtbildaufnahmen** steht das Schutzrecht demjenigen zu, der den Automaten bei der konkreten Aufnahme bedient hat. Das ist beim Passbildautomat derjenige, der sich abbilden lässt, weil nur er auf die Gestaltung des Einzelfotos Einfluss nehmen kann (*Dünnwald* UFITA 76 (1976) 165, 174 Fn. 35; Fromm/Nordemann/*Nordemann* § 72 Rn. 26). Bei **Luftbild- und Satellitenaufnahmen** sind Lichtbildner diejenigen Personen, die die Aufnahmebedingungen im einzelnen festlegen, nicht hingegen der Eigentümer des

Aufnahmegeräts oder der Arbeitgeber des Lichtbildners (OGH K&R 2000, 460, 461 m. w. N.; Schricker/Loewenheim/*Vogel* § 72 Rn. 20; Loewenheim/*Vogel* § 37 Rn. 12; Fromm/Nordemann/*Nordemann* § 72 Rn. 26: Dreier/Schulze/*Schulze* § 72 Rn. 33; *Katzenberger* GRUR Int. 1989, 116, 118). Wirken an der Entstehung des Lichtbilds mehrere mit, findet § 8 entsprechende Anwendung und kommt es darauf an, ob das Lichtbild aufgrund gemeinsamer, gleichrangiger Leistung mehrerer entsteht, in diesem Fall sind alle Beteiligten (Mit-)Lichtbildner (vgl. dazu § 8 Rn. 3 ff., 6, 18 ff.); befolgen die Gehilfen, derer sich der Fotograf oder Kameramann bedienen, jedoch lediglich deren Anweisungen, ist die untergeordnete Person nur **Lichtbildnergehilfe** ohne Anteil an der Rechtsinhaberschaft (OGH K&R 2000, 460, 462; *Platena* 198 ff.; Dreier/Schulze/*Schulze* § 72 Rn. 32; *Schulze* GRUR 1994, 855; vgl. auch § 7 Rn. 14).

V. Dauer des Lichtbildschutzes

1. Schutzdauer

35 Die Dauer des Lichtbildschutzes beträgt seit dem 1.7.1985 **50 Jahre** (§ 72 Abs. 3 S. 1). Der Lauf dieser 50-jährigen Schutzfrist beginnt dabei entweder mit dem **ersten Erscheinen** des Lichtbildes (zum Erscheinen § 6 Rn. 24 ff.) oder – seit dem 1.7.1995 – alternativ auch mit seiner (erlaubten) **ersten öffentlichen Wiedergabe,** je nachdem welches dieser beiden Ereignisse früher liegt, und vorausgesetzt, dass die Herstellung des Lichtbildes im Zeitpunkt des ersten Erscheinens oder der ersten öffentlichen Wiedergabe noch nicht länger als 50 Jahre zurückliegt; anderenfalls endet die Schutzfrist mit Ablauf von 50 Jahren seit der **Herstellung** des Lichtbilds (§ 72 Abs. 3 S. 1). Im Ergebnis kann ein Lichtbild danach bis zu 100 Jahre geschützt sein, wenn es im 50. Jahr nach seiner Herstellung erstmals erscheint oder öffentlich wiedergegeben wird (Schricker/Loewenheim/*Vogel* § 72 Rn. 37). Berücksichtigt man, dass Lichtbild**werke** hingegen gem. § 64 „nur" bis 70 Jahre nach dem Tode des Fotografen geschützt sind, kann der **Schutz einfacher Lichtbilder,** die vom Fotografen in den letzten 30 Jahren vor seinem Tode aufgenommen worden sind, nach § 72 Abs. 3 **im Einzelfall bis zu 30 Jahre länger** andauern **als der Urheberrechtsschutz** (Beispiel: ein 10 Jahre vor dem Tode hergestelltes Lichtbild erscheint erstmals im Jahr 30 nach dem Tode und wäre dann gem. § 72 Abs. 3 noch bis zum Jahr 80 nach dem Tode geschützt). Fraglich ist, ob, da die **Schutzfrist für schöpferische Fotografien** durch Art. 6 der Schutzdauer-Richtlinie **verbindlich auf 70 Jahre p. m. a.** festgelegt wurde, die wenn auch nur subsidiäre Gewährung des längeren Lichtbildschutzes nach § 72 für schöpferische Fotografien europarechtswidrig ist. Und da der im Einzelfall die urheberrechtliche Schutzdauer bis zu 30 Jahre überschreitende Lichtbildschutz auch in der Sache nicht angemessen ist, wäre eine zeitliche Begrenzung des Lichtbildschutzes auf die Dauer eines entsprechenden Urheberschutzes wünschenswert, bspw. durch Einfügung eines neuen S. 2 in § 72 Abs. 3 der Art „In jedem Fall erlischt das Recht nach Abs. 1 jedoch 70 Jahre nach dem Tode des Lichtbildners; §§ 65 und 66 finden entsprechende Anwendung" oder durch einen vollständigen zeitlichen Gleichlauf beider Schutzrechte.

36 Die **Herstellung des Lichtbildes** erfolgt bei der herkömmlichen Fotografie bereits mit der **Belichtung des Filmmaterials** und nicht erst mit der Anfertigung eines Abzugs. Denn es kommt weder auf die Wahrnehmbarkeit durch das menschliche Auge, noch auf eine dauerhafte Fixierung der Abbildung an (so auch für das Fernseheinzelbild BGH GRUR 1962, 470, 472 – AKI; Dreyer/Kotthoff/Meckel/*Meckel* § 72 Rn. 18; a. A. Fromm/Nordemann/*Nordemann* § 72 Rn. 27: erste Bildfixierung, i. d. R. Herstellung der Negative; noch a. A. *Hamann* UFITA 90 (1981) 45, 56: erst mit Positivherstellung). Im Falle **digitaler Fotografien** ist das Lichtbild entsprechend bereits in dem Zeitpunkt hergestellt, in dem es im **digitalen Speicher** erstmals abgespeichert worden ist (Schricker/Loewenheim/*Vogel* § 72 Rn. 37).

Im Streit über den Beginn der gesetzlichen Schutzfrist trägt die **Beweislast** dafür, dass 37 die Herstellung schon länger als 50 Jahre (ggfs. seit dem ersten Erscheinen oder der ersten öffentlichen Wiedergabe) zurückliegt, derjenige, der sich auf das Erlöschen des Lichtbildschutzes durch Ablauf der gesetzlichen Schutzfrist beruft. Zu beachten ist, dass bereits die Übernahme (digitalisierter) Lichtbilder in ein öffentlich zugängliches Bildarchiv im **Internet** als Erscheinen qualifiziert werden kann (*Maaßen* ZUM 1992, 338, 342; Fromm/ Nordemann/*Nordemann* § 72 Rn. 27; vgl. dazu § 6 Rn. 29). Auf die **Berechnung der Schutzfrist** findet § 69 Anwendung (§ 72 Abs. 3 S. 2), d.h. die Frist beginnt mit dem **Ablauf des Kalenderjahres,** in welches das Erscheinen, die öffentliche Wiedergabe oder die Herstellung fällt.

Zu beachten ist schließlich, dass einzelne Ansprüche aus § 72 im Ausnahmefall auch **verwirkt** sein können, sofern die besonderen Voraussetzungen einer Verwirkung vorliegen (ausf. KG ZUM-RD 2012, 321 – Verwirkung bejaht nach 48jähriger Untätigkeit des Lichtbildners). Da bei Lichtbildern keinerlei geistig-persönliche Schöpfung vorliegt, sollen die besonders strengen Anforderungen an eine Verwirkung urheberrechtlicher Ansprüche (dazu Vor §§ 31 ff. Rn. 142) im Rahmen einer gem. Abs. 1 lediglich entsprechenden Anwendung urheberrechtlicher Grundsätze auf den Lichtbildschutz nicht anwendbar sein (vgl. KG ZUM-RD 2012, 321). Diese Differenzierung erscheint jedoch fraglich im Hinblick auf die ratio des § 72, die Gerichte von den nahezu unüberwindlichen Schwierigkeiten einer Abgrenzung von schöpferischen und nicht schöpferischen Fotografien zu entbinden.

2. Übergangsrechtliche Aspekte der Schutzfrist

Da sich die Schutzfrist für einfache Lichtbilder in der Vergangenheit mehrfach (1940, 38 1966, 1985 und 1995) geändert hat, stellen sich hier zahlreiche Übergangsprobleme bei der Berechnung der Schutzdauer. Im Einzelnen:

a) Rechtslage nach KUG (gültig vom 1.7.1907 bis 31.12.1965). Das KUG v. 39 9.1.1907 schützte Werke der Fotografie gem. §§ 1 und 26 KUG **10 Jahre** ab ihrem Erscheinen (§ 26 S. 1 KUG) bzw. ab dem Tode ihres Urhebers, wenn das Werk bis dahin noch nicht erschienen war (§ 26 S. 2 KUG). Obwohl sich der Wortlaut von §§ 1 und 26 KUG nur auf „Werke" der Fotografie bezog, waren nach allgemeiner Ansicht in Rechtsprechung und Literatur schon damals sämtliche Fotografien einschließlich der einfachen Lichtbilder vom Fotografieschutz erfasst (BGH GRUR 1961, 489 ff. – Autohochhaus). Der **Lauf der Frist begann** dabei nach § 29 KUG, welcher dem jetzigen § 69 entspricht, entweder mit Ablauf des Kalenderjahres, in dem der **Urheber verstorben** oder in dem das **Lichtbild erschienen** war. 1940 wurde die Schutzfrist von 10 auf **25 Jahre** verlängert (Gesetz v. 12.5.1940, RGBl. 1940 I S. 758; dazu *Hoffmann* UFITA 13 (1940) 120).

b) Rechtslage nach UrhG (gültig ab 1.1.1966). Mit Inkrafttreten des UrhG zum 40 1.1.1966 (§ 143) wurde zwar eine systematische Trennung zwischen dem Schutz der Lichtbildwerke und dem der einfachen Lichtbilder vorgenommen, indem Lichtbildwerken gem. § 2 Abs. 1 Nr. 5 Urheberrechtsschutz zuerkannt wurde, während Lichtbilder über § 72 durch ein verwandtes Schutzrecht geschützt wurden (zum UrhG 1966 *Bappert/Wagner* GRUR 1954, 104; *Riedel* GRUR 1951, 378; *Riedel* GRUR 1954, 500). Allerdings wurde die Schutzfrist in § 68a. F. wegen der „unüberwindlichen Schwierigkeiten" einer Differenzierung zwischen Lichtbildern und Lichtbildwerken (AmtlBegr. *M. Schulze* Materialien 531) für beide einheitlich auf **25 Jahre ab Erscheinen** bzw. ab **Herstellung** der Fotografie (und nicht erst nach dem Tode des Fotografen) festgelegt, sofern das Lichtbild bzw. Lichtbildwerk innerhalb von 25 Jahren ab Herstellung noch nicht erschienen war. Mangels einer besonderen Überleitungsregelung galt § 68a. F. zunächst auch für Alt-„Werke" (§ 129), so dass sich die Schutzfrist für nichterschienene Lichtbilder im Vergleich zum vorher geltenden Recht stark verkürzte. Um die sich aus dieser Schutzfristverkürzung ergebenden Unbilligkeiten abzumildern, wurde **§ 135a S. 1 UrhG** eingefügt, wonach seit dem 1.1.1973 für den Beginn der durch das UrhG gegenüber dem KUG verkürzten Schutzfrist der nicht erschienenen Lichtbilder nicht der Zeitpunkt ihrer Herstellung, sondern stattdessen der **Zeitpunkt des Inkrafttretens des UrhG** am 1.1.1966 maßgeblich ist (OLG Hamburg GRUR 1999, 717 f. – Wagner-Familienfotos; s. hierzu auch § 135 Rn. 4 f.). § 135a S. 1 UrhG entfaltet insoweit **Rückwirkung**, so dass auch der Lichtbildschutz für diejenigen Fotografien, deren Schutzfrist aufgrund von § 68 a. F. am 1.1.1973 bereits abgelaufen war, wieder auflebte (OLG Hamburg GRUR 1999, 717, 719 – Wagner-Familienfotos; s. auch § 135 Rn. 4).

41 c) **Rechtslage nach UrhG (gültig ab 1.7.1985).** Durch das UrhGÄndG v. 24.6.1985 wurde zum einen **§ 68**, der die Schutzfrist für Lichtbild**werke** auf 25 Jahre (ab Erscheinen/Herstellung) verkürzte, mit Wirkung ab 1.7.1985 **ersatzlos gestrichen** und Lichtbildwerken, deren Schutzfrist am 1.7.1985 nach dem bis dahin geltenden Recht noch nicht abgelaufen war (§ 137a Abs. 1), die volle urheberrechtliche Schutzdauer von 70 Jahren post mortem auctoris zuerkannt (OLG Hamburg GRUR 1999, 717, 719 – Wagner-Familienfotos). Damit ergab sich für die Praxis die Notwendigkeit, in vielen Fällen eine Entscheidung treffen zu müssen, ob eine konkrete fotografische Aufnahme lediglich eine technische Leistung verkörpert (dann Lichtbildschutz) oder ob die Abbildung gerade noch ein Mindestmaß an schöpferischer Individualität aufweist (dann Urheberschutz, zu den geringen Schutzanforderungen bei Lichtbildwerken oben Rn. 7ff.).

42 Zum anderen wurde für Lichtbilder, die **Dokumente der Zeitgeschichte** sind, eine Schutzdauer von **50 Jahren** ab Erscheinen bzw. Herstellung eingeführt, während es für alle anderen Lichtbilder bei der Schutzdauer von 25 Jahren ab Erscheinen bzw. Herstellung blieb (§ 72 Abs. 3 UrhG (1985); zu dem weit auszulegenden Begriff „Dokument der Zeitgeschichte" s. ausf. *Flechsig* UFITA 116 (1991) 5). Zusätzliche **Rechtsunsicherheit** wurde noch dadurch hervorgerufen, dass der Charakter eines Lichtbilds als „Dokument der Zeitgeschichte" oft nicht von vornherein feststeht, sondern sich vielfach erst aus späterer Sicht ergibt (etwa weil die abgebildete Person inzwischen eine berühmte Person der Zeitgeschichte geworden ist), so dass Lichtbilder, deren dokumentarischer Wert bei Ablauf der 25-jährigen Schutzfrist noch nicht vorhanden war, nur unter dem Vorbehalt gemeinfrei wurden, dass sie nicht doch noch später zeitgeschichtlich dokumentarischen Charakter erhielten (OLG Hamburg GRUR 1999, 717, 719 – Wagner-Familienfotos: oft zeige erst die Tatsache, dass ein Lichtbild nach Jahrzehnten noch von so großem Interesse ist, dass es vervielfältigt, verbreitet und/oder gesendet wird, seinen zeitgeschichtlich-dokumentarischen Charakter). Zu beachten ist, dass nicht schon jede Abbildung von Personen der Zeitgeschichte i. S. v. § 23 Abs. 1 Nr. 1 KUG dazu führt, dass das Foto ein Dokument der Zeitgeschichte ist; erforderlich ist vielmehr, dass das Foto eine historisch bedeutsame Situation oder Ereignis abbildet (vgl. OLG Frankfurt GRUR Int. 1993, 872, 873 – The Beatles, wo einem Coverfoto der Beatles auf einem Beatles-Album dokumentarischer Charakter abgesprochen wurde; Dreier/Schulze/*Schulze* § 72 Rn. 35).

43 d) **Änderungen durch das 3. UrhGÄndG (gültig ab 1.7.1995).** Das 3. UrhGÄndG vereinheitlichte die Schutzdauer für sämtliche Lichtbilder auf **50 Jahre** ab Erscheinen bzw. hilfsweise ab Herstellung, womit die Sonderstellung der nur schwer abgrenzbaren „Dokumente der Zeitgeschichte" wieder wegfiel. Des Weiteren wurde die **erste öffentliche Wiedergabe** eines Lichtbildes als weiteres den Lauf der Schutzfrist auslösendes Ereignis mit Wirkung ab dem 1.7.1995 eingeführt. Durch öffentliche Wiedergabehandlungen vor dem 1.7.1995 wurde der Lauf der Schutzfrist allerdings nicht rückwirkend in Gang gesetzt (Fromm/Nordemann/*Nordemann* § 72 Rn. 3).

44 Nach h. M. kamen jedoch nur solche Lichtbilder in den Genuss der **Schutzfristverlängerung auf 50 Jahre, die zum 1.7.1995** in Deutschland nach altem Recht **noch geschützt** waren, da sich das **Wiederaufleben** des Schutzes nach § 137 f Abs. 2 S. 1 allein

auf **Lichtbildwerke** bezieht und die Lichtbilder in § 137f Abs. 2 S. 2 nicht ausdrücklich erwähnt werden (s. § 137f Rn. 9; OLG Düsseldorf GRUR 1997, 49, 50 – Beuys-Fotografien; OLG Hamburg ZUM-RD 2004, 303 – U-Boot-Fotografie; Schricker/Loewenheim/*Vogel* § 72 Rn. 39; *A. Nordemann/Mielke* ZUM 1996, 214, 215; auch Art. 10 Abs. 2 der Schutzdauer-Richtlinie besagt nichts anderes, da die Richtlinie lediglich die Schutzfrist für schöpferische Lichtbildwerke regelt, während sie die Ausgestaltung eines etwaigen Leistungsschutzes für einfache Lichtbilder den Mitgliedstaaten überlässt, vgl. Walter/*Walter* Schutzdauer-Richtlinie Art. 6 Rn. 9, Schutzdauer-Richtlinie Art. 10 Rn. 14; a. A. *Schulze/Bettinger* GRUR 2000, 12, 18; Dreier/Schulze/*Schulze* § 72 Rn. 41).

Damit kommt der Frage, ob in Deutschland **vor der Umsetzung** der Schutzdauer-**45** Richtlinie zum 1.7.1995 bei Fotografien **höhere oder die gleichen urheberrechtlichen Schutzanforderungen** an die „kleine Münze" der Lichtbildwerke gegolten haben, nach wie vor Bedeutung zu (insoweit von BGH MMR 2000, 218, 219 – Werbefotos – ausdrücklich offen gelassen; vgl. oben Rn. 10). Denn aufgrund der **fehlenden Rückwirkung** der **materiellen Anforderungen** an den fotografischen Urheberrechtsschutz durch die **Schutzdauer-Richtlinie** gelangten nur solche Fotografien in den Genuss der Schutzfristverlängerung nach § 137f Abs. 1 S. 2, deren Schutzdauer zu diesem Zeitpunkt noch nicht als „Lichtbild" nach früherem Recht bereits erloschen war (so BGH MMR 2000, 218f. – Werbefotos unter Verweis auf BGH GRUR 1994, 39, 40f. – Buchhaltungsprogramm; s. auch § 137f Rn. 3ff.). Würde man die Frage eines früheren höheren Schutzniveaus bejahen, wäre daher letztlich eine doppelte Originalitätsprüfung nach einem vor und nach dem 1.7.1995 jeweils unterschiedlichen Originalitätsmaßstab erforderlich.

Zutreffenderweise ist jedoch mit dem deutschen Gesetzgeber davon auszugehen, dass **auch bereits vor Umsetzung der Schutzdauer-Richtlinie** nach früherem deutschen Recht die gleichen, **besonders niedrigen Anforderungen** von Art. 6 der Schutzdauer-Richtlinie für den Urheberrechtsschutz von Fotografien gegolten haben (vgl. hierzu EuGH GRUR 2012, 166 – Painer/Standard; dazu oben Rn. 7ff.), weshalb anders als bei Computerprogrammen (vgl. § 69a Abs. 3) in rechtlicher Hinsicht keinerlei Veranlassung zu einer entsprechenden gesetzlichen Klarstellung vorhanden war (Amtl. Begr. zum 4. UrhGÄndG *M. Schulze* 933; BGH MMR 2000, 218, 219 – Werbefotos; Walter/*Walter* Schutzdauer-Richtlinie Art. 6 Rn. 7; Schricker/Loewenheim/*Vogel* § 72 Rn. 39; Loewenheim/*Vogel* § 37 Rn. 10; Dreier/Schulze/*Schulze* § 72 Rn. 36 sowie § 2 Rn. 195ff.; *W. Nordemann* NJW 1995, 2534, 2535; *Vogel* ZUM 1995, 451, 455; vgl. weiter *Heitland* 62f.).

Damit können die heutigen niedrigen Anforderungen an den Schutz als Lichtbildwerk bei der Prüfung der Schutzfristverlängerung nach § 137f Abs. 1 S. 2 angewendet werden, so dass die Frage des Erlöschens der Schutzdauer nach § 137f Abs. 1 S. 2 zum 1.7.1995 für sämtliche nach heutigem Recht als Lichtbild**werk** einzustufende Fotografien nach § 64 (70 Jahre p. m. a.) zu beurteilen ist.

Soweit die Schutzfrist danach dennoch bereits zum 1.7.1995 erloschen war, **lebt** sie allerdings gem. § 137f Abs. 2 bis 4 für solche **Lichtbildwerke wieder auf,** die zum 1.7.1995 in einem beliebigen anderen EU- oder EWR-Staat noch urheberrechtlich geschützt waren. Eine endgültige Beurteilung, ob ein Lichtbildwerk, dessen Schutzfrist bei alleiniger Zugrundelegung deutschen Urheberrechts bereits abgelaufen wäre, in Deutschland noch Schutz genießt, ist damit erst nach Durchführung einer komplexen Prüfung in- und ausländischen Urheberrechts möglich (vgl. OLG Hamburg ZUM-RD 2004, 303 – U-Boot-Fotografie; ausf. *Schulze/Bettinger* GRUR 2000, 12ff.).

Für einfache Lichtbilder hingegen kann es nach wie vor darauf ankommen, ob es sich um ein Dokument der Zeitgeschichte nach § 72 Abs. 3 a. F. handelt oder nicht. Denn der 25-jährige Lichtbildschutz verlängerte sich zum 1.7.1995 nach § 137f Abs. 1 S. 2 nur für diejenigen **nichtdokumentarischen Lichtbilder** auf 50 Jahre, die zum 1.7.1995 noch geschützt waren, deren 25-jährige Schutzfrist nach altem Recht zu diesem Zeitpunkt somit noch nicht abgelaufen war. Alle nichtdokumentarischen Lichtbilder, die **vor dem**

1.1.1970 bereits erschienen bzw. hergestellt und nicht erschienen waren, waren zum 1.7.1995 aber bereits gemeinfrei und gelangten nicht mehr nach § 137f Abs. 1 S. 2 in den Genuss der Schutzfristverlängerung auf 50 Jahre (OLG Hamburg GRUR 1999, 717 – Wagner-Familienfotos; Schricker/Loewenheim/*Vogel* § 72 Rn. 39). Für **dokumentarische Lichtbilder** kommt es hingegen darauf an, ob sie **vor dem 1.1.1960** bereits erschienen bzw. hergestellt und anschließend nicht erschienen waren. Denn nur für diejenigen dokumentarischen Lichtbilder, die am **1.1.1985** noch nicht nach früherem Recht gemeinfrei geworden waren, verlängerte sich die Schutzfrist von 25 auf 50 Jahre (vgl. Schricker/Loewenheim/*Vogel* § 72 Rn. 40f.).

VI. Vertragsrecht

1. Fehlende Übertragbarkeit (§ 29 Abs. 1)

46 Das Leistungsschutzrecht des Lichtbildners ist in entsprechender Anwendung von **§ 29 Abs. 1** (§ 72 Abs. 1) unter Lebenden **unübertragbar;** Dritte können daher an Lichtbildern nur Nutzungsrechte im Wege des **abgeleiteten Rechtserwerbs** nach den **§§ 31 ff.** eingeräumt bekommen, sie können jedoch nicht durch Abtretung des Rechts nach §§ 398, 413 selbst die Rechtsstellung des Lichtbildners erlangen (*Ulmer* 511; Fromm/Nordemann/ *Nordemann* § 72 Rn. 24; *Schack* Rn. 648; *Heitland* 123; LG Kiel NJOZ 2005, 126, 129 – Digitalfotos auf CD-ROM; wohl auch Dreier/Schulze/*Schulze* § 72 Rn. 16, 21; a. A. Schricker/Loewenheim/*Vogel* § 72 Rn. 44; Loewenheim/*Vogel* § 37 Rn. 11; *Flechsig* UFITA 116 (1991) 5, 29). An dieser durch § 72 Abs. 1 angeordneten entsprechenden Anwendung des § 29 Abs. 1 ist trotz Fehlens eines die Unübertragbarkeit des Urheberrechts begründenden persönlichkeitsrechtlichen Elements (Schricker/Loewenheim/*Vogel* § 72 Rn. 44) festzuhalten, da durch eine unterschiedliche Regelung der Übertragbarkeit von schöpferischen und nichtschöpferischen Fotografien die Praxis der Vertragsgestaltung mit erheblichen Abgrenzungsschwierigkeiten und Rechtsunsicherheit belastet würde, die durch die gesetzliche Gleichstellung von einfachen Lichtbildern und Lichtbildwerken gerade vermieden werden sollten (s. oben Rn. 1). Die **Vererblichkeit** des Leistungsschutzrechts des Lichtbildners beurteilt sich schließlich nach § 28.

2. Anwendbarkeit der §§ 31 ff., Zweckübertragungstheorie

47 Auf die Auslegung von Nutzungsverträgen über Lichtbildrechte sind die §§ 31 ff. entsprechend anwendbar, insb. gilt die sog. **Zweckübertragungstheorie** (vgl. z.B. OLG Hamburg NJOZ 2005, 4335, 4337 – Yacht-Archiv, betr. eine digitalisierte Zeitschriftennutzung; OLG Hamburg NJW-RR 1987, 1533 f. – Mikis Theodorakis betr. die Überlassung eines Künstlerfotos; vgl. auch BGH GRUR 2007, 693 – Archivfotos, zur Anwendung der Zweckübertragungsregel auf die Eigentumsübertragung; BGH GRUR 2002, 248 – SPIEGEL-CD-ROM; LG München I MMR 2004, 192; OLG Düsseldorf GRUR-RR 2009, 45 – Schaufensterdekoration). Die **Nutzung von Fotos im Internet** stellt gegenüber der Printnutzung eine selbstständige Nutzungsart dar, so dass die Nutzung im Internet mangels einer ausdrücklich auf diesen Verwendungszweck gerichteten Abrede regelmäßig nicht eingeräumt ist (vgl. OLG Hamburg NJOZ 2005, 4335, 4337 – Yacht-Archiv; OLG Köln GRUR 2004, 499 – Portraitfoto im Internet; LG Hamburg BeckRS 2008, 07312 – Gutachtenfotos im Internet; LG Köln MMR 2007, 465 – Portraitfoto im Internet II; LG Berlin ZUM 2000, 73 – Der Tagesspiegel). Zu beachten ist, dass auch der Inhaber eines ausschließlichen Nutzungsrechts an Lichtbildern ohne Zustimmung des Lichtbildners weder zur Einräumung weiterer Nutzungsrechte (§ 35) noch zur vollständigen Übertragung von Nutzungsrechten (§ 34) befugt ist (vgl. LG Leipzig ZUM 2007, 671 – Unterlizenzierung von Fotografien; LG Kiel NJOZ 2005, 126, 129 – Digitalfotos auf CD-ROM).

Bei der Vergabe von Nutzungsrechten bedarf es daher möglichst detaillierter vertrag- **48** licher Regelungen (vgl. dazu auch § 31 Rn. 39; BGH GRUR 1961, 489 ff. – Autohochhaus; OLG Hamburg GRUR 1989, 912 f. – Spiegel-Fotos; KG NJW-RR 1997, 789, 790 – Poolregelung; vgl. ferner OLG München GRUR 1958, 458 – Kirchenfoto). Was die Höhe der Nutzungsvergütungen betrifft, werden jährlich von der **Mittelstandsvereinigung Fotomarketing** (MFM in Berlin, www.mittelstandsgemeinschaft-foto-marketing.de) sogenannte **Honorarempfehlungen** herausgegeben, die eine **Zusammenstellung der marktüblichen Honorare** enthalten und die **Verkehrssitte** zwischen Bildagenturen/freien Fotografen auf der einen sowie Verwertern auf der anderen Seite wiedergeben (*A. Nordemann* FS Schricker 1995, 477, 482; eine vergleichbare Marktübersicht über Fotohonorare im europäischen Ausland findet sich bei *Brinzer*). Darüber hinaus werden die MFM-Tarife auch im Rahmen des § 32 zur Bestimmung der angemessenen Vergütung (Schricker/Loewenheim/*Vogel* § 72 Rn. 47; ausf. § 32 Rn. 25, 28) herangezogen werden können und finden auch, im sachlichen Anwendungsbereich der einzelnen Tarife, Anwendung bei der Bestimmung der Höhe des Schadensersatzes nach der Lizenzanalogie in Verletzungsfällen (dazu unten Rn. 61).

3. Nutzungsverträge mit freischaffenden Fotografen

a) Auftragsproduktionen. Grundlage der beruflichen Tätigkeit der meisten professio- **49** nellen Fotografen bilden die sog. **Auftragsproduktionen**. In rechtlicher Hinsicht handelt es sich um **Werkverträge** gem. § 631 BGB, die auf die Erstellung bestimmter Fotos bzw. Fotoserien gerichtet sind. Sofern die Parteien dabei den Umfang der Rechtseinräumung nicht ausdrücklich vertraglich geregelt haben, richtet sich dieser nach dem **Zweckübertragungsgedanken** des § 31 Abs. 5, mit der Konsequenz, dass der Auftraggeber einerseits in jedem Fall die für die Erreichung des bei Abschluss des Vertrages erkennbaren Vertragszwecks erforderlichen Nutzungsrechte erwirbt, der Fotograf dem Auftraggeber andererseits jedoch im Zweifel keinerlei darüber hinausgehende Nutzungsrechte einräumt (vgl. oben Rn. 47 und § 31 Rn. 70 ff.; vgl. LG Köln ZUM-RD 2010, 644; bestätigt von OLG Köln ZUM 2011, 574; zur Frage der internationalen Zuständigkeit s. BGH GRUR 2012, 1069 – Hi Hotel, mit Vorlage an den EuGH; OLG Karlsruhe GRUR 1984, 522 – Herrensitze in Schleswig-Holstein). Die Reichweite der Rechtseinräumung, d.h. insb. die Frage, ob und inwieweit ausschließliche oder nur einfache Nutzungsrechte eingeräumt sind, ob und in welchem Umfang dem Auftraggeber eine Bearbeitung, Weiterlizensierung oder Wiederverwendung gestattet ist, ist dabei anhand der Umstände des Einzelfalls unter Zugrundelegung des objektiven Parteiwillens zu ermitteln, wobei neben dem erkennbaren Vertragszweck insb. der Höhe der vereinbarten Vergütung eine erhebliche Bedeutung zukommt (vgl. z.B. BGH GRUR 2010, 623 – Restwertbörse; BGH GRUR 2002, 248 – SPIEGEL-CD-ROM; OLG Köln GRUR 2004, 499 – Portraitfoto im Internet; OLG Hamburg GRUR 2000, 45 – CD-Cover; OLG Düsseldorf GRUR 1988, 541 – Warenkatalogfotos; BGH GRUR 1988, 300, 301 – Fremdenverkehrsbroschüre; OLG Karlsruhe GRUR 1984, 522, 523 – Herrensitze in Schleswig-Holstein; vgl. auch LG München I ZUM-RD 2007, 208 – Zeitlich befristete Lizenzierung von Fotos; LG München I MMR 2004, 192; AG München Schulze AGZ 21; ausf. *A. Nordemann* FS Schricker 1995, 477, 486; *Hoeren/Nielen* S. 243 ff.; zu den Honorarempfehlungen der Mittelstandsgemeinschaft Fotomarketing s.o. Rn. 48 und unten Rn. 61); zur Frage, inwieweit bei Standardklauseln im Rahmen der AGB-Kontrolle gem. § 307 BGB die Leitbildfunktion des Prinzips der angemessenen Beteiligung gem. § 11 S. 2 bzw. die Übertragungszwecklehre gem. § 31 Abs. 5 berücksichtigt werden dürfen, s. abl. BGH GRUR 2012, 1031 – Honorarbedingungen Freie Journalisten; vgl zuvor aber OLG Rostock ZUM 2012, 706; LG Nürnberg-Fürth MMR 2011, 588; LG Berlin NJOZ 2012, 2122; LG Bochum ZUM-RD 2012, 217 – Fotopool; ausf. Vor §§ 31 ff. Rn. 97 ff., 109).

Soweit der Fotograf dem Auftraggeber **Negative und Abzüge** für ein eigenes Archiv überlässt, findet § 44 entsprechende Anwendung, so dass der Auftraggeber ohne besondere Anhaltspunkte weder das Eigentum an den Negativen und Abzügen erwirbt und diese daher im Zweifel an den Fotografen herausgeben muss (vgl. dazu BGH GRUR 2007, 693 – Archivfotos; Vorinstanz OLG München GRUR-RR 2004, 220 – Fotoabzüge; vgl. aber auch OLG Hamburg GRUR 1989, 912 und unten Rn. 50), noch in der Übergabe oder Übereignung eine konkludente Einräumung (ausschließlicher) Nutzungsrechte zu sehen ist (s. § 44 Rn. 10f., 15ff.; OLG Düsseldorf GRUR 1988, 541 – Warenkatalogfotos; Schricker/Loewenheim/*Vogel* § 72 Rn. 49).

Umgekehrt hat der Auftraggeber einer Auftragsproduktion, soweit entsprechende vertragliche Vereinbarungen fehlen, grundsätzlich keinen Anspruch auf Herausgabe der Fotonegative bzw. Originaldateien (vgl. LG Hannover NJW-RR 1989, 53; LG Wuppertal GRUR 1989, 54; AG Essen BeckRS 2011, 06716; vgl. auch OLG München GRUR 1984, 516 – Tierabbildungen; OLG Hamburg GRUR 1980, 909 – Gebrauchsgrafik für Werbezwecke; Möhring/Nicolini/*Kroitzsch* § 72 Rn. 10, auch für Röntgenaufnahmen; a.A. AG Regensburg NJW-RR 1987, 1008).

50   b) **Archivbestellungen.** Soweit der Fotograf keine neuen Fotografien anfertigt, sondern Bilder aus seinem Fotoarchiv zur Verfügung stellt, beurteilen sich derartige **Archivbestellungen** wie Bestellungen bei einer Bildagentur (dazu unten Rn. 54f.). Bestellt der Verwerter die Fotografien seinerseits für ein eigenes Archiv, kann neben einem urheberrechtlichen Nutzungsvertrag zugleich ein Kaufvertrag über die Abzüge/Negative zustande kommen (vgl. dazu BGH GRUR 2007, 693 – Archivfotos; Vorinstanz OLG München GRUR-RR 2004, 220 – Fotoabzüge; vgl. auch LG München I ZUM 2008, 78). In jedem Fall aber bleibt der Nutzungsvertrag bei Fehlen anderweitiger Vereinbarung auch in diesem Fall grundsätzlich kündbar und schuldet der Verwerter, sofern keine Pauschalvereinbarungen vorliegen, für jede Verwertungshandlung die Zahlung eines gesonderten Honorars (vgl. OLG Hamburg GRUR 1989, 912, 914 – Spiegel-Fotos; vgl. zu den MFM-Honorarbedinungen auch oben Rn. 48 und unten Rn. 61ff.).

51   c) **Illustrationsverträge.** Soweit **Illustrationsaufträge** die Verwendung von Archivbildern des Fotografen zum Gegenstand haben, gelten die Grundsätze einer normalen Archivbestellung (s. oben Rn. 50). Ansonsten ist der Illustrationsvertrag ein **Werkvertrag** i.S.v. § 631 BGB, auf den im Einzelfall eine entsprechende Anwendung von Vorschriften des VerlG denkbar ist (vgl. BGH GRUR 1998, 680, 682 – Comic-Übersetzungen; BGH GRUR 1985, 378, 379 – Illustrationsvertrag; vgl. § 47 Abs. 1 VerlG). Wenn weder die Höhe des Honorars noch ein sonstiges konkludentes Verhalten des Fotografen den eindeutigen Schluss zulässt, dass über die erste Auflage hinaus die Fotografien weiter verwertet werden dürfen, muss der Auftraggeber für alle weiteren Auflagen eine neue (Honorar-)Vereinbarung mit dem Fotografen abschließen (BGH GRUR 1998, 680, 682 – Comic-Übersetzungen; BGH GRUR 1985, 378, 379 – Illustrationsvertrag).

52   d) **Bildnisbestellungen.** Verträge über **auf Bestellung angefertigte Portraitaufnahmen** oder sonstige Aufnahmen von Menschen („Bildnisse") sind regelmäßig **Werklieferungsverträge** gem. § 651 BGB, da die Übereignung der Fotografie an den Besteller im Vordergrund steht. Auch hier gilt grundsätzlich die Zweckübertragungsregel des § 31 Abs. 5 (s. oben Rn. 48). Sie wird aber teilweise durch die gesetzliche Auslegungsregel des § 60 Abs. 1 S. 1 überlagert, wonach Bildnisse von ihrem Besteller, dem Abgebildeten oder in ihrem Auftrag durch einen Dritten durch Lichtbild oder auf andere Weise vervielfältigt und unentgeltlich sowie zu nichtgewerblichen Zwecken verbreitet werden dürfen (s. dazu § 60 Rn. 5; OLG Karlsruhe ZUM 1994, 737; vgl. OLG Köln GRUR 2004, 499 – Portraitfoto im Internet; Möhring/Nicolini/*Kroitzsch* § 72 Rn. 9; vgl. auch *Thum* GRUR-Prax 2013, 231). § 60 erfasst jedoch nicht die Befugnis, das Lichtbild zu gewerblichen Zwecken im Internet öffentlich wiederzugeben (vgl. OLG Köln GRUR 2004, 499 – Portraitfoto im Internet; LG Köln MMR 2007, 465 – Portraitfoto im Internet II; LG Köln ZUM-RD 2008, 437). Ein Anspruch auf Herausgabe der Negative besteht regelmäßig nicht (vgl. oben Rn. 49). Zu beachten ist, dass die in § 23 Abs. 1 Nr. 4 KUG enthaltene Ausnahme zur kunstmäßigen Verbreitung von Bildnissen nur auf Bildnisse anwendbar ist, die nicht auf Bestellung gefertigt wurden (s. dazu § 23 KUG Rn. 27).

4. Angestellte Fotografen (§ 43)

Werden Fotografen im Anstellungsverhältnis tätig, was insb. im Pressebereich häufig der Fall ist, so entfalten oft **Tarifverträge** unmittelbare normative Wirkung auf die Einräumung von Nutzungsrechten des Fotografen an seinen Arbeitgeber (zu Tarifverträgen ausf. § 43 Rn. 121 ff. und Vor §§ 31 ff. Rn. 96). Soweit kein Tarifvertrag greift, ist § 43 zu beachten, d. h. im Zweifel ist auch ohne eine ausdrückliche Vereinbarung im Arbeitsvertrag anzunehmen, dass dem Arbeitgeber an Lichtbildern, die angestellte Fotografen im Rahmen ihres Arbeitsvertrages anfertigen, die Rechte zur Vervielfältigung, Verbreitung und öffentlichen Wiedergabe für die Zwecke des Unternehmens eingeräumt werden (*Ulmer* 511; KG GRUR 1976, 264 – Gesicherte Spuren: betreffend Aufnahmen von Exponaten eines Museumsbestandes). 53

5. Vertragsbeziehungen mit Bildagenturen

a) Rechtsverhältnis Bildagentur/Lichtbildner. Häufig beauftragt der Fotograf **Bildagenturen** mit der treuhänderischen Verwertung seiner Lichtbilder und räumt ihnen zu diesem Zweck ein ausschließliches Nutzungsrecht ein, aufgrund dessen die Agenturen die Lichtbilder Dritten zur Nutzung mittels einfacher Nutzungsrechte gegen Entgelt überlassen können. Der Vertrag mit der Bildagentur, die im eigenen Namen und für fremde Rechnung tätig wird, ist Geschäftsbesorgungsdienstvertrag gem. §§ 675, 611 BGB mit einer stark ausgeprägten treuhänderischen Komponente, auf den die Zweckübertragungslehre gem. § 31 Abs. 5 und regelmäßig auch die Vorschriften über AGBs in §§ 305 ff. BGB anwendbar sind; in der Regel teilen sich Agentur und Fotograf die erlösten Honorare hälftig (Agenturverträge in Schütze/Weipert/*Vinck* Formular VII.65 sowie bei *Maaßen* 109 ff.; ausf. Loewenheim/ *A. Nordemann* § 73 Rn. 4 ff.; *A. Nordemann* FS Schricker 1995, 477, 494 ff.). 54

b) Rechtsverhältnis Bildagentur/Verwerter. Stellt die Bildagentur dem Verwerter eine Auswahl an Lichtbildern zur Verfügung, aus denen der Verwerter bestimmte Exemplare für seine Zwecke auswählen kann, erfolgt die regelmäßig kostenlose Auswahlsendung zunächst auf der Basis eines **Leihvertrags** der versandten Bilder gem. § 598 BGB; zugleich erhält der potenzielle Verwerter aber auch eine **Option** auf den Erwerb eines regelmäßig einfachen Nutzungsrechts an den von ihm ausgewählten Fotografien (BGH GRUR 2002, 282 f. – Bildagentur; OLG Hamburg GRUR 1987, 318 – Foto-Blockierungshonorar; vgl. aber auch OLG Hamburg GRUR 1989, 912 f. – Spiegel-Fotos: Kauf statt Leihe bei entgeltlicher Überlassung zu Archivzwecken; ausf. Loewenheim/*A. Nordemann* § 73 Rn. 18 ff.; *A. Nordemann* FS Schricker 1995, 477, 479; *Habel/Meindl* ZUM 1993, 270; Hoeren/ Nielen/*Mercelot* 235). Bildagenturen bieten die Rechte an den in ihrem Archiv enthaltenen Fotos regelmäßig auf der Grundlage von **AGB** an (BGH GRUR 2002, 282 – Bildagentur; zu derartigen AGBs ausführlich *A. Nordemann* FS Schricker 1995, 477, 479 f.; *Habel/Meindl* ZUM 1993, 270, 274; zur Vereinbarung von Vertragsstrafen und Schadensersatzpauschalen in AGB des Fotografen s. OLG München ZUM-RD 1998, 113, 114 f., zu sog. „Blockierungskosten" im Falle verspäteter Bildrückgabe s. OLG Hamburg GRUR 1987, 318; LG Hamburg AfP 1986, 352, 353; allg. *Mielke* in: BVPA 109 ff.; zum Umfang der Rechtezusicherung durch eine Bildagentur betreffend etwaige Geschmacksmusterrechte am Bildgegenstand s. LG München I ZUM-RD 2005, 193 – ICE Triebwagenzüge). 55

Muster-AGB des BVPA wurden im Jahre 1997 vom Bundeskartellamt genehmigt (vgl. BAnz. Nr. 194 v. 17.10.1997, S. 12964). Sie befassen sich allerdings nur mit der Verwertung von analogem Bildmaterial, eine Weiterentwicklung dieser Muster-AGB (s. *Mielke/ Mielke* in: BVPA 2011, 75) wurde bislang noch nicht erneut genehmigt.

6. Wahrnehmungsvertrag der VG Bild-Kunst

56 Die **VG Bild-Kunst** (s. Vor §§ 1 ff. WahrnG Rn. 7; www.bildkunst.de) ist die gemeinsame Verwertungsgesellschaft sämtlicher Bildurheber. Der **Wahrnehmungsvertrag** für die Berufsgruppe II, der u. a. Fotografen, Bildjournalisten, Foto-Designer sowie von ihnen bevollmächtigte Bildagenturen angehören, sieht vor, dass der VG Bild-Kunst vom Fotografen oder der von ihm bevollmächtigten Bildagentur sämtliche Nutzungsrechte zur ausschließlichen Wahrnehmung eingeräumt werden, die nicht die Vervielfältigung des Lichtbilds betreffen (Wahrnehmungsvertrag zum Download auf www.bildkunst.de; vgl. dazu MünchVertrHdb. Bd. 3 WirtschR II/*Vinck* Form. XI.65 Anm. 3; ausf. *A. Nordemann* FS Schricker 1995, 477, 494 ff.).

VII. Sonstige Fragen

1. Wettbewerbsrechtlicher Schutz

57 Außerhalb des Anwendungsbereichs des Leistungsschutzrechts gem. § 72 kann Schutz unter Umständen unter dem Gesichtspunkt des **ergänzenden wettbewerbsrechtlichen Leistungsschutzes** nach § 4 Ziff. 9 UWG (§ 1 UWG a. F.) in Betracht kommen, sofern zu einer bloßen Nachahmung besondere, außerhalb des Sonderschutzes liegende Umstände hinzutreten, die das Verhalten im Einzelfall als unlauter erscheinen lassen, wie insb. eine Herkunftstäuschung (lit. a), eine Rufausbeutung (lit. b) oder eine unlautere Erlangung von Kenntnissen oder Unterlagen (lit. c) (allgemein Einl Rn. 54 f., § 2 Rn. 160 ff.).

So wurde es z. B. als verbotene unmittelbare Leistungsübernahme angesehen, dass ein Fotograf das von einem anderen Fotografen für die Aufnahme einer Hochzeitsgesellschaft erstellte aufwändige Gerüst ebenfalls für seine eigenen Aufnahmen dieser Gesellschaft genutzt hatte (§ 1 UWG a. F., jetzt § 4 Ziff. 9 lit. c UWG; OLG München ZUM 1991, 431 f. – Hochzeits-Fotograf), obwohl die Anfertigung praktisch gleicher Fotoaufnahmen von demselben Motiv durch § 72 grundsätzlich nicht verboten ist (kein Motivschutz bei einfachen Lichtbildern, vgl. oben Rn. 22). Eine wettbewerbswidrige Behinderung wiederum wurde darin gesehen, dass ein Fotohändler von einem ihm zur Anfertigung einer Kopie übergebenen Portraitfoto den rückseitigen Aufkleber des Fotografen entfernt und durch seinen eigenen ersetzt hatte (vgl. § 4 Nr. 10 UWG, OLG Stuttgart NJW-RR 1995, 935; auch lag eine Verletzung von § 13 vor). Darüber hinaus wird ein ergänzender wettbewerbsrechtlicher Leistungsschutz insb. im Bereich des **Pixel-Schutzes** diskutiert (dazu auch oben Rn. 24, 27). Und schließlich befürworten manche einen wettbewerbsrechtlichen Schutz von Lichtbildern insb. **nach Ablauf der Schutzfrist** (vgl. Schricker/ Loewenheim/*Vogel* § 72 Rn. 53; ausf. zu dieser Problematik *Stang* 264 ff.; zur Frage, inwieweit rechtswidrig hergestellte Vervielfältigungsstücke eines Lichtbilds nach Ablauf der Schutzfrist verbreitet oder zu öffentlichen Wiedergaben benutzt werden dürfen, vgl. auch § 96 Rn. 1 ff.).

2. Prozessuale Aspekte, Urheberschaftsvermutung nach § 10

58 Die **Urheberschaftsvermutung des § 10 Abs. 1** findet gem. § 72 Abs. 1 auf Lichtbilder uneingeschränkt Anwendung (s. auch § 10 Rn. 3). Das bedeutet zum einen, dass sich der Lichtbildner bzw. sein Rechtsnachfolger auf die Vermutungswirkung des **§ 10 Abs. 1** berufen können, wenn die Lichtbilder **erschienen** sind und der Lichtbildner auf den Vervielfältigungsstücken **in üblicher Weise als Lichtbildner bezeichnet** ist (etwa: „Foto: O." KG GRUR-RR 2002, 125 f. – Gruß aus Potsdam; LG Kiel NJOZ 2005, 126, 128 – Digitalfotos auf CD-ROM). Bei der Beurteilung, was als „übliche Bezeichnung" anzusehen ist, ist dabei ein großzügiger Maßstab anzulegen. Sofern eine Sammlung von Lichtbildern auf einer **CD** übergeben wird, genügt ein **Urhebervermerk auf dem Label oder der Hülle,** oder aber auch eine den Bilddateien **beigefügte Textdatei,** aus der sich der Lichtbildner zweifelsfrei ergibt (LG Kiel NJOZ 2005, 126, 128 – Digitalfotos auf CD-ROM; s. dazu auch § 10 Rn. 14 f.).

Nach dem ebenfalls gem. § 72 Abs. 1 anwendbaren **§ 10 Abs. 2** wiederum gilt der **Herausgeber** einer Zeitung oder Zeitschrift im Wege einer widerleglichen Vermutung als **ermächtigt,** die Rechte des Fotografen im eigenen Namen im Wege der Prozessstandschaft geltend zu machen, wenn die Lichtbilder ohne Namensnennung veröffentlicht worden sind (so im konkreten Fall zu einem Titelfoto auf einer Illustrierten LG München I ZUM-RD 2002, 489, 492, so dass es mangels Widerlegung der Vermutung nach § 10 Abs. 2 auf die bestrittene umfassende Rechtseinräumung durch den Fotografen an die Illustrierte nicht mehr ankam). **59**

Darüber hinaus findet auch **die Inhaberschaftsvermutung nach § 10 Abs. 3 n. F.** für Verfügungsverfahren und Unterlassungsansprüche gem. § 72 Abs. 1 entsprechende Anwendung auf die Inhaber ausschließlicher Nutzungsrechte an Lichtbildern (dazu ausf. § 10 Rn. 3, 50 ff.). Soweit diese Vermutung nicht greift, muss ein Dritter, der sich im Prozess auf **Nutzungsrechte** an Lichtbildern beruft, und somit insb. eine juristische Person, ihren derivativen Erwerb der Nutzungsrechte bis auf den Lichtbildner als natürliche Person vollständig nachweisen, d. h. es muss vorgetragen und unter Beweis gestellt werden, welche natürliche Person die Fotos mittels der technischen Hilfsmittel aufgenommen hat und dass von dieser das Nutzungsrecht auf die juristische Person übertragen worden ist (LG Berlin GRUR 1990, 270 – Satellitenfoto: die bloße Vorlage eines Vertrags mit der den Satelliten betreibenden Gesellschaft war nicht ausreichend; dazu ausf. § 10 Rn. 33 ff.). **60**

In Fällen rechtswidriger Bildnutzungen wird der Schadensersatz regelmäßig im Wege der **Lizenzanalogie** berechnet (dazu näher § 97 Rn. 66 ff.), wobei bei der Bemessung der Höhe des Schadensersatzes **mindestens die übliche Vergütung** im Zeitpunkt der Nutzungsaufnahme zugrunde zu legen ist (vgl. Art. 13 RL 2004/48/EG) und das Gericht die Höhe des Anspruchs gemäß **§ 287 ZPO** nach seinem **richterlichen Ermessen** unter Berücksichtigung sämtlicher Umstände des Einzelfalls bestimmen kann (näher § 97 Rn. 74 ff.; vgl. auch LG München I ZUM 2006, 666 – Architekturfotografien; LG München I ZUM-RD 2009, 356 – Foto von Computertastatur). Bestehen oder bestanden dabei Lizenzvereinbarungen gerade zwischen den Parteien (vgl. OLG Hamburg MMR 2010, 196; OLG Hamburg ZUM-RD 2009, 382 – Yacht II; LG München I ZUM-RD 1997, 249, 254) oder kann der Verletzte die übliche Vergütung durch **Vorlage einschlägiger Verträge** anderweitig konkret darlegen und nachweisen, kommen die in den Vereinbarungen getroffene Höhe und Berechnungsmaßstäbe zur Bestimmung der angemessenen Lizenzhöhe vorrangig zur Anwendung. **61**

Sofern die unerlaubte Bildnutzung **im kommerziellen bzw. redaktionellen Bereich** erfolgt ist (zu privaten Bildnutzungen unten Rn. 63), kann ein regelmäßig mit Bildnutzungen befasstes und daher sachkundiges Gericht grundsätzlich auch die **Honorarempfehlungen der Mittelstandsgemeinschaft Fotomarketing (MFM),** soweit deren **Tarife** im konkreten Fall **einschlägig** sind, seiner Entscheidung zumindest als Ausgangspunkt zugrundelegen und die übliche Vergütung ohne Hinzuziehung eines Sachverständigen bestimmen (vgl. BGH GRUR 2006, 136, 137 f. – Pressefotos als Revisionsentscheidung zu LG Berlin GRUR-RR 2003, 97, 98; OLG Brandenburg GRUR-RR 2009, 413 – MFM-Bildhonorartabellen; OLG Hamburg GRUR-RR 2008, 230, 234 – Chefkoch; OLG Düsseldorf GRUR-RR 2006, 393 – Informationsbroschüre; OLG Hamburg MMR 2002, 677; OLG München ZUM 1992, 152 f. – Werbekatalog; LG München I ZUM 1995, 57 f.

– Venus der Lumpen; LG Berlin GRUR 2000, 797, 798 – Screenshots; LG Düsseldorf BeckRS 2009, 19664; LG Düsseldorf GRUR 1993, 664; grundsätzlich auch LG Kiel NJOZ 2005, 126, 131 – Digitalfotos auf CD-ROM; Schricker/Loewenheim/*Vogel* § 72 Rn. 47; kritisch, aber offen OLG Hamburg MMR 2010, 196 – „einseitige Vergütungsvorstellungen eines Interessenverbandes"). Denn bei den MFM-Honorarempfehlungen handelt es sich um eine jährlich aktualisierte, **empirisch ermittelte objektive Marktübersicht**, die den objektiven Verkehrswert der von ihren Tarifen erfassten Nutzungen wiedergibt (vgl. *J. Nordemann* ZUM 1998, 642 sowie *J. Nordemann* GRUR 2007, 203, 211 f.). Zu beachten ist allerdings, dass sich die MFM-Tarife nicht schematisch anwenden lassen, sondern dass im Einzelfall stets zu prüfen ist, ob der jeweilige Tarif anwendbar ist oder Besonderheiten des Falles von ihm nicht erfasst werden (vgl. BGH GRUR 2006, 136, 137 f. – Pressefotos; AG Hamburg ZUM 2006, 586, 589; *Omsels* jurisPR-WettbR 3/2006 Anm. 7). Insbesondere die **Mindesttarife** können danach unangemessen hoch sein, wenn die Nutzungsintensität deutlich unterhalb der untersten Nutzungsstufe des an sich einschlägigen Tarifs liegt (so wohl auch im Fall LG Berlin GRUR-RR 2003, 97 f., vgl. BGH GRUR 2006, 136, 137 f. – Pressefotos; oder im Fall OLG Hamburg MMR 2002, 677 – Internetnutzung von Lichtbildern). Die angemessene Lizenzgebühr kann damit im Einzelfall allerdings sowohl **niedriger als auch höher** als der übliche MFM-Tarif anzusetzen sein (vgl. zu höheren Lizenzgebühren z.B. OLG Hamburg NJW-RR 1999, 1204: hoher Marktwert wegen eines besonderen Motivs; LG Mannheim NJOZ 2007, 4365 – Karlssteg mit Münster: Aufschlag von 20% sowie LG München I ZUM 2006, 666: überdurchschnittliche künstlerische Qualität von Architekturfotografien – im Falle von künstlerischen Fotografien können regelmäßig die höheren Tarife der VG Bild-Kunst herangezogen werden; s. dazu bild-kunst.de).

Liegen solche Besonderheiten im individuellen Fall nicht vor, fehlt hierzu insb. jeglicher Sachvortrag bzw. konkretes Bestreiten, können die einschlägigen Tarife der MFM-Honorarempfehlungen weiterhin im Rahmen der Schätzung nach § 287 ZPO von einem Gericht, das ständig mit Verletzungsstreitigkeiten über die rechtswidrige Nutzung von Fotografien befasst ist und daher über eine hinreichende eigene Sachkunde verfügt, maßgeblich herangezogen werden (vgl. im Anschluss an BGH GRUR 2006, 136, 137 f. – Pressefotos, z.B. OLG Hamburg GRUR-RR 2008, 230, 234 – Chefkoch; OLG Düsseldorf GRUR-RR 2006, 393 – Informationsbroschüre; LG Mannheim NJOZ 2007, 4365 – Karlssteg mit Münster; LG Mannheim ZUM 2006, 886; LG München I ZUM 2006, 666; *L. Ullmann* jurisPR-WettbR 5/1007 Anm. 6).

Nach allgemeinen Grundsätzen ist die angemessene **Lizenzgebühr** dabei für **jede Verletzungshandlung selbstständig** zu ermitteln (vgl. dazu auch § 97 Rn. 74). Allerdings sind **marktübliche Rabatte bei Mehrfachnutzung** durch ein und denselben Verletzer zu berücksichtigen (vgl. OLG Düsseldorf GRUR-RR 2006, 393 – Informationsbroschüre: Rabatt für nachträgliche Internetnutzung). Ob und inwieweit Dritten Nutzungsrechte eingeräumt worden sind, spielt dabei grundsätzlich keine Rolle, da auch die MFM-Tarife regelmäßig nur für die Einräumung einfacher Nutzungsrechte gelten.

62 Bei **fehlender Namensnennung** des Fotografen erkennen die meisten Gerichte als Teil des **materiellen Schadensersatzes** im Wege der Lizenzanalogie auch einen bis zu **100%igen Aufschlag** auf das ansonsten angemessene Honorar **als Ausgleich für entgangene Werbemöglichkeiten** an (OLG Düsseldorf ZUM 2012, 327 f. – Embedded Content; OLG Düsseldorf GRUR-RR 2006, 393 – Informationsbroschüre; OLG Düsseldorf NJW-RR 1999, 194 – Werbefotografien; OLG Brandenburg GRUR-RR 2009, 413 – MFM-Bildhonorartabellen; OLG Brandenburg MMR 2009, 258 – GPS-Empfänger; LG Düsseldorf BeckRS 2009, 19664; LG Düsseldorf BeckRS 2008, 12988 – Produktfotos auf eBay; LG München I GRUR-RR 2009, 92 – Foto von Computertastatur; LG München I ZUM 2000, 519, 522; LG München I ZUM-RD 1997, 249; LG München I ZUM 1995, 57 f. – Venus der Lumpen; LG Münster NJW-RR 1996, 32 f. – T.-Magazin; LG Berlin

ZUM 1998, 673, 674 (allerdings für immateriellen Schaden); differenzierend nach Sachverhaltsgestaltung LG Hamburg ZUM 2004, 675, 679, m. krit. Anm. *Feldmann* 680; LG Düsseldorf GRUR 1993, 664 – Urheberbenennung bei Foto; AG Düsseldorf ZUM-RD 2011, 318; AG Frankfurt ZUM-RD 2006, 479; für Modezeichnung LG Leipzig GRUR 2002, 424 – Hirschgewand; OLG München NJW-RR 2000, 1574, 1576 für einen Textbeitrag in einem Literaturhandbuch; a. A. s. Nw. unten). Dieser 100%-Aufschlag bei unterbliebener Namensnennung – der in den **MFM-Honorarbedingungen** als **übliche Lizenzbedingung** enthalten ist – rechtfertigt sich daraus, dass Berufsfotografen einen Großteil ihrer Neuaufträge regelmäßig dadurch erhalten, dass potentielle Auftraggeber auf ihre bisherigen Fotografien aufmerksam werden. Nur das Vorhandensein eines entsprechenden Bildquellennachweises ermöglicht dabei eine unkomplizierte Kontaktaufnahme, während ein **unterbliebener Bildquellennachweis** zum Verlust von potentiellen Neuaufträgen führen kann. Diesen **Verlust von Neuaufträgen** soll der 100%-Aufschlag im Falle des unterbliebenen Bildquellennachweises **ausgleichen**. Es handelt sich jedoch weder um immateriellen Schadensersatz wegen Verletzung des Persönlichkeitsrechts des Lichtbildners noch um eine Übertragung der GEMA-Rechtsprechung auf Umwegen (gegen LG Kiel NJOZ 2005, 129, 132 f. – Digitalfotos auf CD-ROM, das in widersprüchlicher Weise in dem 100%-Aufschlag sogar beides sieht; unklar LG München I ZUM 1995, 57, 58; abl. OLG München NJW-RR 1997, 493 sowie *Wandtke* GRUR 2000, 942, 947; wie LG Kiel NJOZ 2005, 129, 132 f. auch *Schack* Rn. 693a; grds. abl. bei eBay-Produktfotos bei privatem Verkauf OLG Braunschweig MMR 2012, 328; a. A. wie hier die oben angeführten Nachweise). Es handelt sich vielmehr ausschließlich um die **Berechnung des materiellen Schadensersatzes nach der Lizenzanalogie,** bei der der Verletzer nicht besser stehen soll als ein rechtmäßige Nutzer, mit einer „Pönalfunktion" hat die Zuerkennung des 100%-Aufschlags nichts zu tun.

Ein **zusätzlicher** – unabhängig von erfolgter oder unterbliebener Urheberbenennung gewährter – **Verletzerzuschlag** in Höhe **von weiteren 100%** ist hingegen bisher nur in einem besonders gelagerten Einzelfall gewährt worden (LG Düsseldorf GRUR 1993, 664 – Urheberbenennung bei Foto) und ist in der Tat aufgrund seiner dem deutschen Schadensersatzrecht wesensfremden Straffunktion wegen **Fehlens einer gesetzlichen Grundlage** abzulehnen (so zutreffend LG Kiel NJOZ 2005, 129, 133 – Digitalfotos auf CD-ROM; OLG Düsseldorf NJW-RR 1999, 194 – Werbefotografien; LG München I ZUM-RD 1997, 249; s. hierzu auch *Wandtke* GRUR 2000, 942, 945).

Zunehmende Bedeutung kommt mittlerweile auch unerlaubten **privaten Bildnutzungen im Internet** zu. Zutreffend ist insoweit zunächst, dass die Tarife der MFM-Bildhonorare auf private Nutzungen grundsätzlich nicht anwendbar sind. Soweit allerdings die Rechtsprechung insb. bei der rechtswidrigen „privaten" Bildnutzung auf Verkaufsplattformen wie eBay Vergütungen von 20 bis 40 EUR/Bild ansetzt, ist dies nicht unproblematisch, da es sich für die meisten Privatanbieter „lohnt", sich die Zeit und Mühe für die Anfertigung und den Upload eigener Fotos zu sparen und stattdessen mit einem Klick professionell angefertigte Fotos dritter Anbieter zu verwenden, während sich die Rechtsverfolgung für den Fotografen bei diesen „Tarifen" nicht mehr lohnt bzw. ihm sogar Verluste bereitet (20 bzw. 40 EUR/Bild zzgl. regelmäßig max. 124 EUR Abmahngebühren gem. § 97a Abs. 3 n. F., soweit diese überhaupt erstattungsfähig sind; vgl. OLG Braunschweig MMR 2012, 328; OLG Brandenburg MMR 2009, 258 – GPS-Empfänger; 100 EUR unter Anwendung des MFM-Tarifs AG Hannover GRUR-RR 2009, 94; vgl. auch OLG Braunschweig ZUM 2012, 144), während die Plattform selbst von dem „privaten" Verhalten ihrer Nutzer kommerziell profitiert.

Zu den **Anforderungen des Bestimmtheitsgebots** gem. § 253 Abs. 2 Nr. 2 ZPO an die Konkretisierung von Unterlassungsanträgen (s. LG Berlin ZUM 2000, 73 f. – Tagesspiegel; BGH GRUR 2002, 248, 250 – SPIEGEL-CD-ROM sowie die Vorinstanz OLG Hamburg MMR 1999, 225) und von Herausgabeanträgen (BGH GRUR 2007, 693 –

Archivfotos). Angesicht der **TÜV-Rechtsprechung** des BGH (BGH GRUR 2011, 521 – TÜV I; BGH GRUR 2011, 1043 – TÜV II) stellt sich die Frage, ob es sich bei der Geltendmachung von urheberrechtlichem Fotografieschutz nach § 2 Abs. 1 Nr. 5 neben leistungsschutzrechtlichem Fotografieschutz nach § 72 im Hinblick auf ein und dieselbe Fotografie um denselben oder um zwei verschiedene Streitgegenstände handelt. Die unterschiedliche Reichweite, Voraussetzungen und Schutzdauer sprechen dabei letztlich für **zwei verschiedene Streitgegenstände** (a. A. aber wohl noch BGH GRUR 2000, 817 – Werbefotos; vgl. *Götz* GRUR 2008, 401f.; *Thum* GRUR-Prax 2013, 231). In der Praxis dürfte daher die alternativ begründete „jedenfalls"-Klage (s. oben Rn. 10) einer regelmäßig vorrangig auf den Leistungsschutz des § 72 und nur hilfsweise auf das fotografische Urheberrecht gestützten Klagebegründung weichen müssen (s. zur Fortentwicklung und Präzisierung der TÜV-Rechtsprechung in den neueren BGH-Urteilen ausf. § 97 Rn. 27ff.; vgl. auch LG Leipzig BeckRS 2009, 27693).

3. Digitale Bildbearbeitung

65 Sofern digitale Fotografien mittels digitaler Bildbearbeitung verändert werden, entsteht grundsätzlich zunächst lediglich eine **Vervielfältigung** der vorbestehenden Fotografie **in bearbeiteter Form** (Fromm/Nordemann/*Nordemann* § 72 Rn. 21; *Oldekop* 129, 327; s. auch oben Rn. 22), nicht hingegen ein neues Leistungsschutzrecht nach § 72, da keinerlei originäre Abbildung als Urbild geschaffen wird (vgl. auch KG ZUM 2010, 883 – Lichtbild im Lichtbild; Fromm/Nordemann/*Nordemann* § 72 Rn. 21; *Maaßen* ZUM 1992, 338, 340f.; Hoeren/Nielen/*Fleer* Rn. 142ff.; *Oldekop* 130f., 332ff.; dazu auch *Davis* GRUR Int. 1996, 888; a. A. Dreier/Schulze/*Schulze* § 72 Rn. 8; *Schulze* CR 1988, 181, 192f.). Werden bspw. Ausschnitte aus mehreren Lichtbildern einer Dachglaskonstruktion digital bearbeitet und durch Überblendung zu einer Computergrafik miteinander vermischt, so stellt die Computergrafik eine Vervielfältigung der benutzten Lichtbilder in bearbeiteter Form dar, und wer sie ohne Erlaubnis übernimmt, begeht daher eine Rechtsverletzung (diese Frage wurde in OLG Hamm GRUR-RR 2005, 73 nicht behandelt, zu Recht krit. insoweit *Gercke* in Anm. ZUM 2004, 929, 930). Sofern die Bearbeitung als solche ihrerseits schöpferisch i. S. v. § 2 Abs. 2 ist, kann das Ergebnis als **Werk der bildenden Kunst** gem. § 2 Abs. 1 Nr. 4 urheberrechtlich geschützt sein (*Reuter* GRUR 1997, 23, 27; *Schack* Rn. 647).

Fraglich ist jedoch, ob und wenn ja, ab welchem Grad der Verfremdung der Lichtbildschutz der originalen Vorlage durch digitale Bildbearbeitung erlöschen kann, so dass eine freie Benutzung gem. § 24 vorliegt. Die Tatsache, dass eine Bearbeitung ihrerseits von künstlerischem Rang und daher selbstständig geschützt ist, reicht hierzu als solche jedenfalls noch nicht aus (LG München I Schulze LGZ 87 – Insel der Frauen). Soweit ein Pixelschutz bejaht wird, dürfte sogar jedes Ergebnis einer digitalen Bearbeitung eines vorbestehenden Lichtbilds eine „unfreie Bearbeitung" im Sinne einer entsprechenden Anwendung von §§ 23, 24 darstellen, womit der Schutz einfacher Lichtbilder in technischer Hinsicht sehr viel weiter reicht als der Schutz von Lichtbildwerken. Auch bei der digitalen Bildbearbeitung stellen sich daher letztlich wieder die bislang noch nicht abschließend geklärten Fragen der Reichweite des **Teileschutzes** sowie der Abgrenzung von freier und unfreier Benutzung (vgl. Fromm/Nordemann/*Nordemann* § 72 Rn. 21; vgl. ausf. *Oldekop* 180ff., 246ff.; s. näher § 24 Rn. 7ff.).

4. Fotografierverbote und Rechte Dritter

66 Bei jeder Veröffentlichung einer Fotografie, auf der **Personen abgebildet** sind, kann es zu rechtlichen Problemen hinsichtlich des **Rechts am eigenen Bild** sowie des sonstigen Allgemeinen Persönlichkeitsrechts des Abgebildeten kommen (vgl. ausf. hierzu die Kom-

mentierung zu §§ 22–24 KUG sowie Vor §§ 12 ff. Rn. 16 ff.). Dem Schutz des Allgemeinen Persönlichkeitsrechts unterfällt dabei auch der vom öffentlichen Straßenraum aus **uneinsehbare private Wohnbereich** als geschützter räumlich-gegenständlicher Bereich der Privatsphäre. Dem Bewohner steht insoweit nach Art. 2 Abs. 1, 1 Abs. 1 GG die ausschließliche Befugnis zu, darüber zu bestimmen, wer diesen Teil seiner Privatsphäre bildlich festhalten, und wer eine solche Abbildung kommerziell verwerten darf (st. Rspr., BGH GRUR 2004, 438 – Feriendomizil I; BGH GRUR 2004, 442 – Feriendomizil II; LG Hamburg ZUM-RD 2010, 275; AG München BeckRS 2009, 27039; ausf. *Lammek/ Ellenberg* ZUM 2004, 715, 717 m. w. N.).

Werden **urheberrechtlich geschützte Gegenstände fotografiert,** steht einer Veröffentlichung und Verwertung der Aufnahme grundsätzlich das Urheberrecht des Werkschöpfers entgegen, da es sich bei dem Foto um eine Vervielfältigung des Werkes handelt (vgl. BGH GRUR 1983, 28 f.; LG Leipzig GRUR 2002, 424 – Hirschgewand, zur rechtswidrigen Abbildung einer urheberrechtlich geschützten Modeschöpfung; ausf. *Lehment* S. 71 ff.). Die Verwertung derartiger Aufnahmen ist nur im Rahmen der gesetzlichen Schrankenbestimmungen gem. §§ 44 a–63 (dazu oben Rn. 28 ff.; ausf. *Lehment* S. 73 ff.) oder mit Zustimmung des Urheberrechtsinhabers zulässig. Praktisch bedeutsame Schrankenbestimmungen im Fotografiebereich sind dabei diejenigen betreffend die genehmigungsfreie Abbildung von Werken als unwesentliches Beiwerk gem. § 57 (s. dazu § 57 Rn. 2 ff.), als Katalogbilder gem. § 58 (s. dazu § 58 Rn. 3 ff.) sowie diejenige von sich bleibend an öffentlichen Straßen oder Plätzen befindenden Werken gem. § 59, insb. Gebäuden (s. dazu unten Rn. 68 und § 59 Rn. 3 ff.) und das Zitatrecht gem. § 51 (dazu oben Rn. 30, 51). 67

Soweit urheberrechtlich nicht (mehr) geschützte Gegenstände fotografiert werden, steht die Anfertigung und Verwertung von Fotografien grundsätzlich jedermann frei – es sei denn, dass zur Anfertigung der Fotografien das **Grundstück eines Dritten betreten** wird und dieser entweder schon das Betreten seines Grundstücks oder aber das Fotografieren von seinem Grundstück aus konkludent oder ausdrücklich verboten oder nur eingeschränkt erlaubt hatte (so die heftig umstrittenen Entscheidungen BGH GRUR 2011, 323 – Preußische Gärten und Parkanlagen I; BGH BeckRS 2011, 02774 Rn. 15; im Anschluss an BGH GRUR 1975, 500 – Schloss Tegel; BGH GRUR 1990, 390 – Friesenhaus; trotz heftiger Kritik bestätigt in BGH GRUR 2013, 623 m. Anm. *Elmenhorst* sowie *Stieper* ZUM 2013, 574; vgl. aber auch KG BeckRS 2013, 01741 zu Aufnahmen für einen Dokumentarfilm, gegen die Vorinstanz LG Berlin ZUM 2012, 815; AG Hamburg MMR 2012, 836 zur parallelen Frage des Abfotografierens von alten Gemälden; vgl. auch OLG Köln CR 2004, 57 zur Rechtslage bezüglich der Nutzung von etwa 500 Fotografien einer privaten Antiquitätensammlung in der Öffentlichkeit unzugänglichen Privaträumen; vgl. auch *Dreier* FS Dietz 235; § 44 Rn. 8; *Riedel* 172 ff.; *Gerauer* GRUR 1988, 672 m. w. N.; ausf. § 59 Rn. 1). Denn das Recht des Grundstückseigentümers zur Fruchtziehung gem. §§ 903, 99 Abs. 3 BGB beinhaltet danach auch umfassend das Recht zur kommerziellen Verwertung von Abbildungen, die von seinem Grundstück aus angefertigt wurden (BGH GRUR 2011, 323 – Preußische Gärten und Parkanlagen; BGH BeckRS 2011, 02774). Auch wenn die dogmatischen Herleitung dieses umfassenden Rechts durch den für Ansprüche aus Besitz und Eigentum an Grundstücken zuständigen V. Zivilsenat im Ausgangspunkt nachvollziehbar ist, bereitet die Schaffung eines neben den fotografischen Lichtbildschutz tretenden „**Quasi-Immaterialgüterrechts**" **des Grundstückseigentümers** mit Ausschließlichkeitscharakter, das hinsichtlich seiner Reichweite im Rechtsverkehr sowie insb. auch hinsichtlich seiner Schranken noch völlig ungeklärt ist, erhebliche Probleme (vgl. *Stieper* ZUM 2013, 574; *Schack* JZ 2011, 375; *Stieper* ZUM 2011, 331; *Stang* 285 ff.; vgl. auch *Schabenberger/Nemeczek* GRUR-Prax 2011, 139, 142 zur Erweiterung auf Besitzer gem. § 862 BGB; vgl. auch *Flöter/Königs* ZUM 2012, 383 – zur Höhe der Lizenz und Anwendbarkeit der MFM-Honorarempfehlungen). Dies ändert nichts daran, dass dieses ‚neue' Recht in der Fotografier- und Verwertungspraxis künftig zu beachten ist (vgl. jedoch nunmehr KG 68

BeckRS 2013, 01741 zu Dokumentarfilmaufnahmen in einer U-Bahn; AG Hamburg MMR 2012, 836 zu Fotografien von Gemälden).

69 Die der Veröffentlichung eines Fotos entgegenstehenden Rechte Dritter können den Verletzungsansprüchen aus § 72 nicht entgegengehalten werden (vgl. BGH BeckRS 2011, 02774 (Rn. 17); OLG Hamburg NJW-RR 1987, 1533 – Mikis Theodorakis; LG Kiel NJOZ 2005, 129, 133 – Digitalfotos auf CD-ROM. Vielmehr kann der Lichtbildner nach §§ 97, 72 sowohl eine weitere Verwertung der von ihm aufgenommenen Fotos aus eigenem Recht verhindern (LG Kiel NJOZ 2005, 129, 133 – Digitalfotos auf CD-ROM; vgl. auch OLG Hamburg NJW-RR 1999, 1204) als auch von dem Verletzer für die rechtswidrige Nutzung der Fotos Schadensersatz nach der Lizenzanalogie verlangen ohne dass es darauf ankäme, ob die abgebildete Person oder der Eigentümer bzw. Urheber eines abgebildeten Werkes im konkreten Fall bereit gewesen wäre, die fragliche Nutzung zu gestatten (vgl. BGH BeckRS 2011, 02774 (Rn. 17); ähnlich LG Kiel NJOZ 2005, 129, 133 – Digitalfotos auf CD-ROM; LG Leipzig GRUR 2002, 424f. – Hirschgewand; OLG Hamburg NJW-RR 1987, 1533, 1534 – Mikis Theodorakis). Ihre Grenze findet die Lizenzanalogie allenfalls und erst dort, wo der Rechtseingriff gegen Entgelt grundsätzlich nicht gestattet wird, zum Beispiel bei schweren Persönlichkeitsverletzungen (s. dazu § 97 Rn. 68).

5. Lichtbildschutz im DDR-URG und Einigungsvertrag

70 Lichtbilder waren nach den §§ 77, 82 DDR-URG **10 Jahre** nach ihrer Veröffentlichung geschützt. Der am 3.10.1990 in Kraft getretene Einigungsvertrag bewirkte bei Lichtbildern eine Verlängerung der Schutzdauer bzw. ein **Wiederaufleben abgelaufener Schutzfristen** (Anl. 1 Kap. III Sachgebiet E Abschn. II 2 § 1 Abs. 1 und 2; Dreier/Schulze/*Schulze* § 72 Rn. 43; Schricker/Loewenheim/*Vogel* § 72 Rn. 6; ausführlich EVtr Rn. 21 f.).

6. Fremdenrecht

71 § 124 erklärt auf den Lichtbildschutz nach § 72 die §§ 120–123 für entsprechend anwendbar (s. § 124 Rn. 1). Insb. **EU- und EWR-Angehörige** kommen aufgrund des Diskriminierungsverbots nach Art. 18 AEUV (ex Art. 12 Abs. 1 EGV) bzw. § 120 Abs. 2 Nr. 2 uneingeschränkt in den Genuss des Lichtbildschutzes nach § 72 (s. § 120 Rn. 3; LG München I GRUR-RR 2009, 92).

72 Die im Übrigen vorhandene **fremdenrechtliche Diskriminierung ausländischer Lichtbildner** wird weder durch die **RBÜ** noch durch das **WUA** überwunden, da beide Konventionen lediglich den internationalen Schutz von Lichtbild**werken** betreffen (Art. 2 Abs. 1 RBÜ; Art. I WUA; bzgl. der **RBÜ** ist die Frage der **Einbeziehung des Lichtbildschutzes umstritten; dagegen:** OLG Frankfurt GRUR Int. 1993, 872, 873 – Beatles; OGH GRUR Int. 2007, 167, 169 – Werbefotos; *Ricketson/Ginsburg* International Copyright Rn. 8.48 ff., 8.57; Nordemann/Vinck/*Hertin* Art. 2 RBÜ Rn. 3; *Heitland* 10 ff., 127; *Schack* Rn. 644, 840; Schricker/Loewenheim/*Vogel* § 72 Rn. 16; Dreier/Schulze/*Dreier* § 124 Rn. 2; ebenso § 124 Rn. 2; **dafür:** OLG Frankfurt FuR 1984, 263, 264 – Fototapeten; *Katzenberger* GRUR Int. 1989, 116, 119; *Ulmer* GRUR 1974, 593, 598; *Schulze/Bettinger* GRUR 2000, 12, 18; Dreier/Schulze/*Schulze* § 72 Rn. 41; **offen gelassen von:** LG München I GRUR-RR 2009, 92 – Foto von Computertastatur).

73 Da in Art. 1 des **deutsch-amerikanischen Abkommens v. 15.1.1892** der Schutz der Fotografien ausdrücklich neben den Werken der Literatur und Kunst genannt wird, werden auch einfache Lichtbilder vom Schutz des Abkommens erfasst (s. § 124 Rn. 2; offen gelassen von OLG Düsseldorf GRUR-RR 2009, 45 – Schaufensterdekoration, bejaht von der Vorinstanz LG Düsseldorf; OLG Hamburg AfP 1983, 347, 348 – Lech Walesa; *Schack* ZUM 1989, 267, 284; a. A. Schricker/Loewenheim/*Vogel* § 72 Rn. 16; zu diesem Abkommen ausführlich § 121 Rn. 33).

Vorbemerkung   Vor §§ 73ff. UrhG

Abschnitt 3. Schutz des ausübenden Künstlers

Vorbemerkung Vor §§ 73 ff.

Literatur: *Albrecht, von,* Praxis der Rechtevergabe im Onlinebereich, ZUM 2011, 706; *Apel,* Der ausübende Musiker im Recht Deutschlands und der USA, Tübingen 2011; *Bayreuther,* Beschränkungen des Urheberrechts nach der neuen EU-Urheberrechtsrichtlinie, ZUM 2001, 828; *Beining,* Der Schutz ausübender Künstler im internationalen und supranationalen Recht, Baden-Baden 2000; *Berger,* Grundfragen der „weiteren Beteiligung" des Urhebers nach § 32a UrhG, GRUR 2003, 675; *v. Bernuth,* Leistungsschutz für Verleger von Bildungsmedien, GRUR 2005, 196; *Bolwin/Sponer,* Bühnentarifrecht (83. Aufl.), Heidelberg 2012; *Bornkamm,* Erwartungen von Urhebern und Nutzern an den zweiten Korb, ZUM 2003, 1010; *Bortloff,* Internationale Lizenzierung von Internet-Simulcasts durch die Tonträgerindustrie, GRUR Int. 2003, 669; *Bortloff,* Der Tonträgerpiraterieschutz im Immaterialgüterrecht, Baden-Baden 1995; *Bortloff,* Tonträgersampling als Vervielfältigung, ZUM 1993, 476; *Brack,* Die Rechte der ausübenden Künstler und der Hersteller von Tonträgern bei der Verwertung von Schallplatten im Rundfunk, UFITA 50 (1967), 544; *Braun,* „Filesharing"-Netze und deutsches Urheberrecht, GRUR 2001, 1106; *Braun,* Die Schutzlücken-Piraterie nach dem Urheberrechtsänderungsgesetz vom 23.6.1995, GRUR Int. 1996, 790; *Braun,* Der Schutz ausländischer ausübender Künstler in Deutschland vor einem Vertrieb von Bootlegs, Baden-Baden 1995; *Breuer,* Die körperliche Individualität des Interpreten. Zur Verfassungsmäßigkeit der Ungleichbehandlung von Urhebern und ausübenden Künstlern, ZUM 2010, 301; *Büscher/Müller,* Urheberrechtliche Fragestellungen des Audio-Video-Streamings, GRUR 2009, 558; *Bungeroth,* Der Schutz der ausübenden Künstler gegen die Verbreitung im Ausland hergestellter Vervielfältigungsstücke ihrer Darbietungen, GRUR 1976, 454; *Busch,* Zur urheberrechtlichen Einordnung der Nutzung von Streamingangeboten, GRUR 2011, 496; *Castendyk/Schwarzbart,* Die Rechte des Fernsehshow-Regisseurs aus dem Urheberrecht, UFITA 2007/I, 33; *De Oliveira Ascensao,* Der Schutz von Veranstaltungen kraft Gewohnheitsrechts, GRUR Int. 1991, 20; *Dietz,* Die Entwicklung des bundesdeutschen Urheberrechts in Gesetzgebung und Rechtsprechung von 1972 bis 1979, UFITA 87 (1980), 1; *Dreier,* Die Umsetzung der Urheberrechtsrichtlinie 2001/29/EG in deutsches Recht, ZUM 2002, 28; *Drücke,* Der Richtlinienvorschlag der EU-Kommission zur Schutzfristverlängerung für ausübende Künstler und Tonträgerhersteller aus Sicht der Tonträgerhersteller, ZUM 2009, 108 ff.; *Dünnwald,* Die Neufassung des künstlerischen Leistungsschutzes, ZUM 2004, 161; *Dünnwald,* Replik: Zur Stuttgarter Tonbandaffäre, FuR 1979, 25; *Dünnwald,* Zum Leistungsschutz an Tonträgern und Bildtonträgern, UFITA 76 (1976) 165; *Dünnwald,* Inhalt und Grenzen des künstlerischen Leistungsschutzes, UFITA 65 (1972) 99; *Dünnwald,* Zum Begriff des ausübenden Künstlers, UFITA 52 (1969) 49; *Dünnwald,* Die Neufassung des künstlerischen Leistungsschutzes, ZUM 2004, 161 ff.; *Dünnwald/Gerlach,* Die Berechtigten am Filmwerk – Ausübende Künstler aus der Sicht der GVL, ZUM 1999, 52; *Dünnwald/Gerlach,* Schutz des ausübenden Künstlers, Stuttgart 2008; *Ernst,* Urheberrecht und Leistungsschutz im Tonstudio, Baden-Baden 1995; *Erbguth/Vandrey,* Leistungsschutzrechte von Mitgliedern eines Orchesters, RzU BGHZ Nr. 536, 13–18; *Erdmann,* Urhebervertragsrecht im Meinungsstreit, GRUR 2002, 923; *Ficsor,* Attempts to Provide International Protection for Folklore by Intellectual Property Rights, in: UNESCO – WIPO World Forum on the Protection of Folklore, Phuket Thailand, April 8 to 10, 1997, WIPO Publication No. 758 (zit. Ficsor WIPO Publication No. 758); *Flechsig,* Das Leistungsschutzrecht des ausübenden Künstlers in der Informationsgesellschaft, ZUM 2004, 14; *Flechsig,* Darbietungsschutz in der Informationsgesellschaft, NJW 2004, 575; *Flechsig,* Die Vererbung des immateriellen Schadensersatzanspruchs des ausübenden Künstlers, FuR 1976, 74; *Flechsig,* Beeinträchtigungsschutz von Regieleistungen im Urheberrecht, FuR 1976, 429; *Flechsig/Kuhn,* Das Leistungsschutzrecht des ausübenden Künstlers in der Informationsgesellschaft, ZUM 2004, 14; *Flechsig,* Der Leistungsintegritätsanspruch des ausübenden Künstlers, Baden-Baden 1976; *Flechsig F.,* Harmonisierung der Schutzdauer für musikalische Kompositionen mit Text, ZUM 2012, 227; *Freitag,* Die Kommerzialisierung von Darbietung und Persönlichkeit des ausübenden Künstlers, Baden-Baden 1993; *Gaillard,* Das Neunte Gesetz zur Änderung des Urheberrechtsgesetzes – Überblick und Analyse, GRUR 2013, 1099 ff.; *Gebhardt,* Die Erwartungen der Tonträgerwirtschaft an den zweiten Korb, ZUM 2003, 1022; *Gentz,* Veranstaltungsrecht, GRUR 1968, 182; *Gentz,* Aus dem neuen Schallplattenrecht, UFITA 46 (1966) 33; *Gerlach,* Der Richtlinienvorschlag der EU-Kommission zur Schutzfristverlängerung für ausübende Künstler und Tonträgerhersteller aus Sicht der ausübenden Künstler, ZUM 2009, 103; *Gerlach,* Lizenzrecht und Internet – Statement aus der Sicht der GVL, ZUM 2000, 856; *Gerlach,* Ausübende Künstler als Kreative 2. Klasse?, ZUM 2008, 372; *Gottschalk,* Digitale Musik und Urheberrecht aus US-amerikanischer Sicht, GRUR Int. 2002, 95; *Gotzen,* Die Verträge über die Verwertung der Rechte von ausübenden Künstlern, 1981; *Greffenius,* Der Begriff des „Erscheinens" von Tonträgern, UFITA 87 (1980) 97; *v. d. Groeben,* Darbietung und Einwilligung des ausübenden Künstlers, in: Scheuermann (Hrsg.), Urheberrechtliche Probleme der Gegenwart,

UrhG Vor §§ 73ff. Vorbemerkung

Festschrift für Ernst Reichardt, Baden-Baden 1990, 39 (zit. *v. d. Groeben* FS Reichardt); *Grunert,* Werkschutz contra Inszenierungskunst: der urheberrechtliche Gestaltungsspielraum der Bühnenregie, 2002; *Grünberger,* Das Interpretenrecht, in: Geistiges Eigentum und Wettbewerb (GEW) Band 5, Steinbeck/Ann (Hrsg.), Köln 2006; *Grunert,* Götterdämmerung, Iphigenie und die amputierte Csárdásfürstin – Urteile zum Urheberrecht des Theaterregisseurs und die Folgen für die Verwertung seiner Leistung, ZUM 2001, 210; *Haertel/Schiefler,* Urheberrechtsgesetz und Gesetz über die Wahrnehmung von Urheberrecht und verwandten Schutzrechten, Textausgabe und Materialien, Köln u. a. 1967; *Häuser,* Sound und Sampling, München 2002; *Heker,* Rechtsfragen der elektronischen Textkommunikation, ZUM 1993, 400; *Hertin,* Zum Künstlerbegriff des Urhebergesetzes und des Rom-Abkommens, UFITA 81 (1978) 39; *Hillig,* Urheber- und Verlagsrecht, 8. Aufl., 2001; *Hilty/Kur/Klass/Geiger/Peukert/Drechsel/Katzenberger,* Stellungnahme des Max Planck Instituts für geistiges Eigentum, Wettbewerbs- und Steuerrecht zum Vorschlag der Kommission für eine Richtlinie zur Änderung der Richtlinie 2006/116 EG des Europäischen Parlaments und des Rates über die Schutzdauer des Urheberrechts und bestimmter verwandter Schutzrechte, GRUR Int. 2008, 907; *Hilty/Peukert,* Das neue deutsche Urhebervertragsrecht im internationalen Kontext, GRUR Int. 2002, 643; *Hock,* Das Namensnennungsrecht des Urhebers, Baden-Baden 1993; *Hodik,* Der Schutz des Theater- und Konzertveranstalters in Deutschland, Österreich und der Schweiz, GRUR Int. 1984, 421; *Hoeren,* Entwurf einer EU-Richtlinie zum Urheberrecht in der Informationsgesellschaft, MMR 2000, 515; *Hubmann,* Die Zulässigkeit der Anleihe von Videokassetten in öffentlichen Bibliotheken, FuR 1984, 495; *Hubmann,* Zum Rechtsbegriff des Erscheinens, GRUR 1980, 537; *Jaeger,* Der ausübende Künstler und der Schutz seiner Persönlichkeitsrechte im Urheberrecht Deutschlands, Frankreichs und der Europäischen Union, Baden-Baden 2002; *Katzenberger,* Inlandsschutz ausübender Künstler gegen die Verbreitung ausländischer Mitschnitte ihrer Darbietungen, GRUR Int. 1993, 640; *Klass,* Die geplante Schutzfristenverlängerung für ausübende Künstler und Tonträgerhersteller: Der falsche Ansatz für das richtige Ziel, ZUM 2008, 663; *Klatt,* Die urheberrechtliche Einordnung personalisierter Internetradios, CR 2009, 517; *Kloiber/Kunold,* Handbuch der Oper, 5. Aufl., München/Kassel 1985; *Kloth,* Der Schutz der ausübenden Künstler nach TRIPs und WPPT, Baden-Baden 2000; *Kloth,* Bericht über die WIPO-Sitzungen zum möglichen Protokoll zur Berner Konvention und zum „Neuen Instrument" im September 1995, ZUM 1995, 815; *Korn,* Die Übergangsbestimmung der SchutzfristenverlängerungsRL – Ein legistisches Missgeschick? Medien und Recht 2012, 20; *Krebs/ Becker/Dück,* Das gewerbliche Veranstalterrecht im Wege richterlicher Rechtsfortbildung, GRUR 2011, 391; *Kreile,* Der Richtlinienvorschlag der EU-Kommission zur Schutzfristverlängerung für ausübende Künstler und Tonträgerhersteller aus Sicht der Filmhersteller, ZUM 2009, 113 ff.; *Kreile,* Bericht über die WIPO-Sitzungen zum möglichen Protokoll zur Berner Konvention und zum „Neuen Instrument" im Dezember 1994, ZUM 1995, 307; *Kreile,* Der Bericht der Bundesregierung über die Auswirkungen der Urheberrechtsnovelle 1985 und Fragen des Urheber- und Leistungsschutzrechts vom 4.7.1989 und seine gesetzgeberische Umsetzung in der 11. Legislaturperiode, ZUM 1990, 1; *Kröger,* Die Urheberrechtsrichtlinie für die Informationsgesellschaft – Bestandsaufnahme und kritische Bewertung, CR 2001, 316; *Krüger,* Kritische Bemerkungen zum Regierungsentwurf für ein Gesetz zur Regelung des Urheberrechts in der Informationsgesellschaft aus der Sicht eines Praktikers, ZUM 2003, 122; *Kuhn,* Die Bühneninszenierung als komplexes Werk, Baden-Baden 2005; *Kurz,* Praxishandbuch Theaterrecht München 1999; *v. Lewinski,* Die EG-Richtlinie zum Vermietrecht und Verleihrecht sowie zu bestimmten dem Urheberrecht verwandten Schutzrechten im Bereich des geistigen Eigentums, ZUM 1995, 442; *Leupold/Demisch,* Bereithalten von Musikwerken zum Abruf in digitalen Netzen, ZUM 2000, 379; *Lindner,* Der Referentenentwurf für ein Gesetz zur Regelung des Urheberrechts in der Informationsgesellschaft vom 18. März 2002, KUR 2002, 56; *Mayer,* Richtlinie 2001/29/EG zur Harmonisierung bestimmter Aspekte des Urheberrechts und der verwandten Schutzrechte in der Informationsgesellschaft, EuZW 2002, 325; *Meinel/Heyn/Herms,* Teilzeit- und Befristungsgesetz: TzBfG, 4. Aufl., München 2012; *Metzger/Kreutzer,* Richtlinie zum Urheberrecht in der „Informationsgesellschaft" – Privatkopie trotz technischer Schutzmaßnahmen, MMR 2002, 139; *Niederalt,* Das Urheberrecht vor einem dritten Korb: Ausgewählte Handlungsfehler, ZUM 2008, 397; *Nix/Hegemann/ Hemke,* Normalvertrag Bühne, Handkommentar, Baden-Baden 2012; *Noll,* Der Schutz der geistigen Interessen der ausübenden Künstler durch das Privatrecht (zum österreichischen Recht), medien und recht 2003, 98; *Nordemann, W.,* Das Leistungsschutzrecht des Tonmeisters, GRUR 1980, 568; *Nordemann, W.,* Die Reform des § 31 Abs. 4 UrhG – gut gemeint, aber daneben getroffen? Eine kritische Stellungnahme zu den Entwürfen des Bundesjustizministeriums, in: Jacobs/Papier/Schuster (Hrsg.), Festschrift für Peter Raue, Köln/Berlin/München 2006 (zit. Nordemann FS Raue); *Nordemann,* Das neue Urhebervertragsrecht, München 2002 (zit. Urhebervertragsrecht); *Nordemann/Nordemann,* Für eine Abschaffung des § 31 IV UrhG im Filmbereich, GRUR 2003, 947; *Obergfell,* Deutscher Urheberschutz auf internationalem Kollisionskurs – Zur zwingenden Geltung der §§ 32, 32a UrhG im Internationalen Vertragsrecht, K&R 2003, 118; *v. Olenhusen,* Zeitverträge im Hochschul-, Medien- und Bühnenbereich, FuR 1982, 298; *Opolony,* Die Nichtverlängerungsmitteilung bei befristeten Bühnenarbeitsverhältnissen, NZA 2001, 1351; *Opolony,* Die Befristung von Bühnenarbeitsverhältnissen, ZFA 2000, 179; *Pakuscher,* Der Richtlinienvorschlag der EU-Kommission zur Schutzfristenverlängerung für ausübende Künstler und Tonträgerhersteller, ZUM 2009, 89;

Vorbemerkung　　　　　　　　　　　　　　　　　　　　　　　　**Vor §§ 73ff. UrhG**

Pennartz/Berg, Schutzfristverlängerung für Tonaufnahmen MMR aktuell 2012, 330025; *Peukert*, Die Leistungsschutzrechte des ausübenden Künstlers nach dem Tode, Baden-Baden 1999; *Peukert*, Leistungsschutz des ausübenden Künstlers de lege lata und de lege ferenda unter besonderer Berücksichtigung der postmortalen Rechtslage, UFITA 138 (1999) 63; *Pleister/Ruttig*, Beteiligungsansprüche für ausübende Künstler bei Bestsellern, ZUM 2004, 337; *Poll*, Die Harmonisierung des europäischen Filmurheberrechts aus deutscher Sicht, GRUR Int. 2003, 290; *Poll*, Neue internetbasierte Nutzungsformen – Das Recht der Zugänglichmachung auf Abruf und seine Abgrenzung zum Senderecht, GRUR 2007, 476; *Raue*, Recht geschieht, wem Recht geschieht, Jahrbuch Theater heute 2000, 150; *Raue/Hegemann*, Münchener Anwaltshandbuch Urheber- und Medienrecht, München 2011; *Rehbinder*, Die urheberrechtlichen Verwertungsrechte nach der Einführung des Vermietrechts, ZUM 1996, 349; *Reimer/Ulmer*, Die Reform der materiellrechtlichen Bestimmungen der Berner Übereinkunft, GRUR Int. 1967, 431; *Reinbothe*, Die EG-Richtlinie zum Urheberrecht in der Informationsgesellschaft, GRUR Int. 2001, 733; *Reinbothe*, Die Umsetzung der EU-Urheberrechtsrichtlinie in deutsches Recht, ZUM 2002, 43; *Reinbothe/v. Lewinski*, The WIPO Treaties 1996, The WIPO Copyright Treaty and the WIPO Performances and Phonograms Treaty, Commentary and Legal Analysis, Butterworths 2002; *Reinhard/Distelkötter*, Die Haftung des Dritten bei Bestsellerwerken nach § 32a Abs. 2 UrhG, ZUM 2003, 269; *Richard/Junker*, Kunstfälschung und Persönlichkeitsrecht, GRUR 1988, 18; *v. Rom*, Die Leistungsschutzrechte im Regierungsentwurf für ein Gesetz zur Regelung des Urheberrechts in der Informationsgesellschaft, Diskussionsbericht der gleich lautenden Arbeitssitzung des Instituts für Urheber- und Medienrecht am 29. November 2002, ZUM 2003, 128; *Rüll*, Allgemeiner und urheberrechtlicher Persönlichkeitsrechtsschutz des ausübenden Künstlers, Baden-Baden 1998; *Runge*, Schutz der ausübenden Künstler, UFITA 35 (1961) 159; *Ruzicka*, Wiederholungsvergütung für ausübende Künstler, FuR 1978, 512; *Sasse/Waldhausen*, Musikverwertung im Internet und deren vertragliche Gestaltung – MP3, Streaming, On-Demand-Service etc., ZUM 2000, 837; *Schack*, Schutz digitaler Werke vor privater Vervielfältigung – zu den Auswirkungen der Digitalisierung auf § 53 UrhG, ZUM 2002, 497; *Schack*, Zur Frage der inländischen Verbreitung von unautorisierten, aber im Ausland nach dortigem Recht legal vervielfältigten Konzertmitschnitten, JZ 1994, 43; *Schack*, Anmerkung zu BGH, Urteil v. 20.11.1986 – Die Zauberflöte, GRUR 1987, 817; *Schack*, Anmerkung zu BGH, Urteil v. 14.11.1985 – Bob Dylan, GRUR 1986, 734; *Schack*, Das Persönlichkeitsrecht der Urheber und ausübenden Künstler nach dem Tode, GRUR 1985, 352; *Schardt*, Musikverwertung im Internet und deren vertragliche Gestaltung, ZUM 2000, 849; *Schippan*, Urheberrecht goes digital – Die Verabschiedung der „Multimedia-Richtlinie 2001/29/EG", NJW 2001, 2682; *Schlatter*, Die BGH-Entscheidung „The Doors": Zur Prozeßführungsbefugnis bei Gruppenleistungen nach § 80 UrhG – Zum Leistungsschutz ausübender Künstler bei Sachverhalten mit Auslandsberührung, ZUM 1993, 522; *Schmidt*, Der Vergütungsanspruch des Urhebers nach der Reform des Urhebervertragsrechts, ZUM 2002, 781; *Schmieder*, Die verwandten Schutzrechte – ein Torso?, UFITA 73 (1975) 65; *Schmieder*, Der Rechtsschutz des Veranstalters, GRUR 1964, 121; *Schorn*, Sounds von der Datenbank, GRUR 1989, 579; *Schrader*, Verlängerung der Dauer verwandter Schutzrechte der ausübenden Künstler und Tonträgerhersteller von 50 auf 70 Jahre, K&R 2009, Nr. 6, *Schricker*, Zum neuen deutschen Urhebervertragsrecht, GRUR Int. 2002, 797; *Schulze*, Zur Schutzdauer beim wettbewerblichen Leistungsschutz, FuR 1984, 619; *Schulze*, Der Richtlinienvorschlag der EU-Kommission zur Schutzfristenverlängerung für ausübende Künstler und Tonträgerhersteller aus dogmatischer, kritischer und konstruktiver Sicht, ZUM 2009, 93; *Schwenzer*, Tonträgerauswertung zwischen Exklusivrecht und Sendeprivileg im Lichte von Internetradio, GRUR Int. 2001, 722; *Schweyer*, Die Zweckübertragungstheorie im Urheberrecht, München 1982; *Sieger*, Garstige Tonbandleader – Schallmauer gegen Ballettgastspiele, FuR 1979, 23; *Sontag*, Das Miturheberrecht, Köln u. a., 1972; *Spieker*, Bestehen zivilrechtliche Ansprüche bei Umgehung von Kopierschutz und beim Anbieten von Erzeugnissen zu dessen Umgehung?, GRUR 2004, 475; *Spieß*, Urheber- und wettbewerbsrechtliche Probleme des Sampling in der Popmusik, ZUM 1991, 524; *Spindler*, Europäisches Urheberrecht in der Informationsgesellschaft, GRUR 2002, 105; *Stolz*, Die Rechte der Sendeunternehmen nach dem Urheberrechtsgesetz und ihre Wahrnehmung, Baden-Baden 1987; *Stuwe*, Der Richtlinienvorschlag der EU-Kommission zur Schutzfristverlängerung für ausübende Künstler und Tonträgerhersteller – Diskussionsbericht zur gleichlautenden Arbeitssitzung des Instituts für Urheber- und Medienrecht am 5.12.2008, ZUM 2009, 117 ff.; *Tenschert*, Ist der Sound urheberrechtlich schützbar?, ZUM 1987, 612; *Thurow*, in: Becker/Dreier (Hrsg.), Urheberrecht und digitale Technologie, Baden-Baden, 1994, 77; (zit. *Thurow* in: Becker/Dreier); *Thurow*, Zur gemeinsamen Interessenlage von Musikurhebern, Künstlern und Tonträgerherstellern angesichts der Herausforderungen einer multimedialen Zukunft, in: Becker u. a. (Hrsg.), Wanderer zwischen Musik, Politik und Recht, Festschrift für Reinhold Kreile zum 65. Geburtstag, München 1994 (zit. *Thurow* FS Kreile); *Ulmer*, Gutachten zum Urhebervertragsrecht, Bonn 1977 (zit. *Ulmer* Gutachten); *Ulmer*, Der Rechtsschutz der ausübenden Künstler, der Hersteller von Tonträgern und der Sendegesellschaften, München u. a. 1957 (zit. *Ulmer* Rechtsschutz); *Unger/v. Olenhusen*, Historische Live-Aufnahmen ausübender Künstler im Bereich klassischer Musik, ZUM 1987, 154; *v. Vogel*, Der Arbeitnehmer als Urheber, NJW-Spezial 2007, 177; *Wandtke*, Zum Bühnentarifvertrag und zu den Leistungsschutzrechten der ausübenden Künstler im Lichte der Urheberrechtsreform 2003, ZUM 2004, 505; *Wandtke*, Zur Reform des Urheberrechts in der Informationsgesellschaft, KUR 2003, 109; *Wandtke,* Zu den Leistungsschutzrechten der ausübenden Künstler im Zusammenhang mit dem Einigungsvertrag, GRUR 1993, 18; *Wandtke,* Theater und Recht, Hamburg 1994; *Wandtke/Gerlach,* Für eine Schutzfristverlängerung im künstlerischen Leistungsschutz, ZUM 2008, 822, *Wandtke/Leinemann,* Anmerkung zu Kammergericht, Urteil vom 29. Juni 2011 – 24 U 2/10, ZUM 2011, 746 ff.; *Wawretzko,* Leistungsschutz des ausübenden Künstlers in arbeitsrechtlicher Sicht, INTER GU-Schriftenreihe Bd. 11 (1959), 74; *v. Welser,* Die Wahrnehmung urheberpersönlichkeitsrechtlicher Befugnisse durch Dritte, Berlin 2000; *Winter,* Fußball im Radio: Live aus dem Stadion?, ZUM 2003, 531; *Wündisch,* Anmerkung zu OLG Dresden, Urteil v. 16.5.2000 – Csárdásfürstin, ZUM 2000, 959; *Zecher,* Die Umsetzung der EU-Urheberrechtsrichtlinie in deutsches Recht, ZUM 2002, 52.

Vgl. darüber hinaus die Angaben im eingangs abgedr. Gesamtliteraturverzeichnis.

Übersicht

	Rn.
I. Reform der Leistungsschutzrechte	1, 2
II. §§ 73 ff. im Überblick	3–15
1. Begriff des ausübenden Künstlers	4
2. Persönlichkeitsrechte	5–8
a) Anerkennungs- und Namensnennungsrecht	6
b) Integritätsschutz	7
c) Schutzdauer der Persönlichkeitsrechte	8
3. Vermögensrechte	9–14
a) Gegenstand der Vermögensrechte	10
b) Schutzdauer	11
c) Einräumung von Nutzungsrechten	12
d) Ensembledarbietungen	13
e) Schranken der Verwertungsrechte	14
4. Schutz des Veranstalters	15

I. Reform der Leistungsschutzrechte

1 Mit dem **Gesetz zur Regelung des Urheberrechts in der Informationsgesellschaft** v. 10.9.2003 (s. Vor §§ 31 ff. Rn. 4) ist das Urheberrecht an die Neuerungen im Bereich der Informations- und Kommunikationstechnologie angepasst worden. Dabei ging es dem Gesetzgeber zum einen darum, den Schutz von Urhebern und Inhabern verwandter Schutzrechte „im digitalen Umfeld" zu gewährleisten; zum anderen sollte den Verwertern und Nutzern ein „angemessener Rechtsrahmen" vorgegeben werden, der einen „effizienten Einsatz der neuen Technologien" zulässt (vgl. Begr. des Gesetzesentwurfs BT-Drucks. 15/38, 14). Die Diskussion um eine Anpassung des Urheberrechts an die neuen Technologien hat auf internationaler Ebene zur Verabschiedung des WIPO-Urheberrechtsvertrages (WIPO Copyright Treaty – **WCT**) und des WIPO-Vertrages über Darbietungen und Tonträger (WIPO Performances and Phonograms Treaty – **WPPT**) geführt. Durch den WPPT werden vor allem die persönlichkeitsrechtlichen Befugnisse der Leistungsschutzberechtigten gestärkt und den technischen Entwicklungen in der Informationsgesellschaft angepasst (zur Umsetzung des WPPT vgl. *Jaeger* 137 ff. m. w. N.). Beide WIPO-Verträge wurden von Deutschland am 20.12.1996 unterzeichnet. Durch das Gesetz zur Regelung des Urheberrechts in der Informationsgesellschaft v. 10.9.2003 (BGBl. I S. 1774) wurden die Voraussetzungen für die Ratifikation der Verträge geschaffen. Der Rat der Europäischen Gemeinschaft hat am 16.3.2000 den Beitritt zu den WIPO-Verträgen beschlossen (vgl. Beschluss des Rates v. 16.3.2000, 2000/278/EG, ABl. EG L 89/6 v. 11.4.2000). Der Beitritt der Europäischen Gemeinschaft soll mit dem Beitritt aller EG-Mitgliedstaaten vollzogen werden, sobald die Verpflichtungen aus den WIPO-Verträgen in sämtlichen Mitgliedstaaten sowie auf Gemeinschaftsebene umgesetzt sind (vgl. Begr. des Gesetzentwurfs, BT-Drucks. 15/38, 14). Auf europäischer Ebene ist am 22.5.2001 die

Vorbemerkung   2, 3   **Vor §§ 73ff. UrhG**

Multimedia-Richtlinie (s. Vor §§ 31 ff. Rn. 2) erlassen worden und am 22.6.2001 mit ihrer Veröffentlichung im Amtsblatt in Kraft getreten. Mit der Multimedia-Richtlinie werden die Mehrzahl der Verpflichtungen aus WCT und WPPT auf Gemeinschaftsebene umgesetzt. Darüber hinaus harmonisiert die Multimedia-Richtlinie die Definition des Vervielfältigungsrechts, des Rechts auf öffentliche Zugänglichmachung sowie des Rechts der öffentlichen Wiedergabe. Schließlich enthält sie einen abschließenden Katalog möglicher Ausnahmen und Schranken der Verwertungsrechte (zur Umsetzung der Multimedia-Richtlinie vgl. *Reinbothe* ZUM 2002, 43ff.; *Spindler* GRUR 2002, 105ff.; *Mayer* EuZW 2002, 325ff.; *Metzger/Kreutzer* MMR 2002, 139ff.; *Hoeren* MMR 2000, 515ff.; *Schippan* NJW 2001, 2682ff.; *Zecher* ZUM 2002, 52ff.).

    Durch das **Zweite Gesetz zur Regelung des Urheberrechts in der Informationsgesellschaft** vom 26.10.2007 (BGBl. I S. 2513) hat das Interpretenrecht keine inhaltlichen, sondern lediglich redaktionelle Änderungen erfahren. Bedingt durch die Aufhebung des § 31 Abs. 4 hat der Gesetzgeber den Verweis in § 79 Abs. 2 S. 2 entsprechend angepasst und klargestellt, dass die für Urheber geltenden Vorschriften der §§ 31a und 32c auf ausübende Künstler keine Anwendung finden (dazu krit. § 79 Rn. 10f.). Die durch das Zweite Gesetz zur Regelung des Urheberrechts in der Informationsgesellschaft v. 26.10.2007 (BGBl. I S. 2513) geänderten bzw. neu eingefügten Schrankenregelungen finden über § 83 auf den ausübenden Künstler entsprechende Anwendung. Substantielle Änderungen des Interpretenrechts ergeben sich insoweit allerdings nicht (vgl. ausführlich zur Entwicklung des Interpretenrechts Dünnwald/Gerlach Einl. Rn. 1–63; Mestmäcker/Schulze/*Hertin* Vor §§ 73ff. Rn. 2ff.; Schricker/Loewenheim/*Krüger* § 73 Rn. 5ff.). Durch das **Gesetz zur Verbesserung der Durchsetzung von Rechten des geistigen Eigentums** vom 7.7.2008 (BGBl. I, 1191) wurde § 74 um einen Abs. 3 ergänzt. Danach findet nunmehr die für Urheber geltende Vorschrift des § 10 Abs. 1 (Urhebervermutung) auf Darbietungen ausübender Künstler entsprechende Anwendung. Ferner hat der Gesetzgeber § 81 S. 2 dahingehend geändert, dass „die Angabe § 31 Abs. 1 bis 3 und 5" durch die Angabe „§ 10 Abs. 1 sowie § 31 Abs. 1 bis 3 und 5 ersetzt" wird (zu Einzelheiten siehe § 81 Rn. 1). Diese Änderung basierte auf einem unzutreffenden Gesetzeswortlaut. Der Gesetzgeber hat § 81 S. 2 deshalb – jedoch ohne weiteres Änderungsgesetz – redaktionell angepasst.

    Zur Umsetzung der Richtlinie 2011/77/EU des Europäischen Parlaments und des Rates vom 27.9.2011 über die Schutzdauer des Urheberrechts und bestimmter verwandter Schutzrechte hat die Bundesregierung einen Entwurf für ein (urspr.) 8. UrhGÄndG vorgelegt (BT-Drucks. 17/12013 vom 7.1.2013), das schließlich als **9. UrhGÄndG** vom 2.7.2013 (BGBl. I S. 1940) verkündet wurde und am 6.7.2013 in Kraft trat (siehe dazu *Gaillard*, GRUR 2013, 1099ff.). Dieses Gesetz sieht hinsichtlich des Schutzes der ausübenden Künstler Änderungen der §§ 79, 80 und 82 sowie die Einfügung eines neuen § 79a vor. Zu den Änderungen im Einzelnen s. unter § 79 Rn. 38ff., § 79a Rn. 1ff., § 80 Rn. 1 und § 82 Rn. 3.

II. §§ 73 ff. im Überblick

Mit den durch das Gesetz zur Regelung des Urheberrechts in der Informationsgesell-   **3** schaft v. 10.9.2003 (BGBl. I S. 1774) vorgenommenen Änderungen der §§ 73ff. hat der Gesetzgeber vor allem den Vorgaben des WPPT im Bereich der Persönlichkeitsrechte der ausübenden Künstler Rechnung getragen. Durch den Übergang von den „Einwilligungsrechten" zum System der „Verbotsrechte" in Form einfacher oder ausschließlicher Nutzungsrechte soll eine Verbesserung der Rechtsposition der ausübenden Künstler im Hinblick auf Multimediaproduktionen erreicht werden (vgl. *Lindner* KUR 2002, 56, 64). Im Einzelnen:

1. Begriff des ausübenden Künstlers

4 § 73 bestimmt, wer ausübender Künstler i. S. d. Urheberrechtsgesetzes ist und damit den Schutz der §§ 74 ff. genießt. Der Schutzbereich des § 73 bezieht sich – entsprechend der Vorgabe durch Art. 2a WPPT – neben der künstlerischen Darbietung eines Werks auch auf **„Ausdrucksformen der Volkskunst"**. Ursprünglich war der Schutz der ausübenden Künstler untrennbar mit der **Darbietung eines urheberschutzfähigen Werks** verbunden. Von dieser „Werkakzessorietät" hat der Gesetzgeber mit der Neufassung des § 73 durch das Gesetz zur Regelung des Urheberrechts in der Informationsgesellschaft v. 10.9.2003 (BGBl. I S. 1774) eine Ausnahme gemacht, indem auch nicht urheberschutzfähige folkloristische Darbietungen in den Schutzbereich einbezogen worden sind (Dünnwald/Gerlach § 73 Rn. 21; Mestmäcker/Schulze/*Hertin* § 73 Rn. 3).

2. Persönlichkeitsrechte

5 Dem ausübenden Künstler steht – wie dem Urheber – ein umfassendes **Anerkennungs- und Namensnennungsrecht** zu (§ 74).

6 a) **Anerkennungs- und Namensnennungsrecht.** Die Einführung eines Anerkennungs- und Namensnennungsrechts (§ 74) basiert auf **Art. 5 Abs. 1 WPPT**. Der ausübende Künstler hat – ebenso wie der Urheber – das Recht, hinsichtlich seiner Darbietung als solcher anerkannt und namentlich genannt zu werden (Abs. 1). Haben mehrere ausübende Künstler eine Darbietung gemeinsam erbracht, so können sie aus Praktikabilitätsgründen grds. nur verlangen, als **Künstlergruppe** genannt zu werden (Abs. 2). Besteht bei einer Ensembledarbietung jedoch ein **besonderes Interesse** einzelner beteiligter ausübender Künstler (etwa bei solistischen Auftritten von Ensemblemitgliedern), steht diesen gem. § 74 Abs. 2 S. 4 im Einzelfall das Recht auf Namensnennung zu. **Vertretungsbefugt** sind der Vorstand oder, sofern ein solcher nicht besteht, der Leiter bzw. ein gewählter Vertreter der Künstlergruppe (§ 74 Abs. 2 S. 2 und 3).

7 b) **Integritätsschutz.** § 75 schützt die Integrität der Darbietung. Danach kann der ausübende Künstler eine Entstellung oder andere Beeinträchtigung seiner Darbietung verbieten, die geeignet ist, sein Ansehen oder seinen Ruf zu gefährden.

8 c) **Schutzdauer der Persönlichkeitsrechte.** § 76 regelt die Schutzdauer der in §§ 74 und 75 normierten Persönlichkeitsrechte des ausübenden Künstlers. Danach erlöschen die Persönlichkeitsrechte des ausübenden Künstlers mit dessen Tod, jedoch erst **50 Jahre** nach der Darbietung, wenn der ausübende Künstler vor Ablauf dieser Frist verstorben ist. In § 76 S. 1 a. E. ist klargestellt, dass die Persönlichkeitsrechte nicht vor Ablauf der für die Verwertungsrechte geltenden Fristen erlöschen. Damit wird den Vorgaben des **Art. 5 Abs. 2 WPPT** Rechnung getragen.

3. Vermögensrechte

9 Im Anschluss an die Persönlichkeitsrechte sind in **§§ 77 bis 83** die vermögensrechtlichen Befugnisse des ausübenden Künstlers sowie des Veranstalters (§ 81) geregelt. Der Übergang von „Einwilligungsrechten" des ausübenden Künstlers zum System ausschließlicher Verwertungsrechte geht auf das Gesetz zur Regelung des Urheberrechts in der Informationsgesellschaft v. 10.9.2003 (BGBl. I S. 1774) zurück. Die **Einräumung ausschließlicher Nutzungsrechte** bewirkt neben einer sachlichen Änderung der Befugnisse der ausübenden Künstler auch die **Stärkung von Rechten Dritter**, die (einfache oder ausschließliche) Nutzungsrechte (und damit nach h. M. eine dingliche Rechtsposition, vgl. § 31 Rn. 2, 4) erwerben können.

10 a) **Gegenstand der Vermögensrechte.** Dem ausübenden Künstler stehen gem. §§ 77 und 78 folgende Vermögensrechte als ausschließliche Rechte zu:

Vorbemerkung 11, 12 **Vor §§ 73ff. UrhG**

– das Recht, die Darbietung auf Bild- oder Tonträger aufzunehmen (§ 77 Abs. 1);
– das Recht, eine aufgenommene Darbietung zu vervielfältigen und zu verbreiten (§ 77 Abs. 2);
– das Recht der öffentlichen Zugänglichmachung (§ 78 Abs. 1 Nr. 1);
– das Senderecht, soweit die Darbietung nicht erlaubterweise auf Bild- oder Tonträger aufgenommen worden ist, die erschienen oder erlaubterweise öffentlich zugänglich gemacht worden sind (§ 78 Abs. 1 Nr. 2);
– das Recht, eine Darbietung öffentlich wahrnehmbar zu machen (§ 78 Abs. 1 Nr. 3).

§ 78 Abs. 2 gewährt dem ausübenden Künstler für bestimmte Fälle der öffentlichen Wiedergabe seiner Darbietung einen **Vergütungsanspruch**.

b) Schutzdauer. § 82 regelt die Schutzfrist für die Vermögensrechte der ausübenden **11** Künstler sowie des Veranstalters. Die Richtlinie 2011/77/EU des Europäischen Parlaments und des Rates vom 27. September 2011 sieht für ausübende Künstler eine Schutzfristverlängerung von 50 auf 70 Jahre vor. Durch die Richtlinie wird die bestehende RL 2006/116/EG über die Schutzdauer des Urheberrechts und bestimmter verwandter Schutzrechte geändert bzw. ergänzt (*Pennertz/Berg*, MMR Aktuell 2012, 330025 ff.; *Flechsig*, ZUM 2012, 227 ff.; zum Richtlinienvorschlag der EU-Kommission aus dem Jahr 2008, *Pakuscher*, ZUM 2009, 89 ff.; *Schulze*, ZUM 2009, 93 ff.; *Gerlach*, ZUM 2009, 103 ff.; *Drücke*, ZUM 2009, 108 ff.; *Kreile*, ZUM 2009, 113 ff.; *Stuwe*, ZUM 2009, 117 ff.). Zu Einzelheiten vgl. § 82 Rn. 1 ff.

Zur Umsetzung der Richtlinie 2011/77/EU des Europäischen Parlaments und des Rates vom 27.9.2011 über die Schutzdauer des Urheberrechts und bestimmter verwandter Schutzrechte legte die Bundesregierung einen Entwurf für ein (urspr.) 8. UrhGÄndG vor (RegE BT-Drucks. 17/12013 vom 7.1.2013), das schließlich als **9. UrhGÄndG** vom 2.7.2013 (BGBl. I S. 1940) verkündet wurde und am 6.7.2013 in Kraft trat. Die Novelle sieht eine **Neufassung** des § 82 UrhG vor. Nach § 82 Abs. 1 wird die **Schutzdauer** für die in **§§ 77, 78 UrhG** bezeichneten Rechte des ausübenden Künstlers, sofern die Darbietung auf einem Tonträger aufgezeichnet ist, auf 70 Jahre angehoben. Liegt keine Aufzeichnung auf Tonträger vor, bleibt es bei der 50-jährigen Schutzfrist. Die Schutzfrist der Rechte des **Veranstalters** nach § 81 ist in § 82 Abs. 2 geregelt. Sie beträgt nach wie vor **25 Jahre**. § 81 Abs. 3 (Berechnung der Schutzdauer) entspricht der bisherigen Regelung in § 82 Satz 3. Zu Einzelheiten siehe die Erläuterungen unter § 82 Rn. 3 ff.

c) Einräumung von Nutzungsrechten. Die Vorschrift des § 79 regelt die Einräu- **12** mung von Verwertungsrechten an Dritte. Bedingt durch den dogmatischen Übergang von Einwilligungsrechten zu ausschließlichen Verwertungsrechten sieht § 79 Abs. 2 S. 1 neben der **translativen Übertragung** der Verwertungsrechte, die gem. § 79 Abs. 1 möglich bleibt, die Einräumung von einfachen oder ausschließlichen Nutzungsrechten vor (krit. dazu Schricker/Loewenheim/*Krüger* § 79 Rn. 3; *Dünnwald* ZUM 2004, 161 ff., 179; *Grünberger* 256 ff.). Die durch das Zweite Gesetz zur Regelung des Urheberrechts in der Informationsgesellschaft v. 26.10.2007 (BGBl. I S. 2513) neu gefasste Regelung des § 79 Abs. 2 S. 2 verweist einheitlich auf § 31. Diese Änderung hat laut Gesetzesbegründung rein klarstellenden Charakter, da die Regelung des § 31 Abs. 4 im Zuge des Zweiten Gesetzes zur Regelung des Urheberrechts in der Informationsgesellschaft aufgehoben worden ist. Die an die Stelle des § 31 Abs. 4 getretenen neuen Vorschriften der **§§ 31a und 32c** finden auf ausübende Künstler **keine Anwendung**. Vielmehr geht der Gesetzgeber davon aus, dass sich die Rechtslage der ausübenden Künstler insoweit nicht verändert. Denn auch bei Geltung des § 31 Abs. 4 fand das gesetzliche Verbot, Nutzungsrechte hinsichtlich noch unbekannter Nutzungsarten zu übertragen, auf Nutzungsverträge mit ausübenden Künstlern keine Anwendung. Ferner hat der Gesetzgeber in § 79 Abs. 2 S. 2 ausdrücklich klargestellt, dass die Vorschrift des § 42a (Zwangslizenz zur Herstellung von Tonträgern) auf ausübende Künstler keine Anwendung findet und insoweit das Redaktionsversehen in § 79 Abs. 2 S. 2 a. F. beseitigt (zu Einzelheiten vgl. die Kommentierung zu § 79). Durch das 9. Gesetz zur

UrhG § 73

§ 73 Ausübender Künstler

Änderung des Urheberrechtsgesetzes vom 2.7.2013 (BGBl. I 1940) hat der Gesetzgeber in Umsetzung der Richtlinie 2011/77/EU des Europäischen Parlaments und des Rates vom 27.9.2011 dem § 79 einen **neuen Absatz 3** hinzugefügt. Dieser sieht zu Gunsten des ausübenden Künstlers ein Kündigungsrecht gegenüber dem Tonträgerhersteller für den Fall vor, dass der Tonträgerherstellen den Tonträger im Zeitraum der verlängerten Schutzfrist zwischen dem 50. und dem 70. Schutzjahr nicht verwertet. Zu Einzelheiten siehe unter § 79 Rn. 38 ff.

Ferner wurde durch das 9. Gesetz zur Änderung des Urheberrechtsgesetzes vom 2.7.2013 (BGBl. I 1940) **§ 79a neu** eingefügt, der einen gesetzlichen Vergütungsanspruch des ausübenden Künstlers für die Dauer der Schutzfristenverlängerung (also vom 50. bis zum 70. Jahr nach Erscheinen des Tonträgers bzw. seiner öffentlichen Wiedergabe) regelt. Hierdurch soll der ausübende Künstler an den Einnahmen, die der Tonträgerhersteller im Zuge der verlängerten Schutzdauer mit der Verwertung des Tonträgers erzielt, angemessen partizipieren. Zu Einzelheiten vergleiche die Kommentierung zu § 79a Rn. 1 ff.

13 **d) Ensembledarbietungen.** § 80 regelt die Zuordnung der Vermögensrechte, wenn eine Darbietung von mehreren ausübenden Künstlern gemeinsam erbracht worden ist. § 80 Abs. 2 verweist auf die in § 74 Abs. 2 S. 2 u. 3 enthaltene Vertretungsregelung bei gemeinsamen Darbietungen ausübender Künstler. Die Vertretungsregelung in § 74 Abs. 2 S. 2 u. 3 findet nach dem durch das 9. Gesetz zur Änderung des Urheberrechtsgesetzes vom 2.7.2013 (BGBl. I 1940) **neu** gefassten **§ 80 Abs. 2 UrhG** auch auf die Ausübung des Kündigungsrechts nach **§ 79 Abs. 3** Anwendung. Zu Einzelheiten siehe § 80 Rn. 1.

14 **e) Schranken der Verwertungsrechte.** Gem. § 83 finden die für Urheber geltenden Schrankenregelungen der §§ 44a ff. auf ausübende Künstler entsprechende Anwendung.

4. Schutz des Veranstalters

15 Die Vorschrift des **§ 81** regelt den Schutz des Veranstalters. Ebenso wie ausübenden Künstlern steht den Veranstaltern gem. § 81 ein **Verbotsrecht** zu. Entsprechend verweist § 81 S. 2 auf einzelne Vorschriften der §§ 31 ff. Durch das **Gesetz zur Verbesserung der Durchsetzung von Rechten des geistigen Eigentums** vom 7.7.2008 (BGBl. I, 1191) wurde der Verweis in § 81 S. 2 auf die Urhebervermutung des § 10 Abs. 1 erstreckt (zu Einzelheiten vgl. § 81 Rn. 1).

§ 73 Ausübender Künstler

Ausübender Künstler im Sinne dieses Gesetzes ist, wer ein Werk oder eine Ausdrucksform der Volkskunst aufführt, singt, spielt oder auf eine andere Weise darbietet oder an einer solchen Darbietung künstlerisch mitwirkt.

Literatur: S. die Angaben bei Vor §§ 73 ff. sowie die Angaben im eingangs abgedr. Gesamtliteraturverzeichnis.

Übersicht

	Rn.
I. Bedeutung und Normzweck	1–3
II. Darbietung eines Werks	4–9
III. Darbietung von Ausdrucksformen der Volkskunst	10–13
IV. Künstlerische Mitwirkung	14–18
V. Konkurrenz	19, 20
VI. Einzelfälle (Index)	21

I. Bedeutung und Normzweck

§ 73 steckt die Grenzen des Anwendungsbereiches der Vorschriften zum Schutz der ausübenden Künstler ab. Nur wer von § 73 erfasst wird, kann aus den §§ 74 ff. Rechte oder Ansprüche herleiten. Die Vorschrift des § 73 wurde durch das Gesetz zur Regelung des Urheberrechts in der Informationsgesellschaft vom 10.9.2003 (BGBl. I S. 1774) neu gefasst. Den Schutz der §§ 74 ff. genießen neben Darbietungen von Werken der Literatur und Kunst auch **Ausdrucksformen der Volkskunst.** Diese Erweiterung des Schutzbereichs basiert auf **Art. 2a** des WIPO-Vertrages über Darbietungen und Tonträger **(WPPT)** (zur Definition des Art. 2a WPPT: *Reinbothe/v. Lewinski* Art. 2 Rn. 23 ff.; *Beining* 24 ff.; *Kloth* 194 f.). 1

Bei der Abgrenzung des Anwendungsbereichs des § 73 ist auf die Schutzbedürftigkeit der jeweiligen Leistung gemessen an ihrer Ersetzbarkeit durch technische Wiedergabeformen abzustellen (**funktionale Betrachtungsweise:** Schricker/Loewenheim/*Krüger* § 73 Rn. 9). Danach erfasst § 73 nur solche Darbietungen, die ihrem Wesen nach zur Aufnahme auf Bild- oder Tonträger oder zur Sendung geeignet sind. Maßgeblich ist, ob andere Personen die Darbietungen in gleicher Weise reproduzieren können (*Dünnwald* UFITA 52 (1969) 49, 86). 2

Angesichts der wirtschaftlichen Konsequenzen, die aus der Anwendbarkeit der §§ 73 ff. folgen, war der Berechtigtenradius des § 73 in mehreren Grundsatzprozessen heftig umstritten (BGH GRUR 1984, 730 – Filmregisseur; LG Hamburg ZUM 1995, 340 – Moderatorentätigkeit für Musiksendungen). **Praktische Relevanz** erlangt die Vorschrift vor allem im Hinblick auf die Beteiligung an den Vergütungen aus den §§ 78 Abs. 2, 77 Abs. 2 S. 2, 83 i. V. m. § 54. Da mit einem weiten Anwendungsbereich des § 73 ein weiter Berechtigtenkreis einhergeht und sich somit die Ausschüttung der Pauschalvergütungen automatisch reduziert, ist die Gesellschaft zur Verwertung von Leistungsschutzrechten (GVL) wiederholt für eine **enge Auslegung** des Begriffs des ausübenden Künstlers eingetreten (LG Hamburg GRUR 1976, 151 – Rundfunksprecher; BGH GRUR 1981, 419 – Quizmaster). 3

II. Darbietung eines Werks

Gegenstand der Darbietung des ausübenden Künstlers kann – mit Ausnahme der folkloristischen Darbietungsformen (dazu sogleich unter Rn. 10) – grds. nur ein **Werk,** also eine persönlich-geistige Schöpfung i. S. v. § 2 Abs. 2 sein (zu Einzelheiten siehe die Erläuterungen zu § 2 Rn. 15 ff.). Unmaßgeblich ist jedoch, ob das dargebotene Werk im Einzelfall die nach § 2 Abs. 2 erforderliche Schöpfungshöhe erreicht (LG Köln ZUM-RD 2010, 698, 701; LG Hamburg ZUM-RD 2010, 399, 409). Die *Schutzfähigkeit* des dargebotenen Werks ist ausreichend, aber als tatbestandsmäßige Vorfrage für die Anwendbarkeit der §§ 73 ff. auch notwendig. Unerheblich ist ferner, ob das Werk bereits gemeinfrei ist oder von einem ausländischen Urheber geschaffen wurde, der nach dem UrhG keinen Schutz genießt (Dreier/Schulze/*Dreier* § 73 Rn. 8). Fehlt es an der **Einheitlichkeit** des Werks, sind die einzelnen Darbietungen auf ihren Werkcharakter hin zu beurteilen. Dies ist etwa bei einer Aneinanderreihung von Reportagen, Interviews oder bei Unterhaltungssendungen der Fall (BGH GRUR 1981, 419 – Quizmaster). Von den in § 2 Abs. 1 genannten **Werkarten** kommen für eine Darbietung i. S. v. §§ 74 ff. nur diejenigen in Betracht, die ihrem Wesen nach überhaupt „dargeboten" werden können. Dazu gehören die in § 2 Abs. 1 Nr. 1–3 gelisteten **Sprachwerke, Werke der Musik** und **pantomimische Werke** einschließlich solcher der **Tanzkunst** (Dünnwald/Gerlach § 73 Rn. 8; Mestmäcker/Schulze/*Hertin* § 73 Rn. 6). Zu Recht weist Ahlberg/Götting/*Stang,* § 73 Rn. 5.1, darauf 4 hin, dass auch bei anderen Werkkategorien eine Darbietung jedenfalls theoretisch vorstellbar ist, z. B. im Fall eines **Happening,** das teilweise als Werk der bildenden Kunst i. S. v. § 2 Abs. 1 Nr. 4 eingestuft wird (offen gelassen in BGH NJW 1985, 1633, 1634). Eine vorherige Festlegung des Werks ist nicht erforderlich. Auch **Improvisationen** können im Einzelfall eine künstlerische Darbietung i. S. v. § 73 darstellen (LG München I GRUR 1979, 852, 853 – Godspell; Dreier/Schulze/*Dreier* § 73 Rn. 8; Ahlberg/Götting/*Stang* § 73 Rn. 5). Bei **neuen Werkarten** ist jeweils zu prüfen, ob sie einer persönlichen Darbietung im Sinne einer Interpretation zugänglich sind.

5 Der **Katalog der Darbietungsformen,** die § 73 beispielhaft aufzählt, ist durch das Gesetz zur Regelung des Urheberrechts in der Informationsgesellschaft vom 10.9.2003 (BGBl. I S. 1774) neu gefasst worden. Während § 73 a. F. allgemein auf den „Vortrag" oder die „Aufführung" eines (urheberschutzfähigen) Werkes abstellte, werden diese Begriffe in Anlehnung an die Definition des Art. 2a WPPT durch die Aufzählung von Beispielen („singt", „spielt" etc.) konkretisiert und unter dem Oberbegriff der „Darbietung" zusammengefasst (Dünnwald/Gerlach § 73 Rn. 22; Mestmäcker/Schulze/*Hertin* § 73 Rn. 20). **Aufführung i. S. v. § 73** ist das persönliche Zu-Gehör-Bringen eines Werks der Musik durch persönliche Darbringung oder die öffentliche bühnenmäßige Darstellung eines Werks (vgl. die Begriffsbestimmung in § 19 Abs. 2).

6 Die Darbietung muss **nicht** notwendig **öffentlich** erfolgen (*Apel* 215 ff.; Loewenheim/ *Vogel* § 38 Rn. 47). Auch Studiokünstler können „darbieten" i. S. v. § 73 (str., ob unmittelbar § 73 anwendbar ist oder erst eine Gesetzeslücke durch Analogie zu § 73 geschlossen werden muss: für ersteres Schricker/Loewenheim/*Krüger* § 73 Rn. 16 m. w. N.; für letzteres *Dünnwald* UFITA 52 (1969) 49, 63 f.). Auch wenn die Darbietung selbst nach h. M. nicht öffentlich sein muss, muss das Werk doch zumindest für Dritte wahrnehmbar gemacht werden. Die sog. **Selbstdarbietung** – etwa das Singen beim Wandern oder Kirchengesang – ist keine Darbietung i. S. v. § 73 (Dreier/Schulze/*Dreier* § 73 Rn. 10; *Rehbinder* ZUM 1996, 349, 355; BGHZ 87, 126, 129 – Zoll- und Finanzschulen; a. A. *Apel* 218; Mestmäcker/Schulze/*Hertin* § 73 Rn. 31). **Proben** zur Vorbereitung der Wiedergabe des Werks sind dann Darbietungen i. S. v. § 73, sobald sie bereits eine Werkinterpretation darstellen (Dreier/Schulze/*Dreier* § 73 Rn. 10; Schricker/Loewenheim/*Krüger* § 73 Rn. 17; differenzierend Ahlberg/Götting/*Stang* § 73 Rn. 12, wonach Proben nur dann unter § 73 fallen, wenn sie zur Aufnahme bestimmt sind).

7 Schutzgegenstand des Leistungsschutzrechts des ausübenden Künstlers ist die **Interpretation** eines Werks oder einer Ausdrucksform der Volkskunst. So versteht bereits die amtliche Begründung unter dem ausübenden Künstler „Musiker, Sänger, Schauspieler, Tänzer und andere Werkinterpreten" (Nachw. bei Schricker/Loewenheim/*Krüger* § 73 Rn. 24). Eine **Interpretation** liegt dann vor, wenn durch die Wiedergabe ein „die Stimmung, das Empfinden, das Gefühl oder die Phantasie anregender Sinneseindruck" vermittelt wird (BGH GRUR 1981, 419, 421 – Quizmaster). Den Schutz der §§ 74 ff. genießt nur derjenige, dessen Darbietung das Merkmal **„künstlerisch"** erfüllt (BGH GRUR 1981, 419, 420 – Quizmaster; Dreier/Schulze/*Dreier* § 73 Rn. 10; dazu *Apel* 215; Castendyk/Schwarzbart UFITA 2007, 33, 50 ff.). Ausreichend ist bereits ein **Minimum an eigenpersönlicher künstlerischer Ausprägung** (BGH GRUR 1981, 419, 420 – Quizmaster; ausführlich zum Merkmal „künstlerisch" Mestmäcker/Schulze/*Hertin* § 73 Rn. 24 ff.; Dünnwald/ Gerlach § 73 Rn. 22). Sprechleistungen sind nur dann schutzfähig, wenn über den reinen Textinhalt hinaus Informationen in einigermaßen freier Gestaltung vermittelt werden. Dies trifft auf den **Nachrichtensprecher** in der Regel nicht zu (LG Hamburg GRUR 1976, 151 – Rundfunksprecher; Dreier/Schulze/*Dreier* § 73 Rn. 12). Gleiches gilt für das Sprechen kurzer Werbespots, da allein die stimmliche Interpretation weniger gesprochener und zudem vorgegebener Wörter sowie verschiedener einzelner Töne keinen Spielraum für die Entfaltung eines künstlerischen Eigenwerts lässt (LG Köln ZUM-RD 2010, 698, 701). Anders verhält es sich bei dem **Sprecher** von **Synchronisationen** fremdsprachiger Filme

(BGH GRUR 1984, 119, 120 – Synchronsprecher; BGH GRUR 2012, 1248, 1251 – Fluch der Karibik; KG ZUM 2011, 741, 743 f. mit kritischer Anmerkung von *Wandtke/Leinemann*, ZUM 2011, 746 ff., Dreier/Schulze/*Dreier* § 73 Rn. 11). Bei **sportlichen** und **artistischen Leistungen** fehlt regelmäßig der künstlerische Eigenwert (*Grünberger* 61 m. w. N.; vgl. auch Dreier/Schulze/*Dreier* § 73 Rn. 12 m. w. N.; Ahlberg/Götting/*Stang* § 73 Rn. 4.1 sowie für Fußballspieler *Winter* ZUM 2003, 531, 535).

Das Merkmal „künstlerisch" grenzt den Anwendungsbereich des § 73 von der **technischen Leistung** ab. Dies ist insb. für Tätigkeiten relevant, welche nicht die Werkinterpretation als solche, sondern lediglich deren Aufnahme oder Sendung beeinflussen. In diesem Fall ist § 73 nicht anwendbar (BGH GRUR 1983, 22, 23 – Tonmeister; OLG Köln GRUR 1984, 345, 347 – Tonmeister II; OLG Hamburg ZUM 1995, 52 – Tonmeister III). Auch eine analoge Anwendung des § 73 auf den **Tonmeister** scheidet aus (BGH GRUR 1983, 22, 25 – Tonmeister; str., a. A. Mestmäcker/Schulze/*Hertin* § 73 Rn. 39, *Nordemann* GRUR 1980, 568, 572; *Tenschert* ZUM 1987, 612, 617 f.; *Ernst* 31 ff.). Der BGH hat in einem späteren Verfahren zum Berufsbild des Tonmeisters die Revision nicht angenommen (BGH I ZR 242/93 – Beschluss vom 30.6.1994 ohne Begründung). Auch das **digitale Remastering** begründet kein eigenständiges Leistungsschutzrecht (vgl. OLG Hamburg GRUR-RR 2002, 220). 8

Abzugrenzen ist die Darbietung eines Werks außerdem von bloßen **Vorbereitungshandlungen,** die sich nicht unmittelbar in der Darbietung gestaltend auswirken. Hierzu zählen die Tätigkeiten von **Rundfunk-** und **Bühnenintendanten, Dramaturgen, Programm-, Produktions- und Aufnahmeleiter** sowie **Tonträger-, Film- und Fernsehproduzenten.** Auch künstlerisches Training, insb. die Tätigkeit von **Korrepetitoren, Gesangs- und Tanzlehrern, Spielleitern** und **Übungsleitern bei Chören,** genießt keinen Leistungsschutz (Dreier/Schulze/*Dreier* § 73 Rn. 12; Schricker/Loewenheim/*Krüger* § 73 Rn. 41). 9

III. Darbietung von Ausdrucksformen der Volkskunst

Die Einbeziehung von „Ausdrucksformen der Volkskunst" („expressions of folklore") stellt sowohl **systematisch** als auch **inhaltlich** eine deutliche Erweiterung des Schutzbereichs des § 73 dar. Ursprünglich war der Begriff des ausübenden Künstlers – auf internationaler (Art. 3a RA) und nationaler (§ 73 a. F.) Ebene – untrennbar mit der Darbietung eines urheberschutzfähigen Werkes verknüpft. Durch die Neuregelung des § 73 durch das Gesetz zur Regelung des Urheberrechts in der Informationsgesellschaft vom 10.9.2003 (BGBl. I S. 1774) genießt derjenige, der eine folkloristische Darbietung erbringt, den **Status** (und damit den Schutz) eines ausübenden Künstlers **unabhängig** davon, ob es sich bei dem Gegenstand der Darbietung um ein **urheberschutzfähiges Werk** i. S. v. § 2 handelt (*Apel* 213). Durch die Einbeziehung folkloristischer Ausdrucksformen in den Schutzbereich des § 73 entfernt sich der Leistungsschutz des ausübenden Künstlers vom Gegenstand des Urheberrechts, da in Bezug auf die Ausdrucksweisen der Volkskunst eine „kulturvermittelnde" (nicht notwendig eine „werkvermittelnde") Leistung des Darbietenden ausreichend ist (treffend *Kloth* 195). 10

Die Aufnahme der „Ausdrucksformen der Folklore" in den Katalog der geschützten Darbietungsformen des Art. 2a WPPT geht zurück auf die „Modellvorschläge für nationale Gesetze über den Schutz von Ausdrucksformen der Folklore", die 1982 von einem Komitee aus WIPO- und UNESCO-Experten erarbeitet wurden (CE, Report, Copyright 1982, 278, dazu *Jaeger* 140; zur Entstehungsgeschichte vgl. ferner *Kloth* 195, der die Aufnahme folkloristischer Darbietungsformen als „ein Zugeständnis an die Entwicklungsländer" wertet). 11

Ausdrucksformen der Folklore zeichnen sich dadurch aus, dass sie nicht einer einzelnen Person zuzuordnen sind, sondern durch „weiterentwickelte Nachahmung" entstehen 12

(*Ficsor* WIPO-Publication No. 758, 213, 217; *Jaeger* 140; ausführlich zum Folklorebegriff Mestmäcker/Schulze/*Hertin* § 73 Rn. 7ff.; Dünnwald/*Gerlach* § 73 Rn. 21; *Grünberger* 63ff.). Auch wenn folkloristischen Darbietungen in aller Regel das Element der „persönlich-geistigen" Schöpfung fehlt, setzt die Einbeziehung folkloristischer Ausdrucksformen in den Anwendungsbereich des § 73 doch eine gewisse Choreografie und den **Einsatz künstlerischer Mittel** voraus (*Beining* 26; Reimer/*Ulmer* GRUR Int. 1967, 431, 452; Schricker/Loewenheim/*Krüger* § 73 Rn. 11).

13 Anhaltspunkte dafür, welche „Ausdrucksformen" als folkloristische Darbietungen unter § 73 fallen, lassen sich aus den Modellvorschlägen für nationale Gesetze über den Schutz von Ausdrucksformen der Folklore (CE, Report, Copyright 1982, 278) gewinnen. Dort heißt es in Abschnitt 2: „For the purposes of this [law], ‚expressions of folklore' means productions consisting of characteristic elements of the traditional artistic heritage developed or maintained by a community or by individuals reflecting the expectations of such community, in particular: (i) verbal expressions, such as folk tales, folk poetry and riddles; (ii) musical expressions, such as folk songs and instrumental music; (iii) expressions by action, such as folk dances, plays and artistic forms or rituals; whether or not reduced to a material form" (vgl. Hinweise auf Definitionsbemühungen der WIPO und UNESCO bei Loewenheim/*Vogel* § 38 Rn. 46). Zu den „Ausdrucksformen der Folklore" zählen danach **alle sprachlichen** und **musikalischen Ausdrucksformen**, wie z.B. **Volksmärchen** oder **-dichtung, Volkslieder** oder **Instrumentalmusik**, sowie alle bewegten Darbietungen, wie z.B. **Volkstänze, Rituale** (mit künstlerischen Elementen), sowie die Aufführung von **Volksstücken**.

IV. Künstlerische Mitwirkung

14 § 73 schützt nicht nur denjenigen, der ein Werk bzw. eine Ausdrucksform der Volkskunst unmittelbar darbietet, sondern auch denjenigen, der an einer solchen Darbietung künstlerisch mitwirkt. **Mitwirkung** bedeutet Einflussnahme auf die Werkinterpretation (*Apel* 227); eine bloße Einflussnahme auf das äußere Erscheinungsbild der Darbietung ist nicht ausreichend. Die Mitwirkung an einer künstlerischen Darbietung muss keine besondere Intensität aufweisen. Auch eine geringe Einflussnahme kann im Einzelfall genügen, soweit sie für die Werkinterpretation mitbestimmend ist (BGH GRUR 1981, 419, 420 – Quizmaster; OLG Hamburg GRUR 1976, 708 – Staatstheater). Dabei ist auf die konkrete Entstehung der Darbietung abzustellen (LG Hamburg ZUM-RD 2010, 399, 413). **Regisseure** und **Dirigenten** wirken regelmäßig an der Werkinterpretation mit (Dreier/Schulze/*Dreier* § 73 Rn. 13; Mestmäcker/Schulze/*Hertin* § 73 Rn. 33, 34), ebenso musikalische Leiter (LG Köln NJOZ 2008, 701, 703) und Choreographen (FG Düsseldorf DStRE 2011, 565, 566). Anderes gilt für Leistungen, die auf das bloße Einstudieren nach vorgegebenen Regeln gerichtet sind, etwa Gesangs-, Tanz- und Schauspieleinstudierungen (vgl. OLG Dresden, ZUM 2000, 955; *Wandtke* ZUM 2004, 505, 506).

15 Da der BGH unter Darbietung lediglich die unmittelbare, im Moment der Klangerzeugung durch Instrumente und Stimmen wahrnehmbare Klangdarbietung als Aufführung i.S.d. § 19 Abs. 2 ansieht (sog. enger Darbietungsbegriff, BGH GRUR 1983, 22, 25 – Tonmeister), stellt die **nachträgliche Beeinflussung** eines von einem anderen erzeugten **Klangbildes** keine „Mitwirkung" i.S.d. § 73 dar, und zwar auch dann nicht, wenn im Zuschauerraum das Live-Erlebnis mitbestimmt wird (BGH GRUR 1983, 22, 25 – Tonmeister). In diesem Sinne wird ein ursächlicher Zusammenhang zwischen der künstlerischen Mitwirkung und der Darbietung gefordert (*Wandtke* ZUM 2004, 505, 506). In der Literatur ist dies strittig, da aus Sicht des Zuhörers dasjenige Darbietung ist, was ihm zu Gehör gebracht wird. In diese Richtung deutet auch das OLG Hamburg (GRUR 1976, 708 – Staatstheater), wonach die Klangverfremdung durch den **Tonregisseur** Mitwirkung

§ 73 Ausübender Künstler

i. S. d. § 73 sein kann, sofern sich dessen Tätigkeit auf die Werkinterpretation, so wie sie den Live-Zuhörer im Zuschauerraum erreicht, durch besondere künstlerische Effekte auswirkt (zust. *Hertin* UFITA 81 (1978) 39, 46 f.; *Schack* Rn. 599; *Wandtke* ZUM 2004, 505, 506). An einer Mitwirkung i. S. d. § 73 fehlt es hingegen dann, wenn die Auswirkung auf die Werkinterpretation sich nur auf das Klangergebnis auf dem Tonträger (und nicht auf das Live-Erlebnis) bezieht (s. auch OLG Hamburg GRUR-RR 2002, 220 – Remix/Remastering, Schricker/Loewenheim/*Krüger* § 73 Rn. 28; siehe auch Fromm/Nordemann/ *Schaefer* § 73 Rn. 24).

Technische Leistungen, wie sie etwa durch den Toningenieur erbracht werden, fallen ebenso wenig unter § 73 wie die bloß kaufmännischen und organisatorischen Unterstützungsleistungen der **Aufnahmeleiter, Intendanten** und **Produzenten** (Dreier/Schulze/ *Dreier* § 73 Rn. 14), da es insoweit an der künstlerischen Mitwirkung fehlt. **Inspizienten, Orchesterwarte** und **Requisiteure** sowie **Bühnenarbeiter** wirken grds. nicht künstlerisch, sondern nur technisch mit. Freilich kann in Einzelfällen ein **Regieassistent** künstlerisch mitwirken, wenn er einzelne Szenen in bestimmender Weise mitgestaltet (so auch *Wandtke* KUR 2003, 109, 111). Die Tätigkeit der **Masken-, Bühnen- und Kostümbildner** erschöpft sich demgegenüber zumeist in der handwerklichen Umsetzung vorgegebener Formgestaltung (Loewenheim/*Vogel* § 38 Rn. 45 m. w. N.; *Wandtke* ZUM 2004, 505, 506; hierzu auch SG Hamburg, Urt. v. 8.3.2006 S 10 R 1478/05; näher hierzu Ahlberg/ Götting/*Stang* § 73 Rn. 15, 15.1), so wie sich die Tätigkeit von Einstudierungskräften (**Korrepetitoren, Gesangslehrer, Chordirektoren, Schauspielschullehrer,** i. d. R. auch **Ballettmeister**) auf die Einstudierung und Überwachung vorbestimmter Schritte, Figuren, Tonfolgen usw. beschränkt. All dies erfüllt nicht das Erfordernis „künstlerischer Mitwirkung". Jedoch können Masken-, Bühnen- und Kostümbildner u. U. ein urheberrechtlich geschütztes Werk schaffen (BGH GRUR 1986, 458 – Oberammergauer Passionsspiele; *Wandtke* ZUM 2004, 505, 506). **Souffleure** genießen nach h. M. **keinen Leistungsschutz** (SG Hamburg Entscheidung vom 8.3.2006, S 10 R 1478/05; Schricker/Loewenheim/*Krüger* § 73 Rn. 30). Ob der Beleuchter künstlerisch Mitwirkender i. S. d. § 73 sein kann, ist strittig. Es wird vertreten, eine künstlerische Mitwirkung scheide auch dann aus, wenn der Beleuchter durch besondere Lichteffekte das äußere Erscheinungsbild der Aufführung künstlerisch gestaltet, denn er nehme auf die Werkinterpretation durch die Sänger, Tänzer oder Schauspieler keinerlei bestimmenden Einfluss (Dreier/Schulze/*Dreier* § 73 Rn. 14; Schricker/ Loewenheim/*Krüger* § 73 Rn. 31). Demgegenüber ist im Einklang mit dem oben Gesagten davon auszugehen, dass der **Beleuchter** dann künstlerisch Mitwirkender ist, wenn sich seine Tätigkeit auf die Werkinterpretation auswirkt und er ein gewisses Maß an eigenem gestalterischen Spielraum besitzt (in diese Richtung auch *Wandtke* ZUM 2004, 505, 506; Mestmäcker/Schulze/*Hertin* § 73 Rn. 36; *Kuhn* 122; a. A. Dünnwald/*Gerlach* § 73 Rn. 32).

Problematisch ist der Begriff der künstlerischen Mitwirkung im Bereich der elektronischen, aleatorischen und der konkreten **Musik.** Die Problematik taucht in abgewandelter Form im Bereich der elektronischen Tanzmusik, insb. beim **Sound-Sampling** wieder auf. Abzustellen ist hier auf den Begriff der Interpretation. Bedient der Tonregisseur oder der „**DJ**" das Mischpult nach Art eines Musikinstruments mit entsprechendem interpretatorischem Spielraum, werden im Zuhörerraum nicht vorher festgelegte Klangergebnisse erzeugt. Ob Klangeffekte mit Hilfe von Instrumenten oder elektronischen Geräten erzielt werden, ist gemessen am Normzweck unerheblich (OLG Hamburg GRUR 1976, 708 – Staatstheater; *Hertin* UFITA 81 (1978) 39, 44 ff.; Schricker/Loewenheim/*Krüger* § 73 Rn. 29). Umgekehrt können durch Sampling von Darbietungen die Leistungsschutzrechte der ausübenden Künstler verletzt werden, wenn zumindest ein Minimum an künstlerischer Gestaltung der Einzelteile erkennbar ist (Loewenheim/*Vogel* § 38 Rn. 43). Umfassend zum Ganzen *Häuser* 79 ff.

Es muss eine **Mitwirkung „an"** der **Darbietung** gegeben sein. Hierbei kommt es nach h. M. nicht auf einen zeitlichen, sondern einen **sachlichen Zusammenhang** mit der Werkinterpretation an (*Nordemann* GRUR 1980, 568, 570; Schricker/Loewenheim/

Krüger § 73 Rn. 32; BGH GRUR 1983, 22, 25 – Tonmeister). Dies ergibt sich bereits daraus, dass die Tätigkeit des **Bühnenregisseurs** ohne jeden Zweifel dem § 73 unterfällt, der eigentlichen Darbietung aber zeitlich vorausgeht (OLG München ZUM 1996, 598; *Schack* Rn. 603; näher zum möglichen Urheberrecht des Bühnenregisseurs § 2 Rn. 55 m. w. N.). **Kameramann, Cutter, Bildregisseur** (auch bei Live-Übertragungen) und **Aufnahmeleiter** wirken regelmäßig nicht an der Darbietung, sondern an der Aufnahme, Vervielfältigung, Sendung, Herstellung von Laufbildern bzw. Filmwerk mit (so auch Ahlberg/ Götting/*Stang* § 73 Rn. 17). Gleiches gilt für den **Tonmeister**. Die **organisatorische Planung** und technische Abwicklung von Fernsehauftritten im Rahmen von Unterhaltungssendungen ist keine künstlerische Mitwirkung an der Darbietung. Führt der **Hörfunkregisseur** einzelne Sprechstimmen in eine Ensembleleistung über und sorgt für musikalische Untermalung, setzt er die Wortfassung in eine Hörfassung um und wirkt an der Darbietung künstlerisch mit i. S. d. § 73 (OLG Köln UFITA 87 (1980) 331, 333 f.). Ein **Regieeinfall** ist noch keine interpretierende Regieleistung und daher keine künstlerische Mitwirkung i. S. d. § 73 (LG Berlin FuR 1978, 136, 144; vgl. aber auch OLG Dresden ZUM 2000, 955 m. Anm. *Wündisch* und dazu *Grunert* ZUM 2001, 210).

V. Konkurrenz

19 Die Rechte, die dem ausübenden Künstler gem. §§ 73 ff. eingeräumt sind, bestehen **unabhängig** von ggf. existierenden **Urheberrechten** an dem dargebotenen Werk (Dreier/ Schulze/*Dreier* § 73 Rn. 15; *Apel* 220). Der ausübende Künstler bedarf also etwa für die Wahrnehmung seines Rechts nach § 77 Abs. 1 nicht der Zustimmung des Urhebers, dessen Werk aufgenommen wird (BGH GRUR 1962, 370, 373 – Schallplatteneinblendung). Allerdings wird – und insofern besteht ein faktischer Zusammenhang zwischen Leistungsschutz- und Urheberrecht – die Zustimmung des Urhebers benötigt, wenn es um die Verwertung der Leistung geht (Schricker/Loewenheim/*Krüger* § 73 Rn. 36). Für den **wettbewerbsrechtlichen Leistungsschutz** gelten die allgemeinen Regeln (vgl. Dreier/ Schulze/*Dreier* § 73 Rn. 16). Zum Verhältnis der Rechte des ausübenden Künstlers zum Urheberrecht, zum Allgemeinen Persönlichkeitsrecht und zum Wettbewerbsrecht siehe Dreyer/Kotthoff/Meckel § 73 Rn. 1 ff.

20 Es sind Fälle denkbar, in denen **schöpferische und darbietende Leistung** in einer Person zusammenfallen. Dies trifft zum Beispiel auf improvisierende Jazzpianisten (LG München I ZUM 1993, 432, 434) oder auf den Bearbeiter einer Filmmusik zu, der bei der Live-Aufführung des Films als Dirigent auftritt. In einer solchen Konstellation ist bezüglich der Schutzrechte zu differenzieren. Urheber- und Leistungsschutz bestehen nach h. M. nebeneinander (*Apel* 223), falls die schöpferische und die darbietende Leistung voneinander getrennt werden können (BGH GRUR 1984, 730, 732 – Filmregisseur). Wird der Leistungsschutz hingegen ausschließlich für eine Tätigkeit begehrt, die die Werkschöpfung unmittelbar betrifft, ist Urheberschutz vorrangig (BGH GRUR 1984, 730, 732 – Filmregisseur). Das Urheberrecht absorbiert in einer solchen – in der Praxis eher seltenen – Fallkonstellation also das Leistungsschutzrecht (sog. **„Absorptionsregel"** des BGH; Beispiele bei Schricker/Loewenheim/*Krüger* § 73 Rn. 38; a. A. *Apel* 222 ff.). Fallen **unterschiedliche Leistungsschutzrechte** in einer Person zusammen, so können diese unabhängig voneinander geltend gemacht werden. Wirkt ein **Regisseur** etwa in dem von ihm inszenierten Stück zugleich als Schauspieler mit, so kann er selbstverständlich für beide Leistungen Vergütungsansprüche geltend machen (*v. Gamm* § 73 Rn. 6).

VI. Einzelfälle (Index)

21 Es ist eine **funktionale** Betrachtung anzustellen, die entsprechend dem Normzweck des § 73 die Schutzbedürftigkeit der Leistung an ihrer Ersetzbarkeit durch technische Wieder-

gabeformen misst. Dementsprechend kommt es nicht auf die **Tätigkeitsbezeichnung**, sondern auf die konkret ausgeübte Tätigkeit an.

Akrobat (–) Rn. 16; Artist (–) Rn. 16; Aufnahmeleiter (–) Rn. 9, 18; Ballettmeister (–) Rn. 16; Beleuchter ggf. (+) Rn. 15; Bildregisseur (–) Rn. 18; Bühnenarbeiter (–) Rn. 16; Bühnenbildner (–) Rn. 16; Bühnenintendant (–) Rn. 9; Chordirektor (–) Rn. 16; Chorspielleiter (–) Rn. 9; Chorübungsleiter (–) Rn. 9; Cutter (–) Rn. 18; Dirigent (+) Rn. 14; DJ ggf. (+) Rn. 17; Dramaturg (–) Rn. 9; Einstudierungskräfte (–) Rn. 16; Fernsehproduzent (–) Rn. 9; Filmproduzent (–) Rn. 9; Gesangslehrer (–) Rn. 9, 16; Hörfunkregisseur ggf. (+) Rn. 18; Inspizient (–) Rn. 16; Kameramann (–) Rn. 18; Korrepetitor (–) Rn. 9, 16; Kostümbildner (–) Rn. 16; Maskenbildner (–) Rn. 16; Musiker (+) Rn. 5; Nachrichtensprecher (–) Rn. 7; Orchesterwart (–) Rn. 16; Produktionsleiter (–) Rn. 9; Programmleiter (–) Rn. 9; Regieassistent ggf. (+) Rn. 16; Regisseur (+) Rn. 14; Requisiteur (–) Rn. 16; Rundfunkintendant (–) Rn. 9; Rundfunkregisseur ggf. (+) Rn. 18; Rundfunksprecher (–) Rn. 7; Sänger (+) Rn. 5; Schauspieler (+) Rn. 5; Schauspielschullehrer (–) Rn. 16; Souffleur (–) Rn. 16; Sportler (–) Rn. 16; Synchronsprecher (+) Rn. 7; Tänzer (+) Rn. 4; Tanzlehrer (–) Rn. 16; Tonmeister (–) Rn. 8 (str.); Tonregisseur ggf. (+) Rn. 15; Tonträgerproduzent (–) Rn. 9.

§ 74 Anerkennung als ausübender Künstler

(1) **Der ausübende Künstler hat das Recht, in Bezug auf seine Darbietung als solcher anerkannt zu werden. Er kann dabei bestimmen, ob und mit welchem Namen er genannt wird.**

(2) **Haben mehrere ausübende Künstler gemeinsam eine Darbietung erbracht und erfordert die Nennung jedes einzelnen von ihnen einen unverhältnismäßigen Aufwand, so können sie nur verlangen, als Künstlergruppe genannt zu werden. Hat die Künstlergruppe einen gewählten Vertreter (Vorstand), so ist dieser gegenüber Dritten allein zur Vertretung befugt. Hat eine Gruppe keinen Vorstand, so kann das Recht nur durch den Leiter der Gruppe, mangels eines solchen nur durch einen von der Gruppe zu wählenden Vertreter geltend gemacht werden. Das Recht eines beteiligten ausübenden Künstlers auf persönliche Nennung bleibt bei einem besonderen Interesse unberührt.**

(3) **§ 10 Abs. 1 gilt entsprechend.**

Literatur: S. die Angaben bei Vor §§ 73 ff. sowie die Angaben im eingangs abgedr. Gesamtliteraturverzeichnis.

Übersicht

	Rn.
I. Normzweck und Systematik	1–5
II. Recht auf Anerkennung als ausübender Künstler (§ 74 Abs. 1 S. 1)	6–10
1. Regelungsgehalt	6, 7
2. Inhaber des Rechts	8
3. Bezugsobjekt des Rechts	9
4. Anwendungsfälle	10
III. Recht auf Namensnennung (§ 74 Abs. 1 S. 2)	11–21
1. Gegenstand des Namensnennungsrechts	11
2. Bezugsobjekt des Rechts	12
3. Ausgestaltung der Namensnennung	13
4. Fallgruppen	14–16
a) Recht auf Anonymität	14
b) Künstlernamen/Pseudonyme	15
c) Entstellung einer künstlerischen Darbietung	16

	Rn.
5. Verzicht auf Namensnennung	17–19
6. Namensnennung und Nutzungsrechtseinräumung	20
7. Rechtsfolgen bei Verletzung	21
IV. Gemeinsame Darbietung mehrerer ausübender Künstler (§ 74 Abs. 2 S. 1)	22–25
V. Gesetzliche Vertretungsbefugnis (§ 74 Abs. 2 S. 2 und 3)	26–28
VI. Ausnahmen bei besonderem Interesse (§ 74 Abs. 2 S. 4)	29
VII. Entsprechende Anwendbarkeit von § 10 Abs. 1 (§ 74 Abs. 3)	30

I. Normzweck und Systematik

1   § 74 begründet ein **Anerkennungs- und Namensnennungsrecht** des ausübenden Künstlers und schützt damit „das Authentizitätsinteresse des ausübenden Künstlers" (Begr. des Gesetzesentwurfs, BT-Drucks. 15/38, 23). Ursprünglich beschränkte sich der Schutz der (besonderen) Persönlichkeitsrechte der ausübenden Künstler auf den Integritätsschutz gem. § 75. Seit der Einführung des § 74 durch das Gesetz zur Regelung des Urheberrechts in der Informationsgesellschaft v. 10.9.2003 (BGBl. I S. 1774) steht dem ausübenden Künstler in Gestalt des Anerkennungs- und Namensnennungsrechts ein weiteres **Persönlichkeitsrecht** zur Seite. § 74 setzt die Vorgaben des **Art. 5 Abs. 1** des WIPO-Vertrages über Darbietungen und Tonträger (**WPPT**) um. Danach genießen ausübende Künstler – neben dem Integritätsschutz („right of integrity") und unabhängig von ihren vermögensrechtlichen Befugnissen – das Recht auf Namensnennung („right to be identified as the performer", vgl. dazu ausführlich *Reinbothe/v. Lewinski* 290 ff.). Die Einbeziehung der Künstlerpersönlichkeitsrechte in den WPPT begründete man vor allem mit den Manipulationsmöglichkeiten der digitalen Technologie (*Grünberger* 86; *Kloth* 205; *Kreile* ZUM 1995, 307, 315).

2   **§ 74 Abs. 1** unterscheidet zwischen dem Recht auf Anerkennung (S. 1) und dem Recht auf Namensnennung (S. 2) und entspricht damit systematisch der für Urheber geltenden Vorschrift des **§ 13**. Das Recht auf Anerkennung hat vor allem eine negative Komponente. Der ausübende Künstler kann Ansprüche abwehren, durch die bestritten wird, dass er eine konkrete künstlerische Darbietung erbracht hat. Neben diesem **negativen Abwehrrecht** begründet § 74 Abs. 1 S. 2 ein **positives Recht auf Namensnennung**. Das Namensnennungsrecht stellt sich dogmatisch als Ausprägung des (allgemeinen) Rechts auf Anerkennung dar (vgl. Begr. des Gesetzesentwurfs, BT-Drucks. 15/38, 23). Zum Verhältnis zwischen Anerkennungs- und Bezeichnungsrecht des Urhebers im Rahmen von § 13: BGH GRUR 1995, 671, 672 – Namensnennungsrecht des Architekten; Schricker/Loewenheim/*Dietz/Peukert* § 13 Rn. 6; für ein generelles Urhebernennungsrecht Dreier/Schulze/*Schulze* § 13 Rn. 3 ff.

3   In **§ 74 Abs. 2** ist geregelt, wie das Namensnennungsrecht auszuüben ist, wenn mehrere ausübende Künstler eine Darbietung gemeinsam erbracht haben. In diesem Fall können die beteiligten Künstler grds. nur verlangen, als **Künstlergruppe** genannt zu werden. Würde man bei Ensembledarbietungen (etwa bei der Aufführung eines Werks mit großem Chor und Orchester) jedem einzelnen ausübenden Künstler ein Namensnennungsrecht zubilligen, so wäre dies in vielen Fällen mit unverhältnismäßigem Aufwand verbunden. Gem. der gesetzlichen Vertretungsregelung des § 74 Abs. 2 S. 2 und 3 ist im Außenverhältnis entweder der Vorstand der Künstlergruppe oder – soweit ein solcher nicht existiert – der Leiter der Gruppe bzw. ein gewählter Vertreter befugt, das Namensnennungsrecht geltend zu machen. Sofern einzelne Beteiligte ein besonderes Interesse an der persönlichen Namensnennung haben, ist dies gem. § 74 Abs. 2 S. 4 im Einzelfall zu berücksichtigen.

4   Als Ausprägung des Persönlichkeitsrechts des ausübenden Künstlers ist das Anerkennungs- und Namensnennungsrecht aus § 74 im Kern **unverzichtbar** und **nicht über-**

tragbar (Dünnwald/Gerlach Vor § 74 Rn. 4; Mestmäcker/Schulze/*Hertin* § 74 Rn. 27; zu Einzelheiten vgl. Rn. 17 ff.).

Für Mitwirkende an Filmwerken enthält **§ 93 Abs. 2** eine Sonderregelung. Danach ist die Nennung jedes einzelnen an einem Film mitwirkenden ausübenden Künstlers nicht erforderlich, wenn sie einen unverhältnismäßigen Aufwand bedeutet. Diese Sonderregelung bezieht sich ausschließlich auf das Namensnennungsrecht; das Anerkennungsrecht gem. § 74 Abs. 1 S. 1 bleibt davon unberührt (Dreier/Schulze/*Dreier* § 74 Rn. 2; Mestmäcker/Schulze/*Hertin* § 74 Rn. 3).

Durch das **Gesetz zur Verbesserung der Durchsetzung von Rechten des geistigen Eigentums** vom 7.7.2008 (BGBl. I, 1191) wurde § 74 um einen Abs. 3 ergänzt, wonach die Urhebervermutung des § 10 Abs. 1 auf Darbietungen ausübender Künstler entsprechende Anwendung findet.

II. Recht auf Anerkennung als ausübender Künstler (§ 74 Abs. 1 S. 1)

1. Regelungsgehalt

Die Vorschrift des § 74 Abs. 1 S. 1 begründet das Recht des ausübenden Künstlers, als solcher anerkannt zu werden (der Anspruch nach Abs. 1 S. 1 beschränkt sich nicht auf einen reinen Verbotsanspruch, auch wenn die Abwehr von Angriffen auf den Status als ausübender Künstler praktisch den Schwerpunkt der Anwendung bilden dürfte; missverständlich insoweit Schricker/Loewenheim/*Vogel* § 74 Rn. 14). Die Einführung eines solchen, an die für Urheber geltende Vorschrift des § 13 angelehnten Anerkennungsrechts beruht auf den Vorgaben des **Art. 5 Abs. 1 WPPT**. Obwohl Art. 5 Abs. 1 WPPT lediglich von einem „Recht auf Namensnennung" spricht („the right to claim to be identified as the performer"), würde es zu kurz greifen, Art. 5 WPPT dahingehend auszulegen, dass dieser lediglich ein Recht auf Namensnennung im engeren Sinne vorschreibt. Art. 5 WPPT entspricht inhaltlich Art. 6bis RBÜ, der von dem Recht „to claim the authorship" spricht und damit zweifelsohne neben dem positiven Recht auf Namensnennung auch das negative Abwehrrecht umfasst, Angriffe auf den Urheberstatus abzuwehren. In diesem Sinne ist auch Art. 5 WPPT auszulegen. Der ausübende Künstler hat aufgrund der Bestimmung des Art. 5 Abs. 1 WPPT nicht nur das Recht, namentlich genannt zu werden, sondern auch Angriffe abzuwehren, die etwa daraus resultieren, dass Dritte behaupten, Interpret einer konkreten Darbietung zu sein (in diesem Sinne auch *Jaeger* 158; ausführlich zu Art. 5 Abs. 1 WPPT *Grünberger* 86 f.).

In einem Punkt geht die Regelung des § 74 Abs. 1 über das Schutzniveau des WIPO-Vertrages über Darbietungen und Tonträger hinaus (*Grünberger* 91). Durch § 74 Abs. 1 erhält der einzelne ausübende Künstler ein **unbeschränktes** Recht auf Anerkennung und Namensnennung. Demgegenüber sieht Art. 5 Abs. 1 WPPT – ohne zwischen individuellen und Ensembleleistungen zu differenzieren – eine Einschränkung des Namensnennungsrechts vor, falls die Unterlassung der Namensnennung im Einzelfall durch die Art der Nutzung geboten ist („except where omission is dictated by the manner of the use of the performance"). Diese Beschränkung des Namensnennungsrechts greift § 74 nur im Rahmen von Ensembledarbietungen auf (vgl. Rn. 22 ff.).

2. Inhaber des Rechts

Der Anspruch aus § 74 Abs. 1 steht **ausschließlich** dem **ausübenden Künstler** selbst zu, der eine künstlerische Darbietung erbracht hat (Mestmäcker/Schulze/*Hertin* § 74 Rn. 4). Nach dem Tod des ausübenden Künstlers geht das Persönlichkeitsrecht aus § 74 Abs. 1 auf seinen Rechtsnachfolger über (vgl. § 76 S. 4). Für den Fall, dass mehrere ausübende Künstler eine Darbietung gemeinsam erbracht haben, werden deren Rechte in § 74 Abs. 2 abschließend geregelt. **Ausländische Staatsangehörige** genießen den Schutz nach § 74 für all ihre Darbietungen, auch wenn die Voraussetzungen des § 125 Abs. 2–5 nicht gegeben sind. Der Schutz nach § 125 Abs. 6i.V.m. § 74 wird somit unabhängig von der Staatsangehörigkeit des ausübenden Künstlers auch dann gewährt, wenn die Darbietung nicht in Deutschland erfolgt (Dünnwald/Gerlach § 74 Rn. 17; Mestmäcker/Schulze/*Hertin* § 74 Rn. 6).

3. Bezugsobjekt des Rechts

9   Das in § 74 Abs. 1 S. 1 normierte Anerkennungsrecht bezieht sich auf **alle körperlichen und unkörperlichen Verwertungsformen** einer künstlerischen Darbietung. Ebenso wie der Urheber hat auch der ausübende Künstler ein Interesse daran, dass seine Darbietung ihm unabhängig von der Form, in der sie erbracht wird, zugeordnet wird (Dreier/Schulze/*Dreier* § 74 Rn. 4; *Grünberger* 92f.; für die Parallelvorschrift des § 13 S. 1 vgl. BGH GRUR 1995, 671, 672 – Namensnennungsrecht des Architekten; Schricker/Loewenheim/*Dietz*/*Peukert* § 13 Rn. 12; s. § 13 Rn. 2ff.; a.A. nur *Hock* 48ff., der § 13 lediglich auf Werkoriginale anwendet).

4. Anwendungsfälle

10   Die Regelung des § 74 Abs. 1 S. 1 räumt dem ausübenden Künstler das Recht ein, **fremde Angriffe** auf seinen Status als ausübender Künstler **abzuwehren.** Solche Angriffe können sich in unterschiedlicher Weise manifestieren. Denkbar ist zunächst, dass ein Dritter den Status des ausübenden Künstlers in Bezug auf eine bestimmte Interpretation bestreitet (vgl. die Beispiele bei Mestmäcker/Schulze/*Hertin* § 74 Rn. 8, wonach ein solches Bestreiten etwa dann vorliegt, wenn in einer Rezension die unzutreffende Behauptung aufgestellt wird, einzelne Passagen einer Opernarie seien durch Playback erzeugt oder verstärkt worden; weitere Beispiele bei *Grünberger* 94). Der ausübende Künstler hat in diesen Fällen Anspruch darauf, als Interpret seiner Darbietung anerkannt und festgestellt zu werden. Ferner kann der ausübende Künstler unter Berufung auf § 74 Abs. 1 S. 1 verhindern, dass Dritte sich den Künstlerstatus anmaßen. Anders als im Bereich des Urheberpersönlichkeitsrechts nach § 13, wo die Problematik der Plagiate einen der praktischen Hauptanwendungsfälle bildet, dürften „Plagiatsfälle" (d.h. die Anmaßung des Künstlerstatus durch einen Dritten) in Bezug auf die Darbietung eines ausübenden Künstlers in der Praxis eher selten sein. Den **Hauptanwendungsbereich** des § 74 bildet die (positive) Ausprägung des Anerkennungsrechts in Gestalt des Rechts auf Namensnennung nach § 74 Abs. 1 S. 2.

III. Recht auf Namensnennung (§ 74 Abs. 1 S. 2)

1. Gegenstand des Namensnennungsrechts

11   Als Ausprägung des allgemeinen Rechts auf Anerkennung (§ 74 Abs. 1 S. 1) normiert § 74 Abs. 1 S. 2 zugunsten des ausübenden Künstlers ein Recht auf Namensnennung. Der ausübende Künstler kann entscheiden, **ob und wie** er mit seiner künstlerischen Darbietung in Verbindung gebracht wird. Ebenso wie dem Urheber steht es auch dem ausübenden Künstler frei, eine Darbietung mit seinem wirklichen Namen oder einem Künstlernamen bezeichnen zu lassen oder auf die Anbringung seines Namens gänzlich zu verzichten (vgl. Fallgruppen unter Rn. 14ff.). Das Recht auf Namensnennung bezieht sich stets nur auf die eigene Darbietung des ausübenden Künstlers (Reinbothe/*v. Lewinski* Art. 5 Rn. 18). Die nach § 74 Abs. 1 S. 2 eingeräumte Entscheidungsfreiheit wird etwa verletzt, wenn sich ein Dritter durch sein Verhalten die Künstlerschaft an der Darbietung anmaßt (LG Ham-

burg ZUM-RD 2010, 399, 413). Nicht umfasst ist demgegenüber das Recht, gegen eine falsche Zuordnung einer (fremden) künstlerischen Darbietung durch einen Dritten vorzugehen (*Grünberger* 94; so auch Mestmäcker/Schulze/*Hertin* § 74 Rn. 32; Dünnwald/Gerlach § 74 Rn. 4; Ahlberg/Götting/*Stang* § 74 Rn. 5).

2. Bezugsobjekt des Rechts

Im Unterschied zum Bezeichnungsrecht des Urhebers nach § 13 bezieht sich das Namensnennungsrecht des § 74 Abs. 1 S. 2 sowohl auf **körperliche Verwertungsstücke** als auch auf **jede unkörperliche Verwertung** einer künstlerischen Darbietung (Mestmäcker/Schulze/*Hertin* § 74 Rn. 10; Dünnwald/Gerlach § 74 Rn. 5). Im Rahmen der Parallelvorschrift des § 13 S. 2 schließen Rechtsprechung und Teile der Literatur aus der Formulierung des Gesetzes, wonach „das Werk mit einer Urheberbezeichnung zu versehen" sei, dass hiermit nur die Anbringung der Urheberbezeichnung an Werkverkörperungen (Original oder Vervielfältigungsstücke) gemeint sei (BGH ZUM 1995, 40, 41; Schricker/Loewenheim/*Dietz*/*Peukert* § 13 Rn. 12). Nach dieser Ansicht fallen verbale Nennungen des Urhebers bei Werkwiedergaben in unkörperlicher Form jedoch unter den Anwendungsbereich des § 13 S. 1, so dass sich der Streit praktisch nicht auswirkt. Im Gegensatz zu § 13 S. 2 ist der Wortlaut des § 74 Abs. 1 S. 2 eindeutig: Der ausübende Künstler kann bestimmen, „ob und mit welchem Namen er genannt wird". Eine Beschränkung auf körperliche Verwertungsstücke lässt sich daraus nicht ableiten. Mit dem Namensnennungsrecht des § 74 Abs. 1 S. 2 ist daher jedes Recht auf Namensnennung gemeint, unabhängig davon, ob es sich um körperliche oder unkörperliche Verwertungsformen handelt (*Grünberger* 89; Schricker/Loewenheim/*Vogel* § 74 Rn. 13; *Jaeger* 156, freilich noch bezogen auf den RefE v. 18.3.2002). Diese Auslegung steht auch in Einklang mit Art. 5 Abs. 1 WPPT, wonach sich die Künstlerpersönlichkeitsrechte sowohl auf „hörbare Live-Darbietungen" („live aural performances") als auch auf Darbietungen beziehen, die „auf Tonträgern festgelegt" sind („performances fixed in phonograms"). Während eine Differenzierung zwischen körperlichen und unkörperlichen Werkwiedergaben im Bereich des Urheberrechts sinnvoll sein mag (dort kommt der Anbringung der Urheberbezeichnung auf Original- und Vervielfältigungsstücken praktisch eine eigenständige und gegenüber dem allgemeinen Anerkennungsrecht hervorzuhebende Bedeutung zu), entspricht sie im Bereich der künstlerischen Darbietungen nicht den praktischen Bedürfnissen. Für ausübende Künstler ist die Namensnennung bei einer künstlerischen Live-Darbietung mindestens ebenso bedeutsam wie bei Darbietungen, die auf Bild- oder Tonträger aufgenommen werden.

3. Ausgestaltung der Namensnennung

Der ausübende Künstler kann nach § 74 Abs. 1 S. 2 über die Ausgestaltung der Namensnennung bestimmen. Der Name des ausübenden Künstlers muss in einer Weise genannt werden, dass das Publikum eine künstlerische Darbietung eindeutig dem ausübenden Künstler zuschreibt (*Grünberger* 96; Mestmäcker/Schulze/*Hertin* § 74 Rn. 12). Dies kann z.B. durch die namentliche Nennung im Programm einer Konzert- oder Theateraufführung, durch mündliche Ansage im Radio, durch Angabe der Namen auf Vor- oder Abspann einer Fernsehübertragung, auf dem Cover, der Tonträgerhülle und im mitgelieferten Booklet einer CD oder DVD geschehen.

4. Fallgruppen

a) Recht auf Anonymität. § 74 Abs. 1 S. 2 gewährt dem ausübenden Künstler neben dem (positiven) Recht auf Nennung seines Namens auch das Recht auf Anonymität. Der ausübende Künstler kann festlegen, dass seine Darbietung nur ohne namentliche Zuordnung öffentlich aufgeführt oder verwertet wird.

15 **b) Künstlernamen/Pseudonyme.** Das Namensnennungsrecht des ausübenden Künstlers umfasst auch das Recht, in Verbindung mit einer Darbietung einen Künstlernamen oder ein Pseudonym zu verwenden. Der ausübende Künstler kann – mit Wirkung gegenüber jedermann – verlangen, dass seine Darbietung nur unter diesem Künstlernamen aufgeführt oder verwertet wird (zur Parallelvorschrift des § 13 s. § 13 Rn. 13; *Grünberger* 95). Das Recht auf Anonymität schützt nicht davor, dass die Beziehung des ausübenden Künstlers zu seiner Darbietung möglicherweise durch Dritte offengelegt wird (*Grünberger* 95).

16 **c) Entstellung einer künstlerischen Darbietung.** Besondere Bedeutung kann das Namensnennungsrecht des ausübenden Künstlers dann erlangen, wenn es darum geht, sich von einer Beeinträchtigung oder Entstellung einer künstlerischen Darbietung zu distanzieren. Wird bspw. in wesentliche künstlerische Regieelemente einer Theater- oder Operninszenierung eingegriffen, so kann der Regisseur – **neben** der Berufung auf § 75 – verlangen, dass sein Name im Zusammenhang mit der Inszenierung nicht mehr genannt wird. Das Recht auf Namensnennung trägt somit dem Umstand Rechnung, dass in der Aufführung oder Verbreitung einer künstlerischen Darbietung in entstellter Form eine besonders schwerwiegende Rechtsverletzung des ausübenden Künstlers liegen kann, wenn dessen Name untrennbar mit der entstellten Darbietung verknüpft ist. Denn beim Publikum entsteht dann der (falsche) Eindruck, der ausübende Künstler habe der Darbietung in der entstellten Form zugestimmt oder diese sogar selbst veranlasst. Das **Namensnennungsverbot** erlangt damit im Bereich der Persönlichkeitsrechte des ausübenden Künstlers als weitaus weniger einschneidende Alternative zu dem Abwehrrecht gegen Entstellungen oder sonstige Beeinträchtigungen aus § 75 eigenständige Bedeutung.

5. Verzicht auf Namensnennung

17 Räumt der ausübende Künstler Dritten – einfache oder ausschließliche – Nutzungsrechte an seiner Darbietung ein, so bleibt das Recht auf Namensnennung aus § 74 Abs. 1 davon grds. unberührt. Die **Persönlichkeitsrechte** des ausübenden Künstlers bestehen **unabhängig** von dessen **Vermögensrechten** (*Reinbothe/v. Lewinski* Art. 5 Rn. 11). Das Recht aus § 74 Abs. 1 ist auch nicht davon abhängig, ob der ausübende Künstler seine Darbietung im Arbeitsverhältnis oder sonst abhängig geschaffen hat. Wegen seiner **höchstpersönlichen Natur** ist das Namensnennungsrecht – ebenso wie die Urheberpersönlichkeitsrechte – **nicht übertragbar** und **nicht** mit dinglicher Wirkung **verzichtbar** oder **vertraglich abdingbar**. Zwar sieht Art. 5 WPPT keine ausdrückliche Bestimmung zur Unübertragbarkeit oder Unverzichtbarkeit der Künstlerpersönlichkeitsrechte vor (die USA und Großbritannien akzeptierten die Einbeziehung der Künstlerpersönlichkeitsrechte in den WPPT nur unter der Voraussetzung, dass die Unverzichtbarkeit nicht im Vertragstext geregelt wird, vgl. WPPT Basic Proposal, Art. 5 Ziff. 5.07, WIPO-Dok. CRNR/DC/5 vom 30.8.1996; *Kloth* 206; *Kreile* ZUM 1995, 307 f.). Nach der Systematik des Urheberrechtsgesetzes sind jedoch höchstpersönliche Rechte von Urhebern und ausübenden Künstlern im Kern nicht disponibel (Mestmäcker/Schulze/*Hertin* § 74 Rn 27 m.w.N.; LG München I UFITA 87 (1980) 342, 345 – Wahlkampf; Schricker/Loewenheim/*Vogel* § 74 Rn. 11, 19).

18 Der ausübende Künstler kann allerdings im Rahmen der vertraglichen Einräumung eines Nutzungsrechts zustimmen, dass seine Darbietung in Bezug auf eine **konkrete Nutzung** ohne Namensnennung verwandt wird (zu Einzelheiten und Grenzen der Disposition über das Namensnennungsrecht *Grünberger* 101). Dies folgt unmittelbar aus § 74 Abs. 1 S. 2, wonach der ausübende Künstler selbst entscheiden kann, ob sein Name bei einer bestimmten Verwertungsform genannt werden soll oder nicht. Verzichtet der ausübende Künstler im Rahmen einer vertraglichen Nutzungsrechtseinräumung für einen konkreten Fall auf sein Namensnennungsrecht, so ist dies mit § 74 Abs. 1 vereinbar (Schricker/Loewenheim/

Vogel § 74 Rn. 13). Ein vollständiger Verzicht auf das Recht auf Namensnennung ist hingegen ausgeschlossen (*Apel* 333).

Eine Einschränkung oder gar ein Verzicht auf das Namensnennungsrecht zugunsten der **19** Verwerter ergibt sich grds. nicht aus **Branchenübungen,** denn das Namensnennungsrecht als Ausprägung des allgemeinen Persönlichkeitsrechts des Interpreten ist von § 74 ausdrücklich schrankenlos gewährleistet (zu den Einschränkungen durch Verkehrsüblichkeit ausführlich *Grünberger* 102 ff.). Die Praxis sog. Playlists (bei denen der Zuhörer die Titel einer Radiosendung nur im Internet nachverfolgen kann) ist mit dem Namensnennungsrecht nach § 74 Abs. 1 nicht in Einklang zu bringen, da der Hörer die Darbietung dem Interpreten nur dann zuordnen kann, wenn er über einen Internetzugang verfügt (so auch *Grünberger* 108). Nach Auffassung des BGH ist die Verkehrsüblichkeit bei Fehlen abweichender Vereinbarungen im Vertrag stillschweigend zu Grunde zu legen (BGHZ 126, 245, 250 – Namensnennungsrecht des Architekten), wobei an das Bestehen einer solchen Branchenübung „keine zu geringen Anforderungen" zu stellen seien. Dieser auch für das Namensnennungsrecht des Urhebers in der Literatur überwiegend vertretenen Ansicht (Schricker/Loewenheim/*Dietz/Peukert* § 13 Rn. 24 f.; § 13 Rn. 25; Dreier/Schulze/*Schulze* § 13 Rn. 26) ist für das Namensnennungsrecht des Interpreten nicht zu folgen. Verkehrsüblichkeiten, die das grds. schrankenlos gewährte Namensnennungsrecht einschränken, sind nicht ohne weiteres stillschweigender Inhalt des Verwertungsvertrages (so auch *Grünberger* 104 ff.). Lediglich in eng eingegrenzten Ausnahmefällen – nämlich dort, wo eine Namensnennung technisch unmöglich, praktisch nicht durchführbar oder sozial nicht adäquat ist, – kann im Einzelfall auf eine Namensnennung verzichtet werden (Mestmäcker/Schulze/*Hertin* § 74 Rn. 30; *Radmann* ZUM 2001, 788, 792; *Grünberger* 106 f.).

6. Namensnennung und Nutzungsrechtseinräumung

Räumt der ausübende Künstler einem Dritten Nutzungsrechte an seiner Darbietung **20** ein, so ist neben § 74 stets auch **§ 39** zu beachten, der über die Verweisung in § 79 Abs. 2 S. 2 auf ausübende Künstler entsprechend Anwendung findet (dazu ausführlich *Grünberger* 98 ff.). Gem. § 39 Abs. 1 darf der Inhaber eines Nutzungsrechts die Urheberbezeichnung eines Werkes nicht ändern, sofern er mit dem Urheber nichts anderes vereinbart hat. Nach § 39 Abs. 2 sind lediglich solche Änderungen eines Werks oder seines Titels zulässig, zu denen der Urheber seine Einwilligung nach Treu und Glauben nicht versagen kann. Von § 39 Abs. 2 ist die Urheberbezeichnung indes nicht erfasst; insoweit kann sich ein Werknutzer also nicht auf Treu und Glauben berufen, um die Einwilligung des Urhebers/ausübenden Künstlers zur Änderung der Urheberbezeichnung zu verlangen (Schricker/Loewenheim/*Dietz/Peukert* § 13 Rn. 17). Bezogen auf den ausübenden Künstler ergibt sich daraus: Der Inhaber eines Nutzungsrechts darf ohne eine entsprechende vertragliche Vereinbarung mit dem ausübenden Künstler keine Änderung hinsichtlich der Namensnennung/Anerkennung des ausübenden Künstlers vornehmen (zu Einzelheiten, insb. zu den Grenzen der Disposition über das Namensnennungsrecht vgl. *Grünberger* 98 ff.).

7. Rechtsfolgen bei Verletzung

Wird das Anerkennungs- und Namensnennungsrecht des ausübenden Künstlers verletzt, **21** so kann dieser gem. § 97 Abs. 1 Unterlassungs- und Beseitigungsansprüche geltend machen. Soweit dem Verletzer Vorsatz oder Fahrlässigkeit zur Last fällt, steht dem ausübenden Künstler darüber hinaus ein Schadensersatzanspruch zu. Resultiert aus der Verletzung des Rechts nach § 74 für den ausübenden Künstler ein immaterieller Schaden, so kann dieser – bei einer schwerwiegenden Verletzung des Persönlichkeitsrechts (dazu ausführlich: LG Hamburg ZUM-RD 2010, 399, 412) – gem. § 97 Abs. 2 ersetzt verlangt werden (zu den Voraussetzungen siehe im Einzelnen § 97 Rn. 51 ff.).

IV. Gemeinsame Darbietung mehrerer ausübender Künstler (§ 74 Abs. 2 S. 1)

22 § 74 Abs. 2 trifft Bestimmungen für den Fall, dass eine Darbietung von mehreren ausübenden Künstlern gemeinsam erbracht wird. Bei einer großen Anzahl von mitwirkenden ausübenden Künstlern, etwa bei Ensembleleistungen durch Chor oder Orchester, kann ein individuelles Namensnennungsrecht jedes einzelnen Beteiligten mit einem **unverhältnismäßigen Aufwand** verbunden sein (so auch Dreier/Schulze/*Dreier* § 74 Rn. 6). So ist es etwa unpraktikabel, bei einer Radioübertragung die Namen sämtlicher Orchester- oder Chormitglieder zu verlesen; ebenso reicht der Platz auf einer CD-Hülle regelmäßig nicht aus, um dort sämtliche beteiligten ausübenden Künstler namentlich aufzuführen (*Reinbothe/v. Lewinski* Art. 5 Rn. 16). Die Vorschrift ist aber grundsätzlich auch bei einer kleinen Zahl ausübender Künstler anwendbar (Ahlberg/Götting/*Stang* § 74 Rn. 12 m. w. N.). Nach § 74 Abs. 2 S. 1 steht den ausübenden Künstlern daher lediglich das Recht zu, als **Künstlergruppe** namentlich genannt zu werden. Diese Einschränkung des Namensnennungsrechts basiert auf **Art. 5 Abs. 1 WPPT,** der eine Ausnahme von dem Namensnennungsrecht für diejenigen Fälle vorsieht, in denen dies aufgrund der „Art der Nutzung der Darbietung" geboten ist („except where omission is dictated by the manner of the use of the performance").

23 Die **Einschränkung** bezieht sich nach dem eindeutigen Wortlaut des § 74 Abs. 2 S. 1 **ausschließlich** auf das **Namensnennungsrecht** nach Abs. 1 S. 2, nicht auf das Anerkennungsrecht des ausübenden Künstlers nach Abs. 1 S. 1. Im Gegensatz zu dem Recht auf Namensnennung ergeben sich bei dem Anerkennungsrecht auch bei vielen Beteiligten nicht die oben erwähnten praktischen Probleme. Ein sachlicher Grund für eine Beschränkung ist daher nicht gegeben. Das Anerkennungsrecht gibt dem ausübenden Künstler primär die Möglichkeit, sich gegen fremde Angriffe auf den eigenen Künstlerstatus zur Wehr zu setzen. Ein solcher Abwehranspruch muss grds. jedem einzelnen ausübenden Künstler – auch bei Ensembledarbietungen – möglich sein.

24 Auch wenn § 74 Abs. 2 S. 1 eine Beschränkung des Namensnennungsrechts bei Ensembledarbietungen vorsieht, bleibt es Veranstaltern oder Verwertern einer künstlerischen Darbietung im Einzelfall unbenommen, sämtliche beteiligten ausübenden Künstler einer Ensembledarbietung namentlich zu nennen. Die in § 74 Abs. 2 S. 1 vorgesehene Beschränkung des Namensnennungsrechts ist **nicht zwingend.**

25 Ebenso wie das individuelle Namensnennungsrecht des ausübenden Künstlers nach § 74 Abs. 1 S. 2 bezieht sich auch das eingeschränkte Namensnennungsrecht als Künstlergruppe sowohl auf **körperliche als auch unkörperliche Verwertungsformen** (vgl. dazu Rn. 12).

V. Gesetzliche Vertretungsbefugnis (§ 74 Abs. 2 S. 2 und 3)

26 Die Vorschriften der § 74 Abs. 2 S. 2 und 3 regeln, wie das Namensnennungsrecht der Künstlergruppe im Außenverhältnis geltend zu machen ist. Sie wurden aufgrund der Beschlussempfehlung und des Berichts des Rechtsausschusses in das Gesetz eingefügt (BT-Drucks. 15/837 vom 8.4.2003, 23). Der Gesetzentwurf der Bundesregierung sah vor, dass das Recht auf Namensnennung „nur mit Zustimmung der Mehrheit der beteiligten ausübenden Künstler durch einen von ihnen gewählten Vertreter geltend gemacht werden" kann (BT-Drucks. 15/38, 8). Nach der Begründung der Beschlussempfehlung des Rechtsausschusses erfolgte die Änderung des § 74 Abs. 2 S. 2 im Hinblick auf die „Vertreterregelung der Parallelvorschrift des § 80 Abs. 2", um die „von der Kulturwirtschaft gewünschte Gleichbehandlung der Rechtsausübung bei gemeinsamen Darbietungen" sicherzustellen (BT-Drucks. 15/837, 80). Die Vorschrift des § 74 Abs. 2 S. 2 und 3 soll verhindern, dass einzelne Mitglieder eines

Ensembles die Interessen des Ensembles insgesamt konterkarieren. Sinn und Zweck der Regelung bestehen darin, Rechtssicherheit im Umgang mit größeren Künstlergruppen zu erzielen und den Rechtsverkehr zwischen Veranstaltern und Künstlerensembles zu erleichtern (Mestmäcker/Schulze/*Hertin* 74 Rn. 21 m.w.N.). Unmaßgeblich für die Vertretung im Außenverhältnis ist, ob der Vorstand noch derselbe ist bzw. die aktuelle Zusammensetzung des Ensembles noch mit derjenigen Formation übereinstimmt, die zum Zeitpunkt der Entstehung des Anspruchs bestand, sofern es sich bei dem Ensemble um einen auf einen längeren Zeitraum angelegten Zusammenschluss handelt (so BGH GRUR 2005, 502, 504 – Götterdämmerung, für den Fall des Bayreuther Festspielorchesters).

§ 74 Abs. 2 S. 2 und 3 sieht folgende **gesetzliche Vertretungsregelung** vor: Sofern die Künstlergruppe einen **Vorstand** gewählt hat, ist dieser gem. § 74 Abs. 2 S. 2 allein zur Vertretung befugt. Soweit keine Regelung darüber getroffen wurde, nach welchen Grundsätzen der Vorstand eines Ensembles gewählt werden soll, wird eine analoge Anwendung der vereinsrechtlichen Vorschriften der §§ 26 ff. BGB erwogen (OLG Frankfurt GRUR 1984, 162 f. – Erhöhungsgebühr bei Orchestervorstand; OLG Frankfurt GRUR 1985, 380 f. – Operneröffnung; Schricker/Loewenheim/*Vogel* § 74 Rn. 25, 29; Mestmäcker/Schulze/*Hertin* § 74 Rn. 24; vgl. auch Dünnwald/Gerlach § 74 Rn. 12). Die Einzelheiten der Wahl des Vorstands richten sich je nach Satzung, Gesellschaftsvertrag bzw. den einschlägigen Tarifverträgen (zu Einzelheiten vgl. Schricker/Loewenheim/*Vogel* § 74 Rn. 29). Ist kein Vorstand gewählt, so ist gem. § 74 Abs. 2 S. 3 der **Leiter** des Ensembles berechtigt, das Namensnennungsrecht im Außenverhältnis geltend zu machen. Als Leiter des Ensembles kommen insb. Dirigent, Chorleiter oder Ballettmeister in Betracht. Voraussetzung ist allerdings, dass den Leiter eine dauerhafte Beziehung mit dem Ensemble verbindet. Ein Gastdirigent kann das Ensemble somit nicht wirksam nach außen vertreten (Schricker/Loewenheim/*Vogel* § 74 Rn. 30 sowie ferner § 80 Rn. 14). Hat das Ensemble keinen Leiter, so kann es sich auf einen **gemeinsamen Vertreter** einigen, der im Außenverhältnis für die Durchsetzung des Namensnennungsrechts sorgt. Dabei lässt die geltende Fassung des § 74 Abs. 2 S. 2 offen, nach welchen Kriterien innerhalb der Künstlergruppe über die Geltendmachung des Namensnennungsrechts zu entscheiden ist. Vor dem Hintergrund des Rücksichtnahmegebots (§ 75 S. 2) spricht vieles für eine **Mehrheitsentscheidung,** wie sie im Gesetzentwurf der Bundesregierung ursprünglich vorgesehen war. Gibt es innerhalb eines Ensembles unterschiedliche Auffassungen darüber, ob man als Künstlergruppe genannt (und damit mit einer bestimmten künstlerischen Darbietung in Verbindung gebracht) werden möchte oder nicht, so sollte die Entscheidung über die Ausübung des Namensnennungsrechts von der Mehrheit der Ensemblemitglieder getragen sein. Nach dem durch das 9. Gesetz zur Änderung des Urheberrechtsgesetzes vom 2.7.2013 (BGBl. I 1940) **neu** gefassten **§ 80 Abs. 2 UrhG** findet die Vertretungsregelung in § 74 Abs. 2 S. 2 u. 3 auch auf die Ausübung des Kündigungsrechts nach **§ 79 Abs. 3** Anwendung. Zu Einzelheiten siehe § 80 Rn. 1.

Der Vorstand, Leiter oder gewählte Vertreter macht die persönlichkeitsrechtlichen Befugnisse des Ensembles in gesetzlicher Prozessstandschaft geltend (BGH GRUR 2005, 502, 503 f. – Götterdämmerung; Schricker/Loewenheim/*Vogel* § 74 Rn. 32 m.w.N.). Hierzu zählt insb. auch die Geltendmachung der aus einer Rechtsverletzung folgenden Ansprüche der §§ 97 ff. sowie des Verbotsrechts nach § 96 im Falle einer rechtswidrigen Nutzung.

VI. Ausnahmen bei besonderem Interesse (§ 74 Abs. 2 S. 4)

Die Vorschrift des § 74 Abs. 2 S. 4 stellt klar, dass die Beschränkung des Namensnennungsrechts bei Ensembledarbietungen für einzelne Beteiligte nicht gilt, sofern diese ein **besonderes Interesse** an der persönlichen Nennung haben. Ein solches besonderes Interesse kommt etwa dann in Betracht, wenn einzelne ausübende Künstler eines Ensembles (z.B. Mitglieder eines Chores) als **Solisten** hervortreten. Maßgeblich ist nach der Rechtsprechung, ob die Leistung im konkreten Fall in der Gesamtleistung des Ensembles aufgeht oder aus dieser „optisch oder akustisch erkennbar hervorsticht" (vgl. BGH GRUR 1960, 614 – Figaros Hochzeit; BGH GRUR 1960, 630 – Orchester Graunke; Dreier/Schulze/*Dreier* § 74 Rn. 9; Mestmäcker/Schulze/*Hertin* § 74 Rn. 19f.). Zu dem Kreis derjenigen Personen, die ein besonderes Interesse an einer namentlichen Nennung geltend machen können, zählen z. B. Solisten, Dirigenten und Regisseure. Für die Abgrenzung zwischen Solo- und Chorsängern greifen die Gerichte in der Praxis auf *Kloiber/Kunold*, Handbuch der Oper, zurück (Schricker/Loewenheim/*Vogel* § 74 Rn. 38). Die Frage, ob Ensemblemitglieder nach § 74 Abs. 2 S. 4 ein Namensnennungsrecht für sich beanspruchen können, muss für jeden Einzelfall gesondert geprüft und beantwortet werden. Weder sind hierfür vertragliche Zuordnungen noch ein allgemeiner Bühnenbrauch maßgebliche Kriterien (Schricker/Loewenheim/ *Vogel* § 74 Rn. 37; Dreier/Schulze/*Dreier* § 74 Rn. 9). Vorgaben bezüglich der Reihenfolge oder Positionierung der Namensnennung ergeben sich aus § 74 Abs. 2 S. 4 nicht (Ahlberg/Götting/*Stang* § 74 Rn. 23).

Neben dem besonderen Interesse an der namentlichen Nennung kann sich ein solches auch in Bezug auf die Angabe der exakten Funktionsbezeichnung des Künstlers innerhalb des Ensembles ergeben. Dies gilt aufgrund der hervorgehobenen Stellung des Dirigenten regelmäßig im Bereich der „Klassik". Aufgrund anderer Gepflogenheiten im Bereich der Rockmusik besteht für Ensemblemitglieder, die die musikalische Leitung in diesem Genre übernehmen, grundsätzlich kein Recht zur Benennung ihrer exakten Funktion (LG Köln NJOZ 2008, 701, 705).

VII. Entsprechende Anwendbarkeit von § 10 Abs. 1 (§ 74 Abs. 3)

30 Durch das **Gesetz zur Verbesserung der Durchsetzung von Rechten des geistigen Eigentums** vom 7.7.2008 (BGBl. I, 1191) wurde § 74 um einen Absatz 3 ergänzt. Danach findet die Urhebervermutung des § 10 Abs. 1 auf Darbietungen ausübender Künstler entsprechende Anwendung (Ahlberg/Götting/Stang § 74 Rn. 24). Auf die Kommentierung zu § 10 Abs. 1 wird insoweit verwiesen.

§ 75 Beeinträchtigung der Darbietung

Der ausübende Künstler hat das Recht, eine Entstellung oder eine andere Beeinträchtigung seiner Darbietung zu verbieten, die geeignet ist, sein Ansehen oder seinen Ruf als ausübender Künstler zu gefährden. Haben mehrere ausübende Künstler gemeinsam eine Darbietung erbracht, so haben sie bei der Ausübung des Rechts aufeinander angemessene Rücksicht zu nehmen.

Literatur: S. die Angaben bei Vor §§ 73 ff. sowie die Angaben im eingangs abgedr. Gesamtliteraturverzeichnis.

Übersicht

	Rn.
I. Allgemeines	1–4
II. Rechtsnatur	5
III. Entstellung und andere Beeinträchtigungen (S. 1)	6–12
IV. Ansehens- oder Rufgefährdung (S. 1)	13
V. Ensemble-Leistungen (S. 2)	14
VI. Rechtsfolgen	15, 16
VII. Beweislast	17
VIII. Ausländische Künstler	18
IX. Konkurrierende Ansprüche	19

I. Allgemeines

§ 75 schützt das ideelle und das vermögensrechtliche Interesse des ausübenden Künstlers 1
an der **Integrität der Werkinterpretation** und entspricht im Wesentlichen der Regelung des § 14. Danach kann der ausübende Künstler solche Beeinträchtigungen seiner Darbietung verbieten, die geeignet sind, sein **Ansehen** oder seinen **Ruf** als ausübender Künstler zu gefährden. § 75 schützt den ausübenden Künstler in seiner besonderen Beziehung zu einer konkreten künstlerischen Darbietung. Der Integritätsschutz erlangt vor dem Hintergrund der mit der Digitaltechnik verbundenen Gefahren von Manipulationen an aufgezeichneten Darbietungen immer größere Bedeutung (*Jaeger* 144 m.w.N.; vgl. ferner *Braun* GRUR 2001, 1106 ff.; *Grünberger* 121; *Gottschalk* GRUR Int. 2002, 95 ff.; *Leupold/Demisch* ZUM 2000, 379 ff.; *Schack* ZUM 2002, 497 ff.; zu Musikbörsen *Spieker* GRUR 2004, 475 ff.). Die Vorschrift des § 75 wurde im Zuge der Neufassung der Leistungsschutzrechte durch das Gesetz zur Regelung des Urheberrechts in der Informationsgesellschaft vom 10.9.2003 (BGBl. I S. 1774) geschaffen.

In der Literatur gab es immer wieder Bestrebungen, den Integritätsschutz des ausübenden Künstlers auszudehnen und dem für Urheber geltenden Schutzstandard des § 14 anzupassen (für eine solche Gleichstellung *Jaeger* 160 f.; *v. Lewinski* Informationsgesellschaft 244 f.; *Rüll* 165; krit. *Freitag* 94). Die Geltendmachung des Verbotsrechts solle bereits bei solchen Beeinträchtigungen möglich sein, die geeignet sind, die „berechtigten künstlerischen und persönlichen Interessen an der Darbietung zu gefährden" (zur ursprünglich beabsichtigten Gesetzesfassung vgl. den Diskussionsentwurf eines fünften Gesetzes zur Änderung des Urheberrechtsgesetzes vom 7.4.2000, § 75 UrhG-E, abgedr. bei *Hillig* 499 ff.). Bei der Neuregelung der Leistungsschutzrechte durch das Gesetz zur Regelung des Urheberrechts in der Informationsgesellschaft vom 10.9.2003 (BGBl. I S. 1774) hat der Gesetzgeber jedoch von einer Ausweitung des Integritätsschutzes abgesehen und es bei dem bisherigen Schutzstandard belassen (Schricker/Loewenheim/*Vogel* § 75 Rn. 4).

Für eine Ausweitung des Integritätsschutzes der ausübenden Künstler besteht auch im 3
Hinblick auf die internationalen Vorgaben kein Bedürfnis: Weder die **Multimedia-Richtlinie** (s. Vor §§ 31 ff. Rn. 2) noch der WIPO-Vertrag über Darbietungen und Tonträger (WPPT) fordern eine Gleichstellung von Urhebern und ausübenden Künstlern in Bezug auf die persönlichkeitsrechtlichen Befugnisse. Art. 5 Abs. 1 (WPPT) räumt den ausübenden Künstlern ein Abwehrrecht gegen Entstellungen und sonstige Beeinträchtigungen („distortion, mutilation or any other modification") vielmehr nur insoweit ein, als dadurch eine Beeinträchtigung des Rufs des ausübenden Künstlern herbeigeführt würde („that would be prejudicial to his [sc. the performer's] reputation"). Die Regelung des § 75 entspricht damit dem von Art. 5 WPPT geforderten Schutzniveau (*Grünberger* 121).

Für ausübende Künstler, die bei **Filmwerken** mitwirken, gilt die **Sonderregelung** des 4
§ 93. Danach steht einem ausübenden Künstler, der an der Herstellung eines Filmwerks beteiligt ist, zwar grds. der Anspruch aus § 75 S. 1 gegen die Entstellung seiner Darbietung zu. § 93 beschränkt diesen Anspruch jedoch auf **gröbliche Entstellungen** oder andere gröbliche Beeinträchtigungen der Leistungen des ausübenden Künstlers (Dreier/Schulze/*Dreier* § 75 Rn. 2; zu Einzelheiten vgl. die Erläuterungen zu § 93 Rn. 18 ff.).

II. Rechtsnatur

Als Ausprägung des Persönlichkeitsrechts ist der aus § 75 S. 1 folgende Integritätsschutz 5
des ausübenden Künstlers **nicht übertragbar** und **unverzichtbar** (LG München UFITA 87 (1980) 342, 345 – *Wahlkampf*; Dreier/Schulze/*Dreier* § 75 Rn. 3; Schricker/Loewenheim/*Vogel* § 75 Rn. 7; Ahlberg/Götting/*Stang* § 75 Rn. 3). Vertragliche Vereinbarungen über eine beeinträchtigende Nutzung bzw. Änderung einer künstlerischen Darbietung sind

zulässig. Allerdings muss das Persönlichkeitsrecht des ausübenden Künstlers im Kern unangetastet bleiben (BGH GRUR 1989, 198 – Künstlerverträge; Dreier/Schulze/*Dreier* § 75 Rn. 3). Als prozessuales Institut zur Geltendmachung durch Dritte kommt allenfalls gewillkürte Prozessstandschaft in Betracht. Das setzt allerdings voraus, dass auf Seiten des ermächtigten Dritten ein eigenes schutzwürdiges Interesse an der Geltendmachung des Rechts besteht (BGH GRUR 1971, 35, 37 – Maske in Blau; Schricker/Loewenheim/*Vogel* § 75 Rn. 7).

III. Entstellung und andere Beeinträchtigungen (S. 1)

6 Nach § 75 S. 1 kann der ausübende Künstler eine Entstellung oder andere Beeinträchtigung seiner Darbietung verbieten. § 75 knüpft damit an die Terminologie des § 14 an. Während „Beeinträchtigung" den Oberbegriff unzulässiger Änderungen darstellt, handelt es sich bei der „Entstellung" um einen besonders schwerwiegenden Fall der Beeinträchtigung (OLG München ZUM 1996, 165, 166 – Dachgauben; Schricker/Loewenheim/*Vogel* § 75 Rn. 24; *Flechsig* FuR 1976, 429, 430; *Grünberger* 130). Zu den Begriffen „Entstellung" und „andere Beeinträchtigungen" s. § 14 Rn. 3. Eine **Entstellung** liegt bei Verschlechterung, Veränderung, Verzerrung oder Verfälschung der Werkdarbietung vor. Maßgeblich ist – anders als in § 14 – nicht die Sicht des ausübenden Künstlers, sondern diejenige eines unvoreingenommen Durchschnittsbetrachters (OLG München ZUM 1991, 540, 541 – U2; Dreier/Schulze/*Dreier* § 75 Rn. 5). Eine Entstellung der Werkdarbietung erfolgt in aller Regel in Form einer **direkten Beeinträchtigung,** während der Begriff der „anderen Beeinträchtigung" solche Eingriffe umfasst, die indirekt zu einer Verfälschung oder Abwertung der Werkdarbietung führen (näher § 14 Rn. 3; eingehend zum Verhältnis beider Tatbestandsalternativen *Apel* 338 ff.).

7 Der Integritätsschutz nach § 75 gelangt nach herrschender Auffassung bei **Live-Darbietungen** ebenso wie bei festgelegten Darbietungen zur Anwendung (*Apel* 336 ff.; Schricker/Loewenheim/*Vogel* § 75 Rn. 24; *Rüll* 129 ff.; Mestmäcker/Schulze/*Hertin* § 75 Rn. 6 f.; *Grünberger* 132; a. A. *Schack* Rn. 683; *Freitag* 82 ff.). Bei Live-Darbietungen des ausübenden Künstlers kommt eine Entstellung i. S. d. § 75 S. 1 insb. dann in Betracht, wenn die Darbietung mit Unterbrechungen oder sonst fehlerhaft gesendet oder übertragen wird, sofern die Gefahr besteht, dass der unvoreingenommene Durchschnittsbetrachter bzw. -hörer diese Beeinträchtigungen dem ausübenden Künstler und nicht der Übertragung zurechnet (Dreier/Schulze/*Dreier* § 75 Rn. 11; Dünnwald/Gerlach § 75 Rn. 7; Schricker/Loewenheim/*Vogel* § 75 Rn. 26 m. w. N.; weitere Beispiele bei Mestmäcker/Schulze/*Hertin* § 75 Rn. 6).

8 Eine **technisch mangelhafte Aufzeichnung** stellt für sich genommen noch keine Entstellung i. S. d. § 75 S. 1 dar (BGH GRUR 1987, 814, 816 – Die Zauberflöte; OLG Hamburg GRUR 1989, 525, 526 – Die Zauberflöte II; OLG Hamburg ZUM 1991, 545, 547 – The Rolling Stones; OLG Köln GRUR 1992, 388, 389 – Prince; so auch LG Berlin ZUM 2006, 761 ff.). Denn durch eine technisch mangelhafte Aufzeichnung wird lediglich die *Wiedergabe* der künstlerischen Darbietung, nicht aber die Darbietung als solche verfälscht oder verzerrt. Eine technisch mangelhafte Aufzeichnung fällt nur dann unter den Tatbestand des § 75 S. 1, wenn die Gefahr besteht, dass der Hörer die Mängel in der Aufnahmequalität der künstlerischen Leistung zuschreibt (BGH GRUR 1987, 814, 816 – Die Zauberflöte; OLG Köln GRUR 1992, 388, 389 – Prince; *Schack* GRUR 1986, 734, 735 Anm. zu BGH GRUR 1986, 454 – Bob Dylan; LG Berlin ZUM 2006, 761 ff.; Dreier/Schulze/*Dreier* § 75 Rn. 11). Bei Zugrundelegung der Maßstäbe der Rechtsprechung dürften **historische Aufnahmen** – allein wegen ihrer meist technisch unzulänglichen Aufnahmequalität – den Entstellungstatbestand des § 75 S. 1 nur selten, wenn überhaupt, erfüllen, da man sich bei historischen Aufnahmen naturgemäß auf eine entsprechend mindere

Tonqualität einstellt (*Unger/v. Olenhusen* ZUM 1987, 154, 165; Schricker/Loewenheim/ *Vogel* § 75 Rn. 27). Problematisch ist die Anwendbarkeit des § 75 S. 1 auch bei **Live-Mitschnitten,** die seitens des Tonträgerherstellers bereits mit einem ausdrücklichen Hinweis auf die möglicherweise mangelhafte Tonqualität versehen wurden (OLG Hamburg ZUM 1991, 545, 547 – The Rolling Stones; OLG Köln GRUR 1992, 388, 390 – Prince; Mestmäcker/Schulze/*Hertin* § 75 Rn. 15).

Grds. nicht unter § 75 S. 1 fällt das sog. **Digital Remastering,** d. h. die mit Mitteln der **9** digitalen Tontechnik vorgenommene Aufbereitung alter Tonaufnahmen (Dreier/Schulze/ *Dreier* § 75 Rn. 12; Schricker/Loewenheim/*Vogel* § 75 Rn. 28; a. A. *Grünberger* 133 f.). Im Bereich der **Synchronisation** ist eine Entstellung i. S. v. § 75 S. 1 zu bejahen, wenn eine schauspielerische Leistung mit einer fremden Stimme in derselben Sprache unterlegt wird (OLG München UFITA 28 [1958] 342 – Stimme). Als eine den Tatbestand des § 75 S. 1 erfüllende Manipulation einer künstlerischen Darbietung dürfte auch die Veränderung von Mimik oder Bewegung eines Schauspielers zu sehen sein (Loewenheim/*Vogel* § 38 Rn. 118). Wird bei einem Hörbuch die Stimme eines Schauspielers in falscher Tonfrequenz wiedergegeben, so kann dies im Einzelfall eine Ruf gefährdende Beeinträchtigung darstellen. Zumindest hat der Schauspieler in einem solchen Fall Anspruch auf Richtigstellung, dass die auf dem Hörbuch erklingende Stimme nicht seiner Originaltonlage entspricht. Eine Entstellung i. S. v. § 75 S. 1 ist – bezogen auf digitale Medien – schließlich beim sog. **Sound-Sampling** denkbar (dazu eingehend Schricker/Loewenheim/*Vogel* § 75 Rn. 29, sowie *Häuser* 79 ff.; *Grünberger* 133; Ahlberg/Götting/*Stang* § 75 Rn. 14).

Bei **Theateraufführungen** kann eine Entstellung in Gestalt einer direkten Beeinträchti- **10** gung insb. in einer nicht-autorisierten Veränderung der Inszenierung liegen (OLG München NJW 1996, 1157 – Iphigenie in Aulis; ausführlich § 39 Rn. 27 ff.). Gleiches gilt bei Inszenierungen von **Opern** und **Operetten.** Ein Opernregisseur kann die Aufführung einer gegen seinen Willen geänderten Operetteninszenierung untersagen, wenn die Änderungen eine Entstellung seiner Regieleistung darstellen (OLG Dresden ZUM 2000, 955 ff. m. Anm. *Wündisch* ZUM 2000, 959 f.; dazu auch *Raue* 150 ff. sowie *Grunert* ZUM 2001, 210 ff.).

Neben solchen unmittelbaren Beeinträchtigungen können auch **mittelbare Entstel-** **11** **lungen** den Tatbestand des § 75 S. 1 erfüllen. Davon ist auszugehen, wenn die künstlerische Darbietung als solche zwar unverändert bleibt, aber in einen **Kontext** gestellt wird, der den ausübenden Künstler in seinem Ansehen gefährdet (Dünnwald/Gerlach § 75 Rn. 11; Mestmäcker/Schulz/*Hertin* § 75 Rn. 19 ff.; *Unger/v. Olenhusen* ZUM 1987, 154, 165). Solche indirekten Beeinträchtigungen können z. B. in anstößig gestalteten Schallplattenhüllen liegen (BGH GRUR 1987, 814 – Die Zauberflöte). Zudem ist das Recht aus § 75 S. 1 verletzt, wenn Ausschnitte aus einer fixierten Darbietung unbefugt entnommen und nach teilweiser Bearbeitung in andere Werke übernommen werden (LG Hamburg ZUM-RD 2010, 399, 413 f.). Bejaht wurde der Tatbestand der Entstellung auch bei unzulässiger Verwendung einer künstlerischen Darbietung zu Werbezwecken (BGH GRUR 1979, 637 – White Christmas und LG München UFITA 87 (1980) 342, 345 – Wahlkampfwerbung; Dreier/Schulze/*Dreier* § 75 Rn. 12; Fromm/Nordemann/*Schaefer* § 75 Rn. 15; *Rüll* 151 ff.; weitere Beispiele bei *Grünberger* 136). Schließlich kann der Tatbestand des § 75 Satz 1 dann erfüllt sein, wenn eine mit Zustimmung des Künstlers erfolgte (Bild/ Ton) Aufzeichnung einer Live-Darbietung (z. B. ein Konzertmitschnitt) auf einem Internetportal zum Streaming (live oder on demand) angeboten wird, sofern dadurch ein beeinträchtigender Sachzusammenhang hergestellt wird. Eine mittelbare Entstellung ist etwa bei der Kopplung der Darbietung mit Werbung denkbar, wenn der ausübende Künstler diese Kopplung bei der Übertragung von Nutzungsrechten nicht ausdrücklich vertraglich gestattet hat.

Teilweise wird in der Literatur vertreten, dass eine Beeinträchtigung i. S. v. § 75 S. 1 auch **12** in der **Vernichtung** eines Tonträgers zu sehen sei, auf dem eine Darbietung erstmals festgelegt worden ist (*Grünberger* 134 f.; a. A. *Flechsig* Leistungsintegrität 70 f.). Der ausübende

Künstler wolle nicht nur als Interpret seiner unveränderten künstlerischen Darbietung angesehen werden, sondern in diesen Darbietungen „fortwirken". Zerstöre der Tonträgerproduzent das Masterband, so greife dies in die von § 75 S. 1 geschützte Beziehung des ausübenden Künstlers zu seiner Darbietung ein (so *Grünberger* 135 unter Hinweis auf *Richard/Junker* GRUR 1988, 18, 24).

IV. Ansehens- oder Rufgefährdung (S. 1)

13 Wurde eine Beeinträchtigung der künstlerischen Darbietung i. S. v. § 75 S. 1 festgestellt, so ist damit die Gefährdung des Rufs oder des Ansehens des ausübenden Künstlers indiziert (OLG München NJW 1996, 1157, 1158 – Iphigenie in Aulis; *Flechsig* FuR 1976, 429, 432; Dreier/Schulze/*Dreier* § 75 Rn. 6). Eine Ausnahme gilt lediglich bezogen auf technisch mangelhafte Aufnahmen (s. dazu Rn. 8). Ob im Einzelfall eine rufgefährdende Beeinträchtigung des ausübenden Künstlers vorliegt, ist nach h. M. im Wege einer **Interessenabwägung** zu ermitteln (a. A. *Apel* 343 m. w. N.). Als Maßstab für die Beurteilung sind subjektive Befindlichkeiten des Künstlers ebenso wenig geeignet, wie Meinungsumfragen (für letzteres *Hertin* GRUR 1991, 722, 725). Vielmehr ist im Rahmen der Interessenabwägung auf die Perspektive eines unvoreingenommenen Durchschnittsbetrachters abzustellen (*Grünberger* 137 m. w. N.; Ahlberg/Götting/*Stang* § 75 Rn. 16). Aufgrund der weitgehenden tatbestandlichen Übereinstimmung von § 14 und § 75 entspricht die Prüfung in § 75 S. 1 – Beeinträchtigung, Ruf- oder Ansehensgefährdung, Interessenabwägung – dem **dreistufigen Prüfungsverfahren** in § 14 (*Grünberger* 139; Loewenheim/*Vogel* § 38 Rn. 115, zur Übereinstimmung der Tatbestandsvoraussetzungen OLG Dresden ZUM 2000, 955, 957; *Grunert* ZUM 2001, 210, 216; a. A. Dünnwald/Gerlach § 75 Rn. 14; Mestmäcker/Schulze/*Hertin* § 75 Rn. 11). Auf Seiten des ausübenden Künstlers ist dabei insb. auf Art und Intensität des Eingriffs, auf die Gestaltungshöhe der künstlerischen Darbietung, Zweck und Öffentlichkeitsbezug der beabsichtigten Verwendung und nicht zuletzt auf die wirtschaftlichen Interessen und die wirtschaftliche Bedeutung der beabsichtigten Verwendung abzustellen (*Grünberger* 139). Auf Seiten des potentiellen Verletzers können arbeitsvertragliche Bindungen oder bereits geschaffene Vertrauenslagen relevante Abwägungskriterien darstellen (OLG Hamburg Schulze OLGZ 153, 7 f. – Kyldex I; Dreier/Schulze/*Dreier* § 75 Rn. 7). Auch technische Notwendigkeiten oder unbehebbare organisatorische Probleme, etwa die personelle Besetzung eines Ensembles, spielen eine Rolle (Ahlberg/Götting/*Stang* § 75 Rn. 18, unter Hinweis auf OLG München NJW 1996, 1157 – Iphigenie in Aulis). Nicht zulässig ist es, ideelle Interessen des ausübenden Künstlers prinzipiell stärker zu gewichten als vermögenswerte Interessen des vermeintlichen Verletzers (Schricker/Loewenheim/*Vogel* § 75 Rn. 32). Ein Zurücktreten der Künstlerinteressen ist in Fällen von Parodie oder Satire nach dem Rechtsgedanken des § 24 – freie Benutzung – naheliegend (siehe hierzu Ahlberg/Götting/*Stang* § 75 Rn. 19 m. w. N., der für eine entsprechende Anwendung des § 24 plädiert).

V. Ensemble-Leistungen (S. 2)

14 Sind mehrere Künstler (z. B. Solisten, Orchester- und Chormitglieder, Dirigenten, Schauspieler, Tänzer etc.) an der Darbietung eines Werks beteiligt, so haben sie bei der Ausübung des Persönlichkeitsrechts aufeinander **Rücksicht** zu nehmen. Im Wege einer **Interessenabwägung** ist zu entscheiden, ob im Einzelfall das Interesse eines einzelnen Ensemblemitglieds an der Verhinderung der Darbietung oder das Interesse der übrigen Ensemblemitglieder an der Ausübung der Darbietung überwiegt. Liegt eine Entstellung der Darbietung in Bezug auf einzelne Ensemblemitglieder vor, so spricht dies zunächst einmal dafür, dass an der Verwertung der Ensemble-Darbietung kein schützenswertes Interesse besteht. Es ist jedoch nicht generell von einem Vorrang des in seinem Persönlichkeitsrecht betroffenen Ensemble-Mitglieds auszugehen. Vielmehr ist in jedem konkreten Einzelfall eine Abwägung der widerstreitenden Interessen vorzunehmen (so auch Dreier/Schulze/ *Dreier* § 75 Rn. 13: der künstlerische Wert der Darbietung sei ebenso zu berücksichtigen wie die Schwere der Beeinträchtigung und die Höhe des durch eine unterbliebene Verwertung ausfallenden Betrages; a. A. Schricker/Loewenheim/ *Vogel* § 75 Rn. 34).

VI. Rechtsfolgen

Gem. § 97 Abs. 1 kann der in seinem Persönlichkeitsrecht aus § 75 verletzte ausübende **15** Künstler auf **Beseitigung,** bei Wiederholungsgefahr auf **Unterlassung** und, wenn dem Verletzer Vorsatz oder Fahrlässigkeit vorgeworfen werden kann, auch auf **Schadensersatz** klagen. Bei schwerwiegenden Persönlichkeitsverletzungen kommt auch wegen des Schadens, der nicht Vermögensschaden ist, eine Geldentschädigung in Betracht, wenn und soweit dies der Billigkeit entspricht (§ 97 Abs. 2). Der Ersatz eines immateriellen Schadens setzt voraus, dass es sich um einen besonders schwerwiegenden Eingriff handelt und die Beeinträchtigung nicht in anderer Weise ausgeglichen werden kann (Dreier/Schulze/*Dreier* § 97 Rn. 75 m. w. N.). Dies ist von einer Abwägung im Einzelfall abhängig. Zu den Einzelheiten vgl. die Erläuterungen zu § 97 Rn. 84 ff.

Ein Verstoß gegen § 75 liegt noch nicht in der bloßen Verbreitung einer den ausüben- **16** den Künstler in seinem Persönlichkeitsrecht beeinträchtigenden Darbietung (BGH GRUR 1987, 814, 816 – Die Zauberflöte; OLG Köln GRUR 1992, 388, 389 – Prince; OLG Hamburg ZUM 1991, 545, 547 – The Rolling Stones; a. A. *Schack* GRUR 1987, 817, 818). Dies wirkt sich im Hinblick auf die Geltendmachung des Rechts insoweit aus, als die maßgebliche Rechtsverletzung nicht am Ort der Verbreitung der Darbietung, sondern allein am Ort der Vornahme der entstellenden Handlung gerügt werden kann (Schricker/ Loewenheim/*Vogel* § 75 Rn. 36 m. w. N.). Die Verbreitung der persönlichkeitsrechtsverletzenden Werkdarbietung kann gem. **§ 96 Abs. 1** untersagt werden (Dreier/Schulze/ *Dreier* § 75 Rn. 9).

VII. Beweislast

Im Rahmen einer gerichtlichen Geltendmachung trägt der Künstler die **Beweislast** für **17** das Vorliegen einer ansehens- oder rufgefährdenden Beeinträchtigung seiner Werkdarbietung (OLG Hamburg ZUM 1991, 545, 547 – The Rolling Stones; Dreier/Schulze/*Dreier* § 75 Rn. 8). Entgegenstehende Interessen sind vom Verletzer darzulegen und zu beweisen (Schricker/Loewenheim/*Vogel* § 75 Rn. 33; Ahlberg/Götting/*Stang* § 76 Rn. 20).

VIII. Ausländische Künstler

Gem. § 125 Abs. 6 steht ausländischen ausübenden Künstlern der persönlichkeitsrechtli- **18** che Schutz gegen Entstellung ihrer Werkdarbietungen (§ 75 S. 1) für sämtliche Darbietungen zu, unabhängig davon, wo die Darbietung stattgefunden hat. Nicht garantiert ist durch § 125 Abs. 6 der Schutz gegen die inländische Verbreitung von Mitschnitten, die im Ausland unautorisiert hergestellt wurden. Nach ständiger Rechtsprechung zählt der durch das Verwertungsverbot des § 96 Abs. 1 gewährleistete Schutz der ausübenden Künstler nicht zu denjenigen Rechten, die durch § 125 Abs. 6 garantiert werden (BGH GRUR 1986, 454, 455 – Bob Dylan; BGH GRUR 1987, 814, 815 f. – Die Zauberflöte; Schricker/Loewenheim/ *Katzenberger* § 125 Rn. 13; Dreier/Schulze/*Dreier* § 125 Rn. 9; zum persönlichen Geltungsbereich vgl. eingehend Schricker/Loewenheim/Vogel § 75 Rn. 11, 37).

VIII. Konkurrierende Ansprüche

19 § 75 S. 1 schützt das Interesse des ausübenden Künstlers an der Integrität seiner Werk-Darbietung. Ist der ausübende Künstler lediglich in seinem Ruf oder Ansehen verletzt, etwa dadurch, dass sein äußeres Erscheinungsbild oder seine Stimme persifliert oder sonst in verletzender Weise eingesetzt werden, kommt je nach Einzelfall Schutz aus den **§§ 22 ff. KUG, 12 BGB** sowie aus dem **allgemeinen Persönlichkeitsrecht** (§ 823 BGB) in Betracht (BGH GRUR 1995, 668, 670 f. – Emil Nolde; Schricker/Loewenheim/*Vogel* § 75 Rn. 6, 8 m.w.N.). Denkbar ist auch, dass der Eingriff sowohl das durch § 75 geschützte Interesse des ausübenden Künstlers an der Integrität seiner Werkdarbietung als auch dessen allgemeines Persönlichkeitsrecht berührt. Dies kann etwa dann der Fall sein, wenn die Darbietung des Künstlers zu Werbezwecken verwandt wurde (LG München UFITA 87 (1980) 342, 345 – Wahlkampfwerbung). In einem solchen Fall steht dem ausübenden Künstler nicht nur der Schutz aus § 75 S. 1 zur Seite; vielmehr kommt darüber hinaus eine Verletzung des allgemeinen Persönlichkeitsrechts in Betracht, sofern durch die Verwendung der Darbietung zu Werbezwecken in die wirtschaftliche und persönliche Selbstbestimmung des ausübenden Künstlers eingegriffen wird (BGH GRUR 1979, 425, 427 – Fußballspieler; BGH GRUR 1981, 446, 447 – Rennsportgemeinschaft; BGH GRUR 1992, 557 – Talkmaster-Fotos).

§ 76 Dauer der Persönlichkeitsrechte

Die in den §§ 74 und 75 bezeichneten Rechte erlöschen mit dem Tode des ausübenden Künstlers, jedoch erst 50 Jahre nach der Darbietung, wenn der ausübende Künstler vor Ablauf dieser Frist verstorben ist, sowie nicht vor Ablauf der für die Verwertungsrechte nach § 82 geltenden Frist. Die Frist ist nach § 69 zu berechnen. Haben mehrere ausübende Künstler gemeinsam eine Darbietung erbracht, so ist der Tod des letzten der beteiligten ausübenden Künstler maßgeblich. Nach dem Tod des ausübenden Künstlers stehen die Rechte seinen Angehörigen (§ 60 Abs. 2) zu.

Literatur: S. die Angaben bei Vor §§ 73 ff. sowie die Angaben im eingangs abgedr. Gesamtliteraturverzeichnis.

Übersicht

	Rn.
I. Allgemeines	1
II. Dauer der Persönlichkeitsrechte (§ 76 S. 1)	2, 3
III. Berechnung der Frist (§ 76 S. 2)	4
IV. Besonderheiten bei gemeinsamer Darbietung (§ 76 S. 3)	5
V. Ausübung der Persönlichkeitsrechte nach dem Tod des ausübenden Künstlers (§ 76 S. 4)	6

I. Allgemeines

1 Die Vorschrift des § 76 normiert die **Dauer der Persönlichkeitsrechte** des ausübenden Künstlers. Sie wurde durch Gesetz zur Regelung des Urheberrechts in der Informationsgesellschaft vom 10.9.2003 (BGBl. I S. 1774) neu gefasst. § 76 bezieht sich sowohl auf das Anerkennungs- und Namensnennungsrecht des ausübenden Künstlers (§ 74) als auch auf das Recht, Beeinträchtigungen der Darbietung abzuwehren (§ 75). Nach Ablauf des persönlichkeitsrechtlichen Schutzes gem. § 76 kann auf das allgemeine Persönlichkeitsrecht nach Art. 1, Art. 2 Abs. 1 GG nur insoweit zurückgegriffen werden, als zusätzliche, außerhalb des Sonderschutztatbestands der §§ 74, 75 liegende Umstände gegeben sind (BGH GRUR 1987, 814, 817 – Die Zauberflöte; Ahlberg/Götting/*Stang* § 76 Rn. 1).

II. Dauer der Persönlichkeitsrechte (§ 76 S. 1)

Gem. § 76 S. 1 erlöschen die in den §§ 74 und 75 bezeichneten Rechte des ausübenden 2 Künstlers mit dessen **Tod**, jedoch erst **50 Jahre nach** der **Darbietung,** wenn der ausübende Künstler vor Ablauf dieser Frist verstorben ist. Liegt die Darbietung des ausübenden Künstlers mehr als 50 Jahre seit dessen Tod zurück, erlischt das Persönlichkeitsrecht mit dem Tod des ausübenden Künstlers. Sind zwischen der Darbietung und dem Tod des ausübenden Künstlers weniger als 50 Jahre vergangen, so läuft die Frist des § 76 auch über den Tod des ausübenden Künstlers hinaus. Die Schutzfrist für die Persönlichkeitsrechte endet somit nie vor dem Tod des ausübenden Künstlers (Dünnwald/Gerlach § 76 Rn. 3; Mestmäcker/Schulze/ *Hertin* § 76 Rn. 2, 3; *Grünberger* 142; Ahlberg/Götting/*Stang* § 76 Rn. 3).

§ 76 S. 1 a. E. bestimmt, dass die Rechte nach §§ 74, 75 in keinem Fall vor Ablauf der 3 für die Verwertungsrechte gem. § 82 geltenden Frist erlöschen. Dieser Zusatz geht auf **Art. 5 Abs. 2 S. 1** des WIPO-Vertrages über Darbietungen und Tonträger **(WPPT)** zurück. Darin ist vorgesehen, dass die Rechte der ausübenden Künstler „nach ihrem Tod **mindestens bis zum Erlöschen der wirtschaftlichen Rechte** fortbestehen" („The rights granted to a performer [...] shall, after his death, be maintained at least until the expiry of the economic rights"). In der Praxis kann dieser Zusatz in § 76 S. 1 a. E. durchaus Bedeutung erlangen, da § 76 und § 82, der die Dauer der vermögensrechtlichen Verwertungsrechte regelt, an unterschiedliche Ereignisse für die Fristberechnung anknüpfen (vgl. Loewenheim/*Vogel* 38 Rn. 132). Während die fünfzigjährige Frist des § 76 mit der Darbietung des ausübenden Künstlers beginnt, knüpft § 82 an den **Zeitpunkt des Erscheinens** der Darbietung auf Tonträger bzw. an die **erste erlaubte Benutzung** zur öffentlichen Wiedergabe an. Dies kann im Einzelfall zu einem späteren Fristbeginn führen. Durch die Umsetzung der Vorgaben des Art. 5 Abs. 2 S. 1 WPPT reicht der Schutz der Persönlichkeitsrechte der ausübenden Künstler daher im Einzelfall weiter als nach bisherigem Recht (Dreier/Schulze/*Dreier* § 76 Rn. 1; zur Auslegung von Art. 5 Abs. 2 WPPT vgl. *Reinbothe/v. Lewinski* Art. 5 Rn. 27 f.). Bedingt durch die Anhebung der Schutzfrist für die vermögensrechtlichen Verwertungsrechte der ausübenden Künstler durch das 9. Gesetz zur Änderung des Urheberrechtsgesetzes vom 2.7.2013 (BGBl. I 1940) von 50 auf 70 Jahre kann sich im Einzelfall auch die Schutzdauer der Persönlichkeitsrechte nach § 76 verlängern, da diese in jedem Fall bis zum Ablauf der für die Verwertungsrechte nach § 82 geltenden Frist bestehen. (Zu Einzelheiten der Schutzdauerverlängerung vgl. § 82 Rn. 2 ff.)

III. Berechnung der Frist (§ 76 S. 2)

Zur Berechnung der Frist verweist § 76 S. 2 auf die Vorschrift des **§ 69.** Danach beginnen 4 die Fristen mit dem Ablauf des Kalenderjahres, in dem das für den Beginn der Frist maßgebende Ereignis eingetreten ist (*Grünberger* 143; zu Einzelheiten s. § 69 Rn. 1). Dies gilt entsprechend für das Erlöschen der Künstlerpersönlichkeitsrechte. Diese enden mit Ablauf des Jahres, in dem der ausübende Künstler verstorben ist (*Grünberger* 143; Dreier/ Schulze/*Dreier* § 76 Rn. 3).

IV. Besonderheiten bei gemeinsamer Darbietung (§ 76 S. 3)

§ 76 S. 3 stellt klar, dass bei einer gemeinsamen Darbietung mehrerer ausübender Künst- 5 ler für die Dauer der Schutzrechte der Tod des letzten der beteiligten ausübenden Künstler

UrhG § 77 § 77 Aufnahme, Vervielfältigung und Verbreitung

maßgeblich ist. Freilich bleibt es dabei, dass gem. § 76 S. 1 die Künstlerpersönlichkeitsrechte nicht vor Ablauf der für die Verwertungsrechte nach § 82 geltenden Frist erlöschen.

V. Ausübung der Persönlichkeitsrechte nach dem Tod des ausübenden Künstlers (§ 76 S. 4)

6 Gelten die Persönlichkeitsrechte nach dem Tod des ausübenden Künstlers fort, so gehen sie auf die Angehörigen i. S. v. § 60 Abs. 2 über. Gem. § 60 Abs. 2 sind Angehörige der Ehegatte oder Lebenspartner und die Kinder oder, wenn weder ein Ehegatte oder Lebenspartner noch Kinder vorhanden sind, die Eltern. Die Regelung des § 76 S. 4 betrifft die **Wahrnehmungsbefugnis** der Angehörigen. Eine Vererbung der besonderen Persönlichkeitsrechte der ausübenden Künstler sieht das Gesetz nicht vor (BGHZ 50, 133, 137 ff. – Mephisto; BGH GRUR 1995, 668, 670 – Emil Nolde; Dreier/Schulze/*Dreier* § 76 Rn. 4; *Grünberger* 145; Loewenheim/*Vogel* § 38 Rn. 23; *Schack* GRUR 1985, 352, 354; Schricker/Loewenheim/*Vogel* § 76 Rn. 8 m. w. N.; Fromm/Nordemann/*Schaefer* § 76 Rn. 12; a. A. *Krüger* FS Dietz 101, 104 f.; zu den persönlichkeitsrechtlichen Befugnissen des ausübenden Künstlers nach dem Tode vgl. ausführlich *Peukert* 124 ff.). Im Zuge des Gesetzgebungsverfahrens des Gesetzes zur Regelung des Urheberrechts in der Informationsgesellschaft v. 10.9.2003 (BGBl. I S. 1774) wurde von Teilen der Literatur vorgeschlagen, § 76 S. 4 zu streichen und statt dessen die für Urheber geltenden §§ 28, 29 auf ausübende Künstler entsprechend anzuwenden (so *Krüger* ZUM 2003, 122, 126). Als Begründung führte man an, dass seit der Marlene Dietrich-Entscheidung des BGH (BGH NJW 2000, 2195, 2197) zumindest die vermögensrechtlichen Bestandteile des allgemeinen Persönlichkeitsrechts auf die Erben übergehen, soweit die nichtvererblichen ideellen Bestandteile noch geschützt sind. Der Gesetzgeber hat diesen Vorschlag nicht aufgegriffen, sondern es bei einer bloßen Wahrnehmungsbefugnis der Angehörigen in Bezug auf die postmortalen besonderen Persönlichkeitsrechte belassen.

Die Angehörigen müssen nicht notwendig mit den Erben des ausübenden Künstlers identisch sein. Vielmehr kann die Wahrnehmungsbefugnis hinsichtlich der Persönlichkeitsrechte und der Verwertungsrechte auseinanderfallen (Dreier/Schulze/*Dreier* § 76 Rn. 4; Ahlberg/Götting/*Stang* § 76 Rn. 8). Um einem solchen – in der Praxis problematischen – Auseinanderfallen vorzubeugen, kann der ausübende Künstler vertraglich bestimmen, dass seine Erben auch zur Wahrnehmung der Persönlichkeitsrechte berechtigt sein sollen (*Grünberger* 144; *Peukert* S. 145).

§ 77 Aufnahme, Vervielfältigung und Verbreitung

(1) **Der ausübende Künstler hat das ausschließliche Recht, seine Darbietung auf Bild- oder Tonträger aufzunehmen.**

(2) **Der ausübende Künstler hat das ausschließliche Recht, den Bild- oder Tonträger, auf den seine Darbietung aufgenommen worden ist, zu vervielfältigen und zu verbreiten. § 27 ist entsprechend anzuwenden.**

Literatur: S. die Angaben bei Vor §§ 73 ff. sowie die Angaben im eingangs abgedr. Gesamtliteraturverzeichnis.

Übersicht

	Rn.
I. Zweck und Systematik	1, 2
II. Aufnahme (§ 77 Abs. 1)	3, 4
III. Vervielfältigung und Verbreitung (§ 77 Abs. 2 S. 1)	5–8
IV. Vergütungsanspruch (§ 77 Abs. 2 S. 2)	9

§ 77 Aufnahme, Vervielfältigung und Verbreitung 1–4 § 77 UrhG

I. Zweck und Systematik

Die Vorschrift des § 77 garantiert dem ausübenden Künstler die Entscheidungsbefugnis 1
über Umfang und Wirkungsbereich seiner Darbietung. Sowohl die erstmalige Aufnahme
als auch die Vervielfältigung und Verbreitung der Darbietung hängen von der Einräumung
der entsprechenden Rechte durch den ausübenden Künstler ab. § 77 räumt dem ausübenden Künstler – wie dem Urheber – ein **ausschließliches Verwertungsrecht** ein und sichert ihm damit die Kontrolle über den unmittelbaren Wirkungsbereich seiner Darbietungen (Dreier/Schulze/*Dreier* § 77 Rn. 1). § 77 wurde durch das Gesetz zur Regelung des Urheberrechts in der Informationsgesellschaft vom 10.9.2003 (BGBl. I S. 1774) eingeführt.

Die durch § 77 Abs. 1 und 2 gewährten **Rechte** bestehen **unabhängig voneinander** 2
und können vom ausübenden Künstler selbstständig geltend gemacht werden. Durch die Einräumung des Aufnahmerechts nach § 77 Abs. 1 tritt also keine Erschöpfung des Vervielfältigungs- und Verbreitungsrechts aus § 77 Abs. 2 ein (zu der insoweit gleichlautenden Regelung des § 75 a.F.: OLG Hamburg ZUM 1985, 371, 373 – Karajan; Schricker/Loewenheim/*Krüger* § 77 Rn. 3). Allerdings entspricht es gängiger Praxis, beide Rechte in einem Vertrag zu übertragen, da die Aufnahme Voraussetzung für die Vervielfältigung und Verbreitung ist und beide Verwertungsformen wirtschaftlich das gleiche Ziel verfolgen. Rechtlich sind die Übertragung der Aufnahmerechte und die Übertragung der Vervielfältigungs- und Verbreitungsrechte jedoch voneinander zu trennen. Ist der Umfang der Rechteeinräumung zweifelhaft, so ist die in § 31 Abs. 5 normierte Zweckübertragungslehre heranzuziehen (LG Köln, ZUM-RD 2010, 698 ff.; Mestmäcker/Schulze/*Hertin* § 77 Rn. 10), die über den Verweis in § 79 Abs. 2 S. 2 auf den ausübenden Künstler entsprechende Anwendung findet. Der ausübende Künstler kann die Aufnahme- und Vervielfältigungs-/Verbreitungsrechte **sachlich beschränkt** (etwa begrenzt auf eine bestimmte Anzahl von Vervielfältigungsexemplaren) einräumen (Schricker/Loewenheim/*Krüger* § 77 Rn. 5; zu Einzelheiten vgl. § 79 Rn. 4 ff.).

II. Aufnahme (§ 77 Abs. 1)

Aufnahme i.S.v. § 77 Abs. 1 ist jede **erstmalige Festlegung** auf Bild- oder Tonträger, 3
unabhängig davon, mit welchen technischen Mitteln die Darbietung aufgenommen wird (so auch Dreier/Schulze/*Dreier* § 77 Rn. 4; Schricker/Loewenheim/*Krüger* § 77 Rn. 6). Abzustellen ist – entsprechend der funktionalen Betrachtungsweise (s. dazu § 73 Rn. 2) – auf die Ersetzbarkeit der künstlerischen Darbietung durch technische Wiedergabeformen. Gegenstand der Aufnahme i.S.v. § 77 Abs. 1 kann daher sowohl ein Live-Mitschnitt als auch die erstmalige Aufzeichnung einer durch Funk oder andere technische Mittel zugänglich gemachten Darbietung sein (Mestmäcker/Schulze/*Hertin* § 77 Rn. 5; Schricker/Loewenheim/*Krüger* § 77 Rn. 6; Dünnwald/*Gerlach* § 77 Rn. 4). Werden lediglich einzelne Szenen einer Darbietung aufgenommen, ist die Anwendbarkeit von § 77 Abs. 1 umstritten. Teilweise wird die Vorschrift in solchen Fällen für nicht anwendbar gehalten, da die Darbietung nicht als solche in Form der Aufnahme reproduzierbar gemacht werde (Schricker/Loewenheim/*Krüger,* § 77 Rn. 7). Nach anderer, überzeugender Ansicht schützt § 77 Abs. 1 auch vor der Aufnahme von Darbietungsteilen, sofern diese die Anforderungen einer Darbietung im Sinne von § 73 erfüllen (Ahlberg/Götting/*Stang*, § 77 Rn. 5). Nicht ausreichend ist die Anfertigung statischer Szenenfotos des Künstlers anlässlich der Darbietung (vgl. LG München I GRUR 1979, 852 – Godspell; Dreier/Schulze/*Dreier* § 77 Rn. 4; Dünnwald/*Gerlach* § 77 Rn. 4; Mestmäcker/Schulze/*Hertin* § 77 Rn. 4; Schricker/Loewenheim/*Krüger* § 77 Rn. 7).

Die Einräumung des Aufnahmerechts nach § 77 Abs. 1 ist grds. auch dann erforderlich, 4
wenn die Festlegung auf Bild- oder Tonträger nicht weiter vervielfältigt, verbreitet oder

öffentlich wiedergegeben werden soll. Ausnahmsweise kann auf eine vertragliche Rechteeinräumung verzichtet werden, wenn eine der urheberrechtlichen Schrankenvorschriften der §§ 44a ff. einschlägig ist. Gem. § 83 finden die Schrankenregelungen der §§ 44a ff. auf das Leistungsschutzrecht des ausübenden Künstlers entsprechend Anwendung (hierzu § 83 Rn. 1 ff.). Die Aufnahme öffentlicher Darbietungen zum privaten oder sonstigen eigenen Gebrauch ist nur mit Einwilligung des ausübenden Künstlers zulässig (vgl. § 83 i. V. m. § 53 Abs. 7; Mestmäcker/Schulze/*Hertin* § 77 Rn. 8 will dieses Aufnahmeverbot darüber hinaus auch auf nichtöffentliche Live-Darbietungen erstrecken). Die Aufnahme einer Sendung der Live-Darbietung zum privaten oder sonstigen eigenen Gebrauch ist nach h. M. im Rahmen des § 53 zulässig (§ 53 Rn. 46; Loewenheim/*Vogel* § 38 Rn. 63; Schricker/Loewenheim/*Krüger* § 77 Rn. 8; Ahlberg/Götting/*Stang*, § 77 Rn. 4; a. A. Mestmäcker/Schulze/*Hertin* § 77 Rn. 9, wonach der funktechnische Übermittlungsvorgang nichts daran ändert, dass der Mitschnitt der Sendung die live erbrachte Darbietung erstmals festlegt und damit i. S. d. §§ 77 Abs. 1, 53 Abs. 7 aufnimmt).

III. Vervielfältigung und Verbreitung (§ 77 Abs. 2 S. 1)

5   **Vervielfältigung** i. S. v. § 77 Abs. 2 S. 1 ist jede Übertragung von einem Bild- oder Tonträger auf einen anderen Bild- oder Tonträger. Unter den Begriff der Vervielfältigung fällt neben der **unmittelbaren Festlegung** (z. B. das Brennen von CDs) auch die **mittelbare Aufzeichnung** in Form des sog. „off the air copying" (Loewenheim/*Vogel* § 38 Rn. 63; Schricker/Loewenheim/*Krüger* § 77 Rn. 9; *Ulmer* Rechtsschutz 45). Ob auch die verschiedenen Varianten des sog. **Streaming** (siehe dazu Büscher/*Müller* GRUR 2009, 558; Busch GRUR 2011, 496, 497 f.) das Vervielfältigungsrecht tangieren, ist umstritten (differenzierend Büscher/*Müller* GRUR 2009, 558 ff., wonach es beim Live-Streaming keines Erwerbs des Vervielfältigungs- und/oder Filmherstellungsrechts des Urhebers bedarf, für den Fall einer On-Demand-Nutzung freilich das Recht der öffentlichen Zugänglichmachung sowie das Vervielfältigungs- bzw. Filmherstellungsrecht und das Aufnahmerecht einzuholen sind; allgemein bejahend Busch GRUR 2011, 496, 500, 503). Soweit ein Eingriff angenommen wird, kann dieser jedoch nach §§ 44 Nr. 2, 83 gerechtfertigt sein (*Busch* GRUR 2011, 496, 501 ff.). Das bloße Zurverfügungstellen von Software zur Aufzeichnung von Musikdateien, die per Live-Stream von Internetradios gesendet werden, stellt dagegen unstreitig keine Vervielfältigungshandlung dar, weil eine Kopie der Stücke nur auf dem Computer des Dienstenutzers entsteht (LG Berlin, Urt. v. 11.1.2011, Az.: 16 O 494/09). Unmaßgeblich für den Schutz nach § 77 Abs. 2 S. 1 ist, zu welchem Zweck die Vervielfältigung erfolgt (Schricker/Loewenheim/*Krüger* § 77 Rn. 10). Einschränkungen des Vervielfältigungsrechts aus § 77 Abs. 2 S. 1 können sich aus den gesetzlichen Schrankenbestimmungen ergeben. Insb. ist die Aufnahme einer gesendeten Darbietung zum privaten oder sonstigen eigenen Gebrauch im Rahmen des § 53 zulässig (Schricker/Loewenheim/*Krüger* § 77 Rn. 10; Ahlberg/Götting/*Stang*, § 77 Rn. 9).

6   Der Schutz nach § 77 Abs. 2 S. 1 umfasst nach h. M. auch eine nur teilweise Vervielfältigung. Voraussetzung ist allerdings, dass der vervielfältigte Teil eine schutzwürdige Darbietung i. S. v. § 73 darstellt (Dreier/Schulze/*Dreier* § 77 Rn. 5; a. A. *Apel* 271 ff. mit ausführlicher Darstellung des Meinungsstands im Schrifttum). Besondere Bedeutung erlangt der Vervielfältigungstatbestand des § 77 Abs. 2 S. 1 im Hinblick auf **digitale Veränderungen** sowohl von festgelegten Aufnahmen als auch von Live-Darbietungen (Mestmäcker/Schulze/*Hertin* § 77 Rn. 13; *v. Lewinski* 248 ff.; Dünnwald/Gerlach § 77 Rn. 6). Nach OLG Hamburg (ZUM-RD 2002, 145 ff.) bleibt das Leistungsschutzrecht des ausübenden Künstlers grds. auch nach technischen Veränderungen einer Tonaufnahme durch **Remix** oder **Digitales Remastering** unberührt. Sämtliche Verwertungsrechte an den Originalaufnahmen verbleiben beim ausübenden Künstler. Die Veränderung des Sounds führt nicht

zu einem gesonderten, in seiner Nutzung von der Zustimmung des ausübenden Künstlers unabhängigen Rechtserwerb. Da das UrhG für ausübende Künstler – anders als für Urheber – **kein Bearbeiterrecht** vorsieht und eine analoge Anwendung des § 23 wegen der abschließenden Regelung der §§ 73 ff. ausgeschlossen ist (vgl. LG München I ZUM-RD 2011, 632, 634; Ahlberg/Götting/*Stang*, § 77 Rn. 7), hängt der Schutz des ausübenden Künstlers hinsichtlich solcher digitalen Veränderungen davon ab, ob diese unter den Vervielfältigungsbegriff zu subsumieren sind. Im Hinblick auf § 16 ist unbestritten, dass nicht nur die 1:1 Kopie, sondern auch Formatänderungen, S/W-Kopien eines Farbfotos oder die Festlegung eines Werks in einem anderen Material eine Vervielfältigung darstellen (Dreier/Schulze/*Dreier* § 77 Rn. 5; Schricker/Loewenheim/*Krüger* § 77 Rn. 11; Schricker/Loewenheim/*Loewenheim* § 16 Rn. 5 ff.; s. aber auch § 16 Rn. 4 ff.). Bezogen auf Veränderungen im Wege digitaler Technologie sind Tempo- oder Lautstärkenveränderungen, Remix-Fassungen etc. als Vervielfältigungen anzusehen (*v. Lewinski* Informationsgesellschaft 253 ff.). Gleiches gilt für das sog. **Sound-Sampling,** bei dem auf einer Sound-Datenbank die gewünschten Klänge digitalisiert und gespeichert werden, so dass das gesampelte Klangkonstrukt jederzeit abgerufen und verfügbar gemacht werden kann. (KG Berlin ZUM 2004, 467; zum Sound-Sampling vgl. ferner § 73 Rn. 17). Auch das Einspeisen einer Klangsequenz von einem Tonträger in den Sampler stellt eine Vervielfältigung i. S. d. § 77 Abs. 2 dar (*Bortloff* ZUM 1993, 476, 478 ff.; *Häuser* 81). Allerdings muss die eingespeiste Klangsequenz ihrerseits ein Minimum an künstlerischem Eigenwert verkörpern, was bei Ton-Collagen oder Tonfolgesampling in der Regel zu bejahen sein dürfte (*Spieß* ZUM 1991, 524, 530; *Schorn* GRUR 1989, 579 ff.; *Tenschert* ZUM 1987, 612, 621; Schricker/Loewenheim/*Krüger* § 77 Rn. 9; *Köhn* ZUM 1994, 278/279 f.; Mestmäcker/Schulze/*Hertin* § 77 Rn. 13; Dünnwald/Gerlach § 77 Rn. 7).

Werden aus einer digitalisierten musikalischen Leistung einzelne Tonfolgen herausgenommen, um diese zu neuen, vom Ursprungswerk losgelösten Werken mit anderen Klangfolgen zu vermischen, so kann dies je nach Einzelfall zu einer zusätzlichen, wirtschaftlich eigenständigen Nutzung führen (KG Berlin ZUM 2004, 467 ff.). Eine Vervielfältigung ist nicht nur die identische Wiedergabe, sondern auch die Festlegung eines Werkes in veränderter Form (BGH GRUR 1988, 533, 535 – Vorentwurf II; BGH GRUR 1991, 529, 530 – Explosionszeichnungen; KG Berlin ZUM 2004, 467 ff.).

Der Begriff der **Verbreitung** entspricht dem des § 17 (*Apel* 278). Daraus ergibt sich, dass **7** vom Verbreitungsrecht i. S. v. § 77 Abs. 2 S. 1 auch das Vermietrecht umfasst ist (Schricker/Loewenheim/*Krüger* § 77 Rn. 13; *v. Lewinski* ZUM 1995, 442 ff.; Dreier/Schulze/*Dreier* § 77 Rn. 7). Ebenso findet gem. § 17 Abs. 2 u. 3 der Erschöpfungsgrundsatz auf das Verbreitungsrecht des ausübenden Künstlers Anwendung (*Apel* 278; Dreier/Schulze/*Dreier* § 77 Rn. 7; Mestmäcker/Schulze/*Hertin* § 77 Rn. 15; Ahlberg/Götting/*Stang*, § 77 Rn. 10). Durch die Einführung eines besonderen **Verbreitungsrechts** in § 77 Abs. 2 S. 1 durch die Umsetzung der Richtlinie 92/100/EWG (Vermiet- und Verleihrechts-Richtlinie) konnte die Rechtsstellung des ausübenden Künstlers – vor allem bei Sachverhalten mit Auslandsbezug – im Hinblick auf den Vertrieb unbefugter Konzertmitschnitte **(Bootlegs)** verbessert werden (BGHZ 121, 319 – The Doors; *Katzenberger* GRUR Int. 1993, 640; *Braun* 37 ff.; *Bortloff* 163 ff.; Dreier/Schulze/*Dreier* § 77 Rn. 6; Schricker/Loewenheim/*Krüger* § 77 Rn. 12). Unter Berufung auf das Verbreitungsrecht des § 77 Abs. 2 S. 1 ist es dem ausübenden Künstler möglich, unmittelbar gegen rechtswidrige Verbreitungshandlungen vorzugehen; eine Berufung auf § 96 ist nicht mehr erforderlich (Dreier/Schulze/*Dreier* § 77 Rn. 6; AG Donaueschingen MMR 2000, 179 ff. hat in der Verbreitung unautorisierter Live-Mitschnitte von Konzerten zugleich einen Verstoß gegen die §§ 96 Abs. 1, 106, 125 Abs. 5 angenommen). Die Praxis der **Schutzlückenpiraterie** hat durch die Regelung des § 77 Abs. 2 S. 1 und § 120 Abs. 2 Nr. 2 eine Einschränkung erfahren, da angesichts der Gleichstellung von EU-Staatsangehörigen mit Inländern eine Ausnutzung unterschiedlicher Schutzrechte innerhalb der EU nicht länger möglich ist (*Braun* GRUR Int. 1996, 790 ff.; Dreier/Schulze/*Dreier*

§ 77 Rn. 6; Schricker/Loewenheim/*Krüger* § 77 Rn. 12). Ein ausländischer ausübender Künstler, der Inlandsschutz nach §§ 125 Abs. 1 S. 2, 120 Abs. 2 Nr. 2 bzgl. der Verbreitung von Tonträgern des Live-Mitschnitts eines seiner Konzerte geltend macht, muss seine Staatsangehörigkeit schlüssig darlegen und beweisen (OLG Köln, GRUR-RR 2005, 75f. – Queen; dazu *Wandtke* EWiR 2005, 87f.; Dünnwald/Gerlach § 77 Rn. 20). Der bloße Hinweis, die Staatsangehörigkeit könne im Internet recherchiert werden, reicht insoweit nicht aus (Mestmäcker/Schulze/*Hertin* § 77 Rn. 16, Fn. 27). Für Künstler aus Nicht-EU-Staaten gewährt das Gesetz die Vervielfältigungs- und Verbreitungsrechte aus § 77 Abs. 2 S. 1 in Deutschland nur nach Maßgabe des § 125 Abs. 2–5 (zum Anspruch auf Unterlassung der Herstellung und Verbreitung eines illegalen Konzertmitschnitts durch einen ausländischen ausübenden Künstler vgl. LG Berlin ZUM 2006, 761 ff., vgl. ferner ausführlich Schricker/Loewenheim/*Krüger* § 77 Rn. 18 ff.).

8 Bei dem in § 77 Abs. 2 S. 1 normierten Vervielfältigungs- und Verbreitungsrecht handelt es sich um **absolute Rechte** (so auch Mestmäcker/Schulze/*Hertin* § 77 Rn. 15; Schricker/Loewenheim/*Krüger* § 77 Rn. 13). Sowohl das Vervielfältigungs- als auch das Verbreitungsrecht können **beschränkt eingeräumt** werden. Tritt der ausübende Künstler von einem Vertrag über die Einräumung von Nutzungsrechten zurück, so fallen diese automatisch an ihn zurück (zum „Heimfall" allgemein Vor §§ 31 ff. Rn. 49 ff.). Dies soll nach der Rechtsprechung auch dann gelten, wenn die Nutzungsrechte seitens des Vertragspartners zwischenzeitlich an Dritte weiter übertragen wurden (LG Hamburg ZUM 1999, 858 ff. für den Fall der musikalischen Bearbeitung der amerikanischen Kinderserie „Sesamstraße"; näher § 35 Rn. 7 ff.).

IV. Vergütungsanspruch (§ 77 Abs. 2 S. 2)

9 Gem. § 77 Abs. 2 S. 2 gilt der in § 27 für Urheber geregelte Vergütungsanspruch für Vermietung und Verleihen eines Werks bezogen auf ausübende Künstler entsprechend. Der Begriff der **Vermietung** entspricht dem des **§ 17 Abs. 3** (Schricker/Loewenheim/*Krüger* § 77 Rn. 15), wonach unter Vermietung die zeitlich begrenzte, unmittelbar oder mittelbar Erwerbszwecken dienende Gebrauchsüberlassung zu verstehen ist (zu Einzelheiten vgl. § 17 Rn. 37 ff.). Die Definition des **Verleihens** bestimmt sich nach § 27 Abs. 2 S. 2 (Schricker/Loewenheim/*Krüger* § 77 Rn. 15). Im Gegensatz zur Vermietung fehlt es beim Verleihen an einer unmittelbaren oder mittelbaren Erwerbszweckbestimmung (Dreier/Schulze/*Dreier* § 77 Rn. 9). Der Vergütungsanspruch nach § 77 Abs. 2 S. 2 ist **unverzichtbar** und kann im **Voraus** nur an eine **Verwertungsgesellschaft abgetreten** werden (vgl. § 27 Abs. 1 S. 2 u. 3; Dreier/Schulze/*Dreier* § 77 Rn. 9; Mestmäcker/Schulze/*Hertin* § 77 Rn. 17; zweifelnd Schricker/Loewenheim/*Krüger* § 77 Rn. 14). Für ausübende Künstler werden die gesetzlichen Vergütungsansprüche aus § 77 Abs. 2 S. 2 durch die insoweit zuständige GVL wahrgenommen (Mestmäcker/Schulze/*Hertin* § 77 Rn. 18; Dünnwald/Gerlach § 77 Rn. 18; Ahlberg/Götting/*Stang*, § 77 Rn. 13). In der Praxis kommt den Vergütungsansprüchen gem. § 77 Abs. 2 S. 2 i. V. m. § 27 Abs. 1 keine allzu große Bedeutung zu, da die Tonträgerhersteller das Vermieten von CDs/DVDs nicht gestatten (Dreier/Schulze/*Dreier* § 77 Rn. 8; Schricker/Loewenheim/*Krüger* § 77 Rn. 16; Dünnwald/*Gerlach* in: Handbuch der Musikwirtschaft, S. 711; zur Videovermietung *Melichar* FS Kreile 409 ff.). Zur Abgrenzung zwischen § 77 Abs. 2 und § 78 Abs. 1 Nr. 2 im Falle digitaler Übermittlung über On-Demand-Dienste oder im Rahmen von Mehrkanaldiensten s. ausführlich Schricker/Loewenheim/*Krüger* § 77 Rn. 15 m. w. N.

§ 78 Öffentliche Wiedergabe

(1) Der ausübende Künstler hat das ausschließliche Recht, seine Darbietung
1. öffentlich zugänglich zu machen (§ 19a),
2. zu senden, es sei denn, dass die Darbietung erlaubterweise auf Bild- oder Tonträger aufgenommen worden ist, die erschienen oder erlaubterweise öffentlich zugänglich gemacht worden sind,
3. außerhalb des Raumes, in dem sie stattfindet, durch Bildschirm, Lautsprecher oder ähnliche technische Einrichtungen öffentlich wahrnehmbar zu machen.

(2) Dem ausübenden Künstler ist eine angemessene Vergütung zu zahlen, wenn
1. die Darbietung nach Absatz 1 Nr. 2 erlaubterweise gesendet,
2. die Darbietung mittels Bild- oder Tonträger öffentlich wahrnehmbar gemacht oder
3. die Sendung oder die auf öffentlicher Zugänglichmachung beruhende Wiedergabe der Darbietung öffentlich wahrnehmbar gemacht wird.

(3) Auf Vergütungsansprüche nach Absatz 2 kann der ausübende Künstler im Voraus nicht verzichten. Sie können im Voraus nur an eine Verwertungsgesellschaft abgetreten werden.

(4) § 20b gilt entsprechend.

Literatur: S. die Angaben bei Vor §§ 73 ff. sowie die Angaben im eingangs abgedr. Gesamtliteraturverzeichnis.

Übersicht

	Rn.
I. Allgemeines	1, 2
II. Rechte im Zusammenhang mit der öffentlichen Wiedergabe einer Darbietung (§ 78 Abs. 1)	3–14
1. Recht auf öffentliche Zugänglichmachung	3–8
2. Senderecht	9
3. Recht auf öffentliche Wahrnehmbarmachung	10–14
III. Vergütungsansprüche (§ 78 Abs. 2)	15–28
1. Vergütungsanspruch bei (erlaubter) Sendung (Nr. 1)	15–21
2. Vergütungsanspruch bei öffentlicher Wahrnehmbarmachung durch Bild- oder Tonträger (Nr. 2)	22–26
3. Vergütungsanspruch bei öffentlicher Wahrnehmbarmachung der Wiedergabe der Darbietung (Nr. 3)	27, 28
IV. Unverzichtbarkeit der Vergütungsansprüche (§ 78 Abs. 3)	29
V. Kabelweitersendung (§ 78 Abs. 4)	30, 31

I. Allgemeines

Die durch Gesetz zur Regelung des Urheberrechts in der Informationsgesellschaft vom 10.9.2003 (BGBl. I S. 1774) neu gefasste Vorschrift des § 78 regelt die **Rechte** und **Vergütungsansprüche** des ausübenden Künstlers im Zusammenhang mit der **öffentlichen Wiedergabe** seiner **Darbietung**. 1

§ 78 Abs. 1 Nr. 1 gewährt dem ausübenden Künstler das ausschließliche Recht der öffentlichen Zugänglichmachung (dazu ausführlich Rn. 3 ff.). Gemäß § 78 Abs. 1 Nr. 2 steht dem ausübenden Künstler im Hinblick auf seine Darbietung das Senderecht zu (dazu ausführlich Rn. 9). Der ausübende Künstler hat schließlich gemäß § 78 Abs. 1 Nr. 3 das Recht der öffentlichen Wahrnehmbarmachung (dazu ausführlich Rn. 10 ff.). 2

§ 78 Abs. 2–4 betrifft die gesetzlichen Vergütungsansprüche der ausübenden Künstler im Zusammenhang mit den in Abs. 1 genannten Nutzungsformen und deren Wahrnehmung durch Verwertungsgesellschaften.

Die Vorschrift des § 78 gewährt dem ausübenden Künstler nur hinsichtlich der **Erstverwertung** seiner Darbietung mittels öffentlicher Wiedergabe ein echtes Verbotsrecht, § 78 Abs. 1. Bei **Zweitverwertungen** steht ihm gemäß § 78 Abs. 2 lediglich ein Vergütungsanspruch zu (Ahlberg/Götting/*Stang*, § 78 Rn. 1 unter Hinweis auf die Gesetzesbegründung).

II. Rechte im Zusammenhang mit der öffentlichen Wiedergabe einer Darbietung (§ 78 Abs. 1)

1. Recht auf öffentliche Zugänglichmachung

3   Gem. **§ 78 Abs. 1 Nr. 1** steht dem ausübenden Künstler hinsichtlich seiner Darbietung das Recht auf öffentliche Zugänglichmachung (**§ 19a**) zu. Der Gesetzgeber wollte den Begriff des öffentlichen Zugänglichmachens im Sinne der Legaldefinition von § 19a verstanden wissen (OLG Stuttgart, ZUM 2008, 698, 699). Mit der Einführung dieses Ausschließlichkeitsrechts durch das Gesetz zur Regelung des Urheberrechts in der Informationsgesellschaft vom 10.9.2003 (BGBl. I S. 1774) hat der Gesetzgeber sowohl den Vorgaben aus Art. 3 Abs. 2a) der Multimedia-Richtlinie (s. Vor §§ 31 ff. Rn. 2) als auch den Verpflichtungen des WIPO-Vertrages über Darbietungen und Tonträger (WPPT) Rechnung getragen. **Art. 3 Abs. 2a Multimedia-Richtlinie** gibt den Mitgliedstaaten auf, bezogen auf ausübende Künstler das ausschließliche Recht einzuführen, „zu erlauben oder zu verbieten", dass die „Aufzeichnungen ihrer Darbietungen" der Öffentlichkeit drahtgebunden oder drahtlos in einer bestimmten Weise („von Orten und zu Zeiten ihrer Wahl") zugänglich sind. **Art. 10 WPPT** statuiert für die auf Tonträger festgelegten Darbietungen von ausübenden Künstlern ein ausschließliches Recht der „öffentlichen Zugänglichmachung" („exclusive right of authorizing the making available to the public of their performances fixed in phonograms").

4   Nach dem **Wortlaut** des § 78 Abs. 1 Nr. 1 unterfallen **sämtliche Darbietungsformen** dem Recht auf öffentliche Zugänglichmachung, unabhängig davon, ob sie auf Bild- oder Tonträgern festgelegt sind oder nicht (Schricker/Loewenheim/*Krüger* § 78 Rn. 3; Ahlberg/ Götting/*Stang*, § 78 Rn. 4; a. A. *Bolwin* in: *v. Rom* ZUM 2003, 128, 133). Der Gesetzgeber wollte mit der Einführung des § 78 Abs. 1 Nr. 1 ersichtlich auch bezogen auf **nicht fixierte Darbietungen** ein ausschließliches Recht auf öffentliche Zugänglichmachung begründen und leitet dies aus **Art. 6 WPPT** her (vgl. Begr. des Gesetzesentwurfs BT-Drucks. 15/38, 24). Art. 6 (i) WPPT sieht im Hinblick auf solche Darbietungen, die nicht auf Bild- oder Tonträger aufgenommen und nicht bereits gesendet sind, ein **umfassendes Recht der öffentlichen Wiedergabe** vor, ohne freilich das Recht auf öffentliche Zugänglichmachung besonders zu erwähnen („Performers shall enjoy the exclusive right of authorizing, as regards their performances: (i) the broadcasting and communication to the public of their unfixed performances except where the performance is already a broadcast performance"). In diesem allgemeinen Recht der öffentlichen Wiedergabe – so jedenfalls legt es die Gesetzesbegründung nahe – sei das Recht des ausübenden Künstlers auf öffentliche Zugänglichmachung hinsichtlich nicht fixierter Darbietungen enthalten. Der Gesetzgeber hat die Vorschrift des Art. 6 WPPT freilich nicht zum Anlass genommen, zugunsten der ausübenden Künstler ein allgemeines ausschließliches Recht der öffentlichen Wiedergabe zu normieren (Schricker/Loewenheim/*Krüger* § 78 Rn. 3; für ein solches Ausschließlichkeitsrecht: *Dreier* ZUM 2002, 28, 31 unter Berufung auf die rasante Entwicklung der digitalen Technologie; ebenso *Lindner* KUR 2002, 56, 57 m. w. N.).

Die Vorschrift des § 78 Abs. 1 Nr. 1 geht über die internationalen Vorgaben von Multi- 5
media-Richtlinie und WPPT hinaus: Obwohl Art. 3 Abs. 2a) Multimedia-Richtlinie und
Art. 10 WPPT ein Recht auf öffentliche Zugänglichmachung lediglich bezogen auf die
„Aufzeichnungen der Darbietung" (Art. 3 Abs. 2a) Multimedia-Richtlinie) bzw. für „performances fixed in phonograms" (Art. 10 (i) WPPT) vorsehen, hat der Gesetzgeber sich
– unter Berufung auf das allgemeine Wiedergaberecht in Art. 6 WPPT – für ein **uneingeschränktes Recht** auf öffentliche Zugänglichmachung entschieden. Über die Vorgaben
des Art. 6 WPPT geht die Neuregelung insoweit hinaus, als das ausschließliche Übertragungsrecht dem ausübenden Künstler auch dann zusteht, wenn die Darbietung bereits
durch Funk gesendet ist (Begr. des Gesetzesentwurfs BT-Drucks. 15/38, 24).

§ 78 Abs. 1 Nr. 1 verweist auf die Vorschrift des **§ 19a**. Diese definiert das Recht der 6
öffentlichen Zugänglichmachung als „das Recht, das Werk drahtgebunden oder drahtlos
der Öffentlichkeit in einer Weise zugänglich zu machen, dass es Mitgliedern der Öffentlichkeit von Orten und zu Zeiten ihrer Wahl zugänglich ist." (zu Einzelheiten vgl. § 19a
Rn. 5 ff.). Das Recht der Zugänglichmachung erfasst sowohl das **Angebot** an die Öffentlichkeit als auch den **Übertragungsakt** selbst (*Lindner* KUR 2002, 56, 57; *Reinbothe*
GRUR 2001, 733, 736; *Walter* Info-Richtlinie, Rn. 81; ausführlich dazu: *Apel* 281 ff.).
Bezogen auf ausübende Künstler beinhaltet das Ausschließlichkeitsrecht des § 19a neben
der **positiven Erlaubnis** auch das **negative Verbot** der öffentlichen Zugänglichmachung
(vgl. den Wortlaut der Informations-Richtlinie [„zu erlauben oder zu verbieten"] sowie die
Erläuterungen zu Art. 10 WPPT bei *Reinbothe/v. Lewinski* Art. 10 Rn. 10).

Nach der Gesetzesbegründung ist das Recht auf öffentliche Zugänglichmachung des 7
Werks bzw. der künstlerischen Darbietung auf sog. **interaktive Dienste** (Abrufdienste)
beschränkt (vgl. Begr. des Gesetzesentwurfs BT-Drucks. 15/38, 16f.). Dies entspricht den
internationalen Vorgaben: Art. 3 der Multimedia-Richtlinie sowie Art. 10 WPPT gehen
davon aus, dass sog. **„Near-on-Demand"** oder vergleichbare **nicht-interaktive Dienste
nicht** von dem Recht auf öffentliche Zugänglichmachung **erfasst** sind (vgl. Erwägungsgrund 25 S. 3 der Multimedia-Richtlinie; *Dreier* ZUM 2002, 28, 30; *Kröger* CR 2001, 316,
318; *Lindner* KUR 2002, 56, 57; *Reinbothe* GRUR Int. 2001, 733, 736; *Reinbothe/
v. Lewinski* Art. 10 Rn. 14; *Spindler* GRUR 2002, 105, 108; *Poll* GRUR 2007, 476, 481).
Aus praktischer Sicht ist eine klare **Abgrenzung** zwischen interaktiven und nicht-interaktiven Diensten freilich **problematisch,** da die Grenzen zwischen Abruf- und Verteildiensten fließend sind (zur Einbeziehung von nicht-interaktiven Diensten in den Schutz
des § 19a unter bestimmten Voraussetzungen s. § 19a Rn. 19 ff.; zur Abgrenzungspolitik
vgl. ferner *Dreier* ZUM 2002, 28, 30; *Lindner* KUR 2002, 56, 57; *Spindler* GRUR 2002,
105, 108 jeweils m. w. N.; Schricker/*Krüger* § 78 Rn. 4a). Die Frage der Grenzziehung zwischen interaktiven und nicht-interaktiven Diensten erlangt im Bereich der Leistungsschutzrechte (bzw. der verwandten Schutzrechte allgemein) besondere Bedeutung, da zugunsten
der Inhaber verwandter Schutzrechte kein umfassendes Recht der öffentlichen Wiedergabe
vorgesehen ist.

Unter § 19a fallen alle Formen der **On-Demand-Nutzung,** d. h. der individuelle Ab- 8
ruf von Tonaufnahmen im Wege des **„Streaming"** (*Büscher/Müller* GRUR 2009, 556,
560) oder **„Downloading"** (*Schwenzer* GRUR Int. 2001, 722, 728; zur Unterscheidung
zwischen „Streaming" und „Downloading" vgl. *Leupold/Demisch* ZUM 2000, 379 ff.; *Sasse/
Waldhausen* ZUM 2000, 837 ff.). § 19a fordert nicht, dass Musikaufnahmen durch Herunterladen in den Besitz des Nutzers gelangen (OLG Hamburg ZUM 2005, 749 ff.). Vielmehr geht es bei der öffentlichen Zugänglichmachung um eine Form der öffentlichen
Wiedergabe, ohne dass dem Rezipienten der Verwertungshandlung etwas verbleiben muss
(OLG Hamburg ZUM 2005, 749 ff.). Zum öffentlichen Zugänglichmachen von Musikaufnahmen im Usenet vgl. LG Düsseldorf ZUM 2007, 553 ff. Danach trägt ein Provider,
der über seinen Server Dritten die Möglichkeit bietet, urheberrechtlich geschützte Musikwerke im Internet anzubieten, adäquat zur Urheberrechtsverletzung bei. Im Bereich des

Internetradios ist zu differenzieren: § 19a ist einschlägig, wenn der Nutzer die Möglichkeit besitzt, das Programm interaktiv zu beeinflussen, z. B. durch die Erstellung individueller Playlisten (OLG Hamburg ZUM 2005, 749) oder weiterer Funktionen wie „Stop and Play", „Skip", „Preference Play" oder „Never Play again" (*Schwenzer* GRUR Int. 2001, 722, 728; a. A. *Klatt* CR 2009, 517, 522, soweit trotz interaktiver Elemente die redaktionelle Programmhoheit überwiegend beim Anbieter bleibt). Gleiches gilt für den Abruf sog. Programmpakete, bei denen eine bestimmte Programmabfolge auf individuellen Abruf aktiviert wird („**Archived Programming**", „**Unicasting**"; dazu eingehend *Schwenzer* GRUR Int. 2001, 722, 723, 729 und *Klatt* CR 2009, 517). **Nicht** unter das Recht der öffentlichen Zugänglichmachung, sondern unter § 20 fallen demgegenüber das reine **Simulcasting** (*Apel* 288), d. h. die zeitlich parallele Übertragung eines terrestrischen Senders (dazu *Bortloff* GRUR Int. 2003, 669 ff.) und das **Webcasting** (*Klatt* CR 2009, 517, 518; *Poll* GRUR 2007, 476, 480), d. h. die von der Sendetätigkeit des terrestrischen Senders unabhängige Übertragung eines durchlaufenden Programms ohne Einflussmöglichkeiten der Empfänger (zu den Begriffen des „Simul- und Webcasting" s. *Schardt* ZUM 2000, 849, sowie *Gerlach* ZUM 2000, 856 f.; zur rechtlichen Einordnung des Webcasting vgl. ferner *Dreier* ZUM 2002, 28, 30; *Kröger* CR 2001, 316, 318; *Reinbothe/v. Lewinski* Art. 10 Rn. 14; *Schwenzer* GRUR Int. 2001, 722, 726 ff. jeweils m. w. N.). Bei **Spartenprogrammen** in Form sog. **Mehrkanaldienste** greift der Nutzer auf eine vorgegebene Programmabfolge zu, die in regelmäßigen Abständen ausgestrahlt wird (vgl. *Schwenzer* GRUR Int. 2001, 722, 723, 729). Die Programmanbieter verfolgen dabei das Ziel, dem Nutzer den Eindruck zu vermitteln, er könne individuell auf Programmablauf und -auswahl Einfluss nehmen. Vor diesem Hintergrund werden solche „**Near-on-Demand**"-**Dienste** jedenfalls dann dem Anwendungsbereich des § 19a zugeordnet, wenn aus der Sicht des Nutzers eine Darbietung in so kurzen Abständen abgerufen werden kann, dass subjektiv der Eindruck einer individuellen Beeinflussbarkeit entsteht (s. § 19a Rn. 19 f.; nach BGH GRUR 2004, 669 – Musikmehrkanaldienst, Vorinstanz OLG München ZUM 2000, 591, fällt die digitale Sendung im Rahmen von Mehrkanaldiensten unter §§ 20, 78 Abs. 1 Nr. 2 und Abs. 2 Nr. 1). In Fällen sog. „**Pay-per-listen**" Dienste ist der Nutzer von der Programmauswahl abhängig und kann nicht, wie es § 19a verlangt, individuell bestimmen, zu welchem Zeitpunkt er auf eine bestimmte Darbietung online zugreifen möchte. Einzelheiten zur Abgrenzung von § 78 Abs. 1 Nr. 1 und Nr. 2 bei *Apel* 287 ff.; Ahlberg/Götting/ *Stang*, § 78 Rn. 5. Zur sog. „**pull**" und „**push**"-**Technologie** vgl. *Reinbothe/v. Lewinski* Art. 10 Rn. 14; sowie § 19a Rn. 27.

2. Senderecht

9   Gem. § 78 Abs. 1 Nr. 2 steht ausübenden Künstlern in Bezug auf ihre Darbietung das Senderecht zu. Ist die Darbietung allerdings rechtmäßig auf Bild- oder Tonträgern aufgenommen worden, die erschienen oder erlaubterweise öffentlich zugänglich gemacht worden sind, so ist der ausübende Künstler nach § 78 Abs. 2 Nr. 1 auf einen Vergütungsanspruch beschränkt (dazu ausführlich Mestmäcker/Schulze/*Hertin* § 78 Rn. 6 ff.; Dünnwald/Gerlach § 78 Rn. 19; krit. *Gebhardt* ZUM 2003, 1022 ff., der ein exklusives Senderecht auch in Bezug auf bereits erschienene Tonträger fordert). Illegal hergestellte Bild- oder Tonträger fallen demgegenüber nicht unter die Privilegierung des § 78 Abs. 2 Nr. 1 (*Apel* 287). Ein **ausschließliches Senderecht** kann der ausübende Künstler nur dann beanspruchen, wenn die Darbietung **live** gesendet wird oder die Sendung auf einer **Aufnahme** basiert, die **weder erschienen noch öffentlich zugänglich gemacht** worden ist (Dreier/Schulze/*Dreier* § 78 Rn. 5). Der ausübende Künstler hat schließlich immer dann ein Verbotsrecht, wenn die Sendung auf der Grundlage einer Aufnahme erfolgt, die **ohne Erlaubnis** entstanden ist (zustimmend Ahlberg/Götting/*Stang*, § 78 Rn. 9). Der **Sendebegriff** des **§ 78 Abs. 1 Nr. 2** entspricht dem urheberrechtlichen Sendebegriff des § 20

§ 78 Öffentliche Wiedergabe　　　　　　　　　　　　　　10–13　§ 78 UrhG

(*Apel* 285; Ahlberg/Götting/*Stang*, § 78 Rn. 7). Er umfasst neben der terrestrischen und kabelgebundenen auch alle digitalen Sendeformen (Dünnwald/Gerlach § 78 Rn. 20; Mestmäcker/Schulze/*Hertin* § 78 Rn. 5; Schricker/Loewenheim/*Krüger* § 78 Rn. 5). Neben einer live aufgenommenen Sendung sowie der Sendung einer bereits auf Bild- und Tonträger festgelegten Darbietung erfasst das Senderecht auch Anschluss-, Weiter- oder Wiederholungssendung (Dreier/Schulze/*Dreier* § 78 Rn. 6; *Kurz* Kap. 13 Rn. 123; Loewenheim/*Vogel* § 38 Rn. 69; Schricker/Loewenheim/*Krüger* § 78 Rn. 5; *Brack* UFITA 50 [1967] 544, 546; zu Einzelheiten s. § 20b Rn. 2). Das sog. Streaming fällt nach h.M. ebenfalls unter § 20 (*Büscher/Müller* GRUR 2009, 556, 557; Schricker/Loewenheim/*v. Ungern-Sternberg* § 20 Rn. 45 m.w.N.; teilw. a.A. § 20 Rn. 4). Nach Ansicht des BGH (GRUR 2003, 328) unterliegen erdgebundene Rundfunksendungen, die über einen inländischen Sender an die Öffentlichkeit ausgestrahlt werden, auch dann dem Tatbestand des Senderechts (§ 20), auf den § 78 Abs. 1 Nr. 2. Bezug nimmt, wenn sie von einem grenznahen Senderstandort aus gezielt für die Öffentlichkeit im benachbarten Ausland abgestrahlt werden und im Inland nur in sehr geringem Umfang empfangen werden können. Klägerin dieses Verfahrens war die GVL, Beklagte ein Unternehmen im Saarland, welches über den „Sender Felsberg" ein Hörfunkprogramm in Richtung Frankreich ausstrahlt. Der BGH hat eine Vergütungspflicht des Senders grds. bejaht. Bei solchen grenzüberschreitenden Rundfunkausstrahlungen sei es Sache des Bestimmungslandes als Schutzland, zu entscheiden, ob es die Sendungen den nach seiner Rechtsordnung gewährten Schutzrechten unterwirft.

3. Recht auf öffentliche Wahrnehmbarmachung

§ 78 Abs. 1 Nr. 3 gewährt dem ausübenden Künstler das Recht, über den Wirkungsradius seiner Darbietung zu bestimmen. Die Vorschrift ist an § 19 Abs. 3 angelehnt. Sie soll verhindern, dass der Zuhörer-/Zuschauerkreis über den Raum der Veranstaltung hinaus ohne Einwilligung des ausübenden Künstlers erweitert wird (*Haertel/Schiefler* AmtlBegr. 322; Dreier/Schulze/*Dreier* § 78 Rn. 8; Schricker/Loewenheim/*Krüger* § 78 Rn. 12). 10

Die Darbietung des ausübenden Künstlers muss **öffentlich** wahrnehmbar gemacht werden. Bezüglich des Begriffs der Öffentlichkeit gilt **§ 15 Abs. 3** (s. § 15 Rn. 23 ff. und Dreier/Schulze/*Dreier* § 78 Rn. 10; Schricker/Loewenheim/*Krüger* § 78 Rn. 17). Danach ist die Wiedergabe eines Werks grds. öffentlich, wenn sie für eine Mehrzahl von Personen bestimmt ist. Nicht erforderlich im Hinblick auf § 78 Abs. 1 Nr. 3 ist, dass die Mehrzahl der Personen sich tatsächlich in demselben Raum befindet. Der Empfängerkreis muss jedoch die *Möglichkeit* haben, die Wiedergabe der Werk-Darbietung an einem Ort gemeinsam wahrzunehmen (Schricker/Loewenheim/*Krüger* § 78 Rn. 17). Ob und wie viele Personen die Darbietung tatsächlich wahrgenommen haben, ist für die Anwendung des § 78 Abs. 1 Nr. 3 irrelevant (Schricker/Loewenheim/*Krüger* § 78 Rn. 18; Ahlberg/Götting/*Stang*, § 78 Rn. 15). Auch eine **nicht-öffentliche** Darbietung fällt nach h.M. in den Schutzbereich des § 78 Abs. 1 Nr. 3, sofern diese durch eines der dort aufgeführten technischen Hilfsmittel öffentlich gemacht wird (*Schack* Rn. 599; Schricker/Loewenheim/*Krüger* § 78 Rn. 16; Loewenheim/*Vogel* § 78 Rn. 49; a.A. *v.d. Groeben* FS Reichardt 39, 47). 11

Als **Raum** i.S.v. § 78 Abs. 1 Nr. 3 kommt – neben geschlossenen Räumen wie Theater, Opern- oder Konzertsälen – auch eine Freilichtbühne in Betracht (Dreier/Schulze/ *Dreier* § 78 Rn. 8; für ein weites Verständnis auch Ahlberg/Götting/*Stang*, § 78 Rn. 12). Werden Lautsprecher oder Monitore für die Übertragung im Veranstaltungsraum selbst genutzt, so bedarf dies nicht der Einwilligung des ausübenden Künstlers, da dieser über § 78 Abs. 1 Nr. 3 lediglich gegen die willkürliche oder heimliche Erweiterung des Zuhörer-/Zuschauerkreises geschützt ist (Schricker/Loewenheim/*Krüger* § 78 Rn. 12). 12

Außerhalb des Raumes erfolgt die Wahrnehmbarmachung der Darbietung des ausübenden Künstlers auch dann, wenn sie innerhalb desselben Gebäudes, allerdings in einem anderen Raum, wiedergegeben wird (Mestmäcker/Schulze/*Hertin* § 78 Rn. 14; Schricker/ 13

Büscher

Loewenheim/*Krüger* § 78 Rn. 13; Dünnwald/*Gerlach* § 78 Rn. 25; Ahlberg/Götting/ *Stang*, § 78 Rn. 12). Auch die Übertragung einer Theateraufführung ins Foyer stellt daher – selbst wenn sie lediglich zu spät kommenden Besuchern wahrnehmbar gemacht wird – eine öffentliche Wahrnehmbarmachung dar (so auch Mestmäcker/Schulze/*Hertin* § 78 Rn. 14; Schricker/Loewenheim/*Krüger* § 78 Rn. 13; *Wandtke* Theater und Recht, Nr. 391 f.; Dünnwald/Gerlach § 78 Rn. 25; a. A. Dreier/Schulze/*Dreier* § 78 Rn. 8 mit missverständlichem Verweis auf Schricker/Loewenheim/*Krüger* § 78 Rn. 12 und *Kurz* 13. Kap. Rn. 79, der bei einer Übertragung ins Foyer für zu spät kommende Besucher aufgrund des abgegrenzten Personenkreises eine öffentliche Wahrnehmbarmachung verneint). Erfolgt die Übertragung einer Theateraufführung ausschließlich zum theatereigenen Gebrauch (etwa hinter der Bühne), dürfte von einer vertraglichen Duldungspflicht der betroffenen ausübenden Künstler auszugehen sein. Soweit die ausübenden Künstler **tarifvertraglichen Bindungen** unterliegen, enthalten die einschlägigen Tarifverträge (NV Bühne vom 15.10.2002, zuletzt geändert mit 7. Tarifvertrag vom 14.6.2012 einschließlich der im NV Bühne enthaltenen Sonderregelungen SR Tanz und TVK v. 1.7.1972, zuletzt geändert durch TV vom 31.10.2009) Sonderregelungen. Gem. **§ 8 Abs. 3 NV Bühne** übertragen die dem Tarifvertrag unterliegenden ausübenden Künstler ihrem Arbeitgeber sämtliche Rechte für eine zeitgleiche öffentliche Wahrnehmbarmachung der künstlerischen Darbietung durch Bildschirm, Lautsprecher etc. innerhalb des Theaters. Die zeitgleiche Ausstrahlung einer künstlerischen Darbietung ins Foyer für zu spät kommende Besucher oder für mitwirkende Akteure hinter die Bühne ist nach dem NV Bühne ohne weiteres zulässig und bei den meisten Bühnen auch gängige Praxis (vgl. Nix/Hegemann/Hemke/*Nix/Fischer*, NV-Bühne, § 8 Rn. 8). Gem. **§ 7 Abs. 4d TVK** ist eine Mitwirkungspflicht der Orchestermusiker bei einer unmittelbaren Übertragung durch Bildschirm und/oder Lautsprecher oder ähnliche technische Einrichtungen vorgesehen, sofern die Übertragung in Innenräume oder – nach Unterrichtung des Orchestervorstands – auf Vorplätze des Theaters erfolgt (*Bolwin*/*Sponer* § 7 TVK, Rn. 37).

14 § 78 Abs. 1 Nr. 3 betrifft ausschließlich die **Live-Darbietung** des ausübenden Künstlers (Dreier/Schulze/*Dreier* § 78 Rn. 7; Dünnwald/Gerlach § 78 Rn. 24; Mestmäcker/ Schulze/*Hertin* § 78 Rn. 12, 16; Schricker/Loewenheim/*Krüger* § 78 Rn. 19). Für den Fall, dass die Darbietung bereits mit Einwilligung des ausübenden Künstlers auf Bild- oder Tonträger aufgenommen (§ 77 Abs. 1) oder durch Funk gesendet war (§ 78 Abs. 1 Nr. 2), beurteilen sich die Rechte des ausübenden Künstlers ausschließlich nach § 78 Abs. 2 Nr. 1 und 2. Die Darbietung darf in einem solchen Fall auch ohne Einwilligung des ausübenden Künstlers i. S. v. § 78 Abs. 1 Nr. 3 öffentlich wahrnehmbar gemacht werden (**erlaubnisfreie Zweitwiedergabe**). Dem ausübenden Künstler stehen allerdings Vergütungsansprüche nach § 78 Abs. 2 zu. Bei unberechtigter Wahrnehmbarmachung gelten §§ 77, 78 Abs. 1 i. V. m. § 96.

III. Vergütungsansprüche (§ 78 Abs. 2)

1. Vergütungsanspruch bei (erlaubter) Sendung (Nr. 1)

15 Nach **§ 78 Abs. 2 Nr. 1** steht dem ausübenden Künstler eine angemessene Vergütung zu, wenn ein erschienener oder öffentlich zugänglich gemachter Tonträger nach Abs. 1 Nr. 2 erlaubterweise gesendet worden ist. Die Vorschrift erfasst nach h. M. alle digitalen Formen der Sendung (*v. Albrecht* ZUM 2011, 706, 710 m. w. N.; vgl. auch BGH ZUM 2004, 669, 670 – Musikmehrkanaldienst). Der Vergütungsanspruch nach § 78 Abs. 2 Nr. 1 ist **praktisch enorm relevant** (so auch Dreier/Schulze/*Dreier* § 78 Rn. 15). Ein Großteil von Hörfunksendungen wird mit erschienenen Tonträgern bestritten. Hinzu kommen „on-Demand"-Dienste, die es ermöglichen, Sendungen von Tonträgern online abzurufen (vgl. *Thurow* FS Kreile 763, 769; *Heker* ZUM 1993, 400; Schricker/Loewenheim/*Krüger*

§ 78 Rn. 25). Der Vergütungsanspruch nach § 78 Abs. 2 Nr. 1 bildet eine der Haupteinnahmequellen der GVL (vgl. dazu Dünnwald/Gerlach § 78 Rn. 49 ff.).

Der Vergütungsanspruch nach § 78 Abs. 2 Nr. 1 setzt voraus, dass die Darbietung des 16 ausübenden Künstlers erlaubterweise gesendet worden ist und verweist insoweit auf § 78 Abs. 1 Nr. 2. Damit ergeben sich für den Vergütungsanspruch folgende weitere Voraussetzungen: Die Darbietung muss **erlaubterweise** auf Bild- oder Tonträger **aufgenommen** worden sein. Die Aufnahme muss **erschienen** (i. S. v. § 6 Abs. 2) oder **erlaubterweise öffentlich zugänglich** gemacht (i. S. v. § 19a) worden sein. Ist eine dieser Voraussetzungen nicht gegeben, so steht dem ausübenden Künstler kein Vergütungsanspruch zu. Vielmehr hat der ausübende Künstler dann ein Verbotsrecht gem. § 78 Abs. 1 Nr. 2.

Der Begriff des **Erscheinens** beurteilt sich nach § 6 Abs. 2 (BGH GRUR 1981, 360, 17 362 – Erscheinen von Tonträgern; *Hubmann* GRUR 1980, S. 537, 538; *Greffenius* UFITA 87 (1980) 97; Schricker/Loewenheim/*Krüger* § 78 Rn. 23). Danach ist ein Tonträger dann erschienen, wenn mit Zustimmung des ausübenden Künstlers Vervielfältigungsstücke des Tonträgers nach ihrer Herstellung in genügender Anzahl der Öffentlichkeit angeboten oder in Verkehr gebracht worden sind. Nicht erfüllt ist das Merkmal des „Erscheinens", wenn der Bild- oder Tonträger durch das Sendeunternehmen selbst hergestellt worden ist (BGH GRUR 1981, 360, 362 – Erscheinen von Tonträgern). Nach der Rechtsprechung ist das Verbotsrecht des ausübenden Künstlers nach § 78 Abs. 1 Nr. 2 bereits dann ausgeschlossen, wenn 50 Vervielfältigungsexemplare von 38 cm-Tonbändern, die ausschließlich für professionelle Zwecke bestimmt und zum Gebrauch durch das allgemeine Publikum nicht geeignet sind, von den Sendeanstalten bereitgestellt werden (BGH GRUR 1981, 360, 362 – Erscheinen von Tonträgern [zu § 76 Abs. 2 S. 1 a. F.]; zustimmend Dünnwald/*Gerlach* § 78 Rn. 30; Loewenheim/*Vogel* § 38 Rn. 72; Schricker/Loewenheim/*Krüger* § 78 Rn. 23 anders als in Vorauflage; kritisch *Ruzicka* FuR 1979, 507, 510).

Hat der ausübende Künstler dem **Verleih** oder der **Vermietung** eines Bild- oder Tonträgers zugestimmt, der die Aufnahme seiner künstlerischen Darbietung enthält, so ist der Bild- oder Tonträger i. S. d. § 6 Abs. 2 erschienen. Die Darbietung ist dem öffentlichen Verkehr in autorisierter Form zugänglich gemacht, sie kann somit ohne Einwilligung des ausübenden Künstlers gesendet werden (Dreier/Schulze/*Dreier* § 78 Rn. 13; vgl. auch Schricker/Loewenheim/*Krüger* § 78 Rn. 24). Als Angebot an die Öffentlichkeit i. S. d. § 6 Abs. 2 genügt bereits ein Angebot zur Miete oder Leihe. Ein Angebot zum Erwerb bzw. ein Inverkehrbringen durch Veräußerung ist nicht erforderlich.

Wahrnehmungsbefugt hinsichtlich der Geltendmachung des Vergütungsanspruchs 19 nach § 78 Abs. 2 Nr. 1 ist die Gesellschaft zur Verwertung von Leistungsschutzrechten mbH (GVL; näher Vor §§ 1 ff. WahrnG Rn. 5). Gem. § 14 WahrnG ist die Frage der **Angemessenheit** der Vergütung im Streitfall von der Schiedsstelle zu beurteilen. Relevante Kriterien zur Bestimmung der Angemessenheit sind insb. die Intensität der Nutzung nach Sendeform, die Reichweite der Sendung, der konkrete Sendezweck sowie das Mediennutzungsverhalten der Bevölkerung (OLG München Beschluss vom 12.9.1985 – 6 AR 13/84; Dreier/Schulze/*Dreier* § 78 Rn. 14; Schricker/Loewenheim/*Krüger* § 78 Rn. 31). Der Tonträgerhersteller (§ 85) ist an der Vergütung nach § 78 Abs. 2 Nr. 1 angemessen zu beteiligen (§ 86). Dieser gesetzlich normierte Anspruch des Tonträgerherstellers auf angemessene Beteiligung an der Vergütung wird in der Praxis dadurch erreicht, dass die GVL das Vergütungsaufkommen zwischen Tonträgerherstellern und ausübenden Künstlern im Verhältnis 50:50 verteilt (ausführlich Dünnwald/*Gerlach* § 78 Rn. 49 ff.; Dreier/Schulze/*Dreier* § 78 Rn. 15; Mestmäcker/Schulze/*Hertin* § 78 Rn. 19; Ahlberg/Götting/*Stang*, § 78 Rn. 21). Vor dem Hintergrund des Drei-Stufen-Tests der Multimedia-Richtlinie (Art. 5 Abs. 5; s. Vor § 44a Rn. 7) kann die Berücksichtigung der legitimen Interessen der Berechtigten dazu führen, dass im Einzelfall Vergütungssätze angemessen sind, die sich nicht mehr als geringer (einstelliger) Prozentsatz der aus der fraglichen Nutzung gezogenen Einnahmen bestimmen lassen (BGH GRUR 2004, 669 – Musikmehrkanaldienst).

20 Erfolgt die Sendung des Bild- oder Tonträgers in **Werbespots**, so ist stets die Einwilligung des ausübenden Künstlers einzuholen (Dreier/Schulze/*Dreier* § 78 Rn. 12; Schricker/Loewenheim/*Krüger* § 78 Rn. 24a unter Verweis auf LG Düsseldorf ZUM 1986, 158 ff.; bzgl. der Wahrnehmungsbefugnis der GEMA: LG Düsseldorf ZUM 1986, 158 ff.; OLG Hamburg GRUR 1991, 599; OLG München ZUM 1995, 32, 35).

21 Handelt es sich um die Darbietung **ausländischer Staatsangehöriger,** die erlaubterweise auf Bild- oder Tonträger aufgenommen worden und erschienen ist, so genießen die ausländischen Staatsangehörigen gem. **§ 125 Abs. 3** den Schutz nach § 78 Abs. 2 Nr. 1, sofern diese Bild- oder Tonträger erstmals – oder innerhalb von 30 Tagen nach dem erstmaligen Erscheinen im Ausland – im Inland erschienen sind (zum Anwendungsbereich des § 125 Abs. 3: OLG Frankfurt a. M. ZUM 1996, 697, 701 ff. – Yellow Submarine; OLG Hamburg ZUM 1995, 334 – Elvis Presley; näher § 125 Rn. 3 ff.).

2. Vergütungsanspruch bei öffentlicher Wahrnehmbarmachung durch Bild- oder Tonträger (Nr. 2)

22 Zweck des § 78 Abs. 2 Nr. 2 ist es, den ausübenden Künstler auch an der mittelbaren Verwertung seiner Darbietung finanziell zu beteiligen. Im Hinblick auf die von § 78 Abs. 2 Nr. 2 erfasste **Zweitwiedergabe** steht dem ausübenden Künstler kein Verbotsrecht, sondern lediglich ein **Vergütungsanspruch** zu. Der ausübende Künstler kann also die Weiterübertragung bereits erschienener Bild- oder Tonträger weder einschränken noch untersagen. Er bleibt auf die Geltendmachung von Vergütungsansprüchen beschränkt (Dünnwald/Gerlach § 78 Rn. 36). Dadurch soll vermieden werden, dass der ausübende Künstler die Verwertung des Werkes – möglicherweise zum Nachteil des Urhebers – verhindert (zur alten Rechtslage BGHZ 33, 38, 48 – Künstlerlizenz Rundfunk; Amtl Begr. Haertel/*Schiefler* 323; Dreier/Schulze/*Dreier* § 78 Rn. 16). An dem Vergütungsanspruch ist der Tonträgerhersteller gem. § 86 angemessen zu beteiligen (OLG Hamburg ZUM-RD 1997, 453 ff.; Dreier/Schulze/*Dreier* § 78 Rn. 16; Mestmäcker/Schulze/*Hertin* § 78 Rn. 21; Schricker/Loewenheim/*Krüger* § 78 Rn. 28).

23 Der Vergütungsanspruch aus § 78 Abs. 2 Nr. 2 betrifft diejenigen Fälle, in denen die Darbietung durch Bild- oder Tonträger öffentlich wahrnehmbar gemacht wird. Somit bezieht sich die Vorschrift gerade nicht auf die Wahrnehmbarmachung von Aufnahmen im sog. Streaming-Verfahren über das Medium Internet (OLG Hamburg ZUM 2009, 414, 415). Das Merkmal „**öffentlich**" beurteilt sich nach den gleichen Kriterien, wie sie § 15 **Abs. 3** aufstellt (Schricker/Loewenheim/*Krüger* § 78 Rn. 30; s. dazu § 15 Rn. 23 ff.).

24 Handelt es sich um die öffentliche Wiedergabe **unautorisiert** hergestellter bzw. vervielfältigter Aufnahmen, kann die Wiedergabe gem. § 96 untersagt werden. Im Einzelfall kommt auch ein Schadensersatzanspruch aus § 97 **Abs. 1** in Betracht. Betreibt der Inhaber eines Ladengeschäfts in den Arbeitsräumen ungenehmigt ein Radiogerät und ist die Radiomusik – wenn auch nur kurzzeitig beim Öffnen der Verbindungstür – in den Verkaufsräumen wahrnehmbar, handelt es sich um eine öffentliche Musikwiedergabe, die die Verwertungsgesellschaft zu Schadensersatzansprüchen gegenüber dem Betreiber des Geschäfts berechtigt (AG Kassel NJW-RR 2000, 493 f.).

25 Unterliegt die öffentliche Wiedergabe noch nicht erschienener Bild- oder Tonträger **vertraglichen Beschränkungen,** ist § 78 Abs. 2 Nr. 2 nicht einschlägig. Vielmehr handelt es sich in einem solchen Fall um eine **erlaubnispflichtige Erstverwertung** (*Dünnwald* FuR 1979, 25 f.; *Sieger* FuR 1979, 23, 26; Schricker/Loewenheim/*Krüger* § 78 Rn. 29). Hat bspw. ein Schauspieler in die Videoaufzeichnung für ausschließlich theatereigene Zwecke eingewilligt, darf die Aufzeichnung ohne Einwilligung nicht anderweitig öffentlich wahrnehmbar gemacht werden (vgl. OLG München ZUM 1993, 42 – Videoaufzeichnung; Dreier/Schulze/*Dreier* § 78 Rn. 17).

26 Der ausübende Künstler hat gem. § 78 Abs. 2 Nr. 2 Anspruch auf eine **angemessene Vergütung.** Die Angemessenheit der Vergütung hängt von der Intensität und Tragweite

der Nutzung im Einzelfall ab. Als Richtwert kommt bei Tonträgerwiedergaben eine Vergütung von 20% des jeweiligen GEMA-Tarifs in Betracht (ausführlich Dünnwald/Gerlach § 78 Rn. 54, Dreier/Schulze/*Dreier* § 78 Rn. 18; Schricker/Loewenheim/*Krüger* § 78 Rn. 31). Für eine Tonfilmdarbietung mit Musik im Rahmen einer Theatervorstellung hat sich der Vergütungssatz der GVL nicht an den GEMA-Tarifen, sondern gem. § 13 Abs. 3 S. 1 WahrnG unmittelbar an dem Geldwertvorteil der Verwertungshandlung (je Tarif 1–2% der Bruttoeinnahmen) zu orientieren (Schiedsstelle für Urheberrechtsstreitfälle München ZUM 1989, 207).

3. Vergütungsanspruch bei öffentlicher Wahrnehmbarmachung der Wiedergabe der Darbietung (Nr. 3)

Die Vorschrift des **§ 78 Abs. 2 Nr. 3** betrifft ebenfalls Fälle der **Zweitwiedergabe** und 27 begründet einen Anspruch des ausübenden Künstlers auf angemessene Vergütung in folgenden Fällen: Nach § 78 Abs. 2 Nr. 3 **(1. Alt.)** steht dem ausübenden Künstler ein Vergütungsanspruch zu, wenn die **Sendung** seiner Darbietung öffentlich wahrnehmbar gemacht worden ist. § 78 Abs. 2 Nr. 3 **(2. Alt.)** gewährt dem ausübenden Künstler einen Anspruch auf angemessene Vergütung für den Fall, dass die auf **öffentlicher Zugänglichmachung** beruhende Wiedergabe seiner Darbietung öffentlich wahrnehmbar gemacht wird. Die Einführung dieses Vergütungsanspruchs hat der Gesetzgeber mit der „strukturellen Vergleichbarkeit" des Vergütungsanspruchs nach § 78 Abs. 2 Nr. 3 (1. Alt.) mit dem in § 22 geregelten Zweitwiedergaberecht des Urhebers begründet. Da das Ausschließlichkeitsrecht des Urhebers nach § 22 im Zuge des Gesetzes zur Regelung des Urheberrechts in der Informationsgesellschaft vom 10.9.2003 (BGBl. I S. 1774) um das Recht der öffentlichen Wahrnehmbarmachung von Wiedergaben erweitert worden ist, die auf öffentlicher Zugänglichmachung beruhen, ist dem ausübenden Künstler auch insoweit ein gesetzlicher Vergütungsanspruch zugebilligt worden (vgl. Begr. des Gesetzesentwurfs BT-Drucks. 15/38, 24). Unter die öffentliche Zugänglichmachung fällt das Hör- oder Sichtbarmachen von Darbietungen, die über ein digitales, öffentlich zugängliches Netz wahrnehmbar gemacht werden, sofern es sich nicht um eine Sendung i. S. v. § 20 handelt (Dreier/Schulze/*Dreier* § 78 Rn. 19; Schricker/Loewenheim/*Krüger* § 78 Rn. 33). Dies gilt jedoch nicht für das sog. Streaming-Verfahren, da es insoweit am Tatbestandsmerkmal „öffentlich" fehlt (OLG Hamburg ZUM 2009, 414, 416).

Die **Angemessenheit** der Vergütung hängt von der Intensität und Tragweite der Nutzung 28 im Einzelfall ab. Als Richtwert kommt bei Wiedergabe von Funksendungen eine Vergütung von 26% des jeweiligen GEMA-Tarifs in Betracht (Dreier/Schulze/*Dreier* § 78 Rn. 21; Schricker/Loewenheim/*Krüger* § 78 Rn. 31, 33). Auch an dem Vergütungsanspruch aus § 78 Abs. 2 Nr. 3 ist der Tonträgerhersteller nach § 86 zu beteiligen (Dreier/Schulze/*Dreier* § 78 Rn. 21; a. A. Mestmäcker/Schulze/*Hertin* § 78 Rn. 23). In der Praxis erfolgt dies im Rahmen der GVL-Verteilung (Dünnwald/Gerlach § 78 Rn. 39).

IV. Unverzichtbarkeit der Vergütungsansprüche (§ 78 Abs. 3)

§ 78 Abs. 3 ordnet an, dass die Vergütungsansprüche nach Abs. 2 **unverzichtbar** sind 29 (S. 1) und **im Voraus** nur an eine **Verwertungsgesellschaft abgetreten** werden können (S. 2). Damit soll sichergestellt werden, dass die gesetzlichen Vergütungsansprüche auch „wirtschaftlich tatsächlich dem ausübenden Künstler zugute kommen" (vgl. Begr. des Gesetzesentwurfs, BT-Drucks. 15/38, 24; Dreier/Schulze/*Dreier* § 78 Rn. 22). § 78 Abs. 3 orientiert sich an den für Urheber geltenden Vorschriften der § 27 Abs. 1 S. 2 und 3, § 20b Abs. 2 S. 2 und 3 sowie an § 63a (s. dazu Loewenheim/*Vogel* § 38 Rn. 78). Durch die Unverzichtbarkeit der Vergütungsansprüche soll der ausübende Künstler vor unbedachten und

UrhG § 79 § 79 Nutzungsrechte

für ihn nachteiligen Entäußerungen seiner Rechte geschützt werden (zum Charakter des § 78 Abs. 3 als gesetzliches Verbot siehe Ahlberg/Götting/*Stang* § 78 Rn. 30).

V. Kabelweitersendung (§ 78 Abs. 4)

30 Gem. § 78 Abs. 4 findet die Vorschrift des **§ 20b**, welche das Recht des Urhebers auf Kabelweitersendung regelt, auf ausübende Künstler entsprechend Anwendung. Diese Gleichstellung von ausübenden Künstlern und Urhebern hinsichtlich des Rechts der Satellitensendung und Kabelweitersendung beruht auf der Satelliten- und Kabel-Richtlinie (s. Vor §§ 31 ff. Rn. 2). Gem. § 20b Abs. 1 kann das Recht der Kabelweitersendung grds. nur durch eine Verwertungsgesellschaft geltend gemacht werden. Diese gesetzliche Begrenzung der Aktivlegitimation bringt es mit sich, dass der ausübende Künstler hinsichtlich der zeitgleichen, unveränderten Kabelweitersendung von Rundfunkprogrammen keine Verbotsansprüche nach § 78 Abs. 1 Nr. 2 erheben kann (vgl. auch Dreier/Schulze/*Dreier* § 78 Rn. 23). Es bleibt ihm allerdings unbenommen, das Recht der Kabelweitersendung einem Sendeunternehmen oder einem Tonträger- oder Filmhersteller einzuräumen (§ 20b Abs. 2). In diesem Fall hat der ausübende Künstler einen gesetzlichen Vergütungsanspruch. Dieser Vergütungsanspruch des § 20b Abs. 2 S. 1 ist unverzichtbar und kann im Voraus nur an eine Verwertungsgesellschaft abgetreten werden.

31 Die Verweisung des § 78 Abs. 4 auf § 20b Abs. 2 betrifft lediglich solche Verträge, die nach dem 1.6.1998 geschlossen wurden, vgl. § 137h Abs. 3 (Ahlberg/Götting/*Stang* § 78 Rn. 34). Bei **internationalen Urheberverträgen** ist streitig, ob auf den gesetzlichen Vergütungsanspruch des § 20b Abs. 2 das Schutzlandprinzip Anwendung findet. Dies hängt davon ab, ob man § 20b Abs. 2 – ähnlich wie die übrigen gesetzlichen Vergütungsansprüche des UrhG – als gegenständliches Vermögensrecht oder als urhebervertragsrechtliche Regelung qualifiziert. Im letzteren Falle würde sich bei internationalen Urheberverträgen die Anwendbarkeit des gesetzlichen Vergütungsanspruchs nach dem Vertragsstatut richten (zum Meinungsstand vgl. Schricker/Loewenheim/*v. Ungern-Sternberg* § 20b Rn. 22 mit Argumenten für das Schutzlandprinzip).

§ 79 Nutzungsrechte

(1) **Der ausübende Künstler kann seine Rechte und Ansprüche aus den §§ 77 und 78 übertragen. § 78 Abs. 3 und 4 bleibt unberührt.**

(2) **Der ausübende Künstler kann einem anderen das Recht einräumen, die Darbietung auf einzelne oder alle der ihm vorbehaltenen Nutzungsarten zu nutzen. Die §§ 31, 32 bis 32b, 33 bis 42 und 43 sind entsprechend anzuwenden.**

(3) **Unterlässt es der Tonträgerhersteller, Kopien des Tonträgers in ausreichender Menge zum Verkauf anzubieten oder den Tonträger öffentlich zugänglich zu machen, so kann der ausübende Künstler den Vertrag, mit dem er dem Tonträgerhersteller seine Rechte an der Aufzeichnung der Darbietung eingeräumt oder übertragen hat (Übertragungsvertrag), kündigen. Die Kündigung ist zulässig**
1. nach Ablauf von 50 Jahren nach dem Erscheinen eines Tonträgers oder 50 Jahre nach der ersten erlaubten Benutzung des Tonträgers zur öffentlichen Wiedergabe, wenn der Tonträger nicht erschienen ist, und
2. wenn der Tonträgerhersteller innerhalb eines Jahres nach Mitteilung des ausübenden Künstlers, den Übertragungsvertrag kündigen zu wollen, nicht beide in Satz 1 genannten Nutzungshandlungen ausführt.

Ist der Übertragungsvertrag gekündigt, so erlöschen die Rechte des Tonträgerherstellers am Tonträger. Auf das Kündigungsrecht kann der ausübende Künstler nicht verzichten.

§ 79 Nutzungsrechte **1 § 79 UrhG**

Literatur: S. die Angaben bei Vor §§ 73 ff. sowie die Angaben im eingangs abgedr. Gesamtliteraturverzeichnis.
Zu Abs. 3: *Apel,* Die Entwicklung des Interpretenschutzes in Deutschland und den USA von 1877 bis 1945, ZGE H. 4/2012, 1; *Flechsig,* Harmonisierung der Schutzdauer für musikalische Kompositionen mit Text, ZUM 2012, 227; *Gerlach,* Der Richtlinienvorschlag der EU-Kommission zur Schutzfristverlängerung für ausübende Künstler und Tonträgerhersteller aus Sicht der ausübenden Künstler, ZUM 2009, 103; *Klass,* Der Richtlinienvorschlag der Kommission zur Änderung der bestehenden Schutzdauerrichtlinie, ZUM 2008, 828; *Kreile,* Der Richtlinienvorschlag der EU-Kommission zur Schutzfristverlängerung für ausübende Künstler und Tonträgerhersteller aus Sicht der Filmhersteller, ZUM 2009, 113; *Malevanny,* Die Länge der Schutzfristen im Musikurheberrecht: Rechtfertigung im Zeitalter des Internets, GRUR-Int. 2013, 737; *Pakuscher,* Der Richtlinienvorschlag der EU-Kommission zur Schutzfristverlängerung für ausübende Künstler und Tonträgerhersteller, ZUM 2009, 89; *G. Schulze,* Der Richtlinienvorschlag der EU-Kommission zur Schutzfristverlängerung für ausübende Künstler und Tonträgerhersteller aus dogmatischer, kritischer und konstruktiver Sicht, ZUM 2009, 93; *Stuwe,* Der Richtlinienvorschlag der EU-Kommission zur Schutzfristverlängerung für ausübende Künstler und Tonträgerhersteller, ZUM 2009, 117; *Wandtke/Gerlach,* Für eine Schutzfristverlängerung im künstlerischen Leistungsschutz, ZUM 2008, 822.

Übersicht

	Rn.
I. Allgemeines	1
II. Übertragung der Verwertungsrechte (Abs. 1)	2, 3
III. Einräumung von Nutzungsrechten (§ 79 Abs. 2 S. 1)	4–6
IV. Entsprechende Anwendbarkeit urhebervertraglicher Bestimmungen (§ 79 Abs. 2 S. 2)	7–37
1. Verweis auf § 31	8–11
2. Verweis auf die Vergütungsregeln der §§ 32 bis 32b, §§ 36, 36a	12–16
3. Verweis auf §§ 33 bis 42 und 43	17–37
a) Einzelne Bestimmungen über die Einräumung von Nutzungsrechten (§§ 33–35 und 37–40)	17–22
b) Rückrufsrecht (§§ 41, 42)	23
c) Zwangslizenz zur Herstellung von Tonträgern (§ 42a)	24
d) Verweis auf § 43	25–37
aa) Darbietung in Erfüllung einer Verpflichtung aus Arbeits- oder Dienstverhältnis	26–29
bb) Umfang und Bedingungen der Nutzung	30–34
cc) Vergütung des ausübenden Künstlers	35, 36
dd) Schranken der Nutzung	37
V. Sonderkündigungsrecht nach § 79 Abs. 3 n. F.	38–63
1. Bedeutung des Kündigungsrechts	38–41
2. Sachlicher Anwendungsbereich	42
3. Zeitlicher Anwendungsbereich	43, 44
4. Kündigungsberechtigte	45
5. Kündigungsgründe (§ 79 Abs. 3 S. 1)	46
a) Erster Kündigungsgrund (§ 79 Abs. 3 S. 1 Alt. 1)	47, 48
b) Zweiter Kündigungsgrund (§ 79 Abs. 3 S. 1 Alt. 2)	49
6. Zulässigkeit der Kündigung (§ 79 Ab. 3 S. 2)	50
7. Use-it-or-lose-it-Klausel	51
8. Mitteilung des ausübenden Künstlers (§ 79 Abs. 3 S. 2 Ziff. 2)	52–54
9. Abwendungsbefugnis des Tonträgerherstellers	55–58
10. Einjahresfrist (§ 79 Abs. 3 S. 2 Ziff. 2)	59
11. Kündigungserklärung	60
12. Erlöschen der Rechte des Tonträgerherstellers (§ 79 Abs. 3 S. 3)	61
13. Heimfall der Leistungsschutzrechte (§ 79 Abs. 3 S. 3)	62
14. Kein Verzicht auf das Kündigungsrecht (§ 79 Abs. 3 S. 4)	63

I. Allgemeines

Die Vorschrift des § 79 regelt die **Einräumung von Verwertungsbefugnissen** an **1** Dritte. Während nach § 78a. F. lediglich die Abtretung von Einwilligungsrechten vorgesehen war (s. dazu BGH GRUR 2002, 795; Dreier/Schulze/*Dreier* § 79 Rn. 1; *Grünberger* 259 ff.), ist der Schutz der ausübenden Künstler im Zuge des Gesetzes zur Regelung des Urheberrechts in der Informationsgesellschaft v. 10.9.2003 (BGBl. I S. 1774) ausgedehnt und in Gestalt **echter Ausschließlichkeitsrechte** konzipiert worden. Ebenso wie Urheber können auch ausübende Künstler Dritten **einfache** oder **ausschließliche Nutzungsrechte** zur Verwertung ihrer Darbietung einräumen und somit eine **dingliche** (d. h. insolvenz- und sukzessionsfeste) **Rechtsposition** schaffen (vgl. Begr. des Gesetzesentwurfs, BT-Drucks. 15/38, 22 f. mit Verweis auf Schricker/Loewenheim/*Schricker/Loewenheim* § 31 Rn. 6; Dreier/Schulze/*Dreier* § 79 Rn. 1). Der Übergang vom System der Einwilligungsrechte zu demjenigen der ausschließlichen Verwertungsrechte bedeutet eine (weitere) Gleichstellung von Urhebern und ausübenden Künstlern (krit. *Dünnwald* ZUM 2004, 161 ff.; Mestmäcker/Schulze/*Hertin* § 79 Rn. 3; Schricker/Loewenheim/*Krüger* § 79 Rn. 3; *Vogel* FS Nordemann 2004, 349, 353). Zur Umsetzung der Richtlinie 2011/77/EU des Europäischen Parlaments und des Rates vom 27.9.2011 über die Schutzdauer des Urheberrechts und bestimmter verwandter Schutzrechte ist durch das 9. UrhGÄndG vom 2.7.2013 (BGBl. I S. 1940) dem § 79 m. W. v. 6.7.2013 ein **neuer Abs. 3** angefügt worden. Siehe hierzu Rn. 38 ff.

II. Übertragung der Verwertungsrechte (Abs. 1)

2 § 79 Abs. 1 stellt klar, dass die dem ausübenden Künstler zustehenden Ausschließlichkeitsrechte und Vergütungsansprüche grds. „vollständig übertragbar und verkehrsfähig" sind (vgl. Begr. der Beschlussempfehlung BT-Drucks. 15/837, 81). Neben der Einräumung von Nutzungsrechten, wie sie in § 79 Abs. 2 vorgesehen ist, bleibt die Möglichkeit einer **translativen Rechtsübertragung** also bestehen (Dreier/Schulze/*Dreier* § 79 Rn. 2; Mestmäcker/Schulze/*Hertin* § 79 Rn. 2; kritisch dazu Dünnwald/Gerlach § 79 Rn. 6). Aus dem Wortlaut des § 79 Abs. 1 S. 1 ergibt sich, dass der ausübende Künstler sein Leistungsschutzrecht nicht insgesamt (mit Ausnahme des Persönlichkeitsrechts), sondern nur die einzelnen Verwertungsrechte und Ansprüche der §§ 77, 78 übertragen kann (ebenso Dreier/Schulze/*Dreier* § 79 Rn. 2; vgl. auch *Flechsig/Kuhn* ZUM 2004, 14, 26 und *Dünnwald* ZUM 2004, 161, 166). § 79 Abs. 1 ist aufgrund der Beschlussempfehlung und des Berichts des Rechtsausschusses v. 9.4.2003 (BT Drucks. 15/837, 35) eingefügt worden (krit. dazu Schricker/Loewenheim/*Krüger* § 79 Rn. 3, der eine ersatzlose Streichung des § 79 Abs. 1 vorschlägt; ähnlich *Dünnwald* ZUM 2004, 161 ff., 179; krit. ebenfalls *Grünberger* 256 ff., 321, der die in § 79 Abs. 1 S. 1 vorgesehene translative Übertragung als „rechtsdogmatisch unmöglich" bezeichnet).

Ausführlich zur **Darlegungs- und Beweislast** im Zusammenhang mit der Übertragung der Verwertungsrechte ausübender Künstler KG Berlin ZUM-RD 2010, 125 ff.

3 Gem. **§ 79 Abs. 1 S. 2** bleiben die in § 78 Abs. 3 und 4 enthaltenen Bestimmungen von der grundsätzlichen Übertragbarkeit der Rechte des ausübenden Künstlers unberührt. Der ausübende Künstler kann auf die gesetzlichen Vergütungsansprüche des § 78 Abs. 2 somit nicht verzichten und diese Ansprüche im Voraus nur an eine Verwertungsgesellschaft abtreten. Gleiches gilt für das Recht auf Kabelweitersendung (§ 78 Abs. 4 i. V. m. § 20b), das ebenfalls nur von einer Verwertungsgesellschaft wahrgenommen werden kann (Dreier/Schulze/*Dreier* § 79 Rn. 4; zur Vollabtretung der Vergütungsansprüche vgl. ausführlich Schricker/Loewenheim/*Krüger* § 79 Rn. 6 m. w. N.).

III. Einräumung von Nutzungsrechten (§ 79 Abs. 2 S. 1)

4 Nach § 79 Abs. 2 S. 1 kann der ausübende Künstler einem Dritten vertraglich das Recht einräumen, seine künstlerische Darbietung auf bestimmte Nutzungsarten zu nutzen. Das

Recht kann – analog zum Urhebervertragsrecht – als **einfaches** oder **ausschließliches Nutzungsrecht** eingeräumt werden. Durch ein ausschließliches Nutzungsrecht erhält der Inhaber eine dingliche Rechtsposition, die ihn berechtigt, die Darbietung unter Ausschluss aller anderen Personen (einschließlich des ausübenden Künstlers) auf die ihm eingeräumte Nutzungsart zu nutzen und weitere Nutzungsrechte einzuräumen, sofern die Ausschließlichkeit nicht vertraglich eingeschränkt ist (vgl. § 31 Rn. 2, 4 ff.; Schricker/Loewenheim/ *Schricker/Loewenheim* § 31 Rn. 4). So kann der ausübende Künstler etwa im Nutzungsvertrag vereinbaren, dass er selbst die Darbietung – parallel zum Inhaber des (ausschließlichen) Nutzungsrechts – in bestimmtem Umfang zu nutzen berechtigt ist.

Die ausschließlichen Nutzungsrechte haben unstreitig **dinglichen Charakter.** Soweit 5 der Umfang der Rechtseinräumung reicht, hat der Inhaber eines ausschließlichen Nutzungsrechts sowohl das **positive Recht,** die ihm vertraglich übertragenen Nutzungshandlungen vorzunehmen, als auch das **negative Recht,** sich gegen mögliche Rechtsverletzungen durch Dritte zur Wehr zu setzen. Das Verbotsrecht umfasst insb., die Ansprüche der §§ 97 ff. eigenständig im Klageweg geltend zu machen (vgl. Schricker/Loewenheim/ *Schricker/Loewenheim* § 31 Rn. 3; Dreier/Schulze/*Dreier* § 79 Rn. 5; Mestmäcker/Schulze/ *Hertin* § 79 Rn. 11). Die Rechtsnatur des einfachen Nutzungsrechts ist umstritten. Nach h. M. ist jedoch auch dieses als gegenständliches Recht zu qualifizieren (s. § 31 Rn. 31 f.; vgl. Schricker/Loewenheim/*Schricker/Loewenheim* § 31 Rn. 14 m. w. N.). Im Unterschied zum ausschließlichen Nutzungsrecht kann der Inhaber eines einfachen Nutzungsrechts allerdings nicht aus eigenem Recht (sondern allenfalls in gewillkürter Prozessstandschaft) gegen Dritte klagen; auch eine Sublizenzierung weiterer Nutzungsrechte an Dritte ist ausgeschlossen (zu Einzelheiten vgl. Schricker/Loewenheim/*Schricker/Loewenheim* Vor §§ 28 ff. Rn. 51, § 31 Rn. 31).

Für ausübende Künstler, die bei der Herstellung eines Filmwerkes mitwirken, enthalten 6 §§ 92, 90 eine **Sonderregelung.** Nach § 92 Abs. 2 ist der Filmhersteller gegen Vorausverfügungen ausübender Künstler geschützt. Der ausübende Künstler kann die in § 92 Abs. 2 genannten Rechte der §§ 77 Abs. 1 u. 2 S. 1 sowie § 78 Abs. 1 Nr. 1 u. 2 Dritten deshalb immer nur unter Vorbehalt einräumen oder übertragen (Dünnwald/Gerlach § 79 Rn. 7; Mestmäcker/Schulze/*Hertin* § 79 Rn. 1; Dreier/Schulze/*Dreier* § 79 Rn. 6; zum Erwerb der Master-Use-License im Fall filmunabhängig hergestellter vorbestehender Werke i. S. v. § 92 Abs. 2 vgl. Schricker/Loewenheim/*Krüger* § 79 Rn. 7; Loewenheim/*Schwarz/ Reber* § 74 Rn. 180). Auf die gesetzlichen Vergütungsansprüche der ausübenden Künstler findet § 92 Abs. 2 keine Anwendung (Schricker/Loewenheim/*Krüger* § 79 Rn. 7; Loewenheim/*Schwarz/Reber* § 74 Rn. 180; zur Wahrnehmung dieser Vergütungsansprüche in der Praxis des Filmbereichs Dünnwald/Gerlach ZUM 1999, 52, 53; Loewenheim/*Schwarz/ Reber* § 74 Rn. 179; Schricker/Loewenheim/*Krüger* § 79 Rn. 7).

IV. Entsprechende Anwendbarkeit urhebervertraglicher Bestimmungen (§ 79 Abs. 2 S. 2)

Nach § 79 Abs. 2 S. 2 finden die urhebervertraglichen Bestimmungen der **§§ 31, 32 bis** 7 **32b, 33 bis 42 und 43** auf die Nutzungsverträge zwischen ausübenden Künstlern und Verwertern entsprechende Anwendung. Die durch das Zweite Gesetz zur Regelung des Urheberrechts in der Informationsgesellschaft v. 26.10.2007 (BGBl. I S. 2513) eingeführte Fassung des § 79 Abs. 2 S. 2 resultiert zum einen daraus, dass das Verbot der Übertragung unbekannter Nutzungsarten (§ 31 Abs. 4) aufgehoben worden ist. Während § 79 Abs. 2 S. 2 a. F. im Rahmen des Verweises auf § 31 Abs. 1 bis 3 und 5 Bezug genommen hat, erklärt § 79 Abs. 2 S. 2 die Regelung des § 31 insgesamt für anwendbar (vgl. dazu im Einzelnen Rn. 10). Zum anderen hat der Gesetzgeber ausdrücklich klargestellt, dass die Vorschrift des § 42a (Zwangslizenz zur Herstellung von Tonträgern) auf ausübende keine Anwendung findet und insoweit das Redaktionsversehen in § 79 Abs. 2 S. 2a. F. beseitigt (vgl. dazu im Einzelnen Rn. 24). Die Verweisung in § 79 Abs. 2 S. 2 gilt nach wohl h. M. auch für Vollrechtsübertragungen gem. § 79 Abs. 1 (Ahlberg/Götting/*Stang* § 79 Rn 7 m. w. N.).

1. Verweis auf § 31

8 § 79 Abs. 2 S. 2 verweist zunächst auf § 31 als die zentrale Bestimmung über die Einräumung von Nutzungsrechten. **§ 31 Abs. 1 S. 1** enthält eine **Legaldefinition** des Nutzungsrechts. Danach ist unter **Nutzungsrecht** die Befugnis zu verstehen, ein Werk bzw. eine künstlerische Darbietung auf einzelne oder alle Nutzungsarten zu nutzen. Als **Nutzungsart** i. S. v. § 31 Abs. 1 ist jede in wirtschaftlich/technischer Hinsicht selbstständige und abgrenzbare Art der Verwendung einer künstlerischen Darbietung anzusehen (s. § 31 Rn. 2). **§ 31 Abs. 1 S. 2** stellt klar, dass Nutzungsrechte als einfache oder ausschließliche Rechte sowie **räumlich, zeitlich** oder **inhaltlich beschränkt** eingeräumt werden können. Der ausübende Künstler kann das Nutzungsrecht an einer Darbietung etwa auf ein geografisches Gebiet, auf einzelne Orte oder auf ein Sprachgebiet beschränken. So werden die Rechte eines Regisseurs an einer Theater- oder Operninszenierung im Regelfall auf einzelne Spielorte beschränkt sein (vgl. § 31 Rn. 10). Nutzungsrechte können naturgemäß auch zeitlich beschränkt, z. B. für einzelne Spielzeiten, eingeräumt werden. Ergibt sich aus dem Lizenzvertrag, dass die Auswertung lediglich einen zeitlich festgelegten Ausschnitt des Konzerts umfassen soll, so ist dem Lizenznehmer eine Auswertung des Konzerts in gesamter Länge nicht gestattet (LG München I ZUM 2007, 574 ff. – Marlene Dietrich). Nach Ablauf der im Nutzungsvertrag festgelegten Nutzungsdauer fällt das Recht automatisch wieder dem ursprünglichen Rechteinhaber zu (s. Vor §§ 31 ff. Rn. 49 ff.). Schließlich kann der ausübende Künstler die Nutzung der Darbietung auf einzelne Nutzungsarten beschränken (zu Einzelheiten s. § 31 Rn. 4 ff.). Von diesen unterschiedlichen Formen der Beschränkung eines Nutzungsrechts kann der ausübende Künstler **alternativ** oder **kumulativ** Gebrauch machen. Wird das Nutzungsrecht räumlich, zeitlich oder inhaltlich beschränkt eingeräumt, so bewirkt dies eine **dingliche Beschränkung** der Nutzungsbefugnis (Mestmäcker/Schulze/*Hertin* § 79 Rn. 12; s. ferner § 31 Rn. 4). Verstößt der Nutzungsberechtigte gegen eine solche (dinglich wirkende) Beschränkung der Nutzungsrechte, so kann der ausübende Künstler gegen ihn die Ansprüche der §§ 97 ff. geltend machen.

9 **§ 31 Abs. 2** und **§ 31 Abs. 3** regeln die Befugnisse des Inhabers von **einfachen** und **ausschließlichen** Nutzungsrechten. Wird das Nutzungsrecht als ausschließliches Recht eingeräumt, so kann sein Inhaber die Darbietung unter Ausschluss aller anderen Personen (einschließlich des ausübenden Künstlers) auf die vereinbarte Art nutzen. Bei einfachen Nutzungsrechten ist es hingegen möglich, dass der ausübende Künstler die Nutzungsrechte mehreren Personen einräumt und diese die Darbietung nebeneinander nutzen können (zu Einzelheiten s. Rn. 4 f. sowie § 31 Rn. 27 ff.).

10 Die Regelung des § 79 Abs. 2 S. 2 verweist einheitlich auf § 31. Vor dem Hintergrund der Aufhebung der Regelung des § 31 Abs. 4 durch das Zweite Gesetz zur Regelung des Urheberrechts in der Informationsgesellschaft v. 26.10.2007 (BGBl. I S. 2513) hat die Änderung des Gesetzeswortlauts laut Gesetzesbegründung rein klarstellenden Charakter. Die an die Stelle des § 31 Abs. 4 getretenen neuen Vorschriften der §§ 31a und 32c, wonach Urheber im Hinblick auf unbekannte Nutzungsarten grds. ein Widerspruchsrecht eingeräumt bekommen und sich für den Fall ihrer Zustimmung einer angemessenen Vergütung für die Nutzung ihres Werks in einer unbekannten Nutzungsart vergewissern dürfen, finden auf ausübende Künstler keine Anwendung. Die Gesetzesbegründung nimmt mit keinem Wort zu der Ausklammerung der §§ 31a und 32c Stellung. Vielmehr geht der Gesetzgeber offensichtlich davon aus, dass sich die Rechtslage der ausübenden Künstler insoweit nicht verändert (BT-Drucks. 16/1828, S. 32). Denn auch bei Geltung des § 31

Abs. 4 fand das gesetzliche Verbot, Nutzungsrechte hinsichtlich noch unbekannter Nutzungsarten zu vergeben, auf Nutzungsverträge mit ausübenden Künstlern keine Anwendung (so BGH GRUR 2003, 324 – EROC III; zur Rechtsstellung der ausübenden Künstler *Dünnwald* ZUM 2004, 161, 167f.; *Flechsig/Kuhn* ZUM 2004, 14, 26f.; *Krüger* ZUM 2003, 122, 124f.; *v. Rom* ZUM 2003, 128, 130). Die Differenzierung zwischen Urhebern einerseits und ausübenden Künstlern andererseits im Hinblick auf die Übertragung unbekannter Nutzungsarten wird in der Literatur nachhaltig kritisiert (dazu ausführlich *Grünberger* 285ff.; *Breuer* ZUM 2010, 301, 308; *Dünnwald/Gerlach* § 79 Rn. 11; *Gerlach*, ZUM 2008, 372, 374f.; krit. zur Ausklammerung des § 31 Abs. 4 ebenso Mestmäcker/Schulze/*Hertin* § 79 Rn. 15; Schricker/Loewenheim/*Krüger* Vor §§ 73ff. Rn. 17). Die Ungleichbehandlung verstößt nach gewichtigen Stimmen in der Literatur gegen das Gleichbehandlungsgebot von Art. 3 Abs. 1 GG (*Grünberger* 285f.; *Wandtke* FS Nordemann 2004, 267, 275; *Krüger* ZUM 2003, 122, 124; *Dünnwald* ZUM 2004, 161, 167; *Breuer* ZUM 2010, 301, 304ff.). Der vom Gesetzgeber genannte Grund für die ungleiche Behandlung zwischen ausübenden Künstlern und Urhebern im Hinblick auf die Vorschrift des § 31 Abs. 4 (und konsequent für die Vorschriften der §§ 31a und 32c) besteht darin, dass ein Nacherwerb von Rechten für neue Nutzungsarten bei ausübenden Künstlern nicht praktikabel sei, da die Darbietungen meist von vielen ausübenden Künstlern erbracht würden (BT-Drucks. 14/8058, 21; in diese Richtung auch *Flechsig/Kuhn* ZUM 2004, 14, 27). Zu Recht wird in der Literatur darauf hingewiesen, dass die vom Gesetzgeber angeführte mangelnde Praktikabilität kein sachliches Differenzierungskriterium darstellt, welches eine Ungleichbehandlung zwischen Urhebern und ausübenden Künstlern rechtfertigen könnte (*Grünberger* 285f.; *Krüger* ZUM 2003, 122, 124; *Erdmann* GRUR 2002, 923, 930, ausführlich zum vergleichbaren Wesen der Leistungen von Urhebern und ausübenden Künstlern: *Breuer* ZUM 2010, 301ff.). Die Vorschriften der §§ 74 Abs. 2 und 80 enthalten detaillierte Bestimmungen dazu, wie hinsichtlich der Rechteübertragung und Wahrnehmung der Leistungsschutzrechte zu verfahren ist, wenn die Darbietung von einer Vielzahl ausübender Künstler erfolgt. Das Gesetz selbst sieht Lösungen für die praktischen Probleme vor, die sich aus einer Mitwirkung mehrerer ausübender Künstler ergeben können. Im Übrigen muss der Verwerter auch bei einer Mehrheit von Urhebern die Zustimmung aller einholen (so zutreffend *Grünberger* 286).

Aufgrund der Kritik an der Vorschrift des § 31 Abs. 4 (vgl. dazu *Grünberger* 287; *Poll* GRUR Int. 2003, 290, 299f.; *Nordemann/Nordemann* GRUR 2003, 947ff.; *Krüger* ZUM 2003, 122, 123; *Nordemann* FS Nordemann 2004, 193, 198; *Schaefer* FS Nordemann 2004, 227, 237ff.; *Bornkamm* ZUM 2003, 1010, 1012; *Peukert* UFITA 138 [1999] 63, 81ff.; vgl. den Diskussionsstand bei *v. Rom* ZUM 2003, 128, 130) hat der Gesetzgeber mit § 31a und § 32c Regelungen geschaffen, wonach Verträge über unbekannte Nutzungsarten nur dann wirksam sind, wenn sie schriftlich geschlossen werden. Der Urheber erhält freilich die Möglichkeit, die eingeräumten Nutzungsrechte zu widerrufen. § 32c sieht einen Anspruch auf angemessene Vergütung im Hinblick auf übertragene unbekannte Nutzungsarten vor. Der Gesetzgeber hat bei der Neufassung des § 79 Abs. 2 S. 2 darauf verzichtet, diese Regelungen auf den ausübenden Künstler für entsprechend anwendbar zu erklären. § 79 Abs. 2 S. 2 perpetuiert somit die Ungleichbehandlung zwischen Urhebern und ausübenden Künstlern (so zutreffend *Grünberger* 288f.).

Über den allgemeinen Verweis auf § 31 findet auch die in Abs. 5 normierte **Zweckübertragungsregel** auf Nutzungsverträge Anwendung. Diese wurde auch vorher schon von Rechtsprechung und Schrifttum auf die Leistungsschutzrechte der ausübenden Künstler entsprechend angewandt (BGH GRUR 1979, 637, 638f. – White Christmas; BGH GRUR 1984, 119, 121 – Synchronisationssprecher; KG Berlin ZUM 2004, 467, 471 – You're My Heart, wonach die Zweckübertragungslehre einer technischen Anpassung der Werknutzung als neuer Nutzungsvariante nicht entgegen steht; Fromm/Nordemann/*Schaefer* § 79 Rn. 69; Dreier/Schulze/*Dreier* § 79 Rn. 7; Mestmäcker/Schulze/*Hertin* § 79

Rn. 13; *Grünberger* 273). Die Zweckübertragungsregel besagt, dass der ausübende Künstler im Zweifel Rechte nur in dem Umfang überträgt, der zur Erreichung des Vertragszwecks erforderlich ist (vgl. LG Köln, ZUM-RD 2010, 698 ff. Danach umfasst die Rechteeinräumung, falls im Vertrag als Zweck ausdrücklich die TV-Nutzung genannt wird, nicht auch eine Veröffentlichung im Internet.). Die den ausübenden Künstlern zugewiesenen Vermögensrechte bleiben so weit wie möglich beim ausübenden Künstler zurück. Hierdurch soll sichergestellt werden, dass der ausübende Künstler an der Verwertung und den wirtschaftlichen Früchten seiner Darbietung beteiligt wird (BGHZ 11, 135, 148 – Lautsprecherübertragung; BGH GRUR 1974, 786, 787 – Kassettenfilm; Schricker/Loewenheim/*Schricker/Loewenheim* § 31 Rn. 74, Dreier/Schulze/*Schulze* § 31 Rn. 110; *Grünberger* 273; Ahlberg/Götting/*Stang* § 79 Rn. 16 f.). Räumt der ausübende Künstler Dritten ein einfaches oder ausschließliches Nutzungsrecht an der Vervielfältigung oder Verbreitung seiner auf Bild- oder Tonträger aufgenommenen Darbietung gem. § 77 Abs. 2 S. 1 ein, so ist damit im Zweifel lediglich die Nutzung im Zusammenhang mit dem branchenüblichen Vertrieb abgedeckt. Hierzu zählt nach der Rechtsprechung auch das sog. Kopplungsrecht, die Aufnahme mit anderen Aufnahmen dieses Künstlers oder mit anderen Künstlern im Rahmen sog. Kompilationen auszuwerten (OLG Frankfurt GRUR 1995, 215 – Springtoifel; Schricker/Loewenheim/*Krüger* § 79 Rn. 11). Etwas anderes kann sich freilich dann ergeben, wenn durch eine solche Kompilation die Persönlichkeitsrechte des ausübenden Künstlers tangiert werden, z. B. dann, wenn durch die Kompilation die Verbindung zu rechtsradikalem Gedankengut hergestellt wird (OLG Frankfurt GRUR 1995, 215 f. – *Springtoifel;* Schricker/Loewenheim/*Krüger* § 79 Rn. 11). Wird der Bild- oder Tonträger zu Werbezwecken verwendet, so stellt dies in der Regel eine eigenständige Nutzungsart dar, die Rechte verbleiben insoweit im Zweifel beim ausübenden Künstler (OLG Hamburg, GRUR 1991, 599 f. – Rundfunkwerbung; OLG München ZUM 1997, 275 ff. – Trailer-Werbung; Schricker/Loewenheim/*Krüger* § 79 Rn. 11; Ahlberg/Götting/*Stang* § 79 Rn. 17). Auch die Vervielfältigung der Aufnahme bzw. des Bild- oder Tonträgers zum Zwecke des Vertriebs als sog. gekoppeltes Vorspannangebot (eine CD in Verbindung mit einer Zeitung) bedarf im Zweifel einer gesonderten Rechteeinräumung des ausübenden Künstlers (BGH, GRUR 1979, 637 – White Christmas; zu weiteren Beispielen aus der Rechtsprechung s. ausführlich Schricker/Loewenheim/*Krüger* § 79 Rn. 11).

Einer umfassenden Übertragung von Nutzungsrechten in Allgemeinen Geschäftsbedingungen steht die Zweckübertragungsregel nicht entgegen, da sie nach umstrittener, aber überwiegend vertretender Ansicht eine reine Auslegungsregel darstellt (KG Urt. v. 9.2.2012, Az. 23 U 192/08, S. 12 – *nicht veröffentlicht*, m. w. N.).

2. Verweis auf die Vergütungsregeln der §§ 32 bis 32b, §§ 36, 36a

12 § 79 Abs. 2 S. 2 verweist auf die durch das Gesetz zur Stärkung der vertraglichen Stellung von Urhebern und ausübenden Künstlern (dazu vgl. *Schricker* GRUR Int. 2002, 797 ff.; *Schmidt* ZUM 2002, 781 ff. sowie *Reinhard/Distelkötter* ZUM 2003, 269 ff.) eingeführten Vergütungsregeln der §§ 32 bis 32b, §§ 36, 36a. Die durch das Zweite Gesetz zur Regelung des Urheberrechts in der Informationsgesellschaft vom 26.10.2007 (BGBl. I S. 2513) eingeführte Regelung des § 32c, die dem ausübenden Künstler für den Fall der Nutzung seines Werks in einer unbekannten Nutzungsart einen Anspruch auf angemessene Vergütung zubilligt, findet auf ausübende Künstler ausdrücklich keine Anwendung (s. dazu bereits unter Rn. 10). § 32 normiert einen **gesetzlichen Anspruch auf Anpassung des Nutzungsvertrages,** sofern die darin vereinbarte Vergütung nicht angemessen ist. § 32 findet nur auf solche Verträge entsprechend Anwendung, die die **vertragliche Nutzung** der dem ausübenden Künstler in den §§ 73 ff. gewährten Rechte betreffen (Mestmäcker/Schulze/*Hertin* § 79 Rn. 20; vgl. das Beispiel bei *Pleister/Ruttig* ZUM 2004, 337). Ist die in einem Künstlervertrag vereinbarte Vergütung nicht angemessen, so kann der ausübende

Künstler unter Berufung auf § 32 nachträglich eine Anhebung verlangen. **Nicht anwendbar** ist § 32 auf **Werkverträge,** die den ausübenden Künstler zur Erbringung einer Darbietung verpflichten (AmtlBegr. BT-Drucks. 14/6433, 18). Zu der entsprechenden Anwendung der §§ 32 bis 32b, 36, 36a auf Künstlerverträge vor dem 1.7.2002 und den insoweit geltenden Übergangsvorschriften der §§ 132 Abs. 4 i.V.m. § 132 Abs. 3 vgl. ausführlich Schricker/Loewenheim/*Krüger* § 79 Rn. 14.

§ 32a ist an die Stelle des § 36a. F. (sog. „Bestsellerparagraph") getreten und gewährt **13** Urhebern und ausübenden Künstlern eine weitere Beteiligung, falls sich die Nutzung des Werks bzw. der Darbietung im Nachhinein als besonders erfolg- und ertragreich erweist. So kann etwa ein Schauspieler, der zu einer relativ bescheidenen Gage an einem Erstlingsfilm mitgewirkt hat, der unerwartet ein Riesenerfolg wird, hohe Beträge an den Kinokassen einspielt und mit allen denkbaren Filmpreisen ausgezeichnet wird, unter Berufung auf § 32a eine weitere Beteiligung und angemessene Aufstockung des vertraglich festgeschriebenen Honorars verlangen. Während § 36a. F. ein grobes Missverhältnis forderte, ist nach § 32a bereits ein **auffälliges Missverhältnis** (s. § 32a Rn. 8 ff.; *Pleister/Ruttig* ZUM 2004, 337, 339 ff.) ausreichend. Die Frage, ob ein auffälliges Missverhältnis vorliegt, lässt sich durch einen Vergleich der tatsächlichen mit der angemessenen Vergütung beantworten (BGH GRUR 2012, 496 – Das Boot; BGH GRUR 2012, 1248, 1252 – Fluch der Karibik). Hierzu ist zunächst festzustellen, welche Vergütung tatsächlich mit dem Urheber vereinbart wurde und welche Erträge und Vorteile mit der Verwertung erzielt wurden. In einem zweiten Schritt ist dann die Vergütung zu bestimmen, die – im Nachhinein betrachtet – unter Berücksichtigung der erzielten Erträge angemessen i.S.v. § 32 Abs. 2 S. 2 ist. Schließlich ist zu prüfen, ob die vereinbarte Vergütung mit Blick auf die angemessene Vergütung zu den Erträgen und Vorteilen in einem auffälligen Missverhältnis steht (BGH GRUR 2012, 496, 498 – Das Boot; BGH GRUR 2012, 1248, 1252 – Fluch der Karibik). Ein solches auffälliges Missverhältnis wurde vom BGH jedenfalls für den Fall bejaht, dass die vereinbarte Vergütung nur die **Hälfte der angemessenen Vergütung** beträgt. Im Einzelfall können aber auch bereits geringere Abweichungen ein auffälliges Missverhältnis begründen (BGH GRUR 2012, 1248, 1252 – Fluch der Karibik).

Anders als der Korrekturanspruch aus § 32 richtet sich der weitere Beteiligungsanspruch **14** des ausübenden Künstlers nach § 32a i.V.m. § 79 Abs. 2 S. 2 **unmittelbar gegen den Inhaber des Nutzungsrechts,** dessen Verwertung zu einem „Bestseller" geführt hat. Der Inhaber des Nutzungsrechts haftet im Wege der Durchgriffshaftung mit der Folge, dass die Haftung des ersten Inhabers des Nutzungsrechts gem. § 32a Abs. 2 S. 2 entfällt. Da Darbietungen ausübender Künstler häufig als Gemeinschaftsproduktionen erbracht werden, stellt sich bei der praktischen Anwendung des § 32a das Problem, wie bei untergeordneten Beiträgen zu verfahren ist. Die Darbietung des ausübenden Künstlers muss zwar nicht ursächlich für die Erträge sein, die der Inhaber des Nutzungsrechts aus der Verwertung zieht; es darf sich andererseits aber auch nicht um völlig marginale Beiträge handeln. Eine weitere Beteiligung nach § 32a ist lediglich dann gerechtfertigt, wenn es sich um einen **wesentlichen Beitrag zum Gesamtwerk** handelt (AmtlBegr. BT-Drucks. 14/8058, 19). Dies ist bei den Leistungen der Hauptdarsteller eines Films zweifelsohne zu bejahen. Synchronisationsleistungen eines **Synchronsprechers** für die Person des **Hauptdarstellers** sind nach der Rechtsprechung des BGH üblicherweise **nicht** derart **marginal**, dass der Anwendungsbereich des § 32a generell ausgeschlossen ist (BGH GRUR 2012, 1248, 1252 – Fluch der Karibik; anders die Vorinstanz KG Berlin, ZUM 2011, 741, 744, wonach der Beitrag eines Synchronsprechers für die Person des Hauptdarstellers lediglich als „untergeordnet" einzustufen sei; kritisch dazu zu Recht und mit überzeugender Argumentation *Wandtke/Leinemann* ZUM 2011, 746, 747). Liegen die Voraussetzungen des § 32a Abs. 1 S. 1 vor, so wird dem ausübenden Künstler – unabhängig davon, ob das Missverhältnis vorhersehbar war oder nicht – ein **gesetzlicher Korrekturanspruch** zugebilligt. Der ausübende Künstler kann entweder prozentual oder durch einmalige pauschalierte Zahlung an der erfolgreichen Werknutzung beteiligt werden. Praktisch bedeutsam ist die durch § 32a Abs. 4 eröffnete Möglichkeit einer **Vorabregelung des „Bestsellerfalls".** Danach besteht kein Anspruch auf weitere angemessene Beteiligung, soweit die Vergütung nach einer gemeinsamen Vergütungsregel oder tarifvertraglich bestimmt worden ist und ausdrücklich eine weitere angemessene Beteiligung vorgesehen ist. Im Rahmen der Aufstellung gemeinsamer Vergütungsregeln nach § 36 kann die Vergütung (z. B. durch gestaffelte Vergütungssätze oder prozentuale Beteiligungen) abstrakt vorab so bestimmt werden, dass ein möglicher künftiger wirtschaftlicher Erfolg berücksichtigt wird.

15   Gem. **§ 32b** finden die Vorschriften der §§ 32, 32a **zwingend** Anwendung, wenn auf den Nutzungsvertrag deutsches Recht anzuwenden wäre oder soweit Gegenstand des Vertrages maßgebliche Nutzungshandlungen im räumlichen Geltungsbereich dieses Gesetzes sind.

16   Zur Bestimmung der Angemessenheit von Vergütungsregeln sieht **§ 36** i. V. m. **§ 36a** folgendes Verfahren vor: Vereinigungen von Werknutzern oder einzelne Werknutzer stellen gemeinsam mit Vereinigungen von Urhebern bzw. ausübenden Künstlern Vergütungsregeln auf, die den Besonderheiten der jeweiligen Branche entsprechen. Ein solches Verfahren zur Aufstellung gemeinsamer Vergütungsregeln kann vor einer Schlichtungsstelle durchgeführt werden, wenn die Parteien dies vereinbaren (§ 36 Abs. 2 i. V. m. § 36a). Eine nach solchen gemeinsamen Vergütungsregeln bestimmte Vergütung wird in § 32 Abs. 2 S. 1 **unwiderleglich** als angemessen **vermutet.** Subsidiär kann auf die in § 32 Abs. 2 S. 2 enthaltene **Legaldefinition** der **Angemessenheit** zurückgegriffen werden, wonach eine Vergütung immer dann angemessen ist, wenn sie im Zeitpunkt des Vertragsschlusses der redlichen Branchenübung entspricht. Zu den Einzelheiten vgl. die Erläuterungen zu §§ 32–32b, §§ 36, 36a. Gem. § 125 Abs. 2 können sich **ausländische ausübende Künstler** für ihre Darbietungen im Inland auf die §§ 32, 32a, 32b, 36, 36a berufen (Schricker/Loewenheim/*Krüger* § 79 Rn. 15). Erfolgt die Nutzungshandlung im Ausland, sieht der Künstlervertrag jedoch die Anwendung deutschen Rechts vor, so ist eine Berufung auf die §§ 32, 32a, 32b, 36, 36a ebenfalls möglich (*Nordemann-Schiffel* FS Nordemann 2004, 479 ff.). Enthält der Künstlervertrag keine entsprechende Rechtswahl, so ist streitig, ob sich eine zwingende Anwendung der §§ 32 bis 32b aus den internationalen Abkommen ergibt (vgl. zum Meinungsstand Schricker/Loewenheim/*Krüger* § 79 Rn. 15 unter Hinweis auf *Hilty/Peukert* GRUR Int. 2002, 643, 655; *Nordemann-Schiffel* FS Nordemann 2004, 479 ff., 487; *Nordemann,* Urhebervertragsrecht, § 32b Rn. 7).

3. Verweis auf §§ 33 bis 42 und 43

17   **a) Einzelne Bestimmungen über die Einräumung von Nutzungsrechten (§§ 33–35 und 37–40).** Mit dem Verweis auf die Vorschriften der §§ 33–35 und §§ 37–40 werden weitere zentrale Bestimmungen des Urhebervertragsrechts auf Nutzungsverträge mit ausübenden Künstlern für entsprechend anwendbar erklärt. Die meisten dieser Vorschriften enthalten **Schutzbestimmungen zugunsten** des Urhebers/**ausübenden Künstlers** als der regelmäßig schwächeren Vertragspartei **(§§ 34, 35, 37, 40).** Auf die Erläuterungen zu den einzelnen Vorschriften wird verwiesen.

18   **§ 33** ist eine **Schutzvorschrift zugunsten des Inhabers** eines einfachen oder ausschließlichen Nutzungsrechts. Hat der ausübende Künstler (einfache oder ausschließliche) Nutzungsrechte an einer Darbietung eingeräumt, so schützt § 33 den Inhaber vor Beeinträchtigungen seines Nutzungsrechts durch spätere Verfügungen des ausübenden Künstlers, den Wechsel der Inhaberschaft oder den Verzicht (zu Einzelheiten s. Erläuterungen zu § 33).

19   Gem. **§ 37 Abs. 1** verbleibt das Recht zur Veröffentlichung oder Verwertung einer Bearbeitung der Darbietung im Zweifel beim ausübenden Künstler. Auch wenn dem ausübenden Künstler kein dinglich wirkendes Bearbeitungsrecht nach § 23 zusteht, folgt aus der entsprechenden Anwendbarkeit des § 37 Abs. 1, dass er sich im Zweifel gegen eine unzulässige Bearbeitung der Darbietung wehren kann (zur entsprechenden Anwendbarkeit

des § 37 Abs. 1 vgl. ausführlich *Grünberger* 274 ff.). Dieses Verbotsrecht wirkt lediglich schuldrechtlich zwischen den Parteien des Künstlerlizenzvertrages (Schricker/Loewenheim/*Krüger* § 79 Rn. 17). Während § 37 Abs. 1 sich auf den verwertungsrechtlichen Aspekt der Bearbeitung bezieht, schützen die §§ 75 S. 1, 39 Abs. 1 i. V. m. § 79 Abs. 2 S. 2 den ausübenden Künstler in seinen persönlichkeitsrechtlichen Belangen vor einer Bearbeitung (vgl. das Beispiel bei *Grünberger* 274 f.). Ein positives Benutzungsrecht des Interpreten folgt aus § 37 Abs. 1 nicht, da dieses in das ausschließliche Vervielfältigungsrecht des Tonträgerherstellers nach § 85 Abs. 1 eingreifen würde (*Grünberger* 275). Zur Anwendbarkeit der Auslegungsregeln des § 37 auf ausübende Künstler differenzierend Ahlberg/Götting/*Stang* § 79 Rn. 27.

§ 38 enthält **gesetzliche Vermutungsregeln** für den Umfang der Rechtseinräumung an Beiträgen in periodisch und nicht periodisch erscheinenden Sammlungen und Zeitungen. Praktische Anwendungsfälle sind aus der Rechtsprechung nicht bekannt (so auch *Grünberger* 278). Die praktische Bedeutung des Verweises auf § 38 ist gering (so auch Ahlberg/Götting/*Stang* § 79 Rn. 28).

Durch die Verweisung auf § 39 wird klargestellt, dass der Inhaber eines Nutzungsrechts die Urheberbezeichnung eines Werks (die Nennung des ausübenden Künstlers einer Darbietung) nicht ändern darf, sofern er mit dem Urheber/ausübenden Künstler nichts anderes vereinbart hat. Die Vorschrift des § 39 stellt eine vertragsrechtliche Konkretisierung und **Ausprägung** des **Persönlichkeitsrechts** dar; sie erlangt im Hinblick auf ausübende Künstler vor allem im Zusammenspiel mit § 74 Bedeutung (vgl. § 74 Rn. 20). Bezogen auf ausübende Künstler bedeutet dies, dass **Änderungen** einer **festgelegten** und somit fertigen **Werkdarbietung** grds. nicht möglich sind, es sei denn, der ausübende Künstler erklärt sich im Einzelfall mit ihnen einverstanden. Diese Befugnis, über Änderungen der Darbietung zu entscheiden, findet ihre Grenze freilich in dem Grundsatz von Treu und Glauben. Ebenso wenig wie der Urheber (§ 39 Abs. 2) kann auch der ausübende Künstler seine Zustimmung zu Änderungen der Darbietung bzw. ihrer Präsentation versagen, wenn dies gegen Treu und Glauben verstoßen würde (Mestmäcker/Schulze/*Hertin* § 79 Rn. 17; Dünnwald/Gerlach § 79 Rn. 23 befürworten jedoch eine enge Auslegung der Ausnahmevorschrift des § 39 Abs. 2).

Bezieht sich ein Künstlervertrag auf die Einräumung von Nutzungsrechten im Hinblick auf künftig zu erbringende Darbietungen, so ist der Verweis auf § 40 zu berücksichtigen. Gem. § 40 bedarf ein Vertrag, durch den sich ein ausübender Künstler zur Übertragung von Nutzungsrechten an künftigen Darbietungen verpflichtet, die überhaupt nicht oder nur der Gattung nach bestimmt sind, der Schriftform nach § 126 BGB (Dünnwald/Gerlach § 79 Rn. 24). Ein solcher Vertrag kann von beiden Vertragsteilen nach Ablauf von fünf Jahren mit einer Kündigungsfrist von maximal sechs Monaten gekündigt werden (vgl. dazu Mestmäcker/Schulze/*Hertin* § 79 Rn. 18; ausführlich *Grünberger* 279 ff.). Die Vorschrift des § 40 ist vor allem im Hinblick auf **Künstlerexklusivverträge** relevant (vgl. dazu Raue/Hegemann/*Büscher* § 9 Rn. 47; Mestmäcker/Schulze/*Hertin* § 79 Rn. 26 ff.; *Grünberger* 280 ff.). In Künstlerexklusivverträgen werden Interpreten in der Praxis häufig verpflichtet, exklusiv für einen bestimmten Zeitraum für Aufnahmen zur Verfügung zu stehen. Der Vertragspartner behält sich dabei in aller Regel das Recht vor, den Vertrag durch einseitige Optionsausübung mehrfach zu verlängern. Die Dauer eines Vertragsjahres richtet sich in der Praxis häufig nicht nach einem Kalenderjahr, sondern wird vielmehr an einen bestimmten Zeitpunkt seit Erscheinen der im maßgeblichen Vertragszeitraum zu erfüllenden Aufnahmeverpflichtung geknüpft, so dass sich die Vertragsdauer de facto auf einen weitaus längeren als den im Vertrag angegebenen Zeitraum erstrecken kann. § 40 setzt voraus, dass sich die Verpflichtung des ausübenden Künstlers auf unbestimmte oder nur der Gattung nach bestimmte Darbietungen bezieht. Eine hinreichende Individualisierung der Darbietung ist dann gegeben, wenn in einem Künstlerlizenzvertrag die Aufnahmeverpflichtung präzise mit Titel und Bezeichnung des einzuspielenden Werkes festgelegt worden ist. In der Praxis enthalten die Verträge freilich meist eine allgemeine Verpflichtung zur Einspielung einer bestimmten Anzahl von Titeln, deren Auswahl zwischen den Parteien einvernehmlich jeweils vor dem anstehenden Aufnahmetermin festgelegt wird. Gem. § 40 Abs. 1 S. 1 bedürfen solche Künstlerexklusivverträge deshalb in aller Regel der Schriftform. Als weitere Folge des § 40 kann jede Vertragspartei einen solchen schriftlich geschlossenen Künstlerexklusivvertrag nach Ablauf von fünf Jahren, beginnend mit dem Zeitpunkt des Vertragsschlusses, kündigen. Dieses Kündigungsrecht kann in der Praxis insb. bei Mehrfachoptionen Bedeutung erlangen (zu den Auswirkungen der Kündigung auf die Rechteübertragung vgl. ausführlich *Grünberger* 282 ff.).

23 **b) Rückrufsrecht (§§ 41, 42).** Während der ausübende Künstler bisher keine Möglichkeit hatte, eine einmal erteilte Einwilligung zur Nutzung einer künstlerischen Darbietung zurückzurufen (z. B. wenn eine neuerliche Verwertung rufschädigend wäre), eröffnet § 79 Abs. 2 S. 2 die entsprechende Anwendung der urheberrechtlichen Rückrufsrechte der §§ 41 (Nichtausübung) und 42 (gewandelte Überzeugung). Nach § 41 kann der ausübende Künstler ein (ausschließliches) Nutzungsrecht zurückrufen, wenn dessen Inhaber das Recht gar nicht oder nur unzureichend ausübt und dadurch **berechtigte Interessen** des ausübenden Künstlers erheblich **verletzt** werden. Dies kann vor allem ausübenden Künstlern in der Musikbranche zum Vorteil gereichen, wenn Exklusivbindungen die Verwertung blockieren (*Flechsig/Kuhn* ZUM 2004 14, 19; zu Einzelheiten s. § 41 Rn. 11 ff. Zu den Rückrufsrechten vgl. ferner ausführlich *Grünberger* 147 ff.). § 42 gewährt dem ausübenden Künstler ein Rückrufsrecht, wenn die Darbietung seiner **Überzeugung** nicht mehr entspricht und ihm deshalb die **Verwertung** der Darbietung **nicht zugemutet** werden kann (zu Einzelheiten s. *Grünberger* 147 ff.; ferner § 42 Rn. 5 ff.). Die Vorschriften der § 41 und (vor allem) § 42 sind trotz ihrer systematischen Stellung im Abschnitt über die urheberrechtlichen Nutzungsrechte Ausdruck des Urheberpersönlichkeitsrechts (vorsichtiger *Wandtke* KUR 2003, 109, 112, der nur § 42 urheberpersönlichkeitsrechtlichen Charakter zubilligen will.). Das dem ausübenden Künstler gewährte Rückrufsrecht bedeutet somit – obwohl § 79 systematisch bei den vermögensrechtlichen Verwertungsrechten angesiedelt ist – neben § 74 eine weitere **Stärkung der Persönlichkeitsrechte** des ausübenden Künstlers. In der Praxis kann vor allem das Rückrufsrecht wegen gewandelter Überzeugung (§ 42) Bedeutung erlangen (vgl. *Jaeger* 161 f., der beispielhaft den Fall bildet, dass eine Rockband wegen eines politischen Meinungswechsels die Verwertung alter Aufnahmen untersagen möchte, die rechtsradikale Texte enthalten; krit. hingegen *Schwarz* in: *v. Rom* ZUM 2003, 128, 131; nach *Grünberger* 317, kommt dem Rückruf wegen Überzeugungswandels keine große praktische Bedeutung zu, da ein solcher Überzeugungswandel in der Natur der interpretierenden Leistung liege). Auf die Rückrufsrechte der §§ 41, 42 kann der ausübende Künstler nicht verzichten. Mit Wirksamwerden des Rückrufs endet der der Rechtseinräumung zugrundeliegende schuldrechtliche Vertrag, wodurch sämtliche Exklusivbindungen erlöschen (hierzu ausführlich *Grünberger* 318 ff.).

24 **c) Zwangslizenz zur Herstellung von Tonträgern (§ 42a).** Nachdem der Gesetzgeber im Zuge der systematischen „Umorientierung" im Rahmen des Gesetzes zur Regelung des Urheberrechts in der Informationsgesellschaft v. 10.9.2003 (BGBl. I S. 1774) versäumt hatte, die Vorschrift des § 42a von der Verweisung auf die urhebervertraglichen Bestimmungen in § 79 Abs. 2 S. 2 auszunehmen, ist dieses Redaktionsversehen durch das Zweite Gesetz zur Regelung des Urheberrechts in der Informationsgesellschaft v. 26.10.2007 (BGBl. I S. 2513) korrigiert worden. § 42a findet auf ausübende Künstler **keine Anwendung**. Diese können nicht zur Vergabe von Zwangslizenzen verpflichtet werden, da dies den interpretatorischen Wettbewerb und die kulturelle Vielfalt in unzulässiger Weise einschränken würde (*Grünberger* 290).

25 **d) Verweis auf § 43.** § 79 Abs. 2 S. 2 verweist schließlich auf die für Urheber geltende Regelung des § 43. Erbringt der ausübende Künstler eine Darbietung in Erfüllung seiner

arbeits- oder dienstvertraglichen Pflichten, so finden die Bestimmungen der §§ 31 ff. Anwendung, allerdings nur, soweit sich aus dem Inhalt oder dem Wesen des Arbeits- oder Dienstverhältnisses nichts anderes ergibt. § 79 Abs. 2 S. 2 i. V. m. § 43 betrifft – im Gegensatz zum freischaffenden – ausschließlich den **abhängig beschäftigten** ausübenden Künstler, der seine Darbietung fremdbestimmt für einen Arbeitgeber oder Dienstherrn erbringt (ausführlich zu den Leistungsschutzrechten ausübender Künstler in Arbeits- und Dienstverhältnissen Schricker/Loewenheim/*Rojahn* § 79 Rn. 18 ff.).

aa) Darbietung in Erfüllung einer Verpflichtung aus Arbeits- oder Dienstverhältnis. Die Anwendung des § 43 setzt voraus, dass der ausübende Künstler seine Darbietung **in Erfüllung der Verpflichtungen aus einem Arbeits- oder Dienstverhältnis** erbringt. Dies bestimmt sich in erster Linie nach den individuellen Vereinbarungen bzw. kollektivvertraglichen Regelungen, die dem Arbeitsverhältnis zu Grunde liegen. Eine Darbietung ist nicht bereits deshalb als außervertraglich zu qualifizieren, weil sie nicht während der Arbeitszeit erbracht wurde (zur Abgrenzung zwischen vertraglichen und außervertraglichen Darbietungen vgl. Schricker/Loewenheim/*Rojahn* § 43 Rn. 23 m. w. N.). 26

Arbeitsverhältnis i. S. v. § 43 ist jedes privatrechtliche Beschäftigungsverhältnis, das durch Arbeitsvertrag (in Form eines besonders ausgestalteten Dienstvertrages i. S. v. § 611 BGB) begründet wird (BAG ZUM 2007, 507, 508 m. w. N.; Palandt/*Putzo* Einf. v. § 611 Rn. 29). Charakteristisches Merkmal ist die Weisungsgebundenheit des Arbeitnehmers. Das Weisungsrecht kann Inhalt, Durchführung, Zeit, Dauer und Ort der Tätigkeit betreffen (BAG ZUM 2007, 507, 508; Fromm/Nordemann/*Vinck* § 79 Rn. 1; Schricker/Loewenheim/*Rojahn* § 43 Rn. 13). In einem privatrechtlichen Arbeitsverhältnis können sowohl Arbeitnehmer der Privatwirtschaft als auch Angestellte im öffentlichen Dienst stehen. Für die Frage, ob ein Arbeitsverhältnis i. S. v. § 43 vorliegt, ist auf die spezifisch arbeitsrechtliche Bedeutung des Arbeitsverhältnisses abzustellen (zu Einzelheiten § 43 Rn. 13; Dreier/Schulze/*Dreier* § 43 Rn. 6; Schricker/Loewenheim/*Rojahn* § 43 Rn. 11 ff.; zur Abgrenzung zwischen Arbeits- und Dienstvertrag im Hinblick auf das Engagement eines Opernsängers im Rahmen eines Gastspielvertrages vgl. BAG, ZUM 2007, 507 ff.; krit. dazu *Opolony* ZUM 2007, 519, 522). **Freie Mitarbeiter** sind grds. keine Arbeitnehmer, sie werden vielmehr regelmäßig aufgrund eines Dienst- oder Werkvertrages beschäftigt (näher § 43 Rn. 12; Dreier/Schulze/*Dreier* § 43 Rn. 8; Schricker/Loewenheim/*Rojahn* § 43 Rn. 16, 17; zur Frage von Wiederholungshonoraren von freien Mitarbeitern gegenüber einer Rundfunkanstalt vgl. BFH GRUR 2006, 1021 f. sowie Rn. 35). Zu Abgrenzungsfragen bei arbeitnehmerähnlichen Personen vgl. § 43 Rn. 9 f.; Dreier/Schulze/*Dreier* § 43 Rn. 8; Schricker/Loewenheim/*Rojahn* § 43 Rn. 18. 27

Nach h. M. können Arbeitsverträge **zeitlich befristet** geschlossen werden (Schricker/Loewenheim/*Rojahn* § 79 Rn. 20 m. w. N.). Dies erlangt im Hinblick auf ausübende Künstler in der Praxis Bedeutung, da diese häufig nur für eine bestimmte, zeitlich begrenzte Produktion engagiert werden (*Opolony* ZfA 2000, 179, 185; *Opolony* NZA 2001, 1351; Schricker/Loewenheim/*Rojahn* § 79 Rn. 20). Nach der Rechtsprechung des BAG sind **Kettenarbeitsverträge** grds. wirksam, soweit ein sachlicher Grund für die zeitliche Befristung des Arbeitsverhältnisses gegeben ist (so ausdrücklich § 14 Abs. 1 des Gesetzes über Teilzeitarbeit und befristete Arbeitsverträge [TzBfG]; dazu Meinel/Heyn/Herms, § 14 Rn. 20 ff. sowie EuGH v. 26.1.2012, C – 586/10 – Kücük, BAG Urt. v. 14.1.2004 – 7 AZR 213/03; BAG vom 6.11.2003 – 2 AZR 690/02; Schricker/Loewenheim/*Rojahn* § 79 Rn. 20; BAG UFITA 93 [1982] 226, 233; BAG BB 1990, 1907; ArbG Berlin ZUM 2004, 587 ff.; *v. Olenhusen* FuR 1982, 298). Die zeitliche Befristung von Arbeitsverträgen im Bühnenbereich kann sachlich gerechtfertigt sein, da sich die Erfordernisse an die engagierten ausübenden Künstler je nach künstlerischem Konzept ändern und unterschiedlichen Anforderungen entsprechen (vgl. Schricker/Loewenheim/*Rojahn* § 79 Rn. 20). **Bühnen- und Engagementverträge** sind regelmäßig als Arbeitsverträge einzustufen 28

(Dreier/Schulze/*Dreier* § 79 Rn. 8); es gelten die Besonderheiten des Bühnentarifvertragsrechts. Auch **Saison- und Gastspielverträge** im Bühnenbereich erfüllen grds. die Merkmale eines Arbeitsverhältnisses i. S. v. § 43 (LAG Düsseldorf UFITA 92 [1982] 293/295; BOSchG Köln, UFITA 75 [1976], 283, 286; Schricker/Loewenheim/*Rojahn* § 79 Rn. 20; *Opolony* ZUM 2007, 519 ff.; a. A. BAG ZUM 2007, 507, 508, wonach ein Gastspielvertrag mit einem Opernsänger für einen bestimmten Probenzeitraum und bestimmte vereinbarte Vorstellungen keinen Arbeitsvertrag, sondern einen Dienstvertrag darstellt. Nach Ansicht des BAG fehlt es bei derartigen Gastspielverträgen an der für ein Arbeitsverhältnis erforderlichen Weisungsabhängigkeit. Dazu zu Recht krit. *Opolony* ZUM 2007, 519, 523, wonach die Entscheidung des BAG die „wahren Gegebenheiten im Arbeitsleben der Bühnen" vernachlässigt und „das Bild des Künstlers als unabhängige Kraft bei der Schaffung eines Gesamtwerks idealisiert". Für die Einstufung von Gastspielverträgen als Dienstverträge ebenfalls Dreier/Schulze/*Dreier* § 79 Rn. 8). Verträge zwischen Filmdarstellern (Schauspielern, Sängern), Regisseuren und Filmproduktionsgesellschaften sind ebenfalls grds. als Arbeitsverträge zu qualifizieren (BAG UFITA 92 [1982] 242; OLG München UFITA 44 [1965], 207; Schricker/Loewenheim/*Rojahn* § 79 Rn. 20). Im Rundfunkbereich ist nach einer Entscheidung des Bundesverfassungsgerichts (BVerfG NJW 1982, 1447) der Begriff des Arbeitnehmers stets im Lichte der grundgesetzlich garantierten Rundfunkfreiheit auszulegen. Das BVerfG geht davon aus, dass Meinungsvielfalt bei der Programmgestaltung nur durch Flexibilität im Bereich der Mitarbeiter, insb. durch die Beschäftigung freier Mitarbeiter erzielt werden kann. Zeitlich befristet engagierte Rundfunkmitarbeiter genießen daher nicht mehr grds. Arbeitnehmerstatus (vgl. noch BAG UFITA 81 [1978], 305), vielmehr ist bei programmgestaltenden Mitarbeitern auf die konkreten Umstände des Einzelfalls abzustellen (BAG ZUM 1995, 621).

29 **Dienstverhältnisse** sind die **öffentlich-rechtlichen Beschäftigungsverhältnisse** der Beamten etc. (*v. Vogel* NJW 2007, 177 f.; Dreier/Schulze/*Dreier* § 43 Rn. 7; ebenso § 43 Rn. 14 f.).

30 **bb) Umfang und Bedingungen der Nutzung.** In welchem Umfang und unter welchen Bedingungen der Arbeitgeber oder Dienstherr die Darbietung des ausübenden Künstlers nutzen bzw. anderen ihre Benutzung gestatten darf, richtet sich zunächst nach den individuell im Arbeitsvertrag getroffenen Vereinbarungen bzw. nach kollektivvertraglichen Regelungen (Schricker/Loewenheim/*Rojahn* § 79 Rn. 21 ff.). Praktisch bedeutsam sind die im Bühnen-, Musik- und Rundfunkbereich geltenden Tarifverträge, die die Mitwirkungspflichten der ausübenden Künstler im Einzelnen festschreiben (dazu eingehend *Wandtke* ZUM 2004, 505, 507 ff. sowie Schricker/Loewenheim/*Rojahn* § 79 Rn. 42 ff.; siehe ferner Rn. 32). Bestehen weder individual- noch kollektivvertragliche Regelungen hinsichtlich der Übertragung der Leistungsschutzrechte, ist nach § 43 auf das Wesen des Arbeits- oder Dienstverhältnisses abzustellen.

31 Überträgt der ausübende Künstler Leistungsschutzrechte an den Arbeitgeber oder Dienstherren, so ergibt sich der Umfang der Rechteübertragung – sofern nicht die Nutzungsarten im Einzelnen bezeichnet sind – grds. unter Anwendung der Zweckübertragungslehre des § 31 Abs. 5. Diese ist insb. dann auslegend heranzuziehen, wenn der Individualvertrag eine Klausel enthält, wonach alle bestehenden oder künftig entstehenden Leistungsschutzrechte an den Arbeitgeber abgetreten werden (Schricker/Loewenheim/ *Rojahn* § 79 Rn. 21). Liegt keine ausdrückliche individualvertragliche Regelung vor und greifen die kollektivvertraglichen Regelungen nicht ein (s. dazu ausführlich Rn. 32), so ist in der Regel davon auszugehen, dass der ausübende Künstler die für die betrieblichen Zwecke seines Arbeitgebers oder Dienstherren erforderlichen Rechte stillschweigend überträgt (LG Saarbrücken UFITA 38 [1962], 224, 229; Schricker/Loewenheim/*Rojahn* § 79 Rn. 22 unter Hinweis auf die Kommentierung zu § 43 Rn. 49 ff.). Bei einer solchen stillschweigenden Rechtsübertragung ergibt sich der Umfang der übertragenen Leistungs-

schutzrechte aus dem jeweiligen Aufgabenbereich (dazu ausführlich Schricker/Loewenheim/*Rojahn* § 79 Rn. 23 ff.).

In der Praxis unterliegen die ausübenden Künstler im Bühnen-, Musik- und Rundfunkbereich in der Regel einer tarifvertraglichen Bindung. Für den **Bühnenbereich** sind die Mitwirkungspflichten der ausübenden Künstler im Normalvertrag Bühne (NV-Bühne) vom 15.10.2002, zuletzt geändert mit 6. Tarifvertrag vom 15.4.2011 geregelt. Der Tarifvertrag differenziert zwischen Mitwirkungspflichten der Bühnenmitglieder und der Rechteübertragung. Gem. **§ 7 Abs. 1 NV-Bühne** besteht für die dem Tarifvertrag unterworfenen Künstler eine **umfassende Mitwirkungspflicht** bei Aufführungen und Aufzeichnungen auf Bild- und/oder Tonträger. Diese Mitwirkungspflicht umfasst „alle Veranstaltungen (Aufführungen und Proben) der Bühnen in allen Kunstgattungen". Als Veranstaltungen in diesem Sinne gelten auch die Übertragung der Darbietungen durch Funk (Hörfunk und Fernsehen) sowie die Aufzeichnung auf Ton- und/oder Bildträger sowie Bildtonträger (*Bolwin/Sponer*, § 7 NV Bühne, Rn. 4 ff., 37 ff.). Die Mitwirkungspflichten sind in §§ 54 ff. (Solomitglieder), §§ 63 ff. (Bühnentechniker), §§ 71 ff. (Chormitglieder) und §§ 84 ff. (Tanzgruppenmitglieder) geregelt (Nix/Hegemann/Hemke/*Nix,* NV-Bühne, § 7 Rn. 1). **§ 8 NV Bühne** betrifft die Rechteübertragung. Er normiert eine zeitlich und räumlich unbegrenzte **Duldungspflicht** der dem Tarifvertrag unterliegenden Künstler bei solchen Veranstaltungen, die auf Ton- und/oder Bildträger zu theatereigenen Zwecken aufgenommen werden, im Hinblick auf die Vervielfältigung, Verbreitung oder Wiedergabe (s. dazu Schricker/Loewenheim/ *Rojahn* § 79 Rn. 44). Die tarifvertraglichen Regelungen zur Rechteübertragung für die einzelnen Berufsgruppen ergeben sich aus § 59 (Solomitglieder), § 68 (Bühnentechniker), § 80 (Chormitglieder) und § 93 (Tanzgruppenmitglieder). Die Bestimmungen der §§ 7, 8 NV Bühne ermöglichen eine umfassende Dokumentation und Archivierung von Theateraufführungen auch in digitaler Form. Bei Aufzeichnungen und Live-Veranstaltungen einschließlich Sendungen, Wiederholungssendungen, Kabel- und Satellitenverbreitung entsteht ein Anspruch auf Sondervergütung (Schricker/Loewenheim/*Rojahn* § 79 Rn. 44). Wird eine Aufnahme ausschließlich für den theatereigenen Gebrauch verwertet (einschließlich der Nutzung als kostenloses oder gegen Schutzgebühr abgegebenes Werbemittel), so besteht gem. § 59 Abs. 4 NV Bühne keine Sondervergütungspflicht an mitwirkende Solisten. Ob im Einzelfall von einem theatereigenen Gebrauch auszugehen ist, ergibt sich aus dem Bühnenbrauch sowie aus der Zweckbestimmung der Leistungsschutzrechte der ausübenden Künstler (*Wandtke* ZUM 2004, 505 ff.).

Für Musiker in Kulturorchestern (vgl. dazu Schricker/Loewenheim/*Rojahn* § 79 Rn. 52) statuiert der Tarifvertrag vom 31.10.2009 (TVK) in § 7 Abs. 2 eine **Mitwirkungspflicht** der Orchestermusiker. Diese umfasst gem. § 7 Abs. 4b insb. Darbietungen für Rundfunk- und Fernsehzwecke (live oder aufgezeichnet) im Theater, Konzertsaal oder im Rundfunk-/ Fernsehstudio. Gem. § 7 Abs. 4c sind die Orchestermusiker zur Mitwirkung bei Aufzeichnungen auf Tonträger, Bildträger sowie Bildtonträger verpflichtet. Nach § 7 Abs. 4d umfasst die Mitwirkungspflicht ferner die Mitwirkung bei der unmittelbaren Übertragung durch Bildschirm und/oder Lautsprecher oder ähnliche technische Einrichtungen, sofern die Übertragung in Innenräume oder – nach Unterrichtung des Orchestervorstands – auf Vorplätze des Theaters erfolgt. Durch den TVK vom 31.10.2009 sind die relevanten Mitwirkungspflichten der Orchestermusiker vor dem Hintergrund der Informationstechnologien grundlegend neu geregelt worden. Die Regelung in § 7 TVK statuiert eine denkbar umfassende Mitwirkungspflicht (vgl. dazu ausführlich *Bolwin/Sponer* § 7 Rn. 33 ff.). Die Fragen der Rechteeinräumung und Rechteabgeltung werden in §§ 8 und 9 TVK geregelt. §§ 8 und 9 TVK konkretisieren insoweit die gesetzliche Regelung der § 79 Abs. 2 Satz 2 i.V.m. § 43 UrhG (vgl. *Bolwin/Sponer*, § 8 Rn. 5). Die Vorschrift des § 8 ist mit Wirkung vom 1.1.2010 in Kraft getreten und betrifft die Einräumung von Leistungsschutzrechten der ausübenden Künstler, insbesondere die Frage, welche Nutzungsrechte durch Tarifvertrag auf den Arbeitgeber übertragen werden (vgl. ausführlich *Bolwin/Sponer* § 8 TVK

Rn. 24 ff.). Die Vorschrift des § 9 TVK ist ebenfalls mit Wirkung vom 1.1.2010 in Kraft getreten und regelt die im Gegenzug zu der Rechteübertragung nach § 8 TVK zu zahlende Sondervergütung (vgl. ausführlich *Bolwin/Sponer* § 9 Rn. 3 ff.).

34   Zu den Tarifverträgen im Rundfunkbereich vgl. Schricker/Loewenheim/*Rojahn* § 79 Rn. 50 f.

35   **cc) Vergütung des ausübenden Künstlers.** Die dem Arbeitgeber oder Dienstherrn im Rahmen des § 43 abgetretenen/eingeräumten Leistungsschutzrechte sind grds. durch die **Gage** oder das Gehalt **abgegolten** (Dreier/Schulze/*Dreier* § 79 Rn. 8; Schricker/Loewenheim/*Rojahn* § 79 Rn. 31; *v. Vogel* NJW 2007, 177, 178). Lediglich wenn die konkrete Nutzung seitens des Arbeitgebers oder Dienstherrn über den vertraglichen Zweck oder die vom ausübenden Künstler arbeitsvertraglich konkret geschuldeten Pflichten hinaus geht, entsteht ein zusätzlicher Vergütungsanspruch (dazu ausführlich Schricker/Loewenheim/*Rojahn* § 79 Rn. 32 ff.). So steht einem Rundfunkorchester ein zusätzlicher Vergütungsanspruch zu, wenn die Aufnahme zum Zwecke der Schallplattenverwertung vom Rundfunksender weitergegeben wird (KG UFITA 91 [1981], 224.) Wird eine Theaterinszenierung aufgenommen, um sie im Fernsehen auszustrahlen, so liegt dies in aller Regel außerhalb des betrieblichen Zweckes. Der Arbeitnehmer ist für eine solche Nutzung zusätzlich zu vergüten (BOSchG Frankfurt a. M. UFITA 97 [1984], 245; OLG Hamburg GRUR 1976, 708, 710 – Staatstheater; OLG Frankfurt a. M. GRUR 1985, 380 – Operneröffnung; Schricker/Loewenheim/*Rojahn* § 79 Rn. 32). Zu weiteren Fällen der Sondervergütung im Bühnenarbeitsrecht vgl. Schricker/Loewenheim/*Rojahn* § 79 Rn. 32. Ein vertraglich vereinbarter Zahlungsanspruch wegen Übertragung der Leistungsschutzrechte durch einen Orchestermusiker im Hinblick auf eine vorgesehene Rundfunkübertragung besteht ohne Rücksicht darauf, ob die Rundfunkübertragung tatsächlich stattgefunden hat (ArbG Dresden ZUM 2005, 418 ff. mit Anm. von *Fallenstein* ZUM 2005, 420 f.). Die Leistungsschutzrechte für Fernsehproduktionen verbleiben i. d. R. bei den beteiligten Schauspielern und Sängern, auch wenn diese arbeitsvertraglich verpflichtet sind, an der Produktion teilzunehmen (SG Hamburg Urt. v. 8.3.2006, S 10R 1478/05). Zahlt ein Theater somit an seine angestellten Schauspieler und Chorsänger Vergütungen für die Übertragung von Leistungsschutzrechten, so handelt es sich nicht um ein Arbeitsentgelt, das mit Beiträgen zur Sozialversicherung zu belegen ist. Anderes gilt für Souffleure, Maskenbildner, Regieassistenten und Inspizienten. Diese gehören nicht zum Kreis der nach §§ 73 ff. geschützten ausübenden Künstler, so dass die vom Theater geleistete Vergütung für deren Mitwirkung an Fernsehproduktionen zum Arbeitsentgelt gehört und beitragspflichtig in der Sozialversicherung ist (SG Hamburg Urt. v. 8.3.2006, S 10R 1478/05). Auch Wiederholungshonorare und Erlösbeteiligungen, die an ausübende Künstler von Hörfunk- oder Fernsehproduktionen als Nutzungsentgelte für die Übertragung originärer urheberrechtlicher Verwertungsrechte gezahlt werden, stellen keinen Arbeitslohn dar (BFH GRUR 2006, 1021 ff.). Während die Erstvergütung sich in solchen Fällen auf die arbeitsvertraglich vereinbarte Tätigkeit (die unmittelbare Produktion des Werks) bezieht, sind die Vergütungsansprüche bzgl. der Wiederholungsvergütungen Resultat der in der Person des ausübenden Künstlers entstandenen originären Schutzrechte.

36   Bei **auffälligem Missverhältnis** zwischen dem vertraglich vereinbarten Honorar und den aus der Nutzung gezogenen Erträgen hat der ausübende Künstler, der seine Darbietung im Rahmen eines Arbeitsverhältnisses erbringt, gem. **§ 79 Abs. 2 S. 2 i. V. m. § 32a** einen Anspruch auf weitere Beteiligung. Etwas anderes gilt dann, wenn die Vergütung tarifvertraglich geregelt ist. In diesem Fall scheidet sowohl die Berufung auf Unangemessenheit i. S. v. § 32 als auch eine weitere Beteiligung gem. § 32a Abs. 1 aus (Schricker/Loewenheim/*Rojahn* § 79 Rn. 35).

37   **dd) Schranken der Nutzung.** Schranken für die Nutzung der Darbietung eines ausübenden Künstlers durch Arbeitgeber bzw. Dienstherrn können sich insb. im Hinblick auf

die **Persönlichkeitsrechte** des ausübenden Künstlers ergeben. So kann sich der ausübende Künstler insb. gegen Entstellungen oder andere Beeinträchtigungen seiner Darbietung wehren, die geeignet sind, sein Ansehen und seinen Ruf als ausübender Künstler zu gefährden (§ 75). Die Vorschriften der §§ **74, 75** finden grds. auch im Rahmen eines Arbeits- oder Dienstverhältnisses Anwendung; sie sind als Persönlichkeitsrechte **unabdingbar** (Schricker/Loewenheim/*Rojahn* § 79 Rn. 36 ff.). Allerdings kann der in einem Arbeitsverhältnis beschäftigte ausübende Künstler im konkreten Fall einer Änderung seiner Darbietung zustimmen (LG München I 87 [1980], 342; *Kurz* Kap. 13 Rn. 135; Schricker/Loewenheim/*Rojahn* § 79 Rn. 36 m.w.N.) oder auf eine Namensnennung verzichten. Handelt es sich um „zweckentsprechende" Änderungen der Darbietung, so wird von einer stillschweigenden Zustimmung des ausübenden Künstlers auszugehen sein (*Kurz* Kap. 13 Rn. 135). Eine auch im Rahmen eines Arbeits- bzw. Dienstverhältnisses nicht mehr hinnehmbare Entstellung liegt hingegen vor, wenn gegen den Willen eines Schauspielers dessen Stimme synchronisiert wird (OLG München UFITA 29 [1959] 342 – Stimme; Schricker/*Rojahn* § 79 Rn. 36).

V. Sonderkündigungsrecht nach § 79 Abs. 3 n. F.

1. Bedeutung des Kündigungsrechts

Mit dem 9. UrhGÄndG v. 2.7.2013 (BGBl I S. 1940) wurde in Umsetzung der Schutzdauerrichtlinie 2011/77/EU der § 79 Abs. 3 angefügt, der nunmehr ein **gesetzliches Kündigungsrecht** des ausübenden Künstlers gegenüber dem **Tonträgerhersteller als Vertragspartei regelt**. Die Einfügung dient zum einen der Umsetzung von Art. 1 Abs. 2 Buchst. c der geänderten Schutzdauerrichtlinie 2011/77/EU, der ein Kündigungsrecht des ausübenden Künstlers vorsieht (kritisch zur RL *Malevanny* GRUR-Int 2013, 737, 746). Die Neuregelung ist zudem eine Reaktion auf die Verlängerung der Schutzfristen für ausübende Künstler und Tonträgerhersteller von 50 auf 70 Jahre. Da mit der Verlängerung der Schutzfristen auch eine Verlängerung des Übertragungs- oder Abtretungsvertrag (**Nutzungsvertrag**) mit dem Tonträgerhersteller verbunden ist, soll der ausübende Künstler nach Ablauf von 50 Jahren entscheiden können, ob er sich weitere 20 Jahre an diesen Vertrag binden will. Bedauerlicherweise wird von der Änderung der Schutzdauer-Richtlinie 2011/77/EU **nicht der Bereich audiovisueller und visueller Aufzeichnungen** erfasst (RefE 19). Dies entspricht allerdings Art. 3 Abs. 2 der Schutzdauer-Richtlinie 2011/77/EU und Art. 2 Buchst. b WPPT, wonach der Begriff „Tonträger" die Festlegung der Töne einer Darbietung oder anderer Töne oder einer Darstellung von Tönen **außer** in Form einer Festlegung, die Bestandteil eines Filmwerkes oder eines anderen audiovisuellen Werks ist, bezeichnet (EuGH ZUM 2012, 393, 394 – PPL). 38

Die einseitige Ausrichtung der Schutzdauer-Richtlinie 2011/77/EU auf die Tonträgerindustrie hat zu berechtigter Kritik geführt. Die Verlängerung der Schutzfristen gilt nicht für die ausübenden Künstler in der **Filmindustrie** (s. *Kreile* ZUM 2009, 113, *Stuwe* ZUM 2009, 117, 120). Denn das Kündigungsrecht nach § 79a Abs. 3 erstreckt sich nicht auf die Rechte desjenigen ausübenden Künstlers, dessen Darbietung auf **andere Trägermedien** als auf Tonträger aufgezeichnet worden ist. Es ist zu hoffen, dass die Europäische Kommission die Ungleichbehandlung beseitigt und in naher Zukunft auch beim Leistungsschutz ausübender Künstler für Darbietungen, die audiovisuell und visuell aufgezeichnet wurden, die Schutzfrist auf 70 Jahre erhöht. Denn die geänderte Schutzdauer-Richtlinie zugunsten der Tonträgerindustrie widerspricht dem Art. 17 Abs. 2 der Grundrechtecharta, der eine Ungleichbehandlung der Schutzfristen für ausübende Künstler innerhalb der EU nicht vorsieht. Sie lässt sich auch nicht aus einer besonderen wirtschaftlichen Schutzbedürftigkeit ableiten (a. A. Dreier/Schulze/*Dreier* § 82 Rn. 2a). 39

Die Leistungsschutzrechte nach den §§ 77 und 78 hinsichtlich der Aufzeichnungen der Darbietung auf einem anderen Träger als Tonträger erlöschen wie bisher nach 50 Jahren nach der ersten Veröffentlichung bzw. der ersten öffentlichen Wiedergabe (RefE 19). Die bisherige Formulierung „Bild- oder Tonträger" entfällt nach Auffassung des Gesetzgebers (RefE 20). Damit werden unterschiedliche Schutzfristen innerhalb der Kunstproduktion und der Verwertung der Produkte in Kauf genommen, die die praktische Anwendung des Urheberrechts mehr behindern als befördern. Eine generelle Verlängerung der Leistungsschutzrechte der ausübenden Künstler von 50 auf 70 Jahre ist nicht vorgesehen. Fraglich ist, ob mit der geänderten Schutzdauer-Richtlinie 2011/77/EU eine Maximal- oder eine **Minimallösung** angestrebt wurde. Die Angleichung bzw. Harmonisierung der unterschiedlichen Schutzfristen innerhalb der Leistungsschutzrechte der ausübenden Künstler sprechen für eine Minimallösung. Es ist nicht Aufgabe des Gesetzgebers, die Ungleichbehandlung innerhalb der Kunstproduktion zu zementieren, sondern er hat dafür Sorge zu tragen, dass alle ausübenden Künstler in den Genuss der Beteiligung an der wirtschaftlichen Verwertung ihrer auf verschiedenen Trägern festgelegten Darbietungen gelangen, um die Leistungsschutzrechte der ausübenden Künstler als Eigentum i. S. des Art. 14 Abs. 1 GG zu gewährleisten (BVerfG GRUR 1990, 438, 439 – Bob Dylan). Die Verlängerung der Leistungsschutzrechte auf 70 Jahre nur für Tonträger und nur für bestimmte ausübende Künstler ist eine Minimallösung (a.A. *Kunz-Hallstein/Loschelder* GRUR 2013, 152, 153).

40 Die Reduzierung der Aufzeichnungen künstlerischer Darbietungen nur auf einen bestimmten Träger ist außerdem im Hinblick auf Art. 3 Abs. 1 und Art. 14 Abs. 1 GG verfassungsrechtlich bedenklich, weil ohne sachlichen Differenzierungsgrund nur bestimmte Künstlergruppen in den Genuss der Verlängerung der Schutzfristen gelangen und somit 20 Jahre länger an der wirtschaftlichen Verwertung ihrer Leistungen partizipieren können. So sind die Leistungsschutzrechte der Tänzer nur in Verbindung mit einer Videokassette, einer DVD oder einem anderen Bild- und Tonträger relevant. Die **Ungleichbehandlung** findet zwischen denjenigen Künstlern statt, die Töne produzieren (z. B. Musiker, Schauspieler, Sänger), und denjenigen, deren Darbietung nicht auf einem Tonträger aufgezeichnet werden kann (Tänzer und Pantomimen). Es kann auch die absurde Situation entstehen, dass ein und dasselbe Schutzgut (z. B. Konzertmitschnitt) parallel auf einem Tonträger und Video ausgewertet wird. Während die Videomitschnitte nach 50 Jahren gemeinfrei werden, wären die Tonträgermitschnitte noch geschützt (*Gerlach* ZUM 2009, 103, 106). Um solche ungerechtfertigten Abweichungen der Rechtsstellung zu vermeiden, sollte der Begriff des Tonträgers entsprechend großzügig ausgelegt werden (s. Schricker/Loewenheim/*Vogel* § 85 Rn. 19). Hierbei sollte ausnahmsweise die **Zweckbestimmung** im Vordergrund stehen. Werden Ton und Bild zusammen erstmals technisch fixiert und besteht ein **enger Zusammenhang** zwischen der musikalischen und bildlichen Darstellung zum Zwecke einer einheitlichen Verwertung, ist von einem **Tonbildträger** auszugehen. Denn aufgrund verschiedener Leistungen können mehrere Leistungsschutzrechte in einer Hand entstehen (BGH GRUR 1999, 577, 578 – Sendeunternehmen als Tonträgerhersteller). Dies würde den Interessen der ausübenden Künstler und der Tonbildträgerhersteller Rechnung tragen. Das gilt vor allem, wenn die Musik das Hauptwerk ist und die Darbietungen bzw. Darstellungen des Sängers, des Musikers, des Schauspielers und/oder Tänzers darin eingebunden sind. Umgekehrt kann eine Aufzeichnung der Darbietung mit oder ohne Musik erfolgen, z. B. ein Hörbuchtonträger oder ein Tonträger mit der Aufzeichnung einer Lesung. Denn jede Aufzeichnung der Darbietung ist eine Festlegung auf einem Tonträger mit oder ohne Bild. Reine Bildträger würden nicht unter den verlängerten Schutz fallen (*Kunz-Hallstein/Loschelder* GRUR 2013, 152, 153). Für eine großzügige Auslegung des Tonträgerbegriffs spricht auch die Tatsache, dass ein **PC mit Festplatte** nicht nur für Bild- und Tonaufzeichnungen, sondern auch zu anderen Zwecken genutzt werden kann (BGH GRUR 2012, 705, 708 – PC als Bild- und Tonaufzeichnungsgerät).

41 Nicht unter den verlängerten Schutz fallen Aufnahmen von **Tierstimmen** und vergleichbare nichtkünstlerische Leistungen, weil in erster Linie die Verlängerung der Schutzdauer zugunsten ausübender Künstler bezweckt ist (*Kunz-Hallstein/Loschelder* GRUR 2013, 152, 153). Tierstimmen sind keine künstlerischen Darbietungen. Die Tonträgerindustrie, deren Schutzfrist ebenfalls auf 70 Jahre erhöht wurde, würde außerdem weiterhin bevorzugt, wenn Tierstimmen oder andere vergleichbare Leistungen von der verlängerten Schutzfrist erfasst wären. Die Leistungsschutzrechte der Tonträgerindustrie wirken schon nach der gegenwärtigen Rechtslage weiter als die Rechte der Urheber und ausübenden Künstler (BGH GRUR 2009, 403. 404 – Metall auf Metall; BGH GRUR 2013, 614, 615 – Metall auf Metall II). Für Tonträger mit Tierstimmen oder anderen nichtkünstlerischen Leistungen würde wie bisher nur eine Schutzfrist von 50 Jahren gelten.

2. Sachlicher Anwendungsbereich

Der Tonträgerhersteller kann nach 50 Jahren nur mit dem besonderen **gesetzlichen** **42** **Kündigungsrecht** nach § 79 Abs. 3 konfrontiert werden. Die Einfügung des § 79 Abs. 3 ist notwendig geworden, weil Art. 1 Abs. 2 Buchst. c der Schutzdauer-Richtlinie 2011/77/EU ausdrücklich auf die Tatbestände hinweist, die ein Kündigungsrecht des ausübenden Künstlers ermöglichen. Neben der Berücksichtigung der allgemeinen Grundsätze des Kündigungsrechts im deutschen Privatrecht sind mit der Neuregelung des § 79 Abs. 3 die dogmatischen Besonderheiten im Zusammenhang mit der Verlängerung der Schutzfristen für die Leistungsschutzrechte **bestimmter ausübender Künstler** von 50 auf 70 Jahre zu berücksichtigen. Hinsichtlich der Leistungsschutzrechte der ausübenden Künstler beschränkt sich die Verlängerung der Schutzdauer auf 70 Jahre nur auf Aufzeichnungen solcher Darbietungen, die auf einem **Tonträger** aufgezeichnet worden sind (RefE, 8). Der ausübende Künstler, dessen Darbietung auf einem Tonträger aufgezeichnet wurde und innerhalb der 50 Jahre bereits verkauft wurde, soll auch in der Zukunft **zu Lebzeiten** an der wirtschaftlichen Verwertung seiner künstlerischen Leistung beteiligt werden (Erwägungsgrund 5; *Apel* ZGE H. 4/2012, 1, 15). Ein Wertungswiderspruch ergibt sich aus § 85 Abs. 3 S. 2, wonach dies de facto eine Verdoppelung der Schutzfrist für durch Sendung veröffentlichte Aufnahmen bedeuten kann, die kurz vor Ende der Schutzfrist erscheinen (s § 85 Rn. 28). Die ausübenden Künstler sollten an der faktischen Verlängerung beteiligt werden (*Kunz-Hallstein/Loschelder* GRUR 2013, 152, 153).

3. Zeitlicher Anwendungsbereich

Die Schutzdauer-Richtlinie 2011/77/EU setzt den **1.11.2013** als Stichtag fest. **Vor und** **43** **nach** dem 1.11.2013 abgeschlossene Nutzungsverträge zwischen den ausübenden Künstlern und den Tonträgerherstellern bleiben auch innerhalb des Verlängerungszeitraums wirksam. Sind die **Leistungsschutzrechte** der ausübenden Künstler an den Aufzeichnungen der Darbietungen auf den Tonträgern **vor dem 1.11.2013 noch nicht erloschen**, kann der Nutzungsvertrag unter den genannten Voraussetzungen des § 79 Abs. 3 S. 1 gekündigt werden. Ist also ein Tonträger am 1.1.1963 erschienen, endet die Schutzfrist von 50 Jahren am 31.12.2013. Tonträger, die bis zum 31.12.1962 erschienen sind, fallen nicht unter die Schutzfristenverlängerung (*Pennartz* MMR-Aktuell 2012, 330025).

Eine **Rückwirkung** der Leistungsschutzrechte bestimmter ausübender Künstler und der **44** Tonträgerhersteller vor dem 1.1.1963 ist damit nicht möglich. Fraglich ist aber, was in den Fällen geschieht, in denen Leistungsschutzrechte ausländischer ausübender Künstler in ihren Heimatstaaten bereits erloschen sind, weil sie dort z. B. einer kürzeren Frist unterliegen, aber der Staat, dessen Angehörige die ausübenden Künstler sind, nach dem Stichtag des 1.11.2013 der EU beitreten. Das gilt vor allem in Bezug auf die Osterweiterung. Die ausübenden Künstler der Beitrittsstaaten können sich auf den Grundsatz der Nichtdiskriminierung des Art. 18 AEUV berufen. Denn das **Diskriminierungsverbot** gilt auch für die ausübenden Künstler des EU-Auslands (EuGH GRUR Int. 1994, 53 – Phil Collins). Insofern ist auch eine Rückwirkung in solchen Fällen zu bejahen, wie dies bereits der EuGH bei abgelaufenen Schutzfristen getan hat (EuGH GRUR 2011, 216 – Flos/Semeraro; EuGH GRUR 2002, 689 – Ricordi). Die Schutzfrist von 70 Jahren würde also auch für die ausländischen ausübenden Künstler aus der EU zutreffen.

4. Kündigungsberechtigte

45 Die Neuregelung hat dem ausübenden Künstler ein gesetzliches Kündigungsrecht in die Hand gegeben, damit er entscheiden kann, ob er sich weiter 20 Jahre an den Nutzungsvertrag mit dem Tonträgerhersteller binden will, wenn dieser nicht aktiv zur Vermarktung der Tonträger beiträgt. Da der Nutzungsvertrag eine langfristige Bindung zwischen dem ausübenden Künstler und dem Tonträgerhersteller bedeutet, ist er als **Dauerschuldverhältnis** von beiden Vertragspartnern nach den allgemeinen Grundsätzen kündbar, zB außerordentlich, wenn die Aufrechterhaltung des Vertragsverhältnisses einer Vertragspartei nicht mehr zumutbar ist (BGH GRUR 2010, 1093, 1095 – Concierto de Aranjuez). Von diesem allgemeinen Kündigungsrecht ist das **Sonderkündigungsrecht** der Neuregelung zu unterscheiden. Hiernach kann nur der ausübende Künstler kündigen, wenn die gesetzlichen Voraussetzungen nach § 79 Abs. 3 vorliegen. Der **Schutzgedanke** des in § 79 Abs. 3 eingefügten Kündigungsrechts dient ausschließlich dem ausübenden Künstler. Mit dem Kündigungsrecht soll der ausübende Künstler den urheberrechtlichen **Beteiligungsgrundsatz** nach § 11 S. 2 durchsetzen können, wenn das Dauerschuldverhältnis *de facto* beendet worden ist und sich ein anderer Tonträgerhersteller anbietet. Das neu geregelte Kündigungsrecht ist gleichsam ein **Warnhinweis** an den Tonträgerhersteller, seine Pflichten aus dem Nutzungsvertrag zu erfüllen.

5. Kündigungsgründe (§ 79 Abs. 3 S. 1)

46 Der Beteiligungsgrundsatz läuft zum Nachteil des ausübenden Künstlers ins Leere, wenn und solange der Tonträgerhersteller keine Verwertung des Tonträgers unternimmt. Für diesen Fall hat der Gesetzgeber in Übereinstimmung mit der geänderten Schutzdauer-Richtlinie 2011/77/EU ein Kündigungsrecht mit zwei auf **Nutzungshandlungen** bezogenen gesetzlichen Kündigungsgründen eingefügt (§ 79 Abs. 3 S. 1), die alternativ oder kumulativ vorliegen können. Das Kündigungsrecht bezieht sich jeweils auf den bestehenden Nutzungsvertrag zwischen dem ausübenden Künstler und dem Tonträgerhersteller. Die Übertragung oder Einräumung der einfachen und ausschließlichen Nutzungsrechte erfolgt dogmatisch nach § 79 Abs. 1 u. 2 (s. Rn. 2 ff.).

47 **a) Erster Kündigungsgrund (§ 79 Abs. 3 S. 1 Alt. 1).** Eine Kündigung des Vertrages mit dem Tonträgerhersteller ist möglich, wenn es der Tonträger 50 Jahre nach dem rechtmäßigen Erscheinen des Tonträgers oder – ohne ein solches Erscheinen – 50 Jahre nach dessen erster erlaubter öffentlicher Wiedergabe unterlässt, **Kopien des Tonträgers** in **ausreichender Menge** zum **Verkauf** anzubieten *oder* den Tonträger öffentlich zugänglich zu machen.

Kopien von Tonträgern sind Vervielfältigungsstücke i.S. des § 16. Fraglich ist, was mit „ausreichender Menge" quantitativ gemeint ist. Weder die Schutzdauer-Richtlinie noch der Gesetzgeber haben hierfür konkrete Anhaltspunkte gegeben. Wegen der Parallele zur Vorschrift des § 41 sind zur Bewertung des unbestimmten Rechtsbegriffs **ausreichende Menge** die im Rahmen des § 41 entwickelten Rechtsprechungsgrundsätze zur Nichtausübung (vgl. BGH GRUR 1970, 40, 43 – Musikverleger I; BGH GRUR 1973, 328 – Musikverleger II) und des Erscheinens i.S. des § 6 Abs. 2 (s. § 6 Rn. 27; BGH GRUR 1981, 360, 362 – Erscheinen von Tonträgern) heranzuziehen. Danach ist in ausreichender Menge im Einzelfall unter Berücksichtigung aller Umstände vom **Vertragszweck** und der **Branchenübung** auszugehen. Hier bietet es sich an, zu untersuchen, wieviele Tonträger in der Vergangenheit angeboten und verkauft wurden und in welchem Verhältnis die derzeitigen

Angebote und Verkäufe hierzu stehen. Für den Tonträgerhersteller ist vor allem die **Nachfrage** auf dem Markt von Bedeutung. Weiter sind die üblichen Verkaufszahlen aus dem Musikbereich (Klassik, Rock, Pop, u. a.) als Vergleichsmaßstab heranzuziehen. Dabei ist zu vergleichen, wie stark die Verkaufszahlen vom Mittel abweichen. Werden Kopien eines Tonträgers nicht im ausreichenden Maße zum Verkauf angeboten, hat der ausübende Künstler einen Kündigungsgrund (RefE, 16).

Das **Anbieten von Kopien** zum Verkauf bedeutet einen umfassenden Maßnahmekatalog eines Tonträgerherstellers, so dass alle an die Öffentlichkeit gerichteten Handlungen des Verkaufs i. S. des Art. 4 Abs. 1 der Richtlinie 2001/29/EG erfasst werden, z. B. **Werbemaßnahmen** in Zeitungen und Zeitschriften, ein spezifisches Vertriebssystem und spezifische Zahlungsmodalitäten (EuGH GRUR 2012, 817, 819 – Donner; BGH GRUR 2013, 124, 128 – Donner). Dabei ist weder ein Eigentumsübergang noch ein Wechsel der Verfügungsgewalt in Deutschland zwingend erforderlich, sondern der eingespielte Vertriebsweg in Deutschland ist zu beachten (BGH GRUR 2013, 124, 128 – Donner).

b) Zweiter Kündigungsgrund (§ 79 Abs. 3 S. 1 Alt. 2). Ein weiterer gesetzlicher Kündigungsgrund liegt dann vor, wenn der Tonträgerhersteller das **öffentliche Zugänglichmachen** des Tonträgers nach § 19a unterlässt. Damit wird das **Internet** als wesentlicher Markt der Verwertung der Tonträger im Online-Bereich angesprochen und dieser Vertriebsweg als selbstverständlich vorausgesetzt. Dieser Anforderung genügt eine bloße Sendung nicht (*Kunz-Hallstein/Loschelder* GRUR 2013, 152, 154).

6. Zulässigkeit der Kündigung (§ 79 Ab. 3 S. 2)

Zulässig ist die Kündigung nach Ablauf von 50 Jahren nach dem Erscheinen eines Tonträgers oder 50 Jahre nach der ersten erlaubten Benutzung des Tonträgers zur öffentlichen Wiedergabe, wenn der Tonträger nicht erschienen ist und der Tonträgerhersteller innerhalb eines Jahres nach Mitteilung des ausübenden Künstlers die beiden Nutzungshandlungen (Kündigungsgründe) nicht ausführt (§ 79 Abs. 3 S. 2).

7. Use-it-or-lose-it-Klausel

Das Kündigungsrecht des ausübenden Künstlers bezieht sich auf den bestehenden Nutzungsvertrag zwischen dem ausübenden Künstler und dem Tonträgerhersteller. Da das Kündigungsrecht nach § 79 Abs. 3 S. 1 ein spezielles gesetzliches **Gestaltungsrecht** ist, ist von einer „**Use-it-or-lose-it**"-Klausel auszugehen (*G. Schulze* ZUM 2009, 93, 101; *Klass* ZUM 2008, 828, 831; *Pakuscher* ZUM 2009, 89, 92). Der ausübende Künstler kann, aber er muss nicht den bestehenden Nutzungsvertrag mit dem Tonträgerhersteller einseitig auflösen. Denkbar ist eine Auflösung des Nutzungs- bzw. des Lizenzvertrages im gegenseitigen Einvernehmen (**Aufhebungsvertrag**). „*Use it or lose it*" darf dabei aber nicht so verstanden werden, als sei der ausübende Künstler am Stichtag, d. h. mit Ablauf von 50 Jahren gezwungen, das Kündigungsrecht auszusprechen. Vielmehr kann der ausübende Künstler von dem Sonderkündigungsrecht bis zum Ablauf der 70 Jahre Gebrauch machen, solange der Tonträgerhersteller auch nur eine der beiden alternativen Nutzungshandlungen unterlässt. Bleibt der Tonträgerhersteller innerhalb eines Jahres ab Mitteilung untätig, kann der ausübende Künstler den Nutzungsvertrag mit dem Tonträger kündigen. Andernfalls wäre z. B. derjenige, der in Unkenntnis der Rechtslage keine Kündigung ausspricht, benachteiligt.

8. Mitteilung des ausübenden Künstlers (§ 79 Abs. 3 S. 2 Ziff. 2)

Die Kündigung des Nutzungsvertrages durch den ausübenden Künstler ist nach § 79 Abs. 3 S. 2 Ziff. 2 aber nur dann zulässig, wenn der Tonträgerhersteller nicht innerhalb eines Jahres **nach** Mitteilung des ausübenden Künstlers sowohl Kopien des Tonträgers in ausreichender Menge zum Verkauf anbietet oder den Tonträger i. S. des § 19a öffentlich zugänglich macht. Die Mitteilung ist nicht auf die Herbeiführung einer Rechtsfolge gerichtet, die allein vom Willen des Erklärenden abhängt. Damit ist sie keine Willenserklärung im eigentlichen Sinne. Mit der Absendung der Mitteilung beginnt die **Einjahresfrist** für die beiden Nutzungshandlungen durch den Tonträgerhersteller. Die Mitteilung ist eine geschäftsähnliche Handlung, so dass die Vorschriften über die Willenserklärungen entsprechend anwendbar sind (Palandt/*Ellenberger* BGB, Vor § 104 Rn. 7; BGH NJW 2004, 1320). Sie kann als **Obliegenheit** betrachtet werden.

53 Es liegt allein im Interesse des ausübenden Künstlers, dass er aktiv wird. Die Mitteilung ist an die im Vertrag genannte oder durch andere Hinweise festgestellte Anschrift des Tonträgerherstellers zu richten. Hat dieser einem **Dritten** die Leistungsschutzrechte übertragen, ist er verpflichtet, dem Dritten die Kündigung mitzuteilen. Sonst ist er möglichen Schadensersatzansprüchen ausgesetzt. Der Tonträgerhersteller als Vertragspartei oder dessen Vertreter ist der **Empfänger der Mitteilung**. Fraglich ist, ob mit Absenden oder mit Zugang die Einjahresfrist zu laufen beginnt. Der Gesetzgeber hat dazu keine Begründung gegeben. Da die Mitteilung als Willenserklärung dogmatisch entsprechend qualifiziert wird, ist von einer **Zugangsbedürftigkeit** (§ 130 Abs. 1 S. 1 BGB; Palandt/*Ellenberger*, BGB. § 130 Rn. 5) der Mitteilung auszugehen. Der Tonträgerhersteller muss im Streitfall nach der hier vertretenen Auffassung **darlegen und beweisen**, dass die Mitteilung nach dem gewöhnlichen Lauf der Dinge nicht in seinen Machtbereich gelangt ist und er damit keine Kenntnis vom Inhalt der Mitteilung nehmen konnte (Palandt/*Ellenberger* BGB, § 130 Rn. 5; BGH NJW 2004, 1320). Der Machtbereich des Tonträgerherstellers als Empfänger kann z.B. die E-Mail, der Anrufbeantworter oder der Briefkasten sein. Die Darlegungs- und Beweislast dem Tonträger aufzubürden, entspricht dem Schutzgedanken des Beteiligungsgrundsatzes. Die Mitteilung kann z.B. durch Fax, E-Mail, Einwurfeinschreiben, Einschreiben mit Rückschein, per Boten oder auch mündlich erfolgen.

Zur Verhinderung von Streitigkeiten sollten die Kommunikationsmittel gewählt werden, die den Zugang der Mitteilung hinreichend garantieren, um der **Warn-, Beweis- und Identifikationsfunktion** Rechnung tragen zu können (Palandt/*Ellenberger* BGB § 125 Rn. 2). Denkbar ist, dass in den Nutzungsverträgen entsprechende Klauseln über die Kommunikationsmittel vereinbart werden. Das **Verlustrisiko** trägt der ausübende Künstler oder sein Vertreter, wenn die Mitteilung falsch adressiert ist oder er andere Umstände zu vertreten hat, die einen Zugang der Mitteilung unmöglich machen. Der **Tonträgerhersteller** muss dagegen **darlegen** und **beweisen**, dass er in einem ausreichenden Maße die Kopien zum Verkauf angeboten oder öffentlich zugänglich gemacht hat.

54 Soweit mehrere ausübende Künstler in einem Ensemble (z.B. Orchester) oder in einer Gruppe (z.B. Musikband) bei der Aufnahme auf einem Tonträger mitwirkten, kann der **Leiter der Gruppe** oder ein gewählter **Vertreter** die Mitteilung erklären. Hier gelten die Regelungen gem. § 80 (*G. Schulze* ZUM 2009, 93, 101) entsprechend. Ein einzelnes Mitglied kann nicht entgegen **Treu und Glauben** die Zustimmung zur Mitteilung verweigern. Es kann auch alleine eine Mitteilung versenden. Umgekehrt hat jeder ausübende Künstler auf die anderen Mitglieder der Künstlergruppe bei der Ausübung seines Kündigungsrechts Rücksicht zu nehmen (*Kunz-Hallstein*/Loschelder GRUR 2013, 152, 154).

9. Abwendungsbefugnis des Tonträgerherstellers

55 Der Tonträgerhersteller hat die Möglichkeit, die einseitige Auflösung des Nutzungsvertrages durch eine Kündigung des ausübenden Künstlers abzuwenden, indem er damit beginnt, den Tonträger körperlich iSd § 16, 17 oder unkörperlich iSd § 19a zu verwerten. Anders als es der Wortlaut in § 79 Abs. 3 S. 2 Nr. 2 vermuten lässt, muss der Tonträgerhersteller dabei nicht beide Nutzungshandlungen kumulativ vornehmen. Richtigerweise ist hier wie im Rahmen des § 79 Abs. 3 S. 1 von einer **Alternativität** der Nutzungshandlungen auszugehen. Der Wortlaut des § 79 Abs. 3 S. 2 Nr. 2 ist insofern teleologisch zu redu-

zieren. Denn es ist nicht gerechtfertigt, den Tonträgerhersteller vor und nach der Mitteilung anders zu behandeln.

Die Verwertung muss **dauerhaft** und **ernsthaft** im Verlängerungszeitraum erfolgen, d. h. bis zum Ende der Schutzdauer von 70 Jahren. Es reicht also nicht aus, wenn der Tonträgerhersteller in dem Jahr, in dem er die Mitteilung erhält, aktiv wird und danach seine **Vermarktungs- und Verkaufsbemühungen** wieder einschlafen lässt. Das Kündigungsrecht bleibt für den gesamten **Verlängerungszeitraum** bestehen. Alles andere wäre insbesondere mit Blick auf die eigentumsrechtliche Stellung der Leistungsschutzrechte der ausübenden Künstlern nicht gerechtfertigt.

Weiter ist zu berücksichtigen, dass die Verwertungshandlung durch den Tonträgerhersteller nicht selbst erfolgen muss. Nimmt ein Dritter die Verwertungshandlungen vor, werden sie dem Tonträgerhersteller zugerechnet. Hierfür spricht der Vergütungsanspruch des § 79a Abs. 1 (§ 79a Rn. 2). Dieser besteht nach dem ausdrücklichen Wortlaut nur gegenüber dem Tonträgerhersteller und bezieht sich auf die Einnahmen, die der Tonträgerhersteller mit dem Verkauf, dem Vertrieb und der Zugänglichmachung der Kopien des Tonträgers verdient. Von einer **Lizenzierung** ist in § 79a zwar keine Rede, aber sie ist auch nicht ausgeschlossen.

Der Tonträgerhersteller muss in dem Jahr der Mitteilung die Verwertungsvoraussetzungen nicht nur abgeschlossen haben, sondern es muss auch bereits zu ersten Nutzungshandlungen gekommen sein. Nicht ausreichend ist, dass der Tonträgerhersteller in dem Jahr lediglich damit begonnen hat, die Voraussetzungen für die Nutzungshandlungen zu schaffen, z. B. die Anschaffung von neuen Herstellungs- und Vervielfältigungsgeräten.

10. Einjahresfrist (§ 79 Abs. 3 S. 2 Ziff. 2)

Die Einjahresfrist ist zu kurz (*Gerlach* ZUM 2009, 103, 107). Sie beginnt ab **Zugang der Mitteilung (§ 130 BGB).** Die Mitteilungserklärung hat eine **Warnfunktion,** d. h. der Tonträgerhersteller wird durch die Mitteilungserklärung aufmerksam gemacht, dass er handeln muss, um nicht seine eigenen **Leistungsschutzrechte** und die der ausübenden Künstler an dem Tonträger zu verlieren. Fraglich ist, wie die Mitteilung zu erfolgen hat. Eine Formvorschrift ist nicht vom Gesetzgeber vorgegeben. Neben einer mündlichen Mitteilung ist vor allem die Schriftform zu empfehlen. Die **Schriftform** der Mitteilung entspricht der ökonomischen Bedeutung der Leistungsschutzrechte für die ausübenden Künstler und kann bei Streitigkeiten als Beweis herangezogen werden.

Unterbleibt die Mitteilung (z. B. aus Unkenntnis der Rechtslage), kann der ausübende Künstler auf jeden Fall bis zum Ablauf der 70 Jahre dieselbe erklären, wenn der Tonträgerhersteller die beiden Nutzungshandlungen nach § 79 Abs. 3 S. 1 (Kündigungsgründe) unterlässt. Bleibt der Tonträgerhersteller **innerhalb eines Jahres** ab Mitteilung untätig, kann der ausübende Künstler den Nutzungsvertrag mit dem Tonträgerhersteller kündigen.

11. Kündigungserklärung

Fraglich ist, wann die Kündigung vom ausübenden Künstler erklärt werden kann. Die Kündigung kann erst nach Ablauf der Einjahresfrist erklärt werden. „Innerhalb eines Jahres" kann nicht bedeuten, dass der ausübende Künstler bereits nach 3 oder 6 Monaten ab Mitteilung kündigen darf, auch wenn der Tonträgerhersteller trotz Aufforderung nicht tätig wird. Denn die **Einjahresfrist** schützt den Tonträgerhersteller.

Die Form der Kündigungserklärung wird vom Gesetz nicht vorgeschrieben. Es bietet sich aber die **Schriftform** an. Einer **Kündigungsfrist** bedarf es nicht, weil die beiden gesetzlichen Kündigungsgründe hinsichtlich der Untätigkeit des Tonträgerherstellers darauf hinweisen, dass die Aufrechterhaltung des Nutzungsvertrages für den ausübenden Künstler unzumutbar ist. Es ist vergleichbar mit der außerordentlichen Kündigung aus wichtigem Grund. Das Kündigungsrecht bleibt innerhalb der verlängerten Schutzfrist bestehen, solange das Dauerschuldverhältnis vorliegt.

12. Erlöschen der Rechte des Tonträgerherstellers (§ 79 Abs. 3 S. 3)

61 Hat der ausübende Künstler den Nutzungsvertrag gekündigt, erlöschen die eigenen Leistungsschutzrechte des Tonträgerherstellers am Tonträger (§ 79 Abs. 3 S. 5; Erwägungsgrund 8). Die Rechte des Tonträgerherstellers erlöschen zum Zeitpunkt der wirksamen Kündigung **ex nunc**, ohne dass es einer besonderen Rückübertragung der Rechte am Tonträger bedarf. Das entspricht auch der h. M. zur Parallelvorschrift des § 41 (G. *Schulze* ZUM 2009, 93, 101), wo bereits seit langem aus Gründen der Rechtssicherheit von einer ex nunc Auflösung auszugehen ist. Aber anders als bei § 41 erlöschen jedoch mit der wirksamen Kündigung nach § 79 Abs. 3 nur die Leistungsschutzrechte des Tonträgerherstellers, während die Leistungsschutzrechte des ausübenden Künstlers heimfallen. Der **Heimfall** der Leistungsschutzrechte an der Aufzeichnung der Darbietung auf dem Tonträger hat zur Folge, dass auch die abgetretenen Leistungsschutzrechte der ausübenden Künstler als Enkelrechte heimfallen, soweit der Sublizenznehmer als Tonträgerhersteller von der Mitteilung und der Kündigung Kenntnis hat und keine Verwertungshandlungen vornimmt.. Dafür steht auch die neuere Entscheidungspraxis des BGH (BGH GRUR 2012, 916 – M2Trade; BGH GRUR 2012, 914 – Take Five; BGH GRUR 2009, 946 – Reifen Progressiv). Denn dem Sublizenznehmer ist bekannt, dass seine Rechte mit Ablauf der 50-jährigen Schutzfrist zurückgerufen werden können. Er kann sich insofern darauf einstellen. Die Vertragsgestaltung innerhalb einer Rechtekette müsste entsprechend ausgestaltet sein. Im Übrigen wäre es mit dem in § 79a zum Ausdruck kommenden **Beteiligungsgrundsatz** nicht vereinbar, wenn der Sublizenznehmer weiterhin an den Verkäufen partizipiert, der ausübende Künstler gleichzeitig aber nicht beteiligt wird. Sind die Leistungsschutzrechte des Tonträgers **erloschen**, ist derselbe nur noch der 50-jährigen Schutzfrist unterworfen. Fraglich ist, ob die ex-nunc-Wirkung durch die Kündigung auch erfolgt, wenn z. B. die Mitteilung 2018 zugeht, nachdem der Tonträgerhersteller 55 Jahre den Tonträger berechtigterweise zum Verkauf angeboten oder öffentlich zugänglich gemacht hat, aber dann zwei Jahre lang nicht mehr. Auch in diesem Fall ist eine ex-nunc-Wirkung der Kündigung denkbar, weil sonst die berechtigte Auswertungsphase für den Tonträgerhersteller ein Nachteil sein könnte. Wer berechtigt ausgewertet hat, kann nicht Schadensersatzansprüchen ausgesetzt sein. Verwertet der Tonträgerhersteller oder sein Sublizenznehmer dagegen trotz wirksamer Kündigung weiterhin die Leistungsschutzrechte des ausübenden Künstlers, ist er Unterlassungs- und Schadensersatzansprüchen des Rechteinhabers ausgesetzt (s §§ 97 ff. Rn. 35). Ist die Kündigung dem Tonträgerhersteller zugegangen (§ 130 BGB) ist sie damit auch wirksam.

13. Heimfall der Leistungsschutzrechte (§ 79 Abs. 3 S. 3)

62 Mit der wirksamen Kündigung des Nutzungsvertrages fallen die Leistungsschutzrechte der ausübenden Künstler gem. §§ 77, 78 automatisch heim. Es gilt das **Kausalprinzip** mit der Wirkung, dass die Beendigung des schuldrechtlichen Nutzungsvertrages eng mit der Beendigung der Übertragung der Rechte verbunden ist. Die Leistungsschutzrechte des ausübenden Künstlers werden insofern wieder im Verlängerungszeitraum komplettiert. Die Persönlichkeitsrechte nach §§ 74, 75 bleiben davon unberührt. Der ausübende Künstler kann nun seine Leistungsschutzrechte an der Aufzeichnung seiner Darbietung wirksam einem anderen Tonträgerhersteller übertragen. Der Übertragung oder der Abtretung der Leistungsschutzrechte als schuldrechtliches **Verpflichtungs- und Verfügungsgeschäft** mit dem **neuen Tonträgerhersteller** steht nichts im Wege. Dogmatisch konsequent, nicht aber rechtspolitisch überzeugend, bedeutet der **Heimfall der Leistungsschutzrechte**, dass der ausübende Künstler oder die Künstlergruppe z. B. keinem anderen Produzenten als einem Tonträgerhersteller die Aufzeichnung der Darbietung innerhalb des Verlängerungszeitraums zur Verfügung stellen kann. Wenn aber ein **Bild- und Tonträgerhersteller eine DVD** mit der Tonaufzeichnung produzieren will, könnte er dies **wegen der Gemeinfreiheit** der Aufzeichnung der Darbietung auf dem Tonträger tun. Die Aufnahme auf einem audiovisuellen oder visuellen Träger wäre nach Ablauf der Schutzfrist von 50 Jahren ohne Zustimmung des Künstlers möglich. Die Verlängerung der Schutzfristen auf 70 Jahre soll vor allem einen wirtschaftlichen Vorteil für die ausübenden Künstler sichern. Es würde dem Sinn und Zweck der Verlängerung der Schutzdauer widersprechen, wenn der ausübende Künstler nicht mehr an dem wirtschaftlichen Erfolg des Bild- und Tonträgers nach 50 Jahren beteiligt würde (vgl. bereits Rn. 40). Deshalb sollte in solchen Fällen die Leistungsschutzrechte im Verlängerungszeitraum weiterhin wirksam sein, selbst wenn nun ein Bild- und Tonträgerhersteller die Aufzeichnung nutzen will. Sonst würde die absurde Situation eintreten, dass die Aufzeichnungen der Darbietungen auf einem Bild- und Tonträger gemeinfrei würden. Die Rechte an der künstlerischen Darbietung bleiben für den ausübenden Künstler bis zu 70 Jahren geschützt. Dem gekündigten Tonträgerhersteller ist es nicht möglich, die erneute Aufnahme bei einem anderen Bild- und Tonträgerhersteller oder einem anderen Tonträgerhersteller zu verhindern, wenn die Kündigung wirksam geworden ist (*Pennartz* MMR-Aktuell 2012, 330025).

Fraglich ist, wie zu verfahren ist, wenn der Tonträgerhersteller die Nutzungshandlungen i.S. des § 79 Abs. 3 S. 1 innerhalb des **Verlängerungszeitraumes** nicht vornimmt und der ausübende Künstler den Tonträgerhersteller nicht auffordert, aktiv zu werden. Nach der hier vertretenen Auffassung erlöschen die Leistungsschutzrechte des Tonträgerherstellers und des ausübenden Künstlers nicht. Die auf einem Tonträger festgelegten Darbietungen werden nicht gemeinfrei (*G. Schulze* ZUM 2009, 93, 101; *Klass* ZUM 2008, 828, 832), weil beide Vertragspartner über eine **eigentumsrechtliche Position** verfügen, die durch die Inaktivität nicht aufgehoben werden kann. Nur die wirksame Kündigung des Nutzungsvertrages kann innerhalb des Verlängerungszeitraums die Rechtsfolgen der Löschung bzw. des Heimfalls der Leistungsschutzrechte bewirken.

14. Kein Verzicht auf das Kündigungsrecht (§ 79 Abs. 3 S. 4)

Für den ausübenden Künstler ist von Bedeutung, dass er nicht auf das Kündigungsrecht **63** verzichten kann. Es liegt ein **gesetzlicher Ausschlussgrund** vor, der nicht durch den Nutzungsvertrag vereinbart werden kann. Sollte dennoch ein Verzicht vereinbart worden sein, ist die Klausel im Nutzungsvertrag unwirksam. Die Unwirksamkeit solcher Klauseln, die v.a. als AGB-Klauseln formuliert sein können, ergibt sich aus § 307 Abs. 1 S. 1 BGB (BGH NZM 2006, 254, 255), weil der ausübende Künstler unangemessen benachteiligt würde.

§ 79a Vergütungsanspruch des ausübenden Künstlers

(1) **Hat der ausübende Künstler einem Tonträgerhersteller gegen Zahlung einer einmaligen Vergütung Rechte an seiner Darbietung eingeräumt oder übertragen, so hat der Tonträgerhersteller dem ausübenden Künstler eine zusätzliche Vergütung in Höhe von 20 Prozent der Einnahmen zu zahlen, die der Tonträgerhersteller aus der Vervielfältigung, dem Vertrieb und der Zugänglichmachung des Tonträgers erzielt, der die Darbietung enthält. Enthält ein Tonträger die Aufzeichnung der Darbietungen von mehreren ausübenden Künstlern, so beläuft sich die Höhe der Vergütung ebenfalls auf insgesamt 20 Prozent der Einnahmen. Als Einnahmen sind die vom Tonträgerhersteller erzielten Einnahmen vor Abzug der Ausgaben anzusehen.**

(2) **Der Vergütungsanspruch besteht für jedes vollständige Jahr unmittelbar im Anschluss an das 50. Jahr nach Erscheinen des die Darbietung enthaltenen Tonträgers oder mangels Erscheinen an das 50. Jahr nach dessen erster erlaubter Benutzung zur öffentlichen Wiedergabe.**

UrhG § 79a

(3) Auf den Vergütungsanspruch nach Absatz 1 kann der ausübende Künstler nicht verzichten. Der Vergütungsanspruch kann nur durch eine Verwertungsgesellschaft geltend gemacht werden. Er kann im Voraus nur an eine Verwertungsgesellschaft abgetreten werden.

(4) Der Tonträgerhersteller ist verpflichtet, dem ausübenden Künstler auf Verlangen Auskunft über die erzielten Einnahmen und sonstige, zur Bezifferung des Vergütungsanspruchs nach Absatz 1 erforderliche Informationen zu erteilen.

(5) Hat der ausübende Künstler einem Tonträgerhersteller gegen Zahlung einer wiederkehrenden Vergütung Rechte an seiner Darbietung eingeräumt oder übertragen, so darf der Tonträgerhersteller nach Ablauf folgender Fristen weder Vorschüsse noch vertraglich festgelegte Abzüge von der Vergütung abziehen:

1. 50 Jahre nach dem Erscheinen des Tonträgers, der die Darbietung enthält, oder
2. 50 Jahre nach der ersten erlaubten Benutzung des die Darbietung enthaltenden Tonträgers zur öffentlichen Wiedergabe, wenn der Tonträger nicht erschienen ist.

Literatur: *Apel*, Die Entwicklung des Interpretenschutzes in Deutschland und den USA von 1877 bis 1945, ZGE, Heft 4/2012, 1; *Flechsig*, Harmonisierung der Schutzdauer für musikalische Kompositionen mit Text, ZUM 2012, 227; *Gerlach*, Der Richtlinienvorschlag der EU-Kommission zur Schutzfristverlängerung für ausübende Künstler und Tonträgerhersteller aus Sicht der ausübenden Künstler, ZUM 2009, 103; *Klass*, Der Richtlinienvorschlag der Kommission zur Änderung der bestehenden Schutzdauerrichtlinie, ZUM 2008, 828; *Kreile*, Der Richtlinienvorschlag der EU-Kommission zur Schutzfristverlängerung für ausübende Künstler und Tonträgerhersteller aus Sicht der Filmhersteller, ZUM 2009, 113; *Pakuscher*, Der Richtlinienvorschlag der EU-Kommission zur Schutzfristverlängerung für ausübende Künstler und Tonträgerhersteller, ZUM 2009, 89; *G. Schulze*, Der Richtlinienvorschlag der EU-Kommission zur Schutzfristverlängerung für ausübende Künstler und Tonträgerhersteller aus dogmatischer, kritischer und konstruktiver Sicht, ZUM 2009, 93; *Stuwe*, Der Richtlinienvorschlag der EU-Kommission zur Schutzfristverlängerung für ausübende Künstler und Tonträgerhersteller, ZUM 2009, 117; *Wandtke/Gerlach*, Für eine Schutzfristverlängerung im künstlerischen Leistungsschutz, ZUM 2008, 822.

Vgl. darüber hinaus die Angaben im eingangs abgedr. Gesamtliteraturverzeichnis.

Übersicht

	Rn.
I. Bedeutung und Zweck der Neuregelung	1–5
1. Allgemeines	1, 2
2. Der zusätzliche Vergütungsanspruch (§ 79a)	3
II. Vergütungsformen (§ 79a Abs. 1 u. 5)	4–8
1. Einmalvergütung im Nutzungsvertrag (§ 79a Abs. 1)	5
2. Höhe der zusätzlichen Vergütung bei Einmalvergütung im Nutzungsvertrag (§ 79a Abs. 1 S. 1)	6
3. Wiederkehrende Vergütung (§ 79a Abs. 5)	7
III. Einnahmen (§ 79a Abs. 1 S. 3)	9, 10
IV. Charakter und Durchsetzung des Vergütungsanspruchs	11–13
1. Unverzichtbarkeit (§ 79a Abs. 3 S. 1)	11
2. Vorausabtretung an die Verwertungsgesellschaft (§ 79a Abs. 3 S. 3)	12
3. Geltendmachung des Vergütungsanspruchs (§ 79a Abs. 3 S. 2)	13
V. Auskunftsanspruch (§ 79a Abs. 4)	14

I. Bedeutung und Zweck der Neuregelung

1. Allgemeines

1 Nach langen Diskussionen und begleitet von kritischen Stimmen im Schrifttum (s. *Malevanny* GRUR-Int 2013, 737, 745; *Flechsig* ZUM 2012, 227; *Pennartz* MMR-Aktuell 2012,

330025; G. *Schulze* ZUM 2009, 93; *Kreile* ZUM 2009, 113; *Stuwe* ZUM 2009, 117; *Klass* ZUM 2008, 828; *Gerlach* ZUM 2009, 103; *Wandtke/Gerlach* ZUM 2008, 822) hat der deutsche Gesetzgeber mit dem 9. UrhGÄndG die geänderte Schutzdauer-Richtlinie 2011/77/EU umgesetzt. Die geänderte Schutzdauer-Richtlinie hatte auch den deutschen Gesetzgeber aufgefordert, sicherzustellen, dass ausübende Künstler, die ihre ausschließlichen Rechte an Tonträgerhersteller übertragen oder abgetreten haben, tatsächlich von der Verlängerung der Schutzfristen auf 70 Jahre wirtschaftlich profitieren (Erwägungsgrund 10). Von der ursprünglich vorgesehenen Schutzfristenverlängerung auf 95 Jahre hatte sich die Kommission verabschiedet (*Wandtke/Gerlach* ZUM 2008, 822). Die Vorgaben der geänderten Schutzdauer-Richtlinie (kritisch G. *Schulze* ZUM 2009, 93 f.) haben die Einfügung des § 79a erforderlich gemacht.

Leider ist der Vergütungsanspruch wegen **unbekannter Nutzungsarten** weder durch die geänderte Schutzdauer-Richtlinie noch mit der Neueinfügung des § 79a durch den deutschen Gesetzgeber geregelt worden. Danach bleibt die gesetzliche Regelung hinter den Erwartungen der ausübenden Künstler zurück. Es gelten zwar nach § 79 Abs. 2 S. 2 die §§ 31, 32–32b, 33–42 und 43, **nicht** aber der Vergütungsanspruch nach § 31c für unbekannte Nutzungsarten. Die Tonträgerindustrie zieht die wirtschaftlichen Vorteile aus den neuen technischen Erfindungen für die Verwertungen künstlerischer Leistungen. Der **Beteiligungsgrundsatz** nach § 11 S. 2 im Verhältnis zu den Urhebern ist bei neuen Nutzungsarten für ausübende Künstler ausgeschlossen, was zu Recht kritisiert wird und nicht mit Art. 14 Abs. 1 GG im Einklang steht (Wandtke/*Wandtke* Urheberrecht, 2014, 334). Überhaupt spricht die schöpferische Leistung der ausübenden Künstler für eine Angleichung der Rechte zwischen Urhebern und ausübenden Künstlern (*Wandtke/Gerlach* ZUM 2008, 822, 824). Das sollte auch hinsichtlich der Vergütungsansprüche für alle ausübenden Künstler de lege ferenda zum Ausdruck gebracht werden.

2. Der zusätzliche Vergütungsanspruch (§ 79a)

Der Vergütungsanspruch der ausübenden Künstler gegenüber den Tonträgerherstellern ist ein **zusätzlicher gesetzlicher Vergütungsanspruch**, der allein durch die Verlängerung der Schutzfristen auf 70 Jahre entsteht. Der zusätzliche Vergütungsanspruch setzt voraus, dass der Übertragungs- oder Abtretungsvertrag mit dem Tonträgerhersteller fortgesetzt wird und der Tonträgerhersteller aus der **Vervielfältigung** (§ 16), dem **Vertrieb** (§ 17) und der **Zugänglichmachung** (§ 19a) des Tonträgers Einnahmen erzielt (§ 79a Abs. 1 S. 1). Die bestehenden Nutzungsverträge berechtigen beide Vertragspartner automatisch, die bestehenden **Leistungs- und Gegenleistungspflichten** weiterhin zu erfüllen, es sei denn, andere vertragliche Absprachen sind getroffen worden. Der zusätzliche Vergütungsanspruch steht nur – **inter partes** – dem ausübenden Künstler gegenüber seinem Vertragspartner als Tonträgerhersteller zu, deren Aufzeichnungen von Darbietungen auf Tonträgern erfolgten. Hat ein Dritter im Auftrag des Tonträgerherstellers den Tonträger produziert und Einnahmen erzielt, kann sich der ausübende Künstler nur an seinen Vertragspartner wegen seines zusätzlichen Vergütungsanspruchs wenden. Nicht erfasst wird der Bereich **audiovisueller und visueller Aufzeichnungen**, wie etwa DVD, was verfassungsrechtlich bedenklich ist (s. Rn. 39; *Gerlach* ZUM 2009, 103, 106). Da die Schutzdauer-Richtlinie offensichtlich nur bestimmte ausübende Künstler im Auge hat (vor allem Musiker, Sänger und Schauspieler), sind einige ausübende Künstler von dem zusätzlichen Vergütungsanspruch ausgeschlossen (Pantomimen und Tänzer).

II. Vergütungsformen (§ 79a Abs. 1 u. 5)

Die geänderte Schutzdauer-Richtlinie differenziert zwischen **wiederkehrenden und einmaligen Vergütungen**, die in den Übertragungs- und Abtretungsverträgen vereinbart sein können. Beide Vergütungsformen spielen in der Praxis eine Rolle, wobei insbesondere in **Buy-out-Verträgen** die **Pauschalvergütung** als Einmalvergütung überwiegend für Studiomusiker vereinbart wird, wonach sämtliche Rechte der ausübenden Künstler mit dieser Vergütungsform abgegolten sind. Diese Praxis sollte im Hinblick einer europaweiten Harmonisierung unterbunden werden (*Gerlach* ZUM 2009, 103, 106).

1. Einmalvergütung im Nutzungsvertrag (§ 79a Abs. 1)

5   Der Anknüpfungspunkt für den Anspruch auf die zusätzliche Vergütung bezieht sich auf **jedes vollständige Jahr** unmittelbar im Anschluss an das fünfzigste Jahr nach **Erscheinen** des Tonträgers oder mangels Erscheinens des Tonträgers auf jedes Jahr, das auf das 50. Jahr nach dessen erster erlaubter Benutzung zur rechtmäßigen **öffentlichen Wiedergabe** des Tonträgers folgt (RefE 17). Aus Gründen der Einheitlichkeit im Rahmen der Umsetzung der Schutzdauer-Richtlinie 2011/77/EU tritt an Stelle des Begriffs der „Veröffentlichung" i. S. der Richtlinie der Begriff des Erscheinens, der mit der qualifizierten Werkveröffentlichung in körperlicher Form nach § 6 Abs. 2 gleichgesetzt wird (RefE 11). Die Auszahlung der Vergütung erfolgt einmal im Jahr.

2. Höhe der zusätzlichen Vergütung bei Einmalvergütung im Nutzungsvertrag (§ 79a Abs. 1 S. 1)

6   Hat der ausübende Künstler einem Tonträgerhersteller gegen Zahlung einer **einmaligen Vergütung** Rechte an seiner Darbietung übertragen, so hat der Tonträgerhersteller dem ausübenden Künstler eine zusätzliche Vergütung in Höhe von **20% der Einnahmen** zu zahlen, die der Tonträgerhersteller aus der Vervielfältigung, dem Vertrieb und der Zugänglichmachung des Tonträgers erzielte, der die Darbietung enthält. Die zusätzliche Vergütung in Höhe von 20% der Einnahmen wird unabhängig von der vereinbarten Vergütung berechnet. Die vertraglich vereinbarte Vergütung ist nicht der Anknüpfungspunkt für die zusätzliche Vergütung, sondern es geht allein um die Einnahmen, die aus den Nutzungshandlungen des Tonträgerherstellers entstehen.

3. Wiederkehrende Vergütung (§ 79a Abs. 5)

7   Während der Gesetzgeber- wie die geänderte Schutzdauer-Richtlinie- von differenzierten vertraglichen Vergütungsformen ausgeht, werden Unterschiede zwischen einer vertraglichen Einmahlzahlung und den wiederkehrenden Vergütungen gemacht. Demjenigen, der eine Einmalvergütung erhalten hat, steht in der Zukunft eine 20%-ige Beteiligung an den Einnahmen zu. Wer hingegen eine wiederkehrende Vergütung erhält, kommt nicht in den Genuss dieser 20%-igen Beteiligung an den Einnahmen, sondern bleibt in der Höhe seiner wiederkehrenden Vergütung beschränkt. Das wird schon aus der systematischen Trennung der verschiedenen Vergütungsformen in den Abs. 1 und 5 deutlich. Zudem zeigt der Wortlaut in Abs. 1, dass die 20%-ige Zusatzbeteiligung ausschließlich dem Künstler zugute kommen soll, der zuvor nur eine Einmalbeteiligung erhalten hat. Der ausübende Künstler, der eine wiederkehrende Vergütung erhält, wird **nach Ablauf der 50 Jahre** nur insoweit privilegiert, als die **Vorschüsse** und vertraglich festgelegten **Abzüge** nicht mehr von der wiederkehrenden Vergütung abgezogen werden dürfen. Die Privilegierung erfolgt einmal nach 50 Jahre nach dem Erscheinen des Tonträgers, der die Darbietung enthält, oder 50 Jahre nach der ersten erlaubten Benutzung zur öffentlichen Wiedergabe, wenn der Tonträger nicht erschienen ist (§ 79a Abs. 5 S. 2).

8   Die Unterscheidung zwischen einer Einmalvergütung und wiederkehrenden Vergütungen stellt eine ungerechtfertigte Schlechterstellung des ausübenden Künstlers dar, der eine wiederkehrende Beteiligung erhält. Angenommen die wiederkehrende Vergütung beträgt 5% der Einnahmen und hat bis zum Ablauf der 50 Jahr-Frist dem ausübenden Künstler

Einnahmen von EUR 10 000 gebracht. Dann steht dieser ausübende Künstler zunächst nicht anders dar, als derjenige, der eine Einmalvergütung von EUR 10 000 erhalten hat. Mit Ablauf der 50-Jahres-Frist erhält der Künstler mit einer Pauschalvergütung 20% der Einnahmen, während dem Künstler mit einer wiederkehrenden Vergütung nur 5% zustehen. Dieser Unterschied ist nicht nachvollziehbar. Fraglich ist deshalb, da der Abschluss der Nutzungsverträge üblicherweise mindestens vor 50 Jahren abgeschlossen wurden bzw. das Erscheinen oder die öffentliche Wiedergabe vor 50 Jahren begann, ob nicht im **Verlängerungszeitraum** eine angemessene Vergütung nach § 32 überprüft und vertraglich geändert werden muss. Erwägungsgrund 16 spricht für eine zwingende angemessene Vergütung zum Verlängerungszeitpunkt (*Kunz-Hallstein/Loschelder* GRUR 2013, 152, 154). Der Gesetzgeber weist ausdrücklich auf den **Anpassungsanspruch nach § 32** hin, wonach bei der Bestimmung der Angemessenheit insbesondere auch die Dauer der Nutzung gem. §§ 79 Abs. 2 S. 2, 32 Berücksichtigung finden muss und vom Vertragspartner die Einwilligung in die Änderung des Nutzungsvertrages verlangt werden kann (RefE, 21) So könnte z. B. eine vor 30 Jahren vereinbarte Vergütung in Höhe einer bestimmten Prozentzahl pro verkaufter Schallplatte bezüglich der verkauften CD 2014 nicht mehr angemessen sein.

III. Einnahmen (§ 79a Abs. 1 S. 3)

In Erwägungsgrund 11 wird der Begriff „Einnahmen" definiert. Danach sind Einnahmen des Tonträgerherstellers solche wirtschaftlichen Vorteile, die vor Abzug der Ausgaben anzusehen sind (§ 79a Abs. 1 S. 3). Im Grunde gilt das **Brutto-Prinzip**. Nach dem Erwägungsgrund 13 der Schutzdauer-Richtlinie 2011/77/EU sind die Einnahmen des Tonträgerherstellers aus der Vermietung von Tonträgern und die einzige angemessene Vergütung für die öffentliche Sendung und Wiedergabe sowie der für Privatkopien erhaltene gerechte Ausgleich bei der Berechnung des Gesamtbetrags, den der Tonträgerhersteller für die Zahlung der ergänzenden Vergütung bereitstellen muss, nicht zu berücksichtigen. 9

Das Gleiche gilt für Aufzeichnungen von Darbietungen von **mehreren ausübenden Künstlern**, die auf einem Tonträger verkörpert sind (§ 79a Abs. 1 S. 2). Die Einnahmen belaufen sich auf 20%, die innerhalb einer Gruppe von ausübenden Künstlern im **Innenverhältnis** aufgeteilt werden müssen. Sind im Innenverhältnis die **Verteilungsquoten** nicht vertraglich vereinbart, sind die 20% der Einnahmen zu gleichen Anteilen aufzuschlüsseln. 10

IV. Charakter und Durchsetzung des Vergütungsanspruchs

1. Unverzichtbarkeit (§ 79a Abs. 3 S. 1)

Im Interesse der Durchsetzung der zusätzlichen Vergütungsansprüche für die ausübenden Künstler ist nunmehr geregelt, dass der ausübende Künstler nicht auf den zusätzlichen Vergütungsanspruch verzichten kann. Damit sind vertragliche Klauseln unwirksam, wenn entgegen des Gesetzes solche Verzichtserklärungen vereinbart werden (§§ 125, 307 Abs. 2 Ziff. 1 BGB). 11

2. Vorausabtretung an die Verwertungsgesellschaft (§ 79a Abs. 3 S. 3)

Der Anspruch auf die zusätzliche Vergütung kann **im Voraus** nur an die Verwertungsgesellschaft abgetreten werden. Mit dem abgetretenen Anspruch ist die Verwertungsgesellschaft in der Lage, die Interessen der ausübenden Künstler wahrzunehmen. Die Einbringung der zusätzlichen Vergütung in eine VG hat den Vorteil, dass die wirtschaftliche Auswertung außerhalb etwaiger Abhängigkeitsverhältnisse zwischen Künstlern und ihren Produzenten erfolgen kann (*Gerlach* ZUM 2009, 103, 107). 12

3. Geltendmachung des Vergütungsanspruchs (§ 79a Abs. 3 S. 2)

13 Damit ist gleichzeitig der Grundsatz der alleinigen Geltendmachung durch eine VG geregelt. Dies entspricht einer langen Praxis der **Verwertungsgesellschaften** und wird durch das Urheberrechtsgesetz in Fällen der gesetzlichen Vergütungsansprüche ausdrücklich favorisiert. Die VG ist gegenüber dem berechtigten ausübenden Künstler verpflichtet, die Vergütung jährlich einzuziehen und zu verteilen. Die Einziehung durch die VG stellt sicher, dass die Vergütung entsprechend der Zielsetzung der Schutzdauer-Richtlinie 2011/77/EU dem ausübenden Künstler zugute kommt.

V. Auskunftsanspruch (§ 79a Abs. 4)

14 Dieser **Hilfsanspruch** folgt der Vorgabe in Art. 3 Abs. 2c, 2. Unterabsatz der geänderten RL 2006/116/EG. Er begründet für den Tonträgerhersteller die **Rechtspflicht**, dem ausübenden Künstler auf Verlangen Auskunft über die erzielten Einnahmen und sonstige Informationen zu erteilen (§ 79a Abs. 4). Die entsprechenden Informationen können die Anzahl der verkauften Kopien, die Höhe des Verkaufspreises, den Verbreitungsweg u. v. m. betreffen. Erst auf der Grundlage der erforderlichen Informationen ist der ausübende Künstler in der Lage, die 20% der Einnahmen zu beziffern, die als zusätzliche Vergütung ausgekehrt werden müssen. Der Auskunftsanspruch kann ebenso gegenüber der VG durchgesetzt werden (*Kunz-Hallstein/Loschelder* GRUR 2013, 152, 154). In **gewillkürter Prozessstandschaft** könnte die VG die Auskunftsansprüche **im eigenen Namen** geltend machen.

§ 80 Gemeinsame Darbietung mehrerer ausübender Künstler

(1) Erbringen mehrere ausübende Künstler gemeinsam eine Darbietung, ohne dass sich ihre Anteile gesondert verwerten lassen, so steht ihnen das Recht zur Verwertung zur gesamten Hand zu. Keiner der beteiligten ausübenden Künstler darf seine Einwilligung zur Verwertung wider Treu und Glauben verweigern. § 8 Abs. 2 Satz 3, Abs. 3 und 4 ist entsprechend anzuwenden.

(2) Für die Geltendmachung der sich aus den §§ 77, 78 und § 79 Abs. 3 ergebenden Rechte und Ansprüche gilt § 74 Abs. 2 Satz 2 und 3 entsprechend.

Literatur: S. die Angaben bei Vor §§ 73 ff. sowie die Angaben im eingangs abgedr. Gesamtliteraturverzeichnis.

Übersicht

	Rn.
I. Allgemeines	1–3
II. Voraussetzungen	4–6
1. Künstlerische Darbietung mehrerer	5
2. Einheitlichkeit der Darbietung	6
III. Rechtsfolgen	7–12
1. Künstlergemeinschaft als gesetzliches Rechtsverhältnis	8, 9
2. Einwilligungserfordernis	10, 11
3. Verwaltung der gemeinsamen Verwertungsrechte	12
IV. Gesetzliche Vertretungsbefugnis (§ 80 Abs. 2)	13–16

I. Allgemeines

1 § 80 regelt die **Zuordnung** und **Ausübung** der **Verwertungsrechte** bei einer Darbietung, die von mehreren ausübenden Künstlern gemeinsam erbracht worden ist. Anders als

§ 80 a. F., der sich konkret auf die Fälle der Chor-, Orchester- und Bühnenaufführungen bezog, ist die durch Gesetz zur Regelung des Urheberrechts in der Informationsgesellschaft vom 10.9.2003 (BGBl. I S. 1774) geschaffene Regelung des § 80 in Anlehnung an die Vorschrift des § 8 (Miturheber) allgemein formuliert (krit. zum Wortlaut *Dünnwald* ZUM 2004, 161, 171). **§ 80 Abs. 1** regelt die Rechtsbeziehung der an einer Ensembleleistung beteiligten ausübenden Künstler untereinander sowie im Verhältnis zu Dritten (BGH ZUM 2005, 389, 390 – Götterdämmerung). Entsprechend der für Miturheber geltenden Vorschrift des § 8 Abs. 2 S. 1 sieht § 80 vor, dass zwischen mehreren an einer Darbietung beteiligten ausübenden Künstlern kraft Gesetzes eine **Gesamthandsgemeinschaft** entsteht. Damit einzelne ausübende Künstler die Verwertung der Darbietung nicht durch Versagen ihrer Einwilligung blockieren können, ist in § 80 Abs. 1 S. 2 vorgesehen, dass die **Einwilligung** in die Verwertung nicht wider Treu und Glauben verweigert werden darf. Die für Miturheber geltenden Vorschriften des § 8 Abs. 2 S. 3, Abs. 3 und 4 finden über die Verweisung in § 80 Abs. 1 S. 3 entsprechende Anwendung. Danach ist grds. jeder ausübende Künstler berechtigt, **Ansprüche aus Verletzungen** des gemeinsamen Verwertungsrechts – auch ohne vorherige Zustimmung der übrigen beteiligten Künstler – **selbstständig** geltend zu machen. Sind die Ansprüche auf Leistung gerichtet, kann allerdings nur die **Leistung an sämtliche ausübende Künstler** verlangt werden (§ 8 Abs. 2 S. 3; s. § 8 Rn. 41). Die Verteilung der Erträge aus der Nutzung einer gemeinsamen Darbietung richtet sich nach dem Umfang der Mitwirkung jedes einzelnen beteiligten ausübenden Künstlers (§ 8 Abs. 3). **Verzichtet** ein ausübender Künstler auf seinen Anteil an den Verwertungsrechten, so wächst dieser den übrigen ausübenden Künstlern zu (§ 8 Abs. 4). Durch das 9. Gesetz zur Änderung des Urheberrechtsgesetzes vom 2.7.2013 (BGBl. I 1940) wurde **§ 80 Abs. 2** dahingehend ergänzt, dass die Vertretungsregelung des § 74 Abs. 2 Satz 2 und 3 neben den in §§ 77 und 78 geregelten Rechten und Ansprüchen nunmehr auch für die Ausübung des Kündigungsrechts nach **§ 79 Abs. 3** UrhG Anwendung findet.

Sinn und **Zweck** der Vorschrift bestehen zum einen darin, zu verhindern, dass ein einzelner Künstler die Aufnahme oder Verbreitung einer gemeinsam erbrachten Darbietung verbieten und „seine Kollegen um eine vielleicht erwünschte zusätzliche Einnahme an ihrer Leistung" bringen kann (vgl. AmtlBegr. des UrhG-E vom 23.3.1962, BT-Drucks. IV/270, 94). Zum anderen dient § 80 der Rechtssicherheit und Leichtigkeit des Rechtsverkehrs. Die einheitliche Wahrnehmung der Leistungsschutzrechte durch einen oder mehrere Repräsentanten des Ensembles erleichtert den Rechtsverkehr sowohl im Interesse der beteiligten Künstler, deren Rechtsposition durch die „gebündelte" Wahrnehmung gestärkt wird, als auch im Interesse des Vertragspartners, der sich nur einem Verhandlungspartner (statt einer Vielzahl von Künstlern) gegenüber sieht (Dreier/Schulze/*Dreier* § 80 Rn. 1; Schricker/Loewenheim/*Krüger* § 80 Rn. 2). Schließlich bezweckt § 80, die Durchsetzung der vermögensrechtlichen Ansprüche unabhängig von einem häufigen Mitgliederwechsel zu ermöglichen (BGH ZUM 2005, 389, 390 – Götterdämmerung). 2

Sofern eine Ensembledarbietung im Rahmen von Dienst- oder Arbeitsverhältnissen erbracht wird, findet die für Urheber geltende Regelung des **§ 43** entsprechend Anwendung (vgl. § 79 Abs. 2 S. 2). Sonderregelungen bzgl. der Verwertung einer Ensembleleistung können sich ferner aus tarifvertraglichen Bestimmungen des Normalvertrages Bühne (NV Bühne vom 15.10.2002, zuletzt geändert durch 6. Tarifvertrag vom 15.4.2011, einschließlich der im NV Bühne enthaltenen Sonderregelungen SR Tanz in den §§ 84 ff.) sowie des Tarifvertrages für Musiker in Kulturorchestern (TVK vom 1.7.1972, zuletzt geändert durch Tarifvertrag vom 31.10.2009) ergeben (s. dazu § 79 Rn. 32 f.). 3

II. Voraussetzungen

§ 80 setzt – ebenso wie die für Miturheber geltende Regelung des § 8 – eine **gemeinsame Darbietung** mehrerer ausübender Künstler voraus (Rn. 5). Diese Darbietung muss 4 einheitlich sein; die Anteile der beteiligten Künstler dürfen sich nicht gesondert verwerten lassen (Rn. 6).

1. Künstlerische Darbietung mehrerer

5   § 80 findet nur auf diejenigen ausübenden Künstler Anwendung, die einen Beitrag zu einer nach § 73 geschützten Darbietung leisten. Dies gilt im Grundsatz auch für Dirigenten, Regisseure und Solisten (LG Köln ZUM-RD 2008, 211, 212). Bedingt durch die Ausdehnung des § 73 durch das Gesetz zur Regelung des Urheberrechts in der Informationsgesellschaft vom 10.9.2003 (BGBl. I S. 1774) ist nicht unbedingt erforderlich, dass die Darbietung ein urheberschutzfähiges Werk i. S. v. § 2 zum Gegenstand hat; vielmehr fallen auch folkloristische Darbietungen, die keine persönlich geistige Schöpfung i. S. v. § 2 darstellen, unter § 73 (s. § 73 Rn. 10 ff.). Auf den Umfang des Beitrags kommt es nicht an. Auch ein geringfügiger Beitrag zu einer nach § 73 geschützten Darbietung ist ausreichend (für die Parallelvorschrift des § 8 s. § 8 Rn. 3). Voraussetzung ist allerdings, dass es sich um eine **künstlerische Leistung** handelt; technische Mitwirkung ist von § 73 nicht geschützt (zur Abgrenzung s. § 73 Rn. 16) und reicht dementsprechend auch nicht zur Begründung der Rechte nach § 80.

2. Einheitlichkeit der Darbietung

6   § 80 Abs. 1 S. 1 setzt ferner voraus, dass die Darbietung einheitlich ist. Die Anteile der beteiligten ausübenden Künstler dürfen sich nicht gesondert verwerten lassen (Dünnwald/*Gerlach* § 80 Rn. 4; Ahlberg/Götting/*Stang* § 80 Rn. 5 ff.). Dies beurteilt sich im Einzelfall danach, ob **theoretisch** die Möglichkeit einer gesonderten Nutzung besteht (LG Köln ZUM-RD 2008, 211, 212 f.; Mestmäcker/Schulze/*Hertin* § 80 Rn. 5; Schricker/Loewenheim/*Krüger* § 80 Rn. 4). Während sich bei einem Symphoniekonzert, der Aufführung eines Chorwerks oder eines Theaterstücks die Leistungen der einzelnen ausübenden Künstler regelmäßig nur als Ganzes verwerten lassen, ist eine gesonderte Verwertbarkeit i. S. v. § 80 Abs. 1 S. 1 etwa bei Arien ohne Orchesterbegleitung, bei einer Lieddarbietung ohne Klavierbegleitung sowie bei solistischen Partien, die in eine Gesamtdarbietung eingebettet sind, denkbar (vgl. die Beispiele bei Mestmäcker/Schulze/*Hertin* § 80 Rn. 6; Schricker/Loewenheim/*Krüger* § 80 Rn. 4). Die Leistung eines Dirigenten ist dagegen nicht von der des von ihm geleiteten Orchesters zu trennen (LG Köln ZUM-RD 2008, 211, 212).

III. Rechtsfolgen

7   Mit der Aufführung einer gemeinsamen Darbietung entsteht zwischen den an der Darbietung beteiligten ausübenden Künstlern eine **Verwertungsgemeinschaft** besonderer Art (Schricker/Loewenheim/*Krüger* § 80 Rn. 5; s. dazu auch § 8 Rn. 59).

1. Künstlergemeinschaft als gesetzliches Rechtsverhältnis

8   § 80 Abs. 1 S. 1 bestimmt, dass die für die Verwertung bedeutsamen Rechte und Ansprüche der ausübenden Künstler (z. B. die Einräumung und Übertragung von Nutzungsrechten, die Verfolgung von Rechtsverletzungen sowie die Geltendmachung obligatorischer Ansprüche aus Nutzungsverträgen) bei einer gemeinsamen Darbietung der **gesamthänderischen Bindung** unterliegen (BGH ZUM 2005, 389, 390 – Götterdämmerung). Der Gesamthand sind nur die Verwertungsrechte und nicht auch die Persönlichkeitsrechte zur Ausübung zugewiesen (Dünnwald/Gerlach § 80 Rn. 5; Mestmäcker/Schulze/*Hertin* § 80 Rn. 8; Ahlberg/Götting/*Stang* § 80 Rn. 10). Im Hinblick auf die persönlichkeitsrechtlichen Befugnisse ausübender Künstler bei gemeinsam erbrachten Darbietungen enthalten die § 74 Abs. 2 und § 75 S. 2 besondere Regelungen zur Geltendma-

chung von Künstlerpersönlichkeitsrechten (krit. *Dünnwald* ZUM 2004, 161, 163). Ob die bei den Verwertungsrechten geregelten persönlichkeitsrechtlichen Befugnisse wie z.B. das Rückrufsrecht aus gewandelter Überzeugung (§ 42) der gesamthänderischen Bindung oder zumindest dem Einwilligungserfordernis nach § 80 Abs. 1 S. 2 unterliegen, wird in der Literatur kontrovers diskutiert (dazu näher *Flechsig/Kuhn* ZUM 2004, 14, 27 f. sowie Mestmäcker/Schulze/*Hertin* § 80 Rn. 9; für eine umfassende Anwendbarkeit Ahlberg/Götting/ *Stang* § 80 Rn. 10).

Nach der traditionellen Gesamthandstheorie sind die Gesamthänder (und nicht eine von 9 ihnen begrifflich verschiedene „Person") Träger der Rechte und Pflichten (Palandt/ *Heinrichs* Einführung Vor § 21 BGB Rn. 2 m.w.N.). Demgegenüber geht der BGH in seiner Rechtsprechung anknüpfend an *Flume* (ZHR 136 [1972], 177 ff.) davon aus, dass die Gesamthand eine teilrechtsfähige Wirkungseinheit darstellt (BGHZ 146, 341 ff.; Schricker/ Loewenheim/*Krüger* § 80 Rn. 4 m.w.N.). Die gesamthänderische Bindung nach § 80 Abs. 1 S. 1 ist **zwingendes Recht.** Abweichende vertragliche Vereinbarungen sind unwirksam. Sie entsteht durch **Realakt** der gemeinsamen Aufführung einer Darbietung und endet gem. § 82 mit Ablauf der Schutzfrist (zu Einzelheiten s. § 8 Rn. 22 f.).

2. Einwilligungserfordernis

§ 80 Abs. 1 S. 2 besagt, dass keiner der beteiligten ausübenden Künstler seine „Einwil- 10 ligung" zur Verwertung wider Treu und Glauben verweigern darf. Das Einwilligungserfordernis betrifft nicht nur das **Innenverhältnis** der ausübenden Künstler untereinander, sondern auch die Vertretung der Gesamthandsgemeinschaft im **Außenverhältnis** (s. § 8 Rn. 31 f.). Ob der ausübende Künstler bei Versagen seiner Einwilligung im Einzelfall gegen das Gebot von Treu und Glauben verstößt, ist im Rahmen einer **Interessenabwägung** zu ermitteln. Dabei spielen vor allem die Ziele eine Rolle, die die Künstlergruppe mit der gemeinsamen Darbietung verfolgt (s. § 8 Rn. 33 mit Verweis auf *Sontag* 46 ff.; vgl. ferner Schricker/Loewenheim/*Krüger* § 80 Rn. 6; Ahlberg/Götting/*Stang* § 80 Rn. 14 sowie zu dem verallgemeinerungsfähigen Rechtsgedanken *Schaefer* FS Nordemann, 2004, 227 ff.). Mit dem Einwilligungserfordernis soll verhindert werden, dass einzelne Ensemblemitglieder, etwa weil sie mit dem Ergebnis der Ensembleleistung unzufrieden sind, die Vergütungsansprüche der übrigen Beteiligten blockieren. Ist die Verwertung der gemeinsamen Darbietung geeignet, Urheberpersönlichkeitsrechte einzelner ausübender Künstler zu verletzen, so verstoßen diese nicht gegen Treu und Glauben, wenn sie ihre Einwilligung zur Verwertung versagen. Verweigert ein ausübender Künstler seine Einwilligung dagegen ohne berechtigten Grund, so kann er von den übrigen Mitgliedern der Künstlergruppe auf Erteilung der Einwilligung verklagt werden (Mestmäcker/Schulze/ *Hertin* § 80 Rn. 12; zu Einzelheiten s. ferner § 8 Rn. 33).

Das Gebot gegenseitiger Rücksichtnahme des § 80 Abs. 1 S. 2 entspricht der für Urheber 11 geltenden Regelung in § 8 Abs. 2 S. 2, bleibt jedoch insofern ausdrücklich hinter dieser zurück, als sich das Treuegebot der ausübenden Künstler nach dem eindeutigen Wortlaut des § 80 Abs. 1 S. 2 lediglich auf die „Verwertung" und nicht – wie bei § 8 Abs. 2 S. 2 – auf die „Veröffentlichung" und „Veränderung" bezieht. Die weitergehende Bestimmung des § 8 Abs. 2 S. 2 findet auf ausübende Künstler keine Anwendung; sie ist von dem Verweis in § 80 Abs. 1 S. 3 ausdrücklich ausgenommen (zustimmend nun auch Schricker/Loewenheim/ *Krüger* § 80 Rn. 6). Bei etwaigen **Änderungen der Darbietung** ergibt sich das Gebot gegenseitiger Rücksichtnahme für ausübende Künstler aus § 75 S. 2 (so auch Dreier/ Schulze/*Dreier* § 80 Rn. 4 und im Ergebnis wohl Mestmäcker/Schulze/*Hertin* § 80 Rn. 11).

3. Verwaltung der gemeinsamen Verwertungsrechte

Wie bei der Miturheberschaft bedarf die Verwaltung der gemeinsamen Verwertungs- 12 rechte grds. eines **einstimmigen Beschlusses** aller beteiligten ausübenden Künstler

(Mestmäcker/Schulze/*Hertin* § 80 Rn. 10; Schricker/Loewenheim/*Krüger* § 80 Rn. 2 und 5; s. auch § 8 Rn. 29). Zu den Verwaltungsmaßnahmen, die einstimmig beschlossen werden müssen, gehören z. B. der Abschluss von Nutzungsverträgen, die Geltendmachung von Rückrufsrechten oder allgemein: die Ausübung aller im Rahmen der Verwertung einer Darbietung bedeutsamen Rechte und Ansprüche. **§ 80 Abs. 1 S. 3** verweist bezüglich der Einzelheiten der Verwaltung der gemeinsamen Verwertungsrechte auf die für Miturheber geltenden Bestimmungen der § 8 Abs. 2 S. 3, Abs. 3 und 4. Nach **§ 8 Abs. 2 S. 3** ist grds. jeder Miturheber/ausübende Künstler berechtigt, **Ansprüche aus Verletzungen** des gemeinsamen Verwertungsrechts – auch ohne vorherige Zustimmung der übrigen beteiligten Künstler – **selbstständig** geltend zu machen. Sind die Ansprüche auf Leistung gerichtet, kann der einzelne ausübende Künstler allerdings nur die **Leistung an alle** verlangen (Dreier/Schulze/*Dreier* § 80 Rn. 5; Einzelheiten s. § 8 Rn. 41). **§ 8 Abs. 3** betrifft die **Verteilung der Erträge** aus der Nutzung einer gemeinsamen Darbietung. Sofern die beteiligten ausübenden Künstler keine Vereinbarung über die Aufteilung der Erträge getroffen haben, richtet sich diese gem. § 8 Abs. 3 nach dem **Umfang der Mitwirkung** jedes einzelnen beteiligten ausübenden Künstlers (Erläuterungen s. § 8 Rn. 35; Dünnwald/Gerlach § 80 Rn. 9; Mestmäcker/Schulze/*Hertin* § 80 Rn. 20 ff.; krit. *Flechsig/Kuhn* ZUM 2004, 14, 28). **§ 8 Abs. 4** sieht schließlich vor, dass der Miturheber/ausübende Künstler auf seinen Anteil an den Verwertungsrechten **verzichten** kann (dazu ausführlich Schricker/Loewenheim/*Krüger* § 80 Rn. 9; *Flechsig/Kuhn* ZUM 2004, 14, 28 halten vor dem Hintergrund der dualistischen Theorie den Hinweis auf § 8 Abs. 4 für entbehrlich). In diesem Fall wächst der Anteil den übrigen ausübenden Künstlern zu (Dreier/Schulze/*Dreier* § 80 Rn. 5; zu Einzelheiten s. § 8 Rn. 47 ff.).

IV. Gesetzliche Vertretungsbefugnis (§ 80 Abs. 2)

13 § 80 Abs. 2 verweist für die Geltendmachung der sich aus den §§ 77, 78 sowie § 79 Abs. 3 ergebenden Rechte und Ansprüche auf die in § 74 Abs. 2 S. 2 und 3 geregelte Vertretungsbestimmung bei gemeinsamen Darbietungen einer Künstlergruppe. Hat das Ensemble einen **Vorstand,** so ist dieser nach § 80 Abs. 2 i. V. m. § 74 Abs. 2 S. 2 vertretungsbefugt. Ist kein Vorstand gewählt, so ist gem. § 80 Abs. 2 i. V. m. § 74 Abs. 2 S. 3 der **Leiter** des Ensembles bzw. ein gewählter Vertreter berechtigt, die Verwertungsansprüche und -rechte im Außenverhältnis geltend zu machen. Die Befugnis des gewählten Vertreters zur Geltendmachung der den ausübenden Künstlern zustehenden Leistungsschutzrechte erstreckt sich auch auf Ansprüche, die zu einer Zeit entstanden sind, als ein anderer Vorstand amtierte, wenn es sich bei der Künstlergruppe um einen über einen längeren Zeitraum unabhängig von einem Wechsel der Mitglieder fortbestehenden Zusammenschluss handelt. Dies trifft auf ein Festspielorchester zu, das jährlich für die Festspielsaison zusammengestellt wird (so BGH ZUM 2005, 389 – Götterdämmerung, für das Bayreuther Festspielorchester; vgl. dazu *Erbguth/Vandrey* 13–18). Der BGH begründet seine Entscheidung im Wesentlichen damit, dass Erschwernisse für den Rechtsverkehr sich nicht nur aus einer Vielzahl beteiligter Künstler, sondern bei auf Dauer eingerichteten Künstlergruppen auch aus einem Wechsel der Mitglieder und des Vorstands ergeben können. Nach dem Regelungszweck des § 80 Abs. 2 (vgl. dazu oben Rn. 2) müsse sich die Befugnis des jeweils amtierenden Vorstands deshalb jedenfalls dann auf die vor seiner Amtszeit entstandenen Ansprüche und Rechte früherer Mitglieder erstrecken, wenn die Künstlergruppe eine „einem Verein oder einer Gesellschaft ähnliche Struktur" aufweise und „über einen längeren Zeitraum unabhängig von einem Wechsel der Mitglieder in ihrer Eigenart" fortbestehe (BGH ZUM 2005, 389, 391; *Erbguth/Vandrey* 15; vgl. ferner Mestmäcker/Schulze/*Hertin* § 80 Rn. 17 f.). Die Befugnis zur Geltendmachung der zur Verwertung notwendigen Rechte erstreckt sich ferner auf die Ansprüche der §§ 32, 32a (Dreier/Schulze/*Dreier* § 80

Rn. 6; Schricker/Loewenheim/*Krüger* § 80 Rn. 11 unter Hinweis auf die AmtlBegr. BT-Drucks. 15/38, 24).

Leiter eines Ensembles i. S. v. § 80 sind etwa **Chordirektoren, Dirigenten** oder **Ballettmeister**. Sie dürfen indes nicht der Arbeitgeberseite zuzuordnen sein, weshalb z. B. Intendanten oder Chefdramaturgen nicht wahrnehmungsbefugt i. S. d. § 80 Abs. 2 sind (BGH GRUR 1999, 49, 50 – Bruce Springsteen and his Band; Loewenheim/*Vogel* § 38 Rn. 104; Schricker/Loewenheim/*Krüger* § 80 Rn. 15). Schließlich scheiden solche Personen als Leiter eines Ensembles aus, die nur vorübergehend mit dem Ensemble zusammenarbeiten (z. B. Gastdirigenten). Ist weder ein Vorstand noch ein Leiter noch ein gewählter Vertreter vorhanden, sind die einzelnen Ensemblemitglieder selbst wahrnehmungsbefugt (Ahlberg/Götting/*Stang* § 81 Rn. 18). Sind bei einer Musikgruppe die Funktionen innerhalb des Ensembles so verteilt, dass einem Mitglied die künstlerisch-musikalische Leitung zugewiesen ist, während ein anderes Ensemblemitglied die Vermögensinteressen und rechtlichen Belange der Gruppe vertritt, so ist nur letzteres Ensemblemitglied als prozessführungsbefugter Leiter zu verstehen (OLG Köln ZUM 2001, 166 ff. – Kelly-Family). 14

Prozessual ist der Vorstand des Ensembles (bzw. dessen Leiter) kraft Gesetzes ermächtigt, Prozesse im eigenen Namen für die einzelnen Mitglieder des Ensembles zu führen; es handelt sich um den Fall einer **gesetzlichen Prozessstandschaft** (BGH ZUM 2005, 389, 390 – Götterdämmerung; BGHZ 121, 319, 322 – The Doors). Ist kein Vorstand, Leiter oder gewählter Vertreter vorhanden, bleibt es bei der Klagebefugnis des einzelnen ausübenden Künstlers aus eigenem Recht (BGHZ 121, 319 ff. – The Doors; *Schlatter* ZUM 1993, 522 ff.; differenzierend *Schack* JZ 1994, 43 ff.). 15

§ 80 Abs. 2 betrifft grds. nur die **Aktivlegitimation** (nicht die Passivlegitimation) des Ensemblevorstands. Nach h. M. ist der Vorstand/Leiter/gewählte Vertreter des Ensembles jedoch insoweit **passiv legitimiert**, als die Ermächtigung zur Prozessführung reicht (Loewenheim/*Vogel* § 38 Rn. 104; Mestmäcker/Schulze/*Hertin* § 80 Rn. 19; Schricker/Loewenheim/*Krüger* § 80 Rn. 14; Dünnwald/Gerlach § 80 Rn. 15). Würde man mangels ausdrücklicher gesetzlicher Regelung verlangen, dass auf der Beklagtenseite jeder einzelne ausübende Künstler zu verklagen wäre, liefe dies dem Normzweck des § 80 zuwider, der in einer Vereinfachung des Rechtsverkehrs besteht (Dünnwald/Gerlach § 80 Rn. 15). Die Passivlegitimation darf aber nicht über die Ermächtigung zur aktiven Prozessführung hinausgehen (Schricker/Loewenheim/*Krüger* § 80 Rn. 14). 16

§ 81 Schutz des Veranstalters

Wird die Darbietung des ausübenden Künstlers von einem Unternehmen veranstaltet, so stehen die Rechte nach § 77 Abs. 1 und 2 Satz 1 sowie § 78 Abs. 1 neben dem ausübenden Künstler auch dem Inhaber des Unternehmens zu. § 10 Abs. 1, § 31 sowie die §§ 33 und 38 gelten entsprechend.

Literatur: S. die Angaben bei Vor §§ 73 ff. sowie die Angaben im eingangs abgedr. Gesamtliteraturverzeichnis.

Übersicht

	Rn.
I. Allgemeines	1–3
II. Schutzgegenstand des § 81	4–6
III. Berechtiger i. S. v. § 81	7–9
IV. Umfang der Rechte des Unternehmers (§ 81 S. 1)	10, 11
V. Entsprechende Anwendbarkeit von § 10 Abs. 1 sowie urhebervertraglicher Bestimmungen (§ 81 S. 2)	12
VI. Schutzfrist	13
VII. Auslandsbezug	14

I. Allgemeines

1 Die Vorschrift des § 81 gewährt dem Veranstalter für seine organisatorische und wirtschaftliche Verantwortung ein **selbstständiges Leistungsschutzrecht**. Nach § 81 a. F. war der ausübende Künstler in der Ausübung seiner Verwertungsrechte von der Einwilligung des Veranstalters abhängig. Nach der durch Gesetz zur Regelung des Urheberrechts in der Informationsgesellschaft vom 10.9.2003 (BGBl. I S. 1774) geschaffenen Fassung des § 81 stehen dem Veranstalter die Rechte nach § 77 Abs. 1 und 2 S. 1 sowie § 78 Abs. 1 **neben** dem **ausübenden Künstler** zu. Der Veranstalter kann insb. Dritten Nutzungsrechte an einer von ihm veranstalteten künstlerischen Darbietung einräumen. Durch das **Gesetz zur Verbesserung der Durchsetzung von Rechten des geistigen Eigentums** vom 7.7.2008 (BGBl. I S. 1191) hat der Gesetzgeber § 81 S. 2 dahingehend geändert, dass „die Angabe § 31 Abs. 1 bis 3 und 5" durch die Angabe „§ 10 Abs. 1 sowie § 31 Abs. 1 bis 3 und 5 ersetzt" wird. Während das Zweite Gesetz zur Regelung des Urheberrechts in der Informationsgesellschaft vom 26.10.2007 (BGBl. I S. 2513) in § 81 S. 2 zu Recht die Angabe „Abs. 1 bis 3 und 5" gestrichen hatte (diese Streichung war vor dem Hintergrund der Abschaffung des § 31 Abs. 4 folgerichtig), wurde durch das Gesetz vom 7.7.2008 (BGBl. I S. 1191) der Verweis in § 81 S. 2 auf „§ 31 Abs. 1 bis 3 und 5" auf Initiative des Rechtsausschusses zunächst wieder eingefügt. Noch im Jahr 2008 hat der Gesetzgeber das Redaktionsversehen bereinigt und § 81 S. 2 – ohne weiteres Änderungsgesetz – redaktionell angepasst (Berichtigung vom 16.10.2008, BGBl. I S. 2070).

2 Die Regelung des § 81 stößt sowohl in ihrer grundsätzlichen Berechtigung als auch im Hinblick auf ihre systematische Stellung in der Literatur auf **Kritik:** Durch § 81 werde dem ausübenden Künstler die Ausübung seiner Rechte erschwert und der Interpretenschutz unverhältnismäßig beschränkt, da eine Verwertung der Darbietung nur erfolgen könne, wenn zugleich der Veranstalter im Rahmen von Treu und Glauben seine Zustimmung erteile (Schricker/Loewenheim/*Vogel* § 81 Rn. 11; a.A. *Gentz* GRUR 1968, 182, 183; *Stolz* 100 f.). Der Veranstalter sei durch das ihm nach wie vor zustehende Hausrecht, durch das Recht am eingerichteten und ausgeübten Gewerbebetrieb (§ 823 BGB), durch § 826 BGB sowie § 3 i.V.m. § 4 Nr. 9 UWG bereits hinreichend geschützt (Schricker/Loewenheim/*Vogel* § 81 Rn. 13). Systematisch sei die Regelung des § 81 im Abschnitt über die Rechte der ausübenden Künstler verfehlt (Dreier/Schulze/*Dreier* § 81 Rn. 1; *Schmieder* GRUR 1964, 121, 122; Schricker/Loewenheim/*Vogel* § 81 Rn. 12; ähnlich *Dünnwald* ZUM 2004, 161, 179, der einen eigenen Abschnitt für den Veranstalter vorschlägt, da die jetzige Gesetzesfassung „verdecke", dass das Schutzobjekt des Veranstalterschutzes nicht die Darbietung, sondern die Veranstaltung sei). Schließlich wird die Streichung des § 81 unter dem Gesichtspunkt der Rechtsvereinheitlichung befürwortet, da ein eigenes Leistungsschutzrecht des Veranstalters ausländischen Rechtsordnungen fremd sei (Loewenheim/*Vogel* § 39 Rn. 3). Trotz dieser Kritik hat der Gesetzgeber an der Privilegierung des Veranstalters durch Einräumung eines eigenständigen Leistungsschutzrechts festgehalten. In der Literatur wird vereinzelt unter Berufung auf die bestehenden Leistungsschutzrechte des Veranstalters ein originäres Leistungsschutzrecht der Verlage für Bildungsmedien gefordert (so *v. Bernuth* GRUR 2005, 196, 199 f.). In der Praxis kommt dem Veranstalterschutz nach § 81 keine allzu große Bedeutung zu, da Umfang und Inhalte der Rechte des Veranstalters im Verhältnis zum ausübenden Künstler regelmäßig vertraglich festgelegt werden (so auch Schricker/Loewenheim/*Vogel* § 81 Rn. 14 mit Hinweis auf die einschlägigen tarifvertraglichen Bestimmungen sowie ferner Dreier/Schulze/*Dreier* § 81 Rn. 1; Mestmäcker/Schulze/*Hertin* § 81 Rn. 3).

3 Neben dem Schutz aus § 81 kommt – sofern die jeweiligen Tatbestandsvoraussetzungen vorliegen – **ergänzend** die Anwendbarkeit der **§ 85** (Tonträgerhersteller), **§ 87** (Sendeunternehmen) und **§ 94** (Filmhersteller) in Betracht. Gegenüber den wettbewerbsrechtlichen

§ 81 Schutz des Veranstalters 4–6 § 81 UrhG

Bestimmungen des § 3 i. V. m. § 4 Nr. 9 UWG sowie den deliktischen Vorschriften der §§ 823, 826 BGB ist die Vorschrift des § 81 **lex specialis**. Eine Anwendung der wettbewerbsrechtlichen Vorschriften kommt allenfalls in Betracht, soweit besondere, die Unlauterkeit begründende Umstände vorliegen, die außerhalb des Sonderschutztatbestandes des § 81 liegen (BGH GRUR 1986, 454, 456 – Bob Dylan; BGH GRUR 1992, 697, 699 – Alf; *Hodik* GRUR Int. 1984, 421, 423; Dreier/Schulze/*Dreier* § 81 Rn. 2; Schricker/Loewenheim/*Vogel* § 81 Rn. 38). Ergänzend zu dem Schutz aus § 81 kann sich der Veranstalter als Besitzer oder Eigentümer des Veranstaltungsortes gegenüber Dritten auf sein **Hausrecht** (§§ 858, 1004 BGB) berufen, soweit diese die veranstaltete Darbietung ohne Erlaubnis aufnehmen (*Schmieder* GRUR 1964, 121, 124; *Runge* UFITA 35 [1961] 159, 179; Schricker/Loewenheim/*Vogel* § 82 Rn. 38).

II. Schutzgegenstand des § 81

§ 81 schützt die von einem Unternehmen **veranstaltete Darbietung** eines ausübenden 4
Künstlers i. S. v. § 73. Der Veranstalterschutz greift nur dann ein, wenn es sich um eine **Live-Darbietung** handelt, die ein **urheberrechtlich schutzfähiges Werk** i. S. v. § 2 oder eine **folkloristische Darbietung** zum Gegenstand hat.

Voraussetzung für eine **Veranstaltung** nach § 81 ist nach h. M. die Anwesenheit eines 5
Publikums (Dreier/Schulze/*Dreier* § 81 Rn. 3; Dünnwald/Gerlach § 81 Rn. 6; Loewenheim/*Vogel* § 39 Rn. 5 *Hodik* GRUR Int. 1984, 421, 422; Schricker/Loewenheim/*Vogel* § 81 Rn. 17; a. A. *Gentz* GRUR 1968, 182, 184). Auch **Generalproben** oder **Voraufführungen,** die nur einem begrenzten Teilnehmerkreis zugänglich sind, sind vom Begriff der Veranstaltung i. S. d. § 81 umfasst. § 81 schützt nach herrschender Ansicht nur **öffentliche Veranstaltungen** (Dreier/Schulze/*Dreier* § 81 Rn. 3; Mestmäcker/Schulze/*Hertin* § 81 Rn. 9; Schricker/Loewenheim/*Vogel* § 81 Rn. 18). Der Begriff der Öffentlichkeit bestimmt sich nach § 15 Abs. 3 (vgl. § 15 Rn. 23 ff.). Nicht unter § 81 fallen **Privatveranstaltungen** (Dreier/Schulze/*Dreier* § 81 Rn. 3; *v. Gamm* § 73 Rn. 5; Mestmäcker/Schulze/*Hertin* § 81 Rn. 9; Loewenheim/*Vogel* § 39 Rn. 5; *Dünnwald* UFITA 65 [1972] 99, 107; Schricker/Loewenheim/*Vogel* § 81 Rn. 18; a. A. *Gentz* GRUR 1968, 182, 184; *Stolz* 103) oder noch nicht öffentliche Proben (Dünnwald/Gerlach § 81 Rn. 6). Tritt der ausübende Künstler bei einer privaten Veranstaltung auf, so ist es allein seine Entscheidung, ob die Darbietung aufgenommen, veröffentlicht und ggf. sogar vervielfältigt werden darf. Dies folgt zum einen aus dem Persönlichkeitsrecht des Künstlers (Schricker/Loewenheim/*Vogel* § 81 Rn. 18); zum anderen fehlt es bei reinen Privatveranstaltungen an einem Amortisationsinteresse, welches den Schutz des § 81 rechtfertigen könnte.

Wird eine künstlerische Darbietung als **Studioaufnahme** erbracht, so fällt eine solche nicht-öffentliche Darbietung ebenfalls nicht unter § 81. Insoweit können allenfalls die Leistungsschutzrechte der §§ 85, 87 und 94 zur Anwendung gelangen (*Schack* Rn. 696; Schricker/Loewenheim/*Vogel* § 81 Rn. 18; a. A. *Gentz* GRUR 1968, 182, 186). Etwas anderes gilt, soweit Rundfunkanstalten ein Konzert oder eine Bühnenaufführung nicht nur zwecks Übertragung durch Funk aufzeichnen, sondern die Veranstaltung zugleich einem öffentlichen Publikum zugänglich machen. Für solche Veranstaltungen kommt neben § 87 auch der Veranstalterschutz nach § 81 in Betracht (Schricker/Loewenheim/*Vogel* § 81 Rn. 18).

§ 81 schützt den Veranstalter nur im Hinblick auf solche Veranstaltungen, deren **Zweck** 6
primär in der **Werkvermittlung** liegt (Schricker/Loewenheim/*Vogel* § 81 Rn. 19; a. A. Mestmäcker/Schulze/*Hertin* § 81 Rn. 12). Denn durch § 81 sollen nur solche organisatorischen und wirtschaftlichen Leistungen privilegiert werden, die der Förderung des Kulturbetriebes dienen. Gedacht war insb. an Veranstalter von Theateraufführungen oder Konzerten.

Eine **analoge Anwendung des § 81** auf andere Veranstalter kommt nicht in Betracht (*Krebs/Becker/Dück* GRUR 2011, 391, die jedoch für ein eigenes gewerbliches Veranstalterrecht im Wege der richterlichen Rechtsfortbildung eintreten). Nach der Intention des Gesetzgebers sowie nach dem Normzweck verdienen nur solche Veranstaltungen den Schutz des § 81, die primär auf die Vermittlung einer künstlerischen Darbietung gerichtet sind, bei denen die künstlerische Leistung des Interpreten also nicht lediglich zur Untermalung gedacht ist (ebenso Loewenheim/*Vogel* § 39 Rn. 5; zu „gemischten" Veranstaltungen, bei denen neben künstlerischen Darbietungen auch andere Darbietungen erbracht werden, siehe Ahlberg/Götting/*Stang* § 81 Rn. 9.1). Veranstalter von kulturunabhängigen Festakten, Sportereignissen, Zirkusveranstaltungen, Messen etc. werden durch § 81 nicht privilegiert (BGH GRUR 2011, 436, 437 – Hartplatzhelden OLG Hamburg GRUR-RR 2007, 181 ff. sowie LG Berlin SpuRt 2011, 166 ff. (für die Veranstaltung von Sportereignissen); Dreier/Schulze/*Dreier* § 81 Rn. 3; Dünnwald/Gerlach § 81 Rn. 3; Schricker/Loewenheim/*Vogel* § 81 Rn. 19; a. A. Mestmäcker/Schulze/*Hertin* § 81 Rn. 12, wonach sich die Veranstalterrechte in einem solchen Fall auf die künstlerische Live-Darbietung beschränken). Die Vermarktung solcher Ereignisse kann deshalb allenfalls auf dem Hausrecht des Veranstalters beruhen (BGH GRUR 2011, 436, 437 – Hartplatzhelden) und stellt insoweit einen schuldrechtlichen Vertrag dar (OLG Hamburg GRUR-RR 2007, 181 ff.). Zu den Hörfunkrechten bei Fußballspielen vgl. OLG Hamburg AfP 2003, 361; zu Veranstaltern von Fußballspielen *Winter* ZUM 2003, 531, 535 und BGH GRUR 2011, 436 – Hartplatzhelden.

III. Berechtigter i. S. v. § 81

7 Den Veranstalterschutz des § 81 genießt der **Inhaber** des Unternehmens, das die Darbietung des ausübenden Künstlers veranstaltet. Abzustellen ist darauf, wer der Namensträger des Unternehmens ist bzw. wer zum Erwerb von Rechten und zur Eingehung von Pflichten berechtigt ist (Schricker/Loewenheim/*Vogel* § 81 Rn. 25 m. w. N.). Je nach Rechtsform des Unternehmens kann der Inhaber eine natürliche oder juristische Person des Privatrechts oder des Öffentlichen Rechts sein. Bei der im Kulturbetrieb häufigen Rechtsform der GmbH ist das Veranstalterrecht von einem zur Abgabe von Erklärungen befugten Vertreter der GmbH auszuüben (zur Berechtigung bei den unterschiedlichen Rechtsformen vgl. Schricker/Loewenheim/*Vogel* § 81 Rn. 25). Aus einem Vergleich mit der ähnlich gelagerten Bestimmung des § 85 (Schutz des Tonträgerherstellers) ergibt sich nach h. M., dass mit dem Begriff des Unternehmens in § 81 lediglich **gewerbliche Unternehmen** gemeint sind (Dünnwald/Gerlach § 81 Rn. 4; Schricker/Loewenheim/*Vogel* § 81 Rn. 20 f. mit ausführlicher Begründung, ebenso Dreier/Schulze/*Dreier* § 81 Rn. 4; a. A. Mestmäcker/Schulze/*Hertin* § 81 Rn. 7). Als gewerbliche Unternehmen kommen nur solche in Betracht, deren Tätigkeit auf die Erzielung von Einnahmen gerichtet ist (Dreier/Schulze/*Dreier* § 81 Rn. 4; Schricker/Loewenheim/*Vogel* § 81 Rn. 21). Indessen ist nicht erforderlich, dass das Unternehmen als gewerblich i. S. d. Gewerbeordnung anzusehen ist (Dreier/Schulze/*Dreier* § 81 Rn. 4).

8 Voraussetzung für die Privilegierung des Veranstalters nach § 81 ist, dass er die **organisatorische** und **finanzielle Verantwortung** für die Veranstaltung trägt (BGH GRUR 1960, 253, 255 – Auto-Skooter; KG GRUR 1959, 150 ff. – Musikbox-Aufsteller; OLG München GRUR 1979, 152 – Transvestiten-Show). Im Rahmen der **organisatorischen Vorbereitung** ist der Veranstalter insb. verantwortlich für die vertragliche Verpflichtung der ausübenden Künstler, die Anmietung des Saales, Programmgestaltung, Programmherstellung und -verkauf, Werbemaßnahmen und Kartenvorverkauf (BGHZ 27, 264 – Box-Programme; BGH GRUR 1971, 46, 47 – Bubi Scholz; Dreier/Schulze/*Dreier* § 81 Rn. 5). Im Einzelfall kann der Veranstalter auch für technische Leistungen (z. B. Ton- und Lichttechnik) verantwortlich sein (zu den Pflichten des Veranstalters vgl. ferner Rn. 11). Wird lediglich der Veranstaltungsort zur Verfügung gestellt, darüber hinaus aber keine organisatorische Leistung erbracht, so kommt § 81 nicht zur Anwendung (Schricker/Loewenheim/ *Vogel* § 81 Rn. 28; a. A. *v. Gamm* § 15 Rn. 16). Die **künstlerische Gestaltung des Programms** liegt in aller Regel nicht in dem Verantwortungsbereich des Veranstalters (a. A. BGH GRUR 1960, 253, 255 – Auto-Skooter; LG Köln ZUM 2010, 906, 908; wie hier Mestmäcker/Schulze/*Hertin* § 81 Rn. 6; im Ergebnis auch Dünnwald/Gerlach § 81 Rn. 6). Bei arbeitsteiliger Organisation einer Veranstaltung kann auch mehreren Personen die Eigenschaft als „**Mitveranstalter**" zukommen (LG Köln ZUM 2010, 906, 909; Dünnwald/Gerlach § 81 Rn. 6).

Umstritten ist, ob der Veranstalter über die organisatorische und finanzielle Verantwortung hinaus ein sog. **Auswertungsrisiko** übernehmen muss, um von dem Schutz des § 81 zu profitieren (bejahend LG Köln ZUM 2010, 906, 908; Schricker/Loewenheim/*Vogel* § 81 Rn. 24; krit. Dreier/Schulze/*Dreier* § 81 Rn. 4 unter Hinweis auf „kaum lösbare Abgrenzungsschwierigkeiten"; ähnlich Mestmäcker/Schulze/*Hertin* § 81 Rn. 8; ablehnend Dünnwald/Gerlach § 81 Rn. 4). Nach der hier vertretenen Ansicht können grds. auch Veranstaltungen, die ausschließlich **ideelle Zwecke** verfolgen (z. B. Wohltätigkeitsveranstaltungen oder Benefizkonzerte), unter die Regelung des § 81 fallen, sofern der Veranstalter – was jeweils im Einzelfall zu prüfen ist – ein finanzielles und organisatorisches Risiko trägt (Dünnwald/Gerlach § 81 Rn. 4; ähnlich Dreier/Schulze/*Dreier* § 81 Rn. 4). Dies dürfte bei der Aufführung von sakraler Musik durch Kirchengemeinden zur Steigerung des Kirchenbesuchs nicht der Fall sein (a. A. Mestmäcker/Schulze/*Hertin* § 81 Rn. 8). Verkaufsförderungsveranstaltungen mit Unterhaltungsmusik fallen – unabhängig von der Frage eines Auswertungsrisikos – schon deshalb nicht unter § 81, weil deren Zweck nicht primär in der Werkvermittlung liegt (s. dazu Rn. 6; a. A. Mestmäcker/Schulze/*Hertin* § 81 Rn. 8). 9

IV. Umfang der Rechte des Unternehmers (§ 81 S. 1)

§ 81 S. 1 ordnet dem Veranstalter die gleichen Ausschließlichkeitsrechte zu, wie sie dem ausübenden Künstler zustehen: Nach **§ 77** hat der Veranstalter – neben dem ausübenden Künstler – zunächst das (ausschließliche) Recht, die Darbietung auf **Bild- oder Tonträger aufzunehmen** (Abs. 1), sowie die Aufnahme zu **vervielfältigen** und zu **verbreiten** (Abs. 2 S. 1). Das Recht des Veranstalters erstreckt sich ferner auf die **Sendung** und öffentliche **Wahrnehmbarmachung** der Darbietung des ausübenden Künstlers sowie auf das Recht auf **öffentliche Zugänglichmachung** (§ 78 Abs. 1). Über den Verweis in § 83, der ausdrücklich auch für den Veranstalter gilt, finden ferner die urheberrechtlichen **Schrankenbestimmungen** Anwendung. Ebenso wie die ausübenden Künstler profitiert der Veranstalter von den **Vergütungsregelungen** der §§ 46 Abs. 4, 47 Abs. 2 und vor allem § 54 Abs. 1 (s. dazu § 83 Rn. 6–7). Die Ausschließlichkeitsrechte nach § 77 Abs. 1 und Abs. 2 S. 1 sowie § 78 Abs. 1 übt der Veranstalter selbst aus, wohingegen die aus den Schrankenregelungen resultierenden Vergütungsansprüche von der GVL wahrgenommen werden (Dreier/Schulze/*Dreier* § 81 Rn. 6). **Nicht** von § 81 **erfasst** sind die Vergütungsansprüche des **§ 77 Abs. 2 S. 3 i. V. m.** § 27 sowie die Vergütungsansprüche des **§ 78 Abs. 2 Nr. 1–3**. 10

§ 81 gewährt dem Unternehmer ein **absolutes** Recht, das originär mit der Veranstalterleistung entsteht. Das Recht des Veranstalters steht **selbstständig** neben den Rechten der ausübenden Künstler und wirkt gegenüber jedermann (Schricker/Loewenheim/*Vogel* § 81 Rn. 29 m. w. N.). Verzichtet der Veranstalter im Verhältnis zum ausübenden Künstler auf seine Rechte aus § 81, so ist darin nicht ohne weiteres ein **Verzicht** auf diese Rechte gegenüber Dritten enthalten (OLG München ZUM 1997, 144, 145 – Michael Jackson). Freilich haben ausübende Künstler und Veranstalter bei der Ausübung ihrer Rechte das **Gebot von Treu und Glauben** zu beachten. Die Verweigerung der Einwilligung darf sich im Hinblick auf § 242 BGB nicht als rechtsmissbräuchlich darstellen (Schricker/ 11

Loewenheim/*Vogel* § 81 Rn. 30). In der Praxis empfiehlt es sich, **einheitliche Nutzungsverträge** zu schließen, die sowohl die Rechte der ausübenden Künstler als auch die des Veranstalters definieren. In den Aufgabenbereich des Veranstalters fällt neben der Bereitstellung der spielfertigen Veranstaltungsstätte mit den nach Bühnenanweisung benötigten personellen und technischen Voraussetzungen vor allem die Verpflichtung von Kassen-, Bedienungs-, Kontroll- und Sicherheitspersonal, die Erstellung und Verbreitung von Pressetexten und ggf. -erklärungen mit Bild- und biografischem Material der Künstler sowie die Erstellung und Drucklegung des Programmhefts. Ferner hat der Veranstalter eine geeignete und vom Deckungsumfang ausreichende Veranstalterhaftpflichtversicherung abzuschließen und sicherzustellen, dass ggf. erforderliche behördliche Genehmigungen im Zusammenhang mit der Bespielung der Veranstaltungsstätte eingeholt werden. Im Hinblick auf die Verwertung der Darbietung sollte der Vertrag eine genaue Regelung des Nutzungsumfangs enthalten, insb. festlegen, auf welche Weise die Darbietung vervielfältigt und in welchen Medien sie verbreitet werden darf (vgl. ausführlich zu Gastspiel- und Tourneeverträgen Raue/Hegemann/*Büscher* § 9 Rn. 166 ff.).

V. Entsprechende Anwendbarkeit von § 10 Abs. 1 sowie urhebervertraglicher Bestimmungen (§ 81 S. 2)

12   Durch das **Gesetz zur Verbesserung der Durchsetzung von Rechten des geistigen Eigentums** vom 7.7.2008 (BGBl. I, 1191) wurde in § 81 S. 2 ein Verweis auf die Urhebervermutung des § 10 Abs. 1 eingefügt, die nunmehr auch auf das Leistungsschutzrecht des Veranstalters entsprechend Anwendung finden soll. Bedauerlicherweise schweigt sich die Gesetzesbegründung über die Motivation und den praktischen Nutzen dieses Verweises aus.

§ 81 S. 2 verweist ferner auf die urhebervertraglichen Vorschriften der § 31 sowie § 33 (Weiterwirkung von Nutzungsrechten) und § 38 (Beiträge zu Sammlungen). Der Veranstalter einer Darbietung kann somit bezogen auf die in § 81 S. 1 genannten Rechte einem Dritten **eigenständig Nutzungsrechte** einräumen. Im Hinblick auf die Regelung des § 38 weist Mestmäcker/Schulze/*Hertin* § 81 Rn. 18 zu Recht darauf hin, dass diese bezogen auf den Veranstalter „kaum von praktischer Bedeutung" sein dürfte. Anders als beim ausübenden Künstler hat man bezogen auf den Veranstalter die übrigen Vorschriften des Urhebervertragsrechts von der allgemeinen Verweisung auf die §§ 31 ff. ausgeklammert. Dazu zählen zunächst diejenigen Bestimmungen, die eine vertragsrechtliche Konkretisierung des Urheberpersönlichkeitsrechts sind (§§ 39, 40, 42). Auf den Veranstalter finden diese Vorschriften naturgemäß keine entsprechende Anwendung, da sich dessen Schutz auf rein vermögensrechtliche Befugnisse beschränkt. Ausgenommen sind ferner solche Vorschriften, die primär dem Schutz des Urhebers/ausübenden Künstlers als der regelmäßig schwächeren Vertragspartei dienen (§§ 31a, 32, 32a–c, 34, 35, 36, 36a, 37, 41, 43). Auch insoweit ist der Veranstalter, der als Unternehmensinhaber über hinreichende Verhandlungspraxis und Erfahrung verfügt, nicht schutzbedürftig.

VI. Schutzfrist

13   Die Frist für den Veranstalterschutz richtet sich nach § 82. Danach sind die Rechte des Veranstalters für eine Dauer von **25 Jahren** geschützt. Anknüpfungspunkt ist nach § 82 S. 1 (1. Alt.) grds. der Zeitpunkt des **Erscheinens** des Bild- oder Tonträgers. Wurde die Aufnahme zwischen Produktion und Erscheinen bereits öffentlich genutzt, so verlegt § 82 S. 1 (2. Alt.) den maßgeblichen Zeitpunkt auf die **erstmalige öffentliche Nutzung** vor. Für den Fall, dass der Bild- oder Tonträger innerhalb der Schutzfrist weder erschienen

noch erlaubterweise zur öffentlichen Wiedergabe genutzt worden ist, knüpft § 82 S. 2 an den Zeitpunkt der **Darbietung** an. Nach Ablauf der 25-jährigen Schutzfrist kommt allenfalls wettbewerbsrechtlicher Schutz nach § 3 i. V. m. § 4 Nr. 9 UWG in Betracht, allerdings nur insoweit, als die Wettbewerbsverletzung auf Umständen beruht, die außerhalb des sondergesetzlichen leistungsschutzrechtlichen Tatbestands des § 81 liegen (zu Einzelheiten vgl. *Schulze* FuR 1984, 619, 625; Schricker/Loewenheim/*Vogel* § 81 Rn. 34 m. w. N.). Zur Umsetzung der Richtlinie 2011/77/EU des Europäischen Parlaments und des Rates vom 27.9.2011 für die Schutzdauer des Urheberrechts und bestimmter verwandter Schutzrechte wurden durch das 9. UrhGÄndG vom 2.7.2013 m. W. v. 6.7.2013 verschiedene Schutzfristen angepasst. Die in § 81 S. 1 und 2 geregelte Schutzdauer für Veranstaltungsrechte wird durch die RL 2011/77/EU und das 9. UrhGÄndG nicht berührt. Sie beträgt nach wie vor **25 Jahre**. Lediglich der Anknüpfungspunkt für den Beginn der Schutzdauer wurde angepasst. Zu Einzelheiten siehe die Erläuterungen unter § 82 Rn. 2 ff.

VII. Auslandsbezug

Der Schutz ausländischer Veranstalter richtet sich nach § 125. Gem. § 125 Abs. 2 steht **14** ausländischen Staatsangehörigen der Schutz für alle im Inland stattfindenden Darbietungen zu, soweit nicht in § 125 Abs. 3 und 4 etwas anderes bestimmt ist. Ihrem Wortlaut nach betrifft die Vorschrift des § 125 Abs. 2 lediglich den Schutz ausländischer ausübender Künstler; sie findet nach h. M. jedoch auch auf das Recht des Veranstalters nach § 81 Anwendung (Schricker/Loewenheim/*Vogel* § 81 Rn. 36, der die lückenhafte Regelung des § 125 auf ein Redaktionsversehen zurückführt, zustimmend Dreier/Schulze/*Dreier* § 81 Rn. 10).

Leistungen **deutscher Veranstalter,** die **im Ausland** erbracht werden, genießen ebenfalls den Schutz des § 81 (OLG München ZUM 1997, 144, 145 – Michael Jackson; Dreier/Schulze/*Dreier* § 81 Rn. 10). Gem. § 125 Abs. 1 i. V. m. § 120 Abs. 2 Nr. 2 sind EU- und EWR-Staatsangehörige insoweit deutschen Veranstaltern gleichgestellt.

§ 82 Dauer der Verwertungsrechte

(1) **Ist die Darbietung des ausübenden Künstlers auf einem Tonträger aufgezeichnet worden, so erlöschen die in den §§ 77 und 78 bezeichneten Rechte des ausübenden Künstlers 70 Jahre nach dem Erscheinen des Tonträgers, oder wenn dessen erste erlaubte Benutzung zur öffentlichen Wiedergabe früher erfolgt ist, 70 Jahre nach dieser. Ist die Darbietung des ausübenden Künstlers nicht auf einem Tonträger aufgezeichnet worden, so erlöschen die in den §§ 77 und 78 bezeichneten Rechte des ausübenden Künstlers 50 Jahre nach dem Erscheinen der Aufzeichnung, oder wenn deren erste erlaubte Benutzung zur öffentlichen Wiedergabe früher erfolgt ist, 50 Jahre nach dieser. Die Rechte des ausübenden Künstlers erlöschen jedoch bereits 50 Jahre nach der Darbietung, wenn eine Aufzeichnung innerhalb dieser Frist nicht erschienen oder nicht erlaubterweise zur öffentlichen Wiedergabe benutzt worden ist.**

(2) **Die in § 81 bezeichneten Rechte des Veranstalters erlöschen 25 Jahre nach Erscheinen einer Aufzeichnung der Darbietung eines ausübenden Künstlers, oder wenn deren erste erlaubte Benutzung zur öffentlichen Wiedergabe früher erfolgt ist, 25 Jahre nach dieser. Die Rechte erlöschen bereits 25 Jahre nach der Darbietung, wenn eine Aufzeichnung innerhalb dieser Frist nicht erschienen oder nicht erlaubterweise zur öffentlichen Wiedergabe benutzt worden ist.**

(3) **Die Fristen sind nach § 69 zu berechnen.**

Literatur: S. die Angaben bei Vor §§ 73 ff. sowie die Angaben im eingangs abgedr. Gesamtliteraturverzeichnis.

Übersicht

	Rn.
I. Allgemeines	1–3
II. Schutzdauer der Verwertungsrechte ausübender Künstler (Abs. 1)	4–7
III. Schutzdauer der Veranstalterrechte (Abs. 2)	8
IV. Berechnung der Schutzdauer (Abs. 3)	9
V. Übergangsregelungen	10–12
VI. Ausländische Interpreten	13

I. Allgemeines

1 § 82 regelt die Schutzdauer der **vermögensrechtlichen Verwertungsrechte** ausübender Künstler gem. §§ 77, 78 UrhG sowie die Schutzdauer der Veranstalterrechte nach § 81 UrhG. Für die persönlichkeitsrechtlichen Ansprüche ausübender Künstler gilt die Schutzfristenregel des § 76. Während die persönlichkeitsrechtlichen Ansprüche des ausübenden Künstlers nicht vor dessen Tode erlöschen, ist die Schutzdauer der vermögensrechtlichen Befugnisse gem. § 82 auf 50 bzw. 70 Jahre begrenzt. Im Einzelfall können somit vermögens- und persönlichkeitsrechtliche Ansprüche des Interpreten unterschiedliche Schutzfristen haben. Die Regelung des § 82 basiert auf dem **Produktpirateriegesetz** vom 7.3.1990 (BGBl. I S. 422), durch das die Schutzdauer für ausübende Künstler mit Wirkung zum 1.7.1990 auf 50 Jahre angehoben wurde (vgl. Dreier/Schulze/*Dreier* § 82 Rn. 2; *Wandtke/ Gerlach*, ZUM 2008, 822, 823). Durch die **EU-Schutzdauer-Richtlinie** (93/98/EWG v. 29.10.1993, ABl. Nr. L 290, S. 9) wurde die Verlängerung der Schutzdauer auf 50 Jahre europaweit statuiert (vgl. dazu Dünnwald/Gerlach § 82 Rn. 2). Die EU-Schutzdauer-Richtlinie wurde durch das **3. UrhÄndG** (abgedr. in UFITA 129, 103) umgesetzt, das als weiteren Anknüpfungspunkt für den Beginn der Schutzdauer neben dem Erscheinen auch die erste öffentliche Wiedergabe vorsieht (zur Entwicklung der Schutzdauerregelung vgl. ausführlich Dreier/Schulze/*Dreier* § 82 Rn. 2). Der **Vorschlag** der **EU-Kommission** für eine Richtlinie des Europäischen Parlaments und des Rates zur Änderung der Richtlinie 2006/116/EG zur Verlängerung der Schutzdauer der Rechte ausübender Künstler von 50 auf **95 Jahre** (KOM (2008), 464/3) ist in der Literatur kontrovers diskutiert worden und im Ergebnis auf Kritik gestoßen (*Drücke*, ZUM 2009, 108 ff.; *Klass*, ZUM 2008, 663; *Kreile*, ZUM 2009, 113; *Hilty/Kur/Klass/Geiger/Peukert/Drexel/Katzenberger*, GRUR Int 2008, 907; *Schulze*, ZUM 2009, 93 ff.; *Gerlach*, ZUM 2009, 103 ff.).

2 Durch **Richtlinie 2011/77/EU** des Europäischen Parlaments und des Rates vom 27. September 2011 (ABl. L 265/1) wurde die in der Richtlinie 2006/116/EG über die Schutzdauer des Urheberrechts und bestimmter verwandter Schutzrechte geregelte leistungsschutzrechtliche Schutzfrist für Aufzeichnungen von Darbietungen ausübender Künstler von 50 auf **70 Jahre** nach der Veröffentlichung bzw. öffentlichen Wiedergabe angehoben. Nach der **Begründung** des Europäischen Parlaments und des Rates der Europäischen Union soll sich die „gesellschaftlich anerkannte Bedeutung des kreativen Beitrags" ausübender Künstler in einem entsprechenden Schutzniveau niederschlagen. Da ausübende Künstler ihre Laufbahn „im allgemeinen relativ jung" beginnen, seien ihre Darbietungen bei der derzeitigen Schutzdauer von 50 Jahren gegen Ende ihres Lebens häufig nicht mehr geschützt. Es entstehe deshalb für einige ausübende Künstler am Ende ihres Lebens eine „Einkommenslücke". Vor diesem Hintergrund sei es sachgerecht, die Schutzdauer für Aufzeichnungen von Darbietungen und für Tonträger auf 70 Jahre zu verlängern (vgl. die Begründung zu (4) und (5) der Richtlinie 2001/77/EU v. 27.9.2011, ABl. L 265/1). Ebenso wie der Richtlinienvorschlag der Kommission gibt auch die Richtlinie Anlass zu einer kritischen Auseinandersetzung (vgl. *Korn*, Medien & Recht 2012, 20 ff., *Pennertz/Berg*, MMR aktuell 2012, 330025 ff.; *Flechsig*, ZUM 2012, 227 ff. (zur Harmonisierung der Schutzdauer für musikalische Kompositionen mit Text).

Die **Richtlinie 2011/77/EU** des Europäischen Parlaments und des Rates vom **2a** 27.9.2011 (ABl. L 265/1) enthält in **Art. 3** neben der **Anhebung** der **Schutzdauer** der Rechte von ausübenden Künstlern auch **vertragsrelevante Bestimmungen** (Kündigungsrecht sowie zusätzliche Vergütungsansprüche zu Gunsten ausübender Künstler) sowie eine Regelung zur **Wahrnehmung** der Vergütungsansprüche durch **Verwertungsgesellschaften**. Gemäß **Art. 3 Abs. 1** der **Richtlinie 2011/77/EU** des Europäischen Parlaments und des Rates vom 27.9.2011 (ABl. L 265/1) erlöschen die Rechte der ausübenden Künstler weiterhin 50 Jahre nach der Darbietung. Wird jedoch eine Aufzeichnung der Darbietung auf einem **Tonträger** innerhalb dieser Frist **erlaubterweise veröffentlicht** oder **öffentlich wiedergegeben,** so erlöschen die Rechte **70 Jahre** nach der ersten Veröffentlichung oder öffentlichen Wiedergabe. Für den Fall, dass es der Tonträgerhersteller unterlässt, nach Ablauf von 50 Jahren nach der rechtmäßigen Veröffentlichung oder öffentlichen Wiedergabe des Tonträgers Kopien in ausreichender Anzahl zum Verkauf anzubieten bzw. die auf Tonträger aufgezeichnete Darbietung öffentlich zugänglich zu machen, steht dem ausübenden Künstler gem. **Art. 3 Abs. 2a** der RL ein **Kündigungsrecht** des Übertragungs- oder Abtretungsvertrages zu. Von diesem Recht kann der ausübende Künstler Gebrauch machen, wenn der Tonträgerhersteller nicht innerhalb eines Jahres ab Mitteilung der Kündigung die entsprechenden Nutzungshandlungen ausführt. Das Kündigungsrecht des ausübenden Künstlers ist **unverzichtbar**. Im Falle einer wirksamen Kündigung erlöschen die Rechte des Tonträgerherstellers am Tonträger. Die Richtlinie **2011/77/EU** (s. o.) regelt ferner die Frage der **Vergütung** des ausübenden Künstlers für den Zeitraum der Schutzfristverlängerung neu und unterscheidet hierbei zwischen Verträgen mit Anspruch auf eine nicht wiederkehrende Vergütung und Verträge mit Anspruch auf wiederkehrende Zahlungen. Gem. **Art. 3 Abs. 2b** hat der ausübende Künstler für den Fall, dass er nach dem Übertragungs- oder Abtretungsvertrag zu einer **nicht wiederkehrenden Vergütung** berechtigt ist, Anspruch auf eine zusätzliche, jährlich zu zahlende Vergütung des Tonträgerherstellers „für jedes vollständige Jahr unmittelbar im Anschluss an das 50. Jahr nach der rechtmäßigen Veröffentlichung des Tonträgers bzw. nach dessen rechtmäßiger öffentlicher Wiedergabe". Dieser Vergütungsanspruch ist **nicht verzichtbar**, d. h. vertraglich nicht abdingbar. Zur Sicherung des zusätzlichen Vergütungsanspruchs hat der Tonträgerhersteller gem. **Art. 3 Abs. 2c** insgesamt 20% der Einnahmen beiseite zu legen, die er während des vorangegangenen Jahres aus der Vervielfältigung, dem Vertrieb und der Zugänglichmachung des betreffenden Tonträgers erzielt hat. Der Anspruch auf die zusätzliche jährliche Vergütung soll von den **Verwertungsgesellschaften** wahrgenommen werden **(Art. 3 Abs. 2d)**. Für den Fall, dass dem ausübenden Künstler nach dem Übertragungs- oder Abtretungsvertrag ein Anspruch auf **wiederkehrende Zahlungen** zusteht, sieht Art. 3 Abs. 2e) der RL vor, dass im 50. Jahr nach der rechtmäßigen Veröffentlichung bzw. rechtmäßigen öffentlichen Wiedergabe weder Vorschüsse noch vertraglich festgelegte Abzüge von den Zahlungen an den ausübenden Künstler abgezogen werden dürfen.

Gem. **Art. 1 Abs. 4** der Richtlinie 2011/77/EU ist die Schutzdauerrichtlinie 2006/ **2b** 116/EG um einen **Art. 10a (Übergangsmaßnahmen)** ergänzt worden. Nach **Art. 10a Abs. 1** soll – sofern vertraglich nichts Gegenteiliges geregelt ist – ein vor dem Stichtag (1. 11 2013) abgeschlossener Übertragungs- oder Abtretungsvertrag grundsätzlich auch nach dem Zeitpunkt seine Gültigkeit behalten, zu dem die Schutzfrist für die Aufzeichnung der Darbietung bereits abgelaufen ist. Zur Sonderregelung für Übertragungsverträge mit Anspruch auf wiederkehrende Zahlungen vgl. Art. 10a Abs. 2.

Zur Umsetzung der Richtlinie 2011/77/EU des Europäischen Parlaments und des Rates **3** vom 27.9.2011 über die Schutzdauer des Urheberrechts und bestimmter verwandter Schutzrechte hat die Bundesregierung einen **Entwurf** für ein (ursprüngl.) 8. UrhGÄndG vorgelegt (BT-Drucks. 17/12013), das als **9. UrhGÄndG** am 2.7.2013 (BGBl. I S. 1940) verkündet wurde und am 6.7.2013 in Kraft getreten ist (dazu *Gaillard*, GRUR 2013, 1099 ff.).

Zur besseren Übersichtlichkeit hat der Gesetzgeber den § 82, der die **Dauer der Verwertungsrechte** von ausübenden Künstlern und Veranstaltern betrifft, nunmehr in drei Absätze untergliedert: **§ 82 Abs. 1** regelt die Dauer der Verwertungsrechte der ausübenden **Künstler**, **§ 82 Abs. 2** die Schutzdauer der **Veranstalterrechte**, **§ 82 Abs. 3** ist inhaltsgleich mit der bisher in § 82 S. 3 enthaltenen Regelung zur **Berechnung** der **Schutzdauer**. § 82 erfasst seinem Wortlaut nach lediglich die Verwertungsrechte nach §§ 78, 79 sowie die Veranstalterrechte nach § 81. Unter die Vorschrift dürften ebenfalls die Rechte des ausübenden Künstlers nach den durch das 9. Gesetz zur Änderung des Urheberrechtsgesetzes eingeführten Vorschriften der §§ 79 Abs. 3 sowie 79a fallen (so zu Recht Ahlberg/Götting/*Stang* § 82 Rn. 1.1). Denn die Richtlinie sieht vor, dass die vermögensrechtlichen Rechte des ausübenden Künstlers einheitlich erlöschen (Art. 3 RL 2006/116/EG geändert durch Art. 1 Nr. 2a RL 2011/77/EU).

II. Schutzdauer der Verwertungsrechte ausübender Künstler (Abs. 1)

4 **§ 82 Abs. 1 S. 1** sieht in Umsetzung der Richtlinie 2011/77/EU vor, dass die in den §§ 77 und 78 bezeichneten Rechte des ausübenden Künstlers **70 Jahre** nach dem Erscheinen des Tonträgers, oder wenn dessen erlaubte Benutzung zur öffentlichen Wiedergabe früher erfolgt ist, 70 Jahre nach dieser erlöschen, allerdings nur sofern die Darbietung auf einem **Tonträger aufgezeichnet** worden ist. Die Schutzdauerverlängerung auf 70 Jahre kommt also nur den auf Tonträger aufgezeichneten Darbietungen zugute. **Nicht** von § 82 Abs. 1 S. 1 erfasst wird der „Bereich audiovisueller und visueller Aufzeichnungen", wie z. B. DVD (BT-Drucks. 17/12013, S. 13). Insofern bleibt es gem. **§ 82 Abs. 1 S. 2** bei der Schutzdauer von **50 Jahren** nach der ersten Veröffentlichung bzw. der ersten öffentlichen Wiedergabe (vgl. BT-Drucks. 17/12013 S. 13). Die bisher in § 82 S. 2 festgelegte Schutzdauer von 50 Jahren ab der **Darbietung** für den Fall, dass eine Aufzeichnung innerhalb dieser Frist weder erschienen noch erlaubterweise zur öffentlichen Wiedergabe benutzt worden ist, bleibt durch den Gesetzesentwurf der Bundesregierung unberührt. Dieser Regelung findet sich nunmehr wortgleich in **§ 82 Abs. 1 S. 3**.

5 Für die Bestimmung der Schutzfrist der vermögensrechtlichen Ansprüche des ausübenden Künstlers knüpft § 82 an unterschiedliche Ereignisse an. Gem. § 82 Abs. 1 S. 1 (1. Alt.) ist grds. der Zeitpunkt des **Erscheinens** maßgeblich. Ist die Aufnahme auf **Tonträger** erschienen, so enden die Leistungsschutzrechte des ausübenden Künstlers **siebzig** Jahre nach dem Zeitpunkt des Erscheinens. Wurde die Aufnahme zwischen Produktion und Erscheinen bereits **öffentlich genutzt**, so verlegt § 82 S. 1 (2. Alt.) den maßgeblichen Anknüpfungszeitpunkt auf die erstmalige öffentliche Nutzung vor. Dadurch kann die Mindestschutzdauer des WPPT übertroffen werden (*Flechsig*, NJW 2004, 575, 578; s. auch das Beispiel bei Dreier/Schulze/*Dreier* § 82 Rn. 4). Für die Aufzeichnung auf Medien, die keine Tonträger sind (z. B. Tonfilm, DVD), beträgt die Schutzfrist wie bisher **fünfzig Jahre** nach Erscheinen der Aufzeichnung bzw. nach einer eventuellen vor diesem Zeitpunkt erfolgten erlaubten Benutzung zur öffentlichen Wiedergabe **(Abs. 1 S. 2)**. Wird eine Darbietung sowohl als Bild-/Tonträger als auch Audio CD (ggf. mit Bonusbildmaterial) verwertet, dürfte insgesamt von einer 70-jährigen Schutzfrist nach § 82 Abs. 1 S. 1 auszugehen sein (so mit überzeugender Argumentation Ahlberg/Götting/*Stang* § 82 Rn. 12). Für den Fall, dass der Bild- oder Tonträger innerhalb der fünfzigjährigen Schutzfrist **nicht erschienen** ist oder **nicht erlaubterweise zur öffentlichen Wiedergabe benutzt** wurde, knüpft § 82 Abs. 1 S. 3 an den Zeitpunkt der Darbietung an. Diese Anknüpfung kann insb. bei unveröffentlichten **Archivaufnahmen** Bedeutung erlangen. Historische Aufnahmen, die in den Archiven der Rundfunkanstalten archiviert sind und nicht öffentlich wiedergegeben wurden, sind gem. § 82 Abs. 1 S. 3 somit fünfzig Jahre seit dem Zeitpunkt der Darbietung geschützt.

Im Ergebnis beträgt die Schutzfrist des § 82 Abs. 1 im kürzesten Fall 50 Jahre, maximal jedoch 120 Jahre, je nachdem, in welchem Jahr nach der Darbietung die Aufzeichnung als Tonträger erscheint oder erstmals erlaubterweise zur öffentlichen Wiedergabe benutzt wird (Abs. 1 S. 2 und 3; vgl. Ahlberg/Götting/*Stang* § 82 Rn. 7 m.w.N.). Für das Erscheinen der Darbietung auf einem Bild-/Tonträger beträgt die maximale Schutzdauer 100 Jahre (vgl. Ahlberg/Götting/*Stang* § 82 Rn. 7).

Wann eine Aufnahme i. S. d. § 82 **erschienen** ist, richtet sich nach § 6 Abs. 2 (*Dünnwald* UFITA 76 [1976] 165, 182; zu Einzelheiten s. § 6 Rn. 24 ff.). Erschienen ist eine Aufnahme nach § 6 Abs. 2 dann, wenn sie mit Zustimmung des Berechtigten in genügender Anzahl der Öffentlichkeit angeboten oder in Verkehr gebracht worden ist. Von einem solchen Inverkehrbringen ist auch dann auszugehen, wenn eine hinreichende Anzahl von Aufnahmen auf Spezialmärkten angeboten und vertrieben und der Allgemeinheit über Werkmittler zugänglich gemacht wird (BGH GRUR 1981, 360, 361 – Erscheinen von Tonträgern; Dreier/Schulze/*Dreier* § 82 Rn. 5). Wegen Art. 11 RA sind deutsche Hersteller dazu übergegangen, das Erscheinungsjahr mit einem „P" neben dem Etikett in die CD einzuprägen (Schricker/Loewenheim/*Vogel* § 82 Rn. 11 mit Hinweis auf BGH GRUR 2003, 228 – P-Vermerk; *Gentz* UFITA 46 [1966] 33, 35). Zum Begriff der **öffentlichen Wiedergabe** vgl. die Legaldefinition in § 15 Abs. 2 und 3 (zu Einzelheiten s. § 15 Rn. 18 ff.); zum Begriff des **Tonträgers** vgl. § 85 Rn. 2).

Die Regelung des § 82 beschränkt sich auf die **Aufnahme** von Darbietungen ausübender Künstler auf Bild- oder Tonträger, da nur solche festgelegten Darbietungen reproduzierbar sind. Live-Darbietungen werden von § 82 nicht erfasst (Schricker/Loewenheim/*Vogel* § 82 Rn. 2). **Nicht anwendbar** ist § 82 auf **rechtswidrig** aufgenommene Darbietungen ausübender Künstler. Die Verwertung solcher unautorisierten Mitschnitte kann ohne zeitliche Begrenzung gem. § 96 untersagt werden (LG Hamburg ZUM 1991, 98, 99 – Bayreuther Orchester; Schricker/Loewenheim/*Vogel* § 82 Rn. 2; a.A. Mestmäcker/Schulze/*Hertin* § 82 Rn. 8, wonach das Recht des Künstlers, gegen unautorisierte Aufnahmen vorzugehen, nach Ablauf von 50 Jahren nach der Darbietung erlischt, es sei denn, der ausübende Künstler verwertet die „einstmals rechtswidrige" Darbietung zwischenzeitlich selbst auf Bild- oder Tonträgern; ähnlich Dreier/Schulze/*Dreier* § 82 Rn. 4, wonach ein zunächst rechtswidrig hergestellter Mitschnitt nach Ablauf der gesetzlichen Schutzdauer seine Rechtswidrigkeit verlieren soll, wenn der ausübende Künstler selbst die konkrete, rechtswidrig mitgeschnittene Darbietung auf Bild- oder Tonträger verwertet und damit deren bleibender Veröffentlichung zustimmt; ablehnend auch Ahlberg/Götting/*Stang* § 82 Rn. 11, wonach die Möglichkeit der Geltendmachung der Ansprüche des § 96 nach Ablauf der Schutzfrist aus § 82 zu einer „ungerechtfertigten und vom Gesetzgeber nicht beabsichtigten Verlängerung der Schutzdauer" führen würde).

III. Schutzdauer der Veranstalterrechte (Abs. 2)

§ 82 Abs. 2 regelt die Schutzdauer der **Veranstalterrechte**, die bislang in § 82 S. 1 und 2 normiert waren. Sie beträgt nach wie vor **25 Jahre**. Als **Anknüpfungspunkt** für den Beginn der Schutzdauer stellt § 82 Abs. 2 generell auf das Erscheinen der **„Aufzeichnung"** ab, nicht mehr –wie bisher – auf das Erscheinen des „Bild- oder Tonträgers". Die Differenzierung zwischen Aufzeichnungen und Tonträgern und sonstigen Aufzeichnungen, wie sie § 82 Abs. 1 bei der Regelung der Schutzdauer von Darbietungen ausübender Künstler vorsieht, gilt für das Veranstalterrecht nicht (BT-Drucks. 17/12013, S. 14).

IV. Berechnung der Schutzdauer (Abs. 3)

Zur Berechnung der Frist verweist § 82 Abs. 3 (wie bereits der frühere § 82 S. 3) auf die Vorschrift des § 69. Dieser Verweis bezieht sich auf alle in § 82 Abs. 1 und 2 genannten

Fristen (BT-Drucks. 17/12013, S. 14). Danach beginnt die Frist mit dem Ablauf des Kalenderjahres, in dem das für den Beginn der Frist maßgebende Ereignis eingetreten ist. Bezogen auf § 82 ist somit jeweils das Ende des Jahres für den Fristbeginn relevant, in dem die Aufnahme des Bild- oder Tonträgers erschienen, erstmalig öffentlich genutzt worden bzw. die Darbietung erfolgt ist.

V. Übergangsregelungen

10 Durch das Produktpiraterieegesetz vom 7.3.1990 (BGBl. I S. 422) wurde die bis dahin fünfundzwanzigjährige Schutzfrist der vermögensrechtlichen Ansprüche der ausübenden Künstler auf fünfzig Jahre erhöht (zur Entwicklung der Schutzfrist des Interpretenrechts vgl. Dreier/Schulze/*Dreier* § 82 Rn. 2; Mestmäcker/Schulze/*Hertin* § 82 Rn. 3; Schricker/Loewenheim/*Vogel* § 82 Rn. 3 ff.). Im Zuge dessen wurde die Übergangsvorschrift des § 137c geschaffen. Danach findet die in § 82 normierte fünfzigjährige Schutzfrist grds. auch auf Darbietungen Anwendung, die vor dem **1.7.1990** aufgenommen worden sind. Allerdings dürfen am 1.1.1991 noch nicht mehr als fünfzig Jahre seit Erscheinen des Bild- oder Tonträgers abgelaufen sein. Zur Klarstellung ist in § 137c Abs. 1 S. 3 festgelegt, dass der Leistungsschutz in keinem Fall länger als fünfzig Jahre nach dem Erscheinen des Bild- oder Tonträgers dauern darf (zu Einzelheiten vgl. § 137c Rn. 4; ebenso *Kreile* ZUM 1990, 1, 5 ff.).

11 Zu der im Rahmen des **3. UrhGÄndG** eingeführten Übergangsvorschrift des **§ 137f** vgl. § 137f Rn. 2 ff.; Schricker/Loewenheim/*Vogel* § 82 Rn. 16. Im Hinblick auf den Interpretenschutz ist die Übergangsvorschrift des § 137f praktisch nicht von Belang, da § 82 durch das 3. UrhGÄndG lediglich im Hinblick auf den Anknüpfungspunkt der ersten öffentlichen Wiedergabe modifiziert wurde.

Zu der im Rahmen des **9. UrhGÄndG** eingeführten Übergangsvorschrift des **§ 137m** vgl. die Kommentierung zu diesem.

12 Für Aufnahmen, die nach § 82 URG-DDR vor dem 3.10.1990 gemeinfrei waren, gilt lt. **Einigungsvertrag** (Anlage I Kapitel II Sachgebiet E, Abschn. II Nr. 2) die Regelung des § 82 mit der Folge, dass solche gemeinfreien Aufnahmen der längeren Schutzfrist des § 82 unterfallen und – trotz Gemeinfreiheit nach dem Recht der DDR – geschützt sind (näher EVtr Rn. 24). § 82 findet ebenso – und erst Recht – Anwendung auf solche Aufnahmen, die im Zeitpunkt des Inkrafttretens des Einigungsvertrages am 3.10.1990 nach dem Urhebergesetz der DDR noch geschützt waren (KG ZUM-RD 1997, 245, 247 ff. - Staatskapelle Berlin; Dreier/Schulze/*Dreier* § 82 Rn. 2; Schricker/Loewenheim/*Vogel* § 82 Rn. 15; *Wandtke* GRUR 1993, 18 ff.).

VI. Ausländische Interpreten

13 Gem. § 125 Abs. 1 S. 1 genießen deutsche Staatsangehörige den nach §§ 73 bis 83 gewährten Schutz für alle ihre Darbietungen, unabhängig davon, wo diese stattfinden. Über den Verweis in **§ 125 Abs. 1 S. 2 i.V.m. § 120 Abs. 2 Nr. 2** stehen Staatsangehörige eines anderen Mitgliedstaates der Europäischen Union oder eines anderen Vertragsstaates des Abkommens über den Europäischen Wirtschaftsraum deutschen Staatsangehörigen gleich. Ausländische Interpreten, die EU- oder EWR-Staatsangehörige sind, genießen für ihre künstlerischen Darbietungen somit den Schutz der §§ 73 ff., ohne dass es darauf ankommt, wo diese erbracht werden (Dünnwald/*Gerlach* § 82 Rn. 18). Nach **§ 125 Abs. 5** unterfallen auch solche ausländischen Staatsangehörigen der Schutzfristenregelung des § 82, die keinem EU- oder EWR-Staat angehören, deren Darbietungen aber nach dem Rom-Abkommen Schutz genießen (zu den Bestimmungen des Rom-Abkommens vgl. Mestmäcker/Schulze/*Hertin* § 82 Rn. 15; Schricker/Loewenheim/*Vogel* § 82 Rn. 17). Im Übrigen

gilt gem. § 125 Abs. 7 i.V.m. § 125 Abs. 2–4 oder 6 die Schutzfrist des Staates, dem der ausübende Künstler angehört, wobei die Frist des § 82 nicht überschritten werden darf (sog. **Schutzfristenvergleich**).

§ 83 Schranken der Verwertungsrechte

Auf die dem ausübenden Künstler nach den §§ 77 und 78 sowie die dem Veranstalter nach § 81 zustehenden Rechte sind die Vorschriften des Abschnitts 6 des Teils 1 entsprechend anzuwenden.

Literatur: S. die Angaben bei Vor §§ 73 ff. sowie die Angaben im eingangs abgedr. Gesamtliteraturverzeichnis.

Übersicht

	Rn.
I. Allgemeines	1
II. Einzelne Schrankenbestimmungen	2–8
1. Erlaubnisfreie Nutzung	2–5
2. Vergütungsregelungen	6–7
3. Persönlichkeitsrechte	8

I. Allgemeines

Um eine Besserstellung des ausübenden Künstlers im Verhältnis zum Urheber zu vermeiden, unterwirft § 83 die Rechte des ausübenden Künstlers und des Veranstalters grds. den gleichen Schranken, denen auch die Rechte der Urheber nach den Vorschriften des Abschnitts 6 des Teils 1 unterliegen (§§ 44a–63). **Zweck** der Vorschrift ist es, zu verhindern, dass der ausübende Künstler Verbotsrechte geltend machen kann, obwohl dem Urheber die Geltendmachung solcher Rechte aufgrund der gesetzlichen Schrankenbestimmungen untersagt ist. Die Vorschrift des § 83 zielt auf eine Harmonisierung von Urheberrechts- und Leistungsschutzschranken (Schricker/Loewenheim/*Vogel* § 83 Rn. 3). Sie trägt den gleichen Gemeinwohlinteressen Rechnung, die eine Einschränkung der ausschließlichen Urheberrechte rechtfertigen (Dreier/Schulze/*Dreier* § 83 Rn. 1). § 83 in seiner Fassung durch das Gesetz zur Regelung des Urheberrechts in der Informationsgesellschaft vom 10.9.2003 (BGBl. I S. 1774) entspricht inhaltlich der Vorschrift des § 84 a. F.; lediglich die Verweisung auf die einzelnen Verwertungsrechte ist redaktionell angepasst worden (*Dünnwald* ZUM 2004, 161, 180 weist zutreffend darauf hin, dass sich § 83 – anders als die neue Überschrift suggeriert – nicht auf „Verwertungsrechte" beschränkt, sondern mit den §§ 62 (Änderungsverbot) und 63 (Quellenangabe) auch Vorschriften in die Verweisung einbezieht, die Einschränkungen der Persönlichkeitsrechte enthalten). Als Folge der Verweisung auf die Schrankenbestimmungen der §§ 44a ff. profitieren ausübende Künstler auch von den gesetzlichen **Vergütungsansprüchen** (vgl. insb. § 54 Abs. 1). Bei der Regelung des **§ 24 (freie Benutzung)** handelt es sich der Sache nach ebenfalls um eine urheberrechtliche Schrankenregelung. Der BGH hat eine **entsprechende Anwendung** des § 24 auf das **Leistungsschutzrecht** des **Filmherstellers** (BGH GRUR 2000, 703, 704 – Mattscheibe: BGH 2008, 693, 694 – TV Total) und des **Tonträgerherstellers** (BGH GRUR 2009, 403, 405 – Metall auf Metall) bejaht. Im Schrifttum wird deshalb mit überzeugender Argumentation auch eine **entsprechende Anwendung** des § 24 auf das Leistungsschutzrecht der **ausübenden Künstler** und das Recht des **Veranstalters** vertreten (so Schricker/Loewenheim/*Vogel*, § 83 Rn. 1 sowie Ahlberg/Götting/ *Stang*, § 83 Rn. 3).

II. Einzelne Schrankenregelungen

1. Erlaubnisfreie Nutzung

2   Gem. § 45 darf die Aufnahme einer Darbietung im Rahmen eines Gerichtsverfahrens wiedergegeben werden. Eine solche Vervielfältigung und/oder Verbreitung hat der ausübende Künstler im Interesse der **Rechtspflege** und der öffentlichen Sicherheit ohne Vergütung hinzunehmen (BGH GRUR 1971, 266 – Magdalenenarie; OLG Köln GRUR 1992, 388 – Prince; Mestmäcker/Schulze/*Hertin* § 83 Rn. 3).

3   § 50 gestattet es, zur **Berichterstattung über Tagesereignisse** durch Funk oder ähnliche technische Mittel, in Zeitungen, Zeitschriften oder sonstigen Datenträgern, die im Wesentlichen Tagesinteressen Rechnung tragen, sowie im Film Darbietungen ausübender Künstler in einem durch den Zweck gebotenen Umfang wahrnehmbar zu machen (OLG Frankfurt GRUR 1985, 380 – Operneröffnung [zu § 50 a. F.]). Eröffnungsreden oder Show Acts, die bspw. bei der Eröffnung eines Filmfestivals, kultureller Veranstaltungen oder Preisverleihungen dargeboten werden, können also im Rahmen redaktioneller Fernsehberichterstattung in Ausschnitten wiedergegeben werden, ohne dass es einer Rechteeinräumung durch den ausübenden Künstler bedarf.

4   Auch das **Zitatrecht** des § 51 findet auf ausübende Künstler entsprechend Anwendung. Darbietungen ausübender Künstler können somit vervielfältigt, verbreitet und öffentlich wiedergegeben werden, sofern die Nutzung in ihrem Umfang durch den besonderen Zweck gerechtfertigt ist. Die Neufassung des § 51 durch das Zweite Gesetz zur Regelung des Urheberrechts in der Informationsgesellschaft vom 26.10.2007 (BGBl. I S. 2513) erweitert die Schranken der Zitierfreiheit – wie es in der Gesetzesbegründung heißt – „vorsichtig" mit Blick auf weitere Werkarten. Damit bedarf es bezogen auf Filmzitate nicht mehr der vom BGH entwickelten Analogie (BGHZ 99, 162, 165 – Filmzitat). Vielmehr fallen Filmzitate – sofern die Voraussetzungen des § 51 im Übrigen gegeben sind – unter die gesetzliche Schrankenregelung. Zu den Einzelheiten vgl. die Kommentierung zu § 51 Rn. 17.

5   Praktische Bedeutung kann schließlich die Schrankenregelung des § 55 (Vervielfältigung durch Sendeunternehmen) erlangen. Danach ist es Sendeunternehmen, die zur Funksendung einer Darbietung berechtigt sind, gestattet, die Darbietung vorübergehend auf Bild- oder Tonträgern zu vervielfältigen, um diese zu einem späteren Zeitpunkt einmalig auszustrahlen (sog. ephemere Aufnahme). Unter den Begriff der Funksendung fällt jede terrestrisch, über Kabel oder mittels Satellit zugänglich gemachte Sendung, nicht jedoch das Verfügbarmachen zum Abruf mittels Online-Diensten (§ 55 Rn. 4). § 55 Abs. 1 S. 2 sieht grds. eine Löschungspflicht der ephemeren Aufnahme einen Monat nach der ersten Ausstrahlung der Darbietung vor. Nur bei Aufnahmen von „außergewöhnlichem dokumentarischen Wert" kann gem. § 55 Abs. 2 ausnahmsweise von der Verpflichtung zur Löschung abgesehen werden. Zu den teilweise weitergehenden Rechten der Sendeanstalten aufgrund tarifvertraglicher Regelungen bzw. des Tonträger-Sendevertrages mit der GVL vgl. Schricker/Loewenheim/*Vogel* § 83 Rn. 10 m. w. N.

2. Vergütungsregelungen

6   Als Folge des in § 83 enthaltenen allgemeinen Verweises auf die Schrankenregelungen der §§ 44a ff. stehen den ausübenden Künstlern für einzelne Formen der erlaubnisfreien Nutzung ihrer Darbietung gesetzliche Vergütungsansprüche zu. **Praktisch bedeutsam** ist – auch nach der Neuregelung durch das Zweite Gesetz zur Regelung des Urheberrechts in der Informationsgesellschaft vom 26.10.2007 (BGBl. I S. 2513) – vor allem die **Regelung des § 54 Abs. 1,** die eine Vergütungspflicht für private Vervielfältigungen gem. § 53 Abs. 1–3 vorsieht. Die Regelung des § 54 stellt auf die tatsächlich nennenswerte Nutzung

§ 85 Verwertungsrechte **§ 85 UrhG**

des Gerätetyps bzw. Typs des Speichermediums und nicht mehr auf die „erkennbare Bestimmtheit" der Geräte und Träger zur Vervielfältigung ab. Zu den Einzelheiten vgl. die Kommentierung zu § 54 Rn. 9f. Der Vergütungsanspruch nach § 54 Abs. 1 wird von der **GVL** wahrgenommen (zur praktischen Relevanz und Aufteilung nach dem Verteilungsplan der GVL vgl. Schricker/Loewenheim/*Vogel* § 83 Rn. 7). Zur Frage, ob nach §§ 83, 53 Abs. 7 auch bei Mitschnitten nichtöffentlicher Livedarbietungen und bei privaten Mitschnitten einer gesendeten Darbietung stets eine Einwilligung der Ausübenden erforderlich ist: *Apel* 293 ff.

Praktisch weniger bedeutsam sind die Vergütungsansprüche gemäß § 45a (Vervielfälti- 7 gung und Verbreitung an behinderte Menschen), § 46 (Kirchen-, Schul- und Unterrichtsgebrauch) und § 47 (Schulfunksendungen). Ansprüche ausübender Künstler im Zusammenhang mit der Vervielfältigung und Verbreitung von Rundfunkkommentaren und Zeitungsartikeln (§ 49) sind in der Praxis ohne Relevanz (zu Recht weist Schricker/ Loewenheim/*Vogel* § 83 Rn. 8 deshalb darauf hin, dass der Anspruch nach § 49 von der GVL nicht wahrgenommen wird).

3. Persönlichkeitsrechte

Über die Verweisung des § 83 finden schließlich Schrankenbestimmungen mit **persön-** 8 **lichkeitsrechtlichem Charakter** auf ausübende Künstler entsprechende Anwendung: Werden Darbietungen eines ausübenden Künstlers in den Grenzen der Schrankenregelungen der §§ 44a ff. öffentlich wiedergeben oder in sonstiger Weise genutzt, so trifft den Nutzer nach § 63 die Verpflichtung zur Quellenangabe, d. h. zur namentlichen Bezeichnung des Künstlers. Änderungen der Darbietung sind nur nach Maßgabe des § 62 zulässig. Insoweit gilt jedoch das in § 75 verankerte Abwägungsgebot (Mestmäcker/Schulze/*Hertin* § 83 Rn. 3). Die Vorschriften des **§ 62 (Änderungsverbot)** und **§ 63 (Quellenangabe)** treten damit **neben** die in **§§ 74 und 75** normierten Persönlichkeitsrechte des ausübenden Künstlers (ebenso Schricker/Loewenheim/*Vogel* § 83 Rn. 13; Dreier/Schulze/*Dreier* § 83 Rn. 4); sie gewähren keinen darüber hinausgehenden Schutz.

§ 84 *(aufgehoben)*

Aufgehoben m. W. v. 13.9.2003 durch Art. 1 Abs. 1 Ziff. 26 des Gesetzes zur Regelung 1 des Urheberrechts in der Informationsgesellschaft vom 10.9.2003 (BGBl. I S. 1774). Der bisherige Inhalt dieser Norm ist nunmehr Gegenstand des § 83 (s. dort).

Abschnitt 4. Schutz des Herstellers von Tonträgern

§ 85 Verwertungsrechte

(1) **Der Hersteller eines Tonträgers hat das ausschließliche Recht, den Tonträger zu vervielfältigen, zu verbreiten und öffentlich zugänglich zu machen. Ist der Tonträger in einem Unternehmen hergestellt worden, so gilt der Inhaber des Unternehmens als Hersteller. Das Recht entsteht nicht durch Vervielfältigung eines Tonträgers.**

(2) **Das Recht ist übertragbar. Der Tonträgerhersteller kann einem anderen das Recht einräumen, den Tonträger auf einzelne oder alle der ihm vorbehaltenen Nutzungsarten zu nutzen. § 31 und die §§ 33 und 38 gelten entsprechend.**

(3) **Das Recht erlischt 70 Jahre nach dem Erscheinen des Tonträgers. Ist der Tonträger innerhalb von 50 Jahren nach der Herstellung nicht erschienen, aber**

UrhG § 85 § 85 Verwertungsrechte

Tonträger innerhalb von 50 Jahren nach der Herstellung nicht erschienen, aber erlaubterweise zur öffentlichen Wiedergabe benutzt worden, so erlischt das Recht 70 Jahre nach dieser. Ist der Tonträger innerhalb dieser Frist nicht erschienen oder erlaubterweise zur öffentlichen Wiedergabe benutzt worden, so erlischt das Recht 50 Jahre nach der Herstellung des Tonträgers. Die Frist ist nach § 69 zu berechnen.

(4) § 10 Abs. 1 und § 27 Abs. 2 und 3 sowie die Vorschriften des Teils 1 Abschnitt 6 gelten entsprechend.

Literatur: *Ahlberg,* Der Einfluss des § 31 IV UrhG auf die Auswertungsrechte von Tonträgerunternehmen, GRUR 2002, 313; *Andryk,* Musikrechts-Lexikon, Neustadt-Wied 2000; *Boddien,* Alte Musik in neuem Gewand, Der Schutz musikalischer Updates und der Quasischutz gemeinfreier Musikaufnahmen, Baden-Baden 2006; *Braun,* „Filesharing"-Netze und deutsches Urheberrecht – Zugleich eine Entgegnung auf *Kreutzer,* GRUR 2001, 193 ff. und 307 ff. –, GRUR 2001, 1106; *Dierkes,* Die Verletzung der Leistungsschutzrechte des Tonträgerherstellers, Baden-Baden 2000; *Dünnwald,* Zum Leistungsschutz an Tonträgern und Bildtonträgern, UFITA 76 (1976), 165; *Ernst,* Urheberrecht und Leistungsschutz im Tonstudio, Baden-Baden 1995; *Hertin,* Die Vermarktung nicht lizenzierter Live-Mitschnitte von Darbietungen ausländischer Künstler nach den höchstrichterlichen Entscheidungen „Bob Dylan" und „Die Zauberflöte", GRUR 1991, 722; *Hoeren,* Sounds von der Datenbank – zum Schutz des Tonträgerherstellers gegen Sampling, in: Schertz/Omsels (Hrsg.), Festschrift für Hertin, München 2000, 113 (zit. *Hoeren* FS Hertin); *Jani,* Was sind offensichtlich rechtswidrig hergestellte Vorlagen? Erste Überlegungen zur Neuauffassung von § 53 Abs. 1 Satz 1 UrhG, ZUM 2003, 842; *Jani,* Alles eins? – Das Verhältnis des Rechts der öffentlichen Zugänglichmachung zum Vervielfältigungsrechts, ZUM 2009, 722–730, *Knies,* Die Rechte der Tonträgerhersteller in internationaler und rechtsvergleichender Sicht, München 1999; *Kreutzer,* Napster, Gnutella&Co.: Rechtsfragen zu Filesharing-Netzen aus der Sicht des deutschen Urheberrechts de lege lata und de lege ferenda, GRUR 2001, 193 (Teil 1), 307 (Teil 2); *Müller,* Die Klage gegen unberechtigtes Samplen, ZUM 1999, 555; *Reinbothe/v. Lewinski,* The WIPO Treaties 1996, London 2002; *Reinbothe,* Die EG-Richtlinie zum Urheberrecht in der Informationsgesellschaft, GRUR Int. 2001, 733; *Rochlitz,* Der strafrechtliche Schutz des ausübenden Künstlers, des Tonträger- und Filmherstellers und des Sendeunternehmens, Frankfurt a. M./Bern u. a. 1987; *Sasse/Waldhausen,* Musikverwertung im Internet und deren vertragliche Gestaltung – MP3, Streaming, Webcast, On-Demand-Service etc., ZUM 2000, 837; *Schaefer,* Alles oder nichts! Erwiderung auf Jani, Alles eins?, ZUM 2010, 150, 152 ff.; *Schaefer,* Gehen Vergütungsansprüche im Sinne von § 63a UrhG bei einer Gesamtrechtsübertragung unternehmensbezogener Leistungsschutzrechte gemäß §§ 85 Abs. 2 S. 1, 87 Abs. 2 S. 1 oder 94 Abs. 2 S. 1 mit über? in FS Wandtke 2013, 251–256; *Schaefer/Körfer,* Tonträgerpiraterie, ein Leitfaden für die Praxis, Hamburg 1995; *Schwarz,* Klassische Nutzungsrechte und Lizenzvergabe bzw. Rückbehalt von „Internet-Rechten", ZUM 2000, 816; *Schwenzer,* Die Rechte des Musikproduzenten, Baden-Baden 1998; *Spieß,* Urheber- und wettbewerbsrechtliche Probleme des Sampling in der Popmusik, ZUM 1991, 524; *Spindler,* Europäisches Urheberrecht in der Informationsgesellschaft, GRUR 2002, 105; *Weiß,* Der Künstlerexklusivvertrag, Jena 2009; *Weßling,* Der zivilrechtliche Schutz gegen digitales Sound-Sampling, Baden-Baden 1995.

Vgl. darüber hinaus die Angaben im eingangs abgedr. Gesamtliteraturverzeichnis.

Übersicht

	Rn.
I. Einführung	1
II. Zu Abs. 1: Schutzgegenstand, Rechtsinhaber und Schutzumfang	2–26
1. Schutzgegenstand: Der Tonträger	2–5
a) Legaldefinition	2
b) Praktische Einordnung	3–5
2. Rechtsinhaber: Der Hersteller eines Tonträgers	6–18
a) Legaldefinition	6
b) Praktische Einordnung	7–18
3. Schutzumfang und Schutzsystematik	19–26
a) Die dem Tonträgerhersteller zugewiesenen Rechte	19–21
b) Das Zusammenspiel der Ausschließlichkeitsrechte	22, 23
c) Die Vervielfältigung im Rahmen eines Downloads	24
d) Reichweite des Schutzes gegen die Übernahme kleiner Teile eines Tonträgers (Sampling)	25

	Rn.
e) Das Verhältnis des Rechts des Tonträgerherstellers zu dem des ausübenden Künstlers	26
III. Zu Abs. 2: Übertragbarkeit des Herstellerrechts	27
IV. Zu Abs. 3: Schutzdauer	28, 29
V. Zu Abs. 4: Verweise	29a–32
VI. Einzelfragen	33–41
1. Künstlerverträge und neue Auswertungsformen	33
2. Tonträgerpiraterie	34–41
a) Die „traditionelle" Tonträgerpiraterie (Offline-Piraterie)	35–39
b) Tonträgerpiraterie im Internet (Online-Piraterie)	40
c) Praktische Hinweise	41

I. Einführung

Tonträgerhersteller befinden sich in der Doppelrolle als Inhaber eigener Leistungsschutzrechte und als Verwerter geschützter Werke bzw. Leistungen. Die §§ 85, 86 betreffen ihre eigenen Rechte. Im Regelfall muss der Tonträgerhersteller zusätzlich sowohl Lizenzen von den Musikurhebern (Komponisten und Textdichtern) als auch Voll- oder Nutzungsrechte von den ausübenden Künstlern erwerben, bevor er eine Aufnahme auswerten kann, etwa durch Vervielfältigung und Verbreitung einer CD. Während Lizenzen an Rechten der **Musikurheber** normalerweise zu festen Tarifen über die **GEMA** erworben werden, ist der **ausübende Künstler** mit dem Tonträgerhersteller regelmäßig über ein **individuell verhandeltes Vertragsverhältnis** verbunden, das eine umfassende Auswertung der vertragsgegenständlichen Aufnahmen bezweckt, den **Künstlervertrag**. Dieses **Nebeneinander von Künstler- und Herstellerrecht** ist charakteristisch für die Tonträgerauswertung. **1**

II. Zu Abs. 1: Schutzgegenstand, Rechtsinhaber und Schutzumfang

1. Schutzgegenstand: Der Tonträger

a) Legaldefinition. Der Begriff des Tonträgers ist in § 16 Abs. 2 legal definiert. Demnach ist Tonträger eine Vorrichtung zur wiederholbaren Wiedergabe von Tonfolgen. Ferner nennt das Gesetz zwei Möglichkeiten, wie ein Werk auf Tonträger übertragen werden kann, nämlich durch „Aufnahme einer Wiedergabe des Werkes" oder durch „Übertragung ... von einem ... Tonträger auf einen anderen". Das (für Deutschland bindende) Rom-Abkommen verwendet anstelle des Begriffs der „Aufnahme" den der „Festlegung": Gem. Art. 3 lit. b) RA ist „Tonträger" jede ausschließlich auf den Ton beschränkte Festlegung der Töne einer Darbietung oder anderer Töne" (ebenso: Art. 1 lit. a) GTA). Mit der Beschränkung „ausschließlich auf den Ton" soll der Tonträger gegen audiovisuelle Festlegungen (also einen „Bild- und Tonträger" i. S. d. §§ 94 Abs. 1, 16 Abs. 2) abgegrenzt werden. Schutzgegenstand ist die **im Tonträger verkörperte Herstellerleistung als immaterielles Gut** (i. d. S. bereits die Begründung des RegE BT-Drucks. IV/270 in: UFITA 45 (1965), 240, 314; zur strittigen dogmatischen Einordnung Schricker/*Vogel* § 85 Rn. 18 ff.). **2**

b) Praktische Einordnung. Tonträger sind zunächst alle **Aufnahmen von künstlerischen Darbietungen oder sonstigen äußeren Klangereignissen.** Die Bezugnahme auf „Werke" in der Legaldefinition des § 16 Abs. 2 schränkt diese umfassende Definition des Begriffs „Tonträger" nicht ein. Sie hat ausschließlich systematische Gründe, da sich die Vorschrift nur mit der Vervielfältigung von Werken beschäftigt. Insb. die Möglichkeit, auch völlig schutzunfähige (Naturgeräusche, Vogelstimmen) oder gemeinfreie Klangereignisse auf einem „Tonträger" festzuhalten, ist nicht betroffen (so schon die Begründung des Re- **3**

gierungsentwurfs BT-Drucks. IV/270 in: UFITA 45 (1965) 240, 314). Dabei spielt es keine Rolle, ob das Signal dem Aufnahmegerät mittels eines Mikrofons zugeführt wird oder ob ein elektronisches Musikinstrument über ein Verbindungskabel direkt an das Aufnahmegerät angeschlossen ist (h. M.; Schricker/*Vogel* § 85 Rn. 19). Doch auch Festlegungen, bei denen keine Aufnahme einer außerhalb des Gerätes stattfindenden Darbietung oder eines anderen Klangereignisses („anderer Töne" i. S. d. Art. 3 lit. b) RA) erfolgt, können „Tonträger" sein, wenn ein **Klang auf sonstige Weise wiederholbar gemacht** wird (h. M.; Schricker/*Vogel* § 85 Rn. 19). Tonträger sind also auch Musikwalzen, Lochkarten oder -bänder (für automatische Klaviere oder Drehorgeln) und deren moderne Entsprechung, die Midi-File, bei der ein Klang in Form eines Software-Programms für einen elektronischen Klangerzeuger (z.B. Synthesizer) festgelegt ist (OLG München ZUM 2001, 420, 425 – AOL). Bei allen Tonträgern ist das Trägermedium ohne Bedeutung, solange es die Anforderung der Wiederholbarkeit erfüllt (Bänder, analoge oder digitale Tonbandkassetten wie MC oder DAT, Schellack-, Vinyl-Schallplatten, CD, DVD, Festplatten, Speicherchips usw.; h. M.; Schricker/*Loewenheim* § 16 Rn. 27; Schricker/*Vogel* § 85 Rn. 19). Eine flüchtige oder vorübergehende Vervielfältigung (etwa im Rahmen von Zwischenspeicherungen in Netzwerkverbindungen) begründet daher nicht die Tonträgereigenschaft.

4 „Tonträger" i. S. d. Gesetzes ist die **erste Festlegung,** also bei den heute üblichen Aufnahmetechniken das **Master** (wobei das frühere Masterband heute meist von digitalen Speichermedien abgelöst ist, also von bespielbaren CDs oder DAT-Kassetten), von dem alle weiteren Vervielfältigungsstücke reproduziert werden (h. M.; Schricker/*Vogel* § 85 Rn. 21). Angesichts der heutigen Studiotechnik stellt dieses Master das Ergebnis eines aufwändigen Aufnahme- und Mischungsprozesses dar, bei dem eine Vielzahl einzelner Kanäle getrennt aufgenommen und bearbeitet werden. Obwohl also die erste Fixierung des Klangereignisses der Herstellung des Masters vorausgeht, wäre es verfehlt, nur diese Vorstufen als Erstfestlegungen und damit als „Tonträger" i. S. d. Gesetzes anzusehen. Ein Teil der spezifischen Herstellerleistung liegt ja gerade in der **organisierten „Veredelung" dieser Vorstufen zum Endprodukt, dem Master.** Dies bedeutet, dass jede der verschiedenen Versionen, die heute regelmäßig parallel aus demselben Ausgangsmaterial produziert werden (neben der Standard-Version z. B. ein Radio-Edit oder ein Disco-Edit) jeweils als „Tonträger" selbstständig geschützt ist.

5 Geschieht die Festlegung einer **Tonaufnahme für ein audiovisuelles Medium** (Bild- und Tonträger i.S.d. § 16 Abs. 2, also Film, Video o. ä.), unterliegt dieses insgesamt dem Filmherstellerrecht des § 94, selbst wenn die Tonspur (etwa die Filmmusik) zunächst separat hergestellt wird (aber noch nicht separat als Tonträger erschienen ist), um anschließend mit dem Bild zusammengeführt zu werden (wie hier: Schricker/*Vogel* § 85 Rn. 27). Dies entspricht der gerade (Rn. 4) für das Audio-Master dargestellten Betrachtungsweise, der gemäß der **bei der Herstellung verfolgte Zweck Aufschluss darüber gibt, welche Festlegung als Master** und damit als „Tonträger" anzusehen ist. Dem Filmhersteller stehen hinsichtlich des Bild- und Tonträgers die Ausschließlichkeitsrechte aus § 94 selbst dann zu, wenn nur die Tonspur gesendet oder öffentlich wiedergegeben wird (i. d. S. OLG München ZUM-RD 1997, 357, 358 – Schutzlückenpiraterie). Wird die Tonspur eines Bild- und Tonträgers anschließend separat als reiner Tonträger veröffentlicht, erwächst dem Filmhersteller zusätzlich ein Tonträgerherstellerrecht gem. § 85 (Schricker/*Vogel* § 85 Rn. 28). Ab diesem Moment gelten aber auch alle Rechtsfolgen, die das UrhG an „erschienene Tonträger" (s. § 86 Rn. 1) anknüpft. Sie dürfen also z.B. ohne Einwilligung des Herstellers gesendet oder öffentlich wiedergegeben werden (§§ 76 Abs. 2, 77, 86). Dies gilt ebenso bei vorbestehenden, nicht für ein audiovisuelles Medium hergestellten Tonträgern (etwa in Fällen einer Gesangs- und Tanzdarbietung zu einem als Playback eingespielten Originalaufnahme). Auch ist § 137e Abs. 4 Satz 2 auf Tonträgerherstellerrechte nicht analog anwendbar (LG München ZUM-RD 2012, 560 Rn. 34).

2. Rechtsinhaber: Der Hersteller eines Tonträgers

a) Legaldefinition. Anders als für den Begriff des Tonträgers fehlt im deutschen Gesetz für den des Tonträgerherstellers eine Legaldefinition. § 85 Abs. 1 S. 3 ordnet lediglich an: „Ist der Tonträger in einem Unternehmen hergestellt worden, so gilt der Inhaber des Unternehmens als Hersteller. Das Recht entsteht nicht durch Vervielfältigung eines Tonträgers." Gemäß dem für Deutschland bindenden Art. 3 lit. c) RA ist „Hersteller von Tonträgern" die natürliche oder juristische Person, die erstmals die Töne einer Darbietung oder andere Töne festlegt" (ebenso: Art. 1 lit. b) GTA).

b) Praktische Einordnung. Über den Begriff des Tonträgerherstellers besteht in der Praxis besondere Verwirrung, weil im allgemeinen Sprachgebrauch unter „Hersteller" oder „Plattenfirma" etwas anderes verstanden wird als der „Tonträgerhersteller" i.S.d. UrhG und weil der dem englischen Sprachgebrauch entlehnte und häufig als Synonym verwendete Begriff des „Produzenten" seinerseits mehrdeutig ist (hilfreich zu den Fachtermini der Musikwirtschaft: *Andryk*).

Tonträgerhersteller (englisch: „producer of phonograms") i.S.d. § 85 Abs. 1 ist ausschließlich derjenige, der die **organisatorische Hoheit über die Aufnahme besitzt, insb. die Verträge mit den Beteiligten** (Künstlern, kreativen Produzenten usw.) **schließt** (h.M.; OLG Hamburg ZUM 2005, 749, 750; Schricker/*Vogel* § 85 Rn. 30). Dieser technischen Leistung und den wirtschaftlichen Aufwendungen (so schon die Begründung des RegE BT-Drucks. IV/270 in: UFITA 45 (1965), 240, 314) trägt das eigene Leistungsschutzrecht Rechnung (mit Einzelheiten *Knies* 193 ff.). Es handelt sich also um ein unternehmensbezogenes Recht (Schricker/*Vogel* § 85 Rn. 11), obwohl es nicht nur von gewerblichen Herstellern begründet werden kann. Vom Tonträgerhersteller im Sinne des Gesetzes zu unterscheiden sind:

– Die (Schall-)**Plattenfirma** (englisch: „label") als die organisatorische Einheit von Künstlerakquise und -betreuung, Produktion, Marketing und Vertrieb von Tonträgermusik. Traditionell war eine Plattenfirma stets auch Tonträgerhersteller i.S.d. UrhG, was sich in den von ihr geschlossenen Künstlerverträgen (vgl. Rn. 1) ausdrückte. Heute spielt bei der Tonträgerauswertung aber nicht mehr nur der „traditionelle" **Künstlervertrag** im oben beschriebenen Sinne eine Rolle, vielmehr tritt an seine Stelle häufig der sogenannte **Bandübernahmevertrag**. Viele kleinere Tonträgerhersteller, die über keine eigenen Marketing- und Vertriebsstrukturen verfügen, schließen selbst die Verträge mit allen Beteiligten, verantworten den gesamten Herstellungsprozess bis zur Fertigstellung des Masters (vgl. Rn. 4) und erwerben damit das Tonträgerherstellerrecht. Anschließend überlassen sie mittels Bandübernahmeverträgen (gegen individuell ausgehandelte Umsatzbeteiligung) die Auswertung der Aufnahmen einer Plattenfirma. Auch viele ausübende Künstler sind in den letzten Jahren dazu übergegangen, die Rolle des Tonträgerherstellers i.S.d. UrhG selbst mitzuübernehmen. Sie erwerben damit sowohl die Rechte an ihrer eigenen künstlerischen Leistung als auch das Tonträgerherstellerrecht an der Produktion als solcher, um dann ebenfalls beide durch Bandübernahmevertrag einer Plattenfirma zur Auswertung zu überlassen (zum Ganzen: Moser/Scheuermann/*Gilbert*/ *Scheuermann/Deubzer/Westerhoff* 1094 ff.).

– Der „**kreative**" **Produzent** (englisch: „producer"), der die Aufnahmesitzung leitet, ähnlich dem Regisseur beim Film, und der im Einzelfall als ausübender Künstler (§ 73) oder sogar als (Mit-)Urheber geschützt sein kann. Ein Tonträgerherstellerrecht erwirbt er nicht (BGH ZUM 1998, 405, 408; zum Ganzen: *Schwenzer* 109 ff.). Tonträgerhersteller schließen mit Produzenten ähnliche Verträge wie mit Künstlern (Muster in: *Gilbert/ Scheuermann/Deubzer/Westerhoff* 1140). Sie werden bei der Tonträgerauswertung regelmäßig namentlich (z.B. auf der CD-Hülle) erwähnt.

– Der **Tonmeister** (englisch: „sound", „balance" oder „recording engineer"), der in Absprache mit dem kreativen Produzenten entscheidet, welche akustischen und technischen

Mittel zur Gestaltung der Aufnahme eingesetzt werden (in vielen Fällen, durchaus aber nicht notwendig zugleich der kreative Produzent), der ebenfalls nur im Ausnahmefall Schutz beanspruchen kann (über § 73 als ausübender Künstler BGH GRUR 1983, 22, 24 f. – Tonmeister; als Miturheber BGH GRUR 2002, 961, 962 – Filmtonmeister; zum Ganzen: *Ernst* 28 ff.). Das von den Tonmeistern geforderte eigene Leistungsschutzrecht blieb ihnen bisher versagt (dazu: Bericht der Bundesregierung von 1989, BT-Drucks. 11/4929, 45 ff.). Bei Klassik-Produktionen werden auch die Tonmeister auf der CD-Hülle regelmäßig namentlich erwähnt.

12 – Bloße **Fertiger von Tonträgern** (englisch: „manufacturer" oder „pressing plant"), wie etwa CD-Presswerke, sind zwar nach dem allgemeinen Sprachgebrauch „Hersteller". Da jedoch das Tonträgerherstellerrecht nicht durch die bloße Vervielfältigung eines Tonträgers entsteht, wie § 85 Abs. 1 S. 2 ausdrücklich klarstellt, sind sie keine Tonträgerhersteller i. S. d. Gesetzes. Sie nutzen vielmehr Vervielfältigungsrechte der Tonträgerhersteller, ausübenden Künstler und Musikurheber. Deshalb trifft Presswerke in Fällen der Tonträgerpiraterie (Rn. 34 ff.) eigene Verantwortlichkeit, obwohl sie kein wirtschaftliches Interesse an der Verbreitung der gefertigten Tonträger haben (vielmehr arbeiten sie auf werkvertraglicher Basis).

13 – **Musikverleger** (englisch: „music publisher"), die für Musikurheber eine ähnliche Mittlerstellung gegenüber Nutzungsinteressenten einnehmen wie die Tonträgerhersteller für ausübende Künstler gegenüber dem Publikum, aber kein eigenes Leistungsschutzrecht besitzen (zur Abgrenzung: BGH Schulze BGHZ 256; § 6 Abs. 4b GEMA-Satzung).

14 Die **Rechtsposition des Tonträgerherstellers** entsteht ohne weiteres durch den Erfolg der Herstellerleistung (**zum persönlichen Anwendungsbereich** vgl. außerdem § 126). Damit ist theoretisch sogar die Möglichkeit eröffnet, mit einer rechtswidrigen Aufnahme ein Herstellerrecht zu begründen (so auch Schricker/*Vogel* § 85 Rn. 40). Dies dürfte allerdings in der Praxis kaum vorkommen, da ein **Tonträgerpirat** bei einem unerlaubten Live-Mitschnitt (Rn. 36) im Regelfall eben **nicht die geforderte organisatorisch-wirtschaftliche Verantwortung** für den Aufnahmevorgang selbst übernimmt, sondern lediglich ein verstecktes Mikrofon anbringt oder Vorrichtungen anzapft, die andere eingerichtet haben (so auch mit Hinweis auf den vergleichbaren Fall des bloßen Mitschnitts einer Live-Rundfunksendung Schricker/*Vogel* § 85 Rn. 23; Dreier/Schulze/*Schulze* § 85 Rn. 26). Organisatorisch-wirtschaftliche Verantwortung übernimmt ein Pirat regelmäßig erst für die anschließende Verwertung der Aufnahme. Eine organisierte Studioaufnahme ohne Einwilligung des Künstlers dürfte dagegen ein eher theoretischer Fall bleiben – es sei denn, der Künstlervertrag oder die erteilte Einwilligung wäre nichtig. Selbstverständlich dürfte auch eine solche Aufnahme wegen § 96 Abs. 1 nicht verwertet werden, so dass ein daran bestehendes Herstellerrecht wirtschaftlich wertlos bliebe.

15 Zwar lässt sich ein Herstellerrecht nicht durch die bloße Vervielfältigung eines bestehenden Tonträgers begründen (§ 85 Abs. 1 S. 3), doch sind eine Reihe von Fällen denkbar, in denen durch die **Bearbeitung vorhandenen Materials** dennoch neue Tonträger entstehen, an denen Herstellerrechte erwachsen (zum Ganzen: *Boddien* 28, 100 ff.). Wie oben ausgeführt (Rn. 4), entsteht ein Master als originärer Tonträger aus der Zusammenführung verschiedener Tonspuren. Wird aus solchem Ausgangsmaterial, das häufig gesondert archiviert ist, nachträglich von den ursprünglichen Herstellern oder anderen eine **neue Mischung** (ein **Remix**) angefertigt, ggf. unter Hinzufügung neuen Klangmaterials, besteht kein Anlass, ein daraus neu entstandenes Master nur wegen der seit früheren Veröffentlichungen verronnenen Zeit anders zu behandeln als verschiedene Parallelversionen, die gleichzeitig mit der „Hauptversion" erschienen waren (wie hier Dreier/Schulze/*Schulze* § 85 Rn. 22; *Boddien* 126).

16 Entsteht eine neue Version durch die reine **Bearbeitung von Altaufnahmen (Remastering)** mit modernen technische Verfahren, können die Maßnahmen zu so grundlegenden Veränderungen des Klangbilds führen, dass darin eine eigene Herstellerleistung

liegt, die für das bei der Überarbeitung neu Entstandene, selbstständigen Herstellerschutz auslösen kann. Die bloße Beseitigung von Nebengeräuschen bei Altaufnahmen mittels eines Softwareprogramms dürfte dazu normalerweise nicht ausreichen. Anders kann es aussehen, wenn sie mit eigenem wirtschaftlichem Aufwand unter fachkundiger Betreuung (und Beeinflussung) des technischen Vorgangs geschieht (so auch *Boddien* 124 ff.; Fromm/Nordemann/*Boddien* § 85 Rn. 38 ff.; *Knies* 191, 218; *Dünnwald* UFITA 76 (1976) 165, 176; nun auch Dreier/Schulze/*Schulze* § 85 Rn. 22; anders nach wie vor Schricker/*Vogel* § 85 Rn. 25). Dabei wird die ursprüngliche (Alt-)Aufnahme gleichsam als Musikinstrument für eine Neueinspielung verwendet. Nicht in der ursprünglichen Aufnahme, sondern in deren Veränderung liegt der Gegenstand der neuen Aufnahme, die damit erstfixiert wird. Dieser Gedanke findet eine Stütze in § 87a Abs. 1 S. 2, der eine technisch und wirtschaftlich ähnlich gelagerte Konstellation hinsichtlich des Datenbankschutzrechts ausdrücklich regelt. Auch eine in ihrem Inhalt, nach Art oder Umfang wesentlich geänderte Datenbank gilt demnach als neue Datenbank, sofern die Änderung eine nach Art und Umfang wesentliche Investition erfordert. In jedem Fall entstünde ein neues Tonträgerherstellerrecht unbeschadet etwaiger fortgeltender Rechte der ausübenden Künstler und Tonträgerhersteller am ursprünglichen Tonträger (tatsächlich stellt sich die Frage aber meist nur bei Aufnahmen, deren Schutz längst abgelaufen ist).

Auch **Sendeunternehmen** können Tonträgerhersteller sein, und zwar neben ihrem **17** Leistungsschutzrecht aus § 87. Dabei war lange strittig, in welchem Umfang sie damit auch **Zugang zu Erlösen aus privater Vervielfältigung** beanspruchen können, da § 87 Abs. 3 ihnen in ihrer Eigenschaft als Sendeunternehmen solche Teilhabe verweigert (vgl. die Argumente bei Schricker/*Vogel* § 85 Rn. 61 ff.). Der BGH hat inzwischen entschieden, dass die Verweisnormen des § 85 Abs. 3 in bestimmten Fällen auch auf sie anwendbar sind und ihnen somit grds. auch Ansprüche auf Beteiligung an Einnahmen aus § 54 Abs. 1 zustehen, und zwar soweit sie ihre Produktionen als Tonträger in eigener Verantwortung oder durch Lizenznehmer vervielfältigen und verbreiten (BGH ZUM 1999, 402, 404). Eine Beteiligung fällt also nur an für derartige „auf dem Markt erhältliche Aufnahmen" (BGH ZUM 1999, 402, 404), während alle sonstigen (senderinternen) Festlegungen von Vergütungen nach § 54 Abs. 1 ausgeschlossen bleiben (dies ist richtlinienkonform: BGH GRUR 2010, 924 – *Gerechter Ausgleich;* BVerfG ZUM 2011, 236).

An **Musikdatenbanken** kann nach § 87a ebenfalls ein eigenes Leistungsschutzrecht begründet werden, das, wenn der Tonträgerhersteller auch Hersteller der Datenbank ist, neben den Schutz aus § 85 tritt (im einzelnen *Boddien* 128 ff.). Eine handelsübliche CD mit zwischen 12 und 24 Titeln ist allerdings für sich gesehen normalerweise keine Datenbank (Erwägungsgrund 19 Datenbank-Richtlinie 96/9/EG). Anders sieht es bei CD-ROM-Katalogen und Musiksuchsystemen aus, die hunderte oder sogar tausende von Hörbeispielen enthalten oder bei DVD-Produkten, auf denen ebenfalls eine große Zahl von Musiktiteln nach verschiedenen Erschließungskriterien verfügbar gemacht werden kann. Es ist in Ausnahmefällen sogar denkbar, dass hier über die besondere Art der Auswahl, Anordnung oder Erschließung die Gestaltungshöhe eines Datenbankwerks (§ 4 Abs. 2) erreicht wird (so *Boddien* 150). In jedem Fall entstehen die **Rechte des Datenbankherstellers unbeschadet der Rechte an den in die Datenbank aufgenommenen Werken und Leistungen** (§ 4 Abs. 1 (für Datenbankwerke); Art. 7 Abs. 4 Datenbank-Richtlinie 96/9/EG). Ohne vorherige Rechteeinholung (im Regelfall über GEMA und Tonträgerhersteller, die ihrerseits die Rechte der mit ihnen verbundenen Künstler klären) darf also eine Datenbank mit geschützter Musik nicht verwertet (§ 87b) werden.

3. Schutzumfang und Schutzsystematik

a) Die dem Tonträgerhersteller zugewiesenen Rechte. Wie bei den verwandten **19** Schutzrechten üblich, enthalten die §§ 85, 86 eine **abschließende Aufzählung** der dem

Tonträgerhersteller zugewiesenen Rechte (im Gegensatz zum offenen Katalog des § 15 zugunsten der Urheber). Gegenwärtig stehen dem Tonträgerhersteller lediglich drei **Ausschließlichkeitsrechte** zu, nämlich das Vervielfältigungsrecht (Legaldefinition: § 16), das Verbreitungsrecht (Legaldefinition: § 17) sowie das Recht der öffentlichen Zugänglichmachung (Legaldefinition: § 19a). Daneben bestehen gem. §§ 85 Abs. 3, 86 die **Vergütungsansprüche** aus: § 27 Abs. 2 (Tonträgerverleih durch Bibliotheken u. ä.), § 45a Abs. 2 (Behinderte Menschen), §§ 46 Abs. 4, 47 Abs. 2 (Sammlungen für Kirchen-, Schul- und Unterrichtsgebrauch/Schulfunksendungen), § 52a Abs. 4 (öffentliche Zugänglichmachung für Unterricht und Forschung), § 54 (Vervielfältigung zu privatem oder sonstigen eigenen Gebrauch – sog. Geräte- und Leermedienvergütung), § 78 Abs. 2 i. V. m. § 86 (Anspruch auf Beteiligung an Vergütungen für Sendung oder öffentliche Wiedergabe erschienener Tonträger) sowie außerdem gem. § 137e Abs. 2 (Vermietung von Tonträgern, die vor dem 30.6.1995 erworben wurden) und § 137e Abs. 3 (Tonträgervermietung nach Verstreichen der Umsetzungsfrist für die EU-Verleih- und Vermietrichtlinie und vor deren verspäteter Umsetzung [1.7.1994–30.6.1995]) – nicht die sonstige Vermietung, welche als Teil des Verbreitungsrechts dem Ausschließlichkeitsrecht unterliegt (§ 17 Abs. 3; vgl. außerdem Rn. 31).

20 Damit ist dem Tonträgerhersteller die (wirtschaftliche) **Erstverwertung** durch Verkauf von Vervielfältigungsstücken (z. B. CDs) exklusiv zugewiesen, während er sich bei traditionellen (wirtschaftlichen) **Zweitverwertungen** mit Vergütungsansprüchen begnügen muss (im Einzelnen *Knies* 195 ff.). Die Vergütungsansprüche werden von der GVL (Gesellschaft zur Verwertung von Leistungsschutzrechten, Kontakt: www.gvl.de; s. Vor §§ 1 ff. WahrnG Rn. 5) wahrgenommen. Anders als die GEMA kann die GVL keine Rechte zur Auswertung auf Tonträgern („mechanische Rechte"), etwa auf CDs, vergeben. Die Lizenzierung dieser Rechte über eine Verwertungsgesellschaft wäre für Tonträgerhersteller nicht sinnvoll, weil damit wegen des Kontrahierungszwangs der Verwertungsgesellschaften (§ 11 WahrnG) die Aufbauleistung hinsichtlich erfolgreicher Aufnahmen auch Mitbewerbern zugänglich würde (vgl. auch Rn. 2).

21 Dem Grundsatz, Tonträgerherstellern die wirtschaftliche Erstverwertung vorzubehalten, folgt auch die **neuere Rechtsentwicklung,** insb. durch die Gewährung des ausschließlichen Rechts der öffentlichen Zugänglichmachung an den Tonträgerhersteller. Die Auswertung von Tonträgeraufnahmen durch **Online-Angebote** (besonders über das Internet), bis hin zur Nutzung über mobile Geräte (z. B. Mobiltelefone, Tablet PCs) hat sich mittlerweile zu einer bedeutenden Form der Erstverwertung von Tonträgermusik entwickelt. Dabei ist neben den **rechtlichen Schutz** von Ausschließlichkeitsrechten die über § 95a ebenfalls geschützte Möglichkeit getreten, Musikaufnahmen durch **technischen Schutz** gegen unberechtigte Übernahme zu sichern (zu den Konsequenzen dieses Nebeneinander *Boddien* 163 ff.).

22 **b) Das Zusammenspiel der Ausschließlichkeitsrechte.** Das Urheberrecht behandelt die „mechanischen Rechte" (Vervielfältigung und Verbreitung) getrennt. Doch würde kein Auswerter Vervielfältigungsrechte (bei der GEMA, einem ausübenden Künstler oder einem (anderen) Tonträgerhersteller) für einen Tonträger erwerben, wenn er nicht sicher wäre, die Vervielfältigungsstücke hinterher auch verbreiten zu dürfen. Eine **Vervielfältigung ohne Verbreitungsmöglichkeit ist im Normalfall wirtschaftlich wertlos.** So sehr dem Vervielfältigungsrecht aber im (legalen) Verwertungszusammenhang regelmäßig die eigene wirtschaftliche Bedeutung im Sinne eines tarifierbaren Lizenzwertes fehlt, so sehr bleibt es in seiner Kontrollfunktion unentbehrlich. Nur durch das Vervielfältigungsrecht ist es möglich, illegale Nutzungen frühzeitig zu unterbinden. Beispiel: Ein Pirat lässt unerlaubt Tonträger in einem deutschen CD-Presswerk fertigen, beabsichtigt aber die Verbreitung in Südamerika. Hier kann die illegale Nutzung in Deutschland unterbunden werden, obwohl die betreffenden Vervielfältigungsstücke (CDs) nicht für den deutschen Markt bestimmt sind. Selbstverständlich ist in einem solchen Fall der Wert des Vervielfältigungsrechts für die Bemessung von Schadensersatz selbstständig bewertbar (§ 97, Näheres bei *Dierkes* 61 ff.).

An dem gerade beschriebenen Zusammenspiel der Rechte ändert sich im Online-Bereich bei der entsprechenden unkörperlichen Werk- und Leistungsverwertung nichts. **An die Stelle des Verbreitungsrechts tritt dessen unkörperliches Äquivalent – das Recht, zugänglich zu machen.** Was sich ändert, ist die Reihenfolge der Nutzungsakte: Während bei der körperlichen Verwertung erst vervielfältigt werden muss, bevor verbreitet werden kann, ist es bei der Online-Auswertung in Abrufdiensten umgekehrt. Das Zugänglichmachen für die Öffentlichkeit steht an erster Stelle, die Vervielfältigung erfolgt anschließend individuell auf Abruf bei jedem Nutzer (und auf dem Weg zu ihm).

c) Die Vervielfältigung im Rahmen eines Downloads. Bei elektronischen Abrufdiensten ist die Vervielfältigung („download") auf die Festplatte oder ein anderes Speichermedium des Nutzers integraler Bestandteil des gerade beschriebenen wirtschaftlich einheitlichen unkörperlichen Liefervorgangs. Dabei wird die Funktion des CD-Presswerks gleichsam in den heimischen Computer ausgelagert. Dies führt dazu, dass der Tarifwert beider Rechte nur einheitlich bemessen werden und daher auch nur einheitlich durch eine Verwertungsgesellschaft lizenziert werden kann (so OLG München, GRUR-RR 2011, 1, 3, *Schaefer* ZUM 2010, 150; a. A. *Jani*, ZUM 2009, 722).

Der Gesetzgeber hat diesem Zusammenspiel des Rechts der öffentlichen Zugänglichmachung und des Vervielfältigungsrechts allerdings nicht durch eine ausdrückliche Beschränkung des Rechts der privaten Vervielfältigung in § 53 Abs. 1 Rechnung getragen, etwa durch eine Ausnahme im Hinblick auf Vorgänge, die in Verträgen mit den Endnutzern geregelt sind. Der Download oder die Kopie aus einem durch keinerlei technische Maßnahmen geschützten legalen Online-Abrufdienst könnte also unter Berufung auf § 53 Abs. 1 geschehen. Etwaige (vertragliche) Beschränkungen der Download-Möglichkeit sind damit nicht mehr ohne weiteres durch den Schutz des absoluten (Vervielfältigungs-)Rechts durchsetzbar. Gegenüber seinem Vertragspartner ist der Rechtsinhaber auf die Durchsetzung seiner vertraglichen Ansprüche verwiesen, während er seine Rechte gegenüber Dritten nur durch technische Schutzmaßnahmen wahren kann (§ 95b Abs. 1 Nr. 6 sieht keine Durchbrechung des Schutzes zur Ermöglichung privater Vervielfältigungen vor). Was durch technische Schutzmaßnahmen der Privatkopie entzogen werden dürfte, muss auch vertraglich verboten werden dürfen (darauf geht der BGH in seiner Vorlage an den EuGH in GRUR 2011, 1012 Rn. 52 nicht ein). Erst wenn über vertragliche Vereinbarungen hinaus, etwa bei öffentlicher Zugänglichmachung auf Abruf einer Tonträgeraufnahme aus einem Download-Dienst (nach § 19a) gegen Geld, technische Schutzmaßnahmen eingesetzt werden, wird diese in jeder Hinsicht „schrankenfest" (§ 95b Abs. 3).

d) Reichweite des Schutzes gegen die Übernahme kleiner Teile eines Tonträgers (Sampling). Da ein Tonträger, anders als die Schöpfung des Musikurhebers, keinerlei eigenschöpferische Prägung besitzen muss und sein Schutz auch nicht an eine „Darbietung" anknüpft, wie der des ausübenden Künstlers, ist grds. **jedwede, auch ausschnittsweise Nutzung eines Tonträgers hinsichtlich des Herstellerrechts zustimmungsbedürftig** (Fromm/Nordemann/*Boddien* § 85 Rn. 48 f.; *Hertin* GRUR 1991, 722, 730; Vertragsmuster für den Sampling-Lizenzerwerb bei: Moser/Scheuermann/*Zimmermann* 1180, 1188 ff.). Diese Tatsache ist in Grenzbereichen des sog. Sound-Sampling strittig geworden, bei dem kleine und kleinste Ausschnitte bestehender Tonträger in elektronische Speicher überspielt und von Künstlern in eigenen Werken und Darbietungen eingesetzt werden (*Weßling* 31 ff., 159 ff.). Dabei wird, vereinfacht gesprochen, der entlehnte Klang wie ein Musikinstrument verwendet.

Der Bundesgerichtshof hat sich in seiner Entscheidung *Metall auf Metall* (GRUR 2009, 403) mit den verschiedenen rechtlichen Aspekten des Sampling auseinandergesetzt und dabei zunächst der Auffassung eine Absage erteilt (BGH GRUR 2009, 403 Rn. 15), wonach wegen der Kürze des verwendeten Ausschnitts keine „messbare Beeinträchtigung" des Herstellers vorliege (so OLG Hamburg ZUM 91, 545, 548; *Hoeren* FS Hertin 113, 128f.; Schricker/*Vogel* § 85 Rn. 43). Im Übrigen mag es auch bei der Verwendung eines Zitats außerhalb der von § 51 privilegierten Zwecke häufig an einer „messbaren Beeinträchtigung" fehlen – sie bleibt nichtsdestotrotz rechtswidrig.

Dass damit der Schutz des Tonträgerherstellers beim Sampling weiter reichen kann als der des ausübenden Künstlers und selbst des Musikurhebers, hat nichts mit dem Schutzumfang zu tun, sondern, wie eingangs erläutert, mit dem anderen Schutzgegenstand (Festlegung im Gegensatz zu Darbietung oder Werk, nun auch ausdrücklich der BGH GRUR 2009, 403 Rn. 16 – Metall auf Metall).

Tatsächlich kommt es, wie *Weßling* (*Weßling* 162f.) richtig bemerkt, **in der Praxis relativ selten zum Streit.** Das mag außer mit den von ihm erwähnten pragmatischen Gründen auch damit zusammenhängen, dass es häufig nur um die Verwendung eines Klanges geht, der selbst erzeugt oder von verschiedenen Quellen entlehnt sein könnte, und bei dem die Quelle tatsächlich nicht identifizierbar ist (so auch BGH GRUR 2009, 403 Rn. 18 – Metall auf Metall). Häufig geht es aber beim Sampling gerade um das (übrigens durchaus verkaufsfördernde) Spiel mit der Erkennbarkeit eines Sounds, zumindest für Eingeweihte. Es ist nicht einsehbar, warum in solchen Fällen die Einwilligung desjenigen entbehrlich sein sollte, dessen Leistung tatsächlich verwendet wurde (zumal der Entlehnende durch seinen Rückgriff auf vorbestehende Aufnahmen offenbart, dass er selbst nicht zur Erzeugung des gleichen Klangs imstande gewesen wäre oder den dafür erforderlichen Aufwand einsparen wollte, worauf insb. OLG Hamburg GRUR-RR 2007, 3, 4 in der Vorinstanz abhob).

Der BGH gibt jedoch diesen Überlegungen in einem anderen Zusammenhang Raum (BGH GRUR 2009, 403 Rn. 22ff. – Metall auf Metall). In Fortführung seiner Entscheidung *TV Total* (BGH GRUR 2008, 693) hält er auch hier eine entsprechende Anwendung von § 24 für geboten. Nach dem Sinn und Zweck des § 24 Abs. 1 UrhG, eine Fortentwicklung des Kulturschaffens zu ermöglichen, ergebe sich nicht nur der Grund, sondern auch eine Grenze für eine entsprechende Anwendung dieser Bestimmung. Sei derjenige, der die auf einem fremden Tonträger aufgezeichneten Töne oder Klänge für eigene Zwecke verwenden möchte, imstande, diese selbst herzustellen, stehen die Rechte des Tonträgerherstellers einer Fortentwicklung des Kulturschaffens nicht im Wege. In diesem Fall bestehe der Schutz des § 85 uneingeschränkt. Die Regelung des § 24 Abs. 1 UrhG sei daher nicht entsprechend anwendbar, wenn es möglich sei, die auf dem Tonträger aufgezeichnete Tonfolge selbst einzuspielen. Eine entsprechende Anwendung des § 24 Abs. 1 UrhG sei ferner ausgeschlossen (BGH GRUR 2009, 403 Rn. 24 – Metall auf Metall), wenn es sich bei der auf dem Tonträger aufgezeichneten Tonfolge um ein Werk der Musik handelt und diesem durch die Benutzung des Tonträgers erkennbar eine Melodie entnommen und einem neuen Werk zugrunde gelegt wird (§ 24 Abs. 2). In einem solchen Fall könne sich derjenige, der in das Leistungsschutzrecht des Tonträgerherstellers eingreift, ebenso wenig wie derjenige, der in das Urheberrecht des Komponisten eingreift, auf ein Recht zur freien Benutzung nach § 24 Abs. 1 berufen.

Der BGH möchte hiermit möglicherweise sicherstellen, dass eine Übernahme, die hinsichtlich des Werkschutzes nach § 24 zulässig wäre, nicht am Leistungsschutz des § 85 scheitert. Allerdings setzt er sich damit in Widerspruch zu seiner eigenen Feststellung (BGH GRUR 2009, 403 Rn. 16 – Metall auf Metall), wonach die Schutzgegenstände beider Rechte sich unterscheiden und daher ein und dieselbe Nutzung einer Tonträgeraufnahme sehr wohl Rechte nach § 85 verletzten und die nach §§ 11, 15 unbeeinträchtigt lassen kann. Nicht ohne Grund hat der Gesetzgeber darauf verzichtet, § 24 in die Verweisungsliste des § 85 Abs. 4 aufzunehmen. Die ersten Entscheidungen der Instanzgerichte nach der Entscheidung „*Metall auf Metall*" des BGH zeigen, dass gerade das Kriterium, ob „*es möglich ist, die aufgezeichnete Tonfolge selbst einzuspielen*" in der Praxis größte Schwierigkeiten aufwirft. So führt das OLG Hamburg nach Zurückverweisung durch den BGH aus, abzustellen sei auf die Fähigkeiten und technischen Möglichkeiten eines durchschnittlich ausgestatteten Musikproduzenten zum Zeitpunkt der beabsichtigten Nutzung der fremden Tonaufnahme. Es könne weder eine vollständige Identität des Nachbaus mit der fremden Tonaufnahme im naturwissenschaftlichen Sinne verlangt noch auf eine besonders anspruchsvolle Hörerschaft oder die Kenntnisse und das Differenzierungsvermögen eines professionellen Musikproduzenten abgestellt werden (OLG Hamburg GRUR-RR 2011, 396 Rn. 32 ff. – Metall auf Metall II, inzwischen ihrerseits erneut beim BGH anhängig; ähnlich LG Hamburg ZUM-RD 2010, 331 – Bushido I; LG Hamburg ZUM-RD 2010, 399). Damit würde der Regelungsgehalt des § 24 geradezu umgekehrt. In der Begründung zum ursprünglichen Entwurf des § 24 (BT-Ds. IV/270, 51) heißt es, ein in Anlehnung an ein anderes Werk geschaffenes Werk dürfe dann ohne Zustimmung des Urhebers des benutzten Werkes veröffentlicht oder verwertet werden, wenn es sich von der Vorlage so weit gelöst hat, dass es als eine völlig selbständige Neuschöpfung anzusehen ist. Nach der vom BGH aufgestellten Regel dürfe eine Vorlage im Gegenteil ausgerechnet dann ohne Zustimmung des ursprünglichen Rechteinhabers verwendet werde, wenn sie so individuell ist, dass sie objektiv nicht selbständig nachgeschaffen werden kann. Daran erweist sich, dass sich § 24 nicht sinnvoll entsprechend auf Leistungsschutzrechte anwenden lässt. Die Möglichkeit einer freien Benutzung ist dem Werkschaffen eigen. Mehr noch, der absolute Melodienschutz des § 24 Abs. 2 zeigt, dass die freie Benutzung dort enden soll, wo trotz „musikalischer Verkleidung" das Original erkennbar bleibt (in Form der Melodie). Die Analogie des absoluten Melodienschutzes beim Leistungsschutzrecht des Tonträgerherstellers wäre mithin der absolute Schutz auch kleinster Teile gegen Entnahme. Sie sollte uneingeschränkt gewährleistet bleiben. Es bleibt abzuwarten, ob der BGH in einer weiteren Entscheidung seine Rechtsauffassung präzisiert.

e) Das Verhältnis des Rechts des Tonträgerherstellers zu dem des ausübenden 26 **Künstlers.** Auf die enge Verbindung zwischen Tonträgerhersteller und ausübendem Künstler im Rahmen von Künstlerverträgen wurde bereits eingangs (Rn. 1) hingewiesen. Solche Verträge enthalten meist (Vertragsmuster in: Moser/Scheuermann/*Gilbert*/*Scheuermann*/*Deubzer*/*Westerhoff* 1119; MünchVertrHdb. Bd. 3 WirtschR II/*Hertin*/*Klages* Form. XI.23, dort auch weitere Muster; *Weiß*, Der Künstlerexklusivvertrag, 2009) **hinsichtlich der eingespielten Aufnahmen umfassende Nutzungsrechtseinräumungen** oder Rechtsabtretungen zu Gunsten des Tonträgerherstellers, für die der Hersteller im Gegenzug Lizenzzahlungen leistet (etwa Stücklizenzen für die Auswertung auf CD). Darüber hinaus verpflichten sich die Künstler im Rahmen solcher Vereinbarungen regelmäßig, die gleichen Werke in einem bestimmten Zeitraum nicht für Dritte einzuspielen **(Titelexklusivität),** häufig auch, für einen bestimmten Zeitraum nur für den Vertragspartner und für niemand anders aufzunehmen **(persönliche Exklusivität).** Angesichts der Tatsache, dass ausübende Künstler, anders als Autoren, reproduzierbare Leistungen erbringen (nämlich die Interpretation eines Musikstücks, die idealerweise bei jeder Darbietung annähernd gleich klingt), sind solche Exklusivklauseln im Rahmen umfassender Auswertungsverhältnisse unverzichtbar. Die erheblichen Investitionen in Tonträgerproduktionen wären nicht zu rechtfertigen, müsste der Hersteller befürchten, dass der Künstler im Falle eines Erfolges für einen Mitbewerber dieselben Stücke nochmals einspielen könnte (gleich klingend, doch tatsächlich und rechtlich als neue Aufnahmen – mit neuen Künstler- und Herstellerrechten; vgl. zu einer ähnlichen Konstellation Rn. 16).

III. Zu Abs. 2: Übertragbarkeit des Herstellerrechts

S. 1 der Vorschrift hat ausschließlich klarstellende Funktion (vgl. zur Übertragbarkeit 27 BGH GRUR 1994, 210, 211 – Beatles). Schon bisher war es h. M. (stellvertretend Schricker/*Schricker* Vor §§ 28 ff. Rn. 366 f.), dass auch Inhaber von verwandten Schutzrechten Nutzungsrechte einräumen können. Die Bedeutung der Regelung liegt daher auch mehr in S. 2, und zwar hinsichtlich der Vorschriften, die sie nicht für entsprechend anwendbar erklärt. Der Verweisungskatalog klammert alle Vorschriften mit urheberpersönlichkeitsrechtlichem Gehalt aus, da dem Recht des Tonträgerherstellers keinerlei urheberpersönlichkeitsrechtliche Elemente anhaften sowie alle Regelungen, die dem Schutz des Urhebers „als der regelmäßig schwächeren Vertragspartei dienen" (BT-Drucks. 15/38, 25). In der bis 31.12.2007 geltenden Fassung des Gesetzes war insb. § 31 Abs. 4 ausdrücklich nicht auf die Einräumung von Nutzungsrechten am Recht des Tonträgerherstellers anwendbar (a. A. zur alten Rechtslage *Ahlberg* GRUR 2002, 313, 316 f.). In der jetzt geltenden Fassung ist § 31 ohne Einschränkung anwendbar. Allerdings bezieht sich S. 3 nur auf S. 2, nicht auf S. 1, da bei einer Rechtsübertragung kein Raum für die Anwendung von urhebervertragsrechtlichen Normen bleibt, die sich ausdrücklich auf die Einräumung von Nutzungsrechten beziehen. Zum Verhältnis der Übertragbarkeit des Herstellerrechts nach Abs. 2 und der in Abs. 4 angeordneten entsprechenden Geltung von § 63a gem. Abs. 4 sei auf unten (Rn. 32) verwiesen (dazu ausführlich *Schäfer* FS Wandtke, 251 ff.).

IV. Zu Abs. 3: Schutzdauer

28   Diese Vorschrift sollte grds. in Verbindung mit § 137 f sowie bei ausländischen Tonträgerherstellern und bei Unternehmen mit Sitz außerhalb des Geltungsbereichs des UrhG zusätzlich mit § 126 und Art. 5 RA gelesen werden. Zur Anwendung der Norm sollte auch die Übergangsvorschrift des § 137j herangezogen werden. Dabei ist zu beachten, dass ein Rechts- oder Lizenzerwerb (an einem im Ausland begründeten Recht) durch einen Deutschen (bzw. EU-Bürger) oder ein Unternehmen mit Sitz in Deutschland (bzw. in der EU) nicht ausreicht, um die Stellung eines inländischen Tonträgerherstellers, gleichsam nachträglich, zu begründen. Es geht stets um die Person dessen, der die Erstfestlegung vorgenommen hat.

Abs. 3 S. 2 setzt eine zwingende Vorgabe aus Art. 11 Abs. 2 der Multimedia-Richtlinie (2001/29/EG) um (Begr. RegE BR-Drucks. 684/02, 57) und findet sich dort, gleichsam versteckt, unter der Überschrift „Technische Anpassungen". Um eine technische Anpassung handelt es sich mitnichten, denn die Norm führt zu einer tiefgreifenden und weder ausdrücklich vom WPPT noch vom sonstigen Kontext der Richtlinie geforderten (*Reinbothe/v. Lewinski* Art. 17 Rn. 9; *Walter/v. Lewinski/Walter* 1112) Veränderung des Fristlaufs. Während nach alter Rechtslage jede Form der Veröffentlichung, entweder durch öffentliche Wiedergabe oder durch Erscheinen abschließend die 70-jährige Frist in Gang setzte, erlaubt die neue Regelung eine Kumulation dieser Fristläufe. Dies führt ausschließlich zur Möglichkeit längerer Schutzfristen, nie zu einer Verkürzung gegenüber der bisherigen Regelung. Die Beziehung zwischen S. 2 und 3 ist missverständlich. Der insoweit eindeutige Art. 11 Abs. 2 EU-Multimedia-Richtlinie gibt indes zwingend vor, dass S. 3 nicht etwa auf die nach S. 2 in Gang gesetzte Frist, sondern auf die 50-Jahres-Frist als solche zu beziehen ist. Der Beginn von S. 3 ist also so zu verstehen: „Ist der Tonträger innerhalb 50 Jahren ab Herstellung nicht erschienen oder ...". Die höchste Schutzfrist beträgt damit 120 Jahre, wenn der Tonträger kurz vor Ablauf von 50 Jahren nach Herstellung entweder erscheint oder öffentlich wiedergegeben wird. Während allerdings bisher durch die öffentliche Wiedergabe unwiderruflich die 50-jährige Frist in Gang gesetzt wurde, kann nun innerhalb von 50 Jahren nach Herstellung mit dem Erscheinenlassen ein neuer Fristen-Startschuss gesetzt werden, selbst wenn z. B. eine Aufnahme unmittelbar nach Herstellung bereits durch Rundfunksendung öffentlich wiedergegeben worden war. Von dieser Regelung profitieren praktisch ausschließlich Rundfunksender, die häufig über Archivmaterial verfügen, das in der Vergangenheit nicht erschienen, sondern ausschließlich durch Sendung verwertet worden ist. Diese in Fällen der ausnahmsweisen Mitwirkung von Exklusivkünstlern eines Tonträgerherstellers (s. Rn. 26) in Rundfunkproduktionen u. U. auch wirtschaftlich brisante Änderung der EU-Schutzdauer-Richtlinie (RL 2006/116/EG s. Vor §§ 31 ff. Rn. 2) hatte in der politischen Debatte um die Multimedia-Richtlinie praktisch keine Rolle gespielt. Dies verwundert umso mehr, als die ausübenden Künstler an dieser Möglichkeit der Schutzdauerverlängerung nicht partizipieren (§ 82 n. F.).

Die (revidierte) EU Schutzfristenrichtlinie (RL 2006/116/EG) ist durch die RL **28a** 2011/77/EU vom 27.11.2011 zugunsten der ausübenden Künstler und Tonträgerhersteller geändert worden. Ihre Schutzfrist wird unter bestimmten Voraussetzungen jeweils von 50 auf 70 Jahre verlängert. Deutschland hat die Richtlinie mit dem **9. UrhGÄndG** vom 2.7.2013 (BGBl. I S. 1940), das am 6.7.2013 in Kraft trat, in nationales Recht umgesetzt (Übergangsregelung in § 137m; s. dort). Die Umsetzungsfrist lief mit dem 30.10.2013 ab. Die Umsetzung vor dem 1.11.2013 blieb indes für die Schutzfristenberechnung irrelevant. Einheitlich und zwingend gilt nämlich die Verlängerung nur für Aufzeichnungen von Darbietungen und für Tonträger, deren Schutzdauer für den ausübenden Künstler und den Tonträgerhersteller am 31.10.2011 aufgrund der Bestimmungen der Richtlinie in der am 1.11.2013 geltenden Fassung noch nicht erloschen ist, und für Aufzeichnungen von Darbietungen und für Tonträger, die nach diesem Datum entstehen (Art. 1 Abs. 3 der RL). Alle Darbietungen und Aufzeichnungen, deren Schutzfrist endgültig im Jahre 2012 ablief, konnten mithin nicht mehr von der Schutzfristenverlängerung profitieren.

Durch die Richtlinie (und ihre Umsetzung in deutsches Recht, s. AmtlBegr BT-Drucks. 17/12013) entsteht ein deutlicher Wertungswiderspruch zu der oben (Rn. 28) erläuterten faktischen Schutzfristverlängerung für durch Sendung veröffentlichte Aufnahmen, die kurz vor Ende der Schutzfrist erscheinen: Während der Hersteller einer für Sendezwecke hergestellten und vor Jahrzehnten gesendeten, aber noch nicht erschienenen Aufnahme eine Schutzfristenverlängerung „ohne Pflichten", ja sogar ohne jede Künstlerbeteiligung erhält (weil, wie gesagt, die ausübenden Künstler nicht an der Schutzfristenverlängerung aufgrund der EU-Multimedia-Richtlinie teilhaben – es existiert in § 82 keine Regelung entsprechend § 85 Abs. 3 S. 2), beträgt die Schutzfristverlängerung für den „Normalfall", nämlich bereits erschiene Tonträger, die der Tonträgerhersteller fortgesetzt zum Kauf anbietet oder neuerlich erscheinen lässt, lediglich 20 Jahre und ist mit umfangreichen Pflichten verbunden, unter anderem mit zwingenden Regeln zur Beteilung der ausübenden Künstler (Art. 1 Abs. 2–4 der Richtlinie). Dieser Wertungswiderspruch wird fast zwangsläufig zu erheblichen Wettbewerbsverzerrungen bei der Verwertung von Altrepertoire führen, weil die Verwerter insbesondere von Aufnahmen aus Rundfunkarchiven gegenüber den Verwertern von „Originalveröffentlichungen" (aus der selben Zeit) kalkulatorisch notwendig im Vorteil sein werden. Diese Ungleichbehandlung (insbesondere aufgrund der fehlenden Künstlerbeteiligung beim Erscheinenlassen von Sende-Archivaufnahmen) erscheint auch als verfassungsrechtlich (im Hinblick auf Art. 3 und 14 GG) äußerst bedenklich.

Seit dem 1.7.1995 verfügten auch **Tonträgerhersteller** über eine **rückanknüpfende**, **29** zunächst 50-jährige, mittlerweile (seit Inkrafttreten des 9. UrhGÄndG am 6.7.2013) **70-jährige Schutzfrist** (§§ 137f, 137m), so dass die bis dahin erforderlichen Hilfskonstruktionen, mit denen über das abgeleitete Recht des ausübenden Künstlers ein weiterreichender Schutz begründet wurde (als die bis dahin geltenden 25 Jahre), von einzelnen fremdenrechtlichen Zweifelsfällen abgesehen (vgl. § 125 Rn. 27 ff.), hinfällig geworden sind.

Der EuGH hat auf Basis der revidierten EU Schutzfristenrichtlinie (RL 2006/116/EG) entschieden (EuGH GRUR 2009, 393 – Sony Music ./. Falcon), dass dies auch gilt, wenn der betreffende Gegenstand in Deutschland zu keiner Zeit geschützt war (damit gleicht die Situation in der EU nun der innerdeutschen im Verhältnis zur ehemaligen DDR; hier gilt gesamtdeutscher Schutz für Leistungsschutzrechte, die zwar – wie etwa die von Filmherstellern nach § 94 – in der Bundesrepublik Schutz genossen, in der DDR jedoch zu keiner

Zeit geschützt waren (in der DDR existierte kein Leistungsschutzrecht für Filmhersteller), KG MMR 2003, 110, 112 – Paul und Paula). Die vorgesehenen Schutzfristen finden Anwendung, wenn die Aufnahme als solche am 1. Juli 1995 in zumindest einem Mitgliedstaat gemäß den nationalen Bestimmungen dieses Mitgliedstaats geschützt war, und zwar unabhängig von der Staatsangehörigkeit des ursprünglichen Tonträgerherstellers (aber eben nur, wenn er in dem betreffenden Mitgliedstaat Schutz genoss). Dies war nach den Feststellungen des OLG Rostock, an welches der Fall über den BGH (GRUR Int 2010, 532 zurückgelangte, bei den fraglichen Bob-Dylan-Aufnahmen aus der Zeit vor 1966 der Fall, weil der US-amerikanische Hersteller im Vereinigten Königreich für die Aufnahmen im Jahre 1963 Schutz genoss (OLG Rostock ZUM 2012, 258).

Veröffentlichungen von unerlaubten Mitschnitten aus „Piraterie-Archiven" können den Fristlauf nicht auslösen, weil die Berechtigten dem Erscheinen nicht zugestimmt haben (§ 6 Abs. 2).

V. Zu Abs. 4: Verweise

29a Der Verweis auf § 10 Abs. 1 ist eingefügt worden aufgrund des Gesetzes zur Verbesserung der Durchsetzung von Rechten des geistigen Eigentums mWv. 1.9.2008 (BGBl. I S. 1191) und dient der Umsetzung von Art. 5 Buchst. b) der EU Durchsetzungs-Richtlinie (RL 2004/48/EG). Ausweislich ErwGr. 19 der Richtlinie soll die gesetzliche Vermutung auch für Inhaber verwandter Schutzrechte Anwendung finden, da die Bemühung, Rechte durchzusetzen und Produktpiraterie zu bekämpfen, häufig von Inhabern verwandter Schutzrechte, etwa von Tonträgerherstellern vorgenommen wird. Darauf verweist die deutsche Gesetzesbegründung auf (BT-Drucks. 16/5048, 47). Nach der Gesetzesbegründung rechtfertigen es Sinn und Zweck der Richtlinie, auch die Inhaber der ausschließlichen Nutzungsrechte mit der Vermutung der Rechtsinhaberschaft bezogen auf ihr Nutzungsrecht auszustatten (BT-Drucks. 16/5048, 47). Dieser Gedanke hat Eingang in § 10 Abs. 3 n. F. gefunden, auf den § 85 Abs. 4 jedoch keinen Bezug nimmt. Dies ist systematisch korrekt, weil sich § 10 Abs. 3 S. 2 auf die Inhaber ausschließlicher Nutzungsrechte (und nicht, wie § 85, den ursprünglichen Rechtsinhaber, hier also den Tonträgerhersteller) bezieht. Zugleich ist mit dem Verweis die zuvor in der Rechtsprechung erörterte Frage nach der möglichen analogen Anwendung des § 10 obsolet geworden (dazu BGH GRUR 2003, 228, 230 – P-Vermerk). Die Rechtsprechung macht zunehmend Gebrauch von der Vermutungsregelung (LG Frankfurt/M ZUM 2007, 406; LG München ZUM-RD 2012, 560 Rn. 29).

30 Der Verweis bezieht sich auf die Schrankenregelungen der §§ 44a–63a. Im entsprechenden § 85 Abs. 2 a.F. war von der Anwendbarkeit der Schrankenregelungen des Sechsten Abschnitts die Bestimmung des § 61 ausdrücklich ausgenommen, also die Zwangslizenz zur Herstellung von Tonträgern. § 61 a.F. wurde dem Anschein zum Trotz nicht gestrichen, sondern gilt wortgleich fort als § 42a, wurde also lediglich aus dem Sechsten in den Fünften Abschnitt verlagert. Der Grund dafür ist darin zu sehen, dass Art. 5 Abs. 2 und 3 Multimedia-Richtlinie einen abschließenden Katalog der zulässigen Ausnahmen und Schranken vorgibt (Erwägungsgrund 32 der Richtlinie), in dem eine solche Zwangslizenz nicht vorgesehen ist. Die Gesetzesbegründung (BT-Drucks. 15/38, 17) versucht die Beibehaltung der Zwangslizenz damit zu begründen, es handele sich in Wahrheit nicht um eine „Ausnahme oder Schranke" i. S. d. Richtlinie. Die Vorschrift greife in das jeweilige Ausschließlichkeitsrecht nicht ein, sondern regele ausschließlich Teilfragen bezüglich dessen Ausübung. Nun betrifft diese Teilfrage aber eine Beschränkung der Ausübbarkeit als solcher, so dass der seit Jahrzehnten angestammte Platz unter den Schrankenregelungen durchaus seine Berechtigung hatte (sonst hätte es auch nicht des Art. 13 Abs. 1 RBÜ bedurft, der Vorschriften wie diese erst ermöglicht). Die Frage der Richtlinienkonformität des

§ 42a dürfte indes hinsichtlich der traditionellen Werknutzung bei der Tonträgerherstellung wirtschaftlich kaum eine Rolle spielen, da die Vervielfältigungs- und Verbreitungsrechte der Autoren regelmäßig in die GEMA eingebracht sind (s. Rn. 1) und diese einem Kontrahierungszwang unterliegt (§ 11 Abs. 1 WahrnG).

§ 27 Abs. 1 ist nicht anwendbar, weil der Tonträgerhersteller selbst und unmittelbar gegenüber dem Vermieter entscheiden kann, **ob und zu welchen Bedingungen er die Vermietung gestatten** will. Er bedarf also nicht des von § 27 Abs. 1 angeordneten Schutzes (vgl. Rn. 19 f.). Nach dem Leitbild der Vermiet- und Verleihrechts-Richtlinie (s. Einl. Rn. 21) sowie deren Umsetzung in deutsches Recht kann der Tonträgerhersteller gemäß der Auslegungsregel des § 137e Abs. 4 S. 2 **regelmäßig auch über das Vermietrecht des ausübenden Künstlers verfügen** (der seinerseits den unverzichtbaren Vergütungsanspruch für den Fall, dass die Vermietung gestattet wird, über die GVL wahrnehmen lässt). Lediglich für bereits vor Einführung des Rechts erworbene Tonträgerbestände (§ 137e Abs. 2) sowie generell für den Zeitraum zwischen dem 1.7.1994 und dem 30.6.1995 (§ 137e Abs. 3) ist das Ausschließlichkeitsrecht des Tonträgerherstellers auf einen Vergütungsanspruch zurückgestuft. Erstere Ausnahme war aus Gründen des Bestandsschutzes erforderlich, letztere hängt damit zusammen, dass der Gesetzgeber die Umsetzungsfrist der EU-Richtlinie verstreichen ließ. Für den einjährigen Zeitraum der Verspätung blieb nichts anderes übrig, als einen Ausgleich in Geld vorzusehen. Beide Ansprüche werden über die GVL wahrgenommen.

Zu den **Vergütungsansprüchen,** die sich in Zusammenhang mit den von Abs. 4 bezeichneten Verweisungen ergeben, vgl. oben Rn. 19. Damit ist insb. § 63a mit von der Verweisung umfasst. Dies wirft die Frage auf, was geschieht, wenn der Tonträgerhersteller im Falle einer Abtretung des Gesamtrechts nach Abs. 3 über seine Rechtsstellung als solche verfügt hat. Anders als in § 79 Abs. 1, der lediglich die „Rechte und Ansprüche" aus §§ 77 und 78 für übertragbar erklärt, erlaubt § 85 Abs. 2 S. 1 die Übertragung „des Rechts" an sich. Dies spricht dafür, dass im Zweifel die Übertragung des Rechts dem § 63a vorgeht. Der Erwerber des Gesamtrechts erhält also auch die Vergütungsansprüche (so ausdrücklich zu einem Fall, der den im Wortlaut exakt gleichen § 94 Abs. 2 S. 1 betrifft, KG GRUR-RR 2010, 372 Rn. 91). Damit reduziert sich die entsprechende Anwendung des § 63a darauf, die separate, also von einer Übertragung des Gesamtrechts nach § 85 getrennte Übertragbarkeit und Verzichtbarkeit der Vergütungsansprüche zu beschränken (generell wird die Anwendung des § 63a auf Tonträgerhersteller als nicht systemkonform angesehen, mit unterschiedlichen Folgerungen; wie hier: Schricker/*Vogel* § 85 Rn. 59 – sogar im Sinne gänzlicher Unanwendbarkeit des § 63a; a. A. Schricker/*Schricker* § 63a Rn. 9; Dreier/Schulze/*Schulze* § 63a Rn. 9, § 85 Rn. 44; ausführlich zu diesem Thema *Schaefer,* FS Wandtke, S. 251 ff.). Es handelt sich wahrscheinlich um ein Redaktionsversehen; denn als § 63a mit dem Stärkungsgesetz von 2002 dem 6. Abschnitt des Ersten Teils angefügt wurde, war es versäumt worden, die bestehenden Verweisungsnormen in §§ 85 Abs. 4, 87 Abs. 4 und 94 Abs. 4 im Hinblick darauf zu überprüfen. In den Materialien findet sich kein Hinweis, dass im Gesetzgebungsverfahren je über eine entsprechende Anwendbarkeit auf die investitionsbezogenen Leistungsschutzrechte diskutiert worden wären – ganz im Gegensatz zu den Verweisen in Abs. 2 S. 1 und 3, die ausdrücklich nicht auf solche Normen Bezug nehmen, bei denen der Schutz des Urhebers als der regelmäßig schwächeren Vertragspartei im Mittelpunkt steht (Begr. RegE BT-Ds. 15/38, 25).

VI. Einzelfragen

1. Künstlerverträge und neue Auswertungsformen

Mit dem Aufkommen der neuen Informationstechnologien stellte sich die Frage, ob und zu welchen Bedingungen Tonträgerhersteller die exklusiv für sie eingespielten Aufnahmen (s. o.

Rn. 26) auch in neuen Medien nutzen können, und zu welchen Bedingungen. Nachdem der BGH im Jahre 2003 zur CD als unbekannter Nutzungsart entschieden hat, dass § 31 Abs. 4 noch nie auf ausübende Künstler anwendbar war (BGH ZUM 2003, 229, 230 – EROC III), richtet sich die Beurteilung der Verträge insoweit ausschließlich nach § 31 Abs. 5. Bereits bei der Novelle des Urhebervertragsrechts war § 31 Abs. 4 ausdrücklich nicht in den Verweiskatalog des § 79 Abs. 2 (= § 75 Abs. 4 a. F.) aufgenommen worden. Angesichts der Rechtsprechung des BGH kommt damit § 79 Abs. 2 insofern lediglich klarstellender Charakter zu.

2. Tonträgerpiraterie

34   Der Begriff der Tonträgerpiraterie ist nirgends verbindlich definiert. Im Folgenden soll darunter die unautorisierte Aufnahme von künstlerischen Darbietungen oder die unautorisierte Vervielfältigung bzw. Verbreitung oder Zugänglichmachung von auf Tonträgern festgelegten Aufnahmen verstanden werden.

35   a) Die „traditionelle" Tonträgerpiraterie (Offline-Piraterie). Tonträgerpiraterie ist ähnlich lukrativ wie das Drucken von Falschgeld. Bei beiden Delikten ist (erwünschtermaßen) der körperliche Träger geringwertig, verkörpert aber einen hohen Wert. Ein Tonträgerpirat investiert nur die geringen Fertigungskosten und geht keine unternehmerischen Risiken ein, kann aber für bestimmte Arten von Piraterie-Tonträgern beim Endabnehmer Preise von € 25,– und mehr erzielen. **Opfer der Piraten sind stets die berühmten Künstler,** kaum der Nachwuchs, weil nur die Aufnahmen mit Stars sicheren Absatz versprechen. Tonträgerpiraten schaden damit nicht nur einzelnen Autoren, Künstlern und Tonträgerherstellern, sondern dem Wirtschaftskreislauf der Musikindustrie insgesamt. Sie entziehen dem Markt Geld, das von autorisierten Tonträgerherstellern zu einem großen Teil für neue Produktionen reinvestiert worden wäre. Da überhaupt nur 10% aller Neuproduktionen die Gewinnzone erreichen, müssen die wenigen großen Bestseller die unvorhersehbaren Flops des Nachwuchses „durchfüttern". Kein Hersteller kann sich auf Dauer dieses Risiko ersparen, denn nur so kann er künftige Stars entdecken. Der Aufbau von Nachwuchs ist also nicht nur Voraussetzung für ein dynamisches Musikleben, sondern auch eine Überlebensfrage für die Musikwirtschaft insgesamt. Da nun Piraten ausschließlich solches Repertoire auswerten, das sich längst am Markt durchgesetzt hat und damit dem legalen Markt Investitionskapital entziehen, berauben sie letztlich junge aufstrebende Nachwuchskünstler ihrer Chance auf einen Künstler- oder Bandübernahmevertrag. Die wichtigsten Erscheinungsformen der Tonträgerpiraterie im weiteren Sinne sind unerlaubte Live-Mitschnitte, Piraterie im engeren Sinne und Identfälschungen (Einzelheiten bei Moser/Scheuermann/*Schaefer*/*Braun* 828 ff.):

36 – **Unautorisierte Live-Mitschnitte** (englisch: „**bootlegs**"): Hier werden Live-Darbietungen von Konzertbesuchern mittels eingeschmuggelter Rekorder und leistungsfähiger Kleinst-Mikrofone mitgeschnitten. Bisweilen werden auch das Mischpult und die Soundanlage angezapft. Ohne ausdrückliche Erlaubnis ist es auch für den privaten Gebrauch nicht zulässig, ein Konzert live mitzuschneiden (§ 53 Abs. 7).

37 – **Piraterie im engeren Sinne** (englisch: „**piracy**"): Alle Formen dieser Gruppe, nämlich Raubkopien vollständiger Tonträger, Raubkopplungen einzelner Titel und Raubmixe, die aus Teilen bestehender Aufnahmen zusammengesetzt sind, haben gemein, dass die Piraten hier vorbestehende (meist handelsübliche) Tonträger unberechtigt als Vorlage für eigene Produkte verwenden.

38 – **(Ident-)Fälschungen** (engl.: „**counterfeits**") sind Übernahmen vollständiger Tonträger, die (anders als eine Raubkopie) auch in der äußeren Aufmachung (Cover, Label) dem Original bis ins Letzte exakt nachgebildet sind. Quelle für die Fälschung sind meist handelsübliche Tonträger (insb. CDs).

39   Regelmäßig verletzen Piraterie-Tonträger die Rechte von Musikurhebern, ausübenden Künstlern und Tonträgerherstellern gleichermaßen. Bootlegs können ihrer Natur nach

nicht das Recht des Tonträgerherstellers verletzen, weil sie nicht von einem Tonträger kopiert, sondern live mitgeschnitten werden. Gleichwohl ist der Tonträgerhersteller vom Künstler hier regelmäßig (vertraglich) mit der Rechtsverfolgung in seinem Namen betraut. Bisweilen erwerben Piraten bei der GEMA oder ausländischen Verwertungsgesellschaften Lizenzen, um dem Produkt den Anschein der Rechtmäßigkeit zu geben. Dies behebt nur hinsichtlich der Musikurheberrechte die Rechtswidrigkeit des Tuns, denn solange keine Vervielfältigungs- und Verbreitungslizenzen des Tonträgerherstellers und der vertraglich mit ihm verbundenen Künstler vorliegen, bleibt der Tonträger ein rechtswidrig hergestelltes Vervielfältigungsstück (§ 96) und darf nicht verbreitet werden. Hinsichtlich der weiteren **Rechtsfolgen** sei auf die §§ 97 ff. (zivilrechtliche; näher dazu *Dierkes* 32 ff., 61 ff.) und die §§ 106 ff. (strafrechtliche; näher dazu *Rochlitz* 92 ff.) verwiesen. In seltenen Konstellationen des Fremdenrechts (vgl. § 125) lässt sich bisweilen der Schutz einer Aufnahme über das Recht des ausübenden Künstlers leichter begründen als der des Tonträgerherstellers und umgekehrt. Da die Tonträgerhersteller regelmäßig auch von den Künstlern zur Rechtsverfolgung ermächtigt sind, bietet es sich aus Gründen der **Effektivität in der Praxis** bisweilen an, nur über eines der verletzten Rechte gegen ein Pirateriepradukt vorzugehen. Gleiches gilt für die Kooperation zwischen Inhabern verwandter Schutzrechte und Musikurhebern bei der Pirateriebekämpfung (s. u. Rn. 41). Häufig sind Tonträgerpiraten zudem wegen Verletzung von Vorschriften außerhalb des UrhG, etwa des Marken- und Steuerrechts verfolgbar.

b) Tonträgerpiraterie im Internet (Online-Piraterie). Nach wie vor wird die **40** Mehrzahl der im Internet verfügbaren Musiktitel bekannter Interpreten ohne Erlaubnis der Berechtigten angeboten und stellt damit echte Tonträgerpiraterie dar. Zwar handeln nicht alle Anbieter aus eigenen Erwerbszwecken (obwohl auch diese – etwa über den Verkauf von Bannerwerbung – häufig eine Rolle spielen), jedoch ist der angerichtete Schaden ähnlich gravierend wie bei der traditionellen Piraterie. Selbst wenn die auf dem Computer des Anbieters abgelegte Kopie nach den Regeln über die Privatkopie rechtmäßig entstanden sein sollte, dürfte sie schon **wegen § 53 Abs. 6 nicht öffentlich wiedergegeben** werden. Vor allem aber begründet die öffentliche Zugänglichmachung ohne Erlaubnis des Berechtigten einen Verstoß gegen die §§ 19a, 78 Abs. 1 Nr. 1, 85 Abs. 1. Bei einer rechtswidrig hergestellten Kopie auf dem Server des Anbieters ergibt sich dasselbe zusätzlich aus § 96 Abs. 1 (i. d. S. zu den sog. „Internet-Tauschbörsen" *Braun* GRUR 2001, 1106, 1107; a. A. *Kreutzer* GRUR 2001, 193, 200). Die Frage, ob von illegalen Online-Angeboten (die also unter Verstoß gegen §§ 19a, 53 Abs. 6, 78 Abs. 1 Nr. 1, 85 Abs. 1 oder 96 Abs. 1 öffentlich zugänglich gemacht wurden) eine legale private Vervielfältigung möglich sein solle, wurde im Gesetzgebungsprozess über die Novelle 2003 ausgiebig erörtert (BT-Drucks. 15/38, 39). § 53 Abs. 1 S. 1 bezieht sich in seiner jetzt gültigen Fassung auch auf offensichtlich rechtswidrig öffentlich zugänglich gemachte Vorlagen. Der Begriff der „Offensichtlichkeit" ist wegen Art. 5 Abs. 5 Multimedia-Richtlinie (s. Vor §§ 31 ff. Rn. 2) richtlinienkonform zu interpretieren. Deshalb wird die geforderte „Offensichtlichkeit" praktisch nur in Fällen von „Identfälschungen" entfallen, in denen ein körperliches oder unkörperliches Angebot bzw. Produkt in seiner äußeren Aufmachung täuschend dem des Berechtigten ähnelt (vgl. aber § 53 Rn. 15), dagegen nicht bei Online-Tauschbörsen (so auch *Jani* ZUM 2003, 842, 851). § 53 Abs. 1 S. 1 in seiner seit 1.1.2008 geltenden Fassung hat dies nun ausdrücklich klargestellt.

c) Praktische Hinweise. Der Verband der Tonträgerhersteller, der Bundesverband **41** Musikindustrie e. V. (früher: Deutsche Landesgruppe der IFPI e. V.), koordiniert die Pirateriebekämpfung für seine Mitglieder (Kontakt über www.musikindustrie.de) desgleichen die GEMA hinsichtlich der von ihr wahrgenommenen Rechte (Kontakt: www.gema.de). Abbildungen unautorisierter Tonträger nebst Beschreibung der Erkennungsmerkmale finden sich in *Schaefer/Körfer* 92 ff.

§ 86 Anspruch auf Beteiligung

Wird ein erschienener oder erlaubterweise öffentlich zugänglich gemachter Tonträger, auf den die Darbietung eines ausübenden Künstlers aufgenommen ist, zur öffentlichen Wiedergabe der Darbietung benutzt, so hat der Hersteller des Tonträgers gegen den ausübenden Künstler einen Anspruch auf angemessene Beteiligung an der Vergütung, die dieser nach § 78 Abs. 2 erhält.

Literatur: *Knies,* Die Rechte der Tonträgerhersteller in internationaler und rechtsvergleichender Sicht, München 1999.
Vgl. darüber hinaus die Angaben im eingangs abgedr. Gesamtliteraturverzeichnis.

Übersicht

	Rn.
1. Definitionen	1, 2
2. Zur praktischen Anwendung der Vorschrift	3, 4
3. Einzelfragen	5–8

1. Definitionen

1 Zum Begriff des „Tonträgers" vgl. § 85 Rn. 2–5 (bezüglich von Sendeunternehmen hergestellter Aufnahmen darüber hinaus § 85 Rn. 17), zu dem des Erscheinens § 6 Abs. 2, zur öffentlichen Zugänglichmachung § 19a. „Erlaubterweise" muss die öffentliche Zugänglichmachung erfolgt sein, um einem erschienenen Tonträger zu entsprechen, da das „Erscheinen" gem. § 6 Abs. 2 ebenfalls die Zustimmung des Berechtigten erfordert. Qualifiziert für den Anspruch sind nicht alle erschienenen und öffentlich zugänglich gemachten Tonträger, sondern ausschließlich solche, auf denen die **Darbietung eines ausübenden Künstlers** (§ 73) aufgenommen ist. Da dem Tonträgerhersteller kein vom Künstler unabhängiger Vergütungsanspruch zusteht, können also Tonträger mit **Aufnahmen anderer Klangereignisse** vergütungsfrei zu öffentlichen Wiedergaben genutzt werden. „Öffentliche Wiedergabe" bezieht sich auf die Legaldefinition des § 15 Abs. 2 und 3, wie auch der Verweis auf § 78 Abs. 2 klarstellt. Es geht also um die **Sendung von Tonträgermusik und deren öffentliche Wiedergabe,** vor allem in Ladengeschäften, der Gastronomie und Diskotheken sowie die „öffentliche Wahrnehmbarmachung einer auf öffentlicher Zugänglichmachung beruhenden Wiedergabe" (§§ 78 Abs. 2 Nr. 3, 22). Das beträfe etwa den Betrieb einer „Online-Musikbox" in einer Gaststätte, bei der die Musik nicht über im Gerät vorhandene Tonträger, sondern über einen Online-Abrufdienst zum Anhören zugänglich gemacht wird. Der Begriff der „angemessenen Beteiligung" wird im UrhG anders als der der „angemessenen Vergütung" (§ 32) nicht näher umschrieben. Angesichts der Praxis der Rechtewahrnehmung im Bereich des § 86 (vgl. Rn. 3) ist die Auslegung aber hier nie streitig geworden.

2 Über den Verweis auf § 78 Abs. 2 ist auch der **Beteiligungsanspruch der Tonträgerhersteller hinsichtlich der Kabelweitersendungs-Vergütungen** aus § 20b gewährleistet, denn das Kabelweitersenderecht als solches folgt als Bestandteil des Senderechts bereits aus § 20 (Dreier/Schulze/*Dreier* § 20b Rn. 1). Der Tonträgerhersteller greift also nicht direkt (daher kein Verweis auf § 78 Abs. 4), sondern über § 78 Abs. 2 auf die durch § 20b auch für Kabelweitersendung garantierten Vergütungsansprüche des ausübenden Künstlers zu.

2. Zur praktischen Anwendung der Vorschrift

3 In der Praxis spielt die individuelle Durchsetzung des Beteiligungsanspruchs gegen einzelne Künstler keine Rolle, da sowohl die Künstler ihre Vergütungsansprüche nach § 78

Abs. 2 als auch die Tonträgerhersteller ihre Beteiligungsansprüche durchgehend in die **GVL** (Gesellschaft zur Wahrnehmung von Leistungsschutzrechten, Kontakt: www.gvl.de; s. Vor §§ 1 ff. WahrnG Rn. 5) eingebracht haben, die von Künstler- und Herstellerseite gemeinsam getragen wird. Die GVL nimmt für ausübende Künstler und Tonträgerhersteller darüber hinaus die Vergütungsansprüche gem. §§ 20b Abs. 2, 77 Abs. 2 S. 2, 83, 85 Abs. 4 sowie § 137e wahr (vgl. zu den einzelnen anspruchsbegründenden Normen § 85 Rn. 19).

Im Rahmen der zwischen ausübenden Künstlern und Tonträgerherstellern in Künstlerverträgen üblicherweise begründeten umfassenden Auswertungsverhältnisse (vgl. § 85 Rn. 1, 26) findet sich häufig gerade bei ausländischen ausübenden Künstlern eine Nutzungsrechtsübertragung hinsichtlich der dem ausübenden Künstler zustehenden Sende-, öffentlichen Wiedergabe- und sonstiger Nebenrechte bzw. eine Abtretung etwaiger diesbezüglicher Vergütungsansprüche an den Tonträgerhersteller. **In Deutschland bringen Tonträgerhersteller diese ihnen übertragenen Ansprüche nebst ihren Beteiligungsansprüchen daran (§ 86) regelmäßig in die GVL ein.** Für diese Fälle kann letztlich offenbleiben, ob eine im Ausland wirksame Abtretung solcher Ansprüche, vor allem derer nach (§ 78 Abs. 2), auch nach deutschem Recht wirksam wäre, da jedenfalls die Ansprüche, wie von §§ 78 Abs. 3, 63a vorgesehen, in eine Verwertungsgesellschaft eingebracht werden. Denkbar wäre auch, die ausländische Rechtseinräumung in eine Ermächtigung nach § 185 Abs. 1 BGB als ein vom Vertragszweck umfasstes Weniger umzudeuten, um für den Tonträgerhersteller den Beteiligungsanspruch zu realisieren. Allerdings haben die damit zusammenhängenden Verteilungsfragen in den letzten Jahren bei der GVL dazu geführt, dass die Verteilung der auf Nicht-EU-Künstler entfallenden Erträge komplett neu organisiert werden musste (siehe dazu: http://www.nmz.de/online/ausschuettungen-in-der-wartschlange-die-gvl-hat-25-millionen-euro-zurueckgestellt, Abruf am 12.8.2012).

3. Einzelfragen

Umstritten ist seit deren Entstehen die **Einordnung gewisser neuer Formen der unkörperlichen Übermittlung geschützter Inhalte,** besonders von Tonträgermusik. Der Vergütungsanspruch der §§ 78 Abs. 2, 86 bezieht sich auf das traditionelle Konzept der Rundfunksendung (§ 20) bzw. der öffentlichen Wiedergabe von Tonträgermusik (§ 21). Das nach § 15 Abs. 2 Nr. 2 ebenfalls unter den Sammelbegriff der öffentlichen Wiedergabe fallende Recht der öffentlichen Zugänglichmachung (§ 19a) ist nicht betroffen, da es ausübenden Künstlern und Tonträgerherstellern als Ausschließlichkeitsrecht zugeordnet ist (§§ 78 Abs. 1 Nr. 1, 85).

Noch nicht abschließend höchstrichterlich geklärt ist der Bereich zwischen diesen beiden Fallgruppen, besonders was die **so genannten „Near-on-Demand"-Dienste** angeht, die hauptsächlich im **Internet** operieren. Solche Dienste (insb. im Bereich des sogenannten „Webcasting") erlauben zwar keinen individuellen Abruf einzelner Musiktitel, enthalten jedoch meist entweder interaktive Elemente (Beeinflussungsmöglichkeiten wie etwa eine „Pause"-Taste oder eine Funktion: „diesen Titel nie mehr spielen" usw.) oder bieten eine solche Vielzahl paralleler Musikkanäle an (sog. Mehrkanal- oder Multichannel-Dienste: 20–500 Kanäle, jeweils einer Musikrichtung zugeordnet, nicht moderiert, ohne Werbeunterbrechung und 24 Stunden täglich), dass eine hochspezifische Musiklieferung schon nach der Anwahl eines der Spartenkanäle erfolgt.

Da der Gesetzgeber dem Tonträgerhersteller durch ausdrückliche Zuweisung von Ausschließlichkeitsrechten die (wirtschaftliche) Erstverwertung von Tonträgermusik sichern wollte (vgl. § 85 Rn. 20) und solche Dienste, obwohl (chronologisch) Zweitverwertung, wirtschaftlich in die Erstverwertungshoheit des Tonträgerherstellers eingreifen, wäre es **verfehlt, sie als „Sendung" oder „öffentliche Wiedergabe" ohne Zustimmungserfordernis den Vergütungsansprüchen der §§ 78 Abs. 2, 86 zu unterwerfen** (so nunmehr ausdrücklich OLG Hamburg ZUM 2009, 414 Rn. 31 – staytuned III, MMR 2006, 173, 174 – staytuned, ähnlich *Knies* 219 ff.; Dreier/Schulze/*Dreier* § 20 Rn. 16; Dreier/Schulze/*Schulze* § 85 Rn. 39). Ferner lässt sich durchaus vertreten, dass jedenfalls im Bereich des Webcasting das Exklusivrecht des § 19a Anwendung finden kann (sehr str.; für eine solche Zuordnung nun ausdrücklich OLG Hamburg; ZUM 2009, 414 Rn. 31 – *staytuned III*; wohl auch Bortloff GRUR Int. 2003, 669, 673; Dreier/Schulze/*Dreier* § 20 Rn. 16; § 19a Rn. 20 f.; Schricker/Loewenheim/*Vogel* § 86 Rn. 10; dagegen *Reinbothe* GRUR Int. 2001, 733, 736; *Spindler* GRUR 2002, 105, 108). Jedenfalls kommt für den Tonträgerhersteller eine indirekte Kontrolle über das Vervielfältigungsrecht in Betracht, da die meisten Dienste nicht ohne Vervielfältigungsakte auskommen (§ 55, der Sendeunternehmen zumindest ephemere Vervielfältigungen erlaubt, ist mangels „Sendung" nicht anwendbar, so dass ausschließlich § 44a in Betracht kommt, wenn dessen Voraussetzungen vorliegen).

8   Bei **Mehrkanaldiensten,** deren Empfänger Musik auf einer Vielzahl von Kanälen in digitaler Form nach seiner Wahl empfangen kann, wobei er nur Einfluss auf die Kanalwahl, nicht jedoch auf die Reihenfolge der Musiktitel hat, ist nach Auffassung des BGH als Sendung i. S. d. §§ 20, 78 Abs. 1 Nr. 2, Abs. 2 Nr. 1 einzuordnen (BGH GRUR 2004, 669, 671 f.). Damit kommt dem Tonträgerhersteller über § 86 lediglich ein Beteiligungsanspruch an der angemessenen Vergütung des ausübenden Künstlers zu. Eine Anwendung des § 19a scheidet wegen Fehlens des Tatbestandsmerkmals „zu Zeiten ihrer Wahl" in den meisten Fällen von Mehrkanaldiensten aus, weil der Empfänger nicht bestimmen kann, wann er ein Musikstück abruft. Anders mag es aussehen, wenn die Kanäle so gestaltet sind, dass faktisch eine individuelle Abrufbarkeit besteht (z. B. die Top 100 Charts auf 100 Kanälen, wenn auf jedem Kanal immer nur ein Titel in Schleife übermittelt wurde, d. h. 24 Stunden am Tag auf jedem Kanal jeweils nur ein Song zu hören wäre).

Abschnitt 5. Schutz des Sendeunternehmens

§ 87 Sendeunternehmen

(1) Das Sendeunternehmen hat das ausschließliche Recht,
1. seine Funksendung weiterzusenden und öffentlich zugänglich zu machen,
2. seine Funksendung auf Bild- oder Tonträger aufzunehmen, Lichtbilder von seiner Funksendung herzustellen sowie die Bild- oder Tonträger oder Lichtbilder zu vervielfältigen und zu verbreiten, ausgenommen das Vermietrecht,
3. an Stellen, die der Öffentlichkeit nur gegen Zahlung eines Eintrittsgeldes zugänglich sind, seine Funksendung öffentlich wahrnehmbar zu machen.

(2) Das Recht ist übertragbar. Das Sendeunternehmen kann einem anderen das Recht einräumen, die Funksendung auf einzelne oder alle der ihm vorbehaltenen Nutzungsarten zu nutzen. § 31 und die §§ 33 und 38 gelten entsprechend.

(3) Das Recht erlischt 50 Jahre nach der ersten Funksendung. Die Frist ist nach § 69 zu berechnen.

(4) § 10 Abs. 1 sowie die Vorschriften des Teil 1 Abschnitt 6 mit Ausnahme des § 47 Abs. 2 Satz 2 und des § 54 Abs. 1 gelten entsprechend.

(5) Sendeunternehmen und Kabelunternehmen sind gegenseitig verpflichtet, einen Vertrag über die Kabelweitersendung im Sinne des § 20b Abs. 1 Satz 1 zu angemessenen Bedingungen abzuschließen, sofern nicht ein die Ablehnung des Vertragsabschlusses sachlich rechtfertigender Grund besteht; die Verpflichtung des Sendeunternehmens gilt auch für die ihm in bezug auf die eigene Sendung

§ 87 Sendeunternehmen   § 87 UrhG

eingeräumten oder übertragenen Senderechte. Auf Verlangen des Kabelunternehmens oder des Sendeunternehmens ist der Vertrag gemeinsam mit den in Bezug auf die Kabelweitersendung anspruchsberechtigten Verwertungsgesellschaften zu schließen, sofern nicht ein die Ablehnung eines gemeinsamen Vertragsschlusses sachlich rechtfertigender Grund besteht.

Internationale Verträge: Art. 13 Internationales Abkommen über den Schutz der ausübenden Künstler, der Hersteller von Tonträgern und der Sendeunternehmen (Rom-Abkommen); Übereinkunft über die Verbreitung der durch Satelliten übertragenen programmtragenden Signale (Brüsseler Satelliten-Abkommen); Art. 14 Übereinkommen über handelsbezogene Aspekte der Rechte des geistigen Eigentums (TRIPS-Übereinkommen)

Unionsrecht: Art. 3 Schutzdauer-RL 2006/116/EG; Art. 4, 9f. Satelliten und Kabel-RL 93/83/EWG; Art. 7ff. Vermiet- und Verleih-RL 2006/115/EG; Art. 3 Info-RL 2011/29/EG; vgl. Angaben Vor § 20ff.

Literatur: *ARD-Projektgruppe Teletext,* Teletext – das unterschätzte Medium, MP 2001, 54; *ARD-Jahrbuch,* Hamburg 2000; *Arnold/Langhoff,* Fehlende Beteiligung von privaten Sendeunternehmen an der Leeträgervergütung gemäß § 54 UrhG – ein Fall der Staatshaftung?, ZUM 2006, 605; *Beucher/Leyendecker/ v. Rosenberg,* Mediengesetze, München 2005; *Breunig,* Programmbouquets im digitalen Fernsehen, MP 2000, 378; *Busche/Stoll,* TRIPs, Köln u.a. 2007 (zit. Busche/Stoll/*Bearbeiter*); *Diesbach/Bohrmann/Vollrath,* „Public Viewing" als Problem des Urheber- und Wettbewerbsrechts, ZUM 2006, 265; *Christmann,* Sonderfragen zur territorialen Rechtevergabe und territorialen Adressierung bei Pay-TV am Beispiel Film und Sport, ZUM 2006, 23; *Dörr,* Die Kabelentgeltsregelungen in den Landesmediengesetzen und der Anspruch auf unentgeltliche Durchleitung des Fernsehprogramms PREMIERE zu den angeschlossenen Haushalten, ZUM 1997, 337; *Dreier,* Die Umsetzung der Urheberrechtsrichtlinie 2001/29/EG in deutsches Recht, ZUM 2002, 28; *Eberle,* Neue Übertragungstechniken und Verfassungsrecht, ZUM 1995, 249; *Eberle,* Erscheinungsformen der neuen Medien, in: Eberle/Rudolf/Wasserburg, Mainzer Rechtshandbuch der Neuen Medien, Heidelberg 2003; *Ehrhardt,* 32 + 32a = 20b – 20b – Ist § 20b Absatz 2 zu streichen?, ZUM 2004, 300; *Engel,* Der Anspruch privater Kabelbetreiber auf ein Entgelt für die Durchleitung von Rundfunkprogrammen und das Medienrecht, ZUM 1997, 497; *Flechsig,* Rechtmäßige private Vervielfältigung und gesetzliche Nutzungsgrenzen, GRUR 1993, 532; *Flechsig,* EU-Harmonisierung des Urheberrechts und der verwandten Schutzrechte in der Informationsgesellschaft, ZUM 1998, 139; *Flechsig,* SWR-Staatsvertrag, Kommentar, Baden-Baden 1997; *Flechsig,* Grundlagen des Europäischen Urheberrechts, ZUM 2002, 1; *Flechsig,* Beteiligungsansprüche von Sendeunternehmen an gesetzlichen Vergütungsansprüchen wegen privater Vervielfältigungshandlung. Zur zwingenden Anpassung des § 87 Abs. 4 UrhG im Lichte der Informationsrichtlinie 2001/29/EG, ZUM 2004, 249; *Flechsig,* Schutz der Rundfunkanstalt gegen Einfuhr und Verbreitung unautorisierter Sendekopien, UFITA 81 (1978) 97; *Flechsig,* Gesetzliche Regelung des Sendevertragsrechts, GRUR 1980, 1046; *v. Frentz/Masch,* Öffentliche Wiedergabe und Kabelweitersendung bei Gemeinschaftsantennennanlagen außerhalb Abschattungsgebieten und das Verhältnis zwischen Einspeiseentgelt und angemessener Lizenzgebühr für die Kabelweitersendung, ZUM 2010, 519ff.; *Fuhr/Rudolf/Wasserburg* (Hrsg.), Recht der Medien, Heidelberg 1989 (zit. *Bearbeiter* in: Fuhr/Rudolf/Wasserburg); *Gericke,* Videotext – mehr als Programmbegleitung, MP 1993, 374; *Götting,* Rechtsgutachten zur Beteiligung der Sendeunternehmen an der Pauschalvergütung nach § 54 UrhG, 2003 (nicht veröffentlicht, zit. *Götting* Rechtsgutachten), überarbeitet veröffentlicht als Die Regelung der öffentlichen Wiedergabe nach § 87 Abs. 1 Nr. 3 UrhG, ZUM 2005, 185; *Gounalakis/Mand,* Kabelweiterleitung und urheberrechtliche Vergütung, München 2003; *Herrmann,* Rundfunkrecht, Fernsehen und Hörfunk mit neuen Medien, München 1994; *Hesse,* Der Vierte Rundfunkänderungsstaatsvertrag aus der Sicht des öffentlich-rechtlichen Rundfunks, ZUM 2000, 183; *Herrmann/Lausen,* Rundfunkrecht, 2. Aufl., München 2004; *Hillig,* Auf dem Weg zu einem WIPO-Abkommen zum Schutz der Sendeunternehmen, GRUR Int. 2007, 122; *Hillig,* Das Vierte Gesetz zur Änderung des Urheberrechtsgesetzes, UFITA 134 (1999) 5; *Hoeren,* Gutachten zur Frage der Bewertung der Kabelweitersenderechte der Sendeunternehmen 2001 (nicht veröffentlicht, zit. *Hoeren* Gutachten); *Hoeren/Veddern,* Voraussetzungen und Grenzen klauselmäßiger Beteiligungen der Sendeunternehmen an den gesetzlichen Vergütungsansprüchen, UFITA 2002, 7; *Kianfar,* Die Weitersenderechte für den Betrieb des Online-Videorecorders (OVR) – Zugleich Besprechung von OLG Dresden, Urt. v. 12.7.2011 – 14 U 801/07 – save.tv., GRUR-RR 2011, 393ff.; *Kirschenhofer,* Die Verbreitung von Programmen und Territorialitätsprinzip am Beispiel von Film-, Fernseh- und Sportprogrammen – Rechtsfragen im Bereich Sport, ZUM 2006, 15; *Kreile,* Einnahme und Verteilung der gesetzlichen Geräte- und Leerkassettenvergütung für private Vervielfältigung in Deutschland – Ein System hat sich bewährt, GRUR Int. 1992, 24; *Kreile,* Ende territorialer Exklusivität – Der EuGH als Totengräber?, ZUM 2012, 177ff.; *Krieger,* Beteiligung der Sendeanstalten an der urheberrechtlichen Vergütung für private Ton- und Bildaufzeichnungen?, GRUR Int. 1989, 429; *Kröger/Moos,* Regelungsansätze für Multimediadienste, ZUM 1997, 462; *Krüger-Nieland,* Zur Frage der Beteili-

UrhG § 87 § 87 Sendeunternehmen

gung der Sendeunternehmen an den Vergütungen für private Ton- und Bildüberspielungen sowie für nicht gelöschte Vervielfältigungen von Schulfunksendungen, GRUR 1982, 253; *Krüger-Nieland*, Beteiligung der Sendeanstalten an den Erlösen aus den Geräte- und Leerkassettenvergütungen, GRUR 1983, 345; *Kuch*, Medienrechtliche Vorgaben für Kabelnetzbetreiber, ZUM 2002, 248; *Ladeur*, Aktuelle Rechtsfragen der Einspeisung digitaler Fernsehprogramme in Kabelnetze, ZUM 2002, 252; *Lenz*, Das Recht auf Kurzberichterstattung – Bestätigung und Korrektur aus Karlsruhe, NJW 1998, 757; *v. Lewinski*, Der EG-Richtlinienvorschlag zum Urheberrecht und zu verwandten Schutzrechten in der Informationsgesellschaft, GRUR Int. 1998, 637; *Loewenheim*, Die Beteiligung der Sendeunternehmen an den gesetzlichen Vergütungsansprüchen im Urheberrecht, GRUR 1998, 513; *Lutz*, Das Vierte Gesetz zur Änderung des Urheberrechtsgesetzes, ZUM 1998, 622; *Mand*, § 20b Abs. 2 UrhG und das neue Urhebervertragsrecht, ZUM 2003, 812; *Mand*, Die Kabelweitersendung als urheberrechtlicher Verwertungstatbestand, GRUR 2004, 395; *Mand*, Das Recht der Kabelweitersendung, Frankfurt a. M. 2004; *v. Münchhausen*, Der Schutz der Sendeunternehmen nach deutschem, europäischen und internationalem Recht, Baden-Baden 2000; *Ossenbühl*, Verfassungsrechtliche Fragen der Beteiligung der Sendeunternehmen an der Vergütungen für private Ton- und Bildüberspielungen, GRUR 1984, 841; *Pappi*, Teledienste, Mediendienste und Rundfunk, Baden-Baden 2000; *Reinbothe*, Die Umsetzung der EU-Urheberrechtsrichtlinie in deutsches Recht, ZUM 2002, 43; *Reinbothe*, Die EG-Richtlinie zum Urheberrecht in der Informationsgesellschaft, GRUR Int. 2001, 733; *Riesenhuber*, Wer ist Sendender? Eine Nachlese zur Regio-Vertrag-Entscheidung des BGH, ZUM 2011, 134 ff.; *Riesenhuber*, Die „Öffentlichkeit" der Kabelweitersendung, ZUM 2012, 433 ff.; *Ring*, Medienrecht, München 1990 ff. (Loseblatt); *Schack*, Ansprüche der Fernsehanstalten bei Videonutzung ihrer Sendungen, GRUR 1985, 197; *Schorn*, Zur Frage der Änderung von § 87 Abs. 3 und anderer Vorschriften des Urheberrechtsgesetzes im Rahmen der Urheberrechtsreform, GRUR 1982, 644; *Schorn*, Zur Frage der Änderung von § 87 Absatz 3 des Urheberrechtsgesetzes, GRUR 1983, 718; *Schricker/Katzenberger*, Die urheberrechtliche Leerkassettenvergütung, GRUR 1985, 87; *Schwarz*, Der 2. Korb aus der Sicht der Filmindustrie, ZUM 2003, 1032; *Schwenzer*, Tonträgerauswertung zwischen Exklusivrecht und Sendeprivileg im Lichte von Internetradio, GRUR Int. 2001, 722; *Spindler*, Europäisches Urheberrecht in der Informationsgesellschaft, GRUR 2002, 105; *Spindler*, Die Einspeisung von Rundfunkprogrammen in Kabelnetze. Rechtsfragen der urheberrechtlichen Vergütung und vertragsrechtlichen Gestaltung, MMR Beilage 2/2003, 1; *Stender-Vorwachs/Theißen*, Die Revision der Fernsehrichtlinie, ZUM 2006, 362; *Stolz*, Das „schutzwürdige Interesse" der Sendeunternehmen hinsichtlich der Beteiligung an den Vergütungsansprüchen für private Ton- und Bildüberspielungen, GRUR 1983, 632; *Stolz*, Die Rechte der Sendeunternehmen nach Inkrafttreten der Urheberrechtsnovelle von 1985, GRUR 1986, 859; *Stolz*, Die Rechte der Sendeunternehmen nach dem Urheberrechtsgesetz und ihre Wahrnehmung, Baden-Baden 1987; *Weber*, Statement ZDF, ZUM 2003, 1073; *Weisser/Höppener*, Kabelweitersendung und urheberrechtlicher Kontrahierungszwang, ZUM 2003, 597; *Wille*, Kabelrundfunk aus der Sicht der öffentlich-rechtlichen Rundfunkanstalten, ZUM 2002, 261; *Wimmer*, Kabelrundfunk aus der Sicht eines regionalen Kabelnetzbetreibers, ZUM 2002, 534; *Zecher*, Die Umsetzung der EU-Urheberrechtsrichtlinie in deutsches Recht, ZUM 2002, 52 (Teil I), 451 (Teil II); *Zimmer*, Interaktives Fernsehen – Durchbruch via Internet?, MP 2000, 110.

Vgl. darüber hinaus die Angaben im eingangs abgedr. Gesamtliteraturverzeichnis.

Übersicht

	Rn.
I. Bedeutung	1–7
1. Leistungsschutzrecht	1–6
a) Umfang	1–3
b) Schranken	4
c) Dauer und Anwendungsbereich	5
d) Internationale Verträge, Unionsrecht	6
2. Rechtfertigung des Leistungsschutzes	7
II. Sendeunternehmen	8–13
1. Begriff	8–12
a) Urheberrechtlicher Begriff	8
b) Schutz des veranstaltenden Sendeunternehmens	9–12
aa) Sendeunternehmen	9
bb) Private Rundfunkveranstalter	10
cc) Öffentlich-rechtlicher Rundfunk	11
dd) Sonstige	12
2. Abgrenzungen	13
III. Funksendung des veranstaltenden Sendeunternehmens	14–19
1. Schutz der Programminhalte	14–17

§ 87 Sendeunternehmen   1–3 § 87 UrhG

                                                        Rn.
  2. Abgrenzungen 18
  3. Rechte der Urheber und Leistungsschutzberechtigten 19
 IV. Festlegung, Vervielfältigung und Verbreitung der Funksendung 20, 21
  1. Umfang 20
  2. Weitere eigene Leistungsschutzrechte 21
 V. Öffentliche Wahrnehmbarmachung 22, 23
 VI. Schutzdauer 24
 VII. Schranken 25
 VIII. Verpflichtung zum Vertragsabschluss 26–28
  1. Abschlusszwang 26
  2. Ausnahme vom Abschlusszwang 27
  3. Angemessene Vertragsbedingungen 28

I. Bedeutung

1. Leistungsschutzrecht

a) Umfang. Die Vorschrift räumt dem Sendeunternehmen mit **Abs. 1** ein **originäres** **1** **ausschließliches Leistungsschutzrecht** für seine Produktionen ein. Betroffen sind die **Weitersendung** und **öffentliche Zugänglichmachung** (Nr. 1), **Aufzeichnung, Vervielfältigung und Verbreitung auf Bild- oder Tonträger** bzw. als **Lichtbild** (Nr. 2) und die **entgeltliche öffentliche Wahrnehmbarmachung** (Nr. 3). In Umsetzung des Art. 3 Abs. 2 Buchst. d) der Multimedia-Richtlinie (s. Vor §§ 31 ff. Rn. 2) wird das Recht der öffentlichen Zugänglichmachung neben ausübenden Künstlern (§ 78 Abs. 1 Nr. 1) und Tonträgerherstellern (§ 85 Abs. 1 S. 1) ausdrücklich auch den Sendeunternehmen zugeordnet. Die Ergänzung soll dem Sendeunternehmen ungeachtet des bereits bestehenden Rechtsschutzes gegen nicht genehmigte Mitschnitte einer Funksendung (Nr. 2) die Kontrolle auch bei einer Mehrheit von aufeinanderfolgenden, eine wirtschaftliche Einheit bildenden Verwertungshandlungen auf jeder einzelnen Stufe ermöglichen (vgl. *Flechsig* ZUM 2002, 1, 5 f.; Dreier/Schulze/*Dreier* § 87 Rn. 15). Gedacht ist insb. an den Fall, dass eine mitgeschnittene Funksendung in digitalen Netzen zum Abruf vorgehalten wird (AmtlBegr. BT-Drucks. 15/38, 25).

Der neu gefasste **Abs. 2** stellt mit den ersten beiden Sätzen nunmehr ausdrücklich klar, dass das Recht übertragbar ist. Das Sendeunternehmen kann Dritten gestatten, seine Produktionen zu nutzen. Von den urhebervertragsrechtlichen Bestimmungen sind diejenigen nicht in Bezug genommen, die sich entweder als vertragsrechtliche Konkretisierung des Urheberpersönlichkeitsrechts darstellen (§§ 39, 40, 42) oder dem Schutz des Urhebers als der regelmäßig schwächeren Vertragspartei dienen (so AmtlBegr. BT-Drucks. 15/38, 25). Das trifft neben §§ 31 Abs. 4, 34, 35, 37, 41, 43 vor allem für die Vorschriften zu, die den Anspruch des Urhebers auf eine angemessene Vergütung absichern sollen (§§ 32, 32a, 36, 36a).

Die Regelung des Abs. 1 Nr. 1 wird ergänzt durch die wechselseitige Verpflichtung von **2** Sendeunternehmen und Kabelunternehmen, die Kabelweitersendung i. S. d. § 20b Abs. 1 S. 1 (vgl. § 20b Rn. 2 ff.) vertraglich auszugestalten **(Abs. 5)**, um den Facetten des Senderechts der §§ 20 ff. umfassend Rechnung zu tragen (hierzu *Weissner/Höppener* ZUM 2003, 597, 598 ff., 606 ff.).

Das **Zweite Gesetz zur Regelung des Urheberrechts in der Informationsgesell- 3 schaft** („Zweiter Korb") v. 26.10.2007 hat an diesem Aufbau der Bestimmung nichts geändert. Wegen der Streichung des § 31 Abs. 4 und des nunmehr zulässigen Erwerbs von Rechten an unbekannten Nutzungsarten konnte der eingeschränkte Verweis in Abs. 2 S. 3 auf diese Vorschrift entfallen. Der angefügte S. 2 in Abs. 5 entspricht einem Anliegen der Praxis, das bereits im Zusammenhang mit dem RefE (Stand 27.9.2004) in den beiden thematisch zusammen gehörenden Arbeitsgruppen 20b bzw. 87 IV diskutiert worden war: Kabelunternehmen und Sendeunternehmen haben die Möglichkeit, vertragliche Regelungen herbeizuführen. Einbezogen sind die Verwertungsgesellschaften als die zweite Gruppe von Inhabern von Rechten und Ansprüchen in Bezug auf die Kabelweitersendung. Der Sinn der Ergänzung liegt darin, durch gemeinsame Verträge mit allen Beteiligten den gesamten **Vergütungsaufwand** für **Kabelunternehmen** transparent und kalkulierbar zu machen. Der mit Abs. 5 kodifizierte **Kontrahierungszwang** ist „technologieneutral" ausgestaltet und umfasst nach der Gesetzesbegründung sowohl analoge als auch digitale Übermittlungstechniken (AmtlBegr. zu Nummer 18 [§ 87 Abs. 5] BR-Drucks. 257/06 sowie Beschlussempfehlung und Bericht des Rechtsausschusses zu Nummer 18 [§ 87] BT-Drucks. 16/5939). Die Bundesregierung will die Anwendung der Bestimmung insb. im Hinblick auf einen möglichen Missbrauch von Verhandlungspositionen „beobachten". Weitergehende, allerdings nicht konsensfähige Änderungsvorschläge aus den beiden Arbeitsgruppen wurden dagegen nicht berücksichtigt. Die Vorschläge betrafen die Streichung des Anspruchs auf angemessene Vergütung für die Kabelweitersendung (§ 20b Abs. 2 S. 1), die Beteiligung der Sendeunternehmen an den Einnahmen aus der Pauschalvergütung, die Freistellung der Kabelweitersendung im Versorgungsgebiet des ursprünglichen Sendeunternehmens und die Konkretisierung der Reichweite des Kabelweitersenderechts insb. im Hinblick auf Gemeinschaftsantennenanlagen (vgl. Zusammenfassung der Ergebnisse der Arbeitsgruppensitzungen, www.urheberrecht.org).

Der RefE eines Gesetzes zur Nutzung verwaister und vergriffener Werke und einer weiteren Änderung des UrhG sah eine **technologieneutrale Ausgestaltung des Kabelweitersenderechts** unter Beibehaltung des Vergütungsanspruchs vor (§ 20b Rn. 4); dieser findet sich jedoch im RegE (BT-Drucks. 17/13423) idF der Beschlussempfehlung (BT-Drucks. 17/14194), der der Bundestag am 27.6.2013 gefolgt ist, nicht mehr. Der entsprechenden Bitte des Bundesrats in dessen Stellungnahme vom 3.5.2013 (BT-Drucks. 17/13423 Anl. 3 S. 25) hatte sich die Bundesregierung in ihrer Gegenäußerung (BT-Drucks. 17/13423 Anl. 4 S. 29) nicht angeschlossen.

4 b) **Schranken.** Abs. 4 verweist auf die für das Leistungsschutzrecht geltenden Schranken: Durch die Herausnahme der Verpflichtung zur Löschung der auf Bild- oder Tonträger aufgezeichneten Programmbeiträge für Schulfunksendungen bzw. alternativ ihrer Vergütung (§ 47 Abs. 2 S. 2) und der generellen Vergütungspflicht für die Aufzeichnung und Vervielfältigung von Sendungen (§ 54 Abs. 1) ist das **Leistungsschutzrecht des Sendeunternehmens** schwächer als in anderen Fällen ausgeprägt (Abs. 4), Einzelheiten s. u. Rn. 17.

5 c) **Dauer und Anwendungsbereich.** Das Leistungsschutzrecht besteht fünfzig Jahre (Abs. 3; näher dazu Rn. 19). Diese Regelung gilt zunächst für **inländische Sendeunternehmen** und den ihnen **gleichgestellten Sendeunternehmen,** die ihren Sitz innerhalb der EU oder in einem der Vertragsstaaten des EWR (Abkommen über den Europäischen Wirtschaftsraum vom 2.5.1992) haben, und zwar unabhängig vom Ort der Ausstrahlung ihres Programms (§§ 127, 126 Abs. 1 S. 3). Der Schutz von Sendeunternehmen mit Sitz im Ausland für deren in Deutschland ausgestrahlte Programme gilt ebenfalls maximal fünfzig Jahre (Schutzfristenvergleich, § 127 Abs. 2 S. 2). Im Übrigen hängt für die Deutschland ausstrahlenden Sendeunternehmen mit Sitz in Drittstaaten vom Inhalt entsprechender Staatsverträge ab (§ 127 Abs. 3).

6 d) **Internationale Verträge, Unionsrecht.** Der Umfang des nationalen Leistungsschutzes ist zunehmend von der Europäischen und Internationalen Rechtsetzung geprägt: Art. 1 Nr. 1, 5 Europäisches Abkommen zum Schutz von Fernsehsendungen vom 22.6.1960 – Europäisches Fernsehabkommen – („Straßburger Fernsehabkommen", gilt nur für terrestrische Fernsehsendungen); Art. 1, 4, 5 Abs. 1 Europäische Konvention über urheber- und leistungsschutzrechtliche Fragen im Bereich des grenzüberschreitenden Satelli-

§ 87 Sendeunternehmen

tenfunks v. 11.5.1994 – (vgl. BR-Drucks. 377/95 vom 19.6.1995: gilt nicht für integrale Kabelweitersendung i. S. d. § 20b); Art. 6 Abs. 2, 7 Abs. 1, 8 Abs. 3, 9 Abs. 1, 10, 12 Vermiet- und Verleih-Richtlinie (Aufzeichnungs-, Vervielfältigungs-, Verbreitungsrecht sowie entgeltliche öffentliche Wiedergabe); Art. 4, 10 Satelliten- und Kabel-Richtlinie (Erweiterung des Schutzes auf Satellitensendungen); Art. 3 Abs. 4 Schutzdauer-Richtlinie (Festschreibung der Schutzdauer); Art. 2 Buchst. e), 3 Abs. 2 Buchst. f), 5 Abs. 2 Buchst. d) Multimedia-Richtlinie (öffentliche Zugänglichmachung, right of making available in Umsetzung von Art. 8 WCT, Art. 10, 14 WPPT); ferner Art. 13, 14 Internationales Abkommen über den Schutz des ausübenden Künstlers, der Hersteller von Tonträgern und der Sendeunternehmen vom 26.10.1961 (Rom-Abkommen, – betrifft nur terrestrische Sendungen); Art. 2 Übereinkommen über die Verbreitung der durch Satelliten übertragenen programmtragenden Signale vom 21.5.1974 (Brüsseler Satelliten-Abkommen, statuiert ausschließliches Weitersenderecht des nationalen Sendeunternehmens); Art. 14 Abs. 3, Abs. 5 S. 2 Übereinkommen über handelsbezogene Aspekte der Rechte des geistigen Eigentums vom 15.4.1994 (TRIPS-Übereinkommen, Aufzeichnungs-, Vervielfältigungs- und Weitersenderecht); Richtlinie 89/552/EWG vom 3.10.1989 zur Koordinierung bestimmter Rechts- und Verwaltungsvorschriften der Mitgliedstaaten über die Ausübung der Fernsehtätigkeit (EG-Fernseh-Richtlinie). Zu den Richtlinien s. Vor §§ 31 ff. Rn. 2, zur Entstehungsgeschichte des Leistungsschutzrechts und seiner Weiterentwicklung *Stender-Vorwachs/Theißen* ZUM 2006, 362, 366 ff.; *Hillig* GRUR Int. 2007, 122; umfassend *Stolz* 1 ff.; *v. Münchhausen* 30 ff.; *Loewenheim/Flechsig* § 41 Rn. 1 ff.; *Möhring/Nicolini/Hillig* § 87 Rn. 3 ff., 8 ff.; *Fromm/Nordemann/Boddien* § 87 Rn. 6 ff.; *Schricker/Loewenheim/v. Ungern-Sternberg* § 87 Rn. 3 ff., 11a ff.; *Schack* Rn. 629 ff.; *Herrmann/Lausen* § 27 Rn. 102 ff.

2. Rechtfertigung des Leistungsschutzes

Der Gesetzgeber des Urheberrechtsgesetzes von 1965 hat den Leistungsschutz des Sendeunternehmens ausdrücklich mit dem Hinweis auf den kostspieligen **technischen und wirtschaftlichen Aufwand** der Rundfunkversorgung gerechtfertigt, der mit der Herstellung der Produktion und ihrer Sendung verbunden ist. Dritte sollen sich Leistungen des Sendeunternehmens nicht mühelos zunutze machen dürfen (AmtlBegr. A. II. 7 f., B. zu § 97 [jetzt § 87], abgedr. bei *M. Schulze* Materialien 412 f., 550 f.). Der Gesetzgeber ist damit Überlegungen des Bundesgerichtshofes gefolgt, der schon für die alte Rechtslage des LUG und KUG in der entgeltlichen öffentlichen Wiedergabe von bereits im Fernsehen ausgestrahlten Sportsendungen in den sog. Aktualitätenkinos eine Urheberrechtsverletzung gesehen hat, dieses in erster Linie mit wettbewerbsrechtlichen Gesichtspunkten begründete (BGHZ 37, 1, 7 ff., 11 ff. – AKI; s. auch Rn. 18). Angesichts des hohen organisatorisch-technischen Aufwandes bedarf es eines umfassenden Schutzes des Sendeunternehmens gegen jede Art der unentgeltlichen Übernahme dieser Leistung zur wirtschaftlichen Verwertung durch Dritte (allg. M., *Dreier/Schulze/Dreier* § 87 Rn. 1; *Dreyer/Kotthoff/Meckel/Meckel* § 87 Rn. 1; *Möhring/Nicolini/Hillig* § 87 Rn. 21; *Schricker/Loewenheim/v. Ungern-Sternberg* § 87 Rn. 1, 14 ff.; *Fromm/Nordemann/Boddien* § 87 Rn. 1 f.; *Mestmäcker/Schulze/Hertin* § 87 Rn. 16 ff.; *Stolz* 38 ff.; *v. Münchhausen* 96 ff.). Diese Regelung kommt mittelbar Urhebern und Leistungsschutzberechtigten zugute, die dem Sender Urheber- und Leistungsschutzrechte für die Produktion übertragen haben. Die Ausstrahlungskosten der ARD-Landesrundfunkanstalten betrugen im Jahr 2009 im Hörfunk € 286,6 Mio., im Fernsehen € 305,5 Mio. (ARD-Jahrbuch 2010, 337 Tabelle 28). Das ZDF bezifferte seinen Sendeaufwand in demselben Zeitraum mit € 1.55,7 Mio. (ZDF-Jahrbuch 2010, 279 f.). Der 18. KEF-Bericht weist für die Periode 2009–2012 einen Programmaufwand der ARD von € 38 Mio. und gesondert für die Programmverbreitung einen weiteren Betrag von € 4,3 Mio. aus (www.kef.online.de/inhalte/bericht18/kef-18bericht.pdf Rn. 41). Die Aufwendungen für Rechtekosten (Urheber-, Leistungsschutzrechte) beliefen sich bei der ARD auf € 5,628 Mio. (Rn. 73). Das ZDF wandte € 54,4 Mio. für seine Programme auf, für die Programmverbreitung € 3,7 Mio. (Rn. 41). Diese Kosten werden mit der fortschreitenden Satellitenausstrahlung in HDTV voraussichtlich ansteigen (vgl. *Engelage* epd medien Nr. 27/2012, 3 f.). Die Ausdehnung des Leistungsschutzes auf die öffentliche Zugänglichmachung ist deshalb von ihrem Ansatz her gleichermaßen konsequent wie notwendig (*v. Münchenhausen* 61, 121 f.; *v. Lewinski* GRUR Int. 1998, 637, 640; wegen des für ausübende Künstler und Tonträgerhersteller bestehenden Ausschließlichkeitsrechts bei On-Demand-Nutzungen der von Sendeunternehmen zur Verfügung gestellten Werke und Leistungen krit. *Flechsig* ZUM 1998, 139, 144).

II. Sendeunternehmen

1. Begriff

8 **a) Urheberrechtlicher Begriff.** Der urheberrechtliche Begriff des Sendeunternehmens geht über die Begrifflichkeit der rundfunkrechtlichen Staatsverträge hinaus (vgl. § 2 Abs. 1 RStV, www.kef-online.de; *Herrmann/Lausen* § 2 Rn. 32, 33; Dreier/Schulze/*Dreier* § 87 Rn. 5 f.; Dreyer/Kotthoff/Meckel/*Meckel* § 87 Rn. 2; Loewenheim/*Flechsig* § 41 Rn. 8; Möhring/Nicolini/*Hillig* § 87 Rn. 11; Schricker/Loewenheim/*v. Ungern-Sternberg* § 87 Rn. 12 ff.). Entscheidend ist eine auf Dauer angelegte und unmittelbar an die Öffentlichkeit gerichtete Sendetätigkeit i. S. d. §§ 20 f. (allg. Meinung; vgl. auch Art. 3 Buchst. f Rom-Abkommen, Art. 14 Abs. 3 TRIPS; hierzu Busche/Stoll/*Füller* Art. 14 Rn. 23 f.; vgl. § 20 Rn. 1). Der Empfängerkreis ist nicht identisch mit dem rundfunkrechtlichen Begriff der Allgemeinheit i. S. d. § 2 Abs. 1 S. 1 RStV. Auf die Rechtsform (natürliche oder juristische Person, rechtsfähige Anstalt oder Körperschaft des öffentlichen Rechts) kommt es ebenso wenig an wie darauf, ob Sendeunternehmen im Besitz einer öffentlich-rechtlich vorgeschriebenen „Zulassung" sind (vgl. §§ 20 ff. RStV). Die Leistungsschutzrechte des § 87 gelten damit grds. auch gegenüber den von den Landesmedienanstalten nicht zugelassenen oder illegalen Sendeunternehmen (Schwarzsender, Piratensender; vgl. Europäisches Übereinkommen zur Verhütung von Rundfunksendungen, die von Sendestellen außerhalb der staatlichen Hoheitsgebiet gesendet werden vom 22.1.1965).

9 **b) Schutz des veranstaltenden Sendeunternehmens. aa) Sendeunternehmen.** Die Vorschrift schützt das Sendeunternehmen, das die Ausstrahlung verantwortet. Sie begründet ein unternehmerisches Leistungsschutzrecht (Loewenheim/*Flechsig* § 41 Rn. 8; Dreier/Schulze/*Dreier* § 87 Rn. 5; Dreyer/Kotthoff/Meckel/*Meckel* § 87 Rn. 2; Schricker/Loewenheim/*v. Ungern-Sternberg* § 87 Rn. 12 ff.; Möhring/Nicolini/*Hillig* § 87 Rn. 11; Fromm/Nordemann/*Hertin* § 87 Rn. 2; Mestmäcker/Schulze/*Hertin* § 87 Rn. 1, 16 ff.). Die Vorschrift definiert den Begriff des Sendeunternehmens nicht näher. Da der Leistungsschutz den gemeinschaftsrechtlichen Vorgaben der Schutzfristen-Richtlinie zufolge Äquivalent für Investitionsleistungen ist, kann er nur dem zugute kommen, der die Sendung letztlich verantwortet, dem sie rechtlich zuzurechnen ist. Das Leistungsschutzrecht erfasst in Anlehnung an die rundfunkrechtliche Begrifflichkeit (vgl. §§ 1, 2 Abs. 2, 6, 19, 20 Abs. 1, 28 Abs. 1 S. 1 1. Halbs. RStV) alle **selbst veranstalteten Programme** eines Sendeunternehmens. Die für Private Rundfunkveranstalter geltende rundfunkrechtliche Zurechnungsvorschrift von Programmen anderer Sendeunternehmen, an denen der Veranstalter gesellschaftsrechtlich unmittelbar oder mittelbar beteiligt ist oder auf die er einen der Beteiligung vergleichbaren Einfluss ausübt (§ 28 Abs. 1 S. 1 2. Halbs. S. 2, Abs. 2 RStV), ist urheberrechtlich nicht übertragbar.

10 **bb) Private Rundfunkveranstalter.** Zugelassene Private Rundfunkveranstalter haben mit den von ihnen veranstalteten Programme am Schutz des § 87 ebenfalls teil (Liste der Privaten Rundfunkveranstalter: s. Arbeitsgemeinschaft der Landesmedienanstalten www.alm.de). Der Schutz gilt nicht nur für die frei empfangbaren (Free-TV) Programme, sondern gleichermaßen für die verschlüsselt gesendeten Programme im Bezahlfernsehen und Bezahlradio (Pay-TV, Pay-Radio; *v. Münchhausen* 125 f. m. w. N.).

cc) **Öffentlich-rechtlicher Rundfunk.** Beim öffentlich-rechtlichen Rundfunk ist zu differenzieren: Die ARD als bloße Arbeitsgemeinschaft der öffentlich-rechtlichen Rundfunkanstalten ist nicht selbst Veranstalter, sondern ausschließlich die jeweilige (Landes-) Rundfunkanstalt (Satzung der Arbeitsgemeinschaft der öffentlich-rechtlichen Rundfunkanstalten der Bundesrepublik Deutschland v. 9.6.1950/26.6.2006 i. d. F. v. 22.7.2011, www.br.de/unternehmen/inhalte/organsiation/ard-satzugh100.html); Mestmäcker/Schulze/ *Hertin* § 87 Rn. 1, 18; im Hinblick auf die Rechtsprechung des BGH NJW 2001, 1056 zur Rechtsfähigkeit der Außen-GbR offen gelassen von Loewenheim/*Flechsig* § 41 Rn. 8 mit Fn. 13). Das gilt auch etwa für das **gemeinsame Fernsehvollprogramm** (§§ 1 S. 1 ARD-StV, 19 Abs. 1 RStV, MP Dokumentation I/2007, 1 ff., 29 ff.; www.kef-online.de). Hier sind die (Landes-)Rundfunkanstalten gemeinsam Veranstalter (Möhring/Nicolini/ *Hillig* § 87 Rn. 11). Bei **Gemeinschaftsprogrammen** sind Veranstalter ebenfalls die das Programm gestaltenden öffentlich-rechtlichen Rundfunkunternehmen, so etwa bei Kinderkanal KI.KA wiederum die in der ARD zusammengeschlossenen Rundfunkanstalten und das ZDF (§ 1 Abs. 1 Vereinbarung über die Veranstaltung eines ARD/ZDF-Kinderkanals v. 4.12.1996 i. d. F. v. 28. 11./21.12.2000), ebenso beim Ereignis- und Dokumentationskanal PHOENIX (§ 1 Abs. 3, Abs. 4 Vereinbarung über den Ereignis- und Dokumentationskanal PHOENIX v. 4.2.1997 i. d. F. v. 28. 11./21.12.2000). Die ausschließliche Programmverantwortung für **ARTE** liegt dagegen ungeachtet der Programmzulieferung durch die als Gesellschafter beteiligten Rundfunkanstalten beim **Europäischen Kulturkanal** (Art. 1 Abs. 1 Staatsvertrag der Bundesländer und der Französischen Republik v. 2.10.1990, § 6 Gesellschaftsvertrag ARTE Deutschland TV v. 15.3.1991 i. d. F. v. 1.12.1994, Art. 19.3 Gesellschaftsvertrag ARTE G. E. I. E. v. 30.4.1991 i. d. F. v. 9.10.1996, abgedr. bei: *Flechsig*, SWR-StV Anhang VII). Anders verhält es sich beim Gemeinschaftsprogramm **3sat**, an dem neben den deutschen Rundfunkanstalten u. a. ORF und SRG SSR idée suisse beteiligt sind. Hier sind die beteiligten **Sendeunternehmen Veranstalter** (§§ 1 Abs. 2, Abs. 3 Vereinbarung Satellitenfernsehen des deutschen Sprachraums – 3sat vom 8.7.1993). Das **ZDF** ist als Anstalt des öffentlichen Rechts **veranstaltendes Sendeunternehmen** (§§ 1 Abs. 1, 2 Abs. 1 ZDF-StV, MP Dokumentation I/2007, 31 ff.). Gleiches trifft für das als Körperschaft des öffentlichen Rechts verfasste **Deutschland Radio** zu (§§ 1, 2 Abs. 1 DLR-StV, MP Dokumentation I/2007, 40 ff.), an dem die ARD-Rundfunkanstalten und das ZDF beteiligt sind, sowie für die Bundesrundfunkanstalt **Deutsche Welle**, die ausschließlich Aufgaben des Auslandsrundfunks wahrnimmt (§ 1 Abs. 1, 3 Gesetz über die Rundfunkanstalt des Bundesrechts „Deutsche Welle" vom 16.12.1997 i. d. F. vom 15.12.2004; zur Neuausrichtung BT-Drs. 17/5260, www.bundesregierung.de/Contet/ DE/_Anlagen/2011-01-19-bkm-stellungnahme-dw.pdf). Da der ausgestrahlte Programmbeitrag keine **Werkqualität** i. S. d. § 2 Abs. 2 aufweisen muss, sind auch Sendeunternehmen und deren Programme geschützt, die ausschließlich andere Inhalte transportieren (Nachrichtenkanäle, Wetterdienste u. ä.).

dd) **Sonstige.** Sendeunternehmen können auch sonstige Unternehmen sein, die mit einem über das bloße technische Zugänglichmachen hinausgehenden Aufwand einem bestimmten Personenkreis ein von einem anderen Sendeunternehmen ausgestrahltes Programm verfügbar machen (Schricker/Loewenheim/*v. Ungern-Sternberg* § 87 Rn. 14 ff.; Möhring/Nicolini/*Hillig* § 87 Rn. 12 f.; BGHZ 123, 149, 153 f. – Verteileranlagen). Ebenfalls als Sendeunternehmen anzusehen sind **Mehrkanaldienste** (Multi-Channel-Services, hierzu Schricker/Loewenheim/*v. Ungern-Sternberg* § 87 Rn. 14, § 20 Rn. 9; *v. Münchhausen* 96 f.; krit. hierzu Lehmann/*v. Lewinski* Cyberlaw 149, 165 f.), die im Privaten Rundfunk obligatorischen **Fensterprogramme** unabhängiger Dritter („regionale Fenster", §§ 25

Abs. 4, 31 Abs. 4 RStV; zur Haftung des Privaten Rundfunkveranstalters für Fensterprogramme OLG Hamburg ZUM 2004, 75) sowie die Nutzer der von den Landesmedienanstalten eingerichteten **Offenen Kanäle** (*Herrmann/Lausen* § 17 Rn. 76 f.; Möhring/Nicolini/*Hillig* § 87 Rn. 11).

2. Abgrenzungen

13   **Keine Sendeunternehmen** sind diejenigen Unternehmen, die keine eigene Sendetätigkeit entfalten. Dazu zählen Unternehmen, die Produktionen für ein Sendeunternehmen herstellen, das diese dann als eigenen Programmbeitrag sendet (insb. Auftragsproduzenten). Gleiches trifft auf **Kabelunternehmen** bei der **integralen Kabelweitersendung** von Rundfunkprogrammen i. S. d. § 20b zu. Sie schaffen mit der Einspeisung von Rundfunkprogrammen in Kabelnetze lediglich die technischen Voraussetzungen des Rundfunkempfangs (BGH GRUR 2010, 530, 531 Rn. 19 ff. – Regio-Vertrag). Anders verhält es sich dagegen bei **Kabelerstsendungen** (Schricker/Loewenheim/*v. Ungern-Sternberg* § 87 Rn. 15; Dreier/Schulze/*Dreier* § 87 Rn. 6; Mestmäcker/Schulze/*Hertin* § 87 Rn. 22; Fromm/Nordemann/*Hertin* § 87 Rn. 2, 4). Ebenfalls keine Unternehmen sind Betreiber **kleinerer Gemeinschaftsantennenanlagen** und besonderer Kommunikationsdienste **(Sonderfunkdienste)** wie der Funk der Behörden und Organisationen mit Sicherheitsaufgaben (BOS-Funk, Polizei, Zoll, Katastrophenschutz, Notfallrettung u. ä.; vgl. §§ 2 Abs. 2 Nr. 9, 57 Abs. 4 TKG) sowie der Flug-, Schiffs- und Taxifunk (Dreier/Schulze/*Dreier* § 87 Rn. 6; Loewenheim/*Flechsig* § 41 Rn. 8; Möhring/Nicolini/*Hillig* § 87 Rn. 11; Schricker/*v. Ungern-Sternberg* § 87 Rn. 13 ff.; Fromm/Nordemann/*Hertin* § 87 Rn. 2; *v. Münchhausen* 97 f.). Die Diensteanbieter von **Mediendiensten** und **Telediensten** scheiden als Unternehmen i. S. d. Vorschrift aus. Hier fehlt es ebenfalls an einer Sendung. Die zu den Mediendiensten zählenden Verteildienste (Fernsehtext, Radiotext u. ä.) und Abrufdienste (vgl. § 19a sowie Vorauflage §§ 20–20b Rn. 11) sind daher i. d. R. kein Rundfunk, ebenso wenig Teledienste (hierzu im Einzelnen *Herrmann/Lausen* § 2 Rn. 23 ff.; *Eberle* Kapitel I Rn. 26 ff., 38 ff.; *v. Münchhausen* 117 f.; *Wittig-Terhardt* in: Fuhr/Rudolf/Wasserburg 38 ff.; *Gericke* MP 1993, 374 ff.; *Zimmer* MP 2000, 110, 124 f.; *ARD-Projektgruppe Teletext* MP 2001, 54 ff.; *Beucher/Leyendecker/v. Rosenberg* RStV § 2 Rn. 11; *Pappi* 15 Fn. 25; *Kröger/Moos* ZUM 1997, 462, 467 ff.; *Holznagel* in: Hoeren/Sieber Teil 3.2 Rn. 33 ff., 57 ff., der aus rundfunkverfassungsrechtlichen Gründen Abrufdienste im Einzelfall zum Rundfunk rechnet; zur insoweit überholten Zuordnung zum Rundfunk als rundfunkähnliche Kommunikation vgl. § 2 Abs. 1 S. 2 RStV 1996, §§ 44 Abs. 2, 49, 50 LMedienG BW; BVerfGE 74, 297, 304 – Baden-Württemberg-Beschluss [Fünftes Rundfunkurteil]). Damit scheiden insb. auch die sog. echten **On-Demand-Dienste** und grds. das **Internet** aus, soweit es sich nicht um das lineare Programm-Streaming handelt (§ 19a Rn. 19 ff.).

III. Funksendung des veranstaltenden Sendeunternehmens

1. Schutz der Programminhalte

14   Dem **Sendeunternehmen** steht das ausschließliche Recht zu, eine **Funksendung weiterzusenden** und **öffentlich zugänglich zu machen (Abs. 1 Nr. 1)**. Geschützt sind ausschließlich **Funksendungen,** die den Begriff des **Senderechts** i. S. d. §§ 20, 20a erfüllen. Nach Auffassung des BGH (GRUR 2000, 699, 700 f. – Kabelweitersendung) soll auch die Kabelweitersendung im eigenen Versorgungsbereich der Rundfunkanstalt Sendung i. S. d. § 20 sein (zum Meinungsstand Schricker/*v. Ungern-Sternberg* § 20 Rn. 29; Dreier/Schulze/*Dreier* § 20 Rn. 8; Loewenheim/*Flechsig* § 41 Rn. 31, 32; Möhring/Nicolini/*Hillig* § 87 Rn. 29). Da § 20b Abs. 1 S. 2 den Sendeunternehmen die Entscheidung

darüber überlässt, ob sie das Kabelweitersenderecht für ihre eigenen Sendungen und die daraus resultieren Vergütungsansprüche selbst wahrnehmen oder in eine Verwertungsgesellschaft einbringen (hierzu *Stolz* 220 ff.), fällt im ersten Fall die Kabelweitersendung i. S. d. § 20b ebenfalls in den Schutzbereich des § 87.

Die Zuleitung von Rundfunkprogrammen greift nach Auffassung des BGH nicht in das **15** Weitersenderecht des Abs. 1 Nr. 1 ein, wenn **Hotelverteileranlagen** lediglich die erforderlichen technischen Vorrichtungen bereitstellen und betreiben, eine vom Kabelunternehmen nach dessen eigener Entscheidung getroffene Auswahl von Programmen einspeisen zu lassen. Sendender ist nicht der Hotelier, sondern das Kabelunternehmen (BGH GRUR 2010, 530, 532 Rn. 24 ff. – Regio-Vertrag, abweichend Vorinstanz OLG Hamm ZUM 2007, 918 ff. – Kabelfernsehen in Hotelzimmern; *Riesenhuber* ZUM 2011, 134, 15 ff.; OLG Köln ZUM 2007, 749 ff.). Hotelbetreiber, die ihren Gästen den **Programmempfang** von **Tonträgern** über Radio-/Fernsehgeräte, „Geräte anderer Art und Tonträger in physischer oder digitaler Form" ermöglichen, sind selbst „Nutzer" i. S. d. Art. 8 Abs. 2 der Vermiet- und Verleih- Richtlinie RL 2006/115/EG und zur Zahlung einer angemessenen Vergütung neben Rundfunkgebühr/Rundfunkbeitrag verpflichtet. Die Mitgliedstaaten können die Hotelbetriebe hiervon nicht durch die nationale Gesetzgebung freistellen (EuGH GRUR 2012, 997 f. – *Phonographic Performance*).

Integral zugänglich gemachte Fernsehprogramme auf einem Internet-basierten virtuellen **16** Videorecorder (**„Personal Video Recorder"**) zum späteren zeitversetzten Abruf **(Shifting)**, unterfallen grds. dem Senderecht i. S. d. §§ 20, 87 Abs. 1 Nr. 2 zweite Alternative. Ein Zugänglichmachen i. S. d. § 19a scheidet aus, weil die Entscheidung hierüber ausschließlich beim vorhaltenden Anbieter des Personal Video Recorders liegt (BGH GRUR 2009, 845 Rn. 24 ff. – Shift-TV; BGH ZUM 2013, 556 [ab 558 Rn. 21 ff.] m. Anm. *Berberich*; BGH ZUM-RD 2013, 314 [ab 316 Rn. 14] – Save-TV … näher § 19a Rn. 36; zum Meinungsstand Dreier/Schulze/*Dreier* § 87 Rn. 13; Schricker/Loewenheim/ *v. Ungern-Sternberg* § 87 Rn. 31, 39; Loewenheim/*Flechsig* § 41 Rn. 38; Möhring/ Nicolini/*Hillig* § 87 Rn. 35; From/Nordemann/*Boddien* § 87 Rn. 27; Mestmäcker/ Schulze/*Hertin* § 87 Rn. 30, 33; LG München I ZUM 2006, 583, 585 f. – shift-TV; OLG Dresden ZUM 2007, 203, 204; offen gelassen von OLG Köln GRUR-RR 2006, 5 – Personal Video Recorder; anders Vorinstanz LG Köln ZUM 2005, 574, 575; ebenso LG Leipzig ZUM-RD 2007, 134, 136; LG Leipzig ZUM 2006, 662, 663 f.). Durch Online-Video-Recorder wird ohne Zustimmung des Senders zudem dessen Weitersenderecht verletzt (§§ 20, 87 Abs. 1 Nr. 1, OLG München ZUM 2011, 167 f. – Save-TV). Die ARD steht auf dem Standpunkt, dass die von ihr angebotene Software für den Empfang des **„Radiorecorders"** lediglich den urheberrechtlich erlaubten Mitschnitt für den privaten Gebrauch ermögliche (§ 53). Argument: Der Rundfunk stelle keine Produktionen im Internet zum Abruf bereit. Übermittelt würden ausschließlich die Metadaten über Beginn und Ende der Sendung, was durch das lizenzierte Senderecht abgedeckt sei. Es fehle an einer „zentralen Kopiervorlage" wie bei Save-TV, da die Aufzeichnung ausschließlich auf dem individuellen Wiedergabegerät erfolge. Der Rundfunk umgeht mit dieser rechtlichen Interpretation die vertraglich ausdrücklich ausgeschlossene Möglichkeit zum Download seiner Produktionen durch Dritte. Virtuelle Peer-to-Peer Netzwerke, die mittels entsprechender Software den Zugriff auch auf verschlüsselt gestreamte Fernsehprogramme im PayTV ermöglichen, greifen ebenfalls in den Schutzbereich des § 87 Abs. 1 ein (OLG Hamburg GRUR 2006, 148, 149 ff. – Cybersky).

Die öffentlich-rechtlichen Rundfunkanstalten und Privaten Rundfunkveranstalter über- **17** tragen ihre Rechte i. d. R. auf die VFF Verwertungsgesellschaft der Film- und Fernsehproduzenten (s. Vor §§ 1 ff. WahrnG Rn. 10; www.vffvg.de; vgl. Nr. 2c VFF-Wahrnehmungsvertrag mit Rundfunkanstalt und Wahrnehmungsvertrag mit Filmherstellern). „Funksendung" meint zwar notwendigerweise auch die technischen Mittel der Ausstrahlung des Programms (terrestrisch, Kabel, Satellit), ohne die eine Vermittlung an die Öffentlichkeit gar nicht zustande käme. Der **Leistungsschutz** bezieht sich jedoch, wie der Katalog des § 87 Abs. 1 zeigt, auf den **Programminhalt** („content"). Unerheblich ist, ob die in das Programm des Sendeunternehmens aufgenommene Produktion von ihm selbst oder durch Dritte (etwa Auftragsproduzenten) hergestellt worden ist, da es insoweit allein auf die Programmverantwortung ankommt (oben Rn. 7).

2. Abgrenzungen

18 Fraglich ist, ob die **individuelle Zusammenstellung** bereits ausgestrahlter Programmbeiträge zu neuen Programmpaketen (Neupaketierung, Packaging) und die **Auflösung** (Entbündelung) **digitaler Programmbouquets** (vgl. §§ 2 Abs. 2 Nr. 9, 19 Abs. 4, 5 RStV) durch Kabelnetzbetreiber ebenfalls schutzwürdig ist. Das ist insb. aus verfassungsrechtlichen Gründen zu verneinen: Art. 5 Abs. 1 S. 2 GG begründet neben dem individuellen subjektiv-öffentlichen Abwehrrecht auch eine institutionelle Garantie zugunsten des Rundfunks (statt aller Maunz/Dürig/*Herzog* Art. 5 Abs. I, II Rn. 4, 11 ff. m.w.N.) und schützt mit beiden Komponenten vor allem die umfassende **Programmgestaltungsfreiheit,** die sich in der auf eine längere Dauer angelegten, planmäßigen und strukturierten Abfolge von Sendungen und Beiträgen des Programmveranstalters in Angrenzung zum bloßen Zulieferer äußert (hierzu etwa BVerfGE 97, 298, 330; Maunz/Dürig/*Herzog* Art. 5 Abs. I, II Rn. 202). Die neue Zusammenstellung vorhandener Programmbeiträge begründet jedoch keine Stellung als Veranstalter, weil hier ausschließlich auf fremde Inhalte zurückgegriffen und insoweit eben nicht selbst auf die Rundfunknutzer als Teilnehmer des Kommunikationsprozesses eingewirkt wird. Gleiches trifft für die Entflechtung und Neubündelung digitaler Bouquets zu. An der Transport- und Vermittlungsfunktion des Kabelnetzbetreibers ändert sich in diesen Fällen nichts (Loewenheim/*Flechsig* § 41 Rn. 17 ff., 21, 22, der in der Neupaketierung einen Eingriff in das Eigentumsrecht des Sendeunternehmens sieht; *Eberle* ZUM 1995, 249, 251). Soweit Kabelunternehmen Programme ins Netz einspeisen, denen keine Sendung i. S. d. §§ 20, 20a vorausgegangen ist, liegt keine Kabelweitersendung i. S. d. § 20b, sondern eine (Kabel-)**Erstsendung** i. S. d. § 20 vor, für sie ebenfalls die Rechte aus § 87 in Anspruch nehmen können (Möhring/Nicolini/*Hillig* § 87 Rn. 14). Ob das auch für sämtliche nicht unter die Regelung des § 20b fallenden nichtintegralen **Kabelweitersendungen** wie zeitversetzte oder geringfügig gekürzte oder veränderte Weitersendungen gilt, (so ohne weitere Differenzierung Möhring/Nicolini/*Hillig* § 87 Rn. 32), dürfte im Hinblick auf die Rechtfertigung des Leistungsschutzes (Rn. 8) zu bezweifeln sein. Die zeitversetzte Sendung einer zunächst aufgezeichneten und später unverändert gesendeten Ursprungssendung stellt sich danach nicht als Weitersendung, sondern als Festlegung i. S. d. Abs. 2 Nr. 2 dar, die ggfs. dem Verwertungsverbot des § 96 unterliegt (Dreier/Schulze/*Dreier* § 87 Rn. 6, 13, Fromm/Nordemann/*Boddien* § 87 Rn. 27; Mestmäcker/Schulze/*Hertin* § 87 Rn. 30; Schricker/Loewenheim/*v. Ungern-Sternberg* § 87 Rn. 23 f., 31; Rn. 16). Die Annahme einer eigenen Tätigkeit des Kabelunternehmens als veranstaltendes Sendeunternehmen scheidet m. E. auch für unwesentlich gekürzte Weitersendungen aus, da das durch § 87 geschützte Programmsignal als solches übernommen wird. Anders zu beurteilen sein wird der Fall, dass **Veränderungen am Programmsignal** vorgenommen worden sind (so für die ausschließlich **digitalisierte Verbreitung** eines Fernsehprogramms als Bestandteil eines Programmpakets durch Kabelunternehmen LG Leipzig ZUM-RD 2001, 143, 145 f.).

3. Rechte der Urheber und Leistungsschutzberechtigten

19 Gem. § 89 Abs. 1 übertragen die **Mitwirkenden an einem Filmwerk** regelmäßig die in ihrer Person entstehenden **Rechte auf den Filmhersteller** (s. § 89 Rn. 23 ff.), der seinerseits bei Veräußerung der Produktion dem Erwerber (etwa einem Sendeunternehmen) die entsprechenden Nutzungsrechte, u. a. das umfassende Senderecht (§§ 20 ff.) einräumt. Gleiches trifft für die an der Produktion beteiligten **Urheber** (insb. Drehbuchautor, Urheber anderer vorbestehender Werke i. S. d. § 89 Abs. 3) und **ausübenden Künstler** (vgl. § 73 Rn. 1 ff., 18) zu. Die Sendeunternehmen lassen sich von ihren Mitwirkenden, Urhebern wie ausübenden Künstlern, ebenfalls entsprechende Rechte einräumen. Diese **abgeleiteten Rechte** werden von den **Sendeunternehmen** im Rahmen des § 87 ergänzend wahrgenommen.

IV. Festlegung, Vervielfältigung und Verbreitung der Funksendung

1. Umfang

Das Sendeunternehmen hat ferner das Recht **(Abs. 1 Nr. 2)**, seine **Sendung auf Bild- oder Tonträger** zu fixieren und **Lichtbilder** der Sendung (§ 72) herzustellen. Es ist vorbehaltlich der ihm von Urhebern und Leistungsschutzberechtigten i. d. R. allerdings eingeräumten Nutzungsrechte ebenfalls berechtigt, hiervon Vervielfältigungsstücke in beliebiger Anzahl herzustellen und zu verbreiten (§§ 16, 17). Nach der Konzeption der Vorschrift bezieht sich das Recht auf die Vervielfältigung der Aufnahme der Funksendung selbst. Ausgeschlossen ist das **Vermietrecht** (§ 17 Abs. 3 S. 1). Wegen des Eingriffs in das Vervielfältigungsrecht durch Aufzeichnung auf Personal Video Recorder s. o. Rn. 13.

2. Weitere eigene Leistungsschutzrechte

Daneben können allerdings entsprechende **Leistungsschutzrechte des Sendeunternehmens als Tonträgerhersteller** (§ 85), **Filmhersteller** (§ 94) und **Hersteller von Laufbildern** (§ 95) bestehen, die nach den genannten Bestimmungen selbstständig geschützt sind. Strittig war der Tonträger- und Filmherstellern gesetzlich zugestandene Anspruch auf Beteiligung am Vergütungsaufkommen für das private Überspielen (§ 54 Abs. 1, §§ 85 Abs. 4, 94 Abs. 4). Die unterschiedliche Reichweite des Leistungsschutzes war bereits 1988 Gegenstand einer von den öffentlich-rechtlichen Rundfunkanstalten angestrengten Verfassungsbeschwerde. Die Privaten Rundveranstalter hatten sich dem Verfahren nicht angeschlossen und auf eine eigene verfassungsrechtliche Klärung verzichtet (vgl. hierzu *Flechsig* ZUM 2004, 249, 250; vgl. Schricker/Loewenheim/*Vogel* § 85 Rn. 43; *Götting* ZUM 2005, 185, 188 f.). Das BVerfG rechtfertigte die Einschränkung des Leistungsschutzes in einem *obiter dictum* damit, dass die gesetzlich ausgeschlossene wirtschaftliche Teilhabe des öffentlich-rechtlichen Rundfunks an einer Zweitverwertung außerhalb des von Art. 5 Abs. 1 S. 2 GG gezogenen Schutzbereiches liege. Die bloße Signalverwendung durch Aufzeichnung einer Rundfunksendung seitens der Rundfunkteilnehmer greife in diesen Schutzbereich nicht ein und rechtfertige deshalb keine zusätzliche Vergütung neben der Rundfunkgebühr (die Entscheidung BVerfGE 78, 101, 103 zu § 87 Abs. 3 a. F. betraf in erster Linie die insoweit verneinte Frage des Grundrechtsfähigkeit der öffentlich-rechtlichen Rundfunkanstalten; gegen **Beteiligung der Sendeunternehmen** *Loewenheim* GRUR 1998, 513 ff.; *Schack* GRUR 1985, 197 ff.; *Schack* Rn. 632 mit Fn. 31; *v. Münchhausen* UFITA 2001, 277 ff.; *Hoeren/Veddern* UFITA 2002, 7, 23; Schricker/Loewenheim/*Vogel* § 85 Rn. 32, 42 ff., 44; dafür *Flechsig* ZUM 2004, 249, 251 f.; *Herrmann/Lausen* § 27 Rn. 106 f.; *Krüger-Nieland* GRUR 1982, 253 ff.; *Schorn* GRUR 1982, 644 ff. und GRUR 1983, 718 ff.; *Stolz* GRUR 1983, 633 ff. und GRUR 1986, 859 ff.; *Ossenbühl* GRUR 1984, 841 ff.). Der BGH hat mit der Entscheidung GRUR 1999, 577, 578 – *Sendeunternehmen als Tonträgerhersteller* klargestellt, dass die Vorschrift des § 87 Abs. 4 demgegenüber Vergütungsansprüche aus der Zweitverwertung von Rundfunkeigenproduktionen durch Herstellung, Vervielfältigung und Verbreitung von Tonträgern nicht ausschließe. Das BVerfG verneinte in einem Nichtannahmebeschluss den Anspruch der Sender auf Beteiligung an der Geräte- und Speichermedienabgabe verneint (BVerfG ZUM 2011, 236, 238 Rn. 21 ff.). In der verspäteten Umsetzung der Schutzfristen-

Richtlinie 2001/29/EG und des Ausschlusses der Sendeunternehmen am Vergütungsaufkommen der Geräte- und Leerträgervergütung (§§ 54 Abs. 1, 87 Abs. 4) hat die Rechtsprechung keinen „qualifizierten" Verstoß gegen die Ausnahmeregelung des Art. 5 Abs. 2 der Richtlinie gesehen und Schadensersatzansprüche zurückgewiesen (BGH ZUM 2010, 453 Rn 7 ff. gegen KG ZUM 2009, 567 ff.). Unter dem Eindruck der **Multimedia-Richtlinie** und ihrer nur teilweisen Umsetzung durch das (Erste) Gesetz zur Regelung des Urheberrechts in der Informationsgesellschaft v. 10.9.2003 hatte die Diskussion neue gemeinschaftsrechtliche Akzente erhalten: Art. 5 Abs. 2 Buchst. b) i. V. m. Erwägungsgrund 35 Multimedia-Richtlinie verlangten zwingend die Anpassung, wenn nicht gar die Streichung der bestehenden gesetzlichen Regelung (*Arnold/Landhoff* ZUM 2006, 605, 606 ff., 610 f.). Denn nur auf diese Weise könnte dem gemeinschaftsrechtlichen Erfordernis des „gerechten Ausgleichs" für Ausnahmen und Beschränkungen des den Sendeunternehmen in Bezug auf die Aufzeichnung ihrer Sendungen zustehenden Vervielfältigungsrechts entsprochen werden (zum unionsrechtlichen Begriff des „gerechten Ausgleichs" EuGH GRUR 2011, 50 – *Padawan*). Die Voraussetzungen, unter denen ein Ausgleich nach der im Erwägungsgrund 35 enthaltenen sogenannte Bagatellklausel („In bestimmten Situationen, in denen dem Rechtsinhaber nur ein geringfügiger Nachteil entstünde, kann sich gegebenenfalls keine Zahlungsverpflichtung ergeben.") ausnahmsweise entfallen könne, lägen zumindest bei Aufzeichnungen nicht vor, die auf einen längeren Zeitraum hin angelegt werden (in diesem Sinne *Götting* Rechtsgutachten 53 ff.; *Flechsig* ZUM 2004, 249, 251 ff.; *Weber* ZUM 2003, 1037, 1039; differenzierend *Schwarz* ZUM 2003, 1032, 1034: Beteiligung am Vergütungsaufkommen nur hinsichtlich der Produktionen des Sendeunternehmens, die auf andere Weise als durch Sendung genutzt werden). Der Referentenentwurf für eine Zweites Gesetz zur Regelung des Urheberrechts in der Informationsgesellschaft (Stand 27.9.2004) hatte in diesem Zusammenhang, m. E. allerdings wenig überzeugend, eine aus dem Gemeinschaftsrecht folgende Verpflichtung zur Rechtsänderung bestritten und stattdessen auf erhoffte kompensatorische Affekte der **Digital Rights Management Systeme** verwiesen.

V. Öffentliche Wahrnehmbarmachung

22   Dem Sendeunternehmen ist ferner als ausschließliches Recht vorbehalten, Dritten (Veranstaltern) zu gestatten, seine Funksendung an Stellen **öffentlich wahrnehmbar zu machen**, die der Öffentlichkeit nur **gegen Entgelt zugänglich** werden (Abs. 1 Nr. 3). Nach allgemeiner Meinung fällt auch die getrennte entgeltliche Wiedergabe von Ton und Bild bei Fernseh-Funksendungen in den Schutzbereich der Vorschrift (Möhring/Nicolini/ Hillig § 87 Rn. 42; Schricker/Loewenheim/*v. Ungern-Sternberg* § 87 Rn. 42). Die Vorschrift geht zurück auf die im Jahre 1962 ergangene Entscheidung BGHZ 37, 1 ff., 9 ff. – AKI, die die **Großprojektion von Fernsehsendungen** in Lichtspieltheatern, vor allem von Wochenschauen und Sportsendungen, betraf. Der BGH sah darin vornehmlich einen Verstoß gegen das Wettbewerbsrecht unter dem Gesichtspunkt des „Schmarotzens an fremder Leistung" (BGHZ 37, 1, 13 ff., 18). Der in Reaktion hierauf geschaffene Leistungsschutz sollte die Ausnutzung der kostenintensiven Vorleistungen des Sendeunternehmens verhindern (vgl. AmtlBegr. B. Einzelbegründung zu § 97, BT-Drucks. IV/270). Die Entscheidung hat insb. anlässlich der Fußballweltmeisterschaft 2006 erneute Aktualität gewonnen. Die Spiele wurden in großem Umfang simultan auf im öffentlichen Raum installierte Videowände übertragen. Dieses sog. **„Public Viewing"** ist nicht auf Sportereignisse beschränkt, sondern inzwischen generell eine Erscheinungsform der „Event"-Kultur geworden (*Kreile* ZUM 2012, 177, 183 f; *Diesbach/Bormann/Vollrath* ZUM 2006, 265, 266; vgl. Schweizerisches BVerwG ZUM 2011, 522 – Public Viewing; § 19 Rn. 46).

23   Mit dem Kriterium der **Entgeltlichkeit** weicht die Vorschrift allerdings von parallelen Bestimmungen zugunsten ausübender Künstler (§ 78 Abs. 2 Nr. 3) und Tonträgerhersteller

(§ 86) ab. Gleiches gilt im Verhältnis zum Recht der Wiedergabe von Funksendungen (§ 22 S. 1). Die gesetzliche Regelung wird als zu eng und nicht mehr zeitgemäß angesehen. Kritisiert wird in tatsächlicher Hinsicht, dass Gaststätten und Restaurants, die ihren Gästen gezielt die Übertragung insb. von Sportereignissen anbieten ("Sports-Bars"), keinen Eintritt verlangen, gleichwohl aber hiervon profitieren, indem sie stärker frequentiert werden und einen entsprechend höheren Umsatz erzielen. Der vermögenswerte Vorteil, den ein Veranstalter hieraus zieht, kann danach auch in entsprechenden Preisaufschlägen bei anderen von ihm in diesem Zusammenhang angebotenen (Dienst-)Leistungen bestehen. Da der Gesetzgeber jedoch unentgeltliche Fernsehwiedergaben in Gaststätten ausdrücklich freigestellt hat (AmtlBegr. B. Einzelbegründung zu § 97, BT-Drucks. IV/270), dürften derartige Vorteile nicht der Entgeltlichkeit gleichzusetzen sein (Dreier/Schulze/*Dreier* § 87 Rn. 17; Schricker/Loewenheim/*v. Ungern-Sternberg* § 87 Rn. 41; im Ergebnis de lege lata ebenso Loewenheim/*Flechsig* § 41 Rn. 40; anders Möhring/Nicolini/*Hillig* § 87 Rn. 40; kritisch *Kreile* ZUM 2012, 177, 183f.). Anders zu beurteilen sind die erwähnten „Events", soweit sie in nicht unerheblichem Umfang von Dritten gesponsort werden und sich diese von der öffentlichen Wahrnehmbarmachung der Sendung eigene wirtschaftliche oder ideelle Vorteile versprechen. Auf eine Unentgeltlichkeit für die Zuschauer des „Events" selbst kann es dabei nicht ankommen (str., tendenziell zust. Schricker/*Melichar* § 52 Rn. 17; Möhring/Nicolini/*Hillig* § 87 Rn. 40; Mestmäcker/Schulze/*Hertin* § 87 Rn. 40; vgl. *Götting* ZUM 2005, 185, 189ff.; Loewenheim/*Flechsig* § 41 Rn. 40ff.; vgl. auch LG Potsdam ZUM-RD 2008, 37, 38, wonach weder die gemeinnützige Verwendung von Einnahmen noch überhaupt deren Erzielung dem Anspruch auf angemessene Abgeltung der Urheberrechte entgegenstehen, entschieden für GEMA-Tarif VK (G); abl. Dreier/Schulze/*Dreier* § 87 Rn. 17; *Diesbach/Bormann/Vollrath* ZUM 2006, 265, 266f.). Angesichts der verbreiteten Wiedergabe von Sportsendungen in Gaststätten und andernorts ist nicht von der Hand zu weisen, dass die Vorschrift entgegen der gesetzgeberischen Absicht heute in weiten Teilen leerläuft. In rechtlicher Hinsicht wird bemängelt, dass die Benachteiligung der Sendeunternehmen gegenüber anderen Leistungsschutzberechtigten weder urheberrechtlich noch verfassungsrechtlich zu rechtfertigen sei. Die Vorschrift trage dem dualen Rundfunksystem keine Rechnung, sondern sei aufgrund ihrer Entstehungsgeschichte ausschließlich auf den öffentlich-rechtlichen Rundfunk bezogen, der hinsichtlich einer Zweitverwertung in seiner grundrechtlichen Stellung nicht berührt ist (Nachweise s.Rn. 17). Das gilt jedoch nicht für den Privaten Rundfunk, der sich insoweit insb. auf den Schutz des Eigentums (Art. 14 Abs. 1 GG) berufen kann (in diesem Sinne *Götting* ZUM 2005, 185ff., 188ff.; vgl. Loewenheim/*Flechsig* § 41 Rn. 41).

VI. Schutzdauer

Die **Leistungsschutzrechte** des § 87 Abs. 1 bestehen **fünfzig Jahre nach der Erstausstrahlung** (Abs. 2). Die Frist beginnt mit Ablauf des Kalenderjahres, in dem die Sendung i.S.d. §§ 20, 20a erfolgt ist (Abs. 3 S. 2i.V.m. § 69). Da der Schutz ausdrücklich an eine *Funksendung* anknüpft (S. 1), wird die Frist nicht dadurch in Gang gesetzt, dass eine Rundfunkproduktion bereits vor der eigentlichen Sendung öffentlich zugänglich gemacht worden ist (Dreier/Schulze/*Dreier* § 87 Rn. 6, 10, 15, 20f.). (Unveränderte) **Wiederholungssendungen** desselben Sendeunternehmens begründen **kein neues Leistungsschutzrecht** (so Dreier/Schulze/*Dreier* § 87 Rn. 9, 20; Loewenheim/*Flechsig* § 41 Rn. 49; Schricker/Loewenheim/*v. Ungern-Sternberg* § 87 Rn. 24ff., 43; Mestmäcker/Schulze/*Hertin* § 87 Rn. 53; abweichend Möhring/Nicolini/*Hillig* § 87 Rn. 24, 44ff., der Wiederholungssendungen ebenfalls geschützt sieht, jedoch die Frist ab Erstsendung in Gang gesetzt wissen will; Fromm/Nordemann/*Boddien* § 87 Rn. 21, der das Entstehen eines Schutzes für integrale („identische") Wiederholungssendungen ausschließt; AmtlBegr. A.IV., B. zu

Nr. 9). Art. 3 Abs. 4 der Richtlinie 93/98/EWG des Rates v. 29.10.1993 zur Harmonisierung der Schutzdauer des Urheberrechts und bestimmter verwandter Schutzrechte – **Schutzdauer-Richtlinie** – (ABl. EG L 290, 9) i. V. m. Erwägungsgrund 19 sieht als einzigen Anknüpfungspunkt die Erstsendung vor (Walter/*Walter* Art. 3 Rn. 25 f. Schutzdauer-Richtlinie). Mit der Gewährung des Schutzrechts wird die **gesamtunternehmerische Leistung der Programmerstellung** bis hin zur ersten Ausstrahlung **anerkannt,** was über den bloßen Signalschutz hinausgeht (kritisch zur Vereinbarkeit mit internationalen Abkommen Walter/*Walter* Art. 3 Rn. 25 f. m. Fn. 215, 216 Schutzdauer-Richtlinie; Loewenheim/*Flechsig* § 41 Rn. 49). Die Schutzdauer-Richtlinie wurde mit dem hinsichtlich der Schutzdauer zum 1.7.1995 in Kraft getretenen (§ 137 f.) Dritten Gesetz zur Änderung des Urheberrechtsgesetzes vom 23.6.1995 umgesetzt (BGBl. I S. 842). Für die nach der früheren Rechtslage entstandenen und zum 1.7.1995 bestehenden Leistungsschutzrechte sowie für die zu diesem Zeitpunkt nach deutschem Recht bereits abgelaufenen, aber in einem Mitgliedstaat der EU bzw. des EWR (Abkommen über den Europäischen Wirtschaftsraum vom 2.5.1992, BGBl. 1993 II S. 266, 1294) noch bestehenden Rechte gilt die **Übergangsvorschrift** des § 137 f (§ 137 f Rn. 7 ff.). Die Beschränkung auf den Schutz nur der Erstsendung führt m. E. zu keiner Schutzlücke. Denn die Übernahme eines bereits gesendeten Programmbeitrags und dessen nochmalige Ausstrahlung durch ein anderes Sendeunternehmen – etwa im Wege des Programmaustausches zwischen den Dritten Fernsehprogrammen oder die für bestimmte Spartenkanäle (vgl. § 2 Abs. 2 Nr. 2 RStV) vorgesehene Programmzulieferung – zeigt das übernehmende Sendeunternehmen ungeachtet seiner Verantwortung als rundfunkrechtlicher Veranstalter in seiner Funktion als technischer Vermittler der Öffentlichkeit bekannter Programminhalte. Die auch bei ihrer Wiederholung weiterhin als Produktion des erstsendenden Unternehmens gekennzeichnete Funksendung ist daher diesem Sendeunternehmen zuzuordnen; ihm stehen die Rechte aus § 87 zu.

VII. Schranken

25 Die genannten Rechte überliegen den **allgemeinen Schranken** des Urheberrechts (Abs. 3, §§ 44a ff.). Das Recht zur Herstellung einzelner Vervielfältigungsstücke zum privaten Gebrauch (§ 53 Abs. 1 S. 1) berechtigt jedoch **nicht** dazu, diese zur **Grundlage eigener Verwertungshandlungen** zu machen, wie sich aus § 53 Abs. 6 S. 1 ergibt. Das gilt zumal für das Einstellen der Aufzeichnung ins **Internet** (so für Pressefotos LG Berlin ZUM-RD 2001, 36, 38 ff.), da es sich hierbei um eine selbstständige zustimmungspflichtige Nutzungshandlung i. S. d. § 16 handelt (s. im Einzelnen § 16 Rn. 2, 8 ff., 13 ff.). Gleiches trifft für **Medienbeobachtungsdienste** zu, die unaufgefordert Mitschnitte von Funksendungen anbieten (KG GRUR 2000, 49 f. – Mitschnitt-Einzelangebot; vgl. auch BGHZ 113, 159, 162). Die Vervielfältigung einzelner Bilder einer Funksendung durch **Videoprints** (§ 87 Abs. 1 Nr. 2) und deren weitere Vervielfältigung in einem Pressebeitrag ist nur bei Beachtung der Anforderungen des § 51 vom Zitatrecht gedeckt (konkret verneint von LG Berlin GRUR 2000, 797 – *Screenshots*). Die mit dem 4. RÄndStV im Zusammenhang mit der Digitalisierung des Rundfunks eingeführte Bestimmung des § 5a Abs. 1, Abs. 2 RStV a. F. (jetzt § 4 RStV) ließ bereits die Ausstrahlung von „Ereignissen von erheblicher gesellschaftlicher Bedeutung (Großereignisse)" im verschlüsselten Pay-TV nur zu, wenn diese zumindest in einem der frei empfangbaren und allgemeinzugänglichen Fernsehprogramme zeitgleich oder geringfügig zeitversetzt ebenfalls gesendet werden. „Großereignisse" sind die in § 4 Abs. 2 aufgezählten Sportveranstaltungen. Bei der Vorschrift handelt es sich um eine **rundfunkrechtliche Schranke,** die die urheberrechtlichen Befugnisse der Sendeunternehmen unberührt lässt. Gleiches gilt für die Regelung der **Kurzberichterstattung** in § 5 RStV (Dreier/Schulze/*Dreier* § 87 Rn. 25; Möhring/

VIII. Verpflichtung zum Vertragsabschluss

1. Abschlusszwang

Abs. 5 verpflichtet **Sendeunternehmen** und **Kabelunternehmen** wechselseitig dazu, sich über die **angemessenen Bedingungen für die Kabelweitersendung** gem. § 20b Abs. 1 S. 1 vertraglich zu verständigen. Der Grund für diese Regelung ist in § 20b Abs. 1 S. 2 zu suchen. Die Vorschrift nimmt Sendeunternehmen von der Verwertungsgesellschaftspflicht aus und stellt ihnen grds. freistellt, ob sie ihre eigenen und die ihnen eingeräumten oder übertragenen Rechte in Bezug auf die Kabelweitersendung in eine Verwertungsgesellschaft einbringen und von dieser wahrnehmen lassen (Abs. 5 S. 1 2. Halbs.; siehe § 20b Rn. 13). Andererseits können Urheber wie Leistungsschutzberechtigte (§ 78 Abs. 4) ihren Anspruch auf eine angemessene Vergütung nach § 20b Abs. 2 S. 1 auch dann gegen das Kabelunternehmen geltend machen, wenn sie das Kabelweitersenderecht zuvor bereits einem Sendeunternehmen eingeräumt haben.. Diese Ausnahmeregelung zugunsten der Sendeunternehmen ist wegen Art. 10 Satelliten- und Kabel-Richtlinie gemeinschaftsrechtlich unbedenklich, zumal mit dem in **Abs. 5** ihrer nationalen Umsetzung festgeschriebenen **zivilrechtlichen Kontrahierungszwangs** den dortigen Vorgaben (Art. 12 Abs. 1) entsprochen wurde, Missbräuche einer faktisch bestehenden Verhandlungsmacht zu verhindern (Walter/*Dreier*/*Walter* Art. 10 Rn. 1, 4f., Art. 12 Rn. 3f., 9 Satelliten- und Kabel-Richtlinie; Dreier/Schulze/*Dreier* § 87 Rn. 26; Loewenheim/*Flechsig* § 41 Rn. 57ff.; AmtlBegr. B. Einzelerläuterungen zu Art. 1 Nr. 4, BR-Drucks. 212/96). **Verwertungsgesellschaften** waren nach der ursprünglichen Konzeption in dieses Vertragsgeflecht noch nicht mit einbezogen. Die trilateralen Verhandlungen der Jahre 2001ff. hatten jedoch gezeigt, dass sich die vom Gesetzgeber normierte angemessene Vergütung für die Kabelweitersendung am ehesten bei **Einbeziehung aller an der Kabelweitersendung beteiligten Kreise** gewährleisten lässt. Das Zweite Gesetz zur Regelung des Urheberrechts in der Informationsgesellschaft (Zweiter Korb) v. 26.10.2007 (BGBl. I S. 2513) hat mit dem angefügten S. 2 in Abs. 5 die Folgerung aus dieser Erfahrung gezogen und den Abschlusszwang auf die die Vergütungsansprüche aus der Kabelweitersendung wahrnehmenden Verwertungsgesellschaften ausgedehnt (vgl. KG ZUM 2010, 342, 344f. m. Anm. *von Frentz/Masch* ZUM 2010, 519ff.; OLG München ZUM 2012, 54, 60 für Hotelverteileranlagen; LG Erfurt ZUM 2010, 141f. für Kabelweitersendung durch nicht rechtsfähigen Verein; § 20b Rn. 13). Der Abschlusszwang begründet jedoch keinen unmittelbaren Anspruch des Sendeunternehmens auf Kabelweitersendung seiner Programme (allg. M., Dreier/Schulze/*Dreier* § 87 Rn. 29; Schricker/Loewenheim/*v. Ungern-Sternberg* § 87 Rn. 52; Möhring/Nicolini/*Hillig* § 87 Rn. 57, jeweils m. w. N.; LG Leipzig ZUM-RD 2001, 143, 145; *Lutz* ZUM 1998, 622, 625f.).

2. Ausnahme vom Abschlusszwang

Nach Abs. 5 S. 1 1. Halbs., S. 2 2. Halbs. entfällt die Verpflichtung zum Vertragsabschluss für Sendeunternehmen, Kabelunternehmen und Verwertungsgesellschaften gleichermaßen, soweit ein die Ablehnung sachlich rechtfertigender Grund vorliegt. Diese generalklauselartige Wendung korrespondiert mit den entsprechenden Voraussetzungen des Art. 12 Satelliten- und Kabel-Richtlinie, die mit Rücksicht auf unterschiedlichen Auffassungen der Mitgliedstaaten zur Intensität des auf die Beteiligten auszuübenden Drucks vage

UrhG Vor §§ 87a ff.   Vorbemerkung

gefasst wurden (Walter/*Dreier*/*Walter* Art. 10 Rn. 4 mit Fn. 263, 264 Satelliten- und Kabel-Richtlinie). Als denkbare Fällen werden genannt: Nichteingehen aus ernsthafte Angebote ohne Angabe von Gründen; nicht ernst gemeinte Angebote; gänzlich überhöhte Preisforderungen; Fehlen der zur Weitersendung benötigten Rechte; medienrechtliche Hindernisse (Walter/*Dreier*/*Walter* Art. 10 Rn. 4 Satelliten- und Kabel-Richtlinie; Dreier/Schulze/ *Dreier* § 87 Rn. 27; Schricker/Loewenheim/*v. Ungern-Sternberg* § 87 Rn. 54; Loewenheim/ *Flechsig* § 41 Rn. 61; Mestmäcker/Schulze/*Hertin* § 87 Rn. 40; AmtlBegr. B. Einzelerläuterungen zu Art. 1 Nr. 4, BR-Drucks. 212/96).

3. Angemessene Vertragsbedingungen

28   Ungeachtet dessen werden nach wie vor teils grundsätzliche, teils Bedenken gegen die Praktikabilität der Regelungen der §§ 87, 20b Abs. 2 erhoben. Diese betreffen zum einen das Verhältnis zu den urhebervertragsrechtlichen Ansprüchen der §§ 32, 32a (s. hierzu Nachweise § 20b Rn. 10 ff., 16), zum anderen die Frage, nach welchen Kriterien sich die Angemessenheit der auszuhandelnden Bedingungen konkret bestimmt. Notwendigerweise wird auf ein Bündel verschiedener Faktoren abzustellen sein, die nach der Verkehrsanschauung für die Bewertung von Leistung und Gegenleistung maßgeblich sind (Dreier/ Schulze/*Dreier* § 87 Rn. 28: *marktübliche Bedingungen;* ähnlich Möhring/Nicolini/*Hillig* § 87 Rn. 54; Schricker/Loewenheim/*v. Ungern-Sternberg* § 87 Rn. 53 unter Verweis auf § 11 WahrnG, dazu im Einzelnen *Frentz/Masch* ZUM 2010, 519ff.; Schricker/*Reinbothe* § 11 WahrnG Rn. 5 ff.; Mestmäcker/Schulze/*Hertin* § 87 Rn. 63; *Hoeren* Gutachten 24 ff., 31 f., der sich im Ergebnis für die vom Schweizerischen BG GRUR Int. 1988, 74 ff., 76 ff. – Kabeltarife aufgestellten 10 %-Regel ausspricht; Loewenheim/*Flechsig* Rn. 63: Angemessenheit *im europaweiten Vergleich sehr unterschiedlich;* s. auch EuGH ZUM-RD 2003, 225 zur angemessenen Vergütung nach der Vermiet- und Verleih-Richtlinie). Über Streitfälle zwischen Sendeunternehmen und Kabelunternehmen, die den Abschluss eines Vertrages gem. § 87 Abs. 5 betreffen, entscheidet die Schiedsstelle beim DPMA (§§ 14 Abs. 1 Nr. 2, 14d, 14c WahrnG). Schon der RefE für ein Zweites Gesetz zur Regelung des Urheberrechts in der Informationsgesellschaft (Stand 27.9.2004) hatte in diesem Zusammenhang keine Sonderregelung für Verwertungsgesellschaften vorgesehen, die in die bestehende Regelung einbezogen werden sollten. Der Entwurf ging dabei davon aus, dass § 14 Abs. 1 Nr. 1 WahrnG, der sich u. a. auf die von den Verwertungsgesellschaften wahrgenommenen urheberrechtlichen Rechte und Ansprüche aus § 20b Abs. 2 S. 1 bezieht, als Grundlage ausreicht (vgl. Loewenheim/*Flechsig* § 41 Rn. 60).

Abschnitt 6. Schutz des Datenbankherstellers

Vorbemerkung Vor §§ 87a ff.

Literatur: *Abrar,* EuGH: Urheberrechtlicher Datenbankschutz für Fußball-Spielplan nur bei Originalität, GRUR-Prax 2012, 141; *Altmeppen/Kahlen,* IWG – Neue Empfehlung für den Informationsmarkt MMR 2006, 499; *Benecke,* Was ist „wesentlich" beim Schutz von Datenbanken? – Antworten zu einer ungeklärten Frage im Urheberrechtsgesetz, CR 2004, 608; *Bensinger,* Sui-generis Schutz für Datenbanken, München 1999; *Berger,* Der Schutz elektronischer Datenbanken nach der EG-Richtlinie vom 11.3.1996, GRUR 1997, 169; *Beushausen,* Modernes Wissensmanagement trotz „amtlicher Werke"? – Zur urheberrechtlichen Schutzfähigkeit kommunaler Datenbanken, Heft 1 MMR 2007, VIII; *Beyerlein,* Kurzkommentar zu OLG Düsseldorf v. 7.8.2008, I-20 W 103/08, EWiR 2009, 159; *Buchner,* Suchdienste im Internet – grenzenlose Freiheit oder urheberrechtliche Grenzen? Zugleich eine Anmerkung zu BGH, Urt. v. 17.7.2003, I ZR 259/00 – Paperboy, AfP 2003, 510; *Burgstaller,* Datenbankrecht – vom UrhG bis zum UWG mit Judikatur und Checklisten, Wien 2003 (zum österreichischen Recht); *Cherkeh/Urdze,* Der Ligabetreiber als Datenbankhersteller i. S. v. § 87a Abs. 2 UrhG, CaS 2009, 127; *Cichon,* Urheberrechte an Webseiten, ZUM 1998,

Vorbemerkung Vor §§ 87a ff. UrhG

897; *Conrad,* EuGH: Grenzüberschreitende Zugänglichmachung von Datenbanken im Internet: Beabsichtigter Abrufort entscheidet, GRUR-Prax 2012, 581; *Czychowski,* BGH: Meta-Suchmaschinen können urheber- und wettbewerbsrechtlich zulässig sein – „Automobil-Onlinebörse", GRUR-Prax 2011, 455; *Dannecker,* Rechtsschutz nach der Datenbank-Richtlinie: Einführung „geeigneter Sanktionen", K&R 1999, 530; *Davison/Hugenholtz,* Football fixtures, horse races and spin-offs: the ECJ domesticates the database right, EIPR 2005, 113, auch erhältlich unter www.ivir.nl; *Derclaye,* Database Sui-generis Right: What Is a Substantial Investment?, IIC 2005, 2; *Derclaye,* Intellectual Property Rights on Information and Market Power – Comparing European and American Protection of Databases, IIC 2007, 275; *Deutsch,* Die Zulässigkeit des so genannten „Screen-Scraping" im Bereich der Online-Flugvermittler, GRUR 2009, 1027; *Deutsch/ Friedmann,* Unlauterer Schleichbezug durch Screen-Scraping, GRUR-Prax 2013, 174; *Dreier,* Die Harmonisierung des Rechtsschutzes von Datenbanken in der EG, GRUR Int. 1992, 739; *Eickemeier,* Anmerkung zu EuGH Urteil v. 9.8.2008, C-304/07 – Directmedia Publishing, GRUR 2009, 572; *Ehmann,* Datenbankurheberrecht, Datenbankherstellerrecht und die Gemeinschaft der Rechtsinhaber, zugleich Besprechung von BGH „Gedichttiteliste I und II, GRUR 2008, 474; *Elmenhorst,* Anmerkung zum VGH Baden-Württemberg – juris Monopol, ZUM 2013, 826; *Etienne-Calame,* Der rechtliche Schutz von Datenbanken unter besonderer Berücksichtigung des Rechts der Europäischen Gemeinschaft, Basel 2003 (zum Schweizer Recht); *Flechsig,* Der rechtliche Rahmen der europäischen Richtlinie zum Schutz von Datenbanken, ZUM 1997, 577; *Flechsig/Fischer,* Speicherung von Printmedien in betriebseigene Datenbankarchive und die Grenze ihrer betrieblichen Nutzung, ZUM 1996, 833; *Fuchs,* Die Gemeinfreiheit von amtlichen Datenbanken, UFITA I/2008, 27; *Gaster,* Sui-generis-Recht der Datenbankrichtlinie, Teil 7.6 in Hoeren/Sieber (Hrsg.), Handbuch Multimedia-Recht, München 31. EL 2012 (zit. *Gaster* in: Hoeren/Sieber); *Gaster,* Der Rechtsschutz von Datenbanken im Lichte der Diskussion zu den urheberrechtlichen Aspekten der Informationsgesellschaft, ÖSGRUM 19 (1995) 201; *Gaster,* Zur anstehenden Umsetzung der EG-Datenbank-Richtlinie, CR 1997, 669 (erster Teil) und CR 1998, 717 (zweiter Teil); *Gaster,* Die draft U.S. database legislation und die EU-Datenbankrichtlinie – ein Vergleich, CR 1999, 669; *Gaster,* Anm. zu OLG Düsseldorf MMR 1999, 729, MMR 1999, 733; *Gaster,* Der Rechtsschutz von Datenbanken: Kommentar zur Richtlinie 96/6/EG; mit Erläuterungen zur Umsetzung in das deutsche und österreichische Recht, Köln 1999; *Gaster,* European Sui-generis Right for Databases – Legal Protection of Chronological Lists of Football Matches and Compilations of Data Related to Horseracing under Database Right – Or How your Judge might get it Right or Wrong, CRi 2001, 74; *Gaster,* Anmerkung zu OGH, Beschluss vom 9. April 2002 – 4 Ob 17/02 – EDV-Firmenbuch I, CR 2002, 602; *Gaster,* „Obtinere" of Data in the Eyes of the ECJ – How to interprete the Database Directive after British Horseracing Board Ltd. et al. v. William Hill Organisation Ltd., CRi 2005, 129; *v. Gerlach,* Rechtsschutz von Datenbanken, Teil 5 in Kilian/Heussen (Hrsg.), Computerrechts-Handbuch, München 30. EL 2011 (zit. *v. Gerlach* in: Kilian/Heussen); *Große Ruse-Khan,* Der Europäische Investitionsschutz für Datenbanken vor dem Hintergrund Internationaler Abkommen, Frankfurt a. M., 2004; *Große Ruse-Khan,* Materielle Gegenseitigkeit bei Immaterialgüterrechten gegenüber internationalem Handelsrecht – Zum Rechtsschutz amerikanischer Datenbankhersteller in der EU, UFITA 2004, 859; *Grützmacher,* Urheber-, Leistungs- und Sui-generis-Schutz von Datenbanken, Baden-Baden 1999; *Haberstumpf,* Der Schutz elektronischer Datenbanken nach dem Urheberrechtsgesetz, GRUR 2003, 15; *Hackemann,* Schutz multimedialer Datenbanken – Das Zusammenspiel von Urheber- und Wettbewerbsrecht, CR 1998, 510; *Heermann,* Schutz von Spielplänen im Licht einer Entscheidung des High Court of Justice, CaS 2010, 227; *Heermann/John,* Lizenzierbarkeit von Spielplänen im deutschen Ligasport, K&R 2011, 753; *Heinemann,* Interne und externe Begrenzungen des Immaterialgüterschutzes am Beispiel des IMS Health-Falls, in: Hilty/Peukert (Hrsg.), Interessenausgleich im Urheberrecht, Baden-Baden 2004, 207 (zit. *Heinemann* in: Hilty/Peukert); *Heinrich,* Der rechtliche Schutz von Datenbanken, WRP 1997, 275; *Henke/ v. Falck/Haft/Jaekel/Lederer/Loschelder/McGuire/Viefhues/v. Zumbusch,* Der Einfluss der Mitinhaberschaft an Rechten des Geistigen Eigentums auf deren Verwertung (Q194), GRUR Int. 2007, 503; *Hermes,* OLG Hamburg: „Goldseller"-Internetforum wettbewerbswidrig, GRUR-Prax 2013, 72; *Herrmann/Dehißelles,* Das Schutzrecht sui-generis an Datenbanken, K&R 2009, 23; *Hertin,* Datenbankschutz für topografische Landkarten? – Eine Kontroverse zwischen den Landesvermessungsämtern und den privatwirtschaftlichen Verlegern, GRUR 2004, 646; *Hoebbel,* EG-Richtlinienentwurf über den Rechtsschutz von Datenbanken, CR 1993, 12; *Hoeren,* Anmerkung zu EuGH „Pferdesportdatenbank", MMR 2005, 29; *Hohagen,* WIPO-Sitzung zum zukünftigen internationalen Schutz von Datenbanken (17.–19. September 1997), GRUR Int. 1998, 54; *Hornung,* Die EU-Datenbank-Richtlinie und ihre Umsetzung ins deutsche Recht: Eine Untersuchung unter besonderer Berücksichtigung des Schutzrechts sui-generis nach der EU-Datenbank-Richtlinie, Baden-Baden 1998; *Katzenberger,* Urheberrecht und Datenbanken, GRUR 1990, 94; *Jung,* Software zur Auswertung von Datenbanken zulässig – „Automobil-Onlinebörse", K&R 2011, 710; *Kahler/Helbig,* Umfang und Grenzen des Datenbankschutzes bei dem Screen Scraping von Online-Datenbanken durch Online-Reiseportale, WRP 2012, 48; *Katzenberger,* Internationalrechtliche Aspekte des Schutzes von Datenbanken, ZUM 1992, 332; *Kindler,* Leistungsschutz für Datenbanken ohne Werkcharakter – Eine Zwischenbilanz, K&R 2000, 265; *Klein,* Die Zweitverwertung von Stellenanzeigen, GRUR 2005, 377; *Klett,*

UrhG Vor §§ 87a ff. Vorbemerkung

Kommentar zum Urteil des BGH vom 17.7.2003 – I ZR 259/00 (Paperboy), K&R 2003, 561; *Köhler,* Das Verhältnis des Wettbewerbsrechts zum Recht des geistigen Eigentums – Zur Notwendigkeit einer Neubestimmung auf Grund der Richtlinie über unlautere Geschäftspraktiken, GRUR 2007, 548; *Köhler, M.,* Der Schutz von Websites gem. §§ 87a ff. UrhG, ZUM 1999, 548; *Kotthoff,* Zum Schutz von Datenbanken beim Einsatz von CD-ROMs in Netzwerken, GRUR 1997, 597; *Krähn,* Der Rechtsschutz von elektronischen Datenbanken, München 2001; *Krekel,* Die digitale Datenbank – aktuelle Probleme im Recht des Datenbankherstellers, WRP 2011, 436; *Kucsko,* Wesentliche Teile des Inhalts einer Datenbank, ÖBl. 2005, 137; *Kur/Hilty/Geiger/Leistner,* First Evaluation of Directive 96/9/EC on the Legal Protection of Databases – Comment by the Max Planck Institute for Intellectual Property, Competition and Tax Law, Munich, IIC 2006, 551; *Lapp,* Abgrenzung von normaler Nutzung zu rechtswidriger Nutzung von Datenbanken, juris PR-ITR 11/2009 Anm. 4; *Lehmann,* Die neue Datenbank-Richtlinie und Multimedia, NJW-CoR 1996, 249; *Lehmann,* Einführung zur Richtlinie 96/6/EG des Europäischen Parlaments und des Rates vom 11. März 1996 über den rechtlichen Schutz von Datenbanken, in Möhring/Schulze/Ulmer/Zweigert (Hrsg.), Quellen des Urheberrechts, Bd. 6; *Lehmann,* Anmerkung zu EuGH „Pferdesportdatenbank", CR 2005, 15; *Lehmann/v. Tucher,* Urheberrechtlicher Schutz von multimedialen Webseiten, CR 1999, 700; *Leistner,* Der neue Rechtsschutz des Datenbankherstellers, GRUR Int. 1999, 819; *Leistner,* Der Schutz von Telefonverzeichnissen und das neue Datenbankherstellerrecht, MMR 1999, 636; *Leistner,* Der Rechtsschutz von Datenbanken im deutschen und europäischen Recht – Eine Untersuchung zur Richtlinie 96/6/EG und zu ihrer Umsetzung in das deutsche Urheberrechtsgesetz, München 2000; *Leistner,* Verwandte Schutzrechte im europäischen Urheberrecht: Eine Untersuchung am Beispiel des Datenbankherstellerschutzes, FS Dietz 493; *Leistner,* Neues zum Schutz von Datenbanken, in: Hoffmann/Leible/Sosnitza (Hrsg.), Geistiges Eigentum im virtuellen Raum, Stuttgart 2006, 101; *Leistner,* Datenbankherstellerrecht, in: Wiebe/Leupold (Hrsg.), Recht der elektronischen Datenbanken, Heidelberg 2003; *Leistner,* Anmerkung zu EuGH Rs. C-203/02 The British Horseracing Board ./. William Hill Organization, JZ 2005, 408; *Leistner,* „Last exit" withdrawal? – Die Zukunft des europäischen Datenbankschutzes nach der EuGH-Entscheidung in Sachen BHB v. Hill und dem Evaluierungsbericht der Kommission, K&R 2007, 457; *Leistner,* Anmerkung zu BGH Beschluß v. 28.9.2006, I ZR 261/03 – Sächsischer Ausschreibungsdienst, GPR 2007, 190; *Leistner,* Anmerkung zu EuGH Urteil v. 9.8.2008, C-304/07 – Directmedia Publishing, JZ 2009, 101; *Leupold,* Auswirkungen der Multimedia-Gesetzgebung auf das Urheberrecht, CR 1998, 234; *v. Lewinski,* Kommentierung von §§ 87a–e UrhG, in: Roßnagel (Hrsg.), Recht der Multimediadienste – Kommentar zum Teledienstegesetz, Länderstaatsvertrag, zur digitalen Signatur und angrenzenden Rechtsgebieten, München 1999 (zit. *v. Lewinski* in: Roßnagel); *Lober/Neumüller,* Kurzkommentar zu OLG Frankfurt a.M. v. 5.3.2009, 6 U 221/08, EWiR 2010, 229; *Loewenheim,* Urheberrechtliche Grenzen der Verwendung geschützter Dokumente in Datenbanken, Stuttgart 1994; *Lüft,* Anmerkung zu BGH: Eingriff in Recht des Datenbankherstellers auch bei wiederholter und systematischer Verwendung unwesentlicher Teile – „Zweite Zahnarztmeinung II", GRUR-Prax 2011, 299; *Maaßen,* Vorlagefrage zum EuGH bezüglich der Anwendbarkeit von § 5 UrhG auf die sui-generis-Schutz von Datenbanken, FDGewRS 2007; *Manner,* Anmerkung zu BGH, Urteil vom 21. Juli 2005 – I ZR 290/02 – HIT BILANZ, MMR 2005, 757; *Masson,* Creation of Database or Creation of Data: Crucial Choices in the Matter of Database Protection, EIPR 2006, 261; *Mehrings,* Der Rechtsschutz computergestützter Fachinformationen: unter besonderer Berücksichtigung von Datenbanken, Baden-Baden 1990; *Metzger,* Der Einfluss des EuGH auf die gegenwärtige Entwicklung des Urheberrechts, GRUR 2012, 118; *Milbradt,* Urheberrechtsschutz von Datenbanken – Im Spannungsverhältnis zwischen Informationsfreiheit und Schutz des Datenbankherstellers, CR 2002, 710; *Milbradt/Hülsewig,* Anmerkung zu EuGH Urteil v. 9.8.2008, C-304/07 – Directmedia Publishing, CR 2009, 7; *Nack,* Nationaler und internationaler Rechtsschutz von Datenbanken (Q182), GRUR Int. 2004, 227; *Nippe,* Urheber und Datenbank, München 2000; *Nolte,* Paperboy oder die Kunst den Informationsfluss zu regulieren, ZUM 2003, 540; *Nordemann/Czychowski,* Der Schutz von Gesetzessammlungen auf CD-ROM nach altem und neuem Recht, NJW 1998, 1603; *Ohst,* Computerprogramm und Datenbank, Definition und Abgrenzung im Urheberrecht, Eine Untersuchung beider Begriffe und ihrer Wechselbeziehung im Urheberrechtssystem der Informationsgesellschaft, Frankfurt a.M. 2003; *Ott,* Urheber- und wettbewerbsrechtliche Probleme von Linking und Framing, Stuttgart 2004; *Ott,* To link or not to link – This was (or still is?) the question – Anmerkung zum Urteil des BGH vom 17.7.2003 – I ZR 259/00 (Paperboy), WRP 2004, 52; *Rath,* Das Recht der Internet-Suchmaschinen, München 2005; *Rath-Glawatz,* Anm. zu LG Köln Urt. v. 26.8.1998, K&R 1999, 42; *Raue/Bensinger,* Umsetzung des sui-generis-Rechts an Datenbanken in den §§ 87a ff. UrhG, MMR 1998, 507; *Reinemann/Remmertz,* Urheberrechte an User-generated Content, ZUM 2012, 216; *Reinholz,* Planspiel: Urheberrechtsschutz für den Bundesligaspielplan?, GRUR-Prax 2011, 438; *Reinholz,* High Court of Justice, London: Spielstatistiken genießen Datenbankschutz, GRUR-Prax 2012, 561; *Reinholz,* Grenzüberschreitende Weiterverwendung von Daten aus geschützter Live-Fußball-Datenbank K&R 2013, 171; *Rieger,* Der rechtliche Schutz wissenschaftlicher Datenbanken, Tübingen 2010; *Röhl,* Schutzrechte an Fußballspielplänen – Endgültige Absage durch den EuGH, SpuRt 2012, 90; *Röhl,* Der „gläserne Sportler" – Spielstatistiken und das Urheberrecht, SpuRt 2012, 137; *Röttinger,* Der Rechtsschutz von Datenbanken nach

Vorbemerkung   Vor §§ 87a ff. UrhG

EG-Recht, ZUM 1992, 594; *Schack,* Die urheberrechtliche Gestaltung von Webseiten unter Einsatz von Links und Frames, MMR 2001, 9; *Schandra,* Anmerkung zu OGH, Urteil vom 27. November 2001 – 4 Ob 252/01 – www.baukompass.at, MMR 2002, 379; *Schmidt/Stolz,* Zur Ausbeutung von Datenbanken im Internet, insbesondere durch Recherchedienste, Suchmaschinen und Hyperlinks, AfP 1999, 146; *Sendrowski,* Zum Schutzrecht „sui-generis" an Datenbanken, GRUR 2005, 369; *Spindler,* Anmerkung zum Urteil des BGH vom 17.7.2003 – I ZR 259/00 (Paperboy), JZ 2004, 150; *Spindler/Apel,* Urheber- versus Kartellrecht – Auf dem Weg zur Zwangslizenz?, JZ 2005, 133; *Stix-Hackl,* Schlussanträge vom 8.6.2004 in den Rechtssachen C-46/02, C-203/02, C-338/02 und C-444/02, abrufbar unter *curia.europa.eu;* Sharpston, Schlussanträge vom 10.7.2008 in der Rechtssache C-304/07, abrufbar unter *curia.europa.eu; Stimmel,* Die Beurteilung von Lizenzverträgen unter der Rom I-Verordnung, GRUR Int 2010, 783; *Summerer/Blask,* Rechte an Spielplänen und Tabellen von Profiligen am Beispiel der DFL, SpuRt 2005, 50; *Taeger,* Die Entwicklung des Computerrechts, NJW 2010, 25; *Tountopoulos,* Das private Handelsregister und die Datenbank-Richtlinie, CR 1998, 129; *v. Ungern-Sternberg,* Die Rechtsprechung des Bundesgerichtshofs zum Urheberrecht und zu den verwandten Schutzrechten in den Jahren 2006 und 2007 (Teil II), GRUR 2008, 291; *v. Ungern-Sternberg,* Die Rechtsprechung des Bundesgerichtshofs zum Urheberrecht und zu den verwandten Schutzrechten in den Jahren 2008 und 2009 (Teil II), GRUR 2010, 386; *v. Ungern-Sternberg,* Die Rechtsprechung des Bundesgerichtshofs zum Urheberrecht und zu den verwandten Schutzrechten in den Jahren 2010 und 2011 (Teil II), GRUR 2012, 321; *Vogel,* Von Johann Stephan Putter und der Rechtsprechung des Europäischen Gerichtshofes zum Datenbankherstellungsrecht, FS Schricker 2005, 581; *Vogel,* Die Umsetzung der Richtlinie 96/6/EG über den rechtlichen Schutz von Datenbanken in Art. 7 des Regierungsentwurfs eines Informations- und Kommunikationsdienstegesetzes, ZUM 1997, 592; *Volkmann,* Haftung für fremde Inhalte: Unterlassungs- und Beseitigungsansprüche gegen Hyperlinksetzer im Urheberrecht, GRUR 2005, 200; *v. Welser,* EuGH: Weiterverkauf gebrauchter Software ist zulässig, GRUR-Prax 2012, 326; *Wendt,* Informationsfreiheitsgesetze (IFG) und geistiges Eigentum, ZD 2011, 166; *Westkamp,* Der Schutz von Datenbanken und Informationssammlungen im britischen und deutschen Recht, München 2003; *Westkamp,* Protecting Databases Under US and European Law – Methodical Approaches to the Protection of Investments Between Unfair Competition and Intellectual Property Concepts, IIC 2003, 772; *Wiebe,* Information als Naturkraft – Immaterialgüterrecht in der Informationsgesellschaft –, GRUR 1994, 233; *Wiebe,* Rechtsschutz von Datenbanken und europäische Harmonisierung, CR 1996, 198; *Wiebe,* Anm. zu BGH Urt. v. 6.5.1999, Tele-Info-CD, MMR 1999, 474; *Wiebe,* Europäischer Datenbankschutz nach „William Hill" – Kehrtwende zur Informationsfreiheit?, CR 2005, 169; *Wiebe,* Bewertungsportale als Datenbanken – Wie weit reicht der Schutz des Datenbankherstellers im Internet?, GRUR-Prax 2011, 369; *Wiebe,* Schutz des Datenbankherstellers, 13. Teil, Teil 2, Abschnitt 6 in Spindler/Schuster (Hrsg.), Recht der elektronischen Medien München 2. Aufl. 2011 (zit. *Wiebe* in: Spindler/Schuster); *Wiebe/Funkat,* Multimedia-Anwendungen als urheberrechtlicher Schutzgegenstand, MMR 1998, 69; *Yarayan, Ali,* Der Schutz von Datenbanken im deutschen und türkischen Recht, Baden-Baden 2005; *Ziegler/Smirra,* Fallstricke bei Big-Data-Anwendungen MMR 2013, 448.

Eine umfassende und regelmäßig aktualisierte Zusammenstellung von Entscheidungen zum Datenbankrecht aus ganz Europa findet sich auf der Webseite des *Instituut voor Informatierecht* (Institute for Information Law) unter www.ivir.nl.

Vgl. darüber hinaus die Angaben im eingangs abgedr. Gesamtliteraturverzeichnis.

Übersicht

	Rn.
I. Regelungszweck der §§ 87 a–e	1
II. Entwicklung des sui-generis-Datenbankschutzes	2–8
1. Der Datenbankschutz im früheren Recht	2, 3
2. Entstehungsgeschichte der Datenbank-Richtlinie	4, 5
3. Evaluierungsbericht der Kommission vom Dezember 2005 und Ausblick	6–8
III. Die Umsetzung des sui-generis-Rechts durch Art. 7 IuKDG	9–18
1. Umsetzung als verwandtes Schutzrecht im UrhG	9, 10
2. Kurzübersicht über die §§ 87 a–e, 108, 119, 127a, 137g	11–13
3. Probleme der Umsetzung	14, 15
a) Verwendung traditioneller urheberrechtlicher Terminologie	14
b) Zunächst fehlende Umsetzung des Rechts der Online-Übermittlung	15
4. Besonderheiten bei der Auslegung der Datenbankvorschriften	16–18
a) Richtlinienkonforme Auslegung	16
b) Die Rolle der Erwägungsgründe bei der Auslegung	17
c) Die deutschen Gesetzesbegründungen	18

	Rn.
IV. Übersicht über die an Datenbanken bestehenden Rechte	19–42
1. Rechte an der Datenbank	20–30
a) Datenbankherstellerrecht (§§ 87 a–e): Investitionsschutz	24–28
b) Datenbankurheberrecht (§ 4 Abs. 2): Schutz des Werkschöpfers	29
c) Relevante Unterschiede der beiden Rechte	30
2. Rechte am Datenbankinhalt	31, 32
3. Rechte am Computerprogramm (§§ 69 a–g)	33
4. Wettbewerbsrecht	34–39
5. Kartellrecht, Eigentumsgarantie	40–42
V. Fremdenrecht, internationaler Schutz, Übergangsrecht	43–51
1. Anwendungsbereich in persönlicher Hinsicht (Fremdenrecht, § 127a)	43–48
2. Internationaler Schutz	49, 50
3. Übergangsrecht (§ 137g)	51

I. Regelungszweck der §§ 87 a–e

1 Seit ihrem Inkrafttreten am **1.1.1998** gewähren die §§ 87 a–e in Umsetzung der europäischen Datenbank-Richtlinie (s. Vor §§ 31 ff. Rn. 21; GRUR Int. 1996, 806) den Herstellern von Datenbanken für die Dauer von 15 Jahren ein **weltweit neuartiges, investitions- und unternehmensbezogenes Immaterialgüterrecht** zum Schutz der von ihnen getätigten Investitionen. Durch Neuinvestitionen in die Pflege und Aktualisierung dieser Datenbanken ist der Schutz zeitlich **nahezu unbegrenzt verlängerbar** (dazu näher § 87a Rn. 116 ff.). Sinn und Zweck dieses europaweit harmonisierten Datenbankherstellerrechts ist es, eine im früheren Recht bestehende **Lücke des Schutzes nichtschöpferischer Datenbanken** zu schließen, die in den meisten nationalen Rechtsordnungen der Mitgliedstaaten nur unzulänglich durch das Wettbewerbsrecht geschützt waren (dazu unten Rn. 3). Außerdem soll in Anerkennung der oft hohen finanziellen Aufwendungen der Datenbankhersteller diesen auch dann ein besonderer **Investitionsschutz** zukommen, wenn die aufwändig erstellte Datenbank – wie insb. bei vielen auf Vollständigkeit angelegten Sammlungen der Fall – mangels ausreichender Schöpfungshöhe nicht urheberrechtlich geschützt ist. Schließlich sollte damit auch ein **Investitionsanreiz** für die Schaffung von Datenbanken gegeben werden, um den Rückstand der EU, insb. gegenüber den USA, auf dem Gebiet der für die Informationsgesellschaft bedeutsamen elektronischen Datenbanken zu verringern (Erwägungsgründe 11 und 12; zu den Motiven auch *Bensinger* 87 ff.; *Grützmacher* 75 ff.; *Leistner* 29 f.). Der sui-generis-Rechtsschutz nach §§ 87 a–e ist allerdings nicht auf nichtschöpferische Datenbanken beschränkt, sondern entsteht unabhängig von und damit auch neben einem etwa bestehenden Urheberrecht an der Datenbank (dazu unten Rn. 20 ff.). Ob und inwieweit mit der Einführung des neuartigen sui-generis-Schutzes nichtschöpferischer Datenbanken die von der Richtlinie verfolgten Ziele erreicht worden sind, wird von dem ersten Evaluierungsbericht der Kommission vom November 2005 kritisch hinterfragt (dazu unten Rn. 6 ff.).

II. Entwicklung des sui-generis-Datenbankschutzes

1. Der Datenbankschutz im früheren Recht

2 Vor dem Erlass der Datenbank-Richtlinie war der Rechtsschutz für Datenbanken in den einzelnen Mitgliedstaaten der Europäischen Union höchst unterschiedlich ausgestaltet, und zwar für schöpferische wie für nichtschöpferische Datenbanken gleichermaßen (Überblick bei *Leistner* 5 ff.; *Gaster* in: Hoeren/Sieber Rn. 36 ff.; zum nordischen Katalogrecht *Bensinger* 3 ff.; zum britischen Copyright *Grützmacher* 194 ff. und passim). In Deutschland waren **schöpferische Datenbanken** grds. als **Sammelwerke i. S. v. § 4 a. F.** geschützt. Umstritten war lediglich, ob auch Sammlungen aus urheberrechtlich **schutzunfähigen Daten und Fakten** Sammelwerke nach § 4 a. F. sein konnten (näher und m. w. N. Schricker/ Loewenheim/*Vogel* Vor §§ 87a ff. Rn. 2 ff.; ausführlich *Mehrings* 114 ff.; *Katzenberger* GRUR 1990, 94, 99).

Nichtschöpferische Datenbanken wiederum waren in Deutschland nach altem 3 Recht **lediglich wettbewerbsrechtlich** geschützt, wobei vor allem die Tatbestände der **sklavischen Nachahmung** nach § 1 UWG a. F. (jetzt § 3 Abs. 1 UWG i. V. m. § 4 Nr. 9 UWG) und ihre Fallgruppe der **unmittelbaren Leistungsübernahme** in Betracht kamen. Erforderlich für die Schutzgewährung waren danach zum einen das Vorliegen eines **Wettbewerbsverhältnisses** (jetzt geschäftliche Handlung) und zum anderen die **wettbewerbliche Eigenart** der betreffenden Datenbank. Diese wurde dabei für Telefonbücher regelmäßig bejaht (OLG Frankfurt CR 1996, 211 – Telefonbuch-CD-ROM; LG Mannheim CR 1996, 411 – D-Info 2.0; OLG Köln CR 1996, 211 f.; OLG Karlsruhe NJW 1997, 262 – D-Info; LG Hamburg CR 1994, 476 – Teleauskunft 1188), für eine Gesetzessammlung aber hingegen etwa verneint (OLG München NJW 1997, 1931 – CD-ROM-Gesetzessammlung; ausführlich dazu *Heinrich* WRP 1997, 275, 278 ff.). Darüber hinaus fehlte eine genaue Konturierung der Dauer des wettbewerbsrechtlichen Rechtsschutzes (Schricker/Loewenheim/*Vogel* Vor §§ 87a ff. Rn. 5).

2. Entstehungsgeschichte der Datenbank-Richtlinie

Der **erste Richtlinienvorschlag** aus dem Jahre **1992** war noch auf den Schutz **elektronischer** Datenbanken beschränkt, für die er ein wettbewerbsrechtlich ausgerichtetes Ausschließlichkeitsrecht zum Schutz vor unlauteren Auszügen und deren Weiterverwendung für gewerbliche Zwecke vorsah und dieses mit der Möglichkeit zur Einräumung einer Zwangslizenz verband (Dok. KOM (92) 24 endg., ABl. Nr. C 156, abgedr. in GRUR Int. 1992, 759; eingehend dazu *Dreier* GRUR Int. 1992, 739, 741 f.; Schricker/Loewenheim/ *Vogel* Vor §§ 87a ff. Rn. 8; Walter/*v. Lewinski* Datenbank-Richtlinie Vor Art. 1 Rn. 3). Nach vielfacher Kritik legte die Kommission 1993 einen geänderten Richtlinienvorschlag vor (Dok. KOM (93) 464 endg., ABl. Nr. C 308). Der Vorschlag mündete sodann nach Übernahme weiterer Änderungen in einen **Gemeinsamen Standpunkt** des Rates der Mitgliedstaaten v. 10.7.1995 (ABl. Nr. C 288/14), welcher mit geringfügigen redaktionellen Änderungen zum Erlass der Datenbank-Richtlinie von 1996 führte (s. Vor §§ 31 ff.. Rn. 2; *Gaster* in: Hoeren/Sieber Rn. 5 ff.).

Anders als der ursprüngliche Entwurf beschränkte sich der Datenbankschutz nun nicht 5 mehr nur auf elektronische Datenbanken, sondern erfasste nicht-elektronische Datenbanken gleichermaßen. Des Weiteren war an die Stelle des ursprünglichen, wettbewerbsrechtlich ausgerichteten Schutzes nunmehr ein nicht durch eine Zwangslizenz beschränktes, eigenständiges Immaterialgüterrecht getreten, welches Wirkungen gegenüber jedermann entfaltet und von besonderen Unlauterkeitskriterien sowie einem Handeln zu gewerblichen Zwecken unabhängig ist (*Flechsig* ZUM 1997, 577 ff.; zur Legitimierung des sui-generis-Rechts und der Kritik hieran ausführlich *Rieger* 67–91).

3. Evaluierungsbericht der Kommission vom Dezember 2005 und Ausblick

Nach Art. 16 Abs. 3 Datenbank-Richtlinie sollte die Kommission alle drei Jahre einen 6 Evaluierungsbericht über die Anwendung der Richtlinie übermitteln, erstmals spätestens zum Ende des Jahres 2000. Die Europäische Kommission hat allerdings erst im Dezember 2005 mit 5 Jahren Verspätung ihren **ersten Evaluierungsbericht** zur Datenbank-Richtlinie veröffentlicht (DG Internal Market and Services Working Paper – First evaluation of Directive 96/9/EC on the legal protection of databases, December 12, 2005). In diesem Bericht stellt die Kommission zunächst fest, dass die Richtlinie ihr Ziel, den Rückstand der europäischen Datenbankproduktion gegenüber den USA aufzuholen, anscheinend nicht erreicht habe. Zwar zieht die Kommission selbst die entsprechende Aussagekraft des ihr vorliegenden Zahlenmaterials in Zweifel und kündigt weitere empirische Ermittlungen an (krit. zum ökonomischen Ansatzpunkt des Berichts *Gaster* in: Hoeren/Sieber Rn. 272; dazu auch *Rieger* 89 f.). Dennoch hat sie sich veranlasst gesehen, die Stellungnahme der interessierten Kreise zu vier verschiedenen Handlungsoptionen einzuholen, die von einer Beibehaltung des Status quo über eine Änderung der sui-generis-Vorschriften (Erweiterung oder Einschränkung) bis zur Rücknahme der gesamten Datenbank-Richtlinie oder zumindest des von ihr eingeführten sui-generis-Schutzes reichen.

7   Als **problematisch** sieht sie dabei insb. die divergierende Rechtsprechung zum Vorliegen einer „wesentlichen Investition" (dazu § 87a Rn. 33 ff.), zu den sog. „spin off"-Datenbanken insb. bei „single source" Daten (dazu § 87a Rn. 36, 41 ff.) sowie zu bestimmten internetbezogenen Nutzungen (Hyperlinks, Deeplinks, Suchmaschinen, dazu § 87b Rn. 40, 53 f.) an. Darüber hinaus stellt die Kommission eine Zurückhaltung bei der gerichtlichen Durchsetzung des sui-generis-Schutzes fest, die sie auf eine beträchtliche Rechtsunsicherheit bei der Auslegung des neuartigen Schutzrechts sowie seine Begrenzung durch die Rechtsprechung, darunter nicht zuletzt durch den EuGH in seinen Entscheidungen BHB/Hill vom November 2004 für „spin off"-Datenbanken, zurückführt.

8   Die weit überwiegende Mehrzahl der eingegangenen Stellungnahmen zum Evaluierungsbericht spricht sich erwartungsgemäß gegen eine Abschaffung des sui-generis-Schutzes aus. Denn er hat die Rechtslage im Vergleich zu der zuvor bestehenden Situation unterschiedlichster, teils wettbewerbsrechtlich, teils urheberrechtlich ausgestalteter und teils völlig fehlender Schutzregimes von Datenbanken in den nationalen Rechtsordnungen deutlich verbessert. Bemerkenswert ist nun aber, dass die Befürworter einer Beibehaltung des sui-generis-Schutzes zu gleichen Teilen für eine Beschränkung wie für eine Erweiterung des Datenbankschutzes plädieren (*Rieger* 2; *Gaster* in: Hoeren/Sieber Rn. 271; für Vorschläge einer Einengung des Anwendungsbereichs vgl. z. B. *Kur/Hilty/Geiger/Leistner* 551, 556 ff.: u. a. zwingende Erstreckung der urheberrechtlichen Schranken auf das sui-generis-Recht sowie eine Klarstellung, dass durch die Entscheidung zur BHB-Pferdesportdatenbank (EuGH GRUR 2005, 244) entstandene „Schutzlücken" nunmehr nicht auf Umwegen durch das nationale Wettbewerbsrecht geschlossen werden dürfen; *Leistner* K&R 2007, 457, 465). Welche **Konsequenzen** der europäische Gesetzgeber aus der Evaluierung ziehen wird, ist auch Ende 2013 **noch offen.** Der zweite Evaluierungsbericht ist wiederum weit überfällig. Vor diesem Hintergrund ist mit einer nachträglichen Abschaffung der Richtlinie vorerst nicht zu rechnen (so auch *Leistner* JZ 2009, 101; *Metzger* GRUR 2012, 118, 125).

III. Die Umsetzung des sui-generis-Rechts durch Art. 7 IuKDG

1. Umsetzung als verwandtes Schutzrecht im UrhG

9   Die Umsetzung des sui-generis-Rechts der Datenbank-Richtlinie erfolgte in Deutschland **fristgerecht zum 1.1.1998** durch **Art. 7 IuKDG** (Informations- und Kommunikationsdienstegesetz v. 22.7.1997, BGBl. I S. 1870) in einem eigenen Sechsten Abschnitt innerhalb des Zweiten Teils (Verwandte Schutzrechte) des UrhG (zur Umsetzung in den anderen Mitgliedstaaten vgl. *Gaster* in: Hoeren/Sieber Rn. 3 f.). Diese Umsetzung ist sachlich und systematisch überzeugend. Eines eigenen „Datenbankgesetzes" bedurfte es zur richtlinienkonformen Umsetzung nicht (a. A. *Gaster* CR 1997, 669, 673; *Lehmann* NJW-CoR 1997, 249, 251; langfristig auch *Grützmacher* 474). Zwar bezeichnet die Richtlinie das Datenbankherstellerrecht als ein **„völlig neues Recht ohne Vorbild"** („Recht sui-generis", dazu *Gaster* ÖSGRUM 19 (1995) 201, 212). In dieser Betonung der Neuartigkeit des Rechts liegt jedoch keine Aussage über seine Rechtsnatur. Vielmehr sollte damit einerseits lediglich der Gefahr vorgebeugt werden, dass die Mitgliedstaaten bei der Umsetzung

auf ihr traditionelles nationales Urheber- oder Wettbewerbsrecht zurückgreifen und damit die mit der Richtlinie angestrebte Harmonisierungswirkung zunichtemachen (*Gaster* CR 1997, 669, 673). Andererseits sollte hervorgehoben werden, dass das neue Recht weder in den Anwendungsbereich der internationalen urheber- und leistungsschutzrechtlichen Konventionen (RBÜ, WUA, Rom-Abkommen) noch in den Anwendungsbereich der PVÜ fällt und Angehörigen aus Drittstaaten somit nicht bereits auf der Grundlage der in diesen Konventionen enthaltenen Verpflichtung zur Inländerbehandlung zusteht (*Lehmann* NJW-CoR 1997, 249, 251).

Diese Erwägungen ändern jedoch nichts daran, dass es sich beim Datenbankherstellerrecht **10** der Sache nach um ein **Leistungsschutzrecht** i. S. d. Zweiten Teils des UrhG handelt. Es schützt wie die Rechte der Veranstalter (§ 81), der Tonträgerhersteller (§ 85), der Sendeunternehmen (§ 87) und der Filmhersteller (§§ 94, 95) den organisatorischen und wirtschaftlichen Aufwand und konnte damit systematisch zutreffend innerhalb des Zweiten Teils des deutschen UrhG unter den verwandten Schutzrechten eingefügt werden (Schricker/Loewenheim/*Vogel* Vor §§ 87a ff. Rn. 18; *Wiebe* CR 1996, 198, 202; *Berger* GRUR 1997, 169, 172; *Hornung* 100; *Bensinger* 114 ff.; *Leistner* GRUR Int. 1999, 819, 825; *Kindler* K&R 2000, 265, 266; Walter/*v. Lewinski* Datenbank-Richtlinie Vor Art. 7 Rn. 8 ff., 11; a. A. *Lehmann* in: Möhring/Schulze/Ulmer/Zweigert 4; krit. auch *Gaster* ÖSGRUM 19 (1995) 201, 212). Als zunehmend problematisch erweist sich jedoch die Umsetzung mittels der herkömmlichen urheberrechtlichen Terminologie (vgl. unten Rn. 14, § 87b Rn. 23 ff.).

2. Kurzübersicht über die §§ 87a–e, 108, 119, 127a, 137g

Die Umsetzung der materiellen Bestimmungen des sui-generis-Rechts erfolgte in den **11** §§ 87a–e. Dabei werden in § 87a mit den drei wichtigen **Legaldefinitionen** „Datenbank", „neue Datenbank" und „Datenbankhersteller" zunächst insb. die **Schutzvoraussetzungen** und der **Schutzgegenstand** des neuen Rechts festgelegt. § 87b umschreibt sodann die dem Datenbankhersteller zustehenden **Verwertungsrechte** und bestimmt damit den eigentlichen Inhalt des sui-generis-Rechts. Die Reichweite des Schutzes wird anschließend durch die **Schrankenregelung** in § 87c sachlich und durch die Festlegung der **15-jährigen Schutzdauer** in § 87d zeitlich begrenzt. § 87e enthält abschließend eine vertragsrechtliche Vorschrift, welche dem rechtmäßigen Benutzer einer Datenbank bestimmte **vertraglich unabdingbare Mindestbefugnisse** zusichert.

Darüber hinaus ist das Datenbankherstellerrecht nach §§ 87 a–e bei der Umsetzung auch **12** in die strafrechtlichen (**§ 108 Abs. 1 Nr. 8**) und zwangsvollstreckungsrechtlichen Bestimmungen (**§ 119 Abs. 3**) einbezogen worden (s. § 108 Rn. 3; § 119 Rn. 5).

§ 127a schließlich enthält die **fremdenrechtliche Beschränkung** des Anwendungsbe- **13** reichs der Richtlinie in persönlicher Hinsicht (dazu unten Rn. 43 ff.; § 127a Rn. 2 ff.), und die **übergangsrechtliche** Vorschrift des § 137g regelt die Anwendbarkeit des neuen Rechts auf vor seinem Inkrafttreten hergestellte Datenbanken (dazu unten Rn. 51; § 137g Rn. 2 ff.).

3. Probleme der Umsetzung

a) **Verwendung traditioneller urheberrechtlicher Terminologie.** Bei der Umset- **14** zung der Datenbank-Richtlinie in Art. 7 IuKDG wurde – anders als noch im RegE (dazu unten Rn. 18) – die Begrifflichkeit des Richtlinientextes in die traditionelle Terminologie des deutschen Urheberrechts übertragen. Insb. wurde bei der Vorschrift über den Inhalt des Rechts in § 87b anstelle der Begriffe „**Entnahme**" und „**Weiterverwendung**" auf die – herkömmlicher deutscher Urheberrechtsdogmatik entsprechenden – Begriffe „Vervielfältigung", „Verbreitung" und „öffentliche Wiedergabe" zurückgegriffen. Dass diese begriffliche Anpassung möglicherweise nicht glücklich war (krit. insoweit von Anfang an z. B. *Gaster* CR 1998, 717, 720; *Lehmann* in: Möhring/Schulze/Ulmer/Zweigert 10 f.), zeigt der zunehmende Rückgriff der Rechtsprechung auf die Definitionen in der Richtlinie zwecks richtlinienkonformer Auslegung, so dass ein terminologisches Nebeneinander besteht (vgl. z. B. Vorlagebeschluss BGH GRUR 2007, 688, 690 – Gedichttitelliste II zum Begriff der „Vervielfältigung" bzw. „Entnahme"; dazu § 87b Rn. 41 ff.).

15 **b) Zunächst fehlende Umsetzung des Rechts der Online-Übermittlung.** Die zunächst fehlende Umsetzung des nach Art. 7 Abs. 2 lit. b RL **zwingend** einzuführenden Rechts der **Online-Übermittlung** ist in der Zwischenzeit erfolgt (s. § 19a Rn. 12). Die Probleme, die die Einordnung dieses Rechts in das deutsche UrhG zunächst aufgeworfen hatte, sind inzwischen durch eine ausdrückliche Normierung dieses Rechts der öffentlichen Zugänglichmachung in § 19a als Unterfall des Rechts der öffentlichen Wiedergabe erledigt (ausführlich § 19a Rn. 1 ff.).

4. Besonderheiten bei der Auslegung der Datenbankvorschriften

16 **a) Richtlinienkonforme Auslegung.** Da die im Zuge der Umsetzung der Datenbank-Richtlinie in das nationale Recht eingefügten Datenbank-Bestimmungen, insb. die **§§ 87a ff.** harmonisiertes „**Europäisches Urheberrecht**" darstellen, sind bei ihrer Auslegung gewisse Besonderheiten zu beachten. Insb. ist zu berücksichtigen, dass die Umsetzung bindender Vorgaben europäischer Richtlinien im Wege **richtlinienkonformer Auslegung** des vorhandenen nationalen Rechts erfolgen kann bzw. muss (st. Rspr. des EuGH, vgl. EuGH NJW 1994, 2473 – Paola Faccini Dori; EuGH NJW 1996, 1401 – El Corte Inglés; *Vogel* ZUM 1997, 592 ff.). Bei Zweifeln oder Unklarheiten sind die Bestimmungen des nationalen deutschen Rechts daher stets anhand von Wortlaut und Zweck der harmonisierenden europäischen Richtlinie und der in ihren Artikeln enthaltenen bindenden Vorgaben auszulegen. Bei der Auslegung der nationalen Vorschriften, die auf der Richtlinie beruhen, ist auch die betreffende **Rechtsprechung in anderen EU-Mitgliedstaaten** zu berücksichtigen (Schricker/Loewenheim/*Vogel* Vor §§ 87a ff. Rn. 14; vgl. dazu z. B. die Sammlung nationaler Entscheidungen zur Datenbank-Richtlinie des Institute for Information Law unter www.ivir.nl/files/database/index.html). Letztlich maßgeblich ist aber stets die Auslegung durch den EuGH, der in den vergangenen Jahren eine zunehmend prägende Rolle bei der Entwicklung des Urheberrechts eingenommen hat. Ein Schwerpunkt der EuGH-Rechtsprechung ist dabei der sui-generis-Schutz von Datenbanken (*Metzger* GRUR 2012, 118, 124).

17 **b) Die Rolle der Erwägungsgründe bei der Auslegung.** Eine **bestimmende Rolle bei der Auslegung** der Richtlinie sowie der zu ihrer Umsetzung in das UrhG eingefügten §§ 87a ff. kommt schließlich auch ihren **60** zum Teil sehr detaillierten **Erwägungsgründen** zu (dazu *Leistner* 37 ff.). Zwar dienen die Erwägungsgründe ihrer eigentlichen Funktion nach nur der richtigen Auslegung und Anwendung der Richtlinienartikel. In der Praxis werden aber schwierige Fragen oft in die Erwägungsgründe ausgelagert, so dass diesen faktisch ein eigenständiger Regelungsgehalt zukommt.

18 **c) Die deutschen Gesetzesbegründungen.** Der RegE des BMWiT zur Umsetzung der Datenbank-Richtlinie (BR-Drucks. 966/96) ist aufgrund erheblicher Kritik in der Öffentlichkeit im Laufe des Gesetzgebungsverfahrens mittels einer Formulierungshilfe des Bundesjustizministeriums durch einen völlig neuen Entwurf mit Begründung ersetzt worden (A-Drucks. 13/611, ohne Begr. abgedr. in ZUM 1997, 602). Der neue Entwurf wurde sodann aufgrund einer Beschlussempfehlung des Bundestags v. 11.6.1997 (BT-Drucks. 13/7934, 22 ff., 42 ff.) nach einigen weiteren Änderungen am 13.6.1997 als Gesetz verabschiedet (IuKDG v. 22.7.1997, BGBl. I S. 1870). Mithin ist die ursprüngliche **Begründung des RegE** (BR-Drucks. 966/96) für die Auslegung der §§ 87a ff. letztlich **nur noch in dem Umfang beachtlich,** in dem sie durch die Formulierungshilfe und den neuen Entwurf nebst Begründung inhaltlich **unberührt** gelassen wurde (s. dazu Schricker/Loewenheim/*Vogel* Vor §§ 87a ff. Rn. 15).

IV. Übersicht über die an Datenbanken bestehenden Rechte

Bei Datenbanken treffen oft mehrere, voneinander unabhängige und unterschiedlichen Personen als Inhabern zustehende Ausschließlichkeitsrechte zusammen: das **investitionsbezogene Datenbankherstellerrecht** nach §§ 87a–e, bei schöpferischen Datenbanken zusätzlich das **Urheberrecht am Datenbankwerk** nach § 4 Abs. 2, bei elektronischen Datenbanken das **Urheberrecht nach den §§ 69a–g an** dem zu ihrem Betrieb erforderlichen **Computerprogramm**, sowie schließlich bei Datenbanken mit urheber- oder leistungsschutzrechtlich geschützten Inhalten die **Urheber- und Leistungsschutzrechte an den einzelnen Datenbankinhalten**. Neben diesen immaterialgüterrechtlichen Sonderrechtsschutz tritt nach den allgemeinen Grundsätzen der **ergänzende wettbewerbsrechtliche Leistungsschutz**. 19

1. Rechte an der Datenbank

Seitdem zum 1.1.1998 neben das **Urheberrecht** an schöpferischen Datenbankwerken nach § 4 Abs. 2 das selbstständige und in seinem Rechtsgrund – Schutz der Investition anstelle der schöpferischen Leistung – vom Urheberrecht verschiedene **Leistungsschutzrecht** des Datenbankherstellers nach den §§ 87a–e getreten ist, besteht innerhalb der Europäischen Union ein **zweigliedriger Datenbankschutz**. Dabei ist es möglich, dass beide Rechte, wenn ihre jeweiligen Schutzvoraussetzungen erfüllt sind, **kumulativ bei ein und derselben Datenbank zusammentreffen** (AmtlBegr. BT-Drucks. 13/7934; BR-Drucks. 966/96, 41; EuGH GRUR 2012, 386 Rn. 27 – Football Dataco/Yahoo; instruktiv BGH GRUR 2007, 685, 687 – Gedichttitelliste I; krit. zur Zweigliedrigkeit *Ehmann* GRUR 2008, 474, 478, der von einer unnötigen „Verkomplizierung" der Rechtslage ausgeht; dagegen zutreffend *Gaster* in: Hoeren/Sieber Rn. 154, da den völlig unterschiedlichen Beiträgen der Beteiligten angemessen Rechnung getragen werden müsse). 20

Hinsichtlich der Terminologie gilt, dass das UrhG diejenigen Sammlungen, die die Anforderungen des § 87a Abs. 1 S. 1 erfüllen, die somit insb. auf einer wesentlichen Investition beruhen und daher leistungsschutzrechtlich nach §§ 87a–e geschützt sind, als **Datenbanken** bezeichnet. Als **Datenbankwerke** hingegen werden solche Sammlungen bezeichnet, bei denen die Auswahl oder Anordnung der Einzeldaten auf einer individuellen geistigen Leistung beruht und die damit nach §§ 2 Abs. 2, 4 Abs. 2 Urheberrechtsschutz genießen. Von diesen Unterschieden abgesehen, gilt jedoch im Übrigen ein einheitlicher Datenbankbegriff, so dass die Kommentierung zu § 4 ergänzend herangezogen werden kann. 21

Da allerdings das Datenbankurheberrecht dem **Schöpfer** des Datenbankwerks als natürlicher Person zusteht (Schöpferprinzip, § 7), während Inhaber des Datenbankherstellerrechts der **Investor** ist (§ 87a Abs. 2), welcher nicht nur eine natürliche, sondern auch eine juristische Person sein kann (dazu § 87a Rn. 132), entstehen Urheber- und Leistungsschutzrecht **nicht stets originär in derselben Rechtspersönlichkeit**. Wenn die Rechtsinhaberschaft auseinanderfällt, müssen ausdrückliche **vertragliche Vereinbarungen** getroffen werden, um die Verwertungsrechte in einer Hand zu bündeln (vgl. zur fehlenden Gesamtgläubigerschaft zwischen Urheber und Investor bzgl. etwaigen Schadensersatzes BGH GRUR 2007, 685, 687 – Gedichttitelliste I). Dies gilt nur dann nicht, wenn die Datenbank von Arbeitnehmerurhebern geschaffen worden ist und § 43 eingreift. 22

In gleicher Weise entsteht bei elektronischen Datenbanken das Datenbankherstellerrecht auch unabhängig von dem **urheberrechtlichen Schutz der** zu ihrem Aufbau und zu ihrer Erschließung erforderlichen **Computerprogramme**. Die **Abgrenzung** kann hier jedoch mitunter Schwierigkeiten bereiten (dazu unten Rn. 33; *Ohst* 163 ff.; *Haberstumpf* Rn. 107). 23

a) **Datenbankherstellerrecht (§§ 87a–e): Investitionsschutz.** Das Recht nach §§ 87a–e erwirbt derjenige, der **in die Herstellung einer Datenbank** i. S. v. § 87a (dazu 24

§ 87a Rn. 7 ff.), d. h. in die Beschaffung, Überprüfung oder Darstellung ihres Inhalts, eine nach Art oder Umfang **wesentliche Investition** (dazu § 87a Rn. 33 ff.) getätigt hat. **Datenbankhersteller** ist somit der **Investor** (dazu § 87a Rn. 132). Das Recht steht ihm für eine **Dauer von 15 Jahren** ab der Veröffentlichung, hilfsweise ab der Herstellung der Datenbank zu (dazu § 87d Rn. 4 ff.) und ist durch Neuinvestitionen in die Aktualisierung und Pflege des Datenbankinhalts nahezu unbegrenzt **verlängerbar** (dazu § 87a Rn. 116 ff.; § 87d Rn. 2, 9 f.).

25 Der Kern des Rechts liegt in der **ausschließlichen Befugnis** des Datenbankherstellers, die **Vervielfältigung, Verbreitung oder öffentliche Wiedergabe der Gesamtheit oder eines wesentlichen Teils** des Inhalts der Datenbank zu untersagen (dazu § 87b 23 ff.). Das Ausschließlichkeitsrecht bezieht sich dagegen grds. **nicht auf unwesentliche Teile** einer Datenbank. Deren Vervielfältigung, Verbreitung oder öffentliche Wiedergabe kann der Datenbankhersteller nur dann unterbinden, wenn sie wiederholt und systematisch erfolgen und der normalen Auswertung der Datenbank zuwiderlaufen oder seine berechtigten Interessen unzumutbar beeinträchtigen (Umgehungsschutz, § 87b Abs. 1 S. 2; dazu § 87b Rn. 66 ff.).

26 Diese grundsätzliche **Freiheit Dritter zur Nutzung unwesentlicher Teile** von Datenbanken soll der **Gefahr einer Monopolisierung von wichtigen Informationen** durch die Datenbankhersteller vorbeugen. Damit die Datenbankhersteller diesen Grundsatz nicht auf vertragsrechtlichem Wege faktisch umgehen können, werden den rechtmäßigen Datenbankbenutzern gleichfalls **bestimmte vertraglich unabdingbare Mindestbefugnisse** gesichert (vgl. zum Datenbankurheberrecht § 55a, zum sui-generis-Recht § 87e). Während sich das Ausschließlichkeitsrecht seinem Inhalt nach schon nicht auf unwesentliche Datenbankteile bezieht, werden in § 87c im Wege der **Schrankenbestimmung** bestimmte Nutzungen wesentlicher Datenbankteile vom Ausschließlichkeitsrecht freigestellt (privater Gebrauch, nicht kommerzielle Forschung, Unterrichtszwecke, öffentliche Sicherheit und Rechtspflege, dazu näher § 87c Rn. 14 ff.).

27 **Schutzgegenstand** des Herstellerrechts ist damit weder der Inhalt der Datenbank, d. h. die in ihr gesammelten Daten, Fakten, Werke etc., noch ihre Verkörperung in Form einer CD-ROM, eines Buches oder einer Kartei. Geschützt wird vielmehr die jeweilige **Datenbank als Gesamtheit** des unter wesentlichem Investitionsaufwand gesammelten, geordneten und einzeln zugänglich gemachten Inhalts **als immaterielles Gut,** wie es in der auf einem festen Träger beliebiger Art fixierten Datenbank konkret verkörpert ist. Dies schließt die für den Betrieb und die Abfrage erforderlichen Elemente wie Thesaurus, Index und Abfragesystem ein (dazu näher unten § 87a Rn. 2 ff.).

28 Seiner **Rechtsnatur** nach handelt es sich beim Datenbankherstellerrecht damit um ein **unternehmensbezogenes Leistungsschutzrecht** zur Gewährleistung eines **Investitionsschutzes** (dazu oben Rn. 1), das demjenigen Unternehmen oder derjenigen Person zugeordnet wird, welche die Investitionsleistung organisatorisch und finanziell erbringt und insoweit die wirtschaftliche Verantwortung und damit das Investitionsrisiko übernimmt. Das sui-generis-Recht entbehrt damit zwangsläufig persönlichkeitsrechtlicher Elemente und ist daher auch, anders als das Urheberrecht, ohne ausdrückliche gesetzliche Erwähnung **in vollem Umfang übertragbar (§§ 398, 413 BGB) und vererblich (§ 1922 BGB)** (*Flechsig* ZUM 1997, 577, 588; *Vogel* ZUM 1997, 605; die freie Übertragbarkeit wird ausdrücklich bestätigt in BGH GRUR 2009, 852 Rn. 27 – Elektronischer Zolltarif).

29 **b) Datenbankurheberrecht (§ 4 Abs. 2): Schutz des Werkschöpfers.** Anders als das sui-generis-Recht des Datenbankherstellers nach §§ 87a–e, welches für eine wirtschaftliche Leistung gewährt wird, wird das **Datenbankurheberrecht** nach § 4 Abs. 2, § 2 Abs. 2 für eine **schöpferische Leistung** bei der **Auswahl oder/und Anordnung (Struktur)** des Inhalts der Datenbank gewährt (Erwägungsgrund 15; zum alternativen, nicht kumulativen Verhältnis von Auswahl und Anordnung vgl. ausdrücklich BGH GRUR

2011, 79 – Markenheftchen (Rn. 38); wohl zu Recht auf die geringe praktische Bedeutung des Urheberrechts bei wirtschaftlich geprägten Datenbanken hinweisend *Herrmann/ Dehißelles* K&R 2009, 23). Die Richtlinie hat dabei die Anforderungen an das **urheberrechtliche Schutzniveau europaweit einheitlich festgelegt.** In ihrem Anwendungsbereich ist die Richtlinie abschließend (EuGH GRUR 2012, 386 Rn. 50 – Football Dataco/ Yahoo). Datenbanken genießen Urheberrechtsschutz, wenn ihre Struktur auf einer **eigenen geistigen Schöpfung** beruht. Damit wird auf das Kriterium der Originalität verwiesen (EuGH GRUR 2012, 386 Rn. 37 – Football Dataco/Yahoo m.w.N.). Für die Beurteilung der Schutzfähigkeit dürfen **keine anderen Kriterien** herangezogen werden (Art. 3 Abs. 1 Datenbank-Richtlinie, dazu § 4 Rn. 8ff.). Der Schutzstandard entspricht damit dem gleichfalls harmonisierten Schutzstandard bei Computerprogrammen (§ 69a Abs. 3, dazu § 69a Rn. 33) und schöpferischen Fotografien (Lichtbildwerken) (§ 72 Rn. 5ff., 7; s. aber § 2 Rn. 116ff. zur Gegenansicht). Das UrhG unterscheidet bei schöpferischen Sammlungen insoweit nunmehr zwischen **Sammelwerken** gem. § 4 Abs. 1 und **Datenbankwerken** gem. § 4 Abs. 2 als einer besonderen Erscheinungsform der Sammelwerke (zur Terminologie näher § 4 Rn. 3ff.; oben Rn. 21).

c) Relevante Unterschiede der beiden Rechte. Bedeutsame **Unterschiede** des Datenbankurheberrechts sind dabei u. a., abgesehen von der **Schutzfrist** von 70 Jahren p.m.a. (§ 64 Abs. 1), das dem Schöpfer eines Datenbankwerks gewährte **Urheberpersönlichkeitsrecht** sowie die besondere Regelung in § 23 S. 2, wonach bereits die **Herstellung der Bearbeitung** eines Datenbankwerkes ohne Zustimmung des Urhebers unzulässig ist (*Gaster* Rn. 108ff.). Darüber hinaus besteht **in internationaler Hinsicht,** abgesehen von einem Wettbewerbsschutz aufgrund der PVÜ, derzeit nur bei Datenbankwerken Schutz für deutsche Hersteller außerhalb der EU und für ausländische Hersteller in Deutschland (*Kindler* K&R 2000, 265, 270; vgl. § 127a Rn. 2ff. sowie unten Rn. 43ff.). 30

2. Rechte am Datenbankinhalt

Weder das Urheberrecht an einer Datenbank nach § 4 Abs. 2 noch das Datenbankherstellerrecht nach §§ 87a–e beziehen sich auf die **in die Datenbank aufgenommenen Werke und Leistungen.** Die an ihnen bestehenden Urheber- und Leistungsschutzrechte haben vielmehr ihr jeweils eigenes und von den übrigen Rechten **unabhängiges Schicksal.** 31

Einerseits sind daher bei der Aufnahme eines (bearbeiteten oder interpretierten) Werkes in eine Datenbank vom jeweiligen Urheber, Bearbeiter oder Interpreten, soweit keine Schrankenregelungen greifen, **die erforderlichen Nutzungsrechte zu erwerben** (dazu *Nippe* passim; *Flechsig* ZUM 1996, 833, 838ff.). Dasselbe gilt für sämtliche Leistungsschutzrechte des Zweiten Teils des UrhG (insgesamt also für die Rechte in §§ 70, 71, 72, 73, 81, 85, 87, 94, 95). Andererseits verletzt die ungenehmigte Vervielfältigung, Verbreitung oder öffentliche Wiedergabe eines einzelnen Werkes oder einiger weniger Werke aus einer Datenbank grds. weder ein an dieser bestehendes Datenbankhersteller- noch ein Datenbankurheberrecht. Denn **in einem einzelnen Werk** oder wenigen Werken ist **regelmäßig weder** eine **wesentliche Investition verkörpert** (s. § 87a Rn. 33ff.), **noch** stellen ein einzelnes oder wenige Werke einen **selbstständig urheberschutzfähigen Bestandteil** eines Datenbankwerkes dar. Folglich spielt es für die Entstehung des Datenbankherstellerrechts auch keine Rolle, falls einzelne oder alle Bestandteile der Datenbank auf Grund ihres amtlichen Charakters nach § 5 UrhG nicht urheberrechtsfähig sein sollten (EuGH GRUR 2009, 572 Rn. 69–72 – Apis/Lakorda). Dies überzeugt, denn es ist ebenso denkbar, dass auch die urheberrechtsfreien amtlichen Elemente wie Gesetze oder Gerichtsurteile erst mit erheblichen Investitionen beschafft, überprüft und dargestellt werden mussten (*Eickemeier* GRUR 2009, 578, 579). Maßgeblich sind mithin allein die noch näher darzustellenden Voraussetzungen des sui-generis-Schutzrechts. 32

3. Rechte am Computerprogramm (§§ 69 a–g)

33 Sowohl das Datenbankurheberrecht nach § 4 Abs. 2 als auch das Datenbankherstellerrecht nach §§ 87 a–e erstrecken sich nicht auf die zur Schaffung oder zum Betrieb einer elektronischen Datenbank verwendeten Computerprogramme. Die Rechte an der Datenbank und am Computerprogramm sind insoweit strikt zu trennen (so ausdrücklich Art. 1 Abs. 3 Datenbank-Richtlinie). Zwar wurde dieser Grundsatz bei der Umsetzung der Richtlinie in das deutsche Recht nur in § 4 Abs. 2 S. 2 explizit übernommen. Er gilt jedoch richtlinienkonform in gleicher Weise auch für das Datenbankherstellerrecht nach §§ 87 a–e. Die Nutzung und Verwertung elektronischer Datenbanken erfordert damit den Erwerb der einschlägigen Nutzungsrechte an dem als Hilfsmittel für ihren Betrieb und den Zugang zu ihrem elektronisch gespeicherten Material dienenden, nach §§ 69 a–g gesondert geschützten Computerprogramm. Bei Datenbanken, bei denen sich die wesentliche Leistung in diesen Computerprogrammen verbirgt, kann es allerdings zu **Abgrenzungsschwierigkeiten** zwischen dem **Urheberrecht am Computerprogramm** einerseits und dem **Datenbankurheber- und Datenbankherstellerrecht** andererseits kommen (ausführlich *Ohst* 163 ff.; *Wiebe* CR 1996, 198, 201; *Berger* GRUR 1997, 169, 174 f.; Schricker/Loewenheim/*Vogel* Vor §§ 87 a ff. Rn. 46; s. auch § 87 a Rn. 39, 62, § 69 a Rn. 16 m. w. N.).

4. Wettbewerbsrecht

34 Ein **ergänzender wettbewerbsrechtlicher Leistungsschutz** kommt **neben dem bestehenden Sonderrechtsschutz** von Datenbanken nach § 4 Abs. 2 und §§ 87 a–e nur dann in Betracht, wenn besondere, außerhalb des urheber- und/oder leistungsschutzrechtlichen Tatbestands liegende Begleitumstände gegeben sind, welche die Nutzung der Datenbank aus wettbewerbsrechtlicher Sicht als unlauter erscheinen lassen und der wettbewerbsrechtliche Schutz nicht in Widerspruch zu den spezialgesetzlichen Regelungen des Urheberrechts tritt (stRspr., BGH GRUR 2003, 958, 962 – Paperboy; BGH GRUR 2011, 79 Rn. 22 – Markenheftchen; vgl. auch *Köhler* GRUR 2007, 548; Köhler/Bornkamm/*Köhler* § 4 UWG Rn. 9.6 ff. m. w. N.; s. dazu auch *Kur/Hilty/Geiger/Leistner* 551, 557 f.). Diejenigen Fälle, in denen vor Einführung des sui-generis-Schutzes nach den §§ 87 a ff. der Tatbestand einer sklavischen Nachahmung gem. § 1 UWG a. F. (jetzt § 3 Abs. 1 i. V. m. § 4 Nr. 9 UWG) bejaht worden war (zum früheren Recht oben Rn. 3), werden nunmehr unmittelbar vom sui-generis-Recht erfasst. Daher sollte **der Anwendungsbereich** für darüber hinausgehende wettbewerbsrechtliche Verbotstatbestände **nur noch verschwindend gering** sein und z. B. bei einer Irreführung der Verbraucher oder gezielten Behinderung der Mitbewerber gegeben sein (so auch *Hackemann* CR 1998, 510, 513; *Rieger* 209 ff.). Insb. wäre es verfehlt, die sich aus der Rechtsprechung des EuGH in Sachen „BHB-Pferdewetten" ergebende weitgehende Schutzlosigkeit von sog. single source-Datenbanken, die aus vom Datenbankhersteller zuvor selbst erzeugten Daten bestehen, nunmehr durch einen – national variierenden – Wettbewerbsschutz zu unterlaufen (vgl. *Kur/Hilty/Geiger/Leistner* 551, 558).

35 Nach Inkrafttreten der §§ 87 a–e bleibt der ergänzende wettbewerbsrechtliche Leistungsschutz nach § 3 Abs. 1 i. V. m. § 4 Nr. 9 UWG vor allem in den Fällen **nachschaffender Leistungsübernahme** von Interesse. In diesen Fällen wird nach dem Vorbild einer bereits existierenden Datenbank eine neue Datenbank gleichen Inhalts geschaffen. Dies ist unlauter, sofern dadurch der **gute Ruf** der Originaldatenbank **ausgebeutet oder beeinträchtigt** oder eine **vermeidbare Herkunftstäuschung** hervorgerufen wird, oder aber sofern die zur Herstellung erforderlichen **Kenntnisse und Unterlagen unredlich erlangt** wurden bzw. eine **Vielzahl von Datenbanken** eines Mitbewerbers **systematisch nachgeahmt** wird (vgl. zu den einzelnen Fallgruppen Köhler/Bornkamm/*Köhler* § 4 UWG Rn. 9.41 ff., 9.51 ff., 9.60 ff., 9.63 ff. jeweils m. w. N.).

Vorbemerkung   36–40   Vor §§ 87a ff. UrhG

Die bloße **Übernahme bzw. Nachahmung** der Datenbank insgesamt oder ihrer we- 36
sentlichen Teile **nach Ablauf der Schutzfrist des sui-generis-Rechts** gem.
§ 87d kann dabei allerdings auch dann, wenn sich die Investitionen des Herstellers in die Datenbank bis zu diesem Zeitpunkt noch nicht amortisiert haben, für sich betrachtet nicht wettbewerbswidrig sein. Ansonsten würde die vom Gesetzgeber aufgrund einer wertenden Interessenabwägung getroffene zeitliche Begrenzung des sui-generis-Schutzes unterlaufen (*Kindler* K&R 2000, 265, 268; *Hackemann* CR 1998, 510, 511; Dreier/Schulze/*Dreier* Vor §§ 87a ff. Rn. 9). Da die gesetzliche Bemessung der zeitlichen Dauer sonderrechtlicher Schutzfristen grds. und somit auch im Rahmen einer wettbewerbsrechtlichen Beurteilung hinzunehmen ist, kommt auch insoweit Wettbewerbsschutz nur bei Vorliegen besonderer Begleitumstände in Betracht. Das Vorliegen eines Unlauterkeitsmerkmals wird in diesen Fällen besonders sorgfältig zu prüfen sein (stRspr. s. BGH GRUR 1992, 697, 699 – ALF; BGH GRUR 1987, 814, 816 – Die Zauberflöte).

Soweit die Gerichte den **Stellenmärkten** von Tageszeitungen Datenbankschutz nach 37
den §§ 87a ff. abgesprochen hatten (s. dazu ablehnend § 87a Rn. 79 ff.), haben sie gegen die planmäßige und systematische Übernahme der Stellenmarkt-Inserate durch Dritte zur Stützung eines eigenen Informationsservices im Internet ergänzenden wettbewerbsrechtlichen Leistungsschutz nach § 1 UWG a. F. (jetzt § 3 Abs. 1 i. V. m. § 4 Nr. 9 UWG) unter den Gesichtspunkten des sittenwidrigen Schmarotzens an fremder Leistung und der sittenwidrigen Behinderung gewährt (KG ZUM-RD 2001, 88 f. – FAZ-Stellenmarkt; OLG München ZUM 2001, 255 f. – Stellenmarktanzeigen).

Geprüft, im Ergebnis wegen Fehlens besonderer Unlauterkeitsmerkmale abgelehnt, 38
wurde die Anwendbarkeit von § 1 UWG a. F. allerdings auf die Verwendung von sog. **Deep Links** im Rahmen eines nach § 87b Abs. 1 S. 2 als zulässig angesehenen Meta-Suchdienstes für aktuelle Tagesnachrichten im Internet (BGH GRUR 2003, 958, 962 – Paperboy; Vorinstanz OLG Köln GRUR-RR 2001, 97, 100 f. – Paperboy). Weder werde durch das Setzen von Hyperlinks auf Artikel im Internet eine Leistung übernommen, vielmehr biete eine Suchmaschine eine eigenständige Leistung an, noch werde die Herkunft der in der Suchmaschine aufgelisteten Artikel verschleiert oder der gute Ruf der Informationsanbieter im Internet ausgebeutet (BGH GRUR 2003, 958, 962 – Paperboy). Schließlich werde angesichts des allgemein bestehenden Interesses an der unmittelbaren Abrufbarkeit von Informationen aus dem Internet die Unlauterkeit auch nicht dadurch begründet, dass die Nutzer im Rahmen eines Internet-Suchdienstes mittels Deep-Links an den Werbeeintragungen auf den Startseiten von Informationsanbietern im Internet vorbei sofort auf die gesuchten Artikel geführt werden. Die Datenbankbetreiber hätten es in der Hand, durch Verlagerung der Werbeeinblendungen auf die Webseiten mit den einzelnen Textbeiträgen die negativen Auswirkungen des Deep Linking auf die Werbeeinnahmen ihrer Dienste abzumildern (BGH GRUR 2003, 958, 962 – Paperboy; OLG Köln GRUR-RR 2001, 97, 100 f. – Paperboy).

Von Bedeutung ist der wettbewerbsrechtliche Schutz nach § 3 Abs. 1 i. V. m. § 4 Nr. 9 39
UWG schließlich weiterhin für ausländische Datenbankhersteller, soweit sie aufgrund der fremdenrechtlichen Beschränkung des Datenbankherstellerrechts in § 127a nicht in den Genuss des sui-generis-Schutzes kommen (dazu unten Rn. 43 ff., 49 ff.).

5. Kartellrecht, Eigentumsgarantie

Die Richtlinie stellt klar, dass zur Förderung des Wettbewerbs zwischen Anbietern von 40
Informationsprodukten und -diensten sowohl das europäische (Art. 101 ff. AEUV) als auch das nationale **Kartellrecht** (GWB) von dem neuen sui-generis-Schutz des Datenbankherstellers **unberührt** bleiben (Art. 13; Erwägungsgrund 47). Im selben Geist schreibt Art. 16 Abs. 3 Datenbank-Richtlinie der Europäischen Kommission vor, dass in den Evaluierungsberichten insb. auch die Frage zu untersuchen ist, ob die Anwendung des sui-generis-

Rechts zu kartellrechtswidrigen Zuständen führt (EuGH GRUR 2008, 1077 – Directmedia Publishing (Rn. 57); zweifelnd *Leistner* JZ 2009, 101, 103, der den Verweis zwar für dogmatisch richtig hält, aber ein „Unbehagen" empfindet; kritisch auch *Milbradt/Hülsewig* CR 2009, 7, 8 f.).

41 Sofern der Datenbankhersteller an den in der Datenbank enthaltenen Informationen ein faktisches Monopol hat, kann die Ausübung des ihm nach §§ 87 a–e zustehenden Verbotsrechts daher unter außergewöhnlichen Umständen als **Missbrauch einer marktbeherrschenden Stellung** gewertet und ihm die Verpflichtung zur Erteilung einer Zwangslizenz auferlegt werden (EuGH GRUR Int. 1995, 490, 493 – Magill TV Guide; dazu *Spindler/ Apel* JZ 2005, 133; *Gaster* in: Hoeren/Sieber Rn. 158; Schricker/Loewenheim/*Vogel* Vor §§ 87a ff. Rn. 49 f.; *Heinemann* in: Hilty/Peukert 207 ff.; *Milbradt/Hülsewig* CR 2009, 7, 9 weisen auf die hohen Anforderungen für eine Zwangslizenz und die lange Dauer bis zu ihrer Erteilung hin). Die **Ausübung des Ausschließlichkeitsrechts** nach den §§ 87a ff. durch einen marktbeherrschenden Datenbankhersteller als solche stellt somit **keinen Grund für ein kartellrechtswidriges Verhalten** dar (vgl. dazu EuGH GRUR 2004, 524 – IMS Health; OLG Frankfurt MMR 2003, 45, 49 – IMS Health; Dreier/Schulze/ *Dreier* Vor §§ 87a ff. Rn. 10; ausf. *Heinemann* in: Hilty/Peukert 207 ff.). Die Frage eines Missbrauchs ist dabei vor allem immer dann zu prüfen, wenn das sui-generis-Recht die Schaffung und Verbreitung neuer Produkte und Dienste, die einen wirtschaftlichen oder ideellen Mehrwert aufweisen, behindern würde (vgl. Erwägungsgrund 47). Seit der EuGH jedoch in der Entscheidung „BHB-Pferdewetten" single source-Datenbanken, die aus vom Datenbankhersteller selbst erzeugten Elementen bestehen, weitgehend vom sui-generis-Schutz ausgeschlossen hat (dazu § 87a Rn. 35 ff.), dürfte die Bedeutung kartellrechtlicher Beschränkungen des sui-generis-Rechts stark abgenommen haben (*Leistner* JZ 2009, 101, 103). Soweit sich wiederum Schnittstelleninformationen und Datenbankstrukturen zu Standards entwickelt haben (dazu *Leistner* K&R 2007, 457, 459), dürfte eher das Datenbankurheberrecht und nicht das sui-generis-Recht betroffen sein.

42 Im Übrigen fallen sowohl das Urheberrecht an Datenbankwerken als auch das Herstellerrecht unter die **Eigentumsgarantie** des Art. 14 Abs. 1 S. 1 GG (stRspr.; für das Urheberrecht BVerfG GRUR 1980, 44 – Kirchenmusik; für das Datenbankherstellerrecht kann die Begründung des verfassungsrechtlichen Schutzes des Tonträgerherstellerrechts entsprechend herangezogen werden: BVerfG GRUR 1990, 183 – Vermietungsvorbehalt; s. dazu Schricker/Loewenheim/*Vogel* Vor §§ 87a ff. Rn. 51).

V. Fremdenrecht, internationaler Schutz, Übergangsrecht

1. Anwendungsbereich in persönlicher Hinsicht (Fremdenrecht, § 127a)

43 Die fremdenrechtliche Regelung des sui-generis-Rechts enthält in Umsetzung von Art. 11 Datenbank-Richtlinie **§ 127a UrhG**. Danach kommen in den Genuss des Datenbankherstellerrechts **deutsche Staatsangehörige** sowie **juristische Personen** mit **Sitz im Geltungsbereich des UrhG** (§ 127a Abs. 1 S. 1). Darüber hinaus erstreckt sich der Schutz der §§ 87a ff. über den Verweis auf **§ 120 Abs. 2** in § 127a Abs. 1 S. 2 auch auf **Deutsche i. S. v. Art. 116 Abs. 1 GG** sowie auf **Staatsangehörige der übrigen EU- und EWR-Mitgliedstaaten**. Doppelte Staatsangehörigkeit schadet nicht (vgl. Walter/ *v. Lewinski* Datenbank-Richtlinie Art. 11 Rn. 6). Des Weiteren wird, auch wenn in § 127a Abs. 1 der gewöhnliche Aufenthalt nicht ausdrücklich als Anknüpfungskriterium erwähnt wird, die Vorschrift **richtlinienkonform** (vgl. Art. 11 Datenbank-Richtlinie) dahingehend auszulegen sein, dass auch **Personen mit gewöhnlichem Aufenthalt innerhalb der EU oder des EWR** in den Genuss des sui-generis-Rechts kommen (dazu näher § 127a Rn. 2 ff.; ausführlich Walter/*v. Lewinski* Datenbank-Richtlinie Art. 11 Rn. 19; *v. Lewinski* in: Roßnagel Rn. 10 f.; *Grützmacher* 402 ff.).

Vorbemerkung 44–48 Vor §§ 87a ff. UrhG

Juristische Personen **ohne Sitz in der Bundesrepublik Deutschland** genießen den 44 sui-generis-Schutz gem. § 127a Abs. 2 nur dann, wenn sie nach deutschem Recht oder dem Recht eines der Mitgliedstaaten der EU bzw. des EWR gegründet worden sind und sie darüber hinaus zugleich ihre **Hauptverwaltung oder ihre Hauptniederlassung in einem EU- oder EWR-Staat** haben. Ist dies nicht der Fall, befindet sich vielmehr nur ihr satzungsmäßiger Sitz im Gebiet eines dieser Staaten, muss ihre Tätigkeit eine **tatsächliche Verbindung zur deutschen Wirtschaft oder zur Wirtschaft eines EU- oder EWR-Staats** aufweisen. In **richtlinienkonformer Auslegung** von § 127a Abs. 1 wird man das Erfordernis des Vorhandenseins einer tatsächlichen Verbindung zur deutschen Wirtschaft oder zur Wirtschaft eines EU- oder EWR-Staates auch bei solchen Unternehmen verlangen müssen, die ihren satzungsmäßigen Sitz in Deutschland haben (vgl. Art. 11 Datenbank-Richtlinie; *Gaster* Rn. 670).

Der Begriff der **juristischen Person** in § 127a ist schließlich richtlinienkonform so aus- 45 zulegen, dass er **Unternehmen in jeglicher Rechtsform** erfasst. Damit sind **auch Personengesellschaften** wie bspw. die OHG umfasst, bei denen mangels eines satzungsmäßig bestimmten Sitzes auf den Gesellschaftsvertrag oder auch auf den Ort des Schwerpunkts der Gesellschaftstätigkeit abzustellen ist (vgl. § 127a Rn. 4; auch *v. Lewinski* in: Roßnagel § 127a Rn. 11; Walter/*v. Lewinski* Datenbank-Richtlinie Art. 11 Rn. 8). Nicht erforderlich ist, dass der nach § 127a Abs. 1 oder Abs. 2 Berechtigte die Datenbank innerhalb der EU oder des EWR hergestellt hat. Die Herstellung selbst kann auch in einem Drittland erfolgen, sofern nur ein nach § 127a Abs. 1 oder Abs. 2 Berechtigter das Investitionsrisiko trägt und damit Datenbankhersteller ist (s. dazu Walter/*v. Lewinski* Datenbank-Richtlinie Art. 11 Rn. 10, dort auch zum umgekehrten Fall, dass ein Hersteller, der die persönlichen Schutzkriterien nicht erfüllt, die Datenbank innerhalb der EU oder des EWR herstellen lässt).

Die **Übertragung** eines einmal **entstandenen Rechts** auf einen nach § 127a nicht 46 originär Berechtigten ist zulässig. Das Recht nach §§ 87a–e bleibt bestehen und verfällt nicht infolge einer derartigen Rechtsübertragung (Walter/*v. Lewinski* Datenbank-Richtlinie Art. 11 Rn. 11). Umgekehrt erstarkt aber ein einem nicht originär Berechtigten aufgrund der fremdenrechtlichen Regelung in § 127a versagtes „Recht" nach §§ 87a–e nicht im Augenblick seiner „Übertragung" auf einen nach § 127a potenziell berechtigten Erwerber. Da das Recht aufgrund von § 127a zunächst nicht entstanden ist, kann es vielmehr folglich auch nicht übertragen werden (*v. Lewinski* in: Roßnagel § 127a Rn. 9; Walter/*v. Lewinski* Datenbank-Richtlinie Art. 11 Rn. 11 ff., dort auch zur Behandlung des Wechsels der Staatsangehörigkeit sowie von Neuinvestitionen).

Im Übrigen steht das sui-generis-Recht nach § 127a Abs. 3 ausländischen Staatsangehö- 47 rigen und Unternehmen nur nach dem Inhalt von **Staatsverträgen** sowie aufgrund **bilateraler Vereinbarungen** zwischen der EU und ihrem Herkunftsland zu. Eine solche bilaterale Vereinbarung darf nur unter der Bedingung der **materiellen Reziprozität** geschlossen werden (*Gaster* CR 1997, 669, 675 f.; Schricker/Loewenheim/*Vogel* Vor §§ 87a ff. Rn. 19, 53; Walter/*v. Lewinski* Datenbank-Richtlinie Art. 11 Rn. 14 ff.). Insoweit dürfte allerdings eine ausschließliche Zuständigkeit der EU bestehen. Die Mitgliedstaaten sind folglich an „Alleingängen" gehindert. Bis auf die Vereinbarung mit der Isle of Man im Jahr 2003 (vgl. ABl. EG Nr. L 89 vom 5.4.2003, S. 12) ist es bislang weder zum Abschluss von Staatsverträgen noch zum Abschluss bilateraler Reziprozitätsabkommen gekommen (*Gaster* in: Hoeren/Sieber Rn. 228 f.; *v. Gerlach* in: Kilian/Heussen Rn. 74; s. dazu unten Rn. 49).

Soweit ausländische Hersteller aufgrund fremdenrechtlicher Beschränkungen nicht in 48 den Genuss des sui-generis-Rechts nach §§ 87a–e kommen, ist ihnen allerdings **weiterhin nach dem Inländerbehandlungsgrundsatz gem. Art. 1 Abs. 2, 2, 10bis PVÜ** (subsidiärer) **wettbewerbsrechtlicher Schutz** zu gewähren. Dies setzt voraus, dass der Tatbestand der unlauteren Nachahmung nach § 3 Abs. 1 i.V.m. § 4 Nr. 9 UWG (§ 1 UWG a. F.) (dazu oben Rn. 34 ff.) erfüllt ist und gilt selbst dann, wenn ein nach § 127a berechtigter Hersteller durch das sui-generis-Recht nach §§ 87a–e geschützt wäre. Denn allein die Tatsache, dass der bisherige wettbewerbsrechtliche Schutz nichtschöpferischer Datenbanken für inländische Datenbankhersteller durch die Gewährung eines sui-generis-Immaterialgüterrechts ersetzt wurde, führt nicht dazu, dass ausländischen Datenbankherstellern nunmehr selbst der (ohnehin unzulängliche) Schutz durch das Wettbewerbsrecht aberkannt wird und sie damit völlig rechtlos gestellt werden (ausf. *Große Ruse-Khan* UFITA 2004, 859, 881 ff.).

2. Internationaler Schutz

49 Da es sich beim sui-generis-Recht des Datenbankherstellers nach §§ 87a–e weder um ein Urheberrecht noch um ein „echtes" Leistungsschutzrecht handelt, unterfällt es nicht dem Anwendungsbereich der RBÜ, des WUA oder des Deutsch-Amerikanischen Übereinkommens v. 15.1.1892 (Schricker/Loewenheim/*Vogel* Vor §§ 87a ff. Rn. 40). Auch das Rom-Abkommen, welches sich nur auf die in ihm enumerativ abschließend aufgeführten Leistungsschutzrechte erstreckt, ist nicht einschlägig. Der **Inländerbehandlungsgrundsatz** dieser internationalen Abkommen findet damit **keine Anwendung**. Soweit ausländische Datenbankhersteller nicht von § 127a Abs. 1 oder Abs. 2 als Berechtigte erfasst werden, können sie gem. § 127a Abs. 3 den sui-generis-Schutz für die von ihnen hergestellten Datenbanken nur durch den Abschluss von **Reziprozitätsabkommen** erlangen. Bisher besteht in Drittländern aber größtenteils noch kein vergleichbarer Schutz (ausf. *Große Ruse-Khan* UFITA 2004, 859 ff.). Ausnahmen sind Mexiko, Südkorea und die Russische Föderation, die zwischenzeitlich einen dem sui-generis-Schutz entsprechenden Schutz eingeführt haben (*Gaster* in: Hoeren/Sieber Rn. 4, 229a).

50 Die europäische Reziprozitätsregelung hatte zwar dazu geführt, dass im Rahmen der Diplomatischen Konferenz der WIPO im Jahr 1996 ein Entwurf für einen internationalen Vertrag zum sui-generis-Rechtsschutz von Datenbanken auf der Grundlage der Vorstellungen der europäischen Richtlinie vorgelegt wurde. Eine Verhandlung ist jedoch aus Zeitmangel unterblieben (dazu *v. Lewinski* GRUR Int. 1997, 667, 680; *Gaster* CR 1997, 669, 675 f.; *Hohagen* GRUR Int. 1998, 54 f.). Auch wenn der internationale Schutz von Datenbanken anschließend noch bis 2004 auf der Tagesordnung des Ständigen Ausschusses der WIPO zum Urheberrecht und zu verwandten Schutzrechten stand (vgl. Walter/*v. Lewinski* Datenbank-Richtlinie Art. 11 Rn. 16; *Gaster* in: Hoeren/Sieber Rn. 244), wurden jedoch keine ernsthaften weiteren Anstrengungen in Richtung einer internationalen Harmonisierung unternommen.

3. Übergangsrecht (§ 137g)

51 Nach § 137g Abs. 2 S. 1 sind die am 1.1.1998 in Kraft getretenen §§ 87a–e auch auf Datenbanken anzuwenden, die **zwischen dem 1.1.1983 und dem 31.12.1997 hergestellt** worden sind (dazu auch BGH GRUR 2005, 857 – HIT BILANZ; GRUR 2006, 493 – Briefmarkenkatalog auf CD-ROM; OLG München ZUM-RD 2003, 306, 310 – Gliederungsschema für Briefmarkenkatalog). Bemerkenswert ist, dass derartige „Altdatenbanken" einen 15-jährigen Schutz ab dem 1.1.1998 genießen. Ihnen wird damit die gesamte 15-jährige Schutzfrist zugebilligt, um ihnen die gleichen Chancen für die Amortisation ihrer Investitionen einzuräumen, wie sie Datenbankherstellern heute zur Verfügung steht (*Leistner* GRUR Int. 1999, 819, 834; s. dazu § 87d Rn. 12, § 137g Rn. 3). Für Datenbanken, die **vor dem 1.1.1983** hergestellt wurden, ist § 137g Abs. 2 entscheidungserheblich. Ein sui-generis-Schutz kommt dort nur gem. § 87a Abs. 1 S. 2 über die sog. Neuheitsfiktion in Betracht, wenn die Datenbank in ihrem Inhalt nach Art oder Umfang nach dem 31.12.1982 wesentlich verändert worden ist und die Änderung eine nach Art oder Umfang wesentliche Investition erfordert hat (BGH GRUR 2011, 79 – Markenheftchen (Rn. 18–21); s. dazu auch § 87a Rn. 116 ff.).

§ 87a Begriffsbestimmungen

(1) Datenbank im Sinne dieses Gesetzes ist eine Sammlung von Werken, Daten oder anderen unabhängigen Elementen, die systematisch oder methodisch angeordnet und einzeln mit Hilfe elektronischer Mittel oder auf andere Weise zugänglich sind und deren Beschaffung, Überprüfung oder Darstellung eine nach Art oder Umfang wesentliche Investition erfordert. Eine in ihrem Inhalt nach Art oder Umfang wesentlich geänderte Datenbank gilt als neue Datenbank, sofern die Änderung eine nach Art oder Umfang wesentliche Investition erfordert.

(2) Datenbankhersteller im Sinne dieses Gesetzes ist derjenige, der die Investition im Sinne von Absatz 1 vorgenommen hat.

Literatur: S. die Angaben Vor §§ 87a ff. sowie die Angaben im eingangs abgedr. Gesamtliteraturverzeichnis.

Übersicht

	Rn.
I. Allgemeines	1–6
1. Regelungszweck	1
2. Schutzgegenstand des sui-generis-Rechts	2–6
II. Datenbank (§ 87a Abs. 1 S. 1)	7–115
1. Sammlung von Werken, Daten oder anderen Elementen	9–11
2. Unabhängigkeit der Elemente	12, 13
3. Einzelne Zugänglichkeit der Elemente	14–18
4. Systematische oder methodische Anordnung	19–29
5. Abgrenzung mehrerer Datenbanken	30–32
6. Wesentliche Investition	33–69
a) Bedeutung	33, 34
b) Berücksichtigungsfähige Investitionen	35–40
aa) Beschaffung des Datenbankinhalts	36
bb) Überprüfung des Datenbankinhalts	37, 37a
cc) Darstellung des Datenbankinhalts	38–40
c) Abgrenzungsprobleme und offene Fragen	41–51
aa) Wirtschaftliche Zuordnung einer Investition	42–44
bb) Alternative Gestaltungsmodelle der Datenerzeuger	45–48
cc) Mess- und Beobachtungsaufwand	49–51
d) Wesentlichkeit	52–69
aa) Unbestimmter Rechtsbegriff	52, 53
bb) Niedrige Schutzschwelle	54–56
cc) Objektiver Maßstab	57, 58
dd) Wesentlichkeit nach Art oder Umfang	59–69
7. Praktische Beispiele zu Datenbanken	70–115
a) Einzelfallbetrachtung	70
b) Wettkampf- und Spielpläne für Sportveranstaltungen vs. Spielstatistiken	71, 72
c) Fernseh-, Kino- und Theaterprogramme	73, 74
d) Fahrpläne, Flugpläne	75
e) Telefonbücher, Adressverzeichnisse	76–78
f) Anzeigensammlungen, Immobilien- und Stellenmärkte	79–85
g) Zeitungen, Zeitschriften, Zeitungsarchive	86–92
h) Linksammlungen, Websites und „Web 2.0"-Suchmaschinen	93–96
i) Sammlungen im Softwarebereich, Multimediawerke	97, 98
j) Sammlungen im Bereich Wirtschaft	99–101
k) Sammlungen im naturwissenschaftlichen Bereich	102–104
l) Landkarten, Stadtpläne	105
m) Sammlungen physischer Objekte	106, 107
n) Sammlungen in den Bereichen Kunst und Kultur	108–111
o) Sammlungen der öffentlichen Hand, Sammlungen amtlicher Daten	112–115

	Rn.
III. Neue Datenbank (§ 87a Abs. 1 S. 2)	116–130
1. Bedeutung der Neuheitsfiktion	116, 117
2. Wesentliche Neuinvestition in bestehende Datenbank	118–121
3. Wesentliche Inhaltsänderung nach Art oder Umfang	122–126
4. Schutzumfang des neuen sui-generis-Rechts	127–130
IV. Datenbankhersteller (§ 87 Abs. 2)	131–141
1. Investor als Hersteller	131–137
2. Mehrere Hersteller	138–141
V. Sonderfragen	142–160
1. Amtliche Datenbanken	142–150
a) Klärung zu § 5 nur auf nationaler Ebene	142–144
b) „Amtliche Datenbanken" gem. § 5 analog	145–148
c) Besonderheiten bei Datenbanken	149
d) Reichweite der analogen Anwendung	150
2. Beweisfragen zur Schutzbegründung	151–158
a) Beweislast	151–154
b) Beweisführung	155
c) Beweisfragen bei „neuen" Datenbanken i. S. v. Abs. 1 S. 2	156–158
3. Auslegung von Altverträgen	159
4. Fremdenrecht (§ 127a)	160

I. Allgemeines

1. Regelungszweck

1 § 87a enthält drei für das Datenbankherstellerrecht der §§ 87a ff. wichtige Legaldefinitionen. Erstens wird die **Datenbank** als das geschützte Immaterialgut definiert (Abs. 1 S. 1). Zweitens wird bestimmt, wer **Datenbankhersteller** und als solcher Inhaber des gewährten Schutzrechts ist (Abs. 2). Drittens wird festgelegt, unter welchen Voraussetzungen eine bereits vorhandene, inhaltlich geänderte Datenbank als **neue Datenbank** anzusehen ist mit der Folge, dass für sie eine neue Schutzfrist nach § 87d zu laufen beginnt (Abs. 1 S. 2).

2. Schutzgegenstand des sui-generis-Rechts

2 In theoretischer Hinsicht lässt sich der Schutzgegenstand des sui-generis-Rechts zusammenfassen als **die Gesamtheit des unter wesentlichem Investitionsaufwand gesammelten, geordneten und einzeln zugänglich gemachten Inhalts als immaterielles Gut, wie es in der auf einem festen Träger beliebiger Art fixierten Datenbank konkret verkörpert ist** (vgl. Erwägungsgründe 20, 39–42; EuGH GRUR 2005, 254, 255 Rn. 30 – Fixtures-Fußballspielpläne II; OLG Köln MMR 2007, 443, 444 – DWD-Wetterdaten; OLG Hamburg GRUR 2000, 319, 320 – Börsendaten; Dreier/Schulze/ Dreier Vorb. §§ 87a ff. Rn. 1 f.; Schricker/Loewenheim/Vogel Vor §§ 87a Rn. 29, Gaster Rn. 475 ff.; Gaster in: Hoeren/Sieber Teil 7.8 Rn. 68; Schack Rn. 665; Leistner 146 ff.; Leistner JZ 2009, 101, 102; a. A. östOGH GRUR Int. 2002, 940, 941 – Gelbe Seiten, wonach letztlich die Daten selbst geschützt sind; weitere Ansicht Fuchs UFITA I/2008, 27, 32 f., 45, der die Zuordnung von Daten zu Metadaten als Schutzgegenstand ansieht; etwas undeutlich BGH GRUR 2007, 688, 690 Rn. 25–27 – Gedichttitelliste II, der insoweit von einem in dieser Form wohl nicht bestehenden Meinungsstreit zum Schutzgegenstand in der Literatur ausgeht; entgegen den dortigen Andeutungen wird jedenfalls auch hier von der Notwendigkeit einer Verkörperung ausgegangen und kein Recht an den Informationen angenommen, s. sogleich Rn. 5).

3 Von dieser allgemeinen Umschreibung abgesehen ist der genaue **Schutzgegenstand** des sui-generis-Rechts jedoch schwierig zu konkretisieren. Fest steht insoweit zunächst nur, dass Schutzgegenstand des sui-generis-Rechts **nicht die Struktur** der Datenbank ist, die

allenfalls über das Datenbankurheberrecht nach § 4 geschützt sein kann (so auch *Krekel* WRP 2011, 436, 437). Darüber hinaus ist Schutzgegenstand auch **nicht die immaterielle Investitionsleistung** als solche, sofern diese sich nicht in einer Datenbank konkret manifestiert hat (vgl. BGH GRUR 2007, 688, 690 – Gedichttitelliste II; *Leistner* 146 ff.). Vielmehr geht es beim sui-generis-Schutz als „Herstellerschutz" im Ergebnis allein um den **Schutz des Hergestellten.** Der dabei getätigte Aufwand, d.h. die Investition, die zugleich Voraussetzung für die Entstehung des Schutzes ist, wird lediglich indirekt mitgeschützt (*Stix-Hackl* Schlussanträge v. 8.6.2004 in der Rechtssache C-203/02 BHB-Pferdewetten Rn. 34; ebenso *Grützmacher* 329). Erwägungsgrund 20 erweitert den Schutz auf die für den Betrieb oder die Abfrage der Datenbank erforderlichen Mittel wie den Thesaurus oder Indexierungssysteme.

Erhebliche Schwierigkeiten bereitet jedoch die Bestimmung des Schutzgegenstands im Verhältnis zu den in der Datenbank gesammelten und geordneten Elementen. Gemäß Erwägungsgrund 58 bezieht sich der sui-generis-Schutz ausdrücklich auf den **„Inhalt der Datenbank",** wie auch der EuGH in den Entscheidungen BHB-Pferdewetten/Fixtures-Fußballspielpläne I-III stets betont hat. Zum „Inhalt" einer Datenbank gehören aber an sich gerade auch die in ihr enthaltenen Elemente. Der sui-generis-Schutz erstreckt sich dabei insb. auf Entnahme- bzw. Weiterverwendungshandlungen, bei denen die Elemente in anderer Form neu angeordnet werden (s. dazu § 87b Rn. 7 ff.). **4**

Der sui-generis-Schutz soll indes nicht zur Entstehung eines neuen Rechts an den einzelnen in der Datenbank gesammelten Elementen als solchen führen (Erwägungsgrund 46). Insoweit soll die Richtlinie zwar **Datenbanken bzw. deren Inhalt,** jedoch **nicht die darin enthaltene Information als solche** schützen (*Stix-Hackl* Schlussanträge v. 8.6.2004 in der Rechtssache C-203/02 BHB-Pferdewetten Rn. 34; *Fuchs* UFITA I/2008, 27, 32, der zutreffend von einem „allgemeinen Grundsatz" der Datenbank-Richtlinie spricht). Wie diese Grenzziehung zwischen dem (geschützten) Datenbankinhalt und den darin enthaltenen (ungeschützten) Informationen bzw. einzelnen Elementen in der Praxis erfolgen kann, bedarf weiterer Klärung. Es handelt sich um einen **„schmalen Grat"** (*Ehmann* GRUR 2008, 474). Das vom BGH eingeleitete Vorlageverfahren in Sachen „Gedichttitelliste II" (GRUR 2007, 688) hat den EuGH jedenfalls nicht veranlasst, hier explizit für weitere Klarheit zu sorgen und sich zur Frage des Schutzgegenstandes zu äußern (so auch *v. Ungern-Sternberg,* GRUR 2010, 386, 389; *Leistner* JZ 2009, 101, 102; a.A. *Milbradt/Hülsewig* CR 2009, 7, 8, die unter Verweis auf Rn. 38 von einer Klärung i.S.d. oben vertretenen Auslegung ausgehen). Der EuGH hat lediglich betont, dass die Auslegung des Begriffs der Datenbank sowie der Entnahme unabhängig von formalen, technischen oder physischen Kriterien sei und dass sich der Schutz nicht auf die bloße Abfrage der Datenbank erstrecke (GRUR 2008, 1077 Rn. 38, 51 – Directmedia Publishing; vgl. dazu näher § 87b Rn. 29 ff. sowie Rn. 41 ff.). **5**

In der Literatur wird unter Verweis auf die Freiheit der Informationen und den kritischen Evaluierungsbericht vor einer Ausweitung des Schutzrechts sui-generis gewarnt. Es gebe enge Grenzen und die Tendenz der Rechtsprechung zur Ausweitung des Schutzes erscheine problematisch (*Wiebe* GRUR-Prax 2011, 369, 370). Sicherlich darf das Schutzrecht nicht über Gebühr ausgedehnt werden. Sowohl EuGH als auch BGH sind indes um eine präzise Ausgestaltung des Rechts bemüht (so auch *Ehmann* GRUR 2008, 474). **6**

II. Datenbank (§ 87a Abs. 1 S. 1)

Die Legaldefinition in § 87a Abs. 1 S. 1 hat die Datenbank-Definition von Art. 1 Abs. 2 der Datenbank-Richtlinie wörtlich übernommen. Eine **Datenbank** ist danach jede **Sammlung von** Werken, Daten oder anderen **unabhängigen Elementen** (dazu unten Rn. 9 ff.), die in beliebiger Weise **systematisch oder methodisch angeordnet** (dazu unten **7**

Rn. 19 ff.) sowie **einzeln** mit Hilfe elektronischer Mittel oder auf andere Weise **zugänglich** sind (dazu unten Rn. 14 ff.), sofern ihre Beschaffung, Überprüfung oder Darstellung eine nach Art oder Umfang **wesentliche Investition** erfordert hat (dazu unten Rn. 33 ff.). Der Schutz erfasst elektronische und nichtelektronische Datenbanken gleichermaßen (EuGH GRUR 2005, 254 f. Rn. 21, 22 – Fixtures-Fußballspielpläne II; zuvor bereits BGH GRUR 1999, 923, 925 – Tele-Info-CD; OLG Köln ZUM-RD 2001, 82 – List of Presses; zur Erweiterung des Geltungsbereichs der Richtlinie *Gaster* in: Hoeren/Sieber Rn. 17 ff.).

8   Grds. ist dabei von einem **weiten Datenbankbegriff** auszugehen, der von Erwägungen formaler, technischer oder materieller Art frei ist. Damit kommt nahezu jede geordnete Sammlung potenziell für einen sui-generis-Schutz in Frage (vgl. EuGH GRUR 2005, 254 f. Rn. 22 – Fixtures-Fußballspielpläne II), was sich auch in der Vielfalt der Rechtsprechung widerspiegelt (dazu unten Rn. 70 ff.). Zu beachten ist jedoch, dass der EuGH den zunächst eröffneten weiten definitorischen Anwendungsbereich des sui-generis-Schutzes durch eine **streng teleologische Auslegung des Kriteriums der wesentlichen Investition** anhand der Richtlinienziele wieder erheblich eingeschränkt hat. Dadurch sind letztlich eine Vielzahl auf den ersten Blick potenziell schutzfähiger „Datenbanken", deren Investitionsschwerpunkt auf der Datenerzeugung liegt, vom sui-generis-Schutz insgesamt ausgeschlossen (**„funktionaler Datenbankbegriff"**, vgl. EuGH GRUR 2005, 254, 255 Rn. 27 – Fixtures-Fußballspielpläne II; dazu unten Rn. 36 ff.).

1. Sammlung von Werken, Daten oder anderen Elementen

9   Grundlage jeder Datenbank ist eine Sammlung von Werken, Daten oder anderen Elementen. **Element** ist in dieser sehr weit gefassten Legaldefinition der **Oberbegriff**, welcher die lediglich beispielhaft erwähnten Werke und Daten mit umfasst. Es handelt sich insoweit um einen **offenen Elementbegriff** (*Ohst* 163 ff.), der jegliches für den Menschen wahrnehmbare und einen Informationsgehalt aufweisende Material umfasst. Darunter fallen insb. **Töne, Texte, Bilder, Zahlen, Fakten oder Daten,** aber auch urheberrechtlich geschützte **Werke** aus dem literarischen, künstlerischen, musikalischen oder einem beliebigen anderen Bereich (Erwägungsgrund 17). Die Größe der einzelnen Elemente kann von minimalen Informationseinheiten bis zu komplexen und umfangreichen Einheiten, etwa schriftstellerischen oder künstlerischen Gesamtwerken, reichen. Sogar ungeordnete „Datenhaufen" dürften grds. Elemente einer Datenbank darstellen (etwa alle Anzeigen einer bestimmten Rubrik, vgl. dazu unten Rn. 82). In gleicher Weise werden auch Sammlungen von Datenbanken bei Vorliegen der übrigen Voraussetzungen ihrerseits wiederum als (Meta-)Datenbanken Schutz genießen können (Bsp. unten Rn. 32).

10   Ob es sich um Elemente handelt, die der **Datenbankhersteller selbst erzeugt** hat, ob die Elemente aus von ihm **unabhängigen Quellen** stammen oder ob eine **Mischung** aus erzeugten und vorgefundenen Elementen vorliegt, spielt für die Beurteilung des Vorliegens einer **Sammlung** i. S. v. § 87a keine Rolle (EuGH GRUR 2005, 254 f. Rn. 25 – Fixtures-Fußballspielpläne II). Relevant wird dieser Aspekt erst bei der Frage der berücksichtigungsfähigen Investition (s. dazu unten Rn. 35 ff.).

11   Der Begriff der Sammlung setzt voraus, dass es sich, ohne dass sich eine konkrete Mindestanzahl verbindlich bestimmen ließe, jedenfalls um eine **Vielzahl** von Elementen handelt. Sie muss zumindest so groß sein, dass die **zwei Ebenen** einer Datenbank bestehend aus der nach systematischen Kriterien geordneten **Sammlung** einerseits und ihren einzelnen **Elementen** andererseits erkennbar werden (Möhring/Nicolini/*Decker* § 87a Rn. 9; Schricker/Loewenheim/*Vogel* § 87a Rn. 6; Walter/*v. Lewinski* Datenbank-Richtlinie Art. 1 Rn. 15; *Leistner* 45; *Hornung* 73; zuvor besteht nur Schutz nach UWG, vgl. Vor §§ 87a ff. Rn. 34 ff.). Darüber hinaus ist nicht erforderlich, dass es sich um eine „beträchtliche Anzahl" von Elementen handelt (EuGH GRUR 2005, 254 f. Rn. 24 – Fixtures-Fußballspielpläne II; laut *Rieger* 19 reichen bereits zwei Elemente).

2. Unabhängigkeit der Elemente

Die in der Sammlung zusammengestellten einzelnen Elemente müssen voneinander unabhängig sein. Unabhängigkeit in diesem Sinne liegt vor, wenn sich die Elemente **voneinander trennen lassen, ohne dass der Wert ihres** informativen, literarischen, künstlerischen, musikalischen oder sonstigen **Inhalts dadurch beeinträchtigt** wird (EuGH GRUR 2005, 254 f. Rn. 29 – Fixtures-Fußballspielpläne II; BGH GRUR 2005, 940, 941 – Marktstudien; BGH GRUR 2005, 857 f. – HIT BILANZ). Das Merkmal der Unabhängigkeit der Elemente tritt insoweit als eigenständiges Tatbestandsmerkmal neben die Voraussetzung der einzelnen Zugänglichkeit der Elemente. Es dient insb. dazu, **urheberrechtlich geschützte Werke** als solche, wie Filme, Musikstücke, Texte, Bilder etc., **vom Schutzbereich** des auf kompilatorische Zusammenstellungen beschränkten sui-generis-Rechts **auszuschließen,** auch wenn die Digitaltechnik nahezu unbegrenzte Zugriffsmöglichkeiten auf einzelne Elemente dieser Werke, z. B. einzelne Pixel, Töne etc. eröffnet (so unter Berufung auf Erwägungsgrund 17 EuGH GRUR 2005, 254 f. Rn. 29 – Fixtures-Fußballspielpläne II; LG München I MMR 2000, 431, 433 – Einstellen von MIDI-Dateien in AOL-Musikforum; Schricker/Loewenheim/ *Vogel* § 87a Rn. 6 ff.; Dreier/Schulze/*Dreier* § 87a Rn. 6, 9; *Leistner* 47; *Grützmacher* 169 f.). Die notwendige Unabhängigkeit der einzelnen Elemente fehlt also, wenn diese in einem einheitlichen Schaffensprozess miteinander verschmolzen sind. Hingegen **schließen rein äußerliche Zusammenhänge,** wie sie sich insb. aufgrund der methodischen oder systematischen – chronologischen, geografischen, thematischen – Anordnung ergeben können, die **Unabhängigkeit** der Elemente **nicht aus,** solange die einzeln zugänglichen Elemente für sich genommen einen jeweils **selbstständigen sinnvollen Aussagegehalt** besitzen, der durch ihre Trennung voneinander nicht verloren geht (vgl. EuGH GRUR 2005, 254 f. Rn. 34 – Fixtures-Fußballspielpläne II; *Leistner* 49 f.; Möhring/Nicolini/*Decker* § 87a Rn. 2).

Unabhängige Elemente sind damit, auch wenn sie einzeln zugänglich sind, nicht die bei isolierter Betrachtung bedeutungslosen „Rohdaten" wie einzelne Preis-, Höhen- oder Ortsangaben, sondern nur **sinnvoll strukturierte Informationseinheiten** (vgl. *Vogel* FS Schricker 2005, 585; *Fuchs* UFITA I/2008, 27, 33 zu „Metadaten"), wie sie sich etwa bei einem Fußballspielplan aus der inhaltlichen Verbindung von Datum, Uhrzeit, Ort und Identität der beiden Mannschaften einer Spielbegegnung (vgl. EuGH GRUR 2005, 254 ff. Rn. 33, 34 – Fixtures-Fußballspielpläne II), bei einer Landkarte aus der inhaltlichen Verbindung von geografischen Koordinaten, Höhenangabe und Beschreibung der Erdoberfläche (vgl. LG München I GRUR 2006, 225 – Topografische Kartenblätter; s. dazu näher unten Rn. 105) oder bei einer Angebotsdatenbank aus der inhaltlichen Verbindung von angebotenem Produkt, Preis und Verkäufer ergeben (vgl. LG Berlin ZUM 2006, 343, 344 – eBay-Angebotsdatenbank).

3. Einzelne Zugänglichkeit der Elemente

Die unabhängigen Elemente müssen schließlich einzeln mit Hilfe elektronischer Mittel oder auf andere Weise zugänglich sein. Einzeln zugänglich ist ein Element, wenn es **isoliert aus der Datenbank abgerufen werden kann** (vgl. EuGH GRUR 2005, 254 f. Rn. 30, 32 – Fixtures-Fußballspielpläne II; zur eigenständigen Bedeutung neben der Unabhängigkeit vgl. *Rieger* 34). Das weitere Merkmal, dass die einzelne Zugänglichkeit „mit elektronischen oder anderen Mitteln" bewirkt werden kann, ist keine echte Voraussetzung des Datenbankbegriffs. Es dient nur der Klarstellung, dass sowohl elektronische als auch herkömmliche analoge Datenbanken dem neuen Datenbankschutz unterfallen. Insoweit kann es sich um ein beliebiges technisches oder anderes Mittel handeln, das es ermöglicht, jedes in der Sammlung enthaltene unabhängige Element zu lokalisieren (dazu unten Rn. 20; vgl. EuGH GRUR 2005, 254 f. Rn. 21, 22, 30 – Fixtures-Fußballspielpläne II; zuvor bereits BGH GRUR 1999, 923, 925 – Tele-Info-CD; OLG Köln ZUM-RD 2001, 82 – List of Presses; Schricker/Loewenheim/*Vogel* § 87a Rn. 24 f.; *Leistner* 55; *Grützmacher* 173).

15 Bei herkömmlichen **analogen Datenbanken** wird die Einzelzugänglichkeit der Elemente bspw. durch das Aufschlagen und Durchblättern eines Buches oder einer Zeitung ermöglicht (Schricker/Loewenheim/*Vogel* § 87a Rn. 25) bzw. – sofern Sammlungen physischer Objekte zum Datenbankschutz zugelassen werden (dazu unten Rn. 106) – durch das Betreten der Ausstellungsräume, das Blättern in den archivierten Originalen (Briefe, Fotos, etc.), das Aufschlagen eines Albums (Briemarken, Münzen, etc.), das Öffnen der Archivschränke.

16 Bei **elektronischen Datenbanken,** etwa einer CD-ROM oder einer Online-Datenbank, kommt es darauf an, ob und inwieweit dem Nutzer im Rahmen der **vorgesehenen Nutzungsmöglichkeiten** ein Einzelzugriff auf unabhängige Elemente ermöglicht wird (vgl. LG München I MMR 2002, 58 – Schlagzeilensammlung im Internet; *Gaster* CR 1997, 669, 673; *Grützmacher* 172; *Leistner* 55). So ist beispielsweise bei einer Datenbank mit einer Vielzahl von Sammelwerken, wie z. B. einer Zusammenstellung mehrerer Gedichtsammlungen, grds. die Zugänglichkeit zu den Einzelbestandteilen, also zu den einzelnen Gedichten bzw. Gedichttiteln, maßgeblich (LG Mannheim GRUR-RR 2004, 196 – Freiburger Anthologie; Schricker/Loewenheim/*Vogel* § 87a Rn. 14 f.; in diese Richtung auch EuGH GRUR 2009, 572 Rn. 61–64 – Apis/Lakorda). Nur ausnahmsweise, wenn die Einzelbestandteile (Gedichte, Gedichttitel) z. B. aus rein technischen Gründen nicht eigenständig zugänglich sind, die übergeordneten Sammelwerke aber schon (Gedichtsammlungen), sind diese Sammelwerke die einzeln zugänglichen Elemente i. S. v. § 87a Abs. 1 S. 1. Insoweit **bestimmt daher die einzelne Zugänglichkeit zugleich die Abmessung der einzelnen Elemente „nach unten"** (Möhring/Nicolini/*Decker* § 87a Rn. 10; *Rieger* 35; undeutlich Vorauff. Rn. 16 und Schricker/Loewenheim/*Vogel* § 87a Rn. 14 f., die von einem Meinungsstreit ausgehen; tatsächlich dürften hier aber nicht unterschiedliche Rechtsansichten vertreten werden, sondern es ist ein Missverständnis bzgl. des dort genannten Beispiels zu konstatieren).

17 Mit anderen Worten, **nur das, was einzeln zugänglich ist, kann Element der betreffenden Datenbank sein, aber nicht alles, was einzeln zugänglich ist, ist zwangsläufig auch Element** der betreffenden Datenbank. Dies ist vielmehr nur dann der Fall, wenn zugleich das Merkmal der Unabhängigkeit erfüllt ist (zum selbstständigen Informationsgehalt s. o. Rn. 12 f.).

18 Ob die einzelnen Elemente dabei „einfach" auffindbar sind oder nicht, spielt für die Frage der Einzelzugänglichkeit keine Rolle (BGH GRUR 1999, 923, 925 – Tele-Info-CD; *Raue/Bensinger* MMR 1998, 507, 508), wobei insb. bei analogen Datenbanken nicht der gleiche Zugriffskomfort verlangt werden kann wie bei elektronischen Datenbanken (Dreier/Schulze/*Dreier* § 87a Rn. 8). Jedoch scheidet Datenbankschutz trotz Einzelzugänglichkeit der Elemente stets aus, sofern es an einer regelmäßig die leichte Auffindbarkeit überhaupt erst ermöglichenden systematischen oder methodischen Anordnung des Datenbankinhalts als weiterer und nun darzustellender Voraussetzung fehlt.

4. Systematische oder methodische Anordnung

19 Die unabhängigen und einzeln zugänglichen Elemente müssen schließlich systematisch oder methodisch angeordnet sein. Grds. kann es sich bei dieser Anordnung um eine **Methode oder ein System beliebiger Art** handeln, mit der bzw. dem sich jedes Element der **Sammlung wieder auffinden** lässt (EuGH GRUR 2005, 254 f. Rn. 30, 32 – Fixtures-Fußballspielpläne II). Entscheidend ist somit im Ergebnis die Verbindung des Datenbestandes mit einem Abfragemittel, das zielgerichtete Recherchen nach Einzelelementen in diesem Datenbestand ermöglicht (OLG Köln MMR 2007, 443, 444 – DWD-Wetterdaten). Erst hierdurch erreicht eine Datenbank ihre Funktion der Informationsverarbeitung. Die neben die einzelne Zugänglichkeit der Elemente tretende Voraussetzung der **Wiederauffindbarkeit** der Elemente **durch ein Abfragemittel** unterscheidet eine Datenbank im Sinne der Richtlinie insoweit von einer bloßen Sammlung von Elementen, die zwar auch Informationen liefert, der es aber an einem Mittel zur Verarbeitung der einzelnen Elemente, aus denen sie besteht, fehlt (EuGH GRUR 2005, 254f. Rn. 32 – Fixtures-Fußballspielpläne II).

Bei dem Abfragemittel kann es sich um ein **beliebiges technisches Mittel** wie ein **20** **elektronisches,** elektromagnetisches oder elektrooptisches Verfahren (Erwägungsgrund 13) oder um ein **beliebiges anderes Mittel** wie z. B. einen **Index,** ein **Inhaltsverzeichnis,** eine **Gliederung** oder eine **besondere Art der Einteilung** handeln, das es jeweils ermöglicht, jedes in der Sammlung enthaltene unabhängige Element wieder aufzufinden (EuGH GRUR 2005, 254f. Rn. 30–32 – Fixtures-Fußballspielpläne II).

Nicht erforderlich ist allerdings, dass die physische Speicherung der einzelnen Elemente **21** geordnet erfolgt. Es kommt vielmehr allein darauf an, ob die einzelnen Elemente **auf der Zugriffsebene** der Nutzer **systematisch und methodisch recherchierbar** sind. Insb. bei elektronischen Datenbanken erfolgt die materielle Fixierung der Elemente insoweit grds. ungeordnet im physischen Datenspeicher. Die für den Schutz erforderliche systematische oder methodische Anordnung ergibt sich erst über den Zugang durch eine Software oder einen Thesaurus (Erwägungsgrund 21; EuGH GRUR 2005, 254f. Rn. 30, 31 – Fixtures-Fußballspielpläne II; OLG Köln MMR 2007, 443, 444 – DWD-Wetterdaten; OLG Köln GRUR-RR 2006, 78 – EZT; Schricker/Loewenheim/*Vogel* § 87a Rn. 22; Fromm/Nordemann/*Czychowski* § 87a Rn. 11).

Indem der Datenbankschutz insoweit neben der Sammlung von Elementen noch ein **22** technisches oder anderes Mittel voraussetzt, mit dessen Hilfe jedes in der Sammlung enthaltene unabhängige Element wieder aufgefunden werden kann, wird zugleich impliziert, **dass sich die Sammlung in oder auf einem festen Träger beliebiger Art befinden muss** (EuGH GRUR 2005, 254f. Rn. 30, 31 – Fixtures-Fußballspielpläne II). Welche Bedeutung diesem Gesichtspunkt zukommt, dass sich die Sammlung in oder auf einem festen Träger beliebiger Art befinden muss, ist unklar. Für den EuGH handelt es sich insoweit um **keine echte Voraussetzung** des Datenbankschutzes. Vielmehr wird dieses Erfordernis der Fixierung allein dadurch impliziert, dass die einzelnen Datenbankelemente wieder auffindbar sein müssen. Dies kann zwangsläufig nur dann der Fall sein, wenn sie auf einem festen Träger fixiert sind und dort mittels des Abfragetools jederzeit wieder lokalisiert werden können (vgl. EuGH GRUR 2005, 254, 255 Rn. 30 – Fixtures-Fußballspielpläne II). Inwieweit diese **implizit erforderliche materielle Fixierung** einer Datenbank lediglich das Erfordernis der „wahrnehmbaren Formgebung" als allgemeine Schutzvoraussetzung (vgl. § 2 Rn. 19f.) speziell für Datenbanken widerspiegelt oder aber eine weitergehende Einschränkung des sui-generis-Schutzes bewirkt, wird in praktischer Hinsicht jedoch erst bei der Frage des Schutzumfangs relevant, d. h. welche Entnahme- und Weiterverwendungshandlungen Dritten erlaubt bzw. verboten sind (s. zu der sich hieraus ergebenden Fragestellung, ob und inwieweit sich das Verbotsrecht des Datenbankherstellers nur auf das physische Kopieren einer Datenbank beschränkt ausführlich § 87b Rn. 28, 41ff.).

Ein elektronisches Datenbanksystem besteht letztlich aus zwei Bestandteilen, der Samm- **23** lung von Elementen (Datenbank i. e. S.) und einem ihre Auffindbarkeit ermöglichenden Abfragesystem (sog. Datenbankmanagementsystem). Eine **getrennte Betrachtung** von Abfragesystem und gespeicherter Informationen, um aus der ggf. fehlenden Datenbankqualität einzelner Teile auf die fehlende Datenbankqualität des gesamten Systems zu schließen, ist jedoch **unzulässig.** Erforderlich ist vielmehr stets eine Gesamtbetrachtung des zweigliedrigen „Systems Datenbank" (vgl. OLG Köln MMR 2007, 443, 444 – DWD-Wetterdaten, zu einem Kundensystem, bei dem das Abfragetool dem Nutzer keinen direkten Zugriff auf die zentrale Datenbank eröffnete, der Nutzer sich jedoch mittels eines Skripts über seinen Browser das Ergebnis einer in kurzen Abständen wiederholten Abfrage der aktuellen Daten aus der zentralen Datenbank anzeigen lassen konnte).

An die sachliche Gliederung bzw. planmäßige Strukturierung sind **keine hohen An- 24 forderungen** zu stellen. Vielmehr sollen nur solche Sammlungen vom Datenbankschutz ausgeschlossen werden, bei denen der Zufall eine Rolle spielt. Letztlich handelt sich somit um ein reines **de minimis-Kriterium,** welches notwendig ist, um ungeordnete „**Datenhaufen**" bzw. „Rohdaten" aus dem Geltungsbereich des Datenbankschutzrechts auszuschließen (vgl. LG Berlin ZUM 2006, 343, 344 – eBay-Angebotsdatenbank; Dreier/ Schulze/*Dreier* § 87a Rn. 8; Dreyer/Kotthoff/Meckel/*Kotthoff* § 87a Rn. 20; Schricker/ Loewenheim/*Vogel* § 87a Rn. 19, a.A. aber wohl für Zeitungen bei Rn. 13; Walter/ *v. Lewinski* Datenbank-Richtlinie Art. 1 Rn. 20; *Haberstumpf* GRUR 2003, 14, 18f.; *Leistner* GRUR Int. 1999, 819, 822; *Fuchs* UFITA I/2008, 27, 37; *Leistner* 53ff.; *Gaster* 66). Damit dürften bei elektronischen Datenbanken auch bloße **Volltextrecherchesysteme,** die Abfragen lediglich auf der Wortebene ermöglichen, die Anforderungen erfüllen (Schricker/Loewenheim/*Vogel* § 87a Rn. 23; Dreyer/Kotthoff/Meckel/*Dreyer* § 87a Rn. 20; zu Hypertextsystemen *Grützmacher* 62f.).

25 **Systematisch** ist jede Gliederung nach logischen oder sachlichen Zusammenhängen, wobei als grundlegende systematische Ordnungsprinzipien die alphabetische, numerische, geografische, chronologische, historische oder thematische Anordnung sowie jede beliebige Kombination dieser Prinzipien in Betracht kommen (Fromm/Nordemann/*Czychowski* § 87a Rn. 11; Schricker/Loewenheim/*Vogel* § 87a Rn. 21).

26 Unter einer **methodischen** Anordnung wiederum ist eine planmäßige Strukturierung zur Verwirklichung eines bestimmten Zwecks zu verstehen (Fromm/Nordemann/ *Czychowski* § 87a Rn. 11; Dreier/Schulze/*Dreier* § 87a Rn. 7). Bei Datensammlungen, die zugleich auch urheberrechtlichen Schutz genießen, wird die den Urheberschutz begründende kreative Anordnung regelmäßig die methodische Anordnung i.S.v. § 87a Abs. 1 S. 1 begründen können (Möhring/Nicolini/*Decker* § 87a Rn. 6).

27 Umstritten ist, inwieweit auch eine nach **subjektiven,** insb. ästhetischen oder künstlerischen Gesichtspunkten vorgenommene **Anordnung** den Anforderungen der Datenbank-Richtlinie genügt. Soweit diese Kriterien für einen Dritten „nachvollziehbar" sind und damit die Wiederauffindbarkeit der einzelnen Elemente prinzipiell gegeben ist, vermag eine subjektiv geprägte Anordnung unstreitig Datenbankschutz zu begründen (Schricker/ Loewenheim/*Vogel* § 87a Rn. 20; Walter/*v. Lewinski* Datenbank-Richtlinie Art. 1 Rn. 20; *Sendrowski* GRUR 2005, 369, 371; *Raue/Bensinger* MMR 1998, 507, 508; *Flechsig* ZUM 1997, 577, 580; *Gaster* Rn. 66; *Hornung* 74; *Leistner* 53f.). Insb. zahlreiche thematische Gliederungen werden insoweit nicht völlig frei von subjektiven – emotionalen, kreativen, originellen – Gesichtspunkten sein. Berücksichtigt man zudem, dass nach einhelliger Meinung keine hohen Anforderungen an die sachliche Gliederung zu stellen sind (s.o. Rn. 24), dürfte Datenbankschutz erst dort ausscheiden, wo es an jeglicher, die Wiederauffindbarkeit ermöglichender, erkennbarer Gliederung oder Anordnung für Dritte fehlt. Ob und inwieweit die gewählte Gliederung oder Einteilung für Dritte sinnvoll ist oder nicht, ist hingegen kein Kriterium für die Schutzfähigkeit.

28 Eine ganz andere Frage ist es, ob auch Sammlungen, bei denen die **Auswahl** der Elemente auf **subjektiven,** rein persönlich-emotionalen und/oder ästhetisch-künstlerischen Kriterien beruht, Datenbankschutz nach §§ 87aff. genießen können (zur Begründung von Urheberrechtsschutz durch eine kreative Auswahl der Datenbankelemente s. § 4). Da § 87a ein methodisch-systematisches Vorgehen lediglich bei der Anordnung der Elemente verlangt, nicht hingegen bei ihrer Auswahl, schaden subjektive Auswahlkriterien bei der Sammlung der Elemente nicht, solange die auf diese Weise gewonnenen Elemente anschließend mittels objektiver Kriterien methodisch oder systematisch angeordnet werden, z.B. alphabetisch, zeitlich etc. (dagegen *Raue/Bensinger* MMR 1998, 507, 508, für Beispiele wie „Meine Lieblingsgedichte", „Die schönsten Arien von ..." – in diesen Fällen wird es aber regelmäßig an einer wesentlichen Investition fehlen; vgl. Erwägungsgrund 19 zur Zusammenstellung von Musiktiteln auf einer CD). Letztlich werden insoweit die meisten nicht auf Vollständigkeit angelegten Sammlungen in den Bereichen Kunst und Kultur unter Anwendung subjektiv-wertender Auswahlkriterien zustande kommen, etwa Sammlungen

der „bedeutendsten" oder „wichtigsten" Werke einer Epoche, eines Malers, eines Komponisten, etc. (vgl. z.B. BGH GRUR 2007, 685; BGH GRUR 2007, 688; BGH GRUR-RR 2010, 232 – Gedichttitelliste I-III zu „Die 1100 wichtigsten Gedichte der deutschen Literatur zwischen 1730 und 1900": Auch soweit dort die „Bedeutung" eines Gedichts „statistisch" durch die Häufigkeit der Nennung ermittelt wurde, war dieses Verfahren nicht rein objektiv. Dass nur ganz bestimmte 14 von insgesamt etwa 3000 existenten Gedichtsammlungen verwendet wurden, beruhte auf einer subjektiv wertenden Entscheidung, genauso wie letztlich auch die Annahme, dass sich die Bedeutung eines Gedichts allein durch die Häufigkeit seiner Nennung in 14 bestimmten Gedichtsammlungen ermitteln lasse).

Ob der Datenbankhersteller die Sammlung der Elemente und ihre systematisch- **29** methodische Anordnung jeweils im Detail aktiv vornimmt oder ob er lediglich die **Bedingungen schafft, unter denen die methodische Anordnung entstehen kann,** indem Dritte von sich aus Daten in seine Datenbank eingeben, dürfte gleichfalls keine Rolle spielen. Es ist kein Grund dafür ersichtlich, warum die Schaffung der Rahmenbedingungen für die Entstehung einer Datenbank keine „Sammlung" i.S.v. § 87a darstellen sollte. Insb. **Anzeigenmärkte,** bei denen der Inserent die Daten seiner Anzeige unter einer bestimmten Rubrik selbst eingeben kann, dürften daher für einen Datenbankschutz nach §§ 87a–e grds. qualifiziert sein. Der Umstand, dass die einzelne Anzeige vom Hersteller der Datenbank unabhängig erstellt wird und er selbst die Daten nicht endgültig zusammenstellt, dürfte unschädlich sein (wie hier LG Berlin ZUM 2006, 343 – eBay-Angebotsdatenbank; LG Köln AfP 1999, 95 – Immobilienmarkt; Möhring/Nicolini/*Decker* § 87a Rn. 6; *Grützmacher* 168; *Gaster* MMR 1999, 729; a.A. OLG Düsseldorf MMR 1999, 729 – Zulässigkeit von Frames m.abl. Anm. *Gaster*). Der BGH hat Ende 2010 eine vergleichbare Konstellation entschieden, in der ein Unternehmer lediglich ein **Online-Bewertungsforum über Zahnärzte** zur Verfügung stellte. Die Bewertungen verfassten die einzelnen Nutzer. Auch hier hat der Forenbetreiber folglich nur die Rahmenbedingungen geschaffen und es den Nutzern ermöglicht, ihre Bewertungen (also die eigentlichen Datensätze) direkt in seine Datenbank einzugeben. Der BGH ging hier zu Gunsten des Forenbetreibers ohne weiteres von einer grds. schutzfähigen Datenbank nach § 87a Abs. 1 S. 1 aus. Problematisch war allein die Frage der wesentlichen Investition (BGH GRUR 2011, 724 Rn. 14f. – Zweite Zahnarztmeinung II). In gleicher Weise wird sich auch ein **„Wiki",** d.h. eine Website, auf der jeder Benutzer ohne Anmeldung Beiträge schreiben und bestehende Texte ändern kann, wie insb. die freie Enzyklopädie Wikipedia, bei entsprechend systematischer oder methodischer Ordnung der Beiträge ohne weiteres als Datenbank qualifizieren können.

5. Abgrenzung mehrerer Datenbanken

Zuweilen bereitet die Frage, ob eine oder mehrere selbstständige Datenbanken vorlie- **30** gen, Schwierigkeiten. **Relevanz** kann dieser Abgrenzung z.B. **bei der Bestimmung der relevanten Investitionen** oder aber im Falle einer Verletzung für die **Reichweite des Unterlassungsanspruchs** zukommen (vgl. LG Berlin ZUM 2006, 343, 344 – eBay-Angebotsdatenbank). Der EuGH hat bei dem Modul einer übergeordneten, aus mehreren Modulen bestehenden Datenbank betont, dass der bloße Vertrieb dieses Moduls als selbstständiges Produkt nicht genüge, um es auch als selbständige Datenbank anzuerkennen. Diese Einstufung hänge gerade nicht von geschäftlichen Überlegungen ab, sondern vom Vorliegen der besonderen Voraussetzungen in Art. 1 Abs. 2, Art. 7 Abs. 1 Datenbank-Richtlinie (EuGH GRUR 2009, 572 Rn. 65 – Apis/Lakorda).

Maßgeblich für die Abgrenzung ist, ob der Zugang zur Datenmenge über ein **einheit-** **31** **liches Mittel** gewährt wird, d.h. bei elektronischen Datenbanken, ob die Abfrage durch eine einheitliche Software gesteuert wird oder durch verschiedene Programme. Liegt nur ein einheitliches Computerprogramm vor, handelt es sich um eine einzige Datenbank.

Liegen verschiedene vor, ist von mehreren eigenständigen Datenbanken auszugehen (vgl. LG Berlin ZUM 2006, 343, 344, wo aufgrund verschiedener Abfrageprogramme die eBay-Bewertungsdatenbank und eBay-Angebotsdatenbank jeweils als getrennte, eigenständige Datenbanken angesehen wurden). Da es maßgeblich auf den Zuschnitt des Abfragesystems ankommt, können zwei oder sogar mehr selbstständige Datenbanken im Prinzip sogar dann vorliegen, wenn zwei oder mehrere softwaremäßig voneinander getrennte Abfragetools auf denselben physischen Datenbestand zugreifen. **Keine Rolle** spielt es hingegen, wie die Abfrageergebnisse am **Bildschirm präsentiert** werden. Auch wenn die Abfrageergebnisse verschiedener, durch unterschiedliche Software gesteuerter Abfragetools auf dem Bildschirm nebeneinander angezeigt werden, liegt regelmäßig nicht eine, sondern liegen mehrere Datenbanken vor (vgl. LG Berlin ZUM 2006, 343, 344 – eBay-Angebotsdatenbank). Nicht die Nutzersicht, sondern die technische Struktur ist entscheidend. Auch der physische Ort der Datenspeicherung spielt keinerlei Rolle für die Frage, ob eine oder mehrere Datenbanken vorliegen (vgl. Erwägungsgrund 21, s. o. Rn. 21 ff.). Auch wenn die Datenbestände, auf die ein einheitliches Abfragemittel zugreift, räumlich verstreut auf mehreren Servern gespeichert sind, liegt lediglich eine einzige Datenbank vor (vgl. LG Berlin ZUM 2006, 343, 344 – eBay-Angebotsdatenbank).

32 **Abgrenzungsfragen** können sich nicht nur in horizontaler, sondern auch **in vertikaler Richtung** stellen. Hier dürften aufgrund des offenen Elementbegriffs (s. o. Rn. 9 ff.) Elemente einer Datenbank durchaus auch selbst wieder Datenbanken oder aber auch bloße Datenhaufen sein können. Im ersten Fall läge neben den einzelnen Datenbanken eine **Meta-Datenbank** vor. Bspw. stellte sowohl die Gesamtheit eines aus 546 Kartenblättern bestehenden Kartenwerks als auch jedes einzelne topografische Kartenblatt selbst eine Datenbank dar (vgl. LG München I GRUR 2006, 225, 227 – Topografische Kartenblätter). Auch bei einem Briefmarkenkatalog wurde sowohl der Gesamtkatalog als Datenbank angesehen als auch einzelne in sich geschlossene, bestimmte Sammelgebiete betreffende Teile als „Teil-Datenbanken" (OLG München ZUM-RD 2003, 306, 310 – Gliederungsschema für Briefmarkenkatalog). Da Datenbanken durchaus auch ungeordnete Datenhaufen als Datenbankelemente enthalten können, kann es sich bei dem Anzeigenteil einer Zeitung durchaus um eine Datenbank handeln (dazu ausführlich unten Rn. 79 ff.).

6. Wesentliche Investition

33 **a) Bedeutung.** Mit dem sui-generis-Recht soll dem Hersteller einer Datenbank ein zeitlich und sachlich begrenzter Schutz für die mit dem Aufbau der Datenbank verbundene Investition gewährt werden. Die in den Datenbankaufbau getätigte **wesentliche Investition** ist insoweit **zentrale Tatbestandsvoraussetzung** für das Datenbankschutzrecht nach §§ 87a ff., deren Auslegung durch die Gerichte dem sui-generis-Schutz erst seine konkrete Gestalt gibt. Bei der Auslegung des Begriffs der „nach Art oder Umfang wesentlichen Investition" ist, wie auch sonst so häufig im Datenbankherstellerrecht, auf die Bestimmung des Art. 7 Abs. 1 Datenbank-Richtlinie zurückzugreifen, weil § 87a diesen Artikel umsetzt (BGH GRUR 2009, 852 Rn. 23 – Elektronischer Zolltarif; BGH GRUR 2011, 724 Rn. 17 – Zweite Zahnarztmeinung II).

34 § 87a enthält für die Auslegung dabei lediglich zwei Maßgaben. Zum einen ist nicht jede Investition berücksichtigungsfähig. Vielmehr vermögen nach § 87a nur solche Investitionen den sui-generis-Schutz zu begründen, die gerade **in die Beschaffung, Überprüfung oder Darstellung des Datenbankinhalts** getätigt worden sind, womit insb. Investitionen in die Datenerzeugung nicht berücksichtigungsfähig sind (dazu unten Rn. 35 ff.). Zum anderen müssen die hiernach berücksichtigungsfähigen Investitionen in ihrer Gesamtheit **nach Art oder Umfang wesentlich** sein (dazu unten Rn. 52 ff., 59 ff.). Hieraus ergibt sich folgende **Prüfungsreihenfolge:** Zunächst ist zu prüfen, ob eine bestimmte Investition überhaupt **berücksichtigungsfähig** ist. Anschließend ist zu fragen, ob die

Summe der berücksichtigungsfähigen Investitionen nach Art oder Umfang insgesamt die Schwelle der **Wesentlichkeit** erreicht. Hinsichtlich des Kriteriums der Wesentlichkeit einer Investition ihrer Art oder ihrem Umfang nach ist dabei die **Schutzuntergrenze** nach wie vor ungeklärt, was gerade bei kleineren Datenbanken zu einer rechtlichen Unsicherheit führt (dazu unten Rn. 65 ff.).

b) Berücksichtigungsfähige Investitionen. Nach § 87a Abs. 1 S. 1 wirken schutz- 35 begründend nur solche Investitionen, die in die **Beschaffung, Überprüfung oder Darstellung des Inhalts** einer Datenbank getätigt werden.

aa) Beschaffung des Datenbankinhalts. Welche Kosten im Zusammenhang mit der 36 Datengewinnung zur Beurteilung der Wesentlichkeit der getätigten Investition als schutzbegründender **Beschaffungsaufwand** herangezogen werden dürfen, war weitgehend unklar und umstritten. In vier grundlegenden Entscheidungen v. 9.11.2004 hat der EuGH in streng teleologischer Auslegung von Art. 7 Abs. 1 der Datenbank-Richtlinie die Grenzlinie nunmehr wie folgt gezogen: Mit der Beschaffung des Inhalts der Datenbank verbunden sind **nur solche Investitionen,** die der **Ermittlung und Suche nach vorhandenen** unabhängigen **Daten und deren Sammlung** in der Datenbank dienen, **nicht** hingegen **solche Investitionen,** die eingesetzt werden, **um Elemente,** aus denen der Inhalt einer Datenbank besteht, überhaupt erst **zu erzeugen.** Denn das Ziel des durch die Richtlinie geschaffenen Investitionsschutzes durch das sui-generis-Recht besteht allein darin, einen Anreiz für die Einrichtung von Systemen zur Speicherung und Verarbeitung vorhandener Informationen zu geben, nicht hingegen darin, das Erzeugen von Elementen zu fördern, die später einmal in einer Datenbank zusammengestellt werden können (EuGH GRUR 2005, 244, 247 Rn. 31, 42 – BHB-Pferdewetten; EuGH GRUR 2005, 252 f. Rn. 24 – Fixtures-Fußballspielpläne I; EuGH GRUR 2005, 254, 256 Rn. 40 – Fixtures-Fußballspielpläne II; EuGH GRUR Int. 2005, 244 Rn. 31 ff. – Fixtures-Fußballspielpläne III; BGH GRUR 2005, 857 f. – HIT BILANZ; BGH GRUR 2005, 940, 941 – Marktstudien; *Leistner* K&R 2007, 457, 460; *Leistner* JZ 2005, 408, 409; *Sendrowski* GRUR 2005, 369, 371). Zu den Beschaffungskosten gehören danach auch Investitionen in vorbestehende Produkte wie der Erwerb sonderrechtlich nicht geschützter Daten oder notwendiger Nutzungsrechte an den in der Datenbank aufgenommenen geschützten Werken (BGH GRUR 2009, 852 Rn. 24 – Elektronischer Zolltarif; Schricker/Loewenheim/ *Vogel* § 87a Rn. 46). Auch eine aufwendige und damit investitionsintensive bibliographische und statistische Recherche von Gedichttiteln anhand eines schöpferischen Auswahlsystems kann berücksichtigungsfähig sein (*Leistner* JZ 2009, 101, 103).

bb) Überprüfung des Datenbankinhalts. Der Begriff der mit der Überprüfung des 37 Inhalts der Datenbank verbundenen Investition erfasst ausschließlich diejenigen Mittel, die der **Kontrolle der Richtigkeit der ermittelten Elemente bei der Erstellung der Datenbank** und während des **Zeitraums ihres Betriebs** gewidmet werden (EuGH GRUR 2005, 244, 247 Rn. 34, 42 – BHB-Pferdewetten; GRUR 2005, 252 f. Rn. 27 – Fixtures-Fußballspielpläne I; GRUR 2005, 254, 256 Rn. 43 – Fixtures-Fußballspielpläne II; BGH GRUR 2005, 940, 941 – Marktstudien; BGH GRUR 2011, 724 Rn. 21 – Zweite Zahnarztmeinung II). Ausdrücklich **nicht** erfasst werden hingegen Kosten, die für **Überprüfungsmaßnahmen im Laufe des Stadiums der Erzeugung der Daten** oder sonstigen Elemente aufgewendet werden, die anschließend in einer Datenbank gesammelt werden. Derartige Überprüfungskosten stellen vielmehr diese Erzeugung betreffende Mittel dar und dürfen daher bei der Beurteilung, ob eine wesentliche Investition vorliegt, nicht berücksichtigt werden (EuGH GRUR 2005, 244, 247 Rn. 34 – BHB-Pferdewetten).

Zu beachten ist allerdings, dass hierdurch nur Überprüfungsaufwand hinsichtlich **er-** 37a **zeugter Daten** ausgeschlossen wird. Keineswegs werden jedoch sämtliche Mittel, die dafür anfallen, die in die Datenbank übernommenen Daten daraufhin zu überprüfen, ob sie als solche „wahr" oder „richtig" sind, per se nicht mehr berücksichtigt (so aber wohl *Sendrowski* GRUR 2005, 369, 371). Vielmehr greift der vom EuGH aufgestellte Ausschluss von Investitionen in die „Richtigkeitsprüfung" im Stadium der Datenerzeugung nicht, soweit es darum geht, **vorhandene Daten** im Zuge ihrer Ermittlung daraufhin zu überprüfen, ob sie als solche „wahr" oder „richtig" sind. Insoweit stellt gerade die Richtigkeit bzw. Aktualität der in einer Datenbank enthaltenen vorgefunden Elemente und damit ihre Verlässlichkeit einen wesentlichen, von dem Zweck der Datenbank-Richtlinie geschützten Wertfaktor von Datenbanken dar. Investitionen in die Überprüfung der „Richtigkeit" vorhandener Daten sind daher berücksichtigungsfähig (vgl. EuGH GRUR 2005, 254, 256 Rn. 43 – Fixtures Fußballspielpläne II; vgl. Schricker/Loewenheim/*Vogel* § 87a Rn. 50, 52f.; Fromm/Nordemann/*Czychowski* § 87a Rn. 19; s. dazu auch unten Rn. 49ff.). Dem folgend hat der BGH auch spezielle Personalkosten des Betreibers eines **Zahnarzt-Bewertungsportals** als berücksichtigungsfähige Investitionen angesehen. Die Kosten waren zum einen für die Überprüfung der von den Patienten verfassten Bewertungen (= Daten) auf ihre Einstellungsfähigkeit und zum andern für das ggf. erforderliche Ändern der Texte, wenn diese nicht dem Bewertungsmaßstab entsprachen, angefallen. Diese auswertende Tätigkeit gehöre zu den mit der Überprüfung des Inhalts der Datenbank verbundenen Tätigkeiten. Es handele sich gerade nicht um Überprüfungsmaßnahmen im Stadium der Datenerzeugung. Vielmehr fallen die Kosten erst an, wenn die Bewertungstexte bereits vorhanden sind (BGH GRUR 2011, 724 Rn. 21f. – Zweite Zahnarztmeinung II; kritisch zu den Änderungskosten *Sendrowski* GRUR 2011, 728, der dabei aber übersieht, dass es sich i.d.R. nur um marginale Änderungen durch die Forenmitarbeiter wie insb. die Entfernung von rechtswidrigen Herabsetzungen handeln wird, die aus den bereits vorhandenen Bewertungen keine neue Daten erzeugen).

38 **cc) Darstellung des Datenbankinhalts.** Der Begriff der mit der Darstellung des Inhalts der Datenbank verbundenen Investition wiederum bezieht sich auf diejenigen **Mittel, mit denen der Datenbank ihre Funktion der Informationsverarbeitung verliehen werden soll.** Es geht um diejenigen Mittel, die der systematischen oder methodischen Anordnung der in der Datenbank enthaltenen Elemente und der Organisation der individuellen Zugänglichkeit dieser Elemente gewidmet werden (EuGH GRUR 2005, 252f. Rn. 27 – Fixtures-Fußballspielpläne I; EuGH GRUR 2005, 254, 256 Rn. 43 – Fixtures-Fußballspielpläne II; BGH GRUR 2005, 940, 941 – Marktstudien; BGH GRUR 2009, 852 Rn. 27 – Elektronischer Zolltarif; BGH GRUR 2011, 1018 Rn. 30 – Automobil-Onlinebörse). Zu den berücksichtigungsfähigen Investitionen zählen daher ohne weiteres die Kosten für die **Aufbereitung der Daten** zur Aufnahme in die Datenbank, wie etwa die Personalkosten für die systematische oder methodische Anordnung, insb. die Kosten für die Erstellung eines Registers oder andersartiger Einteilungssysteme bei nichtelektronischen Datenbanken bzw. die Kosten für die Erstellung des konzeptionellen Modells einschließlich der Abfragesysteme, Indizes und Thesauri bei elektronischen Datenbanken (Schricker/Loewenheim/*Vogel* § 87a Rn. 48; Fromm/Nordemann/*Czychowski* § 87a Rn. 19; *Leistner* 153). Auch die Kosten für die Festlegung eines Wörterbuchs bzw. einer Schlüsselwortliste und die Anpassung (vorhandener) Rohdaten an die dadurch aufgestellten Vorgaben dürften insoweit keineswegs eine unbeachtliche Vorfeldinvestition in die „Datenerzeugung" darstellen. Vielmehr handelt es sich bei dieser Verknüpfung vorhandener Daten um genuinen Datenverarbeitungsaufwand, durch den die Datenbank erst ihre Funktionalität erhält, indem die Wiederauffindbarkeit der einzelnen Elemente durch Abfragen ermöglicht wird (vgl. Erwägungsgrund 20; ähnlich Dreier/Schulze/*Dreier* § 87a Rn. 4; zweifelnd *Sendrowski* GRUR 2005, 569, 371). Laut BGH fallen hierunter insb. auch **Personalkosten,** die für die Programmwartung, ständige Überprüfung und Einbringung vorbestehender Daten sowie die Verbesserung der Darstellung der eigenen Datenbank aufgewendet werden. Denn dieser Aufwand diene dazu, dass die vorbestehenden Daten benutzerfreundlich zugänglich und damit in sinnvoller Weise nutzbar gemacht werden (BGH GRUR 2009, 852 Rn. 27 – Elektronischer Zolltarif).

Auch das **Entgelt für Nutzungsrechte** an dem **Computerprogramm,** das für die **39** Erstellung und den Betrieb der Datenbank nötig ist, zählt zu den berücksichtigungsfähigen Investitionen in die Darstellung des Datenbankinhalts. Der Umstand, dass es sich beim Computerprogramm rechtlich um ein aliud zur Datenbank handelt, ändert daran nichts (OLG Köln GRUR-RR 2006, 78, 80 – EZT; KG MMR 2001, 171, 172 – Ticketverkaufssystem; Schricker/Loewenheim/*Vogel* § 87a Rn. 51; Loewenheim/*Loewenheim* § 43 Rn. 9; Fromm/Nordemann/*Czychowski* § 87a Rn. 20; *Krekel* WRP 2011, 436, 437f.; *Vogel* FS Schricker 2005, 586; *Leistner* 153; s. auch Rn. 62). Denn erst durch die Software erhält die Datenbank ihre Funktionalität der Informationsverarbeitung. **Nicht** zu berücksichtigen sind hingegen die Kosten für den **Ankauf fertiger Datenbanken** und für den Kauf von Unternehmen, die Rechte an Datenbanken halten, da die Investitionen in diesen Fällen nicht unmittelbar in den Datenbankaufbau getätigt werden. Dasselbe gilt für den Erwerb einer Lizenz an einer solchen fertigen Datenbank (BGH GRUR 2009, 852 Rn. 24 – Elektronischer Zolltarif m.w.N.; *Krekel* WRP 2011, 436, 437; Beispiele bei *Gaster* Rn. 478–480). In diesen Fällen muss der Erwerber vielmehr die Rechte nach §§ 87a–e an den bereits bestehenden Datenbanken auf sich übertragen lassen (vgl. zum Erwerb europäischer Datenbankrechte durch ausländische Hersteller näher Vor §§ 87aff. Rn. 43ff.).

Die individuelle Zugänglichkeit und systematische Wiederauffindbarkeit der einzelnen **40** Elemente wird letztlich erst durch einen **festen Träger** ermöglicht (EuGH GRUR 2005, 254f. Rn. 30, 31 – Fixtures-Fußballspielpläne II). Daher gehören zu den Darstellungsaufwendungen auch die **Kosten für die physische Bereitstellung** der Datenbank für die Nutzer, etwa die Druck- und Herstellungskosten für eine Print- oder CD-ROM-Datenbank oder die Kosten für den physischen Betrieb einer Online-Datenbank (sog. **Hosting-Kosten,** vgl. Ziegler/*Smirra* MMR 2013, 418, 420). Zur Frage, ob und inwieweit dabei sämtliche **Präsentationsaufwendungen,** auch wenn sie im Einzelfall das für das Erreichen der Funktionalität der Datenbank erforderliche Maß (weit) übersteigen sollten, bei der Frage der Wesentlichkeit berücksichtigt werden dürfen, s. unten Rn. 42ff.

c) Abgrenzungsprobleme und offene Fragen. Indem der EuGH in seinen Grund- **41** satzentscheidungen BHB-Pferdewetten/Fixtures-Fußballspielpläne I–III klargestellt hat, dass Investitionen im Stadium der Datenerzeugung als eine dem Datenbankaufbau vorgeschaltete Tätigkeit vom Schutzzweck des sui-generis-Rechts nicht erfasst werden, hat er den **sachlichen Anwendungsbereich des sui-generis-Rechts erheblich reduziert** (so auch *Metzger* GRUR 2012, 118, 124f., der als Grund für die restriktive Auslegung des EuGH den zeitgleich erstellten kritischen Evaluierungsbericht der Kommission vermutet). Denn zahlreiche Datenbanken entstehen im Zusammenhang mit der Datenerzeugung und haben dort auch ihren wirtschaftlichen Schwerpunkt. Sie stellen **unselbstständige „Spin offs" bzw. Neben- oder „Abfall"-Produkte** einer sonstigen Dienstleistung dar, in deren Ausübung die in ihnen enthaltenen Elemente erzeugt worden sind (vgl. *Davison/ Hugenholtz* EIPR 2005, 113; krit. zu dieser Theorie *Gaster* in: Hoeren/Sieber Rn. 93ff.; *Rieger* 131–134). Zwar ist das eigentliche Problem derartiger Datenbanken aus vom Datenbankhersteller erzeugten Elementen in erster Linie ihr Monopolcharakter. Anstelle eines aus praktischer Sicht fast vollständigen Ausschlusses derartiger Datenbanken vom suigeneris-Schutz, wie sie der EuGH vorgenommen hat, hätte sich durchaus auch eine Lösung der Monopol-Problematik durch Zwangslizenzen angeboten (vgl. *Davison/Hugenholtz* EIPR 2005, 113). Hiervon abgesehen ist dem Ansatz des **EuGH** angesichts des Zwecks der Datenbank-Richtlinie, Investitionen in die Sammlung, Speicherung und Aufbereitung vorhandener Daten in Datenbanken und nicht Investitionen in die Datenerzeugung zu fördern, aber **grds. zuzustimmen** (so *Leistner* JZ 2005, 408ff.; *Leistner* K&R 2007, 457, 460; *Kur/Hilty/Geiger/Leistner* 554; krit. *Lehmann* CR 2005, 16f.; *Wiebe* CR 2005, 169,

174; *Sendrowski* GRUR 2005, 369, 372; *Cherkeh/Urdze* CaS 2009, 127, 132; *Rieger* 137 ff.). In jedem Fall sind die vom EuGH aufgestellten Grundsätze nunmehr aber in der Praxis anzuwenden und die sich aus ihnen ergebenden neuen Fragen und Abgrenzungsprobleme zu klären.

42 **aa) Wirtschaftliche Zuordnung einer Investition.** Noch nicht abschließend geklärt ist zunächst die Frage, unter welchen Voraussetzungen ein **Datenerzeuger** überhaupt noch ein Datenbankherstellerrecht nach den §§ 87a ff. erwerben kann. Der EuGH hat zwar ausdrücklich klargestellt, dass der **Erwerb des Datenbankherstellerrechts** durch diejenige Person, die die in einer Datenbank enthaltenen Elemente zuvor selbst erzeugt hat, **keineswegs grundsätzlich ausgeschlossen** ist. Er verlangt dafür aber einen **Nachweis**, dass die Beschaffung der Elemente, ihre Überprüfung oder Darstellung in der Datenbank Anlass zu einer in quantitativer oder qualitativer Hinsicht **wesentlichen Investition** gegeben haben, die im Verhältnis zu denjenigen Mitteln, die eingesetzt worden sind, um diese Elemente zu erzeugen, **selbstständig** ist (EuGH GRUR 2005, 244, 247 Rn. 35 – BHB-Pferdewetten; EuGH GRUR 2005, 254, 256 Rn. 45 – Fixtures-Fußballspielpläne II). Allerdings erfordere bei Daten, die der Datenbankhersteller zuvor selbst erzeugt habe, weder ihre Ermittlung und Beschaffung noch ihre Überprüfung im Zeitpunkt der Erstellung der Datenbank besondere Mittel, so dass grds. weder ein berücksichtigungsfähiger Beschaffungs- noch Überprüfungsaufwand vorliege (EuGH GRUR 2005, 244, 247 Rn. 36 – BHB-Pferdewetten; EuGH GRUR 2005, 254, 256 Rn. 46 – Fixtures-Fußballspielpläne II). Lediglich die **Darstellung** der zuvor erzeugten Daten in einer Datenbank, d. h. „die Zusammenstellung dieser Daten, ihre systematische oder methodische Anordnung innerhalb der Datenbank, die Organisation ihrer individuellen Zugänglichkeit und die Überprüfung ihrer Richtigkeit während des gesamten Zeitraums des Betriebs der Datenbank" könne noch eine berücksichtigungsfähige und in quantitativer und/oder qualitativer Hinsicht wesentliche Investition erfordern (EuGH GRUR 2005, 244, 247 Rn. 36 – BHB-Pferdewetten; EuGH GRUR 2005, 254, 256 Rn. 46 – Fixtures-Fußballspielpläne II). Weder im Fall BHB-Pferdewetten, noch in den Fixtures-Fußballspielplänen I-III hat der EuGH aber eine in diesem Sinne **selbstständige wesentliche Investition** des Datenerzeugers in die Darstellung der Daten vorliegen gesehen. Damit stellt sich die Frage, wann eine solche selbstständige wesentliche Investition überhaupt angenommen werden kann. Die Abgrenzung fällt v. a. deshalb schwer, weil eine Einteilung in verschiedene Phasen oftmals rein praktisch nicht möglich ist und es an einem klaren Abgrenzungskriterium fehlt (*Hoeren* MMR 2005, 29, 35 f.; *Herrmann/Dehißelles* K&R 2009, 23, 24; *Cherkeh/Urdze* CaS 2009, 127, 132).

43 Teilweise ist hierfür eine „**pro-rata-Betrachtung**" vorgeschlagen worden, wonach diejenigen Investitionen, die zugleich der Datenerzeugung als auch der Datenbankerstellung dienen, in freier Würdigung der Umstände **aufgeteilt und anteilig** der rechtlich relevanten Investition in die Datenbank **zugerechnet** werden dürfen (*Vogel* FS Schricker 2005, 588, 591). Zutreffend hieran ist, dass ein Datenbankhersteller im Zuge der ihm obliegenden Darlegungs- und Beweislast für die Entstehung des Datenbankschutzes **substantiiert darlegen** und unter Beweis stellen kann, welcher bezifferbare konkrete Anteil seiner Gesamtinvestitionen nicht auf die Datenerzeugung und sonstige damit verbundene Tätigkeiten entfällt, sondern auf eine sich anschließende selbstständige Datenbankherstellung. Werden etwa Mitarbeiter sowohl für die Datenerzeugung als auch für die Datenbankherstellung eingesetzt, so kann durch Vorlage von Arbeitsplänen und ggf. durch Zeugenbeweis ermittelt werden, welcher Anteil der Personalkosten auf welche Tätigkeit entfällt und auch ein entsprechender Anteil an den Gemeinkosten ggf. noch hinzugerechnet werden. Eine hierüber hinausgehende in freier Würdigung der Umstände erfolgende Aufteilung und anteilige Zurechnung der Investitionen in Datenerzeugung und Datenbankherstellung dürfte jedoch ausscheiden. Es dürfte daher insb. unzulässig sein, sämtliche Aufwendungen, die für

die Herstellung der Datenbank als selbstständiges Produkt bei isolierter Betrachtung zu tätigen gewesen wären, als notwendige Investitionen in die Datenbankherstellung zu berücksichtigen. Denn der EuGH hat gerade den umgekehrten Weg beschritten und insoweit eine **klare Trennung** beider Arten von Investitionen gefordert und sämtliche Aufwendungen, die für die Datenerzeugung und Herstellung anderer Produkte bzw. Erbringung anderer Dienstleistungen bei isolierter Betrachtung zu tätigen waren, generell als nicht berücksichtigungsfähig angesehen, auch wenn die Datenbank ohne sie als Produkt nicht denkbar wäre (EuGH GRUR 2005, 244, 247 Rn. 35 ff. – BHB-Pferdewetten; EuGH GRUR 2005, 252 f. Rn. 28 ff. – Fixtures-Fußballspielpläne I; EuGH GRUR 2005, 254, 256 Rn. 40 ff. – Fixtures-Fußballspielpläne II; *Sendrowski* GRUR 2005, 369, 372; krit. *Lehmann* CR 2005, 15 f.; *Hoeren* MMR 2005, 29, 34). Jedenfalls führt die Rspr. des EuGH dazu, dass ein Datenerzeuger, der den Datenbankherstellerschutz in Anspruch nehmen möchte, den Vorgang der Datenerzeugung sowohl in organisatorischer Hinsicht wie auch im Hinblick auf die getätigten Investitionen klar von der Darstellung der Daten trennen sollte (Fromm/Nordemann/*Czychowski* § 87a Rn. 19; *Krekel* WRP 2011, 436, 437, 438; *Cherkeh/ Urdze* CaS 2009, 127, 132).

Nach der Rspr. des EuGH könnte ein datenerzeugender single source-Monopolist grds. **44** auch durch **verstärkte Investitionen in die Darstellung des Datenbankinhalts** ein sui-generis-Recht an den Datenbanken erwerben, die mit den von ihm erzeugten Daten hergestellt wurden (so der Vorschlag von *Davison/Hugenholtz* EIPR 2005, 113 ff.; ähnlich *Sendrowski* GRUR 2005, 369, 372; vgl. auch die Prüfung des EuGH GRUR 2005, 254, 256 Rn. 48–52 – Fixtures-Fußballspielpläne II). Derartige Investitionen müssen zunächst die vom EuGH aufgestellte Voraussetzung der Selbstständigkeit erfüllen (s. o. Rn. 42). Daran knüpft die weitere Frage, ob in die Beurteilung der Wesentlichkeit der getätigten Investitionen nur solche Investitionen einfließen dürfen, wie sie zum Erstellen der Datenbank „erforderlich" im Sinne von unumgänglich gewesen wären, oder ob der Datenbankhersteller grds. die **Gesamtheit der von ihm getätigten, prinzipiell berücksichtigungsfähigen Investitionen** geltend machen darf. Letzteres würde bedeuten, dass auch solche Investitionen zu berücksichtigen sind, die über die Mindestfunktionalität der Datenbank im Einzelfall (weit) hinausgehen, wie z. B. eine besonders aufwendig gestaltete und kostenintensive Darstellung, Präsentation, etc. Kommt hier der „Grundsatz der Gesamtberücksichtigung" in gleicher Weise wie sonst auch zur Anwendung, wonach alle diejenigen – im Verhältnis zu etwaigen Datenerzeugungsinvestitionen selbstständigen – Investitionen, die sich mit einem nachweisbaren Resultat in der konkreten Datenbank niedergeschlagen haben, in voller Höhe berücksichtigt werden dürfen (vgl. LG Köln ZUM-RD 2000, 304, 307 – kidnet.de; näher dazu unten Rn. 63), wäre auch über verstärkte Präsentationsaufwendungen der Erwerb von sui-generis-Schutz möglich (vgl. *Davison/Hugenholtz* EIPR 2005, 113 ff.; *Sendrowski* GRUR 2005, 369, 372). Letztlich spricht auch in dieser besonderen Konstellation mehr für die Anwendung des Grundsatzes. Es wäre in der Praxis kaum möglich, eine klare Trennlinie zu ziehen, welche Aufwendungen erforderlich waren und welche nicht. Die Folge wären zahlreiche gerichtliche Streitigkeiten über ein letztlich subjektives Element mit voraussichtlich vielen widerstreitenden Gerichtsentscheidungen. Dies gilt es zu vermeiden, zumal die uneingeschränkte Berücksichtigung der Investitionen in die Darstellung auch der Intention der Datenbank-Richtlinie nicht zuwiderlaufen dürfte (zweifelnd und offen gelassen in der Voraufl. Rn. 44). Denkbar wäre es insoweit nämlich, dass der Datenerzeuger neben einer (schutzlosen) **„low quality"** Datenbank parallel eine (schutzfähige) **„high quality" Datenbank** mit komfortablen Zugriffs- und Abfragemechanismen, in aufwendiger Präsentation oder als Mehrwertprodukt anbietet. Von diesen Investitionen in die Darstellung der Datenbank würde die Allgemeinheit profitieren und dem Ziel der Datenbank-Richtlinie, einen Anreiz zur Entwicklung „moderner Datenspeicher- und Datenverarbeitungs-Systemen" (Erwägungsgrund 12) zu setzen, Genüge getan.

45 bb) **Alternative Gestaltungsmodelle der Datenerzeuger.** Neben der Berücksichtigung eigener Investitionen sind auch alternative Gestaltungsmodelle der datenerzeugenden single source-Monopolisten möglich, die auf diesem Wege der vom EuGH vorgezeichneten grds. Schutzlosigkeit ihrer spin off-Datenbanken zu entgehen versuchen könnten.

46 Es liegt insoweit nahe, dass Datenerzeuger die von ihnen erzeugten Daten nicht mehr selbst in Form einer Datenbank der Öffentlichkeit zugänglich machen, sondern ihren erzeugten **Datenbestand** (nicht die fertige Datenbank!) Dritten **lizenzieren bzw. verkaufen.** Die Lizenznehmer bzw. Erwerber der Daten können diese Kosten dann als berücksichtigungsfähigen Beschaffungsaufwand für die Datenbankherstellung geltend machen. Insoweit entspricht es einhelliger Meinung, dass die Kosten für die **Beschaffung des Datenbankinhalts** grds. berücksichtigungsfähige Investitionen in die Datenbeschaffung darstellen (BGH GRUR 2009, 852 Rn. 24 – Elektronischer Zolltarif; Loewenheim/*Loewenheim* § 43 Rn. 8; Schricker/Loewenheim/*Vogel* § 87a Rn. 46 f.; *Leistner* 150 f.; zurückhaltend Dreier/Schulze/*Dreier* § 87a Rn. 13; vgl. auch Davison/*Hugenholtz* EIPR 2005, 113; s. o. Rn. 36). Eine derartige Fallkonstellation lag z. B. der Entscheidung „Tele-Info-CD" des BGH zugrunde (BGH GRUR 1999, 923, 925). Dort hatte die Deutsche Telekom AG eine 100%ige Tochtergesellschaft mit der Herausgabe der Telefonbücher und sonstigen Kundenverzeichnisse betraut. Der BGH bejahte eine „wesentliche Investition" der Tochtergesellschaft und gewährte ihr umfassenden Datenbankschutz, wobei er insb. auf die Beschaffungskosten in Höhe von DM 93 Mio. für 30 Millionen Datensätze abstellte (BGH GRUR 1999, 923, 925 – Tele-Info-CD). Für die Deutsche Telekom AG würde es sich hingegen nach den Grundsätzen von BHB-Pferdewetten/Fixtures Fußballspielpläne I–III bei der Zusammenstellung der Daten ihrer eigenen Telefonkunden um einen nicht berücksichtigungsfähigen Aufwand im Zusammenhang mit der Datenerzeugung gehandelt haben (problematisch insoweit Tribunal de Commerce de Paris MMR 1999, 533 – elektronische Telefonbücher m. Anm. *Gaster*).

47 Es ist davon auszugehen, dass dieser Grundsatz weiterhin einschränkungslos Anwendung findet. Eine unterschiedliche Behandlung des Grundsatzes würde die ohnehin schwierige Abgrenzung zwischen berücksichtigungsfähigen und nicht berücksichtigungsfähigen Investitionen noch weiter verkomplizieren. Letztlich besteht **für eine Differenzierung** auch **kein Bedürfnis.** Selbst wenn einmal bei „single source"-Konstellationen durch Verkauf oder Lizenzierung des Datenbestands an Dritte die Gefahr der Monopolisierung an den erzeugten Daten drohen sollte, bleibt den Wettbewerbern noch der Weg über das Kartellrecht (vgl. EuGH GRUR 2004, 524 – IMS Health; EuGH GRUR Int. 1995, 490 – Magill TV guide; Schricker/Loewenheim/*Vogel* § 87a Rn. 47; vgl. dazu auch Vor §§ 87a Rn. 41). Für den Nutzer bleibt es zudem bei den Grundsätzen, dass eine Nutzung unwesentlicher Teile der „single source"-Datenbank grds. zulässig ist und auch die Abfrage und Konsultation der Datenbank zu Informationszwecken nicht verhindert werden kann (näher dazu § 87b Rn. 29 ff.).

48 Schließlich ist auch zu erwarten, dass sich Datenbankhersteller, die ihre Daten selbst erzeugen, zunehmend durch **Access Control** schützen und dem vertraglich gebundenen Nutzer auf schuldrechtlichem Wege bestimmte Verpflichtungen auferlegen werden. Hier käme es auf die Grenzen für solche vertraglichen Verpflichtungen nach §§ 87b, 87e an (dazu näher § 87e Rn. 8 ff.).

49 cc) **Mess- und Beobachtungsaufwand.** Weiterhin ist offen, ob es sich bei dem **mit** der Informationsgewinnung durch **naturwissenschaftliche Untersuchungen untrennbar verknüpften Beobachtungs- und Messaufwand** um „Datenbeschaffung" oder um „Datenerzeugung" handelt. Letzteres hätte zur Folge, dass dieser Aufwand bei der Beurteilung der Wesentlichkeit der getätigten Investitionen hinsichtlich einer von der gleichen Person später aus den gewonnenen Messdaten aufgebauten Datenbank nicht einfließen dürfte. Nach hier vertretener Ansicht handelt es sich bei derartigem Beobachtungs- und

Messaufwand allerdings auch nach den vom EuGH in BHB-Pferdewetten/Fixtures-Fußballspielplänen I–III aufgestellten Grundsätzen nach wie vor um eine berücksichtigungsfähige Investition in die **Datenbeschaffung** durch Ermittlung vorhandener Elemente (so auch *Leistner* K&R 2007, 457, 460; *Leistner* JZ 2005, 408 f.; *v. Lewinski* in: Roßnagel § 87a Rn. 18; *Leistner* 152; *Hornung* 111; so jetzt auch Schricker/Loewenheim/*Vogel* § 87a Rn. 53 unter Aufgabe seiner a. A. in der Vorauflage; zweifelnd *Sendrowski* GRUR 2005, 369, 372; *Davison/Hugenholtz* EIPR 2005, 113 ff.; *Lehmann* CR 2005, 16 f.). Denn derartige Daten sind grds. in der Natur **bereits vorhanden** und werden lediglich durch Messung „**gesammelt**" (bspw. meteorologische oder geologische Daten, Genanalysen, etc.). Aufgrund ihrer allgemeinen Verfügbarkeit können sie grds. von **jedem Dritten** mit dem gleichen Aufwand selbst „gesammelt" werden. Dies unterscheidet sie von den „erzeugten Daten", die ihrer Natur nach grds. niemandem außer dem Datenerzeuger selbst bekannt sind (so auch *Leistner* K&R 2007, 457, 460; zweifelnd *Sendrowski* GRUR 2005, 369, 372).

Bestätigt wird diese Ansicht durch die nach BHB-Pferdewetten/Fixtures-Fußballspielplänen I–III ergangene Rechtsprechung des Bundesgerichtshofs und der Instanzgerichte (BGH GRUR 2005, 857 – HIT BILANZ; ebenso schon die Vorinstanz OLG München GRUR-RR 2003, 329; BGH GRUR 2005, 940, 941 – Marktstudien; ebenso schon die Vorinstanz OLG München GRUR-RR 2002, 89 – GfK-Daten; OLG Köln MMR 2007, 443, 444 – DWD-Wetterdaten; LG München I GRUR 2006, 225 – Topografische Kartenblätter). So wurden bspw. Aufwendungen für die Ermittlung der Verkaufszahlen und der Anzahl von Hörfunkeinsätzen von Musiktiteln als berücksichtigungsfähige Investition angesehen. Hierbei handele es sich nicht um die Erzeugung neuer Daten, sondern um die **Feststellung tatsächlicher Vorgänge** und damit um die Ermittlung vorhandener Elemente zwecks Zusammenstellung in einer Datenbank. Die **Information als solche existiert bereits** und wird durch die Messung nicht erst erzeugt, sondern steht vielmehr auch weiterhin jedermann zur Verfügung (BGH GRUR 2005, 857, 859 – HIT BILANZ; ebenso die Vorinstanz OLG München GRUR-RR 2003, 329; ebenso *Leistner* K&R 2007, 457, 462). Gleiches galt für die von einem Markt- und Meinungsforschungsinstitut zur **Erhebung von Marktdaten** aufgewendeten Investitionen (implizit BGH GRUR 2005, 940, 941 – Marktstudien; ebenso Vorinstanz OLG München GRUR-RR 2002, 89 – GfK-Daten; im gleichen Sinne *Leistner* K&R 2007, 457, 461), für die Messung von **Wetterdaten** (OLG Köln MMR 2007, 443 – DWD-Wetterdaten) und **geografischen Daten** (LG München I GRUR 2006, 225 – Topografische Kartenblätter). Im Ergebnis liegt berücksichtigungsfähiger „Sammlungsaufwand" damit immer dann vor, wenn es sich um Informationen handelt, die im Prinzip von jedermann mit ähnlichem wirtschaftlichen Aufwand durch Messung oder Beobachtung „gesammelt" werden können.

Abschließend ist klarzustellen, dass auch der vom EuGH vorgesehene Ausschluss von Investitionen in die „**Richtigkeitsprüfung**" **im Stadium der Datenerzeugung** bei (naturwissenschaftlichem) Mess- und Beobachtungsaufwand nicht greift (dazu oben Rn. 37; so aber wohl *Sendrowski* GRUR 2005, 369, 371). Denn es handelt sich bei (naturwissenschaftlichem) Mess- und Beobachtungsaufwand der Sache nach nicht um „Überprüfungsaufwand" hinsichtlich erzeugter Informationen, sondern um genuinen „Sammlungsaufwand" hinsichtlich bereits vorhandener Informationen. Bei diesem Aufwand geht es selbstverständlich darum, zunächst einmal den „wahren" bzw. „richtigen" Wert einer bereits vorhandenen Information zu ermitteln, etwa die Temperatur, die zu einem bestimmten Zeitpunkt an einem bestimmten Ort herrscht oder die Häufigkeit, mit der ein bestimmtes Musikstück in den Charts gespielt wurde (vgl. OLG Köln MMR 2007, 443 – DWD-Wetterdaten; BGH GRUR 2005, 857, 858 f. – HIT BILANZ). Soweit der „Überprüfungsaufwand" bei vorgefundenen Daten mit dem Sammlungs- bzw. Beschaffungsaufwand zusammenfällt, widerspricht seine Berücksichtigung insoweit auch nicht dem Zweck der Datenbank-Richtlinie, Investitionen in Datenspeicherungssysteme zu fördern (vgl. oben Rn. 36).

52 **d) Wesentlichkeit. aa) Unbestimmter Rechtsbegriff.** Geschützt wird jedoch nicht jede beliebige Investition, sondern nur eine „wesentliche". Die Richtlinie selbst gibt auf die Frage, wann eine Investition so „wesentlich" ist, dass sie die für die Entstehung des Herstellerrechts erforderliche **„Investitionshöhe"** (*Leistner* 162) erreicht, allerdings genauso wenig eine Antwort wie § 87a. Es handelt sich hierbei um eine bewusste Entscheidung des (Richtlinien-)Gesetzgebers, die vom deutschen Gesetzgeber übernommen wurde. Den Gerichten sollte ein flexibles Kriterium an die Hand gegeben werden, damit sie der Vielfalt an Datenbanken unterschiedlichster Art gerecht werden können (Erwägungsgrund 40; AmtlBegr. *M. Schulze* Materialien 1020; Schricker/Loewenheim/*Vogel* § 87a Rn. 41; *Leistner* 168).

53 Da die Auslegung von Generalklauseln der Vorlageverpflichtung nach Art. 267 AEUV nur relativ eingeschränkt unterliegt (vgl. dazu *Kindler* K&R 2000, 265, 272 m.w.N.), ist es somit in erster Linie Aufgabe der Rechtsprechung der nationalen Gerichte, den **unbestimmten Rechtsbegriff** der **Wesentlichkeit berücksichtigungsfähiger Investitionen** anhand der auftretenden Einzelfälle im Wege der **Kasuistik** zu entwickeln und zu konkretisieren. In seinen Entscheidungen BHB-Pferdewetten/Fixtures-Fußballspielpläne I–III hat der EuGH insoweit lediglich allgemeine Hinweise zu einer solchen richtlinienkonformen Auslegung gegeben (dazu unten Rn. 71f.).

54 **bb) Niedrige Schutzschwelle.** Nach h.M. gilt eine **niedrige Schutzschwelle**, d.h. das Wesentlichkeitskriterium dient angesichts des extrem weiten, jegliche Zusammenstellung erfassenden Datenbankbegriffs lediglich dem **Ausschluss** ganz unbedeutender Aufwendungen in Form sog. **„Allerweltsinvestitionen"** (BGH GRUR 2011, 724 Rn. 23 – Zweite Zahnarztmeinung II; BGH GRUR 2011, 1018 Rn. 30 – Automobil-Onlinebörse; OLG Köln MMR 2007, 443, 444 – DWD-Wetterdaten; AG Rostock MMR 2001, 631f. – Linksammlung als Datenbank; Schricker/Loewenheim/*Vogel* § 87a Rn. 54; Dreyer/Kotthoff/Meckel/*Kotthoff* § 87a Rn. 30; *Lehmann* in: Möhring/Schulze/Ulmer/Zweigert Anm. 7; *Sendrowski* GRUR 2005, 369, 372; *Klein* GRUR 2005, 377, 378; *Benecke* CR 2004, 608, 611; *Derclaye* IIC 2005, 2ff., 30; *Leistner* 168; *Gaster* Rn. 476; *Hornung* 112; *Rieger* 158; so jetzt auch Fromm/Nordemann/*Czychowski* § 87a Rn. 16; für völligen Verzicht auf das Erfordernis einer wesentlichen Investition *Berger* GRUR 1997, 169, 173). Danach handelt es sich um eine Art **de minimis-Kriterium,** um Datenbanken, die auf ganz minimalen Aufwendungen beruhen, wie etwa ein privates Adressverzeichnis oder eine private Sammlung von Bonmots (*Leistner* GRUR Int. 1999, 819, 830) vom Schutzbereich des Datenbankherstellerrechts auszuschließen.

55 Nach a.A. hingegen ist ein **substanzielles Gewicht** der Investition **erforderlich** (LG Köln ZUM-RD 2000, 304, 306 – kidnet.de, wobei ein solches Gewicht im konkreten Fall einer Sammlung von 251 Links beigemessen wurde; *Schack* MMR 2001, 12; *Milbradt* CR 2002, 710, 713; *Schack* Rn. 665a: „strenger Maßstab"; wohl auch Dreier/Schulze/*Dreier* § 87a Rn. 14).

56 Für eine prinzipiell **niedrige Schutzschwelle** spricht, dass ansonsten vor allem **Hersteller kleinerer Datenbanken** jeglichen Investitionsanreiz verlieren könnten, da ihre Investitionen nicht ausreichend geschützt wären und größere Datenbanken von den ungeschützten Produkten kleinerer Konkurrenten profitieren könnten (OLG Köln MMR 2007, 443, 444 – DWD-Wetterdaten; AG Rostock MMR 2001, 631f. – Linksammlung als Datenbank; *Benecke* CR 2004, 608, 611; *Westkamp* IIC 2003, 772, 782). Gleiches gilt, wenn sich **Datenbanken** erst **im Aufbau** befinden (vgl. *Benecke* CR 2004, 608, 611) oder aber, wenn Datenbanken in bestimmten Bereichen auf Grund einer **begrenzten Datenmenge** schon der Natur der Sache nach keinen großen Umfang erreichen können. Hier sollte der Hersteller mehrerer unabhängiger Kleindatenbanken genauso geschützt sein wie der Hersteller einer großen Datenbank (AG Rostock MMR 2001, 631f. – Linksammlung als Datenbank). Angesichts des Ziels der Datenbank-Richtlinie, Investitionen in die Schaffung neuer Datenbanken zu fördern und einen Anreiz für die Einrichtung von Systemen zu Speicherung und Verarbeitung vorhandener Informationen zu setzen, sollte daher die Annahme der **Wesentlichkeit** einer Investition **die Regel und nicht die Ausnahme** sein. Eine hohe Schutzschwelle würde diesem Ziel gerade zuwiderlaufen (BGH GRUR 2011, 724 Rn. 23 – Zweite Zahnarztmeinung II; *Benecke* CR 2004, 608, 611). Dass durch eine niedrige Schutzschwelle die Gefahr einer Beschränkung der Informationsfreiheit durch Monopolisierung von Informationen hervorgerufen wird, steht insoweit nicht zu befürchten (so auch Dreyer/Kotthoff/Meckel/*Kotthoff* § 87a Rn. 30). Zum einen dürften derartige Gefahren praktisch nur von großen, nicht jedoch von kleinen Datenbanken ausgehen. Zum anderen dürfte dies nur bei sog. single source-Datenbanken drohen, die der EuGH indes mit der fehlenden Berücksichtigungsfähigkeit von Investitionen in die Datenerzeugung im Ergebnis vom Datenbankschutz weitgehend ausgeschlossen hat (vgl. dazu oben Rn. 35 ff., 41).

cc) **Objektiver Maßstab.** Im Übrigen ist grds. von einem **objektiven Maßstab** auszugehen. Keine Rolle spielt es, welche Mittel dem jeweiligen Datenbankhersteller individuell zur Verfügung stehen (Dreyer/Kotthoff/Meckel/*Kotthoff* § 87a Rn. 30). Auch die Anlegung eines objektiven Maßstabs sollte allerdings nicht dazu verleiten, angesichts der Existenz kostenintensiver, auf Vollständigkeit angelegter Datenbanken großer Hersteller kleineren Herstellern, gerade wenn sich ihre Datenbanken erst im Aufbau befinden, den sui-generis-Schutz zu schnell zu versagen. Zwar können Investitionen grds. auch sukzessive erbracht werden. Der Datenbankschutz setzt in diesem Fall aber erst zu dem Zeitpunkt ein, in dem die getätigten Investitionen zusammen genommen die Schwelle der Wesentlichkeit erreichen (dazu unten Rn. 61). 57

Für die Beurteilung der wesentlichen Investition **zu berücksichtigen** sind schließlich **allein die Ausgaben und Kosten.** Ob und inwieweit der Investition in die Datenbank von Anfang an **anderweitiger Umsatz bzw. Einnahmen** gegenüberstehen oder sogar mit dem bloßen Aufbau einer Datenbank bereits **Gewinn** erzielt wird, ist **unbeachtlich** (LG Berlin NJW-RR 1999, 1273 – Meta-Suchmaschine; LG Köln AfP 1999, 95 jeweils zu den Einnahmen eines Kleinanzeigenmarktes aus dem Verkauf von Anzeigenplätzen; a. A. zu den Einnahmen eines Online-Dienstes aus dem Verkauf von Webseiten an Werbekunden wohl *Raue/Bensinger* MMR 1998, 507, 509 und OLG Düsseldorf MMR 1999, 729 – Zulässigkeit von Frames mit abl. Anm. *Gaster*). Insoweit wird jeder Datenbankhersteller mit seiner Datenbank kurz- oder langfristig Einnahmen und Gewinn erzielen wollen. Keinesfalls werden in diesen Fällen zahlende Kunden ihrerseits zu „Investoren" und damit zu Datenbankherstellern (a. A. OLG Düsseldorf MMR 1999, 729 – Zulässigkeit von Frames m. abl. Anm. *Gaster*; dazu näher unten Rn. 131 ff.). 58

dd) **Wesentlichkeit nach Art oder Umfang.** Inhaltlich ist der Investitionsbegriff denkbar weit gefasst. Nach der beispielhaften Aufzählung in Erwägungsgrund 40 kann die Investition grds. in Form der Bereitstellung von finanziellen Mitteln, d. h. jeglicher Sachmittel-, Finanzierungs-, Lizenz- oder Lohnkosten, und/oder im Einsatz von eigener Zeit, Arbeit und Energie erfolgen bzw. im Einsatz beliebiger menschlicher, finanzieller oder technischer Ressourcen (EuGH GRUR 2005, 252, 253 Rn. 28 – Fixtures-Fußballspielpläne I; BGH GRUR 2011, 724 Rn. 18 – Zweite Zahnarztmeinung II). Ob die Investitionen **beruflich oder privat** im Rahmen eines Hobbys getätigt worden sind, spielt keine Rolle (Walter/*v. Lewinski* Datenbank-Richtlinie Art. 7 Rn. 4). 59

Den Begriffen „nach Art oder Umfang" in § 87a entsprechen in der Richtlinie die Begriffe „quantitativ/qualitativ". **Quantitativ** bestimmbar sind insoweit sämtliche Mittel, die **beziffert** werden können, z. B. die kostenintensive Bereithaltung eines Mitarbeiterstabes (LG München I MMR 2002,58 f. – Schlagzeilensammlung im Internet; LG Köln ZUM-RD 2000, 304, 306 – kidnet.de). **Qualitativ** zu bemessen sind hingegen alle nicht quantifizierbaren Anstrengungen, d. h. **alle übrigen** Mittel, wie eine **geistige Anstrengung** 60 oder der **Verbrauch von** physischer **Energie** (so unter Berufung auf die Erwägungsgründe 7, 39 und 40 EuGH GRUR 2005, 252, 253 Rn. 28 – Fixtures-Fußballspielpläne I; EuGH GRUR 2005, 254, 256 Rn. 44 – Fixtures-Fußballspielpläne II).

61 Es gilt der Grundsatz der **Gesamtbetrachtung,** d. h. sämtliche berücksichtigungsfähigen Investitionen, die mit einem erkennbaren Resultat in die Herstellung der Datenbank geflossen sind, sind zusammenzufassen, und erst ihre **Summe muss wesentlich sein** (ebenso LG Köln ZUM-RD 2000, 304, 307 – kidnet.de; Schricker/Loewenheim/*Vogel* § 87a Rn. 44, 56; Dreier/Schulze/Dreier § 87a Rn. 12; Fromm/Nordemann/*Czychowski* § 87a Rn. 15; *Sendrowski* GRUR 2005, 369, 372; *Davison/Hugenholtz* EIPR 2005, 113 ff.; *Leistner* 150; *Gaster* Rn. 89). Der Grundsatz der Gesamtbetrachtung bedeutet, dass nicht jede Teilinvestition in z. B. die Beschaffung des Datenbankinhalts, seine Überprüfung oder Darstellung für sich genommen wesentlich sein muss. Da es allein auf die Summe ankommt, muss sogar keine einzige Teilinvestition bei isolierter Betrachtung die Anforderungen an die Wesentlichkeit erfüllen.

62 Aufgrund der gebotenen Gesamtbetrachtung und wegen des unterschiedlichen Schutzzwecks kann bspw. auch dann, wenn bei einer elektronischen Datenbank die maßgebliche wesentliche Investition ganz überwiegend in der Herstellung bzw. Beschaffung, Betreuung und Weiterentwicklung des zu ihrem Aufbau und zur Erschließung ihres Inhalts erforderlichen Computerprogramms liegt, **neben dem Urheberrecht an der Datenbanksoftware** nach § 69a noch ein zusätzliches **Datenbankherstellerrecht** nach § 87a entstehen (Schricker/Loewenheim/*Vogel* § 87a Rn. 51; *Krekel* WRP 2011, 436, 437 f.; ausf. *Ohst* 163 ff.; s. auch Rn. 39). Denn die **Software,** z. B. eine dem Nutzer bereitgestellte Eingabemaske bei einem Bewertungsportal im Internet, **erzeugt nicht die Daten,** z. B. die Bewertungen der Nutzer, sondern dient nur ihrer Erfassung und Darstellung (BGH GRUR 2011, 724 Rn. 20, 25 – Zweite Zahnarztmeinung II; *Wiebe* GRUR-Prax 2011, 369, der daher eine genaue Dokumentation der Abläufe bei der Erhebung der Daten empfiehlt). In gleicher Weise kann, wie der EuGH klargestellt hat, auch für Datenbanken aus selbst erzeugten Elementen, bei denen grds. weder berücksichtigungsfähiger Sammlungs- noch Überprüfungsaufwand vorliegt, allein aufgrund wesentlicher Darstellungsaufwendungen sui-generis-Schutz erworben werden (vgl. dazu sowie zum Erfordernis der Selbstständigkeit der Investitionen auch oben Rn. 42 ff.).

63 Darüber hinaus gilt der Grundsatz, dass die in die Herstellung einer Datenbank getätigten Investitionen, sofern sie ihrer Art nach berücksichtigungsfähig sind, grds. **in voller Höhe berücksichtigt** werden dürfen, selbst wenn sie im Einzelfall das für die Erreichung der Funktionalität der Datenbank notwendige Maß überschreiten. Es spielt also **keine Rolle,** ob die Investitionen tatsächlich **objektiv erforderlich** waren oder ob das gleiche Resultat hätte günstiger erzielt werden können (ebenso LG Köln ZUM-RD 2000, 304, 307 – kidnet.de; Schricker/Loewenheim/*Vogel* § 87a Rn. 44; *Sendrowski* GRUR 2005, 369, 372; *Rieger* 151; a. A. *Ehmann* GRUR 2008, 474, 477: sonst würde der Verschwender privilegiert; zu der Sonderkonstellation bei Datenerzeugern bereits oben Rn. 44). Dieser Grundsatz überzeugt, denn ansonsten wären praktisch nahezu unmögliche Vergleichsbetrachtungen v. a. in ökonomischer Hinsicht anzustellen, um einzelne Investitionen fiktiv in „erforderliche" und „überflüssige" Anteile aufzuteilen. Denkbar wäre es lediglich, diesen Grundsatz ausnahmsweise dann zu durchbrechen, wenn im Einzelfall ein klarer Rechtsmissbrauch festzustellen ist. Eine eindeutig „künstlich" getätigte Investition zur Erlangung des Schutzrechts erscheint mit Blick auf die Ziele der Datenbank-Richtlinie nicht schutzbedürftig (ähnlich *Cherkeh/Urdze* CaS 2009, 127, 132).

64 Eine **quantitativ wesentliche Investition** stand außer Frage bei Beschaffungskosten von ca. € 50 Mio. für 30 Millionen Datensätze (BGH GRUR 1999, 923, 926 – Tele-Info CD), bei Gesamtkosten von ca. € 10 Mio. innerhalb von 10 Jahren für eine Veranstalterdatenbank (KG MMR 2001, 171, 172 – Ticketverkaufssystem, einschließlich der Kosten für die Software), bei Gesamtkosten von € 3,8 Mio. jährlich, die sich aus € 2 Mio. für die Bereit-

stellung der technischen Infrastruktur der Datenbank, z.B. Server und Internetzugänge, und aus € 1,8 Mio. für deren Erhaltung, Pflege und Wartung zusammensetzen (BGH GRUR 2011, 1018 – Automobil-Onlinebörse (Rn. 31); OLG Hamburg GRUR-RR 2009, 293, 294 im vorhergehenden Verfügungsverfahren), bei € 2,5 Mio. jährlich für die Pflege und Aktualisierung eines Online-Zugfahrplans (LG Köln MMR 2002, 689f., wobei allerdings nicht zwischen Herstellungs- und Erzeugungsinvestitionen differenziert wurde, s. u. Rn. 75), bei ca. € 380000,– jährlich für die Pflege und Aktualisierung einer Datenbank (LG Berlin JurPC Web-Dok. 8/2000 – Kleinanzeigenmarkt), bei Aktualisierungskosten von ca. € 50000,– über einen Zeitraum von 5 Jahren (LG München I GRUR 2006, 225 – Topografische Kartenblätter) sowie bei Kosten von € 34.900,– für die Erstellung einer Gedichttitelliste (BGH GRUR 2007, 688, 689 – Gedichttitelliste II; bestätigt von EuGH GRUR 2008, 1077 – Directmedia Publishing; *Metzger* GRUR 2012, 118, 125 geht daher von einem „sicheren Anhaltspunkt" für künftige Beträge oberhalb dieses Betrags aus).

Die **Auslotung der Grenze nach unten** zur quantitativ unwesentlichen Investition bedarf jedoch **weiterer Klärung** durch die Rechtsprechung: Auf der einen Seite wurde der Arbeitsaufwand für die Zusammenstellung von 251 Links als wesentlich angesehen (LG Köln ZUM-RD 2000, 304 – kidnet.de, wobei allerdings nicht ganz deutlich wurde, ob die Linksammlung isoliert gewürdigt wurde oder das gesamte Internetportal, dem eine Datenbank mit ca. 3000 Einträgen zugrunde lag). Auch in anderen Fällen von Linksammlungen wurde die Schutzschwelle relativ niedrig angesetzt (vgl. LG Köln ZUM 2001, 714 – derpoet.de; AG Rostock MMR 2001, 631 – Linksammlung als Datenbank). Auch die vergleichsweise geringen Kosten für die Beschaffung, Betreuung und Weiterentwicklung einer Datenbanksoftware von € 3500 bis € 4000 sah der BGH jedenfalls in Verbindung mit einem erheblichen Personalaufwand für die Überprüfung der ermittelten Daten als quantitativ wesentlich an (BGH GRUR 2011, 724 Rn. 25 – Zweite Zahnarztmeinung II, dazu *Krekel* WRP 2011, 436, 438). Auf der anderen Seite wurde bei einer nach Branche, Firma, Anschrift, Telefon und Orten geordneten Zusammenstellung von etwa 3400 Unternehmen in 570 Branchen auf der Insel Rügen (LG Düsseldorf ZUM 2002, 65, 66) sowie bei einer umfangreichen Fachdatenbank mit Informationen über Baumarktprodukte (OLG Düsseldorf MMR 1999, 729 – Zulässigkeit von Frames m.abl. Anm. *Gaster*) eine wesentliche Investition verneint.

Eine **konkrete Zahl** wurde jedoch bislang noch **in keinem Fall,** in dem die Wesentlichkeit verneint wurde, **genannt.** Es wurde jeweils nur allgemein festgestellt, dass ausreichender Sachvortrag für eine wesentliche Investition fehle, wobei jedoch insb. nicht zwischen quantitativer und qualitativer Wesentlichkeit differenziert wurde (vgl. z.B. OLG Düsseldorf ZUM-RD 2008, 598, 600).

In den allermeisten Fällen wird sich die Wesentlichkeit einer Investition bereits aus ihrem quantitativen Umfang ergeben und es auf die Frage der Wesentlichkeit in qualitativer Hinsicht nicht mehr ankommen. Nur in den seltenen Fällen, in denen auch eine quantitativ unwesentliche Investition als schutzwürdig erscheint, erhält die **qualitative Wesentlichkeit** daher eine **Ergänzungsfunktion** und kann zur Begründung der Wesentlichkeit einer Investition auch ihre Art herangezogen werden (*Leistner* 154; *Kindler* K&R 2000, 265, 272; *Leistner* GRUR Int. 1999, 819, 829).

Alleine aus einer schöpferischen Leistung kann sich noch keine qualitativ wesentliche Investition ergeben. Dies führt lediglich zur Begründung eines urheberrechtlich geschützten Datenbankwerkes. Das eigenständig daneben stehende sui-generis-Recht erfordert darüber hinaus, dass die schöpferische Leistung mit einer berücksichtigungsfähigen Investition einhergeht, die nach Erwägungsgrund 40 allerdings auch im Einsatz von Zeit, Arbeit und Energie bestehen kann (ähnlich Schricker/Loewenheim/*Vogel* § 87a Rn. 57).

In der Literatur werden verschiedene Fallgruppen für das Vorliegen von qualitativer Wesentlichkeit einer Investition vorgeschlagen. So soll diese sich zum einen aufgrund unternehmerischer Innovation in Form einer **neuartigen Kombinations-, Darstellungs-**

und Einteilungsidee ergeben können, die dem Anwender neue Zusammenhänge und Nutzungsmöglichkeiten erschließt und damit schutzwürdig ist, auch wenn die Datenbank selbst ggf. nur eine geringe Datenmenge enthält (Schricker/Loewenheim/*Vogel* § 87a Rn. 57; *Leistner* 156; *Leistner* GRUR Int. 1999, 819, 828; *Leistner* MMR 1999, 636, 639f.; *Kindler* K&R 2000, 265, 272; *Benecke* CR 2004, 608, 610). Zum anderen soll sich eine qualitative Wesentlichkeit auch aus dem **kulturellen Kommunikationswert** einer Datenbank ergeben können (*Leistner* GRUR Int. 1999, 819, 829; *Leistner* MMR 1999, 636, 639f.; *Kindler* K&R 2000, 265, 272).

7. Praktische Beispiele zu Datenbanken

70 **a) Einzelfallbetrachtung.** Datenbankschutz genießt eine Sammlung nur, wenn sie **sämtliche** Tatbestandsvoraussetzungen des § 87a **kumulativ** erfüllt. Wenn somit im Einzelfall für eine bestimmte Sammlung Datenbankschutz wegen Fehlens einer nach Art oder Umfang wesentlichen Investition verneint wurde, bedeutet das nicht zwangsläufig, dass vergleichbare Sammlungen in anderen Fallgestaltungen, in denen die Investition wesentlich ist, keinen sui-generis-Schutz erlangen können. Bei Übertragung bestehender Rechtsprechung auf andere Fallgestaltungen ist daher Vorsicht geboten. Dies gilt insb. bei Entscheidungen, die vor den EuGH-Urteilen in Sachen BHB-Pferdewetten/Fixtures-Fußballspielpläne I–III v. 9.11.2004 ergangen sind (dazu oben Rn. 36ff. sowie 41ff.). In diesen älteren Entscheidungen wurde nicht immer zwischen berücksichtigungsfähigem Sammlungsaufwand und nicht berücksichtigungsfähigen Investitionen in die Datenerzeugung hinreichend klar unterschieden und somit Datenbankschutz teilweise zu großzügig bejaht.

71 **b) Wettkampf- und Spielpläne für Sportveranstaltungen vs. Spielstatistiken.** Wettkampf- und Spielpläne für Sportveranstaltungen stellen als systematisch geordnete Zusammenstellungen von einzeln zugänglichen Informationen grds. **potenziell schutzfähige „Datenbanken"** i. S. v. § 87a dar. Dabei spielt der Umstand, dass die Zusammenstellung einiger Pläne wie insb. bei Pokalwettbewerben im Fußball auf Zufall (Losentscheid) beruht, keine Rolle (vgl. EuGH GRUR 2005, 254, 255 Rn. 35 – Fixtures-Fußballspielpläne II; EuGH GRUR 2012, 386 Rn. 26 – Football Dataco/Yahoo). Im Regelfall wird bei diesen Plänen jedoch, soweit sie von dem jeweiligen Veranstalter selbst herausgegeben werden, ein sui-generis-Schutz ausscheiden, da die in ihnen enthaltenen Informationen (z. B. Datum, Uhrzeit, Identität der Mannschaften und Austragungsort einer Spielbegegnung, Uhrzeit und Inhalt einer Sendung; etc.) vom Veranstalter zum Zwecke der Durchführung der Sportwettbewerbe **selbst erzeugt** worden sind. Damit stellen die vom Veranstalter getätigten Investitionen in die Aufstellung der Pläne einen grds. **nicht berücksichtigungsfähigen Investitionsaufwand** in die Datenerzeugung dar (s. hierzu ausführlich oben Rn. 36ff.). Zwar ist es insoweit nicht grds. ausgeschlossen, dass der Veranstalter durch qualitativ oder quantitativ wesentliche, selbstständige Investitionen in die Zusammenstellung der von ihm zuvor erzeugten Daten, ihre systematische oder methodische Anordnung innerhalb der Datenbank, die Organisation ihrer individuellen Zugänglichkeit und die Überprüfung ihrer Richtigkeit während des gesamten Zeitraums des Betriebs der Datenbank dennoch ein Datenbankherstellerrecht erwirbt (vgl. EuGH GRUR 2005, 244, 147 Rn. 35, 36 – BHB-Pferdewetten; EuGH GRUR 2005, 254, 255 Rn. 45, 46 – Fixtures-Fußballspielpläne II; näher oben Rn. 42ff.). Weder der **Spielplan einer Fußballliga** (vgl. EuGH GRUR 2005, 254, 256 Rn. 47–51 – Fixtures-Fußballspielpläne II; EuGH GRUR 2012, 386 Rn. 28 – Football Dataco/Yahoo) noch die **Listen der an einem Pferderennen teilnehmenden Pferde und Reiter** (EuGH GRUR 2005, 244, 247 Rn. 37–41 – BHB-Pferdewetten; daran anschließend British Court of Appeal, Case No. A3/2001/0632, 13.7.2005 [2005] EWCA [Civ] 863, abrufbar unter www.hmrecords-service.gov.uk) beinhalteten in den vom EuGH entschiedenen Fällen jedoch eine entsprechende selbstständige Investition in die Datenbankdarstellung. Die jeweiligen Tätigkeiten waren vielmehr auf-

grund ihrer engen Verbindung mit der Datenerzeugung nicht selbstständig und damit nicht berücksichtigungsfähig (vgl. insb. EuGH GRUR 2005, 254, 256 Rn. 45, 51 – Fixtures-Fußballspielpläne II).

72 Auch den **Spielplänen** und Tabellen der **1. und 2. Fußballbundesliga** kommt aus den gleichen Erwägungen damit **kein sui-generis-Schutz** zu (so jetzt auch *Heermann* CaS 2010, 227, 231; *Heermann/John* K&R 2011, 753, 754; *Reinholz* GRUR-Prax 2011, 438, 440f.; *Röhl* SpuRt 2012, 90 mit Verweis auf entsprechende Entscheidungen des Londoner High Court of Justice und des Supreme Court in Israel; a.A. *Summerer/Blask* SpuRt 2005, 50; *Cherkeh/Urdze* CaS 2009, 127, 130–132). **Noch kontroverser diskutiert** wurde kürzlich die Frage nach einem **urheberrechtlichen Schutz** der Bundesligaspielpläne als Datenbankwerke. Angeheizt wurde die Diskussion durch eine Ankündigung der DFL von Mitte 2011, dass sie künftig für die Nutzung ihrer Spielpläne Lizenzgebühren verlangen wolle. Die **Literatur** ist sich **uneins,** ob bei der Erstellung des Plans ein ausreichender Gestaltungsspielraum bzgl. der Auswahl oder Anordnung der Daten existiert (dafür: *Summerer/Blask* SpuRt 2005, 50, 51; wohl auch *Röhl* SpuRt 2012, 90, 91; *Heermann* CaS 2010, 227, 229f.; dagegen: *Reinholz* GRUR-Prax 2011, 438, 439f.; zweifelnd *Heermann/John* K&R 2011, 753, 755f.; offen gelassen von *Cherkeh/Urdze* CaS 2009, 127). Im Hinblick auf das Anfang März 2012 ergangene klare Urteil des **EuGH,** der einen Urheberschutz für Fußballspielpläne **deutlich ablehnte** (EuGH GRUR 2012, 386 – Football Dataco/Yahoo; krit. dazu *Röhl* SpuRt 2012, 90, 92), dürfte sich der Streit aber **für die Praxis erledigt** haben. Jedenfalls hat die DFL ihr Vorhaben der Erhebung von Lizenzgebühren nicht weiterverfolgt (so auch *Röhl* SpuRt 2012, 90, 92).

72a Anders dürfte es hingegen bei **Spielstatistiken** liegen. Gerade im Bereich des Profifußballs werden ausgefeilte Statistiken zum Spiel immer wichtiger und auch wirtschaftlich relevant. Es wird eine Vielzahl an Daten wie z.B. Ballbesitz und Chancenverhältnis der Mannschaften sowie Ballberührungen, Zweikampfwerte und Laufstrecke je Spieler erhoben. Pro Fußballspiel können sich so bis zu 10 000 Einzeldetails ergeben (*Röhl* SpuRt 2012, 137). Die Spielstatistiken werden von Statistik-Anbietern mit hohem personellen und finanziellen Einsatz durch eigene Beobachter erstellt. Ob hierfür ein sui-generis-Schutz in Betracht kommt, ist noch ungeklärt. Es spricht aber viel dafür. Im Gegensatz zu den Spielplänen und Rennlisten geht es **hier nicht um Datenerzeugung**, die bei der Frage nach der Erbringung wesentlicher Investitionen außer Betracht zu bleiben hat, sondern um die **Beschaffung von bereits existierenden Daten** (Tore, Fouls, etc.). Die Daten für eine Spielstatistik existieren bereits und unterliegen nicht der Kontrolle der Veranstalter. Sie werden vielmehr von den Sportlern bzw. Mannschaften während des Spiels erzeugt. Die Spielbeobachter „sammeln" diese Daten lediglich. Aus diesem Grund hat der Londoner **High Court of Justice** London Mitte 2012 den **sui generis-Schutz** für Statistiken zu Fußballspielen **bejaht** (High Court of Justice London BeckRS 2012, 81642 mit Anm. *Reinholz* GRUR-Prax 2012, 561; zustimmend *Röhl* SpuRt 2012, 137, 140). **Dies überzeugt.** Gegen die bloße Datenerzeugung spricht hier, dass sich ein potenzieller Konkurrent die notwendigen Daten zur Erstellung einer eigenen Statistik mit ähnlichem wirtschaftlichem Aufwand gleichfalls beschaffen könnte. Wie *Röhl* (SpuRt 2012, 137, 139) zutreffend ausführt, war dies für den BGH im Fall HIT BILANZ die maßgebliche Erwägung, um von einem berücksichtigungsfähigen „Sammlungsaufwand" auszugehen und eine bloße Datenerzeugung abzulehnen (BGH GRUR 2005, 857, 859 – HIT BILANZ; näher dazu oben Rn. 50).

73 **c) Fernseh-, Kino- und Theaterprogramme.** Nach den gleichen Grundsätzen wie die Wettkampfpläne für Sportveranstaltungen dürften auch **Fernseh-, Kino- und Theaterprogramme, Vorlesungsverzeichnisse,** etc., die von den Veranstaltern zu Zwecken der Programmankündigung/-planung erstellt werden, keinen sui-generis-Schutz genießen (vgl. Evaluierungsbericht v. 12.12.2005, 13; *Leistner* K&R 2007, 457, 460; *Abrar* GRUR-

Prax 2012, 141; Zwangslizenzen wie in EuGH GRUR Int. 1995, 490 – Magill TV guide dürften sich damit weitgehend erledigt haben).

74 Der einem Ticketverkaufssystem zugrundeliegende **Veranstaltungskalender** hingegen, der aus Daten Dritter zusammengestellt ist, wie insb. Veranstalter, Saalpläne, Reservierungen, Kundendaten, etc. genießt jedoch wiederum Datenbankschutz, da hier seitens des Herausgebers berücksichtigungsfähiger Beschaffungsaufwand hinsichtlich fremder Daten vorliegt (KG MMR 2001, 171, 172 – Ticketverkaufssystem).

75 d) **Fahrpläne, Flugpläne.** Zwar wurde einem Online-Fahrplan für Bahnverbindungen bereits Datenbankschutz gewährt (LG Köln MMR 2002, 689 – Online-Fahrplanauskunft). Nach den Entscheidungen BHB-Pferdewetten/Fixtures-Fußballspielpläne I–III dürfte hier jedoch künftig zu differenzieren sein. Bei dem **Fahrplan** eines Beförderungsunternehmens handelt es sich nicht um eine Sammlung vorgefundener Daten. Die Fahrplaninformationen werden von dem Unternehmen durch Zusammenstellung der Züge, Flugzeuge, Busse, etc. erst erzeugt. Mithin sind die Investitionen in den Fahrplan primär der Datenerzeugung gewidmet und daher grds. nicht berücksichtigungsfähig, so dass der Fahrplan regelmäßig keine schutzfähige Datenbank darstellen wird (so auch *Leistner* K&R 2007, 457, 458, 460). Anders könnte dies für einen **Online-Fahrplan** zu beurteilen sein, der zusätzlich zu einem herkömmlichen Print-Fahrplan herausgegeben wird. Dies jedenfalls dann, wenn für dessen Online-Betrieb ein kostenintensives komplexes Computerprogramm mit komfortablen Zugriffsmechanismen für die Kunden erstellt oder einlizenziert worden ist, in das die aktuellen Fahrplandaten von einem Mitarbeiterstab ständig neu eingepflegt werden müssen. Hier könnten die neben den Datenerzeugungsinvestitionen selbstständig getätigten Investitionen in die Verwaltungssoftware und den Mitarbeiterstab als schutzbegründend zu berücksichtigen sein. Diese Investitionen sind auch i.S. der EuGH-Rechtsprechung leichter von den Investitionen in die Datenerzeugung zu trennen und nachzuweisen als in sonstigen Fällen (vgl. dazu auch oben Rn. 41 ff.).

76 e) **Telefonbücher, Adressverzeichnisse.** Telefonbüchern, Fernsprech- und Teilnehmerverzeichnissen, die von dem jeweiligen Telekommunikationsunternehmen, das die Telefonnummern bzw. sonstige Teilnehmerdaten vergibt, selbst herausgegeben werden, dürften nach den Grundsätzen von BHB-Pferdewetten/Fixtures-Fußballspielpläne I–III grds. kein sui-generis-Schutz zukommen. Die Zuordnung von Telefonteilnehmer und Telefonnummer geschieht im Wege der Vergabe durch die Telefongesellschaft. Damit wird die wesentliche Investition in die **Datenerzeugung** getätigt, so dass das Telefonbuch regelmäßig ein bloßer „Spin-off" ist (ebenso *Leistner* K&R 2007, 457, 460; *Gaster* in: Hoeren/Sieber Rn. 82a; ob die zunehmenden Mitnahmemöglichkeiten von Rufnummern eine geänderte Betrachtung rechtfertigen, ist abzuwarten). Datenbankschutz für eine Datenbank mit den eigenen Kundendaten dürfte insoweit praktisch nur durch wesentliche Investitionen in eine selbstständige, z.B. Online-Datenbank, erworben werden können (s. dazu oben Rn. 41 ff.). Seit mit Wegfall des Telefonmonopols durch das TKG zum 1.1.1998 mehrere Anbieter von Telefondiensten auf dem Markt sind und Telefonverzeichnisse daher auch die Kundendaten der Wettbewerber umfassen, dürfte jedoch zunehmend wieder Datenbankschutz in Betracht kommen. Dies aber nur, sofern und soweit wesentliche Datenbestände der Wettbewerber kostenintensiv in die Verzeichnisse eingepflegt werden müssen.

77 Das Vorliegen einer wesentlichen Beschaffungsinvestition und in der Folge sui-generis-Schutz wurde bejaht, soweit ein **Tochterunternehmen** den von der Muttergesellschaft erzeugten Datenbestand käuflich erwarb, um daraus seinerseits eine Datenbank herzustellen (BGH GRUR 1999, 923, 925 – Tele-Info-CD; zust. *Wiebe* MMR 1999, 474, 475; s. dazu auch oben Rn. 45 ff.; zur sondergesetzlich geregelten Verpflichtung zur Überlassung von Teilnehmerdaten in **§ 12 TKG 1996 a.F.** s. BGH MMR 2006, 810 – Telefonauskunftsdienst; OLG Düsseldorf MMR 2007, 718, näher dazu unter § 87c Rn. 50).

Unstreitig kann Datenbankschutz regelmäßig von demjenigen erworben werden, der **78** Adressdaten, Firmendaten etc. Dritter zusammenstellt, die von ihm nicht selbst erzeugt worden sind. So z. B. für eine **E-Mail-Adressdatenbank,** in die sich Dolmetscher und Übersetzer mit Anschrift, Sprachen, Fachgebieten und E-Mail-Adresse eintragen konnten, um so für Aufträge zu werben (LG Düsseldorf MMR 2003, 539 – E-Mail-Adressdatenbank; vgl. aber auch LG Düsseldorf ZUM 2002, 65, 66, wo für ein Online-Branchenbuch das Vorliegen einer wesentlichen Investition verneint wurde).

f) Anzeigensammlungen, Immobilien- und Stellenmärkte. Elektronischen An- **79** zeigenmärkten **im Internet** wurde bereits mehrfach **Datenbankschutz gewährt** (LG Berlin ZUM 2006, 343, 344 – eBay-Angebotsdatenbank; LG Köln ZUM-RD 2000, 155, 156 – Online-Immobilien-Datenbank; LG Köln JurPC Web-Dok. 138/2001 – elektronischer Stellenmarkt; LG Berlin NJW-RR 1999, 1273 f. – Meta-Suchmaschine: Anzeigenmarkt einer Tageszeitung im Internet; ebenso LG Berlin JurPC Web-Dok. 8/2000 – Kleinanzeigenmarkt; *Klein* GRUR 2005, 377, 378; offen gelassen von OLG Frankfurt GRUR-RR 2005, 299, 301 – Online-Stellenmarkt; ebenfalls offen gelassen für den Online-Stellenmarkt von KG GRUR-RR 2001, 102 – FAZ-Stellenmarkt).

Andererseits wurde den in den **Printausgaben** einer Tageszeitung veröffentlichten jähr- **80** lich etwa 70 000 Stellenmarktanzeigen **Datenbankschutz abgesprochen,** da es – bis auf „eine sich aus der Sachlogik ergebende Grobgliederung" nach den verschiedenen Berufssparten – an einem systematischen oder methodischen Ordnungsprinzip fehle, die Anzeigen innerhalb der Sparten vielmehr ausschließlich nach ihrer Größe angeordnet seien (KG GRUR-RR 2001, 102 ff. – FAZ-Stellenmarkt; OLG München GRUR-RR 2001, 228 f. – Übernahme fremder Inserate; Schutz gegen die Übernahme der Inserate wurde allerdings in beiden Fällen jeweils nach § 1 UWG a. F. gewährt, s. dazu Vor §§ 87a ff. Rn. 34 ff.). Eine Darlegung, wie feingliedrig eine Einteilung nach einzelnen Sparten für die Gewährung von Datenbankschutz hätte sein müssen, erübrige sich, da für die Gewährung von Datenbankschutz jedenfalls die einzelnen Stellenangebote als Datenbankelemente geordnet sein müssten, z. B. alphabetisch (OLG München GRUR-RR 2001, 228 – Übernahme fremder Inserate).

Zunächst ist festzuhalten, dass **Online-Anzeigenmärkte,** die über ihre Software geziel- **81** te Suchabfragen nach Angeboten ermöglichen, das Erfordernis der systematischen Anordnung und einzelnen Zugänglichkeit hinsichtlich der individuellen Anzeigen regelmäßig erfüllen (vgl. die Fundstellen oben, insb. LG Berlin ZUM 2006, 343, 344 – eBay-Angebotsdatenbank). Problematisch ist jedoch, welche Anforderungen an eine hinreichende **systematisch-methodische Anordnung** bei **Printversionen** von Anzeigenmärkten zu stellen sind. Teilweise wird insoweit davon ausgegangen, dass bei analogen Datenbanken nicht die gleichen Anforderungen an den Zugriffskomfort gestellt werden könnten, wie er von elektronischen Datenbanken regelmäßig geboten wird. Eine Anordnung in Abteilungen und Rubriken reiche grds. aus, während eine systematische Anordnung innerhalb der einzelnen Rubriken nicht erforderlich sei (Dreier/Schulze/*Dreier* § 87a Rn. 8). Nach a. A. scheidet hingegen für die Printversionen von Anzeigenmärkten Datenbankschutz stets aus, solange die Anzeigen innerhalb der einzelnen Rubriken ungeordnet bzw. lediglich nach ihrer Größe geordnet erscheinen (OLG München GRUR-RR 2001, 228 – Übernahme fremder Inserate; KG GRUR 2001, 102 – FAZ-Stellenmarkt; wohl auch Schricker/Loewenheim/*Vogel* § 87a Rn. 19 f., 23).

Letztlich dürfte es auf eine systematische Anordnung der einzelnen Anzeigen innerhalb **82** der verschiedenen Rubriken aber gar nicht ankommen (wobei allerdings anzumerken ist, dass auch eine Anordnung nach der „Größe" der Anzeigen durchaus systematisch ist, zumal die „Größe" einer Anzeige durchaus einen eigenen Informationswert besitzt). Denn ohne Zweifel **systematisch geordnet** sind insoweit die unter einer bestimmten Rubrik gesammelten Anzeigen in ihrer Gesamtheit als „Datenhaufen", die aufgrund der weiten

Datenbankdefinition und ihres offenen Elementbegriffs (s. o. Rn. 9) zulässige Datenbankelemente darstellen können. Insofern besteht die Anzeigendatenbank nicht aus den einzelnen Anzeigen als Elementen, sondern aus den einzelnen **Anzeigensammlungen unter der jeweiligen Kategorie** (z. B. Berufssparten, Wohnungsgrößen, Kfz-Marken, Urlaubsländer, etc.). Auch der Nutzer ist insofern regelmäßig nicht lediglich an einer einzelnen Anzeige interessiert, vielmehr interessiert ihn z. B. grds. das gesamte Stellenangebot in einer bestimmten Berufssparte bzw. das gesamte Angebot einer bestimmten Kfz-Marke, Wohnungsgröße etc. Hiervon abgesehen würde ihm eine systematische, etwa alphabetisch nach Firmennamen oder Berufsbezeichnung vorgenommene Anordnung innerhalb der einzelnen Kategorie keinerlei zusätzlichen Informationswert liefern. Im Ergebnis dürfte daher, da an die sachliche Gliederung bzw. planmäßige Strukturierung keine hohen Anforderungen zu stellen sind (vgl. oben Rn. 24), auch ein nur grob gegliederter Print-Anzeigenmarkt dem sui-generis-Schutz grds. offen stehen. Anbieter derartiger Produkte sollten dennoch höchst vorsorglich für eine möglichst feine Untergliederung der Anzeigenrubriken sowie die Erschließung über einen gesondert abgedruckten Index sorgen, sowie – falls möglich und sinnvoll – auch für eine alphabetische, chronologische oder sonstige systematische Anordnung innerhalb der einzelnen Rubriken.

83 Eine andere Frage ist es, ob ein Anzeigenmarkt insgesamt eine Datenbank darstellt, oder es sich bei jeder „Sparte" von Anzeigen (Immobilien, Kfz, Reisen, Kontakte, etc.) um eine eigene Datenbank handelt (so *Klein* GRUR 2005, 377, 379). Nachdem bei den Online-Versionen von Anzeigendatenbanken jeweils die Anzeigen in ihrer Gesamtheit als eine Datenbank angesehen werden (vgl. die Fundstellen Rn. 79 sowie insb. LG Berlin ZUM 2006, 343, 344 – eBay-Angebotsdatenbank), wäre es eine nicht gerechtfertigte Schlechterstellung der Printversionen, wenn bei ihnen nur jeweils jede Sparte bzw. Rubrik als eigene Datenbank angesehen würde (a. A. *Klein* GRUR 2005, 377, 379). Dass jede Sparte bzw. Rubrik selbst Datenbankcharakter hat bzw. haben könnte, schließt den Datenbankcharakter des Anzeigenmarktes als (Meta-)Datenbank nicht aus (s. dazu oben Rn. 32).

84 Wiederum eine andere Frage ist es, ob und inwieweit die Investitionen in diese Anzeigenmärkte **berücksichtigungsfähige Investitionen** darstellen. Grds. dürfte es sich insoweit bei der Anzeigenakquisition nicht um Datenerzeugung, sondern um genuinen Beschaffungsaufwand handeln. Denn der Herausgeber eines Anzeigenmarktes sammelt lediglich unabhängige, bereits vorhandene Informationen (welches Unternehmen welche Mitarbeiter sucht, welche Immobilien von ihrem Eigentümer zu welchem Preis zum Verkauf anstehen, etc.). Diese Informationen sind von dem Herausgeber der Anzeigendatenbank unabhängig und können prinzipiell von jedem anderen Herausgeber einer Anzeigendatenbank in gleicher Weise gesammelt werden (vgl. dazu oben Rn. 36 ff.). Soweit sich ein Anzeigenmarkt nicht auf das eigene Angebot eines Immobilienmaklers bzw. Personalberaters beschränkt (vgl. hierzu Evaluierungsbericht S. 14), dürfte berücksichtigungsfähiger Sammlungsaufwand daher zu bejahen sein.

85 Sofern Printanzeigen eines Anzeigenmarktes automatisch in einen parallelen Online-Dienst übernommen werden, ist die **Online-Version als selbstständiges Produkt** zu betrachten und bei der Beurteilung der Wesentlichkeit der Investitionen sämtlicher Finanz- und Personalaufwand zu berücksichtigen, der für die Erstellung der Online-Version angefallen ist (LG Berlin NJW-RR 1999, 1273 – Meta-Suchmaschine; vgl. auch LG München I MMR 2002, 58 – Schlagzeilensammlung im Internet).

86 **g) Zeitungen, Zeitschriften, Zeitungsarchive.** Nicht nur bei den Anzeigenteilen (dazu oben Rn. 79 ff.), auch bei den redaktionellen Teilen von Zeitungen, Zeitschriften, etc. stellt sich die Frage, ob die für die Gewährung von Datenbankschutz erforderliche systematische Anordnung vorliegt und welche Investitionen berücksichtigt werden dürfen.

87 Datenbankschutz wurde insoweit abgelehnt für die periodische Veröffentlichung von Aufsätzen in (Print-)**Zeitschriften**. Keine Rolle spielte es, dass die Zeitschrift in jedem ihrer Hefte nach bestimmten Untergebieten gegliedert war, da auch diese Grobeinteilung es nicht erlaube, einzelne Elemente auf einfache Weise zu finden (OLG München MMR 2007, 525 – subito Kopienversanddienst; ähnlich für den Anzeigenteil KG GRUR-RR 2001, 102 – FAZ-Stellenmarkt; OLG München GRUR-RR 2001, 228 f. – Übernahme fremder Inserate; a. A. hierzu Dreier/Schulze/*Dreier* § 87a Rn. 8). Allenfalls der nachgelieferte meist **jährliche Index** weise die erforderliche methodische oder systematische Anordnung auf, insoweit fehle jedoch regelmäßig eine wesentliche Investition (OLG München MMR 2007, 525 – subito Kopienversanddienst).

Bejaht wurde hingegen Datenbankschutz für eine nach Rubriken aufgebaute **Sammlung von Schlagzeilen im Internet,** die mit der jeweiligen Nachricht im Volltext verlinkt waren (LG München I MMR 2002, 58 – Schlagzeilensammlung im Internet; zust. *Gaster* in: Hoeren/Sieber Rn. 28a). **88**

Inwieweit den **Online-Versionen** von Tageszeitungen Datenbankschutz zukommt, wurde bislang offen gelassen (BGH GRUR 2003, 958 – Paperboy; ebenso Vorinstanz OLG Köln GRUR-RR 2001, 97 – Paperboy). Für das **Online-Archiv** einer Tageszeitung im Internet wurde dies bzgl. der Fotos jedoch bejaht, obwohl nicht gezielt nach Bildern gesucht werden konnte, sondern nur nach den Artikeln (LG Berlin ZUM 2000, 73, 75). **89**

Grds. dürften insoweit die Online-Versionen von Tageszeitungen auch hinsichtlich ihres redaktionellen Teils eine für den sui-generis-Schutz hinreichende systematische Anordnung aufweisen, wenn sie über ein elektronisches Abfragesystem z. B. thematisch oder im Volltext erschlossen sind. Bei den Printversionen ist es hingegen fraglich, ob die jeweilige Grobgliederung des redaktionellen Teils eine hinreichende systematische Gliederung bewirkt. Da an die systematische Gliederung nach h. M. keine hohen Anforderungen zu stellen sind (s. o. Rn. 24) und insoweit bei analogen Datenbanken nach dem EuGH neben einem **Index** oder einem **Inhaltsverzeichnis** ausdrücklich auch eine **Gliederung** oder eine **besondere Art der Einteilung** für eine systematische Anordnung ausreichen können (EuGH GRUR Int. 2005, 239 f. Rn. 21, 22, 30 – Fixtures-Fußballspielpläne II), dürften jedenfalls die großen Tageszeitungen im Allgemeinen hinreichend systematisch gegliedert bzw. eingeteilt sein (a. A. wohl Schricker/Loewenheim/*Vogel* § 87a Rn. 23; wie hier Dreier/Schulze/*Dreier* § 87a Rn. 8; *Gaster* in: Hoeren/Sieber Rn. 27). Zwischen einem ungeordneten Datenhaufen, bei dem verschiedenste Artikel betreffend Lokales, Ausland, Kultur, Politik, Wirtschaft, Sport etc. bunt durcheinander gewürfelt sind und einer Zeitung, bei der diese Artikel unter ca. 20 verschiedenen Themenbereichen rubriziert wurden, besteht ein erheblicher Unterschied. Da die Artikel und Kommentare innerhalb der einzelnen Rubriken „ungeordnet" erscheinen, dürfte die Datenbank „Zeitung" aber aus den unter der jeweiligen Rubrik in Form von „Datenhaufen" gesammelten Nachrichten und Kommentaren als Elementen bestehen (vgl. zu Anzeigensammlungen oben Rn. 79 ff.). **90**

Dadurch, dass auch Inhaltsverzeichnisse oder besondere Gliederungen und Einteilungen laut EuGH Zugriffsmittel darstellen können, wird aber noch nicht aus jeder Zeitschrift oder jedem Buch eine Datenbank (vgl. *Hertin* GRUR 2004, 646, 651). Vielmehr bedarf es zusätzlich einer **berücksichtigungsfähigen wesentlichen Investition** (vgl. auch Erwägungsgrund 19). Welche Investitionen bei Zeitungen berücksichtigungsfähigen Beschaffungsaufwand darstellen, und bei welchen es sich um nicht berücksichtigungsfähige Datenerzeugung handelt, ist jedoch nach wie vor unklar (vgl. dazu *Vogel* FS Schricker 2005, 588 f.; *Leistner* K&R 2007, 457, 460; *Wiebe* in: Spindler/Schuster § 87a Rn. 5 f.). Zu berücksichtigen ist, dass Datenbanken ohne weiteres auch aus einer Mischung aus erzeugten und vorgefundenen Daten bestehen können (EuGH GRUR 2005, 254 f. Rn. 25 – Fixtures-Fußballspielpläne II). **91**

Da die Printversion und die digitale Version zwei verschiedene Datenbanken darstellen, sind bei der **digitalen Zweitverwertung** von zuvor unabhängig vermarkteten Verlagsprodukten (indem etwa ein Verlag am Ende des Jahres die von ihm herausgegebenen Zeitschriften auch als CD-ROM-Datenbank verwertet) alle diejenigen Investitionen, die für **92** die Redaktion und Bearbeitung der einzelnen Artikel im Laufe des Jahres sowie den Druck der Printversion angefallen sind, keine berücksichtigungsfähige Investition in die CD-ROM-Version (so zuvor bereits *Raue/Bensinger* MMR 1998, 507, 509). Sofern ein Tochterunternehmen mit der Zweitverwertung beauftragt wird, könnten die Lizenzkosten für den Erwerb der Nutzungsrechte an den Artikeln nach bislang geltenden Grundsätzen jedoch als Beschaffungsaufwand berücksichtigt werden (s. o. Rn. 46 ff.).

93 **h) Linksammlungen, Websites und „Web 2.0", Suchmaschinen.** Linksammlungen im Internet wurde bereits mehrfach Datenbankschutz gewährt, so einer alphabetisch geordneten **Sammlung von 251 Links** (LG Köln ZUM-RD 2000, 304, 306 – kidnet.de) und einer nach verschiedenen Kategorien geordneten **Linkliste,** bezüglich derer eine „nicht nur minimale Investition" glaubhaft gemacht worden war (AG Rostock MMR 2001, 631 – Linksammlung als Datenbank).

94 Darüber hinaus sollen auch die sich auf der **Website** eines Anbieters befindenden Webseiten in ihrer Gesamtheit (bestehend aus der Homepage und den Unter-Seiten) nach e. A. eine **Datenbank** darstellen können, da die in HTML-Dokumenten enthaltenen Strukturinformationen eine systematische Sammlung von unabhängigen Elementen i. S. v. § 87a darstellten (OLG Frankfurt GRUR-RR 2005, 299, 301 – Online-Stellenmarkt; *Haberstumpf* GRUR 2003, 14, 19; *Gaster* MMR 1999, 734; *Leistner* GRUR Int. 1999, 819, 824; *Leistner/Bettinger* CR 1999, 936 ff.; *Lehmann/v. Tucher* CR 1999, 700, 702; *Köhler* ZUM 1999, 548, 551 ff.; s. auch § 4 Rn. 14 f.; offen gelassen von OLG Düsseldorf MMR 1999, 729, 321 – Zulässigkeit von Frames). Nach **a. A.** stellen Websites jedoch **mangels Unabhängigkeit** der Elemente und aufgrund der fehlenden Indexierungs- und Katalogisierungsfunktion der mittels HTML-Code beschriebenen Webseiten **keine Datenbanken** dar (Dreyer/Kotthoff/Meckel/*Dreyer* § 87a Rn. 18; *Schack* MMR 2001, 9, 11; *Cichon* ZUM 1998, 898). Grds. dürfte Websites, die sich als Sammlung unabhängiger Elemente präsentieren, z. B. Online-Lexika und Online-Enzyklopädien wie etwa die freie Enzyklopädie **Wikipedia,** Waybackmachine, Webarchive, etc. sowie sonstige über einen Index, eine Gliederung oder eine Volltextsuche erschlossene Themen-Websites, Anzeigensammlungen, etc. sui-generis-Schutz zukommen können (vgl. Schricker/Loewenheim/*Vogel* § 87a Rn. 28).

95 **Unproblematischer** als die „normalen" Websites dürften generell auch Websites des „Web 2.0", insb. **Social Media Plattformen,** als Datenbanken i. S. v. § 87a einzuordnen sein. Diese Portale, Plattformen und Onlinebörsen zeichnen sich dadurch aus, dass es sich nicht wie früher um statische Websites handelt. Der Betreiber bietet vielmehr nur eine vorkonfigurierte Plattform. Die Website selbst kann sodann von vielen Nutzern gleichzeitig bearbeitet werden und lebt gerade von den Beiträgen der Nutzer, dem sog. **user-generated-content** (vgl. auch § 2 Rn. 159). Für einen urheberrechtlichen Schutz als Datenbankwerk dürfte es oftmals an der notwendigen Schöpfungshöhe fehlen, da lediglich ein Rahmen geboten wird, der von den Nutzern ausgefüllt wird (*Herrmann/Dehißelles* K&R 2009, 23; *Reinemann/Remmertz* ZUM 2012, 216, 220). Den Websites liegt aber regelmäßig ein **Content-Management-System** zugrunde, das die eigentlichen Inhalte in Datenbanken speichert und über Indizes schnell abrufbar bereithält. Bei solchen Portalen geht die jüngere Rechtsprechung daher zumeist ohne weiteres von einer grds. schutzfähigen sui-generis-Datenbank aus. Hierzu gehörten beispielsweise ein Internetportal, bei dem die Nutzer zahnärztliche Dienstleistungen vergleichen und bewerten können (BGH GRUR 2011, 724 – Zweite Zahnarztmeinung II), eine Onlinebörse für Automobile, in die private und gewerbliche Nutzer ihre Kfz-Verkaufsanzeigen einstellen können (BGH GRUR 2011, 1018 – Automobil-Onlinebörse) sowie die eBay-Bewertungsdatenbank (LG Berlin ZUM 2006, 343, 344). Entsprechend dürfte auch bei sonstigen Plattformen des „Web 2.0" wie den sozialen Netzwerken (**Facebook,** LinkedIn, Xing etc.), Internet-Videoportalen (**YouTube,** MyVideo, Clipfish etc.), Bewertungsportalen (für Reisen und Urlaub: **Holiday-**

check, TripAdvisor; für Lehrer und Professoren-Bewertungen: spickmich, MeinProf; im E-Commerce: Amazon, eBay), Blogs und Mikroblogs **(Twitter)** gelten (ebenso Loewenheim/*Koch* § 77 Rn. 5a; *Herrmann/Dehißelles* K&R 2009, 23; *Reinemann/Remmertz* ZUM 2012, 216, 220). Auch hier findet eine **Sammlung von Elementen,** nämlich des jeweiligen user-generated-content, statt. Diese Elemente, z. B. Pinnwandeinträge bei Facebook, hochgeladene Videos bei YouTube, eingestellte Bewertungen bei Holidaycheck und einzelne Blog-Einträge sind **unabhängig,** da sie auch bei ihrer Trennung einen sinnvollen Aussagegehalt behalten. Sie sind auch mit elektronischen Mitteln **einzeln zugänglich** und jedenfalls **systematisch,** nämlich i. d. R. chronologisch, **angeordnet.** Weitere Ordnungsprinzipien wie eine alphabetische Anordnung z. B. nach Namen des bewerteten Hotels, Lehrers, Zahnarztes etc. oder eine thematische Anordnung z. B. der Videos bei YouTube nach Kategorien (Comedy, Spiele, Tiere, Sport etc.) sind weit verbreitet. **Datenbankhersteller** ist in diesen Fällen regelmäßig nicht der einzelne Nutzer (der aber Urheberrechte an seinem Beitrag erlangen kann, vgl. § 2 Rn. 158 f.), sondern der **Plattform-Betreiber,** weil er die Rahmenbedingungen geschaffen hat (dazu oben Rn. 29) und die Sammlung der Elemente organisiert (so auch Loewenheim/*Koch* § 77 Rn. 5a; *Reinemann/Remmertz* ZUM 2012, 216, 220, 226). **Stets zu prüfen** ist jedoch, ob im Einzelfall auch eine **wesentliche Investition** vorliegt. Sofern mehrere Datenbanken bzw. Tätigkeiten vorliegen, ist dabei festzustellen, welcher Aufwand konkret in welche der Datenbanken getätigt worden ist (dazu oben Rn. 30 ff.; a. A. LG Köln ZUM-RD 2000, 304, 306 – kidnet.de).

Internet-Suchmaschinen, die es ermöglichen, nach selbst gewählten oder vorbestimmten Kriterien systematisch auf bestimmte Webseiten gezielt zuzugreifen, dürfte gleichfalls Datenbankcharakter zukommen (Schricker/Loewenheim/*Vogel* § 87a Rn. 28; *Haberstumpf* GRUR 2003, 14, 19; *Leistner* GRUR Int. 1999, 819, 824). Das **Internet** selbst ist jedoch keine Datenbank, ihm fehlt es insoweit an der systematischen Ordnung der Webseiten (Schricker/Loewenheim/*Vogel* § 87a Rn. 28). Es stellt lediglich die Basis für Suchmaschinen dar.

i) Sammlungen im Softwarebereich, Multimediawerke. Ob **Klassenbibliotheken** bei der objektorientierten Programmierung Datenbankschutz genießen, ist str. (bejaht von OLG Hamburg CR 2002, 485, 486 – CT-Klassenbibliothek; a. A.: Computerprogramm vgl. § 69a Rn. 19; ausführlich dazu sowie zu **Treiberdatenbanken** *Ohst* 165 f.). Keine Datenbanken sind jedenfalls regelmäßig **Betriebssysteme,** da die bloße Zusammenstellung auf einem Speichermedium keinen Schutz begründet und es an der systematischen Anordnung fehlt (*Ohst* 166). Gleiches gilt grds. auch für **Softwarepakete** und **Spielesammlungen** (*Ohst* 167). Keine Datenbanken sind schließlich z. B. **Rechtschreibprogramme,** deren Elemente für den Nutzer nicht einzeln zugänglich sind (*Haberstumpf* GRUR 2003, 14, 19; Schricker/Loewenheim/*Vogel* § 87a Rn. 24).

Bei **multimedialen Gestaltungen** kommt es für die Beurteilung ihres Datenbankcharakters neben der erforderlichen Einzelzugänglichkeit der Elemente auf Nutzerebene entscheidend auf das Merkmal der **Unabhängigkeit der Elemente** an (dazu auch oben Rn. 12). Auch wenn multimedialen Anwendungen auf technischer Ebene regelmäßig Datenbankprogramme zugrunde liegen werden, stellen sie selbst nur dann Datenbanken i. S. v. § 87a Abs. 1 S. 1 dar, wenn sie „Referenzcharakter" aufweisen. Sie müssen dem Nutzer in sich geschlossene Einzelinformationen vermitteln, wie etwa multimediale Enzyklopädien, Kataloge oder Fachinformationssammlungen (Schricker/Loewenheim/*Vogel* § 87a Rn. 11; *Leistner* GRUR Int. 1999, 819, 824; *Gaster* CR 1997, 669, 673). Bei nicht referenzartigen multimedialen Gestaltungen hingegen, bei denen die verschiedenen Bild-, Ton- und Text-Elemente auf der Benutzeroberfläche miteinander zu einem einheitlichen Werk verschmelzen, wie etwa bei einem traditionellen **Videospiel,** fehlt es trotz technischer Speicherung dieser Elemente in separaten Dateien an der erforderlichen Unabhängigkeit der Elemente (*Leistner* GRUR Int. 1999, 819, 824; vgl. auch LG Köln MMR 2006, 52 – Multimediapräsentation; s. auch zu Multimediawerken § 2 Rn. 151 ff.). Dies ist bei moderneren Spielen indes nicht zwingend der Fall. Gerade im Bereich der Online-Rollenspiele (MMORPGs) gibt es z. B. die sog. **virtuellen Items** (Ausrüstung, Spielgold), die der Spieler mit seinem Charakter „erspielt" hat. Oftmals können diese Items gehandelt werden. Bislang geschah dies entweder zwischen den Spielern direkt oder, im Hinblick auf die AGB der Spielehersteller sehr problematisch, über im Internet abrufbare professionelle Börsen wie Itembay.com, Gameconomy.de und Ingameparadise.de sowie über eBay. In diesen Börsen oder Foren kann man virtuelle Items und sogar ganze Accounts gegen reales Geld erwerben (zu einem lauterkeitsrechtlichen Verbot eines Goldseller-Forums vgl. OLG Hamburg BeckRS 2013, 01937 m. Anm. *Hermes* GRUR-Prax 2013, 72). Neuerdings bieten die Spielehersteller, um diesen Handel in der Grauzone zu unterbinden und um über Provisionen daran mitzuverdienen, eigene offizielle In-Game-Auktionshäuser an, wie z. B. bei dem 2012 erschienenen Diablo 3. Möchte man ein Item über das **In-Game-Auktionshaus** verkaufen, wird der Gegenstand aus dem eigenen Inventar des Charakters entfernt und dort zum Verkauf eingestellt. Die Items werden folglich als einzeln zugängliche und unabhängige Elemente in einer separaten **Datenbank** erfasst und systematisiert zum Verkauf angeboten. Dies zeigt deutlich, dass bei dieser Art von Computerspielen nicht zwingend eine Verschmelzung aller Inhalte zu einem einheitlichen Werk stattfindet. Problematisch dürfte hier aber die **Frage nach berücksichtigungsfähigen Investitionen** und die Abgrenzung zur bloßen Datenerzeugung sein (dazu oben Rn. 35 ff.). Denn die Items werden von den Spieleherstellern **selbst erzeugt** oder zumindest durch eine entsprechende Programmierung vorgegeben. **Allerdings** kann die notwendige **Software** zum Betrieb eines ausgeklügelten In-Game-Auktionshauses mit diversen Such- und Filterfunktionen sowie die **Pflege und Wartung** der Item-Datenbank durchaus kostspielig sein. Denkbar sind insoweit dann berücksichtigungsfähige Investitionen in die Darstellung der Elemente. Letztlich kommt es hier entscheidend auf den konkreten Sachverhalt an.

99 **j) Sammlungen im Bereich Wirtschaft.** Datenbankschutz wurde gewährt für eine Sammlung bestehend aus wöchentlich erhobenen **Marktdaten** (Titel, Interpret, Label, Verkaufszahlen, Abspielhäufigkeit im Hörfunk) zum Erstellen von „Music-Sales-Charts" und „Airplay-Charts" (BGH GRUR 2005, 857 – HIT BILANZ; ebenso Vorinstanz OLG München GRUR-RR 2003, 329), sowie für Studien über die **Marktanteile** in bestimmten Produktbereichen (BGH GRUR 2005, 940, 941 – Marktstudien; ebenso Vorinstanz OLG München GRUR-RR 2002, 89 – GfK-Daten), für eine **Produktübersicht** in Printform über installierte bzw. in nächster Zeit zu installierende Tiefdruckmaschinen für Europa, Amerika und Japan zur Ermittlung der Konkurrenzsituation (OLG Köln ZUM-RD 2001, 82 – List of Presses), für einen **Marktbericht** zur Auswertung von Umsätzen der Pharma-Industrie, die in Form einer geografischen Segmentstruktur angeordnet waren (OLG Frankfurt MMR 2003, 45, 47 – IMS Health), für eine **Messedatenbank,** bestehend aus 10 000 aufwendig recherchierten und bearbeiteten Messedaten, die sowohl in analoger Form als auch in elektronischer Form online und offline publiziert wurde (LG Köln K&R 1999, 40 – Messe-Planer m. Anm. *Rath-Glawatz*).

100 Das Vorliegen einer schutzfähigen Datenbank hat der BGH auch bei den von der **Toll Collect GmbH** gesammelten und täglich an ihren Vertragspartner übermittelten Abschlagsdaten mautpflichtiger Fahrten bejaht. Die **Investitionen in die Ermittlung und Verarbeitung der Mautdaten,** namentlich die Tankkarten-Nummer, das Kraftfahrzeug-Kennzeichen, das Datum der mautpflichtigen Fahrten und die Länge der gefahrenen Strecken, hat der BGH als **berücksichtigungsfähig** anerkannt. Diese Daten seien nämlich auch ohne ihre Erfassung durch die Toll Collect GmbH vorhanden. Sie werden **nicht erzeugt,** sondern nur gesammelt und geordnet. Nicht berücksichtigungsfähig sei hingegen die von der Toll Collect GmbH errechnete Maut, weil es sich hierbei um ein Datum handele, das erst erzeugt werde (BGH GRUR 2010, 1004 Rn. 19 – Autobahnmaut).

101 Offen gelassen wurde der Datenbankcharakter in einer frühen Entscheidung für eine Tabelle mit **Börsendaten** (Kursen, Kennzahlen, Prognosen und Bewertungen) für über 500 deutsche Aktiengesellschaften (OLG Hamburg GRUR 2000, 319, 320 – Börsendaten, Schutz wurde im Verfügungsverfahren über § 1 UWG a. F. wegen unlauterer Leistungsübernahme gewährt). Wegen fehlender Glaubhaftmachung einer wesentlichen Investition wurde Datenbankschutz abgelehnt für ein **Online-Branchenbuch,** bestehend aus einer nach Branche, Firma, Anschrift, Telefon und Orten geordneten Zusammenstellung von etwa 3400 Unternehmen in 570 Branchen auf der Insel Rügen (LG Düsseldorf ZUM 2002, 65, 66) sowie für eine **Fachdatenbank** mit Informationen über Baumarktprodukte (OLG Düsseldorf MMR 1999, 729 – Zulässigkeit von Frames m. abl. Anm. *Gaster*).

102 k) **Sammlungen im naturwissenschaftlichen Bereich.** Bei den meisten Sammlungen im naturwissenschaftlichen Bereich wird es entscheidend darauf ankommen, ob die für die Ermittlung der naturwissenschaftlichen Daten erforderlichen Investitionen berücksichtigungsfähigen Sammlungsaufwand darstellen oder nicht berücksichtigungsfähige Aufwendungen in die Datenerzeugung. Soweit man, wie hier (s. o. Rn. 49 ff.), davon ausgeht, dass es sich immer dann, wenn dieselben Daten prinzipiell von jedem beliebigen Dritten mit dem gleichen Aufwand ermittelt werden können, um eine „Sammlung vorhandener Daten" und nicht um die „Erzeugung neuer Daten" handelt, stellt der mit der Ermittlung naturwissenschaftlicher Daten verbundene **Mess- und Beobachtungsaufwand** eine **berücksichtigungsfähige Investition** dar. Den aus solchen Daten erstellten Datenbanken wird daher regelmäßig sui-generis-Schutz zukommen. Dementsprechend wurde auch bereits einer Sammlung von **Wetterdaten** für Luftfahrzeugführer (OLG Köln MMR 2007, 443, 444 – DWD-Wetterdaten) sowie von **geografischen Daten** Datenbankschutz gewährt (LG München I GRUR 2006, 225 – Topografische Kartenblätter; vgl. auch die Datenbankschutz regelmäßig bejahende Rspr. zu „Messaufwand" im wirtschaftlichen Bereich oben Rn. 99 ff. sowie im geisteswissenschaftlichen Bereich BGH GRUR 2007, 688 – Gedichttitelliste II).

103 Auch wenn sich naturwissenschaftliche Datenbanken erst im Aufbau befinden und nur wenige, aber sehr wertvolle, da nur investitionsintensiv ermittelbare Elemente enthalten, wie etwa molekularbiologische **Sequenzdatenbanken,** kann der sui-generis-Schutz durchaus schon frühzeitig einsetzen. Hier muss man berücksichtigen, dass neben dem Sammlungsaufwand auch bereits die Kosten für die Erstellung des zum Betrieb der Datenbank erforderlichen Computerprogramms berücksichtigungsfähigen Investitionsaufwand darstellen und laut EuGH eine „beträchtliche Anzahl" von Elementen für die Entstehung des sui-generis-Schutzes nicht erforderlich ist (EuGH GRUR 2005, 254 f. Rn. 24 – Fixtures-Fußballspielpläne II; vgl. oben Rn. 11; vgl. zu diesem Problembereich auch *Sendrowski* GRUR 2005, 369, 372). Kein Datenbankschutz besteht hingegen, solange es sich lediglich um durch Beobachtung oder Messung gewonnene ungeordnete Rohdaten handelt, da auch einer Sammlung an sich höchst wertvoller unabhängiger Elemente der sui-generis-Schutz versagt bleibt, wenn es an der systematischen oder methodischen Anordnung fehlt. Hier ist Schutz nur durch das Wettbewerbsrecht oder vertragliche Vereinbarungen, insb. Geheimhaltungsvereinbarungen, zu erzielen (vgl. *Sendrowski* GRUR 2005, 369, 370; Dreier/Schulze/*Dreier* § 87a Rn. 7).

104 Werden naturwissenschaftliche Informationen in Form eines (Online-)Lexikons aufbereitet, ist Datenbankschutz unproblematisch zu bejahen (vgl. für ein **Online-Lexikon medizinischer Fachbegriffe** OLG Hamburg GRUR 2001, 831 f. – Roche Lexikon Medizin; ebenso Vorinstanz LG Hamburg MMR 2000, 761).

105 l) **Landkarten, Stadtpläne.** Nach einer Ansicht erfüllen auch die sog. **topografischen Landkarten** der Landesvermessungsämter die Voraussetzungen einer Datenbank. Bei diesen Landkarten seien die in ihnen enthaltenen Informationen **einzeln zugänglich** und **voneinander unabhängig,** da mittels der Karte prinzipiell für jeden Punkt des Kartengebiets die erfassten topografischen Informationen (Höhenangabe, Art der Bodenbeschaffenheit, Verkehrsfläche, Wasser, Vegetation etc.) abgerufen werden können, ohne dass sich ihr Informationsgehalt durch die Herauslösung ändere. Die **Karte** stelle insoweit lediglich eine die Auffindbarkeit der einzelnen Informationen für den Nutzer erleichternde besondere **grafische Darstellungsweise** der topografischen Informationen dar (vgl. die ausführliche Begründung in LG München I GRUR 2006, 225, 226 f. – Topografische Kartenblätter; zust. *Rieger* 25 ff.; LG München I ZUM-RD 2013, 277; LG Leipzig ZUM-RD 2013, 273; a. A. OLG München BeckRS 2013, 13574; OLG Dresden BeckRS 2013, 17615; *Hertin* GRUR 2004, 646 ff.; Schricker/Loewenheim/*Vogel* § 87a Rn. 17). In gleicher Weise wäre auch **Satellitenbildern, Orthofotos, Katasterkarten,** einem **digitalen dreidimensionalen Landschaftskartenmodell** sowie sonstigen systematisch geordneten Sammlungen von Vermessungsdaten sui-generis-Schutz zu gewähren (so auch Schricker/Loewenheim/*Vogel* § 87a Rn. 18; teilweise a. A. *Hertin* GRUR 2004, 646 ff.; zum Urheberschutz von Karten s. § 2 Rn. 143; zum Lichtbildschutz von Satellitenbildern s. § 72 Rn. 15). In einer Folgeentscheidung ging das LG München I bei einem „**amtlichen Stadtplan**" mit gleichlautender Begründung ebenfalls von einer Datenbank aus. Auch ein Stadtplan sei nicht auf die Nutzung in seiner Gesamtheit beschränkt, sondern die Einzelinformationen werden üblicherweise selektiv genutzt. Es liege auch eine **systematische Anordnung** der Objekte nach geografischer Lage vor, die nicht weniger trivial sei als die bei Listen übliche alphabetische, numerische oder chronologische Anordnung (LG München I GRUR-RR 2010, 92, 93). Bejaht wurde das Vorliegen einer schutzfähigen Datenbank auch bei einem **Online-Stadtplan,** bei dem die einzelnen Kartenausschnitte über eine Suchmaske gezielt abgerufen werden können. Insb. sei auch von **berücksichtigungsfähigen wesentlichen Investitionen** auszugehen, weil die Adressdaten sowie die in der Natur vorgefundenen Gegebenheiten ausgewertet, selektiert und bei der Erstellung mit den Kartenausschnitten verknüpft werden müssen. Dazu fließen erhebliche personelle und sachliche Mittel in die Überprüfung und Aktualisierung der Richtigkeit der Karten (KG ZUM-RD 2012, 331, 333 f. mit Verweis auf LG München I GRUR 2006, 225, 226 f. – Topografische Kartenblätter; LG München I GRUR-RR 2010, 92, 93).

106 **m) Sammlungen physischer Objekte.** Ob auch **Sammlungen physischer Objekte** etwa in Museen oder Privatsammlungen Datenbanken i. S. v. § 87a und damit durch das sui-generis-Recht geschützt sein können, ist **umstritten** (dagegen *Benecke* CR 2004, 608; *Haberstumpf* GRUR 2003, 14, 18; *Leistner* GRUR Int. 1999, 819, 820 f.; dafür Dreier/Schulze/*Dreier* § 87a Rn. 4; Schricker/Loewenheim/*Vogel* § 87a Rn. 16; *Rieger* 22 f., 47). Zutreffend spricht der Wortlaut der Richtlinie bzw. des § 87a nicht gegen eine Einbeziehung von Sammlungen physischer Objekte in den Datenbankschutz, sofern sie nach systematischen oder methodischen Kriterien (z. B. chronologisch oder thematisch) aufbereitet sind (Dreier/Schulze/*Dreier* § 87a Rn. 4). Auch weisen die einzelnen Exponate in ihrer wissenschaftlichen Erschließung regelmäßig einen hohen Informationsgehalt auf, der durch eine Herauslösung aus der Sammlung nicht verloren geht. Die Unabhängigkeit der Elemente kann also angenommen werden. Schließlich wird man Ausstellungs- oder Archivräume (Fotoarchive, Werkarchive), Münz- und Briefmarkenalben etc. grds. auch noch als „feste Träger" qualifizieren können, „in oder auf denen sich die Sammlung befindet". Damit wären die entsprechenden Sammlungen physischer Objekte, sofern sie chronologisch, thematisch etc. geordnet sind und/oder durch einen Index erschlossen werden, bei Vorliegen einer wesentlichen Investition für einen Datenbankschutz grds. qualifiziert. Bestätigt wird dieses Ergebnis schließlich auch durch die Rechtsprechung, die Ausstellungen bereits Schutz als Sammelwerk nach § 4 gewährt hat (so LG München I ZUM-RD 2003, 492 – archäologische Ausstellung; *Schulze* OLGZ 246, 4; dazu näher § 4). Ob und inwieweit dabei einer solchen Sammlung aufgrund ihres Alters eine berücksichtigungsfähige Investition fehlt, ist eine Frage des Einzelfalls (vgl. hierzu § 137g).

Jedenfalls den **Ausstellungskatalogen** solcher Sammlungen steht der Datenbankschutz nach §§ 87a ff. jedoch grds. offen (s. dazu aus Frankreich Urt. des TGI Paris, 3ème ch., 1ère sec. V, 31.1.2001 – Miller Freeman vs. Neptune Verlag; Beschluss der CA Paris, 4ème ch., sec. A, v. 12.9.2001 – Société Tigrest vs. Société Reed). 107

n) **Sammlungen in den Bereichen Kunst und Kultur.** Datenbankschutz wurde einer **Gedichttitelliste** mit 1.100 Gedichttiteln gewährt, in der die einzelnen Elemente (Autor, Titel, Anfangszeile, Erscheinungsdatum) nach der Häufigkeit ihrer Nennungen in bestimmten Ausgangswerken systematisch in Gruppen angeordnet waren. Die Gruppen wiesen ihrerseits wiederum eine alphabetische Ordnung nach Autorennamen auf und konnten elektronisch im Wege einer Online-Abfrage nach verschiedenen Kriterien wie Titel/Anfangszeile, Autor sowie mittels Volltextrecherche durchsucht werden (BGH GRUR 2007, 685 – Gedichttitelliste I; BGH GRUR 2007, 688 – Gedichttitelliste II; BGH GRUR-RR 2010, 232 – Gedichttitelliste III; Eingangsinstanz LG Mannheim GRUR-RR 2004, 196 f. – Freiburger Anthologie; zum Urheberschutz einer Gedicht- bzw. Gedichttitelsammlung als Sammelwerk s. § 4 Rn. 7 ff.). 108

Des Weiteren wurde Datenbankschutz bejaht für eine **Zusammenstellung lyrischer Textbeiträge,** die chronologisch nach ihrer Entstehung angeordnet waren (LG Köln ZUM 2001, 714 – derpoet.de) sowie für eine **digitalisierte Gesamtausgabe** der Schriften und Vorträge eines Anthroposophen (LG München I ZUM-RD 2007, 212, 215 – Rudolf Steiner). Auch ein systematisch nach bestimmten geopolitischen, historischen und philatelistischen Kriterien geordneter **Briefmarken-Katalog** wurde als Datenbank angesehen, wobei ein Großteil der Datenbestände allerdings vor 1983 erstellt worden war und die entsprechenden Investitionen nicht berücksichtigungsfähig waren (vgl. § 137g Rn. 3; OLG München ZUM-RD 2003, 306, 310 – Gliederungsschema für Briefmarkenkatalog; Datenbankcharakter offen gelassen von BGH GRUR 2006, 493 – Briefmarkenkatalog auf CD-ROM/Michel-Nummern). So lag es auch später im BGH-Fall „Markenheftchen". Dort war fraglich, ob die ab 1983 erfolgende fortlaufende Ergänzung des schon vorher hergestellten Nummernsystems für Markenheftchen um später erschienene Markenheftchen und Briefmarken zur Begründung einer neuen Datenbank nach § 87a Abs. 1 S. 2 ausreichte. Dazu müsse die Ergänzung laut BGH im Verhältnis zu den bereits Ende 1982 bestehenden Daten quantitativ wesentlich sein und erhebliche Investitionen erfordern. Eine qualitative Änderung kam nicht in Betracht, weil das Nummernsystem der Markenheftchen unverändert blieb. Insgesamt fehlten dem BGH ausreichende Feststellungen zur Neuheitsfiktion (BGH GRUR 2011, 79 Rn. 18–21 – Markenheftchen; näher zur Neuheitsfiktion unten Rn. 116 ff.). Die Zuordnung einer nach bestimmten, selbst festgelegten Kriterien erstmals „erzeugten" Ordnungsnummer zu einer bestimmten Briefmarke stellte hingegen keinen berücksichtigungsfähigen Investitionsaufwand dar (vgl. *Leistner* K&R 2007, 457, 463). 109

Im Übrigen können **Wörterbücher** sowie analoge und digitale **Lexika** zu beliebigen Themen Schutz als Datenbank genießen (vgl. OLG Hamburg GRUR 2001, 831 f. – Roche Lexikon Medizin; ebenso Vorinstanz LG Hamburg MMR 2000, 761). 110

Keine Datenbanken sind hingegen **Werke der Musik, Kunst oder Literatur, Filmwerke,** etc. Zwar können die Sounds, Pixel, Laufbilder, etc. mittels der Digitaltechnik nahezu unbegrenzt einzeln angesteuert werden. Es fehlt ihnen aber an der erforderlichen Unabhängigkeit der Einzelelemente (Erwägungsgrund 17; zu sog. **MIDI-Dateien** LG München I MMR 2000, 431, 433 – Einstellen von MIDI-Files in AOL-Musikforum; s. auch o. Rn. 12). Keine Datenbank ist im Normalfall auch die Zusammenstellung mehrerer Musikwerke auf einer CD, da es insoweit regelmäßig an einer wesentlichen Investition fehlt (Erwägungsgrund 19). Systematisch geordnete größere Film-, Bild-, Musik- oder Sounddatenbanken wie z. B. iTunes, können allerdings durchaus Datenbankschutz genießen. 111

o) **Sammlungen der öffentlichen Hand, Sammlungen amtlicher Daten.** Bei Sammlungen der öffentlichen Hand stellt sich die spezielle Frage, ob sie aufgrund einer 112 analogen Anwendung von § 5 Abs. 2 vom sui-generis-Schutz der §§ 87a ff. ausgeschlossen sind. So beabsichtigte der Bundesgerichtshof, das **Ausschreibungsblatt** eines Bundeslandes **analog § 5 Abs. 2** vom Datenbankschutz auszuschließen (vgl. Vorlagebeschluss an den EuGH, BGH GRUR 2007, 500, 501 f. – Sächsischer Ausschreibungsdienst; Datenbankschutz wurde bejaht von der Vorinstanz OLG Dresden ZUM 2001, 595; eine Entscheidung unterblieb wegen der Rücknahme der Revision). Welche weiteren Datenbanken der öffentlichen Hand analog § 5 Abs. 2 vom sui-generis-Schutz ausgeschlossen werden könnten, bleibt abzuwarten (s. unten Rn. 142 ff.).

113 Hiervon abgesehen stellt sich bei vielen Sammlungen der öffentlichen Hand die **Frage**, ob sie ggf. deshalb keinen sui-generis-Schutz genießen, weil die in sie getätigten Investitionen nach den vom EuGH in BHB-Pferdewetten/Fixtures-Fußballspielplänen I–III aufgestellten Grundsätzen (s. o. Rn. 35 ff.) lediglich auf **nicht berücksichtigungsfähigen Investitionen in die Datenerzeugung** beruhen. Denn in vielen Fällen – wie etwa beim Handelsregister, dem Grundbuch, sowie den Patent-, Marken-, Geschmacksmusterregistern etc. – wird ein Großteil der Daten durch die öffentliche Hand erst erzeugt, indem Handelsregisternummern, Anmeldenummern etc. offiziell vergeben werden. Damit handelt es sich um Daten, die in dieser Form niemandem anders als eben der jeweiligen Registerstelle zur Verfügung stehen. Jedenfalls den klassischen amtlich geführten **Registern** dürfte damit regelmäßig kein sui-generis-Schutz zukommen (vgl. hierzu den Evaluierungsbericht S. 14; in diesem Sinne auch *Kur/Hilty/Geiger/Leistner* 554; vgl. im Anschluss an die EuGH-Entscheidung BHB-Pferdewetten auch die Entscheidung des British Court of Appeal v. 13.7.2005 Rn. 28–30). Werden diese Register aber zugleich als separate Online-Datenbank angeboten, könnte dies anders zu beurteilen sein. Ein Beispiel ist das im Internet frei zugängliche **DPMAregister**, in dem die gesetzlichen Veröffentlichungen zu Patenten, Marken und Mustern sowie die Registerdaten zur Recherche bereitgestellt werden. Hier sind berücksichtigungsfähige Investitionen in die Darstellung, Pflege und Wartung der Daten sowie in die Erstellung des erforderlichen Computerprogramms denkbar.

114 Noch eher kommt ein sui-generis-Schutz bei Sammlungen amtlicher Daten in Betracht. So wurde der Datenbankschutz bejaht für eine **Sammlung von Bodenrichtwerten** mit den wertbestimmenden Parametern und einem Grundstücksmarktbericht (BGH ZUM 2007, 136 – Bodenrichtwertsammlung) sowie für eine Sammlung von **Wetterdaten für Luftfahrzeugführer** des Deutschen Wetterdienstes (OLG Köln MMR 2007, 443, 444 – DWD-Wetterdaten). Ein Schutz wurde auch zu Gunsten einer Verlagsgesellschaft angenommen für eine **CD-ROM mit Zolltarifen,** die eine Sammlung sämtlicher für die elektronische Zollanmeldung in der EU erforderlichen Tarife und Daten enthielt, wobei jedenfalls die wesentlichsten Daten parallel auch im jeweiligen Amtsblatt veröffentlicht wurden (BGH GRUR 2009, 852 Rn. 19 ff. – Elektronischer Zolltarif; Vorinstanz OLG Köln GRUR-RR 2006, 78 – EZT) sowie für eine elektronische Datenbank mit Rechtsvorschriften des bulgarischen Rechts (EuGH GRUR 2009, 572 Rn. 69–72 – Apis/Lakorda).

115 Zu sondergesetzlich geregelten **Zugangsrechten zu amtlichen Informationen** s. § 87c Rn. 45 ff.

III. Neue Datenbank (§ 87a Abs. 1 S. 2)

1. Bedeutung der Neuheitsfiktion

116 Nach § 87a Abs. 1 S. 2 **gilt** eine in ihrem Inhalt nach Art oder Umfang **wesentlich geänderte Datenbank** als **neue** Datenbank, sofern die Änderung eine nach Art oder Umfang wesentliche Investition erfordert. Aufgrund dieser **Neuheitsfiktion** einer wesentlich geänderten Datenbank wird der **Lauf der 15-jährigen Schutzfrist** nach § 87d für die geänderte Datenbank **neu in Gang gesetzt.** Mit dieser Verlängerung des Investitionsschutzes für bereits bestehende Datenbanken sollte zum einen ein Anreiz für Investitionen in die Pflege und Aktualisierung von bereits hergestellten Datenbanken geschaffen und zum anderen dem Umstand Rechnung getragen werden, dass die aufwendige Pflege einer Datenbank grds. einen eigenständigen Schutz rechtfertigt. Bei Datenbanken, die vor Ablauf ihrer 15-jährigen Schutzfrist jeweils investitionsintensiv gepflegt worden sind, ergibt sich damit rein faktisch die **Möglichkeit eines zeitlich unbegrenzten sui-generis-Schutzes** (vgl. LG München I GRUR 2006, 225, 227 ff. – Topografische Kartenblätter; näher dazu unten § 87d Rn. 2, 9 f.).

Die Schutzfristerneuerung nach § 87a Abs. 1 S. 2 setzt dabei eine **wesentliche Neuinvestition** voraus, die zu einer **qualitativ oder quantitativ wesentlichen Änderung des Inhalts der Datenbank** geführt hat. Der Regelfall wird dabei sein, dass der bisherige Hersteller auch die weiteren Neuinvestitionen erbringt und die wesentlichen Änderungen vornimmt. Fraglich sind aber die Folgen, wenn ein **Dritter die Änderungen vornimmt**. In diesem Falle müsste der Dritte alleiniger Inhaber des sui-generis-Rechts an der wesentlich geänderten Datenbank werden, da es an einem gemeinschaftlichen Zusammenwirken mit dem ursprünglichen Hersteller fehlt (so auch OLG München BeckRS 2011, 27482 Rn. 34; *Krekel* WRP 2011, 436, 442). Die Entstehung des neuen Schutzrechts besagt aber noch nichts über die Zulässigkeit des Rückgriffs auf die Ursprungsdatenbank. Insoweit kann eine rechtswidrige Entnahme und/oder Weiterverwendung und damit ein Verstoß gegen § 87b vorliegen. Laut EuGH ist maßgeblicher Zeitpunkt für die Übertragung derjenige der Fixierung der Elemente auf einem anderen Datenträger. Was anschließend damit geschieht – v. a. ob eine kritische Überprüfung, Veränderung, andere Anordnung oder Organisation etc. erfolgt – ist unerheblich (EuGH GRUR 2008, 1077 Rn. 45 – Directmedia Publishing; EuGH GRUR 2009, 572 Rn. 45 ff. – Apis/Lakorda). Mithin kann der Hersteller der Ausgangsdatenbank ggf. gegen die Verwertung der „neuen" Datenbank des Dritten vorgehen (a. A. *Krekel* WRP 2011, 436, 442; offen gelassen bei OLG München BeckRS 2011, 27482 Rn. 34). 117

2. Wesentliche Neuinvestition in bestehende Datenbank

Für die Erneuerung der Schutzfrist bedarf es einer **wesentlichen Neuinvestition** in die Datenbank, deren tatsächliche Voraussetzungen **vom Hersteller zu beweisen** sind (zu Beweisfragen s. auch unten Rn. 156 ff.). Soweit sich die Neuinvestitionen auf die Erzeugung von Daten sowie Überprüfungs- und Darstellungsmaßnahmen im Stadium der Datenerzeugung beziehen, sind sie nach den gleichen Grundsätzen wie bei der Erstherstellung einer Datenbank nicht berücksichtigungsfähig (dazu oben Rn. 35 ff.; vgl. auch LG München I GRUR 2006, 225, 227 – Topografische Kartenblätter). 118

Berücksichtigungsfähig ist allerdings Aufwand, der zur Beschaffung geänderter vorhandener Elemente, der fortlaufenden Kontrolle der Richtigkeit der ermittelten Elemente während des Zeitraums des Betriebs der Datenbank, zum Ausbau der Datenbank oder zur Organisation der individuellen Zugänglichkeit dient, d. h. der Druckneukosten bei analogen oder offline-Datenbanken bzw. die Kosten der Aufrechterhaltung des Online-Betriebs bei Online-Datenbanken (vgl. OLG München BeckRS 2011, 27482 Rn. 30, 34; LG München I GRUR 2006, 225, 227 – Topografische Kartenblätter; Schricker/Loewenheim/*Vogel* § 87a Rn. 62). Insb. der Arbeitsaufwand, der mit der Überprüfung von topografischen Landkarten anhand jeweils aktuell gefertigter Luftbilder und mit einer Nachkontrolle einzelner Objekte im Gelände verbunden war, war danach als Neuinvestition berücksichtigungsfähig (LG München I GRUR 2006, 225, 227 – Topografische Kartenblätter). 119

Das Kriterium der **Wesentlichkeit** der Investition ist **einheitlich auszulegen.** Der **(absolute) Maßstab** für die Beurteilung der Wesentlichkeit ist damit stets **der gleiche,** ob nun eine Erst- oder eine Neu-Investition auf ihre Wesentlichkeit hin zu beurteilen ist 120

(Schricker/Loewenheim/Vogel § 87a Rn. 61; *Haberstumpf* GRUR 2003, 14, 30; *Leistner* 208; entgegen dem Verständnis in der Voraufl. Rn. 122 vertritt Dreier/Schulze/*Dreier* § 87a Rn. 18 insoweit wohl keine a. A., vielmehr wird auch dort auf die gleichen Kriterien wie für die ursprüngliche Investition verwiesen; a. A. aber Dreyer/Kotthoff/Meckel/ *Kotthoff* § 87a Rn. 36: unterschiedliche Interpretation; offen lassend Fromm/Nordemann/ *Czychowski* § 87a Rn. 33). Die Tatsache, dass die Änderung und Überprüfung einer bestehenden Datenbank oftmals weniger Aufwand erfordert als der originäre Aufbau der gleichen Datenbank, bestätigt insoweit lediglich, dass auch im Falle der Investition in den Aufbau einer Datenbank **keine allzu hohen Anforderungen** an den für die Wesentlichkeit erforderlichen Investitionsumfang zu stellen sind (*Lehmann* in: Möhring/Schulze/Ulmer/ Zweigert Anm. 7; *Leistner* GRUR Int. 1999, 819, 835).

121   Die **Investitionen** müssen nicht auf einmal erbracht werden, sie können vielmehr auch **sukzessive** erfolgen. In diesem Fall liegt eine „neue" Datenbank dann vor, wenn alle bis zu einem bestimmten Zeitpunkt erbrachten Investitionen zusammen als wesentlich angesehen werden können (Schricker/Loewenheim/*Vogel* § 87a Rn. 63).

3. Wesentliche Inhaltsänderung nach Art oder Umfang

122   Ergebnis der wesentlichen, die Schutzfristerneuerung rechtfertigenden Neuinvestition muss eine **nach Art oder Umfang wesentliche Inhaltsänderung einer bestehenden Datenbank** sein. Nach Art. 10 Abs. 3 der Datenbank-Richtlinie kann dies insb. durch „Anhäufung von aufeinanderfolgenden Zusätzen, Löschungen oder Veränderungen" erfolgen. Meistens wird es auch um die Aktualisierung einer Datenbank durch **Ersatz, Ergänzung, Streichung veralteter und/oder Aufnahme neuer Datensätze** gehen (Schricker/Loewenheim/*Vogel* § 87a Rn. 63; krit. zu dieser Voraussetzung Dreyer/Kotthoff/ Meckel/*Kotthoff* § 87a Rn. 39).

123   Nicht notwendig ist indessen, dass die wesentliche Inhaltsänderung auch sichtbar wird. So kann insb. auch die **eingehende Überprüfung des Inhalts** einer Datenbank zu einer in qualitativer Hinsicht wesentlichen Inhaltsänderung führen (so ausdrücklich Erwägungsgrund 55), ohne dass sich diese quantitativ in geänderten Datenbankeinträgen sichtbar niederschlägt (LG München I GRUR 2006, 225, 227 – Topografische Kartenblätter; Fromm/ Nordemann/*Czychowski* § 87a Rn. 31; Schricker/Loewenheim/*Vogel* § 87a Rn. 65; *Vogel* ZUM 1997, 592, 597). **Ohne sichtbare Veränderungen** des Datenbankinhalts wird es dem insoweit beweispflichtigen Hersteller aber regelmäßig schwerer fallen, den Nachweis einer wesentlichen Investition in die Überprüfung der Datenbank und einer wesentlichen Inhaltsänderung zu führen (Schricker/Loewenheim/*Vogel* § 87a Rn. 65; Dreier/Schulze/ *Dreier* § 87a Rn. 17 f.).

124   Wann eine Inhaltsänderung als nach Art oder Umfang wesentlich anzusehen ist, so dass die Neuheitsfiktion des § 87a Abs. 1 S. 2 greift, ist eine der Rechtsprechung zugewiesene, nach den Umständen des jeweiligen **Einzelfalls** zu entscheidende Frage (vgl. z. B. OLG München BeckRS 2011, 27482 Rn. 30, 34; LG München I GRUR 2006, 225, 227 – Topografische Kartenblätter; Dreier/Schulze/*Dreier* § 87a Rn. 17). Anders als bei der Wesentlichkeit der Neuinvestition (dazu zuvor Rn. 120) gilt hier bei der Wesentlichkeit der Inhaltsänderung somit gerade kein absoluter, einheitlicher Maßstab (entgegen dem Verständnis bei Dreier/Schulze/*Dreier* § 87a Rn. 17 wird hier also keine a. A. vertreten). Bei **quantitativen** Änderungen kann ihr Verhältnis zum Gesamtumfang eine Rolle spielen. Bei **qualitativen** Änderungen wird es auf die funktionelle Bedeutung der Änderungen für die Datenbank ankommen, so dass bspw. bei dynamischen, schnell veraltenden Datenbanken, bei denen es wesentlich auf ihre ständige Aktualität ankommt, schon quantitativ geringere Änderungen als wesentlich angesehen werden können (Schricker/Loewenheim/*Vogel* § 87a Rn. 64).

125   Auch für die wesentlichen Änderungen gilt, dass sie nicht auf einmal erfolgen müssen, sondern vielmehr auch **sukzessive** durchgeführt werden können. In diesem Fall liegt eine

"neue" Datenbank dann vor, wenn alle bis zu einem bestimmten Zeitpunkt vorgenommenen Änderungen zusammen als wesentlich anzusehen sind (Schricker/Loewenheim/*Vogel* § 87a Rn. 63; Dreier/Schulze/*Dreier* § 87a Rn. 17).

Werden **analoge Datenbanken digitalisiert**, ist **zu differenzieren**. Wird die Print- 126 version einer Datenbank z. B. lediglich als Bilddatei eingescannt, ohne dass sich für den Nutzer neue Suchfunktionen ergeben, so handelt es sich um eine bloße **Vervielfältigung** der bestehenden analogen Datenbank (vgl. § 87b Rn. 34 ff.; Schricker/Loewenheim/*Vogel* § 87b Rn. 42; *Haberstumpf* GRUR 2003, 14, 20). Umgekehrt stellt der bloße Ausdruck einer digitalen Datenbank auf Papier gleichfalls nur eine Vervielfältigung dar (vgl. Handelsgericht Wien MR 1998, 25 – Radio Melody I). Ergeben sich aufgrund der Digitalisierung jedoch neuartige, über die Printversion hinausgehende Suchfunktionen, durch die der Inhalt der analogen Datenbank neu erschlossen wird (etwa mittels Volltext- oder Hypertextrecherchen), so handelt es sich bei der digitalen Version um eine **eigenständige neue Datenbank**. Sie ist allerdings nur dann schutzfähig, wenn es sich bei den Kosten der Digitalisierung und der anschließenden online- oder offline-Zurverfügungstellung um eine wesentliche Investition handelt.

4. Schutzumfang des neuen sui-generis-Rechts

Hinsichtlich des Schutzumfangs ist **umstritten, ob** das neue Datenbankschutzrecht je- 127 weils **nur** an den „geänderten" bzw. der Datenbank **neu hinzugefügten Teilen** entsteht **oder** aber ob es die geänderte bzw. ergänzte **Datenbank in ihrer Gesamtheit** erfasst (offen gelassen von BGH GRUR 2006, 493, 495 – Briefmarkenkatalog auf CD-ROM; für Teilschutz: *Gaster* 648 ff.; *Hornung* 173 f.; Möhring/Nicolini/*Decker* § 87d Rn. 5; für Gesamtheit, aber „zeitlich überlappende" Schutzrechte „wie Perlen an einer Kette" Fromm/Nordemann/*Czychowski* § 87d Rn. 4; Dreier/Schulze/*Dreier* § 87d Rn. 8; für Gesamtheit, aber flexible Berücksichtigung beim Schutzumfang *Leistner* in: Wiebe/Leupold Rn. 41; Schricker/Loewenheim/*Vogel* § 87a Rn. 66 f., *Krekel* WRP 2011, 436, 441). Nach dem Wortlaut von § 87a Abs. 1 S. 2 („gilt als neue Datenbank") sowie demjenigen von Art. 10 Abs. 3 Datenbank-Richtlinie („die Datenbank, die das Ergebnis dieser Investition ist") scheint das neu entstehende Schutzrecht die geänderte Datenbank in ihrer Gesamtheit, d.h. einschließlich der unveränderten Teile, zu erfassen (vgl. *Haberstumpf* GRUR 2003, 14, 30). Daher ist von dem **Grundsatz** auszugehen, dass sich das **neue Herstellerrecht** auf die **wesentlich geänderte Datenbank in ihrer Gesamtheit** und nicht allein auf die neu hinzugefügten oder geänderten Teile bezieht. Dies ergibt sich schon allein aus der Überlegung, dass nicht jede wesentliche Neu-Investition zwangsläufig zu einer sichtbaren Änderung des Datenbankinhalts führen muss. Vielmehr kann auch eine **investitionsintensive Überprüfung** des Inhalts einer Datenbank auf seine Aktualität hin, die im Ergebnis mit nur geringfügigen oder im Extremfall keinen Änderungen einzelner Datenbankelemente verbunden ist, durchaus zu einer in qualitativer Hinsicht „wesentlich geänderten" – da aktualisierten – neuen Datenbank führen (so ausdrücklich Erwägungsgrund 55; vgl. dazu oben Rn. 122 ff.). Das Verlangen nach einer strikten Trennung „alter" und „neuer" Datenbankinhalte innerhalb ein und derselben Datenbank wäre insoweit nicht nur völlig praxisfern, sondern auch – z.B. bei der Vollstreckung eines entsprechenden Unterlassungsanspruchs – rechtlich nahezu undurchführbar (Möhring/Nicolini/*Decker* § 87d Rn. 5 f.).

Ist somit davon auszugehen, dass grds. die geänderte Datenbank in ihrer Gesamtheit ge- 128 schützt ist, ist der Schutzfristablauf für einzelne Investitionen aber zumindest mit der vermittelnden Ansicht bei der Bestimmung des **Schutzumfangs** im konkreten Verletzungsfall zu berücksichtigen (so auch *Leistner* in: Wiebe/Leupold Rn. 41; *Krähn* 174; *Haberstumpf* GRUR 2003, 14, 31). Wenn somit aus einer Datenbank, deren erste Veröffentlichung bzw. Herstellung bereits länger als 15 Jahre zurückliegt, in die aber in den letzten 15 Jahren wesentliche Neu-Investitionen getätigt worden sind, ein Datenbankteil entnommen wird, dürfen zur Beurteilung der Wesentlichkeit des entnommenen Datenbankteils nur die Investitionen der letzten 15 Jahre zusammen gefasst werden. Investitionen, die vor diesem Zeitpunkt getätigt worden sind, haben außer Betracht zu bleiben (*Leistner* in: Wiebe/Leupold Rn. 41; *Leistner* GRUR Int. 1999, 819, 837; *Leistner* 212; Schricker/Loewenheim/*Vogel* § 87d Rn. 6f.; Dreier/Schulze/*Dreier* § 87d Rn. 8; *Krekel* WRP 2011, 436, 441f.; vgl. zu der ähnlichen Frage von vor 1983 getätigten Investitionen OLG München ZUM-RD 2003, 306, 310ff. – Gliederungsschema für Briefmarkenkatalog als Vorinstanz zu BGH GRUR 2006, 493f. – Briefmarkenkatalog auf CD-ROM).

129   Bei der Prüfung des Schutzumfangs sollten die **verschiedenen Versionen** der Datenbank deutlich **unterschieden** werden, die jeweils für sich die Voraussetzungen des § 87a Abs. 1 S. 2 erfüllen. Ist die 15-jährige Schutzdauer für die Originalfassung der Datenbank, also die Version 1, abgelaufen, kann der Datenbankhersteller nicht verhindern, dass diese Version 1 von Dritten verwertet wird. Insoweit ist sein Datenbankherstellerrecht endgültig erloschen und die betreffende, 15 Jahre alte Datenbankversion 1 ist „**gemeinfrei**" geworden. Der Schutz besteht jedoch an den aktuelleren Versionen 2ff. noch fort (so auch *Gaster* in: Hoeren/Sieber Rn. 218f.). Für einen Dritten, der sich aus der gemeinfreien Version 1 bedienen möchte, ist dennoch **Vorsicht geboten.** Denn die Prüfung, ob eine Verletzung der nach § 87a Abs. 1 S. 2 eigenständig geschützten neuen Datenbankversion 2 vorliegt, kann ergeben, dass der Hersteller den gesamten Inhalt der Version 1 in der Version 2 kostenintensiv und eingehend überprüft hat. Dies würde dazu führen, dass sich der Schutzumfang der neuen und noch geschützten Version 2 mit demjenigen der ursprünglichen Version 1 decken würde. Dem Dritten würde die Gemeinfreiheit der Ursprungsversion nicht weiterhelfen, weil seine Entnahme und/oder Weiterverwendung wesentlicher Teile der gemeinfreien Version 1 zugleich auch die Version 2 verletzt. Da die Inhaltsänderung in der neuen Datenbankversion nicht zwingend zu sichtbaren Veränderungen führt, ergibt sich eine **nicht unerhebliche Rechtsunsicherheit** bei der Nutzung „gemeinfreier" Datenbanken.

130   Davon abgesehen aber gilt, dass eine Investition nur entweder **berücksichtigt werden muss** oder aber **nicht berücksichtigt werden darf.** Eine Gewichtung ist hingegen nicht möglich. Berücksichtigt werden muss eine Investition, wenn sie in den letzten 15 Jahren vorgenommen worden bzw. ihr Ergebnis veröffentlicht worden ist. Nicht berücksichtigt werden darf sie, wenn die Zeitpunkte ihrer Vornahme bzw. die Veröffentlichung ihres Ergebnisses schon länger als 15 Jahre zurückliegen. Unzutreffend wäre es, einer Investition, die erst 2 Jahre zurückliegt, ein stärkeres Gewicht beizumessen als einer solchen, die bereits 14 Jahre zurückliegt, oder umgekehrt.

IV. Datenbankhersteller (§ 87a Abs. 2)

1. Investor als Hersteller

131   Datenbankhersteller und damit originärer Inhaber des sui-generis-Rechts ist nach Erwägungsgrund 41 diejenige Person, die die **Initiative** zur Herstellung der Datenbank ergriffen hat und das **Investitionsrisiko** trägt (so z.B. auch BGH GRUR 2011, 724 Rn. 26 – Zweite Zahnarztmeinung II). Insb. Auftragnehmer und sonstige Personen, die lediglich Hilfsdienste erbringen, fallen damit nicht unter den Begriff des Herstellers. Erforderlich ist vielmehr eine **unmittelbare Beteiligung an Gewinn und Verlust** (Erwägungsgrund 41 S. 3; OLG Köln GRUR-RR 2006, 78 – EZT; KG MMR 2001, 171, 172 – Ticketverkaufssystem; *Krekel* WRP 2011, 436, 439). Im Prinzip finden die gleichen Grundsätze und Kriterien Anwendung, wie sie auch zu den herkömmlichen unternehmensbezogenen Leistungsschutzrechten entwickelt worden sind (Schricker/Loewenheim/*Vogel* § 87a Rn. 69; Dreier/Schulze/*Dreier* § 87a Rn. 19; *Leistner* 170; zum Filmproduzenten BGH GRUR 1993, 472, 473 – Filmhersteller; vgl. § 87 Rn. 7; § 85 Rn. 2; § 94 Rn. 1). Entscheidend

ist somit, in wessen Namen und auf wessen Rechnung die relevanten „Finanzierungs-, Beschaffungs- und Personalverträge" geschlossen werden und wer die erforderlichen Nutzungs- und Eigentumsrechte am Datenbankinhalt erwirbt, indem er entsprechende Lizenz- oder Kaufverträge abschließt (Schricker/Loewenheim/*Vogel* § 87a Rn. 70). Maßgeblich ist daher allein die Frage, wer die organisatorische Verantwortung und das wirtschaftliche Risiko trägt. Unbeachtlich ist es, ob dies im Auftrag eines Dritten erfolgt (BGH GRUR 2010, 1004 Rn. 23 – Autobahnmaut). Ebenfalls unbeachtlich ist es, ob der Hersteller von einem Dritten eine Vergütung für seine Tätigkeit erhält. Der Schutz entsteht, sobald der Hersteller berücksichtigungsfähige Investitionen in Eigenregie erbringt und entfällt nicht dadurch, dass die Investitionen von dritter Seite ausgeglichen werden. Der Hersteller muss folglich nicht darauf angewiesen sein, seine Investitionen durch die Einräumung von Nutzungsrechten an Dritte zu amortisieren (BGH GRUR 2010, 1004 Rn. 24–27 – Autobahnmaut).

Indem der Begriff des Datenbankherstellers allein an die Investition anknüpft, wird Rechtsinhaber nur der Investor und damit **nicht** diejenige natürliche **Person,** welche die **Daten persönlich sammelt, sichtet und systematisch anordnet.** Allerdings ergeben sich **Abgrenzungsfragen** daraus, dass nach dem weit gefassten Investitionsbegriff die wesentliche Investition auch im bloßen Einsatz von Zeit, Arbeit und Energie liegen kann (Erwägungsgrund 40). Insoweit wird danach zu differenzieren sein, ob die sammelnde, sichtende und anordnende Tätigkeit im Rahmen eines Anstellungsverhältnisses oder Werkvertrags **entgeltlich** und damit **ohne eigenes Investitionsrisiko** vorgenommen wird (vgl. LG Köln MMR 2006, 52, 55 – Multimediapräsentation), oder ob die Tätigkeiten ohne unmittelbare finanzielle Kompensation erbracht werden und einen eigenen, die (Mit-)Herstellereigenschaft begründenden Investitionsaufwand in Form von Zeit, Arbeit und Energie darstellen. Um insb. in denjenigen Fällen, in denen die Leistung eines Investors im leicht messbaren Einsatz von Kapital oder Sachmitteln erbracht wird, diejenige eines anderen jedoch ausschließlich im Einsatz von eigener Zeit, Arbeit und Energie, Zweifel an der (Mit-)Herstellereigenschaft auszuschließen, sollte stets eine **ausdrückliche vertragliche Vereinbarung** über die gemeinsame Verwertung der Datenbank getroffen werden. Generell empfiehlt es sich, Art und Umfang der Zusammenarbeit und intendierte Rechtsfolgen vertraglich festzulegen (*Krekel* WRP 2011, 436, 440).

Auch wenn der Datenbankhersteller grds. das **Amortisationsrisiko** für die von ihm getätigten Investitionen trägt (*v. Lewinski* in: Roßnagel § 87a Rn. 27 ff.; *Kindler* K&R 2000, 265, 272), ist es für seine Rechtsstellung nicht wesentlich, ob er überhaupt eine kommerzielle Verwertung anstrebt bzw. dass er die **wirtschaftliche Auswertung der Datenbank** nicht persönlich vornimmt, sondern sich hierzu **Dritter** bedient (BGH GRUR 2010, 1004 Rn. 26 – Autobahnmaut; Schricker/Loewenheim/*Vogel* § 87a Rn. 72; Dreier/Schulze/ Dreier § 87a Rn. 19). Und auch in umgekehrter Hinsicht gilt, dass der bloße Erwerb einer bereits fertiggestellten Datenbank zum Zwecke ihrer Auswertung oder der Abschluss eines entsprechenden Verwertungsvertrags die Datenbankherstellereigenschaft nicht originär begründen können. In diesem Fall bedarf es einer Übertragung der entsprechenden Nutzungsrechte (näher dazu Rn. 39).

Erforderlich ist grds. eine **unmittelbare Übernahme des Investitionsrisikos.** Trotz der weiten Fassung des Investitionsbegriffs werden daher eine Person oder ein Unternehmen, welche sich an der Datenbankherstellung durch einen anderen lediglich mittelbar, etwa in Form der Gewährung eines Kredits beteiligen, nicht selbst (Mit-)Hersteller. Sie tragen das Investitionsrisiko nur mittelbar und nur in Höhe des zur Verfügung gestellten Geldes mit. Sie sind aber nicht unmittelbar am Gewinn oder Verlust beteiligt. Ob eine unmittelbare oder mittelbare Beteiligung am Investitionsrisiko vorliegt, ist eine für den jeweiligen Einzelfall zu entscheidende Abgrenzungsfrage. Um in Zweifelsfällen für Rechtssicherheit zu sorgen, empfiehlt sich hier der Abschluss einer ausdrücklichen Vereinbarung. Diese sollte für den Fall, dass sich die Risikobeteiligung eines „Mitherstellers" bei rechtlicher Würdigung lediglich als mittelbar darstellen sollte, hilfsweise eine ausdrückliche Übertragung eines entsprechenden Anteils an dem Herstellerrecht nach §§ 87a ff. enthalten. Fehlt eine derartige Klausel, dürfte ein entsprechender „Mitherstellervertrag" dennoch regelmäßig im Sinne einer entsprechenden Anteilsübertragung ausgelegt werden können.

135 Die **Idee und Konzeptionierung** der einer Datenbank zugrundeliegenden Struktur **begründen nicht die Herstellereigenschaft,** sondern allenfalls die Urheberschaft. Daher fallen für Datensammlungen, denen neben dem sui-generis-Recht auch urheberrechtlicher Schutz zukommt, die **Rechtsinhaberschaft** bezüglich des **sui-generis-Rechts** und des **Urheberrechts** an der Datenbank **zumeist auseinander** (vgl. BGH GRUR 2007, 685 – Gedichttitelliste I; BGH GRUR 2007, 688 – Gedichttitelliste II). Soweit die Datenbank im Rahmen eines Arbeits- oder Dienstverhältnisses geschaffen wurde, findet in diesen Fällen bezüglich des Datenbankurheberrechts § 43 Anwendung. Wurde die Planung, Konzeptionierung und kreative Betreuung durch Dritte im Rahmen eines Werkvertrags vorgenommen, muss durch vertragliche Regelungen sichergestellt werden, dass der die Investition tätigende Datenbankhersteller die für die Verwertung der Datenbank erforderlichen Nutzungsrechte erwirbt (Dreier/Schulze/*Dreier* § 87a Rn. 22).

136 Für das Ergreifen der Initiative und die Begründung der Herstellereigenschaft reicht die **organisatorische Planung** grds. aus (*Gaster* Anm. zu OLG Düsseldorf MMR 1999, 733 f. – Zulässigkeit von Frames). Daher wird derjenige, der eine Fachdatenbank mit Informationen über Baumarktprodukte im Internet betreibt und im Auftrag von Werbekunden gegen Bezahlung Webseiten mit Produktinformationen erstellt, Hersteller der entsprechenden Baumarktdatenbank – und nicht seine Werbekunden (a. A. OLG Düsseldorf MMR 1999, 729 – Zulässigkeit von Frames – m. krit. Anm. *Gaster* – welches die für den Aufbau und die Unterhaltung der Datenbank erforderlichen Investitionen allein in den Aufwendungen der Werbekunden sah und die Herstellereigenschaft der Webseiten-Betreiberin daher verneinte). Denn dass schon allein die Bereitstellung einer Webseite, in die zahlreiche Webseiten Dritter aufgenommen werden, einen nicht unerheblichen investiven Aufwand erfordert, dürfte auf der Hand liegen (*Gaster* Anm. zu OLG Düsseldorf MMR 1999, 729, 734 – Zulässigkeit von Frames; *Kindler* K&R 2000, 265, 272). Darüber hinaus kann sich das **Investitionsrisiko** nicht nur **negativ** in Form der Beteiligung am Verlust, sondern in gleicher Weise auch **positiv** in Form der Beteiligung am Gewinn aus einer Datenbank manifestieren.

137 Die bloße **entgeltliche Überlassung von Datenbeständen** an einen Dritten begründet **keine** automatische **(Mit-)Inhaberschaft** an dem neu entstehenden Datenbankherstellerrecht und lässt damit keine gemeinschaftliche Rechtsinhaberschaft entstehen. Daher wurde im Fall Tele-Info-CD, in dem die Deutsche Telekom AG die von ihr erhobenen Telefonteilnehmerdaten an ihr Tochterunternehmen DeTe-Medien entgeltlich weitergegeben hatte, welche sodann die Herausgabe der Telefonbücher vornahm, das mit der Herausgabe betraute Tochterunternehmen alleinige Herstellerin (BGH GRUR 1999, 923, 925 – Tele-Info-CD; Schricker/Loewenheim/*Vogel* § 87a Rn. 73; zust. *Wiebe* MMR 1999, 474, 475; dazu auch *Kindler* K&R 2000, 265, 272).

2. Mehrere Hersteller

138 Sind an dem Aufbau einer Datenbank mehrere Hersteller in dem Sinne beteiligt, dass sie gemeinsam die Initiative erbringen und das Investitionsrisiko tragen, steht ihnen das Schutzrecht **grds. gemeinsam** zu. Dies dürfte auch bei mehreren Beteiligten gelten, die für sich jeweils nur unwesentliche Investitionen erbringen. Maßgeblich muss es bei der gebotenen Gesamtbetrachtung (s. o. Rn. 62) sein, dass insgesamt eine wesentliche Investition erbracht wurde. Nur dies wird von § 87a Abs. 1 S. 1 gefordert (so auch *Krekel* WRP 2011, 436, 440: „relative Betrachtung"). Zu prüfen ist allerdings stets, ob es sich auch tatsächlich um die Erstellung einer gemeinschaftlichen Datenbank handelt und nicht bloß um

die Entwicklung zweier getrennter Datenbanken (letzteres nahm z. B. das OLG München BeckRS 2011, 27482 Rn. 32 an; dazu *Krekel* WRP 2011, 436, 439 f.).

Die rechtlichen Beziehungen zwischen mehreren Herstellern in Bezug auf die gemein- **139** schaftlich geschaffene Datenbank bestimmen sich vorrangig nach den untereinander getroffenen Vereinbarungen. In den meisten Fällen werden sie eine **Gesellschaft bürgerlichen Rechts nach §§ 705 ff. BGB** bilden und die Datenbank in das Gesamthandsvermögen fallen, so dass das Datenbankherstellerrecht einer gesamthänderischen Bindung unterliegt (Schricker/Loewenheim/*Vogel* § 87a Rn. 73; Dreyer/Kotthoff/Meckel/*Kotthoff* § 87a Rn. 42; Dreier/Schulze/*Dreier* § 87a Rn. 21, der bei natürlichen Personen allerdings eine Analogie zu § 8 annimmt).

Fehlt eine vertragliche Bindung, bilden die Hersteller in Bezug auf das Datenbankher- **140** stellerrecht eine **Bruchteilsgemeinschaft nach § 741 BGB** (Schricker/Loewenheim/ *Vogel* § 87a Rn. 73; Dreyer/Kotthoff/Meckel/*Kotthoff* § 87a Rn. 42; Dreier/Schulze/ *Dreier* § 87a Rn. 21; generell die Bruchteilsgemeinschaft vorziehend *Krekel* WRP 2011, 436, 441 wegen der freien Verfügbarkeit über den eigenen Anteil nach § 747 S. 1; zu den Ansprüchen jedes Gemeinschafters auf Nutzung seines Anteils sowie auf jederzeitige Aufhebung der Gemeinschaft mit der Folge einer Zwangsversteigerung vgl. zu parallelen Fragen im Patent- und Markenrecht BGH GRUR 2005, 663 – Gummielastische Masse II; *Haedicke* GRUR 2007, 23; *Henke/v. Falck/Haft/Jaekel/Lederer/Loschelder/McGuire/Viefhues/ v. Zumbusch* GRUR Int. 2007, 503).

Nicht erforderlich ist, dass es sich bei den Mitherstellern jeweils nur um juristische oder **141** nur um natürliche Personen handelt, vielmehr können auch eine **juristische und eine natürliche Person gemeinsam Hersteller** sein. Probleme treten jedoch bei Joint Ventures mit Drittlandsangehörigen wegen der Reziprozitätsregelung auf (*Gaster* in: Hoeren/ Sieber Rn. 105). Soweit diese ausländischen Hersteller vom Datenbankschutz nach § 127a ausgeschlossen sind, können sie auch nicht Mithersteller werden, sondern müssen sich entsprechende Anteile übertragen lassen (vgl. Vor §§ 87a ff. Rn. 46; § 127a Rn. 1 ff.).

V. Sonderfragen

1. Amtliche Datenbanken

a) **Klärung zu § 5 nur auf nationaler Ebene.** In der bislang umstrittenen Frage, ob **142** die Ausnahmevorschrift des § 5, der zufolge amtliche Werke vom Urheberrechtsschutz ausgeschlossen sind, auch auf „amtliche Datenbanken" anwendbar ist, wurde inzwischen eine Teilklärung erreicht. So hat der BGH entschieden, dass – sofern dies mit der Datenbank-Richtlinie vereinbar sein sollte – der für amtliche Werke geltende Schutzausschluss nach **§ 5 nach autonomem deutschem Recht** auf „amtliche Datenbanken" **analog anwendbar** ist. Damit hat sich der insoweit zuvor bestehende Meinungsstreit zu dieser Frage erledigt (vgl. dazu BGH GRUR 2007, 500 Rn. 21 – Sächsischer Ausschreibungsdienst m. w. N. zum früheren Meinungsstreit dem folgend VGH Mannheim GRUR 2013, 821 Rn. 49 – Juris Monopol. Zur Begründung der analogen Anwendung des § 5 auf Datenbanken bemühte der BGH einen Vergleich zu den Datenbankwerken. Es sei „kein vernünftiger Grund für eine unterschiedliche Behandlung" ersichtlich, wenn es um „amtliche Datenbanken" gehe (BGH GRUR 2007, 500 Rn. 17 – Sächsischer Ausschreibungsdienst; zust. z. B. *v. Gerlach* in: Kilian/Heussen Rn. 64, der einen Erst-Recht-Schluss zieht; i. Erg. auch *Rieger* 189 ff.).

Angesichts des grds. abschließenden Charakters der in Art. 9 Datenbank-Richtlinie ent- **143** haltenen Schrankenregelung, die keine Ausnahme für amtliche Datenbanken vorsieht, hat der BGH dem EuGH allerdings in seiner grundlegenden Entscheidung „Sächsischer Ausschreibungsdienst" die Frage vorgelegt, ob Art. 7 Abs. 1 und 5, Art. 9 der Datenbank-Richtlinie einer Regelung in einem Mitgliedstaat entgegenstehen, nach der eine „im amtlichen Interesse zur allgemeinen Kenntnisnahme veröffentlichte amtliche Datenbank" keinen sui-generis-Schutz genießt. Für den Fall, dass ein Ausschluss amtlicher Datenbanken vom sui-generis-Schutz grds. richtlinienkonform wäre, wollte der BGH ferner wissen, ob dies auch dann noch gilt, wenn die (amtliche) Datenbank nicht von einer staatlichen Stelle, sondern in deren Auftrag **von einem privaten Unternehmen** erstellt worden ist, dem sämtliche öffentlichen Stellen ihre Informationen unmittelbar zur Veröffentlichung zur Verfügung stellen müssten (BGH GRUR 2007, 500 – Sächsischer Ausschreibungsdienst). Das zunächst beim EuGH unter dem Az. C-215/07 geführte Ersuchen wurde durch die Rücknahme der Revision hinfällig (BGH GRUR Int. 2008, 1072; dazu *Eickemeier* GRUR 2009, 578; *v. Ungern-Sternberg*, GRUR 2010, 386, 390). In der Entscheidung „Elektronischer Zolltarif" konnte der BGH die Frage offenlassen, ob die von ihm befürwortete analoge Anwendung des § 5 auf Datenbanken mit der Richtlinie vereinbar ist (BGH GRUR 2009, 852 Rn. 30, 53 – Elektronischer Zolltarif). Auch die Entscheidung des EuGH in der Rechtssache „Apis/Lakorda" (GRUR 2009, 572 Rn. 69 ff.) brachte insoweit keinen weiteren Aufschluss, da sie vom Sachverhalt her anders gelagert war. Dort ging es lediglich um den amtlichen Charakter des Inhalts einer von einem privaten Hersteller betriebenen Datenbank, nicht aber um einen amtlichen Charakter der Datenbank selbst (so auch *v. Gerlach* in: Kilian/Heussen Rn. 64; *Eickemeier* GRUR 2009, 578, 579). Eine letztverbindliche **Klärung auf europäischer Ebene steht** somit **noch aus.**

144 Im Hinblick auf die eindeutige Positionierung des BGH gilt **für Deutschland** aber in der Zwischenzeit bis zu einer solchen Klärung durch den EuGH, dass **„amtliche Datenbanken" von jedermann kostenlos** für eigene kommerzielle Zwecke verwertet werden können. Damit stellen sich neue Abgrenzungsfragen wie z. B. diejenige, wann eine Datenbank „amtlich" i. S. v. § 5 analog ist (dazu sogleich Rn. 145 ff.) und ob die unter Inanspruchnahme des Schutzausschlusses nach § 5 analog entstehenden „kommerziellen Sekundärdatenbanken" ihrerseits ebenfalls vom Schutzausschluss des § 5 erfasst werden oder an ihnen Datenbankschutz erworben werden kann (dazu unten Rn. 150).

145 **b) „Amtliche Datenbanken" gem. § 5 analog.** Zweck von § 5 ist es, dass die Öffentlichkeit Äußerungen von Hoheitsträgern, die für die gegenwärtige oder zukünftige Amtsausübung bedeutsam sind, zur Kenntnis nehmen können soll, ohne daran durch urheberrechtliche Befugnisse an Werken, die zu ihrer Abfassung benutzt worden sind, gehindert zu sein (BGH ZUM 2006, 924, 926 – Handbuch Vergaberichtlinien; vgl. § 5 Rn. 2). Erfasst werden damit aber nicht sämtliche informatorischen Äußerungen eines Amtes, sondern grds. nur solche, die eine normative oder einzelfallbezogene rechtliche Regelung, d. h. einen **regelnden Inhalt** enthalten (BGH ZUM 2007, 136, 137 – Bodenrichtwertsammlung; vgl. hierzu eingehend BGH ZUM 2006, 924 – Handbuch Vergaberichtlinien). Soweit dies der Fall ist, fallen unter § 5 aber auch solche allgemeinen Regelungen, die zwar formal nur an andere Behörden gerichtet sind, denen aber zumindest eine gewisse Außenwirkung zukommt (BGH ZUM 2006, 924 f. – Handbuch Vergaberichtlinien). Denn § 5 soll insoweit nicht nur der Publizität von Gesetzen und Verordnungen dienen, sondern auch der Publizität ihrer Auslegung und Anwendung durch Verwaltungsbehörden und Gerichte (vgl. BVerfG ZUM 1998, 926; ausführlich VGH Mannheim GRUR 2013, 821 Rn. 38 ff. – Juris Monopol; zu Orientierungssätzen zu Entscheidungen des BVerfG m. zust. Anm. *Elmenhorst* ZUM 2013, 826, 827).

146 In entsprechender Anwendung dieser Grundsätze soll es sich bei einem (entgeltlich vertriebenen) **Ausschreibungsblatt,** in dem alle verfügbaren öffentlichen Ausschreibungen eines Bundeslandes gesammelt und nach Branchen systematisch geordnet (print und online) bekannt gemacht, d. h. veröffentlicht werden, um eine „amtliche Datenbank" handeln, die analog § 5 Abs. 2 keinen sui-generis-Schutz genießt (BGH GRUR 2007, 500, 501 Rn. 13 – Sächsischer Ausschreibungsdienst). Denn aufgrund des vergaberechtlichen Transparenzgebots bestehe gem. §§ 17, 17a VOL/A, §§ 17, 17a VOB/A bzw. § 9 VOF eine

Verpflichtung zur Bekanntmachung. Insoweit sei ein **spezifisches Verbreitungsinteresse** gegeben, das nach Art und Bedeutung der Information gerade darauf gerichtet sei, dass der Nachdruck oder die sonstige Verwertung des die Information vermittelnden Werkes für jedermann freigegeben wird (BGH GRUR 2007, 500, 501 f. Rn. 12, 18 – Sächsischer Ausschreibungsdienst m. w. N.). Keinerlei Rolle spiele es insoweit, dass es sich bei dem veröffentlichenden Verlag um ein privates Unternehmen handele, da die Aufgabe anderenfalls vom betreffenden Bundesland unmittelbar hätte erfüllt werden müssen (BGH GRUR 2007, 500, 501 – Sächsischer Ausschreibungsdienst; OLG Dresden ZUM 2001, 595).

Offen ist, welche anderen Datenbanken in diesem Sinne ebenfalls als „amtlich" anzusehen sind. Datenbanken, für die die Behörden gleichfalls eine Publikationspflicht trifft, wie z. B. die **Patent-, Marken-, Geschmacksmusterregister,** das **Grundbuch,** das **Handelsregister** etc. kämen für einen Schutzausschluss analog § 5 Abs. 2 in Betracht (zur Frage, inwieweit überhaupt berücksichtigungsfähige Investitionen vorliegen s. o. Rn. 113).

Abzugrenzen sind diese „amtlichen Datenbanken" von Datenbanken privater Dritter, z. B. privater Verleger, bei denen **nur der Inhalt aus amtlichen Daten besteht.** Hier greift § 5 analog nicht ein. Darunter sind Datenbanken zu fassen, in denen lediglich an anderer Stelle veröffentlichte **amtliche Dokumente (erneut) zusammengestellt** worden sind, etwa eine Gesetzes- oder Rechtsprechungssammlung (EuGH GRUR 2009, 572 Rn. 69 ff. – Apis/Lakorda; BGH GRUR 2007, 500, 501 Rn. 13 – Sächsischer Ausschreibungsdienst unter Verweis auf Rechtbank Den Haag MMR 1998, 299 m. zust. Anm. *Gaster; Gaster* in: Hoeren/Sieber Rn. 189; *Wiebe* in: Spindler/Schuster § 87a Rn. 11) sowie eine Sammlung von Wetterdaten, eine Bodenrichtwertsammlung und eine CD-ROM mit Zolltarifen (zu diesen Beispielen oben Rn. 114).

c) Besonderheiten bei Datenbanken. Handelt es sich danach im Einzelfall um eine „amtliche Datenbank" ist weiterhin erforderlich, dass diese Datenbank im amtlichen Interesse zur allgemeinen Kenntnisnahme veröffentlicht wurde, vgl. § 5 Abs. 2 analog. Dies setzt ein **spezifisches Verbreitungsinteresse** voraus und zwar nicht allein an der Veröffentlichung der in der Datenbank enthaltenen einzelnen Inhalte, da sie nicht Schutzgegenstand sind, sondern **an der Datenbank als solcher** in ihrer Gesamtheit der einzelnen Daten als immaterielles Gut. Das amtliche Interesse muss sich folglich gerade darauf richten, dass die Allgemeinheit wesentliche Teile der Datenbank entnehmen und in andere Datenbanken übernehmen darf. Dies ist v. a. dann der Fall, wenn das amtliche Interesse dahin geht, dass nicht nur die eine „amtliche Datenbank" existiert, sondern dass weitere Datenbanken mit diesem Datenbestand entstehen, was einer **weitergehenden Diffusion der Informationen** dienlich ist (BGH GRUR 2009, 852 Rn. 32 – Elektronischer Zolltarif; BGH GRUR 2007, 500 Rn. 13, 18 – Sächsischer Ausschreibungsdienst; *v. Ungern-Sternberg*, GRUR 2008, 291, 293 f.). Dies nahm der BGH in seiner Entscheidung „Sächsischer Ausschreibungsdienst" mit der Begründung an, dass der Allgemeinheit öffentliche Ausschreibungsunterlagen „möglichst ungehindert zeitnah, vollständig und richtig" zur Kenntnis gebracht werden sollen. Für diese bezweckte Verbreitung sei eine ungehinderte Nutzung der Daten in Datenbanken von Dritten hilfreich, denn im Falle nur einer Datenbank, die zudem nur Abonnenten zugänglich war, bestehe die Gefahr, dass große Teile der Allgemeinheit auf die Ausschreibungsunterlagen nicht aufmerksam werden. Anders urteilte der BGH im Fall „Elektronischer Zolltarif".

d) Reichweite der analogen Anwendung. Sofern Datenbanken aufgrund ihres „amtlichen Charakters" analog § 5 Abs. 2 vom sui-generis-Schutz ausgenommen sind, könnten gewerbliche Anbieter diese Datenbanken übernehmen und eigene kommerzielle Konkurrenzprodukte erstellen und verwerten. Hier stellt sich die **Frage,** ob insoweit eine Re-Monopolisierung der ungeschützten „amtlichen Datenbanken" stattfinden kann, oder ob sich der **Schutzausschluss analog § 5 Abs. 2 auch auf die kommerziellen Parallelprodukte** erstreckt. Dies dürfte von der konkreten Tätigkeit des gewerblichen Anbieters im Einzelfall abhängen. Übernimmt er die Datenbank lediglich unverändert, muss es bei der Schutzfreiheit bleiben, denn er erbringt gerade keine neuen schutzwürdigen Investitionen. Nimmt der gewerbliche Anbieter hingegen **Änderungen** z. B. bei der Darstellung der Daten **vor und erfordern diese wesentliche Investitionen,** muss ein **sui-generis-Schutz** für diese neue Datenbank möglich sein (so wohl auch *Gaster* in: Hoeren/Sieber Rn. 189). Dadurch wird gerade keine Gefahr der Monopolisierung von Informationen begründet. Denn die amtliche Datenbank mit den darin enthaltenen Informationen bleibt schutzfrei zugänglich und der sui-generis-Schutz für die Konkurrenzdatenbank erstreckt sich gerade nicht auf den Inhalt (anders Voraufl. Rn. 150). Für diese **Differenzierung** spricht ein Vergleich mit den Rechtsfolgen bei einer unmittelbaren Anwendung von § 5 auf amtliche Werke. Dort ist anerkannt, dass an dem amtlichen Werk keinerlei Urheberrechte geltend gemacht werden können. Erfolgt hingegen eine eigenständig schutzfähige Bearbeitung oder Sammlung amtlicher Werke, ist insoweit unabhängig von § 5 ein Urheberrechtsschutz gem. §§ 3, 4 i. V. m. § 2 Abs. 2 möglich (Dreier/Schulze/*Dreier* § 5 Rn. 2; Schricker/Loewenheim/*Katzenberger* § 5 Rn. 94; vgl. auch § 5 Rn. 22).

2. Beweisfragen zur Schutzbegründung

151   a) **Beweislast.** Denjenigen, der sich auf das Datenbankherstellerrecht beruft, trifft nach **allgemeinen Rechtsgrundsätzen** die Beweislast für die Entstehung des Rechts, d. h. dafür, dass die Schutzvoraussetzungen des § 87a erfüllt sind, insb. für das Vorliegen einer wesentlichen (Neu-)Investition sowie den Zeitpunkt der Fertigstellung der Datenbank (vgl. Erwägungsgrund 53 und 54).

152   Bezüglich der **Inhaberschaft** am Datenbankherstellerrecht gilt jedoch nunmehr die **Vermutungsregelung des § 10 Abs. 1** gem. § 87b Abs. 2 analog (dazu näher § 87b Rn. 103; § 10 Rn. 48 ff.).

153   Die Instanzrechtsprechung legt bei der Prüfung der Voraussetzungen eines Schutzes des Datenbankherstellers gem. §§ 87 a–e an die **Darlegungs- und Beweislast** betreffend das Vorliegen einer wesentlichen Investition teilweise einen **großzügigen Maßstab** (OLG Köln MMR 2009, 191; LG Köln ZUM 2001, 714 – derpoet.de; LG Köln ZUM-RD 2000, 304 – kidnet.de; AG Rostock MMR 2001, 631 – Linksammlung als Datenbank) und teilweise einen **strengen Maßstab** an (OLG Düsseldorf MMR 1999, 729 – Zulässigkeit von Frames m. krit. Anm. *Gaster;* OLG Düsseldorf ZUM-RD 2008, 598, 600 mit zust. Anm. *Beyerlein* EWiR 2009, 159; LG Düsseldorf ZUM 2002, 65, 66). Der **BGH** neigt **zu Recht** der ersten Auffassung zu und ist bzgl. des Nachweises **großzügig.** So lag es für ihn bei einer Datenbank mit einem beachtlichen Datenbestand auf der Hand, dass die Überprüfung von 3500 Nutzerbewertungen einen erheblichen Personalaufwand erfordert (BGH GRUR 2011, 724 Rn. 24 – Zweite Zahnarztmeinung II). Eine Bezifferung der Personalkosten forderte der BGH gerade nicht. Dieser Aufwand, zu dem noch Kosten für eine Datenbanksoftware von unstreitig €3500 bis €4000 hinzukamen, sah der BGH als quantitativ wesentlich an.

154   Kläger, die sich auf ihre Rechte nach den §§ 87 a–e berufen möchten, sollten insoweit darauf achten, dass sie nicht nur die jeweiligen Bestimmungen der Richtlinie ergänzend heranziehen und auf eine richtlinienkonforme Auslegung der §§ 87 a–e hinwirken (*Gaster* Anm. zu OLG Düsseldorf MMR 1999, 734, 735 – Zulässigkeit von Frames). Sie sollten zudem auch insb. auf die Darlegung und den Beweis der Voraussetzungen einer wesentlichen Investition (dazu oben Rn. 34 ff.) besondere Aufmerksamkeit verwenden. Es empfiehlt sich für einen potentiellen Datenbankhersteller daher ungeachtet der unterschiedlichen Maßstäbe der Gerichte, sämtliche von ihm getätigten Aufwendungen von Anfang an möglichst **präzise zu dokumentieren** und stets auf dem **neuesten Stand** zu halten (so auch *Beyerlein* EWiR 2009, 159, 160).

155   b) **Beweisführung.** Während ein Nachweis der Investition von Geld regelmäßig leicht geführt werden kann, bereitet der konkrete **Nachweis** einer getätigten (wesentlichen) **In-**

vestition von **Mühe und Zeit** oftmals Schwierigkeiten (Möhring/Nicolini/*Decker* § 87a Rn. 13). Hier sollte jedoch regelmäßig aus der Datenbank als Investitionsergebnis und der Darlegung des konkreten Entstehungsprozesses auf die dafür erforderliche Investition im Wege eines **Indizienbeweises** geschlossen werden können (LG Berlin NJW-RR 1999, 1273 – Meta-Suchmaschine; ähnlich BGH GRUR 2011, 724 Rn. 24 – Zweite Zahnarztmeinung II; a.A. wohl OLG Düsseldorf ZUM-RD 2008, 598, 600, das eine Bezifferung dieser Investitionen fordert). Der Rechtsinhaber muss also grds. lediglich nachweisen, dass er die Datenbank erstellt hat. Zusätzlich können **Einsatzpläne** für angestelltes **Personal** zur Illustration oder Zeugenaussagen als Beweis dienen. Der persönliche Einsatz von eigener Zeit und Arbeit sollte schließlich auch in Form **fiktiver Lohnkosten** in Ansatz gebracht werden können, die für die Beschäftigung einer entsprechend qualifizierten Fachkraft aufzuwenden gewesen wären (*Leistner* 154).

c) **Beweisfragen bei „neuen" Datenbanken i. S. v. Abs. 1 S. 2.** Auch die **Beweislast** dafür, dass zur Durchführung wesentlicher Inhaltsänderungen bei „neuen" Datenbanken **tatsächliche Aufwendungen** notwendig waren, die eine rechtliche Beurteilung als wesentliche (Neu-)Investition rechtfertigen, liegt beim Hersteller (*Leistner* 204; Schricker/Loewenheim/*Vogel* § 87a Rn. 65; *Haberstumpf* GRUR 2003, 14, 30f.; *Gaster* CR 1998, 717, 719 zu Erwägungsgrund 54). Erwägungsgrund 54 stellt insoweit klar, dass keine Beweislastumkehr bzgl. des Vorliegens der tatsächlichen Voraussetzungen der wesentlichen Investition stattfindet. 156

Eine Vermutung der Wesentlichkeit der Neuinvestition bei wesentlichen Inhaltsänderungen scheidet schon deswegen aus, weil es sich bei der Beurteilung der **„Wesentlichkeit"** der Neuinvestition nicht um eine Tatsachen-, sondern um eine **Rechtsfrage** handelt. Den wesentlichen Veränderungen des Inhalts der Datenbank kommt insoweit allenfalls eine indizielle Bedeutung zu (*Vogel* ZUM 1997, 592, 597; *Leistner* 204). 157

Der Hersteller trägt schließlich auch die Beweislast für den **Zeitpunkt,** zu dem die Schutzdauer für die jeweiligen Investitionen zu laufen beginnt (Erwägungsgrund 53). Wenn eine Datenbank ständig gepflegt wird, muss der Datenbankhersteller die fortlaufenden Investitionen der letzten 15 Jahre an einem Punkt zusammenfassen (dazu auch oben Rn. 116ff.) und ihre Wesentlichkeit durch ein **aus zwei Datenbanken bestehendes Vergleichspaar,** zwischen denen ein zeitlicher Abstand von nicht mehr als 15 Jahren liegt, belegen (Möhring/Nicolini/*Decker* § 87a Rn. 15; *Leistner* 213). Es empfiehlt sich daher, **aus Beweisgründen** für die Frage der schutzfristerneuernden wesentlichen Inhaltsänderung in regelmäßigen Abständen den aktuellen **Stand einer Datenbank** zu **archivieren** (*Gaster* Rn. 652; *v. Lewinski* in: Roßnagel § 87a Rn. 25). 158

3. Auslegung von Altverträgen

Vor allem bei der Auslegung von Verträgen, die die Rechtsverhältnisse zwischen den an dem Aufbau einer Datenbank Beteiligten regeln sollten, die vor dem Inkrafttreten der Datenbank-Richtlinie am 1.1.1998 geschlossen wurden, können sich Schwierigkeiten bei der Auslegung ergeben. Dort wurde der Begriff **„Datenbank"** oft für das zur Herstellung der Datenbank verwendete, von dieser selbst aber zu unterscheidende **Computerprogramm** verwendet und nicht für den Schutzgegenstand des erst am 1.1.1998 neugeschaffenen „sui-generis"-Rechts (vgl. Erwägungsgrund 23; zum Übergangsrecht bei Verträgen s. im Übrigen § 137g Rn. 2ff.). 159

4. Fremdenrecht (§ 127a)

Das Fremdenrecht des sui-generis-Rechtsschutzes ist in § 127a festgelegt (dazu ausführlich Vor §§ 87aff. Rn. 43ff., 49ff.; § 127a Rn. 2ff.). 160

§ 87b Rechte des Datenbankherstellers

(1) Der Datenbankhersteller hat das ausschließliche Recht, die Datenbank insgesamt oder einen nach Art oder Umfang wesentlichen Teil der Datenbank zu vervielfältigen, zu verbreiten und öffentlich wiederzugeben. Der Vervielfältigung, Verbreitung oder öffentlichen Wiedergabe eines nach Art oder Umfang wesentlichen Teils der Datenbank steht die wiederholte und systematische Vervielfältigung, Verbreitung oder öffentliche Wiedergabe von nach Art und Umfang unwesentlichen Teilen der Datenbank gleich, sofern diese Handlungen einer normalen Auswertung der Datenbank zuwiderlaufen oder die berechtigten Interessen des Datenbankherstellers unzumutbar beeinträchtigen.

(2) § 10 Abs. 1, § 17 Abs. 2 und § 27 Abs. 2 und 3 gelten entsprechend.

Literatur: S. die Angaben Vor §§ 87a ff. sowie die Angaben im eingangs abgedr. Gesamtliteraturverzeichnis.

Übersicht

	Rn.
I. Bedeutung	1–3
II. Der Gegenstand der Verwertungsrechte (Abs. 1 S. 1)	4–22
1. Keine Erstreckung auf unwesentliche Teile	4–6
2. Erstreckung auf „Datenbankinhalt"	7–10
3. Wesentliche Teile der Datenbank	11–22
a) Quantitativ wesentliche Teile	11–15
b) Qualitativ wesentliche Teile	16–20
c) Unwesentliche Teile	21, 22
III. Die gewährten Rechte	23–65
1. Richtlinienkonforme Auslegung	23–33
a) Entnahme- und Weiterverwendungsrecht (Art. 7 Abs. 1)	23–25
b) Auslegung anhand des Richtlinienziels	26, 27
c) Kein direkter Zugang erforderlich	28
d) Zulässigkeit von Konsultation und Abfrage	29–33
2. Vervielfältigungsrecht	34–46
3. Verbreitungsrecht	47–50
a) Weiter Verbreitungsbegriff des § 17 Abs. 1	47
b) Verbreitung als körperliche Verwertung	48
c) Kein Verleihrecht	49
d) Vergütungsanspruch für das Verleihen?	50
4. Recht der öffentlichen Wiedergabe	51–57
5. Erschöpfung	58–64
a) Europaweite Erschöpfung	58
b) Inhaltliche Reichweite der Erschöpfung	59–64
6. Rechtswidrigkeit	65
IV. Umgehungsschutz bei der Nutzung unwesentlicher Teile (Abs. 1 S. 2)	66–80
1. Bedeutung der Umgehungsklausel	66, 67
2. Wiederholte und systematische Nutzung	68–71
3. Unzumutbare Beeinträchtigung der Herstellerinteressen	72–75
4. Praktische Beispiele zum Umgehungsschutz	76–80
V. Screen-Scraping und der sui-generis-Schutz	81–102
1. Allgemeines	81–84
2. Vorliegen einer Datenbank	85
3. Eingriff in die Ausschließlichkeitsrechte	86–99
a) Verantwortlichkeit laut BGH	87
b) Verletzung des § 87b Abs. 1 S. 1 durch den Nutzer	88–91
c) Verletzung des § 87b Abs. 1 S. 2 durch den Nutzer	92–96
d) Übertragbarkeit auf andere Konstellation	97–99
4. Ergebnis und Schlussfolgerungen für Datenbankhersteller	100–102

	Rn.
VI. Besondere Aspekte bei der Rechtsverfolgung	103–121
1. Aktivlegitimation	103
2. Passivlegitimation/Haftungsfragen	104, 105
3. Umfang des Schadensersatzanspruchs	106–110
4. Beweisfragen bei der Rechtsverletzung	111–114
5. Zur Antragsfassung im Prozess	115–119
a) Besonderheiten des Unterlassungsanspruchs	115–118
b) Besonderheiten des Schadensersatzanspruchs	119
6. Internationale Zuständigkeit der Gerichte	120, 121

I. Bedeutung

§ 87b umschreibt den Inhalt des Datenbankherstellerrechts. In Abs. 1 S. 1 werden insoweit die dem Datenbankhersteller vorbehaltenen **ausschließlichen Verwertungsrechte** aufgezählt. Dem Hersteller einer Datenbank stehen danach das **Vervielfältigungsrecht** (§ 16), das **Verbreitungsrecht** (§ 17) sowie das **Recht der öffentlichen Wiedergabe** (§§ 15 Abs. 2, 19ff.) einschließlich des Rechts der öffentlichen Zugänglichmachung (§ 19a) zu. In Verbindung mit der Schrankenregelung in § 87c erhält das Datenbankherstellerrecht damit seine grundlegende Gestalt. Die Verwertungsrechte des Datenbankherstellers sind allerdings auf die Nutzung der Datenbank insgesamt oder einen **quantitativ oder qualitativ wesentlichen Teil** der Datenbank beschränkt. Abgesichert wird dies durch die Umgehungsklausel in Abs. 1 S. 2. An den Verwertungsrechten können ohne weiteres **Lizenzen** eingeräumt werden. Darüber hinaus sind die Rechte gem. Art. 7 Abs. 3 der Richtlinie auch im Unterschied zum Urheberrecht **übertragbar** und **abtretbar**. 1

Bei der Umsetzung der Verwertungsrechte des Datenbankherstellers in Abs. 1 S. 1 wurde die herkömmliche Terminologie des deutschen Urheberrechts verwendet. Zu beachten ist aber, dass sich die Auslegung von § 87b vorrangig an der Richtlinienbestimmung des Art. 7 und dem dort definierten **Entnahme- und Weiterverwendungsrecht** zu orientieren hat (s. u. Rn. 23ff.; EuGH GRUR 2005, 244ff. Rn. 43–95 – BHB-Pferdewetten). 2

§ 87b Abs. 2 setzt zum einen durch Bezugnahme auf § 17 Abs. 2 den von der Datenbank-Richtlinie vorgeschriebenen Grundsatz der **europaweiten Erschöpfung des Verbreitungsrechts** um (dazu und zur Ausnahme des Vermietrechts von der Erschöpfung unten Rn. 58ff.). Zum anderen soll der Datenbankhersteller durch die entsprechende Anwendung von § 27 Abs. 2 und 3 einen **Vergütungsanspruch für das öffentliche Verleihen** seiner Datenbank erhalten. Dies ist allerdings aus harmonisierungsrechtlichen Gesichtspunkten problematisch (dazu unten Rn. 50). Schließlich wurde durch Bezugnahme auf § 10 Abs. 1 eine **Vermutungsregelung** zu Gunsten der Rechtsinhaberschaft des Datenbankherstellers eingeführt (dazu unten Rn. 103). 3

II. Der Gegenstand der Verwertungsrechte (Abs. 1 S. 1)

1. Keine Erstreckung auf unwesentliche Teile

Die dem Datenbankhersteller gewährten Ausschließlichkeitsrechte werden von § 87b Abs. 1 S. 1 richtlinienkonform (vgl. Art. 7 Datenbank-Richtlinie) auf Nutzungen der **Datenbank insgesamt** oder auf ihrer Art oder ihrem Umfang nach **wesentliche Datenbankteile** beschränkt. Grds. **frei** bleibt damit die Nutzung **unwesentlicher Teile** der Datenbank. Durch diese Beschränkung der Verbotsrechte auf wesentliche Datenbankteile sollte verhindert werden, dass die Einführung des sui-generis-Rechts zu einem neuen Ausschließlichkeitsrecht an den in den Datenbanken enthaltenen Werken, Daten oder Elementen als solchen führt und insoweit durch das neue Schutzrecht eine unerwünschte Mono- 4 polisierung der in Datenbanken enthaltenen Informationen eintritt (Erwägungsgrund 45, 46; *Gaster* CR 1997, 669, 673 f.).

5 Ihre Grenze findet die Freiheit der Nutzung unwesentlicher Datenbankteile erst dort, wo sie in Form einer wiederholten und systematischen Nutzung der Nutzung eines wesentlichen Datenbankteils wirtschaftlich gleichkommt („**Umgehungsklausel**", § 87b Abs. 1 S. 2, dazu unten Rn. 66 ff.).

6 **Flankiert** und abgesichert wird diese Freiheit zur Nutzung unwesentlicher Datenbankteile durch die Regelung in § **87e**, wonach vertragliche Bestimmungen, die eine entsprechende Nutzung über die Grenzen des Umgehungsschutzes gem. § 87b Abs. 1 S. 2 hinausgehend einschränken, zwingend vertraglich unwirksam sind (Erwägungsgrund 49; dazu § 87e Rn. 16 ff.).

2. Erstreckung auf „Datenbankinhalt"

7 **Nicht erforderlich** ist es, dass die **Ordnungsprinzipien** der systematischen oder methodischen Anordnung der Datenbank mit **übernommen** werden. Vielmehr genügt es ohne weiteres, wenn lediglich der „**Inhalt der Datenbank**" oder eines wesentlichen Teils entnommen oder weiterverwendet wird (EuGH GRUR 2005, 244, 251 Rn. 81 – BHB-Pferdewetten; Erwägungsgrund 38). Zu den Elementen einer Datenbank, die „**Teile**" ihres Inhalts sein können, zählen dabei aber nicht nur die in ihr enthaltenen Daten selbst, sondern genauso auch die für den Betrieb und die Abfrage der Datenbank erforderlichen Elemente, also **das Abfrageschema, der Index oder der Thesaurus**, nicht hingegen das zum Betrieb einer elektronischen Datenbank erforderliche Computerprogramm (Erwägungsgrund 20, 23; Schricker/Loewenheim/*Vogel* § 87b Rn. 28; *Benecke* CR 2004, 608, 611).

8 In diesem Zusammenhang ist klarzustellen, dass eine **Änderung** an der **Anordnung, strukturellen Organisation** oder an den Voraussetzungen der **einzelnen Zugänglichkeit** der Elemente eines in quantitativer oder qualitativer Hinsicht wesentlichen Teils des Datenbankinhalts keinesfalls zur Folge haben kann, dass aus einem entnommenen bzw. weiterverwendeten wesentlichen Datenbankteil ein unwesentlicher Datenbankteil „wird" (EuGH GRUR 2005, 244, 251 Rn. 81 – BHB-Pferdewetten; EuGH GRUR 2008, 1077 Rn. 39 – Directmedia Publishing; EuGH GRUR 2009, 572 Rn. 47 f. – Apis/Lakorda; BGH GRUR 2005, 857, 859 – HIT BILANZ; BGH GRUR 2011, 724 Rn. 31 – Zweite Zahnarztmeinung II). Mit anderen Worten spielt es für die Frage einer Verletzung **keinerlei Rolle**, ob die entnommenen Daten in einer neuen Datenbank nach den gleichen oder anderen Prinzipien angeordnet werden, ob sie in eine bestehende andere Datenbank integriert werden, ob sie überhaupt in einer neuen Datenbank zusammengestellt oder in ganz anderer Weise weiterverwendet werden sowie ob der Entnehmer bzw. Weiterverwender seinerseits anschließend wesentliche Investitionen tätigt. So spielte es im Fall HIT BILANZ bspw. keinerlei Rolle, dass die Beklagte die Daten einer nach Häufigkeit und Titel geordneten Chart-Liste nach anderen Kriterien sortiert und für einen längeren Zeitraum aufbereitet hatte (BGH GRUR 2005, 857, 858 f. – HIT BILANZ; ähnlich für eine Nutzung von Wetterdaten OLG Köln MIR 182–2007, 5 – DWD-Wetterdienst, in MMR 2007, 443 insoweit nicht abgedr.).

9 Dürfte somit feststehen, dass sich der Umfang der ausschließlichen Verwertungsrechte des Datenbankherstellers nach Abs. 1 S. 1 **auch auf Nutzungen der Daten in veränderter Form erstreckt** (EuGH GRUR 2005, 244, 251 Rn. 81 – BHB-Pferdewetten; BGH GRUR 2005, 857, 859 – HIT BILANZ; Dreier/Schulze/*Dreier* § 87b Rn. 3; Fromm/Nordemann/*Czychowski* § 87b Rn. 4; *Leistner* 307; *Sendrowski* GRUR 2005, 369, 374; a. A. Schricker/Loewenheim/*Vogel* § 87b Rn. 19), scheint jedoch eine Bezugnahme auf das urheberrechtliche „Bearbeitungsrecht" beim investitionsbezogenen sui-generis-Schutz nicht weiterführend zu sein (so auch Schricker/Loewenheim/*Vogel* § 87b Rn. 19;

a. A. jedoch Dreier/Schulze/*Dreier* § 87b Rn. 3). Denn es kommt bei der Frage einer Verletzung der Ausschließlichkeitsrechte des Datenbankherstellers einzig und allein auf die in dem entnommenen bzw. weiterverwendeten Datenbankinhalt enthaltene wesentliche **Investitionsleistung** und den durch die Nutzungshandlung verursachten **Schaden für die Investition** an, nicht hingegen auf die „Struktur" der Datenbank, ihre Ordnungsprinzipien oder die Art und Weise der Einzelzugänglichkeit. Deutlicher als in § 87b, der insoweit von einem „wesentlichen Teil der Datenbank" spricht, wird dies in Art. 7 Abs. 1, Abs. 2 Datenbank-Richtlinie, wo von einem „wesentlichen Teil des **Inhalts** der Datenbank" die Rede ist.

Letztlich dürfte sich damit der sui-generis-Schutz auf die in der Datenbank enthaltenen **10 Elemente als solche** erstrecken, die vor einer Entnahme und Weiterverwendung zu **wesentlichen Teilen** geschützt werden. Und in der Tat wäre ein Schutz für Datenbanken, in denen bloße Informationen, die jedermann frei verfügbar sind, unter großem Investitionsaufwand gesammelt und zusammen gestellt worden sind, ansonsten überhaupt nicht gewährleistet (str., s. dazu insb. unten Rn. 41 f.).

3. Wesentliche Teile der Datenbank

a) Quantitativ wesentliche Teile. Der EuGH hat verbindlich festgelegt, dass sich der **11** Begriff „in quantitativer Hinsicht wesentlicher Teil" des Inhalts einer Datenbank **ausschließlich** auf das der Datenbank **entnommene und/oder weiterverwendete Datenvolumen** im Verhältnis zum **Gesamtvolumen** des Datenbankinhalts bezieht (EuGH GRUR 2005, 244, 251 Rn. 70, 82 – BHB-Pferdewetten; EuGH GRUR 2009, 572 Rn. 59 – Apis/Lakorda). Der BGH folgt dem (BGH GRUR 2010, 1004 Rn. 29 – Autobahnmaut; BGH GRUR 2011, 724 Rn. 28 – Zweite Zahnarztmeinung II; BGH GRUR 2011, 1018 Rn. 50 – Automobil-Onlinebörse). Maßgeblich für diese vom EuGH vorgegebene **rein relative Bestimmung** der quantitativen Wesentlichkeit war die Erwägung, dass davon auszugehen ist, dass bei einer investitionsintensiven Datenbank der Anteil der Investitionen, der in einen volumenmäßig wesentlichen Teil geflossen ist, **proportional** ebenfalls wesentlich sein wird (EuGH GRUR 2005, 244, 250 Rn. 70 – BHB-Pferdewetten). Wegen der „einfachen mathematischen Nachvollziehbarkeit" spielt das quantitative Element in der Praxis eine bedeutende Rolle (*Herrmann/Dehiß*elles K&R 2009, 23, 25). Letztlich kann damit das absolut betrachtet gleiche Datenvolumen bei einer größeren Datenbank quantitativ unwesentlich, bei einer kleineren Datenbank hingegen bereits quantitativ wesentlich sein bzw. sind umgekehrt bei kleineren Datenbanken geringere Datenvolumina quantitativ wesentlich als bei größeren Datenbanken.

Eine differenzierte Betrachtung ist bei **ineinander „geschachtelten" Datenbanken 12** geboten. Dem EuGH lag der Fall vor, dass ein umfassendes Rechtsinformationssystem zum bulgarischen Recht aus mehreren Modulen bestand, insb. dem Modul „Apis Recht" und „Apis Rechtsprechung". Der Hersteller behauptete eine rechtswidrige Entnahme und Weiterverwendung wesentlicher Teile dieser beiden Module. Bei der Auslegung des Begriffs der „Entnahme eines in quantitativer Hinsicht wesentlichen Teils" stellte sich nun die Frage, ob für den Vergleichsmaßstab des Gesamtvolumens auf das gesamte Rechtsinformationssystem oder auf die jeweilige Untergruppe, also das Modul, abzustellen ist. Soweit eine Untergruppe der Datenbank **(Modul)** für sich genommen eine **schutzfähige Datenbank** i. S. v. Art. 1 Abs. 2, Art. 7 Abs. 1 der Datenbank-Richtlinie ist, muss das Volumen der angeblich entnommenen und/oder weiterverwendeten Elemente der betreffenden Untergruppe laut EuGH **mit dem Volumen des Gesamtinhalts dieser Untergruppe allein verglichen** werden. Ist das Modul hingegen selbst keine Datenbank, ist das Volumen der angeblich entnommenen und/oder weiterverwendeten Elemente dieser Untergruppe sowie u. U. anderer Untergruppen mit dem Gesamtvolumen der Datenbank insgesamt zu vergleichen (EuGH GRUR 2009, 572 Rn. 62–64 – Apis/Lakorda; *Wiebe* in: Spindler/

Schuster § 87b Rn. 20; *Eickemeier* GRUR 2009, 578, 579 spricht zu Recht von einer „zweiteiligen Prüfung"). Dies lässt sich auf noch weiter gestufte Sachverhalte **übertragen.** Gibt es in einem Datenbankensystem beispielsweise eine Ober-, Mittel- und Unterstufe und sind alle Stufen für sich schutzfähige Datenbanken, ist für den Vergleichsmaßstab bei der Prüfung der quantitativen Wesentlichkeit folglich **stets auf die kleinste Datenbank,** im Beispiel auf die Unterstufe, abzustellen.

13   Dass trotz dieser rein relativen Betrachtungsweise, aufgrund derer einzelne Datenbankteile umso weniger als „quantitativ wesentlich" geschützt sind, je größer die Datenbank insgesamt ist, im Ergebnis nicht größere Gesamtinvestitionen in umfassendere Datenbanken mit einem geringeren Schutzniveau bestraft werden (vgl. insoweit *Benecke* CR 2004, 608, 613), liegt allein daran, dass der EuGH sämtliche Erwägungen hinsichtlich der **in einem entnommenen Datenbankteil tatsächlich verkörperten Investition** nicht bei der Frage der quantitativen, sondern der **qualitativen Wesentlichkeit** des entnommenen Datenbankteils berücksichtigt (dazu unten Rn. 16 ff.). Dieser Ansicht hat sich der BGH nun ausdrücklich angeschlossen (BGH GRUR 2011, 1018 Rn. 50 – Automobil-Onlinebörse).

14   Dennoch bleiben Wertungswidersprüche. So ist es z.B. denkbar, dass eine investitionsintensive Datenbank aus einer Mischung von erzeugten und beschafften Elementen besteht (vgl. § 87a Rn. 35 ff.) und anschließend ein volumenmäßig quantitativ wesentlicher Datenbankteil entnommen wird, der jedoch nahezu ausschließlich erzeugte Elemente enthält und insofern vom sui-generis-Schutz daher nicht erfasst sein sollte. Möglicherweise wäre die vom EuGH vorgenommene ausschließlich relative Bestimmung der quantitativen Wesentlichkeit in derartigen Fällen zu korrigieren (gegen eine rein schematische Anwendung des Proportionalitätsprinzips grds. auch Schricker/Loewenheim/*Vogel* § 87b Rn. 25 f.; letztlich berührt diese Frage auch die Abgrenzung mehrerer Datenbanken in wirtschaftlicher und/oder technischer Hinsicht, vgl. dazu § 87a Rn. 30 ff.).

15   Hiervon abgesehen müsste sich die quantitative Wesentlichkeit angesichts der rein relativen Betrachtungsweise abstrakt verbindlich beziffern lassen können. Insofern dürften jedenfalls Anteile von mehr als **50% des gesamten Datenvolumens** als quantitativ wesentlich anzusehen sein (vgl. *Raue/Bensinger* MMR 1998, 507, 511; *Leistner* GRUR Int. 1999, 819, 832; *Herrmann/Dehißelles* K&R 2009, 23, 25). In Übereinstimmung hiermit hat der BGH bei der Übernahme von etwa 75% der Titel aus einer 1100 Titel umfassenden Gedichttitelliste die Entnahme eines in quantitativer Hinsicht wesentlichen Teils des Inhalts bejaht (BGH GRUR-RR 2010, 232 Rn. 18 – Gedichttitelliste III). Wo jedoch konkret die Grenze zur quantitativen Unwesentlichkeit unterhalb dieser 50% verläuft, ob insofern Anteile von 20% einer Datenbank noch proportional wesentlich sind, oder ob die Grenze zur quantitativen Unwesentlichkeit darüber oder darunter liegt, ist offen. Laut BGH erfüllt ein Anteil von **10%** des Datenvolumens der gesamten Datenbank **jedenfalls nicht** die Voraussetzungen, die an einen quantitativ wesentlichen Teil der Datenbank zu stellen sind (BGH GRUR 2011, 724 Rn. 29 – Zweite Zahnarztmeinung II; zust. *Lüft* GRUR-Prax 2011, 299; a.A. wohl *Gaster* in: Hoeren/Sieber Rn. 118). Letztlich können die Gerichte eine genaue Grenzziehung „nach unten" aber regelmäßig dahinstehen lassen, sofern sich der entnommene Anteil jedenfalls als qualitativ wesentlich erweist. Die **qualitative Wesentlichkeit** bekommt insoweit nicht nur bei quantitativ unwesentlichen Teilen eine **wichtige Ergänzungsfunktion.**

16   **b) Qualitativ wesentliche Teile.** Der Begriff „in qualitativer Hinsicht wesentlicher Teil" des Inhalts der Datenbank bezieht sich auf die **Bedeutung und den Umfang der Investition,** die mit der Beschaffung, der Überprüfung oder der Darstellung des Inhalts des entnommenen bzw. weiterverwendeten **Datenbankteils** verbunden ist. Es kommt nicht darauf an, ob dieser Datenbankteil zugleich auch einen quantitativ wesentlichen Teil des allgemeinen Inhalts der geschützten Datenbank darstellt (EuGH GRUR 2005, 244, 250 Rn. 71, 82 – BHB-Pferdewetten; BGH GRUR 2011, 724 Rn. 30 – Zweite Zahn-

arztmeinung II; kritisch *Eickemeier* GRUR 2009, 578, 579, der hier eine andere Auslegung als bei der Wesentlichkeit der Investition befürwortet und auf die Nutzersicht und den Nutzwert der Daten abstellen möchte: Eine solche divergierende Auslegung des Begriffs der Wesentlichkeit dient indes nicht der Rechtssicherheit, zudem wäre der Wert der Daten aus Nutzersicht nur sehr schwer zu ermitteln; für eine gleichbleibende Auslegung des Begriffs der Wesentlichkeit auch Schricker/Loewenheim/*Vogel* § 87b Rn. 20). Denn auch ein quantitativ geringfügiger Teil des Inhalts einer Datenbank kann, was die Beschaffung, die Überprüfung oder die Darstellung angeht, eine ganz erhebliche menschliche, technische oder finanzielle Investition erfordern (EuGH GRUR 2005, 244, 250 Rn. 71 – BHB-Pferdewetten; EuGH GRUR 2009, 572 Rn. 66 – Apis/Lakorda; BGH GRUR 2011, 724 Rn. 30 – Zweite Zahnarztmeinung II; Schricker/Loewenheim/*Vogel* § 87b Rn. 24; Walter/*v. Lewinski* Datenbank-Richtlinie Art. 7 Rn. 15). Auf die qualitative Wesentlichkeit kommt es v. a. dann an, wenn man das Verhältnis des entnommenen Datenvolumens zum Gesamtvolumen der Datenbank nicht angeben kann oder will (vgl. z. B. BGH GRUR 2009, 852 Rn. 43 f. – Elektronischer Zolltarif).

Für die Beurteilung, ob die entnommenen oder weiterverwendeten Elemente einen in qualitativer Hinsicht wesentlichen Teil des Inhalts der Datenbank darstellen, ist somit zu prüfen, ob die menschlichen, technischen und finanziellen Anstrengungen, die der Datenbankhersteller für die **Beschaffung, Überprüfung und Darstellung gerade dieser Elemente** getätigt hat, eine **wesentliche Investition** ausmachen (EuGH GRUR 2005, 244, 250 Rn. 76 – BHB-Pferdewetten; BGH GRUR 2009, 852 Rn. 47 – Elektronischer Zolltarif; BGH GRUR 2011, 1018 Rn. 53 – Automobil-Onlinebörse). Da es ausschließlich auf die mit dem entnommenen Teil verbundene Investition ankommt, stellt der den durch die Entnahme- und/oder Weiterverwendungshandlungen betroffenen **Elementen innewohnende Wert** als solcher für die Beurteilung, ob der betroffene Teil qualitativ wesentlich ist, **kein erhebliches Kriterium** dar (EuGH GRUR 2005, 244, 250 Rn. 72, 78 – BHB-Pferdewetten; EuGH GRUR 2009, 572 Rn. 67 – Apis/Lakorda; Schricker/Loewenheim/*Vogel* § 87b Rn. 24; *Benecke* CR 2004, 608, 612). Denn nur so wird vermieden, dass das sui-generis-Recht letztlich zur Entstehung eines neuen Rechts an den Werken, Daten oder Elementen der Datenbank als solchen führt (Erwägungsgrund 45, 46). Bspw. spielte die Tatsache, dass die einer Pferdesportdatenbank entnommenen Daten für die Veranstaltung von Rennwetten unbedingt erforderlich waren und damit einen erheblichen wirtschaftlichen Wert besaßen, für die Beurteilung der qualitativen Wesentlichkeit der entnommenen Daten keinerlei Rolle (EuGH GRUR 2005, 244, 250 Rn. 72, 78 – BHB-Pferdewetten). Anders kann es laut BGH bei einem **Aktualisierungsaufwand** sein. Bei einer Datenbank, bei der es auf Aktualität ankommt, liegt laut BGH gerade in den Aktualisierungen ihr wirtschaftlicher Wert. Ein jährlicher Aktualisierungsaufwand von € 200 000 ist danach eine wesentliche Investition. Die Aktualisierungen sind daher ein in qualitativer Hinsicht wesentlicher Teil der Datenbank (BGH GRUR 2009, 852 Rn. 47 – Elektronischer Zolltarif). Maßgeblich müssten nach der zitierten EuGH-Rechtsprechung aber auch hier die Investitionen in diese Aktualisierungen sein, so dass die Ausführungen des BGH zumindest missverständlich erscheinen (so auch *Wiebe* in: Spindler/Schuster § 87b Rn. 22).

Zu beachten ist nun allerdings, dass auch bei der Beurteilung der qualitativen Wesentlichkeit eines entnommenen Teils des Datenbankinhalts solche **Mittel**, die vom Datenbankhersteller **für das Erzeugen** der entnommenen Elemente eingesetzt worden sind, **nicht berücksichtigt** werden dürfen (EuGH GRUR 2005, 244, 250 Rn. 79, 31, 32 – BHB-Pferdewetten). Im Prinzip kommen damit bei der Beurteilung der – investitionsbezogenen – qualitativen Wesentlichkeit eines entnommenen Datenbankteils die gleichen Grundsätze zum Tragen wie bei der Beurteilung des Vorliegens einer wesentlichen Investition als Entstehungsvoraussetzung für das sui-generis-Recht (dazu oben § 87a Rn. 35 ff.). Besteht somit der einer (investitionsintensiven) Datenbank entnommene Datenbankteil aus vom Datenbankhersteller selbst erzeugten Elementen, dürfte ihm mangels berücksichtigungsfähiger, selbstständiger Investitionen regelmäßig keine qualitative Wesentlichkeit zukommen (zur Problematik, falls es sich um einen quantitativ wesentlichen Teil handelt oben Rn. 14). Für die Auslegung des Begriffs „in qualitativer Hinsicht wesentlicher Teil" hat der EuGH auf Vorlage des Stadtgerichts Sofia entschieden, dass es sich bei **aus nichtöffentlich zugänglichen Quellen beschafften Daten** – je nach Aufwand der Beschaffung und der darin verkörperten Investition – sehr wohl um einen qualitativ wesentlichen Teil der Datenbank handeln könne (EuGH GRUR 2009, 572 Rn. 68 – Apis/Lakorda). Auf die Frage der Datenerzeugung ging der EuGH dabei nicht ein. Die erhoffte weitgehende Klärung durch den EuGH zur Berücksichtigung solcher lediglich erzeugter Daten unterblieb somit (Vorauflage Rn. 18).

19 Von der **qualitativen Wesentlichkeit** eines entnommenen Datenbankteils ist letztlich immer dann auszugehen, wenn durch seine Nutzung ein **erheblicher Schaden** für die Amortisation der Investition des Datenbankherstellers **droht** (vgl. EuGH GRUR 2005, 244, 250 Rn. 69 – BHB-Pferdewetten; Erwägungsgrund 42). Ein Indiz hierfür ist die Übernahme des „Rückgrates" einer Datenbank, wie dies z. B. bei der Übernahme des Verkehrsnetzes und der Bebauungs- und Vegetationsgrenzen bei einem Stadtplan der Fall ist (LG München I GRUR-RR 2010, 92, 94). Insoweit besteht **zwischen der Gesamtinvestitionsleistung und dem Schutzniveau** einer Datenbank eine **Wechselwirkung**. Bei Datenbanken gleicher Größe wird die in dem Einzelelement verkörperte durchschnittliche Investitionsleistung bei rein rechnerischer Betrachtung umso höher sein je größer das Gesamtinvestitionsvolumen in die Datenbank ist. Somit werden bei investitionsintensiveren Datenbanken kleinere Datenbankteile die Schwelle der qualitativen Wesentlichkeit eher überschreiten als bei investitionsärmeren Datenbanken gleicher Größe (*Raue/Bensinger* MMR 1998, 507, 511; *Leistner* GRUR Int. 1999, 819, 832; *Benecke* CR 2004, 608, 613).

20 Der **Nachweis einer konkreten Beeinträchtigung** der wirtschaftlichen Interessen des Datenbankherstellers durch die Benutzung des entnommenen Datenbankteils ist **nicht erforderlich**. Insb. genügt es daher, wenn der entnommene Teil abstrakt zur Herstellung eines Konkurrenzprodukts geeignet ist oder doch zumindest dazu, Nutzern mit spezifischen Nutzungsinteressen die geschützte Datenbank insgesamt zu ersetzen (Schricker/Loewenheim/*Vogel* § 87b Rn. 21; *Leistner* GRUR Int. 1999, 819, 832, a. A. *Flechsig* ZUM 1997, 577, 588).

21 **c) Unwesentliche Teile.** Unwesentlich ist jeder Teil des Inhalts einer Datenbank, der dem Begriff wesentlicher Teil **weder in quantitativer noch in qualitativer Hinsicht** entspricht (EuGH GRUR 2005, 244, 250 f. Rn. 73, 82 – BHB-Pferdewetten). Eine Änderung an der Anordnung oder an der individuellen Zugänglichkeit der entnommenen bzw. weiterverwendeten Daten führt nicht dazu, dass aus einem wesentlichen Teil des Inhalts einer Datenbank nunmehr ein „unwesentlicher Teil" wird (EuGH GRUR 2005, 244, 251 Rn. 81 – BHB-Pferdewetten; oben Rn. 7). Letztlich scheint damit bei der unbefugten Nutzung eines quantitativ oder qualitativ wesentlichen Datenbankteils unwiderleglich von einer Beeinträchtigung der Herstellerinteressen und damit vom Eingreifen des Ausschließlichkeitsrechts des Datenbankherstellers auszugehen zu sein (Schricker/Loewenheim/*Vogel* § 87b Rn. 21). Ein derartiger Schematismus ist jedoch in zweifacher Hinsicht problematisch. Zum einen ist es theoretisch denkbar, dass selbst quantitativ wesentliche Teile nicht gegen eine Entnahme und/oder Weiterverwendung schutzwürdig sind (dazu oben Rn. 14). Zum anderen scheint es umgekehrt theoretisch denkbar, dass ein Datenbankteil nach den Maßstäben des EuGH zwar weder quantitativ noch qualitativ wesentlich, letztlich aber bei einer Zusammenschau beider Aspekte dennoch schutzwürdig ist (Schricker/Loewenheim/*Vogel* § 87b Rn. 25 zur Wesentlichkeit von Investitionen). In diesen Fällen scheint allerdings eher eine Bejahung der qualitativen Wesentlichkeit nahe zu liegen, so dass die Frage nach einer Zusammenschau, die dem alternativ formulierten Wortlaut zuwiderlaufen würde (Art oder Umfang bzw. in qualitativer oder quantitativer Hinsicht), nicht geklärt werden muss.

Auch wenn vereinzelt Randfragen offen bleiben, ist dennoch festzustellen, dass der **22** EuGH mit seinen **Definitionen,** wann von der quantitativen oder qualitativen Wesentlichkeit sowie der Unwesentlichkeit eines Datenbankteils auszugehen ist, einen **klaren Weg** für die Beurteilung datenbankrechtlicher Sachverhalte vorgezeichnet hat (EuGH GRUR 2005, 244, 251 [dort zusammengefasst in Rn. 82] – BHB-Pferdewetten). Von diesem Weg sollte nur in Ausnahmefällen, nämlich bei Widersprüchen mit den Zielen der Datenbank-Richtlinie, abgewichen werden.

III. Die gewährten Rechte

1. Richtlinienkonforme Auslegung

a) **Entnahme- und Weiterverwendungsrecht.** Bei der Auslegung von § 87b Abs. 1 **23** ist zu berücksichtigen, dass die dem Hersteller zustehenden Rechte in Art. 7 der Datenbank-Richtlinie eine eigenständige und **abschließende Regelung** gefunden haben. Daher ist, auch wenn die Umsetzung des sui-generis-Rechts in Deutschland mittels der herkömmlichen urheberrechtlichen Terminologie erfolgt ist, bei Zweifeln stets auf die Regelung in Art. 7 der Datenbank-Richtlinie sowie die Erwägungsgründe 42ff. zurückzugreifen. Dort ist der Schutzumfang des sui-generis-Rechts harmonisierend verbindlich geregelt (krit. zur deutschen Umsetzung *Gaster* Rn. 534; *v. Lewinski* in: Roßnagel § 87b Rn. 20ff.; zust. zur Umsetzung Schricker/Loewenheim/ *Vogel* § 87b Rn. 6). Die letztverbindliche Auslegungskompetenz hat insoweit gem. Art. 267 AEUV der EuGH. Auch die nationale Rechtsprechung greift bei der Auslegung von § 87b verstärkt direkt auf Art. 7 der Datenbank-Richtlinie zurück, so dass ein zunehmendes „Nebeneinander" beider Terminologien wahrnehmbar ist (vgl. z.B. BGH GRUR 2005, 857, 859 – HIT BILANZ; BGH GRUR 2005, 940, 941ff. – Marktstudien; BGH GRUR 2007, 688, 689f. – Gedichttitelliste II; GRUR 2009, 852 Rn. 35 – Elektronischer Zolltarif; BGH GRUR 2011, 724 Rn. 39 – Zweite Zahnarztmeinung II; BGH GRUR 2011, 1018 Rn. 37 – Automobil-Onlinebörse).

Gem. Art. 7 Abs. 1 S. 1 hat der Datenbankhersteller insoweit das Recht, Dritten die **„Ent-** **24** **nahme"** oder **„Weiterverwendung"** der Gesamtheit oder eines wesentlichen Teils des Inhalts einer Datenbank zu untersagen. Unter Entnahme ist dabei **„die ständige oder vorübergehende Übertragung** der Gesamtheit oder eines wesentlichen Teils des Inhalts einer Datenbank **auf einen anderen Datenträger,** ungeachtet der dafür verwendeten Mittel und der Form der Entnahme" zu verstehen (Art. 7 Abs. 2 lit. a Datenbank-Richtlinie). Eine Weiterverwendung ist hingegen „**jede Form öffentlicher Verfügbarmachung** der Gesamtheit oder eines wesentlichen Teils des Inhalts der Datenbank durch die Verbreitung von Vervielfältigungsstücken, durch Vermietung, durch Online-Übermittlung oder durch andere Formen der Übermittlung" (Art. 7 Abs. 2 lit. b Datenbank-Richtlinie) (EuGH GRUR 2005, 244, 248 Rn. 49 – BHB-Pferdewetten). Wie sich dabei insb. aus der Verwendung der Formulierungen „ungeachtet der dafür verwendeten Mittel und der Form der Entnahme" und „jede Form öffentlicher Verfügbarmachung" in den Definitionen des Entnahme- und Weiterverwendungsrechts zeigt, hat der Gemeinschaftsgesetzgeber den Begriffen Entnahme und Weiterverwendung grds. eine **weit gefasste Bedeutung** verleihen wollen (EuGH GRUR 2005, 244, 248 Rn. 51 – BHB-Pferdewetten; EuGH GRUR 2008, 1077 Rn. 31 ff. – Directmedia Publishing; EuGH GRUR 2009, 572 Rn. 40 – Apis/Lakorda; BGH GRUR 2009, 852 Rn. 35 – Elektronischer Zolltarif; zust. *Eickemeier* GRUR 2009, 578).

Insoweit hat der EuGH auch insb. klargestellt, dass es sich, auch wenn in diesen Defini- **25** tionen jeweils auf „einen wesentlichen Teil" des Datenbankinhalts Bezug genommen wird, bei dieser Einschränkung nicht um ein konstitutives Merkmal der Begriffe „Entnahme" und „Weiterverwendung" handelt. Entnahme- und Weiterverwendungshandlungen können sich vielmehr ohne weiteres auch auf unwesentliche Datenbankteile erstrecken. Sie werden dann allerdings nicht mehr vom Ausschließlichkeitsrecht des Datenbankherstellers nach Abs. 1 S. 1, sondern allenfalls noch vom Umgehungsschutz gem. Abs. 1 S. 2 erfasst. Die Bezugnahme auf einen **„wesentlichen Teil des Datenbankinhalts"** in der Definition der dem Datenbankhersteller vorbehaltenen Rechte umschreibt insoweit lediglich eine der **Anwendungsvoraussetzungen des** durch Art. 7 Abs. 1 der Datenbank-Richtlinie eingeführten **sui-generis-Rechts** (so klarstellend EuGH GRUR 2005, 244, 248 Rn. 50 – BHB-Pferdewetten; Generalanwältin *Stix-Hackl* Rn. 90).

26 **b) Auslegung anhand des Richtlinienziels.** Die Begriffe Entnahme und Weiterverwendung sind in gleicher Weise wie die wesentliche Investition als Entstehungsvoraussetzung für das sui-generis-Recht (dazu § 87a Rn. 35 ff.), im Wege einer **teleologisch-funktionalen Auslegung** anhand des mit dem sui-generis-Recht verfolgten **Richtlinienziels** zu bestimmen. Dieses besteht darin, Investitionen in die Herstellung und den Betrieb von Datenbanken zu schützen, indem gewährleistet wird, dass der Datenbankhersteller für die von ihm getätigten Investitionen eine Vergütung erhält.

27 Mit Rücksicht auf das mit der Richtlinie verfolgte Ziel sind die Begriffe „Entnahme" und „Weiterverwendung" also dahin auszulegen, dass sie sich auf **jede Handlung** beziehen, die darin besteht, sich **ohne Zustimmung** des Datenbankherstellers die **Ergebnisse seiner Investition anzueignen** bzw. sie **öffentlich verfügbar zu machen** und ihm damit Einkünfte zu entziehen, die es ihm ermöglichen sollen, die Kosten dieser Investition zu amortisieren, die der Investition somit einen **qualitativ oder quantitativ erheblichen Schaden** zufügen (Erwägungsgrund 42; EuGH GRUR 2005, 244, 248 Rn. 51 – BHB-Pferdewetten (); *Kotthoff* GRUR 1997, 597, 602). Keinerlei Rolle spielt es dabei, ob die Handlung einen kommerziellen oder einen nicht kommerziellen Zweck verfolgt, sowie ob das Ziel der Nutzungshandlung die Erstellung einer anderen Datenbank ist, ob diese nun als parasitäres Konkurrenzprodukt mit der Ursprungsdatenbank im Wettbewerb steht oder nicht, ob sie die gleiche oder eine andere Größe hat, oder ob die Nutzungshandlung auf eine völlig andere Tätigkeit als die Herstellung einer Datenbank gerichtet ist (**wirtschaftliche Rechtfertigung**; Erwägungsgrund 42, 48; EuGH GRUR 2005, 244, 248 Rn. 45 f., 47, 69 – BHB-Pferdewetten; EuGH GRUR 2009, 572 Rn. 46 – Apis/Lakorda, OLG Köln MMR 2007, 443, 445 – DWD-Wetterdienst).

28 **c) Kein direkter Zugang erforderlich.** Die Rechtsprechung hat schließlich auch klargestellt, dass die Begriffe Entnahme und Weiterverwendung **keinen direkten Zugang** zu der betreffenden Datenbank **voraussetzen**. Es spielt demnach keine Rolle, ob die Entnahme und Weiterverwendung unmittelbar von der Ursprungsdatenbank aus erfolgen oder ob sie von einer Kopie der Datenbank aus, also indirekt, vorgenommen werden. Denn unzulässige Entnahme- und/oder Weiterverwendungshandlungen, die von einem Dritten von einer anderen Quelle als der Ursprungsdatenbank aus vorgenommen werden, sind offensichtlich in gleicher Weise geeignet, die Investition des Datenbankherstellers zu beeinträchtigen wie derartige Handlungen, die unmittelbar von dieser Datenbank aus vorgenommen werden (EuGH GRUR 2005, 244, 248 f. Rn. 52 f., 67 – BHB-Pferdewetten; BGH GRUR 2009, 852 Rn. 56 – Elektronischer Zolltarif; BGH GRUR 2011, 724 Rn. 39 – Zweite Zahnarztmeinung II; OLG Köln MMR 2007, 443, 445 – DWD-Wetterdienst; *Gaster* in: Hoeren/Sieber Rn. 128 hält diese Ausdehnung im „Dreiecksverhältnis" für „bemerkenswert"; krit. *Rieger* 169). Daher schränkt insb. der bloße Umstand, dass der Datenbankhersteller seine Datenbank der Öffentlichkeit selbst oder durch einen berechtigten Dritten zugänglich gemacht hat, seine Rechte nach § 87b am Datenbankinhalt in keiner Weise ein. Bestätigt wird dies durch Art. 7 Abs. 2 lit. b der Richtlinie, nach dem sich mit dem Erstverkauf eines Vervielfältigungsstücks einer Datenbank in der Gemeinschaft durch den Rechtsinhaber oder mit seiner Zustimmung nur das Recht, den „Weiterverkauf" dieses Vervielfältigungsstücks zu kontrollieren, erschöpft. Keineswegs ausgeschlossen

wird aber das Recht, die Entnahme und die Weiterverwendung des **Inhalts dieses Vervielfältigungsstücks** zu kontrollieren (EuGH GRUR 2005, 244, 248 Rn. 52 – BHB-Pferdewetten). Eine Entnahme ist hingegen mangels Übertragung abzulehnen, wenn der Dritte identische Daten ohne einen zumindest mittelbaren, indirekten Zugriff auf die geschützte Datenbank erzeugt und nutzt. Das ist beispielsweise der Fall, wenn der Nutzer seine bereits in einem anderen Portal abgegebene Bewertung in einem Konkurrenzportal erneut selbst eingibt (BGH GRUR 2011, 724 Rn. 39 – Zweite Zahnarztmeinung II; *Wiebe* GRUR-Prax 2011, 369, 370).

d) Zulässigkeit von Konsultation und Abfrage. Charakteristikum von Konsultations- und Abfragehandlungen ist, dass es sich um einen **rein geistigen Vorgang** in Form des Recherchierens in einer Datenbank und Lesen bzw. Kenntnisnahme der Ergebnisse handelt (vgl. Schricker/Loewenheim/*Vogel* § 87b Rn. 16f.). In keinem Fall erstreckt sich das Schutzrecht des Datenbankherstellers auf eine solche bloße **Konsultation und Abfrage** seiner Datenbank, ob sie nun unmittelbar von der Ursprungsdatenbank oder mittelbar von einer Kopie aus vorgenommen wird. Denn Konsultation oder Abfrage einer Datenbank stellen für sich keinerlei Entnahme- und Weiterverwendungshandlungen im Sinn der Definition in Art. 7 Abs. 2 der Datenbank-Richtlinie dar, so dass der Hersteller sie rechtmäßigen Benutzern auch nicht untersagen kann (EuGH GRUR 2005, 244, 249 Rn. 54 – BHB-Pferdewetten). **Schwierigkeiten** bereitet die **sachliche Abgrenzung** dieser nicht vom Verwertungsrecht des Datenbankherstellers erfassten Konsultations- und Abfragehandlungen, d.h. die Nutzung einer Datenbank als „Informationsquelle" zu dem sui-generis-Recht unterfallenden „indirekten" Vervielfältigungs- und Verbreitungshandlungen (dazu unten Rn. 41 ff.). Denn auch bei einer bloßen Abfrage der Datenbank muss zur Darstellung des Inhalts der Datenbank auf dem Bildschirm ein unwesentlicher Teil der Datenbank vervielfältigt werden. Hierauf soll sich das Schutzrecht sui-generis aber gerade nicht erstrecken (BGH GRUR 2011, 1018 Rn. 62 – Automobil-Onlinebörse; *Czychowski* GRUR-Prax 2011, 455; krit. daher *Wiebe* in: Spindler/Schuster § 87b Rn. 12f., der von einer durch den EuGH neu eingeführten, dogmatisch unklaren Schranke ausgeht).

Die Freiheit von Konsultation und Abfrage bedeutet letztlich, dass sich der Datenbankhersteller zwar ein ausschließliches Recht auf **Zugang** zu seiner Datenbank vorbehalten, den Zugang zur Datenbank auf bestimmte Personen beschränken oder von besonderen Voraussetzungen, z.B. finanzieller Art, abhängig machen kann. Wenn er jedoch selbst den Inhalt seiner Datenbank oder einen Teil davon der Öffentlichkeit – und sei es gegen Entgelt – zugänglich macht, so erlaubt sein Schutzrecht sui-generis ihm nicht, sich dem Abfragen dieser Datenbank durch Dritte zu Informationszwecken entgegenzustellen. Die Grenze zur unbefugten Nutzung ist erst dann erreicht, wenn für die Darstellung des Inhalts der Datenbank am Bildschirm die ständige oder vorübergehende Übertragung der Gesamtheit oder eines wesentlichen Teils dieses Inhalts auf einen anderen Datenträger erforderlich ist (EuGH GRUR 2005, 244, 249 Rn. 55 – BHB-Pferdewetten; EuGH GRUR 2008, 1077 Rn. 51–53 – Directmedia Publishing; BGH GRUR 2011, 1018 Rn. 63 – Automobil-Onlinebörse).

Will sich ein Datenbankhersteller gegen die im Zuge der Abfrage erfolgenden Vervielfältigungen zur **Wehr** setzen, darf er den Inhalt seiner Datenbank **nicht für jedermann frei zugänglich machen.** Bei einer Online-Datenbank könnte er den freien Zugang z.B. durch technische Maßnahmen ausschließen oder einschränken und v.a. vom Abschluss eines Nutzungsvertrags unter Einbeziehung seiner AGB, die hierzu entsprechende Regelungen enthalten, abhängig machen (BGH GRUR 2011, 1018 Rn. 64 – Automobil-Onlinebörse).

Nichts anderes gilt auch in dem Fall, dass der Datenbankhersteller einem Dritten gestattet, den Inhalt seiner Datenbank weiterzuverwenden, d.h. diesen in der Öffentlichkeit zu verbreiten und damit zugänglich zu machen. Denn dadurch, dass er die Weiterverwendung, d.h. die öffentliche Verfügbarmachung durch einen Dritten zulässt, schafft der Datenbankhersteller für Interessierte eine **alternative Quelle** für den Zugang zum Inhalt seiner Datenbank und für deren **Konsultation** (EuGH GRUR 2005, 244, 249 Rn. 56 – BHB-Pferdewetten). Insoweit liegt auch keinerlei Gefährdung seiner Investition vor. Dem Datenbankhersteller steht es frei, den Wert seiner Investition dadurch wiederzuerlangen, dass er dem Dritten die Weiterverwendung der Gesamtheit oder eines Teils seiner Datenbank nur gegen eine Gebühr gestattet, deren Höhe die Aussichten auf nachfolgende Abfragen durch interessierte Dritte bereits berücksichtigt (EuGH GRUR 2005, 244, 249 Rn. 57 – BHB-Pferdewetten).

33 Umgekehrt führt die **Zustimmung** des Datenbankherstellers zur **Konsultation** seiner Datenbank aber **nicht zu einer Erschöpfung** seines Schutzrechts sui-generis (EuGH GRUR 2005, 244, 249 Rn. 58 – BHB-Pferdewetten). Vielmehr sind auch einem rechtmäßigen Datenbanknutzer, dessen Zugang zum Inhalt der Datenbank zu Zwecken der Abfrage auf der unmittelbaren oder mittelbaren Zustimmung des Datenbankherstellers beruht, keinesfalls Handlungen gestattet, die darin bestehen, seinerseits die Gesamtheit oder einen wesentlichen Teil des Inhalts der Datenbank zu entnehmen und/oder weiterzuverwenden. Dies gilt auch dann, wenn der Datenbankhersteller seine Datenbank ganz oder teilweise der Öffentlichkeit zugänglich gemacht oder Dritten erlaubt haben sollte, diese der Öffentlichkeit zur Verfügung zu stellen (EuGH GRUR 2005, 244, 249 Rn. 60f. – BHB-Pferdewetten; zu den Ausnahmen s. § 87c bzw. Art. 9 Datenbank-Richtlinie).

2. Vervielfältigungsrecht

34 Gem. § 87b Abs. 1 S. 1 steht dem Hersteller einer Datenbank zunächst das **Vervielfältigungsrecht** zu, womit § 16 in Bezug genommen wird. Grds. unterfallen damit sämtliche vom Vervielfältigungsbegriff des § 16 erfassten Vervielfältigungshandlungen dem Ausschließlichkeitsrecht des Datenbankherstellers, so dass insoweit zunächst auf die entsprechende Kommentierung zu § 16 verwiesen werden kann (s. dazu im Einzelnen § 16 Rn. 4ff.). Der BGH hat jedoch in der jüngeren Zeit mehrfach betont, dass der Begriff der Vervielfältigung in § 87b Abs. 1 dem Begriff der Entnahme i.S.v. Art. 7 Abs. 2 lit. a Datenbank-Richtlinie inhaltlich entspreche (BGH GRUR 2009, 852 Rn. 35 – Elektronischer Zolltarif; BGH GRUR 2011, 724 Rn. 39 – Zweite Zahnarztmeinung II; BGH GRUR 2011, 1018 Rn. 37 – Automobil-Onlinebörse). Sofern also Zweifel bestehen, ob eine bestimmte Nutzung als Vervielfältigungshandlung vom sui-generis-Recht erfasst wird, ist ergänzend und vorrangig die Definition des **Entnahmerechts** in Art. 7 Abs. 2 lit. a der Datenbank-Richtlinie heranzuziehen (dazu oben Rn. 23).

35 Der in der Definition des Entnahmerechts verwendete Begriff des „**Datenträgers**" ist dabei **weit auszulegen,** da es sich bei ihm nur um eine ungenaue Übersetzung des ausschlaggebenden englischen Begriffs „medium" handelt, welcher jeden denkbaren Träger in analoger oder digitaler Form mit umfasst (*Gaster* Rn. 512; Fromm/Nordemann/ *Czychowski* § 87b Rn. 14; Möhring/Nicolini/*Decker* § 87b Rn. 3; *v. Lewinski* in: Roßnagel § 87b Rn. 20; *Grützmacher* 334). Unter den Begriff des Datenträgers fallen damit z.B. Papier, Mikrofiche, Disketten, die Festplatte eines Computers, CDs, DVDs, CD-ROMs, CD-Is (Erwägungsgrund 22).

36 Die **Abgrenzung** zwischen „**ständiger oder vorübergehender Übertragung**" bestimmt sich **nach der Dauer der Sicherung** der entnommenen Daten auf einem anderen Datenträger. Laut EuGH liegt eine ständige Übertragung vor, wenn die betreffenden Elemente in dauerhafter Weise auf einem anderen als dem Ursprungsdatenträger fixiert werden. Um eine vorübergehende Übertragung handelt es sich dagegen, wenn die Elemente für begrenzte Dauer auf einem anderen Datenträger, z.B. im Arbeitsspeicher eines Computers, gespeichert werden (EuGH GRUR 2009, 572 Rn. 44 – Apis/Lakorda). **Unterschiedliche Rechtsfolgen** werden an eine Übertragung ständiger oder vorübergehen-

der Art **nicht geknüpft**. Denkbar ist allenfalls eine Auswirkung auf den Schadensumfang (näher dazu Rn. 106). Der Gesetzgeber wollte mit der Unterscheidung nur deutlich machen, dass jegliche Übertragung als Entnahme anzusehen ist und **keine de minimis-Begrenzung** eingreifen soll (EuGH GRUR 2009, 572 Rn. 43 – Apis/Lakorda). Maßgeblicher Zeitpunkt der Entnahme aus einer elektronischen Datenbank ist dabei der **Zeitpunkt der Fixierung** der übernommenen Elemente auf einem anderen Datenträger (EuGH GRUR 2009, 572 Rn. 45 – Apis/Lakorda).

Dem Vervielfältigungsrecht des Datenbankherstellers gem. § 87b Abs. 1 S. 1 unterfällt 37 somit in richtlinienkonformer Auslegung nicht nur die dauerhafte Festlegung der Datenbank oder ihrer wesentlichen Teile. Vielmehr werden auch **vorübergehende Vervielfältigungen** mit zeitnaher Löschung der Daten, wie sie regelmäßig im **Arbeits- oder Zwischenspeicher** eines Computers erfolgen, insb. die extrem kurzen Festlegungen im Zuge des online- oder offline-Browsens von Datenbanken, erfasst (Erwägungsgrund 44; BGH GRUR 2009, 852 Rn. 49 – Elektronischer Zolltarif; OLG Köln MMR 2007, 443, 445 – DWD-Wetterdienst; Schricker/Loewenheim/*Vogel* § 87b Rn. 33; *Kotthoff* GRUR 1997, 602; *Leupold* CR 1998, 234, 238 f.; dazu und zu Art. 2 Richtlinie 2001/29/EG näher § 16 Rn. 16 ff.; § 69c Rn. 4 ff.; Möhring/Nicolini/*Decker* § 87b Rn. 3; zu der Frage, inwieweit die **Schrankenregelungen in § 44a, § 55a oder § 69d Abs. 1** auf diese vorübergehenden Vervielfältigungen (analog) anwendbar sind, s.u. § 87c Rn. 39 ff.). Dies steht jedoch stets unter dem Vorbehalt, dass überhaupt die Datenbank insgesamt oder ein wesentlicher Teil übertragen wird (so auch *Eickemeier* GRUR 2009, 578).

Vervielfältigungshandlungen sind insoweit z.B. das **Fotokopieren** einer in Papierform 38 vorliegenden Datensammlung sowie das dauerhafte **Überspielen** einer digitalen Datenbank von einem Datenträger auf einen anderen, bspw. beim Datenexport aus einer CD-ROM-Datenbank auf die eigene Festplatte (BGH GRUR 2009, 852 Rn. 36 – Elektronischer Zolltarif; OLG Karlsruhe MMR 2000, 233 (Ls.) – Teilnehmerverzeichnis auf CD-ROM). Eine Vervielfältigung ist auch das Einscannen der Printversion einer Datenbank, wenn sich für den Nutzer keine neuen Suchfunktionen ergeben (dazu § 87a Rn. 126; dort auch zur Frage, wann bei einer solchen Digitalisierung eine neue Datenbank entstehen kann) sowie der **Ausdruck** einer digitalen Datenbank auf Papier (vgl. Handelsgericht Wien MR 1998, 25 – Radio Melody I).

Spezifische Vervielfältigungshandlungen, die im Zusammenhang mit der **Online-Nut-** 39 **zung** einer Datenbank im Rahmen des **Internet** oder eines **Intranet** vorgenommen werden, sind insb. das **Uploading** der Datenbank oder wesentlicher Teile von ihr auf einen Serverrechner, bspw. von einer CD-ROM aus (LG München I MMR 2000, 431 – MIDI-Dateien in AOL-Musikforum), das **Downloading** vom Serverrechner auf einen an das Netzwerk angeschlossenen Nutzerrechner oder schließlich die Ablage digitaler Kopien in der **Mailbox** eines E-Mail-Nutzers.

Keine Vervielfältigungshandlungen sind hingegen die bloße **Bildschirmwiederga-** 40 **be** sowie das **Hyperlinking** (so grundlegend BGH GRUR 2003, 958, 961 f. – Paperboy mit Anm. *Buchner* AfP 2003, 510; *Klett* K&R 2003, 561; *Nolte* ZUM 2003, 540; *Ott* WRP 2004, 52; *Spindler* JZ 2004, 150; s. dazu näher § 16 Rn. 24).

Umstritten ist, ob das Vervielfältigungs- bzw. Entnahmerecht des Datenbankherstellers 41 nur **physische Kopiervorgänge** erfasst und damit auf solche Handlungen beschränkt ist, die ein (unmittelbares oder mittelbares) Kopieren der Datenbank von einem Datenträger, auf dem sie gespeichert ist, auf einen anderen Datenträger darstellen. Dieser Auslegung neigte der **BGH** in seinem **Vorlagebeschluss** „Gedichttitelliste II" an den EuGH zu (BGH GRUR 2007, 688, 690 Rn. 27 – Gedichttitelliste II; unentschlossen *Ehmann* GRUR 2008, 474, 478, der jedenfalls alle Umstände des Einzelfalles berücksichtigen möchte). Im konkreten Fall orientierte sich die Gedichtauswahl der Beklagten unstreitig an der klägerischen Gedichttitelliste. Es waren jedoch einige der dort angeführten Gedichte weggelassen, einige wenige hinzugefügt und im Übrigen die getroffene Auswahl jeweils

kritisch überprüft worden. Die Gedichttexte und Entstehungsdaten selbst waren eigenem digitalem Material entnommen worden. Die Beklagte hatte sich daher mit dem Einwand verteidigt, dass die **Gedichttitelliste der Kläger nur „als Referenz"** herangezogen worden sei und dass daneben aber auch andere Auswahlkriterien maßgeblich gewesen seien. An einem physischen Kopiervorgang fehlte es gerade.

42 Der **EuGH** hat auf die Vorlage hin entschieden, dass von einer **weiten Auslegung** des Begriffs „Entnahme" auszugehen sei. Es sei **unerheblich,** ob die Übertragung durch ein **technisches Kopierverfahren oder durch ein einfaches manuelles Verfahren,** z. B. durch Abschreiben, oder auf andere Weise erfolge. Ohne Bedeutung sei auch eine andere Anordnung oder eigene Anpassung der betroffenen Elemente, die Übernahme nur eines Teils des Inhalts oder die Vervollständigung des Inhalts mit Elementen aus anderen Quellen. Auch eine kritische Prüfung der übernommenen Elemente ändere an einer Übertragung nichts. Insbesondere komme es auch nicht auf den mit der Übertragung verfolgten Zweck an, z. B. ob die Erstellung einer konkurrierenden Datenbank bezweckt sei. Wegen der Unabhängigkeit von formalen, technischen oder physischen Kriterien könne **auch** die **bloße Bildschirmabfrage** einer Datenbank zwecks Übernahme ihrer Elemente in eine andere Datenbank eine „Entnahme" i. S. v. Art. 7 Datenbank-Richtlinie sein (EuGH GRUR 2008, 1077 Rn. 31, 37 ff. – Directmedia Publishing; zust. *Herrmann/Dehiß*elles K&R 2009, 23, 24; *Taeger* NJW 2010, 25, 28; differenzierend *Leistner* JZ 2009, 101 ff.). Dem hat sich der **BGH** in seiner nachfolgenden Entscheidung **angeschlossen** und die Revision der Beklagten größtenteils zurückgewiesen (BGH GRUR-RR 2010, 232 Rn. 17 – Gedichttitelliste III).

43 Diese **Entscheidungen überzeugen.** Sie führen letztlich dazu, dass der Richtlinienbegriff der „Entnahme" ähnlich wie der nationale Vervielfältigungsbegriff auszulegen ist. Die Vervielfältigung erfasst jede körperliche Festlegung unabhängig von einem physischen Kopiervorgang. Die Entscheidung des EuGH entschärft damit jedenfalls insoweit die Problematik, dass der deutsche Gesetzgeber bei der Umsetzung der Richtlinie auf die traditionelle urheberrechtliche Terminologie zurückgegriffen hat (so auch *Gaster* in: Hoeren/Sieber Rn. 134 f.; *Milbradt/Hülsewig* CR 2009, 7; näher dazu Vor §§ 87 a ff. Rn. 14).

44 Aber auch in der Sache überzeugen die Entscheidungen. Es kann gerade **keinen Unterschied** ausmachen, ob ein Konkurrent die Daten aus der (elektronischen) Ursprungsdatenbank per „copy/paste" **physisch übernimmt** oder ob er die Ursprungsdatenbank am Bildschirm gleichsam als Vorlage aufruft, daneben ein zweites Bildschirm-Fenster öffnet und die Daten aus der ersten Datenbank abtippt. In beidesn Fällen ist der Schutzzweck des sui-generis-Rechts berührt, weil die Ursprungsdatenbank zu wesentlich niedrigeren Kosten „wiedererstellt" wird und dies die Investitionen des Erstherstellers schädigt (so auch *Herrmann/Dehiß*elles K&R 2009, 23, 24). Außerdem dürfte eine eindeutige Klärung, ob ein „Kopieren" oder „Abtippen" vorlag, gerade bei elektronischen Datenbanken praktisch kaum möglich sein (*Milbradt/Hülsewig* CR 2009, 7, 8).

45 Hierbei ist **aber stets** zwecks **Abgrenzung zur zulässigen Konsultation** und Abfrage einer Datenbank (dazu oben Rn. 29 ff.) und zwecks Verhinderung eines nicht gewollten Schutzes der Informationen zu prüfen, ob tatsächlich eine „Entnahme" mit ihrer zentralen Voraussetzung der Übertragung gegeben ist. Eine solche Übertragung i. S. v. Art. 7 Abs. 2 lit. a Datenbank-Richtlinie setzt mit dem EuGH voraus, dass sich die Gesamtheit oder ein wesentlicher Teil des **Inhalts einer Datenbank auf einem anderen Datenträger wiederfindet** als auf dem der Ursprungsdatenbank (EuGH GRUR 2008, 1077 Rn. 34 – Directmedia Publishing). Hiervon kann man dann ausgehen, wenn der übernommene Inhalt der Datenbank **„bei wertender Betrachtung"** unter Berücksichtigung des Schutzzwecks des sui-generis-Rechts **noch derselbe** ist (*v. Ungern-Sternberg*, GRUR 2010, 386, 390; ähnlich *Leistner* JZ 2009, 101, 104). Wie ausgeführt setzt dies aber keine „exakte Reproduktion" voraus, vielmehr ist auch eine andere Anordnung, Organisation, Ergänzung etc. möglich, solange der Inhalt noch derselbe ist (EuGH GRUR 2008, 1077 Rn. 33 ff. – Di-

rectmedia Publishing; *v. Ungern-Sternberg,* GRUR 2010, 386, 390; a. A. *Bensinger* S. 186 ff.; Schricker/Loewenheim/*Vogel* § 87b Rn. 18; näher dazu s. o. Rn. 7 ff.). Der Inhalt wäre beispielsweise **nicht mehr derselbe, wenn** eine **inhaltliche Verarbeitung** der übernommenen Inhalte vor der erstmaligen Fixierung auf einem anderen Datenträger stattfindet und zwar dergestalt, dass diese Daten nicht mehr als Bestandteil der ursprünglichen Datenbank erscheinen und folglich auch nicht die Investitionen des Erstherstellers schädigen können (Erwägungsgrund 42; *v. Ungern-Sternberg,* GRUR 2010, 386, 390; ähnlich *Lapp* jurisPR-ITR 11/2009 Anm. 4, D., der als „einzigen Ausweg" aus dem Schutzbereich die Verarbeitung der in der Datenbank enthaltenen Informationen „zu einem kreativen neuen Produkt" sieht).

Die weite Auslegung des Vervielfältigungsrechts durch die Rechtsprechung hat **für die** 46 **Praxis erhebliche Auswirkungen.** Soweit Geschäftsmodelle auf der Auswertung von Datenbanken beruhen, was **gerade im** „**Web 2.0**" häufig der Fall sein dürfte, ist eine vertiefte Prüfung erforderlich, ob hierdurch die Ausschließlichkeitsrechte des Datenbankherstellers verletzt werden (so auch *Lapp* jurisPR-ITR 11/2009 Anm. 4, D.; ähnlich *Milbradt/Hülsewig* CR 2009, 7, 9, die allerdings in den Merkmalen der quantitativen und qualitativen Wesentlichkeit „viel Spielraum" für die Gerichte sehen).

3. Verbreitungsrecht

a) **Weiter Verbreitungsbegriff des** § **17 Abs. 1.** Gem. Abs. 1 S. 1 steht dem Daten- 47 bankhersteller auch das Verbreitungsrecht zu. Dabei gilt grds. der **weite Verbreitungsbegriff des** § **17 Abs. 1,** welcher sowohl das **Angebot** von Vervielfältigungsstücken an die Öffentlichkeit als auch ihr **Inverkehrbringen** in Form des Verkaufs, Tauschs und der Vermietung erfasst (dazu im Einzelnen § 17 Rn. 10 ff.). Dem Datenbankhersteller ist insoweit gem. Art. 7 Abs. 2 lit. b der Datenbank-Richtlinie ausdrücklich auch das **Vermietrecht** als das Recht der zeitlich begrenzten, unmittelbar oder mittelbar Erwerbszwecken dienenden Gebrauchsüberlassung vorbehalten (§ 17 Abs. 3; dazu näher § 17 Rn. 37 ff.; zum Ausschluss des Vermietrechts von der Erschöpfung des Verbreitungsrechts gem. § 17 Abs. 2 s. u. Rn. 59). Auf die Rechtsprechung zu § 17 kann daher für die Auslegung des Verbreitungsrechts des Datenbankherstellers nach § 87b Abs. 1 S. 1 grds. zurückgegriffen werden, **mit Ausnahme des Verleihrechts** (Schricker/Loewenheim/*Vogel* § 87b Rn. 48; Dreier/Schulze/*Dreier* § 87b Rn. 4). Auch auf die zu § 69c Nr. 3, welcher das Verbreitungsrecht für Computerprogramme regelt, ergangene Rechtsprechung kann grds. zurückgegriffen werden (s. § 69c Rn. 24 ff.; Schricker/Loewenheim/*Vogel* § 87b Rn. 44; Dreier/Schulze/*Dreier* § 87b Rn. 4).

b) **Verbreitung als körperliche Verwertung.** Das Verbreitungsrecht bezieht sich auch 48 bei Datenbanken **ausschließlich** auf die **Verbreitung körperlicher Vervielfältigungsstücke** (BGH GRUR 2005, 940, 942 – Marktstudien) und erfasst insb. **nicht** das Angebot einer Datenbank zur Online-Abfrage sowie deren **Online-Übermittlung** (Erwägungsgrund 31, 33; dazu auch § 17 Rn. 12 f.; AmtlBegr. *M. Schulze* Materialien 1016 f., 1038; Schricker/Loewenheim/*Vogel* § 87b Rn. 46; Fromm/Nordemann/*Czychowski* § 87b Rn. 17; Möhring/Nicolini/*Decker* § 87b Rn. 4; *Gaster* CR 1997, 669, 675; *Flechsig* ZUM 1997, 577, 584; *Vogel* ZUM 1997, 592, 600; a. A. *Berger* GRUR 1997, 169, 176; *Kotthoff* GRUR 1997, 597, 599 f.; zur fehlenden Erschöpfung bei online übermittelten Vervielfältigungsstücken s. u. Rn. 63).

c) **Kein Verleihrecht.** Zwar wird das Verleihrecht von der weiten Definition des Ver- 49 breitungsrechts in § 17 Abs. 1 erfasst. § 87b Abs. 1 S. 1 ist aber richtlinienkonform dahingehend einschränkend auszulegen, dass das **Verleihrecht** nicht unter das Verbreitungsrecht des Datenbankherstellers fällt. Denn das Verleihrecht wird in Art. 7 Abs. 2 S. 3 der Datenbank-Richtlinie explizit von den dem Datenbankhersteller in Art. 7 Abs. 2 lit. a und lit. b vorbehaltenen Rechten **ausgeschlossen** (h. M. Schricker/Loewenheim/ *Vogel* § 87b Rn. 48; *v. Lewinski* in: Roßnagel § 87b Rn. 23; Möhring/Nicolini/*Decker* § 87b Rn. 4; Dreyer/Kotthoff/Meckel/*Kotthoff* § 87b Rn. 8; *Gaster* Rn. 518). Ein Verleihrecht ergibt sich für Datenbankhersteller damit auch insb. nicht aus der von der Datenbank-Richtlinie ausdrücklich unberührt bleibenden Vermiet- und Verleihrechts-Richtlinie, zumal diese gem. ihrem Art. 2 Abs. 1 nur Urheber und die dort abschließend aufgezählten Leistungsschutzberechtigten erfasst, zu denen der Datenbankhersteller nicht gehört (Erwägungsgrund 24; Richtlinie 92/100/EWG; *v. Lewinski* in: Roßnagel § 87b Rn. 23). Der **öffentliche Verleih** von Datenbanken ist daher, anders als von Datenbankwerken, für die § 17 ohne weiteres gilt, selbst dann **zulässig**, wenn das Verbreitungsrecht noch nicht erschöpft ist (Schricker/Loewenheim/*Vogel* § 87b Rn. 48).

50 **d) Vergütungsanspruch für das Verleihen?** Der deutsche Gesetzgeber war allerdings der Auffassung, dass das Verleihrecht in Bezug auf nichtschöpferische Datenbanken nicht harmonisiert sei und er deshalb, wie in § 87b Abs. 2 durch Bezugnahme auf **§§ 27 Abs. 2, Abs. 3** geschehen, für das sui-generis-Recht einen **Vergütungsanspruch für das Verleihen** vorsehen könne (BT-Drucks. 966/96, 48). Dieser Vergütungsanspruch dürfte allerdings im Widerspruch zu den Vorgaben der Datenbank-Richtlinie stehen, die in Art. 7 Abs. 2 S. 3 den öffentlichen Verleih einer Datenbank von den ausschließlichen Rechten des Datenbankherstellers ausgenommen hat. Angesichts des abschließenden Charakters der Regelung des Schutzumfangs des sui-generis-Rechts dürfte auch die Gewährung eines bloßen Vergütungsanspruchs für ein ausdrücklich nicht eingeräumtes Verwertungsrecht unzulässig sein. In **richtlinienkonformer Auslegung** scheidet die in § 87b Abs. 2 vorgesehene **Anwendung der §§ 27 Abs. 2 und Abs. 3** auf das Datenbankherstellerrecht somit **aus** (Schricker/Loewenheim/*Vogel* § 87b Rn. 48; *v. Lewinski* in: Roßnagel § 87 Rn. 23; Möhring/Nicolini/*Decker* § 87b Rn. 4; Dreyer/Kotthoff/Meckel/*Kotthoff* § 87b Rn. 19; *Leistner* 310; *Gaster* Rn. 518; *Gaster* CR 1997, 669, 674; *Raue/Bensinger* MMR 1998, 507, 511; a. A. *Lehmann* in: Möhring/Schulze/Ulmer/Zweigert Anm. 11; *Grützmacher* 337 f.; offen gelassen von Dreier/Schulze/*Dreier* § 87b Rn. 22). Zu einer Klärung dieser Frage durch die Rechtsprechung wird es allerdings mit Blick auf § 27 Abs. 3 und den dortigen Vorbehalt der Geltendmachung durch eine Verwertungsgesellschaft erst dann kommen, wenn eine Verwertungsgesellschaft die Wahrnehmung der Verleihvergütung für Datenbanken aufnehmen wird. Das ist derzeit noch nicht der Fall und auf absehbare Zukunft auch nicht zu erwarten.

4. Recht der öffentlichen Wiedergabe

51 Dem Datenbankhersteller steht gem. § 87b Abs. 1 S. 1 schließlich auch das Recht der öffentlichen Wiedergabe zu. Mit dieser Bezugnahme auf § 15 Abs. 2, 19–22 wird Art. 7 Abs. 2 lit. b Datenbank-Richtlinie umgesetzt, soweit dieser dem Datenbankhersteller „**jede Form öffentlicher Verfügbarmachung** der Gesamtheit oder eines wesentlichen Teils des Inhalts der Datenbank **durch Online-Übermittlung oder durch andere Formen der Übermittlung**" vorbehält (BGH GRUR 2010, 1004 Rn. 36 – Autobahnmaut; BGH GRUR 2011, 724 Rn. 40 – Zweite Zahnarztmeinung II; Schricker/Loewenheim/*Vogel* § 87b Rn. 49; *v. Lewinski* in: Roßnagel § 87b Rn. 24).

52 Dem Datenbankhersteller steht danach insb. das **Recht der öffentlichen Zugänglichmachung** nach dem zum 13.9.2003 in Umsetzung der Multimedia-Richtlinie neu in das UrhG eingefügten § 19a zu (s. dazu im Einzelnen § 19a Rn. 1 ff.). Allerdings hatte die Rechtsprechung bereits zuvor ein entsprechendes unbenanntes öffentliches Wiedergaberecht des Datenbankherstellers gem. der Generalklausel in § 15 Abs. 2 anerkannt (LG München I MMR 2000, 431, 433 – Einstellen von MIDI-Dateien in AOL-Musikforum). Das Recht der öffentlichen Wiedergabe umfasst damit die Bereitstellung von Datenbanken oder ihrer Teile in offenen Rechnernetzen wie dem **Internet** sowie in **Local Area Net-**

works (LANs). Dies setzt voraus, dass die Abrufenden untereinander nicht persönlich verbunden sind, wie etwa bei der Bereitstellung eines Online-Katalogs in einer Bibliothek, auf den Mitglieder der Öffentlichkeit nacheinander zugreifen können (Möhring/Nicolini/ Decker § 87b Rn. 5) sowie der **On-demand-Nutzung** (dazu näher § 19a Rn. 25 ff.).

Das **Setzen von Links,** egal ob in Form von Hyperlinks oder Deeplinks, auf Elemente **53** einer fremden Website, die in einer Datenbank gespeichert sind, stellt **keine dem Datenbankhersteller nach § 87b Abs. 1 S. 1 vorbehaltene Nutzungshandlung** dar. Ein Eingriff in das Vervielfältigungsrecht nach § 16 an diesem Werk ist abzulehnen (oben Rn. 40). Laut BGH wird aber **grds. auch nicht** in das Recht der öffentlichen Zugänglichmachung nach § 19a eingegriffen und zwar auch nicht durch die Nutzer, die dem Hyperlink folgen. Mithin begründet das Setzen des Links auch keine Störerhaftung für rechtswidrige Handlungen durch die Nutzer (BGH GRUR 2003, 958, 961 f. – Paperboy; dazu ausführlich § 16 Rn. 24, § 19a Rn. 29). Dies ist aber **ausnahmsweise anders,** wenn der gesetzte Link unter **Umgehung** einer vom Berechtigten implementierten **technischen Schutzmaßnahme** unmittelbaren Zugriff auf das geschützte Werk ermöglicht. In dieser Konstellation geht der BGH von einem Eingriff in § 19a aus. Die Schutzmaßnahme muss dabei nicht i. S. v. § 95a wirksam sein, so dass eine auf der Startseite zugeteilte Session-ID genügt. Maßgeblich ist, dass der Berechtigte damit zu verstehen gibt, dass der öffentliche Zugang zu seinem geschützten Werk nur auf dem Weg über die Startseite seiner Website eröffnet wird (BGH GRUR 2011, 56 Rn. 30 f. – Session-ID).

Nicht Gegenstand der Paperboy-Entscheidung war die Frage, ob das sog. **Framing** un- **54** ter § 19a zu fassen ist und daher auch § 87b verletzen kann. Dies erscheint fraglich. Diese Verlinkungstechnik ist einerseits **wesentlich intensiver** als das normale Linking, weil die fremden Inhalte in die eigene Website integriert werden und dies für den Nutzer i. d. R. nicht ersichtlich ist. Andererseits hat der Framer **keine Herrschaft** über die fremden Inhalte und ist von der ursprünglichen Quelle abhängig, d. h. wie beim normalen Linking geht sein Frame ins Leere, wenn die fremden Inhalte von dem Dritten entfernt werden. Das **Kammergericht** sieht in dem Framing indes eine Eingriffshandlung. Das Framing sei jedenfalls als Umgehungshandlung nach § 87b Abs. 1 S. 2 anzusehen. Der Dritte inkorporiere fremde Datenbankinhalte in sein eigenes Angebot und mache sie so öffentlich zugänglich, womit er dazu beitrage, dass die übernommenen Teile vervielfältigt werden (KG ZUM-RD 2012, 331, 334; Schricker/Loewenheim/*Vogel* § 87b Rn. 35, 38, 41; *Haberstumpf* GRUR 2003, 14, 29; ähnlich *Gaster* in: Hoeren/Sieber Rn. 136; a. A. mangels Datenherrschaft des Framers *Rieger* 175 f.; näher dazu § 19a Rn. 29).

Darüber hinaus stehen dem Datenbankhersteller auch die Rechte nach § 19 Abs. 1, 2 **55** (Vortrag, Aufführung), § 19 Abs. 3 (Wahrnehmbarmachung mit technischen Mitteln außerhalb des Raumes einer Aufführung oder Darbietung), § 19 Abs. 4 (Vorführungsrecht, a. A. *v. Lewinski* in: Roßnagel § 87b Rn. 24), §§ 20, 20a (Sendung), § 21 (öffentliche Wahrnehmbarmachung) und § 22 (Wiedergaberecht) zu. Bspw. wird etwa das Zeigen von Börsenschlussnotierungen und anderen fortlaufend aktualisierten Informationen aus Datenbanken auf großen Bildschirmen an Straßen, in Flughäfen oder in Hotels sowie die Projizierung solcher Daten mit Hilfe eines Computers im Rahmen eines Vortrags vom Recht des Herstellers der Datenbank nach § 87b Abs. 1 S. 1 erfasst (Beispiele bei *v. Lewinski* in: Roßnagel § 87b Rn. 24), sofern sich die Nutzung nicht auf nur unwesentliche Teile der Datenbank beschränkt.

Die reine Bildschirmanzeige einer Datenbank stellt keine eigenständige Vervielfältigung **56** (dazu oben Rn. 40) und grds. auch **keine öffentliche Wiedergabehandlung** dar, sofern sie nicht in der Öffentlichkeit stattfindet (dazu näher § 15 Rn. 14 ff.). Indem § 87b Abs. 1 S. 1 die öffentliche „Wiedergabe" als Verwertungsrecht des Datenbankherstellers aufführt, ist damit nicht die „Bildschirmwiedergabe" gemeint. Es geht vielmehr in erster Linie um das Recht, die Datenbank für die online- oder offline-Abfrage durch Dritte zur Verfügung zu stellen (AmtlBegr. *M. Schulze* Materialien 1017). Von diesem Recht wird dabei, ähnlich wie vom Senderecht, schon dann Gebrauch gemacht, wenn die einzelnen Teilnehmer die **Möglichkeit** haben, den Datenbankinhalt zur Kenntnis zu nehmen. Auf die Frage, ob sie ihn sich tatsächlich auf einem oder mehreren Bildschirmen anzeigen lassen, kommt es hingegen nicht mehr an (*Berger* GRUR 1997, 179; *Leupold* CR 1998, 237; Fromm/Nordemann/*Czychowski* § 87b Rn. 18).

57   Besteht die typische Verwertung der Datenbank darin, den einzelnen Nutzern nur die jeweils sie selbst betreffenden Kundendaten zugänglich zu machen und haben die einzelnen Nutzer keinen Zugriff auf die anderen Datensätze, stellt dies zwar keine öffentliche Zugänglichmachung i.S.d. § 19a dar. In richtlinienkonformer Auslegung hat der BGH aber festgestellt, dass eine solche **Zurverfügungstellung einzelner Datensätze an einzelne Nutzer** eine **öffentliche Wiedergabe** i.S.d. § 87b Abs. 1 S. 1 **sein kann.** Dazu müssen aber diese Nutzer in ihrer Gesamtheit eine Öffentlichkeit bilden (BGH GRUR 2010, 1004 Leitsatz, Rn. 34f. – Autobahnmaut; BGH GRUR 2011, 1018 Rn. 47 – Automobil-Onlinebörse). Dies ist insofern problematisch, als dieses Ergebnis – wie der BGH auch erkannt und ausgeführt hat – von der nationalen Rechtslage abweicht. Eine öffentliche Zugänglichmachung i.S.v. § 19a liegt nicht vor. Obwohl der Gesetzgeber beim sui-generis-Recht die deutsche Urheberrechtsterminologie verwendet hat, soll bei richtlinienkonformer Auslegung aber doch eine öffentliche Wiedergabe vorliegen, weil der europäische Begriff der Weiterverwendung laut der Legaldefinition in Art. 7 Abs. 2 lit. b weit gefasst sei (BGH GRUR 2010, 1004 Rn. 37 – Autobahnmaut; *v. Ungern-Sternberg* GRUR 2012, 321 Fn. 12 weist darauf hin, dass dadurch der Schutzumfang des sui-generis-Rechts weiter ist als der des Datenbankurhebers). Angesichts des Ziels der Datenbank-Richtlinie, nämlich Investitionen in Datenbanken zu schützen und zur Entwicklung neuer Datenbanken anzuregen, dürfte es aber letztlich überzeugen, auch solche Datenbanken vor Zugriffen zu schützen. Wichtig ist aber, dass es sich hierbei um eine **eng anzuwendende** Sonderfall-Rechtsprechung handelt. Der BGH betont, dass die typische Verwertung der Datenbank darauf gerichtet sein muss, dass den Nutzern nur die jeweils sie selbst betreffenden Kundendaten zugänglich gemacht werden. Bejaht wurde dies vom BGH im Fall „Autobahnmaut", da die von der Toll Collect GmbH ermittelten Mautdaten nur dem jeweiligen Kunden zugänglich sind. Denkbar ist dies im Online-Bereich auch bei den Kontodaten eines Kreditinstituts und bei den Benutzerdaten eines Online-Shops (vgl. BGH GRUR 2010, 1004 Rn. 35, 38 – Autobahnmaut).

5. Erschöpfung

58   **a) Europaweite Erschöpfung.** Gem. Art. 7 Abs. 2 lit. b S. 2 Datenbank-Richtlinie erschöpft sich mit dem **Erstverkauf eines Vervielfältigungsstücks** einer Datenbank in der Gemeinschaft durch den Rechtsinhaber oder mit seiner Zustimmung das Recht, den **Weiterverkauf** dieses Vervielfältigungsstücks zu kontrollieren. Der Weiterverkauf derartiger Vervielfältigungsstücke innerhalb der EU und des EWR ist damit zulässig. Dementsprechend bestimmt § 87b Abs. 2 durch Inbezugnahme von § 17 Abs. 2, dass das Verbreitungsrecht des Datenbankherstellers der **europaweiten Erschöpfung** unterliegt (Schricker/Loewenheim/*Vogel* § 87b Rn. 45; *v. Lewinski* in: Roßnagel § 87b Rn. 26; s. zur Erschöpfung allgemein näher § 17 Rn. 3ff.). Aufgrund des **Ausschlusses der internationalen Erschöpfung** dürfen daher Vervielfältigungsstücke einer Datenbank, die außerhalb der EU und des EWR in Verkehr gebracht worden sind, und sei es vom Hersteller selbst oder mit seiner Zustimmung, innerhalb der EU oder des EWR nicht weiter verbreitet werden, vielmehr unterliegt ihre Verbreitung nach wie vor vollumfänglich dem Verbotsrecht des Herstellers.

59   **b) Inhaltliche Reichweite der Erschöpfung.** Klarzustellen ist zunächst, dass sich die Erschöpfung des Verbreitungsrechts nach dem Wortlaut von Art. 7 Abs. 2 lit. b der Datenbank-Richtlinie ausschließlich auf das Recht des **„Weiterverkaufs"** eines bereits verkauften **Vervielfältigungsstücks** der Datenbank erstreckt.

Nicht von der Erschöpfungswirkung erfasst wird damit zum einen das Recht des Datenbankherstellers, die Entnahme und Weiterverwendung des **Inhalts** dieses Vervielfältigungsstücks zu kontrollieren (EuGH GRUR 2005, 244, 248 Rn. 52 – BHB-Pferdewetten). Insb. das **Vervielfältigungsrecht** als das Recht zur Entnahme wesentlicher Datenbankteile ist von der Erschöpfungswirkung damit offensichtlich ausgeschlossen (EuGH ZUM 2012, 661 Rn. 70 f. – UsedSoft; BGH GRUR 2005, 940, 942 – Marktstudien; Dreyer/Kotthoff/Meckel/*Kotthoff* § 87b Rn. 18; Dreier/Schulze/*Dreier* § 87b Rn. 18; *Leistner* K&R 2007, 457, 461). Auch hinsichtlich des **Vermietrechts** tritt unstreitig keinerlei Erschöpfungswirkung ein, zumal die Vermiet- und Verleihrechts-Richtlinie von der Datenbank-Richtlinie ausdrücklich unberührt bleibt (Erwägungsgrund 25; § 17 Abs. 2 S. 2; Schricker/Loewenheim/*Vogel* § 87b Rn. 47; Dreier/Schulze/*Dreier* § 87b Rn. 19). Die Vervielfältigung und Vermietung bedarf daher in jedem Fall der Zustimmung des Datenbankherstellers (zu den Ausnahmen s. § 87c Rn. 14 ff., 35 ff.).

In Bezug auf das **Verleihrecht** schließlich stellt sich die Frage der Erschöpfung nicht, da **60** das Verleihrecht vom Ausschließlichkeitsrecht des Datenbankherstellers ohnehin nicht erfasst wird und das öffentliche Verleihen seiner Datenbank von ihm daher **grundsätzlich nicht verboten** werden kann (dazu oben Rn. 49). Der öffentliche Verleih von Datenbanken ist daher, anders als von Datenbankwerken, für die § 17 ohne weiteres gilt, selbst dann zulässig, wenn das Verbreitungsrecht noch nicht erschöpft ist (Schricker/Loewenheim/*Vogel* § 87b Rn. 48; zum strittigen Vergütungsanspruch für das Verleihen s. o. Rn. 50).

Die Erschöpfung des Verbreitungsrechts beschränkt sich nach dem Wortlaut von Art. 7 **61** Abs. 2 lit. b der Datenbank-Richtlinie allein auf das Recht, den **„Weiterverkauf"** eines Vervielfältigungsstücks der Datenbank zu kontrollieren. Der in der Richtlinie verwendete Begriff des Verkaufs ist, wie der EuGH jüngst zur Software-Richtlinie festgestellt hat, für die Union **autonom und einheitlich auszulegen.** Zum Schutz der praktischen Wirksamkeit der Erschöpfungsregel sei eine weite Auslegung geboten. Unter einem Verkauf sei daher jede Vereinbarung zu verstehen, nach der eine Person ihre **Eigentumsrechte** an einem ihr gehörenden körperlichen oder nichtkörperlichen Gegenstand gegen Zahlung eines Entgelts an eine andere Person abtritt. Hierzu gehöre auch das Bereitstellen eines kostenlosen Downloads, wenn die Nutzung der heruntergeladenen Kopie an den Abschluss eines entgeltpflichtigen Lizenzvertrags geknüpft ist. Diese beiden Vorgänge seien einheitlich als Verkauf zu bewerten (EuGH ZUM 2012, 661 Rn. 39, 42–44, 49 – UsedSoft). Daraus ist zu folgern, dass dem Datenbankhersteller nach einem Erstverkauf – neben der Vermietung und mit Ausnahme des Verleihens und des Weiterverkaufs – **alle sonstigen Formen** der Verbreitung vorbehalten sind, die nicht auf eine Eigentumsübertragung gegen Zahlung eines Entgelts gerichtet sind. Dazu zählen insb. der **Tausch** oder das **Verschenken** der Vervielfältigungsstücke, sofern sich derartige Verbreitungshandlungen **an die Öffentlichkeit** richten (*v. Lewinski* in: Roßnagel § 87b Rn. 28). Der Betrieb **öffentlicher Tauschbörsen** für Datenbanken ist danach **unzulässig.** Zulässig ist hingegen der Tausch oder das Verschenken **im privaten Kreis,** da es sich hierbei nicht um eine Form öffentlicher Verfügbarmachung handelt und insofern das Weiterverwendungsrecht des Art. 7 Abs. 2 lit. b der Richtlinie nicht berührt ist (vgl. zum Anbieten im privaten Kreis auch § 17 Rn. 17 f.).

Obwohl Art. 7 Abs. 2 lit. b der Datenbank-Richtlinie nur von „Vervielfältigungsstü- **62** cken" spricht, wird davon auszugehen sein, dass grds. auch das **Original** von der Erschöpfungswirkung des § 17 Abs. 2 erfasst sein wird (BGH GRUR 2005, 940, 942 – Marktstudien). Denn die Betonung der „Vervielfältigungsstücke" in der Richtlinie dürfte lediglich dem Zweck gedient haben, die strikte Begrenzung des Erschöpfungsgrundsatzes auf das Inverkehrbringen von körperlichen Datenbankexemplaren zu bekräftigen, ohne jedoch in Abweichung von der allgemeinen und auch bei Datenbankwerken geltenden Regelung das Datenbankoriginal von der Erschöpfungswirkung auszunehmen (*Leistner* 309; so i. E. auch BGH GRUR 2005, 940, 942 – Marktstudien; a. A. *v. Lewinski* in: Roßnagel § 87b Rn. 28; dazu § 17 Rn. 26).

63 Schließlich erstreckt sich die Erschöpfungswirkung – angesichts der klaren Vorgaben in Erwägungsgrund 33 und 43 – nicht auf körperliche Vervielfältigungsstücke, die der Nutzer von einer Online-Datenbank anfertigt, selbst wenn dies mit Zustimmung des Datenbankherstellers geschieht bzw. die **Online-Datenübertragung** auf seine Veranlassung hin erfolgt, etwa bei einem Versand per E-Mail. Der Erschöpfungsgrundsatz ist damit auch bei Datenbanken auf das Inverkehrbringen von (primären) **körperlichen Vervielfältigungsstücken** im Wege des **Offline-Vertriebs** beschränkt (Erwägungsgrund 33 und 43; *Gaster* CR 1997, 669, 674; Dreier/Schulze/*Dreier* § 87b Rn. 18; krit. indes *Gaster* in: Hoeren/Sieber Rn. 211; s. dazu näher § 17 Rn. 27 f., **str.**). Da hierdurch die Verkehrsfähigkeit von körperlichen Vervielfältigungsstücken, die nicht im Wege des Offline-Vertriebs sondern durch Online-Übertragung erworben wurden, innerhalb der Gemeinschaft entgegen dem Grundsatz der Warenverkehrsfreiheit eingeschränkt ist, wird teilweise die Ansicht vertreten, dass entgegen dem Wortlaut von Erwägungsgrund 43 jedenfalls die Weiterverbreitung des konkreten, vom Nutzer angefertigten Exemplars zulässig sein müsse (so Dreier/Schulze/*Dreier* § 87b Rn. 18; a.A. Walter/*v. Lewinski* Datenbank-Richtlinie Art. 7 Rn. 37). Dies dürfte jedoch angesichts der ausdrücklich anderweitigen Regelung in Erwägungsgrund 43 nur über eine Richtlinien-Änderung zu erreichen sein. Allerdings hat der **EuGH** jüngst zu der Software-Richtlinie Nr. 2009/24/EG entgegen der auch dort verbreitet vertretenen Ansicht entschieden, dass sich das Verbreitungsrecht bei **Software**, die nicht auf einem Datenträger, sondern **online erworben** wurde, **ebenfalls erschöpft** (EuGH GRUR 2012, 904 Rn. 70 f. – UsedSoft; *v. Welser* GRUR-Prax 2012, 326). Die Aussagen des EuGH sind einerseits recht pauschal gehalten, so dass eine Übertragung auf andere Rechtsgebiete naheliegt. Andererseits betont der EuGH in Rn. 51, 56, dass die Software-Richtlinie lex specialis zur Multimedia-Richtlinie Nr. 2001/29/EG sei (krit. zu einer Übertragbarkeit daher *v. Welser* GRUR-Prax 2012, 326). Es muss **abgewartet** werden, ob der EuGH diese Rspr. auch entgegen dem klaren Wortlaut der Erwägungsgründe 33 und 43 **auf die Datenbank-Richtlinie überträgt.**

64 Da schließlich nur der **Erstverkauf** eines Vervielfältigungsstücks die Erschöpfung des Rechts zum **Weiterverkauf** dieses Vervielfältigungsstücks bewirkt, führt insb. die **Zustimmung** des Datenbankherstellers zur **Konsultation** seiner von ihm selbst oder durch einen Dritten der Öffentlichkeit für (kostenlose) Abfragen zur Verfügung gestellten Datenbank **nicht zu einer Erschöpfung seines Schutzrechts sui-generis** (EuGH GRUR 2005, 244, 249 Rn. 58 – BHB-Pferdewetten). Insofern hat auch ein rechtmäßiger Datenbanknutzer – d.h. ein Benutzer, dessen Zugang zum Inhalt der Datenbank zu Zwecken der Abfrage auf der unmittelbaren oder mittelbaren Zustimmung des Datenbankherstellers beruht – keinerlei Befugnis, seinerseits die Gesamtheit oder einen wesentlichen Teil des Inhalts der Datenbank zu entnehmen und/oder weiterzuverwenden (EuGH GRUR 2005, 244, 248 f. Rn. 53, 58 – BHB-Pferdewetten).

6. Rechtswidrigkeit

65 Kann danach eine Verletzungshandlung in Form der Entnahme und/oder Weiterverwendung festgestellt werden, ist stets noch zu prüfen, ob diese rechtswidrig ist. Das ist nicht der Fall, wenn eine der in § 87c besonders geregelten **Schranken** eingreift (näher dazu s. dort). Denkbar ist auch, dass der Datenbankhersteller nach allgemeinen Regeln ein Nutzungsrecht eingeräumt hat. Für die **Einräumung von Nutzungsrechten** gilt im Zweifel auch bei Datenbanken die sog. Zweckübertragungstheorie nach § 31 Abs. 5 S. 2, wonach mangels anderweitiger Parteiabreden der Vertragszweck entscheidet, ob und inwieweit ein Nutzungsrecht eingeräumt worden ist (BGH GRUR 2010, 1004 Rn. 41 – Autobahnmaut). Schließlich kann der Hersteller die Nutzung seiner Datenbank auch vertraglich **gestattet** oder zumindest in eine derartige Nutzung **eingewilligt** haben. Kann z.B. eine Datenbank nur gelesen und mit ihr nur gearbeitet werden, wenn sie zuvor auf der Festplatte des Computers installiert worden ist, ist diese Vervielfältigung nicht rechtswidrig. Sie wird vielmehr vom **bestimmungsgemäßen Gebrauch** der Datenbank umfasst, in den der Hersteller entweder ausdrücklich in seinen AGB oder zumindest konkludent eingewilligt hat (EuGH GRUR 2009, 852 Rn. 51 – Directmedia Publishing; BGH GRUR 2009, 852 Rn. 36 – Elektronischer Zolltarif; Schricker/Loewenheim/*Vogel* § 87b Rn. 33). Insbesondere für Suchmaschinen, die z.B. eine Bilder-Datenbank in ihrer Gesamtheit oder wesentlichen Teilen als Vorschaubilder **(Thumbnails)** vervielfältigen und in ihren Ergebnislisten wiedergeben, kann die Rechtswidrigkeit auch dann ausgeschlossen sein, wenn der Berechtigte in die rechtsverletzende Handlung schlicht eingewilligt hat. Eine solche **schlichte Einwilligung** setzt keine auf den Eintritt dieser Rechtsfolge gerichtete rechtsgeschäftliche Willenserklärung voraus. Sie kann laut BGH bereits darin gesehen werden, dass die Inhalte einer Website für den Zugriff durch Suchmaschinen frei zugänglich gemacht werden, ohne von technischen Möglichkeiten wie der robots.txt Gebrauch zu machen, um die eigene Website von der Suche und der Anzeige durch Suchmaschinen auszunehmen (BGH GRUR 2010, 628 Rn. 33 ff. – Vorschaubilder I; BGH GRUR 2012, 602 – Vorschaubilder II; näher dazu § 19a Rn. 42 ff.).

IV. Umgehungsschutz bei der Nutzung unwesentlicher Teile (Abs. 1 S. 2)

1. Bedeutung der Umgehungsklausel

Gem. § 87b Abs. 1 S. 1 beschränken sich die Ausschließlichkeitsrechte des Datenbankherstellers tatbestandlich auf die Nutzung der Gesamtheit oder wesentlicher Teile des Datenbankinhalts. Die **Nutzung unwesentlicher Datenbankteile** steht hingegen grds. jedermann **frei.** Hierdurch wird der Grundsatz gewährleistet, dass Informationen als solche nicht monopolisiert werden sollen (LG Hamburg ZUM-RD 2011, 108, 110; Dreier/Schulze/*Dreier* § 87b Rn. 9). Damit wäre es praktisch möglich, durch planmäßige und wiederholte Nutzung jeweils für sich genommen unwesentlicher Teile einer Datenbank der Investition des Datenbankherstellers einen Schaden zuzufügen, der dem Schaden durch die Nutzung der Gesamtheit oder eines wesentlichen Teils des Datenbankinhalts gleich käme, ohne dass diese Nutzung von den Verbotsrechten erfasst würde (AmtlBegr. *M. Schulze* Materialien 1185; Fromm/Nordemann/*Czychowski* § 87b Rn. 21; *Leistner* GRUR Int. 1999, 819, 832). Zum Schutz des Datenbankherstellers vor der Gefährdung seiner Investition durch eine derartige Nutzung unwesentlicher Datenbankteile sieht § 87b Abs. 1 S. 2, der auf Art. 7 Abs. 5 Datenbank-Richtlinie zurückgeht, in **Ausnahme** von der grds. Freiheit zur Nutzung unwesentlicher Datenbankteile daher eine sog. „**Umgehungsklausel**" vor (EuGH GRUR 2005, 244, 251 Rn. 84–86 – BHB-Pferdewetten). Angesichts ihres Ausnahmecharakters ist die Umgehungsklausel in Abs. 1 S. 2 grds. **eng auszulegen** (LG Hamburg ZUM-RD 2011, 108, 110; Schricker/Loewenheim/*Vogel* § 87b Rn. 54; Dreier/Schulze/*Dreier* § 87b Rn. 13). Ziel von § 87b Abs. 1 S. 2 ist es insoweit, eine wiederholte und systematische Entnahme und/oder Weiterverwendung unwesentlicher Teile des Inhalts einer Datenbank zu verhindern, die **durch ihre kumulative Wirkung** die Gesamtheit oder einen wesentlichen Teil des Inhalts der geschützten Datenbank wieder erstellen und dadurch die **Investition** des Datenbankherstellers **schwerwiegend beeinträchtigen** würde (EuGH GRUR 2005, 244, 251 Rn. 86 – BHB-Pferdewetten; BGH GRUR 2011, 724 Rn. 35 – Zweite Zahnarztmeinung II; BGH GRUR 2011, 1018 Rn. 58 – Automobil-Onlinebörse). Es muss sich insoweit um eine besonders gravierende Beeinträchtigung handeln.

Die genutzten Teile sind dabei dann **unwesentlich,** wenn sie weder quantitativ noch qualitativ wesentlich i.S.v. S. 1 sind. Die oben zur Wesentlichkeit von Datenbankteilen gemachten Ausführungen gelten entsprechend (oben Rn. 11 ff.; Bsp. unten Rn. 76 ff.). Da die Gerichte, wenn die Voraussetzungen von § 87b Abs. 1 S. 2 erfüllt sind, die Erörterung der **Wesentlichkeit** eines isoliert genutzten Datenbankteils **im Ergebnis dahinstehen** lassen können, kommt **§ 87b Abs. 1 S. 2 nicht unerhebliche praktische Bedeutung** zu (vgl. BGH GRUR 2005, 940, 942 – Marktstudien; LG München I MMR 2002, 58 – Schlagzeilensammlung im Internet; LG Berlin NJW-RR 1999, 1273 f. – Meta-Suchmaschine; LG Köln ZUM-RD 2000, 155 – Online-Immobilien-Datenbank).

2. Wiederholte und systematische Nutzung

68 Der Umgehungsschutz nach § 87b Abs. 1 S. 2 setzt eine **wiederholte und systematische Nutzung** der unwesentlichen Datenbankteile voraus. Indem die Nutzung wiederholt erfolgen muss, reicht eine einmalige Nutzung zwar noch nicht aus; hiervon abgesehen lässt sich aber keine feste Regel bestimmen, **wie oft** die Nutzungshandlung wiederholt worden sein muss. Gemäß dem Schutzzweck von Abs. 1 S. 2 wird vielmehr im Einzelfall zu prüfen sein, ab wann die wiederholten Nutzungen der Nutzung eines wesentlichen Teils i. S. v. Abs. 1 S. 1 gleichkommen (*v. Lewinski* in: Roßnagel § 87b Rn. 17). **Nicht erforderlich** ist dabei, dass die wiederholten Nutzungen stets in der **gleichen Nutzungsart** vorgenommen werden. Es können etwa auch Vervielfältigungen mit Verbreitungen und/oder öffentlichen Wiedergaben zusammentreffen (Schricker/Loewenheim/*Vogel* § 87b Rn. 54).

69 Wiederholte Nutzungen ohne systematisches Vorgehen reichen aber nicht aus. Die Nutzungen müssen vielmehr durch ein **planmäßiges**, d. h. gezieltes, sachlogisches Vorgehen des Verletzers miteinander verbunden sein (*Leistner* GRUR Int. 1999, 819, 833). An die Systematik des Vorgehens sind aber **keine hohen Anforderungen** zu stellen, da mit Hilfe dieser Tatbestandsvoraussetzung nur völlig wahllose und zufällige Nutzungen ausgegrenzt werden sollen (*v. Lewinski* in: Roßnagel § 87b Rn. 17). **Indizien** für ein systematisches Vorgehen sind etwa der enge **zeitliche Zusammenhang** der einzelnen Entnahmen, oder die **inhaltliche Ergänzung** der jeweils entnommenen unwesentlichen Teile (Schricker/Loewenheim/*Vogel* § 87b Rn. 54; *Leistner* GRUR Int. 1999, 819, 833).

70 Ein zusätzliches subjektives Element in Form eines **Umgehungsvorsatzes** ist **nicht erforderlich**. Im Ergebnis bedeutet eine wiederholte und systematische Nutzung somit, dass der Nutzer sich nach und nach in Erfüllung eines Gesamtplans kleine Teile einer Datenbank nutzbar macht oder machen will, die zusammengefasst und aufsummiert die gesamte oder zumindest einen wesentlichen Teil der benutzten Datenbank ausmachen (EuGH GRUR 2005, 244, 251 Rn. 87 f. – BHB-Pferdewetten; *Leistner* GRUR Int. 1999, 819, 833). Nach der umstrittenen, aber vorzugswürdigen Ansicht des BGH setzt die Anwendung des Umgehungstatbestands **nicht voraus**, dass die **Wesentlichkeitsgrenze in der Summe bereits überschritten** ist. Andernfalls bliebe gegenüber dem Grundtatbestand des § 87b Abs. 1 S. 1 kein eigenständiger Anwendungsbereich (BGH GRUR 2011, 724 Rn. 35 – Zweite Zahnarztmeinung II; *Hoeren* MMR 2005, 29, 35 f.; *Herrmann/Dehißelles* K&R 2009, 23, 25; a. A. OLG Köln MMR 2009, 191, 192; Schricker/Loewenheim/*Vogel* § 87b Rn. 54; Dreier/Schulze/*Dreier* § 87b Rn. 11). Gegen die Notwendigkeit der Überschreitung der Wesentlichkeitsgrenze spricht auch, dass der Hersteller einer Datenbank bereits dann **schutzwürdig** ist, wenn die Entnahmehandlungen des Dritten darauf gerichtet sind und im Falle ihrer Fortsetzung dazu führen würden, dass die Datenbank insgesamt oder ein nach Art oder Umfang wesentlicher Teil vervielfältigt, verbreitet oder öffentlich wiedergegeben wird. In einem solchen Fall darf es dem schutzwürdigen Hersteller **nicht zugemutet** werden, die **offensichtliche Umgehung des Grundtatbestands abwarten** zu müssen. Dies wäre eine reine **Förmelei** und könnte die Investitionen in die Datenbank schädigen. Dem lässt sich auch nicht eine vermeintliche Unbestimmtheit des Kriteriums entgegenhalten, denn die Absicht des Verletzers, nach und nach insgesamt einen wesentlichen Teil zu übernehmen, wird sich oftmals aus dem Sachverhalt ergeben (*Lüft* GRUR-Prax 2011, 299).

Es kommt schließlich auch nicht darauf an, ob die Umgehung zur Erstellung einer anderen Datenbank oder zur Ausübung einer anderen Tätigkeit als der Erstellung einer solchen Datenbank erfolgt (EuGH GRUR 2005, 244, 251 Rn. 87 – BHB-Pferdewetten). 71

3. Unzumutbare Beeinträchtigung der Herstellerinteressen

Die wiederholten und systematischen Nutzungen müssen des Weiteren gem. § 87b Abs. 1 S. 2 entweder der **normalen Auswertung** der Datenbank **zuwiderlaufen** oder die **berechtigten Interessen** des Datenbankherstellers **unzumutbar beeinträchtigen**. Da es sich bei der Umgehungsklausel um eine **Ausnahme** von dem Grundsatz der Freiheit zur Nutzung unwesentlicher Datenbankteile handelt (EuGH GRUR 2005, 244, 251 Rn. 84 – BHB-Pferdewetten), hat der EuGH in seiner Entscheidung „BHB-Pferdewetten" allerdings mehrfach betont, dass grds. nur eine **schwerwiegende** Beeinträchtigung der Investition des Datenbankherstellers für die Bejahung der Unzumutbarkeit ausreicht (EuGH GRUR 2005, 244, 250 f. Rn. 86, 89, 91 – BHB-Pferdewetten). Die Grenze für die Unzumutbarkeit ist daher nicht zu niedrig anzusetzen. 72

Die **normale Auswertung** der Datenbank gibt der Datenbankhersteller mit seinen Vertriebsaktivitäten vor (BGH GRUR 2011, 724 Rn. 42 – Zweite Zahnarztmeinung II). Der normalen Auswertung läuft eine Nutzung insb. dann zuwider, wenn dem Rechtsinhaber der **Abschluss von Lizenzverträgen entgeht oder erheblich erschwert** wird. Unstreitig ist dies jedenfalls dann der Fall, wenn die wiederholt und systematisch entnommenen Teile zum **Aufbau eines unmittelbaren Konkurrenzproduktes** verwendet werden (Erwägungsgrund 42; BGH GRUR 2011, 724 Rn. 42 – Zweite Zahnarztmeinung II; *Leistner* GRUR Int. 1999, 819, 833; *Volkmann* GRUR 2005, 200, 202). Ob ein Konkurrenzverhältnis vorliegt, beurteilt sich dabei vorrangig nach den Verhältnissen auf dem Primärmarkt, auf den die jeweiligen Datenbankprodukte ausgerichtet sind. Der Umgehungsschutz geht jedoch über den Primärmarkt hinaus. Insb. ist es nicht erforderlich, dass der Rechtsinhaber mit einer bestimmten Auswertung schon begonnen hat. Vielmehr ist dem Datenbankhersteller insoweit auch die **Erschließung neuer Märkte** durch neuartige Produkte oder Dienste vorbehalten, die der herkömmlichen, normalen Auswertung seiner Datenbank nicht unmittelbar entgegenstehen, die aber insofern auf seinen investorischen Leistungen aufbauen, als sie auf einer **neuartigen Auswertung des Inhalts seiner Datenbank** beruhen („**value added products**"; *Leistner* GRUR Int. 1999, 819, 833). Insoweit gehört zu einer „normalen Auswertung" einer Datenbank auch ihre Lizenzierung an dritte Unternehmen, die ihren Inhalt für den Aufbau derartiger Mehrwertprodukte nutzen. 73

Der **Nachweis** der Entstehung eines **konkreten Schadens** ist für die Erlangung von Umgehungsschutz nach § 87b Abs. 1 S. 2 **nicht erforderlich,** vielmehr reicht die Darlegung der Gefahr der Entstehung eines Schadens grds. aus (Schricker/Loewenheim/*Vogel* § 87b Rn. 57; Dreier/Schulze/*Dreier* § 87b Rn. 14). 74

Letztlich wird es bei der Anwendung der Umgehungsklausel auf eine umfassende **Interessenabwägung** durch die Gerichte im Einzelfall ankommen. Bei dieser ist zwar, da die „normale" Nutzung und die geltend gemachten Interessen „berechtigt" sein müssen, grds. von einem **objektiven Maßstab** auszugehen. Dies v. a. auch, weil die Reichweite des Umgehungsschutzes für die Verkehrskreise vorhersehbar und keineswegs überraschend sein sollte. Dennoch bleibt den Gerichten bei der Bestimmung der Reichweite des flankierenden Investitionsschutzes mittels der Umgehungsklausel ein nicht unerheblicher Ermessensspielraum. Allerdings liegt die Hürde angesichts des Ausnahmecharakters der Vorschrift und der Vorgaben des EuGH („schwerwiegende Beeinträchtigung") nicht zu niedrig. Der BGH stellt in Übereinstimmung mit dem EuGH maßgeblich auf die Frage ab, ob die wiederholte und systematische Nutzung der Datenbank darauf gerichtet ist, **durch die kumulative Wirkung die Datenbank** in ihrer Gesamtheit oder zu einem wesentlichen Teil **wieder zu erstellen.** Ist das nicht der Fall, z. B. weil mehrere Nutzer unabhängig voneinander die 75 unwesentlichen Teile vervielfältigen und nicht bewusst und gewollt zusammenwirken, spricht dies gegen eine unzumutbare Interessenbeeinträchtigung (BGH GRUR 2011, 1018 Leitsatz 2; Rn. 59 – Automobil-Onlinebörse; LG Hamburg ZUM-RD 2011, 108, 110).

4. Praktische Beispiele zum Umgehungsschutz

76 Im Fall „BHB-Pferdewetten" stellten die von einem Wettbüro einer umfassenden, sämtliche Rennen der Saison enthaltenden Pferdesportdatenbank entnommenen **Daten der Rennen des jeweiligen Tages** in Form der Namen aller an dem betreffenden Rennen teilnehmenden Pferde, Datum, Uhrzeit und/oder Bezeichnung des Rennens sowie Name der Pferderennbahn in quantitativer Hinsicht keinen wesentlichen Teil des Inhalts der gesamten Datenbank dar (EuGH GRUR 2005, 244, 250 Rn. 74, 75 – BHB-Pferdewetten). Darüber hinaus stellten diese Daten aber auch in qualitativer Hinsicht keinen wesentlichen Datenbankteil dar, da die Elemente vom Datenbankhersteller selbst erzeugt worden waren und ihre Ermittlung, Überprüfung und Darstellung somit keine berücksichtigungsfähige wesentliche Investition verlangt hatte (EuGH GRUR 2005, 244, 251 Rn. 80 – BHB-Pferdewetten). Diese unwesentlichen Teile der Datenbank wurden allerdings vom Wettbüro anlässlich jedes Rennens erneut entnommen und weiterverwendet, so dass eine wiederholte und systematische Nutzung i. S. d. Umgehungsklausel vorlag. Ein Verstoß gegen Art. 7 Abs. 5 der Datenbank-Richtlinie scheiterte aber letztlich daran, dass die BHB-Datenbank durch die kumulative Wirkung der Entnahme- und Weiterverwendungshandlungen nicht wiedererstellt werden sollte und daher die Investitionen nicht schwerwiegend beeinträchtigt wurden (EuGH GRUR 2005, 244, 250f. Rn. 90ff. – BHB-Pferdewetten). Die Vervielfältigung und öffentliche Wiedergabe der Renndaten des jeweiligen Tages auf den Internetseiten des Wettbüros waren damit **zulässig** (EuGH GRUR 2005, 244, 250f. Rn. 75, 92 – BHB-Pferdewetten).

77 Werden aus einer Datenbank, die zum Zwecke des Vorverkaufs von Eintrittskarten über Vorverkaufsstellen Daten von 300 bis 400 Veranstaltern enthält, **Daten eines einzelnen Veranstalters** entnommen, so handelt es sich um die erlaubte Vervielfältigung eines unwesentlichen Teils einer Datenbank nach § 87b Abs. 1 S. 2 (KG MMR 2001, 171 – Ticket-Verkauf).

78 Auch der einzelne **Artikel im Online-Archiv** einer Tageszeitung sowie die Überschriften, Fundstelleninformation und Kurzzusammenfassung zahlreicher Artikel stellten lediglich einen unwesentlichen Datenbankteil dar (BGH GRUR 2003, 958 – Paperboy; OLG Köln GRUR-RR 2001, 97). Hingegen wurde bei einem **Online-Lexikon** medizinischer Fachbegriffe bereits der einzelne **Suchbegriff** nebst Erläuterungen als wesentlicher Datenbankteil angesehen, da der Text seinerseits weiterführende Suchworte enthielt, die ein „Weiterblättern" im verlinkten Medizin-Lexikon ohne weiteres ermöglichten (OLG Hamburg GRUR 2001, 831f. – Roche Lexikon Medizin).

79 Aber auch die **Übernahme der Anschriften** von einigen Tausend Telefonteilnehmern aus einem mehrere Millionen Einträge umfassenden CD-ROM-Telefonteilnehmerverzeichnis für die Erstellung von Serienbriefen im Rahmen einer **Werbeaktion** wurde als die erlaubte Nutzung eines unwesentlichen Datenbankteils angesehen (OLG Karlsruhe MMR 2000, 233 (Ls.); eine entsprechende Vertragsklausel, die den Käufern der CD-ROM jegliche gewerbliche Nutzung der Teilnehmerdaten verbietet, wäre insoweit nach § 87e unwirksam; s. dazu § 87e Rn. 3ff.). Allein durch die Tatsache, dass das Teilnehmerverzeichnis vom Hersteller aus so konfiguriert worden war, dass es **bestimmungsgemäß** nur eine **Einzelentnahme** von Datensätzen zuließ, und daher die für die Werbeaktion gewünschte Anzahl von Datensätzen nur mit Hilfe eines zusätzlichen Computerprogramms in den Speicher im Rechner des Nutzers exportiert werden konnte, wurde die „normale Auswertung" der Datenbank i. S. v. § 87b Abs. 1 S. 2 nicht auf diese Einzelentnahmemöglichkeit beschränkt (OLG Karlsruhe MMR 2000, 233 (Ls.)).

Als unzulässig angesehen wurde in der früheren Instanzrechtsprechung des Weiteren der **80** Betrieb einer speziellen **Meta-Suchmaschine**. Diese durchsuchte aufgrund von konkreten Suchaufträgen eine Vielzahl von Anzeigendatenbanken im **Internet** und schickte pro Suchauftrag bis zu 99 dem Auftrag entsprechende Anzeigen per E-Mail an den Auftraggeber weiter. Damit wurden zwar nach Art und Umfang nur **unwesentliche Teile** der durchsuchten Anzeigendatenbanken verbreitet (LG Köln ZUM-RD 2000, 155 f. – Online-Immobilienanzeigen-Datenbank; LG Berlin NJW-RR 1999, 1273 f. – Meta-Suchmaschine). Eine **unzumutbare Beeinträchtigung der Interessen** der Anbieter der Anzeigenmärkte wurde aber darin gesehen, dass Internetnutzer, die sich der Meta-Suchmaschine bedienen, nicht mehr selbst auf die Online-Anzeigenmärkte zurückgreifen werden (LG Köln ZUM-RD 2000, 155 f. – Online-Immobilienanzeigen-Datenbank). Damit besteht die Gefahr, dass die Anzeigenmärkte ihre Werbekunden mangels Publikumsinteresses verlieren (LG Berlin NJW-RR 1999, 1273 f. – Meta-Suchmaschine). Hiergegen wurde der Einwand erhoben, dass sich die Werbeeinnahmen allein nach der abstrakten Zahl der Zugriffe berechneten, unabhängig davon, ob diese in ohnehin nicht nachprüfbarer Form, durch Interessenten oder durch Suchmaschinen getätigt würden. Dies greift den Gerichten zufolge aber nicht durch, da schon allein die Tatsache, dass eine feste statistische Größe an Zugriffen von einer Suchmaschine erfolgt, den **Werbeeffekt** und den damit erzielbaren **Werbepreis** der Online-Anzeigenmärkte **verringert** (LG Berlin NJW-RR 1999, 1273 f. – Meta-Suchmaschine). Ob diese Entscheidungen nach der „**Paperboy**"-Entscheidung des BGH noch aufrechterhalten werden können, ist fraglich. Dort hat der BGH eine Verletzung des § 87b Abs. 1 S. 2 seitens des Suchdienstes „Paperboy" durch die an ihre Nutzer erfolgende Übermittlung einzelner kleinerer Bestandteile von Zeitungs- und Zeitschriftenartikeln, die in einer Datenbank gespeichert waren, verneint. Diese wiederholte und systematische Auswertung der Internetauftritte der Zeitungsverlage laufe einer normalen Auswertung der Datenbanken nicht zuwider. Die Benutzung der Datenbank werde durch die Mitteilung „splitterhafter Kleinbestandteile" nicht ersetzt, sondern allenfalls angeregt (BGH GRUR 2003, 958, 962 – Paperboy). Der Sachverhalt unterscheidet sich damit insoweit, dass bei den LG-Entscheidungen die Anzeigen bereits vom Suchdienst komplett und nicht nur splitterhaft wiedergegeben wurden. Dennoch **überzeugen die Entscheidungen der Landgerichte** im Ergebnis **nicht**. Wie der BGH Mitte 2011 in anderem Zusammenhang ausführte, muss entscheidend sein, dass die Anzeigenanbieter ihre Websites **ohne Einschränkungen öffentlich zugänglich** machten. Dann können sie aber auch nicht verlangen, dass die Nutzer ihre Websites direkt aufsuchen und auf den Einsatz von Suchmaschinen verzichten. Die Meta-Suchmaschinen stiften einen **erheblichen zusätzlichen Nutzen** und **verschleiern die Herkunft** der Verkaufsangebote gerade **nicht**, so dass ein Besuch der ursprünglichen Website über den beigefügten Link möglich bleibt (BGH GRUR 2011, 1018 Rn. 69, 71 f. – Automobil-Onlinebörse; ähnlich wohl *Jung* K&R 2011, 710 f.). Im Zuge der rasanten technischen Entwicklung haben sich immer ausgefeiltere Möglichkeiten des Zugriffs auf fremde Datenbanken entwickelt. Diese Thematik wird daher nachfolgend unter dem Stichwort des „**Screen Scraping**" vertieft diskutiert.

V. Screen Scraping und der sui-generis-Schutz

1. Allgemeines

Eine **aktuelle Frage** im E-Commerce, die einen deutlichen Schwerpunkt im Daten- **81** bankherstellerrecht hat, ist der Einsatz von Screen Scraping-Technologien. Beim Screen Scraping (wörtlich: „Bildschirm auskratzen") werden **Daten aus einer fremden Online-Datenbank,** die auf einer frei zugänglichen Website im Internet angeboten wird, mittels Software auf eine Einzelanfrage des Nutzers hin **extrahiert und in ein eigenes Angebot**

implementiert (vgl. z. B. *Deutsch* GRUR 2009, 1027). Wichtig ist, dass die fremden Daten von dem Screen Scraping-Anbieter nicht gleichsam „auf Vorrat" kopiert und zum Aufbau einer eigenen Konkurrenzdatenbank genutzt werden, sondern stets nur auf die konkrete Anfrage des Nutzers hin abgerufen werden. Gerade in der Online-Reisebranche ist dies attraktiv, da die Flugdaten der verschiedenen Airlines aus deren Online-Buchungsmasken ausgelesen und dem Endverbraucher vom „Screen Scraper" gebündelt als Gesamtüberblick auf nur eine Anfrage angeboten werden können (speziell hierzu *Kahler/Helbig* WRP 2012, 48, 49). Auf die Online-Reisebranche ist das Screen Scraping aber nicht beschränkt, wie z. B. der Fall „Automobil-Onlinebörse" des BGH zeigt, in dem es um den Vertrieb einer Screen-Scraping-Software zur gleichzeitigen Durchsuchung mehrerer Onlinebörsen für Automobile auf vorher eingegrenzte Verkaufsangebote ging (BGH GRUR 2011, 1018 – Automobil-Onlinebörse). Der Nutzer kann eine einmalige Suche auslösen oder sich für eine automatische Suche entscheiden, bei der die Software die ausgewählten Automobilbörsen in regelmäßigen Zeitabständen durchsucht, z. B. „täglich", „alle 60 min." oder „permanent" (vgl. OLG Hamburg GRUR-RR 2009, 293 – AUTOBINGOOO im vorhergehenden Verfügungsverfahren; krit. *Taeger* NJW 2010, 25, 28, da dies den Investitionsschutz der Automobilbörsen in Frage stelle).

82 **Vor- und Nachteile** dieser neuen Technologie gehen miteinander einher. Dem Verbraucher bleibt ein wiederholtes Ausfüllen der verschiedenen Online-Masken erspart, dennoch erhält er einen Überblick über eine Vielzahl von Angeboten und kann deren Preise zeitsparend vergleichen. Das Screen Scraping erfolgt indes oftmals ohne Kenntnis des Betreibers der Online-Datenbank und gegen seinen Willen. Es wird auf sinkende Besucherzahlen und damit einhergehende Werbeeinbußen, die drohende Überlastung der eigenen Server durch Massenanfragen bzw. „Anfragemüll" sowie den Verlust von Folgegeschäft wie z. B. die zusätzliche Buchung von Hotels, Mietwagen und Versicherungen hingewiesen (vgl. LG Hamburg ZUM-RD 2011, 108, 109; *Deutsch* GRUR 2009, 1027, 1028).

83 Ob das Screen Scraping in die Rechte des Datenbankenherstellers – daneben werden insb. noch lauterkeitsrechtliche Ansprüche nach § 3 Abs. 1 i. V. m. § 4 Nr. 9, 10 UWG und das Eingreifen eines „virtuellen" Hausrechts diskutiert – eingreift, ist **umstritten** (laut bislang ergangener Rspr. kein Verstoß: BGH GRUR 2011, 1018 – Automobil-Onlinebörse; Vorinstanz OLG Hamburg, GRUR 2011, 728; OLG Frankfurt a. M. ZUM-RD 2009, 644; LG Hamburg ZUM-RD 2011, 108; zust. *Deutsch* GRUR 2009, 1027; *Lapp* jurisPR-ITR 11/2009 Anm. 4, C., D.; *Jung* K&R 2011, 710, der aber von einer starken, wenn auch zulässigen Einschränkung des intendierten Investitionsschutzes ausgeht; zust. wohl auch *Czychowski* GRUR-Prax 2011, 455; dagegen kritisch und Verstoß bejahend *Kahler/Helbig* WRP 2012, 48; *Lober/Neumüller* EWiR 2010, 229; einen rein lauterkeitsrechtlichen Sachverhalt hatte das OLG Hamburg MMR 2010, 178 zu entscheiden, in dem ein unlauterer Schleichbezug angenommen wurde, weil dort Tickets unter Verschleierung der Weiterverkaufsabsicht kommerziell aufgekauft und dann weiterverkauft wurden; ebenso für die Weitervermittlung von Flugtickes entgegen dem Verbot in wirksam einbezogenen AGB OLG Hamburg BeckRS 2012, 22946 m. Anm. *Deutsch/Friedmann* GRUR-Prax 2013, 174; um weitere Fälle des Schleichbezugs geht es beim „klassischen" Screen Scraping aber nicht, so auch *Deutsch* GRUR 2009, 1027, 1028).

84 Von einer **höchstrichterlichen Klärung** dürfte auch trotz der BGH-Entscheidung **noch nicht** gesprochen werden, zu unterschiedlich sind die möglichen Sachverhalte (so auch OLG Frankfurt a. M. BeckRS 2012, 15342 unter A. I. 1.a); *Kahler/Helbig* WRP 2012, 48, 55, die auf eine „derzeit (noch) diffuse" Rspr. hinweisen und wegen der Streitigkeiten auch in anderen EU-Mitgliedstaaten auf eine Klärung durch den EuGH hoffen). An dieser Stelle, **im tatsächlichen Bereich,** dürfte auch ein **wesentliches Problem** der bisherigen Stellungnahmen zu der Thematik zu sehen sein. Es fehlt an einer Differenzierung und genauen Benennung des Ausgangspunktes der Betrachtung.

2. Vorliegen einer Datenbank

Gegenstand des Screen Scrapings sind oftmals Websites von Unternehmen, die dort die relevanten Informationen zu ihrem Angebot darstellen, z.B. Flugverbindungen und Verkaufsanzeigen für Automobile. Insoweit stellt sich zunächst die Frage nach dem Vorliegen einer schutzfähigen Datenbank nach § 87a Abs. 1 S. 1. Hinsichtlich der Festlegung von Flugdaten wurde **eingewandt,** dass es primär um die **Erzeugung von Daten** gehe, mithin die Investitionen nicht berücksichtigungsfähig seien. Die Zusammen- und Bereitstellung der erzeugten Daten erfordere demgegenüber keine wesentlichen Investitionen mehr (*Deutsch* GRUR 2009, 1027, 1029). Dies **überzeugt in dieser Allgemeinheit aber nicht.** In jedem **Einzelfall** muss separat geklärt werden, welche Investitionen für die Datenerzeugung und welche für die Beschaffung, Überprüfung sowie Darstellung bereitgestellt wurden (so auch *Kahler/Helbig* WRP 2012, 48, 49f.; offen gelassen bei OLG Frankfurt a.M. ZUM-RD 2009, 644, 645; LG Hamburg ZUM-RD 2011, 108, 109). Auch ist nachfolgender **Pflege- und Aktualisierungsaufwand** zu bedenken. Der BGH konnte eine Abgrenzung zwischen der (nicht ausreichenden) Erzeugung und der (zu berücksichtigenden) Beschaffung von Daten bei einer Automobil-Onlinebörse dahinstehen lassen, da er wesentliche Investitionen für die Darstellung annahm. Die Bereitstellung der technischen Infrastruktur der Datenbank und deren Erhaltung, Pflege und Wartung erforderten jährliche Aufwendungen von € 3,8 Mio. (BGH GRUR 2011, 1018 Rn. 29–31 – Automobil-Onlinebörse). Auch das OLG Hamburg hat nunmehr einer Flugdatenbank wegen erheblicher Investition in finanzieller und personeller Hinsicht für die Darstellung der Flugdaten auf der Website nach außen grds. sui generis-Schutz zuerkannt (OLG Hamburg BeckRS 2012, 22946 unter II.2.a).

3. Eingriff in die Ausschließlichkeitsrechte

Interessanter ist die Frage nach einer Verletzungshandlung. Zunächst ist zu prüfen, ob das Screen Scraping eine Entnahme und/oder Weiterverwendung eines wesentlichen Teils einer Datenbank i.S. von § 87b Abs. 1 S. 1 darstellt. Anschließend ist der Umgehungstatbestand nach Abs. 1 S. 2 zu überprüfen.

a) Verantwortlichkeit laut BGH. In beiden Fällen ist aber zunächst entscheidend, wer Handelnder ist und die Vervielfältigung, Verbreitung oder öffentliche Wiedergabe einer Datenbank verwirklicht. Hierfür kommt es auf den konkreten Fall an. Vertreibt der vermeintliche „Screen Scraper" nur eine von ihm **programmierte Software** – sei es als physische Kopie (z.B. DVD) oder als Download – ist es letztlich der einzelne **Endnutzer,** der die Software nach der Installation durch die Eingabe von Suchanfragen eigenverantwortlich einsetzt und den Umfang der Suchanfragen **bestimmt** (so lag der Fall in BGH GRUR 2011, 1018 Rn. 20f. – Automobil-Onlinebörse, in dem die Software mehrere Onlinebörsen für Automobile gleichzeitig nach Verkaufsangeboten durchsuchte; ähnlich LG Hamburg ZUM-RD 2011, 108, 110 zum Vertrieb einer Software mit einer sog. Booking-Engine, mit der die Internetseiten von verschiedenen Fluggesellschaften zeitgleich nach bestimmten Flügen durchsucht werden). In diesem Fall **scheidet eine täterschaftliche Haftung** des (vermeintlichen) „Screen Scrapers" **aus** und es ist lediglich eine Haftung als **Teilnehmer oder Störer** denkbar. Beides setzt jedoch eine rechtswidrige Haupttat voraus (BGH GRUR 2011, 1018 Rn. 26 – Automobil-Onlinebörse).

b) Verletzung des § 87b Abs. 1 S. 1 durch den Nutzer. Um eine **rechtswidrige Haupttat** anzunehmen, müssten die einzelnen Nutzer der Screen Scraping Software das ausschließliche Recht des Datenbankherstellers aus § 87b Abs. 1 S. 1 verletzen (BGH GRUR 2011, 1018 Rn. 26, 35 ff. – Automobil-Onlinebörse). Der **BGH bejaht** unter Verweis auf die oben dargestellten Grundsätze eine **Vervielfältigung** (dazu oben Rn. 34ff.), da die bei einer Suchanfrage gefundenen Daten im Arbeitsspeicher der Nutzer-

PCs gespeichert werden. Die Datenbank wird aber **nicht vollständig** im Arbeitsspeicher zwischengespeichert (Rn. 40 f.).

89 Die Vervielfältigung betrifft laut BGH **auch nicht einen nach seinem Umfang wesentlichen Teil.** Die Software zwingt die Nutzer zu einer **Einschränkung** ihrer Suchanfrage auf Fahrzeugmarke und Modell. Selbst wenn ein Nutzer mehrere Anfragen parallel durchführt und sie im automatisierten Verfahren permanent aktualisieren lässt, wird nur ein unwesentlicher Teil der Fahrzeugdaten der Datenbank im Arbeitsspeicher des Nutzer-PCs gespeichert (Rn. 43, 45). Hierbei spielte im BGH-Fall sicherlich auch eine Rolle, dass die streitgegenständliche Zieldatenbank aus ca. 1,6 Mio. Einzeldatensätzen bestand (OLG Hamburg GRUR-RR 2009, 293, 295 im vorhergehenden Verfügungsverfahren). An dieser Stelle wirkt sich nun die Festlegung auf den einzelnen Nutzer als Handelnden aus. Denn laut BGH könne nur dann auf die **Gesamtheit mehrerer Nutzer** abgestellt werden, **wenn** diese die Datenbank gemeinschaftlich als Mittäter, also **in bewusstem und gewolltem Zusammenwirken, vervielfältigen** würden. Dafür sei aber gerade **nichts ersichtlich.** Mithin können mehrere, für sich genommen jeweils zulässige Nutzungen durch einzelne Nutzer nicht zu einer insgesamt unzulässigen Nutzung zusammengerechnet werden (BGH GRUR 2011, 1018 Leitsatz 1, Rn. 48 – Automobil-Onlinebörse; kritisch *Jung* K&R 2011, 710, 711, der meint, dass dieses Kriterium „so gut wie nie erfüllt sein dürfte").

90 Darüber hinaus wird **kein nach seiner Art wesentlicher Teil** der Datenbank vervielfältigt, so dass auch die zweite Alternative der Wesentlichkeit nicht eingreift. Wiederum den allgemeinen Grundsätzen folgend und keine Ausnahmen für den vorliegenden Fall zulassend stellt der BGH darauf ab, dass die **übernommenen Datensätze** gerade **keine besonderen Investitionen** erfordert haben (Rn. 52 f., 55).

91 Die Instanzrechtsprechung lehnt ebenfalls eine Entnahme/Weiterverwendung quantitativ oder qualitativ wesentlicher Teile ab (OLG Frankfurt a. M. ZUM-RD 2009, 644, 645; OLG Hamburg BeckRS 2012, 22946 unter II.2.b; LG Hamburg ZUM-RD 2011, 108, 110; zust. *Deutsch* GRUR 2009, 1027, 1030; a. A. wohl *Kahler/Helbig* WRP 2012, 48, 52 f.).

92 **c) Verletzung des § 87b Abs. 1 S. 2 durch den Nutzer.** Soweit Nutzer einer Software mittels automatisierter Abfrage permanent Daten aus der Onlinebörse abrufen, wie im Fall „Automobil-Onlinebörse", liegt laut BGH eine **wiederholte und systematische Vervielfältigung unwesentlicher Teile** der Datenbank vor. Diese Handlungen sind **aber** auch bei parallelen Suchanfragen **nicht darauf gerichtet,** durch ihre kumulative Wirkung die Datenbank oder einen **wesentlichen Teil wieder zu erstellen.** Insbesondere kann wiederum nicht auf die Gesamtheit der Nutzer abgestellt werden. Die Nutzer wirken gerade **nicht als Mittäter** dahingehend zusammen, dass sie kumulativ die Datenbank wieder erstellen wollen (BGH GRUR 2011, 1018 Rn. 59–61 – Automobil-Onlinebörse).

93 Gibt es bei der Software hingegen nicht die Möglichkeit, eine permanente automatisierte Abfrage einzustellen, wie es offensichtlich bei der Flugbuchungssoftware vor dem LG Hamburg der Fall war, kann man **schon an** einer **systematischen,** also planmäßigen, wiederholten **Abfrage zweifeln** (LG Hamburg ZUM-RD 2011, 108, 110). Denn die Software wird nur auf konkrete Anfrage hin aktiv und greift nicht permanent und planmäßig auf die Datenbank zu (a. A. *Kahler/Helbig* WRP 2012, 48, 53).

94 Geht man von einer wiederholten und systematischen Vervielfältigung aus, läuft diese indes laut BGH **nicht der normalen Auswertung der Datenbank zuwider** und beeinträchtigt nicht die berechtigten Interessen des Herstellers. Es handelt sich um **bloße Abfragen** der Datenbank. Der BGH stellt in diesem Zusammenhang wesentlich darauf ab, dass der **Inhalt** der Datenbank **im Internet frei zugänglich** und nicht durch technische Maßnahmen ausgeschlossen oder eingeschränkt ist. Die Nutzung der Datenbank wurde gerade **nicht von einem vorherigen Abschluss eines Nutzungsvertrages** nebst Annahme der AGB **abhängig** gemacht (BGH GRUR 2011, 1018 Rn. 62–64 – Automobil-

Onlinebörse; OLG Frankfurt a. M. ZUM-RD 2009, 644, 645; zust. *Deutsch* GRUR 2009, 1027, 1030; *Jung* K&R 2011, 710, 711; a. A. *Lober/Neumüller* EWiR 2010, 229, 230; *Kahler/Helbig* WRP 2012, 48, 53 f., die von einem wirtschaftlichen Zueigenmachen der Datenbank durch das Online-Reiseportal ausgehen). Eine ausdrückliche **Interessenabwägung** nimmt der BGH insoweit aber nicht vor.

Anders die Instanzgerichte, die insb. darauf abgestellt haben, dass die Betreiber der Zieldatenbank durch die Screen Scraping Software eine weitere Vertriebsmöglichkeit erhielten und **neue Kunden** zugeführt bekämen. Der Einsatz der Software diene dem Interesse des Kunden an einem **kostengünstigen und zeitsparenden Vergleich** möglichst vieler Angebote. Dahinter müsse das Interesse am Folgegeschäft auf der eigenen Internetseite zurückstehen. Auch sei die Produktion von „Anfragemüll" nicht ersichtlich (OLG Frankfurt a. M. ZUM-RD 2009, 644, 645; LG Hamburg ZUM-RD 2011, 108, 110 f.; bestätigt vom OLG Hamburg BeckRS 2012, 22946). Die Literatur weist ferner darauf hin, dass diese „kreativen Nutzungen der Datenbank" nicht in Konkurrenz zur eigenen Nutzung des Herstellers stünden (*Lapp* jurisPR-ITR 11/2009 Anm. 4, C.). 95

Die Ausführungen des BGH in Kombination mit dem von den Instanzgerichten hervorgehobenen **Mehrwert** der neuen Produkte sprechen **für ein Überwiegen der Interessen des Endnutzers** am Einsatz der Sceen Scraping-Software. Ein Verstoß gegen § 87b Abs. 1 S. 2 ist folglich abzulehnen. 96

d) Übertragbarkeit auf andere Konstellation. Rechtlich **nicht anders zu bewerten** als die Entscheidung „Automobil-Onlinebörse" ist der Fall, dass der vermeintliche „Screen Scraper" seine Software nicht vertreibt, sondern online zur direkten Nutzung über eine Website anbietet (so wohl auch *Jung* K&R 2011, 710 f.; ebenso jetzt OLG Hamburg BeckRS 2012, 22946 unter II.2.b.). Hier wird die Software auf dem Server des „Screen Scrapers" vorgehalten. Dem Nutzer wird eine automatisierte und softwarebasierte **Datensuche über die Website** und die dort implementierte Suchmaske ermöglicht (teilweise wird in diesem Zusammenhang auch von sog. Metasuchmaschinen gesprochen, d. h. von Suchmaschinen, die eine konkrete Anfrage zugleich an mehrere andere Suchmaschinen weiterleiten und die Ergebnisse aufbereiten, so z. B. *Czychowski* GRUR-Prax 2011, 455; *Jung* K&R 2011, 710). Über den Einsatz entscheidet damit wiederum **eigenverantwortlich** der jeweilige **Endnutzer**. Er gibt seine konkrete Suchanfrage in die Online-Suchmaske des „Screen Scrapers" ein und löst damit den Einsatz der Software aus. 97

Dies verkennen offensichtlich *Kahler/Helbig* (WRP 2012, 48, 50 f.), die bei den von ihnen untersuchten, aber nicht näher spezifizierten „Online-Reiseportalen" pauschal von einer eigenen Täterschaft der Online-Reiseportale und nicht der Endnutzer ausgehen. Dies hat entscheidende Auswirkungen auf ihre Prüfung der Verletzungshandlungen (*Kahler/Helbig* WRP 2012, 48, 51–53: sie gehen von einer sukzessiven Kumulation aller insgesamt abgefragten Einzeldatensätze und damit von der quantitativen Wesentlichkeit der entnommenen Teile der Datenbank aus). Es kann aber **keinen Unterschied** begründen, ob ein Nutzer **zunächst eine Software erwirbt und nach der Installation nutzt oder** ob er **auf sie direkt online zugreift**. In beiden Fällen gibt er seine Anfrage, z. B. nach einer bestimmten Flugverbindung oder einem Automodell, in die Suchmaske ein und die Software übernimmt das Screen Scraping (a. A. wohl *Kahler/Helbig* WRP 2012, 48, 51). 98

Ein **Sonderfall** dürfte hingegen vorliegen, wenn die Screen Scraping Software – wiederum unabhängig, ob sie analog oder digital vertrieben wird bzw. über ein Webinterface abrufbar ist – **von einem Vermittler** und gerade nicht von dem Endnutzer **eingesetzt** wird. Dies ist denkbar beim Einsatz der Flugvergleichs- und Flugbuchungssoftware durch ein „echtes" **Reisebüro** (vgl. dazu den Fall des LG Hamburg ZUM-RD 2011, 108). Der Endnutzer entscheidet also gerade nicht eigenverantwortlich über den Einsatz der Software, vielmehr nennt er dem Reiseagenten nur seine Anfrage und dieser setzt die Software ein. Hier liegt es schon näher, von einer Verletzungshandlung auszugehen. Beim Umgehungs- 99 tatbestand nach § 87b Abs. 1 S. 2 ist aber wiederum eine **Interessenabwägung** vorzunehmen, bei der **ebenfalls einiges für die Zulässigkeit** des Screen Scrapings spricht. Ein **zentrales Argument** des BGH war die **freie, ungesicherte Zugänglichkeit** der Zieldatenbank im Internet. Das ist auf vorliegende Konstellation übertragbar. Das Reisebüro legt es auch nicht darauf an, durch die kumulative Wirkung ihrer Vervielfältigungshandlungen einen wesentlichen Teil der Datenbank wieder zu erstellen. Im Zweifel möchte das Reisebüro lediglich die Anfragen ihrer Kunden bedienen und wenn diese z. B. nur einige wenige Ziele nachfragen, beschränken sich die Entnahmehandlungen auch darauf. Der BGH störte sich in dem von ihm entschiedenen Fall zudem nicht daran, dass die Software dort auch und sogar vorrangig von gewerblichen Händlern eingesetzt wurde, die viele verschiedene Fahrzeuge zwecks günstigem Ankauf suchen ließen (BGH GRUR 2011, 1018 Rn. 44f. – Automobil-Onlinebörse). Schließlich dürften auch die weiteren Argumente (v. a. neue Kunden für den Anbieter, kostengünstiger und zeitsparender Vergleich für den Nutzer) eingreifen, die zu Gunsten des Screen Scrapings vorgebracht werden (oben Rn. 82, 95).

4. Ergebnis und Schlussfolgerungen für Datenbankhersteller

100 Die Betreiber von öffentlich zugänglichen Online-Datenbanken können sich demnach **i. d. R. nicht gegen** eine automatisierte Auslesung ihrer Inhalte durch **Screen Scraping**-Technologien **zur Wehr setzen** (*Jung* K&R 2011, 710, 711; ähnlich *Ziegler/Smirra* MMR 2013, 418, 420 für durchaus vergleichbare Big Data-Anwendungen). Angesichts der enormen Masse an Angeboten im Internet verliert der Verbraucher zunehmend den Überblick und sieht „den Wald vor lauter Bäumen nicht mehr". Genau an dieser Stelle setzt das Screen Scraping an und verschafft dem Nutzer idealerweise (es gibt natürlich auch hier „schwarze Schafe" vgl. nur *Deutsch/Friedmann* GRUR-Prax 2013, 174, 176) wieder etwas **mehr Übersicht und Transparenz,** indem zeitsparend eine Vielzahl von Angeboten abgefragt und als Gesamtübersicht dargestellt wird. Es ist daher davon auszugehen, dass der **Einsatz** dieser Technologie auch in Zukunft **weiter stark zunimmt** und in anderen Bereichen und Branchen Anwendung findet.

101 Vor diesem Hintergrund sollten **Betreiber** von Online-Datenbanken, die das Screen Scraping nicht hinnehmen möchten, darüber nachdenken, ob sie den **Zugang** zu ihrer Datenbank **durch technische Maßnahmen begrenzen** oder die Nutzung ihrer Datenbank stets von dem vorherigen **Abschluss eines Nutzungsvertrags nebst AGB,** d. h. von einer Registrierungspflicht, abhängig machen (so auch *Deutsch* GRUR 2009, 1027, 1032; *Czychowski* GRUR-Prax 2011, 455, *Jung* K&R 2011, 710, 711, der „die Verwendung entsprechender AGB als einzig gangbaren Weg" sieht; *Deutsch/Friedmann* GRUR-Prax 2013, 174, 176; kritisch *Lober/Neumüller* EWiR 2010, 229, 230, da man die Nutzungsbedingungen „quasi in Echtzeit ändern müsste"; letzteres ist aber nicht zwingend, zumal man auch mit Generalklauseln operieren kann). Bei der Ausgestaltung der AGB ist allerdings darauf zu achten, dass diese v. a. der AGB-rechtlichen Inhaltskontrolle nach §§ 307 ff. BGB standhalten (eher kritisch dazu *Deutsch* GRUR 2009, 1027, 1032; optimistischer *Czychowski* GRUR-Prax 2011, 455). Als technische Maßnahmen bieten sich z. B. **CAPTCHAs** an, also für Menschen grds. einfache, für Computer aber sehr schwer lösbare Aufgaben wie verzerrte Buchstabenkombinationen. Eine weitere Möglichkeit ist die Ersetzung der relevanten (Flug-, Auto-, etc.) Daten im HTML Code durch **Bilddateien,** was die automatische Auslesbarkeit der Daten erheblich erschwert.

102 Bei dem Einsatz solcher technischer Maßnahmen müssen die Unternehmen aber auch **bedenken,** dass sie mit solchen Hürden evtl. Interessenten auf ihrer Website **abschrecken** und Kunden, die ansonsten über Screen Scraping zu ihnen gelangt wären, per se ausschließen. Trotz dieser Nachteile sind **einige Unternehmen,** gerade Airlines aus dem Low-Fare-Segment wie z. B. Ryanair (www.ryanair.com/de, zuletzt abgerufen 1.8.2012), strikt auf diesen Kurs eingeschwenkt und fordern von ihren Nutzern bei einer Suchanfrage zunächst die Bestätigung ihrer AGB. Gleich im Anschluss ist stets ein anspruchsvolles CAPTCHA zu lösen, bevor dann die Flugverbindungen abgefragt werden können. Wie sich dieses **rigide Vorgehen** auf die Umsätze und die Beliebtheit eines Unternehmens auswirken und ob der Einsatz von Screen Scraping damit tatsächlich abgewehrt werden kann, bleibt abzuwarten. Alternativ könnte man als Kompromiss die Abfrage auch zufällig nur alle fünf oder zehn Mal durchführen lassen. Dies wäre jedenfalls benutzerfreundlicher.

VI. Besondere Aspekte bei der Rechtsverfolgung

1. Aktivlegitimation

Im Prozess kann sich der Hersteller einer Datenbank nunmehr wie der Urheber ebenfalls auf die **Vermutungsregelung** nach § 10 Abs. 1 stützen. Durch das zum 1.9.2008 in Kraft getretene Gesetz zur Verbesserung der Durchsetzung von Rechten des geistigen Eigentums (BGBl. I 2008, S. 1191) wurde in § 87b Abs. 2 eine Verweisung auf die Urheberschaftsvermutung des § 10 Abs. 1 eingeführt. Damit können sich nunmehr auch Datenbankhersteller, die als solche auf den Vervielfältigungsstücken erschiener (str.) Datenbanken bezeichnet sind, bis zum Beweis des Gegenteils auf ihre Rechtsinhaberschaft berufen (s. § 10 Rn. 48 f.). **103**

2. Passivlegitimation/Haftungsfragen

Bei der Frage, wer für eine Verletzung von Rechten des Datenbankherstellers aus § 87b haftet, gelten gegenüber dem Urheberrecht und den sonstigen Leistungsschutzrechten **keine Besonderheiten** (vgl. § 97 Rn. 14 ff.). In der Entscheidung „Automobil-Onlinebörse" hat der BGH sämtliche Haftungsmöglichkeiten im Datenbankherstellerrecht schulbuchmäßig dargestellt (BGH GRUR 2011, 1018 Rn. 16 ff. – Automobil-Onlinebörse; *Czychowski* GRUR-Prax 2011, 455). Zu prüfen ist **zunächst** stets, ob eine Haftung als **Täter** in Betracht kommt. Hierfür gelten die **im Strafrecht entwickelten Grundsätze**, d.h. es ist eine unmittelbare oder mittelbare Täterschaft (§ 25 Abs. 1 StGB) oder eine Mittäterschaft (§ 25 Abs. 2 StGB) denkbar. Anders als im Lauterkeitsrecht ist eine täterschaftliche **Haftung wegen der Verletzung von Verkehrspflichten** hingegen **nicht möglich**. Anschließend ist zu untersuchen, ob eine Haftung als **Teilnehmer** eingreift. Darunter sind Anstifter (§ 26 StGB) sowie Gehilfen (§ 27 StGB) zu fassen. Schließlich ist eine Störerhaftung in Betracht zu ziehen. Sowohl die Haftung als Teilnehmer als auch als **Störer** setzen insb. voraus, dass eine rechtswidrige Haupttat vorliegt (BGH GRUR 2011, 1018 Rn. 26 – Automobil-Onlinebörse). **104**

Lässt sich ein Eingriff in die Rechte aus § 87b Abs. 1 feststellen und steht die Verantwortlichkeit des Rechtsverletzers fest, kann der Datenbankhersteller seine **Abwehrrechte** aus § 97 Abs. 1 geltend machen. Dies gilt **unabhängig davon, ob er** seine Datenbank durch eine Vergabe von Nutzungsrechten an Dritte **überhaupt verwerten darf** (BGH GRUR 2010, 1004 Rn. 27 – Autobahnmaut). **105**

3. Umfang des Schadensersatzanspruchs

Liegt ein Verschulden vor, steht dem Datenbankhersteller nach § 97 Abs. 2 ein Schadensersatzanspruch zu (LG München I GRUR-RR 2010, 92, 94). In der Praxis spielt die nun auch im Gesetz in § 97 Abs. 2 S. 3 geregelte **Lizenzanalogie** eine entscheidende Rolle. **Für die Schwere** der Rechtsverletzung und den Umfang des Schadens kann es bei einer Vervielfältigung insb. von Bedeutung sein, ob eine **ständige oder nur eine vorübergehende Übertragung** i.S.v. Art. 7 Abs. 2 lit. a vorliegt (EuGH GRUR 2009, 572 Rn. 43 – Apis/Lakorda; *Eickemeier* GRUR 2009, 578). Ferner kann berücksichtigt werden, **106** ob die Verletzungshandlung zwecks Errichtung und Vertrieb eines **Konkurrenzprodukts** erfolgt (EuGH GRUR 2009, 572 Rn. 50 – Apis/Lakorda).

107 Das **Kammergericht** meint darüber hinaus, dass bei einer **unterlassenen Quellenangabe** im Rahmen der Lizenzanalogie die üblicherweise vereinbarte Lizenzgebühr um einen **Zuschlag von 50%** erhöht werden könne, wenn die abgeschlossenen Lizenzverträge regelmäßig die Verpflichtung zur Quellenangabe enthalten (KG ZUM-RD 2012, 331, 335). **In dieser Pauschalität** ist die Auffassung jedoch **abzulehnen**. Problematisch ist, dass das Kammergericht urheberrechtliche und leistungsschutzrechtliche Ansprüche aus dem Datenbankherstellerrecht parallel prüft und hierbei offensichtlich die folgenden Besonderheiten und **Unterschiede nicht hinreichend berücksichtigt**.

108 Bei einer Verletzung von Urheberrechten nebst unterbliebener Nennung des Urhebers gewähren viele Gerichte, insb. bei Fotografien, einen pauschalen Zuschlag von 50–100 % auf die Lizenzgebühr. Dies wird mit der Verletzung des Namensnennungsrechts nach § 13, mithin des Urheberpersönlichkeitsrechts, begründet und i.d.R. auf § 97 Abs. 2 S. 4 als immaterieller Schadensersatz gestützt. Durch die fehlende Nennung gehen dem Urheber die Werbewirkung seines Werkes und mögliche Folgeaufträge verloren, so dass der Zuschlag daneben aber auch seinen wirtschaftlichen Interessen Rechnung tragen soll (Dreier/Schulze/*Schulze* § 13 Rn. 35; Fromm/Nordemann/*J. B. Nordemann* § 97 Rn. 101; Schricker/Loewenheim/*Wild* § 97 Rn. 160, 183). Entsprechendes gilt für die ausübenden Künstler, die in § 74 Abs. 1 ein spezielles Namensnennungsrecht erhalten haben. Die besonderen persönlichkeitsrechtlichen Befugnisse aus **§§ 13, 74 gelten für das sui-generis-Recht** aber gerade **nicht** (näher dazu Vor §§ 87a ff. Rn. 28). Mithin fehlt die Basis für die Zuerkennung eines Verletzerzuschlags wegen unterlassener Namensnennung.

109 Die Grundsätze zum Verletzerzuschlag werden zwar nach wohl allgemeiner Ansicht auch auf eine **unterlassene Quellenangabe nach § 63** übertragen (vgl. z.B. Dreier/Schulze/*Schulze* § 63 Rn. 31; Schricker/Loewenheim/*Dietz/Spindler* § 63 Rn. 21). Dies setzt aber das Eingreifen einer der in § 63 genannten allgemeinen Schrankenbestimmungen voraus, die auf Datenbanken gerade **nicht anwendbar** sind. Eine Pflicht zur Quellenangabe bei Datenbanken ergibt sich nur in den beiden besonderen Fällen des § 87c Abs. 1 S. 2, die im Falle des Kammergerichts aber ebenfalls nicht vorlagen. Eine **analoge Anwendung** von § 63 sowie eine erweiternde Auslegung des § 87c müssen im Hinblick auf die zugrundeliegende Datenbank-Richtlinie **abgelehnt** werden, da es jeweils an einer planwidrigen Regelungslücke fehlt (näher dazu § 87c Rn. 2, 39 ff.).

110 Woraus sich aber dann ein **allgemeiner Anspruch** des Datenbankherstellers auf einen Zuschlag von 50% auf die Lizenzgebühr wegen unterlassener Quellenangabe ergeben soll, wird in dem Urteil nicht ausgeführt und ist auch **nicht ersichtlich**. Das Kammergericht stützt sich offensichtlich auf den zugleich geltend gemachten urheberrechtlichen Anspruch und die damit einhergehende Verletzung des § 13. Mithin ist ein genereller Zuschlag von 50% auf die Lizenzgebühr wegen unterlassener Quellenangabe bei Datenbanken abzulehnen. Ein pauschaler Verletzerzuschlag ist **nur in den speziellen Fällen des § 87c Abs. 1 S. 2** denkbar. **Im Übrigen** kann eine unterlassene Quellenangabe bei Datenbanken nur unter Würdigung des konkreten Sachverhalts **bei der Bemessung der angemessenen Lizenzgebühr** berücksichtigt werden.

4. Beweisfragen bei der Rechtsverletzung

111 Wenn ein **Datenbankhersteller** geltend macht, dass ein Dritter in seine Rechte als Datenbankhersteller eingreift, trifft ihn nach allgemeinen Grundsätzen die **Darlegungs- und Beweislast** bzgl. der **Identität** der entnommenen und/oder weiterverwendeten Daten und bzgl. ihrer **Wesentlichkeit**.

112 Insb. der **Identitätsnachweis** wird dem Hersteller aber oftmals **erhebliche Schwierigkeiten** bereiten. Der Verletzer trägt in solchen Fällen nämlich i.d.R. vor, dass er die Daten

selbst und unabhängig von dem Hersteller ermittelt habe. Die Rechtsprechung hilft dem Datenbankhersteller daher zu Recht mit einem **Anscheinsbeweis,** sofern er ausreichende Indizien für eine Schutzrechtsverletzung i. S. eines typischen Geschehensablaufs vorträgt. Unterbleibt dies und behauptet der vermeintliche Verletzte nur unspezifiziert eine Rechtsverletzung, liegt ein unzulässiger **Ausforschungsbeweis** vor und der Datenbankhersteller bleibt beweisfällig. Laut EuGH können die Übereinstimmung materieller und technischer Merkmale im Inhalt zweier Datenbanken sowie der Umstand, dass Elemente aus nicht öffentlich zugänglichen Quellen in beiden Datenbanken enthalten sind, als **Indizien für eine Rechtsverletzung** gedeutet werden. Zum vollen Beweis genügt dies jedoch nicht (EuGH GRUR 2009, 572 Rn. 51 f., 55 – Apis/Lakorda; vgl. dazu *Krekel* WRP 2011, 436, 442 f.; so auch *Gaster* in: Hoeren/Sieber Rn. 92). Greifen danach die Grundsätze des Anscheinsbeweises ein, muss der Verletzer zur Erschütterung des Anscheinsbeweises unter Aufdeckung seiner angeblichen Quellen konkret darlegen und beweisen, dass er sich die Daten anderweitig besorgt hat (BGH GRUR 2009, 852 Rn. 40 – Elektronischer Zolltarif; Schricker/Loewenheim/*Vogel* § 87b Rn. 63; *Wiebe* GRUR-Prax 2011, 369; weitergehend *Eickemeier* GRUR 2009, 578, 579, der eine Beweislastumkehr annimmt, wofür es indes keine Anhaltspunkte in der Rspr. gibt). Der **unsubstantiierte Einwand** des Herstellers der jüngeren Datenbank, er habe jeden einzelnen Datensatz selbst recherchiert, und die ältere Datenbank sei nur eine von vielen Quellen gewesen, die er für den Aufbau seiner Sammlung genutzt habe, ist **zur Entkräftung** des Anscheinsbeweises folglich **ungeeignet** (LG Köln ZUM-RD 2000, 304, 307 – kidnet.de). Insb. genügt die bloße Möglichkeit, dass der Verletzer seine Daten auch aus anderen Quellen habe gewinnen können, insoweit nicht zur Entkräftung eines anderweitigen Beweisergebnisses (OLG Köln MIR 182–2007, 5 – DWD-Wetterdienst, in MMR 2007, 443 nicht abgedr.).

Zum **Nachweis der Wesentlichkeit des entnommenen Datenbankteils** muss der Verletzte die entnommenen Datensätze nicht in ihrer Gesamtheit lückenlos auflisten. So hat etwa das LG Köln in einem Fall, in dem es um die Entnahme von ca. 10 000 Messedaten und deren Einfügung in eine aus 18 000 Datensätzen bestehende neue Datenbank ging, den Nachweis, dass es sich bei dem unzulässigerweise entnommenen Datenbankteil dem **Umfang** nach um einen **wesentlichen** Teil der Datenbank handelte, in **freier Beweiswürdigung nach § 286 ZPO** schon durch die **Darlegung von Einzelbeispielen signifikanter Übereinstimmungen** als erbracht angesehen und der Datenbankherstellerin damit eine lückenlose Beweisführung erspart (LG Köln ZUM-RD 2000, 304, 307 – kidnet.de; so auch *Gaster* in: Hoeren/Sieber Rn. 92). Auch dem BGH genügte es, dass der Hersteller zu Kontrollzwecken zwei nicht existierende und eine willkürlich abgeänderte Codenummer sowie mehrere „Pflegefehler" in seine Datenbank aufgenommen hat, die sich anschließend in dem Konkurrenzprodukt wiederfanden. Daraus könne bereits geschlossen werden, dass diese Daten aus der Datenbank des Herstellers kopiert worden seien, wofür wiederum ein **elektronischer Datenabgleich** der gesamten Datenbank erforderlich gewesen sei. Dieser Abgleich sei entweder mittels der Erstellung einer Abweichungsliste oder durch unmittelbare Übernahme aller geänderten Daten erfolgt. Beides **genüge für eine qualitativ wesentliche Entnahme** (BGH GRUR 2009, 852 Rn. 39, 45 – Elektronischer Zolltarif). Mithin operiert die Rechtsprechung auch beim Wesentlichkeitsnachweis zu Gunsten des Herstellers mit einem Anscheinsbeweis. Sind zwischen zwei Datenbanken **signifikante Übereinstimmungen** im Hinblick auf **vorhandene Fehler,** bereits **überholte Informationen,** frei **wählbare Formulierungen** und Übersetzungen sowie Schreibweise, Interpunktion, Abkürzungen, Orthografie- und Interpunktionsfehler vorhanden, spricht der **Anscheinsbeweis** dafür, dass diese Übereinstimmungen auf der **Übernahme** wesentlicher Teile der älteren Datenbank in die jüngere Datenbank und nicht auf eigenen Ermittlungen des Herstellers der jüngeren Datenbank beruhen (LG Köln ZUM-RD 2000, 304, 307 – kidnet.de; AG Rostock MMR 2001, 631 f.; ähnlich OLG Köln ZUM-RD 2001, 82 – List of Presses: Indizienbeweis; *Rath-Glawatz* Anm. zu LG

Köln Urt. v. 26.8.1998, K&R 1999, 42). Die Art und Weise der Übernahme kann dabei grds. dahinstehen.

114 **Aus Beweisgründen** ist Datenbankherstellern daher **anzuraten,** je nach Charakter der Datenbank einzelne ungewöhnliche, fiktive oder mit marginalen Fehlern behaftete Datensätze in die Datenbank einzustreuen, um einen späteren Nachweis der unzulässigen Entnahme eines wesentlichen Datenbankteils leichter erbringen zu können (vgl. BGH GRUR 2009, 852 Rn. 39f. – Elektronischer Zolltarif; OLG Köln MIR 182–2007, 5 – DWD-Wetterdienst, in MMR 2007, 443 insoweit nicht abgedr.; *Kindler* K&R 2000, 265, 274; *Krekel* WRP 2011, 436, 443, der „zur Entwicklung kreativer Strategien" ermutigt).

5. Zur Antragsfassung im Prozess

115 **a) Besonderheiten des Unterlassungsanspruchs.** Die **Formulierung des Unterlassungsantrags** bereitet bei den §§ 87a ff. immer wieder erhebliche **praktische Schwierigkeiten,** insb. bei sich dynamisch verändernden Datenbanken. Dabei ist ein angemessener Ausgleich zwischen dem Interesse des Klägers an einem möglichst weit reichenden Verbotstenor und dem Interesse des Beklagten an der Erkennbarkeit des Umfangs der gegen ihn geltend gemachten Verbotsansprüche zu finden. Unzweifelhaft ist insoweit zunächst, dass ein Unterlassungsantrag, der darauf gerichtet ist, eine bestimmte Datenbank, die auf einer dem Antrag **beigefügten Diskette (bzw. heutzutage CD/DVD) enthalten ist,** nicht mehr anzubieten, als **hinreichend bestimmt** i.S.v. § 253 Abs. 2 Nr. 2 ZPO anzusehen ist. Auf die Beifügung eines Ausdrucks des Inhalts der Disketten kann in diesem Fall verzichtet werden (LG Köln K&R 1999, 40 – Messe-Datenbank). Wendet der Verfügungsbeklagte, dem eine entsprechende Verfügung nebst Diskette zugestellt worden ist, ein, diese sei „leer" oder „nicht lesbar" gewesen, muss der Verfügungskläger dies widerlegen. Hierzu bietet sich die Vorlage eidesstattlicher Versicherungen derjenigen an, die die Dokumentation auf den Disketten erstellt haben, dass die streitgegenständliche Datenbank auch auf der zugestellten Diskette in lesbarer Form abgespeichert war. Die Zustellung einer Zweitkopie bleibt trotzdem stets sinnvoll (LG Köln K&R 1999, 40 – Messe-Datenbank – m. Anm. *Rath-Glawatz*).

116 Ein Unterlassungsantrag, der neben der Untersagung der Vervielfältigung und Verbreitung einer bestimmten Datenbank auch auf die Untersagung der „Bearbeitung und Umgestaltung" derselben gerichtet ist, ist wegen Unbestimmtheit unzulässig. Im Fall HIT BILANZ hatte insoweit nur die ergänzende Bezugnahme auf eine konkret verletzende Buch-Reihe zur erforderlichen Bestimmtheit geführt. Der Antrag könnte hierdurch dahingehend einschränkend ausgelegt werden, dass die Kläger nicht jede Bearbeitung und Umgestaltung verbieten lassen wollten, sondern nur die ganz konkrete Bearbeitung und Umgestaltung, wie sie in der Buch-Reihe erfolgt war (BGH GRUR 2005, 857, 860 – HIT BILANZ: Anordnung der zusammen gefassten Daten nach Interpreten).

117 Verknüpft ein Verletzer die aus der fremden Datenbank entnommenen Daten mit weiteren, von ihm selbst ermittelten Daten in einer neuen Datenbank, so braucht der Kläger bei einem erheblichen Umfang derselben auch zur **materiellen Konkretisierung des Unterlassungsanspruchs** die aus seiner Datenbank entnommenen Daten nicht abschließend enumerativ aufzuzählen (LG Köln K&R 1999, 40, 41 – Messe-Datenbank [im konkreten Fall 18 000 Datensätze]; unter Verweis auf die Wahl des unbestimmten Rechtsbegriffs „wesentlicher Teil" in § 87b Abs. 1 S. 1). Wenn es dem verletzten Datenbankhersteller in einem solchen Fall gelingt, das Gericht anhand signifikanter Einzelfälle von Übereinstimmungen mittels des Anscheinsbeweises (oben Rn. 111 ff.) davon zu überzeugen, dass ein „wesentlicher Teil" des Inhalts seiner Datenbank entnommen und in eine neue Datenbank eingefügt wurde, so kann er in einem solchen Fall vielmehr verlangen, dass der Verletzer die **Verwertung der gesamten neuen Datenbank unterlässt,** bis die entnommenen Daten aus ihr vollständig entfernt worden sind (LG Köln K&R 1999, 40, 41 – Messe-

Datenbank – m. zust. Anm. *Rath-Glawatz*). Denn ansonsten wäre ein effektiver und praktikabler Rechtsschutz für das Herstellerrecht unmöglich.

118 Bei der Fassung des Unterlassungsantrags ist insb. dann, wenn **verschiedene Handlungen** im Zusammenhang mit einer Datenbanknutzung beanstandet werden, darauf zu achten, dass diese Handlungen **in gesonderten Anträgen als konkrete Verletzungsformen umschrieben** werden. Dies gilt erst Recht, wenn sowohl Ansprüche nach UrhG als auch nach UWG geltend gemacht werden, da diese jeweils sehr unterschiedliche tatsächliche und rechtliche Voraussetzungen haben und folglich eigene Streitgegenstände darstellen (vgl. BGH GRUR 2003, 958, 960 – Paperboy). Diese gesonderten Streitgegenstände dürfen seit dem grundlegenden TÜV-Hinweisbeschluss des BGH aus dem Jahr 2011 auch nicht mehr, wie früher in der Praxis so häufig geschehen, in alternativer Klagehäufung geltend gemacht werden. Der Kläger muss die Anträge vielmehr in kumulativer oder eventueller Klagehäufung stellen (BGH GRUR 2011, 521 – TÜV-Beschluss).

119 **b) Besonderheiten des Schadensersatzanspruchs.** Treffen in ein und derselben Datenbank das Datenbankurheberrecht nach § 4 Abs. 2 und das Datenbankherstellerrecht nach §§ 87a ff. zusammen, so besteht zwischen dem Schöpfer des Datenbankwerks und dem Datenbankhersteller wegen der unabhängigen Existenz beider Rechte mit jeweils verschiedenem Schutzgegenstand (Vor §§ 87a ff. Rn. 20 ff.) **keine Gesamtgläubigerschaft** nach § 428 BGB hinsichtlich des durch den Vertrieb von rechtswidrigen Vervielfältigungsstücken entstandenen **(Gesamt-)Schadens.** Den Rechtsinhabern stehen vielmehr jeweils allein unterschiedliche Rechte zu (vgl. BGH GRUR 2007, 685, 687 f. – Gedichttitelliste I; krit. hierzu *Ehmann* GRUR 2008, 474, 476, der von einer Mitgläubigerschaft nach § 432 BGB ausgeht und meint, dass die Datenbank als „einheitlicher unteilbarer Rechtsgegenstand" nur durch eine Handlung verletzt wurde, so dass der Schuldner nur einmal Schadensersatz leisten muss). Wird Auskunft zur Bezifferung des Schadens begehrt, hat jeder Rechtsinhaber (nur) insoweit Anspruch auf Auskunft, als dies erforderlich ist, um die Durchsetzung seines Schadensersatzanspruchs wegen der Verletzung seines eigenen Rechts am Datenbankwerk (Schöpfer) bzw. der Datenbank (Hersteller) vorbereiten zu können (BGH GRUR 2007, 685, 688 Rn. 28 – Gedichttitelliste I). Aus Gründen der vereinfachten Geltendmachung ist an eine Abtretung des Schadensersatzanspruchs des Urhebers an den Hersteller bzw. umgekehrt zu denken. Gleiches gilt auch dann, wenn bei einer elektronischen Datenbank sowohl das Datenbankherstellerrecht nach §§ 87a ff. als auch das eigenständig nach §§ 69a ff. geschützte Computerprogramm unterschiedlichen Rechtsinhabern zustehen. Anders wäre es in beiden Fällen bei der Einräumung ausschließlicher Nutzungsrechte (dazu § 97 Rn. 9 f.).

6. Internationale Zuständigkeit der Gerichte

120 Eine praktisch besonders relevante Frage der internationalen Zuständigkeit der Gerichte stellt sich **bei der grenzüberschreitenden Zugänglichmachung einer Datenbank im Internet.** Im Fall Football Dataco/Sportradar stellten die Beklagten über Webserver in Deutschland Spielstatistiken, die angeblich der Datenbank der britischen Klägerin entnommen waren, im Internet zum freien Abruf zur Verfügung. Zu den Nutzern gehörten auch britische Wettanbieter. Fraglich ist, ob die Weiterverwendung der Daten am Serverstandort in Deutschland, am Nutzungsort in Großbritannien oder an beiden Orten stattfindet. Der britische High Court of Justice als Eingangsinstanz vertrat hierzu die Ansicht, dass nur die Gerichte im Land des Serverstandorts international zuständig seien. Der **EuGH** erteilt dem nach Vorlage durch den Court of Appeal eine Absage (EuGH GRUR 2012, 1245 – Football Dataco/Sportradar m. Anm. *Conrad* GRUR-Prax 2012, 339891; *Reinholz* K & R 2013, 171).

121 Der EuGH hält zunächst fest, dass der **Ort einer Handlung der Weiterverwendung** i. S. von Art. 7 der Richtlinie **autonom** nach dem Unionsrecht **auszulegen** sei (EuGH

GRUR 2012, 1245 Rn. 33 – Football Dataco/Sportradar). Der **EuGH wendet sich** sodann einerseits **gegen** die sog. **„Ausstrahlungstheorie"**, wonach die Übermittlungshandlung nur am Herkunftsort der Daten, also am Standort des Servers, verwirklicht werde. Der Abruf der Daten könne vielmehr im Gebiet verschiedener Mitgliedstaaten stattfinden. Andererseits **lehnt der EuGH aber auch die reine „Wiedergabetheorie" ab**. Wegen der Ubiquität des Inhalts einer Website könne es nämlich auch nicht auf die bloße Zugänglichkeit der Daten in einem bestimmten Staat ankommen. Andernfalls könnte ein Website-Betreiber nämlich entgegen seiner Absicht und seinem Einfluss faktisch überall auf der Welt in Anspruch genommen werden (EuGH GRUR 2012, 1245 Rn. 34–38, 44–46 – Football Dataco/Sportradar). Vielmehr spricht sich der EuGH **für eine eingeschränkte Wiedergabetheorie** aus. Der Ort der Handlung der Weiterverwendung liege nur dann in dem Mitgliedstaat, an den die Daten gesendet werden, wenn **Anhaltspunkte** für die Absicht des Handelnden vorliegen, dass er die **Personen dieses Mitgliedstaates gezielt ansprechen wollte**. Dies müsse das nationale Gericht beurteilen. Maßgebliche Anhaltspunkte seien z. B. die Verwendung der Sprache dieses Mitgliedstaates, die Nutzung von für diesen Mitgliedstaat besonders relevanten Daten (z. B. im EuGH-Fall die Nutzung von Daten über Spiele der englischen Fußballliga) oder die vertragliche Gewährung des Zugangs zu dem Server an Unternehmen aus diesem Mitgliedstaat (EuGH GRUR 2012, 1245 Rn. 39–42 – Football Dataco/Sportradar). **Diese differenzierende Sichtweise überzeugt** und wird den Anforderungen der Praxis gerecht. Sie entspricht zudem der schon bislang in Deutschland überwiegend vertretenen Ansicht sowie der Rechtsprechung des EuGH in anderen Rechtsgebieten wie dem Markenrecht. Damit dient sie der Einheitlichkeit des Rechts (vgl. *Conrad* GRUR-Prax 2012, 339891 m. w. N.; *Röhl* SpuRt 2012, 137, 140 m. w. N.; ebenso *Reinholz* 2013, 171, 173).

§ 87c Schranken des Rechts des Datenbankherstellers

(1) **Die Vervielfältigung eines nach Art oder Umfang wesentlichen Teils einer Datenbank ist zulässig**

1. zum privaten Gebrauch; dies gilt nicht für eine Datenbank, deren Elemente einzeln mit Hilfe elektronischer Mittel zugänglich sind,
2. zum eigenen wissenschaftlichen Gebrauch, wenn und soweit die Vervielfältigung zu diesem Zweck geboten ist und der wissenschaftliche Gebrauch nicht zu gewerblichen Zwecken erfolgt,
3. für die Benutzung zur Veranschaulichung des Unterrichts, sofern sie nicht zu gewerblichen Zwecken erfolgt.

In den Fällen der Nummern 2 und 3 ist die Quelle deutlich anzugeben.

(2) **Die Vervielfältigung, Verbreitung und öffentliche Wiedergabe eines nach Art oder Umfang wesentlichen Teils einer Datenbank ist zulässig zur Verwendung in Verfahren vor einem Gericht, einem Schiedsgericht oder einer Behörde sowie für Zwecke der öffentlichen Sicherheit.**

Literatur: S. die Angaben Vor §§ 87a ff. sowie die Angaben im eingangs abgedr. Gesamtliteraturverzeichnis.

Übersicht

	Rn.
I. Regelungszweck	1–3
II. Allgemeine Voraussetzungen der Schrankenregelungen in § 87c	4–13
1. Beschränkung auf veröffentlichte Datenbanken	4–6
2. Beschränkung auf die Nutzung wesentlicher Datenbankteile	7–9
3. Keine Beschränkung nur auf vertraglich gebundene Benutzer	10–13

§ 87c Schranken des Rechts des Datenbankherstellers   1–4 § 87c UrhG

	Rn.
III. Die Schranken des Vervielfältigungsrechts in Abs. 1	14–38
1. Erlaubte Vervielfältigungszwecke	14–35
a) Vervielfältigungen (analoger Datenbanken) zum privaten Gebrauch (Abs. 1 S. 1 Nr. 1 Halbs. 1)	14–20
b) Verbot der privaten Vervielfältigung elektronischer Datenbanken (Abs. 1 S. 1 Nr. 1 Halbs. 2)	21–23
c) Vervielfältigungen zum eigenen wissenschaftlichen Gebrauch (Abs. 1 S. 1 Nr. 2)	24–27
d) Vervielfältigungen zu Unterrichtszwecken (Abs. 1 S. 1 Nr. 3)	28–31
2. Erforderlichkeit der Quellenangabe (Abs. 1 S. 2)	32–34
IV. Die Schranke für die öffentliche Sicherheit und Rechtspflege in Abs. 2	35–37
1. Vervielfältigung, Verbreitung und öffentliche Wiedergabe	35
2. Rechtspflege und öffentliche Sicherheit	36, 37
V. Einzelfragen zu den Schranken	38–51
1. Keine Vergütungspflicht	38
2. Zulässigkeit von vorübergehenden Vervielfältigungen und Sicherungskopien	39–44
3. Recht auf Zugang zu Informationen bei behördlichen Datenbanken	45–50
4. Anpassung des Schrankenkatalogs durch Richtlinienänderung	51

I. Regelungszweck

§ 87c enthält die **Schranken des Datenbankherstellerrechts.** Er beruht auf Art. 9 **1** der Datenbank-Richtlinie (sowie Erwägungsgründe 47, 50–52) und ist richtlinienkonform auszulegen. § 87c Abs. 1 gestattet die **Vervielfältigung** wesentlicher Datenbankteile zum **privaten Gebrauch** (Nr. 1, dazu unten Rn. 14 ff.), zum **eigenen wissenschaftlichen Gebrauch** (Nr. 2, dazu unten Rn. 24 ff.) sowie zu **Unterrichtszwecken** (Nr. 3, dazu unten Rn. 28 ff.). § 87c Abs. 2 gestattet darüber hinaus nicht nur die Vervielfältigung sondern auch die Verbreitung und öffentliche Wiedergabe wesentlicher Datenbankteile für eine Verwendung in **gerichtlichen oder behördlichen Verfahren** sowie für Zwecke der **öffentlichen Sicherheit** (dazu unten Rn. 35 ff.). Bei diesen Schranken handelt es sich um **abschließende Sonderregelungen** (vgl. EuGH GRUR 2005, 244, 249 Rn. 62 – BHB Pferdewetten; str., dazu unten Rn. 39 ff.).

Insb. bei Datenbanken, die sowohl schöpferisch als auch investitionsintensiv sind, ist zu **2** beachten, dass die **Schranken** des **Datenbankherstellerrechts** und des **Datenbankurheberrechts nicht parallel** laufen. Soweit die Schranken des sui-generis-Rechts teils hinter den urheberrechtlichen Schranken zurückbleiben, wird eine Richtlinienanpassung diskutiert (s. unten Rn. 51). Bei **elektronischen Datenbanken** ist wiederum zu beachten, dass die für die Nutzung der **Datenbank-Software** geltenden Schrankenbestimmungen für Computerprogramme in § 69c teils noch enger sind als die Schranken des Datenbankschutzes nach § 87c (dazu unten Rn. 9).

§ 87c gilt schließlich auch nicht für die Nutzung der in einer Datenbank enthaltenen **3** Werke oder Leistungen. Auf deren Nutzung finden vielmehr die allgemeinen urheberrechtlichen Schrankenbestimmungen Anwendung (ausführlich hierzu Loewenheim/*Koch* § 77 Rn. 176 ff.). Im Ergebnis können damit bei einer Datenbanknutzung **bis zu fünf verschiedene Schrankenregimes** zu beachten sein, wenn die Nutzung einer sowohl schöpferischen als auch investitionsintensiven elektronischen Datenbank mit urheber- und/oder leistungsschutzrechtlich geschützten Elementen in Frage steht.

II. Allgemeine Voraussetzungen der Schrankenregelungen in § 87c

1. Beschränkung auf veröffentlichte Datenbanken

Art. 9 der Datenbank-Richtlinie sieht Einschränkungen des Datenbankherstellerrechts **4** nur bei bereits veröffentlichten, d.h. „der Öffentlichkeit – in welcher Weise auch immer

– zur Verfügung gestellten" Datenbanken vor. Da Art. 9 der Datenbank-Richtlinie abschließenden Charakter hat, ist **§ 87c** nach einhelliger Meinung **richtlinienkonform einschränkend** dahingehend **auszulegen,** dass die Schrankenregelung **nur auf veröffentlichte Datenbanken Anwendung** findet, auch wenn dieses Kriterium in § 87c nicht ausdrücklich erwähnt wird (Schricker/Loewenheim/*Vogel* § 87c Rn. 7; *v. Lewinski* in: Roßnagel § 87c Rn. 14; Dreier/Schulze/*Dreier* § 87c Rn. 4; Dreyer/Kotthoff/Meckel/ *Kotthoff* § 87c Rn. 3; *Leistner* 313; *Haberstumpf* GRUR 2003, 14, 30).

5 Für die Frage, wann eine Datenbank im Sinne der Richtlinie als „der Öffentlichkeit zur Verfügung gestellt" anzusehen ist, kann zunächst auf die, im Detail allerdings **umstrittene,** Auslegung des **Öffentlichkeitsbegriffs in § 6 Abs. 1** Rückgriff genommen werden (Dreyer/Kotthoff/Meckel/*Kotthoff* § 87c Rn. 3; s. ausführlich dazu § 6 Rn. 4 ff.). **In Zweifelsfällen** wird der Anwendungsbereich von § 87c letztlich allerdings nur durch den **EuGH** verbindlich bestimmt werden können.

6 Ist eine **Datenbank** jedoch unzweifelhaft **noch nicht veröffentlicht** worden, steht ihrem Hersteller das **Datenbankherstellerrecht** der §§ 87a ff. **schrankenlos** zu und kann dieser jedem Dritten auch die private Vervielfältigung, den eigenen wissenschaftlichen Gebrauch oder sonstige von § 87c erlaubte Nutzung **wesentlicher** Datenbankteile verbieten. Dies gilt etwa für eine Privatperson, die zur Ausübung ihres Hobbys eine Datenbank erstellt, sie jedoch noch nicht der Öffentlichkeit angeboten hat (*v. Lewinski* in: Roßnagel § 87c Rn. 14). Gleiches gilt aber auch für einen professionellen Datenbankhersteller bis zur ersten Veröffentlichung der von ihm hergestellten Datenbank.

2. Beschränkung auf die Nutzung wesentlicher Datenbankteile

7 Sämtliche Schrankenbestimmungen in § 87c beziehen sich nur auf **wesentliche Teile** einer Datenbank. Da die Nutzung unwesentlicher Teile einer Datenbank nach § 87b Abs. 1 ohnehin nicht dem Ausschließlichkeitsrecht des Datenbankherstellers unterfällt (s. dazu § 87b Rn. 4 ff.), **bedurfte** es insoweit **keiner Schrankenregelung für die Nutzung unwesentlicher Datenbankteile.** Denn entweder ist deren Nutzung ohnehin frei und kann gem. § 87e dem rechtmäßigen Benutzer einer Datenbank auch nicht auf vertraglichem Wege untersagt werden (s. dazu § 87e Rn. 3 ff.). Oder die konkrete Form der wiederholten und systematischen Nutzung unwesentlicher Datenbankteile führt zu einer unzumutbaren Beeinträchtigung der Herstellerinteressen. In diesem Fall käme eine Schrankenbestimmung aber bereits aus grundsätzlichen Erwägungen nicht in Betracht (vgl. OLG Köln MIR 182-2007, 5 – DWD-Wetterdaten, in MMR 2007, 443 insoweit nicht abgedr.). Eine Schrankenbestimmung für die Nutzung unwesentlicher Datenbankteile war damit insgesamt entbehrlich.

8 **Grundsätzlich** beziehen sich die Schrankenbestimmungen des § 87c in der durch den Ausnahmecharakter gebotenen engen Auslegung und in Übereinstimmung mit der Richtlinie (vgl. Art. 7 gegenüber Art. 9 der Richtlinie) mit der Beschränkung auf die Nutzung wesentlicher Datenbankteile **nicht auf die Nutzung der Datenbank im Ganzen** (Schricker/Loewenheim/*Vogel* § 87c Rn. 9; *v. Lewinski* in: Roßnagel § 87c Rn. 14; Dreier/ Schulze/*Dreier* § 87c Rn. 3; *Gaster* in: Hoeren/Sieber Rn. 174; a.A. Möhring/Nicolini/ *Decker* § 87c Rn. 1; *Leistner* in: Wiebe/Leupold Rn. 102; *v. Gerlach* in: Kilian/Heussen Rn. 65; *Raue/Bensinger* MMR 1998, 507, 512; *Rieger* 184; zum Ausschluss der Sicherungskopie s. u. Rn. 43 ff.). Denkbar ist allerdings, dass es, insb. bzgl. der Schranke der öffentlichen Sicherheit und Rechtspflege in § 87c Abs. 2, **ausnahmsweise** zu Situationen kommen kann, in denen von der Schranke sinnvoll nur durch Nutzung der gesamten Datenbank Gebrauch gemacht werden kann. Die gegenteilige Ansicht, die pauschal von einer Erstreckung auf die Datenbank im Ganzen ausgeht, überzeugt nicht. Der Wortlaut des § 87c ist eindeutig, da er sich ausdrücklich nur auf den „nach Art oder Umfang wesentlichen Teil" bezieht und anders als in § 87b nicht die „Datenbank insgesamt" nennt (so auch *Wiebe* in: Spindler/Schuster § 87c Rn. 1). Auch ist die Abgrenzung eines wesentlichen Teils der Datenbank zur Datenbank insgesamt (= 100 %) wesentlich leichter möglich als die Abgrenzung nach unten, d. h. zwischen einem wesentlichen und unwesentlichen Teil, bei der es gerade keine festen prozentualen Grenzen gibt (dazu oben § 87a Rn. 65 ff.).

Bei **elektronischen Datenbanken** ist schließlich zu beachten, dass nach § 69c Nr. 1 **9** jede Vervielfältigung eines Computerprogramms grds. zustimmungspflichtig ist, sofern sie nicht gem. § 69d Abs. 1 zu seiner bestimmungsgemäßen Nutzung gehört (Loewenheim/ *Koch* § 77 Rn. 129; s. § 69d Rn. 6). Zur bestimmungsgemäßen Nutzung gehört bei Datenbank-Retrievalsoftware (diese spezielle Software kann in Datenbeständen, z. B. auf der eigenen Festplatte, bestimmte Inhalte, z. B. Textdokumente aller Art, suchen und finden, um daraus eine separate Datenbank mit eigenem Index zu schaffen) jedoch regelmäßig allein das bloße Ablaufenlassen der Software zwecks Zugangs zum Datenbankinhalt. Die vollständige Vervielfältigung einer elektronischen Datenbank etwa durch Kopieren einer CD-ROM oder DVD ist daher bereits nach §§ 69a ff. unzulässig (vgl. Loewenheim/ *Koch* § 77 Rn. 129; dort auch zur abweichenden Beurteilung des Internet-Downloads von Datenbanken).

3. Keine Beschränkung nur auf vertraglich gebundene Benutzer

Nach dem Wortlaut von Art. 9 der Datenbank-Richtlinie können sich nur „rechtmäßige **10** Benutzer" auf die Schrankenregelungen des § 87c berufen. Eine solche Formulierung fehlt in § 87c. Die **Schranken des § 87c** kommen seinem Wortlaut nach vielmehr **grundsätzlich jedermann** zugute. **Umstritten** ist, ob hierin ein **Richtlinienverstoß** zu sehen ist.

Zum Teil wird insoweit davon ausgegangen, dass die Richtlinie unter einem „**rechtmä- 11 ßigen Benutzer**" allein einen vertraglich gebundenen Benutzer verstehe, so dass der Anwendungsbereich von § 87c auf vertraglich gebundene Benutzer einzuschränken sei (so Dreyer/Kotthoff/Meckel/*Kotthoff* § 87c Rn. 3; *Gaster* in: Hoeren/Sieber Rn. 166; ähnlich auch *v. Lewinski* in: Roßnagel § 87c Rn. 13). Die **h. M.** geht hingegen davon aus, dass auch Art. 9 der Datenbank-Richtlinie letztlich in dem Sinne zu verstehen ist, dass die Schrankenbestimmungen grds. jedem (rechtmäßigen) Benutzer zugutekommen sollen, ob er nun **vertraglich gebunden** ist **oder** die Datenbank **in sonstiger Weise rechtmäßig nutzt** (so die h. M. *Leistner* 312; *Leistner* in: Wiebe/Leupold Rn. 100; Schricker/Loewenheim/*Vogel* § 87c Rn. 8; *Raue/Bensinger* MMR 1998, 507, 512; *Haberstumpf* GRUR 2003, 14, 30; *v. Gerlach* in: Kilian/Heussen Rn. 62; im Ergebnis wohl auch Dreier/Schulze/*Dreier* § 87c Rn. 4). Das Erfordernis der „Rechtmäßigkeit" würde insoweit lediglich dazu dienen, Benutzer auszuschließen, die ihren Zugang zur Datenbank „unrechtmäßig" erworben haben, indem sie z. B. Zugangssperren umgangen haben.

Für die h. M. spricht dabei die Erwägung, dass der Sinn und Zweck einer Schrankenbe- **12** stimmung gerade darin besteht, eine Nutzung unabhängig vom Bestehen eines Vertragsverhältnisses zu gestatten (so auch *v. Gerlach* in: Kilian/Heussen Rn. 62). Würde sich § 87c lediglich auf die Nutzung durch rechtmäßige im Sinne von „vertraglich berechtigten Benutzern" beziehen, handelte es sich bei § 87c wie bei § 87e lediglich um die Festlegung von Mindestbefugnissen eines vertraglich berechtigten Nutzers, nicht hingegen um eine echte Schrankenbestimmung. Insb. in Bezug auf die Schranke der Nutzung zu Zwecken der öffentlichen Sicherheit in § 87c Abs. 2 ist es kaum vorstellbar, dass sich hierauf nur der vertraglich berechtigte Benutzer einer Datenbank berufen können soll.

Letztlich kommt auch in dieser Frage dem **EuGH** die **Auslegungskompetenz** zu. In **13** BHB-Pferdewetten hat der EuGH den „**rechtmäßigen Benutzer einer Datenbank**" insoweit als denjenigen Benutzer definiert, dessen Zugang zum Inhalt der Datenbank zu Zwecken der Abfrage auf der **unmittelbaren oder mittelbaren Zustimmung** derjenigen Person beruht, die die Datenbank errichtet hat (EuGH GRUR 2005, 244, 249 Rn. 58 – BHB-Pferdewetten). Dabei ergibt sich aus dem Zusammenhang der Ausführungen des

EuGH, dass er unter einem rechtmäßigen Benutzer anscheinend nicht nur den vertraglich gebundenen Benutzer versteht. Ein „rechtmäßiger Benutzer" aufgrund einer mittelbaren Zustimmung ist danach insb. auch derjenige, der eine der Öffentlichkeit von einem berechtigten Dritten zu freien, kostenlosen Abfragen zur Verfügung gestellte Datenbank – wie z.B. die in einer Zeitung publizierten Renndaten eines bestimmten Tages – konsultiert, ohne dass es zu einem Vertragsschluss gekommen ist (vgl. EuGH GRUR 2005, 244, 249 Rn. 55 ff. – BHB-Pferdewetten; für ein weites Verständnis des Begriffs „rechtmäßiger Erwerber" i.R.d. Software-Richtlinie auch EuGH GRUR 2012, 904 Rn. 73 ff. – UsedSoft). Damit dürfte die bislang h.M. vom EuGH bestätigt worden sein.

III. Die Schranken des Vervielfältigungsrechts in Abs. 1

1. Erlaubte Vervielfältigungszwecke

14 a) **Vervielfältigungen (analoger Datenbanken) zum privaten Gebrauch (Abs. 1 S. 1 Nr. 1 Halbs. 1).** § 87c Abs. 1 S. 1 Nr. 1 Halbs. 1 gestattet die **Vervielfältigung** wesentlicher Teile einer **nicht-elektronischen Datenbank** zum **privaten Gebrauch.** Da es allein auf den elektronischen Charakter der Ausgangsdatenbank ankommt, sind digitale Kopien analoger Datenbanken von der Schranke des § 87c Abs. 1 S. 1 Nr. 1 Halbs. 1 grds. gedeckt (vgl. BGH GRUR 2006, 493, 494 f. – Briefmarkenkatalog auf CD-ROM). Da diese Schranke im Prinzip § 53 Abs. 1 S. 1 entspricht, kann zur Auslegung von § 87c Abs. 1 S. 1 auf die dortige Kommentierung **Rückgriff** genommen werden (Schricker/Loewenheim/*Vogel* § 87c Rn. 12 f.; *v. Lewinski* in: Roßnagel § 87c Rn. 15; Dreyer/Kotthoff/Meckel/*Kotthoff* § 87c Rn. 7; s. dazu die Kommentierung in § 53 Rn. 9 ff.). In **Zweifelsfällen** kommt jedoch dem **EuGH** die letztverbindliche Auslegungskompetenz zu.

15 Zum privaten Gebrauch (Art. 9 lit. a Datenbank-Richtlinie: „private Zwecke") zählen danach Vervielfältigungen **in der Privatsphäre** zur Befriedigung rein persönlicher, eigener Bedürfnisse, die **Verwendung im Familien- und Freundeskreis,** nicht aber die Verwendung für gewerbliche oder öffentliche Zwecke (vgl. § 53 Rn. 22 f.; Möhring/Nicolini/*Decker* § 87c Rn. 2). **Nicht** zum privaten Gebrauch zählt danach insb. der **sonstige eigene Gebrauch,** d.h. der Gebrauch zur eigenen Verwendung durch bspw. juristische Personen, Behörden, Institutionen, Unternehmen oder Angehörige freier Berufe (vgl. § 53 Rn. 24 ff.; *v. Lewinski* in: Roßnagel § 87c Rn. 15).

16 Zweifelhaft ist, ob der Berechtigte die Vervielfältigung zu privaten Zwecken nach § 87c Abs. 1 S. 1 Nr. 1 wie in § 53 Abs. 1 **auch von Dritten** vornehmen lassen kann (so Dreier/Schulze/*Dreier* § 87c Rn. 5; Möhring/Nicolini/*Decker* § 87c Rn. 5; vgl. dazu § 53 Rn. 18). In § 87c Abs. 1 S. 1 Nr. 1 ist davon keine Rede. Für die Zulässigkeit der Herstellung von Kopien durch Dritte spricht aber, dass ansonsten denjenigen, der bspw. für einen anderen zulässigerweise ein Buch kopiert, eine **praktisch kaum zu realisierende Prüfungs- und Beurteilungspflicht** dahingehend träfe, ob entweder das Buch selbst eine analoge Datenbank darstellt (bspw. ein Lexikon) oder aber einzelne Datenbanken (etwa Tabellen in wissenschaftlichen Werken) enthält, so dass die entsprechenden Seiten dann nicht mit kopiert werden dürften.

17 Zu beachten ist schließlich, dass sich die Schranke nach § 87c Abs. 1 Nr. 1 nur auf **wesentliche Teile** und nicht auf die Datenbank insgesamt erstreckt und ausschließlich **Vervielfältigungshandlungen** erlaubt sind. Auch bei analogen Datenbanken ist eine vollständige Vervielfältigung der Datenbank danach unzulässig (dazu oben Rn. 8 ff.). Darüber hinaus dürfen die in zulässigerweise zum privaten Gebrauch angefertigten Vervielfältigungsstücke wesentlicher Teile analoger Datenbanken **anschließend keineswegs verbreitet oder zu öffentlichen Wiedergaben genutzt** werden.

18 Angewendet wurde die Schranke des § 87c Abs. 1 Nr. 1 im „Michel-Nummern"-Fall. Insoweit hatte der Anbieter eines CD-ROM-Briefmarkenkatalogs in seinem Katalogisie-

rungsprogramm ein Eingabefeld vorgesehen, in das die Benutzer die Nummern konkurrierender Ordnungssysteme eingeben konnten. Die auf diese Weise erstellten Konkordanzlisten konnten sodann aufgrund einer gleichfalls vorgesehenen Im- und Exportfunktion in einer gesonderten Datei abgelegt werden. Diese umfangreichen Dateien konnten wiederum anderen Benutzern zur Verfügung gestellt werden, was auch in großem Umfang geschah. Der BGH sah insoweit in der **Erstellung der Konkordanzlisten** eine nach § 87c Abs. 1 Nr. 1 **zulässige Vervielfältigung** wesentlicher Datenbankteile **zu privaten Zwecken** (vgl. BGH GRUR 2006, 493, 494f. – Briefmarkenkatalog auf CD-ROM; ebenso Vorinstanz OLG München ZUM-RD 2003, 306, 310 – Gliederungsschema für Briefmarkenkatalog).

Obwohl die softwaremäßig vorgesehene Im- und Exportfunktion von den Nutzern auch zu – nach § 87c Abs. 1 Nr. 1 gerade nicht erlaubten – Verbreitungshandlungen verwendet werden konnte und in großem Umfang auch verwendet wurde, **verneinte** der BGH eine **Störerhaftung** des CD-ROM-Herstellers. Denn die CD-ROM mit Im- und Exportfunktion könne in gleicher Weise auch rechtmäßig verwendet werden, etwa bei Neuinstallationen des Katalogprogramms, insb. bei Verwendung auf einem weiteren eigenen Rechner des Benutzers, oder zu Zwecken der Datensicherung (vgl. BGH GRUR 2006, 493, 494f. – Briefmarkenkatalog auf CD-ROM). **19**

Auch wenn sich die Frage stellt, ob nicht durch einfache technische Vorkehrungen die Vornahme der rechtswidrigen Verbreitungshandlungen hätte verhindert werden können, ist dem BGH im Ergebnis zuzustimmen. Denn die Vervielfältigungs- und Verbreitungshandlungen der Nutzer des „Philotax"-Systems bezogen sich, da es sich bei der Vergabe von selbst kreierten Ordnungsnummern um typische **Datenerzeugung** handelt und die entsprechenden Investitionen des Herstellers insoweit nicht berücksichtigungsfähig sind, letztlich ausschließlich auf **nach § 87b Abs. 1 unwesentliche** Teile des „Michel"-Katalogs, in denen keinerlei relevante Investitionsleistung verkörpert war (dazu ausführlich oben § 87a Rn. 33ff., 109, § 87b Rn. 11ff.; *Leistner* K&R 2007, 457, 463; zur möglicherweise gleichfalls einschlägigen Problematik quantitativ wesentlicher, an sich aber nicht schutzwürdiger Datenbankteile s. o. § 87b Rn. 14ff.). Entscheidend wäre damit die Frage gewesen, ob die Erstellung und der Austausch der Konkordanzlisten durch die Nutzer des „Philotax"-Systems die normale Auswertung der „Michel-Kataloge" oder die berechtigten Interessen ihrer Hersteller schwerwiegend beeinträchtigten. Dann wären sie nach der Umgehungsklausel in § 87b Abs. 1 S. 2 unzulässig (vgl. hierzu oben § 87b Rn. 66ff.). Wäre dies der Fall, hätte sich die Frage angeschlossen, ob eine Störerhaftung des Herstellers des Philotax-Systems für Umgehungshandlungen durch seine Benutzer eintrat (zur Störerhaftung § 97 Rn. 15ff.). **20**

b) Verbot der privaten Vervielfältigung elektronischer Datenbanken (Abs. 1 S. 1 Nr. 1 Halbs. 2). Von großer Bedeutung für den gesamten Bereich digitaler online- und offline-Datenbanken ist der **Ausschluss elektronischer Datenbanken von der Schranke des Vervielfältigungsrechts zum privaten Gebrauch.** Datenbanken, deren Elemente einzeln mit Hilfe elektronischer Mittel zugänglich sind, dürfen gem. § 87c Abs. 1 S. 1 Nr. 1 Halbs. 2 damit weder ganz noch in wesentlichen Teilen nicht einmal für private Zwecke kopiert werden. Im Ergebnis steht dem Hersteller elektronischer Datenbanken damit ein Vervielfältigungsrecht zu, welches den Privatgebrauch abdeckt und das er gegenüber dem Endnutzer unter Einsatz technischer Schutzmechanismen und digitaler Lizenzierungssysteme durchsetzen kann (Möhring/Nicolini/*Decker* § 87c Rn. 3; s. dazu näher § 95a Rn. 10ff.). § 87c Abs. 1 S. 1 Nr. 1 Halbs. 2 entspricht damit der Regelung in § 53 Abs. 5 S. 1, der die private Vervielfältigung für schöpferische Datenbanken (Datenbankwerke) verbietet (dazu § 53 Rn. 43). **21**

Da es allein auf die elektronische Natur der Ausgangsdatenbank ankommt, spielt es keine Rolle, ob die Vervielfältigungsstücke selbst elektronisch oder nicht-elektronisch sind. **Auch** **22**

die Herstellung analoger Kopien wesentlicher Teile elektronischer Datenbanken ist damit nach § 87c Abs. 1 S. 1 Nr. 1 Halbs. 2 **unzulässig** (Möhring/Nicolini/*Decker* § 87c Rn. 2; *Raue/Bensinger* MMR 1998, 507, 512). **Zulässig** ist es hingegen vorbehaltlich von § 87b Abs. 1 S. 2, auf der Festplatte des Computers oder auf einem Datenträger online abgerufene **Datenbankinhalte abzuspeichern, solange** es sich nur um **unwesentliche Teile** einer Datenbank handelt (Fromm/Nordemann/*Czychowski* § 87c Rn. 5; dazu oben Rn. 7). Auch die Herstellung digitaler Kopien von analogen Datenbanken ist durchaus zulässig (s. oben Rn. 14; vgl. BGH GRUR 2006, 493, 494 f. – Briefmarkenkatalog auf CD-ROM). Liegt eine Datenbank sowohl in digitaler als auch in analoger Form vor, bedarf es für die Geltendmachung von Verletzungsansprüchen daher des Beweises, dass die Vervielfältigungshandlungen gerade von der elektronischen Datenbank vorgenommen worden sind.

23 Die Begründung für den Ausschluss elektronischer Datenbanken von der Vervielfältigung zum privaten Gebrauch liegt in der extrem leichten Kopierbarkeit ohne Qualitätsverluste und der damit einhergehenden extremen Verletzlichkeit elektronischer Datenbanken sowie der unkontrollierbaren weltweiten Möglichkeit der Weitergabe (*v. Lewinski* in: Roßnagel § 87c Rn. 16; *Gaster* in: Hoeren/Sieber Rn. 197).

24 **c) Vervielfältigungen zum eigenen wissenschaftlichen Gebrauch (Abs. 1 S. 1 Nr. 2).** § 87c Abs. 1 S. 1 Nr. 2 gestattet die **Vervielfältigung** wesentlicher Teile einer Datenbank **zum eigenen wissenschaftlichen Gebrauch.** Der Zusatz, wonach die Vervielfältigung „zu diesem Zweck geboten" sein muss, stellt keine weitere Einschränkung dar., Sie verdeutlicht vielmehr den allgemeinen Grundsatz, dass von der Schranke eines Ausschließlichkeitsrechts nur im Rahmen der von ihr erlaubten Zweckbestimmung Gebrauch gemacht werden darf (Schricker/Loewenheim/*Vogel* § 87c Rn. 14; a.A. wohl Dreier/Schulze/*Dreier* § 87c Rn. 10: zulässige Einschränkung gegenüber der Richtlinie). Indem § 87c Abs. 1 S. 1 Nr. 2 die Vervielfältigung zu eigenen wissenschaftlichen Zwecken erlaubt, entspricht er der Freistellung von Wissenschaft und Forschung in § 53 Abs. 2 Nr. 1, so dass auf die dortige Rechtsprechung und Kommentierung zurückgegriffen werden kann (dazu näher § 53 Rn. 27 ff.; *v. Lewinski* in: Roßnagel § 87c Rn. 17). In Zweifelsfällen kommt jedoch auch hier dem EuGH die letztverbindliche Auslegungskompetenz zu (Art. 267 AEUV). Erfasst werden **Naturwissenschaften und Geisteswissenschaften** (Erwägungsgrund 36). Vervielfältigungen zum wissenschaftlichen Gebrauch können dabei grds. **sowohl von elektronischen als auch von nichtelektronischen Datenbanken** hergestellt werden. Eine vergleichbare Einschränkung auf nichtelektronische Datenbanken wie bei der Vervielfältigung zum privaten Gebrauch in § 87c Abs. 1 S. 1 Nr. 1 fehlt bei Nr. 2.

25 **Keine Befreiung** erfährt nach § 87c Abs. 1 S. 1 Nr. 2 hingegen die **gewerblichen Zwecken dienende Wissenschaft,** also etwa die von Forschungsabteilungen in Wirtschaftsunternehmen oder von Auftragsforschung betreibenden Instituten durchgeführte wissenschaftliche Tätigkeit (Erwägungsgrund 36; AmtlBegr. *M. Schulze* Materialien 1184; Schricker/Loewenheim/*Vogel* § 87c Rn. 16; Loewenheim/*Koch* § 77 Rn. 126; krit. Fromm/Nordemann/*Czychowski* § 87c Rn. 8; *Grützmacher* 347). „Gewerblich" ist dabei nicht im Sinne der Gewerbeordnung aufzufassen, sondern als **kommerziell** (Art. 9 lit. b Datenbank-Richtlinie, Erwägungsgrund 50; AmtlBegr. *M. Schulze* Materialien 1186). Wenn eine **Nutzung** nicht ausschließlich zu rein **wissenschaftlichen Zwecken** vorgenommen wird, sondern **gleichzeitig auch zu kommerziellen Zwecken** erfolgt, wenn z.B. die Aufbereitung und Systematisierung von Wissen Geschäftsgegenstand oder Grundlage kommerzieller Aktivitäten ist, ist die Vervielfältigung wesentlicher Datenbankteile von der Schranke in § 87c Abs. 1 S. 1 Nr. 2 nicht gedeckt. Da nicht auf den generellen Charakter der Tätigkeit einer Institution, sondern auf den **Zweck der konkreten Handlung** abzustellen ist, fallen etwa die innerhalb einer Universität gegen Vergütung erstellten Gutachten aus dem Geltungsbereich der Schranke heraus. Umgekehrt kann im Rahmen eines

gewerblich tätigen Unternehmens im Einzelfall wissenschaftliche Forschung zu nichtkommerziellen Zwecken betrieben werden (*v. Lewinski* in: Roßnagel § 87c Rn. 14; Schricker/Loewenheim/*Vogel* § 87c Rn. 16; Möhring/Nicolini/*Decker* § 87c Rn. 5; *Gaster* in: Hoeren/Sieber Rn. 179). Zwar zählt zum Begriff „Wissenschaft" grds. sowohl der Erwerb von Wissen durch Forschung als auch die Weitergabe dieses Wissens durch Lehre. Dennoch ist fraglich, ob sich **Universitäten und Hochschulen** auch hinsichtlich ihrer Lehrtätigkeit umfassend auf Nr. 2 berufen können (so Schricker/Loewenheim/*Vogel* § 87c Rn. 14). Bejaht man dies, spielt die umstrittene Frage, ob die universitäre Lehre unter den Begriff „Unterricht" in Nr. 3 und damit unter die dortige Privilegierung fällt, jedenfalls aus praktischer Sicht keine Rolle mehr (vgl. zu dem Streit sogleich Rn. 29).

In jedem Fall ist, wenn aufgrund der Schranke des § 87c Abs. 1 S. 1 Nr. 2 eine zulässige 26 Vervielfältigung zum eigenen wissenschaftlichen Gebrauch vorgenommen wird, auf den angefertigten Vervielfältigungsstücken gem. § 87c Abs. 1 S. 2 eine deutlich sichtbare **Quellenangabe** anzubringen (zur Quellenangabe näher unten Rn. 32 ff.).

Da sich die Schranke nach § 87c Abs. 1 S. 1 Nr. 2 (wie sämtliche Schranken in Abs. 1) 27 ausschließlich auf **Vervielfältigungen** erstreckt, dürfen Vervielfältigungsstücke wesentlicher Datenbankteile, die in zulässiger Weise zum eigenen wissenschaftlichen Gebrauch angefertigt worden sind, **anschließend weder verbreitet noch zu öffentlichen Wiedergaben genutzt** werden.

d) Vervielfältigungen zu Unterrichtszwecken (Abs. 1 S. 1 Nr. 3). § 87c Abs. 1 28 S. 1 Nr. 3 erlaubt die **Vervielfältigung** wesentlicher Teile einer Datenbank **zur Veranschaulichung des Unterrichts,** sofern sie nicht zu kommerziellen Zwecken erfolgt (dazu unten Rn. 29). **Unterricht** ist jede plan- und regelmäßige Unterweisung eines Lernenden durch einen Lehrenden in einem theoretischen oder praktischen Fach, wobei die Form oder der institutionelle Rahmen des Unterrichts unerheblich sind (Fromm/Nordemann/ *Czychowski* § 87c Rn. 11). Insoweit gilt zunächst, dass, auch wenn zwischen Unterricht und Prüfung grds. ein enger Zusammenhang besteht, Vervielfältigungen zu **Prüfungszwecken** von der Schranke in Nr. 3 **nicht erfasst** werden (Schricker/Loewenheim/*Vogel* § 87c Rn. 18; *v. Lewinski* in: Roßnagel § 87c Rn. 20; Dreier/Schulze/*Dreier* § 87c Rn. 12; *Leistner* 315 f.; *Haberstumpf* GRUR 2003, 14, 30). Dies ergibt sich nicht nur aus dem Gebot enger Auslegung von Schrankenbestimmungen, dem klaren Wortlaut und der Gesetzessystematik (in § 53 Abs. 3 Nr. 1 und Nr. 2 wird insoweit ausdrücklich zwischen Unterrichts- und Prüfungszwecken unterschieden), sondern vor allem aus Art. 9 lit. b der Datenbank-Richtlinie, welcher die maximale Reichweite der erlaubten Schranke verbindlich festlegt (Schricker/Loewenheim/*Vogel* § 87c Rn. 18; so auch generell zu Art. 9 *Gaster* in: Hoeren/ Sieber Rn. 175). Dass damit der sui-generis-Schutz einer Datenbank stärker ausgestaltet ist als der Urheberrechtsschutz, wird von der Datenbank-Richtlinie grds. erlaubt (*v. Lewinski* in: Roßnagel § 87c Rn. 20). Darüber hinaus werden von Nr. 3 gleichfalls nicht die Hilfsmaterialien für Lehrer erfasst (Dreier/Schulze/*Dreier* § 87c Rn. 14; Schricker/Loewenheim/*Vogel* § 87c Rn. 20).

Der Unterricht darf schließlich **nicht gewerblichen Zwecken** dienen. Insoweit bleibt 29 die Vervielfältigung wesentlicher Datenbankteile dem Ausschließlichkeitsrecht des Datenbankherstellers vorbehalten (Fromm/Nordemann/*Czychowski* § 87c Rn. 11; Möhring/ Nicolini/*Decker* § 87c Rn. 8). Gewerblich und damit von der Schranke des § 87c Abs. 1 S. 1 Nr. 3 ausgenommen sind etwa die **betriebliche Aus-, Fort- und Weiterbildung** sowie der entgeltliche **Privatunterricht** und der Unterricht im Rahmen von **privatkommerziellen Fach- und Fortbildungsseminaren** (Möhring/Nicolini/*Decker* § 87c Rn. 7; *v. Lewinski* in: Roßnagel § 87c Rn. 20). In § 87c Abs. 1 S. 1 Nr. 3 werden die **privilegierten Bildungseinrichtungen** nicht im Einzelnen bezeichnet. Unstreitig ist, dass jedenfalls die in § 53 Abs. 3 Nr. 1 aufgeführten Einrichtungen, also insb. die öffentlich zugänglichen allgemeinbildenden und Volkshochschulen, nichtgewerbliche Einrichtungen der Aus- und Weiterbildung sowie nichtgewerbliche Einrichtungen der Berufsbildung der Privilegierung unterfallen (Schricker/Loewenheim/*Vogel* § 87c Rn. 19; *v. Lewinski* in: Roßnagel § 87c Rn. 20; Fromm/Nordemann/*Czychowski* § 87c Rn. 11; Möhring/ Nicolini/*Decker* § 87c Rn. 8). Der **Unterricht an Privatschulen** wird dabei insoweit privilegiert, sofern und soweit von ihnen der öffentlich-rechtliche Unterricht „lediglich substituiert" wird (Fromm/Nordemann/*Czychowski* § 87c Rn. 11). Ob sich darüber hinaus aber auch **Universitäten und Hochschulen** auf die Schranke des § 87c Abs. 1 S. 1 Nr. 3 berufen können, ist **umstritten**. Sollte für die universitäre Lehre bereits die Schranke der Nr. 2 greifen (dazu oben Rn. 25), käme der Frage ihrer Privilegierung nach Nr. 3 allerdings keinerlei Bedeutung mehr zu. Die wohl **überwiegende Ansicht verneint eine Privilegierung** von Universitäten und Hochschulen. Hierzu wird auf die Bestimmung des § 53 Abs. 3 Nr. 1 verwiesen. Zudem spreche das Gebot der engen Auslegung von Schrankenbestimmungen und die konkrete Gefahr, dass ansonsten eine kaum mehr überschaubare Vielzahl zulässiger Kopien wesentlicher Datenbankteile die Anschaffung der Datenbank selbst ersetzen und damit die berechtigten Interessen des Datenbankherstellers gefährden könnte, gegen die Einbeziehung von Hochschulen (vgl. § 53 Rn. 38 a. E.; *Leistner* 316; *v. Lewinski* in: Roßnagel § 87c Rn. 20; Schricker/Loewenheim/*Vogel* § 87c Rn. 19, allerdings sollen sich Universitäten und Hochschulen auf Nr. 2 berufen können, Rn. 14; *Haberstumpf* GRUR 2003, 14, 30; so auch Voraufl. Rn. 33). Dies **überzeugt indes nicht**. Auch an Hochschulen findet Unterricht statt. Aus diesem Grund sieht § 53 Abs. 3 Nr. 1 ausdrücklich eine Beschränkung auf die dort genannten Einrichtungen vor. Eine solche Einschränkung fehlt vorliegend. Im Umkehrschluss bedeutet dies, dass der Gesetzgeber hier gerade keine Beschränkung auf bestimmte Einrichtungen vornehmen wollte. Der zugrunde liegende Art. 9 lit. b Datenbank-Richtlinie sieht ebenfalls keine Beschränkung vor und spricht allgemein vom Unterricht. In **Erwägungsgrund 51** heißt es dazu, dass die Mitgliedstaaten die Genehmigung „auf bestimmte Gruppen von Lehranstalten" beschränken können. Ihnen steht folglich ein Ermessen zu. Wenn sie dieses Ermessen zur Einschränkung der vorgesehenen weiten Schranke ausüben wollen, muss die Beschränkung aber im Umsetzungsgesetz deutlich zum Ausdruck kommen. Das ist hier, anders als bei § 53 Abs. 3 Nr. 1, gerade nicht geschehen. Allein der Umstand, dass eine Vielzahl weiterer Kopien entstehen könnte, ändert hieran nichts. Möchte der Gesetzgeber bestimmte Einrichtungen von der Schrankenregelung ausnehmen, muss er dies durch eine Klarstellung im Gesetz zum Ausdruck bringen (ähnlich Möhring/Nicolini/*Decker* § 87c Rn. 8; *v. Gerlach* in: Kilian/ Heussen Rn. 68; offen gelassen von Dreier/Schulze/*Dreier* § 87c Rn. 12; undeutlich Fromm/Nordemann/*Czychowski* § 87c Rn. 11).

30 Auch die Schranke der Vervielfältigung wesentlicher Datenbankteile zu (nicht kommerziellen) Unterrichtszwecken erfasst **sowohl** Vervielfältigungen **nichtelektronischer wie elektronischer Datenbanken** (anders als beim Privatgebrauch, dazu oben Rn. 14, 25). Eine **Quellenangabe** ist bei der Nutzung im Rahmen der Unterrichtszwecke in jedem Fall erforderlich (dazu Rn. 32 ff.).

31 Da sich die Schranke nach § 87c Abs. 1 S. 1 Nr. 3 (wie sämtliche Schranken in Abs. 1) ausschließlich auf **Vervielfältigungen** erstreckt, dürfen Vervielfältigungsstücke wesentlicher Datenbankteile, die in zulässigerweise zu Unterrichtszwecken angefertigt worden sind, **anschließend weder verbreitet noch zu öffentlichen Wiedergaben genutzt** werden.

2. Erforderlichkeit der Quellenangabe (Abs. 1 S. 2)

32 § 87c Abs. 1 S. 2 schreibt vor, dass dann, wenn von den Schranken der Vervielfältigung zum wissenschaftlichen Gebrauch (Abs. 1 S. 1 Nr. 2) sowie zur Veranschaulichung des Unterrichts (Abs. 1 S. 1 Nr. 3) Gebrauch gemacht wird, also in den Fällen, in denen die privilegierte Handlung anders als bei der privaten Vervielfältigung gem. § 87c Abs. 1 S. 1 Nr. 1

Auswirkungen über die private und interne Sphäre hinaus hat, eine **deutliche Angabe der Quelle** zu erfolgen hat. Der Begriff **Quelle** ist hier als diejenige **Datenbank** zu verstehen, welcher der wesentliche Teil entnommen worden ist. Die Bezeichnung dieser Datenbank muss auf dem Vervielfältigungsstück **deutlich sichtbar** angegeben werden (Möhring/Nicolini/*Decker* § 87c Rn. 9; Fromm/Nordemann/*Czychowski* § 87c Rn. 14; Schricker/Loewenheim/*Vogel* § 87c Rn. 21; Dreier/Schulze/*Dreier* § 87c Rn. 11). Zu den für eine derartige Quellenangabe erforderlichen Angaben zählen vor allem der **Name der Datenbank** und, sofern vorhanden, das **Publikationsorgan,** ihr **Erscheinungszeitpunkt** bzw. die **Version der (elektronischen) Datenbank** (s. allgemein § 63 Rn. 12 ff.). Ob und inwieweit dabei in jedem Fall auch der (oftmals unbekannte) Hersteller der Datenbank oder jedenfalls sein Rechtsnachfolger als Rechtsinhaber anzugeben sind (so Dreier/Schulze/*Dreier* § 87c Rn. 11; wohl auch Schricker/Loewenheim/*Vogel* § 87c Rn. 17; implizit nun auch Fromm/Nordemann/*Czychowski* § 87c Rn. 9), ist fraglich. Derartige Angaben dürften nur dann anzuführen sein, wenn sie zur Identifizierung der als Quelle verwendeten Datenbank erforderlich oder aber ohne großen Aufwand ermittelbar sind. Ein urheberrechtlicher Anspruch auf Namensnennung nach § 13 scheidet insoweit beim sui-generis-Recht mangels persönlichkeitsrechtlicher Grundlage ohnehin aus.

Fehlt die deutliche Quellenangabe, wird die ansonsten zulässige Vervielfältigung dadurch **33** nicht insgesamt unzulässig. Der Rechtsinhaber hat vielmehr gegen die konkrete Form der Benutzung einen **Unterlassungsanspruch** nach § 97 Abs. 1, d. h. er kann verlangen, dass keine weiteren Vervielfältigungsstücke hergestellt werden, ohne dass die Quellenangabe auf ihnen angebracht ist. Darüber hinaus hat er bei Vorliegen eines Verschuldens einen **Schadensersatzanspruch** nach § 97 Abs. 2 (Schricker/Loewenheim/*Vogel* § 87c Rn. 17; s. auch § 63 Rn. 31, § 97 Rn. 6, 51 ff.) und kann einen Zuschlag wegen unterlassener Quellenangabe verlangen (näher dazu oben § 87b Rn. 107 ff.).

Werden der **Datenbank Werke und Leistungen entnommen,** die ihrerseits urheber- **34** bzw. leistungsschutzrechtlich geschützt sind, ist bezüglich dieser Werke und Leistungen bei Eingreifen einer allgemeinen Schranke die Verpflichtung zur **Quellenangabe gem. § 63** zu beachten (Fromm/Nordemann/*Hertin*[9] § 87c Rn. 7). Da es sich bei einzelnen entnommenen Werken und Leistungen regelmäßig um „unwesentliche Datenbankteile" handelt, die nicht dem Ausschließlichkeitsrecht des Datenbankherstellers unterfallen (dazu § 87b Rn. 4 ff., 66 ff.), wird bei der Entnahme einzelner Werke und Leistungen regelmäßig sogar ausschließlich die Quellenangabe gem. § 63 für die betreffenden Werke und Leistungen zu beachten sein. Das sui-generis-Recht des Datenbankherstellers und somit die Schranke des § 87c Abs. 1 mit dem Erfordernis der Quellenangabe greift insoweit erst dann, wenn sich die entnommenen Werke und Leistungen zu einem wesentliche Datenbankteil addieren.

IV. Die Schranke für die öffentliche Sicherheit und Rechtspflege in Abs. 2

1. Vervielfältigung, Verbreitung und öffentliche Wiedergabe

Abs. 2 erlaubt die Verwendung wesentlicher Teile einer Datenbank zu Zwecken der **35** Rechtspflege und öffentlichen Sicherheit. Anders als die Schranken in Abs. 1 **gestattet Abs. 2 nicht nur die Vervielfältigung,** sondern darüber hinaus **auch die Verbreitung** (§ 17) und **öffentliche Wiedergabe** (§ 15 Abs. 2, 3) der wesentlichen Datenbankteile und sichert dadurch im Bereich der Justiz und öffentlichen Sicherheit die Möglichkeit, soweit erforderlich, **umfassend** auf die Nutzung von Datenbanken zurückgreifen zu können (Möhring/Nicolini/*Decker* § 87c Rn. 10; Fromm/Nordemann/*Czychowski* § 87c Rn. 13). § 87c Abs. 2 gestattet dabei insb. auch die **Online-Nutzung** (Schricker/Loewenheim/ *Vogel* § 87c Rn. 22).

2. Rechtspflege und öffentliche Sicherheit

36 Unter den genannten Zwecken entspricht die Nutzung in einem Verfahren vor einem **Gericht** oder **Schiedsgericht** und vor einer **Behörde** wörtlich den in § 45 Abs. 1 und 3 niedergelegten Schranken, so dass auf die entsprechenden Kommentierungen verwiesen werden kann (s. § 45 Rn. 2; Möhring/Nicolini/*Decker* § 87c Rn. 11; Fromm/Nordemann/*Czychowski* § 87c Rn. 13; Dreier/Schulze/*Dreier* § 87c Rn. 18). Zwar bestehen, da Art. 9 lit. c der Datenbank-Richtlinie nur „Gerichtsverfahren" nennt, **Zweifel** daran, ob die Aufnahme von **Schiedsgerichten** in Abs. 2 **richtlinienkonform** ist. Denn Verfahren vor Schiedsgerichten werden nach dem üblichen Sprachgebrauch von dem Begriff „Gerichtsverfahren" nicht erfasst (*v. Lewinski* in: Roßnagel § 87c Rn. 21). Allerdings üben Schiedsgerichte in gleicher Weise Rechtsprechungsfunktionen aus wie die staatlichen Gerichte. Diese erwünschte Form der Konfliktlösung würde durch eine Beschränkung der Schranke in § 87c Abs. 2 allein auf die Rechtsprechung durch staatliche Gerichte ohne erkennbaren Grund behindert. Somit dürfte einer Auslegung des Richtlinien-Begriffs „Gerichtsverfahren", die sowohl staatliche Gerichtsverfahren als auch nichtstaatliche Schiedsgerichtsverfahren mit umfasst, der Vorzug zu geben sein.

37 Unter dem Begriff der **öffentlichen Sicherheit** versteht man „die Unversehrtheit der Rechtsordnung und der grundlegenden Einrichtungen des Staates sowie von Gesundheit, Ehre, Freiheit und Vermögen seiner Bürger" (Dreier/Schulze/*Dreier* § 45 Rn. 11; § 45 Rn. 5). Erfasst werden dabei sowohl die **Prävention** als auch die **Verfolgung von Störungen** der öffentlichen Sicherheit, von Ordnungswidrigkeiten und von Verbrechen gleichermaßen. Die Schrankenregelung greift dabei auch dann, wenn anstelle der **Behörden und staatlichen Organe Beliehene, Verwaltungshelfer oder sonstige Inpflichtgenommene** zu Zwecken der öffentlichen Sicherheit tätig werden (s. § 45 Rn. 2). Aus der parallelen Schrankenregelung in § 45 Abs. 2 für die Nutzung urheberrechtlich geschützter Werke für Zwecke der öffentlichen Sicherheit lassen sich aufgrund erheblicher Unterschiede in Voraussetzungen und Zielrichtung der beiden Vorschriften im Übrigen aber nur geringe Rückschlüsse für die Auslegung von § 87c Abs. 2 ziehen (so beschränkt sich die Privilegierung in § 45 Abs. 2 auf die Nutzung von „Bildnissen" durch Gerichte und Behörden; Möhring/Nicolini/*Decker* § 87c Rn. 12; a. A. Schricker/Loewenheim/*Vogel* § 87c Rn. 22; Dreier/Schulze/*Dreier* § 87c Rn. 18; so nun auch Fromm/Nordemann/*Czychowski* § 87c Rn. 13). Soweit es um die Verwendung des Datenbank**inhalts** selbst geht, ist nicht § 87c Abs. 2 anzuwenden, sondern § 45 Abs. 2 unmittelbar anwendbar.

V. Einzelfragen zu den Schranken

1. Keine Vergütungspflicht

38 Anders als bei den urheberrechtlichen Schrankenbestimmungen für das Vervielfältigungsrecht in § 53 Abs. 1–3, für die in § 54 eine Vergütungspflicht enthalten ist, sind sämtliche durch § 87c erlaubten Nutzungshandlungen **vergütungsfrei** (Schricker/Loewenheim/*Vogel* § 87c Rn. 11; Dreier/Schulze/*Dreier* § 87c Rn. 1; *Wiebe* in: Spindler/Schuster § 87c Rn. 1). Auch eine entsprechende Anwendung der Vergütungsregelungen des Ersten Teils des UrhG kommt wegen der damit verbundenen disharmonisierenden Wirkung innerhalb der EU und der abschließenden Regelung des § 87c nicht in Betracht (Schricker/Loewenheim/*Vogel* § 87c Rn. 11).

2. Zulässigkeit von vorübergehenden Vervielfältigungen und Sicherungskopien?

39 § 87c, der den von Art. 9 der Datenbank-Richtlinie vorgegebenen Freistellungsspielraum vollständig ausnutzt, ist in Bezug auf das Datenbankherstellerrecht **lex specialis ge-**

genüber dem urheberrechtlichen Ausnahmekatalog in §§ 44aff. (AG Rostock MMR 2001, 631, 632; Fromm/Nordemann/*Czychowski* § 87c Rn. 18; Dreier/Schulze/ *Dreier* § 87c Rn. 1; Schricker/Loewenheim/ *Vogel* § 87c Rn. 1).

Auf die in §§ 44aff. geregelten weitergehenden Ausnahmen kann daher grds. nicht zurückgegriffen werden, sondern nur insoweit als es um die Auslegung einzelner paralleler Tatbestandsmerkmale in § 87c geht. Darüber hinaus gilt auch für § 87c der **Grundsatz enger Auslegung von Schrankenbestimmungen** (Schricker/Loewenheim/*Vogel* § 87c Rn. 6; st. Rspr., vgl. BGH MMR 2005, 601, 602f. – Wirtschaftswoche m. w. N.; ausführlich Vor §§ 44aff. Rn. 1). Hieraus ergeben sich für die Frage der Zulässigkeit von vorübergehenden Vervielfältigungen wesentlicher Datenbankteile sowie der Anfertigung von Sicherungskopien folgende Konsequenzen: 40

Vom Datenbankherstellerrecht werden gem. § 87b Abs. 1 S. 1 auch nur vorübergehende Vervielfältigungen der Datenbank insgesamt oder ihrer wesentlichen Teile erfasst (dazu oben § 87b Rn. 24, 34ff.). **Bei Datenbankwerken und Computerprogrammen** sind in § 55a (der auf Art. 6 Abs. 1 der Datenbank-Richtlinie zurückgeht) bzw. in § 69d Abs. 1 **Schranken** vorgesehen, wonach dem berechtigten Benutzer derartige **vorübergehende Vervielfältigungen** ohne Einholung einer gesonderten Lizenz erlaubt werden, **sofern** sie für den **Zugang zu den Elementen** des Datenbankwerkes und für dessen **übliche Benutzung erforderlich** sind. Eine solche Schranke fehlt für das Datenbankherstellerrecht. § 87e erklärt lediglich die vertragliche Untersagung der Nutzung unwesentlicher Teile für unwirksam, wodurch aber die Nutzung wesentlicher Teile oder der Datenbank insgesamt, auch wenn sie durch einen grds. berechtigten Datenbanknutzer erfolgt, nicht erfasst wird. 41

Die in den §§ 87c und 87e umgesetzten Art. 8 und 9 der Datenbank-Richtlinie, in denen die Interessen berechtigter Benutzer gegenüber dem Inhaber des sui-generis-Rechts bereits berücksichtigt worden sind, sehen eine entsprechende Regelung, wie sie in der parallelen Bestimmung des Art. 6 Abs. 1 der Datenbank-Richtlinie für das Datenbank**urheberrecht** enthalten ist, explizit nicht vor. Dies hätte an sich nahe gelegen, so dass keine planwidrige Regelungslücke vorliegen dürfte und eine **analoge Anwendung von § 55a oder § 69d Abs. 1 ausscheiden muss** (Möhring/Nicolini/*Decker* § 87b Rn. 3; Fromm/ Nordemann/*Czychowski* § 87c Rn. 18; a. A., für analoge Anwendung *Raue/Bensinger* CR 1998, 507, 511; Dreier/Schulze/*Dreier* § 87c Rn. 4; Schricker/Loewenheim/ *Vogel* § 87c Rn. 6; *Fuchs* UFITA I/2008, 27, 39; *v. Gerlach* in: Kilian/Heussen Rn. 63). Offensichtlich ging der Richtliniengesetzgeber davon aus, dass **für die bestimmungsgemäße Nutzung** einfacher, d. h. lediglich leistungsschutzrechtlich geschützter elektronischer Datenbanken grds. **keine vorübergehenden Vervielfältigungen wesentlicher Datenbankteile** oder der Datenbank insgesamt **erforderlich** sind bzw. bei Erforderlichkeit stets eine vertragliche Einräumung ausdrücklich erfolgt. Sollte dies im Einzelfall **ausnahmsweise** einmal anders sein und eine ausdrückliche Vereinbarung zwischen dem Datenbankhersteller und dem Nutzer fehlen, kann daher nicht auf eine Schranke zurückgegriffen werden. Der Nutzer ist vielmehr auf das Vorliegen einer nach dem Zweckübertragungsprinzip **konkludent erteilten Lizenz** zu einer entsprechenden Nutzung der wesentlichen Datenbankteile angewiesen (Möhring/Nicolini/*Decker* § 87b Rn. 3; *Leupold* CR 1998, 238). Eine solche konkludent erteilte Lizenz kann sich bei einer technisch notwendigen Zwischenspeicherung ggf. auch aus den Nutzungsbestimmungen ergeben (*Eickemeier* GRUR 2009, 578). Einem vertraglich nicht berechtigten Nutzer steht dieses Recht aber jedenfalls auf keinen Fall zu. 42

In gleicher Weise darf ohne ausdrückliche Zustimmung des Datenbankherstellers auch **keine Sicherungskopie** von der Datenbank insgesamt bzw. von ihren qualitativ oder quantitativ wesentlichen Teilen hergestellt werden (Loewenheim/*Koch* § 77 Rn. 80; Fromm/Nordemann/*Czychowski* § 87b Rn. 16). Das Anfertigen einer Sicherungskopie wird insoweit weder von der Schranke des privaten Gebrauchs in § 87c Abs. 1 S. 1 Nr. 1 erfasst (ganz abgesehen davon, dass diese Ausnahmeerlaubnis sich nur auf analoge Daten- 43 banken bezieht, dazu oben Rn. 14), noch ist die für Computerprogramme geltende Regelung in § 69d Abs. 2 analog anwendbar. Der **Datenträger,** auf dem der Benutzer die Datenbank erworben hat, ist grds. **Sicherung genug** und es darf nicht noch ein zweiter Datenträger (ob auf der Festplatte oder auf einer zweiten CD-ROM) hergestellt werden (Loewenheim/*Koch* § 77 Rn. 80; Fromm/Nordemann/*Czychowski* § 87b Rn. 16; a.A. § 69d Rn. 55). Allein die fehlende Benutzerfreundlichkeit bestimmter restriktiver Herstellerpraktiken rechtfertigt nicht die Schaffung gesetzlich nicht vorgesehener Schranken. Dies gilt umso mehr, als die Sicherungskopie in praktischer Hinsicht vor allem bei elektronischen Datenbanken erforderlich wäre, ihre Zulässigkeit dort aber im Widerspruch zum Verbot der Privatkopie elektronischer Datenbanken stünde (s. o. Rn. 21 ff.).

44 Einer ausdrücklichen Zustimmung des Datenbankherstellers bedarf insoweit regelmäßig auch die **Nutzung der Datenbank** in einem Netzwerk bzw. **im Intranet.** Dies setzt nämlich in technischer Hinsicht voraus, dass ein Teil des Datenbankinhalts vom zentralen Netzwerkserver in den Arbeitsspeicher des jeweils auf die Datenbank zugreifenden Benutzers geladen und damit für jeden Benutzer vervielfältigt wird (Fromm/Nordemann/ *Czychowski* § 87b Rn. 16; a. A. *Kotthoff* GRUR 1997, 599).

3. Recht auf Zugang zu Informationen bei behördlichen Datenbanken

45 Das Ausschließlichkeitsrecht steht grds. privaten und öffentlich-rechtlichen Datenbankherstellern gleichermaßen zu. Mit der vom BGH vertretenen analogen Anwendung von § 5 auf „amtliche Datenbanken" sind allerdings einige behördliche Datenbanken vom suigeneris-Schutz vollständig ausgenommen (vgl. BGH GRUR 2007, 500 – Sächsischer Ausschreibungsdienst; Datenbankschutz wurde noch bejaht von der Vorinstanz OLG Dresden ZUM 2001, 595; s. ausführlich oben § 87a Rn. 142 ff.).

46 Die **spezialgesetzlich geregelten Zugangs- und Weiterverwendungsrechte** von amtlichen Informationen haben **nicht zur Folge,** dass **amtliche Datenbanken per se** und stets analog § 5 Abs. 2 **gemeinfrei** sind. Der Bund und die meisten Bundesländer haben den Zugang des Bürgers zu Informationen öffentlicher Stellen in den Informationsfreiheitsgesetzen (IFG) sowie in Fachgesetzen geregelt. Nach **§ 1 Abs. 1 S. 1 IFG des Bundes** hat jeder nach Maßgabe dieses Gesetzes gegenüber den Behörden des Bundes einen Anspruch auf Zugang zu amtlichen Informationen. Die Frage der Weiterverwendung von amtlichen Informationen ist hingegen in dem Informationsweiterverwendungsgesetz (IWG) v. 13.12.2006 geregelt, das die Richtlinie 2003/98/EG v. 17.11.2003 umsetzt. Nach **§ 3 Abs. 1 S. 1 IWG** ist jede Person bei der Entscheidung über die Weiterverwendung vorhandener Informationen öffentlicher Stellen, die diese zur Weiterverwendung zur Verfügung gestellt haben, gleich zu behandeln. Aus diesem Recht auf Zugang zu amtlichen Informationen und Anspruch auf gleiche Behandlung bei ihrer Weiterverwendung folgt jedoch gerade **kein allgemeinverbindliches,** die analoge Anwendung von § 5 Abs. 2 rechtfertigendes **spezifisches Verbreitungsinteresse** (vgl. BGH ZUM 2007, 136, 138 – Bodenrichtwertsammlung; *Altmeppen/Kahlen* MMR 2006, 499, 500; *Gaster* in: Hoeren/Sieber Rn. 191; weitergehend *Fuchs* UFITA I/2008, 27, 44 f.). Die Gesetze und Richtlinie enthalten nämlich keine Regelungen, ob Informationen des öffentlichen Sektors Urheberrechtsschutz genießen oder nicht (BGH ZUM 2007, 136, 138 – Bodenrichtwertsammlung). **Über die im IFG und IWG genannten Grundsätze hinaus** wird die Wahrnehmung des sui-generis-Schutzes durch einen öffentlich-rechtlichen Datenbankhersteller folglich **nicht eingeschränkt** (so auch *Altmeppen/Kahlen* MMR 2006, 499, 500). Gegen mögliche Ansprüche des Bürgers aus IFG bzw. IWG kann sich der öffentlich-rechtliche Datenbankhersteller allerdings auch nicht auf die Ausschlussgründe für entgegenstehende geistige Eigentumsrechte Dritter in § 6 S. 1 IFG des Bundes bzw. § 1 Abs. 2 Nr. 4 IWG berufen (näher zum Ausschlussgrund des geistigen Eigentums im IFG *Wendt* ZD 2011, 166). Zum einen wird der Auskunftssuchende regelmäßig nur Zugang zu

einzelnen Datensätzen beantragen und damit zu nicht geschützten unwesentlichen Teilen (*Wendt* ZD 2011, 166, 172, demzufolge der Zugang aber aufgrund von Spezialgesetzen, die der Errichtung von behördlichen Datenbanken oftmals zugrunde liegen, ausgeschlossen sein könne). Zum anderen muss es sich um Schutzrechte „Dritter" handeln, worunter die öffentlichen Stellen gerade nicht fallen, so dass die Ausschlussgründe von vornherein nicht zum Tragen kommen (VGH Mannheim GRUR 2013, 821 Rn. 52 m.w.N.).

Auch aus § 4 **Umweltinformationsgesetz** (UIG) folgt keinerlei Verpflichtung zu kostenlosen Auskünften oder zur Duldung der wiederholten und systematischen Entnahme aus behördlichen Datenbanken. Ein öffentlich-rechtlicher Datenbankhersteller, der nach § 87a Schutz genießt, ist nach den Vorschriften des UIG somit nicht zu kostenlosen Auskünften verpflichtet (OLG Köln MMR 2007, 443, 446 – DWD-Wetterdaten). Aus **Art. 12a BayVermKatG** folgt auch kein Recht zur Vervielfältigung der Ergebnisse der Landesvermessung (vgl. Art. 4 Abs. 2 BayVermKatG, LG München I GRUR 2006, 225, 228 – Topografische Kartenblätter). **47**

Auch die weiteren gesetzlich geregelten Publizitäts- und Informationspflichten behördlicher Register geben zwar **Einsichtsrechte** (vgl. § 9 HGB; § 138 Abs. 4; § 31 Abs. 1 S. 2 PatG; § 8 Abs. 5 GebrMG; § 62 Abs. 3 MarkenG; § 22 GeschmMG etc.; teilweise nur gegen Nachweis eines besonderen Interesses wie § 12 Abs. 1 und Abs. 2 GBO; etc.). Sie berechtigen jedoch als solche nicht zum Aufbau eines Konkurrenzregisters mit dem Ziel einer kommerziellen Nutzung (Schricker/Loewenheim/*Vogel* § 87b Rn. 61). Derartige Maßnahmen sind vielmehr durch § 87b Abs. 1 S. 1 verboten und unterliegen damit der Erlaubnispflicht des Datenbankbetreibers, sofern die Datenbank nicht im Einzelfall als „amtliche Datenbank" gemeinfrei (s. § 87a Rn. 142ff.) oder aufgrund fehlender berücksichtigungsfähiger Investitionen ungeschützt ist (s. § 87a Rn. 113). **48**

Schließlich berechtigt auch das **Grundrecht der Pressefreiheit** nach Art. 5 Abs. 1 S. 2 GG nicht zu einem Eingriff in das Datenbankherstellerrecht (BGH GRUR 2005, 940, 942 – Marktstudien). **49**

Ein sondergesetzlich geregeltes Zugangs- und Weiterverwendungsrecht ergab sich jedoch aus § 12 TKG 1996a.F., der mit Wirkung zum 26.4.2004 durch **§ 47 TKG** abgelöst wurde. Die Normen unterscheiden sich hinsichtlich des Kreises der Berechtigten und der Zuständigkeit der Regulierungsbehörde (Beck'scher TKG-Kommentar/*Wilms* § 47 Rn. 13f.). Der Kern der Vorschrift blieb indes unberührt. Es geht um eine Verpflichtung von Unternehmen zur **Überlassung** von (Telefon-)**Teilnehmerdaten** und damit um einen besonderen Zugangstatbestand zu dem „Rohstoff Teilnehmerdaten" für Unternehmen, die Auskunftsdienste anbieten oder Teilnehmerverzeichnisse herausgeben möchten (Beck'scher TKG-Kommentar/*Wilms* § 47 Rn. 1; s. dazu § 87a Rn. 77). Die Norm des § 47 TKG ist **europarechtskonform,** wie das BVerwG Mitte 2012 nach einer Vorabentscheidung durch den EuGH (EuZW 2011, 484; Vorlagebeschluss BVerwG MMR 2010, 130) entschieden hat (BVerwG NVwZ 2013, 139 m.Anm. *Bergmann*). Diese Norm geht dem sui-generis-Schutz nach überzeugender Meinung als **lex specialis** vor, da er einen sonderkartellrechtlichen Zugang unabhängig vom Datenbankherstellerrecht gewährleisten will. Dies steht mit Art. 13 Datenbank-Richtlinie im Einklang (Beck'scher TKG-Kommentar/*Wilms* § 47 Rn. 11; OLG Düsseldorf MMR 2007, 718, Rz. 46). **50**

4. Anpassung des Schrankenkatalogs durch Richtlinienänderung?

Soweit der – optionale – Schrankenkatalog in Art. 9 der Datenbank-Richtlinie wesentlich enger ist als etwa der abschließende Schrankenkatalog in Art. 5 der Multimedia-Richtlinie (zu diesem ausführlich Vor §§ 44a ff. Rn. 5 ff.; *Rieger* 195 bezeichnet den Katalog nicht ohne Berechtigung als „konzeptionelle Schwachstelle" der Richtlinie), ist vorgeschlagen worden, den datenbankrechtlichen Schrankenkatalog an die Vorgaben der Multimedia-Richtlinie anzupassen (s. dazu *Kur/Hilty/Geiger/Leistner* 551, 556 f.; *Leistner* K&R 2007, 457, 465). Mit **51** einer Tätigkeit der Kommission ist aber vorerst nicht zu rechnen (*Rieger* 2, 196, der daher für eine „Weiterentwicklung" der Schranken bereits de lege lata anhand von Art. 5 der Multimedia-Richtlinie eintritt; dies dürfte aber wegen des abschließenden Charakters der Datenbank-Richtlinie problematisch sein; dazu auch oben Vor §§ 87a ff. Rn. 6–8).

§ 87d Dauer der Rechte

Die Rechte des Datenbankherstellers erlöschen fünfzehn Jahre nach der Veröffentlichung der Datenbank, jedoch bereits fünfzehn Jahre nach der Herstellung, wenn die Datenbank innerhalb dieser Frist nicht veröffentlicht worden ist. Die Frist ist nach § 69 zu berechnen.

Literatur: S. die Angaben Vor §§ 87a ff. sowie die Angaben im eingangs abgedr. Gesamtliteraturverzeichnis.

Übersicht

	Rn.
I. Regelungszweck	1–3
II. Fristbeginn	4–8
1. Veröffentlichung, hilfsweise Herstellung	4–7
a) Der Veröffentlichungszeitpunkt	5, 6
b) Der Herstellungszeitpunkt	7
2. Berechnung der Frist nach § 69	8
III. Schutzdauer für geänderte Datenbanken	9, 10
IV. Prozessuale Aspekte	11
V. Übergangsrecht	12

I. Regelungszweck

1 § 87d legt die **Schutzdauer für das sui-generis-Recht** fest. Diese beträgt **lediglich 15 Jahre** und bleibt damit deutlich hinter der Schutzfrist von 70 Jahren p.m.a. für das Urheberrecht bzw. von 50 Jahren für die meisten Leistungsschutzrechte zurück. **Fristbeginn** ist regelmäßig der Zeitpunkt der **ersten Veröffentlichung** der Datenbank (dazu unten Rn. 4). Lediglich hilfsweise, sofern eine Datenbank nicht innerhalb von 15 Jahren nach ihrer Herstellung veröffentlicht worden ist, ist auf den Zeitpunkt ihrer **Herstellung** zu rekurrieren, so dass der Schutz unveröffentlichter Datenbanken 15 Jahre nach ihrer Herstellung endet (dazu unten Rn. 7).

2 § 87d ist im Zusammenhang mit der Regelung in § 87a Abs. 1 S. 2 zu lesen. Danach gilt jede **wesentlich geänderte Datenbank,** sofern die Änderung eine wesentliche Neuinvestition erfordert hat, **als „neue Datenbank",** was den Lauf einer **neuen Schutzfrist auslöst.** In praktischer Hinsicht ist der sui-generis-Schutz aufgrund dieser Neuheitsfiktion **durch regelmäßige Pflege und Aktualisierung** bei manchen Datenbanken praktisch **unbegrenzt verlängerbar** (dazu unten Rn. 9 f.).

3 Zu beachten ist, dass die 15-jährige Schutzdauer nach § 87d, mit dem Art. 10 Abs. 1 und Abs. 2 der Datenbank-Richtlinie umgesetzt worden sind, allein das investitionsbezogene Datenbankherstellerrecht nach den §§ 87a ff. betrifft. Ein etwa zusätzlich bestehendes **Datenbankurheberrecht,** der **Datenbankinhalt,** sofern er urheber- oder leistungsschutzrechtlich geschützt ist, sowie die zum Betrieb einer elektronischen Datenbank erforderliche **Datenbanksoftware** unterliegen hingegen den längeren Schutzfristen von 70 Jahren p.m.a. (§ 64) bzw. den kürzeren Fristen für die Leistungsschutzrechte, die aber immer noch deutlich länger sind als der 15-jährige sui-generis-Schutz. Da das Datenbankurheberrecht lediglich die Struktur der Datenbank gegen ihre Übernahme durch Dritte

schützt, während sich das Datenbankherstellerrecht gegen die Entnahme und Weiterverwendung wesentlicher Teile des Datenbankinhalts richtet und einen Umgehungsschutz gegen die Nutzung unwesentlicher Datenbankteile bietet, kommt der unterschiedlichen Schutzdauer der beiden unabhängig voneinander bestehenden Schutzrechte an der Datenbank durchaus eine erhebliche Bedeutung zu (a. A. Schricker/Loewenheim/*Vogel* § 87d Rn. 1).

II. Fristbeginn

1. Veröffentlichung, hilfsweise Herstellung

Die 15-jährige Schutzfrist beginnt grds. mit der **Veröffentlichung** (§ 6 Abs. 1, dazu näher unten Rn. 5) der Datenbank zu laufen und nicht erst mit ihrem Erscheinen (§ 6 Abs. 2). Ausnahmsweise, sofern die Datenbank nicht innerhalb von 15 Jahren nach ihrer Herstellung veröffentlicht worden ist, ist maßgeblicher Anknüpfungspunkt der Zeitpunkt ihrer **Herstellung.** Der Herstellerschutz endet in diesem Fall mit Ablauf der 15 Jahre nach Herstellung automatisch. Im Ergebnis kann eine unveränderte Datenbank damit maximal 30 Jahre geschützt sein, sofern sie erst im fünfzehnten Jahr nach ihrer Herstellung veröffentlicht wird. Letztlich soll damit dem Datenbankhersteller, der die Datenbank nicht sofort nach ihrer Herstellung, aber immerhin innerhalb von 15 Jahren danach veröffentlicht, die gleiche Möglichkeit zu einer Amortisierung seiner Investitionen gewährt werden wie dem Hersteller, der seine Datenbank sofort nach der Herstellung veröffentlicht (*v. Lewinski* in: Roßnagel § 87d Rn. 1). 4

a) Der Veröffentlichungszeitpunkt. Wann eine Datenbank veröffentlicht ist, richtet sich grds. nach § 6 Abs. 1. Für eine Veröffentlichung ist danach erforderlich, dass die Datenbank **der Öffentlichkeit,** d. h. einer unbestimmten Anzahl von Personen, die weder durch einen persönlichen noch durch einen sachlichen Bezug untereinander verbunden sind, in körperlicher oder unkörperlicher Art und Weise mit Zustimmung des Berechtigten **zugänglich gemacht** worden ist (str., s. dazu im Einzelnen die Kommentierung zu § 6 Rn. 3 ff.). Soweit der Öffentlichkeits- sowie der Veröffentlichungsbegriff **umstritten** sind (s. § 6 Rn. 5 f.) oder ihre **Auslegung** im Einzelfall zweifelhaft ist, kommt bei der Auslegung dieser Begriffe im Rahmen des § 87d zwecks Bestimmung der Schutzdauer des Datenbankherstellerrechts dem **EuGH** nach Art. 267 AEUV die letztverbindliche Auslegungskompetenz zu. 5

Abgrenzungsfragen ergeben sich insb. bei bestimmten Formen der **Online-Nutzung** von Datenbanken im Rahmen von **Netzwerken.** Hier kommt es darauf an, ob die Nutzergruppe, der der Zugriff auf die Datenbank über das Netzwerk ermöglicht wird, selbst als Öffentlichkeit zu qualifizieren ist oder nicht (Dreier/Schulze/*Dreier* § 87d Rn. 3; Möhring/Nicolini/*Decker* § 87d Rn. 2). Danach dürfte es noch keine Veröffentlichung darstellen, wenn eine Datenbank lediglich in einem kleineren **betriebsinternen Netzwerk** genutzt wird (Möhring/Nicolini/*Decker* § 87d Rn. 2; Dreier/Schulze/*Dreier* § 87d Rn. 3). Anders ist es jedoch, wenn der Zugriff persönlich untereinander nicht verbundenen Personen, etwa sämtlichen Studenten einer Universität oder sämtlichen Nutzern einer allgemein zugänglichen Bibliothek, eröffnet wird. Hier ist eine Veröffentlichung zu bejahen (Möhring/Nicolini/*Decker* § 87d Rn. 2; Dreier/Schulze/*Dreier* § 87d Rn. 3). 6

b) Der Herstellungszeitpunkt. Nach dem Wortlaut von Art. 10 Abs. 1 der Datenbank-Richtlinie entsteht das sui-generis-Recht „mit dem Zeitpunkt des Abschlusses der Herstellung der Datenbank". Da es somit auf den Zeitpunkt ankommt, in dem die **Herstellung** der Datenbank „abgeschlossen" ist, wird der Herstellungszeitpunkt auch von den **subjektiven** Vorstellungen des Herstellers über die geplante Struktur, Inhalt und vor 7 allem den Umfang der künftigen Datenbank mitbestimmt (*v. Lewinski* in: Roßnagel § 87d Rn. 9; *Bensinger* 266). Der Herstellungszeitpunkt dürfte daher **nicht rein objektiv** zu bestimmen sein als derjenige Zeitpunkt, in dem das **Datenbanksubstrat,** d. h. eine der Begriffsdefinition des § 87a Abs. 1 S. 1 entsprechende Sammlung, sowie Konzept und die grobe Struktur der Datenbank erstmals vorhanden sind **und** die in ihren Aufbau getätigten **Investitionen zum ersten Mal als „wesentlich"** bezeichnet werden können (so aber die h. M.; Schricker/Loewenheim/*Vogel* § 87d Rn. 3; Möhring/Nicolini/*Decker* § 87e Rn. 3; Dreier/Schulze/*Dreier* § 87d Rn. 4). Vielmehr wird der Datenbankhersteller aufgrund der definitorisch unklaren, gemischt objektiv-subjektiven Bestimmung des Fertigstellungszeitpunkts, soweit die objektiven Mindestvoraussetzungen erfüllt sind, durch Darlegung seiner subjektiven Pläne und Absichten in gewissem Umfang Einfluss auf einen möglichst frühen oder späten Herstellungszeitpunkt nehmen können. Relevanz hat der Herstellungszeitpunkt insoweit, als der sui-generis-Schutz erst mit der Herstellung der Datenbank beginnt und zuvor lediglich wettbewerbsrechtlicher oder vertraglicher Schutz gegeben ist (vgl. *Krähn* 175). Vor allem dann, wenn sich die Herstellungsarbeiten über einen längeren Zeitraum erstrecken, kann es daher für den Datenbankhersteller günstig sein, auf einen möglichst frühen Herstellungszeitpunkt zurückzugreifen. Nur in den Fällen, in denen eine Veröffentlichung der Datenbank unterbleibt oder erst am Ende des 15-Jahreszeitraums nach Herstellung erfolgt, kann umgekehrt ein möglichst später Herstellungszeitpunkt für den Datenbankhersteller unter Umständen von Vorteil sein.

2. Berechnung der Frist nach § 69

8   Die Schutzfrist berechnet sich gem. § 87d S. 2 nach § 69. Sie beginnt folglich **mit Ablauf des Kalenderjahres,** in dem das für den Fristbeginn maßgebliche Ereignis eingetreten, also die Herstellung, Veröffentlichung oder wesentliche Änderung erfolgt ist. Sie **endet stets zum 31.12.** des fünfzehnten auf dieses Ereignis folgenden Kalenderjahres (vgl. Art. 10 Abs. 1, Abs. 2 Datenbank-Richtlinie; s. im Übrigen die Erläuterungen zu § 69 Rn. 1 f.).

III. Schutzdauer für geänderte Datenbanken

9   Eine besondere Bedeutung für die Schutzdauer des Datenbankherstellerrechts kommt der Regelung in § 87a Abs. 1 S. 2 zu, wonach eine in ihrem Inhalt **wesentlich geänderte Datenbank** dann, wenn die Änderung auf einer wesentlichen (Neu)Investition beruht, **als neue Datenbank gilt** (dazu im Einzelnen oben § 87a Rn. 116 ff.).

10   Der erneute Lauf der Schutzfrist beginnt dabei entweder, wenn sowohl die Änderung als auch die Investition die Wesentlichkeitsgrenze erreicht haben und die „neue Datenbank" somit **„hergestellt"** ist (dazu oben Rn. 7). Oder aber er beginnt mit einer gesonderten **Veröffentlichung** der „neuen Datenbank" (dazu oben Rn. 4). In praktischer Hinsicht kann der Hersteller dann, wenn der Zeitpunkt der Erstherstellung oder Erstveröffentlichung der Datenbank schon länger als 15 Jahre zurückliegt, grds. **sämtliche Änderungen und Investitionen der letzten 15 Jahre** vortragen, um die Auslösung einer erneuten Schutzfrist nach §§ 87a Abs. 1 S. 2, 87d nachzuweisen. Erfüllen die Änderungen und Investitionen der letzten 15 Jahre vor dem fraglichen Verletzungszeitpunkt zusammen genommen jeweils die Anforderungen an eine wesentliche Änderung und Investition, so entsteht das Schutzrecht nach §§ 87a ff. neu. Insoweit kann man in praktischer Hinsicht immer den Status der Datenbank von vor 15 Jahren heranziehen und mit dem „Ist"-Zustand vergleichen, um die Neuheit der Datenbank und die entsprechende Schutzfristverlängerung zu begründen (vgl. § 87a Rn. 116 ff.). Auch wenn die geänderte oder ergänzte Datenbank in ihrer Gesamtheit als neue Datenbank gilt und ein neues Schutzrecht auslöst, ist der nach hier vertretener, aber umstrittener Ansicht beschränkte Schutzumfang einer solchen „neuen" Datenbank zu beachten (dazu oben § 87a Rn. 128).

IV. Prozessuale Aspekte

Grds. trägt der Datenbankhersteller, der sich gegen eine Verletzung wendet, nach allgemeinen Grundsätzen die Darlegungs- und **Beweislast** für die Entstehung und den Bestand seines Rechts. Somit muss er darlegen und ggf. beweisen, dass die Veröffentlichung der (im Falle von § 87a Abs. 1 S. 2 wesentlich geänderten) Datenbank nicht länger als 15 Jahre zurückliegt und dass diese Veröffentlichung innerhalb von 15 Jahren nach Abschluss der Herstellung bzw. der wesentlichen Änderung und Neuinvestition erfolgt ist (vgl. Erwägungsgrund 53; Möhring/Nicolini/*Decker* § 87e Rn. 1; Fromm/Nordemann/*Czychowski* § 87d Rn. 6; Dreier/Schulze/*Dreier* § 87d Rn. 5; dazu auch § 87a Rn. 156 ff.). Soweit Erwägungsgrund 53 dem Datenbankhersteller nochmals explizit zwingend und ausnahmslos die Beweislast für den Zeitpunkt der Fertigstellung seiner Datenbank auferlegt, rechtfertigt sich dies daraus, dass es sich bei der Fertigstellung um einen rein internen Vorgang aus der Sphäre des Herstellers handelt, in die Dritte keinerlei Einblick haben.

11

V. Übergangsrecht

Nach § 137g Abs. 2 genießen „**Altdatenbanken**", d.h. Datenbanken, die zwischen dem 1.1.1983 und dem 31.12.1997 hergestellt worden sind, eine **15-jährige Schutzdauer** nach § 87d. Diese beginnt jedoch nicht ab dem (früheren) Zeitpunkt der Herstellung oder ersten Veröffentlichung der Datenbank zu laufen, sondern erst **ab dem 1.1.1998**. Diese Altdatenbanken waren damit **bis zum 31.12.2012** geschützt, damit ihre Hersteller die gleichen Chancen für die Amortisation ihrer Investitionen erhalten wie sie Datenbankherstellern heute zur Verfügung stehen (*Leistner* GRUR Int. 1999, 819, 834; *Leistner* in: Wiebe/Leupold Rn. 114f.; Möhring/Nicolini/*Spautz* § 137g Rn. 3; Schricker/Loewenheim/*Vogel* § 87d Rn. 9; Dreier/Schulze/*Dreier* § 87d Rn. 10; a. A., für Beschränkung auf 15 Jahre ab dem Zeitpunkt der Herstellung bzw. Veröffentlichung der Datenbank: Schricker/Loewenheim/*Katzenberger* § 64 Rn. 46; *Flechsig* ZUM 1997, 577, 589; s. dazu sowie zur **Fortführung begonnener Nutzungshandlungen** ausführlich § 137g Rn. 3 f.).

12

§ 87e Verträge über die Benutzung einer Datenbank

Eine vertragliche Vereinbarung, durch die sich der Eigentümer eines mit Zustimmung des Datenbankherstellers durch Veräußerung in Verkehr gebrachten Vervielfältigungsstücks der Datenbank, der in sonstiger Weise zu dessen Gebrauch Berechtigte oder derjenige, dem eine Datenbank aufgrund eines mit dem Datenbankhersteller oder eines mit dessen Zustimmung mit einem Dritten geschlossenen Vertrags zugänglich gemacht wird, gegenüber dem Datenbankhersteller verpflichtet, die Vervielfältigung, Verbreitung oder öffentliche Wiedergabe von nach Art und Umfang unwesentlichen Teilen der Datenbank zu unterlassen, ist insoweit unwirksam, als diese Handlungen weder einer normalen Auswertung der Datenbank zuwiderlaufen noch die berechtigten Interessen des Datenbankherstellers unzumutbar beeinträchtigen.

Literatur: S. die Angaben Vor §§ 87a ff. sowie die Angaben im eingangs abgedr. Gesamtliteraturverzeichnis.

§ 87e Verträge über die Benutzung einer Datenbank

Übersicht

	Rn.
I. Regelungszweck	1, 2
II. Unwirksamkeit vertraglicher Nutzungsbeschränkungen	3–21
1. Voraussetzungen der Unwirksamkeit	3–15
a) Rechtmäßiger Benutzer	3–7
b) Vertragliche Nutzungsbeschränkung	8–10
c) Unwesentlicher Datenbankteil	11–14
d) Fehlende Interessenbeeinträchtigung	15
2. Rechtsfolge: (teilweise) Unwirksamkeit der Klausel	16–20
3. Beweislast	21

I. Regelungszweck

1 § 87e erklärt **Vertragsklauseln,** die dem berechtigten Nutzer einer Datenbank die Vervielfältigung, Verbreitung und öffentliche Wiedergabe **unwesentlicher Teile untersagen, für unwirksam.** Dadurch sichert er das grundlegende Prinzip, dass die **Nutzung unwesentlicher Teile** einer Datenbank **frei** sein soll, gegenüber dem Versuch einer faktischen Umgehung auf vertragsrechtlichem Wege ab (BT-Drucks. 13/7934, 54). Der Datenbankhersteller soll den ihm nach § 87b Abs. 1 zustehenden gesetzlich festgelegten Umfang seines dinglichen Ausschließlichkeitsrechts nicht gegenüber „rechtmäßigen Benutzern" durch vertraglich auferlegte Nutzungsbedingungen auf die Nutzung unwesentlicher Teile und damit auf eine Nutzung, die vertraglich nicht gebundenen Nutzern ohnehin frei stünde, ausdehnen können (EuGH GRUR 2005, 244, 251 Rn. 84 – BHB-Pferdewetten; Schricker/Loewenheim/*Vogel* § 87e Rn. 1; Fromm/Nordemann/*Czychowski* § 87e Rn. 2; allgemein zu Datenbanknutzungsverträgen Loewenheim/*Koch* § 77 Rn. 156 ff.).

2 Es handelt sich bei § 87e um eine **Vorschrift zwingenden Vertragsrechts** (BR-Drucks. 966/96 *M. Schulze* Materialien 1025). Insoweit durften sich Nutzer aus Deutschland bei Vertragsschlüssen bis zum 17.12.2009, auch wenn eine Rechtswahlvereinbarung zu Gunsten eines ausländischen Rechts wirksam zu Stande kam, gem. **Art. 34 EGBGB** a. F. auf die Unwirksamkeit entsprechender, die Nutzung unwesentlicher Datenbankteile untersagender Vertragsklauseln nach § 87e berufen (vgl. Vorauflage Vor §§ 120 ff. Rn. 25; Dreier/Schulze/*Dreier* § 87e Rn. 1; Schricker/Loewenheim/*Vogel* § 87e Rn. 4). Am 17.12.2009 ist die **Rom I-Verordnung** (EG Nr. 593/2008, ABl. L 177 vom 4.7.2008, S. 6 ff.) in Kraft getreten und gilt seit dem unmittelbar in Deutschland. Die Art. 27 ff. EGBGB wurden aufgehoben. Für die in Art. 3 Abs. 1 der Verordnung vorgesehene freie Rechtswahl der Parteien als „Eckstein" des internationalen Vertragsrechts (Erwägungsgrund 11) gelten indes ebenfalls **Grenzen.** Vor allem **bei reinen Unionssachverhalten,** d.h. wenn alle anderen Elemente des Sachverhalts bis auf die Rechtswahl in einem oder mehreren Mitgliedstaaten belegen sind, berührt die Wahl des Rechts eines Drittstaates gem. Art. 3 Abs. 4 Rom I-Verordnung nicht die Anwendung zwingender unionsrechtlicher Vorschriften. Art. 8 Abs. 1 und 2 Datenbank-Richtlinie sehen eine nach Art. 15 zwingende Einschränkung der Ausschließlichkeitsrechte des Datenbankherstellers vor, die in Deutschland durch § 87e umgesetzt wurde. Bei reinen Unionssachverhalten kann sich der Nutzer folglich nach wie vor auf die Unwirksamkeit von Vertragsklauseln berufen, die die Nutzung unwesentlicher Datenbankteile untersagen sollen (so auch *Stimmel* GRUR Int 2010, 783). Aber auch wenn kein reiner Unionssachverhalt vorliegt, ist die Rechtswahlfreiheit eingeschränkt. Bei einem Vertrag mit einem **Verbraucher** sind nach Art. 6 Abs. 2 S. 2 Rom I-Verordnung die zwingenden Bestimmungen des Rechts des Staats, in dem der Verbraucher seinen gewöhnlichen Aufenthalt hat, zu beachten. Ein inländischer Verbraucher kann sich also wiederum auf den zwingenden Schutz des § 87e berufen.

II. Unwirksamkeit vertraglicher Nutzungsbeschränkungen

1. Voraussetzungen der Unwirksamkeit

a) Rechtmäßiger Benutzer. § 87e beschränkt die vertraglichen Gestaltungsmöglichkei- 3
ten des Datenbankherstellers gegenüber **rechtmäßigen Benutzern** (so der Wortlaut von
Art. 8 Abs. 1 der Datenbank-Richtlinie und Erwägungsgrund 34). Der nationale Gesetzgeber
hat allerdings diesen in der Richtlinie verwendeten einfachen Begriff im Bemühen um Konkretisierung
in äußerst komplizierter und schwer verständlicher Weise umgesetzt, um sämtliche
Gruppen von Endverbrauchern zu erfassen (BT-Drucks. 13/7934, 54; Fromm/Nordemann/*Czychowski* § 87b Rn. 34 meint nicht ohne Berechtigung, dass es sich bei § 87e um
einen Satz handele, der „Thomas Mann alle Ehre machen würde"). Unerheblich ist, auf welchem
Rechtsgrund die Rechtmäßigkeit des Zugangs beruht, ob es sich um eine offline- oder
online-Nutzung, um eine schuldrechtliche oder um eine dingliche Berechtigung handelt
(Schricker/Loewenheim/*Vogel* § 87e Rn. 6; Möhring/Nicolini/*Decker* § 87e Rn. 4). Letztlich
werden zunächst sämtliche vertraglich gebundenen Nutzer erfasst. Da die Gruppen der Berechtigten
in § 55a identisch beschrieben werden, kann auch auf die dortige Kommentierung
verwiesen werden (s. § 55a Rn. 2ff.; Schricker/Loewenheim/*Vogel* § 87e Rn. 6).

So gehören zu den berechtigten Benutzern zunächst als **Eigentümer** eines mit Zu- 4
stimmung des Datenbankherstellers durch Veräußerung in Verkehr gebrachten Vervielfältigungsstücks
der Datenbank" diejenigen Personen, die eine herkömmliche **offline-Datenbank,**
bspw. eine CD-ROM oder ein Buch, **gekauft** haben und denen aufgrund des
Kaufvertrags ein Exemplar übergeben und übereignet worden ist (Möhring/Nicolini/*Decker*
§ 87e Rn. 5; s. dazu auch § 55a Rn. 3). Angesichts des von § 87e angestrebten Schutzzwecks
kann es dabei keine Rolle spielen, ob es sich bei dem Eigentum nur um **Vorbehalts-
oder Sicherungseigentum** handelt. Maßgeblich ist vielmehr allein das Vorliegen
des Einverständnisses des Datenbankherstellers mit der Benutzung des Vervielfältigungsstücks
(*v. Lewinski* in: Roßnagel § 87e Rn. 8).

Des Weiteren gehören zu den berechtigten Benutzern die „**in sonstiger Weise Be-** 5
rechtigten". Damit sind diejenigen Fälle gemeint, in denen zwar kein Eigentum übertragen
wurde, aber eine **vertragliche Nutzungsberechtigung** an dem **offline** zur Verfügung
gestellten Exemplar der Datenbank etwa in Form von **Leihe, Miete oder Pacht**
vereinbart worden ist (Möhring/Nicolini/*Decker* § 87e Rn. 6; Schricker/Loewenheim/
Vogel § 87e Rn. 7; s. dazu auch § 55a Rn. 3).

Die dritte Form der Berechtigung nach § 87e erfasst mit denjenigen, denen „eine **Da-** 6
tenbank aufgrund eines mit dem Datenbankhersteller oder eines mit dessen Zustimmung
mit einem Dritten geschlossenen Vertrages **zugänglich gemacht**" worden ist, nach der
amtlichen Begründung schließlich die **Nutzer einer Online-Datenbank.** Ihnen hat der
Datenbankbetreiber einzel- oder rahmenvertraglich die für die normale Nutzung erforderlichen
Nutzungsbefugnisse für das Downloading und Browsing eingeräumt und ihnen somit
den Zugriff auf die Online-Datenbank gestattet (Möhring/Nicolini/*Decker* § 87e
Rn. 7; Schricker/*Loewenheim*/*Vogel* § 87e Rn. 8; s. dazu auch § 55a Rn. 4).

Von einem rechtmäßigen Benutzer kann man jedoch dann nicht ausgehen, wenn **illega-** 7
le Kopien der Datenbank von Dritten in Verkehr gebracht worden sind. Derjenige, der
eine solche Kopie erwirbt, ist nicht „Berechtigter" i. S. v. § 87e, selbst wenn er im konkreten
Fall nicht weiß, dass es sich bei der Datenbank um **Pirateriewaare** handelt (*v. Lewinski*
in: Roßnagel § 87e Rn. 9). Kein rechtmäßiger Benutzer ist schließlich auch insb. derjenige,
der sich den Zugang zu einer Datenbank unter Umgehung technischer Access Control-
Maßnahmen erschlichen hat (vgl. dazu auch § 95a Rn. 52ff.).

b) Vertragliche Nutzungsbeschränkung. Systematisch handelt es sich bei § 87e we- 8
der um die Einräumung eines Nutzungsrechts an die berechtigten Nutzer, noch um eine

echte Schrankenregelung des Ausschließlichkeitsrechts des Datenbankherstellers, so dass insb. auch der Grundsatz enger Auslegung von Schrankenregelungen nicht greift (Schricker/Loewenheim/*Vogel* § 87e Rn. 1; Dreier/Schulze/*Dreier* § 87e Rn. 4). Der Sache nach handelt es sich vielmehr um eine **Vorschrift über vertragliche Mindestbefugnisse des Endverbrauchers,** die durch vertragliche Nutzungsbeschränkungen nicht ausgeschlossen werden dürfen (Schricker/Loewenheim/*Vogel* § 87e Rn. 2; Möhring/Nicolini/*Decker* § 87e Rn. 1; Fromm/Nordemann/*Czychowski* § 87e Rn. 1). Allen vertraglich gebundenen Nutzern wird, unabhängig von der konkreten rechtlichen Grundlage und Reichweite der Befugnisse ein **unabdingbares Recht auf Nutzung unwesentlicher Datenbankteile** zugestanden. Damit soll eine Monopolisierung der entsprechenden Informationen durch den Datenbankhersteller verhindert werden. **Entgegenstehende vertragliche Abreden** werden für **unwirksam** erklärt (Möhring/Nicolini/*Decker* § 87e Rn. 2; BT-Drucks. 13/7934, 54).

9 Wie Klauseln zu behandeln sind, die eine Nutzung unwesentlicher Datenbankteile zwar grds. erlauben, die Nutzung jedoch an **belastende Bedingungen** knüpfen wie bspw. die Zahlung eines (zusätzlichen) Entgelts, ist fraglich (vgl. Dreyer/Kotthoff/Meckel/*Kotthoff* § 87e Rn. 8). Insoweit dürfte wegen des Schutzzwecks von § 87e, der das Grundprinzip der Nutzung unwesentlicher Teile absichert, davon auszugehen sein, dass auch solche Bedingungen **nach § 87e unzulässig** sind. Dies muss jedenfalls dann gelten, wenn die Belastungen faktisch zu einem Nutzungsverbot führen.

10 Das Verbot nach § 87e bezieht sich dabei auf sämtliche der in § 87b aufgezählten Verwertungsrechte wie Vervielfältigung, Verbreitung und öffentliche Wiedergabe, so dass auf die entsprechenden Kommentierungen zu § 87b verwiesen werden kann (dazu oben § 87b Rn. 23 ff.).

11 c) Unwesentlicher Datenbankteil. § 87e betrifft nur vertragliche Vereinbarungen über den Ausschluss der Nutzung **nach Art und Umfang unwesentlicher Teile** der Datenbank. Der Begriff der unwesentlichen Teile ist der gleiche wie in § 87b Abs. 1 S. 2 und daher in entsprechender Weise auszulegen (s. dazu oben § 87b Rn. 21 f.).

12 Auch wenn dabei in Art. 8 Abs. 1 der Richtlinie von „in qualitativer **und/oder** quantitativer Hinsicht unwesentlichen Teilen" die Rede ist, ist die Umsetzung durch Beschränkung der Unwirksamkeit auf „nach Art **und** Umfang" unwesentliche Datenbankteile in § 87e inhaltlich und systematisch konsequent. Dem Datenbankhersteller ist nach § 87b Abs. 1 S. 1 bzw. Art. 7 Abs. 1 Datenbank-Richtlinie das **ausschließliche Recht** vorbehalten, „einen nach Art **oder** Umfang wesentlichen Teil" der Datenbank zu verwerten. Damit erstreckt sich sein Ausschließlichkeitsrecht sowohl auf Datenbankteile, die „nur" quantitativ wesentlich sind ohne zugleich auch qualitativ wesentlich zu sein, als auch auf Datenbankteile, die „nur" qualitativ wesentlich sind ohne zugleich auch quantitativ wesentlich zu sein. **„Unwesentlich"** sind hingegen **nur solche Datenbankteile, die weder quantitativ noch qualitativ wesentlich** sind. Vom Schutzumfang des Ausschließlichkeitsrechts ist somit allein die Nutzung eines nach Art **und** Umfang unwesentlichen Datenbankteils ausgeschlossen (vgl. EuGH GRUR 2005, 244, 251 Rn. 82 – BHB-Pferdewetten).

13 Da somit ein Datenbankteil, der lediglich nach Art **oder** Umfang unwesentlich ist, immer noch jeweils nach Umfang oder Art wesentlich und damit vom Ausschließlichkeitsrecht des Datenbankinhabers nach § 87b Abs. 1 S. 1 erfasst sein kann, ist die Unwirksamkeit vertraglicher Nutzungsbeschränkungen nach § 87e allein auf nach Art **und** Umfang **unwesentliche** Datenbankteile zu beschränken. Denn ansonsten entstünde eine Diskrepanz zu seinem Ausschließlichkeitsrecht nach § 87b Abs. 1 S. 1, indem § 87e über seine eigentliche Zielrichtung hinaus dem rechtmäßigen Nutzer einer Datenbank die Nutzung eines seiner Art oder seinem Umfang nach wesentlichen Teils gestatten würde. Ein Redaktionsversehen und eine entsprechende Korrektur ist daher abzulehnen (a. A.: Ersetzung des

„und" durch „oder", Fromm/Nordemann/*Czychowski* § 87e Rn. 5; wie hier jetzt auch entgegen der jeweiligen Vorauflage Dreier/Schulze/*Dreier* § 87e Rn. 5; Schricker/Loewenheim/*Vogel* § 87e Rn. 10).

Lediglich soweit in § 87e keinerlei Bezugnahme auf eine **„wiederholte und systematische Nutzung"** der unwesentlichen Datenbankteile erfolgt, ist an eine korrigierende Auslegung zu denken. Denn aufgrund dieser fehlenden Bezugnahme in § 87e könnten auch Klauseln, die **nicht wiederholte** oder **unsystematische Nutzungen** unwesentlicher Datenbankteile verbieten, theoretisch wirksam sein. Auch wenn es in praktischer Hinsicht kaum denkbar scheint, dass einzelne oder unsystematische Nutzungshandlungen die „normale Auswertung" der Datenbank beeinträchtigen oder die „berechtigten Herstellerinteressen" unzumutbar verletzen, dürfte die Reichweite der Unwirksamkeit in § 87e a. E., sollte ein solcher Fall auftreten, deckungsgleich i. S. v. § 87b Abs. 1 S. 2 erweiternd auszulegen sein (vgl. AmtlBegr. BT-Drucks. 13/7934, 45; Schricker/Loewenheim/*Vogel* § 87e Rn. 3; *Leistner* 92 f.).

d) Fehlende Interessenbeeinträchtigung. § 87e beschränkt die Unwirksamkeit vertraglicher Nutzungsbeschränkungen unwesentlicher Datenbankteile auf Handlungen, die **„weder einer normalen Auswertung der Datenbank zuwiderlaufen" „noch die berechtigten Interessen des Datenbankherstellers unzumutbar beeinträchtigen"**. Diese Begriffe entsprechen denen in § 87b Abs. 1 S. 2 und sind in gleicher Weise auszulegen. Im Ergebnis können daher nur Handlungen, die zu einer „schwerwiegenden" Beeinträchtigung der Investition des Datenbankherstellers führen, vertraglich wirksam abbedungen werden (vgl. EuGH GRUR 2005, 244, 251 Rn. 86 – BHB-Pferdewetten; dazu ausführlich oben § 87b Rn. 66 ff.). § 87e korreliert insoweit inhaltlich wieder mit der Reichweite der Umgehungsklausel gem. § 87b Abs. 1 S. 2. Denn wenn eine Beeinträchtigung der normalen Auswertung oder der berechtigten Interessen des Datenbankherstellers zu bejahen ist, ist die Nutzung unwesentlicher Teile nach § 87b Abs. 1 S. 2 unzulässig und muss demnach auch vertraglich einschränkbar sein.

2. Rechtsfolge: (teilweise) Unwirksamkeit der Klausel

Die jeweilige **Vertragsklausel** mit dem Ziel des Ausschlusses oder der Einschränkung der Verwendung unwesentlicher Teile ist demnach **teilunwirksam,** sofern die Nutzung unwesentlicher Teile der normalen Auswertung der Datenbank nicht entgegensteht und die berechtigten Interessen des Datenbankherstellers nicht unzumutbar beeinträchtigt werden. Die **Vertragsfreiheit** des Datenbankherstellers wird also insoweit **eingeschränkt,** als er in seinen Verträgen oder in seinem Vertriebssystem dem Nutzer grds. nicht verbieten kann, Handlungen vorzunehmen, die nach dem UrhG einem vertraglich nicht gebundenen Nutzer ohne weiteres erlaubt sind (Möhring/Nicolini/*Decker* § 87e Rn. 1; Dreier/Schulze/*Dreier* § 87e Rn. 1). Allerdings ist der Datenbankhersteller dann, wenn eine Datenbank aus mehreren, unterschiedlich zugänglichen Bereichen besteht und der Benutzer eine **vertragliche Zugangsberechtigung nur für bestimmte Bereiche** erworben hat, berechtigt, dem Benutzer per Vertrag die **Nutzung unwesentlicher Teile aus denjenigen Bereichen** der Datenbank, für die er **keine Zugangsberechtigung** erworben hat, generell **zu untersagen** (Art. 8 Abs. 1 S. 2 Datenbank-Richtlinie; Fromm/Nordemann/*Czychowski* § 87e Rn. 7; Dreier/Schulze/*Dreier* § 87e Rn. 6). Offensichtlich ging der Richtliniengesetzgeber davon aus, dass in einem solchen Zugriff auf nicht freigegebene Datenbankteile stets eine unzumutbare Beeinträchtigung der berechtigten Interessen des Datenbankherstellers liegt bzw. dass eine derartige Teillizenzierung zur „normalen Auswertung" einer Datenbank gehört bzw. dass bei entsprechender Gestaltung der Zugangsberechtigung der Nutzer für die nicht zur Nutzung freigegebenen Datenbankbereiche auch nicht „berechtigter" Nutzer ist.

17 § 87e bezieht sich insb. auch auf die **Verbreitung** unwesentlicher Datenbankteile. Daher sind auch sog. **„Eigenbedarfsklauseln"** und **Weitergabeverbote,** mit denen der Datenbankanbieter verhindern will, dass der Benutzer einzelne Informationen an Dritte weitergibt, grds. unwirksam. Letztlich wird bei der Gestaltung von Verträgen mit Endnutzern die Nutzung unwesentlicher Teile nur dann wirksam abbedungen werden können, wenn die Klausel so formuliert ist, dass die in ihr abstrakt umschriebene Nutzungshandlung die berechtigten Interessen des Datenbankherstellers oder die normale Auswertung der Datenbank beeinträchtigt (Möhring/Nicolini/*Decker* § 87e Rn. 9; Schricker/*Loewenheim*/*Vogel* § 87e Rn. 9, 12).

18 Die betreffende **Vertragsklausel** ist nach § 87e **nicht insgesamt unwirksam** („insoweit unwirksam"), vielmehr bleibt ihr zulässiger Teil im Wege einer geltungserhaltenden Reduktion grds. aufrechterhalten (Dreier/Schulze/*Dreier* § 87e Rn. 7; *Wiebe* in: Spindler/Schuster § 87e Rn. 1). Allerdings wurde von der Rechtsprechung bereits ein **in AGB** enthaltenes Weitergabeverbot, das sich unterschiedslos auf wesentliche und auf unwesentliche Datenbankteile bezog, wegen **Verstoßes gegen das Transparenzgebot** und der dadurch bedingten Irreführung und unangemessenen Benachteiligung der Vertragspartner nicht bloß für teilunwirksam, sondern für **insgesamt unwirksam** angesehen und damit ein Vertragsbruch auch im Falle der Weitergabe wesentlicher Datenbankteile verneint (OLG München GRUR-RR 2002, 89, 90 f. – GfK-Daten; in der Revisionsinstanz spielte diese Frage keine Rolle mehr, vgl. BGH GRUR 2005, 940 – Marktstudien).

19 Die Auswirkungen der regelmäßigen **Teilunwirksamkeit** auf die Fortgeltung der anderen Vertragsteile richten sich nach **§ 139 BGB**. Im Normalfall dürfte allerdings davon auszugehen sein, dass die nach § 87e teilunwirksame Klausel von so untergeordneter Bedeutung ist, dass der Datenbanknutzungsvertrag auch ohne diese unwirksame Klausel abgeschlossen worden wäre.

20 Entsprechende einschränkende **Vertragsklauseln in Verträgen,** die **vor dem 1.1.1998** geschlossen wurden, behalten jedoch gem. **§ 137g** grds. ihre Wirksamkeit (Fromm/Nordemann/*Czychowski* § 87e Rn. 7). Dies gilt indes nicht, wenn sie nach allgemeinen rechtlichen Gesichtspunkten unwirksam sind, etwa aufgrund von Sittenwidrigkeit, als überraschende AGB-Klausel oder aufgrund kartellrechtlicher Normen (vgl. Dreier/Schulze/*Dreier* § 87e Rn. 8).

3. Beweislast

21 Grds. ist die Nutzung unwesentlicher Datenbankteile frei und wird nicht vom Ausschließlichkeitsrecht des Herstellers erfasst. Wenn sich der Datenbankhersteller bzw. der Inhaber des Datenbankherstellerrechts somit darauf berufen möchte, dass die Nutzung unwesentlicher Datenbankteile seine Rechte verletzt, muss er nach den **allgemeinen Regeln** beweisen, dass eine Rechtsverletzung vorliegt. Er muss somit nachweisen, dass durch die (vertraglich untersagte) Nutzung die normale Auswertung der Datenbank gefährdet oder seine berechtigten Interessen unzumutbar beeinträchtigt werden (Schricker/Loewenheim/*Vogel* § 87e Rn. 13; Dreier/Schulze/*Dreier* § 87e Rn. 5). Gelingt ihm das, so ist die vertragliche Nutzungsbeschränkung wirksam und es liegt gleichzeitig auch eine Verletzung seines Ausschließlichkeitsrechts vor. Gelingt ihm dies nicht, erfasst sein Ausschließlichkeitsrecht die konkrete Nutzung nicht und die vertragliche Nutzungsbeschränkung ist auch unwirksam. Ausschließlichkeitsrecht und Reichweite zulässiger vertraglicher Nutzung laufen insoweit parallel.

Abschnitt 7. Schutz des Presseverlegers

Vorbemerkung vor §§ 87f–87h

Literatur: *Alexander*, Der Schutz des Presseverlegers gemäß §§ 87f bis 87h UrhG, WRP 2013, 1122; *Allenstein*, Leistungsschutzrechte für Verleger unter besonderer Berücksichtigung der EU-Datenbankrichtlinie, Frankfurt a. M. 2004; *Becker*, Quo vadis – Presse? Die Zukunft der Presse im digitalen Zeitalter, ZUM 2010, 1; *Ehmann/Szilagyi*, Erforderlichkeit eines Leistungsschutzrechts für Presseverleger, K&R Beihefter 2/2010, 1; *Ensthaler/Blanz*, Leistungsschutzrecht für Presseverleger. Notwendiger Schutz von Presseverlagen im Internet oder systemwidriger Eingriff in die Informationsfreiheit. GRUR 2012, 1104; *Flechsig*, Gesetzliche Vergütungsansprüche im Lichte geplanter Leistungsschutzrechte für pressemäßige Medienerzeugnisse. AfP 2012, 427; *Frey*, Leistungsschutzrecht für Presseverleger – Überlegungen zur Struktur und zu den Auswirkungen auf die Kommunikation im Internet. MMR 2010, 291; *Hegemann/Heine*, Für ein Leistungsschutzrecht der Presseverleger, AfP 2009, 201; *Heine/Stang*, Das neue Leistungsschutzrecht für Presseverleger – Ein Beitrag zur Klärung ausgewählter Rechtsfragen, AfP 2013, 177; *Hosssenfelder*, Die Nachrichtendarstellung in Suchmaschinen nach der Einführung des Leistungsschutzrechts für Presseverleger, ZUM 2013, 374; *Höppner*, Technisch-ökonomische Aspekte des Leistungsschutzrechts für Presseverleger. Zur „Verteidige Dein Netz!"-Kampagne und anderen „Fakten" zum Gesetzesentwurf, K&R 2013, 73; *Kahl*, Wen betrifft das Leistungsschutzrecht für Presseverleger? „Kleinste Textausschnitte" vor dem Hintergrund der BGH-Rechtsprechung, MMR 2013, 348; *Kauert*, das Leistungsschutzrecht des Verlegers, Berlin 2009; *Kersting/Dworschak*, Müsste Google wirklich zahlen? Eine kartellrechtliche Analyse. NZKart 2013, 46; *Krings*, Leistungsschutzrecht für Presseverleger?, ZRP 2013, 94; *Kühne*, Das entschärfte Leistungsschutzrecht für Presseverleger. Warum Snippets „kleinste Textausschnitte" sind, CR 2013, 169; *Ladeur*, Ein „Leistungsschutzrecht" für Presseverlage und die Rechtsverfassung der Internetkommunikation. AfP 2012, 420; *Nolte*, Zur Forderung der Presseverleger nach Einführung eines speziellen Leistungsschutzrechts, ZGE 2010, 165; *Ohly*, Ein Leistungsschutzrecht für Presseverleger?, WRP 2012, 41; *Ohly*, Ein Leistungsschutzrecht für Presseverleger? wrp 2012, 41; *Ott*, Snippets im Lichte des geplanten Leistungsschutzrechts für Presseverlage. K&R 2012, 556; *Peifer*, Digital und ohne Recht? – Zweck, Inhalt und Reichweite eines möglichen Leistungsschutzrechtes für Presseverleger. KSzW 2010, 263; *Peifer*, Leistungsschutzrecht für Presseverleger – „Zombie im Paragrafendschungel" oder Retter in der Not?, GRUR-Prax 2013, 149; *Schwarz*, Erster Entwurf eines Leistungsschutzrechts für Presseverleger in der Diskussion, GRUR-Prax 2010, 283; *Schweizer*, Schutz der Leistungen von Presse und Journalisten, ZUM 2010, 7; *Spindler*, Das neue Leistungsschutzrecht für Presseverleger, WRP 2013, 967; *Stieper*, Das Leistungsschutzrecht für Presseverleger nach dem Regierungsentwurf zum 7. UrhRÄndG, ZUM 2013, 10; *Wallraf*, Zur crossmedialen Herausforderung der Presse, ZUM 2010, 492; *Wieduwilt*, Das neue Leistungsschutzrecht für Presseverlage – eine Einführung, K&R 2013, 555; *Wimmers*, Leistungsschutzrecht im Leerlauf? – Suchmaschinen als Dienste rein technischer, automatischer und passiver Art. Das Spannungsverhältnis des vorgeschlagenen Leistungsschutzrechts für Presseverlage insbesondere zur Richtlinie 2000/31/EG. CR 2012, 663; *Zypries*, Leistungsschutzrecht für Presseverleger?, ZRP 2013, 94.

Kaum ein urheberrechtliches Thema ist in den vergangenen Jahren in der Öffentlichkeit so kontrovers diskutiert worden wie das Leistungsschutzrecht des Presseverlegers. Obwohl die urheberrechtspolitische Agenda lang ist, hat das Leistungsschutzrecht des Presseverlegers die Urheberrechtsdebatte in der 17. Legislaturperiode dominiert und die übrigen urheberrechtlichen Themen in den Hintergrund gedrängt.

Mit der Einführung eines Leistungsschutzrechts für Presseverleger soll einem neu entstandenen Schutzbedürfnis der Presseverleger Rechnung getragen werden. Der Gesetzgeber geht davon aus, dass sich Presseverlage in der digitalen Welt damit konfrontiert sehen, dass ihre Online-Angebote von anderen gewerblichen Anbietern in einer Weise ausgenutzt werden, die über das bloße Verlinken weit hinausgeht. Diese **systematische Ausnutzung fremder verlegerischer Leistungen** soll durch das neue Leistungsschutzrecht des Presseverlegers unterbunden werden (AmtlBegr. BT-Drucks. 17/11470, 6). Zwar ist der leistungsschutzrechtliche Schutz wirtschaftlich-organisatorischer Tätigkeiten im Urheberrecht an sich nichts Neues. Gleichwohl hat der Gesetzgeber mit dem Leistungsschutzrecht für Presseverleger Neuland betreten. Die Konkretisierung der in diesem neuen Gesetz enthaltenen **unbestimmten Rechtsbegriffe** wird erst durch die Gerichte erfolgen.

3   Die Schaffung eines Leistungsschutzrechts für Presseverleger geht auf eine Initiative aus dem Kreis der Zeitungs- und Zeitschriftenverleger zurück, die seit Anfang 2009 in Fachkreisen und zunächst ohne breite öffentliche Aufmerksamkeit diskutiert wurde. Nach der Bundestagswahl 2009 fand das Leistungsschutzrecht des Presseverlegers Eingang in den Koalitionsvertrag von CDU, CSU und FDP. Darin hieß es: „Verlage sollen im Online-Bereich nicht schlechter gestellt sein als andere Werkvermittler. Wir streben deshalb die Schaffung eines Leistungsschutzrechts für Presseverlage zur Verbesserung des Schutzes von Presseerzeugnissen im Internet an" (Wachstum. Bildung. Zusammenhalt. – Koalitionsvertrag zwischen CDU, CSU und FDP vom 26.10.2009, S. 104). In ihrer „Berliner Rede zum Urheberrecht" bekräftigte Bundesjustizministerin *Leutheusser-Schnarrenberger* am 14.6.2010 ihren Willen zur Schaffung eines Leistungsschutzrechts des Presseverlegers. In der Rede nahm die Ministerin auch erstmals öffentlich Stellung zur Kritik am Leistungsschutzrecht; insbesondere stellte sie klar, dass ein solches Leistungsschutzrecht nicht die Informationsfreiheit beschränken würde und dass insbesondere die freie Verlinkung von Inhalten im Internet durch das Leistungsschutzrecht nicht eingeschränkt werden solle. Gleichwohl entwickelte sich in den folgenden Monaten eine äußerst kontroverse Auseinandersetzung um das Leistungsschutzrecht für Presseverleger, und auch innerhalb der Bundestagsfraktionen der Regierungskoalition war das Vorhaben umstritten.

4   Am 29.8.2012 beschloss das Bundeskabinett schließlich den **Regierungsentwurf** für ein „Siebentes Gesetz zur Änderung des Urheberrechtsgesetzes" (BT-Drucks. 17/11470), zu dem der Bundesrat am 12.10.2012 Stellung nahm (BR-Drucks. 514/12 (B)). In erster Lesung befasste der Deutsche Bundestag sich mit diesem Gesetzentwurf am 29.11.2012 (Plenarprotokoll 17/211, 25799 ff.). Nach zweiter und dritter Lesung wurde das Gesetz in der Form der Beschlussempfehlung des Rechtsausschusses (BT-Drucks. 17/12548) angenommen (Plenarprotokoll 17/226, 28222 ff.). Im Rechtsausschuss hatte man sich **kompromissweise** darauf verständigt, „einzelne Wörter und kleinste Textausschnitte" vom Leistungsschutz auszunehmen (s. § 87f Abs. 1 S. 1 Hs. 2; näher § 87f Rn. 14 ff., 17). Der Bundesrat hat auf eine Anrufung des Vermittlungsausschusses verzichtet (BR-Drucks. 162/13 (B)). Am 14.5.2013 ist das Gesetz im Bundesgesetzblatt verkündet worden (BGBl. I S. 1161).

5   Mit der Schaffung des Leistungsschutzrechts für Presseverleger gegen den Widerstand insbesondere mächtiger Akteure der Internetwirtschaft hat der Gesetzgeber das Primat der Politik und seinen Anspruch bekräftigt, auch im Internet die Gestaltungshoheit zu behalten und die Entwicklung des Regelungsgefüges für das Internet nicht den großen Internetunternehmen zu überlassen. Insofern ist die Schaffung des Leistungsschutzrechts ein historisches Ereignis.

§ 87f Presseverleger

(1) Der Hersteller eines Presseerzeugnisses (Presseverleger) hat das ausschließliche Recht, das Presseerzeugnis oder Teile hiervon zu gewerblichen Zwecken öffentlich zugänglich zu machen, es sei denn, es handelt sich nur um einzelne Wörter oder kleinste Textausschnitte. Ist das Presseerzeugnis in einem Unternehmen hergestellt worden, so gilt der Inhaber des Unternehmens als Hersteller.

(2) Ein Presseerzeugnis ist die redaktionell-technische Festlegung journalistischer Beiträge im Rahmen einer unter einem Titel auf beliebigen Trägern periodisch veröffentlichten Sammlung, die bei Würdigung der Gesamtumstände als überwiegend verlagstypisch anzusehen ist und die nicht überwiegend der Eigenwerbung dient. Journalistische Beiträge sind insbesondere Artikel und Abbildungen, die der Informationsvermittlung, Meinungsbildung oder Unterhaltung dienen.

Literatur: S. die Angaben bei Vor §§ 87 f–87h sowie die Angaben im eingangs abgedr. Gesamtliteraturverzeichnis.

Übersicht

	Rn.
I. Inhaber und Gegenstand des Schutzes, Schutzumfang	1–22
1. Schutzgegenstand: Presseerzeugnis (§ 87f Abs. 2)	1–5
a) Journalistische Beiträge	2
b) Auf beliebigen Trägern	3
c) In einer periodisch veröffentlichten Sammlung	4
d) Blogs	5
2. Rechtsinhaber: Presseverleger (§ 87f Abs. 1)	6–9
a) Auslandspresse	8
b) Sonstige Unternehmen	9
3. Schutzumfang	10–21
a) Das dem Presseverleger zugewiesene Recht	10, 11
b) Zulässigkeit der Verlinkung	12
c) Zu gewerblichen Zwecken	13
d) Keine einzelnen Wörter oder kleinsten Textausschnitte	14–20
e) Beweislast	21
4. Vermutung der Rechtsinhaberschaft	22
II. Verhältnis des Leistungsschutzrechts zur „Vorschaubilder"-Rechtsprechung des BGH	23–27
III. Ausübung des Leistungsschutzrechts	28, 28

I. Inhaber und Gegenstand des Schutzes, Schutzumfang

1. Schutzgegenstand: Presseerzeugnis (§ 87 f Abs. 2)

Das Leistungsschutzrecht des Presseverlegers schützt nach dem Vorbild des Leistungsschutzrechts des Tonträgerherstellers und des Filmherstellers die zu Schaffung eines Presseerzeugnisses erforderliche **wirtschaftliche, organisatorische und technische Leistung** des Presseverlegers (AmtlBegr. BT-Drucks. 17/11470, 8). Schutzobjekt des Leistungsschutzrechts ist das Presseerzeugnis. Dieser Begriff, der für das Urheberrecht neu ist, wird in § 87f Abs. 2 gesetzlich definiert. Nach dieser Legaldefinition ist das Presseerzeugnis die konkrete Festlegung des Verlagsprodukts als **Ausdruck der Verlegerleistung**. Die Festlegung muss **Teil einer Sammlung journalistischer Beiträge** sein, die nicht nur einmalig, sondern fortlaufend unter einem **Titel** erscheint. Mit dieser Regelung setzt § 87f sowohl eine **redaktionelle Auswahl** als auch ein **regelmäßiges Erscheinen** der journalistischen Beiträge voraus. Eine bloße Nachrichtenzusammenstellung ist nach dem Willen des Gesetzgebers vom Schutz durch das Leistungsschutzrecht des Presseverlegers deshalb ebenso wenig umfasst, wie Beiträge, die überwiegend der **Eigenwerbung** dienen (AmtlBegr. BT-Drucks. 17/11470, 8); dazu gehören z. B. periodisch erscheinende **Prospekte** und **Kundenzeitschriften**. Im Übrigen kommt es für die Schutzfähigkeit auf die Reichweite oder den Adressatenkreis des Presseerzeugnisses nicht an. Auch ist die Verwendung des Begriffs „Presseerzeugnis" in anderen Gesetzen unmaßgeblich für das Verständnis des Abs. 2.

a) Journalistische Beiträge. Journalistische Beiträge sind nach der gesetzlichen Definition **Artikel** und **Abbildungen**, die der Informationsvermittlung, Meinungsbildung oder Unterhaltung dienen. Diese Aufzählung ist jedoch nicht abschließend, sondern beispielhaft („insbesondere") und der Schutz durch das Leistungsschutzrecht erstreckt sich nicht nur auf Textbeiträge, sondern erfasst auch Bilder und sonstige multimediale Inhalte von Presseerzeugnissen. Das Merkmal der Meinungsbildung ist lediglich eines von mehreren Kriterien; sie ist anders als im RStV keine zwingende Voraussetzung für den journalistischen Inhalt. Auch **reine Informationen,** die nicht der Meinungsbildung, sondern nur der Information oder der Unterhaltung dienen, können deshalb journalistische Beiträge i. S. v. § 87f sein (*Spindler* WRP 2013, 967, 968). Das Leistungsschutzrecht schützt nicht die journalistischen Beiträge selbst. Der Schutz dieser Beiträge richtet sich stattdessen unabhängig vom Schutz des Presseerzeugnisses nach den geltenden Bestimmungen des UrhG (AmtlBegr. BT-Drucks. 17/11470, 8); sie können urheberrechtlich als Werk i. S. v. § 2 oder durch ein Leistungsschutzrecht (z. B. als Lichtbild gem. § 72) geschützt sein. Ein solcher eigenständiger Schutz der im Presseerzeugnis enthaltenen Beiträge ist jedoch keine Voraussetzung für das Leistungsschutzrecht. Es besteht damit also ein **paralleler Rechtsschutz** zugunsten des Presseerzeugnisses einerseits und den in ihm enthaltenen Beiträge andererseits.

b) Auf beliebigen Trägern. Der Schutz durch das Leistungsschutzrecht entsteht unabhängig davon, in welcher Weise und in welchen Medien das Presseerzeugnis veröffentlicht wird. In erster Linie dient das Leistungsschutzrecht dem Schutz von Presseerzeugnissen, die im Internet oder in anderen **digitalen Medien** in nicht-körperlicher Form veröffentlicht werden. Der Schutz durch das Leistungsschutzrecht erstreckt sich aber auch auf alle anderen Formen der Veröffentlichung, insbesondere auch auf den klassischen Vertrieb von Presseerzeugnissen **in gedruckter Form** (AmtlBegr. BT-Drucks. 17/11470, 8).

c) In einer periodisch veröffentlichten Sammlung. Der Schutz setzt voraus, dass das Presseerzeugnis in einer periodischen Sammlung veröffentlicht wird, die unter Würdigung der Gesamtumstände als **überwiegend verlagstypisch** anzusehen ist. Daran sind keine zu hohen Anforderungen zu stellen. Insbesondere ist nicht erforderlich, dass das Presseerzeugnis bereits mehrfach periodisch erschienen ist. Um eine **periodisch** veröffentlichte Sammlung journalistischer Beiträge handelt es sich, wenn die Sammlung nicht einmalig, sondern fortlaufend unter einem Titel erscheint. Das setzt neben der redaktionellen Auswahl ein regelmäßiges Erscheinen voraus (AmtlBegr. BT-Drucks. 17/11470, 8). Da es dem Gesetzgeber ausdrücklich darum geht, einmalige Publikationen auszunehmen und nur fortlaufende Publikationen unter das Leistungsschutzrecht zu fassen, bedeutet eine periodische Erscheinungsweise nicht, dass das Presseerzeugnis in gleichbleibenden Intervallen (täglich, monatlich, vierteljährlich usw.) erscheint. Es würde dem erklärten Schutzzweck des Gesetzes widersprechen, wenn Presseerzeugnisse, die zwar fortlaufend, aber in unterschiedlichen und unregelmäßigen Abständen erscheinen, nicht geschützt wären (ebenso *Spindler* WRP 2013, 967, 969; a. A. *Alexander* WRP 2013, 1122, 1126). Auch die erste Ausgabe eines Presseerzeugnisses ist durch das Leistungsschutzrecht geschützt, wenn das Presseerzeugnis künftig periodisch erscheinen soll. Presseerzeugnisse sind danach vor allem gedruckte wie digitale **Tages- und Wochenzeitungen** sowie **Publikums- und Fachzeitschriften**. Auf die Länge der Intervalle zwischen den Ausgaben kommt es nicht an. Bei Online-Publikationen ergibt sich das periodische Erscheinen aus der fortlaufenden Aktualisierung der Inhalte. Der Begriff „**verlagstypisch**" ist weit zu verstehen. Es ist damit insbesondere keine Beschränkung auf bestimmte Geschäftsmodelle oder Medien verbunden, sondern der Begriff ist offen für zukünftige Entwicklungen (*Alexander* WRP 2013, 1122, 1126; *Spindler* WRP 2013, 967, 968). Verlagstypisch ist ein Angebot dann, wenn es durch eine redaktionell-inhaltliche Tätigkeit geprägt wird und nicht lediglich durch rein technische Vorgänge (*Spindler* WRP 2013, 967, 968). Es findet durch das Tatbestandsmerkmal „verlagstypisch" auch keine Einengung auf das Verlagswesen im presse- und rundfunkrechtlichen Sinne statt. Presseerzeugnisse im Sinne von § 87f können deshalb insbesondere auch die redaktionellen Onlineangebote von **Sendeunternehmen** und anderen **Telemedienanbietern** sein (*Spindler* WRP 2013, 967, 969; a. A. *Alexander* WRP 2013, 1127). Wie solche Angebote nach den Bestimmungen des Rundfunkstaatsvertrags zu beurteilen sind, spielt für die Schutzfähigkeit nach § 87f keine Rolle.

d) Blogs. Auch **Blogs** im Internet können ein Presseerzeugnisse i. S. v. § 87 f Abs. 2 **5** sein, wenn sie die Kriterien der Legaldefinition erfüllen Das ist dann der Fall, wenn ein Blog eine redaktionell ausgewählte Sammlung journalistischer Beiträge ist, die fortlaufend unter einem Titel erscheint und sich das Blog dadurch als eine verlagstypische Leistung darstellt. (AmtlBegr. BT-Drucks. 17/11470, 8). **Reine Nachrichtenzusammenfassungen** sind dagegen nicht geschützt (AmtlBegr. BT-Drucks. 17/11470, 8).

2. Rechtsinhaber: Presseverleger (§ 87 f Abs. 1)

Inhaber des Leistungsschutzrechts ist der **Hersteller des Presseerzeugnisses**, der in **6** § 87 f Abs. 1 als Presseverleger bezeichnet wird. Der Gesetzgeber hat mit dieser Legaldefinition im Urheberrecht einen **eigenständigen Begriff** des Presseverlegers geschaffen, der mit dem presserechtlichen Herstellerbegriff nicht identisch ist.

Der Gesetzgeber geht, wie bei anderen Leistungsschutzrechten, die keine schöpferi- **7** schen, sondern wirtschaftliche und organisatorische Leistungen schützen, davon aus, dass die Herstellung von Presseerzeugnissen nicht ausschließlich durch **natürliche Personen** erfolgt. Wenn das Presseerzeugnis in einem Unternehmen hergestellt wird, entsteht das Leistungsschutzrecht bei dem **Inhaber des Unternehmens**. Maßgeblich ist hier, wie auch bei der entsprechenden Regelung in § 85 Abs. 1 S. 2 UrhG, wer den wirtschaftlichen Erfolg verantwortet und wem dieser zuzurechnen ist (AmtlBegr. BT-Drucks. 17/11470, 7).

a) Auslandspresse. Es ist nicht erforderlich, dass das Presseerzeugnis im Geltungsbe- **8** reich des Urheberrechtsgesetzes veröffentlicht wird. Auch **ausländische Presseverleger** genießen nach Maßgabe der allgemeinen Bestimmungen des Urheberrechts für ihre Presseerzeugnisse den Schutz durch das Leistungsschutzrecht (*Spindler* WRP 2013, 967, 974).

b) Sonstige Unternehmen. Einziger Anknüpfungspunkt für die Eigenschaft als Presse- **9** verleger im Sinne von § 87 f ist die Herstellung eines Presseerzeugnisses. Andere Kriterien spielen keine Rolle. Das Leistungsschutzrecht steht deshalb auch Unternehmen zu, die keine Presseverleger im herkömmlichen Sinne sind. Zum Beispiel könne deshalb **Sendeunternehmen** Presseunternehmen sein, die auf ihren Internetseiten redaktionell aufbereitete Nachrichten in Form von Text, Bild und Video präsentieren, sofern diese Inhalte Presseerzeugnisse im Sinne von § 87 f sind (s. Rn. 4). **Blogger** sind Presseunternehmer, wenn ihr Blog ein Presseerzeugnis im Sinne von § 87 f ist (s. Rn. 5).

3. Schutzumfang

a) Das dem Presseverleger zugewiesene Recht. Dem Presseverleger steht nur das **10** **Recht der öffentlichen Zugänglichmachung** (§ 19a) zu gewerblichen Zwecken zu. Darüber hinaus gewährt das Leistungsschutzrecht dem Presseverleger keine weiteren Ausschließlichkeitsrechte. Insbesondere begründet das Leistungsschutzrecht **kein Vervielfältigungsrecht** (§ 16) am Presseerzeugnis. Ob für die Online-Nutzung auch das Vervielfältigungsrecht für den Upload auf den Server als selbständige Nutzungshandlung lizenziert werden kann bzw. lizenziert werden muss (dazu OLG München ZUM 2009, 722 – myvideo; *Jani* ZUM 2009, 722; *Schaefer* ZUM 2010, 150), spielt daher in Bezug auf das Leistungsschutzrecht des Presseverlegers keine Rolle. Der Schutzumfang des Leistungsschutzrechts wird in § 87 f nur **unvollständig geregelt**. Ein wichtiger Teil der Bestimmungen über den Umfang des Leistungsschutzrecht des Presseverlegers findet sich in § 87g Abs. 4. Danach sind vom Ausschließlichkeitsrecht des Presseverlegers überhaupt nur Nutzungen durch Suchmaschinen und Dienste, die Inhalte wie Suchmaschinen aufbereiten, erfasst (s. § 87g Rn. 7 ff.).

Der Gesetzgeber geht davon aus, dass der mit dem Leistungsschutzrecht angestrebte **11** Schutz von Presseerzeugnissen im Internet schon dann gewährleistet wird, wenn die Presseverleger das Recht der öffentlichen Zugänglichmachung erhalten (AmtlBegr. BT-Drucks. 17/11470, 7).

12 **b) Zulässigkeit der Verlinkung.** Die Verlinkung von Inhalten wird von dem Leistungsschutzrecht grundsätzlich nicht erfasst und bleibt nach Maßgabe der Rechtsprechung des BGH weiterhin zulässig. Die grundlegende Entscheidung des BGH zur Zulässigkeit der Verlinkung (BGH GRUR 2003, 958 – Paperboy), nach der durch das Setzen eines Links auf eine vom Berechtigten öffentlich zugänglich gemachte Webseite mit einem urheberrechtlich geschützten Werk nicht in das Recht der öffentlichen Zugänglichmachung des Werkes eingegriffen wird, gilt nach dem Willen des Gesetzgebers ausdrücklich auch für das das neue Leistungsschutzrecht des Presseverlegers (BT-Drucks. 17/11470, 6). Der EuGH hat die Auffassung des BGH zur Zulässigkeit der Verlinkung in seinem Urteil vom 13.2.2014 (Rs. C-466/12 – Svensson) im Ergebnis bestätigt. Etwas anderes gilt für den Fall, dass das Presseerzeugnis ganz oder teilweise **unberechtigt** von einem Dritten im Internet zugänglich gemacht wird. Dann ist auch die Verlinkung auf das Presseerzeugnis eine eigene urheberrechtliche Nutzungshandlung (vgl. BGH GRUR 2014, 180 Rn. 14 – Terminhinweis mit Kartenausschnitt; ebenso EuGH, Urteil vom 13.2.2014, Rs. C-466/12 Rn. 32 – Svensson) und wird damit auch vom Leistungsschutzrecht erfasst.

13 **c) Zu gewerblichen Zwecken.** Die öffentliche Zugänglichmachung des Presseerzeugnisses fällt nur dann unter das Leistungsschutzrecht, wenn sie gewerblichen Zwecken dient. Rein private Nutzungshandlungen werden damit ebenso wenig erfasst, wie nichtgewerbliche Nutzungen der öffentlichen Hand (AmtlBegr. BT-Drucks. 17/11470, 7). Diese Einschränkung ergibt sich im Grunde schon aus der Einschränkung des Ausschließlichkeitsrechts auf Nutzungen durch **Suchmaschinen und gewerblichen Anbietern von Diensten, die Inhalte wie Suchmaschinen aufbereiten** (dazu § 87g Rn. 7 ff.). Es ist davon auszugehen, dass solche Dienste in der Regel zu gewerblichen Zwecken handeln. Zu gewerblichen Zwecken erfolgt jede öffentliche Zugänglichmachung, die mittelbar oder unmittelbar der Erzielung von Einnahmen dient, sowie jede Zugänglichmachung, die im Zusammenhang mit einer Erwerbstätigkeit steht (AmtlBegr. BT-Drucks. 17/11470, 7).

14 **d) Keine einzelnen Wörter oder kleinsten Textausschnitte.** Der Regierungsentwurf sah vor, dass das Leistungsschutzrecht nach Maßgabe der „Metall auf Metall"-Entscheidung des BGH zum Leistungsschutzrecht des Tonträgerhersteller (BGH GRUR 2009, 403) auch kleinste Teile des Presseerzeugnisses schützt (AmtlBegr. BT-Drucks. 17/11470, 8). Dieser Ansatz war konsequent, denn die unternehmerische Leistung des Presseverlegers umfasst jeden Teil des Presseerzeugnisses. In diese unternehmerische Leistung greift auch derjenige ein, der nur kleine Teile entnimmt (AmtlBegr. BT-Drucks. 17/11470, 8).

15 Aufgrund massiver Kritik hat der Gesetzgeber diesen Ansatz in den Schlussberatungen des Gesetzes aus politischen Gründen jedoch aufgegeben, um damit die Befürchtungen auszuräumen, das Leistungsschutzrecht würde die Tätigkeit von Suchmaschinen behindern oder einzelne Informationen monopolisieren. Aufgrund der Beschlussempfehlung des Rechtsausschusses (BT-Drucks. 17/12534) sind „einzelne Wörter" und „kleinste Textausschnitte" vom Schutz durch das Leistungsschutzrecht ausgenommen worden. Die öffentliche Zugänglichmachung solcher Elemente des Presseerzeugnisses bleibt damit auch weiterhin zustimmungsfrei zulässig. Anders als noch im Regierungsentwurf vorgesehen (BT-Drucks. 17/11470, 8), soll die Rechtsprechung des BGH in Bezug auf den Schutz kleinster Teile einer Aufnahme durch das Leistungsschutzrecht des Tonträgerherstellers (BGH GRUR 2009, 403 – Metall auf Metall) auf das Leistungsschutzrecht des Presseverlegers nun ausdrücklich keine Anwendung finden (BT-Drucks. 17/12534, 6). Wo die Grenze zu ziehen ist, lässt das Gesetz jedoch offen. Diese Frage wird erst durch die Rechtsprechung konkretisiert werden. Der Gesetzgeber hat bewusst **keine starren Werte** zur Bestimmung der vom Leistungsschutzrecht ausgenommenen Teile festgelegt; eine starre Grenze wäre mit dem Ziel, das der Gesetzgeber mit dieser Privilegierung verfolgt, ebenso wenig zu vereinbaren, wie eine relative Länge, die an die Gesamtlänge des zugrundeliegenden Artikels anknüpft. Die vom Schutz ausgenommene Länge des „kleinsten Textausschnitts" hängt nicht von der Gesamtlänge des zugrunde liegenden Artikels ab (a. A. *Kühne*, CR 2013, 169 f.). Dass das Verhältnis des Textausschnitts zur Gesamtlänge des Beitrags keine Rolle spielt, ergibt sich aus den Formulierungen, die der Gesetzgeber gewählt hat. Die relative Größe ist bei dem aus §§ 52a Abs. 1 Nr. 1, § 53 Abs. 2 S. 1 Nr. 4a, Abs. 3 S. 1 und § 53a Abs. 1 S. 1 und 3 UrhG bekannten Tatbestandsmerkmal „kleine Teile" maßgeblich. In § 87f hat der Gesetzgeber stattdessen mit den „kleinsten Textausschnitten" eine absolute Formulierung verwendet, die keinen Bezug zur Länge des Volltextes aufweist (*Hossenfelder* ZUM 2013, 374, 377; *Heine/Stang* AfP 2013, 177, 178; *Spindler* WRP 2013, 967, 970).

Da die Freistellung einzelner Wörter und kleinster Textausschnitte ausdrücklich als **Ausnahme** zu dem an sich umfassend gewährten Leistungsschutzrecht formuliert ist („es sei denn"), ist eine am Zweck dieser Ausnahme orientierte **restriktive Auslegung** erforderlich (*Heine/Stang* AfP 2013, 177, 179; *Hossenfelder* ZUM 2013, 374, 376; *Schippan* ZUM 2013, 358, 372).

Der Ausschluss kleinster Textausschnitte soll sicherstellen, dass Suchmaschinen und Aggregatoren ihre Suchergebnisse kurz bezeichnen können, ohne gegen Rechte der Rechteinhaber zu verstoßen, um die „**knappe, aber zweckdienliche Beschreibung des verlinkten Inhalts**" zu gewährleisten, insbesondere durch die Übernahme von **Schlagzeilen** (AmtlBegr. BT-Drucks. 17/12534, 6). Aus diesem Zweck ergibt sich die zulässige Länge der Textausschnitte. Die Privilegierung erstreckt sich nur auf Textausschnitte, die **erforderlich** sind, um die Beschreibung des verlinkten Inhalts zu erreichen. Unter diesem Gesichtspunkt erstreckt sich die Ausnahme des § 87f Abs. 1 S. 1 auf die Übernahme der Überschrift eines Artikels, gegebenenfalls mitsamt Unter- bzw. Oberzeile (*Hossenfelder* ZUM 2013, 374, 376). Ein Bedürfnis für längere Textstellen ist im Hinblick auf das klare Ziel des Gesetzgebers, lediglich eine knappe Beschreibung zustimmungsfrei zu ermöglichen, dagegen nicht erkennbar (*Alexander* WRP 2013, 1122, 1128). Insbesondere darf durch die im Rahmen eines Suchergebnisses verwendeten Ausschnitte der Besuch der Originalseite nicht überflüssig werden (BT-Drucks. 17/12534, 5). Eine über die reine Überschrift hinausgehende Übernahme von Textausschnitten aus dem Fließtext verlinkter Artikel würde genau diese unerwünschte Substitutionswirkung haben. Insbesondere auch sog. **Snippets**, wie sie von **Nachrichten-Aggregatoren** verwendet werden, fallen daher in den Schutzbereich des Leistungsschutzrechts, denn sie gehen über die reine Bezeichnung der Verlinkung weit hinaus und verschaffen einem Leser in der Regel bereits einen ausreichenden Überblick über den Inhalt des Artikels.

Im Hinblick auf den mit ihr verfolgten Zweck setzt die Privilegierung für die Übernahme von Textausschnitten zwingend die **Verlinkung** zu dem ursprünglichen Beitrag voraus. Außerdem muss der übernommene Textausschnitt den verlinkten Inhalt beschreiben. Ohne einen solchen Bezug ist die Übernahme von Textstellen unabhängig von ihrer Länge ohne die Zustimmung des Presseverlegers stets unzulässig.

Da die Ausnahme sich **nur auf Texte** bezieht, findet sie keine Anwendung auf andere Teile eines Presseerzeugnisses, insbes. gilt sie nicht für Abbildungen.

Die Einschränkung des Schutzbereichs führt nicht dazu, dass das neu eingeführte Gesetz überhaupt keinen Anwendungsbereich hat und erst dort greift, wo die Schwelle zum urheberrechtlichen Schutz des Beitrags überschritten wird (so aber *Kühne* CR 2013, 169, 175 und *Peifer* GRUR-Prax 2013, 149). Das Leistungsschutzrecht greift trotz der Einschränkung seines Tatbestands durchaus auch dort, wo ein Urheberrecht mangels Schöpfungshöhe der übernommenen Teile nicht besteht.

e) Beweislast. Dafür, dass die gesetzliche Ausnahme greift und dass es sich lediglich um einzelne Wörter oder kleinste Textausschnitte handelt, die für die knappe und zweckdienliche Beschreibung des Inhalts erforderlich ist, trägt nach den allgemeinen Regeln **der Nutzer** die Darlegungs- und Beweislast, der sich auf diese Ausnahme („es sei denn ...") beruft.

4. Vermutung der Rechtsinhaberschaft

22 In entsprechender Anwendung von § 10 Abs. 1 gilt als Presseverleger, wer auf dem Presseerzeugnis in der üblichen Weise als Presseverleger angegeben ist. Zwar enthalten die §§ 87f bis 87h keinen ausdrücklichen Verweis auf die **gesetzliche Vermutung der Rechtsinhaberschaft nach § 10**. Hierbei handelt es sich jedoch um ein redaktionelles Versehen des Gesetzgebers. Gem. Art. 5 Buchst. b der Durchsetzungs-Richtlinie (Richtlinie 2004/48/EG) gilt diese Vermutung auch für Inhaber verwandter Schutzrechte. Im Wege der richtlinienkonformen Auslegung ist die in § 10 geregelte Vermutung daher auch auf das Leistungsschutzrecht des Presseverlegers anzuwenden.

II. Verhältnis des Leistungsschutzrechtes zur „Vorschaubilder"-Rechtsprechung des BGH

23 Entgegen der im Gesetzgebungsverfahren von Kritikern des Leistungsschutzrechts geäußerten Auffassung (vgl. die Stellungnahme der Deutschen Vereinigung für Gewerblichen Rechtsschutz und Urheberrecht GRUR 2010, 808, 809) läuft das Leistungsschutzrecht des Presseverlegers nicht aufgrund der Rechtsprechung des BGH zur Bildersuche (BGH GRUR 2010, 628 – Vorschaubilder; BGH GRUR 2012, 602 – Vorschaubilder II) leer. Die **Einwilligungslösung,** die der BGH für die Bildersuche in diesen Urteilen konstruiert hat, ist auf die vom Leistungsschutzrecht des Presseverlegers erfassten Nutzungshandlungen **nicht anwendbar** (*Spindler* WRP 2013, 967, 974; *Heine/Stang* AfP 2013, 177, 181; a.A. *Ohly* WRP 2012, 41, 47; *Stieper* ZUM 2013, 10, 16f.; *Peifer* GRUR-Prax 2013, 149; *Kühne* CR 2013, 169, 170; so wohl auch Dreier/Schulze/*Schulze* UrhG, 4. Aufl., Nachtrag §§ 87f ff. Rn. 8).

24 Eine Anwendung dieser Rechtsprechung des BGH ist schon deshalb ausgeschlossen, weil sie in Bezug auf das Leistungsschutzrecht des Presseverlegers dem eindeutigen **Willen des Gesetzgebers** widerspricht. Der Gesetzgeber hat in Kenntnis der „Vorschaubilder"-Rechtsprechung des BGH ein Ausschließlichkeitsrecht geschaffen, das ausdrücklich gerade die Nutzung von Presseerzeugnissen durch Suchmaschinen und vergleichbare Dienste erfasst. Die Nutzung von Presseerzeugnissen durch diese Dienste war der Anlass für die Schaffung des Leistungsschutzrechts (AmtlBegr. BT-Drucks 17/11470, 6). Soweit die vor der Schaffung dieses Gesetzes ergangene Rechtsprechung dem Regelungsgehalt des Leistungsschutzrechts des Presseverlegers widerspricht, ist diese Rechtsprechung wegen der klaren Absichten des Gesetzgebers auf das Leistungsschutzrecht des Presseverlegers deshalb nicht anwendbar. Dass die vom BGH entwickelte Konstruktion hier nicht anwendbar sein soll, wird auch dadurch belegt, dass der Gesetzgeber das Leistungsschutzrecht selbst ausdrücklich auf Suchmaschinen und vergleichbare Dienste bezieht (*Spindler* WRP 2013, 967, 974). Andernfalls würde das Leistungsschutzrecht leerlaufen; es ist offensichtlich, dass das nicht dem Willen des Gesetzgebers entspricht.

25 Eine Anwendung der Vorschaubilder-Rechtsprechung des BGH auf das Leistungsschutzrecht des Presseverlegers würde gegen den **Vorrang des Gesetzes** aus Art. 20 Abs. 3 GG und gegen Bindung der Gerichte an das Gesetz gem. Art. 97 Abs. 1 GG verstoßen (ebenso *Heine/Stang* AfP 2013, 177, 183).

26 Der Gesetzgeber hat sich im Gesetzgebungsverfahren mit der Rechtsprechung des BGH zu Vorschaubildern in Suchmaschinen befasst. In seiner Beschlussempfehlung hat der Rechtsausschuss des Deutschen Bundestages zur Begründung der von ihm empfohlenen **Ausnahme einzelner Wörter und kleinster Textausschnitte** in § 87f Abs. 1 S. 1 UrhG (dazu oben Rn. 14ff.) Bezug auf die Rechtsprechung des BGH genommen. Danach soll der in den Vorschaubildern zum Ausdruck kommende Rechtsgedanke im Rahmen dieser Ausnahme gelten (BT-Drucks. 17/12534, 6). Das heißt im Umkehrschluss, dass außerhalb dieser Ausnahme zugunsten einzelner Wörter und kleinster Textausschnitte die

Rechtsprechung des BGH zu Vorschaubildern gerade nicht gilt (in diesem Sinne auch *Hossenfelder* ZUM 2013, 374, 376).

Dem steht auch nicht entgegen, dass der Presseverleger sein Presseerzeugnis mithilfe technischer Schutzmaßnahmen vor dem Zugriff durch Suchmaschinen schützen könnte. In der Zugänglichmachung eines Presseerzeugnisses durch den Presseverleger im Internet ohne **technische Schutzmaßnahmen** liegt ebenfalls **keine konkludente Einwilligung** in deren Anzeige durch Suchmaschinen oder vergleichbare Dienste Indexierung durch Suchmaschinen (so aber *Ohly* WRP 2012, 41, 47; *Stieper* ZUM 2013, 10, 16 f.; *Peifer* GRUR-Prax 2013, 149; *Kühne* CR 2013, 169, 170). Darauf, ob es dem Presseverleger möglich wäre, die **Indexierung** des Presseerzeugnisses durch Suchmaschinen technisch zu unterbinden (insbesondere durch eine entsprechende Programmierung der **robots.txt-Datei**, die im Gesetzgebungsverfahren von Kritikern des Leistungsschutzrechts immer wieder als Alternative vorgetragen worden ist), kommt es nicht an (a. A. *Stieper* ZUM 2013, 10, 16 f.). Es ist eines der wesentlichen Merkmale des Urheberrechts und der verwandten Schutzrechte, dass Nutzungen, die den Tatbestand eines Verwertungsrechts erfüllen, nur nach vorheriger Zustimmung des Rechteinhabers zulässig sind. Das Urheberrechtsgesetz folgt damit dem Prinzip des „Opt in". Technische Lösungen im Sinne eines „Opt out" hat der Gesetzgeber im Gesetzgebungsverfahren bewusst verworfen. 27

III. Ausübung des Leistungsschutzrechts

Das Gesetz regelt nicht, wie das Leistungsschutzrecht auszuüben ist. Entgegen den ursprünglichen Überlegungen des Gesetzgebers ist das Leistungsschutzrecht des Presseverlegers **nicht verwertungsgesellschaftspflichtig**. Der Presseverleger kann dieses Recht also selbst geltend machen. Selbstverständlich kann der Rechteinhaber das Leistungsschutzrecht bzw. die Ansprüche aus dem Leistungsschutzrecht aber freiwillig in eine Verwertungsgesellschaft einbringen (so ausdrücklich auch die Bundesregierung in ihrer Gegenäußerung zur Stellungnahme des Bundesrates, BT-Drucks. 17/11470, 12). 28

Da die vom Leistungsschutzrecht betroffene Internetdienste regelmäßig an einer repertoirebezogenen Nutzung interessiert sein werden, bei der es darum geht, zu bestimmten Themen, aus bestimmten Regionen usw. alle maßgeblichen Presseerzeugnisse auszuwerten, spricht viel dafür, dass die Presseverlage ihre Rechte auf freiwilliger Basis in einer Verwertungsgesellschaft bündeln werden, um auf diese Weise zu vernünftigen Transaktionskosten eine umfassende Lizenz an einem möglichst großen Titelangebot anbieten zu können. 29

§ 87g Übertragbarkeit, Dauer und Schranken des Rechtes

(1) **Das Recht des Presseverlegers nach § 87 f Absatz 1 Satz 1 ist übertragbar. Die §§ 31 und 33 gelten entsprechend.**

(2) **Das Recht erlischt ein Jahr nach der Veröffentlichung des Presseerzeugnisses.**

(3) **Das Recht des Presseverlegers kann nicht zum Nachteil des Urhebers oder eines Leistungsschutzberechtigten geltend gemacht werden, dessen Werk oder nach diesem Gesetz geschützter Schutzgegenstand im Presseerzeugnis enthalten ist.**

(4) **Zulässig ist die öffentliche Zugänglichmachung von Presseerzeugnissen oder Teilen hiervon, soweit sie nicht durch gewerbliche Anbieter von Suchmaschinen oder gewerbliche Anbieter von Diensten erfolgt, die Inhalte entsprechend aufbereiten. Im Übrigen gelten die Vorschriften des Teils 1 Abschnitt 6 entsprechend.**

Literatur: S. die Angaben bei Vor §§ 87 f ff. sowie die Angaben im eingangs abgedr. Gesamtliteraturverzeichnis.

Übersicht

	Rn.
I. Übertragbarkeit des Rechts (Abs. 1)	1
II. Schutzdauer (Abs. 2)	2–4
III. Keine Geltendmachung zum Nachteil des Urhebers oder Leistungsschutzberechtigten (Abs. 3)	5, 6
IV. Schranken (Abs. 4)	7–20
1. Suchmaschinen und andere Dienste	7–14
a) Suchmaschinen	8, 9
b) Anbieter von Diensten, die Inhalte entsprechend aufbereiten	10–12
c) Andere Nutzungen	13, 14
2. Geltung der Schranken des Urheberrechts	15–17
3. Vergütungsansprüche aus §§ 54 ff.	18
4. Verhältnis zu anderen Schutzrechten	19, 20
V. Inkrafttreten	21

I. Übertragbarkeit des Rechts (Abs. 1)

1 Das Leistungsschutzrecht des Presseverlegers ist wie das Leistungsschutzrecht des Tonträgerherstellers (§ 85) und des Filmherstellers (§ 94) **ein rein vermögensrechtliches Recht** ohne persönlichkeitsrechtlichen Inhalt (AmtlBegr. BT-Drucks. 17/11470, 8). Das Leistungsschutzrecht ist deshalb gem. § 87g Abs. 1 als Ganzes **übertragbar.** Der Verweis in § 87g Abs. 1 S. 2 auf die §§ 31 und 33 UrhG entspricht den Regelungen, die für andere Leistungsschutzrechte gelten. Damit wird klargestellt, dass der Presseverleger einem anderen **das Recht einräumen** kann, das Presseerzeugnis auf einzelne oder alle der ihm vorbehaltenen Nutzungsarten zu nutzen. In dieser Befugnis, die das Wesen eines Ausschließlichkeitsrechts ausmacht, liegt **der ökonomische Wert des Leistungsschutzrechts** für den Presseverleger, der freilich durch die Begrenzung des Verbotsrechts auf die Nutzung durch Suchmaschinen und vergleichbare Dienste erheblich eingeschränkt ist.

II. Schutzdauer (Abs. 2)

2 Das Leistungsschutzrecht des Presseverlegers zeichnet sich durch eine äußerst **kurze Schutzfrist** aus. Der Gesetzgeber geht ohne weitere Begründung davon aus, dass eine Schutzdauer von einem Jahr ab Veröffentlichung „angemessen und ausreichend" ist (AmtlBegr. BT-Ds. 17/11470, S. 8). Da es auch im Pressebereich durchaus Publikationen gibt, die eine längere Verwertungsdauer haben, trifft diese Einschätzung des Gesetzgebers jedenfalls nicht auf sämtliche Presseerzeugnisse zu. Die kurze Schutzfrist ist denn auch vor allem politisch motiviert, um auch insoweit denen entgegenzukommen, die dem Leistungsschutzrecht für Presseverleger skeptisch gegenüber standen.

3 Die in § 87g Abs. 2 bestimmte Schutzdauer beginnt mit der **Veröffentlichung** des Presseerzeugnisses. Wann ein Presseerzeugnis veröffentlicht ist, ergibt sich aus § 6 (Dreier/Schulze/*Schulze* Nachtrag Rn. 10; zu den Einzelheiten: § 6 Rn. 3 ff.). Die Schutzfrist beginnt gem. § 69 mit dem **Ablauf des Kalenderjahres**, in dem das Presseerzeugnis veröffentlicht worden ist. Zwar enthält § 87g Abs. 2 keinen ausdrücklichen Verweis auf § 69. Wie bei § 94 ist auch hier jedoch davon auszugehen, dass es sich dabei um ein redaktionelles Versehen des Gesetzgebers ohne inhaltliche Bedeutung handelt (siehe § 94 Rn. 67 m. w. N.).

4 Durch das Leistungsschutzrecht werden auch solche Presseerzeugnisse geschützt, deren Schutzfrist, gerechnet ab ihrer Veröffentlichung, noch nicht abgelaufen ist. Nachdem das Leistungsschutzrecht mit Inkrafttreten des 8. UrhGÄndG zum 1.8.2013 eingeführt worden ist (s. Rn. 21), werden deshalb bis zum 31.12.2014 auch Presseerzeugnisse geschützt, die 2013, aber vor dem 1.8.2013 veröffentlicht worden sind.

III. Keine Geltendmachung zum Nachteil des Urhebers oder Leistungsschutzberechtigten (Abs. 3)

Das Leistungsschutzrecht des Presseverlegers darf nicht zum Nachteil der Urheber und **5** der Leistungsschutzberechtigten ausgeübt werden, deren Beiträge im Presseerzeugnis enthalten sind. Damit wird klargestellt, dass das Leistungsschutzrecht des Presseverlegers unbeschadet der Rechte an den im Presseerzeugnis enthalten Beiträge entsteht. Den Urhebern und Leistungsschutzberechtigte soll es insbesondere gestattet sein, im Internet Eigenwerbung für von ihnen verfasste Beiträge zu betreiben, ohne in das Leistungsschutzrecht einzugreifen (AmtlBegr. BT-Drucks. 17/11470, 8). Dieses Beispiel aus der amtlichen Begründung des Regierungsentwurfs für das Gesetz ergibt allerdings nur dann einen Sinn, wenn die Urheber – für die Eigenwerbung – Suchmaschinen oder vergleichbare Dienste betreiben und dabei auf direkt auf das Presseerzeugnis zugreifen. Das ist fernliegend. Es scheint, dass die Begründung des Gesetzentwurfes hier nicht an die überarbeitete Fassung des Entwurfs angepasst worden ist. Die Beschränkung auf die öffentliche Zugänglichmachung durch Suchmaschinen und vergleichbare Dienste (§ 87g Abs. 4) war in der ersten Fassung des Referentenentwurfs noch nicht enthalten. Mit dieser Beschränkung ist kaum noch ein Fall denkbar, in dem der Presseverleger das Leistungsschutzrecht in seinem beschränkten Anwendungsbereich zum Nachteil des Urhebers ausüben könnte.

Das Verbot einer Geltendmachung des Leistungsschutzrechts zum Nachteil der Urheber **6** und Leistungsschutzberechtigten schränkt den Presseverleger in seiner Freiheit zur Ausübung des Rechts im Übrigen nicht ein. Insbesondere ist der Presseverleger nicht verpflichtet, das Leistungsschutzrecht überhaupt auszuüben. Der Urheber kann auch nicht einwenden, die Ausübung des Leistungsschutzrechts durch den Presseverleger beeinträchtige das Interesse des Urhebers, dass seine Beiträge im Netz auffindbar sind. Soweit der Urheber aufgrund der ihm verbliebenen Nutzungsrechte nicht selbst für die Auffindbarkeit seines Beitrags im Netz sorgen kann, hat das Leistungsschutzrecht des Presseverlegers Vorrang.

IV. Schranken (Abs. 4)

1. Suchmaschinen oder andere Dienste

Das Leistungsschutzrecht erfasst nur Nutzungen durch Suchmaschinen und durch An- **7** bieter von Diensten, die Inhalte entsprechend aufbereiten. Nutzungen durch andere Anbieter fallen nicht unter das Leistungsschutzrecht.

a) **Suchmaschinen.** Von der Geltung umfasst sind sowohl **horizontale Suchmaschi-** **8** **nen** wie (z. B. Google oder Bing), die das gesamte World Wide Web durchsuchen, als auch sog. **vertikale Suchmaschinen**, deren Suchindices auf bestimmte Themen beschränkt sind. Im Anwendungsbereich des Leistungsschutzrechts besonders relevant sind Dienste, die **Nachrichtenseiten** durchsuchen (z. B. Google News, Yahoo! Nachrichten oder Bing News).

Für die Einordnung eines Internet-Dienstes als Suchmaschine spielt es keine Rolle, ob **9** das Angebot **werbefinanziert** und deshalb für die Nutzer kostenlos ist oder aber nur gegen die Zahlung eines **Entgelt** genutzt werden kann.

b) **Anbieter von Diensten, die Inhalte entsprechend aufbereiten.** Neben den **10** Suchmaschinen erfasst das Leistungsschutzrecht Diensteanbieter, die Inhalte einer Suchmaschine entsprechend aufbereiten. Damit sind insbesondere sog. **News-Aggregatoren** gemeint (AmtlBegr. BT-Drucks. 17/11470, 6). Darunter fallen vor allem Anbieter, die Beiträge aus Presseerzeugnissen ausschnittsweise (sog. **Snippet**) oder im **Volltext** präsentieren, ohne dass der Nutzer vorher einen Suchbegriff eingibt. Beispiele für solche Dienste

Jani 1503

sind Google News oder Yahoo! Nachrichten, die auf ihrer Startseite einen **suchwortunabhängigen Nachrichtenüberblick** bereithalten. Die Nutzung von Textausschnitten aus Presseerzeugnissen in **sozialen Netzwerken** (Facebook, Twitter) sind dann nicht vom Leistungsschutzrecht erfasst, wenn diese Nutzung durch die Nutzer der Dienste selbst erfolgt. Sofern Betreiber sozialer Netzwerke für ihre Nutzer jedoch im Rahmen ihrer Dienste Suchmaschinen oder vergleichbare Angebote (z.B. News-Aggregatoren) betreiben, fallen auch diese unter das Leistungsschutzrecht (*Spindler* WRP 2013, 967, 974).

11   Dienste, die im Sinne dieser Vorschrift Inhalte einer Suchmaschine entsprechend aufbereiten, sind auch Anbieter von Apps, die ihren Kunden auf **mobilen Endgeräten** (Smartphones und Tablets) Zusammenstellungen von Nachrichten aus fremden Presseerzeugnissen präsentieren.

12   Vom Leistungsschutzrecht erfasst werden schließlich auch **Medienbeobachtungsdienste**, die ihren Kunden aufgrund von Suchbegriffen Übersichten von Beiträgen aus Presseerzeugnissen liefern.

13   **c) Andere Nutzungen.** Alle sonstigen Nutzungen eines Presseerzeugnisses, wie z.B. durch Blogger, durch gewerbliche Unternehmen, Verbände oder durch private Nutzer, greifen nicht in das Leistungsschutzrecht ein (AmtlBegr. BT-Drucks. 17/11470, 8). Mit dieser Beschränkung hat der Gesetzgeber auf die massiven Proteste gegen das Leistungsschutzrecht, insbesondere großer Wirtschaftsverbände, reagiert.

14   Die Nutzer, deren Handlungen nicht unter das Leistungsschutzrecht fallen, müssen allerdings das Urheber- oder Leistungsschutzrecht an den Beiträgen beachten. Handlungen, die bereits nach geltendem Recht die Erlaubnis des Rechteinhabers voraussetzen, werden durch den beschränkten Anwendungsbereich des Leistungsschutzrecht Presseverlegers nicht erlaubnisfrei (s. Rn. 19 f.).

2. Geltung der Schranken des Urheberrechts

15   Gemäß § 87g Abs. 4 S. 2 unterliegt das Leistungsschutzrecht den in den §§ 44a ff. geregelten Schranken, die das ausschließliche Recht des Urhebers einschränken.

16   Damit bleibt insbesondere das im Pressebereich wichtige **Zitatrecht** (§ 51) erhalten, sofern das Presseerzeugnis als Grundlage des Zitats genutzt wird (AmtlBegr. BT-Drucks. 17/11470, 9).

17   Da das Leistungsschutzrecht auf die Nutzung von Presseerzeugnissen durch Suchmaschinen und vergleichbare Dienste beschränkt ist (s. Rn. 7 ff.), ist die Anwendbarkeit der urheberrechtlichen Schranken jedoch **ohne große praktische Bedeutung**. Die vom Leistungsschutzrecht erfassten Dienste zeichnen sich dadurch aus, dass sie Presseerzeugnisse im Rahmen automatisierter Prozesse und nicht zu den in den Schranken geregelten Zwecken nutzen. Suchmaschinen und vergleichbare Dienste können sich deshalb insbesondere nicht auf das Zitatrecht berufen. Aufgrund des auf Suchmaschinen und vergleichbare Dienste beschränkten Anwendungsbereichs des Leistungsschutzrechts kommt auch eine Anwendung von § 49 UrhG nicht in Betracht. Es ist nicht denkbar, dass solche Dienste elektronische Pressespiegel erstellen, die von § 49 UrhG erfasst sind (so i.E. auch *Spindler* WRP 2013, 967, 971).

3. Vergütungsansprüche aus §§ 54 ff.

18   Da das Leistungsschutzrecht dem Presseverleger nur das ausschließliche Recht der öffentlichen Zugänglichmachung (§ 19a) gewährt, greift die Nutzung eines Presseerzeugnisses in keine anderen Verwertungsrechte des Presseverlegers ein; insbesondere ist das Vervielfältigungsrecht (§ 16) nicht berührt. Aus diesem Grunde hat der Presseverleger auch **keinen Ansprsuch** auf eine Vergütung gem. § 54 ff. (Abgabe auf Vervielfältigungsgeräte und Speichermedien sowie Betreiberabgabe) für die Herstellung von Vervielfältigungen nach § 53.

3. Verhältnis zu anderen Schutzrechten

Eine Lizenz in Bezug auf das Leistungsschutzrecht berechtigt nicht zur Nutzung der Beiträge. Der Nutzer muss hiervon separat die erforderlichen **Rechte an den Texten, Bildern** usw. erwerben. Der Rechteinhaber kann die Rechte aus dem Leistungsschutzrecht des Presseverlegers daher unter der **(aufschiebenden) Bedingung** erteilen, dass der Nutzer auch die erforderlichen Rechte an den betroffenen Werken usw. erwirbt. 19

Der Schutz, den Urheber und sonstige Leistungsschutzberechtigte hinsichtlich ihrer Werke und Schutzgegenständen gegen eine rechtswidrige Nutzungen im Internet genießen, bleibt in vollem Umfang erhalten und wird von der Beschränkung des Leistungsschutzrechts nicht tangiert (AmtlBegr. BT-Drucks. 17/11470, 8). 20

V. Inkrafttreten

Gemäß Art. 2 des Achten Gesetzes zur Änderung des Urheberrechtsgesetzes (BGBl. I S. 1161) sind die §§ 87f–87h am **1.8.2013** in Kraft getreten. 21

§ 87h Beteiligungsanspruch des Urhebers

Der Urheber ist an einer Vergütung angemessen zu beteiligen.

Literatur: S. die Angaben bei Vor §§ 87f ff. sowie die Angaben im eingangs abgedr. Gesamtliteraturverzeichnis.

Übersicht

	Rn.
I. Anspruchsinhaber	1
II. Schuldner des Anspruchs	2
III. Angemessenheit der Beteiligung	3, 4
IV. Abtretung des Anspruchs und Verzicht auf den Anspruch	5, 6

I. Anspruchsinhaber

Der gesetzliche Beteiligungsanspruch aus § 87h gilt dem Wortlaut nach **nur für Urheber**, nicht jedoch auch für die Inhaber von Leistungsschutzrechten. Da der Gesetzgeber in § 87g Abs. 3, nicht jedoch in § 87h Leistungsschutzberechtigte ausdrücklich genannt hat, ist davon auszugehen, dass es sich bei der Formulierung des § 87h keinesfalls um ein redaktionelles Versehen handelt, sondern dass der Gesetzgeber den gesetzlichen Beteiligungsanspruch ausdrücklich und bewusst auf Urheber beschränkt hat. Dass eine Erstreckung dieses Anspruchs auf Leistungsschutzberechtigte offensichtlich nicht gewollt ist, folgt auch aus der Gesetzesbegründung. Danach ist der Anspruch des Urhebers aus § 87h Ausdruck des in §§ 11 und 32 UrhG zum Ausdruck kommenden Grundsatzes, wonach der Urheber an jeder wirtschaftlichen Nutzung seines Werkes angemessen zu beteiligen ist (BT-Drucks. 17/11470, S. 9). 1

II. Schuldner des Anspruchs

Der Anspruch ist auf eine Beteiligung an der Vergütung gerichtet, die der Presseverleger unmittelbar mit der Verwertung seines Leistungsschutzrechts erzielt. Schuldner des Anspruchs ist daher der Presseverleger. Überträgt der Presseverleger das Leistungsschutzrecht auf einen Dritten oder räumt er einem Dritten, so richtet sich der Anspruch gegen diesen 2

Dritten. Die Haftung des Presseverlegers entfällt. Lässt der Presseverleger sein Leistungsschutzrecht durch eine Verwertungsgesellschaft wahrnehmen, so ist der Beteiligungsanspruch aufgrund der Treuhandstellung der Verwertungsgesellschaft weiterhin gegen den Presseverleger geltend zu machen.

III. Angemessenheit der Beteiligung

3   Was angemessen ist, ist eine Frage des Einzelfalls. Der Gesetzgeber geht davon aus, dass in dem Beteiligungsanspruch der in § 11 und § 32 geregelte Rechtsgedanke zum Ausdruck kommt, wonach der Urheber an jeder wirtschaftlichen Nutzung seines Werkes angemessen zu beteiligen ist (AmtlBegr. BT-Drucks 17/11470, 9). Der Gesetzgeber verkennt dabei jedoch, dass es sich hier nicht um die Beteiligung an den Erträgen aus der Werknutzung handelt. Bezogen auf die Nutzung der im Presseerzeugnis enthaltenen Werke des Urhebers ergibt sich ein etwaiger Beteiligungsanspruch aus den geltenden Bestimmungen des UrhG. Insoweit ist die angemessene Vergütung also unabhängig von § 87h sichergestellt. § 87h hat mit dem urheberrechtlichen Beteiligungsgrundsatz deshalb nichts zu tun. Die Vorschrift gibt dem Urheber stattdessen einen **Anspruch in Bezug auf einen fremden Schutzgegenstand** und schafft damit einen zusätzlichen Vergütungsanspruch eigener Art. Dass die Beteiligung des Urhebers an den Erträgen aus der Nutzung des Presseerzeugnisses ihre Rechtfertigung nicht in der Leistung des Urhebers findet, ist bei der Beurteilung der Angemessenheit der Vergütung zu berücksichtigen. Die Kriterien zur Bestimmung der angemessenen Vergütung im Sinne von § 32 finden deshalb keine Anwendung. Der Angemessenheitsmaßstab ist daher zu Gunsten des Presseverlegers zu modifizieren, und die angemessene Vergütung gem. § 87h ist deutlich niedriger als das nach § 32 Angemessene.

4   **Bemessungsgrundlage** ist die Vergütung, die der Presseverleger durch die Auswertung des Leistungsschutzrechts bezogen auf das betroffene Werk des Urhebers **tatsächlich erzielt**.

IV. Abtretung des Anspruchs und Verzicht auf den Anspruch

5   Das Gesetz verbietet weder die Abtretung des Beteiligungsanspruchs noch einen Verzicht auf diesen Anspruch. § 87h enthält keine der Regelung in § 32 Abs. 3 vergleichbare Bestimmung. Der Urheber kann seinen Anspruch aus § 87h deshalb sowohl im Voraus an einen Dritten abtreten als auch auf den Anspruch verzichten (a. A. *Spindler* WRP 2013, 967, 972). Der Gesetzgeber hat davon abgesehen, die Möglichkeit der Abtretung einzuschränken. Insbesondere ist die Abtretung nicht auf eine Abtretung an eine Verwertungsgesellschaft beschränkt.

6   Die Möglichkeit zur Abtretung und zum Verzicht wird auch nicht durch die Regelung aus § 87g Abs. 3 ausgeschlossen, wonach der Presseverleger das Leistungsschutzrecht nicht zum Nachteil des Urhebers ausüben darf. Der in § 87h geregelte **Beteiligungsanspruch** ist **nicht Bestandteil des Leistungsschutzrechts**, sondern ein selbstständiger Anspruch, der lediglich an das Leistungsschutzrecht und seine Verwertung anknüpft.

Teil 3. Besondere Bestimmungen für Filme

Abschnitt 1. Filmwerke

Vorbemerkung Vor §§ 88 ff.

Literatur: *Baur,* Der Filmherstellerbegriff im Urheber-, Filmförderungs- und Steuerrecht, UFITA 2004, 665; *Becker/Dreier* (Hrsg.), Urheberrecht und die digitale Technologien, Baden-Baden 1994 (zit. *Bearbeiter* in: Becker/Dreier); *Becker/Rehbinder* (Hrsg.), Europäische Coproduktion in Film und Fernsehen, Baden-Baden, 1989; *Beucher/Leyendecker/v. Rosenberg,* Mediengesetze, München 2005; *Bohr,* Fragen der Abgrenzung und inhaltlichen Bestimmung der Filmurheberschaft, UFITA 78 (1977) 95; *Bohr,* Die urheberrechtliche Rolle des Drehbuchautors, ZUM 1992, 121; *Bornkamm,* Grenzüberschreitende Unterlassungsklagen im Urheberrecht?, in: Schwarze (Hrsg.), Rechtsschutz gegen Urheberrechtsverstöße in grenzüberschreitenden Medien, Baden-Baden 2000, 127 (zit. *Bornkamm* in Schwarze); *Brauer/Sopp,* Sicherungsrechte an Lizenzrechten; eine unsichere Sicherheit?, ZUM 2004, 112; *Brauner,* Das Haftungsverhältnis mehrer Lizenznehmer eines Filmwerks innerhalb einer Lizenzkette bei Inanspruchnahme aus § 32a UrhG, ZUM 2004, 96; *Brehm,* Filmrecht: das Handbuch für die Praxis, 2. Aufl. 2008; *Brugger,* Der Begriff der Bearbeitung und Verfilmung im neuen Urhebergesetz, UFITA 51 (1968) 89; *Bullinger/Czychowski,* Digitale Inhalte: Werk und/oder Software?, GRUR 2011, 19; *Büchner,* Schutz von Computerbildern als Lichtbild(werk), ZUM 2011, 549; *Castendyk,* Rechtswahl bei Filmlizenzverträgen – Ein Statement aus der Praxis, ZUM 1999, 934; *Christmann,* „Murphy": Zwischen Revolution und Einzelfallentscheidung, ZUM 2012, 187; *Christmann,* Sonderfragen zur territorialen Rechtevergabe und territorialen Adressierung bei Pay-TV am Beispiel Film und Sport, ZUM 2006, 23; *Clevé,* Wege zum Geld. Film-, Fernseh- und Multimediafinanzierungen, 2. Aufl., Gerlingen 1997; *Clevé* (Hrsg.), Investoren im Visier. Film- und Fernsehproduktionen mit Kapital aus der Privatwirtschaft, Reihe Produktionspraxis Nr. 2, Gerlingen 1998; *Colby,* Auftragswerke im Urhebergesetz der Vereinigten Staaten, FuR 1983, 303; *Czernik* in Wandtke (Hrsg.) Praxishandbuch Medienrecht, 2. Aufl. 2011, Band 2 Kap. 2 – Filmrecht; *Diesbach* Unbekannte Nutzungsarten bei Altfilmen: Der BGH gegen den Rest der Welt?, ZUM 2011, 623; *Dietz,* Die Schutzdauerrichtlinie der EU, GRUR 1995, 670; *Dünnwald,* gibt es ein Verfilmungsrecht und ein Filmherstellungsrecht? FuR 1974, 76; *Europäische audiovisuelle Informationsstelle* (Hrsg.), Statistisches Jahrbuch, Film, Fernsehen, Video und Neue Medien in Europa 3 Bände 2006: Bd. 1 Fernsehen in 36 Europäischen Ländern, Bd. 2 Trends im Europäischen Fernsehen, Bd. 3 Film und Video; *Fangerow/Schulz,* Die Nutzung von Angeboten auf www.kino.to Eine urheberrechtliche Analyse des Film-Streamings im Internet, GRUR 2010, 677; *Farber* (Hrsg.), Entertainment Industry Contracts, Bd. 1, New York 1996; *Fette,* Recht im Verlag, Frankfurt 1995; *Flatau,* Neue Verbreitungsformen für Fernsehen und ihre rechtliche Einordnung: IPTV aus technischer Sicht, ZUM 2007, 1; *Fosbrook/Laing,* The Media Contracts Handbook, Vol. 2, London 1990; *v. Frentz/Marrder,* Insolvenz des Filmrechtehändlers – was passiert mit den Rechten?, ZUM 2001, 761; *Frohne,* Filmverwertung im Internet und deren vertragliche Gestaltung, ZUM 2000, 810; *Frohne,* Schiedsverfahren nach den AFMA Rules (American Film Market Association), ZUM 2004, 793; *v. Gamm,* Urheber- und urhebervertragsrechtliche Probleme des „digitalen Fernsehens", ZUM 1994, 591; *Geulen/Klinger,* Verfassungsrechtliche Aspekte der Filmurheberrechts, ZUM 2000, 891; *Gonzales,* Der Digitale Film im Urheberrecht, 2004; *Götting,* Schöpfer vorbestehender Werke. Wortautor, Synchronregisseur, Filmarchitekt, Dekorateur, Masken- und Kostümbildner?, ZUM 1999, 3; *Graef,* Insolvenz des Lizenzgebers und Wahlrecht des Insolvenzverwalters – Lösungsansätze aus der Praxis, ZUM 2006, 104; *Hausmann,* Insolvenzklauseln und Rechtefortfall nach der neuen Insolvenzordnung, ZUM 1999, 914 ff.; *Hegemann,* Nutzungs- und Verwertungsrechte an dem Filmstock der DEFA, Baden-Baden 1996; *Hellriegel/v. Reden-Lütcken,* Ist das neue deutsche Fördersystem „bankable"?, ZUM 2007, 364; *Henning-Badewig,* Urhebervertragsrecht auf dem Gebiet der Filmherstellung und -verwertung, FS Schricker 1995, 389; *Homann,* Praxishandbuch Filmrecht, 2. Aufl., Berlin u. a. 2004; *Hölzer,* Regisseur, in Haupt (Hrsg.) Urheberrecht für Filmschaffende S. 57 ff., 2008; *Hummel,* Volkswirtschaftliche Auswirkungen einer gesetzlichen Regelung des Urhebervertragsrechts. Expertise im Auftrag der ARD-Landesrundfunkanstalten, des VPRT, der ZDF-Kurzfassung, ZUM 2001, 660; *Joppich/Westerholt,* Insolvenz des Lizenznehmers bei Film- und Fernsehlizenzen – Was passiert mit den Ansprüchen, insbesondere Vergütungsansprüchen des Lizenzgebers im Falle der Eröffnung des Insolvenzverfahren (bzw. Ausübung des Wahlrechts nach § 103 InsO), ZUM 2003, 262; *Katko/Maier,* Computerspiele – die Filmwerke des 21. Jahrhunderts?, MMR 2009, 306; *Katzenberger,* Die urheberrechtliche Stellung der Filmarchitekten und Kostümbildner,

UrhG Vor §§ 88ff. Vorbemerkung

ZUM 1988, 545; *Katzenberger,* Die rechtliche Stellung des Filmproduzenten im internationalen Vergleich, ZUM 2003, 712; *Klages,* Vorvertragliche Regelungen zwischen dem Regisseur und der Filmproduktion – ein Spannungsverhältnis zwischen Planungs- und Finanzierungssicherheit, ZUM 2012, 117; *Kreile,* Neue Nutzungsarten – Neue Organisation der Rechteverwaltung?, ZUM, 2007, 682; *Kreile,* Ende territorialer Exklusivität – Der EuGH als Totengräber?, ZUM 2012, 177; *Kreile,* Territorialitätsprinzip im Bereich fiktionaler Programme, ZUM 2006, 19; *Kreile/Höflinger,* Der Produzent als Urheber, ZUM 2003, 719; *Leeb,* Kalkulation (II). Vom Drehplan zum Budget. Vorkalkulation des Fallbeispiels „Die Reise nach Tramitz", München 1998; *v. Lewinski,* Der EG-Richtlinienvorschlag zur Harmonisierung der Schutzdauer im Urheber- und Leistungsschutzrecht, GRUR Int. 1992, 724; *Litwak,* Contracts for the Film & Television Industry, 2. Ausgabe, Los Angeles 1999; *Loewenheim,* Rechtswahl bei Filmlizenzverträgen, ZUM 1999, 923; *Loef/Verweyen,* „One more night" – Überlegungen zum abgeleiteten fremdenrechtlichen Flimherstellerschutz, ZUM 2007, 706; *Lütje,* Die unbekannte Nutzungsart im Bereich der Filmwerke – alles Klimbim? in: Becker/Schwarz (Hrsg.), Aktuelle Rechtsprobleme der Filmproduktion und Filmlizenz, Festschrift für Wolf Schwarz zu seinem 80. Geburtstag, Baden-Baden 1999, 115 (zit. *Lütje* FS W. Schwarz); *Lütje,* Die Rechte der Mitwirkenden am Filmwerk, Baden-Baden 1987; *Manthey,* Die Filmrechtsregelungen in den wichtigsten filmproduzierenden Ländern Europas und der USA, Baden-Baden 1993; *Marrder/v. Frentz,* Filmrechtehandel mit Unternehmen in der Krise – Risiken und Lösungen, ZUM 2003, 94; *W. Nordemann/J.B. Nordemann,* Die US-Doktrin des „work made for hire" im neuen deutschen Urhebervertragsrecht – Ein Beitrag insbesondere zur Rechtseinräumung in Deutschland, FS Schricker 2005, 473; *Obergfell,* Filmverträge im deutschen materiellen und internationalen Privatrecht, 2001; *v. Olenhusen,* Film und Fernsehen, Arbeitsrecht – Tarifrecht – Vertragsrecht, Baden-Baden, 2001; *Ory,* Rechtliche Überlegungen aus Anlass des „Handy-TV" nach dem DMB-Standard, ZUM 2007, 7; *Oster/Ruttig,* Filmrechteverwertung in der Insolvenz, ZUM 2003, 611; *Petersdorff-Campen,* Vervielfältigung auf DVD als neue Nutzungsart, ZUM 2002, 74; *Petersdorff-Campen,* Vermutung der Rechtseinräumung und Beweislastumkehr bei Altverträgen, in: Becker/Schwarz (Hrsg.), Aktuelle Rechtsprobleme der Filmproduktion und Filmlizenz, Festschrift für Wolf Schwarz zu seinem 80. Geburtstag, Baden-Baden 1999, 115 (zit. *Petersdorff-Campen* FS W. Schwarz); *Poll,* Urheberschaft und Verwertungsrechte am Filmwerk, ZUM 1999, 30; *Poll,* Die Harmonisierung des europäischen Filmurheberrechts aus deutscher Sicht, GRUR Int. 2003, 290; *Radmann,* Kino.ko – Filmegucken kann Sünde sein, ZUM 2010, 387; *Radmann,* Urheberrechtliche Fragen der Filmsynchronisation, Berlin 2003; *Ratjen/Langer,* Die räumliche Aufspaltung von Filmlizenzen am Beispiel der Vergabe der Medienrechte der Deutschen Fußball Liga, ZUM 2012, 299; *Reber,* Die Redlichkeit der Vergütung im Film- und Fernsehbereich, GRUR 2003, 393; *Reber,* Digitale Verwertungstechniken – neue Nutzungsarten: Hält das Urheberrecht der technischen Entwicklung noch Stand?, GRUR 1998, 792; *Reber,* Die Beteiligung von Urhebern und ausübenden Künstlern an der Verwertung von Filmwerken in Deutschland und den USA, München 1998; *v. Reden-Lütcken/Thomale,* Der Completion Bond – Sicherungsmittel und Gütesiegel für Filmproduktionen, ZUM 2004, 896; *Reinemann,* DVB-H, DMB und interaktive Fernbedienung – Ist der Rundfunkbegriff den neuesten technischen Entwicklungen gewachsen, ZUM 2006, 523; *Reupert,* Der Film im Urheberrecht, Neue Perspektiven nach hundert Jahren Film, 1995; *Rumphorst,* Das Filmurheberrecht in den USA, GRUR Int. 1973, 10; *Sehr,* Kalkulation (I). Vom Drehbuch zum Drehplan. Mit dem Fallbeispiel „Die Reise nach Tramitz", München 1998; *Schwarz,* Klassische Nutzungsrechte und Lizenzvergabe bzw. Rückbehalt von „Internet-Rechten", ZUM 2000, 816; *Schulze,* Zum Erwerb der CD-ROM-Rechte bei Zeitschriften, ZUM 1992, 338; *Schulze* Urheber- und leistungsschutzrechtliche Fragen virtueller Figuren, ZUM 1997, 77; *Schwarz/Klingner,* Mittel der Finanzierungs- und Investitionssicherung im Medien- und Filmbereich, UFITA (138) 1999, 29; *M. Schwarz,* Der Options- und Verfilmungsvertrag, in: Becker/Schwarz (Hrsg.), Aktuelle Rechtsprobleme der Filmproduktion und Filmlizenz, Festschrift für Wolf Schwarz zu seinem 80. Geburtstag, Baden-Baden 1999, 201 (zit. *M. Schwarz* FS W. Schwarz); *Schwarz,* Der urheberrechtliche Schutz audiovisueller Werke im Zeitalter der digitalen Medien, in: Becker/Dreier (Hrsg.), Urheberrecht und digitale Technologien, Baden-Baden 1994, 105 (zit. *Schwarz* in Becker/Dreier); *Schwarz,* Der 2. Korb aus der Sicht der Filmindustrie, ZUM 2003, 1032; *Schwarz/Hansen,* Der Produzent als (Mit-)Filmurheber Plädoyer für die Anerkennung eines Urheberrechts des Kreativproduzenten, GRUR 2011, 109; *Spindler/Heckmann,* Der rückwirkende Entfall unbekannter Nutzungsarten (§ 137l UrhG-E). Schließt die Archive?, ZUM 2006, 620; *Straßer,* Gestaltung internationaler Film-/Fernsehlizenzverträge, ZUM 1999, 928; *Straßer/Stumpf,* Neue Nutzungsarten in Filmverwertungsverträgen nach deutschem und US-amerikanischem Urheberrecht, GRUR 1997, 801; *Stieper,* Rezeptiver Werkgenuss als rechtmäßige Nutzung Urheberrechtliche Bewertung des Streaming vor dem Hintergrund des EuGH-Urteils in Sachen FAPL/Murphy, MMR 2012, 12; *Thau,* Kalkulation (III). Die Reise nach Tramitz, München 1998; *Urek,* Die Abgrenzung des Filmherstellungsrechts von den Filmauswertungsrechten, ZUM 1993, 168; *Veit* Filmrechtliche Fragestellungen im digitalen Zeitalter, 2003; *Ventroni,* Das Filmherstellungsrecht. Ein urheberrechtliches Problem bei der audiovisuellen Nutzung von Musik in Film, Fernsehen, Multimedia, Baden-Baden 2001; *von Hartlieb/Mutschler-Siebert/Bosch,* Die Murphy-Entscheidung und ihre Auswirkungen auf Sport- und Filmlizenzen im Online-Bereich, ZUM 2012, 93; *von Hartlieb/Schwarz,* Handbuch des Film- Fernseh- und Videorechts, 5. Aufl. 2011;

Vorbemerkung   Vor §§ 88ff. UrhG

von Ungern-Sternberg, Das anwendbare Urheberrecht bei grenzüberschreitenden Rundfunksendungen, in: Schwarze (Hrsg.), Rechtsschutz gegen Urheberrechtsverstöße in grenzüberschreitenden Medien, Baden-Baden 2001, 109 (zit. *v. Ungern-Sternberg* in Schwarze); *Wandtke,* Die Rechtsfigur „gröbliche Entstellung" und die Macht der Gerichte, FS Schricker 2005, 609; *Wandtke/Haupt,* Zur Stellung des Filmregisseurs und dessen Rechte im Zusammenhang mit dem Einigungsvertrag, GRUR 1992, 21; *Wandtke/Haupt,* Zur Stellung des Filmregisseurs und dessen Rechte im Zusammenhang mit dem Einigungsvertrag, in: Adrian/Nordemann/Wandtke (Hrsg.), Erstreckungsgesetz und Schutz des geistigen Eigentums, Berlin 1992 (zit. *Wandtke/Haupt* in: Adrian/Nordemann/Wandtke); *Wandtke,* Auswirkungen des Einigungsvertrages auf das Urheberrecht in den neuen Bundesländern, GRUR 1991, 263.

Vgl. darüber hinaus die Angaben im eingangs abgedr. Gesamtliteraturverzeichnis.

Übersicht

	Rn.
I. Bedeutung und Zweck des Dritten Teils	1–7
1. Wirtschaftliche Bedeutung der Filmwirtschaft	2
2. Staatliche Unterstützung durch Filmförderung	3–6
3. Ordnungsrahmen	7
II. Geschichtliche Entwicklung der filmrechtlichen Sonderregelungen	8–32
1. Filmrechtliche Regelungen unter dem LUG und KUG	8
2. Das UrhG von 1965	9–11
3. Das 3. UrhGÄndG vom 23. Juni 1995	12–17
4. Das 4. UrhGÄndG vom 8.5.1998	18
5. Das Gesetz zu Stärkung der vertraglichen Stellung der Urheber v. 22.3.2002	19–22
6. Das Gesetz zur Regelung des Urheberrechts in der Informationsgesellschaft (Erster Korb) v. 10.9.2003	23
7. Das Gesetz zur Regelung des Urheberrechts in der Informationsgesellschaft (Zweiter Korb) v. 26.10.2007	24–32
III. Normative Struktur	33, 34
IV. Der Umgang mit Altfällen	35–47
1. Bestimmung der Schutzfähigkeit	36–39
a) Urheber	37
b) Ausübende Künstler	38
c) Ausübende Künstler	39
2. Welches Vertragsrecht findet Anwendung?	40–47
a) Allgemein	40–42
b) Konkrete Anwendungsfälle	43, 44
c) Anwendbarkeit des § 93	45
d) Unbekannte Nutzungsarten	46, 47
V. Der Umgang mit DDR-Filmen	48–51
1. Bestimmung der Schutzfähigkeit	49
2. Welches Vertragsrecht findet Anwendung?	50–51
VI. Begriffe	52–76
1. Film, Filmträger	52–54
2. Filmwerk, Computerspiel, Laufbilder, Lichtbilder	55–64
a) Filmwerk	55–60
b) Computerspiel	61–62
c) Laufbilder	63
d) Lichtbildwerke und Lichtbilder	64
3. Filmurheber	65–76
a) Allgemein	65
b) Abgrenzung Urheber vorbestehender Werke/Filmurheber	66–69
c) Schöpfungsprinzip	70
d) Verhältnis der Filmurheber/Urheber vorbestehender Werke untereinander	71
e) Beispiele aus der Rechtsprechung	72–73
f) Urheberrecht des Filmherstellers	74–76
4. Recht zur Verfilmung	77, 78
5. Filmhersteller	79

	Rn.
VII. Filmtypische Vorverträge	80–85
1. Letter of Intent	81
2. Deal Memo	82–84
3. Optionsverträge	85
VIII. Filmverwertung	86–116
1. Filmverwertungskette	86
2. Filmauswertungsrechte und Filmverträge	87–96
a) Kinorechte/Cinematic Rights	88–96
aa) Filmlizenzverträge	89–95
bb) Filmbestellverträge	96
b) Fernsehlizenzverträge	97–105
c) Videolizenzverträge	106–110
d) Video-on-Demand, Making-available, Pull-Dienste	111–113
e) Nebenrecht	114–116
aa) Optical Rights	115
bb) Sonstige Auswertungs- und Bearbeitungsrechte	116
IX. Filmrelevante Schrankenregelungen	117–132
1. Behandlung von illegalen Streamingangeboten	118–120
a) Technische Behandlung von Streamingangeboten	118
b) Haftung Internetnutzer	119
c) Haftung Portalbetreiber	120
2. Berichterstattung über Tagesereignisse	121
3. Filmzitat	122–125
4. Behandlung von Online-Videorecordern	126–128
5. Unwesentliches Beiwerk	129
6. Panoramafreiheit	130
7. Freie Benutzung	131–132
X. Filmurheberrecht im europäischen und internationalen Kontext	133–137
1. Schutz europäischer Urheber und Leistungsschutzberechtigte	134
2. Internationale Staatsverträge	135–137
a) Regelungen der RBÜ	135
b) Sonderregelungen im Verhältnis zur USA	136
c) Regelungen zum Schutz der Sendeunternehmen und ausübenden Künstler	137
XI. Titelschutz	138
XII. Persönlichkeitsrechtliche Besonderheiten	139

I. Bedeutung und Zweck des Dritten Teils

1 Als Geburtsstunde des Films gilt die erste öffentliche Filmvorführung im Grand Café am Boulevard des Capucines in Paris, veranstaltet durch die Brüder Lumière am 28. Dezember 1895. Gegen Eintritt wurden zehn selbstgedrehte Kurzfilme gezeigt, darunter *„Die Ankunft eines Zuges auf dem Bahnhof in La Ciotat"* und *„Der begossene Begießer"* (vgl. dazu bei *Schmidt* in Ulrich Digitale Film- und Videotechnik, S. 13). Seit dieser Zeit hat sich die Filmindustrie zu einem wichtigen Industriezweig in der Kultur- und Kreativwirtschaft entwickelt, der sogar staatliche Unterstützung erfährt und der wegen der damit verbundenen Investitionen und der teilweise gegenläufigen Positionen zwischen Urheber und Filmhersteller eines Ordnungsrahmens zwingend bedarf.

1. Wirtschaftliche Bedeutung der Filmwirtschaft

2 Der Gesamtumsatz der Filmwirtschaft lag im Jahr 2010 bei 8,93 Milliarden Euro. Das entsprach einem Anteil am Gesamtumsatz der Kultur- und Kreativwirtschaft von 5,8 Prozent. Als wichtigster Wirtschaftszweig innerhalb der Filmwirtschaft gilt dabei nach wie vor die Film-/TV-Videoherstellung, die mit 4,5 Milliarden Euro die Hälfte zum Umsatz beiträgt.

Vorbemerkung   3–6   **Vor §§ 88ff. UrhG**

Die Filmverleiher tragen jedoch ebenfalls beachtliche 20 Prozent zum Gesamtumsatz bei und auch die Kinos nehmen mit 14 Prozent Marktanteil am Gesamtumsatz eine starke Stellung ein. Auch die Zahl der Unternehmen (Freiberufler und gewerbliche Unternehmer), die von der Filmwirtschaft abhängen, ist erheblich, liegt sie doch bei 17956, wobei selbständige Künstler hiervon einen Anteil von 49 Prozent ausmachen. Die Anzahl der Erwerbstätigen (Selbständige und sozialversicherungspflichtig Beschäftigte ohne Minijobs) lag bei 60392, wobei davon 42436 sozialversicherungspflichtig beschäftigt waren (sämtliche Zahlen können im vom BMWi herausgegebenen Handbuch *Monitoring zu ausgewählten wirtschaftlichen Eckdaten der Kultur und Kreativwirtschaft 2010,* Stand Juli 2012, abrufbar unter www.kultur-kreativwirtschaft.de/KuK/Navigation/Mediathek/publikationen,did=498888.html, eingesehen werden). Neben der klassischen Filmindustrie hat in den letzten Jahrzehnten vor allem die Games- und Softwareindustrie einen enormen Bedeutungszuwachs erfahren. Im Jahr 2010 lag das erwirtschaftete Umsatzvolumen in diesem Bereich bei schätzungsweise knapp 26,5 Milliarden Euro, was einem Anteil von 17,2 Prozent am Gesamtumsatz der Kultur- und Kreativwirtschaft entspricht (sämtliche Zahlen können im oben erwähnten, vom BMWi herausgegebenen Handbuch *Monitoring zu ausgewählten wirtschaftlichen Eckdaten der Kultur und Kreativwirtschaft 2010,* Stand Juli 2012, eingesehen werden). Die Games-/und Softwareindustrie ist für das Filmurheberrecht deshalb von Bedeutung, weil Computerspiele mittlerweile als Filmwerke angesehen werden müssen, weswegen der Dritte Teil auch auf Computerspiele Anwendung findet (dazu Rn. 61).

2. Staatliche Unterstützung durch Filmförderung

Die wirtschaftliche Bedeutung der Filmindustrie wird weiter dadurch betont, dass sie   3
staatliche Unterstützung erfährt. Neben der **Filmförderung** auf Landesebene, wie sie bspw. durch das Medienboard Berlin Brandenburg oder die FFF in Bayern erfolgt, sind auf Bundesebene besonders die Fördermittel der **Filmförderungsanstalt** (FFA) und des **Deutschen Filmförderfonds** (DFFF) von Bedeutung.

Die FFA hat im Jahr 2011 allein für die Kinofilmförderung einen Etat von 31,3 Millio-   4
nen Euro zur Verfügung gestellt. Diese Gelder sind dabei allerdings nicht staatsfinanziert. Die FFA erhebt dazu von den Filmtheaterbetreibern, den Programmanbietern von Videoprogrammen und privaten Fernseh- sowie öffentlich-rechtlichen Rundfunkanstalten Abgaben. Diese Abgabepflicht ist verfassungsgemäß (vgl. dazu BVerwG ZUM-RD 2011, 421).

Die Einzelheiten zur Filmförderung sind im FFG geregelt (vgl. im Einzelnen zur deut-   5
schen und europäischen Filmförderung ausführlich in *v. Hartlieb/Schwarz,* 105.–143. Kapitel).

Die Existenz der Filmförderung steht in keinem Widerspruch zu Art. 5 GG, in dem die   6
Filmfreiheit verankert ist (**Filmfreiheit** ist ein Konglomerat aus Meinungs-, Rundfunkund Pressefreiheit (Art. 5 Abs. 1 GG) und Kunstfreiheit (vorausgesetzt der Film erfüllt den Kunstbegriff in Art. 5 Abs. 3 GG) (vgl. dazu BVerfG UFITA 20 (1955), 192 – Die Sünderin; BVerfGE 87, 209, 233 – Tanz der Teufel). Art. 5 GG untersagt dem Staat lediglich, **Vorzensur** zu betreiben (zur Filmfreiheit im Allgemeinen und zu den öffentlich-rechtlichen Schranken im Besonderen vgl. ausführlich in *v. Hartlieb/Schwarz,* 1.–22. Kapitel), nicht die Filmwirtschaft zu unterstützen. Im Gegenteil eine staatliche Filmförderung ist für eine breite Filmwirtschaft, wie sie dem Idealtypus einer pluralistischen Filmkultur entspricht, notwendig. Ohne die Förderung wären schließlich zahlreiche Filmprojekte nicht realisierbar. Dies drückt sich auch in der Verpflichtung der **öffentlich-rechtlichen Rundfunkanstalten** aus, die Versorgung mit einem qualitativen Vollprogramm durch **Eigenproduktion** von Filmwerken sicherzustellen. § 6 Abs. 3 Satz 1 RStV verlangt dazu, dass Fernsehvollprogramme einen wesentlichen Anteil an Eigenproduktionen sowie **Auftrags- und Gemeinschaftsproduktionen** aus dem deutschsprachigen und europäischen Raum enthalten. Was nichts anderes bedeutet, als dass die Fernsehanstalten diese Produktionen selbst finanzieren

müssen. Der Anteil dieser Produktionen ist dabei nicht unerheblich, soll er doch im **Verhältnis zum Gesamtprogramm einen Anteil von 25 bis 33%** ausmachen (OVG Bremen, DVBl. 1991, 1270, 1272). Auch über die öffentlich-rechtlichen Rundfunkanstalten wird also heute ein erheblicher Teil der Film- und Fernsehproduktion finanziert.

3. Ordnungsrahmen

7   Die wirtschaftliche Relevanz des Films unterstreicht die Notwendigkeit eines Ordnungsrahmens, der die gegenläufigen Positionen nach künstlerischer Selbstverwirklichung einerseits und wirtschaftliche Auswertungszwänge andererseits in Einklang bringt. Dies hatte man bereits in den 1920-er Jahren erkannt, als festgestellt worden war, dass *„die an der Filmherstellung beteiligten Fachleute in zwei große, fast feindliche Lager getrennt (sind). Die einen sehen im Film nichts anderes als ein gegenwärtig sehr gangbares Mittel, einträgliche Geschäfte zu machen, eine Ware, die man den Wünschen der Zwischenhändler oder Verbraucher anpaßt; die anderen betrachten das Lichtspiel als ein neues Gebiet für den schöpferischen Gestaltungswillen, als ein Mittel zu neuartiger Formung und Ausbeutung von Lebenskräften, kurz: als eine neue Kunst. Billigerweise muss man beide Standpunkte gelten lassen, denn schließlich kann man diese Zweiteilung von Kunst und Geschäft, Schöpfung und Betrieb, Erhebung und Zerstreuung, Werk und Ware auch bei den anderen Kunstzweigen beobachten."* (S. Walter Fischer: Das Lichtspiel als Kunstform. In: L'Estrange/Fawcett: Die Welt des Films. 1928, S. 155). Der Dritte Teil ist somit nichts anderes als das Ergebnis einer einfachgesetzlich kodifizierten verfassungsrechtlichen Interessenabwägung zwischen den Einzelinteressen der verschiedenen Urheber sowie den Interessen der ausübenden Künstler aber auch des Filmherstellers und der Filmauswerter. Dies ist schon deswegen notwendig, weil das fertige Filmprodukt wegen der daran gekoppelten Immaterialgüterrechte der verschiedenen Beteiligten (Urheber vorbestehender Werke, Filmurheber, ausübende Künstler und Filmhersteller) als ein Schutzgut angesehen werden muss, an dem die verschiedenen Parteien jeweils eigenständige Rechte halten, die allesamt unter Art. 14 GG geschützt sind. Die Urheber vorbestehender Werke und die Filmurheber erwerben jeweils kollektive Urheberrechte. Dazu kommen noch die kollektiven Leistungsschutzrechte der ausübenden Künstler und sowie das Leistungsschutzrecht des Filmherstellers.

II. Geschichtliche Entwicklung der filmrechtlichen Sonderregelungen

1. Filmrechtliche Regelungen unter dem LUG und KUG

8   Bis zum Urheberrechtsgesetz von 1965 gab es für den Filmbereich keine Sonderregelungen. In den bis dahin geltenden Fassungen des Gesetzes betreffend das Urheberrecht an Werken der bildenden Künste und der Photographie **(KUG)** sowie des Gesetzes betreffend das Urheberrecht an Werken der Literatur und der Tonkunst **(LUG)** war seit 1910 lediglich klargestellt, dass ein Filmwerk urheberrechtsfähig (§ 15a KUG) und die **Verfilmung eines Sprachwerkes eine Bearbeitung** war, was die Zustimmung des Verfassers dieses Werkes erforderlich machte (§ 12 Abs. 2 Nr. 6 LUG).

2. Das UrhG von 1965

9   Der Gesetzgeber hatte im Zuge der Urheberrechtsreform 1965 erkannt, dass die allgemeinen Grundsätze des Urheberrechts den Besonderheiten des Filmwerkes nicht ausreichend Rechnung tragen konnten. Deswegen entschied er sich, dem Filmbereich einen Ordnungsrahmen zu geben, der die bis dahin offenen Fragen lösen sollte.

10 Geprägt war die gesetzgeberische Vorstellung von dem Ziel der **Investitionssicherung** bei der Film- und Fernsehproduktion, was zwangsläufig eine **Privilegierung des Filmherstellers bedeutete** (zum Begriff s.u. Rn. 79; § 94 Rn. 29 ff.; insb. BT-Drucks. 16/

Vorbemerkung 11–13 Vor §§ 88ff. UrhG

1828, 33f.; BT-Drucks. IV/270, 35f., 98ff.). Die damit verbundene sachliche Ungleichbehandlung zwischen den Urhebern (zur Kritik siehe auch Schricker/Loewenheim/ *Katzenberger* Vor §§ 88ff. Rn. 38ff. mwN) begründete der Gesetzgeber damit, dass Filmwerke von anderen Werken in wesentlichen Punkten abweichen würden. Zum einen sei der Kreis derer, die an der Herstellung des Filmwerkes beteiligt und dabei auf verschiedene Weise schöpferisch tätig seien, bedeutend größer als bei anderen Werken. Die dadurch hervorgerufene **unübersichtliche Anzahl von Rechteinhabern** erschwere eine Verwertung. Hinzu komme, dass bei einem Filmwerk, wegen seiner charakteristischen teilweise industriellen Produktion und den damit verbundenen hohen Herstellungskosten, erhebliche finanzielle Risiken bestehen würden. Dies sei bei den „klassischen" Werkgattungen anders. (Hieran kann man mittlerweile zweifeln, da heute auch andere Kulturwirtschaftsbereiche durch arbeitsteilige Produktion und nicht minder hohe Investitionskosten geprägt sind, ohne dass diese Bereiche vergleichbare staatliche Finanzierungshilfen wie die Filmindustrie erfahren [dazu Rn. 3ff.]. Allerdings, und dies hat der Gesetzgeber zutreffend gesehen, wäre für den Filmproduzenten das Kostenrisiko ohne die Sonderregelungen wohl nicht tragbar, da nur so eine ungehinderte Auswertung des Filmwerkes sichergestellt ist [das besondere **Investitionsrisiko** des Filmherstellers, dem Rechnung zu tragen ist, wurde jüngst durch den EuGH bestätigt; vgl. EuGH ZUM 323 Rn. 79 – Luksan/van der Let]). Aufgrund der hohen Investitionskosten sahen die §§ 88ff. dann auch von Beginn an einen möglichst **lückenlosen Erwerb aller am Film bestehenden Verwertungsrechte,** eine weitgehende Verfügungsfreiheit über diese Rechte und eine – im Umfang umstrittene – Einschränkung der persönlichkeitsrechtlichen Ansprüche der Mitwirkenden zugunsten des Filmherstellers vor (AmtlBegr. BT-Drucks. IV/270, 36, 98). Der Filmhersteller sollte die Rechte am Filmwerk unter erleichterten Voraussetzungen erwerben und darüber verfügen können, ohne selbst gesetzlicher Urheber des Filmwerks und der zu seiner Herstellung verwendeten vorbestehenden Werke zu werden (AmtlBegr. BT-Drucks. IV/270, 35f., 98ff.; Schricker/Loewenheim/*Katzenberger* Vor §§ 88ff. Rn. 9; Dreier/Schulze Vor §§ 88ff. Rn. 1; *Wandtke* FS Schricker 2005, 609, 610; kritische Auseinandersetzung mit dem wirtschaftlichen Argument).

Zusätzlich sah das UrhG von 1965 die Schaffung eines **originären Leistungsschutz-** 11 **rechts des Filmherstellers** vor (§ 94). Dies geschah in Anlehnung an das Leistungsschutzrecht des Tonträgerherstellers (Vierter Abschnitt §§ 85, 86). Damit entschied man sich gegen ein eigenes Urheberrecht des Filmherstellers am Filmwerk, wie es noch der der RefE von 1954 in Form einer gesetzlichen Fiktion vorgesehen hatte (der Gesetzgeber folgte mit der Schaffung des § 94 u. a. Anregungen von *Ulmer,* der die Schaffung eines Urheberrechts des Filmherstellers als systemwidrigen Verstoß gegen das Schöpfungsprinzip verwarf, *Ulmer* 200 mit Nachweis; Schricker/Loewenheim/*Katzenberger* § 94 Rn. 3 m.w.N.; zum Produzentenurheberrecht vgl. auch Rn. 74ff.).

3. Das 3. UrhGÄndG vom 23. Juni 1995

a) Mit dem 3. UrhGÄndG (BGBl. I S. 842) wurde u.a. die **europäische Schutzdau-** 12 **er-Richtlinie** umgesetzt (GRUR Int. 1994, 141; dazu *Dietz* GRUR 1995, 670, 675; *v. Lewinski* GRUR Int. 1992, 724, 729f.; Schricker/Loewenheim/*Katzenberger* § 64 Rn. 25f.; s.o. Kommentierung zu § 65 Rn. 4), was zu Änderungen in **§ 65 Abs. 2** führte.

Bis zur 3. UrhGÄndG galt das Prinzip der **Schutzdauerfrist** berechnet ab dem Tode 13 des letztversterbenden Miturhebers. Da am Film eine Vielzahl von Miturhebern beteiligt war, galt diese Regelung als nicht überschaubar, weswegen man sich entschloss, den Kreis der für die Berechnung der Schutzdauerfrist relevanten Miturheber auf bestimmte Personengruppen einzuschränken; im Einzelnen handelt es sich um folgende Beteiligte: Hauptregisseur, Urheber des Drehbuchs, Urheber der Dialoge, Komponist der für das betreffende Filmwerk komponierten Musik. Dies hat zur Folge, dass zwar nach deutschem Verständnis

Filmurheber bspw. auch der Kameramann sein kann, dessen Todestag aber für die Berechnung der Schutzdauer irrelevant ist. Die Regelung selbst war vor dem Hintergrund einer kaum berechenbaren Schutzdauer zwar richtig. Schließlich besteht keine vollständige Sicherheit darüber, wer, von den vielen Beteiligten, am Ende Filmurheber ist. Allerdings sollte man überlegen, ob nicht gut 20 Jahre nach dieser Regelung eine Anpassung der in § 65 Abs. 2 S. 2 genannten Personenkreise erforderlich ist. Insbesondere im Animationsfilmbereich nehmen Trickfilmzeichner wesentlichen Einfluss auf den Charakter eines Films. Wie wäre wohl der Film „*Ratatouille*" aufgenommen worden, wenn es die Zeichner nicht vermocht hätten, der Hauptfigur des Films, der Ratte Rémy, eine visuelle Ästhetik zu verleihen, die die Zuschauer nicht abschreckt. Diese Arbeit sollte daher auch ihre Anerkennung durch Aufnahme in § 65 Abs. 2 S. 2 finden. Das gleiche gilt auch für den Kameramann. Von einer Anpassung der Regelung würden im Übrigen auch die Filmhersteller profitieren. Sie würden u. U. die Nutzungsrechte an dem Filmwerk für einen längeren Schutzdauerzeitraum erwerben, würde man den maßgeblichen Personenkreis erweitern.

14 Die Umsetzung der europäischen Schutzdauer-Richtlinie hatte weiter dazu geführt, dass das **Leistungsschutzrecht des Filmherstellers** in § 94 Abs. 4 auf **50 Jahre** ab dem Zeitpunkt des Erscheinens des Filmträgers oder seiner erstmaligen erlaubten Benutzung zur öffentlichen Wiedergabe angehoben wurde, je nachdem, welches Ereignis zuerst stattgefunden hatte.

15 b) Das 3. UrhGÄndG diente weiter der Umsetzung der **Vermiet- und Verleih-Richtlinie** in § 92 zur Verbesserung der Rechtsstellung der ausübenden Künstler (s. Vor §§ 31 ff. Rn. 2; dazu *Rehbinder* ZUM 1996, 349 ff.; Schricker/Loewenheim/*Katzenberger* § 92 Rn. 3).

16 Art. 2 Abs. 1 der Vermiet- und Verleihrechts-Richtlinie bestimmte, dass dem ausübenden Künstler gegenüber dem Filmproduzenten das ausschließliche Recht einzuräumen ist, die Vermietung oder Verleihung zu erlauben oder zu verbieten, und der daraus abgeleitete Vergütungsanspruch nach Art. 4 der Vermiet- und Verleihrechts-Richtlinie unverzichtbar ist. Damit verstieß § 92a. F. jedenfalls hinsichtlich des ausschließlichen Vermietrechts gegen vorrangiges europäisches Recht (AmtlBegr. BT-Drucks 13/115, 16; *v. Lewinski* ZUM 1995, 442, 445, 448; Schricker/Loewenheim/*Katzenberger* § 92 Rn. 3). Die bis zum 30.6.1995 gültige **alte Fassung des § 92** sah nämlich einen zwingenden Ausschluss der Rechte nach § 75 S. 2 vor, lautete sie doch: „Ausübenden Künstlern, die bei der Herstellung eines Filmwerkes mitwirken oder deren Darbietungen erlaubterweise zur Herstellung eines Filmwerkes benutzt werden, stehen hinsichtlich der Verwertung des Filmwerkes Rechte nach § 75 S. 2, §§ 76 und 77 nicht zu." Ohnehin war die Rechtsstellung des ausübenden Künstlers zu diesem Zeitpunkt in ihrer Gesamtheit als problematisch angesehen worden, da § 92a. F. dem ausübenden Künstler, der an einer Filmproduktion mitgewirkt hatte, oder dessen Darbietung mit seiner Zustimmung mittelbar zur Filmproduktion benutzt worden war, alle Verwertungsrechte und Vergütungsansprüche hinsichtlich der Verwertung des Filmwerks abgeschnitten hatte (dazu AmtlBegr. BT-Drucks. 13/115, 16; *v. Lewinski* ZUM 1995, 442, 445, 448; Fromm/Nordemann/*Hertin* 9. Aufl. § 92 Rn. 1; Schricker/Loewenheim/*Katzenberger* Vor §§ 88 ff. Rn. 8, 39). Mit dem 3. UrhRÄndG von 1995 trat daher an die Stelle des zwingenden Ausschlusses der Rechte des ausübenden Künstlers aus § 75 S. 2 a. F., §§ 76, 77 die vertraglich abdingbare Übertragungsvermutung des § 92 i. d. F. des 3. UrhRÄndG, die sich an die Regeln der §§ 88, 89 anlehnt. Diese **Zweifelsregel** steht in Übereinstimmung mit Art. 2 Abs. 5 Vermiet- und Verleihrechts-Richtlinie („sofern in den Vertragsbestimmungen nichts anderes vorgesehen ist"), wonach die Abdingbarkeit der Übertragungsvermutung durch spezielle – v. a. auch stillschweigende – vertragliche Vereinbarung möglich ist (vgl. AmtlBegr. BT-Drucks. 13/115, 16 zu Nr. 7: *„Die den Filmhersteller begünstigende Auslegungsregel hat für Vertragspartner, die ihre Rechte kennen und daher die Frage des Rechtsübergangs explizit ansprechen und regeln, keine Bedeutung"*).

Vorbemerkung   17–21   Vor §§ 88ff. UrhG

Hatte ein ausübender Künstler vor dem 30. Juni 1995 bei der Herstellung eines Film- 17
werkes mitgewirkt oder in die Benutzung seiner Darbietung zur Herstellung eines Filmwerkes eingewilligt, so gelten seine ausschließlichen Rechte als auf den Filmhersteller
übertragen (§ 137e Abs. 4; s. § 137e Rn. 6f.).

4. Das 4. UrhGÄndG vom 8.5.1998

Durch das **4. UrhGÄndG** v. 8.5.1998 (BGBl. I S. 902) zur Umsetzung der Satelliten- 18
und **Kabel-Richtlinie** (s. § 20b Rn. 6f.; Vor §§ 31ff. Rn. 2) erfuhr der Filmhersteller
eine Verstärkung seiner Rechte gegenüber den Sendeanstalten. Von nun an sah § 94 Abs. 4
vor, dass § 20b auch auf den Filmhersteller Anwendung findet. Interessenkonflikten wurde
dabei durch die Übergangsregelung in § 137h vorgebeugt, der der Umsetzung von Art. 7
Abs. 3 der **Satelliten- und Kabel-Richtlinie** dient. Dabei handelte es sich um eine auf
Initiative Frankreichs aufgenommene (Übergangs-)Vorschrift für **internationale Koproduktionen** für vor dem 1. Januar 1998 geschlossene Koproduktionsverträge. Betroffene
Koproduzenten mussten danach der Satellitensendung zustimmen, § 20b Abs. 2 UrhG keine Anwendung (zu § 137h bei internationalen Koproduktionsverträgen vgl. auch BGH
GRUR 2005, 48ff. – Man spricht Deutsch; *Dreier* in Walter 465; s.u. § 137h Rn. 3; zur
IPR-Frage des anwendbaren materiellen Urheberrechts bei grenzüberschreitenden Rundfunksendungen v. *Ungern-Sternberg* in: Schwarze 109, 122f.; *Bornkamm* in: Schwarze 127ff.,
133, 139).

5. Das Gesetz zu Stärkung der vertraglichen Stellung der Urheber v. 22.3.2002

Mit dem **Gesetz zu Stärkung der vertraglichen Stellung der Urheber** v. 19
22.3.2002 erfolgte eine **Angleichung der Rechtseinräumungsvermutungen des § 88
an § 89** (BT-Drucks. 14/8058, 14) und Erweiterung der Rechtseinräumungsvermutung
auf **alle bekannten Nutzungsarten**. Damit verbunden war eine weitere Stärkung der
Rechtsposition des Filmherstellers.

Bis 2002 wurden Urheber vorbestehender Werke und Filmurheber unterschiedlich be- 20
handelt. Während für Filmurheber schon seit 1966 galt, dass sie dem Filmhersteller im
Zweifel das Recht einräumten, den Film auf alle bekannten Nutzungsarten zu nutzen (§ 89
Abs. 1), war der **gesetzlich fingierte Übertragungsumfang** der Rechte von Urheber
vorbestehender Werke an den Filmherstellern deutlicher enger gefasst. Im Zweifel erhielt
der Filmhersteller nach der damals gültigen Fassung entweder nur das Vorführungsrecht bei
einem Kinofilm (§ 88 Abs. 1 Nr. 3 a. F.) oder das Senderecht bei einem Fernsehfilm (§ 88
Abs. 1 Nr. 4 a. F.), niemals aber beides gleichzeitig. Auch die weiteren Nutzungsrechte
blieben beim Urheber und mussten ausdrücklich eingeräumt werden. Zudem wurde der
Anwendungsbereich des § 89 durch einen neuen Abs. 4 neben **Lichtbildwerken** auch auf
nicht schöpferische **Lichtbilder** erstreckt, die bei der Herstellung des Films entstehen (s.
§ 2 Rn. 116ff., § 72 Rn. 5ff.). Insb. der Kameramann steht daher seitdem gegenüber dem
Filmhersteller hinsichtlich der von ihm geschaffenen Einzelbilder den übrigen Filmurhebern gleich (vgl. *G. Schulze* GRUR 1994, 855, 856f.). Mit dem neuen § 90 S. 3 wurde
zudem klargestellt, dass spätestens ab Beginn der Dreharbeiten den Urhebern das Recht
verwehrt ist, **Rückrufsrechte wegen Nichtausübung oder wegen gewandelter
Überzeugung** oder Einwendungen gegen die Einräumung der übertragenen Nutzungsrechte geltend zu machen. Weiter wurde die **cessio legis in § 91** gestrichen und in § 89
Abs. 4 auf eine gesetzliche Vermutungsregel beschränkt.

Vor allem aber wurde mit dem Gesetz zu Stärkung der vertraglichen Stellung der Urhe- 21
ber die **Urhebervergütung in den §§ 32, 32a** auf eine neue Stufe gestellt. Zunächst war
die bereits existente Bestsellervergütung des § 36 a. F. (§ 32a) auch auf die Filmurheber
ausgedehnt worden (§ 90 S. 2 a. F. war mit Wirkung zum 1.7.2002 ersatzlos gestrichen
worden; dazu vgl. auch § 90 Rn. 21). Zudem erhielten sowohl die Filmurheber als auch

die Urheber vorbestehender Werken mit § 32 einen gesetzlichen Korrekturanspruch, der der objektiven Inhaltskontrolle ihres mit dem Filmherstellers geschlossenen Vertrages dienen sollte und auf die sie weder formularmäßig noch durch Individualvereinbarung im Voraus verzichten konnten (*Czernik* in Wandtke, Band 2, Kap. 2 § 5 Rn. 201). Neu geregelt wurde, dass die §§ 32, 32a auch im internationalen Kontext Anwendung finden. So setzen sich die §§ 32, 32a, wegen der Regelung in **§ 32b Abs. 2,** als zwingende Normen gegenüber dem ausländischen Recht durch, was vor allem bei **internationalen Koproduktionen** von Bedeutung ist (Amtl. Begr. BT-Drucks 14/8058, S. 20).

22 § 32 sieht vor, dass der Urheber eine **angemessene Vergütung** für die Einräumung seiner Rechte erhält. Der Gesetzeswortlaut macht deutlich, dass dieser ergänzende Vergütungsanspruch grundsätzlich nur gegenüber dem Vertragspartner, nicht aber gegenüber Dritten geltend gemacht werden kann. Problematisch wird diese Regelung dort, wo Filmhersteller bspw. die Rechte unterpreisig an einen Dritten weiterveräußert haben und der eigentliche Gewinn nicht beim Filmhersteller, sondern beim Dritten entsteht. Partizipiert der Filmhersteller nicht an den vom Dritten erzielten Gewinnen, fehlt es eigentlich an der für § 32 erforderlichen Diskrepanz zwischen Urhebervergütung und den mit dem Werk erzielten Erträgen. In einem solchen Fall gebietet der Beteiligungsgrundsatz, wie er in § 11 S. 2 zum Ausdruck kommt, dass § 32 aufgrund **teleologischer Extension** direkt im Verhältnis zum Dritten anzuwenden ist. Sinn und Zweck des § 32 besteht darin, den Urheber angemessen an der Verwertung seines geistigen Werkes zu beteiligen. Dieser Zweck wird nicht erreicht, wenn ein Filmhersteller zwar rechtlich die Filmherstellung übernimmt, aber von vornherein aber klar ist, dass die tatsächliche wirtschaftliche Auswertung durch den Dritten erfolgen soll. Hiervon ist etwa bei einer **echten oder unechten Auftragsproduktion** auszugehen. Der bloße Rückgriff auf § 32a, der nach § 32a Abs. 2 vom Urheber auch gegenüber Sublizenznehmern geltend gemacht werden kann (dazu *Czernik* in Wandtke, Band 2, Kap. 2 § 5 Rn. 222; *Reinhard/Diestelkötter* ZUM 2003, 269 ff.) reicht dabei nicht aus, um die Beteiligungsinteressen des Urhebers ausreichend zu wahren. Denn die Voraussetzungen des § 32a (auffälliges Missverhältnis) liegen über denen des § 32 (unangemessene Vergütung) (vgl. dazu § 32a Rn. 18).

6. Das Gesetz zur Regelung des Urheberrechts in der Informationsgesellschaft (Erster Korb) v. 10.9.2003

23 Das **Gesetz zur Regelung des Urheberrechts in der Informationsgesellschaft (Erster Korb) v. 10.9.2003** zur Umsetzung der Multimedia-Richtlinie (s. Vor §§ 31 ff. Rn. 2) brachte für den filmrechtlichen Teil des UrhG zunächst Änderungen in § 92 zur **Angleichung der Stellung der ausübenden Künstler** an die Filmurheber. Die Fassung des § 92 Abs. 1 berücksichtigt daher seitdem die Ersetzung der „Einwilligungsrechte" des ausübenden Künstlers durch „ausschließliche Verwertungsrechte" des ausübenden Künstlers (s. Vor §§ 73 ff. Rn. 10; *Flechsig* NJW 2004, 575, 577). § 92 Abs. 2 wurde zudem neu gefasst, da der Wortlaut von § 92 Abs. 2 a. F. nur die Vorausabtretung der Rechte nach § 92 Abs. 1 a. F. erfasst hatte. Die AmtlBegr. zu § 94 Abs. 2 erwähnt dementsprechend ausdrücklich, dass § 92 Abs. 2 dem Filmhersteller einen Schutz vor Vorausverfügungen, sowohl bei vorheriger translativer Übertragung des Verwertungsrechts, als auch für den Fall der Einräumung von Nutzungsrechten (s. § 79 Rn. 2, 4 ff.), gewährt. § 92 Abs. 3 wurde neu angefügt und gleicht die Rechtslage für den ausübenden Künstler derjenigen des am Filmwerk mitwirkenden Urhebers an (s. § 90). Diese Harmonisierung soll der ungestörten Verwertung des Filmwerkes dienen, indem bestimmte Rechte des ausübenden Künstlers nunmehr ausgeschlossen werden, die ansonsten über die Verweisung in § 79 Abs. 2 Geltung hätten (§ 79 Rn. 6 ff.). Daneben führte die Novellierung in § 93 Abs. 2 zur **Einschränkung des Rechts auf Namensnennung.** Ziel der Neuregelung war es, den Filmhersteller zu entlasten. Angesichts der Vielzahl der Beteiligten am Filmwerk wäre eine

Vorbemerkung   24, 25   Vor §§ 88ff. UrhG

vollständige Anwendung des Namensnennungsrechts aus § 74 Abs. 1 UrhG nur schwer handhabbar gewesen (so die Beschlussempfehlung des Rechtsausschusses, BT-Drucks. 15/837, S. 35). Diese Einschränkung überzeugt. Andernfalls wäre der Filmhersteller womöglich gezwungen, im Zweifel auch diejenigen zu benennen, deren Einordnung als ausübende Künstler fraglich ist, um keine unnötigen Auseinandersetzungen zu führen. Damit würde der Abspann aber unverhältnismäßig lang werden. Weiter wurde der Verweis auf „§§ 14 und 75" unter Berücksichtigung die Neufassung der §§ 73 bis 83 redaktionell geändert. Zusätzlich wurde in § 94 dem Filmhersteller das Recht auf öffentliche Zugänglichmachung, § 19a zugesprochen, um dem Filmhersteller insb. die Befugnis zur Verwertung im Rahmen von **Abrufdiensten (Video-On-Demand-Angebote, „VoD")** als einer besonders intensiven Art der wirtschaftlichen Nutzung zu sichern. In diesem Zusammenhang wurden ebenfalls die Absätze 2 und 4 neugefasst. So wurde in § 94 Abs. 2 eine Klarstellung aufgenommen, dass neben der Möglichkeit zur derivativen Rechtseinräumung der Filmhersteller sein Leistungsschutzrecht auch im Ganzen übertragen kann.

7. Das Gesetz zur Regelung des Urheberrechts in der Informationsgesellschaft (Zweiter Korb) v. 26.10.2007

Die jüngste Änderung im Filmurheberrecht hat das Zweite **Gesetz zur Regelung des** 24 **Urheberrechts in der Informationsgesellschaft (Zweiter Korb) v. 26.10.2007** (BGBl. I S. 2513, Gesetzesentwurf Bundesregierung BT-Drucks. 16/1828, 32f.; Beschlussempfehlung des Rechtsausschusses BT-Drucks. 16/5939, 12, 46) **bewirkt. Danach sehen die §§ 88 Abs. 1, 89 Abs. 1 nicht mehr nur noch vor, dass der Filmhersteller im Zweifel alle bekannten, sondern auch alle unbekannten Nutzungsarten eingeräumt bekommt.** Diese Neuregelung war Folge eines umfassenden Paradigmenwechsels im Urheberrecht. Galt von 1966 an das in § 31 Abs. 4 a.F. vorgesehene Verbot der Rechtseinräumung unbekannter Nutzungsarten (dazu s. § 31 Rn. 38; § 31a Rn. 15ff.) kann der Urheber seit dem 1.1.2008 unter den Regelungen der §§ 31a ff. Nutzungsrechte an unbekannten Nutzungsarten einräumen (dazu s. § 31a Rn. 1ff.).

Für den Filmbereich gelten die Neuregelungen gleichwohl nur eingeschränkt. § 88 25 Abs. 1 und § 89 Abs. 1 wurde jeweils ein S. 2 angefügt, der bestimmt, dass die § 31a Abs. 1 S. 3 und 4 und Abs. 2 bis 4 keine Anwendung finden. In der Konsequenz wurde so eine **filmspezifische Bereichsausnahme für das Widerrufsrecht** des Urhebers gem. § 31a im Bereich der Verfilmung und Filmherstellung geschaffen. Das zeigt im Übrigen auch der Gesetzgebungsprozess. Die Beschlussempfehlung des Rechtsausschusses für den Bundestag enthielt nämlich neben dem Gesetzesentwurf weiter die Aufforderung an das Bundesjustizministerium zu überprüfen, ob gesetzgeberischer Handlungsbedarf bestehe „*hinsichtlich einer Widerrufsmöglichkeit von Filmurhebern bei den unbekannten Nutzungsarten*" (BT-Drucks. 16/5939, 4 letzter Spiegelstrich); zum Hintergrund *Kreile* ZUM 2007, 682, 687: Im Rahmen der parlamentarischen Beratungen war es zu einer Initiative für das Widerrufsrecht des Drehbuchautors, den Urhebers der Dialoge und des Komponisten sowie des Hauptregisseurs gekommen; dies hätte aber zu „Urhebern erster und zweiter Klasse" geführt oder hätte gar als abschließender gesetzlicher Hinweis auf Filmurheberschaft gedeutet werden können, weswegen sich diese Forderung nicht durchsetzen konnte. Nicht zuletzt damit wird aber zweifelsfrei zum Ausdruck gebracht, dass nach dem Verständnis und Willen des Rechtsausschusses eine **echte Bereichsausnahme für den Dritten Teil** in Gestalt des **Ausschlusses des Widerrufsrechts nach § 31a für den gesamten Bereich des Films und der Verfilmung** geschaffen werden sollte. Das führt für den Filmbereich dazu, dass die über § 31a zugelassene Nutzungsrechtseinräumung zur Regel erklärt wird und eine nachträgliche Korrektur durch den Urheber ausgeschlossen wird (*Czernik* in Wandtke, Band 2, Kap. 2 § 5 Rn. 246). **§ 31a findet folglich nur hinsichtlich des Schriftformerfordernisses** (§ 126 BGB) Anwendung (BT-Drucks. 16/1828, 33).

26 Begründet wird diese Bevorzugung der Filmhersteller damit, dass es dem Ziel der Regelungen der §§ 88, 89, eine möglichst **ungehinderte Verwertung des Films** in einer unbekannten Nutzungsart durch den Filmhersteller zu gewährleisten, widersprechen würde, würde die Widerrufsregel auch für Filmurheber gelten. Bereits die Zustimmungsverweigerung eines Urhebers könnte die Auswertung des Films zumindest zeitweilig blockieren, was wegen der hohen Investitionskosten dem Filmhersteller nicht zumutbar sei. Eine solche Blockade verletze aber nicht nur den Filmhersteller, sondern sei zudem auch nicht mit den Interessen der anderen am Film beteiligten Urheber vereinbar. Insbesondere letzteres überzeugt, da durch den Film ein kollektives Urheberrecht (Rn. 7) entsteht, weswegen die Individualinteressen des Einzelnen zurücktreten müssen.

27 Dieser mit der Abschaffung des Veräußerungsverbotes nach § 31 Abs. 4 a.F. verbundenen Paradigmenwechsels war insbesondere wegen der Sonderregelungen im Filmbereich **verfassungsrechtlich umstritten.** Allerdings hat das BVerfG 2009 der verfassungsrechtlichen Kritik an den Neuregelungen erst einmal eine Absage erteilt. Weder die allgemeinen Regelungen der §§ 31a ff. noch die Sonderausnahmen in den §§ 88 Abs. 1 und 89 Abs. 1 seien nach dem derzeitigen Kenntnisstand verfassungswidrig. In diesen Regelungen liege kein Entzug von Rechten kraft Gesetzes. Zudem liege in der unterschiedlichen Behandlung „normaler" Urheber und Filmurheber keine Ungleichbehandlung i.S.d. Art. 3 Abs. 1 GG. (vgl. ausführlich dazu BVerfG GRUR 2010, 332 ff.).

28 Interessant wird sein, wie der EuGH diese Neuregelungen bewerten wird. Es erscheint nicht ausgeschlossen, dass er unter seiner Luksan/van der Let Entscheidung **die fehlende Widerrufsmöglichkeit im Filmbereich** als **europarechtswidrig** ansieht.

29 Diese Schlussfolgerung erscheint zunächst deswegen naheliegend, weil es über die §§ 88 f. zu einem Rechtserwerb der unbekannten Nutzungsarten beim Filmhersteller qua **cessio legis** kommt (a.A. *Schwarz* ZUM 2003, 1033), was nach Luksan/van der Let mit europäischem Recht unvereinbar ist (EuGH ZUM 2012, 323 Rn. 72, 87). Zwar hatte der Gesetzgeber offiziell darauf verzichtet, den Rechtserwerb im Wege der cessio legis auszugestalten. Dennoch ist es gerechtfertigt, davon auszugehen, dass der Rechtserwerb hinsichtlich der **unbekannten Nutzungsarten** gesetzlich erfolgt. Diese Einschätzung ist darauf zurückzuführen, dass ein **rechtsgeschäftlicher Erwerb der unbekannten Nutzungsarten im Filmurheberrecht mangels Bestimmtheit ausscheidet.** Nach dem Bestimmtheitsgrundsatz, der auch im Urheberrecht gilt, erfordert ein wirksamer dinglicher Rechtserwerb, dass das zu übertragende Nutzungsrecht zum Zeitpunkt des Vertragsschlusses zumindest bestimmbar ist. Bestimmbarkeit ist allerdings erst im Zeitpunkt des Entstehens der Nutzungsart gegeben. Erst dann kann geprüft werden, ob die neue Nutzungsart eine sachlogische Ergänzung der bereits übertragenen Nutzungsrechte darstellt und deswegen vom Übertragungswillen der Parteien gedeckt ist. Denn der Verwerter erwirbt ja auch unter §§ 88 f. nicht per se das Recht zur Auswertung des Werkes in jeder neu entstehenden Nutzungsart. Die Auswertungsmöglichkeit ist unter den §§ 88 f. auf die filmische Verwertung (zum Begriff siehe § 91 Rn. 9 ff.) beschränkt. Insofern bedarf es immer zunächst der Auslegung des Vertrages, ob die neu entstandenen Nutzungsarten nach dem Willen der Parteien mit übertragen worden wären, wäre sie denn zum Zeitpunkt des Vertragsschlusses bekannt gewesen. Das kann aber erst erfolgen, wenn die Nutzungsart bekannt geworden ist. Diese zeitliche Diskrepanz verhindert einen rechtsgeschäftlichen Erwerb der Nutzungsrechte, da sie den Anforderungen an Bestimmtheit entgegen steht. Für eine **fehlende Bestimmbarkeit der unbekannten Nutzungsarten im Zeitpunktpunkt des Vertragsschluss** spricht weiter die Existenz des Widerrufsrechts in § 31a Abs. 1 S. 3. Vor Ablauf dieser Widerrufsfrist ist dem Verwerter eine Nutzung des Werkes auf die neue Nutzungsart nicht möglich. Das schließt aber aus, dass es bereits zur einer dinglichen Übertragung des Nutzungsrechts zum Zeitpunkt des Vertragsschluss gekommen sein kann. Denn dann müsste der Verwerter in der Lage sein, das Werk ohne Abwarten eines Widerrufs in der neuen Nutzungsart unmittelbar mit Beginn ihrer Existenz auswerten zu können. Schlussendlich zeigt das Widerrufsrecht aber noch aus anderem Grund, dass es nicht zu einer rechtsgeschäftlichen Nutzungsrechtseinräumung im Vertragsschlusszeitpunkt gekommen sein kann. Der Gesetzgeber verlangt in § 31a Abs. 1, 2, dass ein rechtsgeschäftlicher Übergang nachgeholt wird. Danach müssen sich die Parteien nämlich darüber einigen, ob der Verwerter das Werk in der neuen Nutzungsart auswerten darf. Letztlich handelt es sich bei § 31a Abs. 1, 2 um nichts anderes als die Nachholung der rechtsgeschäftlichen Einigung. Der Verwerter teilt seine Verwertungsabsicht mit (Angebot) und der Urheber kann dem zustimmen (Annahme) oder dies ablehnen, wie das Widerrufsrecht und die Möglichkeit der Vereinbarung einer Vergütung zeigen. Hätten die Parteien sich bereits im Zeitpunkt des Vertragsschluss abschließend geeinigt und die Nutzungsrechte übertragen, hätte es dieser Konstruktion nicht bedurft. Im Filmbereich findet dieser nachträgliche Rechteerwerb nun nicht statt. Hier hat es der Urheber nicht in der Hand zu entscheiden, ob er die unbekannten Nutzungsrechte durch den Filmhersteller oder selbst ausüben möchte. Denn hier fehlt es an der Widerrufsmöglichkeit aus § 31a Abs. 1 S. 3. Der Filmhersteller erhält daher die Nutzungsrechte, ohne dass er zuvor seine Benutzungsabsicht ankündigen und bestätigen lassen muss. Darin liegt aber letztlich nichts anderes als eine cessio legis. An einer Unionskonformität dieser Regelungen kann man im Übrigen auch deswegen zweifeln, da die **fehlende Widerrufsmöglichkeit nicht interessengerecht** zu sein scheint. Wie aus Luksan/van der Let folgt, sind die Interessen der Urheber und die des Filmproduzenten in Einklang zu bringen (vgl. EuGH ZUM 2012, 323 Rn. 77 ff.). Die fehlende Widerrufsmöglichkeit begünstigt aber einseitig die Interessen des Filmherstellers, ohne dass dies als zwingend notwendig erscheint. Selbst wenn man dem Urheber eines Filmwerkes ein Widerrufsrecht zugesteht, wird dieses, wegen der allgemeinen **Rücksichtnahmepflicht** in § 8 Abs. 2 S. 2 nur in den seltensten Fällen ausgeübt werden können. Denn hierunter sind nicht nur die Miturheber geschützt, sondern auch der Filmhersteller selbst, da die Grundsätze des § 8 Abs. 2 S. 2 als nachvertraglichen Treuepflichten zugunsten des Filmherstellers entsprechend Anwendung finden.

Keine Sonderregelungen im Filmurheberrecht bestehen in Bezug auf den **Vergütungsanspruch nach § 32c.** Auch der Filmurheber hat bei der Nutzung des Filmwerks in einer neuen Nutzungsart gem. § 32c Anspruch auf angemessene Vergütung (BT-Drucks. 16/1828, 33). Hier ist im Übrigen zu berücksichtigen, dass § 32c als zwingende Norm auch gegenüber ausländischem Recht vorgeht. Zwar fehlt es an einer ausdrücklichen Verweisung in § 32b Abs. 2, allerdings ist hier wegen der vergleichbaren Sachverhalte eine Analogie gerechtfertigt (*Czernik* in Wandtke, Band 2, Kap. 2 § 5 Rn. 202). Zumal hierdurch keine Schlechterstellung des Verwerters erreicht wird, da diese ohnehin sonst nach § 32a in Anspruch genommen werden können.

Keine Unterschiede bestehen auch im Anwendungsbereich des **§ 137l.** Dieser steht in vollen Umfang auch den am Film beteiligten Urhebern zu. Eine Bereichsausnahme, wie sie § 31a Abs. 1 vorsieht, existiert im Rahmen des § 137l nicht. Alles andere käme einer Art. 14 GG widersprechenden Enteignung gleich (*Czernik* GRUR 2009, 913, 916). Besondere Beachtung im Bereich Filmurheberrecht sollte allerdings § 137l Abs. 4 geschenkt werden. Diese, an § 8 Abs. 2 S. angelehnte, Regelung schränkt die Widerrufsmöglichkeit des einzelnen am Film beteiligten Urhebers ein, wenn der Film ohne seinen Beitrag unter der neuen Nutzungsart nicht sinnvoll ausgewertet werden kann. Hiervon ist im Zweifelsfall auszugehen.

Als geglückt kann man die Neuregelungen letztlich nicht ansehen. So unterfallen bspw. **ausübende Künstler** nicht dem Anwendungsbereich des § 137l. Zwar galt für diese das Übertragungsverbot aus § 31 Absatz 4a. F. wegen § 79 Absatz 2 S. 2 a. F. schon vor 2008 nicht. Sie konnten schon damals ihren Vertragspartnern Nutzungsrechte an **unbekannten Nutzungsarten** einräumen (BGH GRUR 2003, 324 – EROC III), was im Zweifel auch über § 92 erfolgt ist (dazu § 92 Rn. 14). Problematisch wird dies aber in den Fällen, in denen eine Vorausübertragung von unbekannten Nutzungsarten versehentlich ausgeschlossen wurde, weil die Vertragsparteien in Unkenntnis der Übertragungsmöglichkeit unbekannter Nutzungsarten nur die bekannten Nutzungsarten übertragen haben. In diesen Fällen muss nach wie vor die Zustimmung der Schauspieler eingeholt werden. Dieser Umstand lässt sich auch nicht über eine Analogie oder eine sonstige teleologische Extension des § 137l auf ausübende Künstler lösen. Denn der Gesetzgeber hat im Gesetzgebungsverfahren deutlich gemacht, dass für den ausübenden Künstler keine Änderung der geltenden Rechtslage beabsichtigt war. Damit hat er aber gezeigt, dass ihm die damalige Rechtslage bekannt war, was die Rechtsinstitute Analogie oder teleologische Extension ausschließt (*Czernik* GRUR 2009, 913). Die gleiche Problematik stellt sich im Übrigen bei den sog. **Altfällen** (dazu Rn. 35 ff.). Die Neuregelungen haben es zudem nicht geschafft zu klären, mit welchen Folgekosten ein Filmhersteller nach § 32c zu rechnen hat. Die konkrete Vergütungshöhe bleibt der nachvertraglichen Aushandlung zwischen den Individualparteien überlassen. Zur Vermeidung von langwierigen Streitigkeiten, wie sie derzeit im Bereich der §§ 32, 32a auftreten, wäre es daher sinnvoller, zeitnah **gemeinsame Vergütungsregelungen i. S. d. § 36** zu treffen. Schlussendlich ist immer noch nicht gesetzlich geklärt worden, was unter einer unbekannten Nutzungsart zu verstehen ist (vgl. zu weiteren Kritikpunkten bei *Schwarz* ZUM 2003, 1032 ff.).

III. Normative Struktur des Dritten Teils

33 Der Dritte Teil des UrhG lässt das **Schöpfungsprinzip** und das Prinzip des **unübertragbaren Urheberpersönlichkeitsrechts** unangetastet und baut auf der rechtlichen Trennung des Urheberrechts an „verfilmten", sog. vorbestehenden Werken (§ 88), des Urheberrechts der Filmschaffenden am Filmwerk (§ 89), den Leistungsschutzrechten ausübender Künstler (§ 92) und dem Leistungsschutzrecht des Filmherstellers (§ 94) auf. Konkret sieht der Dritte Teil folgende Regelungsbereiche vor:
(1) gesetzliche Vertragsauslegungsregeln (**Rechtsübertragungsvermutungen**) für den Umfang vertraglicher Rechteeinräumungen an den Filmhersteller in §§ 88, 89, 92 verbunden mit einer Doppelverfügungsbefugnis des Filmurhebers bzw. -darstellers, ergänzt durch die
(2) **Einschränkung von urheberpersönlichkeitsrechtlichen und anderen Befugnissen** (§§ 90, 93 i. V. m. §§ 14, 35, 36 a. F., 41, 42, 75) und
(3) die Schaffung eines **originären verwandten Schutzrechts des Filmherstellers** für jede Art von Film (§§ 94, 95).

34 Diese Regelungsbereiche entfalten jedoch ausschließliche Wirkung im Verhältnis zwischen Urheber und/oder den ausübenden Künstlern sowie deren Vertragspartnern (insbesondere Filmhersteller, Verlagsunternehmen) und nur bezogen auf das konkrete Filmwerk. Die §§ 88 ff. finden damit keine Anwendung auf Lizenzverträge, die der Filmhersteller mit den Auswertern des Films (Filmverleih, Fernsehsender, etc.) abschließt (zu den einzelnen Auswertungsverträgen siehe Rn. 87 ff.). Auf diese Verträge findet ausschließlich das allgemeine Urhebervertragsrecht mit den dazu entwickelten Grundsätzen Anwendung, wozu insbesondere die Zweckübertragungsregel zählt (vgl. zum allgemeinen Urhebervertragsrecht die Kommentierung zu Vor §§ 31 ff.).

IV. Der Umgang mit Altfällen

35 Wie unter Rn. 8 ff. ausgeführt wird, existiert der Dritte Teil erst seit dem 1.1.1966. Sämtliche Filme, die vor diesem Tag gedreht wurden, werden deswegen als sog. Altfälle bezeichnet. Welches Recht auf diese sog. **Altfälle** Anwendung findet, dafür muss man zwei Komplexe auseinanderhalten: zum einen die generelle Schutzfähigkeit des Films und der

damit verbundene Schutz der Urheber- und Leistungsschutzrechte sowie zum anderen die Frage welchem Vertragsrecht die Filme vor dem 1.1.1966 unterworfen sind.

1. Bestimmung der Schutzfähigkeit

Relativ unproblematisch ist die Behandlung der **generellen Schutzfähigkeit** des Films. Hier sieht § 129 vor, dass der Dritte Teil grds. auch für vor dem 1.1.1966 (§ 143 Abs. 2) geschaffene, urheberrechtlich geschützte Werke gilt.

a) Urheber. Wer vor dem 1.1.1966 als **Urheber** an einem Filmwerk beteiligt war, war und ist auch nach dem 1.1.1966 weiter durch das UrhG geschützt. Grund hierfür ist, dass das Filmwerk zu dieser Zeit urheberrechtlich anerkannt war (vgl. § 12 Abs. 2 Nr. 6 LUG und § 15a KUG; RGZ 140, 231, 242 – Tonfilm; BGHZ 5, 116, 118; BGHZ 26, 52, 55 ff. – Sherlock Holmes).

b) Ausübende Künstler. Schutzwirkung entfaltet das UrhG weiter für **ausübende Künstler** (vgl. § 135a). Diese waren bereits nach den Vorgängerregelungen des UrhG geschützt, da sie hierunter als Urheber angesehen wurden (§§ 1, 3 KUG, § 2 Abs. 2 LUG). Hinsichtlich der **Schutzdauer** sind aber die Sonderregelungen der §§ 135a und 137c zu berücksichtigen (vgl. §§ 135a Rn. 1 ff., 137c Rn. 1 ff.).

c) Filmhersteller. Keine Schutzwirkung entfaltete der Dritte Teil für den **Filmhersteller**, der vor dem 1.1.1966 an der Produktion eines Films mitgewirkt hatte. Dessen **Leistungsschutzrecht** hat erst mit dem Inkrafttreten des UrhG in § 94 Anerkennung gefunden, was im Umkehrschluss zu § 135 eine Anwendbarkeit des Dritten Teils auf Filmhersteller ausschließt. Insbesondere findet damit die **Schutzdauerregelung aus § 94 Abs. 3 keine Anwendung** auf Filme, die vor dem 1.1.1966 gedreht wurden. Ohnehin ist beim Filmhersteller darauf zu achten, dass die fünfzigjährige Schutzdauer in § 94 Abs. 3 erst zum 1.7.1995 eingeführt worden war, vorher galt eine nur fünfundzwanzigjährige Schutzfrist. Das führte dazu, dass bei Filmen, die zwischen dem 1.1.1966 und dem 30.6.1970 fertiggestellt worden waren, das Leistungsschutzrecht zum Zeitpunkt des Inkrafttretens der Schutzdauerverlängerung am 1.7.1995 bereits erloschen war. Die **Schutzdauerverlängerung** hat in diesen Fällen auch nicht zu einem Wiederaufleben des erloschenen Leistungsschutzrechtes gem. § 137f Abs. 3 S. 4 i.V.m. S. 1 i.V.m. Abs. 2 S. 2 i.V.m. S. 1 geführt. Hintergrund hierfür ist, dass es zu diesem Zeitpunkt kein mit § 94 vergleichbares Recht des Filmherstellers in einem anderen Mitgliedsstaates der Europäischen Union oder einem Vertragsstaat des Abkommens über den Europäischen Wirtschaftsraum gegeben hat (LG München I ZUM 2009, 335).

2. Welches Vertragsrecht findet Anwendung?

a) Allgemein. Keine Anwendung findet der Dritte Teil wegen der Regelung in § 132 auf alle urheberrechtlichen **Verträge** aus der Zeit **vor dem Inkrafttreten des UrhG** am 1.1.1966. Anzuwenden sind stattdessen die zum Zeitpunkt des Vertragsschluss geltenden Gesetze sowie die dazu entwickelten Rechtsgrundsätze (BGH ZUM 2011, 498 Rn. 13 – Polizeirevier Davidswache).

Soweit die Instanzrechtsprechung (so u.a. LG München I ZUM-RD 1998, 89, 92: Rechte zur audiovisuellen Nutzung von anonymen Kriegswochenschauen als Filmwerken aus der Zeit zwischen 1940 und 1942 wurden von den Urhebern auf den jeweiligen Filmhersteller übertragen. Die Rechtsübertragung für unbekannte Nutzungsarten wird unterstellt, wenn die Urheber anonym geblieben sind (Leitsatz 1). Betroffen war ausschließlich Filmvermögen des Deutschen Reiches und der NSDAP, LG München I ZUM 1993, 370, 374; ebenso LG München I GRUR 1991, 377, 379 – NS-Propagandafilme – jeweils im Anschluss an BGH UFITA 55 (1970) 313, 316 – Triumph des Willens)) in der Vergangenheit bisher § 89 entgegen § 132 auf Altfälle angewandt hatten, dürfte dies unter der ausdrücklichen Rechtsprechung des BGH nicht mehr zulässig sein.

42 Zu unterschiedlichen Ergebnissen dürfte man jedoch dennoch nicht kommen. Den Vermutungsregeln der §§ 88, 89 liegt die gängige Vertragspraxis im Filmgeschäft seit den 30er Jahren zugrunde. Der **umfassende Rechteerwerb** durch den Filmhersteller war **anerkanntes Richter- und Gewohnheitsrecht** und wurde aus dem **allgemeinen Zweckübertragungsprinzip** hergeleitet. Schon damals galt, dass dem Filmproduzenten im Zweifel sämtliche für die übliche Verwertung des Films erforderlichen Nutzungsrechte übertragen worden waren, hatte der Urheber eine Übertragung der Nutzungsrechte nicht ausdrücklich ausgeschlossen (zur Anwendbarkeit § 31 Rn. 70 ff.; BGH GRUR 1955, 596, 597 – Lied der Wildbahn II; BGH GRUR 1982, 727, 729 ff. – Altverträge: Fernsehauswertung von Kinofilmen; BGH GRUR 1969, 364, 366 – keine Kinoauswertung von Fernsehfilmen; BGH GRUR 2011, 714 Rn. 24 – Der Frosch mit der Maske). Mangels gegenteiliger Anhaltspunkte erfolgte die Übertragung dabei im Zweifel ebenfalls ohne räumliche und zeitliche Beschränkung („Weltverfilmungsrecht" s. u. § 88 Rn. 15 f., 57; *Petersdorff-Campen* FS Schwarz 149, 162; zur möglichen **Beweislastumkehr** bei Altverträgen s. § 89 Rn. 3 ff., 5; *Möhring/Nicolini/Lütje* Vor §§ 88 ff. Rn. 11).

43 **b) Konkrete Anwendungsfälle.** Konkret bedeutet das folgendes: Grundsätzlich erhielt der Filmhersteller vor den fünfziger Jahren die notwendigen Rechte zur **Primärverwertung des Films im Kino,** hiervon umfasst waren das Recht zur öffentlichen Vorführung, einschließlich des Rechts, den Filmträger hierfür zu vervielfältigen und an die Filmtheater zu verbreiten (BGH GRUR 1952, 530 – Parkstraße 13; BGH GRUR 1955, 596, 5967 – Lied der Wildbahn II, BGH GRUR 1955, 596 – Lied der Wildbahn III). Ungeklärt ist, ab wann Verträge neben der Kinoauswertung auch die **Fernsehverwertung** üblicherweise vorsahen (ausführlich zur Entwicklung des Fernsehens und zur Frage, ab wann das Fernsehen wirtschaftlich ausgewertet wurde BGH GRUR 1982, 727 ff. – Altverträge). Dies wird man wohl spätestens ab Mitte der 50-iger Jahre annehmen müssen (BGH GRUR 1969, 364, 366 – Fernsehauswertung). Oftmals sahen die Verträge aus dieser Zeit jedoch keine Übertragung der Fernsehrechte vor. Wurde im Vertragstext bspw. lediglich von »Tonfilm« und »Rundfunk« gesprochen, galten die **Fernsehrechte nicht als einbezogen** (OLG Frankfurt ZUM 2000, 595, 596). Insofern darf in den damaligen Verträgen die Einräumung der Nutzungsrechte zur Fernsehverwertung nicht unterstellt werden. Vielmehr muss sich ein **dahingehender Parteiwille** unzweideutig aus dem Vertrag selbst ergeben (BGH GRUR 1960, 197, 199 – Keine Ferien für den lieben Gott). Hieran fehlt es jedoch, wenn ein Vertrag ausdrücklich oder seinem Zweck nach nur die Kinofilm-Verwertung zum Gegenstand hatte. Dies ist der Fall, wenn Vertragsgegenstand die Herstellung eines Kinofilms war und die Parteien die Auswertung des Kinofilms im Fernsehen nicht ausdrücklich vorgesehen hatten (BGH GRUR 1969, 143, 145 – Curt Goetz Filme II; BGH GRUR 1969, 364, 365 – Fernsehauswertung; BGH GRUR 1976, 382, 384 – Es muss nicht immer Kaviar sein). Allerdings kommt ein wesentlicher **Indizwert für eine Rechtseinräumung** jedenfalls bei einer jahrelangen, wirtschaftlich bedeutenden und **widerspruchslosen Werkverwertung** zu (OLG Karlsruhe ZUM 1996, 810, 813: aus dem Jahrzehnte währenden, umfänglichen Vertrieb des Romans Dr. Schiwago ergebe sich die Einräumung der Verlagsrechte durch den Autor an den Verlag; LG München I Urt. v. 10.11.1993, 21 O 11623/93; OLG München ZUM 1995, 484 – Ufa-Film).

44 Hatten die Parteien einen sog. **Normalvertrag** abgeschlossen, was insbesondere vor 1939 üblich war, ist ohnehin eine abweichende Beurteilung gerechtfertigt, vorausgesetzt, dass die Parteien daran keine Veränderungen vorgenommen hatten. Denn diese Normalverträge über den Erwerb der Verfilmungsrechte sahen ausdrücklich vor, dass der Filmhersteller auch das **Recht zur Verwertung des Films im Funk bzw. im Wege der Television** erhalten sollte (BGH GRUR 1969, 143, 145 – Curt Goetz; BGH GRUR 1969,

Vorbemerkung 45, 46 Vor §§ 88ff. UrhG

364, 366 – Fernsehauswertung). Der Nachweis, dass ein Normalvertrag abgeschlossen wurde, führt **prima facie** zu einer **Beweislastumkehr zugunsten des Filmherstellers** oder eines anderen Verwerters. Die Anwendung der prima facie Regel trägt dem Umstand Rechnung, dass sich die Verwertung eines Urheberrechts in der Sphäre des Urhebers abspielt. Dieser muss wissen, in welchem Umfang er die Nutzung seines urheberrechtlich geschützten Werkes Dritten gestattet hat. Der im letzten Glied einer Kette von Zwischenverfügungen stehende Sender oder Videoanbieter hat dieses Wissen in aller Regel nicht und kann es bei alten Filmen nachträglich oft nicht erlangen. Umgekehrt lässt sich im Sinne einer Obliegenheit fordern, dass derjenige, der Nutzungsrechte an seinem Werk durch Veräußerung in den Verkehr bringt, Art und Umfang solcher Veräußerungen dokumentieren muss (ähnlich *Petersdorff-Campen* FS W. Schwarz 149, 153 ff., 161; *Poll* ZUM 1985, 248 und die Rechtsprechung zu Normalverträgen der Reichsfilmkammer der 30/40er Jahre, die allerdings im Einzelfall zu strenge Anforderungen an das Vorliegen einer Anscheinsvermutung stellt: OLG München UFITA 65 (1972) 268 – Karl Valentin: wg. **Streichungen einzelner Punkte in Normalverträgen der Reichsfilmkammer** könne kein prima facie Beweis anerkannt werden; LG Hamburg Urt. v. 11.5.1990, 74 O 175/89 (rechtskräftig) zur Klage des Drehbuchautors gegen Fernsehauswertung des 1938/1939 produzierten Films Bel Ami: trotz beachtlicher Indizien sei es nicht gelungen, den Lebenssachverhalt in der Weise einzuzeugen, „dass alles andere als die Übertragung auch der Fernsehsenderechte durch den Kläger außerhalb einer ganz überwiegenden Wahrscheinlichkeit läge"; LG München I GRUR 1991, 377, 379 – Veit Harlan – (rechtskräftig) zur Videoauswertung von Filmen aus den Jahren von 1938 bis 1943 aufgrund verlorener schriftlicher Verträge: der beklagte Videoanbieter blieb beweisfällig, weil die **ausnahmslose Verwendung von Normalverträgen der Reichsfilmkammer** nicht nachgewiesen war).

c) Anwendbarkeit des § 93. § 93 trat mit dem UrhG zum 1.1.1966 in Kraft. Es handelt sich um eine vertragsrechtliche Vorschrift, so dass gem. § 132 Abs. 1 die Regelung des § 93 nicht für Altverträge gilt, die vor dem 1.1.1966 abgeschlossen wurden (so wohl auch Dreier/Schulze § 132 Rn. 5; Schricker/Loewenheim/Katzenberger § 132 Rn. 3). **Das Altrecht kannte keine § 93 entsprechende Regelung** (Schricker/*Dietz*/*Peukert* § 93 Rn. 5), wollte jedoch wegen des Übergangs des Urheberrechts bei Filmwerken auf den Filmhersteller dem Urheber nur Schutz gegen eine „Verunstaltung und Verstümmelung" des Werkes gewähren (BGH UFITA 55 [1970] 313, 319f. – Triumph des Willens), was im Ergebnis der heutigen Regelung des § 93 Abs. 1 entsprechen sollte (Fromm/Nordmann/ J. B. Nordemann § 93 Rn. 4). 45

d) Unbekannte Nutzungsarten. Während diese Rechtsprechungsvorgaben für die zum Zeitpunkt des Vertragsschlusses bekannten Nutzungsrechte mittlerweile weitestgehend akzeptiert werden, führt der vertragliche **Umgang mit unbekannten Nutzungsarten** nach wie vor zu kontroversen Diskussionen (vgl. nur *Diesbach* ZUM 2011, 623 ff.). Der Hintergrund hierfür besteht darin, dass bis zum Inkrafttreten des UrhG am 1.1.1966 Nutzungsrechte für unbekannte Nutzungsarten wirksam eingeräumt werden konnten, da es an einer mit § 31 Abs. 4 a. F. vergleichbaren Vorschrift fehlte. Die Frage, die nun aufgeworfen wird, besteht darin, unter welchen Voraussetzungen eine Übertragung unbekannter Nutzungsarten möglich war. Virulent wird diese Frage, weil die Sonderregelung in **§ 137l auf die Altfälle keine Anwendung** findet, denn die Ausschlussvorschrift des § 132 verhindert, dass auch diese Vorschrift auf Verträge vor dem 1.1.1966 Anwendung findet. (*Czernik* GRUR 2009, 913; *Spindler*/*Heckmann* ZUM 2006, 620, 624 ff., zum **„Archivproblem"** § 137l Rn. 10). Folgerichtig kommt es mangels gesetzlicher Fiktion aus § 137l für die Auswertung des Films unter den neuen Nutzungsarten auf die vertraglichen Vereinbarungen an. Dabei hat der BGH entschieden, dass nach dem Recht, das vor dem Inkrafttreten des UrhG zum 1.1.1966 galt, Nutzungsrechte an unbekannten Nutzungsarten nur dann rechtsgültig übertragen werden konnten, wenn die Verträge hierzu eine **ausdrückliche** 46 vertragliche Regelung und eine angemessene Beteiligung des Urhebers vorsahen (BGH GRUR 2011, 714 Rn. 16 bis 27 – Der Frosch mit der Maske; BGH ZUM 2011, 498 Rn. 15 – Polizeirevier Davidswache). Der BGH lässt es insbesondere nicht ausreichen, wenn die Parteien im Vertrag zwar ausdrücklich eine Einräumung unbekannter Nutzungsarten vereinbart hatten, im Gegenzug aber **nur eine Pauschalvergütung vereinbart** worden war; es sei denn hierin lag eine für die damalige Zeit nennenswerte Vergütung, deren Höhe sich auch nicht durch die Bekanntheit des Urhebers oder sonstige außerhalb der Rechtseinräumung liegende Gründe erklären lässt (implizit BGH ZUM 2011, 498 Rn. 16 – Polizeirevier Davidswache; wobei man die Bemessung der Angemessenheit aus einer ex ante Sicht vornehmen muss, da eine Vertragsauslegung immer die Sicht der Vertragsparteien zum Zeitpunkt des Vertragsschlusses berücksichtigt). Fehlt es jedoch an einer angemessenen Vergütung ist eine Einräumung der Nutzungsrechte an unbekannten Nutzungsarten nicht eingetreten, soweit sich nicht anderweitig beweisen lässt, dass deren Einräumung von den Vertragsparteien, etwa durch ausdrücklich Erörterung, gewünscht war (BGH GRUR 2011, 714 Rn. 39 – Der Frosch mit der Maske; BGH ZUM 2011, 498 Rn. 15 – Polizeirevier Davidswache).

47 Diese **Rechtsprechung begegnet Bedenken.** Denn wenn die Parteien ausdrücklich die Einräumung unbekannter Nutzungsarten im Vertrag vorgesehen haben, ist für die **Zweckübertragungsregelung kein Platz mehr,** unabhängig davon, ob die dafür gezahlte Vergütung angemessen ist oder nicht. Denn durch die Benennung der Nutzungsart „unbekannte Nutzungsart" haben die Parteien alles ihnen mögliche getan, um eine Konkretisierung, wie sie nach der Zweckübertragungsregel erforderlich ist, vorzunehmen. Da die Nutzungsarten zum Zeitpunkt des Vertragsschlusses nun einmal schlicht unbekannt sind, kann mehr nicht verlangt werden. Zumal die Frage, ob ein Honorar angemessen ist oder nicht, keine Frage der Reichweite der Nutzungsrechtseinräumung ist, wie ja im heutigen Rechte die §§ 32, 32a und 32c belegen. Dieser hätte es nicht bedurft, wenn eine unangemessene Vergütung stets eine nur eingeschränkte, weil dem Wert der Vergütung entsprechende Nutzungsrechtseinräumung nach sich gezogen hätte (eine kritische Auseinandersetzung mit der Rechtsprechung findet sich auch bei *Diesbach* ZUM 2011, 623 ff.).

V. Der Umgang mit DDR-Filmen

48 Eine weitere zeitliche Besonderheit gilt im Zusammenhang mit Filmen, aus der ehemaligen DDR.

1. Bestimmung der Schutzfähigkeit

49 Für das **Entstehen und den Inhalt des Werk- und Leistungsrechtsschutzes daran, ist das UrhG maßgeblich** (s. Kommentierung EVtr Rn. 9 ff.; Überleitung hinsichtlich des UrhG nach Anlage I Einigungsvertrag Kapitel III Sachgebiet E Abschnitt II Nr. 2 §§ 1 bis 4). Das hat zur Folge, dass für die Beurteilung der Urheberschaft und Rechtewahrnehmung das Kollektivurheberrecht des § 10 URG-DDR ausgesetzt ist und das UrhG seit dem 3.10.1990 mit der Folge gilt, dass die Filmwerkschöpfer als Urheber ihre Rechte selbst wahrnehmen (BGH GRUR 2001, 826, 827 – Barfuß ins Bett: Zweitausstrahlung einer zu DDR-Zeiten geschaffenen Sendung; *Wandtke/Haupt* GRUR 1992, 21, 23; *Möhring/Nicolini/Lütje* Vor §§ 88 ff. Rn. 17 f.). Zusätzlich ist zu beachten, dass die DEFA seit diesem Datum auch Filmhersteller i. S. d. §§ 94, 95 ist und über die dazugehörigen Leistungsschutzrechte an den durch ihre Rechtsvorgängerin, die VEB DEFA Studios hergestellten Filmwerken verfügt (KG MMR 2003, 110 – Paul und Paula).

Vorbemerkung 50–52 Vor §§ 88ff. UrhG

2. Welches Vertragsrecht findet Anwendung?

Für die Auslegung von DDR-Verträgen ist hingegen nach Art. 232 § 1 EGBGB nach wie 50
vor das Urhebervertragsrecht der DDR anwendbar (näher EVtr Rn. 36 ff.; BGH ZUM
2001, 699, 700 – *Barfuß ins Bett*). Dabei handelt es sich wie aus § 41 Abs. 2 UrhG-DDR
folgt, fast ausschließlich um **DDR-Musterverträge,** für deren Auslegung auch in der DDR
das Zweckübertragungsprinzip herangezogen wurde und die auch heute noch zu beachten
sind (EVtr Rn. 53 ff.; BGH ZUM 2001, 699, 702 – *Barfuß ins Bett;* KG ZUM-RD 1999,
484 f.; *Hegemann* 58, 100 f.). Konkret handelt es sich bei den DDR-Musterverträgen im
Filmbereich um sog. **Normativbestimmungen** im Filmbereich, die im wesentlichen auf
den Allgemeinen Anstellungsbedingungen der Reichsfilmkammer von 1940 und der Tarifordnung für Filmschaffende von 1943 beruhten und bis 1988 unverändert verwendet wurden. Deswegen besteht nach Auffassung der Rechtsprechung auch ein **Anscheinsbeweis**
dafür, dass sie im konkreten Einzelfall Anwendung gefunden haben, selbst wenn der konkrete
Vertrag nicht mehr auffindbar sei (KG ZUM-RD 2000, 384). Als branchenübliche Bedingungen sollen sie sogar dann Wirkung entfalten, wenn es an der positiven Kenntnis der Bestimmungen fehlt (KG ZUM-RD 2000, 384). Neben diese Normativbestimmungen wurde
im Jahr 1955 zwischen dem Ministerium für Kultur und dem deutschen Schriftstellerverband
ein **Rahmenvertrag** abgeschlossen, der am 22.7.1975 durch den Szenariumsvertrag ersetzt
wurde (siehe zu den Vertragsinhalten bei Haupt ZUM 1999, 380, 381 ff.).

Insbesondere wegen der räumlichen Reichweite, die sich im Hinblick auf das erweiterte 51
Sendegebiet der Bundesrepublik Deutschland stellt, wurden einzelne Verträge wegen **Wegfalls der Geschäftsgrundlage** nachträglich angepasst (BGH GRUR 1997, 215, 217 –
Klimbim). Der Hintergrund hierfür bestand darin, dass zur Zeit der innerdeutschen Teilung
die Lizenzen entweder auf das Gebiet der alten Bundesrepublik und West-Berlin oder auf
die DDR (einschließlich Berlin West) und das sozialistische Ausland beschränkt waren.
Nach der Wiedervereinigung kam es dann zu Verwertungen im jeweils anderen Lizenzgebiet. Dies war insofern unzulässig, als von einer **räumlichen Erstreckung** von Gebietslizenzen auf das jeweils andere Gebiet (DDR auf Bundesrepublik und vice versa) nach der
Wiedervereinigung grds. nicht ausgegangen werden konnte (BGH GRUR 1997, 215, 217
– *Klimbim;* KG ZUM 1996, 788 zum Sonderfall West-Berlin; näher EVtr Rn. 44 ff.).

VI. Begriffe

1. Film, Filmträger

Der Anwendungsbereich des Dritten Teils wird durch die Begriffe „Film" und „Verfil- 52
men" bestimmt. **Film** ist der gesetzliche **Oberbegriff** für „Filmwerke" (Erster Abschnitt,
§ 2 Abs. 1 Nr. 6) und „Laufbilder" (Zweiter Abschnitt). Ein **Film** ist eine **bestimmungsgemäß bewegte Bildfolge** oder Bild- und Tonfolge (§ 95), ohne Rücksicht auf die Gestaltungshöhe, das Speichermedium und die zur Wahrnehmungsvermittlung verwendete
Technik (öOGH ZUM-RD 2005, 11, 13; vgl. auch Schricker/Loewenheim/*Katzenberger*
Vor §§ 88 ff. Rn. 21 mwN). Insb. ist eine körperliche Festlegung nicht erforderlich. Unstrittig sind auch TV-Live-Sendungen, auch als Streams im Internetformat Film i. S. d.
UrhG. Film ist vom **Filmträger,** dem körperlichen Speichermedium Filmstreifen zu unterscheiden. **Bildträger** oder **Bild- und Tonträger** (§ 94 Abs. 1) sind Speichervorrichtungen, die die wiederholbare Wiedergabe von Bild- oder Tonfolgen (§ 16 Abs. 2) ermöglichen (also neben Filmstreifen digitale Flash-, Festplattenspeicher u. ä.). Die Erstfixierung
des Filmträgers ist Voraussetzung der Entstehung des verwandten Schutzrechts des Filmherstellers (§ 94 Rn. 20 f.). Fehlt es an einer dauerhaften Fixierung, etwa im Falle eines Live-Streams mit nur temporärer Zwischenspeicherung in Netzwerkrechnern, entsteht kein
Bildträger. Ein Leistungsschutzrecht nach § 94 scheidet dann aus (§ 94 Rn. 21).

53 Der Filmbegriff umfasst auch automatische Webcamera-, **Überwachungskamera- und Bildtelefonübertragungen**. Diese sind nach teleologischer Betrachtung Film i. S. d. § 2 Abs. 1, da auch sie zur Vorführung bestimmt sind.

54 Die **Multimedia-Verwertung** von Teilen audiovisueller Werke ist unter dem für §§ 31, 89 maßgeblichen technisch-wirtschaftlichen Aspekt zumindest bei **Online-Nutzung** als selbstständige, neue Nutzungsart anzusehen (zu Definition und Zeitpunkt der Bekanntheit § 31 Rn. 57 ff.; *Hoeren* CR 1995, 710, 713; *Reber* GRUR 1998, 792). Aufgrund des weiten Filmbegriffs und der entsprechenden Verfilmung kommt eine Anwendung der Bereichsausnahme für § 31a gem. § 88 Abs. 1 S. 2 n. F. sowie und der §§ 88, 89 a. F. i. V. m. § 137l für die Computerspielherstellung grds. in Betracht (das „**Spiel zum Film**").

2. Filmwerk, Computerspiele, Laufbilder, Lichtbilder

55 a) **Filmwerk.** Ein **Filmwerk** ist ein Film mit Werkcharakter (§ 2 Abs. 1 Nr. 6). Nach h. M. ist das Filmwerk ein eigenständiges **Gesamtkunstwerk eigener Art,** in das die zu seiner Herstellung möglicherweise benutzten – vorbestehenden – Werke (Drehbuch, Filmmusikkompositionen, Set-Gestaltungen etc.) „zu einer neuen Einheit verschmolzen" sind (näher § 2 Rn. 120 ff.; AmtlBegr. BT-Drucks. IV/270, 38; seit RGZ 107, 62, 65 – Nur eine Tänzerin; BGHZ 9, 262 ff. – Lied der Wildbahn I). Daraus folgt, dass bspw. der Filmtext nicht etwa ein eigenständiges Sprachwerk, sondern Bestandteil des einheitlichen Filmwerkes ist (BGH GRUR 1987, 362, 363 – Filmzitat). Anders ist dies gleichwohl bei dem, dem Film zugrundeliegenden, Exposé, Treatment oder Drehbuch, die als eigenständige Werke geschützt bleiben, was auch gleichzeitig die Doppelnatur vorbestehender Werke zeigt.

56 Die **Anforderungen an den Werkcharakter** des Films unterscheiden sich nicht von den übrigen Werkkategorien, d. h. die **kleine Münze** ist auch hier geschützt. Dieser Schutz geht selbstverständlich nicht so weit, dass Aufnahmen durch eine Überwachungskamera geschützt wären. Eine Gesamtbetrachtung des Films muss vielmehr deutlich erkennen lassen, dass der scheinbar tatsächliche Geschehensablauf das Ergebnis einer dem Film vorausgehenden individuellen Leistung ist, wobei die Schutzfähigkeit des Films nicht von seiner Länge abhängt. Auch **kurze Filmsequenzen** können Filmwerke sein (OLG Hamburg GRUR 1997, 822 – Edgar-Wallace Filme), soweit diese Sequenzen Gestaltungselemente aufweisen, die dem Film ihren ureigenen Stempel aufdrücken (KG ZUM-RD 2012, 322, 323). Auf deren Vorliegen ist jeder Film im Einzelfall zu überprüfen (KG ZUM-RD 2012, 322, 323; KG ZUM 2003, 863, 864 – Beat Club).

57 Zu den schöpferischen **Gestaltungsmöglichkeiten** zählen neben einer festgelegten Dramaturgie oder eines Handlungsablauf; der Einsatz und das Befolgen von Regieanweisungen, individuelle Kameraführung und Kameraeinstellungen, Tongestaltung, Schnitt, der Einsatz von Filmmusik, eine für den Film ausgesuchte oder angefertigte Filmszenerie sowie Filmkulissen, Kostüme, Drehorte und spezielle Arten der Beleuchtung sowie der Einsatz sonstiger technischer Mittel (bsp. CGI-Effekte), mit denen sich individuelle Ergebnisse herstellen lassen (vgl. dazu BGH GRUR 1984, 730, 733 – Filmregisseur; KG ZUM 2003, 863, 864 – Beat Club; OLG Hamburg GRUR 1997, 822, 1. Ls – Edgar-Wallace-Filme; *Czernik* in Wandtke Band 2, Kap. 2 § 2 Rn. 7).

58 In welcher Herstellungsphase dem Film der schöpferische Stempel aufgedrückt wird, ist zweitrangig. Die schöpferische Tätigkeit muss nicht notwendigerweise während der Filmaufnahmephase erfolgen, es reicht aus, wenn der Film in der **Post-Production-Phase** seinen individuellen Charakter erhält, weil bspw. erst zu diesem Zeitpunkt eine Zusammenstellung des Bildmaterials und der einzelnen Bildmotive in schöpferischer Weise erfolgt (OLG Hamburg GRUR-RR 2010, 409, 410).

59 Da die **Zusammenstellung der Bildfolgen** sowie die Auswahl der verwendeten Bilder gleichberechtigt zu den filmgestalterischen Möglichkeiten steht, können bei einer individuellen Anordnung der einzelnen Filmbilder ausnahmsweise auch rein **wirklichkeitsab-**

Vorbemerkung   **60, 61**   **Vor §§ 88ff. UrhG**

bildende Filme urheberrechtlich geschützt sein (BGHZ 9, 262, 268 – Lied der Wildbahn I; KG ZUM-RD 2012, 322, 323; *Czernik* in Wandtke Band 2, Kap. 2 § 2 Rn. 10). Maßgeblich dafür ist allein, ob sich der Film auf eine bloße Aneinanderreihung von Filmausschnitten beschränkt oder auf einer **selbständigen Konzeption** beruht (BGH GRUR 1987, 362, 363 – Filmzitat; KG ZUM-RD 2012, 322, 323; OLG Hamburg GRUR-RR 2010, 409). Ob diese erkennbar ist, bestimmt sich nach dem Eindruck des Betrachters des Werkes (KG ZUM 2003, 863, 864 – Beat Club). Keinen Einfluss auf den Werkcharakter hat die **Aufnahmetechnik** und ob der Film auf einen Filmträger aufgenommen wurde (öOGH ZUM-RD 2005, 11, 13). Auch Live-**Sendungen** sind als Filmwerke vor unberechtigten Verwertungshandlungen geschützt (BGHZ 37, 1, 6 – AKI; allgemein zur Definition des Filmwerkes s. auch § 2 Rn. 120ff.).

    Klassische Filmwerke in diesem Sinne sind vor allem **Spiel- und Dokumentarfilme.** **60** Hierzu zählen auch Zeichentrick und rein computeranimierte Filme (siehe zu Computerspielen auch Rn. 61). Urheberrechtsschutz können aber gleichfalls sog. **Doku-Soaps** für sich beanspruchen, da diese oftmals nach einem vorgegebenen Drehbuch funktionieren, zumindest aber durch den Filmhersteller/Regisseur eine Auswahl des Bildmaterials erfolgt und/oder die gezeigten Bilder durch Tonaufnahmen unterlegt werden. **Werbespots und Musikvideos** zeichnen sich regelmäßig ebenfalls durch eine Vielzahl verschiedener Charakteristika aus und sei es nur durch wechselnde Kameraeinstellungen, wobei das bloße Abfilmen einer **Konzert- oder Theateraufführung** durch statische Kameraeinstellungen nicht ausreicht (BGH GRUR 2006, 319 – Alpensinfonie). Umstritten ist der Filmwerkcharakter bei **Sportaufnahmen.** Diese werden derzeit von der Rechtsprechung wohl als noch nicht urheberrechtlich schutzfähig angesehen (LG Berlin GRUR 1962, 207, 208 – Maifeiern). Grundsätzlich ist dies zutreffend aber nur soweit mit statischer Kameraeinstellung die Sportart selbst aufgenommen wird. Denn die Sportart selbst ist nicht schutzfähig. Hierfür fehlt es an der notwendigen Individualität, da eine Sportart festgelegten Regeln und mehr oder minder gleichen Verhaltensmustern folgt (EuGH ZUM 2011, 803, Rn. 96–98 – Karen Murphy). Allerdings beschränken sich Sportübertragungen heute nicht mehr nur darauf, das Spiel aus einer Kameraeinstellungen zu zeigen. Verschiedene Kameraeinstellungen und -perspektiven wechseln sich mit Zeitlupen und Zwischenanalysen ab. Hinzu kommt, dass Sportaufnahmen auch mit einer Spielkommentierung unterlegt sind. Bei Fußballspielübertragungen etwa der Championsleague sind zudem auch Musikstücke wie die Championsleague-Hymne zu hören. Letztlich erfüllt eine moderne Sportübertragung damit alle Kriterien, die an die individuelle Anordnung der Bildaufnahmen gestellt werden. Da der Filmwerkcharakter auch nicht bereits zu Beginn vorliegen muss, sondern sich auch erst im Laufe der Filmherstellung ergeben kann, ist zumindest das fertige Endprodukt als Filmwerk anzusehen (ausführlich dazu auch *Bullinger/Jani* ZUM 2008, 897). In diese Richtung scheint im Übrigen auch der EuGH zu tendieren, der in seiner Karen Murphy Entscheidung deutlich gemacht hat, dass die Sportübertragung in ihrer Gesamtheit betrachtet werden muss und ein urheberrechtlicher Schutz von Sportübertragungen jedenfalls dann als denkbar erscheint, wenn diese Elemente enthält, die urheberrechtlich geschützt sind und zeitgleich mit der Sportübertragung ausgestrahlt werden (EuGH ZUM 2011, 803, Rn. 156–159 – Karen Murphy; *Kreile* ZUM 2012, 177, 179).

    b) Computerspiel. Zu den Filmwerken i.S.d. § 2 Abs. 1 Nr. 6 UrhG zählen neben **61** computeranimierten Filmen auch die audiovisuelle Spieldarstellung eines **Computerspiels** (OGH ZUM-RD 2005, 11; OLG Köln GRUR 1992, 312, 313 – Amiga Club; OLG Hamburg GRUR 1990, 127, 128 – Super Mario III; BayObLG GRUR 1992, 508, 509 – Verwertung von Computerspielen; *Bullinger/Czychowski* GRUR 2011, 19, 20; *Czernik* in Wandtke Band 2, Kap. 2 § 2 Rn. 11; *Katko/Maier* MMR 2009, 306, 307). Denn dabei handelt es sich letztlich um nichts anderes als eine Bild-/Tonfolge. Die Kriterien, die an die Filmwerkeigenschaft gestellt werden, erfüllt ein Computerspiel heute regelmäßig. Das Spiel selbst läuft nach einem festgelegten Spielkonzept ab, das ähnlich einem Drehbuch vorgegeben wird. Weiter sind Computerspiele auch mit Toneffekten und Musik unterlegt und es werden kreative Spielfiguren und virtuelle Spielwelten geschaffen, die über das Alltägliche hinausgehen (näher dazu *Katko/Maier* MMR 2009, 306, 307 f.). Zumal Schutz als Filmwerke sogar **Interneteffekte** erfahren, die in Form von Kurzfilmen auf Homepages zu sehen sind (LG München ZUM-RD 2005, 81, 83).

62 Urheberrechtlich geschützt sind nicht nur die statischen Filmsequenzen, die der Nutzer innerhalb des Computerspiels zu sehen bekommt, ohne dass er hierauf Einfluss nehmen kann. **Geschützt sind auch solche Bildfolgen, die auf einer Handlung des Nutzers im Spiel beruhen.** Der Nutzer hat nämlich nur scheinbar Einfluss auf das Spielgeschehen und die Bildanzeige. Tatsächlich wird die gezeigte Bild-/Tonfolge durch das dem Computerspiel zugrunde liegende Programm gesteuert, das keine eigenschöpferischen Elemente des Nutzers zulässt (vgl. OLG Hamm NJW 1991, 2161 allerdings noch unter der überholten Annahme, das Computerspiele nur als Laufbilder geschützt sind; iÜ *Bullinger/Czychowski* GRUR 2011, 19, 22 f.; *Katko/Maier* MMR 2009, 306, 307; a.A. LG Köln MMR 2008, 556). Keine andere Bewertung rechtfertigen im Übrigen Sportspiele, hier folgt die urheberrechtliche Leistung schon aus dem „Zeichnen" der Spielfiguren, was schöpferische Kreativität verlangt. Zudem gilt das zu Aufnahmen von Sportveranstaltungen Gesagte auch hier (vgl. dazu Rn. 60).

63 **c) Laufbilder.** Laufbilder sind Filme ohne Werkcharakter (§ 95; vgl. § 4 österr. UrhG definiert Filmwerke als „Laufbildwerke, wodurch die den Gegenstand des Werkes bildenden Vorgänge und Handlungen entweder bloß für das Gesicht oder gleichzeitig für Gesicht und Gehör zur Darstellung gebracht werden", im Einzelnen siehe § 95 Rn. 4 ff.).

64 **d) Lichtbildwerke und Lichtbilder.** Ein Film enthält immer zugleich auch **Einzelbilder,** die entweder als Lichtbildwerke i. S. d. § 2 Abs. 1 Nr. 5 UrhG oder als Lichtbilder i. S. d. § 72 geschützt sind (BGHZ 9, 262, 264 – Lieder der Wildbahn I; dazu auch KG ZUM-RD 2012, 322, 323). Teilweise können diese Lichtbildwerke auch Werke der bildenden Kunst sein, was insbesondere bei Einzelbildern von **Computerspielen** angenommen wird (*Schulze* ZUM 1997, 77, 78, Veit S. 41; *Czernik* in Wandtke Medienrecht, Band 2, Kap. 2 § 2 Rn. 20; umfassend dazu auch *Büchner* ZUM 2011, 549). Das ist insoweit beachtlich als das Folgerecht auf derartige Bilder Anwendung findet.

3. Filmurheber

65 **a) Allgemein.** Die Frage, wer (Mit-)Urheber des Filmwerkes ist, wird als **„umstrittenste Frage" des Filmrechts** bezeichnet (so schon amtl. Begrd. UFITA 1965/II, 318; Homann 148 ff. m. w. N.; *Götting* ZUM 1999, 3 ff., 6). Der Grund hierfür besteht darin, dass das UrhG keine abschließende Aussage darüber trifft, wer Filmurheber ist. Zwar enthält § 65 Abs. 2 ebenso wie Art. 2 Abs. 1 der Richtlinie EG 93/98 eine Aufzählung verschiedener Beteiligter. Zu Recht wird diese Regelung jedoch nicht als abschließende Aufzählung verstanden (BT-Drucks. 13/781, 9, 13; *Dobberstein/Schwarz/Hansen* in v. Hartlieb/Schwarz, 36. Kapitel Rn. 1). Andernfalls wäre man zu unflexibel, um auf neue Entwicklungen im Filmbereich, wie sie in der jüngeren Vergangenheit bspw. durch das Aufkommen von CGI-Effekten eingetreten sind, zu reagieren. Das unterscheidet im Übrigen das deutsche UrhG von demjenigen anderer europäischer Staaten, wie bspw. Frankreich und Italien, in denen regelmäßig Regisseur, Drehbuchautor, Komponist der Filmmusik und Filmhersteller als Filmurheber anerkannt sind (zur Filmurheberschaft im EU-rechtlichen Vergleich *Poll* GRUR Int. 2003, 290, 292 f.).

66 **b) Abgrenzung Urheber vorbestehender Werke/Filmurheber.** Wesentlicher Streitpunkt ist die Frage, ob die Urheber von filmbestimmt geschaffenen, vorbestehenden Werken (insb. Drehbuchautoren und Filmmusikkomponisten), allein durch diese Leistung

auch Schöpfer des unter ihrer Verwendung geschaffenen Filmwerks und somit als Miturheber des Filmwerks anzusehen sind. Die Feststellung der Filmurheberschaft aufgrund eigenschöpferischer Beiträge ist vor allem deswegen wesentlich, weil § 89 Abs. 2 auf Filmurheber keine Anwendung findet. Weiter ist die Frage u. a. hinsichtlich der Pflicht der Wahrnehmungsgesellschaften zum Abschluss eines Wahrnehmungsvertrages und für den Einnahmenverteilungsschlüssel relevant (vgl. § 6 WahrnG Rn. 2 ff.).

Die wohl hM billigt nur denjenigen den Status Filmurheber zu, die eine vom Film **ununterscheidbare Leistung** erbracht haben. Erfasst sind danach nur diejenigen, deren Tätigkeit außerhalb des Films nicht verwertet werden kann und deren Beitrag im Zeitraum Drehbeginn bis Fertigstellung der Nullkopie liegt. Das schließt bspw. Drehbuchautoren oder Choreographen von der Anerkennung der Filmurheberschaft aus (*Dobberstein/ Schwarz/Hansen* in v. Hartlieb/Schwarz, 36. Kapitel Rn. 3 f, 36 mwN). Dass die Urheber filmbestimmt geschaffener vorbestehender Werke, insb. die Urheber des Drehbuchs, der Dialoge und der Filmmusikkomponist der speziell für das betreffende Filmwerk komponierten Musik durch die einmalige Schöpfung nicht automatisch (Mit-)Urheber eines zweiten Werks, des Filmwerks werden, soll dabei aus der Anerkennung des Filmwerks als eigenständiger Werkgattung in § 2 Abs. 1 Nr. 6 folgen. Ein Schöpfungsakt könnte nicht zwei Urheberrechte an zwei Werken originär begründen. Der **Realaktscharakter** der Filmwerkschöpfung könne nicht durch den Willensakt der Filmbestimmung eines vorbestehenden Werkes aufgehoben werden. Dies würde voraussetzen, dass das Filmwerk hypothetisch den Charakter eines verbundenen Werkes (§ 9) hätte, in dem das ursprüngliche Werk noch unverändert dergestalt enthalten wäre, dass der Werkschöpfer zumindest faktisch über sein Werk nach Trennung disponieren könnte. §§ 8, 9 sind für Filmwerke als Gesamtkunstwerke sui generis unanwendbar (Fromm/Nordemann/*Nordemann* § 8 Rn. 13, der konsequent die fehlende Filmurheberschaft der Urheber vorbestehender Werke mit § 89 Abs. 3 begründet). Es besteht **keine Doppelqualifikation** der Schöpfung filmbestimmter Werke (str.; a. A. Schricker/Loewenheim/*Katzenberger* Vor §§ 88 ff. Rn. 65 ff. m. w. N.; *Götting* ZUM 1999, 3, 5). § 89 würde aufgrund der solchermaßen begründeten Miturheberschaft den **§ 88 nicht verdrängen**. § 88 könnte parallel auf den gesondert verwertbaren Beitrag angewendet werden.

Eine andere Auffassung vertritt jedoch die sog. **Lehre vom Doppelcharakter filmbestimmter Werke** (*Bohr* ZUM 1992, 121, 125; *Katzenberger* ZUM 1988, 545, 549; *Reupert* S. 104; Schricker/Loewenheim/*Katzenberger* Vor §§ 88 ff. Rn. 65 ff., § 89 Rn. 12, 18; Dreier/Schulze Vor §§ 88 ff. Rn. 9 m. w. N.). Diese unterscheidet zwischen den Urhebern filmbestimmter und filmunabhängiger vorbestehender Werke. Unter vorbestehenden Werken werden diejenigen Werke verstanden, die nicht Teil der konkreten Verfilmungshandlung sind, also bspw. Drehbuch, Choreographie, Kostüme, Filmmusik. Derartige Werke gelten als filmbestimmt, wenn sie wie bspw. das Drehbuch oder die Filmmusik unmittelbar mit der Zweckbestimmung „Verfilmung" geschaffen wurden und nicht wie ein Roman bereits vor der Herstellung des Films vorhanden waren. Derjenige, der ein filmbestimmtes Werk geschaffen habe, sei zugleich Filmurheber und Alleinurheber des vorbestehenden Werkes. Diese Unterscheidung rechtfertigen die Vertreter der Lehre vom Doppelcharakter damit, dass ein Film eine synchronistische Werkeinheit sei, d. h. ein Gesamtkunstwerk bestehend aus einer Vielzahl einzelner Beiträge, wobei die filmbestimmten Werke untrennbar mit den anderen Filmbeiträgen verschmolzen seien. Gegen die Lehre vom Doppelcharakter filmspezifischer Werke wird eingewandt, dass nach der Schöpfungslehre und der Konzeption der §§ 7, 8 eine schöpferische Leistung nicht zwei unterschiedliche Urheberrechte an zwei verschiedenen Werken begründen könne. Eine solche „Doppelqualifikation" ein und derselben Art der Mitwirkung scheide aus (BGHZ 90, 219, 224 f. – Filmregisseur; Fromm/Nordemann/ *J. B. Nordemann* § 89 Rn. 19). Für die Interessen der Urheber seien keine wesentlichen Rechte gewonnen, andererseits würden die Urheberrechtsverhältnisse am Filmwerk noch unübersichtlicher. Das sei auch rechtspolitisch nicht wünschenswert. Dass die geforderte

Zubilligung einer formalen Stellung als Filmurheber die Verhandlungsposition der Urheber vorbestehender Werke bei der Festlegung der Verteilungsschlüssel für die Einnahmen der Verwertungsgesellschaften stärkte, sei darüber hinaus nicht wahrscheinlich.

69 Schlussendlich gibt es noch die Auffassung, dass bei der Beurteilung der Filmurheberschaft die Differenzierung danach vorgenommen werden sollte, ob der schöpferische Beitrag sich als **mittelbare oder als unmittelbare Beteiligung** am Filmwerk darstellt. Unmittelbar ist eine Beteiligung dann, wenn der Film mit diesem steht und fällt und der Beitrag durch den Film nicht bearbeitet wird (*Czernik* in Wandtke Band 2, Kap. 2 § 3 Rn. 45). Dabei wird auch hier auf das von der hM zutreffend vorgeschlagene Kriterium der fehlenden Unterscheidbarkeit der Beiträge abgestellt. Als unmittelbarer Beitrag ist hiernach insbesondere das Drehbuch anzusehen, da hierüber der Film seine wesentliche Prägung erfährt. Bleibt das Drehbuch während der Verfilmung in seinen wesentlichen Punkten erhalten, d. h. wird nicht nur ein unwesentlicher Dialog geändert oder bleiben die Charaktere unverändert, liegt in der filmischen Umsetzung des Drehbuchs keine Bearbeitung vor (so auch *Bohr* ZUM 1992, 121, 125; *Straßer* S. 59). Der Komponist der Filmmusik kann danach ebenfalls Filmurheber sein. Voraussetzung ist aber nicht wie bspw. bei der Lehre vom Doppelcharakter, dass die Komposition extra für den Film erstellt wurde. Maßgeblich ist allein, ob die Musik, wie etwa im Film *Psycho* identitätsstiftend war; ob also die Individualität des Films maßgeblich verändert wäre, würde sie durch eine andere ersetzt werden. Auch Kostümierung und Szenenbild können die Individualität des Films bestimmen. Im Film *William Shakespeare Romeo and Juliet* aus dem Jahr 1996 sprechen die Schauspieler die Originaltexte aus dem 16. Jahrhundert, Kostüme und Handlungsort entsprechen aber dem Stand der 1990er Jahre. Würde man diesen Kontrast aufbrechen, würde der Film seine besondere Prägung verlieren.

70 c) **Schöpfungsprinzip.** Ungeachtet der verschiedenen Auffassungen, ist man sich aber in Rechtsprechung und Literatur einem Punkt einig, die Urheberschaft am Filmwerk ist konkret im Einzelfall nach dem allgemeinen **Schöpfungsprinzip** zu bestimmen (BGH GRUR 2002, 961 – Mischtonmeister; OLG Köln GRUR-RR 2005, 337, 338 – Dokumentarfilm Massaker). Filmurheber sind die **bei der Herstellung des Filmwerks schöpferisch Mitwirkenden** entsprechend dem Umfang ihrer jeweiligen persönlichen Mitwirkung an seiner Schöpfung (§§ 7, 8 Abs. 2; AmtlBegr. des 3. UrhGÄndG BT-Drucks. 13/781, 9; BT-Drucks. 13/115, 10). Dabei ist es nicht notwendig, dass der schöpferische Beitrag einen erheblichen Umfang einnimmt (BGH GRUR 2009, 1046 – Kranhäuser). Maßgeblich für die Zuerkennung der Urheberschaft ist dabei nur, ob dem Urheber **Letztentscheidungsbefugnis** zukommt. Er muss also in der Lage sein, seinen Willen ohne Unterordnung unter die Ideen anderer umsetzen. Wer also lediglich handwerklich routiniert oder nach den Vorgaben anderer handelt, ist nicht als Urheber geschützt (LG München I ZUM 1999, 332, 337; *Dobberstein/Schwarz/Hansen* in v. Hartlieb/Schwarz, 36. Kapitel Rn. 10).

71 d) **Verhältnis der Filmurheber/Urheber vorbestehender Werke untereinander.** Die Filmurheber werden allgemein als **Miturheber** angesehen. Dort wo jemand **Alleinurheberschaft** an einem Filmwerk für sich in Anspruch nimmt, trägt er die Darlegungs- und Beweislast dafür, dass keine anderen an der Herstellung des Filmwerks beteiligten Personen schöpferische Beiträge zu dem Filmwerk geleistet haben (BGH ZUM 2012, 141). Die Urheber vorbestehender Werke werden, soweit es nicht um ihren im Film verkörperten und untrennbaren Beitrag geht, als **Urhebergemeinschaft** nach § 9 angesehen. Scheidet ein Urheber aus und tritt ein anderer an dessen Stelle und setzt dessen Werk fort, handelt es sich um eine **Bearbeitung der Vorleistung** (Loewenheim/*Schwarz/Reber* § 12 Rn. 38; *Czernik* in Wandtke Band 2, Kap. 2 § 3 Rn. 53).

72 e) **Beispiele aus der Rechtsprechung.** Von der Rechtsprechung sind als Filmurheber in erster Linie **Filmregisseur** (EuGH ZUM 2012, 313 Rn. 48 – Luksan/van der Let;

Vorbemerkung **73, 74 Vor §§ 88ff. UrhG**

BGH GRUR 1991, 133, 135 – Videozweitauswertung I; BGH GRUR 1984, 730 – Filmregisseur), **Kameramann** (OLG Köln GRUR-RR 2005, 337, 338), **Schnittmeister (Cutter)** kraft ihrer notwendigen technischen Funktionen anerkannt. Unterliegt der Cutter jedoch den Vorgaben des Regisseurs, was gerade bei alltäglichen Serien der Fall sein dürfte, fehlt es an der Urhebereigenschaft. Zudem besteht in einem solchen Fall auch keine schöpferische Leistung des Kameramanns. Weiter ist auch der **Chef-Mischtonmeister** nur dann als Filmurheber anerkannt, soweit er unter Berücksichtigung digitaler Mischtechniken eine eigene Klangwelt für den Film erschafft (nach OLG Köln ZUM 2000, 320, 323 – Schlafes Bruder; BGH GRUR 2002, 961, 962 – Mischtonmeister; dies soll auch nach generalisierender Betrachtungsweise gem. § 6 WahrnG gelten). Die Arbeit eines Mischtonmeisters erfüllt die Anforderungen an die Werkqualität aber regelmäßig dann nicht, wenn der Film lediglich einen einfachen, rein handwerklichen Umgang mit moderner Mischtechnik notwendig macht oder diese moderne Technik gar nicht zur Verfügung steht. Diese differenzierende Betrachtung gilt auch für den **Chef-Beleuchter und** andere **Special-Effects-Verantwortliche.** Dabei ist aber zu berücksichtigen, dass insbesondere VFX Supervisor durch die Herstellung von computergenerierten Bildern maßgeblichen Einfluss auf „Look and Feel" eines Films haben können. Erfolgt das Compositing in diesem Bereich eigenständig ist von einem eigenen Urheberrechtsschutz auszugehen (*Dobberstein/Schwarz/Hansen* in v. Hartlieb/Schwarz, 36. Kapitel Rn. 21). Ungeachtet dessen wie maßgeblich der Einfluss des **Hauptregisseurs** auf den fertigen Film ist, scheint man nach Auffassung des EuGH den Hauptregisseur anders als die sonstigen Beteiligten stets als Urheber ansehen zu müssen. Denn diesem kann seine Urheberrechtsstellung durch nationale Regelungen nicht abgesprochen werden (EuGH ZUM 2012, 313 Rn. 45 – Luksan/van der Let). Im **Computerspielbereich** wird man als geschützten Personenkreis vor allem den Spieldesigner ansehen, der vergleichbar mit dem Filmregisseur ist. Zudem finden sich daneben bei der Herstellung des Computerspiels Beteiligte wie Cutter, Tonmeister und Animatoren wieder, die auch schon aus dem Film bekannt sind (vgl. dazu *Katko/Maier* MMR 2009, 306, 309f.). Der **Schöpfer eines Animationsfilmcharakters** ist Filmurheber, soweit seine schöpferischen Beiträge über die Schaffung des vorbestehenden grafischen Werkes hinausgehen und sich insb. auf **Bewegungsmuster, Gesten** und **andere filmische Wesenseigenschaften der Figur** erstrecken. Insoweit liegen schöpferische Beiträge vor, die sich vom vorbestehenden grafischen Werk trennen, nicht aber umgekehrt vom Filmwerk unterscheiden und eigenständig verwerten lassen. Der Schöpfer eines Animationsfilmcharakters ist insofern Filmurheber. In der Praxis werden hier allerdings – bezeichnenderweise – verschiedene Schöpfer tätig: der **Zeichner,** der u. U. zugleich Regisseur ist, und **Trick-Animateure,** die den Figuren filmisches Leben in einer Weise einhauchen, die Werkhöhe erreichen kann. Zumeist befolgen diese aber die Anweisungen des **Trickfilmregisseurs** (im Ergebnis auch Dreier/Schulze § 89 Rn. 20f.).

Keine Filmurheber sind nach umstrittener h. M. (Dreier/Schulze Vor §§ 88ff. Rn. 8ff., **73** § 89 Rn. 13; Schricker/Loewenheim/*Katzenberger* Vor §§ 88ff. Rn. 70) Szenen-, Kostüm- und Maskenbildner sowie Filmarchitekten, deren Beiträge – eigenschöpferischen Charakter und Werkhöhe vorausgesetzt – sich vom Filmwerk trennen und zumindest theoretisch selbstständig anderweitig verwerten lassen (differenzierend für Architekten und Bühnenbildner, da eine tatsächliche Verwertungsmöglichkeit neben dem betroffenen Film nicht besteht, *Katzenberger* ZUM 1988, 545, 554). De lege lata kann daran der Umstand, dass ihre Werke dem Filmwerk seine wesentliche gestalterische Prägung geben, nichts ändern.

f) **Urheberrecht des Filmherstellers.** Die Konzeption des Dritten Teils des UrhG sieht **74** zudem im Gegensatz zu anderen europäischen Filmrechtsregelungen und dem Copyright Act der USA, kein Urheberrecht bzw. Copyright des Filmproduzenten vor (*W. Nordemann/ J. B. Nordemann* FS Schricker 2005, 473, 474f.; *Schwarz/Hansen* in v. Hartlieb/Schwarz

36. Kap. Rn. 24 ff.; Loewenheim/*Schwarz*/*Reber* § 12 Rn. 25), wenngleich das Leistungsschutzrecht des Filmherstellers nach § 94 dem originären Copyright des Filmproduzenten strukturell vergleichbar ist (*Poll* Harmonisierung GRUR Int. 2003, 290; Überblick bei *Katzenberger* ZUM 2003, 712 ff.). Zu den Ländern mit einem Produzentenurheberrecht zählen neben den USA und Großbritannien v. a. Irland, Polen, Luxemburg (*Manthey* 145 ff. m. w. N.). Ob ein solches Produzenturheberrecht benötigt wird, ist fraglich:

75 Ein gesetzlich anerkanntes Filmhersteller-Urheberrecht, das den Filmhersteller zusätzlich zu den Urhebern zum Urheber macht, verbessert die wirtschaftliche Stellung des Filmherstellers nicht automatisch. Wo eine dem § 103 US-Copyright Act entsprechende Bestimmung hinsichtlich vorbestehender, verfilmter Werke fehlt, bleibt der Filmhersteller auf den vertraglichen Erwerb der zur Herstellung des Films benutzten Werke angewiesen (*Katzenberger* ZUM 2003, 712 ff.; *Poll* ZUM 1999, 30 ff.; *Poll* GRUR Int. 2003, 290 ff.). So gilt bspw. nach der filmrechtlichen Spezialvorschrift Section 9 para 2 lit. a, b, c des englischen Copyrights, Designs and Patents Act v. 15.11.1988 zwar derjenige als Inhaber des Copyrights, der die zur Herstellung des Films, respektive Fernsehsendung oder Kabelprogrammdienst erforderlichen Anordnungen trifft; das englische Recht kennt eine §§ 88, 92 entsprechende Rechteübertragungsvermutung aber nicht (*Manthey* 153). Ein Betrieb in der DDR, in dem ein Film- oder Fernsehwerk hergestellt worden war, wurde nicht kraft Gesetzes Inhaber der Rechte an diesen Werken, sondern war nach § 10 Abs. 2 URG lediglich befugt, die Rechte der Urheber in eigenem Namen wahrzunehmen (s. EVtr Rn. 65).

76 Es bedarf schließlich auch keines gesetzlich anerkannten Filmhersteller-Urheberrechts, da die bisherigen Regelungen der §§ 2 ff. bereits heute voll auf geeignet, sog. **Kreativproduzenten** ausreichenden Urheberrechtsschutz zu gewähren. Sie müssen nur konsequent auf diese Produzenten angewandt werden. Als nach dem UrhG zu schützender Kreativproduzent ist derjenige anzusehen, der konkreten Einfluss auf den gesamten kreativen Schaffensprozess genommen hat (*Czernik* in Wandtke Band 2, Kap. 2 § 3 Rn. 49; *Schwarz/Hansen* GRUR 2011, 109 ff.). Dabei muss die Einflussnahme nicht so weit gehen, dass er als Drehbuchautor oder Regisseur aufgetreten ist. Jeder kreative Input, der in der Auswahl, Anordnung und Kombination einzelner Gestaltungskomponenten des Filmwerkes liegt und der über nicht materialisierte Visionen oder Ideen hinausgeht, rechtfertigt eine Urheberschaft des Produzenten (*Czernik* in Wandtke Band 2, Kap. 2 § 3 Rn. 48; *Schwarz/Hansen* GRUR 2011, 109, 113 f.). Dazu genügt es bspw., wenn der Produzent durch Änderungsvorgaben und Verbesserungsvorschläge Einfluss auf das Drehbuch nimmt, die Entscheidung über die Auswahl der Filmmusik oder über den Drehort trifft (weitere Beispiele finden sich bei *Schwarz/Hansen* GRUR 2011, 109, 114 f.). Denn über diese Elemente nimmt er auf den Charakter eines Films Einfluss. Besonders deutlich wird dies etwa am Beispiel der Musik. Trifft der Produzent hier eine Auswahl zwischen verschiedenen Musikstücken ist er in einen für den Wiedererkennungswert des Films und damit seine Individualität wesentlichen Prozess eingebunden, wie die Themes in *Psycho* oder *Der weiße Hai* zeigen. Insofern unternimmt eine schöpferische Leistung i. S. d. § 2 Abs. 2. Nicht schutzfähig ist jedoch derjenige Produzent, der nicht kreativ tätig ist, sondern nur rein finanzielle Aufgaben übernommen hat (*Czernik* in Wandtke Band 2, Kap. 2 § 3 Rn. 48; *Schwarz/Hansen* GRUR 2011, 109, 113).

4. Recht zur Verfilmung

77 Das **Recht zur Verfilmung** umfasst in einem engen technischen Sinn nur das Recht zur Filmherstellung, **Verfilmungsrecht im engen Sinn** oder **Filmherstellungsrecht** (§ 88 Abs. 1 Nr. 1a. F.; AmtlBegr. BT-Drucks. IV/270, 98 zu § 88 Abs. 1 Nr. 1a. F.; *Urek* ZUM 1993, 168; *Ventroni* 84 f.; *Dünnwald* FuR 1974, 76). Das **Verfilmungsrecht im weiteren Sinn** umfasst die **Rechte zur Filmauswertung** auf verschiedenen Stufen. Die

Vorbemerkung 78, 79 **Vor §§ 88ff. UrhG**

Überschrift des § 88 „Recht zur Verfilmung" legt nahe, den Begriff des Verfilmungsrechts in einem umfassenden Sinn zu verstehen, der seit dem Zweiten Korb **filmische Bearbeitungs- und jedenfalls alle filmischen Nutzungsrechte** mit einbezieht. Die Einwilligung des Urhebers oder dessen Rechtsnachfolgers zur Verfilmung, bzw. die Übertragung des Verfilmungsrechts bedeutet – vorbehaltlich der Schriftform – seit dem Zweiten Korb nach dem gesetzlichen Leitbild regelmäßig die wirksame vertragliche Einräumung des Rechts zur Benutzung des zu verfilmenden Werkes zur Herstellung eines Films und die Einräumung sämtlicher Rechte zur Auswertung des Films in sämtlichen bekannten und unbekannten filmischen – möglicherweise auch nicht-filmischen – Nutzungsarten (zur Einbeziehung nicht-filmischer Nutzungsarten s.u. § 88 Rn. 11f.). Das Verfilmungsrecht hat in der Vertragspraxis vielgestaltige Ausformungen erfahren (Beispiel eines autorenfreundlichen Verfilmungsvertrags von Schütze/Weipert/*Hertin* Bd. 3 Wirtschaftsrecht II, Nr. IX. 28, 855 ff.; produzentenfreundlich: *M. Schwarz* FS W. Schwarz 201 ff.; verlagsfreundlich: *Fette* 264 ff.; Arbeitsverträge mit Verfilmungsklauseln: *v. Olenhusen* 371 ff.; Loewenheim/*Schwarz*/*Reber* § 74 Rn. 4 ff., 122 ff.). Da die Einräumung des Verfilmungsrechts bspw. auch als **Nebenrecht zum Verlagsrecht** erfolgen kann (§ 2 Abs. 3 lit. b Normvertrag für den Abschluss von Verlagsverträgen idF. vom 1.4.1999, Beck'sche Formularsammlung zum Gewerbl. Rechtsschutz mit UrhR IX.A. 1.1), hat der Verleger in diesem Fall im Zweifel alle bekannten und unbekannten Nutzungsarten zur filmischen Auswertung mit erworben. **Einschränkungen** der Rechtseinräumungen **zugunsten des Urhebers** bedürfen angesichts der Novelle des Zweiten Korbes **ausdrücklicher schriftlicher Vereinbarung.** Das Verfilmungsrecht oder Recht zur Verfilmung ist als Inbegriff vertraglich einräumbarer Nutzungsrechte **kein eigenständiges Verwertungsrecht** i.S.d. §§ 15 ff. (BGHZ 123, 142, 146 f. – Videozweitauswertung II, str., § 88 Rn. 9 f.). Die rechtliche Tragweite des Filmherstellungsrechts oder **Videogrammrechts** zur Benutzung von **Musikwerken** für einen Film ist umstritten (*Ventroni* 24 ff., 78 ff.; Möhring/Nicolini/*Lütje* § 88 Rn. 10 f., 19 f.; § 88 Rn. 9 f.).

§ 88 lässt sich entnehmen, dass das Recht zur Verfilmung als ein **ausschließliches Herstellungsrecht** zur **einmaligen Herstellung** eines Films unter Verwendung des vorbestehenden Werks für die **Dauer von 10 Jahren** (§ 88 Abs. 2 S. 2) eingeräumt wird (BT-Drucks. 14/6433, 5, 19). Es gelten aufgrund verbreiteter tarifvertraglicher Regelungen häufig andere, kürzere Fristen (Tarifvertrag für arbeitnehmerähnliche Personen des WDR v. 1.12.1976 begrenzt die Einräumung ausschließlicher Rechte bei Fernsehproduktionen auf fünf, bei Hörfunkproduktionen auf drei Jahre). Die Vermutung beschränkt sich im Unterschied zu § 89 nicht auf Verträge mit dem Filmhersteller als direktem Erwerber, sondern erstreckt sich auf zeitlich vorausliegende Verträge mit jeglichen Parteien, bspw. Verlagen oder Rechteagenturen. Streitigkeiten über den Inhalt von Verfilmungsverträgen können so auch in der Vertragskette vermieden werden. 78

5. Filmhersteller

Filmhersteller ist die natürliche oder die juristische Person oder Personenmehrheit in gesamthänderischer Verbundenheit, die die Herstellung der Nullkopie inhaltlich und organisatorisch steuert, wirtschaftlich verantwortet und die zur Filmherstellung erforderlichen Immaterialgüterrechte sowie zumindest vorübergehend auch die Auswertungsrechte am Film erwirbt (**str.**, ob die einzelnen Elemente kumulativ vorliegen müssen, oder ob eine „wirtschaftliche Gesamtverantwortung" ohne Leitungsfunktion und Rechteerwerb genügt, näher § 94 Rn. 29, 31 ff.; *Katzenberger* ZUM 2003, 712 und *Poll* GRUR Int. 2003, 290; *Baur* UFITA 2004, 665, 711 ff.; *Radmann* 88 ff. verneinend zum Synchronfilmhersteller). Der Filmherstellerbegriff hat zentrale Bedeutung für den Erwerb des entsprechenden Leistungsschutzrechts nach § 94 sowie für die steuerrechtliche Behandlung der Filmherstellungskosten (näher § 94 Rn. 29, 31 ff.). 79

VII. Filmtypische Vorverträge

80 Im Filmbereich haben sich zunehmend zwei Vertragsbezeichnungen aus dem angloamerikanischen Raum durchgesetzt, mit denen vorvertragliche Vereinbarungen bezeichnet werden. Konkret handelt es sich um den **Letter of Intent** (LOI) und das **Deal Memo**. Daneben spielen **Optionsverträge** im Filmbereich eine wichtige Rolle.

1. Letter of Intent

81 Der LOI wird als **unverbindliche Absichtserklärung ohne Rechtsbildungswillen** angesehen, über den die Bereitschaft zur Mitwirkung an einem Projekt erklärt wird oder die Zusammenfassung bestehender und offener Verhandlungspunkte erfolgt (*Brehm* S. 135; *Czernik* in Wandtke Band 2 Kap. 2 § 4 Rn. 90; *Hölzer* in Haupt Urheberrecht für Filmschaffende S. 57, 65; *Klages* ZUM 2012, 117, 118; *Schwarz* in v. Hartlieb/Schwarz 91. Kap. Rn. 11; a.A. *Homann* S. 82). Relevant werden kann diese Regelung im Rahmen einer c.i.c. Haftung, wenn aufgrund des LOIs das Vertrauen in die Fortsetzung der Vertragsverhandlungen geschaffen wurde und diese später grundlos abgebrochen werden (*Brehm* S. 135f.; *Hölzer* in Haupt Urheberrecht für Filmschaffende S. 57, 65; *Klages* ZUM 2012, 117, 118; *Schwarz* in v. Hartlieb/Schwarz 91. Kap. Rn. 11). Zudem enthalten LOIs häufig eine wechselseitige **Exklusivitätsvereinbarung,** nach der sich Vertragsparteien verpflichten, über einen gewissen Zeitraum nicht mit anderen über das Projekt zu verhandeln (*Schwarz* in v. Hartlieb/Schwarz 91. Kap. Rn. 11).

2. Deal Memo

82 Das Deal Memo geht häufig deutlich weiter als das LOI, wobei hierin dennoch nicht per se ein **rechtsverbindlicher (Vor-)Vertrag** liegen muss. Das Deal Memo kann sich darauf beschränken, Ergebnisse der Vertragsverhandlungen zusammenzufassen, ohne dass davon eine Bindungswirkung ausgehen muss (vgl. zu den vier sich aus einer sog. quick note ergebenden rechtlichen Bedeutungen OLG München ZUM 2001, 439, 441 – murder in the first; vgl. weiter bei *Brehm* S. 135f.; *Homann* S. 82; *Klages* ZUM 2012, 117, 118; *Schwarz* in v. Hartlieb/Schwarz 91. Kap. Rn. 9). Eine solche **Bindungswirkung** bestimmt sich dabei nach den allgemeinen Voraussetzungen der §§ 154f. BGB. Der Bezeichnung „Deal Memo" kommt nur eine untergeordnete Bedeutung zu. Wesentlicher ist, ob das Deal Memo bereits die **wesentlichen Vertragsbestandteile** enthält (BGH GRUR 2010, 418 Rn. 14f., 19 – Neues vom Wixxer). Hierzu zählen u.a. Gage und Leistungszeit, die Behandlung von Überstunden (LAG Berlin Urt. vom 3.11.2006 Az. 13 Sa 1456/06 BeckRS 2007, 40279) sowie künstlerische Mitspracherechte. Weiter dürfen die Parteien zu keinem Zeitpunkt zum Ausdruck gebracht haben, dass sie sich an die Vereinbarung nicht gebunden fühlen (OLG München ZUM 2001, 439, 441 – murder in the first). Das muss nicht ausdrücklich geschehen, sondern ist bereits dann anzunehmen, wenn die Parteien dies konkludent zum Ausdruck bringen, weswegen die äußeren Umstände zur Auslegung heranzuziehen sind (OLG München ZUM 2001, 439, 441 – murder in the first). Zu weitgehend ist jedoch die Auffassung des LG Mannheims, wonach Bindungswirkung immer schon dann fehlt, wenn das Deal Memo nicht von sämtlichen Vertragsparteien unterschrieben wurde (LG Mannheim ZUM-RD 2007, 205, 207). Diese Auffassung verkennt, dass Filmverträge mit Ausnahme der §§ 31a, 40 nicht formbedürftig sind.

83 Als problematisch in dem Bereich der Vorverträge gelten **Vergütungsansprüche** und die Verpflichtung zur Übertragung von Nutzungsrechten, wenn es später nicht zu dem geplanten Hauptvertrag kommt, sondern die Beteiligung auf die Mitwirkung während der **pre-production-Phase** beschränkt bleibt (vgl. ausf. für den Fall des Regisseurs bei *Klages* ZUM 2012, 117ff.). Hat ein Beteiligter schon während der pre-production-Phase wesentliche Arbeit in das Projekt gesteckt, ist davon auszugehen, dass ihm ein Vergütungsanspruch zusteht. Dieser folgt direkt aus § 612 BGB, wenn die Parteien sich darüber einig waren, dass der Beteiligte die Vorarbeiten leisten sollte. Denn dann haben die Parteien losgelöst von den späteren Dreharbeiten **einen konkludenten Vorbereitungsvertrag geschlossen,** der als Geschäftsbesorgungsvertrag mit Dienstleistungscharakter qualifiziert wird (OLG Brandenburg: Urteil vom 12.4.2005 – 6 U 80/04, BeckRS 2005, 11295). Daran ändert auch die Tatsache nichts, dass wegen der regelmäßig erst zukünftig entstehenden Nutzungsrechte nach § 40 **Schriftform** erforderlich ist. Das folgt schon daraus, dass Mitwirkungsverpflichtung und Nutzungsrechtseinräumung gesondert voneinander vereinbart werden können (vgl. dazu auch die weiteren Argumente bei *Klages* ZUM 2012, 117, 120). Ergänzend können Ansprüche zudem aus cic und GoA hergeleitet werden, wobei hierfür ein berechtigtes Vertrauen in das Zustandekommen des Hauptvertrages Voraussetzung ist, was insbesondere dann nicht der Fall sein dürfte, wenn den Beteiligten bekannt ist, dass die Finanzierung des Films noch völlig offen ist (LG München I ZUM 1999, 491) oder das Zustandekommen des Vertrages vom Eintritt äußerer Faktoren abhängig gemacht wird (OLG Köln Urteil vom 6.5.1997 – 15 U 170/95, zitiert nach Juris).

Sind beim Beteiligten während der **pre-production-Phase** zudem bereits **Urheber-** **84** **oder sonstige Leistungsschutzrechte** entstanden, ist es weiter gerechtfertigt, dass der Filmhersteller diese über die §§ 88f. eingeräumt bekommt, wenn er die Vergütung dafür zahlt (vgl. ausführlich zur Anwendbarkeit des § 89 auf die pre-production-Phase unter § 89 Rn. 9ff.: so auch *Klages* ZUM 2012, 117, 123).

3. Optionsverträge

Neben LOI und Deal Memo finden sich häufig auch Optionsverträge, in vielfältiger **85** Ausgestaltung (dazu § 40 Rn. 6ff.; § 88 Rn. 20, 26 vgl. für den Filmbereich wichtige Entscheidungen bei BGH ZUM 2010, 427 – Neues vom Wixxer; OLG München ZUM 2008, 68).

VIII. Filmverwertung

1. Filmverwertungskette

Filmauswertungs- oder Filmverwertungsrechte sind die schuldrechtlichen und urheber- **86** rechtlichen Befugnisse, das Filmwerk oder den Film auf filmische und nicht-filmische Weise wirtschaftlich auszubeuten. § 88 Abs. 1 Nr. 2 bis 5a. F. umfassten jeweils nur die primären urheberrechtlichen Hauptnutzungsrechte Sendung und Kinovorführung (sog. Erstverwertung). Branchenüblich ist eine weitere Ausdifferenzierung (s. u.). Den Lizenzgeber trifft bei der Vergabe exklusiver Filmauswertungsrechte (Exklusivlizenzen) die lizenzvertragliche Pflicht, auch inhaltlich verschiedene eigenständige Nutzungsrechte wegen des Wettbewerbs zwischen den einzelnen Verwertungsstufen in der **Auswertungskette: Kino, Kauf-Video/DVD, Verleih-Video/DVD; Video-on-Demand (Pull-Services), Premium-Pay-TV** (Premierenfernsehen, Push-Services), **Pay-TV, Pay-per-View,** Unterart des **Near-Video-on-Demand** (Möglichkeit je verschiedene Sendefenster oder Streams beim IPTV zu sehen ohne Download), **Pay-per-Channel** und **FreeTV** (mit je verschiedenen Übertragungswegen Kabel, Satellit, Internetprotokoll, terrestrisch/erdnaher Funk, Erstausstrahlung sowie Zweitaustrahlung, unbegrenzte Wiederholungssendungen) zu berücksichtigen und zu schützen (zur üblichen Auswertungsreihenfolge statt vieler *Frohne* ZUM 2000, 810, 814).

2. Filmverwertungsrechte und Filmverträge

Das Bestreben nach möglichst umfassender Auswertung des Films hat sich in der inter- **87** nationalen Vertragspraxis in einer unübersichtlichen Ausdifferenzierung der Rechte niedergeschlagen, deren Terminologie teilweise nicht mit dem deutschen Urheberrecht übereinstimmt (Loewenheim/*Schwarz/Reber* § 74 Rn. 214 ff.; *Straßer* ZUM 1999, 928 ff.; *v. Olenhusen* 911 ff.; *Straßer/Stumpf* GRUR 1997, 801 ff.; *M. Schwarz* FS W. Schwarz 207, 208 ff.; *Litwak* 295 ff.; *Fosbrook/Laing* 165 ff.). Diese Rechte sind Gegenstand von **Filmverträgen.** Hierbei handelt es sich um einen Oberbegriff für die Gesamtheit aller Verträge, die dem Rechteerwerb zur Herstellung und Auswertung des Filmes dienen und/oder die Lizenzierung dieser Rechte an Dritte zum Gegenstand haben. Konkret handelt es sich um folgende Rechte und Vertragstypen:

88 a) **Kinorechte/Cinematic Rights** schließen die Vorführung in und außerhalb von Filmtheatern (**theatrical** und **non-theatrical**) und **public video** ein. Theatrical Rights meinen das Recht, den Film und Ausschnitte davon vor zahlendem Kinopublikum zu zeigen; Non-Theatrical Rights meinen jede andere Form der Filmvorführung vor Publikum mittels eines Projektors in Schulen, Schulungseinrichtungen, Veranstaltungen, Krankenhäuser, Hotels etc., solange kein öffentlicher, unbeschränkter Zugang besteht (**closed-circuit); public video** meint eine entsprechende Vorführung ohne Filmprojektoren mittels Videobildschirm o. ä.

89 aa) **Filmlizenzverträge.** Die Auswertung des Films im Kino übernehmen Filmvertrieb/Filmverleih, diese schließen mit dem Filmhersteller sog. **Filmlizenzverträge** (dazu BGH UFITA 71 (1974), 184 ff. – Filmauswertungs- und Bestellverträge). Hierbei handelt es sich um Nutzungsverträge eigener Art (so wörtlich in BGHZ 9, 262, 264 – Lied der Wildbahn), auf die wegen der zeitlich begrenzten Lizenzzeit ergänzend die Regelungen der Rechtspacht §§ 581 i. V. m. §§ 535 ff. BGB Anwendung finden. Wird das Filmwerk erst noch fertiggestellt (pre-sale-agreement) oder ist Gegenstand des Filmlizenzvertrages ein Packet noch herzustellender Filme (sog. output agreement) gelten zusätzlich noch die §§ 631 ff. BGB.

90 Die inländische Kinoauswertung übernimmt der **Filmverleih.** Die internationale Auswertung erfolgt über den **Filmvertrieb** (zur Abgrenzung Filmverleih und Filmvertrieb vgl. dazu auch bei *Schwarz* in v. Hartlieb/Schwarz, 153. Kapitel Rn. 2; *Homann* S. 296). Um die Auswertung des Films im Kino sicherzustellen erhält der Filmverleih/Filmvertrieb zumindest die **Vervielfältigungs-, Verbreitungs- und Vorführungsrechte** jeweils beschränkt auf die Nutzungsart Kino. Oftmals werden dem Verleiher auch die Videogrammrechte (dazu Rn. 106) eingeräumt. Zusätzlich erhält der Filmverleih/Filmvertrieb auch noch die **Rechte zur Klammerteilauswertung und das Synchron- und/oder Untertitelungsrecht,** wenn noch keine deutschsprachige Version vorliegt. Insbesondere ist es dem Filmverleiher gestattet, mit Bildern aus dem Film dafür zu werben (OLG Köln GRUR-RR 2005, 179). Ob das Recht zur Weiterübertragung Teil der Lizenz ist, hängt vom Willen der Parteien ab. Bei einer prozentualen Beteiligung des Filmherstellers an den Kinoeinnahmen wird man davon ausgehen müssen, dass der Filmverleih nicht das Recht erhält, den Film an Dritte weiterzulizenzieren, die nicht Kinotheaterbetreiber sind, selbst wenn dies nicht ausdrücklich vereinbart wurde. Ein solcher **Ausschluss des Rechts zur Vergabe von Unterlizenzen** hat grundsätzlich nicht nur schuldrechtliche, sondern auch dingliche Wirkung (BGH GRUR 1987, 37 – Videolizenzvertrag).

91 Zeitlich gesehen gilt die Lizenz grundsätzlich als für einen **fünfjährigen Zeitraum** eingeräumt, es sei denn die Parteien haben etwas anderes vereinbart. Wird im Vertrag als **Lizenzgebiet** das „deutschsprachige Lizenzgebiet" angegeben, erhält der Filmverleih/Filmvertrieb die Nutzungsrechte für Deutschland, Österreich, Schweiz und Lichtenstein. Ob solche **territoriale Beschränkungen** jedoch nach der EuGH-Rechtsprechung zulässig sind, bleibt abzuwarten (EuGH EuZW 2012, 466 Rn. 85 ff., 134 ff. – Karen Murphy). Unter der Entscheidung Karen Murphy ist hiervon wohl nur dann auszugehen, wenn die territoriale Aufspaltung der Rechte der Sicherung der angemessenen Vergütung dient (dazu Rn. 100 ff.).

Vorbemerkung   92–98   **Vor §§ 88ff. UrhG**

Neben Nutzungsrechten enthalten Filmverleihverträge häufig auch sog. **Holdbacks.** 92
Hierbei handelt es sich um Rechtesperren, die den Filmhersteller in der Weiterverwertung des Vertragsfilms im Lizenzgebiet beschränken (das betrifft insbesondere die Auswertung mittels Video und Fernsehen). Derartige Holdbacks bedürfen keiner ausdrücklichen Vereinbarung, sondern ergeben sich als **allgemeine Rücksichtnahmepflicht** aus der Vertragstreuepflicht. Wurde die **Dauer der Holdbacks** nicht ausdrücklich vereinbart, können die Regelungen aus **§ 20 FFG analog** herangezogen werden. Hat der Filmhersteller Filmförderung durch die FFA erhalten, sind diese Sperrfristen schon deswegen zu beachten, da ein Filmverleiher, der eine **Sperrfristverletzung** i.S. von § 20 FFG zu vertreten hat, vom Filmproduzenten in der Höhe der gewährten und entweder nicht ausgezahlten oder zurückgeforderten Referenzfilmmittel im Wege des Schadensersatzes i.S. von § 249 Abs. 1, § 251 Abs. 1 BGB in Anspruch genommen werden kann. Der schadensersatzverpflichtete Filmverleiher kann sich demgegenüber nicht darauf berufen, dass ein Vermögensschaden erst dann zu bejahen sei, wenn und soweit der Zuwendungsempfänger in Folge der Streichung der Referenzfilmmittel zur Finanzierung des neuen Films eigene Aufwendungen in entsprechender Höhe hätte tätigen müssen (LG München I NJOZ 2008, 4144).

Als weitere Nebenpflicht spielen im Filmlizenzvertrag **Auswertungspflichten** des 93
Filmverleihers eine Rolle. Dass kann der Fall sein, wenn eine solche Auswertungspflicht ausdrücklich vereinbart wurde oder wenn der Filmhersteller an den Einspielergebnissen beteiligt ist. Hierfür braucht es keine ausdrückliche Vereinbarung. Der Durchsetzbarkeit der Auswertungspflicht ist eine Interessenabwägung vorangestellt, wobei der Filmverleiher die Darlegungslast dafür trägt, dass die Befolgung der Auswertungspflicht für ihn unzumutbar ist (vgl. dazu insg. BGH ZUM 2003, 135 – Filmauswertungspflicht).

Eine Besonderheit gilt es im Zusammenhang mit den im Film genutzten **Musikwerken** 94
zu beachten. Hier müssen die dafür notwendigen Rechte zusätzlich bei der GEMA eingeholt werden, soweit der Urheber des Musikstücks sich diese nicht nach § 1 lit i des GEAM-Wahrnehmungsvertrages zurückgeholt hat (dazu § 88 Rn. 47ff.).

(generell zu den Filmlizenzverträgen vgl. Überblick bei *Czernik* in Wandtke Band 2, 95
Kap. 2, § 4 Rn. 169ff.; tiefgehend in v. Hartlieb/Schwarz, 153.–171. Kapitel für die inländische Kinoauswertung und Kapitel 172–176 für die ausländische Auswertung; Loewenheim/*Schwarz*/*Reber* § 74 Rn. 215ff., 305ff.).

bb) Filmbestellverträge. Damit die Filme im Kino zu sehen sind, schließt der Filmver- 96
leih/Filmvertrieb mit den **Theaterbetreibern** sog. **Filmbestellverträge** ab (dazu BGH UFITA 71 (1974), 184ff. – Filmauswertungs- und Bestellverträge). Auf diese finden die §§ 535ff. BGB analog Anwendung. Darin wird zugunsten des Theaterbetreibers ein nicht ausschließliches Recht zur Vorführung des Films im Kino vereinbart, wofür der Lizenzgeber regelmäßig eine **Nutzungsvergütung** in Höhe von 50% der Kasseneinnahmen des Filmtheaters erhält (Fromm/Nordemann/*J.B. Nordemann* Vor §§ 88ff. Rn. 69). Die Rechte zur Vorführung der Musik im Film müssen dabei aber wiederum bei der GEMA eingeholt werden. Die bloße einfache Lizenz des Kinotheaterbetreibers führt dazu, dass dieser nicht selbst gegen Verletzer vorgehen kann, sondern auf das Aktivwerden seines Lizenzgebers angewiesen ist.

(generell zu den Filmbestellverträgen vgl. Überblick bei *Czernik* in Wandtke Band 2, 97
Kap. 2, § 4 Rn. 180ff.; tiefgehend bei *Schwarz* in v. Hartlieb/Schwarz, 177.–202. Kapitel).

b) Fernsehlizenzverträge. Fernsehrechte/Television Rights können als selbständi- 98
ge Nutzungsart gesondert übertragen werden (BGH GRUR 1976, 382, 384 – Es muss nicht immer Kaviar sein). Sie werden i.d.R. aufgeschlüsselt in die Kategorien: **Free TV Rights,** diese wiederum in Terrestrial Free TV, Free Cable TV, Free DBS/Satellite, wobei diese Formen keine selbständigen Nutzungsarten untereinander darstellen. Es bestehen nämlich keine Unterschiede im Übermittlungsvorgang, die zu wesentlichen Unterschieden im Nutzungsverhalten des Endverbrauchers führen (BGH GRUR 1997, 215, 217 – Klimbim; BGH GRUR 2001, 826, 828 – Barfuß im Bett). Dasselbe gilt analog in Bezug auf das

Verhältnis zwischen **Pay-TV-Rights** und **Free TV Rights**. Auch zwischen diesen Verwertungsformen sieht die Rechtsprechung keine Nutzungsunterschiede. Die Verschlüsselungstechnik allein, lässt einen solchen Schluss jedenfalls nicht zu (KG ZUM-RD 2000, 384, 386). Weiter werden unterschieden: **Pay-per-View** Rights (in Gestalt von Non-Residential Pay-per-View, **Residential** Pay-per-View und verschlüsselten **Demand** View Rights; vgl. auch Push-Services), wobei auch hierin keine selbständigen Nutzungsarten liegen sollten. Allerdings ist es selbstverständlich möglich, die Nutzungsformen einzeln zu lizenzieren, insbesondere Nutzungsformen auszuschließen (vgl. generell dazu BGH GRUR 1997, 215, 218; speziell im Fernsehbereich *Poll* GRUR 2007, 476, 482). Das ist durchaus gängige Praxis. So werden oftmals exklusive Sendelizenzen für Free- und Pay-TV vergeben. Die Praxis tendiert sogar zu einer weiteren Aufspaltung der Fernsehrechte in **IPTV** oder Internetfernsehen, was die Sendung über Internetprotokoll umfasst und Sendetechniken für **Mobile-TV** und mobile Empfangsgeräte wie Mobiltelefone und Handhelds („Handy-TV", Mobile TV; Vor §§ 20–20b Rn. 11ff.). Grds. handelt es auch bei linearen Push-Diensten jedenfalls dann um Sendung, wenn diese nicht mit der dauerhaften Speicherung eines Vervielfältigungsstücks verbunden sind **(Push-Services ohne Speicherfunktion)**. Ob im Internet-TV eine **eigenständige Nutzungsart** liegt, ist allerdings umstritten (dagegen *Schwarz* ZUM 2007, 816, 822ff.; *Schwarz/Hansen* in v. Hartlieb/Schwarz, 260. Kapitel Rn. 3f.; dafür *Bortloff* GRUR Int. 2003, 669, 675; unschlüssig *Poll* GRUR 2007, 476, 482). Richtigerweise wird man sich, den Grundsätzen des BGH (GRUR 1997, 215, 218 – Klimbim) folgend, fragen müssen, ob durch das **Internet-TV** eine neue Nutzergruppe erschlossen wird. Dies ist wohl abzulehnen, da das bisherige Fernsehpublikum eher das Internet-TV als neue Möglichkeit des Fernsehens anzunehmen scheint und wenn nicht schon den Fernseher durch den PC ersetzt zumindest aber den PC als eine Art „Receiver" einsetzt und an den Fernsehbildschirm anschließt. In diese Richtung scheint im Übrigen auch der EuGH zu tendieren, der im near-on-demand Verfahren eine Funksendung sieht und unter die Fernsehrechte einordnet (EuGH MMR 2005, 517ff. – Media-Kabel). Ein Fernsehsender wird im Zweifel nur das Recht zur Sendung und nicht das Recht zur Videozweitauswertung eingeräumt bekommen haben (OLG München ZUM-RD 1998, 101, 106), soweit nicht das Sendeunternehmen die Vollfinanzierung der Filmproduktion übernommen hat (Loewenheim/*Castendyk* § 75 Rn. 36).

99 Neben den Fernsehrechten erhält ein Fernsehsender zusätzlich noch sog. **Annexrechte**, derer er zur Auswertung des Films bedarf. Dazu zählen primär die Klammerteilauswertungsrechte, die dem Sender erlauben für den Film zu werben sowie das Bearbeitungsrecht, bspw. um den Film mit Werbung unterbrechen zu können, oder was häufig bei Serien geschieht, den Vorspann an die deutschen Sehgewohnheiten anzupassen. Teilweise wird auch ein **Synchronrecht** eingeräumt, falls noch keine synchronisierte Fassung vorliegt (vgl. umfassend zu den sonstigen Nebenrechten *Castendyk* in v. Hartlieb/Schwarz, 257. Kapitel Rn. 7ff.).

100 Die Erteilung der Fernsehlizenzen unterliegt häufig **territorialen Beschränkungen**. Die Sender erhalten das Recht, Filme exklusiv in ihrem Sendegebiet zu zeigen. Um diese Exklusivität sicherzustellen, sind die Sendeunternehmen verpflichtet, den Empfang des Sendesignals außerhalb des Lizenzgebietes zu verhindern (sog. **Einstrahlungsschutzklauseln**). Das erfolgt über Verschlüsselung des Sendesignals oder über den Einsatz von **Geoblocking** (beim Internet-TV). Teilweise ist der Endverbraucher bislang auch gezwungen, einen Decoder zu kaufen, der das Sendesignal entschlüsselt, dabei ist es den Sendeunternehmen jedoch untersagt, die Decoder außerhalb ihres Sendegebietes zu verkaufen.

101 Derartige Gebietsbeschränkungen sind in dieser Absolutheit **nach der Karen Murphy Entscheidung des EuGH nicht mehr zulässig**. Der EuGH stellt in seiner Karen Murphy Entscheidung fest, dass ein Lizenzsystem mit einer gebietsabhängigen Exklusivität **gegen die Dienstleistungsfreiheit des Art. 56 AEUV verstößt und zudem eine nach Art. 101 AEUV verbotene Wettbewerbsbeschränkung darstellt** (EuGH EuZW 2012, 466 Rn. 85ff., 134ff. – Karen Murphy). Dabei wird es mit der Sichtweise des

Vorbemerkung 102–106 **Vor §§ 88ff. UrhG**

EuGH wohl auch keinen Unterschied machen, ob die Sendung terrestrisch, über Kabel oder /Satellit bzw. via Internet ausgestrahlt wird.

Zwar ist die Entscheidung des EuGH nur zum **Satellitenfernsehen** ergangen, allerdings **102** dürften nach der Sichtweise des EuGH jegliche Maßnahmen, die eine gebietsexklusive Übertragung sicherstellen sollen, zu einer Beschränkung des Binnenmarktes führen, unabhängig von der konkreten Übertragungsform. Das gilt insbesondere auch für **Internet-TV und Geoblocking-Maßnahmen,** denn auch hier wird dem Endverbraucher die Nutzung einer Dienstleistung vorenthalten (so auch *Kreile* ZUM 2012, 177, 186; a. A. *von Albrecht/Mutschler-Siebert/Bosch* ZUM 2012, 93, 99f.; *Ratjen/Langer* ZUM 2012, 299, 305). Das bedeutet jedoch nicht das endgültige Ende territorialer Lizenzen. Sie werden nach wie vor dort zulässig sein, wo die Beschränkung erforderlich ist, die Durchsetzung einer **angemessenen Vergütung** für die Nutzung des Films sicherzustellen. Angemessene Vergütung in diesem Zusammenhang darf dabei jedoch nicht als höchstmögliche Vergütung verstanden werden (EuGH EuZW 2012, 466 Rn. 107 – Karen Murphy). Preisaufschläge als Konsequenz der Exklusivität widersprechen nämlich dann der Verwirklichung des freien Binnenmarkts, wenn sie zu künstlichen Preisunterschieden zwischen abgeschotteten nationalen Märkten führen (EuGH EuZW 2012, 466 Rn. 115 – Karen Murphy). Als zulässig wird man solche Maßnahmen ansehen müssen, die kartellrechtsneutral sind. Hierunter fallen bspw. das **Verbot von aktiven Verkäufen,** soweit die notwendigen Voraussetzungen der Vertikal-GVO erfüllt sind (*Albrecht/Mutschler-Siebert/Bosch* ZUM 2012, 93, 99). Eine solche Annahme rechtfertigt sich schon daraus, dass Art. 56 AEUV und Art. 101 I AEUV dasselbe Ziel, den **barrierefreien Binnenmarkt,** verfolgen. Konsequenterweise hat der EuGH in Pierre Fabre Dermo-Cosmétique die Voraussetzungen des Art. 101 I AEUV analog zu den Vorgaben, die nach den Grundsätzen zur Verkehrsfreiheit entwickelt wurden, ausgelegt (vgl. EuGH GRUR 2012, 844 Rn. 44 – Pierre Fabre Dermo-Cosmétique). Ebenfalls zulässig sind Maßnahmen, wie die Beschränkung der Rechtevergabe auf bestimmte Sprachversionen oder eine zeitliche gestaffelte Vergabe der Nutzungsrechte abgestuft nach den Verwertungsmärkten (*Christmann* ZUM 2012, 187, 188; vgl. umfassend zu den Vor- und Nachteilen verschiedener Alternativkonzepte bei *Kreile,* ZUM 2011, 719, 722f.).

EU-rechtlich zulässig bleiben territoriale Beschränkungen weiter dort, wo sie eingesetzt **103** werden, um eine umfassende **Verwertungskaskade** im betreffenden Land sicherzustellen. Der Lizenznehmer kann also nach wie vor verpflichtet werden, die TV-Ausstrahlung eines Films in einem anderen Mitgliedstaat zu verhindern, wenn dadurch bspw. die Kinoauswertung gefährdet wäre (EuGH GRURInt 1980, 602 – Cotidel). Dies rechtfertigt sich schon daraus, dass der Rechteinhaber andernfalls nicht umfassend an der Verwertung des Werkes beteiligt wäre, was aber den spezifischen Gegenstand des geistigen Eigentums ausmacht.

Daneben sehen Fernsehlizenzverträge in aller Regel auch eine **zeitlich begrenzte Li-** **104** **zenzzeit** vor, soweit es nicht zu einer Vollfinanzierung des Films durch den Sender gekommen ist (dazu Rn. 6). Die üblichen Lizenzzeiten liegen zwischen drei bis zehn Jahren, bei pre-sale Verträgen kann die Lizenzzeit aber höher (12 bis 15 Jahre) liegen. Oftmals wird auch die Anzahl der Ausstrahlungen beschränkt, zum Teil werden auch **konkrete Zeitfenster** vereinbart, innerhalb der eine Sendung während der Lizenzzeit zu erfolgen hat. Soweit der Vertrag dabei die Möglichkeit von Ausstrahlungen nach Anlauf der Lizenzzeit oder einem der Zeitfenster ausdrücklich für den Fall vorsieht, dass die dafür zu zahlenden Beträge neu zu vereinbaren sind, darf dies nicht zu der Annahme führen, solche Ausstrahlungen seien dadurch bereits gestattet, weil lediglich das Entgelt noch einmal verhandelt werden müsse (OLG München ZUM-RD 2010, 327).

Generell zu den Fernsehlizenzverträgen: *Castendyk* in v. Hartlieb/Schwarz, 257.– **105** 260. Kapitel; Loewenheim/*Castendyk* § 75 Rn. 20ff.

c) Videolizenzverträge. Unter **Videogrammrechten,** die vereinzelt auch als AV- **106** Rechte bezeichnet werden (*Peters* S. 196; *Poll-Schwarz* in v. Hartlieb/Schwarz, 220. Kapitel

Rn. 1), versteht man das Recht, Vervielfältigungsstücke des Films in allen bekannten und unbekannten Systemen, Speicher- und Wiedergabe-Techniken magnetisch, digital etc. herzustellen und diese Vervielfältigungsstücke zu verbreiten. Zu den bekannten Videoformaten zählen heute vor allem **VHS-Kassette, DVD und Blue-ray Disc.** Dabei verhält es sich so, dass weder die DVD zur VHS-Kassette (BGH ZUM 2005, 816 – Der Zauberberg) noch die Blue-ray Disc zur DVD (OLG München GRUR-RR 2011, 303) eine eigenständige und neue Nutzungsart (zum Begriff unbekannte Nutzungsart vgl. auch BGH GRUR 1991, 133 ff. Videozweitauswertung I) darstellt. Während diese Einschätzung für die Blue-ray Disc zutreffend ist, da diese letztlich nur zu einer technischen Verbesserung des ausgegebenen Bildes geführt hatte, kann diese Einschätzung des BGH im Verhältnis DVD und VHS nicht geteilt werden. Durch die erweiterten Möglichkeiten (Mehrsprachigkeit und Bonusmaterial) führte die DVD zu deutlichen technischen Verbesserungen, die auch neue Kundenkreise ansprach, für die zuvor ein Erwerb einer VHS-Kassette nicht in Frage kam. Dies lässt sich schon daran erkennen, dass die Verkaufszahlen der DVD deutlich über den Verkaufszahlen des VHS-Marktes liegen. Von einer Substitution der Märkte kann vor diesem Hintergrund nicht gesprochen werden.

107 Das Recht zur Herstellung des **Video-Master-Bandes** und dessen Verbreitung bspw. an das Kopierwerk, das dann die Videokopien herstellt, bedürfen ebenso der Zustimmung des Rechteinhabers (BGH UFITA 94 [1982], 285 ff. – Masterbänder), wie das Recht zur Vervielfältigung und anschließenden Verbreitung der auf Grundlage des Master-Bandes geschaffenen Videokopien. Der Vertrieb erfolgt dann nicht durch das Kopierwerk, sondern regelmäßig durch ein sog. **Videovertriebsunternehmen,** teilweise sogar direkt durch den **Filmverleiher.**

108 Die Videogrammrechte müssen vom Berechtigten (Lizenzgeber sind i. d. R. der Filmhersteller, der Filmverleiher oder ein Sendeunternehmen) gesondert erworben werden, da sie den Kino- und Fernsehrechten gegenüber als selbständige Nutzungsart einzustufen sind (BGH GRUR 1991, 133, 136 – Videozweitauswertung I; OLG Düsseldorf ZUM 2002, 212, 223). Eine Ausnahme hiervon gilt nur im Zusammenhang mit Musiklizenzen, die für die Nutzung der Filmmusik benötigt werden. Hier genügt es, wenn sich die Verwerter die notwendigen Rechte bei der GEMA einholen (BGH ZUM 1994, 506 ff. – Videozweitauswertung II), soweit diese noch darüber verfügen kann. Denn § 1 lit. i des derzeit gültigen GEMA-Wahrnehmungsvertrages erlaubt dem Berechtigen den Rückruf des Filmherstellungsrechtes, was das Vervielfältigungs- und Verbreitungsrecht (nicht aber das Vorführungsrechte und das Recht der öffentlichen Wiedergabe) für Fernseh- und Kinoproduktionen mit einschließt (vgl. § 88 Rn. 28). Bei der Übertragung des Verbreitungsrechts ist darauf zu achten, dass es sich bei **Videovermiet- und Videoverkaufsrecht** um jeweils selbständige Nutzungsarten handelt, die gesondert eingeräumt werden müssen (BGH NJW-RR 1987, 181, 182 – Videolizenzvertrag). Zusätzlich zu den AV-Rechten erhalten die Videovertriebsunternehmen zudem noch sog. Nebenrechte. Hierzu zählen vor allem die **Klammerteilauswertungsrechte,** die die Herstellung von Trailer und Bonusmaterial erlauben. Nicht vom Rechtekatalog umfasst ist das Vorführungsrecht des Films für nebenbei laufende Filmvorführungen im Ladengeschäft (OLG Düsseldorf GRUR 1979, 53, 54). Allerdings ist wohl das Zeigen kurzer nicht herunterladbare Abschnitte zur Bewerbung des Produktes erlaubt (im Falle des Internetvertriebs von CDs vgl. KG GRUR 2003, 1038; für eine Anwendbarkeit dieser Rechtsprechung auf den Videobereich Fromm/Nordemann/*J. B. Nordemann* Vor §§ 88 ff. Rn. 84). Eine Begrenzung auf den Internetvertrieb ist aber zu eng. Vielmehr sollte auch das Zeigen des Trailers im Ladengeschäft zu Werbezwecken zulässig sein. Als im Videolizenzvertrag übliche Lizenzzeit haben sich in der Praxis mittlerweile als untere Lizenzgrenze 5 bis 7 Jahre und als obere Lizenzgrenze 10 bis 15 Jahre durchgesetzt, wobei die Verträge häufig noch eine Abverkaufsfrist von drei bis sechs Monaten nach Ende der **Lizenzzeit** vorsehen *Poll/Schwarz* in v. Hartlieb/Schwarz, 221. Kapitel Rn. 9). Weiter sehen Videolizenzverträge in der überwiegenden Mehrzahl die Vereinbarung von festgeleg-

Vorbemerkung 109–112 **Vor §§ 88ff. UrhG**

ten Lizenzgebieten vor. Derartige **territoriale Beschränkungen** sind auch nach der EuGH Entscheidung Karen Murphy weiterhin zulässig (dazu Rn. 101 ff.). Hierfür spricht der Erschöpfungsgrundsatz, unter dem nur solche territoriale Beschränkungen unzulässig sind, die eine Einschränkung des Verkaufs nach dem ersten Inverkehrbringen untersagen. Demzufolge muss es im Umkehrschluss möglich sein, dass erste Inverkehrbringen territorial einzugrenzen (so auch *Berger* ZUM 2012, 353, 360) Mit Blick auf die Videovermietung hat es der EuGH zudem als zulässig angesehen, dass der Inhaber eines Videovermietrechts gegen die Vermietung von Videos in einem Mitgliedstaat vorgeht, selbst wenn diese Videos bereits mit seiner Zustimmung in einem anderen Mitgliedstaat in den Verkehr gebracht wurden (EuGH Slg. 1998, I-5171). Schließlich ist es möglich, die Videolizenz inhaltlich zu beschränken. Einzelne Nutzungsformen können sein: **Public Video**, das im Gegensatz zu Home Video Rights die Vorführung in Videotheken außerhalb der privaten Räume (**Home Video Rental, Home Video Sell-Through** for the purpose of a non-commercial private viewing) umfasst; **Commercial Video** meint das Recht, den Film durch Videogramm durch bestimmte Vorführungen auszubeuten (vorbehaltlich der o. g. Cinematic-Non-theatrical rights). /**Public** und **Home** sowie **Commercial Video** Rights schließen im Einzelfall u. U. **Push-Services mit Speicherfunktion** ein (näher zur Abgrenzung Video on demand, Videogramm- und Senderechten bei Push-Diensten § 15 Rn. 13, § 16 Rn. 19, § 17 Rn. 12, § 19a Rn. 30). Neben den Lizenzrechten enthalten auch Videolizenzverträge wieder eine Reihe von Nebenpflichten, die mit denen des Filmlizenzvertrages vergleichbar sind. Neben Holdbacks betrifft dies vor allem Auswertungspflichten und Beschränkungen des Sublizenzierungsrechts (ausführlich dazu Rn. 92 ff., die dortigen Wertungen können hier analog auf den Videolizenzvertrag angewandt werden).

Ergänzt werden diese Video-Rechte oft durch sog. **Ancillary Rights**, d. h. Rechte, den 109 Film durch Vorführungen in Flugzeugen, Zügen, Schiffen, Ölförderplattformen und Hotels zu verwerten (**Airline Rights, Transportation** Rights, **Ship** Rights and **Oil-Rig** Rights, Hotel Rights). Das **Airline-Recht** hat wegen der Zunahme im Langstreckenflugverkehr an wirtschaftlicher Bedeutung gewonnen. Es wird i. d. R. von Spezial-Verleihunternehmen erworben und verwertet, die sich auf die Filmvermarktung im internationalen Flugverkehr spezialisiert haben. Dazu bedarf es u. a. des Erwerbs der Filmrechte an verschiedenen Sprachfassungen für die Mehrkanalvorführung. Ein für die Vorführung in Flugzeugen bestimmter Film muss zudem oftmals für diesen speziellen Zweck nach den Vorgaben der Fluglinien inhaltlich bearbeitet werden (Herausschneiden gewalttätiger oder beunruhigender Stellen). Eine exklusive Gebietslizenz für einen Staat schließt nicht das Recht ein, einen Kinofilm auch der jeweiligen nationalen Luftfahrtgesellschaft zur Vorführung auf deren Flügen zu lizenzieren.

(generell zu den Videolizenzverträgen vgl. Überblick bei *Czernik* in Wandtke Band 2, 110 Kap. 2, § 4 Rn. 184 ff.; tiefgehend bei *Schwarz* in v. Hartlieb/Schwarz, 221.–230; Loewenheim/*Schwarz*/*Reber* § 74 Rn. 285 ff.).

d) Video-on-demand. Online- und Internet Rechte, Making-available-rights 111 erfassen die Verbreitung des Films auf Abruf in Echtzeit oder zum Download und zum zeitversetzten Abspielen über Internet-Server und Datenbänke über das World Wide Web und vergleichbare Datennetze, grds. **nicht-lineare Pull-Dienste** (im Gegensatz zu Push-Services). Eine dauerhafte Speicherung beim Rezipienten (Vervielfältigungsstück) ist nicht erforderlich (i. d. R. nur temporäre Zwischenspeicherung, Sicherung mit entsprechender DRM-Software), aber möglich. Dabei finden neben den herkömmlichen Empfangs- und Abspielgeräten (**Desktop**) auch **Mobile Devices**, wie das iPad etc. Erwähnung.

VoD-Rechte sind gegenüber den Fernseh-Rechten als eigenständige Nutzungsart anzu- 112 sehen (*Frohne* ZUM 2000, 810, 814; *Schwarz* ZUM 2000, 816 ff., 828; *Reber* GRUR 1998, 792 ff., 796). Die Art der Nutzung entscheidet sich insbesondere aufgrund der individuellen Möglichkeit des zeitlichen Abrufs vom Fernsehen (vgl. dazu auch OLG Hamburg ZUM 1998, 413, 416 – video on demand). Zudem ist VoD nicht als klassische Videonutzung anzusehen, da hierin aus Sicht des Verbrauchers eine völlig andere Form der Nutzung liegt (vgl. dazu *Czernik* in Wandtke Band 2, Kap. 2 § 4 Rn. 188; a. A. OLG München ZUM 1998, 413, 415 – video on demand). Zudem zeigt bereits die Existenz des § 19a, dass die Videoauswertung etwas grundsätzlich anderes ist. So hat das LG München folgerichtig das Einstellen eines bereits im „Normal"-Fernsehen gelaufenen Beitrags in die Internet-Mediathek als neue Nutzungsart angesehen (LG München I ZUM-RD 2000, 77). Near-Video-on-demand und **lineare Push-Dienste** fallen hingegen nicht unter das VoD-Recht, sondern sind dem Senderecht zuzuordnen; vgl. § 19a Rn. 30; sowie Rn. 108). Das Internet als solches wird man jedoch in seiner Gesamtheit als Nutzungsart betrachten, ohne eine Unterscheidung in die vielfältigen wirtschaftlichen Nutzungsformen vorzunehmen. Diese und die Offenheit des Internet für jedwede Datenarten sprechen dagegen, das „Internet-" oder „Online-Recht" als ein einheitliches eigenständiges Nutzungsrecht i. S. d. § 31 Abs. 5 zu sehen. Das Internet- oder Onlinerecht ist gegenüber Video-on-Demand, Near-Video-on-Demand demzufolge kein eigenständiges Nutzungsrecht (*Reber* GRUR 1998, 796; *Schwarz* ZUM 2000, 816, 829; *Lütje* FS W. Schwarz 142 f.; Schricker/Loewenheim/*Katzenberger* § 88 Rn. 48 m. w. N.).

113 Sofern im VoD Bereich Geo-Blocking Maßnahmen eingesetzt werden, wird man diese trotz Karen Murphy (EuGH EuZW 2012, 466; vgl. Rn. 101) als zulässig ansehen. Grund dafür ist, dass die Erschöpfungsregel auch auf den Download-Bereich Anwendung findet (EuGH NJW 2012, 2565 – UsedSoft/Oracle). Im Umkehrschluss muss danach, wie im Videogrammbereich, die Reichweite der ersten Verfügung **territorial begrenzt** werden können. Sonst braucht es die Erschöpfungsregel nicht mehr (dazu Rn. 108).

114 **e) Nebenrechte.** Die filmischen Auswertungsrechte des Filmwerks werden ergänzt durch:

115 **aa) Optical Rights,** die vor allem im Internetbereich Anwendung finden und nach der üblichen Definition das Recht umfassen, alle sonstigen Techniken zur optischen – d. h. nicht filmischen – Verwertung des Films zu verwenden: namentlich in Datenbanken, **Interactive Multimedia,** Interactive **Networked Multimedia** und auch **Online** Anwendungen, soweit damit keine filmische Nutzung durch Streaming oder Download bewegter Bildfolgen verbunden ist. Dabei bedeutet Interactive Multimedia i. d. R. die Anwendung auf dem eigenen Computer, Interactive Networked Multimedia die Verwertung mittels Datenübertragung.

116 **bb) Sonstige Auswertungs- und Bearbeitungsrechte. D. b.** Rechte zu neuen Produktionen auf der Grundlage des Filmwerks wie z. B. Rights To **Remakes,** Rights To **Sequels** (Wiederverfilmung, Anschluss- und Folgegeschichten § 88 Rn. 41), **Director's Cut** Rights, als das Recht einen Film nach persönlicher Präferenz des Hauptregisseurs schneiden zu lassen und auszuwerten, **Soundtrack** Record Rights, **Advertising** Rights, **Duplication** Rights, **Dubbing** Rights oder **Synchronisation** Rights für ausländische Bearbeitungen (rights to adapt, cut, remix, synchronize), **Editing** Rights zur Fernsehbearbeitung und sonstigen Anpassungen an Vorführungsbedingungen, Ancillary Publication Rights d. h. ergänzende Veröffentlichungsrechte für Werbe- und Informationsmaterial, Rights to **Names and Likenesses** sowie das Klammerteilauswertungsrecht einschließlich des Rechts, Teile des Films für andere Produktionen zu verwenden (Rights of **Partial Use**). Schließlich finden sich nicht filmische und nicht optische Auswertungsrechte, die sich auf andere Aspekte des Filmwerks beziehen wie z. B. **Live Performance** Rights (Theateradaption), Merchandising Rights zur Vermarktung von Gegenständen, die auf Namen und Ausstattungen, Rollen und sonstigen Charakteristika des Films beruhen; **Publishing** Rights (das Buch zum Film).

IX. Filmrelevante Schrankenregelungen

Urheber, Filmhersteller und Nutzer können alle gleichermaßen in den Anwendungsbereich der Schrankenregelungen der §§ 44a ff. fallen. Neben der Frage der Privatkopie ist auf Nutzerseite derzeit vor allem der Umgang mit Streamingportalen relevant, die sich zunehmender Beliebtheit erfreuen, woran auch das Ende von kino.to nichts geändert hat, gibt es doch längst Nachfolgeportale. Auf Filmhersteller- und Urheberseite steht vor allem die Frage ob eine einwilligungsfreie Verwendung vorbestehender Werke im Filmwerk möglich ist. Im Nachgang sollen daher die im Filmbereich wichtigsten Fallgruppen kurz zusammengefasst und die für den Filmbereich relevanten Fragestellungen behandelt werden. **117**

1. Behandlung von illegalen Streamingangeboten

a) Technische Behandlung von Streamingportalen. Streamingportale wie das abgeschaltete kino.to oder seine Nachfolger kinox.to, movie2k.to, u. ä., funktionieren i. d. R. nach folgendem System: Ein Film wird auf einen Server hochgeladen, der nicht vom Streamportal sondern extern gehostet wird. Das Streamportal selber verlinkt nur sog. **embedded codes.** Dadurch scheint es für den Nutzer so, als würde er auf der Seite des Streamportals bleiben, tatsächlich wird er aber auf den Fremdserver weitergeleitet. Dort wird ihm der Film bereitgestellt, den er sich dann per Stream bspw. über den Real Player oder den VCL Player ansehen kann. Wie das Stream-Verfahren funktioniert kann unterschiedlich sein. Bei allen Stream-Verfahren ist gleich, dass man einen Film nicht zuerst downloaden muss, bevor man sich ihn ansehen kann. Der Film wird vielmehr direkt vom Server hochladen. Dazu werden herkömmlich im Browser Cache Daten hinterlegt („**gepuffert**"), die vom, auf dem PC befindlichen, Videoplayer decodiert und in ein Bildformat übertragen werden. In der Regel werden die Daten nach dem Abspielen aus dem Cache gelöscht, wenn man den Webbrowser schließt. Es ist aber auch möglich, die zwischengespeicherten Daten in einen anderen Speicherort zu kopieren. Erfolgt der Stream im DivX-Format werden die Daten sogar dauerhaft im Order „Temporary Internet Files" gespeichert (zu den technischen Vorgängen ausführlich *Fangerow/Schulz* GRUR 2010, 677, 678; *Rademann* ZUM 2010, 387, 388; *Stieper* MMR 2012, 12). **118**

b) Haftung Internetnutzer. Der Internetnutzer, der einen solchen Stream aufruft, begeht in jedem Fall eine **Vervielfältigungshandlung,** wenn auf seinem PC Daten zwischengespeichert werden und sei dies nur temporär, wie im Umkehrschluss zu § 44a folgt (KG ZUM-RD 2004, 401, 406; OLG Hamburg ZUM 2010, 434, 438). Der EuGH geht noch einen Schritt weiter und sieht bereits in der Bildschirmwiedergabe eine Vervielfältigungshandlung und zwar offenbar unabhängig davon, ob dabei Daten zwischengespeichert werden (EuGH EuZW 2012, 466 Rn. 159 – Karen Murphy: *„Folglich ist auf die Vorlagefrage zu antworten, dass Artikel 2 lit. a der Urheberrechtsrichtlinie dahin auszulegen ist, dass sich das Vervielfältigungsrecht auf flüchtige Fragmente der Werke im Speicher eines Satellitendecoders und auf einem Fernsehbildschirm erstreckt, sofern diese Fragmente Elemente enthalten, die die eigene geistige Schöpfung der betreffenden Urheber zum Ausdruck bringen, wobei das zusammengesetzte Ganze der gleichzeitig wiedergegebenen Fragmente zu prüfen ist, um zu klären, ob es solche Elemente enthält."*). Auf eine Schrankenregelung kann sich der Internetnutzer nicht berufen. **§ 44a Nr. 1** scheidet schon deswegen aus, weil darunter nur der Access Provider nicht aber der Internetnutzer privilegiert ist (KG ZUM-RD 2004, 401, 407). **§ 44a Nr. 2** scheitert daran, dass die Nutzung dem Wortlaut nach keine eigenständige Nutzungsmöglichkeit eröffnen darf. Das ist aber beim Streaming der Fall (dazu Rn. 120). Weiter erlaubt § 44a eine Zwischenspeicherung nur in den Fällen, in denen die Datei unter Zustimmung des Urhebers abgerufen wird. Hiervon ist nicht auszugehen. Im Gegenteil, das unerlaubte Streaming verletzt **119**

die berechtigten Interessen des Urhebers an angemessener Beteiligung an seinem Werk. Damit ist die Nutzung nach § 44a auch nicht im Einklang mit dem Drei-Stufen-Test aus Art. 9 Abs. 2 RBÜ, was ebenfalls den Anwendungsbereich von § 44a ausschließt (vgl. dazu im Einzelnen auch *Czernik* in Wandtke Band 2, Kap. 2 § 6 Rn. 266; wie hier *Radmann* GRUR 2010, 387, 389; a. A. *Fangerow/Schulz* GRUR 2010, 677, 680). Auch ein Berufen auf § 53 scheidet aus. Dagegen spricht bereits, dass diejenigen, die ein Streamingportal aufrufen, aufgrund der objektiven Umstände wissen müssen, dass sie eine rechtswidrige Quelle nutzen. Selbst wenn man davon ausgeht, dass ein Internetnutzer einem fehlenden Impressum keine große Aufmerksamkeit schenkt, sollte einem bereits der gesunde Menschenverstand sagen, dass es wohl kaum legal sein kann, wenn gleichzeitig der Film im Kino kostenpflichtig und im Internet kostenlos zu sehen ist (vgl. dazu im Einzelnen auch *Czernik* in Wandtke Band 2, Kap. 2 § 6 Rn. 266).

120 **c) Haftung Portalbetreiber.** Die Betreiber von Streamingportalen begehen im Übrigen ebenfalls eine urheberrechtlich relevante Handlung, selbst wenn sie den upload des Films auf den Server nicht zu verantworten haben. Zwar wird das **Setzen eines Hyperlinks** von der Rechtsprechung weder als Vervielfältigungshandlung noch als öffentliches Zugänglichmachen angesehen (BGH GRUR 2003, 958, 962). Allerdings ist bei Streaminportalen eine abweichende Beurteilung gerechtfertigt. Zunächst ist zu berücksichtigen, dass der Internetnutzer ohne das Streamingportal nicht in der Lage wäre, den externen Server mit der hinterlegten Filmdatei zu finden. Bereits das unterscheidet ein Streamingportal von herkömmlichen Links, deren Zielort oftmals auch ohne den Link auffindbar ist. Das Streamingportal nimmt damit eine für die Nutzung **elementare Vermittlungsposition** ein. Es ermöglicht, dass der Film tatsächlich öffentlich zugänglich i. S. d. § 19a gemacht wird, was den Beteiber dieses Portals zumindest zum Beteiligten an der Urheberrechtsverletzung macht. Dafür spricht auch, dass, anders als beim gewöhnlichen Hyperlink, der Internetnutzer nicht auf die verlinkte Seite weitergeleitet wird, sondern auf der Seite des Portalbetreibers verbleibt. Es ist für den Internetnutzer gar nicht zu erkennen, dass er weitergeleitet wird, er glaubt vielmehr der Stream wird ihm unmittelbar durch den Portalbetreiber zur Verfügung gestellt. Hierdurch macht sich der Portalbetreiber nicht nur den fremden Inhalt zu Eigen, sondern auch die Verletzung von § 19a. Denn er nutzt die begangene Urheberrechtsverletzung für sein eigenes Geschäftsmodell aus. Hierdurch leistet er im Übrigen zumindest Beihilfe zu den vom Internetnutzer vorgenommenen Vervielfältigungshandlungen, die durch das Anschauen des Films am PC erfolgen. Für eine urheberrechtsrelevante Handlung spricht im Übrigen noch der **wirtschaftliche Stellenwert,** den das Streaming im Nutzerverhalten mittlerweile einnimmt. Kino.to nutzten täglich (!) zwischen 200 000 und 400 000 deutschsprachige Internetnutzer. Würde man in dem bloßen Verlinken keine urheberrechtlich relevante Nutzungshandlung sehen, wäre der Urheber von wesentlichen Umsätzen abgeschnitten. Denn nicht nur, dass diese Nutzer keine DVD kaufen, ins Kino gehen oder einen kommerziellen Stream nutzen, die Portalbetreiber erzielen durch die auf der Seite geschaltete Werbung oftmals noch Gewinne im sechsstelligen Bereich. Eine solche Folge stünde aber in Widerspruch zu § 11 S. 2, wonach der Urheber an der Auswertung seines Werkes umfassend zu beteiligen ist. Hinzu kommt, dass § 15 keinen abschließenden Katalog von Verwertungsrechten vorsieht. Insofern ist die Handlung eines Streamingportals zumindest der Auffangklausel des § 15 Abs. 1 zu unterstellen, die nämlich von Beginn an greift, wenn eine neue Verwertungsform entsteht (vgl. dazu im Einzelnen auch *Czernik* in Wandtke Band 2, Kap. 2 § 6 Rn. 266).

2. Berichterstattung über Tagesereignisse

121 Eine **Berichterstattung über Tagesereignisse** ist ausschließlich im nonfiktionalen Bereich relevant. Spielfilme werden hiervon nicht erfasst, da es bei diesen an der wirklichkeitsgetreuen und sachlichen Schilderung einer tatsächlichen, tagesaktuellen Begebenheit fehlt. Was als tagesaktuell anzusehen ist, ist breitgefächert und reicht von Politik über Kultur bis zum alltäglichen Klatsch, an dem die Öffentlichkeit Interesse hat (BGH GRUR 2008, 693, 696 – tv total). Wie bereits der Begriff **Tagesaktualität** zeigt, unterliegt der Beitrag einer gewissen zeitlichen Grenze. Ist diese überschritten, fehlt es an Tagesaktualität. Hinzu kommt, dass bestimmte Beiträge nie das Bedürfnis nach tagesaktueller Berichterstattung erfüllen. Hierzu zählen vor allem TV-Dokumentationen die lediglich allgemeiner Natur sind, wie bspw. Naturdokumentationen (BGH GRUR 2008, 693, 696 – tv total). Zumal die damit einhergehende lange Vorbereitungszeit es möglich macht, die notwendigen Rechte einzuholen (OLG Dresden ZUM 2010, 362, 365). Auch den im Fernsehbereich üblichen Jahresrückblicken fehlt es an Tagesaktualität (LG Hamburg GRUR 1989, 591, 592 – Neonrevier). Wichtig ist, dass es im Rahmen von § 50 nicht erlaubt ist, das vorbestehende Werk selbst zum Gegenstand der Berichterstattung zu machen, insofern ist es auch unerheblich, ob der Fernsehbericht eine Auseinandersetzung mit dem Werk vornimmt, wie es bspw. das OLG Köln fordert (OLG Köln GRUR-RR 2010, 151, 153).

3. Filmzitat

122 Im Filmwerk darf unter Einhaltung der Voraussetzungen des § 51 aus vorbestehenden Werken jeglicher Werkgattung zitiert werden (BGH GRUR 1987, 362, 363 – **Filmzitat**). Allerdings spricht man nur dann von einem echten Filmzitat, wenn es sich beim vorbestehenden Werk um ein Filmwerk handelt (*Schulz* ZUM 1998, 221, 225; *Haesner* GRUR 1986, 854, 855).

123 Ein Zitat in **Laufbildern** ist unter § 51 hingegen nicht möglich. Denn Laufbildern fehlt es an der Urheberrechtsschutzfähigkeit, womit es am Tatbestandsmerkmal der Selbständigkeit des zitierenden Werkes fehlt. Weiter kann sich niemand auf die Zitierfreiheit berufen, dessen Film sich darauf beschränkt, Ausschnitte aus anderen Filmen zu zeigen, da es auch solchen Filmen an der **Selbständigkeit** fehlt (BGH GRUR 1987, 362, 363 – Filmzitat). Denn denkt man sich die Ausschnitte weg, gibt es keinen Film. Selbständigkeit setzt aber voraus, dass das zitierende Filmwerk auch nach Wegdenken des vorbestehenden Werkes aus sich selbst heraus schutzfähig ist (BGH NJW 1994, 2891, 2892 – Museumskatalog).

124 Schlussendlich ist darauf zu achten, dass das Zitat als **Beleg oder Erörterungsgrundlage** für eigene Aussagen genutzt wird, hieran fehlt es, wenn das Zitat nur der Ausschmückung des eigenen Filmwerkes dient (BGH GRUR 2008, 693, 696 – TV Total). Zudem darf die Länge des zitierten Werkes im **Verhältnis zur Gesamtlänge** des Filmwerkes nicht unverhältnismäßig sind. Ob dies der Fall ist, ist eine Frage des Einzelfalls. So können auch Filmausschnitte mit einer Gesamtlänge von 5,37 Minuten zulässig sein, wenn das Gesamtfilmwerk aus dem es entnommen ist, eine Länge von 90 Minuten aufweist und die Länge des aufnehmenden Werkes immerhin noch 43 Minuten beträgt (BGH GRUR 1987, 362, 364 – Filmzitat). Allerdings wurde die Wiedergabe eines zweiminütigen Ausschnitts in einem dreiminütigen Beitrag als unzulässig angesehen (OLG Köln GRUR-RR 2010, 151, 153), wobei diesem Beitrag auch eine inhaltliche Auseinandersetzung fehlte, weswegen die Wertung des OLG Köln nicht als absolut angesehen werden darf.

125 Die Quellenangabe muss im Film nicht unmittelbar an der zitierten Stelle erfolgen, da dies störend wäre. Es genügt nach § 63 Abs. 2 der Hinweis auf Titel des zitierten Werkes und dessen Urheber (OLG Brandenburg ZUM 1997, 483) im Abspann (*Czernik* in Wandtke Band 2, Kap. 2 § 6 Rn. 290).

4. Behandlung von Online-Videorecordern

126 Das **Recht auf Privatkopie** spielt auch im Filmbereich eine wesentliche Rolle. Allerdings weniger bei DVDs, Blu ray discs oder dowloads über Portale wie iTunes, denn diese Filmkopien sind i. d. R. mit einem Kopierschutz versehen, weswegen hier die Möglichkeit einer Privatkopie nach § 53 bereits an der Einschränkung des § 95b scheitert.

UrhG Vor §§ 88ff. 127–130   Vorbemerkung

127 Für den Filmbereich interessanter sind vielmehr die Aufnahmemöglichkeiten durch den heimischen VHS-Video- oder Festplattenrecorder, die grundsätzlich unter § 53 zulässig sind, erfolgt die Aufnahme eines im Fernsehen gezeigten Films.

128 Im Onlinebereich ist zwischen Anbieter und Nutzer zu differenzieren, wenn die Aufnahme über einen sog. **Online-Recorder** erfolgt. Hiermit hat sich die Rechtsprechung in der Vergangenheit beschäftigt, wobei weniger die Nutzer, als vielmehr die Anbietersicht im Fokus stand. Die Anbieter von Online-Recordern verstoßen in ihrem Handeln nicht gegen § 19a, da es an der notwendigen Mehrzahl der Öffentlichkeit fehlt und zudem das aufgezeichnete Filmwerk sich im Moment der Aufzeichnung nicht im Zugriffsbereich des Anbieters befindet (BGH GRUR 2009, 845, 846 – Online-Videorecorder). Allerdings kann in dem Verhalten des Anbieters je nach Ausgestaltung der „Aufnahmetechnik" entweder ein Eingriff in § 16 oder in § 20 liegen, abhängig davon, ob der Aufzeichnungsvorgang automatisiert erfolgt. In diesem Fall wird nämlich die Vervielfältigung gemessen an § 53 Abs. 1 S. 2 durch den Endnutzer vorgenommen (BGH GRUR 2009, 845, 846 – Online-Videorecorder). Benötigt der Aufnahmeprozess hingegen das Zutun des Anbieters, erfolgt die Vervielfältigung durch diesen, wobei dieser sich dann regelmäßig nicht auf das Recht auf Privatkopie berufen kann. Dem steht bereits entgegen, dass die in § 53 Abs. 1 S. 1 geforderte fehlende **Entgeltlichkeit** nicht eingehalten werden kann (BGH GRUR 2009, 845, 846 – Online-Videorecorder; LG Braunschweig ZUM-RD 2006, 396, 398 f.). Denn zumindest sind derartige Portale werbefinanziert, was bereits zu einer Entgeltlichkeit i. S. d. § 53 führt (*Czernik* in Wandtke Band 2, Kap. 2 § 6 Rn. 268). Die Nutzer selbst können sich auf § 53 berufen, wenn sie in den Betreibern der Online-Videorecorder keine offensichtlich rechtswidrige Quelle sehen. Hieran ist zu zweifeln, wenn mittels Online-Videorecorder nur Fernsehsendungen aufgezeichnet werden können. Denn für den Internetnutzer stellt sich die Möglichkeit des Online-Videorecorders dann nur als technische Weiterentwicklung der bisherigen Aufnahmegeräte (VHS-Videorecorder und Festplattenrecorder) dar (*Czernik* in Wandtke Band 2, Kap. 2 § 6 Rn. 269).

5. Unwesentliches Beiwerk

129 Als **unwesentliches Beiwerk** wird man urheberrechtlich geschützte Werke im Film nur in den seltensten Fällen ansehen müssen. Dafür ist der sachliche Anwendungsbereich von § 57 zu eng. Maßgeblich wird sein, ob das fremde Werk zufällig oder gewollt zu sehen ist (BGH GRUR 1982, 104, 106 – Tonfilmgeräte). Letzteres wird man insbesondere bei Gebäudeaufnahmen in Spielfilmen annehmen müssen, da die Auswahl des Settings hier nicht zufällig erfolgt (*Czernik* in Wandtke Band 2, Kap. 2 § 6 Rn. 270). Unzulässig wäre auch das Einblenden von Musik im Film, selbst wenn diese zufällig erfolgt. Denn weitere Voraussetzung von § 57 ist, dass das mit der Kamera eingefangene Werk für den flüchtigen Betrachter nicht erkennbar ist. Das ist aber bei einer Musikaufnahme nicht der Fall, da durch Bild und Ton ein zusammengesetzter Eindruck entsteht (BGH GRUR 1982, 104, 106 – Tonfilmgerät).

6. Panoramafreiheit

130 Die **Panoramafreiheit** spielt im Filmbereich eine wesentliche Rolle, da insbesondere Gebäudeaufnahmen an der Tagesordnung sind, wobei unter § 59 auch Aufnahmen in 3-D zulässig sind, wie sich im Umkehrschluss zu § 62 Abs. 3 ergibt (*Czernik* in Wandtke Band 2, Kap. 2 § 6 Rn. 274). Grundsätzlich ist darauf zu achten, dass die Kameraeinstellung aus der Perspektive eines Fußgängers vorzunehmen ist und nur Außenansichten zulässig sind. Damit scheiden unter § 59 sowohl Innenhofaufnahmen als auch Aufnahmen vom Balkon aus gegenüberliegenden Gebäuden sowie Hubschrauberaufnahmen aus (BGH GRUR 2003, 1035, 1057). Aufnahmen in Parkanlagen sollen nach Auffassung des BGH ebenfalls ausscheiden (BGH GRUR 2011, 323 – Preußische Gärten und Parkanlagen), was abzulehnen ist (dazu *Czernik* in Wandtke Band 2, Kap. 2 § 6 Rn. 272).

7. Freie Benutzung

Weniger eine Schrankenregelung als vielmehr das Recht zur eigenständigen Benutzung **131** liegt in der Möglichkeit des § 24. Dieses Recht wirkt auch gegenüber dem **Leistungsschutz des Filmherstellers** i. S. d. § 94 (BGH ZUM 2009, 219 – Metall auf Metall; BGH GRUR 2008, 693 – TV Total), was kritisiert wird (Wandtke/*Schunke* 5. Kap. Rn. 8). Diese Kritik ist allerdings unberechtigt. Zwar verweist § 94 nicht auf § 24, zudem stellt § 24 keine Schrankenregelung dar. Allerdings wäre es nicht sachgerecht, wenn der nachschaffende Filmurheber sich zwar gegen den Filmurheber des vorbestehenden Werkes durchsetzt, sein Projekt aber gegebenenfalls wegen einer allzu weiten Anwendbarkeit des Leistungsschutzrecht des Filmherstellers untersagungsfähig wäre. Es bedarf daher des Anwendungsbereichs des § 24 auch im Filmherstellrecht. Nur so kann geprüft werden, ob die wirtschaftliche und organisatorische Tätigkeit des Filmherstellers im neuen Film zum Ausdruck kommt. Das ist nicht der Fall, wenn ein Film in freier Benutzung geschaffen wurde, da sich dann die Leistung des Filmherstellers nicht mehr im nachgeschaffenen Werk realisiert. Denn eine **freie Benutzung** wird erst erreicht, wenn das vorbestehende Werk verblasst, d. h. der nachgeschaffene Film gegenüber „dem vorbenutzten Werk völlig neue Wege geht" (BGH GRUR 1963, 40, 42 – Straßen von gestern und morgen). Entscheidend ist also, ob in der Gestaltung der Situation, der Personen, der Handlungsabläufe und der wesentlichen Charakteristika ein deutlicher Abstand geschaffen zum vorbestehenden Werk geschaffen wird (LG Köln ZUM 1985, 455). Ausreichend ist dazu, dass ein **innerer Abstand** zum vorbestehenden Werk gewahrt wird, etwa in dem sich **parodistisch** damit auseinandergesetzt wird (BGH GRUR 2003, 703 – Mattscheibe). Die bloße Aneinanderreihung von fremden Filmausschnitten genügt dazu nicht (BGH GRUR 2008, 693 – TV Total).

Im Filmbereich besonders relevant ist die Frage, ob die **Fortsetzung einer Geschichte** **132** bspw. mit neuen Drehbuchautoren unter § 24 möglich ist. Das wird insbesondere dann verneint, wenn neben den handelnden Personen zugleich noch das Beziehungs- und Handlungsgeflecht übernommen wird (BGH GRUR 1999, 984). Davon ist insbesondere bei Fernsehserien auszugehen, in denen die nachfolgenden Drehbücher auf den Figuren und Handlungsmustern der ersten Drehbücher aufsatteln (KG ZUM 2010, 346; vgl. dazu auch OLG München GRUR 1990, 674; OLG München ZUM 2008, 520).

X. Filmurheberrecht im europäischen und internationalen Kontext

Filmherstellung und vor allem die anschließende Filmverwertung weisen i. d. R. einen internationalen Bezug auf. Ausländische Filmurheber und Filmhersteller sollten daher die **133** §§ 120 ff. und die verschiedenen Staatsverträge (RBÜ, TRIPS und WPPT) im Blick behalten.

1. Schutz europäischer Urheber und Leistungsschutzberechtigter

Unter den §§ 120 ff. genießen vor allem solche Urheber und Leistungsschutzberechtigte **134** Schutz, die aus der EU oder dem EWR stammen. Derjenige, der sich hier auf beruft, ist dafür darlegungs- und beweisbelastet (OLG Köln GRUR-RR 2005, 75). Wer diese Voraussetzungen nicht erfüllt, der ist auf den Schutz durch Staatsverträge angewiesen. Insbesondere Filmhersteller aus EU-Mitgliedstaaten genießen das gleiche Schutzniveau (§§ 128 Abs. 1 S. 2, 120 Abs. 2 Nr. 2; dazu EuGH ZUM 1993, 613; EuGH GRUR 1994, 280). Außereuropäische Filmhersteller sind allerdings nur dann geschützt, wenn der Film im Geltungsbereich des UrhG erstmals oder spätestens nach einer Frist von 30 Tagen nach Erst-Erscheinen im Ausland erscheint (§§ 128 Abs. 2, 126 Abs. 2). Die Frist gilt strikt, wobei die Beweislast allerdings diejenige Partei trägt, die sich auf das Fehlen des Leistungsschutzrechts beruft (Beweislastumkehr, LG Hamburg ZUM 2007, 757; Loef/Verweyen ZUM 2007, 706, 711, dort für eine extensive Auslegung des § 126; näher § 126 Rn. 7).

2. Internationale Staatsverträge

135 **a) Regelungen der RBÜ.** Unter den Staatsverträgen ist die RBÜ der Bekannteste. Auf diese kann sich ein Rechteinhaber unmittelbar berufen. Die RBÜ garantiert dabei einen Mindestschutz an Rechten. Zu den wichtigsten Regeln der RBÜ für den Filmbereich zählen die **Inländergleichbehandlung** in Art. 5 RBÜ sowie Art. 14bis RBÜ. Art. 14bis Abs. 1 RBÜ gewährt Urhebern von – vorbestehenden – Werken der Literatur oder Kunst das ausschließliche Recht, 1. die **filmische Bearbeitung** und Vervielfältigung dieser Werke und das Inverkehrbringen der auf diese Weise bearbeiteten oder vervielfältigten Werke, 2. die öffentliche **Vorführung und die Übertragung** mittels Draht an die Öffentlichkeit der auf diese Weise bearbeiteten oder vervielfältigten Werke zu erlauben. Allerdings wurde auch für die **Bearbeitung von Filmwerken,** die auf Werken der Literatur oder Kunst beruhen, in irgendeine andere künstlerische Form, unbeschadet der Erlaubnis ihrer Urheber, die Erlaubnis der Urheber der Originalwerke als weiter erforderlich angesehen. Soweit jedoch Art. 14bis Abs. 2 lit. a) und lit. b) RBÜ vorsehen, dass es den Vertragsstaaten frei steht, wen sie als Urheber des Filmwerkes ansehen, gilt diese Freiheit im Bereich des EWR nur eingeschränkt. Wie der EuGH in der Luksan van der Let Entscheidung entschieden hat, folgt aus Artikel 1 und Artikel 2 der Richtlinie 93/83/EWG vom 27.9.1993 einerseits sowie aus Artikel 2 und Artikel 3 der Richtlinie 2001/29/EG vom 22.5.2001 in Verbindung mit Artikel 2 und Artikel 3 der Richtlinie 2006/115/EG vom 12.12.2006 sowie aus bestimmten dem Urheberrecht verwandten Schutzrechten im Bereich des geistigen Eigentums und Artikel 2 der Richtlinie 2006/116/EG vom 12.12.2006 andererseits, dass als Filmurheber stets und immer der Hauptregisseur anzusehen ist, und seine Urheberrechtsstellung durch innerstaatliche Rechtsvorschriften nicht angetastet werden darf (EuGH ZUM 2012, 313 – Luksan/van der Let). Weiter hat der EuGH deutlich gemacht, dass ein *work made fore hire*, wie es etwa in den USA üblich ist, sich mit den vorgenannten Sekundärvorschriften nicht verträgt und daher der Filmhersteller aufgrund von innerstaatlichen Rechtsvorschriften nicht zum alleinigen Urheber des Films bestimmt werden darf, selbst wenn Art. 14bis RBÜ, diese Möglichkeit eröffnet (EuGH ZUM 2012, 313 Rn. 60 – Luksan/Van der Let). **Art. 14bis Abs. 2 lit. (b) RBÜ** bestimmt zusätzlich, dass sich die nach den innerstaatlichen Regeln bestimmten Urheber, wenn sie sich zur Leistung solcher Beiträge verpflichtet haben, mangels gegenteiliger oder besonderer Vereinbarung der Vervielfältigung, dem Inverkehrbringen, der öffentlichen Vorführung, der Übertragung mittels Draht an die Öffentlichkeit, der Rundfunksendung, der öffentlichen Wiedergabe, dem Versehen mit Untertiteln und der Textsynchronisation des Filmwerks **nicht widersetzen können.** Wegen Art. 14bis Abs. 3 RBÜ ist diese Regelung allerdings allerdings im Wesentlichen beschränkt auf die Verfasser vorbereitender Filmmanuskripte wie Treatment und Exposé, Regieassistenten, Kameraleute, Cutter und Tonmeister, nicht jedoch den Hauptregisseur und Drehbuchautor. Eine Besonderheit der RBÜ gilt im Bereich Schutzfristen. Diese sind laut RBÜ auf fünfzig Jahre nach dem Tod des Urhebers beschränkt, wobei die RBÜ in Art. 7 Abs. 8 RBÜ den Ländern Ausnahmeregelungen zugesteht (dazu im Einzelnen siehe §§ 120 ff. Rn. 1 ff.). Ein dem § 94 vergleichbarer **internationaler konventionsrechtlicher Leistungsschutz fehlt,** was u. a. durch die unterschiedlichen nationalen Vorstellungen über die Filmurheberschaft begründet ist (Fromm/Nordemann/*J. B. Nordemann* § 94 Rn. 7; *Hertin* ZUM 1990, 442, 447; *Katzenberger* GRUR Int. 1992, 513, 515 f.; *Loef/Verweyen* ZUM 2007, 706). **Art. 3 lit. b RA** und **Art. 1 lit. a GTA** beschränken sich ausschließlich auf die Tonspur des Films (zur begrifflichen Inkonsistenz auf EU-Ebene, *Poll* GRUR Int. 2003, 290, 293 f.).

136 **b) Sonderregelungen im Verhältnis zur USA.** Im Verhältnis zur USA sollte das Sonderabkommen vom 15.1.1892 beachtet werden. Danach besteht die Schutzfristenbeschränkung aus Art. 7 RBÜ nicht, da dieses Abkommen in Art. 1 eine vollständige Inländergleichbehandlung vorsieht. Dabei ist aber folgendes zu berücksichtigen: Urheber der nach § 101 (b)

Vorbemerkung 137, 138 **Vor §§ 88ff. UrhG**

No. 6 **USA-Copyright Act** als Werkgattung geschützten motion pictures und audiovisual works ist nach der **works made for hire** doctrine und der **works made in commission** doctrine der Auftraggeber. Der Filmproduzent gilt nach § 103 US-CA auch als Urheber der derivative works, d.h. derjenigen Werke, die zur Herstellung des audiovisuellen Werks geschaffen bzw. verwendet wurden. Das Filmwerk wird als **derivative work made for hire** angesehen. Der Filmproduzent gilt als „Urheber" des Filmwerks und aller dazu verwendeten Werke (*Colby* FuR 1983, 303, 305, 307; *Straßer* ZUM 1999, 928, 929; *Manthey* 168 ff.; *Rumphorst* GRUR Int. 1973, 10 ff., 15; zur Inkonsistenz der Begriffe *Poll* GRUR Int. 2003, 290, 294 f.). Eine *work made for hire* Konstruktion wäre in Europa nicht möglich, da dies als europarechtswidrig anzusehen wäre (EuGH ZUM 2012, 313 – Luksan/van der Let). Insb. von US-amerikanischen Koproduktionspartnern oder Lizenznehmern, von Finanzierungsinstituten und Versicherungsunternehmen, die die Fertigstellungsgarantie (Completion Bond) ausstellen, wird vor diesem Hintergrund häufig eine Abtretung des Urheberrechts („**Copyright Assignment**" für USA) einschließlich der Übertragung von unbekannten Nutzungsarten und ein Verzicht auf die Geltendmachung von Urheberpersönlichkeitsrechten („**Waiver of moral rights**" v. a. für Großbritannien) verlangt. Dies erscheint nach deutschem Urheberrecht unter dem Gesichtspunkt materiellrechtlicher Teilverweisung, wonach die Anwendung von § 31 auf das deutsche Territorium begrenzt ist (*Loewenheim* ZUM 1999, 923, 927), nur für das jeweilige Ausland möglich. Allerdings sollte eine Verpflichtung, etwaige zusätzliche Vergütungen zu zahlen, vorgesehen werden (*M. Schwarz* FS W. Schwarz 201, 213, mit dem Vorschlag einer entsprechenden Buy-Out Klausel; Kompromissklausel für Rechts- und Gerichtsstandswahl bei *Castendyk* ZUM 1999, 934, 937).

c) Regelungen zum Schutz der Sendeunternehmen und ausübenden Künstler. 137 Die Leistungsschutzberechtigten wie die Sendeunternehmen und die ausübenden Künstler sind hingegen in erster Linie durch das TRIPS-Abkommen geschützt, die ausübenden Künstler genießen zusätzlich noch Schutz nach dem WIPO-Vertrag über Darbietungen und Tonträger (WPPT) vom 20.12.1996.

XI. Titelschutz

Ein **urheberrechtlicher Schutz** des Filmtitels wird nur in absoluten Ausnahmefällen 138 anzunehmen sein. Anders als in den 50er/60er Jahren, in denen die Rechtsprechung großzügiger in der Annahme der Urheberrechtsfähigkeit von Filmtiteln war (vgl. OLG Köln GRUR 1962, 534; OLG München UFITA 23 (1957), 217), ist die Rechtsprechung heute durch eine sehr **restriktive Haltung** gekennzeichnet (vgl. LG München I ZUM 2001, 722 ff.; beachte aber EuGH GRUR 2009, 1041 – Infopag/DFF). Allerdings sind Filmtitel unter **§ 5 MarkenG** ausreichend geschützt. Das betrifft gleichermaßen die Filmtitel von Kinofilmen (BGH NJW 1958, 459 – Sherlock Holmes), Fernsehserien (BGH GRUR 1977, 543 – Der 7. Sinn; BGH GRUR 1987, 458 – Das gabs nur einmal; LG München AfP 1984, 254 f.), Nachrichtensendungen (BGH GRUR 2001, 1054, 1055 – Tagesreport); Fernsehformaten (OLG Hamburg ZUM-RD 1999, 96 ff. – Aber Hallo) und Computerspielen (BGH CR 1998, 5 f. – PowerPoint; BGH CR 1998, 6 ff. – FTOS; BGH CR 1998, 457 ff. – WINCAD). Dabei ist zu berücksichtigen, dass **Musiktitel** nach § 5 Abs. 3 i. V. m. § 15 MarkenG gegen die verwechselungsfähige Verwendung insb. als Titel des Films geschützt sein können (KG GRUR 1976, 253 – „Ich hab mein Hos' in Heidelberg verloren"). Bei thematischem Titelbezug oder dem Aufgreifen von Elementen eines Liedtextes für die Handlung des Films sind daher für die Auswertung die entsprechenden Titel- und Nutzungsrechte auf den Filmhersteller ausdrücklich zu übertragen (OLG München ZUM 1989, 588 – Ein bisschen Frieden: Verhältnis des Liedtextes zum Musical „Winnetou"). Ausführlich zum Titelschutz im Filmbereich vgl. bei *Peschel-Mehner* in v. Hartlieb/Schwarz Kap. 70 ff.

XII. Persönlichkeitsrechtliche Besonderheiten

139 Einschränkungen des persönlichkeitsrechtlichen Schutzes u. a. nach § 23 KUG (analog) und Art. 5 GG decken nur das notwendige Informationsinteresse der Öffentlichkeit, so dass grds. nur in engen Grenzen eine journalistische Filmberichterstattung ohne Einwilligung des Betroffenen zulässig ist. Größere Feature-Beiträge und spielfilmartige Umsetzungen erfordern stets die ausdrückliche Einwilligung des Betroffenen und ggf. seiner Angehörigen hinsichtlich der Veröffentlichung und Verwertung. Dabei sind der beabsichtigte Inhalt und die Tendenz der Verfilmung im Vertrag selbst darzustellen, um den Umfang der Einwilligung klarzustellen. Dies gilt auch für die Benutzung des **Lebens- und Charakterbildes** einer verstorbenen oder lebenden Person (der BGH ZUM 2000, 586, 589 – Der Blaue Engel nimmt bei nachgestellten Szenen wegen des äußeren Erscheinungsbildes allein Bildnisschutz der Marlene Dietrich zugunsten ihrer Rechtsnachfolger an) oder sonstiger **Persönlichkeitsmerkmale** (OLG Hamburg GRUR 1989, 666 – Stimme von Heinz Erhardt; *Rehbinder* Rn. 435); im Einzelfall komplizierte Abwägung von Persönlichkeitsschutz, Kunst- und Rundfunkfreiheit bei **Vermischung literarischer Schöpfung und Dokumentation**, sog. **Doku-Fiktion** (BVerfG NJW 2007, 3197 – Ausstrahlung eines Fernsehfilms zum Contergan-Skandal; OLG Hamburg ZUM 2007, 479, 483; Anm. *Fricke* ZUM 2007, 488; BGH ZUM 2005, 735; BVerfG NJW 2008, 39 – Esra; je stärker die Übereinstimmung von Abbild und Urbild, desto stärker der Eingriff in Persönlichkeitsrechte, je erkennbarer das Abbild der Wirklichkeit, desto eher Vorrang der Persönlichkeitsrechte; etwas anders – auf den Kern der Darstellung abstellend – in der Vorauflage. Einl. Rn. 35; vgl. auch KUG § 23 Rn. 33; vgl. dazu auch bei *Czernik* in Wandtke Band 2, 2. Kap. § 12 Rn. 434 ff.).

§ 88 Recht zur Verfilmung

(1) Gestattet der Urheber einem anderen, sein Werk zu verfilmen, so liegt darin im Zweifel die Einräumung des ausschließlichen Rechts, das Werk unverändert oder unter Bearbeitung oder Umgestaltung zur Herstellung eines Filmwerkes zu benutzen und das Filmwerk sowie Übersetzungen und andere filmische Bearbeitungen auf alle Nutzungsarten zu nutzen. § 31a Abs. 1 Satz 3 und 4 und Abs. 2 bis 4 findet keine Anwendung.

(2) Die in Absatz 1 bezeichneten Befugnisse berechtigen im Zweifel nicht zu einer Wiederverfilmung des Werkes. Der Urheber ist im Zweifel berechtigt, sein Werk nach Ablauf von zehn Jahren nach Vertragsabschluß anderweit filmisch zu verwerten.

Literatur: *Becker*, Die Schöpfer von Filmmusik und die Verwaltung ihrer Rechte durch die GEMA, ZUM 1999, 16; *Becker*, Musik im Film, in: Becker (Hrsg.), Musik im Film, Baden-Baden 1993 (zit. *Becker* in: Becker); *Becker/Schwarz* (Hrsg.), Aktuelle Rechtsprobleme der Filmproduktion und Filmlizenz, Festschrift für Wolf Schwarz zu seinem 80. Geburtstag, Baden-Baden 1999 (zit. *Bearbeiter* FS W. Schwarz 1999); *Bohr*, Die Urheberrechtsbeziehungen der an der Filmherstellung Beteiligten, Berlin 1978; *Brauneck/Brauner* Optionsverträge über künftige Werke im Filmbereich, ZUM 2006, 513; *Breloer*, Verfilmung, Verfilmungsrecht und Fernsehfilm, Berlin, 1973; *Fette*, Recht im Verlag, Frankfurt 1995; *Flechsig*, Formatschutz und Anforderungen an urheberrechtlich geschütztes Werkschaffen, ZUM 2003, 767; *v. Frentz/Becker*, Nachträgliche Bestimmung der Leistungszeit bei Filmlizenzverträgen, ZUM 2001, 382; *Frohne*, Filmverwertung im Internet und deren vertragliche Gestaltung, ZUM 2000, 810; *Götting*, Schöpfer vorbestehender Werke, ZUM 1999, 3; *v. Have/Eickmeyer*, Der gesetzliche Rechtsschutz von Fernsehformaten, ZUM 1994, 269; *Hörnig*, Das Bearbeitungsrecht und die Bearbeitung im Urheberrecht unter besonderer Berücksichtigung von Werken der Literatur, UFITA 99 (1985) 13; *Hubmann*, Die geplante Neuregelung der Senderverträge, GRUR 1978, 468; *Katzenberger*, Die urheberrechtliche Stellung der Filmarchitekten und Bühnenbildner, ZUM 1988, 545; *Köhn*, Die Technisierung der Popmusikproduktion – Probleme der „kleinen Münze" in der Musik, ZUM 1994, 278; *Kreile*, Der Zweitverwertungsmarkt – Ein Weg zur Stärkung der Unabhängig-

§ 88 Recht zur Verfilmung § 88 UrhG

keit der Produzenten, ZUM 2000, 364; *Kreile/Becker/Riesenhuber,* Recht und Praxis der GEMA: Handbuch und Kommentar, 2. Aufl. 2008; *Lausen,* Der Schutz des Showformats, in: Becker/Schwarz (Hrsg.), Aktuelle Rechtsprobleme der Filmproduktion und Filmlizenz, Festschrift für Wolf Schwarz zu seinem 80. Geburtstag, Baden-Baden 1999, 169 (zit. *Lausen* FS W. Schwarz 1999); *Litten,* Der Schutz von Fernsehshow und Fernsehserienformaten, München 1997; *Loewenheim,* Die urheberrechtliche Stellung der Szenenbildner, Filmarchitekten und Kostümbildner, UFITA 126 (1994) 99; *Loewenheim,* Anmerkungen zu BGH GRUR 1997, 215 ff. – Klimbim, GRUR 1997, 220; *Loewenheim,* Rechtswahl bei Filmlizenzverträgen, ZUM 1999, 923; *Melichar,* Schöpfer vorbestehender Werke aus der Sicht der VG Wort, ZUM 1999, 12; *Moser,* Tonträgerrechte, ZUM 1996, 1025; *Moser,* Musik im Film aus wirtschaftlicher und rechtlicher Sicht, in: Becker (Hrsg.), Musik im Film, Baden-Baden 1993, 29 (zit. *Moser* in: Becker); *Movsessian,* Urheberrechte und Leistungsschutzrechte an Filmwerken, UFITA 79 (1977) 213; *v. Olenhusen,* Filmarbeitsrecht, Freiburg 1990; *Petersdorff-Campen,* Videozweitauswertung, ZUM 1996, 1037; *Platho,* Sind Kabel-, Satelliten- und Pay-TV-Sendungen eigenständige Nutzungsarten nach § 31 UrhG, ZUM 1986, 572; *Poll/Brauneck,* Rechtliche Aspekte des Gaming Markts, GRUR 2001, 389; *Radmann,* Urheberrechtliche Fragen der Filmsynchronisation, Berlin 2003; *Reber,* Die Beteiligung von Urhebern und ausübenden Künstlern an der Verwertung von Filmwerken in Deutschland und USA, München 1998; *Reber,* Digitale Verwertungstechniken – neue Nutzungsarten: Hält das Urheberrecht der technischen Entwicklung noch stand?, GRUR 1998, 792; *Reber,* Die Bekanntheit der Nutzungsart im Filmwesen – ein weiterer Mosaikstein in einem undeutlichen Bild, GRUR 1997, 162; *Rehbinder,* Schutz virtueller Figuren im Film- und Fernsehbereich, in: Rehbinder (Hrsg.), Beiträge zum Film- und Medienrecht, Festschrift für Wolf Schwarz zum 70. Geburtstag, Baden-Baden 1988 (zit. *Rehbinder* FS W. Schwarz 1988); *Reupert,* Der Film im Urheberrecht, Baden-Baden 1995; *Roeber,* Das Recht der öffentlichen Wiedergabe und der Tantiemenstellung der Verwertungsgesellschaften. Begriffs- und Abgrenzungsfragen für die Bereiche von Film und Fernsehen, FuR 1968, 148; *Rochlitz,* Die Erst- bzw. Zweitauswertung von Musikbildtonträgern, in: Becker (Hrsg.), Musik in Film, Baden-Baden 1993, 77 (zit. *Rochlitz* in: Becker); *Schneider,* Filmmusik aus Sicht des Komponisten, in: Becker (Hrsg.), Musik im Film, Baden-Baden 1993, 19 (zit. *Schneider* in: Becker); *Schnittmann,* Satellitengemeinschaftsantennen im Brennpunkt der neuen §§ 20a, 20b UrhG, ZUM 1999, 113; *Schricker,* Anmerkungen zu BGH GRUR 1997, 215 ff. – Klimbim, EWiR 1996, 1139; *G. Schulze,* Urheber- und leistungsschutzrechtliche Fragen virtueller Figuren, ZUM 1997, 77; *G. Schulze,* Zur Beschränkung des Filmherstellungsrechts bei Musikwerken, GRUR 2001, 1084; *M. Schwarz,* Klassische Nutzungsrechte und Lizenzvergabe bzw. Rückbehalt von „Internet-Rechten". Zur Reichweite von Lizenzvergaben und des negativen Verbietungsrechts in Bezug auf Internetrechte, ZUM 2000, 816; *M. Schwarz,* Urheberrecht und unkörperliche Verbreitung multimedialer Werke, GRUR 1996, 836; *M. Schwarz,* Der urheberrechtliche Schutz audiovisueller Werke im Zeitalter der digitalen Medien, in: Becker/Dreier (Hrsg.), Urheberrecht und digitale Technologien, Baden-Baden 1994, 105 (zit. *M. Schwarz* in: Becker/Dreier); *W. Schwarz/Freys/M. Schwarz,* Schutz und Lizenzierung von Fernsehshowformaten, in: Scheuermann (Hrsg.), Urheberrechtliche Probleme der Gegenwart, Festschrift für Ernst Reichardt zum 70. Geburtstag, Baden-Baden 1990, 203 (zit. *W. Schwarz/Freys/M. Schwarz* FS Reichardt); *Schweyer,* Die Zweckübertragungstheorie im Urheberrecht, München 1982; *Urek,* Die Abgrenzung des Filmherstellungsrechtes von den Filmauswertungsrechten, ZUM 1993, 168; *Ventroni,* Das Filmherstellungsrecht. Ein urheberrechtliches Problem bei der audiovisuellen Nutzung von Musik in Film, Fernsehen, Multimedia, Baden-Baden 2001; *Ventroni,* Filmmusik aus der Perspektive der deutschen Tonträgerhersteller, ZUM 1999, 24.

Vgl. darüber hinaus die Angaben bei Vor §§ 88 ff. und im eingangs abgedr. Gesamtliteraturverzeichnis.

Übersicht

	Rn.
I. Bedeutung	1–13
1. Regelungszweck	1
2. Normative Bedeutung	2–13
a) Modifikation der Zweckübertragungsregel	2–7
b) Verhältnis zu § 37	8
c) Verhältnis zu § 12	9
d) Verhältnis zu §§ 15 ff., § 23 S. 2	10, 11
e) Verhältnis zu § 43	12
f) Verhältnis zu §§ 69a ff.	13
II. Tatbestandsvoraussetzungen	14–60
1. Vertragliche Gestattung der Verfilmung	14–25
a) Vertragsparteien	14
b) Vertrag	15–20

	Rn.
c) Verfilmen	21–24
aa) Bearbeitung, Umgestaltung	23
bb) Unveränderte Übernahme	24
d) Keine Verfilmungspflicht	25
2. Vorbestehendes Werk	26–42
a) Allgemeines	26–28
b) Filmspezifische Besonderheiten einzelner Werkgattungen	29–42
aa) Filmidee, Programmidee	29
bb) Fernsehformate	30–32
cc) Virtuelle Figuren	33
dd) Filmexposé, Filmtreatment und Drehbuch	34–37
ee) Deutsche Dialog- und Synchronfassung	38
ff) Neuverfilmung, Fortsetzungsfilm	39, 40
gg) Filmbauten	41
hh) Filmkostüme, Filmausstattung	42
3. Filmmusik	43–60
a) Musikverträge	43
b) Filmspezifische Besonderheiten der Werkqualität	44–46
c) GEMA-Berechtigungsvertrag	47–55
d) Einspielung von Tonträgern	56, 57
e) Einblendrechte	58
f) Vorführrechte an der Filmmusik	59
III. Umfang der Rechtseinräumungsvermutung	60–76
1. Im Zweifel die Einräumung des ausschließlichen Rechts	60–63
a) Im Zweifel	60–61
b) Ausschließlichkeit	62
c) Übertragbarkeit	63
2. Unverändert oder unter Bearbeitung oder Umgestaltung zur Herstellung eines Filmwerkes zu benutzen	64, 65
a) Filmische Bearbeitung	64
b) Beginn der Verfilmung	65
3. Herstellung und Verwertung von Übersetzungen und anderen filmischen Bearbeitungen des Filmwerks (§ 88 Abs. 1 Nr. 5 a. F.)	66, 67
a) Prinzip des Weltverfilmungsrechts	66
b) Übersetzung und andere filmische Bearbeitung	67
4. Im Zweifel Nutzung auf alle Nutzungsarten	68–72
5. § 31a Abs. 1 Satz 3 und 4 und Abs. 2 bis 4 findet keine Anwendung	73–76
a) Bereichsausnahme für § 31a	73, 74
b) Entsprechende Ausnahme für § 32c	75
c) Unbekannte filmische und nichtfilmische Nutzungsarten	76
IV. Abs. 2: Gesetzliche Grenzen des Verfilmungsrechts	77–82
1. Ausschluss der Wiederverfilmung, § 88 Abs. 2 S. 1	77–80
2. 10-jähriger Ausschluss der anderweitigen filmischen Verwertung	81, 82
V. Beweisrechtliche Bedeutung von § 88	83
VI. Rechtslage für Sachverhalte bis zum 30.6.2002	84–99
1. Das Filmwerk zu vervielfältigen und zu verbreiten, § 88 Abs. 1 Nr. 2 a. F.	87–89
a) Vervielfältigen, Verbreiten	87
b) Bestimmung zur Verbreitung	88, 89
2. Das Filmwerk öffentlich vorzuführen, wenn es sich um ein zur Vorführung bestimmtes Filmwerk handelt, § 88 Abs. 1 Nr. 3 a. F.	90
a) Begriff der öffentlichen Vorführung	91
b) Bestimmung zur Vorführung	92
3. Durch Funk zu senden, wenn es sich um ein zur Funksendung bestimmtes Filmwerk handelt, § 88 Abs. 1 Nr. 4 a. F.	93–99
a) Begriff der Funksendung	93–95
b) Bestimmung zur Funksendung	96–99

I. Bedeutung

1. Regelungszweck

Bis zur Gesetzesnovelle von 2002 war § 88 a. F. auf die Erstverwertungsrechte (Vorführ- 1
rechte für Kinofilme und Senderecht für Fernsehfilme) beschränkt und enthielt zu den
wirtschaftlich bedeutenden Fragen der **Zweitverwertung** von Filmen keine Bestimmung.
Nachdem bei der Umsetzung der Vermiet- und Verleih-Richtlinie eine Aktualisierung des
§ 88 a. F. zunächst unterblieben war (*Petersdorff-Campen* ZUM 1996, 1037, 1045 f.), wurde
die Rechtserwerbsvermutung des § 88 im Jahr 2002 dann zunächst derjenigen des § 89
angeglichen und wie dort auf alle bekannten Nutzungsarten erstreckt, bis schließlich mit
dem Zweiten Korb im Rahmen der Reform von § 31 Abs. 4 im Jahr 2007 die Rechtser-
werbsvermutungen der §§ 88, 89 auf unbekannte Nutzungsarten erstreckt wurden. Die
Beschränkung der Erwerbsvermutung auf Erstverwertung und bekannte Nutzungsarten
und die Differenzierung zwischen Urhebern vorbestehender Werke und Filmurhebern
gehört damit der Vergangenheit an. Mit der Geltungsausnahme der allgemeinen urhebervertragsrechtlichen Bestimmung des § 31a für den Filmbereich ist – zusätzlich zur Einschränkung urheberpersönlichkeitsrechtlicher Befugnisse gem. § 93 – ein Sonderrecht für
den Filmbereich geschaffen worden. Auch dem Umstand, dass bei § 89 anders als im Fall
des § 88 durch eine pauschale Vorausverfügung über erst entstehende, nicht näher bestimmte Nutzungsrechte und zugleich über die Veröffentlichungsreife entschieden wird,
kommt keine normative Bedeutung mehr zu. Der Entwicklung der Gesetzgebung lässt sich
der Wille des Gesetzgebers entnehmen, dass im **gesamten Filmbereich im Zweifel
grundsätzlich die Auswertung Vorrang vor den Rechten des Urhebers** hat. Urheber vorbestehender Werke und Filmurheber gleichermaßen werden im Zweifel auf schuldrechtliche Ansprüche auf Nachvergütung verwiesen und sollen die Auswertung effektive
Auswertung von Filmen nicht behindern können. Ziel der Regelungen der §§ 88, 89 ist
daher, die **möglichst ungehinderte und umfassende Auswertung von Filmen einschließlich unbekannter Nutzungsarten durch den Filmhersteller sicherzustellen.**
Der Gesetzgeber geht dabei zutreffend davon aus, dass die Sicherung der Filmauswertung
insb. auch in Bezug auf neue Nutzungsarten im gemeinsamen Interesse von Urhebern,
Filmherstellern und Rezipienten liegt. Finanzielle und rechtliche Risiken und die Gefahr
der Obstruktion einzelner Urheber bzw. ihrer Rechtsnachfolger sollen im Interesse der
Filmproduzenten, wie auch der übrigen Urheber und Konsumenten ausgeschlossen werden
(BT-Drucks. 16/1828, 33; Vor §§ 88 ff. Rn. 9 ff.).

2. Normative Bedeutung

a) Modifikation der Zweckübertragungsregel für den Filmbereich und Einfüh- 2
rung einer cessio legis bezogen auf den Erwerb der unbekannten Nutzungsar-
ten, wie er in § 88 UrhG vorgesehen ist. Nachdem sich die normative Bedeutung der
§§ 88, 89 nach Auffassung zur alten Rechtslage auf eine gesetzliche Konkretisierung der
Zweckübertragungsregel (§ 31 Abs. 5) beschränkte (BGH GRUR 1984, 45, 48 – Honorarbedingungen Sendevertrag; BGH GRUR 1985, 529 – Happening; Möhring/Nicolini/
Lütje § 88 Rn. 1, 18 f.), haben die Bestimmungen des Dritten Teils mit der Erstreckung der
Erwerbsvermutung auf unbekannte Nutzungsarten und der Bereichsausnahmeregelung in
S. 2 einen normativen Bedeutungswandel im Sinne eines echten **urhebervertraglichen
Sonderrechts für den Filmbereich** erfahren. §§ 88, 89 n. F. sind dabei jedoch nicht nur
leges speciales gegenüber § 31 Abs. 5. Soweit es um den Erwerb der unbekann-
ten Nutzungsarten geht, erfolgt dieser über §§ 88, 89 qua cessio legis (dazu Vor
§§ 88 ff. Rn. 29).

3 Der Zweckübertragungsgrundsatz hat für den Filmbereich eine Modifikation in dem Sinn erfahren, dass im Zweifel mit Rechtseinräumungen zur Filmproduktion stets ein **Buy-out-Vertrag** gemeint ist. Der Erwerber erhält im Zweifel alle bekannten und unbekannten Nutzungsarten.

4 § 31 Abs. 5 findet weiter dort Anwendung, wo die Parteien abweichend von § 88 eine **beschränkte Nutzungsrechtseinräumung** gewollt haben. In diesen Fällen ist der Anwendungsbereich der §§ 88 f. durchbrochen, was durch Vertragsauslegung des Verfilmungs- und Filmherstellungsvertrages festzustellen ist. Dies kann bspw. der Fall sein, wenn die Parteien ausdrücklich bestimmte Arten der Nutzung von der Nutzungsrechtseinräumung ausgeschlossen oder Lizenzzeit und Lizenzort beschränkt haben, ohne zugleich den Vertrag ausdrücklich dem Anwendungsbereich der § 88 zu unterstellen oder durch einen „Insbesondere-Zusatz" den Beispielcharakter der aufgezählten Nutzungsrechte betont haben (vgl. zur alten Rechtslage BGH GRUR 1985, 529, 530 – Happening; Vorinstanz KG GRUR 1984, 507, 508: die von einem Gastprofessor einer Universität erteilte Einwilligung, ein von ihm zu Lehrzwecken veranstaltetes Happening auf Videoband aufzunehmen, umfasst nach § 31 Abs. 5 nicht die Verwertung dieser Aufzeichnung durch Herstellung einer Kopie und deren Verbreitung an eine außeruniversitäre Einrichtung; hier ist auch nach neuer Rechtslage von einer ausdrücklichen und eindeutigen Beschränkung des Nutzungsrechtsrechts auszugehen; anders wären BGH GRUR 1974, 786, 787 f. – Kassettenfilm und BGHZ 67, 56, 58 ff., 66 f. – Schmalfilmrechte zu entscheiden, da auch unbekannte Zweitverwertungsrechte jedenfalls von § 88 Abs. 1 umfasst sind und für eine Beschränkung nach allgemeinen Erwägungen des § 31 Abs. 5 kein Raum bleibt). In einem solchen Fall finden die Grundsätze aus § 88 nur in Bezug auf die eingeräumten Nutzungsrechte Anwendung (vgl. dazu auch OLG Frankfurt GRUR 1989, 203, 204 – Wüstenflug).

5 Hinsichtlich der **außerfilmischen Verwertungsrechte,** bleibt der sachliche Anwendungsbereich des § 31 Abs. 5 ebenfalls bestehen (hier muss ggf. geprüft werden, ob § 43 zur Anwendung kommt; dazu Rn. 12). Das Gleiche gilt für die Auswertung des fertigen Filmwerkes durch den Filmhersteller. Dessen Beziehung zu den Verwertern bestimmt sich ausschließlich nach § 31 Abs. 5 (G. Schulze GRUR 1994, 855, 864; Fromm/Nordemann/ J. B. Nordemann § 88 Rn. 101 f.).

6 Die Zweifelsregelung hat nicht nur in qualitativer sondern auch hinsichtlich quantitativer Beschränkungen Bedeutung. Das nach § 88 Abs. 1 zu vermutende Vervielfältigungs- und Verbreitungsrecht des Filmherstellers ist nur dann auf eine bestimmte **Art und Anzahl von Filmkopien** zu beschränken, wenn dies vertraglich eindeutig konkretisiert ist (vgl. zur alten Rechtslage: BGH GRUR 1986, 62, 66 – GEMA-Vermutung I; BGH GRUR 1984, 45, 48 f., 51 – Honorarbedingungen für Sendevertrag; KG GRUR 1984, 509, 513 f. – Honorarbedingungen Urheber/Fernsehen; OLG Köln GRUR 1983, 568, 570 – Video-Kopieranstalt; OLG Hamburg ZUM 1986, 151, 155; zur Anwendung des Zweckübertragungsprinzips auf **Altverträge** insb. der Erstreckung auf den „gefunkten Film" in Formularverträgen aus den Jahren 1939–1944: BGH GRUR 1982, 727, 729 f. – Altverträge; OLG München ZUM 1995, 484, 485 – Ufa-Film: für Verträge und Filmproduktionen aus dem Jahre 1938).

7 Eine Fortführung der restriktiven Auslegung der §§ 88, 89 (vgl. Schricker/Loewenheim/ Katzenberger Vor §§ 88 ff. Rn. 10, 14, 43) kommt nicht mehr in Betracht. **Wertungswidersprüche zwischen Neuverträgen und Altverträgen** sind nach der Intention des Gesetzgebers zu vermeiden.

8 **b) Verhältnis zu § 37.** § 88 geht als lex specialis § 37 vor, soweit nämlich die Rechtseinräumung der Verfilmung, d. h. das **Recht zur Bearbeitung** betroffen ist (Vor §§ 88 ff. Rn. 22; Dreier/Schulze/*Schulze* § 88 Rn. 34; Schricker/*Schricker* § 37 Rn. 4; Schricker/Loewenheim/*Katzenberger* § 88 Rn. 8). Dieses erhält nämlich, wie der eindeutige Wortlaut in § 88 Abs. 1 zeigt, der Filmhersteller und verbleibt nicht wie sonst beim

§ 88 Recht zur Verfilmung　　　　　　　　　　　　　9, 10　§ 88 UrhG

Urheber. Alles andere wäre auch systemfremd, da bei der Verfilmung der Bearbeitungscharakter immanent ist. Da Filme regelmäßig auf Bild- und Tonträgern fixiert werden, ist auch kein Raum für die Anwendung von § 37 Abs. 2. Die **Grenze der Bearbeitungsfreiheit des Filmherstellers** ist die **gröbliche Entstellung** der Leistung der Urheber und sonstigen Mitwirkenden. Denn die Neuregelung des Zweiten Korb in §§ 88, 89 will sicherstellen, dass Auswertungen unterhalb der Schwelle der gröblichen Entstellung auch in unbekannten Nutzungsarten künftig möglich sein sollen, wenn die Voraussetzungen für den Erwerb der unbekannten Nutzungsarten, die schriftliche Einräumung des Verfilmungsrechts gegeben sind. Weiter ist die **Bearbeitungsbefugnis auf den konkreten Film,** zu dessen Herstellung das vorbestehende Werk dient, beschränkt. Das bedeutet aber nicht, dass die Bearbeitungsbefugnis sich ausschließlich auf den Akt der Filmherstellung bezieht. Das folgt schon aus dem Wortlaut des § 88, der deutlich zwischen Herstellung des Filmwerkes und Bearbeitung des Werkes vor der Herstellung unterscheidet. Ein Werk kann also schon vor Drehbeginn in den Grenzen des § 93 verändert werden, solange die spätere Verwertung des Werkes ausschließlich bezogen auf den konkreten Film erfolgt. Falsch ist es daher anzunehmen, dass bspw. im Drehbuchbereich die Bearbeitungsbefugnis des Filmherstellers stillschweigend zu Gunsten des Urhebers abbedungen ist (so *Homann* S. 100).

c) **Verhältnis zu § 12.** §§ 88, 89 sind nicht leges speciales gegenüber § 12. §§ 88, 89　**9** schließen deswegen nicht notwendigerweise auch die **Gestattung der Veröffentlichung** mit ein (OLG Köln GRUR-RR 2005, 337, 338 – Dokumentarfilm Massaker; OLG München NJW 2001, 618; vgl. dazu auch § 93 Rn. 10 ff.). Hintergrund dafür ist, dass die Verfilmung regelmäßig eine Bearbeitung des Werkes darstellt. Das **Erstveröffentlichungsrecht** der Bearbeitung liegt beim Urheber des Ursprungswerkes, unabhängig davon ob das vorbestehende Werk bereits seinerseits veröffentlicht war (für die Veröffentlichung von Fotoaufnahmen eines Happenings: OLG Düsseldorf GRUR 2012, 173, 176). Erst recht gilt dies für den Fall, dass das Werk bei Vertragsschluss noch nicht fertiggestellt ist (OLG München ZUM 2000, 767, 771 – Down under: § 89, zum Veröffentlichungsrecht eines Spielfilmregisseurs bezüglich von Teilen eines unfertigen, fertigzustellenden Spielfilms). Nach § 9 analog kann der Urheber des vorbestehenden Werkes aber bei einer willentlichen Werkverbindung die Veröffentlichung des Filmwerkes nicht ohne wichtigen Grund versagen (§ 9 Rn. 18; Schricker/*Loewenheim* § 9 Rn. 15; vgl. dazu auch § 93 Rn. 11). Dort wo die Parteien eine vertragliche Einräumung des Veröffentlichungsrechts getroffen haben, hat dies zumindest schuldrechtliche Wirkung. Eine solche Vereinbarung ist dabei auch konkludent möglich, wovon insbesondere dann auszugehen ist, wenn der Beteiligte Arbeitnehmer i. S. d. § 43 ist (LAG Bayern UFITA 50 (1967), 298 ff. – Die schwedische Jungfrau; vgl. auch § 93 Rn. 11). Eine „dingliche Verfügung" über das Veröffentlichungsrecht liegt vor, wenn der Urheber des vorbestehenden Werkes das fertiggestellte Filmwerk zur Veröffentlichung freigegeben hat.

d) **Verhältnis zu §§ 15 ff., § 23 S. 2.** Das **Verfilmungsrecht** ist **kein eigenständi-　10 ges Verwertungsrecht** i. S. d. §§ 15 ff. (BGHZ 123, 142, 146 f. – Videozweitauswertung II), das als Kernbestandteil des Urheberrechts unveräußerlich wäre, sondern der Inbegriff vertraglich einräumbarer Bearbeitungs- und Nutzungsrechte zum Herstellen und Verwerten von Filmen. Ein Verfilmungsrecht wird in der vom Gesetzgeber abschließend vorgesehenen (AmtlBegr. BT-Drucks. IV/270, 46) Aufzählung der §§ 15 ff. nicht genannt (§ 15 des Ministerialentwurfs UrhG von 1959, der ein Verfilmungsrecht als selbstständiges Verwertungsrecht neben dem Vervielfältigungsrecht vorgesehen hatte, wurde vom Gesetzgeber als überflüssig und mit der Systematik des Gesetzes nicht vereinbar, verworfen. Vielmehr wurde betont, dass die *Verfilmung eines Werkes entweder, wenn das Werk unverändert in den Film übernommen wird, eine Vervielfältigung oder eine besondere Form der Bearbeitung darstellt;* AmtlBegr. BT-Drucks. IV/270, 46; *Ventroni* 93). Auch durch **§ 23 S. 2** wird das Einwilligungserfordernis zur Verfilmung nicht zu einem eigenständigen Verwertungsrecht erhoben; andernfalls hätten auch andere Arten von Bearbeitungen ausdrücklich im Gesetz genannt werden müssen (AmtlBegr. BT-Drucks. IV/270, 46; *Ventroni* 92; a. A. zuletzt G. *Schulze* GRUR 2001, 1084, 1085; *v. Gamm* § 23 Rn. 2 ff.; *Hörnig* UFITA 99 (1985) 13, 74 ff.). Das Erfordernis vorheriger Zustimmung zur Verfilmung des § 23 S. 2 erweitert lediglich den Schutzumfang des Bearbeitungsrechts für den Spezialfall der Bearbeitung in Filmform aufgrund der produktionsbedingt höheren Risiken für den Urheber.

11 Vom **Filmherstellungsrecht** lassen sich daher nicht mit dinglicher Wirkung gem. § 31 unterschiedliche Filmherstellungsrechte „**Videoherstellungsrecht**", „**Videozweitauswertungsrecht**" oder „**Fernsehfilmherstellungsrecht**" abspalten (BGHZ 123, 142, 146 f. – Videozweitauswertung II; *Ventroni* 92 ff.).

12 e) **Verhältnis zu § 43.** Ist der Urheber des vorbestehenden Werkes **Arbeitnehmer** des Filmherstellers greift ergänzend § 43. Soweit es um die Auswertung des konkreten Filmwerkes geht, wird man davon ausgehen müssen, dass § 88 mit § 43 deckungsgleich ist. Dennoch besteht ein eigenständiger Anwendungsbereich von § 43 im Filmbereich. § 43 kommt vor allem dort zum Tragen, wo die Einräumung der Nutzungsrechte für außerfilmische Verwertungsmaßnahmen (hierzu zählt u. a. das **Merchandisingrecht**) im Raum steht. Der Rechteumfang unter § 43 bestimmt sich nach den betrieblichen Zwecken, wobei den Interessen des Arbeitgebers in größerem Umfang Rechnung getragen wird als bei einer Nutzungsrechtseinräumung außerhalb eines Arbeitsverhältnisses (BGH GRUR 1974, 480, 482 – Hummel). Da die **außerfilmische Verwertung** wie die Veröffentlichung der Filmmusik als herausgelöster Soundtrack, das Merchandising, die Klammerteilauswertung und die Herstellung eines Buches zum Film aber mittlerweile zum Standardprogramm einer Filmauswertung gehören, also dem Betriebszweck entsprechen, ist davon auszugehen, dass die hierfür notwendigen Rechte als nach § 43 übertragen gelten, zumindest dann, wenn das Filmprojekt dies nahe legt. Ohnehin steht es den Parteien jederzeit frei, vertraglich eine Einräumung der außerfilmischen Nutzungsrechte zu vereinbaren. Dies ist auch in AGB möglich (LG Berlin: Urteil vom 25.6.2008 – 4 O 91/08, BeckRS 2010, 10890; allgemein dazu BGH, Urteil vom 31.5.2012 – I ZR 73/10, BeckRS 2012, 15227 – „Honorarbedingungen Freie Journalisten; BGH GRUR 1984, 119, 120 – Synchronisationssprecher).

13 f) **Verhältnis zu §§ 69a ff.** Umstritten ist, unter welchen Voraussetzungen die §§ 69a ff. und wann die §§ 88 ff. auf **Computerspiele** Anwendung finden. Richtigerweise wird man sagen müssen, dass die Verwertung der audiovisuellen Spieldarstellung den §§ 88 ff. unterfällt und die §§ 69a ff. ausschließlich dort Anwendung finden, wo es um softwarespezifische Fragen geht (*Bullinger/Czychowski* GRUR 2011, 19, 21; *Katko/Maier* MMR 2009, 306, 310). Die Gegenmeinung, wonach bei Computerspielen ausschließlich die §§ 69a ff. Anwendung finden sollen (*Kreuzer* CR 2007, 1, 6) ist ebenso abzulehnen, wie die Annahme dass im Zweifel § 31 Abs. 5 einschlägig sei (Schricker/Loewenheim/*Katzenberger* Vor §§ 88 Rn. 44). Denn an der Entwicklung eines Computerspiels sind eben nicht nur die Programmierer des Steuerungsprogramms beteiligt, sondern insbesondere auch die Entwickler der vorbestehenden Werke (dazu Vor §§ 88 ff. Rn. 60). Hierzu zählen diejenigen, die das Design der Figuren und die virtuellen Welten entworfen sowie das „Drehbuch" geschrieben oder die Musik komponiert haben. Soweit diese Mitwirkenden nicht zugleich eine Programmierleistung erbracht haben, finden auf diese die §§ 69a ff. keine Anwendung. Denn der sachliche Anwendungsbereich der §§ 69a ff. ist an ein Computerprogramm geknüpft. Folglich müssten die Entwicklungsstudios die Rechte anhand der allgemeinen Regeln gem. §§ 31 ff. erwerben. Da aber das Entwicklungsstudio heute ähnlich einem Filmhersteller erhebliche Investitionskosten trägt (die durchschnittlichen Kosten eines aktuellen Konsolenspiels liegen laut *Bullinger/Czychowski* GRUR 2011, 19, 20 bei 18–28 Mio. US-Dollar; vgl. zu den allg. Umsatzvolumina der Computerspielbranche siehe dazu Vor §§ 88 ff. Rn. 2) und auch beim Computerspiel wie beim Film die Entwicklung des Computerspiels Ergebnis einer arbeitsteiligen Produktion ist, an der viele beteiligt sind, ist es gerechtfertigt die §§ 88ff. auch auf Computerspiele anzuwenden. Eine Andersbehandlung wäre nicht mit Sinn und Zweck der §§ 88ff. vereinbar (allgemein für eine unterschiedslose Behandlung von Kino-, Fernseh- und sonstigen Filmen sowie Multimediaprodukten wie Video- und Computerspiele *Czernik* in Wandtke Medienrecht Band 2, Kap. 2 § 2 Rn. 11).

II. Tatbestandsvoraussetzungen

1. Vertragliche Gestattung der Verfilmung

a) Vertragsparteien. Der Vertragspartner, dem das Verfilmungsrecht eingeräumt wird, muss nach dem Wortlaut im Gegensatz zu § 89 nicht selbst Filmhersteller, sondern kann jeder beliebige Dritte sein. Insofern findet § 88 bspw. auch auf den Verlagsvertrag Anwendung, in dem das Verfilmungsrecht als Nebenrecht eingeräumt wurde (*Czernik* in Wandtke Band 2 2. Kap. § 4 Rn. 110; Fromm/Nordemann/*J.B. Nordemann* § 88 Rn. 23; vgl. dazu auch Rn. 15). Darüber hinaus findet § 88 Anwendung, wenn Vertragspartner des Filmherstellers nicht selbst Urheber ist, sondern von diesem die Rechte über § 88 erworben hat und an den Filmhersteller weiterlizenziert. Zwar soll nach dem Wortlaut der Urheber selbst das Nutzungsrecht einräumen. Der **Gesetzeszweck** rechtfertigt jedoch eine extensive Auslegung des § 88 UrhG, weil andernfalls die vollständige Auswertung des Filmwerkes, wie sie vom Gesetzgeber gewollt ist, nicht durchsetzbar wäre. So werden Verfilmungsrechte, insb. Stoffrechte häufig nicht direkt vom Urheber an den eigentlichen Filmhersteller, sondern in einer Vertragskette übertragen (dazu im Einzelnen Schricker/*Schricker-Loewenheim* Vor §§ 28ff. Rn. 50f.). Würde man daher § 88 ausschließlich auf das Verhältnis Urheber/Filmhersteller einschränken, wäre der Filmhersteller in weiten Bereichen vom Auswertungsprivileg des § 88 ausgeschlossen (Fromm/Nordemann/*J.B. Nordemann* § 88 Rn. 25). Die Auslegungsvermutungen des § 88 finden deswegen über den Wortlaut hinaus bspw. auch uneingeschränkte Anwendung auf Verträge, die der Filmhersteller mit einer **Verwertungsgesellschaft** geschlossen hat (BGH GRUR 1977, 42f. – Schmalfilmrechte zum GEMA-Berechtigungsvertrag von 1968 erwähnt § 88 allerdings nicht). Verwertungsgesellschaften nehmen das Verfilmungsrecht allerdings nur in Ausnahmefällen und in beschränktem Umfang wahr (vgl. zur Beschränkung des Wahrnehmungszwangs unten § 6 WahrnG Rn. 8).

b) Vertrag. Über den Wortlaut hinaus, der eine vertragliche Verfügung („gestattet") erfordert, genügt entsprechend dem Gesetzeszweck auch ein schuldrechtlicher **Verpflichtungsvertrag,** mit dem eine unbedingte Verpflichtung zur Übertragung etwa eines zukünftigen Werknutzungsrechts zur Verfilmung eingegangen wird, sog. Verfilmungsvertrag. Dieser Verfilmungsvertrag ist **kein Verlagsvertrag,** sondern ein **urheberrechtlicher Lizenzvertrag eigener Art** (BGH NJW 1952, 662 – Parkstraße 13; BGH GRUR 1958, 504 – Die Privatsekretärin). Ist das Verfilmungsrecht daher Bestandteil eines Verlagsvertrages, muss zwischen dem Verfilmungsrecht und den sonstigen Nutzungsrechten, die eingeräumt werden, unterschieden werden. Mit der Folge, dass die verlagsrechtlichen Regelungen auf die Nutzungsrechtseinräumung „Verfilmung" keine Anwendung finden (OLG Hamburg UFITA 37 (1962),336). Diese unterschiedliche Behandlung der einzelnen Rechteübertragungen rechtfertigt sich daraus, dass die filmrechtlichen Regelungen ausdrücklich als lex specialis für den Filmbereich vorgesehen sind. Deswegen können sie durch allgemeine vertragsrechtliche Regelungen nicht verdrängt werden. Zumal man es andernfalls in der Hand hätte, die filmrechtlichen Sonderbestimmungen zu umgehen. Hinzu kommt, dass die Vertragsregelungen insbesondere im Fall des Rückrufs des Verfilmungsrechts wegen § 9 VerlG Rechtsfolgen bereithalten, die auf den Filmbereich nicht passen, da sie zu einer unverhältnismäßigen Belastung des Sublizenznehmers führen (vgl. § 90 Rn. 1).

16 Eine einseitige Einwilligung i. S. d. § 23 genügt nicht, um die die Rechtsfolge der §§ 88 ff. auszulösen. § 88 verlangt die vertragliche Einräumung eines Nutzungsrechts i. S. d. §§ 31 ff. zur Verfilmung (AmtlBegr. BT-Drucks. IV/270, 98; Schricker/Loewenheim/ *Katzenberger* § 88 Rn. 24; Dreier/Schulze § 88 Rn. 15). Eine analogiefähige Lücke für eine einseitige Einwilligung besteht nicht, weil das Zweckübertragungsprinzip des § 31 Abs. 5 auf einseitige urheberrechtliche Einwilligungsrechte Anwendung findet (BGH GRUR 1979, 637, 638 – White Christmas; BGH GRUR 1984, 119, 121 – Synchronsprecher, jeweils zu § 75).

17 Die vertragliche Einräumung ist grds. d. h. hinsichtlich der Erwerbsvermutung zugunsten bekannter Nutzungsarten **formfrei.** § 88 Abs. 1 S. 2 sieht aber die **Geltung des Schriftformerfordernisses von § 31a Abs. 1 S. 1 für die Rechtseinräumung unbekannter Nutzungsarten auch im Filmbereich vor.** Wurde diese vergessen, beschränkt sich nach § 139 BGB die Nutzugsrechtseinräumung auf die bekannten Nutzungsarten (Fromm/Nordemann/*J. B. Nordemann* § 88 Rn. 22). Eher selten dürfte die **Formvorschrift des § 40** einschlägig sein. Hiernach bedarf ein Vertrag, durch den sich der Urheber zur Einräumung von Nutzungsrechten an künftigen Werken verpflichtet, die überhaupt nicht näher oder nur der Gattung nach bestimmt sind, der schriftlichen Form. Werden Drehbuch und Filmmusik in Auftrag gegeben, besteht oftmals jedoch wenigstens ein Projekttitel oder spezifische Merkmale, die den Vertragsgegenstand bestimmbar machen und den Anwendungsbereich von § 40 ausschließen. Einschlägig ist § 40 nur dann, wenn die Verträge so allgemein gehalten sind, dass sie auf mehrere Filmvorhaben passen würden. Das ist bspw. bei Optionsabreden der Fall, die sich nur abstrakt auf „das nächste Drehbuch" beziehen (vgl. bei *Brauneck/Brauner* ZUM 2006, 513, 521; Loewenheim/*Schwarz/Reber* § 74 Rn. 14; zur Anwendbarkeit des § 88 auf Optionsverträge siehe Rn. 20).

18 Handelt es sich bei den Mitwirkenden um Arbeitnehmer, ist umstritten, ob § 40 durch § 43 verdrängt wird (so LG Köln ZUM 2008, 76; a. A. OLG Celle CR 1994, 681). Hiervon ist aber wegen des ausdrücklichen Verweises in § 43 auf § 40 auszugehen. In jedem Fall müssen aber auch bei angestellten Mitwirkenden die Schriftformerfordernisse des Nachweisgesetzes beachtet werden. Danach hat ein Arbeitnehmer das unverzichtbare Recht, dass ihm der Arbeitgeber die wesentlichen Vertragsbedingungen schriftlich bestätigt. Teilweise ergeben sich zudem auch aus Tarifverträgen Schriftformerfordernisse, wobei hier zwischen Soll- und Pflichtvorschriften unterschieden werden muss.

19 Hauptanwendungsfälle des § 88 sind neben den eigentlichen Verfilmungsverträgen **Sendeverträge, Honorarbedingungen** für Urheber/Fernsehen und Honorarbedingungen für Mitwirkende/Fernsehen, soweit diese mit Urhebern geschlossen werden sollten (BGH GRUR 1984, 45 – Honorarbedingungen Sendevertrag; *Henning-Bodewig* FS Schricker 1995, 389, 412 ff.), **Filmmanuskriptverträge,** Drehbuchverträge, Filmmusikverträge über Komposition von Filmmusik (score music) und die Verwendung sonstiger Musikwerke, der **GEMA-Berechtigungsvertrag** i. d. F. v. 2002 (str., so Fromm/Nordemann/ *J. B. Nordemann* § 88 Rn. 23; Schricker/Loewenheim/*Katzenberger* § 88 Rn. 30; a. A. *Ventroni* 207: einer Anwendung auf den Rückfall des Filmherstellungsrechts nach § 1i Abs. 1 GEMA-BV stehe der Abschlusszwang entgegen) sowie im Rahmen von **Verlagsverträge** (Einräumung des Verfilmungsrechts als **Nebenrecht zum Verlagsrecht** gem. **§ 2 Abs. 3 lit. b Normvertrag** für den Abschluss von Verlagsverträgen idF. vom 1.4.1999, Beck'sche Formularsammlung zum gewerbl. Rechtsschutz mit UrhR, IX. A. 1.1. Beispiel einer Ermächtigung zur Herstellung von Filmwerken in **§ 2 Abs. 3i;** vgl. weiter auch Rn. 46 ff.) **des Musterverlagsvertrages des Deutschen Musikverlegerverbands (DMV)** (dazu *Ventroni* 189 ff., 192). § 88 findet ebenso Anwendung auf **Arbeits-, Tarif-, Werkverträge** (BGH GRUR 1995, 212, 213 – Videozweitauswertung III; Fromm/ Nordemann/*J. B. Nordemann* § 88 Rn. 23; Schricker/Loewenheim/*Katzenberger* Rn. 28 f.). Aus dem Arbeitsverhältnis oder aus Tarifverträgen ergibt sich häufig eine die Übertragungsvermutung des § 88 wesentlich überschreitende Einräumung von Rechten. Häufig wird in der Praxis nicht unterschieden, ob der Auftragnehmer, Lizenzgeber überhaupt Urheber eines vorbestehenden Werkes oder eines zu schaffenden Filmwerkes ist oder nicht. Der Verwender der AGB will in jedem Fall den Rechtserwerb hinsichtlich aller wesentlichen filmischen Nutzungsarten sicherstellen (Dreier/Schulze § 88 Rn. 17), was auf einen Buy-Out hinausläuft und AGB-rechtlich zulässig ist, solange der Urheber angemessen beteiligt wird (BGH, Urteil vom 31.5.2012 – I ZR 73/10, BeckRS 2012, 15227 – Honorarbedingungen Freie Journalisten; BGH GRUR 1984, 45 – Honorarbedingungen: Sendevertrag).

Häufig erfolgt der Erwerb des Verfilmungsrechts aufgrund eines **Optionsvertrages** über bestehende oder künftige Werke (dazu vgl. § 40 Rn. 6 ff.; *Brauneck/Brauner* ZUM 2006, 513, 516). Danach wird dem zukünftigen Filmproduzenten gegen Zahlung einer Optionsgebühr das fristgebundene, exklusive Recht auf den Erwerb des Verfilmungsrechts eingeräumt (*M. Schwarz* FS W. Schwarz 1999, 201 ff., 204 f.; OLG München ZUM-RD 1998, 130, 137 ff. – Stoffrechte: zur Verlängerung eines Optionsrechts). Der Optionsvertrag gestattet zwar – noch – nicht im Sinne einer Verfügung, die Filmherstellung unter Benutzung des vertragsgegenständlichen Werks, gleichwohl muss § 88 nach seiner Zweckrichtung bei Zweifeln über den Umfang des Optionsrechts zur Verfilmung Anwendung finden (zur Auswirkung der Filmherstellung trotz Ablauf der Optionsfrist auf die Auswertungshandlungen, *Ventroni* 159 f.). 20

c) **Verfilmen.** Ob ein Vertrag das Verfilmen bzw. die **Einräumung des Rechts,** ein vorbestehendes **Werk zur Herstellung eines Films zu nutzen,** zum Gegenstand hat, ist nach den allgemeinen Regeln der **Vertragsauslegung** zu ermitteln (für Verträge aus der Zeit vor dem 1.1.1966 vgl. §§ 132, 143 Abs. 2; bei älteren Verträgen gilt das gewohnheitsrechtlich anerkannte allgemeine Zweckübertragungsprinzip. 21

Verfilmung (Überschrift § 88 „Recht zur Verfilmung", „Werk zu verfilmen", § 23 S. 2 „Verfilmung des Werkes") ist die Herstellung eines Films (Filmwerks oder Laufbildes) unter Benutzung eines anderen, vorbestehenden Werkes. **„Verfilmen"** entspricht insofern allgemeiner Sprachbedeutung und meint **Umsetzung eines geistigen Gehalts in bewegte Bildfolgen** (abzugrenzen bspw. von der Bebilderung unveränderter Musik oder Vertonung eines unveränderten Stummfilms; BGH NJW 2007, 679, 681 – Alpensinfonie). Die konkret verwendeten technischen Mittel, fotochemischer Filmträger, Magnetband, digitales Speichermedium oder auch eine Fernseh-Live-Sendung ohne Speicherung oder körperliche Festlegung sind ohne Bedeutung (vgl. § 2 Abs. 1 Nr. 6 „ähnlich wie Filmwerke geschaffen", s. o. § 2 Rn. 120 f.). 22

aa) **Bearbeitung. Umgestaltung.** Nach § 23 S. 2 bedarf bei einer Verfilmung eines Werkes bereits das Herstellen der Bearbeitung oder Umgestaltung der Einwilligung des Urhebers, nicht erst die körperliche oder unkörperliche Verwertung (§ 23 Rn. 13). Der Gesetzgeber hat die Verfilmung als einen Regelfall der unfreien Benutzung angesehen (a. A. § 24 Rn. 6). Der Film ist **Bearbeitung** des vorbestehenden Werkes, wenn dieses **beim Verfilmungsvorgang umgestaltet wird,** andernfalls bloße Vervielfältigung bei unveränderter Übernahme. Die Umgestaltung des vorbestehenden Werkes als „Vorlage" des Films folgt in der Regel aus dem multimedialen Charakter des **Gesamtwerks** „Film" (vgl. § 2 Rn. 151 ff.; *Brugger* UFITA 51 (1968) 89). Die Verbindung von gestalterischen Elementen (unveränderter Musik, Werke der Architektur, bildenden Kunst, Literatur) mit bzw. zu einer bewegten Bildfolge erzeugt regelmäßig einen neuen, anderen Gesamteindruck (LG München I ZUM 1993, 289, 291 f. – Carmina Burana: Verbindung des Chorstücks „O Fortuna" mit einem Film über Michael Jackson; *Dreier/Schulze* § 88 Rn. 11; *Rehbinder* Rn. 145). Das trifft idealtypisch für die Verwendung eines Drehbuchs für die Dreharbeiten zu. Diese ist wegen des **Medienbruchs** keine bloße Vervielfältigung. Beginn der Verfilmung ist der Drehbeginn und nicht die Herstellung des dem Film zugrundeliegenden Exposés, Treatments oder Drehbuchs (§ 23 S. 1; § 90 S. 2; *Möhring/Nicolini/Lütje* § 90 Rn. 7; Möh- 23 ring/Nicolini/*Ahlberg* § 23 Rn. 20; Schricker/*Loewenheim* § 23 Rn. 12, 20). Eine Verfilmung liegt unabhängig davon vor, ob das Ergebnis der Verfilmung ein Laufbild ohne (§ 95) oder ein Filmwerk (§ 2 Abs. 1 Nr. 6) mit Werkcharakter ist. Die verfilmten, **vorbestehenden Werke** (vgl. § 89 Abs. 3) werden in **filmunabhängige** (typische Beispiele: Roman, Theaterstück) und **filmbestimmte,** die unmittelbar mit der Zweckbestimmung für ein Filmwerk geschaffen wurden (Schricker/Loewenheim/*Katzenberger* Vor §§ 88ff. Rn. 69), unterteilt. Die Verfilmung wird bei nicht filmbestimmt geschaffenen vorbestehenden Werken häufig auch eine urheberpersönlichkeitsrechtlich relevante, wesentliche Umwandlung mit sich bringen (*M. Schwarz* FS W. Schwarz 201, 207; *Fette* 269f. zum Verfilmungsvertrag aus Verlagssicht).

24 bb) **Unveränderte Übernahme.** Nach der amtlichen Begründung liegt im Fall der unveränderten Übernahme eines vorbestehenden Werkes ein Fall der **Vervielfältigung** (§ 16) vor, die nach allgemeinen Grundsätzen der Einwilligung des Urhebers bedarf und vom Schutzzweck des § 23 S. 2 nicht erfasst wird (AmtlBegr. BT-Drucks. IV/270, 46; *Brugger* UFITA 51 (1968) 89, 101 f.; Möhring/Nicolini/*Ahlberg* § 23 Rn. 20; Schricker/ Loewenheim/*Katzenberger* Vor §§ 88ff. Rn. 24; a.A. Dreier/Schulze § 88 Rn. 11; *Reupert* 87; *Rehbinder* Rn. 145, 226, der in der unveränderten Benutzung etwa von Filmmusik angesichts der notwendigerweise schöpferischen Kombination mit anderen Werkarten eine Bearbeitung und zugleich eine Vervielfältigung sieht; an anderer Stelle *Rehbinder* Rn. 177 **Werkverbindung** i.S.d. § 9; LG München I ZUM 1993, 289, 291f. – Carmina Burana; zu „Synch-rights" differenzierend *Ventroni* 119ff., 131, der in der unveränderten Verwendung von Filmmusik keine Bearbeitung, sondern Vervielfältigung, zugleich aber einen einwilligungspflichtigen Eingriff in das Urheberpersönlichkeitsrecht des Filmmusikurhebers sieht). Nach BGH NJW 2007, 679, 681 – Alpensinfonie ist die **Fernsehaufzeichnung der Konzertaufführung** eines Musikwerks „bei unveränderter Übernahme der Musik" keine Verfilmung, sondern **Vervielfältigung** des dargebotenen Werks. Das aufgeführte Musikwerk wird nach h.M. nicht bearbeitet. Eine Bearbeitung i.S.d. § 23 sei auch nicht deswegen anzunehmen, weil das Musikwerk durch die Verbindung mit Bildfolgen in einen anderen Zusammenhang gestellt werde. Musik und Bildfolgen gehören verschiedenen Kunstgattungen an und erschienen deshalb auch nach ihrer Verbindung nicht in der Weise als Teil desselben Werks, wie das bei Zutaten zu einem Werk der bildenden Kunst der Fall sein könne (BGH NJW 2002, 3248 – Unikatrahmen). Soweit **Filmaufzeichnungen** und **Live-Übertragungen** danach wie üblich filmtechnische Gestaltungsmittel wie wechselnde Perspektiven, Zoom, Schnitt verwenden, genügte dies nach h.M. nicht, um einen neuen Gesamteindruck des Musikwerks zu erzeugen, was jedoch angesichts dessen, dass als Filmwerk auch solche Filme geschützt sind, die aus dem Zusammenstellen verschiedener Szenen bestehen, fraglich ist (dazu Vor § 88 Rn. 58 f.). Tatfrage bleibt allerdings, wann die Grenze der unveränderten Übernahme zur Bearbeitung der Musik überschritten wird. Offen bleibt nach Ansicht des BGH, ob dies bei bloßen Kürzungen und Auslassungen der Musik bereits der Fall ist, und ob bei zwar „unveränderter" Musik aber eigenständiger Bildumsetzung (keine bloße Konzertaufzeichnung) doch eine Bearbeitung und Verfilmung der Musik anzunehmen ist (neuer Gesamteindruck, LG München I ZUM 1993, 289, 291 f. – Carmina Burana). Zu unterscheiden ist ebenfalls das von § 88 nicht erfasste leistungsschutzrechtliche **Einblendrecht** (= Einspielung von Tonträgern in einen Film, § 88 Rn. 39).

25 d) **Keine Verfilmungspflicht.** Eine **Pflicht zur Verfilmung** ist nicht erforderlich und besteht grds. auch dann nicht, wenn der Urheber eine Umsatzbeteiligung vereinbart hat (einschränkend BGH UFITA 37 (1962) 336: „kein willkürliches Absehen" von der Verfilmung; OLG Hamburg UFITA 25 (1958) 463; anderes gilt für die **Pflicht zur angemessenen Filmauswertung** (OLG München ZUM 2000, 1093, 1096 – Legende von Pinocchio: Schadensersatz wegen unzureichender Kinofilmauswertung). Andernfalls wäre der

Filmhersteller womöglich gezwungen, Investitionen zu tätigen, die er nicht refinanzieren kann. Da § 90 die Anwendung des § 41 hinsichtlich des Filmherstellungsrechts aber nicht ausschließt, kann der Urheber oder Nutzungsberechtigte dieses bei **Nichtausübung** grds. zurückrufen (dazu § 90 Rn. 16), was ihn ausreichend schützt (*Schwarz/Reber* in von Hartlieb/Schwarz 93. Kap. Rn. 13 f.).

2. Vorbestehendes Werk

a) **Allgemeines.** Gegenstand des Vertrages muss ein gesondert verwertbares Werk sein. **26** Gesonderte Verwertbarkeit erfordert ein unabhängig vom vertraglich betroffenen (geplanten) Filmwerk verwertbares, selbstständiges vorbestehendes Werk (Schricker/Loewenheim/*Katzenberger* § 88 Rn. 13 ff.; *Götting* ZUM 1999, 3). Maßgeblich ist allein die urheberrechtliche **Werkqualität** (s. o. § 2 Rn. 5 ff.). Soweit **Werkteile** für sich betrachtet keine persönlich geistige Schöpfung sind, ist ihre Verfilmung grds. vorbehaltlich persönlichkeitsrechtlicher oder wettbewerbsrechtlicher Einreden erlaubt (OLG Hamburg GRUR 1997, 822, 825 – Edgar-Wallace-Filme; OLG München CR 1997, 20; BGHZ 9, 262, 266 – Lied der Wildbahn I). Soweit ein **Optionsvertrag** über die Einräumung der Verfilmungsoption hinsichtlich eines **hinreichend bestimmten künftigen Werkes** (§ 40 Rn. 6 ff.; zur Bestimmung des Optionsgegenstandes *Brauneck/Brauner* ZUM 2006, 514, 518) vorliegt, ist § 88 nach seinem Zweck auch auf die filmische Verwertung des künftigen Werkes anzuwenden (*Brauneck/Brauner* ZUM 2006, 518). Hinsichtlich der Verfilmung **nachgelassener Werke** (§ 71) ordnet § 71 Abs. 1 S. 3 die entsprechende Anwendung des § 88 an. Der Herausgeber eines **nachgelassenen Werkes** steht damit hinsichtlich der Verfilmung den Urhebern von bestehenden Werken gleich. Der Unterscheidung von vorbestehenden, nicht für Filmzwecke geschaffenen Werke von vorbestehenden **filmbestimmten** Werken kommt für § 88 keine Bedeutung zu (§ 89 Abs. 3 nennt Beispiele beider Kategorien, Roman und Drehbuch/Filmmusik als Anwendungsfälle von § 88; AmtlBegr. BT-Drucks. IV/270, 98). Auf die Frage der „**Verfilmbarkeit**" im Sinne einer Umsetzbarkeit mit spezifisch filmischen Mitteln kommt es nicht an. Die konkrete Art und Weise der Verwendung des vorbestehenden Werkes für die Filmherstellung ist irrelevant, solange es im Film erkennbar bleibt.

Als vorbestehende Werke kommen **grundsätzlich alle Werkgattungen** des § 2 Abs. 1 **27** in Betracht. Typische Beispiele filmbestimmt geschaffener vorbestehender Werke sind: Drehbuch, Filmmusik. Filmunabhängige vorbestehende Werke sind: Novellen, Opern, Operetten, Dramen und andere Bühnenwerke, Schlagerlieder und andere filmunabhängig geschaffene musikalische Kompositionen, filmunabhängige choreografische Werke, Werke der Baukunst und andere Werke der bildenden Künste. Die umstrittene Frage, ob **Filmarchitektur, Filmkostüme, Masken, Lichtdesign,** soweit diese Werke ohne Berücksichtigung der Werkqualität des Films und der Verbindung mit dem Filmwerk selbstständig Werkhöhe erreichen (Möhring/Nicolini/*Lütje* § 88 Rn. 8), unter § 88 zu subsumieren sind, oder ob ihre Urheber trotz technischer und wirtschaftlicher Abtrennbarkeit dieser Werke vom Filmwerk Filmurheber i.S.d. § 89 sind, hat wegen der Angleichung der Rechtsfolgen von §§ 88, 89 und vor dem Hintergrund der Regelung des § 137 l i.V.m. §§ 88, 89 a. F. auch für **Altfälle** weitestgehend an Bedeutung verloren (§ 137 l Rn. 5), allerdings gibt es nach wie noch Unterschiede, so ist dem Regelungsbereich des § 88 die doppelte Verfügungsbefugnis nicht bekannt (vgl. ausführlich dazu Vor §§ 88 ff. Rn. 66).

Verträge, die die Verfilmung **tatsächlicher Ereignisse** oder der **Lebensgeschichte,** der **28 Tagebuchaufzeichnungen,** der **Briefe** einer natürlichen Person zum Gegenstand haben, fallen mangels Werkcharakter nicht unter § 88. Schutzunfähig sind daher alle gemeinfreien Elemente (OLG Hamburg NJW 1996, 1155 – Schnitzlers »Reigen«; OLG München ZUM 1999, 149, 151 – Das doppelte Lottchen). Eine Analogie scheidet aus (statt vieler *Rehbinder* Rn. 438; Dreier/Schulze § 88 Rn. 10). Etwas anderes gilt jedoch, wenn bspw.

die historischen Geschehnisse in einen eigenständigen Erzählrahmen eingebettet sind. Dann besteht ein inhaltlicher Gestaltungsspielraum, in dessen Rahmen Urheberschutz dadurch erlangt werden kann, dass die historischen Ereignisse schlüssig, spannend oder auch verfremdend miteinander zu einer Gesamthandlung zusammenfügt werden (LG München I ZUM 2003, 403405).

29 **b) Filmspezifische Besonderheiten einzelner Werkgattungen. aa) Filmidee, Programmidee.** Die reine **Filmidee** genießt **keinen Schutz.** Urheberrechtlicher Schutz einer Filmidee kann erst dann in Betracht kommen, wenn die „Filmidee" durch Individualität und Originalität von einer „allgemeinen Idee" abgegrenzt und durch eine konkrete Ausformung hinreichend gestaltet ist. Als Schutzgegenstand in Betracht kommen dabei die Hauptcharaktere in ihrer Charakteristik und Rollenverteilung sowie die im Konzept zum Ausdruck kommende Fabel (BGH GRUR 1999, 984, 987 – Laras Tochter; KG ZUM 2010, 346, 352; OLG München ZUM 1999, 149, 151 – Das doppelte Lottchen; OLG München GRUR 1990, 647, 676 – Forsthaus Falkenau). Schutz dafür kann in der Regel erst bei bildlicher Ausformung oder sprachlicher Formulierung angenommen werden, wobei Schriftlichkeit keine zwingende materielle Voraussetzung ist. Auch die mündliche Darstellung einer **„Storyline"** (kurze Darstellung des Handlungsablaufs) kann – ungeachtet unüberwindbarer Beweisschwierigkeiten – trotz Mangel an Formelementen Urheberrechtsschutz genießen, wenn sie sich durch hohe Originalität auszeichnet (OLG München ZUM 2000, 767 – Down under: im konkreten Fall verneint; OLG München GRUR 1990, 674 ff. – Forsthaus Falkenau: zum **Handlungs-Konzept** einer Fernsehserie; BGH GRUR 1963, 41 ff. – Fabel; BGH GRUR 1962, 531, 533 – Bad auf der Tenne II: bei Miturheberschaft eines mündlichen und eines schriftlichen Autors kann u. U. Nacherwerb vom mündlichen Autor erforderlich sein; vgl. auch LG München I ZUM 2010, 733, 740 – Tatort-Vorspann; bestätigt in OLG München ZUM 2011, 422). Bei den Storylines einer Filmprojektkartei eines Regisseurs oder Produzenten wird es auf die konkrete Ausgestaltung im Einzelfall ankommen. Eine rein stichwortartige Zusammenfassung entbehrt grds. der Werkqualität (a. A. wohl LG München I ZUM-RD 2009, 134, 159, wonach Ideen auch dann schutzfähig sein können, wenn sie zumindest skizzenhaft, schriftlich dargestellt wurden). Unzureichend ist auch die bloße Anregung für die Gestaltung einer Filmszene (OLG München GRUR 1956, 432, 434 – Solange Du da bist) oder die Anlehnung an ein historisches Vorbild (KG GRUR 1931, 287, 288 ff. – Berge in Flammen), soweit nicht die historischen Geschehnisse in einen eigenständigen Erzählrahmen eingebettet worden sind. Dann besteht ein inhaltlicher Gestaltungsspielraum, in dessen Rahmen Urheberschutz dadurch erlangt werden kann, dass die historischen Ereignisse schlüssig, spannend oder auch verfremdend miteinander zu einer Gesamthandlung zusammenfügt werden (LG München I ZUM 2003, 403405). Unzureichend sind weiter sonst nahe liegende Gestaltungen wie die Dramaturgie eines Naturfilms anhand der Jahreszeiten (BGH UFITA 24 (1957) 399, 401 – Lied der Wildbahn II). Ein inhaltlich schöpferischer Einfall dergestalt, dass die Hauptfigurenrolle eines in der Urfassung nicht mehr geschützten Bühnenwerks in Spannung steigernder Weise abgewandelt und diese Abwandlung in das Originalwerk eingearbeitet wird, kann indes ausreichend sein (BGH GRUR 1959, 379, 381 – Gasparone). Von einer ausreichenden Konkretisierung der Filmidee wird i. d. R. erst beim Vorliegen eines **Filmexposés** oder eines umfangreicheren **Treatments** auszugehen sein, das formal auf die technischen Anforderungen einer Verfilmung eingeht (*Melichar* ZUM 1999, 13 f.; Schricker/Loewenheim/*Katzenberger* § 88 Rn. 18; Schricker/*Loewenheim* § 2 Rn. 50). Liegt keine ausreichende konkrete Ausformung vor, kommt ein Schutz der Filmidee allein nach §§ 826 BGB, 3 UWG (früher § 1 UWG) in Betracht (BGH GRUR 1963, 40, 41 f. – Straßen gestern und morgen; KG UFITA 17 (1944), 62, 69 f.).

30 **bb) Fernsehformate.** Praktische Bedeutung hat die Frage nach der Schutzfähigkeit von Filmideen insb. für die Schutz- und Verkehrsfähigkeit von **Fernsehkonzepten,** dem

sog. **Formatschutz**. Unter einem Format wird der Inbegriff aller charakteristischen audiovisuellen Elemente eines Serienbeitrags (Show, Fiction, Nachrichten etc.) verstanden, der in jeder Einzelfolge wiederkehrt und vom Publikum als Identifikationsmerkmal wahrgenommen wird. Ein Format ist das **audiovisuelle Kommunikations-** und **Regiekonzept,** das mehrere Fernsehbeiträge zu einer Serie macht. Der urheberrechtliche Schutz von Fernsehformaten wird von der h. M. zu Recht abgelehnt (BGH NJW 2003, 2828, 2830 – Sendeformat Kinderquatsch mit Michael; *Flechsig* ZUM 2003, 767 ff.; ebenso § 2 Rn. 124). Der BGH bejahte zwar urheberrechtliche Schutzfähigkeit für die **einzelne jeweils fertig gestellte Sendung,** verneinte ihn bezüglich der Sendereihe bzw. des Sendekonzepts, weil diesem die **Form gebende Einheit** fehle: Einer Zusammenstellung von Musik, Bühnenszenen, Ansagen, der Spielleitertätigkeit in einer Unterhaltungssendung komme kein urheberrechtlicher Schutz zu, solange nicht ausnahmsweise die Annahme eines **Gesamtwerks** im Einzelfall gerechtfertigt sei (BGH NJW 1981, 2055, 2056 – Dalli Dalli zur Frage, ob der Quizmaster Vortragender i. S. d. § 73 sei, was verneint wurde). Ein unter Anwendung der Kleinen Münze eventuell zu gewährender Sprachwerkschutz des einem Format i. d. R. zu Grunde liegenden **Formatskripts** steht einer filmischen Umsetzung und Übernahme des Konzepts nicht entgegen, sondern verböte nur die unautorisierte Verwendung erkennbarer, **rein sprachlicher Elemente.** Überwiegend ablehnend zum urheberrechtlichen Schutz von Fernsehformaten ist daher die Rechtsprechung: OLG Hamburg ZUM 1996, 245 – Goldmillionen; OLG Düsseldorf WRP 1995, 1032 – Taxi-TV; OLG München GRUR 1990, 674 f. – Forsthaus Falkenau; w. N. aus der unveröffentlichten Rechtsprechung bei *Lausen* FS W. Schwarz 1999, 170 f. Fn. 3 bis 7, 15; differenzierend allerdings OLG München ZUM 1999, 244, 246 – Gameshow Augenblix – wo die Schutzfähigkeit eines Fernseh(show)formats nach § 2 nicht grds. abgelehnt wird. Die konkrete Verwirklichung der Idee eines Fernseh-Ratespiels auf der Grundlage von Werbespots durch detaillierte Ausarbeitung der Spielgestaltung mit den einzelnen Spielabläufen und den verbindenden Elementen kann ein Werk i. S. v. § 2 Abs. 2 (Leitsatz 1) sein; ebenso LG München I ZUM-RD 2002, 17, 19 – Stoke: einem Fernsehformat für Extrem- und Funsportarten kann Werkqualität zukommen, wenn eine hinreichende sprachliche, visuelle und akustische Konkretisierung des Formats in Gestalt eines Trailers und Exposés vorliegt; kein Werkschutz mangels eigenschöpferischen Gehalts; OLG Dresden ZUM 2000, 955, 958 – Csárdásfürstin – Regiekonzept einer Operette unter Anlegung der strengen Maßstäbe für die Bearbeitung von Bühnenwerken; OLG München ZUM 1996, 549 – Iphigenie in Aulis. Im Ergebnis differenzierend teilweise die Literatur: *Lausen* FS W. Schwarz 1999, 177, 185: bejaht urheberrechtlichen Schutz für schöpferische Spielshowformate; *v. Have/Eickmeyer* ZUM 1994, 269 ff., 272: § 2 Abs. 1 Nr. 6 schütze ein Format rein formal gegen die konkrete Übernahme; ebenso *W. Schwarz/Freys/M. Schwarz* FS Reichardt 222 ff.

Bei der **Übernahme „fremder" Formate** ist die filmische Umsetzung immer eine andere, d. h. die ausgestaltete und lediglich insoweit schutzfähige Form wird in der Regel so weit abgewandelt, so dass eine unmittelbare Übernahme und mithin wettbewerbsrechtlicher Schutz ausscheidet. Aus demselben Grund liegt auch **keine Verletzung des Leistungsschutzrechts nach § 94** vor. Wettbewerbsrechtlicher Leistungsschutz von Fernsehformaten wurde von der Rechtssprechung im Einzelfall z. T. mangels hinreichender wettbewerblicher Eigenart, z. T. wegen des Einhaltens eines hinreichenden Abstands verworfen (OLG München NJW-RR 1993, 619 – Jux und Dallerei: wettbewerbsrechtlicher Leistungsschutz für Moderator unabhängig von Sendeunternehmen; OLG Düsseldorf WRP 1995, 1032 – Taxi-TV; OLG Hamburg ZUM 1996, 245 – Goldmillionen).

Entsprechend den audiovisuellen Möglichkeiten des Mediums besteht das Fernsehformat aus einer Vielzahl z. T. nur kennzeichnender (hier greifen evtl. §§ 14, 15 MarkenG), aber auch filmgestalterischer formaler und inhaltlicher Elemente (Logos, Bauten, Melodien, Kameraführung, Bildschnitte, Perspektiven, Farbgebung, aber auch Personen, Moderatoren, dramaturgischer Aufbau, Spielregeln, Benutzung feststehender typischer und origineller Redewendungen und Requisiten etc.). Dabei können die einzelnen Elemente je für sich betrachtet bei ausreichender schöpferischer Gestaltungshöhe Werkschutz als Sprachwerke oder Werke der bildenden Kunst genießen, ohne dass dem „Format" als solchem urheberrechtlicher Werkcharakter zukommt (ebenso § 2 Rn. 124 ff. mit Nachweisen). Die Entwicklung von Fernsehformaten erfordert erhebliche Investitionen. In der Praxis werden hohe „Lizenz"-Zahlungen für entsprechende „Nutzungsrechte" von TV-Sendern gezahlt (s.a. Showformat § 2 Rn. 124 ff.; § 95 Rn. 7; *Lausen* FS W. Schwarz 1999, 171 f.; OLG München GRUR 1990, 674, 675 f. – Forsthaus Falkenau; Litten 11 f.; *v. Have/Eickmeyer* ZUM 1994, 269, 272 f.; *W. Schwarz/Freys/M. Schwarz* FS Reichardt 203, 205 ff.). Solche Rechtseinräumungen haben solange nur schuldrechtliche Bedeutung zwischen den Vertragsparteien selbst und keine dingliche Ausschlusswirkung gegenüber Dritten, als ein Werkcharakter des Formats nicht vorliegt. Der „Lizenznehmer" erlangt lediglich eine wirtschaftliche Vorzugstellung (Dreier/Schulze § 88 Rn. 9).

33   **cc) Virtuelle Figuren.** Comicfiguren, Computerspielfiguren (z.B. „Lara Croft"), Puppen, Figuren in Kinder- und Sciencefiction-, Zeichentrickfilmen kommen als vorbestehende Werke in Betracht, wenn nicht im Einzelfall wegen überwiegender Gebrauchsbestimmung als Merchandising-Produkt Geschmacksmusterschutz vorrangig ist. Schutz genießen nicht nur die konkrete Zeichnung, sondern die allen Einzeldarstellungen zugrunde liegende „Gestalt", die **virtuelle Persönlichkeit** (BGH GRUR 1999, 984, 987; BGH GRUR 1994, 206, 207 – Alcolix; BGH GRUR 1994, 191, 192 – Asterix-Persiflagen; BGH GRUR 1983, 370 – Sendung mit der Maus). Unverwechselbare Kombinationen äußerer Merkmale und Eigenschaften, Fähigkeiten und typischen Verhaltensweisen, feststehende, choreografische Bewegungsabläufe virtueller Figuren kommen über die den Einzeldarstellungen zu Grunde liegenden Zeichnungen hinaus als Schutzgegenstand in Betracht (s. § 2 Rn. 94 f.; *G. Schulze* ZUM 1997, 77, 80 ff.; *Rehbinder* FS W. Schwarz 1988, 163 ff.; Schricker/*Loewenheim* § 2 Rn. 149; Schricker/Loewenheim/*Katzenberger* § 88 Rn. 19, 22). Eine freie Benutzung einer charakteristischen Comic-Figur ist auch bei einer deutlichen äußeren Verfremdung der Kleidung und Umstände nicht anzunehmen, solange die charakteristischen Züge der übernommenen Gestalt übernommen werden (BGH GRUR 1994, 191, 192 f.). Vor diesem Hintergrund ist es unzutreffend, dass Illustrationen einer Kinderbuchreihe, welche als Grundlage für einen Realfilm dient, nicht als vorbestehende Werke i.S.v. § 88 Abs. 1, § 89 Abs. 3 gelten sollen, gerade wenn beim Casting die Ähnlichkeit der Schauspieler mit den Illustrationen der Protagonisten mitberücksichtigt wird (so aber LG München ZUM-RD 2009, 134, 4. Ls.).

34   **dd) Filmexposé, Filmtreatment und Drehbuch.** Filmexposé, Filmtreatment und Drehbuch sind aufeinander aufbauende, sprachliche Vorstufen des Filmwerks, die als **Sprachwerke** i.S.d. § 2 Abs. 1 Nr. 1 geschützt sind (*Bohr* ZUM 1992, 121, 122; *Götting* ZUM 1999, 3, 7). Das **Exposé** schildert stichwortartig Filmhandlung und -aufbau (OLG München UFITA 60 (1971) 317, 318; *Dobberstein/Schwarz* v. Hartlieb/Schwarz Kap. 37 Rn. 8; Loewenheim/*Reber* § 12 Rn. 10: gibt als Regel einen Umfang von 10 bis 20 Seiten an; OLG München GRUR 1990, 674 f. – Forsthaus Falkenau: Exposé zu einer Fernsehserie). Das ausführlichere **Treatment** grenzt sich vom Exposé durch eine szenische Aufgliederung und eine Charakterisierung der tragenden Rollen ab und enthält zudem bereits die Dialoge im Rohentwurf (BGH GRUR 1962, 531, 533 – Bad auf der Tenne: Inhalt und Aufbau eines Treatments; OLG München UFITA 60 (1971) 317, 318; *Dobberstein/Schwarz* in v. Hartlieb/Schwarz Kap. 37 Rn. 8; Loewenheim/*Reber* § 12 Rn. 10 nennt als Regel ca. 100 Seiten) und entwickelt das Exposé weiter (LG München ZUM-RD 2001, 203, 206) Das **Drehbuch** (einschließlich der Vorstufe Rohdrehbuch) unterscheidet sich vom Treatment durch konkrete, filmspezifische Anweisungen für die Dreharbeiten (Bildeinstellungen, vollständige Texte und Dialoge, Beschreibungen und Anweisungen für die szenische Gestaltung, die Regie, Kameraeinstellungen, Ausstattung, Kostüme, Masken, Ton und Geräusche; *Dobberstein/Schwarz* in v. Hartlieb/Schwarz Kap. 37 Rn. 8; Loewenheim/*Reber* § 12 Rn. 10: ca. 100 bis 200 Seiten; BGH GRUR 1963, 441, 443 – Mit Dir allein: zum Verhältnis von Treatment zu Rohdrehbuch nach § 23 S. 2). Aufgrund des literarischen Werkcharakters werden **inhaltliche Elemente** beim Drehbuch unter Ausschluss filmdramaturgisch und filmtechnisch notwendig bedingter Elemente als schutzfähig anerkannt (Gang der Handlung, Gliederung und Anordnung des Filmstoffs durch Akt- und Szenenfolge, Rollenverteilung und Charakterzeichnung der Personen; BGH GRUR 1978, 302, 304 – Wolfsblut; BGHZ 26, 52, 57 – Sherlock Holmes: zur freien Benutzung bekannter Romanfiguren für ein Filmwerk). Auch **filmspezifische Gestaltungselemente** begründen Urheberrechtsschutz (BGH GRUR 1963, 40, 42 – Straßen gestern und morgen: kurzes Exposé für einen Lehrfilm, das Bilderkomposition mit ins einzelne gehenden Angaben über den Aufbau des Filmes, die Aufnahmeobjekte und Trickaufnahmen enthielt; Schricker/Loewenheim/*Katzenberger* § 88 Rn. 18).

Filmexposé, Filmtreatment und Drehbuch werden immer häufiger von einem **Autorenteam** geschaffen. Zwischen den Autoren besteht dabei regelmäßig Miturheberschaft (für Fernsehserien werden bis zu 7 Mitautoren als Miturheber bei der VG WORT genannt: Dialogautor, Dialogeditor, Chefautor, Storyeditor, Storyeditor-Assistent, Storyliner, Producer; *Melichar* ZUM 1999, 12; vgl. LG München I ZUM-RD 2001, 203 – Der Tunnel – Stoffentwicklung einer historischen Begebenheit).

Die Erstellung von Exposé, Treatment und Drehbuch auf der Grundlage einer literarischen Vorlage gilt ebenso wie dessen Verfilmung selbst als filmische Nutzung (Dreier/Schulze/*Schulze* § 88 Rn. 23), die grds. nicht dem Wahrnehmungsbereich der **VG WORT** unterfällt (vgl. § 1 Nr. 7 Wahrnehmungsvertrag VG WORT). Die VG WORT nimmt lediglich das sog. Kleine Senderecht wahr, das sich auf die (Fernseh-)Sendung von nicht mehr als 10 Minuten aus einem verlegten Werk der Literatur erstreckt. 35

Muss ein **Drehbuch** erst hergestellt werden, sind neben den urheberrechtlichen Regelungen insbesondere die Bestimmungen zum **Werkvertrag** (§§ 631 ff. BGB) (vgl. dazu ausführlich bei Fischer/Reich/§ 10 Rn. 133 ff.) und ggf. zum Arbeitsrecht zu beachten. Insbesondere Drehbuchautoren einer Rundfunkanstalt werden als Arbeitnehmer angesehen, da sie in die Arbeitsorganisation der Anstalt eingegliedert sind und deren Weisungsrecht bezogen auf Inhalt, Durchführung, Zeit, Dauer und Ort der Tätigkeit unterliegen (konkret zur Rundfunkanstalt BAG Urteil vom 23.4.1980, Az. 5 AZR 426/79, zitiert nach juris; allgemein zum Arbeitnehmerbegriff im Filmurheberrecht vgl. auch BAG ZUM 2007, 507, 508). Dort wo der Drehbuchautor kein Arbeitnehmer ist, treten wegen des fehlenden Weisungsrechts vor allem Schwierigkeiten rund um die Abnahme des Drehbuches nach § 640 BGB und die Verweigerung der Vergütungszahlung auf. Der Filmhersteller ist nämlich nur berechtigt, die **Abnahme des Drehbuches** wegen wesentlicher Mängel zu verweigern (§ 640 Abs 1 S 2 BGB). Hiervon ist auszugehen, wenn das Werk bestimmte Eigenschaften, die nach dem im Vertrag vorgesehenen sind, nicht genügt (OLG München ZUM 2007, 863, 865). Diese ist aber nicht schon dann der Fall, wenn das Drehbuch dem Geschmack des Filmherstellers nicht entspricht (dazu BGHZ 19, 382 – Kirchenfenster; KG ZUM-RD 1999, 337; sowie ausführlich *Czernik* in Wandtke Band 2 Kap. 2 § 4 Rn. 130 ff.). Eine Abnahme als vertragsgemäßes Werk kann nur dann verweigert werden, wenn dem Drehbuchautor konkrete Vorgaben gemacht worden sind, die nicht eingehalten wurden (für den Inhalt dieser Vorgaben ist der Produzent darlegungs- und beweisbelastet: KG ZUM-RD 1999, 337). Während der Werkerstellung darf der Filmhersteller diese Vorgaben weder verändern noch über den bei der Werkbestellung festgelegten Rahmen hinaus ausdehnen (OLG ZUM-RD 2008, 199). Insofern müssen der Urheber bereits bei Beginn der Beauftragung konkrete, ausdrücklich vertraglich festgelegte Hinweise zum Inhalt und zur Art und Weise der Darstellung gemacht werden, mit denen die **Gestaltungsfreiheit** des Autors eingeschränkt wird. Dabei genügt es nicht, wenn dem Drehbuchautor nur ein sehr vages und unbestimmt gehaltenes Exposé überreicht wird (KG ZUM-RD 1999, 337). 36

In diesem Zusammenhang sei darauf hingewiesen, dass es dem Filmproduzenten nicht weiter hilft, den Drehbuchvertrag nach § 649 S 1 BGB zu kündigen (ausführlich dazu *Czernik* in Wandtke Band 2 Kap. 2 § 4 Rn. 135 f). Die Kündigung löst nämlich die vereinbarte Vergütung aus (§ 649 S 2 BGB). Deren Höhe kann zwar individualvertraglich und auch in AGB in den Grenzen des § 308 Nr. 7 BGB pauschaliert werden. Diese **Pauschalabgeltung** entspricht aber nicht der Billigkeit (§ 315 Abs. 3 S 1 BGB), wenn sie in diesem konkreten Fall unter der vereinbarten Vergütung liegt. Verweigert der Besteller die Abnahme des Werkes, erwirbt er grundsätzlich keine Nutzungsrechte, wobei das OLG Hamburg hiervon eine Ausnahme für den Fall zugelassen hat, dass bei Nutzung trotz fehlender Abnahme eine stillschweigende vertragliche Nutzungsrechtseinräumung für den Fall angenommen wird, dass der Urheber hiervon Kenntnis hatte und eine Notlage die einmalige Nutzung des Werkes erforderlich machte (OLG Hamburg ZUM-RD 1998, 557, 559 – Dr. Monika Lindt).

37 Inwieweit Filmexposé, Filmtreatment und Drehbuch als **„Struktur bestimmende Entwürfe für Filmwerke"** i. S. d. § 2 Abs. 1 Nr. 1 zugleich **Miturheberschaft am Filmwerk** begründen können (vgl. ausführlich Vor §§ 88 ff. Rn. 66 ff.).

38 ee) **Deutsche Dialog- und Synchronfassung.** Die deutsche **Dialog-** und **Synchronfassung** eines fremdsprachigen Filmes ist grds. als **vorbestehendes Sprachwerk** urheberrechtlich geschützt. Die gegenteilige Auffassung des LG München I (FuR 1984, 534, 535 – All about Eve: Rechtseinräumung an den Hersteller der deutschen Synchronfassung eines ausländischen Filmes durch den Synchronautor) ist unzutreffend. Das Gericht sah in der Übersetzungsarbeit – sogar eines Erich Kästner – eine unselbstständige Mitwirkung ohne Werkcharakter, weil der Dialogtext „lippensynchron gesprochen" werde; der entsprechende schuldrechtliche Vertrag unterliege § 89 a. F. (die Entscheidung war wegen der unterschiedlichen Rechtseinräumungsvermutungen §§ 88, 89 a. F. für Fernsehsendung erheblich). Die lippensynchron gesprochene Endfassung baut aber auf einer Rohübersetzung des schriftlichen Drehbuchs auf, die ihrerseits als Sprachwerk geschützt ist. Diese deutsche Dialog- und Synchronfassung eines ausländischen Filmes ist ein filmbestimmt geschaffenes, auch selbstständig, z. B. literarisch verwertbares Werk, auf das § 88 anzuwenden ist. Die nachträgliche, zeitliche Feinabstimmung von Sprachwerk und Film ändert nichts an ihrer allein maßgeblichen gesonderten Verwertbarkeit i. S. v. § 8 Abs. 1 (§ 8 Rn. 11; § 89 Rn. 17). Mit dem Argument der Synchronität könnte der auf Tonspur aufgenommenen Filmmusik ebenfalls der eigene Werkcharakter abgesprochen werden (Fromm/Nordemann/*J. B. Nordemann* § 88 Rn. 35; *Götting* ZUM 1999, 3, 7; *Melichar* ZUM 1999, 12 f.; Schricker/Loewenheim/*Katzenberger* § 88 Rn. 18, § 89 Rn. 7). Unter Benutzung der Synchronübersetzung entsteht mit der **Synchronfassung** ein eigenes **Filmwerk** (str. LG München I FuR 1984, 534, 535 – All about Eve, mit Dialogbuchautor als Miturheber des neuen Filmwerks; LG München I Schulze LGZ 54, 1, 6 – Fuzzy; LG München I LGZ 180, 1, 8 – Entscheidung bei Salerno: Bearbeiterurheberrechte und Bearbeitung; *v. Hartlieb* 325; a. A. *Radmann* 58 f. da bei der Synchronisation keine originäre Bilderkomposition entstehe und es an der erforderlichen Eigenart eines Werkes fehle). Zur umstrittenen Frage, ob der Synchronisationsunternehmer Filmhersteller i. S. d. § 94 und ob diesem ein eigenes Leistungsschutzrecht nach § 94 zusteht, § 94 Rn. 23). Nutzungsrechte an einer (deutsch) untertitelten Originalfassung und an der (deutschen) Synchronfassung oder Voice-over Fassung können getrennt und verschiedenen Berechtigten eingeräumt werden, (OLG Köln GRUR-RR 2008, 47 = BeckRS 2007, 05630 = NJOZ 2008, 174). Bei der **Synchronisation entstehende weitere Urheberrechte** hinsichtlich schöpferischer Leistungen des **Rohübersetzers** (BGH GRUR 2000, 144 – Comic Übersetzung; *Radmann* 65) und **Dialogbuchautors,** der die Rohübersetzung – regelmäßig in schöpferischer Weise – an Tempi, Rhythmus und sonstige Besonderheiten des Films anpasst (BGH GRUR 1972, 143, 144 – Biografie: Ein Spiel; BGH GRUR 1959, 379, 381 – Gasparone) sind vorbestehende

Werke. Auf die zugrunde liegenden Verträge ist § 88 anzuwenden. Soweit auf dem Weg zur fertigen Synchronfassung weitere Leistungen bei Herstellung des neuen Tons, Sprachaufnahmen der Synchronsprecher, des Dialogregisseurs, Tonschnitt und Abmischung erbracht werden, haben diese i. d. R. keinen Werkcharakter (Leistungsschutzrechte und möglicherweise schöpferische Leistungen an der Synchronfassung selbst, soweit man Raum für eigenschöpferische Leistungen anerkennt und die Synchronfassung als eigenständiges Filmwerk ansieht, a. A. *Radmann* 69 ff.).

ff) Neuverfilmung, Fortsetzungsfilm. Auch die Benutzung **inhaltlicher Elemente** vorbestehender Filmwerke zur Herstellung eines Filmes ist Verfilmung. Eine solche **Neuverfilmung** (Remake des Films) unterscheidet sich von der Wiederverfilmung des vorbestehenden nicht filmischen Werks dadurch, dass das Filmwerk selbst inhaltlich und formal als Vorlage benutzt wird. Der Anwendungsbereich von § 88 ist eröffnet, soweit die Werkteile je für sich Werkcharakter haben. Wie bei Bühnenwerken und erzählender Literatur sind u. a. die **Handlungsabfolge** mit ihren dramatischen Konflikten und Höhepunkten, die Einfügung eines bestimmten Einfalls in den Handlungsablauf, die **Rollenverteilung** und das **Charakterprofil der Personen** auch bei Filmwerken schutzfähig (BGH GRUR 1999, 984, 987 – Laras Tochter, BGH GRUR 1959, 379, 381 – Gasparone). Soweit eine Folgeproduktion tragende formale oder ausnahmsweise auch inhaltliche Elemente des Filmwerks übernimmt, die urheberrechtlich geschützt und nicht gemeinfrei sind, liegt eine Verfilmung eines vorbestehenden Werkes vor (*Rehbinder* FS W. Schwarz 1988, 163 ff., 174 ff.). Eine Verfilmung eines vorbestehenden Filmwerks liegt auch vor, wenn das Fortsetzungswerk ohne das vorbestehende Werk inhaltlich nicht verständlich ist. Hier hat für das Verhältnis zum vorbestehenden Filmwerk dasselbe wie für den Schutz inhaltlicher Elemente belletristischer Sprach- und Bühnenwerke zu gelten (BGH GRUR 1980, 227, 230 – Monumenta Germaniae historica; BGH GRUR 1959, 379 ff. – Gasparone; OLG Karlsruhe ZUM 1996, 810). Ein vergleichbarer Fall ist die filmische **Rückblende** unter Verwendung **von Filmausschnitten** des Vorgängerfilms (hier ist zusätzlich das Leistungsschutzrecht des Filmherstellers zu beachten, § 94). In beiden Fällen, der inhaltlichen und formalen Anknüpfung liegt mangels Belegfunktion kein nach § 51 Nr. 2 (analog) freies **Filmzitat** vor (BGH GRUR 1987, 362 – Filmzitat; OLG Hamburg ZUM 1993, 35, 36; OLG Köln GRUR 1994, 47, 48 – Filmausschnitt; Schricker/*Schricker* § 51 Rn. 41 m. w. N.; dazu weiter Vor §§ 88 ff. Rn. 122 ff.). Nur die zitatweise, d. h. gekennzeichnete Übernahme kleiner Ausschnitte ist zulässig. Bei größeren, schutzfähigen Ausschnitten aus anderen Filmwerken liegt einwilligungspflichtige Verfilmung vor (s. o. § 51 Rn. 15 f.).

Verfilmungsverträge umfassen abweichend von § 88 i. d. R. neben dem Recht zur **Wiederverfilmung** (Remake im eigentlichen Sinn, das den wiederholten Gebrauch von einem einmal eingeräumten Stoffrecht meint, bspw. für eine andere Filmgattung, Kino- bzw. Fernsehfilm) auch das Recht, unter Verwendung des Werkes „**Sequels**" (Recht zu Verfilmung einer Folgegeschichte unter Übernahme von Figuren, Stilelementen und Inhalten, dazu OLG Karlsruhe ZUM 1996, 810, 815 – Laras Tochter; u. U. auch in der Form der Rechte am „Author written Sequel", die derselbe Autor geschrieben hat, häufig in Verbindung mit einer Verfilmungsoption), „**Prequels**" (Verfilmung einer dem Inhalt des Films vorausgehenden Geschichte) und „**Spin-Offs**" (Nebenfiguren einer früheren Geschichte als Gegenstand der Haupthandlung der neuen Produktion, *M. Schwarz* FS W. Schwarz 1999, 204, 208) zu drehen. Ergänzt werden diese Rechte durch das sog. **Fortentwicklungsrecht:** die Befugnis, in dem vorbestehenden Film- oder sonstigen Werk enthaltene Handlungselemente, Personen und deren Charakteristika, sonstige „Ideen" und Gestaltungselemente uneingeschränkt zu verwenden (*M. Schwarz* FS W. Schwarz 1999, 208).

gg) Filmbauten. Eine **Filmarchitektur** und **Filmkulissen** können **wie Werke der bildenden Kunst** geschützt sein mit der Folge, dass die zum Schutz von **Bühnenbildern** entwickelten Grundsätze Anwendung finden. Bühnenbilder können hinsichtlich der Gesamtgestaltung des Bühnenraums, in der Zuordnung der einzelnen Bildelemente und in der von einem formerischen Gestaltungswillen geprägten einheitlichen Stilwirkung geschützt sein (*Katzenberger* ZUM 1988, 545, 546 f.). Maßgeblich für den Werkcharakter von Filmbauten ist dabei dem Bühnenbild entsprechend die **filmspezifische Abstimmung von Raum, Farbe, Licht und Schatten auf Stil** und Stimmung des dramatischen und musikalischen Filmgeschehens (BGH GRUR 1986, 458 und 1989, 106 – Oberammergauer Passionsspiele I und II und LG Düsseldorf UFITA 77 (1976) 282, 284 – Die Zimmerschlacht: Schutz eines Bühnenbildes hinsichtlich der Anordnung und Zusammensetzung der Details des Bildes; LG München I ZUM 2002, 71, 72: Szenenbild als Werk der Baukunst; str. ist die alternative Qualifizierung als Werk der angewandten Kunst; *Katzenberger* ZUM 1988, 545 ff.; *Loewenheim* UFITA 126 (1994) 99 ff.). Schöpferisch gestaltete Architektur-**Attrappen** und **Modellarchitekturen** können wie individuell gestaltete Teile von echten Bauten und Fassaden urheberrechtlich geschützt sein (BGH GRUR 1989, 416 – Bauaußenkante; Schricker/Loewenheim/*Katzenberger* § 88 Rn. 21). Diese sind nicht nur gegen die Vervielfältigung als Entwurf oder weiteres Modell zu Filmzwecken, sondern auch gegen die Ausführung in echten Dimensionen oder als Filmarchitekturen geschützt. Der **Nachbau** von gemeinfreien **historischen Vorbildern** unter Berücksichtigung filmspezifischer technischer und gestalterischer Gesichtspunkte kann u.U. auch bei einem Nachbau als Attrappe oder Modell eine eigenschöpferische Leistung begründen (*Bohr* 19, 57 f.), soweit **nicht** nur ausschließlich **filmtechnisch** oder **kameraoptisch bedingte** proportionale Abänderungen ohne eigenschöpferische individuelle Elemente vorliegen.

42 hh) **Filmkostüme, Filmausstattung.** Die dienende Funktion von Kostümen und Ausstattungen und ihre Abhängigkeit von Regievorgaben spricht regelmäßig gegen eine Werkqualität der Kostüme und Ausstattungen (BGH GRUR 1974, 672, 673 f. – Celestina: für einen Theaterkostümbildner; *v. Gamm* § 2 Rn. 21; str., nach a.A. soll die Leistung des Kostümbildners beim Film regelmäßig schöpferisch sein; Untergrenze sei die nur handwerklich nachvollziehende Tätigkeit eines Bühnen-, Maskenbildners und Dekorateurs, *Bohr* 23, 58 f.). Eigenschöpferischer Charakter fehlt, soweit diese inhaltlich durch das Geschehen oder das Drehbuch vorgegeben sind. **Filmdekorationen** in Bezug auf die **kompositorische Anordnung** und in Bezug auf künstlerisch gestaltete Einzelgegenstände (Schricker/*Katzenberger* § 88 Rn. 21). Als bloßes Konzept nicht schutzfähig ist die bloße **Auswahl** von Dekorationsgegenständen (*v. Gamm* § 2 Rn. 21). Zu beachten ist, ob diese selbst auch als **Muster** für Modeerzeugnisse oder für **Merchandisingprodukte** dienen sollen wie häufig bei US-amerikanischen Großproduktionen. Dann sind sie nicht durch die Kleine Münze des Urheberrechts geschützt, sondern allein durch den **Geschmacksmusterschutz.** Die Anforderungen an die urheberechtliche Gestaltungshöhe sind dann entsprechend höher (BGH GRUR 1984, 453 – Hemdblusenkleid; BGH GRUR 1987, 903 – Le Corbusier Liege; Schricker/*Loewenheim* § 2 Rn. 158, 165 f.; s. o. § 2 Rn. 97).

3. Filmmusik

43 a) **Musiverträge.** Werden Musikurheber damit beauftragt, für den Film die Filmmusik exklusiv zu komponieren, handelt es sich dabei um eine sog **Auftragskomposition.** Der dem Auftrag zugrunde liegende **Kompositionsvertrag** ist eine Mischung aus Werk- und Lizenzvertrag (*Ventroni* S. 44), wobei die Vorausübertragung der Verwertungsrechte an die GEMA zur Folge hat, das Lizenzvereinbarung im Filmmusikbereich lediglich schuldrechtliche Bedeutung haben (*Moser* ZUM Sonderheft 1996, 1025, 1026; *Ventroni* S. 44; dazu auch ausführlich Rn. 49). Schließen die Parteien daneben noch einen **Musikproduktionsvertrag,** verpflichtet sich der Filmkomponist zusätzlich unter Übertragung der entsprechenden Leistungsschutzrechte an der Musikproduktion nach § 85 und der an der Aufnahme Beteiligter nach §§ 74 ff., das fertig produziertes Endprodukt auf einem Tonträger dem Filmhersteller zur weiteren Benutzung zur Verfügung zu stellen. Als Gegenleistung vereinbaren die Parteien

regelmäßig eine Pauschalvergütung (umfassend dazu *Moser* ZUM Sonderheft 1996, 1025, 1026; *Ventroni* S. 44). Dabei ist zu berücksichtigen, dass der Musikproduktionsvertrag im Regelfall **nicht als Fixgeschäft** angesehen wird. Dies gilt insbesondere dann, wenn wegen des Verzugs der Fertigstellung der Musikproduktion der Filmhersteller einen anderen damit beauftragt, für den Film die Musikproduktion zu übernehmen. Mit der Vornahme dieses Deckungsgeschäftes widerspricht der Filmhersteller nämlich dem Fixcharakter (KG ZUM-RD 1999, 98, 100). Das Zusammenwirken einer umfassenden Weisungs- und Entscheidungsbefugnis des Produzenten gegenüber dem Künstler, einer für diesen ungünstigen Vergütungsregelung und einer einseitig gestalteten Laufzeitregelung führt zur Nichtigkeit des Kompositionsvertrages gemäß § 138 Abs. 1 BGB, auch wenn es sich bei dem Künstler um einen noch unbekannten Newcomer handelt (OLG Karlsruhe ZUM 2003, 785).

b) Filmspezifische Besonderheiten der Werkqualität. Für die Werkqualität der zur Herstellung eines Filmwerks benutzten Musik gelten grds. die geringen Anforderungen der Kleinen Münze an die Gestaltungshöhe (vgl. § 4 Rn. 5; BGH GRUR 1988, 810, 811 f. – Ein bisschen Frieden; Schricker/*Schricker* § 2 Rn. 121 ff.: digitale Musikproduktion, Sampling, Sequenzer stehen der Werkhöhe nicht entgegen; *Köhn* ZUM 1994, 278, 281; *Ventroni* 71) sowie die üblichen Besonderheiten für die Bearbeitung gemeinfreier Musikwerke gem. § 3 S. 2 (s. dort Rn. 29 ff.) und den Melodienschutz gem. § 24 Abs. 2 (Schricker/*Loewenheim* § 24 Rn. 32 ff.).

Besonderheiten ergeben sich aus der **filmspezifischen Funktion** der Musik. Filmmusik ist **angewandte Musikpsychologie** (*Schneider* in: Becker 19 ff.; *Ventroni* 22 ff. auch zur wirtschaftlichen Bedeutung der Filmmusik). Die Musik im Film hat die Funktion, dramaturgische und bildliche Inhalte zu verstärken, zu kommentieren, leitmotivisch zu strukturieren, historische und psychologische Atmosphären herzustellen, Rollen zu charakterisieren, Zeitempfindungen subjektiv zu beschleunigen oder zu verlangsamen. Häufig hat der Filmkomponist erst in der Post-Production-Phase die Aufgabe, Schwächen des Filmmaterials mit musikalischen Mitteln auszugleichen (**score music,** die nach der Schnittfassung geschaffen wird; *Schneider* in: Moser/Scheuermann 349 ff.). Infolgedessen kann die **filmspezifische Verwendung der Filmmusik als solche** als **schöpferische Verbindung von Musik und Bilderfolge** gegen Entstellungen (§ 14) in Gestalt von Kürzungen oder das Ersetzen von Teilen der Originalmusik durch Musik eines Dritten geschützt sein (OLG München ZUM 1992, 307 ff. – Christoph Columbus I: Schutz der Filmmusik als „Gesamtkunstwerk"; BGH GRUR 1957, 611, 613 – Bel ami). In dieser filmspezifischen Funktion kann bei hinreichender Individualität die Musikzusammenstellung und die Musikabstimmung auf die Bildfolge auch dann schutzfähig sein, wenn die Kompositionen selbst nicht mehr geschützt sind (KG GRUR 1967, 111, 113 – Das Riesenrad: Werkcharakter aufgrund der Charakterisierung einer bestimmten Epoche, zur Namensnennung des Komponisten; OLG München ZUM-RD 1997, 350, 352 f. – Christoph Columbus II: zur Anpassung der Filmmusik an ausländische Verhältnisse durch Kürzungen und teilweisen Austausch der Original-Filmmusik). Liegt die Werkqualität gerade in der schöpferischen Verbindung und Abstimmung der Tonfolgen mit der Bildfolge, ist der **Schöpfer der Verbindung** (Komponist der Score Music ggf. zusammen mit dem Editor) **Miturheber des Filmwerks.** Die Rede vom „Gesamtkunstwerk" legt nahe, den Musikautor in diesem Fall als Miturheber des Filmwerks anzusehen (OLG München ZUM 1992, 307 ff. – Christoph Columbus I: Schutz der Filmmusik als „Gesamtkunstwerk"). Hierin liegt aber keine Doppelqualifikation der Musikkomposition, die für sich vorbestehendes Werk bleibt. Der Werkcharakter geht mit der Trennung der Musik- von der Bildspur verloren. Insofern liegt kein vorbestehendes, selbstständig verwertbares Musikwerk vor. Mangels eigenständiger Werkqualität besteht in diesem Fall keine Werkverbindung.

Mangels Verfilmung eines vorbestehenden Musikwerks drohte bei bloßer filmischer **Vervielfältigung eines Musikwerks** durch Filmaufzeichnung eines Konzerts grds. auch der Anwendungsbereich des § 88 auf die zu Grunde liegende vertragliche Vereinbarung nicht eröffnet sein (BGH NJW 2007, 679, 681 – Alpensinfonie Vor §§ 88 ff. Rn. 25). Da aber immer erst in der Rückschau festgestellt werden kann, ob nach den wenig trennscharfen Kriterien eine verändernde Benutzung (Kürzungen, schöpferische Verbindung mit Bildfolgen) oder unveränderte Übernahme der Musik vorliegt, würde es Wortlaut und Zweck des § 88 widersprechen, die Rechtseinräumungsvermutung nicht anzuwenden. Andernfalls drohte § 88 für Hersteller von Theater- und Konzertaufzeichnungen überhaupt leer zu laufen. Dies ist gegen die Intention des Gesetzgebers. Der Musikurheber oder Musikverlag als deren Rechtsnachfolger muss sich also bei der vertraglichen Einigung über die Verfilmung einer Aufführung seine Rechte ausdrücklich vorbehalten, wenn er die weitgehenden Rechtsfolgen des § 88 vermeiden will.

47 c) **GEMA-Berechtigungsvertrag.** In der Praxis ist davon auszugehen, dass Musikautoren (Texter und Komponisten) in aller Regel GEMA-Mitglieder sind. Als solche haben diese nach § 1i) Abs. 1 des **GEMA-Berechtigungsvertrages** i. d. F. v. 21./22.6.2011 (BV) das Recht zur Benutzung eines Werkes mit oder ohne Text zur Herstellung eines Films oder jeder anderen Art von Aufnahmen auf Bildtonträgern sowie jeder anderen Verbindung von Werken der Tonkunst mit Werken anderer Gattungen auf Mutimedia- oder anderen Datenträgern (**Filmherstellungsrechte**) auf die GEMA übertragen (ausführlich zum GEMA-BV *Ventroni* 52 ff.). Die Einräumung der entsprechenden Nutzungsrechte an Dritte und das Inkasso bezüglich der Auswertung der im Film enthaltenen Musik erfolgt mithin regelmäßig durch die GEMA (*Becker* ZUM 1999, 16, 22). Die GEMA-Vermutung (vgl. BGH ZUM 1986, 48 – GEMA Vermutung I) stößt jedoch regelmäßig dort an ihre Grenze, wo die Filmmusik wie etwa in den USA im Wege des *work made for hire* geschaffen wurde. Denn in diesem Fall entsteht das Urheberrecht an der Musik unmittelbar in der Person des Filmherstellers und des Urhebers, weswegen auch eine Vorausabtretung an die GEMA nicht wirksam vorgenommen werden kann (BGH GRUR 1988, 296, 297 – GEMA Vermutung IV). Die Folge ist eine Durchbrechung der Wahrnehmungsbefugnis der GEMA, selbst wenn die Komponisten der Filmmusik Mitglieder der GEMA sind (*Poll-Schwarz* in v. Hartlieb/Schwarz 229. Kap. Rn. 2; Fromm/Nordemann/*J. B. Nordemann* Vor § 88 Rn. 111).

48 Das Filmherstellungsrecht wird grds. einmalig mit der Gestattung der Benutzung eines Musikwerkes zur Herstellung eines Films eingeräumt. Ein Nacherwerb eines Video-Filmherstellungsrechts zur Benutzung der Musik zum Zweck der Zweitauswertung durch Videokassetten und DVDs ist grds. nicht erforderlich. Wenn Musikautoren selbst oder ihre Verlage die Vervielfältigungs- und Verbreitungsrechte zur Videonutzung von musikalischen Werken der GEMA zur Wahrnehmung übertragen haben, und die GEMA ihrerseits Videoproduzenten entsprechende Nutzungsrechte eingeräumt hat, können die Musikverlage daher keinen Nacherwerb und zusätzliche Zahlung verlangen (BGHZ 123, 142, 145 ff. – Videozweitauswertung II: der BGH lehnte das Klagebegehren von Musikverlagen ab, unter Berufung auf ein „Videozweitauswertungsrecht" die Videozweitauswertung von Kinospielfilmen mit Musik ihres Repertoires von ihrer Zustimmung und der Zahlung eines zusätzlichen gesondert auszuhandelnden Entgelts abhängig zu machen; zur Auslegung von § 1 lit. i **GEMA-Berechtigungsvertrag**, h. M., u. a.: *Becker* 60 ff.; Schricker/Loewenheim/*Katzenberger* Vor §§ 88 ff. Rn. 27 ff.; *Ventroni* 94 ff.; OLG Hamburg ZUM 1992, 303 f. – Piccolo Bolero, zur Videoauswertung von **Fernsehproduktionen;** LG Hamburg ZUM-RD 1997, 256 f. – The River of Dreams; a. A. *Breloer* 61 ff.).

49 Die Übertragung des Filmherstellungsrechtes an die GEMA steht unter der auflösenden Bedingung, dass der Berechtigte der GEMA schriftlich mitteilt, dass er die Rechte selber wahrnehmen möchte. Dies muss bei originalverlegten Werken binnen einer Frist von vier Wochen und bei subverlegten Musikwerken (bei Subverlangen handelt es sich um Verlage, die von ausländischen Originalverlagen territorial – bspw. auf Deutschland – beschränkte Sublizenzen erhalten [Kreile/Becker/Riesenhuber/*Staudt* Kap. 10 Rn. 16]) innerhalb von drei Monaten der GEMA mitgeteilt werden, nachdem zuvor der Nutzer bei der GEMA hinsichtlich des Rechtserwerbs für den konkreten Film nachgefragt und die GEMA diese Anfrage an den Berechtigten weitergeleitet hat (OLG München NJW 2003, 683, 685 – Alpensinfonie; Dreier/Schulze § 88 Rn. 19; Kreile/Becker/Riesenhuber/*Staudt* Kap. 10 Rn. 260). Mit der Folge, dass der Verwender dem Urheber oder dem Verlag eine Gebühr für die Nutzung der Musik zur Herstellung des Films zahlen muss (*Schunke* in Wandtke Band 2 Kap. 3 § 1 Rn. 81; *Schulze* GRUR 2001, 1084). Denn der Rechterückfall bewirkt, dass nicht nur das Herstellungs-, sondern zudem noch die Auswertungsrechte an den Rechteinhaber zurückfallen. Davon ist insbesondere auch das Recht zur Videozweitauswertung betroffen (anders in einer früheren Fassung des BV, wonach sich die Rückrufklausel nur auf die Herstellung einer neuen Werkschöpfung auf Videoband oder sonstigem Bildtonträger und nicht auch auf die Videozweitauswertung eines Kinospielfilmes bezog (dazu BGH GRUR 1994, 41, 43 – Videozweitauswertung II). Ein Rückruf der Filmherstellungsrechte hat im Übrigen nicht nur Relevanz für die zukünftige Tätigkeit, der Rechteinhaber kann hierüber auch auf vergangene Rechteübertragungen der GEMA Einfluss nehmen. Wird der Rechterückruf durch den Urheber frist- und formgerecht ausgeübt, gelten sämtliche von der der GEMA vorgenommene Verfügungen, gem. § 161 Abs. 2 i. V. m. Abs. 1 BGB als unwirksam, sofern sie die von der Bedingung abhängige Wirkung vereiteln oder beeinträchtigen würden. Im Fall des Rückerwerbs kann bspw. der Musikurheber nach § 96 gegen die **öffentliche Wiedergabe dieses Werkes** parallel zu einem darauf **synchron abgestimmten Videofilm** vorgehen, wenn eine vertragliche Einigung über diese spezielle Nutzung nicht zustande gekommen ist (LG München I ZUM 1993, 289, 291 ff. – Show von Michael Jackson: Dies soll auch dann gelten, wenn das Musikstück parallel zur Filmvorführung von einem Tonträger abgespielt wird). Je bekannter und werthaltiger die Musik, desto eher wird vom Rückerwerb i. d. R. durch Musikverlage Gebrauch gemacht. Diese können die Vergütung für die Vergabe des „Filmherstellungsrechts" mit den Filmherstellern selbst aushandeln und eine höhere Vergütung erzielen als die GEMA. Diese ist bei unterbliebenem Rückruf gegenüber den Filmproduzenten an den entsprechenden GEMA-Tarif gebunden, wonach das Filmherstellungsrecht mit Kinoauswertung nach Tarif VR-TH-F 1 und das Filmherstellungsrecht ohne Kinoauswertung gemäß Tarif VR-TH-F 2 lizenziert wird (*Brandhorst* S. 136 f.; *Schunke* in *Wandtke* Band 2 Kap. 3 § 1 Rn. 83; *Becker* ZUM 1999, 16, 22).

Ausnahme vom Rückerwerb: Von diesem **Rückerwerb** sind, wegen der massenhaften Verwendung von Musik im Fernsehen, **Fernsehproduktionen (Eigen-, Auftragsproduktionen, Übernahmesendungen von anderen Sendern)** ausgenommen (§ 1i) Abs. 3 S. 1 BV) (dazu *Ventroni* 62; Kreile/Becker/Riesenhuber/*Staudt* Kap 10 Rn. 263; *Brandhorst* 136, 138). Damit sind nicht nur Fernsehspielfilme, sondern der gesamte Bereich der filmischen Produktion im Fernsehen, also auch Fernsehshows und Nachrichtensendungen gemeint (*Schunke* in Wandtke Band 3 Kap. 3 § 1 Rn. 85; Kreile/Becker/ Riesenhuber/*Staudt* Kap 10 Rn. 263). Die Fernsehanstalten, wobei umstritten ist, ob hierunter nicht nur inländische sondern auch ausländische Sendeanstalten fallen (dafür *Schunke* in Wandtke Band 2 Kap. 3 § 1 Rn. 93; *Ventroni* 235; dagegen *Moser* Musik im Film 53, 75; *Moser* ZUM Sonderheft 1996, 1025, 1027) schließen hierzu regelmäßig mit der GEMA Pauschalverträge über die Nutzung des gesamten GEMA-Repertoires für Eigen- und Auftragsproduktionen ab. Dies gilt aber nicht für die ebenso häufigen Fälle der **Koproduktion, Fremdproduktion, Werbespots, Auswertung durch Dritte** und sonstige Fälle, an denen Dritte beteiligt sind (Ausnahme der Ausnahme).

Wann eine Eigenproduktion vorliegt, muss im Einzelfall festgestellt werden, was nicht immer leicht ist. Als Grundsatz gilt dabei, dass der Sender den Film selbst hergestellt haben muss. Hieran fehlt es bereits, wenn eine Sendeanstalt fremdes Bildmaterial für einen neuen eigenen Film verwendet (OLG München NJW 1998, 1413, 1415 – Trailer-Werbung; a. A.

Kreile/Becker/Riesenhuber/*Staudt* Kap 10 Rn. 264); maßgeblich ist der Zeitpunkt der Filmherstellung (Dreier/Schulze § 88 Rn. 20).

52 Völlig offen scheint auch die Abgrenzung zwischen Auftragsproduktion und Koproduktion zu sein. Das OLG München nimmt eine Koproduktionen nur bei gleichberechtigter Partnerschaft an (OLG München ZUM 2003, 235, 237), andere sprechen sich hingegen gegen eine Weisungsbefugnis als Abgrenzungskriterium aus (*Ventroni* 224ff., 232) und wieder andere sehe es als unerheblich an, ob der Auftragsproduzent Rechte als Filmhersteller i. S. d. § 94 UrhG erlangt hat (Kreile/Becker/Riesenhuber/Staudt Kap 10 Rn. 265; vgl. auch bei *Schunke* in Wandtke Band 2 Kap. 3 § 1 Rn. 89, der angesichts dieser Unklarheiten für eine Anpassung des BV im Sinne einer einheitlichen Lizenzierung eintritt). Richtigerweise sollten die Kriterien zur Auftragsproduktion, die im Rahmen des § 94 UrhG entwickelt wurden, auch in diesem Zusammenhang Maßstab für die Beurteilung sein (zu den Kriterien § 94 Rn. 35ff.).

53 Erfolgt die Auswertung einer Eigen- und Auftragsproduktionen durch Dritte (wer darunter fällt, dazu schweigt der BV) oder ist dieser an der Herstellung beteiligt, bedarf es gem. § 1i Abs 3 S 2 BV der gesonderten Einwilligung des Berechtigten (Ausnahme der Ausnahme). Eine Nutzung durch „Dritte" soll bereits bei der DVD-Produktion einer Fernsehsendung durch Videohersteller vorliegen (OLG München ZUM 2003, 235; OLG Hamburg ZUM 1992, 303ff.; vgl. zur Kritik an dieser Regelung *Schunke* in Wandtke Band 3 Kap. 3 § 1 Rn. 91).

54 Für Werbespots muss das Verfilmungsrecht stets vom Berechtigten eingeholt werden (vgl. § 1k BV; Dreier/Schulze § 88 Rn. 22). Das betrifft sogar den Fall, dass die Filmmusik im Trailer Verwendung finden soll, da in dem Trailer ein Werbespot nach § 1k BV für den Film liegt (OLG München NJW 1998, 1413: „*Der im Gema-Berechtigungsvertrag nicht definierte Begriff „Werbespot" ist in dem Sinne auszulegen, dass auch ein für die Ankündigung eines Films produzierter Kurzfilm darunter fällt. Denn hier wird die unterlegte Musik werbemäßig eingesetzt, um für den Film ein Publikum zu erreichen.*") Diese Auffassung begegnet insbesondere im Fernsehbereich erhebliche Bedenken und steht auch im Widerspruch zu Sinn und Zweck des § 1i) Abs. 3 S. 1 BV, der eine möglichst ungehinderte Verwertung des Films ermöglichen will. Denn so müsste sich die Fernsehanstalt zur Trailerherstellung das Recht des Rechteinhabers einholen, was mit erheblichem Aufwand verbunden sein dürfte (so auch *Schunke* in Wandtke Band 2 Kap. 3 § 1 Rn. 107). Unter § 1k BV galt in den Versionen bis März 2010, dass dem Berechtigten nur das Herstellungsrecht einschließlich der urheberpersönlichkeitsrechtlichen Befugnisse zustand, während die sonstigen Nutzungsrechte bei der GEMA verbleiben sollten. Das Resultat war ein doppeltes Lizenzierungssystem, ähnlich wie im Bereich der Handyklingeltöne. Diese Praxis wurde 2010 durch den BGH gekippt, nachdem dieser einen wirksamen Rechteerwerb der GEMA verneint hatte (BGH GRUR 2010, 62ff. – Nutzung von Musik für Werbezwecke). Dem versucht die GEMA nun dadurch zu begegnen, dass sie die Zweistufigkeit der Lizenzierung im BV festschreiben will, was bereits auf Kritik gestoßen ist (ausführlich dazu Schunke in Wandtke Band 3 Kap. 3 § 1 Rn. 105; für den Beibehalt der Zweistufigkeit hingegen Spohn GRUR 2012, 780ff., der hierin den Garant für eine angemessene Vergütung des Musikurheber sieht; vgl. auch KG ZUM-RD 2011, 299).

55 Risiken im Hinblick auf GEMA-BV begegnet die Vertragspraxis entweder mit der Zusicherung der Filmmusikautoren, nicht Mitglied einer Wahrnehmungsgesellschaft zu sein, oder der vertraglichen **Zusicherung der rechtzeitigen und wirksamen Ausübung des Rückerwerbs** der vertragsgegenständlichen Filmherstellungs- und Filmverwertungsrechte seitens der Musikautoren (Möhring/Nicolini/*Lütje* 2. Aufl. § 88 Rn. 11). Solche Klauseln, die i. d. R. allgemeine Geschäftsbedingungen darstellen, dürften jedenfalls bei der Verwendung für TV-Eigenproduktionen und Übernahmesendungen gegen §§ 305c I, 307 bzw. § 309 Nr. 12 BGB verstoßen. Denn der Verwender und potentielle Rechtserwerber muss wegen der GEMA-Vermutung von der GEMA-Mitgliedschaft der Musikautoren ausgehen, sowie davon, dass Auswertungsrechte und sich daraus ableitende Vergütungsansprüche stets bei der GEMA verbleiben (*Urek* ZUM 1993, 168, 170).

d) Einspielung von Tonträgern. Die unveränderte Übertragung von Tonträger- 56 Musik auf die Tonspur eines Filmträgers, die sog. **Einspielung von Tonträgern in ein Filmwerk,** ist keine „Filmherstellung" i. S. d. GEMA-Berechtigungsvertrages und ist als bloße Vervielfältigung i. S. d. § 16 Abs. 2 (BGH GRUR 1962, 370, 373) von der auflösenden Bedingung nicht umfasst (was die verwertungsrechtliche Argumentation der Musikverlage nach sich zog). Das gilt auch für die Neufassung von 1996 (*Ventroni* 55, 218 ff.). Das Vervielfältigungsrecht ist unbedingt auf die GEMA übertragen. Für die unveränderte Vervielfältigung und Verbreitung der Musik genügt die sog. **Einzeichnung** durch die GEMA. Eine Veränderung liegt nicht bereits in der Verwendung von Teilen oder einer Kürzung der Musik. Weil die GEMA zum Vertragsabschluss verpflichtet und darüber hinaus tarifgebunden ist, ist die Einwilligung der GEMA leicht und billig zu haben.

Wenn ein gesondertes verwertungsrechtliches Filmherstellungsrecht des Musikurhebers 57 bestünde, das jede, auch die unveränderte Verwendung von Musik von einem Tonträger in einem Filmwerk umfasste, wäre die Zustimmung der Komponisten, Textautoren oder ihrer Verleger als Treuhänder erforderlich. Seitens der Musikverlage wird daher die sog. verwertungsrechtliche Auffassung eines „dinglichen Filmherstellungsrechts" vertreten, das auch nach Ausübung des Verfilmungsrechts als solches fortbesteht. Diese Auffassung hat der BGH verworfen (BGHZ 123, 142, 146 f. – Videozweitauswertung II). Die Musikverleger versuchen in der Vertragspraxis die „Paketvergabe" von Filmmusiklizenzen dergestalt durchzusetzen, dass die Vergütungszahlungen ratenweise mit Beginn der Verwertung in den verschiedenen, vertraglich bestimmten Nutzungsarten entstehen bzw. fällig werden. Die Unterlassung der Mitteilung der Zweitauswertungshandlung ist vertragsstrafebewehrt (*Hertin* schlägt eine Aufteilung in erste Pauschale bei Vertragsschluss, zweite 30 Tage vor Beginn der Fernseh- bzw. Videoauswertung etc. vor; Schütze/Weipert/*Hertin* Bd. 3, 1. Halbbd. Nr. IX.31, Filmmusiklizenzvertrag § 10).

e) Einblendrechte. Auf Verträge über **Einblendrechte, Schallplattensendeverträ-** 58 **ge, Master-use-licenses** findet § 88 Abs. 1 **keine Anwendung** (*Ventroni* ZUM 1999, 24 ff.). Diese betreffen die **Leistungsschutzrechte der Musikproduzenten,** Tonträgerhersteller und ausübenden Künstler und sind daher von den Rechten der Musikurheber abstrakt zu betrachten. Die Plattenfirmen verfügen im Rahmen von Produzentenverträgen, Master-Bandübernahmeverträgen und Künstlerexklusivverträgen über die an den Aufnahmen bestehenden Leistungsschutzrechte der Musikproduzenten und ausübenden Künstler. Behalten sich Künstler und/oder Produzenten die Zustimmung zur filmischen Nutzung der Aufnahmen vor, kann der Tonträgerhersteller nicht ohne deren vorherige Einwilligung Filmeinblendrechte vergeben (*Moser* in: Becker 29, 40 ff.). Entsprechend der Ausnahme des Fernsehfilmherstellungsrechts nach GEMA-Berechtigungsvertrag sind die erforderlichen filmischen Nutzungsrechte und abzugeltenden Vergütungsansprüche der Tonträgerindustrie im Rahmen der zwischen der GVL (Gesellschaft zur Verwertung von Leistungsschutzrechten mbH) und den Fernsehsendern bestehenden sog. **Schallplattensendeverträge** abgedeckt (*Ventroni* ZUM 1999, 26; zur Frage der Zweitauswertung von Musik-Fernsehsendungen durch Musikvideos *Becker* in: Becker 53, 65 ff.; *Rochlitz* in: Becker 77, 79 ff.).

f) Vorführrechte an der Filmmusik. Auf die **Vorführrechte an der Filmmusik** 59 findet § 88 **keine Anwendung.** Nach hA besteht ein **eigenständiges Nutzungsrecht bezüglich der Vorführung der Filmmusik** (vgl. § 19 Rn. 52 ff.). Die GEMA vergibt das ihr abgetretene Vorführrecht selbst unmittelbar an die Filmtheaterbesitzer (BGH GRUR 1977, 42 – Schmalfilmrechte), das Vorführungsrecht nach § 19 Abs. 4 beziehe sich ausdrücklich nur auf Filmwerke; die Filmmusik gehöre nach § 89 Abs. 3 zu den benutzten Werken und sei daher nicht Teil des Filmwerkes. Die öffentliche Wiedergabe der auf Tonträgern aufgezeichneten Musik bei der Vorführung eines Films falle nicht unter § 19 Abs. 4, sondern unter § 21 (BGHZ 67, 56, 66f. – Schmalfilmrechte; BGHZ 123, 149, 151 – Verteileranlagen; *Brugger* UFITA 51 (1968) 89, 108; *Roeber* FuR 1968, 148, 150; Schricker/*v. Ungern-Sternberg* § 19 Rn. 38). Dies entspricht der ursprünglichen Rechtslage in der Frühzeit des Stummfilmkinos für die öffentliche Wiedergabe der Begleitmusik bei der Vorführung und hat sich wegen des vorrangigen Interesses der GEMA daran, das Recht der öffentlichen Wiedergabe der Filmmusik bei der Filmvorführung in den Filmtheatern selbst wahrzunehmen (vgl. § 1 f.) GEMA-Berechtigungsvertrag), gehalten. Im Gesetzgebungsverfahren wurde im Hinblick auf die GEMA-Praxis erörtert, die Auslegungsregeln des § 88 Abs. 1 für musikalische Werke überhaupt auszuschließen (AmtlBegr. BT-Drucks. IV/270, 99), was verworfen wurde, weil Musikwerke, die nicht zum GEMA-Repertoire gehören, nicht privilegiert werden sollten (*Ventroni* 207). Nach **anderer Ansicht** soll die Wiedergabe der Filmmusik bei der Vorführung des Films als dessen integraler Bestandteil unter das Vorführungsrecht für das Filmwerk selbst unter § 19 Abs. 4 fallen. Ein eigenständiges Vorführungsrecht für die Filmmusik bestehe nicht (*Rehbinder* Rn. 274, 248; näher zur Wahrnehmung von Verfilmungsrecht, Filmvorführungsrecht, Fernsehsendungsrecht, Aufnahme-, Vervielfältigungs- und Verbreitungsrecht, gesetzlichen Vergütungsansprüchen nach dem GEMA-Berechtigungsvertrag *Becker* ZUM 1999, 16, 20 ff.).

III. Umfang der Rechtseinräumungsvermutung

1. Im Zweifel die Einräumung des ausschließlichen Rechts

60   a) **Im Zweifel.** Aus dem Wortlaut und der Gesetzesbegründung des Zweiten Korbes zu §§ 88, 89, 137l (BT-Drucks. 16/1828, 32, 33; s. o. Rn. 2) folgt, dass für den Filmbereich eine echte **Umkehr des Regel-Ausnahmeverhältnisses** eingeführt werden sollte. Diese bewirkt, dass der Erwerber „im Zweifel", d. h. im Streitfall und bei Fehlen einer eindeutigen, ausdrücklichen schriftlichen Regelung eben alle bekannten und unbekannten Nutzungsarten zur Auswertung erwirbt (§ 88 Abs. 1 S. 2). Aus der Einbeziehung auch unbekannter Nutzungsarten in die Erwerbsvermutung folgt, dass eine Tendenz der Nutzungsrechte zum Verbleib beim Urheber für den Tatbestand der §§ 88, 89 („Gestattet zu verfilmen", „zu Mitwirkung bei der Herstellung eines Filmes verpflichtet") d. h. bei Verfilmungsverträgen und Filmherstellungsverträgen nicht mehr angenommen werden kann. Wegen der unbekannten Nutzungsarten erwirbt der Filmhersteller die dafür erforderlichen Rechte sogar qua cessio legis (dazu Vor § 88 Rn. 29).

61   Zweifel i. S. d. §§ 88, 89 sind immer anzunehmen und lösen die umfassende Erwerbsvermutung aus, **wenn der Urheber nicht zweifelsfrei, d. h. eindeutig und unbestreitbar durch schriftliche Vereinbarung darlegen und beweisen kann,** dass die jeweils umstrittene, bestimmte Art der Nutzung **nicht** übertragen wurde. Dabei hat der – zu beweisenden – Zweck des Verfilmungsvertrags nur indizielle Bedeutung (a. A. Dreier/Schulze/*Schulze* § 88 Rn. 16, der dem Vertragszweck wesentliche Bedeutung in der Bestimmung der Reichweite beimisst). Wesentlich wichtiger ist der Wortlaut des Vertrages. Dass eine Einschränkung der Reichweite der Nutzungsrechte gewollt ist, kann sich dabei daraus ergeben, dass bspw. nur bestimmte Nutzungsarten in dem Vertrag genannt werden oder Lizenzzeit und Lizenzort angegeben sind (BGH GRUR 1984, 45, 48 – Honorarbedingungen: Sendevertrag; OLG München ZUM 1992, 303; Dreier/Schulze § 88 Rn. 39; vgl. im Übrigen auch Rn. 4). Ein **nonliquet** geht **zu Lasten des Urhebers** (Rn. 82).

62   b) **Ausschließlichkeit.** Die nach § 88 eingeräumten Rechte zur Benutzung und Auswertung sind im Zweifel **ausschließliche Nutzungsrechte** i. S. v. **§ 31 Abs. 3.** Ausschließlichkeit bedeutet, dass der Erwerber im Zweifel berechtigt ist, das zu verfilmende Werk unter Ausschluss aller anderen Personen einschließlich des Urhebers eigenverant-

wortlich zu nutzen. Die Nutzung durch den Urheber muss ausdrücklich vorbehalten werden. Die Formulierung deckt sich mit § 88 Abs. 1 S. 1 2. Halbs. a. F. Der Inhaber eines ausschließlichen Nutzungsrechts auf Verfilmung hat das **quasidingliche** Recht, die betreffenden Nutzungshandlungen i. S. d. § 88 Abs. 1, 2 **positiv** vorzunehmen und das **negative Verbots- und Klagerecht** gegenüber Dritten, u. U. einschließlich des Urhebers (etwa im Fall des § 88 Abs. 2 S. 2), die in §§ 97 ff. geregelten Rechtsbehelfe, Gebote und Verbote geltend zu machen (§ 97 Rn. 8 ff.; § 31 Rn. 29).

c) **Übertragbarkeit.** Für die **Weiterübertragung** des ausschließlichen Nutzungsrechts 63 zur Verfilmung ist die **Zustimmung des Urhebers nicht erforderlich.** Geht das Urheberrecht oder das Nutzungsrecht, aus dem der Erwerber sein Recht herleitet, auf einen anderen über, so bleibt das ausschließliche Nutzungsrecht bestehen **(Sukzessionsschutz).** Es kann durch die spätere Begründung eines kollidierenden ausschließlichen oder einfachen Nutzungsrechts nicht beeinträchtigt werden (der Inhaber eines ausschließlichen Nutzungsrechts kann u. U. auch dann gegen Verletzer vorgehen, wenn er selbst ein weiteres ausschließliches Nutzungsrecht weitervergeben hat; BGH GRUR Int. 1993, 257, 258 – ALF; OLG Hamburg GRUR 1991, 207, 208 – ALF). Der dinglich wirkende Sukzessionsschutz erfordert „sachenrechtliche" Bestimmtheit und Rechtssicherheit. Die **dingliche Aufspaltbarkeit** urheberrechtlicher Verwertungsbefugnisse im Filmbereich ist allerdings umstritten und insb. hinsichtlich neuer Nutzungsarten in den **Neuen Medien** im Fluss – unbeschadet der rein schuldrechtlich zwischen den Vertragsparteien wirkenden Beschränkung (§ 31 Rn. 14 ff., *M. Schwarz* FS W. Schwarz 1999, 201, 209, 212; *M. Schwarz* ZUM 2000, 816, 819 ff.).

2. Unverändert oder unter Bearbeitung oder Umgestaltung zur Herstellung eines Filmwerkes zu benutzen

a) **Bearbeitung und Umgestaltung.** Die Formulierung deckt sich insoweit mit § 88 64 Abs. 1 Nr. 1a. F. Die verändernde Umgestaltung und Bearbeitung des vorbestehenden Werkes folgt aus dem Begriff **Verfilmen** (Vor §§ 88 ff. Rn. 21 ff.). Ein ohnehin nur ex post ermittelbarer Werkcharakter des fertigen Films ist wegen der Anordnung entsprechender Geltung des § 88 für Laufbilder in § 95 nicht erforderlich.

b) **Beginn der Verfilmung.** Im Zweifel wird das Filmherstellungsrecht zeitlich unbe- 65 grenzt übertragen (Dreier/Schulze § 88 Rn. 39). Der Beginn der Verfilmung wird im Hinblick auf § 23 S. 2 erst im **Beginn der Dreharbeiten** gesehen; Vorbereitungshandlungen wie die z. T. zahlreichen Bearbeitungen des Drehbuchs fallen nicht darunter. Nach **§ 90 S. 2** finden die §§ 34, 35, 41, 42 bis zum Beginn der Dreharbeiten Anwendung. Nach h. M. wird daher in § 88 Abs. 1 Nr. 1 a. F. auch keine Legaldefinition des Begriffs Verfilmen gesehen, weil andernfalls nicht klar wäre, dass die bis zum Zeitpunkt des Drehbeginns erfolgenden Bearbeitungen zustimmungsfrei sind (Möhring/Nicolini/*Lütje* § 88 Rn. 33, anders § 90 Rn. 7 Vertragsschluss der Verfilmungsverträge). Das ist indes nicht zwingend: § 23 regelt das Einwilligungserfordernis allein aus bearbeitungsrechtlicher Sicht (Schutzumfang des Verwertungsrechts). Danach ist es für § 23 zutreffend, den Beginn des Verfilmens erst im Drehbeginn zu sehen. Nach dem wirtschaftlichen Zweck des § 88 sind allerdings zur Filmherstellung **notwendige Vorbereitungshandlungen** wie die Bearbeitung und Präsentation verschiedener Drehbuchentwürfe nach einer Romanvorlage von der Rechtseinräumung, falls diese insoweit erforderlich sein sollte, in den Grenzen des § 93 in jedem Fall umfasst und erlaubt (vgl. dazu ausführlich Rn. 8). Dies kann im Hinblick auf den Mitteilungsvorbehalt des § 12 Abs. 2 von Bedeutung sein und führt umgekehrt nicht dazu, dass vor Veröffentlichung und Verwertung genehmigungsfreie Bearbeitungen entgegen § 23 S. 1 zustimmungspflichtig würden (Möhring/Nicolini/*Lütje* 2. Aufl. § 88 Rn. 34 zum Vorlegen der Drehbuchfassungen; steuerrechtlich ist bspw. der Erwerb der Stoffrechte maßgeblich; s. u. § 94 Rn. 18).

3. Herstellung und Verwertung von Übersetzungen und anderen filmischen Bearbeitungen des Filmwerks (§ 88 Abs. 1 Nr. 5 a. F. bis 1.7.2002)

66 **a) Prinzip des Weltverfilmungsrechts.** Die Neufassung des Gesetzes durch die Reform 2002 deckte sich insoweit mit § 88 Abs. 1 Nr. 5 a. F. Die **territorial uneingeschränkte Nutzungsrechtseinräumung** für die weltweite Auswertung (Weltverfilmungsrecht) gehört seit den Anfängen der Filmwirtschaft zum festen Bestand der Verfilmungsverträge (KG GRUR 1933, 510, 511 – Der Schrecken der Garnison: Zweck eines Drehbuchvertrags zur weltweiten Auswertung; Dreier/Schulze § 88 Rn. 38). § 88 Abs. 1 Nr. 5 a. F. schrieb diese Praxis als „Prinzip der international räumlich unbegrenzten Einräumung des Verfilmungsrechts" gesetzlich fest (Schricker/Loewenheim/*Katzenberger* § 88 Rn. 34; AmtlBegr. BT-Drucks. IV/270, 98). In der Konsequenz bedarf jede **territoriale Beschränkung** des Filmherstellungs- und der von § 88 Abs. 1 umfassten Filmverwertungsrechte der **ausdrücklichen Festlegung** im Vertrag (insb. zur Wirksamkeit von Tarifvertragsklauseln über den internationalen Programmaustausch in den Honorarbedingungen der Rundfunkanstalten; auch eine pauschale Rechtseinräumung bspw. für die „Auswertung auf dem Gebiete des Rundfunks" genügt für die Übertragung eines „Weltverfilmungsrechts": OLG Hamburg GRUR 1977, 556, 558 f. – Zwischen Marx und Rothschild; BGH GRUR 1984, 45, 50 – Honorarbedingungen: Sendevertrag; KG GRUR 1984, 509, 513 ff. – Honorarbedingungen Urheber/Fernsehen; zur Zulässigkeit territorialer Beschränkungen s. auch Vor §§ 88 ff. Rn. 100 ff.).

67 **b) Übersetzung und andere filmische Bearbeitungen.** Die nicht eigens erwähnte Herstellung der **Übersetzung** ist eine andere **filmische** Bearbeitung des vorbestehenden Werkes. Mit dem Filmherstellungsrecht ist notwendigerweise stets auch das **Recht, Synchronfassungen** herzustellen **(Filmsynchronisationsrecht)** übertragen (Schricker/Loewenheim/*Katzenberger* § 88 Rn. 50 f.; zu Übersetzung und Bearbeitung s. o. § 3 Rn. 4, 8). § 88 Abs. 1 berechtigt den Erwerber des Filmherstellungsrechts neben der ersten Herstellung der ersten Verfilmung, diese auch zu bearbeiten und insb. Übersetzungen herzustellen. Übersetzungen des Filmwerks sind insb. **Synchronisationen** (Dubbing-rights) der sprachlichen Bestandteile des Films (*Reich/Schwarz* v. Hartlieb/Schwarz Kap. 100 Rn. 1 ff.). Das Recht, den Originalfilm in jeder beliebigen Sprache mit **Untertiteln** zu versehen, soll nach OLG Köln GRUR-RR 2008, 47 = BeckRS 2007, 05630 = NJOZ 2008, 174 ohne weitere Anhaltspunkte nicht die Befugnis enthalten, den Film auch zu synchronisieren. Untertitelungs- und Synchronisations- und Voice-over-Rechte können getrennt verschiedenen Berechtigten eingeräumt werden (so zutreffend OLG Köln a. a. O., mit Gründen NJOZ 2008, 174 f.). Die urheberrechtliche Qualifikation des Synchronisationsprozesses ist im Einzelnen umstritten (§ 94 Rn. 23 zur Frage eines Leistungsschutzrechtes des Synchronfilmherstellers; zum str. Filmwerkscharakter der Synchronfassung *Radmann* 65 ff., 79 ff.). Nach dem Wortlaut und dem Zweck der Gestattung der Übersetzung sind weitere für die angemessene Auswertung erforderliche Anpassungen des Filmwerks an die ausländischen Verhältnisse zulässig, soweit sie die Grenzen der §§ 14, 39, 93 nicht verlassen (dazu § 93 Rn. 18 ff.). Die Anpassung darf nicht zu einer **schleichenden Neuverfilmung** nach der Fertigstellung und Veröffentlichung der Originalversion führen (§ 88 Abs. 2 S. 1, s. u. Rn. 76 ff.). Soweit § 88 abweichend von § 89 nicht auch ausdrücklich „Umgestaltungen" des Filmwerks erwähnt, hat dies keine Bedeutung für die Tragweite der Rechtseinräumungsvermutung, da diese im Zweifel vom Begriff der filmischen Bearbeitung umfasst werden (anders Schricker/Loewenheim/*Katzenberger* § 88 Rn. 36c: Redaktionsversehen zu § 88 a. F.).

4. Nutzung auf alle filmischen Nutzungsarten

68 Seit dem 1.1.2008 erstreckt sich die **Regelvermutung auf alle filmischen Nutzungsarten,** ungeachtet der Frage, ob diese zur Zeit des Vertragsschlusses **objektiv be-**

kannt oder unbekannt waren. Dies gilt auch subjektiv hinsichtlich der Frage, ob sich die Vertragsparteien Vorstellungen über bestimmte mögliche Nutzungen gemacht haben oder nicht. Solange ein Rechtevorbehalt nicht ausdrücklich vertraglich geregelt wurde, wofür der Urheber die Beweislast trägt (s. u. Rn. 83), stehen im Zweifel dem Filmhersteller bzw. dem Zessionar sämtliche Nutzungsrechte zu. Entsprechend dem allgemein anerkannten Begriff der Nutzungsart, wie dieser insb. den Bestimmungen § 31 Abs. 1, Abs. 5 zu Grunde liegt (s. o. § 31 Rn. 2), hat der Erwerber bzw. Filmhersteller im Zweifel das Recht, den Film auf alle wirtschaftlich und technisch möglichen Arten auszubeuten. Dabei ist nach der neuen Fassung zweifelhaft, ob diese nach bisher h. M. auf **filmische Nutzungsarten**, d. h. die Auswertung des Films als Bewegtbildfolge beschränkt sein soll. **Im Zweifel** ist von einem umfassenden **Buy-Out zugunsten des Erwerbers bzw. Filmherstellers** auszugehen. Auf die **dingliche Abgrenzbarkeit** einer wirtschaftlichen Nutzungsart kommt es nach der weitgehenden Vermutung nur dann an, wenn einzelne Befugnisse wirksam vorab an Dritte übertragen wurden (eine dem § 89 Abs. 2 entsprechende Bestimmung fehlt bei § 88 als nunmehr wesentlicher Unterschied der gesetzlichen Regeln für vorbestehende Werke und Filmurheber). Mit der umfassenden Erwerbsvermutung entfallen im Zweifel auch quantitative Beschränkungen. Das Filmwerk kann daher durch den Erwerber bzw. Filmhersteller **im Zweifel beliebig oft öffentlich vorgeführt,** als Fernsehfilm **beliebig oft gesendet** und in **beliebigen Anzahlen von Vervielfältigungsstücken** in Verkehr gebracht werden und im Zweifel in allen technischen Varianten öffentlich zugänglich gemacht werden. Da die kumulative Einräumung von Vorführungs-, Sende- und Videorechten an den Filmhersteller die Regel ist (Schricker/Loewenheim/*Katzenberger* § 88 Rn. 43 ff.), schreiben §§ 88, 89 n. F. insofern die Vertragspraxis als Regelvermutung fest.

Voraussetzung für das Eingreifen der Regelvermutung auch für **unbekannte Nutzungsarten** ist allein, dass eine **schriftliche Gestattung der Verfilmung** als solcher vorliegt. Eine ausdrückliche Nennung und Erstreckung der vertraglichen Nutzungsrechtseinräumung auf oder auch auf „unbekannte" o. ä. Nutzungsarten oder „alle wesentlichen" Nutzungsarten (vgl. § 137l Rn. 7 ff.) ist nicht erforderlich. Das folgt zu einem aus dem Merkmal der Unbekanntheit als solchem und zu anderen folgt dies aus dem Zusammenwirken der Regelvermutung und der Geltungsausnahme für § 31a Abs. 1 S. 3 und 4 in § 88 S. 2. Danach gilt zwar das Schriftformerfordernis der § 31a Abs. 1 S. 1 und § 126 BGB für die Einräumung von unbekannten Nutzungsarten. Die Erstreckung der Regelvermutung auf alle Nutzungsarten einschließlich der unbekannten machte keinen Sinn, wenn man eine ausdrückliche schriftliche Einbeziehung forderte, denn dann liegt regelmäßig kein Zweifelsfall vor. Zu einem Streit über die Bekanntheit einer Nutzungsart kann es daher im Filmbereich zukünftig nur kommen, wenn keine schriftliche Gestattung zur Verfilmung vorliegt, etwa bei versehentlich nur einseitig unterschriebenen Verträgen oder mündlichen Abreden. 69

Zugleich folgt aus der Novelle weiter, dass die **Unterscheidung hinsichtlich Erst- und Zweitverwertung** und hinsichtlich Haupt- und Nebenzwecken des herzustellenden Films im Rahmen von §§ 88, 89 dann **keine Bedeutung** mehr zukommt, sofern keine ausdrücklichen vertraglichen Zweckabreden zwischen Urheber und Erwerber getroffen wurden (Beweislast beim Urheber s. u. Rn. 83). Nachdem durch die zwischenzeitliche Erstreckung der Rechtseinräumungsvermutung des § 88 durch Novelle v. 1.7.2002 auf alle bekannten Nutzungsarten die lange geforderte Angleichung der Rechtslage für vorbestehende Werke an diejenige der Filmurheberrechte gem. § 89 vollzogen war, folgte aus der Beschränkung auf alle Nutzungsarten, die im Zeitpunkt des Vertragsschlusses bekannt waren, noch, dass im Zweifel auch eine Beschränkung auf jeweils bekannte. d. h. je Filmart bekannter Nutzungen (Schricker/Loewenheim/*Katzenberger* § 88 Rn. 36h, 42, 53; § 132 Abs. 3; zur Reichweite der Rechtsfolge s. § 89 Rn. 26 ff.; Dreier/Schulze § 88 Rn. 49). Dabei war die ursprüngliche Abweichung des § 88 von § 89 und Beschränkung auf die dem Hauptzweck des Films ent- 70 sprechende Erstverwertung Kino oder Fernsehen oder Video schon damals als praxisfremd und produzentenfeindlich kritisiert worden (vgl. BT-Drucks. 14/6433, 5; Begründung des Alternativentwurfs der Filmwirtschaft v. 21.8.2001). Eine solche Beschränkung auf jeweils bekannte, d. h. dem bekannten Nutzungszweck entsprechende Nutzungsarten ist mit Zweck und Wortlaut der Novelle („... im Zweifel ... **alle** Nutzungsarten ...") nicht zu vereinen und kommt nach der Erstreckung der Regelvermutung auf alle auch unbekannten Nutzungsarten nicht mehr in Betracht (so auch Mestmäcker/Schulze/*Obergfell* § 88 Rn. 18). Denn bereits mit der Novelle 2002 sollten grds. sämtliche filmischen Verwertungsbefugnisse in der Hand des Produzenten gesammelt werden (BT-Drucks. 14/6433, 5).

71 Unzweifelhaft erstreckt sich auch die Regelvermutung des § 88 auf alle **bekannten und unbekannten filmischen Nutzungsarten** (zum Begriff der filmischen Verwertung siehe § 91; BGHZ 163, 109, 118f.). Dazu zählen bspw. auch Sonderformen filmischer Verwertung wie Airline- und Oil-Rig-Rechte (Vor §§ 88ff. Rn. 37, 42). Maßgeblich auch für unbekannte Nutzungen bleibt insofern der Zweck der Wahrnehmungsvermittlung des Films als einer bewegten Bildabfolge. Auch **Zweitwiedergaberechte** (str., anders wohl die h. M.; die Befugnis zur öffentlichen Wiedergabe von gesendeten Filmwerken mittels Fernsehempfangsgeräten in Gaststätten und ähnlichen Einrichtungen, § 15 Abs. 2 Nr. 4, und die Befugnis zur öffentlichen Wiedergabe einer Fernsehsendung durch Bild- und Tonträgeraufzeichnungen, § 22) sind von § 88 n. F. umfasst und sind nun im Zweifel dem Filmhersteller eingeräumt (anders § 88 Abs. 1 Nr. 3 a. F. da der Filmhersteller diese nicht zur „bestimmungsgemäßen" Auswertung des Filmwerks entsprechend dem jeweiligen Zweck benötige, Schricker/Loewenheim/*Katzenberger* § 88 Rn. 49; AmtlBegr. BT-Drucks. IV/270, 98). Für die Einschränkung besteht nach der Gleichschaltung von Erst- und Zweitverwertung und Erstreckung auf alle Nutzungsarten kein Anlass mehr. Im Zweifel müssen die Verwertungsgesellschaften die Rechte vom Filmhersteller erwerben (anders zum Verbleib des Rechts beim Urheber bei Auslegung der Honorarbedingungen einer Rundfunkanstalt LG München I UFITA 46 (1966) 369 – Deutschlandfahrt mit Ypsilon; *Roeber* FuR 1968, 148). Nach h. M. zu § 88 a. F. war die Regelvermutung auf **filmische Nutzungsarten** beschränkt. Nicht-filmische Nutzungsarten, wie Soundtrack, Buch zum Film, Illustrationen, Merchandising, Bearbeitung als Bühnenstück, Themenparkrechte sind von der Vermutung des § 88 a. F. grds. nicht erfasst. Zur filmischen Nutzung zählen nach umstrittener Ansicht allerdings auch **Klammerteilauswertungen zur Filmwerbung und Firmen-Information,** soweit sie der Auswertung des betroffenen Filmwerks dienen. Sie dürfen daher nicht innerhalb und in Zusammenhang mit anderen Filmen verwendet werden (BGH GRUR 1957, 611, 612 – Bel Ami; OLG München GRUR-RR 2008, 27, 42 – Pumuckel). Hier ist anzunehmen, dass Klammerteilrechte für Werbezwecke jedenfalls gewohnheitsrechtlich mit übertragen werden (anders Schricker/Loewenheim/*Katzenberger* § 88 Rn. 53). Zumindest diese Nebenauswertungen, die die filmische Auswertung unterstützen, sind nach der Novelle im Zweifel mit übertragen.

72 Wegen der ausdrücklichen Beschränkung der Verwertungsbefugnis des Filmherstellers auf das Filmwerk in § 88 Abs. 1 fallen unter die Regelvermutung des § 88 n. F. nicht die **nicht-filmischen Nutzungsarten,** insb. **Auswertung der Tonspur** von Filmen auf Tonträgern, von **Merchandisingartikeln** und Illustrationen von **Presseerzeugnissen** gelten als im Zweifel nicht mit übertragen. (KG GRUR 1984, 509, 513; OLG München ZUM 1990, 192; OLG Hamburg GRUR-RR 2003, 33, 35f.; dazu Schricker/Loewenheim/*Katzenberger* § 88 Rn. 53; ausführlich dazu auch bei § 91 Rn. 9).

5. § 31a Abs. 1 Satz 3 und 4 und Abs. 2 bis 4 findet keine Anwendung

73 a) **Bereichsausnahme für § 31a.** Die Bestimmung knüpft tatbestandlich an den ersten Halbsatz des § 88 Abs. 1 S. 1 „Gestattet der Urheber einem anderen, sein Werk zu verfilmen" an. Die gesamte Regelung lautet: *„Gestattet der Urheber einem anderen, sein Werk zu*

§ 88 Recht zur Verfilmung   74–76 § 88 UrhG

verfilmen, findet § 31a Abs. 1 Satz 3 und 4 und Abs. 2 bis 4 keine Anwendung." § 88 Abs. 1 S. 2 statuiert mithin eine **echte Geltungsausnahme der Rechte des Urhebers nach § 31a für den Bereich des Verfilmungsrechts** mit Ausnahme des Schriftformerfordernisses. Voraussetzung ist allein, dass eine **schriftliche Gestattung der Verfilmung** als solcher vorliegt (s. o. Rn. 12 ff.). Von einer echten Bereichsausnahme des Widerrufsrechts für den Filmbereich gehen auch die Gesetzesbegründung und der Rechtsausschuss aus (Vor §§ 88 ff. Rn. 10). Eine Anknüpfung an die Regelvermutung „im Zweifel" (Rechtsfolgenanknüpfung) machte keinen Sinn, da der Urheber dann bei eindeutigen Regelungen – egal welchen Inhalts – stets das Widerrufsrecht behielte, was dem Zweck der Bestimmung zuwiderliefe. Aus diesem Grund greifen auch mögliche verfassungsrechtliche Bedenken gegen die das nach Art. 14 GG als Grundrecht geschützte Urheberrecht beeinträchtigende Ausnahmebestimmung im Ergebnis nicht durch. §§ 31a, 32c sind Inhaltsbestimmungen des Urheberrechts. § 88 Abs. 1 S. 2 ist eine für den Filmbereich sachlich gerechtfertigte (Art. 3 Abs. 1 GG) und hinreichend deutlich bestimmte Einschränkung von urheberrechtlichen Gestaltungsbefugnissen, die den Kernbereich des Urheberrechts nicht tangiert. Denn dem Urheber verbleiben jedenfalls Ansprüche auf angemessene Kompensation nach § 32c.

Im **Bereich der Filmproduktion und Filmauswertung** steht Urhebern vorbestehender Werke und Filmurhebern (s. u. § 89 Abs. 1 S. 2 n. F.) das **Widerrufsrecht** hinsichtlich der Übertragung unbekannter Nutzungsarten gem. § 31a Abs. 1 S. 3 **nicht zu.** Das führt dazu, dass der Filmhersteller die unbekannten Nutzungsarten im Wege einer cessio legis erhält (dazu ausführlich Vor §§ 88 ff. Rn. 29) Der (Film-)Urheber behält aber das Recht auf **gesonderte angemessene Vergütung für später bekannte Nutzungsarten** gem. § 32c. Die Erwerber des Verfilmungsrechts, insb. Filmhersteller sind allerdings von der Obliegenheit entbunden, die beabsichtigte Aufnahme der Auswertung in einer neuen Nutzungsart den (Film-)Urhebern oder Rechtsnachfolgern gem. § 31a Abs. 1 S. 4 anzuzeigen. Der damit verbundene **Recherche-, Bürokratie- und Kostenaufwand** für die **Anzeige gem. § 31a Abs. 1 S. 4,** der den Sinn der gesamten Neuregelung der „unbekannten Nutzungsarten" in Frage stellt (s. o. § 31a Rn. 83 ff.), **entfällt** jedenfalls für den wirtschaftlich wesentlichen Bereich der Filmherstellung. 74

b) Entsprechende Ausnahme für § 32c. Nach dem Zweck der Ausnahmebestimmung muss dies entsprechend **auch** für die **Unterrichtungspflicht des Vertragspartners gem. § 32c Abs. 1 S. 2** gelten. Vertragspartner i. S. d. Bestimmung des § 32c Abs. 1 S. 2 ist nicht der Ersterwerber des Verfilmungsrechts oder Filmhersteller i. S. d. § 88 Abs. 1 S. 1. Andernfalls liefe die Geltungsausnahme des § 88 Abs. 1 S. 2 hinsichtlich der beabsichtigten Entlastung der Filmwirtschaft leer. Allein die Rechtsprüfung hinsichtlich des Vorliegens einer jeweiligen „Unbekanntheit" einer beabsichtigten Nutzung kann einen erheblichen und unverhältnismäßigen Aufwand nach sich ziehen. Andererseits ist davon auszugehen, dass die betroffenen Urheber und ihre Rechtsnachfolger aufgrund der öffentlichen Diskussion hinreichend über neue Auswertungsmöglichkeiten informiert sind und durch die Erstreckung der Bereichsausnahme auf § 32c Abs. 1 S. 2 nicht wirklich einen Nachteil erleiden (§ 32c Rn. 16 ff.). 75

c) Unbekannte filmische und nicht-filmische Nutzungsarten. Fraglich ist, ob die Geltungsausnahme des § 88 Abs. 1 S. 2 und entsprechend § 89 Abs. 1 S. 2 entsprechend der Rechtseinräumungsvermutung des S. 1 auf unbekannte filmische Nutzungsarten zu beschränken ist, d. h. solche „Unbekannte", bei denen die Wahrnehmungsvermittlung des Werkes an Rezipienten als bewegtes Bild zumindest im Vordergrund steht. Gegen eine solche Beschränkung spricht der Sinn des Begriffs der „unbekannten" Nutzungsart, der sich sinnvoller Weise nicht in „bekannte Unbekannte" und „unbekannte Unbekannte" (Nutzungsarten) differenzieren lässt. Daraus folgt ein Argument mehr für eine endgültige Aufgabe dieses Rechtsinstituts. Dafür spricht auch die allgemeine Regelung des § 137l, die sich für die Übertragungsfiktion unbekannter Nutzungsarten in der Vergangenheit nicht 76

Manegold/Czernik   1579

auf gattungsspezifische unbekannte filmische oder literarische oder musikalische Nutzungsarten beschränkt (BT-Drucks. 16/1828, 33; § 137l Rn. 23; s. u. Rn. 67).

IV. Abs. 2: Grenzen des Verfilmungsrechts

1. Ausschluss der Wiederverfilmung, § 88 Abs. 2 S. 1

77 § 88 Abs. 2 S. 1 normiert das **Prinzip einmaliger Herstellung** des Films. Der Ausschluss des Wiederverfilmungsrechts nach § 88 Abs. 2 S. 1 bewirkt, dass § 88 Abs. 1 sich ausschließlich auf die Herstellung und Verwertung **eines bestimmten ersten Films** erstreckt (AmtlBegr. BT-Drucks. IV/270, 99; vor Inkrafttreten des UrhG BGH GRUR 1957, 614, 615 – Ferien vom Ich; BGH UFITA 24 (1957) 399, 405 f. – Lied der Wildbahn III), nach dessen Fertigstellung alle weiteren Dreharbeiten unzulässig sind. Die Fertigstellung des Filmwerks erfolgt i. d. R. mit der vorbehaltlosen Abnahme der Nullkopie durch den Hauptregisseur (KG NJW-RR 1986, 608 – Paris/Texas), in der zugleich die Freigabeerklärung zur Veröffentlichung liegt. Von der Fertigstellung ist auch dann auszugehen, wenn eine fertige Version aus wirtschaftlichen Gründen unter Verschluss gehalten und für eine spätere Veröffentlichung bereitgehalten wird. Denn eine Bestimmung zur Veröffentlichung liegt dann gerade vor.

78 Das Prinzip einmaliger Herstellung führt dazu, dass die sog. **Remakerechte** und **Sequel-, Fortentwicklungsrechte** eigenständige Nutzungsrechte sind, die ausdrücklich übertragen werden müssen (Formulierungsvorschläge hierfür finden sich bei *Graef* GRUR PRax 2010, 192), wobei dies auch formularmäßig möglich ist (BGH GRUR 1984, 45, 48 f. – Honararbedingungen: Sendevertrag) und dass auch ihre Weiterübertragung der Zustimmung durch den Urheber bedarf. § 34 ist durch § 90 nur für den Anwendungsbereich des § 88 eingeschränkt, also nicht für das Wiederverfilmungsrecht. Das gilt insb. auch für das **Rückrufsrecht** nach § 41, so dass der Urheber nach Fristsetzung das **Wiederverfilmungsrecht** im Gegensatz zum Erstherstellungsrecht einschließlich der Auswertungsrechte **zurückrufen** kann (so auch *Czernik* in Wandtke Band 2 Kap. 2 § 4 Rn. 118; *Graef* GRURPrax 2010, 192; zum **Rückruf von Verfilmungsrechten** LG München I ZUM 2007, 758; zu den Folgen siehe auch § 90 Rn. 17). Denn mit der Wiederverfilmung wird ein eigenständiges Filmwerk geschaffen, oftmals mit völlig neuen Beteiligten, weswegen hier nicht von einer Fortsetzung eines laufenden Drehs gesprochen werden kann. Keine Wiederverfilmung liegt jedoch in der Bearbeitung des Erstfilms, etwa wenn aus bereits vorhandenem Material ein Director's Cut oder der Kinofilm für die Ausstrahlung im Fernsehen in einen Mehrteiler umgearbeitet wird. Die Grenze wird erst dort gezogen, wo hierfür Neuaufnahmen angefertigt werden müssen (Fromm/Nordemann/*J. B. Nordemann* § 88 Rn. 79).

79 Die Ausschließlichkeit des Filmherstellungsrechts führt dazu, dass sein Inhaber die Wiederverfilmung während der Exklusivitätsbindung Dritter einschließlich des Urhebers verbieten kann, ohne selbst zur Wiederverfilmung berechtigt sein zu müssen. Das **Verbotsrecht** des § 88 Abs. 2 S. 2 reicht insofern weiter als die positiven Rechte zur Benutzung des geschützten Werkes zur Verfilmung (*v. Gamm* § 11 Rn. 8; Möhring/Nicolini/*Lütje* § 88 Rn. 64; Schricker/Loewenheim/*Katzenberger* § 88 Rn. 57). Unabhängig davon kann aus einer vertraglichen Nebenpflicht des Verfilmungsvertrags ein schuldrechtlicher Anspruch des Filmherstellers oder seines Lizenznehmers gegen den Urheber auf Unterlassung einer Beeinträchtigung der eigenen Verwertungsbefugnisse erwachsen (BGH GRUR 1969, 364, 366 f. – Fernsehauswertung: der Hersteller eines nach einem Bühnenstück gedrehten Vorführfilms kann die Fernseh-Live-Sendung von Aufführungen des Bühnenstücks sowie die Sendung von Fernsehaufzeichnung und die Fernsehverfilmung des Bühnenstücks untersagen). Diese Enthaltungspflicht des Urhebers besteht aber nur bis Ablauf der Frist des § 88 Abs. 2 S. 2.

Umstritten ist, ob die **Auflösung des Wiederverfilmungsvertrages** zum automatischen Rückfall des Wiederverfilmungsrechts an den Urheber führt (so Fromm/Nordemann/*J.B. Nordemann* § 88 Rn. 87 entgegen BGH GRUR 1958, 504, 506f. – Die Privatsekretärin; a.A. Schricker/Loewenheim/*Katzenberger* § 88 Rn. 56: eine Analogie des Wiederverfilmungsvertrags zu §§ 9, 28 Abs. 2 VerlG scheide aus; Erforderlichkeit des **Rückrufs von Verfilmungsrechten;** LG München I ZUM 2007, 758). Hier ist zu unterscheiden. Wurden unter dem Wiederverfilmungsvertrag bereits Sublizenzen eingeräumt, ist ein Rückfall der Wiederverfilmungsrechte abzulehnen, stattdessen tritt der Urheber in die bestehende Sublizenz als neue Vertragspartei mit ein. Es besteht hier kein sachlich gerechtfertigter Unterschied zur allgemeinen Rückrufkonstellation bei Sublizenzen (dazu § 90 Rn. 1ff.). Hat der Vertragspartner hingegen nicht über das Wiederverfilmungsrecht weiterverfügt, fällt das Wiederverfilmungsrecht unmittelbar an den Urheber zurück.

2. 10-jähriger Ausschluss der anderweitigen filmischen Verwertung, § 88 Abs. 2 S. 2

Die Exklusivität des Filmherstellungsrechts und der Verwertungsbefugnisse ist im Zweifel auf zehn Jahre ab Rechtseinräumung begrenzt mit der Folge, dass das Verbotsrechts des Erwerbers hinsichtlich einer Neuverfilmung des verfilmten Werkes und dessen Verwertung gegenüber Dritten und dem Urheber nach Ablauf dieser Frist endet. Bei einer Verfilmungsoption ist deren Ausübung maßgeblich. Die Auswertung eines Filmes ist in der Praxis innerhalb kürzerer Zeit von zwei bis drei Jahren abgeschlossen. Danach kommen nur Wiederholungssendungen im Fernsehen in Betracht, deren Vergütungsaufkommen i.d.R. begrenzt ist. Zehn Jahre sollten daher i.d.R. zur Amortisation der Investitionen genügen (AmtlBegr. BT-Drucks. IV/270, 99; *v. Gamm* § 88 Rn. 12; Schricker/Loewenheim/*Katzenberger* § 88 Rn. 58). Die Verwertungsbefugnisse des Herstellers des ersten Filmwerks bleiben davon unberührt (AmtlBegr. BT-Drucks IV/270, 99; Schricker/Loewenheim/*Katzenberger* § 88 Rn. 58). Dies hat zur Folge, dass Beeinträchtigungen der Auswertung der ersten und der nach Ablauf der 10-Jahresfrist zulässigerweise hergestellten zweiten Verfilmung durch **schuldvertragliche Sperrfristen** unter den beiden Rechtsinhabern vermieden werden müssen (BGH GRUR 1969, 364, 367 – Fernsehauswertung; BGH GRUR 1976, 382, 384 – Kaviar; KG UFITA 64 (1972) 298 – Feuerzangenbowle: Sendesperre und Schutz einer Neuverfilmung). Über den zehn Jahre-Zeitraum hinaus gehende weitere Enthaltungspflichten des Urhebers, die teilweise als vertragliche (schuldrechtlich wirkende) Nebenpflichten angesehen werden (so Fromm/Nordemann/*J. B. Nordemann* § 88 Rn. 89), wird man jedoch nur in einem eng begrenzten Rahmen und nur bezogen auf die Verwertung des konkreten Filmstoffs bzw. auf die dem Filmhersteller übertragenen Nutzungsrechte annehmen können (Dreier/Schulze § 88 Rn. 69; vgl. die restriktive Rechtsprechung hierzu bei BGH GRUR 1969, 364, 365f. – Fernsehauswertung; BGH GRUR 1983, 370, 373 – Mausfigur). In der Regel dürften außerfilmische Verwertungen keinen Einfluss auf die Auswertung des Films haben, weswegen hier ein großzügiger Maßstab gerechtfertigt ist.

Nach h.M. ist die Bestimmung des § 88 Abs. 2 S. 2 durch allgemeine Geschäftsbedingungen **vertraglich abdingbar** (BGH GRUR 1984, 45, 48 – Honorarbedingungen: Sendevertrag), so dass vorbehaltlich eines Rückrufs nach § 41 der Urheber durch vertragliche Optionen dauerhaft an einer anderweitigen filmischen Verwertung gehindert werden kann (a.A. Fromm/Nordemann/*J.B. Nordemann* § 88 Rn. 88; zu vertraglichen Gestaltungen *M. Schwarz* FS W. Schwarz 1999, 201, 204).

V. Beweisrechtliche Bedeutung von § 88

Der Erwerb des Verfilmungsrechts als solches unterfällt zwar der allgemeinen Regel des § 31 Abs. 5 (s. § 31 Rn. 70ff.). Der Erwerber (das muss nicht notwendigerweise der Filmhersteller sein, dazu Rn. 14) trägt insb. die Beweislast für die Zweckbestimmung des vertragsgegenständlichen Verfilmens bzw. der Filmherstellung als solcher. Steht die Einräumung eines Verfilmungsrechts aber einmal fest, so hat der Urheber (oder ein Dritter, der seine Rechtsstellung unmittelbar vom Urheber ableitetet, Rn. 14) eine gegenüber den Vermutungen des § 88 weniger weit reichende Rechtseinräumung zu beweisen (BGH GRUR 1985, 59, 530 – Happening; Möhring/Nicolini/*Lütje* § 88 Rn. 68; Schricker/Loewenheim/*Katzenberger* § 88 Rn. 59). Beruft sich der Urheber also bspw. auf eine an den umstrittenen Filmzweck gebundene Restriktion der Rechteübertragung, muss der Urheber bzw. Rechtsnachfolger darlegen und **beweisen,** dass eine bestimmte Art der Nutzung eines Filmwerks vom Zweck des Verfilmungsvertrags zweifelsfrei, d. h. eindeutig und unbestreitbar **nicht umfasst** wurde. Ein **nonliquet geht zu Lasten des Urhebers,** der auf schuldrechtliche Ansprüche verwiesen bleibt (s. o. Rn. 2). Eine Fortführung der restriktiven Praxis zu §§ 88, 89 (vgl. Schricker/Loewenheim/*Katzenberger* Vor §§ 88 ff. Rn. 10, 14, 43) würde zu **Wertungswidersprüchen zwischen Neuverträgen und Altverträgen** führen, die dem Gesetzeszweck widersprechen. Keine Beweiswirkung entfaltet § 88 Abs. 1 indes auf das Verhältnis zwischen Filmhersteller und Auswerter, hier bleibt es bei der Regelung des § 31 Abs. 5. Für eine abweichende Regelung vom Regelungsgehalt § 88 Abs. 2 trägt der Filmhersteller die Darlegungs- und Beweislast.

VI. Rechtslage für Sachverhalte bis zum 30.6.2002. Bedeutung der §§ 88, 89 a. F. für die Übertragungsfiktion des § 137l

84 Nach der Rechtslage vor der Reform 2002 hing die Reichweite der Rechtseinräumungsvermutung in § 88 Abs. 1 maßgeblich von der Filmart ab und erfasste nur die jeweilige Erstverwertung. Auf Sachverhalte vor dem 1.7.2002 sind § 88 Abs. 1 Nr. 1 bis 5 a. F. weiter anzuwenden (näher § 132 Rn. 7 ff.). Diese lauten wie folgt:

§ 88. Recht zur Verfilmung (a. F. bis zum 30.6.2002)

(1) Gestattet der Urheber einem anderen, sein Werk zu verfilmen, so liegt darin im Zweifel die Einräumung folgender ausschließlicher Nutzungsrechte:
1. das Werk unverändert oder unter Bearbeitung oder Umgestaltung zur Herstellung eines Filmwerkes zu benutzen;
2. das Filmwerk zu vervielfältigen und zu verbreiten;
3. das Filmwerk öffentlich vorzuführen, wenn es sich um ein zur Vorführung bestimmtes Filmwerk handelt;
4. das Filmwerk durch Funk zu senden, wenn es sich um ein zur Funksendung bestimmtes Filmwerk handelt;
5. Übersetzungen und andere filmische Bearbeitungen oder Umgestaltungen des Filmwerkes in gleichem Umfang wie dieses zu verwerten.

(2) Die in Absatz 1 bezeichneten Befugnisse berechtigen im Zweifel nicht zu einer Wiederverfilmung des Werkes. Der Urheber ist im Zweifel berechtigt, sein Werk nach Ablauf von 10 Jahren nach Vertragsabschluß anderweit filmisch zu verwerten.

(3) Die vorstehenden Bestimmungen sind auf die in den §§ 70 und 71 bezeichneten Schutzrechte entsprechend anzuwenden.

85 Die §§ 88, 89 a. F. haben weiter Bedeutung v. a. für die Anwendung der Übertragungsfiktion des § 137l Abs. 1 S. 1. Unter der Voraussetzung, dass der Urheber zwischen dem 1.1.1966 und dem 1.1.2008 einem anderen alle wesentlichen Nutzungsrechte ausschließlich sowie räumlich und zeitlich unbegrenzt eingeräumt hat, gelten nach § 137 Abs. 1 S. 1 die zum Zeitpunkt des Vertragsschlusses unbekannten Nutzungsarten als dem anderen ebenfalls eingeräumt. Handelt es sich um aktuell am 1.1.2008 bekannte Nutzungsarten muss der Urheber dieser Nutzung innerhalb eines Jahres also bis zum 31.12.2007 widersprechen. Die Beantwortung der Frage, welche Rechte bei den verschiedenen Werkarten übertragen sein müssen, soll der Rechtsprechung überlassen bleiben. Eine Anknüpfung an die Übertragung sämtlicher Rechte hätte dazu geführt, dass bereits das Fehlen einzelner Nebenrechte – wie z. B. des Charakter-Merchandising-Rechts oder des Remakerechts beim Film – zum Nichteingreifen der Fiktion führen würde. Bei der Beurteilung der Wesentlichkeit wird es darauf ankommen, dass im konkreten Einzelfall alle diejenigen Rechte übertragen wurden, die für eine umfassende Verwertung nach dem jeweiligen Vertragszweck notwendig sind. Steht also beispielsweise die Verwertung eines Schriftwerks als Buchausgabe inmitten, kommt es nur darauf an, dass dem Verwerter alle für diesen Verwertungszweck relevanten Nutzungsrechte eingeräumt wurden (BT-Drucks. 16/1828, 33). Die Rechtseinräumungsvermutungen der §§ 88, 89 a. F. bis 2002 und erst recht der Zwischenfassung bis Ende 2007 eröffnen danach in Zweifelsfällen regelmäßig den Anwendungsbereich der Übertragungsfiktion des § 137l für den gesetzlichen Nacherwerb seinerzeit unbekannter Nutzungsarten (näher § 137l Rn. 22 ff.). Der Umstand, dass die Herstellung und Verbreitung von Filmen zur Vorführung im privaten Bereich, insb. Videogramme zur Zeit des ersten Inkrafttretens der §§ 88, 89 im Jahr 1965 sowohl technisch nicht praktikabel als auch wirtschaftlich unbekannt waren (§ 31 Rn. 65 f.), und dass sich insofern zur Frage, ob Verträge aus der Zeit zwischen 1966 und 1976 bzw. 1978 das Recht der Videoauswertung des unter Verwendung des vorbestehenden Werkes hergestellten Films umfassen, §§ 88, 89 a. F. nichts entnehmen ließ, ist für die Übertragung der wesentlichen Nutzungsrechte (§ 137l) also unerheblich. Die Einräumung des Video- und Bildplattenrechts konnte sich zudem aus der Zweckübertragungsregel ergeben, die für Altfälle vor 1966 zu weitergehenden Rechtseinräumungen als § 88 a. F. führen konnte (vgl. § 137l Rn. 5, 11 f.).

Die zum Zeitpunkt des Gesetzeserlasses im Jahr 1966 sowohl bei Fernseh- als auch bei Spielfilmen übliche **internationale Erstverwertung,** das Recht zur Übersetzung in fremde Sprachen und das Recht zur anderweitigen Anpassung an ausländische Verhältnisse war entsprechend der seit jeher üblichen Vertragspraxis der Filmhersteller mit umfasst (§ 88 Abs. 1 Nr. 5 a. F., AmtlBegr. BT-Drucks. IV/270, 98; ebenso bereits die historische Rechtsprechung zur Verfilmung: RGZ 140, 231, 244 f. – Tonfilm: Aufführungsrecht an der Tonfilmmusik; BGHZ 5, 116, 121 – Parkstraße 13: Verfilmungs- und Filmauswertungsrechte bei Bühnenwerk; BGH GRUR 1955, 596, 597 – Lied der Wildbahn II; BGH UFITA 24 (1957) 399, 402 – Lied der Wildbahn III: Verfilmungs- und Filmverwertungsrechte bei Drehbuch; KG GRUR 1933, 510, 511 – Der Schrecken der Garnison: stillschweigende Einräumung des „Weltverfilmungsrechts" an einem Drehbuch). Die Übertragungsfiktion des § 137l dürfte auch in **Altfällen** eröffnet sein, für die §§ 88, 89 a. F. unmittelbar nichts zu entnehmen war (näher § 137l Rn. 5, 11 f.), da **jeweils die – für die jeweilige Filmgattung – wesentlichen Nutzungsrechte übertragen waren** (vgl. Beispiele aus der historischen Rspr. zu § 31 Abs. 5 für **Kinofilme:** BGHZ 67, 56, 66 – Schmalfilmrechte; OLG München GRUR 1983, 571, 572 – Spielfilm-Videogramme; OLG Hamburg ZUM 1986, 151, 155; OLG Köln GRUR 1983, 568, 570 – Video-Kopieranstalt; für **Fernsehfilme** öffentlicher Rundfunkanstalten: BGH GRUR 1974, 786, 788 – Kassettenfilm: eine Vertragsklausel Rechtseinräumung „für alle Rundfunk- und Filmzwecke" sollte dem Hersteller eines Fernsehfilms vom Urheber des verfilmten Werkes nicht das Recht zur gewerblichen oder nichtgewerblichen Vorführung von Schmalfilmkopien einschließlich der entsprechenden Vervielfältigungs- und Verbreitungsrechte gewähren; BGH GRUR 1984, 45, 48 – Honorarbedingungen: Sendevertrag; KG GRUR 1984, 509, 513 – Honorarbedingungen Urheber/Fernsehen: für Privatsender; OLG München ZUM-RD 1998, 101 – Auf und davon: Eine pauschale Rechtseinräumung an einer filmischen Auftragsproduktion für einen privaten Fernsehsender umfasste nach § 31 Abs. 5 nur das Recht zur Sendung, nicht aber das Recht zur Videozweitauswertung; anders BGHZ 67, 56, 58 ff. – Schmalfilmrechte für Filmmusikvertrag unter Berücksichtigung der Praxis der GEMA: trotz Mehrdeutigkeit des Filmmusikvertrags soll der Hersteller bei einem Vorführfilm im Rahmen der üblichen Zweit- oder Restauswertung durch öffentliche Vorführung der Filme im Schmalfilmformat außerhalb von Filmtheatern auch die dazu erforderlichen Rechte zu deren Herstellung und

Verbreitung erlangen; BGHZ 95, 274, 282 ff. – GEMA-Vermutung I und BGH GRUR 1988, 296, 297 – GEMA-Vermutung IV).

1. Das Filmwerk zu vervielfältigen und zu verbreiten, § 88 Abs. 1 Nr. 2 a. F.

87 **a) Vervielfältigen, Verbreiten.** Zu den Begriffen der Vervielfältigung und Verbreitung wird auf die Kommentierung zu § 16 Rn. 2, § 17 Rn. 4 ff. verwiesen. § 88 Abs. 1 Nr. 2 verleiht die Befugnis, Filmverleihkopien herzustellen und das Filmwerk und – damit auch die bearbeiteten vorbestehenden Werke – jeweils entsprechend der vertraglich bezweckten Filmart – Fernseh- oder Kinofilm – über die Herstellung des Filmwerks als solches hinaus zu vervielfältigen (§ 16 Abs. 2) und die Filmkopien zu verbreiten (nach Schricker/Loewenheim/*Katzenberger* § 88 Rn. 37 enthält das Recht zur Filmherstellung logisch bereits das Recht, das verfilmte Werk zu vervielfältigen).

88 **b) Bestimmung zur Verbreitung.** Die zulässige Anzahl, die Art der Filmkopien und die Art ihrer Verbreitung sind entsprechend dem Zweckübertragungsprinzip des § 31 Abs. 5 nach der konkreten Nutzungsart des Filmwerks durch Auslegung zu ermitteln (Fromm/Nordemann/*Hertin* 9. Aufl. § 88 Rn. 17 f.; *v. Gamm* § 88 Rn. 9; Möhring/Nicolini/*Lütje* § 88 Rn. 36; Schricker/Loewenheim/*Katzenberger* § 88 Rn. 38). **Maßgebliche Indizien** für die geplante Nutzungsart und den zulässigen Umfang sind mangels ausdrücklicher Vertragsbestimmungen der **Geschäftszweck des Erwerbers** des Verfilmungsrechts und sein **tatsächlicher Tätigkeitsbereich,** soweit diese dem Urheber bei Vertragsschluss bekannt waren (Kinofilmproduzent oder öffentliche Rundfunkanstalt oder privates Sendeunternehmen; TV-Auftragsproduzent). Auch der **Filminhalt** und die geplante oder tatsächliche **Länge des Films** (bspw. bei Werbefilmen, die für TV kürzer und für Kino länger sind), das gewählte **Filmaufzeichnungsverfahren** (digital, analog-Video, chemisch), **spezielle Genre** (bspw. für das Fernsehen nicht in Betracht kommende spezielle Instruktionsfilme, Pornofilme können auf die Videoverwertung beschränkt sein), indizieren den vertraglichen Verfilmungszweck (Fromm/Nordemann/*Hertin* 9. Aufl. § 88 Rn. 22; Schricker/Loewenheim/*Katzenberger* § 88 Rn. 44).

89 Die **kumulative Einräumung von Vorführungs-, Sende- und Videorechten** an den Filmhersteller ist zwar heute die Regel (Möhring/Nicolini/*Lütje* § 88 Rn. 43; Schricker/Loewenheim/*Katzenberger* § 88 Rn. 43 ff.; *M. Schwarz* FS W. Schwarz 1999, 201 ff.). Während der Hersteller von Kinovorführfilmen grds. berechtigt ist, das Filmwerk im Rahmen der Vertragslaufzeit beliebig oft öffentlich vorzuführen (Schricker/Loewenheim/*Katzenberger* § 88 Rn. 34, 47), war die Kopienanzahl u. U. beziffert und begrenzt. Auch beim für Fernsehzwecke produzierten Fernsehfilm war dies hinsichtlich der Anzahl der Sendungen der Fall. Zumindest dem Grundsatz nach war nur von einer Befugnis zur einmaligen Sendung auszugehen, sofern kein Rechtserwerb von fest angestellten Urhebern vorliegt. Beliebig häufige Wiederholungssendungen und Weitersendungen durch andere Sendeunternehmen waren grds. nicht zulässig, sofern dies nicht ausdrücklich vereinbart ist (KG GRUR 1986, 536 – Kinderoper; Schricker/Loewenheim/*Katzenberger* § 88 Rn. 47).

2. Das Filmwerk öffentlich vorzuführen, wenn es sich um ein zur Vorführung bestimmtes Filmwerk handelt, § 88 Abs. 1 Nr. 3 a. F.

90 **a) Begriff der öffentlichen Vorführung.** Zum **Begriff der öffentlichen Vorführung** wird auf § 19 Rn. 2 ff. verwiesen.

b) Bestimmung zur Vorführung. Ob die bezweckte Nutzungsart die Vorführung umfasst, ist durch Auslegung nach allgemeinen Grundsätzen zu ermitteln, wobei der Rechtserwerber die Darlegungs- und Beweislast für den konkreten Vertragszweck der Verfilmung hinsichtlich der erstrebten Nutzungsart und den Nutzungsumfang trägt (BGH GRUR 1974, 786, 787 – Kassettenfilm: die pauschale Einräumung der Rechte „für alle

Rundfunk- und Filmzwecke" vom Drehbuchverfasser an den Auftragsproduzenten eines Fernsehfilms umfasst wegen fehlender Nennung des Vorführungsrechts „im Einzelnen" nicht das Recht zur öffentlichen Kinovorführung; BGH GRUR 1955, 596, 597 – Lied der Wildbahn II; BGH UFITA 24 (1957) 399, 401 ff. – Lied der Wildbahn III: die Einräumung des Verfilmungsrechts an ein „Institut für Film und Bild in Wissenschaft und Unterricht" umfasst stillschweigend die Einräumung des Vorführungsrechts nur zu Lehrzwecken; BGHZ 5, 116, 122 – Parkstraße 13: die Einräumung des Verfilmungsrechts an einem Bühnenstück an einen Spielfilmproduzenten umfasst stillschweigend die Einräumung des Vorführungsrechts; OLG Düsseldorf GRUR 1979, 53, 54: Sex-Shop erwirbt beim Kauf von Filmen nicht stillschweigend das Vorführrecht, auch wenn die Vorführmöglichkeit besteht; hier wird auf den Schwerpunkt des Betriebs Kauf-Videothek mit Videokabinen abgestellt.

3. Durch Funk zu senden, wenn es sich um ein zur Funksendung bestimmtes Filmwerk handelt, § 88 Abs. 1 Nr. 4 a. F.

a) Begriff der Funksendung. Zum Begriff der Funksendung wird auf §§ 20–20b Rn. 10 f. verwiesen. § 88 Abs. 1 Nr. 4 a. F. ist auf das Recht, den Film (§ 95) **durch Funk** der Öffentlichkeit zugänglich zu machen, beschränkt: Funk meint **Draht- und Satellitenfunk** mittels elektromagnetischer Wellen. Dem Begriff des Sendens ist zu entnehmen, dass der Sendende allein und einseitig über den Inhalt und den Zeitpunkt der Programmbestandteile entscheidet; andererseits ist für den Begriff des Sendens irrelevant, ob jemand eine Sendung abfragt.

Nicht vom Senderecht und von § 88 Abs. 1 Nr. 4 a. F. umfasst war die Verwendung des Film zur **Eigenwerbung** der sendenden Rundfunkanstalt. Sowohl die Eigen- als auch die Fremdwerbung werden als selbstständige Nutzungsarten beurteilt (OLG Frankfurt a. M. GRUR 1989, 203, 204 f. – Wüstenflug). Eine Verwendung eines Films zur Eigenwerbung ist jedenfalls dann unzulässig, wenn der Sendeanstalt an dem betreffenden, in ihrem Auftrag produzierten Fernsehfilm Nutzungsrechte ausdrücklich nur für Sendezwecke eingeräumt worden waren (OLG Hamburg GRUR 1991, 599, 600 f. – Rundfunkwerbung: Grenzen der GEMA-Rechtseinräumung für Musikrechte in der Eigenwerbung der Sendeanstalt).

Zweitwiedergaberechte (Befugnis zur öffentlichen Wiedergabe von gesendeten Filmwerken mittels Fernsehempfangsgeräten in Gaststätten und ähnlichen Einrichtungen, § 15 Abs. 2 Nr. 4, und die Befugnis zur öffentlichen Wiedergabe einer Fernsehsendung durch Bild- und Tonträgeraufzeichnungen, § 22) waren **von § 88 Abs. 1 Nr. 3, 4 a. F. nicht umfasst.** Diese benötigt der Filmhersteller nicht zur bestimmungsgemäßen Auswertung des Filmwerks. Sie verbleiben daher im Zweifel beim Urheber (AmtlBegr. BT-Drucks. IV/270, 98) und werden von Verwertungsgesellschaften wahrgenommen (LG München I UFITA 46 (1966) 369 – Deutschlandfahrt mit Ypsilon).

b) Bestimmung zur Funksendung. Wegen der technischen und wirtschaftlichen Entwicklung im Bereich der Verbreitung audiovisueller Medien kann der Begriff der Funksendung in der Vertragsauslegungsregel des § 88 Abs. 1 Nr. 4 a. F. über die Nutzungsrechtseinräumung nicht im Sinn des umfassenden, nicht übertragbaren Verwertungsrechts des § 20 verstanden werden (s. o. §§ 20–20b Rn. 10). Dieses umfasst nach dem Wortlaut des § 20 alle „ähnlichen technischen Mittel". Zum Zeitpunkt des Vertragsschlusses unbekannte Nutzungsarten waren wegen Vorrangs des § 31 Abs. 4 a. F. von der Vermutung des § 88 a. F. ausgeschlossen. Die gesetzliche Vermutung umfasst keine von der Funksendung mit dinglicher Wirkung abgrenzbaren, eigenständigen Nutzungsarten i. S. d. § 31. Die Frage, ob ein zur Sendung bestimmter Film vorliegt, ist durch Vertragsauslegung nach § 31 Abs. 5 zu ermitteln (vgl. Rechtsprechung zur Frage der Senderechtseinräumung: BGH GRUR 1960, 197 ff. – Keine Ferien für den lieben Gott: Einräumung der „alleinigen Schmalfilmauswertungsrechte in ihrer Gesamtheit" umfasst nicht das Senderecht zu einer

Zeit, als die Verwendung von Spielfilmen im Schmalfilmformat zur Fernsehausstrahlung noch nicht allgemein üblich war; BGH GRUR 1966, 629, 630 ff. – Curt-Goetz-Filme I: Einräumung der „uneingeschränkten Auswertungsrechte" „einschließlich Fernsehen" für einen bestimmten Zeitraum gegen einen Festpreis durch den Filmhersteller an ein Verleihunternehmen umfasst ein eigenes Verbotsrecht zum Schutz des ungestörten Verleihgeschäfts und ein eigenes Nutzungsrecht zur Fernsehausstrahlung; BGH GRUR 1969, 143, 145 – Curt-Goetz-Filme II: Einräumung der „zeitlich und örtlich uneingeschränkten deutschen Verfilmungsrechte" an einem Bühnenstück in einem Vertrag von 1949 vom Urheber an Kinofilmproduzenten umfasst mangels eindeutiger Bezeichnung nicht das Recht zur Fernsehsendung; ebenso BGH GRUR 1982, 727, 729 f. – Altverträge 1938; LG München I FuR 1979, 610; OLG München FuR 1980, 213; OLG München ZUM 1995, 484, 485 – Ufa-Film: Einräumung von Rechten für den „gefunkten Film" in Altverträgen von 1938, 1939–1944).

95   Nach dem Wortlaut umfasste die Vermutung des § 88 Abs. 1 Nr. 4 a. F. **nicht** die zeitlich und programminhaltlich interaktiv gestaltete Übermittlung auf Abruf (**On-demand-Dienste**) in jedem technischen Medium (Breitbandkabel, herkömmliches Internet; Streaming und Downloads), gleichviel ob kostenpflichtig oder -frei (h. M., statt vieler Möhring/Nicolini/*Lütje* § 88 Rn. 54; *Lütje* FS W. Schwarz 1999, 115, 142 ff.; *Reber* GRUR 1998, 792 f.; OLG München ZUM 1998, 413, 414 ff. – Video-on-demand: geht allerdings von Bekanntheit dieser Nutzungsart seit 1995 aus; zur Problematik des „Online-Rechts" *M. Schwarz* ZUM 2000, 816 ff.). Dieses Ergebnis soll nach einer Ansicht unter dem Vorbehalt stehen, dass Formen der Abrufnutzung mittelfristig wesentliche Bereiche auch des Unterhaltungsfernsehens ersetzen könnten; in diesem Fall wäre zu erwägen, ob eine Substitution vorliegt, die von der Rechtseinräumung zur Sendung umfasst sein könnte (Möhring/Nicolini/*Lütje* § 88 Rn. 54 unter dem Gesichtspunkt rückwirkend anzunehmender Bekanntheit; dies dürfte wirtschaftlich in erster Linie den Videovertrieb und nicht die Fernsehsendung betreffen).

96   **Pay-TV** oder **Pay-per-View Angebote** waren von der Funksendung i. S. d. § 88 Abs. 1 Nr. 4 a. F. umfasst und sind keine eigenständige Nutzungsart (nach BGH GRUR 1997, 215 ff. – Klimbim: vom Senderecht umfasst). Weil der Zuschauer keinen Einfluss auf die Programmgestaltung ausüben kann, ist auch die **zeitversetzte, aber gleichwohl lineare Ausstrahlung** eines Programms ohne weitere interaktive Zugriffs- und Gestaltungsmöglichkeiten vom Begriff der Funksendung und von der Vermutung des § 88 Abs. 1 Nr. 4 a. F. umfasst (ebenso Möhring/Nicolini/*Lütje* § 88 Rn. 53).

97   Das **private und öffentliche Kabelfernsehen** waren grds. gleichermaßen von der Vermutung des § 88 Abs. 1 Nr. 4 a. F. umfasst. Die privatrechtliche Organisationsform von Sendern war und ist urheberrechtlich irrelevant (LG München I ZUM 1986, 484, 486; Möhring/Nicolini/*Lütje* § 88 Rn. 50). Kabelfernsehen wird nach h. M. lediglich als eine neue technische Variante der herkömmlichen terrestrischen Funkausstrahlung angesehen, der keine eigenständige nutzungsrechtliche Bedeutung zugestanden wird. Daher wird grds. zusammen mit dem Senderecht allgemein das Kabelfernsehsenderecht als miteingeräumt angesehen (BGH GRUR 1997, 215 ff. – Klimbim; LG München I ZUM 1986, 484, 486; OLG Hamburg GRUR 1989, 590; *Reber* GRUR 1997, 162, 164; *Reber* GRUR 1998, 792 f.; *M. Schwarz* GRUR 1996, 836, 837; näher § 31 Rn. 44 f. auch zur Gegenansicht). Das soll nach Ansicht des BGH (GRUR 1997, 215 ff. – Klimbim) ausdrücklich auch für das **Direkt-Satellitenfernsehen** gelten, das grds. keine eigenständige Nutzungsart sei, weil sich das herkömmliche Senderecht trotz Verstärkung und Erweiterung durch die Satellitentechnik aus der Sicht der Endverbraucher, deren Werknutzung durch das System der Verwertungsrechte im Ergebnis erfasst werden soll, in seinem Wesen nicht entscheidend verändert habe. Allerdings ermöglicht das Direkt-Satellitenfernsehen eine intensivere Werknutzung als terrestrische und Kabelfunksendungen (*Schnittmann* ZUM 1999, 113, 115; zur Kritik an der BGH-Entscheidung statt vieler *Lütje* FS W. Schwarz 1999, 125 ff.

m. w. N.; *Loewenheim* GRUR 1997, 220; *Schricker* EWiR 1996, 1139 f.; gegen die im Ergebnis zutreffende Argumentation des BGH kann insb. nicht die formale Einfügung der §§ 20a, 20b in den Abschnitt über Verwertungsrechte angeführt werden; a. A. Fromm/Nordemann/*Nordemann* § 20 Rn. 4, der die BGH-Entscheidung als überholt bezeichnet).

§ 89 Rechte am Filmwerk

(1) **Wer sich zur Mitwirkung bei der Herstellung eines Filmes verpflichtet, räumt damit für den Fall, daß er ein Urheberrecht am Filmwerk erwirbt, dem Filmhersteller im Zweifel das ausschließliche Recht ein, das Filmwerk sowie Übersetzungen und andere filmische Bearbeitungen oder Umgestaltungen des Filmwerkes auf alle Nutzungsarten zu nutzen. § 31a Abs. 1 Satz 3 und 4 und Abs. 2 bis 4 findet keine Anwendung.**

(2) **Hat der Urheber des Filmwerkes das in Absatz 1 bezeichnete Nutzungsrecht im voraus einem Dritten eingeräumt, so behält er gleichwohl stets die Befugnis, dieses Recht beschränkt oder unbeschränkt dem Filmhersteller einzuräumen.**

(3) **Die Urheberrechte an den zur Herstellung des Filmwerkes benutzten Werken, wie Roman, Drehbuch und Filmmusik, bleiben unberührt.**

(4) **Für die Rechte zur filmischen Verwertung der bei der Herstellung eines Filmwerkes entstehenden Lichtbilder und Lichtbildwerke gelten die Absätze 1 und 2 entsprechend.**

Literatur: *Bohr*, Die urheberrechtliche Rolle des Drehbuchautors, ZUM 1992, 122; *Bohr*, Fragen der Abgrenzung und inhaltlichen Bestimmung der Filmurheberschaft, UFITA 78 (1977) 95; *Ehlgen*, Merchandising, ZUM 1996, 1008; *Götting*, Die Schöpfer vorbestehender Werke. Wortautor, Synchronregisseur, Filmarchitekt, Dekorateur, Masken- und Kostümbildner, ZUM 1999, 3; *Hertin*, Die urheberrechtliche Stellung des Kameramannes, UFITA 118 (1992) 57; *Katzenberger*, Rechtsgutachten zur Stellung der Cutter im Urheberrecht, 1996; *Loewenheim*, Die urheberrechtliche Stellung der Szenenbildner, Filmarchitekten und Kostümbildner, UFITA 126 (1994) 99; *Mathes*, Nebenverwertungen in Film und Fernsehen, ZUM 1996, 1049; *Melichar*, Schöpfer vorbestehender Werke aus der Sicht der VG Wort, ZUM 1999, 12; *v. Olenhusen*, Film und Fernsehen. Arbeitsrecht, Tarifrecht, Vertragsrecht, Baden-Baden 2001; *Petersdorff-Campen*, Die Vermutung der Rechtseinräumung und Beweislastumkehr bei Altverträgen, in: Becker (Hrsg.), Aktuelle Probleme der Filmproduktion und Filmlizenz, Festschrift für Wolf Schwarz zum 80. Geburtstag, München 1999, 149 (zit. *Petersdorff-Campen* FS W. Schwarz); *Poll*, Zur Anwendung der Zweckübertragungsregel auf alte Filmproduktionen, ZUM 1985, 248; *Reber*, Digitale Verwertungstechniken – neue Nutzungsarten: Hält das Urheberrecht der technischen Entwicklung noch stand?, GRUR 1998, 792; *Reupert*, Der Film im Urheberrecht, Baden-Baden 1995; *Rehbinder*, Über Ursprung und Rechtsgrund einer Beteiligung der VGF an der Geräteabgabe, ZUM 1990, 234; *Roeber*, Zum Thema: Urhebervertragsrecht, FuR 1975, 102; *Ruijsenaars*, Merchandising Verträge, FS Schricker 1995, 597; *Schack*, Der Vergütungsanspruch der in- und ausländischen Filmhersteller aus § 54 Abs. 1 UrhG, ZUM 1989, 267; *Schricker*, Zur urheberrechtlichen Stellung des Filmregisseurs und zur Abgrenzung des Filmwerks vom Laufbild, GRUR 1984, 733; *G. Schulze*, Urheber und Leistungsschutzrechte des Kameramannes, GRUR 1994, 855; *St. Schweyer*, Die Zweckübertragungstheorie im Urheberrecht, München 1982.
Vgl. darüber hinaus die Angaben im eingangs abgedr. Gesamtliteraturverzeichnis.

Übersicht

	Rn.
I. Bedeutung	1, 2
1. Abgrenzung zu § 88	1
2. Regelungszweck	2
II. Tatbestand: Vertrag mit einem Filmhersteller über die Mitwirkung bei der Herstellung eines Filmwerks	3–17
1. Filmwerk	3
2. Verpflichtungsvertrag zur Mitwirkung bei der Filmherstellung	4–17

	Rn.
a) Vertragspartner: Filmhersteller	4
b) Schuldvertragliche Verpflichtung	5–10
c) Mitwirkung bei der Filmherstellung	11–18
aa) Filmurheber als Vertragspartner des Filmherstellers	11–13
bb) Urheber vorbestehender Werke als Vertragspartner des Filmherstellers…	14–17
III. Rechtsfolgen: Vermutung der ausschließlichen Vorausabtretung aller (filmischen) Nutzungsrechte an den Filmhersteller	18–28
1. Räumt dem Filmhersteller im Zweifel das ausschließliche Recht ein	18
2. Reichweite der Rechtseinräumungsvermutung	19–28
IV. Abs. 2: Mehrfache Verfügungsbefugnis des Filmhebers bei Vorauseinräumung von Rechten an Dritte	29–31
V. Abs. 3: Urheberrechte an vorbestehenden Werken	32–34
1. Verhältnis zu §§ 7, 8	32, 33
2. Entstehungsgeschichte des Abs. 3	34
VI. Abs. 4: Entsprechende Geltung für Lichtbilder und Lichtbildwerke	35, 36

I. Bedeutung

1. Abgrenzung zu § 88

1 § 89 hat die nutzungsrechtlichen Beziehungen des Filmproduzenten zu denjenigen Miturhebern des Filmwerks zum Gegenstand, die in seinem Auftrag den Film herstellen. Für die Abgrenzung des § 89 zu § 88 ist entscheidend, ob ein schöpferischer Beitrag zum Filmwerk zu einem vom **Filmwerk unterscheidbaren, auch unabhängig von dem Filmwerk gesondert verwertbaren Werk** führt (sog. vorbestehendes Werk, auf das ausschließlich § 88 Anwendung findet; typische Beispiele sind: Soundtrack-CD, Storybook oder Drehbuch; Merchandising-Produkte von Filmfiguren mit Werkcharakter; s. o. § 88 Rn. 55). **Geht der schöpferische Beitrag untrennbar im einheitlichen Filmwerk selbst auf, gilt § 89** (typische Fälle sind Hauptregisseur, Schnitt- und Tonmeister sowie Kameramann; für die Dauer des Urheberrechts ist die Unterscheidung vorbestehender Werke vom Filmwerk jedenfalls für die Fälle des Hauptregisseurs, des Drehbuchautors und des Komponisten der Filmmusik wegen § 65 Abs. 2 nicht mehr erheblich, näher zum Filmurheberbegriff s. Vor § 88 Rn. 28 ff.). Erbringt ein Mitwirkender urheberrechtliche Leistungen, die sowohl unter den Anwendungsbereich von § 88 als auch § 89 fallen (häufiger Fall: der Regisseur, der auch das Drehbuch verfasst hat), dann finden beide Regelungen gleichzeitig Anwendung jeweils bezogen auf die urheberrechtlich geschützt Leistung, für die sie einschlägig ist (BGH GRUR 1995, 212, 213 – Videozweitauswertung III; LG München I ZUM 2010, 733). Die unter § 89 fallenden Filmurheber sind in der Regel Miturheber i. S. d. § 8 Abs. 1; in den Fällen des § 88 soll nach umstrittener Ansicht Werkverbindung i. S. d. § 9 mit dem Filmwerk bestehen (a. A. v. *Gamm* § 89 Rn. 11; zur Problematik der gesonderten Verwertbarkeit s. § 8 Rn. 7 ff.).

2. Regelungszweck

2 § 89 soll dem Filmhersteller (zum Begriff Vor §§ 88 Rn. 78, § 94 Rn. 29 ff.) als Ausgleich für unternehmerisches Risiko Rechtssicherheit verschaffen. Es wird sichergestellt, dass der Filmhersteller den in eigener unternehmerischer Verantwortung hergestellten Film in eigener Verantwortung und ohne unvorhergesehene Beschränkungen durch Urheberrechte der am Filmherstellungsprozess schöpferisch Beteiligten umfassend nunmehr einschließlich unbekannter Nutzungsarten filmisch auswerten kann, sofern nicht durch ausdrückliche Vereinbarung mit dem Urheber bestimmte Nutzungsrechte ausgenommen werden. Das erhebliche wirtschaftliche Auswertungsrisiko des Filmproduzenten soll von verwertungsrechtlichen Risiken weitgehend befreit werden. Der Schutz des Auswertungsinteresses ist durch die Novelle des Zweiten Korbes durch den Gesetzgeber nochmals ausdrücklich bestätigt und verstärkt worden, indem die Erwerbsvermutung auch auf zur Zeit der Filmschöpfung unbekannte Nutzungsarten erstreckt wurde (BR-Drucks. 16/1828 S. 33). Zu diesem Zweck schränkt § 89 selbst das Abstraktionsprinzip für Filmherstellungsverträge ein: Die **gesetzliche Vermutung der umfassenden dinglichen Rechtseinräumung** seitens der Filmurheber wird an die schuldrechtliche Verpflichtung zur Mitwirkung bei der Herstellung eines Filmwerkes geknüpft (zur **Einschränkung des Abstraktionsprinzips** im Urhebervertragsrecht Vor § 31 Rn. 6, 50).

II. Tatbestand: Vertrag mit einem Filmhersteller über die Mitwirkung bei der Herstellung eines Filmwerks

1. Filmwerk

Aus ex post Perspektive muss ein **Filmwerk** vorliegen. § 89 Abs. 1 spricht deswegen von der Verpflichtung zur Mitwirkung bei der Herstellung eines „Films", weil bei Vertragsschluss dessen Werkcharakter nicht feststeht. Andererseits darf die Rechteeinräumungsvermutung des § 89 nicht auf Fälle der ausdrücklichen Verpflichtung zur Mitwirkung bei der Herstellung von Filmwerken beschränkt sein. Die Rechtsfolge der Vermutung umfassender Nutzungsrechtseinräumung kann nur greifen, wenn Film-Urheberrechte in der Person des Vertragspartners des Filmherstellers entstanden sind. Das Gesetz stellt dies durch die Formulierung der Rechtsfolge klar: „räumt damit für den Fall, dass er ein Urheberrecht am Filmwerk erwirbt" (zu den Anforderungen an ein Filmwerk in Abgrenzung von Laufbildern § 95 Rn. 18 ff.). Zudem verweist § 95 nicht auf § 89. § 89 ist daher **auf Laufbilder nicht entsprechend anwendbar** (allg. Meinung: Dreier/Schulze § 89 Rn. 5; Fromm/Nordemann/*J. B. Nordemann* § 89 Rn. 77; *v. Gamm* § 89 Rn. 2; Möhring/Nicolini/ *Lütje* § 89 Rn. 5; Schricker/Loewenheim/*Katzenberger* § 89 Rn. 5). 3

2. Verpflichtungsvertrag zur Mitwirkung bei der Filmherstellung

a) Vertragspartner: Filmhersteller. Nach § 89 soll im Gegensatz zum beliebigen Inhaber eines Verfilmungsrechts nach § 88 („einem anderen") nur der „Filmhersteller" die umfassenden ausschließlichen Rechte erwerben, das Filmwerk und seine filmischen Bearbeitungen oder Umgestaltungen auf **alle bekannten und unbekannten filmischen Nutzungsarten** zu nutzen. Filmhersteller ist derjenige, der den Film unternehmerisch, rechtlich und wirtschaftlich verantwortet. Der Begriff des Filmherstellers ist der zentrale Begriff des Dritten Teils (§§ 89 Abs. 1 und 2, 91, 92 Abs. 1 und 2, 93 S. 2 und 94 Abs. 1) und ist einheitlich zu bestimmen (zum Begriff des Filmherstellers Vor §§ 88 ff. Rn. 78, § 94 Rn. 29 ff.). 4

b) Schuldvertragliche Verpflichtung. Erforderlich ist ein schuldrechtlicher Vertrag, der, vorbehaltlich der gesetzlichen Formvorschriften in §§ 31a, 40 (dazu § 88 Rn. 15), auch konkludent geschlossen werden kann (BGH GRUR 1960, 199, 200 – Tofifa). Der Vertragstyp ist unbeachtlich. Die Verpflichtung zur Mitwirkung bei der Herstellung eines Filmes kann bspw. in Form von **Werk-, Dienst-, Arbeits-, Geschäftsbesorgungsverträgen** oder auch als schuldrechtlicher Bestandteil eines **Tarifvertrages** (zu verschiedenen Tarifverträgen für Film- und Fernsehschaffende siehe auch *Altenburg* in v. Hartlieb/Schwarz 283. Kapitel Rn. 10 ff.) vorgenommen werden (Möhring/Nicolini/*Lütje* § 89 Rn. 8; Schricker/Loewenheim/*Rojahn* § 43 Rn. 115 ff., 122 ff.). Auch eine selbstständige, schuldrechtliche Verpflichtung **im Rahmen eines Gesellschaftsvertrages** kann im Einzelfall in Betracht kommen (BGH GRUR 1960, 199, 200 – Tofi). Für die Ausfüllung von Lücken 5 in **Koproduktionsverträgen** scheidet § 89 allerdings grds. aus (im Ergebnis ebenso Möhring/Nicolini/*Lütje* § 89 Rn. 8). Dies ist offensichtlich, soweit Vertragspartner keine natürlichen Personen sind. Des Weiteren scheidet auch eine entsprechende Anwendung der Regel des § 89 Abs. 1 auf – mehrseitige – Filmherstellungsverträge stets dann aus, wenn ein schöpferisch Mitwirkender wie ein Filmhersteller ein Produktions- und Investitionsrisiko übernimmt und so Mithersteller wird. Bei mehrseitigen Koproduktionsverträgen ist zwar denkbar, dass eine faktische Aufgabenteilung vorliegt, derzufolge ein federführender, wirtschaftlich beherrschender Produzent eine Auftragsproduktion vergibt, und im Rahmen von Arbeitsteilung u. a. eine natürliche Person (etwa der Filmautor und Regisseur) als Co-Produzent mit dem oder einem schöpferischen Aufgabenanteil beteiligt ist. Die Wahl einer solchen Konstruktion lässt keinen Raum für die Anwendung der Zweifelsregel des § 89 Abs. 1. Die gesellschaftsrechtliche Regelung hat Vorrang. Dem schöpferisch als Mitwirkenden tätigen Auftragsproduzenten steht eine im Zweifel durch ergänzende Vertragsauslegung, ggfs. gesellschaftsrechtlich zu ermittelnde urheberrechtliche Beteiligung an der Filmverwertung zu.

6   Im **Regievertrag,** dem wichtigsten Anwendungsfall des § 89, liegt je nach konkreter Ausgestaltung ein Mischvertrag mit dienst- und werkvertraglichen Elementen vor (LG München I ZUM 2000, 414, 416). Der Regisseur wird nicht nur mit der Inszenierung des Films beauftragt (womit er ein konkretes Arbeitsergebnis schuldet), er übernimmt oftmals zugleich eine Reihe unterschiedlicher Leitungsaufgaben, wie die Überwachung des Schnitts oder der Synchronisationsarbeit. Zusätzlich scheint die Rechtsprechung davon auszugehen, dass der Regievertrag auch den Charakter eines **Arbeitsvertrages** hat, weil der Filmregisseur i. d. R. den Anweisungen des Filmherstellers unterworfen ist (OLG München UFITA 44 (1965), 207, 210; vgl. auch BGH GRUR 1991, 133, 135 – Videozweitauswertung, wo festgestellt wird, *„dass der Regisseurvertrag jedenfalls regelmäßig den Charakter eines Arbeits- oder Dienstvertrags (§§ 611 ff. BGB) hat"*). Ob das bei jedem Regisseurvertrag anzunehmen ist, ist fraglich. In dieser Absolutheit wird man nur von solchen Regisseuren sprechen können, die bei einer **öffentlichen rechtlichen Rundfunkanstalt** tätig sind und so in die Arbeitsorganisation der Anstalt eingegliedert sind, das sie als persönlich abhängig angesehen werden müssen (BAG UFITA 92 (1982), 242). Die Arbeitnehmereigenschaft des Regisseurs hängt wie bei jedem anderen Filmurheber mithin davon ab wie selbständig er agieren kann (vgl. dazu auch OLG Karlsruhe UFITA 45 (1965), 347).

7   Erforderlich ist die Verpflichtung zur Mitwirkung bei der Herstellung **eines konkreten Films.** Die **Mitwirkungsverpflichtung** ist daher, vorbehaltlich einer anderweitigen Regelung, ausschließlich auf den Vertragsfilm beschränkt. Daher kommt bei Rahmenverträgen („Output-Deals"), mit denen ein Filmhersteller bestimmte Filmschaffende, etwa einen Autor und Regisseur für eine bestimmte Zeit ungeachtet konkreter Projekte an sich binden will, § 89 nicht in Betracht. Für diese gilt u. U. **§ 40;** es ergeben sich keine Überschneidungen der Anwendungsbereiche beider Vorschriften.

8   Die den Filmurheber treffende Mitwirkungspflicht begründet grundsätzlich **keinen Mitwirkungsanspruch** i. S. d. § 315 BGB (Nordemann/Fromm/*J. B. Nordemann* § 89 Rn. 12). Der Filmhersteller kann (vorbehaltlich vertraglich abweichender Regelungen) auf die Mitwirkung verzichten bzw. die Zusammenarbeit beenden. Diese Rechtsfolge folgt aus der Tatsache, dass der Filmhersteller das wirtschaftliche Risiko trägt und deswegen grundsätzlich das Recht haben muss, auf die inhaltliche, künstlerische und technische Gestaltung des Filmes Einfluss zu nehmen (LAG Berlin AP UrhG § 104 Nr. 1). Durch den Filmhersteller veranlasste Änderungen im Filmwerk können deswegen vom Urheber nicht unter Verweis auf seine Mitwirkungspflicht verhindert werden. Alles andere wäre auch ein Widerspruch zu § 93, da sonst die darin vorgesehene Privilegierung des Filmherstellers über ein gesetzlich nicht geregeltes Mitwirkungsrecht ausgehebelt werden würde. Allerdings ist zu berücksichtigen, dass diese Grundsätze auf den Regisseur nur eingeschränkt Anwendung finden können. So kann die Zusammenarbeit mit dem Regisseur unabhängig davon,

ob Arbeitnehmer oder selbständig, nur bei einem hinreichendem Grund beendet werden (OLG München ZUM 2000, 767, 772 – down under). Dies ist bspw. dann der Fall, wenn der Regisseur eine wirtschaftlich kaum verwertbare Schnittfassung hergestellt hat und auf deren Veröffentlichung besteht (*Czernik* in Wandtke Band 2 Kap 2 § 4 Rn. 141) sowie bei Vertraulichkeitsverstößen und Verstößen gegen die Betriebsordnung (Loewenheim/*Schwarz*/ *Reber* § 74 Rn. 154). Diese Strenge rechtfertigt sich daraus, dass der Filmhersteller mit dem Regisseur von vornherein eine kreative Leistung „einkauft", weswegen er sich über dessen künstlerische Eigenarten und Auffassungen erkundigen muss (BGHZ 19, 382 – Kirchenfenster; für den Fall des Drehbuchautoren vgl. § 88 Rn. 36). Trifft der Filmhersteller hier keine vertraglichen Vorgaben, muss er mit dem Endresultat leben. Auf die anderen Filmurheber ist dieser Grundsatz allerdings nicht in gleichem Maße übertragbar. Denn diesen fehlt oftmals die herausgehobene Stellung des Regisseurs, der qua dieser Stellung maßgeblichen Einfluss auf die Teilleistungen der Einzelnen nimmt (zur herausgehobenen Position des Regisseurs gegenüber den anderen Filmurhebern als *primus inter pares* siehe auch EuGH ZUM 2012, 313ff. – Luksan/van der Let).

Der schöpferische, urheberrechtlich geschützte Beitrag muss **Gegenstand eines vertraglichen Synallagmas sein.** Das gilt ungeachtet der prinzipiellen Einschränkung des Abstraktionsprinzips im Urheberrecht (s. o. Rn. 2; Vor §§ 31 ff. Rn. 6, 50). Wird eine schöpferische Leistung am Filmwerk ohne schuldrechtlichen Rechtsgrund erbracht, kann grds. auch die Auslegungsvermutung des § 89 nicht greifen. Die durch § 89 bewirkte Einschränkung des Abstraktionsprinzips (Trennung von schuldrechtlicher Verpflichtung und dinglicher Abtretung von urheberrechtlichen Nutzungsrechten) führt nicht dazu, dass von der Rechteübertragungsvermutung Nutzungsrechte hinsichtlich von Urheberrechten umfasst werden, die aufgrund **überobligatorischer, außervertraglicher oder atypischer Leistungen** entstanden sind (BAG GRUR 1984, 429 – Statikprogramme). Bei Nutzung durch den Produzenten entsteht eine zusätzliche Vergütungspflicht. Die Frage nach der Anwendbarkeit des § 89 stellt sich so v. a. im Fall der ungeplanten Doppelfunktionen (Drehbuchautor als Co-Regisseur, Filmmusikkomponist als Schnitt- und Tonmeister). Die Rechtsübertragungsvermutung des § 89 könnte dann nur greifen, wenn sie sich auch auf solche Urheberrechte bezieht, die nicht unmittelbar oder mittelbar infolge der Erfüllung einer synallagmatischen Leistungspflicht des Filmurhebers entstanden sind. Der Wortlaut des § 89 scheint keinen engeren funktionalen Zusammenhang von Mitwirkungsverpflichtung und der Art des erworbenen Urheberrechts zu fordern. Für die weite Auslegung spricht auch der Regelungszweck des § 89, den Filmhersteller von verwertungsrechtlichen Risiken hinsichtlich der von ihm eingeschalteten Filmschaffenden zu entlasten. Dagegen spricht das Prinzip der urheberfreundlichen Auslegung (Vor §§ 31 ff. Rn. 114). Beide Prämissen lassen sich über die „Zweifelsregel" einführen. Das Prinzip des schuldvertraglichen Synallagmas kann durch eine Auslegungs- und Vermutungsregel nicht außer Kraft gesetzt werden: nimmt daher z. B. der Cutter oder der Kameramann schöpferisch Einfluss auf den Titel, die Dialoge, die Szenengestaltung und -abfolge, greift die Vermutung des § 89 nur dann, wenn die Auslegung des zugrundeliegenden Vertrages ggf. unter Berücksichtigung der Üblichkeit eine entsprechende, umfassende Mitwirkungsverpflichtung ergibt. Das wird häufig dann der Fall sein, wenn der Mitwirkende urheberrechtliche Leistungen mit Kenntnis des Filmherstellers bezogen auf das konkrete Filmprojekt erbringt. Hiervon ist insbesondere dort auszugehen, wo eine derartige „Mitwirkung" nahe liegt, wie etwa im Bereich des Filmschnitts sowie der Post-Production, weil gerade dort auch eine völlige Umgestaltung des Filmwerks vom Auftrag des Filmherstellers branchenüblich gedeckt sein dürfte. Aber auch dort, wo die urheberrechtliche Leistung eher zufällig entsteht, muss von einem **konkludenten Vertragsschluss,** der auch die Nutzung dieser Leistungen umfasst, ausgegangen werden (in diese Richtung scheinbar auch *Klages* ZUM 2012, 117, 123; für den Fall von Vorarbeiten des Regisseurs im Rahmen der Pre-Production, die nur mittelbar im Zusammenhang mit seiner Haupttätigkeit standen vgl. OLG Brandenburg: Urteil vom

12.4.2005 – 6 U 80/04, BeckRS 2005, 11295 sowie Vor §§ 88 ff. Rn. 83). Hierfür spricht zunächst, dass eine Formbedürftigkeit des Vertrages mit Ausnahme der Regelungen der §§ 40, 31a keine Wirksamkeitsvoraussetzung für die Nutzungsrechtseinräumung durch den Urheber ist (BGH GRUR 1960, 199, 200 – Tofifa). Zudem kann nur so dem vollständigen Auswertungsinteresse des Filmherstellers, als Grundprinzip des Dritten Teils, Rechnung getragen werden, zumal die Nutzungsrechtseinräumung häufig auch im Interesse der Miturheber sein dürfte, weswegen hier auch die Wertungen des § 8 Abs. 2 S. 2 heranzuziehen sind. Vor diesem Hintergrund dürften nur wenige Fälle denkbar sein, in denen der Anwendungsbereich des § 89 nicht eröffnet sein dürfte. Hiervon wäre bspw. auszugehen, wenn ein Schauspieler, der als ausübender Künstler grds. kein Filmurheber ist, ungeplant und ohne Kenntnis des Filmherstellers wesentliche Regieleistungen oder andere schöpferische Beiträge erbringt, ohne dazu vertraglich verpflichtet gewesen zu sein.

10 Auch im Fall eines sog. **„faktischen Arbeitsverhältnisses"** muss stets im Einzelfall durch Auslegung ermittelt werden, zu welchem Beitrag der Filmschaffende verpflichtet werden sollte und sich verpflichten wollte. Die Annahme eines faktischen Arbeitsverhältnisses genügt dem Schutzzweck des § 89 als solches nicht (a. A. *Reupert* 218). Es muss wenigstens ein konkludent erklärter Verpflichtungswille des Filmurhebers gegenüber dem Filmhersteller durch Auslegung ermittelt werden. Im Falle eines **wirksamen Arbeitsverhältnisses** des Filmurhebers mit dem Filmhersteller ist die Nutzungsrechtseinräumung regelmäßig durch das arbeitsvertragliche Synallagma umfasst. Es entspricht dem Zweck des Arbeitsverhältnisses, dem Filmhersteller sicherzustellen, dass er die Arbeitsergebnisse, zu deren Zweck er den Arbeitnehmer eingestellt und bezahlt hat, auch verwerten kann. § 89 wird dabei durch **§ 43 für die außerfilmischen Verwertungsrechte** ergänzt. (vgl. auch die umstrittene sog. industriepolitische Ansicht zu den §§ 43, 31 Abs. 5 der stillschweigenden Einräumung und Zustimmung zur Weiterübertragung der Nutzungsrechte in dem Umfang, der zur Erreichung allgemein betrieblicher Zwecke erforderlich ist, im Gegensatz zur sog. arbeitsrechtlichen oder urheberrechtlichen Ansicht, die auf den konkreten Vertragszweck abstellt, a. ausführlich § 43 Rn. 55 ff.; das LG Berlin (GRUR 1962, 207, 208 – Maifeiern) folgte der ersten Auffassung und ließ die Fernsehauswertung von Ausschnitten aus einer von angestellten Kameraleuten geschaffenen Kinowochenschau zu (vgl. *Hertin* UFITA 118 (1992) 57).

11 **c) Mitwirkung bei der Filmherstellung. aa) Filmurheber als Vertragspartner des Filmherstellers.** Der Kreis der Vertragspartner des Filmherstellers umfasst die Filmurheber, d. h. alle natürlichen Personen, die sich bei den Herstellungsarbeiten des konkreten Films schöpferisch beteiligen. Entsprechende **schöpferische, mitgestaltende, nicht selbstständig verwertbare Beiträge des Vertragspartners** zur Entstehung des Filmwerks sind Tatbestandsvoraussetzung. Weil es wegen des bei der Filmherstellung uneingeschränkten Schöpfungsprinzips schwierig ist, festzustellen, wer im Einzelfall einen schöpferischen Beitrag zum Filmwerk geleistet hat, wird zuvorderst bei folgenden **Mitgliedern des Filmproduktionsstabes** ein Bedürfnis anerkannt, dem Filmhersteller einen lückenlosen Erwerb der für die Auswertung erforderlichen Nutzungsrechte zu gewähren: **Hauptregisseur, Kameramann, Cutter** (zur Miturhebereigenschaft des Filmregisseurs BGHZ 90, 219, 224 f. – Filmregisseur; für Altverträge: BGH UFITA 55 (1970) 313, 316 ff. – Triumph des Willens: Leni Riefenstahl als künstlerische Leiterin und Gestalterin eines NS-Propagandafilms; OLG München ZUM 1985, 514 – Olympiafilm: Kameramann, Altvertrag vor 1965). Die **Nennung im Vor- oder Abspann (credits)** oder auf einem DVD-Cover (LG München ZUM 2002, 71, 74, bestätigt durch OLG München GRUR 2003, 50, 51) führt für die konkret genannte Person zum Beweis ersten Anscheins der Miturheberschaft unter der jeweiligen Funktion. Bei dem als typischen Filmurheber angesehenen Fall des **Kameramanns** ist bestimmend, dass der konkrete Film wesentlich durch die einmaligen Filmaufnahmen geprägt wird, die daher grds. nicht als gesondert verwertbar angesehen werden. Die

Miturhebereigenschaft könnte indes nach den Maßstäben des § 8 Abs. 1 bezweifelt werden, denn die Filmaufnahmen sind zumindest theoretisch nicht nur als Standbilder gesondert verwertbar, sondern können auch für die Herstellung eines anderen Filmwerks durch neue Montage, Musik und Schnitt verwendet werden. Dies hat für die Anwendbarkeit des § 89 allerdings keine Auswirkungen (vgl. auch **Art. 2** der **Schutzdauer-Richtlinie** [s. Vor §§ 31 ff. Rn. 2], die durch § 65 Abs. 2 umgesetzt wurde; nach deren Art. 2 gilt der Hauptregisseur eines Filmwerks oder eines audiovisuellen Werks als dessen Urheber oder als einer seiner Urheber, wobei den Mitgliedstaaten freisteht, weitere Personen als Miturheber zu benennen). Die Schutzfrist für ein Filmwerk erlischt 70 Jahre nach dem Tod des Hauptregisseurs oder des längerlebenden Urhebers des Drehbuchs, der Dialoge oder Filmmusik.

12 Die Satzungen der Filmverwertungsgesellschaften in Verbindung mit den von diesen verwendeten Vertragsformularen gehen im Hinblick auf §§ 6, 7 WahrnG nach generalisierender Betrachtungsweise neben den Regisseuren, Kameraleuten, Cuttern auch von **Szenen- und Kostümbildnern, Choreografen** und daneben auch von den **Filmproduzenten** selbst als typischen Filmurhebern aus (vgl. Berufsgruppe III der VG Bild-Kunst Film Fernsehen, Audiovision, § 7 Nr. 1 lit. c Satzung). Weiter sind zum Kreis der Filmurheber v. a. wegen der gewachsenen digitalen Gestaltungsmöglichkeiten auch schöpferisch Tätige bei visuellen **Special Effects** und **Tonmischtechnik** zu zählen (OLG Köln ZUM 2000, 320f. und BGH GRUR 2002, 961, 962 – **Mischtonmeister:** exemplarische Bedeutung der Toneffekte und des gestaltenden Einflusses des Mischtonmeisters beim Film „Schlafes Bruder"; umfassend dazu auch Vor § 88 Rn. 72ff.).

13 Da das Filmwerk als Schutzobjekt sukzessive mit der Herstellung entsteht, kommen als Film-Urheber grds. alle in Betracht, die zu irgendeinem **Zeitpunkt beim Prozess seiner Herstellung** schöpferisch gestaltend mitgewirkt haben. Nach der amtlichen Begründung sollen hingegen als Urheber des Filmwerkes nur Personen in Frage kommen, *„die bei der Herstellung des eigentlichen Filmwerkes, also bei den Dreharbeiten tätig geworden sind"* (UFITA 45 (1965) 318). Eine solche zeitliche Abgrenzung des § 89 mit Drehbeginn gegenüber dem Anwendungsbereich des § 88 ist unzutreffend. Das folgt aus der Anerkennung des Filmwerks als eigener urheberrechtlich schutzfähiger Werkgattung (§ 2 Abs. 1 Nr. 6) und daraus, dass die §§ 7, 8 durch §§ 88ff. nicht tangiert werden, und dem Regelungszweck des § 89. Eine Übertragung des Begriffs der Herstellung als Beginn der Dreharbeiten i. S. d. § 23 S. 2 scheidet nach den divergierenden Zwecken der Vorschriften ebenfalls aus (Vorstufen der Dreharbeiten unterfallen § 23 S. 1 und nicht § 23 S. 2). Im Bereich der **Pre-Production** vor Beginn der Dreharbeiten können das spätere Filmwerk schöpferisch mitgestaltende Beiträge erbracht werden, die bei einer entsprechenden Verpflichtung den Anwendungsbereich des § 89 eröffnen können. Dies gilt, solange keine vorbestehenden, gesondert verwertbaren Werke vorliegen. Das ist bspw. anzunehmen im Fall eines **Filmkonzeptes,** einer **Filmidee** oder **Filmszenengestaltung,** die mangels hinreichender schriftlicher Fixierung keine schutzfähigen oder gesondert verwertbaren vorbestehenden Sprach- oder Bildwerke sind. Diese können schöpferische Beiträge zum späteren Filmwerk sein und in ihm „aufgehen". Auch die Bereiche der schöpferisch z. T. maßgeblichen **Post-Production** sind vom Anwendungsbereich des § 89 grds. umfasst. Oftmals arbeiten Cutter, Mischtonmeister, Texter und Komponist bei der Post-Production Hand in Hand, ohne dass der schöpferische Beitrag, etwa im Falle des Komponisten bei dieser Leistung in die gesondert verwertbare Komposition Eingang findet, sondern sich direkt und ausschließlich im Filmwerk niederschlägt. Der Filmkomponist ist dann nicht vom Kreis der Filmurheber auszuschließen. Wendete man § 89 auf solche Beiträge nicht an, könnte dies zu Lücken beim Erwerb von Nutzungsrechten durch den Filmhersteller führen, was dem Regelungszweck des § 89 widerspräche (Schricker/Loewenheim/*Katzenberger* § 89 Rn. 6; *Klages* ZUM 2012, 117, 124; vgl. dazu auch Vor § 88 Rn. 83; § 89 Rn. 9).

14 **bb) Urheber vorbestehender Werke als Vertragspartner des Filmherstellers.** Die Urheber vorbestehender Werke, also insb. Drehbuchautoren, Filmmusikkomponisten, Set-

Designer und Filmarchitekten sind durch § 89 Abs. 3 nicht von vornherein als taugliche Vertragspartner i. S. d. § 89 Abs. 1 ausgeschlossen. Nach h. M. kommen Urheber vorbestehender, zu verfilmender Werke in Fällen der **Doppel- und Mehrfachfunktion** als Miturheber des Filmwerks in Betracht, wenn und soweit sie über die Schaffung des zu verfilmenden selbstständigen Werkes hinaus **zusätzliche schöpferische Beiträge bei der Filmherstellung** geleistet haben, die sich im Filmwerk niedergeschlagen haben, aber **nicht selbstständig verwertbar** sind (Beispiele: „**Musikkomponist als Cutter**": Musikkomponist nimmt wesentlichen, schöpferischen Einfluss auf den Bildschnitt; „**Drehbuchautor als Regisseur**", Drehbuchautor nimmt wesentlichen schöpferischen Einfluss auf die Beleuchtung, Besetzung, Auswahl und Gestaltung der Drehorte, dazu OLG München ZUM 2000, 61 – Das kalte Herz; OLG München UFITA 48 (1966), 287; OLG Karlsruhe UFITA 45 (1965), 347); teilweise sind auch Drehbuchautor und Kameramann identisch, dazu OLG Köln ZUM 2005, 235 – Standbilder im Internet). Eine solche Doppelfunktion kann allerdings nur dann angenommen werden, wenn ein echter zusätzlicher Beitrag vorliegt, der **keine eigene Bearbeitung des eigenen vorbestehenden Werkes** ist, sondern andere Bereiche der Filmherstellung betrifft. Urheber vorbestehender Werke werden nicht Miturheber des Filmwerks, soweit sich ihre sämtlichen schöpferischen Beiträge vor, während und nach Abschluss der Dreharbeiten auf das eigene, vorbestehende, selbstständig verwertbare Werk beziehen. § 89 kommt auch in Betracht bei einer Doppelfunktion des vertraglich verpflichteten **Schauspielers, der gestaltende Regieleistungen erbringt.** § 89 ist gegenüber § 92 i. V. m. § 137e Abs. 4 S. 2 günstiger; das Urheberrecht des Regisseurs am Filmwerk und das Leistungsschutzrecht des darstellenden Künstlers können nicht durch ein und dieselbe Leistung begründet werden (für den umgekehrten Fall des **Regisseurs als Schauspieler** vgl. BGHZ 90, 219, 224 f. – Filmregisseur zu § 92 a. F. – mit kritischen Anm. von *Schricker* GRUR 1984, 733 f.; Fromm/Nordemann/ *J. B. Nordemann* § 89 Rn. 18: grds. ist die Rechtsstellung der Filmschauspieler und sonstigen ausübenden Künstler nach § 92 zu beurteilen). § 89 erfordert das Vorliegen einer zumindest stillschweigenden **schuldrechtlichen Verpflichtung** zur entsprechenden zusätzlichen Mitwirkung bei der Filmherstellung (s. Rn. 8). Auf eine solche ergänzende Mitwirkungsverpflichtung bei der Herstellung des Filmes muss der Filmhersteller beim Abschluss von Stoffrechte-, Lizenz- und Drehbuch- und sonstigen Werkverträgen ggf. gesondert achten, um für zusätzliche Leistungen die Anwendung des § 89 zu eröffnen. Bei Arbeits- und Dienstverträgen ist eine solche Verpflichtung in Gestalt der allgemeinen Förderungspflicht bei gleichzeitiger Weisungsgebundenheit in der Regel anzunehmen.

15   Kein Fall des § 89 liegt vor, wenn sich ein **Drehbuchautor** über die dingliche Gestaltung i. S. d. § 88 hinaus verpflichtet, während der Herstellung des Filmwerks das Drehbuch fortzuschreiben und an geänderte Situationen, neue Besetzungen, Drehorte etc. anzupassen, was bei größeren Produktionen häufig vorkommt. Weil es sich um die Bearbeitung des eigenen vorbestehenden, gesondert verwertbaren Werkes handelt, bleibt für die Anwendung des § 89 kein Raum. Maßgeblich bleibt allein § 88 (str., wie hier Möhring/Nicolini/*Lütje* § 89 Rn. 8). Seit der Erweiterung der Rechtseinräumungsvermutung des § 88 auf alle bekannten Nutzungsarten ergeben sich zu den Rechtsfolgen keine Abweichungen.

16   Umstritten und im Ergebnis abzulehnen ist die Anwendbarkeit des § 89 auf die filmgesamtwirtschaftlich zwar bedeutenden Fälle des **Synchronregisseurs** und des **Herstellers der Synchronfassung bzw. des § 88 auf den Synchronautor** (ca. $^4/_5$ der Kinoverleihumsätze in Deutschland werden mit deutschen Synchronfassungen fremdsprachiger Werke erzielt; *Melichar* ZUM 1999, 12; *Radmann* 25–34 zu Kosten und Organisation). Nach §§ 88, 89 erwirbt der Filmhersteller grds. mangels gegenteiliger vertraglicher Vereinbarung das Recht, Synchronfassungen des Films in gleichem Umfang wie das Filmwerk zu verwerten. Das Recht auf Herstellung der Synchronfassung erforderte keine ausdrückliche gesetzliche Regelung, da nach Auffassung des Gesetzgebers (BT-Drucks. IV/270, 98) und h. M. die Synchronisation eine Bearbeitung des Filmwerks darstellt. Diese unterfällt man-

gels Verfilmung auch nicht dem Einwilligungsvorbehalt des § 23 S. 2 (dazu Schricker/ *Katzenberger* § 88 Rn. 51 f.; dagegen *Radmann* 137 Fn. 675). Wenn aber die Verwertung der Synchronfassung gestattet ist, muss dies regelmäßig auch für die Herstellung gelten (Möhring/Nicolini/*Lütje* § 88 Rn. 62; *Radmann* 138). In einer singulär gebliebenen Entscheidung des LG München I (FuR 1984, 534, 535 – All about Eve) sah das Gericht in der Übersetzungsarbeit *Erich Kästners* eine nicht gesondert verwertbare Mitwirkung bei der Herstellung des Filmwerks (Synchronfassung) und in dem Auftraggeber der Synchronisation einen Filmhersteller mit den Folgen der Miturheberschaft des Synchronautors sowie der Anwendung des § 89. Das Hauptargument sah das LG darin, dass der Dialogtext lippensynchron gesprochen werde. Das ist in mehrfacher Hinsicht unzutreffend: der Synchronunternehmer ist kein „Filmhersteller" i. S. d. § 89 (str., a. A. Dreier/Schulze § 89 Rn. 15 und Vor § 88 Rn. 10: Autor der Textübersetzung als Miturheber der als Filmwerk zu schützenden Synchronfassung; Fromm/Nordemann/*J. B. Nordemann* § 94 Rn. 31; Schricker/Loewenheim/*Katzenberger* § 94 Rn. 15). Dagegen sprechen der Wortlaut und Zweck. Bei einer Anwendung der §§ 88, 89 auf einen angeblichen „Synchronfilmhersteller" würde deren Zweck, nämlich dem Filmhersteller u. a. auch die Rechte der Verwertung an der Synchronfassung zu geben, ad absurdum geführt (i. E. ebenso *Radmann* 150 f.). Die Synchronisation ist die Bearbeitung eines bestehenden Films, nicht die Herstellung eines neuen Films. Auch im Hinblick auf den wirtschaftlichen Zweck der Privilegierung des Filmherstellers als Ausgleich für erhebliche Investitionen sind die Fälle nicht vergleichbar. Der Synchronisationsunternehmer ist i. d. R. das deutsche Verleihunternehmen, das die Kino-, Video- und TV-Rechte für die deutschsprachige Fassung und deren Verwertung im deutschsprachigen Gebiet erworben hat. Ungeachtet dessen dürfte regelmäßig eine gesonderte Verwertbarkeit der sprachlichen Synchronfassung i. S. d. § 8 Abs. 1 anzunehmen sein, so dass § 88 anzuwenden wäre (§ 88 Rn. 39; *Götting* ZUM 1999, 3, 7).

Viel diskutiert wird, ob die **Urheber filmbestimmt geschaffener,** auch selbstständig **17** verwertbarer Werke dadurch – d. h. durch die Zwecksetzung ihrer Schöpfung – **zugleich auch Miturheber** des Filmwerks sind (dazu Vor §§ 88 Rn. 66 ff.).

III. Rechtsfolgen: Vermutung der ausschließlichen Vorausabtretung aller filmischen Nutzungsrechte an den Filmhersteller

1. § 89 ist lex specialis gegenüber § 31 Abs. 5

Nach § 89 Abs. 1 wird vermutet, dass der Filmurheber mit der Verpflichtungserklärung **18** zur Mitwirkung bei der Herstellung eines Filmwerkes gleichzeitig die Vorausabtretung über sämtliche zukünftigen, bekannten und unbekannten Nutzungsrechte am herzustellenden Filmwerk gegenüber dem Filmhersteller erklärt. Durch die Erstreckung der Erwerbsvermutung im zweiten Korb auf alle auch unbekannten Nutzungsarten hat sich das Regel-/Ausnahmeverhältnis entgegen der Regel des § 31 Abs. 5 zu Lasten des Filmurhebers verkehrt. § 89 Abs. 1 ist bezüglich des Umfangs der Rechteübertragung lex specialis gegenüber § 31 Abs. 5. Für Zweckübertragungsüberlegungen bleibt kein Raum (s. o. § 88 Rn. 5, 6; BGH GRUR 2005, 937, 939 – Der Zauberberg: Vorrang des § 89 Abs. 1 vor § 31 Abs. 5; ebenso bereits zu § 89 a. F. Möhring/Nicolini/*Lütje* § 89 Rn. 15 f., 21; *Poll* ZUM 1985, 248, 249; *Rehbinder* ZUM 1990, 234, 237; *Roeber* FuR 1975, 102, 104; Schricker/ Loewenheim/*Katzenberger* § 89 Rn. 3, 10; a. A. Fromm/Nordemann/*Hertin* 8. Aufl. §§ 31/32 Rn. 21: prinzipieller Vorrang der Zweckübertragungsregel; ebenso *Reupert* 219 f.; dementsprechend forderte bereits *Ulmer,* § 89 prinzipiell nicht auf den Hauptregisseur eines Fernsehfilms anzuwenden, weil angesichts der vom Hauptregisseur erbrachten schöpferischen Leistung nicht vermutet werden könne, dieser räume bei Übernahme der Inszenierung des Fernsehfilms dem Filmhersteller sozusagen stillschweigend auch die Rechte zur Verwertung als Vorführfilm und umgekehrt ein, *Ulmer* 48, 52 f.; *Schweyer* 91 ff., 99; eine solche Differenzierung nach Filmurhebertypen verbietet sich nach dem Wortlaut und der Gesetzesbegründung BT-Drucks. 16/1828, 33; zum Verhältnis von § 89 Abs. 1 zum **allgemeinen Urhebervertragsrecht** vgl. umfassend die Darstellung bei § 88 Rn. 2 ff.).

2. Reichweite der Rechtseinräumungsvermutung des § 89

19 Der Filmhersteller erwirbt im Zweifel sämtliche Nutzungsrechte zur ausschließlichen, weltweiten filmischen Auswertung des vertragsgegenständlichen Films. Unbekannte Nutzungsarten bilden dabei seit Inkrafttreten des Zweiten Korb keine zwingende Grenze für Rechtseinräumungen. Diese können unter Einhaltung der Formvorschriften des § 31a UrhG übertragen werden, wobei die Übertragung selbst als cessio legis im Zeitpunkt des Bekanntwerdens der Nutzungsart auf den Filmhersteller erfolgt (dazu Vor § 88 Rn. 29).

20 Nicht von der Rechtseinräumungsvermutung des § 89 umfasst sind jedoch die **urheberpersönlichkeitsrechtlichen Befugnisse.** Diese verbleiben beim Filmurheber, da eine Vorausverfügung über persönlichkeitsrechtliche Befugnisse nicht zulässig ist (OLG Köln GRUR-RR 2005, 337 – Veröffentlichungsbefugnis einer Kamerafrau; OLG München ZUM 2000, 767, 771 – down under; KG NJW-RR 1986, 608, 609 – Paris/Texas). Auch die Beendigung der Zusammenarbeit mit dem Urheber ändert daran nichts. Diese führt nicht dazu, dass damit automatisch das **Erstveröffentlichungsrecht** auf den Filmhersteller übergeht (vgl. § 93 Rn. 11). Dort wo die Parteien eine vertragliche Einräumung des Veröffentlichungsrechts getroffen haben, hat dies zumindest schuldrechtliche Wirkung. Eine solche Vereinbarung ist konkludent möglich, wovon insbesondere dann auszugehen ist, wenn der Filmurheber Arbeitnehmer i. S. d. § 43 ist (LAG Bayern UFITA 50 (1967), 298 ff. – Die schwedische Jungfrau; vgl. auch § 93 Rn. 11). Eine „dingliche Verfügung" über das Veröffentlichungsrecht liegt vor, wenn der Urheber seinen Beitrag zur Veröffentlichung freigegeben hat. Hierzu bedarf es nicht zwingend einer ausdrücklichen Erklärung. Diese kann auch konkludent erteilt werden, in dem der Urheber das Filmmaterial beim Filmhersteller vorbehaltlos abliefert (OLG München ZUM 2007, 767, 771 – down under). Verweigert der Filmschaffende die Veröffentlichung, muss immer geprüft werden, ob diese Weigerung wegen der Wertung des § 8 Abs. 2 S. 2 unerheblich ist. Dabei hat die Interessenabwägung nicht nur die Belange der Miturhebern zu berücksichtigen, die Wertungen des § 8 Abs. 2 S. 2 wirken als nachvertragliche Pflichten i. S. d. § 241 Abs. 2 BGB auch zugunsten des Produzenten (*Czernik* in Wandtke Band 2 Kap 2 § 4 Rn. 140; OLG Köln GRUR-RR 2005, 337 ff. – Veröffentlichungsbefugnis einer Kamerafrau; dazu § 93 Rn. 11).

21 **Eine Differenzierung der Rechtseinräumungsvermutung nach Filmarten findet nicht mehr statt.** Der für den Filmbereich geltende partielle Ausschlusses der Zweckübertragungsregel kann auch nicht durch Rekurs auf eine verfassungsrechtlich begründete erforderliche Beteiligung des Urhebers auf das **Maß der je üblichen Filmverwertung** beschränkt werden (so aber Schricker/Loewenheim/*Katzenberger* zu § 89 a. F. Rn. 3, 10 „teleologische Reduktion": im Ergebnis keine Kinovorführung von Fernsehfilmen und keine Sendung von reinen Homevideos; vgl. dazu auch die Diskussion bei Dreier/Schulze § 89 Rn. 26). Diese Lesart widerspricht spätestens seit der Erstreckung auf unbekannte Nutzungsarten dem Wortlaut, der Intention des Gesetzgebers und der nach § 157 BGB zu berücksichtigenden Verkehrssitte. Ein Eingriff in verfassungsrechtliche Positionen des Urhebers liegt ebenso wenig vor. Denn diesem stehen gesetzliche Mindestvergütungsansprüche auf angemessene Vergütung und besondere zusätzliche Vergütung zu (§§ 32a, 32c). Von der Übertragungsvermutung sind selbstständige außerfilmische Nutzungen, soweit diese nicht unmittelbar der Verwertung des Filmwerks dienen (näher § 88 Rn. 55), und die Neuverfilmung ausgenommen (§ 88 Rn. 53).

22 Die Rechtseinräumung nach § 89 Abs. 1 war nach einhelliger Ansicht auf die Nutzung des einen, durch den Verpflichtungsvertrag **konkret betroffenen Filmwerks sowie**

seiner **Übersetzungen und anderer filmischer Bearbeitungen** beschränkt. Die Rechtseinräumung nach § 89 Abs. 1 erstreckt sich daher wie bei § 88 auf die **spezifisch filmische Verwertung** der Filmaufnahmen, die im Rahmen der Herstellung der **Erstfixierung** (§ 94 Rn. 21), entstanden sind. Das schließt insbesondere **Schnitt- und Restematerial** ein, das im Film nicht zu sehen ist. Auch hieran erwirbt der Filmhersteller die notwendigen Rechte (Fromm/Nordemann/*J. B. Nordemann* § 93 Rn. 36; a. A. *Haupt/ Ullmann* ZUM 2005, 883, 886, wobei diese einen directors cut zulassen, was widersprüchlich ist, da ein directors cut häufig Szenen enthält, die bis dahin keine Verwendung gefunden hatten). Dafür spricht, die inhaltliche Nähe dieser Materialien zum Film sowie die Tatsache, dass die Urheber auch für die Herstellung dieser Materialen eine Vergütung bekommen haben. Wegen des unter Rn. 9 beschriebenen Synallagmas ist daher die Einräumung der Rechte daran nur interessengerecht. Zumal derartige Materialien häufig im Rahmen eines **director's cut** Verwendung finden, dessen Veröffentlichung ebenfalls der Auswertung des Filmwerkes dient und damit schon nach der Teleologie des Dritten Teils zulässig sein muss.

Die Verwertung ist jedoch immer auf die die Auswertung der Filmmaterialen als Filmwerk beschränkt, insbesondere eine Wieder- oder Neuverfilmung scheidet aus. Erlaubt sind nur die tatbestandlich erfassten Übersetzungen und filmischen Bearbeitungen oder Umgestaltungen des ursprünglichen Werkes (Möhring/Nicolini/*Lütje* § 89 Rn. 19). Nach der AmtlBegr. darf der Filmhersteller bspw. einen schöpferischen Einfall des Regisseurs ohne dessen Zustimmung nicht für einen anderen Film oder eine Neuverfilmung verwerten (BT-Drucks. IV/270, 100). Das Gleiche gilt für Ausschnitte aus dem Film. Auch diese können ohne seine Zustimmung nicht in anderen Filmen verwendet werden (Dreier/ Schulze/*Schulze* § 89 Rn. 25), es sei denn, der Mitwirkende ist Arbeitnehmer, da dann § 43 Anwendung findet (dazu Rn. 10). 23

Den Parteien steht es jedoch wegen des **dispositiven Charakters** der Norm frei, hiervon abweichende Regelungen zu treffen. Der Filmurheber trägt im Streitfall dann aber die **Darlegungs- und Beweislast** dafür, dass die Abtretung des Rechts zu einer bekannten wie unbekannten audiovisuellen Nutzung an den Filmhersteller vertraglich ausgeschlossen wurde (vgl. dazu OLG Köln GRUR-RR 2011, 161 – Wahnsinn – Der Wackersdorf Film). Solche ausdrücklichen vertraglichen Vereinbarungen sind sowohl als Individualabrede als auch in Gestalt von allgemeinen Geschäftsbedingungen vorrangig (vgl. BGH GRUR 1985, 529, 530 – Happening; Vorinstanz KG GRUR 1984, 507, 508). Von einer vertraglichen Beschränkung der Nutzungsrechteübertragung ist auszugehen, wenn die Parteien im Vertrag nur einzelne Nutzungsrechte benannt haben, ohne gleichzeitig klarzustellen, dass diesen Nutzungsrechten nur Beispielcharakter zukommt (vgl. dazu schon bei § 88 Rn. 4). Nicht ausreichend sind, wegen der umfassenden Erwerbsvermutung, die in § 89 zum Ausdruck kommt, stillschweigende Nutzungsrechtsausschlüsse. 24

Wurden die Nutzungsrechte hingegen nur **beschränkt übertragen,** fallen die Grundsätze des § 89 nicht völlig weg. Sie bestimmen die Reichweite der einzeln eingeräumten Nutzungsrechte (vgl. dazu auch OLG Frankfurt GRUR 1989, 203, 204 – Wüstenflug).

Neben der Beschränkung der Auswertungs- kommt auch eine Einschränkung der Herstellungsrechte in Betracht. So wird bspw. eine individualvertragliche Änderungsverbotsklausel zugunsten eines Filmregisseurs als wirksam und dinglich wirkend angesehen (OLG München UFITA 48 (1966) 287, 290 ff.; Fromm/Nordemann/*J. B. Nordemann* § 89 Rn. 38; *v. Gamm* § 89 Rn. 4). Sofern J.B. Nordemann einschränkend fordert, dass der Filmregisseur seine Zustimmung zu Änderungen trotz Änderungsverbotsklausel nicht wider Treu und Glauben verweigern darf (Fromm/Nordemann/*J. B. Nordemann* § 89 Rn. 38), ist dem nicht zuzustimmen. Den Parteien steht es frei, ein Änderungsverbot zu vereinbaren, in dem die Interessen des Filmherstellers angemessen Berücksichtigung finden. Dort wo dies nicht geschieht, ist es ausdrücklicher Wille der Parteien, dass keine interessengeleitete Korrektur zugunsten des Filmherstellers stattfinden soll. Dann aber trotz an- 25 derslautendem Vertragswortlaut von einer konkludenten Einwilligungspflicht auszugehen, würde die Vertragsfreiheit des Regisseurs unzulässig einschränken.

26 Immer treffen den Filmurheber Enthaltungspflichten, nach denen er es zu unterlassen hat, Nutzungshandlungen vorzunehmen, die die Auswertung des konkreten Filmwerkes beeinträchtigen. Hiervon ist insbesondere bei der Wiederverfilmung auszugehen, weswegen hier analog § 88 Abs. 2 S. 2 greift, wohingegen Prequels/Sequels und sonstige Fortentwicklungen zulässig sind (Fromm/Nordemann/*J. B. Nordemann* § 89 Rn. 62).

27 **Selbstständige außerfilmische Verwertungen** sind durch § 89 nicht erfasst (allg. M.). Das folgt aus dem Wortlaut („das ausschließliche Recht, das Filmwerk zu nutzen") sowie aus der amtlichen Begründung sowohl zur historischen Fassung als auch der Zweite Korb (AmtlBegr. BT-Drucks. IV/270, 100; UFITA 45 (1965) 318 und BT-Drucks. 16/1828, 33). Soweit allerdings nicht-filmische Nutzungsrechte für die branchenübliche filmische Auswertung als erforderlich angesehen werden und dieser dienen (Werbemaßnahmen im Print- und Onlinebereich, Trailerbearbeitungen und Bearbeitungen und Nutzungen für Internetauftritte zur Bewerbung des Films etc.) werden diese nach dem Sinn und Zweck des § 89 ebenfalls durch den Filmhersteller mit erworben. Die Grenze ist bei einer wirtschaftlich selbstständigen nicht-filmischen Nutzungsart zu ziehen. Ein Filmurheber behält daher auch bei sonst umfassender Rechtseinräumung an den Filmhersteller im Zweifel stets das Recht, seinen Beitrag (bspw. einen Einfall des Regisseurs) anderweitig außerfilmisch als Buch oder Bildheft (bspw. für die Eigenwerbung und Vermarktung) oder als Bühnenstück – vorbehaltlich der gesamthänderischen Bindung der Filmmiturheber und/oder dem Verhältnis zum Drehbuchautor – zu verwerten Fromm/Nordemann/*J. B. Nordemann* § 89 Rn. 41; Schricker/Loewenheim/*Katzenberger* § 89 Rn. 20). Will der Filmhersteller Beiträge mehrerer Filmurheber oder das gesamte Filmwerk außerfilmisch nutzen, bedarf er der Zustimmung sämtlicher Miturheber als Gesamthänder. Insb. **Buch-, Verlags- und Merchandisingrechte** sind ohne ausdrückliche Vereinbarung von § 89 auch weiterhin nicht umfasst (Möhring/Nicolini/*Lütje* § 89 Rn. 21; Schricker/Loewenheim/*Katzenberger* § 89 Rn. 20; zu Merchandising *Ehlgen* ZUM 1996, 1008ff.; *Mathes* ZUM 1996, 1049; *v. Olenhusen*, Film und Fernsehen 119, 943ff., mit Vertragsmuster; Fromm/Nordemann/*J. B. Nordemann* § 89 Rn. 41). Ihre Einräumung entspricht zwar zunehmend der Vertragspraxis und wirtschaftlichen Erfordernissen; sie ist aber gleichwohl keine filmische Nutzungsart und vom Wortlaut nicht umfasst. Zum Erwerb der Merchandisingrechte (hierunter ist die Befugnis zu verstehen, Filmfiguren, Fotos, Zeichnungen, Szenen, Titel, Slogans u. ä. in allen anderen außerfilmischen Medien zu vermarkten (*v. Olenhusen* 119, 943ff. Vertragsmuster; *Ruijsenaars* FS Schricker 1995, 597ff.). bedarf der Filmhersteller einer gesonderten Vereinbarung, was zulässig ist (BGH GRUR 1984, 119, 120 – Synchronisationssprecher). Eine konkludente Nutzungsrechtseinräumung wird man dort annehmen müssen, wo der Urheber Arbeitnehmer ist, da dann die Regelung des § 43 ergänzend Anwendung findet (dazu § 88 Rn. 10). Ohnehin dürfte ein einzelner Filmurheber seine Zustimmung nur aus sachlichem Grund verweigern, etwa wenn sein Interesse, eine nichtfilmische Nutzung zu verhindern, das Verwertungsinteresse der übrigen überwiegt (Möhring/Nicolini/*Lütje* § 89 Rn. 21).

28 Das Recht zur **ausschließlichen** Nutzung des zukünftigen Filmwerks berechtigt den Filmhersteller in Übereinstimmung mit **§ 31 Abs. 3** dazu, das Filmwerk unter Ausschluss aller anderen Personen einschließlich des Urhebers auf die ihm erlaubte, von § 89 Abs. 1 weiter geregelte Art zu nutzen und einfache Nutzungsrechte einzuräumen (§§ 33, 35). Die Vermutung der Rechtseinräumung wirkt grds. ohne räumliche Eingrenzung **weltweit**. Dies folgt nach verbreiteter Ansicht bereits aus der Erwähnung der Übersetzungen von Filmwerken in § 89 Abs. 1 (LG München I Schulze LGZ 180, 4f. – Landung in Salerno; Fromm/Nordemann/*J. B. Nordemann* 89 Rn. 33; Schricker/Loewenheim/*Katzenberger* § 89 Rn. 14, 16, § 88 Rn. 34, 50, Vor §§ 120ff. Rn. 120; umstritten ist die weltweite Verwertung durch **internationalen Programmaustausch** und Programmverkauf; OLG Hamburg GRUR 1977, 556, 558 f. – Zwischen Marx und Rothschild: für angestellte Filmurheber der Rundfunkanstalten aufgrund Tarifvertragsklausel: „Auswertung auf dem Gebiete des Rundfunks" wg. der langen Üblichkeit; zust. Schricker/Loewenheim/*Katzenberger* § 89 Rn. 17). Die Rechtsübertragungsvermutung umfasst nicht die **gesetzlichen Vergütungsansprüche** nach §§ 27, 46 Abs. 4, § 47 Abs. 2, § 54. Dem Filmhersteller steht bei der praktisch bedeutsamsten Geräte- und Leerkassettenabgabe nach § 54 Abs. 1 ohnehin ein eigener Anspruch zu (OLG Köln ZUM 2000, 320, 325 – Schlafes Bruder; *Loewenheim* UFITA 126 (1994) 99, 143 f.; Möhring/Nicolini/*Lütje* § 89 Rn. 12, widersprüchlich in Rn. 26, wo es heißt, begünstigte Dritte des Abs. 2 seien in erster Linie die Verwertungsgesellschaften; Schricker/Loewenheim/*Katzenberger* § 89 Rn. 19; a. A. *Schack* ZUM 1989, 267, 271; *Rehbinder* ZUM 1990, 234, 238: weil § 89 den § 31 Abs. 5 verdränge, seien die Vergütungsansprüche der §§ 54, 54a als funktionale Äquivalente des Vervielfältigungsrechts mit dem korrespondierenden Nutzungsrecht mitübertragen). Den Filmurhebern verbleibt v. a. der unverzichtbare, im Voraus nur an eine Verwertungsgesellschaft abtretbare **Vergütungsanspruch gegen den Vermieter nach § 27 Abs. 1,** § 137e Abs. 4 S. 1 (Schricker/Loewenheim/*Katzenberger* § 89 Rn. 19 weist darauf hin, dass § 92 Abs. 1 n. F. nur die Rechte nach § 75 Abs. 1 und 2 zur Aufnahme der Darbietung auf Bild- oder Tonträger sowie zur Vervielfältigung und Verbreitung und nach § 76 Abs. 1 zur Sendung der Darbietung und nicht die Vergütungsansprüche der ausübenden Künstler für das Vermieten und Verleihen der Bild- oder Tonträger nach § 75 Abs. 3, § 27; § 76 Abs. 2, § 77 nennt; die Rechtsstellung der Filmurheber nach § 89 könne nicht hinter derjenigen der ausübenden Künstler zurückbleiben). Die sog. **Zweitwiedergaberechte** (öffentliche Wiedergabe von Fernsehsendungen beim Empfang, § 22, und sekundäres Kabelfernsehen) sind nach überwiegender Meinung ebenfalls nicht umfasst (Fromm/Nordemann/*J. B. Nordemann* § 89 Rn. 42; Schricker/Loewenheim/*Katzenberger* § 89 Rn. 19, § 88 Rn. 48, 49).

IV. Abs. 2: Mehrfache Verfügungsbefugnis des Filmurhebers bei Vorauseinräumung von Rechten an Dritte

§ 89 Abs. 2 begründet im Anwendungsbereich des Abs. 1 eine **relative, mehrfache Verfügungsbefugnis** des Filmurhebers zugunsten des Filmherstellers. Abs. 2 schützt so zwar auch die Handlungsfreiheit des Filmurhebers, dies aber nur im Interesse des Filmherstellers an einem rechtssicheren Erwerb (AmtlBegr. BT-Drucks. IV/270, 100 der gutgläubige Erwerb von urheberrechtlichen Nutzungsrechten ist ausgeschlossen; s. Vor §§ 31 ff. Rn. 47 f.). Räumt ein Filmurheber bspw. nach Maßgabe des § 40 wirksam im Voraus einem Dritten ausschließliche Nutzungsrechte ein, kann er gleichwohl später wirksam mit Abschluss des Vertrages, durch den er sich zur Mitwirkung bei der Herstellung eines Filmes verpflichtet, betreffende ausschließliche Nutzungsrechte an den Filmhersteller einräumen. § 89 Abs. 2 kann folglich als eine gesetzlich verankerte auflösende Bedingung nach § 158 Abs. 2 BGB angesehen werden, die sowohl das Verpflichtungs- als auch das Verfügungsgeschäft umfasst, da beide wegen des fehlenden Abstraktionsprinzip im Urheberrecht ohnehin stets zusammenfallen (*Bohr* ZUM 1992, 121, 123; Dreier/Schulze § 89 Rn. 36; a. A. Fromm/Nordemann/*J. B. Nordemann* § 89 Rn. 49, 52, der zwar eine auflösende Bedingung bejaht, Verpflichtungsgeschäfte vom Anwendungsbereich des § 89 Abs. 2 aber ausnimmt), mit der Folge, dass nach § 161 BGB sämtliche Verfügungen, die der Dritte im Vorfeld getroffen hat, insoweit unwirksam sind, als sie die von der Bedingung abhängige Wirkung vereiteln oder beeinträchtigen würden. Dies hat zur Folge, dass sich der Dritte nicht nur gegenüber dem Filmhersteller, sondern auch gegenüber Dritten nicht mehr auf seine Befugnisse berufen kann, soweit diese unter die betroffenen Rechte nach § 89 Abs. 1 fallen. Die Rechtseinräumung an den Dritten erlischt insofern nachträglich mit absoluter Wirkung. Ein direkter Rückfall vom Filmhersteller an den Dritten ist deswegen auch nicht möglich, wenn der Urheber die Rechte vom Filmhersteller zurückholt (a. A. Möhring/Nicolini/*Lütje* § 89 Rn. 30; das dort genannte Beispiel der befristeten Einräumung an den Filmhersteller ist bereits vom Tatbestand des Abs. 1 nicht erfasst). Dogmatisch vergleichbare Bestimmungen finden sich in § 92 Abs. 2 und § 78 Halbs. 2 (Möhring/Nicolini/*Lütje* 2. Aufl. § 89 Rn. 31).

30 Nach dem Zweck der Vorschrift ist Abs. 2 **nicht vertraglich abdingbar** (Möhring/Nicolini/*Lütje* § 89 Rn. 29), sofern der Filmhersteller nicht zustimmt (Fromm/Nordemann/*J. B. Nordemann* § 89 Rn. 54). Es besteht keine echte „doppelte Verfügungsmacht" des Filmurhebers. Aus dem Wortlaut („behält"), folgt zwar, dass eine Verfügungsbefugnis bestehen bleibt, ohne dass eine Rückübertragung durch den erstberechtigten Verfügungsempfänger nötig ist (Möhring/Nicolini/*Lütje* § 89 Rn. 30). Der Wortlaut bezieht sich auf „das in Abs. 1 bezeichnete Nutzungsrecht". Das spricht zusammen mit dem systematischen Zusammenhang dafür, Abs. 2 auf den Anwendungsbereich der gesetzlichen Vermutung des Abs. 1 zu beschränken. § 89 Abs. 2 erfasst nach dem Wortlaut ausschließlich Nutzungsrechte i. S. d. Abs. 1 und geht inhaltlich mit der Reichweite der Vermutung der Rechtseinräumung konform. Die mehrfache Verfügungsbefugnis soll nach dem Zweck der Vorschrift ausschließlich den Anwendungsbereich der **Vermutungsregel des Abs. 1 absichern.** Abs. 2 ermöglicht also keinen Rechteerwerb unabhängig vom Vorliegen des Tatbestandes des § 89 Abs. 1, also insb. keine ausdrückliche vertragliche Doppel-Rechtseinräumung unabhängig von Auslegungszweifeln.

31 Abs. 2 gilt insb. **nicht für Zweitwiedergaberechte** (§ 22 und sekundäres Kabelfernsehen, §§ 27, 46 Abs. 4, 47 Abs. 2 S. 2, 54) und **gesetzliche Vergütungsansprüche** des Filmurhebers. Diese sind keine Rechte, die von der Vermutungsregel des Abs. 1 erfasst werden (Schricker/Loewenheim/*Katzenberger* § 89 Rn. 21; a. A. *Schack* ZUM 1989, 267, 271). Der Dritte behält die Rechte, die nicht von der Vermutung des Abs. 1 erfasst werden. Soweit der Dritte aufgrund der Bestimmung in Abs. 2 Rechte nachträglich verliert, ist er auf eventuelle Schadensersatzansprüche gegen den Filmurheber und möglicherweise unter den Voraussetzungen der §§ 826 BGB, 3 UWG unter Umständen auch gegen den Filmhersteller verwiesen (Schricker/Loewenheim/*Katzenberger* § 89 Rn. 22; a. A. Fromm/Nordemann/*J. B. Nordemann* § 89 Rn. 55), wobei die Voraussetzungen hierfür streng sein dürften, da sonst der Gesetzeszweck von § 89 Abs. 2 umgangen wird. Schadensersatzansprüche wird man nur dort zugestehen können, wo der Filmhersteller sich zwar sämtliche Rechte einholt, eine Auswertung des Filmwerkes jedoch nicht erfolgt Dies würde nämlich zu einer unverhältnismäßigen Monopolisierung der Rechte führen.

V. Abs. 3: Urheberrechte an vorbestehenden Werken

1. Verhältnis zu §§ 7, 8

32 Abs. 3 stellt lediglich klar, dass Urheberrechte an zur Herstellung des Filmwerks benutzten, vorbestehenden Werken von der Auslegungsregel des Abs. 1 und der gesetzlichen Ausnahmeregel des Abs. 2 v. a. dann nicht erfasst werden, wenn deren Urheber bei und nach den Dreharbeiten selbst schöpferisch gestaltend bei der Herstellung des Filmwerks mitgewirkt haben und sich zu einer solchen Mitwirkung i. S. d. § 89 Abs. 1 verpflichtet haben sollten. § 89 Abs. 3 trifft **keine Aussage über eine Miturheberschaft am Filmwerk.** Das Schöpfungsprinzip (§§ 7, 8) wird nicht modifiziert. Im Beispielsfall des **„Autoren- und Darstellerfilms"**, der für eine **urheberrechtliche Doppel- bzw. Mehrfachstellung** eines Filmschaffenden als Urheber eines vorbestehenden Werkes, i. d. R. des Drehbuchs und als Regisseur und/oder Darsteller (z. B. R. W. Faßbinder), gilt **meistbegünstigend § 88** für die Rechteeinräumung am Drehbuch und anderen selbstständig verwertbaren Werken gegenüber dem Filmurheberrecht als Regisseur, auf das § 89 Anwendung findet oder den Rechten des ausübenden Künstlers (s. u. § 92; im Ergebnis ebenso

Schricker/Loewenheim/*Katzenberger* § 89 Rn. 2, 8; BGHZ 90, 219, 224 f. – Filmregisseur; krit. *Schricker* GRUR 1984, 733 f.).

Abs. 3 bestätigt die **allgemeinen Grundsätze der §§ 7, 8:** Die Schöpfung des Filmwerks ist ein Realakt. Gesetzlicher Werkschutz entsteht mit der Herstellung des Filmwerks oder eines Drehbuchs oder einer Filmmusikkomposition. Das Tatbestandsmerkmal „gesondert verwerten lassen" ist – ungeachtet des unklaren Maßstabes für die Verwertbarkeit – objektiv zu bestimmen; Miturheber können darüber de lege lata nicht disponieren. Der Wille des Urhebers eines eigenständigen, vorbestehenden Werkes, dieses zum Zweck der Herstellung eines Filmes zu schaffen und einzusetzen, kann den eigenständigen Werkcharakter nicht aufheben. Weiter kann eine schöpferische Leistung nicht zwei Urheberrechte an zwei verschiedenen Werken begründen. Die Integration eines vorbestehenden Werkes in ein anderes (Benutzung) ist nach der Terminologie des Gesetzes Bearbeitung, Umgestaltung oder freie Benutzung (§§ 23, 24). Die von den Befürwortern des Doppelcharakters des Drehbuchs als eigenständiges Werk und Miturheberschaft am Filmwerk begründenden Entwurf des Filmwerks für wesentlich erachtete Unterscheidung von filmunabhängigen und filmbestimmten vorbestehenden Werken findet keine Stütze im Gesetz (s. o. Vor §§ 88 Rn. 43, 50; a. A. *Bohr* UFITA 78 (1977) 95, 129 ff.; Schricker/Loewenheim/*Katzenberger* Vor §§ 88 ff. Rn. 65 ff.). 33

2. Entstehungsgeschichte des Abs. 3

Die deklaratorische Bedeutung des Abs. 3 wird durch die Entstehungsgeschichte bestätigt: § 89 Abs. 3 ist ohne Änderung des Wortlauts des Absatzes als solchem aus § 93 Abs. 2 des **Referentenentwurfs (RefE) von 1954** in die späteren Entwürfe und das UrhG übernommen worden. § 93 Abs. 1 RefE 1954 sah die später prinzipiell verworfene Fiktion der Filmwerksurheberschaft des Filmproduzenten vor (§ 93 Abs. 1 RefE 1954 lautete: „Als Urheber des Filmwerks gilt der Inhaber des Unternehmens, welches das Filmwerk hergestellt hat (Filmhersteller)".). In diesem Zusammenhang der – später als systemwidrig abgelehnten – Ausnahme vom Schöpfungsprinzip der §§ 7 ff. musste sichergestellt werden, dass sich die gesetzliche Fiktion ausschließlich auf die unmittelbar bei der Filmherstellung erbrachten schöpferischen Leistungen beschränken und nicht solche Beiträge, die vor Beginn der Dreharbeiten und damit dem wesentlichen finanziellen und organisatorischen Engagement des Produzenten entstanden waren, erfassen sollte. Der systematische Zusammenhang des § 89 Abs. 3 und damit auch der Regelungsgehalt haben sich grundlegend geändert. In der amtlichen Begründung kommt das nur unvollkommen zum Ausdruck. Dort heißt es: „Absatz 3 stellt klar, dass die Urheberechte an den zur Herstellung des Filmwerks benutzten Werken von der Regelung des § 99 (§ 89 UrhG) nicht berührt werden, selbst wenn, wie es z. B. beim Drehbuchautor oder Filmkomponisten der Fall sein kann, der Urheber des benutzten Werkes zugleich auch unmittelbar bei den Dreharbeiten mitwirkt" (Amtl-Begr. UFITA 45 (1965) 318) – und – so wäre zu ergänzen – durch diese Mitwirkung Miturheber i. S. d. § 89 geworden ist. 34

VI. Abs. 4: Entsprechende Geltung für Lichtbilder und Lichtbildwerke

Filme bestehen ungeachtet der Aufzeichnungstechnik aus Einzelbildern, die § 72 bzw. bei Werkqualität § 2 Abs. 1 Nr. 5 unterfallen. Die Einfügung des neuen Abs. 4 beruht auf der **Aufhebung des § 91 a. F.,** der den Rechtserwerb durch den Filmhersteller im Wege eines gesetzlich angeordneten „unmittelbaren Übergangs" der Rechte des Lichtbildners auf den Filmhersteller regelte (AmtlBegr. BT-Drucks. 14/6433, 19 und IV/270, 101 zu § 91; Möhring/Nicolini/*Lütje* § 91 Rn. 1; Schricker/Loewenheim/*Katzenberger* § 91 Rn. 6). Durch Abs. 4 wird nunmehr klargestellt, dass auch für Lichtbildwerke i. S. d. § 2 Abs. 1 Nr. 5, Abs. 2 Nutzungsrechte nach Maßgabe des § 89 Abs. 1 eingeräumt werden. Zweifel 35

UrhG § 90 § 90 Einschränkung der Rechte

über den Inhaber des verwandten Schutzrechts am Lichtbild i.S.d. § 72 Abs. 2 können nicht entstehen; der Kameramann ist originärer Nichtinhaber. Abweichende vertragliche Vereinbarungen sind zu Gunsten und zu Lasten des Kameramannes möglich (h. M. bereits zu § 91 Möhring/Nicolini/*Lütje* § 91 Rn. 11; Schricker/Loewenheim/*Katzenberger* § 91 Rn. 13; zur Stellung des Kameramanns Hertin UFITA 118 (1992) 57). Im Ergebnis liegt keine Abweichung von der früheren Rechtslage nach § 91 vor.

36 Voraussetzung sind Lichtbilder, die **unmittelbar bei den Dreharbeiten** mittels einer **Filmkamera** durch den Kameramann für den betroffenen Film aufgenommen wurden; denn nur für diese kommt eine filmische Verwertung in Betracht. Nicht unter § 89 Abs. 4 fallen Standfotos und sonstige Lichtbilder, die lediglich anlässlich der Filmherstellung zur Dokumentation, Werbung o. ä. nicht unmittelbar der Filmherstellung dienenden Zwecken gefertigt werden. Es ist nicht erforderlich, dass die Einzellichtbilder durch den Regisseur oder Produzenten für die endgültige Schnittfassung ausgewählt werden. Auch zunächst verworfenes Schnittmaterial steht dem Filmhersteller zur filmischen Auswertung zur Verfügung (Möhring/Nicolini/*Lütje* § 91 Rn. 5; Schricker/Loewenheim/*Katzenberger* § 91 Rn. 10). Umgekehrt verbleibt dem Kameramann das Recht, Einzelbilder zu nicht-filmischen Zwecken zu verwenden (AmtlBegr. BT-Drucks. IV/270, 101; ergänzend s. u. § 91 a. F. Rn. 8).

§ 90 Einschränkung der Rechte

Die Bestimmungen über die Übertragung von Nutzungsrechten (§ 34) und über die Einräumung weiterer Nutzungsrechte (§ 35) sowie über das Rückrufrecht wegen Nichtausübung (§ 41) und wegen gewandelter Überzeugung (§ 42) gelten nicht für die in § 88 Abs. 1 und § 89 Abs. 1 bezeichneten Rechte. Satz 1 findet bis zum Beginn der Dreharbeiten für das Recht zur Verfilmung keine Anwendung.

§ 90 Einschränkungen der Rechte (§ 90 a. F.)
Die Bestimmungen über das Erfordernis der Zustimmung des Urhebers zur Übertragung von Nutzungsrechten (§ 34) und zur Einräumung einfacher Nutzungsrechte (§ 35) sowie über das Rückrufsrecht wegen Nichtausübung (§ 41) und wegen gewandelter Überzeugung (§ 42) gelten nicht für die in § 88 Abs. 1 Nr. 2 bis 5 und § 89 Abs. 1 bezeichneten Rechte. Dem Urheber des Filmwerkes (§ 89) stehen Ansprüche aus § 36 nicht zu.
Literatur: *Flechsig*, Entwurf eines Gesetzes zur Stärkung der vertraglichen Stellung von Urhebern und ausübenden Künstlern, ZUM 2000, 484; *Homann*, Praxishandbuch Filmrecht, 2. Aufl., Berlin u.a. 2004; *Klages*, Grundzüge des Filmrechts, München 2004; *M. Schwarz*, Der Options- und Verfilmungsvertrag, in: Becker/Schwarz (Hrsg.), Aktuelle Rechtsprobleme der Filmproduktion und Filmlizenz, Festschrift für Wolf Schwarz zu seinem 80. Geburtstag, Baden-Baden 1999, 201 (zit. *M. Schwarz* FS W. Schwarz (1999)).
Vgl. darüber hinaus die Angaben im eingangs abgedr. Gesamtliteraturverzeichnis.

Übersicht

	Rn.
I. Bedeutung	1
II. Tatbestandsvoraussetzungen	2–13
1. Filmlizenzvertrag	2, 3
2. Die in § 88 Abs. 1 und § 89 Abs. 1 bezeichneten Rechte (§ 90 S. 1)	3–7
a) Alle bekannten und unbekannten Nutzungsarten	4
b) Wiederverfilmungsrecht	5
c) Vertraglich beschränkt eingeräumte Rechte	6
d) Nutzungsrechte nach § 137l	7
3. Nicht erfasste Rechte	8–13
a) Filmherstellungsrecht (§ 90 S. 2) bis zum Beginn der Dreharbeiten	8, 9
b) Wiederaufgelebte Rechte	10, 11
c) Außerfilmische Nutzungen	12
d) Schuldrechtliche Rückrufsrecht	13

	Rn.
III. Rechtsfolge: Ausschluss der §§ 34, 35, 41, 42	14, 15
IV. Rückruf im Filmbereich	16, 17
1. Rückruf wegen gewandelter Überzeugung	16
2. Rückrufsfolgen	17–19
V. Darlegungs- und Beweislast	20
VI. Rechtslage für Sachverhalte bis zum 30.6.2002 (§ 90 S. 2 a. F.)	21, 22

I. Bedeutung

§ 90 verfolgt wie §§ 88, 89 den Zweck, dem Filmhersteller die wirtschaftliche Auswertung **1**
seiner Filme durch die Schaffung einer freien **Verfügbarkeit der erworbenen Filmauswertungsrechte** zugunsten des Filmherstellers zu erleichtern (AmtlBegr. BT-Drucks. IV/ 270, 100). Der Filmhersteller soll grds. nicht mehr durch das Zustimmungserfordernis des Urhebers bei Weiterübertragung oder Einräumung von Filmauswertungsrechten zweiter Stufe nach §§ 34, 35 oder durch Ausübung der Rückrufsrechte nach §§ 41, 42 durch den Urheber oder den ausübenden Künstler (§ 92 Abs. 3; siehe auch § 92 Rn. 19) in der Verwertung des Filmwerks behindert werden können, sofern der Filmhersteller mit der Herstellung des Filmwerks begonnen hat. § 90 S. 1 geht dabei trotz Anknüpfung an §§ 88, 89 über den Anwendungsbereich dieser Vorschriften insoweit hinaus, als der Ausschluss der Rechte des Urhebers aus §§ 34, 35, 41, 42 „für die in § 88 Abs. 1 und § 89 Abs. 1 bezeichneten Rechte" angeordnet wird, ohne dass es auf die Anwendbarkeit der Zweifelsregel und die Vermutung der Rechteeinräumung ankommt. § 90 ist keine Auslegungsregel (Dreier/Schulze § 90 Rn. 5). Insofern führt § 90 nur dazu, dass die **Befugnis des Filmherstellers zur Weiterübertragung der Filmauswertungsrechte,** nicht jedoch des Filmherstellungsrechts, des Verfilmungsrechts im technischen Sinn **widerleglich vermutet** wird.

II. Tatbestandsvoraussetzungen

1. Filmlizenzvertrag

Der Ausschluss der Rechte der Filmurheber und Filmauswertungsrechte der Urheber **2**
vorbestehender Werke aus §§ 34, 35, 41, 42 greift grds. **bei jedem ausdrücklichen oder sonst eindeutigen vertraglichen Erwerb der bezeichneten Filmauswertungsrechte. Dabei ist es unerheblich, ob der Vertragsschluss mit dem Filmhersteller oder einem Dritten erfolgt.** Die Privilegierung des § 90 ist nicht auf den Filmhersteller beschränkt. Auch die Lizenznehmer des Filmherstellers können sich gegenüber dem Urheber auf diese Norm berufen, wenn sie von diesem auf Unterlassung in Anspruch genommen oder wenn sie sich Dritten gegenüber auf den Fortbestand der Rechte berufen (Fromm/ Nordemann/J. B. Nordemann § 90 Rn. 14).

§ 90 ist nach h. M. nicht zwingend und kann **vertraglich abbedungen** werden (Fromm/ **3**
Nordemann/J. B. Nordemann § 90 Rn. 7; Schricker/Loewenheim/*Katzenberger* § 90 Rn. 3). Dies kann in Anbetracht des Wortlauts des § 90 nur jeweils ausdrücklich für die genannten Rechte geschehen (a. A. Fromm/Nordemann/J. B. Nordemann § 90 Rn. 7, der auch eine konkludenten Ausschluss als zulässig ansieht), wobei ein formularvertraglicher Ausschluss von § 90 S. 2 von Teilen der Literatur nur dann als wirksam angesehen wird, wenn der Filmhersteller bereits vor Beginn der Dreharbeiten umfassende Investitionen getätigt hat. Dies wird damit begründet, dass er erst ab diesem Zeitpunkt nach § 242 BGB schutzwürdig ist (Fromm/Nordemann/J. B. Nordemann § 90 Rn. 7). Diese Einschätzung überzeugt. Zwar sind Verfilmungsverträge grundsätzlich Formularverträge, weswegen diese Einschränkung nahezu immer Anwendung finden dürfte. Allerdings folgt sie aus Sinn und Zweck des § 90. Dieser dient nämlich, wie ausgeführt, der Investitionssicherung des Filmherstellers. Gab es noch keine Investitionen, fällt das Sicherungsbedürfnis weg.

2. Die in § 88 Abs. 1 und § 89 Abs. 1 bezeichneten Rechte (§ 90 S. 1)

4 **a) Alle bekannten und unbekannten Nutzungsarten.** Seit dem Zweiten Korb erstreckt sich die Geltungsausnahme für sämtliche und bekannten und unbekannten Rechte zur filmischen Verwertung (§ 88 Rn. 67 ff., § 89 Rn. 18 ff.). War es bisher so, dass im Falle des Nacherwerbs von unbekannten Nutzungsarten diese nicht unter den Anwendungsbereich des § 90 fielen, ist mit der Erstreckung der Vermutungsregel der §§ 88, 89 gleichfalls eine Erweiterung des Anwendungsbereichs des § 90 verbunden. Dies bedeutet, dass in Zukunft der Ausschluss der Rechte der §§ 34, 35, 41, 42 auch bei unbekannten Nutzungsarten gilt (vgl. dazu auch Mestmäcker/Schulze/*Obergfell* § 90 Rn. 5).

5 **b) Wiederverfilmungsrecht.** Bei einer vertraglichen Einräumung auch des **Wiederverfilmungsrechts** erstreckt sich im Übrigen der Rechteausschluss nach § 90 S. 1 im gleichen Umfang wie bei der Erstfilmverwertung auch auf den wiederverfilmten, zweiten Film (Schricker/Loewenheim/*Katzenberger* § 90 Rn. 12). Darin liegt nicht etwa deswegen eine unzulässige Analogie zum Nachteil des Urhebers, weil § 88 Abs. 2 S. 1 in § 90 nicht genannt wird (so aber Fromm/Nordemann/*J. B. Nordemann* 90 Rn. 10). Denn auch die Einräumung des Wiederverfilmungsrechts ist natürlich für sich betrachtet ein Vertrag i. S. d. § 88. § 88 Abs. 2 S. 1 stellt lediglich klar, dass die gesetzliche Vermutung des § 88 Abs. 1 nur die erste Verfilmung und nicht den Fall der erneuten Verfilmung umfasst. Auf die Vermutungswirkung kommt es für § 90 nicht an. Seit der Gesetzesnovelle v. 22.3.2002 ist auch das **Videoverwertungsrecht** erfasst (in diesem Sinne bereits Möhring/Nicolini/*Lütje* § 90 Rn. 12, zur Anpassung an technische Entwicklungen, allerdings entgegen dem alten Wortlaut).

6 **c) Vertraglich beschränkte Rechte.** Da es auf die Anwendbarkeit der Vermutungsregel für § 90 nicht ankommt (Rn. 1), greift der Ausschluss der Rechte der §§ 34, 35, 41, 42 auch für solche **vertraglich eingeräumten Rechte** zu filmischer Nutzung, die nach der konkreten Filmart nicht von den Rechtsfolgen der §§ 88, 89 umfasst sind, bspw. das Videogrammrecht bei einem Fernsehfilm (Schricker/Loewenheim/*Katzenberger* § 90 Rn. 14).

7 **d) Nutzungsrechte nach § 137l.** Offen ist, ob § 90 analog auch auf sämtliche Nutzungsrechte Anwendung findet, die der Filmhersteller über § 137l erwirbt bzw. erworben hat (dafür Fromm/Nordemann/*J. B. Nordemann* § 90 Rn. 10). Für eine solche analoge Anwendung spricht, dass mit der gesetzlichen Übertragungsfiktion des § 137l ebenfalls eine vollständige Auswertung des Filmwerkes sichergestellt werden soll. Das entspricht Sinn und Zweck des § 90, weswegen es naheliegend ist, diesen einheitlich auf sämtliche Verwertungsformen, ob bekannt oder unbekannt anzuwenden. Weiter belastet eine solche analoge Anwendung die Interessen des Urhebers auch nicht unverhältnismäßig. Denn dieser hat es durch die Widerspruchsmöglichkeit in § 137l in der Hand, ob der Filmhersteller überhaupt Inhaber der Nutzungsrechte wird. So ist zu berücksichtigen, dass vor Ablauf der Widerspruchsfrist des § 137l eine Auswertung des Films in der neuen Nutzungsart ohnehin nicht möglich wäre, weswegen der Urheber auch nicht geschützt zu sein braucht. Widerspricht der Urheber nicht, schafft er einen Vertrauenstatbestand. Der Filmhersteller vertraut in die umfassende Auswertung des Films in der neuen Nutzungsart, was Investitionen auslösen kann. Insofern ist die Interessenlage beim Erwerb der Rechte nach § 137l vergleichbar mit seiner Interessenlage beim Erwerb der Rechte nach §§ 88, 89, was ebenfalls für eine analoge Anwendung des § 90 spricht. Die Rechtsfolge des § 90 greift somit in dem Moment, in dem die Widerspruchsfrist des § 137l ereignislos verstrichen ist.

3. Nicht erfasste Rechte

8 **a) Filmherstellungsrecht (§ 90 S. 2) bis zum Beginn der Dreharbeiten** (zum Begriff s. o. Vor §§ 88 ff. Rn. 26 f.). Nach früherer Ansicht des Gesetzgebers sollte ein die Beschneidung der Rechte des Urhebers rechtfertigendes Schutzbedürfnis des Filmherstellers erst nach

abgeschlossener Herstellung des Films bestehen (AmtlBegr. BT-Drucks. IV/270, 101: Film hergestellt, Verfilmungsrecht ausgeübt, wesentliche Aufwendungen gemacht). Nach dem wirtschaftlichen Zweck der Vorschrift kann die Weiterübertragung der Filmauswertungsrechte allerdings nur solange von der Zustimmung des Urhebers des vorbestehenden Werkes abhängig (§§ 34, 35) und unter den Voraussetzungen der §§ 41, 42 das Verfilmungsrecht zurückrufbar sein, als der Filmhersteller noch keine wesentlichen Aufwendungen gemacht hat. Dies sollte regelmäßig im Zeitpunkt des **Beginns der Dreharbeiten** der Fall sein, weil zu diesem Zeitpunkt gewöhnlich schon erhebliche Kosten aufgewendet worden sind (Möhring/Nicolini/*Lütje* § 90 Rn. 7; Schricker/Loewenheim/*Katzenberger* § 90 Rn. 10). Deswegen stellt § 90 S. 2 heute auch klar, dass die Einschränkungen des S. 1 hinsichtlich des **Rechts zur Herstellung des Filmwerks** (Verfilmungsrecht im eigentlichen oder technischen Sinn, § 88 Abs. 1 Nr. 1 a. F. war von § 90 a. F. nicht erfasst; vgl. AmtlBegr. BT-Drucks. 14/6433, 19) erst nach Beginn der Dreharbeiten gelten. Bis zu diesem Zeitpunkt können diese ihre Rechte aus §§ 34, 35, 41, 42 uneingeschränkt geltend machen. Dabei sind selbstverständlich die jeweiligen Voraussetzungen der §§ 34, 35, 41, 42 zu beachten.

Zwar können hohe Investitionen auch bereits früher, während der **Pre-Production-Phase,** anfallen, etwa wenn der Abschluss von Verträgen über Stoffrechte, Finanzierungen etc. erhebliche Aufwendungen verlangt hat (ebenso Möhring/Nicolini/*Lütje* § 90 Rn. 7). Entsprechend dem Zweck des 3. Teils des UrhG, die Auswertung des fertig gestellten Films zugunsten des Filmherstellers zu erleichtern, ist jedoch eine Einschränkung der Rechte des Urhebers eines vorbestehenden Werkes in Stadium vor Auswertungsreife gesetzlich nicht intendiert. Angesichts der gesetzlichen Festlegung auf den Drehbeginn und der hohen Aufwendungen, die im Bereich der Pre-Production und im Zeitraum vor Drehbeginn getätigt werden, ist jedoch eine **vertragliche Vereinbarung der Ausnahmen des § 90** geboten (*M. Schwarz* FS W. Schwarz (1999) 201, 218 zur alten Rechtslage). Die Nichtausübung des Rückrufrechts wegen Nichtausübung kann dabei allerdings nur **maximal für 5 Jahre ab Erwerb** ausgeschlossen werden (§ 41 Abs. 4 S. 2). Dort wo keine vertragliche Regelung getroffen wird, folgt eine Einschränkung der Rechte aus §§ 34, 35, 41, 42 ggf. aus dem Rücksichtnahmegebot (§ 242 BGB). 9

b) Wiederaufgelebte Rechte. Gibt der Filmhersteller das Filmvorhaben während der Dreharbeiten endgültig auf, kann dies zu einem **Wiederaufleben der Zustimmungs-** und **Rückrufrechte** des Urhebers führen (Fromm/Nordemann/*J. B. Nordemann* § 90 Rn. 12). Die Frage stellt sich u. U. auch beim **Produzentenwechsel.** Die Privilegierung aus § 90 entfällt jedoch nur dann, wenn der Hersteller nicht **ernsthaft und plangemäß mit den Dreharbeiten begonnen** hat. Eine bloße Unterbrechung der Dreharbeiten lässt die Rechte des Urhebers allerdings nicht per se wieder aufleben (krit. zur alten Rechtslage Dreier/Schulze § 90 Rn. 10). Der Urheber wird hierdurch in seinen Rechten schließlich nicht ungebührlich belastet. Sollte sich herausstellen, dass es dem Produzenten einzig darum ging, sich die Rechte zu sichern und setzt er mit den Dreharbeiten für längere Zeit aus, kurz nachdem er mit ihnen begonnen hat, so liegt darin schon keine Ernsthaftigkeit (Mestmäcker/Schulze/*Obergfell* § 90 Rn. 8). Von einer ausreichenden Ausübung des Verfilmungsrechts nach Drehbeginn kann etwa ausgegangen werden, wenn der Filmhersteller die Finanzierung des Filmprojektes sichergestellt hat (LG München I ZUM 2007, 758, 761). 10

Zu keinem Wiederaufleben des Rückrufrechts führt hingegen das Auslaufen des Leistungsschutzrechts des Filmherstellers nach § 94, wie dies teilweise vertreten wird (so nämlich Dreier/Schulze § 90 Rn. 15; a. A. Fromm/Nordemann/*J. B. Nordemann* § 90 Rn. 9). Diese Auffassung verkennt, dass § 90 bereits dem Wortlaut nach an die §§ 88 f. anknüpft und nicht an das Leistungsschutzrecht aus § 94. Die zeitliche Reichweite der Übertragung über §§ 88 f. richtet sich aber nach § 65. Hinzu kommt, dass der § 94 dem Filmhersteller gerade ein eigenständiges Recht einräumen will, das von der Anwendung der §§ 88 f. unabhängig ist. Das belegt eine gesetzlich vorgesehene Trennung in verschiedene Regelungskomplexe, nämlich die §§ 88–93 einerseits und die §§ 94–95 andererseits. Damit 11 kann § 94 schon aufgrund dieser Trennung keinen Einfluss auf die Auslegung des § 90 nehmen.

12 **c) Außerfilmische Nutzungen.** Aus der tatbestandlichen Anknüpfung des § 90 an §§ 88, 89 folgt, dass der Ausschluss der Rechte nach §§ 34, 35, 36, 41, 42 sich von vornherein ausschließlich auf Nutzungsrechte zur filmischen Verwertung des Filmwerks bezieht und nicht auf **außerfilmische Nutzungsrechte** (z. B. Merchandising, Buch zum Film, Wiederverfilmungsrecht). Diese können unter Beachtung der Voraussetzungen der §§ 34, 35, 41, 42 auch noch nach Drehbeginn zurückgerufen werden. Notwendig umfasst sind die im Filmwerk enthaltenen verfilmten Werke (Fromm/Nordemann/*J. B. Nordemann* § 90 Rn. 10; Möhring/Nicolini/*Lütje* § 90 Rn. 12; Schricker/Loewenheim/*Katzenberger* § 90 Rn. 13). Dasselbe soll für **Verwertungen** des Films oder Ausschnitten hiervon **in anderen Filmen** gelten (Dreier/Schulze § 90 Rn. 7; vgl. zur ähnlichen Diskussion zum Begriff filmische Verwertung unter § 91 Rn. 9).

13 **d) Schuldrechtliche Rückrufsrechte.** Keine Auswirkung hat § 90 auf die **schuldrechtlichen Rückrufrechte,** die sich direkt aus dem Vertrag selbst oder aus dem Gesetz ergeben. Zahlt nämlich der Filmhersteller bspw. die vereinbarten Lizenzgebühren trotz Mahnung und Fristsetzung nicht, steht es dem Lizenzgeber (Drehbuchautor, Filmkomponist, u. a.) frei, vom Vertrag zurückzutreten (*Schwarz/Klingner* GRUR 1997, 96). Ebenfalls keine Anwendung findet § 90 auf das Verhältnis zwischen Filmhersteller und Filmverwerter, da der Filmhersteller ohnehin nur über ein eingeschränktes und in Voraussetzung und Wirkung nicht mit §§ 34 f. geregeltes Rückrufsrecht verfügt.

III. Rechtsfolge: Ausschluss der §§ 34, 35, 41, 42

14 Zu Bedeutung und Umfang der durch § 90 abbedungenen Rechte des Urhebers aus §§ 34, 35, 41, 42 s. im Einzelnen dort; insb. im Hinblick auf den Film § 34 Rn. 6, § 41 Rn. 4, § 42 Rn. 3. Die Geltungsausnahme des § 90 S. 1 ist keine unverhältnismäßige Beschränkung des **Urheberpersönlichkeitsrechts.** Nach § 34 Abs. 1 S. 2 darf der Urheber die Zustimmung zur Übertragung von Nebenrechten nicht wider Treu und Glauben verweigern, was angesichts der hohen Investitionsvorleistungen in der Filmwirtschaft regelmäßig der Fall ist. Da das Filmherstellungsrecht von § 90 S. 1 ausgenommen ist, bezieht sich der Ausschluss des Rückrufsrechts wegen Nichtausübung nach § 41 auf die eher hypothetischen Fälle, dass ein Filmhersteller nach Herstellung des Filmes von der Filmauswertung absieht. Allein der Ausschluss des § 42 betrifft eine erhebliche, wenngleich verhältnismäßige Beeinträchtigung des Urheberpersönlichkeitsrechts. Nach der neuen Fassung des § 88 wird nunmehr auch die Nichtausübung des **Videogrammrechts** von § 90 umfasst, was bei vorbestehenden Werken vorher nicht der Fall war.

15 Die in **§ 34 Abs. 4, 5** bestimmte **gesamtschuldnerische Haftung** des Erwerbers und Veräußerers hindert den Filmhersteller grds. nicht an der Auswertung des Filmträgers. Die **gesamtschuldnerische Haftung nach § 34 Abs. 4, 5** ist bei der Übertragung von Rechten an Filmwerken nicht durch § 90 S. 1 ausgeschlossen. Diese Vorschrift bezieht sich nach ihrem Wortlaut nur auf das Erfordernis der Zustimmung des Urhebers zur Übertragung von Nutzungsrechten. Der dem § 34 Abs. 5 zugrundeliegende Gedanke des Schutzes der Urheber greift allerdings auch bei der Übertragung von Rechten an Filmwerken durch. Der Zweck des § 90 S. 1, die wirtschaftliche Auswertung von Filmwerken zu erleichtern erfordert es nicht, auch die gesamtschuldnerische Haftung des Erwerbers auszuschließen (teleologische Reduktion; BGH GRUR Int. 2001, 873, 877 – Barfuß ins Bett; Dreier/Schulze/Schulze § 90 Rn. 14; Schricker/Loewenheim/*Katzenberger* § 90 Rn. 5; Möhring/Nicolini/*Spautz* § 34 Rn. 20). Es ist daher auch bei den nach § 90 S. 1 zustimmungsfreien Weiterübertragungen die gesamtschuldnerische Haftung des Veräußerers und Erwerbers

§ 90 Einschränkung der Rechte

gegenüber dem Urheber anzunehmen. Dies trifft zu, da die Verfügungsfreiheit des Veräußerers des Nutzungsrechts als solche nicht beeinträchtigt wird und eine unnötige Beschneidung von Urheberrechten zu vermeiden ist.

IV. Rückruf im Filmbereich

1. Rückruf wegen Nichtausübung

Dadurch dass Rechte im Filmbereich teilweise Jahre vor dem eigentlichen Drehbeginn eingeräumt werden, ist im Filmbereich vor allem das **Rückrufrecht wegen Nichtausübung** nach § 41 relevant. Dieses steht aber unter dem Vorbehalt, dass eine angemessene **Nachfrist** erfolglos verstrichen ist. Die Angemessenheit der Nachfrist ist dabei im Einzelfall unter Berücksichtigung der geplanten Verwertungsart festzustellen. Sollte die Auswertung über einen Kinofilm erfolgen, gilt eine Nachfrist von neun bis zwölf Monaten als angemessen. Ist eine Fernsehproduktion geplant, ist zwischen Fernsehfilmen (Nachfrist von sechs Monate angemessen) und Fernsehserien (Nachfrist sollte länger als zwölf Monate sein) zu unterscheiden. Nicht notwendig ist, dass dem Produzenten so viel Zeit eingeräumt wird, dass er in die Lage versetzt wird, das organisatorisch und wirtschaftlich bislang ungeplante Projekt zu beginnen (dazu OLG München ZUM 2008, 519; Loewenheim/*Schwarz/Reber* § 74 Rn. 65). Wurde keine angemessene, weil zu kurze Frist gesetzt, wird das Ingangsetzen einer angemessenen Frist fingiert. Der Urheber ist nicht gezwungen, nach der zu kurzen Frist, eine weitere Frist zu setzen (LG München I ZUM 2007, 758, 761).

2. Rückrufsfolgen

Hinsichtlich der Auswirkungen eines Rücktrittsrechts (unabhängig davon ob es vor Drehbeginn oder danach schuldrechtlich ausgeübt wurde) ist zu unterscheiden zwischen solchen Sachverhalten, in denen der Filmhersteller bereits Sublizenzen erteilt hat und solchen, in denen der Filmhersteller dies noch nicht getan hat. Letzterer Fall ist unproblematisch, da die Rechte dann an den Urheber unmittelbar zurückfallen (BGH GRUR 2012, 914 – Take Five; BGH GRUR 2012, 916 – M2Trade). Schwieriger wird es, wenn bereits Sublizenzen erteilt wurden. Hier können die Interessen Dritter beeinträchtigt sein, wenn die Rechte an den Urheber wieder zurückfallen und man, wie dies teilweise vertreten wird, von einem Wegfall der Sublizenzen analog § 9 VerlG ausgeht (OLG Hamburg GRUR 2001, 1005, 1007; *Went/Härle* GRUR 1997, 96, 99). Der BGH hatte nun zwar in seiner Reifen Progressiv-Entscheidung aus dem Jahr 2009 sich für den Fortbestand einfacher Sublizenzen bei Wegfall der Hauptlizenz in Folge eines Rückrufs nach § 41 entschieden (BGH GRUR 2009, 946, 948 – Reifen Progressiv). Allerdings hat diese BGH-Entscheidung auf den Filmbereich keine Auswirkungen. Das folgt nicht schon daraus, dass der BGH selbst erklärt hat, dass die Entscheidung keine Blaupause für die verschiedenen Rückrufkonstellationen darstellt (BGH GRUR 2009, 946, 947 – Reifen Progressiv). Wesentlicher ist, dass dem vom BGH entschiedenen Fall eine völlig andere Situation zugrunde lag. Dort hatte nämlich der Urheber der Erteilung der Sublizenz nach § 35 Abs. 1 zugestimmt und damit sein Einverständnis in die Lizenzerteilung gegeben. Damit hatte er aber durch aktives Zutun einen Vertrauenstatbestand in die Existenz der Sublizenz geschaffen, der nicht durch einen Widerruf gegenüber einer dritten Partei beseitigt werden kann. Einen derartigen Vertrauenstatbestand schafft der Urheber im Film wegen der gesetzlichen Ausschlussfunktion des § 90 S. 1 nicht. Danach kommt es auf seine Zustimmung gerade nicht an. Insofern kann hier nicht davon gesprochen werden, dass es zu einem unbedingten Fortbestand der Sublizenz kommt. Dennoch wäre es unverhältnismäßig, einen Wegfall der Sublizenzen durch Kündigung der Hauptlizenz anzunehmen. Sachgerechter wäre es, von einer (teilweisen) Vertragseintrittspflicht des Urhebers, bezogen auf die bestehenden Sublizenzverträge auszugehen, soweit diese Verträge die Auswertung des Filmwerkes zum Gegenstand haben (ähnlich BGH GRUR 2012, 914 – Take Five; BGH GRUR 2012, 916 – M2Trade, der sich in der Folgerechtsprechung zu Reifen Progressiv dafür ausspricht, dass die Unterlizenzen fortbestehen, wenn *„der Hauptlizenznehmer dem Unterlizenznehmer ein einfaches Nutzungsrecht gegen fortlaufende Zahlung von Lizenzgebühren eingeräumt hat und die Hauptlizenz nicht aufgrund eines Rückrufs wegen Nichtausübung, sondern aus anderen Gründen erlischt"*. In diesen Fällen könnte der Urheber vom Hauptlizenznehmer den Zahlungsanspruch gegen den Sublizenznehmer im Wege des Bereicherungsrechts an sich abtreten lassen). Der Urheber würde dazu neben den Filmhersteller, der selber Vertragspartner bleibt, treten. Die Verpflichtung des Urhebers wäre dabei auf die Lizenzeinräumung beschränkt, die übrigen Vertragsverpflichtungen würden weiter den Filmhersteller treffen. Das im Vertrag bisher ausschließlich zugunsten des Filmherstellers vereinbarte Entgelt wäre dann zwischen diesem und dem Urheber analog § 315 BGB aufzuteilen. Wurde die Lizenzgebühr bereits vollständig an den Filmhersteller bezahlt, kann der Urheber sich wegen seines Teils auf den Vertragsergänzungsanspruch aus § 32 stützten und diesen direkt vom Sublizenznehmer einfordern. Dieser kann seinerseits wegen des weiter gezahlten Entgelts den Filmhersteller in Regress nehmen. Dies erscheint interessengerechter, als sämtliche Risiken einseitig dem Urheber aufzuerlegen. Zumal auch der Verwerter nicht leer ausgeht, denn immerhin behält er die Nutzungsrechte. Würde man von einem Wegfall der Nutzungsrechte ausgehen, hätte er eine Vergütung bezahlen müssen, ohne dafür etwas zu erhalten und müsste sich diese ebenfalls vom Filmhersteller zurückholen. Insofern wird er nicht schlechter gestellt.

18 Die Vertragseintrittspflicht des Urhebers besteht jedoch dort nicht, wo die Nutzungsrechte in Form von Sicherungsverträgen übertragen wurden. Derartige Verträge sind Risikoverträge. Da es keinen Gutglaubensschutz an den Bestand des Rechts gibt, ist ein Vertrauen auf die Übertragung des Rechts ohnehin nicht geschützt.

19 Generell anzuraten ist jedoch, den Fall der Beendigung des schuldrechtlichen Vertrages und den Umgang mit den Sublizenzen vertraglich zu regeln (BGH ZUM 1986, 278, 279 – Alexis Sorbas).

V. Darlegungs- und Beweislast

20 Dafür, dass § 90 S. 1 vertraglich ausgeschlossen wurde, ist der Urheber darlegungs- und beweisbelastet. Der Filmhersteller muss ggf. nachweisen, dass er ernsthaft mit den Dreharbeiten begonnen hat (dazu Rn. 10). Gleichfalls trifft ihn die Darlegungs- und Beweislast für den Fall, dass der zeitliche Anwendungsbereich des § 90 S. 2 (Rn. 9) vertraglich ausgeschlossen wurde.

VI. Rechtslage für Sachverhalte bis zum 30.6.2002 (§ 90 S. 2 a. F.)

21 Nach § 132 Abs. 3 S. 1 gilt § 90 in seiner damaligen Fassung weiterhin für Sachverhalte bis zum 30.6.2002. § 90 S. 2 schließt den Beteiligungsanspruch des **§ 36 a. F. nur für Filmurheber** i. S. d. § 89 aus, weil nach Ansicht des historischen Gesetzgebers eine dem Filmhersteller unzumutbare Unsicherheit über die Personen der Filmurheber bestehen könne. Es widerspreche dem Rechtsempfinden, den noch unbekannten, gering entgoltenen Autor eines verfilmten Romans nicht an den Gewinnen aus einem unerwarteten Welterfolg des Filmes zu beteiligen (AmtlBegr. BT-Drucks. IV/270, 101). Das gilt natürlich auch für den Regisseur und andere Filmurheber, auf deren Leistung der Erfolg des Films in aller Regel beruht. Die Versagung der Beteiligung der Filmurheber an einem unerwarteten Erfolg ihrer Werke im Gegensatz zu den Urhebern vorbestehender Werke wurde schon bisher einhellig abgelehnt (statt vieler OLG München GRUR-RR 2011, 405; Fromm/

§ 91 [Rechte an Lichtbildern]   1 § 91 UrhG

Nordemann/*Hertin* 9. Aufl. § 90 Rn. 1, 7; Möhring/Nicolini/*Lütje* § 90 Rn. 1, 14; auch die ansonsten heftige Kritik gegen den ursprünglichen Regierungsentwurf wendete sich insoweit nicht gegen die Streichung des § 36 a. F. aus dem Katalog des § 90 a. F., *Flechsig* ZUM 2000, 484).

Aufgrund des gesetzlichen Ausschlusses des § 36 a. F. wären dem Grundsatz nach auch 22
die allgemeinen Regeln über den **Wegfall** oder die Änderung **der Geschäftsgrundlage** unanwendbar. Dies wird im Ergebnis als sachlich ungerechtfertigt empfunden (Dreier/ Schulze/*Schulze* Rn. 17; Schricker/Loewenheim/*Katzenberger* § 90 Rn. 15; BGHZ 128, 336/342 – Videozweitauswertung; Fromm/Nordemann/*Hertin* 9. Aufl. § 90 Rn. 7). Es bestehen gegen § 90 S. 2 a. F. zutreffend **verfassungsrechtliche Bedenken** (Schricker/ Loewenheim/*Katzenberger* § 90 Rn. 15, Vor §§ 88 ff. Rn. 41), weil gerade dem Regisseur, Kameramann, Cutter als Hauptuhrhebern eines Filmwerks eine angemessene Beteiligung an ihrer Leistung abgeschnitten wird. Bei Altverträgen vor 1965 kommen die allgemeinen Regeln zur Anwendung (BGH GRUR 1982, 727, 731 – Altverträge; BGH GRUR 1990, 1005, 1006 – Salome), was zu einer sachlich nicht gerechtfertigten Ungleichbehandlung der Verträge unter Geltung der §§ 90 a. F., 36 a. F. führte.

§ 91 [Rechte an Lichtbildern]

Die Rechte zur filmischen Verwertung der bei der Herstellung eines Filmwerkes entstehenden Lichtbilder erwirbt der Filmhersteller. Dem Lichtbildner stehen insoweit keine Rechte zu.

§ 91 aufgeh. m. W. v 1.7.2002 durch G v. 22.3.2002 (BGBl. I S. 1155) zur Stärkung der vertraglichen Stellung von Urhebern und ausübenden Künstlern

Literatur: *Hertin*, Die urheberrechtliche Stellung des Kameramannes, UFITA 118 (1992) 57; *Homann*, Praxishandbuch Filmrecht, 2. Aufl., Berlin u. a. 2004; *Klages*, Grundzüge des Filmrechts, München 2004; *Merker*, Das Urheberrecht des Chefkameramannes am Spielfilmwerk, Baden-Baden 1996; *G. Schulze*, Urheber- und Leistungsschutzrechte des Kameramanns, GRUR 1994, 855.

Vgl. darüber hinaus die Angaben im eingangs abgedr. Gesamtliteraturverzeichnis.

Übersicht

	Rn.
I. Ersatz des gestrichenen § 91 durch § 89 Abs. 4	1–3
II. Anwendungsbereich des § 91	4, 5
III. Tatbestandsvoraussetzungen	6–12
1. Verhältnis des Filmwerks zu seinen Einzelbildern	6, 7
2. Bei der Herstellung eines Filmwerks entstehende Lichtbilder	8
3. Rechte zur filmischen Verwertung	9–12

I. Ersatz des gestrichenen § 91 durch § 89 Abs. 4

§ 91 ist durch das Gesetz zur Stärkung der vertraglichen Stellung von Urhebern und 1
ausübenden Künstlern v. 22.3.2002 (vgl. Vor §§ 31 ff. Rn. 3) gestrichen und durch die neue Regelung des § 89 Abs. 4 ersetzt worden, der den Erwerb der filmischen Nutzungsrechte an den Einzelbildern demjenigen durch die Filmurheber angleicht, indem an die vertragliche Verpflichtung zur Mitwirkung bei der Herstellung eines Filmwerks angeknüpft wird. Nach derzeitiger Rechtslage sind **Lichtbilder und Lichtbildwerke** gleichermaßen von der vertraglichen Rechtseinräumungsvermutung erfasst. Zweifel hinsichtlich der Rechte zur filmischen Verwertung der vom Kameramann ggf. bei der Filmherstellung geschaffenen Lichtbildwerke werden durch § 89 Abs. 4 behoben (AmtlBegr. BT-Drucks. 14/

6433, 19; s. o. § 89 Rn. 38; zur alten Rechtslage Möhring/Nicolini/*Lütje* § 91 Rn. 7; Schricker/Loewenheim/*Katzenberger* § 91 Rn. 12). Gleichzeitig wurde die Stellung des Filmherstellers durch die Geltungsanordnung des § 89 Abs. 2 gestärkt.

2 Hinter § 91 stand die Überlegung des Gesetzgebers, dem Filmhersteller alle für die filmische Auswertung erforderlichen Rechte einzuräumen. Die gleiche Privilegierung sollte dabei auch der Laufbildhersteller erfahren, da § 95a. F. auf § 91 verwies. § 91 stellte durch die gesetzliche Anordnung des direkten Rechtserwerbs an den filmischen Nutzungsrechten der beim Filmen notwendigerweise entstehenden einzelnen Lichtbilder i. S. d. § 72 gegenüber der Vertragslösung der §§ 88, 89 eine kritisierte dogmatische Ausnahme dar. § 91 wurde daher als systematisch inkorrekt und die Kameraleute diskriminierende Regelung angesehen (BT-Drucks. 14/6433, 19). Die h. M. deutete § 91 als gesetzlich angeordnete Abtretung der in der Person des Lichtbildners entstehenden Rechte zur filmischen Nutzung, um einen Widerspruch zu § 72 zu vermeiden (cessio legis: Fromm/Nordemann/ *J. B. Nordemann* § 91 Rn. 9; Schricker/Loewenheim/*Katzenberger* § 91 Rn. 6; a. A. – gesetzliche Auslegungsregel – Fromm/Nordemann/*Hertin*, 9. Aufl. § 91 Rn. 1; *v. Gamm* § 91 Rn. 1, 4; *Merker* 186). Diese cessio legis entfaltete aber nur dann Wirkung, wenn der Filmhersteller auch direkter Vertragspartner des Urhebers war. Erfolgte ein Erwerb der Nutzungsrechte über § 89 Abs. 2, schied eine Anwendung des § 91 aus (Fromm/ Nordemann/*J. B. Nordemann* § 91 Rn. 16). Das begründet sich daraus, dass der Filmhersteller über § 89 Abs. 2 nur das in Abs. 1 bezeichnete Nutzungsrecht jedoch keine weiteren Befugnisse erhalten soll.

3 Da Lichtbildwerke durch § 91 nicht erfasst wurden, vertrat die überwiegende Ansicht einen Erwerb entsprechender filmischer Nutzungsrechte analog § 89 Abs. 1, wobei dies z. T. in problematischer Weise damit begründet wurde, der Kameramann sei in diesen Fällen automatisch Filmurheber (*v. Gamm* § 91 Rn. 1; Schricker/Loewenheim/*Katzenberger* § 91 Rn. 12). Auf diese im Ergebnis wenig differierenden Streitfragen kommt es nach der Neuregelung des § 89 Abs. 4 nicht mehr an. § 91 war durch abweichende vertragliche Vereinbarungen zu Lasten und zugunsten des Lichtbildners/Kameramannes **abdingbar** (Fromm/Nordemann/*J. B. Nordemann* § 91 Rn. 17; Schricker/Loewenheim/*Katzenberger* § 91 Rn. 13). Die Bedeutung der Rechte an Filmeinzelbildern war wegen der Leistungsschutzrechte aus §§ 94, 87 ohnehin begrenzt (zur früheren Rechtslage: BGHZ 9, 262, 264 – Lied der Wildbahn I; BGHZ 37, 1, 4 – Sportreportage; BGH GRUR 1960, 609, 612 – Wägen und Wagen; BGH GRUR 1963, 40, 41 – Straßen – gestern und morgen), da der Filmhersteller gegen eine Verwertung von Einzelbildern durch einen Dritten schon hierüber vorgehen kann (BGH GRUR 2010, 626 Rn. 36).

II. Anwendungsbereich des § 91

4 Auf **Verträge vor dem Inkrafttreten des UrhG von 1965** findet § 91 wegen § 132 eigentlich keine Anwendung. Gleichwohl wird der in § 91 zum Ausdruck kommende Rechtsgrundsatz zur Auslegung der damaligen Verträge herangezogen. Zwar wurde die Reichweite von Nutzungsrechtsübertragungen vor 1966 nach der Zweckübertragungsregel bestimmt (dazu im Einzelnen Vor §§ 88 ff. Rn. 39 ff.). Allerdings geht der BGH davon aus, dass in „*§ 91 UrhG bestimmt (ist), dass der Filmhersteller die Rechte zur filmischen Verwertung der bei der Herstellung eines Filmwerks entstehenden Lichtbilder erwirbt*" und „*dass diese gesetzliche Regelung der bisherigen unbestrittenen Übung entspreche, nach der ein Übergang der Urheberrechte auf den Filmhersteller, wenn er nicht ausdrücklich vereinbart worden sei, kraft stillschweigender Übereinkunft erfolge*". (BGH UFITA 55(1970), 313, 316 – Triumph des Willens).

5 Darüber hinaus soll § 91 weiterhin für die **Verträge vom 1.1.1966 bis zum 1.7.2002** Geltung beanspruchen (dazu § 132 Rn. 7 ff.), mit der Folge, dass sämtliche Verträge, die ein Filmhersteller mit den Filmurhebern geschlossen hat, bis zu diesem Zeitpunkt weiter-

§ 91 [Rechte an Lichtbildern]

hin dem Regime des § 91 unterstellt wären. Das Problem daran ist, dass § 91 eine cessio legis zugunsten des Filmherstellers vorsieht. Danach wird der Filmhersteller Rechteinhaber an den Lichtbildern, ohne dass der Kameramann dem widersprechen kann. Eine derartige cessio legis wird vom EuGH jedoch als europarechtswidrig angesehen, da sie u. a. Artikel 1 und Artikel 2 der Richtlinie 93/83/EWG des Rates vom 27.9.1993 zur Koordinierung bestimmter urheber- und leistungsschutzrechtlicher Vorschriften betreffend Satellitenrundfunk und Kabelweiterverbreitung zuwiderläuft (EuGH ZUM 2012, 313 Rn. 72 – Luksan/van der Let). Der Gesetzgeber hätte also § 91 den Vorgaben der Richtlinie 93/83/EWG anpassen müssen, was nicht geschehen ist. Demzufolge muss § 91 seit dem 27.9.1993 **richtlinienkonform ausgelegt** werden (die richtlinienkonforme Anwendung innerstaatlichen Rechts wird vom EuGH [NJW 1984, 2021] verlangt; ausführlich dazu *di Fabio* NJW 1990, 947, 949 f.). Dies hat zur Folge, dass § 91 in seiner gesetzlich vorgesehenen Wirkung nur noch auf Verträge maximal bis zum 27.9.1993 Anwendung findet. Spätestens ab dem 27.9.1993 erwirbt der Filmhersteller die Rechte an den Lichtbildwerken nicht mehr im Wege der cessio legis. An Stelle von § 91 bestimmt sich der **Rechtsübergang vielmehr analog den Vorgaben des § 89 Abs. 4.** Dieser sieht eine widerlegbare Vermutung vor, wonach der Filmhersteller im Zweifel die filmischen Nutzungsrechte an den Bildern (u. a. Recht zur Ausstrahlung über Satellit, Vervielfältigungsrecht und jedes andere Recht zur Wiedergabe im Wege der öffentlichen Zugänglichmachung) erhält. Denn hierin liegt nach Auffassung des EuGH der europarechtskonforme Weg (EuGH ZUM 2012, 313 – Luksan/van der Let). Ob jedoch hierdurch im Ergebnis wesentlichen Unterschiede in der Reichweite der Nutzungsrechtseinräumung zu erwarten sind, darf wegen der Reichweite des § 89 Abs. 4 bezweifelt werden.

III. Tatbestandsvoraussetzungen

1. Verhältnis des Filmwerks zu seinen Einzelbildern

6 Der Filmhersteller bedarf zur filmischen Verwertung des Films neben entsprechenden Verwertungsrechten am Filmwerk und an vorbestehenden Werken ebenso der filmischen Nutzungsrechte hinsichtlich der Urheber- bzw. Leistungsschutzrechte an den Einzelbildern, aus denen der Film besteht (§§ 2 Abs. 1 Nr. 5, 72). Bei herkömmlichen fotochemischen Aufzeichnungsverfahren auf Filmstreifen im Format 35 mm oder 70 mm entstehen 24 Einzelbilder pro Sekunde. Aber auch bei elektronischen Aufzeichnungsverfahren entstehen je nach System unterschiedlich viele Einzelbilder, an denen der Kameramann Rechte als Urheber des Lichtbildwerks bzw. als Lichtbildner erwirbt (BGHZ 37, 1, 6 – AKI-Fernsehaufzeichnung). Die urheberrechtliche Qualifikation des Films als Laufbild oder Filmwerk und die daran anknüpfenden Leistungs- und Urheberrechte sind unabhängig von der Rechtslage an den bei der Filmherstellung durch den Kameramann erzeugten Einzelbildern zu beurteilen. Ein Laufbild kann Lichtbildwerke, ein Filmwerk nur einzelne Lichtbilder enthalten. Die Werkhöhe eines Einzelbildes ist für die Miturheberschaft des Kameramanns am Filmwerk nur ein – wenn auch starkes – Indiz, weil der visuelle Teil des Filmwerks prägend für das Gesamtwerk ist; die eigenschöpferische Qualität eines Filmeinzelbildes macht den Kameramann aber nicht zwingend zum Miturheber am Filmwerk (Schricker/Loewenheim/*Katzenberger* § 91 Rn. 12; *G. Schulze* GRUR 1994, 855, 857; str., a. A. Fromm/Nordemann/*Hertin,* 9. Aufl. § 91 Rn. 2; Möhring/Nicolini/*Lütje* 2. Aufl. § 91 Rn. 7; *Staehle* GRUR 1974, 205). Umgekehrt ist die Schöpfung von Lichtbildwerken durch den Kameramann nicht Voraussetzung für eine eigenschöpferische, spezifisch filmische Leistung, die den Kameramann zum Miturheber des Filmwerks macht, wenngleich er hinsichtlich der Einzelbilder lediglich Lichtbildner sein mag. Bei Zeichentrickfilmen kann die „verfilmte", zur Herstellung des Films benutzte Zeichnung ein vorbestehendes Kunstwerk i. S. d. § 2 Abs. 1 Nr. 4 sein; das Einzelbild des Zeichentrickfilmstreifens ist nicht als Kunstwerk geschützt (ungenau Schricker/Loewenheim/*Katzenberger* § 91 Rn. 1).

7   Der Kameramann, der Miturheber des Filmwerks i. S. d. § 89 ist, kann durch den einen Schöpfungsakt „filmen/fotografieren" ausnahmsweise zwei Urheberrechte an zwei unterschiedlichen Werken erlangen: am Filmwerk und am gesondert verwertbaren (§ 8 Abs. 1) Lichtbildwerk. Das ist als zwingende Folge der für die Werkgattung Filmwerk typischen Herstellungstechnik hinzunehmen. § 2 Abs. 1 Nr. 6 enthält insofern eine gegenüber § 8 vorrangige, spezielle Regelung. Der Gesetzgeber ging davon aus, dass in aller Regel nur einfache Lichtbilder „gewissermaßen als Zufallsprodukte" der auf die Filmherstellung gerichteten Tätigkeit des Kameramannes entstünden, was rein quantitativ zutrifft (AmtlBegr. BT-Drucks IV/270, 101 zu § 101 des Entwurfs). Dieser **zweifache Schutz** der Leistungen des Kameramannes weist insofern zwar Ähnlichkeiten mit dem durch ein und denselben Beitrag begründeten systemwidrigen doppelten Schutz Filmschaffender sowohl als Miturheber des Filmwerks als auch als (Allein-)Urheber filmbestimmt geschaffener, auch selbstständig verwertbarer Werke auf, wie er von der sog. Lehre vom Doppelcharakter filmbestimmt geschaffener vorbestehender Werke vertreten wird (Schricker/Loewenheim/*Katzenberger* Vor §§ 88 ff. Rn. 65 ff., § 91 Rn. 3). Der Doppelcharakter folgt dort aber nicht technisch zwingend aus der Filmherstellungstechnik und der Anerkennung des Filmwerks als eigenständiger Werkgattung (*Hertin* UFITA 118 (1992) 57; *G. Schulze* GRUR 1994, 855).

2. Bei der Herstellung eines Filmwerks entstehende Lichtbilder

8   § 91 umfasst alle während der Dreharbeiten aufgenommenen Lichtbilder, die mit einer Kamera für Bewegtbilder (Film-, Fernseh- oder Video) aufgenommen wurden, die der Herstellung des späteren Filmwerks zumindest potentiell dienen sollen. § 91 deckt daher keinen Rechtserwerb hinsichtlich der Einzelbilder von **Probeaufnahmen,** es sei denn, diese werden von vornherein für die Endfassung geschossen. Dabei genügt es jedoch, dass die Lichtbilder für das entstehende Filmwerk bestimmt sind, sie müssen nicht notwendigerweise in der endgültigen Schnittfassung tatsächlich Verwendung finden (a. A. *Haupt/ Ullmann* ZUM 2005, 883, 887, wonach kein Rechtserwerb an nicht verwendetem Schnitt- und Restmaterial erfolgen soll). Der gesetzliche Rechtserwerb ist nicht etwa auflösend bedingt durch die endgültige Verwendung der Lichtbilder in der zur öffentlichen Vorführung oder Funksendung bestimmten Filmfassung. Aus dem Regelungszusammenhang ergibt sich, dass jedenfalls bloß aus Anlass der Filmherstellung mit einer normalen Kamera aufgenommene **Set- und Standfotografien** auch des ausführenden Kameramannes selbst und andere bloß aus Anlass einer Filmproduktion zu außerfilmischen Zwecken nicht mit einer Filmkamera gefertigte Dokumentations- und Werbefotografien etc. nicht von § 91 erfasst werden (Fromm/Nordemann/*J. B. Nordemann* § 91 Rn. 8; Schricker/Loewenheim/*Katzenberger* § 91 Rn. 10; diesbezüglich bestehen möglicherweise wettbewerbsrechtliche oder nebenvertragliche Ansprüche des Filmherstellers).

3. Rechte zur filmischen Verwertung

9   Der Erwerb der Rechte zur filmischen Verwertung zu S. 1 umfasst unstritig wie bei §§ 88, 89 jede Form der Verwertung im Rahmen des konkreten Filmwerks, für das sie hergestellt worden sind, durch die Vervielfältigung und Verbreitung von Filmkopien, die öffentliche Vorführung jeder Art und in jedem Format und durch Funksendung (s. o. § 89 Rn. 23 ff.). Strittig ist, ob darüber hinaus der Filmhersteller über § 91 zusätzlich noch das Recht erwirbt, die Lichtbilder in anderen Filmen als dem konkreten Filmwerk, dem sie entnommen sind, zu nutzen (dafür Fromm/Nordemann/*J. B. Nordemann* § 91 Rn. 11; a. A. OLG München GRUR-RR 2008, 228, *v. Gamm* § 91 Rn. 4; Möhring/Nicolini/ *Lütje* § 91 Rn. 9; Schricker/Loewenheim/*Katzenberger* § 91 Rn. 7; offen gelassen BGH GRUR 2010, 626 Rn. 18). Diese Auffassung ist abzulehnen. Zwar ist der Wortlaut des

§ 91 offen. Dort ist nämlich nur von filmischer Verwertung die Rede. Allerdings ist diese auf Auswertung des konkreten Films beschränkt. Ein solcher wie bei §§ 88, 89 auf das verhältnismäßige Minimum beschränkter Rechteerwerb des Filmherstellers folgt letztlich aus § 31 Abs. 5 (Zweckübertragungsprinzip) (OLG München GRUR-RR 2008, 228; *v. Gamm* § 91 Rn. 4; Schricker/Loewenheim/*Katzenberger* § 91 Rn. 7), der hier analog heranzuziehen ist, obgleich es sich bei § 91 nicht um einen vertraglichen Erwerb handelt. Dafür spricht der systematische Zusammenhang des § 91 mit §§ 88, 89, deren Ergänzung er dient.

§ 91 umfasst nicht die Verwendung von Einzelbildern für die **Werbung** für das Filmwerk in nicht-filmischen Medien (Schricker/Loewenheim/*Katzenberger* § 91 Rn. 7; a. A. Fromm/Nordemann/*J. B. Nordemann* § 91 Rn. 11) in Online-Archiven oder auch **Merchandising-Artikel**. Würde man hier eine Verwendung der Einzelbilder zulassen, wäre die Beschränkung des Rechtserwerbs des Filmherstellers auf die Rechte zur filmischen Verwertung ohne Bedeutung, da sonst schon die bloße Nutzung von Lichtbildern aus Filmwerken filmische Verwertung wären (so BGH GRUR 2010, 626 Rn. 18). Der Filmhersteller ist weiterhin auf den vertraglichen (Nach-)Erwerb der Nutzungsrechte angewiesen, es sei denn der Kameramann war als Arbeitnehmer i. S. d. § 43 einzuordnen. In diesem Fall wäre davon auszugehen, dass der Filmhersteller als Arbeitgeber die Rechte nach § 43 erwirbt. Denn die Bewerbung eines Films unter Verwendung von Einzelbildern ist eine typische Rahmenhandlung. Davon losgelöst, verbleibt dem Arbeitnehmer-Kameramann aber grds. das Recht, jedes der von ihm hergestellten Filmeinzelbilder für Multimediaprodukte oder zu Illustrationszwecken zu verwerten, die nicht im Zusammenhang mit der konkreten Verwertung des Films stehen (BT-Drucks. IV/270, 101 zu § 101 des Entwurfs für Romanillustration; *v. Gamm* § 91 Rn. 4; Schricker/Loewenheim/*Katzenberger* § 91 Rn. 8: Illustrationen von Printmedien; Fromm/Nordemann/*J. B. Nordemann* § 91 Rn. 13); sowie das Recht des sog. Picturesamplings, bei dem vorhandenes Bildmaterial digitalisiert und anschließend un- oder bearbeitet für andere Zwecke genutzt wird (*G. Schulze* GRUR 1994, 855, 865, 867; *Maaßen* ZUM 1992, 338, 346; Dreier/Schulze § 93 Rn. 10; a. A. Fromm/Nordemann/*J. B. Nordemann* § 91 Rn. 11). 10

§ 91 umfasst nach allgemeiner Meinung weder **Zweitwiedergaberechte** noch gesetzliche **Vergütungsansprüche.** Letztere schon deswegen nicht, da der Wortlaut in § 91 auf Rechte abstellt und Vergütungsansprüche nicht genannt werden (vgl. § 89 Rn. 32; Fromm/Nordemann/*J. B. Nordemann* § 91 Rn. 14; *Hertin* UFITA 118 (1992) 57, 85; *Merker* 188; Schricker/Loewenheim/*Katzenberger* § 91 Rn. 9; a. A. Schack ZUM 1989, 267, 283). 11

Nicht von § 91 umfasst, war der Erwerb von Rechten an unbekannten Nutzungsarten. Hiergegen stand das gesetzliche Leitbild des § 31 Abs. 4 a. F., wonach die Übertragung von unbekannten Nutzungsarten durch den Urheber ausgeschlossen sein sollte. Daran ändert auch nicht, dass § 91 eine cessio legis darstellt Dies wird zum einen damit begründet, dass § 72 auch auf § 31 Abs. 4 a. F. verwies (Dreier/Schulze § 91 Rn. 12; Schricker/Loewenheim/*Katzenberger* 93 Rn. 6; Fromm/Nordemann/*J. B. Nordemann* § 91 Rn. 15). Vor allem aber folgt dies aus der systematischen Stellung des § 91, der der Ergänzung der §§ 88 f. a. F. diente. Da die Rechteübertragung in §§ 88 f. a. F. auf die bekannten Nutzungsarten beschränkt war, ist nicht ersichtlich, warum § 91 hierüber hinausgehen sollte. Insofern richtet sich die Behandlung der unbekannten Nutzungsrechte auch unter § 91 heute nach § 137l. 12

§ 92 Ausübende Künstler

(1) **Schließt ein ausübender Künstler mit dem Filmhersteller einen Vertrag über seine Mitwirkung bei der Herstellung eines Filmwerks, so liegt darin im Zweifel hinsichtlich der Verwertung des Filmwerks die Einräumung des Rechts, die Darbietung auf eine der dem ausübenden Künstler nach § 77 Abs. 1 und 2 Satz 1 und § 78 Abs. 1 Nr. 1 und 2 vorbehaltenen Nutzungsarten zu nutzen.**

(2) Hat der ausübende Künstler im Voraus ein in Absatz 1 genanntes Recht übertragen oder einem Dritten hieran ein Nutzungsrecht eingeräumt, so behält er gleichwohl die Befugnis, dem Filmhersteller dieses Recht hinsichtlich der Verwertung des Filmwerks zu übertragen oder einzuräumen.

(3) § 90 gilt entsprechend.

Bis zum 12.9.2003 gültige Fassung:

(1) Schließt ein ausübender Künstler mit dem Filmhersteller einen Vertrag über seine Mitwirkung bei der Herstellung eines Filmwerks, so liegt darin im Zweifel hinsichtlich der Verwertung des Filmwerks die Abtretung der Rechte nach § 75 Abs. 1 und 2 und § 76 Abs. 1.

(2) Hat der ausübende Künstler ein in Absatz 1 erwähntes Recht im voraus an einen Dritten abgetreten, so behält er gleichwohl die Befugnis, dieses Recht hinsichtlich der Verwertung des Filmwerks an den Filmhersteller abzutreten.

Bis zum 30. Juni 1995 gültige Fassung:

Ausübenden Künstlern, die bei der Herstellung eines Filmwerkes mitwirken oder deren Darbietungen erlaubterweise zur Herstellung eines Filmwerkes benutzt werden, stehen hinsichtlich der Verwertung des Filmwerkes Rechte nach § 75 Satz 2, §§ 76 und 77 nicht zu.

Literatur: *Dünnwald*, Die Neufassung des künstlerischen Leistungsschutzes, ZUM 2004, 161; *Flechsig*, Darbietungsschutz in der Informationsgesellschaft, NJW 2004, 575; *Flechsig*, Entwurf eines Gesetzes zur Stärkung der vertraglichen Stellung von Urhebern und ausübenden Künstlern, ZUM 2000, 484; *Jaeger*, Der ausübende Künstler und der Schutz seiner Persönlichkeitsrechte im Urheberrecht Deutschlands, Frankreichs und der Europäischen Union, Baden-Baden 2002; *v. Lewinski*, Die Umsetzung der Richtlinie zum Vermiet- und Verleihrecht, ZUM 1995, 442; *Lütje*, Die Rechte der Mitwirkenden am Filmwerk, Baden-Baden 1987; *v. Olenhusen*, Filmarbeitsrecht, Freiburg 1990; *Schricker*, Zur urheberrechtlichen Stellung des Filmregisseurs und zur Abgrenzung des Filmwerks vom Laufbild, GRUR 1984, 733; *Schwarz*, Der ausübende Künstler, ZUM 1999, 40.

Vgl. darüber hinaus die Angaben im eingangs abgedr. Gesamtliteraturverzeichnis.

Übersicht

	Rn.
I. Normzweck	1–3
II. Tatbestandsvoraussetzungen	4–12
1. Ausübender Künstler	4, 5
a) Begriff	4
b) Doppelfunktion	5
2. Filmhersteller	6
3. Vertrag über die Mitwirkung bei der Herstellung eines Filmwerks	7–12
a) Vertrag	7–9
b) Herstellung eines Filmwerks	10–12
III. Rechtsfolgen	13–18
IV. Entsprechende Geltung des § 90	19
V. Doppelte Abtretungsbefugnis	20

I. Normzweck

1 § 92 ergänzt die durch §§ 88, 89 gewährte Privilegierung des Filmherstellers hinsichtlich der Leistungsschutzrechte der ausübenden Künstler i. S. d. § 73 mit demselben Ziel, dem Filmhersteller die Verwertung des von ihm hergestellten Filmwerks zu erleichtern. Über die Verweisung auf entsprechende Geltung des § 90, der seinerseits an §§ 88, 89 anknüpft, wird das Filmherstellerprivileg des § 92 ebenfalls auf **alle bekannten und unbekannten Nutzungsarten** erstreckt.

Mit der Geltungsanordnung des § 90 Abs. 3 wurde zudem die formale Gleichstellung 2
der Rechtsstellung der ausübenden Künstler mit derjenigen der filmschaffenden Urheber,
die im Rahmen der Umsetzung der Richtlinie 2001/29/EG „Urheberrecht in der Informationsgesellschaft" angekündigt worden war, vollzogen (*Flechsig* NJW 2004, 575, 577).
Der dogmatischen Trennung der verwandten Schutzrechte ausübender Künstler vom Urheberrecht der Filmschaffenden wird eine gegenüber dem Gleichbehandlungsgedanken
nachrangige Bedeutung zugemessen (AmtlBegr. BT-Drucks. 14/8058, 53f. zu Nr. 20, vgl.
vorher schon AmtlBegr. BT-Drucks. 13/115, 16 zu Nr. 7; *v. Lewinski* ZUM 1995, 442,
445, 448; zur alten Rechtslage Schricker/Loewenheim/*Katzenberger* § 92 Rn. 3; vgl.
WPPT, WIPO Performances and Phonograms Treaty zur Persönlichkeitsrechte ausübender
Künstler auf internationaler Ebene).

Die Regelung des § 92 Abs. 3 ist im Hinblick auf § 79 Abs. 2 für den Filmbereich er- 3
forderlich, der die Geltung der §§ 32 bis 43 auf ausübende Künstler erstreckt. Durch die
Widerlegbarkeit der Übertragungsvermutung und der analog zu § 89 Abs. 2 aufrechterhaltenen Verfügungsbefugnis des ausübenden Künstlers bei Vorausverfügungen an Dritte wird
deren Verhandlungsposition hinsichtlich abweichender Vereinbarungen mit dem Filmhersteller gestärkt und derjenigen der Filmurheber angeglichen. Andererseits wollte der Gesetzgeber verhindern, dass ausübende Künstler die Übertragungsvermutung des § 92 Abs. 1
zugunsten der Filmhersteller durch Vorausabtretungen an Dritte unterlaufen.

Die Verhandlungsposition des Filmherstellers sollte im Verhältnis zu mitwirkenden ausübenden Künstlern nicht schlechter aber auch nicht besser sein als im Verhältnis zu Filmurhebern gem. § 89 (AmtlBegr. BT-Drucks. 13/115, 16; *v. Lewinski* ZUM 1995, 442, 445).

II. Tatbestandsvoraussetzungen

1. Ausübender Künstler

a) Begriff. Zum Begriff des ausübenden Künstlers wird auf die **Legaldefinition** des 4
§ 73 verwiesen (§ 73 Rn. 1ff.). Als ausübende Künstler kommen danach neben Schauspielern, Musikern und Tänzern (BT-Drucks IV/270, 90), Synchronsprecher (BGH GRUR
1984, 119, 120 – Synchronsprecher; LG Berlin Urteil vom 25.6.2008 = 4 O 91/08;
BeckRS 2010, 10890), Stuntmen (*N. Reber* in v. Hartlieb/Schwarz 62. Kapitel Rn. 3),
Nachrichtensprecher (LG Hamburg GRUR 1976, 151), Tonregisseure (OLG Hamburg
GRUR 1976, 708, 710) und Moderatoren in Betracht (*N. Reber* in v. Hartlieb/Schwarz
62. Kapitel Rn. 3), wobei die bloße Zugehörigkeit zu einer Berufsgruppe allenfalls Indizwirkung entfaltet. So muss jede Tätigkeit stets einzeln auf ihren künstlerischen Beitrag
überprüft werden. Dies gilt insbesondere für Mitwirkende in Quizsendungen, Talkshows
oder sonstigen **Real-Life-Formaten.** Die daran Mitwirkenden wird man nur im absoluten Ausnahmefall als ausübende Künstler bezeichnen können. Anders wird man dies für die
„Schauspieler" im Bereich Doku-Soaps ansehen müssen, falls dort der Handlungsablauf
durch ein Drehbuch vorgegeben wird. Hier werden die Betroffenen nicht in ihrem alltäglichen Verhalten gezeigt, sondern diese müssen auf einen vorgegebenen Handlungsablauf
„reagieren" und dem Zuschauer eine Situation „vorspielen", die lediglich als alltägliches
Leben wahrgenommen wird. Je nachdem wie inszeniert dieser Handlungsablauf und das
Verhalten sind, kann man darin eine interpretatorische Leistung annehmen. **Juristischen
Personen** scheiden hingegen ebenso wie solche Personen aus, die lediglich **organisatorische Leistungen** erbringen. Hier zählen insbesondere der Aufnahmeleiter, der Filmrequisiteur und der Atelierarbeiter. Mangels werkinterpretatorischer Arbeit scheiden weiter
Statisten aus. Ebenfalls nicht als ausübende Künstler werden Masken-, Bühnen- und Kostümbildner angesehen (BGH GRUR 1974, 672, 673 – Celestina), wobei deren Ausschluss
fraglich erscheint, da diese für den Filmcharakter oftmals wesentliche künstlerische Beiträge
erbringen, ohne dass diese zugleich urheberrechtsfähig sein müssen (dazu auch *N. Reber* in

v. Hartlieb/Schwarz 62. Kapitel Rn. 8). Eine allzu enge Anwendung des § 92 UrhG verbietet sich, stattdessen ist der Begriff der künstlerischen Mitwirkung weit auszulegen, so dass jedes Minimum an künstlerischer Betätigung ausreicht, ohne dass dabei die Qualität der Leistung des ausübenden Künstlers oder des Film insgesamt eine Rolle spielen darf (*N. Reber* in v. Hartlieb/Schwarz 62. Kapitel Rn. 3). Weiter ist es nicht erforderlich, dass nur diejenigen ausübende Künstler sein können, deren Mitarbeit sich durch Vortrag oder Aufführung im Werk selbst manifestiert, ausreichend ist jede künstlerische Mitgestaltung, die Einfluss auf das fertige Filmwerk nimmt (Schwarz ZUM 1999, 40, 42).

5 **b) Doppelfunktion.** Bei einer **Doppelfunktion** (bspw. Regisseur als Filmurheber und als Filmdarsteller) sind diese Funktionen hinsichtlich der Rechtsfolgen zu trennen (§ 89 Rn. 15): es besteht für dieselbe Person grds. nebeneinander sowohl Urheber- als auch Leistungsrechtsschutz (BGH GRUR 1984, 730, 732). Eine Kumulation beider Rechte scheidet hingegen aus, wenn die künstlerische Leistung nach wertender Betrachtung im Ergebnis der Filmwerkschöpfung zuzuordnen ist, d. h. schöpferische Filmgestaltung und künstlerische Mitwirkung untrennbar miteinander verbunden sind (sog. **Absorptionsregel;** BGH GRUR 1984, 730, 732f. – Filmregisseur). Hiervon ist immer im Fall der bloßen Regieleistung auszugehen. Hierüber wirkt der Filmregisseur zwar bei der Führung der Darsteller dem Bühnenregisseur vergleichbar künstlerisch i. S. d. § 73 mit, ist aber nach §§ 2 Abs. 1 Nr. 6, 7, 89 Filmurheber, wenn Leistungsschutz ausschließlich für eine Tätigkeit begehrt wird, die der Werkschöpfung zuzuordnen ist (Schricker/Loewenheim/*Krüger* § 73 Rn. 38; *Lütje* 131). Die Qualifizierung ein und derselben Art der Mitwirkung als untrennbare werkschöpferische und mitwirkende, darstellende Tätigkeit kann zudem auch bei der spontanen, experimentellen Realisation eines nicht als Werk geschützten Filmkonzepts in Betracht kommen (Schricker/*Krüger* § 73 Rn. 38; LG München I ZUM 1993, 432, 434 – improvisierender Jazzpianist). In diesen Fällen kann sich der Regisseur nicht für dieselbe Leistung zugleich auf seinen Schutz als Urheber und als Leistungsschutzberechtigter berufen, sondern ist ausschließlich als Urheber geschützt (BGH GRUR 1984, 730, 732 – Filmregisseur). Mit der Folge, dass der Regisseur **keinen zusätzlichen Vergütungsanspruch** nach den §§ 78 Abs. 2, 77 Abs. 2 S. 2, 83 i. V. m. § 54 erhält. Nach anderer Ansicht bestehe jedenfalls dann ein nicht vom Urheberschutz absorbierter leistungsschutzrechtlicher Überschuss, wenn die gefilmten Vorgänge als Vortrag oder Aufführung eines bereits existenten Werkes zu qualifizieren seien (Schricker/*Krüger* § 73 Rn. 38; kritische Anm. *Schricker* zu BGH GRUR 1984, 730, 734). Für die Filmregieleistung kann das nicht zutreffen, da in der Regel ein als Sprachwerk geschütztes Filmdrehbuch besteht, das nicht aufgeführt oder vorgetragen, sondern bearbeitet bzw. im Filmwerk realisiert wird.

2. Filmhersteller

6 Vertragspartner des ausübenden Künstlers muss wie bei § 89 Abs. 1 selbst Filmhersteller i. S. d. UrhG sein (§ 94 Rn. 29 ff. zum Filmherstellerbegriff).

3. Vertrag über die Mitwirkung bei der Herstellung eines Filmwerks

7 **a) Vertrag.** Die darstellende Mitwirkung des ausübenden Künstlers bei der Filmherstellung muss wie bei § 89 Abs. 1 aufgrund eines Vertrages zwischen ausübendem Künstler und Filmhersteller erfolgen. Art. 2 Abs. 5 der Vermiet- und Verleihrechts-Richtlinie enthält ebenso wie § 92 keine weiteren qualifizierten Anforderungen an die Form des Vertragsschlusses. Der Vertrag kann mündlich und stillschweigend, individuell zwischen einem Künstler und einem Filmhersteller und kollektiv tarifvertraglich geschlossen werden (Schricker/Loewenheim/*Katzenberger* § 92 Rn. 7; zur Rechtseinräumung durch Tarifvertrag einer Rundfunkanstalt vgl. auch OLG Hamburg GRUR 1977, 556, 558 – Zwischen Marx und Rothschild). Für § 92 Abs. 1 genügt eine Einwilligung von Seiten eines Dritten oder

ein Vertrag in dessen eigenem Namen nicht (Schricker/Loewenheim/*Katzenberger* § 92 Rn. 7; Möhring/Nicolini/*Lütje* § 92 Rn. 8).

Der Vertrag zwischen dem darstellenden Künstler und dem Filmhersteller ist i. d. R. als **8** Arbeitsvertrag einzuordnen. Dies folgt aus der Weisungsgebundenheit des darstellenden Künstlers, die darin regelmäßig vereinbart wird (RG JR 1927, 848; BAG UFITA 92 (1982) 242; BAG ZUM 2007, 507, 508). Die praktische Bedeutung des § 92 ist daher ebenso wie bei §§ 88, 89 regelmäßig aufgrund **tarifvertraglicher Bestimmungen** eingeschränkt, die über die Rechtseinräumungsvermutungen der §§ 89, 92 hinausgehen, wobei ausübende Künstler und Filmurheber ungeachtet der gesetzlichen Unterscheidung zwischen Urheber- und Leistungsschutzrechten gleichgestellt werden. Hat sich der ausübende Künstler jedoch besonders weitgehende Mitsprachemöglichkeiten (zum Mitspracherecht des Hauptdarstellers vgl. auch OLG München UFITA 25 (1958), 100) einräumen lassen, haben die Vertragsparteien nur einen einfachen Dienstvertrag abgeschlossen (BAG NJW 2008, 780).

Zu den vertraglichen **Pflichten des ausübenden Künstlers** zählen die Anwesenheits- **9** pflicht an Drehtagen und die Erbringung der schauspielerischen Leistung gemäß den Vorgaben von Regisseur, Kameramann, und anderen, insbesondere dem Filmhersteller, dem aufgrund des Vertrages auch in dieser Hinsicht ein Direktionsrecht zusteht, dass nur durch § 93 UrhG begrenzt wird (BAG NJW 2008, 780, 781). Weiter ist der ausübende Künstler verpflichtet, vor Drehbeginn bspw. an Kostüm- und Maskenproben mitzuwirken und auch nach Drehbeginn für Nachaufnahmen, Neusynchronisationen und Promotiontermine zur Verfügung zu stehen.

b) Herstellung eines Filmwerks. Der vertragsgegenständliche Film muss **Werkcha- 10 rakter** haben. Denn § 92 gilt **nur für** die Auswertung von **Filmwerken** und **nicht für Laufbilder**, da § 95 die Bestimmung des § 92 nicht für entsprechend anwendbar erklärt. Bei **Laufbildern** stehen Filmaufzeichnungen von Aufführungen und Darbietungen der **Leistungen ausübender Künstler (Oper, Theater, Konzert, Liveact-Videoclips)** regelmäßig im Vordergrund. Eine Verwertung der Filmaufzeichnung ersetzt die persönliche Darbietung. Soweit Laufbilder die Darstellung ausübender Künstler bspw. bei Live-Sendungen oder Aufzeichnungen von Bühnenaufführungen lediglich abbilden und in Ermangelung filmspezifischer schöpferischer Leistungen nicht die Werkqualität eines Filmwerks erreichen, wird lediglich der Zuschauerkreis der Darbietung erweitert. Prägend bleiben allein die Darbietungsleistungen der ausübenden Künstler, die durch die Aufzeichnung nicht ersetzt werden können. Der Filmhersteller muss für bloße Aufzeichnungen mit Laufbildcharakter die Rechte nach §§ 77, 78 ausdrücklich erwerben (s. § 95 Rn. 7; Dreier/Schulze § 95 Rn. 13, 19; § 92 Rn. 10; a. A. Schwarz ZUM 1999, 40, 43, der für eine analoge Anwendung des § 92 eintritt). Die Rechtslage bei Laufbildern ist ebenso wie **bei der Tonträgeraufzeichnung oder Rundfunksendung** zu beurteilen. Eine Einschränkung der Rechte der ausübenden Künstler ist nicht gerechtfertigt (AmtlBegr. BT-Drucks. IV/270, 102 zur ursprünglichen Fassung des § 92; insoweit haben sich keine Änderungen ergeben; Schricker/Loewenheim/*Katzenberger* § 92 Rn. 9). Liegt kein Filmwerk vor, gelten die allgemeinen Bestimmungen für die Aufnahme, Vervielfältigung, Verbreitung, Funksendung von Bild- und Tonträgern der Darbietungen ausübender Künstler unverändert. Der Hersteller der Laufbilder bedarf der gesonderten Einwilligungen nach §§ 77, 78, die natürlich auch vertraglich erteilt werden können.

§ 92 ist bereits tatbestandlich nicht einschlägig bei der **Sendung erschienener Ton- 11 oder Bild- und Tonträger.** Die Einblendung von Tonträgern in eine Fernsehsendung ist keine Mitwirkung an der Herstellung eines Filmwerks. Da die Fernsehsendung von Darbietungen ausübender Künstler unter Verwendung erschienener Bild- und Tonträger nach § 78 Abs. 1 Nr. 2 auch ohne Einwilligung der Künstler zulässig ist, greift die Vermutung des § 92 auch dann nicht, wenn es sich (ausnahmsweise) um eine Funksendung mit Werkcharakter handeln sollte (Schricker/Loewenheim/*Katzenberger* § 92 Rn. 8).

12 Auch bei **Musikvideos** ist im Einzelfall zu prüfen, ob diese Werkcharakter haben. Werkcharakter kann bei bloßen „Act-Clips" (Zusammenschnitt eines Bühnenauftritts) mitunter verneint werden. Bei der Mehrzahl der für die einschlägigen Sender heute produzierten Musikvideos ist allerdings zumindest unter Anwendung der Maßstäbe der „kleinen Münze" Filmwerkscharakter anzunehmen (KG ZUM 2003, 863, 864 ff.; Fromm/Nordemann/*J. B. Nordemann* § 92 Rn. 17; Schricker/Loewenheim/*Katzenberger* § 92 Rn. 10, wenn Bild und Ton zu neuer Einheit verschmolzen sind; v. Hartlieb/Schwarz/*N. Reber* 63. Kap. Rn. 5). Dafür sprechen Produktionsbudgets und eine Produktionsweise, die sich der Spielfilmproduktion mit renommierten, spezialisierten Regisseuren, die mitunter mit 10 % des Gesamtbudgets für Regieleistungen entlohnt werden, angenähert hat (KG ZUM 2003, 863, 864 ff.). Unzutreffend ist es, Musikvideos und ihre Darsteller und Tänzer von vornherein aus dem Anwendungsbereich des § 92 deswegen herauszunehmen, weil hier ähnlich wie bei Opern- und Theateraufzeichnungen allein die Darbietung eines oder mehrerer ausübender Künstler im Vordergrund stehe, und weil der „Bildbestandteil hier bloße Zutat ohne Verschmelzung mit der Darbietung" sei (Schricker/Loewenheim/*Katzenberger* § 92 Rn. 10).

III. Rechtsfolgen

13 Zu **Begriff** und **Umfang** der Rechte aus §§ 77 Abs. 1 und 2 S. 1, 78 Abs. 1 Nr. 1 und 2 s. § 77 Rn. 5 ff.; § 78 Rn. 3 ff.; zur Bedeutung der Zweifelsregel § 89 Rn. 19 ff. Die Rechteeinräumungsvermutung bezieht sich ausschließlich auf die Einwilligungsrechte des ausübenden Künstlers bezüglich der Aufnahme seiner Darbietung auf Bild- und Tonträger (§ 77 Abs. 1), bezüglich seines ausschließlichen Vervielfältigungs-, Verbreitungs- und Vermietrechts (§ 77 Abs. 2 S. 1) sowie bezüglich der Funksendung seiner Darbietung (§ 78 Abs. 1 Nr. 2) für das vom Vertrag betroffene, **konkrete Filmwerk**. Soweit diese Rechtekataloge das Vorführungs- und das Bearbeitungsrecht nicht nennen, stehen diese dem ausübenden Künstler ohnehin nicht zu, weswegen er hieran auch nichts einräumen kann. Der Filmhersteller kann diese Maßnahmen daher stets ohne Zustimmung des ausübenden Künstlers vornehmen. Dem Filmhersteller ist es mithin möglich, den Film in den Grenzen des § 93 zu bearbeiten.

14 Der Rechteumfang war bereits vor dem 1.1.2008 nicht auf bekannte Nutzungsarten beschränkt, da der Grundsatz des § 31 Abs. 4 a. F. auf ausübende Künstler grundsätzlich keine Anwendung fand (BT-Drucks. 14/8058, S. 21; BGH GRUR 2003, 234, 235 – EROC III). Deswegen wurden nach § 92 immer schon unbekannte Nutzungsarten übertragen, soweit die Parteien nichts Abweichendes geregelt hatten (bspw. in dem der Vertrag nur auf bekannten Nutzungsarten abstellt; in diesem Fall würde auch die Sonderregelung des § 137l nicht greifen. Hierfür spricht auch, dass der offene Wortlaut des § 92 anders als die §§ 88 und 89 nicht auf bekannte Nutzungsarten beschränkt war (Dreier/Schulze § 92 Rn. 16; im Ergebnis so auch *Schwarz* ZUM 1999, 40, 47).

15 Wie bei §§ 88, 89 beschränkt sich die Übertragungsvermutung auf **audiovisuelle, spezifisch filmische Verwertungshandlungen** ausschließlich des vertraglich betroffenen Filmwerks (vgl. § 88 Rn. 55 ff.; § 89 Rn. 23 f.; Möhring/Nicolini/*Lütje* § 92 Rn. 13; Schricker/Loewenheim/*Katzenberger* § 92 Rn. 14 f.). Der unmittelbare Zusammenhang mit der europäischen Vermiet- und Verleihrechts-Richtlinie gebietet die Erstreckung der Vermutung des § 92 gerade auch auf die **audiovisuelle Verwertung** von Filmwerken durch Vermietung und Verleih u. a. von Videofilmen (AmtlBegr. BT-Drucks. 13/115, 16 zu Nr. 7: „Übertragungsvermutung in Bezug auf das Vermietrecht"; *v. Lewinski* ZUM 1995, 442 f.; Schricker/Loewenheim/*Katzenberger* § 92 Rn. 16). Die Rechteübertragung gilt nicht für den Fall, dass die in einem Filmwerk enthaltene Darbietung eines ausübenden Künstlers aus dem Filmwerk herausgelöst und auf Schallplatten oder im Hörrundfunk oder für einen anderen Film verwendet wird. Die Verwertung von Filmausschnitten im Rahmen eines anderen Filmwerks ist keine filmische Verwertung (AmtlBegr. BT-Drucks. IV/270, 101 zu § 92 a. F.; LG Berlin: Urteil vom 25.6.2008 – 4 O 91/08, BeckRS 2010, 10890, *v. Gamm* § 92 Rn. 3; Schricker/Loewenheim/*Katzenberger* § 92 Rn. 15; aA. Fromm/ Nordemann/*J. B. Nordemann* § 92 Rn. 31).

Die **außerfilmischen Rechte,** zu denen auch das Recht auf Merchandising sowie das Recht auf Erstellung eines Buchs zum Film zählen, erhält der Filmhersteller dann, wenn der ausübende Künstler Arbeitnehmer ist. Denn dann findet § 43 ergänzend Anwendung (Loewenheim/*Schwarz/Reber* § 74 Rn. 189; *Schwarz* ZUM 1999, 40, 46). Der Rechteumfang unter § 43 bestimmt sich dabei nach den betrieblichen Zwecken, wobei den Interessen des Arbeitgebers in größerem Umfang Rechnung getragen wird als bei einer Nutzungsrechtseinräumung außerhalb eines Arbeitsverhältnisses (BGH GRUR 1974, 480, 482 – Hummel). Da die außerfilmische Verwertung wie die Veröffentlichung der Filmmusik als herausgelöster Soundtrack, das Merchandising, die Klammerteilauswertung und die Herstellung eines Buches zum Film aber mittlerweile zum Standardprogramm einer Filmauswertung gehören, also dem Betriebszweck entsprechen, ist davon auszugehen, dass zumindest die hierfür notwendigen Rechte als nach § 43 übertragen gelten, zumindest dann, wenn das Filmprojekt dies nahe legt. Ohnehin steht es den Parteien jederzeit frei, vertraglich eine Einräumung der außerfilmischen Nutzungsrechte zu vereinbaren. Dies ist auch in AGB möglich (LG Berlin: Urteil vom 25.6.2008 – 4 O 91/08, BeckRS 2010, 10890; allgemein dazu BGH GRUR 2012, 1031 – Honorarbedingungen Freie Journalisten m. Anm. *Soppe*; BGH GRUR 1984, 119, 120 – Synchronisationssprecher). 16

Die **gesetzlichen Vergütungsansprüche** ausübender Künstler sind von § 92 wie bei § 89 **nicht umfasst.** Für den Filmbereich handelt es sich insb. um die Vergütungsansprüche nach §§ 83 i. V. m. 27, 46 Abs. 4, 47 Abs. 2 S. 2, 54, §§ 78 Abs. 2 Nr. 1, 2, 3. Letztere werden v. a. von der GVL wahrgenommen. 17

Scheidet der ausübende Künstler im laufenden Dreh aus Gründen, die nicht vom Filmhersteller zu vertreten sind, aus dem Projekt aus oder ist er aus diesen Gründen nicht mehr in der Lage, den Dreh fortzusetzen (Entlassung, Tod oder Krankheit), wird seine Rechteinräumung nicht hinfällig. Der Filmhersteller ist berechtigt, das Projekt unter Mitwirkung anderer Personen fortzuführen (LAG Bayern UFITA 50 (1967), 298 ff. – Die schwedische Jungfrau). 18

IV. Entsprechende Geltung von § 90

Der Ausschluss der Rechte der ausübenden Künstler aus §§ 34, 35, 41, 42 greift grds. **bei jedem ausdrücklichen oder sonst eindeutigen vertraglichen Erwerb der in §§ 88, 89 bezeichneten Filmauswertungsrechte durch den Filmhersteller oder Dritte.** § 90 S. 1 geht insoweit über den Anwendungsbereich der §§ 88, 89 hinaus; § 90 kann allerdings **vertraglich abbedungen** werden (s. o. § 90 Rn. 3). Im Ergebnis führt die entsprechende Geltung des § 90 für ausübende Künstler dazu, dass die Befugnis des Filmherstellers zur Weiterübertragung der Filmauswertungsrechte widerleglich vermutet wird. Eine Zustimmung des ausübenden Künstlers zum Abschluss von Verwertungsverträgen des Filmherstellers und derjenigen, die von diesem ihre Auswertungsrechte ableiten, ist solange nicht erforderlich, als der ausübende Künstler eine Ausnahme darlegt. Dass davon das Verfilmungsrecht im technischen Sinn, d. h. das Filmherstellungsrecht (s. § 90 S. 2) ausgeschlossen ist, fällt bei den Leistungen ausübender Künstler naturgemäß weniger ins Gewicht. (Zu Bedeutung und Umfang der durch § 90 abbedungenen Rechte des ausübenden Künstlers aus §§ 34, 35, 41, 42 i. V. m. § 79 Abs. 2 sowie zur entsprechenden Anwendbarkeit urheberrechtlicher Vorschriften auf Verträge zwischen ausübenden Künstlern und Verwertern allgemein s. im Einzelnen dort insb. § 34 Rn. 6, § 41 Rn. 4, § 42 Rn. 3, § 77 19

Rn. 1, § 78 Rn. 1 ff., § 79 Rn. 30.) Die hohen Investitionsvorleistungen in der Filmwirtschaft rechtfertigen die Annahme der Verhältnismäßigkeit der Beschränkung der **Persönlichkeitsrechte** der ausübenden Künstler als gesetzliche Regel. Im Falle der Übertragung der Verwertungsrechte nach 79 Abs. 1, entfaltet § 92 Abs. 3 keine Wirkung. Dies ist schon deswegen nicht notwendig, da im Falle eine Rechteübertragung nach § 79 Abs. 1 die §§ 34, 35, 41, 42 ohnehin keine Anwendung finden (Fromm/Nordemann/*J. B. Nordemann* § 92 Rn. 38). Hätte diese Regeln gleichermaßen für die Übertragung und die Nutzungsrechtseinräumung gelten sollen, hätte es nahegelegen, den Anwendungsbereich der §§ 34, 35, 41, 42 in einem eigenständigen Absatz zu regeln oder ausdrücklich auf die Übertragung zu erstrecken. Der Gesetzgeber hat sich jedoch damit begnügt, den Anwendungsbereich der §§ 34, 35, 41, 42 im Absatz über die Nutzungseinräumung mitzuregeln.

V. Doppelte Abtretungsbefugnis

20 Bei etwaigen Vorausabtretungen der in Abs. 1 genannten Rechte an Dritte (in der Praxis v. a. an Verwertungsgesellschaften oder Tonträgerhersteller) stellt der durch das 3. UrhRÄndG v. 23.6.1995 eingeführte § 92 Abs. 2 in Anlehnung an § 89 Abs. 2 sicher, dass die bei der Herstellung eines Filmwerks mitwirkenden ausübenden Künstler den Filmurhebern hinsichtlich ihrer persönlichen Handlungsfreiheit gleichstehen, und dass der Filmhersteller (nur dieser ist hierunter privilegiert) Rechte von Seiten der originären Rechtsinhaber sicher erwirbt (§ 89 Abs. 2, siehe § 89 Rn. 33). Wie bei § 89 Abs. 2 beschränkt sich die doppelte Verfügungsmacht des ausübenden Künstlers auf die von der Vermutung erfassten, d. h. auf den Dritten übertragenen Rechte, also **nicht** auf **gesetzliche Vergütungsansprüche** (ebenso Schricker/Loewenheim/*Katzenberger* § 92 Rn. 17). Die entsprechende Anwendung der Doppelverfügungsbefugnis des § 89 Abs. 2 führt nicht zu einer Beeinträchtigung der Exklusivität der schuldrechtlichen Dienstleistungsverpflichtung des ausübenden Künstlers, weil die Dienste bereits erbracht sind (unzutreffend insoweit die Kritik von *Flechsig* ZUM 2000, 484, 497).

§ 93 Schutz gegen Entstellung; Namensnennung

(1) **Die Urheber des Filmwerkes und der zu seiner Herstellung benutzten Werke sowie die Inhaber verwandter Schutzrechte, die bei der Herstellung des Filmwerkes mitwirken oder deren Leistungen zur Herstellung des Filmwerkes benutzt werden, können nach den §§ 14 und 75 hinsichtlich der Herstellung und Verwertung des Filmwerkes nur gröbliche Entstellungen oder andere gröbliche Beeinträchtigungen ihrer Werke oder Leistungen verbieten. Sie haben hierbei aufeinander und auf den Filmhersteller angemessene Rücksicht zu nehmen.**

(2) **Die Nennung jedes einzelnen an einem Film mitwirkenden ausübenden Künstlers ist nicht erforderlich, wenn sie einen unverhältnismäßigen Aufwand bedeutet.**

Bis zum 12.9.2003 gültige Fassung:

Die Urheber des Filmwerkes und der zu seiner Herstellung benutzten Werke sowie die Inhaber verwandter Schutzrechte, die bei der Herstellung des Filmwerkes mitwirken oder deren Leistungen zur Herstellung des Filmwerkes benutzt werden, können nach den §§ 14 und 83 hinsichtlich der Herstellung und Verwertung des Filmwerkes nur gröbliche Entstellungen oder andere gröbliche Beeinträchtigungen ihrer Werke oder Leistungen verbieten. Sie haben hierbei aufeinander und auf den Filmhersteller angemessene Rücksicht zu nehmen.

Literatur: *Heeschen,* Urheberpersönlichkeitsrecht und Multimedia, 2003; *Heidmeier,* Das Urheberpersönlichkeitsrecht und der Film, 1996; *Kreile,* Neue Nutzungsarten-Neue Organisation der Rechteverwaltung?,

§ 93 Schutz gegen Entstellung; Namensnennung 1, 2 § 93 UrhG

ZUM 2007, 682; *Huber,* Zulässigkeit von Veränderungen am fertiggestellten Filmwerk im Hinblick auf das Urheberpersönlichkeitsrecht des Filmregisseurs, 1993; *Kreile/Westphal,* Multimedia und das Filmbearbeitungsrecht, GRUR 1996, 254; *Pollert,* Entstellung von Filmwerken und ihren vorbestehenden Werken, München 2001; *Reupert,* Der Film im Urheberrecht, Baden-Baden 1995; *G. Schulze,* Urheber- und Leistungsschutzrechte des Kameramanns, GRUR 1994, 855; *von Lewinski*/Dreier, Kolorierung von Filmen, Laufzeitänderung und Formatanpassung: Urheberrecht als Bollwerk?, GRURInt. 1989, 635; *Platho,* USA – Urheberrechtsschutz für Kolorierung von Schwarzweißfilmen, GRUR 1987, 424; *Pollert,* Entstellung Filmwerken und ihren vorbestehenden Werken, 2001; *Rosén,* Werbeunterbrechungen von Spielfilmen nach schwedischem Recht – (immer noch) ein Testfall für das droit moral?, GRURInt. 2004, 1002; *Schwarz,* Der ausübende Künstler, ZUM 1999, 40; *Wallner,* Der Schutz von Urheberwerken gegen Entstellung unter besonderer Berücksichtigung der Verfilmung, Baden-Baden 1995; *Wandtke,* Die Rechtsfigur „gröbliche Entstellung" und die Macht der Gerichte, FS Schricker 2005, 609; *Zlanabitnig,* Zum Entstellungsschutz von Filmwerken, AfP 2005, 35.

Vgl. darüber hinaus die Angaben im eingangs abgedr. Gesamtliteraturverzeichnis.

Übersicht

	Rn.
I. Zweck und Bedeutung	1–15
1. Urheberpersönlichkeitsrechtliche Ergänzung der §§ 88 ff.	1–6
2. Anwendungsbereich	7–9
a) Der zeitliche Anwendungsbereich	7
b) Filmische Erst- und Zweitverwertung	8
c) Außerfilmische Verwertung	9
3. Verhältnis des § 93 zu den §§ 12, 13, 39	10–15
a) Erstveröffentlichung	11
b) Urhebernennung	12–14
c) Titeländerung,	15
II. Tatbestand	16–36
1. Persönlicher Anwendungsbereich	16, 17
2. Abs. 1: Begriff der Entstellung	18–36
a) Gröbliche Entstellung	19, 20
b) Beispiele	21–35
3. Abs. 2: Recht auf Namensnennung ausübender Künstler, § 74 Abs. 1	36
III. Rechtsfolgen	37–39
1. Gebot gegenseitiger Rücksichtnahme	37
2. Verweis auf §§ 97 ff.	38
3. Abs. 2: Ausschluss des Rechts auf Namensnennung	39

I. Zweck und Bedeutung

1. Urheberpersönlichkeitsrechtliche Ergänzung der §§ 88 ff.

Bei § 93 handelt es sich um die urheberpersönlichkeitsrechtliche Ergänzung der §§ 88 f. **1** als spezielle Ausformung des § 39 Abs. 1. Keine Aussage trifft § 93 zum Bearbeitungsrecht des § 23, das davon zu trennen ist und nur bei gesonderter Vereinbarung, die im Zweifel nach § 88 Abs. 1 (verfilmtes Werk), § 89 Abs. 1 (Werke der Filmurheber) und § 92 Abs. 1 (Leistungen ausübender Künstler) aber vorliegt, auf den Filmhersteller übertragen wurde.

§ 93 ist notwendig, da im langwierigen Prozess der Filmherstellung in besonderem **2** Maße laufend Änderungen der vorbestehenden benutzten Werke, der Beiträge ausübender Künstler erforderlich werden, die nicht im Voraus geregelt werden können. Eine störungsfreie und umfassende Filmherstellung und Filmverwertung wäre jedoch in Frage gestellt, wenn alle schöpferisch Beteiligten und Künstler ihre urheberpersönlichkeitsrechtlichen Befugnisse mehr oder weniger ungehindert ausüben könnten. § 93 ergänzt daher die Privilegierungen des Filmherstellers hinsichtlich der Einräumung von Nutzungsrechten seitens der Urheber der zur Herstellung des Filmwerks benutzten Werke (§ 88), der Filmurheber (§ 89), Lichtbildner (§ 72 i.V.m. § 2 Abs. 1 Nr. 5; speziell zu den Rechten des Kameramanns G. *Schulze* GRUR 1994, 855, 860 ff.) und der ausübenden Künstler (§ 92) nun hinsichtlich des zum Urheberpersönlichkeitsrechts gehörenden Anspruchs auf Werkintegrität gem. § 14 für Urheber bzw. § 83 hinsichtlich des Schutzes der ausübenden Künstler gegen Entstellung (zur Entstehungsgeschichte Schricker/Loewenheim/*Dietz/Peukert* § 93 Rn. 1, 6, 7). Die Privilegierung gilt nach § 95 auch für den Filmhersteller von **Laufbildern,** dort aber naturgemäß nur hinsichtlich der Urheber vorbestehender Werke oder Inhaber verwandter Schutzrechte, insb. ausübender Künstler, deren Darbietungen durch einfaches Abfilmen übernommen werden (a. A. Dreier/Schulze/*Schulze* § 93 Rn. 7, der davon ausgeht, dass ein Schutzinteresse des Laufbildherstellers sich nicht begründen lässt, da die im Laufbild zu sehenden Werke einen weitaus höheren Stellenwert als die Aufzeichnung selbst einnehmen). Zudem findet § 93 auch zugunsten solcher Dritter Anwendung, derer sich der Filmhersteller zur Auswertung des Filmwerkes bedient. Diese können die Wertung des § 93 daher dem Urheber entgegenhalten, sollten sie von diesem in Anspruch genommen werden.

3 § 93 kommt eine wichtige **Funktion** für die im Rahmen von §§ 14, 75 ohnehin vorzunehmende Abwägung der beteiligten Interessen zu. Angesichts der in der Regel gegebenen wirtschaftlichen und organisatorischen Schlüsselfunktion des Filmherstellers für die Entstehung des Filmwerks ist in der Beschränkung des Entstellungsschutzes auf gröbliche Entstellungen eine **gesetzlich typisierte Vorwegnahme** dieser auch im Rahmen des Urheberpersönlichkeitsschutzes stets vorzunehmenden **Interessenabwägung** zu sehen (a. A. Möhring/Nicolini/*Lütje* § 93 Rn. 5; Schricker/Loewenheim/*Dietz/Peukert* § 93 Rn. 2; *Reupert* 135 f.). Der erhebliche Einsatz technischer, organisatorischer und finanzieller Mittel ist ein vom Gesetzgeber vorgegebenes Beurteilungskriterium. Dies folgt aus dem Zweck des Dritten Teils und widerspricht weder verfassungsrechtlichen Wertungen aus Art. 1, 2 GG noch konventionsrechtlichen Gesichtspunkten aus Art. 6bis, 14bis Abs. 1 S. 2 RBÜ und ist daher auch im Rahmen einer verfassungs- und konventionskonformen Auslegung zu berücksichtigen. Insbesondere die Vorschriften der RBÜ verlangen nicht, dass für Filme der Entstellungsschutz des § 14 zu gelten hat.

4 § 93 ist zu Ungunsten des Urheberberechtigten **dispositiv** (Schricker/Loewenheim/ *Dietz/Peukert* § 93 Rn. 18). Zum Nachteil des Urhebers oder ausübenden Künstlers über § 93 hinausgehende Vereinbarungen sind jedenfalls dann zulässig, wenn die vertraglich zugestandenen Entstellungen oder Änderungen konkret genug waren, um von dem Betroffenen überblickt und damit im Detail gebilligt werden zu können (Schricker/Loewenheim/ *Dietz/Peukert* § 93 Rn. 18; s. auch § 39 Rn. 10).

5 Die in der Literatur geäußerten verfassungsrechtlichen Bedenken gegen eine **Beschränkung des Integritätsschutzes auf gröbliche Entstellung** ergeben sich aus dem Vergleich zu anderen Bereichen moderner Medien, wo trotz eines ebenfalls erheblichen Kosteneinsatzes bei der Werkproduktion keine vergleichbaren Einschränkungen von Urheberpersönlichkeitsrechten bestehen (Schricker/Loewenheim/*Dietz/Peukert* § 93 Rn. 2; *Wandtke* FS Schricker 2005, 609, 611 f.). Die zunächst geplante Aufhebung des Gröblichkeitsmaßstabs ist jedoch zu Recht an den Argumenten der Filmwirtschaft gescheitert. Bei der Vielzahl der beteiligten Interessenträger würde deren Einbeziehung in die bloße Rücksichtnahmeverpflichtung die notwendige Rechtssicherheit für die Filmauswertung nachhaltig in Frage stellen (KG GRUR 2004, 497, 498 – Schlacht um Berlin, krit. *Wandtke* FS Schricker 2005, 609 f.; zur Situation zum italienischen, französischen und schwedischen Recht vgl. auch *Kreile/Westphal,* GRUR 1996, 254, 257 und von *Lewinski/Dreier* GRUR Int. 1989, 635, 645).

6 Die **Entscheidungspraxis der Gerichte** überging zuweilen bei Fernsehfilmen in bedenklicher Weise den Gröblichkeitsmaßstab des § 93 (vgl. OLG Saarbrücken UFITA 79 (1977) 358, 364, wo letztlich nach § 13 entschieden wurde, ohne § 93 zu erörtern; OLG München GRUR 1993, 332 – Christoph Columbus: Ersetzung von Filmmusik als Entstellung nach § 14, ohne „Gröblichkeit" näher zu prüfen). Eine solche Trennung in Kino-

und Fernsehfilme ist aber mit dem einheitlichen Filmbegriff nicht vereinbar und scheitert am Wortlaut von § 93. Tatsächlich findet § 93 auf sämtliche Filmwerke i. S. d. § 2 Abs. 1 Nr. 6 Anwendung. Dies betrifft dabei insbesondere auch die audiovisuellen Darstellungen in Computerspielen und sonstigen Multimediawerke (a. A. *Heeschen* S. 187).

2. Anwendungsbereich

a) Der **zeitliche Anwendungsbereich** des § 93 ist nicht auf die Auswertungsphase beschränkt. § 93 entfaltet seine Wirkung schon in der **Pre-Production Phase,** mithin ab dem Zeitpunkt, ab dem der Filmhersteller Inhaber der Rechte i. S. d. §§ 88 f. geworden ist. Denn bereits vor und während der Herstellung des Films können Änderungen mit Blick auf die spätere erfolgreiche Auswertung des Films notwendig werden (so auch OLG München ZUM 2000, 767, 772 – down under; Fromm/Nordemann/*J. B. Nordemann* § 93 Rn. 9). So kann bspw. ein Testscreening vor ausgewählten Zuschauern ergeben, dass das bisherige Ende des Films beim Publikum durchfällt, weswegen ein neues Ende gedreht werden muss. Das aber greift i. d. R. tiefgreifend in den bisherigen Film und die Leistungen der Beteiligten (insbesondere Regisseur, Drehbuchautor, Schauspieler) ein (vgl. dazu auch OLG München GRUR 1986, 460 ff. – Die unendliche Geschichte). 7

b) In der Auswertungsphase gilt § 93 nach h. M. sowohl für Änderungen im Rahmen der **filmischen Erst- als auch im Rahmen der Zweitauswertung** (Dreyer/Kotthoff/Meckel § 93 Rn. 2; Fromm/Nordemann/*J. B. Nordemann* § 93 Rn. 9; Schricker/Loewenheim/*Dietz/Peukert* § 93 Rn. 11). Teilweise wird dabei jedoch die Auffassung vertreten, dass § 93 auf die filmische Erstauswertung zu reduzieren sei (*Wallner* S. 112 ff.; Wandtke FS Schricker 609, 613 f.; umfassend dazu *Zlanabitnig* AfP 2005, 35, 36 f.). Dem wird entgegengehalten, dass dies der umfassenden Sicherung der filmischen Auswertung widersprechen würde (Dreyer/Kotthoff/Meckel § 93 Rn. 2; Fromm/Nordemann/ *J. B. Nordemann* § 93 Rn. 9; Schricker/Loewenheim/*Dietz/Peukert* § 93 Rn. 11). 8

c) Keine Anwendung findet § 93 jedoch im **außerfilmischen Bereich** etwa bei Buchveröffentlichungen und Merchandisingprodukten, Computerspiele und Multimediaprodukte, sofern diese nicht wesentlich durch Übernahme von Filmsequenzen geprägt sind und daher als Film (s. Vor §§ 88 ff. Rn. 61) gelten können (ähnlich Schricker/Loewenheim/*Dietz/Peukert* § 93 Rn. 11). Der Zweck des Dritten Teils ist auf die Sicherstellung der filmischen Verwertung entsprechend der betroffenen Filmgattungen gerichtet (Amtl-Begr. BT-Drucks. IV/270, 98). Hinsichtlich der nichtfilmischen Verwertung haben die Interessen des Filmherstellers nach dem Gesetzeswortlaut und Gesetzeszweck ein geringeres Gewicht als hinsichtlich der Auswertung mit filmischen Mitteln. Das betrifft bspw. auch den Fall, dass einzelne Lichtbildwerke aus dem Film entnommen und losgelöst von diesem verwertet werden (dazu § 91 Rn. 9). Soweit die Rechte hierin erworben werden, bleibt es bei der allgemeinen Regelung des § 14. 9

3. Verhältnis des § 93 UrhG zu den §§ 12, 13, 39 UrhG

§ 93 schränkt lediglich den Integritätsschutz des Urhebers ein, nicht jedoch die weiteren Ausprägungen des Urheberpersönlichkeitsrechts in §§ 12, 13, 39 Abs. 2. Hinsichtlich der Rechte zur **Erstveröffentlichung, Urhebernennung** und namentlichen Distanzierung sowie **Titeländerung** bleibt es bei den allgemeinen Bestimmungen, da es sich um eigene Anspruchsgrundlagen neben dem Komplex §§ 14, 93 handelt (Schricker/Loewenheim/ *Dietz/Peukert* § 93 Rn. 12 f., 14 ff.). 10

a) **Erstveröffentlichung.** Weil das Recht zur **Erstveröffentlichung** nach § 12 nicht von § 93 erfasst wird, entscheidet grundsätzlich über die Veröffentlichungsreife des Films der Regisseur und nicht etwa der Filmhersteller (KG NJW-RR 1986, 608 f. – Paris Texas; 11

LG München I ZUM 2000, 414). Deswegen regeln Verfilmungs- und Filmverträge in Übereinstimmung mit allgemeinem Werkvertragsrecht (§ 649 BGB) häufig, dass der Filmproduzent berechtigt sein soll, auf Teile der Leistungen eines Mitwirkenden am Filmwerk zu verzichten (OLG München ZUM 2000, 767, 770 ff. – Down under: Klausel wirksam). Macht der Filmproduzent von diesem Recht Gebrauch, beschränkt sich das Veröffentlichungsrecht allein auf fertiggestellte Teile bzw. Produktionsstufen des Films. Eine vorweggenommene Ausübung des im Kern unveräußerlichen Veröffentlichungsrechts vor Fertigstellung des Filmwerks ist nicht möglich. Allerdings übt der Filmurheber sein Recht in der Regel dadurch einmalig aus, dass er die Arbeit am Werk beendet und dem Filmproduzenten zur Nutzung überlässt (*Reupert* 120; OLG München ZUM 2000, 771). Dies gilt insbesondere dann, wenn der Beteiligte **Arbeitnehmer** i. S. d. § 43 ist. Ein solcher Filmschaffender gibt durch den Anstellungsvertrag konkludent seine schuldrechtliche Einwilligung zur Verwertung der von ihm gemachten Bild- und Tonaufnahmen (LAG Bayern UFITA 50 (1967), 298 ff. – Die schwedische Jungfrau), wozu auch die Erstveröffentlichung zählen muss, da sich andernfalls der Film nicht verwerten lässt. Für diese Rechtsfolge sprechen auch die Regelungen der § 8 Abs. 2 S. 2, § 9, wonach sowohl Miturheber als auch Urheber verbundener Werke gegenüber den anderen Urhebern die Veröffentlichung nicht entgegen Treu und Glauben versagen (OLG Köln GRUR-RR 2005, 337 ff. – Veröffentlichungsbefugnis einer Kamerafrau). Dies gilt entsprechend auch gegenüber dem Filmhersteller. Andernfalls wären die regelmäßig mit einem hohen Investitionsaufwand betriebenen Filmprojekte einem wirtschaftlich kaum kalkulierbaren Investitionsrisiko ausgesetzt, da bereits ein Urheber die Veröffentlichung verhindern kann. Das steht außer Verhältnis (OLG Köln GRUR-RR 2005, 337, 338 – Veröffentlichungsbefugnis einer Kamerafrau). Unerheblich ist im Übrigen das Ausscheiden des Filmschaffenden. Die Einwilligung des Filmschaffenden wird nicht dadurch hinfällig, dass die Zusammenarbeit mit ihm aus vom Filmhersteller nicht zu vertretenden Gründen nicht zu Ende geführt werden kann (LAG Bayern UFITA 50 (1967), 298 ff. – Die schwedische Jungfrau).

12   b) Urhebern und ausübenden Künstlern steht weiter das **Recht auf Namensnennung** zu (vgl. dazu am Beispiel des Komponisten der Filmmusik KG GRUR 1967, 111). Hieraus darf aber nicht gefolgert werden, dass damit automatisch deren Berechtigung auf Nennung im Vorspann folgt. Der Filmhersteller muss das Recht haben, diesen übersichtlich auszugestalten, da die Sehgewohnheiten mittlerweile einen kurzen Vorspann verlangen. Insofern müssen nur diejenigen im Vorspann genannt werden, die an der Fertigstellung des Films maßgeblich beteiligt sind. Im Einzelnen zählen hierzu der Regisseur, der Drehbuchautor, der Kameramann und die Hauptdarsteller. Dem Namensnennungsrecht der übrigen Urheber wird durch Nennung im Abspann genüge getan (OLG München GRUR-RR 2008, 37, 43 – Pumuckl-Illustration II; zu den ergänzenden Einschränkungen bei ausübenden Künstlern vgl. auch unter Rn. 36).

13   Ob umgekehrt einem Mitwirkenden unter Berufung auf § 93 **das Recht** zusteht, **sich von einem Werk namentlich zu distanzieren** (dazu Fromm/Nordemann/*Hertin*, 9. Aufl. § 13 Rn. 7; Schricker/Loewenheim/*Dietz/Peukert* § 93 Rn. 13), dürfte nach Einfügung des **§ 93 Abs. 2** dem Gebot der **Verhältnismäßigkeit** und der Einzelfallprüfung unterfallen. Auszugehen ist davon nur im Ausnahmefall, nämlich wenn der Film durch Änderungen einen gänzlichen anderen Charakter erhält. Im Übrigen gilt, dass solange der Urheber oder der ausübende Künstler ein Entgelt für seine Mitwirkung am Film erhält, ein Verzicht auf Namensnennung ausgeschlossen sein dürfte. Dem entgegen steht nämlich das gegenläufige Interesse des Produzenten, das auch darin bestehen kann, mit dem Namen des Urhebers oder des ausübenden Künstlers zu werben (zu dieser Interessenkollision vgl. auch OGH Wien GRUR Int. 2004, 157, 162). Denn die hierüber erzielbare Werbewirkung dient ebenfalls der umfassenden Auswertung des Films. Es besteht auch dann kein Recht auf Anonymität, wenn der Urheber/ausübende Künstler nicht mehr mit „Jugendsünden" in Verbindung gebracht werden will, weil der Film bspw. seinem neuen Image abträglich ist. Auch hier muss der Produzent das Recht haben, den Film weiter unter namentlicher Nennung der Beteiligten auszuwerten. So lassen sich keine anerkennenswerte Interessen ausmachen, warum der Name nicht mehr genannt werden darf, wenn der Beteiligte damit vorher kein Problem hatte (*Czernik* in Wandtke Band 2, Kap. 2 § 10 Rn. 382).

In jedem Fall steht es den Parteien frei, das **Benennungsrecht vertraglich einzuschränken**. Voraussetzung hierfür ist, dass damit kein Verzicht auf das Benennungsrecht für alle Zeiten verbunden ist (OLG München ZUM 2011, 422; LG München I ZUM 2010, 733, 740 – Tatort-Vorspann). Allerdings ist eine solche Vereinbarung nur anzunehmen, wenn der Verzicht ausdrücklich vereinbart wurde. Im Zweifel ist nach der Zweckübertragungsregel des § 31 Abs. 5 nicht von einem Verzicht auszugehen. Insbesondere darf ein solcher Verzicht nicht aus einer Branchenübung geschlossen werden, wenn es sich dabei um eine den gesetzlichen Bestimmungen zuwiderlaufende Unsitte handelt (LG München I ZUM 2010, 733, 740 – Tatort-Vorspann).

14

c) **Titeländerung.** Aufgrund der natürlichen Einheit von Werk und Titel folgt die Zulässigkeit der **Titeländerung** grds. bereits aus dem Recht des Filmherstellers zur Bearbeitung und Umgestaltung i. S. d. § 88 Abs. 1 (§ 88 Rn. 55 ff.; im Ergebnis ebenso Schricker/Loewenheim/*Dietz*/*Peukert* § 93 Rn. 16 f.) und hat grundsätzlich. keine urheber-persönlichkeitsrechtliche Bedeutung, es sei denn, dem Titel kommt ausnahmsweise isoliert betrachtet Werkcharakter oder eine besondere Prägekraft zu. Änderungsbefugnisse sind daher regelmäßig stillschweigend und vermutungsweise eingeräumt. Nach dem Maßstab der §§ 305 ff. BGB (vormals AGBG) soll nach Ansicht des BGH ein **Titeländerungsvorbehalt** „unter Wahrung der geistigen Eigenart des Werkes" in den Honorarbedingungen des Sendevertrages einer Rundfunkanstalt zulässig sein (BGH GRUR 1984, 45, 51 – Honorarbedingungen: Sendevertrag; str., a. A. *Reupert* 133).

15

II. Tatbestand

1. Persönlicher Anwendungsbereich

Unter den persönlichen Anwendungsbereiches von § 93 fallen die Urheber vorbestehender Werke, Filmurheber sowie ausübende Künstler. Wer darunter zu verstehen ist, dazu wird auf die Kommentierungen zu Vor §§ 88 Rn. 71 ff.; 92 Rn. 4; § 72 Rn. 34 verwiesen. Jeder der dort genannten kann grundsätzlich nur gegen Entstellungen seines eigenen Werkbeitrags vorgehen (OLG Hamburg GRUR 1997, 822, 825 f. – Edgar-Wallace-Filme).

16

§ 93 findet insbesondere vollumfänglich auf den **Kameramann** Anwendung. Dieser kann sich zwar parallel zu seinem Urheberrecht am Filmwerk regelmäßig wegen der im Film enthaltenen Einzelbilder auch auf den Lichtbildschutz deswegen berufen, für den die weniger strengen Regelungen des § 14 gelten, allerdings führt § 93 insoweit zu einer Überlagerung der allgemeinen Regelungen (Fromm/Nordemann/*J. B. Nordemann* § 93 Rn. 7). Eine ungehinderte Auswertung des Filmwerks wäre sonst nicht möglich, was Sinn und Zweck des § 93 zuwiderlaufen würde. § 93 kommt gleichwohl nicht zur Anwendung, wenn einzelne Bilder aus dem Filmwerk gesondert verwertet werden (dazu § 91 Rn. 10).

Der Filmhersteller unterfällt wegen § 94 Abs. 1 S. 2 nicht dem persönlichen Anwendungsbereich des § 93. § 94 Abs. 1 S. 2 sieht davon unabhängig vor, dass der Filmhersteller sich gegen Entstellungen und/oder Kürzungen, die seine Herstellungsleistung gefährden vorgehen kann, wobei es sich hierbei nicht um ein Persönlichkeitsrecht im klassischen Sinne handelt, sondern diese Vorschrift nur den Verwertungsinteressen des Filmherstellers dient (*Schwarz*/*Hansen* in v. Hartlieb/Schwarz 44. Kap. Rn. 26). Dasselbe hat für den Laufbildhersteller zu gelten. Ebenfalls keine Anwendung findet § 93 zugunsten des Tonträgerherstellers, da dieser ohnehin keinen Entstellungsschutz genießt (Fromm/Nordemann/*J. B. Nordemann* § 93 Rn. 7; a. A. Dünnwald UFITA 76 [1976], 165, 189).

17

2. Abs. 1: Begriff der Entstellung

18 Hinsichtlich des Begriffs der Entstellung wird auf die Kommentierungen zu § 14 Rn. 3, § 75 Rn. 6 verwiesen. Die gesetzliche Differenzierung hinsichtlich Entstellungen und anderen Beeinträchtigungen hat keine Bedeutung; maßgeblich ist entsprechend der Verweisung der Begriff der Entstellung in den in Bezug genommenen Vorschriften (Möhring/Nicolini/*Lütje* § 93 Rn. 15, 18). Im Filmbereich ist jedoch nicht jede Entstellung geeignet, urheberpersönlichkeitsrechtliche Ansprüche auszulösen. Dies ist vielmehr erst dann der Fall, wenn die Entstellung als gröblich zu bezeichnen ist.

19 a) **Gröbliche Entstellung.** Durch die Beschränkung auf gröbliche Entstellungen ist klargestellt, dass im Rahmen der erforderlichen Interessenabwägung in §§ 14, 75 die Verwertungsinteressen des Filmherstellers grds. den Vorrang genießen gegenüber solchen Einschränkungen des Urheberpersönlichkeitsrechts, mit dem keine hinreichend schwerwiegende Interessengefährdung des Urhebers einhergeht (KG GRUR 2004, 497 – Schlacht um Berlin; OLG München GRUR 1986, 460, 461 – Unendliche Geschichte). Was gröblich entstellend ist, kann nur im **Einzelfall unter Berücksichtigung der Gestaltungshöhe** des betroffenen Werks und der **Art und Intensität des Eingriffs** beurteilt werden (Dreier/Schulze § 93 Rn. 8 f. m. w. N.; Loewenheim/*Schwarz/Reber* § 42 Rn. 33). Dabei ist neben formalen Gesichtspunkten vorrangig auch auf die **inhaltliche Aussage** und **künstlerische Konzeption** abzustellen (GRUR 1986, 460, 461 – Die unendliche Geschichte; KG GRUR 2004, 497, 498 – Schlacht um Berlin, Maßstab für starke Kürzung eines Dokumentarfilms bei Aufrechterhaltung seiner Eigenart und historischen Aussage). Nach OLG München (GRUR 1986, 460, 461 – Die unendliche Geschichte – bejaht) und KG (GRUR 2004, 497 – Kampf um Berlin – verneint) gilt vor diesem Hintergrund eine Entstellung dann als gröblich, wenn sie in besonders starker Weise die in §§ 14 und 75 genannten Interessen des Urhebers oder des Leistungsschutzberechtigten verletzt oder wenn eine völlige **Verkehrung des ursprünglichen Sinngehalts** des Filmwerks bzw. des ihm zugrundeliegenden Werkes oder eine völlige Verunstaltung von urheberrechtlich wesentlichen Teilen des Films oder Werkes entgegen den Intentionen der Urheberberechtigten stattfindet. Das führt dazu, dass der Urheber sich selbst nicht auf § 93 berufen kann, wenn zwar einzelne Szenen entstellend sind, der Gesamteindruck des Films diese Entstellung wieder relativiert (OLG München GRUR 1986, 460, 462 – Die unendliche Geschichte). Dies würde die Untersagungsschwelle allerdings unverhältnismäßig hoch ansetzen und i. d. R. eine Entstellung auch dann freigeben, wenn geringere Eingriffsintensität die konkrete Verwertung ebenso gut gewährleistete. Das Erfordernis der Verkehrung des Sinngehaltes ist daher abzulehnen (*Wandtke* FS Schricker 2005, 609, 611 f.). Dies gilt umso mehr, als § 93 S. 2 hinsichtlich der Rechtsfolgen offen und die Untersagung lediglich ultima ratio ist (OLG München GRUR 1986, 460, 461 – Unendliche Geschichte; Möhring/Nicolini/*Lütje* § 93 Rn. 24).

20 Das Vorliegen einer gröblichen Entstellung bestimmt sich nicht nach dem Eindruck des Urhebers. Maßgeblich dafür, ob von einer gröblichen Entstellung auszugehen ist, ist das Durchschnittsurteil des für Kunst empfänglichen und mit Kunstdingen einigermaßen vertrauten Menschen (OLG München GRUR 1986, 460, 462 – Die unendliche Geschichte unter Berufung auf BGH GRUR 1974, 675, 677 – Schulerweiterung und BGH GRUR 1983, 107, 110 – Kirchen-Innenraumgestaltung; hierin liegt im Übrigen ein wesentlicher Unterschied zum französischen Recht, wo allein die Sicht des Urhebers maßgeblich ist vgl. dazu *Rosén* GRUR Int. 2004, 1002, 1010).

21 b) **Beispiele** für zulässige Änderungen i. S. d. § 93 finden sich zunächst im RegE zum UrhG von 1965. Darin werden **Änderungen wegen der freiwilligen Selbstkontrolle der deutschen Filmwirtschaft** oder wegen der Anpassung des Filmwerkes an ausländische Verhältnisse genannt, wobei die Grenze erreicht ist, wenn hierdurch der Charakter des

Films oder wesentliche Aussagen entwertet werden (*Czernik* in Wandtke Band 2, Kap. 2 § 7 Rn. 319).

Generell dürfen diese gesetzgeberischen Beispiele aber nicht als abschließende Kategorisierung dessen aufgefasst werden, was unter § 93 zu prüfen ist. Vielmehr ist § 93 anhand seiner Zweckbestimmung danach auszulegen, dass nur solche Änderungen hiervon erfasst sind, die „dem Filmwerk eine möglichst weite Verbreitung (...) sichern" (BT-Drucks. IV/ 270, S. 102). **Veränderungen zur Auswertung** sind mithin stets in den Grenzen von § 93 zu prüfen, nicht jedoch Veränderungen, die lediglich aus ästhetischen Gründen vorgenommen werden, ohne dass sie dabei zugleich auswertungsbedingt sind (Fromm/Nordemann/*J. B. Nordemann* § 93 Rn. 1). 22

Änderungen die technisch bedingt sind, weil sie die Filmherstellung erforderlich macht, sind stets hinzunehmen und stellen keine grobe Entstellung dar (Dreier/Schulze § 93 Rn. 8). Unproblematisch sind zudem auch Anpassungen und Änderungen des Werkes, soweit sie von geringer Intensität sind und der sachgerechten, filmischen Verwertung dienen. Diese sind von den Urheberberechtigten zu dulden (so auch kritische Stimmen: *Pollert* 152 ff.; *Wandtke* FS Schricker 2005, 609 f.). 23

Der **Austausch wesentlicher Filmszenen** kann grob entstellend sein. So hatte das OLG München in der im Zuge der Verfilmung des Romans „Die unendliche Geschichte" von Michael Ende vorgenommenen Veränderung der Schlussszene, eine der Intention und dem Charakter des verfilmten Romans in sinnentstellender Weise zuwiderlaufende gröbliche Entstellung angenommen. Ein Anspruch des Urhebers scheiterte aber an der von ihm geschaffenen Vertrags- und Vertrauenslage (OLG München GRUR 1986, 460, 462 – Die unendliche Geschichte; krit. Fromm/Nordemann/*Hertin* 9. Aufl. § 93 Rn. 5). 24

Ein gröblicher Eingriff wurde zudem durch das KG (UFITA 59 (1971) 279, 282 – Kriminalspiel) dort bejaht, wo die Änderungen zu einer wesentlichen Umgestaltung des Hauptcharakters des Films geführt hatten (dazu *Pollert* 127 ff.). 25

Ebenfalls als entstellend wurde der **teilweise Austausch der Filmmusik** angesehen (OLG München GRUR Int, 1993, 332, 333 – Christoph Columbus). Anders wird dies bei **vollständigem** Austausch der Filmmusik beurteilt (OLG Hamburg GRUR 1997, 822, 825 f. – Edgar-Wallace-Filme). Dem ist zumindest soweit zuzustimmen, als zumindest der Filmkomponist gegen einen vollständigen Austausch nicht vorgehen kann (dazu Rn. 16). Ein solcher Fall, in dem der Werkbeitrag des Urhebers schlicht und ergreifend im Film nicht mehr zu sehen oder zu hören ist, ist vergleichbar mit der Vernichtung eines Werkes, wo schon § 14 keine Anwendung findet. Derjenige, dessen Werk- oder künstlerischer Beitrag vollständig rausgeschnitten wurde, kann dagegen folglich mangels Entstellung seines Werkes nicht vorgehen. Anders sieht dies aber bspw. für den Kreativproduzenten oder den Regisseur aus, der die Filmmusik oder den rausgeschnitten Beitrag extra für den Film ausgewählt und insofern eine schöpferische Leistung erbracht hat. Diese können, wenn durch die Änderung in den Charakter des Films eingegriffen wird, dagegen wegen gröblicher Entstellung ihrer Leistungen vorgehen. 26

Hinsichtlich **Laufzeitänderungen** und **Formatanpassungen** („panning and scanning") hielt das LG Berlin (ZUM 1997, 758) bei Kürzung der einzelnen Folgen einer einstündigen Fernsehserie um jeweils etwa 10 Minuten eine gröbliche Entstellung für möglich. Das OLG Frankfurt sah in der Kürzung eines Films um ein Drittel ebenfalls eine gröbliche Entstellung als gegeben (OLG Frankfurt GRUR 1989, 203, 205 – Wüstenflug). Anders beurteilte das KG (GRUR 2004, 497 – Schlacht um Berlin) die Kürzungen bei einem Dokumentarfilm über die Lebensverhältnisse im Berlin 1943 bis 1949. Hier war für Sendezwecke der Film auf die erste Hälfte der Jahre bis zum Ende des 2. Weltkriegs gekürzt worden. Dadurch war zwar die Gesamtdramaturgie des Films, der gerade die Jahre vor und nach Ende des Krieges spiegeln wollte, gestört und das Filmwerk entstellt worden, gleichwohl nahm das KG in richtiger Anwendung der Wertungsrichtlinie des § 93 noch keine gröbliche Entstellung an, weil die Kürzung im historischen Zeitlauf angelegt und der 27

Sinngehalt zwar verändert. aber nicht verkehrt worden war (a. A. *Wandtke* FS Schricker 2005, 609; Einzelheiten *Zlanabitnig* AfP 2005, 35, 36 ff.). Insbesondere das Wegschneiden nur kurzer Filmsequenzen wird man, da dies dem Filmzuschauer kaum auffallen wird, nicht als schwerwiegende Entstellung ansehen können (wie hier Wallner S. 191). Generell sollte aber schon wegen des Ultima-Ratio-Gedankens des § 93 darauf geachtet werden, dass der am wenigsten einschneidende Weg gewählt wird, das Werk schnitttechnisch anzupassen (Dreier/Schulze/*Schulze* § 93 Rn. 9).

28 Keine gröbliche Entstellung stellt es hingegen dar, den Film als Zwei- oder Mehrteiler herauszubringen (BAG UFITA 38 (1962), 95, 99 f.: *„der Filmhersteller ist berechtigt, ein einheitliches Filmwerk in zwei Teilen auszuwerten, ohne dass es dieserhalb noch der Einwilligung des bei der Herstellung des Filmwerks mitwirkenden Filmschaffenden bedarf oder dafür zusätzliche Zahlungen an ihn zu leisten wäre"*), solange der Erzählrhythmus nicht beeinträchtigt wird. Denn hierdurch wird nicht in den Aussagegehalt des Films eingegriffen.

29 **Formatanpassungen** werden hingegen allgemein als schwerwiegender als geringfügige Laufzeitänderungen bewertet (Schricker/Loewenheim/*Dietz/Peukert* § 93 Rn. 24 m. w. N.; *Reupert* 155 f.; *Schack* Rn. 363). Z. T. wird selbst in einem mittlerweile im Privatfernsehen üblichen Abschneiden des **Nachspanns** eine gröbliche Entstellung gesehen (Schricker/Loewenheim/*Dietz/Peukert* § 92 Rn. 24; *Reupert* 156 ff.). Das ist unzutreffend. Der Inhalt des Films ist nicht berührt. Einschlägig ist § 13. Anderes gilt hinsichtlich des dramaturgisch u. U. wichtigen **Vorspanns**.

30 Eine Sendung auch eines künstlerisch wertvollen Films auf **Handy-TV** stellt als solche nicht bereits eine gröbliche Entstellung dar, solange keine unverhältnismäßigen Kürzungen und Formatveränderungen vorliegen, die die inhaltliche und künstlerische Aussage des Films nicht wesentlich beeinträchtigen (vgl. *Kreile* ZUM 2007, 687). Ob darüber hinaus nicht hinnehmbare Sinnentstellung anzunehmen ist, hängt vom konkreten Filmwerk ab, und wäre bspw. dann anzunehmen, wenn aufgrund der veränderten Wahrnehmung ein Filmwerk aufgrund seiner intendierten Aussage als Karikatur seiner selbst erschiene. Ein Automatismus ist jedoch stets abzulehnen.

31 Grundsätzlich immer eine gröbliche Entstellung annehmen, muss man wenn durch Veränderungen des Bildformates bspw. Veränderung von 16:9 auf 4:3 die atmosphärische Dichte des Films zerstört würde, dann ist das Beifügen eines schwarzen Balkens als milderes Mittel anzusehen (Dreier/Schulze § 93 Rn. 9).

32 Umstritten ist die für die Filmverwertung im werbefinanzierten Fernsehen vordringliche Frage nach dem **zulässigen Umfang von Werbeunterbrechungen bei Spielfilmen.** Diese gelten nach Auffassung der Literatur als gröblich entstellend, wenn der Erzählrhythmus beeinträchtigt wurde (Schricker/Loewenheim/*Dietz/Peukert* § 14 Rn. 25; *Reupert* 149 ff.; *Wallner* 187 ff.; *Zlanabitnig* AfP 2005, 35, 38; vgl. insb. Trib. Roma GRUR Int. 1985, 586, 588 – Serafino, wo während des Film acht Werbepausen mit insgesamt 66 Werbespots zu sehen waren; gegen Differenzierung nach Erst- und Zweitverwertung Schricker/Loewenheim/*Dietz/Peukert* § 93 Rn. 21). Ob **medienrechtliche Vorgaben** (vgl. insb. §§ 14, 15, 44, 45 RfStV) auch einen urheberpersönlichkeitsrechtlichen Schutz intendieren und daher als Maßstab Anwendung finden können, ist umstritten (so Schricker/Loewenheim/*Dietz/Peukert* § 93 Rn. 21; vgl. dazu umfassend auch bei *Heidmeier* S. 167 ff.). Dies ist aber nach den gesetzgeberischen Motiven anzunehmen (Niedersächsisches OVG ZUM 1994, 661 unter Zitierung des gesetzgeberischen Motivs der Wahrung des künstlerischen Wertes von Kino- und Fernsehfilmen). Jedenfalls in quantitativer Hinsicht der höchstzulässigen Gesamtdauer von Werbung in den vorgegebenen Sendeblöcken sind die medienrechtlichen Vorgaben auch urheberrechtlich verbindlich. Bei ambitionierten künstlerischen Filmen soll nach einer Ansicht eine derartige Unterbrechung in der Regel nicht zulässig sein (Schricker/Loewenheim/*Dietz/Peukert* § 14 Rn. 6, § 93 Rn. 21; Fromm/Nordemann/*Hertin*, 9. Aufl. § 93 Rn. 6; *Reupert* 153; *G. Schulze* GRUR 1994, 855, 861; vgl. Schwed. Högsta Domstolen GRUR Int. 2008, 772; *Schwarz/Hansen* in v. Hartlieb/Schwarz

44. Kapitel Rn. 19; differenzierend *Schack* Rn. 363). Wobei sich dann die Frage stellt, was unter einem ambitionierten künstlerischen Film zu verstehen ist. Mit einem solchen Kriterium besteht immer die Gefahr, dass Kunstrichtertum über Qualität eines Werkes betrieben wird, was nicht wünschenswert ist. Sachgerechter ist es zu untersuchen, ob Art (Bauchbindenwerbung, Split-Screen-Werbung, oder sonstigen Überblendungen des laufenden Films), Größe, Platzierung, Inhalt und Dauer, einzeln oder in Kombination die Darstellung des Films so beeinträchtigen, dass dieser zu einer Werbeveranstaltung verkommt (in diese Richtung allerdings beschränkt auf künstlerisch ambitionierte Filme auch *Schwarz/Hansen* in v. Hartlieb/Schwarz 44. Kapitel Rn. 19). Generell sollte aber akzeptiert und bekannt sein, dass die Auswertung eines Films etwa im Privatfernsehen nur durch Werbung finanziert werden kann, was grundsätzlich hinzunehmen ist (*Czernik* in Wandtke Band 2 Kap. 2 § 7 Rn. 324), soweit die Parteien keine anderweitige Regelung getroffen haben.

Die **Einblendung des Logos** eines Fernsehunternehmens ist grds. zulässig (Schricker/ Loewenheim/*Dietz/Peukert* § 93 Rn. 21; *Reupert,* 159; a. A. *Huber* S. 97; vgl. zur Situation in Frankreich auch Tribunal de grande instance de Paris GRUR Int. 1989, 936, wonach „das Recht des Filmurhebers auf Achtung seines Werkes […] durch die ununterbrochene Einblendung des Logos der Fernsehanstalt „La Cinq" verletzt [wird], wenn der Urheber die Einblendung formell verbietet oder auch sie nicht ausdrücklich genehmigt."). Das Logo greift nicht in den Inhalt des Werkes ein. Zudem ist es oftmals in der oberen Bildecke, und dabei sogar nur transparent zu sehen, was ein Verbot aufgrund Entstellung auch unverhältnismäßig machen würde (weitere Argumente bei *Heidmeier* S. 186 f.).

Als gröbliche Entstellung wird weiter die **Nachsynchronisation** eines des Hauptdarstellers angesehen (OLG München UFITA 28 (1959), 388), wobei auch die Nachsynchronisation von tragenden Nebenrollen (sog. supporting actors) als grobe Entstellung angesehen werden muss, da solche Nebenrollen in vielen Filmen (vor allem im Zeichentrickbereich) eine wichtige Rolle einnehmen (a. A. *Schwarz* ZUM 1999, 40, 45, der das Entstellungsverbot nur auf Hauptdarsteller beschränkt wissen will). Keine gröbliche Entstellung der Rechte ausübenden Künstler liegt jedoch vor, wenn sein Beitrag im Film nicht zu sehen ist. Das kann bspw. der Fall sein, wenn der Werk- oder künstlerische Beitrag des Mitwirkenden vollständig herausgeschnitten wurde (für den Fall der Filmmusik: OLG Hamburg GRUR 1997, 822, 825 f. – Edgar-Wallace-Filme). Ein solcher Fall ist vergleichbar mit der Vernichtung eines Werkes, wo schon § 14 keine Anwendung findet. Allerdings kann der Regisseur hiergegen vorgehen.

Umstritten ist weiter die **Nachkolorierung** eines Films. Hier wird ein Film, der zunächst in Schwarz-Weiß gedreht wurde, nachträglich koloriert (geschehen bspw. bei dem Film „*Der längste Tag*" [OT: The Longest Day, USA 1962]). Teilweise wird dies als zulässig angesehen. So wird damit argumentiert, dass die Nachkolorierungstechnik mittlerweile so fortgeschritten sei, dass eine gröbliche Beeinträchtigung nicht vorliege. Zudem würde der Sinngehalt des Films nicht verändert werden (*Schwarz/Hansen* in v. Hartlieb/Schwarz 44. Kapitel Rn. 20). Dem ist nicht zuzustimmen. Denn diese Auffassung übersieht, dass Perspektive, Tiefe und Farbigkeit (man spricht in diesem Zusammenhang von der Scheinfarbigkeit, die durch eine bestimmte Grautonabstufung erreicht wird (vgl. dazu *Huber* S. 80 ff.), beim Schwarz-Weiß-Film eine andere als beim Farbfilm ist. Jede Änderung wirkt sich damit auf den Charakter des Films aus und ist gröblich entstellend, zumal hier auch die Interessen des Filmherstellers nicht deswegen überwiegen können, weil sich sein Investitionsrisiko bei einem Schwarz-Weiß Film längst amortisiert haben dürfte; insofern muss auch deswegen die Interessenabwägung zugunsten des Urhebers ausgehen (so auch *Czernik* in Wandtke Band 2 Kap. 2 § 7 Rn. 321; Dreier/Schulze § 93 Rn. 9; *Platho* GRUR 1987, 424, 426; *Huber* S. 86; vgl. zudem die Entscheidung des Cour d'appel de Paris GRUR Int 1989, 937 – John Huston). Dies wird man zudem vor allem dann annehmen, wenn es sich bei dem nachkolorierten Film um einen Film handelt, der in Schwarz-Weiß hergestellt wurde, obwohl die Farbtechnologie bereits ohne Weiteres einsetzbar war (Beispiele aus neuerer Zeit: „*The Good German*" von *Steven Soderbergh* aus dem Jahr 2006 und „*Europa*" von *Lars von Trier* aus dem Jahr 1991; diese Auffassung vertritt auch Fromm/Nordemann/ *J. B. Nordemann* § 93 Rn. 23; ähnlich wohl auch Schricker/Loewenheim/*Dietz/Peukert* § 93 Rn. 22).

3. Abs. 2: Recht auf Namensnennung ausübender Künstler, § 74 Abs. 1

36 § 93 Abs. 2 passt das in § 74 Abs. 1 normierte Recht auf Namensnennung einzelner ausübender Künstler an die Erfordernisse der Filmproduktion an. Mit der Formulierung „jedes einzelnen Künstlers" stellt das Gesetz klar, dass das in § 74 Abs. 2 geregelte Recht der Nennung einer Künstlergruppe mit ihrem Kollektivnamen durch § 93 nicht berührt wird (a. A: Fromm/Nordemann/*J. B. Nordemann* § 93 Rn. 27). Als maßgeblich für die Beurteilung darüber, ob eine Nennungsverpflichtung bestand, gilt der Zeitpunkt der Herstellung des Abspanns. Gewinnt die Rolle des nicht genannten Künstlers erst später an Bedeutung, und war dies zum Zeitpunkt der Herstellung des Abspann noch nicht absehbar, liegt keine Verletzung des Namensnennungsrechts, wenn der Name nicht nachträglich eingefügt wird (Fromm/Nordemann/*J. B. Nordemann* § 93 Rn. 28).

III. Rechtsfolgen

1. Gebot gegenseitiger Rücksichtnahme

37 Das in § 93 verankerte Gebot zur gegenseitigen Rücksichtnahme betrifft nicht allein die Rechtsbeziehungen der Urheberberechtigten zum Filmhersteller, sondern auch ihr Verhältnis untereinander. Aus dem Gebot der Rücksichtnahme folgt dabei insbesondere die Verpflichtung zur Prüfung, ob nicht verhältnismäßigere Maßnahmen zur Verfügung stehen, als das Verbot der Änderungen. In Betracht käme bspw. der Verzicht des Filmherstellers, den Namen des Urhebers oder des ausübenden Künstlers zu nennen (dazu *Czernik* in Wandtke Band 2 Kap. 2 § 7 Rn. 315). Die gegenseitige Rücksichtnahme aller Beteiligten ist der nach § 93 i. V. m. § 14 und § 75 gebotenen Interessenabwägung allerdings schon immanent. Insofern hat die Vorschrift nur **klarstellende Bedeutung,** auch wenn das Verhältnis zwischen dem einzelnen betroffenen Urheber oder Inhaber eines verwandten Schutzrechtes und dem nutzungsberechtigten Filmhersteller aufgrund der Stellung im Dritten Teil im Vordergrund stehen mag (Schricker/Loewenheim/*Dietz/Peukert* § 93 Rn. 10; keinerlei praktische Bedeutung sehen Fromm/Nordemann/*J. B. Nordemann* § 93 Rn. 24; a. A. OLG München GRUR 1986, 460f. – Die unendliche Geschichte, wo eine Entstellung zwar als gröblich angesehen wurde, diese über das Gebot der Rücksichtnahme aber doch noch erlaubt wurde). Jedoch bedeutet § 93 für die ausübenden Künstler eine Erweiterung des entsprechenden Gebots in § 75 S. 2 auf übrige Beteiligte, die von § 75 S. 2 nicht umfasst sind. Insofern erscheint die Einschränkung persönlichkeitsrechtlicher Befugnisse **ausübender Künstler** bei **Laufbildern** aufgrund der Geltungsanordnung des § 95 bedenklich (s. u. § 95 Rn. 23; Schricker/Loewenheim/*Katzenberger* § 95 Rn. 18).

2. Verweis auf §§ 97 ff.

38 Im Übrigen verweist § 93 auf die allgemeinen Vorschriften des Werkintegritätsschutzes (s. Kommentierung zu §§ 14, 39, 75, 97 ff.). Auch eine gröbliche Entstellung führt jedenfalls dann nicht zu einer höheren **Geldentschädigung nach § 97 Abs. 2** (KG UFITA 59 (1971) 279, 284), wenn der betreffende Hersteller selbstständig im Vorspruch eine erhebliche Distanzierung durch den Hinweis „sehr frei nach dem Roman von" vorgenommen hat und dadurch der Gefahr der Rufschädigung weitgehend vorgebeugt hat (Schricker/ Loewenheim/*Dietz/Peukert* § 93 Rn. 25). Dem Filmhersteller selbst steht, außer er wurde

in seinen Rechten als Kreativproduzent verletzt, kein Anspruch auf immateriellen Schadensersatz zu.

3. Abs. 2: Ausschluss des Rechts auf Namensnennung

Eine Geltendmachung des Anspruchs auf Namensnennung durch den einzelnen ausübenden Künstler scheidet aus, wenn diese für den Filmproduzenten und die Inhaber des jeweiligen, vom Filmproduzenten abgeleiteten Verwertungsrechts einen unverhältnismäßigen Aufwand bedeutet. Grds. tragen der Filmproduzent bzw. der Nutzungsrechtsinhaber die **Beweislast** für das Vorliegen eines unverhältnismäßigen Aufwands. Der Verhältnismäßigkeitsmaßstab ist aus den konkreten Einzelumständen in Abhängigkeit von betroffener Verwertung und Umfang und Qualität des Beitrags des ausübenden Künstlers zu bestimmen (bei Bezahl-Fernsehsendung und Video on Demand scheidet infolge der technischen und wirtschaftlichen Eigenarten ein Namensnennungsrecht eher aus als in den Endcredits bei Kinovorführung oder Videogramm). Im Umkehrschluss bleibt das Namensnennungsrecht eines an einem Filmwerk bzw. Laufbild mitwirkenden ausübenden Künstlers bei dessen besonderem Interesse unberührt (vgl. für das Verhältnis bei einer Künstlergruppe § 74 Abs. 2 S. 4) und ebenso wenig das Recht der Nennung einer Künstlergruppe unter ihrem Kollektivnamen (im Einzelnen zur Frage der Verhältnismäßigkeit vgl. auch § 74 Rn. 19ff.). 39

§ 94 Schutz des Filmherstellers

(1) **Der Filmhersteller hat das ausschließliche Recht, den Bildträger oder Bild- und Tonträger, auf den das Filmwerk aufgenommen ist, zu vervielfältigen, zu verbreiten und zur öffentlichen Vorführung, Funksendung oder öffentlichen Zugänglichmachung zu benutzen. Der Filmhersteller hat ferner das Recht, jede Entstellung oder Kürzung des Bildträgers oder Bild- und Tonträgers zu verbieten, die geeignet ist, seine berechtigten Interessen an diesem zu gefährden.**

(2) **Das Recht ist übertragbar. Der Filmhersteller kann einem anderen das Recht einräumen, den Bildträger oder Bild- und Tonträger auf einzelne oder alle der ihm vorbehaltenen Nutzungsarten zu nutzen. § 31 Abs. 1 bis 3 und 5 und die §§ 33 und 38 gelten entsprechend.**

(3) **Das Recht erlischt fünfzig Jahre nach dem Erscheinen des Bildträgers oder Bild- und Tonträgers oder, wenn seine erste erlaubte Benutzung zur öffentlichen Wiedergabe früher erfolgt ist, nach dieser, jedoch bereits fünfzig Jahre nach der Herstellung, wenn der Bildträger oder Bild- und Tonträger innerhalb dieser Frist nicht erschienen oder erlaubterweise zur öffentlichen Wiedergabe benutzt worden ist.**

(4) **§ 10 Abs. 1 und die §§ 20b, 27 Abs. 2 und 3 sowie die Vorschriften des Abschnitts 6 des Teils 1 sind entsprechend anzuwenden.**

Literatur: *Bareiß*, Filmfinanzierung 2.0 ZUM 2012, 456; *Baur*, Der Filmherstellerbegriff im Urheber-, Filmförderungs- und Steuerrecht, UFITA 2004, 665; *Claussen*, Die Vergütung für die Überspielung zum privaten Gebrauch gemäß § 54 Absatz 1 UrhG und ihre Verteilung unter die Berechtigten im Filmbereich, Baden-Baden 1993; *Dünnwald*, Zum Leistungsschutz an Tonträgern und Bildtonträgern, UFITA 76 (1976) 165ff.; *Fuhr*, Der Anspruch des Sendeunternehmens nach §§ 94, 54 bei Auftragsproduktionen, in: Scheuermann (Hrsg.), Urheberrechtliche Probleme der Gegenwart, Festschrift für Reichhardt zum 70. Geburtstag, Baden-Baden 1990, 29 (zit. *Fuhr* FS Reichhardt); *Hertin*, Wo bleibt der internationale Leistungsschutz für Filme?, ZUM 1990, 442; *Iljine*, Der Produzent: Das Berufsbild des Film- und Fernsehproduzenten in Deutschland, Gerlingen 1997; *Katzenberger*, Die rechtliche Stellung des Filmproduzenten im internationalen Vergleich, ZUM 2003, 712; *Katzenberger*, Kein Laufbildschutz für ausländische Videospiele in Deutschland, GRUR Int. 1992, 513; *Kreile*, Einnahme und Verteilung der gesetzlichen Geräte- und Leerkassettenvergütung für private Vervielfältigung in Deutschland, GRUR Int. 1992, 24; *Kreile/Höflinger*, Der Produzent als Urheber, ZUM 2003, 719; *v. Lewinski*, Die Umsetzung der Richtlinie zum Vermiet- und Verleihrecht, ZUM 1995, 442;

UrhG § 94 § 94 Schutz des Filmherstellers

Loef/Verweyen, „One more night" – Überlegungen zum abgeleiteten fremdenrechtlichen Filmherstellerschutz, ZUM 2007, 706; *Loewenheim*, Die Beteiligung der Sendeunternehmen an den gesetzlichen Vergütungsansprüchen im Urheberrecht, GRUR 1998, 513; *Mand*, Der gesetzliche Vergütungsergänzungsanspruch gem. § 20b II UrhG, GRUR 2005, 720; *Movsessian*, Urheberrechte und Leistungsschutzrechte an Filmwerken, UFITA 79 (1977) 213; *Paschke*, Urheberrechtliche Grundlagen der Filmauftragsproduktion, FuR 1984, 403; *Pense*, Der urheberrechtliche Filmherstellerbegriff des § 94 UrhG, ZUM 1999, 121; *Poll*, Die Harmonisierung des europäischen Filmurheberrechts aus deutscher Sicht, GRUR Int. 2003, 290; Poll (Hrsg.), Videorecht – Videowirtschaft, 1986; *Radan*, Bilanzierung und Abschreibung von Filmrechten nach dem Schreiben des Bundesministeriums der Finanzen vom 23. Februar 2001 zur ertragssteuerlichen Behandlung von Film- und Fernsehfonds (Medienerlass), ZUM 2001, 953; *Radmann*, Urheberrechtliche Fragen der Filmsynchronisation, München 2003; *Reden-Lütcken/Thomale*, Der Completion Bond – Sicherungsmittel und Gütesiegel für Filmproduktionen, ZUM 2004, 896; *Reupert*, Der Film im Urheberrecht, Baden-Baden 1995; *Rossbach*, Die Vergütungsansprüche im deutschen Urheberrecht, Baden-Baden 1990; *Schack*, Der Vergütungsanspruch der in- und ausländischen Filmhersteller aus § 54 Abs. 1 UrhG, ZUM 1989, 267; *Schack*, Ansprüche der Fernsehanstalten bei Videonutzung ihrer Sendungen, GRUR 1985, 197; *Schorn*, Zur Frage der Änderung von § 87 Abs. 3 und anderen Vorschriften des Urheberrechtsgesetzes im Rahmen der Urheberrechtsreform, GRUR 1982, 644; *Schulze*, Urheber- und Leistungsschutzrechte des Kameramannes, GRUR 1994, 855; *Schulz*, Das Zitat in Film- und Multimediawerken, ZUM 1998, 221; *Schwarz*, Klassische Nutzungsrechte und Lizenzvergabe bzw. Rückbehalt von »Internet-Rechten«, *Schwarz*, Aktuelle Probleme bei der Vertragsgestaltung bei der Produktion von Filmen und Fernsehfilmen. „Internationale Co-Produktionen, ZUM 1991, 381; *Schwarz/v. Zitzewitz*, Die internationale Koproduktion. Steuerliche Behandlung nach Inkrafttreten des Medienerlasses, ZUM 2001, 958; *Stolz*, Der Begriff der Herstellung von Ton- und Bildtonträgern und seine Abgrenzung zum Senderecht, UFITA 96 (1983) 55; *Ulmer-Eilfort*, US-Filmproduzenten und deutsche Vergütungsansprüche, Baden-Baden 1993; *Vogel*, Wahrnehmungsrecht und Verwertungsgesellschaften in der Bundesrepublik Deutschland, GRUR 1993, 513; *Wriedt/Fischer*, Zur Bilanzierung von Filmvermögen, DB 1993, 1683.

Vgl. darüber hinaus die Angaben im eingangs abgedr. Gesamtliteraturverzeichnis.

Übersicht

	Rn.
I. Bedeutung	1–19
1. Regelungszweck	1–5
2. Verhältnis zu §§ 88 ff.	6–9
3. Verhältnis zu anderen Leistungsschutzrechten	10–14
a) Realakt	10
b) Tonträger	11, 12
c) Sendeunternehmen	13
d) Veranstalterschutzrecht	14
4. Verfassungsrechtliche Bezüge	15
5. Steuerrechtliche Bedeutung	16, 17
6. GEMA-rechtliche Bedeutung	18
7. Filmförderrechtliche Bedeutung	19
II. Tatbestandsvoraussetzungen	20–58
1. Erstfixierung auf Filmträger	20–28
a) Speichermedien	20
b) Erste Bildfolgenfixierung	21
c) Kein unternehmerischer Mindestaufwand	22
d) Filmsynchronfassung	23
e) Restaurierung. Kolorierung, Collage	24–28
2. Filmhersteller	29–58
a) Bedeutung des Begriffs	29
b) Realaktscharakter der Filmherstellung. Sacheigentum am Erstfilmträger	30
c) Wertende Gesamtbetrachtung	31, 32
d) Echte und unechte Auftragsproduktion	33, 34
e) Auslegungskriterien	35–39
aa) Wortlaut	35, 36
bb) Systematik	37
cc) Gesetzesbegründung	38
dd) Gesetzeszweck	39

f) Rechtsprechung	40
g) Zurechnungsmerkmale	41–45
aa) Faktischer Einfluss auf wesentliche produktionstechnische Vorgaben	41, 42
bb) Rechteerwerb	43
cc) Fertigstellungsrisiko	44
dd) Auswertungsrisiko, finanzielle Gesamtverantwortung	45
h) Eintritt in die laufende Filmproduktion. Produzentenwechsel	46, 47
i) Filmfonds	48, 49
j) Medienerlass des Bundesfinanzministeriums	50, 51
k) Koproduktionen	52–58
III. Umfang des Leistungsschutzrechts	57–63
1. Ausschließliche Rechte zur Vervielfältigung, Verbreitung, öffentlichen Vorführung, Funksendung und öffentlichen Zugänglichmachung des Bildträgers (§ 94 Abs. 1 S. 1)	59–61
2. Schutz gegen Entstellungen und Kürzungen (§ 94 Abs. 1 S. 2)	62–65
a) Verhältnis zu §§ 14, 39, 75, 93	62, 63
b) Entstellung und Kürzung	64
c) Berechtigte Interessen	65
3. Kein Benennenungsrecht	66
IV. Übertragbarkeit (§ 94 Abs. 2)	67–69
V. Rückruf der Nutzungsrechte	70
VI. 50-jährige Schutzdauer (§ 94 Abs. 3)	71–74
VII. Verweisungen des § 94 Abs. 4	75–84
1. Gesetzliche Vergütungsansprüche gegenüber Verwertungsgesellschaften	75–78
a) Direkte Verweisungen auf verwertungsrechtliche Vergütungsansprüche	75
b) Vergütungsansprüche als Kompensation für Zwangslizenzen	76, 77
c) Verwertungsgesellschaften	78
2. Verhältnis des § 94 Abs. 4 zu § 87 Abs. 4	79–84
a) Normwiderspruch	79, 80
b) Spezialität des § 87 Abs. 4	81, 82
c) Öffentliche Sendeanstalten	83
3. Schrankenbestimmungen Teil 1 Abschnitt 6	84

I. Bedeutung

1. Regelungszweck

§ 94 kann als zentrale Bestimmung des Dritten Teils gelten. § 94 sichert dem Filmhersteller durch die Schaffung eines **originären, dem Urheberrecht verwandten Schutzrechts des Filmherstellers** eine **verwertungsrechtliche Schlüsselstellung** für den Film (*Homann* 150 ff.; Schricker/Loewenheim/*Katzenberger* § 94 Rn. 23). Dieses Leistungsschutzrecht honoriert die **organisatorische, technische und wirtschaftliche Leistung des Filmherstellers** bei der **ersten Fixierung eines zum Vertrieb geeigneten Filmträgers** (vgl. Art. 2 Abs. 1, 7 Abs. 1 Vermiet- und Verleih-Richtlinie). § 94 Abs. 1 S. 2 geht mit dem Verbot jeder Entstellung oder Kürzung des Bildträgers oder Bild- und Tonträgers über den Schutzgehalt der anderen verwandten Schutzrechte hinaus und trägt so der Tatsache Rechnung, dass die Filmurheber und -darsteller ohne die organisatorische Leistung des Filmherstellers ihre eigenen Leistungen in aller Regel weder in Werkform fixieren noch verwerten könnten. 1

Das Leistungsschutzrecht besteht unabhängig davon, ob ein Film Werkcharakter hat. Aufgrund der Anordnung entsprechender Geltung in § 95 genügt die Aufzeichnung von **Laufbildern** ohne Werkcharakter auf dem vom Filmhersteller hergestellten Filmträger (OLG Frankfurt a. M. ZUM 2005, 477, 481 – TV Total). Das verwandte Schutzrecht des Filmherstellers ist **originär,** da es weder vertraglich noch gesetzlich von den Filmurhebern 2 oder Urhebern vorbestehender verfilmter Werke abgeleitet wird. Es entsteht grds. **unabhängig vom Erwerb urheberrechtlicher Nutzungsrechte** (BGH GRUR 1986, 742f. – Videofilmvorführung). Darauf, ob der Filmhersteller von den Filmurhebern und -darstellern überhaupt ausschließliche oder einfache Nutzungsrechte erworben hat, kommt es nicht an. Insofern führt das Leistungsschutzrecht auch nicht zu einer originären Übertragung der beim Filmurheber entstehenden Urheberrechte. Rechte daran können nur vertraglich nach den §§ 88 ff. eingeräumt werden. Jegliche originäre Zuweisung der Urheberrechte der Filmurheber an den Filmproduzenten im Wege der cessio legis scheidet als europarechtswidrig aus (dazu EuGH ZUM 2012, 313 – Luksan/van der Let). Eigene Urheberrechte am Filmwerk erhält der Filmhersteller nur als Kreativproduzent (dazu Vor § 88 Rn. 75).

3 Das Leistungsschutzrecht entsteht auch für den von Filmurhebern **nicht autorisierten Filmhersteller**. Auch der nichtberechtigte Filmhersteller, der unautorisiert in Rechte der Filmurheber oder Urheber verfilmter Werke eingreift, hat eigenständige Unterlassungsansprüche bspw. gegen den Raubkopisten, der den Filmträger vervielfältigt, aufgrund von § 94; er bleibt aber seinerseits den Urhebern gegenüber zum Nacherwerb andernfalls zu Unterlassung und Schadensersatz verpflichtet („Pattsituation"; Fromm/Nordemann/*Hertin* 9. Aufl. § 94 Rn. 11; Möhring/Nicolini/*Lütje* § 94 Rn. 4; Schricker/Loewenheim/ *Katzenberger* § 94 Rn. 18; *Baur* UFITA 2004, 665, 757). Der Erwerb der Verfilmungsrechte nach §§ 88, 89 indiziert regelmäßig den Filmhersteller, ist aber kein notwendiges oder hinreichendes Filmherstellermerkmal.

4 § 94 setzt grds. heute **kein materielles Sacheigentumsrecht** des Filmherstellers mehr **am Filmträger** voraus. Zwar lässt sich § 128 Abs. 1 entnehmen, dass der den nach §§ 94 und 95 gewährten Schutz **deutschen Staatsangehörigen oder Unternehmen** mit Sitz im Geltungsbereich dieses Gesetzes für alle **„ihre"** Bildträger und Bild- und Tonträger gewährt. Das bezieht sich aber nicht auf den materiellen Träger, sondern auf die Immaterialgüterrechte, die im Filmträger „verkörpert" sind. Das folg schon daraus, dass Schutzgegenstand des § 94 allein seine organisatorische und wirtschaftliche Leistung ist (BGH GRUR 2008, 693, 694 – TV-Total; so auch Schricker/Loewenheim/*Katzenberger* § 94 Rn. 9 mwN, der ausdrücklich darauf verweist, dass Schutzträger nicht der Filmträger als solches ist; siehe dazu auch Rn. 1). Andernfalls wäre niemand Filmhersteller, der die Aufnahmen mittels ausgeliehener Aufnahmetechnik anfertigt und später den Film bspw. in einer Cloud abspeichert.

5 Das Leistungsschutzrecht des § 94 wird wie §§ 81, 85, 87, 87a auch als **wettbewerbsrechtlicher Sondertatbestand** gedeutet, der einen unternehmerischen Aufwand gegen unmittelbare Leistungsübernahme stärker schützt als die Generalklausel des § 1 UWG (Schricker/*Vogel* § 85 Rn. 94; OLG München GRUR Int. 1993, 332, 334; zur dogmatischen Eigenart der Leistungsschutzrechte und zum subsidiären wettbewerbsrechtlichen Schutz nach § 1 UWG: BGH GRUR 1992, 697, 699 – ALF). Als unternehmensbezogenes, vermögensrechtliches Leistungsschutzrecht kann das Leistungsschutzrecht des Filmherstellers **natürlichen** wie **juristischen Personen** wie **Personenmehrheiten** gleichermaßen zustehen und unbeschränkt übertragen werden (§ 94 Abs. 2; Fromm/Nordemann/ *J. B. Nordemann* § 94 Rn. 50; Möhring/Nicolini/*Lütje* § 94 Rn. 6). Ungeachtet seines Charakters als Leistungsschutzrecht erfordert § 94 **keinen wirtschaftlichen oder unternehmerischen Mindestaufwand** und **keinen gewerblichen Zweck**. Das Leistungsschutzrecht des Filmherstellers wurde demjenigen des Tonträgerherstellers nachgebildet. Zu diesem stellt die Gesetzesbegründung fest, dass eine unterschiedliche Behandlung gewerblicher und nichtgewerblicher Leistungen nicht gerechtfertigt sei (BT-Drucks. IV/270, 96). Dies wird nach h. M. auf § 94 übertragen (*Dünnwald* UFITA 1976, 165, 173; Schricker/ Loewenheim/*Katzenberger* § 94 Rn. 16; *Baur* UFITA 2004, 665, 765 ff.). Der **Amateur** und **Gelegenheitsfilmer** und der Filmstudent sind auch hinsichtlich kurzer Filmsequenzen geschützt (OLG Hamm ZUM 2009, 159, bestätigt durch BGH MMR 2011, 45;

§ 94 Schutz des Filmherstellers 6, 7 § 94 UrhG

Dreier/Schulze/*Schulze* § 94 Rn. 24; Schricker/Loewenheim/*Katzenberger* § 94 Rn. 16; a. A. wohl Fromm/Nordemann/*J. B. Nordemann* § 94 Rn. 18). Es gibt daher **keine nichtleistungsschutzrelevante Erstfixierung** unterhalb einer ohnehin willkürlichen unternehmerischen Leistungsgrenze. Die leistungsschutzrechtliche Relevanz erweist sich regelmäßig mit der Verwertbarkeit ggf. auch kleinster Sequenzen. Ausschlaggebend ist allein die verwertbare erste technische Fixierung des Films. Auch fallen sämtliche **Ausschnitte eines Films** unter den Leistungsschutz des § 94, ohne dass es auf den jeweiligen organisatorischen, unternehmerischen Aufwand für die Herstellung des betroffenen Filmteils ankommen kann (Dreier/Schulze § 94 Rn. 29). Über §§ 94, 95 kann der Filmhersteller die unmittelbare **Übernahme auch kleinster Teile,** ja sogar die Verwendung von Einzelbildern untersagen, ohne dass diese dafür Werkhöhe erreichen müssen (BGH GRUR 2010, 620 Rn. 36 – Film-Einzelbilder; BGH GRUR 2008, 693 – TV Total OLG Frankfurt a. M. ZUM 2005, 477, 479 – TV Total; OLG München ZUM-RD 1998, 124, 126; s. § 95 Rn. 5).

2. Verhältnis zu §§ 88 ff.

Der Zweck der Rechtseinräumungsvermutungen nach §§ 88 ff. besteht darin, dem 6 Filmhersteller die umfassende Verwertung seines Filmträgers sicherzustellen. **Schutzobjekt** des § 94 ist im Gegensatz zu §§ 88 ff. weder das Filmwerk noch das Laufbild (§ 95), sondern der vom Filmhersteller erstellte gegenständliche Bild- sowie Bild- und Tonträger, der **Filmträger** (zum Begriff Rn. 20 ff.), an dessen Herstellung immaterialgüterrechtliche Befugnisse geknüpft werden (s. o. Rn. 3). Als wettbewerbsrechtlich ausgerichtetes Leistungsschutzrecht schützt § 94 **gegen die Übernahme der technisch-organisatorischen Leistung des Filmherstellers,** die im Filmträger „verkörpert" ist, durch dessen Vervielfältigung, Verbreitung, Vorführung, Funksendung und öffentliche Zugänglichmachung (s. u. Rn. 59 ff.). Mithin ist der Schutz nicht auf eine Auswertung des konkreten Filmträgers beschränkt, da dieser nicht Schutzgegenstand ist. Erfasst ist vielmehr die Auswertung jeglicher Vervielfältigungen davon (BGH GRUR 2012, 620 Rn. 35; BGH GRUR 2008, 693, Rn. 13 – TV TOTAL). Zudem sind unter § 94 sämtliche **Restmaterialen** geschützt, die im konkreten Film keine Verwendung gefunden haben, die jedoch anlässlich der Filmherstellung mit der Zielsetzung einer möglichen Verwendung im späteren Film hergestellt worden waren (*U. Reber* in v. Hartlieb/Schwarz 59. Kap. Rn. 17). § 94 gewährt jedoch **keinen Schutz gegen „inhaltliche" Übernahme, Nachschaffung und Nachahmung** und deren Verwertung durch Dritte (OLG München ZUM 1992, 307, 312 – Christoph Columbus I; Schricker/Loewenheim/*Katzenberger* § 94 Rn. 7). Auch eine wettbewerbsrechtliche relevante „sklavische Nachahmung" lässt die in diesem Fall regelmäßig gegebene unternehmerische Leistung des nachahmenden Produzenten unberührt, letzterer erwirbt ein eigenes Leistungsschutzrecht nach § 94, bleibt aber ggf. zum Nacherwerb unterliegender Rechte etc., ggf. zu Unterlassung und Schadensersatz gegenüber Dritten (Urhebern und deren Rechtsnachfolgern) verpflichtet. Der Filmhersteller kann gegen die Neuverfilmung desselben Stoffes oder die Produktion eines Fortsetzungsfilms unter Anknüpfung an den Filminhalt („Sequel") nicht aufgrund seines Leistungsschutzrechts vorgehen, sondern bedarf dazu der Rechteinräumung durch die Urheber vorbestehender Werke bzw. der Filmurheber.

Das Leistungsschutzrecht steht dem Filmhersteller stets **kumulativ** zu in Ansehung 7 **sämtlicher filmischen Nutzungsrechte** (öffentlichen Vorführung, Funksendung und öffentlichen Zugänglichmachung). Dies gilt auch hinsichtlich von Nutzungsarten, die z. Zt. der Filmherstellung unbekannt waren. Der Unterscheidung der konkreten Filmart, zur Vorführung bestimmter Kino- oder Fernsehfilme (vgl. § 88 Abs. 1 Nr. 3 oder Nr. 4 a. F.) kommt beim Leistungsschutz nach § 94 keine Bedeutung zu. Auf das Schutzrecht des § 94 kommt es insb. an, wenn strittig ist, ob der Filmhersteller von den Filmurhebern und den

Urhebern von zur Filmherstellung benutzten Werken ausschließliche Nutzungsrechte entsprechend der jeweiligen Filmart nur zur Funksendung oder Kinovorführung erworben hat. Der Filmhersteller kann nach § 94 sowohl den Urhebern als auch Dritten untersagen, den Film auf jede Art auszuwerten, ohne selbst befugt zu sein, den Film auf die konkret beanstandete Art zu verwerten, für die er das Nutzungsrecht nicht erworben hat (BGH GRUR 1986, 742, 743 – Videofilmvorführung: Verletzung des Vorführungsrechts des Filmherstellers an einem Videofilm; *Dünnwald* UFITA 76 (1976) 165, 184; Möhring/ Nicolini/*Lütje* § 94 Rn. 3; Schricker/Loewenheim/*Katzenberger* § 94 Rn. 23; *Ulmer* 537). Das gilt auch dort, wo der Filmhersteller Dritten ausschließliche Nutzungsrechte am Filmwerk eingeräumt hat, es sei denn diese beziehen sich auch auf sein Leistungsschutzrecht. In diesem Fall entfällt die **Aktivlegitimation** des Filmherstellers und er kann nicht mehr gegen die Verletzung dieser Rechte durch Dritter vorgehen (BGH GRUR 1957, 614, 616 – Ferien vom Ich; OLG Köln GRUR-RR 2005, 179). Allerdings ist der Dritter seinerseits berechtigt, wegen der Verletzung der Rechte des Filmherstellers Ansprüche geltend zu machen (OLG München ZUM 2011, 868).

8 Das Leistungsschutzrecht greift auch im Fall der **außerfilmischen Verwertung** des Filmstreifens, für die der Filmhersteller nach den gesetzlichen Vermutungen der §§ 88, 89 keine Rechte erwirbt. Der Filmhersteller kann bspw. dem Komponisten der Filmmusik verbieten, zu deren außerfilmischer Verwertung die Tonspur als Teil des Filmträgers zu benutzen, auch wenn er selbst nicht zur außerfilmischen Verwertung der Musik berechtigt ist.

9 § 94 Abs. 4 sichert dem Filmhersteller ein eigenes Recht an den **gesetzlichen Vergütungsansprüchen** gem. § 20b, § 27 Abs. 2, 3 (s. u. Rn. 75 ff.). Bei Verletzung des Schutzrechts des Filmherstellers stehen dem jeweiligen Inhaber des Leistungsschutzrechts Ansprüche auf **Beseitigung, Unterlassung** und **Schadensersatz (§ 97)** sowie auf **Vernichtung** der rechtswidrig hergestellten Vervielfältigungsstücke (§ 98) bzw. deren Überlassung (§ 99) zu. Die unautorisierte Vervielfältigung und Verbreitung sind nach § 108 Nr. 7, § 108a strafrechtlich sanktioniert. Daneben bleiben abgeleitete Ansprüche aus vertraglich von den Filmurhebern und Urhebern verfilmter Werke erworbenen Nutzungsrechten unter Umständen mit längerer Laufzeit (§ 65) bestehen (einhellige Meinung; statt vieler Fromm/ Nordemann/*J. B. Nordemann* § 94 Rn. 61).

3. Verhältnis zu anderen Leistungsschutzrechten

10 **a) Realakt.** Da die verwandten Schutzrechte der §§ 85, 87, 94 jeweils mit der faktischen Erbringung bestimmter, voneinander unabhängiger, technisch-organisatorischer Leistungen (Realakte) entstehen, bestehen sie grds. selbstständig nebeneinander. Das gilt insb. für den u. U. unterschiedlichen Beginn der jeweiligen Rechtsschutzes und den Fristablauf sowie für ihre jeweiligen Schranken. Im Einzelfall ist anhand des konkret benutzten Trägermediums (Tonträger, Filmträgertonspur) festzustellen, welches Leistungsschutzrecht betroffen ist. Besonderheiten aufgrund der umstrittenen Spezialität von § 87 Abs. 4 gelten allerdings hinsichtlich der gesetzlichen Vergütungsansprüche der filmherstellenden Sendeunternehmen und öffentlichen Sendeanstalten (dazu Rn. 79 ff.).

11 **b) Tonträger.** Im Unterschied zu § 85 Abs. 1 und zu § 87 Abs. 1 Nr. 2 (dort: „Bild- oder Tonträger") wird der reine Tonträger, die **isolierte Tonspur** des Films **von § 94 nicht erfasst**. Für die Herstellung der Tonspur des Films erwirbt der Filmhersteller unabhängig von § 94 originäre Rechte nach § 85, soweit diese wie bislang üblich getrennt vom Bildstreifen in seiner Verantwortung hergestellt und anschließend zusammen montiert und geschnitten werden (bei gleichzeitiger und verbundener Erstfixierung von Bild- und Tonträger spricht allerdings viel für eine echte Spezialität des § 94 gegenüber § 85 mit der Folge, dass ein Tonträgerschutzrecht erst mit der nachträglichen Trennung der Tonspur vom übrigen Träger entstünde). Sobald aber nach der Montage ein zur einheitlichen Verwer-

tung bestimmter Tonfilmstreifen, der Bild- und Tonträger i. S. d. § 94 entstanden ist, geht das diesbezügliche Tonträgerleistungsschutzrecht in der weiterreichenden Spezialvorschrift des § 94 auf. Die Verwertungsrechte des Filmherstellers nach § 94 erstrecken sich nach der Montage des Tonfilmträgers auch auf dessen Teile, insb. die isolierte Tonspur (AmtlBegr. BT-Drucks. IV/270, 102 zu § 104 des Entwurfs; KG BeckRS 2012, 10104; Dreier/Schulze § 94 Rn. 13; Fromm/Nordemann/*J. B. Nordemann* § 94 Rn. 62; Schricker/Loewenheim/*Katzenberger* § 94 Rn. 11; Schricker/*Vogel* § 85 Rn. 22 f; *Stolz* UFITA 96 (1983) 55, 79 ff.). Hinsichtlich der einmal hergestellten Tonspur bleibt der Filmhersteller allerdings Tonträgerhersteller, wobei **§ 85 dann nur noch subsidiär** für den **vom Bild- und Tonträger isolierten Tonträger(teil)** eingreift. Wegen des gegenüber § 85 umfangreicheren Rechteumfangs des § 94 ist dieser vorrangig anzuwenden. D. b. der Schutz des § 94 ist nicht allein auf die filmische Nutzung der Tonspur beschränkt, sondern auch die isolierte Entnahme der sogar kleinster Tonfetzen stellt einen Eingriff in § 94 dar. In das Leistungsschutzrecht greift dabei schon derjenige ein, der nur drei Originaltöne aus der Tonspur des Filmwerkes bspw. in einen Rundfunkbeitrag übernimmt (KG BeckRS 2012, 10104).

Dass neben § 94 § 85 noch Anwendung findet, dazu wird es nur in Ausnahmefällen kommen, bspw. soweit die Tonspur nicht vollständig mit dem Bildträger verbunden oder der Bild-/Tonträger insgesamt nicht fertiggestellt werden sollte. Es bleibt dann bei § 85. § 85 findet auch Anwendung für die getrennte Verwertung der mit dem Bildträger unverbundenen Tonspur für einen Soundtrack-Tonträger durch den Filmhersteller selbst.

Laufzeitdivergenzen ergeben sich aus unterschiedlichen Erscheinensdaten von Ton- und Bild-/Tonträger; nicht maßgeblich ist der Zeitpunkt einer eventuellen Trennung von Ton- und Bildteil des Tonfilmträgers (Wortlaut von § 85 Abs. 2, § 94 Abs. 3; ebenso Möhring/Nicolini/*Kroitzsch* § 85 Rn. 9; Schricker/*Vogel* § 85 Rn. 28). Wird allerdings einem Tonfilmträger der Tonteil durch einen Dritten auch nur teilweise entnommen – etwa zur unautorisierten Vermarktung einer Soundtrack-CD – bestimmen sich die Rechte des verletzten Filmherstellers nach § 94 und nicht nach §§ 85, 86, so dass der Filmhersteller auch die Kürzung, Entstellung, öffentliche Vorführung und Funksendung des Tonteils aus originärem Recht untersagen kann (ebenso Fromm/Nordemann/*J. B. Nordemann* § 94 Rn. 62, § 85 Rn. 5). Sind Ton- und Bildfolgen aus technischen Gründen auf verschiedenen Trägern fixiert, kommt der Schutz der Tonspur nach dem eindeutigen Wortlaut des § 94 nur in Betracht, wenn eine Verbindung mit der Bildspur zu einem Bild- und Tonträger erfolgt ist (a. A. offenbar Schricker/Loewenheim/*Katzenberger* § 94 Rn. 11). Vorher bleibt es für die isolierte Tonspur bei § 85.

c) Sendeunternehmen. Soweit **Sendeunternehmen Filmhersteller** i. S. v. § 94 sind, entsteht in ihrer Person grds. auch das Leistungsschutzrecht des § 94, soweit sie Bild-/Tonträger produzieren (s. u. Rn. 22). Die Schutzrechte nach § 94 und § 87 können nebeneinander bestehen (Dreier/Schulze § 95 Rn. 12; *v. Gamm* § 87 Rn. 3, Rn. 2; Fromm/Nordemann/*J. B. Nordemann* § 94 Rn. 63; Schricker/Loewenheim/*v. Ungern-Sternberg* § 87 Rn. 59, Schricker/Loewenheim/*Katzenberger* § 94 Rn. 20; *Stolz* UFITA 96 (1983) 55, 83; a. A. *Dünnwald* UFITA 76 (1976) 165, 170). **§ 87 Abs. 3** schließt diese Tatbestandskonkurrenz wegen des technischen, gleichrangigen Charakters der Leistungsschutzrechte nicht aus. Spezialität kommt nur hinsichtlich der **Vergütungsansprüche** in Betracht. Ein Filmhersteller wird nicht deshalb schlechter gestellt, weil er den Film zusätzlich sendet (hinsichtlich der Einschränkungen der Vergütungsansprüche des Sendeunterunternehmens wegen § 87 Abs. 3 s. u. Rn. 79 ff.). Im Verhältnis von Auftrag gebender Rundfunkanstalt und Produktionsunternehmen kommt es darauf an, wer das Kostenüberschreitungs- und Abnahmerisiko übernimmt (OLG Düsseldorf MMR 2002, 238 – Mitschnittdienste, wo der Auftragsproduzent wegen Übernahme des Kosten- und Abnahmerisikos Filmhersteller sei, mit krit. Anm. *Flechsig* MMR 2002, 243 f., der auf Leistungsschutzrelevanz der beigestellten Personal- und Sachleistungen der Rundfunkanstalt abstellen möchte; näher unten Rn. 22).

14 d) **Veranstalterschutzrecht.** Der Veranstalter einer aufzuzeichnenden und zu sendenden Sportveranstaltung ist nicht qua Veranstaltungsleistung auch Filmhersteller. Allein entscheidend ist, wer die technischen und unternehmerischen Voraussetzungen für die Filmaufzeichnung schafft (OLG München ZUM-RD 1997, 290, 293 – Box-Classics). Dem Filmhersteller steht aber umgekehrt ggf. auch das Veranstalterschutzrecht nach § 81 zu. Die Leistung von Filmschauspielern und anderen Darstellern bei den Dreharbeiten ist eine Darbietung ausübender Künstler, die vom Unternehmen des Filmherstellers veranstaltet wird, sofern man nicht ein ungeschriebenes Tatbestandsmerkmal der „Öffentlichkeit" fordert. Unabhängig von der Erstfixierung des Filmträgers bedarf daher die Lautsprecherübertragung, die Aufnahme und Verbreitung und Funksendung zusätzlich der Einwilligung des Filmherstellers als Inhaber des Unternehmens nach § 81. Der Wortlaut des § 81 setzt eine Öffentlichkeit der Darbietung, wie bei der typischen Bühnenveranstaltung nicht voraus.

5. Verfassungsrechtliche Bezüge

15 Das Leistungsschutzrecht des Filmherstellers unterliegt ebenso wie dasjenige des Tonträgerherstellers der **Eigentumsgarantie des Art. 14 Abs. 1 S. 1 GG,** die angemessene, **verhältnismäßige Verwertungsmöglichkeiten** erfordert (BVerfG GRUR 1990, 438 – Bob Dylan). Das Leistungsschutzrecht erfährt durch die Verweisung in § 94 Abs. 4 auf die allgemeinen urheberrechtlichen Schrankenbestimmungen des Abschnitts 6 des Teil 1 zwar seine notwendige inhaltliche Ausgestaltung durch den Gesetzgeber. Dabei darf der Gesetzgeber der Kerngehalt der Gewährleistung des durch Art. 14 GG geschützten Verwertungsrechtes unter **Berücksichtigung der wirtschaftlichen und technischen Eigenarten des Filmgeschäfts** nicht verkennen. Er muss geeignete gesetzgeberische Schutzmaßnahmen gegen die Aushöhlung des Leistungsschutzrechtes durch die Überdehnung von Schranken vorsehen (vgl. §§ 47 Abs. 2, 52 Abs. 3, 52a Abs. 2 S. 2, 55 Abs. 1 S. 2). Soweit diese im Einzelfall zu einer Aushöhlung und Entwertung des Leistungsschutzrechts zu führen drohen, sind die Schranken restriktiv auszulegen. Während der für die Aufnahme und erste Herstellung eines Tonträgers und dessen Vertrieb tatsächlich erforderliche, organisatorische und wirtschaftliche Aufwand durch die Digitaltechnik erheblich gesunken ist, ist dies wegen des unvermeidbar hohen Personal-, Technik- und Zeitaufwands bei der Filmproduktion nicht der Fall. Ein umfassender Schutz des Filmherstellers kann auch in rechtspolitischer Hinsicht keinen Zweifeln ausgesetzt sein.

6. Steuerrechtliche Bedeutung

16 Das Leistungsschutzrecht ist im Unterschied zum Gegenstand seiner tatbestandlichen Anknüpfung an den Filmträger steuerrechtlich ein **immaterielles Wirtschaftsgut** (handelsrechtlich ein immaterieller Vermögensgegenstand § 266 Abs. 2 A I 1 HGB). Der originäre Erwerb des Leistungsschutzrechts durch den Filmhersteller nach § 94 gilt im ertragssteuerrechtlichen Sinn als unentgeltlich (BFH BStBl. 1997 II 320, 321). Dieser **originäre Erwerb des Leistungsschutzrechts nach § 94** entscheidet auch steuerrechtlich über die Zurechnung des wirtschaftlichen Eigentums am immateriellen Wirtschaftsgut Film. Die Erwerbsvoraussetzungen nach § 94, mithin die Voraussetzungen des urheberrechtlichen Filmherstellerbegriff, sind **Mindestvoraussetzung für die handelsbilanzrechtliche und steuerrechtliche Qualifikation,** mögen dort auch zusätzliche qualifizierende Merkmale von der Steuerverwaltung und Finanzgerichten gefordert werden. Die ertrags- und bilanzsteuerliche Beurteilung der Produzenteneigenschaft richtet sich aufgrund des Realakt-Charakters der Filmherstellung und der zwingend eintretenden Rechtsfolge des § 94 nach dem UrhG. Gem. § 248 Abs. 2 HGB, § 5 Abs. 2 EStG dürfen die durch die Filmherstellung entstehenden Leistungsschutz-, Auswertungs- und anderen Urheberrechte

§ 94 Schutz des Filmherstellers

als selbst hergestellte immaterielle Wirtschaftsgüter des **Anlagevermögens** nicht aktiviert werden, sofern diese unentgeltlich erworben, d. h. selbst hergestellt wurden (**bilanzrechtliches Aktivierungsverbot**, *Schwarz/v. Zitzewitz* ZUM 2001, 958, 959; durch das als RegE vom 21.5.2008 vorliegende Bilanzrechtsmodernisierungsgesetz – BilMoG – ist die Aufhebung des einschlägigen § 248 Abs. 2 HGB vorgesehen). Dem **Filmhersteller i. S. d. § 94 allein obliegt** auch die **Entscheidung**, ob ein von ihm hergestellter Film in seiner Bilanz dem **Anlage- oder Umlaufvermögen** zuzuordnen ist. Die Frage, wem diese Kompetenz zusteht, ist nach § 94 autonom zu bestimmen. Aus den handels- und steuerbilanzrechtlichen Bestimmungen des HGB und EStG lässt sich nichts für die Bestimmung des Trägers des Leistungsschutzrechts gewinnen. Ein steuerrechtlicher Filmherstellerbegriff kann in seinen Anforderungen nur über diejenigen des § 94 hinausgehen (Rn. 50 f. zum sog. Medienerlass zu tatsächlichen Einflussnahmemöglichkeiten, Rechtserwerb). Die Zuordnung zum Umlauf- oder Anlagevermögen hängt grds. davon ab, ob der Filmhersteller den Film während der Laufzeit des Leistungsschutzrechts **selbst dauerhaft, d. h. mehrmals auswerten will** (§ 247 Abs. 2 HGB: Zweckbestimmung zur dauerhaften eigenbetrieblichen Nutzung; BFH NJW 1996, 1013 = DStR 1995, 1951; BFHE 178, 434, BStBl. II 1997, 320, 322). Auftragsproduktionen sind daher i. d. R. Umlaufvermögen beim Auftragnehmer (*Wriedt/Fischer* DB 1993, 1683, 1685 ff.).

Ist der Film dem **Anlagevermögen** zuzuordnen, stellen eigene Aufwendungen im Zeitpunkt ihrer einmaligen Erbringung grds. – vorbehaltlich § 42 AO – **sofort abzugsfähige Betriebausgaben** dar. Es darf sich bei den Aufwendungen insoweit nicht um Anzahlungen handeln. Das Aktivierungsverbot nach § 5 Abs. 2 EStG greift nur ein, wenn das Schutzrecht Anlagevermögen wird. Dies ist nur der Fall bei einer zeitlich begrenzten Lizenzierung und einem Rückfall der Rechte vor ihrem endgültigen Ablauf (BFH BStBl. II 1997, 320, 322) oder ihrer Entwertung vor dem Rückfall. Die Annahme von Anlagevermögen scheidet u. U. aus, wenn der Film nach wirtschaftlicher Betrachtung von Anfang an vollständig und endgültig an einen Dritten überlassen wurde bzw. werden sollte. Dann soll nach Ansicht des FG München, das Recht nach § 94 dem Umlaufvermögen des Filmherstellers zugeordnet werden. Dies ist u. U. anzunehmen, wenn bei Rechterückfall nach Ablauf der ersten Lizenzzeit von einer wirtschaftlichen Entwertung auszugehen ist und der Film von Anfang an dazu bestimmt war, mit einem einmaligen Akt „Lizenzvergabe" verwertet zu werden, und wenn der Lizenznehmer ein vorrangiges Optionsrecht auf Verlängerung hat. Hinzutrat, dass die Produktionsgesellschaft vor Ablauf der ersten Lizenzlaufzeit aufgelöst werden sollte (FG München ZUM 2008, 259 = DStRE 2008, 985 – steuerliche Behandlung geschlossener Filmfonds). Kosten für die Herstellung des immateriellen Wirtschaftsguts „Film" können grds. im Jahr ihres Anfalls als sofort abzugsfähige Betriebsausgaben bilanziell angesetzt werden. Allerdings können die Investoren nur dann, wenn der **Filmfond als Filmhersteller** originärer Inhaber des Leistungsschutzrechts geworden ist und dies nicht erst durch Abtretung gem. § 94 Abs. 2 derivativ gegen eine bestimmte Gegenleistung, also nicht unentgeltlich geschehen ist, damit rechnen, bei Vorliegen der weiteren Voraussetzungen – insb. der Nichtanwendbarkeit des § 2b EStG (keine Anrechnung negativer Einkünfte aus der Beteiligung an Verlustzuweisungsgesellschaften) ihre Einlagen im Jahr des Beitritts in voller Höhe als Verlust geltend machen zu können. Dies gilt unabhängig von der rechtlichen Organisation der Produktion sowohl bei echter Gemeinschaftsproduktion durch eine Außengesellschaft bürgerlichen Rechts (ARGE, GbR) als auch bei echter und unechter Auftragsproduktion (zu den Begriffen Rn. 33 ff.) durch Dienstleister im Auftrag eines Medienfonds oder sonstigen Finanziers. Der sog. **Medienerlass** (BStBl. I 2001, 175 ff.; Rundschreiben des Bundesministeriums für Finanzen v. 23.2.2001 und 5.8.2003) enthielt nur bruchstückhafte Aussagen zur Bilanzierung und Abschreibung von Filmrechten (*Radau* ZUM 2001, 953, 956; zur Betriebsstättenfrage bei internationalen Koproduktionen, Verrechnungsverbots des § 2a EStG, *Schwarz/v. Zitzewitz* ZUM 2001, 958, 963 ff.).

7. GEMA-rechtliche Bedeutung

18 Die Definition des Filmherstellerbegriffs ist auch aus GEMA-rechtlicher Sicht von Bedeutung. Hintergrund dafür ist die Privilegierung von Eigenproduktion von Fernsehsendern in § 1i) Abs. 1 S. 1 GEMA-Berechtigungsvertrag (BV), der den Rückerwerb der Filmherstellungsrechte durch den Musikurheber in diesen Fällen ausschließt (zum Rückruf und seinen Folgen ausführlich § 88 Rn. 47). Was dabei unter einer Eigenproduktion verstanden wird, ist umstritten, insbesondere wenn Fernsehsender Dritte mit einer Auftragsproduktion betreut haben. Teilweise wird in diesem Zusammenhang sogar vertreten, dass ein Fernsehsender auch dann Filmhersteller i. S. d. § 1i) Abs. 1 S. 1 BV sein soll, wenn er keine Rechte nach § 94 erworben hat (Kreile/Becker/Riesenhuber/*Staudt* Kap. 10 Rn. 265; zum Meinungsstand vgl. § 88 Rn. 50). Eine solche Zersplitterung in völlig unterschiedliche Beurteilungen ist abzulehnen. Sie führt zu unnötiger Rechtsunsicherheit und sollte durch eine einheitliche Handhabung des Begriffs Filmhersteller, wie sie zu § 94 entwickelt wurde (zu den Filmherstellervoraussetzungen hierunter vgl. Rn. 20 ff.), ersetzt werden.

8. Filmförderrechtliche Bedeutung

19 Wer Filmhersteller ist, ist auch aus filmförderrechtlicher Sicht von Relevanz. Denn nur der Filmhersteller erhält nach § 15 FFG Filmförderung. Da § 15 FFG keine Definition des Filmherstellerbegriffs enthält, werden im Wesentlichen die zum UrhG entwickelten Grundsätze zur Bestimmung der Filmherstellereigenschaft herangezogen (dazu Rn. 20 ff.). Dieser Gleichlauf soll dabei jedoch an einer Stelle durchbrochen sein, nämlich wenn es um den Zeitpunkt geht, ab dem die Filmherstellereigenschaft zuerkannt wird. Während das FFG Filmherstellereigenschaft bereits in der pre-production-Phase entstehen lässt (siehe dazu § 17 FFG, wonach der Antrag auf Bescheinigung des Bundesamtes für Wirtschaft und Ausfuhrkontrolle über das Vorliegen der Voraussetzungen der §§ 15 ff. FFG spätestens zwei Monate vor Drehbeginn durch den Filmhersteller gestellt werden muss), erkennt § 94 die Filmherstellereigenschaft erst mit Drehbeginn zu (dazu *v. Have/Schwarz* in v. Hartlieb/Schwarz 11. Kapitel Rn. 10). Zwar sollte die Definition der Filmherstellereigenschaft in allen Bereiche gleichlaufen, um im Sinne der Rechtssicherheit unterschiedliche Ergebnisse zu vermeiden. Dennoch ist hier wegen des insofern eindeutigen Wortlauts in § 94 ausnahmsweise eine unterschiedliche Behandlung gerechtfertigt. § 94 knüpft nämlich den Schutz des Filmherstellers an einen existierenden Bild- oder Bild-/Tonträger. Dieser existiert aber vor Drehbeginn noch nicht.

II. Tatbestandsvoraussetzungen

1. Erstfixierung auf Filmträger

20 a) **Speichermedien.** § 94 knüpft tatbestandlich am Bildträger oder Bild- und Tonträger, „auf den das Filmwerk aufgenommen ist" (**Filmträger**), an. Filmträger ist das nicht notwendigerweise körperliche Speichermedium zur wiederholbaren Wiedergabe von Bild- und Bild-/Tonfolgen (Fotomaterial, Magnetband, digitales Speichermedium etc.), auf den das Filmwerk oder die Laufbilder (§ 95) mit oder ohne Ton dauerhaft festgehalten wird (Vor §§ 88 ff. Rn. 18 f.). Im Gegensatz zum originären Eigentumserwerb nach § 950 BGB ist eine dauerhafte Substanzveränderung, wie sie beim fotochemischen Prozess zwar gegeben ist, nicht erforderlich. Auch löschbare, wieder verwendbare Speichermedien (Festplatte eines Computers, Flashspeicher einer digitalen Videokamera, Videokassetten) sind geeignete Filmträgermedien. Dem technischen Charakter des Leistungsschutzrechts entsprechend sind für den Begriff des Filmträgers der Filminhalt, eine Erstmaligkeit oder Exklusivität eines bestimmten Gegenstandes oder Geschehens ebenso ohne Bedeutung wie der verfolgte private nicht kommerzielle Filmzweck (Fromm/Nordemann/*J. B. Nordemann* § 94

Rn. 33; Möhring/Nicolini/*Lütje* § 94 Rn. 2, 19; Schricker/Loewenheim/*Katzenberger* § 94 Rn. 17).

b) Erste Bildfolgenfixierung. Filmträger i. S. d. § 94 ist nur die **Erstfixierung.** Das ist **21** die erstmalige Festlegung des Films in seiner endgültigen Form (unstr., OLG Düsseldorf GRUR 1979, 53, 54 – Laufbilder; Fromm/Nordemann/*J. B. Nordemann* § 94 Rn. 34; Möhring/Nicolini/*Lütje* § 94 Rn. 20; Schricker/Loewenheim/*Katzenberger* § 94 Rn. 12, 15). Dies ist bei gewerblichen Produktionen regelmäßig die **Nullkopie,** die den Film im Gegensatz zu Verleih- und Vorführkopien und MAZ- und Masterbändern für die Sendung bzw. Videoproduktion erstmals in seiner endgültigen Form festlegt. Die Beschränkung auf die Erstfixierung entspricht grds. dem unternehmensbezogenen Schutzzweck der technischen Leistungsschutzrechte: denn die Nullkopie fixiert i. d. R. erstmals die Leistungen der Filmschaffenden, Urheber vorbestehender Werke, Filmurheber und ausübender Künstler in ihrer auf den endgültigen Film bezogenen Gesamtheit. Das Erfordernis der Erstfixierung folgt aus dem Wortlaut des § 94 („... **den** Bildträger ..., **auf den** das Filmwerk aufgenommen **ist**") und wird durch den Grundsatz der **richtlinienkonformen Auslegung** gem. Art. 2 Abs. 1, 7 Abs. 1 und 9 Abs. 1 der europäischen **Vermiet- und Verleih-Richtlinie** (s. Vor §§ 31 ff. Rn. 2); Art. 2 Abs. 2 lit. d), Art. 3 Abs. 2 lit. c) der **Multimedia-Richtlinie** (s. Vor §§ 31 ff. Rn. 2) entsprechend der dortigen Beschränkung auf **„Hersteller ... der erstmaligen Aufzeichnung eines Films"** bestätigt (von einer wörtlichen Umsetzung wurde abgesehen, AmtlBegr. BT-Drucks. 13/115, 16 zu Nr. 7; *v. Lewinski* ZUM 1995, 442, 448). Insoweit kann auch § 85 Abs. 1 S. 3 ergänzend herangezogen werden (Schricker/Loewenheim/ *Katzenberger* Vor §§ 88 Rn. 37 mwN; § 94 Rn. 12).

c) Kein unternehmerischer Mindestaufwand. Umstritten ist, ob **jede beliebige** **22** **Bildfolgenfixierung** eine taugliche Erstfixierung eines Bildträgers i. S. d. § 94 sein kann, oder ob dies nur für die **finale** Bild- und Tonfolgenfixierung des Films in seiner **endgültigen zu Verwertung bestimmten Fassung** zutrifft, ohne dass auf Vorstufen entstehende Bildträger berücksichtigt werden. In diesem Fall umfasste der Begriff der Vervielfältigung i. S. d. § 94 nicht wie bei § 16 Abs. 2 die erste Aufnahme mit, sondern erst die erste Kopie von der Nullkopie als Erstfixierung (so Möhring/Nicolini/*Lütje* § 94 Rn. 20; *Baur* UFITA 2004, 665, 728). Dann wären die von **Drehbeginn** an und bis zur finalen Nullkopiemontage fortlaufend entstehenden jeweils „ersten" Filmträger keine tauglichen Erstfixierungen i. S. v. § 94. Das Leistungsschutzrecht des § 94 würde (noch) nicht entstehen. Es bliebe im Zweifel beim Leistungsschutzrecht des Lichtbildners nach § 72, das der organisierende „Filmhersteller" erwerben müsste. Der wirtschaftlich verantwortliche „Filmhersteller" ginge bis kurz vor Herstellung der Nullkopie ohne originäres Recht leer aus, wenn es bei Produktionsabbruch oder Unterbrechung nicht zu einer Fertigstellung einer Nullkopie kommt. Der Unternehmer wäre auf dieser Stufe nicht einmal Filmhersteller i. S. d. § 94 zu bezeichnen. Da aber auch die sukzessive entstehenden Bildträger als **Vorstufen der Nullkopie** die wirtschaftliche Gesamtleistung des Filmherstellers bereits „verkörpern", widerspricht dieses Ergebnis dem unternehmensbezogenen Schutzzweck des § 94. Es ist daher anzunehmen, dass jede Bildfolgenfixierung einschließlich der Vorstufen einer finalen Nullkopie taugliche Erstfixierungen sind. § 94 fordert **keinen unternehmerischen Mindestaufwand** und **keinen gewerblichen Zweck,** es gibt keine nicht-leistungsschutzrelevante Erstfixierung unterhalb eines Mindestaufwandes (Rn. 4). Weiter ist kein künstlerische Beitrag des Filmherstellers erforderlich (OLG Bremen GRUR-RR 2009, 244; OLG Köln GRUR-RR 2011, 161 – WAAhnsinn – Der Wackersdorf-Film). Auch das **Amateurvideo und Handyvideo** führen grds. zum Leistungsschutzrecht des § 94 ungeachtet des Fehlens eines unternehmerischen Aufwands (OLG Hamm ZUM 2009, 159, bestätigt durch BGH MMR 2011, 45; *Dünnwald* UFITA 76 (1976) 165, 173; Dreier/Schulze § 94 Rn. 24; Schricker/Loewenheim/*Katzenberger* § 94 Rn. 16; wenn man das ablehnt, sind entsprechende Aufnahmen nach § 72 angemessen geschützt, so im Ergebnis wohl Fromm/

Nordemann/*J. B. Nordemann* § 94 Rn. 18). Die unternehmerisch relevante Verwertbarkeit ggf. auch kleinster Sequenzen zeigt, dass auch diese leistungsschutzrechtlich relevant sind. Der Filmhersteller kann auch die unmittelbare Übernahme kleiner Teile eines Films untersagen (BGH GRUR 2012, 620 Rn. 35; BGH GRUR 2008, 693 – TV TOTAL; OLG Frankfurt a. M. ZUM 2005, 477, 479 – TV Total; a. A. *Baur* UFITA 2004, 665, 728 m. w. N.; Möhring/Niccolini/*Lütje* § 94 Rn. 20). Die irrige Annahme einer Erheblichkeitsschwelle würde zu einer mit dem Gesetzeszweck des § 94 und der §§ 88, 89 unvereinbaren Rechtsunsicherheit auf Produzentenseite führen. Der Filmhersteller muss auch bei Produktionsabbruch die Möglichkeit haben, den Inbegriff seiner Rechte auf einen neuen Rechtsträger zur Fortführung der Produktion zu übertragen und ggf. eigene Verbotsrechte geltend zu machen. Auch bezüglich nicht verwendeten Bildträgermaterials muss dem Filmhersteller selbst bei Vorliegen einer finalen „Nullkopie" kraft seiner unternehmerischen Leistung ein originäres Verbotsrecht gegen dessen Verwendung zustehen, wie Problematik und Praxis des „director's cut" verdeutlichen. Die für den Verleih und die Videoproduktion bestimmten **Internegative,** die von der Nullkopie gezogen werden, sind jedenfalls Kopien. Das Erfordernis der Erstfixierung eines Filmträgers führt dazu, dass bei einer echten **Fernsehdirektübertragung** („Live-Sendung"), soweit diese trotz unbestreitbaren Aufwands ohne vorherige, bspw. zeitversetzte Aufzeichnung vorgenommen wird, für den Sender § 94 nicht greift, sofern dieser keine dauerhafte Erstfixierung vornimmt (ebenso Dreier/Schulze § 95 Rn. 12). Der private Homevideomitschnitt solcher TV-Live-Sendungen wird vom Wortlaut des § 94 nicht erfasst, weil der Videorecorderbesitzer auf kamera- und andere filmtechnische Leistungen des Senders zurückgreift und sich diese aneignet und nicht selbst einen Filmträger in eigener Verantwortung herstellt. Die gleichzeitige Aufzeichnung einer Vielzahl von Videorecorderbesitzern führt ohnehin dazu, dass eine Erstfixierung i. S. d. Leistungsschutzrechts faktisch nicht entstehen kann (in der Begründung abweichend: Schricker/Loewenheim/*Katzenberger* § 94 Rn. 14).

23   d) **Filmsynchronfassung.** Die **Synchronfassung** eines ausländischen Films ist nach h. M. Erstfixierung eines neuen Filmträgers i. S. d. § 94 (Dreier/Schulze § 94 Rn. 15; *Dünnwald* UFITA 76 (1976) 165, 168; Fromm/Nordemann/*J. B. Nordemann* § 94 Rn. 30; *Reupert* 188; Schricker/Loewenheim/*Katzenberger* § 94 Rn. 15; LG München I FuR 1984, 534, 535 – All about Eve). Fraglich ist zunächst, wer dann Filmhersteller sein soll: das Synchronisationsunternehmen (überwiegende Meinung) oder der Auftraggeber, üblicherweise der Verleiher (so *Schorn* GRUR 1982, 647). Dies ist wegen des statistisch ganz überwiegenden Anteils ausländischer Filmproduktionen auf dem deutschen Markt von erheblicher praktischer Bedeutung insb. für den Verteilungsschlüssel der Verwertungsgesellschaften bei der Zweitverwertungsvergütung für Filmhersteller und für die Bilanzierung des Aufwands (s. o. Rn. 18 f.). Die Herstellung nur der Synchron-Tonspur ist allerdings für sich betrachtet keine Herstellung eines Bild- oder Bild- und Tonträgers. Allein die **Verbindung der vorhandenen Bildspur mit der neugefassten Tonspur** wird vom Wortlaut dann umfasst, wenn man einen neuen Bild-/Tonträger auch dann annimmt, wenn keine neue Bildfolge vorliegt (so *Dünnwald* UFITA 76 (1976), 165, 180: Programmentscheidung müsse sich nicht auf Bild-/Tonfolgen beziehen, die vorher noch nicht fixiert waren). Die neue Tonspur ist dann wirtschaftlich wesentlicher Teil eines neuen Filmträgers, so dass darin die erstmalige Herstellung eines neuen Bild- und Tonträgers liegt. Dieses Ergebnis erscheint angesichts des finanziellen und organisatorischen Aufwands für die Herstellung einer Synchronfassung grds. gerechtfertigt, insb. steuerrechtlich sinnvoll. Andererseits werden erhebliche dogmatische Einwände gegen die Annahme einer Erstfixierung und einer Filmherstellereigenschaft von Synchronunternehmen und Verleihunternehmen erhoben (*Radmann* 91, 95; zur Übersetzung § 88 Rn. 29, 50).

24   e) **Restaurierung, Kolorierung, Collagen.** Der Erstfixierungscharakter i. S. d. § 94 von **Filmrestaurierungen,** des Einsatzes von **Digitaltechnik** dazu, von **Nachkolorie-**

rung sowie von **Schnittbearbeitungen, Collagen** und **Einblendungen**, ist in rechtlicher Hinsicht prinzipiell umstritten (*Rehbinder* in: Poll, Videorecht – Videowirtschaft, 99f. meint, bei der Herstellung einer „neuen Fassung" eines Films entstehe stets ein Schutzrecht; nach Ansicht *Dünnwald*s UFITA 76 (1976) 165, 169, 176 soll für § 94 eine „neue Programmentscheidung" genügen). Ob ein „relevanter unternehmerischer Aufwand" entscheidend und ausreichend ist (Schricker/Loewenheim/*Katzenberger* § 94 Rn. 13, 16), ist zweifelhaft, denn sonst müsste man mit demselben Argument bei Video- und Amateurfilmen § 94 stets ablehnen. Es ist die **im Einzelfall verwendete technische Lösung** und das jeweilige konkrete **Verhältnis von neugeschaffenem Filmträgermaterial** zu vorhandenem entscheidend. Der unternehmerische Aufwand hat nach dem Gesetzeszweck ergänzende Bedeutung (zust. Dreier/Schulze/*Schulze* § 94 Rn. 16). Bei der Herstellung einer Filmcollage aus ausschließlich vorhandenem Material soll dann keine bloße Vervielfältigung der jeweiligen vorher bestehenden Filmteile vorliegen, wenn man von einer „eigenständigen Filmfassung" sprechen kann, (Möhring/Nicolini/*Lütje* § 94 Rn. 20; Fromm/Nordemann/*Hertin*, 9. Aufl. § 94 Rn. 10; weiter jetzt Fromm/Nordemann/*J. B. Nordemann* § 94 Rn. 29). Dies ist ebenso problematisch wie die Schaffung einer Nachkolorierung (§ 93 Rn. 35), da in beiden Fällen, die Bildfolgen als solche nicht erstmalig neu fixiert werden (gegen die Annahme einer Erstfixierung in diesen Fällen daher *Radmann* 96; *Reupert* 190).

Die **Digitalisierung** von Filmen zur Herstellung von DVDs und Bildplatten ist bloße **25** **Vervielfältigung** des Filmträgers. Sie dient allein der Herstellung qualitativ hochstehender Vervielfältigungsstücke, die dem Original möglichst nahe kommen (h. M.; Vor §§ 88 ff. Rn. 44). Steht dies im Vordergrund, ist die Bilddigitalisierung dem Herstellen von Vervielfältigungsstücken nach einem schon aufgenommenen Film durch den Hersteller von Schmalfilmen oder Videokassetten gleichzustellen. Dieser erwirbt dadurch nach einhelliger Ansicht kein eigenes Leistungsschutzrecht (zur Herstellung von Video-Masterbändern *Dünnwald* UFITA 76 (1976) 165, 171 ff.; Fromm/Nordemann/*J. B. Nordemann* § 94 Rn. 28; Schricker/*Loewenheim* 16 Rn. 18; Schricker/Loewenheim/*Katzenberger* § 94 Rn. 12).

Die Verwendung von **Digitaltechnik** zur **Filmrestaurierung** kann allerdings je nach **26** eingesetzter Technik und dem Umfang zur Entstehung des Leistungsschutzrechts im Einzelfall führen. Beschränkt sich die digitale Nachschaffung der Filmbilder auf die Fehler- und Schadensbeseitigung von Ausschnitten zur visuellen und akustischen Verbesserung bestehender Filme, führt dies nicht zur Herstellung eines neuen Filmträgers für den gesamten Film, sondern allenfalls bezüglich eingefügter Sequenzen. Werden Schäden an bestehenden Filmträgern lediglich mechanisch oder chemisch auf bestehendem Kopiematerial repariert und neu montiert, liegt keine „Herstellung" vor (Grundsatz richtlinienkonformer Auslegung).

Wird digitale Bildtechnik zur **inhaltlichen Bearbeitung wesentlicher Teile** vorhan- **27** denen Filmmaterials verwendet, die über die Neumontage hinausgeht, kommt – der Synchronfassung vergleichbar – die Schaffung eines neuen Bild- und Tonträgers grds. in Betracht. Entspricht der technische Einsatz entsprechender Computerprogramme nach Qualität und Umfang der Neuproduktion von Trickfilmen, liegt insofern die Erstfixierung eines Filmträgers vor. Das ist bspw. bei der **Nachkolorierung** alter Schwarzweißfilme der Fall, soweit filmtechnische Aufzeichnungsverfahren verwendet werden, die über die bloße Reparatur vorhandenen Materials hinausgehen. Es entsteht insoweit das Schutzrecht des § 94 (ebenso Fromm/Nordemann/*J. B. Nordemann* § 94 Rn. 31; Schricker/Loewenheim/ *Katzenberger* § 94 Rn. 15).

Andererseits scheidet die Entstehung des Leistungsschutzrechts bei **Schnittbearbeitun- 28 gen** und **Einblendungen** aus, wenn diese ausschließlich vorhandenes Filmträgermaterial verwenden und neu zusammenstellen (ebenso im Ergebnis Möhring/Nicolini/*Lütje* 2. Aufl. § 94 Rn. 20). Das gilt im Ergebnis auch für **Filmcollagen,** die Filmträgermaterial zeitlich linear aneinander reihen. Anders ist aber eine Filmcollage im Sinne eines **digitalen**

Bildsamplings zu beurteilen, die mit Hilfe digitaler Bildmischtechnik zwar ausschließlich vorhandene Filmträger verwendet, diese aber gleichzeitig übereinander legt, wie Sounds mischt und so neue Filmbilder schafft. Hier wird dem Trickfilm vergleichbar ein neuer Bildträger erstmals fixiert. Insofern genügt es für die Filmherstellereigenschaft i. S. d. § 94, dass Ausschnitte aus existierenden Filmaufnahmen zu einem neuen Film zusammengefügt werden (OLG Hamburg GRUR-RR 2010, 409; Schricker/Loewenheim/*Katzenberger* § 94 Rn. 13).

2. Filmhersteller

29 **a) Bedeutung des Begriffs.** Das Leistungsschutzrecht entsteht mit der Erstfixierung in der Person des Filmherstellers und steht diesem originär zu. Sobald eine Erstfixierung eines Filmträgers vorliegt, entsteht qua gesetzlicher Anordnung zwingend das objektive Leistungsschutzrecht. Dieses muss einem Rechtsträger zugeordnet werden. Es kann kein Recht ohne Rechtssubjekt geben. Der Filmhersteller ist somit die **zentrale Figur des Dritten Teils** (vgl. § 94 Abs. 1, §§ 89 Abs. 1 und 2, 91, 92 Abs. 1 und 2, 93 S. 2; zur bilanz- und steuerrechtlichen Bedeutung des Filmherstellerbegriffs Rn. 30). Eine Legaldefinition im UrhG fehlt. Die Filmproduktion als wirtschaftlich technisches Geschehen umfasst eine heterogene Vielzahl von Handlungen und ist einem stetigen, schnellen Wandel unterworfen (Rn. 41). Eine Legaldefinition könnte dies nicht angemessen berücksichtigen. Der urheberrechtsgesetzliche Begriff des Filmherstellers ist autonom zu bestimmen. **Außerurheberrechtsgesetzliche Definitionen** sind **nicht verbindlich** und **bauen ihrerseits auf § 94 auf.** Die Initiative zur Filmproduktion (Art. 2 Abs. 2 Europäische Vereinbarung über den Austausch von Programmen mit Fernsehfilmen v. 15.12.1958, UFITA 27 (1959) 232), Namensnennung (Art. 15 Abs. 2 RBÜ) und Produzentenhonorar (§ 25 Abs. 4 S. 2 Richtlinie Projektfilm) können nur Indizcharakter für die Filmherstellereigenschaft haben. Die Vorschrift des § 15 Abs. 2 Nr. 1 FFG („Verantwortung für die Durchführung des Filmvorhabens") baut auf § 94 auf.

30 **b) Realaktscharakter der „Filmherstellung". Sacheigentum am Erstfilmträger.** Die Erstfixierung eines Filmträgers (Filmherstellung) als Anknüpfungstatbestand für die Rechtsfolgen des § 94 (Entstehung und originärer Erwerb des Leistungsschutzrechts) ist ein Realakt, der nicht der freien Disposition der Beteiligten unterliegt (Dreier/Schulze § 94 Rn. 6). Für den originären Erwerb des Leistungsschutzrechts nach § 94 sind die **objektiven, tatsächlichen und organisatorischen Verhältnisse** maßgeblich. Davon abweichende vertragliche Bestimmungen, etwa Herstellerklauseln über eine vermeintliche Koproduzenteneigenschaft bleiben grds. subjektive Vorstellung der Beteiligten, es sei denn die Vereinbarungen führen zu objektiven Veränderungen der Produktionsorganisation (diese können u. U. eine vorweggenommene Abtretung oder Übertragungsverpflichtung des Leistungsschutzrechts bewirken, BGHZ 120, 67, 70 f.). Die Abtretung der Verbotsrechte nach § 94 an den Auftraggeber zur Verhinderung einer Beeinträchtigung der späteren Filmverwertung im Rahmen eines Produktionsauftragsvertrages kann als Indiz für die Filmherstellereigenschaft des Auftragnehmers gelten (sog. „echte Auftragsproduktion"; s. u. Rn. 33) ebenso wie das Sacheigentum am Erstfilmträger. Hinsichtlich der Einordnung der Filmherstellung als **Realakt** besteht partielle Übereinstimmung mit den Tatbestandsvoraussetzungen, die § 950 BGB für den **originären Eigentumserwerb** an einer neu hergestellten Sache für deren Hersteller stellt. Solange mit der Belichtung und Entwicklung von Filmrollen und der Montage einer körperlichen Nullkopie aus den abgedrehten und entwickelten Filmstreifen und deren Verbindung mit dem Tonstreifen eine **neu hergestellte einheitliche Sache** (MünchKomm/*Quack* § 950 Rn. 22 ff.) entstand, ergaben sich wegen funktioneller Übereinstimmung der Zurechnungskriterien bei § 94 und § 950 BGB bei einer Anknüpfung an den originären Eigentumserwerb an der Nullkopie in den meisten Fällen keine Abweichungen (ähnlich *Paschke* FuR 1984, 403, 405 f.). **§ 128 Abs. 1 S. 1,**

der den Schutz der §§ 94, 95 für Inländer „für alle **ihre Bild- und Tonträger**" anordnet, legt im Umkehrschluss nahe, dass das **Sacheigentum am erstfixierenden Filmträger** ein Indiz für die Beurteilung der Filmherstellereigenschaft bleibt (unbeschadet etwa von Sicherungsübereignungen des Filmmaterials an finanzierende Banken oder eines Übereignungsanspruchs des Filmherstellers gegenüber dem Filmlabor o. ä.). Das Sacheigentum am ersten verwertungsfähigen Filmträger dürfte im Zweifel das unternehmensbezogene Leistungsschutzrecht indizieren. Diese Betrachtung scheidet allerdings bei löschbaren digitalen elektromagnetischen u. a. Aufzeichnungen aus. Es leuchtet ein, dass das jeweilige Sacheigentum an dem physikalischen Speicherchip oder der Festplatte keine Aussagekraft haben kann. Oftmals wird Sacheigentümerin des Speichermediums das Postproduktionsunternehmen sein. Ein Anhaltspunkt für die Eigentumszuordnung bleibt auch die Frage, wer der **Versicherungsnehmer der Filmschadensversicherung** ist, die das Risiko der Beschädigung und des Untergangs von Filmmaterial und Nullkopie abdecken. Sacheigentümerin und Versicherungsnehmer ist i. d. R. auch die Person oder Personenmehrheit, die die Filmherstellung steuert und wirtschaftlich verantwortet und die Auswertungsrechte hält (s. u. Rn. 31 ff.). Nach systematischem Zusammenhang (§ 128 Abs. 1 S. 1) und richtlinienkonformer Auslegung anhand der Vermiet- und Verleih-Richtlinie („erste Herstellung") ist die Filmherstellereigenschaft allerdings weiterhin maßgeblich zum **Herstellungszeitpunkt des ersten Bildträgers** zu beurteilen. Bei kommerziellen Filmprojekten ist aus dem langwierigen und vielgestaltigen Produktionsprozess, der mit der Idee und dem Erwerb der Stoffrechte beginnt und ggf. erst mit der Auslieferung der Internegative an Verleihunternehmen endet, maßgeblich auf den engeren **Zeitraum der Festlegung der auswertungsfähigen Unternehmerleistung in Gestalt der Nullkopie** abzustellen (Fromm/Nordemann/*J. B. Nordemann* § 94 Rn. 34; zum maßgeblichen Zeitpunkt: *Paschke* FuR 1984, 403, 406; *Pense* ZUM 1999, 121, 125). Der bloße Hersteller von Masterbändern erwirbt kein Leistungsschutzrecht (OLG Düsseldorf GRUR 1979, 53, 54 – Laufbilder).

c) **Wertende Gesamtbetrachtung.** Im Streitfall ist eine rückblickende Gesamtwertung **31** anhand der im Folgenden darzustellenden Kriterien vorzunehmen. **Filmhersteller** ist danach die natürliche oder die juristische Person oder Personenmehrheit in gesamthänderischer Verbundenheit, die die **Herstellung der Erstfixierung eines Filmträgers** – bei kommerzieller Produktion die sog. Nullkopie – **inhaltlich und organisatorisch steuert, wirtschaftlich verantwortet und die zur Filmherstellung erforderlichen Immaterialgüterrechte** sowie zumindest **vorübergehend auch die Auswertungsrechte am Film erwirbt bzw. nacherwerben müsste, ohne dass es darauf ankommt, ob der Filmhersteller einen künstlerischen Beitrag zum Film geleistet hat** (zur Rspr. s. u. Rn. 40, Vor §§ 88 ff. Rn. 51). Die wirtschaftlich-finanzielle, wirtschaftlich-organisatorische sowie technische und inhaltliche Verantwortung fallen in der Praxis häufig mit Außenwirkung auseinander. Hier sind in Einzelfallbetrachtung anhand weiterer wirtschaftlicher Kriterien (u. a. Kostenüberschreitungs-, Abnahmerisiko, Fertigstellungs- und Auswertungsrisiko; Rn. 41 ff.) ggf. festzustellen, welcher der an einer Produktion Beteiligten den unternehmerischen Schwerpunkt bildet. Finanzielle, produktionstechnische und rechtliche Aspekte verhalten sich dabei komplementär. D. h. die finanzielle Verantwortung z. Z. der Nullkopiefixierung allein kann jedenfalls dann nicht über die Filmherstellereigenschaft entscheiden, wenn bspw. von einem reinen Finanzier kein Rechtserwerb und keiner sonstige organisatorisch-technische Unternehmerfunktion übernommen werden. Im Zweifel steht das Leistungsschutzrecht einer Personengemeinschaft zu. Ein solch offener Filmherstellerbegriff entspricht der Rechtssprechung (Rn. 40).

Im Schrifttum ist allerdings umstritten, welchem dieser Einzelaspekte entscheidende oder **32** ausschließliche Bedeutung zuzumessen sei (Überblick *Baur* UFITA 2004, 665, 711–726, 727 ff.). Teils wird die ökonomische Gesamtleistung und Verantwortung, insb. die Übernahme des wirtschaftlichen Risikos, die Kapitalbeschaffung und -bereitstellung (*Movsessian* UFI-

TA 79 (1977) 213 f.), das In-der-Hand-halten des in der Herstellung des jeweiligen Films liegenden wirtschaftlichen Gesamtunternehmens (Fromm/Nordemann/*J. B. Nordemann* § 94 Rn. 13; *v. Gamm* § 94 Rn. 3), das tatsächliche Erbringen der organisatorischen und wirtschaftlichen Leistung der Filmherstellung (Dreier/Schulze/*Schulze* § 94 Rn. 4), der vertragliche Rechtserwerb der für die Herstellung und Auswertung des Films erforderlichen Rechte (*Dünnwald* UFITA 76 (1976) 165, 178 f.; Schricker/Loewenheim/*Katzenberger* Vor §§ 88 ff. Rn. 33; *U. Reber* in v. Hartlieb/Schwarz 59. Kap. Rn. 9, 12), die organisatorische Leitung der ersten Bildfolgenfixierung, wobei der Abschluss der Verträge im eigenen Namen ein wichtiges Indiz ist (Fromm/Nordemann/*J. B. Nordemann* § 94 Rn. 12; Schricker/Loewenheim/*Katzenberger* Vor §§ 88 ff. Rn. 32; *Kreile* ZUM 1991, 386, 388), oder die organisatorische Gesamtverantwortung für die Verbindung von Programm und Träger (*Dünnwald* UFITA 76 (1976) 165, 178 ff.) in den Vordergrund gerückt. Nach dem BMF-Medienerlass (Tz 10 f.) sollen zudem organisatorische Einflussnahmemöglichkeiten auf die Filmproduktion über die Herstellereigenschaft entscheiden (s. u. Rn. 51).

33 d) **Echte und unechte Auftragsproduktion.** In der Praxis hat sich in Anlehnung an das Werkvertragsrecht die Unterscheidung von echter und unechter Auftragsproduktion eingebürgert (vgl. BFH BStBl. II 1997, 320, 321; BMF-Medienerlass Tz 8), wobei die echte Auftragsproduktion nicht mit einem Werkvertrag gleichgesetzt werden darf, sondern als Vertrag eigener Art angesehen werden muss, auf den die §§ 631 ff. BGB analog Anwendung finden (OLG Hamburg ZUM-RD 2006, 16, 23). Die vertragliche Bezeichnung des Vertrages ist dabei urheberrechtlich ebenso wenig relevant wie die Bezeichnung als Koproduktion (Rn. 51 f.). Denn die Beurteilung der Filmherstellereigenschaft richtet sich ausschließlich nach den vertraglichen Ausgestaltungen, nicht nach dem Willen der Parteien (OLG Bremen GRUR-RR 2009, 244). So ist bei **echter Auftragsproduktion** der Auftragnehmer selbstständiger Werkunternehmer bzw. Auftragnehmer (AN), und zwar auch dann, wenn ihm das wirtschaftliche Risiko (Auswertung) und die Finanzierung bspw. durch einen Filmfinanzierungsfonds als Auftraggeber (AG) abgenommen werden. Der AG trägt zwar die Kosten der Filmherstellung und bestimmt Rahmenvorgaben des herzustellenden Films. Die für die Durchführung der Herstellung wichtigen Entscheidungen, wozu auch der Abschluss der Verträge mit den Filmurheber zählt, werden aber vom AN allein oder in Abstimmung mit dem AG getroffen, weswegen es auch unschädlich ist, wenn der AG einzelne Leistungen, wie bspw. das Drehbuch oder eine Filmversicherung zur Verfügung stellt oder sich Mitspracherechte an Besetzung, Filminhalt und künstlerischer Gestaltung vorbehalt (Schricker/Loewenheim/*Katzenberger* Vor §§ 88 ff. Rn. 33; *Schwarz* in v. Hartlieb/Schwarz Kap. 84 Rn. 2 f.). Der AN erwirbt deswegen auch zumindest vorübergehend die Rechte am Film und an den vorbestehen Werk selbst, weswegen immer eine Verpflichtung des AN vereinbart wird, dem AG „sämtliche" Urheberrechte und Schutzrechte zu überlassen (BFH BStBl. II 1997, 320, 321; wobei die Verpflichtung zur Nutzungsrechtsübertragung entfällt, wenn der AG die Abnahme des Werks gemäß § 640 Abs. 1 BGB sowie die Bezahlung der vereinbarten Vergütung verweigert, unabhängig davon ob dies berechtigt oder unberechtigt geschieht. In einem solchen Fall wird zugunsten der Interessenlage des AN zu Recht angenommen, dass er als Inhaber der Urheber- und/oder Leistungsschutzrechte keine Veranlassung hat, dem AG gleichwohl (stillschweigend) die urheberrechtlichen Berechtigungen für die vertragsgemäß vorausgesetzte Nutzung des Werks zu übertragen und ihm zusätzlich sogar ein urheberrechtlicher Vergütungsanspruch in Form einer angemessenen Lizenzgebühr zusteht, wenn der AG den Film dennoch nutzt; OLG Hamburg ZUM-RD 2006, 16, 2. U. 3. Ls). Der AN ist also immer dann Filmhersteller, wenn er das **Kostenrisiko und** das **Abnahmerisiko,** also das Fertigstellungs- und Preisrisiko des Films bis zu dessen Abnahme durch den AG trägt (OLG Bremen GRUR-RR 2009, 244; OLG Düsseldorf MMR 2002, 238 – Mitschnittdienst; OLG München ZUM-RD 1997, 290, 293 – Box-Classics; KG ZUM 1999, 415 – DEFA

Film; LG München I ZUM 2008, 161, 163). Die häufige Spaltung des Honorars in ein Werkhonorar und Sendehonorar steht dem ebenso wenig entgegen (*Pense* ZUM 1999, 121, 124; OLG München ZUM-RD 1997, 290, 293 – Box-Classics), wie vertragliche Binnenregelungen, wonach die Leistungsschutzrechte des § 94 originär beim AG entstehen sollen (*Czernik* in Wandtke Band 2 Kap. 2 § 3 Rn. 62; ähnlich auch OLG Bremen GRUR-RR 2009, 244) wobei eine solche Vereinbarung dahingehend ausgelegt werden kann, hierin die Einräumung oder Übertragung von Nutzungsrechten zu sehen (vgl. BGH UFITA 55 (1970), 313, 321 – Triumph des Willens; Fromm/Nordemann/*J. B. Nordemann* § 94 Rn. 52). Auch **Festpreisproduktion,** bei der der Werkunternehmer das Fertigstellungs- und Abnahmerisiko zu einem festen Preis trägt, rechtfertigen grundsätzlich keine andere Beurteilung (OLG Düsseldorf MMR 2002, 238, 240 – Mitschnittdienst; KG GRUR-RR 2010, 372; ebenso Dreier/Schulze § 95 Rn. 8; Schricker/Loewenheim/ *Katzenberger* Vor §§ 88 ff. Rn. 33). In einer solchen Konstellation wird man nur dann die Filmherstellereigenschaft beim AG sehen, wenn der AN die Verträge im Namen des AG abschließt und das wirtschaftliche Risiko auch bei einer Kostenüberschreitung voll auf den AG durchschlägt (OLG Düsseldorf MMR 2002, 238 – Mitschnittdienst; KG GRUR-RR 2010, 372; ähnlich auch KG ZUM 1999, 415 – DEFA-Studio).

Kein Filmhersteller ist vor diesem Hintergrund der Tonträgerhersteller, der die Produktion eines Musikvideos in Auftrag gibt (KG GRUR-RR 2010, 372), der AN einer Werbeagentur, die einen Werbefilm produziert (Dreier/Schulze § 94 Rn. 8; Loewenheim/ *Schwarz/Reber* § 42 Rn. 20), der Veranstalter von Sport-Events, von denen Filmaufnahmen gemacht werden (OLG München ZUM-RD 1997, 290, 293 – Box-Classics); als typischer AN und damit Filmhersteller gelten zudem Fernsehproduktionsgesellschaften (*Friccius* ZUM 1991, 392; Loewenheim/*Schwarz/Reber* § 42 Rn. 20).

In Abgrenzung dazu steht der AN bei der sog. **unechten Auftragsproduktion** als Produktionsdienstleister in **Weisungsabhängigkeit** vom AG. Dieser bestimmt das Budget in eigener Verantwortung, trägt das Risiko für die Einhaltung der Herstellungskosten, gibt den Produktionszeitplan vor und nimmt das kurbelfertige Drehbuch ab (*Pense* ZUM 1999, 121, 124). Der AG ist dann regelmäßig selbst Filmhersteller i. S. d. § 94 (OLG Bremen GRUR-RR 2009, 244; OLG München ZUM-RD 1997, 290, 293 – Box-Classics; zur Vertragsgestaltung bei echten/unechten Auftragsproduktionen *Kreile* ZUM 1991, 386), selbst wenn nicht er, sondern der AG oftmals die Verträge mit den Filmurhebern- und ausübenden Künstlern abschließt. Wegen der Übernahme des Investitionsrisikos ist es ausreichend, wenn die Verträge auf Rechnung des AG abgeschlossen werden (Fromm/Nordemann/*J. B. Nordemann* § 94 Rn. 25; dazu auch KG GRUR-RR 2010, 372 m. Anm. *Kreutzer*). Für diese Einschätzung spricht zudem auch die schuldrechtliche Einordnung der unechten Auftragsproduktion, da danach den AN kein Abnahmerisiko trifft. Bei der Auftragsproduktion handelt es sich um einen Geschäftsbesorgungsvertrag mit Dienstleistungscharakter, weswegen der AN nur die Tätigkeit nicht aber den Erfolg, d. h. ein abnahmefähiges Endprodukt schuldet (*Czernik* in Wandtke Band 2 Kap. 2 § 3 Rn. 64; Loewenheim/*Schwarz/Reber* § 42 Rn. 21). Die Gestaltung und Abwicklung von Produktionsdienstleistungsverträgen (d. h. Verträge sog. Production Service Companies) birgt urheberrechtliche und steuerbilanzrechtliche Risiken.

Werden die organisatorischen Aufgaben und die wirtschaftliche Verantwortlichkeit aufgeteilt, ohne dass ein deutlicher Schwerpunkt bei einer der Beteiligten festgestellt werden kann, dann sind sowohl AG als auch AN Filmhersteller und werden als Mithersteller angesehen (OLG Bremen GRUR-RR 2009, 244; Loewenheim/*Schwarz/Reber* § 42 Rn. 22; Schack ZUM 1989, 267, 268).

e) Auslegungskriterien. aa) Wortlaut. Der **Wortlaut** „Herstellen" eines Films ist wenig trennscharf. In **organisatorischer** und **technischer** Hinsicht bedeutet Filmherstellen u. a.: Initiative, Planung und Entwicklung des Filmprojekts, Bestimmung des zu verfilmenden Stoffes, Auswahl von Treatment und Drehbuchentwürfen, Festlegung der Mitglieder des künstlerischen und technischen Stabes und der Filmschaffenden, Schaffung der technischen Voraussetzungen für die Dreharbeiten, Festlegung des Drehplans, der Synchronisation und Mischung, Überwachung der Dreharbeiten, Vermarktung des fertigen Films durch den Abschluss von Verleih- und Vertriebsverträgen; in **wirtschaftlicher** Hinsicht: die Festlegung der Kalkulation des Filmvorhabens, Überwachung der Einhaltung dieser Kalkulation, Übernahme des wirtschaftlichen Risikos bei der Filmherstellung, insb. der Überschreitungskosten; damit korrespondiert der Abschluss entsprechender Versicherungen (Fertigstellungsversicherung, Completion Bonds, Rechtsfehlerversicherung, „E&O", Errors and Omissions für Stoffrechte etc.); in **finanzieller** Hinsicht: die Aufstellung des Finanzierungsplans, Mittelbereitstellung für die Filmherstellung von den Eigenmitteln über die Verleih- und Vertriebsgarantien, private und öffentliche Kredite bis zu den verschiedenen Arten von Förderungshilfen; in **künstlerischer** Hinsicht: Auswahl und Koordinierung der künstlerischen Kräfte; in **rechtlicher** Hinsicht: der Erwerb der Verfilmungsrechte an vorbestehenden Werken (Stoffrechte) und der für die vorgesehene Filmauswertung erforderlichen Nutzungsrechte an den Leistungen der Urheberberechtigten und der Leistungsschutzberechtigten (*Homann* 152; zum Berufsbild des Filmherstellers/Producers s. *Iljine,* passim).

36   Das Herstellen eines Films umfasst mithin alle organisatorischen, wirtschaftlichen, finanziellen und rechtlichen Tätigkeiten im Zusammenhang mit der Filmherstellung außer künstlerischen bzw. künstlerisch koordinierenden Tätigkeiten. Es ist offensichtlich, dass eine physische oder juristische Person sämtliche vom Wortlaut umfassten Funktionen in aller Regel nicht selbst ausübt. Die kumulative Erbringung sämtlicher Herstellungstätigkeiten in einer Person kann nicht zum normativen Maßstab für den urheberrechtlichen Filmherstellerbegriff gemacht werden. Der Wortlaut „Herstellen" bedarf der Eingrenzung. Der Filmhersteller kann in einem zu bestimmenden Umfang **einzelne Funktionen** an Auftragsproduzenten, Subunternehmer, freie Mitarbeiter, an Geschäftsführer, leitende Angestellte etc. **delegieren.** Der Wortlaut ist offen ist für **natürliche** und **juristische Personen** und für Gesamthandsgemeinschaften. Filmhersteller kann daher auch eine echte **Produzenten-ARGE** sein, der das vermögensrechtliche Leistungsschutzrecht zur gesamten Hand zusteht. Filmhersteller kann ebenfalls nicht nur eine als Produzent gewerblich tätige Person oder ein Unternehmen sein, sondern auch eine **Privatperson,** also auch der Amateurfilmer (einhellige Meinung statt vieler: *Dünnwald* UFITA 76 (1976) 165, 173f.; Schricker/Loewenheim/ *Katzenberger* Vor §§ 88 ff. Rn. 37; a. A. Fromm/Nordemann/*J. B. Nordemann* § 94 Rn. 18).

37   **bb) Systematik.** Angesichts des wenig trennscharfen Wortlauts kommt der systematischen Auslegung eine besondere Bedeutung zu. Nach den Bestimmungen des Dritten Teils ist diejenige Person oder Personenmehrheit Filmhersteller, die die für die Filmherstellung erforderlichen **Verträge im eigenen Namen und auf eigene Rechnung** abschließt (§ 89 Abs. 1 und 2, § 92 Abs. 1 und Abs. 2) bzw. die entsprechenden und der die Immaterialgüterrechte zur filmischen Verwertung der einzelnen Lichtbilder des Films zustehen (§ 91). Aus der Zweifelsregel der §§ 88, 89 folgt zugleich, dass auch derjenige Filmhersteller ist, der die entsprechenden Herstellungs- und Auswertungsrechte **als Störer nacherwerben müsste** (vgl. § 23 S. 2, § 88; AmtlBegr. zum Zweiten Korb, BT-Drucks. 16/ 1828, 32). Aus § 94 i. V. m. § 128 folgt weiter, dass Filmhersteller eine Person oder ein **Unternehmen** mit Sitz in Deutschland ist, dem die **Eigentumsrechte am Filmträger der Erstfixierung** zustehen. Daraus folgt zugleich, dass maßgeblicher Zeitpunkt für die Beurteilung der **Zeitpunkt der Erstfixierung** ist (Rn. 20). Aus dem systematischen Zusammenhang mit § 85 Abs. 1 S. 2 ergibt sich weiter, dass Filmhersteller der **Inhaber der auf die Herstellung des Films gerichteten Unternehmung** ist (BGH GRUR 1993, 472, 473 – Filmhersteller; Schricker/Loewenheim/*Katzenberger* Vor §§ 88 ff. Rn. 37; das Fehlen der in § 85 Abs. 1 S. 2 gegebenen Klarstellung ist nach Fromm/Nordemann/*J. B. Norde-*

mann § 94 Rn. 17 redaktionelles Versehen). Daraus folgt zugleich, dass **arbeitsteilige Organisation** des Gesamtprozesses und **Delegation einzelner Herstellungsfunktionen** an Dritte auch dem typischen Bild des Gesetzes entsprechen.

cc) Gesetzesbegründung. Die amtliche Begründung stellt entsprechend dem Vorbild 38 des Leistungsschutzrechts des Tonträgerherstellers maßgeblich auf **unternehmerische Funktionen** und **organisatorische und technische Leistungen** ab: Filmhersteller ist, wer die Organisation der Filmproduktion tatsächlich, d. h. in letzter Kompetenz leitet und wirtschaftlich verantwortet („**Kostenrisiko**" und die „**Anerkennung der organisatorischen und wirtschaftlichen Leistung**", „**im Filmstreifen verkörperten Gesamtleistung des Filmherstellers**", AmtlBegr. BT-Drucks. IV/270, 98, 100f.; damit wird ebenfalls die Notwendigkeit der Nutzung des Films des Filmherstellers in neuen, unbekannten Nutzungsarten begründet, BT-Drucks. 16/1828, 32). Damit ist als maßgeblicher Zeitpunkt zur Beurteilung der Sach- und Rechtslage zugleich der **Zeitpunkt der erstmaligen kommerziellen Verwertbarkeit** bestimmt; bei kommerzieller Filmproduktion regelmäßig, aber nicht zwingend der Zeitpunkt der Herstellung der sog. Nullkopie.

dd) Gesetzeszweck. Aus diesen wirtschaftlich-funktionalen Aspekten ergibt sich 39 zugleich der **Gesetzeszweck** als unternehmensbezogenes Leistungsschutzrecht in Abgrenzung zu einem nicht realisierten Urheberrecht des Filmherstellers (Rn. 1f.).

f) Rechtsprechung. Entsprechend diesem Befund stellte der **BGH** zunächst phänome- 40 nologisch auf den Inbegriff der Tätigkeiten des Einzelunternehmers als Filmhersteller ab (BGH UFITA 55 (1970) 313, 320 – Triumph des Willens): Filmhersteller sei diejenige natürliche oder juristische Person, die die im Folgenden angegebenen Tätigkeiten tatsächlich selbst ausübe: „*die Beschaffung des für die Herstellung des Films erforderlichen Kapitals, die Auswahl des zu verfilmenden Stoffes, des Drehbuchverfassers, der Hauptdarsteller, des Hauptregisseurs, sowie des weiteren künstlerischen und technischen Personals, den Erwerb der zur Verfilmung des Stoffes erforderlichen Rechte, die Schaffung der weiteren betrieblichen Voraussetzungen für die Filmproduktion (z. B. Ateliermiete) und die Überwachung der Herstellung des Films bis zum Vorliegen der vorführungsbereiten Kopie.*" In einer späteren Entscheidung hat der BGH diese kumulativen tatsächlichen Anforderungen zugunsten einer wertenden Einzelfallbetrachtung aufgegeben und gleichzeitig die rechtlichen Erfordernisse betont: demnach komme es darauf an, „*wer letztlich die notwendigen Entscheidungen als Unternehmer – insb. durch den Abschluss der entsprechenden Verträge als Vertragspartner – in die Tat umsetzt und in ihren wirtschaftlichen Folgen verantwortet*", wobei es nicht auf die subjektiven Vorstellungen der Beteiligten, sondern **allein auf die tatsächlichen Verhältnisse bei der Filmherstellung ankomme** (BGHZ 120, 67, 70f. – Filmhersteller: zum Film „Die Ehe der Maria Braun" von R. W. Fassbinder; OLG Bremen GRUR-RR 2009, 244; OLG Stuttgart ZUM-RD 2003, 586, 589). Ein künstlerisch-schöpferischer Beitrag ist für die Filmherstellereigenschaft irrelevant. „*So ist ein Künstler, der wegen seiner überragenden Stellung erheblichen Einfluss auf den Unternehmer nehmen konnte, der die Filmherstellung in erster Linie organisiert hat, deshalb noch nicht Mithersteller des Films*" (KG GRUR-RR 2010, 372 m. Anm. *Kreutzer*). Filmhersteller ist, wer die unternehmerische, d. h. organisatorische Tätigkeit, die erforderlich ist, um den Film als fertiges Ergebnis der Leistungen aller bei seiner Schaffung Mitwirkenden und damit als ein zur Auswertung geeignetes Produkt herzustellen, tatsächlich rechtlich steuert und wirtschaftlich verantwortet (BGH GRUR 1993, 472, 473 – Filmhersteller). Nach der Formulierung des BFH ist Filmhersteller, wer „**... Einfluss und Risiko**" übernimmt (BFH BStBl. 1997 II, 320, 321). Der BFH sah in Übereinstimmung mit §§ 88, 89 Abs. 1, 92 weiter den **Abschluss der erforderlichen urheberrechtlichen Verträge in eigenem Namen** und auf eigene Rechnung als eine wesentliche Bedingung an: wenn ein Beteiligter zwar erheblichen Einfluss auf Management-Entscheidungen ausübt, ohne aber die Verträge selbst im eigenen Namen und auf eigene Rechnung abzuschließen, genüge das nicht für die Begründung seiner Mitherstellereigenschaft. Ob der Abschluss der für die Filmherstellung erforderlichen Verträge im eigenen Namen und auf eigene Rechnung ein zwingendes Kriterium oder wesentliches Indiz für die Übernahme des Haftungsrisikos und die Leitung ist, hat der BGH offengelassen (BGHZ 120, 67, 72 – Filmhersteller). In der neueren Rechtsprechung scheint mitunter dem Rechtserwerbs keine konstitutive Bedeutung beigemessen zu werden (so OLG München ZUM-RD 1997, 290, 293 – Box-Classics; OLG Düsseldorf MMR 2002, 238, 240 – Das weite Land/„Mitschnittdienst": **Filmhersteller i. S. v. § 94 ist, wer die wirtschaftliche Verantwortung und organisatorische Tätigkeit für die Filmherstellung übernimmt;** krit. Anm. *Flechsig* MMR 2002, 244; *Baur* UFITA 2004, 665, 709f.). Für die solchermaßen haftungsrechtlich bestimmte Unternehmereigenschaft genügt eine rein interne Risikoübernahme nicht (OLG München ZUM-RD 1997, 290, 293 – Box-Classics). Als Indiz für die Filmherstellereigenschaft wird zudem der P-Vermerk angesehen (OLG Hamburg GRUR-RR 2010, 409, 412). Bei einer zum **Festpreis** übernommenen Werbefilmproduktion ist der Auftragnehmer (Werkunternehmer der „echten" Auftragsproduktion) jedenfalls dann Filmhersteller, wenn er die Filmverträge im eigenen Namen und auf eigene Rechnung abschließt, LG München I ZUM 2008, 161, 163. Ein **Erwerb der Filmherstellungsrechte** und **Auswertungsrechte durch den Filmhersteller** ist aber u. U. entscheidend für die leistungsschutzrechtliche Beurteilung **mehrstufiger Organisationsformen der Filmproduktion,** insb. der Filmfondsfinanzierung und darauf abgestellte Vertragsstrukturen, bei denen die tatsächliche Produktionsdurchführung auf Produktionsdienstleister übertragen wird.

41 g) **Zurechnungsmerkmale.** Die rechtliche und wirtschaftliche Beherrschung des Herstellungsvorgangs richtet sich nach folgenden teilweise komplementären **Zurechnungsmerkmalen,** wobei jeweils im einzelnen Streitfall aufgrund wertender Betrachtung festzustellen ist, aufgrund welcher Merkmale, welche Person oder Personenmehrheit Filmherstellereigenschaft zukommt.

42 aa) **Faktischer Einfluss auf wesentliche produktionstechnische Vorgaben.** Filmhersteller ist, wer durch den Abschluss von Verträgen in eigenem Namen und auf eigene Rechnung Einfluss auf die wesentlichen produktionstechnischen Vorgaben, also Filmstoff, Drehbuch, Besetzung, Drehplan sowie Kalkulation, Budget (bei Auftragsproduktionen sind dies i. d. R. die technischen Abnahmespezifikationen) und Kapitalbeschaffung als wesentliche Maßnahmen der Filmherstellung ausübt und diese verantwortlich übernimmt (potentieller Störer von nicht erworbenen unterliegenden Rechten; „Packaging" ist als Projektentwicklung vorbereitende Dienstleistung und gerade nicht Durchführung und Leitung, unzutreffend *Baur* UFITA 2004, 665, 722; *Möhring/Niccolini/Lütje* § 94 Rn. 5).

43 bb) **Rechtserwerb.** I. d. R. ist dies derjenige, der die **urheberrechtlichen Nutzungsrechte** an den zu verfilmenden, vorbestehenden Werken, insb. die **Stoffrechte,** und wenigstens **vorübergehend am Filmwerk** selbst erwirbt (2) oder wer andernfalls als **Störer** diese **Rechte nacherwerben müsste** (weiter *Pense* ZUM 1999, 121, 125: Inhaberschaft aller für die Herstellung und Auswertung des Films erforderlichen Rechte; vgl. Art. 9c englischen Copyright Act von 1996, der als originären Inhaber des Copyrights bestimmt: the person by whom the arrangements necessary for the making of the film were undertaken).

44 cc) **Fertigstellungsrisiko.** Wer das **Fertigstellungsrisiko** (3) trägt. Dies ist derjenige, den die wirtschaftlichen Folgen verfehlter Investitionen unmittelbar treffen. Indizien hierfür liefern die Identität des Versicherungsnehmers mit dem Begünstigten der Fertigstellungsversicherung (Completion Bond, *Reden-Lütcken/Thomale* ZUM 2004, 896f.) bzw. der Versicherung der Nullkopie gegen Beschädigung und Untergang (dies können allerdings auch lediglich stille Beteiligte und Hauptfinanziers sein, die gerade keine unternehmerische Leitungsmacht ausüben und keine Rechte direkt erwerben). Liegen diese Merkmale (1, 2

und 3) in einer Person vor, wird nach der zitierten Rechtsprechung die Filmherstellereigenschaft anzunehmen sein (echte Auftragsproduktion, s. o. Rn. 40).

dd) Auswertungsrisiko, finanzielle Gesamtverantwortung. (4) Der Tragung des **Auswertungsrisikos** und der **finanziellen Gesamtverantwortung** kommt dann zumindest keine entscheidende Bedeutung zu. Vollständige Vorverkäufe von Kino-, TV- und Videogrammrechten an mitfinanzierende Filmvertriebsunternehmen gegen Übernahme entsprechender Minimumgarantien (**„Pre-Sales"**), Filmfördermaßnahmen, stille Beteiligungen und partialische Darlehen und andere Drittmittel bewirken, dass ein wesentliches Auswertungsrisiko und eine finanzielle Haftung nicht beim Filmhersteller verbleiben. Umgekehrt ist eine **Festpreiszusage** zur Übernahme des Kostenüberschreitungsrisikos bei der (echten) Auftragsproduktion ein Indiz für die Filmherstellereigenschaft. Eine Verlagerung des finanziellen Risikos ist insb. bei **Filmfonds-Strukturen** der Fall. Es fragt sich dann umgekehrt, **ob und welche technisch-organisatorischen Restfunktionen** derjenige mindestens haben muss, der die finanzielle Gesamtverantwortung und das Auswertungsrisiko trägt bzw. steuert, ohne selbst unmittelbar weisungsbefugter Vertragspartner der Filmschaffenden und Rechtsinhaber zu sein. Hier wird nach systematischer und historischer Auslegung (Rn. 37, 38) wenigstens der Zwischenerwerb der Filmherstellungs- und Auswertungsrechte und ein anfänglicher Leitungseinfluss zu verlangen sein (zu Filmfonds-Strukturen s. u. Rn. 48, 50).

h) Eintritt in die laufende Filmproduktion. Produzentenwechsel. Die Beteiligung an einem Film kann fortlaufend mit wachsendem Kapitalbedarf bei fortschreitender Produktion erfolgen. Die Produktionsfirma startet bspw. zur Drehbuchentwicklung allein mit kleinem Budget. Weitere Produktionspartner treten dem Unternehmen entsprechend dem wachsenden Kapitalbedarf bei, bis hin zur kompletten Produktionsübernahme durch Dritte. Dabei können verschiedene Modelle zu Grunde gelegt werden. Der Eintretende kann **vor oder während der laufenden Dreharbeiten** in die bestehenden Verträge mit Außenwirkung und Erfüllungsübernahme selbst eintreten (Schuldnerauswechselung) und auch die organisatorische Verantwortung für die Fertigstellung des Films, soweit erforderlich, insgesamt (mit-)übernehmen. Die wirtschaftlich-technische Gesamt-Organisationsleistung (s. o. Rn. 36, 40, 52) kann noch teilweise tatsächlich wahrgenommen werden.

Ein **Produzentenwechsel (vertikale, sukzessive Teilung der Produktion)** kann nicht zu dem kuriosen Ergebnis führen, dass der spätere Produzent mangels Übertragbarkeit der tatsächlichen organisatorischen Erfordernisse ein (originäres) Leistungsschutzrecht nicht erwirbt, das der frühere, ausgeschiedene Produzent mangels Beherrschung der Erstfixierung ebenfalls nicht erwerben konnte (Rn. 29: keine Erstfixierung und kein Leistungsschutzrecht ohne Rechtsträger). Andererseits kann der nachfolgende Produzent nicht dem Risiko ausgesetzt werden, dass sich vorhergehende Produzenten, Entwickler, Mitwirkende bzw. deren Insolvenzverwalter unter Berufung auf das Gewicht ihrer jeweiligen Beiträge der Film(mit)herstellerschaft berühmen. Der Produzent kann auch erst zur Nachbearbeitung bei Schnitt, Mischung oder Nachsynchronisation, also der **Post-Production** in die Produktion eintreten und sich alle Rechte an Einzelleistungen, die für die Erstfixierung und die anschließende Verwertung erforderlich sind, übertragen lassen. Der zum Zeitpunkt der Post-Production eintretende Produzent hat dann zwar einen wesentlichen Teil des Risikos und tatsächlicher Organisationsleistung nicht übernommen. Gleichwohl kommt er als Filmhersteller in Betracht, wenn man wie hier entsprechend dem Zweck des Leistungsschutzrechts maßgeblich auf den **Zeitpunkt der Herstellung der Erfixierung bzw. Nullkopie** abstellt (Rn. 21, 37, 38). **Gegen** eine in **Analogie zur Miturheberschaft** des § 8 zu schaffende sukzessiv bzw. kumulativ entstehende Mitherstellerschaft spricht weniger, dass im Fall des Produzentenwechsels ebenso wie im Fall der vertikalen Arbeitsteilung ein gemeinschaftliches Schaffen fehlt, als die drohende **Rechtsunsicherheit.** Anders als bei urheberpersönlichkeitsrechtlich geprägten Frage nach der Miturheberschaft treten hinsichtlich des Leistungsschutzrechts materielle Aspekte zugunsten formaler Betrachtung zurück (zur rechtlichen Zäsur des Drehbeginns bei Produzentenwechsel § 90 Rn. 5 f.; a. A. für eine **Mitherstellereigenschaft** Dreier/Schulze § 95 Rn. 7 unter Berufung auf OLG Stuttgart GRUR-RR 2003, 137, das zur Ablehnung der Anwendbarkeit von § 137 Abs. 2 auf deutsche Koproduktionen davon spricht, dass Koproduzenten „*Miturheber* (sic!) *bezüglich des ausschließlichen Rechts des Filmherstellers gem. §§ 94, 8"* seien, *„denen das Recht zur Veröffentlichung und Verwertung gem. § 8 Abs. 2 zur gesamten Hand"* zustehe).

48 i) **Filmfonds.** Die Filmherstellereigenschaft ist insb. bei **Filmfonds-Strukturen** umstritten: Beteiligungsfonds haben in der Regel die Rechtsform einer GmbH & Co KG, AG & Co KG oder einer GbR, wobei der Fonds aus Haftungsgründen an einer Filmproduktions-GbR in der Regel nur mittelbar über eine weitere GmbH & Co KG beteiligt sein wird. Bei einem Produktionsfonds ist zwar in Abgrenzung zu einem reinen Akquisitions- oder Auswertungsfonds der Gesellschaftszweck der Fondsgesellschaft auf die Herstellung und die Auswertung von selbst hergestellten Filmen gerichtet. Häufig ist die Fondsgesellschaft auch direkt oder über eine zwischengeschaltete KG nominell als „Koproduzentin" zusammen mit anderen Gesellschaften, z. B. Fernsehsendeunternehmen und Fernsehanstalten und Filmproduktions- und Filmverleihunternehmen an einem Filmprojekt beteiligt. Der Fonds hat allerdings keinen auf die Filmherstellung gerichteten Betrieb und keine Betriebsstätte i. S. d. § 12 AO (BMF-Medienerlass v. 23.2.2001 Tz 40, s. u. Rn. 50 ff.). Im Außenverhältnis wird regelmäßig allein ein beauftragter Produktionsdienstleister im eigenen Namen für Rechnung des Fonds tätig unter treuhänderischer Bindung im Innenverhältnis. Der Produktionsdienstleister tritt zuweilen nach außen selbst als Filmhersteller auf und schließt entsprechende Verträge über Stoffrechte und mit Filmschaffenden in der Praxis im eigenen Namen und erwirbt mitunter zunächst selbst die erforderlichen Nutzungsrechte (nach Möhring/Nicolini/*Lütje* § 94 Rn. 10, soll dies die Herstellereigenschaft der Fondsgesellschaft unberührt lassen). Bei Beteiligung verschiedener Finanziers und mehrstufigen, zeitlich gestaffelten Produktionsbeteiligungen wird dabei die organisatorische und inhaltliche Leitung der Produktion regelmäßig vollständig delegiert, ohne dass unmittelbare Weisungsrechte oder konkrete Einflussnahmemöglichkeiten auf die laufende Produktion beim Produktionsfonds bestehen bleiben.

49 Häufig dürften der Fondsgesellschaft die personelle Ausstattung und das Know-how fehlen, eine organisatorische Leitung der Filmproduktion selbst zu bewerkstelligen oder zu überwachen. Der Fonds hat als koordinierender Initiator eine tatsächliche Einflussnahme auf die Filmherstellung durch Rahmenvorgaben für die Produktion bei der Gestaltung der Gesellschafts- und Finanzierungsverträge einmalig ausgeübt. Dies führt dann zur Entstehung des Leistungsschutzrechts in der Person der Fonds-Gesellschaft, wenn auch eine weit gefasste **wirtschaftliche Gesamtverantwortung** den Anforderungen des § 94 genügte, die sich im Wesentlichen auf die Tragung des Herstellungs-, Finanzierungs- und Auswertungsrisikos beschränkt (in diesem Sinne Möhring/Nicolini/*Lütje* § 94 Rn. 6, 9 ff.: wer die finanzielle Alleinverantwortung trage, sei Filmhersteller, auch wenn er nur einmal anfänglich die Möglichkeit der Einflussnahme gehabt habe; auch die Abwälzung des wirtschaftlichen Risikos durch Vorverkäufe der Rechte gegen Minimumgarantien und stille Beteiligungen oder partialische Darlehen ändere daran nichts). Diese Ansicht ist angesichts von Wortlaut, Systematik und Normzweck des Leistungsschutzrechts problematisch. Neben dem wirtschaftlichen Risiko kommt der tatsächlichen Leitungsmacht eine gleichwertige Bedeutung zu (BGH GRUR 1993, 472, 473 – Filmhersteller). Ein Film- oder Fernsehfonds ist Hersteller eines Films, wenn er entweder als Auftraggeber konkreten Gestaltungseinfluss hat und das gesamte Risiko der Filmherstellung trägt (unechte Auftragsproduktion bei Einschaltung von Produktionsdienstleistern), oder wenn er im Rahmen einer Gemeinschaftsproduktion ein Filmprojekt in eigener tatsächlicher unternehmerischer Mitverantwortung durchführt (FG München Gerichtsbescheid vom 8.4.2011, Az. 1 K 3669/09, zitiert nach Juris).

j) Medienerlass des Bundesfinanzministeriums. In der bilanz- und steuerrechtlichen Praxis genügt eine wirtschaftliche Gesamtverantwortung daher nicht den Anforderungen, die das Bundesfinanzministerium im **Rundschreiben v. 23.2.2001 Az IV A 6 – S 2241 – 8/01** (BStBl. I S. 175 ff.) und im **Rundschreiben v. 3.8.2003 Az IV A 6 – S 2241 – 81/03** den Finanzämtern für die Annahme der Filmherstellereigenschaft vorgibt. Bei der in aller Regel vorliegenden Einschaltung von Produktionsdienstleistern soll ein Filmfonds danach kumulativ die **folgenden Voraussetzungen** erfüllen, andernfalls keine Filmherstellereigenschaft sondern abgeleiteter Erwerb angenommen werden soll (Folge: Aufwendungen sind Anschaffungskosten):

(1) Die durch den Filmfonds abgeschlossenen Verträge müssen gewährleisten, dass alle **inländischen und ausländischen zur Herstellung des Films erforderlichen Rechte dem Fonds zustehen.** Sofern **Urheberrechte am Film** während der Filmherstellung begründet werden, muss – vertraglich – sichergestellt sein, dass diese **sämtlich dem Fonds eingeräumt** werden (Medienerlass Tz 12a; dies geht hinsichtlich der Verwertungsrechte am Film über die o. g. Anforderungen hinaus; die unternehmerische Kontrolle setzt nicht voraus, dass sämtliche, insb. nicht außerfilmische Nutzungsrechte dem Fonds eingeräumt werden);

(2) **alle wesentlichen Maßnahmen der Filmproduktion,** insb. die Auswahl des Filmstoffs, des Filmdrehbuchs, der Besetzung, die Kalkulation der anfallenden Kosten, der Drehplan und die Filmfinanzierung müssen der Entscheidung durch den Fonds unterliegen, wobei allein die tatsächlichen Verhältnisse maßgeblich sind. Selbst das auftragsrechtliche Weisungsrecht eines Fonds gegenüber dem Produktionsdienstleister ist unerheblich, wenn ihm der Fonds **faktisch** keine **Weisungen erteilen kann,** weil die Entscheidungen des Fonds bspw. durch den Dienstleister selbst oder ein mit diesem verbundenen Unternehmen beherrscht werden oder dies aus sonstigen Gründen nicht möglich ist, z. B. bei **unzureichenden filmtechnischen Kenntnissen** (Tz 12b; dies geht nach dem Umfang ebenfalls deutlich über die o. g. Anforderungen hinaus; zweifelhaft ist, ob Einzelheiten der Kostenkalkulation und des Drehplans der konkreten Entscheidung des Fonds unterliegen müssen; etwaige ausdrückliche Zustimmungserfordernisse seitens des Fonds oder Veto- und Informationsrechte, eine ausreichende personelle Ausstattung vorausgesetzt, dürften insofern genügen);

(3) der Produktionsdienstleister muss ein festes Honorar erhalten und alle bei ihm anfallenden Aufwendungen, die auf Rechnung des Fonds erbracht worden sind, ersetzt bekommen (Tz 12c). Der **Produktionsdienstleister** (PDL) darf also selbst **kein wirtschaftliches Risiko** für die Filmherstellung tragen. Es darf keine sog. echte Auftragsproduktion vorliegen, bei der der PDL das Fertigstellungs-, bzw. Kosten- und Abnahmerisiko trägt (Rn. 33, OLG Düsseldorf MMR 2002, 238 – Mitschnittdienst; OLG München ZUM-RD 1997, 290, 293 – Box-Classics; *Pense* ZUM 1999, 121, 124);

(4) der Fonds muss **Versicherungsnehmer** der Versicherungen zur Absicherung des Risikos der Filmherstellung sein, insb. Fertigstellungsgarantie und Erlösausfallversicherung (Tz 12d; entsprechende Zahlungsansprüche gegen den Versicherer könnten jedenfalls zur Sicherheit an Dritte abgetreten werden).

(5) Bei **Übernahme eines laufenden Filmprojekts** durch den Fonds muss dieser noch „**wesentliche Einflussnahmemöglichkeiten**" haben, die in der Regel (nur?) dann anzunehmen sind, wenn die Dreharbeiten noch nicht begonnen haben (Tz 12e; nach Wortlaut und Zweck maßgeblich ist der Zeitpunkt der Erstfixierung; zumindest bei einer vollständigen Rechteübernahme, Auswechselung der Vertragspartner muss im Hinblick auf die Übertragbarkeit des Leistungsschutzrechts, die auch aufschiebend bedingt sein kann, eine Produktionsübernahme bis zu diesem Zeitpunkt möglich sein).

(6) Ist der Produktionsdienstleister selbst Gesellschafter des Fonds, müssen die Verträge marktüblichen Bedingungen entsprechen (Tz 12f.).

(7) Das BMF hat im ergänzenden Rundschreiben v. 3.8.2003 Az IV A 6 – S 2241 – 81/03 in Übereinstimmung mit o. g. urheberrechtlichen Vorgaben des § 94 die organisatorischen Anforderungen für die Herstellereigenschaft betont: Ein geschlossener Fond soll demnach kein Hersteller sein, wenn der Initiator ein einheitliches Vertragswerk vorgibt und die Gesellschafter in ihrer gesellschaftsrechtlichen Verbundenheit keinen wesentlichen Einfluss mehr ausüben können (Ergänzung von Tz 9). Die Gesellschafter müssen weiter **selbst wesentliche unmittelbare Einflussnahmemöglichkeiten auf die Organisation der Filmherstellung von Stadium der Pre- bis zur Post-Production** haben (delegierbar an einen Beirat).

52 **k) Koproduktionen.** Die Zusammenarbeit von mehr als zwei Personen zur Herstellung eines Films wird als Koproduktion bezeichnet, ohne dass hiermit eine nähere rechtliche Qualifizierung verbunden ist, insb. keine Aussage über eine Mit-Herstellereigenschaft i. S. d. § 94. Wird zur gemeinsamen Filmherstellung eine juristische Person gegründet (KG, GmbH), ist diese alleiniger Filmhersteller und es liegt keine Koproduktion vor. Die leistungsschutzrechtliche Mit-Hersteller-Eigenschaft i. S. d. § 94 ist unabhängig von der Annahme einer Mitproduzenteneigenschaft nach zwischenstaatlichen Koproduktionsabkommen und öffentlichen Förderbestimmungen zu beurteilen (Möhring/Nicolini/*Lütje* § 94 Rn. 16; *Schwarz* ZUM 1991, 381 ff.). Mithersteller i. S. d. § 94 sind nur anzunehmen, wenn bei gemeinschaftlichen Produktionen aufgrund tatsächlicher unternehmerischer Zusammenwirkung und Mitverantwortung das Leistungsschutzrecht in **gesamthänderischer Bindung** entsteht – und nicht bspw. in der Hand eines federführenden Gesellschafters (Dreier/Schulze § 94 Rn. 10), weswegen die Beteiligten, die keine Produktionsgesellschaft gegründet haben, regelmäßig in Form der GbR organisiert sind (KG UFITA 34/1961, 92, 96 – Das Totenschiff; LG München I ZUM 2005, 336, 339), Eine Voraussetzung dafür ist nach § 718 Abs. 2 BGB der gemeinschaftliche Erwerb von Stoffrechten für den betroffenen Film (wobei es als unschädlich angesehen wird, wenn einzelne Verträge nur im Namen eines Koproduzenten abgeschlossen werden, den insoweit eine Verpflichtung zur Übertragung der Rechte an seine Koproduzenten trifft *Loewenheim/Schwarz-Reber* § 42 Rn. 23; *Schwarz* ZUM 1991, 381, 382), eine weitere, dass das wirtschaftliche Risiko der Filmproduktion auf mehrere Partner verteilt ist und weiter, dass die Produktionspartner vertraglich verpflichtet sind, die erworbenen Rechte zur gesamten Hand einzubringen. Grds. stehen den Gesellschaftern dann die Nutzungs- und Leistungsschutzrechte und das Eigentum am Negativ gemeinschaftlich zu, was sie jeweils einzeln zu Filmherstellern macht. Neben die Gesellschafter tritt jedoch zusätzlich noch die GbR, die nach der Gruppenlehre Trägerin von Rechten und Pflichten sein kann (BGHZ 146, 341, 343 ff.), zu denen auch Leistungsschutzrechte zählen. Folglich ist die GbR ebenfalls neben ihren Gesellschaftern als Filmherstellerin anzusehen, was den Erwerb des damit verbundenen Leistungsschutzrechtes auch von ihr notwendig macht.

53 Nach Ansicht des BMF soll Filmhersteller ebenfalls ein Koproduzent sein, der **Mitunternehmer einer Koproduktionsgemeinschaft** ist. Der Koproduktionsgemeinschaft müssen alle Urheber- und Leistungsschutzrechte am Film sowie das Eigentum am fertigen Filmprodukt vollständig gemeinschaftlich zustehen sowie nach Beendigung der Filmherstellung – insb. beim Pre-Sale an die beteiligten Koproduzenten – **Verwertungsrechte gemeinschaftlich verbleiben** (Rundschreiben BMF v. 23.2.2001 Rn. 13c, d, 29a).

54 Im Bereich der **nationalen** wie **internationalen Koproduktionen** bestehen zahlreiche Gestaltungsvarianten mit fließenden Übergängen, die einer einheitlichen Beurteilung von Mitproduzenten, Auftraggebern oder Auftragnehmern, Finanzierungsfonds oder Projektsteuerern als Filmhersteller i. S. d. § 94 widerstreitet (Möhring/Nicolini/*Lütje* 2. Aufl. § 94 Rn. 16). Häufig dürften Gesellschaften bürgerlichen Rechts vorliegen, deren Mitglieder Filmhersteller in Gesamthandsbindung sind (Schricker/Loewenheim/*Katzenberger* § 94 Rn. 36).

Koproduktionsverträge bestimmen i. d. R., dass die wesentlichen organisatorischen, technischen, wirtschaftlichen, finanziellen, künstlerischen und rechtlichen Entscheidungen durch die Vertragspartner gemeinsam getroffen werden, wobei es der Annahme einer Koproduktion nicht entgegen steht, dass die einzelnen Aufgaben und Rechte zwischen den Beteiligten aufgeteilt, werden (vgl. OLG München NJW 2003, 683, 684 – Alpensinfonie; zur territorialen Aufteilung der Rechte zwischen Koproduzenten vgl. auch BGH GRUR 2005, 48, 49 ff. – Man spricht Deutsch). Insbesondere wird es als zulässig angesehen, dass die Gesellschafter Nutzungsarten und Nutzungsgebiete untereinander aufteilen, soweit ihnen die Möglichkeit des Mitspracherechts bleibt (Loewenheim/*Schwarz*/*Reber* § 42 Rn. 23; *Schwarz* ZUM 1991, 381). Eine differenzierte Bewertung ist freilich dort notwendig, wo jemand als **federführender Produzent (sog. executive producer)** im Außenverhältnis auftritt, der im Innenverhältnis zur Abstimmung mit den Produktionspartnern verpflichtet bleibt. Hinsichtlich der Filmherstellereigenschaft im Falle eines ausführenden Produzenten ist zu unterscheiden: (1) wird zwischen den Co-Produzenten vereinbart, dass die Federführung bis zur Auswertung des Films einem von ihnen mit der Maßgabe zugewiesen wird, dass er für die Herstellung des fertigen Films verantwortlich ist und diesen in die gemeinschaftliche Auswertung einzubringen hat, entsteht das Leistungsschutzrecht nach § 94 allein beim federführenden Produzenten originär, die Koproduktionsgesellschaft erwirbt ein abgeleitetes Recht. (2) Erwirbt der federführende Produzent die Rechte als Vertreter einer Mehrheit von Personen, welche die Herstellerfunktionen zusammen ausüben und ist diese Rechtslage für die Filmschaffenden nach außen erkennbar, so sind grds. alle Einzelpersonen als **Mithersteller** gem. § 94 anzusehen (Fromm/Nordemann/*J. B. Nordemann* § 94 Rn. 23; *Reupert* 78 Fn. 40). Nach einer a. A. soll eine **Mitherstellereigenschaft** mit der Folge eines gesamthänderischen Leistungsschutzrechts nach § 94 bereits dann anerkannt werden, wenn ein deutlicher Schwerpunkt bei einem der Beteiligten nicht festgestellt werden kann (*Fuhr* FS Reichhardt 29, 37). Für eine solche Vermutungsregel spricht, dass aufgrund des Realaktscharakters das Leistungsschutzrecht zwingend mit der Erstfixierung des Films entsteht und zugeordnet werden muss. Dabei greift die Regel des **im Zweifel gemeinschaftlichen Erwerbs** durch alle Mitproduzenten am wenigsten in deren Rechte ein.

Nicht ausreichend, um von einer Koproduktion auszugehen, ist die Vereinbarung einer **Kofinanzierung.** Hierbei handelt es sich lediglich um eine rein finanzielle Beteiligung, ohne dass damit der Finanzier etwa am Rechteerwerb beteiligt wird (*Baur* UFITA 2004/III, 665, 679; *Friccius* ZUM 1991, 392, 393; Fromm/Nordemann/*J. B. Nordemann* § 94 Rn. 23; Loewenheim/*Schwarz*/*Reber* § 42 Rn. 10). Insofern führen **Crowdfunding-Modelle,** wie sie derzeit noch vor allem in den USA, mit der Zeit aber vermehrt auch in Deutschland auftreten, weder zu einer Filmherstellereigenschaft der Unterstützer noch der Plattformbetreiber. Crowdfunding funktioniert über Plattformen wie bspw. www.startnext.de. Auf derartigen Plattformen kann jedermann – der sog. Initiator – ein Projekt vorstellen und für Unterstützung werben. Dies geschieht unabhängig von der konkreten Produktionsphase, kann also auch noch während der Postproduction Phase erfolgen. Zu welchen Konditionen diese Unterstützung gewährt wird, ist unterschiedlich und bleibt den Vereinbarungen des Initiators, die er mit seinen Unterstützern getroffen hat, überlassen. Teilweise wird die Finanzierung an das Erreichen bestimmter Ziele gekoppelt, teilweise wird den Unterstützern eine Gegenleistung versprochen. Die Nutzung der Plattform selbst ist oft kostenfrei, teilweise aber auch entgeltlich. Oft erhält der Plattformbetreiber bei erfolgreicher „Vermittlung" einer Finanzierung einen Beteiligungssatz, der derzeit wohl zwischen 5–10 Prozent liegt. Wer Crowdfunding betreibt, muss beachten, dass er neben steuerrechtlichen Aspekten vor allem die Vorgaben aus dem VermAnlG beachtet, die von ihm die Erstellung eines Verkaufsprospektes abverlangen können; ausführlich zum Crowdfunding vgl. bei *Bareiß* ZUM 2012, 456 ff. Vielfach wird der Initiator des durch Crowdfundings finanzierten Films Filmhersteller sein, wenn er die filmherstellertypischen Aufgaben übernommen hat (*Bareiß* ZUM 2012, 456, 462).

57 Im Rahmen von Koproduktionsverträgen erhalten beteiligte Produktions-, Verleih- und Medienunternehmen häufig – Vorverkäufen von Nutzungsrechten vergleichbar – in **Anrechnung auf ihren Gewinnanteil bestimmte ausschließliche Auswertungsrechte** für Kino- bzw. Videonutzung für ihr Gebiet in einer oder mehreren Sprachfassungen. Dies steht der Annahme einer Mitherstellereigenschaft nicht entgegen. Die Zuflüsse aus den Lizenzeinnahmen und Gebieten des jeweiligen Koproduzenten decken in der Regel jeweils vorrangig dessen Kapitalanteil („recoupment") und fallen anschießend entweder an die Koproduzentengemeinschaft zur Gewinnverteilung nach Beteiligungsverhältnissen zurück (Auswertungsgemeinschaft) oder verbleiben auch nach recoupment bei dem jeweiligen Koproduzenten. Im Einzelfall sind vielgestaltige, u. a. rechte- und gebietsbezogene Abweichungen und Verteilungsschlüssel üblich. Die Zusammenwirkung kann sich auf die Produktionsphase beschränken mit der Gestaltung, dass den Beteiligten nach Beendigung der Filmherstellung in ihrer Verbindung als Koproduktionsgemeinschaft für die Auswertungsphase keinerlei (wesentliche) Verwertungsrechte verbleiben, weil die einzelnen Koproduzenten jeweils für besondere Rechte die Auswertung allein vornehmen (bei einem solchen Buy-Out kann auch ertragssteuerrechtlich die Mitunternehmerschaft auf die Produktionsphase beschränkt bleiben; Medienerlass Tz 29, 29a).

58 l) Im **Computerbereich** müssen heute die Entwicklungsstudios als Filmhersteller angesehen werden, da sie ebenfalls erhebliche Investitionskosten aufwenden müssen. So betragen die durchschnittlichen Kosten eines aktuellen Konsolenspiels laut *Bullinger/Czychowski* GRUR 2011, 19, 20 18–28 Mio. US-Dollar; siehe dazu Vor § 88 Rn. 61).

III. Umfang des Leistungsschutzrechts

1. Ausschließliche Rechte zur Vervielfältigung, Verbreitung, öffentlichen Vorführung, Funksendung und öffentlichen Zugänglichmachung des Bildträgers (§ 94 Abs. 1 S. 1)

59 § 94 Abs. 1 S. 1 macht in abschließender Aufzählung die urheberrechtlichen Verwertungsrechte der Vervielfältigung nach § 16, der Verbreitung nach § 17 (einschließlich des Erschöpfungsgrundsatzes), der öffentlichen Vorführung nach § 19 Abs. 4, der Funksendung nach § 20 sowie der öffentlichen Zugänglichmachung nach § 19a hinsichtlich der Nullkopie als ausschließliche Rechte (§ 31) zum Inhalt des Leistungsschutzrechts (hinsichtlich der einzelnen Verwertungsrechte wird auf die Kommentierung zu den entsprechenden Vorschriften der §§ 16ff. verwiesen; Schricker/Loewenheim/*Katzenberger* § 94 Rn. 22; zur kumulativen Geltung der Rechte zur öffentlichen Vorführung und Funksendung s.o. Rn. 8). Entsprechend den Vorgaben des Art. 3 Abs. 3 Buchst. c) der Multimedia-Richtlinie wird dem Filmhersteller wie den Inhabern der übrigen verwandten Schutzrechte das ausschließliche Recht der öffentlichen Zugänglichmachung zugeordnet. Der Filmhersteller kontrolliert so das Vorhalten des Films zum Abruf in digitalen Netzen aus eigenem Recht. Einer gesonderten Übertragung bedarf es insoweit nicht. Damit erhält der deutsche Filmhersteller insb. die Befugnis, die Verwertung seiner Filmträger im Rahmen von wirtschaftlich in Zukunft besonders bedeutsamen **Abrufdiensten** (**Video-On-Demand-Angebote, „VoD"** insb. über schmal- und breitbandige öffentliche Netzwerke (T-Vision Angebote der Deutschen Telekom AG über DSL-Technik und UMTS-Portale der Mobilfunkbetreiber)) zu kontrollieren. Auf die **Art des Endgerätes** kommt es nicht an (Laptop, Handheld, Mobiltelefon). Allerdings wird dieses Recht über § 94 Abs. 4 den allgemeinen Schranken des Abschnitts 6 des Teil 1 insb. hinsichtlich der öffentlichen Zugänglichmachung für Schul- und für Forschungszwecke unterworfen (s. dort u. a. die 2-jährige Sperrfrist des § 52a Abs. 2 S. 2; § 52a Rn. 19).

60 Für das Recht zur **Kabelweitersendung** gilt die Verweisung in § 94 Abs. 4 auf § 20b Abs. 1. Der Filmhersteller ist im Gegensatz zum Tonträgerhersteller nicht an der **Zweit-**

verwertung seines erschienenen Filmträgers beteiligt (vgl. §§ 86, 78 Abs. 2). Der Filmhersteller ist durch sein ausschließliches Recht zur öffentlichen Vorführung und Funksendung besser als dieser geschützt, was allerdings nicht die öffentliche Wiedergabe beim Empfang von Fernsehsendungen von Filmträgern umfasst (Schricker/Loewenheim/*Katzenberger* § 94 Rn. 33). Die **Vervielfältigung** umfasst nach § 16 Abs. 2 auch die nur teilweise Aufnahme einer Fernsehsendung des Filmträgers einschließlich der gesonderten Aufnahme der Tonspur. Der Filmhersteller kann auch die Verwertung nur der **Filmmusik** ohne seine Einwilligung untersagen (h. M., Schricker/Loewenheim/*Katzenberger* § 94 Rn. 21, 25; a. A. Fromm/Nordemann/*J. B. Nordemann* § 94 Rn. 62), es sei denn, es liegt ein gem. § 51 n. F. zulässiges **Filmzitat** (BGHZ 99, 162, 165 – Filmzitat; BGH GRUR 1987, 362; Schricker/Loewenheim/*Schricker/Spindler* § 51 Rn. 51) oder Fernsehzitat (LG Berlin GRUR 1978, 108 ff.) vor. Auch in Multimediawerken ist kraft ihrer Anerkennung als selbstständiger Werkart ein Filmzitat grds. zulässig (*Schulz* ZUM 1998, 221; s. o. § 51 Rn. 15 f.).

Bei der Verwendung von Teilen von Einzelbildern eines Filmträgers im Rahmen von **digitalem Bild- und Film-Sampling** etwa zur Herstellung eines Video-Clips kommt es bei der entsprechenden Anwendung des § 16 auf das unternehmensbezogene Leistungsschutzrecht des § 94 auf die wettbewerbliche Eigenart und mithin eine Erkennbarkeit und Individualisierbarkeit der übernommenen Leistung an (OLG München ZUM 1991, 540, 548 – U2: zum Soundsampling kleiner „Soundpartikel"; ebenso Schricker/Loewenheim/*Vogel* § 85 Rn. 34). **61**

2. Schutz gegen Entstellungen und Kürzungen (§ 94 Abs. 1 S. 2)

a) Verhältnis zu §§ 14, 39, 75, 93. Das Recht des Filmherstellers nach § 94 Abs. 1 **62** S. 2, jede Entstellung und Kürzung des Bildträgers oder Bild- und Tonträgers zu verbieten, die geeignet ist, seine berechtigten Interessen zu gefährden, ist dem Entstellungsverbot der §§ 14, 39, 75 nur im Wortlaut nachgebildet, wurzelt jedoch nicht wie diese im Urheberpersönlichkeitsrecht, sondern in der **unternehmerischen Leistung.** Im Unterschied zu § 94 kennen die verwandten Schutzrechte der Tonträger-, Sendeunternehmen und Datenbankhersteller keinen vergleichbaren Entstellungsschutz. Im Gegensatz zu § 93, der den persönlichkeitsrechtlichen Entstellungsschutz der Filmschaffenden nicht nur gegenüber dem Filmhersteller für die Filmherstellung, sondern auch gegenüber Dritten für Filmverwertung durch die Begrenzung auf gröbliche Entstellungen und Beeinträchtigungen stark abschwächt (a. A. *Dünnwald* UFITA 76 (1976) 165, 189, der den Maßstab „gröblich" des § 93 auf § 94 übertragen will) gewährt § 94 dem Filmhersteller das Recht, gegen jede Entstellung und sogar bloße Kürzung aus eigenem Recht vorzugehen. Das Recht wird nur auf die Durchsetzung berechtigter Interessen des Filmherstellers eingeschränkt. Diese müssen im Gegensatz zu § 93 nicht konkret dargelegt und bewiesen werden; die abstrakte Geeignetheit genügt, ein Schadensnachweis ist nicht erforderlich (Möhring/Nicolini/*Lütje* § 94 Rn. 28; Schricker/Loewenheim/*Katzenberger* § 94 Rn. 28). Daraus folgt zugleich, dass der Entstellungsschutz des § 94 dem Filmhersteller nicht als Ausgleich für den Rechtsentzug des § 93 in gesetzlicher Prozessstandschaft für die Filmschaffenden, sondern ausschließlich im eigenen wirtschaftlichen Interesse des Filmherstellers eingeräumt wurde.

Eine vertragliche Ermächtigung des Filmherstellers zur Geltendmachung der **persön- 63 lichkeitsrechtlichen Befugnisse der Urheber** und ausübenden Künstler nach §§ 14, 83 im eigenen Namen bleibt unabhängig von § 94 bestehen. Neben § 94 stehen dem Filmhersteller Ansprüche gem. §§ 97 ff. i. V. m. §§ 88, 89, 92 aus abgeleitetem Recht der Urheber und ausübenden Künstler zu. Nach einer Ansicht (Fromm/Nordemann/*Hertin,* 9. Aufl. § 94 Rn. 15) sei der Schutz des Filmherstellers durch das Verbotsrecht des § 94 Abs. 1 S. 2 überflüssig. Das ist deswegen unzutreffend, weil der Filmhersteller aufgrund des § 94 Abs. 1 S. 2 aus eigenem Recht gegenüber Filmverwertern, Filmtheatern oder Fernsehsendeunternehmen die Unterlassung und Beseitigung solcher Entstellungen und Kürzungen vorgehen kann, die die Filmurheber und anderen Leistungsschutzberechtigten genehmigt haben (Möhring/Nicolini/*Lütje* § 94 Rn. 27; Schricker/Loewenheim/*Katzenberger* § 94 Rn. 27). Der Filmhersteller kann eigene und andere schutzwürdige Interessen v. a. an der Filmverwertung haben als Filmschaffende, die ihrerseits einer Beeinträchtigung ihrer Leistungen und unübertragbaren Persönlichkeitsrechte durch Dritte auch gegen den Willen des Filmherstellers zustimmen können.

64 **b) Entstellung und Kürzung.** Nach dem Regelungszweck und der Natur der verwandten Schutzrechte als Leistungsschutzrecht ist mit den Begriffen der „Entstellung" und „Kürzung des Bildträgers oder Bild- und Tonträgers" in § 94 Abs. 1 S. 1 **keine Substanzbeschädigung** des Original-Filmträgers gemeint, sondern eine Beeinträchtigung der im Filmträger enthaltenen Herstellerleistung durch dessen Entstellung oder Kürzung (*Dünnwald* UFITA 76 (1976) 165, 188; Möhring/Nicolini/*Lütje* § 94 Rn. 26; Schricker/Loewenheim/*Katzenberger* § 94 Rn. 26). Kürzung ist gesetzliches Regelbeispiel einer Entstellung des Filmträgers. Liegt eine Kürzung vor, ist eine Beeinträchtigung berechtigter Interessen des Filmherstellers grds. zu vermuten.

65 **c) Berechtigte Interessen.** Aus dem Erfordernis, die Eignung zur Beeinträchtigung berechtigter Interessen darlegen zu müssen, folgt im Umkehrschluss, dass der Filmhersteller Veränderungen des Bild- und Tonträgers unterhalb dieser Schwelle dulden muss (Fromm/Nordemann/*J. B. Nordemann* § 94 Rn. 47). Der unbestimmte Rechtsbegriff des berechtigten Interesses verlangt eine Konkretisierung durch **Abwägung der beteiligten, entgegengesetzten Interessen** am Maßstab materieller Verhältnismäßigkeit. Auf Seiten des Filmherstellers genügt die Darlegung einer bloßen Gefährdung wirtschaftlicher Interessen, die sich nicht auf die Verwertung des konkreten Films beschränken müssen, sondern auch auf **mittelbare negative Folgen für das Unternehmen** des Filmherstellers erstrecken können. Hier wirkt sich der entstehungsgeschichtliche Bezug des Leistungsschutzrechts zum Leistungsschutz nach UWG aus (statt vieler *Ulmer* 205). Insofern kommt auch eine Beeinträchtigung künstlerischer Filmgehalte und eine Beeinträchtigung der Urheberrechte beteiliger Filmschaffender in Betracht, wenn diese nämlich mittelbar das Unternehmen beeinträchtigen (*v. Gamm* § 94 Rn. 6 zur Mitberücksichtigung der Interessen der Urheber und ausübenden Künstler). Nach anderer Ansicht sollen nur solche Entstellungen und Kürzungen umfasst sein, die die wirtschaftliche Auswertung des konkreten Filmes beeinträchtigen (Schricker/Loewenheim/*Katzenberger* § 94 Rn. 28). Die berechtigten Interessen des Filmherstellers an seiner im Filmträger „verkörperten" Leistung (Gesetz: „an diesem") umfassen allerdings stets auch die unternehmerische Leistungsfähigkeit über den konkreten Film hinaus.

3. Kein Benennungsrecht

66 Dem Filmhersteller steht anders als dem Filmurheber (vgl. § 93 Rn. 12) kein Anspruch auf Nennung zu. Er ist darauf angewiesen, dies mit seinen Auswertern schuldrechtlich zu vereinbaren (OLG Frankfurt NJW 1990, 1839; *U. Reber* v. Hartlieb/Schwarz 60. Kap. Rn. 15).

IV. Übertragbarkeit, § 94 Abs. 2

67 Die Neufassung des § 94 Abs. 2 mit Wirkung v. 13.9.2003 durch Gesetz v. 10.9.2003 (s. Vor §§ 31 ff. Rn. 4) stellt ausdrücklich klar, dass der Filmhersteller neben der in S. 1 genannten **Übertragung des Vollrechts** durch Abtretung des verwandten Schutzrechts im ganzen oder in Teilen gem. §§ 398 ff., 413 BGB nach S. 2 auch lediglich **einzelne Nutzungsrechte** an dem Filmträger auf Lizenznehmer analog §§ 31 ff. übertragen kann. S. 1 wurde zur Klarstellung eingefügt aufgrund Empfehlung des Rechtsausschusses (BT-

Drucks. 15/837, 71). Die Neufassung entspricht derjenigen der Rechteübertragung für den Tonträgerhersteller in § 85 Abs. 2 sowie der Sendeunternehmen in § 87 Abs. 2. Die partielle Verweisung auf die §§ 31 ff. in S. 3 klammert diejenigen Vorschriften aus, die das Urheberpersönlichkeitsrecht (§§ 39, 40, 42) oder spezifische Schutzbestimmungen betreffen, die dem Schutz des Urhebers als der regelmäßig schwächeren Vertragspartei dienen, §§ 32, 32a, 34, 35, 36, 36a, 37, 41, 43). Keine Anwendung findet nach dem eindeutigen Wortlaut in § 94 Abs. 2 S. 3 die Sonderregelung des § 31a. Das Recht an unbekannten Nutzungsarten konnte schon vor der zweiten Novelle vom Filmhersteller übertragen bzw. lizenziert werden (dazu *Schwarz* ZUM 2000, 816, 830). Das führt dazu, dass eine Übertragung/Lizenzierung nicht an einer fehlenden Schriftform scheitert. Ohnehin gilt der Verweis in S. 3 nur für die Nutzungsrechtseinräumung; auf die Übertragung hat der Verweis keine Auswirkungen. Mit der Folge, dass insbesondere die Zweckübertragungsregel des § 31 Abs. 5 auf die Übertragung des Vollrechts keine Anwendung findet, sondern für eine ggf. notwendige Vertragsauslegung auf die allgemeine, gesetzlich nicht geregelte Zweckübertragungsregel Rückgriff genommen werden muss, die aus dem sachenrechtlichen Bestimmtheitsgrundsatz folgt (OLG Bremen GRUR-RR 2009, 244; OLG Düsseldorf GRUR-RR 2002, 121, 122 – Das weite Land; Fromm/Nordemann/*J. B. Nordemann* § 94 Rn. 52). Werden daher bspw. im Vertrag nur bestimmte Nutzungsrechte genannt, verbietet die ungeschriebene Zweckübertragungsregel von einer allumfassenden Nutzungsrechteinräumung auszugehen (vgl. OLG Düsseldorf GRUR-RR 2002, 121, 122 – Das weite Land, das festgestellt hat, dass mit der Einräumung von Nutzungsrechten zur fernsehmäßige Verwendung keine Nutzungsrechtseinräumung zur Videoverwertung verbunden ist,; OLG Köln ZUM 2007, 401, 402 f., das in der Übertragung der Synchronrechte keine Übertragung der Voice-over Rechte gesehen hat), es sei denn die Vertragsauslegung lässt sonst erkennen, dass eine umfassende Übertragung des Vollrechts gewollt war (Fromm/Nordemann/*J. B. Nordemann* § 94 Rn. 52). Fehlt es daher etwa an einer ausdrücklichen Übertragung der Nutzungsrechte, die dem Vertragszweck nach nicht für die Auswertung des Filmwerks benötigt werden, bleiben diese beim Filmhersteller (OLG Bremen GRUR-RR 2009, 244; KG GRUR-RR 2010, 372 m. Anm. *Kreutzer*; OLG München ZUM-RD 1998, 101, 106 – Auf und davon). Hinsichtlich der Fernsehanstalten wird gleichwohl von einer Branchenübung ausgegangen, dass im Wege des Buy-out stets sämtliche Rechte auf den Auftragsproduzenten übertragen werden (Fromm/Nordemann/*J. B. Nordemann* § 94 Rn. 58).

Die Übertragung des Vollrechts geschieht häufig zu **Kreditsicherungszwecken** an finanzierende Banken und bei – echten – Auftragsproduktionen an den finanzierenden Auswertungsfonds, um einer Beschränkungen der Auswertung durch den beauftragten Filmhersteller vorzubeugen. Die **Abtretung der Verbotsrechte** an den Auftraggeber im Rahmen eines Produktionsauftragsvertrages kann als Indiz für die Filmherstellereigenschaft des Auftragnehmers gelten (sog. „echte Auftragsproduktion"). § 94 ist als rein vermögensrechtliche Befugnis auch in direkter Anwendung der §§ 1922 ff. BGB **vererblich** (*v. Gamm* § 94 Rn. 4). **68**

Wird das gesamte Leistungsschutzrecht nach §§ 413, 398 BGB abgetreten, ist der Vorgang **steuerrechtlich** als entgeltlicher Erwerb eines immateriellen Wirtschaftsguts anzusehen. Werden lediglich beschränkte Nutzungsrechte u. U. einschließlich der entsprechenden Verbotsrechte nach § 94 Abs. 1 übertragen, handelt es sich um ein dem Pachtverhältnis vergleichbares schwebendes Geschäft. Dies soll selbst dann gelten, wenn der Filmrechtlizenznehmer durch Einmalzahlung einer Minimumgarantie oder Lizenzgebühr einseitig vorleistet (FG München ZUM 2008, 259 = DStRE 2008, 985 – steuerliche Behandlung geschlossener Filmfonds). Diese ist durch Bildung eines aktiven Rechnungsabgrenzungspostens gleichmäßig auf die Laufzeit des Lizenzvertrages zu verteilen. Uneingeschränkt nutzbare Filmrechte sind nach § 7 Abs. 1 EStG über 50 Jahre (§ 94 Abs. 3 entscheidet über die gewöhnliche Nutzungsdauer; BMF-Medienerlass Tz. 17, 38) linear abzuschreiben. **69**

Wird das Schutzrecht dem Lizenznehmer für die gesamte restliche Laufzeit abgetreten, ist eine endgültige Veräußerung des Schutzrechts anzunehmen.

V. Rückruf der Nutzungsrechte

70 Ein **Rückruf** der eingeräumten Nutzungsrechte durch den Produzenten ist wegen der beschränkten Verweisung in S. 2 auf die §§ 31 ff. nach den §§ 34, 35 **nicht möglich.** Allerdings billigt der BGH insoweit dem Filmhersteller einen sog. allgemeinen dinglich wirkenden **Zustimmungsvorbehalt** zu, der bei Verletzung Schadensersatzansprüche auslösen soll (BGH NJW-RR 1987, 181, 182 – Videolizenzvertrag). Gerechtfertigt wird diese Rechtskonstruktion, die als vertragsimmanenter Bestandteil von Filmverwertungsverträgen angesehen wird, damit, dass Vertragszweck die Auswertung des Filmwerkes durch den Vertragspartner sei, nicht durch einen Dritten. Hinsichtlich der §§ 41, 42, die nach dem ausdrücklich Wortlaut in S. 3 ebenfalls keine entsprechende Anwendung finden, existiert keine vergleichbare Sonderregelung, hier ist der Filmhersteller auf die schuldrechtlichen Gestaltungsrechte angewiesen (*Czernik* in Wandtke Band 2 Kap. 2 § 4 Rn. 163).

VI. 50-jährige Schutzdauer, § 94 Abs. 3

71 Die Schutzdauerregelung des § 94 Abs. 3 entspricht denjenigen für die verwandten Schutzrechte der ausübenden Künstler in § 82 und Tonträgerhersteller in § 85 Abs. 2, die zusammen mit § 94 Abs. 3 in Umsetzung der europäischen Schutzdauer-Richtlinie durch Art. 3 Abs. 2 des 3. UrhGÄndG v. 23.6.1995 mit Wirkung zum 1.7.1995 neu gefasst wurden (§ 64 Rn. 6 f.). Nach § 94 Abs. 3 a. F. betrug die Dauer des Schutzrechts des Filmherstellers bis zum 30.6.1995 nur 25 Jahre seit dem Erscheinen des Filmträgers. § 137 f Abs. 1 S. 2 ordnet die Geltung der neuen Schutzdauer für zu diesem Zeitpunkt noch nicht erloschene Schutzrechte an.

72 Entsprechend der Rechtslage bei Tonträgern gelten eine rechnerische **Mindestschutzdauer von 50 Jahren ab Erstfixierung** (bei Nichterscheinen innerhalb dieser Frist) und eine **Maximalschutzdauer von 100 Jahren,** wenn der Filmträger im fünfzigsten Jahr nach der Herstellung erstmals erscheint (§ 6 Abs. 2) oder erlaubterweise zu einer öffentlichen Wiedergabe benutzt wird. Hinsichtlich der genannten Anknüpfungspunkte für die Berechnung der 50-Jahresfrist wird auf die Kommentierung zu § 85 Abs. 3 verwiesen (s. § 85 Rn. 28 f.). Die Fristen beginnen wie bei § 85 Abs. 3 gem. § 69 mit dem Ablauf des Kalenderjahres, in dem das maßgebliche Ereignis eintritt. Die Nichtnennung von § 69 in § 94 Abs. 3 in Abweichung von §§ 82, 85 Abs. 2, § 87 Abs. 2 wird als Redaktionsversehen ohne normative Bedeutung gewertet (h.M.; Fromm/Nordemann/*J. B. Nordemann* § 94 Rn. 54; Schricker/Loewenheim/*Katzenberger* § 94 Rn. 36).

73 Die 50-Jahresfrist des § 94 Abs. 3 wird vom BFH als Grundlage für die Bestimmung für die **betriebsgewöhnliche Nutzungsdauer** von Filmrechten überhaupt zugrundegelegt (BFH Urt. v. 19.11.1997, BStBl. 1998 II S. 59: Uneingeschränkt nutzbare Filmrechte werden über diese Dauer nach § 7 Abs. 1 EStG linear abgeschrieben, ohne dass Absetzungen für Abnutzung nach Maßgabe der Leistung oder degressive Absetzungen in Betracht kommen; als immaterielle Wirtschaftsgüter gelten Filmrechte nicht als beweglich i.S.d. § 7 Abs. 1 S. 5 und Abs. 2 EStG).

74 **Laufzeitdivergenzen** mit dem Schutzrecht des ausübenden Künstlers ergeben sich im Falle des Erscheinens des Films wegen des insoweit übereinstimmenden Wortlauts von **§ 82 S. 1 Alt. 2** nicht (anders, wenn bei Nichterscheinen die Darbietung zählt). Das gilt grds. auch für die filmische Verwertung der Filmeinzelbilder nach § 91, die sich nach dem insofern ebenfalls gleich lautenden **§ 72 Abs. 3** bestimmt (anders bei zeitlich abweichender,

nicht filmischer Verwertung von Einzelbildern; Möhring/Nicolini/*Lütje* 2. Aufl. § 94 Rn. 34). Wegen der **Divergenz mit der Dauer der Urheberrechte** der Filmurheber sind nach dem Erlöschen des Leistungsschutzrechtes mit dessen Fristablauf weiterhin die ausschließlichen von den Filmurhebern abgeleiteten Nutzungsrechte des Filmherstellers i. S. d. §§ 88, 89 zu beachten. Diese stehen dem Filmhersteller grds. ohne zeitliche Beschränkung bis zum Ablauf der urheberrechtlichen Schutzfrist am Filmwerk zu. Schwierigkeiten können dabei jedoch bei Laufbildern auftreten, da der Filmhersteller über den Verweis in § 95 auf § 89 Abs. 4 i. V. m. Abs. 1, 2 das Recht zur filmischen Auswertung an den Einzelbildern erhält. Damit wäre es theoretisch möglich, über den Lichtbildwerkschutz eine Auswertung des Laufbilds auch nach Ablauf seiner Schutzdauer gem. § 95 i. V. m. § 94 Abs. 3 UrhG zu verhindern. Dies würde aber Sinn und Zweck der beschränkten Schutzdauer widersprechen, weswegen hier die allgemeine Schutzdauer der Lichtbildwerke eine teleologische Reduktion erfahren muss. Sie findet nur dann Anwendung, wenn das Lichtbildwerk außerhalb des Laufbildes gesondert verwertet wird (*Czernik* in Wandtke Medienrecht, Band 2, Kap. 2 § 2 Rn. 22; Loewenheim/*A. Nordmann* § 9 Rn. 154). Dies entspricht im Ergebnis auch der Spruchpraxis des BGH, der die Verwendung von Einzelbilder außerhalb eines Filmwerkes nicht als filmische Verwertung ansieht (BGH GRUR 2010, 626 – Rn. 31).

VII. Verweisungen des § 94 Abs. 4

1. Gesetzliche Vergütungsansprüche gegenüber Verwertungsgesellschaften

a) Direkte Verweisung auf verwertungsrechtliche Vergütungsansprüche. § 94 Abs. 4 macht die Vergütungsansprüche der §§ 20b, 27 Abs. 2, 3 zum Gegenstand des Leistungsschutzrechts. Abs. 4 wurde infolge der Aufhebung des § 61 a. F. lediglich redaktionell geändert mit Wirkung v. 13.9.2003 durch Gesetz v. 10.9.2003 (s. Vor §§ 31 ff. Rn. 4). Aus der direkten Verweisung auf § 20b folgt, dass auch das Recht des Filmherstellers zur Kabelweitersendung nur durch eine Verwertungsgesellschaft geltend gemacht werden kann (Verweisung auf § 27 Abs. 2 und Abs. 3 wurde in Umsetzung der Vermiet- und Verleih-Richtlinie (s. Vor §§ 31 ff. Rn. 2) mit dem 3. UrhGÄndG v. 23.6.1995, diejenige auf § 20b durch 4. UrhGÄndG v. 8.5.1998 eingeführt; krit. zu § 20b Abs. 2, *Mand* GRUR 2005, 720, 722). Die Kabelweitersendevergütung gem. **§ 20a** gilt für das Senderecht des Filmherstellers über § 94 Abs. 1 i. V. m. § 20 (AmtlBegr. BT-Drucks. 13/4796, 15 zu Nr. 5).

b) Vergütungsansprüche als Kompensation für Zwangslizenzen. Mit der Geltung der Urheberrechtsschranken des Sechsten Abschnitts gehört der Filmhersteller zum Kreis der Berechtigten des gesetzlichen Vergütungsanspruchs für die erheblich anwachsenden **Leerkassetten- und Gerätevergütungen gem. §§ 54ff.**, die die erhebliche Einschränkung des ausschließlichen Vervielfältigungsrechts des Filmherstellers bezüglich seines Filmträgers durch gesetzliche Vervielfältigungsbefugnis zum eigenen privaten Gebrauch durch Video- und DVD gem. § 53 kompensieren.

Die Zwangslizenz an musikalischen Werken zur Herstellung von Tonträgern nach **§ 42a** ist von der sinngemäßen Anwendung ausgeschlossen, weil die Filmtonspur jeweils nur eine Interpretation eines musikalischen Werks enthalten kann. Die ratio legis des § 42a, musikalische Werke in möglichst vielfältiger Form der Allgemeinheit zugänglich zu machen, ist nicht berührt (vgl. **§ 42a Abs. 7;** AmtlBegr. BT-Drucks. IV/270, 95 zu § 94 des Entwurfs).

c) Verwertungsgesellschaften. Von den 10 Verwertungsgesellschaften sind neben der VFF weitere 5 im Filmbereich tätig: die VG für Nutzungsrechte an Filmwerken mbH **(VGF)** v. a. für ausländische Filmhersteller, Filmurheber, Fernsehproduzenten und Videogrammhersteller, die Gesellschaft zur Wahrnehmung von Film- und Fernsehrechten mbH **(GWFF)**; die **GVL** hinsichtlich der Hersteller von Musikvideos, die **GÜFA** für Pornofilmhersteller sowie die deutsche **AGICOA** mbH Urheberrechtschutzgesellschaft mbH für Filmhersteller und Filmverleiher für Kabelweitersendungsrechte (§ 20b; zu Einkünften und Verteilung s. die Jahresberichte des Deutschen Patent- und Markenamts (DPMA), abrufbar unter www.dpma.de; *Kreile* GRUR Int. 1992, 24, 34 ff.; Kontakte s. Vor §§ 1 ff. WahrnG Rn. 4 ff.). Die Praxis der Filmverwertungsgesellschaften und des DPMA bei der Vergütungsverteilung und der Überwachung sind z. T. heftiger Kritik ausgesetzt (*Claussen* 173 ff., 185 ff.; *Rossbach* 250 ff.; *Schack* ZUM 1989, 267, 285; Schricker/Loewenheim/*Katzenberger* § 94 Rn. 29 ff.; *Schulze* GRUR 1994, 855, 866; *Vogel* GRUR 1993, 513, 522 f.); so wird geltend gemacht, das DPMA nehme seine nach dem WahrnG gegebenen Pflichten als Aufsichtsbehörde nicht wahr (*Vogel* GRUR 1993, 513, 523). Für die Hersteller der auf dem deutschen Markt dominierenden amerikanischen Filme ist umstritten, ob diese sich nach dem sog. US-rechtlichen „Work made for hire"-Prinzip auch verwertungsrechtlich darauf berufen können, Urheber dieser Filme i. S. d. WahrnG zu sein (*Schack* ZUM 1989, 267, 285).

2. Verhältnis des § 94 Abs. 4 zu § 87 Abs. 4

79 **a) Normwiderspruch.** § 87 Abs. 4 schließt für das Leistungsschutzrecht des Sendeunternehmens die Vergütungsansprüche nach § 47 Abs. 2 S. 2 und § 54 Abs. 1 generell aus. Soweit Sendeunternehmen Filmhersteller i. S. v. § 94 sind, steht ihnen das Leistungsschutzrecht des § 94 dem Grunde nach zu (*Schack* GRUR 1985, 197, 200). Andererseits würde § 87 Abs. 4 faktisch leer laufen, würde man den Sendern als Filmherstellern geben, was ihnen das Gesetz als Sendern nehmen will. Den Sendeunternehmen können daher nicht für alle ihre aufgezeichneten Fernsehsendungen Rechte nach § 94 Abs. 4 und § 47 Abs. 2 S. 2 und § 54 zustehen. Gewisse Einschränkungen der Vergütungsverteilung hinsichtlich für Sendezwecke produzierte und aufgezeichnete Filme entsprechen der heute h. M. (Nachweise bei Schricker/Loewenheim/*Katzenberger* § 94 Rn. 30).

80 Deutsche Rundfunkanstalten und Filmhersteller vermeiden mögliche Verteilungkonflikte aufgrund der umstrittenen Spezialität des § 87 Abs. 4 gegenüber § 94 Abs. 4 und aus § 20b Abs. 1 S. 2, § 11 WahrnG (Möhring/Nicolini/*Lütje* 2. Aufl. § 94 Rn. 35) dadurch, dass sie ihre Rechte durch eine gemeinsame **Verwertungsgesellschaft der Film- und Fernsehproduzenten (VFF)** wahrnehmen lassen. Das Vergütungsaufkommen wird paritätisch geteilt (*Fuhr* FS Reichardt 29, 37 f.). Die Frage der Reichweite der Spezialität des § 87 Abs. 4 hinsichtlich lediglich zur Zweitverwertung geeigneter und nicht bestimmter Fernsehfilme stellt sich daher in der Praxis nicht in aller Schärfe; sie ist jedoch hinsichtlich der gebotenen regelmäßigen Überprüfung der Verteilungsschlüssel der Verwertungsgesellschaften bedeutsam.

81 **b) Spezialität des § 87 Abs. 4.** § 87 Abs. 4 ist gegenüber § 94 Abs. 4 jedenfalls insoweit speziell, als Sendeunternehmen **ausschließlich für Sendezwecke produzieren** und diese Filme von vornherein **zur Vorführung und Zweitverwertung ungeeignet** und nicht bestimmt sind, mit der Folge, dass insoweit Vergütungsansprüche ausgeschlossen sind. Umgekehrt ist nach h. M. der Vergütungsanspruch nach § 94 Abs. 4 und § 54 gegeben, soweit von Sendeunternehmen Filme produziert werden, die nicht nur zur Sendung, sondern auch **als Vorführ- und/oder Videofilme bestimmt sind und genutzt** werden (*Dünnwald* UFITA 76 (1976) 165, 170, 190; Fromm/Nordemann/*Hertin* 9. Aufl. § 87 Rn. 14; *Loewenheim* GRUR 1998, 513, 520 ff. zu § 85; *Schack* GRUR 1985, 197, 200; Schricker/Loewenheim/*Katzenberger* § 94 Rn. 31; OLG Hamburg ZUM 1997, 43, 44 ff. – Wahrnehmungsvertrag GVL II; bestätigt durch BGHZ 140, 94 – Sendeunternehmen als Tonträgerhersteller für § 85 Abs. 3).

82 Umstritten ist, ob ein Vergütungsanspruch dann besteht, wenn es sich zwar um nur zu Sende- und nicht zu Vorführ- und Videozwecken produzierte Filme handelt, diese aber **zu wiederholten Sendungen geeignet** sind. Diese abstrakt anmutende Frage hat wirtschaftliches Gewicht, da in der Praxis die überwiegende Mehrzahl von Fernsehfilmproduktionen

mehrfach auf verschiedenen Programmplätzen und Sendern eines Konzerns gesendet wird. Die Folge einer Beteiligung der Sendeunternehmen für bloß wiederholungsfähige Eigenfilmproduktionen ist aufgrund des Programmvolumens eine erhebliche Beschneidung des Vergütungsaufkommens gerade für diejenigen Urheber, Interpreten und privaten Filmproduzenten, die der Gesetzgeber mit der Einführung der Abgaben nach § 54 und § 27 und der Vorschrift des § 87 Abs. 4 begünstigen wollte (in diesem Sinne Schricker/*Vogel* § 85 Rn. 44; AmtlBegr. UFITA 45 (1965) 240, 288 zu § 54). Dagegen wird angeführt, dass die Sendeunternehmen bei der Vermarktung ihrer Filme im Vorführ- und Videobereich und in Zukunft auch in Bezug auf die Vermarktung über Online-Datenbanken und Video- bzw. Music-on-Demand mit einer Beeinträchtigung zu rechnen hätten. Dafür bedürften namentlich private Fernsehunternehmen der Kompensation durch die in Frage stehenden Vergütungsansprüche, die über Neuinvestitionen wieder an die Filmurheber zurückfließe (Schricker/Loewenheim/*Katzenberger* § 94 Rn. 31).

c) **Öffentliche Sendeanstalten.** Ein anderer Ansatzpunkt spricht **öffentlich-rechtlichen Sendeanstalten** Ansprüche gem. § 94 Abs. 4 bzw. § 85 Abs. 3 und § 54 generell ab. Eine Kompensation öffentlicher Anstalten ist weder grundgesetzlich mangels Grundrechtsträgerschaft (vgl. Art. 1 Abs. 3 GG) noch durch Art. 14 GG noch wirtschaftlich wegen Gebührenfinanzierung geboten (*Schack* Rn. 633). Dafür spricht im wirtschaftlichen Ergebnis, dass ein großer Teil der Produktionen öffentlich-rechtlicher Anstalten als **Auftragsproduktion** vergeben oder in **Koproduktion mit privaten Filmproduzenten** erstellt wird mit der Folge, dass bezüglich dieser Auftragsproduktionen öffentliche Rundfunkanstalten über die Filmverwertungsgesellschaft VFF am Vergütungsaufkommen aus §§ 54, 94 Abs. 4 beteiligt ist (*Fuhr* FS Reichardt 37). Demgegenüber betont *Katzenberger* die Leistungen der Rundfunkanstalten für die Filmwirtschaft. Eine Beteiligung der öffentlich-rechtlichen Sendeunternehmen gem. §§ 54 ff. komme Neuproduktionen und damit mittelbar auch den aktiven Urhebern und ausübenden Künstlern zugute (Schricker/Loewenheim/*Katzenberger* Vor §§ 88 ff. Rn. 31, 40). 83

3. Schrankenbestimmungen Teil 1 Abschnitt 6

§ 94 Abs. 4 ordnet neben den Vergütungsansprüchen der §§ 20b, 27 Abs. 2, 3 die entsprechende Geltung der Schrankenbestimmungen des sechsten Abschnitts des Teil 1 (§§ 44a bis 63a) für das Leistungsschutzrecht des Filmherstellers an (vgl. anschaulich dazu auch bei KG Urteil vom 20.6.2011, Az. 24 U 107/10, BeckRS 2012, 10104). Bei der entsprechenden Anwendung der Schranken-Rechtsfolgen sind die technischen und wirtschaftlichen Eigenarten der jeweils betroffenen filmischen Auswertungsart angemessen zu berücksichtigen, soweit dies entweder nicht bereits durch ausdrückliche Sonderregelung für den Filmbereich geschehen ist. Dabei ist aus verfassungsrechtlicher Sicht stets zu prüfen, ob im Einzelfall die Ausübung eines Schrankenrechts zur Entwertung des Leistungsschutzrechts führt (s. o. Rn. 17; vgl. zu den Schrankenbestimmungen Vor §§ 88 ff. Rn. 117; speziell zur Anwendbarkeit des § 24 auf 94 Vor § 88 Rn. 131). 84

Abschnitt 2. Laufbilder

§ 95 Laufbilder

Die §§ 88, 89 Abs. 4, 90, 93 und 94 sind auf Bildfolgen und Bild- und Tonfolgen, die nicht als Filmwerke geschützt sind, entsprechend anzuwenden.

Literatur: *Feyock/Straßer*, Die Abgrenzung der Filmwerke von Laufbildern am Beispiel der Kriegswochenschauen, ZUM 1992, 11; Baden-Baden 1995; *v. Have/Eickmeyer*, Der gesetzliche Rechtsschutz von Fernsehshowformaten, ZUM 1994, 269; *Hillig*, Anm. zu OLG Frankfurt, Urteil v. 25.1.2005 – TV-Total

(2), ZUM 2005, 482; *Hoeren,* Urheberrechtliche Probleme des Dokumentarfilms, GRUR 1992, 145; *Jungheim,* Auswirkungen der Produktion des Basissignals durch DFL auf die Bundesliga Fernsehrechte, SpuRt 2008, 89; *Katzenberger,* Kein Laufbildschutz für ausländische Videospiele in Deutschland, GRUR Int. 1992, 513; *Klages,* Grundzüge des Filmrechts, München 2004; *Koch,* Rechtsschutz für Benutzeroberflächen, GRUR 1991, 180; *Koch,* Software-Urheberrechtsschutz für Multimediaanwendungen, GRUR 1995, 459; *Koch,* Grundlagen des Urheberrechtsschutzes im Internet und in Online-Diensten, GRUR 1997, 417; *Koch,* Rechte an Webseiten, NJW-CoR 1997, 298; *Lausen,* Der Schutz des Showformats, in: Becker/Schwarz (Hrsg.), Aktuelle Rechtsprobleme der Filmproduktion und Filmlizenz, Festschrift für Wolf Schwarz zu seinem 80. Geburtstag, Baden-Baden 1999, 169 (zit. *Lausen* FS W. Schwarz (1999); *Loewenheim,* Urheberrecht, in: Loewenheim/Koch (Hrsg.), Praxis des Online-Rechts, Weinheim u. a. 1998, 269 (zit. *Loewenheim* in: Loewenheim/Koch); *Reupert,* Der Film im Urheberrecht, Baden-Baden 1995; *Schlatter,* Der Rechtsschutz von Computerspielen, Benutzeroberflächen und Computerkunst, in *Lehmann* (Hrsg.), Rechtsschutz und Verwertung von Computerprogrammen, 2. Aufl. Köln 1993 (zit. *Schlatter* in: Lehmann); *G. Schulze,* Urheber- und leistungsschutzrechtliche Fragen virtueller Figuren, ZUM 1997, 77; *G. Schulze,* Urheber- und leistungsschutzrechtliche Fragen virtueller Figuren, Kongreßvortrag aus ZUM 1997, 77; *Straßer,* Die Abgrenzung der Laufbilder vom Filmwerk, Baden-Baden 1995; *Wandtke,* Deutsche Kriegswochenschauen als Filmwerke, UFITA 132 (1996) 31; *Weber,* Anm. zu BayObLG GRUR 1992, 508 – Verwertung von Computerspielen, JZ 1993, 106.

Vgl. darüber hinaus die Angaben im eingangs abgedr. Gesamtliteraturverzeichnis.

Übersicht

	Rn.
I. Bedeutung	1–3
II. Begriff der Laufbilder	4–20
1. Legaldefinition	4–9
a) Bewegte Bildfolge	4, 5
b) Beispiele	6–9
2. Bildübertragungen	10, 11
3. Abgrenzung vom Filmwerk	12–14
III. Rechtsfolgen: Entsprechende Anwendung der §§ 88, 89 Abs. 4, 90, 93, 94	15–18
1. Entsprechende Anwendung von § 88	15, 16
2. Entsprechende Anwendung von §§ 89 Abs. 4, 90, 93	17
3. Entsprechende Anwendung des § 94	18

I. Bedeutung

1 § 95 ist **Schlussstein des Dritten Teils** der Bestrebungen des Gesetzgebers, die Rechtsstellung des Filmherstellers wegen der wirtschaftlichen und schöpferischen Besonderheiten des Filmes zu privilegieren (Vor §§ 88 ff. Rn. 5). Die Verweisung des § 95 auf § 94 sichert dem Filmhersteller für die Filmauswertung eine **autonome verwertungsrechtliche Schlüsselstellung,** die von schöpferischer Leistung unabhängig ist. Für die Rechte des Filmherstellers sind Werkcharakter des Films und etwaige schöpferische Leistungen grds. unerheblich (§ 94 Rn. 1 f.; mit Ausnahme der von § 92 nicht erfassten Einwilligung der Darsteller und sonstigen ausübenden Künstler bei Laufbildern, § 92 Rn. 14; insofern besteht ein Unterschied zum Verhältnis von Lichtbildwerken zu Lichtbildern; Lichtbilder sind aufgrund Art. 6 EU-Schutzdauer-Richtlinie als Kleine Münze geschützt und erfordern ein Mindestmaß an persönlicher geistiger i. S. v. handwerklich technischer Leistung, nicht Schöpfung (s. § 72 Rn. 7); dies ist bei Laufbildern/Filmen nicht der Fall; Gesetzeszweck ist **Rechtssicherheit,** Dreier/Schulze Rn. 1; Schricker/Loewenheim/Katzenberger § 95 Rn. 3; zu BGH GRUR 1990, 669, 673 – Bibel-Reproduktion; a. A. Fromm/Nordemann/*Hertin,* 9. Aufl. Vor § 88 Rn. 1; Schricker/*Vogel* § 72 Rn. 10: der BGH meine hier lediglich Ausschluss der Reproduktionsfotografie, s. u. Rn. 10 f.).

2 In praktischer Hinsicht wird der Filmhersteller durch § 95 hinsichtlich seines Leistungsschutzrechts und der genannten gesetzlichen Privilegierungen der **Darlegungslast** hinsichtlich des Filmwerkcharakters seiner Filme i. S. v. § 2 Abs. 1 Nr. 6 enthoben. Die wirt-

schaftliche filmische Verwertung eines Films ist regelmäßig nicht ohne die Ausnutzung der technisch-organisatorischen Leistung des Filmherstellers möglich. Bei einer **Rechtsverletzung** dieser Leistung v. a. im Fall der Videopiraterie genügt die Darlegung der Filmherstellereigenschaft. Das Bestehen und die Verletzung eines Urheberrechts sowie eines entsprechenden ausschließlichen Nutzungsrechts und dessen rechtwirksamer Erwerb durch den Filmhersteller müssen nicht bewiesen werden (vgl. dazu auch bei BGH GRUR 2008, 693 Rn. 17 – TV Total). Aus der Sicht des Filmherstellers ist § 95 weiter deswegen von Bedeutung, weil ex ante bei Beginn der Herstellung eines Films nicht eindeutig feststeht, ob ein urheberrechtlich geschütztes Filmwerk entstehen wird (AmtlBegr. BT-Drucks. IV/270, 102). Nach früherer Rechtslage war der Filmhersteller bei urheberrechtlich nicht geschützten Filmen auf den vertraglichen Erwerb abgeleiteter Rechte an den zur Filmherstellung benutzten Werken sowie der Rechte an den Filmeinzelbildern und auf den ergänzenden wettbewerbsrechtlichen Schutz angewiesen (Schricker/Loewenheim/*Katzenberger* § 95 Rn. 5, 13).

§ 95 stärkt zusammen mit § 94 die Auswertungsinteressen, ohne die **Rechtspositionen** 3 **der Urheber,** der ausübenden Künstler und Inhaber sonstiger Leistungsschutzrechte als Partnern des Filmherstellers unmittelbar zu schwächen wie die §§ 88 bis 93. Der Filmhersteller wird allerdings im Gegensatz zu diesen Filmurhebern auch bei bloßen Laufbildern am Vergütungsaufkommen auf deren Kosten beteiligt (Möhring/Nicolini/*Lütje* § 95 Rn. 1); diese bleiben insofern auf den Nachweis des Werkcharakters angewiesen (s. zur Verteilung des Vergütungsaufkommens § 94 Rn. 78).

II. Begriff der Laufbilder

1. Legaldefinition

a) Bewegte Bildfolge. Das Kunstwort Laufbilder wurde in direkter Anlehnung an das 4 englische Vorbild der „Motion Pictures" geschaffen. Für die Beibehaltung des Begriffs spricht seine Trennschärfe, da „Film" in der Literatur häufig gleichbedeutend mit Filmwerk verwendet wird. Aus diesem Grund hat sich der Vorschlag, die Überschrift durch den Begriff „Filme" anlässlich der Urheberrechtsnovelle 2002 zu ersetzen, im Rechtsausschuss nicht durchgesetzt (BT-Drucks. 14/8058, 54). Entsprechend dem gesetzlichen Wortgebrauch von Film als Oberbegriff des Dritten Teils sind Laufbilder alle **Filme ohne Werkcharakter** (BGH GRUR 2008, 693, Rn. 21 – TV Total; OLG Frankfurt a. M. ZUM 2005, 477, 479 – TV Total mit Anm. *Hillig* ZUM 2005, 482), die die in § 2 genannten urheberrechtlichen Schutzvoraussetzungen nicht erfüllen (vgl. § 2 Rn. 5 ff.). Laufbilder sind nach der Formulierung des Gesetzes urheberrechtlich nicht geschützte Bildfolgen bzw. Bild- und Tonfolgen. Nach einhelliger Meinung ist wesentliches erforderliches Merkmal für Film, dass durch Aneinanderreihung von Einzelbildern beim Betrachter der **Eindruck bewegter Bilder** entsteht. Daraus folgt, dass ein Film wahrnehmungspsychologisch eine gewisse, zeitliche **Mindestlänge** voraussetzt. Das verwendete Aufnahmeverfahren, Inhalt, Verwendungszweck, das körperliche, chemische oder elektronische Speichermedium sowie die zur Wahrnehmungsvermittlung vermittelte Technik hingegen sind unerheblich.

Auch neue Formen der Auswertung **sehr kurzer Filmsequenzen** in Gestalt sog. 5 Flashcards, die bspw. Filmcharaktere unter Benutzung von Filmausschnitten in trailerartigen Kurzportraits darstellen und über das Internet zum Download bereitgestellt werden, sowie Computer-**Bildschirmschoner** sind Film bzw. Laufbilder. Auch soweit **bewegte Icons** und **Bildfolgen** auf **Benutzeroberflächen, Homepages, Websites** und in anderen **Multimediaprodukten** integriert sind, können diese je für sich betrachtet Filmcharakter haben, ohne allerdings das jeweilige multimediale Produkt insgesamt zum Laufbild oder Filmwerk mit den Rechtsfolgen der §§ 88 ff., §§ 94, 95 zu machen (*Gahrau* in: Hoeren/Sieber Teil 7.1 Rn. 3 ff., 16 f.). Multimediaprodukte bleiben bei hinreichender

Individualität v. a. als Darstellung wissenschaftlich technischer Art oder eigener Art als Multimediawerke oder als Sammelwerk i. S. d. § 4 geschützt (*Schlatter* in: Lehmann Rn. 77 ff.; Schricker/*Loewenheim* § 2 Rn. 201; Loewenheim/Koch/*Loewenheim* 7. Kap. 1.3.2.; diskutiert wird insoweit auch der Schutz nach § 2 Abs. 1 Nr. 1, 4, 7; § 4: *Koch* GRUR 1991, 180; *Koch* GRUR 1995, 459; *Koch* GRUR 1997, 417; *Koch* NJW-CoR 1997, 298; s. auch § 2 Rn. 151 ff.). Die unmittelbare **Übernahme auch kleinster Teile** sowie Einzelbilder eines Films kann so über §§ 95, 94 untersagt werden (BGH GRUR 2010, 620 Rn. 36; BGH GRUR 2008, 693, Rn. 19 – TV Total; OLG Frankfurt a. M. ZUM 2005, 477, 479 – TV Total; KG MMR 2003, 110, 112 – Paul und Paula; OLG München ZUM-RD 1998, 124, 126; Dreier/Schulze § 95 Rn. 8; Schricker/Loewenheim/*Katzenberger* § 95 Rn. 8).

6 **b) Beispiele. Typische Laufbilder** sind filmische Dokumentaraufnahmen, die ein vorgegebenes Geschehen lediglich **abfilmen** (BGHZ 90, 219, 222 ff. – Fernsehreportage über Herzoperation). Darunter ist die **schematische Aufnahme und Wiedergabe chronologischer Abläufe** zu verstehen, die nicht durch filmspezifische Gestaltungsmittel schöpferisch gestaltet sind (s. u. Rn. 19). Dies ist regelmäßig bei **Interviewsendungen** und **Nachrichtenbeiträgen** über Sport, Politik, Kultur oder Naturereignisse der Fall (OLG München ZUM-RD 1997, 290, 293 – Box-Classics; LG Berlin GRUR 1962, 207, 208 – Maifeier: dokumentarischer Ausschnitt aus DDR-Wochenschau; KG UFITA 86 (1980) 249, 252 – Boxweltmeisterschaft; unzutreffender Ansatz: OLG Köln GRUR 1994, 145, 146 – Aber Jonny: Interviewsendung müsse sich durch Gesprächsführung deutlich vom alltäglichen Geplauder abheben; es wird nicht auf spezifisch filmische Gestaltungsmittel abgestellt; ebenso *Reupert* 55; zu Fernsehinterviews *Straßer* 102 ff., 120 ff.).

7 Film- und **Fernsehaufzeichnungen** (dazu vgl. BGH GRUR 2008, 693, 694 – TV Total; BGH GRUR 2000, 703, 704 – Mattscheibe; Schricker/Loewenheim/*Katzenberger* § 95 Rn. 9 mwN) und Live-Übertragungen von Darbietungen ausübender Künstler (Oper, Theater, Konzert) und von Show- und Galaveranstaltungen (*v. Have/Eickmeier* ZUM 1994, 269, 272, Schricker/Loewenheim/*Katzenberger* § 95 Rn. 10); sind solange als Laufbilder zu qualifizieren, als der Einsatz filmischer Mittel auch unter Berücksichtigung der kleinen Münze eigenschöpferischen Charakter nicht erreicht (AmtlBegr. BT-Drucks. IV/270, 103; OLG Koblenz UFITA 70 (1974) 331, 335 – Liebeshändel in Chioggia: „im Wesentlichen unverändert gespielte Studioinszenierung" einer Bühnenfassung; a. A. Fromm/Nordemann/*J. B. Nordemann* § 95 Rn. 7; Dreier/Schulze/*Schulze* § 95 Rn. 10). Typischerweise gilt dies auch für die Aufnahme von reinen **Sportveranstaltungen** (*Jungheim* SpuRt 2008, 90, zu komplexen Sportübertragungen; vgl. dazu auch Vor §§ 88 ff. Rn. 59). Das Recht auf TV-Übertragung von Sportveranstaltungen beruht nicht auf einem Urheberrecht oder verwandten Schutzrecht, auch die Vorschriften des UWG sind nicht einschlägig, maßgeblich ist vielmehr das „Hausrecht" des Veranstalters (BGH GRUR 2011, 436 – hartplatzhelden.de; BGH GRUR 2006, 249; BGH ZUM 1990, 519, 522; *Jungheim* SpuRt 2008, 89 mwN.). Ob der Einsatz filmischer Gestaltungsmittel (s. u. Rn. 19) zur Annahme eines Filmwerks führt, ist im Einzelfall zu prüfen (Dreier/Schulze/*Schulze* § 95 Rn. 10; Möhring/Nicolini/*Lütje* 2. Aufl. § 95 Rn. 5 weist darauf hin, dass ein statisches Abfilmen von Bühnenaufführungen heute kaum noch vorkomme). Maßgeblich ist insofern auf die **Bildregie** (Auswahl, Anordnung und Zusammenstellung der Kameraperspektiven) abzustellen (vgl. OLG München ZUM 2003, 235 – Alpensinfonie, „filmische Gestaltung" der Konzertaufzeichnung weise erhebliche schöpferische Gestaltungselemente auf; ist keine Bearbeitung des Musikstücks). Teilweise wird Urheberrechtsschutz von **Fernsehspielshows** (Game-Shows) als Filmwerk bejaht (*Straßer* 120 f.; *v. Have/Eickmeyer* ZUM 1994, 269, 271 ff.). Das geschieht aber im Hinblick auf das der Show zugrundeliegende Konzept. In der Regel ist die abgefilmte Aufzeichnung der Veranstaltung ohne Werkcharakter. Zum fehlenden urheberrechtlichen Schutz sog. **Fernsehformate** (Spiel-, Informations-, Talk-Shows, Serien, Reportageformate s. § 88 Rn. 31 ff., 33, § 2 Rn. 124 ff.; *Lausen* FS

W. Schwarz (1999) 169 ff.; *v. Have/Eickmeyer* ZUM 1994, 269, 271). Bei Filmaufzeichnungen von Aufführungen und Darbietungen stellen die **Leistungen ausübender Künstler** regelmäßig ins Zentrum. Eine Verwertung der Aufzeichnung drohte diejenige der persönlichen Darbietung zu ersetzen. Daher ist § 92 nicht entsprechend auf Laufbilder anwendbar (s. o. § 92 Rn. 1; Dreier/Schulze § 95 Rn. 13, 19).

Dokumentarfilme, Reportagen und längere Fernsehfeatures weisen demgegenüber häufig filmisch gestalterische Elemente auf, die zu einem Werkcharakter führen können (LG München I ZUM 1993, 370, 373 – Triumph des Willens, politischer Propagandafilm; LG München I ZUM 1998, 89, 92 bejaht Werkcharakter für kurzen Ausschnitt aus NS-Kriegswochenschau: „Propagandakunst"; *Hoeren* GRUR 1992, 145 ff.; zu Kriegswochenschauen: *Straßer* 109 ff.; *Wandtke* UFITA 132 (1996) 31, 35 ff.). 8

Bei den üblicherweise als Beispiele für Laufbilder angeführten **Erotikfilmen**, Sex- und Pornofilmen ist im Einzelfall unter Ausschluss urheberrechtsfremder, sexualmoralischer Kriterien zu differenzieren, ob im Einzelfall unter Anlegung der Maßstäbe der Kleinen Münze u. U. auch ausschnittsweise ein filmisch ausreichend gestaltetes, individuelles Werk vorliegt (so auch *Czernik* in Wandtke Band 2 Kap. 2 § 2 Rn. 17). Die Tendenz des Films zur Trieberregung ist für sich kein entscheidendes urheberrechtliches Kriterium (BGH UFITA 86 (1980) 208 – 120 Tage von Sodom; OLG Hamburg GRUR 1984, 663 – Pornofilm; OLG Düsseldorf GRUR 1979, 53 – Sexfilm; LG Köln: Urteil vom 5.5.2010 – 28 O 826/09, BeckRS 2011, 09020). Auf das Vorhandensein erzählerischer, nicht-filmischer Momente („Rahmenhandlung") kommt es nicht entscheidend an (unzutreffend insoweit BGHZ 90, 219, 226 – Filmregisseur; Schricker/Loewenheim/*Katzenberger* § 95 Rn. 11, für den Werkcharakter auf die Spielhandlung zur dramaturgischen Verbindung von Dokumentarfilmen abstellend). 9

2. Bildübertragungen

Insb. wird nach h. M. eine fotografische, magnetische oder digitale oder sonstige **Aufzeichnung nicht** als **erforderlich** angesehen, so dass grds. auch reine **Live-Sendung** des Fernsehens Laufbilder sein können (AmtlBegr. BT-Drucks. IV/270, 98; Schricker/Loewenheim/*Loewenheim* § 2 Rn. 186; Schricker/Loewenheim/*Katzenberger* Vor §§ 88 ff. Rn. 20, 21, § 95 Rn. 6). Für den Film ist im Gegensatz zum Lichtbild(werk) nicht erforderlich, dass die Einzelbilder „unter Benutzung strahlender Energie erzeugt" werden (BGHZ 37, 1, 6 – AKI; Schricker/Loewenheim/*Loewenheim* § 2 Rn. 180, 186). 10

Dies würde konsequenterweise auch **Web-** und **Überwachungskamera-** und **Bildtelefonübertragungen** einschließen und den Betreiber dieser technischen Einrichtungen zum Filmhersteller machen. Die digitale Aufzeichnung und Übertragung von bewegten Bildfolgen hat zu einer für den historischen Gesetzgeber ungeahnten Verringerung des technischen und wirtschaftlichen Aufwands und unübersehbaren Vermehrung geführt. Rein technische Übertragungen, die auf keine Auswertung gerichtet sind, sind unter dem Gesichtspunkt der **teleologischen Reduktion** aus dem Anwendungsbereich des § 95 auszuschließen (s. o. Rn. 1; vgl. Reproduktionsfotografie und Lichtbildschutz in BGH GRUR 1990, 669, 673 – Bibel-Reproduktion; Schricker/*Vogel* § 72 Rn. 9). 11

3. Abgrenzung vom Filmwerk

Die Unterscheidung von Laufbildern und Filmwerk ist u. a. für Filmzitate erheblich, da bei der Verwertung eines Ausschnitts aus einem Filmwerk eine Verletzung des Urheberrechts am Filmwerk nur dann angenommen wird, wenn der verwertete Ausschnitt selbst Werkhöhe erreicht (BGHZ 9, 262, 268 – Lied der Wildbahn I: Szene mit fliegenden Schwänen; Schricker/Loewenheim/*Katzenberger* § 95 Rn. 8). Ist dies nicht der Fall, kommt das Schutzrecht des Filmherstellers nach § 94 und u. U. das Urheberrecht an verfilmten, aufgezeichneten vorbestehenden Werken in Betracht (sowie die Rechte zur filmischen 12

Verwertung der Filmeinzelbilder). Die Werkurheberschaft an einem Filmwerk ist für die gesetzlichen Vergütungsansprüche von Bedeutung.

13 Zum Begriff des Filmwerks und des ähnlich wie ein Filmwerk hergestellten Werks s. § 2 Rn. 120 f. Ein **Filmwerk** ist ein **Film mit Werkcharakter.** Erforderlich ist eine persönliche geistige Schöpfung (§ 2 Abs. 1 Nr. 6, Abs. 2), wobei auch die Kleine Münze geschützt ist (Schricker/Loewenheim/*Loewenheim* § 2 Rn. 193). Der Leistungsschutz nach §§ 94, 95 ist ein Aliud gegenüber dem Werkschutz nach §§ 2, 94 (BGH GRUR 2008, 693, Rn. 19 – TV Total; OLG Frankfurt a. M. ZUM 2005, 477, 480 – TV Total). Leitbild des Gesetzgebers war der Kinospielfilm. Urheberrechtlicher Werkschutz entsteht durch den schöpferischen Einsatz **spezifisch filmischer Gestaltungsmittel** zur Vermittlung eines geistigen Gehalts. Zu den typischen filmischen Gestaltungsmitteln zählen insb. auch statische Elemente wie Bildausschnitt, Bildperspektive und Beleuchtung. Aber erst Bildbewegung und Perspektivwechsel, die Verknüpfung von Motivwahl und Perspektiven, Zooms, Kameraschwenks, Kamerafahrten, Bild- und Ton-Schnittfolge, Geschwindigkeit, Rhythmus, Bildschärfe, Farbveränderungen und Farbkontraste, Überblendungen, die Verknüpfung von Bild- und Tonfolge, neuerdings digitale Bildaufbereitungstechniken und Special Effects und Verfremdungen machen Film und u. U. ein Filmwerk aus (OLG München NJW 2003, 683, 684 – Alpensinfonie, filmische Gestaltung mithin also **Bildregie,** d.h. Auswahl, Anordnung und Zusammenstellung der Kameraperspektiven; ähnlich Möhring/Nicolini/*Lütje* 2. Aufl. § 95 Rn. 3). Von zentraler Bedeutung ist der Einsatz von Bild- und Tonschnitt zur **zeitlichen Gestaltung visueller und akustischer Wahrnehmung** und des Handlungsablaufs. **Filmtechnische Schwierigkeiten** und deren Überwindung begründen keinen Urheberrechtsschutz (Schricker/Loewenheim/*Katzenberger* § 95 Rn. 11 zu technisch aufwendigen Zeitlupenaufnahmen des Vogelflugs).

14 Das **Szenenbild,** die **Kostümgestaltung,** der Wortlaut der **Dialoge** sind für sich genommen keine spezifisch filmischen Gestaltungsmittel, sondern einzelne nicht-filmische Elemente, deren isolierte Qualität nichts über den Filmwerkcharakter aussagt (ein Laufbild kann den Oscar für Ausstattung oder Dialoge verdienen). Die schöpferische, filmisch gestaltende Tätigkeit ist nicht auf eine Herstellungsphase, insb. nicht die Filmaufnahmephase beschränkt. Die Abgrenzung zur rein schematischen Anordnung kann auch in der Sammlung, Auswahl und Zusammenstellung des Bildmaterials und der einzelnen Bildmotive in der sog. Post-Production-Phase liegen (BGH GRUR 1984, 730, 732).

III. Rechtsfolgen: Entsprechende Anwendung der §§ 88, 89 Abs. 4, 90, 93, 94

1. Entsprechende Anwendung von § 88

15 Laufbilder werden ebenso wie Filmwerke häufig unter Verwendung **vorbestehender Werke** (s. § 88 Rn. 29 ff.: Sprachwerke: Drehbuch, Treatment, Storyboard, Dialoge; Bildende Kunst/Bauwerke: Bauten, Kulissen; Musik: Filmmusik; Lichtbildwerke) hergestellt. Die Verbindung mehrerer vorbestehender Werke zu gemeinsamer Verwertung muss keine schöpferische Bedeutung haben und zu einem Filmwerk führen. Während ein Filmwerk begriffsnotwendig keine Werkverbindung i. S. v. § 9 sein kann, kommt eine Werkverbindung mehrerer vorbestehender Werke in einem Laufbild grds. in Betracht. Geschieht andererseits die Verbindung selbstständiger Werke zum Zweck der Herstellung des Films mit eigenschöpferischen filmischen Mitteln, liegt ein einheitliches Filmwerk vor, das nur ein „gemeinsam geschaffenes Werk" i. S. v. § 8 (Miturheberschaft) oder Bearbeitung oder sonstige Umgestaltung (§ 23 S. 2), nicht aber Werkverbindung sein kann. Daher ist unschädlich, dass § 95 auf § 89 Abs. 3 nicht verweist; eine Anwendung von § 89 scheidet aus, weil bei Laufbildern keine Filmurheber mitwirken (Dreier/Schulze § 95 Rn. 16; missverständlich Schricker/Loewenheim/*Katzenberger* § 95 Rn. 14).

Dauer und Umfang der Rechtseinräumungsvermutung des § 88 werden bei den **16**
o. g. einfachen Aufführungen und Aufzeichnungen als unangemessen erachtet und eine
„einschränkende Auslegung" verlangt (Dreier/Schulze § 95 Rn. 14; Schricker/Loewenheim/*Katzenberger* § 95 Rn. 13). Dabei ist zu beachten, dass eine zeitliche und nutzungsrechtliche Einschränkung sich in aller Regel bereits aus der Vertragsauslegung unter Heranziehung der Begleitumstände einer Fernsehübertragung und Aufzeichnung ergeben wird
(§ 31 Abs. 5). Für § 88 ist kein Raum (zur Auslegung eines Vertrages über die einmalige
Ausstrahlung der Aufzeichnung einer Oper im Fernsehen KG GRUR 1986, 536 – Kinderoper).

2. Entsprechende Anwendung von §§ 89 Abs. 4, 90, 93

Die entsprechende Anwendung der §§ 89 Abs. 4, 90 erfasst bei Laufbildern nur Rechte **17**
an vorbestehenden Werken nach § 88. Zur Nichtanwendung des § 92s. § 92 Rn. 3 (nach
Ansicht *Katzenbergers* wäre es mit 3. UrhRÄndG vertretbar gewesen, in § 95 auch auf § 92
als entsprechend anwendbar zu verweisen; Schricker/Loewenheim/*Katzenberger* § 95
Rn. 17). Gegen eine entsprechende Anwendung von § 93 werden von der h. M erhebliche
Bedenken erhoben (Fromm/Nordemann/*J. B. Nordemann* § 95 Rn. 22; Schricker/Loewenheim/*Katzenberger* § 95 Rn. 18). Die Einschränkung der persönlichkeitsrechtlichen Befugnisse der Urheber und ausübenden Künstler sei bei bloßen Laufbildern, insb. Aufzeichnungen und Live-Sendungen von Darbietungen solcher Künstler im Rahmen der Aufführung
von Bühnenwerken und musikalischen Werken nicht gerechtfertigt. Die im Verhältnis zu
betroffenen Urheberpersönlichkeitsrechten möglicherweise geringer zu gewichtenden Auswertungsinteressen des Herstellers von Laufbildern sind jedoch bei der gebotenen Interessenabwägung im Rahmen des § 93 ausreichend zu berücksichtigen. Verfassungsrechtliche
Bedenken bestehen nicht.

3. Entsprechende Anwendung des § 94

Zur Bedeutung der Verweisung des § 95 auf § 94 s. o. Rn. 1, 2 und § 94 Rn. 1 ff. Das **18**
Schutzrecht des § 94 schützt nur gegen die unmittelbare Übernahme der im Filmträger
verkörperten Leistung des Filmherstellers, so dass eine Nachahmung von Laufbildern stets
frei ist (s. § 94 Rn. 7). Andererseits führt die Verweisung des § 95 dazu, dass ein Schutz der
auch bei Laufbildern möglichen gestalterischen, aber die Schwelle der urheberrechtlichen
Schöpfung i. S. d. § 2 Abs. 2 nicht erreichenden Leistung neben dem Leistungsschutzrecht
aus §§ 94, 95 und dem Lichtbildschutz der Filmeinzelbilder nach §§ 72, 95 ausscheidet.
Ein gestalterisches Schutzrecht unterhalb des Filmwerkschutzes, der dem Schutz
einfacher Lichtbilder nach § 72 im Verhältnis zum urheberrechtlichen Schutz von Lichtbildwerken nach § 2 Abs. 1 Nr. 5 entspricht, existiert nicht (Schricker/Loewenheim/
Katzenberger § 95 Rn. 3, 20; *v. Gamm* § 95 Rn. 3).

Teil 4. Gemeinsame Bestimmungen für Urheberrechte und verwandte Schutzrechte

Abschnitt 1. Ergänzende Schutzbestimmungen

§ 95a Schutz technischer Maßnahmen

(1) Wirksame technische Maßnahmen zum Schutz eines nach diesem Gesetz geschützten Werkes oder eines anderen nach diesem Gesetz geschützten Schutzgegenstandes dürfen ohne Zustimmung des Rechtsinhabers nicht umgangen werden, soweit dem Handelnden bekannt ist oder den Umständen nach bekannt sein muss, dass die Umgehung erfolgt, um den Zugang zu einem solchen Werk oder Schutzgegenstand oder deren Nutzung zu ermöglichen.

(2) Technische Maßnahmen im Sinne dieses Gesetzes sind Technologien, Vorrichtungen und Bestandteile, die im normalen Betrieb dazu bestimmt sind, geschützte Werke oder andere nach diesem Gesetz geschützte Schutzgegenstände betreffende Handlungen, die vom Rechtsinhaber nicht genehmigt sind, zu verhindern oder einzuschränken. Technische Maßnahmen sind wirksam, soweit durch sie die Nutzung eines geschützten Werkes oder eines anderen nach diesem Gesetz geschützten Schutzgegenstandes von dem Rechtsinhaber durch eine Zugangskontrolle, einen Schutzmechanismus wie Verschlüsselung, Verzerrung oder sonstige Umwandlung oder einen Mechanismus zur Kontrolle der Vervielfältigung, die die Erreichung des Schutzziels sicherstellen, unter Kontrolle gehalten wird.

(3) Verboten sind die Herstellung, die Einfuhr, die Verbreitung, der Verkauf, die Vermietung, die Werbung im Hinblick auf Verkauf oder Vermietung und der gewerblichen Zwecken dienende Besitz von Vorrichtungen, Erzeugnissen oder Bestandteilen sowie die Erbringung von Dienstleistungen, die

1. Gegenstand einer Verkaufsförderung, Werbung oder Vermarktung mit dem Ziel der Umgehung wirksamer technischer Maßnahmen sind oder
2. abgesehen von der Umgehung wirksamer technischer Maßnahmen nur einen begrenzten wirtschaftlichen Zweck oder Nutzen haben oder
3. hauptsächlich entworfen, hergestellt, angepasst oder erbracht werden, um die Umgehung wirksamer technischer Maßnahmen zu ermöglichen oder zu erleichtern.

(4) Von den Verboten der Absätze 1 und 3 unberührt bleiben Aufgaben und Befugnisse öffentlicher Stellen zum Zwecke des Schutzes der öffentlichen Sicherheit oder der Strafrechtspflege.

Literatur: *Arlt*, Digital Rights Management Systeme, München 2006; *Arlt*, Marktabschottend wirkender Einsatz von DRM-Technik, GRUR 2005, 1003; *Arlt*, Die Undurchsetzbarkeit digitaler Privatkopien gegenüber technischen Schutzmaßnahmen im Lichte der Verfassung, CR 2005, 646; *Arlt*, Digital Rights Management-Systeme, GRUR 2004, 548; *Arlt*, Ansprüche des Rechtsinhabers bei Umgehung seiner technischen Schutzmaßnahmen, MMR 2005, 148; *Arnold*, Das Verbot von Umgehungsmitteln – § 95a erstmals auf dem Prüfstand beim BGH, NJW 2008, 3545; *Arnold*, Rechtmäßige Anwendungsmöglichkeiten zur Umgehung von technischen Kopierschutzmaßnahmen?, MMR 2008, 144; *Arnold/Timmann*, Ist die Verletzung des § 95a Abs. 3 UrhG durch den Vertrieb von Umgehungsmitteln keine Urheberrechtsverletzung?, MMR 2008, 286; *Auer*, Rechtsschutz für technischen Schutz im Gemeinschaftsrecht, in: Festschrift für Robert Dittrich – Ein Leben für Rechtskultur, Wien 2000, 3; *Barczok*, Das universelle Buch, c't 25/2009,

§ 95a Schutz technischer Maßnahmen § 95a UrhG

134; *Bechtold*, Multimedia und Urheberrecht – einige grundsätzliche Anmerkungen, GRUR 1998, 18; *Bechtold*, Vom Urheber- zum Informationsrecht, Implikationen des Digital Rights Management, München 2002; *Berger*, Die Neuregelung der Privatkopie in § 53 Abs. 1 UrhG im Spannungsverhältnis von geistigem Eigentum, technischen Schutzmaßnahmen und Informationsfreiheit, ZUM 2004, 257; *Boddien*, Alte Musik in neuem Gewand, Baden-Baden 2006; *Briem*, Elektronische Lizenzierung von urheberrechtlich geschützten Werken, MMR 1999, 256; *Brinkel*, Filesharing, Tübingen 2006; *Bröcker/Czychowski/Schäfer*, Praxishandbuch Geistiges Eigentum im Internet, München 2003 (zit.: Bröcker/Czychowski/Schäfer/*Bearbeiter*); *Bullinger/Czychowski*, Digitale Inhalte: Werk und/oder Software? – Ein Gedankenspiel am Beispiel von Computerspielen, GRUR 2011, 19; *Dietz*, Die EU-Richtlinie zum Urheberrecht und zu den Leistungsschutzrechten in der Informationsgesellschaft – Vorstoß in den Kernbereich des Urheberrechts- und Leistungsschutzes und seine Folgen, ZUM 1998, 438; *Dreier*, Die Umsetzung der Urheberrechtsrichtlinie 2001/29/EG in deutsches Recht, ZUM 2002, 28; *Dreyer*, Urheberrechtliche Problembereiche des Digital Rights Managements, in: Pahlow/Eisfeld (Hrsg.), Grundlagen und Grundfragen des Geistigen Eigentums, Tübingen 2008 (zit.: *Dreyer* in: Pahlow/Eisfeld); *Dusollier*, Electrifying the Fence: the Legal protection of technological measures for Protecting Copyright, EIPR 1999, 285; *Enders*, Digital Rights Management Systeme als besondere Herausforderung an das Urheberrecht, ZUM 2004, 593; *Ernst*, Kopierschutz nach neuem UrhG, CR 2004, 39; *Federrath*, Multimediale Inhalte und technischer Urheberrechtsschutz im Internet, ZUM 2000, 804; *Feldmann*, Anmerkung zum Urteil des OLG München CR 2009, 105 – AnyDVD II, CR 2009, 106; *Flechsig*, EU-Harmonisierung des Urheberrechts und der verwandten Schutzrechte – Der Richtlinienvorschlag der EG-Kommission zur Harmonisierung bestimmter Aspekte des Urheberrechts und verwandter Schutzrechte in der Informationsgesellschaft vom 10.12.1997, ZUM 1998, 139; *Flechsig*, Grundlagen des Europäischen Urheberrechts, ZUM 2002, 1; *Gass*, Digitale Wasserzeichen als urheberrechtlicher Schutz digitaler Werke, ZUM 1999, 815; *Goldmann/Liepe*, Vertrieb von kopiergeschützten Audio-CDs in Deutschland – Urheberrechtliche, kaufrechtliche und wettbewerbsrechtliche Aspekte, ZUM 2002, 362; *Guggemos*, Digital Rights Management im praktischen Einsatz, ZUM 2004, 183; *Gutman*, Rechtliche Flankierung technischer Schutzmöglichkeiten, K&R 2003, 491; *Haedicke*, Die Umgehung technischer Schutzmaßnahmen durch Dritte als mittelbare Urheberrechtsverletzung, in: FS für Adolf Dietz – Urheberrecht Gestern – Heute – Morgen, München 2001, 349; *Härting/Thiess*, Streaming-Plattformen: Neue Abmahnwelle in Sicht?, WRP 2012, 1068; *Hauser*, Finger weg – DRM-Systeme in der Praxis, c't 6/2003, 234; *Heidrich*, Legale analoge Privatkopie in: Hansen, UN-CD-Bändiger, c't 8/2004, 184; *Himmelein*, Ein gutes und ein böses Schloss, c't 11/2005, 114; *Hoeren*, Entwurf einer EU-Richtlinie zum Urheberrecht in der Informationsgesellschaft, MMR 2000, 515; *Hugenholtz*, Why the Copyright Directive is unimportant and possibly invalid, EIPR 2000, 499; *Jaeger*, Auswirkungen der EU-Urheberrechtsrichtlinie auf die Regelungen des Urheberrechtsgesetzes für Software – Stellungnahme des ifrOSS zur Umsetzung des Art. 6 Richtlinie 2001/29/EG im Verhältnis zu den §§ 69a ff. UrhG, CR 2002, 309; *Jaeger/Metzger*, Die neue Version 3 der GNU General Public License, GRUR 2008, 130; *Klickermann*, Urheberschutz bei zentralen Datenspeichern, MMR 2007, 7; *Knies*, Kopierschutz für Audio-CDs – Gibt es den Anspruch auf die Privatkopie?, ZUM 2002, 793; *Knies*, DeCSS – oder: Spiel mir das Lied vom Code, ZUM 2003, 286; *Krempl*, Geschützte Kopiersperren, c't 8/2002, 18; *Koelman*, A Hard Nut to Crack: The Protection of Technological Measures, EIPR 2000, 272; *Kosnik*, Hände weg von der Handysperre?, CR 2011, 718; *Kreutzer*, Computerspiele im System des deutschen Urheberrechts, CR 2007, 1; *Kröger*, Die Urheberrechtsrichtlinie für die Informationsgesellschaft – Bestandsaufnahme und kritische Bewertung, CR 2001, 316; *Lapp*, Überblick zu DRM, insbesondere zum § 95a UrhG, ITRB 2003, 151; *Kumar/Koglin*, GPL Version 3's DRM and Patent Clauses under German and U. S. Law, Cri 2008, 33; *Lapp/Lober*, Schutz des Urheberrechts im digitalen Zeitalter, ITRB 2003, 234; *v. Lewinski*, Die Multimedia-Richtlinie – Der EG-Richtlinienvorschlag zum Urheberrecht in der Informationsgesellschaft, MMR 1998, 115; *Lindhorst*, Schutz von und vor technischen Maßnahmen, Osnabrück 2002; *Linnenborn*, Europäisches Urheberrecht in der Informationsgesellschaft, K&R 2001, 394; *Marks/Turnbull*, Technical Protection Measures: The Intersection of Technology, Law and Commercial Licences, EIPR 2000, 198; *Marly*, Rechtsschutz für technische Schutzmechanismen geistiger Leistungen, K&R 1999, 106; *Mayer*, Richtlinie 2001/29/EG zur Harmonisierung bestimmter Aspekte des Urheberrechts und der verwandten Schutzrechte in der Informationsgesellschaft, EuZW 2002, 325; *Mayer*, Die Privatkopie nach Umsetzung des Regierungsentwurfs zur Regelung des Urheberrechts in der Informationsgesellschaft, CR 2003, 274; *Mayer-Wegelin*, Käuferrechte bei Computerspielen – Technische Kopierschutzmaßnahmen und End User License Agreements, Jur-PC Web-Dok. 28/2009; *Mesche*, Verbliebener Anwendungsbereich der Privatkopieschranke auf Urheberrechtswerke als Grundlage für pauschale Urheberrechtsabgaben, K&R 2008, 585; *Mielke*, Der analoge Umweg, c't 14/2007, 190; *Mitsdörffer/Gutfleisch*, Geo-Sperren – wenn Videoportale ausländische Nutzer aussperren – Eine urheberrechtliche Betrachtung, MMR 2009, 731; *Möschel/Bechtold*, Copyright-Management im Netz, MMR 1998, 571; *Ohst*, Computerprogramm und Datenbank-Definition und Abgrenzung im Urheberrecht, Frankfurt a. M. u. a. 2003; *Ohst*, BGH: Links in redaktionellem Beitrag von Meinungs- und Pressefreiheit erfasst – „AnyDVD", GRUR-Prax 2011, 195; *Pleister/Ruttig*, Neues Urheberrecht – neuer Kopierschutz, Anwendungsbereich und Durchsetzbarkeit des

UrhG § 95a § 95a Schutz technischer Maßnahmen

§ 95a UrhG, MMR 2003, 763; *Plura*, Der versiegelte PC – Was steckt hinter TCPA und Palladium, c't 22/2002, 204; *Redlich*, Download von Video- und Audiostreams zum privaten Gebrauch – eine „rechtliche Grauzone", K&R 2012, 713; *Reinbothe*, Die Umsetzung der EU-Urheberrechtsrichtlinie in deutsches Recht, ZUM 2002, 43; *Reinbothe*, Die EG-Richtlinie zum Urheberrecht in der Informationsgesellschaft, GRUR Int. 2001, 733; *Reindl*, Freie Werknutzungen und technische Schutzmaßnahmen, MR-Int. 2009, 82; *Rohleder*, DRM – Herausforderung und Chance in der digitalen Welt, ZUM 2004, 203; *Schack*, Urheberrechtliche Schranken, übergesetzlicher Notstand und verfassungskonforme Auslegung, FS Schricker 2005, 511; *Schack*, Schutz digitaler Werke vor privater Vervielfältigung – zu den Auswirkungen der Digitalisierung auf § 53 UrhG, ZUM 2002, 497; *Schippan*, § 95a UrhG – eine Vorschrift (erstmals richtig) auf dem Prüfstand, ZUM 2006, 853; *Schippan*, Rechtsfragen bei der Implementierung von Digital Rights Management-Systemen, ZUM 2004, 188; *Solmecke*, Aktuelle Probleme des Internet-Rechts aus amerikanischer Sicht, TKMR 2002, 372; *Schröder*, Rechtmäßigkeit von Modchips – Stellt der Vertrieb von Modchips eine Urheberrechtsverletzung dar?, MMR 2013, 80; *Spieker*, Bestehen zivilrechtliche Ansprüche bei Umgehung von Kopierschutz und beim Anbieten von Erzeugnissen zu dessen Umgehung?, GRUR 2004, 475; *Spindler/Schuster*, Recht der elektronischen Medien, 2. Auflage, München 2011 (zit.: Spindler/Schuster/*Bearbeiter*); *Spindler/Leistner*, Die Verantwortlichkeit für Urheberrechtsverletzungen im Internet – Neue Entwicklungen in Deutschland und in den USA, GRUR Int. 2005, 773; *Spindler*, Pressefreiheit im Internet und (Störer)Haftung für Hyperlinks, GRUR-RR 2005, 369; *Spindler*, Europäisches Urheberrecht in der Informationsgesellschaft, GRUR 2002, 105; *Spindler*, E-Commerce in Europa. Die E-Commerce-Richtlinie in ihrer endgültigen Fassung, MMR 2000 Beilage Nr. 7, 4; *Stadler*, Redaktioneller Link auf Anbieter von Software zur Umgehung von Kopierschutzmaßnahmen, JurPC Web-Dok. 126/2005; *Steinebach/Zmudzinski*, Individuell gestempelt, c't 9/2009, 142; *Stickelbrock*, Die Zukunft der Privatkopie im digitalen Zeitalter, GRUR 2004, 736; *Stromdale*, Public and Private Sectors Focus on DRM and Copy Protection, ENT.LR 2006, 101; *Strömer/Gaspers*, „Umgehen" des Kopierschutzes nach neuem Recht, K&R 2004, 14; *Trayer*, Technische Schutzmaßnahmen und elektronische Rechtewahrnehmungssysteme, Baden-Baden 2003; *Wand*, Dreifach genäht hält besser! – Technische Identifizierungs- und Schutzsysteme, GRUR Int. 1996, 897, 902; *Wand*, Technische Schutzmaßnahmen und Urheberrecht – Vergleich des internationalen, europäischen, deutschen und US-amerikanischen Rechts, München 2001; *Weber*, Ideenschutz als Rechtsproblem, UFITA 2005/II, 315; *Wenz*, Ohren auf den Schienen, Umgehungsmöglichkeiten für DRM-Schutzmechanismen, c't 6/2003, 238; *Westkamp*, Towards Access Control in UK Copyright Law?, CRi 2003, 11; *Wiegand*, Technische Kopierschutzmaßnahmen in Musik-CDs – Aufklärungspflicht über die Implementierung, MMR 2002, 722; *Wiesemann*, Die urheberrechtliche Pauschal- und Individualvergütung für Privatkopien im Lichte technischer Maßnahmen unter besonderer Berücksichtigung der Verwertungsgesellschaften, Hamburg 2007.

Vgl. darüber hinaus die Angaben im eingangs abgedr. Gesamtliteraturverzeichnis.

Übersicht

	Rn.
I. Überblick	1–9
1. Entwicklung des Rechts der technischen Schutzmaßnahmen	1
2. Bedeutung	2, 3
3. Regelungsinhalt	4–6
4. Verhältnis zu den Zugangskontrollvorschriften	7
5. Verhältnis zum Schutz von Computerprogrammen	8
6. Auslegung der Vorschriften	9
II. Wirksame technische Maßnahmen (§ 95a Abs. 2)	10–51
1. Allgemeines	10, 11
2. Technische Maßnahmen (§ 95a Abs. 2 S. 1)	12–41
a) Zugangskontrollen	14, 15
b) Nutzungskontrollen	16
c) Integritätskontrollen	17
d) Einzelfälle	18–41
3. Genehmigung des Rechtsinhabers	42
4. Bestimmung im normalen Betrieb	43–46
5. Wirksamkeit technischer Maßnahmen (§ 95a Abs. 2 S. 2)	47–51
III. Umgehungsverbot (§ 95a Abs. 1)	52–65
1. Schutzgegenstand	52
2. Umgehung	53–55
3. Zustimmung des Rechtsinhabers	56–61
4. Kenntnis der Umgehung oder Kennenmüssen durch Umstände	62–64
5. Zugang zum Werk und anderen Schutzgegenständen oder deren Nutzung	65

	Rn.
IV. Verbot von Vorbereitungshandlungen für eine Umgehung (§ 95a Abs. 3)	66–85
1. Allgemeines	66–70
2. Vorrichtungen, Erzeugnisse oder Bestandteile	71
3. Vorbereitungshandlungen	72–81
a) Herstellung, Einfuhr, Verbreitung, Verkauf und Vermietung	72–76
b) Werbung	77
c) Gewerblicher Besitz	78
d) Erbringung von Dienstleistungen	79–81
4. Handlungskriterien	82–85
a) Verkaufsförderung, Werbung oder Vermarktung Nr. 1	83
b) Begrenzter wirtschaftlicher Zweck oder Nutzen Nr. 2	84
c) Hauptsächlich zur Umgehung entworfen, hergestellt, angepasst oder erbracht Nr. 3	85
V. Öffentliche Sicherheit und Strafrechtspflege (§ 95a Abs. 4)	86, 87
VI. Rechtsfolgen	88–94

I. Überblick

1. Entwicklung des Rechts der technischen Schutzmaßnahmen

Mit der Umsetzung der Multimedia-Richtlinie von 2001 in die geltende Fassung des Urheberrechtsgesetzes ist ein langer Prozess der Gesetzgebung auf dem Gebiet des Urheberrechts und der verwandten Schutzrechte abgeschlossen. Bereits im **Grünbuch von 1988** wurden technische Schutzmaßnahmen problematisiert, allerdings nur in Hinblick auf audiovisuelle Werke, z. B. Fernsehprogramme (KOM (88) 172 endg., 118f. und 139ff.). Mit der **Richtlinie über Computerprogramme** (s. Einl. Rn. 21; ausführlich Vor §§ 69a ff. Rn. 4f.) wurde in Art. 7 Abs. 1 lit. c dieser Richtlinie eine Regelung bzgl. technischer Programmschutzmechanismen geschaffen, die in § 69f Abs. 2 umgesetzt wurde, aber lediglich einen Vernichtungs- und Überlassungsanspruch gibt (ausführlich § 69f Rn. 5ff.). Im **Grünbuch von 1995** wird die Frage der technischen Schutzmaßnahmen allgemein und auf alle Werk- und Leistungsarten übergreifend behandelt (KOM (95) 382 endg., 79ff.). In den **Initiativen zum Grünbuch** wurde das Problem der technischen Identifikations- und Schutzsysteme schließlich als ein vorrangiges Thema für gesetzgeberische Maßnahmen auf Gemeinschaftsebene bezeichnet (KOM (96) 568 endg., 15f.). Am 20.12.1996 wurden die WIPO-Verträge **WCT** und **WPPT** vereinbart, die in Art. 11 WCT und Art. 18 WPPT einen angemessenen Rechtsschutz gegen die Umgehung technischer Schutzmaßnahmen auf internationaler Ebene fordern. Der **erste Vorschlag der Multimedia-Richtlinie** (KOM (97) 628 endg.), der auf europäischer Ebene mit der Umsetzung der WIPO-Verträge begann, sah lediglich die Verpflichtung zur Schaffung eines Umgehungsschutzes in Art. 6 Abs. 1 und Definitionen der Begriffe „technische Maßnahmen" und „wirksam" in Abs. 2 vor. Am 7.7.1998 legte das Bundesministerium für Justiz einen **Diskussionsentwurf zur Änderung des deutschen Urheberrechtsgesetzes** vor, mit dem u. a. die WIPO-Verträge umgesetzt und die Regelungen zu den technischen Schutzmaßnahmen in § 96a festgelegt werden sollten. Der zeitlich folgende **geänderte** europäische **Richtlinienvorschlag** (KOM (99) 250 endg.) verdeutlicht dagegen in Art. 6 Abs. 2 die Erweiterung des Schutzes gegenüber den WIPO-Verträgen auf die Vorbereitungshandlungen. In der **endgültigen Fassung** enthält Art. 6 auch Regelungen zum Verhältnis der technischen Schutzmaßnahmen zu den Schrankenregelungen in Abs. 4 (s. § 95b Rn. 1ff.). Die Regelungen des Art. 6 wurden durch die §§ 95a und 95b in deutsches Recht umgesetzt. Eine Änderung des § 95b war im Rahmen des Zweiten Korbes angedacht, wurde aber nicht verwirklicht.

2. Bedeutung

2   Unter dem Gesichtspunkt der **Harmonisierung des Urheberrechts** und der verwandten Schutzrechte ist es Ziel des § 95a, einen wirksamen Schutz gegen die Umgehung technischer Schutzmaßnahmen zu erreichen. Angesichts der **Globalisierung** ist es notwendig geworden, dass den Rechtsinhabern des Urheberrechts und der verwandten Schutzrechte durch die technologische Entwicklung nicht nur neue Rechte zuwachsen, sondern mittels technischer Maßnahmen der Schutz der Werke und anderer Schutzgegenstände garantiert wird. Dem hat die Multimedia-Richtlinie Rechnung getragen. Sie basiert auf dem Prinzip der Suche nach einem **angemessenen Interessenausgleich** zwischen Rechtsinhabern und Nutzern, wobei hier den neuen technischen Möglichkeiten Rechnung getragen werden soll (zur Frage der Gefahr der Doppelvergütung aufgrund der §§ 54 ff. vgl. § 95b Rn. 1). Bedeutsam für die Zukunft wird damit sein, ob und inwieweit die rechtlichen Regelungen über die technischen Schutzmaßnahmen der Rechtsinhaber mit den Interessen der Allgemeinheit bzw. begünstigter Nutzer kollidieren. Denn die Bestimmungen über den Schutz von technischen Schutzmaßnahmen beschreiten in allen Mitgliedstaaten juristisches Neuland (*Reinbothe* ZUM 2002, 43, 50). Erstmals wurden mit den §§ 95a ff. Normen aufgenommen, die die technischen Schutzmaßnahmen im Interesse der Urheber und Inhaber verwandter Schutzrechte regeln. Auch die Datenschutzregelungen werden in Hinblick auf die Verbreitung von technischen Schutzmaßnahmen zu erweitern sein (vgl. § 95b Rn. 6). Der Gesetzgeber hat nicht nur Art. 6 der Multimedia-Richtlinie von 2001 umgesetzt, sondern zugleich den weniger weitgehenden Vorgaben aus Art. 11 und 12 WCT und Art. 18 und 19 WPPT von 1996 entsprochen.

3   Mit der **Digitalisierung** bekommt die Erstellung von Raubkopien, die sich nicht vom Original unterscheiden, eine neue Dimension, die für die gesamte Kulturindustrie von erheblicher wirtschaftlicher Bedeutung ist. Es ist daher nicht verwunderlich, dass die Kulturindustrie zunehmend auf Schutzmöglichkeiten außerhalb des herkömmlichen Urheberrechts setzt. Dabei wird das **„Digital Rights Management"** (DRM-System) immer wichtiger (*Arlt* CR 2005, 646; *Bechtold* 2; Bröcker/Czychowski/Schäfer/*Wirtz* § 8 Rn. 176 f.; ausführlich zum praktischen Einsatz *Guggemos* ZUM 2004, 183 ff.; zu Problemen beim Einsatz von DRM vgl. *Stromdale* ENT.LR 2006, 101). Dieses System enthält eine Fülle von technischen Schutzmaßnahmen; Verschlüsselungs- und Kopierkontrollverfahren, Metadaten, digitale Wasserzeichen, Verfahren zur Sicherstellung von Authentizität und Integrität, manipulationssichere Hard- und Software und eine Vielzahl weiterer technischer Verfahren sollen dem Rechtsinhaber ermöglichen, seine Werke oder Schutzgegenstände dem berechtigten Nutzer zu übertragen, nicht aber unberechtigten Dritten Zugang oder Nutzung gewähren (*Arlt* 12; *Bechtold* 3). Denn es geht vor allem darum, dass derjenige Rechtsinhaber, der sich zu einem wirksamen Schutz seines Urheberrechts oder verwandter Schutzrechte bedient (sog. digital self-help) in gewissem Umfang rechtlichen Schutz dagegen verdient, dass Dritte diese legitimen technischen Schutzmaßnahmen umgehen. Durch diese Regelung rückt der Gesetzgeber aber von dem eigentlich geschützten Rechtsgut – dem Werk – ab und misst den technischen Schutzmaßnahmen eine in der Wirkung überschießende Bedeutung zu, mit der Folge, dass derjenige, der sich technische Schutzmaßnahmen nicht leisten kann, auf ein Urheberrecht zweiter Klasse verwiesen wird (*Berger* ZUM 2004, 257, 261). Jedenfalls ist zu bezweifeln, dass ein robustes, sicheres Kopierschutzverfahren überhaupt existieren kann. Die Entwicklung in diesem Bereich ist außerdem dermaßen rasant, dass jede Liste von Kopierschutzmaßnahmen bereits kurz nach dem Verfassen schon wieder veraltet ist. Insbesondere können einmal zulässig verwendete Werke unproblematisch re-digitalisiert, d. h. z. B. eingescannt oder aufgenommen, und Schutzmaßnahmen damit einfach umgangen werden, sog. „analoge Lücke" (vgl. ausführlich Rn. 51). Die praktische Durchsetzbarkeit der rechtlichen Regelungen bringt überdies erhebliche Probleme mit sich. Die Richtlinie wird zu Recht stark kritisiert (vgl. nur *Hugen-*

§ 95a Schutz technischer Maßnahmen 4–7 § 95a UrhG

holtz EIPR 2000, 499; *Schack* Rn. 732h; *Schack* FS Schricker 2005, 511, 519). Derselben **Kritik** setzt sich auch die deutsche Umsetzung aus, die die Richtlinie in vielen Punkten wörtlich übernommen hat und unter anderem dadurch eine verwirrende und umständliche Regelungstechnik aufweist.

3. Regelungsinhalt

Bei dem Umgehungsschutz handelt es sich nicht um ein neues Leistungsschutzrecht 4 (*Loewenheim/Peukert* § 33 Rn. 11; *Arlt* MMR 2005, 148; *Dreier* ZUM 2002, 28, 38; *Reinbothe* GRUR Int. 2001, 733, 742; *Spieker* GRUR 2004, 475, 477; *Spindler/Leistner* GRUR Int. 2005, 773, 792; LG München I ZUM 2005, 494, 496; OLG München MMR 2005, 768, 769 – Heise online; LG München MMR 2008, 192, 193), sondern um ein das Urheberrecht **flankierendes Recht.** Die Vorschrift soll wirksame technische Maßnahmen vor Umgehung und vor bestimmten Vorbereitungshandlungen, die einer Umgehung technischer Schutzmaßnahmen dienen können, schützen. Anders als WCT und WPPT, gewährt § 95a rechtlichen Schutz nämlich nicht nur vor der Umgehung selbst (Abs. 1), sondern auch vor bestimmten Vorbereitungshandlungen (Abs. 3), die letztlich illegale Umgehungsmittel sind, z. B. die Herstellung von oder Werbung für Waren oder Dienstleistungen, die den Zweck der Umgehung haben.

Geschützt sind alle **Werke,** mit Ausnahme der Computerprogramme (vgl. Rn. 8), und 5 Gegenstände von **Leistungsschutzrechten,** also auch die Datenbanken i. S. d. § 87a, die in der Richtlinie als Sui-generis-Recht erwähnt sind, im UrhG aber zu den Leistungsschutzrechten zählen (s. Vor §§ 87a ff. Rn. 7). Ausgenommen vom vorgegebenen Schutz des § 95a ist die Anwendung von Schutzmechanismen auf nicht nach dem UrhG geschützte Werke oder andere Schutzgegenstände, z. B. amtliche Werke (s. § 5 Rn. 1 ff.; BT-Drucks. 15/38, 26). Dasselbe trifft zu für den Fall, dass die Schutzmechanismen allein zum Zweck der **Marktzugangsbeschränkung** eingerichtet wurden (*Loewenheim/Peukert* § 34 Rn. 6; *Bröcker/Czychowski/Schäfer/Wirtz* § 8 Rn. 181a; *Enders* ZUM 2004, 593, 600; am Beispiel von SIM-Locks *Kusnik* CR 2011, 718, 719; a. A. *Arlt* GRUR 2005, 1003 ff., der dann Ansprüche auf der Grundlage von Art. 82 EG bzw. § 33 S. 1 1. HS GWB, § 3 UWG als möglich ansieht).

Das Verbot der Umgehung von Schutzmaßnahmen war früher nur ein Problem der 6 §§ 3, 4 UWG, §§ 823, 1004 BGB und §§ 97 bis 111 UrhG (*Wand* GRUR Int. 1996, 897, 902). Diese sind weiterhin neben den Bestimmungen des § 95a anwendbar, denn die Richtlinie lässt gem. Art. 9 und Erwägungsgrund 49 andere Vorschriften, insb. auch das Wettbewerbsrecht, unberührt.

4. Verhältnis zu den Zugangskontrollvorschriften

Am 28.11.1998 wurde die Richtlinie 98/84/EG verabschiedet, die am 19.3.2002 7 mit dem Gesetz über den Schutz von **zugangskontrollierten Diensten** und von **Zugangskontrolldiensten** (Zugangskontrolldiensteschutz-Gesetz – ZKDSG, BGBl. I 2002 S. 1090) in deutsches Recht umgesetzt wurde. Sie bezieht sich auf den unbefugten Empfang von zugangskontrollierten Diensten (Rundfunkdarbietungen, Telediensten, Mediendiensten, die zwar auch geistiges Eigentum berühren können oder auf geistigem Eigentum beruhen, aber es nicht müssen) und hat das Ziel, die gewerbsmäßige Verbreitung von Vorrichtungen zu verhindern, mit denen sich der Zugangsschutz von Fernseh- und Radiosendungen sowie von Diensten der Informationsgesellschaft unbefugt überwinden lässt (BRegE BT-Drucks. 14/7229, 6). Zugangskontrolldienste sind dabei technische Verfahren oder Vorrichtungen, die die erlaubte Nutzung eines Angebots ermöglichen. Gemäß Erwägungsgrund 21 der Richtlinie 98/84/EG bleiben die gemeinschaftlichen Bestimmungen zum Schutz geistigen Eigentums unberührt. Das ZKDSG sollte dabei den Regelungen des § 95a auch nicht vorgreifen (BRegE BT-Drucks. 14/7229, 7). § 95a etabliert keinen umfassenden Rechtsschutz vor Zugangskontrollmechanismen, sondern nur für die urheberrechtlich relevanten Vorgänge (Loewenheim/*Peukert* § 34 Rn. 5). In den Fällen, wo sich die Regelungen überschneiden, kann sich der Rechtsinhaber im Fall der Verletzung den besseren rechtlichen Schutz aussuchen (*Linnenborn* K&R 2001, 394, 399; Loewenheim/ *Peukert* § 33 Rn. 28; *Bechtold* 219 ff.; *Reindl* MR-Int. 2009, 82, 83; Dreyer/Kotthoff/ Meckel/*Dreyer* Vor §§ 95a ff. Rn. 16; Fromm/Nordemann/*Czychowski* Vor §§ 95a ff. Rn. 37; a. A. *Arlt* GRUR 2004, 548, 552, der die §§ 95a ff. als speziellere Regelungen für den Zugang zu urheberrechtlich geschützten Gegenständen ansieht). Das ZKDSG sieht allerdings lediglich **Straf-** und **Bußgeldvorschriften** vor (vgl. § 108b Rn. 1).

5. Verhältnis zum Schutz von Computerprogrammen

8   Die spezifischen Schutzbestimmungen für Computerprogramme bleiben nach § 69a Abs. 5 wegen des dort bereits **gesonderten Umgehungsschutzes** unberührt (*Kreutzer* CR 2007, 1, 3; *Dreier* ZUM 2002, 28, 36; *Jaeger* CR 2002, 309, 311 f.; *Reinbothe* GRUR Int. 2001, 733, 741; *Arlt* MMR 2005, 148, 154). Dieser Schutz ist jedoch nicht so weitgehend wie die neuen Regelungen (vgl. § 69f Rn. 1 ff.). Aus diesem Grund empfahl der Bundesrat eine Ausweitung des Schutzes auf Computerprogramme unter Berücksichtigung der Regelungen der § 69d Abs. 2 und § 69e Abs. 1 (BR-Drucks. 684/1/02, 8 f.). Dieser Vorschlag wurde von der Bundesregierung ausdrücklich mit Hinweis auf Erwägungsgrund 50 in der Gegenäußerung zurückgewiesen, da der Schutz auf Computerprogramme **nicht anwendbar** sein soll. Werke i. S. d. § 95a können damit keine Computerprogramme sein; für diese bleibt es bei der Regelung des § 69f (Loewenheim/*Peukert* § 34 Rn. 8; differenzierend *Enders* ZUM 2004, 593, 599; vgl. auch § 69a Rn. 80). Dadurch bedingt werden sich die Abgrenzungsprobleme zwischen Computerprogrammen und anderen Werken, insb. Datenbanken, weiter verschärfen (*Arlt* 110; *Ohst* 254). Gerade bei Computerspielen und Multimediaanwendungen ist nach dem jeweiligen Schutzgegenstand zu differenzieren, so dass insgesamt sogar beide Regelungen zum Schutz technischer Maßnahmen nebeneinander Anwendung finden können und wohl auch regelmäßig werden (vgl. hierzu auch EuGH GRUR 2014, 255 – Nintendo ./. PC Box; zur Schwerpunkt-Theorie *Kreutzer* CR 2007, 1, 6 ff.; OLG München ZUM 2013, 806 – Nintendo DS; vgl. auch § 69a Rn. 83; für eine generelle Anwendbarkeit bei Computerspielen *Bullinger/Czychowski* GRUR 2011, 19, 25; für einen Vorrang des § 69f bei Computerspielen Loewenheim/*Peukert* § 34 Rn. 8; *Schröder* MMR 2013, 80; unklar *Arlt* MMR 2005, 148, 154, der den Anwendungsbereich des § 69f auf Computerprogramme „im eigentlichen Sinn" beschränken will). Der BGH hat die Abgrenzungsfrage für Computerspiele dem EuGH zur Entscheidung vorgelegt (GRUR 2013, 1035 – Videospiel-Konsolen; einen ähnlichen Fall hat der EuGH inzwischen auf Vorlage des Tribunale di Milano entschieden [EuGH GRUR 2014, 255 – Nintendo ./. PC Box] mit dem Ergebnis, dass beide Schutzregime Anwendung finden können).

6. Auslegung der Vorschriften

9   Da die Regelungen über die technischen Schutzmaßnahmen durch die Umsetzung der Multimedia-Richtlinie „**Europäisches Urheberrecht**" darstellen, sind die europäischen Vorgaben im Wege der **richtlinienkonformen Auslegung** dieser Vorschriften zu berücksichtigen. In diesem Zusammenhang sind insb. der **Richtlinientext** selbst, die **Erwägungsgründe** und die weiteren Begründungen zur **Entstehungsgeschichte** einzubeziehen. Bei den nationalen Auslegungshilfen ist vor allem die Begründung zum **Regierungsentwurf** (BT-Drucks. 15/38) zu beachten.

II. Wirksame technische Maßnahmen (§ 95a Abs. 2)

1. Allgemeines

§ 95a Abs. 2 stellt auf die Wirksamkeit von Schutzmaßnahmen unter Berücksichtigung ihrer Kontrollfunktion ab. Dabei soll sichergestellt werden, dass die technischen Schutzvorrichtungen den normalen Betrieb elektronischer Geräte und deren Entwicklung nicht behindern (Erwägungsgrund 48). Der Rechtsschutz stellt aber keine Verpflichtung für die Gerätehersteller oder Dienstleistungsanbieter dar, ihre Geräte oder Dienstleistungen so zu konzipieren, dass sie den technischen Maßnahmen entsprechen (*Reinbothe* GRUR Int. 2001, 733, 741).

§ 95a Abs. 2 hat Art. 6 Abs. 3 der Multimedia-Richtlinie umgesetzt, in dem definiert wird, was unter einer wirksamen technischen Maßnahme, die nach Abs. 1 nicht umgangen werden darf, zu verstehen ist. Danach hat der Gesetzgeber einen hinreichenden Rechtsschutz und wirksame Rechtsbehelfe gegen die Umgehung wirksamer technischer Maßnahmen zu sichern (*Flechsig* ZUM 2002, 1, 15). Geschützt sind aber nur die technischen Schutzmaßnahmen, die dazu bestimmt sind, Handlungen zu verhindern oder zu erschweren, die einem **Ausschließlichkeitsrecht** des Urhebers oder sonstiger Berechtigter unterliegen (*Auer* FS Dittrich 3, 15).

2. Technische Maßnahmen (§ 95a Abs. 2 S. 1)

§ 95a Abs. 2 S. 1 definiert den Begriff „technische Maßnahmen" und präzisiert damit, welche technischen Maßnahmen geschützt werden müssen. **Technische Maßnahmen** sind danach Technologien, Vorrichtungen und Bestandteile, die im normalen Betrieb dazu bestimmt sind, Handlungen einzuschränken, damit geschützte Werke oder andere Schutzgegenstände nicht rechtswidrig genutzt werden können. Sie unterliegen dem Schutz unabhängig von der verwendeten Technologie (z. B. auch softwareimplementierte Schutzmaßnahmen, BT-Drucks. 15/38, 26). Unter **Maßnahmen** können sowohl Vorkehrungen verstanden werden, die auf Hardware oder Software basieren, als auch Technologien, die selbst Bestandteil des Schutzgegenstandes sind (*Wand* 41). Der Begriff **„technisch"** stellt lediglich klar, dass vertragliche Verbote nicht erfasst sind (*Wand* 166). Der Begriff der (wirksamen) technischen Maßnahmen ist dabei nicht gleich dem Begriff zu verstehen, wie ihn der BGH in seiner Paperboy-Entscheidung (MMR 2003, 719) verwendet hat (vgl. hierzu auch BGH GRUR 2011, 56, 58 – Session-ID). Die Begriffswahl erfolgte zum damaligen Zeitpunkt nicht mit Bezug auf die Vorschrift des § 95a UrhG, der z. Z. des Paperboy-Urteils noch nicht einmal in Kraft war.

Mit der Vorschrift des § 95a will der Gesetzgeber erreichen, dass Zugang und Nutzung kontrolliert werden können, um dadurch die Möglichkeit der Zahlung für den Zugang oder die Nutzungshandlung zu sichern. Zur Erreichung dieser Ziele bieten sich verschiedene Verfahren an.

a) Zugangskontrollen. Zugangskontrollen sind Technologien, die den Zugang zu Werken oder Leistungen in verständlicher Form von einer individuellen Erlaubnis des Rechtsinhabers abhängig machen. Der Zugang kann dabei bereits an der Quelle durch Verwendung von Passwörtern, bei der Übertragung bzw. der Sendung, z. B. durch Verschlüsselung, oder aber auch bei einem bereits erworbenen Werk erfolgen. An dieser Stelle sind die technischen Schutzmaßnahmen i. S. d. § 95a von den Maßnahmen i. S. d. **Zugangskontrollrichtlinie** abzugrenzen, die unabhängig von der Frage der urheberrechtlichen Relevanz die Zugangskontrolldienste schützen (Rn. 7).

Zwar bestehen Zweifel, ob die Zugangskontrolle nicht außerhalb der urheberrechtlichen Problematik liegt (Standpunkt des Rates 2000/C 344/20, der den Wortlaut „Zugang zu" kritisierte). Der Wortlaut „Zugangskontrolle" in S. 2 ist jedoch dahingehend eindeutig und wird durch die Formulierung, dass durch sie die Nutzung des Schutzgegenstandes unter

„Kontrolle gehalten wird", bestätigt. Denn die Kontrolle der Nutzung kann effektiv durch die Kontrolle des **Zugangs zur Nutzung** erreicht werden, so dass sich die Nutzungskontrolle als Zugangskontrolle auswirken kann und geschützt wird (*Brinkel* 75; *Dreier* ZUM 2002, 28, 36; *Dreier/Hugenholtz/Bechtold* Information Society Dir. Art. 6 note 2; *Kröger* CR 2001, 316, 321; *Lindhorst* 146f.; *Linnenborn* K&R 2001, 394, 398; *Mayer* EuZW 2002, 325, 328; *Pleister/Ruttig* MMR 2003, 763, 765; *Arlt* GRUR 2004, 548, 552f.; *Reinbothe* GRUR Int. 2001, 733, 741; *Westkamp* CRi 2003, 11, 16; a.A. *Spindler* GRUR 2002, 105, 116). Der vom Rat kritisierte Wortlaut findet sich im Übrigen auch in § 95a Abs. 1 wieder. Ebenso stellt die Begründung für § 95a klar, dass die Umgehung auf Werknutzung oder Werkzugang gerichtet sein muss (BT-Drucks. 15/38, 26), und schließt damit die Zugangskontrollen ein. Aus dem **Schutzzweck** des § 95a ergibt sich allerdings, dass die Zugangskontrolle letztendlich nur zu schützen ist, wenn dadurch Handlungen verhindert werden sollen, die Ausschließlichkeitsrechte des Urhebers verhindern oder erschweren.

16 b) **Nutzungskontrollen. Nutzungskontrollen** sind Technologien, die die Nutzung von Werken oder Leistungen von einer individuellen Erlaubnis des Rechtsinhabers abhängig machen. Nutzungskontrollen werden vollumfänglich von § 95a Abs. 2 umfasst.

17 c) **Integritätskontrollen.** Integritätskontrollen sind Technologien, die eine Beeinträchtigung persönlichkeitsrechtlicher Befugnisse von Urhebern oder ausübenden Künstlern auf Anerkennung der Urheberschaft von einer individuellen Erlaubnis des Rechtsinhabers abhängig machen und nicht bereits Zugangs- oder Nutzungskontrolle sind (*Wand* 22). Da diese nicht auf den Schutz von Zugang oder Nutzung gerichtet sind, unterfallen sie nicht § 95a, schützen aber Informationen zur Rechtewahrnehmung und werden daher im Rahmen des § 95c (näher § 95c Rn. 1ff.) relevant.

18 d) **Einzelfälle.** Ein Versuch, unberechtigtes Kopieren zu verhindern, besteht darin, durch **kopierresistente Materialien,** wie z.B. blaufarbigen Druck, das Kopieren von Büchern zu unterbinden oder CD-Brenner beim Brennen auf die Spieldauer der CDs zu begrenzen (vgl. *Schack* ZUM 2002, 497, 504). Diese Versuche, den Kopierschutz bereits im Werk selber anzulegen, können mittlerweile als gescheitert betrachtet werden.

19 Einen hohen Sicherheitsstandard weisen **Verschlüsselungsverfahren** auf, die in § 95a Abs. 2 S. 1 ausdrücklich genannt werden. Sie bieten vielfältige Möglichkeiten, um den Zugang zu geschützten Werken oder anderen Schutzgegenständen des Urheberrechts und der verwandten Schutzrechte sowie deren Nutzung zu kontrollieren. Mit Hilfe der Verschlüsselungstechnik können digitale Inhalte derart modifiziert werden, dass nur diejenigen Nutzer Zugang zum Werk oder zu den anderen Schutzgegenständen haben, die über einen entsprechenden Schlüssel verfügen. Dies birgt allerdings den Nachteil, dass nach der Entschlüsselung des Codes beliebig viele Vervielfältigungsstücke erstellt werden können oder der Schlüssel einfach mitkopiert wird.

20 Es gibt **symmetrische** und **asymmetrische Verschlüsselung.** Bei der symmetrischen Verschlüsselung verfügen sowohl Absender als auch Empfänger der Daten über denselben Schlüssel und können sie dadurch verschlüsselt übertragen. Sicherer ist eine asymmetrische Verschlüsselung (z.B. RSA-Verfahren), bei der ein öffentlicher und ein privater Schlüssel existiert. Dabei stellt der Empfänger einen öffentlichen Schlüssel zur Verfügung, mit dem Daten, die an ihn gesendet werden, verschlüsselt werden. Diese sind nur mit dem privaten Schlüssel, den er für sich behält, zu entschlüsseln. In der Praxis werden meist Kombinationen aus beiden Verschlüsselungssystemen verwendet, z.B. bei **PGP (Pretty Good Privacy).**

21 Dem Nutzer wird in der Regel ein entsprechender Schlüssel zur Verfügung gestellt, soweit er vorher ein Entgelt entrichtet hat. Dann werden „digitale Container" eingesetzt, d.h. eine verschlüsselte Form eines digitalen Inhalts, die an den Nutzer übertragen wird und auch im Endgerät verschlüsselt bleibt. Mit einer speziellen Soft- oder Hardwarekomponente kann der Nutzer die Inhalte entschlüsseln.

Die verschiedenen Nutzeranliegen sollen durch entsprechende Schutzsysteme gesichert werden, z. B. das „**Digital Transmission Content Protection**" **System (DTCP)** oder das **High-bandwidth Digital Content Protection (HDCP)**, bei denen jedes Endgerät (z. B. DVD, MP3-Spieler, Set-Top-Box, Computer) mit einer Identifizierungsnummer versehen wird. Der DTCP-Standard wird beispielsweise bei Video-on-Demand eingesetzt. Der HDCP-Master-Key wurde im September 2010 veröffentlicht; damit könnten neue gültige Schlüssel generiert werden, was aufgrund der Komplexität und Kosten wohl nur für Unternehmen möglich ist. Im November 2011 gelang Forschern ein Man-in-the-Middle-Angriff auf den Kopierschutz mit eher geringem Aufwand, so dass die Wirksamkeit dieses Kopierschutzes mittlerweile fragwürdig ist. 22

Verschlüsselungstechniken sind unzweifelhaft technische Schutzmaßnahmen (vgl. auch *Briem* MMR 1999, 256, 259). Die Entschlüsselungshandlung stellt eine Umgehung dar, unabhängig davon, welches technische Verfahren oder System dabei benutzt wird. 23

Digitale Wasserzeichen sollen die Herkunft des Originals erkennbar machen. Zur Identifizierung des Inhalts, der Rechtsinhaber und der Nutzungsbedingungen werden **Metadaten** eingebunden, z. B. durch Veränderung redundanter Bereiche in einem digitalisierten Bild, so dass darin zusätzliche Informationen gespeichert werden können. Diese Informationen können auch über das gesamte Werk einzeln verteilt werden, um Manipulationen zu erschweren. Wasserzeichen-Verfahren erfassen Daten jeglicher Art (Buchstaben, Wörter, Zahlen, Bilder etc.). Beim **Labeling** können die Zusatzinformationen in der Datei aber ohne großen technischen Aufwand entfernt werden. Beim **Tattooing** werden die Informationen zwar in die Datei integriert, sind aber leicht entfernbar, und die Datei erleidet dadurch einen Qualitätsverlust. Beim **Digital Fingerprinting** wird eine Seriennummer, ein Hashwert o. ä. in die Dateien eingearbeitet. Diese Methode ist mittlerweile insbesondere zur Wiedererkennung von Musikstücken verbreitet. Die meisten Wasserzeichen können aber auch digital einfach verändert werden (vgl. zu den einzelnen Verfahren *Steinebach/ Zmudzinski* c't 9/2009, 142; *Gass* ZUM 1999, 815, 817). 24

Digitale Wasserzeichen enthalten im Allgemeinen weitere Informationen zum Urheber oder zu den Lizenzbedingungen (vertiefend *Gass* ZUM 1999, 815, 819). So werden z. B. unterschiedliche Wasserzeichen für Informationen über Urheber, ausübende Künstler, Produzenten und Verleger oder den jeweiligen Nutzer eingesetzt (*Bechtold* 55). Die Informationen können auch in den wichtigsten Bestandteil eines Werkes eingebaut werden, so dass dieses bei Entfernung der Daten unbrauchbar wird **(Spread-Spectrum-Verfahren)**. Bekannte Systeme sind z. B. SysCop, FairPlay (Apple) und Digimarc. Mit der Zeit sind auch Qualitätsverluste, die am Anfang der Entwicklung von Wasserzeichen noch vorhanden waren, nicht mehr erkennbar. Da die heutigen Wasserzeichenverfahren oftmals nicht über die notwendige Sicherheit gegenüber gezielten Umgehungshandlungen verfügen, werden immer neue Verfahren entwickelt (ausführlich *Federrath* ZUM 2000, 804, 808). Der Gesetzgeber hat deshalb Umgehungshandlungen erlaubt, die ausschließlich wissenschaftlichen Zwecken, wie z. B. der **Kryptografie** oder der **Steganografie** (versteckter Gebrauch eines Verfahrens, mit dessen Hilfe eine Botschaft in einem scheinbaren Klartext versteckt wird), dienen, damit diese Verfahren weiterentwickelt und ihre Fehler beseitigt werden können. Dennoch ist zweifelhaft, ob ein gleichzeitig robustes und sicheres Verfahren überhaupt existieren kann. 25

Das beschriebene Einbinden von Daten durch die verschiedenen Verfahren der digitalen Wasserzeichen kann durch eine Nutzungskontrolle, die von § 95a erfasst ist, erfolgen; DVD-Audio nutzt sie noch als „aktiven" Kopierschutz, d. h. selbstgebrannte DVDs, bei denen in der Musik Wasserzeichen eingebettet sind, werden von einem regulären DVD-Player nicht abgespielt (*Steinebach/Zmudzinski* c't 9/2009, 142). In den meisten Fällen wird es sich aber um eine Integritätskontrolle (§ 95c UrhG) handeln. 26

Digitale Signaturen funktionieren unter Verwendung verschiedener Verschlüsselungsmethoden in Kombination mit Zertifizierungsstellen als Authentizitäts- bzw. Integritätskontrolle. Lizenzierung und Abrechnung erfolgen über einen Content- und Monitoring- 27

Provider (ausführlich *Briem* MMR 1999, 256, 260f.). Werke können auch individualisiert mit jeweils einem Schlüssel versehen werden, so dass die Zurückverfolgung von illegalen Kopien **(Traitor Tracing)** einfach ist (vertiefend *Federrath* ZUM 2000, 804, 809; *Steinebach/Zmudzinski* c't 9/2009, 142).

28   Die Übertragung von **digitalem Fernsehen (Digital-TV)** erfolgt z. B. über den Standard **Digital Video Broadcasting (DVB)**. Dazu wird das TV-Programm digital codiert übertragen und beim Nutzer decodiert, z. B. durch eine installierte Set-Top-Box, die die Daten an das Fernsehgerät übergibt. Beim Pay-TV werden zusätzlich Verschlüsselungssysteme (z. B. von Nagravision oder NDS Videogard bei Sky (früher: Premiere) oder Kabel Deutschland; vgl. OLG Hamburg MMR 2009, 851 – Premiere) verwendet. Hierin liegt eine Zugangskontrolle, deren Umgehung oftmals keine Urheberrechtsverletzung zur Folge hat, so dass dann auf das ZKDSG zurückzugreifen ist (s. Rn. 7).

29   Wenn der Nutzer bereits im Besitz des Originals ist, werden ihm auch beim Kopieren Beschränkungen in Form von Nutzungskontrollen auferlegt, denn ein Nutzer soll nicht unbegrenzt Werke oder Leistungen kopieren können. Die Frage der Begrenzung der Kopien kann durch verschiedene Verfahren gesichert werden. **Digital Audio Tape (DAT)** ist ein Kassettenformat bei digitalen Audiogeräten, für dessen Schutz das Kopierschutzsystem **Serial Copyright Management System (SCMS)** entwickelt wurde. Durch dieses System kann eine digitale Kopie nur vom Original erfolgen, nicht aber von einer digitalen Kopie (Kopie der zweiten Generation). Bei der Kopie der ersten Generation – vom Original – wird dabei in zwei Bits markiert, dass es sich um eine Kopie handelt. Bei dem Versuch, eine Kopie der zweiten Generation herzustellen, liest das DAT-Gerät zunächst diese Bits aus und verhindert eine weitere Kopie. Der Einsatz eines SCMS ist daher in jedem Fall vom § 95a gedeckt. Die Zahl der Vervielfältigungsstücke der ersten Generation ist aber nicht beschränkt. Allerdings konnten sich die DAT-Geräte – auch aufgrund der vergleichsweise leichten Umgehbarkeit durch Rückänderung des markierten Bits – nicht durchsetzen. **Automatic Gain Control (AGC)** wird bei VHS-Playern zur Verbesserung der Bildqualität von VHS-Kassetten verwendet. Der Kopierschutz von **Macrovision** fügt beim Kopieren Störsignale ober- und unterhalb des Bildes ein, so dass der AGC fehlerhaft arbeitet, Bildstörungen entstehen und die Aufzeichnung zusammenbricht. Diese Störsignale können aber durch Copyguard Eliminators entfernt werden (*Wand* 19). Ähnlich funktionieren auch **Trigger Bits** bei DVDs (vgl. zu weiteren Schutzmaßnahmen für DVDs Rn. 34f.).

30   Mit Hilfe der **Content Protection for Recordable and Prerecorded Media (CPRM/CPPM)** können digitale Audio- und Videodaten auf physikalischen auswechselbaren Datenträgern sicher gespeichert werden, so dass sie kryptografisch damit fest verbunden sind. Dadurch sollen eine Entschlüsselung des verschlüsselten Inhalts auf einem anderen Medium und damit Raubkopien verhindert werden. CPRM steht dabei für Aufnahmen, die der Nutzer selbst z. B. auf bespielbaren DVDs oder einem USB-Stick, anfertigt, CPPM für Medien, die nicht vom Nutzer beschrieben werden können. Darin liegt eine geschützte Nutzungskontrolle.

31   Erfolgversprechend schien der Versuch, die Hardware in den Kopierschutzmechanismus einzubeziehen. Für diese Verfahrensweise gibt es verschiedene Techniken. Ein **Dongle** ist z. B. eine Hardwarelösung, eine Methode, die schon seit einigen Jahren verwendet wird und gegen deren Umgehung ein Anspruch aus §§ 97 Abs. 1, S. 1, 69c S. 1 Nr. 2 angenommen wurde (OLG Düsseldorf CR 1997, 337 – Dongle-Umgehung). Dongles werden auf eine Computerschnittstelle aufgesteckt und während des Programmablaufs abgefragt. Dies setzt aber voraus, dass Hardwarehersteller und Inhalteanbieter kooperieren.

32   **Smart Cards** (z. B. als SIM-Karte Bestandteil von Mobiltelefonen) enthalten unter anderem Daten zur Ver- und Entschlüsselung und sind in der Lage, Daten direkt auf der Karte zu verarbeiten. Der Zugriff auf die Smart Card kann auch zusätzlich mit einer PIN geschützt werden. Diese Techniken können sowohl als Zugangs- als auch als Nutzungskontrolle verwendet werden. Bei Mobiltelefonen wird OMA DRM verwendet, d. h. ein

DRM-System, das von der OMA (Open Mobile Alliance, den Herstellern von Mobiltelefonen) entwickelt wurde. OMA DRM besteht aus mehreren Komponenten, enthält z. B. Verschlüsselungssysteme und Rechteverwaltung; es dient ebenfalls der Zugangs- und Nutzungs-, aber auch der Integritätskontrolle.

Die gängigen technischen Maßnahmen, die **Audio-CDs** schützen sollen, lassen eine CD 33 entstehen, die nicht mehr der **Red Book CD-Norm,** die 1980 von Sony und Phillips eingeführt wurde, entspricht. Dadurch entsteht ein Sachmangel (*Goldmann/Liepe* ZUM 2002, 362; *Lapp* ITRB 2003, 151, 154; *Lapp/Lober* ITRB 2003, 234, 235; *Wiegand* MMR 2002, 722, 723 ff.; vgl. AG Aachen Urt. v. 28.11.2003, JurPC Web-Dok. 172/2004, das bezweifelt, dass diese Tonträger noch als CDs bezeichnet werden können). Z. B. werden – als einstufige Lösungen – die Daten auf der Audio-CD derart verändert, dass dem Laufwerk vorgetäuscht wird, es bestünde ein schwerwiegender Fehler auf der CD, oder Inhaltsverzeichnisse manipuliert, so dass vorhandene oder auch nicht vorhandene Tracks in unüblichen Längen eingelesen werden (*Knies* ZUM 2002, 793, 795; *Wiegand* MMR 2002, 722). Eine zweistufige Lösung besteht darin, sowohl die Daten auf der CD zu verschlüsseln als auch die Verschlüsselung nur mit bestimmter Hardware wieder entschlüsseln zu können (Rn. 54). Diese Methoden können sowohl als Zugangs- als auch als Nutzungskontrolle verwendet werden.

Ebenso versuchen die **DVD-**Hersteller mit dem **CSS-**Standard (Control Scrambling 34 System) eine zweistufige Hardware-Lösung. Bei diesem Verfahren enthält sowohl das Gerät als auch die DVD selbst jeweils einen Code, die miteinander verglichen werden. Eine Eins-zu-Eins-Kopie kann mit diesem System nicht verhindert werden, sondern lediglich das Abspielen auf nicht autorisierter Hardware bzw. das Kopieren entschlüsselter Daten. Dieser Versuch, die DVDs derartig zu schützen, endete jedoch mit einem Wettlauf, wer den kürzesten und originellsten Weg finden würde, diesen Code zu „knacken" **(DeCSS).** CSS ist eine technische Schutzmaßnahme i. S. d. § 95a (*Knies* ZUM 2002, 793, 796; *Knies* ZUM 2003, 286, 291 f.; Dreyer/Kotthoff/Meckel/*Dreyer* § 95a Rn. 55), die allerdings nicht mehr als wirksam (Rn. 47 ff.) angesehen werden kann (so auch Bezirksgericht Helsinki Urt. v. 25.5.2007 (R 07/1004), http://www.turre.com/css_helsinki_district_court.pdf). **Blu-ray-Disc** und **HD-DVD** verwenden das Advanced Access Content System **(AACS).** Blu-ray-Disc ergänzt diesen Schutz durch drei weitere Verfahren: **BD+**, **BD-ROM Mark** und **Mandatory Managed Copy (MMC).** BD+ soll sicherstellen, dass das Abspielgerät nicht manipuliert wurde. Das BD-ROM Mark markiert einen bestimmten Bereich auf der Blu-ray-Disc, der jedoch von einem Brenner nicht mitkopiert werden kann, so dass einer Kopie diese Markierung fehlt und der Player damit eine Kopie erkennen kann. Das MMC will die Möglichkeit bieten, vom Hersteller lizenzierte Kopien einer Blu-ray-Disc selbst zu erstellen, indem mit Hilfe einer Online-Verbindung zeitgleich eine Lizenz für die Herstellung der Kopie erworben wird. Während BD+ und BD-ROM Mark technische Schutzmaßnahmen i. S. d. § 95a darstellen, handelt es sich bei MMC lediglich um ein Lizenz-Management-Modul, das nicht selbst geeignet ist, eine Kopie zu verhindern.

Mit Hilfe von **Copy Generation Management System (CGMS)** kann ähnlich wie 35 bei SCMS (oben Rn. 29) das Erstellen einer Kopie der zweiten Generation verhindert werden; diese Methoden werden ebenfalls bei DVDs angewendet. Um eine Kontrolle über die geografische Verbreitung der DVDs zu erlangen, wird versucht, den regionalen Austausch durch **Regional Code Playback Control** zu verhindern. Z. B. können auf europäischen DVD-Playern nur DVDs mit dem Region Code 2 abgespielt werden, d. h. sowohl die DVDs als auch die Hardware werden den Region Codes angepasst. Eine Umgehung dieser Schutzmaßnahmen ist durch den Kauf von DVDs mit Region Code 0 oder durch entsprechende Hard- oder Software für DVD-Laufwerke möglich, die einen DVD-Player mit dem gewünschten Region Code simuliert oder ihn nicht abfragt. Da das Vervielfältigen aber gerade nicht verhindert wird, sondern nur das urheberrechtlich nicht geschützte Wahrnehmen des Werks, ist der Region Code im normalen Betrieb nicht dazu bestimmt, unerlaubte Nutzungshandlungen zu verhindern (vgl. Rn. 43). Das Gleiche gilt für Region

Codes von Blu-ray-Discs, die allerdings die Anzahl der Region Codes auf drei reduziert haben. HD-DVD hingegen verwendet keine Region Codes. Anders sieht es jedoch bei **Geo-Sperren** im Internet aus, mit deren Hilfe Nutzern aus bestimmten Ländern der Zugriff auf bestimmte Online-Inhalte verwehrt werden soll, sofern nach ihrem Schutzzweck auch die Verhinderung der Vervielfältigung der urheberrechtlich geschützten Werke im Cache des Endrechners und nicht nur eine Marktzugangsbeschränkung intendiert ist. Hier handelt es sich um technische Schutzmaßnahmen, die allerdings nicht geeignet sind, wirksam das Kopieren zu verhindern (*Mitsdörffer/Gutfleisch* MMR 2009, 731, 735).

36 Das **Electronic Copyright Management System (ECMS)** ist eine Methode zur individualisierten Abrechnung der Nutzung von geschützten Werken und Leistungen (zu den Vorteilen vgl. *Möschel/Bechtold* MMR 1998, 571, 575 f.). ECMS können sowohl technische Maßnahmen i. S. d. § 95a als auch Systeme zur Rechteverwaltung (§ 95c Rn. 9 f.) darstellen. Auf lange Sicht könnten sie sogar einen Teil der Rolle der Verwertungsgesellschaften einnehmen (*Bechtold* GRUR 1998, 18, 22; *Flechsig* ZUM 1998, 139, 151). Für dieses Verfahren muss jedes einzelne Werk international eindeutig identifiziert und zugeordnet werden. Entwickelt für den Online-Bereich wurden in den letzten Jahren das Common Information System (CIS) und das **Digital Object Identifier** System **(DOI)**. Letzteres besteht aus der Identifizierungsnummer, dem Routing-System und einer Datenbank. Die DOI-Nummer besteht aus einem Präfix, das einen Verlag kennzeichnet und einem Suffix, das den spezifischen zu identifizierenden Inhalt bezeichnet. Über das Routing-System und die Datenbank können die DOI-Nummern dann identifiziert werden (ausführlich *Briem* MMR 1999, 256, 257). Die in dem Werk auf diese Art enthaltenen Informationen müssen unveränderlich sein, um einen Schutz zu gewährleisten. Zu diesem Zweck werden Verschlüsselungssequenzen und **Hash-Funktionen** verwendet, die eine Prüfsumme des Werkes an das Gesamtwerk anbringen. Durch den Vergleich dieser Prüfsumme mit einer vom Nutzer erzeugten Prüfsumme können Manipulationen auf dem Übertragungsweg erkannt werden. Dazu werden digitale Signaturen und auch digitale Wasserzeichen verwendet, mit deren Hilfe die Urheberschaft der Werke zu erkennen ist (vgl. auch § 95c Rn. 9 f.).

37 Zum Schutz vom **MP3-Dateien** ist kein Standard verabschiedet worden. Der Versuch geht dahin, technische Schutzmaßnahmen in tragbare MP3-Player zu integrieren und die MP3-Dateien zu markieren. Musikdateien werden aber vielfach wieder ohne DRM angeboten. Im **Online-Bereich** können simple Methoden wie **Session-IDs**, die zeitlich den Zugriff beschränken, durchaus als technische Schutzmaßnahmen bezeichnet werden; wirksam sind sie jedoch meist nicht (vgl. OLG Hamburg CR 2010, 125, 128 – Session-ID). Mit dem Verschlüsselungsverfahren Encrypted Real Time Messaging Protocol **(RMTPE)** in Zusammenhang mit einer Token-ID soll das Herunterladen von gestreamten Videos verhindert werden (zur Wirksamkeit LG München I ZUM-RD 2013, 76 – Stream-Download; vgl. Rn. 50).

38 Zum Schutz von **eBooks** werden Verschlüsselungstechniken mit einer Kombination aus einem symmetrischen Schlüssel und einem asymmetrischen Schlüsselpaar bei Verleger und eBook-Lesegerät sowie Digital Object Identifier (DOI) angewendet (zum Adobe eBook-Fall vgl. *Solmecke* TKMR 2002, 372, 373; *Hauser* c't 6/2003, 234, 236). Aktuell werden bei eBooks Systeme wie AZW für Kindle und Adobe DRM (*Barczok* c't 25/2009, 134, 136 f.) eingesetzt.

39 **Passwörter** haben sich allgemein in der Praxis durchgesetzt (sog. personal identification numbers, PIN). Bei den Passwörtern handelt es sich allerdings um einen relativ unsicheren Schutz. Das liegt teilweise darin begründet, dass der Code häufig aufgeschrieben oder bei Buchstabenpasswörtern z. B. der Name des eigenen Kindes oder Partners gewählt wird, der leicht zu erraten ist. Passwörter können als Zugangs- oder Nutzungskontrolle verwendet werden.

40 Nutzungsvorgänge können im Internet durch spezifische Suchmaschinen entdeckt und registriert werden. Der Vorgang kann auch mit einer Weiterleitung an eine **Clearingstelle** verbunden sein. Diese Form der technischen Schutzmaßnahme dient jedoch weder dem

Zugang noch der Nutzung, denn diese werden nicht untersagt oder verhindert, sondern lediglich **registriert,** so dass der Rechtsinhaber die ihm zustehende Vergütung erhält. Eine Zugangs- oder Nutzungskontrolle ist darin nicht zu sehen.

Ferner wird weiterhin versucht, ein wirksames einheitliches Schutzsystem für die PC- **41** und Unterhaltungselektronik zu schaffen (**Trusted Computing Group** [TCG]), in dem die Sicherheitsmechanismen direkt in die PC-Hardware (z. B. als Coprozessor oder in den Prozessor selbst) integriert werden (ausführlich *Plura* c't 22/2002, 204 ff.; *Himmelein* c't 11/2005, 114 ff.).

3. Genehmigung des Rechtsinhabers

Die zu verhindernden Handlungen dürfen nicht vom Rechtsinhaber genehmigt worden **42** sein. Rechtsinhaber ist der Inhaber der Rechte an den von § 95a betroffenen Schutzgegenständen (Rn. 52), unabhängig davon, ob es sich um originären oder derivativen Erwerb handelt (Loewenheim/*Peukert* § 34 Rn. 14). Der Begriff der Genehmigung ist nicht wie in § 184 BGB als nachträgliche Zustimmung zu verstehen, sondern umfasst auch die Einwilligung i. S. d. § 183 BGB. Die Zustimmung muss sich auf die Handlungen beziehen, die vom Nutzer vorgenommen werden. Dabei kann der Rechtsinhaber die Erteilung der Genehmigung nach Art und Umfang der Handlung auch an bestimmte Bedingungen oder Befristungen knüpfen. So kann z. B. Sec. 3 GPLv3 als eine Zustimmung des Lizenzgebers, sofern dieser auch Inhaber von geschützten Rechten ist, verstanden werden (vgl. ausführlich *Jaeger/Metzger* GRUR 2008, 130, 132; *Kumar/Koglin* CRi 2008, 33, 35).

4. Bestimmung im normalen Betrieb

Nicht jede beliebige technische Maßnahme unterliegt dem Rechtsschutz. Entscheidend ist, **43** ob die entsprechende technische Maßnahme im „normalen Betrieb" dazu bestimmt ist, **unerlaubte Nutzungshandlungen** zu verhindern oder einzuschränken. Da unerlaubte Nutzungshandlungen verhindert oder eingeschränkt werden sollen, ist nur die Umgehung von Maßnahmen gemeint, die dazu bestimmt sind, urheberrechtlich geschützte Werke oder Leistungen, nicht aber gemeinfreie Werke oder Material, das weder den Anforderungen des § 2 Abs. 2 UrhG (s. § 2 Rn. 15 ff.) noch denen einer schützenswerten Leistung genügt, zu schützen. Der Begriff der unerlaubten Nutzungshandlungen schließt nicht die Handlungen aus, die nach den Schrankenregelungen erfolgen dürfen, denn diese Regelungen werden gem. § 95b gesondert berücksichtigt (§ 95b Rn. 17 ff.), sondern knüpft an die Regelung des § 95a Abs. 1 an und meint die Nutzungshandlungen, die nicht der Zustimmung des Rechtsinhabers unterliegen. Erlaubte Nutzung von geschützten Werken ist aber deren bloße Wahrnehmung. Diese Regelung verlangt nach einer **objektiven Zweckbestimmung** (*Boddien* 157; *Wand* 107 f.; Fromm/Nordemann/*Czychowski* § 95a Rn. 13; Loewenheim/*Peukert* § 34 Rn. 10; Schricker/Loewenheim/*Götting* § 95a Rn. 19). Bei der Frage, ob eine technische Maßnahme dazu bestimmt ist, unerlaubte Nutzungshandlungen zu verhindern, ist ferner der **aktuelle, konkrete Gebrauch** der Schutzmaßnahme entscheidend (Fromm/Nordemann/*Czychowski* § 95a Rn. 13; Schricker/Loewenheim/*Götting* § 95a Rn. 19; *Koelman* EIPR 2000, 272, 273) und nicht die ursprüngliche, abstrakte Ermittlung des Zwecks (a. A. *Wand* 107 f.). Denn es kann nicht darauf ankommen, ob eine Schutzmaßnahme abstrakt dazu bestimmt ist, Werke vor Verletzungen zu schützen, wenn sie in ihrem konkreten Einsatz eine andere Funktion erfüllen soll, z. B. den Schutz amtlicher Werke i. S. d. § 5 UrhG. Fehlfunktionen und andere zufällige Ereignisse bleiben außer Betracht (Loewenheim/*Peukert* § 34 Rn. 10).

Dem Kriterium des **normalen Betriebes** kommt keine besondere normative Bedeu- **44** tung zu, denn die Definition der technischen Schutzmaßnahme bezieht sich nicht auf die tatsächliche Wirkung der Schutzmaßnahme, sondern auf ihren Schutzzweck (*Arlt* 273; *Arlt* GRUR 2005, 1003, 1004; *Auer* FS Dittrich 3, 15). Dieser wird durch das Merkmal „Bestimmung" bereits näher definiert und festgelegt.

45 Die Regelung für den „normalen Betrieb" wurde aufgenommen, um sicherzustellen, dass keine künstlichen Marktzutrittsschranken, z.B. für Produzenten von elektronischen Geräten, geschaffen werden (so auch *Arlt* GRUR 2005, 1003, 1004; *Spindler* GRUR 2002, 105, 116). Sie stammt aus dem US-amerikanischen DMCA (17 U.S.C. § 1201), wo sie funktionsgestörte Allzweckvorrichtungen aus dem Schutzzweck heraushalten sollte, was in Abs. 2 aber bereits durch die „Bestimmung" erfolgt (vgl. *Wand* 109).

46 Bei der Auslegung der Bestimmung zum normalen Betrieb ist ferner das **Verhältnismäßigkeitsprinzip** zu wahren. Insb. sollen wissenschaftliche Arbeiten im Bereich der Kryptografie nicht beeinträchtigt werden (Erwägungsgrund 48; BT-Drucks. 15/38, 26). Dazu gehört auch die **wissenschaftliche Auseinandersetzung** mit Sicherheitstechnologien und das Auffinden von Sicherheitslücken, ebenso wie die Veröffentlichung der Forschungsergebnisse (Dreier/Hugenholtz/*Bechtold* Information Society Dir. Art. 6 note 3; Dreyer/Kotthoff/Meckel/*Dreyer* § 95a Rn. 38; Loewenheim/*Peukert* § 34 Rn. 26), solange sie nicht zu kommerziellen Zwecken ausgenutzt werden. Damit wird sichergestellt, dass die wissenschaftliche und praktische Diskussion über Sicherheitslücken nicht unterbunden wird (vgl. z.B. Adobe eBook-Fall *Solmecke* TKMR 2002, 372, 373) und die Regelungen des § 95a nicht dazu führen, z.B. Wissenschaftler deshalb der Strafverfolgung auszusetzen (vgl. Felten-Fall *Solmecke* TKMR 2002, 372, 373; vgl. auch BVerfG ZUM 2009, 745). Zu den nicht erlaubten Zwecken dürfte auch das Aufspüren von Sicherheitslücken im eigenen Unternehmen an eigenen Werken zählen (OLG Celle GRUR-RR 2010, 282). Dies hindert aber das Aufspüren von rein internen Sicherheitslücken nicht, da die Zustimmung des Rechteinhabers in diesem Fall einfach einzuholen sein dürfte.

5. Wirksamkeit technischer Maßnahmen (§ 95a Abs. 2 S. 2)

47 Der Gesetzgeber hat in Übereinstimmung mit der Multimedia-Richtlinie das Merkmal „**wirksam**" in die Vorschrift aufgenommen. Die technische Maßnahme ist wirksam, soweit sie durch die Nutzung eines geschützten Werkes oder eines anderen Schutzgegenstandes von dem Rechtsinhaber kontrolliert werden kann. Es ist nicht erforderlich, dass die Umgehung unmöglich ist, sondern die Vorkehrungen, die getroffen werden, müssen einen **bestimmten Mindeststandard** haben (*Arlt* 78; *Boddien* 156; *Gutman* K&R 2003, 491, 492; *Klickermann* MMR 2007, 7, 11; *Meschede* K&R 2008, 585, 587; *Wand* 41). Es darf sich nicht um Sperren handeln, die derart leicht auszuschalten sind, dass sie lediglich auf ein Verbot des Rechtsinhabers hinauslaufen (Dreier/Schulze/*Dreier* § 95a Rn. 15; Walter/ v. Lewinski/*Walter* Info-RL Rn. 155), z.B. durch das Unterdrücken der Autoplay-Funktion durch Betätigen der Shift-Taste, das Malen eines Striches auf die CD oder das Anklicken eines (Deep-)Links (vgl. Loewenheim/*Peukert* § 34 Rn. 15, der Letzteres als Umgehungshandlung qualifiziert). Die Wirksamkeit technischer Schutzmaßnahmen betrifft sowohl die **Zugangs-** als auch die **Kopierkontrolle**, sowohl kumulativ als auch alternativ.

48 Ursprünglich wurde der unbestimmte Rechtsbegriff der Wirksamkeit in die Richtlinie eingefügt, um den Mitgliedstaaten die Möglichkeit zu geben, ihn ihrer nationalen Rechtsordnung anzupassen (*Wand* 42); in den § 95a Abs. 2 wurde er aber ohne Änderungen übernommen. Der Begriff der „Wirksamkeit" kann nicht allgemeingültig bzw. zukunftsfest festgelegt werden, so dass schon diese Formulierung bedenklich ist (*Haedicke* FS Dietz 349, 358) und nicht viel zur Klarstellung beiträgt.

49 Die Funktion der nachfolgenden Aufzählungen in § 95a Abs. 2 S. 2 ist nicht erkennbar, da die **Verschlüsselung** und die **Verzerrung** ebenso wie alle anderen Schutzmaßnahmen wirksam oder unwirksam sein können (*Auer* FS Dittrich 3, 16). Der Wortlaut des § 95a bestimmt damit auch nicht, dass diese Maßnahmen als wirksam anzusehen sind, ohne dass eine genaue Prüfung erfolgen muss, sondern stellt auch sie unter die Wirksamkeitsvoraussetzung (*Spindler* GRUR 2002, 105, 115). Es handelt sich dabei nicht um besonders wirkungsvolle Maßnahmen, sondern lediglich um Beispiele von Schutzmechanismen.

Ob das alleinige Abstellen auf die **technische Wirksamkeit** einen Widerspruch darstellt, da der rechtliche Schutz die Umgehung des technischen verhindern soll (so *Spindler* GRUR 2002, 105, 115), ist nicht zu erkennen. Es ist vielmehr die Frage zu stellen, was unter der technischen Wirksamkeit rechtlich zu verstehen ist. Unter Wirksamkeit eines technischen Systems kann offensichtlich nicht verstanden werden, dass es nicht umgehbar ist, denn dann fehlte der rechtlichen Regelung der Anwendungsbereich. Es ist vielmehr auf die Situation des **durchschnittlichen Benutzers** abzustellen, der durch die technischen Schutzmechanismen von Verletzungen des Urheberrechts abgehalten werden kann (OLG München ZUM 2013, 806, 812 – Nintendo DS; LG München I ZUM-RD 2013, 76 – Stream-Download; OLG Hamburg CR 2010, 125, 127 – Session-ID; OLG Hamburg MMR 2009, 851, 852 – Premiere; LG Frankfurt a. M. MMR 2006, 766, 767; LG München MMR 2008, 192, 194; *Schippan* ZUM 2006, 853, 861; *Arlt* 77; *Brinkel* 75; Dreyer/Kotthoff/Meckel/*Dreyer* § 95a Rn. 21; *Gutman* K&R 2003, 491, 492; *Hoeren* MMR 2000, 515, 520; *Klickermann* MMR 2007, 7, 11; *Kröger* CR 2001, 316, 321; *Mayer* EuZW 2002, 325, 328; Schricker/Loewenheim/*Götting* § 95a Rn. 22; *Stadler* JurPC Web-Dok. 126/2005, Abs. 6; *Stickelbrock* GRUR 2004, 736, 738; *Wiesemann* 228; a. A. *Lindhorst* 119), d. h. die Maßnahme muss nicht wirksam gegenüber dem Hacker sein. Unklar in diesem Zusammenhang ist allerdings die Verwendung von Computerprogrammen Dritter zur Umgehung, deren Bedienung auch dem Durchschnittsnutzer nicht schwer fallen. Diese Möglichkeit schränkt die Wirksamkeit zwar ein, kann aber nicht soweit gehen, dass der technische Schutz solange nicht wirksam ist, wie die Umgehungsprogramme überhaupt erhältlich sind (so aber *Stickelbrock* GRUR 2004, 736, 739), denn dann würde der gesamte rechtliche Schutz leer laufen. Allerdings sind technische Schutzmaßnahmen, die mittels eines Tricks, z. B. dem manuellen Starten einer CD, d. h. dem Nichtverwenden der Autorun-Funktion, dem einfachen Kopieren aus dem Zwischenspeicher oder Temp-Ordner oder ähnlicher Methoden funktionieren, nicht mehr als wirksam anzusehen (*Härting/Thiess* WRP 2012, 1068, 1069; *Redlich* K&R 2012, 713, 716 *Stickelbrock* GRUR 2004, 736, 739; Spindler/Schuster/*Gercke* UrhG § 108b Rn. 5; vgl. auch Rn. 47), ebenso wenig wie Maßnahmen, die mit Kenntnissen umgangen werden können, die einer Vielzahl von Standard-Bürosoftware-Anwendern vertraut sind, ohne dass sie hierfür über eigene vertiefte Programmiererfahrungen verfügen müssen (LG München I ZUM-RD 2013, 76 – Stream-Download; OLG Hamburg CR 2010, 125- Session-ID). Gleiches gilt, wenn bestimmte Umgehungssoftware wie DeCSS bereits mit dem Betriebssystem vorinstalliert ist (vgl. Bezirksgericht Helsinki Urt. v. 25.5.2007, R 07/1004, http://www.turre.com/css_helsinki_district_court.pdf), nicht jedoch, wenn diese erst aktiv für den Umgehungszweck installiert werden muss, beispielsweise um ein gestreamtes Video herunterladen zu können, das durch technische Schutzmaßnahmen gegen einen Download geschützt wurde (LG München I ZUM-RD 2013, 76 – Stream-Download).

Vorgeschlagen wird zudem eine **ex-ante-Betrachtung,** denn ex-post sind alle technischen Maßnahmen unwirksam (*Hoeren* MMR 2000, 515, 520; *Schippan* ZUM 2006, 853, 862; Schricker/Loewenheim/*Götting* § 95a Rn. 22; *Wiesemann* 228). Der Regelung ist immanent, dass technische Maßnahmen grds. auch dann wirksam sein können, wenn ihre Umgehung möglich ist. Anderenfalls wäre das Umgehungsverbot obsolet. Wichtig ist in diesem Zusammenhang aber, dass die Maßnahme nur dann wirksam sein kann, wenn sie **die Erreichung des Schutzziels** sicherstellt. Es ist zu bestimmen, wie schwierig es für einen potentiellen Verletzer ist, ein Werk trotz der technischen Schutzmaßnahmen und ohne vom Rechtsinhaber, der diese Maßnahmen anwendet, die Mittel zur Umgehung erhalten zu haben, zu verwerten (OLG Hamburg CR 2010, 125, 127 – Session-ID; *Auer* FS Dittrich 3, 16). Damit in Zusammenhang steht die Frage, ob die Maßnahmen, die durch Ausnutzung der **„analogen Lücke"** umgangen werden, noch als wirksam zu betrachten sind. Die Wirksamkeit hinsichtlich analoger Kopien ist deshalb in der Regel nicht gegeben, weil die Maßnahmen nur digitale, nicht aber analoge Kopien verhindern sollen und können (LG Frankfurt a. M. MMR 2006, 766, 767; *Ernst* CR 2004, 39, 40; *Heidrich* in: Hansen c't 8/2004, 184; *Klickermann* MMR 2007, 7, 10; *Mielke* c't 14/2007, 190; *Pleister/Ruttig* MMR 2003, 763, 765; Dreier/Schulze/*Dreier* § 95a Rn. 15; Dreyer/Kotthoff/Meckel/*Dreyer* § 95a Rn. 23; *Strömer/Gaspers* K&R 2004, 14, 17; *Schack* Rn. 732d). Ein Audiokassettenrecorder oder Scanner kann ohnehin von jedem Durchschnittsnutzer verwendet werden. Allerdings ist auch z.B. das Abgreifen der Daten am analogen Ausgang der Soundkarte keine Umgehung einer wirksamen technischen Schutzmaßnahme, weil ihr Schutzziel nicht in der Verhinderung dieser Kopiermethode liegt (*Strömer/Gaspers* K&R 2004, 14, 17; *Pleister/Ruttig* MMR 2003, 763, 765; *Ernst* CR 2004, 39, 40). Die Einschränkung kann aber nicht so weit gehen, den Rechtsinhaber auf bestimmte und konkrete Kopiertechniken zu beschränken (so aber *Strömer/Gaspers* K&R 2004, 14, 17 ff.), sonst ist kein wirksamer rechtlicher Schutz möglich. Aufgrund des Problems der „analogen Lücke" werden nun Kopierschutzmaßnahmen entwickelt, die auch das analoge Kopieren auf digitale Geräte verhindern (s. Entwicklungen von Macrovision ACP). Die Frage, welche Schutzmechanismen konkret wirksam sind und welche nicht, wird und muss der Rechtsprechung überlassen bleiben, wobei diese durch den schnell fortschreitenden technologischen Wandel ständigen Veränderungen unterliegen wird und auch muss. So werden sich zwar Kriterien für die Wirksamkeit herausbilden, es wird jedoch nicht die Wirksamkeit eines Systems für eine längere Zeit bestimmt werden können. Es obliegt aber dem Rechtsinhaber zu zeigen, dass die gewählten technischen Maßnahmen auch wirksam sind (*Dusollier* EIPR 1999, 285, 290; *Wand* 109).

III. Umgehungsverbot (§ 95a Abs. 1)

1. Schutzgegenstand

52 Schutzgegenstand sind alle wirksamen technischen Schutzmaßnahmen i. S. d. Abs. 2, die Werke i. S. d. § 2 oder andere Schutzgegenstände des UrhG vor unerlaubten Handlungen anderer schützen. Das schließt auch Schutzmaßnahmen mit ein, die z.B. Zusammenstellungen von schutzfähigen und gemeinfreien Werken schützen sollen (ausführlich *Boddien* 165 ff.; *Dreyer* in: Pahlow/Eisfeld 221, 248 f.). Letzteres muss seine Grenzen nach den Grundsätzen von Treu und Glauben aber darin finden, wenn die technische Schutzmaßnahme rechtsmissbräuchlich dazu verwendet wird, nicht geschützte bzw. nicht schutzfähige Informationen oder Leistungen zu monopolisieren.

2. Umgehung

53 **Umgehung** ist die Ausschaltung bzw. die Manipulation von technischen Schutzmaßnahmen (*Wand* 105). Dieser Begriff ist sehr weit und erfasst alle Handlungen, die zu einer Verwertung im Sinne des Urheberrechts führen (zu verschiedenen Techniken vgl. *Wenz* c't 6/2003, 238). Erforderlich ist aber eine Manipulation, wie z.B. die Veränderung des Zugangsprotokolls oder die Entschlüsselung des Zugangscodes, und nicht nur einfach z.B. die Wahl eines älteren oder anderen Betriebssystems oder Gerätes, das den Kopierschutz nicht erkennt (*Strömer/Gaspers* K&R 2004, 14, 17; zweifelnd *Ernst* CR 2004, 39, 40). Allein zum Zweck der **Marktzugangsbeschränkung** wird die Einrichtung von Schutzmechanismen aber nicht geschützt (BT-Drucks. 15/38, 26).

54 Problematisch ist die so genannte Fehlerkorrektur von **Audio-CDs** (vgl. Rn. 33). In diesem Fall, argumentieren Copy-Programmhersteller, würden durch ihre Programme die Daten nicht verändert, sondern nur wiederhergestellt und der Sachmangel der CD beseitigt (*Krempl* c't 8/2002, 18; *Mayer* CR 2003, 274, 279). Eine Software, die diese Korrekturen vornehmen kann, wird aber dem § 95a unterfallen (Dreier/Hugenholtz/*Bechtold* Information Society Dir. Art. 6 note 3; Dreyer/Kotthoff/Meckel/*Dreyer* § 95a Rn. 22; Loewenheim/*Peukert* § 34 Rn. 19; Schricker/Loewenheim/*Götting* § 95a Rn. 11; mit Bedenken

Spindler GRUR 2002, 105, 116; a. A. *Strömer/Gaspers* K&R 2004, 14, 18), denn die auf den Audio-CDs gespeicherten Musikstücke sind geschützte Werke, so dass ein Außerkraftsetzen der technischen Schutzmaßnahme zunächst eine Umgehung darstellt. Ob diese Umgehung von der Zustimmung des Rechtsinhabers für den Käufer der CD gedeckt ist, ist eine Frage des Einzelfalls (so auch Schricker/Loewenheim/*Götting* § 95a Rn. 11).

Eine andere Frage ist, ob der Kopierschutz auch dann umgangen wird, wenn er nicht im technischen Sinn umgangen, sondern **mitkopiert** wird (*Mayer* CR 2003, 274, 279). Da der Wortlaut des Abs. 1 aber nicht auf eine Veränderung oder Entfernung abstellt, sondern auf die Ermöglichung der Verwertung, ist auch das Mitkopieren des technischen Schutzes erfasst (*Arlt* 118; *Arlt* GRUR 2004, 548, 550; *Ernst* CR 2004, 39, 40; *Bechtold* in: Hoeren/Sieber Teil 7.7. Rn. 32; Fromm/Nordemann/*Czychowski* § 95a Rn. 38; Spindler/Schuster/*Spindler* UrhG § 95a Rn. 4; *Stickelbrock* GRUR 2004, 736, 739; a. A. Spindler/Schuster/*Gercke* UrhG § 108b Rn. 6; *Strömer/Gaspers* K&R 2004, 14, 18). 55

3. Zustimmung des Rechtsinhabers

Sind technische Schutzmaßnahmen geschaffen worden und hat der Urheber oder der Inhaber eines verwandten Schutzrechts diese für Werke oder für Leistungen eingerichtet oder einrichten lassen, dürfen diese technischen Schutzmaßnahmen nicht ohne Zustimmung des Rechtsinhabers umgangen werden. Diese Regelungen gelten auch für **begünstigte Nutzer** i. S. d. § 95b (§ 95b Rn. 11 f.; Standpunkt des Rates 2000/C 344/19). Mit der Formulierung der erforderlichen Zustimmung des Rechtsinhabers und den zusätzlichen Bestimmungen in § 95b vermeidet § 95a die Auslegungsprobleme der „unerlaubten Umgehung" aus § 69f, bei der sich insb. die Frage stellt, ob die Umgehung bei einem Defekt oder ähnlichen Gründen zulässig ist (vgl. *Marly* K&R 1999, 106, 111). 56

Der Gesetzgeber hat für jeden begünstigten oder nicht begünstigten Nutzer den Werkzugang oder die Nutzung des Werkes nur erlaubt, wenn eine **Einwilligung** i. S. d. § 183 S. 1 BGB des Rechtsinhabers vorliegt. Der Inhalt und Umfang der Zustimmung ist i. d. R. im Zusammenhang mit einem Online-Vertrag, der den Zugang und die Nutzung enthält, auszuweisen. Nach erfolgter Umgehung ist auch die rechtliche Möglichkeit der nachträglichen Zustimmung, d. h. der **Genehmigung** i. S. d. § 184 Abs. 1 BGB, möglich. Das bedeutet, dass der Rechtsinhaber die Umgehung rückwirkend liquidiert. 57

Werden vom Rechtsinhaber an die Zustimmung bestimmte **Bedingungen** geknüpft, z. B. Art und Umfang des Werkzugangs oder der Umfang der Nutzung, die vom Rechtsinhaber aus § 95a Abs. 2 S. 1 vorgenommen werden können, sind diese für die Frage, ob eine Umgehung der technischen Schutzmaßnahmen vorliegt, von Bedeutung. Werden die Bedingungen nicht beachtet, liegt keine Zustimmung vor. Das Gleiche gilt, wenn die Befristung der Zustimmung abgelaufen ist oder der Rechtsinhaber wegen Verletzung der Bedingungen die Zustimmung widerrufen hat. 58

Die Zustimmung ist vom **Rechtsinhaber** zu erklären. Wer Rechtsinhaber ist, ergibt sich im Einzelfall aus den konkreten Umständen. Zunächst sind es die Urheber und Leistungsschutzberechtigten. Ferner kommen auch die Inhaber von Rechten, die ihnen aufgrund von Verträgen oder kraft Gesetzes eingeräumt wurden, in Betracht. Wurde die technische Schutzmaßnahme von mehreren Rechtsinhabern installiert, z. B. bei einer Kompilation aus verschiedenen Musikstücken, muss die Zustimmung aller Rechtsinhaber eingeholt werden (*Wand* 105). Bei Miturhebern gilt § 8 Abs. 2 S. 1 analog (§ 8 Rn. 31; *Wand* 169). 59

Durch die Zustimmung des Rechtsinhabers wird aber **kein neues Verwertungsrecht** geschaffen, denn die Umgehung technischer Schutzmaßnahmen ist an sich nicht urheberrechtsverletzend (*Koelman* EIPR 2000, 272, 273). Es handelt sich vielmehr um einen **urheberrechtlichen Hilfsanspruch** (*Auer* FS Dittrich 3, 12), der der Durchsetzung der urheberrechtlichen Ansprüche dient bzw. die Verletzung der Urheberrechte von vornherein verhindern soll. 60

61 Daher kann ein Rechtsinhaber i. S. d. § 95a UrhG nur der Urheber oder ein anderer Nutzungsberechtigter sein, aber nicht derjenige, der die Zustimmung gem. § 95a erhalten hat und damit die Zustimmung einer weiteren Person erteilen möchte.

4. Kenntnis der Umgehung oder Kennenmüssen durch Umstände

62 § 95a setzt eine auf Werkzugang oder Werknutzung gerichtete Umgehungsabsicht als subjektiven Tatbestand voraus (BT-Drucks. 15/38, 26). Die Kenntnis bezieht sich demnach auf die **Umgehungshandlung** und nicht auf das Unerlaubtsein (vgl. *Boddien* 158 ff.; *Marly* K&R 1999, 106, 111; Schricker/Loewenheim/*Götting* § 95a Rn. 12). Für diese Umgehungsabsicht ist **positive Kenntnis** erforderlich, aber auch das **Kennenmüssen**, d. h. die Kenntnis der Umgehung auch durch Umstände genügt. So ist der Hinweis auf Produkte in der Werbung bzw. in Katalogen bzw. Zeitungen und Zeitschriften sowie im Internet ein Umstand i. S. d. § 95a Abs. 1, wenn diese Produkte ihrer technischen Natur und Zweckbestimmung nach auf eine Umgehung abgestellt sind.

63 Das **Kennenmüssen** bedeutet, wie legaldefiniert in § 122 Abs. 2 BGB, dass der Verletzer die Umgehung infolge von Fahrlässigkeit nicht kannte, wobei jede Fahrlässigkeit genügt (Palandt/*Ellenberger* § 122 BGB Rn. 5). Bzgl. der Art der Fahrlässigkeit ist die Formulierung so zu verstehen, dass diejenigen Handlungen auszunehmen sind, die ohne das Bewusstsein vorgenommen werden, dass sie die Umgehung ermöglichen (Begr. zum Richtlinienvorschlag zu Art. 6 Punkt 2). Damit liegt bzgl. der **Art der Fahrlässigkeit** eine Einschränkung auf **bewusste Fahrlässigkeit** vor. Zur Beschränkung des erforderlichen **Grades der Fahrlässigkeit** auf grobe Fahrlässigkeit (*Brinkel* 177; Dreyer/Kotthoff/Meckel/*Dreyer* § 95a Rn. 30; *Spieker* GRUR 2004, 475, 479; Spindler/Schuster/*Spindler* UrhG § 95a Rn. 6; *Spindler* GRUR 2002, 105, 116; *Spindler* MMR 2000 Beilage Nr. 7, 4, 17 f.; differenzierend Loewenheim/*Peukert* § 34 Rn. 16; a. A. Fromm/Nordemann/ *Czychowski* § 95a Rn. 40) sind aufgrund der Formulierung des § 95a zunächst keine Anhaltspunkte zu erkennen. Dazu wird diese Formulierung mit Art. 14 Abs. 1 E-Commerce-Richtlinie (*Spindler* GRUR 2002, 105, 116) und Art. 45 TRIPs (Begr. zum Richtlinienvorschlag zu Art. 6 Punkt 2) verglichen. Beide Vorschriften weichen jedoch in diesem Punkt von der Formulierung in § 95a ab, denn Art. 14 Abs. 1 E-Commerce-Richtlinie geht von Umständen aus, „aus denen die Rechtswidrigkeit offensichtlich wird", und Art. 45 TRIPs davon, dass der Handelnde „nicht vernünftigerweise hätte wissen müssen", dass er eine Verletzungshandlung vornahm. In diesen beiden Fällen stützt die Formulierung die Beschränkung auf grobe Fahrlässigkeit, was bei § 95a aber nicht der Fall ist. Allerdings liegt hier ein Übersetzungsfehler vor, denn die englische und französische Fassung der Richtlinie orientieren sich an der Formulierung von Art. 45 TRIPs („with reasonable grounds to know", „en ayant des raisons valables de penser") und wurden bereits nicht wie bei TRIPs, sondern falsch übersetzt. Somit ist § 95a wie Art. 45 TRIPs zu lesen: **„nach den Umständen vernünftigerweise bekannt sein muss",** so dass **grobe Fahrlässigkeit** erforderlich ist (vgl. BGHZ 10, 16; BGH VersR 1982, 33; BGH GRUR 1991, 332 – Lizenzmangel) und leichte nicht genügt.

64 Diese Bösgläubigkeit gilt auch für **Unterlassungs- und Beseitigungsansprüche** (*Brinkel* 177; Dreier/Schulze/*Dreier* § 95a Rn. 12; Bröcker/Czychowski/Schäfer/*Wirtz* § 8 Rn. 181a; *Spieker* GRUR 2004, 475, 479; Spindler/Schuster/*Spindler* UrhG § 95a Rn. 7; *Trayer* 130; Dreyer/Kotthoff/Meckel/*Dreyer* § 95a Rn. 30).

5. Zugang zum Werk und anderen Schutzgegenständen oder deren Nutzung

65 Die Umgehung muss erfolgen, um den Zugang zu einem Werk oder einem anderen nach diesem Gesetz geschützten Gegenstand oder dessen Nutzung zu ermöglichen. Mit der Möglichkeit, durch Umgehung technischer Schutzmaßnahmen nicht nur den Zugang zu den Werken oder anderen Schutzgegenständen zu erreichen, sondern zugleich dieselben zu nutzen, wird ein weites Feld der Piraterie eröffnet. Die so bezeichneten Nutzungshandlungen, die von der Vorschrift erfasst werden, beziehen sich auf die **Werkverwertung** im urheberrechtlichen Sinne. So ist z. B. das **Downloading,** d. h. das Herunterladen von Dateien vom Serverrechner auf den lokalen Rechner, eine Vervielfältigung (Schricker/ Loewenheim/*Loewenheim* § 16 Rn. 22) und unterfällt als Nutzung dem § 95a Abs. 1. Nicht dazu gehört die urheberrechtsfreie Nutzung, z. B. das Anhören (Loewenheim/ *Peukert* § 34 Rn. 3).

IV. Verbot von Vorbereitungshandlungen für eine Umgehung (§ 95a Abs. 3)

1. Allgemeines

§ 95a Abs. 3 dient der Umsetzung gemeinschaftsrechtlicher Vorgaben (BVerfG GRUR **66** 2007, 1064) Nach Art. 6 Abs. 2 der Multimedia-Richtlinie und nunmehr gem. § 95a Abs. 3 gewährt die Vorschrift, anders als die entsprechenden Bestimmungen in den beiden WIPO-Abkommen, nicht nur Schutz gegen Handlungen der Umgehung technischer Schutzvorrichtungen selbst, sondern auch gegen **Vorbereitungshandlungen,** wobei der Text des Art. 6 Abs. 2 beinahe wortwörtlich übernommen wurde. Dadurch soll dem Rechtsinhaber gemeinschaftsweit ein Instrument zur weitreichenden Kontrolle über die Verbreitung und die anderen genannten Handlungen gegeben werden (*Reinbothe* GRUR Int. 2001, 733, 741).

Diese Regelung zeigt, dass erkannt wurde, dass die eigentliche Gefahr für die Urheber **67** nicht in den Umgehungshandlungen Privater, sondern in den vorbereitenden Handlungen liegt, die von kommerziellen Unternehmen vorgenommen werden (vgl. Begr. zum Richtlinienvorschlag zu Art. 6 Punkt 1). Die meisten Nutzer haben überhaupt nicht die Möglichkeiten und Fähigkeiten, technische Schutzmaßnahmen selbst zu überwinden, und verwenden deshalb **Werkzeuge,** z. B. Software Dritter. Würde der Schutz nicht auf die Vorbereitungshandlungen zur Schaffung und Verbreitung dieser Werkzeuge ausgedehnt, wäre er wirkungslos. Das bedeutet, dass es nicht zu einer unmittelbaren Urheberrechtsverletzung gekommen sein muss (*Haedicke* FS Dietz 349, 351; *Spieker* GRUR 2004, 475, 478 Fn. 32).

Typische Verletzungen des Urheberrechts und der verwandten Schutzrechte erfolgen vor **68** allem in der Herstellung von Vervielfältigungsstücken und deren Einfuhr und ihrer Verbreitung sowie in der Vermarktung der Produkte und Dienstleistungen und in der Werbung. Zwar ist der Anwendungsbereich nicht ausdrücklich auf **kommerzielle Handlungen** beschränkt, dennoch dürften diese den **Hauptanwendungsbereich** des Abs. 3 bilden. Der Gesetzgeber hat verschiedene Verbotstatbestände in § 95a Abs. 3 aufgeführt, die die Umgehung technischer Schutzmaßnahmen betreffen. Diese Liste ist **erschöpfend** (Standpunkt des Rates 2000/C 344/19). Während die Umgehung von technischen Schutzmaßnahmen für die Fälle der **freien Werknutzung** unproblematisch ist, betreffen die Vorbereitungshandlungen jedwede Vorbereitungshandlung und sind nicht an die konkrete unerlaubte Nutzung gebunden, sondern erfassen abstrakt sowohl geschützte als auch nicht geschützte Werke und Leistungen (*Auer* FS Dittrich 3, 18; Schricker/Loewenheim/*Götting* § 95a Rn. 24; vgl. aber Rn. 71).

Die genannten Handlungen müssen **ohne Genehmigung** erfolgen, auch wenn dieses **69** Tatbestandsmerkmal nicht Bestandteil des Abs. 3 ist. Abs. 3 folgt dahingehend Art. 6 Abs. 2 der Richtlinie, bei dem dieses Merkmal gestrichen wurde, da es von der Definition des Art. 6 Abs. 3, in der deutschen Umsetzung § 95a Abs. 2, abgedeckt ist (Standpunkt des Rates 2000/C 344/19). Für die grundsätzliche Voraussetzung eines subjektiven Tatbestandsmerkmals oder gar ein Verschulden für § 95a Abs. 3 (LG Köln MMR 2006, 412, 416 – Kopierprogramm bei eBay) gibt es jedoch keine Anhaltspunkte im Gesetz (BGH CR 2008, 691, 694 – Clone-CD; vgl. aber Rn. 85).

70 Die beschreibende Auflistung in § 95a Abs. 3 Nr. 1–3 ist an die US-Gesetzgebung angelehnt (*Wand* 191). Die Norm ist sehr unübersichtlich aufgebaut. Zunächst werden Handlungen beschrieben, die sich entweder auf Dienstleistungen oder Geräte beziehen, um dann nachfolgend Kriterien aufzustellen, die **alternativ** zusätzlich erfüllt werden müssen.

2. Vorrichtungen, Erzeugnisse oder Bestandteile

71 Die Vorbereitungshandlungen müssen sich auf Vorrichtungen, Erzeugnisse oder Bestandteile beziehen. Diese Aufzählung ist sehr weit und dürfte alle Geräte und Teile umfassen, die zur Umgehung technischer Schutzmaßnahmen geeignet sind, insb. auch Softwareprodukte (LG Frankfurt a. M. MMR 2006, 766; LG Köln MMR 2006, 412, 415 – Kopierprogramm bei eBay; OLG München MMR 2005, 768, 770 – Heise online). Allerdings sind nur solche Geräte erfasst, die technische Maßnahmen i. S. d. § 95a UrhG umgehen. Zulässig sind weiterhin Umgehungsmittel, die dazu dienen, dass die Rechte nach §§ 69d und 69e in Hinblick auf Computerprogramme durchgesetzt werden (Loewenheim/*Peukert* § 34 Rn. 25; Dreyer/Kotthoff/Meckel/*Dreyer* Vor §§ 95aff. Rn. 19; OLG Hamburg MMR 2009, 851, 852 – Premiere; OLG München MMR 2005, 768, 770 – Heise online). Abgrenzungsschwierigkeiten bestehen dann, wenn die Mittel zugleich auf Computerprogramme und andere Werke bezogen werden können (Loewenheim/*Peukert* § 34 Rn. 25; vgl. Rn. 8).

3. Vorbereitungshandlungen

72 **a) Herstellung, Einfuhr, Verbreitung, Verkauf und Vermietung. Herstellung** ist die industrielle oder handwerkliche Fertigung von Vorrichtungen, deren bestimmungsgemäßer Zweck in der Umgehung technischer Maßnahmen besteht.

73 Der Begriff **Einfuhr** ist das Verbringen in den Geltungsbereich dieses Gesetzes (BT-Drucks. 15/38, 26). Davon umfasst ist auch die private Einfuhr entsprechender Geräte (*Spindler* GRUR 2002, 105, 116). Erfasst ist bereits die Einfuhr an sich und nicht erst die Einfuhr zur späteren Verbreitung (Dreier/Hugenholtz/*Bechtold* Information Society Dir. Art. 6 note 4).

74 Der im § 95a Abs. 3 verwendete Begriff des **Verbreitens** ist von dem auf körperliche Werkstücke beschränkten Verbreitungsrecht nach § 17 (s. § 17 Rn. 4ff.) zu unterscheiden (LG Köln MMR 2006, 412, 415 – Kopierprogramm bei eBay; AG Köln BeckRS 2007, 18055; Dreier/Schulze/*Dreier* § 95a Rn. 18; Dreier/Hugenholtz/*Bechtold* Information Society Dir. Art. 6 note 4; Dreyer/Kotthoff/Meckel/*Dreyer* § 95a Rn. 65). Die Verbreitung kann sich daher auch auf unkörperliche Werke beziehen, z. B. im Internet erfolgen. Das OLG München (GRUR-RR 2009, 85, 88 – AnyDVD II) sieht im Setzen eines **Links** bereits die Förderung einer Verbreitung im Sinne einer Teilnahme an der Tat (§ 830 BGB), verkennt jedoch, dass es beim bloßen Linksetzen oftmals – insbesondere im Fall der Presseberichterstattung – am erforderlichen Vorsatz, die Tat durch die eigene Handlung zu unterstützen, fehlt (*Feldmann* CR 2009, 106, 107), denn eine Berichterstattung auch über rechtswidrige Handlungen ist möglich, wenn ein überwiegendes Informationsinteresse besteht und der Verbreiter sich die berichtete Äußerung nicht zu eigen macht (vgl. hierzu aber BGH GRUR 2011, 513 – AnyDVD; BVerfG GRUR 2007, 1064). Der BGH (GRUR 2011, 513 – AnyDVD) hat außerdem mittlerweile entschieden, dass Links, die in einem im Internet veröffentlichten, seinem übrigen Inhalt nach dem Schutz der **Presse- und Meinungsfreiheit** unterfallenden, Beitrag auf fremden Internetseiten in der Weise eingebettet sind, dass sie einzelne Angaben des Beitrags belegen oder diese durch zusätzliche Informationen ergänzen sollen, auch von der Presse- und Meinungsfreiheit umfasst sind (vgl. auch *Ohst* GRUR-Prax 2011, 195; das BVerfG hat die Verfassungsbeschwerde gegen die Entscheidung des BGH nicht angenommen, GRUR 2012, 390).

Der **Verkauf** ist die Gesamtheit des Anbietens der Vorrichtung, des Erzeugnisses oder 75
des Bestandteils auf dem Markt, die zum Abschluss von Kaufverträgen nach §§ 433 ff. BGB
(vgl. Palandt/*Weidenkaff* Einf v § 433 BGB Rn. 1 ff.) führt; der schuldrechtliche Abschluss
des Kaufvertrages ist für den Verkauf i. S. d. § 95a Abs. 3 erforderlich (so auch LG Köln
MMR 2006, 412, 415 – Kopierprogramm bei eBay; AG Köln BeckRS 2007, 18055;
Dreier/Schulze/*Dreier* § 95a Rn. 18).

Der Begriff der **Vermietung** umfasst nicht die Vorschrift des § 17, sondern ist i. S. d. 76
§§ 535 ff. BGB (Palandt/*Weidenkaff* Einf v § 535 BGB Rn. 1 ff.) zu verstehen.

b) Werbung. Werbung für Produkte und Dienstleistungen, die auf eine Umgehung der 77
technischen Schutzmaßnahmen gerichtet ist, fällt ebenfalls unter § 95a Abs. 3. Werbung ist
jede Äußerung bei der Ausübung eines Handels, Gewerbes, Handwerks oder freien Berufs
mit dem Ziel, den Absatz von Waren oder die Erbringung von Dienstleistungen einschließlich unbeweglicher Sachen, Rechte und Verpflichtungen zu fördern (Art. 2 Nr. 1 Richtlinie 84/450/EWG des Rates vom 10.9.1984 über irreführende und vergleichende Werbung; BGH CR 2008, 691, 693 – Clone-CD; LG München I ZUM 2005, 494, 496;
OLG München MMR 2005, 768, 770 – Heise online; AG Köln BeckRS 2007, 18055;
a. A. LG Köln MMR 2006, 412, 413 – Kopierprogramm bei eBay). Sie zielt auf die freie
Entschließung des Kunden, die angebotenen Vorrichtungen oder Bestandteile von Erzeugnissen zu kaufen. Die Werbung muss jedoch in Hinblick auf den Verkauf oder die Vermietung von Umgehungsvorrichtungen erfolgen. Eine reine Berichterstattung, wenn auch
polarisierend, ist daher nicht als Werbung anzusehen (LG München I ZUM 2005, 494,
497; OLG München MMR 2005, 768, 770 – Heise online), wenn nicht das Ziel der Absatzförderung, sondern das Interesse der Öffentlichkeit im Vordergrund steht. Hierbei handelt es sich um einen Kernbereich der Pressefreiheit (OLG München MMR 2005, 768,
770 – Heise online; *Stadler* JurPC Web-Dok. 126/2005 Abs. 16 ff.; vgl. ausf. Rn. 74). Nur
wenn eine Publikation insgesamt die Grenzen der Berichterstattung zur getarnten Werbung
überschreitet, ist sie als Werbung i. S. d. § 95a Abs. 3 anzusehen (so auch *Stadler* JurPC
Web-Dok. 126/2005 Abs. 16).

c) Gewerblicher Besitz. Verboten ist der **gewerblichen Zwecken dienende Besitz** 78
von Vorrichtungen, Erzeugnissen oder Bestandteilen, die Gegenstand einer Verkaufsförderung, Werbung oder Vermarktung mit dem Ziel der Umgehung wirksamer technischer
Maßnahmen sind. Der Begriff des Besitzes ist i. S. d. §§ 854 ff. BGB zu qualifizieren
(Palandt/*Bassenge* § 854 BGB Rn. 1 ff.). Der private Besitz von Vorrichtungen etc. ist von
der Regelung ausgeschlossen (*Dreier* ZUM 2002, 28, 38; *Spindler* GRUR 2002, 105, 116;
Ernst CR 2004, 39, 41). Die einzelstaatlichen Vorschriften bleiben hier unberührt (Erwägungsgrund 49). Beim Besitz durch juristische Personen wird die Gewerblichkeit meist
vorliegen (vgl. OLG Celle GRUR-RR 2010, 282). Der Besitz zum Zwecke der wissenschaftlichen Auseinandersetzung (vgl. ausf. Rn. 46) fällt jedoch nicht hierunter.

d) Erbringung von Dienstleistungen. Die Erbringung von **Dienstleistungen,** die 79
auf eine Umgehung der technischen Schutzmaßnahmen ausgerichtet sind, hat der Gesetzgeber gleichermaßen als Verbotstatbestand aufgenommen. Dienstleistungen sind angebotene Leistungsfaktoren, die direkt an den Menschen und in der Regel gegen Entgelt erbracht
werden. Der Begriff der Dienstleistung wird nach dem Schutzzweck des § 95a Abs. 3 vor
allem unter dem Gesichtspunkt der Anbietung und **Anleitung zur Umgehung** verwendet (BT-Drucks. 15/38, 26; OLG München MMR 2005, 768, 771 – Heise online;
Dreier/Schulze/*Dreier* § 95a Rn. 18; *Spieker* GRUR 2004, 475, 479; a. A. *Trayer* 114), was
insb. Berichterstattungen in Computerzeitschriften o. ä. betrifft, gleich ob es sich um Print-,
Online- oder Fernsehausgaben handelt oder die **Veröffentlichung von Seriennummern**
und **Cracks.** So stellt eine **kommerzielle Anbietung** zur Umgehung einer technischen
Schutzmaßnahme durch einen Internetanbieter eine verbotene Dienstleistung dar. Als

Dienstleister ist in diesem Rahmen auch jeder zu sehen, der sich nicht unmittelbar, sondern durch entsprechende Angebote anderweitige Vorteile verspricht, z.B. erhöhte Zugriffszahlen und dadurch erhöhte Werbeeinnahmen auf der Website oder Kundenbindung.

80   Ob diese Regelung auch für **private** und nicht kommerzielle Anbieter gelten soll, ist dem Gesetzeswortlaut zwar nicht klar zu entnehmen, ist aber, da es sich hier nur um eine Weitergabe von Informationen von Privaten an Private und nicht um eine Dienstleistung handelt, abzulehnen (so auch Schricker/Loewenheim/*Götting* § 95a Rn. 31; Dreier/Schulze/*Dreier* § 95a Rn. 18; *Arlt* 141; a.A. Loewenheim/*Peukert* § 34 Rn. 18; *Pleister/Ruttig* MMR 2003, 763, 764). Das bestätigt auch der Zweck der Vorschrift, die sich im Wesentlichen gegen die vorbereitenden Handlungen kommerzieller Unternehmen richtet (Begründung zum Richtlinienvorschlag zu Art. 6 Punkt 1).

81   Die Dienstleistung, z.B. eine Anleitung, muss ferner so **konkret** sein, dass der interessierte Durchschnittsnutzer mit ihrer Hilfe die Schutzmaßnahmen ohne weitere Informationen umgehen kann (so auch OLG München MMR 2005, 768, 771 – Heise online). Allgemeine Informationen, wie z.B. in der redaktionellen Berichterstattung, sind zulässig, ebenso wie die wissenschaftliche Auseinandersetzung (vgl. Rn. 46).

4. Handlungskriterien

82   Die Kriterien der Nummern 1–3 müssen zusätzlich zu den Vorbereitungshandlungen vorliegen. Erforderlich ist jedoch lediglich **alternatives** Zusammentreffen.

83   **a) Verkaufsförderung, Werbung oder Vermarktung (Nr. 1).** Die Produkte müssen Gegenstand einer **Verkaufsförderung, Werbung** oder **Vermarktung** mit dem Ziel der Umgehung wirksamer technischer Maßnahmen sein (OLG München MMR 2005, 768, 770 – Heise online). Mit dem Begriff der Vermarktung von Vorrichtungen und Erzeugnissen, die für die Umgehung von Schutzmaßnahmen bestimmt bzw. geeignet sind, wird ein Prozess erfasst, der die **Werbung bis zum Verkauf** einschließt (LG Köln MMR 2006, 412, 416 – Kopierprogramm bei eBay; OLG München MMR 2005, 768). Der Begriff der Werbung ist dahingehend auszulegen, dass es sich nur nicht um irreführende Werbung handeln darf, d.h. dass die beworbenen Geräte auch tatsächlich zur Umgehung geeignet sind (so *Auer* FS Dittrich 3, 17; *Stadler* JurPC Web-Dok. 126/2005 Abs. 9; a.A. *Spindler/Leistner* GRUR Int. 2005, 773, 793), denn die falsche Bewerbung von Produkten liegt nicht im Schutzbereich der Norm; ein solches Verhalten ist nicht durch das Urheberrecht sanktioniert, kann jedoch eine Irreführung über die Verwendungsmöglichkeit des Produkts darstellen (§ 5 UWG; vgl. nur Harte/Henning/*Dreyer/Weidert/Völker* § 5 Rn. 396). Das Ziel des gesamten Prozesses muss die Umgehung technischer Schutzmaßnahmen sein, so dass die Herstellung und Verkaufsförderung etc. von **neutralen Gegenständen,** z.B. von Computern, nicht erfasst ist (Schricker/Loewenheim/*Götting* § 95a Rn. 34; *Wand* 111).

84   **b) Begrenzter wirtschaftlicher Zweck oder Nutzen (Nr. 2).** Verfolgen Herstellung, Einfuhr, Verbreitung, Verkauf, Vermietung etc. von Vorrichtungen, Erzeugnissen oder Bestandteilen mehrere Zweckbestimmungen, werden vom Gesetzgeber Verbotstatbestände dann angenommen, wenn diese Produkte dennoch **hauptsächlich** der Umgehung technischer Schutzmaßnahmen dienen. Der Grund, aus dem diese Regelung eingeführt wurde, war es zu vermeiden, dass **Allzweckausrüstungen und -dienste** deshalb sanktioniert werden, weil mit ihrer Hilfe auch technische Schutzmaßnahmen umgangen werden können (*v. Lewinski* MMR 1998, 115, 118). Allerdings bestehen durch die Regelung auch berechtigte Befürchtungen, dass die Produktion bestimmter Komponenten gefördert wird, die bei Zusammensetzung mit **Zusatzkomponenten** als Nebeneffekt technische Schutzmaßnahmen umgehen können (vgl. *Dietz* ZUM 1998, 438, 449). Die Existenz von Patches für ein Kopierprogramm macht das Programm selbst noch nicht zu einem Umge-

hungstool, es sei denn, der Patch wird in dieser Funktion produziert bzw. zur Verfügung gestellt (*Ernst* CR 2004, 39, 41; Spindler/Schuster/*Spindler* UrhG § 95a Rn. 16). Die Auslegung kann allerdings nicht wie bei § 69f erfolgen (vgl. § 69f Rn. 21), da dabei noch auf die alleinige Bestimmung abgestellt wird und ein begrenzter Nebennutzen hier nicht ausreicht, um die Umgehung zu legalisieren (*Wand* 111). Allerdings kann, wie bei § 69f auf den Hauptzweck, auf die objektive Zweckbestimmung bzw. weitergehend auf die allgemeine Lebenserfahrung abgestellt werden (s. § 69f Rn. 21; *Gutman*, K&R 2003, 491, 493; *Klickermann* MMR 2007, 7, 11; Dreier/Schulze/*Dreier* § 69f Rn. 13; vgl. auch *Arnold* MMR 2008, 144ff., der sehr weitgehend auf verschiedene Anreize zum rechtswidrigen Einsatz abstellt). Für **Crack- und Klonprogramme** ist der hauptsächliche Zweck, die Umgehung technischer Schutzmaßnahmen, gegeben. Für **Modchips** bzw. Adapterkarten, die auch die Verwendung von Raubkopien in Nintendo, Playstation etc. zulassen, wurde dies ebenfalls angenommen (OLG München ZUM 2013, 806, 811ff. – Nintendo DS; LG München MMR 2008, 839 – Modchips; LG München ZUM-RD 2010, 159 – Nintendo DS; vgl. aber auch Rn. 8); selbstverständlich kann daraus aber nicht geschlossen werden, dass alle Modchips unzulässig sind, denn hierbei handelt es sich nur um einen Oberbegriff. Auch hier muss eine Differenzierung nach dem jeweiligen Zweck der konkreten Programmierung erfolgen. Chips, die hauptsächlich z.B. für sog. Homebrews hergestellt wurden, könnten durchaus zulässig sein, sind aber in der Praxis wohl eher selten. Der EuGH hat hierzu kürzlich entschieden, dass es auf den Nachweis ankommt, in welcher Weise eine Vorrichtung von Dritten tatsächlich verwendet wird, z.B. wie oft Geräte tatsächlich verwendet werden, um nicht genehmigte Kopien von Nintendo-Spielen und von durch Nintendo lizenzierten Spielen auf Nintendo-Konsolen benutzen zu können, und wie oft diese Geräte zu Zwecken verwendet werden, die das Urheberrecht an Nintendo-Spielen und an von Nintendo lizenzierten Spielen nicht verletzen (EuGH GRUR 2014, 255 Rn. 36 – Nintendo ./. PC Box). Letztendlich stellt sich die Frage, ob das Werkzeug nach Entfernung der Umgehungskomponente noch einen anderen wirtschaftlichen Nutzen hat. Bei Betriebssystemen steht das zum Beispiel außer Frage (vgl. auch *Schippan* ZUM 2004, 188, 196; Loewenheim/*Peukert* § 34 Rn. 25; *Arnold* MMR 2008, 144, 147; *Marks/Turnbull* EIPR 2000, 198, 201). Die Beweislast hierfür trägt der Rechtsinhaber; er muss nachweisen, dass das betreffende Produkt hauptsächlich der Umgehung technischer Schutzmaßnahmen dient (OLG Hamburg MMR 2009, 851, 853 – Premiere).

c) Hauptsächlich zur Umgehung entworfen, hergestellt, angepasst oder erbracht (Nr. 3). Hat der Produktanbieter Vorrichtungen etc. hauptsächlich **entworfen, hergestellt, angepasst** oder hat der Dienstanbieter **Dienste erbracht,** um die Umgehung technischer Schutzmaßnahmen zu ermöglichen oder zu erleichtern, so ist Abs. 3 auch erfüllt (Walter/*v. Lewinski*/*Walter* Rn. 154 Info-RL). Bzgl. des **hauptsächlichen** Zwecks gilt das zu Nr. 2 Gesagte (oben Rn. 84). Für Nr. 3 kommt es jedoch im Unterschied zu Nr. 2 auf das subjektive Element, d.h. auf die Ermöglichungs- bzw. Erleichterungsabsicht, an, die sich z.B. darin zeigt, dass der Produktanbieter die Vorrichtung als Umgehungswerkzeug bewirbt (vgl. auch *Marks/Turnbull* EIPR 2000, 198, 201). 85

V. Öffentliche Sicherheit und Strafrechtspflege (§ 95a Abs. 4)

§ 95a Abs. 4 stellt klar, dass es im Interesse der öffentlichen Sicherheit oder der Strafrechtspflege erforderlich sein kann, dass trotz der urheberrechtlichen Regelungen Abs. 1 und 3 für bestimmte öffentliche Stellen keine Anwendung finden. Die entsprechenden Befugnisse der Strafverfolgungs- und Sicherheitsbehörden zum Zwecke und zum Schutz der öffentlichen Sicherheit werden damit durch § 95a nicht tangiert (BT-Drucks. 15/38, 26). 86

Privilegiert nach § 95a Abs. 4 sind öffentliche Stellen, die im Rahmen der öffentlichen Sicherheit tätig werden. Zu den öffentlichen Stellen gehören vor allem **Sicherheitsbe-** 87 hörden, nicht aber jede Behörde, der Verwaltungsaufgaben vom Gesetz übertragen sind. Die Möglichkeit, technische Schutzmaßnahmen im Interesse der öffentlichen Sicherheit zu umgehen, wird ebenso der **Strafverfolgungsbehörde** zugewiesen (vgl. zur Schranke der Rechtspflege und öffentlichen Sicherheit § 45 und zum Verhältnis zu § 95a Abs. 4 § 95b Rn. 20).

VI. Rechtsfolgen

88 Der Verstoß gegen § 95a kann zivil- und strafrechtliche Konsequenzen nach sich ziehen. **Unterlassungs- und Beseitigungsansprüche** können gem. §§ 1004, 823 Abs. 2 BGB geltend gemacht werden (BGH CR 2008, 691, 692 – Clone-CD; LG München I ZUM 2005, 494, 496; OLG München MMR 2005, 768, 771 – Heise online; LG München ZUM-RD 2008, 262, 265; OLG Hamburg MMR 2009, 851 – Premiere; Dreyer/Kotthoff/Meckel/*Dreyer* § 95a Rn. 45; *Trayer* 138; a. A. *Arlt* MMR 2005, 148, 149). § 95a ist ein **Schutzgesetz** i. S. d. § 823 Abs. 2 BGB (BGH CR 2008, 691, 692 – Clone-CD; LG München ZUM-RD 2008, 262, 265; AG München, Urteil vom 17.9.2008, Az.: 161 C 4777/08; für eine Spezialität von §§ 97 ff. gegenüber § 823 Abs. 2 *Arnold/Timmann* MMR 2008, 286, 289). Ebenso kann § 97 UrhG auf **Beseitigung, Unterlassung** und **Schadensersatz** einschlägig sein (so auch bpsw. OLG Hamburg MMR 2009, 851 – Premiere; LG München MMR 2008, 839 – Modchips; LG Köln MMR 2006, 412, 413 – Kopierprogramm bei eBay; *Arlt* 209; *Arlt* MMR 2005, 148, 149; *Arnold* NJW 2008, 3545, 3546; *Arnold/Timmann* MMR 2008, 286, 289; *Brinkel* 77; *Dreier* ZUM 2002, 28, 38; *Pleister/Ruttig* MMR 2003, 763, 766; *Trayer* 137; Loewenheim/*Peukert* § 82 Rn. 6; *Schmid/Wirth* § 95a Rn. 3; Schricker/Loewenheim/*Götting* § 95a Rn. 40; a. A. LG München ZUM-RD 2008, 262, 265; *Spieker* GRUR 2004, 475, 478; Dreyer/Kotthoff/Meckel/*Dreyer* § 95a Rn. 43; *Schack* Rn. 732l). § 97 erfasst zwar nur absolute Rechte von Werken und verwandten Schutzrechten (§ 97 Rn. 3; Dreier/Schulze/*Dreier* § 97 Rn. 3) und § 95a ist nur ein den Urheberschutz flankierendes Recht (Rn. 4); es steht in seiner Wirkungsrichtung aber einem absoluten Recht gleich, d. h. es schützt gegen jeden nichtberechtigten Dritten. Auch die Vergleichbarkeit mit § 96, der ebenfalls zum Anwendungsbereich des § 97 gehört (s. § 96 Rn. 2; Dreier/Schulze/*Dreier* § 96 Rn. 1), obwohl es sich dabei nicht um ein positives Benutzungsrecht eines Werkes oder verwandten Schutzrechts handelt, spricht für diese Ansicht (Loewenheim/*Peukert* § 82 Rn. 6; a. A. *Spieker* GRUR 2004, 2004, 475, 478). Der Anspruch kann gegen den Täter/Teilnehmer und ggf. sogar den Störer (im Rahmen der eingeschränkten Störerhaftung) durchgesetzt werden (OLG Hamburg MMR 2009, 851, 854 – Premiere; OLG München MMR 2005, 768 – Heise online; a. A. *Spindler* GRUR-RR 2005, 369, 370, der jedenfalls die Beihilfe und die Störerhaftung ausschließt), wobei für die Störerhaftung die allgemeine Kenntnis um die Möglichkeit einer missbräuchlichen Verwendung eines Produkts nicht genügt (OLG Hamburg MMR 2009, 851, 854 – Premiere).

89 Während bei § 95a Abs. 1 der Ersatz des Schadens im Wege der Lizenzanalogie möglich ist (vgl. zu den Möglichkeiten der Schadensberechnung § 97 Rn. 58 ff.), ist er es bei Abs. 3 nicht, da der einzelne Rechtsinhaber nicht über die Verbreitung der Hilfsmittel entscheiden kann (Loewenheim/*Peukert* § 82 Rn. 12; *Arnold/Timmann* MMR 2008, 286, 289; *Spieker* GRUR 2004, 475, 481 lehnt die Lizenzanalogie auch für Abs. 1 ab). Eine Schätzung auf einen (Mindest-)Umfang der unmittelbaren Urheberrechtsverletzungen aus dem Umfang des Umgehungsmittelvertriebs (so der Vorschlag von *Arnold/Timmann* MMR 2008, 286, 289 f.) ist ebenfalls nicht möglich, denn dies würde voraussetzen, dass bei jeder Umgehung auch eine unmittelbare Urheberrechtsverletzung vorliegen würde, unabhängig vom Bestehen einer technischen Schutzmaßnahme. Wie aber z. B. § 95b bereits zeigt, sind viele Verwertungshandlungen durch Schranken erlaubt und nur durch den Einsatz von technischen Schutzmaßnahmen als flankierende Maßnahme untersagt. Ein Ersatz des im-

§ 95b Durchsetzung von Schrankenbestimmungen

materiellen Schadens nach § 97 Abs. 2 scheidet aus, da keine schwerwiegende Verletzung von Urheberpersönlichkeitsrechten vorliegen kann (Loewenheim/*Peukert* § 82 Rn. 16).

Auch die Ansprüche auf **Vernichtung,** Rückruf und **Überlassung** gem. § 98 sind bei Vorliegen von deren Voraussetzungen mögliche Ansprüche (so auch Schricker/Loewenheim/*Götting* § 95a Rn. 40; vgl. auch § 98 Rn. 35; a. A. *Spieker* GRUR 2004, 475, 480; *Arlt* MMR 2005, 148, 151), ebenso wie die Auskunfts-, Besichtigungs- und Vorlageansprüche §§ 101 ff. (vgl. § 101 Rn. 6 ff.; § 101a Rn. 9). Trotz Anwendbarkeit der Wettbewerbsvorschriften (*Arlt* MMR 2005, 148, 152) werden §§ 8, 9 UWG mangels einer unlauteren Wettbewerbshandlung i. S. d. § 3 UWG im Einzelfall eher nicht einschlägig sein. Die Voraussetzungen der § 4 Nr. 10 oder 11 UWG liegen nur im Einzelfall vor (vgl. *Arlt* MMR 2005, 148, 152), so dass es regelmäßig auf einen Verstoß gegen die Auffangnorm § 3 UWG ankommt. Einen Verstoß gegen § 4 Nr. 10 UWG stellt es jedoch dar, wenn eine gezielte Behinderung erfolgt, z.B. beim Einsatz von „Piratenkarten" zum Empfang von Pay-TV-Programmen (vgl. nur LG Frankfurt a.M. MMR 2006, 766, 767; OLG Frankfurt NJW 1996, 264 – Decoder; Harte/Henning/*Omsels* § 4 Nr. 10 Rn. 93; Köhler/Bornkamm/*Köhler* § 4 UWG Rn. 10.48). 90

Wenn ein unmittelbarer Schaden an den technischen Schutzmaßnahmen selbst entstanden ist, kann dem Betreiber über das Deliktsrecht geholfen werden. Dieses Szenario wird allerdings so gut wie nie vorkommen, da die Schutzmaßnahmen bei ihrer Umgehung regelmäßig nicht beschädigt, sondern nur wirkungslos werden (so auch *Spieker* GRUR 2004, 475, 482). 91

Aktivlegitimiert sind die verletzten Rechtsinhaber, die sich der technischen Schutzmaßnahmen bedienen (BGH CR 2008, 691, 692 – Clone-CD; OLG München MMR 2005, 768, 769 – Heise online; LG München I ZUM-RD 2013, 76 – Stream-Download; auch LG Köln MMR 2006, 412, 415 – Kopierprogramm bei eBay). Bei Klagen von Miturhebern ist die Regelung des § 8 Abs. 2 S. 1 analog anzuwenden (s. § 8 Rn. 31). Ob daneben auch der Hersteller oder Betreiber der Schutzmaßnahmen aktivlegitimiert ist, ist nicht eindeutig geregelt. Für eine Aktivlegitimation der Betreiber spricht zwar der Effektivitätsgedanke, aber Sinn und Zweck der Regelung des § 95a bleibt der Schutz der Urheber- und Leistungsschutzrechte; die Verletzung der materiellen Rechte und der Verstoß gegen § 95a sind eng miteinander verbunden (vgl. *Arlt* MMR 2005, 148, 159). Eine Aktivlegitimation für die Hersteller und Betreiber würde zu einer unbeabsichtigten Ausweitung des Umgehungsschutzes als „Paracopyright" führen (*Lindhorst* 120) und ist deshalb abzulehnen (so auch LG München I ZUM-RD 2013, 76 – Stream-Download; Dreyer/Kotthoff/Meckel/*Dreyer* § 95a Rn. 45; Schricker/Loewenheim/*Götting* § 95a Rn. 41; *Arlt* 116; a. A. Pleister/*Ruttig* MMR 2003, 763, 766; unklar *Spieker* GRUR 2004, 475, 481). Dies ergibt sich auch bereits aus der Natur der Sache, da es sich bei dem Anspruch nur um einen Hilfsanspruch handelt, der zur Durchsetzung der Ausschließlichkeitsrechte des Urhebers dient und somit auch nur von diesem geltend gemacht werden kann. 92

Etwas anderes kann auch nicht für den Anspruch aus § 95a Abs. 3 gelten (*Bechtold* in: Hoeren/Sieber Teil 7.7 Rn. 76; a. A. *Arlt* MMR 2005, 148, 150). Zwar mag ein wirtschaftliches Interesse an einem solchen Anspruch bestehen, aber eine Begründung in Gesetz und Systematik findet sich dafür nicht. Ein Leerlaufen des Anspruchs aus § 95a Abs. 3 ist dennoch, wie die Praxis zeigt, nicht zu befürchten. 93

Eine **Anspruchskonkurrenz zu § 95c** ist möglich (so auch *Arlt* 208). Ein Verstoß gegen § 95a kann auch eine **Straftat** (§ 108b Rn. 2) oder eine **Ordnungswidrigkeit** (§ 111a Rn. 1 ff.) darstellen. 94

§ 95b Durchsetzung von Schrankenbestimmungen

(1) **Soweit ein Rechtsinhaber technische Maßnahmen nach Maßgabe dieses Gesetzes anwendet, ist er verpflichtet, den durch eine der nachfolgend genannten Bestimmungen Begünstigten, soweit sie rechtmäßig Zugang zu dem Werk**

oder Schutzgegenstand haben, die notwendigen Mittel zur Verfügung zu stellen, um von diesen Bestimmungen in dem erforderlichen Maße Gebrauch machen zu können:

1. § 45 (Rechtspflege und öffentliche Sicherheit),
2. § 45a (Behinderte Menschen),
3. § 46 (Sammlungen für Kirchen-, Schul- oder Unterrichtsgebrauch), mit Ausnahme des Kirchengebrauchs),
4. § 47 (Schulfunksendungen),
5. § 52a (Öffentliche Zugänglichmachung für Unterricht und Forschung),
6. § 53 (Vervielfältigungen zum privaten und sonstigen eigenen Gebrauch)
    a) Absatz 1, soweit es sich um Vervielfältigungen auf Papier oder einen ähnlichen Träger mittels beliebiger photomechanischer Verfahren oder anderer Verfahren mit ähnlicher Wirkung handelt,
    b) Absatz 2 Satz 1 Nr. 1,
    c) Absatz 2 Satz 1 Nr. 2 in Verbindung mit Satz 2 Nr. 1 oder 3,
    d) Absatz 2 Satz 1 Nr. 3 und 4 jeweils in Verbindung mit Satz 2 Nr. 1 und Satz 3,
    e) Absatz 3,
7. § 55 (Vervielfältigung durch Sendeunternehmen).

Vereinbarungen zum Ausschluss der Verpflichtungen nach Satz 1 sind unwirksam.

(2) Wer gegen das Gebot nach Absatz 1 verstößt, kann von dem Begünstigten einer der genannten Bestimmungen darauf in Anspruch genommen werden, die zur Verwirklichung der jeweiligen Befugnis benötigten Mittel zur Verfügung zu stellen. Entspricht das angebotene Mittel einer Vereinbarung zwischen Vereinigung der Rechtsinhaber und der durch die Schrankenregelung Begünstigten, so wird vermutet, dass das Mittel ausreicht.

(3) Die Absätze 1 und 2 gelten nicht, soweit Werke und sonstige Schutzgegenstände der Öffentlichkeit auf Grund einer vertraglichen Vereinbarung in einer Weise zugänglich gemacht werden, dass sie Mitgliedern der Öffentlichkeit von Orten und zu Zeiten ihrer Wahl zugänglich sind.

(4) Zur Erfüllung der Verpflichtungen aus Absatz 1 angewandte technische Maßnahmen, einschließlich der zur Umsetzung freiwilliger Vereinbarungen angewandten Maßnahmen, genießen Rechtsschutz nach § 95a.

Literatur: *Arlt,* Digital Rights Management Systeme, München 2006; *Arlt,* Digital Rights Management-Systeme, GRUR 2004, 548; *Arlt,* Die Undurchsetzbarkeit digitaler Privatkopien gegenüber technischen Schutzmaßnahmen im Lichte der Verfassung, CR 2005, 646; *Bayreuther,* Beschränkungen des Urheberrechts nach der EU-Urheberrechtsrichtlinie, ZUM 2001, 828; *Berger,* Die Neuregelung der Privatkopie in § 53 Abs. 1 UrhG im Spannungsverhältnis von geistigem Eigentum, technischen Schutzmaßnahmen und Informationsfreiheit, ZUM 2004, 257; *Böhme/Pfitzmann,* Digital Rights Management zum Schutz personenbezogener Daten, DuD 2008, 342; *Brinkel,* Filesharing, Tübingen 2006; *Däubler-Gmelin,* Private Vervielfältigung unter dem Vorzeichen digitaler Technik, ZUM 1999, 769; *Davies,* Copyright in the Information Society – Technical Devices to Control Private Copying, FS Dietz – Urheberrecht Gestern – Heute – Morgen, München 2001, 307; *Davies,* Urheberrecht in der Informationsgesellschaft: Technische Maßnahmen zur Kontrolle privater Vervielfältigung, GRUR Int. 2001, 915; *v. Diemar,* Kein Recht auf Privatkopien – Zur Rechtsnatur der gesetzlichen Lizenz zu Gunsten der Privatvervielfältigung, GRUR 2002, 587; *Dreier,* Die Umsetzung der Urheberrechtsrichtlinie 2001/29/EG in deutsches Recht, ZUM 2002, 28; *Dreyer,* Urheberrechtliche Problembereiche des Digital Rights Managements, in: Pahlow/Eisfeld (Hrsg.), Grundlagen und Grundfragen des Geistigen Eigentums, Tübingen 2008 (zit.: *Dreyer* in: Pahlow/Eisfeld); *Enders,* Digital Rights Management Systeme als besondere Herausforderung an das Urheberrecht, ZUM 2004, 593; *Ernst,* Kopierschutz nach neuem UrhG, CR 2004, 39; *Flechsig,* Grundlagen des Europäischen Urheberrechts – Die Richtlinie zur Harmonisierung des Urheberrechtsschutzes in Europa und die Anforderungen an ihre Umsetzung ins deutsche Recht, ZUM 2002, 1; *Geerlings,* Das Urheberrecht in der Informationsgesellschaft und pauschale Geräte-

§ 95b Durchsetzung von Schrankenbestimmungen   § 95b UrhG

abgaben im Lichte verfassungs- und europarechtlicher Vorgaben, GRUR 2004, 207; *Gottschalk,* Das Ende von „fair use"? – Technische Schutzmaßnahmen im Urheberrecht der USA, MMR 2003, 148; *Gräbig,* Abdingbarkeit urheberrechtlicher Schranken, GRUR 2012, 331; *Gutman,* Rechtliche Flankierung technischer Schutzmöglichkeiten, K&R 2003, 491; *Hilty,* Rechtsschutz technischer Maßnahmen: Zum UrhG-Regierungsentwurf vom 31.7.2002, MMR 2002, 577; *Hohagen,* Überlegungen zur Rechtsnatur der Kopierfreiheit, FS Schricker 2005, 353; *Hohagen,* Die Freiheit der Vervielfältigung zum eigenen Gebrauch, München 2004; *Holznagel/Brüggemann,* Das Digital Right Management nach dem ersten Korb der Urheberrechtsnovelle, MMR 2003, 767; *Hugenholtz,* Why the Copyright Directive is unimportant and possibly invalid, EIPR 2000, 499; *Hoeren,* Der 2. Korb der Urheberrechtsreform – eine Stellungnahme aus der Sicht der Wissenschaft, ZUM 2004, 885; *Hohagen,* Die Freiheit der Vervielfältigung zum eigenen Gebrauch, München 2004; *Köhler,* The Interplay of Copyright Law and New Technologies, K&R 2003, 535; *Knies,* Kopierschutz für Audio-CDs – Gibt es den Anspruch auf die Privatkopie?, ZUM 2002, 793; *Kreile/Becker,* Digital Rights Management und private Vervielfältigung aus Sicht der GEMA, FS Schricker 2005, 387; *Kreile,* Thesen zur Weiterentwicklung des Urheberrechts in der Informationsgesellschaft (sogenannter Korb 2), ZUM Sonderheft/2003, 1018; *Kröger,* Die Urheberrechtsrichtlinie für die Informationsgesellschaft – Bestandsaufnahme und kritische Bewertung, CR 2001, 316; *Krüger,* Die digitale Privatkopie im zweiten Korb, GRUR 2004, 204; *Lauber/Schwipps,* Das Gesetz zur Regelung des Urheberrechts in der Informationsgesellschaft, GRUR 2004, 293; *Lehmann,* Die IT-relevante Umsetzung der Richtlinie Urheberrecht in der Informationsgesellschaft. Ein Überblick zu den wesentlichen Änderungen des deutschen Urheberrechts durch das Gesetz zur Regelung des Urheberrechts in der Informationsgesellschaft, CR 2003, 553; *Lenz/Würtenberger,* Digitale Privatkopie und Eigentumsschutz des Urhebers, NVwZ 2010, 168; *Lindhorst,* Schutz von und vor technischen Maßnahmen, Osnabrück 2002; *Linnenborn,* Europäisches Urheberrecht in der Informationsgesellschaft, K&R 2001, 394; *Linnenborn,* Die Richtlinie 2001/29/EG im Rückblick: Quellen zu Artikel 6 Absatz 4 über interaktive Abrufdienste, in: *Hilty/Peukert* (Hrsg.), Interessenausgleich im Urheberrecht, Baden-Baden 2004, 103; *Marly,* Rechtsschutz für technische Schutzmechanismen geistiger Leistungen, K&R 1999, 106; *Mayer,* Richtlinie 2001/29/EG zur Harmonisierung bestimmter Aspekte des Urheberrechts und der verwandten Schutzrechte in der Informationsgesellschaft, EuZW 2002, 325; *Mayer,* Die Privatkopie nach Umsetzung des Regierungsentwurfs zur Regelung des Urheberrechts in der Informationsgesellschaft, CR 2003, 274; *Meschede,* Verbliebener Anwendungsbereich der Privatkopieschranke auf Urheberrechtswerke als Grundlage für pauschale Urheberrechtsabgaben, K&R 2008, 585; *Müller,* Der Verzicht auf technische Schutzmaßnahmen: kein Verzicht auf die gesetzliche Vergütung für private Vervielfältigung, GRUR 2011, 26; *Ory,* Urheberrecht in der Informationsgesellschaft, JurPC Web-Dok. 126/2002; *Pichlmaier,* Abschied von der Privatkopie – Von der Zukunft einer Institution, CR 2003, 910; *Reinbothe,* Die Umsetzung der EU-Urheberrechtsrichtlinie in deutsches Recht, ZUM 2002, 43; *Reinbothe,* Die EG-Richtlinie zum Urheberrecht in der Informationsgesellschaft, GRUR Int. 2001, 733; *Reindl,* Freie Werknutzungen und technische Schutzmaßnahmen, MR-Int. 2009, 82; *Richters/Schmitt,* Die urheberrechtliche Pauschalvergütung für PCs, CR 2005, 473; *Rigamonti,* Schutz gegen Umgehung technischer Maßnahmen im Urheberrecht aus internationaler und rechtsvergleichender Perspektive, GRUR Int. 2005, 1; *Schack,* Urheberrechtliche Schranken, übergesetzlicher Notstand und verfassungskonforme Auslegung, FS Schricker 2005, 511; *Schulz,* Der Bedeutungswandel des Urheberrechts durch Digital Rights-Management – Paradigmenwechsel im deutschen Urheberrecht?, GRUR 2006, 470; *Schweikart,* Zum Verbraucherschutz im Urheberrecht, UFITA 2005/I, 7; *Solmecke,* Aktuelle Probleme des Internet-Rechts aus amerikanischer Sicht, TKMR 2002, 372; *Spindler,* Europäisches Urheberrecht in der Informationsgesellschaft, GRUR 2002, 105; *Spindler/Schuster,* Recht der elektronischen Medien, 2. Aufl., München 2011 (zit. Spindler/Schuster/*Bearbeiter*); *Stickelbrock,* Die Zukunft der Privatkopie im digitalen Zeitalter, GRUR 2004, 736; *Ulmer-Eilfort,* Zur Zukunft der Vervielfältigungsfreiheit nach § 53 UrhG im digitalen Zeitalter, Festschrift für Wilhelm Nordemann, Baden-Baden 1999, 285; *Ulbricht,* Tücken im Schutz für Kopierschutz, CR 2004, 674; *Wand,* Technische Schutzmaßnahmen und Urheberrecht – Vergleich des internationalen, europäischen, deutschen und US-amerikanischen Rechts, München 2001; *Wandtke,* Zur Reform des Urheberrechts in der Informationsgesellschaft, KUR 2003, 109; *Wiesemann,* Die urheberrechtliche Pauschal- und Individualvergütung für Privatkopien im Lichte technischer Schutzmaßnahmen unter besonderer Berücksichtigung der Verwertungsgesellschaften, Hamburg 2007; *Zecher,* Die Umsetzung der EU-Urheberrechtsrichtlinie in deutsches Recht II, ZUM 2002, 451.
Vgl. darüber hinaus die Angaben im eingangs abgedr. Gesamtliteraturverzeichnis.

Übersicht

	Rn.
I. Überblick	1–9
1. Verhältnis von technischen Schutzmaßnahmen und Schrankenregelungen ...	1–3
2. Verfassungsrechtliche Bedenken	4–6
3. Regelungstechnik	7–9

	Rn.
II. Verpflichtung des Rechtsinhabers (§ 95b Abs. 1)	10–36
1. Anwendung von technischen Maßnahmen	10
2. Begünstigter	11, 12
3. Rechtmäßiger Zugang zum Werk oder anderen Schutzgegenständen	13, 14
4. Notwendige Mittel des Rechtsinhabers	15, 16
5. Erlaubte Nutzungen	17–35
a) Rechtspflege und öffentliche Sicherheit (§ 45)	18–20
b) Behinderte Menschen (§ 45a)	21
c) Sammlungen für Schul- oder Unterrichtsgebrauch (§ 46)	22, 23
d) Schulfunksendungen (§ 47)	24
e) Öffentliche Zugänglichmachung für Unterricht und Forschung (§ 52a)	25
f) Vervielfältigungen zum privaten und sonstigen eigenen Gebrauch (§ 53)	26–34
aa) Vervielfältigungen auf Papier oder einen ähnlichen Träger mittels beliebiger photomechanischer Verfahren oder anderer Verfahren (§ 53 Abs. 1)	28, 29
bb) Vervielfältigungsstücke zum eigenen wissenschaftlichen Gebrauch (§ 53 Abs. 2 Nr. 1)	30
cc) Vervielfältigungsstücke für Archivzwecke (§ 53 Abs. 2 Nr. 2)	31
dd) Unterrichtung über Tagesfragen (§ 53 Abs. 2 Nr. 3)	32
ee) Zum sonstigen eigenen Gebrauch (§ 53 Abs. 2 Nr. 4)	33
ff) Vervielfältigungsstücke für die Aus- und Weiterbildung (§ 53 Abs. 3)	34
g) Vervielfältigung durch Sendeunternehmen (§ 55)	35
6. Unwirksamkeit von Vereinbarungen (§ 95b Abs. 1 S. 2)	36
III. Ansprüche des Begünstigten (§ 95b Abs. 2)	37–42
IV. Vertragliche Vereinbarung (§ 95b Abs. 3)	43–48
V. Rechtsschutz nach § 95a (§ 95b Abs. 4)	49
VI. Inkrafttreten	50

I. Überblick

1. Verhältnis von technischen Schutzmaßnahmen und Schrankenregelungen

1 Um das Spannungsverhältnis zwischen den technischen Schutzmaßnahmen und den Schrankenregelungen, insb. des § 53, zu lösen, standen verschiedene Möglichkeiten auf dem Prüfstand. Ein Weg bestand darin, das Problem ohne technische Maßnahmen über **Vergütungssysteme** wie §§ 54 ff. zu lösen, der vom Richtliniengeber jedoch gescheut wurde (*Davies* FS Dietz 307 ff.). Zwar verringert sich der Zwang zur Harmonisierung in Bezug auf die Vergütungssysteme, wenn die Technik es dem Rechtsinhaber gestattet, die Vervielfältigung zu kontrollieren (Schricker/*Dreier* Informationsgesellschaft 149), aber an diesem Punkt ist die technische Entwicklung noch nicht angekommen. Dass diese durch das Digital Rights Management einmal obsolet werden, ist noch nicht abzusehen (vgl. auch *Kreile* ZUM Sonderheft/2003, 1018, 1019; *Richters/Schmitt* CR 2005, 473, 479; *Schulz* GRUR 2006, 470, 471; *Wiesemann* 314; a. A. *Geerlings* GRUR 2004, 207, 209). Die bestehenden Vergütungssysteme finden nun zusätzlich zu den technischen Schutzmaßnahmen Anwendung, wobei die Gefahr einer **Doppelvergütung** besteht (*Davies* GRUR Int. 2001, 915, 916; *Diemar* GRUR 2002, 587, 592; *Ory* JurPC Web-Dok. 126/2002, Abs. 13; Spindler/Schuster/*Spindler* UrhG § 95b Rn. 7; *Stickelbrock* GRUR 2004, 736, 742; a. A. *Kreile/Becker* FS Schricker 2005, 387, 396). Denn wenn durch die technische Schutzmaßnahme bereits eine Einzelabrechnung mit dem jeweiligen Nutzer möglich und zwingend ist, erfolgt hier durch das pauschale Vergütungssystem eine zusätzliche Vergütung. Dieser Gefahr soll dadurch begegnet werden, dass bei Bestehen von technischen Schutzmaßnahmen zur Verhinderung von Privatkopien der Ausgleich nach §§ 54 ff. geringer ausfällt, als wenn keine technischen Schutzmaßnahmen getroffen wären (*Davies* GRUR Int. 2001, 915, 918). Eine Auswirkung auf die verfassungsrechtliche Zulässigkeit der §§ 54 ff. besteht

nicht (*Diemar* GRUR 2002, 587, 592 f.), solange die Verhältnismäßigkeit gewahrt bleibt. Wie diese Verteilung in der Praxis aussehen kann, ist bislang noch ungeklärt. Eine Möglichkeit besteht langfristig in der Anpassung der Vergütungssätze für die betreffenden Vervielfältigungen (*Diemar* GRUR 2002, 587, 593; *Richters/Schmitt* CR 473, 481), wie sie in § 54a Abs. 1 S. 2 (vertiefend § 54a Rn. 1 ff.; wird eine solche noch nicht für erforderlich gehalten (SchSt Entscheidung v. 24.10.2006, Az. Sch-Urh 44/03, 31 f., ZUM 2007, 77; vgl. aber auch EuGH GRUR 2013, 812 Rn. 58 – VG Wort/Kyocera)) zur Verhinderung von Doppelvergütungen vorgesehen ist (vgl. aber auch zur Diskussion im Gesetzgebungsprozess Stellungnahme des Bundesrates BR-Drucks. 257/06 [Beschluss], 13 und Gegenäußerung der Bundesregierung, 7 f.). Diese Regelung ersetzt den aufgehobenen § 13 Abs. 4 WahrnG. Ebenso wird die Verteilung der Vergütung durch § 54h Abs. 2 S. 2 an den Einsatz von technischen Schutzmaßnahmen gekoppelt (ausführlich § 54h Rn. 2). Ob diese Möglichkeit in der Praxis tatsächlich zur Senkung der Pauschalabgaben beiträgt, ist zu bezweifeln, was allerdings daran liegt, dass der tatsächliche Umfang der Verwendung technischer Schutzmaßnahmen noch immer Veränderungen unterliegt (vgl. auch SchSt Entscheidung v. 24.10.2006, Az. Sch-Urh 44/03, 31 f., ZUM 2007, 77; *Meschede* K&R 2008, 585, 589; vgl. auch BGH GRUR 2008, 245 – Drucker und Plotter). Keinesfalls kann aber in dem Verzicht, technische Schutzmaßnahmen einzusetzen, ein gleichzeitiger Verzicht auf den Ausgleich der §§ 54 ff. gesehen werden (vgl. *Müller* GRUR 2011, 26), denn die beiden Systeme – Individualvergütung durch technische Schutzmaßnahmen und Pauschalvergütung – sollen und müssen sich gegenseitig ergänzen (ohne Doppelvergütung), soweit und solange nicht eins der beiden Systeme überholt ist. Dies wurde nun auch noch einmal durch den EuGH bestätigt (GRUR 2013, 813 Rn. 57 – VG Wort/Kyocera).

Ein weiterer Ansatz bestand darin, den **Schrankenregelungen Vorrang vor den technischen Schutzmaßnahmen** zu gewähren. Eine dahingehende Regelung wäre durch die WIPO-Verträge unterstützt worden, die nur die Umgehungshandlungen erfassten, die nicht vom Urheber erlaubt (§ 95a) oder nicht gesetzlich gestattet sind. Denselben Weg ging auch noch der erste Vorschlag der Richtlinie (Begr. zum Richtlinienentwurf zu Art. 6 Punkt 3). Durch die Regelung in der Endfassung der Richtlinie ist aber deutlich, dass der Richtliniengeber von dieser Lösung abgewichen ist.

Der Richtlinien- wie der deutsche Gesetzgeber entschieden sich schließlich **zu Gunsten der technischen Schutzmaßnahmen** (vgl. ausführlich § 95a Rn. 1 ff.) und verpflichten die Rechtsinhaber in § 95b Abs. 1 S. 1 lediglich zu Maßnahmen, die sicherstellen sollen, dass die von den Schrankenregelungen Begünstigten ihre Rechte auch wahrnehmen können.

2. Verfassungsrechtliche Bedenken

Bei der Frage nach dem Verhältnis der technischen Schutzmaßnahmen zu den Schrankenregelungen wurden auch verfassungsrechtliche Bedenken angemeldet (*Diemar* GRUR 2002, 587, 592; *Schweikart* UFITA 2005/I, 7, 16; *Holznagel/Brüggemann* MMR 2003, 767; *Ulbrich* CR 2004, 674, 677 ff.; gegen die Regelung eingelegte Verfassungsbeschwerden wurden nicht zur Entscheidung angenommen (BVerfG MMR 2005, 751; BVerfG ZUM-RD 2010, 121; BVerfG GRUR 2010, 56; zu diesen Bechlüssen *Lenz/Würtenberger* NVwZ 2010, 168). In Betracht kommt dabei insb. die **Informationsfreiheit** (Art. 5 Abs. 1 S. 1 1. Alt. GG). Sie kann hier jedoch nicht als Abwehrrecht dienen, denn der Eingriff erfolgt von privater und nicht von staatlicher Seite. Zu beachten ist aber der Einfluss der Informationsfreiheit in ihrem objektiv-rechtlichen Gehalt auf die Werteordnung, die durch die Grundrechte umrissen wird. Zur Einhaltung der daraus für den Gesetzgeber resultierenden Schutzpflichten hat dieser aber einen weiten Spielraum. Die Informationsfreiheit ist ein Recht, das die freie Information aus allgemein zugänglichen Quellen sichert, wenn diese zur allgemeinen Informationsverschaffung technisch geeignet und dazu bestimmt sind

(BVerfGE 27, 71, 83). Das bedeutet jedoch nicht, dass diese Informationsbeschaffung auch kostenlos sein muss, so dass Regelungen für eine kostenpflichtige Informationserlangung nicht mit dem Grundrecht auf Information kollidieren (BRegE BT-Drucks. 16/1828, 20f.; BGH CR 2008, 691, 694 – Clone-CD; OLG München CR 2009, 105 – AnyDVD II; *Arlt* CR 2005, 646, 650; *Diemar* GRUR 2002, 587, 592; *Berger* ZUM 2004, 257, 264; *Hohagen* 286; *Wiesemann* 211; OLG München MMR 2005, 768, 769 – Heise online). § 95b ist daher mit der Informationsfreiheit vereinbar.

5   Aus denselben Überlegungen besteht auch kein Verstoß gegen Art. 14 Abs. 2 S. 2 GG, **Sozialpflichtigkeit des Eigentums,** denn ein Anspruch auf den kostenlosen Zugang zu Kulturgütern besteht nicht (*Arlt* CR 2005, 646, 650f.; *Diemar* GRUR 2002, 587, 592; *Wand* 175f.).

6   Ein weiteres Problem ist, ob durch die technischen Schutzmaßnahmen das **Recht auf Privatsphäre** ausreichend geschützt bleibt (*Arlt* 340f.; *Köhler* K&R 2003, 535, 539; *Stickelbrock* GRUR 2004, 736, 742; vgl. auch *Ulmer-Eilfort* FS Nordemann 285, 287, nach der diese Argumentation ihre Berechtigung verloren hat). Zwar besteht die Möglichkeit der anonymen oder pseudonymen Nutzung (*Däubler-Gmelin* ZUM 1999, 769, 773f.), aber technische Schutzmaßnahmen können dennoch Daten über den Anwender, u. a. auch zur Erstellung von Nutzerprofilen (Schlagwort: „gläserner Kunde"), erfassen (vgl. BRegE BT-Drucks. 16/1828, 15). Diese Fragen des **Datenschutzes** müssen durch entsprechende Regelungen sichergestellt und konkretisiert werden; insb. die Grundsätze der Datenvermeidung, Datensparsamkeit und des Systemdatenschutzes (vgl. Wandtke/Ohst Band 5 Kapitel 3 Rn. 3ff.) müssen berücksichtigt und von den Aufsichtsbehörden überprüft werden (vgl. auch § 95c Rn. 5; BRegE BT-Drucks. 16/1828, 15ff.; *Wiesemann* 268; vgl. zu sog. Privacy-DRM *Böhme/Pfitzmann* DuD 2008, 342).

3. Regelungstechnik

7   § 95b Abs. 1 setzt die Verpflichtung aus Art. 6 Abs. 4 Unterabsatz 1 der Richtlinie um, die Einhaltung bestimmter Schranken zur **Nutzung der Begünstigten** zu gewährleisten, auch wenn die Richtlinie vorrangig auf **freiwillige Maßnahmen** der Rechtsinhaber setzt (Walter/*v. Lewinski*/Walter Info-Richtlinie Rn. 157).

8   Zweck dieser doch recht komplizierten Regelung ist es, die Beteiligten zu einer **Zusammenarbeit** zu zwingen (*Arlt* 126; *Reinbothe* GRUR Int. 2001, 733, 741). Die Ausgestaltung der **Schrankenregelungen** in der Multimedia-Richtlinie (s. Einl. Rn. 21), die in § 95b zu den **technischen Schutzmaßnahmen** in Beziehung gesetzt werden, gehörte zu den schwierigsten Aufgaben der Kommission, da hier die unterschiedlichen Traditionen und Besitzstände in den einzelnen Mitgliedstaaten besonders deutlich wurden (*Spindler* GRUR 2002, 105, 110; *Bayreuther* ZUM 2001, 828, 829; *Kröger* CR 2001, 316, 318; *Reinbothe* ZUM 2002, 43, 50). Um ein reibungsloses Funktionieren des Binnenmarktes zu gewährleisten, war es erforderlich, die Ausnahmen und Beschränkungen einheitlich zu definieren. Die Richtlinie legt daher einen **Kernbestand von Schranken** fest, die durch die technischen Schutzmaßnahmen nicht beeinträchtigt werden dürfen. Besonders gravierend ist das Verhältnis zwischen **Privatvervielfältigung** und technischen Schutzmaßnahmen (*Diemar* GRUR 2002, 587, 592; *Hohagen* FS Schricker 2005, 353, 366), weil auf der einen Seite der Rechtsinhaber steht, der die privaten Kopiervorgänge kaum bzw. schwer kontrollieren kann, und auf der anderen Seite der Nutzer, der rechtmäßigen Zugang oder Nutzung gesichert wissen will (vgl. zur umstrittenen Lösung des deutschen Gesetzgebers Rn. 26ff.).

9   Damit die Verpflichtung aus Abs. 1 auch eingehalten wird, besteht in Abs. 2 ein Anspruch des Schrankenbegünstigten auf Zurverfügungstellung der notwendigen Mittel, um von seinen Schrankenrechten den erforderlichen Gebrauch machen zu können. Damit stehen erstmals in der Geschichte des Urheberrechts dem Nutzer zur Einhaltung der Schrankenregelungen **zivilrechtliche Ansprüche** zu. Allerdings werden sie zunächst

durch den § 95a eingeschränkt, so dass dieser Anspruch für den Nutzer nur ein **notwendiger Ausgleich** ist. Die Praxis wird zeigen, ob die **Durchsetzungsmechanismen,** die der Gesetzgeber für den einzelnen Begünstigten gem. § 95b Abs. 2 geregelt hat, greifen werden.

II. Verpflichtung des Rechtsinhabers (§ 95b Abs. 1)

1. Anwendung von technischen Maßnahmen

Technische Schutzmaßnahmen sollen vor allem unerlaubte Handlungen verhindern. § 95b – wie Art. 6 Abs. 4 der Multimedia-Richtlinie – ist ein Gegengewicht gegen den umfassenden Rechtsschutz, den § 95a gegen Umgehungshandlungen gewährt (*Reinbothe* GRUR Int. 2001, 733, 741), und deshalb nur auf Maßnahmen i.S.d. § 95a anzuwenden (§ 95a Rn. 10ff.). Zu beachten ist, dass § 95b Abs. 1 aber nicht auf § 95a Abs. 3 anwendbar ist. § 95b Abs. 1 soll nur auf Umgehungshandlungen i.S.d. § 95a Abs. 1 angewendet werden, nicht aber auf Vorbereitungshandlungen nach § 95a Abs. 3. Diese Rechtslage stimmt zwar mit Art. 6 der Multimedia-Richtlinie überein (so *Reinbothe* GRUR Int. 2001, 733, 741; *Reinbothe* ZUM 2002, 43, 50; *Spindler* GRUR 2002, 105, 117; Schricker/Loewenheim/*Götting* § 95b Rn. 8; zweifelnd Fromm/Nordemann/*Czychowski* § 95b Rn. 10), ist aber auf heftige Kritik gestoßen (*Hugenholtz* EIPR 2000, 499, 500), denn es sei nicht einsichtig, warum der Rechtsschutz aus § 95a Abs. 3, der die Vorbereitungshandlungen zur Umgehung wirksamer technischer Maßnahmen erfasst, nicht auch im Verhältnis zu den Schrankenregelungen gelten soll.

2. Begünstigter

Begünstigter ist diejenige Person, die entsprechend den Schrankenregelungen der §§ 44a ff. die Erlaubnis hat, das Werk oder einen anderen Schutzgegenstand im Rahmen der gesetzlichen Tatbestände zu nutzen. Zu den Begünstigten gehören z.B. auch Behörden, Gerichte, Schulen, Universitäten, Fachhochschulen, Verlage und Sendeanstalten.

Diese Begünstigten sind vor allem natürliche Personen, die geschützte Werke oder andere Schutzgegenstände nutzen, in einigen Fällen aber auch juristische (zu den jeweiligen Begünstigten vgl. die Kommentierungen der §§ 44a ff.). Begünstigter ist der rechtmäßige Nutzer. Das bedeutet jedoch nicht, dass der rechtmäßige Nutzer zu dem Zwecke der rechtmäßigen Nutzung die technischen Schutzmaßnahmen in Eigenregie überwinden dürfte. Der Gesetzgeber hat sich für den Vorrang der technischen Schutzmaßnahmen entschieden und die Schrankenbegünstigten auf die zu treffenden Maßnahmen der Rechtsinhaber nach § 95b Abs. 1 verwiesen.

3. Rechtmäßiger Zugang zum Werk oder anderen Schutzgegenständen

Ein rechtmäßiger Zugang zum Werk oder anderen Schutzgegenständen liegt vor, soweit der Nutzer die im Rahmen der Schrankenregelungen vorgesehenen **privilegierten Nutzungshandlungen** vornimmt.

Im **Offline-Bereich** wird der Erwerb des Gegenstandes regelmäßig mit dem Erwerb des Zugangsrechts zusammenfallen (*Linnenborn* K&R 2001, 394, 400). Im **Online-Bereich** gilt zwar grds. dasselbe Prinzip, hier wird die Zugangskontrolle dem Erwerb aber oft zeitlich vorausgehen, so dass sich ergibt, dass auch Zugang, und zwar nicht nur der Zugang zwecks Nutzung, gefordert ist (vgl. *Knies* ZUM 2002, 793, 796 f.), der den Berechtigten nach Abs. 1 eigentlich nicht zusteht. Es wird deshalb eine Lösung über Erwägungsgrund 51 angedacht, der allen technischen Maßnahmen den Rechtsschutz zuspricht, die bei der Umsetzung derartiger Maßnahmen zur Anwendung kommen, und darin ein **technisches Nutzerkontrollrecht** sieht (unklar *Linnenborn* K&R 2001, 394, 400; *Dreier* ZUM 2002, 28, 38; a.A.

Spindler GRUR 2002, 105, 117, der das Recht lediglich dann im Wege eines annexartigen Anspruchs einbezieht, wenn das Urheberrecht eine Zwangslizenz vorsieht). Dies ist auch einleuchtend, denn die Verpflichtung aus Abs. 1 würde leer laufen, wenn nicht gleichzeitig ein Zugangsrecht gewährt würde, das parallel mit dem Nutzungsrecht läuft.

4. Notwendige Mittel des Rechtsinhabers

15 § 95b Abs. 1 enthält keine Vorgaben zu Art und Weise oder Form, in der der Verwender technischer Schutzmaßnahmen die Nutzung der jeweiligen Schranken zu gewähren hat. Es soll ein breiter Gestaltungsspielraum verbleiben, damit unterschiedliche Lösungen gewählt werden können (BT-Drucks. 15/38, 27). Der Verwender technischer Schutzmaßnahmen ist aber nach § 95b Abs. 1 verpflichtet, dem Begünstigten die **notwendigen Mittel** zur Verfügung zu stellen, um ihn in den Genuss der entsprechenden Schranke oder Ausnahme zu bringen (*Reinbothe* GRUR Int. 2001, 733, 741; Loewenheim/*Peukert* § 36 Rn. 13). Der Gesetzgeber hat den Begriff der „notwendigen Mittel" für den Begünstigten absichtlich **abstrakt** gehalten, weil nur so dem Hintergrund eines sich ständig wandelnden technologischen Umfeldes Rechnung getragen werden kann. Die Rechtspflicht des Rechtsinhabers bezieht sich also nicht auf ein konkretes Mittel. Dadurch wird auch verhindert, dass die Nutzungsmöglichkeit im Rahmen einer Schrankenregelung auf ein Verfahren beschränkt wird, das nicht mehr oder noch nicht allgemein üblich oder mit mehr als unerheblichem zusätzlichem Aufwand verfügbar ist, z.B. den Einsatz eines bestimmten Betriebssystems (BT-Drucks. 15/38, 27). Als ein mehr als unerheblicher Aufwand ist auch eine Aufwandsentschädigung, auch wenn sie nur kostendeckend ist, anzusehen (Loewenheim/*Peukert* § 36 Rn. 16; *Hohagen* 632). Der Berechtigte soll das Werk etc. auf die gewohnte Weise nutzen können (Dreyer/Kotthoff/Meckel/*Dreyer* § 95b Rn. 27).

16 Denkbar ist etwa, dem Begünstigten **Schlüsselinformationen** zum ein- oder mehrmaligen Überwinden der technischen Maßnahme zu überlassen (BT-Drucks. 15/38, 27) oder den **Abruf** über das Internet zu gestatten. Eine andere Möglichkeit ist, die Erteilung der Berechtigung an **Verbände von Schrankenbegünstigten** weiterzugeben, die dann die Berechtigungen weiterverteilen dürfen. Nach dem Wortlaut des § 95b Abs. 1, der mit Art. 6 Abs. 4 Unterabsatz 1 übereinstimmt, darf der Begünstigte bzw. Nutzer nicht selbst Maßnahmen ergreifen, auch wenn der Rechtsinhaber keine Mittel zur Verfügung stellt. Ein Rechtfertigungsgrund der **Selbsthilfe** („Right to hack") durch den begünstigten Nutzer gegen Kopierschutzmaßnahmen, die ihn an einer zulässigen Nutzung hindern, scheidet aus (BVerfG MMR 2005, 751, 752; *Spindler* GRUR 2002, 105, 117; *Reinbothe* GRUR Int. 2001, 733, 742; *Ernst* CR 2004, 39, 41; Dänemark und Norwegen geben in ihrer Richtlinienumsetzung hingegen den Begünstigten bedingt das Recht zur Selbsthilfe (vgl. Dreier/Hugenholtz/*Bechtold* Information Society Dir. Art. 6 note 5)).

5. Erlaubte Nutzungen

17 Soweit die Möglichkeit besteht, die Nutzungshandlungen im Rahmen der Schrankenregelungen (§§ 44a ff.) vorzunehmen, ist der Zugang von der Nutzung zu trennen. Denn die Kontrolle des Zugangs zum Werk ist ein anderer Vorgang als die Nutzung als solche. Wird dem begünstigten Nutzer der Zugang zum Werk oder einem anderen Schutzgegenstand verwehrt, ist die Nutzung desselben ausgeschlossen. Wenn der Gesetzgeber den Rechtsinhaber auffordert, dem Begünstigten die privilegierten Nutzungshandlungen zu ermöglichen, muss der **rechtmäßige Zugang** gewährleistet werden. Mit § 95b Abs. 1 S. 1 hat der Gesetzgeber konkret vorgeschrieben, welche **Nutzungshandlungen** im Zusammenhang mit dem digitalen Umfeld und der Internetnutzung für den Begünstigten möglich sind, wenn der Rechtsinhaber technische Maßnahmen anwendet. Dabei mussten einige Schranken **zwingend** aus der Richtlinie berücksichtigt werden, wobei es sich um fakultative Schranken i.S.d. Art. 5 handelt; andere konnten die Mitgliedstaaten im Rahmen ihres

Umsetzungsspielraumes auswählen (für eine Ausdehnung auf alle Schranken de lege ferenda vgl. ausführlich *Dreyer* in: Pahlow/Eisfeld 221, 240ff.). Die sieben Ausnahmen, die die Richtlinie selbst zwingend vorsieht, wurden aufgrund ihres engen Zusammenhangs mit Erwägungen des **Gemeinwohls** und der **öffentlichen Sicherheit** ausgewählt (*Reinbothe* GRUR Int. 2001, 733, 741; zur Frage eines Wahlrechts bei der Umsetzung vgl. *Linnenborn* K&R 2001, 394, 399; *Spindler* GRUR 2002, 105, 118). Da § 95a für Computerprogramme keine Anwendung findet, waren dessen Schranken auch in § 95b nicht zu berücksichtigen; hier gilt die Regelung des § 69f. Dagegen ist der Datenbankhersteller im Rahmen europarechtskonformer Auslegung analog § 95b verpflichtet, die Schranken des § 87c insoweit zur Geltung zu bringen (Loewenheim/*Peukert* § 36 Rn. 11).

a) Rechtspflege und öffentliche Sicherheit (§ 45). Diese Schranke musste **zwingend** in den § 95b eingefügt werden (Art. 5 Abs. 3 lit. e)). Begünstigte Nutzer sind i. S. d. § 45 **Gerichte, Schiedsgerichte und Behörden** (s. § 45 Rn. 2). 18

§ 45 beschränkt im Interesse der Rechtspflege und der öffentlichen Sicherheit nicht nur das Vervielfältigungsrecht des Urhebers (§ 16), sondern auch das Verbreitungsrecht (§ 17) sowie das Recht der öffentlichen Ausstellung (§ 18) und der öffentlichen Wiedergabe (§ 15 Abs. 2). 19

Damit die Begünstigten ihre Aufgaben erfüllen können, sind die von den Rechtsinhabern angewendeten technischen Maßnahmen so einzusetzen, dass die Zweckbestimmung des § 45 erfüllt werden kann. Der Zweck des § 45 lag vor allem bislang in analogen Handlungen, und die Schutzmaßnahmen verhindern in der Regel nur digitale Vervielfältigungen. Diese Betrachtung trägt jedoch dem **Beschleunigungsgebot** und dem Interesse an der **Verfahrensvereinfachung,** denen Behörden und Gerichte verpflichtet sind, nicht ausreichend Rechnung (*Wand* 181). Im Zivilprozess können aber die Grundsätze der Beweisvereitelung herangezogen werden, und für die Strafrechtspflege, mit der diese Schranke bislang bzgl. der technischen Schutzmaßnahmen begründet wurde (*Wand* 182), gilt bereits § 95a Abs. 4. Zu erklären ist diese teilweise **Doppelung** damit, dass § 45 komplett in § 95b übernommen werden sollte, um Auslegungsschwierigkeiten zu vermeiden, die wichtigen Bereiche der Strafrechtspflege und öffentlichen Sicherheit, die aus tatsächlichen und rechtlichen Gründen auf eine beschleunigte Arbeit angewiesen sind, aber nicht erst auf die Ansprüche aus § 95b verwiesen werden sollten (vgl. auch *Marly* K&R 1999, 106, 109). Die öffentliche Sicherheit ist sowohl Bestandteil des § 95a Abs. 4 als auch des § 95b Abs. 1 Nr. 1. Allerdings unterfallen dem § 45 im Gegensatz zu § 95a Abs. 4 nicht nur die Sicherheitsbehörden, sondern alle Stellen, die Aufgaben der öffentlichen Verwaltung wahrnehmen (s. § 45 Rn. 2). Auf die Regelung des § 95b Abs. 1 Nr. 1 werden damit alle Gerichte und Behörden, die weder Sicherheits- noch Strafrechtsaufgaben wahrnehmen, zurückgreifen können. 20

b) Behinderte Menschen (§ 45a). Mit § 45a wurde erstmals im deutschen Urheberrecht eine Schranke zugunsten **behinderter Menschen** eingeführt. Bei der Umsetzung in § 45a handelt es sich um eine gem. Art. 6 Abs. 4 Unterabsatz 1 der Multimedia-Richtlinie gegenüber technischen Schutzmaßnahmen einzubeziehende Vorschrift (Art. 5 Abs. 3 lit. b)). Begünstigte i. S. d. § 95b Abs. 1 sind insb. **Blinde** und **Gehörlose**. Der Gesetzgeber hat zugunsten behinderter Menschen **stärkere Durchsetzungsmöglichkeiten** gegen technische Schutzmaßnahmen (§ 95a) im Verhältnis zu nichtbehinderten Personen aufgenommen, denn § 45a soll es Menschen, denen die sinnliche Wahrnehmung eines Werkes oder Schutzgegenstandes aufgrund ihrer Behinderung wesentlich erschwert ist, ermöglichen, Vervielfältigungen vorzunehmen, die das Werk oder den Schutzgegenstand in eine andere Wahrnehmungsform übertragen. Darin sollen sie auch nicht durch technische Schutzmaßnahmen eingeschränkt werden. 21

c) Sammlungen für Schul- oder Unterrichtsgebrauch (§ 46). Art. 5 Abs. 3 lit. a) der Multimedia-Richtlinie – die Schranke für Nutzungen im Unterricht – gehört auch zu 22 den zwingenden Ausnahmen des § 95b. Von dieser Regelung begünstigt sind **allgemeinbildende, Berufs- und Sonderschulen** und Nutzer von Materialien für den **Privatunterricht** (ausführlich § 46 Rn. 7). Im Rahmen des **Schulbuchparagrafen** ist die Vervielfältigung, die Verbreitung und öffentliche Zugänglichmachung von Teilen eines Werkes, von Sprachwerken oder von Werken der Musik von geringem Umfang, von einzelnen Werken der bildenden Künste oder einzelnen Lichtbildwerken als Element einer Sammlung, die Werke einer größeren Anzahl von Urhebern vereinigt und die nach ihrer Beschaffenheit nur für den Unterrichtsgebrauch in Schulen, in nichtgewerblichen Einrichtungen der Aus- und Weiterbildung oder Berufsausbildung bestimmt ist, erfasst (ausführlich § 46 Rn. 3 ff.). Mit der Umsetzung des Rechts auf Zugänglichmachung (§ 19a) aus der Multimedia-Richtlinie in das geltende UrhG wird auch der Tatsache Rechnung getragen, dass in den Schulen bzw. Berufsschulen die Vernetzung weiter fortgeschritten ist und der Zugang zum geschützten Werk und dessen Nutzung zur alltäglichen Praxis gehört.

23 Unklar ist, wieso Sammlungen für den **Kirchengebrauch** ausgeschlossen sind. Ein Hinweis in der Gesetzesbegründung zu § 95b fehlt. Die Ausnahme ist wohl darin begründet, dass die Schranken, die in § 95b zu finden sind, zwingend für den Ausgleich der technischen Schutzmaßnahmen umzusetzen waren und der Gesetzgeber von der Einbeziehung der fakultativen Schranken i. S. d. Art. 6 wie Art. 5 Abs. 3 lit. g) Multimedia-Richtlinie – der Nutzung für religiöse Veranstaltungen – weitgehend keinen Gebrauch gemacht hat.

24 **d) Schulfunksendungen (§ 47).** Die Einbeziehung der Schulfunksendungen beruht auch auf Art. 5 Abs. 3 lit. a) Multimedia-Richtlinie, der zwingend einbezogen wurde. Begünstigte i. S. d. § 95a sind hierbei **Schulen** sowie Einrichtungen der **Lehrerbildung** und **Lehrerfortbildung, Heime der Jugendhilfe** u. a. (ausführlich s. § 47 Rn. 2 ff.). § 47 bezieht sich nur auf Werke, die **innerhalb einer Schulfunksendung** gesendet werden. Da die **Sendungen** ohnehin nur von Rundfunkanstalten ausgestrahlt werden und der Sender auch ohne technische Schutzmaßnahmen die Ausstrahlung verhindern kann, wird dieser Schranke im Verhältnis zu den technischen Schutzmaßnahmen keine große praktische Bedeutung zukommen.

25 **e) Öffentliche Zugänglichmachung für Unterricht und Forschung (§ 52a).** Die Einbeziehung der öffentlichen Zugänglichmachung für Unterricht und Forschung beruht auch auf Art. 5 Abs. 3 lit. a) Multimedia-Richtlinie, der zwingend einbezogen wurde. Mit dieser Vorschrift soll den berechtigten Interessen in der Wissenschaft und im Unterricht Rechnung getragen werden. Begünstigte sind Personen, die im **Lehrer-Schüler-Verhältnis** im engeren Sinne stehen, bspw. im Kommunions- und Konfirmandenunterricht sowie im Privatunterricht (ausführlich § 52a Rn. 8 ff.). § 52a steht für die Nutzung von Teilen von Werken zur Veranschaulichung im Unterricht oder für Zwecke der wissenschaftlichen Forschung, wenn die Verwertung zur Verfolgung nicht kommerzieller Zwecke erfolgt.

26 **f) Vervielfältigungen zum privaten und sonstigen eigenen Gebrauch (§ 53).** Die Frage, ob die digitale Privatkopie erlaubt sein soll, war, da sie von der Richtlinie als Kann-Vorschrift den Mitgliedstaaten überlassen wurde, heftig umstritten. Die im Gesetz vorgenommenen Änderungen des § 53 dienen vor allem der Klarstellung wegen der Möglichkeit der digitalen Vervielfältigung zum privaten und sonstigen Gebrauch (§ 53 Rn. 11). Die Änderung entspricht den Vorgaben in Art. 5 Abs. 2 und 3 der Multimedia-Richtlinie. Daran, dass ein Recht auf die Privatkopie nicht besteht, hat sich nichts geändert (*Diemar* GRUR 2002, 587, 592; *Stickelbrock* GRUR 2004, 736, 740 f.; *Enders* ZUM 2004, 593, 601). Bei dieser Vorschrift ist aber im Verhältnis zu den **technischen Schutzmaßnahmen** zwischen den Vervielfältigungsverfahren zu unterscheiden, denn der Gesetzgeber hat sich dafür entschieden, nur die Schranken in § 95b umzusetzen, die ihm vom Richtliniengeber als zwingend vorgeschrieben wurden. Eine Kann-Vorschrift bzgl. der **digitalen Privatko-**

pie hinsichtlich ihrer Durchsetzung – Art. 6 Abs. 4 Unterabsatz 2 Multimedia-Richtlinie – wurde deshalb nicht in das deutsche Recht umgesetzt, da diese Frage noch weiterer Klärung bedurfte und ohne Zeitdruck erörtert werden sollte (BT-Drucks. 15/38, 15). Auch bei den Änderungen des Zweiten Korbs wurde die Trennung zwischen analoger und digitaler Privatkopie in § 95b leider nicht aufgehoben und davon abgesehen, die digitale Privatkopie beim Einsatz technischer Schutzmaßnahmen durchzusetzen. Die jetzige Situation wird zu Recht stark kritisiert (vgl. nur *Hohagen* FS Schricker 2005, 353, 366; *Mayer* CR 2003, 274; *Schack* FS Schricker 2005, 511, 519; *Schweikart* UFITA 2005/I, 7; *Stickelbrock* GRUR 2004, 736) und teilweise sogar als völkerrechtswidrig bezeichnet (*Rigamonti* GRUR Int. 2005, 1, 9).

Auch bei den Schranken zur privaten und sonstigen Vervielfältigung entschied sich 27 der Richtliniengeber dagegen, durch die Einführung von **Vergütungssystemen** wie in §§ 54 ff. die Regelungen europaweit zu harmonisieren (vgl. zur Kritik *Davies* GRUR Int. 2001, 915 ff.). Bei den Verteilungsplänen der Verwertungsgesellschaften ist nun zu berücksichtigen, ob die Urheber die Vervielfältigung mittels technischer Schutzmaßnahmen verhindern oder nicht (*Hohagen* 588; s. auch Rn. 1 ff.; § 54h Rn. 2).

aa) Vervielfältigungen auf Papier oder einen ähnlichen Träger mittels beliebi- 28 **ger photomechanischer Verfahren oder anderer Verfahren (§ 53 Abs. 1).** Gem. Art. 6 Abs. 4 Unterabsatz 1 war diese Schranke nach Art. 5 Abs. 2 lit. a) Multimedia-Richtlinie zu berücksichtigen. Die nunmehr in § 53 Abs. 1 aufgenommene Formulierung „natürliche Person" weist auf die Begünstigten i. S. d. § 95b Abs. 1 hin. Nur die natürliche Person ist berechtigt, Vervielfältigungen eines Werkes oder anderer Schutzgegenstände zum privaten Gebrauch vorzunehmen, sofern sie nicht von offensichtlich rechtswidrigen Vervielfältigungsvorlagen erstellt werden (ausführlich § 53 Rn. 15). § 95b Abs. 1 Nr. 6a schränkt das Recht zur Vervielfältigung zum privaten Gebrauch insoweit ein, dass die technische Schutzmaßnahme nur mittels photomechanischer Vervielfältigung oder auch vergleichbarer Kopiertechniken (z. B. Reprographie) umgangen werden darf, so dass das Ergebnis der Vervielfältigung nur in Papierform oder auf einem ähnlichen Träger fixiert ist. Im Gegensatz zu § 53 Abs. 1 unterscheidet § 95b Abs. 1 Nr. 6a daher zwischen digitalen und analogen Kopien (vgl. Rn. 26). Erfasst wird auch die Anfertigung einer Kopie durch eine natürliche Person für die privaten Zwecke einer anderen natürlichen Person (*Spindler* GRUR 2002, 105, 112).

Die Kopien, die möglicherweise vom Begünstigten angefertigt werden, sind beschränkt. 29 Angesichts des Begriffs des privaten Gebrauchs kann die **Anzahl der Kopien** aber recht unterschiedlich sein (so Schricker/Loewenheim/*Loewenheim* § 53 Rn. 14; näher § 53 Rn. 12). Für die Rechtsinhaber besteht keine Verpflichtung, eine bestimmte Anzahl an privaten Kopien zu gewähren. Sie können sogar zwischen verschiedenen Anwendungsbereichen, z. B. Neuerscheinungen und älteren Auflagen, Unterschiede machen (*Dreier* ZUM 2002, 28, 37 Fn. 66).

bb) Vervielfältigungsstücke zum eigenen wissenschaftlichen Gebrauch (§ 53 30 **Abs. 2 Nr. 1).** Gem. Art. 6 Abs. 4 Unterabsatz 1 war auch diese Schranke nach Art. 5 Abs. 2 lit. a) der Multimedia-Richtlinie zu berücksichtigen. Begünstigte sind **natürliche** und **juristische Personen,** die ausschließlich für den **eigenen Gebrauch,** allerdings auch aus beruflichen Gründen, vervielfältigen (ausführlich § 53 Rn. 22 ff.). Sie privilegiert die Vervielfältigung zum eigenen wissenschaftlichen Gebrauch, wenn und soweit die Vervielfältigung zu diesem Zweck geboten ist und sie keinen gewerblichen Zwecken dient.

cc) Vervielfältigungsstücke für Archivzwecke (§ 53 Abs. 2 Nr. 2). Diese Schran- 31 ke entspricht Art. 5 Abs. 2a) und c) der Multimedia-Richtlinie. Sie privilegiert die Aufnahme in ein **eigenes Archiv,** wenn und soweit die Vervielfältigung zu diesem Zweck geboten ist und als Vorlage für die Vervielfältigung ein eigenes Werkstück benutzt wird.

Allerdings schränkt § 95b Abs. 1 Nr. 6c) den Anwendungsbereich zusätzlich auf die Vervielfältigung auf **Papier** oder einem **ähnlichen Träger** mittels beliebiger **photomechanischer Verfahren** oder anderer Verfahren mit ähnlicher Wirkung ein. **Alternativ** dazu genügt es, wenn das Archiv keinen **unmittelbar** oder **mittelbar wirtschaftlichen** oder **Erwerbszweck** verfolgt (ausführlich § 53 Rn. 27 ff.).

32   dd) **Unterrichtung über Tagesfragen (§ 53 Abs. 2 Nr. 3).** Diese Schranke privilegiert die Vervielfältigung eines durch **Funk** gesendeten Werkes zur eigenen Unterrichtung über **Tagesfragen.** Auch hier schränkt § 95b die Anwendbarkeit auf die Vervielfältigung auf Papier oder einem **ähnlichen Träger mittels beliebiger** photomechanischer Verfahren oder **anderer Verfahren mit ähnlicher Wirkung** ein. Aus der Natur der Sache ergibt sich, dass das gesendete Werk nur durch Verfahren ähnlicher Wirkung vervielfältigt werden kann. Der Wortlaut des § 95b Abs. 1 Nr. 6d) ist bzgl. der Frage, ob auch § 53 Abs. 2 S. 3 kumulativ anzuwenden ist, unglücklich formuliert. Aus der Regelung des S. 3 ist jedoch zu schließen, dass dieser auf Nr. 6d) 1. Alt. nicht anzuwenden ist, da eine zwingende Voraussetzung des § 53 Abs. 2 S. 2 Nr. 1 kumulativ mit der alternativen Anwendung des § 53 Abs. 2 S. 2 Nr. 1 oder 2 sinnlos wäre.

33   ee) **Zum sonstigen eigenen Gebrauch (§ 53 Abs. 2 Nr. 4).** Diese Schranke privilegiert den sonstigen eigenen Gebrauch, wenn es sich um **kleine Teile eines erschienenen Werkes** oder um einzelne Beiträge handelt, die in **Zeitungen** oder **Zeitschriften** erschienen sind, oder wenn es sich um ein **seit mindestens zwei Jahren vergriffenes Werk** handelt (ausführlich § 53 Rn. 32 ff.). Entsprechend der Auslegung von § 95b Abs. 1 Nr. 6d) 1. Alt. ist bei der 2. Alt. lediglich die **alternative** Beschränkung auf die Vervielfältigung auf Papier oder einem ähnlichen Träger mittels beliebiger photomechanischer Verfahren oder anderer Verfahren mit ähnlicher Wirkung (Nr. 1) *oder* eine ausschließliche analoge Nutzung (Nr. 2) anzunehmen.

34   ff) **Vervielfältigungsstücke für die Aus- und Weiterbildung (§ 53 Abs. 3).** Diese Schranke privilegiert Vervielfältigungsstücke von kleinen Teilen eines Werkes, von Werken geringen Umfangs oder von einzelnen Beiträgen, die in Zeitungen oder Zeitschriften erschienen oder öffentlich zugänglich gemacht worden sind, zum eigenen Gebrauch, entweder im Schulunterricht, in nichtgewerblichen Einrichtungen der Aus- und Weiterbildung sowie in Einrichtungen der Berufsbildung in der für eine Schulklasse erforderlichen Anzahl oder für staatliche Prüfungen und Prüfungen in Schulen, Hochschulen, in nichtgewerblichen Einrichtungen der Aus- und Weiterbildung sowie in der Berufsbildung in der erforderlichen Anzahl herzustellen oder herstellen zu lassen, wenn und soweit die Vervielfältigung zu diesem Zweck geboten ist. Ob diese Schranke von den Befugnissen der Multimedia-Richtlinie gedeckt ist, ist fraglich (ausführlich § 53 Rn. 38).

35   g) **Vervielfältigung durch Sendeunternehmen (§ 55).** Gem. Art. 6 Abs. 4 Unterabsatz 1 war auch diese Schranke nach Art. 5 Abs. 2 lit. d) der Multimedia-Richtlinie zu berücksichtigen. Sie betrifft die **Übertragung eines Werkes** mit eigenen Mitteln auf **Bild- oder Tonträger,** um diese zur Funksendung zu benutzen. Begünstigter ist das **Sendeunternehmen,** das zur **Funksendung** des Werkes berechtigt ist. Bei außergewöhnlichem dokumentarischen Wert muss die Aufnahme nicht gelöscht werden (ausführlich s. § 55 Rn. 1 ff.).

6. Unwirksamkeit von Vereinbarungen (§ 95b Abs. 1 S. 2)

36   Verträge zwischen Rechtsinhaber und Begünstigtem, die zum Ausschluss der Verpflichtungen aus § 95b Abs. 1 führen, sind unwirksam. Damit klärt der Gesetzgeber von vornherein die Frage, ob bei vertraglichen Regelungen, die nicht dem Abs. 3 unterfallen, die Verpflichtungen aus Abs. 1 vertraglich abbedungen werden können (Dreier/Schulze/*Dreier*

§ 95b Rn. 13; *Arlt* GRUR 2004, 548, 550; *Spindler* GRUR 2002, 105, 118; differenzierend Schricker/Loewenheim/*Götting* § 95b Rn. 20). Da die Schrankenregelungen gesetzliche Erlaubnistatbestände für den Nutzer darstellen, können derartige Klauseln oder Individualabreden keine Wirkung entfalten. Sie sind nichtig (Palandt/*Ellenberger* Überbl v § 104 BGB Rn. 27f.) und führen zur Nichtigkeit des Gesamtvertrages, wenn nicht gem. § 139 BGB anzunehmen ist, dass der Vertrag auch ohne die Abbedingung der Schrankenregelung geschlossen worden wäre (Palandt/*Ellenberger* § 139 BGB Rn. 2).

III. Ansprüche des Begünstigten (§ 95b Abs. 2)

§ 95b Abs. 2 begründet einen **individuellen zivilrechtlichen Anspruch** des einzelnen 37
Begünstigten gegen den Rechtsinhaber, wenn dieser die notwendigen Mittel i. S. d. § 95b Abs. 1 (Rn. 15f.) nicht zur Verfügung stellt, um die Ausübung der jeweiligen Schrankenvorschrift zu sichern (BT-Drucks. 15/38, 27).

Der Gesetzgeber hat mit einem individuellen zivilrechtlichen Anspruch erstmals in der 38
Urheberrechtsgeschichte in Deutschland dem Begünstigten gegen den Rechtsinhaber ein eigenes Schutzrecht in die Hand gegeben. Dies ist aber nur ein notwendiger Ausgleich für die faktische Einschränkung seiner Rechte, denn es ist ausgeschlossen, dass der Begünstigte als Nutzer in Form der **Selbsthilfe** („Right to hack") gegen technische Schutzmaßnahmen vorgeht, die ihn an der Nutzung (z. B. Vervielfältigung einer analogen Kopie) hindern (*Pichlmaier* CR 2003, 910, 912; *Spindler* GRUR 2002, 105, 117). Zur Feststellung der **Passivlegitimation** besteht gem. § 95d Abs. 2 eine Kennzeichnungspflicht am Werk (§ 95d Rn. 13ff.). Außerdem ist § 95b Abs. 1 S. 1 als ein **Schutzgesetz** i. S. v. **§ 823 Abs. 2 BGB** anzusehen (Loewenheim/*Peukert* § 36 Rn. 21; Schricker/Loewenheim/*Götting* § 95b Rn. 31). Ebenso können Ansprüche aus §§ 8, 9, 4 Nr. 11, 3 UWG unter dem Aspekt des **Vorsprungs durch Rechtsbruch** auf Unterlassung und/oder Schadensersatz bestehen. Die Unterlassungsansprüche können dabei auch durch Verbände geltend gemacht werden (§ 8 Abs. 3 UWG; vgl. auch Rn. 39).

Da der Individualanspruch des Schrankenbegünstigten nicht genügt, um eine wirksame 39
Durchsetzung der Schranke i. S. d. §§ 45 ff. zu gewährleisten, weil der einzelne Nutzer kaum in der Lage sein dürfte, einen entsprechenden Prozess zu führen, hat der Gesetzgeber das Unterlassungsklagengesetz auch für die Verbände geöffnet (Dreier/Schulze/*Dreier* § 95b Rn. 6; Dreyer/Kotthoff/Meckel/*Dreyer* § 95b Rn. 53; Loewenheim/*Peukert* § 36 Rn. 22; *Lauber/Schwipps* GRUR 2004, 293, 300). Danach ist eine **Verbandsklage** wegen Verletzung des § 95b Abs. 1 zulässig (§§ 2a, 3a, 6 Abs. 1 S. 2 Nr. 3 UklaG, s. zur Kommentierung dort). Dabei entfallen die Belastungen für den einzelnen Schrankenbegünstigten. Außerdem besteht der Vorteil, eine **einheitliche Rechtspraxis** zu erreichen, die über den Einzelfall hinausgeht. Für ein Schlichtungsverfahren hat sich der Gesetzgeber aus Effizienzgründen nicht entschieden. Vervollständigt wird das Instrumentarium zur wirksamen Durchsetzung der Schrankenregelung durch die ausgestaltete **Pönalisierung** in § 111a Abs. 1 Nr. 2, Abs. 2 und 3 (§ 111a Rn. 1 ff.). Für die Angaben, die im Falle der Klage benötigt werden, ist § 95d Abs. 2 heranzuziehen (§ 95d Rn. 13 ff.).

Der Richtliniengeber setzt seine Hoffnungen zur Durchsetzung der Schrankenbestim- 40
mungen ohnehin zunächst ausschließlich in **freiwillige Maßnahmen** der Rechtsinhaber. Der Begriff der **freiwilligen** Vereinbarungen ist allerdings sehr unklar und wurde vielfach kritisiert (*Hugenholtz* EIPR 2000, 499, 500; *Lindhorst* 128); er taucht auch erst in § 95b Abs. 4 erstmalig ohne Bezug auf. Hintergrund ist, dass die Mitgliedstaaten zunächst angehalten werden sollen, freiwillige Maßnahmen zur Einhaltung der Schrankenbestimmungen zu fördern, bevor sie nach einer **angemessenen Frist,** die nicht näher bestimmt ist, zwingende Regelungen zu ihrer Durchsetzung schaffen (Erwägungsgrund 52). Das betrifft insb. die Schranke für den privaten Gebrauch (§ 53). Wie diese Maßnahmen aussehen wer-

den, ist bislang nicht spezifiziert; in der Wahl der Mittel sind die Mitgliedstaaten frei (vgl. Walter/*v. Lewinski/Walter* Info-Richtlinie Rn. 157; vgl. zur Umsetzung in einzelnen Staaten *Reindl* MR-Int. 2009, 82, 83 ff.). Dies beruhe darauf, dass der Gesetzgeber in technischer Hinsicht keine Standards setzen könne (*Kröger* CR 2001, 316, 322; *Gutman* K&R 2003, 491, 494). Allerdings ist der Anbieter hier dem Nutzer gegenüber in einer überlegenen Stellung, so dass die praktische Wirksamkeit dieser Regelung zu bezweifeln ist (*Kröger* CR 2001, 316, 322; *Hilty* MMR 2002, 577, 578). Hier wäre der Gesetzgeber gefordert gewesen, klare Ziele vorzugeben (*Kröger* CR 2001, 316, 322). Einigkeit scheint lediglich darüber zu herrschen, dass die Einhaltung der Verpflichtungen der Rechtsinhaber aus § 95b Abs. 1 nicht durch behördliches Einschreiten sichergestellt werden kann (*Reinbothe* ZUM 2002, 43, 50). Der Begriff der **„Mittel"** könnte eine Beschränkung auf die technischen Umgehungsmittel implizieren. Richtigerweise muss vom Gesetzgeber im Falle eines Versagens der bisherigen Regelungen auch eine volle Anwendung der Schrankenbestimmungen auf die technischen Schutzmaßnahmen angedacht werden (*Linnenborn* K&R 2001, 394, 399). Der deutsche Gesetzgeber hat jedoch in § 95b Abs. 2 dem Begünstigten bereits ein Instrument in die Hand gegeben, das den Rechtsinhaber zu Kooperation anhalten soll. Ob dies ausreichend ist, ist angesichts der langen Verfahrensdauer und des Prozessrisikos für die Begünstigen zu bezweifeln (*Hoeren* ZUM 2004, 885, 886).

41 Die Regelungen, die die Rechtsinhaber festlegen, können beinhalten, dass eine bestimmte **Anzahl von Kopien** pro Person von vornherein erlaubt wird und dann eine Sperre automatisch eintritt. Eine andere Möglichkeit besteht darin, grds. alle Vervielfältigungen zu sperren, **Kopien** aber über den Rechtsinhaber unter Angabe der Begünstigung zu **ordern.** Damit könnten die Vervielfältigungen gesteuert werden (*Kröger* CR 2001, 316, 322). Das dürfte vor allem private oder eigene Kopien betreffen. Handelt es sich bei den Begünstigten um eine bestimmte Personengruppe wie behinderte Menschen oder Institute wie Schulen und Universitäten, so empfiehlt sich eine vertragliche Vereinbarung mit **Vereinen, Verbänden** oder **Zusammenschlüssen,** die ihrerseits vertraglich verpflichtet werden, auf die Einhaltung der Beschränkung der Kopien bei den begünstigten Gruppen zu achten (vgl. die Vereinbarung zwischen IFPI, dem Börsenverein und der Deutschen Bibliothek vom 18.1.2005). Eine andere Möglichkeit besteht darin, den **Schlüssel** den Begünstigten zu übergeben. Dies kann in Form eines einfachen Codes, in Form von Entschlüsselungssoftware oder Hardwaredecodern erfolgen. Weitere Möglichkeiten sind das **Zulassen von Kopien bei schlechterer Qualität** oder aber, dass die Kopie den Rechtsinhaber von der Vervielfältigung „unterrichtet", so dass eine **Einzelabrechnung** möglich ist (§ 95c Rn. 9; vgl. zu den notwendigen Mitteln auch Rn. 15 f.).

42 § 95b Abs. 2 S. 2 legt eine **Beweislastumkehr** zu Gunsten der Rechtsinhaber fest und soll ein Anreiz für freiwillige Vereinbarungen zwischen den Rechtsinhabern und Schrankenbegünstigten auf Verbandsebene schaffen. Diese Vereinbarungen werden keine Drittwirkung gegenüber Außenseitern entfalten. Es soll aber gegenüber Dritten die Vermutung begründet werden, dass die von Rechtsinhabern angebotene Möglichkeit der Werknutzung den Anforderungen des Abs. 1 genügt. Demzufolge muss der Schrankenbegünstigte im Streitfall darlegen und beweisen, weshalb die ihm angebotenen Mittel zur Durchsetzung der Schranke nicht ausreichend sind.

IV. Vertragliche Vereinbarung (§ 95b Abs. 3)

43 Entsprechend Art. 6 Abs. 4 Unterabsatz 4 Multimedia-Richtlinie hat der Gesetzgeber im Rahmen des **interaktiven** Zurverfügungstellens die wirksamen technischen Maßnahmen zur Durchsetzung der Schrankenregelungen ausgenommen, wenn eine **vertragliche Vereinbarung** vorliegt. Interaktive Dienste, die vertraglichen Regelungen unterstellt sind, fallen damit nicht in den Anwendungsbereich des Abs. 1, unabhängig davon, ob ein Nutzungsentgelt vereinbart wird oder nicht (*Mayer* CR 2003, 274, 280; zur Kritik am Differenzierungskriterium der Interaktivität vgl. *Linnenborn* in: Hilty/Peukert, 103, 140). Für den Fall, dass die interaktiven Dienste **zusätzlich** zu anderen Vertriebsformen angeboten werden, sind die Abs. 1 und 2 für letztere weiterhin anwendbar. Die Regelung des Art. 6 Abs. 4 Unterabsatz 4 Multimedia-Richtlinie wurde erst recht spät in die Richtlinie eingefügt und bezieht sich in ihrem Anwendungsbereich auf **Art. 3** Multimedia-Richtlinie. Durch die Formulierung „soweit" wird klargestellt, dass sich diese Sonderregelung allein auf die technischen Maßnahmen erstreckt (BT-Drucks. 15/38, 27; Dreier/Schulze/*Dreier* § 95b Rn. 18), die im Rahmen der interaktiven Zurverfügungstellung auf Grundlage vertraglicher Vereinbarung Anwendung finden. Die Anwendbarkeit ist auf interaktive Dienste auf Abruf beschränkt, das bedeutet, auf Dienste, bei denen der Nutzer die individuelle Wahl bzgl. Ort und Zeit der Übertragung trifft (*Arlt* 93). Dabei entsteht eine **Punkt-zu-Punkt-Kommunikation (Unicast).** Zu den interaktiven Diensten i. S. d. § 95b Abs. 3 zählen deshalb z. B. **On-Demand-Dienste, Datenbanken** und sonstige **Informationsabrufdienste** mit oder ohne Entgeltpflichtigkeit. Gerade bei Datenbanken könnte durch dieses System unter anderem der wissenschaftliche Austausch gefährdet sein (*Dietz* in: Zecher ZUM 2002, 451, 457).

Andere Online-Dienste, die nicht in den Anwendungsbereich fallen, sind die verschiedenen Sendeformen, denen die Punkt-zu-Punkt-Kommunikation fehlt **(Multicast),** wie das **Streamen** von Inhalten, z. B. beim Radio über das Internet (*Flechsig* ZUM 2002, 1, 16; *Gottschalk* MMR 2003, 148, 155; *Mayer* EuZW 2002, 325, 329; *Enders* ZUM 2004, 593, 603), **Pay-Per-View, Near-Video-on-Demand** oder **Webcasting.** Sie sind in der Regel schon nicht erfasst, da es meist an den urheberrechtlichen Vereinbarungen fehlt. Eine weitere Einschränkung erfährt Abs. 3 dadurch, dass nur interaktive Dienste im **elektronischen Geschäftsverkehr** der Regelung unterfallen (*Reinbothe* GRUR Int. 2001, 733, 742); praktisch hat diese Einschränkung kaum eine Bedeutung. 44

§ 95b Abs. 3 ist weiterhin auf den **Zugang zu den Werken und Leistungen** eingeschränkt. Sobald ein Werk bereits zugänglich gemacht wurde, sind die Schrankenregelungen auf die Nutzung des Werkes wieder anwendbar, denn Gegenstand der Regelung ist nicht die Kopie selbst, sondern die **Übertragung** (*Linnenborn* K&R 2001, 394, 400f.; *Schweikart* UFITA 2005/I, 7, 13; *Dreier* ZUM 2002, 28, 37; Dreier/Schulze/*Dreier* § 95b Rn. 18; Dreyer/Kotthoff/Meckel/*Dreyer* § 95b Rn. 21; Fromm/Nordemann/*Czychowski* § 95b Rn. 27; *Hohagen* 251 ff.; a. A. *Spindler* GRUR 2002, 105, 119; Loewenheim/*Peukert* § 36 Rn. 6). Das ergibt sich bereits aus dem Wortlaut, der nur auf die Zugänglichmachung des Werkes abstellt. Eine Ausweitung des Schutzes auf die gelieferte Kopie würde überdies eine unbegründete Privilegierung des Online-Vertriebs darstellen (vgl. *Schweikart* UFITA 2005/I, 7, 13). 45

Auf **Computerprogramme** ist § 95b Abs. 3 nicht anwendbar (so auch Schricker/Loewenheim/*Götting* § 95b Rn. 27; a. A. *Dreier* ZUM 2002, 28, 37), auch wenn die Kommission die Auswirkungen auf Computerprogramme beobachten will (Erklärung der Kommission im Ratsprotokoll, bei *Reinbothe* GRUR Int. 2001, 733, 744 Fn. 56), denn sowohl die Richtlinie als auch die deutsche Umsetzung haben sich zu dieser Frage eindeutig geäußert (§ 95a Rn. 8), so dass hier ausschließlich § 69f in Betracht kommt. Die Erklärung der Kommission besagt außerdem lediglich, dass die Wirkung zwischen den jeweiligen Richtlinien untersucht werden soll. 46

Da die Schrankenregelungen **zwingender Natur** sind, ist fraglich, ob die Schranken als Leitbild durch vertragliche Vereinbarungen ausgehebelt werden können (vgl. aber zur Regelung in Abs. 1 Satz 2 Rn. 36). Denn solche strengeren vertraglichen Regelungen werden durch entsprechende Lizenzbedingungen zum Regelfall werden (*Kröger* CR 2001, 316, 323). Zumindest muss auch hier eine **Inhaltskontrolle** nach § 307 BGB bestehen. Unklar ist, ob die Schranken als gesetzliches Leitbild i. S. d. § 307 Abs. 2 BGB zu verstehen sind (dagegen für urheberschützende Bestimmungen BGH GRUR 1984, 45 – Honorarbedingungen; dafür *Spindler* GRUR 2002, 105, 118; *Enders* ZUM 2004, 593, 604; *Gräbig* 47

GRUR 2012, 331, 334). Eine andere Möglichkeit besteht darin, eine Regelung, die den Verbraucher allzu sehr einschränkt, als **sittenwidrig** einzustufen (vgl. *Arlt* 128; *Dreier* ZUM 2002, 28, 38 Fn. 75; *Enders* ZUM 2004, 593, 604). Auch eine kartellrechtliche Kontrolle ist erforderlich (*Lehmann* CR 2003, 553, 557).

48 Im Übrigen bleibt es für diese auf vertraglicher Grundlage öffentlich zugänglich gemachten Werke und Leistungen **außerhalb der technischen Schutzmaßnahmen** bei den allgemeinen Schrankenbestimmungen. Allerdings ist es den Begünstigten der Schrankenbestimmungen dabei nicht möglich, aufgrund von Abs. 2 die insoweit zwingenden Maßnahmen der Richtlinie durchzusetzen. Die Schrankennutzung steht hier im Belieben des jeweiligen Rechtsinhabers.

V. Rechtsschutz nach § 95a (§ 95b Abs. 4)

49 Unabhängig von vertraglichen Vereinbarungen im Zusammenhang mit interaktiven Diensten i. S. d. § 95a Abs. 3 gewährt Abs. 4 in Umsetzung des Art. 6 Abs. 4 Unterabsatz 3 der Multimedia-Richtlinie ausdrücklich **Rechtsschutz** nach § 95a **für angewandte technische Schutzmaßnahmen** zur Erfüllung der Verpflichtungen aus § 95b Abs. 1 und für Maßnahmen zur Umsetzung der **freiwilligen Vereinbarungen** (s. Rn. 40).

VI. Inkrafttreten

50 Gem. Art. 6 Abs. 2 des Gesetzes zur Regelung des Urheberrechts in der Informationsgesellschaft trat § 95b Abs. 2 erst am 1.9.2004 in Kraft (ausführlich § 137j Rn. 10 ff.). Diese Frist wurde eingefügt, um den Rechtsinhabern die Gelegenheit zu geben, sich im Rahmen freiwilliger Maßnahmen mit den Schrankenbegünstigten über die Schrankendurchsetzung zu einigen. Diese Frist betraf nicht nur zivilrechtliche Mittel und die Kennzeichnungspflicht zur prozessualen Durchsetzung (§ 95d Rn. 16), sondern auch die Mittel des Ordnungswidrigkeitenrechts (§ 111a Rn. 13).

§ 95c Schutz der zur Rechtewahrnehmung erforderlichen Informationen

(1) **Von Rechtsinhabern stammende Informationen für die Rechtewahrnehmung dürfen nicht entfernt oder verändert werden, wenn irgendeine der betreffenden Informationen an einem Vervielfältigungsstück eines Werkes oder eines sonstigen Schutzgegenstandes angebracht ist oder im Zusammenhang mit der öffentlichen Wiedergabe eines solchen Werkes oder Schutzgegenstandes erscheint und wenn die Entfernung oder Veränderung wissentlich unbefugt erfolgt und dem Handelnden bekannt ist oder den Umständen nach bekannt sein muss, dass er dadurch die Verletzung von Urheberrechten oder verwandter Schutzrechte veranlasst, ermöglicht, erleichtert oder verschleiert.**

(2) **Informationen für die Rechtewahrnehmung im Sinne dieses Gesetzes sind elektronische Informationen, die Werke oder andere Schutzgegenstände, den Urheber oder jeden anderen Rechtsinhaber identifizieren, Informationen über die Modalitäten und Bedingungen für die Nutzung der Werke oder Schutzgegenstände sowie die Zahlen und Codes, durch die derartige Informationen ausgedrückt werden.**

(3) **Werke oder sonstige Schutzgegenstände, bei denen Informationen für die Rechtewahrnehmung unbefugt entfernt oder geändert wurden, dürfen nicht wissentlich unbefugt verbreitet, zur Verbreitung eingeführt, gesendet, öffentlich wiedergegeben oder öffentlich zugänglich gemacht werden, wenn dem Han-**

§ 95c Schutz der zur Rechtewahrnehm. erforderl. Inform. **§ 95c UrhG**

delnden bekannt ist oder den Umständen nach bekannt sein muss, dass er dadurch die Verletzung von Urheberrechten oder verwandter Schutzrechte veranlasst, ermöglicht, erleichtert oder verschleiert.

Literatur: *Arlt,* Datenschutzrechtliche Betrachtung von Online-Angeboten zum Erwerb digitaler Inhalte, MMR 2007, 683; *Arlt,* Digital Rights Management Systeme, München 2006; *Bechtold,* Vom Urheber- zum Informationsrecht, Implikationen des Digital Rights Management, München 2002; *Briem,* Elektronische Lizenzierung von urheberrechtlich geschützten Werken, MMR 1999, 256; *Dietz,* Die EU-Richtlinie zum Urheberrecht und zu den Leistungsschutzrechten in der Informationsgesellschaft – Vorstoß in den Kernbereich des Urheberrechts- und Leistungsschutzes und seine Folgen, ZUM 1998, 438; *Dreier,* Die Umsetzung der Urheberrechtsrichtlinie 2001/29/EG in deutsches Recht, ZUM 2002, 28; *Dusollier,* Electrifying the Fence: the Legal protection of technological measures for Protecting Copyright, EIPR 1999, 285; *Ernst,* Kopierschutz nach neuem UrhG, CR 2004, 39; *Federrath,* Multimediale Inhalte und technischer Urheberrechtsschutz im Internet, ZUM 2000, 804; *Flechsig,* Grundlagen des Europäischen Urheberrechts, ZUM 2002, 1; *Gass,* Digitale Wasserzeichen als urheberrechtlicher Schutz digitaler Werke, ZUM 1999, 815; *Kröger,* Die Urheberrechtsrichtlinie für die Informationsgesellschaft – Bestandsaufnahme und kritische Bewertung, CR 2002, 316; *Peukert,* Digital Rights Management und Urheberrecht, UFITA 2002/III, 689; *Reinbothe,* Die EG-Richtlinie zum Urheberrecht in der Informationsgesellschaft, GRUR Int. 2001, 733; *Spindler/Schuster,* Recht der elektronischen Medien, 2. Auflage, München 2011 (zit.: Spindler/Schuster/Bearbeiter); *Spindler,* Europäisches Urheberrecht in der Informationsgesellschaft, GRUR 2002, 105; *Steinebach/Zmudzinski,* Individuell gestempelt, C't 9/2009, 142; *Wand,* Technische Schutzmaßnahmen und Urheberrecht – Vergleich des internationalen, europäischen, deutschen und US-amerikanischen Rechts, München 2001.

Vgl. darüber hinaus die Angaben im eingangs abgedr. Gesamtliteraturverzeichnis.

Übersicht

	Rn.
I. Überblick	1–6
1. Entwicklung des Schutzes der zur Rechtewahrnehmung erforderlichen Informationen	1
2. Bedeutung	2–5
3. Auslegung der Vorschriften	6
II. Informationsbegriff (§ 95c Abs. 2)	7–13
1. Allgemeines	7, 8
2. Verfahren zur Rechtewahrnehmung	9, 10
3. Art von Informationen	11
4. Elektronische Form	12
5. Verbindung mit Werken	13
III. Entfernen oder Verändern der Informationen (§ 95c Abs. 1)	14–23
1. Allgemeines	14
2. Wissentlich unbefugte Entfernung oder Veränderung	15, 16
3. Kenntnis oder Kennenmüssen durch Umstände	17, 18
4. Verletzungshandlungen	19–23
a) Allgemeines	19
b) Veranlassen	20
c) Ermöglichen	21
d) Erleichtern	22
e) Verschleiern	23
IV. Handlungen nach dem Entfernen von Informationen (§ 95c Abs. 3)	24–32
1. Verwertungsverbote	25–30
a) Verbreitung	25
b) Einfuhr	26
c) Sendung	27
d) Öffentliche Wiedergabe	28
e) Öffentliche Zugänglichmachung	29
f) Wissentlich unbefugt	30
2. Verletzungshandlungen	31, 32
a) Veranlassen, Ermöglichen, Erleichtern oder Verschleiern	31
b) Kenntnis oder Kennenmüssen durch Umstände	32
V. Rechtsfolgen	33–35

UrhG § 95c 1–5 § 95c Schutz der zur Rechtewahrnehm. erforderl. Inform.

I. Überblick

1. Entwicklung des Schutzes der zur Rechtewahrnehmung erforderlichen Informationen

1   In den beiden WIPO-Verträgen **WCT** und **WPPT** wurden die Vertragsparteien dazu verpflichtet, einen angemessenen Rechtsschutz gegen Personen zu schaffen, die elektronische Informationen zur Rechtewahrnehmung entfernen oder sie nach der Entfernung verwerten. Die Bestimmungen der beiden WIPO-Abkommen sind bereits ausführlich formuliert. In Übertragung der Art. 12 WCT und Art. 19 WPPT hat der Richtliniengeber in **Art. 7** der **Multimedia-Richtlinie** (s. Einl. Rn. 21) die Mitgliedstaaten aufgefordert, die verschiedenen Identifizierungssysteme für Werke und sonstige Schutzgegenstände kompatibel und interoperabel zu machen (Erwägungsgrund 54), und ihren Rechtsschutz als flankierende Maßnahme eingeführt. Am 7.7.1998 legte das Bundesministerium für Justiz einen **Diskussionsentwurf** zur Änderung des deutschen Urheberrechtsgesetzes vor, mit dem u. a. die WIPO-Verträge umgesetzt und die Regelungen zu den Informationen zur Rechtewahrnehmung in § 96b festgelegt werden sollten. Die Endfassung des Art. 7 entspricht weitgehend dem ersten Richtlinienvorschlag (KOM (97) 628 endg.); lediglich bzgl. der Verletzungshandlungen wurde umformuliert. § 95c setzt wiederum den Art. 7 Multimedia-Richtlinie fast wörtlich um.

2. Bedeutung

2   Wie Art. 7 der Multimedia-Richtlinie, dient der eng an dessen Wortlaut angelehnte § 95c dem Schutz der sog. Rights-Management-Systeme (Dreier/Schulze/*Dreier* § 95c Rn. 1; *Flechsig* ZUM 2002, 1, 16).

3   Digitale Informationen über die Wahrnehmung von Rechten **(Rights Management Information)** auf dem Gebiet des Urheberrechts und der verwandten Rechte gehören zum unerlässlichen Bestandteil der Vermarktung von geschützten Werken und anderen Schutzgegenständen. In der **Pirateriebekämpfung** und im **elektronischen Geschäftsverkehr** kommt diesen Informationen eine große Bedeutung zu, denn die technische Entwicklung, die die Verbreitung von Werken über Netze fördert, bringt es mit sich, dass die Rechtsinhaber ihre Werke genauer identifizieren und genauere Informationen über die Nutzungsbedingungen angeben müssen, um ihre Rechte zu wahren (Erwägungsgrund 55). Die Kennzeichnung von Rechtsinhabern, dass sie die Erlaubnis für die Eingabe der Werke und Leistungsgegenstände in das Netz erteilt haben, sollte gefördert werden (Erwägungsgrund 55; Standpunkt des Rates 2000/C 344/20). Schon vorher war ein legitimes Interesse an der Verwendung von Herstellungsnummern zur Überwachung der Vertriebswege anerkannt (BGH GRUR 1999, 1109 – Entfernung der Herstellungsnummer).

4   Durch den Einsatz von Integritäts- und Authentizitätskontrollen soll mittelbar Fälschungen, Raubkopien etc. vorgebeugt werden und damit auch der Schutzbehauptung, man habe von einer Rechtsverletzung nichts gewusst. Der individuelle Nutzungsvorgang wird erfasst, um so bessere Bedingungen für die Durchsetzung des Vergütungsanspruchs zu schaffen (*Flechsig* ZUM 2002, 1, 17; zur Frage, ob Digital Rights Management-Systeme das Urheberrecht ersetzen können, vgl. *Bechtold* 364 ff.; *Peukert* UFITA 2002/III, 689, 703 ff.). Derartige Schutzmaßnahmen erfassen nicht nur die wissentlich unbefugt vorgenommenen Veränderungshandlungen an diesen Informationen, sondern auch die Einfuhr, Verbreitung, Sendung, öffentliche Wiedergabe oder das Zugänglichmachen von geschützten Werken oder anderen Schutzgegenständen, aus denen diese Informationen ohne Erlaubnis der Rechtsinhaber entfernt wurden (*Spindler* GRUR 2002, 105, 119).

5   Nach Erwägungsgrund 57 ist bei der Datenverarbeitung durch Informationssysteme für die Wahrnehmung der Rechte der Schutz der Privatsphäre nach der EG-**Datenschutz-**

§ 95c Schutz der zur Rechtewahrnehm. erforderl. Inform.   6–9   § 95c UrhG

richtlinie zu beachten, die am 30.5.2002 als Richtlinie zum Schutz natürlicher Personen bei der Verarbeitung personenbezogener Daten und zum freien Datenverkehr 95/46/EG verabschiedet wurde, denn die mögliche Kontrolle über den Einsatz von geschützten Werken oder anderen Schutzgegenständen beim Nutzer wirft Probleme des Datenschutzes auf, da die Rechtsinhaber leicht Profile der Nutzer erstellen und weiterverbreiten können (*Arlt* MMR 2007, 683; *Spindler* GRUR 2002, 105, 119; vgl. auch § 95b Rn. 6). Dieser Richtlinie sollen die **technischen Funktionen** der zur Rechtewahrnehmung verwendeten Informationssysteme gerecht werden (Begr. zum Richtlinienvorschlag Kapitel 3, III. A. 2.). § 95c stellt keinen Erlaubnistatbestand im Sinne des Datenschutzrechts dar (vgl. auch *Arlt* MMR 2007, 683, 686); hier muss auf die einschlägigen Normen des Datenschutzrechts oder eine Einwilligung zurückgegriffen werden (vgl. § 4 BDSG).

3. Auslegung der Vorschriften

Da die Regelungen über die zur Rechtewahrnehmung erforderlichen Informationen   6
durch die Umsetzung der Multimedia-Richtlinie „**Europäisches Urheberrecht**" darstellen, sind die europäischen Vorgaben im Wege der **richtlinienkonformen Auslegung** dieser Vorschriften zu beachten. Dabei sind insb. der **Richtlinientext** selbst, die **Erwägungsgründe** und die weiteren Begründungen zur **Entstehungsgeschichte** einzubeziehen. Bei den nationalen Auslegungshilfen ist vor allem die Begründung zum **Regierungsentwurf** (BT-Drucks. 15/38) einzubeziehen. Durch den engen Zusammenhang zu § 95a sind auch dessen Wertungen, u. a. die Freistellung zu Forschungszwecken im Bereich der Kryptographie und Sicherheit (§ 95a Rn. 46), zu berücksichtigen (Loewenheim/*Peukert* § 36 Rn. 19; Dreier/Hugenholtz/*Bechtold* Information Society Dir. Art. 7 note 3).

II. Informationsbegriff (§ 95c Abs. 2)

1. Allgemeines

Der Informationsbegriff des § 95c Abs. 2 entspricht dem Art. 7 Abs. 2 der Multimedia-   7
Richtlinie, der wiederum die Vorgaben der WIPO-Verträge aufgegriffen hat (*Flechsig* ZUM 2002, 1, 17; Schricker/Loewenheim/*Götting* § 95c Rn. 11). Informationen i. S. d. § 95c sind daher elektronische Informationen, die Werke oder andere Schutzgegenstände, den Urheber oder jeden anderen Rechtsinhaber identifizieren, Informationen über die Modalitäten und Bedingungen für die Nutzung der Werke oder Schutzgegenstände sowie die Zahlen und Codes, durch die derartige Informationen ausgedrückt werden.

Dadurch, dass wie in Art. 12 WCT Informationen über den Urheber des Werkes ge-   8
nannt werden, wird darauf hingewiesen, dass auch die Informationen über die Rechtewahrnehmung einen **persönlichkeitsrechtlichen** Aspekt haben (*Arlt* 146; *Dietz* ZUM 1998, 438, 448).

2. Verfahren zur Rechtewahrnehmung

Durch die Möglichkeit der Codierung wird klargestellt, dass auch standardisierte nume-   9
rische und alphanumerische Identifizierungssysteme, die zur Interpretation auf **externe Datenbanken** zurückgreifen, geschützt sind (*Wand* 47). Solche Systeme sind z. B. die ISBN oder ISSN (zu weiteren Systemen s. § 95a Rn. 18 ff.). Auch das **Electronic Copyright Management System (ECMS)** dient der individualisierten Abrechnung der Nutzung von urheberrechtlichen Schutzgegenständen. Für diese Methode muss jedes einzelne Werk international eindeutig identifiziert und zugeordnet werden können (vgl. *Briem* MMR 1999, 256 ff.). Eine einheitliche Identifizierung sollen das **CIS (Common Information System)** und **DOI (Digital Object Identifier System)** bieten (ausführlich § 95a Rn. 36). Zur Überprüfung der Echtheit und Herkunft von Informationen werden

unter anderem **digitale Signaturen** (vgl. Gesetz zur digitalen Signatur (Signaturgesetz – SigG)) verwendet, bei denen mit dem **Hashing-Verfahren** Prüfsummen gebildet, diese mit einem privaten Signaturschlüssel chiffriert und den Daten hinzugefügt werden (sog. digitaler Fingerabdruck). Um die Authentizität zu überprüfen, wird die chiffrierte Signatur mit dem öffentlichen Schlüssel dechiffriert, wobei die erhaltene Prüfsumme mit der erneuten Anwendung der Hashing-Methode auf den Datensatz auf Übereinstimmung geprüft werden kann. Stimmen die Prüfsummen überein, sind die Daten im ursprünglichen Zustand verblieben. Durch dieses Verfahren kann die Integrität der Daten sichergestellt werden. Die Authentizität ist zudem durch den Abgleich der Daten mit **Zertifizierungsstellen** feststellbar. Lizenzierung und Abrechnung erfolgen über einen Content- und Monitoring-Provider (ausführlich *Briem* MMR 1999, 256, 260 f.).

10   Ebenso werden zur Identifizierung **digitale Wasserzeichen,** die im Allgemeinen weitere Informationen zu dem Urheber oder den Lizenzbedingungen (vertiefend *Gass* ZUM 1999, 815, 819; ausf. § 95a Rn. 24 f.) enthalten, verwendet und zum Beispiel in Audiosignale eingebettet. Auf diese Weise finden z. B. unterschiedliche Wasserzeichen für Informationen über Urheber, ausübende Künstler, Produzenten und Verleger oder auch den jeweiligen Nutzer Verwendung (*Bechtold* 55). Bekannte Verfahren sind das **Labeling,** bei dem die Zusatzinformationen in der Datei aber ohne großen technischen Aufwand entfernbar sind, das **Tattooing,** bei dem die Informationen in das Bild integriert werden, und das **Digital Fingerprinting,** bei dem eine Seriennummer o. ä. in die Dateien eingearbeitet wird. Die Informationen können auch in die wichtigsten Bestandteile eines Werkes eingebaut werden, so dass es bei Entfernung der Daten unbrauchbar wird **(Spread-Spectrum-Verfahren)** (vgl. zu den einzelnen Verfahren *Steinebach/Zmudzinski* c't 9/2009; ausf. § 95a Rn. 24 f.). Eine andere Möglichkeit ist das **Traitor Tracing,** bei dem Werke individualisiert mit jeweils einem Schlüssel versehen und so illegale Kopien leicht zurückverfolgt werden können (vertiefend *Federrath* ZUM 2000, 804, 809).

3. Art von Informationen

11   Die Definition der Information ist sehr weit. Sie umfasst sowohl Informationen über den **Urheber bzw. Rechtsinhaber** selbst als auch weitergehende Informationen, wenn sie der Rechtewahrnehmung dienen. Die **Nutzungsbedingungen,** z. B. auch Dauer, Anzahl der erlaubten Nutzungen, bestimmte Beschränkungen, z. B. dass eine Aufzeichnung nicht erlaubt ist, oder auch **einfache Nachrichten,** die an dem Werk angebracht sind, können daher geschützt sein. Selbst die **Lizenz,** die auch durch einen Mausklick vereinbart werden kann, zählt zu den geschützten Informationen (*Dusollier* EIPR 1999, 285, 295). Die Informationen, die durch **ECMS** oder **DOI** verwaltet werden, sind gleichermaßen geschützt. **Persönliche Daten,** die für Nutzerprofile **automatisch** gesammelt werden, zählen allerdings nicht dazu, da sie nicht den Rechtsinhabern zuzuordnen sind (so auch *Arlt* MMR 2007, 683, 687; *Dusollier* EIPR 1999, 285, 296). Hier ist auch die Wertung der Datenschutznormen zu berücksichtigen (s. Rn. 5). Die Informationen müssen vom Rechtsinhaber stammen, d. h. nicht von unbefugten Dritten angebracht worden sein (Loewenheim/*Peukert* § 35 Rn. 9).

4. Elektronische Form

12   Die Informationen müssen in elektronischer Form vorliegen, d. h. in Codes, in Zahlenform, als Binärcodes etc., wenngleich der deutsche Diskussionsentwurf in § 96b auch nicht-elektronische Informationen schützen wollte. Die elektronische Form ist dadurch gekennzeichnet, dass sie auf die elektronische Information ausgerichtet ist. Unter elektronischen Informationen sind diejenigen Informationen zu verstehen, die mit Hilfe von **elektronischen Mitteln digital gespeichert** werden. Das schließt z. B. die ISBN und ISSN in Büchern oder Zeitschriften in Papierform aus (Dreier/Hugenholtz/*Bechtold* Information

Society Dir. Art. 7 note 2). Ob zur Auswertung elektronische Geräte benutzt werden müssen, ist nicht von Bedeutung, denn nach der Verbindung mit dem Werk kann die Verbindung in verschiedenen Medien vorliegen und ist oft auch umwandelbar.

5. Verbindung mit Werken

Die Informationen müssen an einem Vervielfältigungsstück angebracht werden oder im Zusammenhang mit der öffentlichen Wiedergabe geschützten Materials erscheinen. Es kann sich dabei, wie bei § 95a, um Werke oder Gegenstände, die dem Leistungsschutzrecht unterstehen, handeln. Computerprogramme sind gem. § 69a Abs. 5 aber aus dem Anwendungsbereich ausgenommen (vgl. auch § 95a Rn. 8), obwohl sie nach dem ursprünglichen Entwurf dem Schutz des § 95c unterfielen, da der § 69f einen solchen Schutz nicht kennt. Erforderlich ist eine **physische Verbindung,** die allerdings nicht für jedermann wahrnehmbar sein muss (*Wand* 49). Eine Verbindung von elektronischen Informationen und Werken entsteht bspw. bei **digitalen Wasserzeichen** (§ 95a Rn. 24). Der Schutz beschränkt sich aber nicht auf Informationen in digitalen Werken. Zwar müssen die Werke zur Zeit der Speicherung notwendigerweise in digitaler Form vorliegen, eine spätere Umwandlung, z.B. durch Ausdruck eines Bildes, kann den Schutz aber nicht beenden. **13**

III. Entfernen oder Verändern der Informationen (§ 95c Abs. 1)

1. Allgemeines

Abs. 1 ist eng am Wortlaut des Art. 7 Abs. 1 lit. a) Multimedia-Richtlinie orientiert und regelt das Verbot der Entfernung oder Änderung elektronischer Informationen, die zur Rechtewahrnehmung erforderlich sind. Da die Verwendung von Informationen auf diese Weise zur Rechtewahrnehmung **freiwillig** ist, kann § 95c nur dann Anwendung finden, wenn die Informationen **tatsächlich eingesetzt** werden (*Wand* 114). Vorbereitende Maßnahmen sind von § 95c im Gegensatz zu § 95a Abs. 3 nicht erfasst (Dreier/Hugenholtz/*Bechtold* Information Society Dir. Art. 7 note 3). **14**

2. Wissentlich unbefugte Entfernung oder Veränderung

Informationen werden **entfernt,** wenn sie nach der Verletzungshandlung nicht mehr erkennbar sind oder ihre Verbindung zum Schutzgegenstand aufgelöst (Dreyer/Kotthoff/Meckel/*Dreyer* § 95c Rn. 14) wurde. Einfaches Beispiel ist die Löschung der Informationen. Bei der **Veränderung** sind die Informationen zwar noch vorhanden, haben aber einen anderen Aussagegehalt angenommen als vom Rechtsinhaber ursprünglich beabsichtigt. Beispiele sind die Änderung des Autors in den Eigenschaften eines Textverarbeitungsprogramms (*Ernst* CR 2004, 39, 42) und die Änderung der Lizenzbedingungen (Dreyer/Kotthoff/Meckel/*Dreyer* § 95c Rn. 15 ff.). **15**

Handlungen sind dann **unbefugt,** wenn sie von den Rechtsinhabern nicht gestattet oder gesetzlich, z.B. aus Datenschutzgründen, nicht erlaubt sind (so auch Dreyer/Kotthoff/Meckel/*Dreyer* § 95c Rn. 22; *Wand* 114). Anderenfalls ist die Handlung nicht tatbestandsmäßig. Sind mehrere Verfügungsberechtigte gleichberechtigt, kann die Verfügungsbefugnis der einzelnen Rechtsinhaber nach dem Recht der einzelnen Mitgliedstaaten Beschränkungen unterliegen. Im Übrigen gilt auch hier bei Miturhebern § 8 Abs. 2 S. 1 analog (s. § 8 Rn. 31). **Wissentlichkeit** setzt Vorsatz bzgl. des Unbefugtseins der Handlung voraus, wobei bedingter Vorsatz nicht ausreicht, sondern dolus directus 2. Grades erforderlich ist (Dreier/Schulze/*Dreier* § 95c Rn. 5; Loewenheim/*Peukert* § 35 Rn. 14). Wissenmüssen, d.h. Fahrlässigkeit, genügt erst recht nicht. **16**

3. Kenntnis oder Kennenmüssen durch Umstände

17 Zur Klarstellung wurde im Vergleich zu den Bestimmungen in den WIPO-Verträgen das **subjektive Element der Kenntnis bzw. des Kennenmüssens** der unbefugt vorgenommenen Verletzungshandlungen an diesen Informationen hinzugefügt (*Reinbothe* GRUR Int. 2001, 733, 742; *Spindler* GRUR 2002, 105, 119). Erforderlich ist wie bei § 95a die positive Kenntnis oder das Kennenmüssen (§ 95a Rn. 62) der Handlung. Problematisch ist auch hier, welcher **Grad an Fahrlässigkeit** zu fordern ist, denn nach dem Wortlaut und der Legaldefinition des § 122 BGB wäre auf jede Art der Fahrlässigkeit zu schließen. Wie auch bei § 95a (§ 95a Rn. 63), liegt hier ein Übersetzungsfehler bereits in der deutschen Richtlinienfassung vor, denn die englische und französische Fassung der Richtlinie orientieren sich an der Formulierung von Art. 45 TRIPs („with reasonable grounds to know"/„en ayant des raisons valables de penser"). Die falsche Übersetzung setzt sich in § 95c fort, so dass § 95c richtigerweise wie folgt zu lesen ist: **„nach den Umständen vernünftigerweise bekannt sein muss"**, so dass **grobe Fahrlässigkeit** erforderlich ist und leichte nicht genügt (ausführlich § 95a Rn. 63 m.w.N.; *Brinkel* 177; *Dreier/Schulze/Dreier* § 95c Rn. 5; *Dreyer/Kotthoff/Meckel/Dreyer* § 95c Rn. 22; *Schricker/Loewenheim/Götting* § 95c Rn. 10; *Spindler/Schuster/Spindler* UrhG § 95c Rn. 5; a.A. *Fromm/Nordemann/Czychowski* § 95c Rn. 23).

18 Das Kennen bzw. Kennenmüssen bezieht sich darauf, dass der Handelnde damit rechnen muss, dass Urheberrechte verletzt werden oder ihre Verletzung erleichtert wird (*Spindler* GRUR 2002, 105, 119).

4. Verletzungshandlungen

19 **a) Allgemeines.** Von § 95c werden verschiedene Handlungen erfasst. Die unbefugte Handlung muss zu einer **Verletzung von Urheber-** oder **Leistungsschutzrechten**, zu denen auch die Datenbankenherstellerrechte i.S.d. §§ 87a ff. UrhG gehören (Vor §§ 87a ff. Rn. 7), geführt haben. Ausreichend ist daher nicht, wenn **ergänzende Tätigkeiten** vorgenommen werden, wie die betrügerische Weitergabe von Informationen für die Wahrnehmung von Rechten an eine Behörde (Begr. zum Richtlinienentwurf zu Art. 7 Punkt 2). Ob die Verletzungshandlung in Form der **Täterschaft** oder **Teilnahme** erfolgt, ist nicht von Belang (*Wand* 52), wie auch die einzelnen Verletzungsalternativen beweisen.

20 **b) Veranlassen.** Die erste Alternative der Verletzungshandlungen – das Veranlassen – hat in der deutschen Fassung der Richtlinie einige Änderungen erfahren: Vom „Anregen" (Vorschlag der Richtlinie) über das „Bewirken" (geänderter Vorschlag der Richtlinie) bis zum „Veranlassen" (Endfassung), obwohl die englische Fassung („inducing") und die französische („entraîne") unverändert blieben. Dem Begriff des Veranlassens in § 95c ist daher nur dahingehend Bedeutung zuzumessen, dass eine Initiierungshandlung verlangt wird.

21 **c) Ermöglichen.** Die Alternative des Ermöglichens ist das Schaffen von Voraussetzungen für eine Urheberrechtsverletzung. Ein Ermöglichen ist z.B. in dem Zurverfügungstellen von Werkzeugen zur Entfernung oder Veränderung der Informationen zu sehen.

22 **d) Erleichtern.** Das Erleichtern setzt voraus, dass ein Entfernen auch ohne die Mithilfe des Handelnden erfolgen könnte, jedoch nicht so schnell oder gründlich, und ist daher eine Beihilfehandlung.

23 **e) Verschleiern.** Das Verschleiern wurde erst in die Endfassung der Richtlinie aufgenommen und nimmt das Verbergen des Art. 12 WCT wieder auf (in der englischen Fassung sowohl in Art. 12 WCT als auch in Art. 7 Multimedia-Richtlinie „conceal"). Warum diese Verletzungsalternative erst so spät aufgenommen wurde, ist unverständlich (vgl. *Dietz* ZUM 1998, 438, 448; *Wand* 116 zum geänderten Vorschlag der Richtlinie).

III. Handlungen nach dem Entfernen von Informationen (§ 95c Abs. 3)

Abs. 3 setzt Art. 7 Abs. 1 lit. b) der Multimedia-Richtlinie um und regelt das Verbot der Nutzungen von Schutzgegenständen, bei denen elektronische Informationen zur Rechtewahrnehmung unbefugt entfernt oder geändert wurden. Dabei handelt es sich um ein **Verwertungsverbot**. 24

1. Verwertungsverbote

a) Verbreitung. Verbreitung ist gem. § 17 das Recht, das Original oder Vervielfältigungsstücke des Werkes der Öffentlichkeit anzubieten oder in Verkehr zu bringen. Das Verbreitungsrecht betrifft nur die körperliche Form (s. § 17 Rn. 5 f.). Ob das Werk aber nun die Informationen zur Rechtewahrnehmung in elektronischer oder nicht-elektronischer Form beinhaltet, ist unbeachtlich, da es auf die Verbreitung des mit den Informationen verbundenen Werkes ankommt. 25

b) Einfuhr. Einfuhr ist im Gegensatz zu den anderen Handlungen kein im UrhG verankertes Verwertungsrecht. Der Begriff der Einfuhr ist wie die Einfuhr in § 95a zu verstehen (§ 95a Rn. 73). Sie umfasst daher das Verbringen in den Geltungsbereich dieses Gesetzes (BT-Drucks. 15/38, 26). Die Einfuhr muss zur Verbreitung i. S. d. § 17 erfolgen. 26

c) Sendung. Sendung ist gem. § 20 das Recht, das Werk durch Funk, wie Ton- und Fernsehrundfunk, Satellitenrundfunk, Kabelfunk oder ähnliche technische Mittel, der Öffentlichkeit zugänglich zu machen (ausführlich s. §§ 20–20b Rn. 10). 27

d) Öffentliche Wiedergabe. Öffentliche Wiedergabe ist gem. § 15 Abs. 2, 3 das Recht, das Werk in unkörperlicher Form öffentlich wiederzugeben, wobei die Wiedergabe eines Werkes öffentlich ist, wenn sie für eine Mehrzahl von Mitgliedern der Öffentlichkeit bestimmt ist (ausführlich § 15 Rn. 14 ff.). Zum Recht der öffentlichen Wiedergabe gehört auch die Sendung (Nr. 3) und die öffentliche Zugänglichmachung (Nr. 2), so dass unklar ist, warum der Gesetzgeber die Sendung und öffentliche Zugänglichmachung explizit in das Gesetz aufgenommen hat, anstatt diese Rechte über die öffentliche Wiedergabe zu erfassen. Dies liegt wohl erneut an der wörtlichen Übernahme der Richtlinie. 28

e) Öffentliche Zugänglichmachung. § 95c Abs. 3 stellt als Verletzungshandlung auch das zugleich eingeführte Recht der öffentlichen Zugänglichmachung des § 19a dar. Öffentliche Zugänglichmachung ist das Recht, das Werk drahtgebunden oder drahtlos der Öffentlichkeit in einer Weise zur Verfügung zu stellen, dass es den Mitgliedern der Öffentlichkeit von Orten und Zeiten ihrer Wahl zugänglich ist (ausführlich § 19a Rn. 5 ff.). 29

f) Wissentlich unbefugt. Für die unbefugte Verwertung ist nur positive Kenntnis ausreichend. Das bedeutet, dass im Gegensatz zu der Verletzungshandlung für die Verwertung nur das Wissen, nicht auch das Wissenmüssen, ausreichend ist. 30

2. Verletzungshandlungen

a) Veranlassen, Ermöglichen, Erleichtern oder Verschleiern. Bei diesen Verletzungshandlungen kann auf die Kommentierung unter Rn. 19 ff. verwiesen werden. Die Verletzungshandlungen müssen sich auch hier auf die Verletzung von Urheber- oder verwandten Schutzrechten beziehen. 31

b) Kenntnis oder Kennenmüssen durch Umstände. Von den Verletzungshandlungen des Veranlassens, Ermöglichens, der Erleichterung oder Verschleierung muss der Handelnde im Gegensatz zu den Verwertungsverboten keine **Kenntnis** haben, sondern es genügt, wenn er nach den Umständen hätte Kenntnis haben müssen, d. h. Fahrlässigkeit 32 genügt. Wie auch in Abs. 1, ist aus denselben Gründen bzgl. des Grades der Fahrlässigkeit auf die **grobe Fahrlässigkeit** einzuschränken (s. Rn. 17).

V. Rechtsfolgen

33   Ein Verstoß gegen § 95c zieht ähnliche Rechtsfolgen wie § 95a nach sich (§ 95a Rn. 88 ff.). Zum einen können strafrechtliche Konsequenzen die Folge sein (vgl. ausführlich § 108b Rn. 1 ff.), zum anderen bestehen zivilrechtliche Ansprüche. **Unterlassungs- und Beseitigungsansprüche** können gem. §§ 1004, 823 Abs. 2 BGB geltend gemacht werden. § 95c ist ein **Schutzgesetz** i. S. d. § 823 Abs. 2 BGB (Dreyer/Kotthoff/Meckel/*Dreyer* § 95c Rn. 25; Schricker/Loewenheim/*Götting* § 95c Rn. 16; Spindler/Schuster/*Spindler* UrhG § 95c Rn. 2). Ebenso kann § 97 auf **Unterlassung** und **Schadensersatz** einschlägig sein (vgl. ausführlich § 95a Rn. 88; *Dreier* ZUM 2002, 28, 38; Loewenheim/*Peukert* § 82 Rn. 6).

34   Die Schadensberechnung im Wege der **Lizenzanalogie** ist bei § 95c aber nicht möglich, da hier die Fiktion einer Lizenzerteilung ausscheidet (Loewenheim/*Peukert* § 82 Rn. 14). **Aktivlegitimiert** sind die Rechtsinhaber, die sich der Techniken zur Rechtewahrnehmung bedienen.

35   Soweit diese Informationen die Voraussetzungen für technische Schutzmaßnahmen i. S. d. § 95a Abs. 2, d. h. für die Nutzungs- und Integritätskontrolle, schaffen, sind sie Bestandteile dieser Maßnahmen (*Wand* 114). Hier ist demnach eine **Anspruchskonkurrenz** möglich.

§ 95d Kennzeichnungspflichten

(1) **Werke und andere Schutzgegenstände, die mit technischen Maßnahmen geschützt werden, sind deutlich sichtbar mit Angaben über die Eigenschaften der technischen Maßnahmen zu kennzeichnen.**

(2) **Wer Werke und andere Schutzgegenstände mit technischen Maßnahmen schützt, hat diese zur Ermöglichung der Geltendmachung von Ansprüchen nach § 95b Abs. 2 mit seinem Namen oder seiner Firma und der zustellungsfähigen Anschrift zu kennzeichnen. Satz 1 findet in den Fällen des § 95b Abs. 3 keine Anwendung.**

Literatur: *Arlt*, Digital Rights Management Systeme, München 2006; *Diesbach*, Kennzeichnungspflichten bei Verwendung technischer Schutzmaßnahmen, K&R 2004, 8; *Goldmann/Liepe*, Vertrieb von kopiergeschützten Audio-CDs in Deutschland, ZUM 2002, 362; *Höhne*, Anmerkung zu BGH 1. Zivilsenat, Urteil vom 11.2.2010 – I ZR 178/08, jurisPR-ITR 21/2010 Anm. 4; *Lapp*, Überblick zu DRM, insbesondere zum § 95a UrhG, ITRB 2003, 151; *Lapp/Lober*, Schutz des Urheberrechts im digitalen Zeitalter, ITRB 2003, 234; *Lauber/Schwipps*, Das Gesetz zur Regelung des Urheberrechts in der Informationsgesellschaft, GRUR 2004, 293; *Lindhorst*, Schutz von und vor technischen Maßnahmen, Osnabrück 2002; *Spindler/Schuster*, Recht der elektronischen Medien, 2. Auflage, München 2011 (zit.: Spindler/Schuster/*Bearbeiter*); *Wiegand*, Technische Kopierschutzmaßnahmen in Musik-CDs – Aufklärungspflicht über die Implementierung, MMR 2002, 722; *Wiesemann*, Die urheberrechtliche Pauschal- und Individualvergütung für Privatkopien im Lichte technischer Schutzmaßnahmen unter besonderer Berücksichtigung der Verwertungsgesellschaften, Hamburg 2007.

Vgl. darüber hinaus die Angaben im eingangs abgedr. Gesamtliteraturverzeichnis.

Übersicht

	Rn.
I. Pflicht zur Kennzeichnung von Eigenschaften (§ 95d Abs. 1)	1–12
1. Bedeutung	1–3
2. Eigenschaften der technischen Maßnahmen	4–9
a) Audio-CDs	6
b) DVDs	7
c) Computerprogramme	8
d) Online-Erwerb	9

	Rn.
3. Kennzeichnung	10, 11
4. Rechtsfolgen	12
II. Kennzeichnungspflicht von Rechtsinhabern (§ 95d Abs. 2)	13–17
1. Bedeutung	13
2. Name oder Firma und zustellungsfähige Anschrift	14
3. Kennzeichnung	15
4. Keine Kennzeichnungspflicht in den Fällen des § 95b Abs. 3 (§ 95d Abs. 2 S. 2)	16
5. Rechtsfolgen	17
III. Übergangsvorschrift und Inkrafttreten	18, 19

I. Pflicht zur Kennzeichnung von Eigenschaften (§ 95d Abs. 1)

1. Bedeutung

Das Kennzeichnungsgebot des § 95d Abs. 1 dient dem **Verbraucherschutz** und der **1** **Lauterkeit des Wettbewerbs** (vgl. zur Frage der Kennzeichnung nach wettbewerbsrechtlichen Grundsätzen *Wiegand* MMR 2002, 722, 727 ff.) sowie der Klarstellung einer bereits bestehenden gewährleistungsrechtlichen (s. Rn. 4; § 95a Rn. 33) Verpflichtung (*Lindhorst* 138; Dreyer/Kotthoff/Meckel/*Dreyer* § 95d Rn. 2).

Der Verbraucher soll über **Umfang** und **Wirkungen** der **technischen Schutzmaß-** **2** **nahmen** in Kenntnis gesetzt werden. Eine Kennzeichnung erleichtert dem Verbraucher das Erkennen bestimmter Eigenschaften und kann so den Kauf von technisch geschützten Produkten fördern. Eine solche Kennzeichnungspflicht ist notwendig, weil der Verbraucher für den Erwerb Aufklärung über maßgebliche Umstände erwarten darf. Der Verbraucher erwartet, dass Bild- und Tonträger **kopierfähig** und auf allen marktüblichen Gerätetypen unbegrenzt **abspielbar** sind. Treffen diese Erwartungen nicht zu, weil technische Schutzmaßnahmen nach § 95a getroffen wurden, muss der Verbraucher danach seine Kaufentscheidung ausrichten können. Denn diese Eigenschaften sind preisbildende Faktoren, mit der Folge, dass der Käufer bei negativ abweichenden Eigenschaften einen günstigeren Preis erwarten wird (BT-Drucks. 15/38, 28).

Die Kennzeichnungspflicht, die schon teilweise vor der Regelung praktiziert wurde, **3** z. B. durch Hinweis auf einigen Audio-CDs, dass diese nicht auf PCs abspielbar sind, ist dem Verwender technischer Schutzmaßnahmen selbst unter Berücksichtigung seiner Absatzinteressen zumutbar (BT-Drucks. 15/38, 28). Dass für die Wirtschaft dadurch **Kosten** entstehen, ist zu erwarten, allerdings nur in geringem, aber nicht quantifizierbarem Umfang (BT-Drucks. 15/38, 16). Im Übrigen bestehen diese Kennzeichnungspflichten teilweise bereits nach dem Wettbewerbsrecht, da das Verschweigen integrierter Kopierschutzmaßnahmen gegen das Irreführungsverbot gem. § 5 UWG verstößt (OLG München ZUM-RD 2001, 244, 246 f.; Dreier/Schulze/*Dreier* § 95d Rn. 6; Schricker/Loewenheim/ *Götting* § 95d Rn. 2). Bei Fernabsatzverträgen ergibt sich eine ähnliche Kennzeichnungspflicht bereits aus § 312c Abs. 1 i. V. m. Art. 246 § 1 Abs. 1 Nr. 3 EGBGB (*Lapp/Lober* ITRB 2003, 234, 236; vgl. auch MünchKomm/*Wendehorst* § 312c Rn. 20 f.).

2. Eigenschaften der technischen Maßnahmen

Eigenschaften von technischen Schutzmaßnahmen sind neben den auf ihrer Beschaffen- **4** heit beruhenden Merkmalen auch tatsächliche oder rechtliche Verhältnisse und Beziehungen zur Umwelt, soweit sie nach der Verkehrsanschauung für die Wertschätzung und Verwendbarkeit von Bedeutung sind. Eigenschaften einer technischen Schutzmaßnahme beinhalten aber nicht die **technischen Details,** denn diese sind für die Verwendbarkeit durch den Verbraucher nicht von Bedeutung. Der Verbraucher sieht aber in der **Abspiel-**

und **Kopierfähigkeit** marktüblicher Geräte eine Eigenschaft, denn sie beeinflusst maßgeblich seine Kaufentscheidung. Ist diese nicht vorhanden oder ist die Vereinbarung über technische Maßnahmen vom Verkäufer nicht eingehalten worden, so weicht die tatsächliche Beschaffenheit von der vereinbarten oder der vertraglich vorausgesetzten Beschaffenheit ab, und es liegt ein **Sachmangel** nach § 434 BGB vor (*Lauber/Schwipps* GRUR 2004, 293, 300; *Lapp* ITRB 2003, 151, 154; *Goldmann/Liepe* ZUM 2002, 362, 372; *Wiegand* MMR 2002, 722 ff.; *Wiesemann* 254; LG München MMR 2008, 192, 194; a. A. für die Kopierfähigkeit *Diesbach* K&R 2004, 8, 13). Zu den Eigenschaften zählt daher, ob das Werk kopiert – in den meisten Fällen geht es hier um den privaten Gebrauch – oder anderweitig **urheberrechtlich** verwertet werden kann, sofern diese Verwertung nach den Schrankenbestimmungen in § 95b ohne die technische Schutzmaßnahme möglich wäre. Relevant sind aber nicht nur die Eigenschaften, die originär z. B. die Kopierfähigkeit des Werkes betreffen, sondern auch **Nebenfolgen,** die durch den Kopierschutz entstehen (*Arlt* 147; *Lapp/Lober* ITRB 2003, 234; Spindler/Schuster/*Spindler* UrhG § 95d Rn. 4), denn sie beeinflussen die tatsächlichen und rechtlichen Verhältnisse, z. B. die mit dem Kaufgegenstand verwendete Hard- oder Software, und sind wegen der damit verbundenen Auswirkungen auf die Rechtsgüter des Käufers für diesen von Bedeutung. Wichtig sind daher Angaben zu **kompatibler Hardware** sowie **Problemen** und **Schäden,** die bei der bestimmungsgemäßen Nutzung des Werkes auftreten können. Außerdem ist zu kennzeichnen, wenn die zur Nutzbarkeit des Werkes erforderlichen Schlüssel oder Codes nur eine begrenzte Gültigkeit haben.

5   Allerdings ist nicht jede Eigenschaft zu erwähnen, sondern nur dann, wenn eine gewisse **Wahrscheinlichkeit,** dass ein Problem auftritt, besteht, im Verhältnis zu dem zu erwartenden **Schaden.** Denn der Sinn der Kennzeichnungspflicht soll nicht durch Angaben vom Umfang eines „Beipackzettels" ad absurdum geführt werden. Ggfs. kann eine längere Liste aber vom Verkaufspersonal erfragt oder im Internet bereitgestellt werden. Die erforderlichen Eigenschaften müssen nach dem **jeweiligen Kenntnisstand** angegeben bzw. aktualisiert werden.

6   a) **Audio-CDs.** Der Kopierschutz bei **Audio-CDs** ist schon weit verbreitet und wird von der Musikindustrie in die meisten CDs integriert. Zu den gem. § 95d erforderlichen Eigenschaften zählen bei Audio-CDs, dass sie nicht auf PCs, DVD-Playern und älteren CD-Playern abgespielt werden können bzw. Probleme bei Verwendung verschiedener Betriebssysteme möglich sind. Zu kennzeichnen ist auch, wenn sie nicht auf eine andere CD überspielbar sind (zur Technik vgl. § 95a Rn. 33).

7   b) **DVDs.** Bei **DVDs** ist der Region Code zu vermerken, um dem Käufer zu ermöglichen, eine DVD zu erwerben, die zu seinem DVD-Player kompatibel ist, denn gem. § 95d sollen auch die Schutzmaßnahmen gekennzeichnet werden, die nur die Abspielbarkeit behindern können (BT-Drucks. 15/38, 28). Dieser Anforderung werden die meisten DVDs allerdings schon gerecht. Überdies ist auch ein CSS-Schutz zu kennzeichnen.

8   c) **Computerprogramme.** Bei **Computerprogrammen** tritt gem. § 69a Abs. 5 **keine Kennzeichnungspflicht** nach § 95d ein, denn diese Regelung steht eng in Verbindung mit §§ 95a und 95b, die nicht für Programme i. S. d. § 69a gelten und für die auch ein Großteil der Schrankenregelungen, insb. § 53, keine Anwendung findet (§ 69a Rn. 80 ff.). Eine Kennzeichnungspflicht auch für Computerprogramme wäre allerdings sinnvoll; derzeit kann das Fehlen einer Kennzeichnung aber jedenfalls wettbewerbswidrig sein (*Höhne* jurisPR-ITR 21/2010, Anm. 4; OLG München MMR 2001, 395 – Registrierungspflicht).

9   d) **Online-Erwerb.** Eine Eigenschaft stellt auch die Erstellung von **Nutzerprofilen** im Rahmen technischer Kontrollmaßnahmen beim Online-Erwerb von Produkten dar. Der Rechtsinhaber und Profilersteller ist schon aus datenschutzrechtlichen Gründen verpflichtet, die Einwilligung des Nutzers einzuholen. Eine Mitteilungspflicht besteht jedoch auch im

Rahmen der Eigenschaftskennzeichnung der technischen Schutzmaßnahme, da auch hier Rechtsgüter (das Recht auf informationelle Selbstbestimmung) des Nutzers verletzt werden können.

3. Kennzeichnung

Angaben über die Eigenschaften der technischen Schutzmaßnahmen sollen den Verbraucher zum Kauf animieren. In jedem Fall müssen die Informationen **vor Vertragsschluss** verfügbar sein (so auch *Arlt* 148). Wenn eine spätere Beschränkung, z. B. durch (notwendige) Updates vorgesehen ist, ist dies auch bereits beim Verkauf des Basispakets anzugeben; anderenfalls genügt dann die Angabe beim Update selber. Deshalb und auch aus Verbraucherschutzgründen ist es erforderlich, dass die Angaben im **Offline-Bereich** auch auf der **Verpackung** und nicht erst auf dem Medium selbst angebracht werden. Die Eigenschaften sind deutlich lesbar (Dreier/Schulze/*Dreier* § 95d Rn. 5; *Lapp* ITRB 2003, 151, 154; *Lapp/Lober* ITRB 2003, 234, 235; *Lindhorst* 138; Schricker/Loewenheim/*Götting* § 95d Rn. 9) oder mit allgemein verständlichen Symbolen zu kennzeichnen (so auch *Wiesemann* 255). Da der Hinweis allgemein verständlich sein soll, muss dieser auch in Deutsch erfolgen (so auch Fromm/Nordemann/*Czychowski* § 95d Rn. 15; a. A. *Diesbach* K&R 2004, 8, 11). Außerdem sind die Kennzeichnungen nicht mit Aufklebern des Rechtsinhabers zu überkleben oder an Positionen anzubringen, an denen sie üblicherweise z. B. von Preisschildern überdeckt werden (so auch Spindler/Schuster/*Spindler* UrhG § 95d Rn. 6). Ebenso kann der Aufdruck einer URL, d. h. ein Verweis auf eine Webseite, auf der Verpackung nicht ausreichend sein, denn dann sind die Informationen nicht mehr vor Vertragsschluss verfügbar. Im **Online-Bereich** muss die Kennzeichnung gut erkennbar in der **Produktbeschreibung** enthalten sein. Eine andere Möglichkeit ist hier ein **Link**, z. B. „Diese CD ist kopiergeschützt. Weitere Informationen …", der dann zu den Eigenschaften der Schutzmaßnahme führt. Bei Dauerschuldverhältnissen kann ein einmaliger Hinweis z. B. in den AGB ausreichend sein (*Diesbach* K&R 2004, 8, 11). Die Angaben sind aber selbst keine AGB, da es sich nicht um Vertragsbedingungen handelt (*Lapp/Lober* ITRB 2003, 234, 235; vgl. Palandt/*Grüneberg* § 305 Rn. 8 ff.).

Kennzeichnungspflichtig ist der Rechtsinhaber (Loewenheim/*Peukert* § 36 Rn. 27; einschränkend Dreyer/Kotthoff/Meckel/*Dreyer* § 95d Rn. 6). Dies folgt aus dem Zusammenhang mit § 95a (§ 95a Rn. 42). Da sonstige Personen, die den technischen Schutz anbringen, ohne selbst – originär oder abgeleitet – Rechtsinhaber zu sein, auch keine Rechte aus § 95a herleiten können, können sie auch nicht nach § 95d verpflichtet sein (a. A. wohl Dreyer/Kotthoff/Meckel/*Dreyer* § 95d Rn. 7).

4. Rechtsfolgen

Ein Verstoß gegen § 95d Abs. 1 ist weder strafbar noch eine Ordnungswidrigkeit. Das Bestehen von Gewährleistungsansprüchen nach den §§ 434 ff. BGB kann durch die Einhaltung der Kennzeichnungspflicht gem. § 442 Abs. 1 BGB dazu führen, dass der Käufer seine Rechte wegen eines Mangels, z. B. des Fehlens der Kopierfähigkeit, nicht mehr geltend machen kann (vgl. auch UFC Que Choisir v. Warner Music France et FNAC, Tribunal de grande instance de Paris, WCRR 2/2006, 18). Der Deliktsschutz aus §§ 823 Abs. 2, 1004 BGB scheidet auch bei § 95d Abs. 1 nicht aus (Loewenheim/*Peukert* § 36 Rn. 30; a. A. Dreyer/Kotthoff/Meckel/*Dreyer* § 95d Rn. 11). Voraussetzung für ein Schutzgesetz i. S. d. § 823 Abs. 2 BGB ist, dass das Gesetz nicht nur die Allgemeinheit, sondern Einzelne oder einzelne Personengruppen zu schützen bestimmt ist, wobei Letzteres auch die Gesamtheit der Staatsbürger als Summe der Einzelnen einbezieht (Palandt/*Sprau* § 823 Rn. 57). § 95d bezweckt auch den Schutz der Verbraucher (s. Rn. 1), und zwar nicht allgemein, denn es geht nicht um die Information der Bevölkerung über technische Schutzmaßnahmen, sondern um die Erleichterung der Kaufentscheidung für jeden Einzelnen (s. Rn. 2), so dass es sich um ein Schutzgesetz handelt. Zusätzlich kann ein Verstoß gegen die Kennzeichnungspflicht des Abs. 1 einen Rechtsbruch nach § 4 Nr. 11 UWG darstellen (so auch Schricker/Loewenheim/*Götting* § 95d Rn. 13; Loewenheim/*Peukert* § 36 Rn. 30), da durch § 95d Abs. 1 ausdrücklich auch der lautere Wettbewerb geschützt sein soll und die Norm außerdem die Kennzeichnung mit Informationen vorschreibt, die mitbestimmend für die Kaufentscheidung des Verbrauchers sind (vgl. zu den Voraussetzungen Harte/Henning/*v. Jagow* § 4 Rn. 42 ff.). Ein Verstoß gegen die Kennzeichnungspflicht gem. § 95d Abs. 1 kann im Einzelfall auch eine irreführende Werbung (§ 5 UWG) sein (Schricker/Loewenheim/*Götting* § 95d Rn. 13). Daher kommt auch ein Anspruch aus §§ 8, 9 UWG in Betracht. Außerdem kann bei Fernabsatzverträgen ein Verstoß gegen die Informationspflichten gem. § 312c Abs. 1 S. 1 BGB, Art. 246 § 1 Nr. 4 EGBGB vorliegen (*Wiesemann* 257), da die Kopier- und Abspielfähigkeit eine wesentliche Eigenschaft der Ware für den Verbraucher darstellt.

II. Kennzeichnungspflicht von Rechtsinhabern (§ 95d Abs. 2)

1. Bedeutung

13 § 95d Abs. 2 ist eine **flankierende Maßnahme** zu § 95b. Die Kennzeichnung erlaubt es dem Begünstigten, seine Ansprüche aus § 95b Abs. 2 **prozessual** durchzusetzen. Ohne Kennzeichnungspflicht wäre § 95b unvollkommen, denn die für den Begünstigten erforderlichen Informationen über die Passivlegitimation könnten verschleiert oder unterdrückt werden (BT-Drucks. 15/38, 28).

2. Name oder Firma und zustellungsfähige Anschrift

14 Anzugeben ist entweder der Name oder die Firma (§§ 17 ff. HGB), unter der der Verwender verklagt werden kann. Das Erfordernis der **zustellungsfähigen Anschrift** basiert auf dem Gedanken, dass dem Kläger einer zivilrechtlichen Streitigkeit wegen einer technischen Maßnahme die erforderlichen Angaben für das **Passivrubrum** gem. § 253 Abs. 2 Nr. 1 ZPO und für die **Vollstreckung** § 750 ZPO zur Verfügung stehen. Dazu gehören in jedem Fall die Anschrift und weitere Angaben, z. B. klarstellende Zusätze, sofern diese zur Ermittlung und Zustellung der Klageschrift erforderlich sind (Baumbach/Lauterbach/Albers/Hartmann/*Hartmann* § 253 ZPO Rn. 22 ff.). Auch die Angabe eines Zustellungsbevollmächtigten ist zulässig (*Lapp/Lober* ITRB 2003, 234). Unklar ist jedoch, ob eine Postfachadresse genügen soll (dafür *Diesbach* K&R 2004, 8, 11 f. mit Hinweis auf BGH GRUR 2002, 720 ff. in Auslegung des § 355 BGB; dagegen *Lapp/Lober* ITRB 2003, 234, 235; Dreyer/Kotthoff/Meckel/*Dreyer* § 95d Rn. 15; Fromm/Nordemann/*Czychowski* § 95d Rn. 18; BVerwG NJW 1999, 2608 ff.). Da die Angabe der Adresse prozessualen Zwecken dient, d. h. der Einreichung einer Klage bzw. später der Vollstreckung eines Titels, kann die Postfachangabe nicht genügen. Das Urteil des BGH bezog sich auf die Adresse für den Empfang eines Widerrufs, an den keine hohen formalen Erfordernisse gestellt werden.

3. Kennzeichnung

15 Bei der Kennzeichnung nach Abs. 2 ist es ausreichend, dass die Informationen in der Verpackung oder auf dem Medium enthalten sind. Sie sind spätestens unverzüglich nach Vertragsschluss bekanntzugeben.

4. Keine Kennzeichnungspflicht in den Fällen des § 95b Abs. 3 (§ 95d Abs. 2 S. 2)

16 Keine Kennzeichnungspflicht von Rechtsinhabern besteht, soweit Werke und sonstige Schutzgegenstände der Öffentlichkeit aufgrund einer vertraglichen Vereinbarung in einer

Weise zugänglich gemacht werden, dass sie Mitgliedern der Öffentlichkeit von Orten und zu Zeiten ihrer Wahl zugänglich sind, d. h. interaktiven Diensten mit Punkt-zu-Punkt-Kommunikation (§ 95b Rn. 43). In diesen Fällen kann davon ausgegangen werden, dass aufgrund des Vertragsschlusses die Vertragspartner bekannt sind, so dass kein Schutzbedürfnis mehr besteht. Außerdem handelt es sich hier ausschließlich um interaktive Online-Dienste, die ohnehin zur Angabe eines Impressums verpflichtet sind bzw. über allgemeine Who-is-Abfragen identifiziert werden können.

5. Rechtsfolgen

Ein Verstoß gegen § 95d Abs. 2 ist eine Ordnungswidrigkeit (§ 111a Abs. 1 Nr. 3) und zieht eine deliktische Einstandspflicht gem. § 823 Abs. 2 BGB für den Rechtsinhaber nach sich (Loewenheim/*Peukert* § 36 Rn. 31; Schricker/Loewenheim/*Götting* § 95d Rn. 12). Der Verstoß gegen die Kennzeichnungspflicht gem. § 95d Abs. 2 kann, wie auch die Impressumspflicht gem. § 5 TMG, den Tatbestand des § 4 Nr. 11 UWG erfüllen, denn ihr kommt als Verbraucherschutzvorschrift (vgl. Rn. 1) eine auf die Lauterkeit des Wettbewerbs bezogene Schutzfunktion zu (BGH GRUR 2007, 159, 160 – Anbieterkennzeichnung im Internet). **17**

III. Übergangsvorschrift und In-Kraft-Treten

Die **Kennzeichnungspflicht** gilt gem. § 137j Abs. 1 nur für Werke, die ab dem 1.12.2003 in Verkehr gebracht wurden. Dadurch wurde den Verpflichteten ein angemessener Zeitraum zugebilligt, um die nötigen Vorbereitungen zu treffen. Zudem müssen die bereits vor diesem Datum im Handel befindlichen Medien nicht mehr gekennzeichnet werden. **18**

Gem. Art. 6 Abs. 2 des Gesetzes zur Regelung des Urheberrechts in der Informationsgesellschaft trat § 95d Abs. 2 erst am 1.9.2004 in Kraft (vgl. § 137j Rn. 3ff.). Die Regelung des § 95d Abs. 2 steht in engem sachlichen Zusammenhang mit § 95b Abs. 2, so dass beide Regelungen gleichzeitig in Kraft treten sollten (§ 95b Rn. 50). **19**

§ 96 Verwertungsverbot

(1) **Rechtswidrig hergestellte Vervielfältigungsstücke dürfen weder verbreitet noch zu öffentlichen Wiedergaben benutzt werden.**

(2) **Rechtswidrig veranstaltete Funksendungen dürfen nicht auf Bild- oder Tonträger aufgenommen oder öffentlich wiedergegeben werden.**

Literatur: *Braun,* Die Schutzlückenpiraterie nach dem UrheberänderungsG vom 23. Juni 1995; GRUR Int. 1996, 790; *Braun,* Der Schutz ausübender Künstler durch TRIPS, GRUR Int. 1997, 427; *Bungeroth,* Der Schutz der ausübenden Künstler gegen die Verbreitung im Ausland hergestellter Vervielfältigungsstücke ihrer Darbietungen, GRUR 1976, 454; *Hesse,* Flankenschutz für das Leistungsschutzrecht, ZUM 1985, 365; *Katzenberger,* Inlandsschutz ausübender Künstler gegen die Verbreitung ausländischer Mitschnitte ihrer Darbietungen, GRUR Int. 1993, 640.
Vgl. darüber hinaus die Angaben im eingangs abgedr. Gesamtliteraturverzeichnis.

Übersicht

	Rn.
I. Allgemeines	1–3
II. Systematik der Regelung des § 96 Abs. 1	4–15
1. Rechtswidrig hergestellte Vervielfältigungsstücke	5–8
a) Inland	5
b) Ausland	6–8

	Rn.
2. Verbreitungs- und Wiedergabeverbot	9–12
a) Begriffe	9
b) Verletztes Verwertungsrecht	10–12
3. Subsidiarität des § 96 Abs. 1	13–15
III. Fallgruppen des § 96 Abs. 1	16–21
1. Isolierte Einräumung des Nutzungsrechts für eine bestimmte Verwertungsart	16
2. Sog. gesetzliche Lizenz aufgrund der Schrankenvorschriften der §§ 44a bis 60	17, 18
3. Ausländische ausübende Künstler/Schutzlückenpiraterie	19–21
IV. Analoge Anwendung des § 96 Abs. 1 auf das Ausstellungsrecht (§ 15 Abs. 1 Nr. 3, § 18)	22, 23
V. Regelung des § 96 Abs. 2	24

I. Allgemeines

1 Der Urheber wird durch § 96 dagegen geschützt, dass ein Werknutzer, der sich weder als Täter noch als Teilnehmer an der rechtswidrigen Herstellung von Vervielfältigungsstücken des Werkes beteiligt hat, diese Vervielfältigungsstücke frei verwerten kann. Der zweite Absatz der Bestimmung enthält eine Parallelregelung für rechtswidrig veranstaltete Funksendungen.

2 Die Vorschrift schließt eine **Lücke**. § 96 findet nur Anwendung, wenn der Werknutzer grds. zur Verbreitung, zur öffentlichen Wiedergabe oder zum Aufnehmen des Werkes auf einen Bild- oder Tonträger berechtigt ist (so ausdrücklich: Begr. *Schulze* 563). Nur in diesen Fallkonstellationen hat § 96 überhaupt Bedeutung: Die Erlaubnis des Nutzungsberechtigten wird durch § 96 insoweit eingeschränkt, als rechtswidrig hergestellte Vervielfältigungsstücke oder rechtswidrig veranstaltete Funksendungen von der vorhandenen Nutzungsberechtigung **ausgenommen** werden. In allen anderen Fällen bedeutet die Verwertung von rechtswidrig hergestellten Vervielfältigungsstücken oder rechtswidrig veranstalteten Funksendungen die Verletzung des Verbreitungsrechts, des Rechts auf öffentliche Wiedergabe oder, bei der Aufzeichnung rechtswidrig veranstalteter Funksendungen, des Rechts auf Vervielfältigung. Der Rechtsschutz ergibt sich dann abschließend aus den jeweiligen Verwertungsrechten und §§ 97 ff.

3 § 96 enthält ein nach seinem Anwendungsbereich eng begrenztes **zusätzliches Verbot**, das Ansprüche nach §§ 97 ff., insb. den Unterlassungsanspruch nach § 97 Abs. 1, auslöst (Möhring/Nicolini/*Lütje* § 96 Rn. 2; Dreier/Schulze/*Dreier* § 96 Rn. 1; Dreyer/Kotthoff/Meckel/*Meckel* § 96 Rn. 1; Loewenheim/*Vinck* § 81 Rn. 89). Die Vorschrift bildet selbst **keine** Anspruchsgrundlage.

II. Systematik der Regelung des § 96 Abs. 1

4 § 96 Abs. 1 bestimmt, dass Werkexemplare, denen der Makel der rechtswidrigen Herstellung anhaftet, nicht verbreitet oder zu öffentlichen Wiedergaben benutzt werden dürfen.

1. Rechtswidrig hergestellte Vervielfältigungsstücke

5 a) **Inland.** Hat der Urheber dem Werknutzer **zur Vervielfältigung** des Werkes i. S. d. § 16 keine Erlaubnis eingeräumt und ist die Vervielfältigung nicht durch die **urheberrechtlichen Schrankenvorschriften (§§ 44a bis 60)** gedeckt, so erzeugt dieser rechtswidrig hergestellte Vervielfältigungsstücke des Werkes nach § 96.

6 b) **Ausland.** Bei Vervielfältigungsstücken, die im Ausland hergestellt werden, richtet sich die Frage der Rechtswidrigkeit der Herstellung i. S. d. § 96 **nach dem deutschen Urheberrecht** (BGH GRUR 1993, 550, 552 – The Doors; NJW 1995, 868, 870 – Cliff

Richard II; BGH GRUR 1986, 454, 455 – Bob Dylan; Möhring/Nicolini/*Lütje* § 96 Rn. 13; Dreier/Schulze/*Dreier* § 96 Rn. 4, 7; Dreyer/Kotthoff/Meckel/*Meckel* § 96 Rn. 5; Loewenheim/*Vinck* § 81 Rn. 90; Bungeroth GRUR 1976, 454; *Hesse* ZUM 1985, 365; *Katzenberger* GRUR Int. 1993, 640, 647; Braun GRUR 1996, 790; a. A. noch BGH GRUR 1972, 141, 142 – Konzertveranstalter; *Schack* Rn. 938). Es kommt deshalb darauf an, ob die Herstellung der Vervielfältigungsstücke im Ausland aus der Perspektive des deutschen Urheberrechts rechtswidrig war (Loewenheim/*Vinck* § 81 Rn. 90). Nicht maßgeblich ist dagegen, ob die Herstellung der Vervielfältigungsstücke in dem Land, in dem sie vorgenommen wurde, nach dem dortigen Recht erlaubt war. Benutzt der deutsche Gesetzgeber den Begriff „rechtswidrig", so bezieht er ihn auf das nationale Recht und nicht auf das Recht anderer Staaten. Das Ergebnis ergibt sich weiter aus dem urheberrechtlichen Territorialitätsgrundsatz (s. Vor 120 ff. Rn. 5). Schutzlücken oder fehlender Urheberrechtsschutz im Herstellungsland wirken sich deshalb für den Urheber (oder den Leistungsschutzberechtigten) nicht nachteilig auf das Verwertungsverbot des § 96 aus.

Das Verbreitungsverbot für im Ausland (nach der dortigen Rechtsordnung) rechtmäßig hergestellte „Vervielfältigungsstücke", das sich aus der Orientierung des Rechtswidrigkeitsbegriffs am deutschen Urheberrecht nach § 96 ergeben kann, **verstößt nicht gegen Art. 36, 42 AEUV.** Die urheberrechtlichen Verwertungsrechte dienen dem Schutz des gewerblichen und kommerziellen Eigentums nach Art. 42 AEUV. Die aus §§ 96, 97 Abs. 1 resultierende Einfuhrbestimmung ist damit gerechtfertigt und im Einklang mit Art. 36 AEUV (EuGH NJW 1994, 35 – Phil Collins; BGHZ 121, 319, GRUR 1993, 550, 553 – The Doors; BGH NJW 1995, 868, 869; OLG Hamburg ZUM 1985, 371 – Karajan; Dreier/Schulze/*Dreier* § 96 Rn. 4; Dreyer/Kotthoff/Meckel/*Meckel* § 96 Rn. 5). (Zum lückenhaften Schutz ausübender Künstler, die nicht der EU angehören s. u. Rn. 19–21.) 7

Die Ausrichtung des Rechtswidrigkeitsbegriffs an der inländischen Rechtsordnung hat zur Folge, dass ein Werk nicht i. S. d. § 96 rechtswidrig hergestellt wurde, wenn dessen Herstellung zwar in dem Drittland nach den dort geltenden Gesetzen rechtswidrig war, nicht aber nach der deutschen Rechtsordnung. § 96 findet in diesen Fällen keine Anwendung. 8

2. Verbreitungs- und Wiedergabeverbot

a) Begriffe. Der Begriff der Verbreitung nach § 96 Abs. 1 entspricht dem des verwertungsrechtlichen Verbreitungsrechts, **§§ 15 Abs. 1 Nr. 2, 17** (BGH ZUM-RD 2009, 531, 533 – Le Corbusier, bestätigt in BGH NJW 2009, 2960, 2961 – Le-Corbusier-Möbel II). Fehlt es an einer Verbreitung i. S. d. § 17, kann § 96 Abs. 1 mangels planwidriger Regelungslücke nicht analog angewendet werden. Der Gemeinschaftsgesetzgeber hat das Verbreitungsrecht bewusst auf Sachverhalte begrenzt, die mit der Eigentumsübertragung des Originalwerkes oder eines Vervielfältigungsstückes verbunden sind (EuGH GRUR 2008, 604, 605 – Le-Corbusier-Möbel). Der Begriff der öffentlichen Wiedergabe erschließt sich aus den verwertungsrechtlichen Bestimmungen der **§§ 15 Abs. 2 Nr. 1–4, 19–22.** Unter die öffentliche Wiedergabe fallen danach alle unkörperlichen Verwertungsformen, insb. der Vortrag, die Aufführung, die Vorführung (§ 19), die öffentliche Zugänglichmachung (§ 19a), die Sendung (§ 20), die Wiedergabe durch Bild- und Tonträger (§ 21) und die Wiedergabe von Funksendungen (§ 22). Die Inhalte der Begriffe sind jeweils bei den genannten Vorschriften kommentiert. 9

b) Verletztes Verwertungsrecht. § 96 Abs. 1 begründet bei Vorliegen seiner Tatbestandsvoraussetzungen die Verletzung des Verbreitungsrechts oder des Rechts der öffentlichen Wiedergabe, nicht des Vervielfältigungsrechts. Das in der Vorschrift enthaltene Verbot bezieht sich nach seinem eindeutigen Wortlaut auf die Handlungen der **Verbreitung** und der **öffentlichen Wiedergabe** (eines Vervielfältigungsstückes). 10

Nach anderer Ansicht bedeutet ein Verstoß gegen § 96 Abs. 1 keine Verletzung des Verbreitungs- oder Wiedergaberechts, sondern einen zusätzlichen unzulässigen Eingriff 11 eigener Art in das Vervielfältigungsrecht (*Braun* GRUR Int. 1997, 427; Schricker/Loewenheim/*Wild* § 96 Rn. 3; *Bungeroth* GRUR 1976, 454, 457). Gegen diese Auffassung spricht der Wortlaut der Vorschrift. § 96 verbietet keine Form der Herstellung, sondern eine Form der Werkverwertung. Die Bestimmung knüpft an den Tatbestand der rechtswidrigen Herstellung an, betrifft aber nicht das Vervielfältigungsrecht. Der Täter nach § 96 Abs. 1 ist gerade nicht an einer rechtswidrigen Vervielfältigungshandlung beteiligt.

12 Der Streit hat **praktische Bedeutung** für die **Aktivlegitimation,** wenn der Inhaber des Vervielfältigungsrechts und der Inhaber des Verbreitungsrechts oder des Rechts auf öffentliche Wiedergabe auseinanderfallen. Nur der Inhaber des Verbreitungsrechts oder des Rechts auf öffentliche Wiedergabe kann sich auf das Verbot des § 96 Abs. 1 stützen. Wer nur (im seltenen Fall) über ein isoliertes Nutzungsrecht zur Vervielfältigung verfügt, ist dagegen nicht aktivlegitimiert, da das Vervielfältigungsrecht nicht durch die Verbreitung oder öffentliche Wiedergabe der rechtswidrig hergestellten Vervielfältigungsstücke berührt wird (a. A. Möhring/Nicolini/*Lütje* § 96 Rn. 3; vgl. auch Dreier/Schulze/*Dreier* § 96 Rn. 2; Dreyer/Kotthoff/Meckel/*Meckel* § 96 Rn. 3; Schricker/Loewenheim/*Wild* § 96 Rn. 3; *Bungeroth* GRUR 1976, 454, 457). Die **Passivlegitimation** kommt lediglich subsidiär zum Tragen. Findet eine rechtswidrige Nutzung statt, so liegt darin regelmäßig bereits eine direkte Verletzung eines oder mehrerer Verwertungsrechte (s. näher dazu Rn. 15). Hat ein zur öffentlichen Wiedergabe und Verbreitung Berechtigter rechtswidrige Vervielfältigungsstücke verwandt, so liegt ein Fall des § 96 Abs. 1 vor (BGH ZUM 1986, 199, 202 – GEMA-Vermutung III). Damit wird derjenige erfasst, der nicht **Täter** bzw. **Teilnehmer** der rechtswidrigen Herstellung der Vervielfältigung bzw. der rechtswidrigen Veranstaltung der Funksendung ist (Dreier/Schulze/*Dreier* § 96 Rn. 1; Dreyer/Kotthoff/Meckel/*Meckel* § 96 Rn. 2).

3. Subsidiarität des § 96 Abs. 1

13 § 96 Abs. 1 enthält als **ungeschriebene Tatbestandsvoraussetzung,** dass der Werknutzer grds. dazu berechtigt sein muss, das Werk zu verbreiten oder öffentlich wiederzugeben. In der Begründung zum Urheberrechtsgesetz (*Schulze* 563) heißt es dazu:

14 „Die Bestimmung, die in den geltenden Urheberrechtsgesetzen nicht enthalten ist, stellt in Absatz 1 klar, dass derjenige, der aufgrund einer Erlaubnis des Urhebers oder aufgrund der Bestimmungen in §§ 45 (jetzt: 44a)–46 berechtigt ist ein Werk zu verbreiten oder öffentlich wiederzugeben, hierzu keine rechtswidrig hergestellten Vervielfältigungsstücke benutzen darf. Die Verwertung solcher Vervielfältigungsstücke, die nach § 108 Abs. 1 dem Vernichtungsanspruch des Urhebers unterliegen, soll der Urheber stets und ausnahmslos verbieten können. Ebenso soll auch der ausübende Künstler die Verwertung eines Tonträgers untersagen können, der unter Verstoß gegen § 85 ohne seine Einwilligung hergestellt ist".

15 Wenn eine Verletzungshandlung bereits durch § 97 Abs. 1 erfasst wird, ist das Verwertungsverbot des § 96 Abs. 1 deshalb **subsidiär,** weil ein Eingriff in das Verbreitungsrecht (§ 15 Abs. 1 Nr. 2, § 17) oder das Recht der öffentlichen Wiedergabe (§ 15 Abs. 2 Nr. 1–4, §§ 19–22) nach den allgemeinen Grundsätzen vorliegt (Möhring/Nicolini/*Lütje* § 96 Rn. 7; Dreier/Schulze/*Dreier* § 96 Rn. 2; *v. Gamm* § 96 Rn. 1). Hat der Urheber bspw. dem Vertragspartner ein Nutzungsrecht eingeräumt, das Werk in einer bestimmten Stückzahl zu vervielfältigen und zu verbreiten, so verletzt dieser das Verbreitungsrecht, wenn er darüber hinaus von Dritten bezogene **Schwarzexemplare** veräußert. Der Urheber hat ihm im Zweifel das Verbreitungsrecht für das Werk nur in Bezug auf die Werkexemplare eingeräumt, die der Vertragspartner durch Vervielfältigung erzeugen durfte. Die auf die Verwertungsarten bezogene Nutzungsrechteinräumung ist verkoppelt. Für die Anwendung des § 96 Abs. 1 bleibt kein Raum.

III. Fallgruppen des § 96 Abs. 1

1. Isolierte Einräumung des Nutzungsrechts für eine bestimmte Verwertungsart

Obgleich bei einer Nutzungsrechtseinräumung zur Werkverwertung häufig das Vervielfältigungs- und das Verbreitungsrecht miteinander verbunden eingeräumt werden, ist dies nicht immer der Fall. Das Urheberrechtsgesetz geht systematisch von einzelnen Nutzungsarten aus, so dass die Nutzungsrechte entlang der verschiedenen Verwertungsarten nach §§ 15 ff. auch einzeln und isoliert eingeräumt werden können. Erhält der Lizenznehmer ein allgemeines Verbreitungs- oder Wiedergaberecht, das sich nicht auf bestimmte, vom Urheber autorisierte Vervielfältigungsstücke bezieht, könnte er – unter Inanspruchnahme seines Verbreitungsrechts – auch rechtswidrig hergestellte Vervielfältigungsstücke verwerten. Der bloße Besitz rechtswidrig hergestellter Vervielfältigungsstücke ist nicht urheberrechtswidrig (*Schack* Rn. 800). Dem schiebt § 96 Abs. 1 einen Riegel vor. Der aufgrund der **Ausgestaltung der Lizenz** zur Verbreitung generell Berechtigte darf dennoch keine rechtswidrig hergestellten Vervielfältigungsstücke verbreiten. Räumt der Urheber bspw. seinem Galeristen ein nicht eingeschränktes Recht zur Verbreitung eines Werks der Druckgrafik ein und erhält der Galerist, möglicherweise ohne Mitwisserschaft, von dem Drucker Schwarzexemplare, so wird der Urheber durch § 96 geschützt. Er darf dem Galeristen die Verbreitung der Schwarzexemplare nach §§ 96, 97 untersagen. 16

2. Sog. gesetzliche Lizenz aufgrund der Schrankenvorschriften der §§ 44a bis 60

Das Recht, ein Werk ohne die Erlaubnis des Urhebers verbreiten oder öffentlich wiedergeben zu dürfen, kann sich aus den gesetzlichen Schrankenvorschriften der §§ 44a bis 60 ergeben. Die Grundlage für die Nutzung des Werkes nach diesen Vorschriften darf kein rechtswidrig hergestelltes Vervielfältigungsstück bilden. Bspw. kann sich ein Werknutzer nicht auf das **Zitatrecht** nach § 51 stützen, wenn er das Zitat einem rechtswidrig hergestellten Vervielfältigungsstück entnommen hat. Aus einer Raubkopie darf nicht zitiert werden. 17

Wie sich aus den Materialien zum Urheberrecht ergibt, hat der Gesetzgeber der Bestimmung des § 96 gerade bei der Ausübung der gesetzlichen Lizenzen nach den §§ 44a ff. praktische Bedeutung beigemessen. Diese sind ausdrücklich als Anwendungsbeispiele aufgeführt (*Schulze* 563). 18

3. Ausländische ausübende Künstler/Schutzlückenpiraterie

§ 96 Abs. 1 kommt praktische Bedeutung bei der Verwertung von unautorisierten Live-Mitschnitten von Darbietungen ausländischer ausübender Künstler, sog. **bootlegs,** zu. Ausländische ausübende Künstler, die Inländerbehandlung weder über § 120 Abs. 2 noch über Staatsverträge nach § 125 Abs. 5 beanspruchen können (s. § 125 Rn. 16 ff.), sind in Bezug auf die Verbreitung unautorisierter Mitschnitte auf den **persönlichkeitsrechtlichen Mindestschutz** des § 125 Abs. 6 angewiesen. Dabei gehört das **Aufnahmerecht** des § 77 Abs. 1 zu den in § 125 Abs. 6 genannten Rechten, die ausländischen ausübenden Künstlern gewährt werden. Die unautorisierte Aufnahme der Darbietung stellt deshalb ein rechtswidrig hergestelltes Vervielfältigungsstück i. S. d. § 96 Abs. 1 dar. Der ausübende Künstler kann die Verbreitung des Mitschnitts gem. §§ 97 Abs. 1, 96 Abs. 1, 77 Abs. 1, 125 Abs. 6 untersagen (*Braun* GRUR Int. 1996, 790, 795; s. ausführlich § 125 Rn. 36 mit Nachweisen zum Streitstand). 19

Bei der sog. **Schutzlückenpiraterie** wird jedoch nicht der unautorisierte Mitschnitt selbst, sondern werden die Vervielfältigungsstücke von diesem Mitschnitt verbreitet. Die Rechtsprechung gewährt dem ausländischen ausübenden Künstler hier **keinen Schutz** 20

(Dreier/Schulze/*Dreier* § 96 Rn. 4; Dreyer/Kotthoff/Meckel/*Meckel* § 96 Rn. 6). Der Bundesgerichtshof verneint die Rechtswidrigkeit der Herstellung der Vervielfältigungsstücke – die Voraussetzung für die Anwendung des § 96 ist – mit der Begründung, dass dem ausländischen ausübenden Künstler nach § 125 Abs. 6 kein Vervielfältigungsrecht (§ 75 Abs. 2) gewährt wird (BGH GRUR 1987, 814, 815 – Zauberflöte; BGH GRUR 1986, 454 – Bob Dylan; BVerfGE 81, 12; OLG Hamburg ZUM 1991, 545, 546 – Swingin' Pigs; zustimmend: Fromm/Nordemann/*J. B. Nordemann* § 96 Rn. 6).

21 Der Rechtsprechung ist entgegenzuhalten, dass der massenhafte Vertrieb der Vervielfältigungsstücke von dem unautorisierten Mitschnitt den Eingriff in das Persönlichkeitsrecht des ausübenden Künstlers gravierend vertieft. Erst die Verbreitung der Kopien bringt die unautorisiert erstellte Aufnahme breiten Kreisen der Bevölkerung zur Kenntnis. Entgegen der Meinung der Rechtsprechung ist dem ausübenden Künstler wegen des persönlichkeitsrechtlichen Aspekts der Verbreitungshandlung Schutz aus §§ 97 Abs. 1, 96 Abs. 1, 77 Abs. 1, 125 Abs. 6 zu gewähren (*Braun* GRUR Int. 1996, 790, 796; Schricker/Loewenheim/*Wild* § 96 Rn. 9; *Schack* Rn. 935).

IV. Analoge Anwendung des § 96 Abs. 1 auf das Ausstellungsrecht (§ 15 Abs. 1 Nr. 3, § 18)

22 § 96 Abs. 1 enthält keine Regelung zur Ausstellung rechtswidrig hergestellter Werkexemplare aus dem Bereich der bildenden Kunst oder bei Lichtbildern (zum Ausstellungsrecht s. § 18 Rn. 2). Die Vorschrift hat insoweit offenbar eine **Lücke,** da die körperlichen Verwertungsformen im Übrigen von § 96 Abs. 1 erfasst werden. § 96 ist deshalb auf die Ausstellung rechtswidrig hergestellter Vervielfältigungsstücke analog anzuwenden (Fromm/Nordemann/*J. B. Nordemann* § 96 Rn. 7; Dreyer/Kotthoff/Meckel/*Meckel* § 96 Rn. 8; Schricker/Loewenheim/*Wild* § 96 Rn. 4). Die Ausstellung rechtswidrig hergestellter Werkexemplare stellt i. d. R. auch einen Eingriff in das Urheberpersönlichkeitsrecht nach § 14 dar, da die Ausstellung von Werkexemplaren, die nicht vom Urheber autorisiert sind, das geistige Werk beeinträchtigt (s. § 14 Rn. 46 f.; Möhring/Nicolini/*Lütje* § 96 Rn. 18).

23 Der Galerist, der eine vom Urheber unautorisierte Kopie von dem Eigentümer des Originalwerkes der bildenden Kunst erhält, darf die Kopie nicht ausstellen. Es verstößt anderenfalls gegen §§ 18, 97 Abs. 1, 96 Abs. 1 analog.

V. Regelung des § 96 Abs. 2

24 Der zweite Absatz der Vorschrift sieht vor, dass rechtswidrig veranstaltete Funksendungen nicht aufgezeichnet oder öffentlich wiedergegeben werden dürfen. Eine Funksendung ist rechtswidrig veranstaltet, wenn sie ohne Erlaubnis des Urhebers erfolgt und nicht nach §§ 44a bis 60 gestattet ist. Die Aufnahme einer Funksendung auf einem Bild- oder Tonträger stellt eine **Vervielfältigung** des Werkes dar (s. § 16 Rn. 2). § 96 Abs. 2 greift nur ein, wenn der Aufzeichnende nach den allgemeinen Vorschriften grds. zur Aufzeichnung oder öffentlichen Wiedergabe des Werkes berechtigt ist. Der **Subsidiaritätsgrundsatz** des Abs. 1 (s. Rn. 13 ff.) gilt auch für den zweiten Absatz der Bestimmung. Eine rechtswidrig veranstaltete Funksendung darf bspw. nicht zum privaten Gebrauch (§§ 53, 87) auf ein Videoband aufgezeichnet werden. Das Verhalten verstößt gegen § 96 Abs. 2, 1. Alt. Ein Gastwirt, der berechtigt ist, in seinem Lokal gegenüber seinen Gästen das Fernsehprogramm wiederzugeben, darf dabei keine rechtswidrig veranstaltete Funksendung zeigen. Dies verbietet § 96 Abs. 2, 2. Alt. Die Beispiele belegen die geringe praktische Bedeutung des § 96 Abs. 2.

Vorbemerkung   Vor §§ 97 ff. UrhG

Abschnitt 2. Rechtsverletzungen

1. Bürgerlich-rechtliche Vorschriften; Rechtsweg

Vorbemerkung Vor §§ 97 ff.

Literatur: *Ahrens,* Gesetzgebungsvorschlag zur Beweisermittlung bei Verletzung von Rechten des geistigen Eigentums, GRUR 2005, 837; *Auer-Reinsdorff,* Reichweite, Voraussetzungen und Durchsetzung, ITRB 2006, 82; *Berlit,* Auswirkungen des Gesetzes zur Verbesserung der Durchsetzung von Rechten des geistigen Eigentums im Patentrecht, WRP 2007, 732; *Bernreuther,* Zusammentreffen von Unterlassungserklärung und Antrag auf Erlass einer einstweiligen Verfügung, GRUR 2001, 400; *Bernreuther,* Eintweilige Verfügung und Erledigungserklärung, GRUR 2007, 660; *Borck,* Der „originelle Einzelrichter" und § 139 ZPO in Wettbewerbssachen, WRP 2002, 1111; *Bork,* Effiziente Beweissicherung für den Urheberrechtsverletzungsprozeß – dargestellt am Beispiel raubkopierter Computerprogramme, NJW 1997, 1665; *Brauenck/Schwarz,* Verbesserung des Rechtsschutzes gegen Raubkopierer auf der Grundlage der EU-Enforcement-Richtlinie und deren Umsetzung in deutsches Recht, ZUM 2006, 701; *Czychowski,* Das Gesetz zur Verbesserung der Durchsetzung von Rechten des Geistigen Eigentums – Teil II: Änderungen im Urheberrecht, GRUR-RR 2008, 265; *Czychowski/Nordemann/Waiblinger,* Die Entwicklung der unter- und obergerichtlichen Rechtsprechung zum Urheberrecht im Jahr 2012; *Deutsch,* Gedanken zur unberechtigten Schutzrechtsverwarnung, WRP 1999, 25; *Dreier,* Ausgleich, Abschreckung und andere Rechtsfolgen von Urheberrechtsverletzungen, GRUR Int. 2004, 706; *Eisenkolb,* Die Enforcement-Richtlinie und ihre Wirkung – Ist die Enforcement-Richtlinie mit Ablauf der Umsetzungsfrist unmittelbar wirksam?, GRUR 2005, 387; *Franz,* TRIPS, „TRIPS plus" und der von Zwangsmaßnahmen Betroffene, ZUM 2005, 802; *Graef,* Reichweite und Rechtskraft von urheberrechtlichen Unterlassungsurteilen, ZUM 2003, 375; *Grün,* Der Ausschluss der Unterlassungsklage und des vorläufigen Rechtsschutzes in urheberrechtlichen Verträgen, ZUM 2004, 733; *Günther,* Die Schubladenverfügung – Stolperfalle Dringlichkeit?, WRP 2006, 407; *Grützmacher,* Urheberrecht im Wandel – der zweite Korb, die Enforcement-Richtlinie und deren Umsetzung, ITRB 2007, 276; *Günther/Beyerlein,* Abmahnen nach dem RVG – Ein Gebühren-Eldorado?, WRP 2004, 1222; *v. Hartz,* Beweissicherungsmöglichkeiten im Urheberrecht nach der Enforcement-Richtlinie im deutschen Recht, ZUM 2005, 376; *Hirsch/Traub,* Rechtsanwaltsvergütung nach Inkrafttreten des RVG, WRP 2004, 1226; *Hoene,* Negative Feststellungsklage, WRP 2008, 44; *Hoeren,* High-noon im europäischen Immaterialgüterrecht, MMR 2003, 299; *Karg,* Interferenz der ZPO durch TRIPS-Auswirkungen auf den einstweiligen Rechtsschutz im Urheberrechtsprozess, ZUM 2000, 934; *Knaak,* Die EG-Richtlinie zur Durchsetzung der Rechte des geistigen Eigentums und ihr Umsetzungsbedarf im deutschen Recht, GRUR Int. 2004, 745; *Koch,* Regelungsgegenstände und Auswirkungen, ITRB 2007, 40; *Krüger/Apel,* Haftung von Plattformbetreibern für urheberrechtlich geschützte Inhalte – Wie weit geht die Haftung und wann droht Schadensersatz?, MMR 2012, 144; *Koch,* Besonderheiten der wettbewerbsrechtlichen Verfahrenspraxis beim OLG Rostock, WRP 2002, 191; *Kunath,* Kostenerstattung bei ungerechtfertigter Verwarnung, WRP 2000, 1074; *Maurer,* Verjährungshemmung durch vorläufigen Rechtsschutz, GRUR 2003, 208; *Kühnen,* Die Besichtigung im Patentrecht, GRUR 2005, 185; *Mellulis,* Handbuch des Wettbewerbsprozesses, 3. Aufl., Köln 2000; *Nägele/Nitsche,* Gesetzentwurf der Bundesregierung zur Verbesserung der Durchsetzung von Rechten des geistigen Eigentums, WRP 2007, 1047; *Nordemann, J. B.,* Die Erstattungsfähigkeit anwaltlicher Abmahnkosten bei Urheberrechtsverletzungen, WRP 2005, 184; *Oetker,* Die Zustellung von Unterlassungsverfügungen innerhalb der Vollziehungsfrist des § 929 II ZPO, GRUR 2003, 119; *Peukert/Kur,* Stellungnahme des Max-Planck-Instituts für Geistiges Eigentum, Wettbewerbs- und Steuerrecht zur Umsetzung der Richtlinie 2004/48/EG zur Durchsetzung der Rechte des geistigen Eigentums in deutsches Recht, GRUR Int. 2006, 292; *Pfister,* Erfordernis des Vollmachtsnachweises bei Abmahnschreiben, WRP 2002, 799; *Raabe,* Der Auskunftsanspruch nach dem Referentenentwurf zur Verbesserung der Durchsetzung von Rechten des geistigen Eigentums, ZUM, 439; *Rauschhofer,* Quellcodebesichtigung im Eilverfahren – Softwarebesichtigung nach § 809 BGB, GRUR-RR 2006, 249; *Sack,* Die Haftung für unbegründete Schutzrechtsverwarnung, WRP 2005, 253; *Schmidt,* Streitgegenstand und Kernbereich der konkreten Verletzungsform im lauterkeitsrechtlichen Verfügungsverfahren; GRUR-Prax 2012, 179; *Schulte,* Verurteilung zur Auskunftserteilung – Bemessung von Rechtsmittelbeschwer und Kostenstreitwert, MDR 2000, 805; *Schulz,* Kostenerstattung bei erfolgloser Abmahnung, WRP 1990, 658; *Seichter,* Die Umsetzung der Richtlinie zur Durchsetzung der Rechte des geistigen Eigentums, WRP 2006, 391; *Spindler/Weber,* Der Geheimschutz nach Art. 7 der Enforcement-Richtlinie, MMR 2006, 711; *Spindler/Weber,* Die Umsetzung der Enforcement-Richtlinie nach dem Regierungsentwurf für ein Gesetz zur Verbesserung der Durchsetzung von Rechten des geistigen Eigentums, ZUM 2007, 257; *Steinmetz,* Der „kleine" Wettbewerbsprozess, München 1993; *Teplitzky,* Klageantrag und konkrete Verletzungsform, WRP 1999, 75; *Teplitzky,* Die jüngste Rechtsprechung des BGH zum wettbe-

UrhG Vor §§ 97ff. Vorbemerkung

werbsrechtlichen Anspruchs- und Verfahrensrecht X, GRUR 2003, 272; *Teplitzky*, Die jüngste Rechtsprechung des BGH zum wettbewerbsrechtlichen Anspruchs- und Verfahrensrecht XI, GRUR 2007, 177; *Teplitzky*, Der Streitgegenstand in der neuesten Rechtsprechung des I. Zivilsenats des BGH, WRP 2007, 1; *Teplitzky*, Der Streitgegenstand der schutz- und lauterkeitsrechtlichen Unterlassungsklage vor und nach den „TÜV"-Entscheidungen des BGH, GRUR 2011, 1091; *Tilmann*, Beweissicherung nach Art. 7 der Richtlinie zur Durchsetzung der Rechte des geistigen Eigentums, GRUR 2005, 737; *Tilmann/Schreibauer*, Die neueste BGH-Rechtsprechung zum Besichtigungsanspruch nach § 809 BGB, GRUR 2002, 1015; *Ullmann*, Die Verwarnung aus Schutzrechten – mehr als eine Meinungsäußerung?, GRUR 2001, 1027; *von Ungern-Sternberg*, Grundfragen des Klageantrags bei urheber- und wettbewerbsrechtlichen Unterlassungsklagen – Teil I und II; GRUR 2011, 375 und 486; *Wehlau/Kalbfus*, Die Schutzschrift – Funktion, Gestaltung und prozesstaktische Erwägungen, WRP 2012, 395.

Vgl. darüber hinaus die Angaben im eingangs abgedr. Gesamtliteraturverzeichnis.

Übersicht

	Rn.
I. Urheberrechtsstreitsachen	1, 2
II. Vorprozessuale Maßnahmen	3–8
1. Abmahnung	3
2. Schutzschrift	4–8
III. Unterlassungsklage	9–45
1. Zuständigkeit	9
2. Prozessführungsbefugnis	10–14
3. Antrag	15–26
a) Bedeutung	15
b) Bestimmtheit	16–26
aa) Anforderungen	16–18
bb) konkrete Verletzungsform	19, 20
cc) „insbesondere"-Zusatz	21
dd) abstrakter Antrag	22, 23
ee) einschränkende Zusätze	24
ff) Beispiele für bestimmte/unbestimmte Begriffe	25, 26
4. Streitgegenstand	27–32
a) Bestimmung	27, 28
b) Änderung	29–32
5. Hinweispflicht (§ 139 ZPO)	33, 34
6. Erledigung	35–40
7. Kosten	41–43
8. Präklusionswirkung	44
9. Zwangsvollstreckung	45
IV. Auskunftsklage	46–51
V. Schadensersatz-/Bereicherungsklage	52–61
1. Leistungsklage	52
2. Stufenklage	53
3. Feststellungsklage	54–57
4. Sicherung von Schadensersatzansprüchen (§ 101b)	58–61
VI. Sonstige Klagen, Verfahren	62–74
1. Beseitigung	62–64
2. Vernichtung, Rückruf, Überlassung (§ 98)	65, 66
3. Besichtigung, Vorlage von Urkunden (§ 101a)	67–72
4. Negative Feststellungsklage	73
5. Selbstständiges Beweisverfahren (§§ 485 ff. ZPO)	74
VII. Einstweilige Verfügung	75–156
1. Zuständigkeit	75, 76
2. Verzicht auf Antragsrecht	77
3. Verfügungsgrund	78–91
a) § 12 Abs. 2 UWG analog	78–81
b) Glaubhaftmachung	82, 83
c) Relevante Faktoren	84–91
aa) Effektiver Rechtsschutz	85

Vorbemerkung   1 **Vor §§ 97ff. UrhG**

                                                                             Rn.
       bb) Zeitablauf 86–88
       cc) Fristverlängerungen/Antragsrücknahme 89–91
       dd) Neue Umstände 92
  4. Verfügungsanspruch 93–122
    a) Glaubhaftmachung 93–95
    b) Ansprüche 96–122
       aa) Unterlassung 96
       bb) Auskunft 97
       cc) Besichtigung, Vorlage von Urkunden (§ 101a) 98–109
       dd) Sicherung von Schadensersatzansprüchen (§ 101b) 110–120
       ee) Verwahrung, Sequestration, Rückruf 121, 122
  5. Vollziehung 123–130
    a) Erforderlichkeit 123
    b) Frist 124
    c) Art und Weise 125
    d) Adressat 126
    e) Heilung 127
    f) Erneute Vollziehung 128–130
  6. Erledigung 129, 130
  7. Abschlussschreiben/Abschlusserklärung 133–146
    a) Erforderlichkeit 133–136
    b) Inhalt 137–140
    c) Form 141
    d) Zugang 142
    e) Frist 143, 144
    f) Umfang des Anerkenntnisses 145
    g) Kosten 146
  8. Fristsetzung zur Klageerhebung (§ 926 ZPO) 147, 148
  9. Aufhebungsverfahren (§ 927 ZPO) 149, 150
  10. Rechtsbehelfe 151–156
    a) Antragsgegner 151–155
       aa) Widerspruch 151–153
       bb) Berufung 154, 155
    b) Antragsteller 156
VIII. Vorlage an den EuGH (Art. 234 EG) 157–164
  1. Zweck des Vorlageverfahrens 157
  2. Voraussetzungen für die Vorlage 158–161
  3. Ablauf des Vorlageverfahrens 162–164

I. Urheberrechtsstreitsachen

Als Urheberrechtsstreitsachen werden alle zivilrechtlichen Rechtsstreitigkeiten bezeich- 1
net, durch die ein Anspruch aus einem der im UrhG geregelten Rechtsverhältnisse geltend
gemacht wird (LG Mannheim NJW 1988, 1417). Für Urheberrechtsstreitsachen ist gem.
§ 104 (zur Abgrenzung zum arbeits- und verwaltungsgerichtlichen Verfahren s. § 104
Rn. 14) grds. der ordentliche Rechtsweg zu den Zivilgerichten eröffnet. Das UrhG hat,
ähnlich wie die anderen Gesetze, die den Inhalt und Umfang von gewerblichen Schutzrechten regeln (MarkenG, PatG, GebrMG, GeschmMG), davon abgesehen, für Urheberrechtsstreitsachen ein eigenes Verfahrensrecht zu regeln. Allerdings enthält das UrhG einige
verfahrensrechtliche Spezialregelungen (§ 97a – Abmahnung; § 101a Abs. 3 – Einstweilige Verfügung auf Auskunft; § 104 – Rechtsweg für Urheberstreitsachen; § 104a –
Gerichtsstand; § 105 – Gerichte für Urheberrechtsstreitsachen) sowie einige besondere Regelungen für das Zwangsvollstreckungsverfahren (§§ 112–119). Im Übrigen gelten aber
auch für Urheberrechtsstreitsachen die Vorschriften der ZPO und des GVG sowie der
StPO im Adhäsionsverfahren. Die verfahrensrechtlichen Vorschriften gelten für ausländische Urheber nach Art. 5 Abs. 1 **RBÜ** in gleicher Weise wie für Inländer. Es kann daher

von ausländischen Urhebern z. B. keine Prozesskostensicherheit verlangt werden (OGH GRUR Int. 2000, 447, 449). Auf Art. 50 **TRIPs-Abkommen** können sich die Parteien nur insoweit berufen, als die EU zur Umsetzung bereits Gemeinschaftsrecht erlassen hat (EuGH GRUR 2001, 235, 237; s. auch KG GRUR-RR 2001, 118, 119, welches das TRIPs-Abkommen nicht als unmittelbar anwendbares Recht ansieht; ausführlich zum Verhältnis zwischen TRIPs-Abkommen und dem nationalen Verfahrensrecht *Karg* ZUM 2000, 934 f.).

2   Trotz weitestgehender **Geltung der allgemeinen Verfahrensvorschriften** hat sich für den gesamten Bereich des gewerblichen Rechtsschutzes und des Urheberrechts im Laufe der Zeit eine **Verfahrenspraxis** entwickelt, die den **Besonderheiten** der Materie Rechnung trägt. Die verfahrensrechtlichen Aspekte können im Rahmen dieser Kommentierung zwar nicht abschließend und erschöpfend behandelt werden, dennoch sollen hier, ergänzend zu den einzelnen verfahrensrechtlichen Spezialvorschriften des UrhG, einige Aspekte dargestellt werden, die in Urheberrechtsstreitsachen von Bedeutung sein können. Aus der Rechtsprechung und Literatur zu verfahrensrechtlichen Fragen bei anderen Schutzrechten lassen sich, da die Interessenlage und auch die gesetzlichen Vorschriften teilweise identisch oder zumindest ähnlich sind, regelmäßig Parallelen ziehen.

II. Vorprozessuale Maßnahmen

1. Abmahnung

3   Durch das Gesetz zur Verbesserung der Durchsetzung von Rechten des geistigen Eigentums v. 7.7.2008 (BGBl. I S. 1191) wurde mit § 97a eine gesetzliche Regelung der Abmahnung und der sich daraus ergebenden Kostenerstattungsansprüche eingefügt. Vor der gerichtlichen Geltendmachung von Ansprüchen, die sich aus der Verletzung von Urheber- und Leistungsschutzrechten ergeben, sollte der Rechtsinhaber den Verletzer abmahnen und diesen auffordern, eine strafbewehrte Unterlassungserklärung sowie weitere Erklärungen (z. B. Auskunftsverpflichtung, Anerkennung der Schadensersatzpflicht) abzugeben. Ausführlich zur Abmahnung unter § 97a.

2. Schutzschrift

4   Bei einer **Schutzschrift** handelt es sich um einen Schriftsatz, mit dem **im Vorwege** auf einen erwarteten Antrag auf Erlass einer einstweiligen Verfügung **Stellung genommen** wird. Dies ist oftmals die einzige Möglichkeit, vor einer Entscheidung des Gerichts rechtliches Gehör zu erhalten, da eine einstweilige Verfügung, was bei der Verletzung von Schutzrechten sogar der Regelfall ist, auch ohne vorherige mündliche Verhandlung oder Anhörung des Gegners erlassen werden kann. Die Hinterlegung von Schutzschriften ist gesetzlich zwar nicht geregelt, ihre Zulässigkeit ist jedoch nicht zuletzt wegen des verfassungsmäßigen Grundsatzes auf rechtliches Gehör allgemein anerkannt. Demgemäß berücksichtigen die Gerichte den Inhalt von hinterlegten Schutzschriften, bevor sie über einen Antrag auf Erlass einer einstweiligen Verfügung entscheiden.

5   Durch die **Hinterlegung einer Schutzschrift** kann der Angegriffene erreichen, dass sich das Gericht vor Erlass der einstweiligen Verfügung mit seiner Argumentation und insb. auch mit seiner Darstellung der tatsächlichen Umstände auseinandersetzt. Die Hinterlegung einer Schutzschrift ist daher insb. dann geboten, wenn zwischen den Parteien Streit über die tatsächlichen Umstände besteht und zu befürchten ist, dass der Rechtsinhaber die tatsächlichen Umstände falsch, unvollständig oder verzerrt vortragen und glaubhaft machen wird. Des Weiteren kann die Hinterlegung einer Schutzschrift dann interessengerecht sein, wenn hierdurch eine **Verzögerung des Verfahrens** bewirkt werden soll. Insb. bei den Gerichten, die trotz gegebener Spezialzuständigkeit nach den §§ 104, 105 nur über relativ

geringe praktische Erfahrungen mit Urheberrechtsstreitsachen verfügen, ist eine Tendenz erkennbar, beim Vorliegen einer Schutzschrift, selbst wenn die Angelegenheit eigentlich entscheidungsreif ist, stets eine **mündliche Verhandlung** anzuberaumen, bevor über den Antrag auf Erlass einer einstweiligen Verfügung entschieden wird.

Es kann allerdings auch **Situationen** geben, in denen die Hinterlegung einer **Schutz-** 6 **schrift nicht** unbedingt **ratsam** ist: Insb. dann, wenn davon auszugehen ist, dass dem Rechtsinhaber der maßgebliche Sachverhalt nicht vollständig bekannt ist oder er Schwierigkeiten hat, diesen glaubhaft zu machen, kann es angezeigt sein, von der Hinterlegung einer Schutzschrift abzusehen. In der Schutzschrift wäre der Angegriffene nämlich gem. § 138 ZPO gehalten, vollständig, wahrheitsgemäß und substantiiert vorzutragen. Folgt der Angegriffene diesen Vorgaben, könnte er genötigt sein, entscheidungsrelevante Umstände entweder ausdrücklich oder konkludent, nämlich durch Nichtbestreiten, zuzugestehen.

In Urheberrechtsstreitsachen sind häufig eine Vielzahl von Gerichten örtlich zuständig 7 (vgl. dazu § 105 Rn. 9 ff., 18). Um sicherzustellen, dass die zu hinterlegende Schutzschrift auch auf den zu erwartenden Antrag auf Erlass einer einstweiligen Verfügung trifft, sollte diese daher **bei sämtlichen örtlich zuständigen Gerichten** hinterlegt werden, bei denen aufgrund der Umstände des Einzelfalls mit der Einreichung eines solchen Antrages zu rechnen ist. Dies können manchmal auch Gerichte sein, zu denen weder die Parteien noch der konkret im Streit stehende Verletzungsfall einen besonderen Bezug aufweisen. Hat der Rechtsinhaber etwa bereits seit längerer Zeit Kenntnis von der Rechtsverletzung gehabt, wird er möglicherweise geneigt sein, seinen Antrag auf Erlass einer einstweiligen Verfügung bei einem Gericht einzureichen, von dem eine großzügige Beurteilung der Eilbedürftigkeit zu erwarten ist.

Die **Kosten** des mit der Erstellung und Hinterlegung der Schutzschrift befassten Rechts- 8 anwalts sind bei der Zurückweisung oder Zurücknahme des Verfügungsantrages ohne mündliche Verhandlung vom Antragsteller zu erstatten (BGH GRUR 2003, 456 – Kosten einer Schutzschrift; BGH GRUR 2008, 640 Rn. 10 – Kosten einer Schutzschrift III; OLG Frankfurt a. M. WRP 1987, 114; 1982, 334, 335; Köhler/Bornkamm/*Köhler* § 12 Rn. 3.41 m. w. N.). Nach dem RVG entsteht bei Einschaltung eines Rechtsanwalts für die Hinterlegung der Schutzschrift eine 1,3 Verfahrensgebühr gem. §§ 2 Abs. 2, 13 RVG i. V. m. Nr. 3100 VV (BGH GRUR 2008, 640 Rn. 10 – Kosten einer Schutzschrift III). Wird nach der Abmahnung überhaupt kein Antrag auf Erlass einer einstweiligen Verfügung gestellt, können die Rechtsanwaltskosten für die Schutzschrift beim Vorliegen einer schuldhaften unberechtigten Schutzrechtsverwarnung als Schadensersatz geltend gemacht werden.

III. Unterlassungsklage

1. Zuständigkeit

Hinsichtlich der sachlichen Zuständigkeit für Urheberrechtsstreitsachen sieht § 105 eine 9 Spezialregelung vor. Aus Gründen des Sachzusammenhangs sind dort auch die weiteren Zuständigkeitsfragen kommentiert (örtliche Zuständigkeit § 105 Rn. 9 ff. [vgl. zum Wegfall des „fliegenden" Gerichtsstands jetzt auch § 104a Rn. 1 ff.]; internationale Zuständigkeit § 105 Rn. 30 ff.; vgl. zur Rechtswegzuständigkeit § 104 Rn. 9 ff.).

2. Prozessführungsbefugnis

Unter der Prozessführungsbefugnis ist das **Recht** zu verstehen, einen **Anspruch** als die 10 richtige Partei **im eigenen Namen gerichtlich geltend machen zu können.** Sie ist von der Aktivlegitimation (vgl. dazu § 97 Rn. 6 ff.), welche die materiell-rechtliche Frage betrifft, ob der Kläger in Bezug auf den von ihm geltend gemachten Anspruch berechtigt ist, streng zu unterscheiden. Die fehlende Prozessführungsbefugnis führt zur Unzulässigkeit, die fehlende Aktivlegitimation zur Unbegründetheit der Klage.

11 Ist der Kläger zugleich der Inhaber des geltend gemachten Anspruchs, fallen Prozessführungsbefugnis und Aktivlegitimation in einer Person zusammen. Die Prozessführungsbefugnis ist in diesem Fall stets unproblematisch. Genauerer Prüfung bedarf die Prozessführungsbefugnis jedoch, wenn der Kläger nicht (alleiniger) Inhaber des geltend gemachten Anspruchs ist. Der Kläger macht den Anspruch dann in Prozessstandschaft geltend, was nur zulässig ist, wenn er aufgrund einer gesetzlichen oder gewillkürten Prozessstandschaft hierzu befugt ist.

12 Die **gesetzliche Prozessstandschaft** ergibt sich unmittelbar aus Gesetz und besteht insb. zugunsten des Insolvenzverwalters (§§ 22, 80 InsO), des gesetzlichen Vertreters und des Testamentsvollstreckers (§ 2212 BGB; vgl. dazu auch § 28 Abs. 2). Das UrhG sieht zudem folgende Fälle der gesetzlichen Prozessstandschaft vor:
– für den Miturheber (§ 8 Abs. 2 S. 3), soweit es Rechte aus der Verletzung des gemeinsamen Urheberrechts betrifft und er Leistung an alle Miturheber verlangt;
– für den Herausgeber oder Verleger eines anonymen Werkes (§ 10 Abs. 2);
– für den Vorstand oder Leiter einer Künstlergruppe (§ 80 Abs. 2), soweit es Ansprüche aus den §§ 74–78 UrhG einschließlich der obligatorischen Vergütungsansprüche betrifft (vgl. dazu BGHZ 121, 319 [320 f.] – The Doors betreffend die Prozessführungsbefugnis eines Mitglieds der Künstlergruppe; s. auch OLG Frankfurt NJW 1985, 2140 und OLG Karlsruhe GRUR-RR 2002, 219 jeweils für den Vorstand eines Orchesters).

13 Die Zulässigkeit einer **gewillkürten Prozessstandschaft** ist für die Geltendmachung von Ansprüchen, die sich aus den im UrhG geregelten übertragbaren Rechten ergeben, heute im Grundsatz allgemein anerkannt (BGHZ 107, 384, 389 – Emil Nolde; BGH GRUR 1961, 635, 636 – Stahlrohrstuhl; BGH GRUR 1983, 371, 372 – Mausfigur). Erforderlich ist jedoch, dass der **Rechtsträger** (Urheber, Inhaber ausschließlicher Nutzungsrechte) der gerichtlichen Geltendmachung des Anspruchs **zustimmt,** der **Prozessstandschafter** hieran ein eigenes **schutzwürdiges Interesse** hat und der geltend gemachte **Anspruch übertragbar** ist. Die Ermächtigung zur Prozessführung ist vom Rechtsinhaber in möglichst eindeutiger Weise zu belegen (sehr großzügig insoweit OLG Frankfurt GRUR 1994, 116, 117 für die Prozessführungsbefugnis einer Verwertungsgesellschaft). Bei von vornherein offen gelegter Prozessstandschaft wirkt eine erst später erteilte Ermächtigung auf den Zeitpunkt der Klageerhebung zurück (OLG Köln WRP 2000, 549, 552).

14 Zu den **schutzwürdigen Interessen** gehören nicht nur **rechtliche,** sondern **auch wirtschaftliche Interessen** des Prozessstandschafters (BGHZ 119, 237, 242 – Universitätsemblem; OLG Köln WRP 2000, 549, 552). Ein schutzwürdiges Interesse wird regelmäßig gegeben sein, wenn der **Inhaber einer einfachen Lizenz** vom Rechtsinhaber zur Verfolgung von Ansprüchen aus dem betreffenden Urheber- oder Leistungsschutzrecht ermächtigt wird und sich die Entscheidung über das Bestehen dieser Ansprüche auch auf seine Interessen auswirken kann, was regelmäßig nur dann der Fall ist, wenn die zu verfolgende Rechtsverletzung gerade auch die dem Lizenznehmer eingeräumten Rechte berührt (OLG München ZUM 1997, 388, 390 für den Inhaber eines einfachen schuldrechtlichen Nutzungsrechts).

3. Antrag

15 a) **Bedeutung.** Für die erfolgreiche und nachhaltige Durchsetzung von Unterlassungsansprüchen kommt der korrekten **Formulierung des Unterlassungsantrags** entscheidende Bedeutung zu. Dabei ist in prozessualer Hinsicht auf eine hinreichend bestimmte (§ 253 Abs. 2 Nr. 2 ZPO) und in materiell-rechtlicher Hinsicht auf einen nicht zu weit gehende Formulierung des Antrags zu achten. Ein nicht hinreichend bestimmter Klageantrag führt zur Abweisung der Klage als unzulässig, während ein zu weit gehender Antrag eine teilweise Klagabweisung als unbegründet mit entsprechender Kostenfolge nach sich zieht (vgl. dazu OLG Hamburg GRUR-RR 2002, 249f. – Handy-Klingeltöne). Geht der Antrag in materiell-rechtlicher Hinsicht zu weit, wird das Gericht im Regelfall davon ausgehen müssen, dass der Rechtsinhaber zumindest ein Verbot hinsichtlich der konkreten Verletzungshandlung begehrt. Dies gilt namentlich dann, wenn er die konkrete Verletzungsform durch einen „insbesondere"-Zusatz in den Antrag integriert hat (BGH GRUR 2001, 446, 447 – 1-Pfennig-Farbbild m. w. N.).

b) Bestimmtheit. aa) Anforderungen. Ein Unterlassungsantrag ist **hinreichend bestimmt,** wenn er die zu untersagende Handlung eindeutig beschreibt und der dem Antrag folgende Tenor des Urteils eine **geeignete Grundlage für das Vollstreckungsverfahren** bildet (BGH GRUR 2002, 72, 73 – Preisgegenüberstellung im Schaufenster). Die Frage, was genau der Schuldner zu unterlassen hat, darf schon aufgrund der im Falle der Zuwiderhandlung festzusetzenden Ordnungsmittel (§ 890 ZPO) nicht in das Zwangsvollstreckungsverfahren verlagert werden (BGH GRUR 2003, 958, 960 – Paperboy; BGH GRUR 2002, 1088, 1089 – Zugabenbündel; BGH WRP 2001, 1294, 1296 – Laubhefter m. w. N.; BGH GRUR 2000, 1076 – Abgasemissionen). Allerdings ist es trotzdem nicht immer zu vermeiden, dass sich im geringen Umfang Auslegungsfragen in die Vollstreckungsebene verlagern (BGH GRUR 2002, 1088, 1089 – Zugabenbündel; BGH GRUR 1997, 459, 460 – CB-infobank I; OLG Hamburg AfP 1999, 177, 178).

Die Beurteilung der Frage, ob die Anforderungen an die hinreichende Bestimmtheit erfüllt sind, erfolgt aufgrund einer umfassenden Interessenabwägung des schutzwürdigen Interesses des Beklagten an Rechtsklarheit und Rechtssicherheit hinsichtlich der Entscheidungswirkungen mit dem ebenfalls schutzwürdigen Interesse des Klägers an einem wirksamen Rechtsschutz (BGH GRUR 2003, 228, 229 – P-Vermerk; BGH GRUR 2002, 1088, 1089 – Zugabenbündel). Bei der Auslegung des Antrags kann auch auf andere Schriftstücke als die Schriftsätze abgestellt werden, wenn diese vom Kläger in Bezug genommen werden (BGH NJW-RR 2004, 639, 640 – Hinreichende Individualisierung). Im Zweifel soll das gelten, was der recht verstandenen Interessenlage entspricht (BGH GRUR 2004, 151, 152 – Farbmarkenverletzung I). Im Rahmen der Interessenabwägung ist auch zu berücksichtigen, ob die Auslegungsbedürftigkeit den Kern der eigentlichen Auseinandersetzung oder nur Randfragen betrifft. Im letzteren Fall kann eine gewisse Unschärfe eher hingenommen werden (BGH GRUR 2002, 1088, 1089 – Zugabenbündel; KG GRUR-RR 2002, 198, 199 – Online-Öffentlichkeitsarbeit). Entsprechendes gilt, wenn die auslegungsbedürftigen Begriffe allein zur Umschreibung oder Erläuterung eines für sich schon ausreichend bestimmten Begriffs oder der Umschreibung von im Antrag aufgeführten Beispielsfällen dienen (BGH GRUR 2002, 619, 620 – Orient-Teppichmuster; BGH GRUR 2002, 177, 179 – Jubiläumsschnäppchen). Des Weiteren sind auch etwaige Besonderheiten des für den geltend gemachten Anspruch anzuwendenden Rechts zu berücksichtigen (BGH GRUR 2003, 228, 229 – P-Vermerk [für einen Antrag auf Herausgabe von Gegenständen]). Steht der Sachvortrag in einem unauflösbaren Widerspruch mit dem ggf. durch Auslegung ermittelten Inhalt des Antrags, kann auch dies zur Unbestimmtheit des Antrags führen (BGH GRUR 2003, 958, 960 – Paperboy).

Ein Antrag ist grds. auch dann hinreichend bestimmt, wenn dieser auf der Klageschrift beigefügte und eindeutig gekennzeichnete **Abbildungen, Datenträger** (z.B. CDs, CD-ROMs, Videokassetten) oder sonstige **Anlagen** (z.B. Veröffentlichungen, Bücher) verweist. Die in Bezug genommenen Anlagen müssen mit dem Urteil in der Regel fest verbunden werden, damit der darin enthaltene Tenor einen vollstreckbaren Inhalt hat. Ausnahmen können sich aber aus dem Erfordernis der Gewährung wirksamen Rechtsschutzes oder der Vermeidung eines unangemessenen Aufwandes ergeben (vgl. dazu BGH GRUR 2000, 228f. – Musical-Gala für den Fall einer fehlenden Verbindung der Videoaufzeichnung mit dem Urteil). Aus den in Bezug genommenen Anlagen muss sich aber der Inhalt des Unterlassungsbegehrens ohne weiteres ergeben. Dies ist nicht der Fall, wenn zur Konkretisierung der Verletzung der Rechte an einer Software auf eine Anlage Bezug genommen wird, in der die fraglichen Dateien zwar aufgeführt sind, aus der sich der Inhalt der Dateien aber nicht ergibt (BGH ZUM 2003, 780, 781 – Innungsprogramm). Ein Klagantrag, der sich auf ein Computerprogramm bezieht, ist nur dann hinreichend bestimmt, wenn er dessen Inhalt in einer die Verwechslung mit anderen Programmen soweit wie möglich ausschließenden Weise beschreibt (BGH GRUR 2008, 357 Rn. 24 – Planfreigabesystem). Wird auf das gesamte Musikrepertoire des Rechtsinhabers verwiesen, ist dies ohne die Beifügung einer Repertoireauflistung zu unbestimmt (OLG Düsseldorf MMR 2012, 253, 254 für die hinreichende Bestimmtheit einer vorformulierten Unterlassungserklärung).

19   **bb) konkrete Verletzungsform.** Bei einer **bereits begangenen Verletzungshandlung** ist es in der Regel ratsam, beim Unterlassungsantrag auf die **konkrete Verletzungshandlung** abzustellen und auf verallgemeinernde Zusätze zu verzichten. Ein solcher Antrag wird stets hinreichend bestimmt (vgl. BGH GRUR 2002, 75, 76 – soooo … Billig!; BGH GRUR 2001, 453, 454 – TCM-Zentrum m. w. N.) und geeignet sein, die Interessen des Verletzten ausreichend zu schützen. Anders ist dies, wenn die konkrete Verletzungsform ausnahmsweise nicht geeignet ist die charakteristischen Merkmale der Rechtsverletzung aufzuzeigen (BGH GRUR 2012, 1153, Tz. 13 f. – Unfallersatzgeschäft). Ein auf der konkreten Verletzungsform aufbauender Unterlassungstenor verbietet nämlich nach der sog. Kerntheorie nicht nur die identische Wiederholung der konkreten Verletzungshandlung. Erfasst sind vielmehr auch solche Handlungen, die von der konkreten Verletzungshandlung zwar geringfügig abweichen, mit dieser in Bezug auf die für die Rechtsverletzung charakteristischen Merkmale aber gleichwertig sind (BGH GRUR 2013, 1071, Tz. 14; BGH GRUR 2010, 749 Rn. 42, 45 – Erinnerungswerbung im Internet; OLG Hamburg GRUR 1990, 637, 638). Bezieht sich der Unterlassungstenor auf eine Software, ist der Tenor jedenfalls dann hinreichend bestimmt, wenn auf deren Quellcode Bezug genommen wird (OLG Hamburg GRUR-RR 2002, 217 – CT-Klassenbibliothek). Zulässig ist es auch, gewisse Verallgemeinerungen vorzusehen, wenn dadurch das Charakteristische der Verletzungshandlung zum Ausdruck kommt und der Kern des Verbots unberührt bleibt (BGH GRUR 1991, 138 – Flacon; KG GRUR-RR 2002, 198, 199 – Online-Öffentlichkeitsarbeit; Köhler/Bornkamm/*Köhler* § 12 UWG Rn. 2.44 m. w. N.).

20   Die konkrete Verletzungsform muss nicht notwendigerweise mit einer Abbildung des Angebots identisch sein, aus dem der Kläger die Rechtsverletzung herleiten will. Stets ist darauf zu achten, dass sich aus dem im Antrag wiedergegeben Angebot oder Gegenstand auch tatsächlich die charakteristischen Merkmale der Verletzungshandlung erschließen (vgl. dazu BGH GRUR 2003, 958, 960 – Paperboy). Auch kann zu berücksichtigen sein, ob sich eine Rechtsverletzung aus einem oder mehreren Gesichtspunkten ergibt. Ggf. ist dem dann bei der Antragsfassung (z. B. durch jeweils gesonderte Anträge) Rechnung zu tragen, damit sich bereits aus dem Tenor der Gegenstand und die Tragweite des Unterlassungsgebots entnehmen lässt (BGH GRUR 2003, 958, 960 – Paperboy). Auch bei einem einheitlichen Antrag können mehrere voneinander zu unterscheidende Streitgegenstände vorliegen. Der Kläger hat dann zu bestimmen, ob er die Ansprüche kumulativ verfolgt oder im welchem Eventualverhältnis die Streitgegenstände zueinander stehen (siehe hierzu Rn. 27 f.).

21   **cc) „insbesondere"-Zusatz.** Auch eine Kombination von konkreter und abstrakter Formulierung ist denkbar. So kann ergänzend zum abstrakten Antrag durch einen „insbesondere"-Zusatz zusätzlich auf die konkrete Verletzungshandlung abgestellt werden. Hierbei ist jedoch Vorsicht geboten. Für die hinreichende Bestimmtheit eines Antrags ist nämlich auch dann allein auf den abstrahierten Obersatz abzustellen (Ahrens/*Jestaedt* Kap. 22 Rn. 28). Allerdings kann der „insbesondere"-Zusatz das Gericht dazu veranlassen, jedenfalls anzunehmen, die konkrete Verletzungsform solle untersagt werden (so BGH GRUR

2001, 446, 447 – 1-Pfennig-Farbbild für einen zwar zulässigen aber zu weit gefassten Antrag; BGH GRUR 2001, 176, 178 – Myalgien). Des Weiteren ist zu beachten, dass der „insbesondere"-Zusatz den abstrakt gefassten Antrag nicht auf die konkret benannten Verletzungshandlungen einschränkt, sondern auch dann alle unter die abstrakte Formulierung fallenden Handlungen umfasst. Dies führt bei einer späteren Beschränkung des Antrags auf die konkrete Verletzungsform zu Kostenfolgen, weil darin eine teilweise Rücknahme des ursprünglichen (weiteren) Antrags zu sehen ist (OLG Hamburg GRUR-RR 2002, 249 – Handy-Klingeltöne). Ein unbestimmter „insbesondere"-Zusatz kann den gesamten Antrag sogar unbestimmt werden lassen (BGH GRUR 1978, 649, 650 – Elbe Markt).

dd) abstrakter Antrag. Nur ausnahmsweise, nämlich dann, wenn aufgrund der Art oder des Inhalts der konkreten Verletzungshandlung das alleinige Abstellen auf diese zu einem schwer verständlichen oder das Charakteristische der Verletzungshandlung nicht deutlich machenden Tenor führen würde, kann es angezeigt sein, den Antrag abstrakt zu formulieren. Wird eine abstrakte und damit verallgemeinernde Formulierung gewählt, sind die Merkmale, die den Kern der Verletzungshandlung bilden, so konkret wie möglich zu umschreiben, und zwar möglichst durch die Verwendung von Begriffen, deren Inhalt nicht ernsthaft im Streit stehen kann.

Liegt **noch keine Verletzungshandlung** vor, ist es ratsam, auf die konkrete Ankündigung oder Berühmung, aus der sich die Erstbegehungsgefahr ergibt, abzustellen. Ist diese nicht hinreichend bestimmt oder ergibt sich die bevorstehende Rechtsverletzung z. B. nur aus mehreren Einzelumständen, kann der Antrag nur abstrakt formuliert werden. In diesen Fällen ist aber stets genau zu prüfen, ob überhaupt eine Erstbegehungsgefahr gegeben ist.

ee) einschränkende Zusätze. Grds. ist es weder ratsam noch erforderlich, den Antrag mit **einschränkenden Zusätzen** (z. B. „... es sei denn, dass ..."; „... sofern nicht ...") zu versehen, wenn es nach dem materiellen Recht möglich ist, dass sich die Verletzungshandlung beim Hinzufügen oder Wegfallen bestimmter Umstände als rechtmäßig erweist. Es ist vielmehr allein Sache des Rechtsverletzers, auf welche Weise er zukünftige Rechtsverletzungen vermeidet. Etwas anderes gilt jedoch dann, wenn das Schutzrecht dem Rechtsinhaber von vornherein nur einen eingeschränkten Unterlassungsanspruch (z. B. räumlich, zeitlich, sachlich) gewährt. Von praktischer Bedeutung ist dies bei der Geltendmachung von Unterlassungsansprüchen wegen des Vertriebs von Vervielfältigungsstücken, die nicht im Gebiet der EU oder des EWR in Verkehr gebracht worden sind. Der Unterlassungsanspruch erfasst hier nur Vervielfältigungsstücke, hinsichtlich derer eine Erschöpfung nicht eingetreten ist. Dies sollte zur Vermeidung einer Teilabweisung im Antrag hinreichend deutlich gemacht werden, um nicht auf eine wohlwollende Interpretation durch das Gericht angewiesen zu sein. Wenn Gegenstand des Antrags ein unrechtmäßig hergestelltes Vervielfältigungsstück ist, bedarf es des einschränkenden Zusatzes eigentlich nicht. Ist dieses aber von den autorisierten Vervielfältigungsstücken praktisch nicht zu unterscheiden, kann der Zusatz aus Gründen der Klarstellung geboten sein.

ff) Beispiele für bestimmte/unbestimmte Begriffe. Zu unbestimmt sind verallgemeinernde Formulierungen, die es dem Schuldner praktisch nicht ermöglichen, den Umfang des Tenors vorweg zu bestimmen und damit dessen genauere Konkretisierung in das Zwangsvollstreckungsverfahren verlagern. Dementsprechend sind Anträge, die auslegungsbedürftige Formulierungen wie „oder andere verwechslungsfähige Bezeichnungen", „mit einem äußeren Erscheinungsbild, das sich von demjenigen des Originals nicht deutlich unterscheidet", „ähnlich wie", „zu Verwechslungen geeignet", „unmissverständlich", „unübersehbar", „eindeutig" oder „deutlich hervorgehoben" regelmäßig als zu unbestimmt beurteilt worden (vgl. BGH GRUR 2005, 692, 693 – „statt"-Preis; BGH WRP 2001, 1294, 1296 – Laubhefter m. w. N.; BGH GRUR 2000, 619, 620 – Orient-Teppichmuster; BGH GRUR 1999, 1017, 1018 – Kontrollnummerbeseitigung; s. aber BGH GRUR 2002,

1088, 1089 – Zugabenbündel, wo die Wendung „ähnlicher Gegenstände" als noch hinreichend bestimmt angesehen wurde). Im Zusammenhang mit der Beschreibung eines Gegenstandes wurde die Wendung „die nach Farbe, Gesamtaussehen, Abmessungen, typischer Anordnung der Bauteile, technischer Gestaltung und Funktionsweise zu Verwechslungen mit ... geeignet sind" als nicht hinreichend bestimmt angesehen (BGH GRUR 2002, 86, 88 – Laubhefter). Die Verallgemeinerung des Antrags auch auf „Bearbeitungen und andere Umgestaltungen" des konkret benannten Werks ist jedenfalls ohne jede konkretisierende Zusätze zu unbestimmt (OLG Karlsruhe ZUM 2000, 327, 328 f.). Für die hinreichende Bestimmtheit eines Antrags ist es dagegen nicht entscheidend, ob die in diesem aufgeführten Werke tatsächlich urheberrechtsfähig sind (BGH GRUR 1997, 459, 460 – CB-infobank I; OLG Köln WRP 2000, 549, 551; ebenso OLG Hamburg AfP 1999, 177, 178).

26   Die Verwendung mehrdeutiger Begriffe im Klageantrag kann aber zulässig sein, wenn deren Bedeutung im Einzelfall nicht zweifelhaft ist, etwa weil ein **übereinstimmendes Verständnis** gegeben ist. Anders liegt es aber dann, wenn die Bedeutung der verwendeten Begriffe fraglich bleibt und damit der Inhalt und der Umfang des Unterlassungsgebotes nicht eindeutig fest steht (BGH GRUR-RR 2002, 198, 199 – Online-Öffentlichkeitsarbeit; BGH GRUR 2002, 72, 73 – Preisgegenüberstellung im Schaufenster; BGH GRUR 2001, 453, 454 – TCM-Zentrum; BGH GRUR 1993, 254, 256 – Unbestimmter Unterlassungsantrag I). Dem gegenüber hat der BGH in der Entscheidung „Zugabenbündel" (GRUR 2002, 1088, 1089) die Ansicht vertreten, dass auch bei streitigem Inhalt des auslegungsbedürftigen Begriffs eine hinreichende Bestimmtheit vorliege, wenn sich der Begriff nicht auf den Kern der mit dem begehrten Verbot zu treffenden Regelung beziehe, sondern nur mehr oder weniger theoretische Randfragen betreffe. Eine ausführliche Übersicht der Formulierungen, die von der Rechtsprechung bislang als noch bestimmt bzw. als zu unbestimmt angesehen wurden, ist bei Ahrens/*Jestaedt* Kap. 22 Rn. 12 ff. und Köhler/Bornkamm/*Köhler* § 12 Rn 2.44 zu finden.

4. Streitgegenstand

27   **a) Bestimmung.** Nach ständiger Rechtsprechung wird der **Streitgegenstand** durch den **Antrag** sowie durch den dazu **vom Kläger vorgetragenen Lebenssachverhalt** bestimmt (BGH GRUR 2011, 521 Rn. 3 – TÜV I; BGH GRUR 2006, 421, 422 – Markenparfümverkäufe; BGH GRUR 1999, 272, 274 – Die Luxusklasse zum Nulltarif; BGH GRUR 1992, 625, 627 – Therapeutische Äquivalenz; krit. zur neueren Rechtsprechung des BGH: *Teplitzky* WRP 2007, 1, 2). Im gewerblichen Rechtsschutz ist es nicht ungewöhnlich, dass der Kläger sich zur Begründung seines Antrags auf diverse Schutzrechte – sei es aus derselben Gattung, sei es aus unterschiedlichen Gattungen – beruft. Selbst wenn letztendlich nur eines der Schutzrechte das Rechtsschutzbegehren zu begründen vermochte, hat dies bislang nicht zu prozessualen Konsequenzen (Teilabweisung, Kostenquotelung) geführt. Teils ausdrücklich und teils konkludent ist damit früher die Zulässigkeit einer alternativen Klagehäufung angenommen worden (vgl. hierzu die Nachweise in BGH GRUR 2011, 521 Rn. 6 f. – TÜV I). Dies obwohl der BGH bereits in der Entscheidung „Telefonkarte" (GRUR 2001, 755, 756 f.) ausdrücklich darauf hingewiesen hatte, dass der Kläger sich durch seinen Vortrag entscheiden muss, auf welche Schutzrechte er sich beruft und gegebenenfalls klarstellen muss, ob er aus diesen **unterschiedlichen Schutzrechten,** denen jeweils **eigene Lebenssachverhalte** zugrunde liegen, kumulativ oder jeweils hilfsweise vorgehen will. In seinen Entscheidungen TÜV I und TÜV II (BGH GRUR 2011, 521 f. und 1043 f.; vgl. zu diesen auch *Teplitzky,* GRUR 2011, 1091 f.) hat der BGH nun ausdrücklich darauf hingewiesen, dass eine alternative Klagehäufung unzulässig sei (Verstoß gegen § 253 Abs. 2 Nr. 2 ZPO) und deutlich gemacht, die frühere teilweise „wohlwollende" Behandlung solcher Klagehäufungen zukünftig nicht mehr zu tolerieren (BGH GRUR 2011, 521 Rn. 8 – TÜV I).

Stützt der Kläger seinen Antrag auf die Verletzung mehrerer Urheberrechte oder zusätz- 28
lich auch auf Leistungsschutzrechte, handelt es sich um jeweils unterschiedliche Streitgegenstände. Gleiches gilt, wenn der Klageantrag zusätzlich auch mit der Verletzung anderer Schutzrechte (z. B. Geschmacksmuster, Marke) oder mit wettbewerbsrechtlichen Ansprüchen (z. B. §§ 3, 4 Nr. 9 UWG) begründet wird. Auch die gleichzeitige Berufung auf eine Erstbegehungsgefahr und eine Wiederholungsgefahr zur Begründung derselben konkreten Verletzungsform betrifft zwei unterschiedliche Streitgegenstände (BGH GRUR 2006, 429, 431 f. Rn. 22 – Schlank-Kapseln). In all diesen Fällen muss der Kläger spezifizieren, ob er aus den Streitgegenständen kumulativ vorgehen möchte oder, bei alternativer Klagehäufung, in welcher Reihenfolge er die unterschiedlichen Streitgegenstände er zur Begründung seines Antrags heranziehen möchte. Das Gericht hat dabei durch entsprechende Hinweise auf eine solche Spezifizierung hinzuwirken. Diese kann bei einer alternativen Klagehäufung auch noch in der Berufungs- oder Revisionsinstanz erfolgen, wobei der Kläger in der Revisionsinstanz in der Regel gehalten ist, seinen Antrag vorrangig mit dem vom Berufungsgericht zuerst behandelten Streitgegenstand zu begründen (BGH GRUR 2011, 521 Rn. 13 – TÜV I). Ein Übergang von einer alternativen zu einer kumulativen Klagehäufung ist in der Revisionsinstanz nicht mehr möglich, weil darin eine Klageänderung zu sehen wäre (BGH GRUR 2011, 1043 Rn. 32 – TÜV II).

b) Änderung. Eine Änderung des Streitgegenstandes liegt vor, wenn zur Anspruchsbe- 29
gründung kumulativ oder alternativ ein neuer Lebenssachverhalt (Klagegrund) vorgetragen wird. Eine Änderung beim Klagegrund führt stets zu einer Klageänderung, deren Zulässigkeit sich nach den §§ 263, 264 ZPO richtet. Wird nur der Klageantrag geändert, ist zunächst zu prüfen, ob nicht einer der in § 264 Nr. 2 u. 3 ZPO geregelten Fiktionen eingreift. Ein Fall des § 264 Nr. 2 ZPO liegt etwa vor, wenn der ursprüngliche Unterlassungsantrag durch ein weiteres Merkmal ergänzt wird, welches im Verhältnis zum ursprünglichen Antrag allein zu einer Einschränkung der Reichweite des Antrags führt (OLG Düsseldorf WRP 2002, 1019). Allerdings liegt nicht nur eine Einschränkung, sondern eine Klageänderung vor, wenn durch die Änderung des Antrags neue tatsächliche Voraussetzungen zu prüfen sind, auf die es zuvor nicht ankam (OLG Köln GRUR-RR 2013, 5, 6 – bambino-LÜK II).

Liegt kein Fall des § 264 ZPO vor, ist eine **Klageänderung** nach dem Eintritt der 30
Rechtshängigkeit nur zulässig, wenn der Beklagte dem zustimmt oder diese vom Gericht als „sachdienlich" angesehen wird (§ 263 ZPO). Die **Sachdienlichkeit** beurteilt sich maßgeblich danach, ob die Zulassung der Klageänderung der Ausräumung des Streitstoffs im Rahmen des anhängigen Rechtsstreits dient und einen anderenfalls zu erwartenden zusätzlichen Rechtsstreit vermeidet (Zöller/*Greger* § 263 ZPO Rn. 13 m. w. N.). Für die Beurteilung der Sachdienlichkeit nicht entscheidend ist, ob der Beklagte durch die Zulassung der Klageerwiderung eventuell eine Tatsacheninstanz verliert (BGH NJW 1985, 1841, 1842; BGH WM 1986, 1200, 1201; Zöller/*Greger* § 263 ZPO Rn. 13; a. A. OLG Hamburg OLG-Report 2000, 452, 454).

Im **Berufungsverfahren** ist nach § 533 Nr. 2 ZPO eine Klageänderung – bei gegebe- 31
ner Zustimmung oder Sachdienlichkeit – nur unter der weiteren Voraussetzung zulässig, dass diese sich auf die Tatsachen stützen lässt, die im Berufungsverfahren ohnehin nach § 529 ZPO der Entscheidung zugrunde zu legen sind. Hierdurch wird der Beklagte hinreichend davor geschützt, sich erstmals in der Berufungsinstanz einer in tatsächlicher Hinsicht anders gelagerten Auseinandersetzung ausgesetzt zu sehen. Einer zusätzlichen Berücksichtigung des Arguments des Verlustes einer Tatsacheninstanz im Rahmen der Sachdienlichkeit bedarf es daher nicht (im Ergebnis ebenso Zöller/*Heßler* § 533 ZPO Rn. 6). In der Revisionsinstanz können neue Ansprüche nicht im Wege der Klageänderung in den Rechtsstreit eingeführt werden (BGH GRUR 2011, 1043 Rn. 32 – TÜV II). Das Revisionsgericht kann allerdings die Frage der Sachdienlichkeit einer Klageänderung prüfen, wenn dies in der Berufungsinstanz unterblieben war (Zöller/*Heßler* § 559 ZPO Rn. 10).

32 Im Berufungsverfahren ist bei einer **Klageänderung** zudem darauf zu achten, dass auch mit der geänderten Klage zumindest **teilweise noch die Beseitigung des angefochtenen Urteils** und nicht lediglich allein ein neuer bislang im Rechtsstreit noch nicht geltend gemachter Anspruch **verfolgt wird** (BGH WRP 1996, 539; Zöller/*Greger* § 263 ZPO Rn. 11b m.w.N.). Nach teilweise vertretener Ansicht (OLG Hamburg OLG-Report 2000, 452, 453; Stein/Jonas/*Grunsky*, Einl. § 511 ZPO Rn. 73) soll es zur Beurteilung dieser Frage allein auf den Zeitpunkt der Berufungsbegründung ankommen. Dies überzeugt nicht. Das Rechtsmittel der Berufung setzt eine Beschwer des Berufungsklägers sowie sein Bestreben voraus, diese Beschwer mit seiner Berufung zu beseitigen. Diese zentrale Funktion des Berufungsverfahrens würde man unberücksichtigt lassen, wenn der Berufungskläger nach Einreichung der Berufungsbegründung, die zunächst jedenfalls teilweise auf eine Beseitigung der durch das erstinstanzliche Urteil bewirkten Beschwer gerichtet war, seine Klage so ändert, dass keiner der ursprünglich geltend gemachten Ansprüche mehr verfolgt wird. In einem solchen Fall hilft es wenig, auf den vermeintlich maßgeblichen Zeitpunkt der Einreichung der Berufungsbegründung zu verweisen. Wenn nämlich nachträglich das Rechtsschutzziel gänzlich umgestellt wird, gibt es keinen Streitgegenstand mehr, der nach § 513 ZPO einer Überprüfung der erstinstanzlichen Entscheidung auf eine Rechtsverletzung oder eine unzutreffende Tatsachenwürdigung hin zugänglich wäre.

5. Hinweispflicht (§ 139 ZPO)

33 Der Zivilprozess wird von der **Verhandlungsmaxime** beherrscht, weshalb es im Grundsatz allein den Parteien obliegt, zum Sach- und Streitstand vorzutragen und zu entscheiden, welche Angriffs- und Verteidigungsmittel sie in den Rechtsstreit einführen. Auf der anderen Seite besteht aber ein Bedürfnis, den Rechtsstreit bereits möglichst früh auf die für die Entscheidung wesentlichen Streitpunkte zu konzentrieren. Dies auch deshalb, weil die Berufungsinstanz keine weitere vollwertige Tatsacheninstanz mehr ist und Zurückverweisungen möglichst vermieden werden sollen. Um dem gerecht zu werden, gehört es gem. § 139 Abs. 1 ZPO zu den **Amtspflichten des Gerichts,** den **Sach- und Streitstand** in einem frühen Stadium des Verfahrens zu **erörtern** und darauf hinzuwirken, dass die **Parteien** sich zu allen erheblichen tatsächlichen Gesichtspunkten erklären, die erforderlichen **Beweismittel benennen** und **sachdienliche Anträge stellen.** In diesem Zusammenhang kann und soll das Gericht auch deutlich machen, auf welche Aspekte es ankommt und wie die Sach- und Rechtslage vorläufig beurteilt wird. Wenn eine Partei hieraus Konsequenzen für die eigene Prozessführung zieht, ist dies die gewollte Folge der Hinweispflicht und keine Verletzung der Neutralitätspflicht. Letztere wird erst verletzt, wenn das Gericht Hinweise gibt, die außerhalb der bis dahin geführten Auseinandersetzung liegen. Denn es ist nicht Aufgabe des Gerichts, durch Fragen oder Hinweise neue Anspruchsgrundlagen und Streitgegenstände einzuführen, die in dem streitigen Vortrag der Parteien nicht zumindest Andeutungsweise enthalten sind (BGH GRUR 2003, 786, 787 – Innungsprogramm; BGH GRUR 2001, 352, 354 – Kompressionsstrümpfe m.w.N.). In Urheberrechtsstreitsachen kommt der Erörterung der Antragsfassung besondere Bedeutung zu, um zu unbestimmte oder zu weitgehende Anträge zu vermeiden. Auch stellt sich häufig die Frage, ob ein Antrag in seiner Reichweite reduziert werden kann oder ob es dafür eines ausdrücklich gestellten Hilfsantrags bedarf.

34 Die mit der **Antragstellung** zusammenhängenden Fragen müssen möglichst in der ersten Instanz, spätestens jedoch in der Berufungsinstanz abschließend geklärt sein. In der Revisionsinstanz bilden die von den Parteien bis dahin gestellten Anträge die Grenze des Prüfungsumfangs. Die Einführung neuer Ansprüche im Wege der Klageänderung ist in der Revisionsinstanz nicht zulässig (Zöller/*Gummer* § 559 ZPO Rn. 10 m.w.N.). Allein eine Einschränkung des Klageantrags ohne eine Änderung des Streitgegenstandes ist dann noch möglich (Zöller/*Gummer* § 557 ZPO Rn. 5 m.w.N.). Nur dann, wenn die vorangegangenen Instanzen ihrer **Hinweispflicht nicht ausreichend nachgekommen** sind, kommt eine

Zurückverweisung in Betracht. In der dann wieder eröffneten Berufungsinstanz hat der Kläger ausnahmsweise Gelegenheit, seinen Antrag zu ändern und gegebenenfalls hierzu ergänzend vorzutragen (BGH GRUR 2002, 187, 188 – Lieferstörung). Die Frage, ob die Vordergerichte ihren Hinweispflichten nachgekommen sind, ist nach § 139 Abs. 4 ZPO aktenkundig zu machen. Ein weder im Sitzungsprotokoll noch in der Entscheidung aufgenommener Hinweis gilt als nicht erteilt (BGH NJW-RR 2005, 1518). Den Parteien ist, um den Anspruch auf rechtliches Gehör zu wahren, Gelegenheit zur Stellungnahme auf die Hinweise zu geben. Bei Hinweisen, die vor der mündlichen Verhandlung erfolgen, muss ausreichend Zeit verbleiben, um hierauf in einem vorbereitenden Schriftsatz eingehen zu können. Wird der Hinweis in der mündlichen Verhandlung gegeben, muss eine Schriftsatzfrist eingeräumt werden, wenn nicht eine sofortige Stellungnahme hierauf möglich und zumutbar ist.

6. Erledigung

Tritt ein Umstand ein, der zu einer **Erledigung des Rechtsstreits in der Hauptsache** führt, ist der Kläger gehalten, eine Erledigungserklärung abzugeben, wenn sein ursprünglicher Antrag durch das erledigende Ereignis unzulässig oder unbegründet geworden ist. Schließt sich der Beklagte der Erledigungserklärung an, ist das Gericht hieran gebunden. Es hat dann allein noch nach § 91a ZPO über die Kosten zu entscheiden. Bei einer **übereinstimmenden Erledigungserklärung** prüft das Gericht nicht, in welchem Stadium des Verfahrens die Erledigung eingetreten ist (Zöller/*Vollkommer* § 91a ZPO Rn. 16). Anders ist dies bei der **einseitigen Erledigungserklärung.** Hier ist der Zeitpunkt der Erledigung durch das Gericht zu prüfen. Dabei ist streitig, ob von einer Erledigung nur dann ausgegangen werden kann, wenn das erledigende Ereignis nach Rechtshängigkeit eingetreten ist oder ob auch eine Erledigung nach Anhängigkeit bereits ausreichend ist (vgl. zum Meinungsstand Zöller/*Vollkommer* § 91a ZPO Rn. 41 f.). Dieser über lange Jahre hinweg geführte dogmatisch geprägte Streit hat durch die Regelung des Sachverhalts in § 269 Abs. 3 S. 3 ZPO für die Praxis seine Bedeutung verloren (vgl. dazu im Einzelnen Zöller/*Vollkommer* § 91a ZPO Rn. 42).

Bleibt die **Erledigungserklärung einseitig,** führt dies zu einer nach § 264 Nr. 2 ZPO zulässigen Klageänderung. Die geänderte Klage ist dann eine Feststellungsklage i. S. d. § 256 ZPO, die auf die Feststellung der Erledigung des Rechtsstreits gerichtet ist (BGH WRP 2002, 94, 95 m. w. N.). Diese Feststellungsklage ist begründet, wenn der ursprüngliche Klageantrag bis zum Eintritt des erledigenden Ereignisses zulässig und begründet war.

Die **Erledigungserklärung** ist, solange der Beklagte sich dieser nicht angeschlossen hat oder, wenn die Erledigung einseitig bleibt, solange das Gericht nicht über sie entschieden hat, grds. frei **widerruflich** (BGH WRP 2002, 94, 95 m. w. N.). Dem Kläger ist es daher bis zum Eintritt der vorgenannten Umstände überlassen, von seiner Erledigungserklärung Abstand zu nehmen und zu seinem ursprünglichen Antrag zurückzukehren. Die damit verbundene (abermalige) Klageänderung ist ebenfalls eine gem. § 264 Nr. 2 ZPO zulässige Klageänderung.

Die Erhebung der **Verjährungseinrede** im bereits anhängigen Rechtsstreit führt, wenn eine Verjährung tatsächlich gegeben ist, zu einer Erledigung der Hauptsache. Dies gilt auch dann, wenn die Verjährung bei Klageerhebung bereits eingetreten war, der Beklagte diese aber erstmals nach Klageerhebung geltend macht (OLG Frankfurt a. M. GRUR-RR 2002, 183 f. – Berufung auf Verjährung). Erst die Erhebung der Verjährungseinrede führt nämlich dazu, dass der Anspruch nicht mehr durchsetzbar ist. Erklären die Parteien daraufhin den Rechtsstreit übereinstimmend für erledigt, ist nach § 91a ZPO über die Kosten zu entscheiden.

Einem **rechtskräftigen Unterlassungsurteil,** das in einem Hauptsacheverfahren ergangen ist, kommt grds. die Eignung zu, eine **Wiederholungsgefahr** für eine identische Rechtsverletzung auch im **Verhältnis zu einem Dritten** entfallen zu lassen. Ein solches

Urteil kann jedoch im Rahmen eines anderen Rechtsstreits nur dann berücksichtigt werden, wenn sich der Beklagte hierauf beruft und damit zu erkennen gibt, dass dieses Urteil auch die weitere Auseinandersetzung regeln soll (BGH WRP 2003, 511, 514 – Begrenzte Preissenkung).

40 Das Gericht ist nicht gehalten, über die für die Entscheidung eines entsprechenden nicht erledigten Rechtsstreits maßgeblichen Rechtsfragen abschließend zu entscheiden (BGH BB 2004, 1078; BGH NJW-RR 2009, 422; BGH NJW-RR 2009, 425, 426 m.w. Nachw.). Ausreichend ist vielmehr eine summarische Prüfung nicht nur der tatsächlichen Umstände, sondern auch der Rechtslage. Dies wird in schwierig gelagerten Fällen vermutlich eher zu Kostenentscheidungen mit einer Kostenquotelung oder Kostenaufhebung führen.

7. Kosten

41 Die Kostenentscheidung erfolgt auf der Grundlage der §§ 91 ff. ZPO. Von besonderer praktischer Bedeutung ist die Entscheidung über die Kosten, wenn der Kläger nicht zuvor abgemahnt hat und der **Beklagte** den **Klageanspruch sofort anerkennt.** Grds. obliegt es dem Kläger, den Beklagten zur Vermeidung eines Kostenrisikos (nicht zur Begründung eines Rechtsschutzbedürfnisses) vor der Klageerhebung abzumahnen (vgl. § 97a). Tut er dies nicht und ist die Abmahnung auch nicht ausnahmsweise entbehrlich, hat er bei einem sofortigen Anerkenntnis gem. § 93 ZPO die Kosten des Rechtsstreits zu tragen. Entsprechendes gilt, wenn der Beklagte (sofort) eine ausreichende strafbewehrte Unterlassungserklärung abgibt. Erklären die Parteien den Rechtsstreit dann für erledigt, ist der Rechtsgedanke des § 93 ZPO im Rahmen der Kostenentscheidung nach § 91a ZPO entsprechend anzuwenden. Hat der Kläger dem Beklagten vor der Einleitung nur eine sog. Berechtigungsanfrage übersandt, auf die der Beklagte abweisend reagiert, ist der Kläger zur Vermeidung von Kostenrisiken gehalten, vor der Klageerhebung eine Abmahnung zu versenden. Dies gilt jedenfalls dann, wenn der Beklagte auf die Berechtigungsanfrage mit einer abweichenden Rechtsansicht geantwortet hat (OLG Hamburg WRP 2006, 488 (Ls.)). Ist das **schriftliche Vorverfahren** angeordnet, kann das vorbehaltlose Anerkenntnis nur binnen der Notfrist und bis zur Abgabe der Verteidigungsanzeige erfolgen (OLG Stuttgart NJWE-WettbR 2000, 100, 101; Zöller/*Herget* § 93 ZPO Rn. 4 m.w. N.). Bei der Anberaumung eines **frühen ersten Termins** muss das Anerkenntnis spätestens im frühen ersten Termin, und zwar vor Verlesung der Sachanträge, erfolgen (Zöller/*Herget* § 93 ZPO Rn. 4).

42 Die mit der **Einschaltung eines Rechtsanwalts,** der bei dem Gerichtsstand des Verfahrens zugelassen und postulationsfähig ist, **entstehenden Gebühren** nach dem **RVG** dienen stets der zweckentsprechenden Rechtsverfolgung oder -verteidigung i. S. d. § 91 ZPO. Im Übrigen ist für etwaige Mehrkosten zwischen den folgenden Konstellationen zu differenzieren: (1) Verfahren findet am Gerichtsstand der Partei statt, die einen auswärtigen Rechtsanwalt beauftragt, (2) Verfahren findet an einem auswärtigen Gericht statt und die Partei beauftragt einen an ihrem Wohn- oder Geschäftsort ansässigen Rechtsanwalt oder (3) Verfahren findet an einem auswärtigen Gericht statt und die Partei beauftragt einen Rechtsanwalt, der weder am Wohn- oder Geschäftsort der Partei noch im Bezirk des Prozessgerichts ansässig ist. Entstehen in der ersten Fallkonstellation im Verhältnis zur Einschaltung eines ortsansässigen Rechtsanwalts Mehrkosten, sind diese regelmäßig nicht zur zweckentsprechenden Rechtsverfolgung oder -verteidigung notwendig. Dies gilt auch dann, wenn der auswärtige Rechtsanwalt bereits vorprozessual in der gleichen Sache tätig war (BGH WRP 2003, 391, 392 – Auswärtiger Rechtsanwalt; a. A. OLG Düsseldorf NJW-RR 2001, 998, 999). Etwas anderes sollte aber ausnahmsweise dann gelten, wenn die zu behandelnde Materie in tatsächlicher und rechtlicher Hinsicht äußerst komplex ist und die Partei für vergleichbare Fälle bereits einen Rechtsanwalt eingeschaltet hat, der sich in diese komplexe Materie eingearbeitet hat. In der zweiten Fallkonstellation dienen die Kosten des am Wohn- oder Geschäftssitz ansässigen Rechtsanwalts hingegen regelmäßig der

zweckentsprechenden Rechtsverfolgung oder -verteidigung (BGH NJW 2003, 898). In der dritten Fallkonstellation wird eine Erstattungsfähigkeit von Mehrkosten in der Regel ebenso wenig in Betracht kommen wie in der ersten Fallkonstellation.

Die Einschaltung eines Patentanwalts ist in Urheberstreitsachen grds. nicht erforderlich. Für die Beurteilung des Gegenstands und des Schutzbereichs eines Urheber- oder Leistungsschutzrechts kommt es regelmäßig nicht auf einen technischen Sachverstand an (OLG Jena NJW-RR 2003, 105, 106). Eine differenzierte Betrachtung ist aber geboten, wenn es zu einer gewissen Verzahnung von Urheberrechten mit technischen Schutzrechten bzw. mit technisch geprägten Sachverhalten kommt, wie dies insbesondere im Bereich des Softwareschutzes der Fall sein kann. 43

8. Präklusionswirkung

Für das Bestehen oder Nichtbestehen eines Unterlassungs- oder Schadensersatzanspruchs hat es keine präjudizielle Wirkung, dass der jeweils andere Anspruch bereits rechtskräftig zuerkannt oder abgewiesen worden ist (BGH GRUR 2002, 1046, 1047 – Faxkarte; BGH GRUR 1965, 327 – Gliedermaßstäbe). 44

9. Zwangsvollstreckung

In Unterlassungsurteilen und anderen Titeln i. S. d. § 793 ZPO enthaltene Unterlassungsverpflichtungen werden nach § 890 ZPO vollstreckt. Neben den allgemeinen Voraussetzungen für die Zwangsvollstreckung (§ 750 ZPO – Titel, Klausel, Zustellung) ist für die Festsetzung eines Ordnungsmittels auch noch die vorherige Androhung des Ordnungsmittels (§ 890 Abs. 2 ZPO) erforderlich. Im Einzelnen wird auf die Kommentierung zu § 112 verwiesen. 45

IV. Auskunftsklage

Bei der Formulierung des Klageantrags ist darauf zu achten, dass die Umstände, über die Auskunft begehrt wird, ihrer Art, ihrem Inhalt und ihrem Umfang nach so konkret wie möglich bestimmt werden. Dies ist zum einen erforderlich, um dem Bestimmtheitsgrundsatz des § 253 Abs. 2 Nr. 2 ZPO gerecht zu werden. Zum anderen wird dadurch sichergestellt, dass der Beklagte nur mit einer ganz bestimmten Art der Auskunftserteilung seine Verpflichtung erfüllt. Schließlich ist darauf zu achten, dass das Auskunftsverlangen nicht weiter geht, als der nach materiellem Recht zu bestimmende Auskunftsanspruch (vgl. zum Inhalt und Umfang der Auskunft § 97 Rn. 45 und § 101 Rn. 11). 46

Soweit es den **selbstständigen Auskunftsanspruch** betrifft, ist dessen Inhalt und Umfang **nach § 101 Abs. 1, 2** recht konkret umschrieben. Insoweit ist auch anerkannt, dass dieser Auskunftsanspruch weder von einem Verschulden des Rechtsverletzers abhängig noch dass dieser in zeitlicher Hinsicht beschränkt ist (siehe § 101 Rn. 7). Komplizierter ist hingegen die Bestimmung des Umfangs des **unselbstständigen Auskunftsanspruchs aus Treu und Glauben,** der als Hilfsanspruch zur späteren Bezifferung eines Schadensersatz- oder Bereicherungsanspruchs geltend gemacht wird. Ein solcher Auskunftsanspruch besteht nämlich nur insoweit, als die geforderten Angaben zur Bezifferung des Zahlungsanspruchs erforderlich sind. Unterschiedlich beurteilt worden ist, ob der Hilfsanspruch ebenfalls zeitlich unbefristet ist oder ob sich dieser allein auf den Zeitraum bis zur ersten konkret nachgewiesenen Verletzungshandlung bezieht (so BGH GRUR 1988, 306, 307 – Gaby; BGH GRUR 1995, 50, 54 – Indorektal/Indohexal [jeweils zum Markenrecht]). Durch die BGH-Entscheidung „Windsor Estate" (GRUR 2007, 877, 878 Rn. 25) ist diese Differenzierung zugunsten des Rechtsinhabers aufgegeben worden. Auch der unselbstständige Auskunftsanspruch bedarf keiner zeitlichen Beschränkung. 47

48 Der **Inhalt und Umfang der Auskunftspflicht** richten sich nach dem Tenor, der gegebenenfalls unter Berücksichtigung der Entscheidungsgründe auszulegen ist. Dabei kann sich der Tenor beim Auskunftsanspruch stets allein auf die konkrete Verletzungsform beziehen, nicht aber – wie beim Unterlassungsanspruch – auch auf abgewandelte Handlungsformen, hinsichtlich derer nur eine Erstbegehungsgefahr besteht. Dies gilt sowohl für den akzessorischen (§ 242 BGB) als auch für den selbstständigen Auskunftsanspruch nach § 101 (BGH GRUR 2006, 421 Rn. 41 – Markenparfümverkäufe; BGH GRUR 2003, 446, 447 – Preisempfehlung für Sondermodelle; BGH GRUR 2001, 841, 844 – Entfernung der Herstellernummern II; OLG München GRUR-RR 2002, 57 f. – Benetton Slide [zum Markenrecht]). Ein Schadensersatzanspruch ist nur für tatsächlich geschehene nicht aber für nur drohende Rechtsverletzungen begründbar, was auch bei den Auskunftsansprüchen zu berücksichtigen ist. Stellt der Tenor auf die konkrete Verletzungsform ab, hat der Beklagte aber trotzdem auch über solche Rechtsverletzungen Auskunft zu erteilen, die zwar nicht mit der tenorierten konkreten Verletzungsform identisch sind, aber in deren Kernbereich fallen. So etwa dann, wenn der Tenor auf eine konkrete Version einer rechtsverletzenden Software abstellt. Die Auskunftspflicht ist in diesem Fall nicht auf diese Version (OLG Köln GRUR 2000, 920) beschränkt. Es ist vielmehr auch Auskunft über die anderen Versionen zu erteilen, sofern diese die charakteristische Rechtsverletzung hervorrufen. In einem solchen Fall geht es nämlich um bereits tatsächlich begangene und nicht nur um drohende Rechtsverletzungen.

49 Der **Streitwert einer Auskunftsklage** richtet sich nach dem wirtschaftlichen Interesse des Klägers an der Erfüllung des Auskunftsanspruchs. Zur Orientierung kann zum einen auf den der Rechtsverletzung zugrunde liegenden Schadensersatz- oder Bereicherungsanspruch zurückgegriffen werden. In diesem Fall wird ein angemessener Streitwert für den Auskunftsanspruch regelmäßig nicht über einem Drittel des Streitwerts für den korrespondierenden Schadensersatz- oder Bereicherungsanspruch liegen (*Teplitzky* 49 Kap. Rn. 37 m. w. N.). Zum anderen kommt, insb. wenn der Schadensersatz oder der Bereicherungsanspruch aufgrund der noch fehlenden Auskunft nicht oder sehr schwer beziffert werden kann, eine Orientierung am Wert des Unterlassungsanspruchs in Betracht. Regelmäßig wird es als angemessen angesehen, den Streitwert des Auskunftsanspruchs mit etwa 10% des Streitwerts des Unterlassungsanspruchs zu beziffern. Zur Gebührenordnung bei der Geltendmachung von Auskunftsansprüchen nach § 101 Abs. 9 siehe OLG Köln GRUR 2013, 353.

50 Bei **Rechtsmitteln** bemisst sich die Beschwer eines zur Auskunftserteilung verurteilten Beklagten nach seinem Interesse, die Auskunft nicht erteilen zu müssen. Dafür ist in der Regel der Aufwand an Zeit und Kosten maßgebend, den die Erteilung der Auskunft verursachen würde. Von Bedeutung kann jedoch auch ein Geheimhaltungsinteresse des Schuldners sein. Dieses muss er jedoch konkret darlegen und ggf. glaubhaft machen (BGH NJW 2000, 3073, 3074; BGHZ 128, 85, 87 f.; ausführlich zur Bemessung von Rechtsmittelbeschwer und Kostenstreitwert bei der Auskunftsklage *Schulte* MDR 2000, 805 f.).

51 Die **Durchsetzung des Auskunftsanspruches** erfolgt aufgrund der Verantwortlichkeit des Beklagten für deren Inhalt und die ggf. bestehende Verpflichtung zur Abgabe einer eidesstattlichen Versicherung nach § 888 ZPO (vgl. dazu auch § 112 Rn. 60 f.).

V. Schadensersatz-/Bereicherungsklage

1. Leistungsklage

52 Wird ein Schadensersatz- oder Bereicherungsanspruch im Wege der Leistungsklage geltend gemacht, muss der Kläger den **Betrag konkret beziffern**. Zur Berechnung des Betrages hat er bei der Schadensersatzklage die Wahl zwischen der Geltendmachung des **entgangenen Gewinns**, der **Herausgabe des Verletzergewinns** sowie der Berechnung einer **angemessenen Lizenz** im Wege der Lizenzanalogie (vgl. zu den einzelnen Schadensberechnungsarten § 97 Rn. 58 ff.). Basiert die Klageforderung auf einem Anspruch aus ungerechtfertigter Bereicherung erfolgt die Berechnung dagegen stets im Wege der Lizenzanalogie (vgl. dazu § 97 Rn. 69 ff.). Die einzelnen Berechnungsarten können zwar nicht kumulativ, jedoch jeweils hilfsweise zur Begründung der Klageforderung herangezogen werden. Stellt der Kläger im Rechtsstreit zunächst nur auf eine Berechnungsmethode ab, verliert er hierdurch nicht die Möglichkeit, später auf eine **andere Berechnungsmethode überzugehen.** Das **Wahlrecht** des Klägers erlischt vielmehr erst dann, wenn die nach einer bestimmten Berechnungsmethode geltend gemachte Klageforderung erfüllt oder rechtskräftig zuerkannt worden ist (BGH GRUR 1993, 55, 57 – Tchibo/Rolex II; BGH GRUR 2000, 226, 227 – Planungsmappe; vgl. dazu auch § 97 Rn. 59).

2. Stufenklage

Kann der Schadensersatz- oder Bereicherungsanspruch noch nicht beziffert werden, da **53** hierfür zunächst noch die Auskunftserteilung durch den Rechtsverletzer benötigt wird, kommt eine **Stufenklage nach § 254 ZPO** in Betracht. Hiervon wird in der Praxis kaum Gebrauch gemacht. Dies liegt zum einen daran, dass über die Bezifferung des Schadensersatzanspruchs, wenn er dem Grunde nach festgestellt worden ist, oftmals eine einvernehmliche Regelung herbeigeführt werden kann. Zum anderen wird der Lauf der Verjährung durch die Stufenklage nur bis zur Auskunftserteilung gehemmt, wohingegen der dem Grunde nach festgestellte Schadensersatzanspruch erst nach 30 Jahren verjährt.

3. Feststellungsklage

In der Praxis wird von der Möglichkeit einer Stufenklage selten Gebrauch gemacht. **54** Vielmehr wird häufig eine **Verbindung der Auskunftsklage mit einer Klage auf Feststellung der Ersatzpflicht** des Beklagten bevorzugt. Die Zulässigkeit einer solchen objektiven Klagehäufung richtet sich dann nach § 260 ZPO. Die Zulässigkeit der Feststellungsklage richtet sich nach § 256 ZPO. Bei dem Erfordernis des rechtlichen Interesses an der Feststellung handelt es sich um eine besondere Ausgestaltung des bei jeder Rechtsverfolgung erforderlichen Rechtsschutzinteresses. Die Zulässigkeit der Feststellungsklage ist folglich nicht davon abhängig, ob die begehrte Feststellung materiell-rechtlich getroffen werden kann. Vielmehr ist bei der Beurteilung des Feststellungsinteresses allein auf den Vortrag des Klägers abzustellen (BGH WRP 2002, 993, 995 – Titelexklusivität).

Ein **rechtliches Interesse** i.S.d. § 256 ZPO **an der Feststellung** der Ersatzpflicht **55** wird bereits dann angenommen, wenn künftige Schadensfolgen möglich, ihre Art, ihr Umfang oder ihr Eintritt aber noch ungewiss sind (BGH GRUR 2001, 849, 850 – Remailing-Angebot; BGH GRUR 1992, 61, 63 – Preisvergleichsliste; BGH GRUR 1974, 735, 736; BGH GRUR 1972, 180, 183 – Chéri; KG GRUR-RR 2002, 297, 298 – Oldie-Nacht). Die durch § 254 ZPO eröffnete Möglichkeit einer Stufenklage schließt das Feststellungsinteresse nicht aus (BGH GRUR 2003, 900, 901 – Feststellungsinteresse III; BGH GRUR 2001, 1177, 1178 – Feststellungsinteresse II; BGH GRUR 1972, 180, 183 – Chéri). Auch dann, wenn der Beklagte während des Verfahrens Auskunft erteilt und danach eine Bezifferung des Ersatzanspruchs ohne weiteres möglich ist, wird hierdurch die Zulässigkeit der Feststellungsklage grds. nicht berührt (BGH GRUR 1987, 524, 525 – Chanel No. 5 II; BGH GRUR 1978, 187, 188 – Alkoholtest). Nur dann, wenn der Kläger von vornherein zu einer Bezifferung des Ersatzanspruchs nach allen ihm bis dahin noch zur Auswahl zustehenden Berechnungsmethoden in der Lage ist, kann er seinen Anspruch allein im Wege der Leistungsklage verfolgen (BGH GRUR 1993, 926 – Apothekenzeitschrift).

Für die **Begründetheit der Feststellungsklage** ist die Wahrscheinlichkeit eines Scha- **56** denseintritts erforderlich. Zumindest dann, wenn die Rechtsverletzung im geschäftlichen Verkehr erfolgt, wird die Möglichkeit eines Schadenseintritts regelmäßig ohne weiteres angenommen werden können (vgl. BGH GRUR 1975, 434, 437 f. – Bouchet; BGH

GRUR 1995, 744, 749 – Feuer, Eis und Dynamit I; KG GRUR-RR 2002, 297, 298 – Oldie-Nacht).

57 Bei **Streitfällen i. S. d. § 14 Abs. 1 WahrnG** ist zu beachten, dass eine Klage auf Schadensersatz oder Bereicherung gem. § 16 WahrnG erst nach vorheriger Durchführung eines Schiedsstellenverfahrens zulässig ist (BGH GRUR 2000, 872; s. dazu auch § 16 WahrnG Rn. 1 ff.). Dies wird vom Gericht von Amts wegen geprüft. Die vorherige Durchführung eines Schiedsstellenverfahrens ist auch dann erforderlich, wenn der Schadensersatz nur in der Form gefordert wird, dass die sich nach dem Tarif ergebende Vergütung nur unter dem Vorbehalt der Nachprüfung durch die Schiedsstelle gezahlt oder bei dem zuständigen Amtsgericht hinterlegt werden soll (BGH GRUR 2000, 872, 874). Der Zulässigkeit einer Klage steht es jedoch nicht entgegen, wenn der Beklagte zwar nicht unmittelbar selbst aber in seiner Eigenschaft als alleiniger Geschäftsführer einer mitverklagten GmbH an dem vorangegangenen Schiedsstellenverfahren beteiligt war (LG Mannheim NJW 1988, 1417). Für vertragliche Vergütungsansprüche gilt § 16 WahrnG nicht (BGH GRUR 2000, 872, 873 – Schiedsstellenanrufung).

4. Sicherung von Schadensersatzansprüchen (§ 101b)

58 In Art. 9 Abs. 2 Enforcement-Richtlinie sind diverse Maßnahmen zur Sicherung der Erfüllung von Schadensersatzansprüchen des Rechtsinhabers vorgesehen. Sofern die Möglichkeit zur Beschlagnahme von beweglichem und unbeweglichem Vermögen einschließlich der Sperrung der Bankkonten des vermeintlichen Verletzers gefordert wird, hat der deutsche Gesetzgeber keinen Umsetzungsbedarf gesehen. Vielmehr bleibt es insoweit bei der Möglichkeit, diese Maßnahmen **im Wege des Arrestes** zu erwirken (§§ 916 ff. ZPO; vgl. dazu unten Rn. 110). In Umsetzung der Enforcement-Richtlinie ist der in § 101b geregelte materiell-rechtliche Anspruch zur Sicherung der Durchsetzung von Schadensersatzansprüchen eingeführt worden.

59 Der Anspruch auf Durchsetzung von Maßnahmen zur Sicherung der Durchsetzung von Schadensersatzansprüchen nach § 101b ist ein selbstständiger materiell-rechtlicher Hilfsanspruch (siehe hiezu § 101b Rn. 4). Er kann unabhängig von dem zu sichernden Schadensersatzanspruch geltend gemacht werden. Es ist auch nicht erforderlich, dass bereits ein Verfahren zur Durchsetzung von Schadensersatzansprüchen anhängig ist oder gleichzeitig anhängig gemacht wird. Zur Erlangung eines effektiven Rechtsschutzes ist es für den Rechtsinhaber ratsam, Maßnahmen nach § 101b nach Möglichkeit im Wege der einstweiligen Verfügung durchzusetzen. Regelmäßig ist nämlich nur auf diese Weise eine umfassende Sicherung von Informationen zur Durchsetzung von Schadensersatzansprüchen gewährleistet (siehe dazu unten Rn. 111 f.). Die Geltendmachung von Ansprüchen nach § 101b im Hauptsacheverfahren wird dem gegenüber in der Praxis wohl eine Seltenheit sein.

60 Die Geltendmachung von Ansprüchen nach § 101b führt nach § 204 Abs. 1 Nr. 1 BGB nicht zu einer Hemmung der Verjährung hinsichtlich weiterer Ansprüche, die sich aus einer Rechtsverletzung ergeben können. Dies gilt auch für den zu sichernden Schadensersatzanspruch, da er nicht den Streitgegenstand der Klage zur Geltendmachung von Ansprüchen nach § 101b bildet.

61 Wählt der Verletzte den Weg der Hauptsacheklage, sollte er Ansprüche aus § 101b parallel zu den weiteren in Betracht kommenden Ansprüchen (Unterlassung, Auskunft, Schadensersatz etc.) geltend machen, um auch insoweit die Verjährung zu hemmen. Im letzteren Fall sollten die Verfahren aber vor dem gleichen Gericht eingeleitet werden. Den Vorzug verdient allerdings der Weg der objektiven Klagehäufung, weil es das Verfahren konzentriert und durch die Möglichkeit eines Teilurteils (§ 301 ZPO) trotzdem den Weg eröffnet, zunächst über den Hilfsanspruch des § 101b zu entscheiden. Die Vollstreckung des Anspruchs auf Herausgabe von Bank-, Finanz- und Handelsunterlagen erfolgt nach § 883 ZPO (vgl. dazu auch unten Rn. 119).

VI. Sonstige Klagen, Verfahren

1. Beseitigung

Gehen von einer Rechtsverletzung weiterhin Belastungen aus, die nicht durch die sich aus einem Unterlassungsgebot ergebenden Pflichten zuverlässig und vollständig abgestellt werden können, kann der Rechtsinhaber die **Beseitigung der fortdauernden Störung** verlangen (vgl. zum Beseitigungsanspruch § 97 Rn. 42 ff.). Hinsichtlich der allgemeinen Sachurteilsvoraussetzungen ergeben sich keine Besonderheiten im Verhältnis zu anderen Klagearten. Aufmerksamkeit ist jedoch in Bezug auf die Formulierung des Klageantrags geboten. Wie beim Unterlassungsantrag ist auch hier sorgfältig darauf zu achten, dass der Antrag hinreichend bestimmt und nicht über das hinausgeht, was dem Kläger materiell-rechtlich zusteht. Daraus ergibt sich ein gewisses Spannungsverhältnis zwischen den prozessualen und materiell-rechtlichen Anforderungen (ausführlich hierzu *Teplitzky* Kap. 24 Rn. 4 f.).

Materiell-rechtlicher Inhalt des Beseitigungsanspruchs ist es, einen andauernden rechtswidrigen Störzustand durch die Vornahme gewisser Handlungen zu beseitigen. Dabei kann im Grundsatz gesagt werden, dass der Rechtsinhaber ein berechtigtes Interesse allein daran hat, dass die Störung schnell, zuverlässig und effektiv beseitigt wird. Stehen **mehrere gleich geeignete Maßnahmen** zur Verfügung, wird man Schwierigkeiten damit haben, dem Rechtsinhaber einen Anspruch auf die Durchführung einer ganz konkreten Maßnahme zuzusprechen. Hier gibt es Parallelen zur Fassung des Unterlassungsantrags bei einer rechtsverletzenden Bearbeitung oder Umgestaltung. In beiden Fällen ist es stets allein Aufgabe des Verletzers, durch eine entsprechende Änderung seiner Produkte bzw. durch eine Umstellung seiner Werbung eine weitere Rechtsverletzung zu beseitigen. Dabei steht ihm grds. das Recht zu, zwischen mehreren hierzu geeigneten Maßnahmen frei zu wählen. Aus dogmatischer Sicht wird man daher nur dann, wenn allein eine bestimmte Maßnahme zuverlässig die Störung beseitigt, einen Anspruch darauf herleiten können, nicht nur die Störung zu beseitigen, sondern dies auch durch die Vornahme einer ganz bestimmten Maßnahme zu tun (OLG Stuttgart NJW-RR 1999, 792; *Mellulis* Rn. 1005; Köhler/Bornkamm/*Bornkamm* § 8 UWG Rn. 1.81 f. m. w. N.; a. A. die bislang im gewerblichen Rechtsschutz wohl herrschende Ansicht, vgl. dazu *Teplitzky* Kap. 24 Rn. 1 f. m. w. N.).

Wenn nicht ausnahmsweise nur eine oder eine überschaubare Anzahl von Maßnahmen zur zuverlässigen Beseitigung der Störung in Betracht kommen, kann der **Beseitigungsantrag, will man nicht eine Teilabweisung riskieren, sich allein auf den herbeizuführenden Erfolg beziehen,** nicht aber gleichzeitig auch die durchzuführenden Maßnahmen bestimmen. Eine Konkretisierung des Beseitigungsanspruchs auf eine von mehreren gleich geeigneten Beseitigungsmaßnahmen lässt sich auch aus dem Bestimmtheitsgrundsatz nicht herleiten (BGHZ 121, 248, 251). Wenn der materiell-rechtliche Beseitigungsanspruch einen solchen Anspruchsinhalt nicht gewährt, kann dieser auch nicht über das Prozessrecht begründet werden. Umgekehrt kann dem Kläger, wenn er, dem materiell-rechtlichen Vorgaben folgend, den Beseitigungsantrag nicht auf bestimmte konkret durchzuführende Maßnahmen bezieht, nicht vorgehalten werden, ein solcher Antrag sei nicht hinreichend bestimmt (ausführlich hierzu Köhler/Bornkamm/*Bornkamm* § 8 UWG Rn. 1.83 f.). Kommt allerdings ganz offensichtlich nur eine überschaubare Anzahl von gleich geeigneten Maßnahmen in Betracht, empfiehlt es sich aufgrund der bislang immer wieder geführten Diskussion um die hinreichende Bestimmtheit von Beseitigungsanträgen, diese alternativen Maßnahmen konkret in den Antrag mit aufzunehmen, und zwar mit dem Hinweis, dass es dem Beklagten überlassen bleibe, welche der aufgeführten Maßnahmen er für die Beseitigung des Störzustandes wähle.

2. Vernichtung, Rückruf, Überlassung (§ 98)

Durch § 98 ist es zu einer umfassenden und unmittelbar im UrhG verankerten Regelung dieser Ansprüche gekommen. Die Durchsetzung des Vernichtungsanspruchs erfolgt nach § 887 ZPO. Es handelt sich um eine vertretbare Handlung, die der Rechtsinhaber aufgrund einer entsprechenden Entscheidung des Gerichts selbst vornehmen kann, wenn der Verletzer seiner Verpflichtung nicht nachkommt (vgl. dazu auch § 112 Rn. 63).

66 Der Rechtsinhaber kann die Überlassung der Vervielfältigungsstücke an ihn (§ 98 Abs. 3) nur Zug um Zug gegen Zahlung der angemessenen Vergütung verlangen, worauf bei der Antragstellung zu achten ist. Hinsichtlich der Vergütung kann der Rechtsinhaber in seinem Antrag eine konkrete Bezifferung vornehmen. Damit hätte er in jedem Fall die Voraussetzungen des § 253 Abs. 2 Nr. 2 ZPO erfüllt. Der Nachteil dieser Verfahrensweise liegt darin, dass der Rechtsinhaber entweder den Betrag zu hoch ansetzt oder aber – bei zu niedriger Vergütung – eine Teilabweisung riskiert. Um dies zu vermeiden, kann der Rechtsinhaber in Fällen, in denen dem Gericht bei der Bestimmung der Leistung ein Ermessen eingeräumt ist, ausnahmsweise auch einen unbezifferten Antrag stellen (Zöller/ *Greger* § 253 ZPO Rn. 14). Durch das Abstellen auf eine „angemessene" Vergütung wird dem Gericht ein Ermessensspielraum bei der Bestimmung der Vergütung eingeräumt. Macht der Rechtsinhaber von der Möglichkeit eines unbezifferten Antrags Gebrauch, hat er einen Mindestbetrag anzugeben sowie konkret zu den Umständen vorzutragen, die für die Beurteilung der Angemessenheit der Vergütung von Bedeutung sind.

3. Besichtigung, Vorlage von Urkunden (§ 101a)

67 In Umsetzung der Art. 6 u. 7 Enforcement-Richtlinie ist in § 101a ein materiell-rechtlicher Anspruch auf Vorlage von Urkunden und Besichtigung einer Sache für den Fall geregelt worden, dass die hinreichende Wahrscheinlichkeit einer Verletzung von nach dem UrhG geschützten Rechten besteht (vgl. zu den materiell-rechtlichen Voraussetzungen im Einzelnen die Kommentierung zu § 101a). Wenngleich es sich bei den Vorschriften der Richtlinie dem Wortlaut nach um prozessuale Normen handelt, hat sich der deutsche Gesetzgeber für eine Umsetzung im Wege eines materiell-rechtlichen Anspruches entschieden, um Verwerfungen in der Systematik des deutschen Rechts zu vermeiden und zugleich die europarechtlich vorgeschriebene Erzwingbarkeit der Ansprüche sicher zu stellen. § 101a stellt mithin keinen Sonderfall des selbstständigen Beweisverfahrens nach §§ 485 ff. ZPO dar, sondern es handelt sich um einen eigenständigen materiell-rechtlichen Beweismittelsicherungs-anspruch. Hinsichtlich der Durchsetzung dieses Anspruchs im Wege der einstweiligen Verfügung enthält § 101a Abs. 3 allerdings auch eine verfahrensrechtliche Regelung.

68 Vor der Umsetzung der Enforcement-Richtlinie gab es über § 809 BGB bereits einen materiell-rechtlichen Besichtigungsanspruch, der auch im Urheberrecht zur Anwendung kam (BGH NJW-RR 2002, 1617 f. – Faxkarte). Gleiches galt über § 810 BGB für die Vorlage von Urkunden. Nach § 809 BGB konnte dem Urheber oder dem aus dem Urheberrecht Berechtigten ein Besichtigungsanspruch zustehen, wenn dieser sich vergewissern wollte, ob eine bestimmte Sache unter Verletzung des geschützten Werks hergestellt worden war (BGH NJW-RR 2002, 1617, 1618 – Faxkarte). Auch zur Verfolgung anderer Verletzungshandlungen, wie etwa der Nutzung nicht lizenzierter Software (vgl. dazu KG NJW 2001, 234, 235), konnte nach § 809 BGB ein Anspruch auf Besichtigung bestehen. Der zugrunde liegende materiell-rechtliche Anspruch musste dabei nicht dinglicher Natur sein. Entscheidend kam es darauf an, ob der geltend gemachte Anspruch in irgendeiner Weise von der Existenz oder der Beschaffenheit der Sache abhängig war (KG NJW 2001, 234, 235; BGH GRUR 1985, 512, 514). Der Besichtigungsanspruch nach § 809 BGB begründete allerdings kein allgemeines Durchsuchungsrecht in Bezug auf Geschäftsräume des vermeintlichen Verletzers, sondern konnte nur auf die Besichtigung konkret bezeichneter Sachen oder Sachgesamtheiten gerichtet sein (BGH WRP 2004, 615, 617 – Kontrollbesuch).

69 Der deutsche Gesetzgeber hat trotz der Regelung der §§ 809, 810 BGB zu Recht einen Umsetzungsbedarf in Bezug auf die Regelungen der Enforcement-Richtlinie zur Beweissi-

cherung angenommen. Für den Besichtigungsanspruch gab es keine gesicherte Rechtsprechung dazu, welche Anforderungen an die Wahrscheinlichkeit einer Rechtsverletzung zu stellen waren, um einen Besichtigungsanspruch nach § 809 BGB zu begründen. Der Anspruch auf Vorlage von Urkunden nach § 810 BGB ist von Voraussetzungen abhängig, die in der Enforcement-Richtlinie nicht vorgesehen sind. So muss etwa die vorzulegende Urkunde im Interesse des Rechtsinhabers errichtet worden sein oder bestimmte Inhalte aufweisen, um einen Anspruch zu begründen. Die Voraussetzungen, unter denen nach § 101a nunmehr ein Anspruch auf Vorlage von Urkunden geltend gemacht werden kann, sind demnach geringer als nach § 810 BGB. Im Bereich des Besichtigungsanspruchs haben sich allerdings die Anspruchsvoraussetzungen im Verhältnis zur Entscheidung „Faxkarte" (BGH NJW-RR 2002, 1617 f.) nicht oder nur unwesentlich verändert (*Seichter* WRP 2006, 391, 394; *Berlit* WRP 2007, 732, 737). Ob auf der Rechtsfolgeseite der § 101a im Gegensatz zu § 809 BGB nun auch ein allgemeines Durchsuchungsrecht von Geschäftsräumen begründet, wird in der Literatur kontrovers diskutiert (dafür *Knaak*, GRURInt. 2004, 745, 748; a. A. *Seichter* WRP 2006, 391, 395; *v. Hartz* ZUM 2005, 376, 378; *Tilmann* GRUR 2005, 737, 739). Heute geht § 101a folglich den §§ 809 f. BGB als lex specialis vor, wobei der neu geschaffene Anspruch aus § 101a mit der früheren Rechtsprechung zu § 809 BGB (BGH NJW-RR 2002, 1617, 1618 – Faxkarte) im Wesentlichen im Einklang steht.

70 Der Besichtigungs- und Urkundenvorlageanspruch nach § 101a ist ein selbstständiger materiell-rechtlicher Hilfsanspruch zur Durchsetzung von Schadensersatz- und Unterlassungsansprüchen. Er kann unabhängig und in einem gesonderten Verfahren geltend gemacht werden. Es ist nicht erforderlich, dass bereits ein Verfahren zur Durchsetzung von Schadensersatz- oder Unterlassungsansprüchen anhängig ist oder gleichzeitig anhängig gemacht wird (vgl. Art. 7 Abs. 1 S. 1 Enforcement-Richtlinie). Regelmäßig wird es allerdings ratsam sein, dass der vermeintlich Verletzte versucht, Ansprüche nach § 101a im Wege der einstweiligen Verfügung durchzusetzen. Nur auf diese Weise ist nämlich eine schnelle Beweissicherung gewährleistet. Hinzu kommt, dass die einstweilige Verfügung auch ohne vorherige Anhörung des vermeintlichen Verletzers erlassen werden kann, was die Gefahr der Beseitigung von Beweismitteln reduziert (vgl. zur Durchsetzung des Anspruchs nach § 101a im Wege der einstweiligen Verfügung unten Rn. 98 f.).

71 Die Geltendmachung von Ansprüchen aus § 101a hemmt die Verjährung hinsichtlich weiterer Ansprüche, die sich aus einer Rechtsverletzung ergeben können, nicht. Die Regelung des § 204 Abs. 1 Nr. 7 BGB wird man nicht entsprechend heranziehen können, nachdem sich der deutsche Gesetzgeber bei der Umsetzung bewusst für eine materiell-rechtliche Lösung der Beweissicherung entschieden hat. Außerdem entscheidet das Gericht bei der Geltendmachung eines Anspruchs nach § 101a weder über die Voraussetzungen anderer Anspruchsgrundlagen noch muss es eine Rechtsverletzung überhaupt feststellen, da bereits die hinreichende Wahrscheinlichkeit einer solchen genügt. Wählt der Verletzte daher den Weg der Hauptsacheklage, sollte er den Anspruch aus § 101a parallel mit den weiteren in Betracht kommenden Ansprüchen (Unterlassung, Auskunft, Schadensersatz etc.) geltend machen, um auch eine Hemmung der Verjährung in Bezug auf diese Ansprüche zu bewirken. Dies kann im Wege der objektiven Klagehäufung in einem Verfahren oder aber auch in getrennten Verfahren erfolgen. Im letzteren Fall sollten die Verfahren aber in jedem Fall vor dem gleichen Gericht eingeleitet werde. Den Vorzug verdient allerdings der Weg der objektiven Klagehäufung, weil es den Lauf der Verjährung für alle geltend gemachten Ansprüche hemmt, das Verfahren konzentriert und durch die Möglichkeit eines Teilurteils (§ 301 ZPO) trotzdem den Weg eröffnet, zunächst über den Hilfsanspruch des § 101a zu entscheiden. Der Nachteil der objektiven Klagehäufung liegt allerdings in dem erhöhten Kostenrisiko, welches sich realisiert, wenn die Durchsetzung der Ansprüche nach § 101a den Nachweis einer Rechtsverletzung letztendlich nicht erbringen kann.

72 Die in Art. 6 Abs. 1 S. 2 Enforcement-Richtlinie enthaltene Beweislastregel, deren Umsetzung ohnehin nicht verpflichtend war, hat keine gesonderte Umsetzung in nationales

Recht erfahren. Ihr kann über den Grundsatz der freien Beweiswürdigung (§ 286 ZPO) Rechnung getragen werden, wenn dies im Einzelfall angemessen erscheint. Die Vollstreckung des Besichtigungsanspruchs erfolgt nach § 112 i. V. m. § 883 ZPO (vgl. dazu auch § 112 Rn. 65).

4. Negative Feststellungsklage

73 Wer zu Unrecht abgemahnt wird, kann seinerseits negative Feststellungsklage mit dem Ziel erheben, die Unbegründetheit der Abmahnung feststellen zu lassen (BGH GRUR 1985, 571, 573 – Feststellungsinteresse). Dabei ist der Abgemahnte regelmäßig nicht gehalten, seinerseits den zu Unrecht Abmahnenden vor Erhebung der negativen Feststellungsklage abzumahnen, um im Falle des sofortigen Anerkenntnisses der Kostenlast zu entgehen (BGH WRP 2007, 106, 107 – Unberechtigte Abmahnung). Das Feststellungsinteresse für eine negative Feststellungsklage besteht allerdings nicht mehr weiter, nachdem eine Leistungsklage umgekehrten Rubrums erhoben wurde, die nicht mehr einseitig zurückgenommen werden kann (BGH WRP 2006, 366, 368 Rn. 12 – Detektionseinrichtung I; BGH NJW-RR 2004, 497, 498). Etwas anderes gilt nur dann, wenn der Rechtsstreit über die negative Feststellungsklage entscheidungsreif ist oder im Wesentlichen zur Entscheidungsreife fortgeschritten ist und die Leistungsklage ihrerseits noch nicht entscheidungsreif ist (BGH WRP 2006, 366, 368 – Detektionseinrichtung I).

5. Selbstständiges Beweisverfahren (§§ 485 ff. ZPO)

74 Das selbstständige Beweisverfahren kann dem Rechtsinhaber unabhängig von den durch die Enforcement-Richtlinie in § 101a auf materiell-rechtlicher Ebene geschaffenen Beweissicherungsansprüchen eine effektive Möglichkeit der Beweissicherung bieten. Die Durchführung eines selbstständigen Beweisverfahrens nach § 485 Abs. 1 oder Abs. 2 ZPO ist nicht davon abhängig, dass ein Hauptsacheverfahren bereits anhängig ist oder zeitgleich eingeleitet wird. Wenn die zu besichtigende und ggf. zu begutachtende Sache frei zugänglich ist, kann eine Beweissicherung durch einen gerichtlich bestellten Sachverständigen nach § 485 Abs. 2 ZPO bereits dann erfolgen, wenn der Rechtsinhaber hieran ein rechtliches Interesse hat (ausführlich hierzu *Kühnen* GRUR 2005, 185, 188 f.). Das rechtliche Interesse i. S. d. § 485 Abs. 2 ZPO besteht bereits dann, wenn die Feststellungen eines Sachverständigen Grundlage von Ansprüchen des Antragstellers gegen den Antragsgegner oder umgekehrt sein können. Nur dann, wenn der behauptete Anspruch offensichtlich nicht besteht, fehlt es an einem rechtlichen Interesse (BGH NJW 2004, 3488). Ist die zu besichtigende Sache nicht frei zugänglich, bedarf es unter Heranziehung der in § 101a nun geregelten Befugnisse regelmäßig des zusätzlichen Erlasses einer Duldungsverfügung, um den Zugang zu der Sache sicher zu stellen (vgl. dazu unten Rn. 105). Ein weiterer für die Praxis relevanter Anwendungsfall für das selbstständige Beweisverfahren bietet sich dann, wenn die Sicherung eines Zeugenbeweises erforderlich ist (§ 485 Abs. 1 2. Fall ZPO).

VII. Einstweilige Verfügung

1. Zuständigkeit

75 Die Zuständigkeitsfragen sind aus Gründen des Sachzusammenhangs bei den §§ 104, 105 kommentiert (örtliche Zuständigkeit § 105 Rn. 9 ff.; internationale Zuständigkeit § 105 Rn. 30 ff.; Rechtswegzuständigkeit § 104 Rn. 9 ff.). Das für die Hauptsache zuständige Gericht ist auch für den Erlass einer einstweiligen Verfügung zuständig (§ 937 Abs. 1 ZPO).

76 Das **Gericht der Hauptsache** ist jedes Gericht, vor dem der Antragsteller im Hauptsacheverfahren seinen Anspruch geltend machen kann. Durch die Erhebung einer negati-

Vorbemerkung 77, 78 **Vor §§ 97ff. UrhG**

ven Feststellungsklage wird das angerufene Gericht jedoch nicht zum Gericht der Hauptsache i. S. d. § 937 Abs. 1 ZPO. Nicht die negative Feststellungsklage, sondern allein die **korrespondierende Leistungsklage** ist nämlich die **Klage zur Hauptsache** (BGH GRUR 1994, 846, 848 – Parallelverfahren II; LG Düsseldorf GRUR 2000, 611 f.). Die Gegenansicht (OLG Frankfurt a. M. WRP 1996, 27) vernachlässigt, dass die negative Feststellungsklage im Falle ihrer Unbegründetheit nicht zu einem Unterlassungstitel führt, worauf es dem Verletzten aber maßgebend ankommt. Das mit dem Antrag auf Erlass einer einstweiligen Verfügung und einer ggf. parallel oder später zu erhebenden Leistungsklage verfolgte Rechtsschutzziel kann daher durch die negative Feststellungsklage nicht erreicht werden. Auch die Gegenansicht berücksichtigt aber den allgemeinen Grundsatz des Vorrangs der Leistungs- vor der Feststellungsklage. Dementsprechend kann der Antragsteller auch nach Erhebung der negativen Feststellungsklage grds. noch eine Leistungsklage vor dem zuständigen Gericht seiner Wahl erheben, um somit dessen Zuständigkeit für den Erlass einer einstweiligen Verfügung zu begründen. Die Erhebung einer Leistungsklage lässt das rechtliche Interesse an einer zuvor erhobenen negativen Feststellungsklage nur dann nicht entfallen, wenn diese bereits entscheidungsreif ist oder kurz vor der Entscheidungsreife steht (BGHZ 99, 340, 342 – Parallelverfahren I). Auch dann bleibt es dem Rechtsinhaber aber unbenommen, parallel eine Leistungsklage zu erheben, weil er nur auf diese Weise einen Unterlassungstitel erwirken kann.

2. Verzicht auf Antragsrecht

Grds. ist zwar anerkannt, dass sich Parteien vertraglich zur Vornahme oder Unterlassung 77 von Prozesshandlungen verpflichten bzw. einseitig hierauf verzichten können (vgl. Zöller/ *Heßler* § 515 ZPO Rn. 14 für den Berufungsverzicht). Auch solche Verträge unterliegen jedoch den im BGB vorgesehenen Schranken der Privatautonomie, insb. dem Verbot sittenwidriger Rechtsgeschäfte (§ 138 Abs. 1 BGB). Folglich wird man einen vertraglich vereinbarten Verzicht auf die Beantragung einer einstweiligen Verfügung als nichtig ansehen müssen, wenn der hierdurch beschränkten Partei unabhängig von der Schwere einer Rechtsverletzung die Möglichkeit genommen würde, seine Rechte effektiv gerichtlich durchzusetzen (so LG München I ZUM 2000, 414, 415 für den Verzicht des Filmregisseurs auf das Recht zur Beantragung einer einstweiligen Verfügung; differenzierend *Grün* ZUM 2004, 733, 735 f.).

3. Verfügungsgrund

a) § 12 Abs. 2 UWG analog. Die Frage, ob die **Dringlichkeit** in entsprechender 78 Anwendung des § 12 Abs. 2 UWG auch für Unterlassungsansprüche wegen der Verletzung der im UrhG geschützten Rechte vermutet wird, ist umstritten (bejahend zu § 25 UWG a. F.: OLG Karlsruhe NJW-RR 1995, 176; verneinend KG NJW-RR 2003, 1126, 1127; OLG Hamburg GRUR-RR 2002, 249 – Handy-Klingeltöne; OLG Köln GRUR 2000, 417, 418 – Elektronischer Pressespiegel; KG GRUR 1996, 974 – OEM-Software; KG BB 1994, 1596; OLG Celle GRUR 1998, 50; Möhring/Nicolini/*Lütje* § 97 Rn. 283). Im Bereich des Kennzeichenrechts entsprach eine analoge Anwendung des § 12 Abs. 2 UWG lange Zeit der wohl überwiegenden Ansicht (OLG Köln GRUR 2001, 424, 425 – Mon Chérie/MA CHÉRIE; OLG Hamburg WRP 1997, 106, 112 – Gucci; OLG Stuttgart WRP 1997, 118, 121; OLG München MD 1996, 1027, 1029; weitere Nachweise bei *Ingerl/Rohnke* Vor §§ 14–19 Rn. 194). Gegen eine solche Analogie wird mit einer gewissen Berechtigung eingewandt, dass es der Gesetzgeber in Kenntnis der Kontroverse über einen nicht unerheblichen Zeitraum unterlassen habe, bei den Novellierungen des UrhG, von denen auch das Urheberverfahrensrecht betroffen war, eine solche Regelung einzuführen, weshalb es bereits an einer Regelungslücke fehle (*Teplitzky* Kap. 54 Rn. 20 m. w. N.; ebenso OLG Naumburg ZUM 2013, 149, 150; OLG München ZUM-RD 2012, 489, 484;

OLG Frankfurt a. M. GRUR 2002, 1096 [zum Markenrecht]). Im Rahmen der Umsetzung der Enforcement-Richtlinie hatte der Gesetzgeber, zumal für einige neu geregelte materiell-rechtliche Ansprüche gerade auch Regelungen zur Durchsetzung im Rahmen der einstweiligen Verfügung neu eingeführt wurden, sogar konkret Anlass, sich mit diesem Thema zu befassen. Man wird daher das Bestehen einer planwidrigen Regelungslücke nicht mehr mit überzeugenden Gründen herleiten können. Dies entspricht zwischenzeitlich auch der ganz überwiegenden Rspr. zum Markenrecht (vgl. *Ingerl/Rohnke* Vor §§ 14–19 Rn. 194).

79 Die Beurteilung der Dringlichkeit in Urheberrechtsstreitsachen ist auf der Grundlage einer einzelfallorientierten Interessenabwägung vorzunehmen. Dabei sollten jedoch auch im Urheberrecht an die Darlegung der Eilbedürftigkeit keine besonders strengen Anforderungen gestellt werden, da ein wirksamer Schutz aus der Sicht des Rechtsinhabers regelmäßig nur durch ein kurzfristig erwirktes Unterlassungsgebot, selten aber über eine nachträgliche Kompensation zu erzielen sein wird. Besteht die Gefahr von weiteren Rechtsverletzungen, wird man daher auch in Urheberstreitsachen, wenn nicht der Antragsteller seit der Erstkenntnis zu lange mit der Verfolgung seines Anspruchs zugewartet hat, im Regelfall von einer Eilbedürftigkeit ausgehen können (OLG Hamburg GRUR-RR 2002, 249 – Handy-Klingeltöne; insoweit kritisch OLG Naumburg ZUM 2013, 149, 150f.). Auch das OLG Köln (GRUR 2000, 417, 418 – Elektronischer Pressespiegel) hat eine Dringlichkeit bereits dann angenommen, wenn zu befürchten ist, dass es jederzeit zu neuen Verletzungen des Urheberrechts kommen kann. Dem ist im Sinne eines effektiven Rechtsschutzes zuzustimmen (ebenso OLG Naumburg ZUM 2013, 149, 151). Zudem führt der Erlass einer einstweiligen Verfügung oft zu einer schnellen und außergerichtlichen Regelung der Gesamtangelegenheit, was auch im Interesse der Rechtspflege liegt. Die in der Rechtsprechung bisweilen für die Rechtfertigung der strengen Maßstäbe zu findenden Argumente beziehen sich bei genauer Betrachtung eher auf die Schwierigkeiten der Glaubhaftmachung der Anspruchsgrundlage. Dies mag strenge Anforderungen bei der Darlegung und Glaubhaftmachung des Verfügungsanspruchs, nicht aber beim Verfügungsgrund rechtfertigen.

80 Das OLG Celle (GRUR 1998, 50) hat hingegen darauf abgestellt, ob ein „gravierendes Interesse" an der Sicherung eines Unterlassungsanspruchs im Eilverfahren bestehe. Abgesehen davon, dass nicht ersichtlich ist, woraus das Erfordernis eines „gravierenden Interesses" abgeleitet werden soll, führt der gewählte Ansatz, wie im entschiedenen Fall dann auch geschehen, unweigerlich zur Berücksichtigung der Erfolgsaussichten. Bei letzteren handelt es sich jedoch um einen Aspekt der Begründetheit, also des Verfügungsanspruchs, und nicht des Verfügungsgrundes.

81 Eine entsprechende Anwendung von § 12 Abs. 2 UWG bei einstweiligen Verfügungen auf Auskunft **gem. § 101 Abs. 7** kommt ebenfalls nicht in Betracht (Möhring/Nicolini/*Lütje* § 101a Rn. 14; a. A. für § 19 Abs. 3 MarkenG *Ingerl/Rohnke* § 19 MarkenG Rn. 36). Insoweit fehlt es nicht nur an einer Regelungslücke, sondern es ist auch zu berücksichtigen, dass § 12 Abs. 2 UWG selbst nur auf Unterlassungsansprüche anwendbar ist, weshalb bereits die Sachverhalte nicht vergleichbar sind.

82 **b) Glaubhaftmachung.** Der **Zeitspanne zwischen Kenntniserlangung und der Beantragung** der einstweiligen Verfügung kommt unabhängig von der Frage der analogen Anwendung des § 12 Abs. 2 UWG eine große Bedeutung zu, und zwar im Rahmen der Glaubhaftmachung der Eilbedürftigkeit. Die Anforderungen, die an die hinreichende Glaubhaftmachung der Eilbedürftigkeit zu stellen sind, richten sich nach den konkreten Umständen des jeweiligen Falles. Wenn etwa aus dem Verhalten des Antragsgegners (z. B. aus der Werbung) deutlich wird, dass er ein rechtsverletzendes Produkt neu anbietet, wird sowohl die Zeitspanne der Kenntnis des Antragstellers als auch die unmittelbare Drohung weiterer Rechtsverletzungen ohne weiteres anzunehmen sein. Gibt es hingegen Anhaltspunkte dafür, dass die Rechtsverletzung bereits seit geraumer Zeit andauert, wird man vom

Antragsteller erwarten können, dass er den Sachverhalt, der zu seiner Erstkenntnis von der Rechtsverletzung geführt hat, darlegt und auch glaubhaft macht.

Bei der **Eilbedürftigkeit** handelt es sich um eine **Prozessvoraussetzung,** die von Amts wegen zu prüfen ist. Erachtet das Gericht den Antrag für unbegründet, kann es die Frage der Eilbedürftigkeit aber auch dahinstehen lassen und den Antrag als unbegründet abweisen (OLG Köln GRUR-RR 2005, 228; Köhler/Bornkamm/*Köhler* § 12 UWG Rn. 3.12). Die Eilbedürftigkeit ist zwingende Prozessvoraussetzung einer jeden einstweiligen Verfügung. Sie gilt auch für die Geltendmachung von Ansprüchen nach §§ 101 Abs. 7, 101a Abs. 3. In der Literatur (*Tilmann* GRUR 2005, 737, 738) ist dies zwar in Zweifel gezogen worden, weil die Enforcement-Richtlinie in Art. 7 für Maßnahmen der Beweissicherung das Erfordernis der Eilbedürftigkeit nicht vorsehe. Der deutsche Gesetzgeber ist diesem Aspekt nicht näher getreten, sondern hat darauf verwiesen, bei fehlender Eilbedürftigkeit sei eine Maßnahme auch nicht erforderlich, weshalb die Durchführung der Beweissicherung im Eilverfahren dann mit dem auch im Bereich des Art. 7 Enforcement-Richtlinie zu beachtenden Verhältnismäßigkeitsgrundsatz nicht in Einklang gebracht werden könnte (vgl. Begründung RefE 68). Für die Durchsetzung von Ansprüchen nach §§ 101 Abs. 7, 101a Abs. 3 im Wege der einstweiligen Verfügung ist daher vom Erfordernis der Eilbedürftigkeit auszugehen. Bei deren Beurteilung ist allerdings zu berücksichtigen, dass der Zeitpunkt der Kenntnis von den die Rechtsverletzung begründenden Umständen, anders als dies beim Unterlassungsanspruch regelmäßig der Fall sein wird, für sich nicht allein entscheidend sein kann. Vielmehr ist auch darauf abzustellen, ob im Zeitpunkt der Antragstellung ein anerkennenswertes Bedürfnis nach sofortigen Beweissicherungsmaßnahmen besteht. Dieses kann trotz längerer Kenntnis von den die Rechtsverletzung begründenden Umständen bestehen, wenn sich etwa zum Zeitpunkt der Antragstellung die Prognose in Bezug auf die spätere Verfügbarkeit der Beweismittel zu Lasten des Rechtsinhabers verändert.

c) **Relevante Faktoren.** Das Vorliegen der Eilbedürftigkeit ist unter Einbeziehung und Abwägung aller hierfür relevanten Faktoren und unter angemessener Berücksichtigung der wechselseitigen Interessen zu beurteilen.

aa) **Effektiver Rechtsschutz.** Durch die Möglichkeit, einstweilige Verfügungen zu beantragen, soll ein effektiver Rechtsschutz mit dem Ziel gewährt werden, die Rechtsdurchsetzung nicht allein daran scheitern zu lassen, dass ein entsprechendes Hauptsacheverfahren naturgemäß immer einen gewissen Zeitraum benötigt, bevor es durch eine vorläufig vollstreckbare Entscheidung abgeschlossen werden kann. Bei Unterlassungsansprüchen ist zu berücksichtigen, dass die Unterlassungsverfügung den Antragsteller zunächst einmal weitestgehend so stellt, wie bei einem entsprechenden Unterlassungsurteil im Hauptsacheverfahren. Daraus ergeben sich für den Antragsgegner nicht ganz unerhebliche Beschränkungen. Trotzdem wird ein effektiver Rechtsschutz bei Unterlassungsansprüchen, wenn weitere Verletzungen drohen, regelmäßig nur durch eine einstweilige Verfügung gewährt werden können. Dies ergibt sich bereits daraus, dass die Unterlassung nicht „nachgeholt" werden kann, weshalb dem Antragsteller die Durchsetzung seines Unterlassungsanspruchs bei der Versagung einstweiligen Rechtsschutzes für einen nicht unerheblichen Zeitraum unmöglich wird. Bis zur Erlangung eines Titels im Hauptsacheverfahren müsste der Antragsteller den Rechtsverletzungen tatenlos zusehen und wäre insoweit von vornherein auf die Geltendmachung von Schadensersatzansprüchen verwiesen. Daran ist unbefriedigend, dass es sich bei dem Schadensersatzanspruch wirtschaftlich nur um einen Sekundäranspruch für den zeitweise nicht durchgesetzten bzw. nicht durchsetzbaren Unterlassungsanspruch handelt (vgl. zu diesem Aspekt auch OLG Naumburg ZUM 2013, 149, 151). Der Antragsteller erhält also in diesem Fall von vornherein nicht den ihm eigentlich zustehenden Anspruch auf Unterlassung, also Beachtung seines ihm eigentlich zustehenden Ausschließlichkeitsrechts. Auch ist zu berücksichtigen, dass die Geltendmachung von Schadensersatzansprüchen zu einem nicht unerheblichen Teil von der Durchsetzung eines Auskunftsanspruchs und der Solidität des Rechtsverletzers abhängt. Beides bereitet in der Praxis regelmäßig Probleme, weshalb ein Schadensersatzanspruch im Regelfall keine gleichwertige Kompensation für einen zunächst nicht durchsetzbaren Unterlassungsanspruch bietet. Daraus folgt, dass die Gewährung eines effektiven Rechtsschutzes bei Vorliegen der weiteren prozessualen und materiell-rechtlichen Voraussetzungen regelmäßig zugunsten des Antragstellers zu berücksichtigen ist.

86 **bb) Zeitablauf.** Im Anwendungsbereich des § 12 Abs. 2 UWG gehen die Ansichten, innerhalb welcher Zeitspanne ab Kenntnis der für die Geltendmachung des Unterlassungsanspruchs maßgeblichen Umstände die Dringlichkeitsvermutung widerlegt wird, sehr weit auseinander. Teilweise wird die Ansicht vertreten, die Dringlichkeit **entfalle einen Monat** nach Kenntniserlangung (so insb. OLG München WRP 2008, 972, 976; OLG München GRUR 1992, 328; OLG München WRP 1980, 172, 173; OLG Hamm GRUR 1993, 855; in diese Richtung auch OLG Köln GRUR 1993, 685, 686 [sechs Wochen]). Andere Gerichte (vgl. etwa OLG Hamburg WRP 1992, 395; OLG Hamburg GRUR 1983, 436, 437; OLG Hamburg WRP 1986, 290; OLG Frankfurt GRUR 1991, 67; OLG Bremen NJW-RR 1991, 44) beurteilen die Eilbedürftigkeit dagegen großzügiger und lassen auch Zeitspannen von mehreren Monaten (in besonderen Fällen auch bis zu höchstens **sechs Monaten**) zu. Bei den Gerichten, die keine feste zeitlichen Grenzen aufstellen, kommt es auf die Umstände des Einzelfalls und darauf an, ob der Antragsteller trotz Kenntnis der maßgeblichen Umstände über längere Zeitspannen hinweg untätig geblieben ist oder ob etwaige Verzögerungen auf nachvollziehbaren Umständen (ausführliche vorgerichtliche Korrespondenz, Vergleichsverhandlungen, komplizierte Sach- und Rechtslage, ergänzende Ermittlung des Sachverhalts etc.) zurückzuführen sind. Detaillierte Übersichten über die Rechtsprechung der einzelnen Oberlandesgerichte zur Dringlichkeit sind bei Ahrens/ *Schmuckle* Kap. 45 Rn. 40f., Harte/Henning/*Retzer* § 12 UWG Rn. 942f. und Köhler/ Bornkamm/*Köhler* § 12 UWG Rn. 3.15b zu finden.

87 **Kenntnis** hat der Antragsteller erlangt, wenn ihm die **Rechtsverletzung selbst bekannt geworden** ist. Auf ein **Kennenmüssen** kommt es grds. nicht an (Köhler/ Bornkamm/*Köhler* § 12 UWG Rn. 3.15a), auch nicht, wenn die Rechtsverletzung bei aufmerksamer Marktbeobachtung früher erkennbar gewesen wäre. Sind jedoch dem Antragsteller nachweislich an ihn gerichtete Unterlagen zugegangen oder sind Informationen sonst wie in seinen Herrschaftsbereich gelangt, kommt es nicht mehr darauf an, ob er sie auch tatsächlich zur Kenntnis genommen hat. Auf die positive Kenntnis kann es in Ausnahmefällen auch dann nicht ankommen, wenn es sich bei den Parteien um unmittelbare Wettbewerber handelt und sich der maßgebende Sachverhalt seit einer längeren Zeit in praktisch nicht zu übersehender Weise der Öffentlichkeit ereignete. Diese Fälle lassen sich unproblematisch über die Verteilung der Darlegungs- und Glaubhaftmachungslast lösen. Zudem wird man im Hinblick auf die Regelung zum Beginn der Verjährung von Ansprüchen (§ 199 Abs. 1 Nr. 2 2. Alt. BGB) der positiven Kenntnis die grob fahrlässige Unkenntnis auch bei der Beurteilung der Eilbedürftigkeit gleichsetzen müssen.

88 Bei **juristischen Personen** und anderen **parteifähigen Vereinigungen** ist auf deren **Organe** abzustellen, wobei es genügt, wenn ein Organmitglied Kenntnis erlangt hat. Die **Kenntnis von Mitarbeitern** ist der juristischen Person entsprechend dem in § 166 Abs. 1 BGB enthaltenen Rechtsgedanken unabhängig vom Vorliegen eines Vertretungsverhältnisses im Rechtssinne zuzurechnen, wenn diese entweder aufgrund einer konkreten Einzelweisung oder durch die Organisationsstruktur des Unternehmens bestimmungsgemäß mit dem Sachverhalt in Berührung gekommen sind (OLG Frankfurt a. M. MD 2000, 285, 286 m. w. N.; OLG Köln NJW-RR 1999, 694). Es kommt dabei nicht einmal auf die konkret getroffene, sondern auf eine sachgerechte und gebotene Organisationsstruktur an (BGHZ 135, 202, 206).

cc) Fristverlängerungen/Antragsrücknahme. Im Anwendungsbereich des § 12 **89** Abs. 2 UWG wird wohl überwiegend die Ansicht vertreten, die Ausschöpfung einer verlängerten Berufungsbegründungsfrist könnte zu einer Widerlegung der Eilbedürftigkeit führen (so etwa OLG Düsseldorf GRUR-RR 2003, 31 f. – Taxi Duisburg; KG GRUR 1999, 1133; OLG München GRUR 1992, 328), während andere (z. B. OLG Hamburg WRP 1996, 27, 28) einen großzügigeren Maßstab anlegen. Ebenso wird vertreten (OLG Frankfurt a. M. GRUR-RR 2002, 44 f. – Eilantrag), die Zurücknahme eines Antrags auf Erlass einer einstweiligen Verfügung in der Beschwerdeinstanz stände der Eilbedürftigkeit eines entsprechenden neuen Antrags vor einem anderen Gericht entgegen.

Die Frage, ob im konkreten Fall eine Eilbedürftigkeit vorliegt, ist unter **Abwägung** aller für **90** die **Beurteilung** der **Eilbedürftigkeit relevanten Faktoren** zu beantworten. Mit einem solchen Abwägungsprozess ist es nur schwer in Einklang zu bringen in apodiktischer Weise bei gewissen Umständen stets eine fehlende Eilbedürftigkeit anzunehmen. Sicherlich wird es Umstände geben, die häufig als Argument gegen das Vorliegen einer Eilbedürftigkeit herangezogen werden können. Dies wird man aber nicht pauschal für jeden Fall sagen können. Die Ausschöpfung von Fristverlängerungen ist stets ein Umstand, der bei der Beurteilung der Eilbedürftigkeit mit zu würdigen ist. Ist der Fall in tatsächlicher und rechtlicher Hinsicht einfach gelagert, wird die Ausschöpfung einer um 1 Monat verlängerten Berufungsbegründungsfrist der Annahme einer Eilbedürftigkeit daher, wenn keine besonderen Gründe vorliegen, häufig entgegenstehen. Unschädlich kann dies aber wiederum in einem Fall sein, in dem – ggf. auch aufgrund der erstinstanzlichen Entscheidung – umfangreiche Recherchen in Bezug auf kompliziert gelagerte Sachverhalte und Rechtsfragen notwendig sind.

Gleichfalls wird man bei einem bereits zurückgenommenen Antrag auf Erlass einer **91** einstweiligen Verfügung die Frage, ob einem erneuten Antrag bei einem anderen Gericht die Eilbedürftigkeit abzusprechen ist, einer differenzierten Prüfung unterziehen müssen. So kann auch bei einer Zurücknahme des Antrags im Beschwerdeverfahren erst ein Zeitraum verstrichen sein, der für die Annahme einer Eilbedürftigkeit normalerweise als unproblematisch zu betrachten ist. Wollte man nun allein wegen der Antragsrücknahme bei einem anderen Gericht die Eilbedürftigkeit verneinen, könnte es zu Wertungswidersprüchen im Verhältnis zur Beurteilung der Eilbedürftigkeit bei „Erstanträgen" kommen, die möglicherweise noch später eingereicht werden. Eine im Vordringen befindliche Ansicht lässt aber bei der Zurücknahme des Erstantrags das Rechtsschutzinteresse für einen erneuten Antrag entfallen (OLG Frankfurt a. M. GRUR 2005, 972; ebenso OLG Hamburg WRP 2010, 790, 792 bei der Anrufung mehrerer Gerichte mit demselben Antrag; siehe hierzu auch Köhler/Bornkamm/*Köhler* § 12 Rn. 3.16a).

dd) Neue Umstände. Neue Umstände können auch eine neue eigenständige Eilbe- **92** dürftigkeit begründen. Maßgebend kommt es darauf an, ob im Verhältnis zu den Umständen, die bereits länger bekannt sind und daher keine Grundlage mehr für eine einstweilige Verfügung sein können, eine wesentliche Änderung eingetreten ist, die zu einer in sich neuen Verletzungssituation führt (vgl. auch Köhler/Bornkamm/*Köhler* § 12 UWG Rn. 3.19). Hiervon wird man in der Regel ausgehen können, wenn der Antragsgegner die rechtsverletzende Handlung zunächst nur ankündigt (z. B. Werbung für eine zukünftige Markteinführung) und später tatsächlich umsetzt (vgl. zur Begründung einer neuen Eilbedürftigkeit durch die tatsächliche Aufnahme der Benutzung einer bereits seit längerem eingetragenen Marke: OLG Hamburg WRP 1998, 326 – Kellogg's/Kelly; *Ingerl/Rohnke* Vor §§ 14–19 MarkenG Rn. 202 m. w. N.; a. A. OLG Köln WRP 1997, 872 – Spring/Swing). Des Weiteren können neue relevante Umstände für die Eilbedürftigkeit vorliegen, wenn die Rechtsverletzung erheblich intensiviert wird.

4. Verfügungsanspruch

a) Glaubhaftmachung. Unter dem Verfügungsanspruch ist die **materiell-rechtliche** **93** **Grundlage** zu verstehen, aus welcher der Antragsteller den von ihm geltend gemachten

Anspruch ableitet. Der Antragsteller hat die tatsächlichen Voraussetzungen **glaubhaft zu machen,** die zur Erfüllung der Tatbestandsmerkmale der betreffenden Anspruchsgrundlage erforderlich sind. Umstritten ist, ob die Glaubhaftmachungslast im Verfahren auf Erlass einer einstweiligen Verfügung der Beweislast im Hauptsacheverfahren folgt (so etwa KG WRP 1978, 819) oder ob, zumindest im Beschlussverfahren, der Antragsteller auch glaubhaft machen muss, dass etwaige Einreden oder Einwendungen gegen den Anspruch nicht bestehen (so OLG Karlsruhe GRUR 1987, 845, 847; Köhler/Bornkamm/*Köhler* § 12 UWG Rn. 3.21 m. w. N.). Der letzteren Ansicht ist für das Beschlussverfahren der Vorzug zu geben. Erstrebt der Antragsteller ohne mündliche Verhandlung den Erlass einer einstweiligen Verfügung, ist ihm auch zuzumuten, das Nichtvorliegen etwaiger Einreden und Einwendungen glaubhaft zu machen. Dabei ist zu beachten, dass sich diese Glaubhaftmachungslast nicht auf alle theoretisch denkbaren Umstände, die dem geltend gemachten Anspruch entgegenstehen könnten, erstreckt, sondern dass vernünftigerweise nur die Glaubhaftmachung des Nichtvorliegens von Einreden und Einwendungen erforderlich sein kann, deren Vorliegen aufgrund des ansonsten vorgetragenen Sachverhalts sowie etwaiger gerichtsbekannter Umstände oder des Vortrags in der Beantwortung der Abmahnung oder in einer Schutzschrift als durchaus möglich erscheint. Geht der Antragsteller etwa gegen den Vertrieb von Vervielfältigungsstücken vor, deren Herstellung und Vertrieb er im Ausland zugestimmt hat, wird er stets auch glaubhaft machen müssen, dass seine Zustimmung nicht zu einer Erschöpfung des inländischen Verbreitungsrechts geführt hat (vgl. zum Umfang der Erschöpfung § 17 Rn. 26 ff.).

94 Anders als beim Beweis gibt es für die Glaubhaftmachung **keinen abschließenden Katalog von zulässigen Glaubhaftmachungsmitteln.** Das mit Abstand wichtigste Glaubhaftmachungsmittel ist die eidesstattliche Versicherung, die dem Gericht im Original vorgelegt werden sollte. Stammt die eidesstattliche Versicherung von einer Person, die in einem Hauptsacheverfahren als Zeuge vernommen werden kann, ist aber auch eine eidesstattliche Versicherung in Telefax-Form akzeptabel (BGH GRUR 2002, 915, 916 – Wettbewerbsverbot in Realteilungsvertrag).

95 Der Antragsteller sollte den entscheidungserheblichen Sachverhalt bereits im erstinstanzlichen Verfahren intensiv untersuchen und in geeigneter Weise glaubhaft machen. Eine ggf. prozesstaktisch motivierte Zurückhaltung von Angriffs- und Verteidigungsmitteln kann, wenn diese erst im Rahmen der Berufungsinstanz in das Verfahren eingeführt werden, zu deren Zurückweisung führen. Die **Regelung des § 531 Abs. 2 ZPO** ist nämlich **auch im einstweiligen Verfügungsverfahren anwendbar** (OLG Hamburg GRUR-RR 2003, 135, 136 – Bryan Adams; KG GRUR-RR 2003, 310, 311; a. A. Zöller/*Vollkommer*, ZPO, § 925 Rn. 12). Allerdings bedeutet dies nicht, dass im einstweiligen Verfügungsverfahren an die Darlegung einer fehlenden Nachlässigkeit (§ 531 Abs. 2 Nr. 3 ZPO) dieselben Maßstäbe angelegt werden müssten wie in einem Hauptsacheverfahren. Vielmehr gilt hier im Interesse einer schnellen und effektiven Sicherung von bedrohten Rechten ein großzügiger Maßstab, bei dem insb. auch berücksichtigt wird, welcher Aufwand mit dem Recherchieren des Sachverhalts verbunden ist und ob etwaige Glaubhaftmachungsmittel sofort verfügbar sind oder aber aufwendige Recherchen und Rücksprachen mit Dritten erfordern (OLG Hamburg GRUR-RR 2003, 135, 136 – Bryan Adams [Schwierigkeit des lückenlosen Nachweises von Rechteketten mit internationaler Verflechtung]).

96 **b) Ansprüche. aa) Unterlassung.** Im Verfahren auf Erlass einer einstweiligen Verfügung können insb. **Unterlassungsansprüche** geltend gemacht werden. Hierdurch wird zwar zunächst ein Zustand geschaffen, der praktisch dem bei einem entsprechenden Hauptsacheurteil gleicht. Dies ist aber hinzunehmen, weil anders ein Unterlassungsanspruch nicht vorläufig gesichert werden könnte und es regelmäßig Schwierigkeiten bereitet, im Nachhinein eine angemessene Kompensation für Verletzungshandlungen zu erlangen. Eine Ausnahme gilt aber für die Tenorierung eines Besitzverbots. Hier kann im Wege der

einstweiligen Verfügung allein die Herausgabe der rechtsverletzenden Gegenstände an den Gerichtsvollzieher durchgesetzt werden (OLG Hamburg WRP 1997, 106, 112 – Gucci [zu § 14 Abs. 3 Nr. 2 MarkenG]).

bb) Auskunft. Bei Auskunftsansprüchen kommt der Erlass einer einstweiligen Verfügung nur hinsichtlich des selbstständigen Auskunftsanspruchs unter den in § 101 Abs. 7 genannten Voraussetzungen in Betracht. Erforderlich ist eine offensichtliche Rechtsverletzung. Diese liegt vor, wenn weder in tatsächlicher noch in rechtlicher Hinsicht ernsthafte Zweifel an dem Vorliegen einer Rechtsverletzung bestehen. Der Rechtsinhaber hat dabei neben den anspruchsbegründenden Tatsachen auch zu etwaigen Einwendungen, wie etwa dem Einwand der fehlenden Erschöpfung, vorzutragen, wenn der Lebenssachverhalt Anlass zu der Annahme gibt, dass solche Umstände vorliegen könnten (vgl. zu den materiell-rechtlichen Voraussetzungen des Auskunftsanspruchs § 101 Rn. 7 ff.). Der unselbstständige Auskunftsanspruch kann dagegen wegen des grds. bestehenden Verbots der Vorwegnahme der Hauptsache nicht im Wege der einstweiligen Verfügung durchgesetzt werden (so auch OLG Hamburg WRP 2006, 1262 (Ls.)). Nach § 101b Abs. 3 kommt aber die Sequestration von Unterlagen in Betracht, in denen Informationen über Art, Inhalt und Umfang der Rechtsverletzung enthalten sind. 97

cc) Besichtigung, Vorlage von Urkunden (§ 101a). Seit Umsetzung der Enforcement-Richtlinie in nationales Recht hält § 101a einen eigenen Anspruch auf Vorlage und Besichtigung bereit (vgl. dazu auch oben Rn. 67 f.; zu den materiell-rechtlichen Voraussetzungen vgl. im Einzelnen § 101a Rn. 6 ff.). Zuvor wurden die §§ 809 f. BGB, mangels spezialgesetzlicher Regelung, als materiell-rechtliche Anspruchsgrundlagen für einen Vorlage- bzw. Besichtigungsanspruch herangezogen. Diese Ansprüche können auch dem Urheber oder dem Inhaber urheberrechtlicher Nutzungsrechte zustehen, wenn dieser sich vergewissern wollte, ob eine bestimmte Sache unter Verletzung des geschützten Werkes hergestellt worden ist (BGH NJW-RR 2002, 1617, 1618 – Faxkarte; BGH GRUR 2013, 509 Tz. 17 f. – UniBasic-IDOS). Der Anspruch nach § 101a und seine Durchsetzung steht in einem engen Verhältnis zu der prozessualen Möglichkeit, den Nachweis der rechtsverletzenden Umstände auch vor der Einleitung eines entsprechenden Klageverfahrens in einem selbstständigen Beweisverfahren zu dokumentieren, um diese in einem späteren Verletzungsprozess verwertbar zu machen. Die isolierte Durchführung eines selbstständigen Beweisverfahrens erfolgt dann, wenn der Verletzungsgegenstand frei zugänglich ist und dies für einen Sachverständigen ausreichend ist, um die Rechtsverletzung zu dokumentieren (vgl. zum selbstständigen Beweisverfahren oben Rn. 74). Bedarf es hingegen eines Eingriffs in eine Sphäre, die dem vermeintlichen Verletzer vorbehalten ist, kann der Rechtsinhaber die zum abschließenden Nachweis der Rechtsverletzung erforderlichen Umstände nur unter zusätzlicher Geltendmachung der in § 101a neu geregelten Rechte vor der Einleitung eines Klageverfahrens erfassen und dokumentieren. 98

Der **Besichtigungsanspruch** nach § 809 BGB konnte in einem aus selbstständigen Beweisverfahren und flankierender einstweiliger Verfügung kombinierten Verfahren durchgesetzt werden (OLG Düsseldorf GRUR 1983, 741 – Geheimhaltungsinteresse und Besichtigungsanspruch I; OLG Düsseldorf GRUR 1983, 745 – Geheimhaltungsinteresse und Besichtigungsanspruch II; ausführlich zu dieser sog. „Düsseldorfer Praxis" *Kühnen* GRUR 2005, 185, 187 f.). Die Besichtigung erfolgte durch einen unabhängigen Sachverständigen, dessen Feststellungen grds. nicht vor Abschluss dieses Verfahrens an den Rechtsinhaber weitergegeben werden durften (KG GRUR-RR 2001, 118, 119; großzügiger OLG Frankfurt a. M. GRUR-RR 2006, 295, 296, wonach im Falle eines besonderen Interesses ausnahmsweise auch vorab eine Übermittlung der Erkenntnisse möglich sein soll). Im Rahmen der Besichtigung konnte der Sachverständige über § 809 BGB auch Computer untersuchen, wenn eine gewisse Wahrscheinlichkeit dafür bestand, dass auf diesen unberechtigt urheberrechtlich geschützte Programme genutzt wurden (KG GRUR-RR 2001, 118, 120). 99

100 Ebenso wie der Besichtigungs- und Vorlageanspruch gem. §§ 809, 810 BGB kann auch der spezialgesetzlich geregelte Besichtigungs- und Vorlageanspruch nach § 101a Abs. 1 im Wege der **einstweiligen Verfügung** geltend gemacht werden. Durch § 101a Abs. 3 wird klargestellt, dass dem Erlass einer einstweiligen Verfügung nicht das Verbot der Vorwegnahme der Hauptsache entgegen steht. Der Antragsteller muss sämtliche Voraussetzungen der §§ 935 ff. ZPO darlegen. Dazu gehört auch die Glaubhaftmachung der Eilbedürftigkeit. Dies ist zum Teil bezweifelt worden (vgl. *Tilmann* GRUR 2005, 737, 738), da Art. 7 der Enforcement-Richtlinie die Eilbedürftigkeit für den Erlass einer beweissichernden Maßnahme nicht voraussetze. Der deutsche Gesetzgeber hat sich dieser Sichtweise nicht angeschlossen und in § 101a Abs. 3 S. 1 allein geregelt, dass der Erlass einer einstweiligen Verfügung nicht am Verbot der Vorwegnahme der Hauptsache scheitere. Die Eilbedürftigkeit muss daher auch bei der Geltendmachung eines Anspruchs nach § 101a glaubhaft gemacht werden (s. o. Rn. 83). Eine andere Frage ist, ob die Eilbedürftigkeit auch im Rahmen des § 101a Abs. 3 bereits dann entfällt, wenn der Antragsteller längere Zeit seit Kenntnis der möglichen Rechtsverletzung zugewartet hat (so OLGR Köln 2009, 258 f.). Den Zeitraum des Zuwartens alleine wird man hier, anders als bei einer Unterlassungsverfügung, nicht als mehr oder weniger allein entscheidend ansehen können. Der Antragsteller kann nämlich in der Praxis den Anspruch nach § 101a nur im Wege der einstweiligen Verfügung sinnvoll durchsetzen, da sonst die Vernichtung oder Beseitigung von Beweismitteln droht (vgl. OLG Düsseldorf BeckRS 2010, 18850). Dies gebietet es, die für Unterlassungsverfügungen von einigen Gerichten nicht nur recht kurzen, sondern auch starren Fristen nicht auf § 101 Abs. 3 zu übertragen. Gleichwohl wird man, da der Gesetzgeber auf das Merkmal der Eilbedürftigkeit nicht verzichtet hat, bei einem sehr langen Zuwarten erwarten dürfen, dass der Antragsteller hierfür nachvollziehbare Gründe vortragen kann.

101 Anders als die §§ 101 Abs. 7, 101b Abs. 3 setzt § 101a Abs. 3 für den Erlass einer einstweiligen Verfügung nicht voraus, dass es sich um eine offensichtliche Rechtsverletzung handelt. Dies mag auf dem ersten Blick nicht konsequent erscheinen, da bei der Durchsetzung von Ansprüchen nach § 101a ebenfalls in nicht unerheblicher Weise in den eigentlich geschützten Interessenbereich des vermeintlichen Verletzers eingegriffen wird und dies sogar ohne einen vollständigen Nachweis der Rechtsverletzung erbringen zu müssen. Das Absehen von dem Erfordernis einer offensichtlichen Rechtsverletzung erklärt sich aber, wenn man den Inhalt sowie den Sinn und Zweck der Ansprüche nach § 101a berücksichtigt. Sie sollen den Rechtsinhaber, der unter Heranziehung der ihm zugänglichen Beweismittel zumindest eine hinreichende Wahrscheinlichkeit für eine Rechtsverletzung darlegen kann, in die Lage versetzen, den Vollbeweis der Rechtsverletzung führen zu können und die hierfür erforderlichen Beweismittel zu sichern. Folglich liegt es auf der Hand, dass der Rechtsinhaber, der zum vollständigen Beweis der Rechtsverletzung auf die Durchsetzung von Ansprüchen nach § 101a angewiesen ist, den Nachweis einer „offensichtlichen Rechtsverletzung" noch gar nicht führen kann.

102 Das Gericht hat nach § 101a Abs. 3 S. 2 die erforderlichen Vorkehrungen zum Schutz vertraulicher Informationen zu treffen. Dies gilt insb. dann, wenn die einstweilige Verfügung ohne vorherige Anhörung des vermeintlichen Verletzters ergeht. Soweit es Personen betrifft, die am Verfahren nicht beteiligt sind, kann der Schutz des vermeintlichen Verletzers prozessual über den Ausschluss der Öffentlichkeit (§§ 171b, 172 GVG) gewährleistet werden. Schwieriger ist die erforderliche Geheimhaltung im Verhältnis zum Rechtsinhaber, da dieser am Verfahren beteiligt ist und in dieser Rolle im Grundsatz auch einen Anspruch auf Kenntnis des gesamten Tatsachenstoffs hat, der zum Gegenstand des Verfahrens gehört (*Spindler/Weber* MMR 2006, 711, 712 m. w. N.). Die Enforcement-Richtlinie und deren Umsetzung in nationales Recht geben keine Antwort dazu, wie zugunsten des vermeintlichen Verletzers ein im Einzelfall gebotener Schutz gewährleistet werden soll. Vielmehr ist dieser Aspekt bewusst offen gelassen und der Ausfüllung durch die Rechtsprechung überlassen worden (krit. zum Fehlen einer gesetzlichen Regelung der Schutzvorkehrungen *Peukert/Kur* GRUR Int. 2005, 292, 302).

In der Literatur ist im Vorfeld der Umsetzung der Enforcement-Richtlinie eine konkrete **103** gesetzliche Regelung dazu gefordert worden, wie der Geheimnisschutz auf der prozessualen Ebene verankert werden kann (vgl. etwa *Spindler/Weber* MMR 2006, 711, 713f.; *Seichter* WRP 2006, 391, 394; *v. Hartz* ZUM 2005, 376, 381f.; a.A. *Kühnen* GRUR 2005, 185, 193f., der die sog. „Düsseldorfer Praxis" als richtlinienkonforme Handhabung der vorläufigen Beweissicherung ansieht und daher keinen Umsetzungsbedarf annimmt). Vorgeschlagen wurden u.a. die Einführung eines „in camera"-Verfahrens nach dem Vorbild des § 99 VwGO, die Einführung von Geheimverfahren oder die gerichtliche Einsetzung von zur Verschwiegenheit gegenüber ihren Mandanten verpflichteten Rechtsanwälten (Überblick bei *Spindler/Weber* MMR 2006, 711, 712f.). Nachdem sich der deutsche Gesetzgeber für keine der diskutierten verfahrensrechtlichen Varianten zur Sicherung vertraulicher Informationen entschieden hat, ist die Diskussion für die Praxis zunächst einmal abgeschlossen. Die Einführung eines „in camera"-Verfahrens bei der Durchsetzung von Ansprüchen nach § 101a oder die sonstige Verkürzung von prozessualen Rechten der Parteien, die den Anspruch auf rechtliches Gehör tangieren könnten, hätten einer gesetzlichen Regelung bedurft und können daher nicht im Wege der richterlichen Rechtsfortbildung vorgesehen werden. Nur dann, wenn der Rechtsinhaber freiwillig auf die Wahrnehmung gewisser prozessualer Rechte verzichtet, kann es auch verfahrensrechtlich zu einer umfassenden Absicherung von vertraulichen Informationen kommen (vgl. dazu *Spindler/Weber* MMR 2006, 711, 713). Zu einem solchen Verzicht ist der Rechtsinhaber jedoch nicht verpflichtet.

Nachdem der deutsche Gesetzgeber untätig geblieben ist, bietet sich für den im Einzel- **104** fall gebotenen Schutz vertraulicher Informationen der Rückgriff auf die insb. zum Besichtigungsanspruch nach § 809 BGB im Bereich des Patentrechts entwickelte **„Düsseldorfer Praxis"** an (vgl. OLG Düsseldorf GRUR 1983, 741 – Geheimhaltungsinteresse und Besichtigungsanspruch I; OLG Düsseldorf GRUR 1983, 745 – Geheimhaltungsinteresse und Besichtigungsanspruch II; ausführlich *Kühnen* GRUR 2005, 185, 187f.). Dabei erfolgt die Besichtigung der vermeintlich rechtsverletzenden Sache im Rahmen eines selbstständigen Beweisverfahrens (§§ 485ff. ZPO) durch einen vom Gericht bestellten Sachverständigen. Sofern dies erforderlich ist, wird der vermeintliche Verletzer zur Duldung der Besichtigung im Wege einer flankierenden einstweiligen Verfügung angehalten. Eine flankierende einstweilige Verfügung ist nicht erforderlich, wenn die zu besichtigende Sache der Öffentlichkeit in einer Weise zugänglich ist, dass der Sachverständige die zur Verwirklichung der Rechtsverletzung erforderlichen Merkmale feststellen kann. In diesem Fall richtet sich das Verfahren allein nach den Regelungen über das selbstständige Beweisverfahren (s.o. Rn. 74). Geheimhaltungsinteressen des vermeintlichen Verletzers können dann nicht betroffen sein, da dieser die Sache der gesamten Öffentlichkeit zugänglich gemacht hat. Problematisch sind hingegen die Fälle, in denen die vermeintlich rechtsverletzende Sache nicht frei zugänglich ist und daher eine Besichtigung nicht ohne einen Eingriff in die eigentlich geschützte Sphäre des vermeintlichen Verletzers erfolgen kann. Dieser Fall wird nun auf der Ebene des materiellen Rechts durch § 101a spezialgesetzlich im UrhG geregelt.

Die Besichtigung von vermeintlich rechtsverletzenden Sachen, die nicht frei zugänglich **105** sind, erfolgt durch einen vom Gericht zu bestellenden und zur Verschwiegenheit verpflichteten **Sachverständigen.** Das Gericht ordnet auf Antrag des Rechtsinhabers die Durchführung der Besichtigung im Rahmen eines selbstständigen Beweisverfahens an. Regelmäßig wird das Gericht den vermeintlichen Verletzer zugleich auch verpflichten, die Besichtigung zu dulden (vgl. zur Tenorierung eines entsprechenden Beschlusses im Bereich des Patentrechts *Kühnen* GRUR 2005, 185, 187). Ein materiell-rechtlicher Anspruch des Rechtsinhabers gegen den vermeintlichen Rechtsverletzer auf Duldung ergibt sich aus § 101a Abs. 1. Diese Anordnungen ergehen in aller Regel **ohne vorherige Anhörung,** weil nur auf diese Weise ein effektiver Rechtsschutz gewährt werden kann. Bei vorheriger Anhörung des vermeintlichen Verletzers wäre nämlich stets mit Verdunkelungsmaßnahmen zu rechnen (*Kühnen* GRUR 2005, 185, 190). Durch das Absehen von einer vorherigen Anhörung wird der vermeintliche Verletzer nicht unzumutbar belastet. Die Besichtigung als solche erfordert nach § 101a die Glaubhaftmachung der hinreichenden Wahrscheinlichkeit einer Rechtsverletzung. Dies schließt zwar nicht aus, dass sich der Vorwurf der Rechtsverletzung später nicht erhärtet. Auch dann steht der vermeintliche Verletzer aber nicht schutzlos da. Zum einen werden seinen Geheimhaltungsinteressen bei der Besichtigung auch ohne vorherige Anhörung durch die Einsetzung eines gerichtlichen Sachverständigen Rechnung getragen. Zum anderen kann er etwaige dennoch entstandene Schäden nach § 101a Abs. 5 ersetzt verlangen. Dem gegenüber dominiert das Interesse des Rechtsinhabers, bei einer von ihm glaubhaft gemachten hinreichend wahrscheinlichen Rechtsverletzung die vermeintlich rechtsverletzende Sache durch einen Sachverständigen in einem unveränderten Zustand besichtigen zu lassen. Letzteres ist nur bei einem Absehen von einer vorherigen Anhörung des vermeintlichen Verletzers gewährleistet.

106 Zum Schutz vertraulicher Informationen des vermeintlichen Verletzers erfolgt die Besichtigung der Sache grds. **nicht in Anwesenheit des Rechtsinhabers.** Vielmehr werden durch den gerichtlichen Beschluss nur der Sachverständige, der vermeintliche Verletzer und der Rechtsanwalt des Rechtsinhabers zur Besichtigung zugelassen. Der Rechtsinhaber ist gut beraten, dies von selbst so zu beantragen, da er ansonsten die vorherige Anhörung des vermeintlichen Verletzers riskiert, damit das Gericht gesicherte Kenntnis darüber erlangt, ob und ggf. welche vertraulichen Informationen des vermeintlichen Verletzers bei einer ggf. unter Beteiligung des Rechtsinhabers durchzuführende Besichtigung zu schützen sind. Eine vorherige Anhörung des vermeintlichen Verletzers birgt aber regelmäßig die Gefahr in sich, den Erfolg der Besichtigung durch etwaige Verdunkelungsmaßnahmen zu entwerten. Der teilnehmende Rechtsanwalt des Rechtsinhabers wird durch das Gericht zur Verschwiegenheit verpflichtet, und zwar auch im Verhältnis zu seinem Mandanten. Beantragt der Rechtsinhaber eine Besichtigung an der nur sein Rechtsanwalt zugelassen ist, liegt darin ein Verzicht auf sein prozessuales Teilnahmerecht und sein diesbezügliches Informationsrecht gegenüber seinem Rechtsanwalt.

107 Nach Durchführung der Besichtigung erstattet der Sachverständige ein schriftliches **Gutachten,** welches er dem Gericht übergibt. Dieses leitet das Gericht an den vermeintlichen Verletzer (ggf. an einen von diesem zwischenzeitlich bestellten Rechtsanwalt) und den Rechtsanwalt des Rechtsinhabers weiter. Der vermeintliche Verletzer wird dazu aufgefordert, zu etwaigen geheimhaltungsbedürftigen Bestandteilen des Gutachtens vorzutragen. Sodann entscheidet das Gericht darüber, ob auch dem Rechtsinhaber das Gutachten zugänglich gemacht werden kann (vgl. hierzu im Einzelnen *Kühnen* GRUR 2005, 185, 191 f.). Dies ist unproblematisch, sofern das Gutachten keine vertraulichen Informationen aufweist. Problematisch ist es hingegen, wenn ein berechtigtes Geheimhaltungsinteresse an dem Gutachten oder zumindest an Teilen von diesem geltend gemacht werden kann. In diesem Fall ist zunächst zu prüfen, ob die Übergabe eines entsprechend geschwärzten Exemplars des Gutachtens in Betracht kommt. Dies wird aber häufig zu einem nicht mehr verständlichen oder zumindest nur eingeschränkt nachvollziehbaren Gutachteninhalt führen, womit dem Rechtsinhaber auch nicht gedient ist. Eine am Sinn und Zweck des Besichtigungsanspruchs orientierte und die Bedeutung der Interessen zutreffend gewichtende Entscheidung des Gerichts kommt in einem solchen Fall daher nicht ohne eine Beurteilung darüber aus, ob denn nach den Feststellungen des Gutachtens eine Rechtsverletzung tatsächlich gegeben ist. Dokumentiert das Gutachten eine Rechtsverletzung, ist dem Interesse des Rechtsinhabers, uneingeschränkten Zugang zu dem Gutachten zu erhalten, der Vorrang beizumessen. Umgekehrt überwiegt ein berechtigtes Geheimhaltungsinteresse des vermeintlichen Verletzers, wenn sich die Rechtsverletzung durch das Gutachten nicht erhärten lässt (*Kühnen* GRUR 2005, 185, 192).

Nach Art. 7 Abs. 3 der Enforcement-Richtlinie muss das nationale Recht die **Aufhebung der einstweiligen Verfügung** vorsehen, wenn nicht innerhalb einer bestimmten Frist das Hauptsacheverfahren eingeleitet wird. Eine Fristsetzung durch das Gericht oder eine automatische „Verfallfrist" für den Fall der fehlenden Einleitung eines Hauptsacheverfahrens sieht die ZPO nicht vor. Allerdings kann der vermeintliche Rechtsverletzer nach § 926 ZPO beantragen, dem Rechtsinhaber durch das Gericht eine Frist zur Erhebung der Hauptsacheklage zu setzen. Dies führt zu einer für den Rechtsinhaber günstigeren Rechtslage, was nach Art. 2 Abs. 1 der Enforcement-Richtlinie zulässig ist. 108

Nicht die Durchführung des selbstständigen Beweisverfahrens aber die Vollstreckung der flankierenden Duldungsverfügung kann von einer vom Antragsteller zu zahlenden angemessenen **Sicherheitsleistung** abhängig gemacht werden. Für die Höhe der Sicherheitsleistung ist derjenige Schaden zu berücksichtigen, der dem Besichtigungsschuldner durch die angeordnete Maßnahme voraussichtlich entstehen kann (*Kühnen* GRUR 2005, 185, 195). Die Anordnung einer angemessenen Sicherheitsleistung sollte der Regelfall sein, um so dem Umstand Rechnung zu tragen, dass der vermeintliche Verletzter regelmäßig vor dem Erlass der einstweiligen Verfügung nicht gehört wird. Wenn sich später dann doch Umstände ergeben, die vom Rechtsinhaber nicht oder nicht vollständig vorgetragen worden sind, sollte dem vermeintlichen Verletzer für die Realisierung etwaiger Schadensersatzansprüche nicht auch noch das Ausfallrisiko aufgebürdet werden. Des Weiteren wird regelmäßig auch nur derjenige Rechtsinhaber zu einer Sicherheitsleistung bereit sein, der den Anspruch ernsthaft und in gutem Glauben an die Richtigkeit seiner Darstellung verfolgt. 109

dd) Sicherung von Schadensersatzansprüchen (§ 101b). In Art. 9 Abs. 2 Enforcement-Richtlinie sind diverse Maßnahmen zur Sicherung der Erfüllung von Schadensersatzansprüchen des Rechtsinhabers vorgesehen (vgl. dazu auch oben Rn. 58 f.). Soweit dieser die Möglichkeit zur Beschlagnahme von beweglichem und unbeweglichem Vermögen, einschließlich der Sperrung der Bankkonten des vermeintlichen Verletzers vorsieht, sah der deutsche Gesetzgeber keinen Umsetzungsbedarf. Vielmehr bleibt es bei der Möglichkeit, diese Maßnahmen **im Wege des Arrestes** zu erwirken (§§ 916 ff. ZPO). Nach § 917 Abs. 1 ZPO ist der Arrest zulässig, wenn die Besorgnis besteht, dass die Vollstreckung eines Urteils andernfalls vereitelt oder wesentlich erschwert würde. Es ist dabei nicht erforderlich, dass ein Urteil oder ein anderer Vollstreckungstitel bereits vorliegt (Zöller/ *Vollkommer* § 916 ZPO Rn. 1). In Bezug auf die Regelung des Art. 9 Abs. 1 S. 1 Enforcement-Richtlinie sah der deutsche Gesetzgeber daher keinen Handlungsbedarf (Begründung RefE 77 f.). 110

Der in § 101b geregelte materiell-rechtliche **Anspruch auf Sicherung von Schadensersatzansprüchen** ist ein selbstständiger materiell-rechtlicher Hilfsanspruch. Er kann unabhängig von dem zu sichernden Schadensersatzanspruch geltend gemacht werden. Es ist auch nicht erforderlich, dass bereits ein Verfahren zur Durchsetzung von Schadensersatzansprüchen anhängig ist oder gleichzeitig mit dem Antrag au Erlass der einstweiligen Verfügung anhängig gemacht wird. 111

Der Wortlaut des § 101b scheint zwei unterschiedliche Ansprüche zu regeln, nämlich einerseits einen Anspruch auf „Vorlage" von Unterlagen i. S. d. § 101b und andererseits einen Anspruch auf einen „geeigneten Zugang" zu diesen. Den Unterschied wird man darin sehen können, dass die Vorlage der Unterlagen auf eine zeitlich befristete Überlassung gerichtet ist, während der geeignete Zugang Fälle erfasst, in denen die Unterlagen nur gesichtet werden, diese dann aber letztendlich im Gewahrsam des Verletzers verbleiben. Letzteres ist jedenfalls dann unbefriedigend, wenn keine Möglichkeit zur zuverlässigen Beweissicherung, etwa durch Anfertigung von Kopien besteht. Der Verletzte sollte daher in der Regel den weitergehenden Anspruch auf Vorlage der Unterlagen geltend machen. 112

Die Zustellung einer einstweiligen Verfügung, mit der Ansprüche nach § 101b geltend gemacht werden, führt **nicht** nach § 204 Abs. 1 Nr. 9 BGB zu einer **Hemmung der** 113

Verjährung hinsichtlich weiterer Ansprüche, die sich aus einer Rechtsverletzung ergeben können. Bei der Geltendmachung eines Anspruchs nach § 101b entscheidet das Gericht nämlich nicht über die Voraussetzungen anderer Anspruchsgrundlagen. Auch über das Bestehen eines Schadensersatzanspruchs wird jedenfalls nicht unmittelbar entschieden, weil nicht dieser, sondern nur die Anordnung von Maßnahmen zur Sicherung der Erfüllung eines solchen den Streitgegenstand bildet.

114 Der Rechtsinhaber hat die Erfüllung der **Anspruchsvoraussetzungen** des § 101b **glaubhaft zu machen** (§§ 936, 929 Abs. 2 ZPO). Nach § 101b Abs. 3 kann eine einstweilige Verfügung aber nur erlassen werden, wenn der Schadensersatzanspruch „**offensichtlich**" besteht. Dies erfordert, dass sowohl in tatsächlicher als auch in rechtlicher Hinsicht keine andere Entscheidung möglich erscheint (so auch OLG Frankfurt a. M. GRUR-RR 2012, 197, 198). Ob diese Anforderung von der Enforcement-Richtlinie gedeckt ist, erscheint fraglich, da Art. 9 Abs. 3 nur von „ausreichender Sicherheit" spricht und damit vom Wortsinn graduell geringere Anforderungen andeutet.

115 Der Anspruch nach § 101b sichert einerseits das berechtigte Interesse des Rechtsinhabers auf Sicherung der Erfüllung seines Schadensersatzanspruchs. Andererseits kommt es aber zu einem nicht unerheblichen Eingriff in die grds. geschützte private und geschäftliche Vertrauenssphäre. Dies erfordert ein Augenmaß bei der Anordnung derartiger Maßnahmen. Auch dann, wenn ein Schadensersatzanspruch tatsächlich besteht, bergen die Maßnahmen nämlich die Gefahr in sich, dass anlässlich der Durchsetzung von Sicherungsmaßnahmen der Rechtsinhaber Kenntnisse erlangt, die er zur Sicherung der Erfüllung seines Schadensersatzanspruchs nicht benötigt. Aus diesem Grund sieht § 101b Abs. 3 S. 2 vor, dass das Gericht die erforderlichen Maßnahmen treffen kann, um den **Schutz vertraulicher Informationen** zu gewährleisten. Welche Maßnahmen dies sein sollen, hat der Gesetzgeber allerdings offen gelassen. Der Schutz vertraulicher Informationen ist in der bisherigen Rechtsprechung für den Besichtigungsanspruch nach § 809 BGB (vgl. nunmehr § 101a) behandelt worden (BGH GRUR 2002, 1046, 1049 – Faxkarte; BGH GRUR 1985, 512 – Druckbalken; OLG Düsseldorf GRUR 1983, 745, 746 – Geheimhaltungsinteresse und Besichtigungsanspruch II). Die Wahrung des Geheimnisschutzes erfolgt dabei durch die Einschaltung eines neutralen und zur Verschwiegenheit verpflichteten Sachverständigen, dem die Besichtigung gestattet wird (s. o. Rn. 104 f.).

116 Bezogen auf die Ansprüche nach § 101b ist zu berücksichtigen, dass die Vorlage von Unterlagen, wenn sie denn die Sicherung der Erfüllung von Schadensersatzansprüchen des Rechtsinhabers bewirken soll, früher oder später zwangsläufig einen Zugang des Rechtsinhabers zu den sich daraus ergebenden Informationen erfordert. Die schlichte Übertragung des Verfahrens für den Besichtigungsanspruch nach der „Düsseldorfer Praxis" führt daher bei § 101b nicht weiter, zumal es auch fraglich erscheint, ob im Regelfall überhaupt die zur Durchführung eines selbstständigen Beweisverfahrens erforderlichen Voraussetzungen gegeben sein werden. Zu unterscheiden sind zwei Konstellationen. Zum einen geht es um die schlichte **Sicherstellung von Unterlagen,** die für die spätere Durchsetzung des zugesprochenen Schadensersatzanspruchs erforderlich sind. Hier können vertrauliche Informationen durch die Anordnung einer Sequestration (§ 938 Abs. 2 ZPO) zunächst sichergestellt werden. Wird der Schadensersatzanspruch später zugesprochen, wiegen die berechtigten Interessen des Rechtsinhabers an dem Zugang zu den Unterlagen schwerer als die Geheimhaltungsinteressen des Verletzers, so dass dann keine Bedenken gegen die Überlassung der Unterlagen an den Rechtsinhaber bestehen. In der Regel wird es aber nicht um eine bloße Sicherstellung bis zum Abschluss des Schadensersatzprozesses gehen, sondern um die **Erlangung zusätzlicher Informationen,** die den Rechtsinhaber in die Lage versetzen, im Wege des Arrestes auf weitere, ihm bislang noch nicht bekannte, Vermögenswerte zuzugreifen. Zur Sicherung der Vertraulichkeit wird auch in diesem Fall die Anordnung der **Sequestration** geboten sein. Als Sequester kommt insb. eine zur Verschwiegenheit verpflichtete Person (Rechtsanwalt, Steuerberater, Wirtschaftsprüfer) in Be-

tracht. Dem Sequester obliegt dann neben der Inbesitznahme und Verwahrung der Unterlagen auch deren Sichtung, um dann an den Rechtsinhaber diejenigen Informationen weiter zu geben, die für die Durchsetzung des Schadensersatzanspruchs erforderlich sind. Dies sind diejenigen Informationen, die dem Rechtsinhaber die Sicherstellung weiterer Vermögenswerte des vermeintlichen Verletzers im Wege des Arrestes ermöglichen, um auf diese nach der rechtskräftigen Verurteilung zum Schadensersatz zugreifen zu können. Die Funktion eines Sequesters ist daher bei Ansprüchen nach § 101b mit der Funktion eines Wirtschaftsprüfers bei einer Auskunftserteilung mit Wirtschaftsprüfervorbehalt vergleichbar.

Eine Absicherung der Interessen des Verletzers sollte im Bereich des § 101b durch die regelmäßige Anordnung einer **Sicherheitsleistung** erfolgen. Der Verletzer kann auf diese Weise bei sich später herausstellender Unbegründetheit der Ansprüche vor Schäden geschützt werden, die aufgrund der Verwendung der in den Unterlagen enthaltenen Informationen für Sicherungsmaßnahmen (z. B. Sperrung von Konten) entstehen. Die Höhe der Sicherheitsleistung hat sich dabei an dem Interesse des Verletzters zu orientieren, bei einer sich später herausstellenden Unbegründetheit der Maßnahme etwaige Schäden auch tatsächlich vom Rechtsinhaber ersetzt zu erhalten. Die Beschaffenheit und Vertraulichkeit der betroffenen Unterlagen ist dabei ebenso zu berücksichtigen wie die ungefähre Höhe des vermeintlichen Schadensersatzanspruchs, um dessen Sicherung es geht. **117**

Der Anspruch auf Vorlage der Unterlagen ist **nach § 883 ZPO zu vollstrecken** (Zöller/*Stöber* § 883 ZPO Rn. 2 m.w.N.). Dies setzt allerdings voraus, dass die vorzulegenden Unterlagen aufgrund der Angaben im Tenor ohne jeden Zweifel individualisierbar sind. Gerade dies dürfte aber bei Maßnahmen nach § 101b regelmäßig Probleme geben. Der Verletzte wird häufig nicht genau definieren können, welche konkreten Bank-, Finanz- oder Handelsunterlagen er vorgelegt haben möchte, da ihm z.B. die Kontoverbindungen oder die konkrete Beschaffenheit der Handelsunterlagen nicht bekannt sind. Aufgrund der Anforderungen an die hinreichende Bestimmtheit des Antrags nach § 253 Abs. 2 Nr. 2 ZPO ist der Verletzte aber gehalten, nicht mit zu vagen Umschreibungen der vorzulegenden Unterlagen zu arbeiten. Es ist daher im Zweifel zu empfehlen, den Antrag auf sämtliche Bank-, Finanz- oder Handelsunterlagen des vermeintlichen Verletzers zu beziehen, aus denen sich Informationen ergeben, die für die Sicherung des Schadensersatzanspruchs erforderlich sind. Dies kann materiell-rechtlich zu weit gehen und eine Teilabweisung mit Kostenfolge verursachen, vermeidet aber die fehlende Bestimmtheit des Antrags. Entscheidend kommt es auf Unterlagen an, die zur Identifikation von potentiellen Vermögenswerten dienen. **118**

Bei der Vollstreckung nach § 883 ZPO nimmt der Gerichtsvollzieher dem Schuldner die vorzulegenden Unterlagen weg und übergibt diese an den Gläubiger bzw. an den zur Wahrung der vertraulichen Informationen eingeschalteten Sequester. Zur Durchsetzung des Anspruchs ist der Gerichtsvollzieher auch befugt, die Räumlichkeiten des Schuldners zu durchsuchen, um die vorzulegenden Unterlagen ausfindig zu machen (§ 758 ZPO). Ohne die Einwilligung des Schuldners darf der Gerichtsvollzieher die Durchsuchung seiner Wohnung allerdings nur auf der Grundlage einer richterlichen Anordnung vornehmen (§ 758a ZPO). Der Begriff „Wohnung" i.S.d. § 758a ZPO ist weit auszulegen und umfasst auch Arbeits-, Betriebs- und Geschäftsräume (Zöller/*Stöber* § 758a ZPO Rn. 4 m.w.N.). Es ist daher zur Verhinderung von Verdunkelungsmaßnahmen geboten, die Vollstreckung erst dann zu beginnen, nachdem (vorsorglich) eine richterliche **Durchsuchungsanordnung** ergangen ist. Diese kann aber regelmäßig nicht gleichzeitig mit der einstweilige Verfügung betreffend den Anspruch nach § 101b ergehen, weil für die Durchsuchungsanordnung ausschließlich das Amtsgericht zuständig ist, in dessen Bezirk die Durchsuchung erfolgen soll (§§ 758a Abs. 1 S. 1, 802 ZPO). **119**

In der Praxis führt die **aufgespaltene Gerichtszuständigkeit** zu nicht unerheblichen Problemen bei der effektiven Durchsetzung der Rechte. Die zwangsläufig gestaffelte Beantragung von zwei Titeln bei zwei unterschiedlichen Gerichten bringt eine erhebliche Verzö- **120** gerung und in der Praxis häufig auch eine Gefährdung der effektiven Durchsetzung der Rechte mit sich. Die für den Erlass des Durchsuchungsbeschlusses nach § 802 ZPO ausschließlich zuständigen Amtsgerichte sind nämlich in der Regel nicht mit Fragen des Urheberrechts vertraut und tendieren dazu, das Rechtsschutzbedürfnis für einen Durchsuchungsbeschluss häufig erst nach einem erfolglosen Vollstreckungsversuch oder aber erst nach Anhörung des Verletzters zu bejahen. Dabei wird außer Acht gelassen, dass dies die Gefahr einer Vereitelung der angeordneten Maßnahmen heraufbeschwört. Für die Ansprüche aus § 101b wird über Art. 9 Abs. 4 Enforcement-Richtlinie ausdrücklich auf die Möglichkeit der Entscheidung ohne Anhörung hingewiesen. Dies wird zukünftig bei der Beurteilung eines Rechtsschutzbedürfnisses für einen sofortigen vorsorglichen Durchsuchungsbeschluss ohne vorherige Anhörung des Verletzers zu berücksichtigen sein. Vorzugswürdig wäre es aber, wenn der Gesetzgeber die Zuständigkeit für einen Durchsuchungsbeschluss bei den für Urheberrechtsstreitsachen zuständigen Gerichten konzentriert hätte.

121 **ee) Verwahrung, Sequestration, Rückruf.** Die in § 98 geregelten Ansprüche können nicht im Wege der einstweiligen Verfügung verfolgt werden. Zur Sicherung von Vernichtungs- und Überlassungsansprüchen kann allerdings im Wege der einstweiligen Verfügung auch die Verwahrung oder Sequestration eines Gegenstandes angeordnet werden. Die Verwahrung beschränkt sich auf die reine Aufbewahrung des Gegenstandes und umfasst allein noch die zu diesem Zweck erforderlichen Hilfsgeschäfte (z. B. Anmietung von Lagerraum). Sie ist eine Maßnahme der Zwangsvollstreckung und gehört damit zu den Dienstgeschäften des Gerichtsvollziehers. Dem gegenüber umfasst die Sequestration neben der Sicherstellung der Gegenstände auch das Recht und die Pflicht des Sequesters zu deren Verwaltung. Die Sequestration setzt einen Vertrag mit dem Sequester voraus. Auch der Gerichtsvollzieher kann Sequester sein, ist aber zur Übernahme dieser Tätigkeit nicht verpflichtet. Zur Vollziehung der einstweiligen Verfügung ist die Zustellung des Beschlusses allein nicht ausreichend. Vielmehr muss innerhalb der Vollziehungsfrist auch die Aufnahme der Verwahrung bzw. der Sequestration veranlasst werden. Die Kosten der Sequestration können im Kostenfestsetzungsverfahren aufgrund der Kostengrundentscheidung des Verfahrens festgesetzt werden, in dem die Sequestration angeordnet worden ist (BGH WRP 2006, 1246 f.).

122 Der **Anspruch auf Rückruf** kann nicht im Wege der einstweiligen Verfügung durchgesetzt werden. Dies würde gegen das Verbot der Erfüllungsverfügung verstoßen, da der Rechtsinhaber mit der Durchsetzung des Rückrufsanspruchs bereits die Erfüllung des eigentlichen Hauptanspruchs erhielte. Zudem könnten hierdurch irreversible Außenwirkungen entstehen. Eine Sicherung des Rückrufsanspruchs im Wege der einstweiligen Verfügung kommt aber mittelbar durch die Geltendmachung des Auskunftsanspruchs (§ 101) sowie des Anspruchs nach § 101b in Betracht. Durch die Verfolgung dieser Ansprüche kann der Rechtsinhaber in den Besitz von Informationen gelangen, die ihm ggf. bei der späteren Verfolgung des Rückrufsanspruchs dienlich sein können. Für die über § 101b zu erlangenden Unterlagen ist dies jedenfalls dann vom Zweck der Regelung umfasst, wenn der Rückruf zugleich zu einer Kompensation oder Begrenzung des Schadens führt.

5. Vollziehung

123 **a) Erforderlichkeit.** Einstweilige Verfügungen müssen gem. §§ 936, 929 Abs. 2 ZPO innerhalb einer **Frist** von einem Monat vollzogen werden. Auch die Urteilsverfügung muss zur Einhaltung der Vollziehungsfrist grds. innerhalb der Monatsfrist im Parteibetrieb zugestellt werden. Die Amtszustellung ist hierfür nicht ausreichend (BGHZ 120, 73, 79 f.; OLG Hamburg WRP 1997, 53, 54; OLG Düsseldorf WRP 2001, 53; OLG Frankfurt a. M. WRP 2000, 411; OLG Köln GRUR 1999, 89; *Oetker* GRUR 2003, 119, 123 m. w. N.; a. A. OLG Stuttgart WRP 1997, 350, 352). Die Amtszustellung kann nur dann eine zusätzliche Zustellung im Parteibetrieb entbehrlich machen, wenn der Antragsteller innerhalb

der Vollziehungsfrist unmissverständlich zum Ausdruck bringt, aus der Urteilsverfügung die Vollstreckung einzuleiten (BGHZ 120, 73, 87). Dafür ist jedenfalls ein innerhalb der Vollziehungsfrist gestellter Antrag auf Festsetzung eines Ordnungsgeldes ausreichend (BGH NJW 1990, 122, 124; OLG Düsseldorf WRP 1993, 327; *Oetker* GRUR 2003, 119, 123 m.w.N.). Durch die Vollziehungsfrist soll der Antragsteller angehalten werden, innerhalb einer relativ kurzen Frist nach Erlass der einstweiligen Verfügung zu entscheiden, ob er von dieser auch Gebrauch machen will. Da ein derartiger Willensentschluss nur vom Antragsteller selbst ausgehen kann, ist die Zustellung der einstweiligen Verfügung im Parteibetrieb nicht nur bei einer Beschlussverfügung, sondern auch bei einer Urteilsverfügung, die gem. § 317 ZPO auch von Amts wegen zugestellt wird, erforderlich (BGH GRUR 1993, 415, 416 – Straßenverengung; OLG Schleswig OLG-Report 2000, 450f.; Köhler/Bornkamm/*Köhler* § 12 UWG Rn. 3.61 m.w.N.).

b) Frist. Die Monatsfrist beginnt im Falle der Beschlussverfügung mit der Zustellung **124** des Beschlusses und im Falle der Urteilsverfügung mit der Verkündung des Urteils. Die Berechnung des Fristablaufs erfolgt nach den §§ 187 Abs. 1, 188 Abs. 2 und 3 BGB.

c) Art und Weise. Eine **Vollziehung im Sinne der §§ 936, 929 Abs. 2 ZPO** liegt **125** nur dann vor, wenn dem Antragsgegner hinreichend deutlich wird, dass der Antragsteller das in der einstweiligen Verfügung enthaltene Gebot oder Verbot notfalls auch zwangsweise durchsetzen wird (BGHZ 120, 73, 79). Bei einer Unterlassungsverfügung ist daher die Zustellung einer Ausfertigung oder beglaubigten Kopie der vollstreckbaren Ausfertigung im Parteibetrieb erforderlich, die eine Androhung von Ordnungsmitteln nach § 890 Abs. 2 ZPO enthält (ausführlich hierzu *Oetker* GRUR 2003, 119, 121f.). Das zuzustellende Schriftstück muss zudem den Ausfertigungsvermerk, die Unterschrift des Urkundsbeamten sowie das Gerichtssiegel wiedergeben (OLG Hamburg MD 2003, 645f.; weitere Nachweise bei *Oetker* GRUR 2003, 119, 121). Die Beifügung einer beglaubigten Abschrift des Antrags ist zur Wahrung der Vollziehungsfrist nicht erforderlich. Dies gilt auch dann, wenn dem Antragsteller in der einstweiligen Verfügung die Beifügung der Antragsschrift aufgegeben, dies aber nicht ausdrücklich als Wirksamkeitserfordernis gekennzeichnet wird (OLG Köln WRP 2004, 914, 915).

d) Adressat. Hat sich für den Antragsgegner ein Prozessbevollmächtigter legitimiert, **126** kann die Zustellung gem. § 172 ZPO und damit auch die wirksame Vollziehung nur noch diesem gegenüber erfolgen (OLG Köln GRUR 2001, 456; *Teplitzky* Kap. 55 Rn. 43 m.w.N.). Die Zustellungspflicht des § 172 ZPO wird dabei immer dann ausgelöst, wenn der Prozessbevollmächtigte einer Partei oder die Partei selbst dem Gegner oder im Falle einer Parteizustellung dem Gericht hinreichend sichere Kenntnis von der Person des Prozessbevollmächtigten verschafft hat. Eine solche Kenntnis kann auch durch die Beantwortung eines Abmahnschreibens vermittelt werden, wenn die Partei in diesem mitteilt, dass sie in dieser Sache einen konkret benannten Rechtsanwalt zum Prozessbevollmächtigten bestellt habe (OLG Köln GRUR 2001, 456). Die Mitteilung über die Bestellung des Anwalts zum Prozessbevollmächtigten i.S.d. § 172 ZPO bedarf keiner bestimmten Form. Sie kann auch außerhalb eines bereits anhängigen Verfahrens erklärt werden, muss aber eindeutig sein, da es nicht dem Antragsteller obliegt, Nachforschungen über die Bestellung eines Prozessbevollmächtigten durch seinen Gegner anzustellen (OLG Hamburg GRUR-RR 2006, 355, 356f. – Stadtkartenausschnitt). Die schlichte Legitimation für den Mandanten in einem Antwortschreiben auf eine Abmahnung enthält noch nicht die Mitteilung, der Rechtsanwalt sei von seinem Mandant nun auch zum Prozessbevollmächtigten i.S.d. § 172 ZPO bestellt worden. Die Hinterlegung einer Schutzschrift bewirkt, soweit sich aus dieser nicht etwas anderes ergibt, dass die einstweilige Verfügung, wenn der Antragsteller Kenntnis vom Inhalt der Schutzschrift erhält, nur noch an den darin genannten Prozessbevollmächtigten wirksam zugestellt werden kann (OLG Köln MD 2000, 994, 995).

127 e) **Heilung.** Ob eine Heilung einer fehlerhaft erfolgten Vollziehung erfolgen kann, war bereits dem Grunde nach äußerst umstritten (vgl. hierzu *Teplitzky* Kap 55 Rn. 44f.). Für die Praxis ist der Streit dahingehend entschieden, dass Mängel im Zustellungsvorgang unter den in § 189 ZPO aufgeführten Voraussetzungen möglich sind, und zwar mit Wirkung zu dem Zeitpunkt, in dem das Dokument der Person, an dem die Zustellung zu richten war, tatsächlich zugegangen ist. Diese Heilungsmöglichkeit gilt für Beschluss- und Urteilsverfügungen gleichermaßen. Bei anderen als den in § 189 ZPO genannten Mängeln ist hingegen eine Heilung nicht vorgesehen.

128 f) **Erneute Vollziehung.** Wird eine im Widerspruchsverfahren aufgehobene einstweilige **Verfügung in der Berufungsinstanz neu erlassen,** bedarf es in jedem Fall einer erneuten Vollziehung (OLG Frankfurt a. M. WRP 2002, 334f.; OLG Hamburg WRP 1997, 53, 54; OLG Düsseldorf NJW-RR 2000, 68; Pastor/Ahrens/*Wedemeyer* Kap. 61 Rn. 11; *Oetker* GRUR 2003, 119, 124 m. w. N.). Dem gegenüber bedarf es keiner erneuten Vollziehung der Beschluss- oder Urteilsverfügung, wenn diese im Widerspruchs- oder Berufungsverfahren in vollem Umfang bestätigt wird. Eine andere Frage ist, ob die Bestätigung der einstweiligen Verfügung eine neue Vollziehung mit der Möglichkeit in Gang setzen kann, eine zunächst nicht vorgenommene Vollziehung nunmehr nachzuholen. Dies wird zunehmend vertreten (vgl. Zöller/*Vollkommer* § 929 ZPO Rn. 7 m. w. N.), hat aber im Bereich des gewerblichen Rechtsschutzes zu Recht keine Zustimmung gefunden (Köhler/Bornkamm/*Köhler* § 12 UWG Rn. 3.67; *Teplitzky* Kap. 55 Rn. 48; Ahrens/*Bernecke* Kap. 57 Rn. 18). Macht der Antragsgegner im Widerspruchs- oder Berufungsverfahren die nicht erfolgte Vollziehung geltend, kommt es nicht zu einer Bestätigung. Sind Zustellungsfragen hingegen mangels eines entsprechenden Parteivortrages nicht Gegenstand des Verfahrens über den Widerspruch oder die Berufung, kann die Entscheidung sich auf diesen Umstand auch nicht auswirken.

129 Kommt es zu Änderungen, ist zu differenzieren. Bei einer **inhaltlichen Erweiterung** des Unterlassungsgebots ist **stets eine erneute Vollziehung erforderlich,** weil dem Antragsgegner durch die frühere Vollziehung naturgemäß noch nicht hinreichend deutlich gemacht werden konnte, dass der Antragsteller auch das erweiterte Unterlassungsgebot notfalls zwangsweise durchsetzen will (Ahrens/*Bernecke* Kap. 57 Rn. 23). Wird eine zunächst erlassene einstweilige Verfügung im weiteren Verlauf des Verfahrens inhaltlich geändert, eingeschränkt oder in anderer Weise modifiziert, ist eine erneute Vollziehung erforderlich, wenn das Unterlassungsgebot eine wesentliche inhaltliche Änderung erfahren hat oder der Tenor im wesentlichen neu gefasst wird (OLG Köln WRP 2002, 738 – neu gefasstes Unterlassungsgebot; KG NJWE-WettbR 2000, 197; OLG Hamburg OLGR 1999, 180, 181; OLG Karlsruhe WRP 1997, 57; OLG Frankfurt a. M. WRP 1991, 405; OLG Düsseldorf WRP 1981, 150; *Oetker* GRUR 2003, 119, 124; Pastor/Ahrens/*Wedemeyer* Kap. 61 Rn. 9 m. w. N.). Eine **wesentliche inhaltliche Änderung** ist **nicht anzunehmen,** wenn das eingeschränkte Unterlassungsgebot im Verhältnis zu dem ursprünglich tenorierten Unterlassungsgebot ein **schlichtes Minus** darstellt (OLG Hamburg MD 2003, 352, 354; OLG Köln WRP 2002, 738 – neu gefasstes Unterlassungsgebot; OLG Frankfurt a. M. WRP 2001, 66), es um **Klarstellungen** ohne inhaltliche Änderungen geht (OLG Hamburg AfP 1999, 167; *Oetker* GRUR 2003, 119, 124 m. w. N.) oder lediglich ein **offensichtlicher Fehler berichtigt** wurde (OLG Hamm NJW-RR 1992, 435; *Oetker* GRUR 2003, 119, 124 m. w. N.).

130 Eine **geänderte rechtliche Begründung** der vom Tenor her bestätigten einstweiligen Verfügung macht eine erneute Vollziehung grds. nicht erforderlich (KG NJWE-WettbR 2000, 197). Regelmäßig sind nämlich die Entscheidungsgründe nur dann heranzuziehen, wenn Zweifel am Umfang des Tenors bestehen (BGH GRUR 1987, 172, 174 – Unternehmensberatungsgesellschaft I; KG NJWE-WettbR 2000, 197). Ausnahmsweise ist aber dann eine erneute Vollziehung geboten, wenn die geänderten Entscheidungsgründe ein

Vorbemerkung   131–133   **Vor §§ 97ff. UrhG**

anderes (engeres oder weiteres) Verständnis des Unterlassungsgebots gebieten. Für die Praxis ist zu empfehlen, eine erneute Zustellung vorsichtshalber immer dann in Betracht zu ziehen, wenn es nicht nur um eine schlichte und umfassende Bestätigung der einstweiligen Verfügung geht.

6. Erledigung

Wird der Rechtsstreit einseitig für erledigt erklärt, tritt an die Stelle des ursprünglich gestell- 131
ten Antrags auf Erlass einer einstweiligen Verfügung ein Antrag auf Feststellung der Erledigung des Rechtsstreits (LG Hamburg GRUR-RR 2002, 93 f. – Gute Reise mit Ernst Kahl). Bezieht sich die Erledigung nur auf den Hauptantrag, ist über den ggf. gestellten Hilfsantrag noch zu entscheiden (BGH GRUR 2003, 903, 904 – ABC der Naturheilkunde). Die Erledigung kann in jedem Stadium des Verfahrens, also auch noch in der Revisionsinstanz, erklärt werden (BGH WRP 2005, 126 – Erledigung der Hauptsache in der Rechtsmittelinstanz; BGH WRP 2003, 1217, 1220 – Buchpreis-Kopplungsangebot). Die Erledigung kann jedoch nicht hilfsweise erklärt werden (BGH WRP 2006, 1027 Rn. 20 – Flüssiggastank). Eine Erledigung des Rechtsstreits tritt ein, wenn der Rechtsstreit durch ein nach der Rechtshängigkeit (§ 261 ZPO) eintretendes Ereignis in der Hauptsache gegenstandslos wird. Dies ist etwa bei der Erfüllung des Anspruchs (z. B. Abgabe einer strafbewehrten Unterlassungserklärung im Verfahren der nachträglichen Auskunftserteilung) oder auch bei einer Gesetzesänderung (BGH GRUR 2004, 349 – Einkaufgutschein II; BGH GRUR 2004, 701, 702 – Klinikpackung II), die sich auf die Zulässigkeit oder Begründetheit einer Klage auswirkt, der Fall. Keinen Erledigungsgrund stellt es dar, wenn der Kläger sein wirtschaftliches Interesse an der weiteren Verfolgung des Anspruchs verliert (BGH GRUR 2006, 223 – Laufzeit eines Lizenzvertrages) oder die Rechtsprechung sich nachträglich in streitentscheidender Weise ändert (BGH GRUR 2004, 349 – Einkaufgutschein II).

Erklären die Parteien den **Rechtsstreit übereinstimmend für erledigt,** wird eine zu- 132
vor bereits erlassene **einstweilige Verfügung** in entsprechender Anwendung des § 269 Abs. 3 ZPO **wirkungslos,** und zwar grds. mit Wirkung **ex tunc.** Sie kann dann auch nicht mehr Grundlage für ein Ordnungsmittelverfahren sein, und zwar auch dann nicht, wenn dieses zum Zeitpunkt der übereinstimmenden Erledigung bereits eingeleitet war. Wenn keine besonderen Umständen etwas anderes nahe legen, sollte daher immer darauf geachtet werden, den Rechtsstreit ausdrücklich nur mit Wirkung für die Zukunft für erledigt zu erklären. Unterbleibt dies, kann sich ein entsprechender Wille im Einzelfall aber noch aus den beiderseits bekannten Umständen, die der Erledigung zugrunde liegen, ergeben; etwa dann, wenn die Erledigung auf der Abgabe einer Abschlusserklärung beruht (BGH GRUR 2004, 264, 266 – Euro-Einführungsrabatt; OLG Hamburg OLG Report 2000, 348).

7. Abschlussschreiben/Abschlusserklärung

a) Erforderlichkeit. Der Erlass einer einstweiligen Verfügung führt nur zu einer vor- 133
läufigen Regelung. Dies gilt unabhängig davon, dass nach § 204 Abs. 1 Nr. 9 BGB die Zustellung der Antragsschrift oder, wenn das Erlassverfahren einseitig bleibt, die Zustellung der einstweiligen Verfügung, zu einer Hemmung der Verjährung führt, die aber gem. § 204 Abs. 2 S. 1 BGB sechs Monate nach dem Abschluss des Verfahrens endet (ausführlich zur Hemmung der Verjährung durch einstweilige Verfügungen *Maurer* GRUR 2003, 208 f.). Der Antragsteller ist daher gehalten, eine für beide Parteien endgültige Regelung der Angelegenheit herbeizuführen. Zu diesem Zweck kann der Antragsteller eine Hauptsacheklage erheben. Erkennt der Rechtsverletzer die mit der Hauptsacheklage geltend gemachten Ansprüche jedoch sofort an, hat der Rechtsinhaber dann in der Regel nach § 93 ZPO die Kosten des Hauptsacheverfahrens zu tragen. Um dies zu vermeiden, trifft den

Kefferpütz

Antragsteller die Obliegenheit, vor Erhebung einer Hauptsacheklage ein **Abschlussschreiben** an den Antragsgegner zu versenden, mit dem dieser zur Anerkennung der einstweiligen Verfügung unter Verzicht auf die Rechte der §§ 924, 926, 927 ZPO aufgefordert wird.

134 **Entbehrlich** ist die **Herausgabe eines Abschlussschreibens** nur dann, wenn der Antragsgegner durch sein Verhalten nach der Zustellung der einstweiligen Verfügung eindeutig zum Ausdruck gebracht hat, dass er nicht gewillt ist, diese als endgültige Regelung zu akzeptieren. Ein solches Verhalten ist jedenfalls in der Einlegung eines Widerspruchs und in dem Antrag zur Erhebung der Hauptsacheklage nach § 926 ZPO zu sehen.

135 Die Obliegenheit zur Herausgabe eines – ggf. erneuten – Abschlussschreibens besteht, sofern ein Hauptsacheverfahren noch nicht eingeleitet ist, auch dann, wenn die einstweilige Verfügung im Widerspruchs- oder Berufungsverfahren bestätigt wird (OLG Hamburg WRP 1986, 289, 290; OLG Düsseldorf WRP 1991, 479; OLG Köln WRP, 1987, 188, 190). Durch die bestätigende Entscheidung entsteht eine neue Sachlage, weshalb nicht auszuschließen ist, dass der Antragsgegner seine Position noch einmal überdenkt. Auch hier gilt aber, dass die erneute Versendung eines Abschlussschreibens entbehrlich ist, wenn der Antragsgegner durch sein Verhalten nach der Zustellung der Entscheidung eindeutig dokumentiert, nicht zur Abgabe einer Abschlusserklärung bereit zu sein.

136 Nimmt der Antragsgegner seinen gegen die einstweilige Verfügung erhobenen Widerspruch oder die gegen diese eingelegte Berufung zurück, ist hierin noch nicht die Abgabe einer Abschlusserklärung zu sehen. Der Antragsgegner sollte daher, wenn ihm an einer Beendigung der Auseinandersetzung gelegen ist, zugleich auch eine Abschlusserklärung abgeben. Tut er dies nicht, wird der Antragsteller auch in diesem Fall regelmäßig gehalten sein, vor der Einleitung einer Hauptsacheklage ein (weiteres) Abschlussschreiben zu versenden. Allein aus der Rücknahme des Rechtsmittels ergibt sich nämlich regelmäßig ein Anhaltspunkt dafür, dass der Antragsgegner seine Position noch einmal überdenken könnte.

137 **b) Inhalt.** Für den Inhalt eines Abschlussschreibens gibt es keine detaillierten verbindlichen Vorgaben. Die inhaltlichen **Mindestanforderungen** sind vielmehr **aus dem Sinn und Zweck des Abschlussschreibens,** die Durchführung eines Hauptsacheverfahrens entbehrlich zu machen, **abzuleiten.** Der Antragsteller muss daher in seinem Abschlussschreiben deutlich zum Ausdruck bringen, dass er sich gehalten sieht, ein Hauptsacheverfahren einzuleiten, wenn nicht der Antragsgegner eine Abschlusserklärung abgibt, mit der die einstweilige Verfügung nach Bestandskraft und Wirkung einem entsprechenden Hauptsacheurteil gleichgesetzt wird.

138 Ausführungen dazu, warum die Abgabe einer Abschlusserklärung erforderlich ist, um ein Hauptsacheverfahren zu vermeiden, sowie die Vorformulierung einer konkreten Abschlusserklärung, sind nicht zwingend erforderlich. Die Vorformulierung einer Abschlusserklärung ist aber zu empfehlen, um keine Unklarheiten darüber aufkommen zu lassen, in welchem Umfang eine Anerkennung der einstweiligen Verfügung beansprucht wird. Nähere Ausführungen zur Erforderlichkeit der Abschlusserklärung können ausnahmsweise geboten sein, wenn der Antragsgegner erkennbar unerfahren und nicht anwaltlich vertreten ist (vgl. dazu *Teplitzky* Kap. 43 Rn 20 m.w.N.). Die Annahme einer **Begründungsobliegenheit** sollte jedoch **auf besonders gelagerte Fälle beschränkt** werden, da auch dem unerfahrenen Antragsgegner, wenn er Probleme hat, den Sinn und Zweck des Abschlussschreibens zu ergründen, zuzumuten ist, sich rechtskundigen Rat einzuholen. Es ist dem gegenüber grds. nicht Aufgabe des Antragstellers, den Antragsgegner zu belehren und aufzuklären. Anderenfalls bliebe nämlich unberücksichtigt, dass es keine Pflicht zur Versendung eines Abschlussschreibens gibt. Es handelt sich lediglich um eine Obliegenheit des Antragstellers zur Vermeidung der mit einem sofortigen Anerkenntnis verbundenen Kostenfolgen.

Unterschiedlich beurteilt wird die Frage, ob ein Abschlussschreiben die **Androhung** 139
der Einleitung eines Hauptsacheverfahrens für den Fall enthalten muss, dass der Antragsgegner die geforderte Abschlusserklärung nicht abgibt (erforderlich: *Teplitzky* Kap. 43 Rn. 24; Köhler/Bornkamm/*Köhler* § 12 UWG Rn. 3.71; Harte/Henning/*Retzer* § 12 Rn. 656; nicht erforderlich: OLG Zweibrücken GRUR-RR 2002, 344; *Steinmetz*, 113). Die h. A. verlangt zu Recht eine Klageandrohung. Das Abschlussschreiben kann seine Warnfunktion nur dann erreichen, wenn es auch eine Klageandrohung enthält. Nur auf diese Weise kann dem Antragsgegner unmissverständlich vor Augen geführt werden, welche Folgen sich ergeben, wenn er die Abschlusserklärung nicht abgibt. Die Einfügung einer Klagandrohung in ein Abschlussschreiben bereitet auch keinen Aufwand (so aber offenbar OLG Zweibrücken GRUR-RR 2002, 344), weshalb kein nachvollziehbarer Grund ersichtlich ist, warum ausgerechnet die Klageandrohung, durch die am prägnantesten zum Ausdruck gebracht wird, warum es überhaupt das Procedere von Abschlussschreiben und Abschlusserklärung gibt, entbehrlich sein soll.

Eine Fristsetzung zur Abgabe der Abschlusserklärung wird von der ganz h. A. (*Teplitzky* 140
Kap. 43 Rn. 22; Harte/Henning/*Retzer* § 12 UWG Rn. 656; a. A. OLG Zweibrücken GRUR-RR 2002, 344) als notwendiger Bestandteil eines Abschlussschreibens angesehen. Ohne eine solche Fristsetzung, die keine besonderen Anstrengungen erfordert, bliebe letztendlich unklar, welchen Zeitraum der Antragsteller dem Antragsgegner zur Vermeidung einer Hauptsacheklage einräumt. Dem kann nicht entgegengehalten werden, auch bei einer zu kurz bemessenen Frist entstehe eine Unklarheit, weil dann eine angemessene Frist in Gang gesetzt werde (so aber OLG Zweibrücken GRUR-RR 2002, 344). Auch eine zu kurz bemessene Frist macht nämlich unmissverständlich deutlich, dass der Antragsteller konkret beabsichtigt, ein Hauptsacheverfahren einzuleiten, wenn nicht innerhalb eines bestimmten Zeitraums eine Abschlusserklärung abgegeben wird (im Ergebnis wohl ebenso Köhler/Bornkamm/*Köhler* § 12 UWG Rn. 3.71). Dem gegenüber ist die Warnfunktion eines Abschlussschreibens ohne jede Fristsetzung deutlich eingeschränkt.

c) Form. Das Abschlussschreiben bedarf keiner bestimmten Form (Harte/Henning/ 141
Retzer UWG § 12 UWG Rn. 653 m. w. N.). Auch eine entsprechende mündliche Aufforderung kann daher ausreichend sein, um die Kostenfolge eines sofortigen Anerkenntnisses zu vermeiden. Es ist aus Gründen der Beweissicherung aber dringend zu empfehlen, die Aufforderung zur Abgabe einer Abschlusserklärung schriftlich zu fassen. Dies entspricht auch der allgemeinen Praxis.

d) Zugang. Die Frage der Zugangsbedürftigkeit des Abschlussschreibens wurde – 142
ebenso wie beim Abmahnschreiben– kontrovers diskutiert. Im Anschluss an die BGH-Entscheidung „Zugang des Abmahnschreibens" (GRUR 2007, 629, 630 Rn. 11) ist der Streit für die Praxis dahingehend geklärt, dass bei streitigem Zugang des Abschlussschreibens der Beklagte den Zugang fehlenden Zugang darzulegen und zu beweisen hat. Die Regelung des § 93 ZPO stell eine Ausnahmeregelung zur Verteilung der Kostenlast nach § 91 ZPO dar, weshalb der Beklagte auch das Vorliegen der für ihn günstigen Voraussetzungen zu beweisen hat (näher zu der für den Zugang des Abmahnschreibens vergleichbaren Problematik § 97a Rn. 23 f.).

e) Frist. In Zusammenhang mit dem Abschlussschreiben sind zwei Fristen zu beachten, 143
und zwar zum einen der Zeitraum zwischen der Zustellung der einstweiligen Verfügung und der Absendung des Abschlussschreibens (Überlegungsfrist) und zum anderen der Zeitraum zwischen der Absendung des Abschlussschreibens und dem Ablauf der Frist für die Abgabe der Abschlusserklärung (Erklärungsfrist). Die Überlegungsfrist ist dabei in erster Linie für die Frage von Bedeutung, ob der Antragsteller die mit der Versendung des Abschlussschreibens entstandenen Kosten vom Antragsgegner erstattet verlangen kann (vgl. dazu noch Rn. 146). Es soll dem Antragsgegner nämlich zunächst ausreichend Gelegenheit

gegeben werden, von selbst eine Entscheidung über die Abgabe einer Abschlusserklärung zu geben, ohne dass sogleich zusätzliche Kosten entstehen. Die Summe aus Überlegungs- und Erklärungsfrist ist dem gegenüber für die Frage bedeutsam, bis zu welchem Zeitpunkt der Antragsteller von dem Antragsgegner eine abschließende Erklärung erwarten darf.

144 Welche Überlegungsfrist vor Versendung des Abschlussschreibens einzuhalten ist, wird in der Rechtsprechung unterschiedlich beurteilt (vgl. dazu Köhler/Bornkamm/*Köhler* § 12 Rn. 3.71, 3.73; *Teplitzky* Kap. 43 Rn. 17, 22 f., 30 f. m. w. N.). Wenn eine Verjährung der Ansprüche nicht droht, ist es ratsam, das Abschlussschreiben erst einen Monat nach Zustellung der einstweiligen Verfügung abzusenden, um so jegliche Diskussion über eine hinreichende Bedenkzeit zu vermeiden. Ganz überwiegend wird jedoch eine Überlegungsfrist von zwei Wochen für ausreichend erachtet, wenn dem Antragsgegner eine Erklärungsfrist von mindestens zwei weiteren Wochen eingeräumt wird (OLG Karlsruhe WRP 1977, 117, 119; KG WRP 1989, 659, 661; Köhler/Bornkamm/*Köhler* § 12 UWG Rn. 3.73; a. A. aufgrund der konkreten Umstände des Falles KG BeckRS 2012, 18408).

145 **f) Umfang des Anerkenntnisses.** Zu einer endgültigen Erledigung kommt es nur, wenn der Antragsgegner eine Abschlusserklärung abgibt, die den Antragsteller für die Zukunft in jeder Hinsicht so stellt, als wenn er einen entsprechenden Titel im Hauptsacheverfahren erwirkt hätte. Die Abschlusserklärung ist daher **vorbehaltlos** und **unter Verzicht auf die Rechte aus den §§ 924, 926 und 927 ZPO** abzugeben (OLG Hamburg WRP 1995, 648), wobei Einwendungen und Rechtsbehelfe vorbehalten werden können, die auch gegen ein rechtskräftiges Urteil im Hauptsacheverfahren erhoben werden könnten. Die Abschlusserklärung kann den Unterlassungstenor der einstweiligen Verfügung nicht modifizieren, sondern diesen allein so bestätigen, wie er ergangen ist. Allein hinsichtlich selbstständiger Teile des Unterlassungstenors ist eine Differenzierung dahingehend möglich, dass teilweise eine Abschlusserklärung abgegeben und im Übrigen der Antragsteller auf die Durchführung eines Hauptsacheverfahrens verwiesen wird (Ahrens/*Ahrens* Kap. 58 Rn. 25 f.).

146 **g) Kosten.** Die **Herausgabe des Abschlussschreibens** gehört bereits zum Hauptsacheverfahren (BGH WRP 2010, 1169 Rn. 25 – Geschäftsgebühr für Abschlussschreiben; BGH GRUR 1973, 384, 385 – Goldene Armbänder [zur BRAGO]; *Teplitzky* § 43 Rn. 30 m. w. N.). Daran hat sich durch das Inkrafttreten des RVG nichts geändert. Hat ein Rechtsanwalt bei der Herausgabe des Abschlussschreibens mitgewirkt und besteht noch kein Klageauftrag, entsteht ein Anspruch auf Erstattung einer 1,3 Gebühr (§§ 2 Abs. 2, 13 RVG i. V. m. Nr. 2300 VV). Der BGH (NJW-RR 2007, 420, 421) hat die Schwellengebühr von 1,3 als Regelgebühr für *durchschnittliche* Sachen zunächst anerkannt, in der Entscheidung „Geschäftsgebühr für Abschlussschreiben" (BGH WRP 2010, 1169) aber wieder betont, dass es auf die Umstände des Einzelfalls ankomme. Ist demgegenüber zum Zeitpunkt der Herausgabe des Abschlussschreibens bereits ein Klageauftrag erteilt worden, entsteht nur eine reduzierte 0,8 Gebühr (§§ 2 Abs. 2, 13 RVG i. V. m. Nr. 3101 Nr. 1 VV). Die Anspruchsgrundlage ergibt sich aus den Regelungen über die Geschäftsführung ohne Auftrag (BGH GRUR 2012, 184 Tz. 31 – Branchenbuch Berg; BGH WRP 2010, 1169 Rn. 26 – Geschäftsgebühr für Abschlussschreiben; BGH GRUR 1973, 384, 385 – Goldene Armbänder; KG BeckRS 2012, 18408; Ahrens/*Ahrens* Kap. 58 Rn. 40; *Teplitzky* § 43 Rn. 30 jeweils m. w. N.). Voraussetzung für das Bestehen eines Kostenerstattungsanspruchs ist jedoch, dass der Antragsteller dem Antragsgegner zuvor hinreichend Zeit gelassen hat (s. o. Rn. 144), um gegebenenfalls von selbst eine Abschlusserklärung abzugeben.

8. Fristsetzung zur Klageerhebung (§ 926 ZPO)

147 Der Antragsgegner kann sich gegen die einstweilige Verfügung außer durch die ihm eingeräumten Rechtsbehelfe (Widerspruch, Berufung) auch dadurch verteidigen, dass er bei

Vorbemerkung **148, 149 Vor §§ 97ff. UrhG**

dem Gericht, welches die einstweilige Verfügung erlassen hat, beantragt, dem Antragsteller eine Frist zur Erhebung der Hauptsacheklage zu setzen. Die Fristsetzung zur Klageerhebung kann für den Antragsgegner etwa dann vorteilhaft sein, wenn er mit den im einstweiligen Verfügungsverfahren zur Verfügung stehenden Glaubhaftmachungsmitteln seine Position vermutlich nicht in ausreichendem Umfang darlegen kann. Des Weiteren kann das Interesse an einer schnellen Klärung der Sache auch im Hauptsacheverfahren ein Motiv für einen Antrag nach § 926 ZPO sein. Der Antrag kann, solange die einstweilige Verfügung noch existiert, jederzeit gestellt werden. Nur wenn der Antragsteller eindeutig erklärt hat, aus der einstweiligen Verfügung keine Rechte mehr herzuleiten, fehlt für einen solchen Antrag das Rechtsschutzbedürfnis. Die vom Gericht für die Erhebung der Hauptsacheklage zu bestimmende Frist wird regelmäßig zwischen zwei Wochen und einem Monat liegen.

Der **Inhalt** der zu erhebenden **Hauptsacheklage** richtet sich nach dem durch die **148** einstweilige Verfügung gesicherten materiell-rechtlichen Anspruch. Dabei handelt es sich **regelmäßig** um eine **Leistungsklage.** Die Hauptsacheklage kann vor jedem örtlich zuständigen Gericht erhoben werden. Durch den Beschluss nach § 926 ZPO wird dass Gericht, welches die einstweilige Verfügung erlassen hat, nicht automatisch zum Gericht der Hauptsache. Dieses wird vielmehr allein durch den Kläger bestimmt. Die **Hauptsacheklage ist fristgerecht erhoben,** wenn sie innerhalb der vom Gericht gesetzten Frist nicht nur beim Gericht eingegangen, sondern auch dem Beklagten zugestellt worden ist. Allerdings gilt auch insoweit die Rückwirkung der Zustellung auf den Zeitpunkt des Eingangs der Klageschrift bei Gericht (§ 167 ZPO), wenn die Zustellung demnächst erfolgt. Wird innerhalb der Frist keine Hauptsacheklage erhoben, ist die einstweilige Verfügung auf Antrag durch Urteil aufzuheben (§ 926 Abs. 2 ZPO). Hat der Anragsteller gegen die einstweilige Verfügung Widerspruch bzw. Berufung eingelegt, hat er ein etwaiges Fristversäumnis in dem noch laufenden Widerspruchs- oder Berufungsverfahren geltend zu machen. Für ein selbstständiges Aufhebungsverfahren nach § 926 Abs. 2 ZPO fehlt es dann an einem Rechtsschutzbedürfnis.

9. Aufhebungsverfahren (§ 927 ZPO)

Veränderte Umstände i. S. d. § 927 ZPO liegen vor, wenn sich die Verhältnisse seit **149** dem Zeitpunkt des Erlasses der einstweiligen Verfügung derart verändert haben, dass aus heutiger Sicht die **Voraussetzungen für den Erlass der einstweiligen Verfügung nicht mehr gegeben** sind. Das Aufhebungsverfahren kann dabei aber grds. nicht dazu dienen, die inhaltliche Richtigkeit der einstweiligen Verfügung einer erneuten Prüfung zu unterziehen. Dies ist vielmehr grds. einem Widerspruchs- oder Berufungsverfahren vorbehalten (OLG Hamburg GRUR-RR 2001, 143, 144 – Deutscher Lotto- und Totoblock). Ausnahmsweise kann das Argument der Fehlerhaftigkeit der einstweiligen Verfügung aber als veränderter Umstand auch im Aufhebungsverfahren angesehen werden. Dies ist für den Fall der späteren rechtskräftigen Abweisung des zu sichernden Anspruchs im Rahmen eines Hauptsacheverfahrens anerkannt (BGH GRUR 1993, 998). Nach wohl überwiegender Ansicht soll aber auch ein den zu sichernden Anspruch aberkennendes nicht rechtskräftiges Urteil im Hauptsacheverfahren als veränderter Umstand im Aufhebungsverfahren Berücksichtigung finden können (OLG Hamburg GRUR-RR 2001, 143, 144 – Deutscher Lotto- und Totoblock; *Teplitzky* Kap. 56 Rn. 32 m.w.N.). Anders als ein rechtskräftiges abweisendes Hauptsacheurteil führt das nicht rechtskräftige Hauptsacheurteil aber noch nicht automatisch zu einem Aufhebungsgrund. Vielmehr hat das für die Entscheidung über den Aufhebungsantrag zuständige Gericht selbstständig zu prüfen, welche Erfolgsaussichten dem noch anhängigen Rechtsmittel zukommen. Danach ist eine Aufhebung der einstweiligen Verfügung geboten, wenn nach dem freien Ermessen des mit dem Aufhebungsantrag befassten Gerichts das den gesicherten Anspruch abweisende Hauptsachurteil zutreffend begründet ist und daher eine Abänderung dieses Hauptsacheurteils im Rechtsmittelverfahren unwahrscheinlich ist (OLG Hamburg GRUR-RR 2001, 143, 144 – Deutscher Lotto- und Totoblock m. w. N.).

150 Die **Kostenentscheidung** im Aufhebungsverfahren richtet sich danach, ob die veränderten Umstände zu einer Aufhebung der einstweiligen Verfügung mit Wirkung ex nunc oder ex tunc führen. Im Rahmen des Anordnungsverfahrens ist grds. allein über die Kosten dieses Verfahrens zu entscheiden. Dies gilt uneingeschränkt für alle Umstände, die zu einer Aufhebung der einstweiligen Verfügung mit Wirkung ex nunc führen. Dem gegenüber sind nach ganz überwiegender Ansicht bei späterer rechtskräftiger Abweisung der Hauptsacheklage als von Anfang an unbegründet (BGH GRUR 1993, 998; OLG Hamburg WRP 1979, 141, 142; *Teplitzky* Kap. 56 Rn. 38 m. w. N.), bei der Versäumung der Vollziehungsfrist des § 929 Abs. 2 ZPO (BGH NJW 1993, 990, 1000 – Verfügungskosten; OLG Frankfurt a. M. WRP 2002, 334, 335; *Teplitzky* Kap. 55 Rn. 50, Kap. 56 Rn. 38 [Fn. 121] m. w. N.) und bei Aufhebung des der einstweiligen Verfügung zugrunde liegenden Gesetzes durch das BVerfG mit Wirkung ex tunc (s. die Nachweise bei *Teplitzky* Kap. 56 Rn. 38 [Fn. 107]) dem Antragsgegner neben den Kosten des Aufhebungsverfahrens auch die Kosten des Verfügungsverfahrens aufzuerlegen.

10. Rechtsbehelfe

151 a) **Antragsgegner. aa) Widerspruch.** Gegen die Beschlussverfügung kann der Antragsgegner jederzeit Widerspruch (§ 924 ZPO) einlegen. Der Widerspruch ist nicht fristgebunden. Dem nach sehr langer Zeit überraschend eingelegten Widerspruch kann aber ausnahmsweise der Einwand der Verwirkung entgegengehalten werden. Mit der Annahme einer Verwirkung ist aber Zurückhaltung geboten, weil es grds. Sache des Antragstellers ist, die notwendigen Vorkehrungen (Abschlussschreiben, Hauptsacheklage) dafür zu treffen, dass das Verfahren insgesamt zu einem förmlichen Abschluss gelangt. Wird Widerspruch erhoben, ist mündlich zu verhandeln. In der Praxis ordnen die Gerichte erst dann einen Verhandlungstermin an, nachdem der Widerspruch auch begründet worden ist. Das Gericht entscheidet über den Widerspruch durch Urteil.

152 Hat auf eine sofortige Beschwerde hin das Oberlandesgericht die Beschlussverfügung erlassen, ist hiergegen ebenfalls beim Landgericht Widerspruch einzulegen (Ahrens/*Scharen* Kap. 51 Rn. 39 m. w. N.). Eine Rechtsbeschwerde findet nicht statt. Der Instanzenzug im Verfahren auf Erlass einer einstweiligen Verfügung wird durch § 542 Abs. 2 S. 1 ZPO geregelt. Diese Vorschrift geht der Regelung in § 574 Abs. 2 ZPO vor (BGH WRP 2003, 658 f.). Dies gilt auch dann, wenn das Beschwerdegericht die Rechtsbeschwerde zugelassen hatte. An die Zulassung der Rechtsbeschwerde ist nämlich das Rechtsbeschwerdegericht allein hinsichtlich des Zulassungsgrundes, nicht aber hinsichtlich der Frage gebunden, ob ein solches Rechtsmittel überhaupt statthaft ist (BGH WRP 2003, 658 m. w. N.).

153 Will sich der Antragsgegner allein gegen die Kostenfolge wehren, etwa weil er vorher nicht abgemahnt worden war, kann er seinen Widerspruch auf die Kostenfolge beschränken (sog. Kostenwiderspruch). Auch über den **Kostenwiderspruch** entscheidet das Gericht durch Urteil. In der Beschränkung des Widerspruchs auf die Kostenfolge ist konkludent die Erklärung enthalten, die einstweilige Verfügung im Übrigen zu akzeptieren, weshalb der Widersprechende später nicht zu einem Vollwiderspruch übergehen kann (OLG Hamburg OLG-Report 2000, 220, 221; *Teplitzky* Kap. 55 Rn. 11). In der Einlegung des Kostenwiderspruchs ist nämlich auch ein unwiderruflicher Verzicht auf den weitergehenden Vollwiderspruch zu sehen. Beim Kostenwiderspruch beschränkt sich die **Prüfung** allein darauf, **ob zugunsten des Widersprechenden § 93 ZPO eingreift.** Materiellrechtliche Einwendungen gegen das Bestehen des Unterlassungsanspruchs werden hingegen nicht berücksichtigt. Es kann daher, auch wenn es primär um die Kostenfolge geht, angezeigt sein, eine strafbewehrte Unterlassungserklärung abzugeben und Vollwiderspruch einzulegen. Im Rahmen der eintretenden Erledigung können dann nicht nur Kos-

tenaspekte, sondern auch alle gegen Verfügungsanspruch und -grund sprechenden Argumente vorgebracht werden.

bb) Berufung. Gegen das auf den Widerspruch hin ergangene Urteil kann der jeweils Beschwerte Berufung einlegen (vgl. zur Beschwer des Unterlassungsschuldners BGH GRUR 2013, 1067 Tz. 12 f.). War allerdings nur ein Kostenwiderspruch eingelegt worden, kann gegen das Urteil nur eine sofortige Beschwerde (OLG Hamburg WRP 1986, 292; Ahrens/*Schmuckle* Kap 54 Rn. 29 m. w. N.), eingelegt werden. 154

Entscheidet das Oberlandesgericht über die sofortige Beschwerde des Antragstellers gegen einen den Antrag auf Erlass einer einstweiligen Verfügung zurückweisenden Beschluss auf der Grundlage einer mündlichen Verhandlung, kann gegen diese Entscheidung weder Berufung noch Widerspruch eingelegt werden. 155

b) Antragsteller. Gegen die Zurückweisung des Antrags durch Beschluss kann der Antragsteller sofortige Beschwerde (§ 567 Abs. 1 Nr. 2 ZPO) einlegen. Die Beschwerde ist innerhalb einer Notfrist von 2 Wochen einzulegen, die mit der Zustellung des zurückweisenden Beschlusses beim Antragsteller, spätestens aber mit dem Ablauf von 5 Monaten nach der Verkündung des Beschlusses, zu laufen beginnt (§ 569 Abs. 1 S. 2 ZPO). Hat das Oberlandesgericht den Antrag durch Beschluss zurückgewiesen, findet hiergegen keine Rechtsbeschwerde statt (s. o. Rn. 152). Gegen das im Widerspruchsverfahren ergangene Urteil, durch das die einstweilige Verfügung ganz oder teilweise aufgehoben wird, kann der Antragsteller Berufung einlegen. 156

VIII. Vorlage an den EuGH (Art. 19 Abs. 3 EUV)

1. Zweck des Vorlageverfahrens

Zweck des Vorlageverfahrens nach Art. 19 Abs. 3 lit b) EUV i. V. m. Art 267 AEUV ist es, innerhalb der Europäischen Union eine einheitliche Anwendung des Gemeinschaftsrechts sicher zu stellen. Das Gemeinschaftsrecht ist von den nationalen Institutionen, also auch von den Gerichten, bei der Rechtsanwendung zu beachten. Bei einer Unvereinbarkeit des Gemeinschaftsrechts mit nationalen Vorschriften geht ersteres vor. Hieraus können sich zahlreiche Auslegungs- und Anwendungsfragen ergeben. Es liegt im Interesse der Harmonisierung der Rechtsordnungen, diese Fragen möglichst frühzeitig und für alle Mitgliedstaaten der EU verbindlich zu beantworten. Darüber hinaus dient das Vorlageverfahren aber auch der Durchsetzung der Individualrechte in dem konkreten Verfahren. Die Kompetenz zur Entscheidung für die vorgelegten Fragen liegt beim Gerichtshof der Europäischen Union (EuGH). Der dargestellte Zweck begrenzt damit aber zugleich den Anwendungsbereich des Vorlageverfahrens. Erforderlich ist nämlich stets die Klärung von Fragen, die mit dem Gemeinschaftsrecht im Zusammenhang stehen. Wo das Gemeinschaftsrecht keine Vorgaben macht, kommt auch ein Vorlageverfahren nicht in Betracht. 157

2. Voraussetzungen für die Vorlage

Die Vorlage setzt eine Frage voraus, deren Beantwortung dem EuGH im Rahmen seiner Kompetenz zusteht. Aus Art. 267 lit. a) AUEV ergibt sich, dass hierzu die Auslegung des **primären Gemeinschaftsrechts** gehört. Im Zusammenhang mit Urheberrechtsstreitsachen haben hier insb. die Regelungen über den Binnenmarkt (Art. 26 AEUV), den freien Warenverkehr (Art. 28 ff. AEUV) sowie den freien Dienstleistungsverkehr (Art. 45 ff. AEUV) Bedeutung. Zu den vorlagefähigen Fragen gehören aber auch solche, die sich auf Inhalt und Tragweite von Normen des sekundären Gemeinschaftsrechts (z. B. Verordnungen, Richtlinien) beziehen. Das **sekundäre Gemeinschaftsrecht** fällt unter das in Art. 267 lit. b) AUEV angesprochene Merkmal „Handlungen der Organe, Einrichtungen oder sonstigen Stellen der Union". Bezogen auf Urheberrechtsstreitsachen bedeutet dies, 158

Kefferpütz

dass immer dann, wenn es um die Bestimmung des Inhalts und der Tragweite des bislang durch Richtlinien harmonisierten Urheberrechts geht, eine Vorlage an den EuGH dem Grunde nach in Betracht kommt.

159 Eine dem Grunde nach vorlagefähige **Frage** kann nur dann zum Gegenstand eines Vorlageverfahrens gemacht werden, wenn sie für den vor dem nationalen Gericht geführten Rechtsstreit **von streiterheblicher Bedeutung** ist (Art. 267 Abs. 2 AEUV). Die Klärung abstrakter Rechtsfragen kommt dagegen im Vorlageverfahren nicht in Betracht. Die Entscheidung darüber, ob die Vorlagefragen **von streiterheblicher Bedeutung** sind, trifft das vorlegende nationale Gericht nach eigenem pflichtgemäßem Ermessen.

160 Ist eine gemeinschaftsrechtliche Vorfrage von streiterheblicher Bedeutung, hat jedes nationale Gericht das Recht, dem EuGH diese Vorfrage zur Entscheidung vorzulegen (Art. 267 Abs. 2 AEUV). Dem nationalen Gericht bleibt es aber vorbehalten, die gemeinschaftsrechtliche Vorfrage, etwa die Auslegung einer Norm, durch Rückgriff auf bereits ergangene Entscheidungen in anderen Verfahren, selbst zu entscheiden. Eine Pflicht zur Vorlage besteht aber dann, wenn gegen die Entscheidung des nationalen Gerichts kein weiteres Rechtsmittel zur Verfügung steht (Art. 267 Abs. 3 AEUV). Dies ist bei den Entscheidungen des BGH der Fall, nicht aber bei Urteilen der Berufungsgerichte, da gegen diese auch bei nicht zugelassener Revision in jedem Fall eine Nichtzulassungsbeschwerde möglich bleibt. Keine Pflicht zur Vorlage besteht zudem im einstweiligen Verfügungsverfahren (KG GRUR 1986, 471, 472). Dies wäre bereits aufgrund des damit einhergehenden Zeitablaufs mit dem Sinn und Zweck des einstweiligen Rechtsschutzes nicht in Einklang zu bringen.

161 Wird die Vorlageverpflichtung verletzt, führt dies noch nicht zur Unwirksamkeit der Entscheidung. Die davon betroffene Partei kann aber gegen die Entscheidung nach den nationalen Regelungen vorgehen. Die Verletzung der Vorlagepflicht führt zu einem Entzug des gesetzlichen Richters und damit zu einem Verstoß gegen Art. 101 Abs. 1 S. 2 GG (Ahrens/*Spätgens* Kap. 25 Rn. 16). Der Betroffene kann daher die Entscheidung des vorlagepflichtigen Gerichts jedenfalls mit einer Verfassungsbeschwerde angreifen. Die Verfassungsbeschwerde hat aber nur dann Erfolg, wenn die Vorlagepflicht durch das letztinstanzlich entscheidende Gericht in offensichtlich unhaltbarer Weise übergangen wurde (BVerfG GRUR 1999, 247, 250; Köhler/Bornkamm/*Köhler* Einl. UWG Rn. 3.9 m.w.N.).

3. Ablauf des Vorlageverfahrens

162 Über den Ablauf des Vorlageverfahrens enthalten weder der EUV, die AUEV noch die deutschen nationalen Regelungen irgendwelche konkreten Vorgaben. Die Gestaltung des Vorlageverfahrens liegt daher im pflichtgemäßen Ermessen des nationalen Gerichts. Bevor das Gericht über die Einleitung des Vorlageverfahrens entscheidet, ist es zweckmäßig, dies mit den Parteien zu erörtern. Wenn eine mögliche Vorlage in den Schriftsätzen der Parteien nicht oder nur beiläufig angesprochen ist, dürfte dies wohl auch geboten sein, da andernfalls den Parteien vor der Entscheidung einer bedeutenden Verfahrensfrage kein rechtliches Gehör gewährt worden wäre.

163 Die Entscheidung über die Vorlage trifft das nationale Gericht durch Beschluss. Dieser ist nicht selbstständig anfechtbar (vgl. Ahrens/*Spätgens* Kap. 25 Rn. 25 m.w.N.). In dem Beschluss wird das Gericht den Sach- und Streitstand darstellen und seine Fragen konkret und exakt formulieren, damit der EuGH die entstandenen Fragen zufriedenstellend und erschöpfend beantwortet.

164 Die Entscheidung über die vorgelegten Fragen trifft der EuGH durch Urteil. Der Tenor des Urteils bindet das vorlegende Gericht sowie etwaige weitere Gerichte, die im Rahmen des betreffenden Verfahrens noch zu entscheiden haben. Darüber hinaus strahlt die Wirkung des Urteils aber auch auf andere Verfahren aus. Dies gilt in jedem Fall dann, wenn der EuGH die Unvereinbarkeit einer nationalen Regelung mit dem Gemeinschaftsrecht

feststellt. Sofern es um Auslegungsfragen geht, sind andere Gerichte berechtigt, sich in ähnlich gelagerten Fällen der Auslegung anzuschließen, ohne ihrerseits die im Wesentlichen gleich gelagerte Frage vorlegen zu müssen. Regelungen zum Verfahren vor dem EuGH und zu dessen Ablauf sind in Art. 23 der Satzung des Gerichtshofs sowie in Art. 103 f. der Verfahrensordnung des Gerichtshofs enthalten.

§ 97 Anspruch auf Unterlassung und Schadenersatz

(1) Wer das Urheberrecht oder ein anderes nach diesem Gesetz geschütztes Recht widerrechtlich verletzt, kann von dem Verletzten auf Beseitigung der Beeinträchtigung, bei Wiederholungsgefahr auf Unterlassung in Anspruch genommen werden. Der Anspruch auf Unterlassung besteht auch dann, wenn eine Zuwiderhandlung erstmalig droht.

(2) Wer die Handlung vorsätzlich oder fahrlässig vornimmt, ist dem Verletzten zum Ersatz des daraus entstehenden Schadens verpflichtet. Bei der Bemessung des Schadensersatzes kann auch der Gewinn, den der Verletzer durch die Verletzung des Rechts erzielt hat, berücksichtigt werden. Der Schadensersatzanspruch kann auch auf der Grundlage des Betrages berechnet werden, den der Verletzer als angemessene Vergütung hätte entrichten müssen, wenn er die Erlaubnis zur Nutzung des verletzten Rechts eingeholt hätte. Urheber, Verfasser wissenschaftlicher Ausgaben (§ 70), Lichtbildner (§ 72) und ausübende Künstler (§ 73) können auch wegen des Schadens, der nicht Vermögensschaden ist, eine Entschädigung in Geld verlangen, wenn und soweit dies der Billigkeit entspricht.

Literatur: *Aßmann,* Schadensersatz in mehrfacher Höhe des Schadens, BB 1985, 15; *Bodewig/Wandtke,* Die doppelte Lizenzgebühr als Berechnungsmethode im Lichte der Durchsetzungsrichtlinie, GRUR 2008, 220; *Bork,* Effiziente Beweissicherung für den Urheberrechtsverletzungsprozess – dargestellt am Beispiel raubkopierter Computerprogramme, NJW 1997, 1665; *Götz,* Schaden und Bereicherung in der Verletzerkette, GRUR 2001, 295; *Hacker,* „L'Oréal/eBay": Die Host-Provider-Haftung vor dem EuGH, GRUR-Prax 2011, 391; *Hansen/Wolff-Rojczyk,* Effiziente Schadenswiedergutmachung für geschädigte Unternehmen der Marken- und Produktpiraterie, GRUR 2007, 468; *v. Hartz,* Beweissicherungsmöglichkeiten im Urheberrecht nach der Enforcement-Richtlinie im deutschen Recht, ZUM 2005, 376; *Hoeren,* Anmerkung zur L'Oréal/eBay-Entscheidung des EuGH, MMR 2011, 605; *Hoeren/Eustergerling,* Die Haftung des Admin-C – Ein kritischer Blick auf die Rechtsprechung, MMR 2006, 132; *Hoeren/Herring,* Urheberrechtsverletzung durch WikiLeaks. – Meinungs-, Informations- und Pressefreiheit vs. Urheberinteressen, MMR 2011, 143; *Hoeren/Neubauer,* Der EuGH, Netlog und die Haftung für Host-Provider, WRP 2012, 508; *Kirchberg,* Die Störerhaftung von Internetanschlussinhabern auf dem Prüfstand – Zugleich Anmerkung zu BVerfG ZUM 2012, 471 – Unerlaubtes Filesharing im Internet, ZUM 2012, 544; *Klaka,* Persönliche Haftung des gesetzlichen Vertreters für die im Geschäftsbetrieb der Gesellschaft begangenen Wettbewerbsverstöße und Verletzungen von Immaterialgüterrechten, GRUR 1988, 729; *Koch,* Perspektiven für die Link- und Suchmaschinen-Haftung – Kommissionsbericht zur Umsetzung der E-Commerce-Richtlinie und seine Konsequenzen für das TDG); *Kochendörfer,* Verletzerzuschlag auf Grundlage der Enforcement-Richtlinie, ZUM 2009, 389; *Lehmann,* Juristisch-ökonomische Kriterien zur Berechnung des Verletzergewinns bzw. des entgangenen Gewinns, BB 1988, 1680; *Leible/Sosnitza,* Neues zur Störerhaftung von Internet-Auktionshäusern, NJW 2004, 3225; *Leible/Sosnitza,* Haftung von Internetauktionshäusern – reloaded, NJW 2007, 3324; *Leisse/Traub,* Schadensschätzung im unlauteren Wettbewerb – Beitrag zur Bezifferung des entgangenen Gewinns, GRUR 1980, 1; *Lubitz,* Die Haftung der Internet Service Provider für Urheberrechtsverletzungen: Ein Vergleich von US-amerikanischem und europäischem Recht, GRUR Int. 2001, 283; *Nordemann,* Störerhaftung für Urheberrechtsverletzungen – Welche konkreten Prüfpflichten haben Hostprovider (Contentprovider)?, CR 2010, 653; *Nordemann,* Haftung von Providern im Urheberrecht – Der aktuelle Stand nach dem EuGH-Urteil vom 12.7.2011 – C-324/09 – L'Oréal/eBay, GRUR 2011, 977; *Nordemann/Dustmann,* To Peer Or Not To Peer – Urheberrechtliche und datenschutzrechtliche Fragen der Bekämpfung der Internet-Piraterie, CR 2004, 380; *Ohly,* Zwölf Thesen zur Einwilligung im Internet – Zugleich Besprechung zu BGH, Urt. v. 19.10.2011 – I ZR 140/10 – Vorschaubilder II, GRUR 2012, 983; *Preu,* Richtlinien für die Bemessung von Schadensersatz bei Verletzung von Patenten, GRUR 1979, 753; *Rojahn,* Praktische Probleme bei der Abwicklung der Rechtsfolge einer Patentverletzung, GRUR 2005, 623; *Schapiro,*

UrhG § 97 § 97 Anspruch auf Unterlassung und Schadenersatz

Unterlassungsansprüche gegen die Betreiber von Internet-Auktionshäusern und Internet-Meinungsforen – Zugleich ein Beitrag zugunsten einer Aufgabe der Störerhaftung im Urheber-, Marken- und Wettbewerbsrecht, Tübingen 2011; *Spiecker*, Die fehlerhafte Urheberbenennung: Falschbenennung des Urhebers als besonders schwerwiegender Fall, GRUR 2006, 118; *Spindler*, Haftungsrechtliche Grundprobleme der neuen Medien, NJW 1997, 3193; *Spindler*, Urheberrecht und Haftung der Provider – ein Drama ohne Ende?: zugleich Anmerkung zu OLG München CR 2001, 324; *Spindler*, Das Gesetz zum elektronischen Geschäftsverkehr – Verantwortlichkeit der Dienstanbieter und Herkunftslandprinzip, NJW 2002, 921; *Spindler*, Urteilsanmerkung, CR 2004, 50; *Spindler/Dorschel*, Auskunftsansprüche gegen Internet-Service-Provider – Zivilrechtliche Grundlagen und datenschutzrechtliche Grenzen, CR 2005, 38; *Spindler*, Pressefreiheit im Internet und (Störer-)Haftung für Hyperlinks – Anmerkung zu OLG München, Urt. v. 28.7.2005 – 29 U 2887/05, GRUR-RR 2005, 369; *Spindler*, Bildersuchmaschinen, Schranken und konkludente Einwilligung im Urheberrecht – Besprechung der BGH-Entscheidung „Vorschaubilder", GRUR 2010, 785; *Spindler*, Präzisierungen der Störerhaftung im Internet – Besprechung des BGH-Urteils „Kinderhochstühle im Internet", GRUR 2011, 101; *Spindler/Weber*, Der Geheimnisschutz nach Art. 7 der Enforcement-Richtlinie, MMR 2006, 711; *Stadler*, Haftung des Admin-C und des Tech-C – Gibt es brauchbare Alternativen zum Domaininhaber bzw. Website-Betreiber als Gegner für kennzeichenrechtliche Auseinandersetzungen?, CR 2004, 521; *Teplitzky*, Die Rechtsfolgen der unbegründeten Ablehnung einer strafbewehrten Unterlassungserklärung, GRUR 1983, 609; *Teplitzky*, Die Durchsetzung des Schadensersatzzahlungsanspruchs im Wettbewerbsrecht, GRUR 1987, 215; *Teplitzky*, Die jüngste Rechtsprechung des BGH zum wettbewerblichen Anspruchs- und Verfahrensrecht XI, GRUR 2007, 177; *Tilmann/Schreibauer*, Die neueste BGH-Rechtsprechung zum Besichtigungsanspruch nach § 809 BGB – Anmerkungen zum Urteil des BGH „Faxkarte", GRUR 2002, 1015; *Tilmann*, Gewinnherausgabe im gewerblichen Rechtsschutz und Urheberrecht – Folgerungen aus der Entscheidung „Gemeinkostenanteil", GRUR 2003, 647; *v. Ungern-Sternberg*, Schlichte einseitige Einwilligung und treuwidrig widersprüchliches Verhalten des Urheberberechtigten bei Internetnutzungen, GRUR 2009, 369; *v. Ungern-Sternberg*, Einwirkung der Durchsetzungsrichtlinie auf das deutsche Schadensersatzrecht, GRUR 2009, 460; *v. Ungern-Sternberg*, Die Rechtsprechung des Bundesgerichtshofs zum Urheberrecht und zu den verwandten Schutzrechten in den Jahren 2008 und 2009 (Teil II), GRUR 2010, 386; *v. Ungern-Sternberg*, Grundfragen des Klageantrags bei urheber- und wettbewerbsrechtlichen Unterlassungsklagen – Teil I und II, GRUR 2011, 375, 486; *v. Ungern-Sternberg*, Die Rechtsprechung des Bundesgerichtshofs zum Urheberrecht und zu den verwandten Schutzrechten in den Jahren 2010 und 2011 (Teil II), GRUR 2012, 321; *v. Ungern-Sternberg*, Urheberrechtlicher Werknutzer, Täter und Störer im Lichte des Unionsrechts – Zugleich Besprechung zu EuGH, Urt. v. 15.3.2012 – C-162/10 – Phonographic Performance (Ireland), und Urt. v. 15.3.2012 – C-135/10 – SCF, GRUR 2012, 576; *Waldenberger*, Teledienste, Mediendienste und die „Verantwortlichkeit" ihrer Anbieter, MMR 1998, 124; *Wandtke*, Doppelte Lizenzgebühr im Urheberrecht als Modell für den Vermögensschaden von Persönlichkeitsrechtsverletzungen im Internet, GRUR 2000, 942.

Vgl. darüber hinaus die Angaben im eingangs abgedr. Gesamtliteraturverzeichnis.

Übersicht

	Rn.
I. Grundzüge	1–3
II. Geschützte Rechte	4–6
1. Allgemeines	4, 5
2. Absolute Rechte	6
III. Aktivlegitimation	7–13
1. Verletzung des Urheberpersönlichkeitsrechts	7
2. Verletzung von Verwertungs- und Nutzungsrechten	8–11
a) Ausschließliche Nutzungsrechte	9, 10
b) Einfache Nutzungsrechte	11
3. Gewillkürte Prozessstandschaft	12
4. Besondere Fälle	13
IV. Passivlegitimation	14–29
1. Täterschaft und Teilnahme	14
2. Störerhaftung	15–17
a) Haftungsbegründung	15
b) Begrenzung der Störerhaftung	16, 17
3. Zur Einordnung von Mittelspersonen	18–20
a) „Veranstalter"	18
b) „Mittelbarer Verletzer"	19
c) Weitere Einzelfälle	20

§ 97 Anspruch auf Unterlassung und Schadenersatz **§ 97 UrhG**

	Rn.
4. Haftung mehrerer Verletzer	21
5. Haftungsprivilegierung im Internet	22–29
a) Einführung	22
b) Überblick über die Haftungsprivilegierung	23
c) Haftungsprivilegierung der Provider und ihre Voraussetzungen	24–28
aa) Content-Provider	24
bb) Host-Provider	25
cc) Access-Provider	26
dd) Netzbetreiber	27
ee) Wiederauflebende Störerhaftung	28
d) Keine Besonderheiten bei Urheberrechtsverletzungen	29
V. Widerrechtlichkeit	30–34
1. Eingriff	30
2. Rechtfertigungsgründe	31–34
a) Einwilligung, Genehmigung	32
b) Selbsthilfe, Auflösung von Grundrechtskollisionen	33, 34
VI. Unterlassungs- und Beseitigungsanspruch (§ 97 Abs. 1; § 97 Abs. 1 S. 1 a. F.)	35–45
1. Unterlassungsanspruch	35–41
a) Allgemeines	35
b) Wiederholungsgefahr	36–40
aa) Bestehen einer Wiederholungsgefahr	36
bb) Entfallen der Wiederholungsgefahr	37
cc) Folgen nach strafbewehrter Unterlassungserklärung	38, 39
dd) Wiederentstehen der Wiederholungsgefahr	40
c) Vorbeugender Unterlassungsanspruch	41
2. Beseitigungsanspruch	42–45
a) Bedeutung	42
b) Anspruchsinhalt	43, 44
c) Beispiele	45
VII. Auskunft, Rechnungslegung und Besichtigung	46–50
1. Auskunft und Rechnungslegung	46–49
a) Anspruchsgrundlage	46
b) Anspruchsinhalt	47
c) Grenzen	48
d) Eidesstattliche Versicherung	49
2. Vorlage- und Besichtigungsanspruch nach § 809 BGB	50
VIII. Schadensersatzanspruch (§ 97 Abs. 2 S. 1–3; § 97 Abs. 1 a. F.)	51–83
1. Verschulden	51–57
a) Einführung	51
b) Fahrlässigkeit	52–55
aa) Strenge Sorgfaltsanforderungen	52
bb) Einzelfälle	53–55
(1) Druckschriften	53
(2) Internet	54, 55
c) Entschuldigender Rechtsirrtum	56
d) Nachträgliches Verschulden	57
2. Höhe des Schadensersatzes	58–83
a) Drei Berechnungsweisen	58
b) Wahlrecht/Verquickungsverbot	59
c) Keine Änderung durch die Enforcement-Richtlinie und deren Umsetzung	60, 61
d) Konkreter Schaden (insb. entgangener Gewinn)	62–65
aa) Nachweis des konkreten Schadens	62, 63
bb) Weitere Schadenspositionen	64, 65
e) Verletzergewinn	66–68
aa) Herleitung	66
bb) Umfang	67–68
f) Lizenzanalogie	69–83
aa) Herleitung	69

		Rn.
bb) Objektivierter Maßstab		70–73
(1) Fiktion eines Lizenzvertrages		71
(2) Erleichterungen gegenüber der Herausgabe des Verletzergewinns		72
(3) Erleichterungen gegenüber der konkreten Schadensberechnung		73
cc) Berechnung der fiktiven Lizenz		74–77
(1) Allgemeines		74
(2) Bestehende Tarife		75
(3) Einzelfragen		76–78
(a) Nutzungsweise		76
(b) Nutzungsgegenstände		77
dd) Verletzerzuschlag?		78–83
(1) Geltende Rechtslage		78
(2) Kritik in der Literatur		79
(3) Keine Auswirkungen der Multimedia-Richtlinie		80
(4) Auswirkungen der Enforcement-Richtlinie		81–83
(a) Weiterhin kein Strafschadensersatz		81
(b) Erhöhungsfaktoren		82, 83
IX. Entschädigung für immaterielle Schäden (§ 97 Abs. 2 S. 4; § 97 Abs. 2 a. F.)		84–90
1. Einordnung		84
2. Anspruchsvoraussetzungen		85–87
a) Persönlicher Anwendungsbereich		85
b) Schwerwiegender Eingriff		86
c) Auswirkungen der Enforcement-Richtlinie		87
3. Höhe der Entschädigung		88
4. Beispiele		89, 90
a) Keine Entschädigung gewährt		89
b) Entschädigung gewährt		90
X. Ansprüche aus anderen gesetzlichen Vorschriften (§ 102a; § 97 Abs. 3 a. F.)		91–96
1. Ungerechtfertigte Bereicherung		91–95
a) Praktische Bedeutung		91
b) Eingriffskondiktion		92
c) Objektivierter Maßstab		93
d) Mehrere Kondiktionsschuldner		94
e) Keine Auswirkungen der Enforcement-Richtlinie		95
2. Weitere Ansprüche		96
XI. Übertragbarkeit der Ansprüche, Aufrechnung, Sicherung der Schadensersatzansprüche		97–99
1. Übertragbarkeit, Vererblichkeit		97
2. Aufrechnung		98
3. Sicherung der Schadensersatzansprüche		99

I. Grundzüge

1 § 97 regelt die zivilrechtlichen Unterlassungs-, Beseitigungs- und Schadensersatzansprüche, die bei Verletzung des Urheberrechts oder eines verwandten Leistungsschutzrechts geltend gemacht werden können. Die Regelung wurde im Zuge der Umsetzung der Enforcement-Richtlinie (s. Rn. 3; Einl. Rn. 21 f.; Anhang 4) geändert. Abs. 1 S. 1 gewährt wie bisher den verschuldensunabhängigen Unterlassungs- und Beseitigungsanspruch; Abs. 1 S. 2 stellt nunmehr klar, dass ein Unterlassungsanspruch auch vorbeugend bei Bestehen einer Erstbegehungsgefahr geltend gemacht werden kann. In Abs. 2 S. 1–3 wird der Anspruch auf Schadensersatz wegen Vermögensschäden bei Verschulden geregelt; S. 2 sieht vor, dass bei der Bemessung des Schadensersatzes auch der Verletzergewinn berücksichtigt werden kann; gem. S. 3 kann der Schadensersatz auch auf der Grundlage der – bisher gewohnheitsrechtlich anerkannten – Lizenzanalogie berechnet werden. Abs. 2 S. 4 gewährleistet den Anspruch auf Ersatz eines immateriellen Schadens. Die Konkurrenz mit Ansprüchen aus anderen gesetzlichen Vorschriften regelt nunmehr § 102a. Bis zum Inkraft-

§ 97 Anspruch auf Unterlassung und Schadenersatz 2, 3 § 97 UrhG

treten des Gesetzes zur Verbesserung der Durchsetzung von Rechten des geistigen Eigentums v. 7.7.2008 (BGBl. I S. 1191) am 1.9.2008 lautete § 97 (im Folgenden auch „§ 97 a. F.") wie folgt:

„*§ 97 Anspruch auf Unterlassung und Schadenersatz*

(1) Wer das Urheberrecht oder ein anderes nach diesem Gesetz geschütztes Recht widerrechtlich verletzt, kann vom Verletzten auf Beseitigung der Beeinträchtigung, bei Wiederholungsgefahr auf Unterlassung und, wenn dem Verletzer Vorsatz oder Fahrlässigkeit zur Last fällt, auch auf Schadenersatz in Anspruch genommen werden. An Stelle des Schadenersatzes kann der Verletzte die Herausgabe des Gewinns, den der Verletzer durch die Verletzung des Rechts erzielt hat, und Rechnungslegung über diesen Gewinn verlangen.

(2) Urheber, Verfasser wissenschaftlicher Ausgaben (§ 70), Lichtbildner (§ 72) und ausübende Künstler (§ 73) können, wenn dem Verletzer Vorsatz oder Fahrlässigkeit zur Last fällt, auch wegen des Schadens, der nicht Vermögensschaden ist, eine Entschädigung in Geld verlangen, wenn und soweit es der Billigkeit entspricht.

(3) Ansprüche aus anderen gesetzlichen Vorschriften bleiben unberührt."

Die Begründung der Bundesregierung für die Neufassung des § 97 findet sich insb. auf BT-Drucks. 16/5048, 48 (speziell zu § 97), 37 (zu dem entsprechenden § 139 PatG) und 32 f. (allgemein zur Umsetzung des Art. 13). Auf die Stellungnahme des Bundesrats (BT-Drucks. 16/5048, 53 f.) hat die Bundesregierung erklärt, dass sie am Regelungsentwurf festhalten wolle (BT-Drucks. 16/5048, 61 f.). Die Sachverständigenanhörung im Rechtsausschuss des Deutschen Bundestages am 20.6.2007 konzentrierte sich auf die Ausgestaltung der Auskunftsansprüche (§§ 101, 101a) und die geplante Begrenzung der Abmahnkosten (§ 97a). 2

Die **Enforcement-Richtlinie,** die bis zum 29.4.2006 umzusetzen war und die ab diesem Zeitpunkt auch bei der Auslegung und Anwendung des § 97 Abs. 1 a. F. soweit wie möglich zu beachten ist (BGH GRUR 2010, 1090 Rn. 18 – Werbung eines Nachrichtensenders), soll der Harmonisierung von Verfahren und Rechtsbehelfen dienen, die erforderlich sind, die Durchsetzung der Rechte des geistigen Eigentums sicherzustellen (*v. Hartz* ZUM 2005, 376, 377). Für die in § 97 geregelten Ansprüche sind insb. Art. 11 und 13 der Richtlinie einschlägig. Art. 11 verpflichtet die Mitgliedstaaten zur Schaffung eines Unterlassungsanspruchs des Rechtsinhabers gegen den Verletzer sowie gegen Mittelspersonen. Gem. Art. 13 Abs. 1 S. 1 haben die Mitgliedstaaten sicherzustellen, dass der schuldhaft handelnde Verletzer dem Rechtsinhaber „zum Ausgleich des von diesem wegen der Rechtsverletzung erlittenen tatsächlichen Schadens angemessenen Schadensersatz zu leisten hat". Bei der Festsetzung des Schadensersatzes haben die Gerichte nach Art. 13 Abs. 1 S. 2 wie folgt zu verfahren: „a) Sie berücksichtigen alle in Frage kommenden Aspekte, wie die negativen wirtschaftlichen Auswirkungen, einschließlich der Gewinneinbußen für die geschädigte Partei und der zu Unrecht erzielten Gewinne des Verletzers, sowie in geeigneten Fällen auch andere als die rein wirtschaftlichen Faktoren, wie den immateriellen Schaden für den Rechtsinhaber, oder b) sie können stattdessen in geeigneten Fällen den Schadensersatz als Pauschalbetrag festsetzen, und zwar auf der Grundlage von Faktoren wie mindestens dem Betrag der Vergütung oder Gebühr, die der Verletzer hätte entrichten müssen, wenn er die Erlaubnis zur Nutzung des betreffenden Rechts des geistigen Eigentums eingeholt hätte". Im Urheberrecht sah die Bundesregierung in ihrer Begründung zum Entwurf des Gesetzes zur Verbesserung der Durchsetzung von Rechten des geistigen Eigentums insoweit keinen Umsetzungsbedarf (BT-Drucks. 16/5048, 33, 32, 30); teilweise krit. hierzu *v. Ungern-Sternberg,* GRUR 2009, 460. Die Änderung des § 97, die insb. auch der Vereinheitlichung der entsprechenden Vorschriften in den weiteren Spezialgesetzen des geistigen Eigentums geschuldet ist, ist im Wesentlichen redaktioneller Natur. Daher wird sich voraussichtlich die Frage, ob die in § 97 vorgesehenen Ansprüche auch für Rechtsverletzun- 3 gen gelten, die vor dem Inkrafttreten des Umsetzungsgesetzes begangen worden sind (BT-Drucks. 16/5048, 52 verweist insoweit auf die allgemeinen Grundsätze, wonach es bei der Beurteilung der Schadenersatzpflicht auf die Rechtslage zum Zeitpunkt der behaupteten Rechtsverletzung ankommt, BGH GRUR 2009, 515 Rn. 22 m.w.N. – Motorradreiniger), in der Praxis kaum stellen, zumal etwa die in die Zukunft gerichteten Unterlassungsansprüche ohnehin nach neuem Recht zu beurteilen wären. Zur – grds. zu bejahenden – Frage, ob die Neufassung des § 97 den Anforderungen der Enforcement-Richtlinie gerecht wird, s. insbes. Rn. 14 a.E., 46, 60, 62, 66, 81, 87, 95 u. 99. Eine Umsetzung (durch die Rechtsprechung) dürfte jedoch erforderlich sein, soweit bei der Bestimmung der Schadensersatzhöhe nach der Lizenzanalogie (d.h. nach § 97 Abs. 2 S. 3 bzw. bei der Festsetzung des pauschalierten Schadensersatzes nach Art. 13 Abs. 1 S. 2 Buchst. b)) die übliche Lizenzgebühr lediglich die absolute Untergrenze darstellt und bei Vorliegen weiterer „Faktoren" der zuzusprechende Pauschalbetrag erhöht werden muss (ähnlich auch *v. Ungern-Sternberg*, GRUR 2009, 460, 464f.). Dem verschließt sich auch die Begründung der Bundesregierung nicht, wenn sie die weitere Entwicklung der Schadensbemessung nach der Lizenzanalogie der Rechtsprechung zuweist (BT-Drucks. 16/5048, 37 zum entsprechenden § 139 PatG) und ausdrücklich darauf hinweist, dass es „(i)m Einzelfall (...) zum sachgerechten Schadensausgleich notwendig sein (kann), den Schadensersatz höher als die Lizenzgebühr zu bemessen" (BT-Drucks. 16/5048, 48 zu § 97), s.u. Rn. 82f.

II. Geschützte Rechte

1. Allgemeines

4   Die Ansprüche aus § 97 setzen die Verletzung **absoluter** Urheberrechte und verwandter Schutzrechte, soweit sie ausschließlichen Charakter haben, voraus. § 97 ist ein deliktischer Anspruch. Die Verletzung von schuldrechtlichen Ansprüchen, die nicht gegen jeden nichtberechtigten Dritten, sondern nur gegen einen bestimmten Schuldner gerichtet sind, löst die Rechtsfolgen des § 97 also nicht aus. Werden etwa vertragliche oder gesetzliche Vergütungsansprüche nicht oder nicht rechtzeitig erfüllt, kann sich der Verletzte gegenüber seinem Schuldner nicht auf § 97 berufen; Anwendung finden vielmehr die allgemeinen Regelungen des Schuldrechts. **Ansprüche aus Vertrag und aus § 97** können aber nebeneinander bestehen. So stellt die Überschreitung vertraglich eingeräumter Nutzungsbefugnisse regelmäßig nicht nur eine Verletzung des zugrunde liegenden Nutzungsvertrags, sondern gleichzeitig eine Urheberrechtsverletzung dar, soweit das Recht im Übrigen beim Verletzten verblieben ist (BGH GRUR 1980, 227, 230 – Monumenta Germaniae Historica).

5   Es können auch **mehrere Urheber- oder Leistungsschutzrechte** gleichzeitig verletzt werden. Aus den einzelnen Rechtsverletzungen ergeben sich jeweils entsprechende Ansprüche, die nebeneinander bestehen und geltend gemacht werden können. Möhring/Nicolini/*Lütje* § 97 Rn. 43 nennt als Beispiel die Vervielfältigung und Verbreitung einer unerlaubt hergestellten Schallplatte, auf der ein geschütztes Werk aufgenommen und dabei auch die Interpretenleistung entstellt wurde. Beim Plagiat kann der Verletzte etwa Ersatz des materiellen Schadens wegen Verletzung des Verwertungsrechts sowie zugleich Ersatz des immateriellen Schadens wegen Verletzung des Urheberpersönlichkeitsrechts verlangen.

2. Absolute Rechte

6   Zu den absoluten Rechten, deren Verletzung die Folgen des § 97 auslösen können, gehören insb. die: **Persönlichkeitsrechte** der Urheber und Schutzrechtsinhaber (§§ 12–14, 39, 46 Abs. 5, 62, 63; 70, 72, 75, 93, 121 Abs. 6, 125 Abs. 6); **Verwertungsrechte** der Urheber (§§ 16–22, 69c) und die verwertungsrechtlichen Berechtigungen der Schutz-

§ 97 Anspruch auf Unterlassung und Schadenersatz 7–9 § 97 UrhG

rechtsinhaber i. S. d. §§ 70, 71, 72, 77 f., 81, 85, 87, 87b, 94 sowie das Verwertungsverbot nach § 96 (BGH ZUM 1986, 199, 202 – GEMA-Vermutung III); **Zustimmungsrechte** der Urheber (§§ 23, 34 Abs. 1, 35 Abs. 1) und der Leistungsschutzinhaber i. S. d. §§ 70, 71, 72, 73, 81. Allerdings stellt die nicht erlaubte Unterlizenzierung für sich noch keine Urheberrechtsverletzung dar, wenn der Dritte die vermeintliche Lizenz nicht nutzt (BGHZ 136, 380, 389 – Spielbankaffaire). Auch vertragliche Zustimmungsrechte, die sich der Inhaber ausschließlicher Nutzungsrechte gegenüber dem Unterlizenznehmer ausbedingt, sind schutzfähige Rechte, da die inhaltliche Beschränkung der weiter übertragenen Nutzungsrechte dingliche Wirkung hat (BGH GRUR 1987, 37, 39 – Videolizenzvertrag).

III. Aktivlegitimation

1. Verletzung des Urheberpersönlichkeitsrechts

Werden Persönlichkeitsrechte verletzt, indem etwa das Werk entstellt oder der Name des 7 Urhebers nicht vermerkt wird, ist der Urheber bzw. der Inhaber des verwandten Schutzrechts stets aktivlegitimiert. Nach dem Tode des Urhebers, Verfassers wissenschaftlicher Ausgaben oder Lichtbildners ist sein Erbe oder Vermächtnisnehmer oder einer der Miterben (§ 29 S. 1), nach dem Tode des ausübenden Künstlers sind dessen Angehörige (§ 76 S. 4) aktivlegitimiert. Zur Frage postmortaler Verletzungen des Persönlichkeitsrechts s. u. Rn. 85. Zur Wahrnehmung von Ansprüchen aus Urheberpersönlichkeitsrecht durch einen Lizenznehmer in gewillkürter Prozessstandschaft s. u. Rn. 12.

2. Verletzung von Verwertungs- und Nutzungsrechten

Bei der Verletzung derartiger Vermögensrechte ist zunächst der Urheber bzw. der Inha- 8 ber des verwandten Schutzrechts allein aktivlegitimiert. Sind Rechte einem Anderen (Nutzungsberechtigten) eingeräumt worden, kommt es für die Aktivlegitimation darauf an, in welchem Umfang diese Rechte übertragen worden sind. Soweit der Nutzungsberechtigte ausschließliche Nutzungsrechte erworben hat, ist er grds. allein aktivlegitimiert (zu Ausnahmen s. Rn. 9 f.). Soweit der Nutzungsberechtigte nur einfacher Lizenznehmer ist, also keine ausschließlichen Nutzungsrechte erworben hat, kann er nicht aus eigenem Recht klagen (s. Rn. 11); aktivlegitimiert bleibt weiterhin der Urheber bzw. Schutzrechtsinhaber bzw. der Lizenzgeber, soweit er Inhaber ausschließlicher Nutzungsrechte ist.

a) Ausschließliche Nutzungsrechte. Sind ausschließliche Nutzungsrechte übertragen, 9 ist zunächst aktivlegitimiert, wer Inhaber der Rechte (geworden) ist. Der ausschließlich Nutzungsberechtigte kann ggf. auch gegen den Urheber (Schutzrechtsinhaber) vorgehen, wenn dieser nach Rechtsübertragung gleichwohl weiter nutzt (§ 31 Abs. 3). Der Inhaber umfassender ausschließlicher Nutzungsrechte ist aufgrund seiner dinglichen Rechtsstellung befugt, eine Werknutzung auch dann zu untersagen, wenn ihm selbst eine Werknutzung in dieser Form nicht gestattet ist (BGH GRUR 1999, 984 – Laras Tochter: Vervielfältigung und Verbreitung einer unfreien Bearbeitung). Der Urheber, der eine ausschließliche Lizenz nur hinsichtlich bestimmter gegenständlicher Befugnisse erteilt hat, bleibt jedenfalls hinsichtlich der ihm verbliebenen Rechte anspruchsberechtigt (BGHZ 22, 209, 211 – Europapost; BGH GRUR 1960, 251, 252 – Mecki-Igel II). Der Urheber bleibt darüber hinaus auch bei einer umfassenden Auslizenzierung anspruchsberechtigt, wenn er weiterhin ein eigenes schutzwürdiges Interesse an der Rechtsverfolgung hat, das materieller oder ideeller Natur sein kann. Ein ideelles Interesse ist zu bejahen, wenn die Rechtsverletzung das beim Urheber verbliebene Urheberpersönlichkeitsrecht beeinträchtigt (BGH GRUR 1957, 614, 615 – Ferien vom Ich). Auf ein eigenes materielles Interesse kann sich der Urheber berufen, wenn er an den Lizenzeinnahmen des Lizenznehmers beteiligt ist (BGHZ 118, 394, 399 – ALF). Hierzu bedarf es nicht der Feststellung, dass die Lizenzeinnahmen durch die

Verletzungshandlung tatsächlich beeinträchtigt sind (BGH GRUR 1999, 984 – Laras Tochter). Der Rechtsinhaber und der ausschließliche Lizenznehmer sind dabei nicht Mitgläubiger i. S. von § 432 BGB mit der Folge, dass der Verletzer nur an beide gemeinschaftlich leisten und jeder von ihnen nur Leistung an beide verlangen kann (BGH GRUR 2008, 898 Rn. 38 – Tintenpatrone). Es kann zweckmäßig sein, dass der Rechtsinhaber und der ausschließliche Lizenznehmer einen etwaigen Schadensersatzanspruch gemeinsam geltend machen (BGH GRUR 2008, 898 Rn. 38f. – Tintenpatrone). Verlangt einer der Geschädigten gesondert Schadensersatz, hat er darzulegen, welcher Anteil des (konkreten) Gesamtschadens auf ihn entfällt; in Höhe dieses Anteils kann er sodann auch Schadensausgleich nach der Lizenzanalogie oder Herausgabe des Verletzergewinns verlangen (BGH GRUR 2008, 898 Rn. 39 – Tintenpatrone).

10 Entsprechendes gilt auch für die **nächste Nutzungsrechtsstufe**. Der Inhaber eines ausschließlichen Nutzungsrechts bleibt auch nach Einräumung eines solchen Nutzungsrechts an einen Dritten als ausschließlichen Unterlizenznehmer aktivlegitimiert, wenn er – etwa wegen der Beteiligung als Unterlizenzgeber an den Lizenzeinnahmen des Unterlizenznehmers – weiterhin ein berechtigtes Interesse an der Rechtsverfolgung hat (BGHZ 118, 394, 399 – ALF; BGH GRUR 1999, 984 – Laras Tochter; BGH GRUR 2010, 920 Rn. 16 – Klingeltöne für Mobiltelefone II). Ein Schadensersatzanspruch ist allerdings auch hier der Höhe nach auf den Ersatz desjenigen Schadens beschränkt, der dem Unterlizenzgeber selbst – trotz der Einräumung der Unterlizenz – entstanden ist (BGH GRUR 1999, 984 – Laras Tochter; BGH GRUR 2008, 898 Rn. 38f. – Tintenpatrone).

11 b) **Einfache Nutzungsrechte.** Ist lediglich ein einfaches Nutzungsrecht vergeben, kann der einfache Lizenznehmer grds. nicht aus eigenem Recht klagen. Aktivlegitimiert bleibt der Urheber bzw. der ausschließlich Nutzungsberechtigte, der zur Rechtsverfolgung häufig auch verpflichtet ist (BGH GRUR 1965, 591 – Wellplatten). Werden jedoch **eigene berechtigte Interessen des Lizenznehmers** berührt, kann dieser die fremden Rechte mit Zustimmung des Urhebers bzw. des ausschließlich Nutzungsberechtigten in eigenem Namen geltend machen (sog. gewillkürte Prozessstandschaft: BGH GRUR 1959, 200, 201 – Der Heiligenhof; BGH GRUR 1961, 635, 636 – Stahlrohrstuhl I).

3. Gewillkürte Prozessstandschaft

12 Die **Wahrnehmung fremder Rechte im eigenen Namen** (sog. gewillkürte Prozessstandschaft) ist ausnahmsweise zulässig, wenn der Rechtsinhaber zustimmt und der Dritte ein eigenes berechtigtes Interesse an der Geltendmachung hat (BGHZ 30, 162, 166; BGHZ 48, 12, 15; BGH GRUR 1983, 371, 372 – Mausfigur; BGHZ 107, 384, 389 – Emil Nolde). Die Zustimmung kann sich bereits aus einem Verwertungsvertrag ergeben. Das berechtigte Interesse ist anerkannt: für den **einfachen Lizenznehmer,** soweit die Rechtsverletzung die ihm eingeräumten Nutzungsbefugnisse berührt (BGH GRUR 1961, 635, 636 – Stahlrohrstuhl I); für den **Einzugsermächtigten** (BGHZ 19, 69, 71; BGH GRUR 1960, 630, 631 – Orchester Graunke); bei **Wahrnehmung von Ansprüchen aus Urheberpersönlichkeitsrecht,** (jedenfalls) soweit diese Ansprüche übertragbar sind (BGHZ 15, 249 – Cosima Wagner; BGHZ 107, 384, 389 – Emil Nolde). In jedem Fall ist dies zulässig bei letztlich auf dem Urheberpersönlichkeitsrecht beruhenden Ansprüchen wegen einer Verletzung des Entstellungs- oder Änderungsverbots; hier kann der Urheber die Befugnis zur Geltendmachung auch urheberpersönlichkeitsrechtlicher Ansprüche durch einen eigenen – wenn auch möglicherweise stillschweigend vorgenommenen – Rechtsakt erteilen (BGH GRUR 2010, 920 Rn. 26 – Klingeltöne für Mobiltelefone II; BGH GRUR 1999, 230, 231 – Treppenhausgestaltung). Schadensersatz wegen Urheberpersönlichkeitsrechtsverletzung kann jedoch grds. nur zugunsten des Urhebers verlangt werden (Fromm/Nordemann/*Nordemann* § 97 Rn. 141, 138; Schricker/Loewenheim/*Wild* § 97 Rn. 58). Eine – unzulässige (s. u. Rn. 97) – isolierte Abtretung des Unterlassungsanspruchs

4. Besondere Fälle

Zur Aktivlegitimation der **Miturheber** s. bei § 8 Abs. 2 S. 3, von mehreren **ausüben-** 13
den Künstlern bei gemeinsamer Darbietung bei §§ 80 Abs. 2, 74 Abs. 2 S. 2 und 3
(Orchestervorstand: BGH GRUR 2005, 502 – Götterdämmerung) und des **Testamentsvollstreckers,** der zur Ausübung des Urheberrechts eingesetzt ist, bei § 28 Abs. 2. Zur
Aktivlegitimation der **Verwertungsgesellschaften** s. bei §§ 13b, 6 WahrnG. Zur Aktivlegitimation von Verbänden zur Durchsetzung von Schrankenbestimmungen nach § 95b
i. V. m. § 2a Unterlassungsklagengesetz (UKlaG) s. bei § 95b Rn. 39.

IV. Passivlegitimation

1. Täterschaft und Teilnahme

Für Urheberrechtsverletzungen und Verletzungen verwandter Schutzrechte haftet jeder, 14
der die Rechtsverletzung **als Täter begeht.** Dies beurteilt sich grundsätzlich nach im
Strafrecht entwickelten Rechtsgrundsätzen (BGH GRUR 2013, 1229, 1231 – Kinderhochstühle im Internet II; BGH GRUR 2011, 152 Rn. 30 – Kinderhochstühle im Internet; BGH GRUR 2011, 1018 Rn. 17 – Automobil-Onlinebörse). Als Täter einer Urheberrechtsverletzung haftet deshalb nur, wer selbst, in mittelbarer Täterschaft oder in
Mittäterschaft die Merkmale eines der handlungsbezogenen Verletzungstatbestände erfüllt
(BGH GRUR 2013, 1229, 1231 – Kinderhochstühle im Internet II; BGH GRUR 2010,
633 Rn. 13 – Sommer unseres Lebens; BGH GRUR 2012, 304 Rn. 44 – Basler Haar-
Kosmetik, zum Namensrecht). Eine Haftung als mittelbarer Täter setzt Tatherrschaft voraus
(BGH GRUR 2011, 1018 Rn. 21 – Automobil-Onlinebörse). Mittäterschaft erfordert
eine gemeinschaftliche Begehung, also ein bewusstes und gewolltes Zusammenwirken,
§ 25 Abs. 2 StGB, § 830 Abs. 1 S. 1 BGB (BGH a. a. O. Rn. 17). Die Verletzung von Verkehrspflichten begründet im Urheberrecht keine täterschaftliche Haftung (BGH a. a. O.
Rn. 18; BGH GRUR 2010, 633 Rn. 13 – Sommer unseres Lebens).

Die Frage, ob jemand als **Teilnehmer** – also als Anstifter oder Gehilfe (§ 830 Abs. 2
BGB) – für eine deliktische Handlung wie die Verletzung eines Schutzrechts zivilrechtlich
haftet, beurteilt sich gleichfalls nach den im Strafrecht entwickelten Rechtsgrundsätzen
(BGH GRUR 2011, 152 Rn. 30 – Kinderhochstühle im Internet, m. w. N.). Als Anstifter (§ 26 StGB) oder Gehilfe (§ 27 Abs. 1 StGB) haftet, wer vorsätzlich einen anderen
zu dessen vorsätzlich begangener rechtswidriger Tat bestimmt hat oder ihm dazu Hilfe
geleistet hat. Vorausgesetzt wird neben einer objektiven Teilnahmehandlung zumindest
ein bedingter Vorsatz in Bezug auf die Haupttat, der das Bewusstsein der Rechtswidrigkeit einschließen muss (BGH GRUR 2011, 1018 Rn. 24 – Automobil-Onlinebörse).
Die Teilnahme verlangt also neben der Kenntnis der Tatumstände wenigstens in groben
Zügen den jeweiligen Willen der einzelnen Beteiligten, die Tat gemeinschaftlich mit anderen auszuführen oder sie als fremde Tat zu fördern (BGH NJW-RR 2011, 1193 Rn. 26).
In objektiver Hinsicht muss ferner eine Beteiligung an der Ausführung der Tat hinzukommen, die in irgendeiner Form deren Begehung fördert und für diese relevant ist (BGH
NJW-RR 2011, 1193 Rn. 26). Für den einzelnen Teilnehmer muss ein Verhalten festgestellt werden können, das den rechtswidrigen Eingriff in ein fremdes Rechtsgut unterstützt hat und das von der Kenntnis der Tatumstände und dem auf die Rechtsgutverlet-
zung gerichteten Willen getragen war (BGH NJW-RR 2011, 1193 Rn. 26). Eine Beihilfe
durch Unterlassen ist möglich (BGH GRUR 2011, 152 Rn. 34 – Kinderhochstühle im
Internet).

Der Kreis der Verantwortlichen wird von der Rechtsprechung darüber hinaus noch weiter gezogen. Verantwortlich sind nicht nur Täter und Teilnehmer, sondern – allein im Hinblick auf die negatorischen Ansprüche auf Unterlassung und Beseitigung (§ 1004 BGB analog) – auch der bloße **Störer**, der in irgendeiner Weise willentlich und adäquat kausal zur Verletzung des geschützten Rechts beiträgt (BGH GRUR 2011, 152 Rn. 45 – Kinderhochstühle im Internet) (s. Rn. 15 ff.). Verantwortlich kann schließlich auch derjenige sein, der als sog. **Veranlasser** oder **mittelbare Verletzer** bezeichnet wird (s. Rn. 18 f.); hierdurch werden keine weiteren eigenständigen Zurechnungskonzepte begründet. „Veranlasser" und „mittelbarer Verletzer" sind vielmehr jeweils den abschließenden Kategorien Täter, Teilnehmer oder Störer zuzuordnen.

Ein Umsetzungsbedarf hinsichtlich der Enforcement-Richtlinie bestand angesichts der Strenge der deutschen Rechtsprechung nicht. Art. 11 verpflichtet die Mitgliedstaaten zur Schaffung eines Unterlassungsanspruchs des Rechtsinhabers gegen den Verletzer und gegen „Mittelspersonen", deren Dienste von einem Dritten zwecks Verletzung eines Rechts des geistigen Eigentums in Anspruch genommen werden. Insb. die Haftung von Mittelspersonen ist im deutschen Recht durch die deliktsrechtliche Gehilfenhaftung und die Störerhaftung gewährleistet (vgl. auch BT-Drucks. 16/5048, 32, 30; BGH GRUR 2007, 708, 711 Rn. 37 – Internet-Versteigerung II; kritisch zur Europarechtskonformität der Störerhaftung *Nordemann*, CR 2010, 653). Angesichts der fortschreitenden Rechtsprechung des EuGH bleibt die Anwendung des deutschen Urheberrechts auch künftig im Licht des europäischen Rechts zu prüfen (vgl. z. B. *v. Ungern-Sternberg* GRUR 2012, 576, 580 ff.).

2. Störerhaftung

15 a) **Haftungsbegründung.** Unabhängig von der Haftung für Täterschaft und Teilnahme kann auch derjenige als Störer zur Unterlassung und Beseitigung verpflichtet sein, der **ohne eigenes Verschulden adäquat kausal** an der Herbeiführung oder Aufrechterhaltung einer Urheberrechtsverletzung **mitgewirkt** hat (vgl. nur Schricker/Loewenheim/*Wild* § 97 Rn. 69; BGH GRUR 2001, 1038, 1039 – www.ambiente.de; BGH GRUR 2011, 152 Rn. 45 – Kinderhochstühle im Internet; BGH GRUR 2013, 1229, 1231 – Kinderhochstühle im Internet II). Dabei kann als Mitwirkung grds. auch die Unterstützung oder Ausnutzung der Handlung eines eigenverantwortlich handelnden Dritten genügen, sofern der in Anspruch Genommene die rechtliche Möglichkeit zur Verhinderung dieser Handlung hatte (BGH GRUR 1999, 418, 419 – Möbelklassiker). Der erforderliche adäquate Kausalzusammenhang wird allerdings bei denjenigen zu verneinen sein, die lediglich **Hilfsdienste** leisten, also etwa bei Kartenverkäufern, Platzanweisern, Zeitungsausträgern etc.; **Angestellte** haften umso eher, je größer ihre Entscheidungsbefugnis ist (Schricker/Loewenheim/*Wild* § 97 Rn. 76). In der Rechtsprechung zeigte sich eine gewisse Zurückhaltung gegenüber dem Institut der Störerhaftung; zugleich wurde erwogen, die Passivlegitimation für den Unterlassungsanspruch allein nach den deliktsrechtlichen Kategorien der Täterschaft und Teilnahme zu begründen (BGH GRUR 2003, 969, 970 – Ausschreibung von Vermessungsleistungen; BGH GRUR 2003, 807 – Buchpreisbindung; *Leible/Sosnitza* NJW 2004, 3225, 3227). Der BGH (GRUR 2004, 860, 864 – Internet-Versteigerung I) hat daraufhin klargestellt, dass diese Eingrenzung der Haftung lediglich Fälle des bloßen **Verhaltensunrechts** betrifft, in denen keine Verletzung eines absoluten Rechts in Rede stand. Im Falle der Verletzung von Immaterialgüterrechten, die als absolute Rechte auch nach §§ 823 Abs. 1, 1004 BGB Schutz genießen, seien – so der BGH (GRUR 2004, 860, 864 – Internet-Versteigerung I) weiter – die Grundsätze der Störerhaftung uneingeschränkt anzuwenden. Der I. ZS des BGH hält gegen Teile der Literatur (vgl. *Spindler* GRUR 2011, 101, 102 f.; *Schapiro* [2011] S. 124 ff.) auch weiterhin an der Störerhaftung bei der Verletzung absoluter Rechte fest (BGH GRUR 2011, 1018 Rn. 18 – Automobil-Onlinebörse; BGH GRUR 2011, 1038 Rn. 20 – Stiftparfüm; BGH GRUR

2012, 304 Rn. 48 ff. – Basler Haar-Kosmetik). Die Störerhaftung ist auf Unterlassungsansprüche beschränkt und schützt die Rechtsinhaber in Fällen, in denen eine deliktische, auch auf Schadenersatz gerichtete Haftung unverhältnismäßig wäre; es gebe daher keinen Grund, die Störerhaftung im Bereich des Immaterialgüterrechts zu Gunsten einer Schadensersatzhaftung wegen Verletzung von Verkehrspflichten (§ 823 Abs. 1 BGB) aufzugeben (*v. Ungern-Sternberg* GRUR 2012, 321, 326). Demgegenüber hat der BGH die Störerhaftung in den dem Verhaltensunrecht zuzuordnenden Fällen ausdrücklich aufgegeben (BGH GRUR 2011, 152 Rn. 48 – Kinderhochstühle im Internet).

Der Störer kann bei Erstbegehungsgefahr **auch vorbeugend** auf Unterlassung in Anspruch genommen werden (BGH GRUR 2007, 708, 711 Rn. 41 – Internet-Versteigerung II – m. w. N.; s. u. Rn. 41).

b) Begrenzung der Störerhaftung. Um die Haftung derjenigen, die nicht selbst die 16 Rechtsverletzung begangen haben, nicht über Gebühr auszudehnen, wird die Störerhaftung Dritter nach § 97 Abs. 1 durch **Zumutbarkeitserwägungen** eingegrenzt; Art und Umfang der gebotenen Kontrollmaßnahmen bestimmen sich nach Treu und Glauben (vgl. BGH GRUR 1984, 54, 55 – Kopierläden: zumutbare Vorkehrungsmaßnahmen; BGH GRUR 1999, 418, 420 – Möbelklassiker: zumutbare **Prüfungspflichten;** BGH GRUR 2001, 1038, 1039 f. – ambiente.de; BGH GRUR 2010, 633 Rn. 19 – Sommer unseres Lebens; BGH GRUR 2011, 152 Rn. 45 – Kinderhochstühle im Internet; BGH GRUR 2013, 1229, 1231 – Kinderhochstühle im Internet II). Wer nur durch Einsatz organisatorischer oder technischer Mittel an der von einem anderen vorgenommenen urheberrechtlichen Nutzungshandlung beteiligt war, muss ausnahmsweise einwenden können, dass er im konkreten Fall nicht gegen eine Pflicht zur Prüfung auf mögliche Rechtsverletzungen verstoßen hat (BGH GRUR 1997, 313, 315 – Architektenwettbewerb; BGH GRUR 1999, 418, 420 – Möbelklassiker). Auch die Verpflichtung, geeignete Vorkehrungen zu treffen, durch welche die Rechtsverletzungen soweit wie möglich verhindert werden, muss sich im Rahmen des Zumutbaren und Erforderlichen halten (BGH GRUR 1984, 54, 55 – Kopierläden). Maßgeblich sind die Funktion und Aufgabenstellung des als Störer in Anspruch Genommenen sowie die Eigenverantwortung des unmittelbar Handelnden (BGH GRUR 2001, 1038, 1039 – www.ambiente.de). So hat es der BGH für den Grad der Zumutbarkeit der Verhinderung von Rechtsverletzungen Dritter für erheblich gehalten, ob der als Störer in Anspruch Genommene ohne Gewinnerzielungsabsicht zugleich im öffentlichen Interesse handelt oder aber eigene erwerbswirtschaftliche Zwecke verfolgt (BGH GRUR 2011, 1038 Rn. 20 – Stiftparfüm, m. w. N.). Weiter ist zu berücksichtigen, ob die geförderte Rechtsverletzung eines Dritten auf Grund einer unklaren Rechtslage erst nach eingehender rechtlicher oder tatsächlicher Prüfung festgestellt werden kann oder aber für den als Störer in Anspruch genommenen offenkundig oder unschwer zu erkennen ist (BGH GRUR 2011, 1038 Rn. 20 – Stiftparfüm, m. w. N.).

Als Beispiel für die erforderliche Haftungsbegrenzung sei die Störerhaftung des **Zei-** 17 **tungs- und Zeitschriftengewerbes im Anzeigengeschäft** näher dargestellt. Um die tägliche Arbeit von Presseunternehmen nicht über Gebühr zu erschweren und die Verantwortlichen nicht zu überfordern, verneint der BGH eine umfassende Prüfungspflicht der Presseunternehmen (BGH GRUR 1999, 418, 420 – Möbelklassiker). Vielmehr haftet ein Presseunternehmen für die Veröffentlichung urheberrechtsverletzender Anzeigen nur im Fall grober, unschwer zu erkennender Verstöße (BGH GRUR 1999, 418, 420 – Möbelklassiker). Unsubstantiierte Hinweise von Rechtsinhabern sind keine ausreichende Grundlage für eine Pflicht, Anzeigenaufträge abzulehnen; würden derartige Hinweise genügen, um die Prüfungspflicht entscheidend zu erhöhen, wären die Beschränkungen der Prüfungspflichten von Presseunternehmen, die auch zum Schutz der Pressefreiheit (Art. 5 Abs. 1 GG) erforderlich sind, weitgehend gegenstandslos (BGH GRUR 1999, 418, 420 – Möbelklassiker). Eine entsprechende Privilegierung erfahren Presseunternehmen, wenn sie **Hyperlinks** setzen (BGH GRUR 2004, 693, 695f. – Schöner Wetten; BGH GRUR 2011, 513 – AnyDVD, s.a. Rn. 20). Allgemein richtet sich der Umfang der Prüfungspflichten bei Hyperlinks nach dem Gesamtzusammenhang, in dem der Hyperlink verwendet wird, dem Zweck des Hyperlinks sowie danach, welche Kenntnis der den Link Setzende von Umständen hat, die dafür sprechen, dass die verlinkte Webseite rechtswidrigem Handeln dienen, und welche Möglichkeiten er hat, die Rechtswidrigkeit dieses Handelns in zumutbarer Weise zu erkennen (BGH GRUR 2014, 180, 181 – Terminhinweis mit Kartenausschnitt; BGH GRUR 2004, 693, 695 – Schöner Wetten). Auch dann, wenn beim Setzen des Hyperlinks keine Prüfungspflicht verletzt wird, kann eine Störerhaftung begründet sein, wenn ein Hyperlink aufrechterhalten bleibt, obwohl eine zumutbare Prüfung, insb. nach einer Abmahnung oder Klageerhebung, ergeben hätte, dass mit dem Hyperlink ein rechtswidriges Verhalten unterstützt wird (BGH GRUR 2004, 693, 695 – Schöner Wetten).

3. Zur Einordnung von Mittelspersonen

18 a) „Veranstalter". Passivlegitimiert als (Mit-)Täter oder jedenfalls Gehilfe ist regelmäßig der Veranstalter, der die verletzende Aufführung angeordnet hat und für sie in organisatorischer Hinsicht verantwortlich ist und dabei neben einem eigenen wirtschaftlichen Interesse auch Einfluss auf die Programmgestaltung hat (RGZ 78, 84, 86 – Gastwirt; BGH GRUR 1956, 515, 516 – Tanzkurse [Mittäterschaft/Beihilfe]; BGH GRUR 1960, 606, 607 – Eisrevue II; BGH GRUR 1972, 141, 142 – Konzertveranstalter; KG GRUR 1959, 150 – Musikbox-Aufsteller; OLG München GRUR 1979, 152 – Transvestiten-Show; vgl. auch LG München I MMR 2007, 260, 263 – Urheberrechtswidriges Framing).

19 b) „Mittelbarer Verletzer". Verantwortlich als sog. mittelbarer Verletzer ist derjenige, der einen nicht rechtsverletzenden Gegenstand einem eigenverantwortlich handelnden Benutzer im Wissen zur Verfügung stellt, dass dieser die verletzende Handlung mit Hilfe dieses Gegenstandes vornehmen wird (Möhring/Nicolini/*Lütje* § 97 Rn. 31). Wichtigstes Beispiel hierfür war – vor Einführung der Kopierabgabe nach § 54 – der Vertrieb von Tonbandgeräten, Tonbändern und Fotokopiergeräten. Entscheidend für die Haftung der Hersteller war, dass der bestimmungsgemäße Gebrauch der genannten Gegenstände vorhersehbar einen Eingriff in Rechte Dritter mit sich bringt und der mittelbare Verletzer nicht alle ihm zumutbaren Maßnahmen zur Verhinderung der Rechtsverletzung ergriffen hat (BGHZ 42, 118 – Personalausweise; BGH GRUR 1960, 340 – Werbung für Tonbandgeräte; BGH GRUR 1964, 91 – Tonbänder-Werbung; BGH GRUR 1964, 94 – Tonbandgeräte-Händler; BGH GRUR 1984, 54, 55 – Kopierläden). Der BGH hatte unter Hinweis auf die zuletzt genannte Entscheidung und auf die Verkehrssicherungspflichten im Bereich der deliktischen Haftung nach § 823 Abs. 1 BGB den allgemeinen Rechtsgrundsatz formuliert, dass jeder, der in seinem Verantwortungsbereich eine Gefahrenquelle schaffe oder andauern lasse, die ihm zumutbaren Maßnahmen und Vorkehrungen treffen müsse, die zur Abwendung der daraus Dritten drohenden Gefahren notwendig seien (BGH GRUR 2007, 890, 893f. Rn. 36 – Jugendgefährdende Medien bei eBay). Der BGH statuiert eine „**wettbewerbsrechtliche Verkehrspflicht**" für diejenigen, die durch ihr Handeln im geschäftlichen Verkehr die ernsthafte Gefahr begründeten, dass Dritte durch das Wettbewerbsrecht geschützte Interessen von Marktteilnehmern verletzten. Verstöße gegen die Beschränkung des Versandhandels mit jugendgefährdenden Medien beeinträchtigten wettbewerblich geschützte Interessen der Verbraucher nach § 3 UWG, was sich auch daran zeige, dass diese – zudem strafbewehrte – Beschränkung eine Marktverhaltensregelung gem. § 4 Nr. 11 UWG sei (BGH GRUR 2007, 890 – Jugendgefährdende Medien bei eBay). Die wettbewerbsrechtliche Verkehrspflicht eines Teledienstanbieters hinsichtlich rechtsverletzender fremder Inhalte konkretisiere sich als Prüfungspflicht; für diese sollen die zur Störerhaftung entwickelten Grundsätze entsprechend gelten (BGH GRUR 2007, 890, 894 Rn. 38 – Jugendgefährdende Medien bei eBay). Zur Begründung der Prüfungspflicht be-

dürfe es allerdings eines konkreten Hinweises auf ein bestimmtes jugendgefährdendes Angebot eines bestimmten Anbieters. Der Betreiber sei nicht nur verpflichtet, dieses konkrete Angebot unverzüglich zu sperren, sondern müsse auch zumutbare Vorsorgemaßnahmen treffen, damit es möglichst nicht zu weiteren gleichartigen Rechtsverletzungen komme.

Derjenige, der gegen eine solche wettbewerbsrechtliche Verkehrspflicht verstößt, ist nicht Störer, sondern Täter einer unlauteren Wettbewerbshandlung. Es war zum Zeitpunkt der Vorauflagen nicht absehbar, welche Auswirkungen diese Entscheidung gerade auch im Hinblick auf urheberrechtsrelevante Vorgänge auf Internet-Plattformen haben würde. Die Entgegnung, der neue Ansatz berühre Urheberrechtsprobleme überhaupt nicht, da insoweit ja schon die originäre Störerhaftung greife und der BGH lediglich eine angenommene Rechtsschutzlücke hinsichtlich des Jugendschutzes schließen wollte, überzeugt nicht. Abgesehen davon, dass das UrhG auch bloße Verhaltensnormen aufstellt (wie etwa das in § 95a Abs. 3 Nr. 1 enthaltene Werbeverbot zum Schutz von Kopierschutzmaßnahmen, s. a. Rn. 20), macht es einen erheblichen Unterschied, ob der Betreiber einer Internet-Plattform Störer ist, der lediglich einem Unterlassungsanspruch des Urhebers ausgesetzt ist, oder zugleich Täter einer unlauteren Wettbewerbshandlung. Ferner war die Annahme nicht fernliegend, dass der Ansatz des BGH, der für die betroffenen Betreiber in vielerlei Hinsicht eine erhebliche Rechtsunsicherheit bringt (z. B.: müssen sie jeder Rüge eines Verstoßes gegen eine Marktverhaltensnorm i. S. d. § 4 Nr. 11 UWG nachgehen), auch auf Urheberrechtsverletzungen anwendbar ist. Es ließe sich etwa argumentieren, dass eine Subsidiarität des UWG gegenüber dem UrhG jedenfalls dann nicht greife, wenn der Täter der Urheberrechtsverletzung mit dem Täter einer unlauteren Wettbewerbshandlung nicht identisch ist (vgl. auch BGH GRUR 2007, 724, 726 Rn. 13 – Meinungsforum: Forumsbetreiber neben dem einem Verletzten bekannten Autoren des Verletzungsbeitrags verantwortlich). Dagegen lässt sich vorbringen, dass die durch das UrhG begründeten Rechte nicht den Zweck haben, den Wettbewerb durch Aufstellung gleicher Schranken zu regeln und dadurch zur Chancengleichheit der Wettbewerber beizutragen, auch wenn diese Rechte von allen Wettbewerbern zu beachten sind (BGH GRUR 1999, 325, 326 – Elektronische Pressearchive). Wenn nach dieser Entscheidung selbst die täterschaftliche (und ggf. sogar systematische) Verletzung fremden Urheberrechts keine Ansprüche von Mitbewerbern wegen unlauteren Wettbewerbs begründet (a. A. allerdings Schricker/Loewenheim/*Schricker/Loewenheim* Einl. Rn. 53 m. w. N.), muss dies wohl erst recht für Internetplattformen gelten, die einer Vielzahl von Personen lediglich das Einstellen von Inhalten ermöglichen.

Der I. ZS des BGH hat mittlerweile jedoch klargestellt, dass im Urheberrecht keine täterschaftliche Gesamthaftung (d. h. auch für extrem hohe Schäden) unter dem Aspekt einer wettbewerbsrechtlichen Verkehrspflicht in Betracht komme (BGH GRUR 2010, 633 Rn. 13 – Sommer unseres Lebens; BGH GRUR 2011, 1018 Rn. 18 – Automobil-Onlinebörse; BGH GRUR 2012, 304 Rn. 45 – Basler Haar-Kosmetik). Diese für das Wettbewerbsrecht entwickelte Haftungsgrundlage setzt – so der BGH a. a. O. – voraus, dass die Merkmale einer täterschaftlichen Haftung nach dem jeweiligen Haftungsregime erfüllt sein müssten. Während im Lauterkeitsrecht das in Rede stehende Verhalten – wie etwa die Nichtsicherung des WLAN-Anschlusses und damit die Risikoerhöhung für andere Marktteilnehmer – ohne Weiteres als eine unlautere geschäftliche Handlung eingeordnet werden könne, müssten für eine täterschaftlich begangene Urheberrechtsverletzung die Merkmale eines der handlungsbezogenen Verletzungstatbestände des Urheberrechts erfüllt sein (BGH GRUR 2010, 633 Rn. 13 – Sommer unseres Lebens; so auch *v. Ungern-Sternberg* GRUR 2012, 321, 324 m. w. N. auch zu Gegenstimmen; abw. wohl auch der Xa. ZS des BGH in GRUR 2009, 1142 Rn. 29 ff. – MP3-Player-Import). Die Verletzung einer Verkehrspflicht kann aber auch im Urheberrecht unter dem Aspekt des gefahrerhöhenden Verhaltens Auswirkungen auf Prüfungs- und Abwendungspflichten im Rahmen der – weiterhin rein negatorischen – Störerhaftung haben (BGH GRUR 2012, 304 Rn. 60 – Basler Haar-Kosmetik).

20 c) Weitere Einzelfälle. Es haftet als Täter nicht nur der Verfasser eines Plagiats, sondern auch der **Drucker** (OLG Stuttgart UFITA 41 (1964) 218 für die widerrechtliche Vervielfältigung) und der **Verleger** (BGHZ 14, 175 für den Inhalt einer der Zeitung beigelegten Druckschrift). Es haften der **Fotograf** für die Abbildung eines entstellten Werkes der bildenden Kunst (LG Mannheim AfP 1997, 738 – Holbein-Pferd) und der Lizenzinhaber bei **unerlaubter Unterlizenzierung,** wenn der Dritte die (vermeintliche) Unterlizenz nutzt (BGH GRUR 1987, 37, 39 – Videolizenzvertrag; BGHZ 136, 380, 389 – Spielbankaffaire). Die Haftung des gutgläubigen **Bauherrn** für ein rechtswidriges Bauwerk ist umstritten (bejahend Schricker/Loewenheim/*Wild* § 97 Rn. 65; verneinend Möhring/Nicolini/*Lütje* § 97 Rn. 36). Für Arbeitnehmer und Beauftragte haftet kraft gesetzlicher Sondervorschrift auch der **Inhaber des Unternehmens** (§ 100). Bei **juristischen Personen** richtet sich der Anspruch auch gegen den handelnden Vertreter (*Klaka* GRUR 1988, 729), es sei denn, dieser hat an den Rechtsverletzungen nicht teilgenommen und von diesen nichts gewusst (BGH GRUR 1986, 248, 251 – Sporthosen). Zur Haftung des (hinsichtlich der Prüfung der Urheberschaft von öffentlich zugänglich gemachten Lichtbildern) **untätig gebliebenen Geschäftsführers** BGH GRUR 2010, 616 Rn. 34 – marions-kochbuch.de. Für **Beamte** und sonstige Angestellte des öffentlichen Dienstes haftet deren Dienstherr auf Schadenersatz (Art. 34 GG, § 839 BGB; BGH GRUR 1993, 37, 38 – Seminarkopien; OLG Karlsruhe GRUR 1987, 818, 821 – Referendarkurs; OLG Düsseldorf GRUR 1987, 909 – Stadtarchiv; BGH GRUR 2009, 864 Rn. 11/14 – CAD-Software). Der urheberechtliche Unterlassungsanspruch gegen den Beamten wird durch die Amtshaftung allerdings nicht verdrängt (BGH GRUR 1993, 37, 39/40 – Seminarkopien). Zum **Admin-C,** der im Rahmen der Domain-Registrierung die administrative Abwicklung erleichtert, BGH GRUR 2012, 304 – Basler Haar-Kosmetik. Der BGH engt die Prüfpflichten als potentieller Störer unter Hinweis darauf ein, dass die eigentliche Pflicht zur Prüfung der Rechtslage beim Domaininhaber liegt, während der Admin-C aufgrund seiner Funktion grundsätzlich an der Privilegierung der DENIC teilnimmt, es sei denn, dass seine Vergütung ein besonderes Eigeninteresse begründet (BGH GRUR 2012, 304 Rn. 56 – Basler Haar-Kosmetik). Eine Prüfungs- und Abwendungspflicht könne sich allerdings aus dem Gesichtspunkt eines gefahrerhöhenden Verhaltens **(Ingerenz)**, insbesondere aus der Verletzung von Verkehrspflichten, ergeben (BGH GRUR 2012, 304 Rn. 60). Solche gefahrerhöhenden Umstände nimmt der BGH etwa dann an, wenn der im Ausland ansässige Anmelder freiwerdende Domainnamen jeweils in einem automatisierten Verfahren ermittelt und registriert und der Admin-C sich dementsprechend pauschal bereit erklärt hat, diese Funktion für eine große Zahl von Registrierungen zu übernehmen (BGH BGH GRUR 2012, 304 Rn. 60 ff.). Wer einen **Hyperlink** (auch in Form eines **Deep-Links** und/oder im Rahmen eines **Internet-Suchdienstes**) setzt, vervielfältigt weder das verlinkte Werk i. S. v. § 16 Abs. 1 noch macht er das Werk dadurch i. S. d. § 19a öffentlich zugänglich; die Einbindung einer fremden Datei im Wege des sog. **„Framing"** stellt hingegen eine urheberrechtlich relevante Nutzung dar (BGH GRUR 2013, 818 – Die Realität [EuGH-Vorlage]: öff. Wiedergabe iSd § 19a; offen gelassen in KG ZUM-RD 2012, 331, 332 f.). Der Verlinkende haftet insb. auch nicht als Störer, wenn Nutzer des Links das verlinkte Werk rechtswidrig nutzen, da derjenige, der sein Werk im Internet zugänglich macht, eine rechtswidrige Nutzung selbst ermöglicht und der Link diese bereits bestehende Missbrauchsgefahr qualitativ nicht verändert (BGH GRUR 2014, 180, 181 – Terminhinweis mit Kartenausschnitt; BGH GRUR 2003, 958, 961 – Paperboy, s. u. auch Rn. 32). Das Setzen eines Deep-Links, der dem Nutzer den Weg über die Startseiten (und die dort ggf. geschaltete Werbung) „erspart", kann jedoch dann eine urheberrechtliche Störerhaftung begründen, wenn der Berechtigte derartige Links auf technischem Weg verhindern will, der Linksetzende aber solche Sperren umgeht (BGH GRUR 2013, 818, 821 – Die Realität; BGH GRUR 2011, 56 Rn. 25 ff. – Session-ID; von BGH GRUR 2003, 958, 961 – Paperboy – noch offen gelassen). Sofern **rechtswidrige Inhalte verlinkt** werden, haftet der Verlinkende nur nach den Grundsätzen, die der BGH in der Schöner-Wetten-Entscheidung (BGH GRUR 2004, 693) aufgestellt hat (s. o. Rn. 17). Wer hingegen fremde Inhalte „framed", übernimmt die Verantwortung für das Bestehen ausreichender Nutzungsrechte hieran (BGH GRUR 2013, 818, 821 – Die Realität; LG München I MMR 2007, 260 – Urheberrechtswidriges Framing). Bei **Verletzung des § 95a zum Schutz technischer (Kopier-)Maßnahmen** kann ein Unterlassungsanspruch unter dem Gesichtspunkt der Teilnehmerhaftung nach §§ 823 Abs. 2, 830 Abs. 2 BGB i. V. m. § 95a Abs. 2 bestehen (BGH GRUR 2011, 513 Rn. 15 – **AnyDVD**). Ob der Teilnehmer insoweit auch schadensersatzpflichtig sein kann, ist umstritten (bejahend *v. Ungern-Sternberg* GRUR 2012, 321, 323 m. w. N.). Der BGH lässt auch die Frage offen, ob bei Verstößen gegen § 95a die Grundsätze der Störerhaftung überhaupt zur Anwendung kommen (BGH GRUR 2011, 513 Rn. 29 – AnyDVD). Dies hatte bereits die Vorauflage wegen Zweifeln daran verneint, dass die weite urheberrechtliche Störerhaftung auch an die Verletzung bloßer Verhaltensnormen durch Dritte anknüpfen könne (ablehnend i. E. auch *v. Ungern-Sternberg* a. a. O. unter Hinweis darauf, dass die Verbote des § 95a Abs. 3 nicht unmittelbar dem Schutz bestimmter absoluter Rechte diene). Die vom OLG München bejahte Unterlassungsverpflichtung eines Presseunternehmens, das in einer **Online-Berichterstattung** einen **Hyperlink** gesetzt hat, der mit einer Website verbunden hat, die gegen § 95a Abs. 3 verstieß (OLG München GRUR-RR 2009, 85 – AnyDVD II; OLG München GRUR-RR 2005, 372, 374 – AnyDVD) wurde vom BGH i. E. verneint (BGH GRUR 2011, 513 – AnyDVD), die Verfassungsbeschwerde wurde nicht angenommen (BVerfG GRUR 2012, 390). Der BGH unterstellte die Verwendung elektronischer Verweise in einem Online-Artikel im Falle ihrer Einbettung in eine pressetypische Stellungnahme mit Informationscharakter der Presse- und Meinungsfreiheit und versagte den Unterlassungsanspruch wegen der entgegenstehenden Grundrechtspositionen. Zur Haftung von **Suchmaschinenbetreiber** BGH GRUR 2010, 628 Rn. 39 – Vorschaubilder I; s. u. Rn. 32a. E.). Zu **Thumbnail Images** und zur Einwilligungslösung des BGH s. u. Rn. 31 und BGH GRUR 2010, 628 und 2012, 602 – Vorschaubilder I und II. Der Inhaber eines privaten **WLAN-Anschlusses,** der es unterlässt, die im Kaufzeitpunkt des WLAN-Routers marktüblichen Sicherungen ihrem Zweck entsprechend anzuwenden, haftet als Störer auf Unterlassung, wenn Dritte diesen Anschluss missbräuchlich nutzen, um urheberrechtlich geschützte Musiktitel in Internettauschbörsen einzustellen (BGH GRUR 2010, 633 LS 2 und Rn. 34 – Sommer unseres Lebens). Den Inhaber eines Internetanschlusses, von dem aus ein urheberrechtlich geschütztes Werk ohne Zustimmung des Berechtigten öffentlich zugänglich gemacht worden ist, trifft eine sekundäre Darlegungslast, wenn er geltend macht, nicht er, sondern ein Dritter habe die Rechtsverletzung begangen (BGH GRUR 2010, 633 LS 1 und Rn. 12 – Sommer unseres Lebens). Eine täterschaftliche Haftung des Anschlussinhabers unter dem Gesichtspunkt der Verletzung von Verkehrspflichten (hier durch Unterhalten eines nicht ausreichend gesicherten privaten WLAN-Anschlusses) scheidet – anders als im Wettbewerbsrecht – aus, weil für eine täterschaftlich begangene Urheberrechtsverletzung die Merkmale des handlungsbezogenen Verletzungstatbestandes (hier die öffentliche Zugänglichmachung des Werks nach § 19a) des Urheberrechts erfüllt sein müssen (BGH GRUR 2010, 633 Rn. 13 – Sommer unseres Lebens). Wer für eine Ware, die nach dem UrhG sowohl rechtmäßig als auch rechtswidrig genutzt werden kann **(Dual-Use-Produkte),** gezielt damit wirbt, dass diese für urheberrechtswidrige Zwecke verwendet werden kann (hier: Werbung für Peer-to-Peer-Systeme zur kostenlosen Nutzung von Bezahlfernsehen), ist jedenfalls Störer und darf diese Ware nicht in Verkehr bringen, solange die von ihm geschaffene Gefahr einer urheberrechtswidrigen Verwendung fortbesteht (BGH GRUR 2009, 841 LS 1 und Rn. 18 ff. – Cybersky). Der vorbeugende Unterlassungsanspruch erstreckt sich auch auf die eine künftige Rechtsverletzung vorbereitenden Maßnahmen und damit auch auf die Werbung für eine Aussage, diese könne zur Verletzung von nachdem UrhG geschützten Rechten verwendet werden (BGH GRUR 2009, 841 LS 2 und Rn. 35 – Cybersky). Benutzt ein Dritter ein fremdes **Mitgliedskonto bei eBay** zu Schutzrechtsverletzungen und Wettbewerbsverstößen, nachdem er an die Zugangsdaten dieses Mitgliedskontos gelangt ist, weil der Inhaber diese nicht hinreichend vor fremdem Zugriff gesichert hat, muss der Inhaber des Mitgliedskontos sich wegen der von ihm geschaffenen Gefahr einer Unklarheit darüber, wer unter dem betreffenden Mitgliedskonto gehandelt hat und im Falle einer Vertrags- oder Schutzrechtsverletzung in Anspruch genommen werden kann, so behandeln lassen, als ob er selbst gehandelt hätte (BGH GRUR 2009, 597 LS – Halzband; weiterführende Überlegungen bei *v. Ungern-Sternberg* GRUR 2010, 386, 392f., auch zur Abgrenzung der Haftung des **Internetanschlussinhabers** für Rechtsverletzungen durch **Familienangehörige**; vgl. hierzu BGH I ZR 169/12 – BearShare; BGH GRUR 2013, 511 – Morpheus [keine anlassunabhängige Überwachungspflicht der Eltern]; s. auch *Kirchberg* ZUM 2012, 544).

4. Haftung mehrerer Verletzer

21 Mehrere Verletzer können nach §§ 830, 840 Abs. 1 i.V.m. §§ 421ff. BGB als **Gesamtschuldner** haften (BGH GRUR 2009, 660 Rn. 43 – Resellervertrag; OLG Köln GRURRR 2005, 247, 249 – Loseblattwerk). Dies setzt voraus, dass die Verletzer **für denselben Schaden(steil) verantwortlich** sind. Weder § 830 BGB noch § 840 Abs. 1 BGB finden Anwendung, wenn von mehreren Schädigern jeder für sich einen (getrennten) Schaden verursacht haben (BGH GRUR 1985, 398, 400 – Nacktfoto; vgl. zu unabhängigen Kausalketten auch BGH GRUR 1959, 379, 383 – „Gasparone" I). § 830 Abs. 1 BGB verlangt dann ein bewusstes und gewolltes Zusammenwirken als Mittäter, § 830 Abs. 2 BGB eine Vorsatztat, die der weitere Verletzer als Anstifter oder Gehilfe hätte fördern können. Wird die Urheberrechtsverletzung fahrlässig begangen und sind die Verletzer für den gleichen Schaden(steil) nebeneinander verantwortlich, haften sie insoweit nach § 840 Abs. 1 BGB als Gesamtschuldner. Ein solches Gesamtschuldverhältnis kann auch dann bestehen, wenn der Haftungsumfang mehrerer Verantwortlicher unterschiedlich hoch ist; das Gesamtschuldverhältnis besteht dann bis zum geringeren Betrag (BGH GRUR 2009, 660 Rn. 44 – Resellervertrag). Besteht eine Gesamtschuld, kann der Verletzte sich aussuchen, gegen welchen Gesamtschuldner er vorgeht. Nach § 422 Abs. 1 S. 1 BGB wirkt die Erfüllung durch einen Gesamtschuldner auch für die übrigen Gesamtschuldner.

Wenn **mehrere Verletzungshandlungen** auf unterschiedlichen Vertriebsstufen begangen worden sind, wird unter Hinweis auf Grundsätze der Gesamtschuld und der Erschöpfung vertreten, dass der Verletzte nicht berechtigt sein soll, den Verletzergewinn auf allen Stufen der Verletzerkette abzuschöpfen. Der BGH hat dies nun anders und zugunsten des Verletzten entschieden (BGH GRUR 2009, 856 Rn. 61ff. – Tripp-Trapp-Stuhl). Jeder Verletzer greift durch sein erneutes Inverkehrbringen des Schutzgegenstandes erneut in das ausschließlich dem Rechtsinhaber zugewiesene Verbreitungsrecht ein; bereits diese Eingriffe als solche führen jeweils zu einem Schaden im Sinne des Schadensersatzrechts (BGH GRUR 2009, 856 Rn. 69 – Tripp-Trapp-Stuhl). Die für eine Erschöpfung des Verbreitungsrechts nach § 17 Abs. 2 erforderliche Zustimmung liegt für den BGH noch nicht allein in der Geltendmachung und Entgegennahme von Schadenersatz wegen einer Verletzung des Verbreitungsrechts (BGH GRUR 2009, 856 Rn. 64 – Tripp-Trapp-Stuhl). Eine entsprechende Anwendung des Erschöpfungsgrundsatzes verbiete sich auch deshalb, weil die Erschöpfung die Freiheit des Vertriebs nur in nachfolgenden und nicht in vorangegangen Vertriebsstufen bewirke und hierdurch unstimmige Ergebnisse in Abhängigkeit davon provoziert würden, ob der vorangehende oder der in der Kette nachfolgende Verletzer Schadenersatz an den Verletzten leiste (*Götz* GRUR 2001, 295, 297; BGH GRUR 2009, 856 Rn. 65 – Tripp-Trapp-Stuhl). Eine Gesamtschuld liegt ebenfalls nicht vor, weil mehrere Schädiger nur dann nach § 830 Abs. 1 S. 2 BGB oder § 840 Abs. 1 BGB als Gesamtschuldner haften, wenn sie für denselben (einheitlichen) Schaden verantwortlich sind (BGH GRUR 2009, 856 Rn. 68 – Tripp-

Trapp-Stuhl). Der Verletzte erzielt in Folge der unbefugten Verwertung seines Schutzrechts aller Voraussicht nach einen höheren Gewinn, als er ohne diese Rechtsverletzungen erzielt hätte. Dies ist aber grundsätzlich nicht zu beanstanden, weil der Anspruch auf Herausgabe des Verletzergewinns kein Anspruch auf Ersatz des konkret entstandenen Schadens ist, sondern in anderer Weise auf einen billigen und sanktionierenden Ausgleich zielt (vgl. BGH GRUR 2009, 856 Rn. 75 – Tripp-Trapp-Stuhl).

Ersatzzahlungen, die der Hersteller oder erste Verletzer in der Verletzerkette an seine Abnehmer leistet, weil diese am Weitervertrieb gehindert sind, sind nicht abzuziehen (BGH GRUR 2002, 532, 535 – Unikatrahmen; BGH GRUR 2009, 856 Rn. 74 – Tripp-Trapp-Stuhl). Denn bei der Bemessung des Schadenersatzes anhand des Verletzergewinns wird fingiert, dass der Rechtsinhaber ohne die Rechtsverletzung durch Verwertung seines Schutzrechts den gleichen Gewinn wie der Verletzer erzielt hätte; ein Gewinn des Rechtsinhabers wäre jedoch nicht durch Schadenersatzzahlungen an seine Abnehmer geschmälert worden (BGH GRUR 2009, 856 Rn. 74 – Tripp-Trapp-Stuhl). **Abzugsfähig** sind jedoch die Ersatzzahlungen, die der Hersteller oder erste Verletzer seinen Abnehmern wegen deren Inanspruchnahme durch den Verletzten erbringt (BGH GRUR 2009, 856 Rn. 73, 75 ff. – Tripp-Trapp-Stuhl). Denn der Gewinn des Herstellers wird aufgezehrt, soweit er seinen Abnehmern wegen deren Inanspruchnahme durch den Verletzten wiederum Regress leistet (BGH GRUR 2009, 856 Rn. 78 – Tripp-Trapp-Stuhl). Hat der Hersteller dem Rechtsinhaber den Verletzergewinn herausgegeben, bevor er seinen Abnehmern wegen deren Inanspruchnahme durch den Rechtsinhaber Schadenersatz leistet, kann er vom Rechtsinhaber wegen späteren Wegfalls des rechtlichen Grundes für die Leistung gem. § 812 Abs. 1 Sa. 2 Fall 1 BGB die Herausgabe des überzahlten Verletzergewinns beanspruchen und ggf. im Wege der Vollstreckungsgegenklage geltend zu machen (BGH GRUR 2009, 856 Rn. 79 – Tripp-Trapp-Stuhl).

5. Haftungsprivilegierung im Internet

a) Einführung. Die zivilrechtliche Haftung für Urheberrechtsverletzungen im Internet richtet sich grds. nach den allgemeinen Regeln (Schricker/Loewenheim/*Wild* § 97 Rn. 78). Dies gilt ohne Einschränkung für **Nutzer und Ersteller** von Inhalten im Internet bzw. in Onlinediensten. Zur Einordnung der internettypischen Handlungen s. § 15 Rn. 11 ff.; § 16 Rn. 19 ff.; § 19a Rn. 12. Bei der Prüfung der Verantwortlichkeit der **Diensteanbieter (Provider)** selbst sind jedoch die Sondervorschriften der §§ 7–10 **Telemediengesetz (TMG)** zu beachten. Das TMG ist mit dem Gesetz zur Vereinheitlichung von Vorschriften über bestimmte elektronische Informations- und Kommunikationsdienste (ElGVG) v. 26.2.2007 am 1.3.2007 in Kraft getreten (BGBl. I S. 179). Die §§ 7–10 TMG haben die Regelungen des Teledienstegesetzes (TDG) und die für Mediendienste bisher geltenden entsprechenden Regelungen des Medienstaatsvertrages unverändert übernommen (BT-Drucks. 16/3078, 15; BGH GRUR 2007, 724, 725 Rn. 6 – Meinungsforum). Die bereits durch das Elektronische Geschäftsverkehr-Gesetz (EGG) v. 14.12.2001 (BGBl. I S. 3721) eingeführten §§ 8–11 TDG (hierzu Spindler/Schmitz/Geis/*Spindler* § 8 TDG Rn. 1; *Spindler* NJW 2002, 921) entsprachen wiederum im Grundsatz dem ursprünglichen § 5 TDG a. F. Den früheren §§ 8–11 TDG (und damit auch den inhaltsgleichen, nunmehr geltenden §§ 7–10 TMG) liegt die Richtlinie 2000/31/EG des Europäischen Parlaments und des Rates v. 8.6.2000 über bestimmte rechtliche Aspekte der Dienste der Informationsgesellschaft, insb. des elektronischen Geschäftsverkehrs, im Binnenmarkt (E-Commerce-Richtlinie – ABl. EG Nr. L 178/1 v. 17.7.2000, abgedr. in GRUR Int. 2000, 1004) zugrunde. Die Vorschriften errichten ein **abgestuftes System der Haftungsprivilegierung** ähnlich dem US-amerikanischen Digital Millenium Copyright Act (hierzu *Lubitz* GRUR Int. 2001, 283, 285). Eine Haftung des Diensteanbieters nach allgemeinem Recht entfällt danach, wenn er sich auf die haftungsbeschränkenden

Vorschriften der §§ 8, 9 oder 10 TMG (§§ 9–11 TDG a. F.) berufen kann. Durch diese Vorschriften wird eine Haftung weder allein begründet noch erweitert (Filterfunktion). Den Anspruchsteller trifft die **Darlegungs- und Beweislast** nicht nur für die anspruchsbegründenden Merkmale in § 97, sondern grds. auch für die besonderen Voraussetzungen der Verantwortlichkeit des Providers nach §§ 8, 9 oder 10 TMG, da auch diese anspruchsbegründend sind (BGH GRUR 2004, 74, 75 – rassistische Hetze: noch zu § 5 Abs. 2 TDK a. F. bei deliktischer Haftung). Beweiserleichterungen sind denkbar, soweit der fehlende Einblick in die Verhältnisse des Providers dies rechtfertigt (vgl. *Spindler* CR 2004, 50, 51).

23 **b) Überblick über die Haftungsprivilegierung.** Eine sich aus allgemeinem Recht ergebende Verantwortlichkeit von Diensten der Informationsgesellschaft soll ausnahmsweise entfallen, wenn sich die Tätigkeit des Anbieters auf den technischen Vorgang beschränkt, ein Kommunikationsnetz zu betreiben und den Zugang zu diesem zu vermitteln oder von Dritten zur Verfügung gestellte Informationen zu speichern (Begr. EGG, BT-Drucks. 14/6098, 22 f.). Für eigene Informationen haftet der Anbieter (als sog. Content-Provider) danach weiterhin uneingeschränkt nach allgemeinem Recht (§ 7 Abs. 1 TMG/§ 8 Abs. 1 TDG a. F.). Bezogen auf fremde Informationen sind Vermittler für die reine Durchleitung dagegen nicht verantwortlich (§ 8 Abs. 1 TMG/§ 9 Abs. 1 TDG a. F.). Beim sog. Caching (§ 9 TMG/§ 10 TDG a. F.) kann eine Haftung bei Verletzung bestimmter Pflichten und beim sog. Hosting (§ 10 TMG/§ 11 TDG a. F.) bei Kenntnis, bei Schadensersatzansprüchen auch bei Kennenmüssen, in Frage kommen.

24 **c) Haftungsprivilegierung der Provider und ihre Voraussetzungen. aa) Content-Provider.** Für eigene Informationen, die der Provider zur Nutzung bereithält, haftet er uneingeschränkt nach den allgemeinen Gesetzen (§ 7 Abs. 1 TMG/§ 8 Abs. 1 TDG a. F.; vgl. § 5 Abs. 1 TDG a. F.). Eigene Informationen sind auch Informationen Dritter, die sich der Provider zu Eigen macht (Begr. EGG, BT-Drucks. 14/6098, 23). Der Betreiber eines Internetportals, in das Dritte für die Öffentlichkeit bestimmte Inhalte stellen können, haftet für diese Inhalte nach den allgemeinen Vorschriften, wenn er die eingestellten Inhalte vor ihrer Freischaltung auf Vollständigkeit und Richtigkeit überprüft und sie sich damit zu eigen macht (BGH GRUR 2010, 616 LS – marions-kochbuch.de). Dies gilt auch dann, wenn für die Nutzer des Internetportals erkennbar ist, dass die Inhalte (ursprünglich) nicht vom Betreiber, sondern von Dritten stammen (BGH GRUR 2010, 616 LS – marions-kochbuch.de). Ein Hinweis darauf, dass sich der Portalbetreiber die Inhalte zu eigen macht, liegt auch darin, dass er sich umfassende Nutzungsrechte an den fremden Inhalten einräumen lässt und Dritten anbietet, diese Inhalte kommerziell zu nutzen (BGH GRUR 2010, 616 LS – marions-kochbuch.de).

25 **bb) Host-Provider.** Provider, die fremde Inhalte für einen Kunden speichern, sind nicht verantwortlich, sofern sie keine Kenntnis von der rechtswidrigen Handlung oder der Information haben (§ 10 S. 1 Nr. 1 TMG/§ 11 Nr. 1 TDG a. F.). Hierzu gehören **Suchmaschinenbetreiber,** wenn ihre Tätigkeit rein technischer, automatischer und passiver Art ist (BGH GRUR 2010, 628 Rn. 39 – Vorschaubilder I; EuGH GRUR 2010, 445 Tn. 114 – Google und Google France). Dieses **Haftungsprivileg erfasst** nach neuerer Rechtsprechung des I. ZS des BGH **auch Unterlassungsansprüche** (BGH GRUR 2013, 1030 – File-Hosting-Dienst; BGH GRUR 2011, 1038 Rn. 22 – Stiftparfüm, im ausdrücklichen Anschluss an EuGH GRUR 2011, 1025 Rn. 106 ff., 199 – L'Oréal/eBay; anders noch BGH ZUM 2009, 753 Rn. 14 – spickmich.de). Diese **Kehrtwende** der Rechtsprechung bejahen überzeugend *Hacker* GRUR-Prax 2011, 391 und *v. Ungern-Sternberg,* GRUR 2012, 321, 327, während der VI. ZS des BGH GRUR 2012, 311 Rn. 19 – Blog-Eintrag und *Nordemann* GRUR 2011, 977, 978 meinen, dass nach der Rechtsprechung die Haftungserleichterungen des Art. 14 Abs. 1 E-Commerce-RL bzw. § 10 TMG für Unterlassungsansprüche weiterhin nicht gelten würden. Ohne zwischen Schadensersatz- und Abwehr-/Unterlassungansprü-

chen zu unterscheiden, führen BGH und EuGH aus, dass der Betreiber eines Online-Marktplatzes grundsätzlich gemäß Art. 14 Abs. 1 der Richtlinie 2000/31/EG, dessen Regelung durch § 10 TMG in deutsches Recht umgesetzt sei, für fremde Informationen, die er für einen Nutzer speichert, nicht verantwortlich sein könne (BGH GRUR 2013, 1229, 1232 – Kinderhochstühle im Internet II; BGH GRUR 2011, 1038 Rn. 22 – Stiftparfüm; EuGH GRUR 2011, 1025 Rn. 109 f., 119, 139 – L'Oréal/eBay). Ferner ergebe sich aus Art. 15 Abs. 1 der Richtlinie 2000/31/EG – umgesetzt in § 7 Abs. 2 TMG – dass der Betreiber grundsätzlich nicht verpflichtet sei, die von ihm übermittelten oder gespeicherten Informationen zu überwachen oder nach Umständen zu forschen, die auf eine rechtswidrige Tätigkeit hinweisen. Voraussetzung hierfür sei nach Art. 14 Abs. 1 der Richtlinie 2000/31/EG bzw. § 10 TMG allerdings, dass der Betreiber keine Kenntnis von der rechtswidrigen Handlung oder Information habe und im Falle von Schadensersatzansprüchen auch keine Tatsachen oder Umstände bewusst seien, aus denen die rechtswidrige Handlung oder Information offenkundig werde, ohne dass er unverzüglich tätig geworden sei, um die Informationen zu entfernen oder den Zugang zu ihnen zu sperren, sobald er Kenntnis erlangt habe (BGH GRUR 2011, 1038 Rn. 22 – Stiftparfüm). Das **Haftungsprivileg entfällt** jedoch, wenn und soweit der Anbieter seine neutrale Vermittlerrolle verlässt und im konkreten Fall eine aktive Rolle spielt, die ihm eine Kenntnis von bestimmten Daten oder eine Kontrolle über sie verschafft, etwa wenn der Anbieter seinen Kunden hilft, die Präsentation der Verkaufsangebote zu optimieren oder diese Angebote – beispielsweise durch Ad-word-Anzeigen in Referenzierungsdiensten wie Google – zu bewerben (BGH GRUR 2011, 1038 Rn. 23 f. – Stiftparfüm). Zur wiederauflebenden Störerhaftung s. Rn. 28.

cc) Access-Provider. Der lediglich den Zugang zu fremden Informationen eröffnende Provider haftet nicht, wenn er die Übermittlung nicht veranlasst, den Adressaten nicht ausgewählt und die übermittelten Informationen weder ausgewählt noch verändert hat (§ 8 Abs. 1 TMG/§ 9 Abs. 1 TDG a. F.). Dieser Privilegierung unterfallen nicht **Hyperlinks** (BGH GRUR 2004, 693, 694 f. – Schöner Wetten; GRUR 2008, 534 Rn. 20 – ueber18.de). Weder die E-Commerce-Richtlinie (vgl. deren Art. 21 Abs. 2; zum Umsetzungsbericht der Kommission insoweit *Koch* CR 2004, 213) noch die sie umsetzenden Vorschriften in TDG (jetzt TMG) beziehen sich auf die Haftung für Hyperlinks. Wegen der bewussten Nichtregelung bei der Novellierung des TDG (BT-Drucks. 14/6098, 34, 37) fehlt es auch an einer eine analoge Anwendung der Regelungen des TDG/TMG rechtfertigenden planwidrigen Lücke (KG MMR 2006, 393, 394); es verbleibt also bei der Verantwortlichkeit nach allgemeinen Grundsätzen. Die Privilegierung der bloßen Durchleitung fremder Informationen erfasst auch die automatische Zwischenspeicherung unmittelbar zum Zwecke der Übertragung (§ 8 Abs. 2 TMG/§ 9 Abs. 2 TDG a. F.). Erfolgt eine Zwischenspeicherung jedoch im Rahmen des **Caching** zum Zwecke der Beschleunigung der Übermittlung, kann sich der Diensteanbieter nur unter den Voraussetzungen des § 9 TMG/§ 10 TDG a. F. auf eine Haftungsprivilegierung berufen.

dd) Netzbetreiber. Wer nur die technische Infrastruktur zur Verfügung stellt (reine Telekommunikationsbetreiber), haftet ebenso wenig wie der Access-Provider (§ 8 Abs. 1 TMG/§ 9 Abs. 1 TDG a. F.).

ee) Wiederauflebende Störerhaftung. Die dargestellte Haftungsprivilegierung schließt jedoch nicht aus, dass der Provider dann nach allgemeinem Recht auf Entfernung oder Sperrung der Nutzung wieder in Anspruch genommen werden kann, wenn er Kenntnis erlangt hat (§ 7 Abs. 2 Satz 2 TMG/§ 8 Abs. 2 S. 2 TDG a. F.). Aufgrund des Art. 15 Abs. 1 der Richtlinie 2000/31/EG – umgesetzt in § 7 Abs. 2 TMG – ist der Hostprovider – wie etwa der (passive) Betreiber einer Internethandelsplattform – grundsätzlich nicht gehalten, jedes Angebot vor der in einem automatisierten Verfahren erfolgenden Veröffentlichung im Internet auf eine mögliche Rechtsverletzung hin zu untersuchen. Wird er allerdings auf eine „**klare**" **Rechtsverletzung** hingewiesen, muss er nicht nur das konkrete Angebot unverzüglich sperren, sondern auch Vorsorge treffen, dass es möglichst nicht zu weiteren derartigen Rechtsverletzungen kommt (BGH GRUR 2013, 1229, 1232 – Kinderhochstühle im Internet II; BGH GRUR 2004, 860 – Internet-Versteigerung I; BGH GRUR 2007, 708 – Internet-Versteigerung II; BGH GRUR 2007, 890 – Jugendgefährdende Medien bei eBay; BGH GRUR 2011, 1038 Rn. 21, 26 – Stiftparfüm; BGH GRUR 2012, 311 Rn. 24 – Blog-Eintrag). Diese Grundsätze stehen für den BGH im Einklang mit den Maßstäben, die der EuGH in der L'Oréal/eBay-Entscheidung (GRUR 2011, 1025; hierzu auch *Nordemann* GRUR 2011, 977) aufgestellt hat (BGH GRUR 2011, 1038 Rn. 22 – Stiftparfüm). Ist die behauptete Rechtsverletzung nicht ohne Weiteres festzustellen (etwa weil Grundrechtspositionen widerstreiten), kann eine Ermittlung und Bewertung des gesamten Sachverhalts erforderlich sein. Hierzu ist der Provider aber grundsätzlich nur dann verpflichtet, wenn der Hinweis so konkret gefasst ist, dass der Rechtsverstoß auf der Grundlage der Behauptungen des Betroffenen unschwer – d. h. ohne eingehende rechtlich und tatsächliche Überprüfung – bejaht werden kann (BGH GRUR 2012, 311 Rn. 25 f. – Blog-Eintrag). Bei einer Urheberrechtsverletzung muss der die Haftung auslösende Hinweis dem Betreiber auch über die urheberrechtliche Berechtigung des Betroffenen hinreichende Klarheit verschaffen (BGH GRUR 2012, 628 Rn. 39 – Vorschaubilder I). Im Falle der behaupteten Persönlichkeitsrechtsverletzung durch einen **Blog-Eintrag** hat der BGH eine Verpflichtung zur Löschung des beanstandeten Eintrags angenommen, wenn auf der Grundlage der Stellungnahme des für den Blog Verantwortlichen und einer etwaigen Replik des Betroffenen unter Berücksichtigung etwa zu verlangender Nachweise von einer rechtswidrigen Verletzung des Persönlichkeitsrechts auszugehen ist (BGH GRUR 2012, 311 LS 3 und Rn. 27 – Blog-Eintrag). Nach der L'Oréal/eBay-Entscheidung des EuGH verlangt Art. 11 S. 3 der Enforcement-Richtlinie, dass der Diensteanbieter auch unabhängig von seiner eigenen Verantwortlichkeit für die bereits eingetretenen Rechtsverletzungen gezwungen werden kann, **Maßnahmen zur Vorbeugung gegen erneute derartige Verletzungen** zu treffen (EuGH GRUR 2011, 1025 Rn. 127 ff. – L'Oréal/eBay). Im deutschen Urheberrecht wird dies durch die Störerhaftung umgesetzt (*v. Ungern-Sternberg* GRUR 2012, 321, 327 f.; kritisch gegenüber der Eignung der deutschen Störerhaftung als Umsetzung der Vermittlerhaftung *Nordemann* GRUR 2011, 977). Der Störer haftet allerdings nicht schon dann auf Unterlassung, wenn er von der Rechtsverletzung Kenntnis erlangt hat. Weil für die Annahme von Wiederholungsgefahr eine vollendete Verletzung nach Begründung der Pflicht zur Verhinderung weiterer derartiger Rechtsverletzungen erforderlich ist (BGH GRUR 2011, 1038 Rn. 39 – Stiftparfüm), muss **Erstbegehungsgefahr** (s. a. Rn. 41) vorliegen (BGH a. a. O. Rn. 42 ff.; *v. Ungern-Sternberg* GRUR 2012, 321, 328). Der Umfang der Handlungspflichten, die sich aus einem Unterlassungsgebot wegen Erstbegehungsgefahr ergeben, bestimmen sich für *v. Ungern-Sternberg* GRUR 2012, 321, 328 – danach, inwieweit dieses auf die Gefahr gestützt ist, dass bestimmte zumutbare Maßnahmen zur Vorbeugung gegen erneute derartige Rechtsverletzungen unterlassen werden (vgl. BGH GRUR 2011, 152 Rn. 38 ff. – Kinderhochstühle im Internet). Zur haftungseingrenzenden Figur der Doppelidentität, wonach der Diensteanbieter (nur) verpflichtet wäre, Angebote desselben Verletzers (Kunden) zu unterbinden, soweit dieselbe Marke betroffen ist, *Hacker* GRUR-Prax 2011, 391 m. w. N. Zur Bestimmung der Voraussetzungen der Erstbegehungsgefahr und des Pflichtenumfangs sind auch die weiteren Urteile des EuGH Scarlet/SABAM und SABAM/Netlog zu berücksichtigen. Accessprovider und Hostprovider dürfen danach nicht verpflichtet werden, zur Verhinderung von Rechtsverletzungen auf eigene Kosten ein umfassendes, präventiv wirkendes Filtersystem einzurichten (EuGH GRUR 2012, 265 Rn. 44 ff. – Scarlet/SABAM; EuGH GRUR 2012, 382 Rn. 33 ff. – SABAM/Netlog; hierzu *Hoeren/Neubauer* WRP 2012, 508).

29 d) **Keine Besonderheiten bei Urheberrechtsverletzungen.** Unter der Geltung des ursprünglichen § 5 Abs. 2 TDG a. F. (s. o. Rn. 22), wonach der Provider für bereitgehaltene fremde Inhalte nur dann verantwortlich war, wenn er von diesen Inhalten Kenntnis hatte, war die Behandlung von urheberrechtsverletzenden Sachverhalten umstritten. Anders als die überwiegende Auffassung im Schrifttum (*Spindler* NJW 1997, 3193; Schricker/*Wild* § 97 Rn. 40i; Fromm/Nordemann/*Nordemann* § 97 Rn. 18a jeweils m.w.N.) verneinte das OLG München im Anschluss an *Waldenberger* (MMR 1998, 124, 127) insoweit die Anwendbarkeit des § 5 Abs. 2 TDG a.F. überhaupt (OLG München CR 2001, 333 – MIDI-Files; hierzu *Spindler* CR 2001, 324). Diese Privilegierung gelte nicht für Urheber- oder Leistungsschutzrechte verletzende Inhalte, da für die Beurteilung der Rechtswidrigkeit insoweit nicht der Inhalt und damit dessen Kenntnis, sondern die Rechtszuordnung des Inhalts und deren Kenntnis maßgeblich sei (OLG München CR 2001, 333 – MIDI-Files). Diese restriktive Auslegung erschien jedoch verfehlt, wenn man die grundsätzliche Unzumutbarkeit einer Präventivkontrolle als Ausgangspunkt der gesetzlichen Regelung anerkennt (*Spindler* CR 2001, 324, 327 f.; Evaluierungsbericht der BReg. BT-Drucks. 14/1191, 10). In jedem Fall entzieht sich die Neuregelung in § 10 TMG/§ 11 TDG a.F. einer derartigen restriktiven Auslegung. § 10 Nr. 1 TMG/§ 11 Nr. 1 TDG a.F. stellt nämlich im Einklang mit Art. 14, 15 E-Commerce-Richtlinie nicht nur auf die Kenntnis des Inhalts bzw. der Information ab, sondern auch auf die Kenntnis der rechtswidrigen Handlung. Damit sind auch die Fälle erfasst, in denen nicht die Information als solche zu beanstanden ist, sondern die insoweit entfaltete Tätigkeit, d.h. insb. die Verwendung von Informationen ohne Erlaubnis des Rechtsinhabers (Begr. EGG, BT-Drucks. 14/6098, 25). Dass die Haftungsprivilegierung des TMG auch Ansprüche nach dem UrhG erfasst, dürfte mittlerweile unstreitig sein (z.B. BGH GRUR 2013, 370 – Alone in the Dark; BGH GRUR 2013, 1030 – File-Hosting-Dienst; BGH GRUR 2010, 616 Rn. 22 – marions-kochbuch.de).

V. Widerrechtlichkeit

1. Eingriff

Ob ein Eingriff in geschützte Rechte vorliegt, bestimmt sich nach den einschlägigen 30 Regelungen. Hat das Gesetz das Urheber- bzw. Leistungsschutzrecht eingeschränkt (z.B. §§ 44a ff., 87c), ist eine Nutzung, die sich im Rahmen der gesetzlichen Erlaubnis hält, kein Eingriff. Ein Eingriff fehlt ferner, wenn der Berechtigte ein entsprechendes gegenständliches Nutzungsrecht eingeräumt hat (Schricker/Loewenheim/*Wild* § 97 Rn. 28; OLG Nürnberg NJW-RR 1989, 407, 409: zur konkludenten Nutzungsrechtseinräumung durch Architekten).

2. Rechtfertigungsgründe

Eingriffe in Schutzrechte sind grds. rechtswidrig; die tatbestandliche Rechtsverletzung 31 „indiziert" deren Rechtswidrigkeit. Ob dem Verletzer die Rechtswidrigkeit bewusst war, spielt für die Ansprüche auf Beseitigung, Unterlassung und Auskunft keine Rolle. Lediglich die Schadenersatzansprüche setzen ein Verschulden des Verletzers voraus. Beruft sich der Eingreifende auf einen Rechtfertigungsgrund, muss er dessen tatsächliche Voraussetzungen beweisen (BGH GRUR 2012, 602 Rn. 20ff. – Vorschaubilder II); den Wegfall eines zunächst bestehenden Rechtfertigungsgrundes hat demgegenüber der Verletzte nachzuweisen (BGH GRUR 60, 500, 502 – Plagiatsvorwurf). Der Ablauf der Schutzfrist lässt die Widerrechtlichkeit bei bereits hergestellten Vervielfältigungsstücken unberührt (Schricker/Loewenheim/*Wild* § 97 Rn. 31).

a) Einwilligung, Genehmigung. An die Einwilligung und Genehmigung durch den 32 Berechtigten sind strenge Anforderungen zu stellen, da andernfalls das Zustimmungsrecht des Urhebers gefährdet wäre (Möhring/Nicolini/*Lütje* § 97 Rn. 68, 72). Beispiele: BGH GRUR 1959, 147, 149 f. – Bad auf der Tenne I; KG GRUR 1997, 128 und 129 – Verhüllter Reichstag I und II; LG Stuttgart CR 1994, 162, 163: Kennzeichnung von Software als „public domain software" als Einwilligung zur privaten, nicht aber zur kommerziellen Nutzung; OLG Hamburg GRUR 2001, 831 – Roche Lexikon Medizin: wer ein Online-Lexikon für Dritte frei abrufbar im Internet anbietet, erteilt damit keine konkludente Zustimmung zu einem Link eines Dritten, mit dem ohne Verlassen der Webseite des Dritten das fremde Werk „inkorporiert" aufgerufen wird **(Framing)**. Offen ist die Frage, ob ein Berechtigter, der ein Werk im Rahmen seines Internetauftritts allgemein zugänglich gemacht hat, stillschweigend sein Einverständnis mit Vervielfältigungen erklärt, die mit dem Abruf des Werks notwendig verbunden sind (BGH GRUR 2003, 958, 961 – Paperboy). Für das Setzen von **Hyperlinks** (auch in der Form von **Deep-Links**) bedarf es keiner gesonderten Zustimmung des Berechtigten, da der Verlinkende bereits nicht Störer ist (BGH GRUR 2003, 958, 961 – Paperboy; s. o. Rn. 20; s. auch § 19a Rn. 29). Umstritten war die Beurteilung von sog. **Thumbnail Images** (einerseits LG Hamburg GRUR-RR 2004, 313; andererseits LG Erfurt MMR 2007, 394 – Thumbnails bei Google). Der BGH hat nunmehr eine Einwilligung bejaht (BGH GRUR 2010, 628 Rn. 36 – Vorschaubilder I). Wer eine Abbildung eines Werkes ins Internet einstellt, ohne technische Vorkehrungen gegen ein Auffinden und Anzeigen dieser Abbildung durch Suchmaschinen zu treffen, erkläre sein Einverständnis damit, dass das Werk in Vorschaubildern der Suchmaschine wiedergegeben werde (BGH GRUR 2010, 628 Rn. 36 – Vorschaubilder I). Zur Begründung im Hinblick auf die Bedingungen des Internets und das allgemeine Interesse an der Tätigkeit von Suchmaschinen s. *v. Ungern-Sternberg*, GRUR 2009, 369. Dogmatische Kritik etwa bei *Spindler* GRUR 2010, 785 („Einwilligung als Allzweckwaffe im Internet", „Widersprüchliches Verhalten als Quasi-Fair-Use-Regelung in Internet-Sachverhalten"). Die Einwilligung kann auch von einem Dritten erklärt werden, der die Abbildung mit Zustimmung des Urhebers ins Internet eingestellt hat, ohne es gegen das Auffinden durch Suchmaschinen zu sichern (BGH GRUR 2012, 602 Rn. 27 – Vorschaubilder II; kritisch *Ohly* GRUR 2012, 983). Eine vom Urheber oder mit seiner Zustimmung von einem Dritten erklärte Einwilligung erstreckt sich auch auf die Wiedergabe von Abbildungen dieses Werkes, die nicht vom Urheber oder mit seiner Zustimmung von einem Dritten, d. h. rechtswidrig, ins Internet eingestellt worden sind (BGH GRUR 2012, 602 Rn. 28 – Vorschaubilder II). Eine Einwilligung kann (für die Zukunft) widerrufen werden, wobei im Hinblick auf die Arbeitsweise von Suchmaschinen ein Widerruf wohl nur dann beachtlich sein wird, wenn der Berechtigte entsprechende Sicherungsmaßnahmen gegen das Auffinden und Erfassen durch Suchmaschinen installiert BGH GRUR 2010, 628 Rn. 39 – Vorschaubilder I). Der Einwand u. a. auch der Vorauflage, dass das Vorliegen einer Einwilligung besonders zweifelhaft sei, wenn der Berechtigte nicht einmal durch Entfernung des Bildes von seiner Website die Anzeige des thumbnail sofort unterbinden kann (LG Hamburg GRUR-RR 2004, 313, 316 f.), wird allerdings nicht vollständig ausgeräumt. Für den BGH hat das Berufungsgericht rechtsfehlerfrei angenommen, dass die Suchmaschinenbetreiberin nach ihrem Vortrag, dem der Berechtigte nicht substanziiert entgegengetreten sei, „das zur Zeit technisch Mögliche zur Aktualisierung ihrer Suchergebnisse unternimmt" (BGH GRUR 2010, 628 Rn. 38 – Vorschaubilder I). Wegen technischer Details s. auch die Entscheidungen des U. S. Court of Appeals for the 9th Circuit in Perfect 10 v. Amazon.com, 508 F.3d 1146, 1170 (C. A. 9 2007), und Perfect 10 v. Google, 416 F. Supp. 2d 828, 853 (C. D. Cal. 2006), vom 5.5./3.12.2007. In einem obiter dictum schränkt der BGH die Haftung der Suchmaschinenbetreiberin auf solche Verstöße ein, die begangen wurden, nachdem sie auf eine klare Rechtsverletzung hingewiesen wurde; ein Haftung auslösender Hinweis müsse dabei auch über die urheberrechtliche Berechtigung hinreichende Klarheit verschaffen (BGH GRUR 2010, 628 Rn. 39 – Vorschaubilder I; kritisch hierzu *Spindler* GRUR 2010, 785, 791 f.).

33   **b) Selbsthilfe, Auflösung von Grundrechtskollisionen.** Eher theoretischer Natur sind die Rechtfertigungsgründe der Selbstverteidigung (Notwehr § 227 BGB, Notstand

§ 228 BGB) und der erlaubten Selbsthilfe (§§ 229 ff. BGB). Die Durchsetzung von Rechten durch Einsatz von Zwangsmitteln ist grds. alleinige Aufgabe des Staates. Kein Rechtfertigungsgrund ist auch die ungehinderte vertragliche Benutzung; der Benutzer kann insoweit nur seine vertraglichen Ansprüche auf Erfüllung oder auf Schadenersatz geltend machen und ggf. mit gerichtlicher Hilfe durchsetzen (OLG Karlsruhe NJW-CoR 1996, 186, 187 f.: Der rechtmäßige Benutzer eines Computerprogramms darf Kopierschutzvorrichtungen auch dann nicht entfernen, wenn diese den ungehinderten Ablauf des Programms stören).

Im Spannungsverhältnis zwischen Urheberrecht, das als Befugnis zur wirtschaftlichen Verwertung der urheberrechtlich geschützten geistigen Leistung von der Eigentumsgarantie des Art. 14 GG erfasst wird (BVerfG NJW 1999, 2880, 2881 – Auskunft über Lieferanten in der Presse veröffentlichter Fotos – Fall Holst – m. w. N.), einerseits und insb. den **Kommunikationsgrundrechten** (Art. 5 GG) andererseits können (und müssen) Konflikte **(auch) auf der Ebene der Rechtswidrigkeit** gelöst werden (OLG Stuttgart NJW-RR 2004, 619, 621 zum Urheberrecht; BGH GRUR 2005, 583, 584 f. – Lila-Postkarte – zum Markenrecht; Schricker/Loewenheim/*Wild* § 97 Rn. 35 ff., 43; a. A. wohl BGH GRUR 2003, 956 – Gies-Adler; Fromm/Nordemann/*Nordemann* § 97 Rn. 23). Die Kollision grundrechtlich geschützter Werte ist auf der Grundlage der verfassungsrechtlichen Wertordnung über eine verfassungskonforme Auslegung und Anwendung des einfachen Gesetzes zu bewältigen (grundlegend zur Ausstrahlwirkung der Grundrechte auf das Zivilrecht BVerfGE 7, 198, 208 – Lüth). Eine Grundrechtskollision mit Urheberrechtsbezug ist primär auf der Ebene der verfassungskonformem Auslegung und Anwendung der im UrhG differenziert geregelten Verwertungsbefugnisse und Schrankenbestimmungen aufzulösen (insoweit zutreffend BGH GRUR 2003, 956 – Gies-Adler). In der Gies-Adler-Entscheidung löste der BGH den Konflikt bereits auf der ersten Stufe, indem er die streitgegenständliche Werknutzung schon nicht dem Ausschließlichkeitsrecht des Urhebers unterwarf, sondern als Ausdrucksmittel der politischen Auseinandersetzung im Rahmen einer freien Benutzung i. S. d. § 24 Abs. 1 für erlaubt ansah. Ein weiteres Beispiel bot OLG München GRUR-RR 2005, 372, 373 – AnyDVD, wonach es sich bei redaktioneller Berichterstattung über Erzeugnisse zur Umgehung wirksamer technischer Maßnahmen nicht um Werbung i. S. d. § 95a Abs. 3 handele. Zu Urheberrechtsverletzungen durch **Wiki-Leaks** vgl. *Hoeren/Herring* MMR 2011, 143. Besondere Bedeutung kann ferner das (novellierte) **Zitatrecht nach § 51** haben (Schricker/Loewenheim/*Wild* § 97 Rn. 40 ff.). Auch wenn die Schrankenbestimmungen nach §§ 44a ff. grds. eng auszulegen sind, muss im Einzelfall die enge, am Wortlaut orientierte Auslegung einer großzügigeren, der verfassungsrechtlich geschützten Position des Verwerters Rechnung tragenden Interpretation weichen (BGH GRUR 2002, 605, 606 – Verhüllter Reichstag). So erkennt der BGH im Anschluss an BVerfG (GRUR 2001, 149 – Germania 3) an, dass das Zitatrecht nach § 51 S. 2 Nr. 2 im Hinblick auf Kunstwerke einen weiteren Anwendungsbereich hat als bei nichtkünstlerischen Sprachwerken (BGH BeckRS 2012, 11493 Rn. 14 – Blühende Landschaften: „kunstspezifische Betrachtung"). Sofern eine Konfliktlösung bei der Auslegung und Anwendung der urheberrechtlichen Verwertungsbefugnisse sowie der Schrankenbestimmungen – etwa wegen des eindeutigen Gesetzeswortlauts – nicht möglich ist, kann (und muss) die Auflösung auch auf der Ebene der Rechtswidrigkeit gesucht werden (a. A. offenbar BGH GRUR 2003, 956 – Gies-Adler: Vorlage nach Art. 100 Abs. 1 GG). Den Zivilrichtern obliegt die Durchsetzung von grundrechtlich geschützten Werten nämlich nicht nur bei der Auslegung und Anwendung des gesetzlichen Verletzungstatbestandes, sondern auch bei der Feststellung der Rechtswidrigkeit der Verletzung (OLG Stuttgart NJW-RR 2004, 619, 621 zum Urheberrecht; BGH GRUR 2005, 583, 584 f. – Lila-Postkarte – zur Markennutzung „ohne rechtfertigenden Grund in unlauterer Weise" i. S. d. § 14 Abs. 2 Nr. 3 MarkenG). Ansprüche nach § 97 setzen neben der Rechtsverletzung ausdrücklich auch deren „Widerrechtlichkeit" voraus. Zwar ist bei einer Rechtsverletzung regelmäßig von einer Rechtswidrigkeit auszugehen. Im Einzelfall kann jedoch die Rechtswidrigkeit zu verneinen sein, wenn nach einer Abwägung das Urheberrecht hinter der gegenläufigen Grundrechtsposition des „Verletzers" zurücktreten muss. Hierfür ist ein Rückgriff auf die Figur des sog. übergesetzlichen Notstands (so noch die 2. Auflage unter Hinweis auf KG NJW 1995, 3392, 3394 – Botho Strauß – und LG Berlin GRUR 1962, 207, 210 – Maifeiern) nicht erforderlich. Jüngst hat der Europäische Gerichtshof für Menschenrechte (EGMR GRUR 2013, 819 – Ashby Donald u.a./Frankreich) **Art. 10 EMRK** in einem Urheberrechtsverletzungsprozess für anwendbar erklärt. – Das Urheberrecht kann auch mit dem Sacheigentum eines anderen in Konflikt kommen (z.B. Graffiti). In den Fällen der sog. **„aufgedrängten Kunst"** ist es dem Sacheigentümer erlaubt, das Kunstwerk zu zerstören, nicht aber, es zu verwerten (BGHZ 129, 331, 333 – Mauer-Bilder; Möhring/Nicolini/*Lütje* § 97 Rn. 70).

VI. Unterlassungs- und Beseitigungsanspruch
(§ 97 Abs. 1; § 97 Abs. 1 S. 1 a.F.)

1. Unterlassungsanspruch

35 a) **Allgemeines.** Der Verletzer kann auf Unterlassung in Anspruch genommen werden, wenn er eine widerrechtliche Rechtsverletzung begangen hat und die Gefahr besteht, dass er die Rechtsverletzung wiederholt (sog. Wiederholungsgefahr). Der Rechtsinhaber kann darüber hinaus Unterlassung schon vor Eintritt der Rechtsverletzung verlangen, wenn eine konkret drohende Erstbegehungsgefahr besteht; er muss dann nicht abwarten, bis der Verletzer tatsächlich handelt (vorbeugender Unterlassungsanspruch). Die bereits früher bestehende Rechtslage wird durch § 97 Abs. 1 nicht geändert (BT-Drucks. 16/5048, 37 zum entsprechenden § 139 Abs. 1 PatG). § 97 Abs. 1 S. 2 stellt nunmehr ausdrücklich klar, dass für den Unterlassungsanspruch – wie auch bisher schon – die Erstbegehungsgefahr ausreicht. Der vorbeugende Unterlassungsanspruch kann auch gegenüber dem bloßen potentiellen Teilnehmer oder Störer geltend gemacht werden (s. o. Rn 15 a. E.). Der Verletzer hat in jedem Fall weitere bzw. erstmalige Verletzungshandlungen sofort zu unterlassen, und zwar unabhängig davon, ob er gutgläubig war oder schuldhaft gehandelt hat. Zur Abwendungsbefugnis des Verletzers s. § 100 (§ 101 Abs. 1 a.F.; vgl. BT-Drucks. 16/5048, 49). Zur Formulierung des Unterlassungsbegehrens s. *v. Ungern-Sternberg*, GRUR 2011, 375 ff., 486 ff.

36 b) **Wiederholungsgefahr. aa) Bestehen einer Wiederholungsgefahr.** Wiederholungsgefahr ist in der Regel zu bejahen; die bereits begangene Rechtsverletzung „indiziert" die Wiederholungsgefahr (BGHZ 14, 163, 167 – Constanze II; BGH GRUR 1961, 138, 140 – Familie Schölermann). Nur unter ganz besonderen Umständen ist die Wiederholungsgefahr zu verneinen, weil eine weitere Rechtsverletzung nur theoretisch möglich erscheint (BGH GRUR 1957, 348, 349 – Klasen-Möbel – zum Wettbewerbsrecht; KG GRUR 1957, 45, 46 – Karpfhamer Fest). Die Wiederholungsgefahr setzt sich nicht in der Person des Erben fort, der das Geschäft des Erblassers weiterführt (BGH GRUR 2006, 879, 880 – Flüssiggastank).

37 bb) **Entfallen der Wiederholungsgefahr.** Die Rechtsprechung ist streng. Selbst die Betriebseinstellung oder die Umstellung der Produktion auf eine andere Ware beseitigen die Wiederholungsgefahr nicht (BGH GRUR 1957, 342, 347 – Underberg; BGH GRUR 1965, 198, 202 – Küchenmaschine). Die Wiederholungsgefahr entfällt auch nicht durch die rechtsverbindliche Erklärung des Verletzers, er werde Zuwiderhandlungen künftig unterlassen. Diesen nicht weiter gesicherten Anspruch hat der Rechtsinhaber kraft Gesetzes ohnehin. Der Verletzer räumt die Wiederholungsgefahr erst dann aus, wenn er sein Unterlassungsversprechen mit dem weiteren Versprechen absichert, er werde für jeden Fall der Zuwiderhandlung eine angemessen hohe Vertragsstrafe an den Rechtsinhaber zahlen (sog. **strafbewehrte Unterlassungserklärung**). Eine ausdrückliche gesetzliche Regelung ent-

hält jetzt § 97a, wobei an der bisherigen Rechtslage – mit Ausnahme der umstrittenen Regelung der Beschränkung der Abmahnkosten in einfach gelagerten Fällen mit einer nur unerheblichen Rechtsverletzung – nichts geändert werden sollte (BT-Drucks. 16/5048, 48 f.). In welcher Höhe die Vertragsstrafe versprochen werden muss, hängt entscheidend vom wirtschaftlichen und ideellen Interesse des Verletzten daran ab, dass künftige Verletzungshandlungen unterbleiben. Eine Unterlassungserklärung kann auch unzureichend sein, wenn der Verletzer nur eine auf die konkrete Verletzungsform beschränkte Erklärung abgibt, eine Verallgemeinerung wegen im Kern gleichartiger Verletzungen jedoch ablehnt (BGH WRP 1996, 199, 201 – Wegfall der Wiederholungsgefahr). Zur sog. Drittunterwerfung Schricker/Loewenheim/*Wild* § 97 Rn. 127.

cc) **Folgen nach strafbewehrter Unterlassungserklärung.** Nimmt der Rechtsinha- 38 ber das strafbewehrte Unterlassungsversprechen **an,** hat er für jeden Fall der Zuwiderhandlung einen vertraglichen Zahlungsanspruch gegen den Verletzer. Eine Vertragsstrafe ist selbstverständlich nicht auf Schadensersatzansprüche anzurechnen, die zum Zeitpunkt des Vertragsstrafeversprechens bereits entstanden waren (BGH GRUR 2009, 660 Rn. 26 – Resellervertrag). Bei wiederholter Rechtsverletzung kann der Rechtsinhaber den Verletzer erneut auf Unterlassung in Anspruch nehmen, insb. ist das Rechtsschutzbedürfnis für eine gerichtliche Geltendmachung wieder begründet (BGH GRUR 1980, 241 – Rechtsschutzbedürfnis). Der Verletzer wird die Unterlassungsklage nur dann mit einer erneuten Unterlassungserklärung abwenden können, wenn die Höhe der Vertragsstrafe deutlich angehoben wird; denn die erneute Rechtsverletzung zeigt in aller Regel, dass das ursprüngliche Vertragsstrafeversprechen nicht ausreichend war, um den Verletzer von weiteren Zuwiderhandlungen abzuhalten.

Nimmt der Rechtsinhaber das ausreichende Unterlassungsversprechen hingegen **nicht** 39 **an,** hat er bei erneuter Rechtsverletzung keinen Anspruch auf Zahlung der nur einseitig angebotenen Vertragsstrafe, da dieser Anspruch einen Vertrag und daher die Annahme des Angebots voraussetzt. Darüber hinaus ist der Rechtsinhaber bei Nichtannahme der ausreichenden Unterlassungserklärung an der gerichtlichen Geltendmachung seines Unterlassungsanspruchs gehindert, es sei denn, der Verletzer begeht nach Abgabe der Erklärung eine weitere Rechtsverletzung. Denn bereits die Abgabe einer ausreichenden Unterlassungserklärung durch den Verletzer lässt die Durchsetzbarkeit des ursprünglich bestehenden Unterlassungsanspruchs entfallen. Die Begründung hierfür ist nicht einheitlich. Zum Teil wird vertreten, dass die einseitige Unterwerfungserklärung des Verletzers materiell-rechtlich die Wiederholungsgefahr entfallen lässt (*Teplitzky* GRUR 1983, 609, 610); zum Teil wird in diesem Fall das prozessuale Rechtsschutzbedürfnis verneint (OLG Frankfurt a. M. GRUR 1985, 82 m. w. N.).

dd) **Wiederentstehen der Wiederholungsgefahr.** Wiederholungsgefahr ist wieder 40 gegeben, wenn nach Abgabe einer ausreichenden strafbewehrten Unterlassungserklärung erneut verletzt wird. Wiederholungsgefahr ist auch dann wieder zu bejahen, wenn sich der Verletzer im Prozess erneut ohne Einschränkung damit verteidigt, dass sein Verhalten rechtmäßig gewesen sei (BGHZ 14, 163, 167 f. – Constanze II; BGH GRUR 1961, 138, 140 – Familie Schölermann).

c) **Vorbeugender Unterlassungsanspruch.** Der Rechtsinhaber muss nicht stets solan- 41 ge abwarten, bis die drohende Rechtsverletzung tatsächlich eingetreten ist und Wiederholungsgefahr besteht. Die Rechtsprechung gibt ihm einen Unterlassungsanspruch bereits bei Vorliegen der sog. **Erstbegehungsgefahr** (BGHZ 14, 163, 170 – Constanze II), was nunmehr in § 97 Abs. 1 S. 2 ausdrücklich anerkannt wurde. Der vorbeugende Unterlassungsanspruch kann sich auch gegen den bloßen potentiellen Teilnehmer oder Störer richten (BGH GRUR 2009, 841 Rn. 14 ff. – Cybersky; BGH GRUR 2007, 708 Rn. 30 bzw. 41 – Internet-Versteigerung II; krit. hierzu mit Blick auf § 7 Abs. 2 S. 1 TMG *Leible/Sosnitza* NJW 2007, 3324; s. aber Rn. 28). Erstbegehungsgefahr ist insb. dann zu bejahen, wenn der potenzielle Verletzer im Begriffe ist, die Rechtsverletzung zu begehen, etwa dann also, wenn er eine unzulässige Aufführung bereits angekündigt hat. Die Rechtsprechung bejaht die Erstbegehungsgefahr bei allen vorbereitenden Maßnahmen, die einen künftigen Eingriff nahe legen (BGHZ 42, 118, 122 – Personalausweise; BGH GRUR 1960, 340, 343 – Werbung für Tonbandgeräte; BGH GRUR 1964, 91, 92 – Tonbänder-Werbung; BGH GRUR 1964, 94, 95 – Tonbandgeräte-Händler; BGH GRUR 2003, 958, 961 – Paperboy). Nach der Begründung der Bundesregierung zur ausdrücklichen Aufnahme der Erstbegehungsgefahr in das Gesetz ist diese gegeben, wenn die drohende Verletzungshandlung in tatsächlicher Hinsicht so greifbar sei, dass eine zuverlässige rechtliche Beurteilung möglich erscheine; dies sei vor allem der Fall, wenn der potenzielle Verletzer sich eines Rechts zur Vornahme bestimmter Handlungen berühme (BT-Drucks. 16/5048, 37 zu dem entsprechenden § 139 Abs. 1 S. 2 PatG). Der vorbeugende Unterlassungsanspruch kann auch auf einer Vorstufe ansetzen und bereits gegen Maßnahmen zur Vorbereitung einer künftigen Rechtsverletzung gerichtet sein (BGH GRUR 2009, 841 Rn. 35 – Cybersky: Werbung für eine Software mit der Aussage, diese könne im Ergebnis zur Verletzung von nach dem Urhebergesetz geschützten Rechten verwendet werden). Zur Ausräumung der Erstbegehungsgefahr ist im Gegensatz zur Wiederholungsgefahr nicht immer eine strafbewehrte Unterlassungserklärung erforderlich. In der Regel reicht die Erklärung aus, dass die Rechtsauffassung des Rechtsinhabers berücksichtigt werde und dass sich der Erklärende verpflichtet, die gerügten Handlungen zu unterlassen (BGH GRUR 1987, 125, 126 – Berührung; BGH GRUR 1992, 618 – Pressehaftung II; BGH ZUM 1993, 137, 139 – Ausländischer Inserent; BGH GRUR 2001, 1174, 1176 – Berührungsaufgabe; BGH GRUR 2009, 843 Rn. 23 – Cybersky; BGH GRUR 2011, 1038 Rn. 44 – Stiftparfüm).

2. Beseitigungsanspruch

42 **a) Bedeutung.** Die Rechtsverletzung kann zu einer fortdauernden Störung oder Gefährdung führen, die durch ein bloßes Unterlassen nicht beseitigt wird. Das Gesetz gibt daher dem Verletzten neben dem Unterlassungsanspruch ausdrücklich auch einen Beseitigungsanspruch. Der Urheber kann mit diesem Anspruch etwa die Anerkennung seiner Urheberschaft (§ 13) oder die Beseitigung der Entstellung seines Werkes (§ 14) durchsetzen. Ein Fotograf, dessen Lichtbild im Internet ohne Urhebervermerk zugänglich gemacht wird, kann mit seinem Beseitigungsanspruch erreichen, dass die Anerkennung seiner Urheberschaft in geeigneter Weise nachgeholt wird. Hieran wird dem Fotografen womöglich mehr liegen, als den nur auf Unterlassung in Anspruch genommenen Verletzer im Ergebnis dazu zu bewegen, das Bild schlicht vom Netz zu nehmen.

43 **b) Anspruchsinhalt.** Der Beseitigungsanspruch ist zusammen mit dem Unterlassungsanspruch dem verschuldensunabhängigen **negatorischen Rechtsschutz** zuzurechnen und unterscheidet sich daher vom verschuldensabhängigen **Schadensersatzanspruch** auf Wiederherstellung des ursprünglichen Zustandes (§ 249 BGB). Der Beseitigungsanspruch ist auf die Vermeidung künftiger neuer Schäden gerichtet, der Schadensersatzanspruch hingegen auf den Ausgleich bereits eingetretener Schäden. Besteht eine fortdauernde Gefährdung, die durch bloßes Unterlassen nicht beseitigt wird, kann der Verletzte die Beseitigung der konkreten Störung verlangen. Anders als die Unterlassungsverpflichtung kann der Beseitigungsanspruch den schuldlosen Verletzer erheblich gravierender belasten, da ihm nunmehr Handlungspflichten auferlegt werden. Die den Verletzer treffende Beseitigungspflicht muss daher nach Art und Umfang **verhältnismäßig** sein. Die Beseitigung muss nicht nur geeignet, sondern auch notwendig sein (Schricker/Loewenheim/*Wild* § 97 Rn. 133). Daraus folgt insb., dass eine bestimmte Beseitigungsmaßnahme nur verlangt werden kann, wenn keine andere in Frage kommt (BGHZ 29, 314, 317 – Autobahnschäden; BGH GRUR 1954, 337, 342 – Radschutz; BGH GRUR 1964, 82, 87 – Lesering). Schließlich muss die Beseitigungsmaßnahme nach Abwägung aller Interessen dem Verletzer auch zu-

§ 97 Anspruch auf Unterlassung und Schadenersatz

mutbar sein (BGH GRUR 1960, 500, 503 – Plagiatsvorwurf; BGH GRUR 1995, 668 ff. – Emil Nolde; Schricker/Loewenheim/*Wild* § 97 Rn. 133 m. w. N.).

Der Verletzer hat die ihm durch die Beseitigung entstehenden **Kosten** zu tragen; beseitigt der Verletzte die Störung selbst und entstehen ihm hierbei Kosten, kommt ein – verschuldensabhängiger – Schadensersatzanspruch in Betracht (BGHZ 29, 314, 319 – Autobahnschäden; BGH GRUR 1962, 261 – Öl regiert die Welt). 44

c) Beispiele. RGZ 79, 379 – Felseneiland mit Sirenen: Beseitigung einer Entstellung (Eigentümer eines Freskengemäldes zur Entfernung einer eigenmächtigen Übermalung verpflichtet); LG München I UFITA 87 (1980) 338, 342: Nachholen der Anerkennung der Urheberschaft; OLG München NJW 1996, 135, 136: Widerruf; BGH GRUR 1967, 362, 366 – Spezialsalz I: Veröffentlichung einer vertraglichen Unterlassungsverpflichtung (zur Urteilsveröffentlichung s. § 103; OLG Celle GRUR-RR 2001, 125 f. – Expo – Veröffentlichung vor Rechtskraft); LG Stuttgart CR 1994, 162, 163 f.: kein Rückruf rechtsverletzender Werke aus dem Verkehr (a. A. Schricker/Loewenheim/*Wild* § 97 Rn. 131; Möhring/Nicolini/*Lütje* § 97 Rn. 115); in Umsetzung des Art. 10 der Enforcement-Richtlinie hat § 98 Abs. 2 – eingeschränkt durch § 98 Abs. 4 und 5 – nunmehr einen Anspruch auf Rückruf und Entfernung aus den Vertriebswegen eingeführt; BGH GRUR 1995, 668 ff. – Emil Nolde: Beseitigung gefälschter Bildsignatur, nicht aber Zerstörung oder Kennzeichnung als Fälschung; BGHZ 42, 118 – Personalausweise; BGH GRUR 1984, 54, 55 – Kopierläden: Kundenhinweis auf Verpflichtung zur Beachtung fremder Urheberrechte, nicht aber Verpflichtung zum Verkauf unter Vorlage des Personalausweises. 45

VII. Auskunft, Rechnungslegung und Besichtigung

1. Auskunft und Rechnungslegung

a) Anspruchsgrundlage. Der Verletzte kennt das wahre Ausmaß der Verletzungshandlungen häufig nicht. Um gegen Rechtsverletzungen wirksam vorgehen und den tatsächlich eingetretenen Schaden geltend machen zu können, bedarf der Verletzte daher zumeist weiterer Informationen. Die Rechtsprechung leitet den allgemeinen Anspruch auf Auskunft und Rechnungslegung aus einer erweiterten Anwendung des § 259 BGB i. V. m. § 242 BGB mit der Begründung ab, dass der Verletzte in entschuldbarer Weise über den Umfang der Verletzung und damit über Bestehen und Umfang seines Ersatzanspruchs im Unklaren sei, während der Verletzer unschwer, d. h. ohne unbillig belastet zu sein, Aufklärung geben könne (BGHZ 10, 385, 387; BGH GRUR 1974, 53, 54 f. – Nebelscheinwerfer; BGH GRUR 1980, 227, 232 – Monumenta Germaniae Historica; BGH GRUR 2010, 623 Rn. 43 – Restwertbörse). Auskunft kann nicht nur zur Vorbereitung eines bezifferten Schadensersatzanspruchs verlangt werden, sondern auch zur Vorbereitung eines auf die Herausgabe des Erlangten gerichteten Bereicherungsanspruchs (BGH GRUR 1995, 673, 676 – Mauerbilder). Anspruchsvoraussetzung für den gegen den Verletzer gerichteten „unselbständigen" Auskunftsanspruch ist zunächst das Vorliegen einer Rechtsverletzung. Auf ein Verschulden des Verletzers (hierzu BGH GRUR 2010, 623 Rn. 55 – Restwertbörse) kommt es im Ergebnis zumeist nicht an, wenn und weil der Verletzer neben dem Schadensersatzanspruch einen verschuldensunabhängigen Bereicherungsanspruch geltend macht (BGH GRUR 1988, 604, 605 – Kopierwerk). Der gesetzliche **Rechnungslegungsanspruch** wurde im Rahmen der Umsetzung der Enforcement-Richtlinie gestrichen, ohne dass damit eine inhaltliche Änderung eingetreten ist. Die Begründung der Bundesregierung weist hierbei zutreffend darauf hin, dass der Anspruch auf Rechnungslegung über alle zur Schadensberechnung erforderlichen Angaben gewohnheitsrechtlich anerkannt ist (BT-Drucks. 16/5048, 48; Schricker/Loewenheim/*Wild* § 97 Rn. 187). 46

Bei Umsetzung der Enforcement-Richtlinie wurden weitere Informationsansprüche normiert (§§ 101, 101a, 101b). § 101 gibt dem Verletzten unter bestimmten Voraussetzungen einen Auskunftsanspruch sowohl gegen den Verletzer als auch gegen Dritte. Der gegen den Verletzer gerichtete spezifische Auskunftsanspruch nach § 101 Abs. 1 verdrängt den allgemeinen unselbständigen Auskunftsanspruch schon deswegen nicht, weil § 101 Abs. 1 eine Rechtverletzung „in gewerblichem Ausmaß" voraussetzt. Praktisch bedeutsam sind insb. §§ 101 Abs. 7, 101a Abs. 3, wonach in Fällen offensichtlicher Rechtsverletzung der Anspruch auf Auskunft sowie auf Urkundsvorlage und Besichtigung im Wege der **einstweiligen Verfügung** nach §§ 935 ff. ZPO – auch ohne vorheriger Anhörung des Gegners – durchgesetzt werden kann, auch wenn hierdurch die Hauptsache vorweggenommen wird (BT-Drucks. 16/5048, 27 ff. und 41 zu dem § 101a Abs. 3 entsprechenden § 140c Abs. 3 PatG). Die früher nicht eindeutig geklärte Frage, ob etwa entsprechend § 101a a. F. ein Auskunftsanspruch gegenüber **Internet-Service-Providern als Dritten** besteht (bejahend LG Hamburg CR 2005, 136, 138; *Nordemann/Dustmann* CR 2004, 380, 386; zweifelnd OLG Hamburg CR 2005, 512; verneinend OLG Frankfurt a. M. MMR 2005, 241, 242: kein Auskunftsanspruch gegen Access-Provider; *Spindler/Dorschel* CR 2005, 38, 40), wurde durch § 101 Abs. 2 beantwortet. Damit soll dem Rechtsinhaber eine Ermittlung des Rechtsverletzers ermöglicht werden (BT-Drucks. 16/5048, 49). In Fällen offensichtlicher Rechtsverletzung besteht nach § 101 Abs. 2 S. 1 Nr. 3 der Auskunftsanspruch auch gegen eine Person, die in gewerblichem Ausmaß für rechtsverletzende Tätigkeiten genutzte Dienstleistungen erbrachte. Der BGH hat entschieden, dass dieser gegen den Internet-Provider gerichtete Anspruch nicht voraussetzt, dass die (urheber-)rechtsverletzenden Tätigkeiten des Nutzers selbst „in gewerblichem Ausmaß" erfolgt sind (BGH GRUR 2013, 534 – Die Heiligtümer des Todes; BGH GRUR 2012, 1026 Rn. 10 ff. – Alles kann besser werden). Ist dem Internet-Provider die Auskunftserteilung nur unter Verwendung von Verkehrsdaten (wie bei der Bestimmung des Nutzers, dem zu einem bestimmten Zeitpunkt eine *dynamische* IP-Adresse zugewiesen war) möglich, ist nach § 101 Abs. 9 eine Entscheidung des Richters erforderlich (BT-Drucks. 16/5048, 39 f. zu dem entsprechenden § 140b Abs. 9 PatG; krit. hierzu der Bundesrat auf BT-Drucks. 16/5048, 53, 55–57). Auch für die Begründetheit des Antrags nach § 101 Abs. 9 S. 1 verlangt der BGH grundsätzlich kein besonderes und insbesondere kein gewerbliches Ausmaß der Rechtsverletzung; ein solcher Antrag sei unter Abwägung der betroffenen Rechts und unter Berücksichtigung des Grundsatzes der Verhältnismäßigkeit „in aller Regel ohne Weiteres begründet" (BGH GRUR 2012, 1026 Rn. 40 ff. – Alles kann besser werden). Der ferner spezifisch normierte Auskunftsanspruch nach § 101b betrifft hingegen nicht die Gewinnung von Beweismitteln, sondern dient der Sicherung der Erfüllung des Schadensersatzanspruchs (s. u. Rn. 99).

47 **b) Anspruchsinhalt.** Die Auskunft ist eine Wissenserklärung, die Rechnungslegung bedeutet die Erteilung einer übersichtlichen in sich verständlichen Zusammenstellung der Einnahmen und Ausgaben (§ 259 BGB). Vorlage von Geschäftsunterlagen oder Bucheinsicht konnte im Rahmen des allgemeinen Auskunftsanspruchs nicht begehrt werden (OLG Köln GRUR 1995, 676, 677 – Vorlage von Geschäftsunterlagen). Im Zuge der Umsetzung der Enforcement-Richtlinie ist in § 101a Abs. 1 jedoch ein Urkundenvorlageanspruch eingeführt werden, der bei einer in gewerblichem Ausmaß begangenen Rechtsverletzung auch die Vorlage von Bank-, Finanz- und Handelsunterlagen erfasst (BT-Drucks. 16/5048, 27 und 40 zum entsprechenden § 140c PatG). Auch die Überprüfung von fremden Computern, um festzustellen, ob sich auf diesen nicht lizenzierte Programmkopien befinden, konnte bisher allenfalls dann erzwungen werden, wenn die Voraussetzungen des Besichtigungsanspruchs nach § 809 BGB vorliegen (BGH GRUR 2013, 509 – UniBasic-Idos; KG GRUR-RR 2001, 118, 119 f.; s. u. Rn. 50). Im Zuge der Umsetzung der Enforcement-Richtlinie ist in § 101a Abs. 1 ein eigener Besichtigungsanspruch eingeführt werden, der sich an den durch BGH GRUR 2002, 1045 – Faxkarte – aufgestellten Grundsätzen orientiert (BT-Drucks. 16/5048, 27 und 40 f. zum entsprechenden § 140c PatG).

§ 97 Anspruch auf Unterlassung und Schadenersatz 48 § 97 UrhG

Der Auskunftsberechtigte kann grds. alle Angaben verlangen, die notwendig sind, um seinen Schaden nach jeder der drei möglichen Berechungsarten (konkrete Schadensberechung einschließlich des entgangenen Gewinns, entgangene angemessene Lizenzgebühr, Herausgabe des Verletzergewinns) zu errechnen. Der Anspruch auf Auskunftserteilung und Rechnungslegung soll den Verletzten gerade in die Lage versetzen, die für ihn günstigste Berechnungsart auszuwählen (BGH GRUR 1974, 53, 55 – Nebelscheinwerfer; BGH GRUR 1980, 227, 232 – Monumenta Germaniae Historica). Der Auskunftsanspruch erstreckt sich grds. auch auf die Angaben, welche eine Nachprüfung der Rechnungslegung ermöglichen (BGH GRUR 1980, 227, 232 f. – Monumenta Germaniae Historica). Bspw. ist bei unerlaubter Verbreitung von Vervielfältigungsstücken und anderen lizenzfähigen Gegenständen in der Regel ein Verzeichnis vorzulegen, das zeitlich gegliederte Angaben über Lieferpreise, Lieferorte und Liefermengen enthält, sowie, um eine Nachprüfung zu ermöglichen, Namen und Anschriften der Abnehmer (BGH GRUR 1980, 227, 233 – Monumenta Germaniae Historica). Bei erkennbarer Unvollständigkeit besteht ein Anspruch auf Ergänzung (Palandt/*Grüneberg* § 259 Rn. 8, § 260 Rn. 16; OLG Hamburg GRUR-RR 2001, 197); materielle Mängel begründen jedoch keinen Ergänzungsanspruch, sondern einen Anspruch auf Abgabe der eidesstattlichen Versicherung (s. u. Rn. 49).

c) Grenzen. Der Auskunfts- und Rechnungslegungsanspruch besteht nicht schrankenlos. Er soll dem Verletzten nur ermöglichen, die zur Bezifferung des Schadenersatzanspruchs erforderlichen Grundlagen zu ermitteln, nicht aber, die Kundenbeziehungen eines Mitbewerbers auszuforschen. Eine Auskunftspflicht etwa über bloße Angebote, Angebotspreise und Angebotsempfänger ist daher grds. abzulehnen; durch die bloße Abgabe von Angeboten kann regelmäßig kein Schaden entstanden sein (BGH GRUR 1980, 227, 233 – Monumenta Germaniae Historica). Die früher umstrittene Frage, ob Auskunft auch über (gleichartige) Verletzungshandlungen verlangt werden kann, die **zeitlich vor** der ersten spezifiziert vorgetragenen Handlung begangen sein könnten (*Teplitzky* GRUR 2007, 177, 180 m. w. N.), ist nunmehr auch vom I. ZS des BGH für das Urheberrecht bejaht worden (BGH GRUR 2010, 623 Rn. 54 – Restwertbörse; GRUR 2007, 877 Rn. 24 f. – Windsor Estate). Der Auskunftsanspruch kann sich auch inhaltlich **über die konkrete Verletzungshandlung hinaus** auf solche Verletzungshandlungen erstrecken, die im Kern gleichartig sind (BGH GRUR 2006, 504 Rn. 34 ff. – Parfümtestkäufe). Nach dem [zu] weitgehenden amtlichen Leitsatz der Restwertbörse-Entscheidung könne sich der Auskunftsanspruch auch auf Verletzungshandlungen erstrecken, die einen anderen Schutzgegenstand betreffen, wenn die Gefahr einer unzulässigen Ausforschung nicht bestehe (BGH GRUR 2010, 623 LS 2 und Rn. 50–52 – Restwertbörse). Der konkrete Umfang der Rechnungslegungs- und Auskunftspflicht ist nach § 242 BGB stets unter billiger Abwägung der Interessen beider Parteien bei Berücksichtigung der besonderen Umstände des Einzelfalls abzugrenzen. Ein Auskunftsverlangen wird danach ausnahmsweise keine Aussicht auf Erfolg haben, wenn Art und Umfang der begehrten Auskunft in keinem sinnvollen Verhältnis zu dem Wert steht, der ermittelt werden soll (BGH GRUR 1973, 375, 378 – Miss Petite). Zur Zumutbarkeit von Internet-Recherchen BGH GRUR 2010, 623 Rn. 44 ff. – Restwertbörse. Nach §§ 101 Abs. 4, 101a Abs. 2 ist der dort spezifisch geregelte Anspruch auf Auskunft, Vorlage und Besichtigung ausgeschlossen, wenn die Inanspruchnahme im Einzelfall unverhältnismäßig ist (BT-Drucks. 16/5048, 39, 41 zu den korrespondierenden §§ 140b Abs. 4, 140c Abs. 2 PatG). Der Verletzer kann ferner unter Hinweis auf ein zwischen ihm und dem Verletzten bestehendes Wettbewerbsverhältnis nach Treu und Glauben verlangen, dass er die für die Berechnung der Schadenshöhe und der die Nachprüfbarkeit seiner Angaben maßgebenden Umstände statt dem Verletzten einer Vertrauensperson machen darf (sog. **Wirtschaftsprüfervorbehalt**). Legt der Verletzte keine Umstände dar, aus denen ein besonderes Interesse an der eigenen Kenntnis etwa der Namen der Abnehmer zu entnehmen ist, denen gegenüber das Interesse des Verletzers an einer Geheimhaltung seiner Kundenbeziehungen zurückzutreten hat, ist die Verurteilung zur Auskunftserteilung nur unter einem Wirtschaftsprüfervorbehalt auszusprechen (BGH GRUR 1980, 227, 233 – Monumenta Germaniae Historica). Im Gerichtsverfahren ist die Einschaltung einer zur Verschwiegenheit verpflichteten Person jedoch verfassungsrechtlich nicht unbedenklich und nach der Entscheidung des BVerfG v. 14.3.2006 – 1 BvR 2087/03 u. a. – (BVerfG MMR 2006, 375) wohl nicht mehr ohne Weiteres möglich (BGH GRUR 2006, 962, 967 Rn. 42 – Restschadstoffentfernung). Für die gesetzliche Einführung eines „in camera"-Verfahrens nach dem Vorbild des § 99 Abs. 2 VwGO (*Spindler/Weber* MMR 2006, 711). Belangen des Vorlagepflichtigen können erforderlichenfalls dadurch Rechnung getragen werden, dass diesem gestattet wird, die vorzulegenden Unterlagen soweit unkenntlich zu machen, als rechtlich geschützte Interessen des Vorlagepflichtigen einer Vorlage entgegenstehen (BGH GRUR 2006, 962, 967 Rn. 42 – Restschadstoffentfernung – zu § 142 ZPO).

49 **d) Eidesstattliche Versicherung.** Besteht nach erteilter Auskunft Grund für die Annahme, dass die Angaben nicht mit der erforderlichen Sorgfalt gemacht worden sind, kann der Verletzte eine eidesstattliche Versicherung verlangen (§§ 259 Abs. 2, 260 Abs. 2 BGB). Der Verletzte muss hierfür Umstände darlegen, welche die Unrichtigkeit oder Unvollständigkeit der erteilten Auskunft nahe legen (BGH GRUR 1960, 247 – Krankenwagen I).

2. Vorlage- und Besichtigungsanspruch

50 Von großer Bedeutung für die Beweissicherung ist der Vorlage- und Besichtigungsanspruch, der nunmehr in § 101a eigenständig geregelt ist. Bereits früher konnte ein solcher Anspruch auf Grund des § 809 BGB dem Urheber zustehen, der sich vergewissern will, ob eine bestimmte Sache unter Verletzung des geschützten Werks hergestellt worden ist (BGH GRUR 2013, 509 – UniBasic-Idos; BGH GRUR 2002, 1046, 1047 – **Faxkarte**; OLG Hamburg ZUM 2005, 394, 395; hierzu *Tilmann/Schreibauer* GRUR 2002, 1015). Die Regelung in § 101a Abs. 1 orientiert sich eng an den in der genannten Faxkarten-Entscheidung aufgestellten Grundsätzen (BT-Drucks. 16/5048, 27 und 40 f. zum entsprechenden § 140c PatG), die im Folgenden skizziert werden sollen. Nach § 809 BGB kann derjenige, der gegen den Besitzer einer Sache einen Anspruch in Ansehung der Sache hat oder sich Gewissheit verschaffen will, ob ihm ein solcher Anspruch zusteht, wenn die Besichtigung der Sache aus diesem Grunde für ihn von Interesse ist, verlangen, dass der Besitzer ihm die Sache zur Besichtigung vorlegt oder die Besichtigung gestattet. In der Rechtsprechung war dieser Anspruch früher an enge Voraussetzungen insb. im Hinblick auf die Wahrscheinlichkeit der Rechtsverletzung und das Verbot des Substanzeingriffs geknüpft worden (OLG Hamburg ZUM 2005, 394, 395; BGHZ 93, 191 – Druckbalken; KG GRUR-RR 2001, 118, 119 f.; vgl. *Bork* NJW 1997, 1665). Die Faxkarten-Entscheidung des BGH hat diese Voraussetzungen deutlich gelockert. Es ist danach nicht mehr erforderlich, dass eine „erhebliche Wahrscheinlichkeit" für die Rechtsverletzung dargelegt wird (BGH GRUR 2002, 1046, 1048 – Faxkarte). Um eine wahllose Inanspruchnahme Dritter, die eine Sache in Besitz haben, zu verhindern, muss allerdings für die Verletzung bereits eine „gewisse Wahrscheinlichkeit" bestehen (BGH GRUR 2002, 1046, 1048 – Faxkarte). Das berechtige Geheimhaltungsinteresse des Besitzers der zu besichtigenden Sache ist im Rahmen einer umfassenden Interessenabwägung zu berücksichtigen, führt jedoch nicht dazu, dass generell gesteigerte Anforderungen an die Wahrscheinlichkeit der Rechtsverletzung zu stellen wären (BGH GRUR 2002, 1046, 1048 f. – Faxkarte). Im Rahmen der Interessenabwägung ist insb. zu prüfen, ob dem schützenswerten Geheimhaltungsinteresse auch bei grundsätzlicher Gewährung des Anspruchs – etwa durch Einschaltung eines zur Verschwiegenheit verpflichteten Dritten – genügt werden kann (BGH GRUR 2002, 1046, 1048 f. – Faxkarte). Auch Substanzeingriffe wie der Ein- und Ausbau von Sachen bzw. die Entnahme einer Untersuchungsprobe sind möglich, wobei im Rahmen der Interessenabwägung zu gewährleisten ist, dass durch einen derartigen Eingriff das Integritätsinteresse des Schuldners nicht unzumutbar beeinträchtigt werden darf (BGH GRUR 2002, 1046, 1049 – Faxkarte). Bei dieser Interessenabwägung ist zu berücksichtigen, dass der Gläubiger Ersatz für die beschädigte Sache leisten muss und dass Vorlage und Besichtigung nach § 811 Abs. 2 BGB von einer Sicherheitsleistung abhängig gemacht werden können (BGH GRUR 2002, 1046, 1049 – Faxkarte). Der Besichtigungsanspruch besteht nicht nur dann, wenn sich der Anspruch auf die zu besichtigende Sache selbst bezieht, sondern auch dann, wenn das Bestehen des Anspruchs in irgendeiner Weise von der Existenz oder Beschaffenheit der Sache abhängt (BGH GRUR 2002, 1046, 1048 – Faxkarte: Besichtigung nicht nur der Faxkarte mit ihrer Software, sondern auch des hinter der Software stehenden **Quellcodes**). Allerdings ist stets Voraussetzung, dass der Schuldner Besitzer der zu besichtigenden Sache ist; der Vorlage- und Besichtigungsanspruch berechtigt **nicht** zur umfassenden **Ausforschung,** insb. nicht zur Durchsuchung von Geschäftsräumen, um erst zu ermitteln, ob der Schuldner im Besitz derjenigen Sache ist, hinsichtlich derer der Gläubiger einen Anspruch hat oder sich Gewissheit hierüber verschaffen will (BGH GRUR 2004, 420, 421 – Kontrollbesuch). Der materiell-rechtliche Vorlage- und Besichtigungsanspruch wird durch **§ 142 ZPO** ergänzt, wonach das Gericht die Vorlage von Urkunden und sonstigen Unterlagen verlangen kann (vgl. BT-Drucks. 16/5048, 26f.). Unter ausdrücklicher Bezugnahme auf Art. 6 der Enforcement-Richtlinie hat der BGH entschieden, dass bei Rechtsstreitigkeiten über technische Schutzrechte eine Vorlegung von Urkunden oder sonstigen Unterlagen nach § 142 ZPO jedenfalls dann angeordnet werden kann, wenn diese zur Aufklärung des Sachverhalts geeignet und erforderlich, weiter verhältnismäßig und angemessen, d.h. dem zur Vorlage verpflichteten bei Berücksichtigung seiner rechtlich geschützten Interessen nach Abwägung der kollidierenden Interessen zumutbar ist (BGH GRUR 2006, 962, 966 Rn. 42 – Restschadstoffentfernung). Eine entsprechende richtlinienkonforme Auslegung und Anwendung der allgemeinen prozessrechtlichen Vorschrift in § 142 ZPO ist auch bei urheberrechtlichen Streitigkeiten geboten (vgl. BGH GRUR 2006, 962, 966 Rn. 41 – Restschadstoffentfernung).

VIII. Schadensersatzanspruch (§ 97 Abs. 2 S. 1–3; § 97 Abs. 1 a. F.)

1. Verschulden

a) Einführung. Im Gegensatz zum Unterlassungs- und Beseitigungsanspruch ist bei Schadensersatzansprüchen ein Verschulden des Verletzers, also Vorsatz oder Fahrlässigkeit, erforderlich. **Vorsatz** umfasst das Wissen und Wollen des Erfolges und das Bewusstsein der Rechtswidrigkeit. **Fahrlässigkeit** handelt demgegenüber, wer lediglich die im Verkehr erforderliche Sorgfalt außer Acht lässt (§ 276 Abs. 2 BGB). Auf die Abgrenzung zwischen beiden Schuldformen kommt es für die Haftung dem Grunde nach nicht an, da der auf Schadensersatz in Anspruch genommene Verletzer für Vorsatz und Fahrlässigkeit gleichermaßen einsteht; zu einer Differenzierung zwischen den Schuldformen bei der Bestimmung der Schadenshöhe s.u. Rn. 83.

b) Fahrlässigkeit. aa) Strenge Sorgfaltsanforderungen. Wie im gewerblichen Rechtsschutz und im Wettbewerbsrecht werden auch im Urheberrecht strenge Anforderungen an die Beachtung der im Verkehr erforderlichen Sorgfalt gestellt (BGH GRUR 1998, 568, 569 – Beatles-Doppel-CD). Sog. Unsitten zählen nicht (BGHZ 8, 138, 140). Verwerter müssen sich grds. umfassend und lückenlos nach den erforderlichen Rechten erkundigen **(Prüfungspflicht).** Werden Rechte übertragen, so genügt es in aller Regel nicht, sich auf Zusicherungen hinsichtlich des Bestands und Umfangs der Rechte sowie der Übertragungsbefugnis zu verlassen. Vielmehr muss der Verwerter die Kette der einzelnen Rechtsübertragungen vollständig überprüfen (BGH GRUR 1988, 373, 375 – Schallplattenimport III). Gewerbliche Verwerter unterliegen dabei erhöhten Prüfungsanforderungen

(BGH GRUR 1960, 253 – Auto-Skooter; BGH GRUR 1991, 332, 333 – Lizenzmangel; OLG Köln GRUR 1983, 586, 570 – Video-Kopieranstalt). Bei schwierigen Rechtsfragen muss gegebenenfalls sachkundiger Rechtsrat eingeholt werden (BGHZ 17, 266, 295 – Grundig-Reporter; BGHZ 38, 356, 368 – Fernsehwiedergabe von Bühnenwerken). Ein Verschulden ist schon dann zu bejahen, wenn der Verletzer sich erkennbar in einem Grenzbereich des rechtlich Zulässigen bewegt hat, in dem er eine von der eigenen Einschätzung abweichende Beurteilung der rechtlichen Zulässigkeit seines Verhaltens in Betracht ziehen musste (BGH GRUR 2010, 623 Rn. 55 – Restwertbörse).

53 bb) **Einzelfälle. (1) Druckschriften.** Den **Verleger** nichtperiodischer Druckschriften trifft grds. die Pflicht, den Inhalt der verlegten Werke zu prüfen (BGH GRUR 1959, 331, 334 – Dreigroschenroman II); bei periodischen Druckschriften (Zeitungen, Zeitschriften) trifft diese Prüfungspflicht in erster Linie den **Herausgeber,** den Verleger nur dann, wenn er den Umständen nach mit der nahen Möglichkeit rechnen musste, dass durch seinen Betrieb Rechtsverletzungen erfolgen (BGHZ 14, 163, 179 – Constanze II). Zur Haftung des **verantwortlichen Redakteurs** BGH Schulze BGHZ 239. Im **Anzeigengeschäft** ist die Prüfungspflicht der Presseunternehmen reduziert (BGH GRUR 1999, 418, 420 – Möbelklassiker: Haftung nur bei groben, unschwer zu erkennenden Verstößen; s. Rn. 17). Prüfungspflichten treffen auch den **Drucker** (OLG Stuttgart UFITA 41 (1964) 218, 222) und das **Kopierwerk** (BGH GRUR 1988, 604 – Kopierwerk). Zur Prüfungspflicht des **Importeurs** von im Ausland hergestellten Produkten BGH GRUR 1977, 114, 115 f. – VUS; OLG Köln OLG-Rspr. 1993, 214 ff. Kein **Mitverschulden** i. S. des § 254 Abs. 1 BGB trotz unterlassenen Urhebervermerks bei Fotografien (BGH GRUR 2010, 616 Rn. 42 f. – marions-kochbuch.de).

54 **(2) Internet. (a) Frühere Rechtslage.** Im Tele- und Mediendienstebereich galten für Nutzer, Ersteller und Content-Provider keine Besonderheiten. Für den Host-Provider ordnete jedoch § 5 Abs. 2 TDG a. F. an, dass er nur bei Kenntnis des Inhalts hafte. Umstritten war, ob (und unter welchen Umständen) der positiven Kenntnis auch die grob fahrlässige Unkenntnis gleichgestellt ist (bejahend LG München I NJW 2000, 2214 – MIDI-Files; grds. verneinend *Spindler* NJW 1997, 3193, 3196; hierzu auch Möhring/Nicolini/*Lütje* § 97 Rn. 28 m. w. N.). Der BGH hat schließlich für § 5 Abs. 2 TDG a. F. klargestellt, dass es allein auf die positive Kenntnis des einzelnen konkreten Inhalts ankommt und dass ein Kennenmüssen nicht ausreicht (BGH GRUR 2004, 74, 75 – rassistische Hetze – mit Anm. *Spindler* CR 2004, 50). Der Verletzte musste also den Provider konkret auf einen von diesem bereitgehaltenen rechtswidrigen fremden Inhalt hinweisen. Dieses Kenntnisgeben muss der Verletzte darlegen und beweisen (BGH GRUR 2004, 74, 75 – rassistische Hetze). Für den Beweis sollte es in aller Regel ausreichen, wenn (i) der Verletzte ein konkretes Angebot auf den Servern des Providers benennt und beschreibt, in dem er etwa den Aufbau, die wesentlichen Text- und Bildbestandteile und den Dateinamen einer Website auf dem Server mitteilt und gegebenenfalls einen entsprechenden Ausdruck beifügt, und wenn (ii) der Provider hiermit die fraglichen Inhalte ohne zumutbaren Aufwand auffinden kann (BGH GRUR 2004, 74, 75 f. – rassistische Hetze). Auch aus Rücksicht auf die Funktionsfähigkeit der Internetdienste und das Fernmeldegeheimnis sei es grds. nur geboten, dass der Provider substantiierten Hinweisen nachgeht sowie offensichtliche Rechtsverletzungen unterbindet (Möhring/Nicolini/*Lütje* § 97 Rn. 28 a. E.).

55 **(b) Geltende Rechtslage.** Die bereits früher überwiegend angenommene Abschwächung der Prüfungspflichten wurde durch Artt. 14 Abs. 1, 15 Abs. 1 E-Commerce-Richtlinie (s. o. Rn. 22, 28) ausdrücklich festgeschrieben. Der Betreiber eines Online-Marktplatzes kann grundsätzlich gemäß Art. 14 Abs. 1 dieser Richtlinie, dessen Regelung durch § 10 TMG in deutsches Recht umgesetzt ist, für fremde Informationen, die er für einen Nutzer speichert, nicht verantwortlich sein (BGH GRUR 2011, 1038 Rn. 22 –

Stiftparfüm; EuGH GRUR 2011, 1025 Rn. 109f., 119, 139 – L'Oréal/eBay). Ferner ergibt sich aus Art. 15 Abs. 1 der E-Commerce-Richtlinie – umgesetzt in § 7 Abs. 2 TMG –, dass der Betreiber grundsätzlich nicht verpflichtet ist, die von ihm übermittelten oder gespeicherten Informationen zu überwachen oder nach Umständen zu forschen, die auf eine rechtswidrige Tätigkeit hinweisen. Voraussetzung hierfür ist nach Art. 14 Abs. 1 der E-Commerce-Richtlinie bzw. § 10 TMG allerdings, dass der Betreiber keine Kenntnis von der rechtswidrigen Handlung oder Information hat und im Falle von Schadenersatzansprüchen auch keine Tatsachen oder Umstände bewusst seien, aus denen die rechtswidrige Handlung oder Information offenkundig werde, ohne dass er unverzüglich tätig geworden sei, um die Informationen zu entfernen oder den Zugang zu ihnen zu sperren, sobald er Kenntnis erlangt habe (BGH GRUR 2011, 1038 Rn. 22 – Stiftparfüm; EuGH, GRUR 2011, 1025 Rn. 119 – L'Oréal/eBay). Zur Bestimmung des Pflichtenumfangs sind auch die weiteren Urteile des EuGH Scarlet/SABAM und SABAM/Netlog zu berücksichtigen. Accessprovider und Hostprovider dürfen danach nicht verpflichtet werden, zur Verhinderung von Rechtsverletzungen auf eigene Kosten ein umfassendes, präventiv wirkendes Filtersystem einzurichten (EuGH GRUR 2012, 265 Rn. 44ff. – Scarlet/SABAM; EuGH GRUR 2012, 382 Rn. 33ff. – SABAM/Netlog). S. o. Rn. 28. Zur Auskunftspflicht von Internet-Service-Providern s. Rn. 46 und § 101 Abs. 2 und 9.

c) **Entschuldigender Rechtsirrtum.** Nach ständiger Rechtsprechung ist ein Rechts- **56** irrtum nur dann entschuldigt, wenn der Irrende bei Anwendung der im Verkehr erforderlichen Sorgfalt mit einer anderen Beurteilung durch die Gerichte nicht zu rechnen brauchte. Kann sich der Verwerter auf höchstrichterliche Rechtsprechung berufen, ist ein Verschulden auch dann zu verneinen, wenn die für ihn günstige Entscheidung zwar in der Literatur bestritten, aber noch nicht durch ein abweichendes Urteil abgelöst worden ist (BGHZ 17, 266, 295f. – Tonband/Grundig-Reporter; BGH GRUR 1961, 97, 99 – Sportheim). Bei einer **zweifelhaften Rechtsfrage,** in der sich noch keine einheitliche Rechtsprechung gebildet hat und die insb. nicht durch höchstrichterliche Entscheidungen geklärt ist, geht das Sorgfaltserfordernis zwar nicht so weit, dass aus Sicht des rechtsirrig Handelnden die Möglichkeit einer für ihn ungünstigen gerichtlichen Klärung undenkbar gewesen sein müsste; dem Verwerter ist nicht zuzumuten, seine eigene Rechtsauffassung von vornherein aufzugeben (BGH GRUR 1964, 91, 94 – Tonbänder-Werbung; BGH GRUR 1972, 614, 616 – Landesversicherungsanstalt, insoweit in BGHZ 58, 262 nicht mit abgedr.; BGH GRUR 1975, 33, 35 – Altenwohnheim I). Durch strenge Anforderungen an seine Sorgfalt muss indessen verhindert werden, dass der Verwerter das Risiko der zweifelhaften Rechtslage dem anderen Teil zuschiebt (BGH GRUR 1987, 564, 565 – Taxi-Genossenschaft; GRUR 1990, 474, 476 – Neugeborenentransport). Fahrlässig handelt daher, wer sich erkennbar in einem Grenzbereich des rechtlich Zulässigen bewegt und dabei eine von der eigenen Einschätzung abweichende Beurteilung der rechtlichen Zulässigkeit des fraglichen Verhaltens in Betracht ziehen muss (BGH GRUR 1998, 568, 569 – Beatles-Doppel-CD: Bestehen eines offenkundigen Risikos für jeden Fachmann; BGH GRUR 1999, 49, 51f. – Bruce Springsteen and his Band: nachträgliche Erschütterung des Vertrauens auf angenommene Schutzrechtslücke; BGH WRP 1999, 523, 525f. – Altberliner; GRUR 2010, 623 Rn. 55 – Restwertbörse; zu den sehr strengen Anforderungen an einen unvermeidbaren Rechtsirrtum vgl. auch die zum Kapitalanlagerecht ergangene BGH NJW 2010, 2339 – „kick-back").

d) **Nachträgliches Verschulden.** Der zunächst schuldlos handelnde Verletzer verliert **57** seinen guten Glauben jedenfalls bei Abmahnung oder Klageerhebung (BGH ZUM 1998, 934, 937f.; LG Berlin UFITA 90 (1981) 222, 226). Hierbei kommt es nicht darauf an, ob der Verletzte Beweise vorlegt, da dem Verletzer selbst die Prüfung des Bestands seiner Rechte obliegt (Fromm/Nordemann/*Nordemann* § 97 Rn. 35). Trifft den Verwerter ausnahmsweise nur eine abgeschwächte Prüfungspflicht, reicht ein nicht ausreichend substantiierter Hinweis des Berechtigten u. U. nicht aus (BGH GRUR 1999, 418, 420 – Möbelklassiker).

2. Höhe des Schadensersatzes

58 **a) Drei Berechnungsweisen.** Nach allgemeinem Zivilrecht errechnet sich der Schaden als **konkreter Schaden** nach Maßgabe der §§ 249 ff. BGB; der Verletzte ist so zu stellen, wie er stünde, wenn die Rechtsverletzung nicht geschehen wäre. Das schließt den Ausgleich des entgangenen Gewinns ein (s. u. Rn. 62–65). Bei der Verletzung von Immaterialgüterrechten ermöglicht die Rechtsprechung dem Verletzten wegen der besonderen Beweisschwierigkeiten, die der Verletzte hat, zwei weitere Wege der Schadensermittlung. Danach kann der Schaden auch in Gestalt des **vom Verletzer** durch den Eingriff **erzielten Gewinns** (s. u. Rn. 66–68) oder in Höhe einer **angemessenen Lizenzgebühr** (s. u. Rn. 69 ff.) berechnet werden (BGH GRUR 1990, 1008, 1009 – Lizenzanalogie; BGH GRUR 1980, 227, 232 – Monumenta Germaniae Historica; BGH GRUR 2000, 226, 227 – Planungsmappe m. w. N.). Bei den drei Bemessungsarten handelt es sich lediglich um Variationen bei der Ermittlung des gleichen einheitlichen Schadens und nicht um verschiedene Ansprüche mit unterschiedlichen Rechtsgrundlagen; es liegt kein Wahlschuldverhältnis vor (BGH GRUR 2008, 93, 94 Rn 7 – Zerkleinerungsvorrichtung).

59 **b) Wahlrecht/Verquickungsverbot.** Der Verletzte kann zwischen den drei Berechnungsarten zum Zwecke der Schadensermittlung wählen. Er kann noch im Verlauf einer Schadensersatzklage von der einen Berechnungsart auf die andere übergehen oder diese im Eventualverhältnis geltend machen (BGH GRUR 2000, 226, 227 – Planungsmappe). Ihm soll dadurch ermöglicht werden, auf Änderungen der Sach- und Beweislage zu reagieren, die sich oft überhaupt erst Laufe eines Verfahrens, dort besonders aus dem Prozessvorbringen des Verletzers, ergeben (BGHZ 119, 20, 24 f. – Tchibo/Rolex II). Der Verletzte darf die Berechnungsarten jedoch nicht derart miteinander vermengen, dass Schadenspositionen doppelt abgegolten werden. Stützt der Verletzte sich im Eventualverhältnis auf mehr als eine Berechnungsart, so hat das Gericht stets die für den Verletzten günstigere Berechnungsart anzuwenden, und zwar in vollem Umfang und „ausschließlich", weil eine **Verquickung** unterschiedlicher Berechnungsweisen **nicht zulässig** ist (BGHZ 119, 20, 25 – Tchibo/Rolex II; BGH GRUR 2010, 239 Rn. 28 f., 50 – BTK). Das **Wahlrecht** des Verletzten **erlischt,** wenn der aufgrund einer bestimmten Berechnungsweise geltend gemachte Anspruch durch Leistung des so ermittelten Schadensersatzes **erfüllt** wurde und damit erloschen ist oder wenn über den Schadensersatzanspruch für den Verletzten selbst **„unangreifbar"** nach einer Berechnungsart **entschieden** worden ist (BGH GRUR 2000, 226, 227 – Planungsmappe; fortentwickelt BGH GRUR 2008, 93 – Zerkleinerungsvorrichtung). Unangreifbar ist zunächst eine gerichtliche Entscheidung, die ihm den nach einer bestimmten Berechnungsweise geltend gemachten Anspruch rechtskräftig zuerkannt hat. Unangreifbar in diesem Sinne ist für den Verletzten aber auch eine Entscheidung, wenn diese den nach einer bestimmten Berechnungsweise eingeklagten Schadensersatz nur teilweise zuerkennt und wenn der Verletzte dies hinnimmt und sein weitergehendes Begehren nicht mehr in dem gleichen Rechtsstreit verfolgen kann. Dies ist etwa dann der Fall, wenn der Verletzte lediglich eine akzessorische Anschlussberufung erhebt und der Verletzer seine Berufung nicht aufrechterhält. Wenn der Verletzte in diesem Fall sein weitergehendes Begehren in einer neuen Klage geltend macht, erhebt er eine unzulässige Klage, da es sich bei der Geltendmachung desselben Schadens einmal auf Grundlage der einen Berechnungsmethode und einmal auf der Grundlage einer anderen Berechnungsmethode um einen einheitlichen, bereits im Vorprozess entschiedenen Streitgegenstand handelt (BGH GRUR 2008, 93, 95 f. – Zerkleinerungsvorrichtung). Dies ist nicht anders zu beurteilen, wenn dem Verletzten die Umstände, die ihn zur abweichenden Ausübung seines Wahlrechts bewegen mögen, erst nach der Entscheidung im Vorprozess bekannt werden. Denn der Verletzte kann gerade auch dann an der Verwertung später erlangter Kenntnisse im Rechtsmittelverfahren gehindert sein, wenn das erstinstanzliche Verfahren voll zu seinen Gunsten ausgegangen ist. Dem voll obsiegenden Verletzten ist es nämlich mangels Beschwer grds. verwehrt, das Berufungsverfahren dazu zu nutzen, sich nachträglich in Erfahrung gebrachte Anknüpfungstatsachen für eine höhere Schadenskompensation nach einer anderen Berechnungsart zunutze zu machen, es sei denn, der Verletzte legt Berufung ein und hält diese trotz rechtzeitiger Anschlussberufung des Verletzten aufrecht (BGH GRUR 2008, 93, 95 Rn. 13 – Zerkleinerungsvorrichtung).

c) Keine Änderung durch die Enforcement-Richtlinie und deren Umsetzung. 60
Weder die Enforcement-Richtlinie (s. o. Rn. 3) noch deren Umsetzung durch den deutschen Gesetzgeber erfordern es, von der bewährten Trias der Berechnungsweisen oder von dem Verquickungsverbot abzurücken. Die weitere Ausgestaltung insb. der Berechnungsmethode der Lizenzanalogie wird jedoch Aufgabe der Rechtsprechung sein.

Die Richtlinie und deren Umsetzung zwingen nicht zu einem dualen Schadensersatzrecht. Zwar unterscheidet Art. 13 Abs. 1 alternativ („oder") zwischen dem kompensatorischen Schadensersatz, der sowohl die Gewinneinbußen des Verletzten als auch den Verletzergewinn als zu berücksichtigende „Aspekte" umfasst (Art. 13 Abs. 1 S. 2 Buchst. a)), einerseits und dem pauschalen Schadensersatz, der die Lizenzanalogie zum Ausgangspunkt macht (Art. 13 Abs. 1 S. 2 Buchst. b)), andererseits. Diese Aufteilung ist jedoch nur sprachlich-begrifflicher Natur (so i. E. auch BGH GRUR 2010, 1090 Rn. 18 – Werbung eines Nachrichtensenders). In der Sache sind die in der Richtlinie angesprochenen wesentlichen Aspekte zur Festsetzung des Schadensersatzes bereits durch die schon bisher von der deutschen Rechtsprechung ermöglichten drei Berechnungsweisen berücksichtigt. Der deutsche Umsetzungsgesetzgeber hat davon absehen, die drei Berechnungsweisen und das Wahlrecht des Verletzten im Gesetzeswortlaut klar zum Ausdruck zu bringen. Der nachvollziehbaren Kritik des Bundesrats (BT-Drucks. 16/5048, 54) hielt die Bundesregierung in ihrer Gegenäußerung entgegen, dass sich die Formulierung, wonach der Verletzergewinn „berücksichtigt" werden kann, lediglich redaktionell am Wortlaut der Richtlinie anlehne, der bisherigen Rechtsprechung jedoch nicht entgegenstände (BT-Drucks. 16/5048, 61). Wie auch bei anderen Umsetzungsvorhaben birgt die Übernahme des Richtlinienwortlauts in das nationale Recht die Gefahr unnötiger Auslegungsfragen. Dies gilt insb. dann, wenn – wie hier – der Richtlinienwortlaut nur teilweise übernommen wird. Es besteht aufgrund der Gesetzgebungsmaterialien jedoch kein Zweifel daran, dass die Regelung in § 97 Abs. 2 S. 1–3 es dem Verletzten und der Rechtsprechung ermöglichen soll, die drei Berechnungsmethoden beizubehalten (BT-Drucks. 16/5048, 33, 37, 54 und 61).

Die Richtlinie und deren Umsetzung zwingen insb. nicht vom Verquickungsverbot ab- 61
zurücken. Nach Art. 13 Abs. 1 S. 2 Buchst. a) der Richtlinie sollen zwar bei der Festsetzung des Schadensersatzes „alle in Frage kommenden Aspekte, wie die negativen wirtschaftlichen Auswirkungen, einschließlich der Gewinneinbußen für die geschädigte Partei und der zu Unrecht erzielten Gewinne des Verletzers, sowie in geeigneten Fällen auch andere als die rein wirtschaftlichen Faktoren, wie den immateriellen Schaden für den Rechtsinhaber" berücksichtigt werden. Nach dem Erwägungsgrund 26 sind dabei „alle einschlägigen Aspekte" zu berücksichtigen, „wie z. B. Gewinneinbußen des Rechtsinhabers oder zu Unrecht erzielte Gewinne des Verletzers sowie gegebenenfalls der immaterielle Schaden, der dem Rechtsinhaber entstanden ist". Dies könnte dafür sprechen, dass die Richtlinie eine Mischberechnung, also eine kumulative Berücksichtigung der mit unterschiedlichen Berechnungsweisen ermittelten Schadensposten nicht nur zulässt, sondern durch das Gebot, alle in Frage kommenden Aspekte zu berücksichtigen, auch verlangt. Das Gebot der Berücksichtigung aller Aspekte bedeutet jedoch keineswegs zwingend, dass der Verletzer neben seinem eigenen Gewinn zusätzlich auch den dem Verletzten entgangenen Gewinn erstatten müsste. Dem „Berücksichtigungsgebot" wird vielmehr bereits dadurch Rechnung getragen, dass der Verletzte zwischen den genannten Berechnungsweisen wählen kann und dass das Gericht stets die für den Verletzten günstigere Berechnungsart anzuwenden hat (s. o. Rn. 57). Im Übrigen stände eine kumulative Berücksichtigung mehrerer

Berechnungsarten nicht im Einklang mit der Ausgleichsfunktion des Schadensersatzes, sondern käme einem Strafschadensersatz gleich, den die Richtlinie ausdrücklich nicht bezwecken will (Erwägungsgrund 26 letzter Satz). Insoweit weicht die erlassene Richtlinie deutlich vom weiter gehenden Vorschlag der Kommission ab, die ausdrücklich Elemente der Abschreckung einführen und hierzu insb. auch die Verletzergewinne dem kompensatorischen Schadensersatz (d. h. dem tatsächlich eingetretenen Schaden einschließlich entgangener Gewinne) in geeigneten Fällen hinzurechnen wollte (Begr. zu Art. 17, Erwägungsgrund 24, Art. 17 Abs. 2 i. V. m. Abs. 1 Buchst. b). Auch die Entstehungsgeschichte der Richtlinie bestätigt daher, dass eine Kumulation nach unterschiedlichen Methoden berechneter Schadensposten nicht gewollt war. Die Gesetzesbegründung der Bundesregierung geht zumindest davon aus, dass Art. 13 sich zur Frage des Vermengungsverbots der drei Berechnungsweisen nicht eindeutig verhalte, und leitet daraus ab, dass es insoweit beim bisherigen Rechtszustand bleiben könne (BT-Drucks. 16/5048, 33). In der Begründung zum § 139 Abs. 2 PatG, der dem § 97 Abs. 2 entspricht, wird ausdrücklich festgehalten, dass die Rechtsprechung zu den drei Arten der Schadensberechnung nach Wahl des Verletzten nicht berührt werde und dass eine Korrektur der Rechtsprechung, die einen Übergang von einer Berechnungsmethode zur anderen auch noch im Schadenersatzprozess ermögliche, weder beabsichtigt noch geboten sei (BT-Drucks. 16/5048, 37).

62   d) **Konkreter Schaden (insb. entgangener Gewinn). aa) Nachweis des konkreten Schadens.** Der konkrete Schaden bemisst sich nach den §§ 249 ff. BGB. Hieran ändert sich auch nach der Umsetzung der Enforcement-Richtlinie selbstverständlich nichts (vgl. BT-Drucks. 16/5048, 33, 37). Der Verletzte ist so zu stellen, wie wenn die Rechtsverletzung nicht geschehen wäre (sog. Naturalrestitution). Der Verletzte kann danach den entgangenen Gewinn beanspruchen (§ 252 BGB). Er kann auch eine Geldentschädigung für die erlittene Vermögenseinbuße verlangen, soweit die Herstellung des Zustandes nicht möglich ist, der bestehen würde, wenn der zum Ersatz verpflichtende Umstand nicht eingetreten wäre (§ 251 Abs. 1 BGB). Der Verletzte muss dem Gericht Tatsachen vortragen, die es diesem ermöglichen zu beurteilen, dass der Verletzte den als Schadenersatz verlangten Betrag tatsächlich als Gewinn erzielt hätte, wenn der Verletzer die urheberrechtsverletzende Handlung nicht vorgenommen hätte. Die Darlegung und der Nachweis dieser (hypothetischen) Kausalität wird durch § 252 S. 2 BGB und § 287 ZPO erleichtert.

63   Nach § 252 S. 2 BGB gilt der **Gewinn** als **entgangen,** der nach dem gewöhnlichen Lauf der Dinge oder nach den besonderen Umständen, insb. nach den getroffenen Anstalten und Vorkehrungen, mit Wahrscheinlichkeit erwartet werden konnte. Nach § 287 Abs. 1 S. 1 ZPO entscheidet das Gericht über den Eintritt eines Schadens und dessen Höhe unter Würdigung aller Umstände nach freier Überzeugung. Diese Beweiserleichterung gilt nicht für die vorgelagerte Frage, ob überhaupt eine Rechtsverletzung vorliegt. Die haftungsbegründende Kausalität ist weiterhin nach § 286 ZPO zur vollen Überzeugung des Gerichts zu beweisen. Trotz der Erleichterungen in § 252 S. 2 BGB und § 287 ZPO fällt der Nachweis des konkreten Schadens jedoch häufig schwer (BGH GRUR 1962, 509, 513 – Dia-Rähmchen II; BGHZ 77, 16, 19 – Tolbutamid). In der Praxis wird daher zumeist auf die objektive Berechnungsmethode der **angemessenen Lizenzgebühr** (s. u. Rn. 70, 73) ausgewichen, zumal der Verletzte hierfür die eigene Kalkulation nicht offen legen muss.

64   bb) **Weitere Schadenspositionen.** Vorteil der konkreten Schadensermittlung ist es jedoch, dass neben den im Einzelfall entgangenen Absatzerfolgen alle weiteren durch die Verletzung **adäquat verursachten Vermögenseinbußen** berücksichtigt werden können, soweit der Verletzte seiner Darlegungs- und Beweislast nachkommen kann. Hierzu gehören insb. frustrierte Aufwendungen einschließlich anteiliger Gemeinkosten sowie Wettbewerbsnachteile (BGH GRUR 1981, 676, 677 – Architektenwerbung: Ausgleich nachteiliger Folgen für Anschlussaufträge bei unterlassener Namensnennung; OLG Hamburg

UFITA 65 [1972] 284, 287 ff.; OLG Hamburg GRUR Int. 1978, 140 – Membran: Berechnung von Differenzlizenzen beim Reimport von Tonträgern; OLG Hamburg Schulze OLGZ 148: Marktverwirrungsschaden; vgl. auch *Leisse/Traub* GRUR 1980, 1, 7 ff.).

Lehmann (BB 1988, 1680, 1687) weist darauf hin, dass nicht nur die im Einzelfall entgangenen Absatzerfolge, sondern auch die eventuell gleichzeitig **unterbliebene Betriebserweiterung** einen vermögenswerten wirtschaftlichen Nachteil darstelle. *Lehmann* plädiert dafür, den möglichen Deckungsbeitrag zu den Fixkosten schadensersatzerhöhend zu berücksichtigen, wenn der Verletzte darlegen kann, dass er aufgrund der ihm entgangenen Marktchancen nicht nur eine konkrete Einbuße auf der Leistungs- sondern auch auf der Bereitschaftsebene erlitten hat (*Lehmann* BB 1988, 1680, 1687). Wenn der Verletzer neuerdings im Rahmen der Berechnung des Verletzergewinns seine **Fixkosten,** die ihm auf der Bereitschaftsebene entstehen, grds. nicht in Abzug bringen darf (BGH GRUR 2001, 329 – Gemeinkostenanteil; s. u. Rn. 68), so spricht dies dafür, auch im Rahmen der konkreten Schadensberechnung den wirtschaftlichen Vorteil zu berücksichtigen, der dem Verletzten auf der Bereitschaftsebene entgangen ist. **65**

e) Verletzergewinn. aa) Herleitung. Der Anspruch auf Herausgabe des Verletzergewinns ist kein Anspruch auf Ersatz des konkret entstandenen Schadens, sondern zielt in anderer Weise auf einen billigen Ausgleich des Vermögensnachteils, den der verletzte Rechtsinhaber erlitten hat. Da der Inhaber eines Immaterialgüterrechts den ihm entgangenen Gewinn häufig kaum darlegen und beweisen kann und es zugleich unbillig erscheint, dem Verletzer seinen Gewinn zu belassen, ist der Anspruch auf Herausgabe des Verletzergewinns seit langem gewohnheitsrechtlich anerkannt und im Urheberrecht bereits bisher gesetzlich normiert. Danach muss sich auch der fahrlässig handelnde Verletzer wie der Geschäftsführer bei der angemaßten Geschäftsführung nach § 687 Abs. 2 BGB behandeln lassen. Die Abschöpfung des Verletzergewinns hat zugleich Präventionscharakter (BGHZ 68, 90, 94 – Kunststoffhohlprofil; BGHZ 57, 116, 118 – Wandsteckdose II). Die Umsetzung der Enforcement-Richtlinie will auch an dieser Berechnungsmethode und an der hierzu ergangenen Rechtsprechung nichts ändern (BT-Drucks. 16/5048, 37 zum entsprechenden § 139 Abs. 2 PatG), und tut dies auch nicht. Die Umsetzung stellt lediglich klar, dass es sich nicht um einen eigenständigen Gewinnabschöpfungsanspruch handelt, sondern um eine Methode zur Schadensberechnung (BT-Drucks. 16/5048, 61). Während § 97 Abs. 1 S. 2 a. F. vorsah, dass der Verletzte „an Stelle des Schadensersatzes" die Herausgabe des Verletzergewinns verlangen kann, macht § 97 Abs. 2 S. 2 deutlich, dass es sich hierbei um eine Variation bei der Ermittlung des gleichen einheitlichen Schadens handelt. **66**

bb) Umfang. Unabhängig davon, ob ihn auch der Verletzte hätte erzielen können, hat der Verletzer den **Gewinn** herauszugeben, der kausal auf der Rechtsverletzung beruht (BGH GRUR 1959, 379, 380 – Gasparone; BGH GRUR 2001, 329, 331 – Gemeinkostenanteil; OLG Köln GRUR-RR 2005, 247, 249 – Loseblattwerk; BGH GRUR 2009, 856 Rn. 73 ff. – Tripp-Trapp-Stuhl; Schricker/Loewenheim/*Wild* § 97 Rn. 168). Der Verletzte trägt für diese Kausalität die Darlegungs- und Beweislast (BGH GRUR 2009, 856 Rn. 45 – Tripp-Trapp-Stuhl). Mitbestimmende Faktoren schließen den Kausalzusammenhang nicht aus. Der herauszugebende Gewinn kann sich auf den Bruchteil beschränken, welcher der Bedeutung des verletzten Rechts entspricht, bspw. dann, wenn dem Verletzten lediglich ein Restbestand des Rechts verblieben war (BGH GRUR 1987, 37, 39 – Videolizenzvertrag: Zustimmungsvorbehalt zur Weiterübertragung), oder wenn es um Werbeeinnahmen geht, die der Verletzer dadurch erzielt, dass er Werbung im Umfeld der unerlaubten Sendung eines Videofilms platziert (BGH GRUR 2010, 1090 Rn. 20 ff. – Werbung eines Nachrichtensenders). Der Verletzer kann sich nicht darauf berufen, dass er statt des rechtswidrig genutzten Werks ebenso andere hätte nutzen können (BGH GRUR 2010, 1090 Rn. 26 – Werbung eines Nachrichtensenders). Der BGH hat zwischenzeitlich ausdrücklich offen gelassen hat, ob der **Verschuldensgrad** für die Haftung auf Herausgabe **67**

des Verletzergewinns Bedeutung erlangen kann (BGH GRUR 2009, 856 Rn. 54 – Tripp-Trapp-Stuhl), wobei es konkret um eine Herabsetzung wegen geringen Verschuldens ging.

68 Der Rechtsinhaber kann lediglich den **Reinerlös des Verletzers** verlangen; der Verletzer kann also seine **Selbstkosten** in Abzug bringen. Wurde dieser Abzug früher uneingeschränkt zugelassen (BGH GRUR 1962, 509, 511 – Dia-Rähmchen II; OLG Köln GRUR 1983, 752, 753; *Preu* GRUR 1979, 753, 757 jeweils m. w. N.), hat der BGH zwischenzeitlich ausdrücklich differenziert und Fixkosten im Falle einer Geschmacksmusterverletzung für grds. nicht abzugsfähig erklärt (BGH GRUR 2001, 329 – **Gemeinkostenanteil** – im Anschluss an *Lehmann* BB 1988, 1680). Danach dürfen Gemeinkosten nur dann abgesetzt werden, wenn und soweit sie ausnahmsweise den schutzrechtsverletzenden Gegenständen unmittelbar zugerechnet werden können; die Darlegungs- und Beweislast trägt insoweit der Verletzer (BGH GRUR 2001, 329 – Gemeinkostenanteil; zur Unterscheidung zwischen Teil- und Vollkostenrechnung näher *Lehmann* BB 1988, 1680, 1684 ff.). Selbstkosten des Verletzers wie Mieten, zeitabhängige Abschreibungen für Anlagevermögen, besondere eigene Vertriebsleistungen etc. mindern den herauszugebenden Verletzergewinn danach grds. nicht. Die Kehrtwende der Rechtsprechung zum Verletzergewinn gilt aufgrund ihrer grundsätzlichen Herleitung über das Geschmacksmusterrecht hinaus für die Schadensberechnung bei Verletzung von Immaterialgüterrechten insgesamt. Der BGH hat sie mittlerweile sogar auf Fälle des wettbewerbsrechtlichen Leistungsschutzes ausgeweitet (BGH GRUR 2007, 431 – Steckverbindergehäuse). Die Grundsätze der Gemeinkostenanteil-Entscheidung des BGH sind in jedem Fall auch auf das Urheberrecht anzuwenden, zumal es in § 97 Abs. 2 S. 2 (§ 97 Abs. 1 S. 2 a. F.) – ebenso wie das Geschmacksmusterrecht (künftig: Designrecht) in § 14a Abs. 1 S. 2 GeschmMG a. F. (jetzt in § 42 Abs. 2 S. 2 GeschmMG, künftig DesignG) – die Herausgabe des Verletzergewinns ausdrücklich regelt (so auch OLG Köln GRUR-RR 2005, 247, 248 – Loseblattwerk – auch zur Abgrenzung zwischen Gemeinkosten und variablen Kosten; OLG Düsseldorf NJW 2004, 609 – Gewinnherausgabeanspruch; die Ersteckung auf das Urheberrecht durch die beiden OLG-Entscheidungen offenbar billigend BGH GRUR 2007, 431, 433 Rn. 25 – Steckverbindergehäuse; BGH GRUR 2010, 1090 Rn. 17 – Werbung eines Nachrichtensenders). Die Begründung des Gesetzentwurfs zur Umsetzung der Enforcement-Richtlinie hat die Gemeinkostenanteil-Entscheidung des BGH zustimmend zur Kenntnis genommen und will auch die weitere Entwicklung der Berechnungsmethode des Verletzergewinns ausdrücklich der Rechtsprechung überlassen (BT-Drucks. 16/5048, 37 zum entsprechenden § 139 Abs. 2 PatG). Der Anspruch des Urhebers und gleichgestellter Schutzrechtsinhaber auf Herausgabe des Verletzergewinns wird durch die Rechtsprechungswende erheblich aufgewertet (zu weiteren Konsequenzen instruktiv *Tilmann* GRUR 2003, 647 und *Rojahn* GRUR 2005, 623). Aufgrund der nunmehr stark eingeschränkten Abzugsmöglichkeit hat die früher umstrittene Frage nach der Herausgabe einer Verlustersparnis an praktischer Bedeutung verloren (so auch Schricker/Loewenheim/*Wild* § 97 Rn. 169). Ersatzzahlungen, die der Verletzer an seine Abnehmer leistet, weil diese am Weitervertrieb gehindert sind, sind nicht abzuziehen (BGH GRUR 2002, 532, 535 – Unikatrahmen; BGH GRUR 2009, 856 Rn. 74 – Tripp-Trapp-Stuhl). Abzugsfähig sind jedoch die Ersatzzahlungen, die der Lieferant seinen Abnehmern wegen deren Inanspruchnahme durch den Verletzten erbringt (BGH GRUR 2009, 856 Rn. 73 ff. – Tripp-Trapp-Stuhl). Zur Haftung in der **Verletzerkette** s. auch Rn. 21.

69 f) **Lizenzanalogie. aa) Herleitung.** Als dritte Variante der Schadensberechnung ist die Forderung einer angemessenen Lizenzgebühr seit langem gewohnheitsrechtlich anerkannt (RG GRUR 1934, 627; BGHZ 20, 345, 353 jeweils m. w. N.). Die Rechtsprechung beruht auf der Erwägung, dass derjenige, der ausschließliche Rechte anderer verletzt, nicht besser dastehen soll, als er im Falle einer ordnungsgemäß erteilten Erlaubnis durch den Rechtsinhaber gestanden hätte (BGH GRUR 1987, 37, 39 – Videolizenzvertrag; BGH

GRUR 1990, 1008, 1009 – Lizenzanalogie). Dies läuft auf die Fiktion eines Lizenzvertrages hinaus (BGH GRUR 1975, 323, 324 – Geflügelte Melodien; BGH GRUR 1990, 1008, 1009 – Lizenzanalogie). Die Schadensberechnung auf der Grundlage einer angemessenen Lizenzgebühr ist überall dort zulässig, wo die Überlassung von Ausschließlichkeitsrechten zur Benutzung durch Dritte gegen Entgelt rechtlich möglich und verkehrsüblich ist (BGHZ 44, 372, 374 – Messmer-Tee II; BGHZ 60, 206, 211 – Miss Petite; BGH GRUR 1990, 1008, 1009 – Lizenzanalogie; ausweitend BGH GRUR 2007, 139, 140 f. Rn. 12 – Rücktritt des Finanzministerns). Im Rahmen der Umsetzung der Enforcement-Richtlinie wurde in das Gesetz eine ausdrückliche Regelung zur Lizenzanalogie aufgenommen. § 97 Abs. 2 S. 3 bestimmt, dass der Schadensersatzanspruch auch auf der Grundlage des Betrages berechnet werden kann, den der Verletzer als angemessene Vergütung hätte entrichten müssen, wenn er die Erlaubnis zur Nutzung des verletzten Rechts eingeholt hätte. Wie schon beim Verletzergewinn überlässt die Gesetzesbegründung auch die weitere Entwicklung der Berechnungsmethode der Lizenzanalogie ausdrücklich der Rechtsprechung (BT-Drucks. 16/5048, 37 zum entsprechenden § 139 Abs. 2 PatG). Bevor auf die Fingerzeige der Gesetzesbegründung zur Höhe der angemessenen Lizenzgebühr eingegangen wird, soll zunächst die bestehende Rechtsprechung skizziert werden.

bb) Objektivierter Maßstab. Aufgrund der Fiktion eines Lizenzvertrages sind dem Verletzer zahlreiche Einwendungen genommen, während der Verletzte von vielen Nachweisproblemen befreit ist. Daher erfolgt der Schadenausgleich in der Praxis sehr häufig über diese Berechnungsmethode. 70

(1) Fiktion eines Lizenzvertrages. Unerheblich ist, ob der Verletzte in der Lage gewesen wäre, eine entsprechende Lizenz zu erteilen. So kann der Verletzer insb. nicht einwenden, der Verletzte habe bereits ausschließliche Rechte an Dritte vergeben (BGHZ 44, 372, 378 ff. – Messmer-Tee II). Unerheblich ist auch, ob der Verletzer subjektiv bereit gewesen wäre, einen Lizenzvertrag abzuschließen. Der Verletzer muss sich daran festhalten lassen, dass er in fremde Rechte eingegriffen hat (BGH GRUR 1962, 509, 513). Den Besonderheiten des jeweiligen Marktes ist dabei Rechnung zu tragen (OLG Düsseldorf GRUR-RR 2005, 213, 214 – OEM-Versionen). Die frühere Rechtsprechung, dass die Berechnung des Schadens nach der Lizenzanalogie jedoch ausnahmsweise dann nicht möglich sei, wenn eine Benutzung auf dem Lizenzwege schlechterdings ausscheide, etwa bei schwerwiegenden Beeinträchtigungen des Persönlichkeitsrechts (BGHZ 26, 349, 353 – Herrenreiter; BGHZ 30, 7, 17 – Caterina Valente), hat der BGH ausdrücklich aufgegeben: Wer das Bildnis eines Dritten unberechtigt für kommerzielle Zwecke ausnutze, zeige damit, dass er ihm einen wirtschaftlichen Wert beimesse (BGH GRUR 2007, 139, 140 f. Rn. 12 – Rücktritt des Finanzministers). 71

(2) Erleichterungen gegenüber der Herausgabe des Verletzergewinns. Aufgrund des objektivierten Maßstabes kommt es nicht darauf an, ob der Verletzer aufgrund der Rechtsverletzung tatsächlich einen Gewinn erzielt hat. Anders als bei der Berechnung des Verletzergewinns kann sich der Verletzer bei Nutzungen, für die üblicherweise pauschale Lizenzgebühren vereinbart werden, ferner nicht darauf berufen, dass sich nach Abschluss des fiktiven Lizenzvertrages (d. h. in der Regel ab Nutzungsbeginn) das Vertragsrisiko zum Nachteil des Verletzers entwickelt und dieser etwa die Nutzung abbricht. Denn auch der rechtmäßige Lizenznehmer hat eine pauschale Lizenzgebühr ungeachtet des Umfangs und wirtschaftlichen Erfolgs der Verwertung zu zahlen (BGH GRUR 1990, 1008, 1009 – Lizenzanalogie: Verurteilung zu der für eine zehnjährige weltweite Nutzung üblichen Pauschalzahlung trotz nur zweimaliger rechtswidriger Benutzung einer Filmmusik). Das BVerfG leitet diese Risikoverteilung zum Nachteil des Verletzers sogar unmittelbar aus Art. 14 Abs. 1 S. 1 GG ab (NJW 2003, 1655, 1656). Dies gilt insb. auch dann, wenn der Verletzer frühzeitig entdeckt und zur Unterlassung angehalten wird (BGH GRUR 1990, 72

353, 355 – Raubkopien: Berücksichtigung der bei Vergabe von Videorechten erfahrungsgemäß üblichen ungeteilten Lizenz für die Vervielfältigung und die Verbreitung, obwohl es zur Verbreitung der Videokassetten infolge Beschlagnahme nicht kommt; BGH GRUR 2006, 143 – Catwalk: Lizenzanalogie bereits für das Anbieten eines rechtsverletzenden Gegenstands; Möhring/Nicolini/*Lütje* § 97 Rn. 190). Der Verletzte ist ferner nicht daran gehindert, zugleich Schadensersatz- und Unterlassungsansprüche geltend zu machen; auch bei der Lizenzanalogie handelt es sich um Schadensersatz, der nicht etwa zum Abschluss eines Lizenzvertrages führt (BGH GRUR 2002, 248 – SPIEGEL-CD-ROM; teilweise a. A. OLG Hamburg ZUM 1999, 78, 83) oder ein grundsätzliches Einverständnis des Verletzten voraussetzt oder fingiert (BGH GRUR 2007, 139, 140 f. Rn. 12 – Rücktritt des Finanzministerns).

73   **(3) Erleichterungen gegenüber der konkreten Schadensberechnung.** Unerheblich ist, ob der Verletzte tatsächlich eine entsprechende Nutzungseinbuße erlitten hat; ein konkreter Schaden ist nicht erforderlich (BGHZ 77, 16, 19 ff., 25 – Tolbutamid; BGH GRUR 1987, 37, 39 – Videolizenzvertrag). Der Verletzer wird grds. auch nicht mit dem Einwand gehört, dass dem Verletzten für die fragliche Nutzungshandlung kein positives Benutzungsrecht zusteht, sondern lediglich ein negatives Verbietungsrecht (BGH GRUR 1987, 37, 39 – Videolizenzvertrag).

74   **cc) Berechnung der fiktiven Lizenz. (1) Allgemeines.** Als angemessen gilt die Lizenzgebühr, die „bei vertraglicher Einräumung ein vernünftiger Lizenzgeber gefordert und ein vernünftiger Lizenznehmer gewährt hätte, wenn beide die im Zeitpunkt der Entscheidung gegebene Sachlage gekannt hätten" (BGHZ 44, 372, 380 f. – Messmer-Tee II; BGH GRUR 1990, 1008, 1009 f. – Lizenzanalogie; zum maßgeblichen Zeitpunkt Möhring/Nicolini/*Lütje* § 97 Rn. 185 m. w. N.). Angemessen war bisher grds. die übliche Vergütung, deren Höhe von der künstlerischen und wirtschaftlichen Bedeutung des Werks und seiner Nutzung sowie vom Umfang der Nutzungsmöglichkeit abhing (BGH GRUR 1990, 1008, 1010 – Lizenzanalogie). Schon weil der Lizenzanalogie die Fiktion eines Lizenzvertrages zugrunde liegt (s. o. Rn. 69), entspricht die zu zahlende Lizenz nunmehr – **mindestens** (s. u. Rn. 82 f. und § 32 Rn. 37) – der **angemessenen Vergütung nach § 32**. Andernfalls wäre der Verletzer besser gestellt als der rechtmäßige Nutzer, der eine Lizenz einholt und hierfür eine angemessene Vergütung nach Maßgabe des § 32 gewähren muss. Werden die vom Verletzten geforderten Lizenzsätze für die eingeräumten Nutzungsrechte auf dem Markt gezahlt, können sie einer Schadensberechnung auch dann zu Grunde gelegt werden, wenn sie über dem Durchschnitt vergleichbarer Vergütungen liegen (BGH GRUR 2009, 660 Rn. 32 – Resellervertrag; *Dreier*/Schulze, 3. Aufl., § 97 Rn. 64). Die zu zahlende Lizenz ist vom Gericht gem. **§ 287 ZPO** unter Berücksichtigung aller Umstände in freier Beweiswürdigung zu bemessen (BGH GRUR 1962, 509, 513 – Dia-Rähmchen II). § 287 ZPO rechtfertigt es aber nicht, in einer für die Streitentscheidung zentralen Frage auf nach Sachlage unerlässliche Erkenntnisse zu verzichten (BGH GRUR 2009, 660 Rn. 16 – Resellervertrag). So hat das Gericht bei fehlender Sachkunde zur Tatfrage, ob ein Tarif zur fraglichen Nutzungsart besteht, ein angebotenes Sachverständigengutachten einzuholen (BVerfG NJW 2003, 1655). Die entgangene Lizenzgebühr umfasst als Schadenersatz grds. nicht die **Umsatzsteuer** (BGH GRUR 2009, 660 Rn. 28 – Resellervertrag), ist aber für die Zeit zwischen Rechtsverletzung und Vergütungszahlung **zu verzinsen** (BGHZ 82, 289, 309 f. – Kunststoffhohlprofil II; BGH GRUR 2010, 239 Rn. 55 – BTK). Für die Höhe der zu zahlenden Lizenzgebühr ist es irrelevant, inwieweit der Verletzer seinen Vertragspartnern wegen deren Inanspruchnahme durch den Verletzten Schadensersatz leistet (BGH GRUR 2009, 660 Rn. 39 – Resellervertrag). Die Berücksichtigung der **Umsatzrendite** stellt keinen Verstoß gegen das Verbot dar, die Lizenzanalogie mit dem Verletzergewinn zu verquicken (BGH GRUR 2010, 239 Rn. 50 – BTK). Sind **mehrere Nutzungsrechte** verletzt, so ist für jedes die angemessene Lizenzgebühr festzu-

stellen. Entsprechendes gilt für die **mehrfache Verletzung** eines Nutzungsrechts; so kann es ggf. zu einer – auch bei Lizenzverträgen nicht unüblichen – Kombination einer Pauschallizenz (Einstandszahlung etwa für die Werbung) und einer nach der Zahl der verkauften Exemplare berechneten Stücklizenz kommen (BGH GRUR 2006, 143 – Catwalk/Lizenzanalogie [bereits] bei Abbildung von Plagiaten in Katalog).

(2) **Bestehende Tarife.** In vielen Bereichen existieren bereits **Tarifwerke der Verwertungsgesellschaften** und Verbände (hierzu näher Fromm/Nordemann/*Nordemann* § 97 Rn. 94f.). Sie können bei der Bestimmung der angemessenen Lizenzgebühr als Richtlinien herangezogen werden (BGH GRUR 1966, 570, 572ff. – Eisrevue III), sind aber nicht bindend (LG München I GRUR 2005, 574, 576 – O Fortuna). Die Angemessenheit der Tarife unterliegt vielmehr der vollen gerichtlichen Nachprüfung (LG München I GRUR 2005, 574, 576 – O Fortuna; BGH GRUR 1974, 35, 37ff. – Musikautomat; BGH GRUR 1983, 565, 566 – Tarifüberprüfung II; BGHZ 97, 37, 41 – Filmmusik), es sei denn, die Verwertungsgesellschaft und der Verwerter hatten sich bereits vertraglich geeinigt (BGH GRUR 1984, 52 – Tarifüberprüfung I). Zu prüfen ist insb. die sog. **Verkehrsgeltung** der Tarifwerke. Während bei den Tarifwerken der großen Verwertungsgesellschaften wie GEMA, GVL, VG Wort und VG Bild-Kunst davon auszugehen ist, dass die jeweiligen Tarife die üblicherweise vereinbarten sind, steht die Verkehrsgeltung der von kleineren Verwertungsgesellschaften aufgestellten Tarife nicht ohne weiteres fest. Auch die Zustimmung von Verwertern mit hälftigem Marktanteil soll noch keine Verkehrsgeltung begründen (BGHZ 97, 37, 42 – Filmmusik). Gilt kein Tarif, so kann auf diejenige Vergütung zurückgegriffen werden, die nach Merkmalen am nächsten liegt (BGH GRUR 1976, 35, 36 – Bar-Filmmusik; BGH GRUR 1983, 565, 567 – Tarifüberprüfung II; OLG München GRUR 1983, 578, 581 – Musiknutzung bei Video-Kassetten). Aufgrund der Vorschriften zu den sog. gemeinsamen Vergütungsregeln ist zu erwarten, dass das Ausmaß der kollektiven Selbstregulierung und die Dichte der Vergütungsregeln jeweils weiter zunehmen werden (§§ 36, 36a).

(3) **Einzelfragen.** (a) **Nutzungsweise. Teilübernahmen:** BGH GRUR 1975, 323, 325 – Geflügelte Melodien: Teilabdruck; Fromm/Nordemann/*Nordemann* § 97 Rn. 104: regelmäßig der Lizenzanteil, der dem Verhältnis des Umfangs des genutzten Werkteils zum Umfang des Gesamtwerks entspricht; BGH GRUR 1966, 570, 572 – Eisrevue III: zur Berechnung bei einer Verwertung von Teilen geschützter Musik innerhalb einer größeren Darbietung; **Entstellung:** Bei einem Plagiat an einem Drehbuch mit wesentlichen Veränderungen erscheint ein 100%iger Zuschlag zum üblichen Drehbuchhonorar angemessen (OLG Frankfurt GRUR 1989, 203, 205 – Wüstenflug). **Unterlassener Urhebervermerk:** Im Anschluss an die Tarife in der Berufsfotografie werden überwiegend 100%ige Zuschläge zum üblichen Honorar zuerkannt (OLG Düsseldorf GRUR-RR 2006, 393 – Informationsbroschüre; OLG Hamburg ZUM 1998, 324, 325f.; OLG München GRUR 1969, 146 – Plakatentwurf eines Gebrauchsgrafikers; LG Berlin ZUM 1998, 673, 674; Fromm/Nordemann/*Nordemann* § 97 Rn. 101; Möhring/Nicolini/*Lütje* § 97 Rn. 205, 226).

(b) **Nutzungsgegenstände. Musik:** BGH GRUR 1966, 570, 573ff. – Eisrevue III: unerlaubte Kurzdarstellung einer Operette im Rahmen einer im Vordergrund stehenden eislaufkünstlerischen Darbietung. BGH GRUR 1990, 1008 – Lizenzanalogie: Verwendung von Musik in einem Spielfilm. Zu den Erfahrungsregeln des Deutschen Musikverlegerverbandes (DMV) Fromm/Nordemann/*Nordemann* § 97 Rn. 111; LG München I GRUR 2005, 574, 576 – O Fortuna; vgl. auch BGH GRUR 2006, 136 Rn. 30 – Pressefotos. Zur **Materialmietgebühr** Schricker/Loewenheim/*Wild* § 97 Rn. 164; **Fotografen/Bildbereich:** Honorarübersichten der Mittelstandsgemeinschaft Foto-Marketing (MFM-Empfehlungen). Es ist umstritten, ob diese Empfehlungen branchenübliche Vergütungssätze enthalten (eher bejahend OLG Brandenburg, GRUR-RR 2009, 413 Rn. 29 – MFM-Bildhonorartabelle; LG Mannheim, NJOZ 2007, 4365 – Karlssteg mit Münster; eher verneinend LG Stuttgart, BeckRS 2009, 07589: „im Lager der Urheber stehende MFM"). Wenn der Verletzer substantiiert und unter Beweisantritt vorträgt, dass unter den besonderen Umständen des konkreten Falles andere Honorarsätze marktüblich seien, muss das Gericht dem nachgehen (BGH GRUR 2006, 136 Rn. 30 – Pressefotos). Das OLG Düsseldorf (NJW-RR 1999, 194) ging aufgrund eines Sachverständigengutachtens davon aus, dass die MFM-Empfehlungen auf langjähriger und breitgefächerter Beobachtung der Marktgegebenheiten bei der Verwertung von Fotografien beruhten und das widerspiegelten, was der Verkehrssitte zwischen Bildagenturen und freien Fotografen auf der einen Seite und Verwertern auf der anderen Seite entspreche. Um eine tragfähige Schätzgrundlage zu bilden, müssen die MFM-Empfehlungen jedoch für die streitgegenständliche Nutzung einschlägige Regelungen enthalten (BGH GRUR 2006, 136 Rn. 30 – Pressefotos; BGH GRUR 2010, 623 Rn. 37 – Restwertbörse). **Verlagsbereich:** *Schricker* § 22 VerlG Rn. 7. **Zeitungen/Zeitschriften:** Zeilenhonorar ist i. d. R. tarifmäßig festgelegt (*Schricker* § 22 VerlG Rn. 14). **Liedtextabdruck:** BGH GRUR 1987, 36 – Liedtextwiedergabe II: 2/10 Pfennig pro Auflagenexemplar (Fromm/Nordemann/*Nordemann* § 97 Rn. 111). **Architekten:** HOAI unter Berücksichtigung ersparter Aufwendungen (BGHZ 61, 88 – Wählamt; BGH NJW 1996, 1282 ff.; BGH NJW 1996, 1751 f.). **Design:** OLG Hamm GRUR-RR 2003, 124 (angemessene Vergütung gemäß Tarifvertrag für Designleistungen).

78 **dd) Verletzerzuschlag? (1) Geltende Rechtslage.** Die Schadensermittlung im Wege der Lizenzanalogie soll den Verletzer nicht besser, aber auch nicht schlechter stellen als den rechtmäßigen Nutzer, der eine Lizenz eingeholt hat (BGH GRUR 1962, 509, 513 – Dia-Rähmchen II). Daher lehnt es die Rechtsprechung grds. ab, dem Verletzten einen pauschalen Zuschlag auf die angemessene Lizenzanalogie zu geben (BGHZ 59, 286, 291 f. – Doppelte Tarifgebühr; BGHZ 97, 37, 49 ff. – Filmmusik; BGH GRUR 1988, 296, 299 – GEMA-Vermutung IV; BGH GRUR 1990, 353, 355 – Raubkopien). Ausnahmsweise billigt der BGH jedoch der GEMA einen 100%-Aufschlag zu, da sie einen aufwändigen und kostspieligen Überwachungsapparat unterhalten müsse (BGHZ 17, 376, 383 – Betriebsferien; BGH 59, 286 – Doppelte Tarifgebühr). Hieran wird sich durch die Umsetzung der Enforcement-Richtlinie nichts ändern (vgl. BT-Drucks. 16/5048, 48). Die GEMA-Rechtsprechung ist beschränkt auf die Verletzung von unkörperlichen Wiedergaberechten (BGHZ 59, 286, 289 – Doppelte Tarifgebühr; krit. hierzu weiterhin Fromm/Nordemann/ *Nordemann* § 97 Rn. 100a. E. und Möhring/Nicolini/*Lütje* § 97 Rn. 220).

79 **(2) Kritik in der Literatur.** In der Literatur wird die Versagung eines allgemeinen Verletzerzuschlags unter Hinweis darauf kritisiert, dass der Rechtsverletzer im Falle seiner Inanspruchnahme die angemessene Lizenzgebühr nachzahle und im Ergebnis sanktionslos bleibe (*Aßmann* BB 1985, 15, 18 ff.: „Selbstbedienungsverfahren"; zu weiterführenden Vorschlägen in der Literatur *Wandtke* GRUR 2000, 942, 946: doppelte Lizenzgebühr am Markt orientiert, *Bodewig/Wandtke* GRUR 2008, 220). Die Zurückhaltung der Rechtsprechung steht allerdings im Einklang damit, dass das Schadensersatzrecht Ausgleichs-, grds. aber **keine** strafrechtliche **Sanktionsfunktion** hat (Möhring/Nicolini/*Lütje* § 97 Rn. 223, 153). Eine Bestrafung des Verletzers, wie sie das US-amerikanische Recht in Gestalt der „punitive damages" kennt, ist dem deutschen Zivilrecht vom Grundsatz her fremd (BGH GRUR 2005, 179, 180 – Tochter von Caroline von Hannover). Die Anerkennung des Präventionsgedankens beschränkt sich im Schadensersatzrecht bisher im Wesentlichen auf schwerwiegende Persönlichkeitsrechtsverletzungen (BGHZ 128, 1, 12 f. – Caroline von Monaco; s. aber unten Rn. 82 f.). Die Rechtsprechung zum **Verletzergewinn**, welche die Abzugsmöglichkeiten des Verletzers stark einschränkt, verbessert allerdings die Stellung der Berechtigten erheblich (s. o. Rn. 68).

80 **(3) Keine Auswirkungen der Multimedia-Richtlinie.** Eine Aufwertung des Sanktionscharakters zivilrechtlicher Schadensersatzansprüche ergibt sich auch nicht aus der Mul-

timedia-Richtlinie (s. Vor §§ 31 ff. Rn. 2). Zwar verlangt Art. 8 Abs. 1 S. 1 der Richtlinie bei Verletzungen der in ihr festgelegten Rechte und Pflichten „angemessene Sanktionen und Rechtsbehelfe", wobei die „betreffenden Sanktionen" wirksam, verhältnismäßig und „abschreckend" sein müssten (Art. 8 Abs. 1 S. 2). Nach Art. 8 Abs. 2 haben die Mitgliedstaaten ferner sicherzustellen, dass der Rechtsinhaber Klage auf Schadenersatz erheben „und/oder" eine gerichtliche Anordnung sowie gegebenenfalls die Beschlagnahme von rechtswidrigem Material beantragen kann. Hieraus wird man jedoch nicht den Schluss ziehen können, dass das nationale Schadensersatzrecht eine abschreckende Wirkung entfalten muss, die über die Kompensation des entstandenen Schadens hinausgeht. Art. 8 unterscheidet nämlich ausdrücklich zwischen Sanktionen einerseits und Rechtsbehelfen andererseits. Rechtsbehelfe, zu denen die Schadensersatzklage gehört, sind also nicht mit Sanktionen gleichzusetzen. Außerdem ist die Schadensersatzklage nach Art. 8 Abs. 2 der Harmonisierungs-Richtlinie nicht einmal obligatorisch.

(4) Auswirkungen der Enforcement-Richtlinie. (a) Weiterhin kein Strafschadensersatz. Eine Aufwertung des Sanktionscharakters zivilrechtlicher Schadensersatzansprüche ergibt sich auch nicht aus Art. 3 Abs. 2 der Enforcement-Richtlinie (s. o. Rn. 3; Vor §§ 31 ff. Rn. 2), wonach Rechtsbehelfe „wirksam, verhältnismäßig und abschreckend" sein müssen. Dieser – ohnehin unbestimmte – Hinweis auf einen Abschreckungszweck wird durch den Erwägungsgrund 26 konkret relativiert. Im letzten Satz dieses Erwägungsgrundes wird unter Abweichung vom Vorschlag der Kommission (KOM (2003) 0046), die ausdrücklich Elemente der Abschreckung einführen wollte und insb. einen Schadensersatz in doppelter Höhe der fiktiven Lizenz vorsah, klargestellt, dass bei der Regelung der Schadensersatzhöhe „nicht die Einführung einer Verpflichtung zu einem als Strafe angelegten Schadensersatz [bezweckt wird], sondern eine Ausgleichsentschädigung für den Rechtsinhaber auf objektiver Grundlage unter Berücksichtigung der ihm entstandenen Kosten, z.B. im Zusammenhang mit der Feststellung der Rechtsverletzung und ihrer Verursacher". Diese Argumentation fand ihre Entsprechung bei der nationalen Umsetzung der Enforcement-Richtlinie. Die Begründung des Gesetzentwurfs der Bundesregierung verneinte eine Vervielfachung der Lizenzgebühr, wenn und soweit dies auf einen Strafschadensersatz hinausliefe (BT-Drucks. 16/5048, 37). Der Bundesrat schlug daraufhin eine widerlegbare Gewinnvermutung in Höhe der doppelten Lizenzgebühr vor (BT-Drucks. 16/5048, 53 f.). Dies lehnte die Bundesregierung in ihrer Gegenäußerung ab (BT-Drucks. 16/5048, 61 f.). Sie verwies insb. darauf, dass im Rahmen eines zivilrechtlichen Schadensersatzanspruchs die Berechnungsmethode der Lizenzanalogie unterstelle, dass die vom Verletzer aufgrund der unberechtigten Nutzung ersparte Lizenzgebühr etwa dem bei dem Rechtsinhaber eingetretenen Schaden entspreche. Dann sei aber die Bemessung des Schadensersatzes in Höhe der doppelten Lizenzgebühr nicht zu rechtfertigen; für eine solche Vermutung gebe es zudem keine empirische Grundlage (BT-Drucks. 16/5048, 62).

(b) Erhöhungsfaktoren. Gleichwohl ist festzuhalten, dass Art. 13 Abs. 1 S. 2 Buchst. b) zwingend anordnet, dass in dieser Alternative der Schadensersatz als „Pauschalbetrag" festzusetzen ist, und zwar „auf der Grundlage von Faktoren wie mindestens dem Betrag der Vergütung oder Gebühr, die der Verletzer hätte entrichten müssen, wenn er die Erlaubnis zur Nutzung des betreffenden Rechts des geistigen Eigentums eingeholt hätte". Der Schadensersatz beträgt daher **mindestens** eine nach der Lizenzanalogie zu berechnende **Lizenzgebühr.** Dem hat sich auch der deutsche Gesetzgeber nicht verschlossen, auch wenn das Wort „mindestens" keinen Eingang in § 97 Abs. 2 S. 3 gefunden hat. Die Ablehnung der Bundesregierung gegenüber dem soeben (Rn. 81) genannten Vorschlag des Bundesrats bezieht sich nämlich lediglich auf eine generelle Vervielfachung der Lizenzgebühr. Bereits in der Begründung des Gesetzesentwurfs hatte die Bundesregierung deutlich gemacht, dass es im Rahmen der Berechnungsmethode der Lizenzanalogie „(i)m Einzelfall (...) zum sachgerechten Schadensausgleich notwendig sein (kann), den Scha-

densersatz höher als die Lizenzgebühr zu bemessen" (BT-Drucks. 16/5048, 48). Dies kann nur als Aufforderung an die Rechtsprechung verstanden werden, über den der Verwertungsgesellschaft musikalischer Rechte bereits bisher zugebilligten Kontrollzuschlag hinaus weitere geeignete Fallgruppen auszumachen, in denen die „angemessene Vergütung" im Einklang mit der Enforcement-Richtlinie lediglich die „Grundlage" der Berechnung des Schadensersatzes bildet und darüber hinaus Erhöhungsfaktoren berücksichtigt werden müssen. Die Bundesregierung hat in der Entwurfsbegründung auch zum entsprechenden § 139 Abs. 2 S. 3 PatG klargestellt, dass die Formulierung es erlaube, „im Einzelfall den Schadensersatz höher als die niedrigste Lizenzgebühr zu bemessen, sofern dies zum sachgerechten Schadensausgleich angemessen ist" (BT-Drucks. 16/5048, 37). Die „angemessene Vergütung" kann danach durchaus über der Vergütung liegen, die der Verletzte zum Beispiel im Rahmen seines Geschäfts- oder Vermarktungsmodells von Dritten verlangt (BT-Drucks. 16/5048, 37).

83 Die Gerichte haben bei der Bemessung des Schadensersatzes nach der Lizenzanalogie bzw. bei der Festsetzung des Pauschalbetrages nach Art. 13 Abs. 1 S. 2 Buchst. b) daher **weitere „Faktoren" zu berücksichtigen,** die zu einer die fiktive Lizenzgebühr übersteigenden Schadensersatzzahlung führen können. Als Faktoren für die Bestimmung des Pauschalbetrages scheiden angesichts des Verquickungsverbots (s. o. Rn. 59) die bereits in Art. 13 Abs. 1 S. 2 Buchst. a) berücksichtigten Verletzergewinne und Gewinneinbußen des Verletzten aus. Als Erhöhungsfaktoren kommen hingegen in Betracht: die **Kosten der Rechtsverfolgung** einschließlich der Kosten im Zusammenhang mit der Feststellung der Rechtsverletzung und ihrer Verursacher sowie ein **Diskreditierungs- und Marktverwirrungsschaden,** dessen Berücksichtigung die Rechtsprechung bereits bisher unmittelbar im Rahmen der Lizenzanalogie konstruiert hat (BGHZ 44, 372, 382 – Messmer-Tee II: fiktiver Schadensersatz wegen Verletzung des fiktiven Lizenzvertrages; BGHZ 119, 20, 26 f. – Tchibo/Rolex II; BGH GRUR 2006, 143, 146 – Catwalk: Berücksichtigung eines Diskreditierungsrisikos durch angemessene Erhöhung der normalerweise üblichen bzw. angemessenen Lizenz; BGH GRUR 2010, 239 Rn. 29 – BTK; *Kochendörfer* ZUM 2009, 389, 394). Die Umstände des Einzelfalls können es ferner rechtfertigen, die **Vorteile des Verletzers gegenüber der Stellung eines Lizenznehmers** lizenzerhöhend zu berücksichtigen (BGH NJW 1980, 2522, 2524 – Tolbutamid, 60% über durchschnittlicher Lizenzhöhe im Hinblick auf die Preisgestaltungsfreiheit des Patentverletzers; ebenfalls zum Patentrecht BGH NJW 1982, 1151, 1152, 1153 f. – Fersenabstützvorrichtung: Berücksichtigung des gegenüber einem Lizenznehmer geringeren Risikos des Verletzers, für nicht rechtsbeständige Schutzrechte Lizenz zahlen zu müssen). Lizenzerhöhend kommt danach insb. auch ein **verzugsunabhängiger „Zinsschaden"** in Betracht, weil der Verletzer nicht, wie häufig ein Lizenznehmer, vorab bzw. in kurzen zeitlichen Abständen zahlt, sondern erheblich später (BGH NJW 1982, 1154, 1156 – Kunststoffhohlprofil II; BGH NJW 1982, 1151, 1153 f. – Fersenabstützvorrichtung: Verletzer muss die üblicherweise als Ergänzung des vereinbarten Lizenzsatzes getroffene Fälligkeitsabrede gegen sich gelten lassen; BGH GRUR 2010, 239 Rn. 55 – BTK; *Kochendörfer* ZUM 2009, 389, 393). Angesichts der nicht unerheblichen Höhe der Verzugszinsen (§ 288 Abs. 1 S. 2, Abs. 2 BGB: 5 bzw. 8 Prozentpunkte über dem Basiszinssatz) und des Zeitraums zwischen fiktiv vereinbarter Fälligkeit und der schließlich erfolgenden Schadensersatzzahlung kann allein dieser Erhöhungsfaktor zu einer erheblichen Aufwertung der Lizenzanalogie führen. Ferner ist als Erhöhungsfaktor heranzuziehen, wenn der Verletzer nicht nur fahrlässig war, sondern mit **Vorsatz** handelte (jetzt im Ergebnis auch Schricker/Loewenheim/*Wild* § 97 Rn. 173; a. A. Fromm/Nordemann/*Nordemann* § 97 Rn. 98; *Kochendörfer* ZUM 2009, 389, 393). Erwägungsgrund 17 der Richtlinie verlangt, dass die Rechtsbehelfe so bestimmt werden sollten, dass „gegebenenfalls des vorsätzlichen oder nicht vorsätzlichen Charakters der Rechtsverletzung gebührend Rechnung getragen wird". Dadurch wird die vorsätzliche Rechtsverletzung auch gegenüber der lediglich fahrlässigen Rechtsverletzung herausgehoben. Dass der

"nicht vorsätzliche Charakter" der Rechtsverletzung auch die fahrlässige Begehung umfasst, wird dadurch bestätigt, dass die Richtlinie ansonsten zwischen Verschulden (Vorsatz und Fahrlässigkeit, Art. 13 Abs. 1 S. 1) und Nichtverschulden (Art. 13 Abs. 2, Erwägungsgrund 25) unterscheidet. Eine nach dem Grad des Verschuldens differenzierende Bestimmung des Schadensersatzes ist dem deutschen Zivilrecht zwar vom Grundsatz her fremd, wobei der BGH zwischenzeitlich ausdrücklich offen gelassen hat, ob der Verschuldensgrad für die Haftung auf Herausgabe des Verletzergewinns Bedeutung erlangen kann (BGH GRUR 2009, 856 Rn. 54 – Tripp-Trapp-Stuhl). Bei Verletzung des (Urheber-)Persönlichkeitsrechts ist die Höhe des Schadensersatzes bzw. der Entschädigung bereits jetzt von der Verletzungsintensität und damit auch vom Grad des Verletzerverschuldens abhängig (s. u. Rn. 86). Gerade weil in diesem Bereich – wie auch überhaupt im Recht des geistigen Eigentums – die Ermittlung des auszugleichenden Schadens so schwer fällt, kommt der **Genugtuungs- und Präventionsfunktion** des Schadensersatzes insoweit besonderes Gewicht zu, ohne dass damit die Grenze zum – unzulässigen – Strafschadensersatz überschritten würde. Dass gerade im Recht des geistigen Eigentums der Grad des Verletzerverschuldens die Höhe des Schadensersatzhöhe beeinflussen sollte, zeigten auch § 139 Abs. 2 S. 2 PatG a. F. oder § 24 Abs. 2 S. 2 GebrMG a. F., die den vom Verletzer geschuldeten Schadensersatz einschränkten, wenn diesem nur leichte Fahrlässigkeit zur Last fiel. Umgekehrt erscheint es aufgrund des Art. 13 Abs. 1 S. 2 Buchst. b) geboten, dass die Gerichte es in Zukunft nicht mehr bei der „mindestens" zuzusprechenden fiktiven Lizenzgebühr belassen, sondern dem vorsätzlichen Charakter einer Rechtsverletzung gebührend Rechnung tragen und ihn als Erhöhungsfaktor berücksichtigen. Als Anhaltspunkt könnten dabei die Schadensersatzansprüche in §§ 54f Abs. 3 und 54g Abs. 3 („doppelter Vergütungssatz") herangezogen werden, da das Gesetz hier eine Verdopplung gerade auch zu Präventions- und Sanktionszwecken angeordnet hat (Schricker/Loewenheim/*Loewenheim* § 54f Rn. 10).
– Die Schätzung des Schadens unter Berücksichtigung auch von Erhöhungsfaktoren ist Sache der Tatsachengerichte, denen dabei durch § 287 ZPO ein nicht unerheblicher Spielraum gewährt wird. Der Impuls muss von den Gerichten der unteren und mittleren Instanzen kommen, da der BGH die tatricherliche Schadensschätzung nur in engen Grenzen überprüfen kann. Die „Last der Weiterentwicklung" tragen ferner die Urheber und deren Berater, die bereits in der ersten Instanz entsprechend vortragen müssen. Eine zu große Zurückhaltung ist dem Ziel eines umfassenden – auch präventiven – Rechtsschutzes wenig dienlich (vgl. zum Wettbewerbs-rechtsschutz ähnlich bereits *Teplitzky* GRUR 1987, 215).

IX. Entschädigung für immaterielle Schäden (§ 97 Abs. 2 S. 4; § 97 Abs. 2 a. F.)

1. Einordnung

Während § 97 Abs. 2 S. 1–3 (§ 97 Abs. 1 a. F.) dem Verletzten einen Anspruch auf Ersatz des materiellen Schaden gibt, regelt Abs. 2 S. 4 (§ 97 Abs. 2 a. F.) den Ersatz immaterieller Schäden bei Beeinträchtigungen des Urheberpersönlichkeitsrechts. Die Begründung zum Gesetzentwurf der Bundesregierung stellt klar, dass der Anspruch auf Ersatz des immateriellen Schadens unverändert bestehen bleiben soll (BT-Drucks. 16/5048, 48). Es handelt sich dabei um eine Geldentschädigung wegen eines Schadens, der nicht Vermögensschaden ist, sondern durch die Verletzung rein ideeller Interessen entsteht. Die Rechtsprechung des BGH hatte bereits früh in Anlehnung an das **Schmerzensgeld** i. S. d. § 253 Abs. 2 BGB (§ 847 BGB a. F.) bei schweren und nachhaltigen Eingriffen in das von Art. 2 Abs. 1 i. V. m. Art. 1 GG geschützte **Persönlichkeitsrecht** eine Entschädigung in Geld zugebilligt, soweit Genugtuung des Verletzten durch Unterlassung, Widerruf, Gegendarstellung oder auf andere Weise nicht zu erreichen ist (BGHZ 26, 349, 355 – Herrenreiter; BGHZ 30, 7 – Caterina Valente; BGHZ 128, 1 – Caroline von Monaco). Für einen Ausschnitt und eine besondere Erscheinungsform des allgemeinen Persönlichkeitsrechts, nämlich für das Urheberpersönlichkeitsrecht (BGH GRUR 1971, 525, 526 – Petite Jacqueline), ist dieser Entschädigungsanspruch in Abs. 2 S. 4 (§ 97 Abs. 2 a. F.) ausdrücklich normiert.

2. Anspruchsvoraussetzungen

85 **a) Persönlicher Anwendungsbereich.** Anspruchsberechtigt sind der Urheber sowie der Verfasser wissenschaftlicher Ausgaben (§ 70), der Lichtbildner (§ 72) und der ausübende Künstler (§ 73), nicht aber der Lizenznehmer (OLG Hamburg UFITA 65 (1972) 284, 287). Letzterem fehlt das erhebliche persönliche Interesse und die starke innere Bindung an das Werk, so dass er nicht in eigenen urheberpersönlichkeitsrechtlichen Belangen getroffen werden kann. Der bereits entstandene Entschädigungsanspruch ist vererblich (Schricker/ *Wild* § 97 Rn. 91). Hingegen ist ein postmortaler Schutz des Urheberrechtspersönlichkeitsrechts – parallel zur Rechtslage beim allgemeinen Persönlichkeitsrecht (BGH GRUR 1974, 797, 800 – Fiete Schulze) – grds. abzulehnen (Fromm/Nordemann/*Nordemann* § 97 Rn. 44). Ausnahmsweise können jedoch vererbliche vermögenswerte Bestandteile des zivilrechtlichen allgemeinen Persönlichkeitsrechts anerkannt werden (OLG München GRUR-RR 2003, 767 – Blauer Engel; die Rechtsfortbildung billigend BVerfG GRUR 2006, 1049). Dies ändert jedoch – entgegen Schricker/Loewenheim/*Wild* § 97 Rn. 179 – nichts am Grundsatz (BGH GRUR 2006, 252 – Postmortaler Persönlichkeitsschutz, bestätigt durch BVerfG ZUM 2007, 380).

86 **b) Schwerwiegender Eingriff.** Ein Ausgleich immaterieller Schäden durch Geldentschädigung setzt voraus, dass es sich um eine schwerwiegende Verletzung des Urheberpersönlichkeitsrechts handelt (BGH GRUR 1971, 525, 526 – Petite Jacqueline) und die Beeinträchtigung nicht in anderer Weise befriedigend ausgeglichen werden kann (BGH GRUR 1970, 370, 372f. – Nachtigall; BGHZ 128, 1, 12f. – Caroline von Monaco). Ob eine schwerwiegende Verletzung des Persönlichkeitsrechts zu bejahen ist, hängt insb. von der Bedeutung und Tragweite des Eingriffs (OLG München NJW-RR 1998, 556, 557 – Musikaustausch in Fernsehserie), ferner von Anlass und Beweggrund des Handelnden sowie von dem Grad seines Verschuldens ab (BGH GRUR 1972, 97, 99 – Pariser Liebestropfen).

87 **c) Keine Auswirkungen der Enforcement-Richtlinie.** Nach Art. 13 Abs. 1 S. 2 Buchst. a) sind neben den negativen wirtschaftlichen Auswirkungen (d. h. dem Vermögensschaden) „in geeigneten Fällen auch andere als die rein wirtschaftlichen Faktoren, wie den immateriellen Schaden für den Rechtsinhaber" zu berücksichtigen. Die Beschränkung in § 97 Abs. 2 S. 4 (§ 97 Abs. 2 a. F.) auf Urheberpersönlichkeitsrechte dürfte richtlinienkonform sein. Zwar spricht die Richtlinie hier – wie auch in Art. 13 Abs. 1 S. 1 – allgemein vom „Rechtsinhaber". Zwingender Umsetzungsbedarf dürfte aber nicht bestehen, da die Richtlinie die Berücksichtigung des immateriellen Schadens nur in geeigneten Fällen verlangt (vgl. BT-Drucks. 16/5048, 33).

3. Höhe der Entschädigung

88 Geschuldet wird eine billige Entschädigung, die fühlbar sein muss (Möhring/Nicolini/ *Lütje* § 97 Rn. 249). Bei der Bemessung sind die Gerichte zumeist zurückhaltend. Erfolgt die Verletzung jedoch allein zur Gewinnerzielung, werden aus Gründen der Prävention zunehmend höhere Beträge zugesprochen (BGHZ 128, 1, 12f. – Caroline von Monaco).

4. Beispiele

89 **a) Keine Entschädigung gewährt.** Balletttänzer, die in einem für das Fernsehen aufgezeichneten und ausgestrahlten Bühnenstück nackt auftraten (OLG Hamburg Schulze

OLGZ 149); Architekt wegen Verwendung seiner Vorentwürfe (OLG Schulze OLGZ 172); Miterfinder, der in einem Buch seine Rolle bei der Erfindung nicht richtig dargestellt sah (OLG Frankfurt a. M. GRUR 1964, 561, 562 – Plexiglas); rechtmäßige Werkwiedergabe ohne Namensnennung (OLG Hamburg GRUR 1974, 165, 167 – Gartentor); Abdruck einer Fotografie in einer tendenziösen Zeitschrift (OLG München NJW-RR 1997, 493); Zuschüttung eines auf einem öffentlichen Platz aufgestellten Kunstwerks aus Gründen der öffentlichen Sicherheit und Ordnung (OLG Celle ZUM 1994, 437, 438 – durch und durch …); irreführende Titelverwendung (BGH GRUR 1960, 346, 347 – Naher Osten; hierzu Schricker/Loewenheim/*Wild* § 97 Rn. 184).

b) Entschädigung gewährt. Verstümmelte Verwertung eines Lichtbildwerkes auf Buchumschlag (BGH GRUR 1971, 525, 526 – Petite Jaqueline; OLG Frankfurt a. M. GRUR 1989, 203, 205 – Wüstenflug); Verletzung des Erstveröffentlichungsrechts in einem bestimmten Teilbereich (LG Berlin GRUR 1983, 761 – Portraitbild; OLG München NJW 1996, 135 – Herren-Magazin); fehlerhafte Urhebernennung eines Fotografen (LG Kiel ZUM 2005, 81, 85: im konkreten Fall allerdings verneint; *Spiecker* GRUR 2006, 118; teilweise wird auch materieller Schadenersatz zugesprochen: OLG Düsseldorf GRUR-RR 2006, 393 – Informationsbroschüre; Fromm/Nordemann/*Nordemann* § 97 Rn. 101; Schricker/Loewenheim/*Wild* § 97 Rn. 183). 90

X. Ansprüche aus anderen gesetzlichen Vorschriften (§ 102a; § 97 Abs. 3 a. F.)

1. Ungerechtfertigte Bereicherung

a) Praktische Bedeutung. Die besondere Bedeutung des Bereicherungsanspruchs aus §§ 812 ff. BGB besteht darin, dass er gegenüber dem Schadensersatzanspruch **kein Verschulden** voraussetzt. Den früher bestehenden weiteren Vorteil einer wesentlich längeren Verjährungsfrist hat die im Rahmen der Schuldrechtsmodernisierung erfolgte Neuregelung des Verjährungsrechts relativiert (§§ 195, 197, 199, 852 BGB; Art. 229 § 6 EGBGB). 91

b) Eingriffskondiktion. Der Bereicherungsanspruch richtet sich auf den grundlosen Vermögenszuwachs beim Verletzer. Die frühere Rechtsprechung (BGHZ 20, 345, 355 – Paul Dahlke) sah die Bereicherung darin, dass der Verletzer die Vergütung erspart, die er hätte entrichten müssen, wenn er den Urheber bzw. Leistungsschutzberechtigten um Zustimmung gebeten hätte (Ersparnisbereicherung). Seit BGHZ 82, 299 – Kunststoffhohlprofil II – ist die dogmatische Begründung eine andere: Das „**Erlangte**" i. S. d. **§ 812 BGB** ist nicht die Lizenzersparnis, sondern der **Gebrauch des immateriellen Schutzgegenstandes**. Hierdurch greift der Verletzer in die ausschließliche Benutzungsbefugnis des Rechtsinhabers ein. Da diese Nutzung seiner Natur nach nicht herausgegeben werden kann, ist ihr Wert zu ersetzen (§ 818 Abs. 2 BGB). Zur Vorbereitung eines auf die Herausgabe des Erlangten gerichteten Bereicherungsanspruchs kann der Verletzte vom Verletzer – wie beim Schadenersatzanspruch – Auskunft verlangen (BGH GRUR 1995, 673, 676 – Mauerbilder). 92

c) Objektivierter Maßstab. Die Bereicherungshaftung entspricht im Ergebnis der Schadensersatzhaftung, wenn der Verletzte die Berechnungsmethode der **Lizenzanalogie** wählt. Der Verletzer kann dem Bereicherungsanspruch in der Gestalt der Eingriffskondiktion nicht entgegenhalten, dass er bei Kenntnis der Rechtslage das Recht nicht benutzt hätte oder dass der verletzte Rechtsinhaber sein Werk nicht gegen Entgelt verwertet hätte oder nicht hätte verwerten können (Schricker/Loewenheim/*Wild* § 102a Rn. 2 a. E.). Ob der Verletzer im Einzelfall tatsächlich etwas erspart hat, ist nämlich im Rahmen der Eingriffskondiktion unerheblich. Der Verletzer hat in immaterielle Schutzrechte eingegriffen und sich eine Befugnis angemaßt, welche die Rechtsordnung grds. dem Schutzrechts- 93 inhaber zuweist und vorbehält. Das insoweit tatsächlich Erlangte (s. o. Rn. 92) hat der Verletzer dem Verletzten im Wege des **Wertersatzes in Höhe der angemessenen Lizenz** (s. o. Rn. 74 ff.) herauszugeben. Dies gilt unabhängig davon, ob der Verletzte bereit und in der Lage gewesen wäre, den Eingriff gegen Zahlung einer angemessenen Lizenzanalogie zu gestatten (BGH GRUR 2007, 139, 140 Rn. 12 – Rücktritt des Finanzministers; s. o. Rn. 71). Der Verletzer kann sich ferner nicht auf den **Wegfall der Bereicherung** (§ 818 Abs. 3 BGB) berufen, da das Erlangte, d. h. der Gebrauch des Schutzgegenstandes, nicht mehr entfallen kann und es sich dabei um einen rein rechnerischen Vermögenszuwachs handelt (BGHZ 56, 317, 322 – Gasparone II). Mit Zahlung der angemessenen Lizenz ist der Bereicherungsanspruch abgegolten. Insb. ist ein etwaiger weiterer **Verletzergewinn** nicht als Nutzung i. S. d. § 818 Abs. 1 BGB kondizierbar (BGHZ 82, 299, 308 – Kunststoffhohlprofil II; BGH GRUR, 2010, 237 Rn. 22 – Zoladex).

94   d) **Mehrere Konditionsschuldner.** Anders als beim Schadenersatzanspruch haften mehrere aus Bereicherungsrecht in Anspruch Genommene mangels einer dem § 840 BGB vergleichbaren Vorschrift **nicht als Gesamtschuldner** (BGH GRUR 1979, 732, 734 – Fußballtor).

95   e) **Keine Auswirkungen der Enforcement-Richtlinie.** Anders als beim Schadensersatzanspruch können die Mitgliedstaaten im Falle fehlenden Verschuldens des Verletzers „die Möglichkeit vorsehen, dass die Gerichte die Herausgabe der Gewinne oder die Zahlung von Schadensersatz anordnen, dessen Höhe im Voraus festgesetzt werden kann" (Art. 13 Abs. 2). Ein Umsetzungsbedarf besteht ersichtlich nicht. Auch die Streichung des § 97 Abs. 3 a. F. bringt keine inhaltliche Änderung; der entsprechende Verweis auf andere gesetzliche Ansprüche findet sich nunmehr in § 102a (BT-Drucks. 16/5048, 48).

2. Weitere Ansprüche

96   In Betracht kommen Ansprüche aus Geschäftsführung ohne Auftrag (§§ 687 Abs. 2, 667 BGB), Ansprüche aus unerlaubter Handlung (§ 823 Abs. 1 BGB; §§ 106 ff. i. V. m. § 823 Abs. 2 BGB) sowie wettbewerbsrechtliche Ansprüche nach dem UWG. Angesichts der umfassenden Regelung in § 97 haben diese Ansprüche kaum praktische Bedeutung (näher Möhring/Nicolini/*Lütje* § 97 Rn. 265 ff.). Zudem wäre stets zu prüfen, ob allein die Sondervorschriften des Urheberrechts und die hierdurch gezogenen Grenzen maßgebend sind (BGH GRUR 1958, 354, 356 – Sherlock Holmes).

XI. Übertragbarkeit der Ansprüche, Aufrechnung, Sicherung der Schadensersatzansprüche

1. Übertragbarkeit, Vererblichkeit

97   Die Ansprüche aus § 97 Abs. 1, Abs. 2 S. 1–3 (§ 97 Abs. 1 a. F.) sind grds. übertragbar, verzichtbar und, ohne dass es einer Willenskundgebung durch den verstorbenen Urheber bedarf, vererblich, also auch pfändbar, verpfändbar sowie Insolvenzgegenstand. Auch der Entschädigungsanspruch nach Abs. 2 S. 4 (§ 97 Abs. 2 a. F.) ist vererblich (Schricker/Loewenheim/*Wild* § 97 Rn. 195). Eine isolierte Abtretung des Unterlassungsanspruchs ist im Hinblick auf die damit verbundene Änderung des Leistungsinhalts ausgeschlossen; in Betracht kommt aber die Umdeutung in eine zulässige Ermächtigung (BGH GRUR 2002, 248, 250 – Spiegel-CD-ROM; s. o. Rn. 12).

2. Aufrechnung

98   Die Aufrechnung gegenüber Ansprüchen aus § 97 ist zulässig, sofern nicht die Urheberrechtsverletzung vorsätzlich begangen worden ist (§ 393 BGB). Ist der formelle Inhaber des

Anspruchs ein Treuhänder, hängt die Frage, ob der Schuldner mit einer ihm gegen den Treugeber zustehenden Gegenforderung aufrechnen kann, von der besonderen Art und Gestaltung des Treuhandverhältnisses ab (BGHZ 25, 360, 367). Wer die einer Verwertungsgesellschaft zur Wahrnehmung übertragenen Rechte verletzt, kann den Schadenersatzansprüchen der Verwertungsgesellschaft nicht Ansprüche oder Einwendungen aus seinen Rechtsbeziehungen zu dem ursprünglichen Rechtsinhaber entgegenhalten (BGH GRUR 1968, 321, 327 – Haselnuss; differenzierend Schricker/Loewenheim/ *Wild* § 97 Rn. 195). Die Schutzvorschriften zu Gunsten des Schuldners (§§ 404 ff. BGB) sind nur anwendbar, wenn das übertragene Recht eine Person ähnlich einem Schuldner verpflichtet; das soll bei Urheberrechten zu verneinen sein (Palandt/ *Grüneberg* § 413 BGB Rn. 1), ist aber bei der Abtretung der gesetzlichen Ansprüche aus § 97 zu bejahen (BGH NJW 1993, 1468, 1469 – Katalogbild).

3. Sicherung der Schadensersatzansprüche

Nach Art. 9 Abs. 2 der Enforcement-Richtlinie müssen die Mitgliedstaaten die Möglichkeit vorsehen, im einstweiligen Verfahren die Beschlagnahme beweglichen und unbeweglichen Vermögens des angeblichen Verletzers einschließlich der Sperrung seiner Bankkonten anzuordnen, um Schadensersatzforderungen zu sichern. Der deutsche Gesetzgeber sah angesichts der Regelungen in §§ 916 ff. ZPO einen Umsetzungsbedarf nur im Hinblick auf Art. 9 Abs. 2 S. 2, wonach die zuständigen Gerichte die **Übermittlung von Bank-, Finanz- oder Handelsunterlagen** anordnen können (BT-Drucks. 16/5048, 31). § 101b sieht nunmehr erstmalig einen derartigen – bei einer offensichtlichen Rechtsverletzung auch im Wege der einstweiligen Verfügung durchsetzbaren – Vorlageanspruch vor (s. BT-Drucks. 16/5048, 41 f. zum entsprechenden § 140d PatG). Ergänzend sei auf die **strafrechtliche Vermögensabschöpfung** (§§ 73 ff. StGB, §§ 111b ff. StPO) hingewiesen, die nach ihrer Novellierung zum 1.1.2007 dem Verletzten im Wege der sog. Rückgewinnungshilfe deutlich verbesserte Möglichkeiten bieten dürfte, seinen Schadensersatzanspruch durch Zugriff auf behördlicherseits sichergestellte Erlöse und Vermögensgegenstände zu befriedigen (instruktiv hierzu *Hansen/Wolff-Rojczyk* GRUR 2007, 468).

99

§ 97a Abmahnung

(1) **Der Verletzte soll den Verletzer vor Einleitung eines gerichtlichen Verfahrens auf Unterlassung abmahnen und ihm Gelegenheit geben, den Streit durch Abgabe einer mit einer angemessenen Vertragsstrafe bewehrten Unterlassungsverpflichtung beizulegen.**

(2) **Die Abmahnung hat in klarer und verständlicher Weise:**
1. **Name oder Firma des Verletzten anzugeben, wenn der Verletzte nicht selbst, sondern ein Vertreter abmahnt,**
2. **die Rechtsverletzung genau zu bezeichnen,**
3. **geltend gemachte Zahlungsansprüche als Schadensersatz- und Aufwendungsersatzansprüche aufzuschlüsseln und**
4. **wenn darin eine Aufforderung zur Abgabe einer Unterlassungsverpflichtung enthalten ist, anzugeben, inwieweit die vorgeschlagene Unterlassungsverpflichtung über die abgemahnte Rechtsverletzung hinausgeht.**
Eine Abmahnung, die nicht Satz 1 entspricht, ist unwirksam.

(3) **Soweit die Abmahnung berechtigt ist und Absatz 2 Nummern 1 bis 4 entspricht, kann der Ersatz der erforderlichen Aufwendungen verlangt werden. Für die Inanspruchnahme anwaltlicher Dienstleistungen beschränkt sich der Ersatz der erforderlichen Aufwendungen hinsichtlich der gesetzlichen Gebühren auf Gebühren nach einem Gegenstandswert für den Unterlassungs- und Beseitigungsanspruch von 1 000 EUR, wenn der Abgemahnte**

UrhG § 97a
§ 97a Abmahnung

1. eine natürliche Person ist, die nach diesem Gesetz geschützte Werke oder andere nach diesem Gesetz geschützte Schutzgegenstände nicht für ihre gewerbliche oder selbständige berufliche Tätigkeit verwendet, und
2. nicht bereits wegen eines Anspruchs des Abmahnenden durch Vertrag, aufgrund einer rechtskräftigen gerichtlichen Entscheidung oder einer einstweiligen Verfügung zur Unterlassung verpflichtet ist.

Der in Satz 2 genannte Wert ist auch maßgeblich, wenn ein Unterlassungs- und ein Beseitigungsanspruch nebeneinander geltend gemacht werden. Satz 2 gilt nicht, wenn der genannte Wert nach den besonderen Umständen des Einzelfalles unbillig ist.

(4) Soweit die Abmahnung unberechtigt oder unwirksam ist, kann der Abgemahnte Ersatz der für die Rechtsverteidigung erforderlichen Aufwendungen verlangen, es sei denn, es war für den Abmahnenden zum Zeitpunkt der Abmahnung nicht erkennbar, dass die Abmahnung unberechtigt war. Weiter gehende Ersatzansprüche bleiben unberührt.

Literatur: *Aigner,* Beseitigung der Wiederholungsgefahr bei Abbedingung des § 348 HGB in der strafbewehrten Unterlassungserklärung?, GRUR 2007, 950; *Bernreuther,* Zusammentreffen von Unterlassungserklärung und Antrag auf Erlass einer einstweiligen Verfügung, GRUR 2001, 400; *Busch,* Zurückweisung einer Abmahnung bei Nichtvorlage der Originalvollmacht nach § 174 S. 1 BGB?, GRUR 2006, 477; *Czychowski,* Das Gesetz zur Verbesserung der Durchsetzung von Rechten des geistigen Eigentums, Teil II: Änderungen im Urheberrecht, GRUR-RR 2008, 265; *Deutsch,* Der BGH-Beschluss zur unberechtigten Schutzrechtsverwarnung und seine Folgen für die Praxis, GRUR 2006, 374; *Ernst/Wittmann,* Die Abmahnung per Email – Ein echtes Problem, MarkenR 2010, 273; *Ewert/von Hartz,* Neue kostenrechtliche Herausforderungen bei der Abmahnung im Urheberrecht; MMR 2009, 84; *Faustmann/Ramsperger,* Abmahnkosten im Urheberrecht – Zur Anwendbarkeit des § 97a Abs. 2 UrhG, MMR 2010, 662; *Günther/Beyerlein,* Abmahnen nach dem RVG – Ein Gebühren-Eldorado?, WRP 2004, 1222; *v. Hartz,* Beweissicherungsmöglichkeiten im Urheberrecht nach der Enforcement-Richtlinie im deutschen Recht, ZUM 2005, 376; *Hirsch/Traub,* Rechtsanwaltsvergütung nach Inkrafttreten des RVG, WRP 2004, 1226; *Hoeren,* 100 € und Musikdownloads – die Begrenzung der Abmahngebühren nach § 97a UrhG, CR 2009, 378; *Klein,* Keine Vertragsstrafe für die Schwebezeit, GRUR 2007, 664; *Kunath,* Kostenerstattung bei ungerechtfertigter Verwarnung, WRP 2000, 1074; *Malkus,* Harry Potter und die Abmahnung des Schreckens – Die Höhe von Abmahngebühren bei Urheberrechtsverletzungen auf Tauschbörsen gem. § 97a Abs. 2 UrhG, MMR 2010, 382; *Meier-Beck,* Die Verwarnung aus Schutzrechten – mehr als eine Meinungsäußerung!, GRUR 2005, 535; *Nordemann,* Die Erstattungsfähigkeit anwaltlicher Abmahnkosten bei Urheberrechtsverletzungen, WRP 2005, 184; *Rauh,* Unbegründete Schutzrechtsverwarnungen, GRURInt 2007, 269; *Sack,* Die Haftung für unbegründete Schutzrechtsverwarnung, WRP 2005, 253; *Schulte,* Verurteilung zur Auskunftserteilung – Bemessung von Rechtsmittelbeschwer und Kostenstreitwert, MDR 2000, 805; *Schulz,* Kostenerstattung bei erfolgloser Abmahnung, WRP 1990, 658; *Solmecke/Dierking,* Die Rechtsmissbräuchlichkeit von Abmahnungen, MMR 2009, 727 ff.; *Thole/Wagner,* Kein Abschied von der unberechtigten Schutzrechtsverwarnung, NJW 2005, 3470; *Ullmann,* Die Verwarnung aus Schutzrechten – mehr als eine Meinungsäußerung?, GRUR 2001, 1027.

Übersicht

	Rn.
I. Vorbemerkung	1, 2
II. Entbehrlichkeit	3–5
III. Inhalt	6–16
IV. Form	17
V. Frist	18, 19
VI. Vollmacht	20–22
VII. Zugang	23–27
VIII. Aufklärungspflichten	28, 29
IX. Einwand des Rechtsmissbrauchs	30–34
X. Unterlassungserklärung	35–37

	Rn.
XI. Unberechtigte oder unwirksame Abmahnung	38–43
XII. Kosten	44–59
1. Allgemeines	44–49
2. Anspruchsvoraussetzungen	50, 51
3. Anspruchsbegrenzung	52–55
4. Schadensersatz	56–59

I. Vorbemerkung

Durch das Gesetz zur Verbesserung der Durchsetzung von Rechten des geistigen Eigentums v. 7.7.2008 (BGBl. I S. 1191) wurde mit dem § 97a eine gesetzliche Regelung zur Abmahnung und dem bei einer begründeten Abmahnung bestehenden Kostenerstattungsanspruch eingefügt. Nachdem der mit dieser Regelung bezweckte bessere Schutz vor unberechtigten und überzogenen Abmahnungen nicht erreicht werden konnte, ist mit dem Gesetz gegen unseriöse Geschäftspraktiken vom 8.10.2013 (BGBl. 2013 I S. 3714) die gesetzliche Regelung zur Abmahnung deutlich ergänzt und aus der Sicht des Verletzten verschärft worden. Die Regelung geht bei Abmahnungen wegen der Verletzung von im UrhG geregelten Rechten dem bislang unter dem Gesichtspunkt der Geschäftsführung ohne Auftrag hergeleiteten Kostenerstattungsanspruch als lex specialis vor. Der neue § 97a gilt jedoch erst für Abmahnungen, die nach dem Inkrafttreten dieser Regelung am 9.10.2013 ausgesprochen worden sind.

Vor der gerichtlichen Geltendmachung von Ansprüchen, die sich aus der Verletzung von Urheber- und Leistungsschutzrechten ergeben, sollte der Rechtsinhaber den Verletzer **abmahnen** und diesen **auffordern,** eine **strafbewehrte Unterlassungserklärung** sowie etwaige weitere Erklärungen (z.B. Auskunftsverpflichtung, Anerkennung der Schadensersatzpflicht) abzugeben. Diese Obliegenheit hat durch § 97a Abs. 1 S. 1 eine gesetzliche Verankerung erhalten. Eine **Verpflichtung** des Rechtsinhabers **zur Abmahnung besteht** aber weiterhin **nicht,** weshalb eine solche nicht Voraussetzung für das Bestehen eines Rechtsschutzbedürfnisses ist. Die Abmahnung liegt vielmehr in erster Linie im Interesse des Rechtsinhabers, da er sonst im Falle eines sofortigen Anerkenntnisses durch den Rechtsverletzer die Kosten des von ihm eingeleiteten gerichtlichen Verfahrens zu tragen hat, sofern die Abmahnung nicht ausnahmsweise entbehrlich war. Darüber hinaus wird ein Gericht regelmäßig eher zum Erlass einer Beschlussverfügung ohne Anhörung des Gegners tendieren, wenn diesem durch die Abmahnung bereits Gelegenheit zur Stellungnahme gegeben worden ist.

II. Entbehrlichkeit

Beim Vorliegen besonderer Umstände kann die zur Vermeidung negativer Kostenfolgen grds. erforderliche **Abmahnung ausnahmsweise entbehrlich** sein. Dafür muss es konkrete Umstände geben, die bei objektiver Betrachtung die naheliegende Vermutung rechtfertigen, der Verletzer werde auf eine Abmahnung hin keine strafbewehrte Unterlassungserklärung abgeben oder dies erst tun, wenn ein **effektiver Rechtsschutz** nicht oder nur noch eingeschränkt zu erreichen ist (BGH WRP 2003, 101 – Entbehrliche Abmahnung; LG Hamburg NJWE-WettbR 2000, 223; Ahrens/*Deutsch* Kap. 2 Rn. 35 f.). Es ist unter Abwägung aller Gesamtumstände im Einzelfall zu prüfen, ob eine Abmahnung aus der Sicht des Verletzten, auf die abzustellen ist, im Zeitpunkt der Antragstellung deswegen entbehrlich war, weil eine Unterlassungserklärung nicht zu erwarten war, oder aber dem Rechtsinhaber eine Abmahnung unzumutbar war.

Bei der Verletzung von Urheber- und Leistungsschutzrechten ist eine vorherige Abmahnung dann entbehrlich, wenn im Wege der einstweiligen Verfügung neben dem Unterlassungsanspruch auch ein Anspruch auf Sequestration der rechtsverletzenden Vervielfältigungsstücke oder Vorrichtungen (§ 119) geltend gemacht wird (KG Berlin GRUR-RR 2008, 372 – Abmahnungskosten; OLG Hamburg GRUR-RR 2007, 29, 30 – Cerebro Card; OLG Hamburg WRP 2006, 1262 (Ls.); Ahrens/*Deutsch* Kap. 2 Rn. 39; *Ingerl/ Rohnke* § 18 MarkenG Rn. 38). Anderenfalls bestände die Gefahr, dass der Verletzer die Spuren seiner Tat beseitigen könnte, etwa durch den Abtransport von rechtswidrig hergestellten Vervielfältigungsstücken an einen sicheren Ort. Dies ist dem Rechtsinhaber nicht zumutbar. Verzichtet der Rechtsinhaber dann aber auf den Vollzug der Sequestration, erweckt er damit den Verdacht, die Abmahnobliegenheit hinsichtlich des Unterlassungsanspruchs umgehen zu wollen. Um diesen Missbrauchsverdacht auszuräumen, hat er schlüssig darzulegen, wieso er trotz bestehenden Sicherungsinteresses im Einzelfall auf die Vollziehung verzichtet hat (KG Berlin GRUR-RR 2008, 372 – Abmahnungskosten;). Darüber hinaus kann eine Abmahnung in Fällen besonderer Dringlichkeit entbehrlich sein (vgl. Köhler/Bornkamm/*Bornkamm* § 12 UWG Rn. 1.46 f.). Aufgrund der heute zur Verfügung stehenden Kommunikationsmittel dürfte eine Entbehrlichkeit der Abmahnung allein aus Gründen der besonderen Dringlichkeit aber wohl kaum mehr in Betracht kommen (OLG Dresden NJWE-WettbR 1999, 16, 17; OLG Düsseldorf NJW-RR 1997, 1064, 1065; OLG Schleswig NJWE-WettbR 2000, 248, 249 m.w.N.).

5   Nach teilweise vertretener Ansicht soll auch ein **vorsätzliches Handeln des Verletzers** zu einer Entbehrlichkeit der Abmahnung führen (vgl. etwa OLG Stuttgart NJW-RR 2001, 257). Dem hat der BGH (BGH WRP 2003, 101 – Entbehrliche Abmahnung) widersprochen und deutlich gemacht, dass ein **vorsätzliches Handeln für sich noch nicht geeignet** ist, die **Abmahnung entbehrlich zu machen** (mittlerweile h.A., weitere Nachweise bei Köhler/Bornkamm/*Bornkamm* § 12 UWG Rn. 1.52). Das vorsätzliche Handeln lasse für sich allein nämlich noch nicht den Schluss zu, der Verletzer würde auf eine entsprechende Abmahnung hin die Rechtsverletzung nicht einstellen und keine strafbewehrte Unterlassungserklärung abgeben. Anders soll dies nach Ansicht des BGH aber wohl sein, wenn das vorsätzliche Handeln zugleich gegen strafrechtliche Vorschriften verstößt und ein beträchtliches Maß an krimineller Energie erkennen lässt. Die häufig mit der Verletzung eines Urheber- oder Leistungsschutzrechts einhergehenden Straftaten nach den §§ 106 ff. werden aber alleine für sich eine Entbehrlichkeit der Abmahnung wohl nur in besonders schweren Fällen des gewerbsmäßigen Handelns (§ 108a) begründen können. Für den Bereich des Mietrechts wird zudem zu berücksichtigen sein, dass der Gesetzgeber sehr deutlich gemacht hat, dass er vom Leitbild einer Abmahnung ausgeht, weshalb neben den unter Rn. 4 behandelten Fällen die Entbehrlichkeit einer Abmahnung wohl eher selten anzunehmen sein wird.

III. Inhalt

6   Für die **Gestaltung der Abmahnung** regelt der Gesetzgeber in Abs. 2 nun erstmals spezifische **inhaltliche Vorgaben,** bei deren Nichtbeachtung die gesamte Abmahnung unwirksam wird. Es ist davon auszugehen, dass die Aufzählung in Abs. 2 nicht abschließend ist, sondern auch im Bereich des Urheberrechts ggf. zusätzliche Anforderungen an eine wirksame Abmahnung, wie sie sich in der Rechtsprechung entwickelt haben, weiterhin gelten. Allerdings führt allein die Nichterfüllung der in Abs. 2 S. 1 Nr. 1. bis 4. ausdrücklich aufgeführten Anforderungen zur Anwendbarkeit der sich aus Abs. 2 S. 2 dann zwingend ergebenden Unwirksamkeit der Abmahnung. Bei anderen Mängeln der Abmahnung kann sich deren Unwirksamkeit nur aus sonstigen allgemeinen Grundsätzen ergeben.

7   Die nun gesetzlich verankerten Anforderungen sind nur zum Teil neu. Denn auch bislang gehörte es bereits zu den grundlegenden Anforderungen an eine Abmahnung, Angaben zur Aktivlegitimation, zur Person des Inanspruchgenommenen und zu den konkreten

tatsächlichen Umständen, aus denen sich der Unterlassungsanspruch ergibt, zu machen (OLG Düsseldorf MMR 2012, 253 sog. „Mindestanforderungen"; vgl. dazu auch Ahrens/Deutsch Kap. 1 Rn. 33 f.; Köhler/Bornkamm/*Bornkamm* § 12 UWG Rn. 1.12 f.).

Die Abmahnung muss die erforderlichen Angaben in **klarer und verständlicher Weise** enthalten. Dies ist eigentlich selbstverständlich, jedoch ist diese Anforderung schon deshalb genau zu beachten, weil ansonsten bereits aus diesem Grund die Abmahnung nach Abs. 2 S. 2 unwirksam wird. **8**

Wenn der Verletzte nicht selbst, sondern durch einen **Vertreter** abmahnt, sind **Name oder Firma des Verletzten** anzugeben (Abs. 1 S. 2 Nr. 1). Dies ist nicht neu, denn eine wirksame Abmahnung musste schon immer erkennen lassen, in wessen Name und Auftrag sie erstellt und abgesandt worden ist. Zudem erscheint die Regelung unvollständig oder zumindest unglücklich formuliert, weil selbstverständlich auch die vom Verletzten selbst ausgesandte Abmahnung genaue und unzweifelhafte Angaben zum Absender enthalten muss. Insoweit ist die Neuregelung lückenhaft. **9**

Die **Rechtsverletzung** ist in der Abmahnung **genau zu bezeichnen** (Abs. 2 S. 1 Nr. 2). Auch dies ist eigentlich selbstverständlich. Gleichwohl wird aus der Regelung deutlich, dass zukünftig tendenziell höhere Anforderungen daran gestellt werden, wie konkret, klar und verständlich der Sachverhalt und die sich ergebenden Rechtsfolgen in der Abmahnung dargestellt sein müssen. Allgemeine und nicht spezifisch auf den konkreten Fall ausgerichtete Darstellungen der Rechtsverletzung, wie sie oftmals in Serienabmahnungen zu finden sind, werden diese Anforderungen nicht erfüllen können. Der Intention des Gesetzgebers folgend, wird es vielmehr erforderlich sein, dass der Verletzer aus der Abmahnung heraus ohne Weiteres ersehen kann, welches ganz konkrete Verhalten ihm vorgeworfen wird und warum dieses zu einer Rechtsverletzung führt. Jedenfalls bei komplexen Materien wird es dann auch ratsam sein, für die Rechtsfolge nicht schlicht auf gesetzliche Bestimmung zu verweisen, sondern kurz zu erläutern, warum das Verhalten des Verletzers gegen diese Bestimmung verstößt. **10**

In der Abmahnung sind ggf. geltend gemachte **Zahlungsansprüche** als **Schadensersatz- und Aufwendungsersatzansprüche aufzuschlüsseln** (Abs. 2 S. 1 Nr. 3). Diese Anforderung kann, jedenfalls in ihrer Verknüpfung mit einer sonst eintretenden Unwirksamkeit nach Abs. 2 S. 2, als neu bezeichnet werden. Mit der geforderten Differenzierung soll erreicht werden, dass der Verletzer aus der Abmahnung genau erkennen kann, welche Zahlungsansprüche der Verletzte aus der Verletzung seiner nach dem UrhG geschützten Schutzgegenstände beansprucht und welche sich aus den Aufwendungen ergeben, die im Zusammenhang mit der Anfertigung und Herausgabe des Abmahnschreibens entstanden sind. Letztere setzen sich insbesondere aus den Rechtsanwaltskosten einschl. erstattungsfähiger Auslagen sowie aus Kosten zusammen, die erforderlich waren, um die Rechtsverletzung zu ermitteln und zu dokumentieren. Dabei ist es für die Einordnung unerheblich, ob sich etwa ein Anspruch auf Kostenerstattung auch unter dem Gesichtspunkt des Schadensersatzes ergeben kann (vgl. dazu unten Rn. 56 f.). **11**

Gänzlich neu ist die Pflicht, bei einer Aufforderung zur Abgabe einer Unterlassungsverpflichtung, **angeben** zu müssen, **inwieweit die vorgeschlagene Unterlassungsverpflichtung über die abgemahnte Rechtsverletzung hinausgeht** (Abs. 2 S. 1 Nr. 4). Der Gesetzgeber hat durch diese Regelung im Ergebnis ein gewisses „Verbraucherschutzelement" in die Abmahnung integrieren wollen. Leider ist die Regelung aber systematisch und auch sprachlich nicht gelungen. In systematischer Hinsicht ist zunächst darauf hinzuweisen, dass die Regelung offenbar davon ausgeht, dass auch ohne eine Aufforderung zur Abgabe einer Unterlassungsverpflichtung eine Abmahnung vorliegen kann. Dies ist aber nicht so, denn das Kernelement einer Abmahnung ist gerade eine solche Aufforderung. Des Weiteren ist es nicht Aufgabe des Verletzten, sich durch aufklärende Hinweise um Angelegenheiten des Verletzers zu kümmern. Wenn wirklich ein Bedürfnis besteht, inhaltlich zu weitgehende Abmahnungen einzudämmen, dann hätte man besser die Unwirksamkeit einer Abmahnung davon abhängig gemacht, ob diese tatsächlich zu weit geht. **12**

13 In sprachlicher Hinsicht ist unverständlich, wie eine *„geltend gemachte Unterlassungsverpflichtung"* über die *„abgemahnte Rechtsverletzung"* hinausgehen kann. Das eine ist ein formulierter Anspruch und das andere eine tatsächliche Handlung, weshalb ein inhaltlicher Vergleich eigentlich ausscheidet. Vermutlich wollte der Gesetzgeber eigentlich zum Ausdruck bringen, dass der Verletzte darüber aufzuklären hat, inwieweit die vorgeschlagene Unterlassungsverpflichtung über den materiell-rechtlichen Unterlassungsanspruch hinausgeht, der sich aus der abgemahnten Rechtsverletzung ergibt. Durch das Abstellen auf die *„abgemahnte"* Rechtsverletzung kommt zum Ausdruck, dass es nicht darauf ankommt, ob und in welchem Umfang die Rechtsverletzung tatsächlich besteht, sondern allein auf die in der Abmahnung konkret beschriebene Rechtsverletzung. Ob der Gesetzgeber dies wirklich so gewollt hat, bleibt fraglich, aber der Wortlaut dürfte jedenfalls insoweit eindeutig sein. Auch dies erfordert, wie bereits in Abs. 2 S. 1 Nr. 2 vorgesehen, dass der Verletzte in der Abmahnung die Rechtsverletzung konkret sowie in klarer und verständlicher Weise umschreibt. Für die Praxis kann man bei urheberrechtlichen Abmahnungen noch stärker als früher die Empfehlung aussprechen, bei der Formulierung der Unterlassungsverpflichtung auf die konkrete Verletzungsform abzustellen. Auch bei den zu unterlassenden Handlungsformen ist zukünftig noch größere Vorsicht geboten. Der Verletzte muss genau prüfen, ob für alle Handlungsformen unter Zugrundelegung der abgemahnten Rechtsverletzung tatsächlich eine Wiederholungs- oder zumindest eine Erstbegehungsgefahr besteht.

14 Einer Angabe über das Verhältnis zwischen der vorgeschlagenen Unterlassungsverpflichtung und dem Umfang des materiell-rechtlichen Anspruchs bedarf es in jeder Abmahnung. Dies gilt nicht nur, wenn der geltend gemachte Unterlassungsanspruch über den tatsächlich bestehenden Anspruch hinausgeht. Denn auch dann, wenn sich beides deckt, ist der Verletzer zu unterrichten, weil er nur so erfährt, *„inwieweit"* eine Abweichung besteht. Stellt die Unterlassungserklärung auf die konkrete Verletzungsform ab, ist der Abgemahnte auf der sicheren Seite und kann in der Abmahnung angeben, dass die geforderte Unterlassungserklärung nicht über die abgemahnte Rechtsverletzung hinausgeht.

15 Sobald die geforderte Unterlassungserklärung auch nur in einem Aspekt über den materiell-rechtlich bestehenden Unterlassungsanspruch hinausgeht, hat dies, sofern hierauf nicht ausdrücklich hingewiesen wird, nach Abs. 2 S. 2 die Unwirksamkeit der gesamten Abmahnung zur Folge. Innerhalb eines Streitgegenstandes kommt eine Teilunwirksamkeit nicht in Betracht. Werden in einer Abmahnung Ansprüche aus unterschiedlichen Streitgegenständen geltend gemacht, wäre systematisch eine Teilunwirksamkeit zwar argumentierbar. Die Vorschrift stellt aber auf die geltend gemachte Unterlassungsverpflichtung sowie die abgemahnte Rechtsverletzung in ihrer Gesamtheit ab, was in einem solchen Fall gegen die Möglichkeit einer partiellen Wirksamkeit der Abmahnung spricht. Auch wäre durch eine solche „geltungserhaltende Reduktion" der gesetzgeberische Zweck gefährdet, dass die Abmahnung insgesamt klar und verständlich sein muss.

16 Enthält die Abmahnung einen zutreffenden Hinweis im Sinne des Abs. 2 S. 1 Nr. 4, ist eine zu weit formulierte Unterlassungserklärung in der Regel auch nicht aus anderen Erwägungen unwirksam. Für ihre rechtliche Wirkung ist es nämlich grundsätzlich unschädlich, wenn der Abmahnende mit seiner Abmahnung mehr fordert, als ihm zusteht (KG GRUR-RR 2008, 29, 30; Köhler/Bornkamm/*Bornkamm* § 12 UWG Rn. 1.17).

IV. Form

17 Die Abmahnung bedarf **keiner bestimmten Form** und auch der neue § 97a stellt keine konkreten Formerfordernisse auf. Sie kann daher schriftlich, telegrafisch, per Telefax, per Telex, per E-Mail oder aber auch mündlich (auch fernmündlich) erfolgen (Köhler/Bornkamm/*Bornkamm* § 12 UWG Rn. 1.22 m.w.N.). Letzteres kann jedoch nicht nur zu Beweisschwierigkeiten führen, sondern es ist rein faktisch ausgeschlossen, die Anforderungen nach Abs. 2 mit einer Abmahnung zu erfüllen, die nicht irgendwie schriftlich fixiert ist. Der Abmahnende muss im Streitfall die ordnungsgemäße Absendung des Abmahnschreibens und nach einer im Vordringen befindlichen Ansicht auch deren Zugang beweisen (vgl. dazu noch unten Rn. 13 f.). Es ist daher, wenn ausreichend Zeit vorhanden ist, dringend zu empfehlen, das Abmahnschreiben entweder per Einschreiben/Rückschein oder als Einwurf/Einschreiben zu versenden. Letzteres hat den Vorteil, dass eine Zustellung durch Einwurf in den Briefkasten auch bei Abwesenheit des Abgemahnten erfolgt und im Bedarfsfall trotzdem über die Post der genaue Zugangszeitpunkt erfragt werden kann. Die von Köhler/Bornkamm/*Bornkamm* § 12 UWG Rn. 1.22 und 1.34 dargestellten Probleme bei einer Versendung per Einschreiben/Rückschein lassen sich so weitestgehend vermeiden.

V. Frist

Die ausdrückliche Bestimmung einer Frist, innerhalb der die geforderte Unterlassungserklärung abgegeben werden soll, ist ratsam aber kein Wirksamkeitserfordernis der Abmahnung. Die Fristsetzung muss sich unter Berücksichtigung der wechselseitigen Interessen als angemessen erweisen. Dabei sind auf Seiten des Abmahnenden insb. Art, Dauer und Intensität der rechtsverletzenden Handlung zu berücksichtigen. Die berechtigten Interessen des Abgemahnten erfordern demgegenüber eine ausreichende Überlegungszeit, um sich intern und ggf. unter Hinzuziehung eines Rechtsanwalts ein Bild davon zu machen, ob die Abmahnung berechtigt ist. Eine Frist von ca. 1 Woche ab dem Zugang der Abmahnung dürfte in der Regel ausreichend sein. Wenn eine Rechtsverletzung andauert oder deren Wiederholung droht, sind aber auch deutlich kürzere Fristen noch als angemessen anzusehen (Nachweise zu einzelnen Fällen bei Ahrens/*Deutsch* Kap. 1 Rn. 79 f.). 18

Wird keine oder eine zu kurz bemessene Frist gesetzt, wird davon die Ordnungsmäßigkeit der Abmahnung nicht tangiert. Vielmehr wird durch eine solche Abmahnung eine angemessene Frist in Gang gesetzt (BGH GRUR 1990, 381, 382; BGH GRUR 2010, 355, 357, Rn. 18 – Testfundstelle; Ahrens/*Deutsch* Kap. 1 Rn. 72; Köhler/Bornkamm/*Bornkamm* § 12 UWG Rn. 1.20 m.w.N.). 19

VI. Vollmacht

Umstritten war bisher, ob die **Abmahnung nach § 174 BGB zurückgewiesen** werden kann, wenn ihr keine im Original unterzeichnete **Vollmachtsurkunde** beigefügt ist (vgl. zum Meinungsstand Köhler/Bornkamm/*Bornkamm* § 12 UWG Rn. 1.25 f.; Ahrens/*Deutsch* Kap. 1 Rn. 105). Die bereits bislang herrschende Ansicht (OLG Hamburg GRUR-RR 2008, 370, 371 – Pizza Flitzer; OLG Frankfurt a.M. NJOZ 2002, 2004; OLG Brandenburg MD 2000, 949; OLG Karlsruhe NJW-RR 1990, 1323; OLG Köln WRP 1988, 79; KG GRUR 1988, 79; OLG Hamburg WRP 1986, 106; OLG Köln WRP 1985, 360, 361; Köhler/Bornkamm/*Bornkamm* § 12 UWG Rn. 1.26 ff.; Schricker/Loewenheim/*Wild*, § 97a Rn. 10; *Pfister* WRP 2002, 799, 800) hielt § 174 BGB bei der Abmahnung für nicht anwendbar. Ein Teil der Oberlandesgerichte (OLG Düsseldorf in st. Rspr., z.B. GRUR-RR 2010, 87 – linkwerk; Urt. v. 11.8.2009 – 20 U 253/08; GRUR-RR 2001, 286 – T-Company L.P.; OLG Dresden NJWE-WettbR 1999, 140, 141; OLG Nürnberg WRP 1991, 522, 523; w.N. bei Goldmann in GRUR-Prax 2010, 524) nahm dagegen an, die Vorschrift sei auf eine Abmahnung, bei der es sich um eine rechtsgeschäftsähnliche Handlung handele, (entsprechend) anwendbar. Nach einer **vermittelnden Ansicht** sollte die Abmahnung dann unverzüglich wegen eines fehlenden Vollmachtsnachweises zurückgewiesen werden können, wenn der Abgemahnte gleichzeitig zum Ausdruck 20 brachte, bei Vorlage der Vollmachtsurkunde zur Abgabe der strafbewehrten Unterlassungserklärung bereit zu sein (vgl. OLG Hamburg WRP 1986, 106; OLG Stuttgart NJWE-WettbR 2000, 125).

21 Dem Abmahnschreiben wäre eine Vollmachtsurkunde nach § 174 BGB beizufügen, wenn es sich dabei lediglich um eine **einseitige Erklärung** des Abmahnenden handeln würde. Im Regelfall erschöpft sich das Abmahnschreiben aber nicht in einer solchen einseitigen Erklärung, sondern enthält zumindest zugleich ein **Angebot** des Abmahnenden **zum Abschluss eines Unterwerfungsvertrages** (vgl. *Teplitzky* Kap. 41 Rn. 5; Ahrens/*Deutsch* Kap. 1 Rn. 108; Köhler/Bornkamm/*Bornkamm* § 12 UWG Rn. 1.27a; OLG Hamburg GRUR-RR 2008, 370, 371 – Pizza Flitzer). Diese **Doppelnatur** zwingt nicht dazu, die Regelung des § 174 BGB auf die Abmahnung (entsprechend) anzuwenden. Etwas anderes wäre auch nicht praktikabel, da dem Abmahnenden aufgrund der heute zur Verfügung stehenden Kommunikationsmittel auch bei Fällen außerordentlicher Dringlichkeit in der Regel noch zugemutet wird, eine Abmahnung mit entsprechend kurzer Fristbemessung auszusprechen. Diesem Erfordernis könnte bei einer Anwendung des § 174 BGB auf die Abmahnung nicht Rechnung getragen werden, wenn sich der Abmahnende anwaltlich vertreten lassen will. Die besseren Gründe sprechen daher gegen die entsprechende Anwendbarkeit des § 174 BGB auf die Abmahnung (vgl. dazu auch Köhler/Bornkamm/*Bornkamm* § 12 UWG Rn. 1.26 f.).

22 Der BGH hat sich der h. A. angeschlossen und klargestellt, dass § 174 S. 1 BGB auf die mit einer Unterwerfungserklärung verbundene Abmahnung nicht anwendbar ist (GRUR 2010, 1120, 1121, Rn. 14 f. – Vollmachtsnachweis). Unter Berufung auf seine bisherige Rspr. (GRUR 2010, 355, 357, Rn. 18 – Testfundstelle) führt der BGH aus, dass bereits in der Abmahnung ein Vertragsangebot zum Abschluss eines Unterwerfungsvertrags liegen kann, wenn es von einem Rechtsbindungswillen getragen und hinreichend bestimmt sei. Auf ein solches finde aber § 174 BGB weder direkt noch analog Anwendung (a. a. O. Rn. 15). Ebenso wenig bestehe eine Veranlassung, die einheitliche Erklärung des Gläubigers in eine geschäftsähnliche Handlung (Abmahnung) und ein Vertragsangebot (Angebot auf Abschluss eines Unterwerfungsvertrags) aufzuspalten und auf erstere die Bestimmung des § 174 S. 1 BGB anzuwenden. Im Rahmen des Gesetzgebungsverfahrens zum Gesetz für unseriöse Geschäftspraktiken war zunächst vorgesehen, in § 97a ausdrücklich die entsprechende Anwendbarkeit des § 174 BGB für Abmahnungen zu regeln. Daran ist später nicht festgehalten worden, weshalb um eine entsprechende Anwendung des § 174 BGB auf Abmahnungen auch nicht mit dem gesetzgeberischen Willen in Einklang stände.

VII. Zugang

23 Sinn und Zweck der Abmahnung ist es, dem Verletzer die Möglichkeit zu einer außergerichtlichen Streitbeilegung durch Unterwerfung zu geben. Nur wer diese Möglichkeit ungenutzt verstreichen lässt, gibt Anlass zur Klage und trägt auch im Fall des sofortigen Anerkenntnisses die Kostenlast des Verfahrens. Daher ist ein Zugang der Abmahnung beim Unterlassungsschuldner erforderlich, da er nur so die Gelegenheit zur Streitvermeidung erhält. Die Frage, ob der Abmahnende insoweit lediglich die ordnungsgemäße Absendung des zutreffend adressierten Abmahnschreibens oder auch dessen Zugang beweisen muss, war in der Vergangenheit zunehmend streitig geworden.

24 Die bislang **herrschende Ansicht** ging davon aus, dass der Abmahnende im Streitfall allein die **ordnungsgemäße Absendung,** nicht jedoch den Zugang des Abmahnschreibens **beweisen** muss (OLG Karlsruhe WRP 2003, 2246; OLG Hamburg GRUR 1976, 444; OLG Hamburg WRP 1984, 230; OLG Frankfurt GRUR 1985, 240; OLG Karlsruhe WRP 1997, 477; OLG Köln WRP 1985, 230; OLG Düsseldorf WRP 1996, 1111; Ahrens/*Deutsch* Kap. 1 Rn. 101 f.). Demgegenüber verlangte eine stark **im Vordringen be-**

findliche Ansicht, dass der Abmahnende im Streitfall auch den **Zugang** des Abmahnschreibens zu **beweisen** habe (KG WRP 1994, 39, 40; OLG Dresden WRP 1997, 1201, 1203; OLG Düsseldorf NJWE-WettbR 1996, 256; OLG Düsseldorf GRUR-RR 2001, 199).

Der Meinungsstreit hat durch die BGH-Entscheidung „Zugang des Abmahnschreibens" 25 (BGH GRUR 2007, 629; ebenso OLG Jena NJW-RR 2007, 255) für die Praxis seine Erledigung gefunden. Mit überzeugenden Gründen hat der BGH für die Verteilung der Darlegungs- und Beweislast auf die für die Kostenverteilung maßgebenden Vorschriften abgestellt. Erfolgt ein im prozessualen Sinne „sofortiges Anerkenntnis", so geht es, wenn der Beklagte den Zugang der Abmahnung bestreitet, darum, ob dieser Anlass zur Klage i. S. d. § 93 ZPO gegeben hat. Ist nach einem sofortigen Anerkenntnis des Beklagten streitig, ob dieser Veranlassung zur Klageerhebung gegeben hat, so ist der Beklagte für diesen Umstand beweispflichtig. Denn es handelt sich bei § 93 ZPO um eine Ausnahmeregelung zu § 91 Abs. 1 S. 1 ZPO zu Gunsten des Beklagten (BGH GRUR 2007, 629, 630 Rn. 11 – Zugang des Abmahnschreibens). Nach allgemeinen Beweislastregeln trifft denjenigen, der sich auf einen solchen Tatbestand beruft, die entsprechende Darlegungs- und Beweislast (ebenso LG Hamburg MMR 2010, 645). Dass es sich beim fehlenden Zugang des Abmahnschreibens um eine negative Tatsache handelt, führt insofern nicht zu einer Umkehr der Beweislast, sondern zu einer sekundären Darlegungslast des Klägers (BGH GRUR 2007, 629, 630 Rn. 12 – Zugang des Abmahnschreibens). Der Beklagte kann sich danach zunächst auf die schlichte Behauptung stützen, er habe die Abmahnung nicht erhalten, woraufhin der Kläger gehalten ist, dem einfachen Bestreiten mit eigenem qualifizierten Vortrag entgegen zu treten, namentlich durch den Nachweis der Absendung eines ordnungsgemäß adressierten Abmahnschreibens. Diesen Nachweis kann der Auszug aus einem Postausgangsbuch über den Versand einer Massensendung ohne Angabe der einzelnen Empfänger der Abmahnungen, nicht führen, weil die Absendung der konkreten Abmahnung hierdurch gerade nicht dokumentiert wird (LG Erfurt ZUM-RD 2009, 281, 282).

Die Darlegungs- und Beweislast für den Zugang des Abmahnschreibens liegt damit grds. 26 beim Abgemahnten. Der Abmahnende kann dass ihm über die sekundäre Darlegungs- und Beweislast treffende Risiko ausschließen, wenn er eine Versandform, insb. Einschreiben mit Rückschein, wählt, die ihm den Nachweis des Zugangs ermöglicht. Eine Minimierung des Risikos ist durch eine parallele Versendung an mehrere Zugangsadressen (z. B. per Post, per Telefax, per E-Mail) möglich. Wird das Abmahnschreiben nämlich an mehrere zutreffende Kontaktadressen (Postanschrift, Telefax, E-Mail etc.) versandt, wird das alleinige Bestreiten des Zugangs mit Nichtwissen durch den Abgemahnten häufig wenig Überzeugungskraft haben (vgl. BGH GRUR 2007, 629, 630 Rn. 13 – Zugang des Abmahnschreibens). Bestreitet der Abgemahnte jedoch, dass er die Abmahnung erhalten hat, soll allein das Faxprotokoll und die Versicherung der Aufgabe des Einwurf-Einschreibens bei der Post zur Glaubhaftmachung durch den Abmahnenden nicht ausreichen, wenn der entsprechende Einlieferungsbeleg nicht vorgelegt wird (LG Hamburg NJOZ 2009, 394, 396 – Zugang des Abmahnschreibens II, da das Sendeprotokoll grds. nur die Herstellung einer Verbindung, nicht aber die Übermittlung bestimmter Daten bestätige).

Problematisch ist ferner die Frage der Risikoverteilung bei einer Abmahnung per E-Mail, 27 da es weiterhin umstritten ist, wann eine E-Mail als zugegangen gilt, insbesondere wenn die E-Mail im Spam-Filter oder der Firewall hängen bleibt (ausführl. dazu *Ernst/Wittmann*, MarkenR 2010, 273, 276 ff.). Teilweise wird vertreten, der Abgemahnte habe das Risiko des Verlustes dann zu tragen, wenn die E-Mail mit der Abmahnung unstreitig abgesendet, aber von seiner Firewall aufgehalten worden sei (LG Hamburg MMR 2010, 654 f.). Nach anderer Ansicht hat der Abmahnende grundsätzlich das Risiko des tatsächlichen Zugangs in der Mailbox des Abgemahnten zu tragen (Köhler/Bornkamm/*Bornkamm*, § 12 UWG Rn. 1.35a). Dem ist dann zuzustimmen, wenn die E-Mail es nicht bis zum persönlichen E-Mail-Account des Empfängers schafft, weil sie bereits zentral von der Firewall bzw. dem Spamfilter eines Servers abgefangen wird. Gelangt die E-Mail dagegen in den persönlichen E-Mail-Account des Empfängers, besteht im Grundsatz keine andere Situation als beim Einwurf der Briefpost in den Briefkasten des Abgemahnten. Auch ist im Hinblick auf die bestehenden Möglichkeiten, im Posteingang des E-Mail-Accounts eingegangene E-Mails und deren Anhänge ggf. zusätzlich auf einen Virenbefall zu überprüfen, kein Anlass dafür, dem Abmahnenden auch noch das Risiko der tatsächlichen Öffnung des Anhangs durch den Abgemahnten aufzuerlegen (insoweit zu weit gehend Köhler/Bornkamm/*Bornkamm*, § 12 UWG Rn. 1.35a). Dieses Risiko sollte dem Abmahnenden nur dann auferlegt werden, wenn dem Abgemahnten der Nachweis gelingt, dass die E-Mail vom Spamfilter seines E-Mail-Accounts in den lokalen Spamordner verschoben worden ist. Für die Praxis empfiehlt sich, die Abmahnung nicht allein per E-Mail zu versenden, sondern auch andere Kommunikationsmöglichkeiten zu nutzen, um bei Zugangszweifeln besser aufgestellt zu sein.

VIII. Aufklärungspflichten

28 Es ist heute im Grundsatz anerkannt, dass die Abmahnung ein **gesetzliches Schuldverhältnis** aus unerlaubter Handlung zwischen dem Abmahnenden und dem Rechtsverletzer begründet (BGH GRUR 1990, 381, 382 – Antwortpflicht des Abgemahnten; BGH GRUR 1987, 640, 641 – Wiederholte Unterwerfung II; Köhler/Bornkamm/*Bornkamm* § 12 UWG Rn. 1.61; Ahrens/*Spätgens* Kap. 4 Rn. 4 m.w.N.). Aus diesem gesetzlichen Schuldverhältnis können sich für den Abgemahnten aus Treu und Glauben (§ 242 BGB) Aufklärungspflichten ergeben.

29 Der **Inhalt der Aufklärungspflichten** ist, unter Berücksichtigung des Sinn und Zwecks der Abmahnung, ein gerichtliches Verfahren nach Möglichkeit zu vermeiden, zu bestimmen. Zu den Obliegenheiten des Abgemahnten gehört es dabei, auf eine Abmahnung hin fristgerecht und inhaltlich verbindlich zu antworten (BGH GRUR 1990, 381, 382 – Antwortpflicht des Abgemahnten). Darüber hinaus kann aus Treu und Glauben eine Aufklärungspflicht für solche Umstände hergeleitet werden, die sich naturgemäß der Erkenntnis des Abmahnenden verschließen und die dieser auch nicht durch allgemein zugängliche Erkenntnisquellen ermitteln kann. Hierzu gehört insb. die Aufklärung des Abmahnenden über eine gegebenenfalls bereits einem Dritten gegenüber abgegebene strafbewehrte Unterlassungserklärung, die geeignet ist, auch im Verhältnis zum Abmahnenden die Wiederholungs- oder Erstbegehungsgefahr zu beseitigen (Ahrens/*Spätgens* Kap. 4 Rn. 7). Andernfalls hat der Abgemahnte die Kosten des Rechtsstreits zu tragen, den der Rechtsinhaber in Unkenntnis der Drittabmahnung gegen ihn führt. Stets können Aufklärungspflichten aber nur bei einer begründeten Abmahnung hergeleitet werden, also dann, wenn eine Rechtsverletzung tatsächlich gegeben ist (BGH GRUR 1995, 167, 168; LG München I, BeckRS 2011, 15532; Köhler/Bornkamm/*Bornkamm* § 12 UWG Rn. 1.63; Schricker/Loewenheim/*Wild* § 97a Rn. 23; differenzierend Ahrens/*Spätgens* Kap. 4 Rn. 13f.).

IX. Einwand des Rechtsmissbrauchs

30 Grds. ist jeder, in dessen Rechte durch eine Verletzungshandlung eingegriffen wird, dazu berechtigt, seine Ansprüche im Wege der Abmahnung und ggf. gerichtlich zu verfolgen. Dies gilt ungeachtet der Tatsache, dass sich der Verletzer auf diese Weise gleich mehreren mehr oder weniger identischen Abmahnungen ausgesetzt sehen kann. Eine solche **Mehrfachverfolgung** ein und desselben Rechtsverstoßes kann aber rechtsmissbräuchlich sein, wenn sich die Abmahnenden vorwerfen lassen müssen, ohne vernünftige Erwägungen jeweils getrennt abgemahnt zu haben und dies nach den Umständen des Einzelfalls als besonders rücksichtslos erscheint.

§ 97a Abmahnung 31–33 § 97a UrhG

In der Entscheidung „Missbräuchliche Mehrfachverfolgung" hat es der BGH (BGH 31 GRUR 2000, 1263; vgl. auch BGH WRP 2002, 320, 321 – Missbräuchliche Mehrfachabmahnung m. w. N. [jeweils zu § 13 Abs. 5 UWG a. F., jetzt § 8 Abs. 4 UWG]) als ein gewichtiges Indiz für rechtsmissbräuchliche Absichten angesehen, wenn **konzernverbundene Unternehmen** unter Einschaltung desselben Anwalts nicht gemeinsam klagen, obwohl eine subjektive Klagehäufung auf der Aktivseite mit keinerlei Nachteilen verbunden wäre. Mit der Annahme eines rechtsmissbräuchlichen Vorgehens ist aber Zurückhaltung geboten, wie in der Rspr. des OLG Hamburg (OLG Hamburg GRUR-RR 2003, 53 f. – Verdrängungsversuch; 5 U 184/06, BeckRS 2008, 07227; 5 U 99/07, BeckRS 2009, 04381) an Hand der konkreten Umstände des Falls detailliert dargelegt worden ist. Hinzukommen müssen vielmehr weitere Indizien, die bei lebensnaher Betrachtung keine andere Schlussfolgerung als diejenige zulassen, dass die gewählte Art der Anspruchsverfolgung maßgeblich von sachfremden Beweggründen getragen gewesen ist (OLG Hamburg, 5 U 184/06, BeckRS 2008, 07227; vgl. KG MMR 2008, 742). Immer dann, wenn die jeweiligen **Abmahnenden ein konkretes eigenes Interesse** für ihr Vorgehen in Anspruch nehmen können, wird man nur schwer von einer rechtsmissbräuchlichen Mehrfachverfolgung ausgehen können. Im Bereich des Urheber- und Leistungsschutzrechts wird man es daher den jeweils aktiv legitimierten Personen (Urheber, ausschließlicher Nutzungsrechtsinhaber), die durch eine Rechtsverletzung stets unmittelbar und konkret betroffen sind, zugestehen müssen, gegen den Verletzer jeweils selbst vorzugehen (ebenso Schricker/Loewenheim/*Wild* § 97a Rn. 29). Bestehen zwischen den aktiv legitimierten Personen aber persönliche oder gesellschaftsrechtliche Verflechtungen, wird eine Inanspruchnahme in jeweils getrennten Verfahren, zumal dann, wenn der selbe Anwalt tätig wird, nur beim Vorliegen sachlicher Gründe für diese Art der Rechtsverfolgung als sachgemäß angesehen werden können.

Wird ein Verletzer von mehreren abgemahnt, muss er, sofern und soweit sich die jeweils 32 gegen ihn geltend gemachten Ansprüche decken, zur Ausräumung einer Erstbegehungs- oder Wiederholungsgefahr nicht unbedingt eine Unterwerfungserklärung gegenüber allen Abmahnenden abgeben. Vielmehr genügt die **gegenüber einem Dritten abgegebene Unterwerfungserklärung,** wenn deren Inhalt, die Person des Dritten, die Verhältnisse zwischen dem Abgemahnten und dem Dritten sowie etwaige sonstige Umstände auf eine hinreichende Ernsthaftigkeit der Willenserklärung hindeuten (vgl. dazu *Teplitzky* 8. Kap. Rn. 38 f. m. w. N.; § 97 Rn. 35).

Der Rechtsinhaber ist berechtigt, mehrere **rechtlich selbstständige Verletzer,** die 33 parallel **inhaltsgleiche Verletzungshandlungen** vornehmen, **gesondert in Anspruch** zu nehmen, ohne dass hierin ein rechtsmissbräuchliches Verhalten gesehen werden kann. Dies gilt auch dann, wenn die Verletzer in einer Sonderbeziehung (z. B. Hersteller und Vertreiber, Mitgliedschaft in einer gemeinsamen Dachorganisation, welche den Vertrieb der rechtsverletzenden Produkte koordiniert) zueinander stehen (vgl. LG München I, NJOZ 2009, 2312, 2315 – Pumuckl-Illustrationen, bestätigt durch OLG München GRUR-RR 2010, 412 = BeckRS 2010, 15097, Ziff. II.2.c. – Pumuckl-Illustrationen III; OLG Stuttgart GRUR-RR 2002, 381, 382 f. – Hot Chili [zum Markenrecht]). Dies gilt aber nur solange nicht sachfremde Ziele für das Motiv der Abmahnung überwiegen (vgl. BGH GRUR 2006, 243, 244 – MEGA SALE). Der Rechtsinhaber ist grds. auch dann nicht gehalten, sein Vorgehen auf die Inanspruchnahme einer zentralen Dachorganisation oder das oberste Glied der Vertriebskette zu konzentrieren, wenn hierdurch den anderen Verletzern die Möglichkeit zu weiteren Verletzungshandlungen genommen würde. Etwas anderes mag ausnahmsweise dann zu erwägen sein, wenn dem Rechtsinhaber die Organisationsstruktur der Verletzer im Detail gut vertraut ist, die Inanspruchnahme des obersten Gliedes zuverlässig auch weitere Verletzungshandlungen der zugehörigen Verletzer unterbindet und keine sonstigen Gründe vorliegen, aufgrund derer eine Inanspruchnahme aller oder einer Vielzahl der miteinander verbundenen Verletzer zur Wahrung und Verteidigung der Rechte sinnvoll und unter irgendeinem sachlichen Grund nachvollziehbar erscheint.

34 Indizien für eine rechtsmissbräuchliche Abmahnung können sich dann ergeben, wenn parallele Abmahnungen oder gerichtliche Maßnahmen mit dann erhöhten Kostenfolgen verbunden sind, ohne dass es hierfür andere Gründe als ein Gebührenerzielungs- oder Kostenbelastungsinteresse gibt (vgl. BGH GRUR 2006, 243, 244 – MEGA SALE bei der Möglichkeit der Inanspruchnahme der Abgemahnten als Streitgenossen ohne jeden Nachteil für den Verletzten; OLG Hamm NJOZ 2010, 671, 672 für die Inanspruchnahme von gesellschaftsrechtlich verbundenen Personen; LG Bückeburg MMR 2009, 144 (Ls) = BeckRS 2008, 09349 [zu § 8 Abs. 4 UWG] offensichtlich überzogene Gegenstandswerte; enger OLG Jena BeckRS 2008, 14233; weitere Beispiele bei Köhler/Bornkamm/*Köhler* § 8 UWG Rn. 4.11 ff.; *Solmecke/Dierking*, MMR 2009, 727 ff.). Mit der Annahme eines Rechtsmissbrauchs ist jedoch Zurückhaltung geboten. Stets kommt es darauf an, ob die Umstände des Einzelfalls eine andere Motivation als die der Gebührenerzielung oder Kostenbelastung praktisch ausschließen. Denn grundsätzlich kann es dem Abmahnenden nicht verwehrt werden, jeden für die Rechtsverletzung Verantwortlichen in Anspruch zu nehmen und so für eine effektive Vermeidung weiterer Rechtsverletzungen Sorge zu tragen.

X. Unterlassungserklärung

35 Beim Vorliegen einer Wiederholungsgefahr kann der Abgemahnte diese grds. allein durch die Abgabe einer unbedingten und unbefristeten strafbewehrten Unterlassungserklärung beseitigen. Bei einer Erstbegehungsgefahr genügt hingegen die ernsthafte Erklärung, die rechtsverletzende Handlung nicht zu begehen (näher dazu § 97 Rn. 41). Zu den Voraussetzungen einer Zuwiderhandlung gegen eine strafbewehrte Unterlassungserklärung vgl. § 112 Rn. 45 ff.

36 Gibt der Abgemahnte nur eine inhaltlich **eingeschränkte Unterlassungserklärung** ab, beinhaltet dies nur dann das Angebot zum Abschluss eines Erlassvertrages in Bezug auf den nicht erfassten Teil der Rechtsverletzung, wenn dies in der Erklärung unmissverständlich zum Ausdruck kommt. Geschieht dies nicht, lässt die Annahme einer solchen eingeschränkten Unterlassungserklärung den weitergehenden Unterlassungsanspruch grds. unberührt (BGH GRUR 2002, 1075, 1076 – Teilunterwerfung).

37 Umgekehrt ist es dem Schuldner nicht verwehrt, zur Beseitigung der Wiederholungsgefahr eine **über den vom Gläubiger vorformulierten Text hinausgehende Unterlassungserklärung** abzugeben, wenn nur seine Erklärung den geltend gemachten Anspruch in vollem Umfange erfasst. Dies gilt insbesondere, wenn er sonst Gefahr läuft, wegen kerngleicher Verletzungshandlungen von diesem oder einem anderen Gläubiger mit kostenverursachenden weiteren Abmahnungen überzogen zu werden (OLG Köln, 6 W 157/10, BeckRS 2010, 29499 und 6 W 100/10, BeckRS 2011, 20960, für den Fall des Zugänglichmachens einer geschützten Audiodatei in Internettauschbörse). Zur Auslegung und Bestimmtheit einer Unterwerfungserklärung vgl. OLG Frankfurt a. M. (Urteil vom 31.8.2010 – 11 U 7/10), BeckRS 2011, 16990.

XI. Unberechtigte oder unwirksame Abmahnung

38 In Abs. 4 S. 1 ist jetzt ausdrücklich geregelt, dass der Abgemahnte im Falle der unberechtigten Abmahnung einen Erstattungsanspruch für die zur Rechtsverteidigung erforderlichen Aufwendungen hat. Regelmäßig steht dem zu unrecht Abgemahnten daher ein Anspruch der Kosten für die von ihm mit der Zurückweisung der Abmahnung beauftragten Rechtsanwalts zu.

39 Der Kostenerstattungsanspruch nach Abs. 4 S. 1 besteht auch, wenn die Abmahnung als solche berechtigt war, also eine (drohende) Rechtsverletzung tatsächlich vorlag, aber die Abmahnung unwirksam ist. Damit wird in erster Linie auf die Unwirksamkeit einer Abmahnung nach Abs. 2 S. 2 verwiesen, die sich vollkommen unabhängig von der materiell-

rechtlichen Lage bereits aus formellen Gründen ergeben kann. Da nicht konkret auf eine bestimmte Unwirksamkeit der Abmahnung Bezug genommen wird, besteht der Anspruch auch dann, wenn sich die Unwirksamkeit der Abmahnung aus anderen als den in Abs. 2 S. 1 aufgeführten Gründen ergibt.

Trotz unberechtigter Abmahnung besteht der Anspruch auf Erstattung von Aufwendungen **40** nicht, wenn zum Zeitpunkt der Abmahnung für den Abmahnenden nicht erkennbar war, dass die Abmahnung unberechtigt war. Der Zeitpunkt der Abmahnung wird im Gesetz nicht näher definiert. Hiermit kann eigentlich nur der Zeitpunkt der Absendung der Abmahnung gemeint sein, weil die Abmahnung sich danach außerhalb des Herrschaftsbereichs des Abmahnenden befindet. Wenn der Abmahnende allerdings danach tatsächlich erkennt, dass die Abmahnung unberechtigt ist, aber gleichwohl nichts weiter unternimmt, dann kann sich nach den allgemeinen Grundsätzen zur unberechtigten Schutzrechtsverwarnung sowie aus dem durch die Abmahnung entstandenen gesetzlichen Schuldverhältnis (s. Rn. 28) ein Anspruch auf Erstattung der erforderlichen Aufwendungen für die Zurückweisung der Abmahnung ergeben.

Für den Abmahnenden war es nur dann nicht erkennbar, dass die Abmahnung unbe- **41** rechtigt war, wenn dies auf einen Umstand zurückgeht, der nicht seiner Sphäre zuzurechnen ist und er trotz Anwendung größter Sorgfalt den Grund, der die Abmahnung unberechtigt macht, nicht erkennen konnte. Jede Form der Fahrlässigkeit, die kausal dazu beigetragen hat, dass der Abmahnende nicht erkannt hat, dass die Abmahnung unberechtigt war, schließt den Einwand der fehlenden Erkennbarkeit aus. Dabei hat sich der Abmahnende auch das Verschulden seiner Mitarbeiter und Erfüllungsgehilfen zurechnen zu lassen. Zudem trägt der Abmahnende für den Einwand der fehlenden Erkennbarkeit der unberechtigten Abmahnung die volle Beweislast.

Nach Abs. 4 S. 2 bleiben weitergehende Ersatzansprüche unberührt. Damit wird klarge- **42** stellt, dass die zur unberechtigten Schutzrechtsverwarnung entwickelten Grundsätze neben dem nun in Abs. 4 S. 1 geregelten Anspruch auch bei urheberrechtlichen Ahndungen weiterhin anwendbar bleiben. Es entspricht der gefestigten Rechtsprechung des BGH, dass eine unberechtigte Schutzrechtsverwarnung, mit der ein ernsthaftes und endgültiges Unterlassungsverlangen verbunden ist, einen Eingriff in das Recht am eingerichteten und ausgeübten Gewerbebetrieb des Abgemahnten darstellen kann, der bei Vorliegen eines Verschuldens einen Schadensersatzanspruch nach § 823 Abs. 1 BGB begründet (BGH NJW 2005, 3141, 3142 – GrSZ 1/04; BGH GRUR 2001, 54, 55 – Subway/Subwear; BGH GRUR 1997, 741, 742 – Chinaherde; OLG Hamburg GRUR 2002, 145 – Cat Stevens II; weitere Nachweise bei Ahrens/*Deutsch* Kap. 3 Rn. 13 [Fn. 25]). Diese Rechtsprechung ist in der Literatur vielfach kritisiert worden (vgl. etwa Ahrens/*Deutsch* Kap. 3 Rn. 12 ff.; *Ullmann* GRUR 2001, 1027 f.; *Kunath* WRP 2000, 1074 f.; *Deutsch* WRP 1999, 25, 26; **a. A.** Gloy/Loschelder/*Hasselblatt* § 45 Rn. 120 ff.).

Die unberechtigte Abmahnung kann nicht nur Ansprüche auf Schadensersatz (§§ 823, **43** 824, 826 ZPO), sondern auch auf Unterlassung begründen. Ebenso kommen Ansprüche aus § 4 Nrn. 8 oder 10 UWG (bei Bestehen eines Wettbewerbsverhältnisses) in Betracht (vgl. auch Schricker/Loewenheim/*Wild* § 97a Rn. 26). So ist der Lieferant nicht daran gehindert, denjenigen, der seine Abnehmer zu Unrecht abmahnt, auf Unterlassung weiterer Abmahnungen an seine Abnehmer in Anspruch zu nehmen (BGH WRP 2006, 579, 581 Rn. 17 – Unbegründete Abnehmerverwarnung). Allein das Recht, einen – wenn auch ggf. unbegründeten – Anspruch gerichtlich geltend zu machen, kann seinerseits nicht im Wege der Unterlassungsklage untersagt werden (BGH GrSZ GRUR 2005, 882, 884).

XII. Kosten

1. Allgemeines

Der Erstattungsanspruch erfasst grds. sämtliche erforderliche Aufwendungen, die dem **44** Verletzten durch die Abmahnung entstanden sind (vgl. zur Begrenzung des Erstattungsanspruchs nach Abs. 3 S. 2 aber Rn. 52f.). Dazu gehören insb. auch Rechtsanwaltskosten. Die Erstattung von Rechtsanwaltskosten kann auch dann in Betracht kommen, wenn der Verletzte über eine eigene Rechtsabteilung verfügt. Grundsätzlich steht es einem Unternehmen mit eigener Rechtsabteilung frei, eine gebotene Abmahnungen entweder selbst oder durch beauftragte Rechtsanwälte aussprechen zu lassen (BGH GRUR 2008, 928, 929, Rn. 14 – Abmahnkostenersatz [zu § 12 Abs. 1 UWG]; ebenso Büscher/Dittmer/Schiwy/ *Niebel,* § 97a Rn. 6; Fromm/Nordemann/*Nordemann* § 97a Rn. 26, enger noch BGH GRUR 2004, 789, 790 – Selbstauftrag). Der BGH hat jedoch in der Entscheidung „Abmahnkostenersatz" ausdrücklich offen gelassen, ob etwas anderes gilt, wenn es bei dem Unternehmen einen geringeren Aufwand verursacht, die Abmahnung abzufassen und die Unterwerfungserklärung vorzubereiten, als einen Rechtsanwalt zu informieren und zu instruieren (BGH GRUR 2008, 928, 929 Rn. 17; ähnlich auch BGH GRUR 2007, 620, 621 – Immobilienwertgutachten). Die für Wettbewerbsverbände abweichende Rspr., wonach diese bei typischen und durchschnittlich schwer zu verfolgenden Wettbewerbsverstößen auch ohne anwaltlichen Rat in der Lage sein müssen, eine Abmahnung auszusprechen, ist nicht auf Unternehmen übertragbar, da die Verfolgung von Wettbewerbsverstößen, anders als bei Verbänden im Sinne des § 8 Abs. 3 Nr. 2 UWG, nicht zu deren originären Aufgaben gehört (vgl. BGH GRUR 2008, 928, 929 Rn. 15 – Abmahnkostenersatz; BGH GRUR 2010, 1120, 1122 Rn. 26 – Vollmachtsnachweis). Dies gilt um so mehr, als durch § 97a Abs. 2 nun sehr spezifische Anforderungen an eine wirksame Abmahnung gestellt werden.

45 Im Falle der eigenen Betroffenheit gilt weiterhin der Grundsatz, dass ein Rechtsanwalt seine Sachkunde bei der Abmahnung eines unschwer zu erkennenden Verstoßes einsetzen muss, so dass kein Anspruch auf Erstattung dafür anfallender Kosten bzw. für eine Selbstmandatierung besteht (BGH GRUR 2004, 789, 790 – Selbstauftrag; so auch AG Hamburg, Urteil v. 10.8.10 – 33 A C 309/09, BeckRS 2010, 20336). Fiktive Kosten sind nicht erstattungsfähig.

46 Die **Kosten eines Abmahnschreibens** gehören zu den Kosten eines nachfolgenden Klage- oder Verfügungsverfahrens. Entgegen der bisher weit verbreiteten Praxis vermindert sich dadurch nach Ziff. 3 IV zu Nr. 3100 VV RVG nicht die bereits entstandene Geschäftsgebühr, sondern die in dem anschließenden gerichtlichen Verfahren anfallende Verfahrensgebühr (BGH NJW 2007, 2049). Im gerichtlichen Verfahren ist daher nunmehr die volle Geschäftsgebühr als Nebenforderung geltend zu machen. Die Verfahrensgebühr verringert sich hingegen zur Hälfte, höchstens jedoch in Höhe einer Gebühr von 0,75. Eine Geltendmachung der Abmahnkosten im Kostenfestsetzungsverfahren ist nicht möglich, weil es sich dabei nicht um die Kosten des Rechtsstreits i. S. d. § 91 ZPO handelt (BGH NJW-RR 2006, 501, 502 Rn. 10f.).

47 Die ganz herrschende Ansicht billigt (BGH GRUR 1973, 384, 385 – Goldene Armbänder; BGH GRUR 1991, 550 – Zaunlasur; BGH GRUR 2000, 337, 338 – Preisknaller; LG München I MMR 2006, 339, 340; Hefermehl/Köhler/Bornkamm/*Bornkamm* § 12 UWG Rn. 1.8f.) billigt dem Rechtsinhaber, wenn die Abmahnung berechtigt war, einen materiell-rechtlichen **Kostenerstattungsanspruch** nach den Grundsätzen der **Geschäftsführung ohne Auftrag** (§§ 683 S. 1, 677, 670 BGB) zu. Nachdem der Kostenerstattungsanspruch für die berechtigte Abmahnung in Abs. 3 gesetzlich geregelt ist, ist ein Rückgriff auf die Geschäftsführung ohne Auftrag weder erforderlich noch möglich. Hat der **Verletzer schuldhaft gehandelt,** gehören die **Abmahnkosten** ggf. zu dem durch die Rechtsverletzung adäquat kausal verursachten **Schaden** und sind dann auch gem. § 97 Abs. 1 S. 1 2. Halbs. zu erstatten (vgl. dazu Rn. 56f.).

48 Maßstab für die Höhe des Aufwendungsersatzes ist die Erforderlichkeit. Für die Erstattungsfähigkeit der Rechtsanwaltskosten ist allerdings die Begrenzung in Abs. 3 S. 2 zu beachten (siehe dazu Rn. 52f.). Wie bei der Notwendigkeit der Kosten der Rechtsverfolgung oder Rechtsverteidigung i. S. v. § 91 Abs. 1 ZPO bestimmt sich die Erforderlichkeit der

Aufwendungen nach den Verhältnissen des jeweiligen Abmahnenden, also danach, welche Kostenregelung dieser mit seinem Rechtsanwalt getroffen hat. Ist eine vom RVG abweichende Gebührenvereinbarung getroffen worden, kann sich hieraus allerdings keine höhere Belastung für den Abgemahnten ergeben (OLG Frankfurt a. M., Urteil v. 31.8.2010 – 11 U 7/10, BeckRS 2011, 16990; Köhler/Bornkamm/*Bornkamm* § 12 UWG Rn. 1.93). Bei **Einschaltung eines Rechtsanwalts,** der (zunächst) allein für die Abmahnung beauftragt worden ist, kann die nach dem RVG für die vorgerichtliche Abmahntätigkeit angemessene Gebühr erstattet verlangt werden. Für diese Tätigkeit steht dem Anwalt gem. §§ 2 Abs. 2, 13 RVG i. V. m. Nr. 2300 VV eine Geschäftsgebühr mit einem Rahmen von 0,5 bis 2,5 zu. Bei überschaubaren und nicht besonders schwierig gelagerten Tätigkeiten wird dieser Rahmen durch § 2 Abs. 2 RVG i. V. m. Nr. 2300 VV auf eine Geschäftsgebühr von höchstens 1,3 begrenzt. In der überwiegenden Anzahl der Abmahnungen wird ein Gebührensatz von 1,3 angemessen sein (BGH GRUR 2010, 1120, 1122, Rn. 30 – Vollmachtsnachweis [für wettbewerbsrechtl. Abmahnung]; OLG Frankfurt a. M., Urteil v. 31.8.2010 – 11 U 7/10, BeckRS 2011, 16990;). Nur bei besonderen Umständen wird ausnahmsweise der Ansatz eines höheren oder niedrigeren Gebührensatzes angezeigt sein. Werden mehrere Verletzer gleichzeitig einzeln abgemahnt, wirkt sich dies nicht gebührenreduzierend aus (OLG München, Urteil v. 20.5.2010 – 6 U 2236/09, BeckRS 2010, 15097 – Pumuckl-Illustrationen III). Ein höherer Gebührensatz kommt nur in Betracht, wenn die Anfertigung der Abmahnung eine intensive Befassung mit einer tatsächlich und rechtlich kompliziert gelagerten Materie erfordert.

Der Abmahnende kann schon vor der Bezahlung oder der Vorlage einer Kostennote des eigenen Anwalts Zahlungsklage auf Erstattung der anwaltlichen Abmahnkosten erheben (Freistellung iSv § 257 BGB), wenn vom Schuldner die Zahlung ernsthaft verweigert worden ist (OLG Köln, Urteil v. 23.7.2010 – 6 U 31/10, BeckRS 2010, 20319; OLG München, Urteil v. 20.5.2010 – 6 U 2236/09, BeckRS 2010, 15097 – Pumuckl-Illustrationen III). 49

2. Anspruchsvoraussetzungen

Der Aufwendungsersatzanspruch setzt voraus, dass die Abmahnung berechtigt war. Es muss insofern die Gefahr einer erstmaligen oder wiederholten Verletzung eines durch das UrhG geschützten Rechts des Abmahnenden bestehen. Einem Dritten, der nicht Gläubiger des Unterlassungsanspruchs ist, fehlt hingegen die erforderliche Berechtigung, Ansprüche im Wege der Abmahnung geltend zu machen. Ihm steht daher auch kein Kostenerstattungsanspruch zu, und zwar selbst dann nicht, wenn das Recht des eigentlichen Rechtsinhabers tatsächlich verletzt worden ist. Auch im Urheberrecht wird in Anlehnung an die Grundsätze der Geschäftsführung ohne Auftrag zunehmend – wie im Wettbewerbsrecht bereits höchstrichterlich anerkannt – explizit zwischen einer **begründeten** und einer **berechtigten Abmahnung** differenziert (vgl. Dreier/Schulze/*Dreier,* § 97a Rn. 8; Ewert/ von Hartz, MMR 2009, 84, 85; vgl. auch Loewenheim/*Wild,* § 97a Rn. 20 f./28 f.). Eine Abmahnung ist begründet, wenn ihr ein Unterlassungsanspruch zu Grunde liegt. Berechtigt ist sie nur dann, wenn sie erforderlich ist, um dem Schuldner einen Weg zu weisen, den Gläubiger ohne Inanspruchnahme der Gerichte klaglos zu stellen (vgl. BGH GRUR 2010, 354, 355, Rn. 8 – Kräutertee; BGH GRUR 2010, 257, 258, Rn. 9 – Schubladenverfügung; BGH GRUR 2009, 502, 503, Rn. 11 – pcb [für markenrechtliche Abmahnung]; Köhler/Bornkamm/*Bornkamm* § 12 UWG Rn. 1.80). Eine erst nach Erlass einer Verbotsverfügung ausgesprochene Abmahnung kann dieses Ziel nicht mehr erreichen und ist folglich als nicht berechtigt anzusehen (BGH GRUR 2010, 257, 258, Rn. 7 ff. – Schubladenverfügung; KG NJW-RR 2012, 370, 371 – Neujahrskonzert 2011), weshalb in diesem Fall trotz begründeter Abmahnung kein Kostenerstattungsanspruch besteht. 50

Der Unterlassungsanspruch, der die Grundlage der Abmahnung bildet, muss zum Zeitpunkt des Zugangs der Abmahnung noch bestehen (**a. A.** Schricker/Loewenheim/*Wild* 51

§ 97a Rn. 20/28: Zeitpunkt der Absendung der Abmahnung ist maßgeblich). Daran fehlt es insb., wenn der Schuldner sich schon vorher strafbewehrt unterworfen hat oder eine rechtskräftige Verurteilung zur Unterlassung vorliegt und der ernstliche Wille zur Unterlassung nicht in Zweifel steht. Ob dem Abmahnenden auch bei einer **erfolglos gebliebenen Abmahnung**, wenn also die Abgabe einer strafbewehrten Unterlassungserklärung abgelehnt wird, ein **Kostenerstattungsanspruch** zusteht, wird unterschiedlich beurteilt (Überblick zum Meinungsstand bei *Steinmetz* 78 f.). Teilweise wird die Ansicht vertreten, der Abmahnende, der seinen Unterlassungsanspruch nicht weiter verfolge, habe auch nicht im Interesse des Abgemahnten gehandelt, weshalb ihm ein Kostenerstattungsanspruch nicht zustehe (LG Frankfurt a. M. NJW-RR 2003, 547 f.; in diese Richtung auch LG Düsseldorf, MMR 2011, 326, 327, das aber die Möglichkeit zur Rechtfertigung der unterbliebenen weiteren Verfolgung eröffnet). Andere gewähren dem Abmahnenden, sofern kein rechtsmissbräuchliches Verhalten vorliegt, hingegen einen Kostenerstattungsanspruch auch dann, wenn der Unterlassungsanspruch nicht weiter verfolgt worden ist (vgl. Schricker/Loewenheim/*Wild* § 97a Rn. 28, Harte/Henning/*Brüning* § 12 UWG Rn. 92; *Schulz* WRP 1990, 658, 660 f.). Der Wortlaut des § 97a Abs. 3 S. 1 knüpft an die Berechtigung der Abmahnung an, also an das Vorliegen eines materiell-rechtlichen Unterlassungsanspruches im Zeitpunkt der Abmahnung. Dies indiziert, dass es für die Entstehung des Erstattungsanspruchs nicht maßgeblich auf die Abgabe der Unterlassungserklärung ankommt. Es gibt durchaus Fälle, in denen es nachvollziehbare Gründe dafür gibt, warum die Abgabe einer strafbewehrten Unterlassungserklärung nicht mit letzter Konsequenz verfolgt wird. Stellt etwa der Abgemahnte sein rechtsverletzendes Verhalten tatsächlich ein oder gibt er eine nicht strafbewehrte Unterlassungserklärung ab, entfällt hierdurch zwar nicht die Wiederholungsgefahr. Solche Umstände können jedoch durchaus nachvollziehbare Gründe dafür sein, warum sich der Abmahnende, der in der Sache sein Ziel erreicht hat, nunmehr allein auf die Durchsetzung des Kostenerstattungsanspruchs konzentriert. Nur dann, wenn alles dafür spricht, dass es dem Abmahnenden eigentlich allein um den Kostenerstattungsanspruch, nicht aber auch um die Sache selbst ging, ist es angezeigt, den Kostenerstattungsanspruch zu versagen. Die Aufwendungen waren dann nämlich nicht „erforderlich".

3. Anspruchbegrenzung (§ 97a Abs. 3 S. 2)

52 Der bereits durch § 97a Abs. 2 a. F. unternommene Versuch, die Erstattung von Rechtsanwaltskosten für den Unterlassungs- und Beseitigungsanspruch in bestimmten Bereichen zu begrenzen, wird durch die Regelung des Abs. 3 S. 2 auf veränderter Grundlage fortgesetzt. Die wesentliche Schwäche der Vorgängerregelung lag in der recht großen Anzahl an Voraussetzungen, die kumulativ vorliegen mussten, um eine Begrenzung der erstattungsfähigen Rechtsanwaltskosten geltend machen zu können. Die Neuregelung ist erheblich verschlankt und sieht nur noch zwei Voraussetzungen vor, die im Normalfall auch recht eindeutig feststellbar sein sollten. Danach kommt es zu einer Begrenzung der erstattungsfähigen Rechtsanwaltskosten, wenn [1] der Abgemahnte nicht im Rahmen einer gewerblichen oder selbständigen beruflichen Tätigkeit gehandelt hat und [2] kein „Wiederholungsfall" vorliegt.

53 Abgestellt wird in Abs. 3 S. 2 Nr. 1 auf die Rechtsverletzung durch eine natürlichen Person, die bei der Rechtsverletzung nicht im Rahmen ihrer gewerblichen oder selbständigen beruflichen Tätigkeit handelte. Damit wird auf die Regelung in § 14 Abs. 1 BGB Bezug genommen. Ein Gewerbe liegt vor, wenn eine planvolle, auf gewisse Dauer angelegte, selbständige und wirtschaftliche Tätigkeit ausgeübt wird und dies nach außen hervortritt (MüKoBGB/*Micklitz*, § 14 Rn. 18). Beruf ist jede erlaubte, sinnvolle, auf Dauer angelegte Tätigkeit, die der Schaffung und Erhaltung der Lebensgrundlage dient (MüKoBGB/*Micklitz*, § 14 Rn. 30 f.). Dabei erfasst Abs. 3 S. 2 Nr. 1 nur die selbständige berufliche Tätigkeit, wodurch insbesondere die freien Berufe, die historisch nicht als Gewerbe zu klassifizieren sind, in den Anwendungsbereich der Regelung einbezogen werden. Eine gewerbliche oder selbständige berufliche Tätigkeit kann ohne weiteres auch durch eine über das Internet ausgeübte Nebenerwerbstätigkeit begründet werden (vgl. dazu näher MüKoBGB/*Micklitz*, § 14 Rn. 28 f. m. w. N.).

Kumulativ zu Abs. 3 S. 2 Nr. 1 darf, damit die Begrenzung der Erstattungsfähigkeit der Rechtsanwaltsgebühren eingreift, kein „Wiederholungsfall" vorliegen. Ein „Wiederholungsfall" ist gegeben, wenn mindestens einer der drei in Abs. 3 S. 2. Nr. 2 aufgeführten Sachverhalte vorliegt. Dabei ist es erforderlich, dass die vertragliche oder gerichtliche Unterlassungsverpflichtung zwischen dem Abmahnenden (nicht nur einem verbundenen Unternehmen) und der abgemahnten natürlichen Person besteht. Auffällig an der Regelung sind zwei Aspekte. Erstens stellt diese allein auf eine Unterlassungsverpflichtung aus dem Vertrag oder dem gerichtlichen Titel ab, obwohl die Gesamtregelung im Übrigen stets auch den Beseitigungsanspruch erwähnt. Jedenfalls systematisch ist dies nicht nachvollziehbar und vermutlich so auch nicht bedacht worden. Zweitens genügt zwar bereits eine vorangegangene einstweilige Verfügung auf Unterlassung. Bei einem Hauptsacheverfahren soll aber nur eine rechtskräftige gerichtliche Entscheidung ausreichend sein. Dies überzeugt bereits deshalb nicht, weil bei der einstweiligen Verfügung nicht gefordert wird, dass es sich um einen durch Abschlusserklärung endgültig anerkannten Titel handelt. Des Weiteren ist die Prüfungstiefe und -qualität bei einer in einem Hauptsacheverfahren ergangenen gerichtlichen Entscheidung, auch wenn diese noch nicht rechtskräftig ist, sicherlich nicht geringer als bei einer einstweiligen Verfügung. 54

Den Gegenstand, der zur vorangegangen vertraglichen oder gerichtlichen Unterlassungsverpflichtung geführt hat, bestimmt das Gesetz nicht weiter. Nach dem Wortlaut ist jeder Anspruch des Abmahnenden, der zur Begründung einer Unterlassungsverpflichtung des Abgemahnten geführt hat, ausreichend. Es darf bezweifelt werden, ob dies vom Gesetzgeber so intendiert war. Vermutlich hatte der Gesetzgeber eher an Ansprüche wegen der Verletzung von nach dem UrhG geschützten Schutzgegenständen gedacht. Dies ist in der Vorschrift aber nicht zum Ausdruck gekommen und könnte – wenn der Wortlaut nicht als eindeutig aufzufassen sein sollte – allenfalls im Wege der ergänzenden Auslegung aufgrund der Gesamtsystematik der Vorschrift hergeleitet werden. 55

4. Schadensersatz

Die Erstattung der Abmahnkosten bei der berechtigten Abmahnung, kann nach der bisherigen Rechtsprechung des BGH auch unter dem Gesichtspunkt des Schadensersatzes geltend gemacht werden, wenn die Rechtsverletzung schuldhaft erfolgte (BGH GRUR 1982, 489 – Korrekturflüssigkeit; BGH GRUR 1990, 1012, 1014 – Pressehaftung I; BGH NJW 1992, 429 – Abmahnkostenverjährung; BGH GRUR 1992, 176 – Missbräuchliche Mehrfachabmahnung). Ob die Abmahnkosten allerdings als Schaden i. S. d. § 97 Abs. 2 angesehen werden können, ist in der Literatur in Zweifel gezogen worden, da die Abmahnung der Verhinderung zukünftiger Verstöße dienen soll, wohingegen sich der Schadensersatzanspruch aufgrund seiner Schutzrichtung auf eine in der Vergangenheit liegende Verletzungshandlung bezieht (vgl. Ahrens/*Scharen* Kap. 11 Rn. 12; dem zuneigend Köhler/Bornkamm/*Bornkamm* § 12 UWG Rn. 1.88). 56

Im Anschluss an die von *Scharen* vorgetragenen Argumente zeichnet sich nun auch aus der Entscheidung „Abmahnaktion" (BGH GRUR 2007, 631, 632 Rn. 20 f.) eine Tendenz zu einer partiellen Abkehr von der bisherigen Rechtsprechung ab. Danach sei zu differenzieren, ob die Abmahnung sich gegen einen Einzelverstoß richte oder ob durch sie eine Dauerhandlung unterbunden werden solle. Im letzteren Fall spreche für das Bestehen eines Schadensersatzanspruchs die Erwägung, dass die Abmahnung dann auch zugleich der Abwendung oder Minderung des Schadens diene (BGH GRUR 2007, 631, 632 Rn. 21 – Abmahnaktion; Köhler/Bornkamm/*Köhler*, § 9 UWG Rn. 1.29 halten die Abmahnung 57 nur dann für „erforderlich"). Der BGH musste die Frage, ob denn bei einem Einzelverstoß die Abmahnkosten nicht mehr als ersatzfähiger adäquat kausal verursachter Schaden anzusehen seien, letztendlich nicht entscheiden, da die Abmahnung in dem konkreten Fall eine Dauerhandlung betraf. Die Ausführungen des BGH zu diesem Aspekt legen aber die Vermutung nahe, dass damit ein Hinweis für eine sich anbahnende Änderung der Rechtsprechung gegeben werden sollte, wobei allerdings offen bleibt, ob sich diese Sichtweise nur auf den Bereich des Wettbewerbsrechts erstreckt oder auch Abmahnkosten bei Schutzrechtsverletzungen mit erfassen soll.

58 Die Erwägungen des BGH, zukünftig bei der Herleitung eines Schadensersatzanspruchs für die Erstattung der Abmahnkosten zwischen Einzel- und Dauerhandlungen zu differenzieren, überzeugen nicht. Selbst dann, wenn nur ein „Einzelverstoß" vorliegt, der in sich abgeschlossen ist, führt dieser Verstoß zu einer Wiederholungsgefahr in Bezug auf weitere Verstöße. Das Bestehen einer solchen Wiederholungsgefahr geht auf die zutreffende Erwägung zurück, dass der Verletzer, wenn es ihm nicht untersagt wird, in der Zukunft regelmäßig weitere Verletzungshandlungen vornehmen wird. Auch bei einem Einzelverstoß ist die Abmahnung daher nicht in die Vergangenheit, auf die abgeschlossene Rechtsverletzung bezogen, sondern dient potentiell auch der Abwendung von (weiteren) Schäden. Die bereits erfolgte, aber nicht andauernde Rechtsverletzung bildet dabei die Ursache für die Herausgabe der Abmahnung. Es geht darum, die Gefahr zukünftiger Verstöße und damit auch weiterer Schäden zu vermeiden. Warum die Abmahnung und die sich daraus ergebenden Kosten nicht auch bei einer einzelnen bereits abgeschlossenen Rechtsverletzung zum ersatzfähigen Schaden gehören sollen, ist daher nicht ersichtlich.

59 Vom Umfang her kann der Schadensersatzanspruch des Abmahnenden aus § 97 Abs. 2, im Einzelfall sogar über den Erstattungsanspruch aus § 97a Abs. 1 S. 2 hinausgehen. Der Abgemahnte kann sich nämlich gegenüber diesem Anspruch nicht damit verteidigen, er habe sich wegen des beanstandeten Verstoßes gegen das Urheberrecht bereits einem Dritten gegenüber strafbewehrt unterworfen. Die Abmahnkosten sind also auch dann als Schaden zu qualifizieren und somit erstattungsfähig, wenn die Wiederholungsgefahr aufgrund einer strafbewehrten Unterlassungserklärung gegenüber einem Dritten zum Zeitpunkt der Abmahnung bereits nicht mehr bestand (LG Hamburg GRUR 1990, 216, 217; LG Köln GRUR 1987, 741, 742; Dreier/Schulze/*Dreier* § 97a Rn. 20 Köhler/Bornkamm/*Bornkamm* § 12 UWG Rn. 1.89). Die Deckelung nach § 97a Abs. 2 ist auf Schadensersatzansprüche (entsprechend) anwendbar (siehe oben Rn. 48; ebenso Dreier/Schulze/*Dreier* § 97a Rn. 20; Spindler/Schuster/*Spindler* § 97a UrhG Rn. 11; ebenso *Hoeren* CR 2009, 378, 380, sofern es um die Anwaltskosten geht; **a. A.** *Faustmann/Ramsperger* MMR 2010, 662, 666).

§ 98 Anspruch auf Vernichtung, Rückruf und Überlassung

(1) **Wer das Urheberrecht oder ein anderes nach diesem Gesetz geschütztes Recht widerrechtlich verletzt, kann von dem Verletzten auf Vernichtung der im Besitz oder Eigentum des Verletzers befindlichen rechtswidrig hergestellten, verbreiteten oder zur rechtswidrigen Verbreitung bestimmten Vervielfältigungsstücke in Anspruch genommen werden. Satz 1 ist entsprechend auf die im Eigentum des Verletzers stehenden Vorrichtungen anzuwenden, die vorwiegend zur Herstellung dieser Vervielfältigungsstücke gedient haben.**

(2) **Wer das Urheberrecht oder ein anderes nach diesem Gesetz geschütztes Recht widerrechtlich verletzt, kann von dem Verletzten auf Rückruf von rechtswidrig hergestellten, verbreiteten oder zur rechtswidrigen Verbreitung bestimmten Vervielfältigungsstücken oder auf deren endgültiges Entfernen aus den Vertriebswegen in Anspruch genommen werden.**

(3) Statt der in Absatz 1 vorgesehenen Maßnahmen kann der Verletzte verlangen, dass ihm die Vervielfältigungsstücke, die im Eigentum des Verletzers stehen, gegen eine angemessene Vergütung, welche die Herstellungskosten nicht übersteigen darf, überlassen werden.

(4) Die Ansprüche nach den Absätzen 1 bis 3 sind ausgeschlossen, wenn die Maßnahme in Einzelfällen unverhältnismäßig ist. Bei der Prüfung der Verhältnismäßigkeit sind auch die berechtigten Interessen Dritter zu berücksichtigen.

(5) Bauwerke sowie ausscheidbare Teile von Vervielfältigungsstücken und Vorrichtungen, deren Herstellung und Verbreitung nicht rechtswidrig ist, unterliegen nicht den in den Absätzen 1 bis 3 vorgesehenen Maßnahmen.

Literatur: *Arlt,* Ansprüche des Rechteinhabers bei Umgehung seiner technischen Schutzmaßnahmen, MMR 2005, 148; *Asendorf,* Gesetz zur Stärkung des Schutzes geistigen Eigentums und zur Bekämpfung der Produktpiraterie, NJW 1990, 1283; *Czychowski/Nordemann,* Die Entwicklung der Gesetzgebung und Rechtsprechung zum Urheberrecht in den Jahren 2002 und 2003, NJW 2004, 1222; *Frank/Wiegand,* Der Besichtigungsanspruch im Urheberrecht de lege ferenda, CR 2007, 481; *Jestaedt,* Die Ansprüche auf Rückruf und Entfernen schutzrechtsverletzender Gegenstände aus den Vertriebswegen, GRUR 2009, 102; *Kröger,* Die Urheberrechtsrichtlinie für die Informationsgesellschaft – Bestandsaufnahme und kritische Bewertung, CR 2001, 316; *Nägele/Nitsche,* Gesetzentwurf der Bundesregierung zur Verbesserung der Durchsetzung von Rechten des geistigen Eigentums, WRP 2007, 1047; *Patnaik,* Enthält das deutsche Recht effektive Mittel zur Bekämpfung von Nachahmungen und Produktpiraterie?, GRUR 2004, 191; *Peukert/Kur,* Stellungnahme des Max-Planck-Instituts für Geistiges Eigentum, Wettbewerbs- und Steuerrecht zur Umsetzung der Richtlinie 2004/48/EG zur Durchsetzung der Rechte des geistigen Eigentums in deutsches Recht, GRUR Int. 2006, 292; *Retzer,* Einige Überlegungen zum Vernichtungsanspruch bei der Nachahmung von Waren und Leistungen, in: Erdmann u. a. (Hrsg.), Festschrift für H. Piper, München 1995, 421 (zit. Retzer FS Piper); *Seichter,* Die Umsetzung der Richtlinie zur Durchsetzung der Rechte des geistigen Eigentums, WRP 2006, 391; *Skauradszun/Majer,* Der neue Rückrufanspruch aus § 98 Abs. 2 UrhG, ZUM 2009, 199; *Spindler/Weber,* Die Umsetzung der Enforcement-Richtlinie nach dem Regierungsentwurf für ein Gesetz zur Verbesserung der Durchsetzung von Rechten des geistigen Eigentums, ZUM 2007, 257; *Thun,* Der immaterialgüterrechtliche Vernichtungsanspruch, München 1998; *Ullmann,* Rechte des Herstellers von Tonträgern gegen das Sound-Sampling, jurisPR-WettbR 10/2006 Anm. 3; *Walchner,* Der Beseitigungsanspruch im gewerblichen Rechtsschutz und Urheberrecht, Köln 1998; *Waldenberger,* Zur zivilrechtlichen Verantwortlichkeit für Urheberrechtsverletzungen im Internet, ZUM 1997, 176; *Wand,* Technische Schutzmaßnahmen und Urheberrecht, München 2001.

Vgl. darüber hinaus die Angaben im eingangs abgedr. Gesamtliteraturverzeichnis.

Übersicht

	Rn.
I. Bedeutung und Anwendungsbereich	1–16
1. Bedeutung	1–3
2. Grundzüge	4
3. Verhältnis zu anderen Vorschriften	5–7
4. Prozessuale Geltendmachung der Ansprüche	8–16
II. Anspruch auf Vernichtung von Vervielfältigungsstücken (§ 98 Abs. 1 S. 1)	17–26
1. Anspruchsparteien	17–20
2. Erfasste Vervielfältigungsstücke	21, 22
3. Rechtswidrige Handlungen	23, 24
4. Vernichtung der Vervielfältigungsstücke	25
5. Anspruch auf Vernichtung gegenüber nichtverletzenden Dritten	26
III. Anspruch auf Vernichtung von Vorrichtungen (§ 98 Abs. 1 S. 2)	27–35
1. Bedeutung und Anwendungsbereich	27–30
2. Vorrichtungen zur Herstellung von Vervielfältigungsstücken	31
3. Benutzung oder Bestimmung zur rechtswidrigen Herstellung	32–35
IV. Anspruch auf Rückruf und Entfernung aus den Vertriebswegen (§ 98 Abs. 2)	36–39
V. Anspruch auf Überlassung (§ 98 Abs. 3)	40, 41
VI. Ausschluss bei Unverhältnismäßigkeit (§ 98 Abs. 4)	42–45

VII. Ausnahmen für Bauwerke und ausscheidbare Teile (§ 98 Abs. 5) 46, 47
  1. Bauwerke 46
  2. Ausscheidbare Teile von Vervielfältigungsstücken und Vorrichtungen 47

I. Bedeutung und Anwendungsbereich

1. Bedeutung

1   Die **Neufassung** des § 98 durch den 2. Korb führte zu einer Ausweitung der bisherigen Regelung, ohne allerdings eine tiefgehende Änderung vorzunehmen. Für den Verletzten enthält die Norm einige Erleichterungen, deren praktische Konsequenzen nicht zu hoch eingeschätzt werden sollten. Die Regelung knüpft an das **Ziel der Enforcement-Richtlinie** an, einen möglichst vollumfänglichen Schutz herzustellen. Regelungstechnisch wurde § 99 a. F. nunmehr in § 98 Abs. 1 S. 2 eingefügt, aus § 101 Abs. 2 a. F. wurde § 98 Abs. 5. Durch die Norm liegt weiterhin eine wirksame Möglichkeit für den Verletzten vor, bei einer urheberrechtlichen Verletzungshandlung neben Schadensersatz nach § 97 auch **Abhilfemaßnahmen** gegen den widerrechtlichen Zustand verlangen zu können. Sinn und Zweck der Regelung besteht vor allem in der Aufhebung eines dem Zuweisungsgehalt des Immaterialgüterrechts **widersprechenden Zustandes** (so BGH NJW 2003, 668, 670 – P-Vermerk). Das sich hieraus auch eine **präventive Wirkung** ergeben kann, ist aber nur als Reflex des primären Ziels der Schaffung rechtmäßiger Zustände zu verstehen (a. A. *Schack* Rn. 707). Anders als beim Schadensersatz ist hierbei **kein Verschulden** erforderlich (Loewenheim/*Vinck* § 81 Rn. 76). Eine erste Verschärfung der Regelung wurde bereits durch das Produktpirateriegesetz (PrPG) v. 7.3.1990 (BGBl. I S. 442) vorgenommen, um wirkungsvoller gegen Verletzungen vorgehen zu können. Seitdem war allein der Besitz betroffener Vervielfältigungsstücke durch den Verletzer für einen Anspruch aus § 98 ausreichend. Der Gesetzgeber hat dabei in Kauf genommen, dass in Einzelfällen das unbedingt Erforderliche überschritten sein könnte (AmtlBegr. PrPG 336). Durch die Umsetzung des **Art. 10 Enforcement-Richtlinie** wurde der Anwendungsbereich der Norm erweitert und sieht – neben dem bisherigen Vernichtungsanspruch – auch einen Rückrufs- und Entfernungsanspruch vor, der in die Norm einzufügen war.

2   Damit wird deutlich, dass der Bekämpfung von Produktpiraterie und anderen Verletzungsformen des geistigen Eigentums auch auf europäischer Ebene ein gesteigerter Stellenwert beigemessen wird, was bei der Auslegung der Vorschrift zu beachten ist. Die Regelung ist vollumfänglich auch auf „einfache" Verletzungshandlungen im kleinen Umfang anzuwenden (BGH GRUR 1995, 338, 341 – Kleiderbügel), um einen effektiven Schutz des Rechtsinhabers zu gewährleisten. Ein **Ausgleich** eventueller Härten erfolgt insoweit dann über eine Verhältnismäßigkeitsprüfung innerhalb des § 98 Abs. 4, wobei aber ein geringer Schadensumfang nicht zwingend zur Unverhältnismäßigkeit führen muss (vgl. Rn. 42). Anwendung findet der § 98 nur auf Vervielfältigungsstücke, die sich im Inland befinden. Dies folgt aus dem **Territorialitätsprinzip** des Urheberrechts (Dreier/Schulze/*Dreier* § 98 Rn. 6; OLG Düsseldorf GRUR 1993, 905, 907 – Bauhaus-Leuchte). Aus dem Schutzlandprinzip folgt dabei, dass auch ausländischen Urhebern ein Anspruch aus § 98 zusteht, wenn sich rechtsverletzende Vervielfältigungsstücke innerhalb Deutschlands befinden (vgl. OLG München ZUM 2010, 186).

3   Der Verletzte kann seinen Anspruch aus § 98 sowohl im zivilrechtlichen als auch im strafrechtlichen Verfahren verfolgen (Möhring/Nicolini/*Lütje* § 98 Rn. 4); bei letzterem ist § 110 zu berücksichtigen.

2. Grundzüge

4   In der Vorschrift werden zivilrechtliche Ansprüche des Verletzten gegen den Verletzer im Urheberrecht normiert. Das Gesetz regelt hierzu in § 98 Abs. 1 einen **Vernichtungsan-**

spruch, in § 98 Abs. 2 einen **Anspruch auf Rückruf und auf Entfernung** der Vervielfältigungsstücke aus den Vertriebswegen, sowie nach § 98 Abs. 3 einen Anspruch auf **Überlassung.** Dabei steht es dem Verletzten frei, zwischen diesen Ansprüchen zu wählen. Als **Ausnahme** hierzu legt § 98 Abs. 4 fest, dass bei Unverhältnismäßigkeit der nach § 98 Abs. 1 bis 3 möglichen Maßnahmen diese ausgeschlossen sind. Bislang bestimmte § 98 Abs. 3 a. F., dass sich bei **Unverhältnismäßigkeit** der Anspruch auf weniger einschneidende Maßnahmen erstreckte, wenn dadurch der verursachte Zustand beseitigt werden konnte. Dies ist – trotz geändertem Wortlaut – auch weiterhin zu beachten (s. Rn. 44). Dabei bleibt stets zu bedenken, dass es sich bei § 98 Abs. 1 bis 3 um Regelmaßnahmen handelt, wozu Abs. 4 nur im Einzelfall Abweichungen zulässt (so bisher schon *Retzer* FS Piper 421, 422; *Walchner* 33). Der Gesetzgeber hat bereits selbst eine **grundlegende Abwägung** der widerstreitenden Interessen vorgenommen, weswegen ein Abweichen davon vom Verletzer zu beweisen ist. Die in § 98 enthaltenen Ansprüche können nach Wahl des Verletzers bei Vorliegen einer Ausnahme gem. § 100 auch auf **Entschädigung in Geld** gerichtet sein. Grundsätzliche Ausnahmen zu § 98 werden in § 98 Abs. 5 (zuvor § 101 Abs. 2) normiert.

3. Verhältnis zu anderen Vorschriften

Die Regelung des § 98 gibt dem Verletzten **selbstständig bestehende Ansprüche,** 5 deren Sanktionscharakter vom Gesetzgeber gerade durch das PrPG von 1990 und die Umsetzung der Enforcement-Richtlinie bezweckt wurde (zur alten Rechtslage: *Asendorf* 1283, *Rehbinder* Rn. 462). Die Selbstständigkeit hat zur Folge, dass die Ansprüche **neben Schadensersatzansprüchen** aus § 97 geltend gemacht werden können, ohne dass dies Einfluss auf die Berechnung des Ersatzanspruchs hätte (BGH GRUR 1993, 899, 900 – Dia-Duplikate; Möhring/Nicolini/*Lütje* § 98 Rn. 6).

Eine besondere Regelung für **Computerprogramme** sieht § 69 f vor. Hiernach hat der 6 Rechtsinhaber einen Anspruch auf Vernichtung betroffener Vervielfältigungsstücke gegen den Eigentümer oder den Besitzer (s. § 69f Rn. 5), wobei ein Verschulden ebenfalls nicht erforderlich ist. Bemerkenswert ist, dass ein Anspruch auf **Vernichtung von Raubkopien** nicht von dem Besitz oder dem Eigentum des Verletzers abhängt, womit ein über § 98 hinausgehender Anwendungsbereich eröffnet wird. Durch § 69f Abs. 1 S. 2 werden § 98 Abs. 3 und 4 für entsprechend anwendbar erklärt (vgl. *Wand* 145; Möhring/Nicolini/ *Hoeren* § 69f Rn. 13).

Im **Markenrecht** gilt die Parallelvorschrift des § 18 MarkenG, nach der ebenfalls ein 7 verschuldensunabhängiger Vernichtungsanspruch besteht (*Berlit* Rn. 264; ausführlich *Thun* 74 ff.). Dieser greift in allen Fällen der §§ 14, 15 MarkenG ein. Parallelvorschriften stellen z. B. § 43 GeschmMG und § 37a SortenschutzG dar, auf die nachfolgende Ausführungen analog angewendet werden können (ausführlich *Jestaedt* GRUR 2009, 102 ff.).

4. Prozessuale Geltendmachung der Ansprüche

Ein möglicher Vernichtungsanspruch des Verletzten kann nicht **im Wege einer einst-** 8 **weiligen Verfügung** geltend gemacht werden (s. bereits *Retzer* FS Piper 421, 428; a. A. Loewenheim/*Vinck* § 81 Rn. 73). Hierdurch würde die Hauptsache vorweggenommen, und Rechte des mutmaßlichen Verletzers oder Dritter könnten vereitelt werden. Auf jeden Fall sollte jedoch zur Sicherung des Anspruchs eine **Sequestration** der betroffenen Gegenstände durch den zuständigen Gerichtsvollzieher im **einstweiligen Rechtsschutz** beantragt werden (OLG Hamm GRUR 1989, 502; Schricker/Loewenheim/*Wild* § 98 Rn. 30; OLG Hamm GRUR 1989, 502, 503), welche dann im Wege einer einstweiligen Verfügung nach § 938 Abs. 2 ZPO zu erfolgen hat. Allerdings ist die Zustimmung des Gerichtsvollziehers in einigen Bundesländern erforderlich.

Zur **Glaubhaftmachung des Anspruchs** genügt regelmäßig die eidesstattliche Versi- 9 cherung, dass eine Verletzung vorliege. Ausreichend mag dies nur dort nicht sein, wo es für den Antragsteller keine großen Probleme macht, den Verletzungstatbestand z.B. durch Testkäufe oder Fotografien darzulegen (ähnlich *Retzer* FS Piper 421, 428). Im Einzelfall kann u.U. eine Herausgabe der Vervielfältigungsstücke an den **Gerichtsvollzieher** allein nicht eine angemessene Sicherung des Verletzten ergeben. Hier kommt z.B. ein **ergänzender Anspruch auf ein Verbot der Rückgabe** von Vervielfältigungsstücken an den Lieferanten im einstweiligen Rechtsschutzverfahren in Betracht (so zu § 43 Abs. 3 GeschmMG OLG Frankfurt a.M. GRUR-RR 2003, 96 – Uhrennachbildungen). Hier könnte nämlich die Möglichkeit bestehen, dass durch eine Rückgabe an den Lieferanten die betreffenden Stücke der Herausgabevollstreckung entzogen werden.

10   Eine ähnliche Frage stellt sich im Zusammenhang mit der **vorläufigen Vollstreckbarkeit** eines ergangenen Urteils auf Herausgabe zur Vernichtung. Hierzu wird teilweise vertreten, dass dies im Rahmen des Verhältnismäßigkeitserfordernisses nach § 98 Abs. 4 nicht möglich sei, da ansonsten vollendete Tatsachen geschaffen werden würden (Schricker/ Loewenheim/*Wild* § 98 Rn. 30). Diese statische Sichtweise verkennt allerdings, dass der Anspruch auf Herausgabe zur Vernichtung nach den **allgemeinen Regelungen der §§ 704 ff. ZPO** für vorläufig vollstreckbar erklärt werden kann (OLG Hamburg GRUR-RR 2007, 3). Etwas anderes würde der Systematik des Vollstreckungsrechts widersprechen und stellt eine andere Situation dar als sie beim einstweiligen Rechtsschutz besteht (BGH WRP 2009, 308, 312 – Metall auf Metall; Spindler/Schuster/*Spindler*, § 98 Rn. 25). Der Verletzer kann insoweit einen **Schutzantrag nach §§ 712, 714 ZPO** stellen und ist durch die Schadensersatzpflicht des Verletzten gem. § 717 Abs. 2 ZPO hinreichend geschützt. Allerdings kann der Verhältnismäßigkeitsgrundsatz nach § 98 Abs. 4 dann zum Tragen kommen, wenn z.B. Produktionsvorrichtungen betroffen sind, die auch der Herstellung anderer Güter dienen (so *Ullmann* jurisPR-WettbR 10/2006, Anm. 3). Dies hat dann im **Vollstreckungsausspruch** oder im **Vollstreckungsschutzantrag Berücksichtigung zu finden.** Allerdings sind entsprechende Gründe vom Verletzer darzulegen und müssen über die für eine vorläufige Vollstreckung typischen Nachteile hinausgehen. Ähnliche Überlegungen können bei der einstweiligen Verfügung allerdings nicht eingreifen, da das Wesen dieses Rechtsinstitutes dagegen spricht und eine Sequestration vollkommen ausreichend ist.

11   **Nicht erforderlich** ist zumeist, dass zur Vermeidung der **Kostenfolge** des § 93 ZPO der potentielle Verletzer zunächst **abgemahnt** wird, da dies dem Sinn der einstweiligen Verfügung im Rahmen des § 98 widersprechen würde. Es geht gerade darum, dem Verletzer jede Möglichkeit zu nehmen, durch eine Weiterverbreitung betroffener Gegenstände eine weitere Vertiefung des rechtswidrigen Zustandes herbeizuführen (vgl. OLG Nürnberg WRP 1995, 427). Ob eine **derartige Gefahrenlage** gegeben ist, bestimmt sich aus der Sicht des potentiell Verletzten (so zur vergleichbaren Problematik der Vereitelungsgefahr bei Markenpiraterie OLG Köln NJWE-WettbR 2000, 303, 304). Eine **Abmahnung** bleibt daher immer nur dann erforderlich, wenn im Einzelfall besondere Umstände hinzutreten, die eindeutig erkennen lassen, dass der Verletzer bereits einer **außergerichtlichen Unterlassungsaufforderung** nachkommen werde (zutreffend LG Hamburg GRUR-RR 2004, 191, 192 – Flüchtige Ware).

12   Bei der **Abfassung der Klageschrift** ist zu beachten, dass das in § 98 vorgesehene Wahlrecht des Verletzten mit der Klageerhebung ausgeübt werden muss, da ansonsten der Antrag zu unbestimmt ist (Fromm/Nordemann/*Nordemann* § 98 Rn. 36; a.A. Schricker/ Loewenheim/*Wild* § 98 Rn. 32; Möhring/Nicolini/*Lütje* § 98 Rn. 24) und § 253 Abs. 2 Nr. 2 ZPO nicht Genüge getan wird. Nach Ausübung des Wahlrechts bleibt der Verletzte an seine Wahl gebunden (Dreyer/Kotthoff/Meckel/*Meckel* § 98 Rn. 6). Weiterhin ist anzuraten, in einem Hilfsantrag eine Verurteilung nach § 98 Abs. 4 zu beantragen, da die Frage der Verhältnismäßigkeit stets von der Einschätzung des Einzelfalls durch das Gericht abhängt und somit das **Kostenrisiko des Verletzten** verringert werden kann. Nach der hier vertretenen Ansicht ist Abs. 4 weiterhin in der bisherigen Fassung des Abs. 3

zu verstehen, da der Gesetzgeber an dieser Stelle keine Änderung vornehmen wollte (s. u. Rn. 44).

Zur Vorbereitung seiner Klage steht dem Verletzten ein **Auskunftsanspruch** gem. §§ 242, 259, 260 BGB zu (Dreier/Schulze/*Dreier* § 98 Rn. 1; LG München I ZUM 1993, 432, 435; s. auch § 101). Dieser Anspruch zielt darauf ab, sowohl in qualitativer als auch in quantitativer Hinsicht den Klageantrag so genau wie möglich fassen zu können. Er ist im Rahmen einer Stufenklage geltend zu machen (*Walchner* 292).

Weiterhin kann es zur Begründung eines Anspruchs aus § 98 erforderlich sein, dass dem Verletzten die **Besichtigung der fraglichen Vervielfältigungsstücke** durch den Verletzer gestattet wird. Dies ist insb. bei **raubkopierter Software** von Bedeutung. Ein Besichtigungsanspruch kann jedoch nicht aus den Rechten auf Sequestration oder auf Auskunft abgeleitet werden, da er weit über deren Anwendungsbereich hinausgeht (vgl. Loewenheim/*Rojahn* § 93 Rn. 38 ff.). Vielmehr findet **§ 809 BGB** Anwendung (BGH ZUM-RD 2013, 371). Dieser Anspruch steht auch grds. dem Urheber oder dem aus seinem Urheberrecht Berechtigten zu, wenn er sich vergewissern möchte, ob eine bestimmte Sache unter Verletzung des geschützten Werks hergestellt worden ist (BGH GRUR 2002, 1046, 1047 – Faxkarte; *Patnaik* GRUR 2004, 191, 192; s. jetzt auch § 101a Rn. 3). Für eine solche Verletzung muss lediglich eine **gewisse Wahrscheinlichkeit** bestehen, wobei einem eventuellen **Geheimhaltungsinteresse** des Besitzers Rechnung zu tragen ist (*Czychowski/Nordemann* NJW 2004, 1222, 1228; s. auch *Frank/Wiegand* CR 2007, 481). Der Anspruch aus § 809 BGB ist auf die Inaugenscheinnahme beschränkt und erfasst nicht das Recht auf Substanzeingriffe (BGH GRUR 1985, 518 – Druckbalken).

Der Vernichtungsanspruch ist nach §§ 887, 888 ZPO **zu vollstrecken,** d. h. der Verletzer hat hierzu seine Einwilligung zu geben (OLG Hamburg ZUM 1998, 938, 942; für §§ 883, 886 ZPO Schricker/Loewenheim/*Wild* § 98 Rn. 30). Umstritten ist hierbei, ob eine Herausgabe an den Verletzten oder an den Gerichtsvollzieher zum Zwecke der Vernichtung zu erfolgen hat oder ob der Verletzer selbst bestimmen darf, wie die Schaffung rechtmäßiger Zustände durchzuführen ist (zum Streitstand *Retzer* FS Piper 421, 431 ff.). Zu folgen ist insoweit der h. M., wonach grds. eine **Herausgabe an den Gerichtsvollzieher** zu erfolgen hat. Ansonsten wäre die Gefahr der Anspruchsvereitelung durch den Verletzer unkalkulierbar und widerspräche einem **effektiven Rechtsschutz.** Außerdem stellt dies auch die sicherste Form dar, um die Vernichtung zu erreichen (BGH NJW 2003, 668, 670 – P-Vermerk). Die **Herausgabe an den Verletzten** ist außerhalb des § 98 Abs. 3 grds. abzulehnen, da dieser nicht unabhängig agieren kann und gerade bei einer Verurteilung nach § 98 Abs. 4 zu befürchten ist, dass der Verletzte über **das Erforderliche** hinausgeht (anders wohl noch BGHZ 135, 183, 191 – Converse – zum Vernichtungsanspruch gem. § 18 MarkenG; vgl. auch Fromm/Nordemann/*Nordemann* § 98 Rn. 28; Dreier/Schulze/*Dreier* § 98 Rn. 7). Die **Kosten der Vernichtung** sind vom Verletzer zu tragen. Gegen die geltend gemachte Höhe kann er sich im Vollstreckungsverfahren wenden (BGHZ 135, 183, 192 – Converse). Dies galt bislang schon und wird jetzt auch ausdrücklich in Art. 10 Abs. 2 Enforcement-Richtlinie normiert. Eine entsprechende Umsetzung war wegen der gefestigten Rechtsauffassung entbehrlich und kann bereits aus der Verpflichtung zur Vernichtung gefolgert werden (BT-Drucks. 16/5048, S. 32).

Der Überlassungsanspruch aus § 98 Abs. 3 ist hinsichtlich der Herausgabe nach §§ 883, 756 ZPO zu vollstrecken und hinsichtlich der Eigentumsübertragung nach §§ 894 Abs. 1 S. 2, 726 Abs. 2, 730 ZPO (Schricker/Loewenheim/*Wild* § 98 Rn. 29; Möhring/Nicolini/*Lütje* § 98 Rn. 28).

Die Ansprüche auf **Rückruf** und auf **Entfernung aus den Vertriebswegen** sind ebenfalls nach §§ 887, 888 ZPO **zu vollstrecken,** d. h. der Verletzer hat hierzu seine Einwilligung zu geben. Da beide Ansprüche in ihrer prozessualen Geltendmachung noch weitgehend ungeklärt sind und auch ihre Bedeutung nicht abzusehen ist, sollte im Rahmen des Möglichen stets ein alternativer Antrag gestellt werden.

II. Anspruch auf Vernichtung von Vervielfältigungsstücken (§ 98 Abs. 1 S. 1)

1. Anspruchsparteien

17 Als **Verletzter** ist derjenige anzusehen, in dessen geschütztes Rechtsgut eingegriffen worden ist. Aktivlegitimiert als Verletzter ist daher entweder der Inhaber des Urheberrechtes oder aber auch der **ausschließliche Lizenznehmer** (BGH GRUR 1995, 338, 341 – Kleiderbügel; Möhring/Nicolini/*Lütje* § 97 Rn. 73 ff.). Es kann ebenfalls ein inländischer Alleinvertriebsberechtigter legitimiert sein (*Retzer* FS Piper 421, 428; BGHZ GRUR 1994, 635 – Cartier-Armreif). So verhält es sich z. B., wenn der Inhaber eines ausschließlichen Nutzungsrechts ein ausschließliches Untervertragsrecht weiter überträgt und ein berechtigtes Interesse an der Vernichtung aufgrund wirtschaftlicher Beteiligung an den Verkaufserlösen hat (BGH NJW 2000, 2202, 2207 – Laras Tochter; s. auch Loewenheim/*Vinck* § 81 Rn. 75).

18 **Anspruchsgegner** und damit passivlegitimiert ist der Verletzer, der die schutzrechtsverletzenden Gegenstände entweder im Eigentum oder im – zumindest mittelbaren – Besitz hat (Dreier/Schulze/*Dreier* § 98 Rn. 8; krit. *Schack* Rn. 706). Dies bedeutet, dass sich der Anspruch nicht gegen den Besitz von Personen richtet, die keine Schutzrechtsverletzung begangen haben. Etwas anderes gilt nur für **Raubkopien von Computersoftware,** wie sich aus dem Wortlaut von § 69 f Abs. 1 ergibt (*Rehbinder* 462).

19 Die Frage nach der Beurteilung des Besitzes stellt sich vor allem auch dort, wo auf angemietetem **Speicherplatz** auf fremden Servern rechtsverletzende Vervielfältigungen vorgenommen werden. Hier ist – ähnlich wie im TMG – nach der **jeweiligen Funktionsherrschaft** zu fragen und insoweit zumindest vom mittelbaren Besitz an den entsprechenden Daten auszugehen (vgl. auch Spindler/Schuster/*Spindler* § 98 Rn. 10). Anderenfalls würde es zu erheblichen Beschränkungen des Anwendungsbereichs kommen. Dies gilt unabhängig von einer möglichen Anwendbarkeit der Privilegierungstatbestände in §§ 7–10 TMG zugunsten des Hostproviders.

20 Leugnet der Verletzer bei § 98 den Fortbestand seines Besitzes, nachdem ihm bereits eine Schutzrechtsverletzung nachgewiesen worden ist, so trägt er dafür die Beweislast. In diesem Zusammenhang ist fraglich, ob eine Klage unbegründet ist, wenn der Verletzte das **Fortbestehen des Eigentums** des Verletzers an bestimmten Vervielfältigungsstücken nicht nachweisen kann. Hier verlangt der von § 98 Abs. 1 bis 3 bezweckte effektive Rechtsschutz, dass eine betreffende Klage auch **ohne Beweisaufnahme** über die Fortdauer begründet ist, da über die Frage des Eigentums an bestimmten Vervielfältigungsstücken noch nach Feststellung des weiteren Vorhandenseins solcher Gegenstände im Vollstreckungsverfahren entschieden werden kann (so zutreffend BGH NJW 2003, 668, 670 – P-Vermerk).

2. Erfasste Vervielfältigungsstücke

21 Von § 98 Abs. 1 erfasst werden alle rechtswidrig hergestellten, verbreiteten oder zur rechtswidrigen Verbreitung bestimmten Vervielfältigungsstücke i. S. v. § 16. Dies bedeutet, dass die Norm **keine Anwendung auf Originale oder rechtmäßig hergestellte Werke** findet, soweit es nur um eine rechtswidrige Zurschaustellung oder Vorführung geht (*Walchner* 98; *v. Gamm* § 98 Rn. 3). Als Vervielfältigungsstücke kommen somit z. B. Bücher, Tonträger, Kopien von Filmen und Werken der bildenden Kunst in Betracht (ausführlich Schricker/Loewenheim/*Wild* § 98 Rn. 7; *Thun* 53 ff.). Umfasst werden auch die Vervielfältigungsstücke **unfreier Bearbeitungen** (BGH NJW 2000, 2202, 2207 – Laras Tochter).

22 Unter **Vervielfältigungsstücken** ist die reproduzierte Körperlichkeit des Werkes zu verstehen, wodurch es dem Rechtsinhaber ermöglicht wird, dieses nach außen zu kommunizieren. Die entsprechenden Vervielfältigungsstücke müssen rechtswidrig hergestellt worden sein, wobei z. B. auch die Abbildung solcher Vervielfältigungsstücke in Werbeunterlagen ausreichen kann (vgl. *Jestaedt* GRUR 2009, 102, 104).

3. Rechtswidrige Handlungen

Die Herstellung, Verbreitung und Bestimmung zur Verbreitung stellen **ausschließliche** 23
Rechte des Urhebers dar, vgl. §§ 16, 17. Diese stellen dann Verletzungshandlungen dar und sind somit rechtswidrig, wenn einem Dritten keine Rechtfertigung zur Seite steht, welche ihm die Ausübung dieser Rechte anstelle des unmittelbaren Rechtsinhabers erlaubt. Eine solche Erlaubnis liegt insb. dann nicht vor, wenn sich **keine Berechtigung** unmittelbar vom Rechtsinhaber ableiten lässt (LG Düsseldorf ZUM-RD 2012, 684, 686; *Walchner* 99). Hierzu gehören auch die Fälle, in denen die Schutzfrist schon abgelaufen ist oder der Verletzer die Rechte erwirbt (BGH GRUR 1960, 446; *Ulmer* 553; Möhring/Nicolini/ *Lütje* § 98 Rn. 14). Ebenso verhält es sich, wenn sich ein durch Lizenz eingeräumtes Verbreitungsrecht auf eine **bestimmte Absatzart** beschränkt und der Lizenznehmer eine andere Art wählt (BGH GRUR 1959, 200 – Heiligenhof). In diesem Fall werden zunächst rechtmäßig hergestellte Vervielfältigungsstücke im weiteren Verlauf rechtswidrig verbreitet (Schricker/Loewenheim/*Wild* § 98 Rn. 9; Dreyer/Kotthoff/Meckel/*Meckel* § 98 Rn. 2). Ähnlich sind auch jene Fälle zu beurteilen, in denen ein wirksamer **Rücktritt von einem Verlagsvertrag** durch einen Urheber vorliegt; vgl. § 9 Abs. ▪ VerlG.

Besondere Aufmerksamkeit im Rahmen des § 98 ist der **Bestimmung zur Verbrei-** 24
tung zu widmen. Diese Alternative lässt sich nicht unmittelbar aus den von §§ 16, 17 erfassten Fällen herleiten. Es muss gerade ein **subjektives Element** vorliegen, aus dem sich eine derartige Zweckbestimmung folgern lässt. Hierzu sind regelmäßig vorliegende Indizien auszuwerten. So folgt z. B. aus der Anfertigung von Kopien im großen Umfang oder bei Offensichtlichkeit des gewerbsmäßigen Charakters ohne weiteres ein **Anscheinsbeweis**, den der potentielle Verletzer zu widerlegen hat (*Thun* 64; Dreier/Schulze/*Dreier* § 98 Rn. 5).

4. Vernichtung der Vervielfältigungsstücke

Vernichtung bedeutet, dass eine Veränderung der Substanz vorzunehmen ist (Loewen- 25
heim/*Vinck* § 81 Rn. 77), wodurch der Charakter als Vervielfältigungsstück aufgehoben wird und ein Werkgenuss nicht mehr möglich ist. Als Handlungsformen kommen dabei z. B. das Einstampfen von Büchern oder auch das Zerreißen von Bildern in Betracht. Der Rechteinhaber muss sich dabei nicht auf das mildeste Mittel einlassen, sondern kann auf das effektivste bestehen. **Ausnahmen** ergeben sich insoweit nur im Rahmen der Verhältnismäßigkeitsprüfung des § 98 Abs. 4. Von besonderer Bedeutung ist die vollständige Vernichtung bei digitalen Werken (z. B. Computerdateien). Hier kann der Verletzte u. U. verlangen, dass der Verletzer eine Spezialsoftware zur Vernichtung einsetzt, da das einfache Überschreiben von Dateien oftmals nicht ausreichend sein kann (Spindler/Schuster/ *Spindler* § 98 Rn. 11).

5. Anspruch auf Vernichtung gegenüber nichtverletzenden Dritten

Im Zusammenhang mit der Formulierung des Art. 10 Abs. 1 Enforcement-Richtlinie 26
stellt sich die Frage, ob sich der Vernichtungsanspruch auch gegen **unbeteiligte Dritte** richten kann. Die Richtlinie trifft hierzu keine eindeutige Aussage, sondern verweist in Erwägungsgrund 24 S. 3 und in Art. 10 Abs. 3 lediglich auf die ggf. zu berücksichtigenden Drittinteressen. Somit könnte sich die Regelung auch gegen Dritte wenden, da dies zweifellos zu einer **umfassenden Vernichtung** beitragen würde. Allerdings wird diesbezüglich zu Recht auf die Systematik der Richtlinie verwiesen, die bei entsprechendem Drittbezug

diesen jeweils **ausdrücklich** in die jeweilige Norm aufgenommen hat (so auch BT-Drucks. 16/5048, 31 unter Bezugnahme auf Art. 8 Enforcement-Richtlinie). Dieser Umkehrschluss kann auch nicht mit Hinweis auf die Regelung des § 98 Abs. 4 entkräftet werden, wonach Drittinteressen zu berücksichtigen sind (vgl. *Nägele/Nitsche* WRP 2007, 1047, 1055). Eine dem entgegenstehende Umsetzung in das deutsche Recht wäre auch nur schwer mit den Anforderungen des Art. 14 GG in Einklang zu bringen. Zwar sieht § 69f eine entsprechende Regelung vor (vgl. § 69f Rn. 5). Doch handelt es sich dabei um eine **softwarespezifische Regelung,** deren Grundrechtskonformität ebenfalls in Frage steht.

III. Anspruch auf Vernichtung von Vorrichtungen (§ 98 Abs. 1 S. 2)

1. Bedeutung und Anwendungsbereich

27 **Durch die Neufassung** des § 98 wurde aus § 99 a.F. nunmehr § 98 Abs. 1 S. 2. Hierdurch wird deutlich, dass grds. die gleichen Maßstäbe wie bei der Vernichtung von Vervielfältigungsstücken zu gelten haben, wenn einschlägige „Vorrichtungen" betroffen sind. Bereits § 99 a.F. kam **präventiver Charakter** zu, er soll weitere Verstöße gegen die Schutzrechte des Verletzten verhindern helfen und somit der Zielsetzung des Produktpirateriegesetzes und der Enforcement-Richtlinie dienen, Verletzungshandlungen **umfassend zu bekämpfen** (s. *Spindler/Weber* GRUR 2007, 260). Hierbei finden auch generalpräventive Erwägungen Beachtung. Ebenso wie bei § 98 Abs. 1 S. 1 ist **kein Verschulden erforderlich** (*Rehbinder* Rn. 462). Zu beachten ist, dass sich auch eine **zunächst für rechtmäßige Zwecke** erworbene Vorrichtung durch tatsächliches Handeln des Verletzers zu einem von § 98 Abs. 1 S. 2 erfassten Gegenstand umwandeln kann (*Möhring/Nicolini/Lütje* § 98 Abs. 1 S. 2 Rn. 3). Allein entscheidend ist insoweit die **Benutzungshandlung** bzw. die **Zweckbestimmung** zur Rechtsverletzung (*Loewenheim/Vinck* § 81 Rn. 86). Eine entsprechende Regelung enthält § 18 Abs. 2 MarkenG für Vorrichtungen, die zur widerrechtlichen Kennzeichnung benutzt bzw. bestimmt wurden. Um den Vorgaben des Art. 10 Abs. 1 Enforcement-Richtlinie Genüge zu tun, werden nunmehr – in Abweichung zur bisherigen Regelung – sämtliche Vorrichtungen erfasst, die **„vorwiegend zur Herstellung"** rechtswidriger Vervielfältigungsstücke verwendet werden. Die bei der bisherigen Regelung des § 99 a.F. bestehenden Abgrenzungsschwierigkeiten bzgl. des Tatbestandsmerkmals „nahezu ausschließlich zur rechtswidrigen Herstellung" werden hierdurch zwar verringert, bestehen aber teilweise fort.

28 Die betreffenden Vorrichtungen haben im **Eigentum des Verletzers** zu stehen; es reicht nicht – wie beim Vernichtungsanspruch – lediglich der Besitz aus. Entgegen etlichen Forderungen wurde auf eine Ausweitung verzichtet, nicht zuletzt, um die Eigentumsrechte unbeteiligter Dritter zu schützen (ausführlich *Nägele/Nitsche* WRP 2007, 1047, 1055). Diese können oftmals nicht erkennen, dass ihr an sich rechtmäßiges Eigentum für rechtswidrige Vervielfältigungen genutzt wird. Etwas anderes kann nur dort gelten, wo der Dritte selbst als **Teilnehmer** der fraglichen Handlung anzusehen ist. Deswegen wurde eine zunächst anders lautende Formulierung des RefE zum 2. Korb wieder gestrichen.

29 Aufgrund des digitalen Fortschritts ist die Regelung des § 69f Abs. 2 für **Computerprogramme** im Zusammenhang mit § 98 Abs. 1 S. 2 von besonderer Bedeutung. Nach dieser Vorschrift kann der Rechtsinhaber verlangen, dass Mittel vernichtet werden, welche ausschließlich dazu bestimmt sind, die unerlaubte Beseitigung oder Umgehung technischer Programmschutzmechanismen zu erleichtern. Es reicht somit nicht allein eine – wie im § 98 Abs. 1 S. 2 – **subjektive Bestimmung** aus (zur Problematik des geänderten Wortlauts s.u. Rn. 33). Weiterhin greift § 69f Abs. 2 auch dann nicht ein, wenn der Computersoftware noch **eine weitere Bestimmung** als lediglich die der Umgehungsfunktion zukommt. Allerdings wird von der Norm bereits solche Software erfasst, die allein der

Umgehung eines Kopierschutzes dient (Möhring/Nicolini/*Hoeren* § 69f Rn. 16; *Wand* 145), und nicht erst rechtswidrige Vorrichtungen zur Herstellung von Raubkopien, die unter § 98 Abs. 1 S. 2 fallen. Somit greift § 69f Abs. 2 bereits im Vorfeld des § 98 Abs. 1 S. 2 ein und ermöglicht ein **frühzeitiges Einschreiten** gegen Schutzrechtsverletzungen bei Computerprogrammen.

Weiterhin zu beachten ist, dass weder von § 98 Abs. 1 S. 2 noch von § 69f Abs. 2 die **30** Fälle erfasst werden, bei denen **Umgehungsschutzmechanismen von Herstellern** eingesetzt werden, um sich vor Produktpiraterie zu schützen oder aber auch, um durchaus legale Kopien zu privaten Zwecken zu verhindern (*Kröger* CR 2001, 316, 321 ff.). Diese Formen des Selbstschutzes der Industrie sind im Hinblick auf die Regelungen der **Multimedia-Richtlinie** (s. Einl. Rn. 21) und ihrer Umsetzung in §§ 95a ff. durchaus bedenklich, da dem Käufer kopiergeschützter Programme oder auch CDs **private Kopien** unmöglich gemacht werden können. Die geltenden Normen bieten hierfür allerdings keine Lösung an; §§ 69 f Abs. 2, 98 Abs. 2 S. 2 laufen insoweit leer. Auch ist keine Änderung der Rechtslage aufgrund des starken Einflusses der Musik- und Verwertungsindustrie auf die Politik zu erwarten, wie auch die Änderungen des UrhG erneut gezeigt haben.

2. Vorrichtungen zur Herstellung von Vervielfältigungsstücken

Es muss sich um **Vorrichtungen** handeln, die zumindest potentiell zur Vervielfältigung **31** geeignet sind. Darüber hinaus sieht § 98 Abs. 1 S. 2 – insoweit enger als § 98 Abs. 1 S. 1 – vor, dass sich diese im Eigentum des Verletzers befinden müssen. Erfasst werden somit z.B. Formen, Platten, Steine, Druckstöcke, Negative, Matrizen u.ä. (vgl. Schricker/Loewenheim/*Wild* § 98 Rn. 11) oder auch CD-Brenner, Kopiergeräte, Disketten und Videorekorder (so auch Dreier/Schulze/*Dreier* § 98, Rn. 10, der von „durchaus handelsüblichen Geräten" spricht). Dies zeigt, dass auch solche Gegenstände erfasst werden, denen grds. eine *rechtmäßige Benutzung* zugeordnet werden kann, aber gleichzeitig ein Verletzungspotential innewohnt (a.A. *Schack* Rn. 708). In diesen Fällen kommt es somit entscheidend auf die **Benutzung oder die Bestimmung** zur Herstellung von Vervielfältigungsstücken an (s.u.). Fraglich ist dies vor allem immer dann, wenn es sich lediglich um Vorlagen zur Herstellung weiterer Vervielfältigungsstücke handelt (Dreier/Schulze/*Dreier* § 99 Rn. 5). Da aber allein eine **subjektive Bestimmung** für einen Anspruch aus § 98 Abs. 1 S. 2 ausreicht, sollte auch hier bei entsprechenden Indizien, ähnlich wie im § 98 Abs. 1 S. 1 (vgl. BGH NJW 2003, 668, 670 – P-Vermerk; s. auch Rn. 8), im vorläufigen Rechtsschutzverfahren eine **Sequestration** sämtlicher in Frage kommender Originalwerke vorgenommen werden. Zu beachten sind außerdem stets die Ausnahmen gem. § 98 Abs. 5 (vormals § 101, insb. § 98 Abs. 5, 2. Alt.).

3. Benutzung oder Bestimmung zur rechtswidrigen Herstellung

Die Benutzung einer Vorrichtung zur rechtswidrigen Herstellung bereitet regelmäßig **32** keine Subsumtionsprobleme, da **alle direkt zur Vervielfältigung führenden Gegenstände** erfasst sind und diese vom Verletzer dementsprechend verwendet worden sein müssen. Fraglich ist, wie sich die Änderung des Wortlautes auf Handlungen auswirkt, die lediglich in der **Bestimmung einer Vorrichtung** zur vorwiegenden Herstellung rechtswidriger Vervielfältigungsstücke bestehen. Denn zwar ist der Wortlaut des § 98 Abs. 1 S. 2 weiter als derjenige des § 99 a.F. bzgl. der Intensität der gegebenen Benutzungshandlungen („vorwiegend" gegenüber „nahezu ausschließlich"). Doch erfasst § 98 Abs. 1 S. 2 nach seinem Wortlaut nur Vorrichtungen, die schon zur Herstellung gedient haben. Inwieweit auch weiterhin allein eine **entsprechende Bestimmung** ausreicht, wird auch im BRegE nicht erörtert (vgl. BT-Drucks. 16/5048, 32), sondern lediglich auf die weitergehende Regelung des Art. 10 der Enforcement-Richtlinie und den daraus resultierenden Umsetzungsbedarf verwiesen. Hierzu könnte man zum einen vertreten, dass als **Gegenstück zur weiterge-**

henden Erstreckung auch auf vorwiegend zur rechtswidrigen Vervielfältigung dienende Vorrichtungen nunmehr allein eine Bestimmung nicht mehr ausreicht. Zum anderen ist allerdings zu beachten, dass sowohl die Enforcement-Richtlinie als auch die darauf beruhende Neufassung darauf gerichtet sind, die Ansprüche des Verletzten auszudehnen. Aus **Sinn und Zweck des § 98 Abs. 1 S. 2** ist daher zu folgern, dass weiterhin auch eine Bestimmung ausreichend sein muss. Auch aus dem BRegE ergibt sich nichts anderes, da lediglich auf den Umsetzungsbedarf der weiteren Regelung ohne Erwähnung sonstiger Änderungen in § 98 Abs. 1 S. 2 verwiesen wird. Insoweit hat man die **bisherige Auslegung** des § 99 a. F. in den § 98 Abs. 1 S. 2 hineinzulesen, da ansonsten das Ziel der verschärften Haftung des Verletzers nicht erreicht werden kann. Im Übrigen verlangt der Beweis einer Bestimmung zur Herstellung einen erhöhten Begründungsaufwand und ist somit – zwar gegen den Wortlaut des § 98 Abs. 1 S. 2 – nur in Ausnahmefällen einschlägig.

33 Bei der **Bestimmung zur Herstellung** ist zu beachten, dass ein entsprechendes subjektives Element vorzuliegen hat. Der Verletzer muss vorgehabt haben, die **Vorrichtung zur Schutzrechtsverletzung** verwenden zu wollen. Dies ist aus den Umständen des Einzelfalls herzuleiten. Ein **gewerbsmäßiges Verbreiten** von Vervielfältigungsstücken und auch eine wiederholte einschlägige Auffälligkeit des Verletzers rechtfertigen hier zumindest einen Anscheinsbeweis (so auch *Schmid/Wirth* § 98 Rn. 3). Zu beachten ist jedoch, dass die Beweislast grds. beim Verletzten liegt, da es sich um eine **anspruchsbegründende Norm** handelt (Fromm/Nordemann/*Nordemann* § 98 Rn. 39). Es besteht somit die Gefahr, dass aufgrund des fehlenden Einblicks des Verletzten in die Geschehensabläufe des Verletzers eine Rechtsvereitelung wahrscheinlich wird. Dieses Problem ist aber nicht nur im Urheberrecht gegeben und der Gesetzgeber hat keine Erleichterung der Darlegungslast in § 98 Abs. 1 S. 2 vorgesehen. Daher sind die **üblichen prozessualen Instrumente** zu verwenden, wie z. B. der oben genannte Anscheinsbeweis. Auch ist stets der Auskunftsanspruch nach § 101 zu beachten.

34 Die Benutzung oder Bestimmung **zur rechtswidrigen Herstellung** muss vorwiegend auf eine rechtswidrige Vervielfältigung gerichtet sein. Auch dieses Tatbestandsmerkmal ist im Kontext des konkreten Sachverhalts zu ermitteln. Problematisch war bislang die Definition von „nahezu ausschließlich". Dieser Begriff wurde erst durch die Änderungen des PrPG eingefügt und sollte die Möglichkeiten weiterer Rechtsverletzungen stärker einschränken. Nichtsdestotrotz war der Begriff in der Praxis nur schwer bestimmbar. Es war insoweit bislang darauf abzustellen, ob die Ausschließlichkeit „**zum Greifen nahe**" war, also nur noch unwesentlich andere Verwendungen gegeben waren (ähnlich Fromm/Nordemann/*Nordemann* § 98 Rn. 18). Eine Grenze von 75% vermochte hierbei zu gering erscheinen, doch verbat sich eine schematische Prüfung (s. Loewenheim/*Vinck* § 81 Rn. 86). Nach der Erweiterung des Anwendungsbereichs auf „**vorwiegend zur Herstellung**" dienende Vorrichtungen sind die Anforderungen erheblich zu senken. Die Vorrichtungen haben nunmehr lediglich „**hauptsächlich**" oder „**in erster Linie**" zur rechtswidrigen Herstellung zu dienen, wenn man vom allgemeinen Verständnis des Begriffes ausgeht. Auch hier stellt sich erneut die Frage nach der Bestimmbarkeit einer entsprechenden Grenze. Es wird sicher nicht ausreichen, wenn lediglich etwas mehr als die Hälfte der Verwendung der Vorrichtung einschlägig ist, doch sind 75% nun auf jeden Fall anspruchsbegründend.

Endgültig überholt hat sich die Rechtssprechung des BGH im Fall „Videorekorder-Vernichtung" (BGH GRUR 1988, 301, 302). Auch **Gerätschaften**, denen grds. eine nicht-rechtsverletzende Verwendung zugeschrieben werden kann, sollten im Einzelfall unter § 98 Abs. 1 S. 2 fallen können (Schricker/Loewenheim/*Wild* § 98 Rn. 11). Die gegenteilige Auffassung verkennt, dass anderenfalls die durch die Neuregelung der Norm vorgenommene Erweiterung bedeutungslos wäre (a. A. bzgl. der Erweiterung durch das PrPG: Möhring/Nicolini/*Lütje* § 99 Rn. 4). Es kann nämlich für einzelne Vorrichtungen gerade **nicht abstrakt** eine Einordnung vorgenommen werden (etwa, dass Kopiergeräte grds. aus dem Regelungsgehalt herausfallen), sondern es hat eine **konkrete Bestimmung** anhand der vorliegenden Tatsachen zu erfolgen. So wird etwa bei einem **Host Service Provider** dann § 98 Abs. 1 S. 2 hinsichtlich des Servers erfüllt sein, wenn der Host Service Provider den betroffenen Server eben überwiegend zu Verletzungshandlungen genutzt hat (so schon *Waldenberger* 182). Da ein subjektives Element bei der Prüfung der Bestimmung zur rechtswidrigen Herstellung als ausreichend anzusehen ist (a. A. bislang Dreier/Schulze/ *Dreier* § 98 Rn. 10), ist im Einzelfall anhand des konkreten Sachverhalts zu prüfen, ob hinreichende Indizien vorliegen, die eine entsprechende **Annahme** rechtfertigen. Eine Vermutung dahingehend kann insb. bei einem gewerbsmäßigen Vorgehen und bei wiederholten Verletzungen der Fall sein (*Schmid/Wirth* § 99 Rn. 39). Sollte sich ein entsprechendes Eingreifen beim Nachweis einer Bestimmung als **unverhältnismäßig** erweisen – gerade im Hinblick auf den erweiterten Anwendungsbereich des § 98 Abs. 1 S. 2 – so kann im Rahmen des § 98 Abs. 4 eine **dementsprechende Abwägung** vorgenommen werden. Der Vorteil besteht auch darin, dass eine Unverhältnismäßigkeit nur in Ausnahmefällen anzunehmen ist und somit der Anwendungsbereich des § 98 Abs. 1 S. 2 so weit wie möglich verstanden werden kann.

Von den obigen Fallgestaltungen zu unterscheiden ist die Frage, ob bei urheberrechtlich 35 zulässigen Vervielfältigungen allein wegen der **Umgehung technischer Schutzmaßnahmen** i. S. d. § 95a Abs. 2 Ansprüche aus §§ 98 Abs. 1 S. 1 und S. 2 ausgelöst werden können (eingehend *Arlt* MMR 2005, 151). Dies ist schon nach dem Wortlaut des § 98 Abs. 1 und 2 abzulehnen, da die Vervielfältigungsstücke an sich rechtswidrig zu sein haben, nicht aber der Herstellungsprozess.

IV. Anspruch auf Rückruf und Entfernung aus den Vertriebswegen (§ 98 Abs. 2)

Um eine **umfassende Rückgängigmachung** des rechtswidrigen Zustandes zu ermög- 36 lichen, verlangt Art. 10 Enforcement-Richtlinie, dass bzgl. der erfassten Gegenstände dem Verletzten auch ein **Recht auf Rückruf** und das **endgültige Entfernen aus den Vertriebswegen** durch den Verletzer zusteht. Diese Ansprüche können nicht exakt voneinander **abgegrenzt** werden, da ihre praktischen Konsequenzen oftmals ineinander übergehen werden.

Aus dem **Wortlaut der Enforcement-Richtlinie** ergibt sich ausdrücklich, dass neben 37 einem Vernichtungsanspruch diese Ansprüche zu normieren sind, also kein Umsetzungsspielraum des Gesetzgebers besteht. Gerade auch im Hinblick auf Erwägungsgrund 7 S. 3 – in dem ein **Harmonisierungsbedarf von Rückrufansprüchen** als notwendig angesehen wird – war insoweit der Wortlaut der Richtlinie zu übernehmen (vgl. *Spindler/Weber* ZUM 2007, 258). Bislang waren dem deutschen Recht derartige Ansprüche allerdings fremd, weswegen sich die Frage nach **deren systematischer Einordnung** stellt. Hierzu wurde im Gesetzentwurf vertreten, entsprechende Ansprüche hätten sich bislang schon aus **§ 1004 BGB** oder im Wege der **Naturalrestitution** ergeben können (BT-Drucks. 16/ 5048, 32). Diese Ansicht geht allerdings insoweit fehl, als die Rechtsprechung bislang **derartige Ansprüche** stets verneint hat (z. B. OLG Hamburg, NJWE-WettbR 2000, 15 – Spice Girls; LG Stuttgart CR 1994, 162). Ebenfalls vertritt der BGH zum gleich gelagerten Problem bei Beseitigungsansprüchen im UWG, dass der Verletzer zu Beseitigungsmaßnahmen gegenüber **unbeteiligten Dritten** verurteilt werden würde, die er nicht durchsetzen könne, und deswegen ein entsprechender Anspruch des Verletzten abzulehnen sei (BGH GRUR 1974, 666, 669 – Reparaturwerkstatt; ausführlich *Peukert/Kur* GRUR Int. 2006, 292, 295). Der Verletzer muss insoweit noch irgendeine Form von **Verfügungsgewalt** haben, um gegen ihn einen Anspruch geltend machen zu können. Dies wird beim Einbringen in den Vertrieb gerade nicht der Fall sein. Daher werden Rückrufverpflichtungen im deutschen Recht nur ganz vereinzelt bei **Gefährdungen für Leib oder Leben** oder im Rahmen strafrechtlicher Rechtspflichten angenommen.

38 Dementsprechend stellen die nunmehr in § 98 Abs. 2 normierten Ansprüche ein Novum im deutschen Recht dar. Der Hinweis darauf, dass sie in der Praxis **weitgehend ins Leere** gehen würden, ist sowohl fraglich als auch bei der Auslegung wenig hilfreich (so aber *Seichter* WRP 2006, 391, 399). Aufgrund des **eindeutigen Gesetzgebungsauftrags** durch die Enforcement-Richtlinie kann eine entsprechende Umsetzung auch nicht unterbleiben (abzulehnen daher *Peukert/Kur* GRUR Int. 2006, 292, 295). Bezüglich der Rückrufverpflichtung ist zu beachten, dass deren Rechtsfolge im Gesetz nicht normiert ist und deswegen im Einzelfall angemessen auszugestalten sein wird. Insb. kommt hier eine **Informationsverpflichtung** des Verletzers gegenüber seinen Abnehmern in Betracht mit entsprechendem Verweis, dass er die fraglichen Vervielfältigungsstücke **auf eigene Kosten** zurücknehme (*Spindler/Weber* ZUM 2007, 257, 259). Hiergegen wird eingewandt, dass bei **gewerbsmäßiger Produktpiraterie** im Regelfall der Verletzer keinen geordneten Geschäftsbetrieb unterhalten würde und daher der Anspruch leer laufen würde, und dass bei Verletzern, die nur **ausnahmsweise unverschuldet** einem entsprechenden Anspruch ausgesetzt wären, dieser unverhältnismäßig sei (*Peukert/Kur* GRUR Int. 2006, 292, 295). Dem kann nicht zugestimmt werden. Eine indizierte Unverhältnismäßigkeit würde dazu führen, dass die im Rahmen des Abs. 4 vorzunehmende **Gewichtung der unterschiedlichen Faktoren** – also auch die Schwere der Rechtsverletzung, die tatsächlichen und finanziellen Möglichkeiten des Verletzers etc. – vorweggenommen werden würde. Dabei wird übersehen, dass gerade in Einzelfällen, wenn zumeist rechtmäßig handelnde Verletzer einem Rückrufanspruch ausgesetzt werden, dieser sich durchaus nur auf wenige Vervielfältigungsstücke und betroffene Dritte beziehen kann, so z. B. im Kunsthandel. Durch die Struktur dieses Gewerbes ist es zumeist ein Leichtes, bei „legal abgewickelten" Geschäften die Ansprüche zu erfüllen. In Fällen gewerbsmäßiger Produktpiraterie führt ein entsprechend titulierter Anspruch dazu, dass er auch **in Zukunft** noch durchgesetzt werden könnte, wenn zurzeit des Urteils keine Möglichkeit besteht.

39 Ebenso verhält es sich hinsichtlich des Anspruchs auf **Entfernung aus den Vertriebswegen.** Zwar ist zuzugeben, dass dem Verletzer, wenn er keine Verfügungsgewalt mehr über die fraglichen Vervielfältigungsstücke innehat, kein **rechtlicher Anspruch** gegenüber unbeteiligten Dritten zusteht (*Nägele/Nitsch* WRP 2007, 1047, 1055). Er ist insoweit auf die freiwillige Mitwirkung der die Vertriebskette bildenden Dritten angewiesen. Diese sind darüber hinaus oftmals nur schwer auszumachen. Dennoch kann auch dieser Anspruch durchaus bedeutsam sein. In der Praxis werden Verletzer, die zumeist rechtmäßig handeln, oftmals in ein **vielfältiges Vertriebsnetz** eingebunden sein und insoweit dauerhafte Geschäftsbeziehungen unterhalten. Der rechtlich zwar nicht durchsetzbare Anspruch auf Rückgabe o. ä. trifft hier oftmals auf eine **faktische Verpflichtung** der an sich unbeteiligten Dritten in der Verwertungskette. Außerdem werden die Abnehmer durch den Rückruf und auch das Entfernen aus dem Vertriebsweg über die **Herkunft der Vervielfältigungsstücke** aufgeklärt und können sich somit nicht mehr auf Unkenntnis berufen (*Nägele/Nitsch* WRP 2007, 1047, 1056). Daher wird in diesem Zusammenhang mit beachtlichen Argumenten aus der Enforcement-Richtlinie argumentiert, dass dem Erstverletzer die Verpflichtung trifft, von kooperierenden Abnehmern die die betreffenden Vervielfältigungsstücke abzunehmen (*Skauradszun/Majer* ZUM 2009, 199, 202). Hierfür würde der Erstverletzer dann einen Anspruch vom Rechtsinhaber auf Abtretung des Vernichtungsanspruchs aus § 98 Abs. 1 UrhG, 255 BGB analog erhalten. Hierdurch wäre es dem Erstverletzer möglich, gegen die Glieder der Verwertungskette vorzugehen, was dem Rechtsinhaber ersparen würde, den gesamten Vertriebsweg mühevoll rekonstruieren zu müssen. Allerdings erscheint diese Lösung keinen Rückhalt in der gefundenen Gesetzesformulierung im § 98 Abs. 2 zu haben (vgl. auch Schricker/Loewenheim/*Wild* § 98 Rn. 16a).

V. Anspruch auf Überlassung (§ 98 Abs. 3)

Als Alternative zu dem sich aus § 98 Abs. 1 ergebenden Vernichtungsanspruch kann der Rechtsinhaber als Folge einer Verletzung seines Schutzrechtes die **Überlassung der Vervielfältigungsstücke** gegen eine angemessene Vergütung verlangen, § 98 Abs. 3. Dies gilt aber nur, wenn der Verletzer auch das Eigentum hat, der Besitz reicht insoweit nicht aus (anders insoweit § 69f, welcher zwar in § 69f Abs. 1 S. 2 die Regelung des § 98 Abs. 3 für entsprechend anwendbar erklärt, hierbei aber klar ist, dass der weite Anwendungsbereich des § 69f Abs. 1 S. 1 zu gelten hat). In Betracht sollte dieser Anspruch aber nur dann gezogen werden, wenn keine **Rechte Dritter oder des Verletzers** (etwa nach § 3) an den Vervielfältigungsstücken bestehen. Die Überlassung stellt ebenfalls eine Beseitigung der Störung da, weil die Verfügungsmacht des Verletzers hierdurch gebrochen wird und weitere missbräuchliche Handlungen ausgeschlossen werden (*v. Gamm* § 98 Rn. 2). 40

Die Überlassung hat gegen eine **angemessene Vergütung** zu erfolgen, wobei diese nicht die Herstellungskosten übersteigen darf. Die Vergütung sollte in das Ermessen des Gerichtes nach § 287 ZPO gestellt werden. Für die Bestimmung der Angemessenheit sind objektive Kriterien heranzuziehen (Möhring/Nicolini/*Lütje* § 98 Rn. 30). Dabei müssen besondere Anstrengungen des Verletzers außer Betracht bleiben. **Erstattungsfähig** sind nur solche Kosten, die nach den Erfahrungen des Geschäftsverkehrs zu erwarten sind, wobei die **tatsächlichen Herstellungskosten** die Obergrenze bilden. Diese werden im Einzelfall allerdings oftmals schwierig zu ermitteln sein (vgl. Loewenheim/*Vinck* § 81 Rn. 79). Die Wahl des Überlassungsanspruchs durch den Verletzten soll nicht zu einer Bereicherung des Verletzers führen. Um sich über die Höhe der Herstellungskosten vorab ein Bild machen zu können, empfiehlt sich wiederum eine Stufenklage, die zunächst auf Auskunft und Rechnungslegung gerichtet ist. Zu beachten ist wiederum bei der Verwertung, dass eventuell **weitere Rechte Dritter** an den Vervielfältigungsstücken bestehen könnten, so z.B. Miturheber- oder Bearbeiterrechte (Dreier/Schulze/*Dreier* § 98 Rn. 11; Dreyer/Kotthoff/Meckel/*Meckel* § 98 Rn. 4). Will der Verletzte hier trotzdem verwerten, hat er sich mit den anderen Rechtsinhabern vertraglich zu einigen. 41

VI. Ausschluss bei Unverhältnismäßigkeit (§ 98 Abs. 4)

Um mögliche Härten bei z.B. nur geringer Fahrlässigkeit des Verletzers auszugleichen, sah § 98 Abs. 3 einen **Beseitigungsanspruch** beschränkt auf die erforderlichen Maßnahmen vor. Dieser griff nur dann ein, wenn eine Verhältnismäßigkeitsprüfung ein **überwiegendes Erhaltungsinteresse** des Verletzers oder des Eigentümers ergab und eine andere Beseitigungsmöglichkeit überhaupt bestand. In diesem Fall trat das Schutzrechtsinteresse des Rechtsinhabers zurück (BGHZ 135, 183, 191 – Converse; zum Vernichtungsanspruch gem. § 18 MarkenG s. *Thun* 167). Der BGH stellte hierzu in obiger Entscheidung klar, dass sich „eine schematische Prüfung verbietet". Vielmehr komme es auf den Einzelfall an (krit. *Schack* Rn. 706). Die Formulierung der **Verhältnismäßigkeitsprüfung** wurde in § 98 Abs. 4 nunmehr dahingehend geändert, dass in S. 1 lediglich bestimmt wird, dass unverhältnismäßige Ansprüche nach Abs. 1 bis 3 ausgeschlossen sind. Dabei sind nach S. 2 auch **berechtigte Drittinteressen** zu berücksichtigen. Fraglich ist, ob die geänderte Formulierung auch eine substantielle Änderung bedeutet. Dies ist abzulehnen, da sich § 98 Abs. 4 lediglich an die Fassung des Art. 10 Abs. 3 der Enforcement-Richtlinie anlehnt und diesem von der Formulierung her ungewollt etwas zu sehr folgt, aber **keine Änderung der bestehenden Rechtslage** bezweckt (BT-Drucks. 16/5048, 32). Es hat weiterhin zu gelten, dass der Verletzte zumindest auf eine verbleibende verhältnismäßige Maßnahme Anspruch hat. Zudem ist in § 98 Abs. 4 die Voraussetzung des § 98 Abs. 3 a.F. hineinzule- 42 sen, dass überhaupt eine andere Weise der Beseitigung der Rechtsverletzung möglich sein muss.

43 Grds. gilt, dass die Vernichtung etc. die **Regelmaßnahmen** darstellen und es durchaus vom Gesetzgeber hingenommen wurde, dass über das zur Folgenbeseitigung Nötige hinausgegangen werden kann (so zur Parallelnorm des § 18 MarkenG s. BGH GRUR 1997, 899, 900 – Vernichtungsanspruch).

Das in § 98 Abs. 4 vorgesehene **Korrektiv der Verhältnismäßigkeit** ist immer unter der Voraussetzung zu sehen, dass die Ansprüche aus § 98 Abs. 1 bis 3 den Regelfall darstellen (s. Rn. 4). Auch ist der **generalpräventive** Charakter der Regelung zu beachten (BGHZ 135, 183, 188 – Converse).

44 Bei der Prüfung ist zunächst zu fragen, ob eine **Geeignetheit** der anvisierten Maßnahme besteht, den Zweck des § 98 zu erfüllen. Des Weiteren muss es eine **mildere Beseitigungsalternative** geben, die außerdem **erforderlich** erscheint (*Walchner* 103). Die eingetretene Rechtsverletzung darf mit anderen Worten nicht nur durch Vernichtung behoben werden können (OLG Düsseldorf GRUR 1997, 49, 51 – Beuys-Fotografien; Schricker/*Wild* § 98/99 Rn. 7). So hat das OLG Hamburg entschieden, dass lediglich das Anbringen einer bloßen Kennzeichnung als Fälschung an Vervielfältigungen von Kunstwerken nicht geeignet sei, den Interessen des Künstlers Genüge zu tun (OLG Hamburg, ZUM 1998, 938, 942; LG Düsseldorf, ZUM-RD 2012, 684, 686). Die Vervielfältigungsstücke würden nämlich neben die Originale treten und auf den ersten Blick nicht mehr zu unterscheiden sein. Andererseits wird es bei einem rechtswidrig auf einem Server gespeicherten Werk unverhältnismäßig sein, statt der Löschung dieses Werkes die Vernichtung des Servers eines **Host Service Providers** zu verlangen (*Waldenberger* 182).

45 Ein besonderes Augenmerk sollte bei der Abwägung immer auf das gegebene **Verschulden** gerichtet werden. Ein mit Vorsatz oder grober Fahrlässigkeit handelnder Verletzer kann regelmäßig nicht damit rechnen, besondere Milde im Rahmen des § 98 Abs. 4 zu erfahren. Auf der anderen Seite lässt einfache Fahrlässigkeit die von § 98 bezweckte **generalpräventive Wirkung** eher zurücktreten. Weitere Kriterien bei der Abwägung stellen die Schwere des Eingriffs und der Umfang des bei einer Vernichtung für den Verletzer entstehenden Schadens im Vergleich zu dem für den Verletzten eingetretenen Schaden dar (BGH GRUR 1997, 899, 901 – Vernichtungsanspruch). Bei **digitalen Datenträgern** wird nur teilweise die Löschung von Inhalten genügen (Loewenheim/*Vinck* § 81 Rn. 83; s. oben Rn. 25). Die Darlegungs- und Beweislast für die Voraussetzungen des § 98 Abs. 4 hat im Übrigen der Verletzer zu tragen.

V. Ausnahmen für Bauwerke und ausscheidbare Teile (§ 98 Abs. 5)

1. Bauwerke

46 Die Regelung des § 98 Abs. 5 entspricht dem § 101 Abs. 2 a.F. Nach § 98 Abs. 5 sind zunächst Bauwerke aus dem Anwendungsbereich des § 98 Abs. 1–4 ausgenommen. Dies bedeutet, dass auch keine Ablösungsansprüche aus § 100 hergeleitet werden können, da dies anderenfalls dem Wortlaut widersprechen würde (a. A. Möhring/Nicolini/*Lütje* § 101 Rn. 21). Als **Bauwerke** sind die in § 2 Abs. 1 Nr. 4 erfassten Werke der Baukunst gemeint, wobei die Pläne und Modelle dieser Werke nicht von der Norm geschützt werden (Spindler/Schuster/*Spindler* § 98 Rn. 22). Die Regelung hat **keine große praktische Relevanz**.

2. Ausscheidbare Teile von Vervielfältigungsstücken und Vorrichtungen

47 Wenn rechtmäßig hergestellte oder verbreitbare Teile ausscheidbar sind, unterliegen sie ebenfalls nicht den Maßnahmen nach §§ 98 Abs. 1 bis 3. Dies ist grds. nicht der Fall bei

fertig gestellten Büchern oder CDs, wobei im **Einzelfall** etwas anderes gelten kann (Schricker/Loewenheim/*Wild* § 98 Rn. 26; Dreier/Schulze/*Dreier* § 98 Rn. 12, der für einen weiten Begriff der Ausscheidbarkeit eintritt). Auf die **Wirtschaftlichkeit** der Ausscheidung kommt es dabei nicht an, soweit die Verhältnismäßigkeit gewahrt wird. Erfasst werden somit z. B. Filme oder Tonbänder, die bei einer Neubearbeitung durch Schnitte des vorhandenen Materials zu rechtmäßig vertreibbaren Gütern werden können. Bei einer Missachtung des § 98 Abs. 5 durch den Verletzten hat dieser dem Verletzer nach **§ 823 Abs. 1 BGB** Schadensersatz zu leisten (Schricker/Loewenheim/*Wild* § 98 Rn. 27).

§ 99 Haftung des Inhabers eines Unternehmens

Ist in einem Unternehmen von einem Arbeitnehmer oder Beauftragten ein nach diesem Gesetz geschütztes Recht widerrechtlich verletzt worden, hat der Verletzte die Ansprüche aus § 97 Abs. 1 und § 98 auch gegen den Inhaber des Unternehmens.

Literatur: *Ernst/Seichter,* Die Störerhaftung des Inhabers eines Internetzugangs, ZUM 2007, 513; *Götting,* Die persönliche Haftung des GmbH-Geschäftsführers für Schutzrechtsverletzungen und Urheberrechtsverstöße, GRUR 1994, 6; *Meyer-Bohl,* Anmerkungen zum Urteil des OLG München, Az.: 29 U 3845/06, JurPC Web-Dok. 121/2007; *Renner/Schmidt,* Unterlassung von Handlungen Dritter? – Die Erfolgshaftung im gewerblichen Rechtsschutz und Urheberrecht, GRUR 2009, 908; *Spieker,* Haftungsrechtliche Aspekte für Unternehmen und ihre Internet-Werbepartner (Affiliates), GRUR 2006, 903; *Zander,* Die Problematik der Störerhaftung bei Unternehmen und Arbeitgebern, ZUM 2011, 305.

Vgl. darüber hinaus die Angaben im eingangs abgedr. Gesamtliteraturverzeichnis.

Übersicht

	Rn.
I. Bedeutung und Grundzüge	1, 2
II. Verletzungshandlung innerhalb des Unternehmens	3–5
III. Handeln durch einen Arbeitnehmer oder Beauftragten	6
IV. Inhaber des Unternehmens	7
V. Weitergehende Ansprüche	8, 9

I. Bedeutung und Grundzüge

Die Regelung des § 99 (weitgehend inhaltsgleich mit dem bisherigen § 100 a. F.) orientiert sich an § 8 Abs. 2 UWG (§ 13 Abs. 4 UWG a. F.), wonach Zuwiderhandlungen in einem **geschäftlichen Betrieb,** welche durch einen Angestellten oder Beauftragten begangen wurden, auch Ansprüche gegen den Betriebsinhaber begründen. Der **Regelungsgrund des § 99** liegt somit darin, dem Unternehmer die Möglichkeit zur Exkulpation (wie in § 831 Abs. 1 S. 2 BGB) abzuschneiden, wenn Urheberrechtsverletzungen aus seinem Betrieb heraus vorgenommen werden. Ihm wird also fremdes Handeln als eigenes **zugerechnet** und eine **eigene verschuldensunabhängige Haftung** auferlegt (*Zander* ZUM 2011, 305, 306). Der Unternehmer soll sich nicht hinter seinem Arbeitnehmer „verstecken" können (so *Götting* GRUR 1994, 6, 9). Bezüglich einer entsprechenden Unterlassungsverfügung hat das BVerfG entschieden, dass § 99 nicht gegen den Grundsatz „nulla poena sine culpa" verstoßen würde (BVerfG NJW 1996, 2567). Dies gilt nach Auffassung des Verfassungsgerichts selbst dann, wenn eine Urheberrechtsverletzung **gegen den Willen des Unternehmers** erfolgte und er hierdurch auch keinen nennenswerten Vorteil erlang hat (hierzu s. Dreier/Schulze/*Dreier* § 100 Rn. 2). Die Norm verfolgt somit insb. das **Ziel,** dem **Verletzten die Durchsetzung seiner Rechte zu erleichtern** (Fromm/

Nordemann/*Nordemann* § 99 Rn. 1). Der BGH führte hierzu aus, die Vorschrift solle den Inhaber eines Unternehmens daran hindern, sich bei ihm zugutekommenden Urheberrechtsverletzungen von Angestellten oder Beauftragten auf das **Handeln abhängiger Dritter** zu berufen (BGH GRUR 1993, 37, 39 – Seminarkopien; krit. Schricker/Loewenheim/*Wild* § 100 Rn. 1).

2   Es ist erforderlich, dass eine Verletzung des Schutzrechtes durch den Arbeitnehmer oder Beauftragten gegeben ist, welche in dem Unternehmen vorgenommen wurde. Aus § 99 ergeben sich **keine Schadensersatzansprüche**, wie mit dem Verweis auf § 97 Abs. 1 klargestellt wird. Erfasst werden daher nur die Unterlassungs-, Beseitigungs-, Vernichtungs- und Überlassungsansprüche (Möhring/Nicolini/*Lütje* § 100 Rn. 1); darüber hinaus wurden bislang auch Ansprüche auf **erforderliche Auskunfts- und Rechnungslegung** abgedeckt, die nun weitgehend von § 102a erfasst werden. Daher strich der Gesetzgeber auch § 100 S. 2 a. F. (BT-Drucks. 16/5048, 49). Ein **Verschulden** des Unternehmensinhabers ist nicht erforderlich, somit braucht er **keine Kenntnis** des fraglichen Handelns zu haben.

II. Verletzungshandlung innerhalb des Unternehmens

3   Die Rechtsverletzung muss in dem Unternehmen begangen worden sein. Dies bedeutet, dass eine **enge Verbindung zu dem Tätigkeitsbereich des Verletzers** gegeben sein muss. Hierunter sind alle Handlungen zu verstehen, die im engen Zusammenhang mit den **Obliegenheiten** des Arbeitnehmers oder Beauftragten stehen (Schricker/Loewenheim/*Wild* § 100 Rn. 3). So verhält es sich z. B. bei einem Verlagsangestellten, der ein Buch ohne Erwerb der Vervielfältigungsrechte in den Druck gibt oder bei einem Angestellten in einem Sendeunternehmen, der eine Sendung ohne Senderecht ausstrahlen lässt (Fromm/Nordemann/*Nordemann* § 99 Rn. 6; Möhring/Nicolini/*Lütje* § 100 Rn. 4).

4   Anders ist es aber dann, wenn eine **Schutzrechtsverletzung nur mittelbar im Zusammenhang** mit dem Aufgabenkreis des Verletzers steht. So verhält es sich z. B., wenn ein Druckereiangestellter ein im Druck befindliches Buch zum Raubkopieren weitergibt. Hier ist es offensichtlich, dass keine enge Verbindung zur Druckertätigkeit besteht. Ebenso verhält es sich, wenn ein Arbeitnehmer oder Beauftragter **lediglich die Betriebsmittel des Unternehmers** nutzt oder die rechtswidrigen Handlungen in dessen Räumen begeht (hierzu Dreier/Schulze/*Dreier* § 100 Rn. 4). Es kann allerdings bei der Abgrenzung nicht darauf ankommen, ob der Verletzer im eigenen oder im Interesse des Unternehmers handelt (a. A. Schricker/Loewenheim/*Wild* § 100 Rn. 3). Im Hinblick auf die **Zielsetzung des § 99** – dem Verletzten eine **Erleichterung seiner Rechtsdurchsetzung** zu ermöglichen – ist nicht entscheidend, welche Interessen der Verletzer verfolgt. Vielmehr ist darauf abzustellen, wie sich das fragliche Handeln nach außen darstellt, ob es sich also als lediglich private oder aber als dienstliche Tätigkeit einordnen lässt.

5   **Der Unternehmensbezug** einer urheberrechtsverletzenden Handlung ist nach den allgemeinen Regeln **vom Verletzten zu beweisen**. Allerdings ist hiervon eine Ausnahme zu machen, wenn der Verletzte **außerhalb des Geschehensablaufs** steht und er von sich aus den Sachverhalt nicht ermitteln kann. Hinzukommen muss, dass der Verletzer die **erforderlichen Informationen** hat oder sie leicht beschaffen kann (so OLG München GRUR-RR 2007, 345, 346; s. Anmerkung *Meyer-Bohl* JurPC Web-Dok. 121/2007, Abs. 3; zur Vorinstanz LG München CR 2006, 700, 701). In diesen Fällen genügt es nicht, wenn der Unternehmensinhaber lediglich einen Anspruch nach § 99 bestreitet, sondern er muss **nach Treu und Glauben** darlegen, dass die bestrittene Behauptung unrichtig ist. Diese sekundäre Behauptungslast bedeutet also, dass dem Inhaber die **prozessuale Pflicht** zukommt, sich in **zumutbarer Weise** an der Aufklärung des Sachverhalts zu beteiligen (zutreffend OLG München GRUR-RR 2007, 345, 346). Diese Pflicht trifft den Unternehmensinhaber z. B. dann, wenn Indizien dafür sprechen, dass ein Unternehmensbezug

vorliegt. Kommt es in diesem Fall nicht zu einem **substantiierten Bestreiten,** gilt die Unternehmensbezogenheit als zugestanden. Zur Anwendung kommt insoweit § 138 Abs. 3 ZPO.

III. Handeln durch einen Arbeitnehmer oder Beauftragten

Der Unternehmensinhaber soll für Rechtsverletzungen aus seinem Unternehmen haftbar sein, soweit er auf diese in irgendeiner Weise Einfluss nehmen kann. Daher ist von einer **weiten Definition des Arbeitnehmers** auszugehen. Der BGH stellt hierzu fest, dass alle Personen erfasst seien, die aufgrund eines **entgeltlichen oder unentgeltlichen Beschäftigungsverhältnisses** zu Dienstleistungen in einem Unternehmen verpflichtet sind (BGH GRUR 1993, 37, 39 – Seminarkopien) und verweist hierbei auf den Begriff des Angestellten in § 13 Abs. 4 UWG a. F. (nunmehr § 8 Abs. 2 UWG). Schon in einer früheren Entscheidung zu § 100 a. F. hat der BGH klargestellt, dass es nicht auf das „**rechtliche Gewand**" ankommt, in das die Beteiligten ihre Rechtsbeziehungen gekleidet hätten (BGH GRUR 1985, 536 – Asterix-Plagiate). Er stellt vielmehr darauf ab, ob die Handlung innerhalb des Betriebsorganismus begangen worden ist und ob der Handelnde in diesen eingegliedert worden ist. Daher reichte vorliegend sogar das Auftreten eines Wahlhelfers an einem Informationsstand zur Bejahung der Angestellteneigenschaft aus. Ein **Beauftragter** ist daher jede Person, die ohne die Arbeitnehmereigenschaft zu erfüllen, in diesem Betriebsorganismus tätig wird und auf dessen Handeln der Unternehmer einen gewissen Einfluss ausüben kann (BGH GRUR 2011, 543 – Änderung der Voreinstellung III; BGH GRUR 2011, 617 – Sedo). Die Unternehmereigenschaft wird regelmäßig dort fehlen, wo ein **privater Internetanschluss vom Arbeitnehmer** zu rechtsverletzenden Handlungen genutzt wird oder ein **dienstlicher Internetanschluss** im Rahmen des privaten Gebrauchs hierzu verwendet wird (LG München I ZUM 2008, 157; *Ernst/Seichter* ZUM 2007, 513, 514; s. auch *Zander* ZUM 2011, 305, 306). Im letzten Fall hat jedoch wegen des Anscheins der den Anschluss Bereitstellende den privaten Gebrauch nachzuweisen und muss einen privaten Gebrauch ausdrücklich verboten haben. Grundsätzlich gilt, dass der Unternehmer, in dessen Bereich das fragliche Verhalten fällt, den jeweiligen Risikobereich in gewissem Umfang beherrscht. Hierzu müssen sich – bei der Beauftragung eines unabhängigen Drittunternehmers – seine Einflussmöglichkeiten auf alle das Vertriebssystem kennzeichnenden wesentlichen Vorgänge erstrecken (BGH GRUR 2011, 543 – Änderung der Voreinstellung III). Daher zählen zu den Beauftragten Werbeagenturen, Franchisenehmer etc. Der **Betreiber eines Vergleichsportals im Internet** ist im Verhältnis der dort werbenden Unternehmen kein Beauftragter i. S. des § 99 UrhG, da der einzelne Unternehmer nur einen vernachlässigenswerten Einfluss auszuüben vermag (offen gelassen in BGH GRUR 2010, 936 – Espressomaschine). So verhält es sich auch in Fällen, in denen ein Plattformbetreiber für Reisen anderen Reiseunternehmen auf seiner Plattform die Möglichkeit bietet, auf Unterseiten ihre Angebote zu bewerben und ansonsten erkennbar kein Einfluss auf den Inhalt auf das Internetangebot besteht (OLG Köln ZUM-RD 2012, 396).

IV. Inhaber des Unternehmens

Als Inhaber des Unternehmens i. S. d. § 99 ist bei einer Einzelfirma stets der **Kaufmann** anzusehen, also z. B. auch der Pächter und Verwalter (Fromm/Nordemann/*Nordemann* § 99 Rn. 7 m. w. N.). Bei den **Personengesellschaften** gilt, dass sowohl die Personengesellschaft selbst als auch die **persönlich haftenden Gesellschafter** als Inhaber einzuordnen sind (Möhring/Nicolini/*Lütje* § 100 Rn. 12). Weiterhin verhält es sich bei **juristischen Personen** so, dass diese selbst als Inhaber zu gelten haben. Nach der BGH-Rechtsprechung sind sogar **Parteien und Vereine** als Unternehmensinhaber anzusehen (BGH GRUR 1985, 536 – Asterix-Plagiate). Ebenfalls erfasst werden Angestellte im öffentlichen Dienst und auch Beamte. Dies verdeutlicht, dass auch hier ein **weiter Maßstab** anzulegen ist, um möglichst umfassend Schutzrechtsverletzungen, die aus einer rechtlich anerkannten Organisation begangen werden, dem Regime des § 99 unterwerfen zu können (Dreyer/Kotthoff/Meckel/*Meckel* § 100 Rn. 3). Zur Haftung von Unternehmen als **Internet-Werbepartner** (sog. **Affiliates**) s. *Spieker* GRUR 2006, 903 ff.

V. Weitergehende Ansprüche

8 § 100 S. 2 a. F. stellte klar, dass **weitergehende Ansprüche gegen den Unternehmensinhaber** durch den Anspruch aus § 100 S. 1 a. F. nicht berührt wurden. Dies ergab sich aus dem Zweck der Norm, wonach dem Verletzten ein zusätzlicher Anspruchsgegner gegenüber gestellt werden soll. Dies kann aber nicht zur Einschränkung anderer Ansprüche führen. Diese Regelung ist nicht mehr erforderlich, da **§ 102a** nunmehr für §§ 98 ff. feststellt, dass Ansprüche aus anderen Vorschriften unberührt bleiben.

9 Hinsichtlich eines von § 99 erfassten Unternehmensinhabers sind hierbei besonders Schadensersatzansprüche nach § 97 zu beachten, die gegen den Unternehmensinhaber selbst geltend gemacht werden können. Dies ist immer dann der Fall, wenn er selbst oder durch einen **anderen Handelnden** tätig wird und somit als „Täter" oder „Teilnehmer" der Rechtsverletzung anzusehen ist (Schricker/Loewenheim/*Wild* § 99 Rn. 7). Zu denken ist im Übrigen an eine Haftung nach den **§§ 31, 278, 812, 831 BGB** (ausführlich Möhring/Nicolini/*Lütje* § 100 Rn. 15 ff.; *Schmid/Wirth* § 100 Rn. 3).

§ 100 Entschädigung

Handelt der Verletzer weder vorsätzlich noch fahrlässig, kann er zur Abwendung der Ansprüche nach den §§ 97 und 98 den Verletzten in Geld entschädigen, wenn ihm durch die Erfüllung der Ansprüche ein unverhältnismäßig großer Schaden entstehen würde und dem Verletzten die Abfindung in Geld zuzumuten ist. Als Entschädigung ist der Betrag zu zahlen, der im Fall einer vertraglichen Einräumung des Rechts als Vergütung angemessen wäre. Mit der Zahlung der Entschädigung gilt die Einwilligung des Verletzten zur Verwertung im üblichen Umfang als erteilt.

Literatur: *Thun*, Der immaterialgüterrechtliche Vernichtungsanspruch, München 1998; *Walchner*, Der Beseitigungsanspruch im gewerblichen Rechtsschutz und Urheberrecht, Köln 1998.
Vgl. darüber hinaus die Angaben im eingangs abgedr. Gesamtliteraturverzeichnis.

Übersicht

	Rn.
I. Bedeutung und Anwendungsbereich	1–4
1. Bedeutung	1
2. Grundzüge	2–4
II. Abwendungsbefugnis durch Entschädigung (§ 100 S. 1)	5–8
1. Fehlendes Verschulden des Verletzers	5, 6
2. Unverhältnismäßigkeit des Schadens	7
3. Zumutbarkeit der Ablösung für den Verletzten	8
III. Angemessenheit der Entschädigung (§ 100 S. 2)	9
IV. Fiktion der Einwilligung durch den Verletzten (§ 101 S. 3)	10

I. Bedeutung und Anwendungsbereich

1. Bedeutung

Die Regelung des § 100 (nahezu inhaltsgleich zu § 101 a. F.) enthält eine **Abwendungsbefugnis des Verletzers,** mit der sich dieser gegen die Ansprüche aus den §§ 97 und 98 zur Wehr setzen kann, soweit ihm **kein Verschulden** – auch keine Fahrlässigkeit – vorgeworfen werden kann. Diese Regelung verstößt nicht gegen die Enforcement-Richtlinie, sondern ist ausdrücklich gem. Art. 12 der Richtlinie zulässig (vgl. BT-Drucks. 16/5048, 49; Schricker/Loewenheim/Wild § 100 Rn. 1). Ausnahmsweise ist bei Vorliegen der weiteren Voraussetzungen des § 100 Abs. 1 eine **Geldentschädigung** möglich. Eine Haftung auf **Schadensersatz gem.** § 97 ist auf Grund des hierfür erforderlichen Verschuldens selbstredend nicht abwehrfähig. Unbilligkeiten im Rahmen der Beseitigungs-, Unterlassungs-, Vernichtungs- und Überlassungsansprüche kommen insb. dort in Betracht, wo ein Verletzer **innerhalb eines Gemeinschaftswerkes** versäumt hat, sich ein Nutzungsrecht einräumen zu lassen (*Walchner* 126). In einem solchen Fall könnte ein Rechtsinhaber das gesamte Werk blockieren und einen hohen wirtschaftlichen Schaden verursachen. Eine solche Konstellation ist vor allem bei **Filmwerken** möglich (Möhring/Nicolini/*Lütje* § 101 Rn. 1). Ansonsten sind nur wenige Sachverhalte denkbar, bei denen die Norm eingreift. Eine **Haftung des Verantwortlichen** wird zumeist – aufgrund des strengen Maßstabs für die Sorgfaltspflicht (*Rehbinder* Rn. 453; Dreier/Schulze/*Dreier* § 100 Rn. 4) – entweder durch **eigenes Verhalten** oder durch ihm zuzurechnendes **Drittverhalten** gegeben sein. Allerdings wird die Regelung u. U. im Bereich der verwaisten Werke („orphan works") eine größere Rolle spielen (so Fromm/Nordemann/*Nordemann* § 100 Rn. 1). Dies wird besonders davon abhängen, wie die Rechtsprechung die Änderungen der §§ 61 bis 61c ab 1.1.2014 anwendet. Hier wäre es zur Förderung der Verbreitung solcher Werke, deren Urheber sich trotz zumutbarer Anstrengungen nicht ermitteln lassen, wünschenswert, rechtliche Klarheit hinsichtlich der Haftung zu bekommen.

Die Regelung des **§ 101 Abs. 2 a. F.** bzgl. Bauwerken und ausscheidbaren Teilen wurde in § 98 als Abs. 5 integriert.

2. Grundzüge

Die Norm des § 100 stellt eine Spezialvorschrift zu § 251 Abs. 2 BGB dar und legt die **Voraussetzungen für ein Ablösungsrecht des Verletzers** fest. Insoweit tritt § 251 Abs. 2 BGB im Urheberrecht zurück, eine Ablösung ist nur in den Grenzen des § 100 möglich (Fromm/Nordemann/*Nordemann* § 100 Rn. 11; Dreyer/Kotthoff/Meckel/*Meckel* § 101 Rn. 1). Es müssen sämtliche Voraussetzungen vorliegen; ein Ausweichen auf eine **allgemeine zivilrechtliche Ablösung** ist bei den erfassten Ansprüchen nicht möglich. Anderenfalls würde das Ziel einer umfassenden Verhinderung von Rechtsverletzungen im Urheberrecht konterkariert werden.

Es darf auf Seiten des Verletzers **keinerlei Verschulden** hinsichtlich der von § 100 erfassten Ansprüche vorliegen und es müsste ihm bei deren Erfüllung ein **unverhältnismäßig** großer Schaden entstehen. In einem solchen Fall darf er eine Abfindung in Geld zahlen, wobei diese Abfindung dem Verletzten zumutbar sein muss. Da es sich um eine **Ausnahme** handelt, sind sämtliche Voraussetzungen vom Verletzer darzulegen, da die erfassten Ansprüche grds. verschuldensunabhängig eingreifen. Die **Höhe der Abfindung** bestimmt sich nach der angemessenen Vergütung und führt bei Zahlung zu einer **Fiktion der Einwilligung** des Verletzten in die Verwertung.

Eine insb. im Marken- und Wettbewerbsrecht anzutreffende **Aufbrauchsfrist** ist im Urheberrecht grds. abzulehnen (so auch Loewenheim/*Vinck* § 81 Rn. 96; differenzierend Dreier/Schulze/*Dreier* § 100 Rn. 10). Bei einer solchen Frist würde es dem Verletzer gerichtlich erlaubt werden, auch noch nach Feststellung seiner rechtswidrigen Handlungen hieraus hervorgegangene Vervielfältigungsstücke zu verbreiten, wenn ihm ansonsten **erhebliche Nachteile** erwachsen würden. Es ist jedoch im Hinblick darauf, dass die Regelung des § 100 bereits eine enge Ausnahmevorschrift darstellt, davon abzusehen, weitere Ausnahmetatbestände zu schaffen, da dies ansonsten der Zielrichtung der §§ 97, 98 entgegenlaufen würde.

II. Abwendungsbefugnis durch Entschädigung (§ 100 S. 1)

1. Fehlendes Verschulden des Verletzers

5   Dem Verletzer darf nach keiner Norm ein Verschulden zugerechnet werden. Bei mehreren Handelnden muss dies **jeder Einzelne** beweisen. Insoweit gelten die allgemeinen zivilrechtlichen Grundsätze und der Verletzer muss gem. § 276 Abs. 1 BGB für jegliche Fahrlässigkeit einstehen (vgl. OLG Köln GRUR 2000, 43, 45 – Klammerpose). Hierzu gehört insb. eine **Nachforschungspflicht** bezüglich Rechte Dritter, die einer Verwertung entgegenstehen könnten (*Walchner* 127; Fromm/Nordemann/*Nordemann* § 100 Rn. 2). Bei der **Zurechnung fremden Verschuldens** ist zunächst zu beachten, ob dem Verletzer die **Möglichkeit eines Entlastungsbeweises** offen steht oder nicht (*Rehbinder* Rn. 453).

6   Ein solcher Beweis steht ihm im Rahmen **des § 831 BGB** zu, wobei er nachweisen muss, dass er seinen **Verrichtungsgehilfen** sorgfältig ausgewählt und überwacht hat. Gelingt ihm das, so gilt er als exkulpiert und der Anwendungsbereich des § 100 ist eröffnet. Ebenso verhält es sich bei der **Regelung des § 99,** wonach der Unternehmensinhaber grds. verschuldensunabhängig für seine Arbeitnehmer und Beauftragten nach den §§ 97 und 98 haftet. Auch hier steht dem als Verletzer anzusehenden Inhaber die Möglichkeit offen, einen entsprechenden Beweis des **fehlenden Auswahl- oder Überwachungsverschuldens** zu führen und somit fehlendes Verschulden in Rahmen des § 100 S. 1 geltend zu machen (Fromm/Nordemann/*Nordemann* § 100 Rn. 5; Schricker/Loewenheim/*Wild* § 100 Rn. 4). Anders verhält es sich hingegen bei einer Zurechnung fremden Verschuldens nach § 31 BGB oder § 278 BGB; bei diesen Normen ist stets ein entsprechendes eigenes Verschulden gegeben.

2. Unverhältnismäßigkeit des Schadens

7   Eine Abwendungsbefugnis erfordert weiterhin die **Unverhältnismäßigkeit** des Schadens, welcher bei Erfüllung der grds. bestehenden Ansprüche aus §§ 97 und 98 durch den **schuldlosen Verletzer** diesem entstehen würde. Für die Unverhältnismäßigkeit ist insoweit der Umfang der Inanspruchnahme des Schutzrechts in Verhältnis zu setzen mit dem für den Verletzer entstehenden wirtschaftlichen Schaden bei der **Beseitigung der Störung** (*Walchner* 128; Schricker/Loewenheim/*Wild* § 100 Rn. 5). Von besonderem Interesse ist in diesem Zusammenhang, in welchem **Verhältnis das verwendete Schutzrecht zum Gesamtwerk** steht. Liegt hierbei der Schaden der Beseitigung unverhältnismäßig weit über der üblicherweise für die Nutzung des verletzten Rechts zu zahlenden Lizenzgebühr, so ist das Tatbestandsmerkmal als erfüllt anzusehen (*v. Gamm* § 101 Rn. 5; *Rehbinder* Rn. 453). Es sind **hohe Anforderungen** an die Unverhältnismäßigkeit zu stellen, es reicht nicht schon jedes Missverhältnis aus, da ansonsten der Ausnahmecharakter der Vorschrift nicht mehr gewahrt wäre (Dreier/Schulze/*Dreier* § 100 Rn. 5).

3. Zumutbarkeit der Ablösung für den Verletzten

8   Die Ablösung in Geld muss für den Verletzten zumutbar sein, wobei diese Prüfung unabhängig von der Unverhältnismäßigkeit des Schadens vorzunehmen ist. Hierbei sind die Interessen beider Seiten gegeneinander **abzuwägen** (BGH GRUR 1976, 317, 321 – Un-

sterbliche Stimmen). Allgemein wird angenommen, dass eine Ablösung dann zuzumuten ist, wenn eine Nutzung **üblicherweise gegen Entgelt** eingeräumt wird (Schricker/Loewenheim/*Wild* § 100 Rn. 6; Möhring/Nicolini/*Lütje* § 101 Rn. 14). Ausgangspunkt können hierbei die Vorschriften über die Zulässigkeit von Änderungen bilden; §§ 39, 62, 93 (*v. Gamm* § 101 Rn. 5). Grds. als unzumutbar wird man Eingriffe in **Urheberpersönlichkeitsrechte** anzusehen haben, es sei denn, es handelt sich lediglich um geringfügige (a. A. Dreier/Schulze/*Dreier* § 100 Rn. 6, der dem Urheberpersönlichkeitsrecht dann jedoch im Rahmen der Zumutbarkeitsprüfung hinreichend Rechnung tragen will). Besonders zu beachten ist bei einer Abwägung die **Intensität und Dauer der Nutzung** sowie eine eventuelle **Beeinträchtigung des Verletzten in seinen eigenen Verwertungsrechten** (Schricker/*Wild* § 100 Rn. 6). Auch die Höhe der üblicherweise zu entrichtenden Vergütung bei einer vertraglichen Vereinbarung ist im **Wege der Lizenzanalogie** heranzuziehen, da ein zu geringer Betrag einer Abwehrbefugnis entgegensteht. Somit fließt in die Beurteilung der Verhältnismäßigkeit bereits die Bestimmung der angemessenen Entschädigung nach § 98 Abs. 4 mit ein und lässt sich schwer von dieser trennen.

III. Angemessenheit der Entschädigung (§ 100 S. 2)

Die Entschädigung hat einer **angemessenen Lizenzgebühr** zu entsprechen. Hierbei sind **Art und Umfang** der üblichen Verwertung einzubeziehen, wird das Recht hierzu doch durch Einwilligung gem. § 100 S. 3 übertragen (Möhring/Nicolini/*Lütje* § 101 Rn. 16). Ist die Höhe zwischen den Parteien umstritten, so kann sie gem. **§ 287 Abs. 2 ZPO** in das Ermessen des Gerichts gestellt werden. 9

IV. Fiktion der Einwilligung durch den Verletzten (§ 100 S. 3)

Mit der Zahlung der Entschädigung gilt die Einwilligung des Verletzten in ein Nutzungsrecht im üblichen Umfang als erteilt; es handelt sich mithin um eine **gesetzliche Fiktion**. Diese ist deswegen für den Verletzer notwendig, da nur sie es ihm ermöglicht, eine Weiterverwertung vorzunehmen, also z. B. die hergestellten Vervielfältigungsstücke zu verkaufen. Die Einräumung des Nutzungsrechts kann nach der **Zweckübertragungstheorie** nur soweit reichen, wie es für den verfolgten Zweck erforderlich erscheint (Schricker/Loewenheim/*Wild* § 100 Rn. 8; *Thun* 175). **Darüber hinausgehende Verwertungshandlungen** – wie etwa der Nachdruck eines Buches – werden nicht erfasst. Zu beachten ist, dass der vom Verletzten gerichtlich geltend gemachte Anspruch aus §§ 97 und 98 bis zur vollständigen Zahlung bestehen bleibt und in der **Zwangsvollstreckung** betrieben werden kann (*Walchner* 130; a. A. *v. Gamm* § 101 Rn. 6). Dies folgt schon aus dem Wortlaut der Norm. 10

§ 101 Anspruch auf Auskunft

(1) **Wer in gewerblichem Ausmaß das Urheberrecht oder ein anderes nach diesem Gesetz geschütztes Recht widerrechtlich verletzt, kann von dem Verletzten auf unverzügliche Auskunft über die Herkunft und den Vertriebsweg der rechtsverletzenden Vervielfältigungsstücke oder sonstigen Erzeugnisse in Anspruch genommen werden. Das gewerbliche Ausmaß kann sich sowohl aus der Anzahl der Rechtsverletzungen als auch aus der Schwere der Rechtsverletzung ergeben.**

(2) **In Fällen offensichtlicher Rechtsverletzung oder in Fällen, in denen der Verletzte gegen den Verletzer Klage erhoben hat, besteht der Anspruch unbeschadet von Absatz 1 auch gegen eine Person, die in gewerblichem Ausmaß**

1. rechtsverletzende Vervielfältigungsstücke in ihrem Besitz hatte,
2. rechtsverletzende Dienstleistungen in Anspruch nahm,
3. für rechtsverletzende Tätigkeiten genutzte Dienstleistungen erbrachte oder
4. nach den Angaben einer in Nummer 1, 2 oder Nummer 3 genannten Person an der Herstellung, Erzeugung oder am Vertrieb solcher Vervielfältigungsstücke, sonstigen Erzeugnisse oder Dienstleistungen beteiligt war,

es sei denn, die Person wäre nach den §§ 383 bis 385 der Zivilprozessordnung im Prozess gegen den Verletzer zur Zeugnisverweigerung berechtigt. Im Fall der gerichtlichen Geltendmachung des Anspruchs nach Satz 1 kann das Gericht den gegen den Verletzer anhängigen Rechtsstreit auf Antrag bis zur Erledigung des wegen des Auskunftsanspruchs geführten Rechtsstreits aussetzen. Der zur Auskunft Verpflichtete kann von dem Verletzten den Ersatz der für die Auskunftserteilung erforderlichen Aufwendungen verlangen.

(3) Der zur Auskunft Verpflichtete hat Angaben zu machen über
1. Namen und Anschrift der Hersteller, Lieferanten und anderer Vorbesitzer der Vervielfältigungsstücke oder sonstigen Erzeugnisse, der Nutzer der Dienstleistungen sowie der gewerblichen Abnehmer und Verkaufsstellen, für die sie bestimmt waren, und
2. die Menge der hergestellten, ausgelieferten, erhaltenen oder bestellten Vervielfältigungsstücke oder sonstigen Erzeugnisse sowie über die Preise, die für die betreffenden Vervielfältigungsstücke oder sonstigen Erzeugnisse bezahlt wurden.

(4) Die Ansprüche nach den Absätzen 1 und 2 sind ausgeschlossen, wenn die Inanspruchnahme im Einzelfall unverhältnismäßig ist.

(5) Erteilt der zur Auskunft Verpflichtete die Auskunft vorsätzlich oder grob fahrlässig falsch oder unvollständig, so ist er dem Verletzten zum Ersatz des daraus entstehenden Schadens verpflichtet.

(6) Wer eine wahre Auskunft erteilt hat, ohne dazu nach Absatz 1 oder Absatz 2 verpflichtet gewesen zu sein, haftet Dritten gegenüber nur, wenn er wusste, dass er zur Auskunftserteilung nicht verpflichtet war.

(7) In Fällen offensichtlicher Rechtsverletzung kann die Verpflichtung zur Erteilung der Auskunft im Wege der einstweiligen Verfügung nach den §§ 935 bis 945 der Zivilprozessordnung angeordnet werden.

(8) Die Erkenntnisse dürfen in einem Strafverfahren oder in einem Verfahren nach dem Gesetz über Ordnungswidrigkeiten wegen einer vor der Erteilung der Auskunft begangenen Tat gegen den Verpflichteten oder gegen einen in § 52 Abs. 1 der Strafprozessordnung bezeichneten Angehörigen nur mit Zustimmung des Verpflichteten verwertet werden.

(9) Kann die Auskunft nur unter Verwendung von Verkehrsdaten (§ 3 Nr. 30 des Telekommunikationsgesetzes) erteilt werden, ist für ihre Erteilung eine vorherige richterliche Anordnung über die Zulässigkeit der Verwendung der Verkehrsdaten erforderlich, die von dem Verletzten zu beantragen ist. Für den Erlass dieser Anordnung ist das Landgericht, in dessen Bezirk der zur Auskunft Verpflichtete seinen Wohnsitz, seinen Sitz oder eine Niederlassung hat, ohne Rücksicht auf den Streitwert ausschließlich zuständig. Die Entscheidung trifft die Zivilkammer. Für das Verfahren gelten die Vorschriften des Gesetzes über das Verfahren in Familiensachen und in den Angelegenheiten der freiwilligen Gerichtsbarkeit entsprechend. Die Kosten der richterlichen Anordnung trägt der Verletzte. Gegen die Entscheidung des Landgerichts ist die Beschwerde statthaft. Die Beschwerde ist binnen einer Frist von zwei Wochen einzulegen. Die Vorschriften zum Schutz personenbezogener Daten bleiben im Übrigen unberührt.

§ 101 Anspruch auf Auskunft § 101 UrhG

(10) **Durch Absatz 2 in Verbindung mit Absatz 9 wird das Grundrecht des Fernmeldegeheimnisses (Artikel 10 des Grundgesetzes) eingeschränkt.**

Literatur: *Adolphsen,* Massenabmahnungen im Urheberrecht – Ein Geschäftsmodell auf dem Prüfstand, NJOZ 2010, 2394; *Bohne,* Zur Auskunftserteilung durch Access-Provider nach Schutzrechtsverletzung im Internet, GRUR 2005, 145; *D. Bohne,* Zum Erfordernis eines gewerblichen Ausmaßes der Rechtsverletzung in § 101 Abs. 2 UrhG, CR 2010, 104; *Eichmann,* Die Durchsetzung des Anspruchs auf Drittauskunft, GRUR 1990, 575; *Czychowski,* Auskunftsansprüche gegenüber Internetzugangsprovidern „vor" und „nach" der Enforcement-Richtlinie der EU, MMR 2004, 514; *Czychowski,* Das Gesetz zur Verbesserung der Durchsetzung von Rechten des Geistigen Eigentums Teil II: Änderungen im Urheberrecht, GRUR-RR 2008, 265; *Gesmann-Nuissl/Wünsche,* Neue Ansätze zur Bekämpfung der Internetpiraterie – ein Blick über die Grenzen, GRURInt 2012, 225; *Kaufmann/Köcher,* Anmerkung zu LG Hamburg, MMR 2005, 55; *Kitz,* Die Auskunftspflicht des Zugangsvermittlers bei Urheberrechtsverletzungen durch seine Nutzer, GRUR 2003, 1014; *Kramer,* Zivilrechtlicher Auskunftsanspruch gegenüber Access Providern, Hamburg 2006; *Ladeur,* Der Auskunftsanspruch aus § 101 UrhG und seine Durchsetzung – Zivilrechtsanwendung ohne Methode und jenseits der Drittwirkung der Grundrechte?, NJOZ 2010, 1606; *Mes,* Zum „gewerblichen Ausmaß" im gewerblichen Rechtsschutz und Urheberrecht, GRUR 2011, 1083; *Nägele/Nitsche,* Gesetzentwurf der Bundesregierung zur Verbesserung der Durchsetzung von Rechten des geistigen Eigentums, WRP 2007, 1047; *v. Olenhusen/Crone,* Der Anspruch auf Auskunft gegenüber Internet-Providern bei Rechtsverletzungen nach Urheber- bzw. Wettbewerbsrecht, WRP 2002, 164; *Peukert/Kur,* Stellungnahme des Max-Planck-Instituts für Geistiges Eigentum, Wettbewerbs- und Steuerrecht zur Umsetzung der Richtlinie 2004/48/EG zur Durchsetzung der Rechte des geistigen Eigentums im deutschen Recht, GRUR Int. 2006, 292; *Schwarz/Brauneck,* Verbesserung des Rechtsschutzes gegen Raubkopierer auf der Grundlage der EU-Enforcement-Richtlinie und deren Umsetzung in deutsches Recht, ZUM 2006, 701; *Seichter,* Die Umsetzung der Richtlinie zur Durchsetzung der Rechte des geistigen Eigentums, WRP 2006, 391; *Sieber/Höfiger,* Drittauskunftsansprüche nach § 101a UrhG gegen Internetprovider zur Verfolgung von Urheberrechtsverletzungen, MMR 2004, 575; *Solmecke,* Rechtliche Beurteilung der Nutzung von Musiktauschbörsen, K&R 2007, 138; *Spindler/Dorschel,* Vereinbarkeit der geplanten Auskunftsansprüche gegen Internet-Provider mit EU-Recht, CR 2006, 341; *Spindler/Weber,* Die Umsetzung der Enforcement-Richtlinie nach dem Regierungsentwurf für ein Gesetz zur Verbesserung der Durchsetzung von Rechten des geistigen Eigentums, ZUM 2007, 257; *Splittgerber/Klytta,* Auskunftsansprüche gegen Internetprovider, K&R 2007, 78; *Waldenberger,* Zur urheberrechtlichen Verantwortlichkeit für Urheberrechtsverletzungen im Internet, ZUM 1997, 176; *Wehr/Ujica,* „Alles muss raus!" – Datenspeicherungs- und Auskunftspflichten der Access-Provider nach dem Urteil des BVerfG zur Vorratsdatenspeicherung, MMR 2010, 667.

Vgl. darüber hinaus die Angaben im eingangs abgedr. Gesamtliteraturverzeichnis.

Übersicht

	Rn.
I. Bedeutung und Anwendungsbereich	1–6
1. Bedeutung	1–3
2. Grundzüge	4, 5
II. Auskunftsanspruch gegenüber dem Verletzer (§ 101 Abs. 1)	6–9
1. Anspruchsparteien	6
2. Erfasste Handlungen	7
3. Rechtsverletzung im geschäftlichen Verkehr	8
4. Unverzügliche Auskunft durch den Verletzer	9
III. Auskunftsanspruch gegen Dritte (§ 101 Abs. 2)	10–19
1. Grundzüge	10–13
2. Anhängiges Verletzungsverfahren	14, 15
3. Offensichtliche Rechtsverletzung	16, 17
4. Doppeltes Gewerbsmäßigkeitserfordernis	18, 19
IV. Umfang des Anspruchs auf Drittauskunft (§ 101 Abs. 3)	20, 21
V. Unverhältnismäßigkeit im Einzelfall (§ 101 Abs. 4)	22
VI. Schadensersatz bei falscher Auskunft (§ 101 Abs. 5)	23, 24
VII. Haftung bei wahrer Auskunft ohne Auskunftspflicht (§ 101 Abs. 6)	25
VIII. Einstweilige Verfügung bei offensichtlicher Rechtsverletzung (§ 101 Abs. 7)	26
IX. Verwertungsbeschränkungen der Erkenntnisse in einem Straf- oder Ordnungswidrigkeitenverfahren (§ 101 Abs. 8)	27

	Rn.
X. Anordnung bei Verwendung von Verkehrsdaten (§ 101 Abs. 9)	28, 29
XI. Internet Access Provider im Besonderen	30–35
1. Handeln im geschäftliche Verkehr	31
2. Gewerbliches Ausmaß	32
3. Richtervorbehalt	33
4. Datenschutz	34
5. Vorratsdatenspeicherung	35

I. Bedeutung und Anwendungsbereich

1. Bedeutung

1   Die Neufassung des Auskunftsanspruchs in § 101 in Folge des 2. Korbes brachte etliche Änderungen zur Vorgängerregelung in § 101a a. F. Die Norm dient der Umsetzung des **Art. 8 der Enforcement-Richtlinie,** geht aber teilweise über diese hinaus. Auf der anderen Seite wird versucht, hinsichtlich der Verwendung von Verkehrsdaten i. S. v. § 3 Nr. 30 TKG durch das Erfordernis einer **richterlichen Anordnung** verfassungsrechtliche Bedenken zu zerstreuen (ausführlich *Kramer* 177 f.; *Ladeur* NJOZ 2010, 1606, 1607). Die Verfassungsmäßigkeit insbesondere des in § 101 Abs. 2 Nr. 3 UrhG verankerten Anspruchs gegen Dritte auf Auskunft über Verletzer wird sicher weiterhin in der Diskussion bleiben. Hieran wird sich auch nichts durch die Entscheidung des BGH vom 19.4.2012 (BeckRS 2012, 17120 – Alles kann besser werden) ändern. Es bleibt insoweit bedenklich, dass es Rechtsinhabern faktisch unbeschadet des Umfangs einer Rechtsverletzung ermöglicht wird, Auskünfte über personenbezogene Daten zu erlangen ohne weitergehende Darlegungspflichten beachten zu müssen. Daher wird es nunmehr auf die Gerichtspraxis ankommen, inwieweit der geringe Spielraum, die die BGH-Entscheidung lässt, doch noch zu einer sinnvollen Eingrenzung des Anspruchs insbes. im Bereich der **Filesharing-Fälle** genutzt wird. Es war nämlich nach den Vorgaben der Richtlinie nicht erforderlich, die Speicherung und Weitergabe bestimmter Verkehrsdaten in das Gesetz aufzunehmen (so EuGH GRUR 2008, 241 – Promusicae). Dies zeigt, dass die entsprechende Regelung allein rechtspolitisch motiviert ist und insbesondere der Musikindustrie dienen soll. Hiermit geht der Gesetzgeber bis an die Grenzen der Verfassungsmäßigkeit im Hinblick auf das Übermaßverbot (vgl. LG Frankenthal, Beschl. v. 21.5.2008, Az. 6 O 156/08 – Auskunftsersuchen über dynamische IP-Adresse; vgl. auch Rn. 29). Europarechtlich verstößt die Norm jedoch nicht gegen die Vorgaben der **Richtlinie zur Vorratsdatenspeicherung** (RL 2006/24/EG), selbst dann nicht, wenn diese noch nicht in nationales Recht umgesetzt wurde (EuGH MMR 2012, 471 – Bonnier Audio).

2   Die Regelung des § 101a a. F. wurde ebenfalls durch das Produktpirateriegesetz (PrPG) v. 7.3.1990 (BGBl. I S. 442) in das UrhG eingefügt. Sie sollte eine **effektive Rechtsverfolgung bei einer Schutzrechtsverletzung** ermöglichen und sah daher zum ersten Mal eine Verpflichtung zur Auskunftserteilung ohne jedes Verschulden vor. Der hierdurch ermöglichte Anspruch auf Auskunft über die jeweilige Herkunft, die bezogene Menge und den Vertriebsweg von Vervielfältigungsstücken ging über den ansonsten aus **§§ 242, 259, 260 BGB** herzuleitenden Anspruch auf Auskunft und Rechnungslegung zur Vorbereitung und Bezifferung eines Schadensersatz- oder Bereicherungsanspruchs hinaus (Schricker/Loewenheim/*Wild* § 101 Rn. 1; *Rehbinder* Rn. 455). Es handelt sich seitdem um einen **selbstständigen, nicht akzessorischen Anspruch auf Drittauskunft,** der wortgleich den Parallelvorschriften in den §§ 140b PatG, 24b GebrMG, 19 MarkenG, 14a Abs. 3 GeschmMG, 37b SortenSchG und § 9 Abs. 2 HalblSchG entsprach (Dreier/Schulze/*Dreier* § 101 Rn. 1; *Mes* GRUR 2011, 1083, 1084). Die wichtigste Neuerung des § 101a a. F. bestand darin, dass in § 101a Abs. 3 **die Möglichkeit einer einstweiligen Verfügung** festgeschrieben wurde. Eine solche wäre ansonsten schwerlich möglich gewesen, da hierdurch regelmäßig nur eine

vorläufige Regelung – §§ 935, 940 ZPO – getroffen werden soll, die im nachfolgenden Verfahren rückgängig gemacht werden kann (Fromm/Nordemann/*Nordemann*, 9. Aufl 1998, § 101a Rn. 1). Bei einer Auskunftserteilung ist dies aber schon deswegen nicht möglich, da eine gegebene Auskunft nicht wieder zurückgenommen werden kann und somit ein Vorgriff auf das Hauptsacheverfahren vorliegen würde. Im Ergebnis stellt die Norm somit eine **Erweiterung der allgemeinen zivilrechtlichen Auskunftsansprüche** dar. Dem Auskunftsrecht des § 101a a. F. kam im Bereich der **digitalen Verwertung** von Vervielfältigungsstücken durch das Internet eine wachsende Bedeutung zu, da Vertriebswege und Herkunft von Werken hier besonders schwierig nachzuvollziehen sind. So war insb. ein eventueller **Auskunftsanspruch gegenüber Internetprovidern** umstritten. Fraglich war, ob sich ein solcher bereits aus § 101a ableiten ließ (hierzu schon *Czychowski* MMR 2004, 514; einen Auskunftsanspruch gegen Internetprovider ablehnend z. B. OLG Frankfurt a. M. MMR 2005, 241; ebenso KG MMR 2007, 116). Dieser scheiterte zumeist daran, dass es für eine **analoge Anwendung** an einer planwidrigen Regelungslücke fehlte, da im Gesetz ausdrücklich das Vorliegen von Vervielfältigungsstücken verlangt wurde (a. A. *Bohne* GRUR-RR 2005, 145; für eine analoge Anwendung LG Hamburg MMR 2005, 55; dagegen OLG Hamburg GRUR-RR 2005, 209). Zudem ergab sich nach der Rechtsprechung ein Anspruch auf Auskunftserteilung nicht aus einer Anwendung der **Grundsätze der Störerhaftung** (so z. B. OLG Hamburg GRUR-RR 2005, 209).

Durch die Schwierigkeiten, die sich bei der Feststellung von urheberrechtlichen Verletzungen gerade im **Onlinebereich** ergeben, sieht bereits Art. 8 Enforcement-Richtlinie vor, dass sowohl der Kreis der betroffenen Gegenstände, als auch der Auskunftspflichtigen zu erweitern ist. Erfasst werden nunmehr **sämtliche Verletzungen des Urheberrechts**, also auch solche in unkörperlicher Form und nicht mehr nur Vervielfältigungsstücke im bisherigen Sinn. Bezüglich der Auskunftsverpflichteten wird entsprechend der Enforcement-Richtlinie nun auch im deutschen Recht ein **Anspruch gegenüber nichtverletzenden Dritten** geschaffen, der dem deutschen Recht in der vorliegenden Ausgestaltung bislang fremd war. Nach der Neufassung hat der Dritte Auskunft über den Tatbestand der Verletzungshandlung zu geben, ist dies doch aufgrund des Beibringungsgrundsatzes eigentlich Aufgabe des Verletzten (*Czychowski*, GRUR-RR 2008, 265, 267; schon *Peukert/Kur* GRUR Int. 2006, 292, 296).

2. Grundzüge

In Abweichung von der zuvor bestehenden Regelung wird in § 101 Abs. 3 festgelegt, **in welchem Umfang** der Verletzer Auskunft über die Beteiligten des Vertriebs und der vorliegenden Menge an Vervielfältigungsstücken zu geben hat. Die Auskunftserteilung hat schriftlich zu erfolgen, da nur so eine umfassende rechtliche Auswertung in einem Gerichtsverfahren gewährleistet werden kann. Die Möglichkeit der einstweiligen Verfügung über die Auskunftserteilung bei einer **offensichtlichen Rechtsverletzung** normiert § 101 Abs. 7. Eine Regelung zum Verwertungsverbot der Erkenntnisse in einem Straf- oder Ordnungswidrigkeitenverfahren gegen den Verletzer oder einen Angehörigen i. S. d. § 52 Abs. 1 StPO enthält § 101 Abs. 8 und macht eine Verwertung von der Zustimmung des Verletzers abhängig. Eine **analoge Anwendung** des § 101 kommt – wie bislang schon in § 101a a. F. – in Betracht, wenn **ein potentieller Vertreiber** rechtswidriger Vervielfältigungsstücke das Original überlassen bekommt, **um Vervielfältigungen erst herzustellen** (zutreffend OLG Hamburg NJW-RR 1999, 1204, 1206 – Fall Holst). Dies ergibt sich aus dem Schutzzweck der Norm und wird lediglich durch das Verhältnismäßigkeitserfordernis begrenzt (vorliegend verneint BVerfG NJW 1999, 2880, 2881 – Fall Holst). Hieran hat auch die Neufassung nichts geändert.

Obwohl in der Enforcement-Richtlinie nicht vorgesehen, wird in **§ 101 Abs. 5** nunmehr eine **Haftung** für eine vorsätzliche oder grob fahrlässig falsche oder unvollständige

Auskunft festgelegt. Allerdings bestimmt § 101 Abs. 6 für den Fall **einer fehlenden Verpflichtung zur Auskunft,** dass bei einer wahren Auskunft eine Haftung gegenüber Dritten nur bei Kenntnis der mangelnden Verpflichtung besteht. **Datenschutzrechtlichen Bedenken** bei der Auskunftserteilung soll durch § 101 Abs. 9 und 10 Rechnung getragen werden. Inwieweit dies im hinreichenden Maße gelungen ist, wird sich erst dann erweisen, wenn eine gefestigte Rechtsprechung zu Drittauskunftsansprüchen im Lichte des BGH-Beschlusses GRUR 2012, 1026 – Alles kann besser werden, vorliegt. Dies wird zeigen, ob tatsächlich ein angemessener Ausgleich zwischen dem Urheberrecht und dem Schutz personenbezogener Daten gefunden wurde (ausführlich *Wehr/Ujica,* MMR 2010, 667, 670; Fromm/Loewenheim/*Czychowski* § 101 Rn. 71). Die in § 101 verwendeten Rechtsbegriffe „offensichtliche Rechtsverletzung" und „gewerbliches Ausmaß" sollten dabei nicht ausschließlich im Lichte des Art. 14 GG ausgelegt werden.

II. Auskunftsanspruch gegenüber dem Verletzer (§ 101 Abs. 1)

1. Anspruchsparteien

6 Die Fassung des § 101 Abs. 1 entspricht in seinem Inhalt weitgehend der bisherigen Regelung des § 101a Abs. 1 a. F. Als Auskunftsberechtigter gilt der Verletzte, womit zunächst einmal der Urheber selbst gemeint ist. Ebenso **aktivlegitimiert** ist auch der Inhaber eines **ausschließlichen Nutzungsrechts,** da er eigene Interessen wahrnimmt, wobei für den Umfang die Zweckübertragungstheorie heranzuziehen ist (s. *Eichmann* GRUR 1990, 575). Bei einem lediglich **einfachen Nutzungsrecht** ist hingegen grds. davon auszugehen, dass § 31 Abs. 5 eine entsprechende Aktivlegitimation nicht umfasst. Auskunftsberechtigter ist der Inhaber eines solchen Nutzungsrechts nur, wenn er ein **eigenes Interesse** darlegen kann und zur Geltendmachung des Anspruchs autorisiert wurde (Dreier/Schulze/*Dreier* § 101 Rn. 4; Schricker/Loewenheim/*Wimmers* § 101 Rn. 42 unter Verweis auf § 97). **Auskunftsverpflichteter** ist derjenige, der tatsächlich an der Herstellung oder Verbreitung der rechtsverletzenden Vervielfältigungsstücke beteiligt war (vgl. OLG Hamburg GRUR-RR 2007, 381 – BetriebsratsCheck hinsichtlich der urheberpersönlichkeitsrechtlichen Ansprüche). Da für die Bekämpfung der Produktpiraterie die Kenntnis der **gesamten Vertriebskette** erforderlich ist, werden – wie bislang – von dem Anspruch auch sämtliche Vorbesitzer und Auftraggeber erfasst (*Eichmann* GRUR 1990, 575, 577; s. auch Dreyer/Kotthoff/Meckel/*Meckel* § 101a Rn 1). Inwieweit auch **der Störer** erfasst wird, ist umstritten (ausführlich Schricker/Loewenheim/*Wimmers* § 101 Rn. 22 ff.). Diese Ansicht ist abzulehnen, da eine Erweiterung des Kreises der Verpflichteten die Unterschiede zwischen Rechtsverletzer und Störer auflöst und insoweit der Rechtsprechung des BGH zur Haftung des Störers bei Verletzungen widerspricht (für das Internet s. BGH MMR 2004, 668 – Rolex). Dieser sieht sich – bereits in weiter Auslegung des TMG – **lediglich Unterlassungsansprüchen** der Rechtsinhaber ausgesetzt, nicht aber Abwehransprüchen. Gilt dies bereits trotz der Privilegierung des TMG, so hat dies erst recht vorliegend zu gelten. Außerdem würde dann auch die Erweiterung des betroffenen Personenkreises durch § 101 Abs. 2 keinen Sinn ergeben, da diese dann schon von § 101 Abs. 1 erfasst werden würden. Gerade hierfür plädiert aber das OLG München, wenn es ausführt, dass eine **Störerhaftung im Rahmen des § 101 Abs. 1** immer dann in Betracht kommt, wenn einem als Störer in Anspruch genommenen Diensteanbieter von einer klaren Rechtsverletzung Kenntnis verschafft worden ist (OLG München MMR 2012, 115). Dem ist unter Hinweis auf die unterschiedliche Zielrichtung von Abs. 1 und Abs. 2 zu widersprechen.

2. Erfasste Handlungen

7 Die Regelung erfasst jegliche **Herstellungs- oder Verbreitungshandlungen,** nunmehr auch die digitale Verwertung (BT-Drucks. 16/5048, 49). Somit wurde das bisherige

Problem, ob auch die Herstellung und Verbreitung **unkörperlicher Vervielfältigungsstücke** unter die Norm fällt (ohne Begründung bejaht eine direkte Anwendbarkeit bereits LG München I MMR 2004, 192, 193), obsolet. Die Bedeutung des Tatbestandsmerkmals „**sonstige Erzeugnisse**" zielt auf die Ergebnisse einer **Online-Verwertung** von urheberrechtlich geschützten Werken ab, bei denen im Einzelfall die Herkunft und der Vertriebsweg schwer nachzuweisen ist. Die erfassten Handlungen müssen **nicht schuldhaft** begangen worden sein, ein objektiv rechtswidriges Verhalten reicht aus (Schricker/Loewenheim/*Wimmers* § 101 Rn. 43).

3. Rechtsverletzung in gewerblichem Ausmaß

Der neu eingeführte Begriff des „gewerblichen Ausmaßes" soll eine Erheblichkeitsschwelle darstellen, die die Anwendbarkeit des § 101 Abs. 1 auf Private einschränken soll. Demgemäß ist nach ErwG 14 der Enforcement-Richtlinie das gewerbliche Ausmaß dadurch bestimmt, dass es allein Handlungen erfasst, die „zwecks **Erlangung eines unmittelbaren oder mittelbaren wirtschaftlichen oder kommerziellen Vorteils** vorgenommen werden". Hierdurch werden in der Regel solche Handlungen ausgeschlossen, „die in gutem Glauben von **Endverbrauchern** vorgenommen werden" (s. auch Dreier/Schulze/*Dreier* § 101 Rn. 6). Das zunächst vorgesehene Tatbestandsmerkmal des Handelns „im geschäftlichen Verkehr" wurde bei der Neufassung auf Anraten des Rechtsausschusses wieder aufgegeben, obwohl dieses einen umfassenden Ausschluss rein privater Endverbraucher bedeutet hätte (so zu § 101a a. F. OLG München GRUR 2007, 419 – Lateinlehrbuch). Insoweit besteht auch ein **Unterschied zwischen den beiden Begrifflichkeiten,** da hinsichtlich des Handels „im geschäftlichen Verkehr" auf die reichhaltige Rechtsprechung aus dem Lauterkeitsrecht verwiesen werden könnte, das „gewerbliche Ausmaß" aber keine Rückkoppelung zu anderen Regelungen im Zivilrecht bietet.

Besonders verwirrend wird es dadurch, dass nach § 101 Abs. 1 S. 2 UrhG das gewerbliche Ausmaß sich sowohl aus der Anzahl der Rechtsverletzungen als auch aus deren Schwere ergeben kann. Dies bedeutet, dass neben einem **quantitativen Element auch ein qualitatives** tritt, welches in der Praxis nur schwer zu bestimmen ist. So wird teilweise angenommen, dass ein gewerbliches Ausmaß schon dann vorliegen kann, wenn lediglich ein kurzes Lied für wenige Minuten im Internet in einer Tauschbörse angeboten wird (so z.B. OLG Köln MMR 2008, 820; OLG München ZUM 2012, 590; a.A. OLG Zweibrücken GRUR-RR 2009, 12, 12 – Internet-Tauschbörse; Spindler/Schuster/*Spindler* § 101 Rn. 4). Eingeschränkt wird diese Rechtsprechung dann dadurch, dass im Rahmen einer „Gesamtwürdigung" der Umstände vielfach auf die „**relevante Verkaufsphase**" des Werkes abgestellt wird (so OLG Köln, MMR 2008, 820; OLG Köln GRUR-RR 2012, 332 – Gewerbliches Ausmaß bei Hörbüchern). Danach soll ohne Weiteres ein Anspruch in den ersten sechs Monaten nach der Veröffentlichung angenommen werden, im Anschluss nur bei weiteren besonderen Umständen (vgl. die Beispiele bei *Gesmann-Nuissi/Wünsche* GRURInt 2012, 225, 227). Diese Rechtsprechung zeigt, dass hier **eine gewisse Willkür** in Kauf genommen wird. Ebenso ist es unangemessen, stets bei Up- und Downloads in Internet-Tauschbörsen eine nicht-private Nutzung anzunehmen, nur weil auch andere darauf zugreifen können (so aber OLG München ZUM 2012, 760, 761 – Die Friseuse; LG München ZUM 2011, 762, 767). Hierdurch wird das „gewerbliche Ausmaß" **jeder Abgrenzungsfunktion beraubt.** Die nach § 101 Abs. 1 S. 2 geforderte Schwere lässt sich wohl bei einer umfassenden Datei (wie z.B. eines Top-Ten-Albums) ohne weiteres annehmen (vgl. Schricker/Loewenheim/*Wimmers* § 101 Rn. 36 ff.). Zu beachten ist stets, dass im Zusammenhang mit den Ansprüchen auch die Vorlage von Bank-, Finanz- oder Handelsunterlagen verlangt werden kann (vgl. § 101b Abs. 1), was einen erweiterten Eingriff in den Schutz personenbezogener Daten ermöglicht und daher bei Privaten **eine besondere Sorgfalt der Prüfung des Tatbestandes** erfordert (vgl. Mes GRUR 2011,

1083, 1085). Der BGH hat sich zu der Auslegung dieses Kriteriums bislang nicht geäußert und die Definition in seiner jüngsten Entscheidung bewusst offen gelassen (BGH GRUR 2012, 1026 – Alles kann besser werden). Hiermit hat der Gerichtshof der weiteren Rechtsentwicklung einen Bärendienst erwiesen, kehrt doch der Begriff in § 101 Abs. 2 wieder und bereitet hier erhebliche Anwendungsschwierigkeiten.

4. Unverzügliche Auskunft durch den Verletzer

9   Der Verletzer hat „unverzüglich" Auskunft zu geben, also ohne „schuldhaftes Zögern" (§ 121 Abs. 1 S. 1 BGB). Hierbei wird **nicht jedes Auskunftsbegehren** erfasst, sondern nur solche hinsichtlich der Herkunft und der Vertriebswege der erfassten Gegenstände. Konkretisiert wird der Umfang der diesbezüglich zu erteilenden Drittauskünfte in § 101 Abs. 2, der in seinem Inhalt über die bisherige Regelung hinausgeht. Ein **Wirtschaftsprüfervorbehalt** kommt dabei nicht in Betracht (zur Parallelvorschrift des § 140b PatG BGH GRUR 1995, 338 – Kleiderbügel) und auch ein **Rechnungslegungsanspruch** lässt sich aus der Norm nicht herleiten (a. A. Fromm/Nordemann/*Nordemann* § 101 Rn. 32). Erteilt der Verpflichtete nicht unverzüglich erschöpfend Auskunft nach § 101 Abs. 1, so kann ihn der Auskunftsberechtigte durch Mahnung und Fristsetzung in **Verzug** setzen und bei **eigener Nachforschung** die angefallenen Kosten geltend machen (Dreier/Schulze/*Dreier* § 101 Rn. 9).

III. Auskunftsanspruch gegen Dritte (§ 101 Abs. 2)

1. Grundzüge

10   Aus Art. 8 der Enforcement-Richtlinie folgt, dass die nationalen Gesetzgeber einen Anspruch auch gegenüber nichtverletzende Dritte zu schaffen haben. Die **heftig diskutierte Neuregelung** hierzu findet sich in § 101 Abs. 2. Zuvor war es im **Onlinebereich** nahezu unmöglich, bei Urheberrechtsverletzungen den tatsächlichen Verletzer zu ermitteln (s. ausführlich *Kramer* 55 ff.). Auch wenn dem Internetprovider die erforderlichen Informationen zugänglich waren und er selbst keine Rechte verletzt hatte, konnte er nicht auf Auskunftserteilung in Anspruch genommen werden. Lediglich an der **Verletzung mitwirkende Störer,** die Prüfungspflichten hinsichtlich Verletzungshandlungen missachteten, konnten in Anspruch genommen werden, allerdings konnte sich hieraus **keine aktive Verpflichtung** zur Auskunftserteilung ergeben. Die Bestimmung der Störereigenschaft ist weiterhin umstritten und wird durch eine uneinheitliche Rechtsprechung noch erschwert (BT-Drucks. 16/5048, 30; s. oben Rn. 6). Somit soll die zuvor bestehende Lücke durch eine Ausdehnung **des Verpflichtetenkreises** geschlossen werden, wobei die Auskunftspflicht sowohl Waren als auch Dienstleistungen und Preise erfasst.

Als verpflichtete Person kommt in Frage, wer die betroffenen Vervielfältigungsstücke im Besitz hatte (§ 101 Abs. 2 Nr. 1), rechtsverletzende Dienstleistungen in Anspruch nahm (§ 101 Abs. 2 Nr. 2), für rechtsverletzende Tätigkeiten genutzte Dienstleistungen erbracht hat (§ 101 Abs. 2 Nr. 3) oder nach Angaben einer von Nr. 1 bis 3 genannten Person an konkreten Handlungen beteiligt war (§ 101 Abs. 2 Nr. 4).

11   In diesem Zusammenhang zielt § 101 Abs. 2 Nr. 3 insb. auf die **Auskunft durch Internetprovider.** Diese Ziffer nimmt auch die größte Bedeutung innerhalb des § 101 Abs. 2 ein. Fraglich ist, ob das **gewerbliche Ausmaß des Handelns** durch die betroffene Person durch eine unmittelbar zu Erwerbszwecken erbrachte Dienstleistung vorliegen muss oder eine **mittelbar zu Erwerbszwecken** erbrachte Dienstleistung ausreichend ist. Aus Sinn und Zweck der Enforcement-Richtlinie, nämlich so umfassend wie möglich Rechtsverletzungen zu verhindern, sind bereits mittelbar zu Erwerbszwecken erbrachte Dienstleistungen erfasst, wobei in diesem **Zusammenhang die Verhältnismäßigkeitsprüfung**

nach § 101 Abs. 4 zur Korrektur unbilliger Ergebnisse heranzuziehen ist (vgl. Erwägungsgrund 14 der Enforcement-Richtlinie).

Weiterhin bedeutsam wird für die Praxis sein, dass der zur Auskunft **Verpflichtete im** **Rahmen des § 101 Abs. 2 S. 3 die erforderlichen Aufwendungen vom Verletzten** verlangen kann. Dies könnte für Rechtsinhaber zu **unverhältnismäßigen Kosten** führen, wenn der auskunftsverpflichtete Dritte neben den Kosten für die konkrete Auskunftserteilung auch weitere allgemeine Kosten verlangen könnte (unentschieden Schricker/Loewenheim/ *Wimmers* § 101 Rn. 71; *Solmecke* K&R 2007, 138, 140). Zuvor wurde zumeist der **Umweg** **über ein Strafverfahren** gewählt, um an diese Daten zu gelangen. Hier hat dann die Staatsanwaltschaft die Kosten zu tragen. Es stellt sich die Frage, ob nicht auch in Zukunft etliche Verletzte diesen Weg wählen werden, um hohen Kosten zu entgehen oder von einer Rechtsverfolgung ganz absehen. Gerade für **kleinere Unternehmen der Musikindustrie oder** **für den Urheberrechtsinhaber selbst** wird damit der Weg über § 101 Abs. 2 im Einzelfall an der finanziellen Belastung scheitern und wohl zu einem Instrument der großen Plattenfirmen und Rechteverwerter werden. Um hier eine Rechtsdurchsetzung nach § 101 Abs. 2 nicht zu erschweren, sind allgemeine Kosten vom Verpflichteten zu tragen. Dies ist die Konsequenz aus der vorgenommenen Erweiterung des Verpflichtetenkreises. 12

Gesondert geregelt wird auch der Fall, dass der Dritte die begehrte Auskunft nur unter **Verwendung von Verkehrsdaten** (i. S. d. § 3 Nr. 30 TKG) erteilen kann. Ein Zugriff auf diese Daten ist möglich, aber nach § 101 Abs. 9 nur aufgrund richterlicher Anordnung (wegen Art. 10 GG). Nach einer Ansicht ist die Auskunft in diesem Fall nur auf die **Herausgabe von Bestandsdaten** gerichtet, da die Rechtsinhaber die IP-Adresse und die Log-Zeiten selbst ermitteln (so schon LG Hamburg MMR 2005, 711). Materielle Voraussetzung ist nunmehr nach neuer Gesetzeslage aber stets die **Anhängigkeit eines Verletzungsprozesses** oder alternativ das Vorliegen einer **offensichtlichen Rechtsverletzung**. 13

2. Anhängiges Verletzungsverfahren

Für einen Anspruch aus § 101 Abs. 2 S. 1, Alt. 2 ist erforderlich, dass ein Verletzungsverfahren bei Gericht anhängig ist. Mit dieser Regelung entspricht die Norm den Vorgaben der Enforcement-Richtlinie. Hier wird der Dritte in eine mit einem **Zeugen vergleichbare Position** versetzt (*Seichter* WRP 2006, 391, 397). Daher wird dem Dritten auch ein Recht zur **Auskunftsverweigerung** in dem Umfang gewährt, wie ihm auch als Zeuge ein Zeugnisverweigerungsrecht zustehen würde. Im Gegensatz zum § 101a a. F. wird der nichtverletzende Dritte durch seine Aussage zur **Substantiierung des Streitgegenstandes** eines Gerichtsverfahrens herangezogen (*Nägele/Nitsche* WRP 2007, 1047, 1048). Ein solches Vorgehen ist nach dem deutschen Recht nicht unproblematisch. Der Dritte wird einem Anspruch auf Auskunft über die Tatbestandsmerkmale wie Rechtsgutsverletzung und Verschulden ausgesetzt, was bei einer unerlaubten Handlung dem Recht fremd ist (*Peukert/Kur* GRUR Int. 2006, 292, 296). Dies stellt eine Ausnahme zum ansonsten geltenden **prozessualen Beibringungsgrundsatz** dar. Die Vorgaben der Enforcement-Richtlinie gehen in Art. 8 insoweit über die klassischen Möglichkeiten einer Zeugenvernehmung hinaus (vgl. BT-Drucks. 16/5048, 30). Allerdings muss der Rechtsinhaber nach wie vor zunächst **den Verletzer und dessen Eingriff** in ein bestehendes Schutzrecht hinreichend darlegen, da eine Klage gegen Unbekannt nicht möglich ist (*Kramer* 159). So kann nach § 253 ZPO nicht einfach Klage gegen den **Inhaber einer IP-Adresse** erhoben werden, ohne den entsprechenden Namen zu kennen. Von einer Änderung der ZPO, die eine **Klageerhebung gegen Unbekannt** ermöglichen würde, hatte bereits der RefE v. 3.1.2006 (S. 79 f.) bewusst abgesehen. Eine derartige Möglichkeit würde die Grundlagen der ZPO zugunsten einer Sondermaterie wie des Urheberrechts aufweichen. 14

Anwendung wird der § 101 Abs. 2 S. 1, 2. Alt. somit vor allem im **Offlinebereich** finden. So sind Fälle denkbar, in denen nach Klageerhebung wegen urheberrechtsverletzender 15

Vervielfältigungsstücke z.B. ein Spediteur weitere Angaben zur Berechnung des Schadensersatzes zu machen hat. Hierzu kann nach § 102 Abs. 1 S. 2 auch das **Verfahren ausgesetzt** werden. Dies ermöglicht es, die vom Dritten gegebenen Auskünfte in das Verfahren einzuführen.

3. Offensichtliche Rechtsverletzung

16 Ein Dritter kann im Rahmen des § **101 Abs. 2 S. 1, 1. Alt.** auch in Anspruch genommen werden, wenn eine **offensichtliche Rechtsverletzung** gegeben ist. Hiermit geht der Gesetzgeber über die Vorgaben des Art. 8 Enforcement-Richtlinie hinaus, welcher von einem anhängigen Verfahren spricht. Zwar ist diese Erweiterung rechtspolitisch durchaus zweifelhaft, aber dennoch als von der Richtlinie gedeckt anzusehen, da nach Art. 8 Abs. 3 weitergehende Auskunftsansprüche möglich sind.

17 **Offensichtlichkeit** ist immer dann anzunehmen, wenn die Rechtsverletzung so eindeutig erscheint, dass eine **ungerechtfertigte Belastung eines Dritten** ausgeschlossen werden kann (*Spindler/Dorschel* CR 2006, 341, 343). Eine Fehleinschätzung bzgl. der Rechtsverletzung muss nahezu ausgeschlossen sein (allgem. Ansicht: s. Dreher/Schulze/ *Dreher* § 101 Rn. 28; OLG Hamburg GRUR-RR 2005, 209 – Rammstein). Bereits im Rahmen des § 101a Abs. 3 a.F. wurde für eine **einstweilige Verfügung** eine dementsprechende Offensichtlichkeit verlangt, weswegen die hierzu ergangene Rechtsprechung angewendet werden kann (z.B. KG GRUR 1997, 129, 130 – Verhüllter Reichstag II). An einer Eindeutigkeit fehlt es bereits, wenn Zweifel in **tatsächlicher, aber auch in rechtlicher Hinsicht** die Offensichtlichkeit der Rechtsverletzung ausschließen. Es gilt dabei ein **objektiver Maßstab**, wobei der Verletzte die Offensichtlichkeit glaubhaft darzulegen hat. Nicht erforderlich ist es im Bereich der Urheberrechtsverletzungen im Internet, ob ein **Anschluss einer bestimmten Person** zugeordnet werden kann (OLG Zweibrücken MMR 2010, 214; *Wandtke* Kap. 10 Rn. 100). Es muss nämlich lediglich eine offensichtliche Rechtsverletzung vorliegen, nicht eine offensichtliche Rechtsverletzung durch eine bestimmte Person. Dies ist erst im nachfolgenden Verfahren zu klären, nicht schon bei der Begründung des Auskunftsanspruchs.

Da der Verpflichtete nach § 101 Abs. 2 bei einer ungerechtfertigten Inanspruchnahme in erheblicher Weise in seinen Rechten verletzt wird, ist eine besondere Sorgfalt bei der **Zuordnung einer Verletzung zu den Verkehrsdaten** i.S. des Abs. 9 erforderlich (OLG Köln ZUM 2008, 978). Dies bedeutet, dass z.B. bei der **Feststellung der IP-Adresse** eine zuverlässige Software zu verwenden ist (OLG Köln ZUM 2012, 582). Deren Benutzung ist zu dokumentieren und ggf. durch einen Sachverständigen auf deren Geeignetheit zu untersuchen. Der Schutz des Verpflichteten führt außerdem dazu, dass das Erfordernis der Offensichtlichkeit bereits im Zeitpunkt der Antragstellung nach Abs. 9 vorzuliegen hat (OLG Köln ZUM 2012, 582). Eine nachträgliche Untersuchung der Software genügt insoweit nicht.

4. Bedeutung des gewerblichen Ausmaßes in § 101 Abs. 2

18 Von besonderer Wichtigkeit zur Auslegung des § 101 Abs. 2 ist, welche Bedeutung der Bezug auf das „gewerblichen Ausmaß" zukommt. Die Frage stellt sich nämlich dahingehend, ob auch ein **„gewerbliches Ausmaß" der Rechtsverletzung** vorzuliegen hat, um einen Drittauskunftsanspruch zu begründen (*D. Bohne* CR 2010, 104, 105). Dem hat der BGH nunmehr eine Absage erteilt (BGH GRUR 2012, 1026 – Alles kann besser werden). Es sei vielmehr eine Abwägung der betroffenen Rechte des Rechtsinhabers, des Auskunftpflichtigen und der Nutzer im **Rahmen der Verhältnismäßigkeitsprüfung** nach Abs. 4 vorzunehmen. Anderenfalls würde der Anspruch ins Leere gehen, da „geringe" Eingriffe in das Urheberrecht nicht erfasst werden würden. Hier rächt es sich, dass der BGH sich zu keiner verbindlichen Definition des „gewerblichen Ausmaßes" durchringen

kann (s. oben Rn. 18). Der BGH geht davon aus, dass die Formulierung „**der Anspruch**" in § 101 Abs. 2 S. 1 sich allein auf die Bestimmung des Anspruchsinhalts, nicht aber auf die Bestimmung der Anspruchsvoraussetzungen auf § 101 Abs. 1 bezieht. Weiterhin stellt der BGH fest, dass der Anspruch gegen Dritte einen Hilfsanspruch zur Vorbereitung von Unterlassungsansprüchen darstellt und somit nur an die Voraussetzungen eines Unterlassungs- oder Schadensersatzanspruchs aus § 97 geknüpft sei. Solche Ansprüche sind aber natürlich auch erfüllt, wenn kein gewerbliches Ausmaß der Rechtsverletzung vorliegt. Dem BGH kümmert es in diesem Zusammenhang auch nicht, dass der RegEntwurf zum 2. Korb die Gegenansicht vertreten hat (sog. „**doppeltes Gewerbsmäßigkeitserfordernis**"; vgl. OLG Schleswig GRUR-RR 2010, 239; LG Frankfurt a.M. GRUR-RR 2009, 15), denn dies habe keinen Niederschlag in der Fassung des § 101 Abs. 2 gefunden.

Ein besonderes Ausmaß der Rechtsverletzung ist also nicht erforderlich (s. auch BGH NJW 2013, 3039). Hiermit wird nun abschließend sanktioniert, dass bereits **bei kleinsten Verletzungen** erhebliche Eingriffe in die Rechte der mutmaßlichen Verletzer vorgenommen werden dürfen (krit. Spindler/Schuster/*Spindler* § 101 Rn. 8), Dies hält der BGH sogar vor dem Hintergrund der Entscheidung des BVerfG zur Vorratsdatenspeicherung (BVerfGE 125, 260 – Vorratsdatenspeicherung) für vertretbar. Dem Rechtsinhaber würden ja nur personenbezogene Auskünfte über den Inhaber eines bestimmten Anschlusses gegeben. 19

IV. Umfang des Anspruchs auf Drittauskunft (§ 101 Abs. 3)

In § 101 Abs. 3 wird der Umfang des Drittauskunftsanspruchs konkretisiert. Hiernach erstreckt sich dieser auf den Namen und die Anschrift des Herstellers, Lieferanten und Vorbesitzers der Vervielfältigungsstücke, weiterhin auf den gewerblichen Abnehmer oder Auftraggeber sowie die Menge der Vervielfältigungsstücke. Nicht geregelt wird hingegen, **wie die Auskunft im Einzelnen zu erteilen** ist (s. schon OLG Köln GRUR 1995, 676, 677 – Vorlage von Geschäftsunterlagen; Loewenheim/*Rojahn* § 93 Rn. 35). So war bislang z.B. eine **Einsichtnahme des Verletzten in die Geschäftsbücher** des Verletzers abzulehnen, da dies zu einer „unvertretbaren Bevorzugung der Interessen des Rechtsinhabers gegenüber den Interessen des Verletzers an der Wahrung seiner **Betriebs- und Geschäftsgeheimnisse** führen würde" (so BT-Drucks. 11/4792, 15, 32). Dies entspricht auch dem im Wettbewerbsrecht geltendem Grundsatz, dass eine Pflicht zur Preisgabe eines Geschäftsgeheimnisses bei Bestehen einer Auskunftspflicht immer dann abzulehnen ist, wenn sie sich **im Einzelfall** bezüglich der wettbewerblichen Störung als unverhältnismäßig darstellt (BGH GRUR 1994, 635, 637 – Pulloverbeschriftung). Die Enforcement-Richtlinie äußert sich zur Art der Auskunftserteilung nicht. Zwar könnte man aufgrund des **umfassenden Ansatzes zur Bekämpfung** von Rechtsverletzungen auf eine Erweiterung der konkreten Maßnahmen schließen. Doch widerspräche das dem nationalen Ansatz und hätte **ausdrücklich geregelt werden** müssen. Insb. auch die Erstreckung von Auskunftspflichten auf Fälle offensichtlicher Rechtsverletzungen zeigt bereits die besondere Bedeutung, die der **Wahrung der Rechtsstaatlichkeit** bei der Auslegung der Tatbestandsmerkmale im § 101 Abs. 2 zukommt (überzeugend Peukert/Kur GRUR Int. 2006, 292, 297f.). 20

Daher wird vor allem die Abgabe einer **eidesstattlichen Versicherung nach § 294 Abs. 1 ZPO** zumeist als angemessen anzusehen sein, um **vollständige Angaben des Verletzers** bezüglich seiner zu erteilenden Auskünfte zu erhalten. Ob der Auskunftsberechtigte einen Anspruch auf Abgabe einer eidesstattlichen Versicherung hat, bestimmt sich nach den **§§ 259 ff. BGB**. Der Berechtigte hat das Vorliegen der Voraussetzungen zu beweisen, insb. vorliegende **„begründete Zweifel"** an einer sorgfältigen Auskunftserteilung (so schon *Eichmann* GRUR 1990, 575, 583). Dies wird im Einzelfall oftmals schwierig 21 nachzuweisen sein. Insoweit kann es zum Rückgriff auf sog. Kontrolltatsachen kommen, mit deren Hilfe der Verletzte die Verlässlichkeit der ihm gemachten Angaben überprüfen kann (Fromm/Nordemann/*Czychowski* § 101 Rn. 79 zur Parallelität im Markenrecht). Dem Verletzer ist insoweit auferlegt, bei Nichtkenntnis auch Nachforschungen bei Vorlieferanten anzustellen (OLG Zweibrücken GRUR 1997, 827 – Pharaonen-Schmucklinie). Er kann sich nicht allein auf Nichtwissen berufen. Nach § 101 Abs. 3 müssen keine Auskünfte über private Abnehmer erteilt werden.

V. Unverhältnismäßigkeit im Einzelfall (§ 101 Abs. 4)

22 Der Gesetzgeber hat durch die Fassung der Regelung bereits zum Ausdruck gebracht, dass er grds. dem **Interesse des Schutzrechtsinhabers auf Auskunftserteilung** zur effektiven Rechtsverfolgung den Vorrang gibt vor dem Schutz des Verletzers an einem Verschweigen (BGH GRUR 1994, 630, 633 – Cartier-Armreif – zum Drittauskunftsanspruch im UWG; so auch zu verstehen BGH BeckRS 2012, 17120 – Alles wird besser werden). Daher wird eine **Unverhältnismäßigkeit nur selten vorliegen** und vor allem bei **Missbräuchen zu Ausforschungszwecken** Anwendung finden (*Rehbinder* Rn. 455). Ebenso kann es sich verhalten, wenn **lediglich ein Einzelfall** gegeben ist und sicher davon ausgegangen werden kann, dass keine weiteren Verletzungen zu befürchten und eingetretene Schäden ausgeglichen sind (so OLG Braunschweig WRP 1992, 486 bei Markenverletzungen; allerdings bei Verletzungen in Internet-Tauschbörsen wohl nicht anwendbar; vgl. nunmehr BGH GRUR 2012, 1026 – Alles kann besser werden). Die Beweislast für die Unverhältnismäßigkeit trägt der Verletzer.

VI. Schadensersatz bei falscher Auskunft (§ 101 Abs. 5)

23 In der Enforcement-Richtlinie wird keine **Regelung zur Haftung für die vorsätzliche oder grob fahrlässig falsche oder unvollständige Auskunft** des Verpflichteten verlangt. Die Regelung des § 101 Abs. 5 führt in ihrer **weiten Formulierung** ins uferlose. Begründet wurde die Regelung damit, dass dadurch der Tatsache Rechnung getragen werden solle, dass bislang fehlerhafte Auskünfte weitgehend folgenlos geblieben seien. Der insoweit verständliche Ansatz könnte aber tatsächlich dazu führen, dass die Adressaten des Drittauskunftsanspruches selbst bei Zweifeln **in vorauseilendem Gehorsam** die Auskunft erteilen werden, um den möglichen Schadenersatzansprüchen aus dem Weg zu gehen (zutreffend *Kramer* 174 f. mit Verweis auf den RefE v. 3.1.2006, S. 79; Dreher/Schulze/*Dreher* § 101 Rn. 25).

24 Besonders problematisch wird dies bei **datenschutzrechtlichen Zweifeln** im Rahmen der Auskunftserteilung, da der **gängige Streitwert** bei Streitigkeiten im Urheberrecht im Vergleich zu potentiellen Bußgeldern bei Datenschutzverstößen, der **Verstoß gegen Vorgaben des Datenschutzrechts** unter finanziellen Gesichtspunkten in der Regel das kleinere Übel darstellt. Im Ergebnis wird man zumeist auf einen Anspruch auf Abgabe einer eidesstattlichen Versicherung verwiesen sein.

VII. Haftung bei wahrer Auskunft ohne Auskunftspflicht (§ 101 Abs. 6)

25 Zusätzlich wird in § 101 Abs. 6 die Haftung nur auf Vorsatz bezogen, wenn eine **wahre Auskunft ohne Auskunftspflicht** nach § 101 Abs. 1 und 2 erteilt wurde. Dies birgt die Gefahr, dass z. B. Access Provider dem Auskunftsbegehren selbst **bei Zweifeln nachkommen** und Nutzer somit einer **unberechtigten Rechtsverfolgung** durch Dritte ausgesetzt werden.

VIII. Einstweilige Verfügung bei offensichtlicher Rechtsverletzung (§ 101 Abs. 7)

Eine einstweilige Verfügung kommt in Fällen offensichtlicher Rechtsverletzung in Betracht. Die Rechtsverletzung muss dabei so eindeutig sein, dass **„eine Fehlentscheidung und damit eine ungerechtfertigte Belastung des Antragsgegners kaum möglich ist"** (KG GRUR 1997, 129, 130 – Verhüllter Reichstag II; vgl. *Schmid/Wirth* § 101a Rn. 1). Die Offensichtlichkeit der Rechtsverletzung ist dabei von dem Verletzten **glaubhaft zu machen** (Schricker/*Wild* § 101a Rn. 3; Fromm/Nordemann/*Nordemann* § 101a Rn. 4). Insb. muss er hierbei **seine Rechtsinhaberschaft darlegen,** sowie die fehlende Einräumung von Nutzungsrechten an den Verletzer. Nicht ausreichen vermögen hierbei allein gesetzliche oder tatsächliche Vermutungen, da diese ausgeräumt werden können (OLG Braunschweig GRUR 1993, 669 – Stoffmuster; a.A. Schricker/Loewenheim/ *Wimmers* § 101 Rn. 94). Jedoch kann sich der Verletzte auf Informationen stützen, die ihm durch glaubwürdige Dritte vermittelt wurden. So verhält es sich z.B., wenn Verlagshäuser unabhängig voneinander **eine Unterlassungserklärung in dem Sinne** unterschreiben, von ihnen veröffentlichte Fotos durch eine bestimmte Agentur erhalten zu haben. Gegen diese kann dann im Wege einer einstweiligen Verfügung vorgegangen werden (so LG München I MMR 2004, 192, 193). 26

IX. Verwertungsbeschränkungen der Erkenntnisse in einem Straf- oder Ordnungswidrigkeitenverfahren (§ 101 Abs. 8)

Erfasst werden von § 101 Abs. 8 nur Straf- oder Ordnungswidrigkeitenverfahren gegen den Verletzer oder seine Angehörigen i.S.d. § 52 Abs. 1 StPO. In diesen Fällen ist für eine Verwertung die **Zustimmung des Verletzers** erforderlich, wenn die Erkenntnisse gegen diese Personen verwendet werden soll. Anderenfalls besteht ein **Verwertungsverbot.** Daher kommt der Norm keine Bedeutung in Verfahren gegen den Hersteller, Zwischenhändler oder Abnehmer zu, wenn diese selbst **keine Rechtsverletzungen** begangen haben. 27

X. Anordnung bei Verwendung von Verkehrsdaten (§ 101 Abs. 9)

Der Auskunftsanspruch wird, wenn er auf die **Bekanntgabe von Verkehrsdaten** gerichtet ist, von einer **gerichtlichen Genehmigung** abhängig gemacht. Die Durchsetzung des Auskunftsanspruches wird somit erschwert, dies wird jedoch zum Schutze des Rechtsverletzers dann in Kauf genommen, wenn für die Auskunftserteilung nicht nur ein Rückgriff auf Bestandsdaten (**§ 3 Nr. 3 TKG** – z.B. Name, Adresse, Geburtstag), sondern auch eine Aufdeckung von Verkehrsdaten (**§ 3 Nr. 30 TKG** – nähere Umstände der Telekommunikation wie z.B. Nutzungszeitpunkt und -dauer einer Datenverbindung) erforderlich ist (vgl. *Spindler/Dorschel* CR 2006, 341, 346). Laut BRegE (BT-Drucks. 16/5048, 98) sollte nur der **Sonderfall der Verkehrsdatennutzung** mit einem Richtervorbehalt versehen werden, da ein Richtervorbehalt für sämtliche Auskunftsbegehren angesichts der Fülle an zu erwartenden Verfahren zu einer **nicht hinnehmbaren Gerichtsbelastung** führen würde. Des Weiteren hätte dies auch eine erhöhte und nicht gewollte Kostenlast für die Rechtsinhaber bedeutet. Somit entschied man sich, mit Ausnahme der Auskunft über Verkehrsdaten, die Auskunftspflicht nicht durch einen allgemeinen Richtervorbehalt, sondern durch materiell-rechtliche Tatbestandsmerkmale zu präzisieren. 28

Die **Einführung dieses Richtervorbehalts** hat einen verfassungsrechtlichen Hintergrund: Durch ihn sollen erhebliche Grundrechtseingriffe einer vorherigen unabhängigen Kontrolle zugeführt werden (vgl. schon BVerfGE 103, 143, 151). Die Gerichte müssen 29 selbst das Vorliegen eines Auskunftsanspruches ermitteln und eine **Abwägung mit Art. 10 GG** vornehmen (ausführlich *Nägele/Nitsche* WRP 2007, 1047, 1050). Dem Zitiergebot wird insoweit durch § 101 Abs. 10 Genüge getan. Die Verfassungswidrigkeit der Regelung ergibt sich nicht aus dem im Eilverfahren ergangenen Beschluss des BVerfG zur **Vorratsdatenspeicherung** (MMR 2008, 303); dieser bezog sich allein auf Daten, die sich aus der Vorratsdatenspeicherung ergeben, und nicht auf erhobene Verkehrsdaten. Insoweit kann auch nicht dem LG Frankenthal (MMR 2008, 687) gefolgt werden, welches die Herausgabe von Verkehrdaten nur dann als rechtmäßig ansah, wenn eine schwere Straftat i. S. d. § 100a Abs. 2 StPO in Frage steht (a. A. BGH GRUR 2012, 1026 – Alles kann besser werden m. zust. Anm. *Ladeur* NJW 2012, 2963). Andernfalls wäre bei Urheberverletzungen im Internet (z. B. bei Tauschbörsen) eine zivilrechtliche Rechtsverfolgung nahezu unmöglich. Allerdings steht dem Rechtsinhaber kein Anspruch auf **erst in Zukunft zu erwartende Rechtsverletzungen** auf eine weitergehende Sicherung der betreffenden Verkehrsdaten zu, auch wenn ein vorheriger Verstoß weitere Verstöße nahelegt (OLG München ZUM 2012, 592). Ein solcher prophylaktischer Anspruch auf Aufrechterhaltung einer Speicherung von Verkehrsdaten ist im Gesetz nicht vorgesehen (vgl. auch OLG Hamm ZUM 2011, 346). Anders verhält es sich nur dann, wenn ein Provider bereits auf den konkreten Verbindungsvorgang hingewiesen wurde, sich ein mutmaßlicher Verletzer schon konkretisiert hat und vorbeugend ein weiteres Vorhalten der Daten verlangt wird (so OLG Hamburg ZUM 2010, 346).

§ 101a Anspruch auf Vorlage und Besichtigung

(1) **Wer mit hinreichender Wahrscheinlichkeit das Urheberrecht oder ein anderes nach diesem Gesetz geschütztes Recht widerrechtlich verletzt, kann von dem Verletzten auf Vorlage einer Urkunde oder Besichtigung einer Sache in Anspruch genommen werden, die sich in seiner Verfügungsgewalt befindet, wenn dies zur Begründung von dessen Ansprüchen erforderlich ist. Besteht die hinreichende Wahrscheinlichkeit einer in gewerblichem Ausmaß begangenen Rechtsverletzung, erstreckt sich der Anspruch auch auf die Vorlage von Bank-, Finanz- oder Handelsunterlagen. Soweit der vermeintliche Verletzer geltend macht, dass es sich um vertrauliche Informationen handelt, trifft das Gericht die erforderlichen Maßnahmen, um den im Einzelfall gebotenen Schutz zu gewährleisten.**

(2) **Der Anspruch nach Absatz 1 ist ausgeschlossen, wenn die Inanspruchnahme im Einzelfall unverhältnismäßig ist.**

(3) **Die Verpflichtung zur Vorlage einer Urkunde oder zur Duldung der Besichtigung einer Sache kann im Wege der einstweiligen Verfügung nach den §§ 935 bis 945 der Zivilprozessordnung angeordnet werden. Das Gericht trifft die erforderlichen Maßnahmen, um den Schutz vertraulicher Informationen zu gewährleisten. Dies gilt insbesondere in den Fällen, in denen die einstweilige Verfügung ohne vorherige Anhörung des Gegners erlassen wird.**

(4) **§ 811 des Bürgerlichen Gesetzbuchs sowie § 101 Abs. 8 gelten entsprechend.**

(5) **Wenn keine Verletzung vorlag oder drohte, kann der vermeintliche Verletzer von demjenigen, der die Vorlage oder Besichtigung nach Absatz 1 begehrt hat, den Ersatz des ihm durch das Begehren entstandenen Schadens verlangen.**

Literatur: *Ahrens,* Gesetzgebungsvorschlag zur Beweisermittlung bei Verletzung von Rechten des geistigen Eigentums, GRUR 2005, 837; *Battenstein,* Instrumente zur Informationsbeschaffung im Vorfeld von Patent- und Urheberrechtsverletzungsverfahren – Der Vorlegungs- und Besichtigungsanspruch nach § 809 BGB und die Richtlinie 2004/48/EG des Europäischen Parlaments und des Rates vom 29. April 2004 zur Durchsetzung der Rechte des geistigen Eigentums, Hamburg 2006; *Bork,* Effiziente Beweissicherung für

§ 101a Anspruch auf Vorlage und Besichtigung § 101a UrhG

den Urheberrechtsverletzungsprozeß – dargestellt am Beispiel raubkopierter Computerprogramme, NJW 1997, 1665; *Bornkamm,* Der Schutz vertraulicher Informationen im Gesetz zur Durchsetzung von Rechten des geistigen Eigentums – In-Camera-Verfahren im Zivilprozess?, in: Ahrens u. a. (Hrsg.), Festschrift für Eike Ullmann, München 2006, 893 (zit. *Bornkamm* FS Ullmann); *Boval,* Sicherungs- und einstweilige Maßnahmen im Zusammenhang mit Patentverletzungsklagen in Frankreich, GRUR Int. 1993, 377; *Bronckers/ Verkade/McNelis,* TRIPs Agreement, Agreement on Trade-Related Aspects of Intellectual Property Rights, Enforcement of intellectual property rights, Luxembourg 2000; *Cornish,* Intellectual Property: Patents, Copyright, Trade Marks And Allied Rights, London 1999; *Deichfuß,* IZG Jahrestagung: Software- und IT-Recht – Beweisermittlung und Beweismittelsicherung bei Softwareverletzungsprozessen, Jur-PC Web-Dok. 130/2010; *Dittmer,* Kurzkommentar zu BGH 2.5.2002 – I ZR 45/01, BGH EWiR § 809 BGB 1/02, 903; *Dörre/Maaßen,* Das Gesetz zur Verbesserung der Durchsetzung von Rechten des geistigen Eigentums – Teil I: Änderungen im Patent-, Gebrauchsmuster-, Marken- und Geschmacksmusterrecht, GRUR-RR 2008, 217; *Dötsch,* Bauteilöffnung durch gerichtliche Sachverständige?, NZBau 2008, 217; *Dreier,* TRIPS und die Durchsetzung von Rechten des geistigen Eigentums, GRUR Int. 1996, 205; *Eisenkolb,* Die Enforcement-Richtlinie und ihre Wirkung – Ist die Enforcement-Richtlinie mit Ablauf der Umsetzungsfrist unmittelbar wirksam?, GRUR 2007, 387; *Eck/Dombrowski,* Rechtsschutz gegen Besichtigungsverfügungen im Patentrecht – De lege lata und de lege ferenda, GRUR 2008, 387; *Enchelmaier,* Durchsetzung von Immaterialgüterrechten vs. Schutz von Betriebsgeheimnissen im englischen Zivilprozessrecht, GRUR Int. 2012, 503; *Franz,* TRIPS, „TRIPS plus" und der von Zwangsmaßnahmen Betroffene, ZUM 2005, 802; *Frank/ Wiegand,* Der Besichtigungsanspruch im Urheberrecht de lege ferenda, CR 2007, 481; *Frey/Rudolph,* EU-Richtlinie zur Durchsetzung der Rechte des geistigen Eigentums, ZUM 2004, 522; *Gärtner/Worm,* Möglichkeiten zur Bekämpfung von Produktpiraterie (Teil I), Mitt. 2007, 254; *Gervais,* TRIPs Agreement: Drafting History and Analysis, London 1998; *Götting,* Die Entwicklung neuer Methoden der Beweisbeschaffung zur Bekämpfung von Schutzrechtsverletzungen – die Anton-Piller-Order – Ein Modell für das deutsche Recht?, GRUR Int. 1988, 729; *Grosheide,* Durchsetzung von Urheberrechten im Wege einstweiliger Maßnahmen, GRUR Int. 2000, 310; *Grützmacher,* Anmerkung zu „Faxkarte", CR 2002, 794; *Haedicke,* Informationsbefugnisse des Schutzrechtsinhabers im Spiegel der EG-Richtlinie zur Durchsetzung der Rechte des geistigen Eigentums, FS Schricker 2005, 19; *Harte-Bavendamm,* Der Richtlinienvorschlag zur Durchsetzung der Rechte des geistigen Eigentums, in: Keller u. a. (Hrsg.), Festschrift für Winfried Tilmann zum 65. Geburtstag, Köln usw. 2003, 793 (zit. *Harte-Bavendamm* FS Tilmann); *v. Hartz,* Beweissicherungsmöglichkeiten im Urheberrecht nach der Enforcement-Richtlinie im deutschen Recht, ZUM 2005, 376; *v. Hartz,* Beweissicherung im gewerblichen Rechtsschutz und Urheberrecht, Umsetzung internationaler Vorgaben in nationales Recht, Baden-Baden 2004; *Heymann,* Das Gesetz zur Verbesserung der Durchsetzung von Rechten des geistigen Eigentums, CR 2008, 568; *Hoppen,* Software-Besichtigungsansprüche und ihre Durchsetzung, CR 2009, 407; *Ibbeken,* Das TRIPS-Übereinkommen und die vorgerichtliche Beweishilfe im gewerblichen Rechtsschutz, Köln u. a. 2004; *Kitz,* Rechtsdurchsetzung im geistigen Eigentum – die neuen Regeln, NJW 2008, 2374; *Koch,* Die „Enforcement"-Richtlinie: Vereinheitlichung der Durchsetzung der Rechte des geistigen Eigentums in der EU – Regelungsgegenstände und Auswirkungen, ITRB 2006, 40; *Knaak,* Die EG-Richtlinie zur Durchsetzung der Rechte des geistigen Eigentums und ihr Umsetzungsbedarf im deutschen Recht, GRUR Int. 2004, 745; *Köklü/Müller-Stoy,* Zum Dringlichkeitserfordernis in Besichtigungsverfahren – Ein rheinisches Duell, Mitt. 2011, 109; *König,* Die Beweisnot des Klägers und der Besichtigungsanspruch nach § 809 BGB bei Patent- und Gebrauchsmusterverletzungen, Mitt. 2002, 153, 157 ff.; *Kühnen,* Die Besichtigung im Patentrecht – Eine Bestandsaufnahme zwei Jahre nach „Faxkarte", GRUR 2005, 185; *Kunz-Hallstein,* Zur Zurückweisung der Berufung durch Beschluss ein nach TRIPS zu beurteilendes Verfahren der Durchsetzung von Rechten des geistigen Eigentums, FS Ullmann 961; *Lang,* Der Patentverletzungsprozess in Frankreich, Mitt. 2000, 319; *Leppin,* Besichtigungsanspruch und Betriebsgeheimnis – Ein Beitrag zum eingeschränkten Besichtigungsanspruch gemäß §§ 809, 242 BGB und zur Möglichkeit eines Geheimverfahrens im Zivilprozeß unter besonderer Berücksichtigung der Patentverletzung, GRUR 1984, 552; *McGuire,* Beweismittelvorlage und Auskunftsanspruch nach der Richtlinie 2004/48/EG zur Durchsetzung der Rechte des Geistigen Eigentums – Über den Umsetzungsbedarf im deutschen und österreichischen Prozessrecht, GRUR Int. 2005, 15; *Melullis,* Zum Besichtigungsanspruch in Vorfeld der Feststellung einer Verletzung von Schutzrechten, in: Keller u. a. (Hrsg.), Festschrift für Winfried Tilmann zum 65. Geburtstag, Köln u. a. 2003, 843 (zit. *Melullis* FS Tilmann); *Mes,* Si tacuisses. – Zur Darlegungs- und Beweislast im Prozeß des gewerblichen Rechtsschutzes, GRUR 2000, 934; *Metzger/Wurmnest,* Auf dem Weg zu einem Europäischen Sanktionenrecht des geistigen Eigentums?, ZUM 2003, 922; *Nägele/Nitsche,* Gesetzentwurf der Bundesregierung zur Verbesserung der Durchsetzung von Rechten des geistigen Eigentums, WRP 2007, 1047; *Nordemann-Schiffel,* Kein Freibrief zur Ausforschung: Der Berichtigungsanspruch nach § 101a UrhG im einstweiligen Verfügungsverfahren, in: Bullinger u. a. (Hrsg.), Festschrift für Artur-Axel Wandtke zum 70. Geburtstag, Berlin u. a. 2013, 385 (zit. *Nordemann-Schiffel* FS Wandtke); *Patnaik,* Enthält das deutsche Recht effektive Mittel zur Bekämpfung von Nachahmungen und Produktpiraterie?, GRUR 2004, 191; *Peukert/Kur,* Stellungnahme des Max-Planck-Instituts für Geistiges Eigentum, Wettbewerbs- und Steuerrecht zur Umsetzung der Richtlinie 2004/48/EG zur Durchsetzung der Rechte des geistigen Eigentums in deutsches Recht, GRUR Int. 2006, 292; *Rauschhofer,* Beweismittelbeschaffung bei Softwareverletzung, Jur-PC Web-Dok. 44/2010; *Reinbothe,* Der Schutz des Urheberrechts und der Leistungsschutzrechte im Abkommensentwurf GATT/TRIPs, GRUR Int. 1992, 707; *Scheja/Mantz,* Vertraulichkeit von Verträgen vs. Offenlegungsanforderungen, CR 2009, 413; *Schneider,* Neues zur Vorlage und Herausgabe des Quellcodes? – Kritische Überlegungen zur Dissonanz zwischen vertraglicher und prozessualer Beurteilung des Quellcodes durch den BGH, CR 2003, 1; *Seichter,* Die Umsetzung der Richtlinie zur Durchsetzung der Rechte des geistigen Eigentums, WRP 2006, 391; *Spindler/Weber,* Der Geheimnisschutz nach Art. 7 der Enforcement-Richtlinie, MMR 2006, 711; *Spindler/Weber,* Die Umsetzung der Enforcement-Richtlinie nach dem Regierungsentwurf für ein Gesetz zur Verbesserung der Durchsetzung von Rechten des geistigen Eigentums, ZUM 2007, 257; *Stjerna,* Das Dringlichkeitserfordernis im Besichtigungsverfahren, Mitt. 2011, 271; *Tilmann,* Beweissicherung nach europäischem und deutschem Recht, in: Ahrens u. a. (Hrsg.), Festschrift für Eike Ullmann, München 2006, 1015 (zit. *Tilmann* FS Ullmann); *Tilmann,* Beweissicherung nach Art. 7 der Richtlinie zur Durchsetzung der Rechte des geistigen Eigentums, GRUR 2005, 737; *Tilmann/Schreibauer,* Die neueste BGH-Rechtsprechung zum Besichtigungsanspruch nach § 809 BGB – Anmerkungen zum Urteil des BGH „Faxkarte", GRUR 2002, 1015; *Tilmann/Schreibauer,* Beweissicherung vor und im Patentverletzungsprozess, in: Ahrens u. a. (Hrsg.), Festschrift für Willi Erdmann zum 65. Geburtstag, Köln u. a. 2002, 901 (zit. *Tilmann/Schreibauer* FS Erdmann); *Treichel,* Die französische Saisie-contrefaçon im europäischen Patentverletzungsprozeß – Zur Problematik der Beweisbeschaffung im Ausland nach Art. 24 EuGVÜ, GRUR Int. 2001, 690; *Zöllner,* Der Vorlage- und Besichtigungsanspruch im gewerblichen Rechtsschutz – Ausgewählte Probleme, insbesondere im Eilverfahren, GRUR-Prax 2010, 74.

Vgl. darüber hinaus die Angaben im eingangs abgedr. Gesamtliteraturverzeichnis.

Übersicht

	Rn.
I. Überblick	1–5
1. Rechtsentwicklung	1, 2
2. Bedeutung	3
3. Regelungsinhalt	4
4. Auslegung der Vorschriften	5
II. Vorlage- und Besichtigungsanspruch (§ 101a Abs. 1 UrhG)	6–32
1. Vorlage von Urkunden und Besichtigung einer Sache (§ 101a Abs. 1 S. 1 UrhG)	6–23
a) Aktivlegitimation – Verletzter	6, 7
b) Passivlegitimation – Verletzer	8
c) Verletzung des Urheberrechts oder eines anderen nach diesem Gesetz geschützten Rechts	9
d) Hinreichende Wahrscheinlichkeit	10–13
e) Erforderlichkeit zur Begründung von Ansprüchen	14–16
f) Rechtsverletzung	17, 18
g) Rechtsfolgen	19–23
2. Vorlage von Bank-, Finanz- oder Handelsunterlagen (§ 101a Abs. 1 S. 2 UrhG)	24–27
a) Gewerbliches Ausmaß	25
b) Bank-, Finanz- oder Handelsunterlagen	26
3. Maßnahmen zum Schutz vertraulicher Informationen (§ 101a Abs. 1 S. 3 UrhG)	27–32
III. Ausschluss des Vorlage- und Besichtigungsanspruchs (§ 101a Abs. 2)	33
IV. Durchsetzung im Wege der einstweiligen Verfügung (§ 101a Abs. 3)	34, 35
V. Anwendbarkeit der § 811 BGB und § 101 Abs. 8 (§ 101a Abs. 4)	36–39
1. § 811 BGB	36–38
2. § 101 Abs. 8	39
VI. Schadensersatzanspruch (§ 101a Abs. 5)	40–42

I. Überblick

1. Rechtsentwicklung

1 § 101a wurde durch die Umsetzung der Enforcement-Richtlinie in das deutsche Urheberrecht eingeführt. Mit der Umsetzung dieser Richtlinie v. 29.4.2004 (Berichtigung

v. 2.6.2004, ABl. L 195/16) in die geltende Fassung des UrhG ist ein weiterer Prozess der Gesetzgebung auf dem Gebiet des Urheberrechts und der verwandten Schutzrechte abgeschlossen. Am 15.4.1994 wurde das internationale Abkommen **TRIPs** (Trade-Related Intellectual Property Rights including trade in counterfeit goods) vereinbart, dem sowohl Deutschland (BGBl. 1994 II S. 1730) als auch die EG (ABl. L 336v. 23.12.1994, 224; EuGH GRUR Int. 1995, 239 – TRIPs-Kompetenz) beitraten. In diesem Vertrag wurden u. a. Verfahrensgrundsätze und materielle Ansprüche verbindlich vorgeschrieben, wobei die hier relevanten Regelungen weitgehend auf Vorschläge der Europäischen Gemeinschaft zurückgehen (BT-Drucks. 12/7655 (neu), 346; *Reinbothe* GRUR Int. 1992, 707, 714). Als Vorlage für den aktuellen § 101a dienten Art. 43 und 50 Abs. 1 lit. b, 7 TRIPs. Eine unmittelbare Umsetzung des TRIPs-Abkommens erfolgte in Deutschland jedoch nicht, da der deutsche Gesetzgeber davon ausging, dass das deutsche Recht bereits mit TRIPs voll im Einklang sei (BT-Drucks. 12/7655 (neu), 347; *Bork* NJW 1997, 1665; krit. *Dreier* GRUR Int. 1996, 205, 217; *Ibbeken* 330 ff.; *Patnaik* GRUR 2004, 191). Vielmehr wurde schließlich die EU tätig und fasste Teile des TRIPs-Abkommens in die Enforcement-Richtlinie (vgl. Erwägungsgrund 4 Enforcement-Richtlinie; KOM (2003) 46, endg., 4 ff.; KOM (2000) 789 endg., 3; Grünbuch KOM (98) 569 endg., 12). Im **Grünbuch** der Kommission v. 15.10.1998 über die Bekämpfung von Nachahmungen und Produkt- und Dienstleistungspiraterie im Binnenmarkt (KOM (98) 569 endg.) wurde auf europäischer Ebene die weitere Vorgehensweise skizziert (vgl. zur Geschichte auch *Battenstein* 139 ff.; *Harte-Bavendamm* FS Tilmann 793, 794 ff.). In der **Folgemitteilung zum Grünbuch** (KOM (2000) 789 endg.) wurde dann ein Aktionsplan zur Bekämpfung von Nachahmungen und Produktpiraterie beschlossen, in dem u. a. ein Richtlinienvorschlag angekündigt wurde. Der Vorschlag dieser **Enforcement-Richtlinie** v. 30.1.2003 sieht in **Art. 6** und **7** zu den Beweisen bzw. zur Beweissicherung eine Anpassung an die englische „**Anton Piller order**" (vgl. hierzu *Battenstein* 162 ff.; *Götting* GRUR Int. 1988, 729; *Harte-Bavendamm/Rouse/Fong* § 11 Rn. 34 ff.) und die französische Regelung „**saisie contrefaçon**" (vgl. hierzu ausführlich *Boval* GRUR Int. 1993, 377; *Lang* Mitt. 2000, 319; *Treichel* GRUR Int. 2001, 690) vor (KOM (2003) 46 endg., 22; vgl. auch Grünbuch KOM (98) 569 endg., 20). Die **endgültige Fassung** der Richtlinie v. 29.4.2004 wurde zeitnah, bereits wenig später als ein Jahr nach dem Vorschlag, mit den Änderungen durch das **Europäische Parlament** (Standpunkt des Europäischen Parlaments v. 9.3.2004 (KOM (2003) 46 – C5-0055/2003 – 2003/0024(COD)) verabschiedet (Kritik an der Richtlinie üben zu Recht u. a. *Frey/Rudolph* ZUM 2004, 522 f.).

Am 3.1.2006 legte das Bundesministerium für Justiz einen **Referentenentwurf** vor, mit **2** dem u. a. die Enforcement-Richtlinie umgesetzt, in diesem Rahmen aber auch den Verpflichtungen aus TRIPs nachgekommen werden sollte. Der **Regierungsentwurf** folgte am 20.4.2007 (BT-Drucks. 16/5048); die Änderung des UrhG trat am 1.9.2008 in Kraft. Die Enforcement-Richtlinie lässt bei der Umsetzung verhältnismäßig viel Spielraum; so hätten die Vorschriften der Art. 6 und 7 auch allgemein in die bereits vorhandenen §§ 809 ff. BGB integriert werden können (vgl. noch *v. Hartz* ZUM 2005, 376, 379; a. A. *Tilmann* GRUR 2005, 737; vgl. hierzu BRegE BT-Drucks. 16/5048, 26 ff.). Der deutsche Gesetzgeber entschied sich jedoch, Parallelvorschriften in die einzelnen Gesetze des Urheberrechts und gewerblichen Rechtsschutzes aufzunehmen, wohl zur Erhöhung der Transparenz der neuen Vorschriften (so *Knaak* GRUR Int. 2004, 745, 750). Die Regelungen der Art. 6 und 7 wurden für das Urheberrecht durch den § 101a in deutsches Recht umgesetzt. Dabei erfolgte eine **Umnummerierung,** da § 101a als Auskunftanspruch bereits im UrhG existierte, dieser jedoch jetzt seinen Regelungsgehalt in § 101 findet, wohingegen die Regelung des § 101a bislang im UrhG noch keinen Eingang gefunden hatte. Während der § 101a im Rahmen der Diskussion sowohl bei der Enforcement-Richtlinie als auch bei ihrer Umsetzung eher eine untergeordnete Rolle spielte, ist seine praktische Bedeutung jedoch ganz erheblich (vgl. nur *v. Hartz* ZUM 2005, 376, 377).

2. Bedeutung

3   Einem klassischen Problem bei der Rechtsdurchsetzung begegnet der Rechtsinhaber regelmäßig dann, wenn ihm zur Geltendmachung seines Anspruchs die notwendigen Informationen fehlen, die er auch durch die Geltendmachung eines Auskunftsanspruchs nicht erlangen kann, z.B. dass er eine Urheberrechtsverletzung bei Computerprogrammen nicht feststellen kann, ohne dass ihm der Quellcode des potentiell verletzenden anderen Computerprogramms bekannt ist (zum Binärcodevergleich KG CR 2010, 424). Dieses Problem taucht auch häufig im Patentrecht auf, so dass hier bereits 1985 durch eine Entscheidung des BGH (GRUR 1985, 512 – **Druckbalken**; vgl. hierzu auch *König* Mitt. 2002, 153, 157 ff.) ein Stufenverfahren zur Ermittlung der fehlenden Daten bzw. ein Besichtigungsanspruch auf Basis der §§ 809 ff. BGB entwickelt wurde (§ 809 BGB wurde jedoch bereits 1908 auf das Urheberrecht und 1910 auf das Patentrecht angewandt (RGZ 69, 401 – Nietzsche-Briefe; LG Berlin Mitt. 1910, 120, 122)). Diese Prinzipien wurden 2002 durch den BGH (GRUR 2002, 1046 – **Faxkarte**) auf das Urheberrecht übertragen und – allerdings nur für das Urheberrecht – aufgrund des TRIPs-Abkommens abgewandelt. Nun wird diese Praxis im Rahmen der Umsetzung des TRIPs-Abkommens und der Enforcement-Richtlinie kodifiziert, wobei sich die Gesetzesbegründung ausdrücklich mehrfach auf die Entscheidung „Faxkarte" des BGH bezieht (BRegE BT-Drucks. 16/5048, 40 ff.). § 101a stellt daher im Wesentlichen eine Kodifizierung dieser urheberrechtlichen BGH-Rechtsprechung und ihre Übertragung auch auf den gewerblichen Rechtsschutz dar, geht allerdings in mancher Hinsicht sogar weiter als diese. Ungeklärt bleibt allerdings die Frage, ob mit dem hier gewährten Anspruch das Nachweisproblem gelöst ist. Selbst wenn z.B. ein zur Verschwiegenheit verpflichteter Dritter ein Gutachten über die Verletzung abgibt, stellt sich noch immer die Frage, was, wenn der potentielle Verletzer auch weiterhin die Verletzung bestreitet, passiert, d.h. ob und wie vertrauliche Informationen zur Grundlage einer gerichtlichen Entscheidung gemacht werden können (vgl. zur dieser Problematik ausführlich *Bornkamm* FS Ullmann 893, 901 ff.). Zusätzlich wird in § 101a Abs. 1 S. 2 bei einer im **gewerblichen Ausmaß** begangenen Rechtsverletzung ein Anspruch eingeräumt, mit dem die Vorlage von **Bank-, Finanz- und Handelsunterlagen** verlangt werden kann. Dieser hat seinen Ursprung jedoch nicht im TRIPs Abkommen, sondern in der Enforcement-Richtlinie.

3. Regelungsinhalt

4   § 101a durchbricht für das Urheberrecht die Regelungen der ZPO und der §§ 809 ff. BGB. Während im Rahmen der ZPO die Nichtherausgabe der für die Anspruchsbegründung erforderlichen Unterlagen nur im Rahmen des § 286 ZPO frei gewürdigt werden kann (vgl. *Seichter* WRP 2006, 391, 394; *König* Mitt. 2002, 153, 154; *Knaak* GRUR Int. 2004, 745, 747), besteht nach den Voraussetzungen des § 101a die Möglichkeit, die Herausgabe zu erzwingen, jedenfalls unter Wahrung der Geheimhaltungsinteressen des Anspruchsgegners und der Verhältnismäßigkeit. Daher ist § 101a insgesamt restriktiv auszulegen und ultima ratio, wenn dem Anspruchsinhaber keine anderen Möglichkeiten zum Nachweis der Verletzung offen stehen (vgl. auch Rn. 16). Diese Regelung hat – gemeinsam mit anderen Maßnahmen der Enforcement-Richtlinie – auch daher berechtigte Kritik erfahren, weil sie die Inhaber von Urheberrechten (und gewerblichen Schutzrechten) über andere Anspruchsinhaber stellt (vgl. nur *Peukert/Kur* GRUR Int. 2006, 292 f.; sehr weitgehend *Haedicke* FS Schricker 2005, 19, 23 ff., der auch deshalb eine allgemeine prozessuale Aufklärungspflicht im Interesse der Wahrheitsfindung fordert).

4. Auslegung der Vorschriften

5   Da die Regelung zur Vorlage und Besichtigung in Umsetzung der Enforcement-Richtlinie „**Europäisches Urheberrecht**" darstellt, sind die europäischen Vorgaben im

Wege der **richtlinienkonformen Auslegung** dieser Vorschriften zu berücksichtigen. In diesem Zusammenhang sind insb. der **Richtlinientext** selbst, die **Erwägungsgründe** und die weiteren Begründungen zur **Entstehungsgeschichte** einzubeziehen. Bei den nationalen Auslegungshilfen ist vor allem die Begründung zum **Regierungsentwurf** (BT-Drucks. 16/5048) zu beachten. Außerdem kann TRIPs zur Auslegung herangezogen werden, wobei die unmittelbare Anwendbarkeit der entsprechenden Vorschriften umstritten (EuGH, Urt. v. 14.12.2000 Az. C-300/98, Rn. 43f. – Parfums Christian Dior SA v. Tuk Consultancy BV; vgl. ausführlich *Tilmann/Schreibauer* GRUR 2002, 1015, 1017 m.w.N.; *Tilmann/Schreibauer* FS Erdmann 901, 911 ff.), jedoch in jedem Fall bei der Auslegung der deutschen Vorschriften zu berücksichtigen ist (*Bork* NJW 1997, 1665, 1670; *Franz* ZUM 2005, 802, 803f.; *Tilmann/Schreibauer* FS Erdmann 901, 911 ff.; BGH GRUR 2002, 1046, 1048 – Faxkarte).

II. Vorlage und Besichtigungsanspruch (§ 101a Abs. 1)

1. Vorlage von Urkunden und Besichtigung einer Sache (§ 101a Abs. 1 S. 1)

a) **Aktivlegitimation – Verletzter.** § 101a spricht allgemein vom Verletzten als Anspruchsinhaber. Art. 4 Enforcement-Richtlinie gibt dabei zwingend vor, dass der **Rechtsinhaber** aktivlegitimiert ist. Ob andere Nutzungsberechtigte, Verwertungsgesellschaften und Berufsorganisationen unter diesen weiten Begriff des Verletzten zu fassen sind, überlässt die Richtlinie den Mitgliedstaaten (Erwägungsgrund 18 Enforcement-Richtlinie). Der BRegE äußert hierzu lediglich, dass diese weiteren von Art. 4 Enforcement-Richtlinie genannten Gruppen nur nach Maßgabe des anwendbaren Rechts berechtigt sein sollen und keine verbindlichen Vorgaben gemacht werden, d. h. kein Umsetzungsbedarf besteht (vgl. BRegE BT-Drucks. 16/5048, 26). Während in Art. 5 des Vorschlags der Enforcement-Richtlinie eine Umsetzung noch verbindlich war (KOM (2003) 46 endg., vgl. auch die Begründung S. 21), stellt die Endfassung der Richtlinie die Aktivlegitimation unter den Vorbehalt des jeweiligen anwendbaren Rechts. **Inhaber von ausschließlichen Nutzungsrechten** sind damit auch aktivlegitimiert (vgl. § 31 Rn. 29; vgl. auch *Lang* Mitt. 2000, 319). Das Europäische Parlament forderte – als Klarstellung – sogar eine ausdrückliche Beschränkung auf ausschließliche Lizenznehmer (Legislative Entschließung des Parlaments, A5–0468/2003, 16). Dies entspricht der Regelung bei der Saisie contrefaçon (vgl. *Treichel* GRUR Int. 2001, 690, 693). **Verwertungsgesellschaften** sind ebenfalls unproblematisch als Rechtsinhaber einzustufen, allerdings nur im Rahmen ihrer Wahrnehmungsbefugnis, d. h. entsprechend ihrer Wahrnehmungsverträge und den Vorgaben des WahrnG (vgl. auch *Frey/Rudolph* ZUM 2004, 522, 527). Dies wird auch gestützt durch Art. 42 TRIPs (Fußnote 11: „federations and associations having legal standing to assert such rights"), denn eine Verwertungsgesellschaft hat das Recht, Ansprüche und Rechte gegenüber Dritten geltend zu machen (vgl. Dreier/Schulze/*Schulze* § 6 UrhWG Rn. 13).

Anderen Nutzungsberechtigten, z.B. **Inhabern von einfachen Nutzungsrechten,** steht nach dem UrhG ohnehin nur in seltenen Fällen eine Aktivlegitimation zu (§ 31 Rn. 32). **Berufsorganisationen** wie der RIAA (Recording Industry Association of America) wird in den USA die Aktivlegitimation eingeräumt (*Frey/Rudolph* ZUM 2004, 522, 527). Die Überlegung, den Berufsverbänden eine solche auch in Europa einzuräumen, gab es auch bereits im Grünbuch (KOM (98) 569 endg., 15f.), der Stellungnahme des Wirtschafts- und Sozialausschusses hierzu (ABl. C 116 v. 28.4.1999, 35) und in den Mitteilungen zu den Folgemaßnahmen zum Grünbuch (KOM (2000) 789 endg., 6). Art. 4 lit. d) Die Enforcement-Richtlinie überlässt eine solche Regelung jedoch den Bestimmungen des anwendbaren Rechts. Art. 42 TRIPs geht ausweislich Fußnote 11 ebenfalls davon aus, dass der Begriff „Rechtsinhaber" Verbände und Vereinigungen einschließt, die gesetzlich zur Geltendmachung solcher Rechte befugt sind, d. h. es ist auch nach TRIPs Voraussetzung, dass die Verbände nach nationalem Recht zur Geltendmachung befugt sind (vgl. *Gervais* 2.193; *Bronckers/Verkade* 16). Dies ist nach dem UrhG aber gerade nicht der Fall. Eine Verbandsklage wurde im Rahmen der Umsetzung ebenfalls nicht vorgesehen, so dass die Berufsorganisationen als Anspruchsinhaber ausscheiden. Allenfalls möglich ist die Geltendmachung von abgeleiteten Ansprüchen bzw. von fremden Ansprüchen in eigenem Namen im Wege der Prozessstandschaft (vgl. so bereits die Forderung der GRUR in: GRUR 2003, 682, 683).

8   **b) Passivlegitimation – Verletzer. Passivlegitimiert** ist der **Verletzer**. § 809 BGB sah den Anspruch noch gegenüber dem Besitzer vor, d. h. sowohl gegenüber dem mittelbaren als auch unmittelbaren Besitzer (*v. Hartz* ZUM 2005, 376, 379; Palandt/*Sprau* § 809 BGB Rn. 8; Staudinger/*Marburger* § 809 BGB Rn. 10). Dies findet jetzt Eingang in den Gesetzestext durch die Formulierung, dass sich die Urkunde oder Sache in der **Verfügungsgewalt** des Verletzers befinden muss. Insofern ist die Formulierung des § 101a als weiter anzusehen, da sie im Gegensatz zum Besitz z. B. nicht an einen natürlichen Besitzerwillen geknüpft ist, sondern nur an die tatsächliche Sachherrschaft. Damit wurde auch der Streit, ob Besitzdiener bzw. mittelbarer Besitzer ebenfalls Anspruchsgegner sein können (vgl. nur *Leppin* GRUR 1984, 552, 556; Staudinger/*Marburger* § 809 BGB Rn. 10; a. A. Schricker/Loewenheim/*Wimmers* § 101a Rn. 16), nicht auf das Urheberrecht übertragen. Ebenso wie bei § 809 BGB ist auch derjenige passivlegitimiert, der in der Lage ist, sich die Sache zu beschaffen. Die unmittelbare Verfügungsgewalt ist nicht erforderlich, anderenfalls könnte der § 101a leicht umgangen werden. Ein **Dritter**, der nicht Verletzer ist, kann jedoch nicht passivlegitimiert sein (BGH GRUR 2006, 962, 966 – Restschadstoffentfernung; Dreier/Schulze/*Dreier* § 101a Rn. 3; Schricker/Loewenheim/*Wimmers* § 101a Rn. 15; anders der Vorschlag von *Ahrens* GRUR 2005, 837, 839).

9   **c) Verletzung des Urheberrechts oder eines anderen nach diesem Gesetz geschützten Rechts.** Erforderlich ist die Verletzung des Urheberrechts oder eines anderen nach diesem Gesetz geschützten Rechts, d. h. geschützt sind Urheber- und Leistungsschutzrechte. Auch das einfache Datenbankrecht (§§ 87a ff.) zählt im deutschen Recht – im Gegensatz zum europäischen – zu den Leistungsschutzrechten (§ 87a Rn. 7). Aufgrund der offen gehaltenen Formulierung des Gesetzes ist jedoch auch das das Urheberrecht lediglich flankierende Recht der §§ 95a ff. erfasst (vgl. auch § 95a Rn. 90). Die Verletzung muss außerdem widerrechtlich, jedoch nicht schuldhaft erfolgen.

10 **d) Hinreichende Wahrscheinlichkeit.** Das Erfordernis der „hinreichenden Wahrscheinlichkeit" trägt dem Umstand Rechnung, dass § 101a einerseits gerade der Gewinnung von Beweismitteln dient, d. h. die Rechtsverletzung noch nicht nachgewiesen werden kann (vgl. schon LG Berlin Mitt. 1910, 120, 122), andererseits die Interessen des Anspruchsgegners zu berücksichtigen sind, d. h. dass der Anspruch nicht bei jedwedem Verdacht gewährt werden kann (BRegE BT-Drucks. 16/5048, 40). Den **Grad der Wahrscheinlichkeit** gibt der Richtliniengeber nicht vor (*v. Hartz* ZUM 2005, 376, 378); allerdings heißt es seitens des Ausschusses für Industrie, Außenhandel, Forschung und Energie (Bericht des Parlaments, A5–0468/2003, 54), dass hohe Anforderungen erforderlich sind, um die Möglichkeit falscher Anschuldigungen auf ein Mindestmaß zu beschränken. Allerdings ergibt sich aus der Parallele zu Art. 50 TRIPs, dass die Anforderungen nicht überspannt werden dürfen, da anderenfalls ein schneller und wirksamer Schutz nicht möglich ist (*v. Hartz* ZUM 2005, 376, 378; *v. Hartz* 57; *Dittmer* EWiR 2002, 903, 904; vgl. auch Ahlberg/Götting/*Reber* § 101a Rn. 1, der von einem Wahrscheinlichkeitsgrad ab 80% spricht). Der Gesetzesentwurf schließt sich auch in dieser Hinsicht – sogar ausdrücklich – der Rechtsprechung des BGH in **„Faxkarte"** (BGH GRUR 2002, 1046, 1048) an (BRegE BT-Drucks. 16/5048, 40). Hiernach ist eine **„gewisse" Wahrscheinlichkeit** in Anlehnung an Art. 43 TRIPs ausreichend (BGH GRUR 2002, 1046, 1048 – Faxkarte; BGH GRUR 2006, 962, 967 – Restschadstoffentfernung; KG GRUR-RR 2001, 118, 120 – Besichtigungsanspruch; OLG München NJW-RR 2000, 777

– Der Fall Vera Brühne; OLG Hamburg ZUM 2001, 519, 523 – Faxkarte; OLG Hamburg CR 2005, 558, 559; OLG Frankfurt/M GRUR-RR 2006, 295; LG Düsseldorf BeckRS 2012, 24982; LG Nürnberg-Fürth CR 2004, 890, 891). Insofern hatte der BGH bereits in dieser Entscheidung die strengeren Voraussetzungen der Druckbalken-Entscheidung des BGH für das Urheberrecht (BGH GRUR 1985, 512, 516 – Druckbalken („erheblicher Grad an Wahrscheinlichkeit")) korrigiert und den erforderlichen Grad der Wahrscheinlichkeit herabgesetzt (vgl. aber Rn. 12).

Im Rahmen der **allgemeinen Verhältnismäßigkeit** ist aber an dieser Stelle zu fordern, dass auch auf der Tatbestandsebene, also bei der Frage, wann eine Verletzung hinreichend wahrscheinlich ist, bereits der Umfang der zu ergreifenden Maßnahmen zu berücksichtigen ist und damit auch die Geheimhaltungsinteressen des Anspruchsgegners (*v. Hartz* ZUM 2005, 376, 378 mit Verweis auf die Anton-Piller-Order; OLG Düsseldorf GRUR-RR 2003, 327; *Haedicke* FS Schricker 2005, 19, 22). Davon geht auch bereits die Entscheidung „Faxkarte" (BGH GRUR 2002, 1046, 1048) aus, auf die in der Gesetzesbegründung ausdrücklich Bezug genommen wird, da der Grad der Wahrscheinlichkeit ein – im Rahmen der Interessenabwägung – zu berücksichtigender Punkt ist.

Dadurch kann es im Einzelfall unter Berücksichtigung der Geheimhaltungsinteressen auch durchaus wieder zu dem Maßstab der erheblichen Wahrscheinlichkeit aus dem Druckbalken-Urteil (BGH GRUR 512 – Druckbalken) kommen (LG Hamburg InstGE 4, 293, 295; OLG Düsseldorf GRUR-RR 2003, 327). Dies gilt auch für den Bereich des Urheberrechts, vor allem für die **Softwarebranche,** in der insb. der Quellcode sehr wertvoll und gegen missbräuchliche Ausforschung besonders zu schützen ist (vgl. *Grützmacher* CR 2002, 794, 795; *Melullis* FS Tilmann 843, 851; Vor §§ 69aff. Rn. 25; *Schneider* CR 2003, 1, 7). Allerdings muss in diesem Zusammenhang auch bedacht werden, dass die Analyse des **Quellcode**s jedenfalls bei proprietärer Software die einzige sichere Methode ist, eine Rechtsverletzung festzustellen und insb. von einer Nachprogrammierung zu unterscheiden. Eine gewisse Wahrscheinlichkeit (für die Beschlagnahme von PCs) wurde im Falle von Installationen von gebrannten CDs zu Recht nicht angenommen (KG GRUR-RR 2001, 118, 120 – Besichtigungsanspruch). Auch die Tatsache, dass Durchsuchungen in einem Bereich (hier bei PCs und illegaler Software) fast immer zum Erfolg führen, genügt nicht (KG GRUR-RR 2001, 118, 120 – Besichtigungsanspruch). Eine gewisse Wahrscheinlichkeit könnte aber bestehen, wenn ein ehemaliger Mitarbeiter kurz nach dem Ausscheiden aus der Firma ein funktionsgleiches Konkurrenzprodukt anbietet (*Bork* NJW 1997, 1665, 1668; zu Recht kritisch OLG Nürnberg, Urteil v. 20.1.2009, Az.: 3 U 942/06). Jedoch wird auch dann z.B. die Komplexität des Programms bzw. die Möglichkeit des Nachprogrammierens in Erwägung zu ziehen sein. Nur die Übereinstimmung der Programme allein bzw. deren Benutzeroberfläche oder Funktionalitäten genügt jedenfalls nicht (vgl. LG Köln ZUM-RD 2010, 85; OLG Nürnberg BeckRS 2010, 11897). Vielmehr erforderlich ist eine umfassende und vielfältige Darstellung der Verdachtsmomente aus verschiedenen Blickwinkeln (*Hoppen* CR 2009, 407, 408). Im Softwarebereich sind hierbei übereinstimmende Texte und Kommentare, Variablennamen, Rechtsschreibfehler oder Modul- und Datenbankstrukturen Kriterien; Pflichtenhefte, Dokumentationen und sonstige Unterlagen der Softwareentwicklung können gleichfalls eine Rolle spielen (ausführlich *Hoppen* CR 2009, 407, 408).

Ausreichend ist die **Glaubhaftmachung** (§ 294 ZPO) in Bezug auf die hinreichende Wahrscheinlichkeit (*McGuire* GRUR Int. 2005, 15, 19; BRegE BT-Drucks. 16/5048, 40). Der Anspruchsteller muss jedenfalls alle ihm **zur Verfügung stehenden Beweismittel** zur hinreichenden Begründung seines Anspruchs vorlegen (BRegE BT-Drucks. 16/5048, 40); ein bloßer Vortrag ohne Beweismittel genügt nicht (*Nägele/Nitsche* WRP 2007, 1047, 1052; *Tilmann* FS Ullmann 1015, 1016). Das bedeutet aber nicht, dass auch ihm an sich unzumutbare Beweismittel vorgelegt werden müssen, denn die Enforcement-Richtlinie schränkt hier, wie auch schon Art. 43 Abs. 1 TRIPs, auf die **vernünftigerweise** verfügbaren Beweismittel ein (*v. Hartz* 57; *Harte-Bavendamm* FS Tilmann 793, 800; *McGuire* GRUR Int. 2005, 15, 19; *Tilmann* FS Ullmann 1015, 1016; *Tilmann/Schreibauer* GRUR 2002, 1015, 1018; *Tilmann/Schreibauer* FS Erdmann 901, 905). Dies entspricht der Voraussetzung der Enforcement-Richtlinie, dass der Anspruch hinreichend begründet sein muss (BRegE BT-Drucks. 16/5048, 40). In Betracht kommen insb. Aussagen des Anspruchsgegners sowohl in der Öffentlichkeit als auch in seinen Prospekten oder allgemein in der Werbung sowie Schutzrechtsanmeldungen. Außerdem können auch Aussagen Dritter, insb. ehemaliger Mitarbeiter oder Besucher von Messen etc., die dort die Möglichkeit hatten, die Sache zu besichtigen, eine Rolle spielen (*Bork* NJW 1997, 1665, 1668; *Tilmann/Schreibauer* GRUR 2002, 1015, 1022; LG Nürnberg-Fürth CR 2004, 890, 891). Die Wahrscheinlichkeit einer Urheberrechtsverletzung im konkreten Fall kann jedoch nicht dadurch erheblich steigen, dass der Anspruchsgegner bereits in anderen Fällen Urheberrechtsverletzungen begangen hat, d. h. z. B. auf seinen Rechnern bereits erwiesen andere Raubkopien liegen hat (a. A. LG Nürnberg-Fürth CR 2004, 890, 891).

14 **e) Erforderlichkeit zur Begründung von Ansprüchen.** Die Vorlage oder Besichtigung muss auch erforderlich zur Begründung von Ansprüchen sein, d. h. die Fakten, die der Begünstigte durch die Vorlage oder Besichtigung erhalten soll, müssen erforderlich sein, um z. B. seine Ansprüche auf Schadensersatz begründen zu können. Das ist vor allem dann der Fall, wenn eine bestrittene anspruchsbegründende Tatsache nachgewiesen oder überhaupt erst Kenntnis von dieser Tatsache erlangt werden soll (BRegE BT-Drucks. 16/5048, 40). § 101a geht damit über die Regelung des Art. 6 Enforcement-Richtlinie hinaus, der sich ausdrücklich auf Beweismittel beschränkt (BRegE BT-Drucks. 16/5048, 40). Durch die Vorlage können zudem weitere Beweismittel ggf. für einen weiteren Vorlageanspruch gesammelt werden (BRegE BT-Drucks. 16/5048, 40). Allerdings kann sich der Anspruch auch auf weitere Gegenstände beziehen, die zum eigentlichen Besichtigungsobjekt unmittelbar dazugehören, wenn dies für einen wirksamen Schutz erforderlich ist; das ergibt sich bereits aus Art. 50 Abs. 1 lit. b TRIPs (*v. Hartz* ZUM 2005, 376, 378; *Gervais* Rn. 2.208). Nicht erfasst sind jedoch Beweismittel, die nicht der Anspruchsbegründung, sondern vielmehr dem **Ausschluss des Anspruchs** dienen, wie z. B. das Vorhandensein von Lizenzen oder Kaufbelegen beim Anspruchsgegner (KG GRUR-RR 2001, 118, 120 – Besichtigungsanspruch). Hiermit kann sich der Anspruchsgegner ggf. verteidigen; für den Nachweis der Rechtsverletzung zur Klagebegründung für den Anspruchssteller sind diese Unterlagen jedoch nicht erforderlich (vgl. KG GRUR-RR 2001, 118, 120 – Besichtigungsanspruch).

15 Auch die **körperliche Sicherung von Beweismitteln** ist erfasst (*v. Hartz* ZUM 2005, 376, 378; *Knaak* GRUR Int. 2004, 745, 748). Selbst die Durchsicht und das Kopieren von Unterlagen ist möglich (*Cornish* Rn. 2–48; *v. Hartz* ZUM 2005, 376, 378; vgl. auch Münch-Komm/*Hüffer* § 810 BGB Rn. 13). Dies geht jedoch nicht so weit, dass der Verletzte im Rahmen einer Durchsuchung von Geschäftsräumen einfach die **Beweismittel sicherstellen** bzw. mit der Durchsuchung erst feststellen lassen kann, ob sich der Anspruchsgegner überhaupt im Besitz der gesuchten Sache befindet, vielmehr muss er die sicherzustellenden Unterlagen in seinem Antrag genau benennen (BRegE BT-Drucks. 16/5048, 28; BGH GRUR 2004, 420, 421 – Kontrollbesuch; *v. Hartz* ZUM 2005, 376, 378; *Koch* ITRB 2006, 40, 41; *Seichter* WRP 2006, 391, 395; *Tilmann* GRUR 2005, 737, 739; *Grosheide* GRUR Int. 2000, 310, 316; *Eisenkolb* GRUR 2007, 387, 391; a. A. *Haedicke* FS Schricker 2005, 19, 21, 25 (einschränkend, dass dies nicht so weit gehen kann, wie im US-amerikanischen Discovery-Verfahren); *Knaak* GRUR Int. 2004, 745, 748). Alles andere wäre eine **unzulässige Ausforschung.** Dies widerspricht auch nicht der notwendigen Regelung für vertrauliche Informationen (so *Haedicke* FS Schricker 2005, 19, 21), da die Urkunden nicht inhaltlich bekannt sein müssen, wenn sie im Antrag bezeichnet werden bzw. die Kenntnis um die Existenz der Sache nicht gleichzeitig die Kenntnis ihrer Konstruktion beinhaltet. Auch ausweislich der deutschen Gesetzesbegründung soll keine Ausforschung des Gegners stattfinden, sondern der Anspruchsinhaber lediglich in die Lage versetzt werden, in Gegenstände Einsicht zu nehmen, deren Existenz ihm bekannt ist (vgl. auch OLG Düsseldorf GRUR-RR 2003, 327; OLG Düsseldorf, Urteil vom 7.2.2011, Az.: 20 W 153/10). Über sein unmittelbares Interesse an der Besichtigung hinaus sollen dem Anspruchsteller keine weiteren ggf. wertvollen Kenntnisse des Anspruchsgegners zur Verfügung gestellt werden (OLG Düsseldorf GRUR-RR 2003, 327; OLG Düsseldorf, Urteil vom 7.2.2011, Az.: 20 W 153/10; RGZ 69, 401, 406 – Nietzsche-Briefe). Ein Ausdrucken des Quellcodes ist z.B. dann nicht erforderlich, wenn für die Anspruchsbegründung das Vorhandensein einer bestimmten Datei auf der Festplatte des Anspruchsgegners genügt (*Bork* NJW 1997, 1665, 1669). Geht der Gutachter in seinem Gutachten über die im Beweisbeschluss gestellten Fragen hinaus, so ist dieser Teil des Gutachtens dem Anspruchsteller nicht zugänglich zu machen, auch wenn der Anspruchsgegner nur pauschal Geheimhaltungsinteressen geltend gemacht hat (OLG Düsseldorf, Urteil vom 7.2.2011, Az.: 20 W 153/10).

Außerdem ist erforderlich, dass dem Anspruchsinhaber **keine anderen zumutbaren Informationsquellen** zum Beweis der Rechtsverletzung offen stehen; der Besichtigungsanspruch ist **ultima ratio** (BGH GRUR 2002, 1046, 1049 – Faxkarte; KG BeckRS 2012, 09120; OLG Düsseldorf GRUR-RR 2003, 327; *Battenstein* 101; *v. Hartz* ZUM 2005, 376, 380; *Nägele/Nitsche* WRP 2007, 1047, 1052; *Schneider* CR 2003, 1, 7; *Wandtke/v. Welser* Band 1 Kap. 4 Rn. 90; *Zöllner* GRUR-Prax 2010, 74; KG GRUR-RR 2001, 118, 120 – Besichtigungsanspruch). In Betracht kommen beispielsweise Testkäufe und Fotografieren in den öffentlich zugänglichen Räumen eines Konkurrenten (*Dreier/Schulze/Dreier* § 101a Rn. 13f. mwN). Es genügt jedoch nicht, wenn die Sache z.B. im Rahmen einer **Messe** oder **sonstigen vorübergehenden Veranstaltung** besichtigt werden könnte, weil der Anspruchsgegner dennoch später Gegenzeugen benennen kann und der Anspruchsinhaber entsprechend der Non-liquet-Regeln unterliegen würde (*Kühnen* GRUR 2005, 185, 188; vgl. auch *Gärtner/Worm* Mitt. 2007, 254, 256ff.). Außerdem liegt auch ein legitimes Begehren des Anspruchstellers vor, wenn die bezeichneten Gegenstände zwar im Handel frei erhältlich sind, er sie für seinen Anspruch aber auch identifizieren muss und dies ohne Vorlage nicht kann (LG Hamburg InstGE 4, 293, 295). Wenn **Auskunftsansprüche** oder ggf. die Abgabe einer eidesstattlichen Versicherung aber ebenfalls die erforderlichen Daten liefern, um den Anspruch durchzusetzen, gehen diese Ansprüche dem Anspruch nach § 101a vor (BGH GRUR 2004, 420, 421 – Kontrollbesuch; *Battenstein* 102), denn der Vorlage- und Besichtigungsanspruch ist dann nicht mehr erforderlich und Auskunftsansprüche stellen einen geringeren Eingriff in die berechtigten Interessen des Anspruchsgegners dar.

f) Rechtsverletzung. Die Ansprüche des Anspruchstellers müssen aufgrund einer hinreichend wahrscheinlichen Rechtsverletzung erforderlich sein. Damit soll auch hier verhindert werden, dass der Anspruch des § 101a zur **allgemeinen Ausforschung** der Gegenseite verwendet werden kann (BRegE BT-Drucks. 16/5048, 40; vgl. auch *Zöller/Greger* Vor § 284 ZPO Rn. 5). Nach der Enforcement-Richtlinie selbst genügt es nach Art. 7, dass eine Rechtsverletzung **droht** (*v. Hartz* ZUM 2005, 376, 378; *Koch* ITRB 2006, 40, 41). Ausweislich des deutschen Gesetzestextes dürfte es jedoch einerseits nicht ausreichend sein, dass die Begehung einer Rechtsverletzung lediglich droht, denn hierfür findet sich im Wortlaut des Gesetzes kein Anhaltspunkt. Hier heißt es vielmehr „wer ... verletzt" und nicht „wer ... verletzt oder zu verletzen droht". Das Drohen einer Rechtsverletzung würde zudem den Anwendungsbereich des § 101a unzulässig ausdehnen. Eine solche strenge Auslegung des Gesetzestextes ist andererseits schwer mit der durch die Umsetzung ausdrücklich weiten Auslegung des § 101a, der über die Richtlinie hinausgeht, zu vereinbaren. Daher muss es auch hier genügen, wenn die Vorlage oder Besichtigung zur Begründung eines Anspruchs aufgrund einer mit hinreichender Wahrscheinlichkeit **begangenen** oder **drohenden** Rechtsverletzung erforderlich ist. Außerdem ergibt sich aus der richtlinienkonformen Auslegung und auch aus dem Wortlaut von § 101a Abs. 5, der wiederum vom Drohen einer Rechtsverletzung spricht, dass dies auch für Abs. 1 gelten muss (vgl. auch *Kühnen* GRUR 2005, 185, 187).

18 Jedenfalls müssen alle Voraussetzungen der Rechtsverletzung vorliegen, die auch ohne den Vorlageanspruch erforderlich sind, d. h. es darf nur noch die Besichtigung fehlen, um den Anspruch nachzuweisen. Fehlt es beispielsweise bereits an der Urheberschutzfähigkeit des vermeintlichen Werks oder der Rechtsinhaberschaft des Anspruchstellers, kann der Anspruch auf Vorlage des vermeintlich verletzenden Werks nicht bestehen, weil es bereits an der Wahrscheinlichkeit einer Rechtsverletzung fehlt (vgl. BGH GRUR 2013, 509, 510ff. – UniBasic – IDOS; *Bork* NJW 1997, 1665, 1668; *Grützmacher* CR 2002, 794, 795; *Nordemann-Schiffel* FS Wandtke 385, 388; OLG Hamburg ZUM 2001, 519, 523 – Faxkarte; OLG Hamburg CR 2005, 558, 559).

19 g) **Rechtsfolgen.** Der Anspruchsberechtigte kann die **Vorlage der Urkunde** bzw. **Besichtigung der Sache** verlangen. Die begriffliche Trennung zwischen der Vorlage (bei einer Urkunde) und der Besichtigung (einer Sache) ist aber letztendlich nicht entscheidend, da in jedem Fall die erforderlichen Handlungen zur Feststellung einer Rechtsverletzung erfolgen dürfen (MünchKomm/*Hüffer* § 809 BGB Rn. 10).

20 **Urkunden** sind durch Niederschrift verkörperte Gedankenerklärungen, gleichgültig in welcher Weise diese Niederschrift erfolgt ist, d. h. auch z. B. Computerausdrucke, bei Computerprogrammen z. B. die Dokumentation oder das Pflichtenheft, aber auch Bedienungsanleitungen und Konstruktionszeichnungen, nicht jedoch elektronische Datenträger oder Tonbandaufnahmen (Palandt/*Sprau* § 810 BGB Rn. 1; MünchKomm/*Hüffer* § 810 BGB Rn. 3; Staudinger/*Marburger* § 810 BGB Rn. 6). Die Vorlagepflicht bezieht sich auf **Originalurkunden** – es sei denn, diese sind verloren gegangen – damit der Anspruchsteller ggf. die Authentizität der Urkunde überprüfen kann (Palandt/*Sprau* § 810 BGB Rn. 1; MünchKomm/*Hüffer* § 810 BGB Rn. 3; Staudinger/*Marburger* § 810 BGB Rn. 4). Der Anspruch kann sich jedoch nur unter den erweiterten Bedingungen des § 101a Abs. 1 S. 2 auf **Bank-, Finanz- oder Handelsunterlagen** beziehen (vgl. Rn. 24). Erforderlich ist die genaue Bezeichnung der vorzulegenden Urkunde (BRegE BT-Drucks. 16/5048, 40; Rn. 15). **Vorlage** ist die Aushändigung der Urkunde oder jedenfalls das Vorzeigen der Urkunde auf eine Weise, dass sie der sinnlichen Wahrnehmung des Anspruchstellers unmittelbar zugänglich ist (OLG Köln NJW-RR 1996, 382; Palandt/*Sprau* § 809 BGB Rn. 9; Staudinger/*Marburger* § 809 BGB Rn. 9). Die Voraussetzungen des § 810 BGB, dass die Urkunde im Interesse des Rechtsinhabers errichtet, in der Urkunde ein zwischen ihm und einem anderen bestehendes Rechtsverhältnis beurkundet ist oder die Urkunde Verhandlungen über ein Rechtsgeschäft enthält, sind nicht erforderlich (Eckpunktepapier des BMJ zur Umsetzung der Enforcement-Richtlinie, 3).

21 Der Begriff der **Sache** ist weit zu verstehen (MünchKomm/*Holch* § 90 BGB Rn. 8ff.; Wandtke/*v. Welser* Band 1 Kap. 4 Rn. 87) und umfasst auch **Computerprogramme** (KG GRUR-RR 2001, 118, 120 – Besichtigungsanspruch), d. h. auch den **Quellcode** (BGH GRUR 2002, 1046 – Faxkarte), und andere elektronische Dokumente. Erforderlich ist die genaue Bezeichnung der zu besichtigenden Sache (BRegE BT-Drucks. 16/5048, 40; Rn. 15). Mögliche **Besichtigungshandlungen** sind z. B. das Betasten, Vermessen, Wiegen und Untersuchen mittels eines Mikroskops (vgl. *Spindler/Weber* ZUM 2007, 257, 264; *Tilmann/Schreibauer* FS Erdmann 901, 906; Palandt/*Sprau* § 809 BGB Rn. 9; Staudinger/*Marburger* § 809 BGB Rn. 9), aber auch die Fixierung der Besichtigungsergebnisse, wie das Ausdrucken von Dateien, Abspeichern von Screenshots (LG Köln BeckRS 2011, 24695) oder Anfertigen von Fotografien (*Bork* NJW 1997, 1665, 1669; zur Durchführung des Ortstermins bei einer Softwarebesichtigung *Hoppen* CR 2009, 407, 410f.). Im Rahmen der Besichtigung einer Sache sind grds. sowohl **Substanzeingriffe,** wie das Auseinanderbauen oder die Entnahme einer Probe, als auch die **Inbetriebnahme** der Sache, z. B. zur Feststellung ihrer Wirkungsweise, möglich (BGH GRUR 2002, 1046, 1049 – Faxkarte; so auch schon LG Berlin Mitt. 1910, 120, 123; *v. Hartz* ZUM 2005, 376, 380; *Nägele/Nitsche* WRP 2007, 1047, 1052; *Tilmann* FS Ullmann 1015, 1017; a. A. noch BGH GRUR 1985, 512, 517 – Druckbalken), denn das Recht der Besichtigung hätte anderenfalls keinen Sinn, da ggf. die innere Konstruktion aus dem Äußeren der Sache nicht ersichtlich ist (LG Berlin Mitt. 1910, 120, 123). Die Besichtigungshandlung ist dabei abhängig vom Besichtigungsobjekt und Besichtigungsziel (*v. Hartz* ZUM 2005, 376, 380). Bei der Besichtigung ist der Tatsache Rechnung zu tragen, dass die aus der Besichtigung gewonnenen Erkenntnisse einer **Zweckbindung** unterliegen und nur dem im Verfahren erforderlichen Zweck zugeführt werden dürfen (BGH GRUR 2002, 1046, 1049 – Faxkarte).

Grenze ist das Integritätsinteresse des Anspruchsgegners, wobei dieser durch § 101a Abs. 4 **22** i. V. m. § 811 BGB und den Schadensersatzanspruch nach § 101a Abs. 5 und die allgemeinen Vorschriften – selbst bei **Beschädigung** der Sache – gesichert ist (BGH GRUR 2002, 1046, 1049 – Faxkarte; *v. Hartz* ZUM 2005, 376, 380; *Melullis* FS Tilmann 843, 850; Palandt/ *Sprau* § 809 BGB Rn. 9). Diese Grenze ist außerdem auch nur dann zu berücksichtigen, wenn eine realistische Gefahr einer Beschädigung besteht; ist dies nicht gegeben, muss ggf. noch nicht einmal eine Sicherheitsleistung erfolgen (*Tilmann/Schreibauer* GRUR 2002, 1015, 1019). Selbst die Beschädigung der Sache muss nicht unbedingt die Grenze des Zumutbaren überschreiten (vgl. LG Berlin Mitt. 1910, 120, 123), jedoch ist hier der Grundsatz der **Verhältnismäßigkeit** besonders zu wahren. Wenn die benötigten Stoffe oder Geräte z. B. aber auch nicht vorübergehend aus dem Produktionsprozess ausgliedert werden können (*Tilmann* FS Ullmann 1015, 1017), im Falle einer unzumutbaren Betriebsstillegung oder einem nicht ausgleichbaren Schaden, der auch nicht durch eine Sicherheitsleistung abgedeckt werden kann (*Tilmann* FS Ullmann 1015, 1019), kann eine Besichtigung unverhältnismäßig sein (*Tilmann* FS Ullmann 1015, 1017), wenn z. B. nur eine geringe Rechtsverletzung droht bzw. diese eine geringe (aber dennoch hinreichende) Wahrscheinlichkeit aufweist. In diesen Fällen könnte der Sachverständige zu einer Art Zwischenbericht über die erforderlichen Maßnahmen zur Beurteilung der Verletzungsfrage, deren Folgen und dem Standpunkt des Anspruchsgegners hierzu aufgefordert werden (*Tilmann* FS Ullmann 1015, 1019). Ein wichtiger Beitrag ist in jedem Fall die Besichtigung durch eine sach- und fachkundige Person, um jedenfalls Bedienungsfehler schon einmal ausschließen zu können.

Je nach Inhalt der betreffenden Verfügung des Gerichts wird die Durchsuchungs-/Be- **23** sichtigungsverfügung gem. § 890 ZPO (LG Berlin Mitt. 1910, 120, 123; *Battenstein* 127; *Nägele/Nitsche* WRP 2007, 1047, 1053; *Tilmann* GRUR 2005, 737, 739) oder § 883 ZPO (analog oder direkt) als Minus zur Herausgabe (*Battenstein* 129; *Bork* NJW 1997, 1665, 1672; Fromm/Nordemann/*Czychowski* § 101a Rn. 31; Staudinger/*Marburger* Vorbem zu §§ 809–811 BGB Rn. 10) **vollstreckt.** Bei Widerstand kann gem. § 892 ZPO ein Gerichtsvollzieher hinzugezogen werden, der gem. § 758 Abs. 3 ZPO auch Gewalt anwenden darf und polizeiliche Vollzugsorgane zu Hilfe nehmen kann (*Battenstein* 130; *Bork* NJW 1997, 1665, 1672; *Tilmann* GRUR 2005, 737, 739). In diesem Fall oder soweit der Aufbewahrungsort der zu untersuchenden Sachen nicht bekannt ist und der Schuldner sie auch nicht freiwillig vorlegt, ist die für eine Durchsuchung der Geschäftsräume erforderliche richterliche Anordnung beim örtlichen Amtsgericht (§§ 758a, 802 ZPO) zu erwirken (vgl. *Battenstein* 132; *Bork* NJW 1997, 1665, 1672; *Deichfuß* Jur-PC Web-Dok. 130/2010, Abs. 39; *Dörre/Maaßen*, GRUR-RR 2008, 217, 221; *Zöllner* GRUR-Prax 2010, 74).

2. Vorlage von Bank-, Finanz- oder Handelsunterlagen (§ 101a Abs. 1 S. 2)

Der Anspruch auf Vorlage von Bank-, Finanz- oder Handelsunterlagen gem. § 101a **24** Abs. 1 S. 2 wurde nach Art. 6 Abs. 2 Enforcement-Richtlinie eingeführt, damit die **tatsächlichen Nutznießer** der jeweiligen Rechtsverletzung ermittelt und verfolgt werden können. Das Konzept ähnelt damit erneut dem Ausforschungsbeweis und ist mit den allgemeinen zivilprozessualen Mitteln schwer in Einklang zu bringen (*Knaak* GRUR Int.

2004, 745, 747). Bei der Gesetzesbegründung zur **Bekämpfung der Produktpiraterie** aus dem Jahr 1990 wurde ein Einsichtsrecht des Anspruchsinhabers in Geschäftsunterlagen noch mit dem Argument verworfen, dass ein solches Vorgehen gegen einen redlichen Kaufmann „eine unverhältnismäßige und nicht begründbare Regelung sei", bei einem kriminellen Schutzrechtsverletzer hingegen die Möglichkeit bestehe, einen Strafantrag zu stellen, so dass die Unterlagen auf diesem Weg erlangt werden können (BT-Drucks. 11/4792, 33; so auch OLG Köln GRUR 1995, 676, 677 – Vorlage von Geschäftsunterlagen). Auch durch die Einschaltung von Sachverständigen können die Bedenken nicht ausgeräumt werden, erst recht nicht im einstweiligen Verfügungsverfahren (BRegE zum Gesetz zur Bekämpfung der Produktpiraterie BT-Drucks. 11/4792, 33). In Umsetzung von Art. 6 Abs. 2 der Enforcement-Richtlinie besteht im Falle einer Rechtsverletzung im gewerblichen Ausmaß nun aber das Recht, Bank-, Finanz- oder Handelsunterlagen zur Vorlage zu verlangen. Hieraus folgt, dass diese Unterlagen nicht herausverlangt werden dürfen, wenn die Rechtsverletzung nicht im gewerblichen Ausmaß erfolgt (RefE 85).

25 a) **Gewerbliches Ausmaß.** Hinsichtlich des Begriffs des gewerblichen Ausmaßes verweist der RefE auf die Ausführungen zu § 101 n. F. (RefE 85). Hiernach muss die Rechtsverletzung eine gewisse Nachhaltigkeit haben und damit einen Umfang erreichen, der eine Bagatellgrenze (RefE 81) bzw. den Umfang des üblichen Konsums überschreitet (RefE 79). Im gewerblichen Ausmaß erfolgte Rechtsverletzungen zeichnen sich dadurch aus, dass sie zwecks Erlangung eines unmittelbaren oder mittelbaren wirtschaftlichen oder kommerziellen Vorteils geschehen; dies schließt in der Regel Handlungen aus, die in gutem Glauben von Endverbrauchern vorgenommen werden (so Erwägungsgrund 14 Enforcement-Richtlinie; vgl. auch Stellungnahme des Europäischen Wirtschafts- und Sozialausschusses v. 29.10.2003; Begründung der Beschlussempfehlung des Rechtsausschusses zu § 101 Abs. 1 UrhG; *Zöllner* GRUR-Prax 2010, 74). Der Ausschuss für Industrie, Außenhandel, Forschung und Energie definierte gewerbliche Zwecke dann als gegeben, „wenn jemand eine solche Menge und Vielfalt an Waren besitzt, dass dieser Besitz vernünftigerweise nicht anders erklärbar ist" (Bericht des Parlaments, A5–0468/2003, 51). Hierbei ist – vor dem Hintergrund der Enforcement-Richtlinie – davon auszugehen, dass sich der Verletzer die Nachahmung zum Geschäft gemacht hat, wie im Bereich der Produktpiraterie bzw. dem Bereich des organisierten Verbrechens (Begründung zum Richtlinienvorschlag KOM (2003) 46 endg., 3; *Tilmann* FS Ullmann 1015, 1018). Genau auf diese Tätergruppen zielt die Richtlinie mit dieser speziellen Vorlageart, da es gerade diese Gruppen sind, die Rechtsverletzungen begehen und dann verschwunden sind oder sich „arm gemacht" haben, denn gegen solche Täter sind meist keine Schadensersatzansprüche mehr möglich („hit-and-run" – Verletzungen: ausführlich *Tilmann* FS Ullmann 1015, 1018f.). Hier ist der Anspruch auch erforderlich, um Informationen über die „wahren Täter" zu erlangen. Die ergänzende Auslegung des Begriffs „gewerbliches Ausmaß" in § 101 Abs. 1 S. 2, die auf Beschluss des Rechtsausschusses am Ende des Gesetzgebungsprozesses eingefügt wurde, findet sich in § 101a nicht (so auch Schricker/Loewenheim/*Wimmers* § 101a Rn. 30), so dass davon auszugehen ist, dass diese Auslegung nicht auch für § 101a bindend ist. Dies ergibt sich auch aus der Begründung zur Beschlussempfehlung, die verdeutlicht, dass mit der Formulierung zu § 101 Abs. 1 S. 2 speziell Rechtsverletzungen durch die öffentliche Zugänglichmachung von Werken im Internet erfasst sein sollten, nicht jedoch eine allgemeine Auslegung des Begriffs „gewerbliches Ausmaß" auch für den Besichtigungsanspruch kodifiziert, der für einen Nachweis einer öffentlichen Zugänglichmachung gar nicht erforderlich ist.

26 b) **Bank-, Finanz- oder Handelsunterlagen.** Rechtsfolge ist die Vorlage (vgl. Rn. 20) von Bank-, Finanz- und Handelsunterlagen. Der Begriff der **Bank-, Finanz- und Handelsunterlagen** wird von der Richtlinie nicht definiert, ist aber grds. vor dem Hintergrund des Zwecks der Regelung so zu verstehen, dass umfassend alle derartigen Unterlagen gemeint sind, die Rückschlüsse auf den „wahren Täter" zulassen. Bankunterlagen

betreffen dabei jedenfalls alle Bankgeschäfte i. S. d. § 1 Abs. 1 KWG. Handelsunterlagen sind z. B. Rechnungen, Stücklisten, Versandpapiere, Gesundheitszeugnisse (vgl. Art. 902 Zollkodex-DVO) und Verträge (so auch *Scheja/Mantz* CR 2009, 413, 419). Eine Unterscheidung zwischen den Begriffen muss nicht getroffen werden. Die Vorlage betriebsinterner Aufzeichnungen und Gedächtnisstützen, d. h. einseitige Aufzeichnungen von Sachbearbeitern, ist aber regelmäßig nicht erfasst (Staudinger/*Marburger* § 810 BGB Rn. 18).

3. Maßnahmen zum Schutz vertraulicher Informationen (§ 101a Abs. 1 S. 3)

Da bei Geltendmachung von **Geheimhaltungsinteressen** der vorliegende Anspruch 27 ins Leere liefe, kann die Geltendmachung solcher Interessen keine zulässige Einwendung gegen den vorliegenden Anspruch sein (BRegE BT-Drucks. 16/5048, 40; vgl. aber RGZ 69, 401 – Nietzsche-Briefe; LG Berlin Mitt. 1910, 120; LG Braunschweig GRUR 1971, 28, 29 – Abkantpresse; OLG Düsseldorf GRUR 1983, 741 – Langbandschleifmaschinen I; OLG Düsseldorf GRUR 1983, 745 – Langbandschleifmaschinen II). Hingegen besteht die Gefahr, dass § 101a dazu missbraucht werden könnte, Geschäftsgeheimnisse und vertrauliche Informationen in Erfahrung zu bringen, ohne dass tatsächlich eine Rechtsverletzung vorliegt (so schon der BGB-Gesetzgeber Motive, Band II 1888, 890). Um daher den berechtigten Interessen des Anspruchsgegners Rechnung zu tragen und dem Missbrauch vorzubeugen, hat das Gericht nach § 101a Abs. 1 S. 3 die erforderlichen Maßnahmen zu treffen, um den **im Einzelfall gebotenen Schutz** zu gewährleisten (zur Kritik, diese Maßnahmen den Gerichten zu überlassen vgl. BRAK-Stellungnahme-Nr. 38/2007 zu § 101a UrhGE). Dass die Gefahr der Aufdeckung von Geschäftsgeheimnissen besteht, hat für § 809 BGB bereits der BGB-Gesetzgeber erkannt, die Lösung jedoch, genau wie hier, der Frage des Einzelfalls überlassen (Motive, Band II 1888, 890; vgl. auch LG Berlin Mitt. 1910, 120, 123).

Der Schutz von vertraulichen Informationen stellt eine grundsätzliche Einschränkung 28 des Anspruchs dar. Er wurde in Umsetzung zu Art. 6 Enforcement-Richtlinie eingeführt, findet sich aber noch nicht in TRIPs. Im Ergebnis muss hier eine **Interessenabwägung** zwischen dem Interesse des Anspruchstellers an der Klärung der Frage der Rechtsverletzung und den Geheimhaltungsinteressen des Anspruchsgegners erfolgen (BGH GRUR 2002, 1046, 1049 – Faxkarte; BGH GRUR 1985, 512 – Druckbalken; LG Hamburg InstGE 4, 293, 295). Im Bereich des Urheberrechts ist ebenso wie im Patentrecht (BGH GRUR 1985, 512, 516 – Druckbalken) besonders darauf zu achten, dass die Parteien sich regelmäßig als Wettbewerber gegenüberstehen und daher ein besonderes Geheimhaltungsinteresse besteht; die Erlangung bestimmter Kenntnisse durch den Konkurrenten kann hier durchaus weitreichende Folgen haben, die auch durch die Gewährung von Schadensersatz nicht wieder ungeschehen gemacht werden können. Der Anspruchsgegner muss seine Geheimhaltungsinteressen geltend machen. Ihn trifft die **Darlegungs- und Beweislast** (vgl. auch Palandt/*Sprau* § 809 BGB Rn. 11; BGH GRUR 2010, 318, 322 – Lichtbogenschnürung; *Enchelmaier* GRUR Int. 2012, 503, 513).

Zur Auslegung des Begriffs **vertrauliche Informationen** kann Art. 39 Abs. 2 TRIPs 29 herangezogen werden (vgl. *Ibbeken* 309). Hiernach handelt es sich um Informationen, die (1) in dem Sinne geheim sind, dass sie entweder in ihrer Gesamtheit oder in der genauen Anordnung und Zusammenstellung ihrer Bestandteile Personen in den Kreisen, die üblicherweise mit den fraglichen Informationen zu tun haben, nicht allgemein bekannt oder leicht zugänglich sind, (2) wirtschaftlichen Wert haben, weil sie geheim sind, und (3) Gegenstand von den Umständen nach angemessenen Geheimhaltungsmaßnahmen seitens der Person waren, unter deren Kontrolle sie rechtmäßig stehen. Ein **Geschäftsgeheimnis** in diesem Sinne kann nur dasjenige sein, was seitens des Geschäftsinhabers an Kenntnissen und Fähigkeiten erworben und ausgeübt wird; ein gesetzeswidriges Interesse scheidet aus (*Mes* GRUR 2000, 934, 940).

30 Die **erforderlichen Maßnahmen** werden in das Ermessen des Gerichts gestellt, das die beiderseitigen Interessen zu beachten hat (BRegE BT-Drucks. 16/5048, 41), denn auch mit Schadensersatzansprüchen (§ 101a Abs. 5, § 945 ZPO) können bestimmte durch den Anspruchsteller erlangte Kenntnisse nicht wieder beseitigt werden (vgl. KG GRUR-RR 2001, 118, 119 – Besichtigungsanspruch). Regelmäßig wird hier der bereits in der „**Düsseldorfer Praxis**" (OLG Düsseldorf GRUR 1983, 741 – Langbandschleifmaschinen I; OLG Düsseldorf GRUR 1983, 745 – Langbandschleifmaschinen II) jahrelang praktizierte Weg gewählt werden, dass die Vorlage bzw. die Besichtigung gegenüber einem zur Verschwiegenheit verpflichteten Dritten, i. d. R. einem Sachverständigen, erfolgt, der Auskunft über den Umfang der Rechtsverletzung geben kann (BGH GRUR 2002, 1046 – Faxkarte; *Kühnen* GRUR 2005, 185, 187; *v. Hartz* ZUM 2005, 376, 380; *Ibbeken* 449 ff.; BRegE BT-Drucks. 16/5048, 41; *Spindler/Weber* MMR 2006, 711, 712; *Frank/Wiegand* CR 2007, 481, 485; *Eck/Dombrowski* GRUR 2008, 387; *Tilmann* GRUR 2005, 737, 738; *Tilmann* FS Ullmann 1015, 1020; zu den verfahrensrechtlichen Aspekten ausführlich Vor §§ 97 ff. Rn. 103 ff.). Auch hier nimmt die Gesetzesbegründung wieder ausdrücklich Bezug auf die Faxkarten-Entscheidung des BGH (BGH GRUR 2002, 1046; BRegE BT-Drucks. 16/5048, 41). In der **Praxis** erfolgt dies regelmäßig durch ein **In-camera-Verfahren** in Anlehnung an § 99 VwGO (*v. Hartz* ZUM 2005, 376, 381; *Battenstein* 124; *Spindler/Weber* MMR 2006, 711, 713 f.; BRAK-Stellungnahme-Nr. 38/2007 zu § 101a UrhGE; zu den verfahrensrechtlichen Abläufen vgl. ausführlich Vor §§ 97 ff. Rn. 96 ff.). In dem Zwischenverfahren kann das Gericht anhand des Sachverständigengutachtens über die Sache, die geltend gemachten Geheimhaltungsinteressen des Anspruchsgegners und darüber entscheiden, ob die Sache bzw. das Gutachten herauszugeben ist (BGH GRUR 2002, 1046 – Faxkarte; *v. Hartz* ZUM 2005, 376, 380; *Eck/Dombrowski* GRUR 2008, 387, 388; *Dörre/Maaßen* GRUR-RR 2008, 217, 221; *Rauschhofer* Jur-PC Web-Dok. 44/2010; zu den verfahrensrechtlichen Abläufen vgl. ausführlich Vor §§ 97 ff. Rn. 105). Der Sachverständige sollte auch verpflichtet werden, mit dem Antragsteller während dieser Zeit nicht direkt in Kontakt zu treten.

31 Da aber auch weiterhin das Gericht über die eigentliche Verletzungsfrage entscheiden kann, ist diese Möglichkeit nur eine von vielen (*Bornkamm* FS Ullmann 893, 903). Eine andere Möglichkeit besteht darin, in Abwesenheit der Parteien, aber in Anwesenheit der im Einzelnen zu Verschwiegenheit verpflichteten Anwälte, die Besichtigung durchzuführen (BGH GRUR 2010, 318, 320 – Lichtbogenschnürung; OLG Frankfurt a. M. BeckRS 2011, 18385; *Bornkamm* FS Ullmann 893, 912; *Seichter* WRP 2006, 391, 395; *Kühnen* GRUR 2005, 185, 191; *Zöllner* GRUR-Prax 2010, 74). Im Rahmen der Verhältnismäßigkeit wird man von diesem Verfahren nur bei weniger stark betroffenen Interessen des Anspruchsgegners Gebrauch machen können. Eine weitere Möglichkeit besteht darin, die geheim zu haltenden Passagen von Urkunden nach Möglichkeit unkenntlich zu machen (BGH GRUR 2006, 962, 967 – Restschadstoffentfernung; vgl. auch § 101b Rn. 13); die unkenntlich gemachten bzw. geschwärzten Stellen können dann ggf. nach weiterem Vortrag freigegeben werden (*Kitz* NJW 2008, 2374, 2376; *Zöllner* GRUR-Prax 2010, 74). Weitere Möglichkeiten bestehen laut Art. 7 Abs. 1 Enforcement-Richtlinie in der „ausführlichen Beschreibung mit oder ohne Einbehaltung von Mustern", z. B. als Sachverständigen-Protokolle, Fotografien, Kopien, technische Notizen, Werbeprospekte, Kataloge, Preislisten, Gebrauchsanweisungen oder andere Medien (vgl. *Tilmann* GRUR 2005, 737, 739; *Tilmann* FS Ullmann 1015, 1016), der dinglichen Beschlagnahme der rechtsverletzenden Ware sowie ggf. der für die Herstellung und/oder den Vertrieb dieser Waren notwendigen Werkstoffe und Geräte und der zugehörigen Unterlagen. In der „Saisie reelle" werden z. B. meist jeweils 2 Exemplare beschlagnahmt, eines für den Antragsteller und eines für die Geschäftsstelle (*Treichel* GRUR Int. 2001, 690, 695; so auch LG Hamburg InstGE 4, 293, 294). Es bleibt auch jetzt bei dem Grundsatz, dass das **Geheimhaltungsinteresse** des Anspruchsgegners dem Rechtsverfolgungsinteresse des Anspruchsinhabers nicht weichen muss. Wenn die Herausgabe des Gegenstandes oder schon dessen Ablichtung diesem Geheimhaltungsinteresse widerspricht, kann das Gericht demnach auch lediglich die Beschreibung anordnen. Wenn dem Rechtsinhaber nun aber durch § 101a eine bessere Möglichkeit zur Rechtsdurchsetzung gegeben wird, kann das Verfahren auch mit geringeren Beteiligungsrechten des Klägers (Anspruchsinhabers) durchgeführt werden (*Bornkamm* FS Ullmann 893, 903; vgl. aber auch zur unmittelbaren Anwendbarkeit von Art. 41 Abs. 3 TRIPs *Kunz-Hallstein* FS Ullmann 961, 970 ff.: Danach kann eine Entscheidung des Gerichts nur auf Tatsachen gestützt werden, zu denen die Parteien Gelegenheit hatten, Stellung zu nehmen). Anderenfalls hat er die Möglichkeit, auf den hier gegebenen Anspruch zu verzichten (*Bornkamm* FS Ullmann 893, 903).

Nicht von der Regelung umfasst ist der **Ausschluss der Öffentlichkeit**; es bleibt hier **32** bei der allgemeinen Regelung des § 172 GVG (BRegE BT-Drucks. 16/5048, 41); auch § 171b GVG kann im Einzelfall zur Anwendung kommen. **Sanktionen** für den Verstoß gegen die gerichtlich angeordneten Maßnahmen werden bereits durch § 174 Abs. 3 GVG und § 353d Nr. 2 StGB, § 203 Abs. 2 Nr. 5, 204 StGB hinreichend abgedeckt (BRegE BT-Drucks. 16/5048, 41; so auch *Ahrens* GRUR 2005, 837, 839; *Tilmann/Schreibauer* FS Erdmann 901, 908; krit. BRAK-Stellungnahme-Nr. 38/2007 zu § 101a UrhGE) und daher darin abschließend normiert. Sonstige Sanktionen können sich aber aus den allgemeinen Vorschriften, z. B. § 203 StGB und dem Standesrecht ergeben (BRegE BT-Drucks. 16/5048, 41; vgl. aber auch *Seichter* WRP 2006, 391, 395).

III. Auschluss des Vorlage- und Besichtigungsanspruchs (§ 101a Abs. 2)

Der Anspruch nach Abs. 1 ist ausgeschlossen, wenn die Inanspruchnahme im Einzelfall **33** **unverhältnismäßig** ist. Diese Voraussetzung stammt aus Art. 3 Abs. 2 Enforcement-Richtlinie und spielt bereits bei den Überlegungen im Grünbuch eine Rolle (Grünbuch KOM (98) 569 endg., 18). TRIPs hingegen kennt in Art. 41 Abs. 1 und 2 nur die Regelung, dass die Maßnahmen fair, nicht unnötig kompliziert, abschreckend und wirksam sein müssen (so aber auch zusätzlich Art. 3 Abs. 2 Enforcement-Richtlinie). Im Rahmen der Verhältnismäßigkeit sind die beiderseitigen Interessen noch einmal in der **Gesamtschau** zu überprüfen. Auf der Seite des Anspruchsinhabers stehen das Interesse, sein Urheber- oder Leistungsschutzrecht wirtschaftlich zu verwerten und sich den darin liegenden Wettbewerbsvorsprung zu erhalten. Auf der Seite des Anspruchsgegners steht regelmäßig das Interesse auf ungestörten Ablauf seines Betriebs, Schutz der Privatsphäre, Verhinderung von Schäden und Wahrung von Betriebsgeheimnissen (*Battenstein* 103). Im Rahmen der Verhältnismäßigkeit sind auch die Interessen unbeteiligter Dritter zu berücksichtigen. Werden solche verletzt, wiegen sie in der Regel schwerer als die Interessen eines potentiellen Verletzers (*Haedicke* FS Schricker 2005, 19, 22). Weitere berechtigte Interessen liegen daher vor, wenn der Anspruchsgegner sich oder einen nahen Angehörigen einer strafrechtlichen Verfolgung aussetzen oder das Zulassen der Besichtigung einen Vertrauensbruch einem Dritten gegenüber darstellen würde (Palandt/*Sprau* § 809 BGB Rn. 11; Staudinger/*Marburger* Vorbem zu §§ 809–811 BGB Rn. 5; *Nordemann-Schiffel* FS Wandtke 385, 389). Allerdings ist im Einzelfall der Gefahr der strafrechtlichen Verfolgung im Urheberrecht keine überragende Bedeutung beizumessen, da eine Urheberrechtsverletzung gem. §§ 106 ff. regelmäßig auch strafbar ist, so dass der Anspruch nach § 101a ins Leere laufen würde. Ein Eingriff in die allgemeine Privatsphäre ist regelmäßig zu dulden, nicht jedoch in die Intimsphäre (Staudinger/*Marburger* Vorbem zu §§ 809–811 BGB Rn. 6). Unverhältnismäßig ist der Anspruch, wenn wegen geringfügiger Verletzung umfangreiche Vorlageansprüche geltend gemacht werden (BRegE BT-Drucks. 16/5048, 41). Unverhältnismäßig ist der Anspruch auch dann, wenn die Geheimhaltungsinteressen des Verletzers weit überwiegen (BRegE BT-Drucks. 16/5048, 41). Unverhältnismäßig ist der Anspruch außerdem, wenn den berechtigten Geheimhaltungsinteressen durch gerichtliche Maßnahmen nach

§ 101a Abs. 1 S. 3 nicht angemessen Rechnung getragen werden kann (BRegE BT-Drucks. 16/5048, 41).

IV. Durchsetzung im Wege der einstweiligen Verfügung
(§ 101a Abs. 3)

34 § 101a Abs. 3 dient im Wesentlichen der Umsetzung von Art. 7 der Enforcement-Richtlinie. Weiterer Umsetzungsbedarf besteht hier nicht (BRegE BT-Drucks. 16/5048, 41), da die Regelungen der §§ 935 ff. ZPO ausreichend sind (zu den verfahrensrechtlichen Voraussetzungen des § 101a Abs. 3 S. 1 vgl. ausführlich im Gesamtprozessualen Teil Vor §§ 97 ff. Rn. 99 ff.). Allerdings schießt hier die Umsetzung über die Ziele der Richtlinie weit hinaus. Das einstweilige Verfügungsverfahren war in der Enforcement-Richtlinie nur für die Beweissicherung, nicht für die Erfüllung der Vorlageansprüche, gedacht (vgl. ausführlich *Peukert/Kur* GRUR Int. 2006, 292, 300 f.; vgl. auch *Bork* NJW 1997, 1665, 1671; *Eck/Dombrowski* GRUR 2008, 387, 393). Das Instrument der einstweiligen Verfügung kann aber in § 101a wie im Hauptsacheverfahren selbst durchgeführt werden. Diesen Anspruch, insb. auch auf Vorlage von Bankunterlagen, bereits im summarischen Verfahren zu gewähren, unter Missachtung des Verbots der Vorwegnahme der Hauptsache, des Dringlichkeitserfordernisses und des Ausforschungsverbots, begegnet zu Recht starker Kritik und verfassungsrechtlichen Bedenken (vgl. ausführlich *Peukert/Kur* GRUR Int. 2006, 292, 301). Ein Grund für die Durchsetzung eines Vorlageanspruchs bereits im Verfügungsverfahren ist nicht ersichtlich; der Natur des einstweiligen Verfahrens entspricht es nicht; hier wären – wie von der Enforcement-Richtlinie vorgegeben – sichernde Maßnahmen ausreichend gewesen. Außerdem wurden bereits vom Ausschuss für Industrie, Außenhandel, Forschung und Energie (Bericht des Parlaments, A5–0468/2003, 57) Bedenken angemeldet, dass dieses Instrument dazu missbraucht werden könnte, unbequeme Konkurrenten vom Markt zu verdrängen und den fairen Wettbewerb zu verhindern. Es bedarf also auch hier eines Verfügungsgrundes i. S. d. §§ 935, 940 ZPO und dessen Glaubhaftmachung (OLG Köln ZUM 2009, 427; OLG Hamm ZUM-RD 2010, 27; LG Düsseldorf Beschluss v. 9.2.2010, Az.: 12 O 44/10; Dreyer/Kotthoff/Meckel/*Meckel* § 101a Rn. 10; Fromm/Nordemann/*Nordemann* § 101b Rn. 25; Schricker/Loewenheim/*Wimmers* § 101a Rn. 44; *Eck/Dombrowski* GRUR 2008, 387, 392; *Nordemann-Schiffel* FS Wandtke 385, 389 f.; *Peukert/Kur* GRUR Int 2006, 292, 300; *Zöllner* GRUR-Prax 2010, 74; OLG Düsseldorf Mitt. 2011, 151: keine Ablehnung alleine aufgrund des Zeitfaktors, nur dann, wenn die Vernichtung von Beweismitteln bis zum Hauptsacheverfahren ausgeschlossen ist; OLG Düsseldorf Mitt. 2011, 300; a. A. *Heymann* CR 2008, 568, 571 ff.; *Köklü/Müller-Stoy* Mitt. 2011, 109; *Kühnen* GRUR 2005, 185, 193 f.; *Stjerna* Mitt. 2011, 271). Das OLG Düsseldorf (Mitt. 2011, 151 und 300), das im Wesentlichen keine Dringlichkeit fordert, da es Beweismittelvernichtung im Hauptsacheverfahren befürchtet, verkennt dabei, dass es insbesondere demjenigen, der eine Beweismittelvernichtung seitens des Gegners befürchtet, zuzumuten ist, wenn er von Verletzung Kenntnis erlangt hat, anschließend innerhalb einer angemessenen Zeitspanne die Gerichte anzurufen.

35 S. 2 regelt auch hier wieder, wie bereits in § 101a Abs. 1 S. 3, dass das Gericht die erforderlichen Maßnahmen zum Schutz von **vertraulichen Informationen** trifft. Da für den Fall des Erlasses einer einstweiligen Verfügung im Beschlusswege (insb., wenn die Gefahr besteht, dass Beweismittel vernichtet werden oder ein nicht wieder gut zu machender Schaden zu entstehen droht (*v. Hartz* ZUM 2005, 376, 379; *Tilmann* FS Ullmann 1015, 1021)) der Anspruchsgegner noch nicht einmal die Möglichkeit hatte, seine berechtigten Geheimhaltungsinteressen geltend zu machen, war hier eine gesonderte Regelung zu Abs. 1 erforderlich. Dies wird durch Abs. 3 S. 3 noch einmal konkretisiert (vgl. ausführlich Vor §§ 97 ff. Rn. 99 ff.). Im Beschlusswege könnte das Gericht dann zum Beispiel bereits die Vorlage an einen zur Verschwiegenheit verpflichteten Dritten (BRegE BT-Drucks. 16/5048, 41), eine doppelte Besichtigung oder eine Besichtigung unter Beteiligung der zur

Verschwiegenheit verpflichteten Vertreter des Anspruchsgegners anordnen (*Lang* Mitt. 2000, 319, 322; *Tilmann* FS Ullmann 1015, 1022; *Battenstein* 125; vgl. auch Rn. 31; zu dem Interessenkonflikt des anwaltlichen Vertreters vgl. *Melullis* FS Tilmann 843, 853).

V. Verweis auf § 811 und § 101 Abs. 8 (§ 101a Abs. 4)

1. § 811 BGB

Durch den Verweis auf § 811 BGB wird Art. 7 Abs. 2 der Enforcement-Richtlinie umgesetzt. Dieser hebt für die Beweissicherung hervor, dass Maßnahmen zur Beweissicherung an die Stellung einer **angemessenenen Kaution bzw. Bankbürgschaft** oder **Sicherheit** durch den Antragsteller geknüpft werden können, um die Gefährdung der zu besichtigenden Sachen oder gar ihre Zerstörung auf diesem Wege gegenzusichern (vgl. hierzu schon LG Berlin Mitt. 1910, 120, 123), aber auch der Gefährdung der Rechtsposition des Anspruchsgegners vorzubeugen (RGZ 69, 401, 406 – Nietzsche-Briefe). Erforderlich ist, dass die Gefahr konkret greifbar ist (Bamberger/Roth/*Gehrlein* § 811 Rn. 2), was sich mit Hilfe eines Sachverständigen regelmäßig verobjektivieren lässt (*Dötsch* NZBau 2008, 217, 222). Für die **Höhe der Kaution** ist maßgeblich, wie hoch der Schaden durch die anzuordnenden Maßnahmen für den Anspruchsgegner sein kann; dieser lässt sich unter Zuhilfenahme des § 287 ZPO meist beziffern (vgl. Zöller/*Vollkommer* § 921 ZPO Rn. 5; *Kühnen* GRUR 2005, 185, 195; *Dötsch* NZBau 2008, 217, 222). Das kann auch dazu führen, dass gar keine Kaution erforderlich ist, wenn weder Kosten noch Schaden zu befürchten sind (Palandt/ *Sprau* § 811 BGB Rn. 2; Staudinger/*Marburger* § 811 BGB Rn. 5). Wegen der Art und Weise der Sicherheitsleistung ist auf §§ 232 ff. BGB abzustellen (vgl. MünchKomm/*Hüffer* § 811 BGB Rn. 4; Staudinger/*Marburger* § 811 BGB Rn. 5).

36

Durch den Generalverweis ist jedoch auch § 811 Abs. 1 BGB anwendbar. § 811 Abs. 1 BGB bestimmt, dass die **Vorlage bzw. die Besichtigung an dem Ort** stattfindet, an dem sich die vorzulegende Sache befindet, es sei denn, es liegt ein wichtiger Grund, z. B. persönliche Verhältnisse oder die Beschaffenheit der Sache, für einen anderen Ort vor (vgl. MünchKomm/*Hüffer* § 811 BGB Rn. 2; Staudinger/*Marburger* § 811 BGB Rn. 2). Auch der Umfang der vorzulegenden Unterlagen kann ein wichtiger Grund sein, dass eine Einsicht an einem anderen Ort erfolgt (OLG Köln NJW-RR 1996, 382). Mit dem Ort ist die politische Gemeinde gemeint, innerhalb derer der Vorlegungspflichtige den genauen Ort bestimmen darf (vgl. ausführlich Staudinger/*Marburger* § 811 BGB Rn. 2). Ggf. kann auch die Aushändigung von Unterlagen für eine bestimmte Zeit verlangt werden (Staudinger/ *Marburger* § 811 BGB Rn. 2).

37

§ 811 Abs. 2 S. 1 BGB, der durch den Generalverweis ebenfalls Anwendung findet, regelt, dass die **Sachgefahr** und die **Kosten** (Transport, Verpackung, Porto, Sachverständigenkosten etc.) von dem Antragsteller zu tragen sind. Nicht erfasst sind andere Gefahren wie die Gebrauchsentziehung während der Vorlegung (Palandt/*Sprau* § 811 BGB Rn. 2; *Battenstein* 223); hierfür kann im Einzelfall § 101a Abs. 5 unter dessen Voraussetzungen einschlägig sein. Anspruchsgrundlage für die Kosten sind § 823 Abs. 1 BGB und/oder § 280 Abs. 1 BGB i. V. m. gesetzlichem Schuldverhältnis (vgl. MünchKomm/*Hüffer* § 811 BGB Rn. 4 f.). Auf ein Verschulden kommt es nicht an (vgl. MünchKomm/*Hüffer* § 811 BGB Rn. 4; Staudinger/*Marburger* § 811 BGB Rn. 4). Der Schaden richtet sich nach den §§ 249 ff. BGB.

38

2. § 101 Abs. 8

Durch seinen Verweis auf § 101 Abs. 8 überträgt der Gesetzgeber das **Beweisverwertungsverbot** auch auf die Vorschrift des § 101a (BRegE BT-Drucks. 16/5048, 41; vgl. hierzu ausführlich *Tilmann/Schreibauer* FS Erdmann 901, 909; § 101 Rn. 27).

39

V. Schadensersatzanspruch (§ 101a Abs. 5)

40 Der Schadensersatzanspruch dient der Umsetzung von Art. 7 Abs. 4 Enforcement-Richtlinie bzw. lehnt sich an Art. 50 Abs. 7 TRIPs an. Die Regelung des § 945 ZPO genügt nicht, um den Schadensersatzansprüchen des Anspruchsgegners gerecht zu werden, weil dieser sich nur darauf bezieht, dass die vorläufigen Maßnahmen sich von Anfang an als ungerechtfertigt erwiesen haben. Der Fall, dass zwar die hinreichende Wahrscheinlichkeit einer Rechtsverletzung bestand, diese aber nicht zur Gewissheit wurde, ist jedoch nicht abgedeckt. Einen solchen Schadensersatzanspruch für den Fall, dass sich nach Vorlage oder Besichtigung ergibt, dass die hinreichende Wahrscheinlichkeit sich nicht zu einer tatsächlichen Rechtsverletzung verdichtet hat, gab es bislang nicht, so dass eine Regelung hierfür erforderlich war (BRegE BT-Drucks. 16/5048, 41). Allerdings können aber auch hier schon rein praktisch durch die Besichtigung erlangte Kenntnisse nicht beseitigt werden (vgl. KG GRUR-RR 2001, 118, 119 – Besichtigungsanspruch); diesem Risiko wird nur im Rahmen der Verhältnismäßigkeit bei der Gewährung des Anspruchs Rechnung getragen werden können. Art. 7 und auch Art. 50 Abs. 7 TRIPs beziehen sich nur auf die Maßnahmen zur Beweissicherung, während § 101a Abs. 5 sich ausdrücklich auf Ansprüche nach Abs. 1 bezieht. Insofern geht das nationale Recht weiter als die Richtlinie. Der Schadensersatzanspruch gilt aber sowohl für das Hauptsacheverfahren als auch für die einstweiligen Maßnahmen nach Abs. 3.

41 Voraussetzung des Anspruchs ist, dass **keine Verletzung vorlag** oder **drohte,** was nach der Vorlage oder Besichtigung festgestellt wurde. **Anspruchsinhaber** ist der vermeintliche Verletzer, **Anspruchsgegner** derjenige, der die Vorlage oder Besichtigung begehrt hat. Der Schadensersatzanspruch ist **nicht** an ein **Verschulden** geknüpft (OLG München, Urteil vom 19.3.2010, Az.: 6 W 832/10; Schricker/Loewenheim/*Wimmers* § 101a Rn. 54; *Spindler/Weber* ZUM 2007, 257, 266).

42 Zu ersetzen sind der entstandene Schaden und etwaige Unkosten (Erwägungsgrund 22 Enforcement-Richtlinie), d.h. auch die Kosten des Verfahrens (vgl. §§ 249ff. BGB; vgl. auch OLG Frankfurt/M. GRUR-RR 2006, 295; a.A. wohl OLG München BeckRS 2012, 09121; OLG München BeckRS 2011, 00035, das in diesem Fall dem Antragsteller bereits die Kosten des Verfahrens auferlegt). Der deutsche Gesetzgeber geht weiter als TRIPs, das ja nur Minimumvoraussetzungen aufstellt und nach dem Auslagen und Anwaltskosten nicht in den Schadensersatz einbezogen sind (*Gervais* 2.211; *Bronckers/Verkade* 35); allerdings entspricht auch hier die Wortwahl von „appropriate" eher einer fallbezogenen Analyse des Schadens (*Gervais* 2.197). Art. 7 Abs. 4 Enforcement-Richtlinie hat mit dem Anspruch auch bereits einen angemessenen Ersatz im Einzelfall beabsichtigt. Mit dem Schadensersatzanspruch ist daher auch selbst die Herausgabe von ggf. erlangten Gegenständen umfasst (*Tilmann* GRUR 2005, 737, 739). Dies ergibt sich bereits aus dem Grundsatz der Naturalrestitution, § 249 Abs. 1 BGB.

§ 101b Sicherung von Schadensersatzansprüchen

(1) **Der Verletzte kann den Verletzer bei einer in gewerblichem Ausmaß begangenen Rechtsverletzung in den Fällen des § 97 Abs. 2 auch auf Vorlage von Bank-, Finanz- oder Handelsunterlagen oder einen geeigneten Zugang zu den entsprechenden Unterlagen in Anspruch nehmen, die sich in der Verfügungsgewalt des Verletzers befinden und die für die Durchsetzung des Schadensersatzanspruchs erforderlich sind, wenn ohne die Vorlage die Erfüllung des Schadensersatzanspruchs fraglich ist. Soweit der Verletzer geltend macht, dass es sich um vertrauliche Informationen handelt, trifft das Gericht die erforderlichen Maßnahmen, um den im Einzelfall gebotenen Schutz zu gewährleisten.**

§ 101b Sicherung von Schadensersatzansprüchen 1 § 101b UrhG

(2) Der Anspruch nach Absatz 1 ist ausgeschlossen, wenn die Inanspruchnahme im Einzelfall unverhältnismäßig ist.

(3) Die Verpflichtung zur Vorlage der in Absatz 1 bezeichneten Urkunden kann im Wege der einstweiligen Verfügung nach den §§ 935 bis 945 der Zivilprozessordnung angeordnet werden, wenn der Schadensersatzanspruch offensichtlich besteht. Das Gericht trifft die erforderlichen Maßnahmen, um den Schutz vertraulicher Informationen zu gewährleisten. Dies gilt insbesondere in den Fällen, in denen die einstweilige Verfügung ohne vorherige Anhörung des Gegners erlassen wird.

(4) § 811 des Bürgerlichen Gesetzbuchs sowie § 101 Abs. 8 gelten entsprechend.

Literatur: *Ahrens,* Gesetzgebungsvorschlag zur Beweisermittlung bei Verletzung von Rechten des geistigen Eigentums, GRUR 2005, 837; *Frey/Rudolph,* EU-Richtlinie zur Durchsetzung der Rechte des geistigen Eigentums, ZUM 2004, 522; *Harte-Bavendamm,* Der Richtlinienvorschlag zur Durchsetzung der Rechte des geistigen Eigentums, in: Keller u. a. (Hrsg.), Festschrift für Winfried Tilmann zum 65. Geburtstag, Köln 2003 (zit. *Harte-Bavendamm* FS Tilmann); *Knaak,* Die EG-Richtlinie zur Durchsetzung der Rechte des geistigen Eigentums und ihr Umsetzungsbedarf im deutschen Recht, GRUR Int. 2004, 745; *Lang,* Der Patentverletzungsprozess in Frankreich, Mitt. 2000, 319; *Peukert/Kur,* Stellungnahme des Max-Planck-Instituts für Geistiges Eigentum, Wettbewerbs- und Steuerrecht zur Umsetzung der Richtlinie 2004/48/EG zur Durchsetzung der Rechte des geistigen Eigentums in deutsches Recht, GRUR Int. 2006, 292; *Seichter,* Die Umsetzung der Richtlinie zur Durchsetzung der Rechte des geistigen Eigentums, WRP 2006, 391; *Spindler/Weber,* Die Umsetzung der Enforcement-Richtlinie nach dem Regierungsentwurf für ein Gesetz zur Verbesserung der Durchsetzung von Rechten des geistigen Eigentums, ZUM 2007, 257; *Tilmann,* Beweissicherung nach europäischem und deutschem Recht, FS Ullmann 1015.
Vgl. darüber hinaus die Angaben im eingangs abgedr. Gesamtliteraturverzeichnis.

Übersicht

	Rn.
I. Überblick	1–5
1. Rechtsentwicklung	1
2. Bedeutung	2, 3
3. Regelungsinhalt	4
4. Auslegung der Vorschriften	5
II. Vorlage und Besichtigungsanspruch (§ 101b Abs. 1)	6–13
1. Aktivlegitimation – Verletzter	6
2. Passivlegitimation – Verletzer	7
3. Begangene Rechtsverletzung in den Fällen des § 97 Abs. 1	8
4. Gewerbliches Ausmaß	9
5. Bank-, Finanz- oder Handelsunterlagen	10
6. Erfüllung des Schadensersatzanspruchs ist ohne Vorlage fraglich	11
7. Rechtsfolgen	12
8. Maßnahmen zum Schutz vertraulicher Informationen (§ 101b Abs. 1 S. 2)	13
III. Ausschluss des Vorlage- und Besichtigungsanspruchs (§ 101b Abs. 2)	14
IV. Durchsetzung im Wege der einstweiligen Verfügung (§ 101b Abs. 3)	15, 16
V. Verweis auf § 811 und § 101 Abs. 8 (§ 101b Abs. 4)	17

I. Überblick

1. Rechtsentwicklung

§ 101b wurde durch die Umsetzung von Art. 9 Abs. 2 S. 2 Enforcement-Richtlinie in das **1** deutsche Urheberrecht eingeführt. Mit der Umsetzung dieser Richtlinie v. 29.4.2004 (Berichtigung v. 2.6.2004, ABl. L 195/16) in die geltende Fassung des UrhG ist ein weiterer Prozess der Gesetzgebung auf dem Gebiet des Urheberrechts und der verwandten Schutzrechte abgeschlossen. Der **Vorschlag der Enforcement-Richtlinie** v. 30.1.2003 (KOM (2003)

46 endg.) sieht in Art. 9 Abs. 2 S. 2 zu den einstweiligen Maßnahmen und Sicherungsmaßnahmen die Vorlage von Bank-, Finanz- und Handelsunterlagen zur Sicherung von Schadensersatzansprüchen vor. Die **endgültige Fassung der Richtlinie** v. 29.4.2004 wurde zeitnah, bereits wenig später als ein Jahr nach dem Vorschlag, mit den Änderungen durch das **Europäische Parlament** (Standpunkt des Europäischen Parlaments v. 9.3.2004 (KOM (2003) 46 – C5–0055/2003 – 2003/0024 (COD)) verabschiedet (Kritik an der Richtlinie üben zu Recht *Frey/Rudolph* ZUM 2004, 522f.). Am 3.1.2006 legte das Bundesministerium für Justiz einen **Referentenentwurf** vor, mit dem hauptsächlich die Enforcement-Richtlinie umgesetzt werden sollte. Der **Regierungsentwurf** folgte am 20.4.2007 (BT-Drucks. 16/5048); die Änderung des UrhG trat am 1.9.2008 in Kraft. Die Enforcement-Richtlinie lässt bei der Umsetzung verhältnismäßig viel Spielraum; auch eine Ergänzung der Arrestvorschriften (§§ 916ff. ZPO), die bereits eine Umsetzung von Art. 9 Abs. 2 S. 1 Enforcement-Richtlinie darstellen, wäre denkbar gewesen (*Peukert/Kur* GRUR Int. 2006, 292, 302). Der deutsche Gesetzgeber entschied sich jedoch, Parallelvorschriften in die einzelnen Gesetze des Urheberrechts und gewerblichen Rechtsschutzes einzuführen, wohl zur Erhöhung der Transparenz der neuen Vorschriften (so *Knaak* GRUR Int. 2004, 745, 750).

2. Bedeutung

2   § 101b dient der Umsetzung von Art. 9 Abs. 2 S. 2 der Enforcement-Richtlinie. Dieser Anspruch wurde eingeführt, damit die **tatsächlichen Nutznießer** der jeweiligen Rechtsverletzung ermittelt und verfolgt werden können (KOM (2003), 46 endg., 24). Eine Übermittlung von Unterlagen für die Zwangsvollstreckung war dem deutschen Recht bislang fremd (vgl. hierzu ausführlich OLG Köln GRUR 1995, 676, 677 – Vorlage von Geschäftsunterlagen); selbst bei der Offenbarungspflicht über Vermögenswerte im Rahmen der eidesstattlichen Versicherung (§ 807 ZPO) konnte die Richtigkeit der Angaben nicht überprüft werden (vgl. nur *Seichter* WRP 2006, 391, 399). Im Rahmen des Auskunftsanspruchs (§ 101a a.F.) oder der Rechnungslegung (§ 97 Abs. 1 S. 2 a.F.) war ein weitergehendes Anspruchsziel auf Vorlage von Unterlagen nicht möglich (OLG Köln GRUR 1995, 676, 677 – Vorlage von Geschäftsunterlagen). Auch §§ 809, 810 BGB boten keinen Anhaltspunkt für eine Einsicht, denn hiernach ist die Vorlage von Urkunden nur dann möglich, wenn dies für die Rechtsverteidigung erforderlich ist (OLG Köln GRUR 1995, 676, 677 – Vorlage von Geschäftsunterlagen; Palandt/*Sprau* § 810 BGB Rn. 3ff.; vgl. auch § 101a n.F.). Eine Umsetzung war daher erforderlich (Eckpunktepapier des BMJ zur Umsetzung der Enforcement-Richtlinie, 5), wenngleich die Einführung einer solchen Vorschrift sehr zweifelhaft und daher **restriktiv** zu handhaben ist. Bei der Gesetzesbegründung zur **Bekämpfung der Produktpiraterie** aus dem Jahr 1990 wurde ein Einsichtsrecht des Anspruchsinhabers in Geschäftsunterlagen noch mit dem Argument verworfen, dass ein solches Vorgehen gegen einen redlichen Kaufmann „eine unverhältnismäßige und nicht begründbare Regelung sei", bei einem kriminellen Schutzrechtsverletzer hingegen die Möglichkeit bestehe, einen Strafantrag zu stellen, so dass die Unterlagen auf diesem Weg erlangt werden können (BT-Drucks. 11/4792, 33; so auch OLG Köln GRUR 1995, 676, 677 – Vorlage von Geschäftsunterlagen). Auch die Einschaltung von Sachverständigen könne die Bedenken nicht ausräumen, erst recht nicht im einstweiligen Verfügungsverfahren (BRegE zum Gesetz zur Bekämpfung der Produktpiraterie BT-Drucks. 11/4792, 33).

3   Außerdem stellt sich allerdings die Frage, ob eine Umsetzung im Rahmen der **Arrestvorschriften** (§§ 916ff. ZPO) nicht sinnvoller gewesen wäre (*Peukert/Kur* GRUR Int. 2006, 292, 302), insb. weil dem Verletzten mit dem Vorlageanspruch in vielen Fällen noch gar nicht geholfen ist, wenn ihm der Zahlungstitel fehlt, um auf die Vermögenswerte zugreifen können (vgl. auch BRAK-Stellungnahme-Nr. 38/2007 zu § 101b UrhGE). Liegt dieser endlich vor, haben sich möglicherweise die finanziellen Verhältnisse des Verletzers bereits wieder verändert. Hier wäre ein Verweis auf die Arrestvorschriften sinnvoll ge-

wesen (BRAK-Stellungnahme-Nr. 38/2007 zu § 101b UrhGE). Jedenfalls löst die Gewährung dieses Anspruchs im einstweiligen Verfügungsverfahren verfassungsrechtliche Bedenken aus (vgl. ausführlich *Peukert/Kur* GRUR Int. 2006, 292, 302).

3. Regelungsinhalt

§ 101b ähnelt in vielerlei Hinsicht § 101a, jedoch ist der Regelungszweck ein anderer. **4** Während § 101a der Beweisgewinnung dient, soll § 101b helfen, Schadensersatzansprüche zu sichern (BRegE BT-Drucks. 16/5048, 41). Die Vorschrift ähnelt dem Arrest (§§ 916 ff. ZPO). Dennoch bestand hier Umsetzungsbedarf, da der Arrest Kenntnis von den Vermögenswerten voraussetzt, die durch § 101b jedoch erst erlangt werden soll (BRegE BT-Drucks. 16/5048, 42; vgl. auch *Harte-Bavendamm* FS Tilmann, 793, 802). Insofern ist § 101b eine Ergänzung des zivilprozessualen Mittels des Arrests (zur Frage der Richtlinienkonformität *Seichter* WRP 2006, 391, 399). Hierdurch stehen dem Verletzten im Rahmen des Urheberrechts (ebenso für die gewerblichen Schutzrechte in den jeweiligen Vorschriften) wesentlich mehr Rechte zu als anderen Gläubigern (BRegE BT-Drucks. 16/5048, S. 99). Die **Bevorzugung dieser Rechtsinhaber** gegenüber den sonstigen Anspruchsinhabern in der Zwangsvollstreckung wird zu Recht stark kritisiert (*Seichter* WRP 2006, 391, 399) und wurde 1990 noch entschieden abgelehnt (BRegE zum Gesetz zur Bekämpfung der Produktpiraterie BT-Drucks. 11/4792, 33).

4. Auslegung der Vorschriften

Da die Regelung zur Besichtigung und Vorlage in Umsetzung der Enforcement- **5** Richtlinie „**Europäisches Urheberrecht**" darstellt, sind die europäischen Vorgaben im Wege der **richtlinienkonformen Auslegung** dieser Vorschriften zu berücksichtigen. In diesem Zusammenhang sind insb. der **Richtlinientext** selbst, die **Erwägungsgründe** und die weiteren Begründungen zur **Entstehungsgeschichte** einzubeziehen. Bei den nationalen Auslegungshilfen ist vor allem die Begründung zum **Regierungsentwurf** (BT-Drucks. 16/5048) zu beachten.

II. Vorlage und Besichtigungsanspruch (§ 101b Abs. 1)

1. Aktivlegitimation – Verletzter

§ 101b spricht allgemein vom Verletzten. Art. 4 Enforcement-Richtlinie gibt dabei **6** zwingend vor, dass der **Rechtsinhaber** aktivlegitimiert ist. Ob andere Nutzungsberechtigte, Verwertungsgesellschaften und Berufsorganisationen unter diesen weiten Begriff der Verletzten zu fassen sind, überlässt die Richtlinie den Mitgliedstaaten (Erwägungsgrund 18 Enforcement-Richtlinie). Der BRegE äußert sich hierzu lediglich, dass diese weiteren von Art. 4 Enforcement-Richtlinie genannten Gruppen nur nach Maßgabe des anwendbaren Rechts gelten sollen und keine verbindlichen Vorgaben gemacht werden, d. h. kein Umsetzungsbedarf besteht (BRegE BT-Drucks. 16/5048, 26). Während in Art. 5 des Vorschlags der Enforcement-Richtlinie eine Umsetzung noch verbindlich war (KOM (2003) 46 endg., vgl. auch die Begründung S. 21), stellt die Endfassung der Richtlinie die Aktivlegitimation unter den Vorbehalt des jeweiligen anwendbaren Rechts. Danach sind auch **Inhaber von ausschließlichen Nutzungsrechten** (vgl. § 31 Rn. 29; vgl. auch *Lang* Mitt. 2000, 319) und **Verwertungsgesellschaften** (vgl. auch *Frey/Rudolph* ZUM 2004, 522, 527) im Rahmen ihrer Wahrnehmungsbefugnis aktivlegitimiert, nicht jedoch Inhaber von einfachen Nutzungsrechten (§ 31 Rn. 32) und Berufsorganisationen (vgl. insgesamt ausführlich § 101a Rn. 6 f.).

2. Passivlegitimation – Verletzer

7 **Passivlegitimiert** ist der **Verletzer**. Die Unterlagen müssen sich in der **Verfügungsgewalt** des Verletzers befinden (vgl. insgesamt ausführlich § 101a Rn. 8). Die unmittelbare Verfügungsgewalt ist nicht erforderlich, anderenfalls könnte der § 101b leicht umgangen werden. Ein **Dritter**, der nicht Verletzer ist, kann jedoch nicht passivlegitimiert sein (vgl. BGH GRUR 2006, 962, 966 – Restschadstoffentfernung).

3. Begangene Rechtsverletzung in den Fällen des § 97 Abs. 1

8 Da § 101b dazu dient, bestehende Schadensersatzansprüche zu sichern, muss ein solcher Anspruch zunächst vorliegen (vgl. zu den Voraussetzungen § 97 Rn. 4ff.). Da sich der Gesetzestext ausdrücklich auf eine begangene Rechtsverletzung nach § 97 Abs. 1 bezieht, ist eine Rechtsverletzung auch eines urheberrechtlich geschützten Rechtsguts nach einer anderen Vorschrift z. B. nicht ausreichend. In der Praxis dürfte dies jedoch keinen erheblichen Unterschied darstellen, insb. da es für die Frage des begangenen Rechtsverstoßes nach § 97 Abs. 1 auch noch nicht auf weitergehende Fragen wie z. B. der Verjährung ankommt.

4. Gewerbliches Ausmaß

9 Im gewerblichen Ausmaß vorgenommene Rechtsverletzungen (vgl. ausführlich § 101a Rn. 25) zeichnen sich dadurch aus, dass sie zwecks Erlangung eines unmittelbaren oder mittelbaren wirtschaftlichen oder kommerziellen Vorteils begangen werden; dies schließt in der Regel Handlungen aus, die in gutem Glauben von Endverbrauchern vorgenommen werden (so Erwägungsgrund 14 Enforcement-Richtlinie; vgl. auch Stellungnahme des Europäischen Wirtschafts- und Sozialausschusses v. 29.10.2003; Begründung der Beschlussempfehlung des Rechtsausschusses zu § 101 Abs. 1 UrhG). Der Ausschuss für Industrie, Außenhandel, Forschung und Energie hingegen definiert weitergehend, dass gewerbliche Zwecke dann erfüllt seien, „wenn jemand eine solche Menge und Vielfalt an Waren besitzt, dass dieser Besitz vernünftigerweise nicht anders erklärbar ist" (Bericht des Parlaments, A5–0468/2003, 51). Hierbei ist vor dem Hintergrund der Enforcement-Richtlinie davon auszugehen, dass sich der Verletzer die Nachahmung zum Geschäft gemacht hat, wie im Bereich der Produktpiraterie bzw. dem Bereich des organisierten Verbrechens (Begründung zum Richtlinienvorschlag KOM (2003) 46 endg., 3; *Tilmann* FS Ullmann 1015, 1018). Auf diese Tätergruppen zielt die Richtlinie mit dieser speziellen Vorlageart, da es gerade diese Gruppen sind, die Rechtsverletzungen begehen und dann verschwunden sind oder sich „arm gemacht" haben, denn gegen solche Täter sind meist keine Schadensersatzansprüche mehr möglich („hit-and-run"-Verletzungen: ausführlich *Tilmann* FS Ullmann 1015, 1018 f.). Hier ist der Anspruch erforderlich, um an die „wahren Täter" zu kommen. Die ergänzende Auslegung des Begriffs „gewerbliches Ausmaß" in § 101 Abs. 1 S. 2, die auf Beschluss des Rechtsausschusses am Ende des Gesetzgebungsprozesses eingefügt wurde, findet sich in § 101b nicht, so dass davon auszugehen ist, dass diese Auslegung nicht auch für § 101b bindend ist (vgl. ausführlich § 101a Rn. 25).

5. Bank-, Finanz- oder Handelsunterlagen

10 Der Begriff der Bank-, Finanz- und Handelsunterlagen ist entsprechend dem Sinn und Zweck der Vorschrift eher weit zu verstehen, so dass alle Unterlagen zur Sicherung der Schadensersatzansprüche vorzulegen oder zugänglich zu machen sind (vgl. ausführlich § 101a Rn. 26; so auch Schricker/Loewenheim/*Wimmers* § 101b Rn. 9; Fromm/Nordemann/*Nordemann* § 101b Rn. 12; a. A. OLG Frankfurt am Main ZUM 2012, 46, 47). Allerdings darf die Vorlage nur von solchen Unterlagen verlangt werden, die auch tatsächlich zur Anspruchssicherung erforderlich sind (BRegE BT-Drucks. 16/5048, 41). Erforderlich sind nur solche Urkunden, die **Hinweise auf Vermögenswerte** geben, und das auch nur in dem für die Erfüllung des Anspruchs erforderlichen Umfang (BRegE BT-Drucks. 16/5048, 41).

6. Erfüllung des Schadensersatzanspruchs ist ohne Vorlage fraglich

Voraussetzung ist weiterhin, dass die Zwangsvollstreckung ohne die Vorlage gefährdet wäre (BRegE BT-Drucks. 16/5048, 41; Wandtke/*v. Welser* Band 1 Kap. 4 Rn. 102). Daher sind Maßnahmen erst dann erforderlich, wenn der Anspruchsgegner den Anspruch nicht erfüllt und der Anspruchsinhaber nicht genügend Informationen über das Vermögens des Gegners hat, um die Durchsetzung des Anspruchs wirksam betreiben zu können (BRegE BT-Drucks. 16/5048, 41). § 101b ist dahingehend auch weiter gefasst als die bisherigen Regelungen des Arrests (§§ 916 ff. ZPO), da es ausreichen soll, dass die Erfüllung der Schadensersatzansprüche fraglich ist, und somit die Voraussetzungen des § 917 ZPO nicht erfüllt sein müssen (*Seichter* WRP 2006, 391, 399). Dies muss der Anspruchsteller **glaubhaft** machen bzw. **alle vernünftigerweise verfügbaren Beweise** vorlegen (Art. 9 Abs. 2, 3 Enforcement-Richtlinie; vgl. ausführlich § 101a Rn. 13).

7. Rechtsfolgen

Der Anspruchsberechtigte kann die **Vorlage der Urkunden** bzw. **geeigneten Zugang zu den entsprechenden Unterlagen** verlangen. **Vorlage** ist die Aushändigung der Urkunde oder jedenfalls das Vorzeigen der Urkunde auf eine Weise, dass sie der sinnlichen Wahrnehmung des Anspruchsstellers unmittelbar zugänglich ist (OLG Köln NJW-RR 1996, 382; Palandt/*Sprau* § 809 BGB Rn. 9; Staudinger/*Marburger* § 809 BGB Rn. 9; vgl. § 101a Rn. 20). Im Unterschied zur Vorlage können die Unterlagen bei der Verschaffung des Zugangs in der Verfügungsgewalt des Anspruchsgegners verbleiben. Wie der **Zugang** im Einzelnen erfolgen kann, ergibt sich auch durch den Verweis auf § 811 BGB in § 101b Abs. 4 (vgl. § 101a Rn. 37).

8. Maßnahmen zum Schutz vertraulicher Informationen (§ 101b Abs. 1 S. 2)

Da bei Geltendmachung von **Geheimhaltungsinteressen** der vorliegende Anspruch ins Leere liefe, kann die Geltendmachung solcher Interessen keine zulässige Einwendung gegen den vorliegenden Anspruch sein. Auch hier wurden § 101a Abs. 1 S. 3 und § 101b Abs. 1 S. 2 wortgleich gefasst (vgl. daher zur allgemeinen Auslegung und den Sanktionen § 101a Rn. 27 ff.). Die Regelung des § 101b basiert zwar nicht auf einer direkten Richtlinienumsetzung, ist jedoch Ausfluss des allgemeinen Verhältnismäßigkeitsgrundsatzes und daher richtlinienkonform (BRegE BT-Drucks. 16/5048, 42). Hierbei ist jedoch zu berücksichtigen, dass es – anders als bei § 101a – gerade um die Kenntniserlangung von geschützten Informationen geht, so dass die Herausgabe an einen zur Verschwiegenheit verpflichteten Dritten kaum geeignet sein dürfte, allenfalls zur Entscheidung darüber, welche Daten für die Sicherung des Anspruchs tatsächlich erforderlich sind und welche nicht. Im Rahmen des § 101b ist daher vorrangig zu berücksichtigen, dass die vorzulegenden Unterlagen auch Informationen enthalten können, die nicht der Anspruchssicherung dienen (BRegE BT-Drucks. 16/5048, 42). Zum Schutz vertraulicher Informationen könnten in Anlehnung an die Informationsfreiheitsgesetze der Länder (vgl. z. B. § 12 Berliner Informationsfreiheitsgesetz – IFG) z. B. die nicht erforderlichen Informationen unkenntlich gemacht bzw. abgetrennt werden. Die Entscheidung, welche Informationen zu schwärzen sind und welche nicht, könnte wiederum ein Sachverständiger treffen, wobei die Tatsache der Unkenntlichmachung bzw. Abtrennung zu vermerken ist. Insb. datenschutzrechtliche Aspekte (vgl. z. B. § 5 IFG) sind bei der Auslegung und bei der Frage der Verhältnismäßigkeit zu beachten (Eckpunktepapier des BMJ zur Umsetzung der Enforcement-Richtlinie, 13).

III. Ausschluss des Vorlage- und Besichtigungsanspruchs (§ 101b Abs. 2)

14 Der Anspruch nach Abs. 1 ist ausgeschlossen, wenn die Inanspruchnahme im Einzelfall **unverhältnismäßig** ist (vgl. daher zur allgemeinen Auslegung ausführlich § 101a Rn. 33). Allerdings ist hier noch besonders zu berücksichtigen, dass der sehr weitgehende und einschneidende Anspruch des § 101b sehr restriktiv zu handhaben ist (vgl. u. a. Rn. 2).

IV. Durchsetzung im Wege der einstweiligen Verfügung (§ 101b Abs. 3)

15 § 101b Abs. 3 dient im Wesentlichen im Rahmen des Art. 9 Abs. 2 der Enforcement-Richtlinie dazu, die bestehenden Schadensersatzansprüche auch im Rahmen einer einstweiligen Verfügung effektiv zu sichern (BRegE BT-Drucks. 16/5048, 42; vgl. auch ausführlich § 101a Rn. 34 f.); zu den verfahrensrechtlichen Voraussetzungen des § 101b Abs. 3 S. 1 ausführlich im gesamtprozessualen Teil Vor §§ 97 ff. Rn. 57 ff., 108). Wie bei § 101 Abs. 7 (vgl. § 101 Rn. 26 ff.), muss der Anspruch jedoch **offensichtlich** bestehen, um dem hier sehr weitgehenden Eingriff Rechnung zu tragen (BRegE BT-Drucks. 16/5048, 42). Offensichtlich ist ein Anspruch, wenn er so eindeutig ist, dass eine Fehlentscheidung (oder eine andere Beurteilung im Rahmen des richterlichen Ermessens) und damit eine ungerechtfertigte Belastung des Anspruchsgegners kaum möglich ist (OLG Frankfurt am Main ZUM 2012, 46, 47; BRegE zum Gesetz zur Bekämpfung der Produktpiraterie BT-Drucks. 11/4792, 32; KG GRUR 1997, 129, 130 – Verhüllter Reichstag; LG Köln ZUM 2005, 236, 239). Die Richtlinie spricht in Art. 9 Abs. 3 lediglich von einer „ausreichenden Sicherheit", d. h. setzt geringere Voraussetzungen als die deutsche Umsetzung an (*Spindler/Weber* ZUM 2007, 257, 266). Art. 9 Abs. 3 lässt aber höhere Voraussetzungen als Art. 6 und 7 zu (BRegE BT-Drucks. 16/5048, 42; OLG Frankfurt am Main ZUM 2012, 46, 47). Dies stimmt auch mit dem Grundsatz der Verhältnismäßigkeit überein, da der vorliegende Eingriff als einschneidender zu bewerten ist als § 101a (*Seichter* WRP 2006, 391, 399). Dies gilt natürlich umso mehr, als im einstweiligen Verfahren der Anspruch lediglich **glaubhaft** gemacht werden muss (BRegE BT-Drucks. 16/5048, 42). Der Verletzte trägt die **Darlegungs- und Beweislast.**

16 S. 2 regelt auch hier wieder, wie bereits in § 101a Abs. 3 S. 2, dass das Gericht die erforderlichen Maßnahmen zum Schutz von vertraulichen Informationen trifft (vgl. ausführlich § 101a Rn. 35). Da für den Fall des Erlasses einer einstweiligen Verfügung im Beschlusswege der Anspruchsgegner noch nicht einmal die Möglichkeit hatte, seine berechtigten Geheimhaltungsinteressen geltend zu machen, war hier eine gesonderte Regelung zu Abs. 1 erforderlich. Dies wird durch Abs. 3 S. 3 noch einmal konkretisiert.

V. Verweis auf § 811 und § 101 Abs. 8 (§ 101b Abs. 4)

17 § 101b verweist wie § 101a auf § 811 BGB und § 101 Abs. 8 (vgl. hierzu ausführlich § 101a Rn. 36 ff.).

§ 102 Verjährung

Auf die Verjährung der Ansprüche wegen Verletzung des Urheberrechts oder eines anderen nach diesem Gesetz geschützten Rechts finden die Vorschriften des Abschnitts 5 des Buches 1 des Bürgerlichen Gesetzbuchs entsprechende Anwendung. Hat der Verpflichtete durch die Verletzung auf Kosten des Berechtigten etwas erlangt, findet § 852 des Bürgerlichen Gesetzbuchs entsprechende Anwendung.

Literatur: *Leenen,* Die Neugestaltung des Verjährungsrechts durch das Schuldrechtsmodernisierungsgesetz, DStR 2002, 34; *Knecht-Kleber,* Die Verwirkung im Immaterialgüterrecht, 2008; *Mansel,* Die Neuregelung des Verjährungsrechts, NJW 2002, 89; *Zimmermann/Leenen/Mansel/Ernst,* Finis Litium? Zum Verjährungsrecht nach dem Regierungsentwurf, JZ 2001, 684.
Vgl. darüber hinaus die Angaben im eingangs abgedr. Gesamtliteraturverzeichnis.

Übersicht

	Rn.
I. Bedeutung und Grundzüge	1–5
II. Entsprechende Anwendung der §§ 194 ff. BGB (§ 102 S. 1)	6–8
III. Verjährung bei Bereicherung des Verpflichteten (§ 102 S. 2)	9, 10
IV. Anwendung der Übergangsregelung des Art. 229 § 6 EGBGB	11

I. Bedeutung und Grundzüge

Durch die **Schuldrechtsreform,** die am 1.1.2002 in Kraft getreten ist, wurde auch 1 § 102 den geänderten Verjährungsregeln der **§§ 194 ff. BGB** in dem Sinne angepasst, dass nunmehr § 102 S. 1 eine entsprechende Anwendbarkeit dieser Vorschriften vorsieht. Die Regelung gilt auch nach der Neufassung unverändert. Damit sind insb. die regelmäßige Verjährungsfrist von drei Jahren gem. § 195 BGB und der Beginn der Verjährung gem. § 199 BGB maßgeblich (vgl. BT-Drucks. 14/6040, 282 zur Parallelvorschrift des § 141 PatG; Dreier/Schulze/*Dreier* § 102 Rn. 5). Hierzu ist die Kenntnis der anspruchsbegründenden Umstände erforderlich sowie des Namens und der Anschrift des Verletzers (Spindler/Schuster/*Spindler* § 102 Rn. 2). Bisher war § 102 weitgehend an die **Regelung des § 852 BGB a. F. angelehnt** und stellte insb. auf die Kenntniserlangung des Verletzten vom Schaden und des Ersatzpflichtigen ab. Eine entsprechende Anwendung des § 852 BGB kommt nun noch in den Fällen einer **Bereicherung des Verletzers** auf Kosten des Verletzten durch die Verletzungshandlung zur Anwendung, vgl. § 102 S. 2. Der Anspruch aus § 852 BGB verjährt regelmäßig innerhalb von zehn Jahren, wobei die Verjährung mit der Entstehung des Anspruchs beginnt (vgl. § 852 S. 2 BGB).

Die Regelung des § 102 gilt seit seiner Änderung durch das Produktpirateriegesetz 2 (PrPG) v. 7.3.1990 (BGBl. I S. 442) **für alle urheberrechtlichen Ansprüche** wegen Rechtsverletzungen (Schricker/Loewenheim/*Wild* § 102 Rn. 2). Erfasst werden **Schadensersatz-, Unterlassungs- und Beseitigungsansprüche** sowie die zuvor von der Verjährung ausdrücklich ausgenommenen Ansprüche auf Vernichtung und Überlassung gem. §§ 98, 99 (Dreier/Schulze/*Dreier* § 102 Rn. 4). Demgegenüber erfasste die vorhergehende Fassung die §§ 98, 99 ausdrücklich nicht. Liegt **keine Rechtsverletzung einer Norm des UrhG** vor, so gelten die jeweiligen Verjährungsfristen des BGB, mithin vor allem die §§ 194 ff. BGB.

Ein von § 102 erfasster Anspruch ist als **Einrede** in einem Prozess geltend zu machen 3 und steht im Belieben des Verletzers, vgl. § 214 BGB (so Schricker/Loewenheim/*Wild* § 102 Rn. 6). Ein **Verzicht** auf die Einrede war nach Ablauf der Frist schon immer möglich, wohingegen ein Verzicht oder ein Ausschluss der Verjährung im Voraus nach **§ 225 S. 1 BGB a. F.** bisher grds. ausgeschlossen war. Hiernach war z. B. eine Verlängerung der Verjährungsfrist nichtig. Nunmehr gilt nach § 202 BGB, dass die Verjährung nur **bei Vorsatz** nicht im Voraus durch Rechtsgeschäft erleichtert werden kann (§ 202 Abs. 1 BGB; vgl. *Leenen* 41). **Verjährungserschwerende Vereinbarungen** sind nach § 202 Abs. 2 BGB nur noch dann unzulässig, wenn sie zu einer dreißig Jahre übersteigenden Verjährungsfrist ab dem gesetzlichen Verjährungsbeginn führen (BT-Drucks. 14/6040, 110). Außerhalb dessen gilt somit grds. die Vertragsfreiheit, wodurch derartige Vereinbarungen somit zulässig sind.

4 Zu beachten ist, dass das Urheberrecht an sich als absolutes Recht niemals verjähren kann. Die **Verwirkung eines Verletzungsanspruchs** als anspruchsvernichtende Einwendung kommt nur in seltenen Ausnahmefällen in Betracht (vgl. BGH GRUR 1981, 652, 653 – Stühle und Tische; *Knecht-Kleber* 132 zur österr. Rechtslage, wonach im Urheberrecht keine Verwirkung möglich ist, s. OGH Urteil v. 11.3.2012, Az. 4 Ob 195/09). Hierzu muss die Geltendmachung des Anspruchs rechtsmissbräuchlich sein, also der Verletzer nach dem Verhalten des Verletzten nach **Treu und Glauben** nicht mehr mit der Geltendmachung zu rechnen brauchen (Möhring/Nicolini/*Lütje* § 102 Rn. 12).

5 Die Möglichkeit einer **Aufbrauchsfrist** – entsprechend dem Wettbewerbsrecht – kommt im Urheberrecht grds. nicht in Betracht (hierzu schon § 100 Rn. 4). Eine solche Frist kann vom Gericht dann bestimmt werden, wenn ein unbefristetes Verbot **außerhalb jeder Verhältnismäßigkeit** stehen und gegenüber dem Verletzer eine unerträgliche Härte darstellen würde. Der gewährte hohe Schutz durch das Urheberrecht lässt eine solche Frist aber regelmäßig nicht erforderlich erscheinen (Fromm/Nordemann/*Nordemann* § 102 Rn. 26). Bei **konkurrierenden Ansprüchen** aus dem Wettbewerbsrecht lässt die kürzere Frist des § 11 UWG n. F. die urheberrechtliche Verjährung des § 102 unberührt (Dreier/Schulze/*Dreier* § 103 Rn. 3 zu § 21 UWG a. F.).

II. Entsprechende Anwendung der §§ 194 ff. BGB (§ 102 S. 1)

6 Nach der Neuregelung des § 102 S. 1 gelten die §§ 194 ff. BGB auch für die vom UrhG geschützten Rechte. Die **regelmäßige Verjährungsfrist** bestimmt sich dabei nach den §§ 195, 199 BGB. Sie beträgt nach § 195 BGB drei Jahre, wobei der **Beginn** sich nach § 199 BGB bestimmt (ausführlich *Mansel* 90). Die Frist beginnt danach mit dem **Schluss des Jahres,** in dem der Anspruch entstanden ist und der Gläubiger von den den Anspruch begründenden Umständen und der Person des Schuldners Kenntnis erlangt hat oder ohne grobe Fahrlässigkeit hätte erlangen müssen, § 199 Abs. 1 BGB.

7 Liegt keine Kenntniserlangung oder Fahrlässigkeit vor, so bestimmen sich die Fristen nach **§ 199 Abs. 2 bis 4 BGB.** Dabei gilt grds. für andere Ansprüche als Schadensersatzansprüche eine **Maximalfrist von zehn Jahren** gem. § 199 Abs. 4 BGB ab Entstehung des Anspruchs (vgl. *Leenen* 36). Dies ist z.B. beim Unterlassungsanspruch nach § 97 der Fall. Die hierzu bestehende **Abweichung** in § 199 Abs. 2 BGB für Schadensersatzansprüche, die auf der Verletzung des Lebens, des Körpers, der Gesundheit oder der Freiheit beruhen (hier gilt eine Frist von 30 Jahren), besitzt innerhalb des UrhG keine Bedeutung (vgl. dazu BT-Drucks. 14/6040, 282). **Sonstige Schadensersatzansprüche** verjähren ohne Rücksicht auf die Kenntnis oder grob fahrlässige Unkenntnis in zehn Jahren von ihrer Entstehung an **(§ 199 Abs. 3 Nr. 1 BGB)** und ohne Rücksicht auf ihre Entstehung und die Kenntnis oder grob fahrlässige Unkenntnis in 30 Jahren von der Begehung der Handlung, der Pflichtverletzung oder dem sonstigen, den Schaden auslösenden Ereignis an **(§ 199 Abs. 3 Nr. 2 BGB)**. Hierbei ist die früher endende Frist maßgeblich, **§ 199 Abs. 3 S. 2 BGB.**

8 Weiterhin ist von Bedeutung, dass die **Hemmung der Verjährung** bei Verhandlungen nunmehr in **§ 203 BGB** für alle Ansprüche eintritt. Bisher war dies nur für § 852 Abs. 2 BGB a. F. geregelt. Dieser wurde durch § 102 S. 2 . F. für entsprechend anwendbar erklärt (vgl. *Zimmermann/Leenen/Mansel/Ernst* 695). Durch die allgemeine Verweisung in § 102 S. 1 entfällt insoweit das Bedürfnis nach einer gesonderten Regelung.

III. Verjährung bei Bereicherung des Verpflichteten (§ 102 S. 2)

9 Nach § 102 S. 2 gilt, dass **§ 852 BGB entsprechende Anwendung** findet, wenn der Verpflichtete auf Kosten des Berechtigten etwas erlangt hat. Der bisherige § 852 Abs. 3

BGB a. F. findet sich nunmehr in § 852 S. 1 BGB wieder und behält somit auch im Rahmen des § 102 S. 2 seine bisherige Bedeutung. Hiernach ist der Ersatzpflichtige, wenn er durch eine unerlaubte Handlung auf Kosten des Verletzten etwas erlangt hat, auch **nach Eintritt der dreijährigen Verjährung** des Anspruchs auf Ersatz des aus einer unerlaubten Handlung entstandenen Schadens zur Herausgabe nach §§ 812 ff. BGB verpflichtet. Dabei handelt es sich um eine Rechtsfolgenverweisung, so dass die §§ 812 ff. BGB nur für den Umfang, nicht jedoch für die Voraussetzungen des Anspruchs maßgeblich sind. Die **Verjährungsfrist** dieses Anspruchs beträgt nach § 852 S. 2 BGB zehn Jahre von seiner Entstehung an, ohne Rücksicht auf die Entstehung 30 Jahre von der Begehung der Verletzungshandlung oder dem sonstigen, den Schaden auslösenden Ereignis an (vgl. Dreier/Schulze/ *Dreier* § 102 Rn. 7).

Dogmatisch handelt es sich bei diesem sog. „**deliktischen Bereicherungsanspruch**" 10 um einen Restschadensersatzanspruch in Höhe der Bereicherung, der lediglich auf das auf Kosten des Verletzten Erlangte beschränkt ist (BGHZ 71, 86). Er greift insoweit ein, wenn der **Schadensersatzanspruch nach den §§ 195, 199 BGB** drei Jahre nach Fälligkeit und Kenntnis oder grob fahrlässiger Unkenntnis von den anspruchsbegründenden Umständen und der Person des Schuldners verjährt ist (BT-Drucks. 14/6040, 270).

IV. Anwendung der Übergangsregelung des Art. 229 § 6 EGBG

Die Übergangsregelung des **Art. 229 § 6 EGBG,** der die Überleitungsvorschrift zum 11 Verjährungsrecht nach dem Gesetz zur Modernisierung des Schuldrechts enthält, findet nach der Maßgabe des § 137i entsprechende Anwendung (s. Kommentierung zu § 137i). Hiernach können die Fristen des bisherigen § 102 a. F. durchaus noch Bedeutung erlangen (s. Loewenheim/*Vinck/Peukert* § 82 Rn. 102).

§ 102a Ansprüche aus anderen gesetzlichen Vorschriften

Ansprüche aus anderen gesetzlichen Vorschriften bleiben unberührt.

§ 102a soll klarstellen, dass andere Anspruchsgrundlagen bei Verletzungen des Urheberrechts nicht ausgeschlossen sind, d. h. dass zu anderen gesetzlichen Anspruchsgrundlagen Anspruchskonkurrenz besteht (BRegE BT-Drucks. 16/5048, 42). Das betrifft insb. die Ansprüche der §§ 812 ff. BGB und §§ 823 ff. BGB i. V. m. dem eingerichteten und ausgeübten Gewerbebetrieb (s. § 97 Rn. 91 ff.; KG MMR 2013, 603, 605). Die Verjährung erfolgt nach den dort geltenden Bestimmungen (BRegE BT-Drucks. 16/5048, 42).

Aus den Erwägungsgründen 15 und 16 und Art. 2 der Enforcement-Richtlinie ergibt 2 sich außerdem, dass die Richtlinie 95/46/EG des Europäischen Parlaments und des Rates v. 24.10.1995 zum Schutz natürlicher Personen bei der Verarbeitung personenbezogener Daten und zum freien Datenverkehr, die Richtlinie 1999/93/EG des Europäischen Parlaments und des Rates v. 13.12.1999 über gemeinschaftliche Rahmenbedingungen für elektronische Signaturen und die Richtlinie 2000/31/EG des Europäischen Parlaments und des Rates v. 8.6.2000 über bestimmte rechtliche Aspekte der Dienste der Informationsgesellschaft, insbesondere des elektronischen Geschäftsverkehrs, im Binnenmarkt nicht berührt werden sollen. Gleiches gilt für die gemeinschaftlichen Sonderbestimmungen zur Durchsetzung der Rechte und Ausnahmeregelungen auf dem Gebiet des Urheberrechts und der verwandten Schutzrechte, insb. die Bestimmungen der Richtlinie 91/250/EWG des Rates v. 14.5.1991 über den Rechtsschutz von Computerprogrammen und die Multimedia-Richtlinie. Art. 2 Abs. 3 Enforcement-Richtlinie legt außerdem fest, dass die sich aus internationalen Übereinkünften für die Mitgliedstaaten ergebenden Verpflichtungen, insb. solche aus dem TRIPs-Übereinkommen, einschließlich solcher betreffend strafrechtliche Verfahren und Strafen und innerstaatliche Vorschriften der Mitgliedstaaten betreffend strafrechtliche Verfahren und Strafen, bei Verletzung von Rechten des geistigen Eigentums, nicht berührt sind.

§ 103 Bekanntmachung des Urteils

Ist eine Klage auf Grund dieses Gesetzes erhoben worden, so kann der obsiegenden Partei im Urteil die Befugnis zugesprochen werden, das Urteil auf Kosten der unterliegenden Partei öffentlich bekannt zu machen, wenn sie ein berechtigtes Interesse darlegt. Art und Umfang der Bekanntmachung werden im Urteil bestimmt. Die Befugnis erlischt, wenn von ihr nicht innerhalb von drei Monaten nach Eintritt der Rechtskraft des Urteils Gebrauch gemacht wird. Das Urteil darf erst nach Rechtskraft bekannt gemacht werden, wenn nicht das Gericht etwas anderes bestimmt.

Literatur: *Steigüber,* Der „neue" Anspruch auf Urteilsbekanntmachung im Immaterialgüterrecht?, GRUR 2011, 295.
Vgl. darüber hinaus die Angaben im eingangs abgedr. Gesamtliteraturverzeichnis.

Übersicht

	Rn.
I. Bedeutung	1–3
II. Öffentliche Bekanntmachung (§ 103 S. 1)	4, 5
1. Obsiegen auf Grund dieses Gesetzes	4
2. Berechtigtes Interesse an einer Bekanntmachung	5
III. Art und Umfang der Bekanntmachung (§ 103 S. 2)	6, 7
IV. Vorläufige Vollstreckbarkeit (§ 103 S. 4 a. E.)	8

I. Bedeutung

1   Durch die Neufassung des § 103 im sog. 2. Korb wurde die Norm inhaltlich nicht wesentlich geändert. Ihr Aufbau wurde lediglich gestrafft und in einem Absatz zusammengefasst. Nur **§ 103 Abs. 3 a. F.**, der die Vorauszahlung der Bekanntmachungskosten regelte, wurde gestrichen. In der Praxis erlangte diese Bestimmung keine Bedeutung (vgl. BT-Drucks. 16/5048, 50). Die Norm dient nunmehr auch der Umsetzung des **Art. 15 Enforcement-Richtlinie,** dem auch schon § 103 a. F. entsprach.

2   Die Regelung des § 103 betrifft die **öffentliche Bekanntmachung** eines Urteils bei einer Klage nach dem UrhG und wurde § 12 Abs. 3 UWG nachgebildet. Sie dient dem Sinn und Zweck, dem berechtigten Interesse des Urhebers Rechnung zu tragen, **gegenüber der Öffentlichkeit kundzutun,** dass z. B. sein geschütztes Werk entstellt wurde oder ein Plagiatsvorwurf unbegründet ist (Schricker/Loewenheim/*Wild* § 103 Rn. 1). Bei dem Anspruch handelt es sich um einen **Beseitigungsanspruch,** mit welchem eingetretene Beeinträchtigungen, die auch noch nach der Handlung weiter bestehen, ausgeglichen werden sollen. Die Gegenauffassung geht mit Verweis auf ErwG 27 zu Art. 15 der Enforcement-Richtlinie davon aus, dass § 103 nunmehr vor allem durch seinen Sanktionscharakter bestimmt wird (*Steigüber,* GRUR 2011, 295, 300). Dem ist zuzugeben, dass ErwG 27 davon spricht, der Zweck der Regelung bestehe in der **Abschreckung künftiger Verletzer** und der **Sensibilisierung der Öffentlichkeit** und insoweit auch eine Sanktionswirkung von der Regelung ausgeht. Diese Zielsetzung bedeutet aber lediglich, dass die vorzunehmende Interessenabwägung stärker die Belange der Öffentlichkeit einzubeziehen hat, nicht aber eine Abkehr vom Gleichlauf der entsprechenden Regelungen im Urheber- und

Lauterkeitsrecht. Die Bekanntgabe darf dabei regelmäßig erst **nach Rechtskraft** erfolgen, § 103 S. 4. Weitere Möglichkeiten der Beseitigung bestehen neben § 103 fort. Zu denken ist insoweit an den **Widerruf** (BGH GRUR 1960, 500, 502 – Plagiatsvorwurf I), die **Berichtigung** (BGH GRUR 1960, 500, 504 – Plagiatsvorwurf I) und die **Veröffentlichung** von Unterlassungserklärungen (BGH GRUR 1967, 362, 366 – Spezialsalz I). Auch eine **private Urteilsbekanntmachung** ist möglich, wobei diese deliktisch oder wettbewerbsrechtlich problematisch sein kann (vgl. Fromm/Nordemann/*Nordemann* § 103 Rn. 13). Erforderlich ist jedenfalls stets eine **Interessenabwägung im Einzelfall**.

Bereits die Bedeutung von § 103 a. F. war nur gering, da Eigenmaßnahmen regelmäßig **effektiver** sind (Schricker/Loewenheim/*Wild* § 103 Rn. 12; Loewenheim/*Vinck* § 81 Rn. 97). Deshalb sind nur wenige Entscheidungen zu § 103 ergangen (z. B. BGH GRUR 1971, 588, 590 – Disney-Parodie; OLG Karlsruhe ZUM 1996, 810, 818 – Dr. Schiwago; einen Anspruch aus § 103 ablehnend BGH GRUR 1998, 568, 570 – Beatles-Doppel-CD; OLG Celle GRUR-RR 2001, 125, 126 – EXPO). Inwieweit eine stärkere richtlinienkonforme Auslegung hinsichtlich des **Sanktions- und Präventionszwecks** in Zukunft dazu führt, dass § 103 verstärkt zur Anwendung kommt, bleibt abzuwarten. Erste Ansätze sind diesbezüglich durchaus zu erkennen (z. B. LG Hamburg GRUR-RR 2009, 211, 215 – Bauhaus-Klassiker; Spindler/Schuster/*Spindler* § 103 Rn. 4). Zu beachten ist weiterhin in Urheberstrafsachen die Bekanntmachungsbefugnis des § 111. 3

II. Öffentliche Bekanntmachung (§ 103 S. 1)

1. Obsiegen auf Grund dieses Gesetzes

Es muss eine Klage nach dem UrhG vorliegen und ein sich hieraus ergebendes „Obsiegen". Daher ist es auch dem **Beklagten** auf Antrag möglich, eine Bekanntmachungsbefugnis zu erhalten. In Fällen **teilweisen Obsiegens** hat jede Partei die Möglichkeit, einen Antrag hinsichtlich des ihrem berechtigten Interesse entsprechenden Teils des Urteils zu stellen (Fromm/Nordemann/*Nordemann* § 103 Rn. 4; vgl. auch *v. Gamm* § 103 Rn. 4). Nicht möglich ist es, eine öffentliche Bekanntmachung im Wege einer **einstweiligen Verfügung** durchzusetzen, da die Folgen nicht mehr rückgängig gemacht werden können (OLG Frankfurt NJW-RR 1996, 423). **Die Kosten der Veröffentlichung** hat jeweils die unterliegende Partei zu tragen, wofür § 103 eine eigenständige Anspruchsgrundlage darstellt. 4

2. Berechtigtes Interesse an einer Bekanntmachung

Die Partei, die einen Antrag auf Bekanntmachung stellt, hat die hierzu **erforderlichen Tatsachen darzulegen und zu beweisen.** Sie muss insb. ein berechtigtes Interesse dartun. Dieses ist auf Grund einer **Interessenabwägung** zu bestimmen. Hierbei ist auf der einen Seite die Schwere und der Umfang der Verletzung zu beachten. Auch Überlegungen bezüglich zukünftiger Auswirkungen bei Ausbleiben einer Bekanntmachung sind einzubeziehen. Außerdem muss eine Bekanntmachung grds. **erforderlich und geeignet** sein, den betreffenden Teil der Öffentlichkeit zu erreichen und aufklären zu können (Spindler/Schuster/*Spindler* § 103 Rn. 6). Bei der Abwägung hat auch der Grad des Verschuldens Bedeutung und muss ebenfalls ins Verhältnis zu den Nachteilen der unterliegenden Partei gesetzt werden (BGH GRUR 1998, 568, 570 – Beatles-Doppel-CD). Diese darf nicht **unangemessene Nachteile** durch eine Bekanntmachung ausgesetzt sein und es darf **keine unnötige Bloßstellung und Herabsetzung** in der Öffentlichkeit stattfinden (Schricker/Loewenheim/*Wild* § 103 Rn. 7; OLG Celle GRUR-RR 2001, 125, 126 – EXPO). Dennoch entspricht es dem nunmehr stärker zu berücksichtigendem Interesse der Öffentlichkeit, wenn dem Aufklärungsinteresse der zu berücksichtigenden Verkehrskreise 5 erhöhte Bedeutung zugemessen wird. So verhält es sich z. B. in Fällen, in denen der Verletzer mit **aggressiver Werbung** für von Urheberrechtsverletzungen betroffene Produkte in Erscheinung getreten ist und oder eine **besondere Breitenwirkung** vorliegt (LG Hamburg GRUR-RR 2009, 211, 215 – Bauhaus-Klassiker). In diesem Zusammenhang ist die Forderung zu unterstützen, dass ein „weniger zurückhaltender Umgang" mit der Feststellung eines berechtigten Interesses an der Bekanntmachung wünschenswert sei (*Steigüber,* GRUR 2011, 295, 298).

Nicht in Betracht kommt eine Veröffentlichung jedenfalls dann, wenn sie nur einen Teil der Öffentlichkeit aufzuklären geeignet ist, aber einen anderen verwirren würde (BGH GRUR 1966, 623, 625 – Kupferberg). Ein berechtigtes Interesse muss in der **letzten mündlichen Verhandlung** vorhanden sein (BGH ZUM-RD 2002, 458 – Stadtbahnfahrzeug).

III. Art und Umfang der Bekanntmachung (§ 103 S. 2)

6   Die Art und der Umfang der Bekanntmachung bestimmen sich im Wesentlichen danach, was zur **Störungsbeseitigung erforderlich** ist (Fromm/Nordemann/*Nordemann* § 103 Rn. 2). Es ist am Maßstab des berechtigten Interesses an der Bekanntmachung festzustellen, welche Stellen aus dem Urteil veröffentlicht werden dürfen (BGH GRUR 1992, 527, 529 – Plagiatsvorwurf II). Nur selten wird hierfür die Veröffentlichung des ganzen Urteils notwendig sein. Beim Umfang der Bekanntmachung ist immer auch die **Breitenwirkung** der Verletzungshandlung zu bedenken. Die Art der Bekanntmachung umfasst sowohl Printmedien und Plakate, wie grds. auch Fernsehen und Rundfunk. Bei diesen ist hingegen zweifelhaft, ob sie sich auf eine Bekanntmachung einlassen, weswegen eine Bekanntmachung durch diese Medien nicht ausgesprochen werden sollte. Im Urteil sind **Art, Größe, Anzahl und Ort** der Veröffentlichung genau auszusprechen (Schricker/Loewenheim/*Wild* § 103 Rn. 8). Auch der Umfang der Veröffentlichungsbefugnis ist am berechtigten Interesse der obsiegenden Partei zu messen (OLG Celle GRUR-RR 2001, 125, 126 – EXPO).

7   Danach kann es z. B. geboten sein, lediglich eine Veröffentlichung in der **entsprechenden Fachpresse** als angemessen zu betrachten, wenn lediglich Fachkreise betroffen sind. Im Rahmen der Abwägung sind auch das Recht der unterlegenen Partei auf **informationelle Selbstbestimmung** und etwaige sonstige Rechte, in welche die Erteilung der Veröffentlichungsbefugnis eingreifen kann, zu berücksichtigen (so BT-Drucks. 16/5048, 42). Das Urteil ist innerhalb von 3 Monaten (zuvor 6 Monate, s. § 103 Abs. 2 S. 2 a. F.) nach Eintritt der Rechtskraft bekannt zu geben, da ansonsten die Befugnis hierzu erlischt, vgl. § 103 S. 3.

IV. Vorläufige Vollstreckbarkeit (§ 103 S. 4 a. E.)

8   Die bereits bislang bestehende Möglichkeit, dass das Gericht bereits vor Rechtskraft eine **vorläufige Vollstreckbarkeit** anordnen kann, bleibt auch in der Neufassung erhalten. Dies kann dann im Ausnahmefall geboten erscheinen, wenn z. B. ein **Ereignis durch Zeitablauf** eine Bekanntmachung sonst wertlos erscheinen lassen oder das Ansehen der obsiegenden Partei schwer schaden würde (so OLG Celle GRUR-RR 2001, 126 – EXPO, da die Weltausstellung in einem engen zeitlichen Rahmen stattfand und eine nachträgliche Bekanntmachung des tatsächlichen Urhebers seinen Ruf während der Ausstellung nachhaltig in den Fachkreisen verletzt hätte).

§ 104 Rechtsweg

Für alle Rechtsstreitigkeiten, durch die ein Anspruch aus einem der in diesem Gesetz geregelten Rechtsverhältnisse geltend gemacht wird, (Urheberrechtsstreitsachen) ist der ordentliche Rechtsweg gegeben. Für Urheberrechtsstreitsachen aus Arbeits- oder Dienstverhältnissen, die ausschließlich Ansprüche auf Leistung einer vereinbarten Vergütung zum Gegenstand haben, bleiben der Rechtsweg zu den Gerichten für Arbeitssachen und der Verwaltungsrechtsweg unberührt.

Literatur: Asendorf, Wettbewerbs- und Patentstreitsachen vor Arbeitsgerichten? – Die sachliche Zuständigkeit bei der Verletzung von Betriebsgeheimnissen durch Arbeitnehmer, GRUR 1990, 229; *Bayreuther,* Zum Verhältnis zwischen Arbeits-, Urheber- und Arbeitnehmererfindungsrecht – Unter besonderer Berücksichtigung der Sondervergütungsansprüche des angestellten Softwareerstellers, GRUR 2003, 570; *Bethge,* Verwaltungsrechtsweg und Kunsturheberrechtsgesetz, GRUR 1971, 507; *Körner,* Urheberrechte der Beschäftigten im öffentlichen Dienst und in den Hochschulen, GRUR 1999, 438; *Rehbinder,* Die rechtlichen Sanktionen bei Urheberrechtsverletzungen nach ihrer Neuordnung durch das Produktpirateriegesetz, ZUM 1990, 462; *Spellenberg,* Zuständigkeit bei Anspruchskonkurrenz und kraft Sachzusammenhangs, ZZP 95 (1982) 17; *Tilmann,* Europäische Gerichtsstruktur auch für Urheberrechte?, GRUR 2011, 1096; *v. Olenhusen,* Der Urheber- und Leistungsrechtsschutz der arbeitnehmerähnlichen Personen, GRUR 2002, 11.

Vgl. darüber hinaus die Angaben im eingangs abgedr. Gesamtliteraturverzeichnis.

Übersicht

	Rn.
I. Zweck und Regelungsgehalt	1
II. Urheberrechtsstreitsachen	2–8
1. Begriff	2–7
2. Konkurrenzen	8
III. Rechtsweg	9–19
1. Ordentlicher Rechtsweg	9–13
2. Ausnahmen	14–19

I. Zweck und Regelungsgehalt

Nach der Legaldefinition des § 104 S. 1 gehören zu den Urheberrechtsstreitsachen alle Ansprüche, die sich aus einem der im UrhG geregelten Rechtsverhältnisse ergeben. Die Vorschrift bezweckt eine **Konzentration der Urheberrechtsstreitsachen auf den ordentlichen Rechtsweg,** und weitet damit die Rechtswegzuständigkeit der ordentlichen Gerichte über den im GVG vorgesehenen Rahmen aus. Dadurch sollen divergierende Entscheidungen unterschiedlicher Gerichtszüge, insb. auch sich widersprechende höchstrichterliche Entscheidungen, vermieden werden. Zudem soll hierdurch sichergestellt werden, dass sich mit dem Spezialgebiet des Urheberrechts Spruchkörper befassen, die mit diesem vertraut sind und über entsprechende Praxiserfahrung verfügen. Die durch § 105 gewünschte Konzentration der Urheberrechtsstreitsachen auf wenige funktional zuständige Amts- und Landgerichte würde weitestgehend gegenstandslos werden, wenn die Zuständigkeit der Arbeits- und Verwaltungsgerichtsbarkeit in diesem Bereich nicht eingeschränkt wäre (vgl. die amtliche Begründung zu § 114 UrhG, BT-Drucks. IV/270, S. 106 unter Hinweis auf den der Entscheidung BGHZ 33, 20 – Figaros Hochzeit zugrundeliegenden Fall, der unter Geltung des KUG eine Rechtsverfolgung sowohl vor den Arbeitsgerichten als auch vor den ordentlichen Gerichten ermöglicht hätte). Diesem Zweck entsprechend ist der **Begriff der Urheberrechtsstreitsache weit auszulegen** (OLG Hamm BeckRS 2012, 11208; OLG München NJW 1985, 2142; OLG Koblenz ZUM 2001, 392, 393; LG Oldenburg ZUM-RD 2011, 315, 316; LAG Hamm ZUM-RD 2008, 578; Schricker/Loewenheim/*Wild* § 104 Rn. 3; Dreier/Schulze/*Schulze* § 104 UrhG Rn. 2; *Rehbinder* ZUM 1990, 462, 464).

II. Urheberrechtsstreitsachen

1. Begriff

2   Der Begriff „Urheberrechtsstreitsachen" umfasst nicht nur die **Rechtsverhältnisse in Bezug auf das Urheberrecht,** sondern auch diejenigen in Bezug auf die sonstigen im UrhG geregelten **Leistungsschutzrechte** (BGH GRUR 1983, 22, 23 – Tonmeister [Leistungsschutzrechte gem. §§ 73, 75 UrhG]). Ansprüche aus diesen Rechtsverhältnissen sind alle aus diesen Rechten hergeleiteten Ansprüche, und zwar unabhängig davon, ob es sich um die Geltendmachung quasi-dinglicher Rechte (dies sind z.B. die sich aus der Verletzung von Urheber- und Leistungsschutzrechten ergebenden Rechte) oder um rein schuldrechtliche Ansprüche handelt (zu diesen gehören u.a. die im UrhG geregelten Vergütungsansprüche sowie vertragliche Ansprüche mit urheberrechtlichem Hintergrund). Es ist nicht einmal zwingend notwendig, dass der geltend gemachte Anspruch sich aus dem UrhG ergibt, also auf einer darin geregelten Anspruchsgrundlage beruht. Ausreichend ist es, wenn die Entscheidung des Rechtsstreits (auch) von im UrhG geregelten Rechtsverhältnissen abhängt (so LG Stuttgart CR 1991, 157, 158 für eine wettbewerbsrechtliche Auseinandersetzung, deren Entscheidung von der Urheberrechtsfähigkeit eines Computerprogramms abhing; vgl. dazu auch LAG Baden-Württemberg BeckRS 2011, 65848; ebenso LG Oldenburg ZUM-RD 2011, 315, 316 für eine Klage aus einem urheberrechtlichen Vertragsstrafeversprechen; LG Mannheim BeckRS 2008, 24457 Rn. 28 für neg. Feststellungsklage betreffend die Einräumung von Nutzungsrechten an urheberrechtlich geschützten Werken). Daher gehört auch die Geltendmachung von **Abmahnkosten** für ein Abmahnschreiben, welches auf eine Urheberrechtsverletzung zurückgeht, zu den Urheberrechtsstreitsachen (Dreier/Schulze/*Schulze* § 104 Rn. 3; Büscher/Dittmer/Schiwy/*Haberstumpf* § 104 UrhG Rn. 4). Werden Ansprüche auf das **„Recht am eigenen Bild"** (§ 22 KUG) gestützt, so handelt es sich hingegen **nicht** um eine **Urheberrechtsstreitsache** i.S.d. § 104 (LG Mannheim GRUR 1985, 291, 292; BayObLG ZUM 2004, 672, 674).

3   Eine den Rechtsweg zu den ordentlichen Gerichten eröffnende Urheberrechtsstreitsache liegt auch vor, wenn die Verletzung von nach dem UrhG geschützten Rechten auf ein (hoheitliches) Handeln eines Trägers öffentlicher Gewalt zurückzuführen ist (OLG München NJW 1985, 2142, 2143).

4   Für die Zulässigkeit des Rechtswegs ist es **unerheblich, ob die Ansprüche vom originären Rechtsinhaber selbst oder von einem Dritten,** sei es aus eigenem Recht (z.B. durch den Inhaber ausschließlicher Nutzungsrechte), sei es aus fremdem Recht, in gewillkürter oder gesetzlicher Prozessstandschaft **geltend gemacht werden.** Liegt dem geltend gemachten Anspruch ein Vertragsverhältnis zugrunde oder ist dieses für die Entscheidung des Rechtsstreits von maßgeblicher Bedeutung, kommt es entscheidend darauf an, ob Gegenstand dieses Vertrages im UrhG geregelte Rechtsverhältnisse sind. Regelt der Vertrag daneben auch noch weitere Rechtsverhältnisse, die keinen Bezug zum UrhG aufweisen, wird man den Rechtsstreit nur dann nicht als Urheberrechtsstreitsache einordnen können, wenn der Teil des Vertrages, der einen Bezug zum UrhG aufweist, für die Entscheidung des Rechtsstreits ohne jede Bedeutung ist. Es kommt außerdem nicht darauf an, ob sich die Parteien des Rechtsstreits auf Vorschriften aus dem UrhG berufen, solange diese tatsächlich betroffen sind (vgl. LAG Baden-Württemberg BeckRS 2011, 65848 unter Berufung auf LG Stuttgart, CR 1991, 158). Maßgeblich ist nur die vom Richter zu ermittelnde Natur des behaupteten Anspruchs (Büscher/Dittmer/Schiwy/*Haberstumpf* § 104 UrhG Rn. 2; Schricker/Loewenheim/*Wild* § 104 Rn. 5; Zöller/*Lückemann*, 29. Aufl., § 13 GVG Rn. 54).

Zu den **Verträgen, die einen Bezug zum UrhG aufweisen,** gehören unter anderem 5
diejenigen, welche die Schöpfung von Werken (z. B. Verträge zwischen Miturhebern gem.
§ 8 oder zwischen Urhebern verbundener Werke gem. § 9) oder die Einräumung von
Nutzungsrechten (§§ 31 ff.) betreffen, und zwar **unabhängig davon, ob es sich um
dinglich oder schuldrechtlich ausgestaltete Nutzungsrechte handelt.** Auch ein Vertrag, mit dem das Verlagsrecht i. S. d. § 2 VerlG übertragen wird, betrifft im UrhG geregelte
Rechtsverhältnisse, da es letztendlich um die Übertragung der dem Urheber zustehenden
Befugnisse geht und im Übrigen die §§ 31 ff. auf die Übertragung des Verlagsrechts entsprechend anwendbar sind (OLG Koblenz ZUM-RD 2001, 392, 393; Dreier/Schulze/
Schulze § 104 Rn. 4; ausführlich zum Verhältnis von UrhG und VerlG: *Schricker* VerlagsG
Einl. Rn. 21 f.).

Ansprüche aus einem im UrhG geregelten Rechtsverhältnis sind nicht nur solche, die 6
vom Inhaber des geschützten Rechts gegen Dritte geltend gemacht werden, sondern auch
diejenigen Ansprüche, die von Dritten gegen den Rechtsinhaber geltend gemacht werden
und sich gegen den Bestand und/oder den Umfang des geltend gemachten Rechts oder
gegen die aus diesem Recht hergeleiteten Ansprüche richten. Es kann für die Einordnung
als Urheberrechtsstreitsache keinen Unterschied machen, ob diese Fragen in einem **aktiven Prozess des Rechtsinhabers** oder in einem **Passivprozess** gegen diesen zu prüfen
sind. Zu den Urheberrechtsstreitsachen gehören daher insb. auch Auseinandersetzungen
über die Entstehung/Nichtentstehung von im UrhG geregelten Rechten, über die Inhaberschaft an diesen Rechten, über den Fortbestand und den Umfang von entstandenen
Rechten sowie über das Eingreifen von Schranken (§§ 44a ff.).

Eine Urheberrechtsstreitsache soll nicht vorliegen, wenn der Klageanspruch ausschließ- 7
lich auf die Verletzung ausländischen Urheberrechts gestützt wird (LG Frankfurt a. M., Urt.
v. 2.2.2012, Az. 2–03 O 419/09 für den Fall einer auf malaysisches Urheberrecht gestützten Klage). Das LG Frankfurt a. M. hat zur Begründung auf den Wortlaut des § 104 UrhG
verwiesen und argumentiert, der Anspruch nach dem malayischen Urheberrecht sei kein
„Anspruch aus einem der in diesem Gesetz geregelten Rechtsverhältnisse". Auch werde diese Auslegung dem Sinn und Zweck der §§ 104, 105 gerecht. Eine Spezialisierung der Kammer
sei gerade nicht gegeben, da diese bislang nicht mit Fragen des malayischen Urheberrechts
befasst gewesen sei. Diese sehr formalistische Betrachtungsweise überzeugt nicht. Dabei ist
zu berücksichtigen, dass das Urheberrecht auf der Grundlage bilateraler und multilateraler
Staatsverträge und Abkommen (z. B. RBÜ, TRIPS, WCT; vgl. dazu im Detail die Ausführungen zu § 121 Rn. 5 ff.) schon früh eine internationale Verknüpfung erfahren hat. Diese
internationale Verknüpfung kann es selbst bei der Geltendmachung von Rechten nach dem
deutschen UrhG erforderlich machen, sich mit internationalen Abkommen und teilweise
auch mit ausländischem Urheberrecht zu beschäftigen. Gleichwohl sind die Gerichte für
Urheberrechtsstreitsachen auch dann zuständig. Dies ist auch sachgerecht, weil die Gerichte
für Urheberrechtsstreitsachen mit der Spezialmaterie vertraut sind und daher gerade auch in
der Lage sind, ihre Kenntnisse zur richtigen Interpretation und Einordnung internationaler
Abkommen sowie ausländischer urheberrechtlicher Vorschriften einzusetzen. Es kommt
auch nicht darauf an, ob das Gericht mit dem konkreten ausländischen Recht schon einmal
in Berührung gekommen ist, sondern darauf, dass es aufgrund seiner Spezialzuständigkeit
einen besseren Zugang zu der Materie Urheberrecht hat als andere Gerichte. Selbst wenn
man daher im Hinblick auf den Wortlaut des § 104 Bedenken hätte, würde sich jedenfalls
die Notwendigkeit einer analogen Anwendung geradezu aufdrängen.

2. Konkurrenzen

Kann sich der geltend gemachte **Klageanspruch** außer aus einem im UrhG geregelten 8
Rechtsverhältnis **auch aus anderen Anspruchsgrundlagen** (z. B. MarkenG, UWG,
GeschmMG, Deliktsrecht) ergeben, hat dies auf die **Charakterisierung** des Rechtsstreits **als**

Urheberrechtsstreitsache keinen Einfluss, und zwar auch dann nicht, wenn der Klage letztendlich nicht oder nicht auf der Grundlage eines im UrhG geregelten Rechtsverhältnisses stattgegeben werden sollte. Nach § 17 Abs. 2 GVG entscheidet das Gericht des zulässigen Rechtswegs den Rechtsstreit nämlich unter allen in Betracht kommenden rechtlichen Gesichtspunkten. Für die Eröffnung des Rechtswegs nach § 104 genügt es, wenn der Kläger sich zur Begründung des geltend gemachten Anspruchs zumindest auf ein im UrhG geregeltes Rechtsverhältnis beruft. Nur dann, wenn urheberrechtliche Rechtsverhältnisse für den Rechtsstreit ersichtlich ohne jede Bedeutung sind und es damit nahe liegt, dass sich der Kläger die Eröffnung des Rechtswegs zu den ordentlichen Gerichten über § 104 erschleichen will, kann sein Vortrag unberücksichtigt bleiben (vgl. Zöller/*Lückemann*, 29. Aufl., § 13 GVG Rn. 54).

III. Rechtsweg

1. Ordentlicher Rechtsweg

9   Für Urheberrechtsstreitsachen ist nach § 104 S. 1 der Rechtsweg zu den ordentlichen Gerichten eröffnet. Der Rechtsweg zu den ordentlichen Gerichten ist grds. auch für solche Rechtsstreitigkeiten gegeben, die sich gegen einen Arbeitnehmer im privaten oder öffentlichen Dienst oder einen Beamten richten (zu den Ausnahmen s. Rn. 13 ff.). Regelmäßig sind daher die Zivilgerichte zuständig. Im Adhäsionsverfahren (§§ 403 ff. StPO) können aber auch die Strafgerichte über Urheberrechtsstreitsachen entscheiden. Durch § 104 S. 1 wird im **Verhältnis zur Arbeits- und Verwaltungsgerichtsbarkeit** die **Frage des zulässigen Rechtswegs** geregelt. Die Zulässigkeit des Rechtswegs ist von Amts wegen zu prüfen (§ 17a Abs. 2 S. 1 GVG).

10 Hat das erstinstanzliche Gericht die Zuständigkeit unter Beachtung der verfahrensrechtlichen Vorgaben des § 17a GVG bejaht (vgl. dazu im einzelnen Zöller/*Lückemann*, 29. Aufl., § 13 GVG Rn. 17), wird die **Zulässigkeit des Rechtswegs im Rechtsmittelverfahren nicht mehr geprüft** (§ 17a Abs. 5 GVG; s. dazu auch BGHZ 120, 204, 207 für den Fall, dass erstmals das Berufungsgericht über den Rechtsweg entscheidet). Die in § 532 ZPO enthaltene Regelung wird durch § 17a GVG verdrängt, da die Abgrenzung zur Arbeitsgerichtsbarkeit eine Frage des Rechtswegs und nicht der sachlichen Zuständigkeit ist (Zöller/*Heßler* § 532 ZPO Rn. 7, 16).

11 Hat das erstinstanzliche Gericht entgegen § 17a Abs. 2 GVG die Klage wegen fehlender Zulässigkeit des Rechtswegs abgewiesen, anstatt den Rechtsstreit von Amts wegen zu verweisen oder bejaht es trotz Rüge (§ 17a Abs. 3 S. 2 GVG) die Zulässigkeit des Rechtswegs erst im Urteil, so greift § 17a Abs. 5 GVG nicht ein (BGHZ 119, 247, 250; Zöller/*Lückemann*, § 13 GVG Rn. 17 u. 18 m. w. N.). Wenn die Vorinstanzen die verfahrensrechtlichen Vorgaben des § 17a GVG nicht beachten, ist die Zulässigkeit des Rechtswegs gegebenenfalls auch noch im Berufungs- oder Revisionsverfahren zu prüfen (BGHZ 130, 159, 163 f.; nicht ausdrücklich differenzierend Möhring/Nicolini/*Lütje* § 104 Rn. 8; Schricker/Loewenheim/*Wild* § 104 Rn. 2). Die Rechtswegverweisung findet auch schon im Verfahren des vorläufigen Rechtsschutzes Anwendung (LAG Baden-Württemberg BeckRS 2011, 65848).

12 Für **Urheberrechtsstreitsachen** sind die **Zivilgerichte zuständig.** Dies sind die in § 12 GVG aufgeführten Gerichte, also Amts-, Land- und Oberlandesgerichte sowie der Bundesgerichtshof. In erster Instanz sind abhängig vom Zuständigkeitsstreitwert, die Amts- oder Landgerichte zuständig. Bei den Landgerichten sind die Zivilkammern originär für Urheberrechtsstreitsachen zuständig. Die Zuständigkeit der Kammern für Handelssachen ist in den §§ 96–104 GVG geregelt. Dabei handelt es sich um eine gesetzlich geregelte Geschäftsverteilung. In diesem Umfang ist die Geschäftsverteilung daher aus der Zuständigkeit des Präsidiums (§ 21e GVG) herausgenommen (Zöller/*Lückemann* Vor § 93 GVG Rn. 1; Thomas/Putzo/*Hüßtege* Vor § 93 GVG Rn. 1). Nach § 95 GVG gehören Urheberrechtsstreitsachen nicht zu den vom Gesetz den Kammern für Handelssachen (KfH) zugewiesenen Rechtsstrei-

tigkeiten. Nimmt die KfH gleichwohl ihre Zuständigkeit an, kann hiergegen nur bei willkürlicher Handhabung vorgegangen werden (Zöller/*Lückemann* Vor § 93 Rn. 3).

Eine Verweisung an die KfH kommt nicht in Betracht, und zwar auch dann nicht, wenn der Rechtsstreit gleichzeitig auch die Merkmale einer Handelssache i. S. d. § 95 GVG erfüllt oder wenn solche Ansprüche zusätzlich im Wege der objektiven Klagehäufung geltend gemacht werden (LG Stuttgart CR 1991, 157, 158; Zöller/*Gummer* § 95 GVG Rn. 2; a. A. Schricker/Loewenheim/*Wild* § 104 Rn. 6). **13**

2. Ausnahmen

Allein für Rechtsstreitigkeiten, die **ausschließlich Ansprüche auf Leistung einer vereinbarten Vergütung** zum Gegenstand haben, bleibt der **Rechtsweg zu den Arbeits- und Verwaltungsgerichten** unberührt. Unter „vereinbarte Vergütung" sind der Lohn, das Gehalt, die Bezüge oder eine sonstige Vergütung zu verstehen. Dies gilt unabhängig davon, ob und gegebenenfalls in welchem Umfang die Vergütung für eine schöpferische Tätigkeit, die Nutzungsrechtseinräumung oder eine sonstige Tätigkeit in Bezug auf die im UrhG geregelten Rechtsverhältnisse gewährt wird (vgl. LAG Hamm ZUM-RD 2008, 578: war die Vergütung für urheberrechtsschutzfähige Sonderleistungen unstreitig nicht vereinbart, ist der Rechtsweg zu den Arbeitsgerichten unzulässig, in gleicher Weise wie in § 2 Abs. 2a ArbGG geregelt ist, dass die Arbeitsgerichte bei Arbeitnehmererfindungen nur zuständig sind, wenn es ausschließlich um Ansprüche auf Leistung einer festgestellten oder festgesetzten Vergütung geht; vgl. auch LG Mannheim BeckRS 2009, 26342). Von § 104 S. 2 nicht erfasst sind Ansprüche, deren Berechnung sich zwar am Maßstab einer angemessenen vertraglichen Lizenz ausrichtet, die aber nicht selbst vertraglicher Natur sind (z. B. in Lizenzanalogie berechnete Schadensersatz- oder Bereicherungsansprüche). In dem Umfang, wie der Rechtsweg zu den Arbeits- und Verwaltungsgerichten gegeben ist, prüfen diese den Rechtsstreit unter allen in Betracht kommenden rechtlichen Gesichtspunkten (§ 17 Abs. 2 S. 1 GVG), und zwar auch insoweit, als es um urheberrechtliche Vorfragen geht. **14**

Streitig ist, ob der eigentlich nach § 104 S. 2 gegebene Rechtsweg zu den Arbeits- und Verwaltungsgerichten dadurch ausgeschlossen werden kann, dass der Kläger einen **Vergütungsanspruch gemeinsam mit weiteren Ansprüchen** geltend macht, für die eine Zuständigkeit nach § 104 S. 1 gegeben ist (so Schricker/Loewenheim/*Wild* § 104 Rn. 4 unter Hinweis auf OLG Hamburg Schulze OLGZ 127, 6 und Möhring/Nicolini/*Lütje* § 104 Rn. 8 unter Hinweis auf BAG CR 1997, 88, 89; Spindler/Schuster/*Schuster* § 104 UrhG Rn. 5). Die vorgenannte Entscheidung des BAG betraf (vgl. die vollständige Veröffentlichung in ZUM 1997, 67f.) einen Rechtsstreit, in dem der Arbeitnehmer ausschließlich Ansprüche i. S. d. § 104 S. 1 geltend gemacht hatte. Die Frage, wie sich die Zuständigkeit beim Zusammentreffen solcher Ansprüche mit Vergütungsansprüchen i. S. d. § 104 S. 2 beurteilt, brauchte das BAG daher nicht zu entscheiden. Der Sinn und Zweck des § 104 gebietet nicht zwingend eine gemeinsame Entscheidung. Aus den Gesetzesmaterialien ergibt sich nicht, dass eine Abtrennung des Vergütungsanspruchs verhindert werden sollte (so aber Fromm/Nordemann/*Nordemann* § 104 Rn. 4). Dem steht bereits entgegen, dass nach § 104 S. 2 für eben diese Ansprüche, weil der Gesetzgeber insoweit eine Konzentration nicht für erforderlich hielt (vgl. die amtliche Begründung zu § 114, BT-Drucks. IV/270), auch weiterhin der Rechtsweg zu den Arbeits- und Verwaltungsgerichten eröffnet sein soll. Ziel des § 104 ist es vielmehr, die Urheberrechtsstreitsachen im Übrigen bei den ordentlichen Gerichten zu konzentrieren. Dies ist aber auch im Falle der Abtrennung gewährleistet. Gleichzeitig wird dadurch der Gefahr einer Rechtswegerschleichung durch eine gezielte Klagehäufung vorgebeugt (BGH NJW 1998, 826, 828; BGH NJW 1991, 1686). **15**

Richtigerweise ist **beim Zusammentreffen mehrerer Ansprüche** zunächst zu prüfen, ob die nicht unter § 104 S. 2 fallenden Ansprüche mit den Vergütungsansprüchen einen einheitlichen prozessualen Anspruch bilden oder ob eine objektive Klagehäufung **16** vorliegt. Ein **einheitlicher prozessualer Anspruch** liegt vor, wenn der Kläger den Vergütungsanspruch nicht nur auf eine Vereinbarung, sondern vorsorglich, sollte deren Zustandekommen nicht belegbar sein, auch auf Schadensersatz oder ungerechtfertigte Bereicherung stützt und beide Aspekte auf einem einheitlichen Lebenssachverhalt beruhen. Der Rechtsstreit betrifft dann nicht mehr „ausschließlich" Ansprüche auf Leistung einer vereinbarten Vergütung, so dass in diesem Fall nach § 104 S. 1 der Rechtsweg zu den ordentlichen Gerichten eröffnet ist (insoweit zustimmend, aber für einen weiteren Anwendungsbereich Schricker/Loewenheim/*Wild* § 104 Rn. 4).

17   Setzt sich die Klage aus mehreren selbstständigen prozessualen Ansprüchen zusammen, die im Wege der **objektiven Klagehäufung** (§ 260 ZPO) gemeinsam geltend gemacht werden, ist die **Zulässigkeit des Rechtswegs für jeden dieser Ansprüche gesondert zu prüfen** (BGH ZZP 95 (1982) 66, 67; *Spellenberg* ZZP 95 (1982) 17 f.; Büscher/Dittmer/Schiwy/*Haberstumpf* § 104 UrhG Rn. 4). Ist der Gegenstand eines solchen Anspruchs ausschließlich ein Vergütungsanspruch i. S. d. § 104 S. 2, ist dieser von den anderen Ansprüchen gem. § 145 ZPO abzutrennen (BGH NJW 1998, 826, 828; BGH NJW 1991, 1686; *Kissel* § 17 GVG Rn. 49; MünchKomm-ZPO/*Wolf* § 17 GVG Rn. 13; Büscher/Dittmer/Schiwy/*Haberstumpf* § 104 UrhG Rn. 6 und 8; *Dreier/Schulze*/Schulze § 104 UrhG Rn. 7; Fromm/Nordemann/*Nordemann* § 104 Rn. 2; insoweit auch Schricker/Loewenheim/*Wild* § 104 Rn. 5; a. A. Dreyer/Kotthoff/*Meckel* § 105 UrhG Rn. 3). Das angerufene Gericht verfährt dann für die jeweiligen Ansprüche nach § 17a Abs. 2 u. 3 GVG. Entsprechendes gilt bei einer **subjektiven Klagehäufung** und für die **Widerklage** (*Kissel* § 17 GVG Rn. 49, 50 m. w. N.; einschränkend für den Fall notwendiger Streitgenossenschaft MünchKommZPO/*Wolf* § 17 GVG Rn. 13).

18   Werden mehrere prozessuale Ansprüche im Verhältnis von **Haupt- und Hilfsantrag** geltend gemacht, bestimmt sich die Zulässigkeit des Rechtswegs zunächst allein nach dem Hauptanspruch. Erst wenn feststeht, dass dieser abzuweisen ist, erlangt der Hilfsanspruch für den Rechtsweg Bedeutung (*Kissel* § 17 GVG Rn. 49).

19   In verfahrensrechtlicher Hinsicht ist die in § 104 S. 2 enthaltene Rechtswegregelung von großer Bedeutung, da im Verhältnis zum Zivilprozess bereits bei der Kostenerstattung (nach § 12a Abs. 1 S. 1 ArbGG besteht im erstinstanzlichen Verfahren kein Kostenerstattungsanspruch) deutliche Unterschiede bestehen.

§ 104a Gerichtsstand

(1) **Für Klagen wegen Urheberrechtsstreitsachen gegen eine natürliche Person, die nach diesem Gesetz geschützte Werke oder andere nach diesem Gesetz geschützte Schutzgegenstände nicht für ihre gewerbliche oder selbständige berufliche Tätigkeit verwendet, ist das Gericht ausschließlich zuständig, in dessen Bezirk diese Person zur Zeit der Klageerhebung ihren Wohnsitz, in Ermangelung eines solchen ihren gewöhnlichen Aufenthalt hat. Wenn die beklagte Person im Inland weder einen Wohnsitz noch ihren gewöhnlichen Aufenthalt hat, ist das Gericht zuständig, in dessen Bezirk die Handlung begangen ist.**

(2) **§ 105 bleibt unberührt.**

Literatur: *Maaßen*, Abschaffung des effektiven Rechtsschutzes durch das „Gesetz gegen unseriöse Geschäftspraktiken"? GRUR-Prax 2012, 252
Vgl. darüber hinaus die Angaben im eingangs abgedr. Gesamtliteraturverzeichnis.

Übersicht

	Rn.
I. Entstehung, Zweck und Regelungsgehalt	1
II. Kritik	5

I. Entstehung, Zweck und Regelungsgehalt

§ 104a ist durch Art. 8 des Gesetzes gegen unseriöse Geschäftspraktiken vom 1.10.2013 **1** (BGBl. I S. 3714) eingefügt worden und gem. Art. 10 dieses Gesetzes am 9.10.2013 in Kraft getreten.

Abs. 1 S. 1 sieht vor, dass eine natürliche Person wegen nicht gewerblicher oder selb- **2** ständig beruflicher Verwendung urheberrechtlich geschützter Gegenstände nur an ihrem Wohnsitz, hilfsweise am Ort ihres gewöhnlichen Aufenthalts verklagt werden kann. Hierin liegt eine **Ausnahme von § 32 ZPO** (Gerichtsstand der unerlaubten Handlung; s. im Einzelnen § 105 Rn. 8 ff.). Dieser läuft bei Taten, deren Begehungsort nicht örtlich beschränkt ist, also typischerweise bei internetbezogenen Delikten, auf einen sog. **fliegenden Gerichtsstand** hinaus (§ 105 Rn. 16); d.h. die Klage kann ohne Rücksicht auf den Wohnsitz bzw. gewöhnlichen Aufenthalt des Beklagten an jedem Begehungsort erhoben werden. So hat der Kläger u.U. auch die Option, ein Gericht zu wählen, dessen Rechtsprechungspraxis für ihn – jedenfalls vermeintlich – günstiger ist als die anderer Gerichte (**forum shopping**). Hierin sah der Gesetzgeber eine Benachteiligung von Verbrauchern, die bei missbräuchlichen Abmahnungen in Verfahren wegen Urheberrechtsverletzungen besonders schutzwürdig seien (BT-Drs. 17/14192 S. 6). Das Gesetz gegen unseriöse Geschäftspraktiken hat deshalb in § 104a Abs. 1 S. 1 UrhG den fliegenden Gerichtsstand weitgehend, nämlich für nicht nachweislich gewerblich oder selbständig beruflich Handelnde mit Wohnsitz oder gewöhnlichem Aufenthalt in Deutschland, **abgeschafft**. Hingegen wurden entsprechende Regelungen für das UWG zunächst zurückgestellt (BT-Drs. 17/14192 S. 6).

In Fällen der Verwendung urheberrechtlich geschützter Gegenstände bei **gewerblicher** **3** oder **selbständig beruflicher Tätigkeit** sowie bei Klagen gegen **juristische Personen** bleibt es bei den allgemeinen Regelungen. Die Annahme einer **gewerblichen Verwendung** dürfte nicht erfordern, dass die Schwelle zum „Gewerblichen Ausmaß" etwa iSd § 101 Abs. 1, überschritten sein muss (s. zu diesem Begriff § 101a Rn. 25), so dass etwa erst bei häufiger oder schwerer Rechtsverletzung die Anwendbarkeit des § 104a Abs. 1 S. 1 entfiele; vielmehr deutet die Begriffskombination „gewerbliche oder selbständige berufliche Tätigkeit" darauf hin, dass es allein auf die **Zweckbestimmung** der rechtsverletzenden Verwendung ankommt.

Verfügt der Beklagte über keinen inländischen Wohnsitz oder gewöhnlichen Aufenthalt, **4** so bleibt es gem. Abs. 1 S. 2 ebenfalls beim *forum delicti commissi* nach § 32 ZPO, also je nach Begehungsweise auch beim fliegenden Gerichtsstand, der allerdings bei Beklagten ohne zumindest gewöhnlichen Aufenthalt im Inland dem Kläger meist keinen Vorteil bringt.

II. Kritik

Gegen die Neuregelung ist mit Recht eingewandt worden, dass sie systemwidrig sei, da **5** § 32 ZPO auf der Wertung beruht, der Verletzer sei weniger schutzwürdig als der Verletzte (*Maaßen* GRUR-Prax 2012, 252, 253). Im Sonderdeliktsrecht des UrhG gilt somit nun ein anderer Maßstab als im allgemeinen Deliktsrecht. Hinzu kommt, dass die Differenzierung als unverhältnismäßig anzusehen ist. Denn empirisch betrachtet sind unberechtigte Abmahnungen, denen das Gesetz entgegenwirken will, die – wenngleich gravierende – Ausnahme, berechtigte Abmahnungen hingegen der Regelfall. Durch Ausschluss des deliktischen Gerichtsstands für einen signifikanten Teil der Verletzungsfälle wird die Rechtsdurchsetzung ohne Not erschwert, da der Verletzte stets am Wohn- oder Aufenthaltsort des Verletzers Klage erheben muss.

§ 105 Gerichte für Urheberrechtsstreitsachen

(1) Die Landesregierungen werden ermächtigt, durch Rechtsverordnung Urheberrechtsstreitsachen, für die das Landgericht in erster Instanz oder in der Berufungsinstanz zuständig ist, für die Bezirke mehrerer Landgerichte einem von ihnen zuzuweisen, wenn dies der Rechtspflege dienlich ist.

(2) Die Landesregierungen werden ferner ermächtigt, durch Rechtsverordnung die zur Zuständigkeit der Amtsgerichte gehörenden Urheberrechtsstreitsachen für die Bezirke mehrerer Amtsgerichte einem von ihnen zuzuweisen, wenn dies der Rechtspflege dienlich ist.

(3) Die Landesregierungen können die Ermächtigungen nach den Absätzen 1 und 2 auf die Landesjustizverwaltungen übertragen.

Literatur: *Bornkamm,* Die Gerichtsstandsbestimmung nach §§ 36, 37 ZPO, NJW 1989, 2713; *Czychowski/Nordemann,* Die Entwicklung der Gesetzgebung und Rechtsprechung zum Urheberrecht in den Jahren 2000 und 2001, NJW 2002, 562; *Danckwerts,* Örtliche Zuständigkeit bei Urheber-, Marken- und Wettbewerbsverletzungen im Internet – Wider einen ausufernden „fliegenden Gerichtsstand" der bestimmungsgemäßen Verbreitung, GRUR 2007, 104; *Deister/Degen,* Darf der Gerichtsstand noch fliegen? – § 32 ZPO und das Internet, NJOZ 2010, 1; *Fezer,* Ausschließliche Zuständigkeit der Kennzeichengerichte und der Gemeinschaftsmarkengerichte, NJW 1997, 2915; *Geimer/Schütze,* Europäisches Zivilverfahrensrecht, 3. Aufl., München 2000; *Knaak,* Die EG-Richtlinie zur Durchsetzung der Rechte des geistigen Eigentums und ihr Umsetzungsbedarf im deutschen Recht, GRUR Int 2004, 745; *Kropholler,* Europäisches Zivilprozessrecht, 7. Aufl., Heidelberg 2002; *Lange,* Der internationale Gerichtsstand der Streitgenossenschaft im Kennzeichenrecht im Lichte der „Roche/Primus"-Entscheidung des EuGH; *Laucken/Oehler,* Fliegender Gerichtsstand mit gestutzten Flügeln? Ein Beitrag zur Auslegung von § 32 ZPO und der Beschränkbarkeit des deliktischen Gerichtsstands bei Urheberrechtsverletzungen, ZUM 2009, 824; *Melullis,* Handbuch des Wettbewerbsprozess, 3. Aufl., Köln 2000; *Pleister/Ruttig,* Neues Urheberrecht – neuer Kopierschutz – Anwendungsbereich und Durchsetzbarkeit des § 95a UrhG, MMR 2003, 763; *Stauder,* Die Anwendung des EWG-Gerichtsstands- und Vollstreckungsübereinkommens auf Klagen im gewerblichen Rechtsschutz und Urheberrecht, GRUR 1976, 465.
Vgl. darüber hinaus die Angaben im eingangs abgedr. Gesamtliteraturverzeichnis.

Übersicht

	Rn.
I. Zweck und Regelungsgehalt	1
II. Funktionelle Zuständigkeit	2–7
1. Umfang der Zuständigkeit	2–3
2. Verweisung bei Unzuständigkeit	4–6
3. Zuständige Gerichte	7
III. Sachliche Zuständigkeit	8
IV. Örtliche Zuständigkeit	9–29
1. Gerichtsstand der unerlaubten Handlung	9–26
a) Unerlaubte Handlung	10–14
b) Tatort	15–25
aa) Begangene Rechtsverletzung	15–23
bb) Bevorstehende Rechtsverletzung	24
cc) Konkurrenz mehrerer Tatorte	25
c) Mehrere Rechtsverletzer	26
2. Widerklage	27, 28
3. WahrnG	29
V. Internationale Zuständigkeit	30–39
VI. Gerichtsstandsvereinbarungen	40, 41
VII. Schiedsvereinbarungen	42

I. Zweck und Regelungsgehalt

Um der speziellen Materie des Urheberrechts auch auf Seiten der Gerichte Rechnung zu tragen, hat der Gesetzgeber die Landesregierungen ermächtigt, eine Konzentration der Zuständigkeiten für Urheberrechtsstreitsachen auf bestimmte Amts- und Landgerichte vorzusehen (vgl. die amtliche Begründung BT-Drucks. IV/270 S. 106). Ähnliche Regelungen finden sich auch in § 140 MarkenG, § 52 Abs. 2 GeschmMG, § 143 Abs. 2 PatG und § 27 Abs. 2 GebrMG. Nach § 105 Abs. 1 und 2 können die Länder bestimmten Amts- und Landgerichten eine besondere **funktionelle Zuständigkeit** für Urheberrechtsstreitsachen zuweien (OLG Karlsruhe CR 1999, 488; BayObLG ZUM 2004, 672, 673; LG Frankfurt, Urt. v. 2.2.2012, Az. 2–03 O 419/09, da die Spezialmaterie des UrhG nur von Richtern beherrscht werden könne, die sich ständig mit diesem Gebiet befasst haben und daher über eine entsprechende Erfahrung verfügen; Schricker/Loewenheim/*Wild* § 105 Rn. 7; Spindler/Schuster/*Spindler* § 105 Rn. 1; Loewenheim/*Rojahn* § 92 Rn. 8; **a. A.** Büscher/Dittmer/Schiwy/*Haberstumpf*, § 105 UrhG Rn. 5, der die Konzentration als eine Sonderform der sachlichen Zuständigkeit betrachtet). Davon unberührt bleibt die sachliche, örtliche und internationale Zuständigkeit, die sich nach den auch sonst geltenden Vorschriften richtet.

1

II. Funktionelle Zuständigkeit

1. Umfang der Zuständigkeit

Zu den **Urheberrechtsstreitsachen** (zum Begriff vgl. auch die Erl. zu § 104 Rn. 2) gehören alle zivilrechtlichen Rechtsstreitigkeiten, durch die ein Anspruch aus einem der im UrhG geregelten Rechtsverhältnisse geltend gemacht wird (OLG Karlsruhe CR 1999, 488). Dabei genügt es, wenn der Kläger sich zur Begründung seines Klageanspruchs, also im Rahmen ein und desselben Streitgegenstandes, gegebenenfalls auch nur hilfsweise, auf urheberrechtliche Ansprüche beruft und deren Begründetheit nicht von vornherein ausgeschlossen ist. Das für Urheberrechtsstreitsachen funktionell zuständige **Gericht prüft** den **Klageanspruch** dann **abschließend,** und zwar auch insoweit, als es nicht um urheberrechtliche Anspruchsgrundlagen geht (Ahrens/*Bähr* Kap. 17 Rn. 42 a. E.; Loewenheim/*Rojahn* § 92 Rn. 10; vgl. zum Kartellrecht BGH NJW 1968, 351; OLG Düsseldorf WRP 1968, 335, 336; vgl. zum Markenrecht KG WRP 1997, 37; *Ingerl/Rohnke* § 140 MarkenG Rn. 7).

2

Für Klageansprüche, die keine Urheberrechtsstreitsache betreffen, kann eine Zuständigkeit nach § 105 Abs. 1 oder 2 i. V. m. der entsprechenden Landesverordnung auch dann nicht begründet werden, wenn sie zusätzlich (objektive Klagehäufung) oder hilfsweise zu urheberrechtlichen Klageansprüchen geltend gemacht werden (BGH GRUR 1980, 853, 855 – Architektenwechsel). Gleiches gilt für nicht urheberrechtliche Ansprüche, die vom Beklagten im Wege der **Widerklage** (§ 33 ZPO) geltend gemacht werden (so wohl auch Benkard/*Rogge* § 143 PatG Rn. 12), wobei dann regelmäßig auch kein Sachzusammenhang zum Klageanspruch i. S. d. § 33 ZPO bestehen dürfte (s. dazu auch unten Rn. 19 f.).

3

2. Verweisung bei Unzuständigkeit

Wird eine Klage bei einem Gericht des **falschen Rechtswegs** eingereicht, so verweist das Gerichts von Amts wegen gem. § 17a GVG an das Gericht des einschlägigen Rechtswegs (vgl. § 104 Rn. 8 ff.). Wird eine Urheberrechtsstreitsache bei einem **funktionell unzuständigen Gericht** anhängig gemacht, erfolgt die Verweisung an das zuständige Gericht nach überwiegender Auffassung ebenfalls von Amts wegen (Schricker/Loewenheim/*Wild* § 105 Rn. 6; Fromm/Nordemann/*Nordemann* § 105 Rn. 5; Spindler/Schuster/*Spindler*

4

§ 105 Rn. 6; Loewenheim/*Rojahn*, § 92 Rn. 8; Möhring/Nicolini/*Lütje* § 105 UrhG Rn. 16; Büscher/Dittmer/Schiwy/*Haberstumpf* § 105 UrhG Rn. 6; a. A. v. *Gamm* § 105 Rn. 3).

5 Für den Rechtsmittelzug ist umstritten, ob die **Berufung fristwahrend** auch bei dem allgemein zuständigen und nicht bei dem aufgrund einer besonderen funktionellen Zuständigkeitsverteilung zuständigen Gericht eingereicht werden kann. Ein Teil der Literatur und Rspr. hält die nichtbeachtete Spezialzuständigkeit für unschädlich (vgl. BGH ZUM 1990, 35; OLG Köln NJW-RR 1997, 1351 [für eine Baulandsache]; Schricker/Loewenheim/ *Wild* § 105 Rn. 6; Loewenheim/*Rojahn* § 92 Rn. 8; Fromm/Nordemann/*Nordemann* § 105 Rn. 5). Erforderlich ist dann nach der hier vertretenen engeren Auffassung jedoch, dass das allgemein zuständige Gericht die Sache auf Antrag einer der Parteien an das funktionell zuständige Gericht verweist (LG München I UFITA 87 (1980) 338, 340: § 281 ZPO analog; vgl. auch BGHZ 71, 367, 371 f. für die Verweisung vom allgemein zuständigen OLG zum funktional zuständigen Kartellsenat eines anderen OLG)

6 Ein Teil der Instanzgerichte sehen dagegen allein einen fristwahrenden Berufungseingang beim funktionell zuständigen Gericht als ausreichend an (LG Hechingen GRUR-RR 2003, 168; LG Mannheim BeckRS 2008, 24457 Rn. 32 ff.; vgl. allg. zur Berufungseinlegung bei Zuständigkeitskonzentrationen: Zöller/*Heßler* § 519 Rn. 7). Dabei lehnt das LG Hechingen sogar die Möglichkeit einer Verweisung an das zuständige Berufungsgericht ab, wohingegen das LG Mannheim eine Verweisung innerhalb der Berufungsfrist wohl noch als ausreichend erachten würde. Ein Irrtum des Rechtsanwalts über das funktional zuständige Gericht wird als nicht entschuldbar i. S. v. § 233 ZPO angesehen (LG Mannheim BeckRS 2008, 24457 Rn. 32 ff.).

3. Zuständige Gerichte

7 Von den in § 105 Abs. 1 u. 2 enthaltenen Ermächtigungen haben die Länder derzeit wie folgt Gebrauch gemacht:

Baden-Württemberg: **LG Mannheim** für den OLG-Bezirk Karlsruhe; **LG Stuttgart** für den OLG-Bezirk Stuttgart.

Bayern: **LG München I** für den OLG-Bezirk München; **LG Nürnberg-Fürth** für die OLG-Bezirke Nürnberg und Bamberg; **AG München** für die Landgerichtsbezirke des LG München I und II; im Übrigen sind die Amtsgerichte an dem funktionell zuständigen Landgericht für den gesamten jeweils zugehörigen Bereich zuständig.

Berlin: **AG Charlottenburg.**

Brandenburg: **AG/LG Potsdam** für alle Gerichtsbezirke des Landes.

Hamburg: **AG Hamburg-Mitte** für alle Amtsgerichtsbezirke.

Hessen: **AG** und **LG Frankfurt a. M.** für den Bereich der LG-Bezirke Darmstadt, Frankfurt a. M., Gießen, Hanau, Limburg a. d. Lahn, Wiesbaden; **AG** und **LG Kassel** für den Bereich der LG-Bezirke Fulda, Kassel, Marburg a. d. Lahn.

Meckl.-Vorpommern: **AG** und **LG Rostock** für den gesamten Bereich des Landes.

Niedersachsen: **AG** und **LG Hannover** für den OLG-Bezirk Celle; **AG** und **LG Braunschweig** für den OLG-Bezirk Braunschweig; **AG** und **LG Oldenburg** für den OLG-Bezirk Oldenburg.

Nordrhein-Westfalen: **AG** und **LG Düsseldorf** für den OLG-Bezirk Düsseldorf; **AG** und **LG Bielefeld** für die LG-Bezirke Bielefeld, Detmold, Münster, Paderborn; **AG** und **LG Bochum** für die LG-Bezirke Arnsberg, Bochum, Dortmund, Essen, Hagen, Siegen; **AG** und **LG Köln** für den OLG-Bezirk Köln.

Rheinland-Pfalz:	**LG Frankenthal (Pfalz)** für den gesamten Bereich des Landes; **AG Frankenthal** für den OLG-Bezirk Zweibrücken; **AG Koblenz** für den OLG-Bezirk Koblenz.
Sachsen:	**AG** und **LG Leipzig** für den gesamten Bereich des Landes.
Sachsen-Anhalt:	**AG** und **LG Magdeburg** für die LG-Bezirke Magdeburg und Stendal; **AG** und **LG Halle** für die LG-Bezirke Halle und Dessau.
Schleswig-Holstein:	**Landgericht Flensburg** (seit dem 1. Juli 2011)
Thüringen:	**AG** und **LG Erfurt** für den gesamten Bereich des Landes.

Die Länder Bremen und das Saarland haben von der Ermächtigung bislang keinen Gebrauch gemacht, allerdings haben diese Länder auch jeweils nur ein Landgericht (Landgericht Bremen bzw. Landgericht Saarbrücken). Eine Übersicht über die Gerichte für Urheberrechtsstreitsachen findet sich auf www.grur.de. Hinsichtlich der einzelnen Verordnungen, auf denen die Zuständigkeiten beruhen, sei auf Schönfelder, Deutsche Gesetze, Fn. 6 zu § 105, verwiesen.

III. Sachliche Zuständigkeit

Die sachliche Zuständigkeit der Gerichte beurteilt sich für Urheberrechtsstreitsachen 8 nach den allgemeinen Vorschriften (§§ 23, 71, 72 GVG). Eine ausschließliche sachliche Zuständigkeit der Landgerichte hat der Gesetzgeber für Urheberrechtsstreitsachen, anders als z.B. für Kennzeichenstreitsachen (vgl. § 140 Abs. 1 MarkenG), nicht vorgesehen. Bei Klagen, deren Streitwert sich nicht automatisch aus dem Klageantrag ergibt, obliegt es daher zunächst dem Kläger, eine sachgemäße Bestimmung vorzunehmen, die von den Gerichten regelmäßig nur dann korrigiert wird, wenn diese sich als unverhältnismäßig darstellt. Für die Bestimmung des Streitwerts gelten auch für Urheberrechtsstreitsachen die allgemeinen Vorschriften (§ 48 Abs. 1 GKG, §§ 3ff. ZPO). Bei Unterlassungsklagen ist der Wert in erster Linie nach dem Interesse des Rechtsinhabers an der Vermeidung zukünftiger Rechtsverletzungen zu bestimmen. Dabei sind sowohl der wirtschaftliche Wert des verletzten Rechts als auch der Umfang und die Intensität der in Rede stehenden und gegebenenfalls zukünftig drohenden Verletzungshandlungen zu berücksichtigen.

IV. Örtliche Zuständigkeit

Die örtliche Zuständigkeit ist nach den §§ 12ff. ZPO zu bestimmen, wobei in der Pra- 9 xis dem Gerichtsstand der unerlaubten Handlung (§ 32 ZPO), wie im gesamten Bereich des gewerblichen Rechtsschutzes, eine besondere Bedeutung zukommt, sofern nicht für die im privaten Bereich begangenen Rechtsverletzungen nunmehr § 104a eingreift.

1. Gerichtsstand der unerlaubten Handlung

a) **Unerlaubte Handlung.** Nach § 32 ZPO ist für Klagen, die auf einer **unerlaubten** 10 **Handlung** beruhen, das Gericht zuständig, in dessen Bezirk die Handlung begangen worden ist. Zu den unerlaubten Handlungen gehört auch die **widerrechtliche Verletzung der durch das UrhG geschützten Rechte,** wobei eine schuldhafte Rechtsverletzung keine notwendige Voraussetzung für das Vorliegen einer unerlaubten Handlung ist (LG Hamburg GRUR-RR 2002, 93, 94 – Gute Reise mit Ernst Kahl; Zöller/*Vollkommer* § 32 ZPO Rn. 5; MünchKommZPO/*Patzina* § 32 Rn. 3). Für Klagen gegen eine natürliche Person, die die Rechtsverletzung nicht im Rahmen einer gewerblichen oder selbständigen beruflichen Tätigkeit begangen hat, ist § 32 ZPO nicht anwendbar. Die örtliche Zuständigkeit richtet sich dann vielmehr allein nach § 104a.

UrhG § 105 11–15 § 105 Gerichte für Urheberrechtsstreitsachen

11 Umstritten ist, ob auch die **Eingriffskondiktion** gem. § 812 Abs. 1 S. 1 2. Alt. BGB zu den unerlaubten Handlungen gehört. Die wohl noch überwiegende Ansicht lehnt die Einbeziehung von Bereicherungsansprüchen generell ab (Baumbach/Lauterbach/*Hartmann* § 32 ZPO Rn. 7, 12, nur, soweit diese nicht an die Stelle von Schadensersatzansprüchen getreten sind; Stein/Jonas/*Schumann* § 32 ZPO Rn. 24; MünchKommZPO/*Patzina* § 32 Rn. 14), ohne dabei allerdings zwischen den einzelnen Kondiktionsarten zu unterscheiden. Zu Recht weist hingegen eine im Vordringen befindliche Ansicht (Wieczorek/Schütze/ *Hausmann* § 32 ZPO Rn. 17; Musielak/*Heinrich* § 32 Rn. 7; Zöller/*Vollkommer* § 32 ZPO Rn. 9, 12 m. w. N.) darauf hin, dass auch die Eingriffskondiktion zu einem von der Rechtsordnung nicht gebilligten Erfolg führe, weshalb sie als unerlaubte Handlung i. S. d. § 32 ZPO anzusehen sei.

12 Für die **Begründung der örtlichen Zuständigkeit** ist es unerheblich, ob ein Anspruch aus einer unerlaubten Handlung tatsächlich besteht. Ausreichend ist, dass der Kläger einen solchen Anspruch schlüssig darlegt und dieser nicht von vornherein ausgeschlossen werden kann (BGH GRUR 2005, 431, 432 – HOTEL MARITIME; BGH GRUR 2006, 513, 514 f. Rn. 21 – Arzneimittelwerbung im Internet; BGH NJW 2002, 1425, 1426). Umstritten war lange Zeit, ob dem **Tatortgericht** dann hinsichtlich des auf einer unerlaubten Handlung gestützten Klageanspruchs eine umfassende **Prüfungskompetenz** zukommt, es also erforderlichenfalls auch das Bestehen von Anspruchsgrundlagen prüft, die nicht auf einer unerlaubten Handlung basieren. Die früher herrschende Ansicht (vgl. BGHZ 132, 105, 111; OLG Hamm NJW-RR 2002, 1291; Baumbach/Lauterbach/*Hartmann* § 32 ZPO Rn. 14) beschränkte die Prüfungskompetenz des Tatortgerichts auf Ansprüche aus unerlaubter Handlung, was dazu führte, dass eine Sachentscheidung nur hinsichtlich dieser Anspruchsgrundlagen ergehen konnte. Hinsichtlich etwaiger weiterer Anspruchsgrundlagen stand es dem Kläger dann frei, vor einem hierfür zuständigen Gericht zu klagen. Die nunmehr herrschende Ansicht (vgl. BGH NJW 2003, 345; BGH NJW 2003, 828, 829; BayObLG NJW-RR 1996, 508, 509; OLG Hamburg MDR 1997, 884; OLG Frankfurt a. M. NJW-RR 1996, 1341; Ahrens/*Bähr* Kap. 17 Rn. 3 f. u. 42; Dreier/Schulze/*Schulze* § 105 Rn. 11; Zöller/*Vollkommer* § 32 ZPO Rn. 20 u. § 12 ZPO Rn. 21 m. w. N.; offen gelassen noch in BGH NJW 2002, 1425, 1426) befürwortet hingegen unter Hinweis auf die in § 17 Abs. 2 GVG geregelte Konzentration der Entscheidungskompetenz zu Recht auch bei der örtlichen Zuständigkeit eine umfassende Prüfungskompetenz des Tatortgerichts.

13 Für Klageansprüche (selbstständige prozessuale Ansprüche), die nicht auf einer unerlaubten Handlung beruhen, wird ein Gerichtsstand nach § 32 ZPO auch nicht durch eine **Klagehäufung** mit zugelassenen Ansprüchen begründet (Stein/Jonas/*Schumann* § 32 ZPO Rn. 12). Erfolgt dies dennoch, ist die Klage insoweit als unzulässig abzuweisen.

14 Die Zuständigkeit des Tatortgerichts ist nicht nur für sämtliche Klagearten (Leistungsklage, Feststellungsklage, negative Feststellungsklage), sondern auch für sämtliche Rechtsschutzbegehren (z. B. Schadensersatz, Auskunft, Unterlassung, Beseitigung, Widerruf, Kostenerstattung) gegeben, die auf einer unerlaubten Handlung beruhen (LG Frankfurt a. M. MMR 2010, 142, 142 für Kosten der Rechtsverfolgung; Stein/Jonas/*Schumann* § 32 ZPO Rn. 1 f.; Zöller/*Vollkommer* § 32 ZPO Rn. 4 f. u. 14). Nach heute ganz h. A. gilt § 32 ZPO auch für die vorbeugende Unterlassungsklage (Zöller/*Vollkommer* § 32 ZPO Rn. 16 a. E.; vgl. dazu auch noch unten Rn. 16). Ist für den Unterlassungsanspruch die örtliche Zuständigkeit des angerufenen Gerichts begründet, gilt dies auch für den zugehörigen Auskunftsanspruch sowie den Anspruch auf Feststellung der Schadensersatzverpflichtung dem Grunde nach. Dies gilt selbst dann, wenn Auskunfts- und Schadensersatzfeststellungsklage isoliert ohne den zugehörigen Unterlassungsanspruch geltend gemacht werden (OLG Hamburg GRUR-RR 2005, 31, 32 – Firmenporträt).

15 **b) Tatort. aa) Begangene Rechtsverletzung.** Anknüpfungspunkt für die Ermittlung der örtlichen Zuständigkeit ist bei einer bereits eingetretenen Rechtsverletzung der Ort, an

dem diese begangen worden ist (Begehungsort). Unter Begehungsort ist zum einen der Ort, an dem der Rechtsverletzer gehandelt hat (**Handlungsort**), und zum anderen der Ort, an dem die Verletzung des Rechts eintritt (**Erfolgsort**), zu verstehen. Der Sitz des Rechtsinhabers ist für sich allein nicht geeignet, die örtliche Zuständigkeit zu begründen. Das Urheberrecht ist nämlich nicht mit dem Sitz des Rechtsinhabers verbunden, so dass dieser nicht automatisch als Erfolgsort angesehen werden kann (BGHZ 52, 108, 111; BGH GRUR 1985, 523, 524; OLG München GRUR 1990, 677 – Postervertrieb; die Rechtsprechung der Berliner Gerichte, vgl. etwa KG GRUR 1953, 525 f., die zugunsten der GEMA auch den Ort des Schadenseintritts als zuständigkeitsbegründend angesehen haben, ist damit überholt).

Zur Begründung eines Gerichtsstandes sind sämtliche Handlungen geeignet, die zu einer Verletzung der durch das UrhG geschützten Rechte führen. Liegen mehrere Handlungsformen (z. B. Vervielfältigung, Verbreitung) vor, ist hinsichtlich jeder einzelnen Handlungsform gesondert zu prüfen, ob für diese die örtliche Zuständigkeit beim angerufenen Gericht begründet ist (zu den Handlungsformen i. E. vgl. *Laucken/Oehler* in ZUM 2009, 824, 832. Dies ist der Fall, wenn die **Handlungsform im Gerichtsstand** der unerlaubten Handlung **begangen oder** diese **mit anderen Handlungsformen,** die im Bezirk des angerufenen Gerichts begangen wurden, **zu ein und derselben unerlaubten Handlung gehört** (KG GRUR-RR 2002, 343). Dem ist mit der Maßgabe zuzustimmen, dass es entscheidend auf die Frage ankommt, ob die Handlungsalternativen auf demselben Lebenssachenverhalt (Klagegrund) beruhen. Anderenfalls entstände eine Diskrepanz zu der oben unter Rn. 12 dargelegten Kompetenzkonzentration des Tatortgerichts. Kann nämlich das Tatortgericht im Rahmen des selben Klagegrundes sogar über Anspruchsgrundlagen entscheiden, für die alleine keine Zuständigkeit beim Gerichtsstand der unerlaubten Handlung besteht, muss dies erst recht für alle Teilakte einer unerlaubten Handlung gelten, die mit den die örtliche Zuständigkeit begründenden Teilakten einen gemeinsamen Klagegrund bilden.

Bei **Vorbereitungshandlungen** ist darauf zu achten, ob diese sich auf die Vornahme von Handlungen beziehen, die im Inland zu einer Rechtsverletzung führen können. Ist dies der Fall, können sie im Inland eine Erstbegehungsgefahr begründen. Anderenfalls sind allein die Gerichte des betroffenen Landes zuständig (BGHZ 35, 329, 336 – Kindersaugflaschen). Die bloße Warendurchfuhr begründet in der Regel ebenfalls noch keine inländische Verletzungshandlung (BGHZ 23, 100, 104 f. – Pertussin I, BGH GRUR 1957, 352, 353 – Pertussin II; BGH GRUR 1958, 189 – Carl Zeiss Stiftung). Der EuGH (GRUR 2004, 501 – Rolex; GRUR Int. 2000, 748 – Polo/Lauren) hat in zwei Entscheidungen, die Beschlagnahmen in Produktpirateriefällen betrafen, zunächst den Standpunkt eingenommen, die bloße Durchfuhr von Waren führe bereits zu einer Verletzungshandlung im Durchfuhrmitgliedstaat. Mittlerweile hat sich der EuGH in vier neueren Entscheidungen (EuGH GRUR Int. 2004, 39 – Rioglass; EuGH GRUR 2006, 146 – Class International; EuGH GRUR 2007, 146 – Diesel; EuGH GRURInt 2012, 134 – Philips u. Nokia) von seiner früheren Rechtsprechung distanziert und vertritt nun einen im Ergebnis gegenteiligen Standpunkt (vgl. dazu auch § 111b Rn. 44 f.).

Rechtsverletzungen sind häufig nicht auf einen bestimmten Ort beschränkt, weshalb in der Praxis durch § 32 ZPO regelmäßig die örtliche Zuständigkeit mehrerer Gerichte begründet wird, unter denen der Rechtsinhaber dann frei wählen kann (§ 35 ZPO; forum shopping; siehe aber für Klagen gegen natürliche Personen die Sonderregelung in § 104a). Kommt es aufgrund der Verteilung einer Druckschrift oder der Ausstrahlung von Rundfunk- und Fernsehsendungen zu einer Rechtsverletzung, ist ein Gerichtsstand überall dort begründet, wo die Druckschrift bestimmungsgemäß erhältlich ist bzw. die Sendung empfangen werden kann (sog. **fliegender Gerichtsstand;** stRspr. OLG Stuttgart GRUR 1954, 131; OLG München GRUR 1984, 830, 831; LG München I GRUR 2005, 574; OLG Rostock, vom 20.7.2009 – 2 W 41/09, BeckRS 2009, 21930 m. w. N.). Ebenso ist bei einem

Vertrieb von rechtsverletzenden Vervielfältigungsstücken danach zu fragen, ob diese nur lokal, regional oder bundesweit angeboten werden. Alle innerhalb des Vertriebsgebiets liegenden funktionell zuständigen Gerichte sind dann auch örtlich zuständig.

19 Die Grundsätze des fliegenden Gerichtsstands gelten auch für Rechtsverletzungen, die über das **Internet** erfolgen. Dabei kommt es maßgebend darauf an, an welchem Ort die über das Internet abrufbaren Informationen bestimmungsgemäß zum Abruf bereitgestellt werden. Grds. ist daher bei allen im Zusammenhang mit der Benutzung einer „.de-Domain" stehenden Rechtsverletzungen wegen der bundesweiten Abrufbarkeit des Internets die örtliche Zuständigkeit aller deutschen Gerichte begründet (so die überwiegende Rspr.: OLG Hamm MMR 2008, 178 – *Forumshopping;* OLG Rostock, Beschl. vom 20.7.2009 – 2 W 41/09, BeckRS 2009, 21930 m. w. N.; LG Düsseldorf ZUM 2010, 272, 273 LG Düsseldorf ZUM-RD 2011, 698, 699 für Fälle des Musikdownloads via Filesharing; LG Köln, Beschl. v. 22.10.2010 – 28 O 585/10, BeckRS 2011, 07217; LG Hamburg, Beschl. v. 25.11.2010 – 310 O 433/10, BeckRS 2011, 03015; LG Hamburg GRUR-RR 2005, 106, 107; LG Frankfurt a. M. MMR 2007, 118). Dies gilt allerdings dann nicht, wenn sich aus dem Internetauftritt ergibt, dass nur ein bestimmter lokaler oder regionaler Personenkreis angesprochen werden soll (LG Hamburg MMR 2011, 594; LG Krefeld MMR 2007, 798 f.; LG Köln, Beschl. vom 7.6.2011, 28 O 431/11; Solmecke/Besenthal, MMR 2011, 595; ausführlich zur Diskussion: *Deister/Degen* NJOZ 2010, 1 ff.; *Laucken/Oehler* ZUM 2009, 824 ff.).

20 Für andere Top Level Domains (z. B. „.com", „.net" etc.) gilt der gleiche Prüfungsmaßstab. Allerdings ist hier, anders als bei „.de-Domains" noch nicht durch die TLD an sich ein Bezug zum Inland hergestellt. Es ist daher aufgrund der Verhältnisse beim Anbieter und dem Inhalt der Website zu prüfen, ob sich zureichende tatsächliche Anhaltspunkte dafür ergeben, dass die Website zum Abruf in Deutschland bestimmt ist, sich also an das dortige Publikum richtet (BGH GRUR 2005, 431, 432 – HOTEL MARITIME zu Art. 5 Nr. 3 EuGVÜ; BGH NJW 2006, 2360, 2632 Rn. 21; OLG Köln GRUR-RR 2008, 71 für „.uk"; KG MMR 2007, 652, 653; KG NJOZ 2006, 1943; LG München I NJOZ 2010, 449, 450).

21 Der Inlandsbezug wird bei international eingesetzten Domains etwa durch einen – zumindest wählbaren – deutschsprachigen Inhalt indiziert. Bei englischsprachigen Internetauftritten können sich solche Hinweise aus den Lieferbedingungen ergeben. Werden dort z. B. Lieferkonditionen für Deutschland aufgeführt oder wird deutlich gemacht, dass eine Lieferung in einen Bereich erfolgt, zu dem auch Deutschland gehört (z. B. EU), ist damit auch ein hinreichender Bezug zum deutschen Markt gegeben, um die internationale Zuständigkeit der deutschen Gerichte zu begründen. Werden auf dem Internet allein andere Sprachen als Deutsch oder Englisch eingesetzt, spricht zunächst einmal wenig für eine bestimmungsgemäße Abrufbarkeit im Inland. Entscheidend bleiben aber immer die Umstände des Einzelfalls. So kann sich ergeben, dass ein allein in französischer Sprache verfasster Internetauftritt durchaus gezielt auch deutsche Abnehmer des Grenzgebiets anspricht, was für eine Abrufbarkeit im Inland ausreichend wäre.

22 Dem Betreiber der Internetseite steht allerdings die Befugnis zu, das bestimmungsgemäße Verbreitungsgebiet durch eine eigene Erklärung zu definieren. Dies erfordert allerdings einen Disclaimer, der sowohl von seinem Inhalt als auch von seiner Wahrnehmbarkeit klar und eindeutig gestaltet ist und der auf Grund seiner Aufmachung vom angesprochenen Verkehrskreis auch als ernst gemeint aufgefasst wird (BGH GRUR 2006, 513, 515 Rn. 22 – Arzneimittelwerbung im Internet; siehe auch Zöller/*Geimer* Art. 5 EuGVVO Rn. 28a).

23 Für die Ausstrahlung italienischer Fernsehsendungen ohne deutsche Übersetzung über das deutsche Kabelnetz und per Satellit hat der BGH einen großzügigen Standpunkt eingenommen und eine bestimmungsgemäße Aussendung in Deutschland bejaht, da diese darauf gerichtet sei, das Verständnis und die Kenntnis der italienischen Kultur und Sprache in der Welt zu fördern, so dass sich die Programme auch an die deutsche Bevölkerung richteten (GRUR 2012, 621 Rn. 21 – OSCAR m. w. N.).

bb) Bevorstehende Rechtsverletzung. Ist noch keine Rechtsverletzung eingetreten, 24
steht eine solche aber unmittelbar bevor **(Erstbegehungsgefahr)**, ist § 32 ZPO entsprechend anzuwenden (BGH NJW 1956, 911; BGH GRUR 1994, 530, 532 – Beta; OLG Hamburg GRUR 1987, 403; OLG Hamburg GRUR-RR 2005, 31, 32; OLG Düsseldorf BB 1994, 877, 879; OLG Hamm NJW-RR 1989, 305; LG Hamburg, GRUR-RR 2002, 93, 94 – Gute Reise mit Ernst Kahl; LG Düsseldorf GRUR 1950, 381; **a. A.** OLG Bremen RIW 1992, 231 zu Art. 5 Nr. 3 EuGVÜ; *Thomas/Putzo* § 32 ZPO Rn. 1). Als (zukünftiger) Begehungsort ist dann jeder Ort anzusehen, an dem eine unerlaubte Handlung droht. Dies ist sowohl der Ort, an dem Vorbereitungshandlungen erfolgen als auch der Ort, an dem die Verwirklichung der Rechtsverletzung droht. Zur Bestimmung der räumlichen Ausdehnung der Begehungsgefahr gelten dabei im Grundsatz dieselben Kriterien wie bei bereits eingetretenen Rechtsverletzungen. Steht etwa eine Rechtsverletzung im Zusammenhang mit einer auch an das deutsche Publikum gerichteten Domain bevor, wird damit eine Zuständigkeit aller deutschen Gerichte für Urheberrechtsstreitsachen begründet. Ebenso dann, wenn der Vertrieb eines rechtsverletzenden Produkts durch ein bundesweit tätiges Unternehmen bevorsteht.

cc) Konkurrenz mehrerer Tatorte. Zwischen mehreren Tatortgerichtsständen kann 25
der Kläger nach § 35 ZPO frei wählen. Häufig wird die Bestimmung der nach § 32 ZPO möglichen **Gerichtsstände** teils aufgrund bereits eingetretener und teils aufgrund unmittelbar bevorstehender Rechtsverletzungen erfolgen. Beide Arten der Begründung eines Gerichtsstandes sind **gleichwertig**. Dem Kläger steht es daher auch bei bereits eingetretener Rechtsverletzung frei, die Klage bei einem Gericht zu erheben, in dessen Bezirk bislang nur eine Begehungsgefahr besteht (OLG Düsseldorf WRP 1991, 728, 729 zu § 24 Abs. 2 a. F. UWG; vgl. zum Markenrecht: *Ingerl/Rohnke* § 140 MarkenG Rn. 48).

c) Mehrere Rechtsverletzer. Sind an der Rechtsverletzung mehrere beteiligt **(Mittä-** 26
ter, Teilnehmer, Anstifter) kann jeder von ihnen unabhängig davon, wo und wie er seinen Tatbeitrag erbracht hat, an jedem Ort verklagt werden, der bezogen auf die gesamte unerlaubte Handlung als Begehungsort anzusehen ist. Ein Mittäter kann daher auch an einem Ort verklagt werden, an dem nicht er selbst, sondern allein sein Komplize wesentliche Tatbestandsmerkmale einer unerlaubten Handlung verwirklicht hat (vgl. BGH NJW-RR 2008, 516, 518; BGH NJW-RR 1990, 604 zur Begründung der internationalen Zuständigkeit gem. § 32 ZPO analog; OLG Düsseldorf NJOZ 2011, 1093, 1094).

2. Widerklage

Die **Zulässigkeit einer Widerklage** gegenüber einer als Urheberrechtsstreitsache zu 27
qualifizierenden Klage richtet sich, wie auch sonst, nach § 33 ZPO, wobei umstritten ist, ob § 33 ZPO lediglich eine besondere örtliche Zuständigkeit regelt oder ob er auch dann anzuwenden ist, wenn das Gericht bereits aufgrund anderer Vorschriften auch für die Widerklage örtlich zuständig ist (vgl. dazu Zöller/*Vollkommer* § 33 ZPO Rn. 1; Stein/Jonas/ *Schumann* § 33 ZPO Rn. 7 m. w. N.). Unproblematisch ist eine Widerklage in Urheberrechtsstreitsachen daher nur dann, wenn sämtliche Voraussetzungen des § 33 ZPO erfüllt sind und es sich bei der Widerklage ebenfalls um eine Urheberrechtsstreitsache handelt. Ist letzteres nicht der Fall, spricht einiges dafür, das Gericht für Urheberrechtsstreitsachen hinsichtlich der Widerklage als nicht funktionell zuständig anzusehen.

Wird bei einem für Urheberrechtsstreitsachen **funktionell unzuständigen Gericht** 28
eine Widerklage erhoben, die ihrerseits eine Urheberrechtsstreitsache zum Gegenstand hat, ist die Widerklage auf einen entsprechenden Antrag hin abzutrennen und an das zuständige Gericht für Urheberrechtsstreitsachen zu verweisen (vgl. BGHZ 71, 367, 374 für die Verweisung vom allgemein zuständigen OLG zum Kartellsenat eines anderen OLG; OLG Köln NJW-RR 1997, 1351 betreffend die Verweisung an den Senat für Baulandsachen).

3. WahrnG

29 Bei Rechtsstreitigkeiten über Ansprüche einer Verwertungsgesellschaft wegen der Verletzung eines von ihr wahrgenommenen Nutzungs- oder Einwilligungsrechts sieht § 17 WahrnG eine **ausschließliche Zuständigkeit** des Gerichts vor, in dessen Bezirk die Verletzungshandlung vorgenommen worden ist oder der Verletzer seinen allgemeinen Gerichtsstand hat (näher § 17 WahrnG Rn. 1 ff.). Da es sich um eine ausschließliche Zuständigkeit handelt, bleibt im Anwendungsbereich des § 17 WahrnG **kein Raum für eine Gerichtsstandsvereinbarung** oder für die Begründung einer Zuständigkeit durch rügeloses Einlassen (§ 40 Abs. 2 ZPO).

V. Internationale Zuständigkeit

30 Die Regelungen über die internationale Zuständigkeit betreffen die Frage, ob die deutschen Gerichte für eine Klage zuständig sind. Sofern und **soweit keine speziellen Regelungen** eingreifen, gelten für die internationale Zuständigkeit der deutschen Gerichte die **Regelungen über die örtliche Zuständigkeit entsprechend** (BGH NJW 1999, 1395; BGH NJW 1985, 2090; OLG Hamburg GRUR 1987, 403 – Informationsschreiben; Zöller/*Geimer* IZPR Rn. 37 m.w.N.). Im Bereich des § 32 ZPO genügt dabei auch das Vorliegen einer inländischen Erstbegehungsgefahr (OLG Hamburg GRUR 1987, 403 – Informationsschreiben). Dies gilt auch dann, wenn im Ausland bereits Verletzungshandlungen begangen worden sind.

31 Die internationale Zuständigkeit ist **in jedem Stadium des Verfahrens,** also auch noch im Revisionsverfahren, **von Amts wegen zu prüfen** (vgl. zu § 513 Abs. 2 ZPO: BGH GRUR Int. 2007, 928, 930 Rn. 16 – Wagenfeld-Leuchte; BGH NJW 2006; 2630, 2631 Rn. 20; BGH GRUR 2005, 431, 432 – HOTEL MARITIME; BGH MDR 2004, 707; BGH NJW 2003, 426; KG NJOZ 2006, 1943; Zöller/*Gummer/Heßler* § 513 Rn. 8; Ahrens/*Bähr* Kap. 16 Rn. 19 m.w.N.; vgl. zu § 512a ZPO a.F.: BGH NJW-RR 1990, 604). Die Regelung des § 513 Abs. 2 ZPO ist für die internationale Zuständigkeit auch dann nicht (entsprechend) heranzuziehen, wenn die Bestimmung der internationalen Zuständigkeit mangels einschlägiger Spezialregelungen in entsprechender Anwendung der Vorschriften über die örtliche Zuständigkeit erfolgt (BGH GRUR 1980, 227, 229 – Monumenta Germaniae Historica; BGH GRUR 1988, 483, 484 – AGIAV; BGH GRUR 1986, 325, 327 – Peters; BGH NJW 1997, 397 [jeweils zu § 512a ZPO a.F.]; KG NJOZ 2006, 1943).

32 Zum 1.3.2002 ist für den Bereich der **EU** die Verordnung über die gerichtliche Zuständigkeit und die Anerkennung und Vollstreckung von Entscheidungen in Zivil- und Handelssachen **VO (EG) 44/2001 (EuGVVO)**, ABl. L 12/1, in Kraft getreten. Nach Art. 68 EuGVVO tritt diese Verordnung im Verhältnis der Mitgliedstaaten der EU (mit Ausnahme Dänemarks; vgl. Art. 1 Abs. 3 EuGVVO) an die Stelle des EuGVÜ. Die Regelungen der Gerichtsstände entsprechen, soweit für Urheberrechtsstreitsachen von Bedeutung, weitestgehend den Regelungen im früheren EuGVÜ und im LugÜ. Richtet sich daher die **Klage** gegen eine (natürliche oder juristische) **Person,** die ihren **(Wohn-)Sitz in einem der Mitgliedstaaten der Europäischen Union hat,** beurteilt sich die internationale Zuständigkeit allein nach den Regelungen der EuGVVO. Hat der Beklagte seinen (Wohn-)Sitz in einem der EFTA-Staaten (Finnland, Island, Norwegen, Österreich, Schweden, Schweiz) gilt das **LugÜ,** wobei nach Art. 54b LugÜ bei Doppelmitgliedschaft die EuGVVO bzw. das EuGVÜ Vorrang hat. Der Anwendungsbereich des LugÜ beschränkt sich daher heute auf den Rechtsverkehr mit den Ländern Schweiz, Norwegen und Island. Die Regelungen des LugÜ entsprechen in weiten Bereichen den Regelungen der EuGVVO, so dass die Regelungen im Folgenden gemeinsam behandelt werden.

EuGVVO/LugÜ sehen in ihrem jeweiligen Art. 5 mehrere besondere Gerichtsstände vor, **33** die auch in Urheberrechtsstreitsachen von Bedeutung sein können. Dies sind der **Gerichtsstand des Erfüllungsortes** (Art. 5 Nr. 1 EuGVVO/LugÜ), der **Gerichtsstand der Niederlassung** (Art. 5 Nr. 5 EuGVVO/LugÜ; zum Begriff der Niederlassung vgl. LG Köln BeckRS 2008, 16435; Zöller/*Geimer* Art. 5 EuGVVO Rn. 40 ff.) und in Art. 5 Nr. 3 EuGVVO/LugÜ der **Gerichtsstand der unerlaubten Handlung,** dem in der Praxis bei international angelegten Sachverhalten eine besondere Relevanz zukommt. Unter die Zuständigkeit des Gerichtsstands der unerlaubten Handlung fallen auch Klagen wegen Urheberrechtsverletzungen (BGH GRUR Int. 2007, 928, 939 Rn. 17 – Wagenfeld-Leuchte [zu Art. 5 Nr. 3 EuGVÜ]). Der sachliche Anwendungsbereich des Art. 5 Nr. 3 EuGVVO wird nach stRspr. des EuGH autonom durch für alle Mitgliedstaaten einheitliche Abgrenzungskriterien unter Berücksichtigung der Systematik und der Zielsetzungen der EuGVVO bestimmt (GRUR 2012, 300, Rn. 41 – eDate Advertising; EuZW 2009, 608 Rn. 17 m. w. N. – Zuid-Chemie), um in allen Vertragsstaaten eine einheitliche Anwendung zu erreichen. Bei der Bestimmung des Begriffs der unerlaubten Handlung ist daher weder auf die lex fori des Gerichtsstaates noch auf die lex causae abzustellen (vgl. EuGH NJW 1988, 3088 [zu Art. 5 Nr. 3 EuGVÜ]; Geimer/*Schütze* Art. 5 EuZVR Rn. 146 m. w. N.).

Im Falle der grenzüberschreitenden Geltendmachung von urheberrechtlichen Vergütungs- **34** ansprüchen gegen ausländische Internetversender von Vervielfältigungsträgern hat der EuGH den Mitgliedstaaten, die eine Privatkopieabgabe erheben (Art. 5 Abs. 2 lit. b und Abs. 5 RL 2001/29), auferlegt, dass die nationalen Gerichte das nationale Recht derart auszulegen haben, dass die Erhebung eines gerechten Ausgleichs i. S. v. Art. 5 Abs. 2 lit. b RL 2001/29 ermöglicht wird (EuGH GRUR 2011, 909 Rn. 36 f. – Stichting/Opus). Bei der grenzüberschreitenden Geltendmachung von Vergütungsansprüchen nach §§ 54, 54b UrhG wird jedoch vertreten, dass ein deutscher Gerichtsstand nach Art. 5 Nr. 3 EuGVVO nicht begründet sei, da ein Verstoß gegen die Vergütungspflicht keine Urheberrechtsverletzung bzw. keine unerlaubte Handlung darstelle (Nachweise bei *Müller* ZUM 2011, 631, 633). Im Lichte der EuGH-Entscheidung „Stichting/Opus" wird man dies nicht mehr vertreten können. Vielmehr ist das nationale Recht so auszulegen, dass die Durchsetzung der Vergütungsansprüche nach §§ 54, 54b gegen einen gewerblich handelnden ausländischen Schuldner vor den deutschen Gerichten zu gewähren ist und folglich ein deutsches Gericht hierfür international zuständig sein muss (vgl. *Kröber*, Anm. GRUR 2011, 911, 912; *Müller* ZUM 2011, 631, 634).

Für das LugÜ besteht keine Auslegungsbefugnis des EuGH. Die Gerichte haben jedoch **35** bei der Anwendung des LugÜ den ausländischen Entscheidungen zum LugÜ und den Entscheidungen des EuGH „gebührend Rechnung zu tragen" (ausführlich hierzu *Kropholler* Einl. Rn. 71 f.). Trotz der **autonomen Bestimmung des sachlichen Anwendungsbereichs** deckt sich die Definition des Begriffs „unerlaubte Handlungen" durch den EuGH weitestgehend mit der für § 32 ZPO maßgebenden Definition (vgl. im Einzelnen Geimer/*Schütze* Art. 5 EuZVR Rn. 146 f.). Auch im Verhältnis zur Rechtsprechung zum LugÜ sind keine wesentlichen Unterschiede auszumachen.

Der Wortlaut des Art. 5 Nr. 3 EuGVVO/LugÜ scheint zwar generell an jedem Ort, an **36** dem das schädigende Ereignis eingetreten ist, einen Gerichtsstand begründen zu wollen. Nach allgemeiner Ansicht kommt es aber auch hier entscheidend auf den **Handlungs- oder Erfolgsort** an (vgl. EuGH GRUR 2012, 300 Rn. 41 – eDate Advertising; BGH GRUR-RR 2013, 228 Tz. 12; EuZW 2009, 608 Rn. 23 m. w. N. – Zuid-Chemie; BGH NJW 2006, 2360, 2632 Rn. 21; KG MMR 2007, 652, 653), so dass der bloße (Wohn-)Sitz des verletzten Rechtsinhabers für sich allein auch im Anwendungsbereich des EuGVVO/LugÜ nicht zuständigkeitsbegründend wirkt (Geimer/*Schütze* Art. 5 EuZVR Rn. 191 m. w. N.). Die Begründung des Gerichtsstandes hängt nicht davon ab, dass tatsächlich eine Rechtsverletzung vorliegt. Vielmehr genügt es zur Begründung der internationalen Zuständigkeit, wenn eine solche Rechtsverletzung behauptet wird und diese nicht von vornherein ausgeschlossen werden kann (BGH GRUR Int. 2007, 928, 939 Rn. 17 – Wagenfeld-Leuchte [zu Art. 5 Nr. 3 EuGVÜ]; BGH GRUR 2005, 431, 432 – HOTEL MARITIME). Die internationale Zuständigkeit ist für jeden von mehreren Beklagten eigenständig zu prüfen. Der Umstand, dass mehrere Beklagte wegen einer gemeinschaftlich begangenen Urheberrechtsverletzung verklagt werden, führt nach Art. 6 Nr. 1 EuGVÜ nicht dazu, dass die internationale Zuständigkeit für alle an der unerlaubten Handlung Beteiligten an den Orten begründet wird, an denen zumindest einer seinen Wohn- bzw. Geschäftssitz hat (EuGH GRUR Int 2006, 836, 838 Rn. 25). Zur internationalen Zuständigkeit deutscher Gerichte bei **Delikten im Internet** s. o. Rn. 19 f..

37 Schon nach der früheren h. A. galt Art. 5 Nr. 3 LugÜ/EuGVÜ auch für **vorbeugende Unterlassungsklagen** (EuGH, Urt. v. 5.2.2004, BeckRS 2004, 74722, Rn. 27 – DFDS Torline; EuGH NJW 2002, 3617, Rn. 46 ff. – Henkel; KG NJOZ 2006, 1943; MünchKommZPO/*Gottwald* Art. 5 EuGVÜ Rn. 31; vgl. auch den erledigten Vorlagebeschluss BGH GRUR Int. 1994, 963, 965 – Beta m. w. N.; **a. A.** LG Bremen RIW 1991, 416; OLG Bremen RIW 1992, 231, 233). Im Anwendungsbereich der EuGVVO hat der europäische Gesetzgeber eine Klarstellung vorgenommen und ausdrücklich geregelt, dass als Tatort auch der Ort anzusehen ist, in dem „das schädigende Ereignis einzutreten droht" (vgl. Art. 5 Nr. 3 2. Alt EuGVVO). Bei einer negativen Feststellungsklage kommt es zur Bestimmung des Handlungs- oder Erfolgsorts darauf an, wo das schädigende Ereignis, dessen Nichtbestehen festgestellt werden soll, eingetreten ist oder einzutreten droht (EuGH GRUR 2013, 98 Tz. 54; BGH GRUR-RR 2013, 228 Tz. 14).

38 Ein inländischer Gerichtsstand wird grds. auch durch die Annahme und Ausführung einer sog. **Provokationsbestellung** begründet. Diese Handlungen belegen nämlich, dass der Ausführende bereit ist, auch im Inland rechtsverletzende Handlungen vorzunehmen (BGH GRUR 1980, 227, 230 – Monumenta Germanae Historica). Allein dann, wenn die Einzellieferung außerhalb des regelmäßigen Absatzgebietes nur ausnahmsweise aufgrund einer ausdrücklichen Bestellung vorgenommen worden ist (so etwa im Fall BGH GRUR 1978, 194, 196 – Profil, in dem eine nachträgliche Einzelbestellung einer im Ausland erscheinenden Zeitschrift, deren regelmäßiger Vertrieb in den Bezirk des angerufenen deutschen Gerichts nicht festgestellt werden konnte, erfolgte), kann die im Inland vom Kläger provozierte unerlaubte Handlung ausnahmsweise nicht zur Begründung der internationalen Zuständigkeit der deutschen Gerichte herangezogen werden. Ob die internationale Zuständigkeit auch in Bezug auf eine Person begründet ist, die rechtsverletzende Produkte im Ausland an einen deutschen Händler verkauft und auch dort übergeben hat, ist Gegenstand des Vorlagebeschlusses „Parfumflakon II" des BGH (GRUR 2012, 1065 Rn. 20 f.). Mit dem weiteren Vorlagebeschluss „Hi Hotel" (GRUR 2012, 1069 Rn. 24 f.). hat der BGH dem EuGH die Frage zur Entscheidung vorgelegt, ob die Teilnahme einer im Inland begangenen Urheberrechtsverletzung eine internationale Zuständigkeit der deutschen Gerichte auch für eine Klage gegen den Teilnehmer begründe.

39 Das nach den Regelungen von EuGVVO/LugÜ zuständige Gericht ist auch für die Anwendung **einstweiliger oder sichernder Maßnahmen** zuständig. Dem Kläger bleibt es aber bei einstweiligen Maßnahmen unbenommen, wahlweise auch ein Gericht anzurufen, dessen Zuständigkeit sich allein aus den Vorschriften des Mitgliedstaates ergibt, in dem die einstweilige Maßnahme geltend gemacht wird. Haben die Parteien eine Schiedsvereinbarung getroffen, kann sich die Zuständigkeit eines staatlichen Gerichts für ein Eilverfahren trotzdem noch aus Art. 31 EuGVVO bzw. Art. 24 LugÜ ergeben (EuGH EuZW 1999, 413, 415; vgl. dazu auch Rn. 42).

VI. Gerichtsstandsvereinbarungen

40 Die Zulässigkeit von **Gerichtsstandsvereinbarungen für Urheberrechtsstreitsachen** richtet sich mangels anderweitiger Spezialregelungen nach den §§ 38 ff. ZPO. Für zu-

künftige Urheberrechtsstreitsachen kann daher eine Gerichtsstandsvereinbarung nur von den in § 38 Abs. 1 ZPO genannten Personen oder dann abgeschlossen werden, wenn mindestens eine der Vertragsparteien keinen allgemeinen Gerichtsstand im Inland hat (§ 38 Abs. 2 ZPO). Umstritten ist aber auch insoweit, ob für Klagen aus künftigen unerlaubten Handlungen anstelle der Zuständigkeit des Tatortgerichts (§ 32 ZPO) die Zuständigkeit eines anderen Gerichts vereinbart werden kann (vgl. hierzu Zöller/*Vollkommer* § 32 ZPO Rn. 18 m.w.N.). Bei Urheberrechtsstreitsachen kann schließlich § 40 Abs. 2 ZPO von Bedeutung sein, wonach eine **Prorogation unzulässig** ist, wenn der Rechtsstreit **andere als vermögensrechtliche Ansprüche** betrifft. Dies wäre etwa bei Unterlassungsansprüchen des Urhebers gegen eine Entstellung seines Werks (§ 14) der Fall.

Im Anwendungsbereich von EuGVVO/LugÜ ist eine Prorogation unter Einhaltung der in Art. 23 bzw. Art. 17 aufgeführten Formerfordernisse zulässig. Anders als nach dem deutschen Verfahrensrecht können danach auch Privatleute für zukünftige Rechtsstreitigkeiten eine Gerichtsstandsvereinbarung treffen. 41

VII. Schiedsvereinbarungen

Auch **Urheberrechtsstreitsachen** sind einer **Schiedsvereinbarung** (§ 1029 ZPO) zugänglich. Bei Ansprüchen aus einem der im UrhG geregelten Rechtsverhältnisse handelt es sich ganz überwiegend um vermögensrechtliche Ansprüche i.S.d. § 1030 Abs. 1 S. 1 ZPO. Soweit es sich, was etwa bei einigen aus dem Urheberpersönlichkeitsrecht abzuleitenden Rechten der Fall sein kann, um nicht-vermögensrechtliche Ansprüche handelt, ergibt sich die Schiedsfähigkeit aus § 1030 Abs. 1 S. 2 ZPO. Der Umstand, dass für Urheberrechtsstreitsachen eine ausschließliche (funktionelle) Zuständigkeit bestimmter staatlicher Gerichte besteht, hindert die Zulässigkeit einer Schiedsvereinbarung ebenfalls nicht (Zöller/*Geimer* § 1030 ZPO Rn. 15). Auch beim Bestehen einer Schiedsvereinbarung bleibt aber nach § 1033 ZPO (vgl. auch Art. 31 EuGVVO/Art. 24 LugÜ) die Durchführung einstweiliger gerichtlicher Maßnahmen durch die staatlichen Gerichte möglich (OLG Köln GRUR-RR 2002, 309 – Zerowatt). Sieht die Schiedsvereinbarung, auch soweit es den Gerichtsstand für Maßnahmen des einstweiligen Rechtsschutzes betrifft, die Zuständigkeit eines ausländischen Gerichtes vor, kann hierdurch zwar wirksam eine Prorogation zugunsten dieses Gerichts, nicht aber eine Derogation zu Lasten der im Inland zuständigen Gerichte herbeigeführt werden (OLG Köln GRUR-RR 2002, 309 – Zerowatt [Schiedsvereinbarung betraf Zuständigkeit eines ausländischen Gerichts]; a.A. OLG Hamburg NJW 1997, 749; Zöller/Vollkommer § 919 ZPO Rn. 3; s. auch OLG Stuttgart RiW 2001, 228, 229 [Gerichtsstandsvereinbarung in einem Vertriebsvertrag]. 42

2. Straf- und Bußgeldvorschriften

§ 106 Unerlaubte Verwertung urheberrechtlich geschützter Werke

(1) **Wer in anderen als den gesetzlich zugelassenen Fällen ohne Einwilligung des Berechtigten ein Werk oder eine Bearbeitung oder Umgestaltung eines Werks vervielfältigt, verbreitet oder öffentlich wiedergibt, wird mit Freiheitsstrafe bis zu drei Jahren oder mit Geldstrafe bestraft.**

(2) **Der Versuch ist strafbar.**

Literatur: *Abdallah*, Zur Weitergabe von Nutzerdaten an Schutzrechtsinhaber durch Gewährung von Akteneinsicht gem. § 406e StPO – Preisgabe des Datenschutzes zugunsten eines verfassungswidrigen Opferschutzes?, JurPC Web-Dok. 149/2006; *Abdallah/Gercke*, Strafrechtliche und strafprozessuale Probleme der Ermittlung nutzerbezogener Daten im Internet, ZUM 2005, 368; *Baumann*, Die natürliche Wortbedeutung

UrhG § 106 § 106 Unerl. Verwertung urheberrechtl. gesch. Werke

als Auslegungsgrenze im Strafrecht, MDR 1958, 394; *v. Baur/Vassilaki,* Anmerkung zu LG Braunschweig MMR 2003, 756; *Achenbach/Ransiek,* Handbuch Wirtschaftsstrafrechtrecht, 3. Aufl. 2011 (Kapitel XI, Abschnitt 1: Urheberstrafrecht, Bearbeiter: *A. Nordemann*); *Bechtold,* Der Schutz des Anbieters von Information – Urheberrecht und Gewerblicher Rechtsschutz im Internet, ZUM 1997, 427; *Beck/Kreißig,* Tauschbörsen-Nutzer im Fadenkreuz der Strafverfolgungsbehörden, NStZ 2007, 304; *Beermann,* Strafbarkeit von Raubkopien, Jura 1995, 610; *Boßmanns,* Urheberrechtsverletzungen im Internet und strafrechtliche Verantwortlichkeit der Internet-Provider, Frankfurt a. M. u. a. 2003; *Brandi-Dohrn,* Softwareschutz nach dem neuen deutschen Urheberrechtsgesetz, BB 1994, 658; *Braun,* Produktpiraterie, Köln 1993; *Breuer,* Anwendbarkeit des deutschen Strafrechts auf exterritorial handelnde Internet-Benutzer, MMR 1998, 141; *Brutschke,* Urheberrechtsverletzungen bei der Benutzung von elektronischen Datenverarbeitungsanlagen, NJW 1970, 889; *Buggisch/Kerling,* Phishing, Pharming und ähnliche Delikte, Kriminalistik 2006, 531; *Bühler,* Die strafrechtliche Erfassung des Missbrauchs von Geldspielautomaten, Tübingen 1995; *Bung,* Strafprozessuale Fragen beim Schutz des geistigen Eigentums. Beweiserleichterungen, Nebenklage und verstärkte Beteiligung Privater in europäischen Ermittlungsverfahren, in: Bosch/Bung/Klippel, Geistiges Eigentum und Strafrecht, Tübingen 2011, S. 139 (zit. *Bung,* in: Bosch/Bung/Klippel); *Burger,* Besprechung von „Weber, Der strafrechtliche Schutz des Urheberrechts", FuR 1978, 796; *Conradi/Schlömer,* Die Strafbarkeit der Internet-Provider, NStZ 1996, 366 u. 472; *Cornils,* Der Begehungsort von Äußerungsdelikten im Internet, JZ 1999, 394; *Czychowski/ Nordemann,* Die Entwicklung der Gesetzgebung und Rechtsprechung des BGH und EuGH zum Urheberrecht in den Jahren 2008 und 2009, NJW 2010, 735; *Derksen,* Strafrechtliche Verantwortung für in internationalen Computernetzen verbreitete Daten mit strafbarem Inhalt, NJW 1997, 1878; *Deumeland,* Die Strafbarkeit gewerbsmäßiger Urheberrechtsverletzung in der BRD, StraFo 2006, 487; *ders.,* Die Bekanntgabe einer strafrechtlichen Verurteilung wegen Verletzung des Urheberrechts, MR-Int 2006, 136; *ders.,* Urteilsbekanntmachung aufgrund von § 103 UrhG im Falle der Verletzung geistigen Eigentums, MR-Int 2007, 234; *ders.,* Einziehungsmöglichkeit bei strafbarer Urheberrechtsverletzung wie im Markenrecht und im Patentrecht, MittDPatAnw 2009, 24; *ders.,* Strafantragserfordernis für die Verfolgung von Urheberrechtsstraftaten in Deutschland, MR-Int 2010, 99; *Dietrich, Nils,* Was wird aus dem urheberrechtlichen Verbreitungsrecht?, UFITA 2011, 478; *Dietrich, Ralf,* Filesharing: Ermittlung, Verfolgung und Verantwortung der Beteiligten, in: *Taeger/Wiebe,* Aktuelle Rechtsfragen von IT und Internet, Edewecht 2006; *ders.,* Rechtsprechungsübersicht zur Auskunftspflicht des Access-Providers nach Urheberrechtsverletzungen im Internet, GRUR-RR 2006, 145; *ders.,* Rechtliche Bewältigung von netzbasiertem Datenaustausch und Verteidigungsstrategien, NJW 2006, 809; *Eiding,* Strafrechtlicher Schutz elektronischer Datenbanken, Darmstadt 1997; *Eisenberg,* Die Videopiraterie aus kriminologischer Sicht, in: Brack u. a. (Hrsg.), Wesen und Bekämpfung der Videopiraterie, München 1993, 13; *Erbs/Kohlhaas,* Strafrechtliche Nebengesetze, 191. Ergänzungslieferung München 2012 (zit. *Bearbeiter,* in: Erbs/Kohlhaas); *Etter,* Softwareschutz durch Strafanzeige?, CR 1989, 115; *Evert,* Anwendbares Urheberrecht im Internet, Hamburg 2005; *Fischer,* Das Literaturplagiat: Tatbestand und Rechtsfolgen, Frankfurt a. M. u. a. 1996; *Fissenewert,* Der Irrtum bei der Steuerhinterziehung, Frankfurt a. M. u. a. 1993; *Flechsig,* Neuüberlegungen zum Urheberrecht, GRUR 1978, 287; *ders.,* Reform der strafbewehrten Eingriffe in das Urheberrecht?, AfP 1978, 18; *ders.,* Die Grenze des persönlichen Gebrauchs im Hinblick auf das Urheberstrafrecht, FuR 1979, 513; *ders.,* Zum Bedürfnis einer Verschärfung des Urheberstrafrechts, FuR 1980, 345; *ders.,* Urheberrechtskriminalität und Urheberstrafrecht. Für verschärfte Reaktionen gegen unerlaubte Mitschnitte und Raubpressungen, ZRP 1980, 313; *Flechsig/Gabel,* Strafrechtliche Verantwortlichkeit im Netz durch Einrichten und Vorhalten von Hyperlinks, CR 1998, 351; *Frank,* MP3, P2P und StA – Die strafrechtliche Seite des Filesharing, K&R 2004, 576; *Franzheim,* Überkriminalisierung durch Urheberrechtsnovelle, CR 1993, 101; *ders.,* Strafrechtliche Konsequenzen der Urheberrechtsnovelle, NJW-CoR 1994, 160; *Friedrich,* Strafbarkeit des Endabnehmers von Raubkopien?, MDR 1985, 366; *Ganter,* Strafrechtliche Probleme im Urheberrecht, NJW 1986, 1479; *Gebhardt,* Legale Musikangebote unterstützen – illegale Angebote bekämpfen, MMR 2004, 281; *Gebler,* Anmerkung zu AG Cottbus ITRB 2004, 252; *Gercke,* Tauschbörsen und das Urheberstrafrecht, ZUM 2007, 791; *Glädig,* Abdingbarkeit urheberrechtlicher Schranken, GRUR 2012, 331; *v. Gravenreuth,* Strafverfahren wegen Verletzung von Patenten, Gebrauchsmustern, Warenzeichen oder Urheberrechten, GRUR 1983, 349; *ders.,* Die Praxis der strafrechtlichen Verfolgung der Software-Piraterie, ZUM 1985, 539; *ders.,* Strafrechtliche Beurteilung des unrechtmäßigen Kopierens von Computersoftware, BB 1983, 1742; *ders.,* Änderung des Urheberstrafrechts, BB 1985, 1568; *ders.,* Software-Piraterie ein neues Problem für die Ermittlungsbehörden, Der Kriminalist 1985, 23; *ders.,* Lokale Besonderheiten bei der strafrechtlichen Verfolgung der Softwarepiraterie, CR 1986, 586; *ders.,* Das Plagiat aus strafrechtlicher Sicht, München 1986; *ders.,* Juristisch relevante technische Fragen zur Beurteilung von Computer-Programmen, GRUR 1986, 720; *Haberstumpf,* Zur urheberrechtlichen Beurteilung von Programmen für Datenverarbeitungsanlagen, GRUR 1982, 142; *ders.,* Der Ablauf eines Computerprogramms im System der urheberrechtlichen Verwertungsrechte, CR 1987, 409; *Hansen/Wolff-Rojczyk,* Effektive Schadenswiedergutmachung für geschädigte Unternehmen der Marken- und Produktpiraterie, GRUR 2007, 468; *dies.,* Schadenswiedergutmachung für geschädigte Unternehmen der Marken- und Produktpiraterie – das Adhäsionsverfahren, GRUR 2009, 644; *Hanser-Strecker,* Das Plagiat in der Musik,

§ 106 Unerl. Verwertung urheberrechtl. gesch. Werke § 106 UrhG

Frankfurt a. M. 1968; *Haß*, Zur Bedeutung der §§ 45 ff. UrhG für das Urheberstrafrecht, in: Herbst, Festschrift für Rainer Klaka, SGRUM Bd. 16, München 1987, 127 (zit. *Haß* FS Klaka); *ders.*, Der strafrechtliche Schutz von Computerprogrammen, in: Lehmann (Hrsg.), Rechtsschutz und Verwertung von Computerprogrammen, Köln, 2. Aufl., 1993, 467 (zit. *Haß* in: Lehmann); *Haurand*, Der rechtliche Schutz von Computerprogrammen, Kriminalistik 1995, 271; *Heghmanns*, Öffentliches und besonderes öffentliches Interesse an der Verfolgung von Softwarepiraterie, NStZ 1991, 112; *ders.*, Rezension zu: Ulrich Hildebrandt. Die Strafvorschriften des Urheberrechts, GA 2003, 240; *ders.*, Musiktauschbörsen im Internet aus strafrechtlicher Sicht, MMR 2004, 14; *Heinrich*, Die Strafbarkeit der unbefugten Vervielfältigung und Verbreitung von Standardsoftware, Berlin 1993; *ders.*, Die Entgegennahme von raubkopierter Software als Hehlerei?, JZ 1994, 938; *ders.*, Rezension zu: Ulrich Hildebrandt: Die Strafvorschriften des Urheberrechts, UFITA 2002, 890; *ders.*, Handlung und Erfolg bei Distanzdelikten, in: Heinrich/Hilgendorf/Mitsch/Sternberg-Lieben, Festschrift für Ulrich Weber, Bielefeld 2004, 91 (zit. *Heinrich* FS Weber); *ders.*, Irrtumskonstellationen im Urheberrecht, in: Bosch/Bung/Klippel (Hrsg.), Geistiges Eigentum und Strafrecht, Tübingen 2011, S. 59 (zit. *Heinrich* in: Bosch/Bung/Klippel); *Helbig*, Videopiraterie – aktuelle Erscheinungsform der organisierten Kriminalität, Kriminalistik 1986, 372; *v. Heintschel/Heinegg* (Hrsg.), Beck'scher Online-Kommentar StGB, Stand: 1.2.2007 (zit. BeckOK StGB/*Bearbeiter*); *Hentschel*, Die rechtswidrige Vervielfältigung aktueller Kinospielfilme, FuR 1982, 237; *ders.*, Die rechtswidrige Vervielfältigung aktueller Kino-Spielfilme – Ihre Erscheinungsformen und die Möglichkeit ihrer Bekämpfung, GEMA-Nachrichten, Heft 119 (1983) 11; *ders.*, Die Verschärfung des Urheberstrafrechts und ihre Auswirkung in der Film- und Videopraxis, ZUM 1985, 498; *Herrnleben*, Raubkopie – ein Kavaliersdelikt?, MMR 2004, 505; *Hildebrandt*, Die Strafvorschriften des Urheberrechts, Berlin 2001; *Hilgendorf/Valerius*, Computer- und Internetstrafrecht, 2. Aufl. Berlin 2012; *Hilgendorf/Wolf*, Internetstrafrecht – Grundlagen aktueller Fragestellungen, K&R 2006, 541; *Hoeren*, Ist Felix Somm ein Krimineller?, NJW 1998, 2792; *Holländer*, Ist der Lauf eines Computerprogramms eine Vervielfältigung im Sinne von § 16 UrhG trotz § 20 UrhG, GRUR 1991, 421; *Horn*, Das „Inverkehrbringen" als Zentralbegriff des Nebenstrafrechts, NJW 1977, 2329; *Hornung*, Die Haftung von W-LAN Betreibern, CR 2007, 88; *Hunsicker*, Marken- und Produktpiraterie, Kriminalistik 2007, 25; *Junker*, Computerrecht, Baden-Baden 1988; *Kann*, Musikpiraterie, Münster 1995; *Kaspar*, Das Phänomen der Cyber-Piraterie, Kriminalistik 2006, 42; *Katzenberger*, Der Schutz von Werken der bildenden Künste durch das Urheberstrafrecht und die Praxis der Strafverfolgung in der Bundesrepublik Deutschland, GRUR 1982, 715; *ders.*, Vom Kinofilm zum Videogramm, in: Beier (Hrsg.), Gewerblicher Rechtsschutz und Urheberrecht in Deutschland, Festschrift zum hundertjährigen Bestehen der Deutschen Vereinigung für gewerblichen Rechtsschutz und Urheberrecht und ihrer Zeitschrift, Bd. II, Weinheim 1991, 1401 (zit.: Katzenberger in: FS GRUR; *ders.*, Kein Laufbildschutz für ausländische Videospiele in Deutschland, GRUR Int. 1992, 513; *Kilian/Heussen*, Computerrechtshandbuch, 12. Ergänzungslieferung, München 1998; *Kircher*, Tatbestandsirrtum und Verbotsirrtum im Urheberrecht, Erlangen-Nürnberg 1973; *Kitz*, Die Auskunftspflicht des Zugangsvermittlers bei Urheberrechtsverletzungen durch seine Nutzer, GRUR 2003, 1014; *Knap*, Urheberstrafrecht in den sozialistischen Ländern Europas, FuR 1980, 374; *Koch*, Grundlagen des Urheberrechtsschutz im Internet und in Online-Diensten, GRUR 1997, 417; *Kuhlmann*, Kein Rechtsschutz für den Kopierschutz?, CR 1989, 177; *Lampe*, Der strafrechtliche Schutz der Geisteswerke (II), UFITA 83 (1978) 15; *Lauer*, Der Irrtum über Blankettstrafgesetze am Beispiel des § 106 UrhG, Bonn 1997; *Leipold*, Strafbarkeit von Raubkopien, NJW-Spezial 2006, 327; *Lessing*, Anregungen zur Reform des Urheberrechtsgesetzes, ZRP 1985, 109; *Letzgus*, Umfang und Grenzen des strafrechtlichen Schutzes von unveröffentlichten wissenschaftlichen Gutachten nach § 106 UrhG, in: Eyrich (Hrsg.), Festschrift für Kurt Rebmann zum 65. Geburtstag, München 1989, 277 (zit.: *Letzgus* FS Rebmann); *Lieben*, Strafrechtliche Bekämpfung der Videopiraterie durch die §§ 257 ff. StGB, GRUR 1984, 572; *Lührs*, Verfolgungsmöglichkeiten im Fall der „Produktpiraterie" unter besonderer Betrachtung der Einziehungs- und Gewinnabschöpfungsmöglichkeiten (bei Ton-, Bild- und Computerprogrammträgern), GRUR 1994, 264; *Meier/Böhm*, Strafprozessuale Probleme der Computerkriminalität, wistra 1992, 166; *Meier*, Softwarepiraterie – eine Straftat?, JZ 1992, 657; *Mitsch*, Strafverfahrensrechtliche Aspekte bei Urheberrechtsverletzungen mittels Presseerzeugnissen, AfP 2011, 544; *Mönkemöller*, Moderne Freibeuter unter uns? – Internet, MP3 und CD-R als GAU der Musikbranche!, GRUR 2000, 663; *Moos*, Softwarelizenz-Audits, CR 2006, 797; *Movsessian*, Anmerkung zum Urteil des AG Stuttgart AGSt 3, in: Schulze (Hrsg.), Rechtsprechung zum Urheberrecht, München, AGSt 3, 4 (zit.: *Movsessian* Schulze AGSt 3); *Müller-Gugenberger*, Wirtschaftsstrafrecht – Eine Gesamtdarstellung des deutschen Wirtschaftsstraf- und -ordnungswidrigkeitenrechts, 2. Aufl., Münster 1992; *Nick*, Die Verfolgung der Tonträgerpiraterie in den USA und in der Bundesrepublik · Pirateriegeschäfte und Abwehrreaktionen, FuR 1980, 377; *Nick*, Musikdiebstahl · Technische, wirtschaftliche und rechtliche Aspekte der illegalen Herstellung und Verbreitung von Tonträgern, Hamburg 1979; *Nordemann*, Umwandlung der Straftaten gegen das Urheberrecht in Offizialdelikte?, NStZ 1982, 372; *v. Olenhusen*, Das Urheberstrafrecht und die Multimedia-Kriminalität, UFITA 2001/II, 333; *Pappi*, Verantwortlichkeit im Internet, ZUM 1999, 223; *Pelz*, Die Strafbarkeit von Online-Anbietern, StV 1999, 53; *Pelz*, Die strafrechtliche Verantwortlichkeit von Internet-Providern, ZUM 1998, 530; *Plassmann*, Bearbeitungen und andere Umgestaltungen in § 23 Urheberrechtsgesetz, Berlin 1996; *Raubenheimer,* Andreas, Softwareschutz nach dem neuem Urheberrecht, CR 1994, 69; *Rehbinder,* Die rechtlichen Sanktionen bei Urheberrechtsverletzungen nach ihrer Neuordnung durch das Produktpirateriegesetz, ZUM 1990, 462; *Reinbacher,* Das Recht zur Raubkopie, Blätter für deutsche und internationale Politik 10/2004, 1243 (zit. *Reinbacher* Blätter); *ders.,* Die Strafbarkeit der Vervielfältigung urheberrechtlich geschützter Werke zum privaten Gebrauch nach dem Urheberrechtsgesetz, Berlin 2007 (zit. *Reinbacher*); *ders.,* Strafbarkeit der Privatkopie von offensichtlich rechtswidrig hergestellten oder öffentlich zugänglich gemachten Vorlagen, GRUR 2008, 394; *ders.,* Rezension zu Staudacher, Die digitale Privatkopie gem. § 53 UrhG in der Musikbranche, K & R 2008, XI; *ders.,* Drahtlos straflos? Gedanken zur Strafbarkeit der privaten Betreiber offener WLAN-Anschlüsse, in: Bosch/Bung/Klippel (Hrsg.), Geistiges Eigentum und Strafrecht, Tübingen 2011, S. 83 (zit. *Reinbacher* in: Bosch/Bung/Klippel); *ders.,* Zur Strafbarkeit des Streamings und der Umgehung von Geo-IP-Sperren durch private Nutzer, HFR 2012, 179; *Reinbacher/Schreiber,* Abdingbarkeit der Privatkopieschranke und Auswirkungen auf die Strafbarkeit nach § 106 UrhG, UFITA 2012/III, 771; *Rochlitz,* Der strafrechtliche Schutz des ausübenden Künstlers, des Tonträger- und Filmherstellers und des Sendeunternehmens, Frankfurt a.M. u.a. 1987; *ders.,* Rezension zu: Ulrich Hildebrandt: Die Strafvorschriften des Urheberrechts, ZUM 2002, 844; *Rösler,* Haftung von Medientauschbörsen und ihrer Nutzer in Nordamerika, Australien und Europa, MMR 2006, 503; *Röttinger,* Finden beim Lauf eines Computerprogramms Vervielfältigungsvorgänge im Sinne des Urheberrechts statt?, IuR 1987, 267; *Roxin,* Tatentschluss und Anfang der Ausführung beim Versuch, JuS 1979, 1; *Rupp,* Computersoftware und Strafrecht, Tübingen 1985; *ders.,* Zivilrechtliche und strafrechtliche Konsequenzen beim Auseinanderfallen von Urheber- und Nutzungsrecht, ZUM 1986, 12; *Schaefer/Rasch,* Zur Verantwortlichkeit von Online-Diensten und Zugangsvermittlern für fremde urheberrechtsverletzende Inhalte, ZUM 1998, 451; *Schlüchter,* Zweckentfremdung von Geldspielgeräten durch Computermanipulationen, NStZ 1988, 53; *Schmitz/Schmitz,* Computerkriminalität, Wiesbaden 1990; *Schüler,* Anmerkung zum Urteil des BayObLG vom 12. Mai 1992, in: NStZ 1993, 496; *Schulze-Heiming,* Der strafrechtliche Schutz der Computerdaten gegen die Angriffsformen der Spionage, Sabotage und des Zeitdiebstahls, Münster u.a. 1995; *Sieber,* Computerkriminalität und Strafrecht, Nachtrag 1980 zur 1. Aufl., Köln u.a., 2. Aufl., 1980; *ders.,* Zivilrechtliche Beweisinteressen im Strafprozess, in: Seebode (Hrsg.), Festschrift für Günter Spendel zum 70. Geburtstag am 11. Juli 1992, Berlin u.a., 1992, 757 (zit. *Sieber* FS Spendel); *ders.,* Strafrechtliche Verantwortung für den Datenverkehr in internationalen Computernetzen, DuD 1996, 550; *ders.,* Strafrechtliche Verantwortlichkeit für den Datenverkehr in internationalen Computernetzen, JZ 1996, 429 u. 494; *ders.,* Anmerkung zu AG München NJW 1998, 2836, in: MMR 1998, 438; *ders.,* Internationales Strafrecht im Internet, NJW 1999, 2065; *Sieg,* Das unzulässige Anbringen der richtigen Urheberbezeichnung (§ 107 UrhG), Berlin 1985; *Sowada,* Die „notwendige Teilnahme" als funktionales Privilegierungsmodell im Strafrecht, Berlin 1992; *Spannbrucker,* Convention on Cybercrime (ETS 185), Diss., Regensburg 2004; *Spoenle,* Anmerkung zu AG Offenburg, Beschluss v. 20.7.2007 – Az 4 Gs 442/07, jurisPR-ITR 8/2007 Anm. 6; *Sternberg-Lieben,* Musikdiebstahl, Köln 1985; *ders.,* Internationaler Musikdiebstahl und deutsches Strafanwendungsrecht, NJW 1985, 2121; *Stickelbrock,* Die Zukunft der Privatkopie im digitalen Zeitalter, GRUR 2004, 736; *Thurn,* Internationalprivatrechtliche Aspekte der Verwertung urheberrechtlich geschützter Werke im Internet, GRUR Int. 2001, 9; *Tielke,* Urheberrechtsverletzungen durch Kino- und Videopiraterie, in: Teufel (Hrsg.), Taschenbuch für Kriminalisten, Bd. 39, Hilden 1989, 24 (zit. *Tielke* in: Teufel); *Vassilaki,* Anmerkung zu AG München, NStZ 1998, 518, in: NStZ 1998, 521; *Weber,* Der strafrechtliche Schutz des Urheberrechts, Tübingen 1976 (zit.: *Weber*); *ders.,* Urheberstrafrecht, in: Krekeler (Hrsg.) u.a., Handwörterbuch des Wirtschafts- und Steuerstrafrechts, 1. Ergänzungslieferung, Heidelberg 1986, 1 (zit.: *Weber* in Krekeler); *ders.,* Probleme der Strafvereitelung (§ 258 StGB) im Anschluss an Urheberstraftaten (§§ 106 ff. UrhG), in: Geppert/Dehnicke (Hrsg.), Gedächtnisschrift für Karlheinz Meyer, Berlin 1990, 633 (zit.: *Weber* FS Meyer); *ders.,* Zur Anwendbarkeit des deutschen Urheberstrafrechts auf Rechtsverletzungen mit Auslandsberührung, in: Küper (Hrsg.), Festschrift für Walter Stree und Johannes Wessels, Heidelberg 1993, 613 (zit.: *Weber* FS Stree/Wessels); *ders.,* Anmerkung zum Urteil des BayObLG vom 12. Mai 1992, JZ 1993, 106; *ders.,* Die Bekämpfung der Videopiraterie mit den Mitteln des Strafrechts, in: Brack u.a. (Hrsg.), Wesen und Bekämpfung der Videopiraterie, Schriftenreihe des Instituts für Rundfunkrecht an der Universität Köln, Bd. 59, Köln 1993, 51 (zit. *Weber* in: Brack); *ders.,* Strafaufhebende Rückwirkungen des Zivilrechts?, in Gedächtnisschrift für Ellen Schlüchter, Köln u.a. 2002, 243 (zit. *Weber* FS Schlüchter); *ders.,* Rezension zu: Ulrich Hildebrandt: Die Strafvorschriften des Urheberrechts, JZ 2002, 348; *Weigel,* Gerichtsbarkeit, internationale Zuständigkeit und Territorialitäts-Prinzip im deutschen gewerblichen Rechtsschutz, Bielefeld 1973; *Weisser,* Der private Gebrauch im Urheberstrafrecht bezogen auf das Vervielfältigen von Audio-CDs, ZJS 2011, 315; *Weitzel,* Kinder- und Jugendschutz bei Internet-Angeboten, DRiZ 1997, 424; *Wessels/Beulke/Satzger,* Strafrecht Allgemeiner Teil, 43. Aufl., Heidelberg 2013; *Wiebe,* Urheberrecht als Kommunikationsrecht, in: Salje (Hrsg.), Festschrift für Helmut Pieper, Hamburg 1998, 645 (zit. *Wiebe* FS Pieper); *Wimmer,* Die Verantwortlichkeit des Online-Providers nach dem neuen Multimediarecht – zugleich ein Überblick über die Entwicklung der Rechtsprechung seit dem 1.8.1997, ZUM 1999, 436.

Vgl. darüber hinaus die Angaben im eingangs abgedr. Gesamtliteraturverzeichnis.

§ 106 UrhG

Übersicht

	Rn.
I. Bedeutung, Anwendungsbereich und Rechtsgut	1–6
1. Bedeutung	1
2. Tatbereiche	2
3. Geringere Anfälligkeit ungestörter Märkte	3
4. Funktionalisierung des strafrechtlichen Schutzes	4
5. Rechtspolitische Diskussion und Rechtsentwicklung	5
6. Rechtsgut	6
II. Tatobjekt	7–10
1. Werkbegriff	7–9
a) Übersicht	7
b) Computerprogramme und Datenbankwerke	8
c) Geschütztes Werk	9
2. Begriff der „Bearbeitung oder Umgestaltung"	10
III. Tathandlungen	11–20
1. Der Begriff des Vervielfältigens	12–15
a) Grundzüge	12
b) Besonderheiten im Zusammenhang mit Computern und Internet	13, 14
aa) Laden in den Arbeitsspeicher, Proxy-Caching und Browsing	13
bb) Streaming	14
c) Veränderungen beim Vervielfältigungsvorgang	15
2. Der Begriff des Verbreitens	16–19
a) Urheberzivilrechtlicher Verbreitungsbegriff	16
b) Einfluss des europäischen Rechts	16 a
c) Streitstand	16 b
d) Inverkehrbringen	17
e) Vermietung und Verleih	17 a
f) Anbieten gegenüber der Öffentlichkeit	18
g) Keine Geltung des internetspezifischen Verbreitungsbegriffs	18 a
h) Der Erschöpfungsgrundsatz	19
3. Der Begriff der öffentlichen Wiedergabe	20
IV. Das Merkmal „in anderen als den gesetzlich zugelassenen Fällen"	21–23
1. Übersicht	21
2. Einzelfragen	22, 2
a) Ausgewählte Problemkreise	22
b) Vervielfältigungen zum privaten Gebrauch	22 a
3. Subjektive Elemente	23
V. Nichtberechtigung („ohne Einwilligung des Berechtigten")	24–26
1. Dogmatische Grundzüge	24
2. Rückwirkung	25
3. Person des Berechtigten	26
VI. Problem der Geltung von Vermutungen	27
VII. Verfassungsrechtliche Probleme	28, 28 a
1. Bestimmtheitsgrundsatz	28
2. Gleichheitsgrundsatz	28 a
VIII. Subjektiver Tatbestand	29, 30
IX. Rechtswidrigkeit und Schuld	31
X. Irrtümer	32–38
1. Grundzüge	32
2. Irrtümer über das Tatobjekt	33
3. Irrtümer über die Tathandlung	34
4. Irrtümer über die Schrankenbestimmungen	35
5. Irrtümer über die Nichtberechtigung und die Einwilligung des Berechtigten	36
6. Parallelwertung in der Laiensphäre	37
7. Begriff der Vermeidbarkeit	38
XI. Versuch	39

	Rn.
XII. Täterschaft und Teilnahme	40–44
1. Grundzüge	40
2. Einzelfälle	41–43
3. Abnehmer von Raubkopien	44
XIII. Unterlassen	45
XIV. Auslandsbezüge	46
XV. Konkurrenzen und Wahlfeststellung	47, 48
1. Abgrenzung von Handlungseinheit und Handlungsmehrheit	47
2. Konkurrenzverhältnis und Wahlfeststellung	48
XVI. Verfahren	49–52
1. Verfahrensgrundsätze	49
2. Ermittlungsbefugnisse	50
3. Verjährung und Zuständigkeit	51
4. Rechtsfolgen	52
XVII. Urheberrechtsdelikte im Hinblick auf andere Vorschriften	53

I. Bedeutung, Anwendungsbereich und Rechtsgut

1. Bedeutung

1 § 106 stellt mit Ausnahme des Ausstellungsrechts der §§ 15 Abs. 1 Nr. 3, 18 die unzulässige Verwertung urheberrechtlich geschützter Werke unter Strafe und erweitert somit den zivilrechtlichen Schutz. § 106 ist die Zentralnorm des strafrechtlichen Schutzes der urheberrechtlichen Verwertungsrechte; daneben sichert § 108 einige Leistungsschutzrechte auch strafrechtlich. Die **Häufigkeit der Verletzung** der §§ 106 ff. und die Intensität ihrer Verfolgung verlaufen **parallel zur technischen Entwicklung,** so dass im Zuge der Verbesserung von Vervielfältigungstechniken im jeweiligen Bereich ein gehäuftes Auftreten von Delikten zu registrieren ist (*Eisenberg* 25; *Hildebrandt* 487 f.; *Spindler/Schuster/Gercke* 13. Teil Vor §§ 106 ff. Rn. 2 ff.; ähnlich: BT-Drucks. XI/4792, 16; *Burger* FuR 1978, 796, 797; *Heinrich* JZ 1994, 938; *Knap* FuR 1980, 374; *Nordemann* NStZ 1982, 373; *Weber* in: Brack 51, 52; vgl. auch *Hunsicker* Kriminalistik 2007, 25 ff.). Kürzlich haben die Strafverfahren gegen die Betreiber der Streaming-Plattform **kino.to** großes Aufsehen erregt (dazu noch unten Rn. 14).

2. Tatbereiche

2 So hatte um 1970 die so genannte **Raubdruckbewegung,** die insb. auf das unzulässige Kopieren politischer Literatur abzielte, ihren Höhepunkt – zeitgleich mit den Möglichkeiten zur verhältnismäßig leichten Herstellung von Vervielfältigungsstücken (Deutsche Vereinigung GRUR 1965, 23; *Eisenberg* 25; ausführlich *Hildebrandt* 443 ff. u. 487 f.; *Sternberg-Lieben* 1 f.). Die Bewegung endete in den 1980er Jahren, als sich Kopiergeräte soweit durchgesetzt hatten, dass bei Bedarf jeder in legaler Weise selbst Kopien herstellen konnte. Die so genannte **Musikpiraterie** begann Ende der 1960er Jahre mit Einführung des Magnettonbandes (ausführlich *Hildebrandt* 447 ff. u. 487 f.; *Kann* 1, 39, 46; *Nick* FuR 1980, 377, 378; *Nick* 13; *Reinbacher* 146 ff.; ähnlich: *Eisenberg* 25; *Sternberg-Lieben* 1 f.). In diesem Bereich sind zeitgleich mit dem Rückgang der Kriminalität seit der Mitte der 1990er Jahre technische Geräte zum verlustfreien Kopieren von Tonträgern für jeden erschwinglich geworden (*Lessing* ZRP 1985, 109 f.). In jüngerer Zeit hat die Entwicklung der digitalen Dateiformate, die ein weitgehend verlustfreies Komprimieren von Musik auf Datenträgern ermöglicht, neue Kriminalitätsformen – insb. die Verbreitung von Musikstücken in sog. **Internet-Tauschbörsen** – hervorgerufen (hierzu *Gebhardt* MMR 2004, 281 f.; *Heghmanns,* MMR 2004, 14; *Mönkemöller* GRUR 2000, 663 ff.; *Reinbacher* 160 ff., 194 ff.; *Schaefer/Rasch*

ZUM 1998, 451, 457). Der Rückgang der **Videopiraterie,** die ihren Höhepunkt in den 1980er Jahren hatte (*Hildebrandt* 460ff. m. w. N.), dürfte mit der zwischenzeitlich entstandenen Möglichkeit zusammenhängen, von einer Vielzahl von Fernsehkanälen mit dem eigenen Videorecorder zum privaten Gebrauch zu kopieren. Auch die **Softwarepiraterie** (hierzu *Hildebrandt* 468ff. m. w. N.) wird auf die technische Leichtigkeit eines verlustfreien Kopierens von Computersoftware zurückgeführt (*Lauer* 73 f.; ähnlich: *Burger* FuR 1978, 796, 797; *Haurand* 271). Anders als in anderen Bereichen war im Softwarebereich ein verlustfreies Kopieren bereits in der Frühphase möglich. Der Gesetzgeber versuchte, dieser Möglichkeit durch das Verbot des Kopierens zum **privaten Gebrauch** entgegenzuwirken. Wohl aufgrund dieser Rahmenbedingungen verläuft die Kriminalitätsentwicklung im Softwarebereich weitgehend parallel mit der Zahl der verkauften Computer (*Hildebrandt* 487 f. m. w. N.). Weithin wird das unzulässige Kopieren von Computerprogrammen als Kavaliersdelikt angesehen (vgl. AG München CR 1997, 749; *Herrnleben* MMR 2004, 505, 506; *Kaspar* Kriminalistik 2006, 42 ff.; *Leipold* NJW-Spezial 2006, 327).

3. Geringere Anfälligkeit ungestörter Märkte

Urheberstraftaten treten **gehäuft in gestörten Marktsegmenten** auf. So besteht im Raubdruckbereich die Preisbindung nach dem BuchPrG. Im Bereich der Musikpiraterie versucht die Tonträgerindustrie selbst den Markt zu steuern, indem erfolgreiche Songs erst nach Abschluss der Erstauswertungsphase zum Zusammenschnitt von Hits auf einem Tonträger freigegeben werden. Im Bereich der Kinofilmpiraterie förderte die verzögerte Vergabe der Videorechte in den 1980er Jahren das Entstehen der Kriminalität. Im Softwaresektor schließlich dürfte vor allem das – kaum durchsetzbare – Verbot privaten Kopierens einer Normalisierung der Entwicklung entgegenstehen (ausführlicher *Hildebrandt* 489 f.; vgl. *Herrnleben* MMR 2004, 505 f.).

4. Funktionalisierung des strafrechtlichen Schutzes

Der strafrechtliche Schutz ist in der Vergangenheit nicht selten zur Durchsetzung zivilrechtlicher Interessen **funktionalisiert** worden (so auch BeckOK UrhG/*Sternberg-Lieben* § 106 Rn. 4; *Schmid/Wirth* Vor § 106 Rn. 2). Häufig ging es den Verletzten in Urheberrechtsstrafverfahren nicht um eine Bestrafung des Täters, sondern vielmehr darum, auf Staatskosten den Sachverhalt feststellen zu lassen und mittels Akteneinsicht nach § 406e StPO Unterlagen für einen Zivilprozess zu gewinnen (*Abdallah* JurPC Web-Dok. 149/2006 Abs. 5; Dreier/Schulze/*Dreier* § 106 Rn. 2; vgl. auch *Kitz* GRUR 2003, 1014, 1017 f.; *Moos* CR 2006, 797, 798; *Rösler* MMR 2006, 503, 508); nicht selten wurde der Strafantrag nach Aufklärung des Sachverhalts zurückgezogen. Diese Situation dürfte sich nach Reform des zivilrechtlichen Auskunftsanspruches gem. § 101 – zumindest bei gewerblichem Ausmaß – entspannen. Daneben wird das Strafrecht benutzt, um den Beschuldigten durch die Drohung mit Strafantrag und Strafverfahren oder mittels des Angebots der Rücknahme des Antrags dazu zu bewegen, zivilrechtlich Schadensersatz zu leisten (BeckOK UrhG/*Sternberg-Lieben* § 106 Rn. 4; ausführlich zu diesem Phänomen *Hildebrandt* 490 ff.). Letztlich dürfte diese Funktionalisierung über die klassischen Strafzwecke des Schuldausgleichs und der Prävention hinaus auf die Etablierung funktionaler Straf- oder genauer (*Heghmanns* GA 2003, 240, 242) Strafverfahrenszwecke hinauslaufen.

5. Rechtspolitische Diskussion und Rechtsentwicklung

Aufgrund einer intensiven rechtspolitischen Diskussion (Einzelheiten bei *Hildebrandt* 515 ff. m. w. N.) sind die urheberrechtlichen Strafvorschriften seit Verabschiedung des UrhG mehrfach geändert worden. Das ursprüngliche Strafmaß von Freiheitsstrafe bis zu einem Jahr oder Geldstrafe wurde durch das Gesetz zur Änderung von Vorschriften auf dem Gebiet des Urheberrechts vom 24.6.1985 (BGBl. I S. 1137) durch Schaffung des § 108a in Fällen gewerblichen Handelns angehoben. Zugleich wurden für diese Fälle Strafantragserfordernis und Privatklageverfahren beseitigt und die Versuchsstrafbarkeit eingeführt. Im Jahr 1990 führte das Gesetz zur Stärkung des Schutzes des geistigen Eigentums und zur Bekämpfung der Produktpiraterie (PrPG) vom 7.3.1990 (BGBl. I S. 422) zur Anhebung des Höchststrafmaßes der Grundtatbestände auf drei Jahre Freiheitsstrafe und zur Ausdehnung der Versuchsstrafbarkeit auf die Grundtatbestände (zu Erfahrungen mit dem PrPG BT-Drucks. 12/4427). Das 3. UrhGÄndG vom 23.6.1995 (BGBl. I S. 842) brachte eine Neufassung des § 108 Abs. 1 Nr. 4. Das Informations- und Kommunikationsdienste-Gesetz vom 22.7.1997 (BGBl. I S. 1870) führte mit § 108 Abs. 1 Nr. 8 den strafrechtlichen Schutz von Datenbanken ein. Mit dem Ersten Gesetz zur Regelung des Urheberrechts in der Informationsgesellschaft vom 10.9.2003 (BGBl. I S. 1774) kamen Straf- und Bußgeldtatbestände gegen Eingriffe in technische Schutzmaßnahmen und zur Rechtewahrnehmung erforderliche Informationen. Auch das Zweite Gesetz zur Regelung des Urheberrechts in der Informationsgesellschaft (der sog. 2. Korb) v. 26.10.2007 (BGBl. I S. 2513) hat Änderungen gebracht, die sich auch auf das Urheberstrafrecht auswirken, indem etwa die Zulässigkeit von Privatkopien eingeschränkt wurde (vgl. dazu *Reinbacher* GRUR 2008, 392 sowie unten Rn. 22). Wegen der Verweisungstechnik auf urheberzivilrechtliche Vorschriften wird zudem auch im Strafrecht zunehmend europäisches Recht und damit die Rechtsprechung des EuGH maßgeblich. Eine weitere Harmonisierung ist durch die Umsetzung der EU-Durchsetzungsrichtlinie 2004/48/EG (ABl. EU v. 30.4.2004 Nr. L 157, S. 45) durch das Gesetz zur Verbesserung der Durchsetzung von Rechten des geistigen Eigentums vom 7.7.2008 (BGBl. I S. 1191) erfolgt, wenngleich diese in erster Linie zivilrechtliche Ansprüche der Urheber betrifft.

6. Rechtsgut

6 Wegen der Akzessorietät des strafrechtlichen Schutzes werden im Strafrecht regelmäßig dieselben Rechtsgüter geschützt wie durch die in Bezug genommene urheberzivilrechtliche Vorschrift (BeckOK UrhG/*Sternberg-Lieben* § 106 Rn. 1; Loewenheim/*Flechsig* § 90 Rn. 5; *Weber* FS Stree/Wessels 613, 615). Schutzgut des § 106 ist das Verwertungsrecht des Berechtigten. Strafrechtlicher Schutz des Urheberpersönlichkeitsrechts ist in § 106 – mit Ausnahme mittelbaren Schutzes (so insb. *Kann* 90f., 103f.; *Weber* 264) – grds. nicht vorgesehen (Dreier/Schulze/*Dreier* § 106 Rn. 1; *Hildebrandt* 32f.m.w.N.; Loewenheim/*Flechsig* § 90 Rn. 5).

II. Tatobjekt

1. Werkbegriff

7 **a) Übersicht.** Als **Tatobjekt** nennt § 106 Abs. 1 alternativ zweierlei, zum einen ein „**Werk**", zum anderen eine „Bearbeitung oder Umgestaltung eines Werks". Der **Werkbegriff** in § 106 Abs. 1 **entspricht dem zivilrechtlichen** (so schon BT-Drucks. IV/270, 108) und knüpft damit an die „persönliche geistige Schöpfung" des § 2 Abs. 2 bzw. bei Computerprogrammen an § 69a Abs. 3 an (vgl. § 2 Rn. 5ff. bzw. § 69a Rn. 32ff.). Damit erfasst auch das Strafrecht die sog. „**kleine Münze**" (*Reinbacher* 64). Da jedoch der Einsatz des Strafrechts verfassungsrechtlichen Anforderungen gerecht werden muss und überdies mit Hilfe des Strafrechts erhebliche Grundrechtseingriffe gegenüber dem Einzelnen ermöglicht und vollzogen werden können (*Hildebrandt* 34), wird in mehreren Bereichen eine **Einschränkung** des Werkbegriffs diskutiert. Solche Abweichungen vom zivilrechtlichen Begriff sind im Ergebnis aber abzulehnen (s. unten Rn. 28). So sind auch **Werkteile** nach zutreffender Ansicht urheberstrafrechtlich geschützt, sofern sie selbst Werkeigenschaft aufweisen (BeckOK UrhG/*Sternberg-Lieben* § 106 Rn. 21; *Heinrich* 177; *Hildebrandt* 38 ff.; *Reinbacher* 66 f. m. w. N.; vgl. auch BT-Drucks. IV/270, 108). Ist dies der Fall, so ist der Werkteil ein eigenständiges Werk, so dass nicht ersichtlich ist, warum diesem der Schutz versagt werden sollte. Bei **Sammelwerken** unterfällt sowohl das in ein Sammelwerk aufgenommene Werk als auch das Sammelwerk selbst dem Schutz des § 106. Denn obwohl § 106 das Sammelwerk im Gegensatz zu Bearbeitungen und Umgestaltungen nicht erwähnt und das UrhG zwischen einem Schutz „als" Werk einerseits und „wie" ein Werk (so § 4) andererseits unterscheidet und demnach im zweiten Fall lediglich eine Fiktion vorliegt (*Heinrich* 180 Fn. 30), greift der diesbezüglich diskutierte Gegenschluss nicht durch (*Lampe* GA 1975, 1, 28). Denn der Schutz der Sammelwerke entspricht dem Willen des Gesetzgebers, ist kriminalpolitisch geboten und stellt keine nach Art. 103 Abs. 2 GG (= § 1 StGB) verbotene Analogie dar (mit Unterschieden in der Begründung *Hildebrandt* 40 f.; *Reinbacher* 66; *Weber* 186 f.; im Ergebnis auch Schricker/Loewenheim/*Haß* § 106 Rn. 2). Schließlich sind auch **sittenwidrige Werke** strafrechtlich gegen unerlaubte Vervielfältigung geschützt, denn es wäre unsinnig, den unerlaubt Verwertenden deshalb zu privilegieren, weil der Inhalt des verwerteten Werks selbst rechtswidrig ist (*Reinbacher* 67; so auch BeckOK UrhG/*Sternberg-Lieben* § 106 Rn. 21). Wer also etwa ein kinderpornografisches Werk ohne Einwilligung des Berechtigten verbreitet, macht sich nicht nur nach § 184b StGB strafbar, sondern auch gem. § 106 UrhG (vgl. *Reinbacher* in: Bosch/Bung/Klippel 83, 92).

b) **Computerprogramme und Datenbankwerke.** Soweit auch **Entwurfsmaterial** **8** **für Computerprogramme** nach § 69a Abs. 1 dem Begriff des Computerprogramms unterfällt, stellt die Bestrafung der unerlaubten Verwertung des Entwurfmaterials keinen Verstoß gegen das Analogieverbot oder die Wortlautgrenze des Art. 103 Abs. 2 GG (= § 1 StGB) dar. Denn auch in der Umgangssprache wird gelegentlich schon der Entwurf als „Computerprogramm" bezeichnet. Bei **Datenbankwerken** ist § 4 konform zur **Datenbank-Richtlinie** auszulegen, so dass – ähnlich wie bei Computerprogrammen nach § 69a – Individualität genügt und damit die „kleine Münze" erfasst wird.

c) **Geschütztes Werk.** Tatobjekt ist nur ein **„geschütztes Werk".** Zwar nennt § 106 **9** diese Voraussetzung nicht explizit, sie ergibt sich jedoch wiederum aus der Zivilrechtsakzessorietät der strafrechtlichen Vorschriften und ist daher **ungeschriebenes Merkmal** des Tatobjekts (Dreier/Schulze/*Dreier* § 106 Rn. 4; Erbs/Kohlhaas/*Kaiser* § 106 Rn. 8; *Kircher* 220; *Reinbacher* 69). Denn nur das „geschützte Werk" ist gem. § 2 Bezugspunkt des Urheberrechts und damit für zivilrechtliche Verwertungs- und Abwehrrechte wie auch für deren strafrechtliche Absicherung. Folglich sind die zeitlichen, räumlichen und persönlichen Begrenzungen des Schutzbereiches schon beim Tatobjekt zu beachten (*Reinbacher* 69 ff.). So begrenzt etwa die **Schutzfrist** nach § 64 den urheberrechtlichen Schutz von vornherein in zeitlicher Hinsicht (Dreier/Schulze/*Dreier* § 106 Rn. 4; Loewenheim/*Flechsig* § 90 Rn. 11). Nach a. A. (BeckOK UrhG/*Sternberg-Lieben* § 106 Rn. 31; *Heinrich* in: Wandtke, Medienrecht, Kap. 5 Rn. 318; *Hildebrandt* 136 f.; MüKoStGB Bd. 7 NebenstrafR II/ *Heinrich* § 106 Rn. 113) handelt es sich bei der Schutzfrist hingegen um einen gesetzlich zugelassenen Fall (s. unten Rn. 22).

2. Begriff der „Bearbeitung oder Umgestaltung"

Die Nennung von Bearbeitung und Umgestaltung als weitere Tatobjekte ist **überflüs-** **10** **sig.** Strafrechtlich geschützt sind grds. nur Schöpfungen mit **Werkscharakter,** so dass auch Bearbeitung und Umgestaltung eine hinreichende Schöpfungshöhe aufweisen müssen (*Heinrich* 182; MüKoStGB Bd. 7 NebenstrafR II/*Heinrich* § 106 Rn. 43; *Reinbacher* 58; vgl. auch Schricker/Loewenheim/*Haß* § 106 Rn. 3). Denn der strafrechtliche Schutz darf nicht weiter gehen als das Zivilrecht. Zwar mag es Umgestaltungen ohne Werkscharakter geben; diese erlangen aber analog § 3 auch zivilrechtlich nur dann selbstständigen Schutz, wenn sie persönliche geistige Schöpfungen darstellen. Nach a. A. (*Hildebrandt* 53 ff.; so auch noch die Vorauflage) soll diese Anforderung entbehrlich sein, da bei nicht-schöpferischen Umgestaltungen jedenfalls das Urheberrecht am Originalwerk durch die Verwertung der Bearbeitung oder Umgestaltung verletzt werde. Es macht aber z. B. hinsichtlich der Person des Verletzten bzw. Berechtigten einen Unterschied, ob und unter welchen Voraussetzungen neben dem Originalwerk auch die Umgestaltung selbst taugliches Tatobjekt ist. Im Gegensatz zur Verwertung einer Bearbeitung oder Umgestaltung ist die **freie Benutzung** (zur Abgrenzung vgl. § 24 Rn. 7 ff.) nicht strafbar.

III. Tathandlungen

11 Als Tathandlungen kommen bei § 106 alternativ das Vervielfältigen (Rn. 12 ff.), das Verbreiten (Rn. 16 ff.) oder die öffentliche Wiedergabe (Rn. 20) in Betracht. Erfasst werden somit grds. alle Verwertungsrechte mit Ausnahme des Ausstellungsrechts der §§ 15 Abs. 1 Nr. 3, 18 (BT-Drucks. IV/270, 108; Dreier/Schulze/*Dreier* § 106 Rn. 5; *Hildebrandt* 60 m. w. N.).

1. Der Begriff des Vervielfältigens

12 a) **Grundzüge.** Auch der **Begriff des Vervielfältigens** entspricht nach der zutreffenden h. M. (*v. Baur/Vassilaki* MMR 2003, 756; BeckOK UrhG/*Sternberg-Lieben* § 106 Rn. 23; Dreier/Schulze/*Dreier* § 106 Rn. 5; Erbs/Kohlhaas/*Kaiser* § 106 Rn. 12; Fromm/Nordemann/*Ruttke/Scharringhausen* § 106 Rn. 7; *v. Gamm* § 106 Rn. 2 f.; *v. Gravenreuth* 11; *Heinrich* 184; Möhring/Nicolini/*Spautz* § 106 Rn. 7; MüKoStGB Bd. 7 NebenstrafR II/*Heinrich* § 106 Rn. 46; *Müller-Gugenberger* § 45 Rn. 107; *Reinbacher* 82; *Samson* 233; Schricker/Loewenheim/*Haß* § 106 Rn. 5; *Weber* 194 u. 285 – nach a. A. machen die Besonderheiten des Strafrechts jedoch wiederum Einschränkungen in Detailfragen notwendig; vgl. *Etter* CR 1989, 115, 117; *Franzheim* CR 1993, 101, 103; *Hildebrandt* 60 f. m. w. N.; *Letzgus* FS Rebmann 277, 288 f.) dem zivilrechtlichen des § 16 (vgl. § 16 Rn. 4). Unerheblich ist insb., ob und in welcher Form sich an das Vervielfältigen eine Verbreitung anschließt oder anschließen soll; eine Verletzung des Vervielfältigungsrechts ist auch dann gegeben, wenn die im Inland vorgenommene Vervielfältigung eines geschützten Werks in der Absicht erfolgt, die Vervielfältigungsstücke ins Ausland zu exportieren und erst dort zu verbreiten (BGHSt 49, 93, 102 = NJW 2004, 1674, 1676 – Tonträgerpiraterie). Der Vervielfältigungstatbestand ist ein **Erfolgsdelikt** (BeckOK UrhG/*Sternberg-Lieben* § 106 Rn. 23; *Hildebrandt* 65 f.; *Reinbacher* 132; Schricker/Loewenheim/*Haß* § 106 Rn. 5; a. A. *Müller-Gugenberger* § 45 Rn. 109). Daraus folgt, dass unter den Voraussetzungen des § 13 StGB grds. eine Begehung durch **Unterlassen** denkbar ist (s. dazu unten Rn. 45). Die **Teilvervielfältigung** ist erst dann strafbar, wenn der Werkteil selbst die Voraussetzungen des § 2 Abs. 2 erfüllt (BeckOK UrhG/*Sternberg-Lieben* § 106 Rn. 24; Erbs/Kohlhaas/*Kaiser* § 106 Rn. 14a; *Hildebrandt* 65; *Reinbacher* 91; Schricker/Loewenheim/*Haß* § 106 Rn. 11; wohl auch Loewenheim/*Flechsig* § 90 Rn. 13; a. A. *Weber* 207). Dies ist z. B. beim Download aus sog. **Tauschbörsen** im Internet (hierzu *Heghmanns* MMR 2004, 14; *Reinbacher* 120 ff.) dann (noch) nicht der Fall, solange lediglich kleinere, **für sich allein unbrauchbare Teile** größerer – meist komprimierter – Dateien übertragen werden (Erbs/Kohlhaas/*Kaiser* § 106 Rn. 14a; *Gercke* ZUM 2007, 791, 799). Entsprechendes gilt bei der Vervielfältigung unwesentlicher Teile eines Datenbankwerks (Schricker/Loewenheim/*Haß* § 106 Rn. 7a). Auch im Strafrecht fällt bereits die **Herstellung von Vervielfältigungsvorrichtungen** (etwa eines Masterbandes) unter den Vervielfältigungsbegriff (BeckOK UrhG/*Sternberg-Lieben* § 106 Rn. 23; *Hildebrandt* 66 ff.; *Reinbacher* 84 ff. m. w. N.; a. A. *Weber* 197 f.).

13 b) **Besonderheiten im Zusammenhang mit Computern und Internet. aa) Laden in den Arbeitsspeicher, Proxy-Caching und Browsing.** Beim Abspielen digita-

ler Dateien am PC werden automatisch Dateien im **Arbeitsspeicher (RAM)** abgelegt. Auch im Internet kommt es oftmals zu temporären technisch bedingten Zwischenspeicherungen, die einen schnelleren Ablauf gewährleisten sollen, so etwa beim sog. **Proxy-Caching** oder beim **Browsing** von Webseiten (s. oben § 44a Rn. 3 ff.). Inwieweit flüchtige und technisch bedingte Zwischenspeicherungen unter den Begriff der Vervielfältigung fallen, war lange Zeit umstritten. Zu beachten ist zunächst, dass eine **Teilvervielfältigung**, wie sie bei den RAM-Speicherungen geschieht, insgesamt (vgl. zur einschränkenden Ansicht *Bechtold* ZUM 1997, 427, 436; *Koch* GRUR 1997, 417, 425; *Wiebe* FS Pieper 659) nur dann eine urheberrechtlich relevante Vervielfältigung darstellen kann, wenn dabei jeweils **schutzfähige Teile** (s. bereits oben Rn. 12) gespeichert werden (BeckOK UrhG/ *Sternberg-Lieben* § 106 Rn. 24; *Hildebrandt* 83 f.; *Röttinger* IuR 1987, 267, 270; *Spannbrucker* 120 f.; a. A. *v. Gravenreuth* GRUR 1986, 720, 723; *Haberstumpf* CR 1987, 409, 412; *Holländer* GRUR 1991, 421, 422; *Schulze-Heiming* 134). Ist dies der Fall, so hat im Übrigen die Einführung des § 44a durch das Gesetz zur Regelung des Urheberrechts in der Informationsgesellschaft v. 10.9.2003 (BGBl. I S. 1774) für einige Klarheit gesorgt. So sind nun **vorübergehende** Vervielfältigungshandlungen, die flüchtig oder begleitend sind und einen integralen und wesentlichen Teil eines technischen Verfahrens darstellen und deren alleiniger Zweck es ist, 1. eine **Übertragung in einem Netz** zwischen Dritten durch einen Vermittler oder 2. eine **rechtmäßige Nutzung** eines Werks oder sonstigen Schutzgegenstands zu ermöglichen, und die **keine eigenständige wirtschaftliche Bedeutung** haben, zulässig (zu Einzelheiten s. oben die Kommentierung zu § 44a). Gesetzestechnisch handelt es sich bei § 44a zwar um eine Schranke, faktisch wird aber der Vervielfältigungsbegriff näher bestimmt und beschränkt (*Reinbacher* 130). Das bloße **Laden in den Arbeitsspeicher** ist daher unter den Voraussetzungen des § 44a Abs. 1 Nr. 2 **keine** tatbestandsmäßige Vervielfältigung, sofern es sich um eine **rechtmäßige Nutzung** eines Werks handelt. Damit einhergehende, technisch notwendigerweise erfolgende Vervielfältigungen des Werks sind durch § 44a Abs. 1 privilegiert. Dies entsprach schon zuvor der zutreffenden Meinung (vgl. dazu *Hildebrandt* 77 ff.). Denn hier liegt der Schwerpunkt der Tätigkeit regelmäßig in einer rezeptiven **Werknutzung** (z. B. Ansehen eines Filmes oder Anhören eines Liedes), die urheberrechtlich nicht erfasst ist (vgl. BGH NJW 1994, 1216, 1217 – Holzhandelsprogramm) und nicht bei der (zwangsläufig erfolgenden) Vervielfältigung. Bei **Computerprogrammen** ist allerdings die Sonderregel des § 69d i. V. m. § 69c Nr. 1 zu beachten. Ihr Verhältnis zu § 44a (s. dazu oben § 44a Rn. 23 f.) ist noch nicht abschließend geklärt. Bei den genannten Speicherungen durch die Provider während der **Online-Nutzung** greift § 44a Abs. 1 Nr. 1 (in BT-Drs. 15/38, S. 18 wird das „Caching" ausdrücklich genannt; vgl. ferner Dreier/Schulze/*Dreier* § 44a Rn. 7; Spindler/Schuster/*Wiebe* 13. Teil § 44a Rn. 3).

bb) Streaming. Besondere Bedeutung hat in jüngerer Zeit das **Streaming** erlangt. 14 Filme, TV-Serien oder Musik-Videos können im Internet in vielen Portalen wie der mittlerweile geschlossenen Plattform **kino.to** in der Regel kostenlos ohne Download des Werks auf Wunsch (on demand) online angesehen (gestreamt) werden. Auch beim Streaming werden automatisch Datenpakete zum Zwecke der besseren Abspielbarkeit im RAM des Empfängers zwischengespeichert. Die Strafverfahren gegen die Betreiber von kino.to, in welchen teilweise hohe Haftstrafen ausgesprochen wurden, haben zuletzt für großes Aufsehen gesorgt. Es ist jedoch streitig, ob das Streaming von Film- oder Musikwerken durch die Nutzer selbst eine urheberrechtlich unzulässige und strafbare Vervielfältigung darstellt (vgl. dazu *Fangerow/Schulz* GRUR 2010, 677; *Koch* GRUR 2010, 574; *Stieper* MMR 2012, 12). Einerseits müssen, wie bereits ausgeführt (Rn. 12, 13), **selbstständig schutzfähige Daten** gespeichert werden, was dann nicht der Fall ist, wenn es sich nur um sehr kurze Sequenzen handelt. Andererseits greift aber für die **privaten Nutzer** beim Streaming on demand **§ 44a Abs. 1 Nr. 2,** wonach vorübergehende Vervielfältigungshandlungen, die flüchtig oder begleitend sind und einen integralen und wesentlichen Teil eines technischen Verfahrens darstellen und deren alleiniger Zweck es ist, eine rechtmäßige Nutzung des Werks zu ermöglichen und die keine eigenständige wirtschaftliche Bedeutung haben, zulässig sind (s. oben § 44a Rn. 16 ff.). Damit wird dem Aspekt Rechnung getragen, dass bei Werken in digitaler Form die einfache rezeptive **Nutzung** des Werks, also etwa das Anschauen eines Films, bereits mit vorübergehenden Vervielfältigungen verbunden ist. Das reine **Ansehen** eines Films ist von den Verwertungsrechten der §§ 15 ff. nicht erfasst und daher **rechtmäßige Nutzung** des Werks (str.; ebenso *Fangerow/Schulz* GRUR 2010, 677, 681; *Reinbacher* HFR 2012, 179, 182; sowie *Stieper* MMR 2012, 12, 16 mit zutreffendem Verweis auf EuGH Rs. C-403/08 Football Association Premier League Ltd. MMR 2011, 817, 823, Rn. 171). Auch eine eigene **wirtschaftliche Bedeutung** kommt diesem Vorgang **nicht** zu, zumal und soweit die Daten nach der Nutzung jeweils automatisch wieder gelöscht werden (str.; wie hier *Fangerow/Schulz* GRUR 2010, 677, 680 f.; *Reinbacher* HFR 2012, 179, 182; *Stieper* MMR 2012, 12, 16). Im Übrigen ist an die Privilegierung des privaten Gebrauchs nach § 53 zu denken (s. dazu Rn. 22a).

15 c) **Veränderungen beim Vervielfältigungsvorgang** Eine Vervielfältigung kann auch dann vorliegen, wenn **keine völlige Identität** zwischen dem Original und der Kopie besteht (Schricker/Loewenheim/*Haß* § 106 Rn. 12; *v. Gamm* § 16 Rn. 6; *Heinrich* 185; *Plassmann* 204; *Rupp* 108 f.; *Schack* Rn. 378; *Weber* 202; a. A. *Sieber* 69). Stellt die Vervielfältigung hingegen **zugleich** (nach a. A. schließt die Bearbeitung die Vervielfältigung aus; vgl. MüKoStGB Bd. 7 NebenstrafR II/*Heinrich* § 106 Rn. 49) eine **Bearbeitung** dar, so ist diese Vervielfältigung nach § 23 S. 1 privilegiert. Eine Bearbeitung liegt aber nur dann vor, wenn eine persönliche geistige Schöpfung i. S. v. § 2 Abs. 2 entsteht (s. oben Rn. 10); dagegen vervielfältigt, wer keine eigenschöpferische Leistung zu Stande bringt (Erbs/Kohlhaas/*Kaiser* § 106 Rn. 14; *Rupp* 111; *Sieber* 69; *Weber* 204; differenzierend *Heinrich* 190 u. 216; a. A. *Hildebrandt* 68 ff. und Voraufl., wonach dieser Auslegung das Analogieverbot nach Art. 103 Abs. 2 GG, § 1 StGB, entgegenstehe). Die **Herstellung weiterer Kopien** stellt im Falle der nicht-schöpferischen Erstvervielfältigung eine Vervielfältigung des Originals, im Falle der Bearbeitung eine Vervielfältigung des bearbeiteten und des Originalwerks dar. Die Unzulässigkeit von Bearbeitung oder Umgestaltung nach den **Ausnahmevorschriften §§ 23 S. 2, 69c Nr. 2** führt jedoch nicht zum Aufleben des strafrechtlichen Schutzes (BT-Drucks. IV/270, 108; Erbs/Kohlhaas/*Kaiser* § 106 Rn. 14; *Heinrich* 187; *Hildebrandt* 75 f. m. w. N.; Loewenheim/*Flechsig* § 90 Rn. 9; *Plassmann* 321 ff.; *Rehbinder* Rn. 458; *Rupp* 133 f.; *Samson* 234; *Sieber* 61, 65, 68 f.; *Weber* 190, 204).

2. Der Begriff des Verbreitens

16 a) **Urheberzivilrechtlicher Verbreitungsbegriff.** Nach **ganz überwiegender Auffassung** in Rspr. (im Grundsatz BGHSt 49, 93, 103 = NJW 2004, 1674, 1676 – Tonträgerpiraterie; auch KG NStZ 1983, 561 – Videoraubkassetten; LG Wuppertal CR 1987, 599, 600) und Literatur (BeckOK UrhG/*Sternberg-Lieben* § 106 Rn. 23; Dreier/Schulze/ *Dreier* § 106 Rn. 5; Erbs/Kohlhaas/*Kaiser* § 106 Rn. 15; Fromm/Nordemann/*Ruttke/ Scharringhausen* § 106 Rn. 12; Loewenheim/*Flechsig* § 90 Rn. 17; MüKoStGB Bd. 7 NebenstrafR II/*Heinrich* § 106 Rn. 51; Schricker/Loewenheim/*Haß* § 106 Rn. 14) entspricht der Verbreitungsbegriff im Urheberstrafrecht dem Begriff des § 17 (hierzu § 17 Rn. 10 ff.). Grundsätzlich geht es bei der Verbreitung darum, das Original oder Vervielfältigungsstücke desselben der Öffentlichkeit zuzuführen. Eine Verbreitung kommt daher nur bei der Übertragung konkreter **körperlicher Werkstücke** in Betracht. Eine unkörperliche Wiedergabe des Werks richtet sich hingegen nach den §§ 15, 19 ff. Auch das öffentliche Zugänglichmachen eines Werks in einer Tauschbörse im Internet ist daher keine Verbreitung, sondern öffentliches Zugänglichmachen im Sinne von § 19a.

16a b) **Einfluss des europäischen Rechts.** Durch den **Einfluss des europäischen Rechts,** namentlich durch **Art. 4 der Richtlinie 2001/29/EG** zur Harmonisierung bestimmter Aspekte des Urheberrechts und der verwandten Schutzrechte in der Informationsgesellschaft, sog. **Multimedia-RL** (ABl. L 167 v. 22.6.2001, S. 10 ff.) sowie die Interpretation dieser Vorschrift durch den EuGH herrscht jedoch große Unklarheit über die Auslegung des Begriffs der Verbreitung, und zwar schon im Zivilrecht (dazu oben § 17 Rn. 4 ff.). Dies liegt daran, dass das deutsche UrhG auf der einen Seite und der EuGH (GRUR 2008, 604, 605 – Peek & Cloppenburg/Cassina SpA) auf der anderen Seite nun ganz offensichtlich eine divergierende Systematik zugrunde legen. Das deutsche Recht geht von einem **weiten Verbreitungsbegriff** aus. Danach erfasst die Verbreitung gem. § 17 das Inverkehrbringen (Rn. 17) und das Anbieten an die Öffentlichkeit (Rn. 18) (vgl. für Computerprogramme auch § 69c Nr. 3). Das Inverkehrbringen schließt dabei nach bislang herrschender Auslegung insbesondere auch Vermietung und Verleih (Rn. 17a) ein. Dieser deutsche Verbreitungsbegriff kann jedoch nicht mehr ungeprüft angewandt werden, weil die urheberrechtlichen Verwertungstatbestände inzwischen **harmonisiertes Recht** sind. Bei ihrer Auslegung sind daher nun die europäischen Vorgaben zu beachten. Art. 4 Abs. 1 Multimedia-RL begrenzt das Verbreitungsrecht auf die „Verbreitung an die Öffentlichkeit in beliebiger Form durch Verkauf oder auf sonstige Weise". Der EuGH GRUR 2008, 604 – Peek & Cloppenburg/Cassina SpA interpretiert die Verbreitung „auf sonstige Weise" im Sinne der Multimedia-RL dahingehend, dass diese stets eine **Übertragung des Eigentums** voraussetze. Das europäische Recht ist demnach einem viel **engeren Verbreitungsbegriff** als das deutsche UrhG verschrieben.

c) **Streitstand.** Welche Folge aus dieser Diskrepanz herzuleiten ist, darf getrost als **stark umstritten** bezeichnet werden. Im Anschluss an die Entscheidung des EuGH wurde teilweise **in enger Auslegung** davon ausgegangen, dass Vermietung, Verleih sowie öffentliches Anbieten als unzulässige Ausweitung und das deutsche Recht daher als europarechtswidrig anzusehen sind, so dass auch eine Strafbarkeit im Hinblick auf Vermietung und Leihe entfallen müsse (s. Voraufl.). Die Gegenauffassung stellte sich hingegen auf den Standpunkt, dass das europäische Recht nur **Mindestvorgaben** setze, über welche der deutsche Gesetzgeber durchaus hinausgehen könne (vgl. Voraufl. § 17 Rn. 7; ferner Dreier/Schulze/*Schulze* § 17 Rn. 4a; *v. Welser* GRUR Int. 2008, 596 (597). Der BGH GRUR 2009, 840, 841 – Le Corbusier-Möbel II ist der letzteren Auffassung indessen nicht gefolgt, sondern sieht in Art. 4 Multimedia-RL eine verbindliche Regelung des Verbreitungsrechts im Sinne einer **vollständigen Harmonisierung.** Die Entscheidungen des EuGH zum Vervielfältigungsrecht (EuGH C-5/08 v. 16.7.2009 – Infopaq International, Rn. 27 ff.; C-403/08 und C-429/08 v. 4.10.2011 – Football Association Premier League, Rn. 154) und zu den die Kann-Vorschriften der Schrankenbestimmungen sind so zu verstehen, dass diese Bestimmungen europaweit einheitlich auszulegen sind (EuGH C-467/08 v. 21.10.2010 – Padawan, Rn. 32 f.; C-510/10 v. 26.4.2012 – DR, Rn. 31, 33 f.). Es besteht kaum mehr Zweifel daran, dass der EuGH auch annehmen dürfte, das Verbreitungsrecht sei nun abschließend durch den EuGH und nicht mehr durch den deutschen Gesetzgeber oder deutsche Gerichte auszulegen. Dies hat auch der BGH so gesehen.

d) **Inverkehrbringen.** Die soeben geschilderte Problematik entfaltet insbesondere Relevanz für die Frage, ob **Vermietung** und **Verleih** noch unter das Inverkehrbringen fallen (dazu Rn. 17a). Im Übrigen hat sich durch die skizzierte Entwicklung nur wenig geändert. Ein Inverkehrbringen erfordert, dass der Täter eine Eigentumsübertragung vollzieht (EuGH GRUR 2008, 604, 605 – Peek & Cloppenburg/Cassina SpA), dabei zunächst die Verfügungsgewalt an einem körperlichen Werkträger innehat und sodann einen Wechsel der Verfügungsgewalt dergestalt herbeiführt, dass diese dadurch bei einem Dritten liegt (ausführlich *Hildebrandt* 90 ff.). Die Tat ist ein **Erfolgsdelikt** und erst dann vollendet, wenn der Dritte tatsächlich Verfügungsgewalt am Gegenstand erlangt hat (Erbs/Kohlhaas/*Kaiser* § 106 Rn. 17; *Heinrich* 229; *Hildebrandt* 98; *Horn* NJW 1977, 2329, 2333; MüKoStGB Bd. 7 NebenstrafR II/*Heinrich* § 106 Rn. 64; a. A. Loewenheim/*Flechsig* § 90 Rn. 19, der

UrhG § 106 17a § 106 Unerl. Verwertung urheberrechtl. gesch. Werke

darunter die Besitzüberlassung an die Öffentlichkeit versteht und daher das Verlassen des Zugriffsbereichs ausreichen lässt). Die Begriffe des Gewahrsams in § 242 StGB und der Verfügungsgewalt bei § 17 Abs. 1 gleichen sich in allen wesentlichen Fragen. Mit Hilfe des Gewahrsamsbegriffs werden sich auch Fälle lösen lassen, in denen mehrere Personen sich die Verfügungsgewalt teilen – also z. B. Mitgewahrsam (hierzu *Fischer* § 242 StGB Rn. 14 m. w. N.) vorliegt – oder in denen es dem Inhaber der Verfügungsgewalt am Beherrschungswillen (hierzu *Fischer* § 242 StGB Rn. 13 m. w. N.) fehlt (*Hildebrandt* 93 ff.). Zu Sachverhalten mit Auslandsberührung s. auch unten R. 46.

17a **e) Vermietung und Verleih.** Entgegen der Vorauflage bedeutet eine vollständige Harmonisierung des Verbreitungsbegriffs jedenfalls im Urheberzivilrecht nicht zwingend, dass auch Vermietung und Verleih automatisch aus dem Verbreitungsbegriff des § 17 UrhG fallen. Ganz offensichtlich sieht der EuGH zwar in Verbreitung einerseits und Vermietung und Verleih andererseits **unterschiedliche Verwertungshandlungen.** Er folgert dies aus einem Rekurs auf WCT- und WPPT-Vertrag, welche diese Rechte getrennt behandeln (EuGH GRUR 2008, 604, 605 – Peek & Cloppenburg/Cassina SpA; dazu *Schulze* GRUR 2009, 812, 813). Gleichwohl muss eine einschränkende Interpretation des deutschen Rechts nicht so weit gehen, den Urheber bezüglich Vermietung und Verleih nun völlig schutzlos zu lassen. Denn für Vermietung und Verleih verlangt auch das **europäische Recht** an anderer Stelle eine Zuweisung dieser Verwertungsrechte an die Urheber, nämlich in der **Richtlinie 92/100/EWG** des Rates vom 19.11.1992 zum Vermiet- und Verleihrecht sowie zu bestimmten dem Urheberrecht verwandten Schutzrechten im Bereich des geistigen Eigentums, sog. **Vermiet- und Verleih-RL** (ABl. L 346 vom 27.11.1992, S. 61 ff.). Der deutsche Gesetzgeber ging seinerzeit davon aus, er müsse die Vermiet- und Verleih-RL nicht mehr umsetzen, da die entsprechenden Rechte mit der damals h. M. ohnehin schon unter das Verbreitungsrecht fielen (BT-Drs. 13/115, S. 7, 12). BGH GRUR 2009, 840, 841 – Le Corbusier-Möbel II enthält leider keine Aussage dazu, wie das Gericht die Rechtslage im Hinblick auf Vermietung und Verleih nun beurteilen und ob es die diesbzgl. gefestigte Rechtsprechung aufgeben will (vgl. dazu *N. Dietrich* UFITA 2011, 478, 484; *Schulze* GRUR 2009, 812, 814). Die **Rechtslage** ist daher völlig **unklar.** Es sind **zwei Lösungen denkbar,** die beide letztlich unbefriedigend sind: **Zum einen** könnte man erwägen, mit der Voraufl. **Vermietung und Verleih** nun aus dem Verbreitungsrecht **auszuklammern** (so wohl *Czychowski/Nordemann* NJW 2010, 735, 737; Loewenheim/*Loewenheim* § 20 Rn. 36; für das Strafrecht BeckOK UrhG/*Sternberg-Lieben* § 106 Rn. 25; Erbs/Kohlhaas/*Kaiser* § 106 Rn. 17). **Zum anderen** wäre es möglich, **zwei parallele Verbreitungsbegriffe** anzunehmen, einen weiteren deutschen im Sinne des UrhG und einen engeren europäischen im Sinne der Multimedia-RL in der Auslegung des EuGH. Nimmt man mit der ersten Meinung Vermietung und Verleih aus dem Verbreitungsbegriff heraus, so begründet dies im Zivilrecht nicht unbedingt den Vorwurf, der deutsche Gesetzgeber habe die Vermiet- und Verleih-RL nicht umgesetzt, denn insoweit könnte von einem unbenannten Recht nach § 15 Abs. 1 ausgegangen werden. Den Vorgaben der Vermiet- und Verleih-RL wäre damit Genüge getan. Der strafrechtliche Schutz des Vermiet- und Verleihrechts bliebe dann jedoch verwehrt. Denn wenn Vermietung und Verleih ein unbenanntes Recht nach § 15 Abs. 1 darstellen, ist ihre Kriminalisierung verbotene Analogie, da sich § 106 unmissverständlich nur auf die „Verbreitung" bezieht. Dies wirft zwar Wertungswidersprüche auf. Wirklich strafwürdige Fälle der Vermietung und erst recht des Verleihs sind jedoch nur schwer vorstellbar. Will man gleichwohl diese Schutzlücke im Strafrecht vermeiden, so muss man mit dem zweiten Lösungsansatz von zwei verschiedenen Verbreitungsbegriffen ausgehen, einem europäischen und einem deutschen. Dies lässt sich möglicherweise damit rechtfertigen, dass schon der Wortlaut des deutschen UrhG Vermietung und Verleih im Verbreitungsbegriff des § 17 verankert (vgl. vor allem § 17 Abs. 2). § 17 könnte insoweit also entsprechend seinem Wortlaut ausgelegt werden.

§ 106 Unerl. Verwertung urheberrechtl. gesch. Werke   18   § 106 UrhG

Zudem haben sich EuGH und BGH mit Vermiet- und Verleihrecht letztlich gar nicht befasst und wollten das urheberrechtliche Schutzniveau insofern nicht senken (vgl. *N. Dietrich* UFITA 2011, 478, 484; Fromm/Nordemann/*Dustmann* § 17 Rn. 19; *Schulze* GRUR 2009, 812, 814). Der europäische und der deutsche Ansatz unterscheiden sich hinsichtlich Vermietung und Verleih zwar in Begrifflichkeit und Systematik, wohl aber nicht im angestrebten Schutzinhalt. Denn während sich das europäische Recht mit dem Verbreitungsrecht i. S. v. Art. 4 Abs. 1 Multimedia-RL nur auf Eigentumsübertragungen bezieht und zusätzlich mit dem Vermiet- und Verleihrecht i. S. d. Vermiet- und Verleih-RL weitere Verwertungsrechte normiert, hat Deutschland ein UrhG geschaffen, das beiden europäischen Vorgaben nachkommt, indem es sie zusammen unter den weiteren Verbreitungsbegriff fasst und nicht etwa hinter deren Schutzniveau zurückbleibt. Nachteil dieser zweiten Lösung ist aber ohne Frage, dass zwei verschiedene Rechtsbegriffe des „Verbreitens" nebeneinander existieren müssten – ein europäischer und ein deutscher. Dies wäre vor allem deswegen bizarr, weil ein- und dasselbe Wort innerhalb derselben Regelungsmaterie unterschiedlich ausgelegt werden müsste, obwohl das europäische Recht doch eine Harmonisierung bewirken soll. Gerade im Strafrecht stellt der Bestimmtheitsgrundsatz andere Anforderungen an Gesetzgeber und Gerichte. Eleganter erscheint es daher, mit der Voraufl. Strafbarkeitslücken in Kauf zu nehmen und von einem einheitlichen, engen und europäischen Verbreitungsbegriff auszugehen. Vermietung und Verleih sind dann nicht strafbar (vgl. aber § 17 Rn. 9). Eine Neustrukturierung der körperlichen Verwertungsrechte ist dem deutschen Gesetzgeber dringend anzuraten.

f) Anbieten gegenüber der Öffentlichkeit. Jedenfalls besteht nach der Rechtsprechung des EuGH und mit Blick auf europäisches Recht kein Grund mehr, das **öffentliche Anbieten** weiterhin dem Verbreitungsrecht zuzurechnen (BeckOK UrhG/*Sternberg-Lieben* § 106 Rn. 25, 27; a. A. Loewenheim/*Flechsig* § 90 Rn. 17; MüKoStGB Bd. 7 NebenstrafR II/*Heinrich* § 106 Rn. 53). Es unter strafrechtlichen Schutz zu stellen, hat noch nie überzeugt, denn hierbei handelt es sich nicht um eine Verbreitung, sondern lediglich um eine **Vorbereitung** derselben. Auch fordert das europäische Recht – im Gegensatz zu Vermietung und Verleih – keinen Schutz hinsichtlich des öffentlichen Anbietens. Insbesondere lässt sich die Strafbarkeit des öffentlichen Anbietens auch nicht dadurch retten, dass ein **auf eine Eigentumsübertragung gerichtetes** Anbieten gefordert wird (vgl. auch oben § 17 Rn. 14; so aber Erbs/Kohlhaas/*Kaiser* § 106 Rn. 15; Schricker/Loewenheim/*Loewenheim* § 17 Rn. 8). Denn auch ein auf Eigentumsübertragung gerichtetes Anbieten bleibt Vorbereitungshandlung und ist nicht selbst schon Eigentumsübertragung, demnach auch kein Verbreiten. Es bleibt also dabei: Entweder man hält am weiten Verbreitungsbegriff des deutschen UrhG fest, oder man nimmt – vorzugswürdig – mit der Rechtsprechung an, er sei jedenfalls teilweise europarechtswidrig. In letzterem Fall kann das öffentliche Anbieten insgesamt nicht erfasst sein. In ersterem Fall muss hingegen konsequenterweise auch ein öffentliches Anbieten ausreichen, das **auf Besitzüberlassung** gerichtet ist. Trotz der soeben geäußerten Ansicht wird hier jedoch die Kommentierung fortgesetzt, da unklar ist, welchen Weg die Rechtsprechung einschlagen wird.

Das Anbieten eines noch **nicht gegenständlich vorhandenen Vervielfältigungsstückes** wird vielfach als nicht erfasst angesehen, da nur tatsächlich existierende Werkstücke verbreitet werden könnten (RGZ 107, 277, 281 – Gottfried Keller; KG NStZ 1983, 561 – Videoraubkassetten; AG Charlottenburg CR 1990, 600 – Abmahnkosten bei Raubkopierern; *Eiding* 124, 129, 135 f.; *Flechsig* NStZ 1983, 562, 563; *v. Gamm* § 17 Rn. 6; *Ganter* NJW 1986, 1479, 1480; *Hildebrandt* 106 ff.; *Kann* 99; *Lampe* UFITA 83 (1978) 34; *Lauer* 27; *Lührs* GRUR 1994, 264, 266, 268; *Rochlitz* 116, 118; *Rupp* 191; *Schmitz/Schmitz* 69 f.; *Schulze-Heiming* 148; *Sternberg-Lieben* 62; *Weber* 209, 214). Tatsächlich macht § 17 Abs. 1, auf den sich die strafrechtliche Absicherung bezieht, aber **keine** solche Einschränkung, daher **genügt es,** wenn die Werkstücke nach Bestellung erst **angefertigt** werden sollen

UrhG § 106 18a–20 § 106 Unerl. Verwertung urheberrechtl. gesch. Werke

(Loewenheim/*Flechsig* § 90 Rn. 17; MüKoStGB Bd. 7 NebenstrafR II/*Heinrich,* § 106 Rn. 61; Schricker/Loewenheim/*Loewenheim* § 17 Rn. 10; Schricker/Loewenheim/*Haß* § 106 Rn. 16; vgl. auch AG Cottbus CR 2004, 782, welches allerdings selbst das Bereitstellen urheberrechtlich geschützter Werke in einer Tauschbörse als Verbreitung ahnden will, mit Anm. *Gebler* ITRB 2004, 252). Vorausgesetzt ist aber jedenfalls eine **hinreichende Konkretisierung** des Werkstücks (KG NStZ 1983, 561 – Videoraubkassetten; a. A. Erbs/Kohlhaas/*Kaiser* § 106 Rn. 16; *Flechsig* NStZ 1983, 562, 563; *Ganter* NJW 1986, 1479, 1480; *Heinrich* 228, 351; *Hildebrandt* 110 f.; MüKoStGB Bd. 7 NebenstrafR II/*Heinrich,* § 106 Rn. 63; Schricker/Loewenheim/*Haß* § 106 Rn. 16; *Schulze-Heiming* 148). Ein **Angebot an eine Einzelperson** genügt noch **nicht,** da sich die Offerte an die „Öffentlichkeit", also entsprechend § 15 Abs. 3 an eine Mehrzahl von Personen, richten muss (LG Wuppertal CR 1987, 599, 600; MüKoStGB Bd. 7 NebenstrafR II/*Heinrich,* § 106 Rn. 58; *Weber* 214; a. A. BGHZ 113, 159 – Einzelangebot; Erbs/Kohlhaas/*Kaiser* § 106 Rn. 15; Loewenheim/*Flechsig* § 90 Rn. 17; Schricker/Loewenheim/*Haß* § 106 Rn. 10 sowie oben § 17 Rn. 18).

18a g) **Keine Geltung des internetspezifischen Verbreitungsbegriffs.** In anderen Bereichen des Strafrechts hat der BGH NJW 2001, 3558, 3559 = NStZ 2001, 596, 597 einen **internetspezifischen Verbreitungsbegriff** entwickelt. Hiernach ist – bei kinderpornografischen Dateien – eine Verbreitung im Sinne des § 184c Abs. 1 Nr. 1 StGB bereits dann anzunehmen, wenn eine Datei über das Internet versendet wird und auf dem Rechner des Nutzers – etwa im Arbeitsspeicher – angekommen ist und nicht erst bei der körperlichen Weitergabe des Originaldatenträgers. Dieser umstrittene (vgl. nur Schönke/Schröder/ *Perron/Eisele* § 184b Rn. 5) Begriff sollte jedoch **nicht** auf das Urheberstrafrecht übertragen werden, denn anders als im Kernstrafrecht bestehen hier eigenständige Regelungen im Hinblick auf die unkörperliche Verwertung.

19 h) **Der Erschöpfungsgrundsatz.** Wie im Zivilrecht (hierzu § 17 Rn. 23 ff.) wird auch im Strafrecht der Verbreitungsbegriff durch den **Erschöpfungsgrundsatz** des § 17 Abs. 2 beschränkt (ausführlich *Hildebrandt* 111 ff. m. w. N.; ferner Dreier/Schulze/*Dreier* § 106 Rn. 6; MüKoStGB Bd. 7 NebenstrafR II/*Heinrich,* § 106 Rn. 67; Schricker/Loewenheim/ *Haß* § 106 Rn. 19 f.). Wegen Art. 103 Abs. 2 GG (= § 1 StGB) verbietet sich allerdings jede Analogie zu Ungunsten des Beschuldigten. Deswegen und weil im Strafrecht die bürgerlichrechtlichen Rückwirkungsfiktionen der §§ 142 Abs. 1, 1953 Abs. 1 BGB nicht gelten (KG JW 1930, 943; LK/*Ruß* § 246 StGB Rn. 4) kann nicht bestraft werden, wenn ein Verkauf – etwa nach Verkauf unter Eigentumsvorbehalt, beim Kauf mit Rücktrittsrecht, in Fällen der Remission, beim Kommissionsgeschäft, nach Anfechtung, durch Vernichtung des Werks – rückgängig gemacht wird (zur Problematik des untauglichen Versuchs vgl. Rn. 39). Auch in Fällen beschränkter Einräumung von Nutzungsrechten kann eine verfassungskonforme Auslegung geboten sein (vgl. zur Umarbeitung von Schulversionen in Vollversionen aber LG Bochum ZUM-RD 2004, 538).

3. Der Begriff der öffentlichen Wiedergabe

20 Auch bei der **öffentlichen Wiedergabe** findet der zivilrechtliche Begriff (hierzu § 15 Rn. 18 ff.) des § 15 Abs. 2 Anwendung (Erbs/Kohlhaas/*Kaiser* § 106 Rn. 19; Fromm/ Nordemann/*Ruttke/Scharringhausen* § 106 Rn. 17; *Heinrich* 184, 246; *Hildebrandt* 117 ff.; Loewenheim/*Flechsig* § 90 Rn. 23; MüKoStGB Bd. 7 NebenstrafR II/*Heinrich* § 106 Rn. 69; Schricker/Loewenheim/*Haß* § 106 Rn. 21; *Weber* 217, 285). Wie der Verbreitungsbegriff ist auch der Begriff der öffentlichen Wiedergabe inzwischen europarechtlich harmonisiert (vgl. zuletzt EuGH C-135/10 v. 15.3.2012 – SFC/Del Corso, Rn. 83 ff., m. w. N.). Bei einer ungeprüften Übernahme deutscher Rechtsprechungsgrundsätze ist daher wiederum größte Vorsicht geboten. Der Tatbestand der öffentlichen Wiedergabe stellt

ein **Tätigkeitsdelikt** dar, da gem. § 15 Abs. 3 bei der öffentlichen Wiedergabe nicht vorausgesetzt wird, dass die Wiedergabe die Öffentlichkeit tatsächlich erreicht. **§ 19a** hat insoweit lediglich klarstellende Bedeutung (a. A. *Heghmanns* MMR 2004, 15). Zu beachten ist jedoch, dass die öffentliche Zugänglichmachung von Werkteilen nicht unbedingt den Anforderung des § 106 genügt (vgl. Rn. 14; auch *Gercke* ZUM 2007, 791, 799). Da insb. bei komprimierten Dateien Teilstücke praktisch nutzlos sind, liegt hier in der Regel allenfalls dann eine Urheberrechtsverletzung vor, wenn die Gesamtdatei zugänglich gemacht wird. Wer lediglich einen sog. **Hyperlink** auf eine Seite im Internet setzt, auf der Dateien von Dritten bereitgehalten werden, macht diese nicht selbst öffentlich zugänglich (BGH GRUR 2003, 958 – Paperboy; *Hilgendorf/Valerius* Rn. 708; Schricker/Loewenheim/ *v. Ungern-Sternberg* § 19a Rn. 46; s. dazu bereits oben § 19a Rn. 10, § 97 Rn. 20 sowie noch ausführlicher unten § 106 Rn. 43).

IV. Das Merkmal „in anderen als den gesetzlich zugelassenen Fällen"

1. Übersicht

Nach allgemeiner Auffassung sind mit dem Hinweis auf die „gesetzlich zugelassenen Fälle" die §§ 44a ff., die sog. **Schranken** des Urheberrechts, gemeint (etwa *Braun* 148; Dreier/ Schulze/*Dreier* § 106 Rn. 6; Erbs/Kohlhaas/*Kaiser* § 106 Rn. 21; Fromm/Nordemann/ *Ruttke/Scharringhausen* § 106 Rn. 21; *Gercke* ZUM 2007, 791, 792; *Heinrich* in: Wandtke, Medienrecht, Kap. 5 Rn. 318; *Haß* FS Klaka 127 ff.; *Heinrich* 249; *Hildebrandt* 124; *Lauer* 32, 137; Loewenheim/*Flechsig* § 90 Rn. 24; Möhring/Nicolini/*Spautz* § 106 Rn. 4; MüKoStGB Bd. 7 NebenstrafR II/*Heinrich* § 106 Rn. 78; *Reinbacher* 175; *ders.* GRUR 2008, 394; *Rochlitz* 129; *Samson* 233; Schricker/Loewenheim/*Haß* § 106 Rn. 23; *Sieber* 69; *Weber* 225). Die Wendung bezieht sich also **nicht** auf die allgemeinen Rechtfertigungsgründe (Dreier/Schulze/*Dreier* § 106 Rn. 6; Fromm/Nordemann/*Ruttke/Scharringhausen* § 106 Rn. 21; *Hildebrandt* 124; *Lauer* 32; Loewenheim/*Flechsig* § 90 Rn. 24; MüKoStGB Bd. 7 NebenstrafR II/*Heinrich* § 106 Rn. 78; *Reinbacher* 175; Schricker/Loewenheim/*Haß* § 106 Rn. 23; *Weber* 225). Das Merkmal ist ein (negativ formuliertes) Tatbestandsmerkmal (ausführlich *Haß* FS Klaka 127, 133 ff.; *Heinrich* UFITA 2002, 890, 891; *Hildebrandt* 129 ff. m. w. N.; *Lauer* 39, 137; *Reinbacher* 175; *ders.* GRUR 2008, 394; a. A. *Kircher* 233 ff.). Daher sind die jeweiligen Voraussetzungen in § 106 hineinzulesen.

2. Einzelfragen

a) Ausgewählte Problemkreise. Der Ablauf der **Schutzfrist** der §§ 64 ff. (hierzu § 64 Rn. 1 f.) ist **kein** gesetzlich zugelassener Fall, sondern schließt bereits das Tatobjekt „geschütztes Werk" aus (s. dazu bereits oben Rn. 9). Bei **Computerprogrammen** gelten die §§ **69d und 69e** (Dreier/Schulze/*Dreier* § 106 Rn. 6; *Haß* in: Lehmann Rn. 71; *Heinrich* 281 ff.; *Hildebrandt* 129; Loewenheim/*Flechsig* § 90 Rn. 23; *Meier* JZ 1992, 657, 661; Schricker/Loewenheim/*Haß* § 106 Rn. 23), bei Datenbankwerken § 55a (Loewenheim/ *Flechsig* § 90 Rn. 24). Vor allem die Rechtsfolgen der **Nichteinhaltung der formellen Voraussetzung des § 46 Abs. 1 S. 3 und Abs. 3** und die Frage einer Unterlassungsstrafbarkeit beim Verstoß gegen die **Löschungspflicht der §§ 47 Abs. 2 S. 2, 55 Abs. 1 S. 2, 56 Abs. 2** werden kontrovers diskutiert. Richtig dürfte es sein, eine Strafbarkeit hier **abzulehnen** (Loewenheim/*Flechsig* § 90 Rn. 28; vgl. hierzu ausführlich *Hildebrandt* 125 ff. sowie zum Unterlassen 310 ff. m. w. N.; *Weber* 201; vgl. auch Schricker/Loewenheim/*Haß* § 106 Rn. 25). Ein Verstoß gegen das **Änderungsverbot** des § 62 oder gegen die Pflicht zur **Quellenangabe** nach § 63 führt nach allgemeiner Ansicht trotz der Unzulässigkeit der Werknutzung nicht zur Strafbarkeit des Beschuldigten (Dreier/Schulze/*Dreier* § 106 Rn. 6; Schricker/Loewenheim/*Haß* § 106 Rn. 26; *Heinrich* 249 Fn. 393; *Hildebrandt* 137 f.

UrhG § 106 22a § 106 Unerl. Verwertung urheberrechtl. gesch. Werke

m.w.N.; Loewenheim/*Flechsig* § 90 Rn. 27; *Weber* 248f.). Die **Nichterfüllung obligatorischer Ansprüche** des Berechtigten gegen den Verwerter führt nicht zum Aufleben des strafrechtlichen Schutzes, weil obligatorische Ansprüche nicht durch die strafrechtlichen Vorschriften der §§ 106ff. geschützt sind (*Eiding* 120, 126; *Heinrich* 175f.; *Hildebrandt* 139; *Lauer* 54; Möhring/Nicolini/*Spautz* § 108 Rn. 9f.; *Rochlitz* 109; *Weber* 188).

22a **b) Vervielfältigungen zum privaten Gebrauch.** Besondere Bedeutung hat die Privilegierung der **Vervielfältigung zum privaten Gebrauch** nach **§ 53 Abs. 1** (zur Strafbarkeit von Vervielfältigungen zum privaten Gebrauch ausführlich *Reinbacher* passim; *ders.* GRUR 2008, 394). Die Vorschrift ist durch beide Körbe der Reform des Urheberrechts in der Informationsgesellschaft geändert worden. Nachdem zunächst jegliche Vervielfältigung zum privaten Gebrauch in **§ 53 Abs. 1 S. 1** erlaubt war, sofern es sich noch um „einzelne Vervielfältigungen" handelte, wurde die Privilegierung zunächst für solche Vorlagen (also Originale oder Vervielfältigungsstücke) ausgeschlossen, die **offensichtlich rechtswidrig hergestellt** wurden. Bezweckt war insbesondere die Verhinderung des Tausches von Werken in Peer-to-Peer-Börsen im Internet. Genau dieses Ziel wurde durch die gewählte Formulierung jedoch nicht erreicht, denn die Rechtswidrigkeit der Herstellung eines Files ist keineswegs immer offensichtlich (*Reinbacher* 224ff.; *ders.* Blätter 2004, 1243, 1247; *ders.* GRUR 2008, 394, 399f.; vgl. dazu auch Erbs/Kohlhaas/*Kaiser* § 106 Rn. 24a; *Heinrich* in: Wandtke, Medienrecht, Kap. 5 Rn. 328f.), sondern nur in bestimmten Fällen, wie etwa bei Bootlegs oder live mitgeschnittenen Filmen, denen man die Rechtswidrigkeit ansieht. Der private Gebrauch ist daher weiter beschränkt worden. Nun scheiden auch Vorlagen aus, die **offensichtlich rechtswidrig öffentlich zugänglich gemacht** wurden. Bemerkenswert bleibt insgesamt, dass sowohl die Rechtswidrigkeit der Herstellung bzw. des öffentlichen Zugänglichmachens als auch deren Offensichtlichkeit **objektive Tatbestandsmerkmale** darstellen (Loewenheim/*Flechsig* § 90 Rn. 16; *Reinbacher* 220; *ders.* GRUR 2008, 394, 395, 398), daher also objektiv zu bestimmen sind (BeckOK UrhG/*Sternberg-Lieben* § 106 Rn. 31). Auch nach der neuen Rechtslage muss demnach aus der Sicht eines objektiven Betrachters offensichtlich sein, dass kein Recht zum öffentlichen Zugänglichmachen bestand. Eine **Offensichtlichkeit** der Rechtswidrigkeit der Herstellung der Vorlage oder des öffentlichen Zugänglichmachens derselben kommt nur in Betracht, wenn eine rechtmäßige Handlung für den jeweiligen Verkehrskreis **vernünftigerweise ausgeschlossen werden kann** (*Reinbacher* 224; *ders.* GRUR 2008, 394, 399; ähnlich BeckOK UrhG/*Sternberg-Lieben* § 106 Rn. 31: wenn Rechtsverletzung derart eindeutig ist, dass eine Fehleinschätzung über die Rechtmäßigkeit kaum möglich erscheint; Dreier/Schulze/*Dreier* § 53 Rn. 12: wenn keine ernsthaften Zweifel an der Rechtswidrigkeit bestehen; *Freiwald* 150: wenn keine vernünftigen Zweifel an der Rechtswidrigkeit bestehen; Schricker/Loewenheim/*Loewenheim* § 53 Rn. 23: wenn Rechtswidrigkeit ohne Schwierigkeiten erkennbar ist). Es liegt nahe, hier ähnliche Kriterien anzulegen wie bei der Bestimmung der objektiven Sorgfaltspflichtverletzung bei der Fahrlässigkeitstat, so dass darauf abzustellen ist, welche Anforderungen an einen besonnenen und gewissenhaften Menschen in der konkreten Lage und der sozialen Rolle des Täters zu stellen sind (*Reinbacher* 220). Ein Täter muss daher auch Sonderwissen gegen sich gelten lassen. Nach diesen Kriterien ist etwa zu fragen, ob es offensichtlich war, dass das Zugänglichmachen der entsprechenden Datei auf einer Webseite rechtswidrig war, also ein rechtmäßiges öffentliches Zugänglichmachen, etwa durch den Rechteinhaber selbst, vernünftigerweise ausgeschlossen werden kann. Selbst bei Annahme objektiver offensichtlicher Rechtswidrigkeit ist im Strafrecht jedoch ferner **Vorsatz** des Täters erforderlich (dazu sogleich Rn. 23, 29), so dass Irrtümer in Betracht kommen können. In diesem Zusammenhang ist ferner die Frage von Interesse, ob die Privatkopieschranke des § 53 UrhG **vertraglich** abbedungen werden kann (dazu *Reinbacher*/*Schreiber* UFITA 2012, 771; allgemein zur Abdingbarkeit urheberrechtlicher Schranken *Gräbig* GRUR 2012, 331). Wie auch immer man diese Frage jedoch entscheidet, auf die

Strafbarkeit wirkt sie sich **nicht** aus, denn die Privatkopie bleibt ein „**gesetzlich** zugelassener Fall" (*Reinbacher* 254; *Reinbacher/Schreiber* UFITA 2012, 771, 797 ff.).

3. Subjektive Elemente

Zwar stellen die Schrankenbestimmungen objektive Tatbestandsmerkmale dar, jedoch muss sich auch der **Vorsatz** des Täters spiegelbildlich **im Tatzeitpunkt** auf ihr Vorliegen beziehen. In Fällen eines **Vorsatzwechsels**, in denen der Täter nach der Tathandlung seinen Vorsatz aufgibt und sein Handeln dadurch im Nachhinein einer Schrankenbestimmung unterfällt, wollen manche die Vorschriften über die tätige Reue analog anwenden (BeckOK UrhG/*Sternberg-Lieben* § 106 Rn. 32; *Lampe* UFITA 83 (1978) 15, 31; *Sternberg-Lieben* 66). Dies überzeugt nicht, da es sich bei diesen Vorschriften um eng auszulegende Ausnahmevorschriften handelt (*Hildebrandt* 135). Andererseits genügt es nicht, wenn dem Täter während der Tat der Vorsatz fehlt, er diesen aber nachträglich fasst (BeckOK UrhG/ *Sternberg-Lieben* § 106 Rn. 32; *Hildebrandt* 136; a. A. *v. Gravenreuth* 13; *ders.* Der Kriminalist 1985, 23, 25); dieser so genannte dolus subsequens ist bedeutungslos (*Fischer* § 15 StGB Rn. 4a m. w. N.). Deswegen macht sich auch nicht strafbar, wer erst nach einem abgeschlossenen Download aus einer Tauschbörse feststellt, dass das kopierte Material von einer offensichtlich rechtswidrig hergestellten oder öffentlich zugänglich gemachten Vorlage i. S. v. § 53 Abs. 1 S. 1 gefertigt wurde (vgl. auch Erbs/Kohlhaas/*Kaiser* § 106 Rn. 24a; *Gercke* ZUM 2007, 791, 792 f. u. 797 f.; *Reinbacher* 226 ff.; in diese Richtung auch *Dietrich* NJW 2006, 809; s. auch *Dietrich* 96; *Frank* K&R 2004, 576 ff.; *Hilgendorf/Wolf* K&R 2006, 541 ff.; *Rösler* MMR 2006, 503, 508). Nach aufgrund einer Schrankenbestimmung zulässiger Vervielfältigung kann jedoch eine spätere Verbreitung strafbar sein (vgl. Erbs/Kohlhaas/ *Kaiser* § 106 Rn. 24b).

V. Nichtberechtigung („ohne Einwilligung des Berechtigten")

1. Dogmatische Grundzüge

In der **Literatur** wird teilweise angenommen, das Merkmal „ohne Einwilligung des Berechtigten" verweise ausschließlich auf die Einwilligung nach allgemeinem Strafrecht (*Heinrich* 260; *Weber* 271 f.). In der Regel werde diese Einwilligung durch eine zivilrechtliche Einräumung eines entsprechenden Nutzungsrechts nach §§ 31 ff. erteilt; aber auch Vereinbarungen auf andere Weise seien denkbar (*Eiding* 138; *Haß* in: Lehmann Rn. 72; *Heinrich* 260; *Schulze-Heiming* 154; *Weber* in: Krekeler 6; vgl. auch Dreier/Schulze/*Dreier* § 106 Rn. 8). Dies hat die Folge, dass es erst auf der Ebene der Rechtswidrigkeit relevant wird. Nach **vorzugswürdiger Ansicht** wird dem Merkmal hingegen eine „**Doppelfunktion**" zuerkannt: Zum einen folgt aus der Formulierung „ohne Einwilligung des Berechtigten", dass der **Berechtigte** – also der **Urheber**, seine **Erben** oder der **Inhaber eines ausschließlichen Nutzungsrechts** – selbst nicht tatbestandsmäßig handeln kann. Zum anderen enthält das Merkmal einen Hinweis darauf, dass zusätzlich zur Frage der Berechtigung auf Rechtswidrigkeitsebene geprüft werden muss, ob eine Einwilligung im strafrechtlichen Sinne (hierzu Rn. 31) vorliegt (ausführlich zum Ganzen *Hildebrandt* 145 ff.; zust. BeckOK UrhG/*Sternberg-Lieben* § 106 Rn. 33; *Heghmanns* GA 2003, 240, 241; Schricker/Loewenheim/*Haß* § 106 Rn. 27 ff.; *Spannbrucker* 122). Während es sich bei der **Nichtberechtigung** um ein **Tatbestandsmerkmal** handelt, ist die allgemeine strafrechtliche Einwilligung hingegen erst auf der Ebene der Rechtswidrigkeit zu prüfen (*Hildebrandt* 149 ff. m. w. N. auch zur Gegenansicht). **Tauglicher Täter** des § 106 kann also nur ein im Tatzeitpunkt **Nichtberechtigter** sein. Das Merkmal der Nichtberechtigung ist **nicht deckungsgleich** mit dem Merkmal „ohne Einwilligung" (*Reinbacher* 134 f.). Denn der **Ur-**

heber selbst und seine **Erben** sind **Berechtigte,** ohne dass sie einer Einwilligung bedürften. Des Weiteren ist eine Einwilligung auch durch Geschäftsunfähige möglich, sofern eine entsprechende Einsichtsfähigkeit vorliegt (BGHSt 4, 88, 90), was auf die Einräumung eines Nutzungsrechts nicht zutrifft. Schließlich wird zwar der Inhaber eines **ausschließlichen,** nicht aber der Inhaber eines einfachen Nutzungsrechts zum Berechtigten (s. Rn. 26). Der **Urheber** selbst kann allerdings zum Nichtberechtigten werden, wenn er einem Dritten ein **ausschließliches Nutzungsrecht** eingeräumt hat oder wenn er nicht alleiniger Urheber ist (*Reinbacher* 135).

Zusammengefasst bedeutet dies: Sind Urheber, Erben oder Inhaber ausschließlicher Nutzungsrechte zur Einwilligung berechtigt, so sie scheiden sie als Täter aus. Dies ist im Tatbestand festzustellen. In allen übrigen Fällen bleibt es bei der Nichtberechtigung und der Prüfung der Einwilligung auf der Ebene der Rechtswidrigkeit. Die Einordnung der Nichtberechtigung als Tatbestandsmerkmal hat zur Folge, dass ein **Irrtum über die eigene Berechtigung vorsatzausschließend** ist (s. unten Rn. 36). Wer also etwa meint, selbst Urheber oder Inhaber eines ausschließlichen Nutzungsrechts zu sein, handelt subjektiv nicht tatbestandsmäßig. Wer hingegen nur darüber irrt, als selbst Nichtberechtigter über eine Einwilligung des Berechtigten zu verfügen, unterliegt einem Erlaubnistatbestandsirrtum (s. unten Rn. 36).

2. Rückwirkung

25 Nach zutreffender Ansicht kann die **Zustimmung nach der Tat** weder die Nichtberechtigung noch die Rechtswidrigkeit der Tat beseitigen, eine nachträgliche Genehmigung wirkt **nicht** als Einwilligung in die Tat (BeckOK UrhG/*Sternberg-Lieben* § 106 Rn. 34; Erbs/Kohlhaas/*Kaiser* § 106 Rn. 26; Fromm/Nordemann/*Ruttke/Scharringhausen* § 106 Rn. 27; *Heinrich* 261; *Kann* 92; *Kircher* 171, Fn. 5; *Lange* 212; Möhring/Nicolini/*Spautz* § 106 Rn. 5; MüKoStGB Bd. 7 NebenstrafR II/*Heinrich* § 106 Rn. 117; *Müller-Gugenberger* § 45 Rn. 106; *Rochlitz* 143, 161; *Schack* Rn. 746; *Sternberg-Lieben* 67 f.). Mit Blick auf die Doppelfunktion des Merkmals „ohne Einwilligung des Berechtigten" begründet die Gegenansicht hingegen eine Rückwirkung nachträglicher Genehmigungen (so noch die Voraufl.; zust. Schricker/Loewenheim/*Haß* § 106 Rn. 28; *Heghmanns* GA 2003, 240, 241). Hierdurch könne bewirkt werden, dass dem Verwerter zum Zeitpunkt der Werknutzung rückwirkend ein Nutzungsrecht zustand und dieser mithin zum Zeitpunkt der Tat Berechtigter war. Die rückwirkende Einräumung von Nutzungsrechten sei mit Blick darauf zu bejahen, dass insoweit die Vorschriften über die Abtretung, die §§ 398 ff. BGB, analog anzuwenden seien und jedenfalls dort eine Rückwirkung möglich ist (ausführlich *Hildebrandt* 152 ff.; s. aber zum Markenrecht OLG Hamburg GRUR-RR 2005, 181, 182 – ZOMIG/Asco Top; s. auch LG Nürnberg-Fürth Urt. v. 14.2.2005, 3 O 9489/03; Staudinger/*Busche* § 398 Rn. 27). Praktische Konsequenz dieser Ansicht ist, dass auch noch während eines laufenden Strafverfahrens der Ausgleich mit dem Beschuldigten gesucht und der staatliche Strafanspruch vernichtet werden kann (Schricker/Loewenheim/ *Haß* § 106 Rn. 28). Dem **Strafrecht** ist eine solche rückwirkende Beseitigung eines einmal entstandenen Strafanspruches jedoch **fremd.** Es untersucht, ob im Tatzeitpunkt die Tatbestandsmerkmale objektiv erfüllt sind und ob des Weiteren ein entsprechender Vorsatz (hier: bezüglich der eigenen Nichtberechtigung) vorlag. Ist dies der Fall, so besteht der Strafanspruch, daran ändert die nachträgliche Genehmigung nichts (MüKoStGB Bd. 7 NebenstrafR II/*Heinrich* § 106 Rn. 117). Dies hindert den Berechtigten aber nicht daran, eine Strafverfolgung dadurch zu verhindern, dass der nach § 109 erforderliche Strafantrag nicht gestellt wird (vgl. Fromm/Nordemann/*Ruttke/Scharringhausen* § 106 Rn. 28, die in der nachträglichen Einwilligung praxisgerecht eine Rücknahme des Strafantrages sehen). Wird tatsächlich später eine Lizenz erteilt, besteht im Übrigen auch kein öffentliches Interesse mehr an der Strafverfolgung.

3. Person des Berechtigten

Berechtigter ist derjenige, der auch wirksam **einwilligen** kann, also der **Urheber** selbst, 26
seine **Rechtsnachfolger** oder der Inhaber eines **ausschließlichen Nutzungsrechts**
(Dreier/Schulze/*Dreier* Rn 9; Erbs/Kohlhaas/*Kaiser* § 106 Rn. 27; *Heinrich* 260; Loewenheim/*Flechsig* § 90 Rn. 37; *Reinbacher* 134; Schricker/Loewenheim/*Haß* Rn 29; Möhring/
Nicolini/*Spautz* Rn 5; *Weber* 268, 271). Bei Bearbeitungen und Umgestaltungen (vgl. § 23
Rn. 3f.), Sammelwerken (vgl. § 4 Rn. 3ff.), Miturheberschaft (vgl. § 8 Rn. 2ff.) und
Werkverbindung zu gemeinsamer Verwertung (vgl. § 9 Rn. 1ff.) gelten die zivilrechtlichen
Grundsätze.

VI. Problem der Geltung von Vermutungen

Die urheberzivilrechtlichen Vermutungen, insb. § 10, finden im Strafprozess wegen des 27
in § 244 Abs. 2 StPO niedergelegten Amtsermittlungsgrundsatzes, des Grundsatzes der
freien Beweiswürdigung gem. § 261 StPO sowie des Grundsatzes „in dubio pro reo", der
in Art. 6 Abs. 2 EMRK eine gesetzliche Regelung erfahren hat, keine Anwendung
(*Heinrich* UFITA 2002, 890, 892; *Sieber* 68; *Weber* 192, 272f.; wohl auch: Schmitz/Schmitz
Computerkriminalität 72; ausführlich *Hildebrandt* 169ff.; a. A. *v. Gravenreuth* 10f.; auch Kilian/Heussen/*v. Gravenreuth* Ziff. 100 Rn. 2 u. 4); dies gilt wegen des Amtsermittlungsgrundsatzes und des Grundsatzes der freien Beweiswürdigung auch für die Anwendung
zugunsten des Beschuldigten. Daher laufen auch die Beweislastregelungen der §§ 44
Abs. 2, 47 Abs. 2, 49 Abs. 1 S. 2, 69e Abs. 2 Nr. 2 im Strafrecht leer (*Hildebrandt* 171). Die
§§ 31 Abs. 5, 37, 43, 44 Abs. 1 sind keine Vermutungen, sondern Auslegungsregeln und
finden auch im Strafrecht Anwendung (*Hildebrandt* 171f.; a.A. *Rupp* 123, 135; *ders.* ZUM
1986, 12, 16; *Sieber* 68). Denn bei der Auslegung greift der Grundsatz „in dubio pro reo"
nicht ein (Schönke/Schröder/*Eser*/*Hecker* § 1 StGB Rn. 51; *Sieg* 160; *Weber* 232), sondern
allenfalls die Wortlautgrenze.

VII. Verfassungsrechtliche Probleme

1. Bestimmtheitsgrundsatz

Nach allgemeiner Ansicht ist § 106 **grundsätzlich verfassungsmäßig** (*v. Gravenreuth* 28
CR 1986, 586, 590; *Heinrich* 247f.; *Hildebrandt* 48ff., 58f., 121f., 140f., 169; *Lauer* 42,
76f.; *Weber* 94, 179, 185, 189, 193f., 224f., 257, 431; *ders.* JZ 1993, 106, 108). Bedenken
wurden jedoch insbesondere im Hinblick auf die nach Art. 103 Abs. 2 GG und § 1 StGB
notwendige **Bestimmtheit** von Strafgesetzen laut. Der Bürger muss Klarheit darüber erhalten, wann er sich strafbar macht, damit er sich darauf einrichten kann und vor unvorhergesehenen staatlichen Eingriffen geschützt ist (BVerfGE 28, 175, 183; Sachs/*Degenhart*,
Art. 103 Rn. 67). Gesetze müssen daher wenigstens so bestimmt sein, dass sich ihr Inhalt
durch **Auslegung** ermitteln lässt (BVerfGE 78, 374, 381f.), **Analogie** ist unzulässig. Dies
kann schon im Hinblick auf den urheberstrafrechtlichen **Werkbegriff** (s. oben Rn. 7) in
verschiedener Hinsicht relevant werden. Zum einen, wenn auch unbenannte Werkarten in
den urheberrechtlichen Schutz einbezogen werden. Dies ist aber deshalb noch nicht unzulässig im Hinblick auf das Bestimmtheitsgebot, weil der Katalog des § 2 Abs. 1 nicht abschließend, sondern absichtlich offen gestaltet ist. Daher ist die Aufnahme neuer Werkarten
gerade keine Analogie, denn das Recht wird nicht auf vom Gesetzeswortlaut nicht mehr
erfasste Fälle und planwidrige Gesetzeslücken ausgedehnt (*Heinrich* 247; *Reinbacher* 63; *Weber* 175f.). Zudem ist der Katalog zusammen mit den Anforderungen nach § 2 Abs. 2 zu
lesen: Als Werke sind nur persönliche, geistige Schöpfungen geschützt. Zum anderen ist
gefordert worden, aus Gründen der Bestimmtheit Werke der sog. **„kleinen Münze"** vom

strafrechtlichen Schutz auszunehmen (so die Voraufl.; ferner *Hildebrandt* 50 ff.), da den Fachgerichten zu weite Entscheidungsspielräume eröffnet seien, den Werkbegriff zu bejahen, so dass Willkür kaum zu vermeiden sei (*Hildebrandt* 52). Dieses Problem wäre jedoch, sofern vorhanden, nicht kleiner, wenn die Strafgerichte entgegen der Rechtslage im Zivilrecht nun hohe Anforderungen an die Gestaltungshöhe stellen müssten. Für den Bürger ist es jedenfalls in einer Parallelwertung in der Laiensphäre leichter ersichtlich, dass jegliche Art der geistigen Schöpfung geschützt ist. Zur Verfassungswidrigkeit führt diese Auslegung nicht. Problematisch ist jedoch die Rechtslage bzgl. des europarechtlich harmonisierten **Verbreitungsbegriffs** (oben Rn. 16 ff.) geworden, soweit das deutsche Recht von der Systematik des europäischen Rechts abweicht. Gerade im Hinblick auf das öffentliche Anbieten als Form der Verbreitung bleibt die Entwicklung in Deutschland abzuwarten. Der Gesetzesbestimmtheit ist die divergierende Systematik sicher nicht dienlich.

2. Gleichheitsgrundsatz

28a   Verfassungsrechtliche Probleme stellen sich neben der Bestimmtheit aber auch in anderer Hinsicht. So sind etwa **Vervielfältigungen zum privaten Gebrauch** in ganz **unterschiedlicher Weise** privilegiert. Während grundsätzlich die Vervielfältigung zum privaten Gebrauch nach Maßgabe des § 53 Abs. 1 zulässig und straflos ist, gilt bei Computerprogrammen die Sonderbestimmung des § 69d; graphische Aufzeichnungen von Werken der Musik und Schriftwerke haben in § 53 Abs. 4 und Datenbankwerke in § 53 Abs. 5 eine andere Regelung gefunden. Diese abweichende Behandlung und Bestrafung (!) ist im Hinblick auf den **Gleichheitssatz des Art. 3 Abs. 1 GG** sehr bedenklich (ausführlich *Hildebrandt* 141 ff.; zust. *Heinrich* UFITA 2002, 890, 891; a. A. *Heghmanns* GA 2003, 240, 241; rechtspolitisch für eine Angleichung *Reinbacher* 330 ff.).

VIII. Subjektiver Tatbestand

29   Im Urheberstrafrecht gilt der **allgemeine strafrechtliche Vorsatzbegriff aus § 15 StGB. Bedingter Vorsatz, nicht aber Fahrlässigkeit genügt** (BeckOK UrhG/ *Sternberg-Lieben* § 106 Rn. 36; *Dietrich* NJW 2006, 809, 811; Dreier/Schulze/*Dreier* § 106 Rn. 7; Erbs/Kohlhaas/*Kaiser* § 106 Rn. 28; *Hildebrandt* 236 m. w. N.; Loewenheim/*Flechsig* § 90 Rn. 31; MüKoStGB Bd. 7 NebenstrafR II/*Heinrich* § 106 Rn. 119; *Müller-Gugenberger* § 45 Rn. 110; *Reinbacher* 261; *Rochlitz* 146; *Rupp* 195; Schmid/*Wirth* § 106 Rn. 4; Schricker/Loewenheim/*Haß* § 106 Rn. 30; *Stickelbrock* 738; *Weber* 283). Der Täter muss deswegen zumindest damit rechnen, sämtliche Tatbestandsvoraussetzungen zu erfüllen, und dies billigend in Kauf nehmen (Einzelheiten bei *Hildebrandt* 236 f. m. w. N.). Bei einer unbewussten Vervielfältigung handelt er nicht vorsätzlich (*Heinrich* 262; *Hildebrandt* 236; *Kircher* 136 f.). Ebensowenig haftet mangels Vorsatz derjenige, der ohne konkrete Kenntnis lediglich einen Anschluss zur Verfügung stellt, den Dritte zur Begehung von Urheberrechtsstraftaten nutzen (*Dietrich* 96; ebenso zu offenen WLANs *Hornung* CR 2007, 88, 93; vgl. aber auch *Reinbacher* in: Bosch/Bung/Klippel 83, 97 ff.: Hierbei wird es sich i. d. R. um eine Unterlassungsstrafbarkeit handeln, wobei aber schon die Garantenpflicht fraglich ist). Hinsichtlich des Merkmals der „gesetzlich zugelassenen Fälle" (hierzu Rn. 21 ff.) darf der Täter nicht annehmen, aufgrund einer der Bestimmungen der §§ 44a ff. zur fraglichen Verwertungshandlung befugt zu sein (*Hildebrandt* 237; *Letzgus* FS Rebmann 277, 291; *Reinbacher* 266 ff.; ders. GRUR 2008, 394, 400; *Weber* 284; zum Internetdownload *Flechsig* NJW 2004, 575, 579; zur Offensichtlichkeit einer Vorlage im Rahmen von § 53 Abs. 1 siehe Rn. 22). Wer aber zum Beispiel mehr als die nach § 53 zulässige Zahl an Exemplaren von Videofilmen besitzt, wird sich regelmäßig nicht auf diese Vorschrift berufen können, sofern kein vernünftiger Grund ersichtlich ist, warum von einem Film mehr Kopien vorhanden sein sollen (*Hentschel* FuR 1982, 237, 246; *Hentschel* GEMA-Nachrichten

Heft 119 (1983) 11, 20; *Hildebrandt* 237). Schließlich verlangt das Vorsatzerfordernis, dass der Täter mit der Möglichkeit rechnet, zur Verwertung nicht berechtigt zu sein (*Hildebrandt* 236 ff.; *Reinbacher* 266; *Weber* 284; zur Nichtberechtigung oben Rn. 24 ff.).

Ob das Werk mit einem **Copyright-Zeichen** versehen war, ist bei der Abgrenzung von 30 Vorsatz und Fahrlässigkeit unbeachtlich, da es dem Zeichen an rechtlicher Bedeutung fehlt (*Hildebrandt* 238; *Schmid/Wirth* § 106 Rn. 4; a.A. *Müller-Gugenberger* § 45 Rn. 110; *Schüler* NStZ 1993, 496, 497). Erforderlich ist stets der **Nachweis des vorsätzlichen Handelns bei der konkreten Tat,** so dass es grds. keine Rolle spielt, ob vorher bereits gegen den Täter wegen eines Urheberrechtsdelikts ermittelt wurde (*Hildebrandt* 238; *Tielke* in: Teufel 24, 31).

IX. Rechtswidrigkeit und Schuld

Mit Ausnahme der **Einwilligung** und der **mutmaßlichen Einwilligung** spielen die 31 üblichen Rechtfertigungs- und Entschuldigungsgründe im Urheberstrafrecht kaum eine Rolle (Dreier/Schulze/*Dreier* § 106 Rn. 11; *Hanser-Strecker* 167; *Heinrich* 261; *Hildebrandt* 240 ff., 247; *Reinbacher* 269; *Rochlitz* 142, 145; *Schulze-Heiming* 154; *Sieg* 113; *Weber* 261 ff., 280; zur Wahrnehmung berechtigter Interessen und zum übergesetzlich rechtfertigenden Notstand Loewenheim/*Flechsig* § 90 Rn. 39 ff.). Die Voraussetzungen von Einwilligung (hierzu *Wessels/Beulke/Satzger* Rn. 370 ff. m.w.N.) und mutmaßlicher Einwilligung (hierzu *Fischer* vor § 32 StGB Rn. 4 m.w.N.) richten sich nach allgemeinem Strafrecht. Sämtliche urheberstrafrechtlichen Delikte sind einwilligungsfähig (ausführlich *Hildebrandt* 242 f.). Verfügungsberechtigt sind bei der Einwilligung stets diejenigen Personen, die im Rahmen des Tatbestandes **„Berechtigte"** sind (s. dazu oben Rn. 24). Gemeint sind hiermit der Urheber selbst, seine Rechtsnachfolger sowie die Inhaber ausschließlicher Nutzungsrechte (Dreier/Schulze/*Dreier* § 106 Rn. 9; *Heinrich* 260; Loewenheim/*Flechsig* § 90 Rn. 37; Möhring/Nicolini/*Spautz* § 106 Rn 5; MüKoStGB Bd. 7 NebenstrafR II/*Heinrich* § 106 Rn. 115; *Reinbacher* 270; Schricker/Loewenheim/*Haß* § 106 Rn 29; *Weber* S. 268, 271). Dies kann auch ein Minderjähriger sein (*Hildebrandt* 244; *Reinbacher* 271; *Weber* 273 ff.).

X. Irrtümer

1. Grundzüge

Trotz der Bedeutung der Irrtumslehre im Urheberstrafrecht bestehen erhebliche Un- 32 sicherheiten bzgl. der rechtlichen Einordnung von Irrtümern (dazu BeckOK UrhG/ *Sternberg-Lieben* § 106 Rn. 37; *Heinrich* in: Bosch/Bung/Klippel 59; *Hildebrandt* 247 ff.). Grds. kommen drei Kategorien von Irrtümern in Betracht: der Tatbestandsirrtum nach § 16 StGB, der Verbotsirrtum nach § 17 StGB, bei dem es auf die Vermeidbarkeit ankommt (hierzu Rn. 38), und der Irrtum über normative Tatbestandsmerkmale, bei dem nach den Grundsätzen der Parallelwertung (hierzu Rn. 37) in der Laiensphäre nach § 16 StGB der Vorsatz entfallen kann. Einigkeit besteht dahingehend, dass jedenfalls dann gem. § 16 StGB der Vorsatz entfällt, wenn der Täter bestimmte **Tatsachen** nicht kannte (*Hildebrandt* 247 f.; *Lauer* 61 m.w.N.). Soweit dagegen der Irrtum auf einer **fehlerhaften Auslegung von Rechtsnormen** beruht, weist die Literatur ein reichhaltiges Meinungsspektrum auf. Das Grundproblem besteht darin, dass die klassische Irrtumslehre eine zu weit reichende Strafbarkeit mit sich bringen würde. Denn einerseits müsste ein Großteil der Irrtümer konsequenterweise bei § 17 StGB angesiedelt werden; andererseits kann die Kenntnis der – wegen des Verweises des Strafrechts auf nahezu das gesamte Urheberzivilrecht – äußerst komplexen urheberrechtlichen Vorschriften jedenfalls von Laien nicht erwartet werden. Einen Ausweg bietet die **großzügige Einordnung von Irrtümern als**

UrhG § 106 33, 34 § 106 Unerl. Verwertung urheberrechtl. gesch. Werke

normative Tatbestandsmerkmale (vgl. dazu BeckOK UrhG/*Sternberg-Lieben* § 106 Rn. 37; soweit *Heghmanns* GA 2003, 240, 241 und *Heinrich* in: Bosch/Bung/Klippel 59, 74 statt dessen einer flexibleren Behandlung des Begriffs der Vermeidbarkeit in § 17 StGB das Wort reden, ist dies einer klaren Abgrenzung sicher förderlich, praktisch jedoch kaum durchsetzbar, vgl. dazu auch *Lauer* 85; ferner *Roxin* § 12 Rn. 97; BeckOK StGB/*Kudlich* § 16 Rn. 15; BGH NStZ 2000, 320, 321 – Irrtum über Steuerpflichtigkeit).

2. Irrtümer über das Tatobjekt

33   Der **Werkbegriff** hat nur wenig beschreibende Kraft und stellt deswegen ein normatives Tatbestandsmerkmal dar (BT-Drucks. IV/650, 133; *Fischer* 145; *Haß* in: Lehmann Rn. 73; *Heinrich* 261 ff., 289; *Hildebrandt* 255 ff.; *Katzenberger* GRUR Int. 1992, 513, 514 mit Fn. 9; *Kircher* 25 f.; *Lauer* 59, 137; *Müller-Gugenberger* § 45 Rn. 110; *Reinbacher* 263; *Rochlitz* 147; Schricker/Loewenheim/*Haß* § 106 Rn. 30; *Weber* 288; differenzierend *v. Gravenreuth* 73; *ders.* ZUM 1985, 539, 541 m.w.N.; vgl. auch: *Kircher* 70 ff.). Auch beim Irrtum dahingehend, nur die Verwertung des gesamten Werks, nicht aber die **Verwertung von Werkteilen** sei strafbar, handelt es sich um einen Tatbestandsirrtum über den Werkbegriff (*Hildebrandt* 262 ff.; im Ergebnis ebenso *v. Gravenreuth* 75; *Weber* 290). Hinsichtlich der Tatobjekte **„Bearbeitung oder Umgestaltung"** ergeben sich gegenüber dem Werkbegriff keine Unterschiede (*Hildebrandt* 258).

3. Irrtümer über die Tathandlung

34   Bei sämtlichen Tathandlungen kommt selbstverständlich ein Tatbestandsirrtum dann in Betracht, wenn der Täter gar nicht mitbekommt, was er in **tatsächlicher Hinsicht** tut, etwa dass er ein Werk vervielfältigt oder öffentlich anbietet (vgl. dazu *Heinrich* in: Bosch/Bung/Klippel 59, 74 ff.). Hier entfällt der Vorsatz gem. § 16 StGB. Irrtümer hinsichtlich der **rechtlichen Bewertung** der **Tathandlung** sind hingegen zwar grds. als **Verbotsirrtum** nach § 17 StGB zu behandeln (LG Wuppertal CR 1987, 599, 600; BeckOK UrhG/*Sternberg-Lieben* § 106 Rn. 39; Erbs/Kohlhaas/*Kaiser* § 106 Rn. 33; *Fischer* 147 f.; *v. Gravenreuth* 75; *Haß* in: Lehmann Rn. 73; *Heinrich* 264; *Hildebrandt* 261 f.; *Kircher* 138 f., 141 ff., 150 f., 156, 231 f.; *Reinbacher* 265; Schricker/Loewenheim/*Haß* § 106 Rn. 30; *Weber* 293 f.; vgl. auch BGH GRUR 2013, 64, 65 – Italienische Bauhausmöbel bzgl. des Irrtums über die Tathandlung der Verbreitung, wenngleich das Gericht hier daran zweifelte, dass der Angekl. überhaupt irrte). Jedoch sind bei den zivilrechts-akzessorischen Tatbeständen des Urheberstrafrechts im Wege einer zweistufigen Prüfung sowohl der Straftatbestand als auch die zivilrechtliche Ausfüllungsnorm auf ihren normativen Gehalt hin zu untersuchen (hierzu *Hildebrandt* 266 ff. m.w.N.). Hiernach sind vom Grundsatz der Behandlung von Irrtümern über die Tathandlung nach § 17 StGB drei **Ausnahmen** anzuerkennen (teilweise weitergehend *v. Gravenreuth* 75; *Rochlitz* 156 f.; *Weber* 290): Das **Anbieten gegenüber der Öffentlichkeit** – das derzeit ohnehin nicht strafbar sein dürfte (vgl. Rn. 18) – würde allenfalls aufgrund einer Fiktion, also einer rechtlichen Wertung, vom Verbreitungsbegriff erfasst; das Merkmal ist mithin normatives Tatbestandsmerkmal (ausführlich *Hildebrandt* 262; a.A. LG Wuppertal CR 1987, 599, 600; *Heinrich* 265; *Kircher* 141 f.). Die zweite Ausnahme betrifft den **Erschöpfungsgrundsatz,** da es sich bei den im Zusammenhang mit dem Erschöpfungsgrundsatz in § 17 Abs. 2 verwendeten Begriffen „in Verkehr gebracht", „im Wege der Veräußerung" und „zur Verbreitung im Geltungsbereich dieses Gesetzes Berechtigter" um normative Tatbestandsmerkmale handelt, die in hohem Maße wertungsbedürftig sind (ausführlich *Hildebrandt* 262 f.). Die dritte Fallgruppe ergibt sich beim Vervielfältigungsbegriff hinsichtlich der **Beschränkung durch die §§ 23, 24.** Denn letztlich kommt es bei diesen Vorschriften darauf an, ob und inwieweit die normativen Merkmale des § 2 Abs. 2 erfüllt sind (ausführlich *Hildebrandt* 263; abweichend *v. Gravenreuth* 75).

4. Irrtümer über die Schrankenbestimmungen

Beim Irrtum über eine **Schrankenbestimmung** ist zu differenzieren (vgl. *Reinbacher* 35 266 ff.; so wohl auch Erbs/Kohlhaas/*Kaiser* § 106 Rn. 33). Denn da es sich bei den „gesetzlich zugelassenen Fällen" um ein **Blankettmerkmal** handelt, sind die jeweiligen Voraussetzungen in § 106 hineinzulesen und jeweils nach ihrem normativen Charakter zu bestimmen (*Hildebrandt* 266; BeckOK UrhG/*Sternberg-Lieben* § 106 Rn. 37; nach a. A. sind rechtliche Irrtümer über ein Blankettmerkmal generell als Irrtum über ein normatives Tatbestandsmerkmal zu behandeln; s. Voraufl.; dazu ausführlich *Hildebrandt* 265 ff.; grundlegend *Lauer* 86, 125, 139; wiederum a. A. ist Loewenheim/*Flechsig* § 90 Rn. 43, der regelmäßig lediglich einen Subsumtions- und daher einen Verbotsirrtum annimmt). Auch der Irrtum hinsichtlich der **Schutzfrist** ist als Irrtum über ein normatives Tatbestandsmerkmal einzuordnen (Erbs/Kohlhaas/*Kaiser* § 106 Rn. 33; *Fischer* 146; *Hildebrandt* 271 f.; *Rochlitz* 157; *Sieg* 109; *Weber* 289; ders. in: Krekeler 9; a. A. *Kircher* 221 u. 268; Möhring/Nicolini/*Spautz* § 106 Rn. 9; *Rehbinder* Rn. 459; ders. ZUM 1990, 462, 465; *Ulmer* 569; vgl. dazu ausführlich Loewenheim/*Flechsig* § 90 Rn. 33 f.). Allerdings handelt es sich dabei nicht um einen gesetzlich zugelassenen Fall, sondern um eine Bestimmung des gesetzlich geschützten Werkes (s.o. Rn. 22), so dass auch der Irrtum bereits das **Tatobjekt** betrifft.

5. Irrtümer über die Nichtberechtigung und die Einwilligung des Berechtigten

Nach der oben (Rn. 24) angeregten Differenzierung sind auch die diesbzgl. Irrtümer zu 36 behandeln. Die **Nichtberechtigung** ist ein **Tatbestandsmerkmal**, zweifellos normativer Art. Daher sind entsprechende Irrtümer über die eigene Berechtigung über § 16 StGB zu behandeln. Wer sich selbst für den Berechtigten, z.B. für den Urheber oder den Inhaber eines ausschließlichen Nutzungsrechts, hält, handelt demnach nicht vorsätzlich – sofern er die Lage in einer Parallelwertung in der Laiensphäre nicht zutreffend einschätzt (BeckOK UrhG/*Sternberg-Lieben* § 106 Rn. 39; *Reinbacher* 266; so im Ergebnis auch *Hildebrandt* 274 und Voraufl.). Die **strafrechtliche Einwilligung** wiederum ist ein **Rechtfertigungsgrund**. Ein Irrtum über das Vorliegen einer Einwilligung führt daher analog § 16 StGB als Erlaubnistatbestandsirrtum erst auf der Ebene der Schuld zum Ausschluss der Vorsatzschuld (BeckOK UrhG/*Sternberg-Lieben* § 106 Rn. 39; Erbs/Kohlhaas/*Kaiser* § 106 Rn. 34; Fromm/Nordemann/*Ruttke/Scharringhausen* § 106 Rn. 35; *Heinrich* in: Bosch/Bung/Klippel 59, 80; MüKoStGB Bd. 7 NebenstrafR II/*Heinrich* § 106 Rn. 123; *Reinbacher* 272).

6. Parallelwertung in der Laiensphäre

Bei normativen Tatbestandsmerkmalen muss der Täter, um den sozialen Sinngehalt seines 37 Verhaltens zu verstehen, die juristische Wertung mitvollzogen haben; andernfalls handelt er nicht vorsätzlich (BeckOK UrhG/*Sternberg-Lieben* § 106 Rn. 37; *Fischer* 145; *Roxin* § 12 Rn. 90 m. w. N.; *Wessels/Beulke/Satzger* Rn. 243 m. w. N.). Hierbei reicht es aus, wenn der Beschuldigte aufgrund einer so genannten **Parallelwertung in der Laiensphäre** zu dem Ergebnis gelangt, dass seine Handlung ein fremdes Recht verletzt (BGHSt 3, 248, 255; 4, 347, 352; NJW 1957, 389; *Fischer* 145; *Fissenewert* 119 f.; ausführlich *Hildebrandt* 281 f.; *Fischer* § 16 StGB Rn. 14 m. w. N.; *Weber* 289; *Wessels/Beulke/Satzger* Rn. 243). So handelt bspw. nicht vorsätzlich, wer davon ausgeht, an eine persönliche geistige Schöpfung würden strengere rechtliche Anforderungen gestellt, als dies in Wirklichkeit der Fall ist (*Fischer* 145 f.; *Weber* 288). Hierbei ist jedoch stets zu prüfen, ob der Täter nicht doch mit bedingtem Vorsatz handelte, also billigend in Kauf nahm, ein Werk i.S. des UrhG zu verwerten (*Hildebrandt* 281; *Kircher* 197). Auch muss der Täter im Rahmen der Parallelwertung in der Laiensphäre nicht wissen, dass die fremde Leistung gerade urheberrechtlich geschützt ist, wenn er nur im Bewusstsein handelt, dass überhaupt ein Schutz besteht (*Fischer* 145; ausführlicher *Hildebrandt* 281 f.; *Weber* 289; a. A. *Kircher* 74, 105 ff., 260).

7. Begriff der Vermeidbarkeit

38 Im Urheberstrafrecht ist ein Verbotsirrtum oft vermeidbar (BeckOK UrhG/*Sternberg-Lieben* § 106 Rn. 42; *Fischer* 148; *Schack* Rn. 747), da die Rechtsprechung an die Unvermeidbarkeit erhebliche Anforderungen stellt (*Hildebrandt* 283 f.; ähnlich *Heinrich* 265; Loewenheim/*Flechsig* § 90 Rn. 43; *Sieg* 110). Nach ständiger Rechtsprechung ist ein Verbotsirrtum dann unvermeidbar, wenn der Handelnde unter Berücksichtigung seiner Fähigkeiten und Kenntnisse bei gehöriger Anspannung seines Gewissens durch Einsatz seiner geistigen Erkenntniskräfte oder durch Einholung von Auskunft das Unrecht seiner Tat hätte einsehen können (BGHSt 2, 194; 21, 18, 20; 40, 257, 264; BGH GRUR 2013, 64, 65 f. – Italienische Bauhausmöbel; OLG Köln NJW 1996, 472, 473; Erbs/Kohlhaas/*Kaiser* § 106 Rn. 36; *Fischer* § 17 StGB Rn. 7; *Heinrich* 264; *Kircher* 3 f., 269 f.; *Rochlitz* 152 f.; ähnlich Fromm/Nordemann/*Ruttke/Scharringhausen* § 106 Rn. 34; *Hanser-Strecker* 167; Loewenheim/*Flechsig* § 90 Rn. 43; Möhring/Nicolini/*Spautz* § 106 Rn. 10). Im relevanten Bereich von Irrtümern über die Tathandlung sind Fälle eines unvermeidbaren Verbotsirrtums in denjenigen Bereichen denkbar, in denen eine streitige Gesetzesauslegung vorliegt (*Heinrich* 265, 353; Möhring/Nicolini/*Spautz* § 106 Rn. 10). Voraussetzung ist aber, dass sich der Beschuldigte vorab erkundigt, eine falsche Information erhalten (*Heinrich* 265) und auf diese vertraut hat (*Fischer* § 17 StGB Rn. 9 m.w.N.; *Hildebrandt* 284 f.). Vgl. die Beispiele bei *Hildebrandt* 285 ff. Dabei müssen aber sowohl die Auskunftsperson als auch die Auskunft aus der Sicht des Täters verlässlich sein (BGH GRUR 2013, 64, 66 – Italienische Bauhausmöbel); vgl. auch BeckOK UrhG/*Sternberg-Lieben* § 106 Rn. 43.

XI. Versuch

39 Die Vollendungsstrafbarkeit greift so früh ein, dass für strafwürdige Versuche kaum Raum bleibt (BeckOK UrhG/*Sternberg-Lieben* § 106 Rn. 45; *Heinrich* 266 f.; *Hildebrandt* 287; *Schmid/Wirth* § 106 Rn. 5; noch weitergehend: *Weber* in: Brack 51, 63). **Unmittelbares Ansetzen** im Sinne von § 22 StGB liegt nach nahezu einhelliger Meinung bei solchen Handlungen vor, die nach dem Tatvorsatz der Verwirklichung eines Tatbestandsmerkmals unmittelbar vorgelagert sind und die im Falle ungestörten Fortgangs ohne Zwischenakte in die Tatbestandshandlung unmittelbar einmünden (vgl. nur BGHSt 26, 201, 203; 30, 363, 364; 31, 10, 12; 31, 178, 181 f.; 36, 249, 250; 37, 294, 297; NStZ 1997, 83; *Fischer* § 22 StGB Rn. 10 m.w.N.; *Roxin* JuS 1979, 1 ff.). Zur Vervielfältigung setzt danach derjenige unmittelbar an, der nach seiner Vorstellung von der Tat alle Vorbereitungen getroffen hat, um mit dem Kopiervorgang zu beginnen (*Hentschel* ZUM 1985, 498, 499; *Hildebrandt* 288). Beispiele für unmittelbares Ansetzen lassen sich jedoch kaum finden (vgl. AG Donaueschingen MMR 2000, 179; *Hildebrandt* 288 ff.). Eine Bestrafung eines **untauglichen Versuchs** i.S.v. § 23 StGB sollte im Urheberrecht im Bereich des Irrtums über normative Tatbestandsmerkmale aus kriminalpolitischen Gründen unterbleiben; vielmehr handelt es sich hier um ein strafloses Wahndelikt (*Hildebrandt* 290 f.; *Lauer* 128 ff.; *Reinbacher* 276 – a.A. BeckOK UrhG/*Sternberg-Lieben* § 106 Rn. 45; Erbs/Kohlhaas/*Kaiser* § 106 Rn. 38). Ein **Rücktritt** vom Versuch scheidet wegen des frühen Eingreifens der Vollendungsstrafbarkeit aus praktischen Gründen in der Regel aus (*Hildebrandt* 291 f.).

XII. Täterschaft und Teilnahme

1. Grundzüge

40 Die **Abgrenzung** von Täterschaft und Teilnahme erfolgt im Urheberstrafrecht **aufgrund allgemeiner Grundsätze** (BeckOK UrhG/*Sternberg-Lieben* § 106 Rn. 46; Erbs/Kohlhaas/*Kaiser* § 106 Rn. 40; MüKoStGB Bd. 7 NebenstrafR II/*Heinrich* § 106 Rn. 127;

§ 106 Unerl. Verwertung urheberrechtl. gesch. Werke   41–43   § 106 UrhG

Schricker/Loewenheim/*Haß* § 106 Rn. 33; *Weber* 320; hierzu BGHSt 38, 315, 316; *Fischer* Vor § 25 StGB Rn. 2 ff. m. w. N.). Hiernach ist jedenfalls derjenige Täter, der eine unbefugte Vervielfältigung eigenhändig vornimmt, eigenhändig verbreitet oder öffentlich wiedergibt (Erbs/Kohlhaas/*Kaiser* § 106 Rn. 40; *Heinrich* 276, 353; *Hildebrandt* 292 f.; MüKoStGB Bd. 7 NebenstrafR II/*Heinrich* § 106 Rn. 127); eine Ausnahme zu Gunsten abhängiger Arbeitnehmer ist nicht anzuerkennen (BeckOK UrhG/*Sternberg-Lieben* § 106 Rn. 46; Erbs/Kohlhaas/*Kaiser* § 106 Rn. 40; *Hildebrandt* 300 ff.; MüKoStGB Bd. 7 NebenstrafR II/*Heinrich* § 106 Rn. 127; a. A. *Lampe* UFITA 83 (1978) 15, 37; *Rochlitz* 174 ff.; *Weber* 325 ff.; *ders.* in: Krekeler 9). Beihilfe zu einer Tat ist so lange möglich, wie die Tat noch nicht beendet ist (BGHSt 3, 41, 44; 6, 248, 251; 19, 323, 325; NStZ 1996, 563, 564; *Weber* 310; zum Zeitpunkt der Beendigung bei Urheberrechtsdelikten *Hildebrandt* 308 f.).

2. Einzelfälle

Hiernach kommen **Drucker und Setzer** hinsichtlich des Tatbestands der Vervielfältigung als Täter in Frage, da sie die verbotswidrige Herstellung der Vervielfältigungsstücke selbst vornehmen (Erbs/Kohlhaas/*Kaiser* § 106 Rn. 41; *Flechsig* GRUR 1978, 287, 290; *Fischer* 157; *Hildebrandt* 293 f.; *Lampe* UFITA 83 (1978) 15, 36; MüKoStGB Bd. 7 NebenstrafR II/*Heinrich* § 106 Rn. 128; Schricker/Loewenheim/*Haß* § 106 Rn. 33; *Ulmer* 568; einschränkend *Weber* 320; vgl. auch BGHSt 49, 93, 106). Beim Verbreitungstatbestand wird ihnen dagegen regelmäßig Tätervorsatz bezüglich der konkreten Tat fehlen und allenfalls Beihilfe in Betracht kommen (*Fischer* 157; *Hildebrandt* 294; MüKoStGB Bd. 7 NebenstrafR II/*Heinrich* § 106 Rn. 128; a. A. *Flechsig* GRUR 1978, 287, 290; weitergehend *Weber* 336). Der vorsätzlich handelnde **Verleger** wird regelmäßig hinsichtlich Vervielfältigung und Verbreitung als Täter zu bestrafen sein (Erbs/Kohlhaas/*Kaiser* § 106 Rn. 41; *Hildebrandt* 295 f. m. w. N.; *Lampe* UFITA 83 (1978) 15, 36 f.; Schricker/Loewenheim/*Haß* § 106 Rn. 33; *Ulmer* 568; *Weber* 321, 337). Entgegen der herrschenden Lit. (etwa Schricker/Loewenheim/*Haß* § 106 Rn. 33) dürfte das Handeln des **Buchbinders** sowie des **Herstellers von Verpackungen und Vorprodukten** regelmäßig straflos sein (*Hildebrandt* 296 f., mit Nachweisen zur Gegenansicht; differenzierend Erbs/Kohlhaas/*Kaiser* § 106 Rn. 41; *Rochlitz,* ZUM 2002, 844). Der **Geschäftsführer** des Unternehmens, in dem mit seiner Kenntnis unerlaubt Vervielfältigungsstücke hergestellt werden, ist in aller Regel Täter (Erbs/Kohlhaas/*Kaiser* § 106 Rn. 41; *Rochlitz* 170 f., 191 ff.); dies gilt nicht, soweit die Angestellten eines Betriebs Vervielfältigungshandlungen vornehmen, ohne dass der Unternehmer über den Kauf lizenzierter Produkte hinaus eine Ursache gesetzt hat (*Franzheim* NJW-CoR 1994, 160, 162; *Hildebrandt* 299 f.). 41

Hinsichtlich des Verbreitungstatbestands – nicht aber hinsichtlich des Vervielfältigungstatbestandes (*Rochlitz* 179) – ist ein **Händler oder Tauschpartner** in aller Regel Täter (*Fischer* 157; *Hildebrandt* 297 f.; *Lampe* UFITA 83 (1978) 37; MüKoStGB Bd. 7 NebenstrafR II/*Heinrich* § 106 Rn. 128; *Weber* 337). Der Erschöpfungsgrundsatz führt dazu, dass die Weiterveräußerung oder der Verleih rechtmäßig in Verkehr gebrachter Vervielfältigungsstücke auch dann straflos bleibt, wenn der Veräußerer oder Verleiher damit rechnet, dass der Erwerber oder Mieter von dem überlassenen Vervielfältigungsstück rechtswidrig Kopien herstellt, solange diesbezüglich keine konkrete Absprache vorliegt (*Hildebrandt* 298; MüKoStGB Bd. 7 NebenstrafR II/*Heinrich* § 106 Rn. 129; *Weber* in: Brack 51, 65 f.). Der **Bibliotheksdirektor** und der verantwortliche **Sachbearbeiter einer Bibliothek** können im Falle der Ausleihe von Raubkopien nach § 106 als Täter einer Verbreitung zu bestrafen sein (*Hildebrandt* 299; MüKoStGB Bd. 7 NebenstrafR II/*Heinrich* § 106 Rn. 128; *Weber* 212 f.). 42

Wer unberechtigt **Daten in ein Datennetz** einspeist, ist je nach Fallgestaltung Täter hinsichtlich einer Vervielfältigung, einer Verbreitung oder einer öffentlichen Wiedergabe. Bei sog. **Tauschbörsen im Internet** sind die Personen, die selbst heruntergeladen oder 43

Werke öffentlich zugänglich machen, hinsichtlich dieser Handlungen als Täter anzusehen; andererseits werden Anstiftung oder Beihilfe bzgl. der Handlungen anderer Nutzer jeweils nur in Ausnahmefällen in Betracht kommen (vgl. *Heghmanns,* MMR 2004, 17 f.; MüKo-StGB Bd. 7 NebenstrafR II/*Heinrich* § 106 Rn. 130; ausführlich *Reinbacher* 281 ff.).

Wer hingegen lediglich einen sog. **Hyperlink** auf eine Seite im Internet setzt, auf der Dateien zum Download angeboten werden, ist weder eigenständiger Täter des öffentlichen Zugänglichmachens der Werke noch einer Vervielfältigung durch den späteren Download (BGH GRUR 2003, 958 – Paperboy; *Hilgendorf/Valerius,* Rn. 703, 708; s. auch oben § 19a Rn. 10; § 97 Rn. 20; § 106 Rn. 20). Denn der Hyperlink ist nur **Hinweis** darauf, dass ein **anderer** ein Werk öffentlich zugänglich macht, und der den Link Setzende hat in der Regel keinen Einfluss auf das Bereithalten des Werkes, macht das Werk also **nicht selbst öffentlich zugänglich** (BGH GRUR 2003, 958, 962 – Paperboy; a. A. LG Leipzig ZUM 2013, 338 – Kino.to, das ein eigenes öffentliches Zugänglichmachen sowohl im Zurverfügungstellen einer Plattform, die dem Einstellen von Daten dient, als auch im Bereitstellen der Links sah; differenzierend auch BeckOK UrhG/*Sternberg-Lieben* § 106 Rn. 29). Je nach entsprechender Wertung kommt jedoch **Mittäterschaft** oder **Teilnahme** in Betracht. Mittäterschaft des Verlinkenden kann z.B. nahe liegen, wenn er als Betreiber eines Portals mit einer Linksammlung (wie etwa im Fall Kino.to) entscheidenden Einfluss auf den Ablauf des Angebots nimmt und insgesamt arbeitsteilig mit den Uploadern und Filehostern die Urheberrechtsverletzungen bewirkt. Auch die **Vervielfältigung** beim späteren Download wird ausschließlich durch die Nutzer vorgenommen (*Reinbacher* 128). Scheidet somit bzgl. der Vervielfältigung eine eigene Täterschaft des Verlinkenden aus, so ist wiederum insbesondere an eine **Teilnahme** zu denken (Erbs/Kohlhaas/*Kaiser* § 106 Rn. 41; *Hildebrandt* 298 f.; *Flechsig/Gabel* CR 1998, 351, 355 f.; MüKoStGB Bd. 7 NebenstrafR II/ *Heinrich* § 106 Rn. 130; *Reinbacher* 128; Schricker/Loewenheim/*Haß* § 106 Rn. 33; a. A. aber noch Schricker/*Vassilaki,* 3. Aufl. 2006, § 106 Rn. 33: Täterschaft). Dabei ist jedoch zu beachten, dass im Strafrecht für eine Teilnahme Vorsatz sowohl hinsichtlich der Haupttat als auch bzgl. der eigenen Förderung der Tat vorliegen muss (s.o. Rn. 29), so dass der Verlinkende z. B. für eine Beteiligung an der Vervielfältigung auch wissen und billigen muss, dass Dritte das verlinkte Werk tatsächlich herunterladen (vgl. *Hilgendorf/Valerius* Rn. 692).

Eine strafrechtliche Verantwortung von **Telediensteanbietern** kann aufgrund der Privilegierung der §§ 7 bis 10 TMG ausgeschlossen sein (ausführlich *Bossmanns* 1 ff.; Erbs/ Kohlhaas/*Kaiser* § 106 Rn. 42 ff.; *Heinrich* in: Wandtke, Medienrecht, Kap. 5 Rn. 69 ff.; Loewenheim/*Flechsig* § 90 Rn. 61 ff.; Schricker/Loewenheim/*Haß* Vor §§ 106 ff. Rn. 7; vgl. auch LG München I K&R 2000, 307; *Conradi/Schlömer* NStZ 1996, 366 ff., 472 ff.; *Derksen* NJW 1997, 1878, 1885; *Hildebrandt* 299; *Hoeren* NJW 1998, 2792 f.; MüKoStGB Bd. 7 NebenstrafR II/*Heinrich* § 106 Rn. 130; *v. Olenhusen* 342 ff.; *Reinbacher* 283 ff.; *Sieber* JZ 1996, 494, 499 ff.; *ders.* MMR 1998, 438 ff.; *Fischer* § 184 StGB Rn. 28a f.; *Vassilaki* NStZ 1998, 521 f.; *Weitzel* DRiZ 1997, 424, 428; a.A. AG München NJW 1998, 2836; *Schaefer/Rasch* ZUM 1998, 458). Die Entscheidung OLG München GRUR 2001, 499 – MIDI-Files wonach die inhaltlich den heutigen §§ 7 bis 10 TMG ähnliche Vorschrift des § 5 TDG a. F. im Urheberrecht nicht anwendbar sei, da es im Urheberrecht nicht um die Verbreitung von Inhalten gehe, überzeugt nicht. Die urheberrechtliche Schutzfähigkeit lässt sich nur bei Kenntnis der Inhalte beurteilen. Ein Erfahrungsgrundsatz, wonach etwa alle neueren Musikstücke urheberrechtlich geschützt seien, existiert nicht.

3. Abnehmer von Raubkopien

44 Die Entgegennahme widerrechtlich hergestellter und verbreiteter Vervielfältigungsstücke durch **Abnehmer** unterfällt nach ganz überwiegender Ansicht grds. **nicht** den §§ 106 ff. (KG NStZ 1983, 561, 562 – Videoraubkassetten; *Braun* 189 ff.; *Bühler* 195; Erbs/Kohlhaas/ *Kaiser* § 106 Rn. 50; *Heinrich* 270 f.; Loewenheim/*Flechsig* § 90 Rn. 53; MüKoStGB Bd. 7

NebenstrafR II/*Heinrich* § 106 Rn. 131; *Rochlitz* 179; *Schlüchter* NStZ 1988, 53, 57; Schricker/Loewenheim/*Haß* § 106 Rn. 33; *Sternberg-Lieben* 104; *Weber* 346; krit. *Helbig* Kriminalistik 1986, 372, 376); denn es handelt sich um einen Fall notwendiger Teilnahme (Erbs/Kohlhaas/*Kaiser* § 106 Rn. 50; *Hildebrandt* 302 ff. m. w. N.; MüKoStGB Bd. 7 NebenstrafR II/*Heinrich* § 106 Rn. 131; Schricker/Loewenheim/*Haß* § 106 Rn. 33; krit. *Sowada* 175 ff.). Geht dagegen im Einzelfall der Beitrag des Abnehmers über das notwendige Maß hinaus, kommt sowohl Mittäterschaft als auch Anstiftung oder Beihilfe in Betracht (Erbs/Kohlhaas/*Kaiser* § 106 Rn. 50; *Hildebrandt* 303 m. w. N.). So kann ein Abnehmer bestraft werden, der einen grds. zur Tat entschlossenen Händler auf dessen Anfrage auf mögliche Bezugsquellen von Raubkopien hinweist oder der einen grundsätzlichen gesetzestreuen Händler zur Beschaffung überredet (Erbs/Kohlhaas/*Kaiser* § 106 Rn. 50; *Hildebrandt* 305 f.; *Weber* 347 f.). Letztlich ist darauf abzustellen, auf wessen Initiative die Urheberrechtsverletzung zurückzuführen ist (*Heinrich* 272, 290, 353 f.; *Hentschel* FuR 1982, 237, 240; *Hildebrandt* 305 f. m. w. N.; wohl auch Loewenheim/*Flechsig* § 90 Rn. 53 f.; strenger *Ganter* NJW 1986, 1479, 1480; *v. Gravenreuth* 80; *Helbig* Kriminalistik 1986, 376; *Tielke* in: Teufel 24, 32 f.), ohne dass es darauf ankommt, ob sich das Verhalten des Abnehmers in den Bahnen des üblichen Geschäftsablaufs bewegt (a. A. *Lieben* GRUR 1984, 576; *Rochlitz* 179; *Weber* 346 f.). Es spielt keine Rolle, zu welchem Zeitpunkt die Kopien hergestellt werden (*Heinrich* 269 f.; *Hildebrandt* 306). Entgegen der h. M. (AG Kronach CR 1988, 930; Erbs/Kohlhaas/*Kaiser* § 106 Rn. 50; *Ganter* NJW 1986, 1479, 1480; *v. Gravenreuth* 80; *Helbig* Kriminalistik 1986, 375 f.; *Hentschel* FuR 1982, 237, 240; *Lieben* GRUR 1984, 576) führt allein die Lieferung von Materialien nicht zur Strafbarkeit (*Etter* CR 1989, 115, 117 f.; *Heinrich* 274, 276, 290; *Hildebrandt* 307; MüKoStGB Bd. 7 NebenstrafR II/*Heinrich* § 106 Rn. 131).

XIII. Unterlassen

45 Voraussetzungen der Unterlassungsstrafbarkeit sind gemäß § 13 StGB wie im allgemeinen Strafrecht Garantenstellung, Garantenpflicht sowie die Entsprechung von Tun und Unterlassen (Erbs/Kohlhaas/*Kaiser* § 106 Rn. 39; *Hildebrandt* 310 ff. m. w. N.; *Reinbacher* 132; Schricker/Loewenheim/*Haß* § 106 Rn. 13; a. A. aber noch Schricker/*Vassilaki*, 3. Aufl. 2006, § 106 Rn. 13, die eine Vervielfältigung durch Unterlassen begrifflich für ausgeschlossen hält). Der Verstoß gegen eine **gesetzlich angeordnete Löschungspflicht** der §§ 45, 47, 55 Abs. 1 S. 2, 56 Abs. 2 begründet **keine** Strafbarkeit (so auch Erbs/Kohlhaas/*Kaiser* § 106 Rn. 39; Schricker/Loewenheim/*Haß* § 106 Rn. 25; *Weber* 200 f., 235, 245; a. A. noch Schricker/*Vassilaki*, 3. Aufl. 2006, § 106 Rn. 25).

XIV. Auslandsbezüge

46 Hinsichtlich der Anwendbarkeit deutschen Strafrechts gelten zwar grds. die §§ 3 ff. StGB. Die §§ 120 ff. enthalten jedoch weitgehende Spezialvorschriften (MüKoStGB Bd. 7 NebenstrafR II/*Heinrich* § 106 Rn. 31; *Reinbacher* 316). Nach allgemeiner Ansicht ist der **Schutzbereich** der §§ 106 ff. **durch die §§ 120 ff. begrenzt** (Erbs/Kohlhaas/*Kaiser* § 106 Rn. 38; *Hildebrandt* 316 f.; *Katzenberger* GRUR Int. 1992, 513 ff.; *Weber* FS Stree/Wessels, 621; *ders.* JZ 1993, 106, 107). Nach § 3 StGB ist die **Begehung einer Tat im Inland strafbar**. Der Ort der Begehung wird durch § 9 Abs. 1 StGB präzisiert als Ort der Tathandlung oder des Taterfolges (bei Erfolgsdelikten). Wird also die **Tathandlung** (z. B. Download eines Werks) im Inland ausgeführt, so greift das deutsche Urheberstrafrecht (vgl. auch *Reinbacher* HFR 2012, 179, 181; Schricker/Loewenheim/*Haß* Vor §§ 106 ff. Rn. 6). Dies gilt nach § 120 Abs. 1 aber nur für deutsche Urheber und die ihnen gleichgestellten Personen i. S. v. Abs. 2. Für ausländische Staatsangehörige ist § 121 maßgeblich. Da die

Verbreitungsabsicht kein Tatbestandsmerkmal der §§ 106 ff. darstellt, reicht es nicht aus, dass der Täter die im Ausland hergestellten Vervielfältigungsstücke im Inland verbreiten will (BeckOK UrhG/*Sternberg-Lieben* § 106 Rn. 10; *Sternberg-Lieben* 108 u. NJW 1985, 2121, 2123 f.). Bei der Vervielfältigung ist vielmehr allein maßgeblich, wo die Vervielfältigungen hergestellt werden (BGHSt 49, 93, 102). Es spricht viel dafür, den Ort der **Tathandlung** nur dort anzusiedeln, wo der Täter sich **physisch aufgehalten** hat (*Heinrich* FS Weber 104 ff.; *Reinbacher* in: Bosch/Bung/Klippel 83, 93; differenzierend BeckOK UrhG/ *Sternberg-Lieben* § 106 Rn. 18 ff.). Wegen § 9 Abs. 1 StGB genügt es jedoch auch, wenn der tatbestandsmäßige **Erfolg** nach der Vorstellung des Täters im Inland eingetreten ist oder eintreten sollte.

Bereits der **Versand** von Werkexemplaren ins Ausland soll nach Auffassung des BGH als **Inverkehrbringen im Inland** anzusehen sein, weil Werkexemplare hierbei mit der Absendung bereits im Inland Gegenstand des zu Grunde liegenden Umsatz- und Handelsgeschäfts seien, das zum Übergang der tatsächlichen Verfügungsgewalt auf einen Dritten führt (BGHSt 49, 93 = NJW 2004, 1674 – Tonträgerpiraterie). Auf der anderen Seite bejaht der BGH GRUR 2013, 62 – Italienische Bauhausmöbel inzwischen ein strafbares **Verbreiten** auch dann, wenn bei einem **grenzüberschreitenden Verkauf** ein Händler seine Werbung auf in Deutschland ansässige Kunden ausrichtet, ein spezifisches Lieferungssystem und spezifische Zahlungsmodalitäten schafft, sie zur Verfügung stellt oder dies einem Dritten erlaubt und die Kunden so in die Lage versetzt, sich Vervielfältigungen von Werken liefern zu lassen, die in Deutschland (nicht aber in dem Land, aus dem sie geliefert wurden) urheberrechtlich geschützt sind. In dieser Entscheidung verurteilte der BGH den deutschen Spediteur wegen Beihilfe zur unerlaubten Verbreitung. Dieser Verurteilung standen auch die Art. 34, 36 AEUV nicht entgegen, was der EuGH GRUR 2012, 817 – Donner zuvor festgestellt hatte. Entscheidend war hierbei, dass der Spediteur im Lager des Haupttäters stand, so dass die Verfügungsgewalt auch erst in Deutschland auf die Kunden überging (vgl. zu diesem Fall und ähnlichen Konstellationen BeckOK UrhG/*Sternberg-Lieben* § 106 Rn. 12 ff.). Dies lässt den Schluss zu, dass der BGH es generell ausreichen lässt, wenn lediglich ein Teil der Handlung im Inland vollzogen wird bzw. lediglich ein Teil des Erfolges im Inland eintritt. Dies steht immerhin im Einklang mit den Grundsätzen des deutschen Strafanwendungsrechts (vgl. BGH NStZ 1986, 415; Schönke/Schröder/*Eske* § 9 StGB Rn. 12).

Probleme können diesbzgl. bei der **Online-Verwertung** von Werken entstehen, insbesondere im Hinblick auf die Frage, wo ein Werk **öffentlich zugänglich gemacht** wurde (vgl. Schricker/Loewenheim/*Haß* Vor §§ 106 ff. Rn. 6; ausführlich zur Online-Verwertung Loewenheim/*Flechsig* § 90 Rn. 56 ff.). Wertet man die öffentliche Wiedergabe als **Tätigkeitsdelikt** (s. oben Rn. 20), so stellen sich ähnliche Probleme wie allgemein bei abstrakten Gefährdungsdelikten im Internet, sofern der Täter sich während der Tathandlung im Ausland aufhält und man Tätigkeitsdelikten einen Erfolg im Sinne des § 9 StGB nicht zugestehen will (vgl. dazu ausführlich *Fischer* § 9 Rn. 5 ff.; *Heinrich* FS Weber 91; Loewenheim/*Flechsig* § 90 Rn. 66). Hier ist die Rechtslage noch weitgehend ungeklärt (zur letztlich kaum übertragbaren Problematik bei § 130 bzw. § 184b StGB vgl. BGHSt 46, 212; 47, 55; auch *Breuer* MMR 1998, 141 ff.; *Cornils* JZ 1999, 394 ff.; *Evert*, S. 1 ff.; Loewenheim/*Flechsig* § 90 Rn. 58; *Pelz* ZUM 1998, 531; *Sieber* NJW 1999, 2065 ff. m.w.N.; *Thum* GRUR Int. 2001, 9 ff.). Ein Tatort ist jedenfalls dann im Inland begründet, wenn der Täter seine **physische Handlung** dort vorgenommen, also etwa Werke von seinem PC aus öffentlich zugänglich gemacht hat, unabhängig vom Standort des Servers. Die §§ 120 ff. verfolgen insgesamt ein strenges **Territorialitätsprinzip**. § 7 StGB gilt daher nicht (BGHSt 49, 93; Erbs/Kohlhaas/*Kaiser* § 106 Rn. 55; Einzelheiten bei *Hildebrandt* 318 ff.; MüKoStGB Bd. 7 NebenstrafR II/*Heinrich* Vorbem. Rn. 32; *Sternberg-Lieben* 110 u. NJW 1985, 2124 ff.; *Weber* FS Stree/Wessels, 622 f.; auch *Heinrich* UFITA 2002, 890, 893; *Hubmann*/*Götting* 96; *Weigel* 96). Auch die §§ 5 und 6 StGB sind im Urheberstrafrecht bedeutungslos (ausführlicher *Hildebrandt* 315 f.).

XV. Konkurrenzen und Wahlfeststellung

1. Abgrenzung von Handlungseinheit und Handlungsmehrheit

Im Falle der **Herstellung mehrerer Vervielfältigungsstücke** ein und desselben Werks 47 liegt natürliche Handlungseinheit vor (BayObLG UFITA 47 (1966) 326; LG Braunschweig CR 2003, 801, 802; BeckOK UrhG/*Sternberg-Lieben* § 106 Rn. 49; Erbs/Kohlhaas/ *Kaiser* § 106 Rn. 51; ausführlicher *Hildebrandt* 323; *Kann* 120 f.; *Rochlitz* 233; *Rupp* 234; *Weber* 353); dagegen begründet ein neuer Entschluss regelmäßig Handlungsmehrheit (*Hildebrandt* 323; *Rochlitz* 236; *Rupp* 234). Im Falle der **Verbreitung** wird man Handlungseinheit annehmen müssen, soweit ein Händler an einem Ort die mitgebrachten Exemplare in einem Zug veräußert (Erbs/Kohlhaas/*Kaiser* § 106 Rn. 51; *Hildebrandt* 323 f.; *Weber* 355). Im Übrigen wird es im Wesentlichen auf Vorstellung und Plan des Täters ankommen; nur soweit dieser bestimmte Verkäufe von vornherein ins Auge gefasst hat und die Verkäufe in räumlichem Zusammenhang erfolgen, ist Handlungseinheit anzunehmen (ausführlicher *Hildebrandt* 324). Sofern der Täter schon bei der Vervielfältigung mit Verbreitungsabsicht handelte, ist von **Tateinheit zwischen Vervielfältigung und Verbreitung** auszugehen (BayObLG UFITA 47 (1966) 326; LG Braunschweig CR 2003, 801, 802; BeckOK UrhG/*Sternberg-Lieben* § 106 Rn. 49; Dreier/Schulze/*Dreier* § 106 Rn. 14; Erbs/Kohlhaas/*Kaiser* § 106 Rn. 51; *v. Gravenreuth* 88; *Heinrich* 290, 354; *Hildebrandt* 327 m.w.N.; Loewenheim/*Flechsig* § 90 Rn. 47; Schricker/Loewenheim/*Haß* § 106 Rn. 34). Der Annahme von Handlungseinheit steht es nicht entgegen, wenn Handlungen gegen **verschiedene Rechtsgutsträger** gerichtet sind (LG Braunschweig CR 2003, 801, 802; Erbs/ Kohlhaas/*Kaiser* § 106 Rn. 51; ausführlich *Hildebrandt* 324 ff.; a.A. BeckOK UrhG/*Sternberg-Lieben* § 106 Rn. 49).

2. Konkurrenzverhältnis und Wahlfeststellung

Zwischen den §§ 106 und 108 besteht **Idealkonkurrenz** (BeckOK UrhG/*Sternberg-* 48 *Lieben* § 106 Rn. 49; Dreier/Schulze/*Dreier* § 108 Rn. 6; Erbs/Kohlhaas/*Kaiser* § 106 Rn. 52; *v. Gravenreuth* 88; *Kann* 93; Fromm/Nordemann/*Ruttke/Scharringhausen* § 106 Rn. 52; *Rochlitz* 234 f.; Schricker/Loewenheim/*Haß* § 106 Rn. 34; *Sternberg-Lieben* 75; *Weber* in: Brack 51, 58), da die Vorschriften nicht in einem Stufenverhältnis zueinander stehen. § 108a verdrängt die §§ 106 bis 108 (Erbs/Kohlhaas/*Kaiser* § 106 Rn. 52; *Hildebrandt* 330; vgl. auch *Heinrich* 291). Auch andere mitverwirklichte Straftatbestände stehen zu den Urheberrechtsdelikten – vorbehaltlich der Subsidiaritätsklausel des § 107 Abs. 1 (hierzu *Hildebrandt* 328 f.) – in Idealkonkurrenz (Erbs/Kohlhaas/*Kaiser* § 106 Rn. 52; *Hildebrandt* 329 ff. m.w.N.; MüKoStGB Bd. 7 NebenstrafR II/*Heinrich* § 106 Rn. 134; vgl. auch Schricker/Loewenheim/*Haß* § 106 Rn. 34). **Wahlfeststellung** zwischen den §§ 106 und 108 ist nicht zulässig (BeckOK UrhG/*Sternberg-Lieben* § 106 Rn. 50; Erbs/Kohlhaas/ *Kaiser* § 106 Rn. 52; *Heinrich* 290; *Hildebrandt* 333; *Meier* JZ 1992, 657, 661; MüKoStGB Bd. 7 NebenstrafR II/*Heinrich* § 106 Rn. 136; *Weber* JZ 1993, 107; *Weber* 58).

XVI. Verfahren

1. Verfahrensgrundsätze

Nach § 109 sind die §§ 106 bis 108 **relative Antragsdelikte** (vgl. § 109). Nach § 374 49 Abs. 1 Nr. 8 handelt es sich bei den §§ 106 bis 108 sowie § 108b Abs. 1 und 2, nicht aber bei §§ 108a und 108b Abs. 3, ferner um **Privatklagedelikte**. Die Staatsanwaltschaft wird deswegen selbst bei Vorliegen eines Strafantrages nur tätig, sofern sie ein öffentliches Interesse an der Strafverfolgung i.S.v. § 376 StPO bejaht. Der Begriff des „öffentlichen Interesses" ist in Nr. 86 Abs. 2 und Nr. 261 RiStBV (abgedr. im Anhang von *Meyer-Goßner*) umrissen (hierzu *Etter* CR 1989, 115, 120f.; *Heinrich* 328f.; *Hildebrandt* 362ff.; MüKoStGB Bd. 7 NebenstrafR II/*Heinrich* § 106 Rn. 138; *Reinbacher* 312f.). Nach § 395 Abs. 2 Nr. 3 StPO kann der durch Vergehen nach §§ 106 bis 108a Verletzte als **Nebenkläger** auftreten (Loewenheim/*Flechsig* § 96 Rn. 26). Der **Begriff des Verletzten** in §§ 374, 395 Abs. 2 Nr. 3 StPO deckt sich mit der Strafantragsberechtigung bei § 109 (*Hildebrandt* 367; *Weber* 377; vgl. hierzu § 109 Rn. 3ff.). Die §§ 154d, 262 Abs. 2 StPO ermöglichen der Staatsanwaltschaft und dem Strafgericht die **Verweisung an die Zivilgerichtsbarkeit,** wenn die Entscheidung von urheberzivilrechtlichen Vorfragen abhängt (ausführlicher *Hildebrandt* 368f., 490, 515). Das **Adhäsionsverfahren** (dazu *Hansen/Wolff-Rojczyk* GRUR 2009, 644) kann nach § 110 S. 2 Einfluss auf die Einziehung haben und der Erhebung einer Hauptsacheklage i. S. d. § 926 Abs. 1 ZPO gleichstehen (OLG Frankfurt Urt. v. 15.7.2003 – Az 11 U 22/03); es spielt jedoch in der Praxis kaum eine Rolle (*Hildebrandt* 369ff.). Gem. § 80 JGG sind Privatklage und Nebenklage, gem. § 81 JGG ist das Adhäsionsverfahren gegen **Jugendliche** unzulässig (Erbs/Kohlhaas/*Kaiser* § 106 Rn. 73; Loewenheim/ *Flechsig* § 96 Rn. 27). Gegen **Heranwachsende** kann ein Adhäsionsverfahren nur dann durchgeführt werden, wenn das allgemeine Strafrecht angewandt wird (§§ 109 Abs. 2, 105, 81 JGG).

2. Ermittlungsbefugnisse

50 Bei Internettaten kann schon die Ermittlung von hinter einer **IP-Adresse** stehenden Kundendaten bei kleineren Rechtsverletzungen häufig nicht verhältnismäßig sein (vgl. BVerfG ZUM-RD 2008, 57; AG Offenburg Beschluss v. 20.7.2007 – Az. 4 Gs 442/07, nicht rechtskräftig, mit Anmerkung *Spoenle* jurisPR-ITR 8/2007 Anm. 6); *Abdallah/Gercke* ZUM 2005, 368, 373ff.; auch *Dietrich* GRUR-RR 2006, 145; *Reinbacher* 322; allgemein zur Herausgabe von Kundendaten LG Bonn DuD 2004, 628; LG Stuttgart ZUM 2005, 414; LG Flensburg GRUR-RR 2006, 174; *Beck/Kreißig* NStZ 2007, 304; gegen die Herausgabe der Daten nach § 406e StPO auch *Abdallah* JurPC Web-Dok. 149/2006 Abs. 20). Jedenfalls lässt die IP-Adresse für sich nur auf den **Anschluss,** nicht aber den **konkreten Täter,** schließen (ausführlich *Reinbacher* in: Bosch/Bung/Klippel 83; vgl. auch Erbs/ Kohlhaas/*Kaiser* § 106 Rn. 68). Wird dieser Anschluss von mehreren Personen genutzt oder handelt es sich um ein offenes WLAN, so ist der konkrete Täter ohne weitere Indizien nicht bestimmbar (vgl. hierzu *Reinbacher* in: Bosch/Bung/Klippel 83, 109). Es müssen sich also weitere Ermittlungsmaßnahmen anschließen. Bei einer **Durchsuchung von Wohn- oder Geschäftsräumen** muss jedoch aufgrund des grundrechtlichen Schutzes nach Art. 2, 13 GG wiederum der Grundsatz der Verhältnismäßigkeit gewahrt sein (BVerfG NJW 1997, 2165; *Heinrich* 338ff., 356; *Reinbacher* 324; ders. in: Bosch/Bung/ Klippel 83, 111; Einzelheiten bei *Hildebrandt* 371ff. m. w. N.; *Meyer-Goßner* § 105 StPO Rn. 5; *Meier/Böhm* wistra 1992, 166, 168f.; auch AG Schönebeck, Urt. v. 8.6.2004 – Az 6 Cs 556 Js 23580/03, wonach die Zuziehung eines sachkundigen Mitarbeiters des geschädigten Unternehmens rechtswidrig ist, aber nur ausnahmsweise ein Verwertungsverbot begründet). Die Anzahl der Urheberrechtsverstöße kann hierbei Ausschlag gebend sein (*Beck/Kreißig* NStZ 2007, 304, 309). Die **Beschlagnahme** von Gegenständen kann unter bestimmten Voraussetzungen zum einen zwecks Beweissicherung nach § 94 Abs. 1 StPO erfolgen, zum anderen nach § 111b StPO, um eine drohende Einziehung abzusichern (ausführlich *Hildebrandt* 374f.; mangels hinreichenden Verdachts gegen die Beschlagnahme von Computern im Falle des Betriebs eines offenen WLANs *Hornung* CR 2007, 88, 93; vgl. auch *Reinbacher* in: Bosch/Bung/Klippel 83, 111). Bei **fehlendem Strafantrag** sind Ermittlungsmaßnahmen nur dann zulässig, wenn die Staatsanwaltschaft das **besondere öffentliche Interesse** i. S. v. § 109 bejaht (Erbs/Kohlhaas/*Kaiser* § 106 Rn. 58; *v. Gravenreuth* BB 1985, 1568, 1569); andernfalls ist die Ermittlungstätigkeit regelmäßig ausgeschlossen

(*Heghmanns* NStZ 1991, 112, 117; *Heinrich* 355; ausführlich *Hildebrandt* 375; *Reinbacher* 313 f.). Bei der Frage, ob **Ermittlungen im Vorfeld eines Privatklageverfahrens** zulässig sind, ist danach zu unterscheiden, ob bereits ausreichende Anhaltspunkte dafür vorliegen, das öffentliche Interesse i. S. v. § 376 StPO zu bejahen oder zu verneinen (ausführlich *Hildebrandt* 376 f.).

3. Verjährung und Zuständigkeit

Verfolgungsverjährung tritt gem. § 78 Abs. 3 Nr. 4 StGB grds. nach fünf Jahren ein; 51 die Vollstreckungsverjährung richtet sich nach den §§ 79 ff. StGB (*Hildebrandt* 378 m. w. N.; vgl. auch *Mitsch* AfP 2011, 544, 546 ff.). Im Regelfall wird bei Straftaten nach den §§ 106 ff. die **Zuständigkeit** des Strafrichters beim Amtsgericht gegeben sein; die Zuständigkeit des Landgerichts in erster Instanz nach §§ 24 Abs. 1, 74 Abs. 1 GVG ist kaum denkbar, so dass sich dessen Zuständigkeit vor allem aus § 74 Abs. 3 GVG als Berufungsgericht ergeben wird (ausführlicher *Hildebrandt* 378; auch Loewenheim/*Flechsig* § 96 Rn. 34; *Mitsch* AfP 2011, 544, 545). Bei der **Auswahl eines notwendigen Verteidigers** nach § 140 StPO ist die besondere Komplexität des Urheberstrafrechts zu beachten (*v. Gravenreuth* 182; *ders.* GRUR 1983, 349, 355; *Hildebrandt* 379 f.).

4. Rechtsfolgen

Auf der **Rechtsfolgenseite** stehen neben der klassischen Strafe (**Freiheitsstrafe bis zu** 52 **drei Jahren oder Geldstrafe;** zur Strafzumessung im Urheberstrafrecht BGHSt 49, 93, 110 f.; LG Braunschweig CR 2003, 801, 802 f.; KG Urt. v. 28.3.2000 – Az (4) 1 Ss 397/99; AG Velbert MMR 1998, 153; *v. Baur/Vassilaki* MMR 2003, 756; *Beck/Kreißig* NStZ 2007, 304; ausführlich *Hildebrandt* 389 f.) auch das **Berufsverbot** als Maßregel der Besserung und Sicherung nach § 70 StGB (hierzu *Hildebrandt* 400 f.), die **Einziehung von Gegenständen** nach §§ 74, 74a StGB, § 110 (vgl. unten § 110) und die **Bekanntgabe der Verurteilung** nach § 111 bereit. Dagegen ist **kein Verfall** des Vermögensvorteils i. S. v. § 73 StGB möglich, da dem Geschädigten entsprechende Ansprüche, etwa gem. den §§ 98, 99, zustehen – § 73 Abs. 1 S. 2 StGB (*v. Gravenreuth* 84; *Hildebrandt* 388; *Lührs* GRUR 1994, 264, 266 f.; ähnlich: *Weber* FS Meyer 633, 636; a. A. *Kuhlmann* CR 1989, 181; vgl. aber auch § 111i StPO; dazu *Hansen/Wolff-Rojczyk* GRUR 2007, 468, 474). Ein Großteil der urheberstrafrechtlichen Verfahren wird durch **Einstellung des Verfahrens oder Beschränkung der Strafverfolgung** nach den §§ 153 ff., 383 Abs. 2, 390 Abs. 5 StPO abgeschlossen (ausführlich *Hildebrandt* 381 ff. m. w. N.; auch *Dietrich* 96).

XVII. Urheberrechtsdelikte im Hinblick auf andere Vorschriften

Die §§ 106 ff. können in Einzelfällen **Vortat einer Begünstigung** nach § 257 StGB 53 (*v. Gravenreuth* GRUR 1983, 349, 355; ausführlich *Hildebrandt* 417 ff. m. w. N.; *Schack* Rn. 738; *Sternberg-Lieben* NJW 1985, 2121, 2123) oder **einer Strafvereitelung** nach § 258 StGB (ausführlicher *Hildebrandt* 420 f.; *Schack* Rn. 738) sein. Die Problematik, ob die §§ 106 ff. als **Vortat zur Hehlerei** in Betracht kommen, gehört zu den umstrittensten Fragen im Bereich des Urheberstrafrechts (eingehend *Hildebrandt* 421 ff. m. w. N.; dem zustimmend *Heinrich* UFITA 2002, 890, 894). Eine Reihe von Argumenten spricht **gegen** die Eignung als Vortat (*Heinrich* 306 ff.; *ders.* JZ 1994, 938, 944 f.; *Hildebrandt* 421 ff.; MüKoStGB Bd. 7 NebenstrafR II/*Heinrich* § 106 Rn. 137; *Schack* Rn 738; *Weber* 350 ff.; a. A. *v. Gravenreuth* BB 1983, 1742, 1744; *ders.* GRUR 1983, 349, 354; *Rochlitz* S. 214 ff.). Als Tatobjekte eines Betrugs kommen Raubkopien in Betracht (LG Bochum ZUM-RD 2004, 538). Daneben können die §§ 106 ff. Zweck oder Gegenstand der Tätigkeit im Rahmen des § 129 StGB (**Bildung krimineller Vereinigungen**) sein (*v. Gravenreuth* BB

UrhG § 107 1 § 107 Unzulässiges Anbringen der Urheberbezeichnung

1983, 1742, 1745; *ders.* GRUR 1983, 349, 354; *Hildebrandt* 434f.; *Kann* 116; *Rochlitz* 164f., 227; *Tielke* in: Teufel 24, 35; *Weber* in: Brack 51, 54). Die §§ 106ff. sind **Schutzgesetze i. S. v. § 823 Abs. 2 BGB** (OLG Naumburg GRUR 1999, 373; *Haß* in: Lehmann Rn. 78; *Hildebrandt* 435; *Lührs* GRUR 1994, 264, 266; *Rehbinder* ZUM 1990, 462) und können **disziplinarrechtlich relevant** werden (VG München CR 1990, 54; *Hildebrandt* 435f.).

§ 107 Unzulässiges Anbringen der Urheberbezeichnung

(1) **Wer**

1. **auf dem Original eines Werks der bildenden Künste die Urheberbezeichnung (§ 10 Abs. 1) ohne Einwilligung des Urhebers anbringt oder ein derart bezeichnetes Original verbreitet,**
2. **auf einem Vervielfältigungsstück, einer Bearbeitung oder Umgestaltung eines Werks der bildenden Künste die Urheberbezeichnung (§ 10 Abs. 1) auf eine Art anbringt, die dem Vervielfältigungsstück, der Bearbeitung oder Umgestaltung den Anschein eines Originals gibt, oder ein derart bezeichnetes Vervielfältigungsstück, eine solche Bearbeitung oder Umgestaltung verbreitet,**

wird mit Freiheitsstrafe bis zu drei Jahren oder mit Geldstrafe bestraft, wenn die Tat nicht in anderen Vorschriften mit schwererer Strafe bedroht ist.

(2) **Der Versuch ist strafbar.**

Literatur: *Burger,* Besprechung von „Weber, Der strafrechtliche Schutz des Urheberrechts", FuR 1978, 796; *Erbs/Kohlhaas,* Strafrechtliche Nebengesetze, 191. Ergänzungslieferung, München 2012 (zit. Erbs/Kohlhaas/*Bearbeiter*); *Flechsig,* Neuüberlegungen zum Urheberrecht, GRUR 1978, 287; *Heghmanns,* Die Subsidiarität der Unterschlagung – BGHSt 47, 243, JuS 2003, 954; *Heinrich,* Rezension zu: Ulrich Hildebrandt. Die Strafvorschriften des Urheberrechts, UFITA 2002, 890; *Hildebrandt,* Die Strafvorschriften des Urheberrechts, Berlin 2001; *Kann,* Musikpiraterie, Münster 1995; *Katzenberger,* Der Schutz von Werken der bildenden Künste durch das Urheberstrafrecht und die Praxis der Strafverfolgung in der Bundesrepublik Deutschland, GRUR 1982, 715; *Kircher,* Tatbestandsirrtum und Verbotsirrtum im Urheberrecht, Erlangen-Nürnberg 1973; *Lampe,* Der strafrechtliche Schutz der Geisteswerke (II), UFITA 83 (1978) 15; *Locher,* Das Recht der bildenden Kunst, München 1970; *Löffler,* Joachim, Künstlersignatur und Kunstfälschung, NJW 1993, 1421; *Rochlitz,* Der strafrechtliche Schutz des ausübenden Künstlers, des Tonträger- und Filmherstellers und des Sendeunternehmens, Frankfurt a. M. u. a. 1987; *Rudolphi,* Anmerkung zu BGHSt 43, 237, JZ 1998, 471; *Sandmann,* Die Strafbarkeit der Kunstfälschung, Baden-Baden 2004; *Sieg,* Das unzulässige Anbringen der richtigen Urheberbezeichnung (§ 107 UrhG), Berlin 1985; *Weber,* Artikel „Urheberstrafrecht", in: Krekeler (Hrsg.) u. a., Handwörterbuch des Wirtschafts- und Steuerstrafrechts, 1. Ergänzungslieferung, Heidelberg 1986, 1 (zit.: *Weber* in: Krekeler).

Vgl. darüber hinaus die Angaben im eingangs abgedr. Gesamtliteraturverzeichnis.

Übersicht

	Rn.
I. Bedeutung und Verfassungsmäßigkeit	1
II. Objektiver Tatbestand des § 107 Abs. 1 Nr. 1	2
III. Objektiver Tatbestand des § 107 Abs. 1 Nr. 2	3
IV. Irrtümer, Versuch, Subsidiaritätsklausel	4

I. Bedeutung und Verfassungsmäßigkeit

1 § 107 hat **keine praktische Bedeutung** (Fromm/Nordemann/*Ruttke/Scharringhausen* § 107 Rn. 2; *Hildebrandt* 173f. m. w. N.; *Lampe* UFITA 83 (1978) 15; *Schmid/Wirth* § 107 Rn. 1; *Sieg* 53, 176, 192; *Weber* in: Krekeler 8; ähnlich *Samson* 233; *Schack* Rn. 742; einschränkend Schricker/Loewenheim/*Haß* § 107 Rn. 9; *Katzenberger* GRUR 1982, 715, 718;

Locher 104, 196) und sollte **ersatzlos gestrichen** werden (BeckOK UrhG/*Sternberg-Lieben* § 107 Rn. 1; *Burger* FuR 1978, 796, 801; *Flechsig* GRUR 1978, 287, 289; *Heinrich* UFITA 2002, 890, 895; *Hildebrandt* 526 ff.; *Kann* 144; MüKoStGB Bd. 7 NebenstrafR II/*Heinrich* § 107 Rn. 1; *Rochlitz* 259; *Sieg* 176, 192; *Weber* in: Krekeler 8; a. A. Loewenheim/*Flechsig* § 90 Rn. 71). Überdies dürfte die Vorschrift im Hinblick auf **den Gleichheitsgrundsatz des Art. 3 Abs. 1 GG** problematisch sein, da sie nur Werke der bildenden Künste, nicht aber andere Werke erfasst; denn der Gleichheitsgrundsatz verbietet die Ungleichbehandlung von wesentlich Gleichem, gebietet jedoch, wesentlich Ungleiches entsprechend seiner Eigenart ungleich zu behandeln (BVerfGE 90, 145, 195 f.); zwischen Werken der bildenden Kunst und anderen Werken besteht jedoch kein wesentlicher Unterschied (ausführlicher *Hildebrandt* 202; zweifelnd *Heinrich* UFITA 2002, 890, 892; Verfassungsmäßigkeit bejahend BeckOK UrhG/*Sternberg-Lieben* § 107 Rn. 1).

II. Objektiver Tatbestand des § 107 Abs. 1 Nr. 1

Die Vorschrift setzt ein urheberrechtlich (noch) geschütztes Werk voraus (Dreier/ Schulze/*Dreier* § 107 Rn. 2; Erbs/Kohlhaas/*Kaiser* § 107 Rn. 3; *Hildebrandt* 200 f.; *Kircher* 220; *Lampe* UFITA 83 (1978) 15, 21; *Sieg* 87; *Ulmer* 567; *Weber* in: Krekeler 8; a. A. *Löffler* 1428). Tatobjekt ist nur das **Original,** also nicht ein Vervielfältigungsstück (Erbs/Kohlhaas/ *Kaiser* § 107 Rn. 4; MüKoStGB Bd. 7 NebenstrafR II/*Heinrich* § 107 Rn. 5), eines **Werks der bildenden Künste,** also nicht eines einer anderen Kategorie unterfallenden Werks (Dreier/Schulze/*Dreier* § 107 Rn. 2; Erbs/Kohlhaas/*Kaiser* § 107 Rn. 3). Der Begriff der **bildenden Künste** entspricht dem des § 2 Abs. 1 Nr. 4 (*Hildebrandt* 178 ff.; Loewenheim/*Flechsig* § 90 Rn. 77), der des **Originals** im Wesentlichen dem der §§ 6, 26 (vorsichtig *Hildebrandt* 181 f.). Der Begriff des **Anbringens der Urheberbezeichnung** ergibt sich aus § 10. Umstritten ist, wann im Einzelnen ein Anbringen auf dem Werk gegeben ist, ob nur das Anbringen der ersten Urheberbezeichnung dem § 107 Abs. 1 unterfällt und ob eine falsche Urheberbezeichnung erfasst wird (ausführlich Erbs/Kohlhaas/*Kaiser* § 107 Rn. 5; *Hildebrandt* 183 ff. m. w. N.). Der Begriff des **Verbreitens** entspricht dem des § 106 (dort Rn. 16 ff.). Zur Frage der Einwilligung des Berechtigten gilt das zu § 106 Gesagte (s. Rn. 24).

III. Objektiver Tatbestand des § 107 Abs. 1 Nr. 2

§ 107 Abs. 1 Nr. 2 fordert als **Tatobjekt** ein Vervielfältigungsstück (zum Begriff der Vervielfältigung § 16 Rn. 4) oder eine Bearbeitung oder Umgestaltung eines urheberrechtlich geschützten Werks (hierzu § 106 Rn. 10). Der Begriff des **Anbringens der Urheberbezeichnung** entspricht § 107 Abs. 1 Nr. 1 (*Hildebrandt* 194 ff.). Nach ihrem eindeutigen Wortlaut erfasst Nr. 2 **nur** den Fall des **Anbringens der zutreffenden Urheberbezeichnung** (Erbs/Kohlhaas/*Kaiser* § 107 Rn. 8; *Hildebrandt* 194; *Katzenberger* GRUR 1982, 715, 718; Loewenheim/*Flechsig* § 90 Rn. 85; MüKoStGB Bd. 7 NebenstrafR II/*Heinrich* § 107 Rn. 15; *Sieg* 88 Fn. 6, 154; zur Anbringung durch den Urheber selbst s. § 13 Rn. 3, 18, § 30 Rn. 14). Beim Tatbestandsmerkmal **„Anschein des Originals"** ist umstritten, ob und inwieweit zwischen Anbringen der Urheberbezeichnung und Hervorrufen des Anscheins eine Kausalitätsbeziehung bestehen muss und ob einer Bearbeitung oder Umgestaltung überhaupt der Anschein eines Originals gegeben werden kann (ausführlich *Hildebrandt* 196 ff. m. w. N.; auch Erbs/Kohlhaas/*Kaiser* § 107 Rn. 9; Schricker/Loewenheim/*Haß* § 107 Rn. 10).

IV. Irrtümer, Versuch, Subsidiaritätsklausel

Ein **Irrtum** über ein Merkmal des § 107 dürfte ein Irrtum über ein normatives Tatbestandsmerkmal oder jedenfalls i. S. v. § 17 StGB unvermeidbar sein, da sogar Fachleuten die

Vorschrift unbekannt ist (hierzu *Hildebrandt* 285; *Sieg* 110). Der **Versuch** ist nach Abs. 2 strafbar. In § 107 Abs. 1 ist angeordnet, dass die Strafe nur eintritt, wenn die Tat nicht in anderen Vorschriften mit schwererer Strafe bedroht ist **(Subsidiaritätsklausel).** Die Klausel greift unabhängig davon ein, welches Rechtsgut die andere Vorschrift schützt (Erbs/Kohlhaas/*Kaiser* § 107 Rn. 14; *Heghmanns* JuS 2003, 954; *Hildebrandt* 328 f. m. w. N.; zu § 125 StGB entsprechend BGHSt 43, 237; zust.: *Rudolphi* JZ 1998, 471; *Fischer* § 125 StGB Rn. 19; zu § 246 StGB BGHSt 47, 243). § 107 tritt deswegen im Verhältnis zu den §§ 263 (Betrug) oder 267 StGB (Urkundenfälschung) zurück (so auch Dreier/Schulze/*Dreier* § 107 Rn. 16; Erbs/Kohlhaas/*Kaiser* § 107 Rn. 14; MüKoStGB Bd. 7 NebenstrafR II/*Heinrich* § 107 Rn. 20; Schricker/Loewenheim/*Haß* § 107 Rn. 15).

§ 108 Unerlaubte Eingriffe in verwandte Schutzrechte

(1) **Wer in anderen als den gesetzlich zugelassenen Fällen ohne Einwilligung des Berechtigten**

1. eine wissenschaftliche Ausgabe (§ 70) oder eine Bearbeitung oder Umgestaltung einer solchen Ausgabe vervielfältigt, verbreitet oder öffentlich wiedergibt,
2. ein nachgelassenes Werk oder eine Bearbeitung oder Umgestaltung eines solchen Werks entgegen § 71 verwertet,
3. ein Lichtbild (§ 72) oder eine Bearbeitung oder Umgestaltung eines Lichtbildes vervielfältigt, verbreitet oder öffentlich wiedergibt,
4. die Darbietung eines ausübenden Künstlers entgegen den § 77 Abs. 1 oder Abs. 2 Satz 1, § 78 Abs. 1 verwertet,
5. einen Tonträger entgegen § 85 verwertet,
6. eine Funksendung entgegen § 87 verwertet,
7. einen Bildträger oder Bild- und Tonträger entgegen §§ 94 oder 95 in Verbindung mit § 94 verwertet,
8. eine Datenbank entgegen § 87b Abs. 1 verwertet,

wird mit Freiheitsstrafe bis zu drei Jahren oder mit Geldstrafe bestraft.

(2) **Der Versuch ist strafbar.**

Literatur: *Berger,* Der Schutz elektronischer Datenbanken nach der EG-Richtlinie vom 11.3.1996, GRUR 1997, 169; *Braun,* Produktpiraterie, Köln 1993; *Eiding,* Strafrechtlicher Schutz elektronischer Datenbanken, Darmstadt 1997; *Erbs/Kohlhaas,* Strafrechtliche Nebengesetze, 191. Ergänzungslieferung, München 2012 (zit.: Erbs/Kohlhaas/*Bearbeiter*); *Flechsig,* Darbietungsschutz in der Informationsgesellschaft, NJW 2004, 575; *Flechsig/Kuhn,* Das Leistungsschutzrecht des ausübenden Künstlers in der Informationsgesellschaft, ZUM 2004, 14; *v. Gravenreuth,* Das Plagiat aus strafrechtlicher Sicht, München 1986; *v. Gravenreuth,* Software-Piraterie ein neues Problem für die Ermittlungsbehörden, Der Kriminalist 1985, 23; *Heghmanns,* Rezension zu: Ulrich Hildebrandt. Die Strafvorschriften des Urheberrechts, GA 2003, 240; *Hildebrandt,* Die Strafvorschriften des Urheberrechts, Berlin 2001; *Kann,* Musikpiraterie, Münster 1995; *Katzenberger,* Vom Kinofilm zum Videogramm, in: Beier (Hrsg.), Gewerblicher Rechtsschutz und Urheberrecht in Deutschland, Festschrift zum hundertjährigen Bestehen der Deutschen Vereinigung für gewerblichen Rechtsschutz und Urheberrecht und ihrer Zeitschrift, Bd. II, Weinheim, 1991, 1401 (zit.: Katzenberger in: Beier); *Katzenberger,* Kein Laufbildschutz für ausländische Videospiele in Deutschland, GRUR Int. 1992, 513; *Kircher,* Tatbestandsirrtum und Verbotsirrtum im Urheberrecht, Erlangen-Nürnberg 1973; *Müller-Gugenberger,* Wirtschaftsstrafrecht, 2. Aufl., Münster 1992; *Reinbacher,* Die Strafbarkeit der Vervielfältigung urheberrechtlich geschützter Werke zum privaten Gebrauch nach dem Urheberrechtsgesetz, Berlin 2007; *Rochlitz,* Der strafrechtliche Schutz des ausübenden Künstlers, des Tonträger- und Filmherstellers und des Sendeunternehmens, Frankfurt a.M.u.a. 1987; *Schüler,* Anmerkung zum Urteil des BayObLG vom 12. Mai 1992, in: NStZ 1993, 496; *Sieg,* Das unzulässige Anbringen der richtigen Urheberbezeichnung (§ 107 UrhG), Berlin 1985; *Spannbrucker,* Convention on Cybercrime (ETS 185), Diss., Regensburg 2004; *Sternberg-Lieben,* Musikdiebstahl, Köln 1985; *Ullmann,* Die Einbindung der elektronischen Datenbanken in den Immaterialgüterschutz, in: Pfeiffer (Hrsg.), Festschrift für Hans Erich Brandner zum 70. Geburtstag, Köln, 1996, 507 (zit.: Ullmann FS Brandner); *Weber,* Der strafrechtliche Schutz des Urheberrechts, Tübingen 1976; *Weber,* Zur

§ 108 Unerlaubte Eingriffe in verwandte Schutzrechte 1–3 § 108 UrhG

Anwendbarkeit des deutschen Urheberstrafrechts auf Rechtsverletzungen mit Auslandsberührung, in: Küper (Hrsg.), Festschrift für Walter Stree und Johannes Wessels, Heidelberg 1993, 613 (zit.: *Weber* FS Stree/ Wessels); *Weber,* Anmerkung zum Urteil des BayObLG vom 12. Mai 1992, JZ 1993, 104, in: JZ 1993, 106. Vgl. darüber hinaus die Angaben im eingangs abgedr. Gesamtliteraturverzeichnis.

Übersicht

	Rn.
I. Anwendungsbereich, Bedeutung, Rechtsgut und Verfassungsmäßigkeit	1–3
1. Anwendungsbereich, Bedeutung	1
2. Rechtsgut	2
3. Verfassungsmäßigkeit	3
II. Objektive Tatbestände	4–7
1. Tatobjekte	4
2. Tathandlungen	5
3. Das Merkmal „in anderen als gesetzlich zugelassenen Fällen"	6
4. Das Merkmal „ohne Einwilligung des Berechtigten"	7
III. Weitere Umstände	8, 9

I. Anwendungsbereich, Bedeutung, Rechtsgut und Verfassungsmäßigkeit

1. Anwendungsbereich, Bedeutung

§ 108 stellt die unzulässige Verwertung **verwandter Schutzrechte** unter Strafe. Die **1 praktische Bedeutung** der Vorschrift war in der Zeit vor Aufkommen der Musik-, Video- und Softwarepiraterie nur gering (vgl. *v. Gravenreuth* Der Kriminalist 1985, 23, 27). Inzwischen haben § 108 Abs. 1 Nr. 4 und 5 zunehmende Bedeutung bei der Bekämpfung von Raubkopien von Musikwerken und von unzulässigen Bootlegs (Mitschnitten) erlangt (Erbs/Kohlhaas/*Kaiser* § 108 Rn. 3; Fromm/Nordemann/*Ruttke/Scharringhausen* § 108 Rn. 1; *Kann* 50ff.; *Sternberg-Lieben* 74). § 108 Abs. 1 Nr. 7 wurde nicht nur gegen Videopiraten, sondern auch im Kampf gegen das Kopieren von Computerspielen eingesetzt. Insb. im zuletzt genannten Bereich ist eine Vielzahl zweifelhafter Verurteilungen ergangen (*Katzenberger* in: Beier 1401, 1437; *ders.* GRUR Int. 1992, 513 ff.). Der rechtstatsächliche Befund (hierzu § 106 Rn. 1 ff.) und die Rechtsentwicklung (hierzu § 106 Rn. 5) entsprechen im Wesentlichen § 106.

2. Rechtsgut

Mit Ausnahme von § 108 Abs. 1 Nr. 7 (a. A. Erbs/Kohlhaas/*Kaiser* § 108 Rn. 1) **2** schützt § 108 nach allgemeiner Auffassung nur **verwertungsrechtliche Befugnisse** (*Eiding* 126; *Hildebrandt* 204 f.; *Lampe* UFITA 83 (1978) 15, 16 f.; MüKoStGB Bd. 7 NebenstrafR II/*Heinrich* § 108 Rn. 1; *Müller-Gugenberger* § 45 Rn. 103; *Sieg* 177; *Ulmer* 566 f.; *Weber* 255). Beim Schutz urheberpersönlichkeitsrechtlicher Interessen durch § 108 Abs. 1 Nr. 7 i. V. m. § 94 Abs. 1 S. 2, soweit die Vorschrift die Entstellung oder Kürzung des Bild- oder Tonträgers verbietet, handelt es sich wohl um ein Redaktionsversehen (*Hildebrandt* 204 f.; *Kann* 104; *Weber* 261, 279; auch Dreier/Schulze/*Dreier* § 108 Rn. 5).

3. Verfassungsmäßigkeit

Der strafrechtliche Schutz von Datenbanken nach **§ 108 Abs. 1 Nr. 8** ist **verfassungs- 3 rechtlich** bedenklich (so wohl auch *Heghmanns* GA 2003, 240, 241). Mit Blick darauf, dass sich die Vorschriften der §§ 87a ff. infolge der Vielzahl unbestimmter Begriffe (hierzu auch *Berger* GRUR 1997, 173) kaum auf einen bestimmbaren Kern reduzieren lassen, ist derzeit eine Bestrafung nach der Vorschrift wohl schwerlich vorhersehbar, zumal Entscheidungen des EuGH noch weitgehend fehlen.

II. Objektive Tatbestände

1. Tatobjekte

4 § 108 Abs. 1 Nr. 1 bis 8 stellt durch Verweisung auf entsprechende urheberzivilrechtliche Vorschriften klar, welche Tatobjekte erfasst werden. Auf die jeweiligen Kommentierungen kann grds. verwiesen werden. Der Begriff des **ausübenden Künstlers** im Zusammenhang des § 108 Abs. 1 Nr. 4 wurde durch Gesetz zur Regelung des Urheberrechts in der Informationsgesellschaft um die Darbietung von **Ausdrucksformen der Volkskunst** erweitert (s. § 73 Rn. 10ff.; auch *Flechsig/Kuhn* ZUM 2004, 14ff.; *Flechsig* NJW 2004, 575). Aus dem **Rückwirkungsverbot** (§ 1 StGB, Art. 103 Abs. 2 GG) folgt hier ein Bestrafungsverbot hinsichtlich solcher Rechtsverletzungen an Ausdrucksformen der Volkskunst, die vor Inkrafttreten des Gesetzes am 13.9.2003 erfolgt sind. § 108 Abs. 1 Nr. 7 weist die Besonderheit auf, sowohl **Filmwerke** als auch **Laufbilder** zu schützen (*Heinrich* 279; MüKoStGB Bd. 7 NebenstrafR II/*Heinrich* § 108 Rn. 29; *Weber* JZ 1993, 106, 107); da ein Stufen- oder Ausschlussverhältnis nicht besteht (AG Mainz NJW 1989, 2637; *Weber* JZ 1993, 106, 107), kommt Filmwerken doppelter Strafrechtsschutz über die §§ 106, 108 Abs. 1 Nr. 7 zu (*Hildebrandt* 219f.; MüKoStGB Bd. 7 NebenstrafR II/*Heinrich* § 108 Rn. 29). Fraglich ist, ob auch **Computerspiele** von § 108 Abs. 1 Nr. 7 als Filmwerke bzw. ähnlich wie Filmwerke geschaffene Werke oder – unterhalb der Werkschwelle – immerhin als Laufbilder (§ 95) erfasst werden. Im Zivilrecht wird dies vielfach angenommen (vgl. BayOLG JZ 1993, 104, 106) und die Literatur überträgt diese Wertung zu Recht vornehmlich auch auf das Strafrecht (vgl. BeckOK UrhG/*Sternberg-Lieben* § 108 Rn. 14; Erbs/Kohlhaas/*Kaiser* § 108 Rn. 10; Fromm/Nordemann/*Ruttke/Scharringhausen* § 108 Rn. 3; MüKoStGB Bd. 7 NebenstrafR II/*Heinrich* § 108 Rn. 33; *Reinbacher* 297). Das Strafrecht verhält sich auch hier also akzessorisch zur zivilrechtlichen Auslegung. Dagegen wird jedoch teilweise vorgebracht, dass im Strafrecht wegen § 1 StGB, Art. 103 Abs. 2 GG eine engere Auslegung gelten müsse. Da die Überschrift des Dritten Teils des UrhG „Besondere Bestimmungen für Filme" laute und im Strafrecht der mögliche umgangssprachliche Wortsinn die Grenze der Auslegung darstelle, komme es darauf an, ob Computerspiele in der Umgangssprache als „Filme" bezeichnet werden können, was nicht der Fall sei (so die Vorauf. sowie *Hildebrandt* 221f.).

2. Tathandlungen

5 Hinsichtlich der erfassten **Tathandlungen** kann auf die Kommentierung der in § 108 Abs. 1 Nr. 1 bis 8 genannten urheberzivilrechtlichen Vorschriften verwiesen werden. Soweit die Begriffe der **Vervielfältigung, Verbreitung** und **öffentlichen Wiedergabe** Verwendung finden, sind die strafrechtlichen Besonderheiten zu beachten (hierzu § 106 Rn. 11ff.).

3. Das Merkmal „in anderen als gesetzlich zugelassenen Fällen"

6 Das **Tatbestandsmerkmal „in anderen als gesetzlich zugelassenen Fällen"** hat grds. die gleiche (vgl. § 106 Rn. 21ff.) Bedeutung wie bei § 106, d.h. ihr Vorliegen schließt den Tatbestand aus (*Braun* 150; Erbs/Kohlhaas/*Kaiser* § 108 Rn. 5; *v. Gravenreuth* 24; MüKoStGB Bd. 7 NebenstrafR II/*Heinrich* § 108 Rn. 5; *Reinbacher* 297; *Weber* 255; ders. FS Stree/Wessels 615). Allerdings enthalten die einzelnen verwandten Schutzrechte unterschiedliche Schrankenbestimmungen, so dass deren Besonderheiten jeweils zu beachten sind (BeckOK UrhG/*Sternberg-Lieben* § 108 Rn. 5; *Braun* 150; Dreier/Schulze/*Dreier* § 108 Rn. 3; *Hildebrandt* 224f.; MüKoStGB Bd. 7 NebenstrafR II/*Heinrich* § 108 Rn. 5; *Schüler* NStZ 1993, 496, 497; *Spannbrucker* 124; *Weber* 255).

4. Das Merkmal „ohne Einwilligung des Berechtigten"

Das Merkmal „**ohne Einwilligung des Berechtigten**" hat die gleiche (vgl. § 106 **7** Rn. 24 ff.) Bedeutung wie in § 106 Abs. 1 (BeckOK UrhG/*Sternberg-Lieben* § 108 Rn. 6). Auch bei § 108 Abs. 1 scheidet mithin der Berechtigte von vornherein aus dem Kreis möglicher Täter aus. Wer **Berechtigter** ist, ergibt die Auslegung der Vorschriften, auf die § 108 hinweist (*Hildebrandt* 227 ff. m.w.N.). Bei Nichtberechtigten kann jedoch wiederum eine strafrechtliche Einwilligung vorliegen. In diesem Fall entfällt erst die Rechtswidrigkeit (MüKoStGB Bd. 7 NebenstrafR II/*Heinrich* § 108 Rn. 6).

III. Weitere Umstände

Gegenüber § 106 Abs. 1 ergeben sich keine Unterschiede im Hinblick auf den **subjek- 8 tiven Tatbestand** (hierzu § 106 Rn. 29 f.), auf **Rechtswidrigkeit und Schuld** (§ 106 Rn. 31), **Täterschaft und Teilnahme** (§ 106 Rn. 40 ff.) und **Unterlassungsstrafbarkeit** (§ 106 Rn. 45). Der **Versuch** ist nach Abs. 2 strafbar (vgl. § 106 Rn. 39). **Irrtümer** über das Vorliegen eines Lichtbildes (Nr. 3), eines Tonträgers (Nr. 5), einer Funksendung (Nr. 6) oder eines Filmstreifens (Nr. 7) sind kaum denkbar (*Kircher* 121); im Übrigen dürfte der Irrtum in diesen Fällen mangels normativer Tatbestandsmerkmale hinsichtlich der Beschreibungen der Tatobjekte regelmäßig Verbotsirrtum sein (*Hildebrandt* 277 ff.). Bei § 108 Abs. 1 Nr. 1, Nr. 2, Nr. 4 oder Nr. 8 können dagegen durchaus relevante Irrtümer vorkommen. So handelt es sich im Rahmen des § 108 Abs. 1 Nr. 1 bei den Begriffen „Ergebnis wissenschaftlich sichtender Tätigkeit" und „wesentlich" in § 70 sowie im Rahmen des § 108 Abs. 1 Nr. 2 beim Begriff des „nicht erschienenen Werks" in § 71 um normative Tatbestandsmerkmale (Erbs/Kohlhaas/*Kaiser* § 108 Rn. 15; *Hildebrandt* 277 ff.; *Kircher* 261). Bei den §§ 108 Abs. 1 Nr. 4, 73 ist ein Irrtum über den urheberrechtlichen Werkbegriff möglich, der nach § 16 StGB zu behandeln ist. § 108 Abs. 1 Nr. 8 i.V.m. den §§ 87a ff. schließlich enthält eine Fülle normativer Tatbestandsmerkmale. Irrtümer über weitere Tatbestandsmerkmale sind wie bei § 106 zu behandeln (hierzu § 106 Rn. 32 f.). Hinsichtlich der Irrtümer über das Vorliegen eines gesetzlich zugelassenen Falles gilt wiederum das oben (§ 106 Rn. 35) Ausgeführte.

Bei Fällen mit **Auslandsberührung** gelten dieselben Grundsätze wie bei § 106 **9** (vgl. § 106 Rn. 46; vgl. insb. BGHSt 49, 93). Da sich das Problem der Begrenzung durch die §§ 120 ff. vor allem bei den verwandten Schutzrechten stellt, kam es in diesem Zusammenhang – insb. bei **ausländischen Computerspielen** – zu zahllosen fragwürdigen Entscheidungen (*Katzenberger* in: Beier 1401, 1437; *ders.* GRUR Int. 1992, 513 ff.). Allerdings bedarf es für die strafrechtliche Beurteilung etwa der Feststellung des konkreten Tonträgerherstellers dann nicht, wenn sicher ist, dass jedenfalls die Voraussetzungen des § 126 Abs. 3 deshalb gegeben sind, weil der Tonträgerhersteller seinen Sitz in einem der Mitgliedsländer des Genfer Tonträger-Abkommens hat (BGHSt 49, 93, 100; vgl. auch AG Donaueschingen MMR 2000, 179, 180). Die Konkurrenzen (hierzu § 106 Rn. 47 f.), das Verfahren (§ 106 Rn. 49 ff.) und die Bedeutung des § 108 Abs. 1 im Hinblick auf andere Vorschriften (§ 106 Rn. 53) weisen gegenüber § 106 keine Besonderheiten auf.

§ 108a Gewerbsmäßige unerlaubte Verwertung

(1) **Handelt der Täter in den Fällen der §§ 106 bis 108 gewerbsmäßig, so ist die Strafe Freiheitsstrafe bis zu fünf Jahren oder Geldstrafe.**

(2) **Der Versuch ist strafbar.**

Literatur: *Cremer,* Die Bekämpfung der Produktpiraterie in der Praxis, MittdtschPatAnw. 1992, 153; *Dallinger,* Aus der Rechtsprechung des Bundesgerichtshofes in Strafsachen, MDR 1975, 722, 725; *Deumeland,*

§ 108a Gewerbsmäßige unerlaubte Verwertung

Die Strafbarkeit gewerbsmäßiger Urheberrechtsverletzung in der BRD, StraFo 2006, 487; *Eiding*, Strafrechtlicher Schutz elektronischer Datenbanken, Darmstadt 1997; *Erbs/Kohlhaas*, Strafrechtliche Nebengesetze, 191. Ergänzungslieferung, München 2012 (zit.: Erbs/Kohlhaas/*Bearbeiter*); *v. Gravenreuth*, Das Plagiat aus strafrechtlicher Sicht, München 1986; *Heinrich*, Die Strafbarkeit der unbefugten Vervielfältigung und Verbreitung von Standardsoftware, Berlin 1993; *Hildebrandt*, Die Strafvorschriften des Urheberrechts, Berlin 2001; *Kilian/Heussen*, Computerrechtshandbuch, 12. Ergänzungslieferung, München 1998; *Kretschmer*, Gesetz gegen Produktpiraterie: Regierungsentwurf/Bundesregierung zum Gebrauchsmusterschutz/Urheberrechtstagung in Lausanne, GRUR 1989, 581; *Lührs*, Verfolgungsmöglichkeiten im Fall der „Produktpiraterie" unter besonderer Betrachtung der Einziehungs- und Gewinnabschöpfungsmöglichkeiten (bei Ton-, Bild- und Computerprogrammträgern), GRUR 1994, 264; *Müller/Wabnitz/Janovsky*, Wirtschaftskriminalität, 4. Aufl., München 1997; *Schmitz/Schmitz*, Computerkriminalität, Wiesbaden 1990; *Schulze-Heiming*, Der strafrechtliche Schutz der Computerdaten gegen die Angriffsformen der Spionage, Sabotage und des Zeitdiebstahls, Münster u. a. 1995; *Spannbrucker*, Convention on Cybercrime (ETS 185), Diss., Regensburg 2004; *Tilmann*, Der Schutz gegen Produktpiraterie nach dem Gesetz von 1990, BB 1990, 1565; *Weber*, Die Bekämpfung der Videopiraterie mit den Mitteln des Strafrechts, in: Brack u. a. (Hrsg.), Wesen und Bekämpfung der Videopiraterie, Köln 1993, 51 (zit.: *Weber* in: Brack); *v. Welser/González*, Marken- und Produktpiraterie, München 2007.

Vgl. darüber hinaus die Angaben im eingangs abgedr. Gesamtliteraturverzeichnis.

Übersicht

	Rn.
I. Überblick	1
II. Einzelheiten	2

I. Überblick

1 Bei § 108a handelt es sich um einen **Qualifikationstatbestand** der §§ 106 bis 108 (BeckOK UrhG/*Sternberg-Lieben* § 108a Rn. 1; *Eiding* 126; Erbs/Kohlhaas/*Kaiser* § 108a Rn. 1; *Hildebrandt* 232; *Lührs* GRUR 1994, 264, 265; Möhring/Nicolini/*Spautz* § 108a Rn. 3; MüKoStGB Bd. 7 NebenstrafR II/*Heinrich* § 108a Rn. 1; *Schack* Rn. 744; *Schmitz/Schmitz* Computerkriminalität 73; Schricker/Loewenheim/*Haß* § 108a Rn. 1; *Schulze-Heiming* 155; *Spannbrucker* 122). Der Gesetzgeber (BT-Drucks. 10/3360, 20) beabsichtigte, mit der im Jahre 1985 (Gesetz v. 24.6.1985; BGBl. I S. 1137) eingeführten und im Jahre 1990 (Art. 2 des Gesetzes v. 7.3.1990; BGBl. I S. 422) erweiterten Vorschrift auf „die organisierte und Bandenkriminalität" in den Bereichen der Videopiraterie und des Raubdrucks einzuwirken. Nach allgemeiner Ansicht ist der Begriff des „gewerbsmäßigen Handelns" in § 108a **auszulegen wie in anderen Strafvorschriften** (BGHSt 49, 93, 111; BeckOK UrhG/*Sternberg-Lieben* § 108a Rn. 2; Erbs/Kohlhaas/*Kaiser* § 108a Rn. 2; Fromm/Nordemann/*Ruttke/Scharringhausen* § 108a Rn. 3; *v. Gravenreuth* 30f.; *Heinrich* 287; *Hildebrandt* 232 m. w. N.; MüKoStGB Bd. 7 NebenstrafR II/*Heinrich* § 108a Rn. 2; *Weber* in: Brack 51, 59). Demnach handelt gewerbsmäßig, wer sich **aus wiederholter Tatbegehung eine nicht nur vorübergehende Einnahmequelle von einigem Umfang verschaffen möchte** (BT-Drucks. 11/4792, 24; BGHSt 1, 383, 383f.; 49, 93, 111; AG Mainz NJW 1989, 2637; BeckOK UrhG/*Sternberg-Lieben* § 108a Rn. 2; *Deumeland* StraFo 2006, 487, 488; Dreier/Schulze/*Dreier* § 108a Rn. 5; Dreyer/Kotthoff/Meckel/*Kotthoff* § 108a Rn. 2; Erbs/Kohlhaas/*Kaiser* § 108 a Rn. 2; Fromm/Nordemann/*Ruttke/Scharringhausen* § 108a Rn. 3; *v. Gravenreuth* 105; *Heinrich* 288; *Hildebrandt* 232f. m. w. N.; Loewenheim/*Flechsig* § 90 Rn. 113; Möhring/Nicolini/*Spautz* § 108a Rn. 2; MüKoStGB Bd. 7 NebenstrafR II/*Heinrich* § 108a Rn. 2; MüKoStGB/*Lauer* § 260 StGB Rn. 3; *Schmid/Wirth* § 108a Rn. 2; Schricker/Loewenheim/*Haß* § 108a Rn. 2). Die Einnahmequelle muss dabei **nicht die Haupteinnahmequelle** sein; vielmehr genügt ein nicht ganz geringfügiger Nebenerwerb (BGH bei *Dallinger* MDR 1975, 722, 725; BeckOK UrhG/*Sternberg-Lieben* § 108a Rn. 2; Dreier/Schulze/*Dreier* § 108a Rn. 5; Erbs/Kohlhaas/*Kaiser* § 108a Rn. 2; *Hildebrandt* 232f. m. w. N.; Loewenheim/*Flechsig* § 90 Rn. 113; MüKoStGB Bd. 7 NebenstrafR II/*Heinrich*

§ 108b Unerlaubte Eingriffe in techn. Schutzmaßnahmen § 108b UrhG

§ 108a Rn. 2; MüKoStGB/*Lauer* § 260 StGB Rn. 3; Schricker/Loewenheim/*Haß* § 108a Rn. 2). Auch kann es ausreichen, dass die Tat nur mittelbar als Einnahmequelle dient, der Täter sich also mittelbar geldwerte Vorteile über Dritte aus den Tathandlungen verspricht (BGHSt 49, 93, 111 m. w. N.; Fromm/Nordemann/*Ruttke/Scharringhausen* § 108a Rn. 4).

II. Einzelheiten

Die unerlaubte **Verwertung im Rahmen eines Gewerbebetriebes** ist nicht gleichbedeutend mit der gewerbsmäßigen Begehung der Straftat, so dass der bloße Missbrauch eines Gewerbebetriebes zur Begehung von Straftaten nicht genügt (BT-Drucks. XI/4792, 24; BGHSt 49, 93, 111; *Braun* 150 f.; *Cremer* MittdtschPatAnw. 1992, 160; *Deumeland* StraFo 2006, 487, 488; Dreier/Schulze/*Dreier* § 108a Rn. 5; *Hildebrandt* 233; *Kretschmer* GRUR 1989, 581; Möhring/Nicolini/*Spautz* § 108a Rn. 2; *v. Welser/González* Rn. 225). Auch die **gewerbliche Nutzung** unterfällt nicht dem Begriff (BT-Drucks. 11/4792, 24; *Hildebrandt* 233; *Tillmann* BB 1990, 1565). Liegt die Absicht vor, sich durch wiederholte Tatbegehung eine nicht nur vorübergehende Einnahmequelle von einigem Umfang (vgl. BGH NJW 1989, 2760, 2762) und einiger Dauer verschaffen, so ist **bereits die erste Tat** als gewerbsmäßig begangen einzustufen, auch wenn es entgegen den ursprünglichen Intentionen des Täters nicht zu weiteren Taten kommt (BGH NJW 2004, 2840, 2841; 1998, 2913, 2914; NStZ 1995, 85; 2004, 265, 266; AG München CR 1997, 749, 751; vgl. auch BeckOK UrhG/*Sternberg-Lieben* § 108a Rn. 2; *Cremer* Mittdtsch-PatAnw. 1992, 160; Dreier/Schulze/*Dreier* § 108a Rn. 6; Erbs/Kohlhaas/*Kaiser* § 108a Rn. 2; *Fischer* Vor § 52 StGB Rn. 61a; *Heinrich* 288; *Hildebrandt* 233 f., mit Beispielen; Kilian/Heussen/*v. Gravenreuth* Ziff. 106 Rn. 31; LK/*Ruß* § 260 StGB Rn. 2; Loewenheim/*Flechsig* § 90 Rn. 113; Möhring/Nicolini/*Spautz* § 108a Rn. 2; MüKoStGB Bd. 7 NebenstrafR II/*Heinrich* § 108a Rn. 3; MüKoStGB/*Lauer* § 260 StGB Rn. 3; *Müller/Wabnitz/Janovsky* Wirtschaftskriminalität 8. K. Rn. 45; Schönke/Schröder/*Stree/Sternberg-Lieben* Vorbem. § 52 StGB Rn. 95; Schricker/*Vassilaki* § 108a Rn. 2; a. A. *Deumeland* StraFo 2006, 487, 488 f.). Ob der Täter gewerbsmäßig gehandelt hat, beurteilt sich vielmehr nach seinen ursprünglichen Planungen sowie seinem tatsächlichen, strafrechtlich relevanten Verhalten über den gesamten ihm anzulastenden Tatzeitraum (BGH NJW 2004, 2840, 2841). Das gewerbsmäßige Handeln muss sich auf den **konkreten Fall** beziehen; so genügt es zum Beispiel nicht, wenn der Beschuldigte erst- und einmalig eine unerlaubte Softwarevervielfältigung oder -verbreitung vornimmt, aber ansonsten gewerbsmäßig Urheberrechtsverletzungen an anderen urheberrechtlich geschützten Werken begeht (*Heinrich* 288; *Hildebrandt* 234). Die Gewerbsmäßigkeit ist ein **besonderes persönliches Merkmal (§ 28 Abs. 2 StGB),** das nicht strafbegründend, sondern strafschärfend wirkt (BGHSt 49, 93, 111; BeckOK UrhG/*Sternberg-Lieben* § 108a Rn. 4; *Deumeland* StraFo 2006, 487; Dreier/Schulze/*Dreier* § 108a Rn. 2; Erbs/Kohlhaas/*Kaiser* § 108a Rn. 4; *Heinrich* 288; *Hildebrandt* 310 m. w. N.; MüKoStGB Bd. 7 NebenstrafR II/*Heinrich* § 108a Rn. 4; *Schack* Rn. 744; *Spannbrucker* 122 f.). Nach § 108a kann deswegen nur derjenige Täter oder Teilnehmer bestraft werden, bei dem das Merkmal vorliegt (*Heinrich* 288; *Hildebrandt* 310). Dem Geschäftsführer einer in Gewinnerzielungsabsicht handelnden juristischen Person kann die Gewinnerzielungsabsicht weder über § 28 Abs. 2 StGB noch über § 14 Abs. 1 StGB zugerechnet werden (vgl. BGHSt 49, 93, 111).

2

§ 108b Unerlaubte Eingriffe in technische Schutzmaßnahmen und zur Rechtewahrnehmung erforderliche Informationen

(1) Wer
1. in der Absicht, sich oder einem Dritten den Zugang zu einem nach diesem Gesetz geschützten Werk oder einem anderen nach diesem Gesetz geschütz-

ten Schutzgegenstand oder deren Nutzung zu ermöglichen, eine wirksame technische Maßnahme ohne Zustimmung des Rechtsinhabers umgeht oder
2. wissentlich unbefugt
   a) eine von Rechtsinhabern stammende Information für die Rechtewahrnehmung entfernt oder verändert, wenn irgendeine der betreffenden Informationen an einem Vervielfältigungsstück eines Werks oder eines sonstigen Schutzgegenstandes angebracht ist oder im Zusammenhang mit der öffentlichen Wiedergabe eines solchen Werks oder Schutzgegenstandes erscheint, oder
   b) ein Werk oder einen sonstigen Schutzgegenstand, bei dem eine Information für die Rechtewahrnehmung unbefugt entfernt oder geändert wurde, verbreitet, zur Verbreitung einführt, sendet, öffentlich wiedergibt oder öffentlich zugänglich macht
und dadurch wenigstens leichtfertig die Verletzung von Urheberrechten oder verwandten Schutzrechten veranlasst, ermöglicht, erleichtert oder verschleiert,
wird, wenn die Tat nicht ausschließlich zum eigenen privaten Gebrauch des Täters oder mit dem Täter persönlich verbundener Personen erfolgt oder sich auf einen derartigen Gebrauch bezieht, mit Freiheitsstrafe bis zu einem Jahr oder mit Geldstrafe bestraft.

(2) Ebenso wird bestraft, wer entgegen § 95a Abs. 3 eine Vorrichtung, ein Erzeugnis oder einen Bestandteil zu gewerblichen Zwecken herstellt, einführt, verbreitet, verkauft oder vermietet.

(3) Handelt der Täter in den Fällen des Absatzes 1 gewerbsmäßig, so ist die Strafe Freiheitsstrafe bis zu drei Jahren oder Geldstrafe.

Literatur: *Bär/Hoffmann*, Das Zugangskontrolldiensteschutz-Gesetz – Ein erster Schritt auf dem richtigen Weg, MMR 2002, 654; *Bechtold*, Vom Urheber- zum Informationsrecht, München 2002; *Enders*, Digital Rights Management Systeme (DRMS) als besondere Herausforderung an das Urheberrecht, ZUM 2004, 593; *Erbs/Kohlhaas*, Strafrechtliche Nebengesetze, 188. Ergänzungslieferung, München 2012 (zit.: Erbs/Kohlhaas/Bearbeiter); *Ernst*, Kopierschutz nach neuem UrhG, CR 2004, 39; *Gercke*, Die Entwicklung der Rechtsprechung zum Internetstrafrecht in den Jahren 2000 und 2001, ZUM 2002, 283; *Gercke*, Die Cybercrime Konvention des Europarates, CR 2004, 782; *Hildebrandt*, Die Strafvorschriften des Urheberrechts, Berlin 2001; *Hörnle*, Pornografische Schriften im Internet – Die Verbotsnormen im deutschen Strafrecht und ihre Reichweite, NJW 2002, 1008; *Meinke*, Das neue Urheberrecht, ZAP Fach 16, 255; *Pleister/Ruttig*, Neues Urheberrecht – neuer Kopierschutz – Anwendungsbereich und Durchsetzbarkeit des § 95a UrhG, MMR 2003, 763; *Reinbacher*, Die Strafbarkeit der Vervielfältigung urheberrechtlich geschützter Werke zum privaten Gebrauch nach dem Urheberrechtsgesetz, Berlin 2007; *ders.*, Zur Strafbarkeit des Streamings und der Umgehung von Geo-IP-Sperren durch private Nutzer, HFR 2012, 179; *Reinbothe*, Die EG-Richtlinie zum Urheberrecht in der Informationsgesellschaft, GRUR Int. 2001, 733; *v. Rom*, Die Leistungsschutzrechte im Regierungsentwurf für ein Gesetz zur Regelung des Urheberrechts in der Informationsgesellschaft, ZUM 2003, 128; *Rosén*, Urheberrecht und verwandte Schutzrechte in der Informationsgesellschaft – Zur Umsetzung der EG-Richtlinie 2001/29/EG in den nordischen Ländern, GRUR Int. 2002, 195; *Spindler*, Europäisches Urheberrecht in der Informationsgesellschaft, GRUR 2002, 105; *Viegener*, Die unterschiedliche Bewertung der Umgehung von Kopierschutzmaßnahmen in ausgesuchten nationalen Rechtsordnungen, UFITA 2006, 479; *Zecher*, Die Umsetzung der EU-Urheberrechtsrichtlinie in deutsches Recht II, ZUM 2002, 451.

Vgl. darüber hinaus die Angaben im eingangs abgedr. Gesamtliteraturverzeichnis.

Übersicht

	Rn.
I. Anwendungsbereich, Rechtsgut und Verfassungsmäßigkeit	1–3
1. Anwendungsbereich	1
2. Rechtsgut	2
3. Verfassungsmäßigkeit	3

§ 108b Unerlaubte Eingriffe in techn. Schutzmaßnahmen   1, 2   **§ 108b UrhG**

	Rn.
II. Objektiver Tatbestand	4–7
1. Verweisung	4
2. Bedeutung des Merkmals „unbefugt" in Abs. 1 Nr. 2	5
3. Beschränkung auf Handlungen außerhalb des privaten Bereichs	6, 7
a) Erfordernis der persönlichen Verbundenheit (§ 108b Abs. 1)	6
b) Handeln zu gewerblichen Zwecken (§ 108b Abs. 2) und gewerbsmäßiges Handeln (§ 108b Abs. 3)	7
III. Subjektiver Tatbestand	8, 9
1. Grundsätze	8
2. Besonderheiten bei § 108b Abs. 1 Nr. 2	9
IV. Weitere Strafbarkeitsvoraussetzungen	10
V. Konkurrenzen	11
VI. Verfahren	12

I. Anwendungsbereich, Rechtsgut und Verfassungsmäßigkeit

1. Anwendungsbereich

Ohne dass Art. 8 Multimedia-Richtlinie dies vorschreibt (vgl. Begr. der BReg zum Gesetzesentwurf BR-Drucks. 684/02, 68; *Reinbothe* GRUR Int. 2001, 733, 742; *Zecher* ZUM 2002, 451, 452; rechtsvergleichend *Viegener* UFITA 2006, 479 ff.; zur Harmonisierung des Strafrechts auch *Gercke* CR 2004, 782 ff.), werden mit den §§ 108b und 111a **Verstöße gegen die §§ 95a bis 95d außerhalb des privaten Bereichs als Straftat bzw. als Ordnungswidrigkeit sanktioniert.** Auf Computerprogramme finden die Vorschriften nach § 69a Abs. 5 keine Anwendung (so auch Erwägungsgrund 50 der Multimedia-Richtlinie). In Anlehnung an die Regelungen im ZKDSG (s. § 95a Rn. 7), **nach der Schwere des Eingriffs differenzierend,** erfasst die Strafvorschrift § 108b die schwerwiegenderen Fälle, während die leichteren Fälle der Bußgeldvorschrift § 111a überlassen bleiben (vgl. Begr. der BReg zum Gesetzesentwurf BR-Drucks. 684/02, 68; BVerfG NJW 2006, 42 Rn. 14; LG Köln MMR 412, 414). Für die Umgehung einer wirksamen technischen Maßnahme (§ 95a Abs. 1) und den Eingriff in zur Rechtewahrnehmung erforderliche Informationen (§ 95c Abs. 1 und 3) wird die Strafbarkeit angeordnet. Das Nichtzurverfügungstellen eines zur Durchsetzung von Schrankenbestimmungen notwendigen Mittels (§ 95b Abs. 1) und die fehlende oder unvollständige Kennzeichnung von Schutzgegenständen (§ 95d Abs. 2 S. 1) sind nur bußgeldbewehrt. Aus dem Bereich der von § 95a Abs. 3 beschriebenen Vorbereitungshandlungen zur Umgehung wirksamer technischer Maßnahmen sind in § 108b Abs. 2 Herstellung, Einfuhr, Verbreitung, Verkauf und Vermietung, die zu gewerblichen Zwecken erfolgen, strafrechtlich erfasst. In § 111a Abs. 1 Nr. 1 Buchst. a) und b) ist für die weniger schwerwiegenden Fälle des bloßen Besitzes zu gewerblichen Zwecken, der Werbung und der Erbringung von Dienstleistungen sowie des Verkaufs, der Vermietung oder der – nicht gewerbsmäßigen – Verbreitung die Sanktionierung als Ordnungswidrigkeit vorgesehen. Weder straf- noch bußgeldbewehrt sind die nicht gewerbsmäßig erfolgende Herstellung oder Einfuhr oder die Umgehung technischer Schutzmaßnahmen zum privaten Gebrauch.

2. Rechtsgut

§ 108b bezweckt den **Schutz des geistigen Eigentums im Allgemeinen sowie** 2 **verwertungsrechtlicher Befugnisse im Besonderen.** Mit § 95a Abs. 1 und 3 schützen **§ 108b Abs. 1 Nr. 1 und Abs. 2** wirksame technische Maßnahmen vor Umgehung sowie vor bestimmten Vorbereitungshandlungen (Begr. der BReg zum Gesetzesentwurf BR-Drucks. 684/02, 62). Technische Maßnahmen wiederum zielen gem. § 95a Abs. 2, Art. 6

Abs. 3 Multimedia-Richtlinie auf die Verhinderung unzulässiger Verwertung von Werken oder verwandten Schutzrechten (ähnlich *Reinbothe* GRUR Int. 2001, 733, 740). Auch § 108b Abs. 1 Nr. 2 dient – wie im subjektiven Tatbestand deutlich wird – der Verhinderung einer Verletzung von Urheberrechten oder verwandten Schutzrechten. Die hinter der technischen Maßnahme bzw. der Information zur Rechtewahrnehmung stehende technische oder sonstige Leistung ist als bloßes Mittel zum Zweck allenfalls mittelbar geschützt.

3. Verfassungsmäßigkeit

3 § 108b dürfte **mit dem Bestimmtheitsgrundsatz** des Art. 103 Abs. 2 GG, § 1 StGB **vereinbar** sein (vgl. auch BVerfG NJW 2006, 42 ff.; für Verfassungsmäßigkeit auch BeckOK UrhG/*Sternberg-Lieben* § 108b Rn. 2; Erbs/Kohlhaas/*Kaiser* § 108b Rn. 3; Schricker/Loewenheim/*Haß* § 108b Rn. 2). Zwar hat die Verweisungsstruktur der Norm zur Folge, dass die von Art. 6 der Multimedia-Richtlinie übernommenen (s. Begr. der BReg zum Gesetzesentwurf BR-Drucks. 684/02, 63), unscharfen Begriffe „einen begrenzten wirtschaftlichen Zweck oder Nutzen" (§ 95a Abs. 3 Nr. 2) und „hauptsächlich" (§ 95a Abs. 3 Nr. 3) Tatbestandsmerkmale der Strafvorschrift werden und Abgrenzungsprobleme befürchten lassen (*Spindler* GRUR 2002, 105, 116; auch *Rosén* GRUR Int. 2002, 195, 204). Dies gilt auch im Hinblick auf den Begriff der „technischen Maßnahme" in § 108b Abs. 1 Nr. 1, den § 95a Abs. 2 unter Verwendung der unscharfen Formulierung „im normalen Betrieb" definiert. Mit Blick auf den klar umrissenen Regelungszweck, nicht jene Vorrichtungen oder Handlungen zu untersagen, deren wirtschaftlicher Zweck und Nutzen nicht in der Umgehung technischer Schutzvorkehrungen besteht (so der 48. Erwägungsgrund der Multimedia-Richtlinie), dürfte § 108b jedoch letztlich auf einen bestimmbaren Kern reduzierbar sein (Schricker/Loewenheim/*Haß* § 108b Rn. 2; vgl. zu diesem Kriterium etwa BVerfGE 92, 1, 13 f.; *Roxin* § 5 Rn. 77).

II. Objektiver Tatbestand

1. Verweisung

4 § 108b flankiert den zivilrechtlichen Schutz der §§ 95a, 95c. Hierbei findet § 108b Abs. 1 Nr. 1 seine zivilrechtliche Entsprechung in § 95a Abs. 1, § 108b Abs. 1 Nr. 2 Buchst. a) in § 95c Abs. 1 und § 108b Abs. 1 Nr. 2 Buchst. b) in § 95c Abs. 3; § 108b Abs. 2 schließlich nimmt ausdrücklich Bezug auf § 95a Abs. 3. Hinsichtlich der Tatobjekte und -handlungen des § 108b **kann** daher **grundsätzlich auf die jeweiligen urheberzivilrechtlichen Vorschriften verwiesen werden** (vgl. insb. § 95a Rn. 10 ff.; § 95c Rn. 14 ff. und 24 ff.). Die Schutzmaßnahmen müssen insb. dazu dienen, eine **urheberrechtlich relevante Nutzung** zu verhindern (s. § 95a Rn. 11), und sie müssen **wirksam** sein (s. § 96a Rn. 47 ff.); zur Straflosigkeit der Umgehung sog. „Geo-IP-Sperren" s. *Reinbacher* HFR 2012, 179, 186 ff. Der in Abs. 2 verwendete Begriff der Verbreitung ist von dem auf körperliche Werkstücke beschränkten Verbreitungsrecht des § 17 zu unterscheiden (Begr. der BReg zum Gesetzesentwurf BR-Drucks. 684/02, 63; vgl. aber zur Verbreitung pornografischer Schriften im Internet BGH NJW 2001, 3558; *Gercke* ZUM 2002, 283 ff.; *Hörnle* NJW 2002, 1008 ff.). Nachdem sich der Wortlaut der §§ 95a, 95c eng an Art. 6 und 7 Multimedia-Richtlinie orientiert, entscheidet im Ergebnis der EuGH in den wesentlichen Punkten über die Auslegung der Strafvorschriften. Weil die §§ 95a, 95c gem. § 69a Abs. 5 keine Anwendung auf Computerprogramme finden, scheidet in diesem Bereich eine Bestrafung aus (entsprechend Erwägungsgrund 50 ff. Multimedia-Richtlinie).

2. Bedeutung des Merkmals „unbefugt" in Abs. 1 Nr. 2

Das Merkmal „**unbefugt**" in § 108b Abs. 1 Nr. 2 ist **Tatbestandsmerkmal,** nicht dagegen allgemeiner Hinweis auf Rechtfertigungsgründe (BeckOK UrhG/*Sternberg-Lieben* § 108b Rn. 7; Fromm/Nordemann/*Ruttke/Scharringhausen* § 108b Rn. 21; MüKoStGB Bd. 7 NebenstrafR II/*Heinrich* § 108b Rn. 7; a. A. Schricker/Loewenheim/*Haß* § 108b Rn. 12; in der Tendenz anders auch die Stellungnahme des Bundesrates BR-Drucks. 684/02; zur problematischen Auslegung des Begriffs „unbefugt" im StGB *Fischer* § 203 StGB Rn. 31 und § 201 StGB Rn. 9 jeweils m. w. N.) oder auf ein Bewusstsein der Rechtswidrigkeit im Sinne des zivilrechtlichen Vorsatzbegriffs (hierzu Palandt/*Grüneberg* § 276 BGB Rn. 10). „**Unbefugt**" bedeutet, dass das Handeln des Beschuldigten **nicht vom Berechtigten autorisiert** wurde. Dabei beruht die gleich zweifache Verwendung des Begriffs „unbefugt" in § 108b Abs. 1 Nr. 2b darauf, dass dort sowohl die Entfernung oder Änderung der Information als auch die spätere Verwertung des Schutzgegenstands ohne Autorisierung des Berechtigten erfolgt sein muss, denn der Entfernende muss nicht personenidentisch mit dem Verwertenden sein (Fromm/Nordemann/*Ruttke/Scharringhausen* § 108b Rn. 21). Berechtigter ist hierbei zunächst der Verletzte (zum Begriff des Verletzten § 109 Rn. 3) als Inhaber des durch § 108b Abs. 1 Nr. 2 geschützten Rechtsguts. Die Formulierung „wissentlich unbefugt" geht auf die deutsche Fassung des Art. 7 der Multimedia-Richtlinie zurück. Die beiden der Richtlinie zu Grunde liegenden WIPO-Abkommen verwenden in Art. 12 WCT und Art. 19 WPPT demgegenüber lediglich den Begriff „knowingly". Die englische Fassung der Multimedia-Richtlinie formuliert unmissverständlich: „knowingly performing without authority". Dass mit dem Begriff „unbefugt" kein allgemeiner Hinweis auf Rechtswidrigkeitselemente bezweckt ist, zeigt auch die Gesetzessystematik: Ermöglichen Umstände, die der Täter nicht positiv kennt, die er aber leichtfertig verkennt, infolge der Entfernung einer Information zur Rechtewahrnehmung eine Verletzung von Urheberrechten, so würde dies wegen des Leichtfertigkeitserfordernisses des § 108b Abs. 1 Nr. 2 letzter Halbs. genügen. In einem solchen Fall hätte der Beschuldigte jedoch nicht nur keine positive Kenntnis der Rechtswidrigkeit seines Handelns, sondern sogar keine Kenntnis der Tatsachen, die die Rechtswidrigkeit begründen. Versteht man daher die Formulierung „wissentlich unbefugt" dahin, dass dem Täter die Rechtswidrigkeit seines Handelns oder jedenfalls die die Rechtswidrigkeit begründenden Umstände bekannt sein müssen, so liefe das Leichtfertigkeitserfordernis leer. Soll das im Gesetz angelegte Nebeneinander der Wissens- und Fahrlässigkeitselemente einen Sinn behalten, so ist die Formulierung „wissentlich unbefugt" als Tatbestandsmerkmal im Sinne einer fehlenden Autorisierung des Beschuldigten auszulegen (im Ergebnis wohl ebenso Dreier/Schulze/*Dreier* § 108b Rn. 5).

3. Beschränkung auf Handlungen außerhalb des privaten Bereichs

a) Erfordernis der persönlichen Verbundenheit (§ 108b Abs. 1). Sämtliche **Tatbestände** (gegen die Annahme eines Rechtfertigungsgrunds auch BeckOK UrhG/*Sternberg-Lieben* § 108b Rn. 8; Loewenheim/*Flechsig* § 90 Rn. 127; MüKoStGB Bd. 7 NebenstrafR II/*Heinrich* § 108b Rn. 3; Schricker/Loewenheim/*Haß* § 108b Rn. 10) des § 108b Abs. 1 setzen voraus, dass die Tat nicht ausschließlich zum eigenen privaten Gebrauch des Täters oder mit dem Täter persönlich verbundener Personen erfolgt oder sich auf einen derartigen Gebrauch bezieht (auch BVerfG NJW 2006, 42 Rn. 14 u. 17). Das Erfordernis der persönlichen Verbundenheit i. S. d. Abs. 1 greift auf **das bereits in § 15 Abs. 3 zur Abgrenzung der Öffentlichkeit verwendete Kriterium** (vgl. § 15 Rn. 19 ff.) zurück (Dreier/Schulze/*Dreier* § 108b Rn. 6; Dreyer/Kotthoff/Meckel/*Kotthoff* § 108b Rn. 7; *Reinbacher* 299; *Schmid/Wirth* § 108b Rn. 4; Schricker/Loewenheim/*Haß* § 108b Rn. 10), das durch Rechtsprechung (EuGH C-135/10 v. 15.3.2012 – SFC/Del Corso, Rn. 83 ff., m. w. N.; BGH GRUR 1983, 562/563 – Zoll- und Finanzschulen; BGH NJW 1996, 3084 – Zweibettzimmer im Krankenhaus, jeweils m. w. N.) und Lehre (zum Urheberstrafrecht *Hildebrandt* 87 ff. m. w. N.) herausgearbeitet worden ist, und begrenzt die Privilegierung auf das ganz persönliche Umfeld (Begr. der BReg zum Gesetzesentwurf BR-Drucks. 684/02, 68). Diese Begrenzung ist vor dem Hintergrund des Legalitätsprinzips zu sehen und soll zugleich einen Zwang zu umfangreichem Tätigwerden der Strafverfolgungsbehörden vermeiden, das weitgehend wenig Erfolg versprechend bliebe und im Hinblick auf die sich häufig ergebende Notwendigkeit von Hausdurchsuchungen in der Verhältnismäßigkeit nicht unproblematisch wäre (Begr. der BReg zum Gesetzentwurf BR-Drucks. 684/02, 68 f.; vgl. auch *Bär/Hoffmann* MMR 2002, 654, 656; Dreier/Schulze/*Dreier* § 108b Rn. 6; *v. Rom* ZUM 2003, 128, 129 f.; *Zecher* ZUM 2002, 451, 452). Der Ausschluss einer Strafbarkeit wegen eines Handelns zum privaten Gebrauch beurteilt sich grds. unabhängig von der Privilegierung eines sich später anschließenden Vervielfältigungsvorganges, die nach § 53 zu bestimmen ist (Erbs/Kohlhaas/ *Kaiser* § 108b Rn. 9; *Reinbacher* 299 f.).

7   **b) Handeln zu gewerblichen Zwecken (§ 108b Abs. 2) und gewerbsmäßiges Handeln (§ 108b Abs. 3).** Der in Abs. 2 verwendete Begriff des Handelns zu gewerblichen Zwecken ist dem deutschen Strafrecht bislang fremd. Seine Verwendung in Abs. 2 dürfte eher auf den in Art. 6 Abs. 2 Multimedia-Richtlinie verwendeten Begriff des Besitzes „zu kommerziellen Zwecken" zurückzuführen sein als eine inhaltliche Differenzierung gegenüber dem in Abs. 3 verwendeten Begriff gewerbsmäßigen Handelns bezwecken (in diesem Sinne trotz des Hinweises auf den Begriff der nachhaltigen Tätigkeit zur Erzielung von Einnahmen i. S. d. § 2 Abs. 1 S. 3 UStG wohl auch die Begr. der BReg zum ZKDSG BT-Drucks. 14/7229, 8). Beide Begriffe stimmen darin überein, dass es entscheidend auf die Zweckrichtung des potentiellen Täters ankommt. Der **Begriff des Handelns zu gewerblichen Zwecken ist** daher **wie der Begriff des gewerbsmäßigen Handelns** in Abs. 3 (BeckOK UrhG/*Sternberg-Lieben* § 108b Rn. 9; Dreier/Schulze/*Dreier* § 108b Rn. 8; Dreyer/Kotthoff/Meckel/*Kotthoff* § 108b Rn. 13; MüKoStGB Bd. 7 NebenstrafR II/*Heinrich* § 108b Rn. 11; Schricker/Loewenheim/*Haß* § 108b Rn. 9; wohl auch *Pleister/Ruttig* MMR 2003, 763, 764; a. A. Loewenheim/*Flechsig* § 90 Rn. 129, der einen Unterschied zwischen Handeln und Zweck ausmacht, wobei aber auch der Begriff gewerbsmäßigen Handelns letztlich auf die Zweckrichtung abstellen dürfte) und damit wie in anderen Strafvorschriften **auszulegen** (vgl. die Ausführungen zu § 108a Rn. 2). Wegen des europarechtlichen Ursprungs des Begriffs werden allenfalls in Einzelfällen Korrekturen vorzunehmen sein.

III. Subjektiver Tatbestand

1. Grundsätze

8   Auch im Rahmen des § 108b gilt der **allgemeine strafrechtliche Vorsatzbegriff des § 15 StGB. Bedingter Vorsatz, nicht aber Fahrlässigkeit genügt** (s. § 106 Rn. 29 f.). Bedingter Vorsatz ist dann gegeben, wenn der Täter die Verwirklichung des Tatbestandes für möglich hält und sich damit abfindet. Eine Bestrafung wegen der Umgehung technischer Schutzmaßnahmen nach **§ 108b Abs. 1 Nr. 1** setzt jedoch **zusätzlich** zum allgemeinen Vorsatz voraus, dass der Beschuldigte in der **Absicht** (zum Absichtsbegriff *Fischer* § 15 StGB Rn. 6 m. w. N.) handelt, sich oder einem Dritten den Zugang zu einem urheberrechtlich geschützten Werk oder verwandten Schutzrecht oder deren Nutzung zu ermöglichen (Dreyer/Kotthoff/Meckel/*Kotthoff* § 108b Rn. 6; Schricker/Loewenheim/*Haß* § 108b Rn. 11; *Enders* ZUM 2004, 593, 600; zum ähnlich strukturierten Absichtsmerkmal in § 51 Abs. 1 GeschmMG Eichmann/v. Falckenstein/*Eichmann* § 51 GeschmMG Rn. 1). Anders als bei der entsprechenden zivilrechtlichen Vorschrift des § 95a Abs. 1 genügt bloße Kenntnis oder ein Kennenmüssen also nicht (vgl. Beschlussempfehlung des Rechtsaus-

schusses BT-Drucks. 15/837, 82f.). Straflos bleibt daher, wer ohne weitere Absicht eine Schutzmaßnahme umgeht, um die Wirksamkeit des Schutzes zu überprüfen oder wer aus bloßer Experimentierfreude oder zu wissenschaftlichen Zwecken handelt.

2. Besonderheiten bei § 108b Abs. 1 Nr. 2

Der Beschuldigte muss „wissentlich unbefugt" handeln, demnach **Kenntnis der fehlenden Autorisierung durch den Berechtigten** (zum Tatbestandmerkmal „unbefugt" Rn. 5) haben; dass er lediglich damit rechnet, nicht autorisiert zu sein, genügt nach dem Wortlaut nicht. **Hinsichtlich der Veranlassung, Ermöglichung, Erleichterung oder Verschleierung der Rechtsverletzung** lässt § 108b Abs. 1 Nr. 2 letzter Halbs. hingegen **Leichtfertigkeit** genügen. Andere Ergebnisse als bei der in § 95c verwendeten Formulierung „bekannt sein muss" werden in der Praxis kaum zu erwarten sein (vgl. *Spindler* GRUR 2002, 105, 19). **Leichtfertigkeit** bedeutet nämlich einen erhöhten Grad von **Fahrlässigkeit,** welcher der groben Fahrlässigkeit des bürgerlichen Rechts entspricht (BeckOK UrhG/*Sternberg-Lieben* § 108b Rn. 15; *Fischer* § 15 StGB Rn. 20 m.w.N.; vgl. auch Loewenheim/*Flechsig* § 90 Rn. 126). § 108b Abs. 1 Nr. 2 enthält daher jeweils eine **Vorsatz-Fahrlässigkeits-Kombination** (MüKoStGB Bd. 7 NebenstrafR II/*Heinrich* § 108b Rn. 8).

9

IV. Weitere Strafbarkeitsvoraussetzungen

Hinsichtlich **Rechtswidrigkeit und Schuld** (s. § 106 Rn. 31), **Täterschaft und Teilnahme** (s. § 106 Rn. 40ff.) und **Unterlassungsstrafbarkeit** (s. § 106 Rn. 45) kann auf die Ausführungen zu § 106 verwiesen werden. Eine Selbsthilfe des Nutzers gegen technische Maßnahmen, die ihn an einer zulässigen Nutzung hindern, scheidet aus (vgl. § 95b Rn. 38; *Reinbothe* GRUR Int. 2001, 733, 741; *Spindler* GRUR 2002, 105, 117). Anders als bei den §§ 106 bis 108a ist der **Versuch** einer Tat nach § 108b **nicht strafbar**. Mit Blick auf die in § 95a verwendeten unscharfen Begriffe (hierzu oben Rn. 3) dürften **Irrtümer** bei der rechtlichen Beurteilung des Tatobjekts in den Fällen des § 108a Abs. 1 Nr. 1 und Abs. 2 als Irrtum über normative Tatbestandsmerkmale nach den Grundsätzen der Parallelwertung in der Laiensphäre (s. § 106 Rn. 37) zu behandeln sein. In anderen Irrtumsfällen über Rechtsfragen dürfte eher ein Verbotsirrtum gem. § 17 StGB vorliegen (zum Begriff der Vermeidbarkeit in § 17s. § 106 Rn. 38). Bei Fällen mit **Auslandsberührung** sind die bei § 106 (s. § 106 Rn. 46) aufgezeigten Grundsätze anzuwenden. Der Schutzbereich des § 108b ist durch die §§ 120ff. insofern begrenzt, als eine Bestrafung voraussetzt, dass das mittelbar durch § 108b geschützte Werk oder verwandte Schutzrecht im Inland Schutz beansprucht.

10

V. Konkurrenzen

Bei **mehreren Umgehungshandlungen** nach § 108b Abs. 1 Nr. 1 liegt Handlungseinheit vor, wenn diese aufgrund einheitlichen Entschlusses an einem einzigen Tatobjekt erfolgen. Im Übrigen ist auf Vorstellung und Plan des Täters abzustellen. Die **verschiedenen Handlungsalternativen des § 108b Abs. 1 Nr. 2 bzw. Nr. 3** sind danach dann in Handlungseinheit verwirklicht, wenn der Täter schon von Anfang an einen einheitlichen Entschluss gefasst hatte. § 108b tritt im Wege der Subsidiarität zurück, wenn der Täter zugleich in strafbarer Weise das mittelbar nach **§§ 106, 108, oder 108a** geschützte Werk oder verwandte Schutzrecht verletzt (MüKoStGB Bd. 7 NebenstrafR II/*Heinrich* § 108b Rn. 14; Schricker/Loewenheim/*Haß* § 108b Rn. 14). Dies dürfte unter dem Gesichtspunkt der mitbestraften Vor- bzw. Nachtat (hierzu *Fischer* vor § 52 StGB Rn. 64ff.) selbst

11

UrhG § 109

bei Handlungsmehrheit gelten. Denn § 108b bezweckt die strafrechtliche Absicherung gegen Handlungen im Vorfeld der Verletzung urheberrechtlich geschützter Werke oder verwandter Schutzrechte bzw. gegen Nachtathandlungen im Falle der Nr. 2 unter dem Gesichtspunkt der Verschleierung von Verletzungshandlungen. Gegenüber § 108b Abs. 1 Nr. 1 oder 3, Abs. 2 unter dem Gesichtspunkt der Gefährdung oder Verletzung von Senderechten (§ 87) ist **§ 4 ZKDSG** subsidiär (MüKoStGB Bd. 7 NebenstrafR II/*Heinrich* § 108b Rn. 144; Schricker/Loewenheim/*Haß* § 108b Rn. 14). Das ZKDSG pönalisiert mit der Umgehung von Zugangskontrolldiensten unmittelbar vergleichbare, teilweise sogar identische Vorgänge (s. Begr. der BReg zum Gesetzesentwurf BR-Drucks. 684/02, 68) und schützt Inhaltsdienste, die verschlüsselt werden, um das Erzielen eines Entgelts zu ermöglichen (BT-Drucks. 14/7229, 7), letztlich damit wie § 87 die unternehmerische Leistung des Sendeunternehmens. Im Verhältnis zu **anderen Vorschriften** (insb. §§ 202a, 263a, 265a StGB; vgl. hierzu *Bechtold* 206f., 224f., 235) ist aufgrund der unterschiedlichen Schutzrichtung Idealkonkurrenz anzunehmen.

VI. Verfahren

12 Nach § 109 ist § 108b ein **relatives Antragsdelikt.** Gem. § 374 Abs. 1 Nr. 8 StPO handelt es sich in Anlehnung an die Systematik der §§ 106 bis 108a (so die Begr. der BReg zum Gesetzesentwurf BR-Drucks. 684/02, 72) bei Taten nach § 108b Abs. 1 und 2, nicht aber in Fällen gewerbsmäßigen Handelns nach Abs. 3, um **Privatklagedelikte** (s. § 106 Rn. 49). Aus § 395 Abs. 2 Nr. 3 StPO folgt unabhängig davon, ob gewerbsmäßiges Handeln vorliegt, die **Nebenklageberechtigung** des Verletzten. Verletzter und damit berechtigt ist jede strafantragsberechtigte Person (s. § 109 Rn. 3). **Verfolgungsverjährung** tritt in Fällen der Abs. 1 und 2 gem. § 78 Abs. 3 Nr. 5 StGB nach drei Jahren, in Fällen gewerbsmäßigen Handelns des Abs. 3 gem. § 78 Abs. 3 Nr. 4 StGB nach fünf Jahren ein. Über das ZKDSG hinausgehend (vgl. Begr. der BReg zum Gesetzesentwurf BR-Drucks. 684/02, 68, die demgegenüber Gleichklang der Regelungen herstellen will; zum ZKDSG *Bär/Hoffmann* MMR 2002, 654ff.) droht § 108b auf der **Rechtsfolgenseite** in Fällen der **Abs. 1 und 2 Freiheitsstrafe bis zu einem Jahr oder Geldstrafe,** in Fällen gewerbsmäßigen Handelns des **Abs. 3 Freiheitsstrafe bis zu drei Jahren oder Geldstrafe** an. Wie bei § 106 (s. § 106 Rn. 52) wird das Verfahren häufig durch **Einstellung des Verfahrens oder Beschränkung der Strafverfolgung** nach den §§ 153ff., 383 Abs. 2, 390 Abs. 5 StPO abgeschlossen werden. Wegen weiterer Einzelheiten zum Verfahren kann auf die Ausführungen zu § 106 Rn. 49ff. verwiesen werden.

§ 109 Strafantrag

In den Fällen der §§ 106 bis 108 und des § 108b wird die Tat nur auf Antrag verfolgt, es sei denn, daß die Strafverfolgungsbehörde wegen des besonderen öffentlichen Interesses an der Strafverfolgung ein Einschreiten von Amts wegen für geboten hält.

Literatur: *Deumeland*, Strafantragserfordernis für die Verfolgung von Urheberrechtsstraftaten in Deutschland, MR-Int 2010, 99; *Erbs/Kohlhaas*, Strafrechtliche Nebengesetze, 191. Ergänzungslieferung München 2012 (zit. Erbs/Kohlhaas/*Bearbeiter*); *Etter*, Softwareschutz durch Strafanzeige?, CR 1989, 115; *Ganter*, Strafrechtliche Probleme im Urheberrecht, NJW 1986, 1479; *v. Gravenreuth*, Änderung des Urheberstrafrechts, BB 1985, 1568; *v. Gravenreuth*, Das Plagiat aus strafrechtlicher Sicht, München 1986; *Heghmanns*, Öffentliches und besonderes öffentliches Interesse an der Verfolgung von Softwarepiraterie, NStZ 1991, 112; *Heinrich*, Die Strafbarkeit der unbefugten Vervielfältigung und Verbreitung von Standardsoftware, Berlin 1993; *Hentschel*, Rechtswidrige Vervielfältigung und Verbreitung von Video-Kassetten als Vorsat im Sinne von § 259 StGB, FuR 1983, 389; *Hentschel*, Die rechtswidrige Vervielfältigung aktueller Kinospielfilme, FuR 1982, 237; *Hildebrandt*, Die Strafvorschriften des Urheberrechts, Berlin 2001; *Kann*, Musikpiraterie, Münster

1995; *Meier/Böhm,* Strafprozessuale Probleme der Computerkriminalität, wistra 1992, 166; *v. Olenhusen/ Crone,* Der Anspruch auf Auskunft gegenüber Internet-Providern bei Rechtsverletzungen nach Urheber- bzw. Wettbewerbsrecht, WRP 2002, 164; *Rehbinder,* Die rechtlichen Sanktionen bei Urheberrechtsverletzungen nach ihrer Neuordnung durch das Produktpirateriegesetz, ZUM 1990, 462; *Reinbacher,* Die Strafbarkeit der Vervielfältigung urheberrechtlich geschützter Werke zum privaten Gebrauch nach dem Urheberrechtsgesetz, Berlin 2007; *Rochlitz,* Der strafrechtliche Schutz des ausübenden Künstlers, des Tonträger- und Filmherstellers und des Sendeunternehmens, Frankfurt a. M. u. a. 1987; *Rupp,* Computersoftware und Strafrecht, Tübingen 1985; *Sieber,* Urheberrechtliche und wettbewerbsrechtliche Erfassung der unbefugten Softwarenutzung, BB 1981, 1547; *Sieg,* Das unzulässige Anbringen der richtigen Urheberbezeichnung (§ 107 UrhG), Berlin 1985; *Sternberg-Lieben,* Musikdiebstahl, Köln 1985; *Weber,* Der strafrechtliche Schutz des Urheberrechts, Tübingen 1976; *v. Welser/González,* Marken- und Produktpiraterie, München 2007; *Westphal,* Das strafrechtliche Ermittlungsverfahren und seine Bezüge zur Durchsetzung zivilrechtlicher Ansprüche, in: Lehmann, M. (Hrsg.), Rechtsschutz und Verwertung von Computerprogrammen, 2. Aufl., Köln 1993, 961 (zit. *Westphal* in: Lehmann).

Vgl. darüber hinaus die Angaben im eingangs abgedr. Gesamtliteraturverzeichnis.

Übersicht

	Rn.
I. Anwendungsbereich	1
II. Begriff des besonderen öffentlichen Interesses	2
III. Antragsberechtigung	3–7
1. Überblick	3
2. Einzelfragen bei § 106	4, 5
3. Einzelfragen bei §§ 107, 108	6
4. Einzelfragen bei § 108b	7
IV. Form, Inhalt, Auslegung, Frist und Rücknahme	8

I. Anwendungsbereich

§ 109 stellt den Grundsatz auf, dass Urheberrechtsdelikte nur bei Vorliegen eines Strafantrags zu verfolgen sind. Nach § 374 Abs. 1 Nr. 8 handelt es sich bei den §§ 106 bis 108 sowie § 108b Abs. 1 und 2, nicht aber bei §§ 108a und 108b Abs. 3, um **Privatklagedelikte**. Die Staatsanwaltschaft wird deswegen selbst bei Vorliegen eines Strafantrages nur tätig, sofern sie ein **öffentliches Interesse** an der Strafverfolgung i. S. v. § 376 StPO bejaht. Aufschluss darüber, wann ein solches öffentliches Interesse vorliegt, gibt **Nr. 261 Abs. 1 RiStBV** (abgedr. bei *Meyer-Goßner,* StPO, Anh. A 15). Die §§ 106 bis 108 sind jedoch **relative Antragsdelikte** (vgl. § 106 Rn. 49). Die Staatsanwaltschaft kann daher bei Vorliegen eines „**besonderen öffentlichen Interesses**" die Strafverfolgung auch von Amts wegen einleiten. Zudem sind Fälle gewerbsmäßigen Handelns nach § 108a, nicht jedoch nach § 108b, auch ohne Strafantrag und ohne Prüfung des besonderes öffentliches Interesse zu verfolgen. Strukturell ist die Vorschrift den §§ 232, 248a StGB nachgebildet (*Hildebrandt* 335). Zu beachten ist, dass beim Zusammentreffen mit Offizialdelikten in Handlungseinheit stets Klage auch hinsichtlich der Urheberrechtsdelikte zu erheben ist; auf das besondere öffentliche Interesse kommt es in diesem Fall nicht an (*v. Gravenreuth* 152; *Hildebrandt* 335; *Rochlitz* UFITA 83 (1978) 87). 1

II. Begriff des besonderen öffentlichen Interesses

Das „**besondere öffentliche Interesse**" geht über das öffentliche Interesse hinaus, welches in den Fällen der §§ 106 bis 108 und bei § 108b Abs. 1 und Abs. 2 auch bei Vorliegen eines Strafantrages erforderlich ist (Erbs/Kohlhaas/*Kaiser* § 109 Rn. 5; *Heghmanns* NStZ 1991, 112, 116; *Heinrich* 331; MüKoStGB Bd. 7 NebenstrafR II/*Heinrich* § 109 Rn. 9; *Reinbacher* 313). Die Auslegung des Begriffs des „besonderen öffentlichen Interes- 2 ses" bleibt dem pflichtgemäßen Ermessen der Staatsanwaltschaft überlassen (Erbs/Kohlhaas/ *Kaiser* § 109 Rn. 5; *Etter* CR 1989, 115, 120; *Heghmanns* NStZ 1991, 112, 114f.; *Heinrich* 335; MüKoStGB Bd. 7 NebenstrafR II/*Heinrich* § 109 Rn. 9). Eine gerichtliche Klärung ist wegen des Fehlens von Rechtsmitteln nicht zu erwarten (*Heghmanns* NStZ 1991, 112, 116; *Hildebrandt* 336; anders ohne Begründung: *v. Gravenreuth* 152). **Nr. 261a Abs. 1 RiStBV** (abgedr. bei *Meyer-Goßner*, StPO, Anh. A 15) gibt Anhaltspunkte zur Auslegung des Begriffs des „besonderen öffentlichen Interesses" (Erbs/Kohlhaas/*Kaiser* § 109 Rn. 5; Fromm/Nordemann/*Ruttke*/*Scharringhausen* § 109 Rn. 16; *v. Gravenreuth* BB 1985, 1568, 1569; *Heinrich* 355; *Hildebrandt* 337ff.; MüKoStGB Bd. 7 NebenstrafR II/*Heinrich* § 109 Rn. 9; *v. Welser*/*González* Rn. 229f.). Im Ergebnis wird die Staatsanwaltschaft das „besondere öffentliche Interesse" nur in Ausnahmefällen annehmen können (*Heghmanns* 116; *Heinrich* 335ff., 355; *Hildebrandt* 339; MüKoStGB Bd. 7 NebenstrafR II/*Heinrich* § 109 Rn. 9; großzügiger Dreier/Schulze/*Dreier* § 109 Rn. 2; Loewenheim/*Flechsig* § 96 Rn. 9). Andererseits kann es nicht gewollt sein, dass die Schwelle gewerblicher Verwertung i. S. d. § 108a erreicht wird, da es bei § 108a ohnehin nicht auf das „besondere öffentliche Interesse" ankommt (*Heghmanns* 116; *Hildebrandt* 340). Daher muss die Verletzung ein größeres Ausmaß erreichen, gleichwohl aber unter der Schwelle der Gewerbsmäßigkeit bleiben (*Heinrich* 335; MüKoStGB Bd. 7 NebenstrafR II/*Heinrich* § 109 Rn. 9; *Reinbacher* 313). Für die Bejahung des „besonderen öffentlichen Interesses" bleibt mithin nur wenig Raum (*Heinrich* 335).

III. Antragsberechtigung

1. Überblick

3   Antragsberechtigt ist nach § 77 Abs. 1 StGB **der Verletzte.** Dies ist der Inhaber des durch die Tat unmittelbar verletzten Rechtsgutes (RGSt 38, 6, 7; 68, 305; Dreier/Schulze/*Dreier* § 109 Rn. 5; Erbs/Kohlhaas/*Kaiser* § 109 Rn. 6; *v. Gravenreuth* 133f.; *Heinrich* 332; *Hildebrandt* 341 m.w.N.; *Reinbacher* 311; Schricker/Loewenheim/*Haß* § 109 Rn. 2; *Ulmer* 569). Entscheidend hierbei ist der **Zeitpunkt der Tat** (RGSt 46, 324, 325; Dreier/Schulze/*Dreier* § 109 Rn. 5; *Heinrich* 332; *Hildebrandt* 341f.; Schricker/Loewenheim/*Haß* § 109 Rn. 2). Im Wesentlichen bemisst sich der strafrechtliche Schutz nach denselben Grundsätzen wie der zivilrechtliche (Einzelheiten bei *Hildebrandt* 341; *Weber* 188). **Stellvertretung bei der Antragstellung** ist **möglich** (Erbs/Kohlhaas/*Kaiser* § 109 Rn. 7; ausführlicher *Hildebrandt* 352f. m.w.N.). Für die Bestimmung des Strafantragsberechtigten ist jeweils konkret festzustellen, wer der Berechtigte ist, dessen Rechte verletzt wurden (BGHSt 49, 93, 107). Ob die **Vermutung des § 10** im Strafantragsrecht gilt, ist umstritten; vorzugswürdig dürfte es sein, aus rechtsstaatlichen Gründen von der Nichtgeltung auszugehen (*Hildebrandt* 353ff. m.w.N.; a. A. Dreier/Schulze/*Dreier* § 109 Rn. 5).

2. Einzelfragen bei § 106

4   Bei § 106 ist der **Urheber selbst** grds. antragsberechtigt (Dreier/Schulze/*Dreier* § 109 Rn. 6; MüKoStGB Bd. 7 NebenstrafR II/*Heinrich* § 109 Rn. 3; Schricker/Loewenheim/ *Haß* § 109 Rn. 3; *Hildebrandt* 342; *Reinbacher* 311). Bei **Bearbeitungen oder Umgestaltungen, Sammelwerken, Miturheberschaft und Werkverbindung zu gemeinsamer Verwertung** ist zu prüfen, wessen Urheberrecht im Einzelfall verletzt ist; ferner gelten Besonderheiten aufgrund der Möglichkeit einer Vereinbarung innerhalb der Personenmehrheit (ausführlich *Hildebrandt* 343ff.). **Inhaber ausschließlicher Nutzungsrechte** sind antragsberechtigt (RGSt 11, 266, 268 [zum Patentrecht]; BeckOK UrhG/*Sternberg-Lieben* § 109 Rn. 6; Dreier/Schulze/*Dreier* § 109 Rn. 6; Erbs/Kohlhaas/*Kaiser* § 109 Rn. 6; *Heinrich* 333; *Hildebrandt* 345 m.w.N.; MüKoStGB Bd. 7 NebenstrafR II/*Heinrich* § 109 Rn. 4; *Rehbinder* Rn. 460; *Reinbacher* 311; Schmid/*Wirth* § 109 Rn. 2; Schricker/

Loewenheim/*Haß* § 109 Rn. 3; *Sternberg-Lieben* 75; *Ulmer* 569; *Weber* 188, 374). Im Einzelfall kann deswegen eine juristische Person oder nichtrechtsfähige Personenvereinigung (hierzu ausdrücklich OLG Düsseldorf NJW 1979, 2525) antragsbefugt sein (RGSt 15, 144; 47, 338; 58, 202, 203; *Fischer* § 77 StGB Rn. 2a m. w. N.; Schricker/Loewenheim/*Haß* § 109 Rn. 2; *Heinrich* 333; *Hildebrandt* 346 m. w. N.; MüKoStGB Bd. 7 NebenstrafR II/ *Heinrich* § 109 Rn. 4). Die Übertragung des Antragsrechts eines Inhabers ausschließlicher Nutzungsrechte kann aber auch vertraglich ausgeschlossen werden (*Hildebrandt* 346; *Spautz* FuR 1978, 98). Der **Urheber** ist **neben dem Inhaber eines ausschließlichen Nutzungsrechts antragsbefugt,** da beide durch die Tat verletzt werden (Fromm/Nordemann/ *Ruttke/Scharringhausen* § 109 Rn 4; *Heinrich* S. 333; Loewenheim/*Flechsig* § 96 Rn. 4; MüKoStGB Bd. 7 NebenstrafR II/*Heinrich* § 109 Rn. 4; *Reinbacher* 311; *Rupp* 122; Schricker/ Loewenheim/*Haß* § 109 Rn. 3; *Ulmer* 569; *Weber* 191, 374; a. A. Voraufl.; *Hildebrandt* 347; differenzierend Dreier/Schulze/*Dreier* § 109 Rn. 6). Der **Inhaber des einfachen Nutzungsrechts** hat kein Antragsrecht (BeckOK UrhG/*Sternberg-Lieben* § 109 Rn. 6; Dreyer/ Kotthoff/Meckel/*Kotthoff* § 109 Rn. 2; *v. Gravenreuth* 136; *Heinrich* 333; *Hildebrandt* 346; MüKoStGB Bd. 7 NebenstrafR II/*Heinrich* § 109 Rn. 5; *Rehbinder* Rn. 460; *Rehbinder,* ZUM 1990, 462, 465; *Schmid/Wirth* § 109 Rn. 2; Schricker/Loewenheim/*Haß* § 109 Rn. 3; *Sternberg-Lieben* 175; *Weber* 188, 374; a. A. RGSt 14, 217, 218 f.).

Verstirbt der Berechtigte **vor** der Tat, so ist wegen § 77 Abs. 4 StGB jeder einzelne **Erbe** 5 allein antragsbefugt (BeckOK UrhG/*Sternberg-Lieben* § 109 Rn. 6; Erbs/Kohlhaas/*Kaiser* § 109 Rn. 7; *Rehbinder* Rn. 460; *Weber* 373). Ist dagegen der Berechtigte erst **nach** der Tat verstorben, ist der Erbe nicht antragsbefugt, da § 77 Abs. 2 StGB mangels gesetzlicher Bestimmung in § 109 nicht einschlägig ist (BeckOK UrhG/*Sternberg-Lieben* § 109 Rn. 6; Dreier/Schulze/*Dreier* § 109 Rn. 5; *Hildebrandt* 343; MüKoStGB Bd. 7 NebenstrafR II/ *Heinrich* § 109 Rn. 2; *Rochlitz* 199; Schricker/Loewenheim/*Haß* § 109 Rn. 8; *Sieg* 130; a. A. *Kann* 108; *Ulmer* 569; wohl auch Loewenheim/*Flechsig* § 96 Rn. 3). Die Antragsberechtigung der behördlich genehmigten (ansonsten greift § 1 Abs. 3 S. 2 WahrnG ein; vgl. VGH München NVwZ-RR 2003, 274, 275) **Verwertungsgesellschaften** kann sich zum einen aus Vertrag (vgl. LG München I UFITA 46 (1966) 369, 372; *Rehbinder* Rn. 460), zum anderen aus § 6 Abs. 1 i. V. m. § 1 Abs. 3 S. 2 WahrnG ergeben (Erbs/Kohlhaas/*Kaiser* § 109 Rn. 6; *v. Gravenreuth* 137; *Hildebrandt* 347f.; *Kann* 107f.; *Rochlitz* 198, mit Fn. 332; Schricker/Loewenheim/*Haß* § 109 Rn. 9; *Sternberg-Lieben* 76; *Weber* 374; wohl auch Loewenheim/*Flechsig* § 96 Rn. 6, 57; *Schmid/Wirth* § 109 Rn. 2).

3. Einzelfragen bei §§ 107, 108

Bei **§ 107** hat nur der Urheber, nicht aber ein unmittelbar von der Tat betroffener Dritter ein Antragsrecht (Dreier/Schulze/*Dreier* § 109 Rn. 6; *Hildebrandt* 348f. m. w. N.; MüKoStGB Bd. 7 NebenstrafR II/*Heinrich* § 109 Rn. 6; Schricker/Loewenheim/*Haß* § 109 Rn. 4; a. A. *Weber* 372). Die Person des Antragsberechtigten bei **§ 108** unterscheidet sich grds. nicht von der Person des Berechtigten (hierzu § 108 Rn. 7; BeckOK UrhG/*Sternberg-Lieben* § 109 Rn. 6; MüKoStGB Bd. 7 NebenstrafR II/*Heinrich* § 109 Rn. 6; Schricker/Loewenheim/*Haß* § 109 Rn. 6). Jedoch können sich durch unterschiedliche Vertragsgestaltung hinsichtlich Berechtigung einerseits und Antragsberechtigung andererseits sowie durch die Tatsache, dass Leistungsschutzrechte teilweise abgetreten werden können und der Zessionar dadurch sein Strafantragsrecht verliert, Verschiebungen ergeben (*Hildebrandt* 351; MüKoStGB Bd. 7 NebenstrafR II/*Heinrich* § 109 Rn. 6). Bei Gruppen ausübender Künstler sind nur die Vorstände antragsberechtigt (*Hildebrandt* 351; *Rochlitz* 199; Schricker/Loewenheim/*Haß* § 109 Rn. 6; *Weber* 377). Aus § 81 folgt keine eigenständige Antragsbefugnis des Veranstalters der Darbietung eines ausübenden Künstlers, da § 108 Abs. 1 Nr. 4 nicht auf § 81 verweist und der Veranstalter daher nicht Rechtsgutsträger der Strafvorschrift ist. Bei § 108 Abs. 1 Nr. 7 schließlich ist zu beachten, dass je nachdem, ob

UrhG § 110

§ 106 oder § 108 Abs. 1 Nr. 7 angewandt wird, unterschiedliche Personen antragsberechtigt sein können (*Ganter* NJW 1986, 1479 f.; *Hildebrandt* 352).

4. Einzelfragen bei § 108 b

7 Der Hersteller der technischen Schutzmaßnahme bzw. der für die zur Rechtewahrnehmung erforderliche Information Verantwortliche ist nicht Inhaber des verletzten Rechtsguts und damit nicht antragsberechtigt. Berechtigt ist vielmehr der Inhaber der Rechte am betroffenen Werk bzw. am verwandten Schutzrecht (BeckOK UrhG/*Sternberg-Lieben* § 109 Rn. 6; MüKoStGB Bd. 7 NebenstrafR II/*Heinrich* § 109 Rn. 6; Schricker/Loewenheim/*Haß* § 109 Rn. 6). Für Personenmehrheiten, Inhaber von Nutzungsrechten, Gesamtrechtsnachfolger und Verwertungsgesellschaften gelten folglich mittelbar die vorstehend aufgezeigten Grundsätze.

IV. Form, Inhalt, Auslegung, Frist und Rücknahme

8 Die **Form des Strafantrags** ergibt sich aus § 158 Abs. 2 StPO. Der **Inhalt** (Empfehlungen zum Inhalt des Antrags bei *Rochlitz* 202 ff.; *Westphal* in: Lehmann 972 ff., mit Formulierungsbeispiel auf S. 994 ff.; auch das Beispiel einer Strafanzeige bei *v. Gravenreuth* 231 ff.) ist grds. das Begehren strafrechtlicher Verfolgung wegen einer bestimmten Handlung, wobei auch eine Strafanzeige genügen kann (Erbs/Kohlhaas/*Kaiser* § 109 Rn. 9; *Hildebrandt* 356; Schricker/Loewenheim/*Haß* § 109 Rn. 8). Der Antrag kann auf bestimmte Täter und bestimmte Taten beschränkt werden (BeckOK UrhG/*Sternberg-Lieben* § 109 Rn. 9; *Hildebrandt* 356 f.). Im Zweifel wird davon auszugehen sein, dass sich der Antrag auf alle Sonderschutzrechte des Berechtigten bezieht (*v. Gravenreuth* 138; *Hildebrandt* 356 f.). Um überhaupt einen Anfangsverdacht darzutun, wird der Antragsteller darzulegen haben, welche Tatobjekte verwertet werden, wogegen deren Werkqualität von der Staatsanwaltschaft selbst überprüft werden muss (*Hildebrandt* 356 f.; weitergehend *Meier/Böhm* wistra 1992, 166, 167). Hinsichtlich der dreimonatigen **Antragsfrist** des § 77b StGB ergeben sich im Urheberrecht keine Besonderheiten (zur Antragsfrist BeckOK UrhG/*Sternberg-Lieben* § 109 Rn. 4; Erbs/Kohlhaas/*Kaiser* § 109 Rn. 10; Fromm/Nordemann/*Ruttke/Scharringhausen* § 109 Rn. 13; *v. Gravenreuth* 140 ff.; *Heinrich* 334 f.; *Hentschel* FuR 1982, 237, 243; *ders.* GEMA-Nachrichten Heft 119 (1983) 11, 17; MüKoStGB Bd. 7 NebenstrafR II/*Heinrich* § 109 Rn. 8; *Rehbinder* ZUM 1990, 462, 465; Schricker/Loewenheim/*Haß* § 109 Rn. 10; *Sieber* BB 1981, 1547, 1553, 1556; *v. Welser/González* Rn. 227). Nach § 77d Abs. 1 StGB ist die **Rücknahme des Antrags** bis zum rechtskräftigen Abschluss des Verfahrens möglich. Den Sonderfall, dass der Verletzte inzwischen verstorben ist, regelt § 77d Abs. 2 StGB (ausführlicher *Hildebrandt* 358 f. m. w. N.).

§ 110 Einziehung

Gegenstände, auf die sich eine Straftat nach den §§ 106, 107 Abs. 1 Nr. 2, §§ 108 bis 108b bezieht, können eingezogen werden. § 74a des Strafgesetzbuches ist anzuwenden. Soweit den in § 98 bezeichneten Ansprüchen im Verfahren nach den Vorschriften der Strafprozeßordnung über die Entschädigung des Verletzten (§§ 403 bis 406c) stattgegeben wird, sind die Vorschriften über die Einziehung nicht anzuwenden.

Literatur: *Deumeland,* Einziehungsmöglichkeit bei strafbarer Urheberrechtsverletzung wie im Markenrecht und im Patentrecht, MittDPatAnw 2009, 24; *Dierck/Lehmann,* Die Bekämpfung der Produktpiraterie nach der Urheberrechtsnovelle, CR 1993, 537; *Erbs/Kohlhaas,* Strafrechtliche Nebengesetze, 191. Ergänzungslieferung München 2012 (zit. Erbs/Kohlhaas/*Bearbeiter*); *Hildebrandt,* Die Strafvorschriften des Urhe-

§ 111 Bekanntgabe der Verurteilung

berrechts, Berlin 2001; *Rehbinder,* Die rechtlichen Sanktionen bei Urheberrechtsverletzungen nach ihrer Neuordnung durch das Produktpirateriegesetz, ZUM 1990, 462; *Weber,* Probleme der Strafvereitelung (§ 258 StGB) im Anschluss an Urheberstraftaten (§§ 106 ff. UrhG), in: Geppert/Dehnicke (Hrsg.), Gedächtnisschrift für Karlheinz Meyer, Berlin, 1990, 633 (zit.: *Weber* FS Meyer); *v. Welser/González,* Marken- und Produktpiraterie, München 2007.

Vgl. darüber hinaus die Angaben im eingangs abgedr. Gesamtliteraturverzeichnis.

§ 110 betrifft die strafrechtlichen **Einziehungsmöglichkeiten.** Die §§ 74, 74a StGB werden durch § 110 modifiziert. § 74a StGB wird für anwendbar erklärt, so dass die Einziehung grds. auch bei Dritten zulässig ist. Nach § 110 S. 3 kann das Adhäsionsverfahren (hierzu § 106 Rn. 49; ferner *Deumeland* MittDPatAnw 2009, 24; *Hansen/Wolff-Rojczyk* GRUR 2009, 644; Schricker/Loewenheim/*Haß* Rn 2) Einfluss auf die Einziehung haben. **Voraussetzung der Einziehung** ist wenigstens der Versuch einer Tat nach den §§ 106, 107 Abs. 1 Nr. 2, 108, 108a oder 108b, da § 74 Abs. 1 StGB nach seinem Wortlaut eine vorsätzliche Straftat voraussetzt (BeckOK UrhG/*Sternberg-Lieben* § 110 Rn. 5; Erbs/Kohlhaas/*Kaiser* § 110 Rn. 4; *Hildebrandt* 402; Schricker/Loewenheim/*Haß* § 110 Rn. 6; *v. Welser/González* Rn. 241). Bei Taten nach § 108b kommen neben den Tatobjekten selbst solche Gegenstände als Einziehungsobjekte in Betracht, die zur Begehung oder Vorbereitung des Eingriffs in technische Schutzmaßnahmen oder in zur Rechtewahrnehmung erforderliche Informationen gebraucht oder bestimmt gewesen sind. Die Einziehung nach § 110 erfolgt stets **nur fakultativ,** eine Pflicht zur Einziehung besteht nicht (Dreier/Schulze/*Dreier* § 110 Rn. 6; Erbs/Kohlhaas/*Kaiser* § 110 Rn. 5; *Hildebrandt* 402; Schricker/Loewenheim/*Haß* § 110 Rn. 7; vgl. aber für den Einzelfall BGH NJW 1989, 2760, 2762). Im strafrechtlichen Einziehungsverfahren gilt der **Grundsatz der Verhältnismäßigkeit,** der in § 74b StGB konkretisiert wird (*Deumeland* MittDPatAnw 2009, 24; Dreier/Schulze/*Dreier* § 110 Rn. 5; Erbs/Kohlhaas/*Kaiser* § 110 Rn. 5; *Hildebrandt* 402 f.; Loewenheim/*Flechsig* § 96 Rn. 36; *Rehbinder* ZUM 1990, 462, 466; *Schmid/Wirth* § 110 Rn. 2; Schricker/Loewenheim/*Haß* § 110 Rn. 5). **Vervielfältigungsgeräte,** die auch zu rechtmäßigen Zwecken verwendet werden können (etwa Setzmaschinen, Fotokopiergeräte, Videorecorder oder Computer), dürfen aus Gründen der Verhältnismäßigkeit außer bei gewerbsmäßigem Handeln regelmäßig nicht eingezogen werden (BeckOK UrhG/*Sternberg-Lieben* § 110 Rn. 6; *Hildebrandt* 403 f.; *Rehbinder* ZUM 1990, 462, 466; vgl. auch *Deumeland* MittDPatAnw 2009, 24, 25; *Weber* FS Meyer 633, 637). Trotz der Möglichkeit der Dritteinziehung dürfte die **Einziehung beim Endabnehmer regelmäßig ausgeschlossen** sein; soweit nämlich die Einziehung nicht bereits daran scheitert, dass dem Erwerber kein Vorwurf der Leichtfertigkeit gemacht werden kann, greift der Verhältnismäßigkeitsgrundsatz ein, wobei ein **strenger Maßstab** anzulegen ist (*Hildebrandt* 404 f. m. w. N.; vgl. auch *Dierck/Lehmann* CR 1993, 537, 543; *Fischer* § 74b StGB Rn. 3).

§ 111 Bekanntgabe der Verurteilung

Wird in den Fällen der §§ 106 bis 108b auf Strafe erkannt, so ist, wenn der Verletzte es beantragt und ein berechtigtes Interesse daran dartut, anzuordnen, daß die Verurteilung auf Verlangen öffentlich bekannt gemacht wird. Die Art der Bekanntmachung ist im Urteil zu bestimmen.

Literatur: *Deumeland,* Die Bekanntgabe einer strafrechtlichen Verurteilung wegen Verletzung des Urheberrechts, MR-Int 2006, 136; *Dürvanger/Dempewolf,* Handbuch des Privatklagerechts, 3. Aufl., Darmstadt 1971; *Erbs/Kohlhaas,* Strafrechtliche Nebengesetze, 191. Ergänzungslieferung, München 2012 (zit.: Erbs/Kohlhaas/*Bearbeiter*); *v. Gravenreuth,* Das Plagiat aus strafrechtlicher Sicht, München 1986; *Heinrich,* Die Strafbarkeit der unbefugten Vervielfältigung und Verbreitung von Standardsoftware, Berlin 1993; *Hildebrandt,* Die Strafvorschriften des Urheberrechts, Berlin 2001; *Kann,* Musikpiraterie, Münster 1995; *Kilian/Heussen,* Computerrechtshandbuch, 12. Ergänzungslieferung, München 1998; *Rochlitz,* Der strafrechtliche Schutz des

UrhG § 111 1–4 § 111 Bekanntgabe der Verurteilung

ausübenden Künstlers, des Tonträger- und Filmherstellers und des Sendeunternehmens, Frankfurt a. M. u. a. 1987; *Schomburg,* Die öffentliche Bekanntmachung einer strafrechtlichen Verurteilung, ZRP 1986, 65; *Weber,* Der strafrechtliche Schutz des Urheberrechts, Tübingen 1976.

Vgl. darüber hinaus die Angaben im eingangs abgedr. Gesamtliteraturverzeichnis.

Übersicht

	Rn.
I. Bedeutung, Vollstreckung	1
II. Voraussetzungen	2–5
1. Anordnungsvoraussetzungen	2
2. Verurteilung	3
3. Antrag des Verletzten	4
4. Berechtigtes Interesse	5
III. Art der Bekanntgabe	6

I. Bedeutung, Vollstreckung

1 § 111 regelt die Bekanntgabe des strafrechtlichen Urteils und entspricht § 103, der die Möglichkeit zur Bekanntmachung einer zivilrechtlichen Verurteilung vorsieht. In der Praxis wird Anträgen auf Bekanntgabe selten stattgegeben (*Kann* 110; *Rochlitz* 211). Nach § 407 Abs. 2 Nr. 1 StPO ist die Verurteilung zur Bekanntgabe auch im Strafbefehlsverfahren möglich. Die Vollziehung richtet sich nach § 463c StPO (hierzu auch: *Schomburg* ZRP 1986, 65, 66) und Nr. 261b RiStBV (abgedr. bei *Meyer-Goßner,* StPO, Anh. A15). Die Anordnung wird auf Verlangen innerhalb einer Frist von einem Monat (§ 463c Abs. 2 StPO) von der Vollstreckungsbehörde vollzogen. Bei den Kosten handelt es sich um Vollstreckungskosten, die der Angeklagte zu tragen hat (§ 464a Abs. 1 S. 2 StPO). Im Falle der Nichtbeachtung des Antrags besteht die Möglichkeit der Revision (*Hildebrandt* 407; SK/*Rudolphi/Rogall* § 165 StGB Rn. 9). Nach § 6 Abs. 1 S. 2 JGG darf eine Bekanntgabe des Urteils gegen Jugendliche, wegen § 105 Abs. 1 JGG unter Umständen auch gegen Heranwachsende, nicht angeordnet werden (*Deumeland* MR-Int 2006, 136).

II. Voraussetzungen

1. Anordnungsvoraussetzungen

2 Die Anordnung der öffentlichen Bekanntgabe ist unter **drei Voraussetzungen** möglich, nämlich der Verurteilung wegen einer Tat gem. §§ 106 bis 108b, des Vorliegens eines Antrages und des berechtigten Interesses an der öffentlichen Bekanntgabe (Dreier/Schulze/*Dreier* § 111 Rn. 2 ff.; Erbs/Kohlhaas/*Kaiser* § 111 Rn. 3 ff.; *Hildebrandt* 407; Schricker/Loewenheim/*Haß* § 111 Rn. 2; *Ulmer* 570).

2. Verurteilung

3 § 111 greift auch bei der **Verurteilung** zu einer Bewährungsstrafe, wogegen eine Verwarnung mit Strafvorbehalt gem. § 59 StGB nicht genügt (BeckOK UrhG/*Sternberg-Lieben* § 111 Rn. 2; *Deumeland* MR-Int 2006, 136; Dreier/Schulze/*Dreier* § 111 Rn. 2; *Hildebrandt* 407; MüKoStGB Bd. 7 NebenstrafR II/*Heinrich* § 111 Rn. 2; *Schomburg* ZRP 1986, 65; SK/*Rudolphi/Rogall* § 200 StGB Rn. 4).

3. Antrag des Verletzten

4 Der **Antrag des Verletzten** auf Bekanntgabe ist im laufenden Strafverfahren vor Abschluss der mündlichen Verhandlung **zu stellen** (Erbs/Kohlhaas/*Kaiser* § 111 Rn. 4;

§ 111 Bekanntgabe der Verurteilung 5 § 111 UrhG

Fromm/Nordemann/*Ruttke*/*Scharringhausen* § 111 Rn. 5; *Hildebrandt* 408; *Kann* 109f.; a. A. Kilian/Heussen/*v. Gravenreuth* Ziff. 100 Rn. 33). Wird ein Rechtsmittel eingelegt, so ist ein entsprechender Antrag auch noch bis zum Abschluss des **Rechtsmittelverfahrens** möglich (*Deumeland* MR-Int 2006, 136, 137; Dreier/Schulze/*Dreier* § 111 Rn. 3; Erbs/ Kohlhaas/*Kaiser* § 111 Rn. 4; MüKoStGB Bd. 7 NebenstrafR II/*Heinrich* § 111 Rn. 3; Schricker/Loewenheim/*Haß* § 111 Rn. 4). Verletzter i. S. v. § 111 und damit Antragsberechtigter ist der durch die §§ 106ff. geschützte Rechtsinhaber (BeckOK UrhG/*Sternberg-Lieben* § 111 Rn. 4). Ein sachlicher Unterschied zur Strafantragsberechtigung (vgl. § 109 Rn. 3 ff.) besteht nicht (*Fischer* § 200 StGB Rn. 3; *Schomburg* ZRP 1986, 65). Gibt es mehrere Verletzte oder Angeklagte, so ist die Bekanntgabe der Verurteilung nach Art und Umfang für jeden Beteiligten gesondert festzulegen (OLG Hamm NJW 1974, 466; SK/ *Rudolphi*/*Rogall* § 165 StGB Rn. 8). Analog § 77d Abs. 1 S. 2 StGB ist bis zum rechtskräftigen Abschluss des Verfahrens die **Rücknahme des Antrags** möglich (BeckOK UrhG/ *Sternberg-Lieben* § 111 Rn. 4; *Deumeland* MR-Int 2006, 136, 137; Dreier/Schulze/*Dreier* § 111 Rn. 3; Erbs/Kohlhaas/*Kaiser* § 111 Rn. 4; *Hildebrandt* 408; MüKoStGB Bd. 7 NebenstrafR II/*Heinrich* § 111 Rn. 3; Schricker/Loewenheim/*Haß* § 111 Rn. 4). Ob das berechtigte Interesse an der öffentlichen Bekanntgabe vom Verletzten **substantiiert vorgetragen** werden muss, ist umstritten (bejahend noch Möhring/Nicolini/*Spautz* § 111 Rn. 5; weitergehend *Dürwanger*/*Dempewolf* 445; verneinend BeckOK UrhG/*Sternberg-Lieben* § 111 Rn. 5; Erbs/Kohlhaas/*Kaiser* § 111 Rn. 5; Fromm/Nordemann/*Ruttke*/ *Scharringhausen* § 111 Rn. 10; MüKoStGB Bd. 7 NebenstrafR II/*Heinrich* § 111 Rn. 4; Schricker/Loewenheim/*Haß* § 111 Rn. 6). Letztlich dürfte § 111 mit Blick auf den im Strafprozess geltenden Untersuchungsgrundsatz nur Mindestanforderungen gegenüber dem Verletzten normieren. Der **Verletzte muss** deswegen ein berechtigtes Interesse **von sich aus dartun**; weitere Anforderungen – etwa Glaubhaftmachung i. S. v. § 294 ZPO – bestehen nicht. Das Gericht ist nicht zu weiteren Ermittlungen, aber gegebenenfalls zur Beweisaufnahme verpflichtet (ausführlicher *Hildebrandt* 408 f.; auch Dreier/Schulze/*Dreier* § 111 Rn. 4).

4. Berechtigtes Interesse

Das berechtigte Interesses ist im Wege einer **Interessenabwägung** festzustellen (OLG 5 Frankfurt a. M. ZUM 1996, 697, 702 [zu § 103]; BeckOK UrhG/*Sternberg-Lieben* § 111 Rn. 6; Erbs/Kohlhaas/*Kaiser* § 111 Rn. 5; Loewenheim/*Flechsig* § 96 Rn. 41; MüKoStGB Bd. 7 NebenstrafR II/*Heinrich* § 111 Rn. 4; Schricker/Loewenheim/*Haß* § 111 Rn. 5; Schmid/*Wirth* § 111 Rn. 1) und liegt dann vor, wenn das Interesse des Verletzten überwiegt; ein sachlicher Unterschied zum Begriff des „berechtigten Interesses" in § 103 (hierzu BGH NJW 2002, 3246 – Stadtbahnfahrzeug) besteht nicht (BeckOK UrhG/*Sternberg-Lieben* § 111 Rn. 6; Dreier/Schulze/*Dreier* § 111 Rn. 4; Schricker/Loewenheim/*Haß* § 111 Rn. 5 f.; *Hildebrandt* 409). Die Bekanntgabe nach §§ 103 und 111 schließen sich wechselseitig nicht aus (ausführlicher *Hildebrandt* 410; a. A. Dreier/Schulze/*Dreier* § 111 Rn. 4; MüKoStGB Bd. 7 NebenstrafR II/*Heinrich* § 111 Rn. 5; *Samson* 235; Schricker/ Loewenheim/*Haß* § 111 Rn. 5). Zugunsten des Täters ist in erster Linie dessen im öffentlichen Interesse stehende **Resozialisierung** zu berücksichtigen (Dreier/Schulze/*Dreier* § 111 Rn. 4; Dreyer/Kotthoff/Meckel/*Kotthoff* § 111 Rn. 2; Erbs/Kohlhaas/*Kaiser* § 111 Rn. 5; *Hildebrandt* 410; Schmid/*Wirth* § 111 Rn. 1; *Schomburg* ZRP 1986, 65, 66; Schricker/Loewenheim/*Haß* § 111 Rn. 5). Für die Bekanntgabe spricht jedes berechtigte, also jedes von der Rechtsordnung geschützte Interesse des Verletzten (ausführlicher *Hildebrandt* 410 f. m. w. N.). Mit Blick auf den gesetzgeberischen Zweck der Vorschrift wird man ein berechtigtes Interesse annehmen müssen, wenn eine eingetretene **Verwirrung der Öffentlichkeit** darüber vorliegt, wer der Urheber des betreffenden Werks ist, die anders nicht wirksam beendet werden kann (OLG Frankfurt a. M. ZUM 1996, 697, 702 [zu § 103

UrhG § 111a § 111a Bußgeldvorschriften

UrhG]; *Heinrich* 342; *Hildebrandt* 410 f. m. w. N. und Beispielen; Kilian/Heussen/ v. Gravenreuth Ziff. 100 Rn. 31; *Schomburg* ZRP 1986, 65, 66). Im Übrigen werden bei der Interessenabwägung im Wesentlichen dieselben Umstände eine Rolle spielen, die auch bei der Strafzumessung von Bedeutung sind (ausführlich *Hildebrandt* 411 u. 389 ff.).

III. Art der Bekanntgabe

6 Die Bekanntgabe hat auf die gleiche Art zu erfolgen wie im Rahmen anderer Vorschriften, nach denen die Veröffentlichung einer strafrechtlichen Verurteilung möglich ist – etwa § 200 StGB (*Hildebrandt* 412; Schricker/Loewenheim/*Haß* § 111 Rn. 7). Das Gericht muss die **Vollstreckung ermöglichen** und den zur Veröffentlichung Berechtigten, den Gegenstand der Veröffentlichung, ihre Form und das Medium, in dem die Veröffentlichung geschehen soll, **genau bezeichnen** (ausführlich *Hildebrandt* 412; SK/*Rudolphi/Rogall* § 200 StGB Rn. 7 f.; vgl. auch Erbs/Kohlhaas/*Kaiser* § 111 Rn. 6; *Meyer-Goßner* § 260 StPO Rn. 40; *Rehbinder* Rn. 460; Schricker/Loewenheim/*Haß* § 111 Rn. 7). Bei der Bestimmung der Art der Bekanntgabe sind die gleichen Gesichtspunkte maßgebend, die schon bei der Interessenabwägung zu berücksichtigen sind, so dass es auch hier auf Art und Umfang der Urheberrechtsverletzung, das Bedürfnis des Verletzten an einer Klarstellung sowie auf die Schwere der Tat und ihre Folgen ankommt (Erbs/Kohlhaas/*Kaiser* § 111 Rn. 6; *Hildebrandt* 412 f.; Loewenheim/*Flechsig* § 96 Rn. 43; Möhring/Nicolini/*Spautz* § 111 Rn. 5; Schricker/Loewenheim/*Haß* § 111 Rn. 7; *Weber* 368). Bedeutsam ist vor allem, in welchen Kreisen sich die Verletzung ausgewirkt hat (*Heinrich* 342; MüKoStGB Bd. 7 NebenstrafR II/*Heinrich* § 111 Rn. 5; *Weber* 368). Der Grundsatz der **Verhältnismäßigkeit** ist zu berücksichtigen (*Hildebrandt* 413; *Schomburg* ZRP 1986, 65, 66 f.). Sofern auch eine **Verurteilung wegen anderer Delikte** vorliegt, darf das andere verletzte Strafgesetz nicht mitveröffentlicht werden (BGHSt 10, 306, 311 f.; BeckOK UrhG/*Sternberg-Lieben* § 111 Rn. 7; Dreier/Schulze/*Dreier* § 111 Rn. 5; Dreyer/Kotthoff/Meckel/*Kotthoff* § 111 Rn. 4; *Fischer* § 200 StGB Rn. 4; Lackner/ Kühl § 200 Rn. 4; Loewenheim/*Flechsig* § 96 Rn. 40 und 42; MüKoStGB/*Regge*, § 200 StGB Rn. 9; Schönke/Schröder/*Lenckner/Bosch* § 165 StGB Rn. 7; Schricker/Loewenheim/*Haß* § 111 Rn. 8). Im Falle der Verurteilung in Tatmehrheit mit anderen Delikten ist die Veröffentlichung auf die §§ 106 ff. zu beschränken und die Höhe der Gesamtstrafe nicht zu nennen (BayObLGSt 60, 192; 61, 141; BeckOK UrhG/*Sternberg-Lieben* § 111 Rn. 7; Dreier/Schulze/*Dreier* § 111 Rn. 5; *Hildebrandt* 413 f. m. w. N.; Loewenheim/*Flechsig* § 96 Rn. 42; Schricker/Loewenheim/*Haß* § 111 Rn. 8; SK/*Rudolphi/Rogall* § 165 StGB Rn. 4). Mit Blick auf den Wortlaut des § 111 gilt Gleiches im Falle der Tateinheit mit einem anderen Delikt (str. so BGH, Beschluss vom 29.7.1988 3 StR 213/88, unveröffentlicht; RG JW 1937, 3301; *Hildebrandt* 413 f.; Schricker/Loewenheim/*Haß* § 111 Rn. 8; SK/*Rudolphi/Rogall* § 165 StGB Rn. 5; a. A. BGHSt 10, 306, 312; BeckOK UrhG/*Sternberg-Lieben* § 111 Rn. 7; *Fischer* § 200 StGB Rn. 4; Lackner/Kühl § 200 Rn. 4; Schönke/Schröder/*Lenckner/Bosch* § 165 StGB Rn. 7).

§ 111a Bußgeldvorschriften

(1) **Ordnungswidrig handelt, wer**

1. entgegen § 95a Abs. 3
   a) eine Vorrichtung, ein Erzeugnis oder einen Bestandteil verkauft, vermietet oder über den Kreis der mit dem Täter persönlich verbundenen Personen hinaus verbreitet oder
   b) zu gewerblichen Zwecken eine Vorrichtung, ein Erzeugnis oder einen Bestandteil besitzt, für deren Verkauf oder Vermietung wirbt oder eine Dienstleistung erbringt,

2. entgegen § 95b Abs. 1 Satz 1 ein notwendiges Mittel nicht zur Verfügung stellt oder
3. entgegen § 95d Abs. 2 Satz 1 Werke oder andere Schutzgegenstände nicht oder nicht vollständig kennzeichnet.

(2) **Die Ordnungswidrigkeit kann in den Fällen des Absatzes 1 Nr. 1 und 2 mit einer Geldbuße bis zu fünfzigtausend Euro und in den übrigen Fällen mit einer Geldbuße bis zu zehntausend Euro geahndet werden.**

Literatur: *Bohnert*, Ordnungswidrigkeiten und Jugendrecht, Tübingen 1989; *Dannecker*, Beweiserhebung, Verfahrensgarantien und Verteidigungsrechte im europäischen Kartellordnungswidrigkeitenverfahren als Vorbild für ein europäisches Sanktionsverfahren, ZStW 111 (1999), 256; *Dörr*, Herausgabe von Aufzeichnungen durch private Rundfunkveranstalter an Landesmedienanstalt, JuS 1998, 76; *Erbs/Kohlhaas*, Strafrechtliche Nebengesetze, 191. Ergänzungslieferung, München 2012 (zit.: Erbs/Kohlhaas/*Bearbeiter*); *Ernst*, Kopierschutz nach neuem UrhG, CR 2004, 39; *Göhler*, Gesetz über Ordnungswidrigkeiten, 13. Aufl., München 2002; *Hildebrandt*, Die Strafvorschriften des Urheberrechts, Berlin 2001; *Hilty*, Rechtsschutz technischer Maßnahmen: Zum UrhG-Regierungsentwurf vom 31.7.2002, MMR 2002, 577; *Katholnigg*, Das Gesetz zur Änderung des Gesetzes über Ordnungswidrigkeiten und anderer Gesetze, NJW 1998, 568; *Lauer*, Der Irrtum über Blankettstrafgesetze am Beispiel des § 106 UrhG, Bonn 1997; *Lemke*, Heidelberger Kommentar zum Ordnungswidrigkeitengesetz, Heidelberg 1999; *Rebmann/Roth/Herrmann*, Gesetz über Ordnungswidrigkeiten, 3. Aufl., Stuttgart 6. Lieferung 2002; *Reinbothe*, Die EG-Richtlinie zum Urheberrecht in der Informationsgesellschaft, GRUR Int. 2001, 733; *Rochlitz*, Der strafrechtliche Schutz des ausübenden Künstlers, des Tonträger- und Filmherstellers und des Sendeunternehmens, Frankfurt a.M. u.a. 1987; *v. Rom*, Die Leistungsschutzrechte im Regierungsentwurf für ein Gesetz zur Regelung des Urheberrechts in der Informationsgesellschaft, ZUM 2003, 128; *Ruttig*, Rechtsschutz für digitale Rechtemanagement-Systeme, Der Syndikus 2003, 26; *Spindler*, Europäisches Urheberrecht in der Informationsgesellschaft, GRUR 2002, 105; *Tiedemann*, Strafrechtliche Grundprobleme im Kartellrecht, NJW 1979, 1849; *Weiß*, Haben juristische Personen ein Aussageverweigerungsrecht?, JZ 1998, 289; *Weiß*, Der Schutz des Rechts auf Aussageverweigerung durch die EMRK, NJW 1999, 2236; *Zecher*, Die Umsetzung der EU-Urheberrechtsrichtlinie in deutsches Recht II, ZUM 2002, 451.
Vgl. darüber hinaus die Angaben im eingangs abgedr. Gesamtliteraturverzeichnis.

Übersicht

	Rn.
I. Anwendungsbereich, Rechtsgut und Verfassungsmäßigkeit	1–3
1. Anwendungsbereich	1
2. Rechtsgut	2
3. Verfassungsmäßigkeit	3
II. Objektiver Tatbestand	4
III. Weitere Umstände	5
IV. Verfahren	6–12
1. Grundsätze des Ordnungswidrigkeitenverfahrens	6
2. Ermittlungsbefugnisse	7
3. Nemo-tenetur-Grundsatz	8
4. Recht auf Verteidigung und Akteneinsicht	9
5. Verjährung und Zuständigkeit	10
6. Rechtsfolgen	11
7. Rechtsmittel	12
V. Inkrafttreten	13

I. Anwendungsbereich, Rechtsgut und Verfassungsmäßigkeit

1. Anwendungsbereich

Mit § 111a erfolgt die bei der Erläuterung des Anwendungsbereichs des § 108b bereits dargestellte (§ 108b Rn. 1) **zusätzliche Absicherung** gegen die Vorbereitung der Umgehung einer wirksamen technischen Maßnahme (§ 95a Abs. 3), gegen das Nichtzurverfügungstellen eines zur Durchsetzung von Schrankenbestimmungen notwendigen Mittels (§ 95b Abs. 1) sowie gegen die fehlende oder unvollständige Kennzeichnung von Schutzgegenständen (§ 95d Abs. 2 S. 1) durch einen Ordnungswidrigkeitentatbestand.

2. Rechtsgut

2   Aufgrund der parallelen Zielrichtung der Vorschriften entspricht das durch **§ 111a Abs. 1 Nr. 1** geschützte Rechtsgut demjenigen des § 108b Abs. 1 Nr. 1 (hierzu § 108b Rn. 2). Die Norm bezweckt den **Schutz des geistigen Eigentums im Allgemeinen sowie verwertungsrechtlicher Befugnisse im Besonderen. § 111a Abs. 1 Nr. 2** dient wie § 95b (hierzu Begr. der BReg zum Gesetzesentwurf BR-Drucks. 684/02, 63; auch *Reinbothe* GRUR Int. 2001, 733, 741 m.w.N.; *Spindler* GRUR 2002, 105, 117f.) dazu, die Nutzung bestimmter Schranken für die Begünstigten sicherzustellen (entsprechend auch Schricker/Loewenheim/*Haß* § 111a Rn. 2). Geschütztes Rechtsgut ist daher **das durch die einzelne** in § 95b Abs. 1 aufgeführte **Schrankenbestimmung geschützte Gut**. Entsprechendes gilt für **§ 111a Abs. 1 Nr. 3,** der mit der Bußgeldbewehrung der Kennzeichnungspflicht des § 95d Abs. 2 S. 1 mittelbar die prozessuale Durchsetzung der Pflichten und Ansprüche aus § 95b gewährleisten soll (vgl. die Begr. der BReg zum Gesetzesentwurf BR-Drucks. 684/02, 67).

3. Verfassungsmäßigkeit

3   § 111a ist trotz der komplexen Verweisungsstruktur der §§ 111a, 95b, 53 **mit dem Bestimmtheitsgrundsatz** des Art. 103 Abs. 2 GG (= § 1 StGB) **vereinbar** (vgl. BVerfG NJW 2006, 42 Rn. 14; BeckOK UrhG/*Sternberg-Lieben* § 111a Rn. 3; Erbs/Kohlhaas/*Kaiser* § 111a Rn. 3; a.A. *Dietz* zitiert nach *Zecher* ZUM 2002, 451, 457). Bei Blankettgesetzen ist die Bestimmtheit des Tatbestandes auch dann gewahrt, wenn der Tatbestand in der Verweisungsnorm bestimmt ist (entsprechend zu §§ 106, 108 *Hildebrandt* 140 und 230; *Lauer* 76f.; *Rochlitz* 93 und 141). Zur Verfassungsmäßigkeit der Vorschrift trotz der in der Bezugsnorm des § 95a verwendeten **unscharfen Begriffe** gelten die Ausführungen zur parallelen Strafvorschrift § 108b entsprechend (§ 108b Rn. 3).

II. Objektiver Tatbestand

4   Nach § 69a Abs. 5 finden die §§ 95a bis 95d und damit auch § 111a **keine Anwendung auf Computerprogramme** (MüKoStGB Bd. 7 NebenstrafR II/*Heinrich* § 111a Rn. 2). Auch im Rahmen der Bußgeldvorschrift des § 111a Abs. 1 Nr. 2 gilt die Beschränkung des § 95b Abs. 3, die wirksame technische Maßnahmen, die im Rahmen des interaktiven Zurverfügungstellens auf der Grundlage **vertraglicher Vereinbarung** angewandt werden, von der Durchsetzung der Schrankenregelungen ausnimmt (krit. zu dieser Einschränkung der Bußgeldbewehrung durch den gemeinschaftsrechtlich vorgezeichneten § 95b Abs. 3 *Hilty* MMR 2002, 577, 578). Das Merkmal der **„über den Kreis der mit dem Täter persönlich verbundenen Personen"** in § 111a Abs. 1 Nr. 1 Buchst. a) bezieht sich nur auf die Tathandlung der Verbreitung (vgl. Begr. der BReg zum Gesetzesentwurf BR-Drucks. 684/02, 69; BVerfG NJW 2006, 42 Rn. 14 u. 17), nicht auch auf das – ohnehin regelmäßig außerhalb des Privatbereichs erfolgende – Verkaufen oder Vermieten; das Merkmal ist zu verstehen wie in § 108b (Loewenheim/*Flechsig* § 91 Rn. 10; hierzu § 108b Rn. 6). Der Begriff des **Handelns zu gewerblichen Zwecken** bezieht sich auf sämtliche Handlungsalternativen in § 111a Abs. 1 Nr. 1 Buchst. b und entspricht dem des gewerbsmäßigen Handelns (Erbs/Kohlhaas/*Kaiser* § 111a Rn. 4; Schricker/Loewenheim/*Haß* § 111a Rn. 4; ausführlicher zum Begriff s. § 108b Rn. 7).

III. Weitere Umstände

Nach § 10 OWiG ist nur **vorsätzliches Handeln** bußgeldbewehrt. Die **Konkurrenzen** im Ordnungswidrigkeitenrecht sind in den §§ 19, 20 OWiG geregelt. Wenn eine Handlung gleichzeitig Straftat und Ordnungswidrigkeit ist, findet gem. § 21 Abs. 1 S. 1 OWiG nur das Strafgesetz Anwendung. Ähnlich wie bei § 108b Abs. 1 Nr. 1 oder 3, Abs. 2 (vgl. § 108b Rn. 11) tritt bei § 111a Abs. 1 Nr. 1 im Falle einer Gefährdung von Senderechten (§ 87) der Bußgeldtatbestand des **§ 5 ZKDSG** als subsidiär zurück (BeckOK UrhG/*Sternberg-Lieben* § 111a Rn. 14; Erbs/Kohlhaas/*Kaiser* § 111a Rn. 11; Fromm/Nordemann/*Ruttke/Scharringhausen* § 111a Rn. 15; MüKoStGB Bd. 7 NebenstrafR II/*Heinrich* § 111a Rn. 12; Schricker/Loewenheim/*Haß* § 111a Rn. 9). Nach der **Übergangsregelung** des § 137j Abs. 1 ist § 111a Abs. 1 Nr. 2, Abs. 3 erst für Verstöße ab dem 1.12.2003 anzuwenden. Wegen der **weiteren Tatbestandsvoraussetzungen** kann auf die Ausführungen zu § 108b verwiesen werden (vgl. § 108b Rn. 10).

IV. Verfahren

1. Grundsätze des Ordnungswidrigkeitenverfahrens

Die **Grundsätze des Verfahrens** ergeben sich aus dem OWiG. Die zuständige Behörde hat dieselben Rechte und Pflichten wie die Staatsanwaltschaft bei der Verfolgung von Straftaten (§ 46 Abs. 2 OWiG). Die Einleitung des Verfahrens und die Verfolgung und Ahndung der Ordnungswidrigkeiten liegen im pflichtgemäßen **Ermessen** der zuständigen Behörde (**§ 47 Abs. 1 OWiG;** zu Besonderheiten im *Jugendrecht Bohnert* 60ff.; auch Loewenheim/*Flechsig* § 91 Rn. 15). Es gilt der **Opportunitätsgrundsatz** (Erbs/Kohlhaas/*Kaiser* § 111a Rn. 15; Loewenheim/*Flechsig* § 97 Rn. 3). Die Behörde kann sich auf eine Verfolgung einzelner Ordnungswidrigkeiten beschränken (zu den Einzelheiten *Göhler* § 47 Rn. 3ff.). Zu beachten sein wird bei der Ermessensausübung die gesetzgeberische Intention, über die Verfolgung als Ordnungswidrigkeit auf die öffentliche Meinungsbildung einzuwirken (Begr. der BReg zum Gesetzesentwurf BR-Drucks. 684/02, 65). Auch kann die Behörde über § 47 OWiG nicht wirksam im Voraus im Wege der Ermessensbindung auf die Verfolgung einer erst noch bevorstehenden Ordnungswidrigkeit verzichten (*Tiedemann* NJW 1979, 1849, 1855; Immenga/Mestmäcker/*Dannecker/Biermann* vor § 81 GWB Rn. 157). Das **Bußgeldverfahren** kann – ohne dass es eines formellen Aktes bedürfte – entweder von Amts wegen oder auf Anzeige hin **eingeleitet** werden (§ 46 Abs. 1 OWiG i.V.m. § 158 StPO), wenn Anhaltspunkte für das Vorliegen einer Ordnungswidrigkeit gegeben sind und der Verfolgung keine Verfahrenshindernisse entgegenstehen.

2. Ermittlungsbefugnisse

Im Bußgeldverfahren gilt der **Untersuchungsgrundsatz,** der die zuständige Behörde zur Beibringung des Beweisstoffes von Amts wegen verpflichtet (§§ 160, 163 StPO i.V.m. § 46 Abs. 1 OWiG). Gesetzliche Vermutungen finden wie im Strafrecht (s. § 106 Rn. 27) keine Anwendung (str., Nachweise bei Immenga/Mestmäcker/*Dannecker/Biermann* vor § 81 GWB Rn. 205). Wegen des klaren Wortlauts der Vorschrift wird man § 95b Abs. 1 S. 2 auch nicht in eine Auslegungsregel umdeuten können. Unzulässig sind **Verhaftungen** und vorläufige Festnahmen sowie Beschlagnahme von Postsendungen und Telegrammen und Auskunftsersuchen über Umstände, die dem **Post- und Fernmeldegeheimnis** unterliegen (§ 46 Abs. 3 S. 1 OWiG). Als schwerer Grundrechtseingriff muss die Anordnung einer **Durchsuchung** nach dem Verhältnismäßigkeitsgrundsatz in angemessenem Verhältnis zur Bedeutung der Tat stehen (BVerfGE 27, 211, 219; 44, 353, 373).

3. Nemo-tenetur-Grundsatz

8 Der Betroffene ist nicht gehalten, an seiner Überführung mitzuwirken (**Nemo-tenetur-Grundsatz**, vgl. zur Frage der Aussagepflicht bezüglich persönlicher Daten *Göhler* § 111 OWiG Rn. 17; *Rebmann/Roth/Herrmann* § 55 OWiG Rn. 9). Unterbleibt die nach § 136 StPO erforderliche (*Göhler* § 55 GWB OWiG Rn. 8) Belehrung über das **Schweigerecht**, so hat dies grds. ein Beweisverwertungsverbot zur Folge (BGHSt 38, 214 ff.; *Göhler* § 55 OWiG Rn. 9 m. w. N. auch zur Gegenansicht; *Lemke* § 55 OWiG Rn. 10; *Rebmann/Roth/Herrmann* § 55 OWiG Rn. 9; ausführlich zur Frage im Strafverfahren *Meyer-Goßner* § 136 StPO Rn. 20 m. w. N.). Der Nemo-tenetur-Grundsatz soll nicht gelten, wenn sich das Verfahren gegen eine **juristische Person** (hierzu § 30 OWiG) richtet (BVerfGE 95, 220 ff.; mit Blick auf die EMRK krit. *Dannecker* ZStW 111 (1999), 256, 284 ff.; Immenga/Mestmäcker/*Dannecker/Biermann* vor § 81 GWB Rn. 167 ff. m. w. N.; *Weiß* JZ 1998, 289 ff.; *ders.* NJW 1999, 2236 f.; zur Entscheidung des BVerfG *Dörr* JuS 1998, 76 ff.).

4. Recht auf Verteidigung und Akteneinsicht

9 In jedem Stadium des Bußgeldverfahrens kann der Betroffene als Beistand einen **Verteidiger** wählen (§ 137 Abs. 1 StPO i. V. m. § 46 Abs. 1 OWiG). **Absprachen** der Beteiligten sind wie im Strafverfahren unter bestimmten Voraussetzungen (hierzu BGHSt 43, 195 ff.; BGH (Großer Senat für Strafsachen) NJW 2005, 1440) zulässig (vgl. Immenga/Mestmäcker/*Dannecker/Biermann* vor § 81 GWB Rn. 199). Der Verteidiger kann das Recht auf **Akteneinsicht** ausüben (§ 147 StPO i. V. m. § 46 Abs. 1 OWiG). Dem Betroffenen selbst ist unter den Voraussetzungen des § 49 Abs. 1 OWiG Akteneinsicht zu gewähren. § 46 Abs. 3 S. 4 2. Halbs. OWiG, der die Anwendbarkeit des § 406e StPO unberührt lässt, verschafft dem Verletzten der Ordnungswidrigkeit ein eingeschränktes Akteneinsichtsrecht. Der Begriff des Verletzten (*Meyer-Goßner* vor § 406d StPO Rn. 2 und § 172 StPO Rn. 9, m. w. N.) entspricht in Fällen des § 111a Abs. 1 Nr. 1 dem bei § 108b (hierzu § 109 Rn. 3); bei § 111a Abs. 1 Nr. 2 und 3 werden die einzelnen Schrankenbegünstigten Akteneinsicht nehmen können, bei § 111a Abs. 1 Nr. 2 korrespondierend mit der zivilrechtlichen Berechtigung auch die in § 3 Abs. 1 S. 1 Nr. 4 UKlaG erwähnten Verbände. Wie bei den urheberrechtlichen Strafvorschriften ist durch das Akteneinsichtsrecht eine Funktionalisierung der Bußgeldbewehrung zu befürchten (s. § 106 Rn. 4; ausführlich *Hildebrandt* 490 ff.). Ob und inwieweit im Bußgeldverfahren **Namen der Betroffenen oder Verfahrensinhalte veröffentlicht** werden dürfen, ist rechtlich ungeklärt und umstritten (zum Streitstand Immenga/Mestmäcker/*Dannecker/Biermann* vor § 81 GWB Rn. 218 ff. m. w. N.).

5. Verjährung und Zuständigkeit

10 **Verfolgungsverjährung** tritt in Fällen des Abs. 1 Nr. 1 und 2 (bußgeldbewehrte Eingriffe in technische Schutzmaßnahmen; Nichtzurverfügungstellen eines zur Durchsetzung von Schrankenbestimmungen notwendigen Mittels) gem. § 31 Abs. 2 Nr. 1 OWiG grds. nach drei Jahren, in Fällen des Abs. 1 Nr. 3 (fehlende oder unvollständige Kennzeichnung von Schutzgegenständen) gem. § 31 Abs. 2 Nr. 2 OWiG nach zwei Jahren ein. Die **Vollstreckungsverjährung** richtet sich nach § 34 OWiG. Die **behördliche Zuständigkeit** ergibt sich aus den §§ 35 ff. OWiG (ausführlich Loewenheim/*Flechsig* § 97 Rn. 9 ff.; auch Dreier/Schulze/*Dreier* § 111a Rn. 8).

6. Rechtsfolgen

11 Das **Höchstmaß der Geldbuße** setzt § 111a Abs. 2 in Fällen des Abs. 1 Nr. 1 und Nr. 2 (bußgeldbewehrte Eingriffe in technische Schutzmaßnahmen; Nichtzurverfügungstellen eines zur Durchsetzung von Schrankenbestimmungen notwendigen Mittels) mit bis zu fünfzigtausend Euro und in Fällen des Abs. 1 Nr. 3 (fehlende oder unvollständige Kennzeichnung von Schutzgegenständen) mit bis zu zehntausend Euro fest (zum unterschiedlichen Bußgeldrahmen *v. Rom* ZUM 2003, 128, 130; Schricker/Loewenheim/*Haß* § 111a Rn. 8). Bei der Festsetzung der Geldbuße ist auch die wirtschaftliche Leistungsfähigkeit der Täter zu berücksichtigen, zu deren Kreis insb. auch juristische Personen zählen. Der Gesetzgeber zielt darauf ab, tatsächlich eine Abschreckungswirkung zu bewirken, die geeignet ist, nachdrücklich zur Befolgung der Rechtsordnung anzuhalten (Begr. der BReg zum Gesetzesentwurf BR-Drucks. 684/02, 65; Loewenheim/*Flechsig* § 91 Rn. 29). Im Einzelfall können daher Geldbußen zu verhängen sein, die deutlich unter dem Höchstmaß liegen. Der erforderliche **Inhalt des Bußgeldbescheids** ergibt sich aus § 66 OWiG. Haben die Ermittlungen keinen Beweis für das Vorliegen einer Ordnungswidrigkeit erbracht, besteht ein endgültiges Verfolgungshindernis (§ 46 Abs. 1 OWiG i. V. m. § 170 Abs. 2 S. 1 StPO) oder ist die Verfolgung i. S. v. § 47 OWiG nicht mehr geboten, so kann die Behörde die **Verfahrenseinstellung** schriftlich verfügen. Die Einstellung darf nach § 47 Abs. 3 OWiG nicht von der Zahlung eines Geldbetrags an eine gemeinnützige Einrichtung oder an eine sonstige Stelle – insb. den Staat – abhängig gemacht oder in Zusammenhang gebracht werden. Dagegen kommt eine Einstellung des Verfahrens infolge der Erfüllung etwaiger Ersatzansprüche des Verletzten oder infolge der Beseitigung des rechtswidrigen Zustands in Betracht (*Göhler* § 47 OWiG Rn. 34). Der Einstellung kommt keine Rechtskraftwirkung zu, so dass das Verfahren ohne weiteres wieder aufgenommen werden kann (*Göhler* Vor § 59 OWiG Rn. 161 m. w. N.).

7. Rechtsmittel

Innerhalb von zwei Wochen nach Zustellung des Bescheids kann der Betroffene nach § 67 OWiG schriftlich oder zur Niederschrift bei der Behörde, die den Bescheid erlassen hat, **Einspruch** einlegen. Eine – zweckmäßige – Begründung ist nicht vorgeschrieben. Eine falsche Bezeichnung des Einspruchs ist unschädlich (§ 300 StPO i. V. m. § 67 Abs. 1 S. 2 OWiG). Eine Beschränkung des Einspruchs, insb. bezgl. der Höhe der Geldbuße, ist möglich (hierzu *Katholnigg* NJW 1998, 568, 570). Das Verfahren nach Einspruch richtet sich nach den §§ 69, 83 OWiG. Mit Ausnahme des Bußgeldbescheids und der Einstellungsverfügung kann der Betroffene gegen Entscheidungen gem. § 62 OWiG **gerichtliche Entscheidung** beantragen. Zuständig ist das Amtsgericht, in dessen Bezirk die tätige Behörde ihren Sitz hat (§ 68 Abs. 1 OWiG; anders § 98 Abs. 2 S. 3 StPO, der wegen Spezialität des § 68 OWiG nicht anzuwenden ist).

V. Inkrafttreten

Nach Art. 6 Abs. 2 des Gesetzes zur Regelung des Urheberrechts in der Informationsgesellschaft vom 10.9.2003 (BGBl. I S. 1774) ist **§ 111a Abs. 1 Nr. 2 und 3** (Nichtzurverfügungstellen eines zur Durchsetzung von Schrankenbestimmungen notwendigen Mittels; fehlende oder unvollständige Kennzeichnung von Schutzgegenständen) erst am 1.9.2004 in Kraft getreten (s. § 137j Rn. 4 f.). Für **§ 111a Abs. 1 Nr. 1** (bußgeldbewehrte Eingriffe in technische Schutzmaßnahmen) bleibt es demgegenüber bei der allgemeinen Regelung des Art. 6 Abs. 1, wonach das Gesetz am Tage nach der Verkündung in Kraft trat, demnach am 13.9.2003. Früher begangene Handlungen können nicht geahndet werden.

3. Vorschriften über Maßnahmen der Zollbehörde

§ 111b Verfahren nach deutschem Recht

(1) Verletzt die Herstellung oder Verbreitung von Vervielfältigungsstücken das Urheberrecht oder ein anderes nach diesem Gesetz geschütztes Recht, so unterliegen die Vervielfältigungsstücke, soweit nicht die Verordnung (EG) Nr. 1383/2003 des Rates vom 22. Juli 2003 über das Vorgehen der Zollbehörden gegen Waren, die im Verdacht stehen, bestimmte Rechte geistigen Eigentums zu verletzen, und die Maßnahmen gegenüber Waren, die erkanntermaßen derartige Rechte verletzen (ABl. EU Nr. L 196 S. 7), in ihrer jeweils geltenden Fassung anzuwenden ist, auf Antrag und gegen Sicherheitsleistung des Rechtsinhabers bei ihrer Einfuhr oder Ausfuhr der Beschlagnahme durch die Zollbehörde, sofern die Rechtsverletzung offensichtlich ist. Dies gilt für den Verkehr mit anderen Mitgliedstaaten der Europäischen Union sowie mit den anderen Vertragsstaaten des Abkommens über den europäischen Wirtschaftsraum nur, soweit Kontrollen durch die Zollbehörden stattfinden.

(2) Ordnet die Zollbehörde die Beschlagnahme an, so unterrichtet sie unverzüglich den Verfügungsberechtigten sowie den Antragsteller. Dem Antragsteller sind Herkunft, Menge und Lagerort der Vervielfältigungsstücke sowie Name und Anschrift des Verfügungsberechtigten mitzuteilen; das Brief- und Postgeheimnis (Art. 10 des Grundgesetzes) wird insoweit eingeschränkt. Dem Antragsteller wird Gelegenheit gegeben, die Vervielfältigungsstücke zu besichtigen, soweit hierdurch nicht in Geschäfts- oder Betriebsgeheimnisse eingegriffen wird.

(3) Wird der Beschlagnahme nicht spätestens nach Ablauf von zwei Wochen nach Zustellung der Mitteilung nach Absatz 2 Satz 1 widersprochen, so ordnet die Zollbehörde die Einziehung der beschlagnahmten Vervielfältigungsstücke an.

(4) Widerspricht der Verfügungsberechtigte der Beschlagnahme, so unterrichtet die Zollbehörde hiervon unverzüglich den Antragsteller. Dieser hat gegenüber der Zollbehörde unverzüglich zu erklären, ob er den Antrag nach Absatz 1 in bezug auf die beschlagnahmten Vervielfältigungsstücke aufrechterhält.
1. Nimmt der Antragsteller den Antrag zurück, hebt die Zollbehörde die Beschlagnahme unverzüglich auf.
2. Hält der Antragsteller den Antrag aufrecht und legt er eine vollziehbare gerichtliche Entscheidung vor, die die Verwahrung der beschlagnahmten Vervielfältigungsstücke oder eine Verfügungsbeschränkung anordnet, trifft die Zollbehörde die erforderlichen Maßnahmen.

Liegen die Fälle der Nummern 1 oder 2 nicht vor, hebt die Zollbehörde die Beschlagnahme nach Ablauf von zwei Wochen nach Zustellung der Mitteilung an den Antragsteller nach Satz 1 auf; weist der Antragsteller nach, daß die gerichtliche Entscheidung nach Nummer 2 beantragt, ihm aber noch nicht zugegangen ist, wird die Beschlagnahme für längstens zwei weitere Wochen aufrechterhalten.

(5) Erweist sich die Beschlagnahme als von Anfang an ungerechtfertigt und hat der Antragsteller den Antrag nach Absatz 1 in bezug auf die beschlagnahmten Vervielfältigungsstücke aufrechterhalten oder sich nicht unverzüglich erklärt (Absatz 4 Satz 2), so ist er verpflichtet, den dem Verfügungsberechtigten durch die Beschlagnahme entstandenen Schaden zu ersetzen.

(6) Der Antrag nach Absatz 1 ist bei der Bundesfinanzdirektion zu stellen und hat Wirkung für ein Jahr, sofern keine kürzere Geltungsdauer beantragt wird; er

kann wiederholt werden. Für die mit dem Antrag verbundenen Amtshandlungen werden vom Antragsteller Kosten nach Maßgabe des § 178 der Abgabenordnung erhoben.

(7) Die Beschlagnahme und die Einziehung können mit den Rechtsmitteln angefochten werden, die im Bußgeldverfahren nach dem Gesetz über Ordnungswidrigkeiten gegen die Beschlagnahme und Einziehung zulässig sind. Im Rechtsmittelverfahren ist der Antragsteller zu hören. Gegen die Entscheidung des Amtsgerichts ist die sofortige Beschwerde zulässig; über sie entscheidet das Oberlandesgericht.

§ 111c Verfahren nach der Verordnung (EG) Nr. 1383/2003

(1) Setzt die zuständige Zollbehörde nach Art. 9 der Verordnung (EG) Nr. 1383/2003 die Überlassung der Waren aus oder hält diese zurück, unterrichtet sie davon unverzüglich den Rechtsinhaber sowie den Anmelder oder den Besitzer oder den Eigentümer der Waren.

(2) Im Fall des Absatzes 1 kann der Rechtsinhaber beantragen, die Waren in dem nachstehend beschriebenen vereinfachten Verfahren im Sinne des Art. 11 der Verordnung (EG) Nr. 1383/2003 vernichten zu lassen.

(3) Der Antrag muss bei der Zollbehörde innerhalb von 10 Arbeitstagen nach Zugang der Unterrichtung nach Absatz 1 schriftlich gestellt werden. Er muss die Mitteilung enthalten, dass die Waren, die Gegenstand des Verfahrens sind, ein nach diesem Gesetz geschütztes Recht verletzen. Die schriftliche Zustimmung des Anmelders, des Besitzers oder des Eigentümers der Waren zu ihrer Vernichtung ist beizufügen. Abweichend von Satz 3 kann der Anmelder, der Besitzer oder der Eigentümer die schriftliche Erklärung, ob er einer Vernichtung zustimmt oder nicht, unmittelbar gegenüber der Zollbehörde abgeben. Die in Satz 1 genannte Frist kann vor Ablauf auf Antrag des Rechtsinhabers um 10 Arbeitstage verlängert werden.

(4) Die Zustimmung zur Vernichtung gilt als erteilt, wenn der Anmelder, der Besitzer oder der Eigentümer der Waren einer Vernichtung nicht innerhalb von 10 Arbeitstagen nach Zugang der Unterrichtung nach Absatz 1 widerspricht. Auf diesen Umstand ist in der Unterrichtung nach Absatz 1 hinzuweisen.

(5) Die Vernichtung der Waren erfolgt auf Kosten und Verantwortung des Rechtsinhabers.

(6) Die Zollstelle kann die organisatorische Abwicklung der Vernichtung übernehmen. Absatz 5 bleibt unberührt.

(7) Die Aufbewahrungsfrist nach Art. 11 Abs. 1 zweiter Spiegelstrich der Verordnung (EG) Nr. 1383/2003 beträgt 1 Jahr.

(8) Im Übrigen gilt § 111b entsprechend, soweit nicht die Verordnung (EG) Nr. 1383/2003 Bestimmungen enthält, die dem entgegenstehen.

Literatur: *Ahrens,* Die europarechtlichen Möglichkeiten der Beschlagnahme von Produktpiratewaren an der Grenze unter Berücksichtigung des TRIPS-Abkommens, RIW 1996, 727; *Ahrens,* Die gesetzlichen Grundlagen der Grenzbeschlagnahme von Produktpiratewaren nach dem deutschen nationalen Recht, BB 1997, 902; *Artmann,* Markenrechtsverletzung durch Transit von Waren?, WRP 2005, 1377; *Beußel,* Die Grenzbeschlagnahme bei Parallelimporten, GRUR 2000, 188; *Blumenröder,* Grenzbeschlagnahme bei Parallelimporten, MarkenR 2000, 46; *Bottenschein,* Die Bekämpfung der Markenpiraterie in der Volksrepublik China und Hongkong, GRUR Int. 2005, 121; *Braun/Heise,* Die Grenzbeschlagnahme illegaler Tonträger in Fällen des Transits, GRUR Int. 2001, 28; *Cordes,* Die Grenzbeschlagnahme in Patentsachen, GRUR 2007, 483; *Cremer,* Die Bekämpfung der Produktpiraterie in der Praxis, Mitt. 1992, 153; *Deumeland,* Die Möglich-

UrhG §§ 111b, 111c §§ 111b, 111c Maßnahmen nach dt./EU-Recht

keit der Grenzbeschlagnahme bei Verletzung des deutschen Urheberrechts, GRUR 2006, 994; *Dörre/ Maaßen,* Das Gesetz zur Verbesserung der Durchsetzung von Rechten des Geistigen Eigentums Teil III: Änderungen im Grenzbeschlagnahmeverfahren und im Recht der geographischen Herkunftsangaben, GRUR-RR 2008, 269; *Eichelberger,* Grenzbeschlagnahme nach der VO (EG) 1383/2003, Nichterhebungsverfahren nach Art. 84 VO (EWG) 2913/92 (Zollkodex) und die Verletzung von Rechten geistigen Eigentums, WRP 2012, 285; *Günther/Beyerlein,* Die Auswirkungen der Ost-Erweiterung der Europäischen Union auf die Grenzbeschlagnahme im gewerblichen Rechtsschutz, WRP 2004, 452; *Hacker,* Notizen zu Durchfuhr, Markenrecht 2009, 7; *Haft/Hacker/Baumgärtel/Grabinski/Heusch/Joachim/Kefferpütz/Kühnen/ Lunze,* Grenzbeschlagnahme und andere Eingriffsmöglichkeiten der Zollbehörden gegen Verletzer (Bericht Q208), GRUR Int. 2009, 826; *Harte-Bavendamm,* Handbuch der Markenpiraterie in Europa, München u. a. 2000 (zit. Harte-Bavendamm/*Bearbeiter*); *Heim,* Der Transit von Waren als markenrechtsverletzende Benutzungshandlung, WRP 2005, 167; *C. Heinze/S. Heinze,* Transit als Markenverletzung, GRUR 2007, 740; *Hoffmeister,* Die Zollverwaltung – ein Partner der Wirtschaft bei der Durchführung ihrer Rechte, MarkenR 2002, 387; *Holeweg,* Europäischer und internationaler gewerblicher Rechtsschutz und Urheberrecht – Tabellarischer Überblick und aktuelle Entwicklungen –, GRUR Int. 2001, 141; *Kobiako,* Durchfuhr als Patentverletzungshandlung? – Zugleich Anmerkung zum Urteil des LG Hamburg vom 2. April 2004, GRUR Int. 2004, 832; *Leitzen,* Innergemeinschaftlicher Transit, Markenverletzung und Produktpiraterie, GRUR 2006, 89; *Lunze in Götting/Lunze,* Festschrift zum 10jährigen Jubiläum des Studiengangs „International Studies in IP Law" 2009, Grenzbeschlagnahme – ein zu scharfes Schwert? (zit. Lunze in FS 2009); *Milbradt,* Fighting Product Piracy – Law & Strategies in Germany, France, the Netherlands, Spain, UK, China, USA, 2009; *Nägele/Nitsche,* Gesetzentwurf der Bundesregierung zur Verbesserung der Durchsetzung von Rechten des geistigen Eigentums, WRP 2007, 1047; *Paul/Leopold,* Res in transitu – quo vaditist? – Markenrechtlicher Schutz gegen Warentransit in Europa, EuZW 2005, 685; *Pickrahn,* Die Bekämpfung von Parallelimporten nach dem neuen Markengesetz, GRUR 1996, 383; *Rinnert/Witte,* Anwendung der Grenzbeschlagnahmeverordnung auf Markenwaren in Zollverfahren, GRUR 2009, 29; *Sack,* Die Durchfuhr im europäischen Markenrecht nach der EuGH-Entscheidung vom 6.4.2000 zur Produktpiraterie VO (EG) Nr. 3295/94, WRP 2000, 702; *Sack,* Export und Transit im Markenrecht, RIW 1995, 177; *Scheja,* Bekämpfung der grenzüberschreitenden Produktpiraterie durch die Zollbehörden, CR 1995, 714; *Schöner,* Die Bekämpfung der Produktpiraterie durch die Zollbehörden, Mitt. 1992, 180; *Ströbele/Hacker* (Hrsg.), Markengesetz, 8. Aufl., Köln u. a. 2006 (zit. Ströbele/Hacker/*Bearbeiter*); *Ulmar,* Markenverletzung durch Transit?, WRP 2005, 1371; *v. Welser,* Die neue europäische Produktpiraterieverordnung, EWS 2005, 202; *Wrede,* Strafrechtliche Sanktionen bei Verstößen gegen Geistiges Eigentum in Europa, MarkenR 2006, 469.

Vgl. darüber hinaus die Angaben im eingangs abgedr. Gesamtliteraturverzeichnis.

Übersicht

	Rn.
I. Zweck und Regelungsgehalt	1–7
II. Anwendungsbereich	8–10
III. Grenzbeschlagnahmeverfahren	11–21
1. Antrag	11–14
2. Antragsteller	15, 16
3. Sicherheitsleistung/Verpflichtungserklärung	17, 18
4. Entscheidung	19, 21
IV. Grenzbeschlagnahme	22–54
1. Rechtsverletzung	23–57
a) Vervielfältigungsstücke	24
b) Herstellung oder Verbreitung	25–27
c) Maßgeblicher Prüfungsansatz	28–32
d) Passivlegitimation für zivilrechtliche Ansprüche	33–35
e) Private Einfuhren	36, 37
f) Offensichtlichkeit	38, 39
g) Einfuhr, Ausfuhr	40
h) Durchfuhr	41–55
aa) Anwendungsbereich des § 111b	41, 42
bb) Anwendungsbereich der VO (EG) 1383/2003	43
(1) Entwicklung der Rechtsprechung	44–46
(2) Darlegung einer Rechtsverletzung	47–55
i) Andere Nichterhebungsverfahren	56–58
2. Anordnung der Beschlagnahme	59, 60

	Rn.
3. Vereinfachtes Verfahren	61–69
a) Verfahren nach § 111b Abs. 3	61
b) Verfahren nach Art. 11 VO (EG) 1383/2003	62–69
4. Widerspruch/Ablehnung der Vernichtung	70–79
a) Verfahren nach § 111b Abs. 4	70–76
b) Verfahren nach Art. 13 VO (EG) 1383/2003	77–79
5. Keine Dispositionsbefugnis	80
V. Einziehung	81, 82
VI. Rechtsmittel	83–86
1. Versagung/Einschränkung des Antrags auf Durchführung der Grenzbeschlagnahme	83
2. Beschlagnahme bzw. AdÜ/ZvW von Vervielfältigungsstücken	84, 85
3. Einziehung von Vervielfältigungsstücken	86
VII. Schadensersatz	87–94
VIII. Anwendung des § 111b im Verfahren nach der VO (EG) 1383/2003	95

I. Zweck und Regelungsgehalt

Bei der Einführung von Waren, die Urheberrechte oder Leistungsschutzrechte Dritter verletzen, besteht die Gelegenheit, die **Ware** an der Grenze **in ihrer Gesamtheit zu beschlagnahmen.** Hierdurch kann dann wirksam der weitere Vertrieb dieser Waren unterbunden werden. Über den konkreten Einzelfall hinaus hat die Möglichkeit zur Grenzbeschlagnahme auch einen **generalpräventiven Charakter.** Der Rechtsverletzer muss damit rechnen, dass seine gesamten Waren beschlagnahmt und eingezogen werden, mithin seine gesamten Bemühungen und Aufwendungen vergeblich waren. **1**

Die Regelung über die Grenzbeschlagnahme geht auf das **Produktpirateriegesetz** v. 7.3.1990 (BGBl. I S. 422) zurück und war zunächst in § 111a a. F. geregelt. Durch das Gesetz zur Regelung des Urheberrechts in der Informationsgesellschaft v. 10.9.2003 (BGBl. I S. 1774) hat sich die Nummerierung auf § 111b geändert. Eine inhaltliche Änderung hat die nationale Regelung der Grenzbeschlagnahme durch das Gesetz zur Verbesserung der Durchsetzung von Rechten des geistigen Eigentums v. 7.7.2008 (BGBl. I S. 1191) erfahren. **2**

Die auf dem Produktpirateriegesetz beruhende nationale Regelung über die Grenzbeschlagnahme ist durch die Regelung einer Grenzbeschlagnahme auf europäischer Ebene ergänzt und in ihrem Anwendungsbereich deutlich eingeschränkt worden. Die erste europäische Regelung über die Grenzbeschlagnahme geht auf die **VO (EG) 3295/94** (ABl. Nr. L 341 v. 30.12.1994, 8f.) zurück. Die VO (EG) 3295/94 ist durch die **VO (EG) 1383/2003** (ABl. Nr. L 196v. 2.8.2003, 7f.) mit Wirkung zum 1.7.2004 aufgehoben und vollständig durch die Regelungen der neuen VO ersetzt worden (vgl. Art 24, 25 VO (EG) 1383/2003). Die Vorschriften über die Grenzbeschlagnahme nach der VO (EG) 1383/2003 gehen den Vorschriften über die nationale Grenzbeschlagnahme vor (vgl. dazu unten Rn. 8). Die VO (EG) 1383/2003 betrifft die Grenzbeschlagnahme im Verhältnis zwischen der Europäischen Union und Drittstaaten. Ihre Durchführung ist in der VO (EG) 1891/2004 geregelt. **3**

In § 111b Abs. 1 sind zum einen die Voraussetzungen, unter denen Vervielfältigungsstücke der Grenzbeschlagnahme unterliegen, und zum anderen das Verhältnis zwischen § 111b und der VO (EG) 1383/2003 geregelt. Eine Grenzbeschlagnahme führen die Zollbehörden nur dann durch, wenn zuvor ein entsprechender Antrag gestellt wurde, der u. a. auch Unterlagen enthalten muss, aus denen sich das Bestehen der geschützten Rechte zu Gunsten des Antragstellers ergibt, sowie Angaben dazu enthalten muss, aufgrund welcher Merkmale Plagiate von Originalprodukten unterschieden werden können. Hat die zuständige Zollbehörde (vgl. dazu unten Rn. 11) einem solchen Antrag stattgegeben, werden die einzelnen Zolldienststellen angewiesen, auf etwaige offensichtliche Rechtsverletzungen zu **4** achten und bei deren Vorliegen die Beschlagnahme (die VO (EG) 1383/2003 spricht insoweit von „Aussetzung der Überlassung" oder „Zurückhaltung") anzuordnen.

5 Kommt es zu einer Beschlagnahme von Vervielfältigungsstücken nach § 111b, richtet sich das weitere Verfahren danach, ob der Verfügungsberechtigte der Beschlagnahme widerspricht. Wenn der Verfügungsberechtigte der Beschlagnahme nicht widerspricht, ordnet die Zollbehörde die Einziehung der Vervielfältigungsstücke im sog. „vereinfachten Verfahren" an (§ 111b Abs. 3). Widerspricht der Verfügungsberechtigte der Beschlagnahme und hält der Antragsteller seinen Antrag aufrecht, ist es seine Aufgabe, eine gerichtliche Entscheidung zu erwirken, auf deren Grundlage die Beschlagnahme dann aufrechterhalten werden kann (§ 111b Abs. 4). § 111b Abs. 5 begründet zu Gunsten des Verfügungsberechtigten unter bestimmten Voraussetzungen einen verschuldensunabhängigen Schadensersatzanspruch gegen den Antragsteller, wenn sich die Beschlagnahme als von vornherein ungerechtfertigt erweist. Die gegen die Beschlagnahme und Einziehung zulässigen Rechtsmittel sind in § 111b Abs. 7 geregelt.

6 Die Regelungen des § 111b Abs. 1 bis 7 sind über den neu eingefügten § 111c Abs. 8 auf die Grenzbeschlagnahme nach der VO (EG) 1383/2003 entsprechend anwendbar, soweit in dieser nicht Bestimmungen enthalten sind, die dem entgegenstehen. In der VO 1383/2003 ist u. a. ein europaweit einheitliches vereinfachtes Vernichtungsverfahren (vgl. Art. 11 VO (EG) 1383/2003) vorgesehen. Der Umfang, in dem § 111b entsprechend auf die Grenzbeschlagnahme nach der VO (EG) 1383/2003 anwendbar ist, ist daher eher gering. Die erforderlichen nationalen Regelungen zur Durchführung des vereinfachten Vernichtungsverfahrens nach der VO (EG) 1383/2003 sind in § 111c geregelt.

7 Neben der Beschlagnahme von rechtsverletzenden Waren im Grenzbeschlagnahmeverfahren kommt eine **Beschlagnahme nach** den **strafrechtlichen Bestimmungen (§§ 94 ff. StPO)** in Betracht, wenn die Begehung einer Straftat (vgl. §§ 106 ff.) im Raum steht. Zuständig für die Anordnung einer Beschlagnahme nach den §§ 94 ff. StPO ist das Gericht und bei Gefahr im Verzug die Staatsanwaltschaft (vgl. § 98 StPO).

II. Anwendungsbereich

8 Durch § 111b Abs. 1 S. 1 wird klargestellt, dass die **VO (EG) 1383/2003 Vorrang vor den nationalen Regelungen** über die Grenzbeschlagnahme hat. Nach Art. 1 Abs. 1 lit. a) VO (EG) 1383/2003 findet diese auf die **Einfuhr, Ausfuhr und die Überführung von Waren in den zollrechtlich freien Verkehr Anwendung.** Des Weiteren findet sie nach Art. 1 Abs. 1 lit. b) Anwendung auf die zollamtliche Prüfung von Waren, die in das Zollgebiet oder aus dem Zollgebiet der EU verbracht werden. Die **VO (EG) 1383/2003** betrifft damit **Waren, die aus Drittländern stammen und in die Mitgliedstaaten der Europäischen Union oder die Vertragsstaaten des Abkommens über den europäischen Wirtschaftsraum** eingeführt, durch diese durchgeführt oder von hier aus in Drittländer ausgeführt werden sollen. Diese Waren unterliegen nach Art. 9 Abs. 1 VO (EG) 1383/2003 der Grenzbeschlagnahme, wenn sie ein Recht geistigen Eigentums verletzen. Die „Waren, die ein Recht geistigen Eigentums verletzen" sind in Art. 2 Abs. 1 VO (EG) 1383/2003 definiert. Nach Art. 2 Abs. 1 lit. b) VO (EG) 1383/2003 unterliegen Waren, die Urheberrechte oder verwandte Schutzrechte (hiervon sind auch die im UrhG geregelten Leistungsschutzrechte erfasst) verletzen, der Grenzbeschlagnahme. Derartige Waren werden als „unerlaubt hergestellte Waren" bezeichnet und bilden eine Untergruppe der „Waren, die ein Recht geistigen Eigentums verletzen".

9 Die VO (EG) 1383/2003 deckt die Einfuhr rechtsverletzender Vervielfältigungsstücke aus Drittländern und deren Ausfuhr in solche Länder umfassend ab. **Der Anwendungsbereich des § 111b beschränkt sich** daher, soweit er nicht gem. § 111c Abs. 8 auf das Verfahren nach der VO (EG) 1383/2003 entsprechend anzuwenden ist, im Grundsatz allein **auf die**

Grenzbeschlagnahme von rechtsverletzenden Waren im Verkehr unter den Mitgliedstaaten der Europäischen Union sowie zwischen diesen und den EFTA-Staaten. Allerdings gibt es hiervon noch eine Ausnahme. Zu den „Waren, die ein Recht geistigen Eigentums verletzen", gehören nämlich nicht **parallelimportierte Waren,** in Bezug auf die eine Erschöpfung nach § 17 Abs. 2 noch nicht eingetreten ist (vgl. Art. 3 Abs. 1 VO (EG) 1383/2003; s. auch BFH GRUR Int. 2000, 780, 781 f. – Jockey [zur VO (EG) 3295/94]; *v. Welser* EWS 2005, 202, 203). Derartige Waren können aber nach § 111b beschlagnahmt werden. Insoweit kommt dem § 111b weiterhin Bedeutung in Bezug auf den Warenverkehr mit Drittländern zu (BFH GRUR Int. 2000, 780, 781 – Jockey; *Ingerl/Rohnke* § 146 MarkenG Rn. 3; BRegE Gesetz zur Verbesserung der Durchsetzung von Rechten des geistigen Eigentums, BT-Drucks. 16/5048, 88; a. A. *v. Welser* EWS 2005, 202, 203; *Heim* WRP 2005, 167; *Knaak* GRUR Int. 2000, 782). Es empfiehlt sich daher, den Grenzbeschlagnahmeantrag sowohl nach der VO (EG) 1383/2003 als auch nach § 111b zu stellen.

Da im innergemeinschaftlichen Grenzverkehr in der Regel keine Zollkontrollen mehr stattfinden, ist der eigentliche sachliche Anwendungsbereich des § 111b in der Praxis regelmäßig auf die zusätzliche Möglichkeit der Beschlagnahme von Parallelimporten begrenzt. Im Folgenden wird das Grenzbeschlagnahmeverfahren nach § 111b einerseits und nach der VO (EG) 1383/2003i. V. m. § 111c andererseits gemeinsam dargestellt. Soweit sich relevante Unterschiede ergeben, wird hierauf gesondert hingewiesen.

III. Grenzbeschlagnahmeverfahren

1. Antrag

Die Durchführung eines Grenzbeschlagnahmeverfahrens nach § 111b und/oder nach der VO (EG) 1383/2003 (diese spricht von einem „Antrag auf Tätigwerden"; vgl. Art. 5 Abs. 1) setzt einen Antrag bei der hierfür **zuständigen Zollbehörde** voraus. Für beide Verfahren ist in Deutschland die Bundesfinanzdirektion Südost, Zentralstelle Gewerblicher Rechtsschutz (ZGR), Sophienstraße 6, 80333 München, zuständig (die früher zuständige Oberfinanzdirektion (OFD) Nürnberg wurde durch das Zweite Gesetz zur Änderung des Finanzverwaltungsgesetzes vom 13.12.2007 aufgelöst, BGBl. 2007 I Nr. 65, S. 2897). Für die Antragstellung setzt die deutsche Zollverwaltung seit Mai 2009 ein neues Online- Datenverarbeitungssystem ein, das „ZGR online" (Zentrales Datenbanksystem zum Schutz Geistiger Eigentumsrechte online), über das alle Anträge auf Tätigwerden der Zollbehörden gestellt, geändert bzw. verlängert werden können (weitere Informationen unter www.ipr.zoll.de). Vor der erstmaligen Antragstellung ist eine einmalige Online-Registrierung unter www.fms-zgr.zoll.de erforderlich. Bei europaweiten Anträgen müssen bestimmte Informationen zusätzlich auf CD-ROM eigereicht werden, da bisher noch kein gemeinschaftsweites System zum elektronischen Datenaustausch existiert. Die EU-Kommission arbeitet aber bereits an der Entwicklung eines solchen „AFAS"-Systems (Application System for Action).

Um das Grenzbeschlagnahmeverfahren effektiv und erfolgreich zu gestalten, sollten möglichst **konkrete Merkmale angegeben** werden, anhand derer die Zollbehörden ohne größere Mühe erkennen können, ob es sich um eine rechtsverletzende Ware handelt oder nicht. Für die Grenzbeschlagnahme nach der VO (EG) 1383/2003 sind in jedem Fall Angaben zur leichten Identifizierung von Plagiaten erforderlich. Hierzu gehören insb. die in Art 5 S. 1 lit. i) bis iii) und S. 2 VO (EG) 1383/2003 genannten Angaben ([1] Beschreibung der Waren, [2] Informationen zu möglichen Plagiaten, [3] Kontaktperson, [4] Darlegung der Rechtsinhaberschaft). Weiteres zwingendes Erfordernis für die Stattgabe des Antrags ist die Abgabe einer Erklärung durch den Antragsteller, in der dieser sich verpflichtet, bei einem Fall des ungerechtfertigten Tätigwerdens der Zollbehörden, welches der Antragsteller zu vertreten hat, zu haften und die Kosten wie z.B. die Lagerung, Vernichtung oder Übersetzung zu tragen (Art. 6 VO (EG) 1383/2003). Diese Erklärung ist auf einem Formblatt der Zollbehörde abzugeben. Werden diese Angaben nicht gemacht, kann die zuständige Zollbehörde sich dazu entschließen, den Antrag nicht zu bearbeiten (Art. 5 Abs. 8 VO (EG) 1383/2003).

13 Darüber hinaus liegt es im Interesse des Antragstellers, der Zollbehörde möglichst genaue und leicht zu handhabende Informationen zu übermitteln, um den einzelnen Zollämtern ein Auffinden der rechtsverletzenden Ware zu ermöglichen bzw. zu erleichtern. Eine nicht abschließende Aufzählung von weiteren Angaben, die hierfür nützlich sein können, ist in Art. 5 Abs. 5 S. 4 lit. a) bis h) VO (EG) 1383/2003 enthalten. Nur auf diese Weise kann die einzelne Zollbehörde prüfen, ob es sich um eine „offensichtliche Rechtsverletzung" handelt, deren Vorliegen zumindest für die Beschlagnahme nach § 111b notwendig ist (vgl. dazu noch Rn. 38f.). Neben der Angabe von Unterscheidungsmerkmalen zwischen Originalware und rechtsverletzender Ware, können auch die Vertriebswege, die bei der Einfuhr üblicherweise beteiligten Personen oder aber die regelmäßig für die Einfuhr zuständigen Zollbehörden benannt werden. Kommt es dann zu Abweichungen, besteht zumindest ein gewisser Anfangsverdacht, der die Zollbehörden zu einer genaueren Überprüfung der Ware oder zur Nachfrage beim Antragsteller veranlassen kann.

14 Nach **Art. 4 VO (EG) 1383/2003** kann die Zollbehörde, auch **ohne** dass ein **Grenzbeschlagnahmeantrag** vorliegt, **die Überlassung der Ware für drei Arbeitstage aussetzen** oder zurückhalten, wenn der hineichende Verdacht besteht, dass die Waren ein Recht geistigen Eigentums verletzen. Hierdurch soll dem Inhaber des verletzten Rechts Gelegenheit gegeben werden, einen Antrag auf Tätigwerden bei der zuständigen Zollbehörde, in Deutschland also bei der Zentralstelle Gewerblicher Rechtsschutz (ZGR), zu stellen. In § 111b ist ein solches vorgeschaltetes Verfahren nicht vorgesehen.

2. Antragsteller

15 Einen Antrag auf Tätigwerden der Zollbehörden nach der **VO (EG) 1383/2003** kann gem. deren Art. 5 Abs. 1 der Rechtsinhaber stellen. Als Rechtsinhaber bezeichnet die VO (EG) 1383/2003 sowohl den Inhaber des Urheber- oder Leistungsschutzrechts (Art. 2 Abs. 2 lit. a)) als auch jede zur Nutzung solcher Rechte befugte Person oder einen Vertreter des Rechtsinhabers (Art. 2 Abs. 2 lit. b)). **Antragsberechtigt sind** daher **auch die Inhaber einfacher und ausschließlicher Nutzungsrechte** oder z. B. die deutsche Tochtergesellschaft eines ausländischen Rechtsinhabers, die für den Vertrieb der betreffenden Waren im Inland zuständig und vom Inhaber des Rechts entsprechend bevollmächtigt ist.

16 Demgegenüber ist **im Anwendungsbereich des § 111b der Begriff „Rechtsinhaber"** nicht gesetzlich definiert. Ausgehend vom Wortsinn, wie er der deutschen Rechtssprache zugrunde liegt, wird man als Rechtsinhaber eher den Inhaber des Rechtes selbst, nicht aber Dritte, die nur eine abgeleitete Rechtsposition für sich in Anspruch nehmen können, verstehen. Dies hätte aber, bezogen auf die Urheberrechte zur Konsequenz, dass allein der Urheber und seine Rechtsnachfolger (§ 28) zur Antragstellung befugt wären. Ein solches Verständnis würde jedoch den praktischen Bedürfnissen nicht gerecht, weil in vielen Bereichen üblicherweise die Inhaber von Nutzungsrechten das wirtschaftliche Interesse zur Antragstellung haben werden (z. B. Antragstellung durch ein Unternehmen, welches von seinem Mitarbeiter oder einem Dritten ein Nutzungsrecht erworben hat, welches z. B. zur Herstellung von Produkten eingesetzt wird). Der Sinn und Zweck des § 111b gebietet daher ein weites Verständnis des Begriffs „Rechtsinhaber". Neben dem Urheber oder Leistungsschutzberechtigten bzw. deren Rechtsnachfolgern sind daher auch die Inhaber von Nutzungsrechten zur Antragstellung befugt (Harte-Bavendamm/*Hoffmeister* § 5 Rn. 214; *Fezer* § 146 Rn. 7 [zum Markenrecht]).

3. Sicherheitsleistung/Verpflichtungserklärung

17 Ein Tätigwerden der Zollbehörden nach § 111b erfordert stets eine Sicherheitsleistung durch den Antragsteller. Die ZGR fordert als Sicherheitsleistung **regelmäßig** eine **selbst-**

schuldnerische Bankbürgschaft. Ein entsprechendes Formular kann im Wege der Online-Antragstellung generiert werden. Die Höhe der Sicherheitsleistung muss so bemessen sein, dass die mit dem Grenzbeschlagnahmeverfahren verbundenen Kosten sowie etwaige Schadensersatzansprüche des Verfügungsberechtigten, wenn sich eine Grenzbeschlagnahme später als von Anfang an ungerechtfertigt erweist, abgedeckt sind. Es empfiehlt sich, die Höhe der Sicherheitsleistung zuvor mit der ZGR abzustimmen. Feste Sätze gibt es nicht. Maßgebend kann sein, mit welcher Anzahl an Beschlagnahmen zu rechnen ist.

Im Anwendungsbereich der VO (EG) 1383/2003 ist die Hinterlegung einer Bürgschaft 18 nicht vorgesehen. Vielmehr wird dem Antrag nur stattgegeben, wenn der Antragsteller auf einem dafür vorgesehen und ebenfalls im Wege der Online-Antragstellung zu generierenden Formular gegenüber der ZGR eine **Verpflichtungserklärung** nach Art. 6 VO (EG) 1383/2003 abgibt. Auf diese Verpflichtungserklärung kann auch dann nicht verzichtet werden, wenn der Antragsteller für seinen parallel nach § 111b gestellten Antrag eine Bankbürgschaft übergeben hat.

4. Entscheidung

Hat der Antragsteller im Verfahren nach § 111b seine Antragsbefugnis hinsichtlich der 19 Rechte, wegen derer das Grenzbeschlagnahmeverfahren erfolgen soll, hinreichend dargelegt bzw. glaubhaft gemacht, die zur Erkennbarkeit einer offensichtlichen Rechtsverletzung notwendigen Angaben mitgeteilt und eine ausreichende Sicherheit geleistet, gibt die ZGR dem Grenzbeschlagnahmeantrag statt. Der Antragsteller hat dann also einen **Anspruch auf Durchführung der Grenzbeschlagnahme.** Lehnt die ZGR die Durchführung des Grenzbeschlagnahmeverfahrens ganz oder teilweise ab, kann hiergegen innerhalb einer Frist von einem Monat seit Zustellung des Bescheides Einspruch eingelegt werden (§ 347 AO; s. dazu auch unten Rn. 83). Dem Grenzbeschlagnahmeantrag kann, berechnet vom Tag der Entscheidung, für die Dauer von maximal einem Jahr stattgegeben werden (§ 111b Abs. 6 S. 1). Die Laufzeit der Grenzbeschlagnahme ist durch das Gesetz zur Verbesserung der Durchsetzung von Rechten des geistigen Eigentums zur Anpassung an die entsprechende Regelung in der VO (EG) 1383/2003 auf ein Jahr reduziert worden. Der Antragsteller kann aber auch eine kürzere Geltungsdauer beantragen (§ 111b).

Über den Antrag auf Tätigwerden nach Art. 5 Abs. 1 VO (EG) 1383/2003 entscheidet 20 ebenfalls die ZGR. Liegen die Voraussetzungen vor, ist dem Antrag stattzugeben. Nach Art. 5 Abs. 7 VO (EG) 1383/2003 hat die ZGR über den Antrag innerhalb einer Frist von 30 Arbeitstagen nach dem Zugang des Antrags schriftlich zu entscheiden. Gibt die ZGR dem Antrag auf Tätigwerden statt, hat sie den Zeitraum zu bestimmen, in dem die Zollbehörden tätig werden sollen. Dieser Zeitraum kann, berechnet vom Tag der Entscheidung, auf höchstens ein Jahr festgesetzt werden (Art. 8 Abs. 1 S. 1 u. 2, Abs. 3 VO (EG) 1383/2003). Eine Verlängerung ist auf entsprechenden Antrag hin um Zeiträume von ebenfalls maximal je ein Jahr möglich.

Die Entscheidung über den Verlängerungsantrag kann davon abhängig gemacht werden, 21 dass der Antragsteller alle ggf. im Rahmen des bisherigen Antrags auf Tätigwerden entstandenen Verbindlichkeiten tilgt (Art. 8 Abs. 1 S. 3 VO (EG) 1383/2003). Lehnt die ZGR den Antrag auf Tätigwerden ganz oder teilweise ab, kann der Antragsteller hiergegen gem. § 347 AO innerhalb einer Frist von einem Monat seit Zustellung des Bescheides Einspruch einlegen. Über das mögliche Rechtsmittel ist der Antragsteller zu belehren (Art. 5 Abs. 8 VO (EG) 1383/2003; s. dazu auch unten Rn. 83).

IV. Grenzbeschlagnahme

Hat die ZGR einem Antrag auf Durchführung der Grenzbeschlagnahme bzw. einem 22 Antrag auf Tätigwerden stattgegeben, werden die Zollbehörden auf der Grundlage der ihnen von dem Antragsteller zur Verfügung gestellten Informationen die Beschlagnahme von rechtsverletzenden Vervielfältigungsstücken (im Verfahren nach § 111b) bzw. die Aussetzung der Überlassung oder die Zurückhaltung von Waren (im Folgenden „AdÜ/ZvW" genannt) anordnen. Diese auf den konkreten Fall bezogenen Maßnahmen werden von den Zollbehörden getroffen und sind von dem Grenzbeschlagnahmeantrag bzw. dem Antrag auf Tätigwerden zu unterscheiden und in ihrem jeweiligen Schicksal voneinander unabhängig. Die Regelungen der VO (EG) 1383/2003, insb. die Regelungen über das Verfahren nach der Beschlagnahme bzw. nach der AdÜ/ZvW, weichen teilweise deutlich voneinander ab. Die Voraussetzungen, unter denen die Zollbehörde Maßnahmen treffen kann, sind jedoch in weiten Teilen deckungsgleich, weshalb sie hier auch gemeinsam behandelt werden.

1. Rechtsverletzung

23 Eine Beschlagnahme bzw. AdÜ/ZvW kann sowohl wegen der **Verletzung von Urheber- als auch von Leistungsschutzrechten** erfolgen. Dies ergibt sich im Anwendungsbereich des § 111b aus der ausdrücklichen Regelung in Abs. 1 S. 1. Im Anwendungsbereich der VO (EG) 1383/2003 sind die durch das UrhG geschützten Leistungsschutzrechte nach Art. 2 Abs. 1 lit. b) als mit dem Urheberrecht „verwandte Schutzrechte" bezeichnet. Ob eine Rechtsverletzung vorliegt, richtet sich sowohl im Verfahren nach § 111b als auch nach der VO (EG) 1383/2003 allein nach dem materiellen Recht des jeweiligen Mitgliedstaates, in dem die zollbehördliche Maßnahme vorgenommen werden soll (vgl. Art. 10 S. 1 VO (EG) 1383/2003). Beide Regelungen begründen daher keinen eigenen, gesondert für die Grenzbeschlagnahme geschaffenen, Verletzungstatbestand (OLG Karlsruhe GRUR-RR 2002, 278, 279 [zu § 142a PatG]). Allerdings bedeutet dies nicht, dass bei der Prüfung der einschlägigen Verletzungstatbestände nicht die Besonderheiten der bei der Grenzbeschlagnahme vorzufindenden Sachverhalte zu berücksichtigen sind (vgl. dazu noch Rn. 28 ff.).

24 a) **Vervielfältigungsstücke.** Für den Tatbestand der Rechtsverletzung stellt § 111b Abs. 1 S. 1 auf die Verletzung durch die Herstellung oder Verbreitung von Vervielfältigungsstücken des Urheber- oder Leistungsschutzrechts ab. Unter dem Begriff „Vervielfältigungsstücke" sind solche i. S. d. § 16 zu verstehen. Vervielfältigung ist danach jede körperliche Festlegung, die geeignet ist, ein Werk auf irgendeine Weise den menschlichen Sinnen unmittelbar oder mittelbar zugänglich zu machen (BGHZ 17, 266, 270 – Grundig-Reporter; BGH GRUR 1991, 449, 453 – Betriebssystem). Unter einer Vervielfältigung ist daher auch die Übernahme von selbstständig geschützten Werkteilen (BGH GRUR 1988, 533, 535 – Vorentwurf II) sowie eine im Wesentlichen ähnliche Nachbildung des Werkes, bei der sich die Eigenart des Werkes auch in der Nachbildung widerspiegelt (BGH GRUR 1991, 529, 530 – Explosionszeichnungen; BGH GRUR 1988, 533, 535 – Vorentwurf II; ausführlich zum Begriff der Vervielfältigung § 16 Rn. 2 ff.) zu verstehen. Dieser Vervielfältigungsbegriff gilt auch im Verfahren nach der VO (EG) 1383/2003, in dessen Art. 2 Abs. 1 lit. b) Nachbildungen ausdrücklich mit aufgeführt werden.

25 b) **Herstellung oder Verbreitung.** In § 111b Abs. 1 S. 1 wird konkret auf die Herstellung oder Verbreitung von Vervielfältigungsstücken Bezug genommen. Die VO (EG) 1383/2003 nennt hingegen keine konkreten Verletzungshandlungen, sondern spricht neutral von der „Verletzung von Rechten geistigen Eigentums". Letztendlich ergeben sich hierdurch in der praktischen Anwendung aber keine Unterschiede, da im Zeitpunkt der Grenzbeschlagnahme die Feststellung anderer Handlungen als die rechtsverletzende Herstellung oder Verbreitung von Vervielfältigungsstücken ohnehin kaum in Betracht kommen dürfte.

26 Das **Vervielfältigungsrecht** ist umfassend und erstreckt sich auf die Herstellung von Vervielfältigungsstücken jeder Art, ohne dass es darauf ankommt, ob die Herstellung zu privaten, geschäftlichen oder sonstigen Zwecken erfolgt. Nur dann, wenn ausschließlich

zum **privaten** oder **sonstigen eigenen Gebrauch** einzelne Vervielfältigungsstücke hergestellt worden sind, greift die Schranke des § 53 ein, so dass dann keine Rechtsverletzung vorliegt. Von einzelnen Vervielfältigungsstücken kann aber nur die Rede sein, sofern und soweit diese allein zur Deckung des rein persönlichen Bedarfs erforderlich sind (vgl. dazu § 53 Rn. 11 f.). Abzustellen ist dabei auf den Hersteller, der mit dem Einführer der rechtsverletzenden Ware in der Regel nicht identisch ist. Das Eingreifen von Schranken muss nicht der Antragsteller, sondern der Einführer darlegen und beweisen.

Die Handlungsform der **Verbreitung** umfasst das öffentliche Anbieten und Inverkehrbringen von Vervielfältigungsstücken. Ausgenommen hiervon ist aber die rein private Weitergabe an einen individualisierbaren und abgegrenzten Personenkreis (vgl. dazu § 17 Rn. 4 ff.). 27

c) Maßgeblicher Prüfungsansatz. Die Prüfung, ob eine zur Beschlagnahme berechtigende Verletzungshandlung vorliegt, beurteilt sich für das Tätigwerden der deutschen Zollbehörden stets nach den Vorschriften des UrhG. Dies liegt im Fall der beabsichtigten Ausfuhr von in Deutschland hergestellten rechtsverletzenden Vervielfältigungsstücken auf der Hand, da hier tatsächlich eine im Inland vorgenommene Tathandlung vorliegt. Entsprechendes gilt aber auch für sämtliche anderen Konstellationen. **Zu beurteilen ist daher, ob die (beabsichtigte) Verbreitung der Vervielfältigungsstücke im Inland unter Zugrundelegung des UrhG eine Rechtsverletzung darstellt. Dies gilt auch für die Frage, ob die im Ausland erfolgte Herstellung von Vervielfältigungsstücken eine Rechtsverletzung darstellt.** Anderenfalls wäre eine Rechtsverletzung nach dem UrhG für den Bereich der Herstellung nur in den Fällen des Reimportes denkbar, nicht aber bei der Herstellung im Ausland, wie sie bei der Bekämpfung der Produktpiraterie nahezu ausnahmslos vorliegt. Das Abstellen auf eine ausländische Rechtsordnung mit ggf. eingeschränktem Schutzniveau widerspräche dem Sinn und Zweck der Grenzbeschlagnahmeverfahren, möglichst effektiv eine Einfuhr von im Ausland hergestellten Vervielfältigungsstücken, die im Inland zu einer Rechtsverletzung führen, zu verhindern. 28

Sofern für eine Verbreitung der Vervielfältigungsstücke im Inland keine konkreten Anhaltspunkte vorliegen, was insb. bei der Durchfuhr regelmäßig Probleme bereitet (vgl. dazu unten Rn. 48 f.), wäre, wenn man nicht auch für die Herstellung auf das UrhG abstellen würde, das Vorliegen einer Rechtsverletzung nach der Rechtsordnung des jeweiligen Produktionslandes zu prüfen. Die dortigen Verhältnisse in Bezug auf die Rechte des Antragstellers sind aber weder Gegenstand des Grenzbeschlagnahmeantrags noch kann ernsthaft erwartet werden, dass eine Zollbehörde auf der Grundlage einer ihr unbekannten ausländischen Rechtsordnung zu dem Ergebnis kommen wird, es sei eine offensichtliche Rechtsverletzung gegeben. Letztendlich sind die dargestellten Aspekte auch für die Frage, ob die Verbreitung zu einer Rechtsverletzung führt, von Bedeutung, da auch eine solche nur vorliegt, wenn die Herstellung entweder rechtsverletzend war oder, sofern eine Zustimmung des Rechtsinhabers zur Herstellung und Verbreitung vorliegt, diese nicht zu einer Erschöpfung der inländischen Verbietungsrechte geführt hat. 29

Aufgrund des Vorgesagten ist daher, auch sofern tatsächlich noch keine inländischen Tathandlungen stattgefunden haben, **zu prüfen, ob das Vervielfältigungsstück, wenn es in Deutschland hergestellt worden wäre, zu einer Verletzung der Urheber- oder Leistungsschutzrechte nach dem UrhG führen würde** (ausführlich hierzu *Braun/Heise* GRUR Int. 2001, 28, 31 f. m. w. N.). Allein diese Interpretation bewirkt, dass die Möglichkeit der Grenzbeschlagnahme, sofern nur auf eine rechtsverletzende Herstellung der Vervielfältigungsstücke abgestellt werden kann, nicht mehr oder weniger leer läuft und damit ohne sinnvollen praktischen Anwendungsbereich bleibt. Zwar wäre es möglich, dass auch im Herkunftsland eine Rechtsverletzung durch die Herstellung des Vervielfältigungsstücks gegeben ist, jedoch dürfte bei einem Abstellen auf das ausländische Recht eine offensichtliche Rechtsverletzung kaum mehr anzunehmen sein. Darüber hinaus kann auch 30 die Inhaberschaft an den Rechten auseinanderfallen und es kann der Rechtsinhaber im Herkunftsland, wenn dieses außerhalb der Europäischen Union und den Vertragsstaaten des europäischen Wirtschaftsraums liegt, seine Zustimmung zur Herstellung gegeben haben, ohne dass es dadurch zu einer Erschöpfung der Rechte in Deutschland gekommen ist.

31 Aus den vorstehenden Erwägungen sind die unterschiedlichen Konstellationen wie folgt zu beurteilen:
– Die Frage, ob eine rechtsverletzende Herstellung der Vervielfältigungsstücke vorliegt, ist stets, also auch bei der Herstellung im Ausland, nach den Regelungen des UrhG unter der Annahme zu prüfen, die Herstellung habe im Inland stattgefunden. Liegt danach eine Rechtsverletzung vor, kann die Beschlagnahme bzw. AdÜ/ZvW bereits hierauf gestützt werden.
– Die bei der Einfuhr einer überschaubaren Anzahl von in rechtsverletzender Weise hergestellten Vervielfältigungsstücken bisweilen schwierig anzustellende Prognose, ob auch deren Verbreitung im Inland droht, ist für die Anordnung der Beschlagnahme regelmäßig nicht von entscheidender Bedeutung, da bereits die rechtsverletzende Herstellung eine ausreichende Grundlage für die Beschlagnahme bietet. Es kommt daher in diesen Fällen nicht zusätzlich darauf an, ob auch eine Verbreitung im Inland droht (a. A. Dreier/Schulze/*Dreier* § 111b Rn. 7, die anscheinend eine Einfuhr zum Zwecke der Verbreitung fordern). Für die hier vertretene Ansicht spricht bereits der Wortlaut des § 111b, der die Handlungsformen „Herstellung" bzw. „Verbreitung" durch das Wort „oder" verknüpft und damit deutlich macht, dass beide nicht kumulativ vorliegen müssen.
– Nur dann, wenn die Herstellung rechtmäßig erfolgte und keine Erschöpfung nach § 17 Abs. 2 eingetreten ist, kommt es für die Anordnung der Beschlagnahme maßgebend darauf an, ob eine Verbreitung im Inland droht. Des Weiteren ist die drohende Verbreitung im Inland bei der Durchfuhr (Transit) gesondert zu prüfen, da in jenem Fall nur bei einer drohenden Verbreitung im Inland auch eine offensichtliche Rechtsverletzung angenommen werden kann (vgl. dazu unten Rn. 48f.).

32 Die dargestellten **Maßstäbe** für die Beurteilung des Vorliegens einer **Rechtsverletzung** sind **auch im Anwendungsbereich der VO (EG) 1383/2003** anzuwenden. Hier wird dies durch Art. 10 sogar noch deutlicher hervorgehoben, in dem ausdrücklich darauf abgestellt wird, dass sich die Beurteilung der Frage, ob ein Recht geistigen Eigentums verletzt ist, nach den Rechtsvorschriften des Mitgliedstaates richtet, in dessen Hoheitsgebiet sich die Vervielfältigungsstücke befinden. Auch die Anmerkung 3 zu Art. 51 TRIPs spricht für diese Sichtweise (so zu Recht *Braun/Heise* GRUR Int. 2001, 28, 32).

33 **d) Passivlegitimation für zivilrechtliche Ansprüche.** Das Vorliegen einer Rechtsverletzung führt nicht automatisch dazu, dass alle an der Ein-, Aus- oder Durchfuhr beteiligten Personen auch zivilrechtlich für die Rechtsverletzung verantwortlich sind. Der Absender der Waren sowie der endgültige Empfänger werden zwar regelmäßig als **Täter** passivlegitimiert sein. Dies gilt aber regelmäßig nicht für den Spediteur sowie die weiteren für den reinen Transport eingeschalteten Personen. Diese werden nämlich regelmäßig keine konkreten Informationen darüber haben, aus denen sich zumindest die naheliegende Gefahr einer Rechtsverletzung ergeben könnte. Eine **Täterschaft** oder **Teilnahme** der **Transportunternehmen scheidet** daher **im Regelfall** schon wegen eines fehlenden vorsätzlichen Handelns **aus**. Auch ein Hinweis des Verletzten auf die Rechtsverletzung des Haupttäters nach der bereits erfolgten Grenzbeschlagnahme (BGH GRUR 2012, 1263 Rn. 12f. – Clinique happy; s. insoweit auch die Erwägungen der Vorinstanz KG Berlin GRUR-RR 2011, 263, 267 – Clinique) oder die Mitteilung über die AdÜ, aus der sich der bloße Verdacht einer Rechtsverletzung ergibt (BGH GRUR 2009, 1142, 1144, Rn. 28 – MP3-Player-Import; OLG Hamburg GRUR-RR 2007, 350, 351 – YU-GI-OH!-Karten), begründen nicht schon allein den für die Gehilfenstellung erforderlichen bedingten Vorsatz hinsichtlich der Haupttat, weil sich daraus noch nicht ergibt, dass der Spediteur die Rechtsverletzung nunmehr billigend in Kauf nimmt.

Die **Transportpersonen** sind in aller Regel auch nicht von vornherein als Störer für die 34 Rechtsverletzung verantwortlich. Eine **Störerhaftung** setzt nach der neueren Rechtsprechung des BGH voraus, dass eine Person – ohne Täter oder Teilnehmer zu sein – in irgendeiner Weise willentlich und adäquat-kausal an der Herbeiführung oder Aufrechterhaltung einer rechtswidrigen Beeinträchtigung mitgewirkt und darüber hinaus ihm obliegende Prüfungspflichten verletzt hat (BGH GRUR 2004, 860, 864 – Internetversteigerung I; BGH GRUR 2007, 708, 711, Rn. 40 – Internet-Versteigerung II m. w. N.). Eine allgemeine Pflicht der Transportpersonen zur Untersuchung der zu transportierenden Waren auf etwaige Verletzungen von Schutzrechten Dritter besteht aber nicht (so bereits BGH GRUR 1957, 352, 353 – Pertussin II; nunmehr einhellige Ansicht: BGH GRUR 2009, 1142, 1145, Rn. 41 – MP3-Player-Import; OLG Hamburg GRUR-RR 2007, 350, 351 – YU-GI-OH!-Karten; KG Berlin GRUR-RR 2011, 263, 267 – Clinique; *Cordes* GRUR 2007, 483, 488).

Ein **Spediteur oder eine andere Transportperson** dürfen sich aber nur solange ohne 35 Weiteres darauf verlassen, dass von dem Versender oder Empfänger die **Schutzrechte Dritter** beachtet werden, wie ihnen nicht **konkrete Anhaltspunkte** dafür vorliegen, dass diese Rechte tatsächlich nicht beachtet worden sind. In dieser Situation muss der Spediteur (entsprechend bei anderen Transportpersonen) die zumutbaren Maßnahmen ergreifen, um den Verdacht der Schutzrechtsverletzung aufzuklären und darf die Mitwirkung an der objektiv rechtswidrigen Handlung des Dritten weder fortsetzen noch unterstützen, da dieser sonst selbst zum Störer wird (BGH GRUR 2009, 1142, 1145, Rn. 41 – MP3-Player-Import, Rn. 45; KG Berlin GRUR-RR 2011, 263, 267 – Clinique). Der Hinweis auf eine konkrete Schutzrechtsverletzung durch den Schutzrechtsinhaber und die damit verbundene Möglichkeit der Kenntnisnahme, begründet in der Regel eine solche Prüfungspflicht der Transportperson (BGH GRUR 2009, 1142, 1145, Rn. 41 – MP3-Player-Import, Rn. 42; KG Berlin GRUR-RR 2011, 263, 267 Rn. 73 – Clinique ; OLG Hamburg GRUR-RR 2007, 350, 351 – YU-GI-OH!-Karten; ebenso *Cordes* GRUR 2007, 483, 488). Zumutbar ist ihm dann beispielsweise, seinen Auftraggeber über den Verdacht der Schutzrechtsverletzung zu unterrichten und von diesem hierzu nähere Informationen und Weisungen einzuholen BGH GRUR 2009, 1142, 1145, Rn. 41 – MP3-Player-Import, Rn. 48; KG Berlin GRUR-RR 2011, 263, 267 – Clinique). Ausnahmsweise kann dem Spediteur eine nähere Prüfung der beschlagnahmten Ware dann nicht zumutbar sein, wenn der unmittelbare Verletzer von dem Berechtigten bereits in Anspruch genommen worden ist oder ohne größere Schwierigkeiten in Anspruch genommen werden kann und ein solches Vorgehen geeignet und ausreichend erscheint, den Störungszustand zu beseitigen und drohende weitere Verletzungshandlungen zu verhindern (GRUR 2009, 1142, 1145, Rn. 50 – MP3-Player-Import; KG Berlin GRUR-RR 2011, 263, 267 – Clinique).

e) **Private Einfuhren.** Die Beschlagnahme bzw. AdÜ/ZvW von rechtsverletzenden 36 Vervielfältigungsstücken findet in einem engen Bereich rein privater Einfuhren keine Anwendung. Unabhängig davon, ob eine Rechtsverletzung gegeben ist, schreiten die Zollbehörden bei gefälschten Waren, die der Reisende in seinem persönlichen Gepäck mitführt, nicht ein, wenn die Waren keinen kommerziellen Charakter haben und der Warenwert innerhalb der Grenzen liegt, die für eine Gewährung einer Zollbefreiung vorgesehen sind. Die maßgeblichen **Reisefreimengen** für die Grenzziehung zwischen gewerblichem und Privatverkehr liegen derzeit bei einem Warenwert (maßgebend ist der Einkaufspreis im Urlaubsland) von insgesamt 430 € für Reisende im Flug- oder Seeverkehr bzw. 300 € für sonstige Reisende bzw. 175 € für Reisende unter 15 Jahren (Bundesministerium der Finanzen, Broschüre „Der Zoll – Produktpiraterie im Visier, März 2011, S. 3; weitere Informationen unter www.zoll.de).

Diese Praxis der Zollbehörenden findet in Art. 3 Abs. 2 VO (EG) 1383/2003 ihre ge- 37 setzliche Stütze. Im **Postverkehr,** auch wenn die Sendung an eine Privatperson gerichtet ist, findet die Ausnahmeregelung für den privaten Reiseverkehr keine Anwendung. Befinden sich in einer Postsendung rechtsverletzende Vervielfältigungsstücke, wird von der zuständigen Zollbehörde beim Vorliegen der sonstigen Voraussetzungen auch bei Unterschreitung der vorgenannten Werte die Beschlagnahme bzw. AdÜ/ZvW angeordnet.

38 f) Offensichtlichkeit. Eine Beschlagnahme ist nach § 111b nur bei einer offensichtlichen Rechtsverletzung möglich. Eine solche liegt vor, wenn **weder die Rechtslage zweifelhaft ist noch Anhaltspunkte dafür bestehen, dass der für die Beurteilung maßgebende Sachverhalt unvollständig ist oder sich noch entscheidungserheblich ändern wird.** Für die praktische Umsetzung folgt daraus, dass der Zollbeamte in der Lage sein muss, die Rechtsverletzung ohne juristische und sonstige Fachkenntnisse zu identifizieren (Schricker/Loewenheim/*Haß* § 111b UrhG Rn. 4; Spindler/Schuster/*Schuster* § 111b UrhG Rn. 8). Abzustellen ist hierbei auf einen durchschnittlich geschulten Zollbeamten, da dieser die Prüfung vornimmt und letztendlich die Entscheidung darüber zu treffen hat, ob die Beschlagnahme angeordnet wird oder nicht. Nicht erheblich ist, ob der Zollbeamte die offensichtliche Rechtsverletzung allein aufgrund eigener Kenntnisse feststellen kann. Er kann zur Entscheidungsfindung vielmehr auch auf ergänzende Angaben des Antragstellers, die dieser z.B. im Anschluss an eine Inaugenscheinnahme der streitgegenständlichen Vervielfältigungsstücke abgibt, berücksichtigen. Kann der Antragsteller das Vervielfältigungsstück eindeutig als rechtsverletzend identifizieren und legt er dies der Zollbehörde nachvollziehbar dar, wird dies in der Praxis regelmäßig für eine Offensichtlichkeit einer Rechtsverletzung ausreichend sein.

39 Im Anwendungsbereich der **VO (EG) 1383/2003** wird nicht auf das Erfordernis einer offensichtlichen Rechtsverletzung abgestellt. Vielmehr ist in Art. 9 Abs. 1 VO (EG) 1383/2003 nur davon die Rede, dass Waren „im Verdacht stehen, ein Recht geistigen Eigentums zu verletzen". Ein **„Verdacht"** in diesem Sinne liegt nach herrschender Auffassung bereits dann vor, wenn die **überwiegende Wahrscheinlichkeit einer Rechtsverletzung** besteht (*Haft/Hacker u.a.* GRUR Int 2009, 826, 829; *Cordes* GRUR 2007, 483, 485 [zur Patentverletzung]; Benkard/*Rogge/Grabinski*, 10. Aufl. 2006, § 142a PatG Rn. 20; LG Düsseldorf, Urteil v. 19.6.2008, Az. 4b O 130/08, juris Rn. 58 – Druckbogenstabilisierer II [zum Patentrecht]; ähnlich Schulte/*Kühnen*, 8. Aufl. 2008, § 142a PatG Rn. 15, der „die nicht notwendig überwiegende, aber aufgrund konkreter Anhaltspunkte belegbare Wahrscheinlichkeit" fordert; noch großzügiger *Rinnert/Witte* GRUR 2009, 29, 31 [zum Markenrecht], die schon die bloße Möglichkeit einer Schutzrechtsverletzung ausreichen lassen, da die gesetzliche Formulierung ein Verweis auf die geringste Stufe des Naheliegens einer rechtswidrigen Handlung beinhalte).

40 g) Einfuhr, Ausfuhr. Von der Grenzbeschlagnahme erfasst sind unstreitig die Ein- und Ausfuhr rechtsverletzender Vervielfältigungsstücke. Im Fall der Ausfuhr kommt es zur Verwirklichung einer inländischen Rechtsverletzung. Bei der Einfuhr besteht zumindest die hinreichend konkrete Gefahr einer Verletzung im Inland. Geht man davon aus, dass sich die Ware bei der Durchführung des Verfahrens zur Einfuhr bereits im Inland befindet, kommt es auch bei der Einfuhr bereits zu einer Verwirklichung der Rechtsverletzung.

41 h) Durchfuhr. aa) Anwendungsbereich des § 111b. Im Anwendungsbereich des § 111b ist eine – wenngleich wünschenswerte – Interpretation dahingehend, dass bereits die Durchfuhr der Grenzbeschlagnahme unterliegt, wohl nur schwer möglich, weil der Gesetzgeber bereits in seinen Erwägungen zum Produktpirateriegesetz (BT-Drucks. 11/4792, 41) deutlich gemacht hat, die Durchfuhr gerade nicht erfassen zu wollen. Dies wird auch durch den Wortlaut des § 111b indiziert, der nur auf die Ein- oder Ausfuhr von Waren abstellt. Davon ist die Durchfuhr von Waren, so wie sie in Art. 1 Abs. 1b) VO (EG) 1383/2003 definiert ist, zu unterscheiden. Soweit danach eine reine Durchfuhr vorliegt, ist der sachliche Anwendungsbereich für das nationale Grenzbeschlagnahmeverfahren nach § 111b nicht eröffnet.

Von der Durchfuhr i. S. d. Art. 1 Abs. 1b) VO (EG) 1383/2003 ist die rein faktische **42** Durchfuhr abzugrenzen, also der Fall, in dem die Ware zollrechtlich im Inland eingeführt wird, dann aber – rein tatsächlich – von dort in einen anderen Mitgliedstaat weiter transportiert werden soll. In einem solchen Fall ist § 111b, sofern es sich nicht um einen von der VO (EG) 1383/2003 erfassten Sachverhalt handelt, anwendbar, da es zu einer Einfuhr kommt. Handelt es sich um rechtsverletzende Ware, kommt es zudem auch materiellrechtlich zu einer inländischen Rechtverletzung, weil bei anstehender bzw. bereits erfolgter zollrechtlicher Einfuhr im Inland die jederzeitige Gefahr des Vertriebs der Ware im Inland besteht, auch wenn zunächst eigentlich – rein tatsächlich – der sofortige Weitertransport in einen anderen Mitgliedstaat angestrebt ist.

bb) Anwendungsbereich der VO (EG) 1383/2003. Nach Art. 1 Abs. 1b) findet die **43** VO (EG) 1383/2003 unter anderem auf rechtsverletzende Waren Anwendung, die im Rahmen einer anlässlich der Überführung in ein Nichterhebungsverfahren i. S. d. Art. 84 Abs 1a) der VO 2913/92 zur Festlegung des Zollkodex der Gemeinschaften durchgeführten zollamtlichen Prüfung entdeckt werden. Zu den Nichterhebungsverfahren zählen unter anderem das Versandverfahren und das Zolllagerverfahren. Im Falle der Durchfuhr kommt jedenfalls das Versandverfahren zur Anwendung. Werden die Waren, ohne sie vorher einzuführen, noch zwischengelagert, geschieht dies im Zolllagerverfahren. Beiden Verfahren ist gemeinsam, dass sich die Waren rein tatsächlich im Inland befinden, sie jedoch zollrechtlich so behandelt werden, als seien sie nicht im Inland angekommen. Der sachliche Anwendungsbereich der VO (EG) 1383/2003 erfasst damit auch Waren, die sich auf der Durchfuhr aus einem Drittland durch das Gemeinschaftsgebiet in ein anderes Drittland oder in einen anderen Mitgliedstaat befinden. Da die VO (EG) 1383/2003 nur eine Grenzbeschlagnahme von Waren vorsieht, die im Verdacht stehen, ein Recht des geistigen Eigentums zu verletzen oder ein solches Recht erkanntermaßen verletzen (Art. 1 Abs. 1 S. 1, Abs. 2), wird die Möglichkeit einer Rechtsverletzung auch im Falle der Durchfuhr von Waren jedenfalls als möglich angesehen.

(1) Entwicklung der Rechtsprechung. Die Rechtsprechung des EuGH und der na- **44** tionalen Gerichte ist im Laufe der Jahre sehr unterschiedlich an die Frage herangegangen, ob denn die Durchfuhr an sich bereits ein in der Gemeinschaft bestehendes Recht des geistigen Eigentums verletzen kann. Während dies zunächst grundsätzlich bejaht wurde, hat der EuGH mittlerweile den gegenteiligen Standpunkt eingenommen und betont, dass die Überführung der Waren in ein Nichterhebungsverfahren nicht als ein Inverkehrbringen von Waren in der Gemeinschaft anzusehen sei und folglich für sich auch nicht eine (drohende) Rechtsverletzung in der Gemeinschaft begründen oder auch nur nahelegen könnte (EuGH GRURInt 2012, 134 Rn. 55, 56 – Philips und Nokia).

In der Entscheidung „The Polo/Lauren Company" (EuGH GRUR Int. 2000, 317 – **45** Polo/Lauren; im Ergebnis bestätigt durch EuGH GRUR Int. 2004, 317 – Rolex) hatte der EuGH noch den Standpunkt eingenommen, es handele sich bei dem Nichterhebungsverfahren um eine Fiktion. Die Waren wurden aber rein tatsächlich eingeführt und damit, was wohl auch den tatsächlichen Erfahrungen entspräche, häufig (unberechtigt) in den gemeinsamen Markt gelangen. In Fällen der Durchfuhr sollte daher, bezogen auf das Bestehen einer Erstbegehungsgefahr für die tatsächliche Einfuhr rechtsverletzender Vervielfältigungsstücke oder deren rechtsverletzende Verbreitung im Inland, die für das zollrechtliche Nichterhebungsverfahren geregelte Fiktion einer außerhalb des Gemeinschaft stattfindenden Durchfuhr nicht überbewertet werden (ähnlich OLG Nürnberg GRUR-RR 2002, 99, 100 für die Durchfuhr nicht erschöpfter Originalware [Beschlagnahme nach § 146 MarkenG]; KG GRUR-RR 2001, 159, 161 – EURO-Paletten; LG Hamburg Urt. v. 2.4.2004, Az 315 O 305/04 [zum Patentrecht]; *v. Welser* EWS 2005, 202, 204 f; *Sack* RIW 1995, 177, 181 f.; *ders.* GRUR 1996, 663, 664; *Sack* WRP 2000, 702, 704; *Meister* WRP 1995, 371; *Ulmar* WRP 2005, 1371, 1376). Im Ergebnis führte dies früher zu der für den

Rechtsinhaber komfortablen Situation, dass die Durchfuhr als solche bereits als eine zur Begründung einer Rechtsverletzung hinreichend konkrete Gefährdungssituation angesehen wurde. Dogmatisch wies diese für den Rechtsinhaber günstige Ansicht allerdings von Beginn an die Schwäche auf, dass nicht recht erkennbar war, auf welcher materiellrechtlichen Grundlage eine Rechtsverletzung herzuleiten war.

46 Später erkannte der EuGH – ohne dies jemals ausdrücklich angesprochen zu haben – offenbar die dogmatische Lücke in seinem Ansatz und vertrat erstmals bereits in der „Rioglass"-Entscheidung (EuGH GRUR Int. 2004, 39 – Rioglass) einen abweichenden Standpunkt. Der EuGH befasste sich in diesem Urteil mit der Frage, ob es gemeinschaftsrechtlich zulässig sei, Transitware, die in einem Mitgliedstaat rechtmäßig hergestellt wurde und für ein Drittland bestimmt war, aufgrund einer nationalen Rechtsvorschrift in einem Transitland der Gemeinschaft zu beschlagnahmen. Er verneinte dies, da die damit einhergehende Beeinträchtigung der Warenverkehrsfreiheit nicht unter die Ausnahmebestimmung des Art. 30 EGV falle. Diese Norm lasse Ausnahmen nur insoweit zu, als diese zur Wahrung der Rechte des geistigen Eigentums gerechtfertigt seien. Der spezifische Gegenstand des Markenrechts – das Recht des erstmaligen Inverkehrbringens einer Marke – werde aber durch die Durchfuhr nicht berührt, da eine Vermarktung im Durchfuhrmitgliedstaat damit nicht einher gehe.

47 Diese Wende in der Rechtsprechung wurde durch das Urteil in der Rechtssache „Class International" (EuGH GRUR 2006, 146 – Class International) weiter bestätigt. Der EuGH stellt in dieser Entscheidung ausdrücklich fest, dass das **Inverkehrbringen von Waren aus Drittländern** in der Gemeinschaft deren Überführung in den zollfreien Verkehr voraussetze, was in einem **Nichterhebungsverfahren grds. nicht gegeben** sei (dem folgend EuGH GRUR 2011, 147, Rn. 18f. – Canon/IPN Bulgaria und zuletzt EuGH GRUR Int. 2012, 134, Rn. 55f. – Philips und Nokia). Um eine zumindest drohende Rechtsverletzung zu belegen, müsse der Rechtsinhaber konkrete Anhaltspunkte darlegen und diese ggf. beweisen, aufgrund derer mit einem Inverkehrbringen der rechtverletzenden Waren in der Gemeinschaft zu rechnen sei (EuGH GRUR 2007, 146 Tz 23 – Diesel; BGH GRUR 2007, 876 Rn. 18 – Diesel II; BGH GRUR 2007, 875 Rn. 14; a. A. OLG Hamburg BeckRS 2005, 30351363 = OLGReport Celle 2005, 624, für die Lagerung rechtsverletzender Waren in einem Zolllagerverfahren, allerdings noch unter Berufung auf EuGH GRUR Int. 2000, 317 – Polo/Lauren).

48 **(2) Darlegung einer Rechtsverletzung.** In der Entscheidung „Philips und Nokia" hat der EuGH die Anforderungen an die Annahme einer Rechtsverletzung in Fällen der Durchfuhr konkretisiert (EuGH GRURInt 2012, 134, Rn. 55f. – Philips und Nokia). Dabei ist zwischen zwei unterschiedlichen Ebenen zu differenzieren. Zum einen ist zu beurteilen, welche Anforderungen zu stellen sind, damit die Zollbehörde eine AdÜ/ZvW nach Art. 9 Abs. 1 VO (EG) 1383/2003 anordnen darf. Zum anderen geht es nach erfolgter AdÜ/ZvW um die Frage, welche Anforderungen an die Entscheidung in der Sache (Art. 10 Abs. 1 VO (EG) 1383/2003) zu stellen sind.

49 Die **Zollbehörde** darf eine AdÜ/ZvW von Waren, die sich in einem zollrechtlichen Nichterhebungsverfahren (Durchfuhr) befinden, nur dann anordnen, wenn sie aus den Umständen des Einzelfalls über **konkrete Anhaltspunkte** darüber verfügt, dass ein Inverkehrbringen der nach dem Recht des Mitgliedstaates **als rechtsverletzend einzustufenden Waren** in die Gemeinschaft **zu befürchten** ist oder wenn die an der Durchfuhr Beteiligten ihre Handelsabsichten verschleiern. Diese Voraussetzungen können bei einer fehlenden Angabe der Bestimmung der Ware, dem Fehlen genauer Angaben über die Identität oder die Anschrift des Versenders der Waren, einer mangelnden Zusammenarbeit mit der Zollbehörde oder dem Auffinden von Unterlagen, die ein Inverkehrbringen in der Gemeinschaft nahelegen, erfüllt sein (EuGH GRUR Int. 2012, 134, Rn. 60, 61 – Philips und Nokia). Sind solche auf den Einzelfall bezogenen Anhaltspunkte nicht vorhanden, darf die Zollbehörde nicht nach Art. 9 Abs. 1 VO (EG) 1383/2003 eine AdÜ/ZvW anordnen.

Ist die Zollbehörde im Falle der Durchfuhr tätig geworden und hat sie eine AdÜ/ZvW **50** angeordnet, hat der **Rechtsinhaber,** sofern nicht eine Vernichtung der Waren im vereinfachten Verfahren nach Art. 11 VO (EG) 1383/2003 erfolgen kann, das **Bestehen der Rechtsverletzung nach den Rechtsvorschriften des Mitgliedstaates nachzuweisen,** in dem sich die Waren befinden (Art. 10 Abs. 1 VO (EG) 1383/2003). Für diese Entscheidung genügt nicht bereits der Verdacht einer Rechtsverletzung. Vielmehr hat der Rechtsinhaber in dem Verfahren vor der für die Entscheidung in der Sache zuständigen Stelle (Gericht oder Behörde) den Beweis für das Vorliegen einer Rechtsverletzung zu erbringen (EuGH GRUR Int. 2012, 134, Rn. 68 – Philips und Nokia). Dabei soll es an einer Rechtsverletzung fehlen, wenn *„nach Prüfung der Sache nicht nachgewiesen ist, dass sie [scil. die Waren] in der Union in den Verkehr gebracht werden sollen"* (EuGH GRUR Int. 2012, 134, Rn. 70 – Philips und Nokia). Dem Wortlaut folgend könnte man Anforderungen ableiten, die über den Nachweis des Bestehens einer **Erstbegehungsgefahr** hinausgehen. Der Nachweis für das Bestehen einer Erstbegehungsgefahr ist nämlich bereits dann erbracht, wenn hinreichende tatsächliche Anhaltspunkte dafür bestehen, dass die Verletzung eines Rechts geistigen Eigentums ernstlich und unmittelbar zu besorgen ist (BGH GRUR 2007, 875 Rn. 14 – Durchfuhr von Originalware m. w. N.). Noch strengere Maßstäbe würden nicht nur die Anforderungen an den Beweis zu Lasten des Rechtsinhabers überspannen, sondern auch unberücksichtigt lassen, dass sich nach Art. 10 Abs. 1 VO (EG) 1383/2003 die Entscheidung in der Sache nach den Rechtsvorschriften des betreffenden Mitgliedstaates richtet, also nach dem dort geltenden materiellen Recht und dem Verfahrensrecht. Es muss demnach nicht sicher feststehen, dass ein Inverkehrbringen der rechtsverletzenden Waren in der Gemeinschaft auch tatsächlich erfolgt. Einen solchen Beweis könnte niemand erbringen.

Für den Nachweis der Rechtsverletzung ist es ausreichend, wenn sich aufgrund der be- **51** wiesenen Umstände des konkreten Einzelfalls ohne ernsthafte Zweifel die Schlussfolgerung ergibt, dass ein Inverkehrbringen in der Gemeinschaft bevorsteht. Dabei ist es nicht erforderlich, dass die genauen Umstände, wie eine solche zu befürchtende Rechtsverletzung erfolgen würde, bereits in allen Details feststehen. Bezogen auf die Durchfuhr rechtsverletzender Waren erfordert dies das Vorliegen konkreter Umstände, die entgegen dem sich aus dem Nichterhebungsverfahren ergebenden Status ein Inverkehrbringen der rechtsverletzenden Waren im Durchfuhrmitgliedstaat befürchten lassen. Im Ergebnis scheint auch der EuGH diesen Standpunkt einzunehmen und keine über den Nachweis der Erstbegehungsgefahr hinausgehenden Anforderungen zu stellen. Der EuGH führt nämlich in seiner Entscheidung „Philips und Nokia" beispielhaft Umstände auf, die in der Regel zwar eine Erstbegehungsgefahr begründen, aber nicht den Beweis erbringen können, dass eine Einfuhr in die Gemeinschaft auch tatsächlich stattfinden wird. Genannt werden das Vorliegen eines Verkaufs der Waren in der Gemeinschaft, eine an einen Verbraucher in der Union gerichtete Verkaufsofferte oder Werbung sowie Unterlagen bzw. Schriftverkehr, die demonstrieren, dass eine Umleitung der Waren in die Gemeinschaft beabsichtigt ist (EuGH GRUR Int. 2012, 134, Rn. 71 – Philips und Nokia).

Die Risikoverlagerung zwischen den Kaufvertragsparteien durch einen Wechsel der Ver- **52** fügungsmacht an den in ein Zolllagerverfahren überführten Waren von der Verkäuferin auf den Käufer und dessen Spediteur, soll eine Erstbegehungsgefahr noch nicht begründen können, da die Parteien damit weder außerhalb der zollamtlichen Überwachung verfügt haben noch verfügen konnten (KG Berlin GRUR-RR 2011, 263, 264 – Clinique). Ebenso wenig soll allein die fehlende Verplombung der Waren beim Eintreffen auf dem Flughafen das Risiko eines unbefugten Inverkehrbringens in Deutschland notwendig wesentlich erhöhen, auch wenn dies den Kontrollaufwand für den deutschen Zoll erhöht haben mag (KG Berlin GRUR-RR 2011, 263, 264 – Clinique).

Bei Beteiligten, die sich nachweislich bereits früher nicht an die zollrechtlichen Vorga- **53** ben des Nichterhebungsverfahrens gehalten haben, wird man ggf. geringere Anforderungen an die Darlegung und den Nachweis einer ernstlich und unmittelbar bevorstehenden Rechtsverletzung stellen können (in diesem Sinne wohl auch KG Berlin GRUR-RR 2011, 263, 265 – Clinique).

54 Darf die Zollbehörde mangels hinreichender Anhaltspunkte für das Bestehen einer Erstbegehungsgefahr nicht tätig werden, kann sie nach **Art 69 TRIPS**, wenn Anhaltspunkte für eine Rechtsverletzung in dem endgültigen **Bestimmungsland** der Waren vorliegen, mit den **Zollbehörden** dieses Landes **zusammenarbeiten**, um diese Waren aus dem internationalen Handel zu entfernen (vgl. auch EuGH GRUR Int. 2012, 134 Rn. 65 – Philips und Nokia). In der Praxis dürfte dies nicht häufig vorkommen, weil der Zollbehörde in der Regel schon keine konkreten Erkenntnisse über die Schutzrechtslage in einem außerhalb der Gemeinschaft liegenden Drittland vorliegen werden. Eher kommt ein solches Vorgehen wohl dann in Betracht, wenn nach erfolgter AdÜ/VwZ die bei der Durchfuhr recht strengen Anforderungen an den Nachweis einer Erstbegehungsgefahr durch den Rechtsinhaber nicht erbracht werden können, der Rechtsinhaber aber in der Lage ist, der Zollbehörde den Nachweis darüber zu erbringen, dass bei einer Einfuhr in dem endgültigen Bestimmungsland seine Rechte ebenfalls verletzt werden.

55 Bei einer Rechtsverletzung im Bestimmungsland können dem Rechtsinhaber nach § 823 Abs. 1 bzw. Abs. 2 BGB i. V. m. den betreffenden Vorschriften des Bestimmungslandes keine Ansprüche gegen die an der Durchfuhr beteiligten Personen zustehen (BGH GRUR 2012, 1263 Rn. 17f. – Clinique happy; **a. A.** *Heinze* GRUR 2007, 740, 746; *Leitzen* GRUR 2006, 89, 95). Wohl aber können sich solche Ansprüche aus dem Urheberrecht des Bestimmungslandes ergeben. Sieht dieses einen vorbeugenden Unterlassungsanspruch vor und besteht eine internationale Zuständigkeit der deutschen Gerichte, kann ein Unterlassungsgebot ggf. i. V. m. einer Sequestration der rechtsverletzenden Vervielfältigungsstücke in Betracht kommen (BGH GRUR 2012, 1263 Rn. 24f. – Clinique happy).

56 **i) Andere Nichterhebungsverfahren.** Die Rechtsprechung hat sich bislang überwiegend mit den Fällen der Durchfuhr beschäftigt und in diesem Zusammenhang betont, dass Waren, die in einem Nichterhebungsverfahren überführt worden seien, nicht innerhalb der Gemeinschaft in Verkehr gebracht würden (EuGH GRUR 146, 147 Tz 21 – Diesel; EuGH GRURInt 2012, 134, Rn. 55 – Philips und Nokia). Daraus kann man aber nicht ohne weiteres ableiten, dass bei jedem Nichterhebungsverfahren die gleiche Ausgangssituation in Bezug auf die Gefährdung von Rechten des Rechtsinhabers anzunehmen ist. Vielmehr ist für die materielle Rechtslage maßgebend, wie sich die rein tatsächliche Präsenz der Waren im Inland auf die Rechte des Rechtsinhabers auswirken (so auch *Rinnert/Witte* GRUR 2009, 29, 34 [zum Markenrecht]).

57 Zu den Nichterhebungsverfahren im Sinne des Art 84 Abs. 1a) VO (EG) 2913/92 gehört beispielsweise auch die **„vorübergehende Verwendung"**. Bei diesem Verfahren können Nichtgemeinschaftswaren zu einem bestimmten vorübergehenden Zweck (z. B. zur Ausstellung auf einer Messe) ohne zollrechtlich eingeführt zu werden, rein tatsächlich in die Gemeinschaft gelangen, und zwar nicht nur in einem vom Zoll kontrollierten Lager oder einer verplombten Transporteinheit, sondern für die Zeit des Aufenthalts in der alleinigen Verfügungsgewalt der einführenden Person. Wird die rechtsverletzenden Ware etwa auf einer inländischen Messe ausgestellt, führt dies ohne Weiteres zu einer Verletzung der im Inland bestehenden Rechte des Rechtsinhabers. In der Ausstellung ist nämlich eine dem Rechtsinhaber vorbehaltene Verbreitung des Werks und seiner Vervielfältigungsstücke zu sehen. Die Überführung der Ware in das Nichterhebungsverfahren zur vorübergehenden Verwendung mit dem Ziel, die Ware im Inland auszustellen, begründet daher bereits unmittelbar die Gefahr einer Rechtsverletzung, ohne dass es weiterer konkreter Darlegungen bedürfte (ebenso für markenverletzende Waren: *Rinnert/Witte* GRUR 2009, 29, 35). Auch die Gefahrenlage für den Rechtsinhaber stellt sich hier anders dar als bei der Durchfuhr, weil während der Verbringung der Waren in die Gemeinschaft die rein tatsächliche

Verfügungsgewalt bei der einführenden Person liegt, ohne dass etwa durch eine Verplombung der Zugriff auf die Ware erschwert ist.

Bei den weiteren Nichterhebungsverfahren „aktive Veredelung nach dem Nichterhebungsverfahren" und „Umwandlung unter zollrechtlicher Überwachung" wird man die generelle Gefahrenlage wohl so beurteilen müssen wie bei der Durchfuhr. Dies bedeutet, dass es auch dort konkreter, auf den Einzelfall bezogener und nachweisbarer Anhaltspunkte dafür bedarf, dass die Waren entgegen ihrem bisherigen zollrechtlichen Status in die Gemeinschaft eingeführt werden sollen. **58**

2. Anordnung der Beschlagnahme

Kommt die Zollbehörde zu dem Ergebnis, dass eine (offensichtliche) Rechtsverletzung gegeben ist und liegt ein Grenzbeschlagnahmeantrag vor, hat sie die Beschlagnahme bzw. AdÜ/ZvW anzuordnen. In diesem Fall unterrichtet sie unverzüglich den Antragsteller sowie den Verfügungsberechtigten (§ 111b Abs. 2 S. 1; Art. 9 Abs. 2 VO (EG) 1383/2003). Verfügungsberechtigt ist dabei derjenige, der die Waren im zollrechtlichen Sinn ein- oder ausführt wie z. B. der Importeur oder Exporteur (Spindler/Schuster/*Spindler* § 111b UrhG Rn. 11; *HK-Kotthoff* § 111b UrhG Rn. 12). Ist der Verfügungsberechtigte nicht bekannt, kann die Zollbehörde in entsprechender Anwendung des § 1006 Abs. 1 BGB auch den unmittelbaren Besitzer (z. B. den Spediteur) über die Anordnung der Beschlagnahme unterrichten. § 111c Abs. 1 spricht hinsichtlich der Unterrichtungspflicht vom Anmelder oder Besitzer oder Eigentümer der Waren. **59**

Bei der Anordnung der Beschlagnahme sind dem Antragsteller auf Antrag auch die Herkunft, Menge und der Lagerort der Vervielfältigungsstücke sowie Name und Anschrift des Verfügungsberechtigten mitzuteilen (Art. 9 Abs. 3 VO (EG) 1383/2003). Dabei weist der Zoll auf seiner Webseite (www.zoll.de) allerdings explizit darauf hin, dass die Übermittlung dieser Daten den Rechtsinhaber zur Umsetzung der weiteren Verfahrensschritte verpflichtet. Setzt der Rechtsinhaber diese nicht um und kommt es deshalb zur Überlassung der Waren, kann dies dazu führen, dass die Zollbehörde bis zum Ende der Gültigkeit des Antrags auf Tätigwerden keine weiteren Maßnahmen ergreift. Auf die Erteilung der Angaben hat der Antragsteller einen Rechtsanspruch (EuGH WRP 1999, 1269). Ferner hat der **Antragsteller Gelegenheit, die Vervielfältigungsstücke zu inspizieren (Art. 9 Abs. 3 VO (EG) 1383/2003).** Wenn der Antragsteller nicht bereits vor der Anordnung der Beschlagnahme zur Verifizierung des Vorliegens einer offensichtlichen Rechtsverletzung mit einbezogen war, empfiehlt es sich, von dem Besichtigungsrecht Gebrauch zu machen, um letztendliche Gewissheit über die Eigenschaften der beschlagnahmten Vervielfältigungsstücke zu erlangen. Im Verfahren nach § 111b ist nicht ausdrücklich geregelt, wie das Besichtigungsrecht ausgeübt werden kann (bei dem Sonderproblem der Feststellung von Raubkopien wird z. T. vertreten, dass der Verletzte zumindest eine Kopie des Programms erstellen können muss, vgl. Spindler/Schuster/*Spindler* § 111b UrhG Rn. 12; Schricker/Loewenheim/*Haß* § 111b UrhG Rn. 8 m.w.N.). Zweifelsohne ist vom Wortlaut die Besichtigung der Vervielfältigungsstücke in den Räumen der jeweiligen Zollbehörde erfasst. Dies ist jedoch nicht praxisgerecht, weshalb die Zollstellen, wenn die Beschaffenheit des Vervielfältigungsstücks dies erlaubt, in der Regel auch mit der **Übersendung eines Musterstücks** einverstanden sind. Sofern dies für die Prüfung ausreichend ist, kann auch die Übersendung einer Abbildung des beschlagnahmten Vervielfältigungsstücks in Betracht kommen. Im Anwendungsbereich der VO (EG) 1383/2003 ist in Art. 9 Abs. 3 nunmehr die Versendung von Mustern und Proben ausdrücklich vorgesehen. Es empfiehlt sich, bereits im Antrag auf Tätigwerden den Antrag auf Übersendung solcher Muster und Proben zu stellen. Eine Zusendung von Mustern und Proben erfolgt dann automatisch, ohne dass es anlässlich der konkreten AdÜ/ZvW eines zusätzlichen Antrags bei der jeweils tätig werdenden Zollbehörde bedarf. Hierdurch wird das Verfahren be- **60**

schleunigt, was insb. im Hinblick auf die nach Art. 11 und 13 VO (EG) 1383/2003 zu beachtenden Fristen (vgl. dazu unten Rn. 62f.) bedeutsam ist. Eine generelle Antragstellung auf Übersendung von Mustern und Proben für ganz Deutschland bei der ZGR kann auch noch jederzeit nachträglich für bereits bewilligte Anträge erfolgen (weitere Informationen und Antragsformulare unter www.zoll.de). Der Anmelder hat die Verantwortung und die Kosten für die Entnahme von Mustern und Proben zu tragen (Art. 69 Abs. 1 ZK).

3. Vereinfachtes Verfahren

61 a) **Verfahren nach § 111b Abs. 3.** Widerspricht der Verfügungsberechtigte innerhalb einer Frist von zwei Wochen nach Zustellung der Mitteilung gem. § 111b Abs. 2 S. 1 der Beschlagnahme nicht, ordnet die Zollbehörde die **Einziehung der beschlagnahmten Vervielfältigungsstücke** an (§ 111b Abs. 3). Einer vollziehbaren gerichtlichen Entscheidung, welche die Verwahrung der beschlagnahmten Vervielfältigungsstücke oder eine Verfügungsbeschränkung anordnet, bedarf es in diesem Fall nicht. Dieses **vereinfachte Einziehungsverfahren** hat seinen Grund darin, dass in der weitaus überwiegenden Zahl der Grenzbeschlagnahmen die Rechtsverletzung evident ist und der Verfügungsberechtigte daher erst gar nicht versucht, gegen die Beschlagnahme vorzugehen.

62 b) **Verfahren nach Art. 11 VO (EG) 1383/2003 i. V. m. § 111c.** Für den Anwendungsbereich der früheren VO (EG) 3295/94 war eine vereinfachte Einziehung aufgrund eines fehlenden Widerspruchs des Verfügungsberechtigten nicht vorgesehen. Die VO (EG) 1383/2003 hat hier zu einer Verbesserung geführt und sieht in Art. 11 nunmehr ein vereinfachtes Verfahren vor. Dieses ermöglicht es dem Rechtsinhaber mit Zustimmung des Anmelders (oder des Besitzers oder Eigentümers) der Waren, die Vernichtung der Waren unter Kontrolle der Zollbehörden zu erwirken, ohne dass ein Verfahren zur Feststellung einer Verletzung eines Rechts des Gesitigen Eigentums nach nationalem Recht eingeleitet werden muss (EuGH GRUR 2009, 482, 484 Rn. 26 – *Schenker SIA/Valsts ienemumu dienests*). Es dient somit zum einen dazu, die Anwendung der VO (EG) 1383/2003 sowohl für die Zollbehörden als auch für die Inhaber von Rechten geistigen Eigentums zu erleichtern. Zum anderen dient es aber auch der Beseitigung der Nachteile, die insbesondere mit der Dauer des Verfahrens und den vom Rechtsinhaber zu tragenden Lagerkosten verbunden sind (EuGH GRUR 2009, 482, 484 Rn. 23 und 26 – *Schenker SIA/Valsts ienemumu dienests*).

63 Die Anwendbarkeit des Art. 11 VO (EG) 1383/2003 i. V. m. § 111c setzt zunächst voraus, dass der Antragsteller einer Vernichtung der Waren unter zollamtlicher Überwachung und auf seine Verantwortung und Kosten zustimmt. Diese Voraussetzung wird regelmäßig vorliegen, da die Abgabe einer solchen Verpflichtungserklärung nach Art. 6 Abs. 1 VO (EG) 1383/2003 erforderlich ist, damit einem Antrag auf Tätigwerden stattgegeben wird. Die Verpflichtung des Antragstellers zur Übernahme der Kosten regelt allerdings allein das Verhältnis zwischen dem Antragsteller und der Zollbehörde. Selbstverständlich bleibt es dem Antragsteller unbenommen, die ihm entstehenden Kosten von dem Einführenden im Wege des Schadensersatzes erstattet zu verlangen, wenn hierfür die materiell-rechtlichen Voraussetzungen vorliegen.

64 Weitere Voraussetzung für das vereinfachte Einziehungsverfahren nach Art. 11 Abs. 1 VO (EG) 1383/2003 i. V. m. § 111c Abs. 2 u. 3 ist, dass der Antragsteller innerhalb von zehn Arbeitstagen (nach Art. 11 Abs. 1 VO (EG) 1383/2003 gilt für verderbliche Waren eine nicht verlängerbare Frist von drei Arbeitstagen) nach Zugang der Unterrichtung über die AdÜ/ZvW (§ 111c Abs. 1) schriftlich gegenüber der Zollbehörde erklärt, dass es sich um rechtsverletzende Vervielfältigungsstücke handelt und dass der Einführende (Art. 11 VO (EG) 1383/2003 und § 111c Abs. 3 sprechen von Anmelder, Besitzer oder Eigentümer) innerhalb dieser Frist der Vernichtung schriftlich zustimmt. Die schriftliche Zustimmung zur Vernichtung kann entweder gegenüber dem Antragsteller oder unmittelbar gegenüber der Zollbehörde

erklärt werden. Bei der Erklärung gegenüber dem Antragsteller muss dieser dafür Sorge tragen, dass die Zustimmung innerhalb der Frist bei der Zollbehörde eingeht.

Das vereinfachte Einziehungsverfahren kann nach § 111c Abs. 4 auch ohne ausdrückliche schriftliche Zustimmung des Einführenden durchgeführt werden, wenn dieser nicht innerhalb von zehn Arbeitstagen nach Zugang der Unterrichtung über die AdÜ/ZvW der Vernichtung widerspricht. Eine solche durch Schweigen fingierte Zustimmungserklärung setzt allerdings voraus, dass der Einführende bei der Unterrichtung über die AdÜ/ZvW auf die Folgen seines Schweigens hingewiesen worden ist (§ 111c Abs. 4 S. 2). 65

Die Erklärungsfrist nach Art. 11 Abs. 1 erster Spielstrich VO (EG) 1383/2003 i. V. m. § 111c Abs. 2 kann auf Antrag des Antragstellers einmalig um weitere zehn Arbeitstage verlängert werden (im Ergebnis ebenso *Dörre/Maaßen* GRUR-RR 2008, 269, 270 f.). Eine solche Verlängerung ist nur erforderlich, wenn die Voraussetzungen, unter denen ein Schweigen nach § 111c Abs. 4 als Zustimmung zur Vernichtung gilt, nicht erfüllt sind (z. B. wegen eines fehlenden Hinweises nach § 111c Abs. 4 S. 2) und der Einführende einer Vernichtung auch noch nicht ausdrücklich widersprochen hat. In erster Linie wird daher eine Fristverlängerung nach Art. 11 VO (EG) 1383/2003 i. V. m. § 111c Abs. 3 dann in Betracht kommen, wenn der Antragsteller Grund zu der Annahme hat, dass der Einführende seine Zustimmung doch noch erteilen wird. In der Praxis empfiehlt es sich allerdings, von der Möglichkeit einer Verlängerung der Frist nach Art. 11 VO (EG) 1383/2003 i. V. m. § 111c Abs. 3 keinen Gebrauch zu machen, sondern vielmehr eine Verlängerung der Frist um zehn Arbeitstage nach Art. 13 Abs. 1 VO (EG) 1383/2003 zu beantragen, um dann noch genügend Zeit zu haben, ein Verfahren nach Art. 10 VO (EG) 1383/2003 einzuleiten. 66

Wird allein die Frist nach Art. 11 VO (EG) 1383/2003 i. V. m. § 111c Abs. 3 verlängert, ist der Antragsteller auf die ausdrückliche schriftliche Zustimmung des Einführenden angewiesen. Gibt der Einführende diese nicht ab, könnte dann auch kein Verfahren mehr i. S. v. Art. 10 VO (EG) 1383/2003 eingeleitet werden, weil die ursprüngliche Frist des Art. 13 Abs. 1 VO (EG) 1383/2003 nicht vor ihrem Ablauf verlängert worden ist. Wenn man daher aufgrund der konkreten Umstände überhaupt eine Verlängerung der Frist nach Art. 11 VO (EG) 1383/2003 i. V. m. § 111c Abs. 3 in Betracht zieht, dann nur bei gleichzeitiger Verlängerung der Frist nach Art. 13 Abs. 1 VO (EG) 1383/2003. Auch dann steht der Antragsteller allerdings vor der wenig glücklichen Situation, dass die verlängerte Frist nach Art. 11 VO (EG) 1383/2003 zu dem gleichen Zeitpunkt ablaufen würde, bis zu dem er aufgrund der nach Art. 13 Abs. 1 VO (EG) 1383/2003 verlängerten Frist spätestens noch ein gerichtliches Verfahren einleiten könnte. Diese Situation kann er nur dadurch verbessern, dass er dem Einführenden unter Androhung gerichtlicher Schritte intern eine kürzere Frist zur Zustimmung in die Vernichtung setzt. 67

Lehnt der Anmelder, Eigentümer oder Besitzer die Vernichtung der rechtsverletzenden Vervielfältigungsstücke innerhalb der Erklärungsfrist ab, richtet sich das weitere Verfahren unter Berücksichtigung der bereits laufenden Fristen nach Art. 13 VO (EG) 1383/2003. 68

Bei der im vereinfachten Verfahren nach Art. 11 VO (EG) 1383/2003 erfolgenden Vernichtung von Waren handelt es sich nicht um eine Sanktion im Sinne des Art. 18 VO (EG) 1383/2003 (EuGH GRUR 2009, 482, 484 Rn. 26 – *Schenker SIA/Valsts ienemumu dienests*). Daher nimmt die Durchführung des vereinfachten Verfahrens den zuständigen nationalen Behörden nicht die Befugnis, gegen die für die Einfuhr solcher Waren in das Zollgebiet der Gemeinschaft Verantwortlichen eine „Sanktion" i. S. von Art. 18 VO (EG) 1383/2003 (z. B. ein Bußgeld) aufgrund nationaler Vorschriften zu verhängen (EuGH GRUR 2009, 482, 484 Rn. 33 – *Schenker SIA/Valsts ienemumu dienests*). 69

4. Widerspruch/Ablehnung der Vernichtung

a) Verfahren nach § 111b Abs. 4. Hat der **Verfügungsberechtigte** der Beschlagnahme **widersprochen,** fordert die Zollbehörde den **Antragsteller** dazu auf, zu erklären, 70 ob er den Antrag auf Durchführung der Grenzbeschlagnahme weiterhin aufrechterhält. Nimmt der Antragsteller den Antrag zurück, hebt die Zollbehörde die Beschlagnahme auf (§ 111b Abs. 4 Nr. 1). Erfolgt die Zurücknahme des Antrags unverzüglich nach der Unterrichtung von dem Widerspruch durch die Zollbehörde, kann der Verfügungsberechtigte nach § 111b Abs. 5 auch dann keinen Schadensersatz verlangen, wenn die Beschlagnahme von Anfang an ungerechtfertigt war. Ein sich aus anderen Anspruchsgrundlagen ergebender Schadensersatzanspruch bleibt davon unberührt.

71 Hält der **Antragsteller** nach der Unterrichtung über den Widerspruch des Verfügungsberechtigten seinen **Antrag auf Durchführung der Grenzbeschlagnahme aufrecht,** muss er, damit es nicht zur Aufhebung der Beschlagnahme durch die Zollbehörde kommt, eine **vollziehbare gerichtliche Entscheidung vorlegen,** durch die die Verwahrung der beschlagnahmten Vervielfältigungsstücke oder eine Verfügungsbeschränkung angeordnet wird. Eine solche Entscheidung hat der Antragsteller **innerhalb von zwei Wochen** nach Zustellung der Mitteilung über den Widerspruch des Verfügungsberechtigten der Zollbehörde nachzuweisen. Eine **Fristverlängerung von höchstens zwei weiteren Wochen** kann der Antragsteller nur dann beantragen, wenn er innerhalb der ersten Frist zwar bereits einen Antrag auf gerichtliche Entscheidung gestellt hat, diese aber noch nicht vorliegt.

72 Als vollziehbare gerichtliche Entscheidung kommt in der Regel eine durch die Zivilgerichte erlassene einstweilige Verfügung in Betracht (OLG Karlsruhe GRUR-RR 2002, 278 – DVD-Player). Der **Verfügungsantrag** kann etwa wie folgt lauten „*Anzuordnen, dass die in der Beschlagnahmeverfügung des [genaue Bezeichnung des Zollamts] aufgeführten Vervielfältigungsstücke [ggf. weiter konkretisieren] weiterhin im Besitz des [Zollamt benennen] verbleiben und durch dieses verwahrt werden*" oder „*die beim Zollamt [genaue Bezeichnung des Zollamts] zum Aktenzeichen ... im Wege der Grenzbeschlagnahme beschlagnahmten Vervielfältigungsstücke [ggf. weiter konkretisieren] sind an den Gerichtsvollzieher oder einen Sequester zur Sicherung und Verwahrung herauszugeben*". In der Praxis sind die Zollbehörden in Bezug auf die Tenorierung recht großzügig. Es sollen auch allein auf Unterlassung gerichtete einstweilige Verfügungen als ausreichend angesehen werden, um die Beschlagnahme weiter aufrecht zu erhalten.

73 Die Frage, ob eine einstweilige Verfügung zu erlassen ist, richtet sich, wie auch sonst, allein danach, ob die Voraussetzungen (Verfügungsanspruch und Verfügungsgrund) zur Sicherung eines Vernichtungsanspruchs vorliegen (OLG Karlsruhe GRUR-RR 2002, 278, 297 – DVD-Player). Die einzige Besonderheit ergibt sich daraus, dass auch die Frage, ob die im Ausland erfolgte Herstellung in rechtsverletzender Weise erfolgt ist, nach dem UrhG erfolgt (vgl. dazu oben Rn. 28 f.). Soweit es das Grenzbeschlagnahmeverfahren betrifft, kommt es allein darauf an, ob dem Antragsteller nach § 98 ein Anspruch auf Vernichtung zusteht und ob zusätzlich die Voraussetzungen für den Erlass einer einstweiligen Verfügung vorliegen, durch die der Vernichtungsanspruch gesichert werden muss (vgl. dazu auch Vor §§ 97 ff. Rn. 78 ff.). Für das Bestehen des Vernichtungsanspruchs ist es dabei ausreichend, wenn die Vervielfältigungsstücke rechtswidrig hergestellt worden sind. Allein bei rechtmäßig hergestellten Vervielfältigungsstücken, hinsichtlich derer im Inland noch keine Erschöpfung eingetreten ist, kommt es daher darauf an, ob eine rechtswidrige Verbreitung bevorsteht.

74 Von der zur Aufrechterhaltung der Beschlagnahme erforderlichen gerichtlichen Entscheidung über die Sicherung des Vernichtungsanspruchs zu unterscheiden sind weitere Streitgegenstände, wie etwa ein Unterlassungsanspruch, der auf der Einfuhr rechtsverletzender Vervielfältigungsstücke aufbaut. Beim Unterlassungsanspruch ist zu prüfen, ob eine Erstbegehungs- oder Wiederholungsgefahr vorliegt. Beim Import oder Export von rechtswidrig hergestellten Vervielfältigungsstücken ist eine Wiederholungsgefahr regelmäßig gegeben, weil beide Handlungsformen bereits ein genehmigungspflichtiges Inverkehrbringen darstellen (§ 17 Rn. 11; Dreier/Schulze/*Schulze* § 17 Rn. 17). Nicht im Ansatz nachvollziehbar ist hingegen die Entscheidung OLG Bremen (NJWE-WettR 2000, 46, 47 [zu § 146 MarkenG]), wonach die Grenzbeschlagnahme bewirken soll, dass nicht einmal der Tatbestand der Einfuhr vorliegt (offen gelassen durch OLG Düsseldorf NJOZ 2003, 169,

170). Dies hätte dann zur Folge, dass es sowohl an einer Wiederholungs- als auch an einer Erstbegehungsgefahr fehlte (zu Recht ebenfalls ablehnend *Ingerl/Rohnke* § 14 MarkenG Rn. 244).

Wird mit dem Antrag auf Erlass einer einstweiligen Verfügung nur die Aufrechterhaltung der Beschlagnahme begehrt, bedarf es, um ein Kostenrisiko zu vermeiden, einer **vorherigen Abmahnung** des Verfügungsberechtigten nicht, da dieser durch die Einlegung des Widerspruchs die Beantragung der einstweiligen Verfügung überhaupt erst erforderlich gemacht und im übrigen damit deutlich zum Ausdruck gebracht hat, mit der weiteren Beschlagnahme und Einziehung der Vervielfältigungsstücke nicht – freiwillig – einverstanden zu sein. Vorsicht ist jedoch geboten, wenn zugleich weitere Ansprüche, insb. ein solcher auf Unterlassung, geltend gemacht werden sollen. Hier wird es, da dieses Begehren nicht notwendigerweise innerhalb der hierfür vorgesehenen kurzen Fristen nach § 111b Abs. 4 Nr. 2 geltend zu machen ist, in der Regel erforderlich sein, den Verfügungsberechtigten zuvor abzumahnen, wenn man kein Kostenrisiko eingehen will. Die Einlegung des Widerspruchs macht eine vorherige Abmahnung in Bezug auf weitere Ansprüche im Regelfall nicht entbehrlich, da der Verfügungsberechtigte hiermit in verfahrensrechtlicher Hinsicht allein zum Ausdruck bringt, dass er mit der Durchführung des vereinfachten Einziehungsverfahrens nicht einverstanden ist. Entsprechendes gilt auch für das Verfahren nach der VO (EG) 1383/2003. 75

Als gerichtliche Entscheidung i. S. d. § 111b Abs. 4 Nr. 2 kommt auch eine in einem strafrechtlichen Ermittlungsverfahren angeordnete **Beschlagnahme nach den §§ 94 ff. StPO** in Betracht (OLG Karlsruhe GRUR-RR 2002, 278 – DVD-Player). In der Praxis spielt dies jedoch keine große Rolle, weil eine einstweilige Verfügung bei einem Zivilgericht regelmäßig schneller zu erhalten ist und der Antragsteller zudem dort selbst über die Art und Weise der Durchführung des Verfahrens entscheiden kann. 76

b) Verfahren nach Art. 13 VO (EG) 1383/2003. Nach Art. 13 VO (EG) 1383/2003 wird die Überlassung der Vervielfältigungsstücke bewilligt oder deren Zurückhaltung aufgehoben, wenn nicht innerhalb einer Frist von 10 Arbeitstagen ab dem Zugang der Mitteilung über die AdÜ/ZvW entweder eine Zustimmung zur Vernichtung nach Art. 11 VO (EG) 1383/2003 i. V. m. § 111c vorliegt oder der Antragsteller die Zollbehörde von der Einleitung eines Verfahrens nach Art. 10 VO (EG) 1383/2003 unterrichtet hat. Diese Frist kann durch den Antragsteller um höchstens zehn Arbeitstage verlängert werden. Für verderbliche Waren gilt nach Art. 13 Abs. 2 VO (EG) 1383/2003 eine Frist von 3 Arbeitstagen, die nicht verlängert werden kann. Daraus ergibt sich, dass der Antragsteller in allen Fällen, in denen es nicht zu einer vereinfachten Vernichtung der rechtsverletzenden Vervielfältigungsstücke nach Art. 11 VO (EG) 1383/2003i. V. m. § 111c kommt, gehalten ist, ein Verfahren nach Art. 10 VO (EG) 1383/2003 einzuleiten und die zuständige Zollbehörde hiervon innerhalb der noch laufenden Frist zu unterrichten. Die Entscheidung in dem einzuleitenden Verfahren kann demgegenüber auch noch nach dem Fristablauf ergehen. Entscheidend kommt es auf den Zeitpunkt der Einleitung des Verfahrens an. 77

Solange das nach Art. 10 VO (EG) 1383/2003 eingeleitete Verfahren zur Feststellung einer Rechtsverletzung nicht abgeschlossen ist, hat der Verfügungsberechtigte keine Möglichkeit, die Überlassung seiner Waren auf anderem Wege, etwa durch den Erlass einer einstweiligen Anordnung auf Aufhebung der AdÜ/ZvW zu erwirken (vgl. FG Hessen, Beschl. v. 12.6.2009, 7 V 476/09, juris Rn. 23 ff.; **a. A.** offenbar *Lunze* FS 2009, 167, 174 ff. [zum Patentrecht], die bei einer unberechtigten Grenzbeschlagnahme dem Betroffenen unter dem Gesichtspunkt des Eingriffs in den eingerichteten und ausgeübten Gewerbebetrieb einen Anspruch auf Rücknahme des Grenzbeschlagnahmeantrags gegen den Rechtsinhaber zuerkennen möchte). Ist das eingeleitete Verfahren nach Art. 10 VO (EG) 1383/2003 erfolglos geblieben, folgt die Pflicht zur Überlassung der Waren aus der entsprechenden Anwendung des Art. 13 Abs. 1 VO (EG) 1383/2003, unabhängig davon, aus 78 welchem Grund das Verfahren keinen Erfolg hatte (FG Düsseldorf, Urt. v. 22.7.2009, 4 K 1400/09 Z, juris Rn. 23, 24).

79 Das einzuleitende Verfahren wird in Art. 10 VO (EG) 1383/2003 nicht weiter bezeichnet. Vielmehr wird allein darauf abgestellt, dass sich die Frage, ob ein Recht geistigen Eigentums verletzt ist, sich nach den Rechtsvorschriften des jeweiligen Mitgliedstaats richtet. Daraus wird geschlossen, dass die Möglichkeit, die in das Zollgebiet der Gemeinschaft verbrachten Waren anzuhalten, solange bestehen soll, bis nach Einleitung des nach den nationalen Bestimmungen erforderlichen Verfahrens feststeht, ob eine Verletzung geistigen Eigentums vorliegt (FG Hessen Beschl. v. 12.6.2009, 7 V 476/09, juris Rn. 36; FG Düsseldorf Urt. v. 22.7.2009, 4 K 1400/09 Z, Rn. 21f.). Hieraus folgt, dass gem. § 111c Abs. 8 auch im Verfahren nach der VO (EG) 1383/2003 die Einleitung solcher Verfahren in Betracht kommt, die zu einer gerichtlichen Entscheidung i. S. d. § 111b Abs. 4 Nr. 2 führen. Es kann daher auf die Ausführungen zu den Rn. 70 f. verwiesen werden.

5. Keine Dispositionsbefugnis

80 Sowohl beim Verfahren nach § 111b als auch beim Verfahren nach der VO (EG) 1383/2003 sind nur zwei Alternativen der Verfahrensbeendigung möglich. Entweder es kommt zur Vernichtung der rechtsverletzenden Vervielfältigungsstücke oder aber diese werden, entweder weil keine Rechtsverletzung vorliegt oder weil eine gerichtliche Entscheidung nicht innerhalb der dafür vorgesehenen Fristen beantragt bzw. erwirkt wird, an den Verfügungsberechtigten herausgegeben. Demgegenüber haben der Antragsteller und der Verfügungsberechtigte nicht die Möglichkeit, im Rahmen einer einvernehmlichen Regelung eine andere Verwendung der Vervielfältigungsstücke vorzusehen. Vielmehr sind die Vervielfältigungsstücke, da sie Gegenstand eines zollamtlichen Verfahrens sind, insoweit der Dispositionsbefugnis des Verfügungsberechtigten und des Antragstellers entzogen. Der Antragsteller muss daher beim Auffinden von vermeintlich rechtsverletzenden Vervielfältigungsstücken genau überlegen, ob ihm an einer Durchführung des Beschlagnahmeverfahrens gelegen ist. Im Anwendungsbereich des § 111b besteht die Möglichkeit, dass der Antragsteller zwar hinsichtlich einer konkreten Sendung auf die Durchführung einer Beschlagnahme verzichtet. Im Verfahren nach der VO (EG) 1383/2003 ist dies nach Art. 12 nicht möglich. Vielmehr läuft der Rechtsinhaber dann Gefahr, dass der Antrag auf Tätigwerden für den aktuellen Geltungszeitraum ausgesetzt wird. Hat der Rechtsinhaber daher kein Interesse daran, dass bei kleineren Warensendungen eine AdÜ/ZvW angeordnet wird, ist es ratsam, hierauf bereits im Antrag auf Tätigwerden hinzuweisen. Hat der Rechtsinhaber gegenüber der Zollbehörde erklärt, dass es sich um rechtsverletzende Vervielfältigungsstücke handelt und hat er nicht unverzüglich zum Ausdruck gebracht, an der konkreten AdÜ/ZvW kein Interesse zu haben, ist er, wenn er keine Rechtsnachteile erleiden will, gehalten, das weitere Verfahren durchzuführen.

V. Einziehung

81 Die Einziehung der Vervielfältigungsstücke wird von der Zollbehörde angeordnet, wenn der Verfügungsberechtigte nicht fristgerecht Widerspruch eingelegt hat oder, wenn er dies getan haben sollte, der Antragsteller fristgerecht eine vollziehbare gerichtliche Entscheidung i. S. d. § 111b Abs. 4 Nr. 2 vorlegt. Gleiches gilt, wenn im Verfahren nach der VO (EG) 1383/2003 i. V. m. § 111c entweder eine Zustimmung zur Vernichtung nach Art. 11 vorliegt oder eine gerichtliche Entscheidung nach Art. 10 erwirkt worden ist. Mit Bestandskraft der Einziehungsanordnung geht das Eigentum an den betroffenen Vervielfältigungsstücken auf die Bundesrepublik Deutschland über. Diese wird regelmäßig eine **Vernichtung der Vervielfältigungsstücke** anordnen (s. dazu auch Art. 17 Abs. 1 lit. a) VO (EG) 1383/2003).

Möglich sind aber auch andere Maßnahmen, sofern sichergestellt ist, dass die rechtsverletzenden Vervielfältigungsstücke nicht wieder in den Verkehr gelangen können und ein Schaden für den Rechtsinhaber verhindert wird. In Betracht kommt insb. auch die **Überlassung einzelner Musterstücke an den Antragsteller,** wenn dieser ein berechtigtes Interesse an einer solchen Überlassung hat, etwa weil er aufgrund einer weiteren Untersuchung der Vervielfältigungsstücke Rückschlüsse auf die Herkunftsquelle sowie weitere an der Herstellung und dem Vertrieb der rechtsverletzenden Vervielfältigungsstücke Beteiligte erhalten kann.

Von der **Einziehung** sind grds. das **gesamte Vervielfältigungsstück** und auch die mit 82 diesem zu einer Einheit verbundenen Gegenstände betroffen. Dies gilt auch, wenn allein die **Verpackung,** nicht aber deren Inhalt, eine Rechtsverletzung begründet. Nur dann, wenn sich die Vernichtung als unverhältnismäßig erweist, kann unter Beachtung der für § 98 Abs. 3 geltenden Grundsätze eine andere Maßnahme in Betracht kommen. Im Anwendungsbereich der VO (EG) 1383/2003 wird eine andere Maßnahme als die Vernichtung des gesamten Vervielfältigungsstücks einschließlich Verpackung aber nur unter ganz besonderen Umständen in Betracht kommen können, da es nach Art. 17 Abs. 1 lit. b) auch ein Ziel der Maßnahme ist, dem Einführer wirksam den aus dem Vorgang möglicherweise erwachsenen wirtschaftlichen Gewinn zu entziehen. Dieses Ziel lässt sich regelmäßig nur mit einer vollständigen Vernichtung erreichen.

VI. Rechtsmittel

1. Versagung/Einschränkung des Antrags auf Durchführung der Grenzbeschlagnahme

Lehnt die ZGR den Antrag auf Durchführung der Grenzbeschlagnahme nach § 111b 83 bzw. auf Tätigwerden nach der VO (EG) 1383/2003 ab oder gibt sie diesen nicht im beantragten Umfang statt, kann der Antragsteller hiergegen gem. § 347 AO innerhalb einer Frist von einem Monat ab Zugang der Entscheidung **Einspruch** einlegen. Wird seinem Antrag auch dann nicht (vollständig) entsprochen, kann der Antragsteller versuchen, sein Begehren im Wege der Verpflichtungsklage (§ 40 Abs. 1 FGO) vor den Finanzgerichten zu verfolgen. Derartige Verfahren dürften äußerst selten vorkommen, da die Voraussetzungen für die Stattgabe eines Antrages auf Durchführung der Grenzbeschlagnahme bzw. eines Antrags auf Tätigwerden recht deutlich gefasst sind.

2. Beschlagnahme bzw. AdÜ/ZvW von Vervielfältigungsstücken

Gegen die Beschlagnahme von Vervielfältigungsstücken kann der Verfügungsberechtigte, 84 wie bereits unter Rn. 70f. dargelegt, Widerspruch einlegen. Der in § 111b Abs. 3, 4 vorgesehene **Widerspruch ist jedoch kein Rechtsmittel** gegen die Beschlagnahme. Ein Unterlassen des Widerspruchs führt nur zur Zulässigkeit des vereinfachten Einziehungsverfahrens nach § 111b Abs. 3, bewirkt aber nicht eine Bestandskraft der Beschlagnahmeanordnung (OLG München WRP 1997, 975, 977). **Rechtsmittel gegen die Beschlagnahme** ist vielmehr **allein der Antrag auf gerichtliche Entscheidung gem. § 111b Abs. 7 i. V. m. § 62 OWiG.** Der Antrag auf gerichtliche Entscheidung ist nicht fristgebunden. Dies gibt dem Verfügungsberechtigten die Möglichkeit, zunächst abzuwarten, ob der Antragsteller seinen Verpflichtungen nach § 111b Abs. 4 Nr. 2 bzw. nach Art. 7 Abs. 1 der VO (EG) 3295/94 nachkommt. Über den Antrag auf gerichtliche Entscheidung entscheidet das Amtsgericht (§ 68 OWiG). Gegen die Entscheidung des Amtsgerichts ist die sofortige Beschwerde zum Oberlandesgericht statthaft. Die Frist für die sofortige Beschwerde beträgt 1 Woche ab Verkündung der vollständigen Entscheidung des Amtsgerichts.

85 Die AdÜ/ZvW stellt eine vorläufige zollrechtliche Maßnahme dar, gegen die nach Artikel 245 Zollkodex, §§ 347 ff. AO Einspruch eingelegt werden kann. Die Einspruchsfrist beträgt einen Monat nach dem Zeitpunkt der Bekanntgabe der Mitteilung über die AdÜ/ZvW. Im Rahmen eines derartigen Einspruchsverfahrens wird allein geprüft, ob die nach der VO (EG) 1383/2003 erforderlichen Voraussetzungen für die AdÜ/ZvW vorlagen. Dies ist der Fall, wenn ein gültiger Antrag auf Tätigwerden vorliegt und die betroffenen Vervielfältigungsstücke grds. von den Urheber-, Nutzungs- oder Leistungsschutzrechten, die dem Antrag auf Tätigwerden zugrunde liegen, erfasst sein können.

3. Einziehung von Vervielfältigungsstücken

86 **Gegen die Einziehung** von Vervielfältigungsstücken kann der Verfügungsberechtigte nach **§ 111b Abs. 7 i. V. m. § 67 OWiG** innerhalb einer Frist von zwei Wochen nach Zustellung der Einziehungsverfügung **Einspruch** einlegen. Über den Einspruch entscheidet das Amtsgericht, in dessen Bezirk die Verwaltungsbehörde ihren Sitz hat (§ 68 Abs. 1 S. 1 OWiG). Maßgebend kommt es daher auf den Sitz der Zollstelle an, die mit der konkreten Grenzbeschlagnahme befasst ist. Gegen die Entscheidung des Amtsgerichts kann gem. § 111b Abs. 7 S. 2 **sofortige Beschwerde** zum Oberlandesgericht eingelegt werden. Die Frist für die sofortige Beschwerde beträgt eine Woche (§ 111b Abs. 7 S. 2 i. V. m. § 46 OWiG i. V. m. § 311 Abs. 2 StPO). Die Frist beginnt mit der Bekanntmachung der Entscheidung (§§ 311 Abs. 2, 35 StPO).

VII. Schadensersatz

87 Nach § 111b Abs. 5 ist der Antragsteller dem Verfügungsberechtigten zum Ersatz des durch die Beschlagnahme entstandenen Schadens verpflichtet, wenn sich die **Beschlagnahme** als **von Anfang an ungerechtfertigt** erweist und der Antragsteller den Antrag (nach Einlegung des Widerspruchs durch den Verfügungsberechtigten) aufrechterhalten oder nicht unverzüglich dessen Rücknahme gegenüber der Zollbehörde erklärt hat.

88 Für die Frage, ob die Beschlagnahme als von Anfang an ungerechtfertigt anzusehen war, kommt es auf den **Zeitpunkt der Anordnung der Beschlagnahme** an. Entscheidend ist, ob zu diesem Zeitpunkt durch die Herstellung oder die Verbreitung der beschlagnahmten Vervielfältigungsstücke eine Verletzung des Urheberrechts oder eines anderen nach dem UrhG geschützten Rechts gegeben war bzw. im Sinne einer Erstbegehungsgefahr drohte. Lag ursprünglich eine Rechtsverletzung vor, scheidet ein Schadensersatzanspruch nach § 111b Abs. 5 von vornherein aus.

89 **Auf die Offensichtlichkeit einer Rechtsverletzung kommt es bei § 111b Abs. 5 nicht an.** Die Offensichtlichkeit hat vielmehr allein Bedeutung dafür, ob die Zollbehörde zur Beschlagnahme berechtigt ist. Im Verhältnis zwischen dem Rechtsinhaber und dem Verfügungsberechtigten kommt es dagegen auf die **tatsächliche Rechtslage** an. Eine andere Sichtweise könnte im Einzelfall zu dem unbilligen Ergebnis führen, dass der Verfügungsberechtigte trotz Vorliegens einer – nicht offensichtlichen – Rechtsverletzung einen Schadensersatzanspruch gegen denjenigen geltend machen könnte, dessen Rechte er durch seine Handlung gerade verletzt hat oder zu verletzen drohte.

90 Ebenso wie bei den §§ 945, 717 Abs. 2 ZPO, denen der § 111b Abs. 5 nachgebildet ist, besteht ein **Schadensersatzanspruch ohne Rücksicht auf ein Verschulden des Antragstellers.** Es kommt daher insb. nicht darauf an, ob dieser die Unrechtmäßigkeit der Beschlagnahme kannte oder kennen musste. Dies ist nicht unbillig, da der Antragsteller selbst entscheiden kann, ob er durch die Stellung eines Antrags auf Grenzbeschlagnahme dieses Risiko eingehen will und zudem nach Erhalt der Mitteilung über den Widerspruch des Verfügungsberechtigten, wenn er die Unrechtmäßigkeit der Beschlagnahme erkennt

oder Zweifel hat, immer noch die Möglichkeit hat, unverzüglich die Freigabe der beschlagnahmten Vervielfältigungsstücke zu erklären.

Zu ersetzen ist der durch die Beschlagnahme **adäquat kausal verursachte Schaden**. 91 In der Praxis kommen insb. die Geltendmachung von entgangenem Gewinn aus Geschäften, die aufgrund der Beschlagnahme nicht oder nur mit teurerer Ersatzware durchgeführt werden konnten sowie der Ersatz eventueller Konventionalstrafen, die der Verfügungsberechtigte aufgrund der verzögerten Freigabe der Waren an seine Vertragspartner zahlen musste, in Betracht.

Bei einer **Grenzbeschlagnahme nach der VO (EG) 1383/2003** bestimmt sich gem. 92 Art. 19 Abs. 3 die zivilrechtliche Haftung des Rechtsinhabers nach dem Recht des Mitgliedstaates, in dem die Zollbehörden nach Art. 1 Abs. 1 tätig wird. Danach käme grds. auch bei Maßnahmen nach der VO (EG) 1383/2003 durch die deutschen Zollbehörden eine entsprechende Anwendung des § 111b Abs. 5 in Betracht. Zu beachten ist jedoch, dass die verschuldensunabhängige Schadensersatzpflicht nach § 111b Abs. 5 maßgeblich auf das Verhalten des Antragstellers nach Mitteilung über die Einlegung des Widerspruchs durch den Verfügungsberechtigten abstellt. Einen solchen Widerspruch sah das Verfahren nach der VO (EG) 3295/94 nicht vor. In Art. 11 VO (EG) 1383/2003 i.V.m. § 111c ist nun ein Verfahren geregelt, welches durchaus Parallelen zum Widerspruchsverfahren nach § 111b Abs. 3 aufweist. Dies allein rechtfertigt eine entsprechende Anwendung des § 111b Abs. 5 aber nicht. Maßgebliches weiteres Element für die Begründung einer verschuldensunabhängigen Gefährdungshaftung ist die Möglichkeit des Antragstellers, den Antrag hinsichtlich der konkreten Beschlagnahme bei einem Widerspruch unverzüglich zurückzunehmen. Diese Möglichkeit sieht die VO (EG) 1383/2003 nicht vor. Damit fehlt es jedenfalls hinsichtlich eines der tatbestandlichen Elemente, die für die Begründung einer verschuldensunabhängigen Gefährdungshaftung maßgebend sind, an einer Parallelität der Sachverhalte. Nach der Rechtsauffassung der ZGR führt nämlich die Zurücknahme des Antrags in Bezug auf eine konkrete Maßnahme zwangsläufig zur Zurücknahme des gesamten Antrags auf Tätigwerden. Auch soll der Antragsteller, wenn ihm die Daten nach Art. 9 Abs. 3 VO (EG) 1383/2003 übermittelt worden sind, zur weiteren Umsetzung der Verfahrensschritte verpflichtet sein. Die Möglichkeit einer unverzüglichen Rücknahme des Antrags, bezogen auf die konkrete Maßnahme, besteht nicht. Eine analoge Anwendung des § 111b Abs. 5 im Verfahren nach der VO (EG) 1383/2003 kommt daher nicht in Betracht.

Etwas anderes lässt sich auch nicht aus § 111c Abs. 8 entnehmen, weil durch diese Ver- 93 weisung selbstverständlich keine generelle Analogie begründet wird. Vielmehr ist in der VO (EG) 1383/2003 auch dann „etwas anderes bestimmt", wenn die Regelungen zu unterschiedlichen tatsächlichen Verhältnissen in den jeweiligen Verfahren führen, die einer Gleichbehandlung der Sachverhalte entgegenstehen. Schließlich ist auch noch zu berücksichtigen, dass eine verschuldensunabhängige Haftung den Ausnahmefall im deutschen Haftungssystem darstellt. Dies gebietet es, mit Analogien zurückhaltend zu sein, was erst recht dann gilt, wenn die Sachverhalte nur teilweise miteinander vergleichbar sind.

Die in **§ 111b Abs. 5** geregelte Schadensersatzverpflichtung ist **nicht abschließend**. 94 Vielmehr kann sich eine Schadensersatzverpflichtung des Antragstellers auch aus anderen Vorschriften (z.B. §§ 823, 826 BGB) oder aus einer Verletzung etwaiger vertraglicher Pflichten ergeben.

VIII. Anwendung des § 111b im Verfahren nach der VO (EG) 1383/2003

Nach § 111c Abs. 8 sind die Regelungen des § 111b Abs. 1 bis 7 im Verfahren nach der 95 VO (EG) 1383/2003 entsprechend anzuwenden, soweit die Verordnung nicht etwas anderes bestimmt. Bedeutung erlangt dieser Verweis für die Zuständigkeit der Bundesfinanzdirektion zur Entgegennahme und Entscheidung über Anträge auf Tätigwerden nach der VO (EG) 1383/2003, für die Zuständigkeit der Zollbehörden zur Durchführung der Grenzbeschlagnahme sowie für die nach deutschem Recht vorgesehenen Rechtsmittel gegen die Maßnahmen und Entscheidungen der jeweils zuständigen Behörden. Die Gemeinsamkeiten und Unterschiede zwischen § 111b und der VO (EG) 1383/2003 i. V. m. § 111c sind im Rahmen der einzelnen Verfahrensschritte dargestellt worden.

Abschnitt 3. Zwangsvollstreckung

1. Allgemeines

§ 112 Allgemeines

Die Zulässigkeit der Zwangsvollstreckung in ein nach diesem Gesetz geschütztes Recht richtet sich nach den allgemeinen Vorschriften, soweit sich aus den §§ 113 bis 119 nichts anderes ergibt.

Literatur: *Berger*, Zwangsvollstreckung in urheberrechtliche Vergütungsansprüche, NJW 2003, 853; *Chudziak*, Die Anwendung des § 883 ZPO bei der Zwangsvollstreckung von Vernichtungsansprüchen des gewerblichen Rechtsschutzes und Urheberrechts, DGVZ 2011, 177; *Hendricks*, Die Zwangsvollstreckung gegen den Urheber, Diss. Remscheid 2008; *Hoeren*, Der Erschöpfungsgrundsatz bei Software – Körperliche Übertragung und Folgeprobleme, GRUR 2010, 665; *Hönig*, Verfolgungsverjährung im Ordnungsmittelverfahren und Rückzahlung von Ordnungsgeld durch die Landeskasse, WRP 2002, 404; *Kieser/Sagemann*, Vollstreckung von Unterlassungsverfügungen in EU-Staaten: Bestrafungsverfahren in Deutschland wird attraktiver, GRUR-Prax 2012, 155; *Klawitter/Hombrecher*, Gewerbliche Schutzrechte und Urheberrechte als Kreditsicherheiten, WM 2004, 1213; *Klein*, Keine Vertragsstrafe für die Schwebezeit, GRUR 2007, 664; *Köhler*, Die notarielle Unterwerfungserklärung – eine Alternative zur strafbewehrten Unterlassungserklärung?, GRUR 2012, 6; *Melullis*, Handbuch des Wettbewerbsprozesses, 3. Aufl., Köln 2000; *Paulus*, Software in Vollstreckung und Insolvenz, ZIP 1996, 2; *Roy/Palm*, Zur Problematik der Zwangsvollstreckung in Computer, NJW 1995, 690; *Skauradszun*, Das Urheberrecht in der Zwangsvollstreckung, Diss. Tübingen 2009; *Stickelbrock*, Urheberrechtliche Nutzungsrechte in der Insolvenz – von der Vollstreckung nach §§ 112 ff. UrhG bis zum Kündigungsverbot des § 112 InsO –, WM 2004, 549.

Vgl. darüber hinaus die Angaben im eingangs abgedr. Gesamtliteraturverzeichnis.

Übersicht

	Rn.
I. Zweck und Regelungsgehalt	1
II. Systematik der §§ 113–119	2, 3
III. Zwangsvollstreckung in Vermögenswerte des Urhebers	4–18
1. Allgemeine Zwangsvollstreckungsvoraussetzungen	5
2. Zwangsvollstreckung wegen Geldforderungen	6–15
a) Urheberrechte	8
b) Urheberpersönlichkeitsrechte	9
c) Urheberrechtliche Nutzungsrechte	10, 11
d) Anwartschaftsrechte	12
e) Werkoriginale	13
f) Vorrichtungen	14
g) Geldforderungen	15
3. Zwangsvollstreckung wegen anderer Forderungen	16–18
a) Einräumung von Nutzungsrechten	17
b) Herausgabe/Übereignung von Sachen	18
IV. Zwangsvollstreckung in Vermögenswerte des Leistungsschutzberechtigten	19
V. Zwangsvollstreckung gegen Nutzungsberechtigte	20–22

	Rn.
VI. Zwangsvollstreckung gegen den Rechtsverletzer	23–66
1. Unterlassung	24–57
a) Titel, Androhung, Verfahren	24, 30
b) Verstoß	31–35
c) Verschulden	36–41
d) Festsetzung	42–44
e) Vertragsstrafe	45–57
2. Beseitigung	58, 59
3. Auskunft und Rechnungslegung	60, 61
4. Zahlung	62
5. Vernichtung, Rückruf, Überlassung	63, 64
6. Besichtigung	65
7. Urteilsveröffentlichung	66
VII. Urheber- und Leistungsschutzrechte in der Insolvenz	67
VIII. Zwangsvollstreckung in ausländische Rechte	68–72

I. Zweck und Regelungsgehalt

Die **Zwangsvollstreckung** in ein nach dem UrhG geschütztes Recht richtet sich **grundsätzlich nach den allgemeinen Vorschriften der ZPO** (§§ 704 ff. ZPO). Allein für den Bereich der **Zwangsvollstreckung wegen Geldforderungen** enthalten die **§§ 113–119** gewisse **Spezialregelungen,** durch welche die Möglichkeit der Zwangsvollstreckung in das Urheberrecht sowie in bestimmte Leistungsschutzrechte (s. §§ 118 und 119 Abs. 3) eingeschränkt wird (OLG Hamburg ZUM 2006, 758, 761). Hierdurch soll der besonderen – persönlichkeitsrechtlich geprägten – Beziehung der Urheber und Inhaber gewisser Leistungsschutzrechte zu ihren Werken Rechnung getragen werden. Die Differenzierung zwischen den einzelnen Leistungsschutzrechten sowie die Aufrechterhaltung der Beschränkungen für alle Werkarten, insb. auch für solche, die ihrer Art nach in der Regel von vornherein allein dazu bestimmt sind, sie einer wirtschaftlichen Verwertung zuzuführen, ist jedoch vermehrt kritisiert worden (vgl. etwa zur Zwangsvollstreckung in Computerprogramme *Paulus* ZIP 1996, 2, 4; *Roy/Palm* NJW 1995, 690, 692, die beide in Anlehnung an die Rechtsprechung zum Patentrecht eine von den Beschränkungen der §§ 113 f. befreite Zwangsvollstreckung befürworten, wenn der Urheber seine Kommerzialisierungsabsicht geäußert hat).

II. Systematik der §§ 113–119

Nach den §§ 113, 114 kann eine **Zwangsvollstreckung** wegen Geldforderungen in das **Urheberrecht** selbst sowie in **Werke,** die im Eigentum des Urhebers stehen, nur mit dessen **Zustimmung** erfolgen. Richtet sich die Zwangsvollstreckung in den vorgenannten Fällen gegen den Rechtsnachfolger des Urhebers, sind die in den §§ 115–117 enthaltenen Regelungen maßgebend. Die Beschränkungen der Zwangsvollstreckung sind hier etwas weniger weitreichend als bei der gegen den Urheber selbst gerichteten Zwangsvollstreckung, was durch den regelmäßig geringeren persönlichen Bezug des Rechtsnachfolgers zum Werk gerechtfertigt ist. Nach § 118 gelten für die Zwangsvollstreckung wegen Geldforderungen gegen den Verfasser wissenschaftlicher Ausgaben (§ 70) oder den Lichtbildner (§ 72) sowie gegen deren Rechtsnachfolger die Beschränkungen der §§ 113–117 entsprechend. Für die Zwangsvollstreckung in andere Leistungsschutzrechte (s. aber § 119 für die Zwangsvollstreckung in Vorrichtungen) bestehen auch bei einer Zwangsvollstreckung wegen Geldforderungen allein die sich aus den allgemeinen Regelungen (§§ 704 ff. ZPO) ergebenden Beschränkungen. Schließlich ist nach § 119 die Zwangsvollstreckung wegen

Geldforderungen in bestimmte Vorrichtungen zur Vervielfältigung, Sendung oder Vorführung von Werken beschränkt. Die Beschränkungen gelten nicht nur für urheberrechtlich geschützte Werke, sondern sind auf die in den §§ 70, 71, 72, 77 Abs. 2, 85, 87, 94, 95 und 87b Abs. 1 geschützten Rechte entsprechend anzuwenden.

3   Neben den spezifischen im UrhG vorgesehenen Beschränkungen **gelten auch bei der Zwangsvollstreckung in Urheber- und Leistungsschutzrechte** selbstverständlich **die sich aus den allgemeinen Vorschriften ergebenden Beschränkungen** (vgl. etwa §§ 811, 857 Abs. 3, 851 Abs. 1 ZPO), was durch § 112 ausdrücklich klargestellt wird. Von den Regelungen der §§ 113–119 vollkommen unberührt bleiben Zwangsvollstreckungsmaßnahmen gegen den Urheber und den Inhaber gewisser Leistungsschutzrechte, die nicht die Zwangsvollstreckung wegen Geldforderungen betreffen; ferner sämtliche Zwangsvollstreckungsmaßnahmen, die sich gegen Inhaber der in den §§ 113–119 nicht genannten Leistungsschutzrechte oder gegen Dritte (s. aber die Ausnahmen für Rechtsnachfolger in §§ 115 f.) richten.

III. Zwangsvollstreckung in Vermögenswerte des Urhebers

4   Für die Zwangsvollstreckung in Vermögenswerte des Urhebers sehen die §§ 113–119, bezogen auf das Urheberrecht und gewisse Leistungsschutzrechte, besondere Regelungen vor, durch welche die Zwangsvollstreckungsmöglichkeiten der Gläubiger des Urhebers beschränkt werden. Sämtliche Beschränkungen knüpfen daran an, ob es sich um eine **Zwangsvollstreckung wegen Geldforderungen** handelt. Erfolgt die **Zwangsvollstreckung zur Durchsetzung einer anderen Forderung,** also einer solchen, die nicht auf eine Geldforderung gerichtet ist, ergeben sich aus dem Urheberrechtsgesetz **keine Spezialregelungen** für die Zwangsvollstreckung (OLG Hamburg ZUM 2006, 758, 761).

1. Allgemeine Zwangsvollstreckungsvoraussetzungen

5   Wie bei jeder Zwangsvollstreckungsmaßnahme müssen auch im Rahmen der Zwangsvollstreckung, für die in den §§ 113–119 Sonderregelungen enthalten sind, die allgemeinen Zwangsvollstreckungsvoraussetzungen erfüllt sein. Erforderlich ist daher insb. die Stellung eines Vollstreckungsantrages, das Vorliegen eines Vollstreckungstitels (§§ 704, 794 ZPO), die Erteilung einer Vollstreckungsklausel (§ 725 ZPO) und die vorherige Zustellung des vollstreckungsfähigen Titels (§ 750 ZPO).

2. Zwangsvollstreckung wegen Geldforderungen

6   Die Zwangsvollstreckung wegen Geldforderungen ist in den §§ 803–882a ZPO geregelt. In das bewegliche Vermögen erfolgt sie gem. § 803 ZPO durch Pfändung, wozu auch Forderungen und andere Vermögensrechte gehören. Die Verwertung richtet sich nach der Art des konkreten Vermögensgegenstandes, in den vollstreckt wird. Im Rahmen der Sachpfändung wird etwa gepfändetes Geld an den Gläubiger ausgekehrt (§ 815 ZPO). Im Übrigen sind gepfändete Sachen vom Gerichtsvollzieher öffentlich zu versteigern (§ 814 ZPO). Bei der Pfändung von Forderungen und anderen Vermögensrechten steht die Überweisung des gepfändeten Vermögensrechts zur Einziehung (§ 835 ZPO) im Vordergrund. Die Zwangsvollstreckung in Vermögensrechte, die keine Geldforderungen sind, ist in § 857 ZPO geregelt. Bei der Verwertung solcher Vermögensrechte kann das Vollstreckungsgericht auch eine andere Form der Verwertung anordnen (§ 844 ZPO).

7   Eine Zwangsvollstreckung wegen Geldforderungen ist gegeben, wenn es um die **Durchsetzung einer titulierten Forderung auf Zahlung** (auch Hinterlegung) **einer bestimmten Geldsumme** geht (Zöller/*Stöber* Vor § 803 ZPO Rn. 1). Unerheblich ist dabei, ob die Forderung auf Zahlung einer inländischen oder ausländischen Währung ge-

richtet ist, sofern es sich im letzteren Fall um eine Fremdwährungs- oder Valutaschuld handelt (Zöller/*Stöber* Vor § 803 ZPO Rn. 3). Folgende dem urheberrechtlichen Bereich zuzurechnenden Vermögenswerte bedürfen bei der Zwangsvollstreckung wegen Geldforderungen einer näheren Betrachtung:

a) **Urheberrechte.** Eine Zwangsvollstreckung in das Urheberrecht als Ganzes, auch wenn „nur" die Verwertungsrechte in ihrer Gesamtheit betroffen sein sollen, ist bereits gem. § 29 S. 2 i. V. m. § 857 Abs. 3 ZPO ausgeschlossen. Eines Rückgriffs auf allgemeine Erwägungen, insb. auf den Umstand, dass das Urheberrecht nicht nur eine vermögensrechtliche, sondern auch eine persönlichkeitsrechtliche Prägung hat, bedarf es daher insoweit nicht einmal. Die vorgenannten gesetzlichen Regelungen basieren jedoch darauf, dass das Urheberrecht stark persönlichkeitsrechtlich geprägt ist und daher in seiner Gesamtheit nicht als ein dem freien Wirtschaftsverkehr unterliegender Vermögenswert angesehen werden kann, und zwar auch nicht im Einverständnis mit dem Urheber. 8

b) **Urheberpersönlichkeitsrechte.** Das Urheberpersönlichkeitsrecht ist eine besondere Ausformung des allgemeinen Persönlichkeitsrechts und leitet sich wie dieses aus den Art. 1, 2 GG ab. Es entsteht gemeinsam mit dem vom Urheber geschaffenen Werk und schützt den Urheber in seiner besonderen geistigen persönlichen Beziehung zu seinem Werk (vgl. dazu im Einzelnen Vor §§ 12 ff. Rn. 1 ff.). Die sich aus dem Urheberpersönlichkeitsrecht ergebenden Berechtigungen sind wie das Urheberrecht nicht durch Rechtsgeschäft übertragbar und unterliegen daher gem. § 857 Abs. 3 ZPO auch von vornherein nicht der Zwangsvollstreckung. Etwas anderes gilt allerdings für Forderungen, die der Urheber aufgrund der Ausübung seines Urheberpersönlichkeitsrechts oder aufgrund der Verletzung desselben erlangt. Zu denken ist hier insb. an Schadensersatzansprüche i. S. d. § 97 Abs. 2 sowie an Forderungen, die der Urheber etwa dadurch erwirbt, dass er sich verpflichtet, bestimmte Berechtigungen, die sich aus dem Urheberpersönlichkeitsrecht ergeben, nicht auszuüben. 9

c) **Urheberrechtliche Nutzungsrechte.** Die sich aus dem Urheberrecht ergebenden urheberrechtlichen Nutzungsrechte sind gem. §§ 31 ff. durch Rechtsgeschäft übertragbar (zur dogmatischen Konstruktion Vor §§ 31 ff. Rn. 21 f.) und unterliegen daher, soweit sie sich noch im Eigentum des Urhebers befinden, der Zwangsvollstreckung durch dessen Gläubiger. Bei der Zwangsvollstreckung in die urheberrechtlichen Nutzungsrechte an Computerprogrammen ist dabei § 69b zu beachten, wenn der Urheber im Zeitpunkt der Werkschöpfung in einem Arbeits- oder Dienstverhältnis stand. Die Möglichkeit, im Wege der Zwangsvollstreckung auf urheberrechtliche Nutzungsrechte zuzugreifen, geht nicht über die rechtsgeschäftliche Verfügungsmöglichkeit hinaus, sondern deckt sich mit dieser. Die Zwangsvollstreckung kann sich daher insb. nicht auf die Einräumung von Nutzungsrechten für zum Zeitpunkt der Vornahme des Vollstreckungsaktes noch nicht bekannte Nutzungsarten beziehen (§ 31 Abs. 4 i. V. m. § 857 Abs. 3 ZPO). 10

Die Zwangsvollstreckung wegen Geldforderungen in urheberrechtliche Nutzungsrechte ist gem. §§ 113, 115 **grundsätzlich nur mit Einwilligung** des Urhebers bzw. seines Rechtsnachfolgers möglich. Die sich daraus ergebende Beschränkung der Zwangsvollstreckungsmöglichkeiten gelten jedoch nur für den Zugriff auf das Nutzungsrecht selbst, nicht aber für die Zwangsvollstreckung in Vermögenswerte (z. B. Lizenzeinnahmen, Forderungen, Honorare, Beteiligungen), die der Urheber aufgrund der Übertragung oder sonstigen Verwertung urheberrechtlicher Nutzungsrechte erhalten hat. Diese regelmäßig auf Zahlung von Geld gerichteten Forderungen unterliegen als Zugriffsobjekt den gleichen Regelungen wie andere Geldforderungen auch. 11

d) **Anwartschaftsrechte.** Ein Urheberrecht entsteht erst mit der Fertigstellung eines schutzfähigen Werkes. Bevor die tatbestandlichen Voraussetzungen für die Entstehung urheberrechtlichen Schutzes nicht erfüllt sind, entsteht zugunsten des Schöpfers kein wie 12 auch immer geartetes Anwartschaftsrecht, welches als Vermögenswert Gegenstand der Zwangsvollstreckung durch seine Gläubiger sein könnte. Im Übrigen sind etwaige Anwartschaftsrechte des Urhebers, soweit sich aus dem UrhG keine anderweitige Regelung ergibt, ebenso der Zwangsvollstreckung unterworfen, wie Anwartschaftsrechte anderer Personen. Die Anwartschaft des Urhebers eines Werkes der bildenden Künste auf Zahlung seines Anteils bei der Veräußerung des Originals (§ 26 Abs. 3) und die Anwartschaft des Urhebers auf Zahlung einer angemessenen Vergütung für die Einräumung von Nutzungsrechten (§ 32a Abs. 3) unterliegen aufgrund der insoweit bestehenden Ausnahmeregelungen nicht der Zwangsvollstreckung.

13 **e) Werkoriginale.** Die Zwangsvollstreckung in Originale des Werkes erfolgt im Wege der Sachpfändung (§§ 808 ff. ZPO). Wenn die Zwangsvollstreckung zur Durchsetzung einer Geldforderung gegen den Urheber erfolgt, ist sie grds. nur mit der Einwilligung des Urhebers (§ 114; Ausnahmen in Abs. 2) oder seines Rechtsnachfolgers (§ 116) möglich.

14 **f) Vorrichtungen.** Die Zwangsvollstreckung in Vorrichtungen erfolgt im Wege der Sachpfändung (§§ 808 ff. ZPO). Bei Vorrichtungen, die ausschließlich zur Vervielfältigung oder Funksendung eines Werkes bestimmt sind, bedarf die Zwangsvollstreckung der Einwilligung des Urhebers. Das Gleiche gilt für Vorrichtungen, die ausschließlich zur Vorführung eines Filmwerkes bestimmt sind sowie für die weiteren in § 119 Abs. 3 genannten Vorrichtungen. (Zur Pfändung des Computers des Urhebers und zur Differenzierung zwischen Hardware und Software vgl. Musielak § 808 ZPO Rn. 24).

15 **g) Geldforderungen.** Die Zwangsvollstreckung in Geldforderungen des Urhebers erfolgt nach den §§ 828 ff. ZPO. Einschränkungen ergeben sich aus dem UrhG allein hinsichtlich der unter Rn. 12 aufgeführten Anwartschaftsrechte. Die §§ 113 ff. sehen auch für Geldforderungen, die auf einer Verwertung der sich aus dem Urheberrecht ergebenden Rechte beruhen, keine weiteren Beschränkungen vor. Zu beachten ist allerdings ggf. der Pfändungsschutz für sonstige Einkünfte gem. § 850i Abs. 1 ZPO, dem beispielsweise Forderungen aus dem Verkauf von Werken der bildenden Kunst durch den Künstler selbst unterliegen sowie auch Ansprüche von Schriftstellern und Komponisten (Musielak § 850i ZPO Rn. 3).

3. Zwangsvollstreckung wegen anderer Forderungen

16 Erfolgt die Zwangsvollstreckung gegen den Urheber zur Durchsetzung anderer als Geldforderungen (z.B. wegen eines Anspruches auf Einräumung urheberrechtlicher Nutzungsrechte), ergeben sich aus dem UrhG keine Spezialregelungen (OLG Hamburg ZUM 2006, 758, 761). Insb. kommt die Zwangsvollstreckung wegen folgender Forderungen gegen den Urheber in Betracht:

17 **a) Einräumung von Nutzungsrechten.** Die vom Urheber übernommene vertragliche Verpflichtung zur Einräumung von Nutzungsrechten ist auf die Abgabe einer Willenserklärung durch den Urheber gerichtet und wird folglich gem. § 894 ZPO vollstreckt. Mit der Rechtskraft des Urteils wird die Abgabe der im Tenor bezeichneten Willenserklärung durch den Urheber fingiert.

18 **b) Herausgabe/Übereignung von Sachen.** Besteht gegen den Urheber ein Anspruch auf Herausgabe von Sachen (z.B. Werkoriginale, Vervielfältigungsstücke, Vorrichtungen), werden diese Ansprüche nach § 883 ZPO vollstreckt (zur Herausgabe an den Gerichtsvollzieher zum Zwecke der Vernichtung vgl. *Chudziak* DGVZ 2011, 177 ff.). Ist zusätzlich zur Herausgabe der Sachen die Übertragung des Eigentums durch den Urheber geschuldet, erfolgt die Zwangsvollstreckung wegen der auf die Einigung zur Eigentumsübertragung gerichteten Willenserklärung nach § 894 ZPO.

IV. Zwangsvollstreckung in Vermögenswerte des Leistungsschutzberechtigten

Die Beschränkungen der Zwangsvollstreckung nach den §§ 113–117 gelten gem. § 118 für die Zwangsvollstreckung wegen Geldforderungen gegen den Verfasser wissenschaftlicher Ausgaben (§ 70) und gegen den Lichtbildner (§ 72) entsprechend. Für die Zwangsvollstreckung in andere Leistungsschutzrechte sieht das UrhG keine besonderen Regelungen vor (s. aber für die Zwangsvollstreckung in Vorrichtungen § 119 Abs. 3). Wie bei den Urheberrechten ist jedoch eine Zwangsvollstreckung in das Leistungsschutzrecht als Ganzes oder in die persönlichkeitsrechtlich geprägten Komponenten des Leistungsschutzrechtes nicht möglich. Hinsichtlich der einzelnen Zwangsvollstreckungsmaßnahmen wird auf die Kommentierung zu den Urheberrechten Rn. 8 ff. verwiesen.

V. Zwangsvollstreckung gegen Nutzungsberechtigte

Die Zwangsvollstreckung gegen Inhaber vertraglich oder im Wege der Zwangsvollstreckung eingeräumter Nutzungsrechte (§§ 31 ff.) erfolgt gem. § 857 Abs. 1 ZPO in entsprechender Anwendung der Vorschriften über die Zwangsvollstreckung in Forderungen. Zu beachten ist jedoch, dass zwar nicht die Pfändung des Nutzungsrechtes (als Korrelat zum Verpflichtungsgeschäft bei der rechtsgeschäftlichen Übertragung), aber seine **Verwertung** (als Korrelat zum Verfügungsgeschäft) der **Zustimmung durch den Urheber** bedarf (**§ 34 Abs. 1**). Die Zustimmung (§ 182 BGB) kann vom Urheber auch noch nachträglich erteilt werden. Gem. § 184 BGB wirkt die nachträgliche Zustimmung dann auf den Zeitpunkt der Vornahme des Rechtsgeschäftes zurück. Anders als bei den Einwilligungserfordernissen der §§ 113 ff. steht die Entscheidung über die Erteilung der Zustimmung zur Zwangsvollstreckung in Nutzungsrechte nicht im freien Ermessen des Urhebers. Nach § 34 Abs. 1 S. 2 darf dieser die Zustimmung nämlich nicht wider Treu und Glauben verweigern (vgl. dazu im Einzelnen § 34 Rn. 11 ff.). Abweichend von der Grundregel des § 34 Abs. 1 **bedarf es einer Zustimmung des Urhebers** in folgenden Fällen **nicht**:

– Nach § 34 Abs. 3 kann ein Nutzungsrecht ohne Zustimmung des Urhebers übertragen werden, wenn dies im Rahmen der **Veräußerung eines Unternehmens** oder Teilen davon erfolgt;
– nach § 34 Abs. 5 kann der Urheber in seinem **Vertrag** mit dem Nutzungsberechtigten das **Zustimmungserfordernis** ganz **abbedingen**. In diesem Fall bedarf dann auch die Zwangsvollstreckung in das Nutzungsrecht keiner Zustimmung durch den Urheber;
– hat sich der Urheber, ohne dass dies vertraglich vereinbart war, **generell mit einer Übertragung von Nutzungsrechten einverstanden erklärt,** wird hiervon mangels entgegenstehender Anhaltspunkte auch die durch eine Zwangsvollstreckung bewirkte Übertragung erfasst sein.

Urheber- und Nutzungsberechtigte können auch eine **Verschärfung des Zustimmungserfordernisses** bis hin zum völligen Ausschluss einer Verpflichtung des Urhebers zur Zustimmung vertraglich vereinbaren (vgl. dazu § 34 Rn. 37 ff.). **Im Verhältnis zum Gläubiger** des Nutzungsberechtigten ist **aber jede vertraglich vereinbarte Verschärfung, insb. der gänzliche Ausschluss der Übertragung des Nutzungsrechts, nicht bindend.** Dies ergibt sich in (entsprechender) Anwendung des § 851 Abs. 2 ZPO. Danach kann die Pfändbarkeit einer Forderung nicht durch eine Vereinbarung zwischen dem Schuldner und dem Drittschuldner ausgeschlossen werden, soweit der geschuldete Gegenstand selbst der Pfändung unterworfen ist. Urheberrechtliche Nutzungsrechte sind, wenn auch mit der in § 34 Abs. 4 enthaltenen Einschränkung, der Zwangsvollstreckung unterworfen (s. o. Rn. 10). Eine weitere Einschränkung der Übertragbarkeit kann im Verhältnis zum Gläubiger des Schuldners nicht durch Vereinbarung erfolgen.

VI. Zwangsvollstreckung gegen den Rechtsverletzer

23 Die Zwangsvollstreckung von Ansprüchen wegen der Verletzung von Urheber- und Leistungsschutzrechten ist im UrhG nicht spezialgesetzlich geregelt, weshalb sie den allgemeinen Vorschriften der ZPO folgt. Werden aufgrund der Rechtsverletzung jedoch Ansprüche des Inhabers des verletzten Rechts begründet, die auf Zahlung von Geld gerichtet sind, gelten bei deren Durchsetzung in etwaige Urheberrechte des Rechtsverletzers auch zugunsten des Rechtsverletzers die §§ 113–119. Die Zwangsvollstreckung wegen eines Schadensersatzanspruchs in ein Urheberrecht des Rechtsverletzers ist daher nur mit dessen Einwilligung (§ 113) möglich. Die einzelnen sich aufgrund der Verletzung von Urheber- und Leistungsschutzrechten ergebenden Ansprüche gegen den Rechtsverletzer werden wie folgt vollstreckt:

1. Unterlassung

24 **a) Titel, Androhung, Verfahren.** Die Durchsetzung von titulierten Unterlassungsansprüchen erfolgt nach § 890 ZPO. Neben den allgemeinen Voraussetzungen für die Zwangsvollstreckung (§ 750 ZPO – Titel, Klausel, Zustellung) ist für die Festsetzung eines Ordnungsmittels auch noch die vorherige Androhung des Ordnungsmittels (§ 890 Abs. 2 ZPO) erforderlich (ausführlich zu den Voraussetzungen der Zwangsvollstreckung *Melullis* Rn. 927–940; Köhler/Bornkamm/*Köhler* § 12 UWG Rn. 6.1 f.). Als Titel kommt auch ein nicht rechtskräftiges aber vorläufig vollstreckbares Urteil in Betracht (OLG Stuttgart MD 2000, 1016, 1018). Ist der Titel nur gegen Sicherheitsleistung vollstreckbar, können nur nach der Sicherheitsleistung erfolgte Verletzungshandlungen zur Festsetzung von Ordnungsmitteln herangezogen werden. Handelt der Schuldner der Unterlassungspflicht schuldhaft zuwider, setzt das Gericht auf Antrag des Gläubigers ein Ordnungsmittel (Ordnungsgeld/Ordnungshaft) fest.

25 Die **Festsetzung von Ordnungsmitteln** erfordert jedoch gem. § 890 Abs. 2 ZPO, dass der Verletzungshandlung eine **Ordnungsmittelandrohung vorausgegangen und diese dem Schuldner auch zugestellt worden ist.** Im Falle der Vollstreckung gegen einen Rechtsnachfolger des Schuldners bedarf es der vorherigen Erteilung und Zustellung einer Vollstreckungsklausel gegen den Rechtsnachfolger. Zudem liegt ein eigener Verstoß nur dann vor, wenn der Rechtsnachfolger selbst gegen den Titel verstoßen hat. Eine Zurechnung des Verstoßes eines Rechtsvorgängers findet nicht statt (OLG Köln GRUR-RR 2009, 192, 193 – Bestrafungsverfahren gegen Rechtsnachfolger).

26 Eine im Verfahren des einstweiligen Rechtsschutzes **durch Urteil erlassene Verbotsverfügung** wird allerdings bereits **mit der Verkündung des Urteils wirksam** und kann bei Verstößen ab diesem Zeitpunkt Grundlage einer Ordnungsmittelfestsetzung sein, wenn die Ordnungsmittelandrohung im Urteil enthalten ist (BGH GRUR 2009, 890, 891 Rn. 11 – Ordnungsmittelandrohung m. w. N.). Die Zustellung des Urteils kann daher in diesem Fall dem Verstoß zeitlich nachgelagert sein, muss aber spätestens bis zur Festsetzung des Ordnungsmittels erfolgen. Der Schuldner ist bei der Urteilsverfügung ab dem Zeitpunkt der Verkündung durch § 945 ZPO geschützt, da der Gläubiger das Risiko einer nachträglich unberechtigten Vollstreckung zu tragen hat (vgl. BGH GRUR 2009, 890, 891 Rn. 16). Regelmäßig empfiehlt es sich (Ausnahmen mögen bei einer beabsichtigten Zwangsvollstreckung im Ausland angezeigt sein, weil der Titel sonst möglicherweise nicht anerkannt wird) den Antrag auf Androhung der Ordnungsmittel bereits gemeinsam mit dem Unterlassungsantrag zu stellen. Ist dies unterblieben, kann die Ordnungsmittelandrohung später – auf Antrag – jederzeit durch Beschluss nachgeholt werden.

27 Die in einem **gerichtlich protokollierten Vergleich** oder in einem anderen Vollstreckungstitel i. S. d. § 793 ZPO enthaltene Unterlassungsverpflichtung ist der Zwangsvollstreckung nach § 890 ZPO zugänglich, und zwar auch dann, wenn für den Fall des Verstoßes die Zahlung einer Vertragsstrafe vorgesehen ist (Ahrens/*Spätgens* Kap. 64 Rn. 8; *Melullis* Rn. 928; Köhler/Bornkamm/*Köhler* § 12 UWG Rn. 6.2). Allerdings kann die Ordnungsmittelandrohung nicht, auch wenn die Parteien hierzu ihr Einverständnis erklären, in den Vergleich selbst aufgenommen werden. Insoweit ist vielmehr stets eine **gesonderte Ordnungsmittelandrohung durch Beschluss erforderlich** (BGH GRUR 2012, 957 – Vergleichsschluss im schriftlichen Verfahren; *Teplitzky* Kap. 57 Rn. 25; Ahrens/*Spätgens* Kap. 64 Rn. 37). Die Frage, ob die in einem gerichtlichen Vergleich enthaltene (nicht strafbewehrte) Unterlassungsverpflichtung mit einer Ordnungsmittelandrohung nach § 890 ZPO versehen werden darf, bestimmt sich nach dem durch Auslegung zu ermittelnden Parteiwillen (OLG Hamburg GRUR-RR 2013, 495).

Entfällt der Titel mit Rückwirkung (z. B. bei Klagerücknahme oder unbeschränkter Erledigungserklärung) dürfen Ordnungsmittel nicht mehr festgesetzt werden. Bereits verhängte Ordnungsmittel sind aufzuheben, und zwar selbst dann, wenn der Ordnungsmittelbeschluss rechtskräftig geworden ist. Hat der Schuldner ein Ordnungsgeld bereits gezahlt, hat er gegen die Staatskasse einen Anspruch auf Erstattung. Bei einem **Titelfortfall mit Wirkung für die Zukunft** dürfen ebenfalls keine Ordnungsmittel mehr festgesetzt werden, und zwar auch dann nicht, wenn der Verstoß vor dem Zeitpunkt des Titelfortfalls lag (BGH GRUR 2004, 264, 266 – Euro-Einführungsrabatt; Köhler/Bornkamm/*Köhler* § 12 Rn. 6.16 m.w.N.). Der Gläubiger kann jedoch seine Erledigungserklärung auf den Zeitpunkt ab dem erledigenden Ereignis beschränken. In diesem Fall kann auf der Grundlage des Titels weiterhin ein Ordnungsmittel für solche Verstöße festgesetzt werden, die vor dem erledigenden Ereignis erfolgten (BGH GRUR 2004, 264, 266 – Euro-Einführungsrabatt; Ahrens/*Ahrens* Kap. 66 Rn. 21 f. m.w.N.). 28

Ausnahmsweise kann gegen den Schuldner auch dann ein Ordnungsmittel festgesetzt werden, wenn der Titel danach wieder aufgehoben, jedoch aufgrund des identischen Sachverhalts in der Rechtsmittelinstanz erneut erlassen wird (OLG München MD 2000, 360, 361; Ahrens/*Ahrens* Kap 66 Rn. 18 m.w.N.; a.A. OLG Frankfurt a.M., Beschluss vom 3.4.2012, Az. 6 W 43/12, BeckRS 2012, 08333). Handlungen, die zwischen der Aufhebung des Titels in der ersten Instanz und dem erneuten Erlass im Berufungsverfahren liegen, können hingegen nicht zur Begründung eines Verstoßes herangezogen werden. 29

Der gegen einen Ordnungsmittelbeschluss eingelegten **sofortigen Beschwerde** kommt aufschiebende Wirkung zu (BGH Beschluss vom 16.5.2012, Az. I ZB 52/11, BeckRS 2012, 12382). 30

b) Verstoß. Ein **Verstoß gegen den Unterlassungstenor** liegt nicht nur im Falle der Wiederholung einer identischen Verletzungshandlung, sondern nach der sog. **Kerntheorie** auch bei solchen **Verletzungshandlungen vor, die** in ihrem sachlichen Kern, also **nach ihren charakteristischen Merkmalen, mit der verbotenen Verletzungshandlung praktisch gleichwertig sind** und allenfalls geringfügige Abweichungen enthalten (vgl. dazu BGH GRUR 2013, 1071 Tz. 14; Köhler/Bornkamm/*Köhler* § 12 UWG Rn. 6.4). Eine **ergänzende Auslegung oder** eine **analoge Anwendung** des Verbotes auf in ihrem Kern lediglich ähnliche Verletzungshandlungen ist nach Art. 103 Abs. 2 GG wegen des repressiven Charakters der Ordnungsmittel hingegen **unzulässig** (BVerfGE 20, 323, 323; 58, 159, 162; BVerfG NJW-RR 2007, 860 f.; Köhler/Bornkamm/*Köhler* § 12 UWG Rn. 6.4). 31

Die sich aus einem Unterlassungstenor ergebenden **Pflichten des Schuldners beschränken sich nicht auf ein bloßes Untätigbleiben.** Vielmehr ist der **Schuldner auch zu einem aktiven Tun verpflichtet, um andauernde oder neue Verletzungshandlungen zu beseitigen bzw. zu verhindern** (BGH NJW-RR 2007, 863, 864 Tz. 17 m.w.N.; OLG Hamburg Urt. v. 29.11.2006, Az. 5 U 99/06; OLG Stuttgart MD 2000, 1016, 1018 f.; OLG Zweibrücken GRUR 2000, 921). Er hat unverzüglich (vgl. dazu OLG Düsseldorf GRUR-RR 2003, 127, 129) die Voraussetzungen dafür zu schaffen, das dem Unterlassungstenor nicht zuwidergehandelt wird, wozu er in seinem Verfügungsbereich unverzüglich 32 und sachgerecht alle ihm zumutbaren Handlungen und Maßnahmen treffen muss, um die Fortwirkung der rechtsverletzenden Handlung zu unterbinden und die Neuvornahme von Verletzungshandlungen zu verhindern (OLG Köln GRUR-RR 2001, 24; OLG Köln MD 2000, 350, 351; OLG Hamburg MD 2000, 322, 323; Köhler/Bornkamm/*Köhler* § 12 UWG Rn. 6.7 m.w.N.). So liegt ein Verstoß gegen den Unterlassungstenor auch dann vor, wenn der Schuldner einen verbotswidrigen Zustand aufrechterhält, dessen Beseitigung von seinem Willen abhängig ist (OLG Köln MD 2000, 350, 351). Zur Vermeidung weiterer Verletzungshandlungen ist der Schuldner ggf. auch verpflichtet, auf Geschäftspartner und nachgelagerte Handelsstufen einzuwirken, wenn sein vorangegangenes Verhalten die Wahrscheinlichkeit weiterer Rechtsverletzungen durch diese Dritten begründet (OLG Hamburg Urt. v. 29.11.2006, Az. 5 U 99/06). Gleiches gilt, wenn Mitarbeiter und Organe eines Unternehmens davon Kenntnis erlangen, dass Dritte weitere Verstöße begehen und sie hiergegen trotz rechtlicher und tatsächlicher Einflussmöglichkeit nichts unternehmen (LG München I ZUM-RD 2010, 238, 241; OLG Köln MMR 2008, 120 – Wilde Ticketanbieter). Hat der Schuldner aber die streitgegenständliche Verletzungshandlung in seinem Herrschafts- und Einflussbereich beseitigt bzw. beendigt, kann er nicht ohne weiteres dafür verantwortlich gemacht werden, dass Dritte, zu denen er nicht in einem konkreten Kontakt steht, weiterhin objektive Verletzungen des Unterlassungsgebots hervorrufen (vgl. OLG Hamburg CR 2002, 909, 910 [weitere Auffindbarkeit einer gelöschten Website in Datenbanken Dritter]).

33 Wiederholt sich ein **Verstoß** aufgrund einer vom Schuldner bereits vorgenommenen Handlung, erfolgt eine **Zäsur** mit der Folge, dass weitere Verstöße als **selbstständige Verletzungshandlungen** anzusehen sind, erst mit der **Zustellung eines Ordnungsmittelbeschlusses** (OLG Hamburg MD 2000, 322, 323). Dies gilt auch für eine Mehrzahl von Verstößen, die auf einen einheitlichen Willensentschluss zurückgehen. Nicht selten kann dies unbefriedigend sein, und zwar dann, wenn eine erstinstanzliche Entscheidung nicht kurzfristig zu erlangen ist. Zwar kann eine fortlaufende Verletzung im Rahmen des bereits gestellten Ordnungsmittelantrags bei der Höhe des festzusetzenden Ordnungsmittels berücksichtigt werden, jedoch ist der Rahmen nach oben begrenzt, weshalb sich der bewusste Verstoß für den Schuldner in manchen Fällen durchaus lohnen kann. In diesen Fällen ist dann ein effektiver Rechtsschutz nur schwer zu erlangen. Im Einzelfall kann dann flankierend die Einleitung strafrechtlicher Schritte in Betracht kommen, um der Fortsetzung der Rechtsverletzung zu begegnen.

34 Bei mehrfachen Verstößen ist zu prüfen, ob eine natürliche Handlungseinheit vorliegt. Dies ist dann der Fall, wenn die verschiedenen Einzelakte eng miteinander verknüpft sind und diese sich aus der Sicht eines objektiven Dritten als eine Einheit darstellen. Dies wird regelmäßig der Fall sein, wenn die nach außen tretenden einzelnen Verletzungshandlungen letztendlich auf einen einheitlichen Willensentschluss zurückzuführen sind. Nicht auf einem einheitlichen Willensentschluss beruhen hingegen der durch das Unterlassen aktiver Maßnahmen ermöglichte Verstoß und die nach der Zustellung der einstweiligen Verfügung aufgenommene abgewandelte Benutzungsweise, die aber in den Kernbereich des Unterlassungsgebots fällt (OLG Köln GRUR-RR 2007, 31; OLG Köln MMR 2000, 698, 699 – AOL-Festpreis-Werbung II). Die Rechtsfigur des Fortsetzungszusammenhangs findet auch im Zivilrecht keine Anwendung mehr (BGH GRUR 2001, 758, 759f. – Trainingsvertrag; Köhler/Bornkamm/*Köhler* § 12 UWG Rn. 6.4 m.w.N.).

35 Die Differenzierung zwischen jeweils gesonderten Verstößen und Verstößen, die zu einer natürlichen Handlungseinheit zusammengefasst werden können, ist für die Festsetzung von Ordnungsmitteln allerdings nicht so bedeutsam wie bei der Geltendmachung einer Vertragsstrafe, da dem Gericht bei der Festsetzung des Ordnungsmittels ein gewisser Ermessensspielraum zukommt, durch den es Art und Umfang sowie die Auswirkungen der Verletzungshandlungen berücksichtigen kann. Die Vorschriften über die Bildung einer Gesamtstrafe (§§ 53ff. StGB) sind allerdings im Ordnungsmittelverfahren nicht entsprechend anwendbar (OLG Köln GRUR-RR 2007, 31, 32).

c) **Verschulden.** Nur die **schuldhafte Zuwiderhandlung** gegen das Unterlassungsgebot führt zur Festsetzung eines Ordnungsmittels. Dabei ist ein **eigenes Verschulden des Unternehmensinhabers** (einer juristischen Person wird das schuldhafte Verhalten ihrer Organe zugerechnet) **erforderlich** (BVerfGE 58, 159, 163; BVerfGE 80, 244, 255; BVerfG NJW 1991, 3191; BVerfG NJW-RR 2007, 860, 861 Tz 11; BGH GRUR 1991, 929, 931). Gegen einen Rechtsnachfolger kann nicht wegen einer Zuwiderhandlung des Rechtsvorgängers vollstreckt werden, da es an seinem Verschulden fehlt (OLG Köln GRUR-RR 2009, 192, 193 – Bestrafungsverfahren gegen Rechtsnachfolger). 36

Das Verschulden des Unternehmensinhabers kann auch in einem **Organisationsverschulden** liegen (BVerfG NJW-RR 2007, 860, 861 Tz 14). Dies ist dann der Fall, wenn er keine hinreichenden Vorkehrungen dafür trifft, um zukünftig Zuwiderhandlungen zu verhindern. Hierzu ist es insb. auch erforderlich, diejenigen Mitarbeiter, durch die ein Verstoß nicht auszuschließen ist, von der Unterlassungsverpflichtung zu unterrichten und diese zur Beachtung derselben aufzufordern (OLG München MD 1987, 1223; OLG Frankfurt a. M. WRP 1983, 692; *Melullis* Rn. 950, 951; Köhler/Bornkamm/*Köhler* § 12 UWG Rn. 6.7). Diese Obliegenheit gilt auch gegenüber nicht in die Vertriebsorganisation des Schuldners eingebundenen Handelspartnern (OLG Köln GRUR-RR 2008, 365 – Möbelhandel). Werden Dritte mit der Beseitigung des Verstoßes beauftragt, obliegt es dem Schuldner, die Arbeitsschritte und deren Umsetzung zu kontrollieren (OLG Köln MMR 2008, 120 – Wilde Ticketanbieter; OLG Köln CR 2000, 770 [zur Kontrolle eines Providers bei der Umstellung der Homepage]; s. auch LG Potsdam GRUR-RR 2011, 309, 310 – Gemeindeblatt; KG MMR 2000, 495, 496 [für die Verwirkung einer Vertragsstrafe]; OLG Düsseldorf GRUR 1985, 81). 37

Kommt es zu einer Zuwiderhandlung durch Mitarbeiter oder Beauftragte, wird sich der Betriebsinhaber auf ein fehlendes Verschulden mit Erfolg nur dann berufen können, wenn er die vorgenannten Personen ausdrücklich und unter Androhung von Sanktionen für den Fall der Pflichtverletzung (Kündigung, Schadensersatz) zur Einhaltung der Unterlassungsverpflichtung aufgefordert sowie die Befolgung seiner Anweisungen in zumutbarer Weise überwacht hat (OLG Zweibrücken GRUR 2000, 921; OLG Köln MD 2000, 350, 351; OLG Köln WRP 1981, 546; OLG Hamburg GRUR 1967, 618; ausführlich hierzu *Melullis* Rn. 952, 952a m. w. N.), wofür er die Darlegungs- und Beweislast trägt (LG Frankfurt a. M. WRP 2008, 691, 692). An eine ausreichende Überwachung sind zumindest im Falle des wiederholten Verstoßes sehr strenge Anforderungen zu stellen (ebenso LG Hamburg, Beschl. v. 9.3.2010 – Az. 308 O 536/09, BeckRS 2010, 11038). Werden nicht alle zumutbaren Maßnahmen ergriffen, um den Verstoß zu verhindern, ist in der Regel von einem zumindest fahrlässigen Verstoß auszugehen. 38

Der Schuldner handelt auch fahrlässig, wenn er sich Erkenntnissen verschließt, die zur Vermeidung eines Verstoßes hätten beitragen können. Ein solcher Fall liegt beispielsweise dann vor, wenn er die im einstweiligen Rechtsschutz durch Urteil und mit Ordnungsmittelandrohung erlassene Verbotsverfügung nicht bereits ab Verkündung des Urteils beachtet, weil er irrigerweise annimmt, diese sei erst ab Zustellung wirksam (BGH GRUR 2009, 890, 891, Rn. 17 – Ordnungsmittelandrohung). Ebenso ist dem Schuldner zuzumuten, wenn ein Verkündungstermin anberaumt und ihm dieser bekannt ist, sich zeitnah beim Gericht bzw. bei seinem Verfahrensbevollmächtigten darüber zu informieren, welche Entscheidung ergangen ist. 39

Die schuldhafte Zuwiderhandlung des Organs einer juristischen Person muss sich diese nach § 31 BGB zurechnen lassen. Sind Titelschuldner das Organ und die juristische Person besteht daher kein Anlass, auf Grund einer der juristischen Person zurechenbaren schuldhaften Zuwiderhandlung ihres Organs daneben zusätzlich Ordnungsmittel gegen das Organ festzusetzen oder dessen gesamtschuldnerische Haftung zu begründen (BGH GRUR 2012, 541, 542, Rn. 7 – Titelschuldner im Zwangsvollstreckungsverfahren). 40

Umstritten ist, ob eine objektiv feststehende Verletzungshandlung dazu führt, dass den Schuldner dann die **Beweislast** dafür trifft, ein fehlendes Verschulden darzulegen und ge- 41 gebenenfalls zu beweisen (so Köhler/Bornkamm/*Köhler* § 12 UWG Rn. 6.8 m. w. N.; offen gelassen in OLG Köln MMR 2000, 698, 699; a. A. OLG Frankfurt a. M., WRP 2008, 691, 692; OLG Nürnberg WRP 1999, 1184, 1185). Unabhängig von diesem dogmatisch geprägten Streit besteht aber für die Praxis Einigkeit dahingehend, dass der objektiv feststehende Verstoß zunächst einmal einen **Anscheinsbeweis** für ein Verschulden begründet. Es ist daher stets Aufgabe des Schuldners, konkret etwas dazu vorzutragen, warum der objektiv eingetretene Verstoß nicht schuldhaft erfolgte (BGH CR 2009, 222, Rn. 15 – Mehrfachverstoß gegen Unterlassungstitel; BGH GRUR 2009, 181, 183, Rn. 35 – Kinderwärmekissen unter Verweis auf BGH GRUR 2003, 899, 890 – Olympiasiegerin; OLG Köln MMR 2000, 698, 699; OLG Köln MD 2000, 899 f.; LG Hamburg, Beschl. v. 9.3.2010 – Az. 308 O 536/09, BeckRS 2010, 11038; Ahrens/*Spätgens* Kap. 67 Rn. 41). Dies gilt ohnehin für solche Umstände, die den Organisationsbereich des Schuldners betreffen (z. B. betriebsinterne Vorkehrungen zur Vermeidung von Verstößen).

42 **d) Festsetzung. Die Festsetzung von Ordnungsmitteln hat sowohl präventiven als auch repressiven Charakter** (vgl. zum Theorienstreit um die Charakterisierung des Ordnungsmittels, der allein bei einem späteren Wegfall des Titels praktische Bedeutung erlangt: BGH GRUR 2004, 264, 266 – Euro-Einführungsrabatt; Ahrens/*Ahrens* Kap. 68 Rn. 1 m. w. N.; *Melullis* Rn. 904, 955 jeweils m. w. N.; differenzierend Köhler/Bornkamm/ *Köhler* § 12 UWG Rn. 6.14 unter Hinweis auf den vorrangigen Beugezweck). Dementsprechend sind bei der Bestimmung der angemessenen **Höhe eines Ordnungsmittels** insb. der Grad des Verschuldens, die Intensität und Häufigkeit der Verletzungshandlung, die Beweggründe, die vom Verletzer erzielten Vorteile und die Gefahr der Vornahme weiterer Verletzungshandlungen sowie der Zweck des Ordnungsmittels zu berücksichtigen (OLG Köln MMR 2000, 703 f. – AOL-Festpreis-Werbung I; vgl. auch OLG Köln BeckRS 2007, 12885 – Wilde Ticketanbieter; OLG Köln GRUR-RR 2008, 365, 366 – Möbelhandel; LG Frankfurt a. M. WRP 2008, 691, 692). Insb. darf es sich für den Schuldner aus wirtschaftlicher Sicht nicht lohnen, gegen das Unterlassungsgebot zu verstoßen (OLG Düsseldorf GRUR-RR 2003, 127, 129; OLG Düsseldorf GRUR-RR 2002, 151, 152; OLG Köln WRP 1987, 569).

43 Wenn ein **fahrlässiges Handeln** des Schuldners vorliegt bzw. ein vorsätzlicher Verstoß nicht nachgewiesen werden kann, und wenn es sich auch ansonsten nicht um eine gravierende Rechtsverletzung handelt, wird ein Ordnungsgeld beim erstmaligen Verstoß regelmäßig nicht höher sein als ca. 5–10% des für das Unterlassungsgebot angenommenen Gegenstandswerts. Hierbei handelt es sich allerdings nur um einen Erfahrungswert, der eine Prüfung der konkreten Umstände der Verletzung nicht ersetzen kann. Gelangt das Gericht jedoch zu der Ansicht, dass ein **vorsätzlicher Verstoß** gegeben ist, oder dass sonstige gravierende Umstände vorliegen, kann das Ordnungsmittel selbst beim erstmaligen Verstoß deutlich höher liegen (vgl. dazu LG München MD 2000, 398 f.) und in besonderen Fällen sogar sofort den vom Gesetzgeber vorgesehenen Höchstbetrag erreichen. Vollstrecken mehrere Gläubiger aus gleichlautenden Titeln gegen dieselbe Handlung, sind die in den jeweiligen Ordnungsmittelverfahren festzusetzenden Ordnungsmittel aufeinander abzustimmen (OLG Düsseldorf GRUR-RR 2003, 127, 130).

44 Sieht das in einem **gerichtlich protokollierten Vergleich** enthaltene Unterlassungsgebot für den Fall der Zuwiderhandlung auch ein Vertragsstrafeversprechen vor, ist es möglich, gegen den Schuldner **im Verletzungsfall sowohl eine Vertragsstrafe** geltend zu machen **als auch** durch das Gericht ein **Ordnungsmittel** festsetzen zu lassen (h. M. BGH GRUR 1998, 1053; OLG Düsseldorf NJW-RR 1988, 1216; OLG Köln NJW-RR 1986, 1119; LG Bielefeld BeckRS 2010, 08395, Ziff. 3.; Ahrens/*Spätgens* Kap. 64 Rn. 11 und 67 Rn. 53; *Melullis* Rn. 644 m. w. N.; offengelassen in BGH GRUR 1998, 1053, 1054 – Vertragsstrafe/Ordnungsgeld; **a. A.** OLG Hamm GRUR 1985, 22). Bei der Bestimmung der angemessenen Höhe eines Ordnungsmittels ist dann allerdings die zusätzlich zu zahlende

Vertragsstrafe zu berücksichtigen (OLG Düsseldorf WRP 1970, 71, 72; Köhler/ Bornkamm/*Köhler* § 12 UWG Rn. 6.12; Ahrens/*Spätgens* Kap. 64 Rn. 11 m. w. N.). Der Gläubiger eines in einem Prozessvergleich enthaltenen Unterlassungsversprechens hat bei weiteren Zuwiderhandlungen durch den Schuldner keinen Anspruch auf den Erlass eines Zweit-Titels mit identischem Unterlassungsgebot. Ihm steht vielmehr die Möglichkeit offen, unmittelbar aus dem Prozessvergleich, der einen Titel i. S. d. § 794 Abs. 1 Nr. 1 ZPO darstellt, die Zwangsvollstreckung in Form eines Ordnungsmittelverfahrens zu betreiben (OLG Hamburg WRP 2006, 909 (Ls.)).

e) Vertragsstrafe. Die Verwirkung einer Vertragsstrafe setzt einen schuldhaften Verstoß 45 gegen die strafbewehrte Unterlassungserklärung voraus. Ein schuldhaftes Handeln ist auch dann erforderlich, wenn die Parteien hierüber keine konkreten Absprachen getroffen haben (vgl. OLG Köln OLG-RP 2008, 21; Köhler/Bornkamm/*Bornkamm* § 12 UWG Rn. 1.152. Es bleibt den Parteien aber unbenommen, durch eine ausdrückliche individualvertragliche Regelung auch vom Schuldner nicht zu vertretende Verstöße mit einzubeziehen (vgl. zu den Unterschieden zwischen Ordnungsmittel und Vertragsstrafe Ahrens/*Ahrens* Kap. 65 Rn. 33 f.).

Die Verwirkung einer Vertragsstrafe kommt erst für Handlungen in Betracht, die nach dem 46 Zustandekommen einer Vertragsstrafenvereinbarung begangen werden (BGH GRUR 2006, 878 Tz 12 u. 20 – Vertragsstrafenvereinbarung; Klein, GRUR 2007, 664, 666 f.). Maßgebend ist danach der Zeitpunkt, in dem eine Vertragsstrafenvereinbarung durch Angebot und Annahme zustande kommt (BGH GRUR 2006, 878 Tz 14 – Vertragsstrafenvereinbarung). Ebenso wie beim gerichtlichen Unterlassungsgebot (s. o. Rn. 32) hat aber auch der Schuldner einer strafbewehrten Unterlassungserklärung nicht nur die Pflicht, neue Verletzungshandlungen zu unterlassen, sondern auch die Pflicht, durch aktives Tun gegen bereits veranlasste und noch andauernde Verletzungen einzuschreiten, sofern ihm dies rechtlich möglich und zumutbar ist. Ansatzpunkt für die Verwirkung einer Vertragsstrafe ist dann aber nicht das vor dem Zustandekommen der Vertragsstrafenvereinbarung liegende Verhalten, sondern das danach liegende Untätigbleiben in Kenntnis einer bereits veranlassten, aber noch nicht eingetretenen oder noch andauernden Verletzung, die vermeidbar bzw. beendbar gewesen wäre.

Wenn bereits vor der Abgabe der Unterlassungserklärung veranlasste Verletzungen noch 47 andauern oder sich demnächst verwirklichen, sollte dem bei der Formulierung der Unterlassungserklärung Rechnung getragen werden, um spätere Auseinandersetzungen zu vermeiden. Auch kann man versuchen, die Unterlassungserklärung erst auf zukünftig erstmals veranlasste Verletzungen zu beschränken (zu einer solchen Konstellation vgl. OLG Saarbrücken GRUR-RR 2007, 252, 253). Der Gläubiger muss eine solche Beschränkung allerdings nicht akzeptieren, weshalb eine entsprechend eingeschränkte Unterlassungserklärung die Wiederholungsgefahr nur teilweise beseitigen würde.

Die Ermittlung des **Inhalts einer strafbewehrten Unterlassungserklärung** erfolgt im 48 Wege der Auslegung. Die Auslegung folgt den allgemeinen für die Vertragsauslegung geltenden Grundsätzen, also den §§ 133, 157 BGB. Maßgeblich ist dabei die Erforschung des wirklichen Willens der Vertragsparteien, bei dessen Ermittlung neben dem Erklärungswortlaut auch die beiderseits bekannten Umstände, wie insb. die Art und Weise des Zustandekommens der Vereinbarung, deren Zweck sowie die Interessenlage der Parteien zu berücksichtigen sind (BGH GRUR 2010, 167, 168, Rn. 19 – Unrichtige Aufsichtsbehörde; BGH GRUR 2009, 181, 183, Rn. 32 – Kinderwärmekissen; BGH GRUR 2006, 878 Tz 18 – Vertragsstrafenvereinbarung; BGH WRP 2003, 756, 758 – Hotelfoto; BGHZ 146, 318, 322 – Trainingsvertrag). Im Grundsatz wird man annehmen können, dass eine auf die konkrete Verletzungsform abstellende Unterlassungserklärung ebenso wie ein gerichtlich tituliertes Unterlassungsgebot nicht nur identische Verletzungen, sondern auch in ihrem sachlichen Kern praktisch gleichwertige Verletzungshandlungen erfassen soll (BGH GRUR 1996, 290, 291 – Wegfall der Wiederholungsgefahr I; BGH GRUR 1997, 379, 380 –

Wegfall der Wiederholungsgefahr II; Ahrens/*Ahrens* Kap. 37 Rn. 37 m.w.N.; vgl. zur Kerntheorie bei gerichtlichen Unterlassungsgeboten Rn. 26). Dies ergibt sich aus dem Umstand, dass der Gläubiger nicht nur einen Anspruch darauf hat, gegen weitere in jeder Hinsicht identische Verstöße geschützt zu werden, sondern auch gegen im sachlichen Kern gleichartige Verstöße.

49 Eine enge Auslegung von Unterlassungserklärungen kann aber geboten sein, wenn der Gläubiger zunächst eine verallgemeinerte Erklärung verlangt, der Schuldner dann aber nur eine auf die konkrete Verletzungsform beschränkte Unterlassungserklärung abgibt, ohne dass sich aus einer ergänzenden Erklärung oder aus den sonstigen Umständen ergibt, dass damit auch im Kernbereich gleichartige Verletzungsformen erfasst sein sollen (vgl. zum Abweichen von der ursprünglich geforderten Erklärung auch Ahrens/*Ahrens* Kap. 65 Rn. 43 a. E.). Unter diesen Umständen kann nämlich nicht ohne weiteres davon ausgegangen werden, der Schuldner wolle mit seiner ausdrücklich auf die konkrete Verletzungsform abstellenden Unterlassungserklärung auch die im Kernbereich liegenden Verletzungsformen mit abdecken. Hinsichtlich der weiteren im Kernbereich liegenden Handlungen ist dann im Regelfall noch eine Erstbegehungsgefahr gegeben. Dem Gläubiger bleibt es überlassen, diesen ergänzenden Unterlassungsanspruch gerichtlich geltend zu machen. Bei der in diesen Fällen nicht ganz einfachen Antragsfassung empfiehlt es sich, das Unterlassungsgebot – wie sonst auch – an der konkreten Verletzungsform zu orientieren und dann den von der Unterlassungserklärung erfassten Bereich wieder herauszunehmen (z.B. „... es zu unterlassen [konkrete Verletzungsform], sofern das Verhalten nicht bereits von der als Anlage beigefügten Unterlassungserklärung erfasst ist").

50 Hat der Schuldner eine im Verhältnis zur Abmahnung **eingeschränkte Unterlassungserklärung** abgegeben, liegt darin in Bezug auf den nicht erfassten Teil nur dann ein Angebot auf Abschluss eines Erlassvertrages, wenn dies in der Erklärung unmissverständlich zum Ausdruck kommt. Ist dies nicht der Fall, lässt daher die Annahme der eingeschränkten Unterlassungserklärung einen etwaigen weitergehenden Anspruch unberührt (BGH NJW-RR 2002, 1613, 1614 – Teilunterwerfung).

51 Eine enge, am Wortlaut der Unterlassungserklärung orientierte Auslegung kommt nach Ansicht des BGH (WRP 2003, 756, 758 – Hotelfoto; ebenso OLG Jena GRUR-RR 2007, 332) regelmäßig dann in Betracht, wenn die vereinbarte Vertragsstrafe im Verhältnis zur Bedeutung des gesicherten Unterlassungsanspruchs als eher hoch einzuschätzen ist. In dem konkret entschiedenen Fall mag diese Auslegungsregel zwar zum richtigen Ergebnis geführt haben, da bereits der Wortlaut der Unterlassungserklärung allein auf zukünftige Handlungen abstellte und es ohnehin dem Normalfall entspricht, dass ein Unterlassungsschuldner nicht verpflichtet ist, auf unabhängige Dritte einzuwirken, damit diese keine eigenständigen Verletzungshandlungen begehen.

52 Das Verhältnis zwischen der Höhe der Vertragsstrafe und dem gesicherten Unterlassungsanspruch als allgemeine Auslegungsregel für ein enges Verständnis der Unterlassungsverpflichtung anzuerkennen ist allerdings problematisch, weil der Gläubiger mit dem Verlangen einer hohen Vertragsstrafe wohl eher nicht zum Ausdruck bringen wird, nur in einem engen Bereich abgesichert sein zu wollen. Eigentlich geht es dem BGH daher wohl eher darum, die Zuerkennung von recht hohen Vertragsstrafen im Grenzbereich des Unterlassungsgebots zu vermeiden. Im nichtkaufmännischen Geschäftsverkehr kann dieses Ziel durch eine Reduzierung der Vertragsstrafe nach § 343 BGB erreicht werden. Im kaufmännischen Geschäftsverkehr wird man erwarten dürfen, dass der Schuldner sich vorher über die Tragweite seiner Unterlassungserklärung bewusst ist und auch in der Lage ist, eine eigene Unterlassungserklärung mit einer geringeren oder variablen Vertragsstrafe zu formulieren oder in seiner Erklärung die Anwendbarkeit des § 348 HGB abzubedingen. Tut er dies nicht, besteht kein Grund, einer Unterlassungserklärung nur deshalb einen engeren sachlichen Anwendungsbereich zuzuschreiben, weil die Vertragsstrafe relativ hoch erscheint. In wirklichen Grenzfällen wäre es – auch aus dogmatischer Sicht – korrekter, strengere Anforderungen an das Verschulden des Schuldners zu stellen, um so im Einzelfall die Verwirkung einer Vertragsstrafe zu vermeiden.

Auch außerhalb des Anwendungsbereichs des § 343 BGB kann die Geltendmachung einer enorm hohen (vereinbarten) Vertragsstrafe ausnahmsweise nach § 242 BGB treuwidrig und deshalb herabzusetzen sein, wenn diese in einem außerordentlichen Missverhältnis zur Bedeutung der Zuwiderhandlung steht (BGH GRUR 2009, 181, 184, Rn. 41 – Kinderwärmekissen). In diesem Fall ist die Vertragsstrafe auf ein Maß zu reduzieren, das ein Eingreifen des Gerichts nach § 242 BGB noch nicht rechtfertigen würde, wobei Anhaltspunkt für die Bestimmung des Betrags das Doppelte der nach § 343 BGB angemessenen Vertragsstrafe sein kann. 53

Verstößt der Schuldner **mehrfach** gegen die von ihm abgegebene strafbewehrte Unterlassungserklärung, so stellt sich die Frage, ob es hierdurch zur Verwirkung nur einer oder mehrerer Vertragsstrafen kommt. Nachdem der Gesichtspunkt des Fortsetzungszusammenhangs auch im Zivilrecht nicht mehr anerkannt wird (BGH GRUR 2001, 758, 759 f. – Trainingsvertrag), kommt es nun darauf an, ob mehrere Handlungen eine rechtliche Einheit bilden (vgl. dazu oben Rn. 33 f.). Für die Beurteilung, ob jeder einzelne Verstoß die Vertragsstrafe auslöst und deshalb eine Aufsummierung der Vertragsstrafen vorzunehmen ist, kommt es entscheidend auf die Auslegung der Vertragsstrafenvereinbarung im Einzelfall an (BGH GRUR 2001, 758, 759 f. – Trainingsvertrag; BGH CR 2009, 333, Rn. 14 – Mehrfachverstoß gegen Unterlassungstitel; BGH GRUR 2009, 181, 183, Rn. 38 – Kinderwärmekissen m. w. N.). 54

Eine natürliche Handlungseinheit setzt einen engen Zusammenhang der Einzelakte und eine auch für Dritte erkennbare Zusammengehörigkeit voraus (s. o. Rn. 34 f.). Von einer Einheit der Handlungen ist nicht auszugehen, wenn die zu unterlassende Handlung im Zusammenhang mit unterschiedlichen Dienstleistungsangeboten vorgenommen wird, die sich an unterschiedliche Abnehmerkreise richten (LG Darmstadt MMR 2007, 671). Die Abgrenzung ist besonders bei der Vereinbarung fester Vertragsstrafen von Bedeutung, wohingegen bei einer Vertragsstrafenregelung nach dem sog. „Hamburger Brauch", wie bei der Verhängung von Ordnungsmitteln nach § 890 ZPO, stets der Gesamtumfang der Verletzungshandlungen bei der Festsetzung der angemessenen Vertragsstrafe berücksichtigt werden kann. Die ausdrückliche Vereinbarung der Höhe der Vertragsstrafe für jeden einzelnen Verstoß (z. B. für jedes angebotene, verkaufte oder verbreitete Produkt) schließt aber die Zusammenfassung mehrerer oder aller Verstöße zu einer einzigen Zuwiderhandlung nach den Grundsätzen der natürlichen Handlungseinheit im Rechtssinne aus (BGH GRUR 2009, 181, 183, Rn. 39 – Kinderwärmekissen). 55

Macht der Gläubiger die Verwirkung mehrerer Vertragsstrafen in einer **Teilklage** geltend, etwa um das Prozesskostenrisiko zu begrenzen, muss er genau angeben, aus welchen Verletzungshandlungen er seine Ansprüche herleitet. Bei den vermeintlichen Verletzungshandlungen handelt es sich jeweils um selbstständige prozessuale Ansprüche (Streitgegenstände), weil sie auf unterschiedlichen Lebenssachverhalten beruhen (vgl. BGH GRUR 2010, 167, 169, Rn. 30 – Unrichtige Aufsichtsbehörde; BGH GRUR 2009, 672, Rn. 57 – OSTSEE-POST), weshalb eine ungenaue Darlegung zu einem unbestimmten Klageantrag (§ 253 Abs. 2 Nr. 2 ZPO) führt. Werden vorsorglich mehr Verletzungshandlungen in den Rechtsstreit eingeführt, als dies nach der Begründung der Klage zur Herleitung der Klagforderung erforderlich wäre, muss der Gläubiger auch angeben, in welchem Verhältnis die verschiedenen prozessualen Ansprüche zueinander stehen (BGH WRP 2003, 756, 757 – Hotelfoto m. w. N.). 56

Die **Verwirkung einer Vertragsstrafe** setzt, wenn die Parteien nicht etwas anderes vereinbart haben, ein schuldhaftes Handeln des Schuldners voraus. Die objektiv gegebene Verletzungshandlung begründet eine widerlegliche Vermutung für ein Verschulden (§ 280 Abs. 1 S. 2 BGB). Der Schuldner hat dabei neben seinem schuldhaften eigenen Verhalten auch ein schuldhaftes Verhalten seiner Organe (§ 31 BGB) und seiner Erfüllungsgehilfen (§ 278 BGB; anders bei gerichtlichen Unterlassungsgeboten) zu vertreten. Hinsichtlich der 57

Anforderungen, die an den Schuldner zur Vermeidung weiterer Verstöße gestellt werden, kann auf die Ausführungen zu den gerichtlichen Unterlassungsgeboten verwiesen werden (s. o. Rn. 32 f.).

2. Beseitigung

58 Der Beseitigungsanspruch wird bei vertretbaren Handlungen gem. § 887 ZPO und bei unvertretbaren Handlungen gem. § 888 ZPO vollstreckt. Eine **vertretbare Handlung** liegt vor, wenn es aus der Sicht des Gläubigers nicht entscheidend darauf ankommt, ob der Schuldner selbst oder ein Dritter die Handlung vornimmt. Erfüllt der Schuldner in diesem Fall seine Pflicht zur Beseitigung nicht selbst, ist der Gläubiger auf Antrag vom Gericht zu ermächtigen, die erforderliche Handlung auf Kosten des Schuldners vornehmen zu lassen. Der Schuldner hat die Vornahme dieser Handlungen zu dulden. Ein eventueller Widerstand kann durch die Hinzuziehung eines Gerichtsvollziehers sowie der Polizei (vgl. § 892 ZPO) überwunden werden. Die Beitreibung der Kosten für die Ersatzvornahme erfolgt auf der Grundlage des der Zwangsvollstreckungsmaßnahme zugrunde liegenden Titels. Die Festsetzung der Höhe des zu erstattenden Betrages erfolgt nach § 103 ZPO. Auf Antrag des Gläubigers kann der Schuldner auch zur Vorauszahlung verpflichtet werden (vgl. § 887 Abs. 2 ZPO).

59 Liegt eine **unvertretbare Handlung** vor, kommt es also dem Gläubiger auf die Vornahme der Handlung gerade durch den Schuldner selbst an bzw. ist nur diesem die Vornahme der Handlung möglich, kann der Gläubiger bei Nichterfüllung die Verhängung von Zwangsmitteln (Zwangsgeld/Zwangshaft) beantragen (§ 888 ZPO).

3. Auskunft und Rechnungslegung

60 Die Verpflichtung zur Auskunft und Rechnungslegung ist aufgrund der Verantwortlichkeit des Schuldners für deren Inhalt und die gegebenenfalls bestehende Annex-Verpflichtung zur Abgabe einer eidesstattlichen Versicherung eine unvertretbare Handlung, so dass sich deren Vollstreckung nach § 888 ZPO richtet (BGH GRUR 2009, 794, 796, Rn. 20 – Auskunft über Tintenpatronen). Die Abgabe einer eidesstattlichen Versicherung erfolgt vor dem Amtsgericht als Vollstreckungsgericht (§ 889 ZPO). Funktional zuständig für die Abnahme der eidesstattlichen Versicherung sind die Gerichtsvollzieher. Die Pflicht zur Auskunftserteilung kann auch dann nicht als eine vertretbare Handlung angesehen werden, wenn ein Dritter im Besitz der notwendigen Unterlagen ist oder die Möglichkeit des Zugangs zu diesen hat. Der Schuldner muss in diesem Fall die ihm zustehenden tatsächlichen und rechtlichen Möglichkeiten ausschöpfen, um den Dritten zu einer Mitwirkung zu bewegen (BGH GRUR 2009, 794, 796 Rn. 21 – Auskunft über Tintenpatronen m. w. N.).

61 Anders als bei der Zwangsvollstreckung nach § 890 ZPO findet eine vorherige **Androhung von Zwangsmitteln** nicht statt (§ 888 Abs. 2 ZPO). Die Zustellung einer korrekterweise ohne Androhung von Zwangsmitteln erlassenen einstweiligen Verfügung auf Auskunft bewirkt daher, wenn der Wille, dieselbe notfalls zwangsweise durchzusetzen, nicht unmissverständlich zum Ausdruck gebracht wird, keine Vollziehung i. S. d. § 929 ZPO (so zutreffend OLG Hamburg WRP 1996, 1047; a. A. OLG Frankfurt a. M. WRP 1998, 223). Eine dem Schuldner eingeräumte Befugnis, die Beitreibung eines festgesetzten Zwangsmittels durch die Vornahme oder den Nachweis einer Handlung abzuwenden, stellt keine nach § 888 Abs. 2 ZPO unzulässige Androhung von Zwangsmitteln dar (BGH GRUR 2009, 794, 796 Rn. 29 – Auskunft über Tintenpatronen).

4. Zahlung

62 Bei einer Rechtsverletzung können sich Zahlungsansprüche insb. unter den Gesichtspunkten des Schadensersatzes, der Bereicherung und, soweit es etwaige Kostenerstattungsansprüche betrifft, aus Geschäftsführung ohne Auftrag ergeben. Die Zwangsvollstreckung richtet sich je nach dem Gegenstand des Zugriffs nach den §§ 830f. ZPO. Ferner gelten für Zahlungsansprüche die in den §§ 113 bis 119 genannten Schranken, und zwar auch dann, wenn sich die Zwangsvollstreckung gegen einen Rechtsverletzer richtet.

5. Vernichtung, Rückruf, Überlassung

Bei den in § 98 Abs. 1 geregelten Vernichtungsansprüchen handelt es sich um Beseitigungsansprüche besonderer Art. Die Charakterisierung als Vernichtungsansprüche greift dabei zu kurz, weil dem Verletzten die Wahl zwischen der Vernichtung der Vervielfältigungsstücke sowie bestimmter Vorrichtungen und der Herausgabe der vorgenannten Gegenstände gegen Zahlung einer angemessenen Vergütung (§ 98 Abs. 3) freisteht. Entscheidet sich der in seinen Rechten Verletzte für die **Vernichtung,** richtet sich die Zwangsvollstreckung nach § 887 ZPO (OLG Frankfurt a. M. GRUR-RR 2007, 30, 31 für die Vernichtung von Fotomaterial). Leistet der Verletzer Widerstand, kann begleitend gem. § 892 ZPO verfahren werden. Teilweise wird die Ansicht vertreten, dass die Herausgabe der Gegenstände zum Zwecke der Vernichtung nach § 883 ZPO durchzusetzen sei. Eine derartige Aufspaltung der einzelnen für die Vernichtung erforderlichen Maßnahmen ist jedoch nicht notwendig, da der Verletzer bereits gem. § 887 ZPO verpflichtet ist, die Vornahme der notwendigen Handlungen zu dulden (Zöller/*Stöber* § 883 ZPO Rn. 2 für Software; Schricker/Loewenheim/*Wild* § 112 Rn. 18). Kann die Vernichtung der Gegenstände nicht an Ort und Stelle vorgenommen werden, dürfte die Verbringung derselben an einen anderen Ort zum Zwecke der Vernichtung ohne weiteres noch unter die Duldungspflicht des Verletzers zu subsumieren sein. Hinzu kommt, dass sich die gegebenenfalls erforderliche Herausgabe der Gegenstände im Verhältnis zur Vernichtung als untergeordnete Hilfsmaßnahme darstellt.

Wählt der Verletzte den **Überlassungsanspruch** (§ 98 Abs. 3), wird dieser nach §§ 883, 886, 756 ZPO vollstreckt. Hinsichtlich der Eigentumsübertragung erfolgt die Durchsetzung gem. §§ 894 Abs. 2, 726, 730 ZPO. Beim **Rückruf** (§ 98 Abs. 2) handelt es sich um eine vom Verletzer abzugebende Erklärung tatsächlichen Inhalts. Der Anspruch auf Rückruf ist damit auf die Vornahme einer unvertretbaren Handlung gerichtet und wird nach § 888 ZPO vollstreckt.

6. Besichtigung

Ein Besichtigungsanspruch nach § 101a kann auch dem Urheber oder dem aus dem Urheberrecht Berechtigten zustehen, wenn dieser sich vergewissern möchte, ob eine bestimmte Sache unter Verletzung des geschützten Werks hergestellt worden ist (BGH NJW-RR 2002, 1617, 1618 – Faxkarte [zu § 809 BGB]; vgl. zum Besichtigungsanspruch nach § 101a Vor §§ 97ff. Rn. 96f.). Dabei besteht der Besichtigungsanspruch nicht nur, wenn sich der Anspruch auf die Sache selbst erstreckt, sondern auch dann, wenn das Bestehen des Anspruchs in irgendeiner Weise von der Existenz oder Beschaffenheit der Sache abhängt (so bereits BGH NJW-RR 2002, 1617, 1619 – Faxkarte zur Besichtigung nach § 809 BGB [Urheber kann zur Untersuchung einer möglichen Verletzungshandlung auch den Quellcode einsehen]). Die Vollstreckung des Besichtigungsanspruchs erfolgt nach § 883 ZPO (h. M. OLG Köln NJW-RR 1996, 382; OLG Hamm NJW 1974, 653; **a. A.** MünchKomm/*Hüffer* § 809 BGB Rn. 17 m. w. N.).

7. Urteilsveröffentlichung

Die Veröffentlichung des Urteils darf der Verletzte aufgrund der Tenorierung unmittelbar selbst vornehmen. Eines gesonderten Vollstreckungsaktes bedarf es hierzu nicht. Die im Rahmen der Veröffentlichung entstehenden Kosten sind Kosten der Zwangsvollstreckung, deren Festsetzung nach den §§ 788, 91 ZPO erfolgt.

VII. Urheber- und Leistungsschutzrechte in der Insolvenz

67 Vgl. dazu die gesonderte Kommentierung zur InsO.

VIII. Zwangsvollstreckung in ausländische Rechte

68 Das Urheberrecht beruht auf einem örtlich unabhängigen Entstehungstatbestand, der allein an die persönliche geistige Schöpfung des Urhebers anknüpft. Bei der Zwangsvollstreckung stellt sich daher die Frage, welche Vollstreckungsorgane international zuständig sind und wie weit deren Befugnisse bei der Zwangsvollstreckung reichen, soweit ausländische Urheberrechte betroffen sind. Das UrhG enthält hierzu keine Spezialregelungen, so dass hier unter Beachtung der besonderen Beschaffenheit des Urheberrechts auf die allgemeinen Regelungen der ZPO zurückzugreifen ist.

69 **Zwangsvollstreckungsmaßnahmen sind staatliche Hoheitsmaßnahmen,** die nur innerhalb des jeweiligen Hoheitsgebietes die mit ihnen bezweckten Rechtsfolgen herbeiführen können. Es ist Ausfluss der **Souveränität eines jeden Staates,** dass dieser jeweils selbst über die Durchführung von Zwangsvollstreckungsmaßnahmen entscheidet und diese dann durch die vom jeweiligen Staat dafür vorgesehenen Organe ausführen lässt. Folglich dürfen die deutschen Zwangsvollstreckungsorgane lediglich im Inland tätig werden. Ist eine Zwangsvollstreckung im Ausland erforderlich, kann diese regelmäßig nur dann erfolgen, wenn der zugrundeliegende Titel zuvor in dem jeweiligen Land für vollstreckbar erklärt worden ist. Früher normierte der am 21.5.2005 durch Art. 1 Nr. 7 EuVTVO) aufgehobene § 791 ZPO a. F. das Institut der Rechtshilfe, um die bei der zuständigen ausländischen Behörde zum Zwecke der Zwangsvollstreckung des inländischen Titels ersucht werden konnte. Nach der EuVTVO sind Vollstreckungstitel für unbestrittene Forderungen nunmehr in allen Mitgliedstaaten vollstreckbar, wenn das inländische Gericht das Vorliegen der Voraussetzungen der EuVTVO bestätigt hat (s. dazu Zöller/Geimer Anh II E.; zur Umsetzung in Deutschland s. §§ 1079 ff. ZPO). Die territoriale Beschränkung der Zuständigkeit der jeweiligen Zwangsvollstreckungsorgane bedeutet jedoch nicht, dass diese allein zur Zwangsvollstreckung in inländische Vermögenswerte berechtigt sind. Soweit die internationale Zuständigkeit der inländischen Vollstreckungsorgane reicht, unterliegt grds. auch das gesamte Auslandsvermögen eines Schuldners der inländischen Zwangsvollstreckung.

70 **Die deutschen Vollstreckungsorgane sind zur Zwangsvollstreckung in ein ausländisches Urheberrecht dann befugt, wenn sie international zuständig sind.** Die internationale Zuständigkeit der deutschen Vollstreckungsorgane bestimmt sich ebenso wie die Zuständigkeit des Prozessgerichts nach den Vorschriften über die örtliche Zuständigkeit. Sofern und soweit die deutschen Zwangsvollstreckungsorgane örtlich zuständig sind, ist zugleich auch ihre internationale Zuständigkeit gegeben. Die örtliche Zuständigkeit der Zwangsvollstreckungsorgane richtet sich bei Grundstücken, grundstücksgleichen Rechten und beweglichen Sachen nach der Belegenheit des Gegenstandes, in den vollstreckt werden soll. Insoweit besteht keine internationale Zuständigkeit, wenn die vorgenannten Vermögenswerte im Ausland belegen sind. Bei **Forderungen** und anderen **Vermögensrechten** richtet sich die internationale Zuständigkeit nach dem **allgemeinen Gerichtsstand des Schuldners** (§§ 12 ff. ZPO) oder, sofern ein solcher nicht besteht, nach dem besonderen **Gerichtsstand des Vermögens** (§ 23 ZPO). Insoweit kommt es also nicht maßgeblich darauf an, ob es sich um inländische oder ausländische Forderungen oder andere Vermögensrechte handelt.

71 Bei ausländischen Urheber- und Leistungsschutzrechten handelt es sich nicht um im Ausland belegene Rechte. Sie unterliegen daher der Zwangsvollstreckung durch die deutschen Zwangsvollstreckungsorgane nur dann, wenn diese international zuständig sind. Die **Entstehung des Urheberrechts erfolgt allein aufgrund der persönlichen geistigen**

Schöpfung durch den Urheber. Anders als bei Schutzrechten, die auf einer staatlichen Einräumung (z. B. Patente, Gebrauchsmuster, eingetragene Marken) beruhen, handelt es sich bei dem **Urheberrecht** daher um ein **örtlich unbegrenztes Recht,** welches nicht in einem bestimmten Staat belegen, sondern allein mit dem jeweiligen Urheber verbunden ist. Gleiches gilt auch für die Leistungsschutzrechte. Von der Verknüpfung der Urheber- und Leistungsschutzrechte mit der Person des Urhebers ist jedoch die Frage zu trennen, welchen Schutz diese Rechte in den einzelnen Ländern genießen. Letzteres bestimmt sich allein danach, welchen Immaterialgüterschutz die Rechtsordnung des jeweiligen Landes zubilligt. Art und Umfang des Immaterialgüterschutzes sind demnach territorial auf das jeweilige Land beschränkt und als solche nur in diesem belegen. Soweit die internationale Zuständigkeit reicht, können jedoch diese durch ausländische Rechtsordnungen eingeräumte Immaterialgüterrechte Gegenstand der inländischen Zwangsvollstreckung sein. Die Zwangsvollstreckung solcher ausländischer Rechte durch die deutschen Zwangsvollstreckungsorgane erfolgt dabei grds. nach deutschem Recht. Da das deutsche Recht für die Zwangsvollstreckung in Forderungen die Abtretbarkeit (§ 851 ZPO) und bei sonstigen Vermögensrechten die Möglichkeit zur Überlassung des Rechts (§ 857 ZPO) voraussetzt, kommt in diesen Fällen inzidenter auch das jeweilige ausländische Recht zur Anwendung. Die besonderen Regelungen in den **§§ 113–119 finden dagegen auf die Zwangsvollstreckung in ausländische Urheber- und Leistungsschutzrechte keine Anwendung.**

Im Rahmen ihrer internationalen Zuständigkeit sind die deutschen Zwangsvollstreckungsorgane folglich auch zur **Zwangsvollstreckung in ausländische Forderungen** und andere Vermögensrechte berechtigt. Ausschlaggebend für die internationale Zuständigkeit ist insoweit allein, ob in Bezug auf den Vollstreckungsschuldner ein allgemeiner oder besonderer Gerichtsstand im Inland begründet ist. In der Praxis ist die Zwangsvollstreckung in ausländische Forderungen und andere Vermögensrechte jedoch nur dann sinnvoll, wenn die nach dem deutschen Recht für die Wirksamkeit der Zwangsvollstreckungsmaßnahme erforderlichen Voraussetzungen insgesamt erfüllt werden können. Für den Bereich der Forderungspfändung ist daher die Zustellung an den Drittschuldner (§ 829 Abs. 3 ZPO) und bei anderen Vermögenswerten die Zustellung an den Schuldner (§ 857 Abs. 2 ZPO) zwingend erforderlich, um die Pfändung herbeizuführen. Des Weiteren ist stets zu prüfen, ob der betreffende ausländische Staat die Zwangsvollstreckungsmaßnahme der deutschen Organe anerkennt und ihre tatsächliche Durchsetzung ermöglicht (zur Durchsetzung eines Ordnungsgeldbeschlusses im Ausland vgl. EuGH GRURInt 2012, 32 – Realchemie Nederland).

2. Zwangsvollstreckung wegen Geldforderungen gegen den Urheber

§ 113 Urheberrecht

Gegen den Urheber ist die Zwangsvollstreckung wegen Geldforderungen in das Urheberrecht nur mit seiner Einwilligung und nur insoweit zulässig, als er Nutzungsrechte einräumen kann (§ 31). Die Einwilligung kann nicht durch den gesetzlichen Vertreter erteilt werden.

Literatur: *Breitenbach,* Computersoftware in der Zwangsvollstreckung, CR 1989, 873 und 971; *Hendricks,* Die Zwangsvollstreckung gegen den Urheber, Remscheid 2008; *Paulus,* Software in Vollstreckung und Insolvenz, ZIP 1996, 2; *Roy/Palm,* Zur Problematik der Zwangsvollstreckung in Computer, NJW 1995, 690; *Skauradszun,* Das Urheberrecht in der Zwangsvollstreckung, Diss. Tübingen 2009; *Stickelbrock,* Urheberrechtliche Nutzungsrechte in der Insolvenz – von der Vollstreckung nach §§ 112 ff. UrhG bis zum Kündigungsverbot des § 112 InsO –, WM 2004, 549; *Stöber,* Die Forderungspfändung, 13. Aufl., Bielefeld 2005. Vgl. darüber hinaus die Angaben im eingangs abgedr. Gesamtliteraturverzeichnis.

Übersicht

	Rn.
I. Zweck und Regelungsgehalt	1
II. Sachlicher Anwendungsbereich	2, 3
1. Zwangsvollstreckung wegen Geldforderungen	2
2. Zwangsvollstreckung in das Urheberrecht	3
III. Persönlicher Anwendungsbereich	4–7
1. Gläubiger	4
2. Schuldner	5–7
IV. Zulässigkeit der Zwangsvollstreckung	8–19
1. Allgemeine Voraussetzungen	8
2. Einwilligung des Urhebers	9–14
a) Erklärung	9
b) Umfang	10
c) Widerruf	11
d) Heilung	12
e) Vertretung	13, 14
3. Entbehrlichkeit der Einwilligung	15–19

I. Zweck und Regelungsgehalt

1 Das Einwilligungserfordernis des § 113 berücksichtigt die besondere persönlichkeitsrechtlich geprägte Beziehung zwischen dem Urheber und seinem Werk. Diese sehr idealistische Betrachtungsweise berücksichtigt nicht, dass es mittlerweile urheberrechtlich geschützte Werke (z. B. Computerprogramme) gibt, deren Schöpfung (nahezu) ausnahmslos kommerziellen Zwecken dient, weshalb eine persönlichkeitsrechtliche Bindung in diesen Fällen zwischen dem Urheber und seinem Werk nur schwer auszumachen sein dürfte (vgl. dazu auch *Paulus* ZIP 1996, 2, 4; *Roy/Palm* NJW 1995, 690, 692). Es wäre daher wünschenswert, wenn der Gesetzgeber dies bei einer zukünftigen Novellierung des UrhG berücksichtigen würde (siehe hierzu auch *Hendricks*, S. 164 ff.; *Skauradszun*, S. 81 ff.). Eine einschränkende Auslegung des § 113 kommt aber wegen seines eindeutigen Wortlauts nicht in Betracht. Für eine in bestimmten Bereichen wünschenswerte teleologische Reduktion dürfte es an der erforderlichen Regelungslücke fehlen. Das UrhG ist in den letzten Jahren mehrfach geändert worden, ohne dass der Gesetzgeber aufgrund der bereits seit längerem geführten Diskussion für eine Änderung Anlass gesehen hätte.

II. Sachlicher Anwendungsbereich

1. Zwangsvollstreckung wegen Geldforderungen

2 Eine solche ist gegeben, wenn die Zwangsvollstreckung zur Durchsetzung eines Anspruchs erfolgt, der auf Zahlung einer bestimmten Geldsumme gerichtet ist (vgl. dazu § 112 Rn. 7).

2. Zwangsvollstreckung in das Urheberrecht

3 In § 113 ist die **Zwangsvollstreckung** wegen Geldforderungen **in die sich aus dem Urheberrecht ergebenden Nutzungsrechte** geregelt. Weder das Urheberrecht als Ganzes noch die Gesamtheit der sich daraus ergebenen Verwertungsrechte unterliegen als solche der Zwangsvollstreckung (s. § 112 Rn. 8). Dies ergibt sich bereits aus § 857 Abs. 3 ZPO i. V. m. §§ 29 S. 2, 31 ff., so dass dem Hinweis in § 113 allein deklaratorische Bedeutung zukommt. In den Anwendungsbereich des § 113 fallen sämtliche nach § 2 geschützten Werke einschließlich der Computerprogramme. Über § 118 ist die Regelung auch bei der Zwangsvollstreckung gegen den Verfasser wissenschaftlicher Ausgaben (§ 70) und den Lichtbildner (§ 72) entsprechend anwendbar.

III. Persönlicher Anwendungsbereich

1. Gläubiger

Das Einwilligungserfordernis findet auf sämtliche Gläubiger Anwendung, die gegen den Urheber Geldforderungen im Wege der Zwangsvollstreckung durchsetzen wollen. Auf die Anspruchsgrundlage kommt es dabei nicht an, was aber etwa bei der Durchsetzung von Geldforderungen, die auf einer unerlaubten Handlung des Urhebers beruhen, zu Unbilligkeiten führen kann, wenn der Urheber keine anderweitigen Vermögenswerte besitzt.

2. Schuldner

Bei dem Schuldner muss es sich um den Urheber des Werkes handeln. Für den Erfolg der Zwangsvollstreckungsmaßnahme ist es ferner erforderlich, dass der Urheber noch Inhaber der Rechte ist, die durch die Zwangsvollstreckung vom Urheberrecht abgespalten werden sollen. Dies ist nicht der Fall, sofern und soweit der Urheber Dritten ausschließliche Nutzungsrechte übertragen hat.

Bei einem von mehreren **gemeinschaftlich geschaffenen Werk i. S. d.** § 8 kann eine Zwangsvollstreckung gegen die Gesamtheit der Urheber in entsprechender Anwendung des § 736 ZPO erfolgen, wenn sich der Titel gegen alle Miturheber richtet. Handelt es sich bei dem vollstreckenden Gläubiger dagegen um einen persönlichen Gläubiger eines Miturhebers, kann dieser in entsprechender Anwendung des § 859 Abs. 1 S. 1 ZPO in den Anteil des Miturhebers – vorbehaltlich der Erteilung der Einwilligung durch den betreffenden Miturheber – die Zwangsvollstreckung betreiben. Dem stehen die Urheberpersönlichkeitsrechte der Miturheber nicht entgegen, da nur das Recht zur Veröffentlichung und Verwertung des Werkes der gesamthänderischen Bindung unterliegt (s. dazu § 8 Rn. 24 ff.). Die Gegenansicht (vgl. Möhring/Nicolini/*Lütje* § 113 Rn. 7) beruft sich für eine fehlende Vollstreckungsmöglichkeit der persönlichen Gläubiger des Miturhebers in die Nutzungsrechte demgegenüber auf eine gesamthänderische Bindung auch der urheberpersönlichkeitsrechtlichen Befugnisse. Selbst dies würde jedoch einen Ausschluss der Pfändung – unbeschadet der in § 859 Abs. 1 S. 2 ZPO enthaltenen Regelung – nicht rechtfertigen, da es auch dann zumindest möglich wäre, in die sich aus § 8 Abs. 2 S. 2 ergebende Verpflichtung zur Mitwirkung bei der Verwertung des Urheberrechts die Zwangsvollstreckung zu betreiben.

Andere Gesamthandsgemeinschaften sind vom Anwendungsbereich des § 113 nicht betroffen, da diese nicht Inhaber des Urheberrechts selbst, sondern, aufgrund einer rechtsgeschäftlichen Übertragung, allenfalls Inhaber ausschließlicher Nutzungsrechte werden können. Bei der Zwangsvollstreckung gegen solche Gesamthandsgemeinschaften ist daher allein das Zustimmungserfordernis nach den §§ 34, 35 zu beachten.

IV. Zulässigkeit der Zwangsvollstreckung

1. Allgemeine Voraussetzungen

Erforderlich ist stets ein vollstreckbarer Titel, die Erteilung einer Vollstreckungsklausel sowie deren vorherige Zustellung an den Schuldner (s. dazu auch § 112 Rn. 5).

2. Einwilligung des Urhebers

a) **Erklärung.** Nach der Legaldefinition des § 183 S. 1 BGB ist unter „Einwilligung" die vorherige Zustimmung zu verstehen. Der Urheber muss daher seine **Einwilligung** spätestens unmittelbar **vor dem Beginn der Zwangsvollstreckungsmaßnahme** erteilen. Folglich bedarf nicht erst die Verwertung, sondern bereits die Pfändung zu ihrer Wirksamkeit der Einwilligung des Urhebers. Das Vorliegen der Einwilligung ist, wie die anderen Zwangsvollstreckungsvoraussetzungen auch, vom Vollstreckungsgericht von Amts wegen zu prüfen. Bei der **Einwilligung** des Urhebers handelt es sich um eine **empfangsbedürftige Willenserklärung**. Diese wird daher erst mit ihrem Zugang beim Gläubiger oder beim Vollstreckungsgericht wirksam.

10 b) Umfang. Den **Umfang seiner Einwilligung** kann der Urheber ebenso bestimmen wie bei der vertraglichen Einräumung urheberrechtlicher Nutzungsrechte. Insb. kann der Urheber daher die Einwilligung in sachlicher (ausschließliches oder einfaches Nutzungsrecht) räumlicher, zeitlicher und persönlicher Hinsicht beschränken.

11 c) Widerruf. Die **Einwilligung** kann in entsprechender Anwendung des § 183 S. 1 BGB **noch bis zur Vornahme der Zwangsvollstreckungshandlung widerrufen** werden. Maßgebender Zeitpunkt ist daher die Zustellung des Pfändungsbeschlusses beim Drittschuldner (erst dann ist nach § 829 Abs. 3 ZPO die Pfändung bewirkt) oder, falls ein solcher nicht vorhanden ist, mit der Zustellung des Gebots, sich jeder Verfügung über das Recht zu enthalten, beim Schuldner (§ 857 Abs. 2 ZPO). Ebenso wie die Einwilligung kann auch ihr Widerruf sowohl dem Gläubiger als auch dem Vollstreckungsgericht gegenüber erklärt werden.

12 d) Heilung. Ist die Zwangsvollstreckungsmaßnahme ohne die Einwilligung des Urhebers erfolgt, kann dessen nachträgliche Genehmigung nicht eine Heilung der Zwangsvollstreckungsmaßnahme herbeiführen (h. M. Schricker/Loewenheim/*Wild* § 113 Rn. 6; Fromm/Nordemann/*Boddien* § 113 Rn. 21; Möhring/Nicolini/*Lütje* § 113 Rn. 12; Büscher/Dittmer/Schiwy/*Dietrich* § 113 Rn. 3; Dreier/*Schulze* § 113 Rn. 9; *v. Gamm* § 113 Rn. 7; **a. A.** *Stöber* Rn. 1762).

13 e) Vertretung. Bei der Erteilung der Einwilligung handelt es sich nicht um ein höchstpersönliches Geschäft. Der Urheber kann seine Einwilligung daher auch durch einen von ihm bevollmächtigten Vertreter erklären lassen. Allein die gesetzliche Vertretung hat der Gesetzgeber durch § 113 S. 2 ausgeschlossen. Grund hierfür ist, dass im Falle der gesetzlichen Vertretung die Entscheidung über die Erklärung der Einwilligung nicht auf den geschäftsunfähigen Urheber selbst zurückgeht. Zu Recht ist dies jedoch als zu weitgehend kritisiert worden, da es auch in anderen Bereichen, die durchaus einen persönlichkeitsrechtlichen Einschlag haben, möglich ist, dass etwa erforderliche Erklärungen durch einen Betreuer abgegeben werden.

14 An das Vorliegen einer **ausreichenden Vollmacht** sind aufgrund des persönlichkeitsrechtlichen Einschlags der abzugebenden Erklärung grds. **strenge Anforderungen** zu stellen. In der Regel wird es erforderlich sein, die Berechtigung zur Abgabe einer Einwilligung nach § 113 in der Vollmacht ausdrücklich vorzusehen. Zu weit geht es jedoch, stets eine Speziesvollmacht zu verlangen (so Möhring/Nicolini/*Lütje* § 113 Rn. 23). Auch die im Rahmen einer Generalvollmacht enthaltene Regelung, wonach der Bevollmächtigte befugt ist, die Einwilligung nach § 113 zu erklären, geht unmittelbar auf den Willen des Urhebers zurück. Lediglich dann, wenn Anhaltspunkte dafür bestehen, der Urheber könne die maßgebliche Regelung nicht wahrgenommen haben, kann eine andere Betrachtungsweise geboten sein. Handelt es sich bei der Vollmachtsurkunde um ein vom Vertreter gestelltes Formular, wird man die Wirksamkeit der Einbeziehung der Einwilligung nach § 113 insb. an den Vorgaben des § 305c BGB zu überprüfen haben.

3. Entbehrlichkeit der Einwilligung

15 Nach dem eindeutigen Wortlaut des § 113 ist die Einwilligung des Urhebers bei Zwangsvollstreckungsmaßnahmen in sein Urheberrecht stets erforderlich. Die Erteilung

der **Einwilligung** steht dabei **im freien Ermessen des Urhebers**. Anders als bei anderen Einwilligungserfordernissen des Urhebers (vgl. z. B. nach § 34 Abs. 1 für die Übertragung von Nutzungsrechten) besteht für den Urheber grds. auch nach Treu und Glauben keine Verpflichtung zur Erteilung der Einwilligung.

Die dem Urheber eingeräumte Möglichkeit, seine Einwilligung ohne jeden Grund zu verweigern und dabei auch noch seine Gläubiger unterschiedlich zu behandeln, ist insb. im Zusammenhang mit der Zwangsvollstreckung in Computerprogramme von weiten Teilen des Schrifttums kritisiert worden (vgl. dazu *Breitenbach* CR 1989, 971, 972 f.; *Roy/Palm* NJW 1995, 690, 692; *Paulus* ZIP 1996, 2, 4). Die Kritik hat, allerdings nicht begrenzt auf Computerprogramme, eine gewisse Berechtigung. Es gibt bereits seit längerem eine Vielzahl urheberrechtlich geschützter Werke unterschiedlicher Kategorien, bei denen, und zwar bereits zum Zeitpunkt ihrer Schöpfung, die wirtschaftliche Verwertung nicht nur Motivation, sondern offensichtlich der alleinige Grund für die Erstellung des Werkes ist. Zu denken ist hier z. B. an Werke im Bereich der Computerprogramme, der Videospiele, der Musik und des Films.

Auch wenn teilweise beachtliche Argumente für eine Einschränkung des Einwilligungserfordernisses vorgebracht werden, darf auf der anderen Seite nicht unberücksichtigt bleiben, dass eine teleologische Reduktion nur beim Vorliegen einer entsprechenden Gesetzeslücke zulässig ist. Von einer solchen kann jedoch nicht ausgegangen werden, da dem Gesetzgeber die Problematik bereits vor der Einfügung der §§ 69a ff. bekannt war und er darüber hinaus in den vergangenen Jahren mehrfach Gelegenheit gehabt hätte, eine entsprechende Einschränkung vorzunehmen. De lege lata wird man daher akzeptieren müssen, dass der Urheber sich für seine Entscheidung, ob und in welchem sachlichen und persönlichen Umfang er eine Einwilligung erteilt, nicht zu rechtfertigen braucht. Die wirtschaftlichen Konsequenzen dürften dabei weitaus weniger gravierend sein, als dies im Schrifttum dargestellt wird. Gerade soweit es die Zwangsvollstreckung in Computerprogramme betrifft, wird es, wenn diese tatsächlich wertvoll sind, häufig so sein, dass der Urheber die Nutzungsrechte an diesen Programmen entweder bereits ausschließlich auf einen Dritten übertragen oder zumindest im großen Umfang einfache urheberrechtliche Nutzungsrechte an Dritte gewährt hat, so dass dann zumindest eine Zwangsvollstreckung in die Lizenzansprüche möglich ist. Befand sich der Urheber zum Zeitpunkt der Erstellung des Computerprogramms in einem Arbeits- oder Dienstverhältnis, ergibt sich diese Konsequenz bereits aus § 69b. Für eine Zwangsvollstreckung in das Urheberrecht gegen den Urheber selbst bleibt dann von vornherein kein Raum. Entsprechend stellt sich die wirtschaftliche Lage bei anderen Werken dar, die regelmäßig allein zum Zweck ihrer wirtschaftlichen Verwertung geschaffen werden. Wenn Nutzungsrechte an solchen Werken tatsächlich wertvoll sind, werden diese regelmäßig aufgrund von entsprechenden Lizenzverträgen in großem Umfang bereits Dritten eingeräumt und mithin entweder überhaupt nicht mehr oder zumindest nicht mehr exklusiv beim Urheber liegen.

Auch die derzeitige Rechtslage führt jedoch nicht dazu, dass der Urheber ohne jede Einschränkung bis hin zur Willkür über die Erklärung oder die Verweigerung der notwendigen Einwilligung entscheiden kann. Es ist allgemein anerkannt, dass der **Grundsatz von Treu und Glauben ein das gesamte Privatrecht** unter Einschluss des Prozess- und Vollstreckungsrechts **überlagernder Rechtsgrundsatz** ist. Folglich ist auch die Entscheidung des Urhebers über Erteilung und Versagung der Einwilligung am Grundsatz von Treu und Glauben (§ 242 BGB) und dem Schikaneverbot (§ 226 BGB) zu messen. Es kann aber nur um besondere Ausnahmefälle gehen, in denen sich die Verweigerung der Einwilligung als unvertretbar darstellt.

Die Anwendung des Grundsatzes von Treu und Glauben sowie des Schikaneverbots kann im Einzelfall eine **Verpflichtung des Urhebers zur Erteilung der Einwilligung** konstituieren, wobei aber immer zu berücksichtigen ist, dass dessen Erteilung oder Versagung einer sachlichen Rechtfertigung nicht bedarf (zu weit gehend Möhring/Nicolini/

Lütje § 113 Rn. 22, der für eine entsprechende Anwendung der §§ 34, 35 eintritt). Kommt der Urheber einer ausnahmsweise bestehenden Verpflichtung zur Erteilung der Einwilligung nicht nach, kann der Gläubiger diesen Anspruch gerichtlich geltend machen, um einen Titel zu erlangen, der die Erteilung der Einwilligung dann nach § 894 ZPO ersetzt. Eine unmittelbare Einschränkung des Einwilligungserfordernisses erscheint nicht sachgerecht, da ansonsten das jeweils zuständige Vollstreckungsorgan, im Rahmen der Sachpfändung (z.B. bei der Zwangsvollstreckung in Werkoriginale) also der Gerichtsvollzieher, darüber zu entscheiden hätte, ob das Fehlen der Einwilligung ausnahmsweise entbehrlich wäre.

§ 114 Originale von Werken

(1) **Gegen den Urheber ist die Zwangsvollstreckung wegen Geldforderungen in die ihm gehörenden Originale seiner Werke nur mit seiner Einwilligung zulässig. Die Einwilligung kann nicht durch den gesetzlichen Vertreter erteilt werden.**

(2) **Der Einwilligung bedarf es nicht,**
1. soweit die Zwangsvollstreckung in das Original des Werkes zur Durchführung der Zwangsvollstreckung in ein Nutzungsrecht am Werk notwendig ist,
2. zur Zwangsvollstreckung in das Original eines Werkes der Baukunst,
3. zur Zwangsvollstreckung in das Original eines anderen Werkes der bildenden Künste, wenn das Werk veröffentlicht ist.

In den Fällen der Nummern 2 und 3 darf das Original des Werkes ohne Zustimmung des Urhebers verbreitet werden.

Literatur: Vgl. die Angaben im eingangs abgedr. Gesamtliteraturverzeichnis.

Übersicht

	Rn.
I. Zweck und Regelungsgehalt	1
II. Sachlicher Anwendungsbereich	2, 3
1. Zwangsvollstreckung wegen Geldforderungen	2
2. Zwangsvollstreckung in Werkoriginale	3
III. Persönlicher Anwendungsbereich	4–7
1. Gläubiger	4
2. Schuldner	5–7
IV. Zulässigkeit der Zwangsvollstreckung	8–15
1. Allgemeine Voraussetzungen	8
2. Einwilligung des Urhebers	9
3. Entbehrlichkeit der Einwilligung nach § 114 Abs. 2	10–15
a) Verbindung mit Zwangsvollstreckung in ein Nutzungsrecht	11, 12
b) Werke der Baukunst	13
c) Veröffentlichte Werke der bildenden Künste	14, 15
V. Befugnisse des Gläubigers	16

I. Zweck und Regelungsgehalt

1 Durch die Vorschrift wird dem persönlichkeitsrechtlich geprägten Bezug zwischen dem Urheber und seinem Werkoriginal Rechnung getragen. Die Regelung betrifft allein die Sachpfändung von Werkoriginalen und ist damit streng von der Zwangsvollstreckung in das Urheberrecht selbst, die in § 113 geregelt ist, zu unterscheiden. Zu einer gewissen Verknüpfung der jeweiligen Zwangsvollstreckungsmaßnahmen kommt es jedoch durch die

§ 114 Originale von Werken

Regelung des § 114 Abs. 2 Nr. 1, wonach es für die Zwangsvollstreckung in das Werkoriginal keiner gesonderten Einwilligung mehr bedarf, wenn dies zur Durchführung der Zwangsvollstreckung in ein urheberrechtliches Nutzungsrecht notwendig ist.

II. Sachlicher Anwendungsbereich

1. Zwangsvollstreckung wegen Geldforderungen

Diese ist gegeben, wenn die Zwangsvollstreckung zur Durchsetzung eines Anspruchs erfolgt, der auf Zahlung eines bestimmten Geldbetrages gerichtet ist (vgl. dazu § 112 Rn. 7). **2**

2. Zwangsvollstreckung in Werkoriginale

Die Beschränkung der Zwangsvollstreckung nach § 114 bezieht sich allein auf **Werk- 3 originale,** nicht jedoch auf Vervielfältigungsstücke des Werks. Unter einem Original des Werks sind sämtliche **vom Urheber selbst oder mit seiner Zustimmung hergestellten Verkörperungen des Werks** zu verstehen. Von ein und demselben Werk können mehrere Originale existieren. Die Charakterisierung einer Werkverkörperung als Original bedeutet daher nicht zugleich, dass es sich bei dem Werkoriginal auch um ein Unikat handelt, wenngleich dies nicht selten der Fall sein wird. Die Originale eines Werkes, und nur auf diese bezieht sich § 114, sind von den **Vervielfältigungsstücken** abzugrenzen. Im Grundsatz richtet sich die Abgrenzung danach, ob die Herstellung der Werkverkörperung auf einen eigenschöpferischen Gestaltungsakt unter unmittelbarer oder mittelbarer Mitwirkung des Urhebers zurückgeht oder sich als schlichte Kopie eines Werkoriginals darstellt (vgl. zur Abgrenzung zwischen Werkoriginal und Vervielfältigungsstück § 26 Rn. 6 ff.).

III. Persönlicher Anwendungsbereich

1. Gläubiger

Das Einwilligungserfordernis findet auf sämtliche Gläubiger Anwendung, die gegen den **4** Urheber Geldforderungen im Wege der Zwangsvollstreckung durchsetzen wollen. Darauf, auf welcher Anspruchsgrundlage die Forderung beruht, kommt es nicht an.

2. Schuldner

Bei dem Schuldner muss es sich um den Urheber und Eigentümer des Werkoriginals **5** handeln. Das Einwilligungserfordernis des § 114 greift nur ein, wenn der **Urheber zum Zeitpunkt der Zwangsvollstreckung Eigentümer** des betroffenen Originals ist. Die Zwangsvollstreckung in Werkoriginale, die sich zwar im Gewahrsam des Urhebers befinden, aber im Eigentum Dritter stehen, bedarf daher nicht der Einwilligung des Urhebers nach § 114.

Im Falle der **Sicherungsübereignung** kann der Urheber bei einer Zwangsvollstreckung **6** in das Original durch Gläubiger des Sicherungsnehmers hiergegen Drittwiderspruchsklage (§ 771 ZPO) erheben, da dem Sicherungsgeber „ein die Veräußerung hinderndes Recht" zusteht (Zöller/*Herget* § 771 ZPO Rn. 14 Stichwort „Sicherungsübereignung").

Ist der **Urheber** (nur) **Miteigentümer** des Werkoriginals, bedarf es seiner Einwilligung **7** nur, wenn sich die Zwangsvollstreckung auf seinen Miteigentumsanteil bezieht. Die Zwangsvollstreckung in Bruchteile anderer Miteigentümer bedarf der Einwilligung des Urhebers dagegen nicht. Dies gilt nicht nur für die Pfändung, sondern auch für die Verwertung. Zwar wird die Verwertung der Rechte aus dem Miteigentumsanteil gem. §§ 749, 753 BGB i. d. R. zu einer Veräußerung des Werkoriginals führen, wodurch dann zwangsläufig auch die Rechtsstellung des Urhebers betroffen wäre. Dies ist jedoch nicht unbillig, weil es allein im Entscheidungsbereich des Urhebers liegt, ob er Dritten Miteigentumsrechte an dem Werkoriginal einräumt und damit gleichzeitig eine Lockerung seiner persönlichkeitsrechtlichen Beziehung zu dem Werkoriginal manifestiert. Eine (entsprechende) Anwendung des § 114 ist in diesem Fall daher nicht geboten. Gleiches gilt, wenn der Urheber das Werkoriginal in eine **Gesamthandsgemeinschaft** eingebracht hat (**a. A.** Möhring/Nicolini/*Lütje* § 114 Rn. 14).

IV. Zulässigkeit der Zwangsvollstreckung

1. Allgemeine Voraussetzungen

8   Erforderlich ist stets ein vollstreckbarer Titel, die Erteilung einer Vollstreckungsklausel sowie deren vorherige Zustellung an den Schuldner (s. dazu auch § 112 Rn. 5).

2. Einwilligung des Urhebers

9   Eine Zwangsvollstreckung in das dem Urheber gehörende Werkoriginal ist vorbehaltlich der in § 114 Abs. 2 enthaltenen Regelungen nur mit der vorherigen Zustimmung (Einwilligung) des Urhebers möglich. Der Urheber muss daher seine Einwilligung spätestens unmittelbar vor dem Beginn der Zwangsvollstreckungsmaßnahme erteilen. Im Einzelnen wird insoweit auf § 113 Rn. 9f. verwiesen.

3. Entbehrlichkeit der Einwilligung nach § 114 Abs. 2

10   Durch § 114 Abs. 2 werden gewisse Zwangsvollstreckungsmaßnahmen vom Einwilligungserfordernis ausgenommen. Es handelt sich hierbei nicht um Ausnahmen im eigentlichen Sinne, da für diese Bereiche lediglich klargestellt wird, dass – wie auch sonst – sämtliche Vermögenswerte des Schuldners auch ohne seine Zustimmung der Zwangsvollstreckung durch seine Gläubiger unterliegen. Ohne eine Einwilligung des Urhebers ist eine Zwangsvollstreckung in Werkoriginale in folgenden Bereichen zulässig:

11   **a) Verbindung mit Zwangsvollstreckung in ein Nutzungsrecht.** Nach § 114 Abs. 2 S. 1 Nr. 2 ist eine Einwilligung des Urhebers nicht erforderlich, wenn das Werkoriginal zur Durchführung der Zwangsvollstreckung in ein Nutzungsrecht an dem Werk notwendig ist. Diese Regelung steht in engem Zusammenhalt mit der Zwangsvollstreckung in das Urheberrecht nach § 113, die ebenfalls der Einwilligung des Urhebers bedarf. Ohne die Regelung des § 114 Abs. 2 S. 1 Nr. 1 könnte der Urheber durch die Verweigerung seiner Einwilligung zur Zwangsvollstreckung in das Original die ursprünglich für die Zwangsvollstreckung nach § 113 gegebene Einwilligung wieder unterlaufen. Durch die Regelung hat der Gesetzgeber klargestellt, dass die ursprünglich im Rahmen des § 113 gegebene Einwilligung auch für die notwendige Zwangsvollstreckung in das Werkoriginal wirkt.

12   Nicht in den Anwendungsbereich des § 114 Abs. 2 S. 1 Nr. 1 fällt die im Rahmen der Zwangsvollstreckung in ein vertragliches Nutzungsrecht erforderlich werdende **Herausgabe des** noch im Eigentum und im Besitz des Urhebers befindlichen **Werkoriginals.** Die Zwangsvollstreckung in das Werkoriginal erfolgt in diesem Fall im Wege der Hilfspfändung gem. §§ 846, 847, 849 ZPO. Erforderlich ist dafür, dass dem Nutzungsberechtigten ein Herausgabeanspruch gegen den Urheber zusteht. In diesen Anspruch kann ohne Einwilligung des Urhebers vollstreckt werden, da es sich nicht um eine Zwangsvollstreckung wegen Geldforderungen, sondern um eine solche zur Durchsetzung eines Herausgabeanspruchs handelt.

b) Werke der Baukunst. Die Zwangsvollstreckung in Werkoriginale der Baukunst bedarf nach § 114 Abs. 2 S. 1 Nr. 2 keiner Einwilligung durch den Urheber. Werke der Baukunst sind solche Bauten, die auf einer künstlerischen Gestaltung durch den Urheber beruhen und sich dadurch aus der Masse des alltäglichen absetzen (BGH GRUR 1982, 107, 109 – Kirchen-Innenraumgestaltung; vgl. dazu im Einzelnen § 2 Rn. 108 ff.). Hintergrund dieser Regelung ist, dass das Original eines Werkes der Baukunst bestimmungsgemäß zur Verwertung vorgesehen ist und dieses in der Regel auch einen so erheblichen Wert hat, dass es den Gläubigern des Urhebers nicht vorenthalten werden soll. Durch § 114 Abs. 2 S. 2 wird, was sich ohnehin bereits aus den §§ 814, 825 ZPO ergibt, klargestellt, dass auch die Verbreitung des Werkoriginals keiner Zustimmung des Urhebers bedarf.

c) Veröffentlichte Werke der bildenden Künste. Nach § 114 Abs. 2 S. 1 Nr. 3 ist die Zwangsvollstreckung in andere Werke der bildenden Künste ohne die Einwilligung des Urhebers zulässig, wenn das Werk veröffentlicht ist. Mit der Umschreibung „andere Werke der bildenden Künste" wird auf die in § 114 Abs. 2 S. 1 Nr. 2 genannten Werke der Baukunst Bezug genommen. Demnach fallen bis auf die Bauwerke alle anderen in § 2 Abs. 1 Nr. 4 aufgezählten Werke in den Anwendungsbereich dieser Regelung, also neben den Werken der bildenden Künste auch die Werke der angewandten Kunst. Eine **Veröffentlichung des Werkoriginals** ist gem. § 6 Abs. 1 gegeben, wenn es mit Zustimmung des Berechtigten, also des Urhebers oder seines Erben, der Öffentlichkeit zugänglich gemacht worden ist (s. dazu § 6 Rn. 3 ff.).

Die **Verfassungsmäßigkeit des § 114 Abs. 2 S. 1 Nr. 3** wird vielfach krit. beurteilt (vgl. Möhring/Nicolini/*Lütje* § 114 Rn. 23 ff.; Schricker/Loewenheim/*Wild* § 114 Rn. 7; Fromm/Nordemann/Boddien § 114 Rn. 19; a.A. Dreier/*Schulze* § 114 Rn. 14, wonach keine Ungleichbehandlung zu erkennen sei, weil die Werkoriginale im Bereich der bildenden Künste meistens einen erheblichen Wert hätten, hinter dem die Nutzung dieser Werke und die hieraus herrührenden Erlöse oft zurückblieben). Diese Kritik ist berechtigt. Es ist kein Grund ersichtlich, der eine unterschiedliche Behandlung der Urheber von Werken der bildenden Künste und der Urheber anderer Werke hinsichtlich ihrer Beziehungen zum Werkoriginal rechtfertigen könnte. Der Urheber eines Werkes der bildenden Künste wird zum Werkoriginal nach dessen Veröffentlichung in der Regel keinen geringeren urheberpersönlichkeitsrechtlichen Bezug haben, als etwa der Urheber von Darstellungen wissenschaftlicher oder technischer Art. Nimmt man eine Verfassungswidrigkeit an, führt dies jedoch nicht dazu, dass ein Gläubiger geltend machen kann, nach deren Veröffentlichung die Zwangsvollstreckung in Werkoriginale sämtlicher Werkgattungen ohne Einwilligung des Urhebers betreiben zu können. Wie der Verstoß gegen Art. 3 GG zu beseitigen ist, liegt nämlich im Ermessen des Gesetzgebers. Dieser kann entscheiden, ob er § 114 Abs. 2 S. 1 Nr. 3 auf alle Werkgattungen ausweiten oder diesen gänzlich abschaffen will.

V. Befugnisse des Gläubigers

Hat der Urheber seine Einwilligung zur Zwangsvollstreckung in das in seinem Eigentum stehende Werkoriginal erteilt oder ist eine solche Zustimmung nach § 114 Abs. 2 S. 1 nicht erforderlich, hat der Gläubiger das Recht, das Werkoriginal nach den §§ 814, 825 ZPO zu verwerten. Durch § 114 Abs. 2 S. 2 wird noch einmal klargestellt, dass **im Rahmen der Verwertung** der in § 114 Abs. 2 S. 1 Nr. 2 und 3 auch die **Verbreitung des Werkoriginals keiner Zustimmung durch den Urheber** bedarf. Der Gläubiger ist daher berechtigt, dieses Werkoriginal etwa im Rahmen einer Versteigerung oder durch freihändigen Verkauf in der Öffentlichkeit anzubieten und in den Verkehr zu bringen. Das Verbreitungsrecht bezieht sich dabei immer auf das konkret der Zwangsvollstreckung unterliegende Werkoriginal.

3. Zwangsvollstreckung wegen Geldforderungen gegen den Rechtsnachfolger des Urhebers

§ 115 Urheberrecht

Gegen den Rechtsnachfolger des Urhebers (§ 30) ist die Zwangsvollstreckung wegen Geldforderungen in das Urheberrecht nur mit seiner Einwilligung und nur insoweit zulässig, als er Nutzungsrechte einräumen kann (§ 31). Der Einwilligung bedarf es nicht, wenn das Werk erschienen ist.

Übersicht

	Rn.
I. Zweck und Regelungsgehalt	1
II. Sachlicher Anwendungsbereich	2, 3
III. Persönlicher Anwendungsbereich	4, 5
1. Gläubiger	4
2. Schuldner	5
IV. Zulässigkeit der Zwangsvollstreckung	6–9
1. Allgemeine Voraussetzungen	6
2. Einwilligung des Rechtsnachfolgers	7, 8
a) Erklärung der Einwilligung	7
b) Vertretung	8
3. Entbehrlichkeit der Einwilligung	9

I. Zweck und Regelungsgehalt

1 Durch § 115 wird das Einwilligungserfordernis bei der Zwangsvollstreckung wegen Geldforderungen in das Urheberrecht auf den Rechtsnachfolger des Urhebers erstreckt. Die in § 115 enthaltene Regelung entspricht damit der des § 113. Aufgrund der geringeren persönlichkeitsrechtlichen Beziehung des Rechtsnachfolgers zu dem geschützten Werk bedarf es einer Einwilligung allerdings dann nicht, wenn das Werk bereits erschienen ist.

II. Sachlicher Anwendungsbereich

2 Wie bei der Zwangsvollstreckung gegen den Urheber selbst ist auch § 115 nur im Rahmen der Zwangsvollstreckung wegen Geldforderungen, also bei der Durchsetzung eines Anspruchs, der auf Zahlung eines bestimmten Geldbetrages gerichtet ist, anwendbar (vgl. dazu auch § 112 Rn. 7). Eine Zwangsvollstreckung in das Urheberrecht liegt vor, wenn die Zwangsvollstreckungsmaßnahme auf die Pfändung und Verwertung der sich aus dem Urheberrecht ergebenden urheberrechtlichen Nutzungsrechte gerichtet ist. Weder das Urheberrecht als Ganzes noch die Gesamtheit der sich daraus ergebenden Verwertungsrechte unterliegen als solche der Zwangsvollstreckung (vgl. hierzu § 112 Rn. 8). In den Anwendungsbereich des § 115 fallen sämtliche nach § 2 geschützten Werke einschließlich der Computerprogramme. Über § 118 ist die Regelung auch bei der Zwangsvollstreckung gegen den Rechtsnachfolger des Verfassers wissenschaftlicher Ausgaben (§ 70) und des Lichtbildners (§ 72) entsprechend anwendbar.

3 Einer **Einwilligung bedarf es** grds. dann **nicht mehr, wenn der Urheberrechtsschutz abgelaufen ist.** Dies muss zwar nicht dazu führen, dass rein tatsächlich auch keine persönlichkeitsrechtlichen Bindungen des Rechtsnachfolgers zum Werk mehr bestehen, jedoch ergibt sich aufgrund der Beschränkung der Laufzeit des Urheberrechts, dass derartige Bindungen ab einem bestimmten Zeitpunkt keinen rechtlichen Schutz mehr genießen, folglich also auch nicht mehr zur Begründung einer Beschränkung der Zwangsvollstreckungsmöglichkeiten herangezogen werden können.

III. Persönlicher Anwendungsbereich

1. Gläubiger

Das Einwilligungserfordernis findet auf sämtliche Gläubiger Anwendung, die gegen den Rechtsnachfolger des Urhebers Geldforderungen im Wege der Zwangsvollstreckung durchsetzen wollen. Unerheblich ist, auf welcher Anspruchsgrundlage die Forderung beruht, aufgrund der die Zwangsvollstreckung betrieben wird.

2. Schuldner

Bei dem Schuldner muss es sich um den Rechtsnachfolger des Urhebers handeln. Durch die Verweisung auf § 30 wird klargestellt, dass damit allein der **Gesamtrechtsnachfolger,** nicht aber andere Personen gemeint sind, denen der Urheber rechtsgeschäftlich, sei es auch in umfassender Weise, urheberrechtliche Nutzungsrechte eingeräumt hat. Der Kreis der Rechtsnachfolger beschränkt sich daher auf diejenigen **Personen, die nach den §§ 28 ff. die Rechtsnachfolge in das Urheberrecht selbst antreten können.** Neben den Erben des Urhebers gehören dazu auch Erbengemeinschaften, Miterben, Vermächtnisnehmer und Begünstigte von Auflagen, denen das Urheberrecht in Erfüllung einer Verfügung von Todes wegen bzw. im Zuge der Auseinandersetzung der Miterben übertragen worden ist.

IV. Zulässigkeit der Zwangsvollstreckung

1. Allgemeine Voraussetzungen

Wie bei jeder Zwangsvollstreckungsmaßnahme ist das Vorliegen eines vollstreckbaren Titels, die Erteilung einer Vollstreckungsklausel sowie die vorherige Zustellung des mit der Vollstreckungsklausel versehenen Titels an den Schuldner erforderlich (vgl. dazu auch § 112 Rn. 5).

2. Einwilligung des Rechtsnachfolgers

a) **Erklärung der Einwilligung.** Die Zwangsvollstreckung in das Urheberrecht gegen den Rechtsnachfolger des Urhebers ist grds. nur mit dessen Einwilligung zulässig. Wie sich aus § 183 S. 1 BGB ergibt, ist unter „Einwilligung" die vorherige Zustimmung zu verstehen. Das Einwilligungserfordernis entspricht im Grundsatz dem des § 113, weshalb auf die dort gemachten Ausführungen verwiesen werden kann (vgl. § 113 Rn. 9 f.).

b) **Vertretung.** Die Einwilligung kann entweder durch den Rechtsnachfolger oder seinen Vertreter erklärt werden. Anders als bei der Zwangsvollstreckung gegen den Urheber selbst, kann für den Rechtsnachfolger des Urhebers auch dessen gesetzlicher Vertreter handeln. Hat der Urheber die Ausübung des Urheberrechts durch letztwillige Verfügung gem. § 28 Abs. 2 einem **Testamentsvollstrecker** übertragen, so ist allein dieser zur Erteilung der Einwilligung befugt (vgl. dazu § 117).

3. Entbehrlichkeit der Einwilligung

Bei einem bereits erschienenen Werk verzichtet § 115 auf das Einwilligungserfordernis. Nach der Legaldefinition des § 6 Abs. 2 S. 1 ist ein Werk **erschienen,** wenn mit Zustimmung des Berechtigten (dies kann nur der Urheber oder sein Rechtsnachfolger sein) Vervielfältigungsstücke des Werkes nach ihrer Herstellung in genügender Anzahl der Öffentlichkeit angeboten oder in den Verkehr gebracht worden sind (zu Einzelheiten § 6 Rn. 27 ff.). Hat der zur Veröffentlichung Berechtigte bereits entschieden, sein Werk der Öffentlichkeit zugänglich zu machen, ist dadurch die persönlichkeitsrechtliche Beziehung zum Werk derart gelockert worden oder sogar ganz entfallen, dass es nicht gerechtfertigt ist, die Verfügbarkeit des betreffenden Wirtschaftsgutes für Gläubiger von einer Zustimmung des Rechtsnachfolgers abhängig zu machen.

§ 116 Originale von Werken

(1) **Gegen den Rechtsnachfolger des Urhebers (§ 30) ist die Zwangsvollstreckung wegen Geldforderungen in die ihm gehörenden Originale von Werken des Urhebers nur mit seiner Einwilligung zulässig.**

(2) **Der Einwilligung bedarf es nicht**
1. **in den Fällen des § 114 Abs. 2 Satz 1,**
2. **zur Zwangsvollstreckung in das Original eines Werkes, wenn das Werk erschienen ist.**

§ 114 Abs. 2 Satz 2 gilt entsprechend.

Übersicht

	Rn.
I. Zweck und Regelungsgehalt	1
II. Sachlicher Anwendungsbereich	2–5
III. Persönlicher Anwendungsbereich	6
IV. Zulässigkeit der Zwangsvollstreckung	7–10
1. Allgemeine Voraussetzungen	7
2. Einwilligung des Rechtsnachfolgers	8, 9
a) Erklärung der Einwilligung	8
b) Vertretung	9
3. Entbehrlichkeit der Einwilligung nach § 116 Abs. 2	10

I. Zweck und Regelungsgehalt

1 In Parallele zur Regelung in § 114 wird durch § 116 auch die Zwangsvollstreckung in Originale von Werken beschränkt, die sich im Eigentum des Rechtsnachfolgers des Urhebers befinden. Aufgrund der regelmäßig geringeren persönlichkeitsrechtlichen Beziehung des Rechtsnachfolgers zum Werkoriginal reichen die Beschränkungen nicht ganz so weit wie bei der Zwangsvollstreckung gegen den Urheber selbst. Einer Einwilligung des Rechtsnachfolgers bedarf es daher über die in § 114 Abs. 2 S. 1 geregelten Fälle hinaus dann nicht, wenn das Werk bereits erschienen ist.

II. Sachlicher Anwendungsbereich

2 § 116 findet nur im Rahmen der Zwangsvollstreckung wegen Geldforderungen Anwendung. Eine solche liegt vor, wenn die Zwangsvollstreckung zur Durchsetzung eines Anspruchs erfolgt, der auf die Zahlung eines bestimmten Geldbetrages gerichtet ist (vgl. dazu auch § 112 Rn. 7).

3 Das Einwilligungserfordernis des § 116 bezieht sich allein auf **Werkoriginale,** nicht jedoch auf Vervielfältigungsstücke des Werks. Unter einem Original des Werks sind sämtliche

vom Urheber selbst oder mit seiner Zustimmung hergestellten Verkörperungen des Werks zu verstehen. Von ein und demselben Werk können mehrere Originale existieren. Die Charakterisierung einer Werkverkörperung als Original bedeutet daher nicht zugleich, dass es sich bei dem Werkoriginal auch um ein Unikat handelt, wenngleich dies nicht selten der Fall sein wird. Die Originale eines Werkes, und nur auf diese bezieht sich § 114, sind von den Vervielfältigungsstücken abzugrenzen. Im Grundsatz richtet sich die Abgrenzung danach, ob die **Herstellung der Werkverkörperung auf einen eigenschöpferischen Gestaltungsakt unter unmittelbarer oder mittelbarer Mitwirkung des Urhebers zurückgeht** oder diese sich als schlichte Kopie eines Werkoriginals darstellt (vgl. zur Abgrenzung zwischen Werkoriginal und Vervielfältigungsstück § 26 Rn. 6 ff.).

Die Einwilligung ist nur dann erforderlich, wenn der **Rechtsnachfolger Eigentümer des Originals** ist. Ob der Rechtsnachfolger das Eigentum unmittelbar vom Urheber oder aber auf andere Weise erworben hat, ist grds. nicht entscheidend. Beim Erwerb von Dritten wird man jedoch regelmäßig annehmen können, dass das Werk zwischenzeitlich erschienen ist, was dann gem. § 116 Abs. 2 S. 1 Nr. 1 in Verbindung mit § 114 Abs. 2 S. 1 Nr. 3 bei Werken der bildenden Künste dazu führen würde, dass die Zwangsvollstreckung keiner Einwilligung mehr durch den Rechtsnachfolger bedarf.

Einer **Einwilligung bedarf** es auch dann **nicht mehr, wenn der Urheberrechtsschutz abgelaufen ist.** Dies muss zwar nicht dazu führen, dass rein tatsächlich auch keine persönlichkeitsrechtlichen Bindungen des Rechtsnachfolgers zum Werk mehr bestehen, jedoch ergibt sich aufgrund der Beschränkung der Laufzeit des Urheberrechts, dass derartige Bindungen ab einem bestimmten Zeitpunkt keinen rechtlichen Schutz mehr genießen, folglich also auch nicht mehr zur Begründung einer Beschränkung der Zwangsvollstreckungsmöglichkeiten herangezogen werden können.

III. Persönlicher Anwendungsbereich

Das Einwilligungserfordernis findet auf sämtliche **Gläubiger** Anwendung, die gegen den Rechtsnachfolger des Urhebers Geldforderungen im Wege der Zwangsvollstreckung durchsetzen wollen. Auf welcher Anspruchsgrundlage die Forderung beruht, ist nicht entscheidend. Bei dem **Schuldner** muss es sich um den Rechtsnachfolger des Urhebers handeln. Rechtsnachfolger des Urhebers sind die Personen, die nach den §§ 28 ff. die Rechtsnachfolge in das Urheberrecht selbst antreten können, nicht hingegen Personen, denen Kraft Rechtsgeschäfts urheberrechtliche Nutzungsrechte, sei es auch in umfassendem Umfang, übertragen worden sind (vgl. dazu auch § 115 Rn. 5).

IV. Zulässigkeit der Zwangsvollstreckung

1. Allgemeine Voraussetzungen

Wie bei jeder Zwangsvollstreckungsmaßnahme ist das Vorliegen eines vollstreckbaren Titels, die Erteilung einer Vollstreckungsklausel sowie die vorherige Zustellung des mit der Vollstreckungsklausel versehenen Titels an den Schuldner erforderlich (vgl. dazu auch § 112 Rn. 5).

2. Einwilligung des Rechtsnachfolgers

a) Erklärung der Einwilligung. Die Zwangsvollstreckung in das dem Rechtsnachfolger des Urhebers gehörende Werkoriginal ist nur mit dessen Einwilligung zulässig. Wie sich aus § 183 S. 1 BGB ergibt, ist unter „Einwilligung" die vorherige Zustimmung zu verstehen. Das Einwilligungserfordernis entspricht dem des § 113, weshalb auf die dort genannten Ausführungen verwiesen werden kann (vgl. § 113 Rn. 9 f.).

9 **b) Vertretung.** Die Einwilligung kann entweder durch den Rechtsnachfolger oder seinen Vertreter erklärt werden. Anders als bei der Zwangsvollstreckung gegen den Urheber selbst, kann für den Rechtsnachfolger des Urhebers auch dessen gesetzlicher Vertreter handeln. Hat der Urheber die Ausübung des Urheberrechts durch letztwillige Verfügung gem. § 28 Abs. 2 einem **Testamentsvollstrecker** übertragen, so ist allein dieser zur Erteilung der Einwilligung befugt (vgl. dazu § 117).

3. Entbehrlichkeit der Einwilligung nach § 116 Abs. 2

10 Ohne Einwilligung des Rechtsnachfolgers ist die Zwangsvollstreckung möglich, wenn
– das Original zur Durchführung der Zwangsvollstreckung in ein Nutzungsrecht (§ 116 Abs. 2 Nr. 1 i. V. m. § 114 Abs. 2 S. 1 Nr. 1) erforderlich ist (vgl. dazu § 114 Rn. 11 f.),
– sie sich gegen ein Werk der Baukunst (§ 116 Abs. 2 Nr. 1 i. V. m. § 114 Abs. 2 S. 1 Nr. 2; vgl. dazu § 114 Rn. 13) oder veröffentlichte Werke der bildenden Künste (§ 116 Abs. 2 Nr. 1 i. V. m. § 114 Abs. 2 S. 1 Nr. 3; vgl. dazu § 114 Rn. 14 f.) oder gegen bereits erschienene Werke, und zwar gleich welcher Werkart (§ 116 Abs. 2 Nr. 2; vgl. dazu § 115 Rn. 9) richtet,
– der Urheberrechtsschutz abgelaufen ist (s. o. Rn. 5).

§ 117 Testamentsvollstrecker

Ist nach § 28 Abs. 2 angeordnet, daß das Urheberrecht durch einen Testamentsvollstrecker ausgeübt wird, so ist die nach den §§ 115 und 116 erforderliche Einwilligung durch den Testamentsvollstrecker zu erteilen.

1 Hat der verstorbene Urheber Testamentsvollstreckung angeordnet, so ist allein der Testamentsvollstrecker befugt, die nach §§ 115, 116 erforderlichen Einwilligungen zu erteilen. Diese Befugnis des Testamentsvollstreckers dürfte sich zwar eigentlich bereits aus §§ 2205, 2211 BGB ergeben, jedoch ist die Klarstellung dienlich, da sich ansonsten die Frage stellen könnte, ob die persönlichkeitsrechtliche Bindung des Rechtsnachfolgers in Bezug auf die Erteilung der Einwilligung die an sich dem Testamentsvollstrecker zustehende Verwaltung des Nachlasses überlagert. Wird ohne Zustimmung des Testamentsvollstreckers die Zwangsvollstreckung eingeleitet, kann dieser Drittwiderspruchsklage (§ 773 ZPO) erheben.

4. Zwangsvollstreckung wegen Geldforderungen gegen den Verfasser wissenschaftlicher Ausgaben und gegen den Lichtbildner

§ 118 Entsprechende Anwendung

Die §§ 113 bis 117 sind sinngemäß anzuwenden
1. auf die Zwangsvollstreckung wegen Geldforderungen gegen den Verfasser wissenschaftlicher Ausgaben (§ 70) und seinen Rechtsnachfolger,
2. auf die Zwangsvollstreckung wegen Geldforderungen gegen den Lichtbildner (§ 72) und seinen Rechtsnachfolger.

1 Aufgrund der weitestgehend mit den Urheberrechten vergleichbaren Ausgestaltung des Schutzes von wissenschaftlichen Ausgaben (§ 70) und Lichtbildern (§ 72) ist es folgerichtig, dass diese Leistungsschutzrechte auch im Rahmen der Zwangsvollstreckung den Urheberrechten gleichgestellt werden. Es kann daher insoweit auf die Kommentierung zu den §§ 113 bis 117 entsprechend verwiesen werden. Zum Gegenstand bei der Zwangsvollstreckung in Leistungsschutzrechte vgl. § 112 Rn. 19.

5. Zwangsvollstreckung wegen Geldforderungen in bestimmte Vorrichtungen

§ 119 Zwangsvollstreckung in bestimmte Vorrichtungen

(1) Vorrichtungen, die ausschließlich zur Vervielfältigung oder Funksendung eines Werkes bestimmt sind, wie Formen, Platten, Steine, Druckstöcke, Matrizen und Negative, unterliegen der Zwangsvollstreckung wegen Geldforderungen nur, soweit der Gläubiger zur Nutzung des Werkes mittels dieser Vorrichtungen berechtigt ist.

(2) Das Gleiche gilt für Vorrichtungen, die ausschließlich zur Vorführung eines Filmwerkes bestimmt sind, wie Filmstreifen und dergleichen.

(3) Die Absätze 1 und 2 sind auf die nach den §§ 70 und 71 geschützten Ausgaben, die nach § 72 geschützten Lichtbilder, die nach § 77 Abs. 2 Satz 1, § 85, 87, 94 und 95 geschützten Bild- und Tonträger und die nach § 87b Abs. 2 geschützten Datenbanken entsprechend anzuwenden.

Literatur: *Spieker*, Bestehen zivilrechtliche Ansprüche bei Umgehung von Kopierschutz und beim Anbieten von Erzeugnissen zu dessen Umgehung?, GRUR 2004, 475; *Stickelbrock*, Urheberrechtliche Nutzungsrechte in der Insolvenz – von der Vollstreckung nach §§ 112 ff. UrhG bis zum Kündigungsverbot des § 112 InsO –, WM 2004, 549.
Vgl. darüber hinaus die Angaben im eingangs abgedr. Gesamtliteraturverzeichnis.

Übersicht

	Rn.
I. Zweck und Regelungsgehalt	1, 2
II. Sachlicher Anwendungsbereich	3–10
1. Zwangsvollstreckung wegen Geldforderungen	3
2. Zwangsvollstreckung in Vorrichtungen	4–10
a) Vorrichtungen	4
b) Urheber- und Leistungsschutzrechte	5
c) Ausschließliche Zweckbestimmung	6–9
aa) Vervielfältigung	7
bb) Funksendung	8
cc) Filmvorführung	9
d) Prüfung im Zwangsvollstreckungsverfahren	10
III. Persönlicher Anwendungsbereich	11–13
1. Gläubiger	11, 12
2. Schuldner	13
IV. Zulässigkeit der Zwangsvollstreckung	14

I. Zweck und Regelungsgehalt

Durch § 119 wird die Zwangsvollstreckung wegen Geldforderungen in Vorrichtungen eingeschränkt, die ausschließlich zur Vervielfältigung, Sendung oder Vorführung eines Werkes bestimmt sind. Nur diejenigen Gläubiger, die auch zur Nutzung des Werkes unter Einsatz der Vorrichtung berechtigt sind, können im Rahmen der Zwangsvollstreckung wegen Geldforderungen auf diese Vorrichtungen zugreifen. Im Übrigen sind die in § 119 genannten Vorrichtungen der Zwangsvollstreckung wegen Geldforderungen entzogen. **1**

Sinn und Zweck der Regelung ist die **Verhinderung unwirtschaftlicher Verwertungsmaßnahmen** im Rahmen der Zwangsvollstreckung. Bei einer Verwertung der Vorrichtungen durch einen nicht zur Nutzung des Werkes Berechtigten könnte mit der Ver- **2**

wertung der Vorrichtung allenfalls der Materialwert derselben erzielt werden. Kann die Vorrichtung aber bestimmungsgemäß im Zusammenhang mit der Nutzung des Werkes selbst eingesetzt werden, weil der Gläubiger auch hierzu berechtigt ist, erlangt die Vorrichtung einen regelmäßig höheren und vom reinen Materialwert losgelösten Wert. Anders als bei den in §§ 113–118 enthaltenen Beschränkungen kommt es bei der Zwangsvollstreckung wegen Geldforderungen in Vorrichtungen weder auf die Person des Schuldners noch auf eine durch diesen erklärte Einwilligung an.

II. Sachlicher Anwendungsbereich

1. Zwangsvollstreckung wegen Geldforderungen

3   Diese ist gegeben, wenn die Zwangsvollstreckung zur Durchsetzung eines Anspruchs erfolgt, der auf Zahlung eines bestimmten Geldbetrages gerichtet ist (vgl. dazu § 112 Rn. 7).

2. Zwangsvollstreckung in Vorrichtungen

4   **a) Vorrichtungen.** Der Begriff der Vorrichtungen ist im weitesten Sinne zu verstehen. Regelmäßig wird es sich bei den Vorrichtungen um bewegliche Sachen handeln. Bei entsprechender Zweckbestimmung kann aber auch eine unbewegliche Sache eine Vorrichtung i. S. d. § 119 sein, so etwa eine speziell zur Vervielfältigung eines bestimmten Werkes hergestellte Maschine, wenn diese gem. § 94 BGB als wesentlicher Bestandteil eines Grundstücks anzusehen ist.

5   **b) Urheber- und Leistungsschutzrechte.** Die Vorrichtungen müssen zur Vervielfältigung oder Funksendung eines Werkes bestimmt sein. Dies ist der Fall, wenn sie der Vervielfältigung oder Funksendung gerade eines bestimmten Werkes dienen. Die Art des Werkes ist in § 119 nicht näher umschrieben. Häufig wird es sich jedoch um Vorrichtungen handeln, die zur Vervielfältigung oder Funksendung eines Werkes der bildenden Künste bestimmt sind. Entsprechend anwendbar ist § 119 auf Vorrichtungen, die ausschließlich zur Vervielfältigung oder Funksendung der nach den §§ 70, 71 geschützten Ausgaben, der nach § 72 geschützten Lichtbilder, der nach § 77 Abs. 2, §§ 85, 87, 94 und 95 geschützten Bild- und Tonträger und der nach § 87b Abs. 1 geschützten Datenbanken bestimmt sind (§ 119 Abs. 3).

6   **c) Ausschließliche Zweckbestimmung.** Vorrichtungen unterliegen der in § 119 geregelten Einschränkung der Zwangsvollstreckung nur dann, wenn sie ausschließlich zur Werkvervielfältigung, -sendung oder -vorführung bestimmt sind. **Maßgebend ist, welcher Verwendungszweck sich objektiv aus der Beschaffenheit des Gegenstandes ergibt** (ebenso Fromm/Nordemann/*Boddien* § 119 Rn. 9; Dreyer/*Kotthoff* § 119 Rn. 2; Spindler/Schuster/*Spindler* § 119 Rn. 6; a. A. Möhring/Nicolini/*Lütje* § 119 Rn. 8, der auf die vollzogene subjektive Zweckbestimmung abstellt). Eine solche objektive Betrachtungsweise legt auch der Wortlaut des § 119 Abs. 1 und 2 nahe, der beispielhaft bestimmte in den Anwendungsbereich der Vorschrift fallende Vorrichtungen aufzählt, nicht aber zusätzlich oder gar in erster Linie auf eine subjektive Zweckbestimmung durch den Schuldner abstellt. Dementsprechend liegt es auch nicht allein im subjektiven Entscheidungsbereich des Schuldners, die objektiv gegebene ausschließliche Zweckbestimmung der Vorrichtungen durch eine entsprechende Erklärung wieder aufzuheben. Wohl aber kann er auf den durch § 119 bewirkten Vollstreckungsschutz verzichten, da die Vorschrift allein seine Interessen an einer möglichst wirtschaftlichen Verwertung der in seinem Eigentum stehenden Vorrichtungen schützen soll. Die **Interessen Dritter,** etwa von Personen, die zur Nutzung des Werkes berechtigt sind, werden durch § 119 nur reflexartig geschützt.

aa) Vervielfältigung. Vorrichtungen sind zur Vervielfältigung bestimmt, wenn sie dazu dienen, Vervielfältigungsstücke des Werkes herzustellen. Die ausschließliche Zweckbestimmung zur Werkvervielfältigung besitzen dabei nur diejenigen **Vorrichtungen, die aufgrund ihrer individuellen Beschaffenheit allein dazu dienen, ein konkretes Werk zu vervielfältigen.** Zu den Vorrichtungen zur Vervielfältigung gehören daher insb. Druckzylinder, Matrizen, Negative, Gussformen etc., bei denen es sich regelmäßig bereits selbst um Vervielfältigungsstücke des jeweiligen Werkes handelt. Auch kann die Vorrichtung gleichzeitig ein Werkoriginal sein, was z.B. bei einer Kupferstichplatte der Fall ist. Insoweit greift dann zwar auch der Schutz nach §§ 114, 116 ein, jedoch greift dieser nur bei einer Zwangsvollstreckung wegen Geldforderungen gegen den Urheber oder dessen Rechtsnachfolger ein, nicht aber bei jedem Schuldner.

bb) Funksendung. Unter Funksendung ist jede Übertragung von Zeichen, Tönen oder Bildern durch elektromagnetische Wellen zu verstehen, die von einer Sendestelle ausgestrahlt werden und an anderen Orten von einer beliebigen Anzahl von Empfangsanlagen aufgefangen und wieder in Zeichen, Töne oder Bilder zurückverwandelt werden können (vgl. dazu im Einzelnen §§ 20–20b Rn. 10). Auch hier gilt, dass von den diversen Vorrichtungen, die zur Funksendung eines Werkes verwendet werden, nur diejenigen **Vorrichtungen** von § 119 erfasst sind, **die aufgrund ihrer individuellen Beschaffenheit allein dem Zweck dienen, die Funksendung eines konkreten Werkes zu bewirken.** Dies sind grds. allein die Originale und Vervielfältigungsstücke des Werkes, die unmittelbar als Grundlage der Funksendung eingesetzt werden, wie etwa die Bild- und Tonträger (einschließlich der ephemeren Bild- und Tonträger i.S.d. § 55). Grds. können diese Vorrichtungen zwar auch anderen Zwecken dienen als der Funksendung, nämlich insb. der Vorführung oder Aufführung des Werkes. Zu Recht wird jedoch allgemein angenommen, dass dies die ausschließliche Zweckbestimmung der vorgenannten Vorrichtungen zur Funksendung nicht berührt, da die Regelung ansonsten insoweit vermutlich vollständig leer laufen würde. Durch das Merkmal der ausschließlichen Zweckbestimmung soll eine Abgrenzung zu den Vorrichtungen erfolgen, die auch zur Funksendung von anderen Werken dienen können. Nicht aber kommt es entscheidend darauf an, ob eine Vorrichtung, die allein der Funksendung eines konkreten Werkes dienen kann, auch für weitere Verwertungshandlungen dieses konkreten Werkes einsetzbar ist.

cc) Filmvorführung. Zu den in § 119 Abs. 2 genannten Vorrichtungen gehören solche, die aufgrund ihrer Beschaffenheit ausschließlich dazu dienen, ein konkretes Filmwerk vorzuführen. In Betracht kommen insoweit insb. das Filmnegativ, Filmkopien sowie andere Bild- und Tonträger.

d) Prüfung im Zwangsvollstreckungsverfahren. Für den Gerichtsvollzieher wird die Frage, ob eine Vorrichtung in den Anwendungsbereich des § 119 fällt, und wenn dies der Fall ist, der Gläubiger möglicherweise zur Nutzung des Werkes unter Verwendung dieser Vorrichtung berechtigt ist, ad hoc kaum zu beantworten sein. Grds. wird er daher im Rahmen der Pfändung die Einschränkung der Zwangsvollstreckung durch § 119 nur dann zu beachten haben, wenn dessen Voraussetzungen ganz offensichtlich gegeben sind (ebenso Dreyer/*Kotthoff* § 119 Rn. 5; Schricker/Loewenheim/*Wild* § 119 Rn. 6; Büscher/Dittmer/Schiwy/*Dietrich* § 119 Rn. 6). Im Übrigen ist es dann **Aufgabe des Schuldners,** gegen die Pfändung **Erinnerung** einzulegen. Dies ist auch interessengerecht, da der durch § 119 intendierte Schutz erst durch eine Verwertung der Vorrichtung endgültig unerreichbar wird. Die Pfändung allein greift demgegenüber noch nicht derart stark in die Rechtsstellung des Schuldners ein, dass es geboten wäre, bereits bei Zweifeln des Gerichtsvollziehers an der Anwendbarkeit des § 119 die Pfändung ganz zu unterlassen. Letzteres würde dem Schuldner nämlich Gelegenheit geben, künftige Zwangsvollstreckungsmaßnahmen zu vereiteln. Auch bei der Zwangsvollstreckung in Vorrichtungen hat der Gerichtsvollzieher daher im Rahmen der Pfändung grds. nur zu prüfen, ob sich die Vorrichtung im Gewahrsam des Schuldners befindet (ebenso Fromm/Nordemann/*Boddien* § 119 Rn. 13). Ist die ausschließliche Zweckbestimmung der Vorrichtung offensichtlich, sollte der Gläubiger sein Recht zur Nutzung des Werkes mittels der betreffenden Vorrichtung in entsprechender Anwendung der §§ 756, 765 ZPO bereits in seinem Antrag auf Durchführung der Zwangsvollstreckung durch öffentliche oder öffentlich beglaubigte Urkunden nachweisen (zust. Dreyer/*Kotthoff* § 119 Rn. 5; Dreier/*Schulze* § 119 Rn. 14).

III. Persönlicher Anwendungsbereich

1. Gläubiger

11 Die sich aus § 119 ergebenden Einschränkungen finden auf sämtliche Gläubiger Anwendung, die wegen Geldforderungen die Zwangsvollstreckung in Vorrichtungen mit den dargestellten ausschließlichen Zweckbestimmungen betreiben und die nicht gleichzeitig zur Nutzung des jeweiligen Werkes unter Einsatz der betroffenen Vorrichtung berechtigt sind. Unerheblich ist, auf welcher Anspruchsgrundlage die Geldforderung beruht, wegen derer die Zwangsvollstreckung betrieben wird.

12 Keinen Einschränkungen durch § 119 unterliegen diejenigen **Gläubiger, die zur Nutzung** des Werkes unter Einsatz der Vorrichtung, in die die Zwangsvollstreckung betrieben werden soll, **berechtigt** sind. Zu diesen Gläubigern gehören neben dem Urheber und dessen Rechtsnachfolgern die Inhaber einfacher oder ausschließlicher Nutzungsrechte, und zwar unabhängig davon, ob sie diese durch Vertrag oder aufgrund einer Zwangsvollstreckung nach den §§ 113, 115 oder 118 eingeräumt bekommen haben. Gleiches gilt für den Inhaber einer auf der Grundlage des § 61 eingeräumten Zwangslizenz.

2. Schuldner

13 Für die Anwendbarkeit des § 119 ist die Person des Schuldners ohne Bedeutung. Die Einschränkungen der Zwangsvollstreckung sind daher sowohl gegenüber dem Urheber und seinen Rechtsnachfolgern als auch im Verhältnis zu Nutzungsberechtigten und Dritten zu beachten.

IV. Zulässigkeit der Zwangsvollstreckung

14 Die Pfändung und Verwertung der in § 119 Abs. 1 und 2 genannten Vorrichtungen ist im Rahmen der Zwangsvollstreckung wegen Geldforderungen nur zulässig, wenn:
– der Gläubiger Inhaber eines Nutzungsrechts ist, welches ihn zur Verwendung der Vorrichtung berechtigt, in die die Zwangsvollstreckung erfolgen soll,
– der Schuldner in die Zwangsvollstreckung einwilligt. Hierdurch kann dieser der Vorrichtung zwar nicht die sich aus ihren objektiven Eigenschaften ergebende ausschließliche Zweckbestimmung nehmen, jedoch kann der Schuldner rechtswirksam auf den durch § 119 gewährten Vollstreckungsschutz verzichten, und zwar sowohl vor als auch nach Beginn der Zwangsvollstreckung,
– die Schutzfrist für das Urheber- oder Leistungsschutzrecht abgelaufen ist (s. dazu auch § 116 Rn. 5).

Teil 5. Anwendungsbereich. Übergangs- und Schlussbestimmungen

Abschnitt 1. Anwendungsbereich des Gesetzes

Vorbemerkung Vor §§ 120 ff.

Literatur zum internationalen Privatrecht und zum internationalen Zivilverfahrensrecht:
Adolphsen/Mutz, Das Google Book Settlement, GRUR Int. 2009, 789 *Ahrens* Neues zur Annahmeverweigerung im europäischen Zustellungsrecht, NJW 2008, 2817; *Azzi,* Recherche sur la loi applicable aux droits voisins du droit d'auteur en droit international privé, Paris 2005; *Bach,* Drei Entwicklungsschritte im europäischen Zivilprozessrecht, ZRP 2011, 97; *Baetzgen,* Internationales Wettbewerbs- und Immaterialgüterrecht im EG-Binnenmarkt, Kollisionsrecht zwischen Marktspaltung („Rom II") und Marktintegration (Herkunftslandprinzip), Köln u.a. 2007; *Banholzer;* Die internationale Gerichtszuständigkeit bei Urheberrechtsverletzungen im Internet, Frankfurt, 2011; *v. Bar,* Internationales Privatrecht, Zweiter Band, Besonderer Teil, München 1991; *Basedow/Drexl/Kur/Metzger* (Hrsg.), Intellectual Property in the Conflict of Laws, Tübingen 2005; *Basedow/Metzger,* Lex Loci Protectionis Europea – Anmerkungen zu Art. 8 des Vorschlags der EG-Kommission für eine Verordnung über das auf außervertragliche Schuldverhältnisse anzuwendende Recht („ROM II"), in: Trunk/Knieper/Svetlanov (Hrsg.), Russland im Kontext der internationalen Entwicklung: Internationales Privatrecht, Kulturgüterschutz, geistiges Eigentum, Rechtsvereinheitlichung, Festschrift für Mark Moiseevic Boguslavskij, Berlin 2004, 153; *Baumgartner,* The Proposed Hague Convention on Jurisdiction and Foreign Judgments, Tübingen 2003; *Becker,* Bewertung der Richtlinienentwürfe der EU aus der Sicht der Urheber und Verwertungsgesellschaften, in: J. Schwarze (Hrsg.), Rechtsschutz gegen Urheberrechtsverletzungen und Wettbewerbsverstöße in grenzüberschreitenden Medien, Baden-Baden 2000, 29 (zit. *Becker* in J. Schwarze), *Beckstein,* Einschränkungen des Schutzlandprinzips. Die kollisionsrechtliche Behandlung von Immaterialgüterverletzungen im Internet. Geistiges Eigentum und Wettbewerbsrecht, Tübingen 2010; *Beier/Schricker/Ulmer,* Stellungnahme des Max-Planck-Instituts für ausländisches und internationales Patent-, Urheber-, und Wettbewerbsrecht zum Entwurf eines Gesetzes zur Ergänzung des internationalen Privatrechts, GRUR Int. 1985, 104; *Beining,* Der Schutz ausübender Künstler im internationalen und supranationalen Recht, Baden-Baden 2000; *Berger,* Die internationale Zuständigkeit bei Urheberrechtsverletzungen in Internet-Websites aufgrund des Gerichtsstands der unerlaubten Handlung nach Art. 5 Nr. 3 EuGVO, GRUR Int. 2005, 465; *Bollacher,* Internationales Privatrecht, Urheberrecht und Internet, Frankfurt 2005; *Bornkamm,* Grenzüberschreitende Unterlassungsklagen im Urheberrecht?, in: J. Schwarze (Hrsg.), Rechtsschutz gegen Urheberrechtsverletzungen und Wettbewerbsverstöße in grenzüberschreitenden Medien, Baden-Baden 2008, 127 (zit. *Bornkamm* in J. Schwarze); *Braun, A.,* Die internationale Coproduktion von Filmen im Internationalen Privatrecht, München 1996; *Braun, T.,* Joseph Beuys und das deutsche Folgerecht bei ausländischen Kunstauktionen, IPRax 1995, 227; *Gräfin von Brühl* Auslandsverlagerung und Käuferumlage: Wie der Kunsthandel die deutsche Folgerechtsabgabe vermeidet, GRUR 2009, 1117; *Buchner,* Rom II und das Internationale Immaterialgüter- und Wettbewerbsrecht, GRUR Int. 2005, 1004; *Bukow,* Verletzungsklagen aus gewerblichen Schutzrechten, Hamburg 2003; *Castendyk,* Rechtswahl bei Filmlizenzverträgen, ZUM 1999, 934; *Cigoj,* Internationalprivatrechtliche Aspekte der Urheberrechte, in: Heinrich/Hoffmann (Hrsg.), Festschrift für Karl Firsching zum 70. Geburtstag, München 1985, 53 (zit. *Cigoj* FS Firsching); *CLIP,* Comments on the European Commission's Proposal for a Regulation on the Law Applicable to Contractual Obligations („Rome I") of 15 December 2005 and the European Parliament Committee on Legal Affairs' Draft Report on the Proposal of 22 August 2006, IIC 2007, 471; *CLIP,* Intellectual Property and the Reform of Private International Law – Sparks from a difficult Relatioship, IPRax 2007, 284; *Danckwerts,* Örtliche Zuständigkeit bei Urheber-, Marken- und Wettbewerbsverletzungen im Internet – Wider einen ausufernden „fliegenden Gerichtsstand" der bestimmungsgemäßen Verbreitung, GRUR 2007, 104; *Dieselhorst,* Anwendbares Recht bei Internationalen Online-Diensten, ZUM 1998, 293; *Dietrich,* Was wird aus dem urheberrechtlichen Verbreitungsrecht?, UFITA 2011, 478; *Dietz,* Urheberrecht und Satellitensendungen, UFITA 108 (1988) 73; *Dinwoodie,* Developing a Private International Intellectual Property Law: The Demise of Territoriality?, William & Mary Law Review 2009 (Band 51) S. 711; *Dinwoodie/Dreyfuss/Kur,* The Law Applicable to Secondary Liability in Intellectual Property Cases, New York University Journal of International Law and Politics 2009 (Band 42), S. 201; *Dreier,* Die Umsetzung der Richtlinie zum Satellitenrundfunk und zur Kabelweiterleitung, ZUM 1995, 458; *Drexl,* Europarecht und

UrhG Vor §§ 120ff. Vorbemerkung

Urheberkollisionsrecht, FS Dietz, 461; *Drexl,* Lex americana antepatas – zur extraterritorialen Anwendung nationalen Urheberrechts, FS Nordemann 2004, 429; *Dreyfuss/Ginsburg,* Draft Convention on Jurisdiction and Recognition of Judgmentsin Intellectual Property Matters, Chicago-Kent Law Review 2002 (Band 77) 1065; *Drobnig,* Originärer Erwerb und Übertragung von Immaterialgüterrechten im Kollisionsrecht, RabelsZ 40 (1976) 195; *Evert,* Anwendbares Urheberrecht im Internet, Hamburg 2005; *Fawcett/Torremans,* Intellectual Property and Private International Law, Second edition, Oxford 2011; *Ferrari/Leible* (Hrsg.), Ein neues Internationales Vertragsrecht für Europa – Der Vorschlag für eine Rom I-Verordnung, Jena 2007; *Ferrari/Kieninger/Mankowski/Otte/Saenger/Schulze/Staudinger,* Internationales Vertragsrecht, 2. Auflage, 2012; *Frohlich,* Copyright Infringement in the Internet Age-Primetime for Harmonized Conflict-of-Laws Rules?, Berkeley Technology Law Journal 2009 (Band 24) S. 851; *Geller,* Internationales Immaterialgüterrecht, Kollisionsrecht und gerichtliche Sanktionen im Internet, GRUR Int. 2000, 659; *Gesmann-Nuissl/Wünsche,* Neue Ansätze zur Bekämpfung der Internetpiraterie – ein Blick über die Grenzen, GRUR Int. 2012, 225; *Ginsburg,* Die Rolle des nationalen Urheberrechts im Zeitalter der internationalen Urheberrechtsnormen, GRUR Int. 2000, 97; *Goldmann/Möller,* Anbieten und Verbreiten von Werken der angewandten Kunst nach der „Le-Corbusier-Möbel"-Entscheidung des EuGH – Ist die „Wagenfeld-Leuchte" erloschen?, GRUR 2009, 551; *Goldstein/Hugenholtz,* International copyright: principles, law and practise, 2. Auflage, Oxford 2010; *Gottschalk/Michaels/Ruhl/von Hein,* Conflict of Laws in a Globalized World, Cambridge 2007; *Grabinski,* Zur Bedeutung des Europäischen Gerichtsstands- und Vollstreckungsübereinkommens (Brüsseler Übereinkommens) und des Lugano-Übereinkommens in Rechtsstreitigkeiten über Patentverletzungen, GRUR Int. 2001, 199; *Grosheide,* Durchsetzung von Urheberrechten im Wege einstweiliger Maßnahmen, GRUR Int. 2000, 310; *Hamburg Group for Private International Law,* Comments on the European Commission's draft proposal for a council regulation on the law applicable on non-contractual obligations, RabelsZ 67 (2003) 1, 21; *Handig,* Urheberrechtliche Aspekte bei der Lizenzierung von Radioprogrammen im Internet, GRUR Int. 2007, 206; *Handig,* Was erfordert „die Einheit und die Kohärenz des Unionsrechts"? – das urheberrechtliche Nachspiel der EuGH-Entscheidung Football Association Premier League, GRUR Int. 2012, 9; *Hausmann,* Möglichkeiten und Grenzen der Rechtswahl in internationalen Urheberrechtsverträgen, in Rehbinder (Hrsg.), Beiträge zum Film und Medienrecht, Festschrift für Wolf Schwarz zum 70. Geburtstag, Baden-Baden 1988, 47 (zit. *Hausmann* FS Schwarz); *Heiderhoff,* Eine europäische Kollisionsregel für Pressedelikte, EuZW 2007, 428; *Heinze,* Surf global, sue local! Der europäische Klägergerichtsstand bei Persönlichkeitsrechtsverletzungen im Internet, EuZW 2011, 947; *Heinze/Roffael,* Internationale Zuständigkeit für Entscheidungen über die Gültigkeit ausländischer Immaterialgüterrechte, GRUR Int. 2006, 787; *Hess,* Übersetzungserfordernisse im europäischen Zivilverfahrensrecht, IPRax 2008, 400; *Hess,* Das Google Book Search Settlement – Gefahr einer weltweiten Amerikanisierung und Monopolisierung des Urheberrechts?, in: Reuß/Rieble Autorschaft als Werkherrschaft in digitaler Zeit, 2009, S. 67; *Hilty/Peukert,* „Equitable Remuneration" in Copyright Law: The Amended German Copyright Act as a Trap for the Entertainment Industry in the U. S., Cardozo Arts & Entertainment Law Journal 2004 (Band 22) 401; *Hoeren,* Vorschlag für eine EU-Richtlinie über E-Commerce – Eine erste kritische Analyse, MMR 1999, 192; *Hohloch,* Anknüpfungsregeln des Internationalen Privatrechts bei grenzüberschreitenden Medien, in: J. Schwarze (Hrsg.), Rechtsschutz gegen Urheberrechtsverletzungen und Wettbewerbsverstöße bei grenzüberschreitenden Medien, Baden-Baden 2000, 93 (zit. *Hohloch* in J. Schwarze); *Hohloch,* EG-Direktsatellitenrichtlinie versus Bogsch-Theorie – Anmerkungen zum Kollisionsrecht des Senderechts, IPRax 1994, 387; *Huber/Bach,* Die Rom II-VO, Kommissionsentwurf und aktuelle Entwicklungen, IPRax 2005, 73; *Hye-Intveen,* Internationales Urheberrecht und Internet, Baden-Baden 1999; *Jayme/Kohler,* Europäisches Kollisionsrecht 2006: Eurozentrismus ohne Kodifikationsidee?, IPRax 2006, 537; *Junker,* Anwendbares Recht und internationale Zuständigkeit bei Urheberrechtsverletzungen im Internet, Diss., Kassel 2002; *Katzenberger,* Vergütung der Sendeunternehmen für Privatkopien ihrer Livesendungen aus der Sicht der europäischen Urheberrechtsrichtlinien, GRUR Int. 2006, 190; *Katzenberger,* Urheberrechtsverträge in Internationalen Privatrecht und Konventionsrecht, FS Schricker 1995, 225; *Katzenberger,* Neues zum Folgerecht bei Auslandsbezug, FS Schricker 2005, 377; *Katzenberger,* Deutsches Folgerecht und ausländische Kunstauktionen, GRUR Int. 1992, 567; *Klass,* Das Urheberkollisionsrecht der ersten Inhaberschaft – Plädoyer für einen universalen Ansatz, GRUR Int. 2007, 373; *Klett/Flechsig,* Europäischer Leistungsschutz in den Grenzen des Binnenmarktes – zur Schutzdauer der Rechte des Tonträgerherstellers im Lichte der Richtlinie 2006/116/EG GRUR Int. 2009, 895; *Klopschinski,* Völkerrechtliche Staatenverantwortlichkeit und Rechte des geistigen Eigentums, GRUR Int. 2010, 930; *Knudsen,* Marken-, Patent- und Urheberrechtsverletzungen im europäischen internationalen Zivilprozessrecht, Tübingen 2005; *Koch,* Internationale Gerichtszuständigkeit und Internet, CR 1999, 121; *Köster,* Urheberkollisionsrecht im Internet, in: Götting (Hrsg.) Multimedia, Internet und Urheberrecht, Dresden 1998, 153; *Koos,* Objektive Kriterien zur Feststellung des anwendbaren Rechts im Internationalen Wettbewerbs- und Immaterialgüterrecht, IPRax 2007, 414; *Koumantos,* Les aspects de droit international privé, in: ALAI (Hrsg.), Copyright in Cyberspace/Le droit d'auteur en cyberspace (Study Days Amsterdam 4–8 June 1996), Amsterdam 1997, 257 (zit. *Koumantos* in: ALAI); *Krause,* Rechteerwerb und Rechteinhaberschaft im digitalen Zeitalter ZUM 2011, 21; *Kropholler,* Internationales Privatrecht einschließ-

Vorbemerkung   **Vor §§ 120ff. UrhG**

lich der Grundbegriffe des Internationalen Zivilverfahrensrechts, 6. Aufl., Tübingen 2006; *Kropholler*, Europäisches Zivilprozeßrecht, Kommentar zur EuGVO, Lugano-Übereinkommen und Europäischem Vollstreckungstitel, 8. Aufl., Frankfurt a. M. 2005; *Kubis,* Internationale Zuständigkeit bei Persönlichkeitsrechts- und Immaterialgüterrechtsverletzungen, Bielefeld 1999; *Kubis,* Das revidierte Lugano-Übereinkommen über die gerichtliche Zuständigkeit und die Vollstreckung gerichtlicher Entscheidungen in Zivil- und Handelssachen, Mitt 2010, 151; *Kur,* Jurisdiction and Choice of Law in Intellectual Property Matters – Perspectives for the Future – Tagungsbericht, GRUR Int. 2004, 306; *Kurtz,* Grenzüberschreitender einstweiliger Rechtsschutz im Immaterialgüterrecht, 2004; *Lehr* Internationale medienrechtliche Konflikte und Verfahren, NJW 2012, 705; *Leible,* Internationales Vertragsrecht, die Arbeiten an einer Rom I-Verordnung und der Europäische Vertragsgerichtsstand, IPRax 2006, 365; *Leible/Lehmann,* Die neue EG-Verordnung über das auf außervertragliche Schuldverhältnisse anzuwendende Recht („Rom II"), RIW 2007, 721; *Leventer,* Google Book Search und vergleichendes Urheberrecht, Baden-Baden, 2012; *v. Lewinski,* Die Multimedia-Richtlinie, MMR 1998, 115; *Loewenheim,* Rechtswahl bei Filmlizenzverträgen, ZUM 1999, 923; *Lucke,* Die Google Buchsuche nach deutschem Urheberrecht und US-amerikanischem Copyright Law, Frankfurt 2010; *Luginbühl/Wollgast,* Das neue Haager Übereinkommen über Gerichtsstandsvereinbarungen: Aussichten für das geistige Eigentum, GRUR Int. 2006, 208; *Lundstedt,* Gerichtliche Zuständigkeit und Territorialitätsprinzip im Immaterialgüterrecht – Geht der Pendelschlag zu weit?, GRUR Int. 2001, 103; *Mäger,* Der Schutz des Urhebers im internationalen Vertragsrecht, Berlin 1995; *Mankowski,* Der Vorschlag für die Rom I-Verordnung: IPRax 2006, 101; *Matulionytė,* Law Applicable to Copyright: A Comparison to the Ali and Clip Proposals, Northampton, USA, 2011; *Metzger,* Europäisches Urheberrecht ohne Droit moral? – Status quo und Perspektiven einer Harmonisierung des Urheberpersönlichkeitsrechts, FS Schricker 2005, 455; *Metzger/Basedow/Kono,* Intellectual Property in the Global Arena, Tübingen, 2010; *Meyer,* Miturheberschaft bei freier Software: Nach deutschem und amerikanischem Sach- und Kollisionsrecht, Baden-Baden 2011; *Moore/Parisi,* Rethinking Forum Shopping in Cyberspace, Chicago Kent Law Review 2002, 1325; *Muth,* Die Bestimmung des anwendbaren Rechts bei urheberrechtsverletzungen im Internet, Frankfurt 2008; *Neuhaus,* Freiheit und Gleichheit im internationalen Immaterialgüterrecht, RabelsZ 40 (1976) 191; *Neumaier,* Grenzüberschreitender Rundfunk im internationalen Urheberrecht, Baden-Baden 2003; *W. Nordemann/J. B. Nordemann,* Die US-Doktin des „work made for hire" im neuen deutschen Urhebervertragsrecht – ein Beitrag insbesondere zum Umfang der Rechtseinräumung für Deutschland, FS Schricker 2005; *Obergfell,* Das Schutzlandprinzip und „Rom II", IPRax 2005, 9; *Oppermann,* Die kollisionsrechtliche Anknüpfung internationaler Urheberrechtsverletzungen, Baden-Baden, 2011; *Peinze,* Internationales Urheberrecht in Deutschland und England, Tübingen 2002; *Petkova,* Potential Impact of the Draft Hague Convention on International Jurisdiction and Foreign Judgments in Civil and Commercial Matters on Internet-Related Disputes with Particular Reference to Copyright, IPQ 2004, 173; *Pfefferle,* Das deutsche Folgerecht in Fällen mit Auslandsberührung, GRUR 1996, 338; *Pierson/Ahrens/Fischer,* Recht des geistigen Eigentums, München 2007; *Plenter,* Internetspezifische Urheberrechtsverletzungen – eine kollisionsrechtliche Herausforderung an Europa?, Münster 2004; *Reber,* Die internationale gerichtliche Zuständigkeit bei grenzüberschreitenden Urheberrechtsverletzungen, Ein internationaler Überblick, ZUM 2005, 194; *Sack,* Das internationale Wettbewerbs- und Immaterialgüterrecht nach der EGBGB-Novelle, WRP 2000, 269; *Schack,* Zur Anknüpfung des Urheberrechts im internationalen Privatrecht, Berlin 1979 (zit. Schack Anknüpfung); *Schack,* Urheberrechtsverletzung im internationalen Privatrecht – Aus der Sicht des Kollisionsrechts, GRUR Int. 1985, 523; *Schack,* Die grenzüberschreitende Verletzung allgemeiner und Urheberpersönlichkeitsrechte, UFITA 108 (1988) 51; *Schack,* Der Vergütungsanspruch der in- und ausländischen Filmhersteller aus § 54 UrhG, ZUM 1989, 267; *Schack,* Zur Qualifikation des Anspruchs auf Rechnungslegung im internationalen Urheberrecht, IPRax 1991, 347; *Schack,* Neue Techniken und Geistiges Eigentum, JZ 1998, 753; *Schack,* Internationale Urheber- Markenund Wettbewerbsverletzungen im Internet – Internationales Privatrecht, MMR 2000, 59; *Schack,* Internationale Urheber- Marken- und Wettbewerbsverletzungen im Internet – Internationales Zivilprozessrecht, MMR 2000, 135; *Schack,* Zum auf grenzüberschreitende Sendevorgänge anwendbaren Urheberrecht – zu OLG Saarbrücken – 1 U 872/99 –, IPrax 2003, 141; *Schack,* Internationales Zivilverfahrensrecht, 5. Auflage, München, 2010; *Schmidt* Auf dem Weg zur vollen Anerkennung immaterieller Vermögenswerte als Kreditsicherheit?, WM 2012, 721; *Scholz,* Die Verletzung des Urheberpersönlichkeitsrechts (Droit moral) im französischen und deutschen internationalen Privatrecht, Berlin 1998; *Schønning,* Anwendbares Recht bei grenzüberschreitenden Direktübertragungen, ZUM 1997, 34; *G. Schulze,* Rechtsfragen von Printmedien im Internet, ZUM 2000, 432; *G. Schulze* Die Gebrauchsüberlassung von Möbelimitaten – Besprechung zu BGH „Le-Corbusier-Möbel II", GRUR 2009, 812; *Siehr,* Das Urheberrecht in neueren IPR-Kodifikationen, UFITA 108 (1988) 9; *Siehr,* Das urheberrechtliche Folgerecht inländischer Künstler nach Versteigerung ihrer Werke im Ausland, IPRax 1992, 29; *Siehr,* Joseph Beuys und das Internationale Folgerecht: Eine Zwischenbilanz, IPRax 1992, 219; *Skrzipek,* Urheberpersönlichkeitsrecht und Vorfrage, Baden-Baden, 2005; *Solley,* The Problem and the Solution: Using the Internet to Resolve Internet Copyright Disputes, Georgia State University Law Review 2008 (Band 24) S. 813; *Spindler,* Die kollisionsrechtliche Behandlung von Urheberrechtsverletzungen im Internet, IPRax 2003, 412; *Spindler/Leistner,* Die Verant-

UrhG Vor §§ 120ff.

Vorbemerkung

wortlichkeit für Urheberrechtsverletzungen im Internet – Neue Entwicklungen in Deutschland und in den USA, GRUR Int. 2005, 773; *Spindler/Schuster,* Recht der elektronischen Medien, München, 2. Auflage, 2011; *Spoendlin,* Der internationale Schutz des Urhebers, UFITA 107 (1988) 11; *Stieß,* Anknüpfungen im internationalen Urheberrecht unter Berücksichtigung der neuen Informationstechnologien, Frankfurt, 2005; *Straus,* Die international-privatrechtliche Beurteilung von Arbeitnehmererfindungen im europäischen Patentrecht, GRUR Int 1984, 1; *Strömholm,* Alte Fragen in neuer Gestalt – das internationale Urheberrecht im IT-Zeitalter, FS Dietz 533; *Strömholm,* Copyrights and the Conflict of Laws, Köln, 2010; *Sujecki,* Torpedoklagen im europäischen Binnenmarkt, GRUR Int. 2012, 18; *Sujecki,* Internationales Privatrecht und Cloud Computing aus europäischer Perspektive, K & R 2012, 312; *Svantesson,* Private International Law And The Internet, The Hague, 2007; *Thum,* Internationalprivatrechtliche Aspekte der Verwertung urheberrechtlich geschützter Werke im Internet, GRUR Int. 2001, 9; *Trautmann,* Europäisches Kollisionsrecht und ausländisches Recht im nationalen Zivilverfahren, Tübingen, 2011; *Ulmer,* Die Immaterialgüterrechte im internationalen Privatrecht, Köln u. a. 1975 (zit: *Ulmer* Immaterialgüterrechte); *Ulmer,* Gewerbliche Schutzrechte und Urheberrechte im internationalen Privatrecht, RabelsZ 41 (1977) 479; *v. Ungern-Sternberg,* Das anwendbare Urheberrecht bei grenzüberschreitenden Rundfunksendungen, in: J. Schwarze (Hrsg.), Rechtsschutz gegen Urheberrechtsverletzungen und Wettbewerbsverstöße in grenzüberschreitenden Medien, Baden-Baden 2000 (zit. *v. Ungern-Sternberg* in J. Schwarze); *van Eechoud,* Choice of Law in Copyright and Related Rights: Alternatives to the Lex Protectionis, The Hague, 2003; *Wagner,* Der Regierungsentwurf eines Gesetzes zum Internationalen Privatrecht für außervertragliche Schuldverhältnisse und für Sachen, IPrax 1998, 429; *Wagner,* Internationales Deliktsrecht, die Arbeiten an der Rom II-Verordnung und der Europäisches Deliktsgerichtsstand, IPRax 2006, 372; *Wagner/Janzen,* Das Lugano-Übereinkommen vom 30.10.2007, IPRax 2010, 298: *Wandtke/Neu,* Die Bedeutung des § 32b UrhG in Bezug auf die Vereinigten Staaten von Amerika, GRUR Int. 2011, 693; *v. Welser,* Wettbewerbs- und urheberrechtliche Probleme bei Online-Auktionen, ZUM 2000, 472; *v. Welser,* Neue Eingriffsnormen im internationalen Urhebervertragsrecht, IPRax 2002, 264; *v. Welser,* Zum Urheberkollisionsrecht bei grenzüberschreitenden Sendungen, IPRax 2003, 440; *v. Welser,* Anmerkung zur Lucasfilm-Entscheidung des UK Supreme Court, GRUR Int. 2011, 1103; *Wille,* Die Verfügung im internationalen Urheberrecht, Sinzheim 1997; *Zimmer,* Urheberrechtliche Verpflichtungen und Verfügungen im Internationalen Privatrecht, Baden-Baden, 2006; *v. Zimmermann,* Recording-Software für Internetradios MMR 2007, 553; *Zöller,* ZPO-Kommentar, 29. Auflage, Köln 2012; *Zweigert/Puttfarken,* Zum Kollisionsrecht der Leistungsschutzrechte, GRUR Int. 1973, 573; s. auch Literaturangaben zu § 32b.

Literatur zum Europarecht: *Anderman,* Does the Microsoft Case offer a New Paradigm for the 'Exceptional Circumstances' Test and Compulsory Copyright Licenses under EC Competition Law?, Competition Law Review, 2004 (Bd. 1) 7; *Anderman,* EC Competition Law and Intellectual Property Rights, Oxford 1998; *Asmus,* Die Harmonisierung des Urheberpersönlichkeitsrechts in Europa, Baden-Baden, 2004; *Bartosch,* Der Zugang zu einer wesentlichen Einrichtung, RIW 2005, 241; *Baudenbacher,* Erschöpfung der Immaterialgüterrechte in der EFTA und die Rechtslage in der EU, GRUR Int. 2000, 584; *Bechtholt,* Anmerkung zur Magill-Entscheidung, EuZW 1995, 345; *Bechtold/Bosch/Brinker/Hirsbrunner,* EG-Kartellrecht, Kommentar, München 2005; *Berger,* Aktuelle Entwicklungen im Urheberrecht – Die EuGH bestimmt die Richtung ZUM 2012, 353: *Block,* Die Lizenzierung von Urheberrechten für die Herstellung und den Vertrieb von Tonträgern im Europäischen Binnenmarkt, Baden-Baden, 1997; *Bornkamm,* Der Schutz vertraulicher Informationen im Gesetz zur Durchsetzung von Rechten des geistigen Eigentums – In-Camera-Verfahren in Zivilprozess, FS Ullmann 893; *Braun,* Das Diskriminierungsverbot des Art. 7 Abs. 1 EWGV und das internationale Urheber- und Leistungsschutzrecht, IPRax 1994, 263; *Britz,* Verfassungsrechtliche Effektuierung des Vorabentscheidungsverfahrens, NJW 2012, 1313; *de Bronett,* Der Missbrauch der marktbeherrschenden Stellung, in Wiedemann, Handbuch des Kartellrechts, 2. Auflage, München 2008; *Christmann,* Murphy: Zwischen Revolution und Einzelfallentscheidung, ZUM 2012, 187; *Cohen Jehoram/Mortelmans,* Zur Magillentscheidung des Europäischen Gerichtshofes, GRUR Int. 1997, 11; *Conde Gallego,* Die Anwendung des kartellrechtlichen Missbrauchsverbots auf „unerlässliche" Immaterialgüterrechte im Lichte der IMS Health- und Standard-Spundfass-Urteile, GRUR Int. 2006, 16; *Czychowski,* Auskunftsansprüche gegenüber Internetzugangsprovidern „vor" dem 2. Korb und „nach" der Enforcement-Richtlinie der EU, MMR 2004, 514; *Deringer,* Wandlungen des Urheberrechts unter dem Einfluss des Europäischen Gemeinschaftsrechts, NJW 1985, 513; *Dreier,* Internationales Urheberrecht als Grundlage und Bestandteil des Gemeinschaftsrechts, in: Riesenhuber (Hrsg.), Systembildung in Europäischen Urheberrecht INTER-GU-Tagung 2006, Berlin 2007, 39; *Dreier/Hugenholtz,* Concise European Copyright Law, The Hague 2006; *Ebenroth/Bohne,* Gewerbliche Schutzrechte und Art. 86 EG-Vertrag nach der Magill-Entscheidung, EWS 1995, 397; *Eichelberger,* Grenzbeschlagnahme nach der VO (EG) 1383/2003, Nichterhebungsverfahren nach Art. 84 VO (EWG) 2913/92 (Zollkodex) und die Verletzung von Rechten geistigen Eigentums, WRP 2012, 285; *Eichelberger,* Das urheberrechtliche Verbreitungsrecht (§ 17 Abs. 1 UrhG) nach den Entscheidungen EuGH – Peek&Cloppenburg/Cassina und BGH – Le Corbusier-Möbel II, ZGE 2011, 409;

Vorbemerkung   **Vor §§ 120ff. UrhG**

Eilmansberger, Abschlusszwang und Essential Facility Doktrin nach Art. 82 EG, EWS 2003, 12; *v. Einem,* Grenzüberschreitende Lizenzierung von Musikwerken in Europa – Auswirkungen der Empfehlung der EU-Kommission zur Rechtewahrnehmung auf das System der Gegenseitigkeitsverträge, MMR 2006, 647; *Eisenkolb,* Die Enforcement-Richtlinie und ihre Wirkung – Ist die Enforcement-Richtlinie mit Ablauf der Umsetzungsfrist unmittelbar wirksam?, GRUR 2007, 387; *Ellins,* Copyright Law, Urheberrecht und die Harmonisierung in der Europäischen Gemeinschaft, Berlin 1997; *Enchelmaier,* The Inexhaustible Question – Free Movement of Goods and Intellectual Property in the European Court of Justice's Case Law, 2002–2006, IIC 2007, 453; *Enßlin,* Die Rechtssache BSkyB vor dem EuGH: Fällt das Territorialitätsprinzip?, ZUM 2011, 714; *Enzinger,* Der europäische Rechtsrahmen für kollektive Rechtewahrnehmung GRUR Int 2006, 985; *Fine,* NDC/IMS: A Logical Application of the Essential Facilities Doctrine, European Competition Law Review 2002, 457; *Fikentscher,* Urheberwertungsrecht und Kartellrecht, FS Schricker 1995, 149; *Flechsig,* Grundlagen des Europäischen Urheberrechts, ZUM 2002, 1; *F.B. Flechsig,* Harmonisierung der Schutzdauer für musikalische Kompositionen mit Text, ZUM 2012, 227; *Frey/Rudolph,* EU-Richtlinie zur Durchsetzung der Rechte geistigen Eigentums, ZUM 2004, 522; *Gamerith,* Gedanken zur Harmonisierung des Folgerechts in der EG, in Tades u. a. (Hrsg.), Ein Leben für Rechtskultur, Festschrift für Robert Dittrich zum 75. Geburtstag, Wien 2000, 71 (zit. *Gamerith* FS Dittrich); *Garnett/James/Davies,* Copinger and Skone James on Copyright, 15. Aufl., London 2006; *Gaster,* Harmonisierung des Folgerechts? in Tades u. a. (Hrsg.), Ein Leben für Rechtskultur, Festschrift für Robert Dittrich zum 75. Geburtstag, Wien 2000, 91 (zit. *Gaster* FS Dittrich); *Gaster,* Anmerkungen zum Arbeitsdokument der Kommissionsdienststellen über die Folgen des Phil-Collins-Urteils des EuGH für den Bereich des Urheberrechts und der Leistungsschutzrechte, ZUM 1996, 261; *Gaster,* Die Erschöpfungsproblematik aus Sicht des Gemeinschaftsrechts, GRUR Int. 2000, 571; *Gaster,* Das Gutachten des EuGH zum Entwurf eines Übereinkommens zur Schaffung eines Europäischen Patentgerichts, EuZW 2011, 394; *Geiger,* „Constitutionalising" Intellectual Property Law? The Influence of Fundamental Rights on Intellectual Property in the European Union, IIC 2006, 371; *Gerlach,* Brüsseler Spitzen? Zur „Empfehlung der EU-Kommission zur grenzüberschreitenden Lizenzierung von Online-Musik", in: Geiss/Gerstenmaier/Winkler (Hrsg.), Festschrift für Mailänder zum 70. Geburtstag, Berlin 2006, S. 523; *Gerlach,* Verwertungsgesellschaften und europäischer Wettbewerb, in Tades u. a. (Hrsg.), Ein Leben für Rechtskultur, Festschrift für Robert Dittrich zum 75. Geburtstag, Wien 2000, 119 (zit. *Gerlach* FS Dittrich); *Götting,* Anmerkung zu EuGH JZ 1996, 304, JZ 1996, 307; *Groh/Wündisch,* Die Europäische Gemeinschaft und TRIPS: Hermès, Dior und die Folgen, GRUR Int. 2001, 497; *Gundel,* Die Europäische Gemeinschaft im Geflecht des internationalen Systems zum Schutz des geistigen Eigentums, ZUM 2007, 603; *Haedicke,* Informationsbefugnisse des Schutzrechtsinhabers im Spiegel der EG-Richtlinie zur Durchsetzung der Rechte des Geistigen Eigentums, FS Schricker 2005, 19; *Hatje/Kindt,* Der Vertrag von Lissabon – Europa endlich in guter Verfassung?, NJW 2008, 1761; *Heermann/Hirsch,* Münchener Kommentar zum Lauterkeitsrecht, Band 1: Grundlagen des Wettbewerbsrechts, Internationales Wettbewerbs- und Wettbewerbsverfahrensrecht, Europäisches Gemeinschaftsrecht – Grundlagen und sekundärrechtliche Maßnahmen, §§ 1–4 UWG, München 2006 (zit. MünchKomm/*Bearbeiter* Lauterkeitsrecht); *Heermann,* Territorial begrenzte Lizenzierung von Fernsehrechten im Lichte der Dienstleistungs- und Wettbewerbsfreiheit, WRP 2012, 371; *Heermann,* Praktische Konsequenzen aus der FAPL/Karen Murphy-Entscheidung des EuGH für die rechtliche Gestaltung der medialen Vermarktung von Sportveranstaltungen, WRP 2012, 650; *Heinemann,* Gefährdung von Rechten des geistigen Eigentums durch Kartellrecht? – Der Fall „Microsoft" und die Rechtsprechung des EuGH, GRUR 2006, 705; *Heinemann,* Compulsory Licences and Product Integration in European Competition Law – Assessment of the European Commission's Microsoft Decision, IIC 2005, 63; *Heinze/Heinze,* Transit als Markenverletzung – Schlusswort des EuGH in der Entscheidung „Montex/Diesel", GRUR 2007, 745; *Hermann,* Vom misslungenen Versuch der Neufassung der gemeinsamen Handelspolitik durch den Vertrag von Nizza, EuZW 2001, 269; *Hermsen,* Das neue europäische Grenzbeschlagnahmeverfahren, Mitteilungen der deutschen Patentanwälte (Mitt.) 2006, 261; *Hilty/Geiger,* Impulse für eine europäische Harmonisierung des Urheberrechts, Urheberrecht im deutsch-französischen Dialog, MPI Studies on Intellectual Property, Competition and Tax Law, Band 2, Berlin 2007; *Hoeren,* Anmerkung zur IMS-Entscheidung, MMR 2004, 459; *Hirsch/Montag/Säcker,* Münchener Kommentar zum Europäischen und Deutschen Wettbewerbsrecht (Kartellrecht), Band 1: Europäisches Wettbewerbsrecht, München 2007; *Hoeren/Neubauer,* Der EuGH, Netlog und die Haftung für Host-Provider, WRP 2012, 508; *Hoffmeister/Böhm,* Kehren neue Besen gut? – Der Vorschlag der Kommission für eine Verordnung des Rates über das Tätigwerden der Zollbehörden hinsichtlich Waren, bei denen der Verdacht besteht, dass sie bestimmte Rechte am geistigen Eigentum verletzen, und der hinsichtlich Waren, die bestimmte Rechte am geistigen Eigentum verletzen, zu treffenden Maßnahmen, in: Spintig/Ehlers (Hrsg.), Festschrift für Günther Eisenführ, Köln 2003, 161; *Hucke,* Die Umsetzung von Richtlinien auf dem Gebiet des Urheberrechts in Deutschland, in: Riesenhuber (Hrsg.), Systembildung im Europäischen Urheberrecht, INTERGU-Tagung 2006, Berlin 2007, 293; *Ibsch,* Die Übernahme der Essential-Facilities-Doktrin aus dem US-amerikanischen Kartellrecht in das europäische Wettbewerbsrecht, Frankfurt 2007; *Jacobs,* LeCorbusier und kein Ende: Wie weit reicht das Verbreitungsrecht? in: Rother/Bergermann/ Verhauwen (Hrsg.), Festschrift für Peter Mes, München, 2009, S. 175

UrhG Vor §§ 120ff. Vorbemerkung

(zitiert *Jacobs* FS Mes) ; *Karnell,* Wer liebt Phil Collins?, GRUR Int. 1994, 733; *Kampf,* Produktpiraterieverordnung 2003 – Schwerpunkte der Neufassung, ZfZ 2004, 110; *Kaestner,* Missbrauch von Immaterialgüterrechten, München 2005; *Katzenberger,* Die europäische Richtlinie über das Folgerecht, GRUR Int. 2004, 20; *Keeling,* Intellectual Property Rights in EU, Volume I, Free Movement and Competition Law, Oxford 2004; *Korah,* The Interface between Intellectual Property and Antitrust: „The European Experience", Antitrust Law Journal 2002, 801; *Kreibich,* Das TRIPs-Abkommen in der Gemeinschaftsordnung, 2003; *Kübel,* Zwangslizenzen im Immaterialgüter- und Wettbewerbsrecht, Köln u. a. 2004; *Kilian,* Entwicklungsgeschichte und Perspektiven des Rechtsschutzes von Computersoftware in Europa, GRUR Int. 2011, 895; *Kühnen,* Die Besichtigung im Patentrecht – Eine Bestandsaufnahme zwei Jahre nach „Faxkarte", GRUR 2005, 185; *Langen/Bunte,* Kommentar zum deutschen und europäischen Kartellrecht, Band 2: Europäisches Kartellrecht, 10. Aufl., Neuwied 2006; *Leistner,* „Last exit" withdrawal? – Die Zukunft des Europäischen Datenbankschutzes nach der EuGH-Entscheidung in Sachen BHB v. Hill und dem Evaluierungsbericht der Kommission, K&R 2007, 457; *Leistner,* Die „Trojanischen Pferde" der Kommission – Einige Überlegungen zur Entwicklung des allgemeinen Gemeinschaftsprivatrechts vor dem Hintergrund der Harmonisierung des Lauterkeitsrechts und des Rechts des Geistigen Eigentums, FS Schricker 2005, 87; *v. Lewinski,* Copyright within the External Relations of the European Union and the EFTA Countries, EIPR 1994, 429; *Loewenheim,* Der Schutz ausübender Künstler aus anderen Mitgliedstaaten der Europäischen Gemeinschaft im deutschen Urheberrecht, GRUR Int. 1993, 105; *Loewenheim,* Harmonisierung des Urheberrechts in Europa, GRUR Int. 1997, 285; *Loewenheim* Software aus zweiter Hand, in: Schierholz/Melichar, Kunst, Recht und Geld, Festschrift für Gerhard Pfennig zum 65. Geburtstag, München 2012, S. 65; *Loschelder,* Die Enforcement-Richtlinie und das Urheberrecht, in: Jacobs/Papier/Schuster (Hrsg.), Festschrift für Peter Raue zum 65. Geburtstag, Köln 2006, 529 (zit. *Loschelder* FS Raue); *Lubitz,* Lizenzverweigerung und Mißbrauch nach Art. 82 EG, K&R 2004, 469; *Marly* Der Urheberrechtsschutz grafischer Benutzeroberflächen von Computerprogrammen – Zugleich Besprechung der EuGH-Entscheidung „BSA/Kulturministerium", GRUR 2011, 204; *Marly,* Der Schutzgegenstand des urheberrechtlichen Softwareschutzes – Zugleich Besprechung zu EuGH, Urt. v. 2.5. 2012 – C-406/10 – SAS Institute, GRUR 2012, 773; *McGuire,* Beweismittelvorlage und Auskunftsanspruch nach der EG-Richtlinie, GRUR Int. 2005, 15; *Messina,* Article 82 and the New Economy: Need for Modernisation, Competition Law Review 2005 (Band 2) 73; *Mestmäcker,* Schutz der ausübenden Künstler und EWG–Diskriminierungsverbot, GRUR Int. 1993, 532; *Mestmäcker,* Gegenseitigkeitsverträge von Verwertungsgesellschaften im Binnenmarkt, WuW 2004, 754; *Micklitz/Rott,* Die Vergemeinschaftung des EuGVÜ in der Verordnung EG/Nr. 44/2001, EuZW 2001, 325; *Mueller,* Patent misuse through the capture of industry standards, Berkeley Technology Law Journal 2002, 623; *Müßig,* Die Sicherung von Verbreitung und Zugang beim Satellitenrundfunk in Europa, Baden-Baden, 2006; *Nägele/Nitsche,* Gesetzentwurf der Bundesregierung zur Verbesserung der Durchsetzung von Rechten des geistigen Eigentums, WRP 2007, 1047; *Niethammer,* Erschöpfungsgrundsatz und Verbraucherschutz im Urheberrecht, Baden-Baden, 2005; *Nirk/Hülsmann,* Urheberrechtlicher Inlandsschutz auf Grund des gemeinschaftsrechtlichen Diskriminierungsverbotes?, in: Erdmann (Hrsg.), Festschrift für Henning Piper zum 65. Geburtstag, München 1996, 725 (zit. *Nirk/Hülsmann* FS Piper); *Nordemann,* Urhebervertragsrecht und neues Kartellrecht gem. Art. 81 EG und § 1 GWB, GRUR 2007, 203; *Ohly,* Die Europäisierung des Designrechts, ZEuP 2004, 296; *Paal/Hennemann,* Schutz von Urheberrechten im Internet – ACTA, Warnhinweismodell und Europarecht, MMR 2012, 288; *Pache/Schorkopf,* Der Vertrag von Nizza, NJW 2001, 1377; *Pache/Rösch,* Der Vertrag von Lissabon, NVwZ 2008, 473; *Patterson,* Inventions, Industry Standards, and Intellectual Property, Berkeley Technology Law Journal 2002, 1043; *Paulus/Wesche,* Rechtsetzung durch Rechtsprechung fachfremder Gerichte, GRUR 2012, 112; *Pechstein,* EU-/EG-Prozessrecht, 3. Aufl., Tübingen 2007; *Peifer,* Die Inhalte des Urheberrechts: Vermögensrechte und Droit Moral, in: Riesenhuber (Hrsg.), Systembildung im Europäischen Urheberrecht, INTERGU-Tagung 2006, Berlin 2007, 155; *Peifer,* A legal view of selected aspects and the development of Digital Europe GRUR Int 2010, 671; *Peifer,* Territorialität und Dienstleistungsfreiheit: Der Fall „Karen Murphy" vor dem EuGH, GRUR-Prax 2011, 435; *Pfennig,* Die Harmonisierung des Folgerechts in der EU, ZUM 2002, 195; *Posner,* Transaction Costs and Antitrust Concerns in the Licensing of Intellectual Property, John Marshall Review of Intellectual Property Law 2005 (Band 4) 325; *Ranke/Roßnagel,* Dienstleistungsfreiheit, Urheberrecht und Wettbewerbsschutz im Satellitenfernsehen – Auswirkungen des EuGH-Urteils zu territorialen Exklusivitätsvereinbarungen von Lizenzen MMR 2012, 152; *Ratjen/Langer,* Die räumliche Aufspaltung von Filmlizenzen am Beispiel der Vergabe der Medienrechte der Deutschen Fußball Liga, ZUM 2012, 299; *B. Raue,* Die Verdrängung deutscher durch europäische Grundrechte im gewerblichen Rechtsschutz und Urheberrecht, GRUR Int. 2012, 402; *Reinbothe,* Die EG-Richtlinie zum Urheberrecht in der Informationsgesellschaft, GRUR Int. 2001, 733; *Reinbothe,* Hat die Europäische Gemeinschaft dem Urheberrecht gut getan? – Eine Bilanz des europäischen Urheberrechts, FS Schricker 2005, 483; *Reinbothe,* Der acquis communautaire des Europäischen Urheberrechts: Stand und Entwicklung der Rechtsangleichung und Harmonisierungskonzept, in: Riesenhuber (Hrsg.), Systembildung im Europäischen Urheberrecht, INTERGU-Tagung 2006, Berlin 2007, 79; *Reinbothe,* Der acquis communautaire des Europäischen Urheberrechts: Stand und Entwicklung der Rechtsangleichung und Harmoni-

Vorbemerkung   Vor §§ 120ff. UrhG

sierungskonzept, EWS 2007, 193; *Reinbothe,* Die Aussichten für eine EU-Harmonisierung des Rechts der Verwertungsgesellschaften, in: Schierholz/Melichar, Kunst, Recht und Geld, Festschrift für Gerhard Pfennig zum 65. Geburtstag, München, 2012, S. 487; *Renault,* Resale Rights: Toward a European Harmonisation, Entertainment Law Review 2003, 44; *Rhein,* Phil Collins und das Dritte Gesetz zur Änderung des Urheberrechtsgesetzes, in: Erdmann (Hrsg.), Festschrift für Henning Piper zum 65. Geburtstag, München 1996, 755 (zit. *Rhein* FS Piper); *Riesenhuber/v. Vogel,* Europäisches Wahrnehmungsrecht – Zur Mitteilung der Kommission über die Wahrnehmung von Urheberrechten und verwandten Schutzrechten im Binnenmarkt, EuZW 2004, 519; *Riesenhuber,* Die „Öffentlichkeit" der Kabelweitersendung, ZUM 2012, 433; *Roth,* Überwachungs- und Prüfungspflicht von Providern im Lichte der aktuellen EuGH-Rechtsprechung ZUM 2012, 125; *Röttinger,* Vom „Urheberrecht ohne Urheber" zur „Wahrung des Informationszeitalters", Das Urheberrecht in Rechtspolitik und Rechtsetzung der Europäischen Gemeinschaft, in: Tade u. a. (Hrsg.), Ein Leben für Rechtskultur, Festschrift für Robert Dittrich zum 75. Geburtstag, Wien 2000, 269 (zit. *Röttinger* FS Dittrich); *Rosenkranz,* Die völkerrechtskonforme Auslegung des EG-Sekundärrechts dargestellt am Beispiel des Urheberrechts, EuZW 2007, 238; *Sack,* Zur Vereinbarkeit wettbewerbsbeschränkender Abreden in Lizenz- und Know-how-Verträgen mit europäischem und deutschem Kartellrecht, WRP 1999, 592; *Schack,* Anmerkung zur Phil-Collins-Entscheidung, JZ 1994, 144; *Schack,* Europäisches Urheberrecht im Werden, ZEuP 2000, 799; *Schack,* Europäische Urheberrechts-Verordnung: erwünscht oder unvermeidlich?, ZGE 2009, 275, sowie in: Leistner (Hrsg.), Europäische Perspektiven des Geistigen Eigentums, Tübingen 2010, S. 173; *Schima,* Das Vorabentscheidungsverfahren vor dem EuGH, 2. Aufl., München 2005; *Schlosser,* EU-Zivilprozessrecht, 2. Aufl., München 2002; *Schneider-Brodtmann,* Das Folgerecht des bildenden Künstlers im europäischen und internationalen Urheberrecht, Heidelberg 1994; *Schuhmacher,* Marktaufteilung und Urheberrecht im EG-Kartellrecht, GRUR Int. 2004, 487; *Schwarze,* Der Schutz des geistigen Eigentums im europäischen Wettbewerbsrecht, EuZW 2002, 75; *Schultze/Pautke/Wagener,* Die Gruppenfreistellungsverordnung für Technologietransfer-Vereinbarungen. Praxiskommentar, Frankfurt 2005; *Seichter,* Der Auskunftsanspruch nach Art. 8 der Richtlinie zur Durchsetzung der Rechte des geistigen Eigentums, FS Ullmann 983; *Spindler/Apel,* Urheber- versus Kartellrecht – Auf dem Weg in die Zwangslizenz, JZ 2005, 133; *Spindler/Weber,* Die Umsetzung der Enforcement-Richtlinie nach dem Regierungsentwurf für ein Gesetz zur Verbesserung der Durchsetzung von Rechten des geistigen Eigentums, ZUM 2007, 257; *Spindler/Weber,* Der Geheimnisschutz nach Art. 7 der Enforcement-Richtlinie, MMR 2006, 711; *Sterling,* World Copyright Law, 3. Aufl., London 2008; *Stieper,* Das Anti-Counterfeiting Trade Agreement (ACTA) – wo bleibt der Interessenausgleich im Urheberrecht?, GRUR Int. 2011, 124; *Stieper* Import von Nachbildungen geschützter Designermöbel als Verletzung des urheberrechtlichen Verbreitungsrechts, ZGE 2011, 227; *Stimmel,* Die Beurteilung von Lizenzverträgen unter der Rom I-Verordnung GRUR Int 2010, 783; *Stockmann,* Die Verwertungsgesellschaften und das nationale und europäische Kartellrecht, in: *Becker* (Hrsg.), Die Verwertungsgesellschaften im Europäischen Binnenmarkt, Baden-Baden 1990, 25 (zit. *Stockmann* in: J. Becker); *Stothers,* Refusal to Supply as Abuse of a Dominant Position: Essential Facilities in the European Union, European Competition Law Review 2001, 256; *Stothers,* The End of Exclusivity?: Abuse of Intellectual Property Rights in the E. U., EIPR 2002, 86; *Streinz,* Primärrechtliche Grundlagen des Europäischen Urheberrechts, in: Riesenhuber (Hrsg.), Systembildung im Europäischen Urheberrecht, INTERGU-Tagung 2006, Berlin 2007, 11; *Thiele,* Europäisches Prozessrecht, 2007; *Tilmann,* Beweissicherung nach Art. 7 der Richtlinie zur Durchsetzung der Rechte des geistigen Eigentums, GRUR 2005, 737; *Tietje,* Die Außenwirtschaftsverfassung der EU nach dem Vertrag von Lissabon, Halle, 2009; *Tistenjak,* Das Verhältnis zwischen Immaterialgüterrecht und Datenschutzrecht in der Informationsgesellschaft im Lichte der Rechtsprechung des Europäischen Gerichtshofs, GRUR Int. 2012, 393; *Tritton,* Intellectual Property in Europe, 2. Aufl., London 2002; *Turner,* Intellectual Property and EU Competition Law, Oxford 2010; *Ubertazzi,* Intellectual Property Rights and Exclusive (Subject-Matter) Jurisdiction, GRUR Int. 2011, 199; *Ullmann,* Das Europäische Urheberrecht in der deutschen Rechtsprechung, in: Riesenhuber (Hrsg.), Systembildung im Europäischen Urheberrecht, INTERGU-Tagung 2006, Berlin 2007, 301; *von Ungern-Sternberg,* Urheberrechtlicher Werknutzer, Täter und Störer im Lichte des Unionsrechts, GRUR 2012, 576; *van Eechoud/Hugenholtz/van Gompel/Guibault/Helberger,* Harmonizing European Copyright Law, Alphen, Niederlande 2010; *Vedder,* Ende der territorialen Exklusivität – Totengräber EuGH?, ZUM 2012, 190; *Vousden,* Infopaq and the Europeanisation of Copyright Law, WIPO Journal 2010 (Band 1) S. 197; *Walter,* Öffentliche Wiedergabe und Online-Übertragung – Berner Übereinkunft, WIPO-Verträge, künftige Info-RL und deren Umsetzung im österreichischen Recht, in: Tade u. a. (Hrsg.), Ein Leben für Rechtskultur, Festschrift für Robert Dittrich zum 75. Geburtstag, Wien 2000, 263 (zit. *Walter* FS Dittrich); *Walter,* Die Rechtsdurchsetzung, in: Riesenhuber (Hrsg.), Systembildung im Europäischen Urheberrecht, INTERGU-Tagung 2006, Berlin 2007, 243; *Walter,* Zum Vermieten von Werken der angewandten Kunst, Medien und Recht (Wien) 2008, 246, 248; *Walter/von Lewinski,* European Copyright Law, A Commentary, Oxford 2010; *Waldhoff,* Die Rückwirkung von EuGH-Entscheidungen, EuR 2006, 615; *Weber,* Vom Verfassungsvertrag zum Vertrag von Lissabon, EuZW 2008, 7; *Weck,* Schutzrechte und Standards aus Sicht des Kartellrechts, NJOZ 2009, 1177; *v. Welser,* Die Europäische Warenverkehrsfreiheit und ihre Auswirkungen im Immaterialgüterrecht, JA

UrhG Vor §§ 120ff. Vorbemerkung

2002, 889; *v. Welser*, Anmerkung zur IMS-Entscheidung des EuGH, EWS 2004, 314; *v. Welser*, Die neue europäische Produktpiraterieverordnung, EWS 2005, 202; *v. Welser/González*, Marken- und Produktpiraterie, Weinheim 2007; *v. Welser*, Anmerkung zur Cassina-Entscheidung des EuGH, GRUR Int 2008, 596; *Winghardt*, Gemeinschaftsrechtliches Diskriminierungsverbot und Inländerbehandlungsgrundsatz in ihrer Bedeutung für urheberrechtliche Vergütungsansprüche innerhalb der Staaten der Europäischen Union, Berlin 2001; *Wittem Group*, European Copyright Code, EIPR 2011, 76; *Wirtz/Holzhäuser*, Die kartellrechtliche Zwangslizenz, WRP 2004, 683; *Wünschmann*, Clearingstellen für Multimedia-Produkte und europäisches Wettbewerbsrecht, ZUM 2000, 572; *Wünschmann*, Die kollektive Verwertung von Urheber- und Leistungsschutzrechten nach europäischem Wettbewerbsrecht, Baden-Baden, 2000; *Würfel*, Europarechtliche Möglichkeiten einer Gesamtharmonisierung des Urheberrechts, Karlsruhe 2005; *Zeder*, Strafrechtlicher Schutz von Immaterialgüterrechten in der EU in Sicht, ZUM 2011, 300; *Zeidler*, Urhebervertragsrecht und Kartellrecht, Berlin 2007.

Vgl. darüber hinaus die Angaben im eingangs abgedr. Gesamtliteraturverzeichnis.

Übersicht

	Rn.
I. Einleitung	1, 2
II. Kollisionsrecht	3–25
1. Rechtsquellen	3
2. Urheberrechtsstatut	4–14
a) Schutzlandprinzip	4, 5
aa) Geltungsbereich des Schutzlandprinzips nach der Rechtsprechung	4
bb) Territorialitätsprinzip	5
b) Ursprungslandprinzip	6–8
c) Lösungsvorschlag	9–12
aa) Art. 5 Abs. 2 S. 2 RBÜ als beschränkte Verweisung auf das Schutzland	9, 10
bb) Erste Inhaberschaft, Entstehung und Übertragung	11
cc) Inhalt, Schranken und Verletzung	12
d) Qualifikation	13
e) Rechtswahl	14
3. Grenzüberschreitende Sachverhalte	15–20
a) Rundfunksendungen	16–18
aa) Terrestrische Sendungen	17
bb) Satelliten-Sendungen	18
b) Online-Übermittlung	19
c) Folgerecht	20
4. Internationales Urhebervertragsrecht	21–25
a) Rechtsgrundlagen	21
b) Vertragsstatut und Urheberrechtsstatut	22
c) Ermittlung des Vertragsstatuts	23, 24
aa) Rechtswahl	23
bb) Objektive Anknüpfung	24
d) Grenzen des Vertragsstatuts	25
III. Internationales Zivilverfahrensrecht	26–35
1. Rechtsquellen	26, 27
2. EuGVVO	28–30
a) Anwendungsbereich	28
b) Gerichtsstände	29–29 b
aa) Allgemeiner Gerichtsstand	29
bb) Deliktischer Gerichtsstand	29 a
(1) Urheber- und Leistungsschutzrechte	29 b
(2) Persönlichkeitsrechte	29 c
(3) Registerrechte	29 d
bb) Streitgenossenschaft	29 e
c) Gerichtsstandsvereinbarungen	30
3. Staatsverträge	31
4. Autonomes deutsches Verfahrensrecht	32, 33
5. Urheberrechtsverletzungen im Internet	34
6. Anerkennung ausländischer Entscheidungen	35

	Rn.
7. Auslandszustellung	35 a
a) Europäische Zustellungsverordnung	35 b
b) Haager Zustellungsübereinkommen	35 c
8. Auslandsvollstreckung	35 d
IV. Urheberrecht und Europarecht	36–61
1. Anwendungsbereich des AEUV	36
2. Inländerbehandlungsgrundsatz	37–39
a) Phil-Collins-Entscheidung	37
b) Kritik	38
c) Ricordi-Entscheidung	39
3. Unionsweite Erschöpfung des Verbreitungsrechts	40, 41
a) Warenverkehrsfreiheit	40
b) Ausnahmen	41
4. Keine Erschöpfung des Rechts der öffentlichen Wiedergabe	42
5. Urheberrecht und Europäisches Wettbewerbsrecht	43
a) Verbot des Missbrauchs einer marktbeherrschenden Stellung nach Art. 102 AEUV	44
aa) Verweigerung von Lizenzen	44
(1) Magill-Entscheidung	45
(2) IMS-Entscheidung	46
(3) Microsoft-Entscheidung	47
bb) Verwertungsgesellschaften	48
b) Verbot wettbewerbsbeschränkender Abreden nach Art. 101 AEUV	49
aa) Beschränkende Lizenzen	50
bb) Verwertungsgesellschaften	51
6. Rechtsvereinheitlichung in der Europäischen Union	52–58 a
a) Richtlinien	52–54
b) Rechtsgrundlagen	55
c) Richtlinienkonforme Auslegung	56
d) Verordnungen	57
e) Empfehlungen	58
f) Völkerrechtskonforme Auslegung des Unionsrechts	58 a
7. Vorabentscheidungsverfahren vor dem EuGH	59
8. Außenbeziehungen der Europäischen Union im Bereich des Urheberrechts	60
9. Europäischer Wirtschaftsraum	61–64
a) Anwendungsbereich des EWR-Vertrages	61
b) Inländerbehandlungsgrundsatz	62
c) Erschöpfungsgrundsatz	63
d) Übernahme des EU-Rechts	64

I. Einleitung

Die §§ 120–128 regeln den **persönlichen Anwendungsbereich** des Gesetzes. Grds. **1** wird nur deutschen Staatsangehörigen urheberrechtlicher Schutz gewährt. Diesen gleichgestellt sind Deutsche i. S. d. Art. 116 Abs. 1 GG, die nicht die deutsche Staatsangehörigkeit besitzen, sowie Staatsangehörige anderer EU- und EWR-Staaten. Ausländern aus Drittstaaten kommt urheberrechtlicher Schutz nur zu, wenn bestimmte weitere Voraussetzungen erfüllt sind. Diese Benachteiligung dient dazu, andere Staaten zum Beitritt zu internationalen Verträgen zu bewegen und ist verfassungsrechtlich nicht zu beanstanden (BVerfGE 81, 208, 223 ff. – Bob Dylan). Das aus der Benachteiligung resultierende Schutzdefizit wird durch Staatsverträge abgemildert. Das internationale Urheber- und Leistungsschutzrecht wird von den großen Konventionen, insb. der Revidierten Berner Übereinkunft (RBÜ), dem Rom-Abkommen (RA), den WIPO-Verträgen (WCT und WPPT) und dem TRIPs-Übereinkommen beherrscht. Diese Konventionen enthalten den Grundsatz der Inländerbehandlung und ergänzen ihn durch Mindestrechte (§ 121 Rn. 5 ff.).

2 Wesentlich im internationalen Urheberrecht ist die Unterscheidung zwischen **Fremdenrecht** und Kollisionsrecht. Während das Fremdenrecht bestimmt, ob Ausländer im Inland Rechtsschutz genießen, regelt das Kollisionsrecht, welche Rechtsordnung für diesen Schutz maßgeblich ist. Vorrangig ist die Frage nach der kollisionsrechtlichen Anknüpfung. Nur wenn das anwendbare Kollisionsrecht auf das deutsche Fremdenrecht verweist, können die §§ 120–128 angewandt werden. Welches Kollisionsrecht einschlägig ist, richtet sich wiederum nach dem internationalen Zivilprozessrecht, da Gerichte generell inländisches Kollisionsrecht anwenden. Demnach ist bei einer Klage eine gedankliche Prüfung in drei Schritten vorzunehmen. Zunächst ist die internationale Zuständigkeit zu klären. Ist ein deutsches Gericht international zuständig, ist deutsches Kollisionsrecht anzuwenden. Verweist dieses auf das deutsche Sachrecht, kommen die fremdenrechtlichen Regelungen der §§ 120–128 zur Anwendung. Unabhängig von dieser gedanklichen Prüfungsreihenfolge steht das internationale Privatrecht im Zentrum und wird hier dementsprechend zuerst behandelt.

II. Kollisionsrecht

1. Rechtsquellen

3 Das Urheberkollisionsrecht ist zum Großteil im europäischen Sekundärrecht, namentlich in der **Rom-I-Verordnung** (EG-Verordnung Nr. 593/2008 des Europäischen Parlaments und des Rates vom 17. Juni 2008 über das auf vertragliche Schuldverhältnisse anzuwendende Recht) und in der **Rom-II-Verordnung** (Verordnung [EG] Nr. 864/2007 des Europäischen Parlaments und des Rates vom 11. Juli 2007 über das auf außervertragliche Schuldverhältnisse anzuwendende Recht) geregelt. Unmittelbar geltendes EU-Kollisionsrecht geht dem autonomen Kollisionsrecht vor, wie Art. 3 Nr. 1 EGBGB klarstellt. Nach **Art. 8 Abs. 1 Rom-II-Verordnung** ist auf außervertragliche Schuldverhältnisse aus einer Verletzung von Rechten des geistigen Eigentums das Recht des Staates anzuwenden, für den der Schutz beansprucht wird (zur Rom-II-Verordnung *Leible/Lehmann* RIW 2007, 721; *Obergfell* IPRax 2005, 9; *Huber/Bach* IPRax 2005, 73, 80). Art. 8 Abs. 1 des Verordnungsvorschlages verwies demgegenüber noch auf das Recht des Staates, „in dem" der Schutz beansprucht wird (KOM/2003/0427 endg. – COD 2003/0168). Die Kommission verstand dies als Verweis auf die lex loci protectionis. Mit der neu formulierten Verweisung auf das Recht des Staates, „für den" der Schutz beansprucht wird, ist keine inhaltliche Änderung beabsichtigt. Erwägungsgrund 26 der Rom-II-Verordnung stellt ausdrücklich klar, dass damit die lex loci protectionis gemeint ist und diese Verweisung auch Urheberrechte erfasst. Entscheidend ist nach der Rechtsprechung das Klagebegehren (vgl. Österreichischer OGH GRUR Int. 2012, 464, 465 – alcom-international.at). Eine Kollisionsnorm, die die Anknüpfung in die Hände einer Partei – nämlich des Klägers bzw. Antragstellers – legt, mag wenig ausgewogen erscheinen. Dass der Kläger bzw. Antragsteller aber willkürlich ein ihm günstiges Recht wählt, wird durch das Territorialitätsprinzip verhindert. Ein inländisches Urheberrecht kann nur durch eine zumindest teilweise im Inland begangene Handlung verletzt werden. Wählt der Kläger mit seinem Klagebegehren eine Rechtsordnung, in der keine Verletzung stattfand, so wird seine Klage keinen Erfolg haben (vgl. BGH GRUR 2007, 691, 692 f. Rn. 31 – Staatsgeschenk). Im autonomen deutschen **internationalen Privatrecht** finden sich hingegen keine kodifizierten Vorschriften über die **Anknüpfung des Urheberrechts**. Die §§ 120–128 enthalten keine kollisionsrechtlichen, sondern nur fremdenrechtliche Vorschriften (Staudinger/*Fezer/Koos* IntWirtschR Rn. 1004; *Schack* Rn. 1013). Auch die am 1.6.1999 in Kraft getretene Kodifikation der außervertraglichen Schuldverhältnisse in den Art. 38–42 EGBGB enthält keine Regelung des Urheberrechts (*Wagner* IPRax 1998, 429, 437; *Hohloch* in: J. Schwarze 93, 105; Palandt/ *Heldrich* Art. 40 EGBGB Rn. 13). Schließlich enthält auch der Vertrag über die Arbeitsweise der Europäischen Union (AEUV) keine kollisionsrechtliche Aussage (vgl. *Drexl* FS Dietz 461, 471 ff.).

2. Urheberrechtsstatut

a) Schutzlandprinzip. aa) Geltungsbereich des Schutzlandprinzips nach der Rechtsprechung. Die Rechtsprechung unterstellt das Urheberrecht insgesamt dem Schutzland **(lex loci protectionis)** – dem Land, für dessen Gebiet Schutz beansprucht wird (BGH WRP 2007, 1219, 1222 Rn. 24 – Wagenfeld-Leuchte; BGH GRUR 2007, 691, 692 – Staatsgeschenk; BGH GRUR 2004, 421, 422 – CD-Export; BGH GRUR 2003, 876, 877 – Sendeformat; BGH ZUM 2003, 955 – Hundertwasserhaus; BGH GRUR 2003, 328, 329 – Sender Felsberg; BGHZ 126, 252, 255 – Joseph Beuys; BGHZ 136, 380 – Spielbankaffaire; OLG Köln GRUR-RR 2012, 104 – Briefe aus Petersburg). Da **Art. 8 Rom-II-Verordnung** nur die Frage der **Verletzung** regelt (MünchKomm/ *Drexl* Internationales Immaterialgüterrecht Rn. 155), begründet die Rechtsprechung die Geltung des Schutzlandprinzips für die sonstigen Fragen (Entstehung, Ersthinhaberschaft etc.) mit dessen angeblicher gewohnheitsrechtlicher Anerkennung (LG München ZUM-RD 2012, 49, 59 – Elvis Presley; LG München Urteil vom 14.5.2012, Az. 21 O 14914/09 – Seekarten). Das Schutzlandrecht bestimmt nach Auffassung der Rechtsprechung sowohl über Entstehen als auch über Inhalt und Bestand des Urheberrechts (OLG Hamburg GRUR 1979, 235, 237 – ARRIVAL; OLG Karlsruhe GRUR 1984, 521, 522 – Atari-Spielcassetten; LG München ZUM-RD 2002, 21, 24). Ebenso wird die erste Inhaberschaft und die Übertragbarkeit des Urheberrechts nach dem Schutzlandrecht beurteilt (BGHZ 136, 380, 387 – Spielbankaffaire; OLG Düsseldorf ZUM-RD 2007, 465, 467 – The three investigators). Gleiches gilt für den Übertragungsakt (BGH GRUR 1988, 296, 298 – GEMA-Vermutung IV; BGH ZUM 2001, 989, 991). Auch in der Literatur wird mehrheitlich das Schutzlandprinzip vertreten (MünchKomm/*Drexl* Internationales Immaterialgüterrecht Rn. 12; *Ulmer* 82 ff.; *v. Bar* Rn. 702; *Strömholm* FS Dietz 533, 535; *Thum* GRUR Int. 2001, 9, 15; *Grosheide* GRUR Int. 2000, 310, 313 f.; *G. Schulze* ZUM 2000, 432, 453 f.; *Lucke* 65). Zur Begründung wird auf den Wortlaut des Art. 5 Abs. 2 S. 2 RBÜ (Revidierte Berner Übereinkunft) verwiesen, nach dem sich der Umfang des Schutzes sowie die dem Urheber zur Wahrung seiner Rechte zustehenden Rechtsbehelfe ausschließlich nach den Rechtsvorschriften des Landes richten, in dem der Schutz beansprucht wird. Die Vorschrift soll nicht auf das Recht des Gerichtsortes **(lex fori),** sondern auf das Recht des Schutzlandes verweisen (*Ulmer,* Immaterialgüterrechte 10; *Siehr* IPRax 1992, 29, 31). Dabei wird die Formulierung „in dem Schutz beansprucht wird" als „für dessen Gebiet Schutz beansprucht wird" gelesen. Dass sich insb. auch die erste Inhaberschaft des Urheberrechts nach der lex loci protectionis bestimmt, wird auch aus Art. 14bis Abs. 2a RBÜ gefolgert, der es der Gesetzgebung des Landes, in dem Schutz beansprucht wird, vorbehält, die Inhaber des Urheberrechts am Filmwerk zu bestimmen (*Ulmer* RabelsZ 41 (1977) 479, 498 ff.). Das Schutzlandprinzip führt dazu, dass auf ausländische Sachverhalte – wie etwa die Einräumung eines Nutzungsrechts – inländisches Recht anzuwenden ist, sobald eine Verletzungshandlung im Inland stattfindet (vgl. *Handig* GRUR Int. 2007, 206, 211; *Cigoj* FS Firsching 53, 63 ff.; *Siehr* IPRax 1992, 219, 221).

bb) Territorialitätsprinzip. Zur Rechtfertigung des Schutzlandprinzips wird häufig das Territorialitätsprinzip herangezogen (*Rehbinder* Rn. 472; *Sack* WRP 2000, 269, 270). Der Begriff Territorialitätsprinzip ist allerdings vieldeutig und verschwommen und kann nur nach seinem jeweiligen Sachzusammenhang interpretiert werden (*Koumantos* in: ALAI, Copyright in Cyberspace 257, 261; *Matulionytė* 13 ff.; *Siehr* IPRax 1992, 29, 31). Im Bereich des Immaterialgüterrechts besagt das Territorialitätsprinzip lediglich, dass die Wirkung der Gesetzgebung eines Staates auf das Territorium dieses Staates begrenzt ist (BGHZ 126, 252, 256 – Joseph Beuys; *Beining* 57; *Katzenberger* GRUR Int. 1992, 567, 570; Spindler/Schuster/*Spindler* § 97 Rn. 12). Das Territorialitätsprinzip geht von einem Bündel nationaler Urheberrechte aus (BVerfGE 81, 208, 223 – Bob Dylan; BGH GRUR 2004, 855, 856 – Hundefigur; BGH GRUR 2005, 48, 49 – Man spricht deutsch; BGH GRUR 2007, 691 – Staatsgeschenk; *Pierson/Ahrens/Fischer* 337; *v. Bar* Rn. 704). *Kegel* hat es deshalb auch als **„Bündeltheorie"** bezeichnet (Soergel/*Kegel* Anh Art. 12 EGBGB Rn. 16; vgl. BGH GRUR 1968, 195 – Voran). Kritisiert wird das Territorialitätsprinzip insb. von den Anhängern des **Universalitätsprinzips,** die das Urheberrecht als einheitliches Recht ansehen und nur die Ausgestaltung den unterschiedlichen nationalen Rechtsordnungen zugestehen (*Schack* Rn. 919 m. w. N.). Die Geltung des Territorialitätsprinzips war in Deutschland nicht seit jeher selbstverständlich. Das Gesetz betreffend das Urheberrecht an Schriftwerken, Abbildungen, musikalischen Kompositionen und dramatischen Werken v. 11.6.1870, welches 1871 als Reichsgesetz übernommen wurde, erstreckte das Verbot des Nachdrucks und der Verbreitung auch auf das Ausland (vgl. RGZ 34, 46, 47f. – Nora). Das Verbot des Nachdrucks im Ausland sollte den Autor im Inland schützen (RGZ 34, 46, 50 – Nora). Auch bei Anerkennung des Territorialitätsprinzips ist die Frage nach dem auf Einzelfragen anwendbaren Recht aber keineswegs geklärt. Eine Entscheidung für die Geltung des Schutzlandprinzips ergibt sich aus dem Territorialitätsprinzip gerade nicht. Aus dem überholten Territorialitätsprinzip lassen sich keine kollisionsrechtlichen Schlüsse ziehen (Reithmann/Martiny/*Obergfell* Rn. 1775; Staudinger/*Fezer/Koos* IntWirtschR Rn. 1007; Zweigert/Puttfarken GRUR Int. 1973, 573, 574; *Wille* 81ff.; *A. Braun* 118ff.; *Intveen* 111f.). In einigen neueren Entscheidungen Hamburger und Berliner Gerichte wird die Auffassung vertreten, Urheberrechtsschutz könne vor einem deutschen Gericht nur für das Gebiet der Bundesrepublik Deutschland verlangt werden; ein weiterer Schutz könne wegen des Territorialitätsprinzips vor einem deutschen Gericht nicht geltend gemacht werden (OLG Hamburg ZUM-RD 2009, 439 – Alphaload; LG Hamburg Urteil vom 3.9.2010, Az. 308 O 27/09 – Youtube; LG Berlin ZUM-RD 2012, 399, 401 – Wikimedia; dagegen *v. Welser* GRUR Int. 2011, 1103). Diese Auffassung ist unrichtig. Bei gegebener internationaler Zuständigkeit können Gerichte auch ausländisches Urheberrecht anwenden (Rn. 26).

6 **b) Ursprungslandprinzip.** Gegen die umfassende Geltung des Schutzlandes wenden sich die Vertreter der Ursprungslandtheorie. Der Idee des geistigen Eigentums widerspräche es, das Urheberrecht insgesamt dem Schutzlandrecht zu unterstellen (*Neuhaus* RabelsZ 40 (1976) 191, 193; *Intveen* 87). Das Schutzlandprinzip begünstige einseitig den Verletzer, der sich mit dem Eingriffsort zugleich das anwendbare Recht aussuchen könne (*Schack* Anknüpfung Nr. 52). Nach vordringender Ansicht in der Literatur soll das Urheberrecht deshalb einheitlich an das Ursprungsland angeknüpft werden (Soergel/*Kegel* Anh. Art. 12 EGBGB Rn. 28). Vorgeschlagen wird, ein einmal im Ursprungsland entstandenes Urheberrecht anzuerkennen und nur Einzelfragen des Schutzes nach dem Schutzlandrecht zu beurteilen (*Neuhaus* RabelsZ 40 (1976) 191, 195; vgl. auch *Siehr* UFITA 108 (1988) 9, 24f.). Bis zur Veröffentlichung sei die Staatsangehörigkeit maßgeblich, danach der Ort der ersten Veröffentlichung (*Schack,* Anknüpfung Nr. 74ff.; *Schack* Rn. 1027ff.). Das so bestimmte Urheberrechtsstatut soll für das Entstehen, die erste Inhaberschaft und die Übertragung bzw. Übertragbarkeit des Urheberrechts maßgeblich sein (*Schack* Rn. 1030ff.) und sowohl für die Verwertungsrechte als auch für das Urheberpersönlichkeitsrecht gelten (*Schack* UFITA 108 (1988) 51, 58ff.). Die lex loci protectionis soll hingegen über Inhalt, Schranken, Schutzdauer und fremdenrechtliche Schutzvoraussetzungen entscheiden. Die **Verletzung** beurteile sich nach dem **Deliktsstatut (lex loci delicti),** dem Recht des **Eingriffsortes.** Die Anhänger der Ursprungslandtheorie verstehen Art. 5 Abs. 2 S. 2 RBÜ im Sinne der lex fori, wobei der „Umfang des Schutzes" zivil- und/oder strafrechtlichen Schutz meine und der Begriff „Rechtsbehelfe" Klage und Strafantrag umschreibe. Die Rechtsbehelfe unterständen naturgemäß der lex fori, so dass Art. 5 Abs. 2 S. 2 RBÜ

Vorbemerkung

nicht auf die lex loci protectionis verweisen könne (*Schack*, Anknüpfung Nr. 31; *Schack* ZUM 1989, 267, 277). Über die Anknüpfung des Urheberrechts treffe die RBÜ keine Aussage.

Diese Auslegung kann sich auf den nach Art. 37 Abs. 1c RBÜ maßgebenden französischen Text des Art. 5 Abs. 2 S. 2 RBÜ stützen. Art. 5 Abs. 2 S. 2 RBÜ unterscheidet zwischen den Rechtsbehelfen (les moyen de recours) und den materiellen Rechten (droits). Auch das britische Court of Appeal versteht Art. 5 Abs. 2 RBÜ als Verweisung auf die lex fori (UK Court of Appeal, GRUR Int. 1999, 787, 790 – Bauzeichnungen II). Für diese Ansicht spricht weiterhin, dass auch andere RBÜ-Verbandsstaaten – wie Frankreich und die USA – die Erstinhaberschaft nach dem Ursprungsland beurteilen (vgl. CA Paris GRUR Int. 1989, 937 – John Huston; US Court of Appeals GRUR Int. 1999, 639 – Itar-Tass). Auch in der deutschen Rechtsprechung gab es einzelne Fälle, in denen das Recht des Ursprungslandes angewendet wurde, um Bestehen und Übertragbarkeit des Urheberrechts zu beurteilen (vgl. OLG München, Schulze OLGZ 8, 7 – Papaveri e Papere; OLG Frankfurt FuR 1984, 263, 264 – Fototapeten). Das Ursprungslandprinzip liegt schließlich auch der **Übereinkunft von Montevideo** v. 11.1.1889 zugrunde, die jedoch für Deutschland nicht mehr anwendbar ist (*Schack* Rn. 1017; Schricker/Loewenheim/*Katzenberger* Vor §§ 120 ff. Rn. 67; Staudinger/*Fezer/Koos* IntWirtschR Rn. 1005).

Noch weiter geht die Forderung, das Schutzland nur über die Schranken des Urheberrechts bestimmen zu lassen (*A. Braun* 180 ff.). Dies ist jedoch unpraktikabel, da Inhalt und Schranken aufeinander abgestimmt sind und deshalb nach demselben Recht beurteilt werden müssen (*Schack* Rn. 1046; Staudinger/*Fezer/Koos* IntWirtschR Rn. 1019). Schließlich wird auch vorgeschlagen, das Urheberrecht insgesamt dem Ursprungsland zu unterstellen (*Intveen* 85 ff.). Dabei werden jedoch die Interessen der Allgemeinheit zu sehr vernachlässigt. Von einem inländischen Nutzer kann nicht gefordert werden, sich bspw. bei der Herstellung einer Privatkopie nach den Schranken der ausländischen Rechtsordnung zu richten. Der Nutzer kennt den maßgeblichen Ort der Veröffentlichung, der über die Zulässigkeit der Nutzung entscheidet, möglicherweise gar nicht. Würde man bei einer **Veröffentlichung im Internet** den Standort des Servers (vgl. *Intveen* 91) darüber entscheiden lassen, welche Schranken der Nutzer zu beachten hat, wäre Rechtsunsicherheit die zwangsläufige Folge. Verschiedene Werke eines Urhebers würden bezüglich der Schranken verschiedenen Rechtsordnungen folgen. Jedes Werk würde seiner eigenen Rechtsordnung unterliegen. Hierdurch wird die Rechtszersplitterung des Territorialitätsprinzips nicht beseitigt, sondern verstärkt.

c) Lösungsvorschlag. aa) Art. 5 Abs. 2 S. 2 RBÜ als beschränkte Verweisung auf das Schutzland. Wird in dem Staat geklagt, in dem die Verletzung stattfand, ergeben sich aus der Unterscheidung von dem Recht des Gerichtsortes (lex fori) und dem Recht des Schutzlandes (lex loci protectionis) keine Folgen. Die lex fori und die lex loci protectionis können jedoch auch auseinanderfallen, da inländische Gerichte auch bei Rechtsverletzungen im Ausland international zuständig sein können (vgl. BGHZ 136, 380 ff. – Spielbankaffaire). Bei der Auslegung des Art. 5 Abs. 2 S. 2 RBÜ ist zunächst zu klären, ob auf das Recht des Gerichtsortes, auf das Recht des deliktischen Eingriffsortes (lex loci delicti) oder auf das Schutzlandrecht verwiesen wird. Damit verbunden ist die Frage, ob es sich um eine Verweisung auf das materielle Recht oder das Kollisionsrecht handelt (vgl. *Spoendlin* UFITA 107 (1988) 11, 18 ff.). Entnimmt man Art. 5 Abs. 2 S. 2 RBÜ eine Verweisung auf das materielle Recht, so kann nicht die lex fori gemeint sein, da der Gerichtsort aus urheberrechtlicher Sicht zufällig ist (*Spoendlin* UFITA 107 (1988) 11, 18). Der Gerichtsort weist nicht zwingend einen Bezug zur Urheberrechtsverletzung auf (*Hoeren* in: Hoeren/Sieber Teil 7.10 Rn. 41). Enthält Art. 5 Abs. 2 S. 2 RBÜ hingegen eine Verweisung auf das Kollisionsrecht der lex fori, kommt man zum Ergebnis der vordringenden Ursprungslandtheorie. Die Vorschrift wäre dann jedoch überflüssig, da nur der allgemeine

Grundsatz ausgedrückt würde, dass die Gerichte das Kollisionsrecht der lex fori anzuwenden haben.

10 Art. 5 Abs. 2 S. 2 RBÜ ist deshalb als **Verweisung auf das materielle Recht des Schutzlandes** aufzufassen. Unter den „Rechtsbehelfen" können die Klageansprüche des materiellen Urheberrechts verstanden werden (*Spoendlin* UFITA 107 (1988) 11, 19; *Wille* 68; *Scholz* 51). Zwar spricht die französische Formulierung „moyen de recours" für das Recht des Gerichtsortes. Das kann jedoch auch daran liegen, dass die Verfasser der RBÜ dabei den Regelfall vor Augen hatten, in dem lex fori und lex loci protectionis zusammenfallen (*Spoendlin* UFITA 107 (1988) 11, 19). Versteht man hingegen unter dem „Umfang des Schutzes" in Art. 5 Abs. 2 S. 2 RBÜ den Hinweis auf die Unterscheidung zwischen straf- und zivilrechtlichem Schutz, so stellt sich die Frage, warum diese Formulierung in Art. 6bis Abs. 3 RBÜ fehlt, wo nur von den Rechtsbehelfen die Rede ist. Ursache hierfür ist, dass der Umfang des Urheberpersönlichkeitsrechts in Art. 6bis RBÜ selbstständig geregelt ist. Es handelt sich hierbei jedoch um die Ausgestaltung des materiellen Rechts und nicht nur um die Frage, ob straf- oder zivilrechtlicher Schutz gewährt wird. Für eine Verweisung auf das materielle Recht des Schutzlandes spricht insb. die Formulierung in Art. 7 Abs. 8 RBÜ, nach dem sich die Schutzdauer grds. – sofern der Schutzfristenvergleich nichts anderes ergibt – nach dem Gesetz des Landes richtet, „in dem der Schutz beansprucht wird". Die Schutzdauer gehört zum materiellen Recht und kann nicht nach der lex fori beurteilt werden. Gleiches gilt für die Regelung in Art. 14bis Abs. 2c S. 2 RBÜ, nach dem das Schutzlandrecht ein Schriftformerfordernis für Filmverträge vorsehen kann. Schließlich schließt Art. 18 Abs. 2 RBÜ eine rückwirkende Anwendung der RBÜ aus, wenn ein Werk infolge des Ablaufs der Schutzfrist im Schutzland Gemeingut geworden ist. In diesen Regelungen liegt keinesfalls eine Verweisung auf das Recht des Gerichtsortes. Die Formulierung „in dem der Schutz beansprucht wird" muss in Art. 5 Abs. 2 S. 2 RBÜ und Art. 7 Abs. 8 RBÜ gleich ausgelegt werden und verweist auf das Schutzland. Die Verweisung bezieht sich nur auf den Umfang des Schutzes und die Rechtsbehelfe. Mit dem Umfang des Schutzes ist der Inhalt des Urheberrechts gemeint.

11 **bb) Erste Inhaberschaft, Entstehung und Übertragung.** Aus der Verweisung auf das Schutzland in Art. 5 Abs. 2 S. 2 RBÜ folgt indes noch nichts für die Bestimmung der ersten Inhaberschaft (*Drobnig* RabelsZ 40 (1976) 195, 197 ff.; *Scholz* 48 ff.; *Mäger* 31 f.). Grds. richtet sich die erste Inhaberschaft nach dem Recht des Ursprungslandes (Soergel/ *Kegel* Anh. Art. 12 EGBGB Rn. 29). Der Inhaber des Urheberrechts muss im In- und Ausland derselbe sein (Walter/*Walter* Stand der Harmonisierung Rn. 111; *Walter* in Loewenheim, Kapitel 58 Rn. 20; Büscher/Dittmer/Schiwy/*Obergfell* Vor §§ 120 ff. Rn. 5; *Obergfell* IPRax 2005, 9, 13; *Ginsburg* GRUR Int. 2000, 97, 107; *Plenter* 43 f.; vgl. auch *Leventer* 65 f.). Eine Ausnahmeregelung enthält Art. 14bis Abs. 2a RBÜ, nach der es der Gesetzgebung des Landes, in dem der Schutz beansprucht wird, vorbehalten bleibt, den Inhaber des Urheberrechts am **Filmwerk** zu bestimmen. Nach richtiger Ansicht erlaubt diese Vorschrift dem Schutzland, durch abweichende Kollisionsnorm auf eine andere Rechtsordnung weiterzuverweisen (*Drobnig* RabelsZ 40 (1976) 195, 199). Es handelt sich somit um eine Gesamtverweisung. Für die **Bestimmung des Ursprungslandes** ist bis zur Veröffentlichung die Staatsangehörigkeit maßgeblich, danach der Ort der ersten Veröffentlichung (*Schack* Rn. 1028 ff.). Bei erstmals im Internet veröffentlichten Werken wird als Anknüpfungspunkt das Recht des Ortes vorgeschlagen, an dem der Server des Content Providers steht (*Schack* MMR 2000, 59, 64). Dies ist indes nicht zwingend. Die Standorte von Servern sind austauschbar und werden häufig nur nach technischen Gesichtspunkten gewählt (vgl. *Thum* GRUR Int. 2001, 9, 11). Die Anknüpfung darf aber nicht von Zufälligkeiten abhängen. Deshalb sollte bei **Internetveröffentlichungen** für die kollisionsrechtliche Anknüpfung auch nach der Bereitstellung im Internet an die Staatsangehörigkeit angeknüpft werden (für den gewöhnlichen Aufenthaltsort des Urhebers zum Zeitpunkt der

Einspeisung hingegen *Plenter* 138). Ähnliche Überlegungen gelten auch für Filmwerke, bei denen der Sitz des Filmherstellers entscheiden sollte, da Filmwerke häufig in vielen Ländern gleichzeitig anlaufen (*Schack* ZUM 1989, 267, 279). Auch die **Entstehung und Übertragung** werden am besten durch das Recht des Ursprungslandes beurteilt. Nur durch die einheitliche Beurteilung der Übertragung wird eine Aufsplitterung des einheitlichen Lebenssachverhalts vermieden. Auch Art. 8 Abs. 1 der **Rom-II-Verordnung** hindert nicht daran, auf die Frage der Erstinhaberschaft das Recht des Ursprungslandes anzuwenden. Art. 8 Abs. 1 der Rom-II-Verordnung erklärt das Recht des Schutzlandes lediglich im Hinblick auf außervertragliche Schuldverhältnisse aus einer Verletzung von Rechten des geistigen Eigentums für anwendbar. Die vorgelagerte Frage nach der Inhaberschaft bleibt davon unberührt (vgl. *Klaas* GRUR Int. 2007, 373, 375; MünchKomm/*Drexl* Internationales Immaterialgüterrecht Rn. 162). Gleiches gilt für die Übertragung. Soweit ein ausländischer Vertrag eine Übertragung des deutschen Urheberrechts vorsieht, deutet die Rechtsprechung diese Übertragung regelmäßig in die Einräumung eines ausschließlichen Nutzungsrechts um (OLG Düsseldorf ZUM 2006, 326, 328 – Marcel Breuer).

cc) Inhalt, Schranken und Verletzung. Art. 5 Abs. 2 S. 2 RBÜ verweist zunächst nur bzgl. des **Inhalts** des Urheberrechts auf das Schutzlandrecht. Nach diesem richten sich aber auch die **Schranken** (BGH ZUM 2003, 955 – Hundertwasserhaus; OLG München ZUM 2001, 76; *Ginsburg* GRUR Int. 2000, 97, 109 f.). Dem Werknutzer kann nicht zugemutet werden, den Umfang der freigestellten Nutzung jeweils von Fall zu Fall neu anhand des Rechts des Ursprungslandes zu ermitteln (*Spoendlin* UFITA 107 (1988) 11, 21). Auch sind der Inhalt des Urheberrechts und seine Schranken aufeinander abgestimmt und dürfen deshalb nicht unterschiedlich angeknüpft werden (*Schack* Rn. 1046). Eine, hier für das Urheberecht vorgeschlagene, differenzierende Anknüpfung, ist durchaus nicht ungewöhnlich. So unterliegt nach Art. 10 Abs. 1 EGBGB der Name einer Person dem Recht des Staates, dem die Person angehört; der Namensschutz hingegen richtet sich grds. nach dem Handlungsort. Für **Verletzungen** ist schließlich das Recht des **Eingriffsortes** maßgeblich (*Schack* Rn. 1051). Einen davon unabhängigen Erfolgsort gibt es nicht. **12**

d) Qualifikation. Bei der Qualifikation geht es um die Bestimmung der Natur eines Rechtsverhältnisses, die für die Subsumtion des Sachverhalts unter eine Kollisionsnorm nötig ist. Die Qualifikation eines Rechtsverhältnisses als urheberrechtlich ist in den meisten Fällen unproblematisch. Die Frage, ob eine Handlung als Urheberrechtsverletzung anzusehen ist, bestimmt sich nach dem berufenen Recht **(lex causae)**, da sie nicht ohne Rückgriff auf das Recht des Schutzlandes zu beurteilen ist (Möhring/Nicolini/*Hartmann* Vor §§ 120 ff. Rn. 20). Zu unterscheiden ist zwischen materiellen und prozessualen Ansprüchen. Während sich die materiellen Ansprüche nach dem Recht des Schutzlandes beurteilen, unterliegen die prozessualen Ansprüche dem Recht des Gerichtsortes. Über die Qualifikation eines Anspruchs als prozessual oder materiell entscheidet das Recht des Gerichtsortes (zur Qualifikation von Auskunftsansprüchen *Schack* IPRax 1991, 347, 350). **13**

e) Rechtswahl. Ein Wahlrecht zwischen Handlungs- und Erfolgsort kommt nicht in Betracht, da es bei Urheberrechtsverletzungen keinen vom Handlungsort zu unterscheidenden Erfolgsort gibt (*Beier/Schricker/Ulmer* GRUR Int. 1985, 104, 106; *Hoeren* in: Hoeren/Sieber Teil 7.10 Rn. 10; *Hohloch* in: J. Schwarze 93, 105). Urheberrechte sind nirgendwo real belegen. Nachträgliche Vereinbarungen, wie sie Art. 42 EGBGB im Grundsatz vorsah, schließt Art. 8 Abs. 3 Rom-II-Verordnung aus (*Schack* Rn. 1052; zu Art. 42 EGBGB BGH GRUR 2007, 691, 692 – Staatsgeschenk; vgl auch *Gottschalk* in: Gottschalk/Michaels/Ruhl/von Hein, 195 f.). Nach Entstehung des gesetzlichen Schuldverhältnisses kann demnach zwischen den Parteien keine Vereinbarung über das auf die Rechtsfolgen der Verletzung anwendbare Recht getroffen werden. **14**

3. Grenzüberschreitende Sachverhalte

15 Bei **grenzüberschreitenden Nutzungshandlungen** ist zu klären, welches Staates Recht anzuwenden ist. Nach dem Schutzlandprinzip ist hierfür – unabhängig von der Bestimmung der Inhaberschaft des Urheberrechts – das Recht des Landes maßgeblich, für dessen Gebiet Schutz beansprucht wird. Dies hängt vom Begehungsort der Eingriffshandlung ab. Das Problem bei grenzüberschreitenden Nutzungshandlungen besteht in der **Lokalisierung des Eingriffs**. Der Ort der Eingriffshandlung kann nicht nach dem Recht des Gerichtsstaates ermittelt werden, sondern muss nach dem Recht des Schutzlandes bestimmt werden (*Ulmer*, Immaterialgüterrechte im IPR 15). Dies ist problematisch, da sich der Begehungsort seinerseits nach dem materiellen Recht richtet, welches es gerade zu bestimmen gilt (*Hoeren* in: Hoeren/Sieber Teil 7.10 Rn. 12). Zur Lösung wird das vom Kläger in Anspruch genommene Recht zugrunde gelegt (BGHZ 126, 252, 258 – Joseph Beuys). Maßgeblich ist also der Ort der behaupteten Verletzungshandlung (*Hoeren* in: Hoeren/Sieber Teil 7.10 Rn. 14).

16 **a) Rundfunksendungen.** Bei grenzüberschreitenden Rundfunksendungen stellt sich die Frage, ob das Sendeunternehmen nur das Senderecht für das Land erwerben muss, von dem aus gesendet wird, oder ob die Rechte auch für alle **Empfangsländer** erworben werden müssen (vgl. EuGH EuZW 2005, 535 – Lagardère Active Broadcast; *v. Ungern-Sternberg* in: J. Schwarze 109 ff.; *Neumaier* 36 ff.). Entscheidend hierfür ist, in welchem Land die urheberrechtlich relevante Sendung stattfindet. Diese Frage ist nicht kollisionsrechtlicher, sondern materiellrechtlicher Natur (*Handig* GRUR Int. 2007, 206, 212; *Hohloch* IPRax 1994, 387, 388). Nach der so genannten **Bogsch-Theorie** (benannt nach dem ehemaligen Generaldirektor der WIPO), der die Literatur überwiegend folgt, sind neben dem **Ausstrahlungsland** auch sämtliche **Empfangsländer** betroffen (vgl. Schricker/Loewenheim/*Katzenberger* Vor §§ 120 ff. Rn. 141; *Dietz* UFITA 108 (1988) 73, 82 ff.; *v. Zimmermann* MMR 2007, 553, 556; *v. Welser* IPRax 2003, 440, 442). Eine technisch nicht vermeidbare Abstrahlung (overspill) bleibt dabei allerdings unberücksichtigt (*Schack* Rn. 1057).

17 **aa) Terrestrische Sendungen.** Der österreichische OGH sah in den Fällen einer gezielten Sendung über die Grenzen des Ausstrahlungslandes hinaus auch das Recht des Empfangslandes als berührt an (OGH GRUR Int. 1991, 920, 923 – TELE UNO II). Demgegenüber soll nach richtiger Ansicht der Literatur grds. nur das Recht des Ausstrahlungsstaates anzuwenden sein (*v. Ungern-Sternberg* in: J. Schwarze 109, 116 ff.; Schricker/Loewenheim/*v. Ungern-Sternberg* Vor §§ 20 ff. Rn. 52; Möhring/Nicolini/*Hartmann* Vor §§ 120 ff. Rn. 27). Nur bei rechtsmissbräuchlich gezielten Ausstrahlungen soll auch das Recht des Empfangsstaates anzuwenden sein. In seiner Felsberg-Entscheidung stellte der BGH klar, dass unabhängig davon, ob der Bogsch-Theorie zu folgen ist, in jedem Fall (auch) das Recht des Ausstrahlungslandes anzuwenden ist (BGH IPRax 2003, 452, 453 f. – Sender Felsberg; hierzu *v. Welser* IPRax 2003, 440, 442). Die Vorinstanz hatte zu Unrecht das Recht des Ausstrahlungslandes für unbeachtlich gehalten (OLG Saarbrücken IPRax 2003, 150, 152 – Felsberg; hierzu *Schack* IPRax 2003, 141, 142).

18 **bb) Satelliten-Sendungen.** Nach Auffassung des österreichischen OGH wird bei Sendungen über **Direktsatelliten** das Recht sämtlicher Empfangsländer berührt (OGH GRUR Int. 1992, 933, 934 – Direktsatellitensendung III). Auch in Deutschland folgte die Rechtsprechung der Bogsch-Theorie (LG Stuttgart GRUR Int. 1995, 412, 413 – Satelliten-Rundfunk). Im Gegensatz zum terrestrischen Funk findet die urheberrechtlich relevante Nutzungshandlung, das Ausstrahlen durch den Satelliten an die Öffentlichkeit, im Weltraum statt. Da der Weltraum keiner staatlichen Hoheitsgewalt unterliegt, kann hier anders als bei terrestrischen Sendungen der Ort der Sendung nicht maßgeblich sein (Staudinger/*Fezer*/*Koos* IntWirtschR Rn. 1045; *v. Ungern-Sternberg* in: J. Schwarze 109, 119 ff.; dagegen

Vorbemerkung   **19, 20** Vor §§ 120ff. UrhG

Neumaier 41ff.). § 20a Abs. 3, der auf der **Satelliten- und Kabel-Richtlinie** (Richtlinie 93/83 EWG v. 27.9.1993 zur Koordinierung bestimmter urheber- und leistungsschutzrechtlicher Vorschriften betreffend Satellitenrundfunk und Kabelweiterverbreitung) basiert, definiert jetzt abweichend von der Bogsch-Theorie die Satellitensendung als die Eingabe der programmtragenden Signale in eine ununterbrochene Übertragungskette, die zum Satelliten und zurück zur Erde führt. Durch die Richtlinie wird das materielle Recht und nicht das Kollisionsrecht der Mitgliedstaaten harmonisiert (BGH GRUR 2012, 621 Rn. 23 – Oscar; *Dreier* ZUM 1995, 458; Schricker/Loewenheim/*Katzenberger* Vor §§ 120ff. Rn. 142; *Hoeren* in: Hoeren/Sieber Teil 7.10 Rn. 37; *Peifer* GRUR Int. 2010, 671, 675). Festgelegt wurde nur, welcher Akt als Sendung zu werten ist. Ungeregelt blieb hingegen, welchen Staates Recht auf die so lokalisierte Sendung anzuwenden ist. Das richtet sich nach den allgemeinen Regeln. Die Satelliten- und Kabel-Richtlinie regelt nur europäische Satellitensendungen (EuGH EuZW 2005, 535 – Lagardère Active Broadcast). Außerhalb des Anwendungsbereichs der Satelliten- und Kabel-Richtlinie kann deshalb auf die Bogsch-Theorie zurückgegriffen werden. In der Literatur wird demgegenüber vorgeschlagen, das Recht des Staates maßgeblich sein zu lassen, in dem das Sendeunternehmen, das die direkte Satellitensendung verantwortet, seinen Sitz hat (*v. Ungern-Sternberg* in: J. Schwarze 109, 124).

b) Online-Übermittlung. Das Problem der Lokalisierung besteht insb. bei der öffent- **19** lichen Werkübermittlung im **Internet** (*Spindler* IPRax 2003, 412, 415ff.; *Geller* GRUR Int. 2000, 659, 660ff.). Der Urheber beansprucht Schutz für das Gebiet, in dem die Übertragung stattfindet. Der Anwendung des Schutzlandprinzips ist die Lokalisierung der Nutzungshandlung gedanklich vorgelagert. Die Lokalisierung dient der Bestimmung des Schutzlandes. Entscheidend ist, wo die Übermittlung stattfindet. Bei der grenzüberschreitenden Online-Übermittlung ist von den Grundsätzen der Bogsch-Theorie (s. oben Rn. 16) auszugehen. Der Verwerter muss also die Rechte für sämtliche Länder erwerben, in denen das Werk abrufbar ist (*Schack* Rn. 1060; *Hohloch* in: J. Schwarze 93, 106; *Schønning* ZUM 1997, 34, 37ff.; Spindler/Schuster/*Pfeiffer/Weller/Nordmeier* Art. 8 Rom-II-VO Rn. 12; einschränkend *Spindler* IPRax 2003, 412, 419ff.). Der EuGH lokalisiert die **Verwertungshandlung** in dem Land, in dem gezielt Mitglieder der Öffentlichkeit angesprochen werden (EuGH GRUR 2012, 1245 – Football Dataco). Dagegen wurde in der Literatur teilweise vorgeschlagen, auch bei der Online-Übermittlung das Recht des Staates maßgeblich sein zu lassen, in dem der Server steht (*Dieselhorst* ZUM 1998, 293, 299f.; *Koch* CR 1999, 121, 123; Götting/*Köster* 153, 162ff.). Im Ergebnis wäre dann nur das Recht des Staates anzuwenden, in dem die Dienstleistung erbracht wird. Hiergegen spricht jedoch die Gefahr von Manipulationen (*Spindler* IPRax 2003, 412, 418; *Hoeren* in: Hoeren/Sieber Teil 7.10 Rn. 38; *Schack* JZ 1998, 753, 761; *Schønning* ZUM 1997, 34, 38). Für die Lizenzierung von Radioprogrammen im Internet wird der Ort, an dem die Kontrolle, die Leitung und die Verantwortung für die Programme ausgeübt wird, als Anknüpfungspunkt vorgeschlagen (*Handig* GRUR Int. 2007, 206, 218). Auch hier besteht allerdings die Gefahr von Manipulationen. Auch der Ort, an dem die Leitung ausgeübt wird, kann durchaus danach ausgewählt werden, wie einfach sich dort Urheberrechte umgehen lassen. Die EU-Kommission scheint die **Ursprungsland-Regel** der **Satelliten- und Kabel-Richtlinie** nicht auf die Online-Übermittlung anwenden zu wollen (vgl. *v. Lewinski* MMR 1998, 115, 116; dafür *Krause* ZUM 2011, 21, 24). Nach Art. 3 Abs. 3 nebst Anhang zur **E-Commerce-Richtlinie** soll auch das **Herkunftslandprinzip** der E-Commerce-Richtlinie Immaterialgüterrechte nicht erfassen (Spindler/Schmitz/Geis/*Spindler* § 4 TDG Rn. 41; *Hoeren* MMR 1999, 192, 196; *Becker* in: J. Schwarze 29, 44).

c) Folgerecht. Für die Anwendbarkeit des deutschen Folgerechts aus § 26 bei grenz- **20** überschreitenden Veräußerungen ist entscheidend, dass die Weiterveräußerung wenigstens teilweise im Inland stattgefunden hat (BGH GRUR 2008, 989, 991 – Sammlung Ahlers

BGHZ 126, 252, 258 – Joseph Beuys; Dreier/Schulze/*Schulze* § 26 Rn. 5; *Braun* IPRax 1995, 227, 229; *Katzenberger* GRUR Int. 1992, 567, 579 ff.; dagegen *Siehr* IPRax 1992, 219, 220 f.). Nicht ausreichend ist, dass die Entäußerung der unbeschränkten Verfügungsgewalt im Inland erfolgte. Die Entäußerung muss unter unmittelbarer oder mittelbarer Beteiligung des Erwerbers erfolgen (BGHZ 126, 252, 259 – Joseph Beuys). Vorausgehende Verhandlungen sind lediglich als Vorbereitungshandlungen zu sehen. Nach Ansicht der Rechtsprechung kommt es allein auf das dingliche Verfügungsgeschäft an (BGHZ 126, 252, 259 – Joseph Beuys; zustimmend *Pfefferle* GRUR 1996, 338, 340; krit. *Katzenberger* FS Schricker 2005, 377, 382 ff.). Der Veräußerungsbegriff umfasst jedoch schuld- und sachenrechtliche Elemente (BGH GRUR 2008, 989, 991 f. Rn. 31 – Sammlung Ahlers; *v. Welser* ZUM 2000, 472, 476 m. w. N.). Bei **Online-Versteigerungen** muss als ausreichend angesehen werden, dass sich Käufer oder Verkäufer zum Zeitpunkt des Vertragsschlusses in einem Staat aufhalten, der einen folgerechtlichen Anspruch kennt. Befinden sich Käufer und Verkäufer in verschiedenen Staaten und besteht in beiden ein Folgerecht, sollte der Sitz des Versteigerers maßgeblich sein, um doppelte Zahlungsverpflichtungen zu vermeiden (*v. Welser* ZUM 2000, 472, 477).

4. Internationales Urhebervertragsrecht

21 **a) Rechtsgrundlagen.** Das auf internationale Urheberverträge anwendbare Recht bestimmt sich nach der **Rom-I-Verordnung** (Verordnung {EG] Nr. 593/2008 vom 17. Juni 2008 über das auf vertragliche Schuldverhältnisse anzuwendende Recht). Diese ist auf Verträge anzuwenden, die nach dem 17. Dezember 2009 geschlossen wurden und entspricht nur teilweise den aufgehobenen Art. 27 ff. EGBGB, die wiederum auf dem „Übereinkommen über das auf vertragliche Schuldverhältnisse anzuwendende Recht", das am 19.6.1980 in Rom unterzeichnet wurde (Rom-I-Übereinkommen) beruhten. Das **Vertragsstatut** entscheidet nach Art. 10 Abs. 1 Rom-I-Verordnung über Zustandekommen und Wirksamkeit des Vertrages. Es ist nach Art. 12 Rom-I-Verordnung für die Auslegung, die Erfüllung, die Folgen der Nichterfüllung, des Erlöschens und der Nichtigkeit des Vertrages maßgeblich (zur Abgrenzung vom Urheberrechtsstatut OLG Düsseldorf ZUM 2006, 326, 328 – Marcel Breuer). Das auf die **Formerfordernisse** des Verpflichtungsgeschäfts anwendbare Recht bestimmt Art. 11 Rom-I-Verordnung, die Formgültigkeit des Verfügungsgeschäfts regelt Art. 11 EGBGB (*Schack* Rn. 1293). Nach Art. 11 Abs. 1 EGBGB und der entsprechenden Vorschrift des Art. 11 Rom-I-Verordnung ist das Rechtsgeschäft formgültig, wenn es den Formerfordernissen des Rechts, das auf seinen Gegenstand anzuwenden ist, oder dem Recht des Staates, in dem es vorgenommen wurde, entspricht (vgl. hierzu auch OLG München, ZUM 1999, 653, 655 f. – M – Eine Stadt sucht einen Mörder). Das Rechtsgeschäft ist somit wirksam, wenn es den Formerfordernissen des **Geschäftsrechts (lex causae)** oder des **Ortsrechts (lex loci actus)** genügt. Das Recht des Vornahmeortes (lex loci actus) wird für die Verfügung über Nutzungsrechte durch Art. 11 Abs. 4 EGBGB nicht ausgeschlossen (vgl. *Hausmann* FS Schwarz 47, 70 f.; *Schack* Rn. 1042). Art. 11 Abs. 4 EGBGB erfasst seinem Wortlaut nach keine Immaterialgüterrechte. Eine Nutzungsrechtseinräumung ist deshalb – unabhängig von dem Geschäftsrecht, das dem Urheberrechtsstatut entspricht – wirksam, wenn sie den Formerfordernissen des Ortsrechts genügt.

22 **b) Vertragsstatut und Urheberrechtsstatut.** Umstritten ist, ob das Vertragsstatut nur das Verpflichtungsgeschäft oder auch das Verfügungsgeschäft erfasst. Die Rechtsprechung folgt überwiegend der sogenannten **Einheitstheorie,** nach der das Vertragsstatut auch für das Verfügungsgeschäft maßgeblich ist (OLG Köln ZUM 2011, 574, 575 – Hotelfotos; LG Köln ZUM-RD 2010, 644, 646 – Hotelfotos; OLG Frankfurt, Urteil vom 11.11.2003, Az. 11 U 55/02 – Cassina; OLG Frankfurt GRUR 1998, 141, 142 – Mackintosh-Entwürfe; OLG Hamburg UFITA 26 (1958) 344, 350 – Brotkalender; für das Arbeitsver-

tragsstatut LG München, Urteil vom 14.5.2012, Az. 21 O 14914/09 – Seekarten). Durch die einheitliche Beurteilung soll ein Gleichlauf von Verpflichtung und Verfügung erreicht werden und eine Zersplitterung, die sonst bei der Verfügung über Weltrechte möglich wäre, vermieden werden (*Katzenberger* FS Schricker 1995, 225, 249 ff.; *Loewenheim* ZUM 1999, 923, 924 f.). Vorzuziehen ist jedoch die **Spaltungstheorie,** nach der Verpflichtung und Verfügung unterschiedlich beurteilt werden (Büscher/Dittmer/Schiwy/*Obergfell* Vor §§ 120 ff. Rn. 10; *Mäger* 52 ff.; *Hausmann* FS Schwarz 47, 62 f.). Die Spaltungstheorie trägt dem **Abstraktionsprinzip** Rechnung und vereinfacht den Rechteerwerb (*Castendyk* ZUM 1999, 934 f.). Für die Spaltungstheorie spricht der in Art. 14 Abs. 1 und 2 Rom-I-Verordnung kodifizierte Grundsatz, dass die Rechtsordnung, die über das Entstehen eines Rechts entscheidet, auch über seine Übertragung entscheidet. Eine Zersplitterung lässt sich vermeiden, wenn man das Verfügungsgeschäft dem Urheberrechtsstatut unterstellt (*Schack* Rn. 1290).

c) Ermittlung des Vertragsstatuts. aa) Rechtswahl. Nach Art. 3 Rom-I-Verordnung unterliegt der Vertrag dem von den Parteien gewählten Recht. Die Rechtswahl kann ausdrücklich oder konkludent – bspw. durch eine **Gerichtsstandsklausel** – erfolgen. Geht aus der Gerichtsstandsklausel keine Rechtswahl hervor, so bestimmt das internationale Privatrecht des Gerichtsstaates das anwendbare Recht (*Ginsburg* GRUR Int. 2000, 97, 106). Nicht ausreichend ist jedoch ein hypothetischer Parteiwille. Art. 3 Abs. 3 Rom-I-Verordnung beschränkt die Rechtswahl, wenn abgesehen von der Rechtswahlklausel kein Auslandbezug besteht. Ist ein Sachverhalt zum Zeitpunkt der Rechtswahl eindeutig lokalisiert, kann die Wahl des Rechts eines anderen Staates zwingende Bestimmungen des Staates, in dem der Sachverhalt lokalisiert ist, nicht berühren (§ 32b Rn. 5). Nicht der Parteiautonomie unterliegt das Urheberrechtsstatut (BGHZ 118, 394, 397 – Alf). Eine Rechtswahl enthält nicht zwangsläufig auch die Wahl der Ortsform. Da die Rechtswahl aber das Geschäftsstatut bestimmt, an welches Art. 11 Abs. 1 EGBGB alternativ zur Ortsform anknüpft, wird durch die Rechtswahl auch das Formstatut beeinflusst. Bei Arbeitsverträgen darf die Rechtswahl nach Art. 8 Rom-I-Verordnung nicht dazu führen, dass dem Arbeitnehmer der Schutz entzogen wird, der ihm durch die zwingenden Bestimmungen des objektiven **Arbeitsvertragsstatuts** gewährt wird (§ 32b Rn. 6).

bb) Objektive Anknüpfung. Wenn keine Rechtswahl getroffen wurde, unterliegt der Vertrag nach Art. 4 Abs. 2 Rom-I-VO dem Recht des Staates, in dem die Partei, welche die für den Vertrag charakteristische Leistung zu erbringen hat, ihren gewöhnlichen Aufenthalt hat. Der Urheber erbringt die **charakteristische Leistung,** wenn die andere Partei nur eine Zahlungspflicht trifft (LG München, Urteil vom 9.12.2011, Az. 21 O 7755/10 – Nachtflug; *Katzenberger* FS Schricker 1995, 225, 253; *Hausmann* FS Schwarz 47, 52 ff.). Das ist typischerweise der Fall, wenn der Lizenzgeber – etwa beim **Sendelizenzvertrag** – nur eine pauschale Lizenzgebühr (flat-fee) erhält (*Castendyk* ZUM 1999, 934, 935). Trifft die andere Seite eine Ausübungslast, so erbringt sie die charakteristische Leistung. Beim **Verlagsvertrag** gilt deshalb in Ermangelung einer Rechtswahl das Recht des Landes, in dem der Verleger seinen Sitz hat (vgl. BGHZ 19, 110, 113 – Sorrell and Son; BGH GRUR 1980, 227, 230 – Monumenta Germaniae Historica). Räumt der Verleger seinerseits einem weiteren Verleger eine ausschließliche **Verlagslizenz** ein, so trifft den Lizenznehmer regelmäßig eine Ausübungspflicht, was zum Recht des Landes führt, an dem der Lizenznehmer seinen Sitz hat (*Schricker* Einl. VerlG Rn. 44). Beim **Filmauswertungsvertrag,** in dem sich die Verleihfirma zu Synchronisation und Verwertung verpflichtet, ist der Sitz der Verleihfirma maßgeblich (BGH UFITA 32 (1960) 186, 187 – Die Rache des schwarzen Adlers). Entscheidend ist der Zeitpunkt des Vertragsschlusses (vgl. BGH GRUR 1980, 227, 230 – Monumenta Germaniae Historica). Die schuldrechtlichen Beziehungen des Arbeitnehmers richten sich nach dem **Arbeitsvertragsstatut** (*Schack* Rn. 1288). Für Arbeitnehmer gilt die Sonderregelung des Art. 8 Rom-I-Verordnung. Die Rechtswahl darf nicht dazu führen, dass dem Arbeitnehmer der Schutz entzogen wird, der ihm durch die zwingenden Bestimmungen des Rechts gewährt wird, welches ohne Rechtswahl auf den Vertrag anzuwenden wäre. Nach Art. 8 Abs. 2 Rom-I-Verordnung unterliegen Arbeitsverträge dem Recht des gewöhnlichen Arbeitsortes (§ 32b Rn. 6).

25   **d) Grenzen des Vertragsstatuts.** Nach Art. 9 Abs. 2 Rom-I-Verordnung berührt diese nicht die Anwendung der **Eingriffsnormen** des Rechts des angerufenen Gerichts. Art. 9 Abs. 1 Rom-I-Verordnung definiert **Eingriffsnormen** als zwingende Vorschriften, deren Einhaltung von einem Staat als so entscheidend für die Wahrung seines öffentlichen Interesses, insbesondere seiner politischen, sozialen oder wirtschaftlichen Organisation, angesehen wird, dass sie ungeachtet des nach Maßgabe der Rom-I-Verordnung auf den Vertrag anzuwendenden Rechts auf alle Sachverhalte anzuwenden sind, die in ihren Anwendungsbereich fallen. Solche Eingriffsnormen sind allein §§ 32, 32a (MüKo/*Martiny* Art. 4 Rom-I-VO Rn. 205; ausführlich § 32b Rn. 1). Der in Art. 6 EGBGB geregelte **ordre public** hingegen spielt im internationalen Urhebervertragsrecht keine nennenswerte Rolle (vgl. etwa LG Hamburg GRUR Int. 2010, 67, 71 – Dimitri Kabalewsk; generell verneinend *Mäger* 160 ff.).

III. Internationales Zivilverfahrensrecht

1. Rechtsquellen

26   Das **internationale Zivilverfahrensrecht** ist im europäischen Sekundärrecht, in Staatsverträgen und im autonomen nationalen Recht geregelt. Ebenso wie das internationale Privatrecht ist auch das internationale Zivilverfahrensrecht grds. kein internationales, sondern nationales Recht. International ist dieses Rechtsgebiet nur insofern, als es in völkerrechtlichen Verträgen – etwa dem LGVÜ – kodifiziert ist. Das internationale Zivilverfahrensrecht regelt die Besonderheiten von Verfahren mit Auslandsbeziehung. Neben der **internationalen Zuständigkeit** sind im Zusammenhang mit dem Urheberrecht vor allem Fragen der **Auslandszustellung** und der **Auslandsvollstreckung** praxisrelevant. Das deutsche internationale Zivilverfahrensrecht beantwortet die Frage nach der Zuständigkeit deutscher Gerichte. Eine Zuweisung an ein ausländisches Gericht kann das deutsche internationale Zivilverfahrensrecht naturgemäß nicht bestimmen. Weder die Bestimmungen der EuGVVO noch § 281 ZPO, der nur die örtliche und sachliche, nicht jedoch die internationale Zuständigkeit betrifft, erlauben eine grenzüberschreitende Verweisung an ein ausländisches Gericht (OLG Düsseldorf WM 2000, 2192, 2195; OLG Köln NJW 1988, 2182, 2183; Zöller/*Greger* § 281 ZPO Rn. 5; Musielak/*Foerste* § 281 ZPO Rn. 6). Bei gegebener internationaler Zuständigkeit können Gerichte auch ausländisches Urheberrecht anwenden (vgl. UK Supreme Court GRUR Int. 2011, 1098 – Lucasfilm; Österreichischer OGH GRUR Int. 2012, 468, 472 – HOBAS-Rohre; Österreichischer OGH GRUR Int. 1994, 638 – Adolf Loos-Werke II; OLG Köln, GRUR Int. 2009, 1048 – Leerkassettenvergütung; *v. Welser* GRUR Int. 2011, 1103 f.). Allerdings will der EuGH die Kognitionsbefugnis gemäß Art. 5 Nr. 3 EuGVVO bei Urhebervermögensrechten auf den Schaden begrenzen, der in dem Land verursacht wurde, welches das Urheberrecht gewährt (EuGH GRUR Int. 2013, 1073, 1076 Rn. 47 – Pinckney). Dies ändert indes nichts daran, dass das Gericht am Sitz des Verletzers (Art. 2 EuGVVO) über den gesamten Schaden – unter Anwendung ausländischen Rechts – entscheiden kann. Nach einer Ansicht in der Literatur soll eine Feststellungsklage, mit der das Nichtbestehen eines Rechts im Ausland festgestellt werden soll, nur im betroffenen Ausland zulässig sein (*Rehbinder* Rn. 472; *Hohloch* in: J. Schwarze 93, 101). Das Territorialitätsprinzip schließt eine negative Feststellungsklage über ausländische Immaterialgüterrechte indes nicht aus (*Lundstedt* GRUR Int. 2001, 103, 104 f.). Für die Begründung der deliktischen Zuständigkeit genügt bereits die schlüssige

Behauptung einer Rechtsverletzung (BGH GRUR 2012, 621 Rn. 21 – Oscar; BGH GRUR Int. 2006, 605, 606 – Arzneimittelwerbung im Internet; BGH WRP 2005, 493, 495 – Hotel Maritime; OLG München GRUR 1990, 677 – Postvertrieb). Das Recht des Gerichtsstaates regelt nicht nur das Zivilprozessrecht, sondern auch das internationale Privatrecht. Somit trifft das internationale Zivilverfahrensrecht schon eine Vorentscheidung für das anzuwendende materielle Recht. Nach einer unrichtigen Entscheidung des LG Frankfurt soll § 105 UrhG i. V. m. der Konzentrationsverordnung des jeweiligen Bundeslandes nicht greifen (Landgericht Frankfurt, Urteil vom 2.2.2012, Az. 2–03 O 419/09, Seite 15 f. – Malaiisches Urheberrecht). Voraussetzung für die Anwendung der Zuständigkeitsverordnung sei, dass es sich um eine Urheberrechtsstreitsache im Sinne von § 105 handele, welche in § 104 definiert werde. Danach liege eine Urheberrechtsstreitsache vor, wenn ein Anspruch aus einem der im Urhebergesetz geregelten Rechtsverhältnisse geltend gemacht werde. Darunter fielen alle Streitigkeiten über Anspruchsgrundlagen aus dem Urhebergesetz (Landgericht Frankfurt, Urteil vom 2.2.2012, Az. 2–03 O 419/09 – Malaiisches Urheberrecht). Das Landgericht Frankfurt hat deshalb eine auf malaiisches Urheberrecht gestützte Klage wegen fehlender **funktionaler Zuständigkeit** abgewiesen (Landgericht Frankfurt, Urteil vom 2.2.2012, Az. 2–03 O 419/09 – Malaiisches Urheberrecht). Das Urteil legt den Begriff der Urheberrechtsstreitsache zu eng aus und ist schon aus diesem Grund abzulehnen.

Die internationale Zuständigkeit richtet sich vorrangig nach EU-Recht und den Staatsverträgen. Von zentraler Bedeutung ist die **EuGVVO,** die gem. Art. 76 Abs. 1 EuGVVO am 1.3.2002 in Kraft getreten ist (Verordnung Nr. 44/2001 des Rates über die gerichtliche Zuständigkeit und die Anerkennung und Vollstreckung von Entscheidungen in Zivil- und Handelssachen). Ausgenommen vom Geltungsbereich war zunächst Dänemark (vgl. OLG Hamburg MMR 2002, 822; BGH WRP 2005, 493, 494 – Hotel Maritime). Zwischen den EU-Mitgliedsstaaten und Dänemark gilt nun das „Abkommen zwischen der Europäischen Union und dem Königreich Dänemark vom 19.10.2005 über die gerichtliche Zuständigkeit und die Anerkennung und Vollstreckung von Entscheidungen in Zivil- und Handelssachen", welches am 1.7.2007 in Kraft getreten ist. Änderungen der EuGVVO, binden Dänemark nicht automatisch, sondern erst nach erneutem Abschluss eines Abkommens. Eine Umsetzung der EuGVVO in nationales Recht ist nicht erforderlich, da Verordnungen nach Art. 288 Abs. 2 AEUV unmittelbare Wirkung haben. Die EuGVVO ersetzt nach Art. 68 Abs. 2 EuGVVO im Verhältnis der EU-Mitgliedsstaaten zueinander das **EuGVÜ** (Brüsseler EWG-Übereinkommen über die gerichtliche Zuständigkeit und die Vollstreckung gerichtlicher Entscheidungen in Zivil- und Handelssachen v. 27.9.1968). Aufgrund des Vorrangs der EuGVVO hat die EuGVÜ kaum noch Bedeutung. Sie ist relevant für vor dem 1. März 2002 erhobene Klagen und aufgenommene öffentliche Urkunden. Parallel dazu gilt weiterhin das **LGVÜ** (Luganer Übereinkommen über die gerichtliche Zuständigkeit und die Vollstreckung gerichtlicher Entscheidungen in Zivil- und Handelssachen v. 16.9.1988), dessen revidierte Fassung am 1. Januar 2010 in Kraft getreten ist (vgl. *Kubis* Mitt 2010, 151, 155). Nach Art. 64 LGVÜ hat die EuGVVO und das EuGVÜ in seiner jeweils geltenden Fassung Vorrang. Das LGVÜ gilt im Verhältnis der EU-Staaten zu Island, Norwegen und der Schweiz (vgl. Zöller/*Geimer* Art. 1 EUGVVO Rn. 16). Die **Haager Konferenz für internationales Privatrecht** hat geraume Zeit an einem Entwurf für ein internationales Abkommen über gerichtliche Zuständigkeit und die Anerkennung und Vollstreckung ausländischer Entscheidungen in Zivil- und Handelssachen gearbeitet (Vgl. *Schack* Internationales Zivilverfahrensrecht, Rn. 134; *Baumgartner* 129 ff.; *Petkova* Intellectual Property Quaterly 2004, 173, 183 ff.; *Kur* GRUR Int. 2004, 306 f.). Nur in einem kleinen Teilbereich waren diese Bemühungen erfolgreich. Am 30.6.2005 haben die Mitgliedstaaten der Haager Konferenz das **Haager Übereinkommen über Gerichtsstandsvereinbarungen** verabschiedet (vgl. *Schack* Internationales Zivilverfahrensrecht Rn. 135; *Luginbühl/Wollgast* GRUR Int. 2006, 208). Das Übereinkommen ist allerdings bislang noch nicht ratifiziert worden.

2. EuGVVO

28 a) Anwendungsbereich. Die EuGVVO ist in Zivil- und Handelssachen anwendbar und gilt grds. unabhängig von der Staatsangehörigkeit für alle Personen, die ihren Sitz in einem EU-Mitgliedstaat haben. Die überwiegende Anzahl der Zuständigkeitsregeln setzt voraus, dass der Beklagte seinen Wohnsitz in einem Mitgliedstaat hat (*Schack* Internationales Zivilverfahrensrecht, Rn. 104). Hat der Beklagte keinen Wohnsitz in einem Mitgliedstaat, so richtet sich die Zuständigkeit grds. nach den nationalen Prozessordnungen. Von diesem Grundsatz nimmt Art. 4 EuGVVO die Vorschriften über ausschließliche Zuständigkeiten nach Art. 22 EuGVVO und Gerichtsstandsvereinbarungen nach Art. 23 EuGVVO aus. Die ausschließlichen Zuständigkeitsregelungen in Art. 22 EuGVVO gelten unabhängig vom Sitz der Parteien (Thomas/Putzo/*Hüßtege* Art. 22 EuGVVO Rn. 1). Die EuGVVO kann auch bei unbekanntem Aufenthaltsort des Beklagten anwendbar sein, beispielsweise dann wenn dieser mutmaßlich Unionsbürger ist und Indizien dafür sprechen, dass er seinen Sitz tatsächlich außerhalb des Unionsgebiets hat (EuGH GRUR Int. 2012, 544, 549 Rn. 42 – de Visser). Das auf richterliche Anordnung über die Zulässigkeit der Verwendung von Verkehrsdaten (§ 3 Nr. 30 TKG) gerichtete Verfahren nach § 101 Abs. 9 UrhG fällt nach Auffassung des OLG München nicht in den Anwendungsbereich der EuGVVO (OLG München MMR 2011, 832).

29 b) Gerichtsstände. aa) Allgemeiner Gerichtsstand. Nach Art. 2 EuGVVO richtet sich der **allgemeine Gerichtsstand** nach dem Wohnsitz des Beklagten. Den Wohnsitz bestimmt gem. Art. 59 EuGVVO das Recht des Gerichtsortes (lex fori). Für Gesellschaften und juristische Personen bestimmt Art. 60 EuGVVO, abweichend vom EuGVÜ, den Sitz. Maßgeblich sind alternativ der satzungsmäßige Sitz, die Hauptverwaltung oder die Hauptniederlassung (*Micklitz/Rott* EuZW 2001, 325, 327). Art. 2 EuGVVO regelt nur die internationale Zuständigkeit, so dass sich die örtliche Zuständigkeit nach den §§ 12 ff. ZPO bestimmt. Der allgemeine Gerichtsstand begründet eine umfassende Zuständigkeit, so dass auch die Verletzung eines Immaterialgüterrechts im Ausland beim allgemeinen Gerichtsstand im Inland eingeklagt werden kann (BGH NJW 2005, 1435, 1436; LG Düsseldorf GRUR Int. 1999, 455, 456 – Schussfadengreifer; LG München I ZUM-RD 2002, 21, 23).

29a bb) Deliktischer Gerichtsstand. Der **Gerichtsstand der unerlaubten Handlung** richtet sich gem. Art. 5 Nr. 3 EuGVVO nach dem Tatort. Voraussetzung ist, dass der Beklagte in einem Mitgliedstaat i. S. d. Art. 1 Abs. 3 EuGVVO seinen Wohnsitz hat. Gegenüber der EuGVÜ ist jetzt klargestellt, dass auch vorbeugende Unterlassungsklagen erfasst werden (Zöller/*Geimer* Art. 5 EuGVVO Rn. 25; *Micklitz/Rott* EuZW 2001, 325, 329). Die Vorschrift gilt auch für Immaterialgüterrechtsverletzungen und regelt neben der internationalen Zuständigkeit auch die örtliche Zuständigkeit, so dass ein Rückgriff auf die §§ 12 ff. ZPO ausgeschlossen ist. Der Bundesgerichtshof beantwortet die Frage, welche Anforderungen an die Begründung des deliktischen Gerichtsstands bei **Rechtsverletzungen im Internet** zu stellen sind, nicht einheitlich (offen gelassen in BGH GRUR 2012, 621, 622 Rn. 21 – Oscar; eingehend Rn. 34). Während im Markenrecht und im Presserecht ein wirtschaftlich relevanter Inlandsbezug bzw. eine tatsächliche Interessenkollision gefordert wird (BGH GRUR 2005, 431 – Hotel Maritime; BGH GRUR 2010, 461 – The New York Times; BGH GRUR 2011, 558, 559 – www.womanineurope.com), soll im Wettbewerbsrecht entscheiden, ob der beanstandete Internetauftritt gemäß der zielgerichteten Bestimmung des Betreibers im Inland abrufbar ist (BGH GRUR 2006, 513 – Arzneimittelwerbung im Internet). Im Urheberrecht fordert die Rechtsprechung eine bestimmungsgemäße Abrufbarkeit (BGH GRUR 2010, 628, 629 Rn. 14 – Vorschaubilder; OLG Köln, GRUR-RR 2008, 71 – Internet-Fotos; OLG München ZUM 2012, 587 – Sparen & Vorsorgen; LG München MMR 2010, 72; eingehend Rn. 34).

29b (1) Urheber- und Leistungsschutzrechte. Bei **Urheberrechtsverletzungen** gibt es keinen vom Handlungsort zu unterscheidenden Erfolgsort, da Urheberrechte nirgendwo

Vorbemerkung   29c, 29d   **Vor §§ 120ff. UrhG**

real belegen sind. Der **deliktische Gerichtsstand** besteht vielmehr an jedem Ort, an dem das Recht verletzt wird. Ob die fragliche Handlung das Recht verletzt, bestimmt sich nach dem Recht des Schutzlandes (*Schack* MMR 2000, 135, 137). Beim Vervielfältigungsrecht aus § 16 UrhG kommt es beispielsweise darauf an, wo die Kopie entsteht (*Zöller/Geimer* Art. 5 EuGVVO Rn. 28b). Für die Zuständigkeit ist es ohne Bedeutung, ob die behauptete Rechtsverletzung tatsächlich vorliegt. Ausreichend ist vielmehr, dass die Verletzung behauptet wird und nicht von vornherein ausgeschlossen ist (BGH WRP 2007, 1219, 1221 Rn. 17 – Wagenfeld-Leuchte). Regelmäßig entspricht der Tatort dem Schutzland (vgl. hierzu *Kubis* 201 ff.). Bei Urhebervermögensrechten will der EuGH die Kognitionsbefugnis gemäß Art. 5 Nr. 3 EuGVVO auf den Schaden begrenzen, der in dem Land verursacht wurde, welches das Urheberrecht gewährt (EuGH GRUR Int. 2013, 1073, 1076 Rn. 47 – Pinckney). Der gesamte Schaden kann danach nur am Sitz des Verletzers (Art. 2 EuGVVO) eingeklagt werden.

(2) Persönlichkeitsrechte. Nach der älteren Rechtsprechung des EuGH zum EuGVÜ   **29c** soll die durch Art. 5 Nr. 3 EuGVÜ begründete internationale Zuständigkeit bei persönlichkeitsverletzenden Pressedelikten auf den am Verbreitungsort als Erfolgsort erlittenen Schaden begrenzt sein (EuGH NJW 1995, 1881 – Shevill/Presse Alliance; dagegen *Schack* MMR 2000, 135, 139; *Kubis* 134 ff.). Nur der jeweilige Teilschaden sollte an dem nach Art. 5 Nr. 3 EuGVÜ zuständigen Gericht eingeklagt werden können (*Hohloch* in: J. Schwarze 93, 96; dagegen de lege ferenda *Thum* GRUR Int. 2001, 9, 26f.). Deshalb soll der deliktische Gerichtsstand nur eine Zuständigkeit für die Verletzung der in diesem Land bestehenden Schutzrechte vermitteln (LG Düsseldorf GRUR Int. 1999, 455, 457 – Schussfadengreifer; *Bornkamm* in: J. Schwarze 127, 130). Nach der neueren Rechtsprechung des EuGH zu Persönlichkeitsrechtsverletzungen im Internet kann der gesamte entstandene Schaden entweder in dem EU-Mitgliedstaat, in welchem der Verletzer (in der Regel der Betreiber der entsprechenden Webseite) niedergelassen ist oder in dem, in welchem sich der Mittelpunkt der Interessen des Geschädigten befindet, eingeklagt werden. Letzterer entspricht in aller Regel dem gewöhnlichen Aufenthaltsort des Geschädigten (EuGH GRUR 2012, 300 – eDate Advertising; BGH, Urteil vom 8.5.2012, Az. VI ZR 217/08 – eDate Advertising). Dies verbessert die Rechtsposition von Geschädigten bei Online-Persönlichkeitsrechtsverletzungen erheblich. Der EuGH gibt ihm eine weitere, attraktive Wahlmöglichkeit: Neben dem Ort der Niederlassung des Betreibers der Webseite, der in aller Regel mit dem allgemeinen Gerichtsstand des Beklagtensitzes gemäß Art. 2 EuGVO zusammenfällt, kann er den gesamten entstandenen Schaden auch an seinem eigenen gewöhnlichen Aufenthaltsort einklagen. Bei Rechten des geistigen Eigentums spielt der gewöhnliche Aufenthaltsort des Inhabers indes keine Rolle (EuGH GRUR 2012, 654 Rn. 24 – Wintersteiger).

(3) Registerrechte. In einer markenrechtlichen Auseinandersetzung hat der EuGH ge-   **29d** urteilt, der Kläger könne seinen gesamten Schaden bei den Gerichten des Staates geltend machen, „in dem das fragliche Recht geschützt ist" (EuGH GRUR 2012, 654 Rn. 27 – Wintersteiger). Dieses Registerland wird typischerweise mit dem – durch den Antrag zu bestimmenden – Schutzland im Sinne des Art. 8 Rom-II-Verordnung übereinstimmen. Die nur für **Registerrechte** (Patente, Gebrauchsmuster, Registermarken etc.) geltende ausschließliche Zuständigkeitsregel in Art. 22 Nr. 4 EuGVVO wird vom EuGH weit ausgelegt und betrifft alle Arten von Rechtsstreitigkeiten über die Eintragung oder die Gültigkeit von Registerrechten, unabhängig davon, ob die Frage klageweise oder einredeweise aufgeworfen wird (EuGH GRUR 2007, 49 – GAT; eingehend *Heinze/Roffael* GRUR Int. 2006, 787). Hängt der Ausgang des Rechtsstreits nicht von der Gültigkeit des Registerrechts ab, so greift Art. 22 Nr. 4 EuGVVO nicht (OGH GRUR Int. 2007, 433, 435 – Cilgin Boga). Auf Urheberrechte ist Art. 22 Nr. 4 EuGVVO nicht anzuwenden (*Heinze/Roffael* GRUR Int. 2006, 787, 796). Zudem berührt Art. 22 Nr. 4 EuGVVO nicht die

Möglichkeit von einstweiligen Verfügungen nach Art. 31 EuGVVO (EuGH, Urteil vom 12. Juli 2012, Az. C-616/10 – Rn. 40 – Solvay).

29e **cc) Streitgenossenschaft.** Art. 6 Nr. 1 EuGVVO begründet einen besonderen Gerichtsstand für die **Streitgenossenschaft.** Wird das Urheberrecht des Klägers bspw. von mehreren Beklagten, die zu einer Unternehmensgruppe gehören, verletzt, so erlaubt Art. 6 Nr. 1 EuGVVO hiergegen einheitlich vorzugehen (*Bornkamm* in: J. Schwarze 127, 135). Die Regelung soll der **Gefahr widersprechender Entscheidungen** begegnen (vgl. *Grabinski* GRUR Int. 2001, 199, 206; Zöller/*Geimer* Art. 6 EuGVVO Rn. 2). Entscheidungen können allerdings nicht schon deswegen als widersprechend betrachtet werden, weil es zu einer abweichenden Entscheidung des Rechtsstreits kommt. Erforderlich ist vielmehr, dass diese Abweichung **bei derselben Sach- und Rechtslage** auftritt (EuGH, Urteil vom 12. Juli 2012, Az. C-616/10 – Rn. 24 – Solvay). Seine Grenze findet Art. 6 Nr. 1 EuGVVO an ausschließlichen Zuständigkeitsregeln, wie etwa Art. 22 Nr. 4 EuGVVO. Art. 6 Nr. 1 EuGVVO ist so auszulegen, dass der im Rahmen eines Rechtsstreits wegen Verletzung eines europäischen Patents, der gegen mehrere, in verschiedenen Vertragsstaaten ansässige Gesellschaften aufgrund von im Hoheitsgebiet eines oder mehrerer Vertragsstaaten begangenen Handlungen geführt wird, auch dann nicht anwendbar ist, wenn die demselben Konzern angehörenden Gesellschaften gemäß einer gemeinsamen Geschäftspolitik, die eine der Gesellschaften allein ausgearbeitet hat, in derselben oder in ähnlicher Weise gehandelt haben (GRUR Int. 2006, 836 – Roche Nederland BV/Primus). Während der EuGH die Anwendbarkeit von Art. 6 Nr. 1 EuGVVO bei der Verletzung eines europäischen Patents grundsätzlich verneint (EuGH GRUR Int. 2006, 836 – Roche Nederland BV/Primus; anders bei mehreren beklagten Konzerngesellschaften EuGH, Urteil vom 12. Juli 2012, Az. C-616/10 – Rn. 27 – Solvay), bejaht der BGH die für Art. 6 Nr. 1 EuGVVO erforderliche **Konnexität** bei der Verletzung einer **Gemeinschaftsmarke** durch mehrere beklagte Konzernunternehmen (BGH WRP 2007, 960 – Aufarbeitung von Fahrzeugkomponenten). Diese Differenzierung wird u. a. damit begründet, dass das europäische Patent – im Gegensatz zur Gemeinschaftsmarke – ein Bündel nationaler Schutzrechte darstellt (BGH WRP 2007, 960, 962 – Aufarbeitung von Fahrzeugkomponenten). Wegen der Gefahr sich widersprechender Entscheidungen ist im Bereich des **Urheberrechts** ein großzügiger Maßstab bei der Beurteilung der Konnexität angebracht. Dass gegen mehrere Beklagte erhobene Klagen auf unterschiedlichen Rechtsgrundlagen beruhen, steht nach Auffassung des EuGH der Anwendung von Art. 6 Nr. 1 EuGVVO nicht entgegen, sofern für die Beklagten nur vorhersehbar war, dass sie in dem Mitgliedstaat, in dem mindestens einer von ihnen seinen Wohnsitz hatte, verklagt werden könnten (EuGH GRUR 2012, 166, 168 Rn. 81 – Painer). In einem Verfahren, in dem es um die Urheberrechte an einem Foto ging, hatte das vorlegende Handelsgericht Wien die entsprechenden nationalen (österreichischen und deutschen) Vorschriften als „als in den Grundzügen identisch" bezeichnet. Dies spricht nach Auffassung des EuGH für die Anwendung des Art. 6 Nr. 1 EuGVVO (EuGH GRUR 2012, 166, 168 Rn. 82 – Painer).

30 **c) Gerichtsstandsvereinbarungen.** Schließlich sind nach Art. 23 EuGVVO Gerichtsstandsvereinbarungen möglich. Erforderlich ist, dass eine der Parteien ihren Sitz im Anwendungsbereich des EuGVVO hat (Geimer/Schütze/*Geimer* Art. 23 EuGVVO Rn. 16). Art. 23 EuGVVO greift typischerweise, wenn die Parteien ihren Wohnsitz in verschiedenen Mitgliedstaaten haben und die Zuständigkeit des Gerichts eines Vertragsstaates vereinbaren oder wenn die Parteien ihren Wohnsitz im selben Vertragsstaat haben und die Zuständigkeit des Gerichts eines anderen Vertragsstaates vereinbaren (vgl. *Pichler* in: Hoeren/Sieber Teil 31 Rn. 193). Die Berührung zu einem Nichtvertragsstaat kann für die Anwendung des Art. 23 EuGVVO allerdings ausreichen (EuGH NJW 2000, 3121; Thomas/Putzo/*Hüßtege* Art. 23 EuGVVO Rn. 2). Auf die Vereinbarung des Gerichts eines Drittstaates ist Art. 23 EuGVVO hingegen nicht anwendbar (vgl. EuGH EuZW 2001, 122,

124). Die Wirksamkeit einer solchen Vereinbarung beurteilt sich allein nach dem nationalen Recht des angerufenen Gerichts.

3. Staatsverträge

Der **sachliche Anwendungsbereich** des LGVÜ und des EuGVÜ entspricht dem der 31 EuGVVO. Die beiden Übereinkommen sind demnach in Zivil- und Handelssachen anwendbar und gelten grds. für alle Personen, die ihren Sitz in einem Vertragsstaat haben. Keine Anwendungsvoraussetzung ist ein Berührungspunkt zu einem anderen Vertragsstaat (EuGH NJW 2000, 3121, 3122). Maßgeblich für den **allgemeinen Gerichtsstand** ist der Wohnsitz des Beklagten. Anders als in der EuGVVO wird der Sitz von Gesellschaften und juristischen Personen gem. Art. 53 Abs. 1 S. 2 EuGVÜ nach dem internationalen Privatrecht des Gerichts beurteilt. Das nationale Recht, auf welches das Kollisionsrecht des Gerichts verweist, bestimmt über den Sitz der juristischen Person (EuGH EuZW 2001, 122, 124). Der **Gerichtsstand der unerlaubten Handlung** gem. Art. 5 Nr. 3 LGVÜ/EuGVÜ erfasst Urheberrechtsverletzungen (LG Hamburg ZUM-RD 2011, 494, 498 – uploaded.to; Österreichischer OGH GRUR Int. 2000, 795 – Thousand Clowns). Ebenso wie das EuGVVO erfasst das LGVÜ ausdrücklich auch vorbeugende Unterlassungsklagen (*Kubis* Mitt 2010, 151, 152). Die Ausführungen zu den Gerichtsständen der EuGVVO (Rn. 29 ff.) gelten entsprechend. Die Zulässigkeit von **Gerichtsstandsvereinbarungen** richtet sich nach Art. 17 EuGVÜ, der einen internationalen Bezug voraussetzt.

4. Autonomes deutsches Verfahrensrecht

Eine Zuständigkeitsprüfung nach autonomen deutschem internationalen Zivilverfah- 32 rensrecht kommt nur in Betracht, wenn der Beklagte seinen Sitz in einem Drittstaat, also weder im Inland, noch in einem EU Mitgliedstaat noch in einem LGVÜ-Vertragsstaat hat. Es kommt dann zu einer doppelfunktionalen Anwendung der Regeln über die örtliche Zuständigkeit auf die internationale Zuständigkeit (*Schack* Internationales Zivilverfahrensrecht Rn. 236; *Schack* MMR 2000, 135, 136). Die internationale Zuständigkeit ist danach gegeben, wenn ein deutsches Gericht örtlich zuständig ist. Den **allgemeinen Gerichtsstand** regeln die §§ 13, 17 ZPO. Maßgeblich ist danach der Wohnsitz bzw. bei juristischen Personen der Sitz. Den Gerichtsort der unerlaubten Handlung bestimmt § 32 ZPO (BGH GRUR 1980, 227, 229 f. – Monumenta Germaniae Historica). Ebenso wie bei Art. 5 Nr. 3 EuGVVO ist auch der **deliktische Gerichtsstand** aus § 32 ZPO dort gegeben, wo zumindest ein Teilakt der tatbestandsmäßigen Handlung begangen wird (*Schack* MMR 2000, 135, 137; *Koch* CR 1999, 121, 124). Die Ausführungen zu den Gerichtsständen der EuGVVO (Rn. 29 ff.) gelten weitgehend entsprechend. Der inländische Gerichtsstand kann nicht daraus abgeleitet werden, dass am Sitz des Verletzten die Einwilligung in die Werkverwertung hätte eingeholt werden müssen (OLG München GRUR 1990, 677 – Postvertrieb).

Die Zulässigkeit von **Gerichtsstandsvereinbarungen** ist in §§ 38 ff. ZPO geregelt. Aus 33 der Regelung des § 38 Abs. 2 S. 1 ZPO, nach der die Zuständigkeit vereinbart werden kann, wenn mindestens eine Partei keinen allgemeinen Gerichtsstand im Inland hat, folgt die Zulässigkeit von internationalen Gerichtsstandsvereinbarungen. Das Zustandekommen der Vereinbarung beurteilt sich nach den Regeln des internationalen Privatrechts (*Pichler* in: Hoeren/Sieber Teil 31 Rn. 56). Für die Zulässigkeit der Vereinbarung und ihre Wirkung gelten §§ 38 ff. ZPO.

5. Urheberrechtsverletzungen im Internet

Die Rechtsprechung und Literatur ging zunächst davon aus, dass bei der Bereitstellung 34 von urheberrechtlich geschützten Inhalten im **Internet** der Berechtigte überall dort Klage erheben könne, wo die Inhalte abrufbar sind (KG NJW 1997, 3321 – concertconcept.com; OLG Karlsruhe MMR 1999, 604, 605 – badwildbad.com; *Schack* JZ 1998, 753, 762; *Intveen* 137 ff.). Aus dieser Regel folgt im Grundsatz eine Allzuständigkeit deutscher Gerichte für weltweite Streitigkeiten (*Pichler* in: Hoeren/Sieber Teil 31 Rn. 19; krit. Berger GRUR Int. 2005, 465, 466). Dieser sog. **fliegende Gerichtsstand** ermöglicht ein **forum shopping** (vgl. *Schack* Internationales Zivilverfahrensrecht Rn. 220 ff.). Der Kläger kann sich also den Klageort aussuchen. Da jedes Gericht sein eigenes internationales Privatrecht anwendet, kann der Kläger mit der Wahl des Klageortes auch das Kollisionsrecht wählen. Für denjenigen, der urheberrechtlich geschützte Werke im Internet zugänglich macht, ist diese Situation nachteilig. Er muss sich auf das vom Kläger gewählte Forum einlassen. Dieser Nachteil belastet den Anbieter jedoch nicht unbillig, der das Internet für seine Zwecke nutzt, um weltweite Wirkung zu erzielen (*Intveen* 139). Wer weltweit Werke anbietet, muss grundsätzlich eine weltweite Gerichtspflichtigkeit als Folge in Kauf nehmen (*Schack* MMR 2000, 135, 138). Um die Anzahl der zuständigen Gerichte bei Urheberrechtsverletzungen im Internet einzuschränken, lässt die neuere Rechtsprechung die alleinige Abrufbarkeit einer Internetseite zur Begründung des deliktischen Gerichtsstandes nicht mehr ausreichen. Maßgeblich solle vielmehr die **bestimmungsgemäße Wirkung** sein, wofür bspw. die Sprache der Internetseite, Angaben zu Zahlungsmodalitäten und mögliche Disclaimer als Anhaltspunkte berücksichtigt werden sollen (vgl. BGH WRP 2007, 1219 – Wagenfeld-Leuchte; OLG München ZUM 2012, 587 – Sparen & Vorsorgen; *Danckwerts* GRUR 2007, 104, 107). Der Bundesgerichtshof hat die Zuständigkeit deutscher Gerichte unter anderem damit begründet, dass die Webseite, auf der die urheberrechtsverletzenden Plagiate angeboten wurden, in deutscher Sprache gehalten war (BGH WRP 2007, 1219, 1221 Rn. 18 – Wagenfeld-Leuchte). Aus der Entscheidung darf indes nicht geschlossen werden, dass das Angebot in einer anderen als der deutschen Sprache einem deutschen Gerichtsstand entgegenstehen könnte (so aber OLG Köln, GRUR-RR 2008, 71 – Internet-Fotos). Während Aspekte wie bspw. die Sprache einer Webseite im Wettbewerbsrecht durchaus sachgerecht erscheinen mögen, ist eine restriktive Auslegung der Zuständigkeitsvorschriften bei Urheberrechtsverletzungen grds. unangebracht. Werden bspw. Filme oder Musik illegal zum Download angeboten, so ist die auf der Webseite verwendete Sprache und die für die Zahlung erforderliche Währung für die Bestimmung der Zuständigkeit unerheblich. Aber auch dann, wenn das Werk nicht unmittelbar heruntergeladen werden kann, sondern die Webseite den Vertrieb von körperlichen Werkexemplaren anbietet, sind Verwertungsinteressen grds. überall dort betroffen, wo die Webseite abrufbar ist. An das Erfordernis der Bestimmungsgemäßheit dürfen also keine überhöhten Anforderungen gestellt werden.

6. Anerkennung ausländischer Entscheidungen

35 Der fliegende Gerichtsstand bei Urheberrechtsverletzungen im Internet hat auch Auswirkungen auf die Anerkennung ausländischer Urteile. § 328 Nr. 1 ZPO regelt eine spiegelbildliche **Anerkennungszuständigkeit.** Danach ist die Anerkennung des Urteils eines ausländischen Gerichts ausgeschlossen, wenn die Gerichte des Staates, dem das ausländische Gericht angehört, nach den deutschen Gesetzen nicht zuständig sind. Ausländischen Urteilen kann nicht wegen Unzuständigkeit die Anerkennung versagt werden, wenn ein fliegender Gerichtsstand besteht. Im Bereich der EuGVVO stellt sich diese Frage nicht, da Art. 33 Abs. 1 EuGVVO bestimmt, dass die in einem Vertragsstaat ergangenen Entscheidungen in den anderen Vertragsstaaten anerkannt werden, ohne dass es eines besonderen Verfahrens bedarf. Die Prüfung der Anerkennungszuständigkeit entfällt somit.

7. Auslandszustellung

35a Die Auslandszustellung, also die Bekanntgabe der jeweiligen Schriftstücke, spielt sowohl bei verfahrenseinleitenden Schriftstücken, aber auch bei bereits erlassenen einstweiligen

Verfügungen eine Rolle. Geregelt ist das Zustellungsrecht in völkerrechtlichen Übereinkommen, insbesondere in der **HZÜ** (Haager Übereinkommen über die Zustellung gerichtlicher und außergerichtlicher Schriftstücke im Ausland in Zivil- oder Handelssachen vom 15. November 1965), im europäischen Sekundärrecht, insbesondere in der **EuZVO** (EG-Verordnung 1393/2007 vom 1. 2007 über die Zustellung gerichtlicher und außergerichtlicher Schriftstücke in Zivil- oder Handelssachen in den Mitgliedstaaten) und im autonomen deutschen Recht. Zustellungen im Ausland richten sich nach § 183 ZPO. § 183 Abs. 1 ZPO verweist auf die völkerrechtlichen Vereinbarungen, insbesondere das HZÜ. § 183 Abs. 5 ZPO lässt die EuZVO unberührt.

a) Europäische Zustellungsverordnung. Die **EuZVO** ist nach Art. 1 EuZVO in Zivil- oder Handelssachen anzuwenden, in denen ein gerichtliches oder außergerichtliches Schriftstück von einem in einen anderen Mitgliedstaat zum Zwecke der Zustellung zu übermitteln ist und hat nach Art. 20 EuZVO in ihrem Anwendungsbereich Vorrang vor dem HZÜ (vgl. BGH NJW 2011, 1885). Sie statuiert kein generelles Übersetzungserfordernis hinsichtlich zuzustellender Schriftstücke, sondern gestattet vielmehr (zunächst) die Zustellung eines nicht übersetzten Schriftstückes. Als Ausgleich für diese Möglichkeit gewährt Art. 8 Abs. 1 EuZVO ein Annahmeverweigerungsrecht (*Ahrens* NJW 2008, 2817; *Hess* IPRax 2008, 400; *Schack* Internationales Zivilverfahrensrecht, Rn. 690). Voraussetzung für das Bestehen eines Annahmeverweigerungsrechts ist, dass der Beklagte die Sprache, in der das zuzustellende Schriftstück verfasst ist, nicht versteht oder dass das Schriftstück nicht in einer Amtssprache des Empfangsmitgliedstaates bzw. des Ortes, an dem die Zustellung vorzunehmen ist, abgefasst ist. Das zuzustellende Schriftstück muss die Unterlagen enthalten, die es dem Antragsgegner bzw. Beklagten erlauben, den Gegenstand und die Begründung des Antrags bzw. Klage zu verstehen und zu erkennen, dass ein gerichtliches Verfahren besteht, in dessen Verlauf er seine Rechte geltend machen kann (EuGH NJW 2008, 1721 – Ingenieurbüro Weiss). Im Anwendungsbereich der EuZVO sind grundsätzlich diejenigen Anlagen zu übersetzen, die zur vollständigen Substantiierung des Antrags bzw. der Klage erforderlich sind. **35b**

b) Haager Zustellungsübereinkommen. Das HZÜ ist anzuwenden, wenn ein Schriftstück zum Zweck der Zustellung in das Ausland zu übermitteln ist. Das HZÜ gilt in über 50 Vertragsstaaten, unter anderem Deutschland und den Vereinigten Staaten (BGH NJW 2011, 3581). Da Art. 10 lit. a HZÜ die Zustellung durch die Post grundsätzlich zulässt, kann nach Auffassung des LG Berlin in solche Länder, die – wie beispielsweise die Vereinigten Staaten – keinen Widerspruch dagegen erklärt haben, entsprechend zugestellt werden, obwohl die Bundesrepublik Deutschland einen solchen Widerspruch erklärt hatte (LG Berlin ZUM-RD 2012, 399, 401 f. – Wikimedia). Sofern keine förmliche Zustellung beantragt wurde, wird nach Art. 5 Abs. 2 HZÜ zunächst eine formlose Zustellung versucht. Der Empfänger kann die Annahme allerdings ablehnen (*Schack* Internationales Zivilverfahrensrecht, Rn. 681). Tut er dies nicht, so ist nach Auffassung des LG Berlin eine Übersetzung auch bei Zustellung in den Vereinigten Staaten nicht zwingend erforderlich (LG Berlin ZUM-RD 2012, 399, 401 f. – Wikimedia). **35c**

8. Auslandsvollstreckung

Die Auslandsvollstreckung erfolgt auf der Grundlage des inländischen Titels nach ausländischem Zwangsvollstreckungsrecht. Dafür bieten sich verschiedene Vorgehensweisen an, nämlich die Anerkennung und Vollstreckbarerklärung im Zweitstaat unter Anwendung dortigen Vollstreckungsrechts einerseits und die Festsetzung des Ordnungsmittels im Erststaat und dessen anschließende Vollstreckbarerklärung im Zweitstaat andererseits. Die Vollstreckung von einstweiligen Verfügungen, die ohne mündliche Verhandlung – also im Beschlusswege – ergehen, ist im Hinblick auf Art 34 EuGVVO problematisch (vgl. EuGH **35d**

GRUR Int. 1980, 512 – *Denilauler*; BGH GRUR 2007, 813 – *Ausländischer Arrestbeschluss*; EuGH GRUR Int. 2012, 32 – *Realchemie Nederland BV ./. Bayer CropScience AG*; *Kurtz* 103 f.). Nach Art 34 Nr 2 EuGVVO kann eine Entscheidung nicht anerkannt und damit nicht für vollstreckbar erklärt werden, wenn dem Beklagten, der sich nicht auf das Verfahren eingelassen hat, das verfahrenseinleitende Schriftstück nicht so rechtzeitig und in einer Weise zugestellt worden ist, dass er sich verteidigen konnte, es sei denn, der Beklagte hat gegen die Entscheidung keinen Rechtsbehelf eingelegt, obwohl er die Möglichkeit dazu hatte. Wurde kein Rechtsbehelf eingelegt, obwohl die Möglichkeit dazu bestand oder hatte dieser keinen Erfolg, so steht dies der Auslandsvollstreckung einer Beschlussverfügung nicht entgegen (OLG München GRUR-RR 2011, 78 – *Metallhülle für Discs*). Die Vollstreckung von inländischen Ordnungsmittelbeschlüssen im Ausland wurde durch die Rechtsprechung deutlich erleichtert, indem die Ordnungsgelder als Forderungen im Sinne der EuVTVO (EG-Verordnung 805/2004 zur Einführung eines europäischen Vollstreckungstitels für unbestrittene Forderungen) anerkannt wurden (BGH NJW 2010, 1883 – *Europäischer Vollstreckungstitel*; EuGH GRUR Int. 2012, 32 – *Realchemie Nederland BV ./. Bayer CropScience AG*).

IV. Urheberrecht und Europarecht

1. Anwendungsbereich des AEUV

36 Wachsende Bedeutung für das Urheberrecht hat auch das **Europarecht**. Zum einen ist das **primäre Unionsrecht** urheberrechtlich relevant. Durch den urheberrechtlichen Schutz werden der Austausch von Gütern und Dienstleistungen sowie die Wettbewerbsverhältnisse innerhalb der Europäischen Union berührt. Das Urheberrecht und die verwandten Schutzrechte fallen deshalb in den Anwendungsbereich des Vertrages über die Arbeitsweise der Europäischen Union (AEUV; vgl. EuGH GRUR Int. 1994, 53, 55 Rn. 22 – *Phil Collins*; EuGH GRUR 2005, 755 – *Tod's*; *Mestmäcker* GRUR Int. 1993, 532, 535). Zum anderen spielt auch das **sekundäre Unionsrecht** eine wichtige Rolle. Die unterschiedlichen nationalen Rechtsordnungen wurden in Teilbereichen durch eine Vielzahl von Richtlinien angeglichen (Liste der bisherigen Richtlinien auf urheberrechtlichem Gebiet bei Einl Rn. 21). Der **EuGH** (Gerichtshof der Europäischen Union) nimmt durch seine umfangreiche Rechtsprechung wesentlichen Einfluss auf die Entwicklung des Urheberrechts (*Trstenjak* GRUR Int. 2012, 393; *Berger* ZUM 2012, 353; *Metzger* GRUR 2012, 118). Besondere Beachtung fanden in jüngerer Zeit Entscheidungen zum **Werkbegriff** (EuGH GRUR 2009, 1041 – *Infopaq I*; EuGH GRUR 2011, 220 – *BSA*; EuGH GRUR 2012, 156 – *Murphy*; EuGH GRUR 2012, 166 – *Painer*; EuGH GRUR 2012, 386 – *Football Dacato v. Yahoo*; EuGH GRUR Int. 2012, 536, 540 Rn. 65 – *SAS Institute*; vgl. auch *Marly* GRUR 2011, 204; *Marly* GRUR 2012, 773; *Vousden* WIPO Journal 2010, 197), zum **Öffentlichkeitsbegriff** (EuGH GRUR Int. 2012, 150 – *Circul Globus Bucure°ti*; EuGH GRUR Int. 2012, 440 – *SCF*; EuGH GRUR Int 2012, 448 – *Phonographic Performance*; hierzu *von Ungern-Sternberg* GRUR 2012, 576), zu den **Schranken** (EuGH Urteil vom 26.4.2012, Az. C-510/10 – *DR und TV2 Danmark*), zur **Haftung** (EuGH GRUR 2012, 265 – *Scarlet v. SABAM*; EuGH GRUR 2012, 382 – *SABAM v. Netlog*; hierzu *Trstenjak* GRUR Int. 2012, 393; *Hoeren/Neubauer* WRP 2012, 508; *Roth* ZUM 2012, 125) und zur **territorialen Beschränkung von Lizenzen** (EuGH GRUR 2012, 156 – *Murphy*; *Ranke/Roßnagel* MMR 2012, 152; *Heermann* WRP 2012, 650). Obwohl der **Werkbegriff** durch Richtlinien nur für Fotografien, Computerprogramme und Datenbanken dahingehend harmonisiert wurde, dass bereits das Vorliegen einer **eigenen geistigen Schöpfung** ausreicht, hat der EuGH auch für andere Werkarten eine entsprechend niedrige Schutzschwelle angesetzt, so beispielsweise für **Texte** (EuGH GRUR 2009, 1041 – *Infopaq I*) und **grafische Benutzeroberflächen von Computerprogrammen** (EuGH GRUR 2011, 220 – *BSA*) sowie für **Werkteile** (EuGH

GRUR 2012, 156 – Murphy; EuGH GRUR Int. 2012, 536 – SAS Institute). Zusätzlich zu den Richtlinien, welche eine Angleichung des Rechts der Mitgliedstaaten bewirken, wurde durch Verordnungen in einigen angrenzenden Bereichen – wie dem Geschmacksmusterrecht, dem Markenrecht und dem Recht der Grenzbeschlagnahme – einheitliches Unionsrecht geschaffen. Der jeweils gegenwärtige Stand des Unionsrechts wird als **Acquis communautaire** bezeichnet und ist nach Art. 49 EU auch für beitretende Staaten verbindlich (*Schack* ZEuP 2000, 799, 800).

2. Inländerbehandlungsgrundsatz

a) Phil-Collins-Entscheidung. Das allgemeine **Diskriminierungsverbot** des Art. 18 Abs. 1 AEUV gilt auch im Bereich des Urheberrechts. Der EuGH hat bereits in seiner Phil-Collins-Entscheidung v. 20.10.1993 Diskriminierungen aufgrund der Staatsangehörigkeit für unvereinbar mit dem **Diskriminierungsverbot** erklärt. Ausgangspunkt des Verfahrens waren zwei Vorlagebeschlüsse des LG München I und des BGH, in denen britische ausübende Künstler, die vom Rom-Abkommen nicht erfasst wurden, in Deutschland Leistungsschutz begehrten. Mit fast gleich lautenden Beschlüssen wurde dem EuGH die Frage vorgelegt, ob das nationale Urheberrecht unter das Diskriminierungsverbot falle, und – falls das der Fall sei – ob eine Regelung, die Angehörigen eines anderen Mitgliedstaates nicht denselben Schutz wie inländischen ausübenden Künstlern gewährt, mit dem Diskriminierungsverbot vereinbar sei. Ausgehend von der Formulierung der Vorlagebeschlüsse beantwortete der EuGH die Fragen nicht nur im Hinblick auf Leistungsschutzrechte, sondern auch im Hinblick auf das Urheberrecht (EuGH GRUR Int. 1994, 53, 54 Rn. 14 – Phil Collins). Nach der Klarstellung, dass Urheberrechte und verwandte Schutzrechte dem allgemeinen Diskriminierungsverbot unterliegen (EuGH GRUR Int. 1994, 53, 55 Rn. 27 – Phil Collins), stellte der EuGH fest, dass das Diskriminierungsverbot keine Benachteiligungen erfasst, die sich aus Unterschieden zwischen den verschiedenen Rechtsordnungen ergeben, sofern die Rechtsordnungen ohne Rücksicht auf die Staatsangehörigkeit anwendbar seien. Hingegen verbiete das Diskriminierungsverbot den Mitgliedstaaten, die Gewährung eines ausschließlichen Rechts von der inländischen Staatsangehörigkeit abhängig zu machen (EuGH GRUR Int. 1994, 53, 56 Rn. 32 – Phil Collins). Den Urhebern und ausübenden Künstlern müsse also der Schutz gewährt werden, der nach nationalem Recht den Inländern vorbehalten sei (EuGH GRUR Int. 1994, 53, 56 Rn. 35 – Phil Collins). Das BVerfG hat die Entscheidung des EuGH gebilligt, da sie sich im Rahmen des Zustimmungsgesetzes zum AEUV halte (BVerfG GRUR 2001, 499).

b) Kritik. Gegen die Entscheidung wurde eingewandt, dass Art. 18 Abs. 1 AEUV nur ein **relatives Diskriminierungsverbot** enthalte (*Braun* IPRax 1994, 263, 264; *Schack* JZ 1994, 144, 146; *Loewenheim* GRUR Int. 1993, 105, 114). Nur durch die – sachlich gerechtfertigte – Ungleichbehandlung könnten andere Staaten dazu bewegt werden, den internationalen Verträgen zum Schutz der Urheber und ausübenden Künstler beizutreten, in denen der Grundsatz der Inländerbehandlung durch materielle Mindestrechte ergänzt wird. Inländerbehandlung ohne gleichzeitige Festlegung von Mindestrechten festige nur das materielle Schutzgefälle zwischen den Staaten, indem es ihnen jeden Anreiz nimmt, den internationalen Konventionen beizutreten (*Schack* JZ 1994, 144, 146). Dies gelte umso mehr, als der EuGH das Diskriminierungsverbot auch auf das Urheberrecht erstreckte, obwohl es in beiden Ausgangsverfahren um Leistungsschutzrechte ging (*Braun* IPRax 1994, 263, 265; OLG Frankfurt GRUR Int. 1995, 337, 338 – Eileen Gray II). Durch die EuGH-Entscheidung werde das ausgewogene System der internationalen Verträge zum Schutz der Urheber und ausübenden Künstler innerhalb der EU beeinträchtigt. Der BGH geht von einer **Rückwirkung** der Entscheidung aus (BGHZ 125, 382, 393 f. – Rolling Stones; BGH GRUR Int. 1995, 503, 504 – Cliff Richard II; BGH GRUR Int. 1999, 62, 64 – Bruce Springsteen and his Band). Eine solche generalisierende Betrachtung der Wirkung von Vorabentscheidungsverfahren ist indes keineswegs zwingend. Anders als beim sog. Gültigkeitsverfahren, das der Überprüfung des sekundären Unionsrechts dient, besteht beim Auslegungsverfahren, welches – zumindest auch – einen Ausgleich zwischen mitgliedstaatlichem Recht und Unionsrecht ermöglichen soll, grds. Raum für die Beschränkung der Rückwirkung (vgl. *Waldhoff* EuR 2006, 615, 630 ff.).

39 **c) Ricordi-Entscheidung.** Das in Art. 18 Abs. 1 AEUV kodifizierte Diskriminierungsverbot ist auch dann anzuwenden, wenn der Urheber verstorben ist, bevor der AEUV in seinem Heimatstaat in Kraft getreten ist (EuGH WRP 2002, 816 – Ricordi). Art. 18 Abs. 1 AEUV verbietet auch eine unterschiedliche Behandlung von Urhebern aus verschiedenen Mitgliedstaaten hinsichtlich der **Schutzdauer**. Die Klägerin des Ausgangsverfahrens, ein deutscher Bühnenverlag, war Inhaberin der Aufführungsrechte an der von Puccini komponierten Oper La Bohème. Das Staatstheater Wiesbaden meinte, die Oper sei zum fraglichen Zeitpunkt in Deutschland nicht mehr geschützt, da nach dem in Art. 7 Abs. 8 RBÜ (Revidierte Berner Übereinkunft) festgelegten Schutzfristenvergleich nur die kurze italienische Schutzfrist von 56 Jahren gelte, und führte die Oper ohne Zustimmung des Bühnenverlages auf. Dieser berief sich auf die 70-jährige Schutzfrist nach §§ 64, 69 UrhG. Der BGH legte dem EuGH die Frage vor, ob das allgemeine Diskriminierungsverbot eine Gleichbehandlung von inländischen und ausländischen Urhebern hinsichtlich der urheberrechtlichen Schutzdauer vorschreibe, wenn der ausländische Urheber bereits vor dem Inkrafttreten des AEUV verstorben war (BGH GRUR 2000, 1020). Trotz der am 1.7.1995 in Kraft getretenen Gleichstellung von EU- und EWR-Angehörigen mit deutschen Staatsangehörigen in § 120 Abs. 2 Nr. 2 UrhG sah sich der BGH zu der Vorlagefrage veranlasst, da § 137 f in Umsetzung von Art. 10 Abs. 2 Schutzdauer-Richtlinie (Richtlinie 93/98/EWG v. 29.10.1993 zur Harmonisierung der Schutzdauer des Urheberrechts und bestimmter verwandter Schutzrechte; GRUR Int. 1994, 141–144) sämtliche Werke von der Gleichstellung ausnimmt, die am 1.7.1995 weder in Deutschland noch in einem anderen EU- oder EWR-Staat geschützt waren. Hätte Art. 18 AEUV in diesem Fall keine andere Auslegung geboten, wäre die Oper La Bohème ab dem 1.1.1981 in Deutschland gemeinfrei gewesen, da sie am Stichtag (1.7.1995) in keinem EU- oder EWR-Staat mehr geschützt war. Der BGH zweifelte an der Anwendbarkeit des Diskriminierungsverbotes, da der Unionsgesetzgeber eine umfassende Rückwirkung der neuen Schutzdauer-Richtlinie im Interesse der Rechtssicherheit abgelehnt hatte (BGH GRUR 2000, 1020, 1021). Die Literatur ging demgegenüber überwiegend davon aus, dass das Diskriminierungsverbot aufgrund der wenige Tage vor Erlass der Schutzdauer-Richtlinie ergangenen Phil-Collins-Entscheidung auch hinsichtlich der Schutzfristen gelte (Walter/*Walter* Art. 10 Rn. 18 Schutzdauer-RL; *Schack* GRUR Int. 1995, 310, 312). Diese Auffassung bestätigte auch der EuGH. Zunächst wiederholte der EuGH, dass das Urheberrecht in den Anwendungsbereich des AEUV fällt (WRP 2002, 816 – Ricordi). Der Umstand, dass ein Urheber im Zeitpunkt des Inkrafttretens des AEUV bereits verstorben war, steht der Anwendung des Diskriminierungsverbotes nicht entgegen, da sich nicht nur Urheber, sondern auch ihre Rechtsnachfolger auf das Urheberrecht berufen können. Die Vorschriften des AEUV gelten für jeden Staat ab dem Zeitpunkt des Beitritts und können damit auch zukünftige Auswirkungen auf bereits zuvor entstandene Sachverhalte haben. Eine Rechtfertigung für die unterschiedliche Behandlung von inländischen und ausländischen Urhebern hinsichtlich der Schutzfrist ihrer Werke verneinte der EuGH. Dieser Rechtsprechung folgen nun auch die deutschen Gerichte (OLG Frankfurt ZUM-RD 2004, 303).

3. Unionsweite Erschöpfung des Verbreitungsrechts

40 **a) Warenverkehrsfreiheit.** Art. 34 AEUV verbietet mengenmäßige Einfuhrbeschränkungen sowie alle Maßnahmen gleicher Wirkung zwischen den Mitgliedstaaten. Eine Maßnahme gleicher Wirkung ist nach der sog. **Dassonville-Formel** jede Handelsregelung der Mitgliedstaaten, die geeignet ist, den innergemeinschaftlichen Handel unmittelbar oder mittelbar, tatsächlich oder potenziell zu behindern (EuGH Slg. 1974, 837, 852). Nach der Rechtsprechung des EuGH verstößt es gegen die **Warenverkehrsfreiheit** innerhalb der Union, wenn Urheberrechte oder verwandte Schutzrechte zur Abschottung nationaler Märkte ausgeübt werden (EuGH GRUR Int. 1971, 450, 453 f. – Polydor; EuGH GRUR Int. 1981, 229, 231 Rn. 15 – Gebührendifferenz II; *Block* 99 ff.). Der Rechtsinhaber kann die Einfuhr von geschützten Produkten nicht verhindern, die auf dem Markt eines anderen Mitgliedstaates vom Rechtsinhaber selbst oder mit seiner Zustimmung rechtmäßig in Verkehr gebracht worden sind (*Gaster* GRUR Int. 2000, 571, 574). Es gilt demnach der **Grundsatz der EU-weiten Erschöpfung des Verbreitungsrechts.** Das Verbreitungsrecht ist verbraucht, wenn das Werk vom Rechtsinhaber oder mit dessen Zustimmung innerhalb der Union in Verkehr gebracht wurde. Für das Recht der öffentlichen Wiedergabe gilt dieser Grundsatz nicht. Vorführungsrechte für Kinofilme können also regional aufgeteilt werden (EuGH GRUR Int. 1980, 602, 607 Rn. 17 – Coditel I; vgl. EuGH GRUR Int. 1983, 175 – Coditel II). Werden außerhalb der Europäischen Union Vervielfältigungsstücke in Verkehr gebracht, tritt keine Erschöpfung des Verbreitungsrechts ein (EuGH GRUR Int. 1982, 372 – Polydor/Harlequin). Art. 4 Abs. 2 Multimedia-Richtlinie steht einer mitgliedstaatlichen Regelung der internationalen Erschöpfung entgegen (EuGH GRUR Int. 2007, 237, 238 Rn. 24 – Laserdisken; Immenga/Mestmäcker/*Ullrich* Abschnitt IV.A Rn. 71). Nach einer Entscheidung des EuGH im Hinblick auf **Computerprogramme** ist das Verbreitungsrecht an der Programmkopie auch dann erschöpft, wenn das Programm mit Zustimmung des Rechteinhabers **online** heruntergeladen wurde und der Rechtsinhaber dem Ersterwerber ein entgeltliches, zeitlich unbegrenztes Nutzungsrecht eingeräumt hat (EuGH, Urteil vom 3.7.2012, Az. C-128/11 – UsedSoft). Ein das Verbreitungsrecht erschöpfender **Erstverkauf** im Sinne des Art. 4 Abs. 2 **Computerprogramm-RL** liegt auch dann vor, wenn die Programmkopie online und nicht auf einem Datenträger erworben wird (EuGH, Urteil vom 3.7.2012, Aktenzeichen C-128/11, Rn. 55 – UsedSoft). Das Urteil kann allerdings nicht unbesehen auf andere Werkarten übertragen werden, da **Art. 4 Abs. 2 Computerprogramm-RL lex specialis zu Art. 4 Abs. 2 Multimedia-RL** ist (EuGH, Urteil vom 3.7.2012, Az. C-128/11, Rn. 56 – UsedSoft). Jeder spätere Erwerber einer Programmkopie kann sich auf die Erschöpfung des Verbreitungsrechts berufen und das Programm dann als **rechtmäßiger Erwerber** im Sinne des Art. 5 Abs. 1 Software-RL nutzen, was auch die notwendige Vervielfältigung im Arbeitsspeicher mitumfasst (EuGH, Urteil vom 3.7.2012, Az. C-128/11, Rn. 81 – UsedSoft). Er darf das Programm von der Internetseite des Anbieters auf seinen Rechner laden und anschließend nutzen (EuGH, Urteil vom 3.7.2012, Az. C-128/11, Rn. 85 – UsedSoft).

b) Ausnahmen. Nach Art. 36 Satz 1 AEUV können Ausnahmen von dem Verbot der mengenmäßigen Ein- und Ausfuhrbeschränkung aus Gründen des gewerblichen oder kommerziellen Eigentums gerechtfertigt sein. Unter diese Vorschrift fällt auch das Urheberrecht (EuGH GRUR Int. 1971, 450, 454 – Polydor; EuGH GRUR Int. 1981, 229, 231 – Gebührendifferenz II; Immenga/Mestmäcker/*Ullrich* Abschnitt IV.A: Gewerblicher Rechtsschutz und Urheberrecht im Gemeinsamen Markt Rn. 59). Der EuGH unterschied hier traditionell zwischen **Bestand und Ausübung** dieser Rechte (EuGH GRUR Int. 1971, 450, 454 – Polydor; *Deringer* NJW 1985, 513, 514; dagegen *Sack* WRP 1999, 592, 594). Die Unterscheidung zwischen Ausübung des Rechts und seinem unantastbarem Bestand erfolgt anhand des **spezifischen Gegenstands des Rechts.** In einigen neueren Entscheidungen unterscheidet der EuGH nicht mehr zwischen Bestand und Ausübung, sondern argumentiert allein mit dem spezifischen Gegenstand des Rechts. Ausnahmen vom Erschöpfungsgrundsatz sind danach zulässig, wenn sie zur Wahrung der Rechte gerechtfertigt sind, die den spezifischen Gegenstand des geistigen Eigentums ausmachen (EuGH GRUR Int. 1998, 596, 597 Rn. 14 – Metronome; EuGH GRUR Int. 1998, 878, 879

Rn. 13 – Laserdisken). Eine Erschöpfung tritt ausnahmsweise nicht ein, wenn die Befugnisse in den Mitgliedstaaten unterschiedlich ausgestaltet sind. Besteht nur im Importland ein Verwertungsrecht, kann sich der Urheber darauf berufen. Der EuGH sah das auf ein ausschließliches **Vermietrecht** gestützte Verbot, importierte Videokassetten zu vermieten, als durch Art. 36 AEUV gerechtfertigt an (EuGH GRUR Int. 1989, 668, 669 Rn. 16 – Warner Brothers). Auch wenn der Vermietung in anderen Mitgliedstaaten zugestimmt wurde, kann der Rechtsinhaber gegen Vermietungen vorgehen. Im Gegensatz zum Verbreitungsrecht gilt beim Vermietrecht nicht der Grundsatz der Erschöpfung (EuGH GRUR Int. 1998, 596, 597 Rn. 20 – Metronome; EuGH GRUR Int. 1998, 878, 879 Rn. 17 – Laserdisken; *Gaster* GRUR Int. 2000, 571, 580). Auch bei längeren Schutzfristen im Importland nahm der EuGH eine Ausnahme vom Grundsatz der EU-weiten Erschöpfung an (EuGH GRUR Int. 1989, 319 – Schutzfristunterschiede). Nichts anderes gilt, wenn ein Urheberrecht in einem Land nicht besteht oder praktisch nicht durchsetzbar ist, wie dies beispielsweise bei urheberrechtlich geschützten Möbeln aus der Bauhaus-Epoche in Italien der Fall ist (vgl. EuGH, Urteil vom 21. Juni 2012, Az. C-5/11, Rn. 34 – Donner). Das deutsche Urheberrecht kann nicht dadurch umgangen werden, dass Vervielfältigungsstücke in Deutschland angeboten werden, die nachgelagerte Veräußerung aber im schutzrechtsfreien Ausland erfolgt (BGH WRP 2007, 1219 – Wagenfeld-Leuchte; anders noch die Vorinstanz OLG Hamburg GRUR-RR 2005, 41, 43 – Bauhauslampen aus Italien). Das Anbieten ist gegenüber dem Inverkehrbringen eine eigenständige Verbreitungshandlung und bleibt dem Urheber vorbehalten (BGH WRP 2007, 1219, 1222 Rn. 29 – Wagenfeld-Leuchte). Auch wenn die streitgegenständlichen Werke im Ausland tatsächlich schutzrechtsfrei sind, führt dies zu keiner anderen Beurteilung, da handelsbeschränkende Verschiedenheiten in den nationalen Rechtsvorschriften zum Schutz geistigen Eigentums nach Art. 36 AEUV gerechtfertigt sind, wenn sie auf Unterschieden der Regelungen beruhen und diese untrennbar mit dem Bestehen der Schutzrechte verknüpft sind (BGH WRP 2007, 1219, 1223 Rn. 36 – Wagenfeld-Leuchte). Nach Art. 36 Satz 2 AEUV dürfen die Ein- und Ausfuhrbeschränkung aus Gründen des gewerblichen oder kommerziellen Eigentums weder ein Mittel zur willkürlichen Diskriminierung noch eine verschleierte Beschränkung des Handels zwischen den Mitgliedstaaten darstellen. Dies ist bei dem Verbot, Nachbauten urheberrechtlich geschützter Möbel zu importieren, nicht der Fall (EuGH GRUR 2012, 817 Rn. 35 – Donner).

4. Recht der öffentlichen Wiedergabe

42   Art. 56 AEUV verbietet Beschränkungen des freien Dienstleistungsverkehrs (EuGH NJW 1991, 2693 – Säger). Unter die Freiheit des Dienstleistungsverkehrs fallen etwa grenzüberschreitende Fernsehsendungen (EuGH GRUR Int. 1974, 297 – Sacchi; EuGH GRUR Int. 1980, 608 – Fernsehwerbung; *Beining* 136). Um die Vereinbarkeit von räumlich beschränkten Nutzungsrechten mit der Dienstleistungsfreiheit ging es in der **Coditel I-Entscheidung des EuGH** (EuGH GRUR Int. 1980, 602 – Coditel I). Die Inhaberin des Nutzungsrechts an einem Film für Belgien wollte dort die Kabelweiterverbreitung des rechtmäßig in Deutschland ausgestrahlten Filmes verbieten. Der EuGH prüfte die Frage, ob ein Verbot der Sendung mit den Vorschriften des AEUV über die **Dienstleistungsfreiheit** vereinbar sei und stellte fest, dass die Vorschriften des AEUV räumlichen Begrenzungen der Nutzungsrechte, die von den Vertragsparteien vereinbart werden, grds. nicht entgegenstünden (EuGH GRUR Int. 1980, 602, 607 Rn. 16 – Coditel I). Die **öffentliche Wiedergabe** führt zu keiner Erschöpfung (*Fikentscher* FS Schricker 1995, 149, 188; vgl. BGH NJW-RR 2001, 38, 40 – Einzigartige Chanel). Zwar sind Beschränkungen des freien Dienstleistungsverkehrs verboten, der EuGH wendet aber die Grundsätze des Art. 36 AEUV auch hier an (EuGH GRUR Int. 1980, 602, 607 Rn. 15 – Coditel I). Der EuGH gestand damit dem Inhaber der belgischen Filmtheaterrechte die Befugnis zu, sich der Ein-

speisung einer deutschen Fernsehausstrahlung des betreffenden Films in das belgische Kabelnetz zu widersetzen.

Eine territoriale Aufteilung von Senderechten in der EU ist allerdings unzulässig (EuGH GRUR Int. 2011, 1063 – Karen Murphy; vgl hierzu *Handig* GRUR Int. 2012, 9). In dem Verfahren, mit welchem der EuGH die bis dato übliche Vermarktungspraxis von **Fußballspielen** für unzulässig erklärte, wendete sich die englische **Football Association Premier League** dagegen, dass für den griechischen Markt bestimmte **Decoder** in England – unter anderem in dem Pub von **Karen Murphy** – verwendet werden. Denn dadurch wurde das Vermarktungssystem, das auf einer territorialen Preisdifferenzierung basierte, beeinträchtigt. Die Sender, welche die Spiele verschlüsselt via Satellit übertragen, verpflichten sich, die zur Entschlüsselung erforderlichen Decoder, welche die Entschlüsslung der per Satellit gesendeten Fußballspiele ermöglichen, nur an private Abonnenten im jeweiligen Sendemitgliedstaat abzugeben. Der EuGH stellte einen Verstoß gegen die Dienstleistungsfreiheit fest und verbot zugleich vertragliche Absicherungen des Gebietsschutzes als wettbewerbswidrig. Als Maßstab für vertragliche Beschränkungen des Handels mit Decodern zieht der EuGH nicht die Warenverkehrs-, sondern die Dienstleistungsfreiheit heran, da die Bereitstellung der Decoder wirtschaftlich nur eine untergeordnete Bedeutung habe. Auch Eingriffe in die Dienstleistungsfreiheit könnten durch geistige Eigentumsrechte gerechtfertigt werden. Fußballspiele als solche unterfielen zwar nicht dem Urheberrecht, allerdings enthielten die Sendungen in aller Regel durchaus schutzfähige Bestandteile, wie eingeblendete Musik, Grafiken oder kurze Videosequenzen. Mögliche Schutzrechte können nach Auffassung des EuGH nicht den Preisaufschlag rechtfertigen, der aus der künstlichen Marktabschottung folgt. Eine Rechtfertigung, wie sie noch in der Coditel-I-Entscheidung (GRUR Int. 1980, 602) angenommen wurde, lehnt der EuGH ab. Den Unterschied zu den nun vorliegenden Fallgestaltungen sieht der EuGH in der Gleichartigkeit der Nutzungsarten (Satellitensendung) in Griechenland und im Vereinigten Königreich. Während in der Coditel-I-Entscheidung die Kinoauswertung durch die gleichzeitige Fernsehausstrahlung gefährdet wurde, gehe es hier um dieselbe Art der Verwertung, für die im Sendemitgliedstaat bereits eine Vergütung gezahlt worden sei.

Eine weitere Ausnahme von dem Grundsatz, dass die öffentliche Wiedergabe zu keiner Erschöpfung führt, gilt für den Download von Software. Das Verbreitungsrecht an der Programmkopie ist erschöpft, wenn diese mit Zustimmung des Rechteinhabers heruntergeladen wurde und der Rechtsinhaber ein entgeltliches, zeitlich unbegrenztes Nutzungsrecht eingeräumt hat (ausführlich oben Rn. 40).

5. Urheberrecht und Europäisches Wettbewerbsrecht

43 Zwischen dem Urheberrecht und den kartellrechtlichen Bestimmungen des AEUV besteht ein Spannungsverhältnis, denn das Urheberrecht verleiht ein gesetzliches **Monopol** und beschränkt damit den Wettbewerb, während das **Kartellrecht** den Wettbewerb gerade vor Beschränkungen schützen soll.

44 **a) Verbot des Missbrauchs einer marktbeherrschenden Stellung nach Art. 102 AEUV. aa) Verweigerung von Lizenzen.** Die Weigerung, Lizenzen zu erteilen, kann in bestimmten Fällen als Missbrauch einer marktbeherrschenden Stellung nach Art. 102 AEUV anzusehen sein (*Schwarze* EuZW 2002, 75 ff.).

45 **(1) Magill-Entscheidung.** Das Verhältnis von Urheberrecht und Art. 102 AEUV war Gegenstand der Magill-Entscheidung v. 6.4.1995. Der EuGH hat in dieser Entscheidung die Weigerung mehrerer Sendeunternehmen, Lizenzen an Programminformationen zu erteilen, als **Missbrauch einer marktbeherrschenden Stellung** gem. Art. 102 Abs. 2b) AEUV beurteilt. Die Inhaberschaft an einem Immaterialgüterrecht begründe zwar allein keine beherrschende Stellung (EuGH GRUR Int. 1995, 490, 492 Rn. 46 – Magill TV

Guide). Entscheidend sei vielmehr das faktische Monopol der Sendeunternehmen an den Programminformationen (EuGH GRUR Int. 1995, 490, 492f. Rn. 47 – Magill TV Guide). Die Verweigerung einer Lizenz sei grds. nicht missbräuchlich, da das Recht zur Vervielfältigung zu den Vorrechten des Urhebers gehöre. Die Ausübung des ausschließlichen Rechts könne jedoch unter außergewöhnlichen Umständen ein missbräuchliches Verhalten darstellen (EuGH GRUR Int. 1995, 490, 493 Rn. 50 – Magill TV Guide). Die Weigerung, die Grundinformationen zur Verfügung zu stellen, habe das Auftreten eines neuen Erzeugnisses – eines umfassenden wöchentlichen Programmführers – verhindert und sei deshalb nach Art. 102 Abs. 2b AEUV missbräuchlich (EuGH GRUR Int. 1995, 490, 493 Rn. 54 – Magill TV Guide). Dem liegt die Annahme zugrunde, die Monopolisierung eines anderen Marktes (Programmzeitschriften) als des unmittelbar beherrschten Marktes (Sendeleistungen) sei nicht mehr als Bestandsschutz von Art. 102 AEUV freigestellt (*Bechthold* EuZW 1995, 345, 346). Allerdings gehört es gerade zur Substanz der Schutzrechte, dass verschiedene Vermarktungsstufen vorbehalten sind (*Ebenroth/Bohne* EWS 1995, 397, 403). Die Eignung zur Beeinträchtigung des Handels der Mitgliedstaaten ließ der EuGH ausreichen. Ungeprüft ließ der EuGH Art. 36 AEUV, der nach überwiegender Meinung auch auf die Wettbewerbsregeln in Art. 101, 102 AEUV anwendbar ist (*Cohen Jehoram/Mortelmans* GRUR Int. 1997, 11, 13; *Ebenroth/Bohne* EWS 1995, 397, 399f.; *Fikentscher* FS Schricker 1995, 149, 156). Nach Art. 36 AEUV können Ein- und Ausfuhrbeschränkungen aus Gründen des geistigen Eigentums gerechtfertigt sein, wenn der spezifische Gegenstand des Rechts betroffen ist. Die Entscheidungsfreiheit über die Lizenzvergabe gehört zum spezifischen Gegenstand des Urheberrechts und stellt nicht nur die Ausübung dieses Rechts dar (*Götting* JZ 1996, 307, 308). Die Entscheidung ist deshalb in ihrer Begründung fragwürdig. Mitursächlich dürften auch die zu niedrigen Anforderungen an den Urheberrechtsschutz im britischen bzw. irischen Recht gewesen sein (*Götting* JZ 1996, 307, 309; *Bechthold* EuZW 1995, 345, 346; *Schack* Rn. 149).

46 **(2) IMS-Entscheidung.** Auch der IMS-Entscheidung lag ein Fall der Lizenzverweigerung zugrunde (EuGH GRUR 2004, 524; hierzu *Conde Gallego* GRUR Int 2006, 16ff.; *Spindler/Apel* JZ 2005, 133ff.; *Wirtz/Holzhäuser* WRP 2004, 683ff.; *Hoeren* MMR 2004, 459f.; *v. Welser* EWS 2004, 314f.). In diesem Fall ging es um eine urheberrechtlich geschützte Datenbank, die zu einem **De-facto-Standard** bei der Erstellung von Marktberichten für die Pharmaindustrie geworden war. Erneut stellte der EuGH zunächst fest, dass drei Kriterien kumulativ erfüllt sein müssen, um die Verweigerung des Zugangs zu einem für eine bestimmte Tätigkeit unerlässlichen Erzeugnis als missbräuchlich zu beurteilen: Die Weigerung muss erstens das Auftreten eines neuen Erzeugnisses, nach dem eine potenzielle Nachfrage der Verbraucher besteht, verhindern, sie darf zweitens nicht gerechtfertigt sein, und sie muss drittens geeignet sein, jeglichen Wettbewerb auf einem abgeleiteten Markt auszuschließen. Am **Erfordernis zweier Märkte** hielt der EuGH fest. Hierbei soll es allerdings weniger darauf ankommen, dass das Erzeugnis, für deren Nutzung eine Lizenz begehrt wird, tatsächlich gesondert vermarktet wird, als vielmehr darauf, dass ein solcher Markt abstrakt bestimmt werden kann. Auch in der IMS-Entscheidung weist der EuGH darauf hin, dass der Missbrauchsvorwurf die Verhinderung eines neuen Produktes voraussetzt. Eine Lizenzverweigerung kann insb. dann gegen Art. 102 AEUV verstoßen, wenn Konkurrenten davon abgehalten werden, zum Wohle der Verbraucher ein neues Produkt anzubieten. Für die Beurteilung der Unentbehrlichkeit sollen sowohl der Grad der Einbeziehung der Nutzer in die Entwicklung des geschützten Produktes als auch der Aufwand, den potenzielle Nutzer bei einem Wechsel zu einem Alternativprodukt hätten, zu berücksichtigen sein.

47 **(3) Microsoft-Entscheidung.** Auch außerhalb der Fachöffentlichkeit hat die Microsoft-Entscheidung des EuG v. 17.9.2007 große Aufmerksamkeit hervorgerufen (EuG Urt. v. 17.9.2007, Rechtssache T-201/04 – Microsoft), was nicht zuletzt dem Umstand geschuldet sein dürfte, dass das EuG das von der Europäischen Kommission verhängte

Vorbemerkung						48 **Vor §§ 120ff. UrhG**

Bußgeld in voller Höhe von € 497 Mio. bestätigte. Die Europäische Kommission hatte Microsoft vorgeworfen, seine – aufgrund des Microsoft-Produktes Windows – marktbeherrschende Stellung bei **Betriebssystemen** auf wettbewerbswidrige Weise zur Erlangung der Marktführerschaft im Bereich **Server-Software** eingesetzt zu haben (Europäische Kommission, Entscheidung v. 24.3.2004, COMP/C-3/37.792 – Microsoft; hierzu *Anderman* Competition Law Review 2004, 7; *Heinemann* IIC 2005, 63; *Messina* Competition Law Review 2005, 73; Immenga/Mestmäcker/*Heinemann* Abschnitt IV.B: Die Anwendung der Wettbewerbsregeln auf die Verwertung von Schutzrechten und sonst geschützten Kenntnissen Rn. 63). Dabei ließ die Kommission offen, ob die erforderlichen Informationen überhaupt immaterialgüterrechtlich schutzfähig sind. Sie ging davon aus, dass die strengen Anforderungen, welche die Rechtsprechung an Verstöße gegen Art. 102 AEUV stellt, wenn die in Rede stehenden Informationen immaterialgüterrechtlich geschützt sind, hier ohnehin erfüllt waren. Als weiteren Verstoß stellte die Kommission eine wettbewerbswidrige Bündelung des Betriebssystems mit Anwendungssoftware – namentlich dem Microsoft-Produkt Mediaplayer – fest. Die Kommission forderte erstens, der Konkurrenz **Schnittstelleninformationen** für die Kommunikation mit dem Windows-System zur Verfügung zu stellen und zweitens, eine Windows-Version ohne Microsofts Mediaplayer anzubieten. In dem für das Verhältnis von geistigem Eigentum und Kartellrecht besonders relevanten ersten Teilaspekt ging es um die Frage, welche Informationen ein marktbeherrschender Softwarehersteller offenlegen muss, um Wettbewerbern zu erlauben, ihre Programme kompatibel zu seinen zu gestalten. Das EuG bestätigte die Bewertung der Kommission, dass die Nichtoffenlegung von Schnittstelleninformationen, welche Wettbewerber für die Herstellung der **Interoperabilität** ihrer Produkte mit bestimmten Servern benötigen, als missbräuchlich i. S. d. Art. 102 AEUV einzustufen ist. Das EuG hob hervor, dass die Kommission lediglich auf der Offenlegung bestimmter technischer Daten, nicht hingegen auf der Offenlegung des Quellcodes selber bestanden habe. Anknüpfend an die Rechtsprechung des EuGH stellte das EuG fest, dass drei Kriterien erfüllt sein müssen, um die Weigerung als missbräuchlich zu beurteilen: Die Weigerung muss sich erstens auf ein für eine bestimmte Tätigkeit unerlässliches Erzeugnis beziehen, sie muss zweitens geeignet sein, jeglichen Wettbewerb auf dem Markt auszuschließen, und sie muss drittens das Auftreten eines neuen Erzeugnisses, nach dem eine potenzielle Nachfrage der Verbraucher besteht, verhindern. Liegen diese Voraussetzungen vor, so ist die Lizenzverweigerung missbräuchlich, wenn keine Rechtfertigung eingreift (EuG Urt. v. 17.9.2007, Rechtssache T-201/04, Rn. 331–333 – Microsoft).

  bb) Verwertungsgesellschaften. Die Vorschriften des Europäischen Wettbewerbs- **48** rechts sind auch bei **Verwertungsgesellschaften** anzuwenden. Art. 106 Abs. 2 AEUV greift hier nicht (vgl. EuGH GRUR Int. 1974, 342, 344 – SABAM III; EuGH GRUR Int. 1983, 734, 738 Rn. 32 – GVL; *Fikentscher* FS Schricker 1995, 149, 184; *Stockmann* in: J. Becker 25, 38 ff.). Der Kontrolle durch das Europäische Wettbewerbsrecht unterliegt sowohl das Verhältnis zu den Wahrnehmungsberechtigten als auch das Verhältnis zu den Nutzern (*Gerlach* FS Dittrich 119, 125; *Stockmann* in: J. Becker 25, 42). Im Mittelpunkt steht die Missbrauchskontrolle nach Art. 102 AEUV. An Art. 102 AEUV müssen sich die Wahrnehmungsbedingungen von Verwertungsgesellschaften messen lassen. Bei der Beurteilung kommt es darauf an, dass ein **ausgewogenes Verhältnis zwischen dem Höchstmaß an Verfügungsfreiheit der Urheber und einer wirkungsvollen Verwaltung ihrer Rechte** besteht (EuGH GRUR Int. 1974, 342, 343 – SABAM III; *Stockmann* in: J. Becker 25, 42 f.; *Fikentscher* FS Schricker 1995, 149, 188; *Wünschmann* 116 ff.; *Wünschmann* ZUM 2000, 572, 576 f.). Damit die Verwertungsgesellschaften die Interessen der Urheber wirkungsvoll wahrnehmen können, müssen ihnen Rechte eingeräumt werden, die ihrer Tätigkeit das erforderliche Gewicht verleihen (EuGH GRUR Int. 1974, 342, 344 – SABAM III). Eine **missbräuchliche Ausnutzung einer marktbeherrschenden Stel-**

lung liegt aber dann vor, wenn den Mitgliedern Verpflichtungen auferlegt werden, die für eine wirkungsvolle Rechtewahrnehmung entbehrlich sind und die Freiheit des Mitglieds unbillig beeinträchtigen (EuGH GRUR Int. 1974, 342, 344 – SABAM III). Als Missbrauch einer marktbeherrschenden Stellung hat der EuGH bspw. die Weigerung der GVL (Gesellschaft zur Verwertung von Leistungsschutzrechten m. b. H.) angesehen, Leistungsschutzrechte von EU-Ausländern wahrzunehmen (EuGH GRUR Int. 1983, 734, 740 Rn. 54 – GVL). Auch das Außenverhältnis zu den Lizenznehmern unterliegt der Beurteilung nach Art. 102 AEUV (*Fikentscher* FS Schricker 1995, 149, 189). So kann die Forderung überhöhter Gebühren durch Verwertungsgesellschaften als eine Erzwingung von unangemessenen Geschäftsbedingungen nach Art. 102 AEUV einzustufen sein (EuGH GRUR Int. 1990, 622, 625 Rn. 38 – SACEM I). Als missbräuchlich wurde beispielsweise angesehen, dass die GEMA die Rechtseinräumung für sämtliche Nutzungsarten und für die ganze Welt beansprucht (Kommission der Europäischen Gemeinschaften GRUR Int. 1973, 86 – GEMA). Die GEMA-Mitglieder müssen daher beispielsweise frei entscheiden können, ob sie ihre Rechte insgesamt der GEMA einräumen oder nach Sparten auf mehrere Gesellschaften aufteilen. Sparten im Sinne der Kommissions-Entscheidung sind das allgemeine Aufführungsrecht (1.), das Senderecht einschließlich des Rechts der Wiedergabe (2.), das Filmaufführungsrecht (3.), das mechanische Vervielfältigungs- und Verbreitungsrecht einschließlich des Rechts der Wiedergabe (4.) das Filmherstellungsrecht (5.), das Recht zur Herstellung, Vervielfältigung, Verbreitung und Wiedergabe von Trägern für Bildaufzeichnungsgeräte (6.) sowie die Rechte zu Benutzungshandlungen, die durch die technische Entwicklung oder eine Änderung der Gesetzgebung in Zukunft entstehen (7.) (Kommission der Europäischen Gemeinschaften GRUR Int. 1973, 86 – GEMA). Nach der Kommissions-Entscheidung darf die GEMA allerdings für ihren unmittelbaren Tätigkeitsbereich in den Sparten, die ihr zur Wahrnehmung eingeräumt werden, die ausschließliche Einräumung der Rechte an sämtlichen Werken eines Urhebers einschließlich der zukünftigen verlangen.

49 **b) Verbot wettbewerbsbeschränkender Abreden nach Art. 101 AEUV.** Art. 101 AEUV verbietet sowohl horizontale als auch vertikale wettbewerbsbeschränkende Abreden. Das Verbot gilt nicht nur für Verträge, sondern auch für aufeinander abgestimmte Verhaltensweisen, wofür ein Parallelverhalten ein wichtiges Indiz sein kann (EuGH GRUR Int. 1990, 622, 624 Rn. 24 – SACEM I.).

50 **aa) Beschränkende Lizenzen.** Wettbewerbsbeschränkende Lizenzverträge können gegen Art. 101 AEUV verstoßen. Verträge über Immaterialgüterrechte fallen grds. in den **Anwendungsbereich** des Art. 101 AEUV. Der Anwendung des Art. 101 AEUV sind nur solche Klauseln entzogen, die keine wettbewerbsbeschränkende Wirkung haben, weil sie bspw. lediglich der Erhaltung des Schutzgegenstandes dienen (vgl. EuGH GRUR Int. 1989, 663, 664 Rn. 10 – Erauw-Jacquery; Immenga/Mestmäcker/*Heinemann* Abschnitt IV.B Rn. 13). **Art. 101 Abs. 1 AEUV** verbietet u. a. wettbewerbsbeschränkende Vereinbarungen. Das Verbot gilt nach Art. 1 **Verfahrens-Verordnung** unmittelbar und bedarf zu seiner Wirksamkeit keiner kartellbehördlichen Entscheidung (Verordnung 1/2003/EG zur Durchführung der in den Artikeln 81 und 82 des Vertrags niedergelegten Wettbewerbsregeln, ABl. EG L 1 S. 1). Soweit Vereinbarungen die Voraussetzung des Art. 101 Abs. 3 AEUV erfüllen, sind sie vom Verbot ohne weiteres freigestellt. Die Beweislast für das Vorliegen der Freistellungsvoraussetzungen obliegt nach Art. 2 S. 2 Verfahrens-Verordnung dem Unternehmen, das sich auf die Freistellung beruft. Es gilt danach der **Grundsatz der Selbsteinschätzung** (Langen/Bunte/*Bunte* Art. 81 EG/Prinzipien Rn. 148d). Das Unternehmen muss selbst abschließend prüfen, ob eine Vereinbarung kartellrechtlich unbedenklich ist. Art. 101 Abs. 3 AEUV wird durch mehrere – vorrangig zu prüfende – **Gruppenfreistellungsverordnungen (GVO)** konkretisiert. Diese stellen einzelne Arten von Vereinbarungen generell vom Kartellverbot frei, sofern bestimmte **Marktanteilsschwellen**

Vorbemerkung   50   **Vor §§ 120ff. UrhG**

nicht überschritten sind und sofern keine der jeweils einzeln definierten **Kernbeschränkungen (schwarze Liste)** in der Vereinbarung enthalten ist. Sind in der Vereinbarung Kernbeschränkungen enthalten, so entfällt die Freistellung **(Alles-oder-nichts-Prinzip)**. Von der Freistellung sind zudem jeweils einzelne, nicht frei gestellte Beschränkungen ausgenommen. Von Bedeutung für urheberrechtliche Lizenzen sind insb. die **Technologietransfer-GVO** (Verordnung 772/2004/EG über die Anwendung von Art. 81 Abs. 3 AEUV auf Gruppen von Technologietransfer-Vereinbarungen, ABl. EG L 123 S. 11) und die **Vertikal-GVO** (Verordnung 2790/1999/EG über die Anwendung von Artikel 81 Absatz 3 des Vertrages auf Gruppen von vertikalen Vereinbarungen und aufeinander abgestimmten Verhaltensweisen, ABl. EG L 336 S. 21). Für den Bereich der **Softwarelizenzen** enthält die Technologietransfer-GVO Sonderreglungen. Nach Auffassung der Europäischen Kommission weist die Vergabe von Lizenzen für die Vervielfältigung und Verbreitung von Werken Ähnlichkeiten mit der Lizenzierung von Patenten, Know-how und Software auf. Aus diesem Grunde will die Kommission die Technologietransfer-GVO auch auf Lizenzen für die Herstellung von Kopien für den Weiterverkauf anwenden (Bekanntmachung der Kommission – Leitlinien zur Anwendung von Artikel 81 AEUV auf Technologietransfer-Vereinbarungen, ABl. EG C 101 S. 2 Rn. 51 f.; vgl. Langen/Bunte/*Jestaedt* Art. 81 EG/Fallgruppen Rn. 280; *Schultze/Pautke/Wagener* Rn. 68). Bei anderen Formen der Werknutzung – also insb. bei der öffentlichen Wiedergabe – soll die Technologietransfer-GVO hingegen nicht gelten. Art. 2 Abs. 3 Vertikal-GVO eröffnet den Anwendungsbereich der Vertikal-GVO für vertikale Vereinbarungen, welche die Übertragung oder die Nutzung von geistigen Eigentumsrechten betreffende Bestimmungen enthalten, sofern diese Bestimmungen nicht Hauptgegenstand der Vereinbarung sind. Typischer Anwendungsfall sind lizenzrechtliche Bestimmungen in **Vertriebs- und Franchiseverträgen** (*Bechtold/Bosch/Brinker/Hirsbrunner* Art. 2 VO 2790/1999 Rn. 20). Wird eine Vereinbarung von den Gruppenfreistellungsverordnungen nicht erfasst, kann diese nach **Art. 101 Abs. 3 AEUV** freigestellt sein. Voraussetzung hierfür ist, dass die Vereinbarung unter angemessener Beteiligung der Verbraucher an dem entstehenden Gewinn (1.) zur Verbesserung der Warenerzeugung oder -verteilung (2.a) oder zur Förderung des technischen oder wirtschaftlichen Fortschritts beiträgt (2.b), ohne dass den beteiligten Unternehmen Beschränkungen auferlegt werden, die für die Verwirklichung dieser Ziele nicht unerlässlich sind (3.), oder Möglichkeiten eröffnet werden, für einen wesentlichen Teil der betreffenden Waren den Wettbewerb auszuschalten (4.). Im Hinblick auf Art. 101 AEUV können vor allem ausschließliche und gebietsbeschränkende Lizenzen problematisch sein. Bei der **ausschließlichen Lizenz** ist der Lizenzgeber für die Zukunft an der eigenen Nutzung und an der Lizenzierung an weitere Wettbewerber gehindert. Nach Auffassung des EuGH ist eine ausschließliche Filmvorführungslizenz als solche nicht geeignet, den Wettbewerb zu verhindern, einzuschränken oder zu verfälschen (EuGH GRUR Int. 1983, 175, 176 Rn. 16 – Coditel II). Etwas anderes kann gelten, wenn die wirtschaftlichen oder rechtlichen Begleitumstände zu einer spürbaren Einschränkung des Filmbetriebs oder einer Verfälschung des Wettbewerbs auf dem Markt für Filme führen würden (EuGH GRUR Int. 1983, 175, 176 Rn. 17 – Coditel II). Anders sind **gebietsbeschränkende Lizenzen** zu beurteilen. Grds. unzulässig sind Regelungen, die zu einer territorialen Aufspaltung führen (eingehend *Block* 160 ff.). Deshalb ist es grds. nicht erlaubt, dem Lizenznehmer den Export in andere EU-Länder zu untersagen. Nach einer Auffassung in der Literatur sollen gebietsbeschränkende Regelungen des Erstvertriebs jedoch zulässig sein (*Sack* WRP 1999, 592, 604 f.). Der EuGH unterschied in einer älteren Entscheidung zwischen offenen und geschlossenen Lizenzen. Während die **offene ausschließliche Lizenz,** bei der sich der Lizenzgeber lediglich dazu verpflichtet, für dasselbe Gebiet keine weiteren Lizenzen zu erteilen, kartellrechtlich zulässig ist, verstoßen **ausschließliche Lizenzen mit Gebietsschutz,** die den Wettbewerb durch Parallelimporteure ausschließen wollen, gegen Art. 101 AEUV (EuGH GRUR Int. 1982, 530, 535 – Nungesser).

51 **bb) Verwertungsgesellschaften.** Auch Art. 101 AEUV ist auf Verwertungsgesellschaften anzuwenden. Eine Gruppenfreistellung gem. Art. 101 Abs. 3 AEUV zugunsten von Verwertungsgesellschaften besteht nicht (*Schack* Rn. 1172). Art. 101 Abs. 1 AEUV kommt in Betracht bei Zusammenschlüssen von Urhebern bzw. Verlegern zu Verwertungsgesellschaften und bei Verträgen zwischen verschiedenen Verwertungsgesellschaften. Obwohl Art. 101 Abs. 1 AEUV auf die Bildung von Verwertungsgesellschaften grds. anwendbar ist, werden Verträge zur Bildung von Verwertungsgesellschaften praktisch nicht nach Art. 101 Abs. 1 AEUV geprüft (*Stockmann* in: Becker 25, 40). Art. 101 AEUV ist auch auf Verträge zwischen Verwertungsgesellschaften anwendbar, sofern diese Ausschließlichkeitsregeln enthalten, die den im Ausland ansässigen Benutzern den unmittelbaren Zugang zu den Beständen verwehren (EuGH GRUR Int. 1990, 622, 624 Rn. 20 – SACEM I; *Block* 172 ff.; *Fikentscher* FS Schricker 1995, 149, 185; *Gerlach* FS Dittrich 119, 127).

6. Rechsvereinheitlichung in der Europäischen Union

52 **a) Richtlinien.** Von wachsender Bedeutung ist auch die Harmonisierung der Urheberrechtsordnungen in der EU, die seit 1991 mittels Richtlinien in Teilbereichen erfolgt (*Loewenheim* GRUR Int. 1997, 285; ausführliche Kommentierung der Richtlinien bei Walter/von Lewinski). Bislang wurden neun urheberrechtlich relevante Richtlinien erlassen (Titel und Fundstellen jeweils Vor §§ 31 ff. Rn. 2), die einzelne Ausschnitte des Urheber- und Leistungsschutzrechts betreffen (*Würfel* 140 ff.; *Schack* ZEuP 2000, 799, 802; *Röttinger* FS Dittrich 269, 282 ff.). Mit Ausnahme der **Schutzdauer-Richtlinie,** der **Multimedia-Richtlinie**, der **Richtlinie über verwaiste Werke** und der **Enforcement-Richtlinie** hatten die Richtlinien jeweils bestimmte Schutzgegenstände oder Verwertungsrechte zum Inhalt. So vereinheitlichten die **Computerprogramm-Richtlinie** und die **Datenbank-Richtlinie** die nationalen Regelungen dieser Schutzgegenstände. Die **Vermiet- und Verleih-Richtlinie** und die **Satelliten- und Kabel-Richtlinie** regeln einzelne Verwertungsrechte. Die **Folgerechts-Richtlinie** regelt den Vergütungsanspruch bei Weiterveräußerung eines Kunstwerkes. Einige der bestehenden Richtlinien wurden bereits mehrfach überarbeitet. So verlängert etwa die aktuelle Schutzdauer-Richtlinie (Richtlinie 2011/77/EU des Europäischen Parlaments und des Rates v. 27.9.2011 zur Änderung der Richtlinie 2006/116/EG über die Schutzdauer des Urheberrechts und bestimmter verwandter Schutzrechte) die Schutzdauer der ausübenden Künstler und Tonträgerhersteller auf 70 Jahre und ändert damit die Vorgängerrichtlinie (2006/116/EG), welche ihrerseits die ursprüngliche Richtlinie (93/98/EWG) ersetzt hatte. Vorschläge liegen vor für eine **Richtlinie über strafrechtliche Maßnahmen zur Durchsetzung der Rechte des geistigen Eigentums** sowie für eine **Richtlinie über die kollektive Wahrnehmung von Urheberrechten und verwandten Schutzrechten und der multi-territorialen Lizenzierung von Rechten an musikalischen Werken für Online-Nutzungen im Binnenmarkt.**

53 Umfassende Neuerungen enthielt die **Multimedia-Richtlinie** (GRUR Int. 2001, 745 ff.; zur Entstehung Walter/v. Lewinski Info-RL Rn. 5 ff.; Walter FS Dittrich 363 ff.). Sie trägt unter anderem den Vorschriften des **WIPO Copyright Treaty** (vgl. § 121 Rn. 29) und des **WIPO Performances und Phonograms Treaty** (vgl. § 125 Rn. 38) Rechnung. Art. 2 der Richtlinie regelt das ausschließliche **Vervielfältigungsrecht** für Urheber, ausübende Künstler, Tonträgerhersteller, Filmhersteller und Sendeunternehmen. Art. 5 Abs. 1 der Richtlinie nimmt hiervon bestimmte technisch bedingte Vervielfältigungen wie das Caching und Browsing aus, sofern sie keine eigenständige wirtschaftliche Bedeutung und den alleinigen Zweck haben, eine Übertragung in einem Netz oder eine rechtmäßige Nutzung zu ermöglichen (*Reinbothe* GRUR Int. 2001, 733, 738). Art. 3 Abs. 1 der Richtlinie sieht für die Urheber das ausschließliche Recht der **öffentlichen Wiedergabe** einschließlich der **öffentlichen Zugänglichmachung** vor. Das Recht der

Zugänglichmachung ist auf die interaktive Übertragung auf Abruf beschränkt (EuGH Urteil vom 15.3.2012, C-135/10, Rn. 59 – SCF; *Reinbothe* GRUR Int. 2001, 733, 736). Der Begriff der Öffentlichkeit ist aber unter anderem in der Vermiet- und Verleihrichtlinie definiert (zur restriktiven Auslegung vgl. EuGH Urteil vom 15.3.2012, C-135/10, Rn. 81 ff. – SCF). Art. 3 Abs. 2 der Multimedia-Richtlinie regelt das Recht der Zugänglichmachung auch für ausübende Künstler, Tonträgerhersteller, Filmhersteller und Sendeunternehmen. Für Urheber enthält Art. 4 der Richtlinie ein ausschließliches **Verbreitungsrecht** und schreibt den Grundsatz der EU-weiten Erschöpfung des Verbreitungsrechts fest. Damit gilt zugleich das Verbot der internationalen Erschöpfung des Verbreitungsrechts (EuGH GRUR Int. 2007, 237, 238 Rn. 24 – Laserdisken; *Reinbothe* GRUR Int. 2001, 733, 737). Art. 5 der Richtlinie enthält eine **abschließende Liste von fakultativen Schranken.** Nach Art. 5 Abs. 3o) der Richtlinie können bereits bestehende mitgliedstaatliche Schrankenregelungen für Fälle von geringer Bedeutung aufrechterhalten werden, wenn sie nur die analoge Nutzung betreffen und den freien Waren- und Dienstleistungsverkehr in der Europäischen Union nicht berühren. Die Schranken dürfen nach Art. 5 Abs. 5 nur in bestimmten Sonderfällen angewandt werden, in denen die normale Verwertung des Werkes oder des sonstigen Schutzgegenstandes nicht beeinträchtigt wird und die berechtigten Interessen des Rechtsinhabers nicht ungebührlich verletzt werden. Diese Regelung übernimmt den sogenannten **Dreistufentest,** der bereits in Art. 9 Abs. 2 der Revidierten Berner Übereinkunft (RBÜ) und dem WIPO Copyright Treaty (WCT) enthalten ist (§ 121 Rn. 32). Die Schrankenregelungen zur Fotokopie, privaten Vervielfältigung und Vervielfältigung in sozialen Einrichtungen setzen zudem voraus, dass die Rechtsinhaber einen gerechten Ausgleich erhalten. Der finanzielle Ausgleich ist damit der Höhe nach unbestimmt und kann unter besonderen Umständen ganz entfallen (*Reinbothe* GRUR Int. 2001, 733, 738). Art. 6 der Richtlinie verpflichtet die Mitgliedstaaten, rechtlichen Schutz gegen die Umgehung von **technischen Schutzmaßnahmen** (Zugangskontrollen oder anderen Schutzmechanismen) und gegen vorbereitende Handlungen vorzusehen. Art. 6 Abs. 4 trägt dabei den Interessen der Nutzer Rechnung, die sich im Rahmen einer durch die Schranken erlaubten Nutzung halten. So können die Mitgliedstaaten Regelungen für den Fall treffen, dass die Rechtsinhaber die private Vervielfältigung gegen Zahlung eines Ausgleichs nicht freiwillig gestatten. Bei der interaktiven Nutzung haben vertragliche Vereinbarungen zwischen Rechtsinhabern und Nutzern gem. Art. 6 Abs. 4 Vorrang vor den Schrankenregelungen (*Reinbothe* GRUR Int. 2001, 733, 742). Art. 8 der Richtlinie regelt den Schutz gegen Rechtsverletzungen. Art. 8 Abs. 3 sieht einen Unterlassungsanspruch gegen Provider vor, deren Dienste zur Verletzung von geschützten Rechten genutzt werden (*Flechsig* ZUM 2002, 1, 18).

Nach langer Vorbereitung trat auch die **Folgerechts-Richtlinie** (Anh. 3) am 13.10.2001 in Kraft (Richtlinie 2001/84/EG des Europäischen Parlaments und des Rates v. 27.9.2001 über das Folgerecht des Urhebers des Originals eines Kunstwerkes; AblEG Nr. L 272, 32 ff.; zur Entstehung *Pfennig* ZUM 2002, 195 ff.; *Gaster* FS Dittrich 91 ff.; *Katzenberger* GRUR Int. 2004, 20 f.; *Renault* Entertainment Law Review 2003, 44 ff.). Die Richtlinie sieht einen Anspruch des Urhebers auf Beteiligung am Verkaufserlös bei der Weiterveräußerung von Werken der bildenden Kunst und Lichtbildwerken vor. Wie die bestehende Regelung in § 26 nimmt die Richtlinie reine Privatverkäufe von der Vergütungspflicht aus. Auf Drängen der sog. interessierten Kreise, insb. des britischen Kunsthandels, wurde eine **lange Umsetzungsfrist** vorgesehen. Art. 12 der Richtlinie bestimmt, dass die Richtlinie vor dem 1.1.2006 umgesetzt werden musste. Diese Bestimmung wird durch Art. 8 der Richtlinie noch weiter abgemildert: Die Mitgliedstaaten, die bislang kein Folgerecht kennen, brauchen nach Art. 8 Abs. 2 bis zum 1.1.2010 kein Folgerecht für die nach dem Tod des Künstlers anspruchsberechtigten Rechtsnachfolger anzuwenden. Eine Fristverlängerung um weitere zwei Jahre sieht Art. 8 Abs. 3 vor. Auch die so genannte **Enforcement-Richtlinie** (Anh. 4) betrifft das Urheberrecht (Richtlinie 2004/48/EG des

Europäischen Parlaments und des Rates v. 29.4.2004 zur Durchsetzung der Rechte des geistigen Eigentums; ABl. EU Nr. L 157 v. 30.4.2004 S. 45 ff.; Berichtigung der Richtlinie 2004/48/EG des Europäischen Parlaments und des Rates v. 29.4.2004 zur Durchsetzung der Rechte des geistigen Eigentums ABl. EU Nr. L 195 v. 2.6.2004, 16 ff.). Die **Umsetzungsfrist** lief nach Art. 20 Abs. 1 Enforcement-Richtlinie bis zum 29.4.2006. Die Richtlinie harmonisiert eine Vielzahl von Instrumenten der zivilrechtlichen Rechtsdurchsetzung. Von besonderer Bedeutung sind die Vorschriften zur Beweisbeschaffung (vgl. *Bornkamm* FS Ullmann 893). Art. 6 Enforcement-Richtlinie betrifft die **Beweisvorlage** in einem anhängigen Verletzungsverfahren. Von größerer Bedeutung sind die Vorschriften zur **Beweissicherung** in Art. 7 Enforcement-Richtlinie (vgl. *Tilmann* GRUR 2005, 737; *Kühnen* GRUR 2005, 185; *Spindler/Weber* ZUM 2007, 257, 263 ff.). Der Bekämpfung insb. der Internetpiraterie dient der in Art. 8 Enforcement-Richtlinie geregelte **Auskunftsanspruch** (vgl. EuGH ZUM 2012, 466 – Bonnier; *Seichter* FS Ullmann 983, 985; *Loschelder* FS Raue 529, 535; *McGuire* GRUR Int. 2005, 15; *Frey/Rudolph* ZUM 2004, 522, 524 ff.). Die Unterschiedlichkeit der Rechtsordnungen innerhalb der EU, insb. der Gegensatz zwischen britischem **Copyright** und kontinentaleuropäischem **Droit d'auteur,** macht eine weitere Angleichung der Rechtsordnungen erforderlich (*Ellins* 231 ff.). Die geforderte Schaffung eines einheitlichen Urheberrechts (*Schack* ZEuP 2000, 799, 815 f.) ist allerdings in absehbarer Zeit nicht zu erwarten.

55 b) **Rechtsgrundlagen.** Die grundlegenden Bestimmungen zur Verteilung und Ausübung der Gesetzgebungskompetenz finden sich in Art. 5 EU. Für die Abgrenzung der Zuständigkeiten der EU von derjenigen der Mitgliedstaaten gilt nach Art. 5 Abs. 1 Satz 1 EU der **Grundsatz der begrenzten Einzelermächtigung.** Die Union wird danach nur innerhalb der Grenzen der Zuständigkeiten tätig, die die Mitgliedstaaten ihr in den Verträgen zur Verwirklichung der darin niedergelegten Ziele übertragen haben (vgl. *Würfel* 10 ff.; *Ellins* 238). Zur Verwirklichung des **Binnenmarktes** sind Maßnahmen zur Angleichung der Rechts- und Verwaltungsvorschriften gestattet. Zur Verwirklichung des Binnenmarktes gehört auch die Beseitigung von Wettbewerbsverzerrungen. Wettbewerbsverzerrungen, die eine Harmonisierung erforderlich machten, lagen etwa im Bereich des Folgerechts vor (*Schneider-Brodtmann* 266 ff.; zur Folgerechts-Richtlinie *Pfennig* ZUM 2002, 195 ff.). Für die Ausübung der Zuständigkeiten der Union gelten nach Art. 5 Abs. 1 Satz 2 EU die **Grundsätze der Subsidiarität und der Verhältnismäßigkeit.** In den Bereichen, die nicht in die ausschließliche Zuständigkeit der Union fallen, gilt nach Art. 5 Abs. 3 EU der **Subsidiaritätsgrundsatz,** der ein Tätigwerden der Union nur gestattet, wenn das angestrebte Ziel besser auf Unionsebene erreicht werden kann. Hieraus wurde zum Teil geschlossen, dass die Gesetzgebungskompetenz im Bereich des Urheberrechts auf die binnenmarktrelevanten Maßnahmen beschränkt ist (*Ellins* 239 f.). Im welchem Ausmaß das Urheberrecht binnenmarktrelevant ist, ist zwischen Gegnern und Befürwortern einer raschen und umfassenden Vereinheitlichung naturgemäß umstritten (vgl. *Schack* ZEuP 2000, 799, 817 ff.). Schließlich ist bei der Rechtssetzung durch den Unionsgesetzgeber der **Verhältnismäßigkeitsgrundsatz** von Bedeutung. Dieser verlangt, dass die von einer Vorschrift eingesetzten Mittel zur Erreichung des angestrebten Zieles geeignet sind und nicht über das dazu Erforderliche hinausgehen (vgl. EuGH GRUR Int. 2007, 237, 240 Rn. 53 – Laserdisken). Mit dem Vertrag von Lissabon wurde nun in Art. 118 AEUV die Möglichkeit geregelt, Maßnahmen zur Schaffung europäischer Rechtstitel über einen einheitlichen Schutz der Rechte des geistigen Eigentums zu erlassen. Auf dieser Grundlage wäre nun auch der Erlass einer EU-Urheberrechts-Verordnung denkbar (vgl. *Schack* ZGE 2009, 275 ff.).

56 c) **Richtlinienkonforme Auslegung.** Richtlinien richten sich gem. Art. 288 Abs. 3 AEUV an die Mitgliedstaaten. Sie sind deshalb grds. nicht unmittelbar anwendbar. Ausnahmsweise können sich Private gegenüber dem Staat auf eine Richtlinie berufen, wenn diese nicht fristgemäß oder unzulänglich in innerstaatliches Recht umgesetzt wurde und

Vorbemerkung   57   **Vor §§ 120ff. UrhG**

die Bestimmungen der Richtlinie inhaltlich unbedingt und hinreichend genau sind (EuGH Slg. 1982, 53 – Becker; EuGH Slg. 1986, 723 – Marshall I). Von dieser **vertikalen Anwendbarkeit** zu unterscheiden ist die **horizontale Anwendbarkeit** von Richtlinien zwischen Privaten, die in aller Regel ausgeschlossen ist (EuGH EuZW 2001, 153 – Unilever). Insb. kann eine Richtlinie nicht durch unmittelbare Anwendung Verpflichtungen Einzelner begründen. Der EuGH hat allerdings einen anderen Weg beschritten, um nicht ordnungsgemäß umgesetzten Richtlinien auch zwischen Privaten Geltung zu verschaffen. Auch wenn Richtlinien grds. keine unmittelbare Wirkung zu Lasten Einzelner entfalten, wirken sie sich insofern aus, als das nationale Recht richtlinienkonform auszulegen ist. Dabei kommt es nicht darauf an, ob die mitgliedstaatlichen Vorschriften vor oder nach der Richtlinie erlassen wurden (EuGH Slg. 1990, 4135 – Marleasing; EuGH Slg. 1994, 3325 – Faccini Dori). Das **Gebot richtlinienkonformer Auslegung** betrifft typischerweise Gesetze, die die Richtlinie umsetzen (vgl. BGH GRUR 2007, 691, 692 – Staatsgeschenk; KG ZUM-RD 2012, 321, 323 – Filmsequenz). Erfasst wird aber auch das sonstige mitgliedstaatliche Recht. Richtlinienkonform auszulegen ist nicht nur das nationale Recht, sondern auch das Unionsrecht selber. So hat der BGH in einer Entscheidung die Gemeinschaftsmarken-VO unter Heranziehung der Enforcement-Richtlinie ausgelegt (BGH GRUR 2007, 708, 711 – Internet-Versteigerung II). Mitgliedstaatliche Gerichte müssen das gesamte innerstaatliche Recht so weit wie möglich anhand des Wortlauts und des Zweckes der Richtlinie auslegen, um zu einem Ergebnis zu gelangen, das mit dem von der Richtlinie verfolgten Ziel vereinbar ist. Ermöglichen es die mitgliedstaatlichen Auslegungsmethoden, eine innerstaatliche Bestimmung so auszulegen, dass eine Kollision mit einer anderen Norm innerstaatlichen Rechts vermieden wird, oder die Reichweite dieser Bestimmung zu diesem Zweck einzuschränken und sie nur insoweit anzuwenden, als sie mit der kollidierenden Norm vereinbar ist, so ist das nationale Gericht nach Auffassung des EuGH verpflichtet, die gleichen Methoden anzuwenden, um das von der Richtlinie verfolgte Ziel zu erreichen. Als Voraussetzung dieser richtlinienkonformen Auslegung verlangt der EuGH, dass die in Rede stehende Bestimmung der Richtlinie **inhaltlich unbedingt und hinreichend** genau ist (EuGH NJW 2004, 3547, 3549). Die richtlinienkonforme Auslegung und unmittelbare Anwendbarkeit von Richtlinien sind damit im Ergebnis weitgehend angenähert.

    d) Verordnungen. In Teilbereichen hat der Unionsgesetzgeber auch durch **Verord-**   57
nungen einheitliches Recht geschaffen. Verordnungen sind nach Art. 288 Abs. 2 S. 2 AEUV in allen ihren Teilen verbindlich und gelten unmittelbar in jedem Mitgliedstaat. Im Bereich des Urheberrechts von großer Bedeutung ist die **Produktpiraterieverordnung** (Piraterie-VO), die das Verfahren der **Grenzbeschlagnahme** von schutzrechtsverletzenden Waren regelt und seit dem 1.7.2004 gilt (EG-Verordnung Nr. 1383/2003 des Rates v. 22.7.2003 über das Vorgehen der Zollbehörden gegen Waren, die im Verdacht stehen, bestimmte Rechte geistigen Eigentums zu verletzen, und die Maßnahmen gegenüber Waren, die erkanntermaßen derartige Rechte verletzen; abgedr. in GRUR Int. 2003, 1002 ff.; vgl. hierzu *v. Welser* EWS 2005, 202 ff.; *v. Welser/González* Rn. 255 ff.; MünchKomm/ *Micklitz* Lauterkeitsrecht, Europäisches Gemeinschaftsrecht, Kap. P Rn. 15). Sie gilt nur für den Verkehr mit Drittstaaten und erfasst keine Einfuhren aus anderen EG-Mitgliedstaaten. Art. 2 Abs. 1 Piraterie-VO definiert, welche Waren schutzrechtsverletzend im Sinne der Verordnung sind und nennt neben nachgeahmten (kennzeichenrechtsverletzenden) unter anderem unerlaubt hergestellte (urheber- und geschmacksmusterrechtsverletzenden) Waren. Die Piraterie-VO erfasst nicht nur die **Einfuhr,** sondern auch die **Durchfuhr (Transit)** von Nichtgemeinschaftswaren (EuGH WRP 2000, 713, 715 – The Polo/Lauren Company; EuGH GRUR Int. 2004, 317, 319 – Rolex-Plagiate; *Heinze/Heinze* GRUR 2007, 740, 745; *v. Welser/González* Rn. 279). Art. 3 Abs. 1 Piraterie-VO nimmt **Parallelimporte** vom Anwendungsbereich der Piraterie-VO aus (BFH GRUR Int. 2000, 780, 781

– Jockey). Im Regelfall wird das Grenzbeschlagnahmeverfahren durch einen Antrag des Rechtsinhabers eingeleitet. Nach Art. 9 Abs. 1 Piraterie-VO hält die Zollstelle die Waren zurück, wenn der Verdacht besteht, dass es sich um schutzrechtsverletzende Ware handelt, und ermöglicht dem Antragsteller, die Waren zu untersuchen. Handelt es sich um Piraterieware, sieht Art. 13 Piraterie-VO die Einleitung eines gerichtlichen Verfahrens vor. Daneben ermächtigt Art. 11 Piraterie-VO die Mitgliedstaaten, ein vereinfachtes Verfahren zu regeln (vgl. *v. Welser/González* Rn. 285). Von Bedeutung ist auch die **Gemeinschaftsgeschmacksmuster-VO,** die am 6.3.2002 in Kraft getreten ist und neben dem eingetragenen Gemeinschaftsgeschmacksmuster ein nicht eingetragenes geschaffen hat (EG-Verordnung Nr. 6/2002 des Rates v. 12.12.2001 über das Gemeinschaftsgeschmacksmuster, GRUR Int. 2002, 221; vgl. hierzu *Ohly* ZEuP 2004, 296). Überschneidungen zwischen dem Urheberrecht und dem **Geschmacksmusterrecht** sind im **Designbereich** denkbar. Das Gemeinschaftsgeschmacksmuster schützt **Erscheinungsformen von Erzeugnissen und ihren Teilen,** wenn sie die erforderliche **Neuheit und Eigenart** aufweisen. Die Bestimmung des Konkurrenzverhältnisses zwischen Urheberrecht und Geschmacksmusterrecht richtet sich nach mitgliedstaatlichem Recht (*Ohly* ZEuP 2004, 296, 307). Ein Nebeneinander beider Schutzrechte kommt insb. bei Werken der angewandten Kunst in Betracht, deren Gestaltungshöhe den Anforderungen des § 2 Abs. 2 UrhG genügt. Schließlich kann es auch zu Überschneidungen von Urheberrecht und Markenrecht kommen. Zu erwähnen ist hier die **Gemeinschaftsmarken-VO,** die am 15.3.1994 in Kraft getreten ist (EG-Verordnung Nr. 40/94 des Rates v. 20.12.1993 über die Gemeinschaftsmarke, ABl. L 11 v. 14.1.1994 S. 1–36). Art. 4 GMVO erklärt bspw. Abbildungen sowie die Form und Aufmachung einer Ware für grds. markenfähig. Voraussetzungen der Markenfähigkeit sind die **graphische Darstellbarkeit** und die **Unterscheidungseignung,** also die die Eignung, Waren und Dienstleistungen eines Unternehmens von denjenigen anderer Unternehmens zu unterscheiden.

58 **e) Empfehlungen.** Die Europäische Kommission hat sich in ihrer „Empfehlung für die länderübergreifende kollektive Wahrnehmung von Urheberrechten und verwandten Schutzrechten, die für legale Online-Musikdienste benötigt werden" für die Freiheit der Rechtsinhaber ausgesprochen, die Verwertungsgesellschaft zu wählen, welche sie mit der Wahrnehmung ihrer Onlinerechte in der Europäischen Union betrauen möchte (ABl. EG 276/54 v. 21.10.2005). Nach Art. 288 Abs. 5 AEUV sind Empfehlungen rechtlich unverbindlich, so dass ihre Nichtbefolgung keine Auswirkungen hat. Gleichwohl hat die Empfehlung erhebliche Aufmerksamkeit hervorgerufen. Rechtsinhaber sollen nach der Vorstellung der Kommission künftig die Verwertungsgesellschaft wechseln und zugleich festlegen können, für welche Online-Rechte und für welches Gebiet sie einer Verwertungsgesellschaft Wahrnehmungsaufträge erteilen (*Gerlach* FS Mailänder 523). Nach dem von der Kommission favorisierten Modell sollen die Rechtsinhaber also selbst entscheiden können, durch wen und an wen ihre Werke in welchem Umfang lizenziert werden sollen. Der Rechtsinhaber soll seine Werke entweder einer Verwertungsgesellschaft seiner Wahl auf exklusiver Basis anvertrauen oder mehreren – untereinander im Wettbewerb stehenden – Verwertungsgesellschaften überlassen können (krit. *Gerlach* FS Mailänder 523, 528 ff.). Die Verwertungsgesellschaften können das von ihnen wahrgenommene Repertoire dann lizenzieren, wobei die territoriale Reichweite der Lizenz von der Ausgestaltung des jeweiligen Wahrnehmungsvertrages abhängt. Die Kommission nimmt an, dass die Rechteverwaltung aufgrund des Wettbewerbsdrucks kostengünstiger organisiert werden wird. Demgegenüber wird darauf hingewiesen, dass der Vorteil für den Nutzer, Rechte aller weltweit verfügbaren Musiktitel (Weltrepertoire) aus einer Hand erwerben zu können, aufgegeben wird (*Gerlach* FS Mailänder 523, 529). Am 11. Juli 2012 hat die EU-Kommission einen Richtlinienvorschlag über der kollektive Wahrnehmung von Urheberrechten und verwandten Schutzrechten und der multi-territorialen Lizenzierung von Rechten an musikalischen

Werken für Online-Nutzungen im Binnenmarkt vorgestellt. Der Vorschlag soll Transparenz bei den Verwertungsgesellschaften herstellen, Wettbewerb zwischen den Verwertungsgesellschaften fördern, eine Wahlmöglichkeit der Urheber sicherstellen und das Angebot von multi-territoriale Lizenzen fördern. Art. 5 Nr. 2 des Vorschlages sieht eine Möglichkeit des Urhebers vor, die Verwertungsgesellschaft seiner Wahl mit der Rechtewahrnehmung zu betrauen.

f) Völkerrechtskonforme Auslegung des Unionsrechts. Das EU-Sekundärrecht ist grundsätzlich völkerrechtskonform auszulegen (EuGH, Urteil vom 21. Juni 2012, Az. C-5/11, Rn. 23 – Donner; EuGH GRUR Int. 2008, 593, 595 Rn. 30 – Le Corbusier-Möbel II; EuGH GRUR Int. 2007, 316, 318 Rn. 37 – SGAE; *Rosenkranz* EuZW 2007, 238, 239; *v. Welser* GRUR Int. 2008, 596). Dieser Grundsatz darf allerdings nicht missverstanden werden. Schreibt eine völkerrechtliche Bestimmung nur einen bestimmten urheberrechtlichen **Mindestschutz** vor, was in aller Regel der Fall ist, und wird diese Bestimmung durch eine Richtlinie umgesetzt, ist die Auslegung der Richtlinienbestimmung differenziert zu beurteilen. Bleibt die Richtlinienbestimmung bei dem Wortlaut der konventionsrechtlichen Mindestnorm stehen, so ist davon auszugehen, dass die entsprechende Richtlinienbestimmung ebenfalls nur eine Mindestnorm aufstellt und der nationale Gesetzgeber bei der Umsetzung der Richtlinie über den Mindestschutz hinausgehen darf.

Geht hingegen bereits der Wortlaut der Richtlinie über die konventionsrechtliche Mindestnorm hinaus, so kann die Richtlinienbestimmung ebenfalls als Mindestnorm zu verstehen sein, wenn es dafür Anhaltspunkte – etwa in den Erwägungsgründen der Richtlinie – gibt, wie dies bei der **Multimedia-Richtlinie,** die den **WCT (WIPO Copyright Treaty)** umsetzt, der Fall ist (vgl. hierzu *Mayer* EuZW 2002, 325; *Reinbothe* GRUR Int. 2001, 733; für eine Interpretation als Maximalschutz BGH GRUR 2009, 840, 841 – Le-Corbusier-Möbel II). Die Mitgliedstaaten können also über den Wortlaut der Richtlinie und über den Wortlaut der zugrundeliegenden Konventionsnorm hinaus die Rechte breiter ausgestalten. Erweitert die Richtlinie eine urheberrechtliche Befugnis über den Wortlaut der konventionsrechtlichen Mindestnorm hinaus, ist als Ausgangspunkt ebenso denkbar, dass der Unionsgesetzgeber damit ein bestimmtes – den Konventionsschutz übersteigendes – Schutzniveau EU-weit festschreiben wollte. Bei einem solchen Verständnis verbietet es sich freilich, die über den Konventionsschutz hinausgehende Richtlinienbestimmung durch eine – vermeintlich – völkerrechtskonforme Auslegung auf den Konventionsschutz zurückzustutzen (so aber EuGH GRUR Int. 2008, 593, 595 Rn. 33 – Le Corbusier-Möbel II; BGH GRUR 2009, 840, 841 – Le-Corbusier-Möbel II; dagegen *v. Welser* GRUR Int. 2008, 596 ff.; *Jacobs,* FS Mes, 175, 178; *Walter* Medien und Recht 2008, 246, 248; *Dietrich,* UFITA 2011, 478, 486).

7. Vorabentscheidungsverfahren vor dem EuGH

Die zunehmende Regelungsdichte des harmonisierten Urheberrechts führt zu einer Häufung von **Vorlageverfahren** beim EuGH, wie sie im Markenrecht bekannt ist (aus jüngerer Zeit bspw. zum Entnahmebegriff BGH GRUR 2007, 688 – Gedichttitelliste II; zur Schutzdauer BGH GRUR 2007, 502 – Tonträger aus Drittstaaten; zum Datenbankschutz BGH GRUR 2007, 500 – Sächsischer Ausschreibungsdienst). Das Vorabentscheidungsverfahren dient sowohl der Wahrung der Rechtseinheit als auch dem Individualrechtsschutz (*Pechstein* Rn. 783). Nach Art. 267 Abs. 1 AEUV entscheidet der EuGH nicht nur über die Auslegung der Verträge, sondern auch über die Gültigkeit und die Auslegung der Handlungen der Organe, Einrichtungen oder sonstigen Stellen der Union. Zu den überprüfbaren Handlungen der Organe zählen u. a. die in Art. 288 AEUV genannten Rechtsakte. Daneben gehören dazu auch völkerrechtliche Verträge, und zwar unabhängig davon, ob diese von der EU allein oder als gemischte Verträge – wie etwa das TRIPs-Übereinkommen (vgl. Vor §§ 120 ff. Rn 57) – zusätzlich von den Mitgliedstaaten unterzeichnet wurden (Rengeling/Middeke/Gellermann/*Middeke* 222; dagegen – die Auslegungskompetenz des EuGH bei gemischten Verträgen anzweifelnd – *Thiele* 141). Während das **Primärrecht,** namentlich der AEUV, nur dem **Auslegungsverfahren** offen steht, können Akte des **Sekundärrechts,** also insb. die in Art. 288 AEUV genannten Richtlinien und Verordnungen zum Gegenstand eines **Gültigkeitsverfahrens** gemacht werden. Ein mitgliedstaatliches Gericht kann derartige Fragen dem EuGH zur Entscheidung vorlegen, wenn sich die Frage in einem Verfahren stellt und das Gericht sie für entscheidungserheblich hält. Eine **Vorlagepflicht** besteht nach Art. 267 Abs. 3 AEUV grds. nur für letztinstanzlich entscheidende Gerichte. Der EuGH lässt eine Reihe von Ausnahmen von der Vorlagepflicht zu (vgl. EuGH NJW 1983, 1257, 1258 – C. I. L. F. I. T.) Die Vorlagepflicht entfällt dann, wenn die aufgeworfene Frage bereits in einem gleichgelagerten Fall vorgelegt und durch den EuGH beantwortet wurde, wenn eine gesicherte Rechtsprechung des EuGH zu dieser Frage bereits besteht oder wenn die richtige Anwendung des Unionsrechts derart offenkundig ist, dass für einen vernünftigen Zweifel kein Raum bleibt **(Acte-clair-Doktrin).** Sind in einem Verfahren mehrere europarechtliche Fragen betroffen, so kann es durchaus sein, dass diese unterschiedlich zu würdigen sind. So hat der BGH bspw. in der neueren Entscheidung die sekundärrechtlichen Aspekte als unzweifelhaft und die primärrechtlichen Fragen als hinreichend geklärt erachtet (BGH WRP 2007, 1219, 1223 Rn. 37 – Wagenfeld-Leuchte). Der EuGH berücksichtigt bei der Auslegung des Unionsrechts nicht nur den Wortlaut und Zweck der Norm, sondern zieht auch die völkerrechtlichen Verträge heran (vgl. EuGH GRUR 2007, 225, 227 – SGAE). Entscheidet ein mitgliedstaatliches Gericht, eine Frage vorzulegen, so setzt es das Verfahren zunächst aus und führt es nach der Entscheidung des EuGH fort (vgl. beispielhaft BGH WRP 2007, 1185 – DIESEL II). Im Einzelfall kann eine Vorlage zu einer nicht unerheblichen Verzögerung des Gerichtsverfahrens in dem vorlegenden Mitgliedstaat führen. Unterlässt ein Gericht eine unionsrechtlich gebotene Vorlage nach Art. 267 Abs. 3 AEUV, kann insbesondere das Grundrecht auf den gesetzlichen Richter Art. 101 Abs. 1 Satz 2 GG verletzt sein (*Britz* NJW 2012, 1313).

Im Vorabentscheidungsverfahren nach Art. 267 AEUV legt der EuGH sekundäres Unionsrecht aus; die **Entscheidungserheblichkeit** einer Frage ist dabei allein von dem sie vorlegenden mitgliedstaatlichen Gericht zu beurteilen (EuGH GRUR Int. 2008, 323, 328 Rn. 36 – Promusicae). Unerheblich für die Entscheidung und damit nicht vorlagefähig ist die Auslegung von sekundärem Unionsrecht beispielsweise dann, wenn eine Richtlinienbestimmung erkennbar nur einen **Mindestschutz** vorschreibt und es im konkreten Fall aber nicht um die Frage geht, ob dieser Mindestschutz hinreichend umgesetzt wurde, sondern vielmehr um die Auslegung einer mitgliedstaatlichen Bestimmung, die erkennbar über diesen Mindestschutz hinausgeht. Bestimmungen, die lediglich einen **Mindeststandard** regeln, enthalten beispielsweise die **Marken-Richtlinie** (Erste Richtlinie 89/104/EWG des Rates vom 21. Dezember 1988 zur Angleichung der Rechtsvorschriften der Mitgliedstaaten über die Marken; vgl. hierzu *Sack* GRUR 1999, 193, 211), die **Enforcement-Richtlinie** (vgl. EuGH GRUR Int. 2008, 323 – Promusicae; *Spindler* GRUR 2008, 574, 577; *Kämper* GRUR Int. 2008, 539, 541) und die **Multimedia-Richtlinie** (vgl. *Reinbothe* GRUR Int. 2001, 733; *Riesenhuber* ZUM 2012, 433, 441). Letzteres hat der BGH in seiner Vorlageentscheidung zum Fall **Le Corbusier-Möbel** verkannt (BGH GRUR Int. 2007, 74 – Le Corbusier-Möbel; hierzu *v. Welser* GRUR Int. 2008, 596, 597; *Berger* ZUM 2012, 353, 356 *Dietrich* UFITA 2011, 478, 486).

8. Außenbeziehungen der Europäischen Union im Bereich des Urheberrechts

60 Die Europäische Union hat damit nun eine ausschließliche Zuständigkeit für den Abschluss von Abkommen über handelsbezogene Aspekte des geistigen Eigentums eingeräumt. Zur gemeinsamen Handelspolitik gehören nach Art. 207 AEUV jetzt insbesondere auch Übereinkommen, die den Handel mit Dienstleistungen und handelsbezogene Aspekte des geistigen Eigentums betreffen. Der EG-Vertrag noch sah eine deutlich geringere Außenkompetenz vor. 1994 hatte der EuGH anlässlich des Beitritts der Gemeinschaften zur **Welthandelsorganisation (WTO)** festgestellt, dass Rechte an geistigem Eigentum nicht spezifisch den internationalen Warenaustausch betreffen (EuGH GRUR Int. 1995, 239 – TRIPs-Kompetenz). Aus diesem Grund fiel das **TRIPs-Übereinkommen** (Trade-Related Aspects of Intellectual Property Rights) mit Ausnahme der Bestimmungen, die das Verbot der Überführung nachgeahmter Waren in den zollrechtlich freien Verkehr betreffen, nicht in den Bereich der gemeinsamen Handelspolitik. Im Hinblick auf die Grenzbeschlagnahme von nachgeahmten Waren nahm der EuGH hingegen eine ausschließliche Kompetenz an (EuGH GRUR Int. 1995, 239 – TRIPs-Kompetenz; hierzu *v. Welser* EWS 2005, 202). Zwar kann auch die Binnenkompetenz (Rechtssetzungskompetenz nach innen) die Befugnis zum Abschluss völkerrechtlicher Verpflichtungen verleihen (EuGH Slg. 1971, 263 – AETR). Für das TRIPs-Übereinkommen verneinte der EuGH indes auch eine solche stillschweigende Kompetenz der Gemeinschaft, da die Vereinheitlichung oder Harmonisierung des Schutzes des geistigen Eigentums nicht notwendig durch Abkommen mit Drittstaaten begleitet werden muss (EuGH GRUR Int. 1995, 239 – TRIPs-Kompetenz). Aus diesem Grund wurde das Übereinkommen zur Errichtung der Welthandelsorganisation als **gemischter Vertrag** geschlossen. Neben der Gemeinschaft unterzeichneten auch die Mitgliedstaaten als Vertragsparteien. Das TRIPs-Übereinkommen wurde auf diese Weise Bestandteil der Unionsrechtsordnung, für deren Auslegung der EuGH zuständig ist (EuGH GRUR 2008, 55 Rn. 31 – Merck Genéricos; EuGH GRUR 2005, 153 – Anheuser-Busch; EuGH GRUR 2001, 235, 237 – Dior; EuGH NJW 1999, 2103, 2104 – Hermès; *Groh/Wündisch* GRUR Int. 2001, 497 ff.). Es steht im Rang zwischen Primär- und Sekundärrecht. Durch die Verträge von Amsterdam, Nizza (vgl. *Pache/Schorkopf* NJW 2001, 1377, 1384; *Hermann* EuZW 2001, 269) und Lissabon (vgl. *Pache/Rösch* NVwZ 2008, 473; *Hatje/Kindt* NJW 2008, 1761; *Weber* EuZW 2008, 7) wurden die Außenkompetenzen jeweils erweitert.

9. Europäischer Wirtschaftsraum

a) Anwendungsbereich des EWR-Vertrages. Urheberrechtlich relevant ist auch der EWR-Vertrag (Abkommen über den Europäischen Wirtschaftsraum v. 2.5.1992; BGBl. 1993 II S. 266; 1994 II 515; abgedr.: *Sartorius II* Nr. 310), der am 1.1.1994 in Kraft getreten ist. Der EWR-Vertrag ist ein internationales Übereinkommen zwischen der Europäischen Union, ihren Mitgliedstaaten und den **EFTA-Staaten** – mit Ausnahme der Schweiz. Nach dem Beitritt von Schweden, Österreich und Finnland zu EU am 1.1.1995 spielt das Abkommen nur noch im Verhältnis zu **Island, Norwegen und Liechtenstein** eine Rolle (*Baudenbacher* GRUR Int. 2000, 584 f.; *Gaster* ZUM 1996, 261, 270; *Sterling* Rn. 26.04).

b) Inländerbehandlungsgrundsatz. Art. 4 EWRV enthält ein **Diskriminierungsverbot,** für das gem. Art. 6 EWRV Urteile des EuGH zu entsprechenden Bestimmungen im EU-Recht, die vor der Unterzeichnung des EWRV erlassen worden sind, maßgeblich sind (*Gaster* ZUM 1996, 261, 271; *Karnell* GRUR Int. 1994, 733). Auch im Europäischen Wirtschaftsraum gilt deshalb der Inländerbehandlungsgrundsatz der Phil-Collins-Entscheidung (*Schack* Rn. 995). Auch die Angehörigen der EWR-Staaten kommen also in den Genuss der Inländerbehandlung.

c) Erschöpfungsgrundsatz. Art. 11 EWRV verbietet mengenmäßige Einfuhrbeschränkungen sowie Maßnahmen gleicher Wirkung zwischen den Vertragsparteien. Art. 13 EWRV erlaubt Ausnahmen, die aus Gründen des gewerblichen und kommerziellen Eigentums gerechtfertigt sind. Auch hier gelten nach Art. 6 EWRV die vor der Unterzeichnung

UrhG § 120 § 120 Staatsangeh. anderer EU-Staaten und EWR-Staaten

erlassenen Urteile des EuGH zum Erschöpfungsgrundsatz (vgl. Immenga/Mestmäcker/ *Ullrich* Abschnitt IV.A: Gewerblicher Rechtsschutz und Urheberrecht im Gemeinsamen Markt Rn. 72). Auch die EWR-Staaten können also nicht den Grundsatz der internationalen Erschöpfung in ihr nationales Recht aufnehmen (*Baudenbacher* GRUR Int. 2000, 584, 588). Vielmehr ist der Grundsatz der EWR-weiten Erschöpfung verbindlich.

64 **d) Übernahme des EU-Rechts.** Das bei Unterzeichnung des EWR-Vertrages bestehende EU-Recht **(Acquis communautaire)** wurde von den EFTA-Staaten größtenteils übernommen (*v. Lewinski* EIPR 1994, 429, 433; *Walter/v. Lewinski* Einleitung Rn. 60). Bezüglich des geistigen Eigentums verweist Art. 65 Abs. 2 EWRV auf Protokoll 28 und Anhang XVII, die gleichrangig neben dem Hauptabkommen stehen (GRUR Int. 1994, 215–218). Das Protokoll 28 regelt die Angleichung an das Unionsrecht. Art. 2 des Protokolls 28 stellt klar, dass die Erschöpfung der Rechte des geistigen Eigentums sich nach dem Unionsrecht richtet. Die Rechtsprechung des EuGH ist auch hier maßgeblich (*Baudenbacher* GRUR Int. 2000, 584, 587). Nach Art. 7 EWRV sind die in den Anhängen aufgeführten Regelungen für die vertragschließenden Parteien verbindlich. Anhang XVII betrifft das geistige Eigentum und regelt unter anderem die Übernahme der Computerprogramm-Richtlinie (*Sterling* Rn. 26.04). Durch Beschluss vom März 1994 wurden die in der Zeit v. 2.5.1992 bis 1.1.1994 geschaffenen Rechtsakte der EG als **„Acquis intérimaire"** ebenfalls Bestandteil des EWR-Abkommens (*v. Lewinski* EIPR 1994, 429, 433).

1. Urheberrecht

§ 120 Deutsche Staatsangehörige und Staatsangehörige anderer EU-Staaten und EWR-Staaten

(1) Deutsche Staatsangehörige genießen den urheberrechtlichen Schutz für alle ihre Werke, gleichviel, ob und wo die Werke erschienen sind. Ist ein Werk von Miturhebern (§ 8) geschaffen, so genügt es, wenn ein Miturheber deutscher Staatsangehöriger ist.

(2) Deutschen Staatsangehörigen stehen gleich:

1. Deutsche im Sinne des Artikels 116 Abs. 1 des Grundgesetzes, die nicht die deutsche Staatsangehörigkeit besitzen, und
2. Staatsangehörige eines Mitgliedstaates der Europäischen Union oder eines anderen Vertragsstaates des Abkommens über den Europäischen Wirtschaftsraum.

Literatur: *Braun*, Das Diskriminierungsverbot des Art. 7 Abs. 1 EWGV und das internationale Urheber- und Leistungsschutzrecht, IPRax 1994, 263; *Katzenberger*, Wechsel der Anknüpfungspunkte im deutschen und internationalen Urheberrecht, GRUR Int. 1973, 274; *Klett*, Puccini und kein Ende – Anwendung des europarechtlichen Diskriminierungsverbots auf vor 1925 verstorbene Urheber? – Anmerkungen zum Vorlagebeschluss des Bundesgerichtshofs vom 30. März 2000 (Aktz. I ZR 133/97), GRUR Int. 2001, 810; *Schack*, Anmerkung zur Phil-Collins-Entscheidung, JZ 1994, 144; *Schack*, Schutzfristenchaos im europäischen Urheberrecht, GRUR 1995, 310.

Vgl. darüber hinaus die Angaben im eingangs abgedr. Gesamtliteraturverzeichnis.

Übersicht

	Rn.
I. Bedeutung der Vorschrift	1
II. Deutsche Staatsangehörige und Deutsche i. S. d. Art. 116 Abs. 1 GG	2
III. EU- und EWR-Angehörige	3, 4
IV. Miturheber	5
V. Wechsel der Staatsangehörigkeit	6

I. Bedeutung der Vorschrift

§ 120 UrhG regelt den Schutz für Werke von Urhebern deutscher Staatsangehörigkeit 1
und stellt diesen die Deutschen i. S. d. Art. 116 Abs. 1 GG, die nicht die deutsche Staatsangehörigkeit besitzen, sowie die EU- und EWR-Angehörigen gleich. Maßgeblich ist die Staatsangehörigkeit des Urhebers; auf die Staatsangehörigkeit des Rechtsnachfolgers kommt es hingegen nicht an (OLG Frankfurt GRUR 1998, 47 – Puccini II). Eine mehrfache Staatsangehörigkeit schadet nicht (*Schack* Rn. 923; Möhring/Nicolini/*Hartmann* § 120 Rn. 7).

II. Deutsche Staatsangehörige und Deutsche i. S. d. Art. 116 Abs. 1 GG

Die deutsche Staatsangehörigkeit wird in Art. 116 GG nicht definiert, sondern durch 2
einfaches Recht festgelegt (Jarass/*Pieroth* Art. 116 GG Rn. 2; v. Münch/Kunig/*Vedder* Art. 116 GG Rn. 9). Als **deutsche Staatsangehörige** sah die Bundesrepublik vor der Wiedervereinigung auch die **Angehörigen der DDR** an (Schricker/Loewenheim/*Katzenberger* § 120 Rn. 15; vgl. EVtr Rn. 7). Den deutschen Staatsangehörigen stellt Art. 116 Abs. 1 GG diejenigen gleich, die als **Flüchtlinge** oder **Vertriebene deutscher Volkszugehörigkeit** oder als deren Ehegatten oder Abkömmlinge in dem Gebiet des Deutschen Reiches nach dem Stande v. 31.12.1937 Aufnahme gefunden haben. Die Aufnahme muss in einem engen zeitlichen und sachlichen Zusammenhang mit der Flucht oder Vertreibung stehen, wobei auch nach dem Inkrafttreten des GG eine Aufnahme i. S. d. Art. 116 Abs. 1 möglich sein soll (Jarass/*Pieroth* Art. 116 GG Rn. 5a; v. Münch/Kunig/*Vedder* Art. 116 GG Rn. 47). Nach Art. 116 Abs. 2 GG sind frühere deutsche Staatsangehörige, denen zwischen dem 30.1.1933 und dem 8.5.1945 die Staatsangehörigkeit aus politischen, rassischen oder religiösen Gründen entzogen worden ist, und ihre Abkömmlinge auf Antrag wieder einzubürgern. Die Einbürgerung wirkt ex tunc, da es sich um eine verbindliche Anerkennung der ohnehin bestehenden Staatsangehörigkeit handelt. Frühere deutsche Staatsangehörige gelten als nicht ausgebürgert, sofern sie nach dem 8.5.1945 ihren Wohnsitz in Deutschland genommen haben und nicht einen entgegengesetzten Willen zum Ausdruck gebracht haben.

III. EU- und EWR-Angehörige

Mit der **Gleichstellung der EU- und EWR-Angehörigen** im dritten UrhGÄndG 3
v. 23.6.1995 reagierte der Gesetzgeber auf die **Phil-Collins-Entscheidung des EuGH** v. 20.10.1993, in der Diskriminierungen aufgrund der Staatsangehörigkeit für unvereinbar mit dem Diskriminierungsverbot in Art. 18 Abs. 1 AEUV erklärt worden waren (EuGH GRUR Int. 1994, 53 – Phil Collins). Urheber und ausübende Künstler eines anderen Mitgliedstaates können sich nach der Rechtsprechung des EuGH unmittelbar auf das Diskriminierungsverbot in Art. 18 Abs. 1 AEUV berufen (Vor §§ 120 ff. Rn. 37). Die Entscheidung hat rückwirkende Kraft (BGHZ 125, 382, 393 f. – Rolling Stones; BGH GRUR Int. 1995, 503, 504 – Cliff Richard II). Auch die Angehörigen der EWR-Staaten – außerhalb der EU sind dies Island, Norwegen und Liechtenstein – kommen nach § 120 Abs. 1 Nr. 2 in den Genus der Inländerbehandlung. In der Neufassung des § 120 Abs. 2 liegt keine verfassungswidrige Rückwirkung (BVerfG GRUR Int. 2001, 499).

Ein **Irrtum über die Inländerbehandlung von EU-Ausländern** ist nach der Recht- 4
sprechung des BGH grds. unbeachtlich (BGH GRUR 1998, 568 – Beatles-Doppel-CD; BGH GRUR Int. 1999, 62 – Bruce Springsteen and his Band). Ein Rechtsirrtum ist nur dann entschuldigt, wenn der Irrende bei Anwendung der im Verkehr erforderlichen Sorg-

falt mit einer anderen Beurteilung durch die Gerichte nicht zu rechnen brauchte. Fahrlässig handelt, wer sich erkennbar in einem Grenzbereich des rechtlich Zulässigen bewegt, in dem er eine von der eigenen Einschätzung abweichende Beurteilung der rechtlichen Zulässigkeit des fraglichen Verhaltens in Betracht ziehen muss. Sofern die Existenz einer Schutzrechtslücke umstritten ist, handelt derjenige fahrlässig, der sich auf ihr Bestehen verlässt (BGH GRUR 1998, 568 – Beatles-Doppel-CD; BGH GRUR Int. 1999, 62 – Bruce Springsteen and his Band). Nach Auffassung des BGH war seit der zweiten Hälfte des Jahres 1992 aufgrund der Vorlagebeschlüsse des LG München I und des BGH in Fachkreisen bekannt, dass eine Entscheidung des EuGH bevorstehe (BGH GRUR Int. 1999, 62, 65 – Bruce Springsteen and his Band). Spätestens mit der Veröffentlichung des Vorlagebeschlusses in der Fachpresse war die Fragwürdigkeit der Schutzrechtslücke offenkundig.

IV. Miturheber

5   Bei Werken, die von Miturhebern geschaffen wurden, reicht es aus, dass einer der Urheber die erforderliche Staatsangehörigkeit hat. Der Schutz erstreckt sich auch auf die Miturheber (Möhring/Nicolini/*Hartmann* § 120 Rn. 18). Für Werkverbindungen und Bearbeitungen gilt diese Regelung nicht (s. § 9 Rn. 32; *Schack* Rn. 922).

V. Wechsel der Staatsangehörigkeit

6   Der Verlust der deutschen Staatsangehörigkeit ist für ein bereits geschaffenes und somit geschütztes Werk belanglos (BGH GRUR 1982, 308, 310 – Kunsthändler; dagegen Möhring/Nicolini/*Hartmann* § 120 Rn. 11). Später geschaffene Werke können dann nur nach §§ 121–123 – gegebenenfalls in Verbindung mit den internationalen Konventionen – geschützt sein. Erwirbt ein Urheber die deutsche Staatsangehörigkeit, so erlangt er Schutz für alle seine Werke. Maßgeblich ist insofern nicht der Zeitpunkt der Schöpfung, sondern der Zeitpunkt der Verletzungshandlung (BGH GRUR 1973, 602 – Kandinsky III). Hat ein Verwerter das Werk im Vertrauen auf die Schutzlosigkeit genutzt, so ist zu seinen Gunsten § 136 entsprechend anzuwenden (*Katzenberger* GRUR Int. 1973, 274, 278; *Schack* Rn. 923).

§ 121 Ausländische Staatsangehörige

(1) **Ausländische Staatsangehörige genießen den urheberrechtlichen Schutz für ihre im Geltungsbereich dieses Gesetzes erschienenen Werke, es sei denn, daß das Werk oder eine Übersetzung des Werkes früher als dreißig Tage vor dem Erscheinen im Geltungsbereich dieses Gesetzes außerhalb dieses Gebietes erschienen ist. Mit der gleichen Einschränkung genießen ausländische Staatsangehörige den Schutz auch für solche Werke, die im Geltungsbereich dieses Gesetzes nur in Übersetzung erschienen sind.**

(2) **Den im Geltungsbereich dieses Gesetzes erschienenen Werken im Sinne des Absatzes 1 werden die Werke der bildenden Künste gleichgestellt, die mit einem Grundstück im Geltungsbereich dieses Gesetzes fest verbunden sind.**

(3) **Der Schutz nach Absatz 1 kann durch Rechtsverordnung des Bundesministers der Justiz für ausländische Staatsangehörige beschränkt werden, die keinem Mitgliedstaat der Berner Übereinkunft zum Schutze von Werken der Literatur und der Kunst angehören und zur Zeit des Erscheinens des Werkes weder im Geltungsbereich dieses Gesetzes noch in einem anderen Mitgliedstaat ihren Wohnsitz haben, wenn der Staat, dem sie angehören, deutschen Staatsangehörigen für ihre Werke keinen genügenden Schutz gewährt.**

§ 121 Ausländische Staatsangehörige § 121 UrhG

(4) Im übrigen genießen ausländische Staatsangehörige den urheberrechtlichen Schutz nach dem Inhalt der Staatsverträge. Bestehen keine Staatsverträge, so besteht für solche Werke urheberrechtlicher Schutz, soweit in dem Staat, dem der Urheber angehört, nach einer Bekanntmachung des Bundesministers der Justiz im Bundesgesetzblatt deutsche Staatsangehörige für ihre Werke einen entsprechenden Schutz genießen.

(5) Das Folgerecht (§ 26) steht ausländischen Staatsangehörigen nur zu, wenn der Staat, dem sie angehören, nach einer Bekanntmachung des Bundesministers der Justiz im Bundesgesetzblatt deutschen Staatsangehörigen ein entsprechendes Recht gewährt.

(6) Den Schutz nach den §§ 12 bis 14 genießen ausländische Staatsangehörige für alle ihre Werke, auch wenn die Voraussetzungen der Absätze 1 bis 5 nicht vorliegen.

Literatur: *Brennan,* The Three Step Test Frenzy – Why the TRIPS Panel Decision might be considered per incuriam, Intellectual Property Quarterly (IPQ) 2002, 212; *Boytha,* Der schillernde Schutz von Urheberpersönlichkeitsrechten in der Berner Übereinkunft, in: Becker/Hilty/Stöckli/Würtenberger (Hrsg.) Festschrift für Manfred Rehbinder, München Bern 2002; *Busche/Stoll,* TRIPs – Internationales und europäisches Recht des geistigen Eigentums, Köln 2007; *Correa,* Trade Related Aspects of Intellectual Property Rights. A Commentary on the TRIPS Agreement, Oxford 2007; *D'Erme/Geiger/Ruse-Khan/Heinze/Jaeger/Matulionyte/Metzger* Opinion of European Academics on ACTA; abgerufen am 10.5.2012 unter http://www.iri.uni-hannover.de/tl_files/pdf/ACTA_opinion_110211_DH2.pdf; *Drexl,* Entwicklungsmöglichkeiten des Urheberrechts im Rahmen des GATT, München 1990; *Drexl,* Nach „GATT" und „WIPO": Das TRIPs-Abkommen und seine Anwendung in der Europäischen Gemeinschaft, GRUR Int. 1994, 777; *Drobing,* Originärer Erwerb und Übertragung von Immaterialgüterrechten im Kollisionsrecht, RabelsZ 40 (1976) 195; *Duggal,* Die unmittelbare Anwendbarkeit der Konventionen des internationalen Urheberrechts am Beispiel des TRIPs-Übereinkommens, IPrax 2002, 101; *EU-Kommission* Comments on the „Opinion of European Academics on Anti-Counterfeiting Trade Agreement", abgerufen am 10.5.2012 unter http://trade.ec.europa.eu/doclib/docs/2011/april/tradoc_147853.pdf; *Ficsor,* The Law of Copyright and the Internet: The 1996 WIPO Treaties, their Interpretation and Implementation, Oxford 2002; *Ficsor,* The Wipo Internet Treaties: The United States as the Driver: The United States as the Main Source of Obstruction – As Seen by an Anti-Revolutionary Central European, The John Marshall Review of Intellectual Property Law, 2006 (Band 6) 17; *Fitzpatrick,* Prospects of further copyright harmonisation, EIPR 2003, 215; *Fromm-Russenschuck/Duggal,* WTO und TRIPs, Berlin u. a. 2004; *Geist,* ACTA's State of Play: Looking Beyond Transparency, American University International Law Review 2011, S. 543; *Gervais,* The Internationalization of Intellectual Property: New Challenges from the Very Old and the Very New, Fordham Intellectual Property, Media & Entertainment Law Journal 2002 (Band 7), 929; *Gervais,* TRIPS Agreement, 2. Aufl., London 2003; *Ginsburg,* Die Rolle des nationalen Urheberrechts im Zeitalter der internationalen Urheberrechtsnormen, GRUR Int. 2000, 97; *Ginsburg,* Berne without borders: geographic indiscretion and digital communications, Intellectual Property Quarterly 2002, 111; *Goldstein/Hugenholtz,* International copyright: principles, law and practise, 2. Auflage, Oxford 2010; *Gounalakis/Helwig,* ACTA und die Meinungsfreiheit, K&R 2012, 233; *Groh/Wündisch,* Die Europäische Gemeinschaft und TRIPS: Hermès, Dior und die Folgen, GRUR Int. 2001, 497; *Grosse Ruse-Khan,* A Trade Agreement Creating Barriers to International Trade? ACTA Border Measures and Goods in Transit, American University International Law Review 2011 (Band 26) S. 644; *Haas,* Das TRIPS-Abkommen: Geistiges Eigentum als Gegenstand des Welthandelsrechts, Baden-Baden 2004; *Hennig,* Der Schutz geistiger Eigentumsrechte durch internationales Investitionsschutzrecht, Halle, 2011; *Hermes,* TRIPS im Gemeinschaftsrecht – Zu den innergemeinschaftlichen Wirkungen von WTO-Übereinkünften, Berlin 2002; *Hoeren,* ACTA ad acta? Überlegungen zum urheberrechtlichen „Shitstorm" MMR 2012, 137; *Iuliano,* Is Legal File Sharing Legal? An Analysis of the Berne Three-Step Test, Virginia Journal of Law and Technology 2011 (Band 16) S. 464; *Kaminski,* An Overview and the Evolution of The Anti-Counterfeiting Trade Agreement, Albany Law Journal of Science and Technology 2011 (Band 21) S. 385; *Katzenberger,* TRIPS und das Urheberrecht, GRUR Int. 1995, 447; *Kettle,* Dancing to the Beat of a Different Drummer: Global Harmonization – And the Need for Congress to get in Step with a Full Public Performance Right for Sound Recordings, Fordham Intellectual Property, Media & Entertainment Law Journal 2002 (Band 7), 1043; *Kreibich,* Das TRIPs-Abkommen in der Gemeinschaftsordnung, Frankfurt a. M. 2003; *Lehmann,* TRIPS/WTO und der internationale Schutz von Computerprogrammen, CR 1996, 2; *Levine,* Transparency Soup: The ACTA Negotiating Process and „Black Box" Lawmaking, American University International Law Review 2011 (Band 26) S. 811; *v. Lewinski,* Die WIPO-Verträge

UrhG § 121 § 121 Ausländische Staatsangehörige

zum Urheberrecht und zu den verwandten Schutzrechten vom Dezember 1996, CR 1997, 438; *v. Lewinski,* Die diplomatische Konferenz der WIPO 1996 zum Urheberrecht und zu verwandten Schutzrechten, GRUR Int. 1997, 667; *v. Lewinski,* The WIPO Diplomatic Conference on Audiovisual Performances: A First Resume, European Intellectual Property Review (EIPR) 2001, 333; *v. Lewinski* International Copyright Law and Policy, Oxford, 2008; *v. Lewinski,* EU und Mitgliedstaaten ratifizieren WIPO-Internetverträge – Was ändert sich aus deutscher Sicht?, GRUR-Prax 2010, 49; *Nordemann,* Die Schutzfrist für Werke US-amerikanischer Urheber in Deutschland, in: Erdmann (Hrsg.), Festschrift für Henning Piper, München 1996, 747 (zit. *Nordemann FS Piper*); *Nordemann,* Das Prinzip der Inländerbehandlung und der Begriff der „Werke der Literatur und Kunst", GRUR Int. 1989, 615; *Owens,* TRIPS and the Fairness in Music Arbitration: The Repercussions, European Intellectual Property Review (EIPR) 2003, 49; *Paal/Hennemann,* Schutz von Urheberrechten im Internet – ACTA, Warnhinweismodell und Europarecht, MMR 2012, 288; *Port,* A Case Against the ACTA, Cardozo Law Review 2012 (Band 33) 1131; *Prieß/Berrisch,* WTO-Handbuch, München 2003; *Rehbinder/Staehelin,* Das Urheberrecht im TRIPS-Abkommen, UFITA 127 (1995) 5; *Reinbothe,* Beschränkungen und Ausnahmen von den Rechten im WIPO-Urheberrechtsvertrag, in: Tade u. a. (Hrsg.), Ein Leben für Rechtskultur, Festschrift Robert Dittrich zum 75. Geburtstag, Wien 2000, 251 (zit. *Reinbothe FS Dittrich*); *Reinbothe,* Der Schutz des Urheberrechts und der Leistungsschutzrechte im Abkommensentwurf GATT/TRIPS, GRUR Int. 1992, 707; *Reinbothe,* TRIPS und die Folgen für das Urheberrecht, ZUM 1996, 735; *Reinbothe/v. Lewinski,* The WIPO Treaties 1996, London 2002; *Ricketson/Ginsburg,* International Copyright and Neighbouring Rights: The Berne Convention and Beyond, Oxford 2005; *Ricketson,* Threshold requirements for copyright protection under the international conventions, WIPO Journal 2009 (Band 1) 51; *Schack,* Hundert Jahre Berner Übereinkunft, JZ 1986, 824; *Schack,* Der Vergütungsanspruch der in- und ausländischen Filmhersteller aus § 54 UrhG, ZUM 1989, 267; *Schack,* Schutzfristenchaos im europäischen Urheberrecht, GRUR Int. 1995, 310; *Schrey/Haug,* ACTA (Anti-Counterfeiting Trade Agreement) – ohne Auswirkungen auf das deutsche und europäische Recht, K&R 2011, 171; *Schwartmann,* Private im Wirtschaftsvölkerrecht, Tübingen, 2005; *Senftleben,* Towards a Horizontal Standard for Limiting Intellectual Property Rights? – WTO Panel Reports Shed Light on the Three-Step Test in Copyright Law and Related Tests in Patent and Trademark Law, IIC 2006, 407; *Senftleben,* Grundprobleme des urheberrechtlichen Dreistufentests, GRUR Int. 2004, 200; *Siefarth,* US-amerikanisches Filmurheberrecht, Baden-Baden, 1991; *Sterling,* World Copyright Law, 2. Aufl., London 2003; *Stieper,* Das Anti-Counterfeiting Trade Agreement (ACTA) – wo bleibt der Interessenausgleich im Urheberrecht?, GRUR Int. 2011, 124; *Straus,* TRiPs, TRIPs-plus oder TRIPs-minus – Zur Zukunft des internationalen Schutzes des Geistigen Eigentums, FS Schricker 2005, 197; *Süßenberger/Czychowski,* Das „Erscheinen" von Werken ausschließlich über das Internet und ihr urheberrechtlicher Schutz in Deutschland, GRUR 2003, 489; *Thum,* Internationalprivatrechtliche Aspekte der Verwertung urheberrechtlich geschützter Werke im Internet, GRUR Int. 2001, 9; *Ulmer,* Das Folgerecht im internationalen Urheberrecht, GRUR 1974, 593; *Weatherall,* Politics, Compromise, Text, and the Failures of the Anti-Counterfeiting. Trade Agreement, Sydney Law Review 2011, (Band 33) S. 229; *Weatherall,* ACTA as a New Kind of International IP Lawmaking, American University International Law Review (Am. U. Int'l L. Rev.) 2011 (Band 26) S. 839; *Weiden,* Welle der Empörung gegen ACTA in Europa, GRUR 2012, 360; *Wooldridge,* The Enforcement of the TRIPS Agreement in Germany, IPQ 1997, 210; *Yu,* ACTA and Its Complex Politics, WIPO Journal 2011 (Band 3) S. 17.

Vgl. darüber hinaus die Angaben Vor §§ 120 ff. sowie im eingangs abgedr. Gesamtliteraturverzeichnis.

Übersicht

	Rn.
I. Bedeutung der Vorschrift	1
II. Erstes Erscheinen im Inland (Abs. 1–3)	2–4
1. Begriff des Erscheinens	2
2. Werke der bildenden Kunst	3
3. Schutzbeschränkung	4
III. Staatsverträge (Abs. 4 S. 1)	5–35
1. Revidierte Berner Übereinkunft	6–14
a) Anwendungsbereich	7–12
aa) Sachlicher Anwendungsbereich	7
bb) Persönlicher Anwendungsbereich	8–11
(1) Staatsangehörigkeit oder gewöhnlicher Aufenthalt	8
(2) Veröffentlichung in einem Verbandsland	9
(3) Internetveröffentlichung	10
(4) Filmwerke und Werke der Baukunst	11
cc) Zeitlicher Anwendungsbereich	12

	Rn.
b) Inländerbehandlung und Gegenseitigkeitsprinzip	13
c) Mindestrechte	14
2. TRIPs-Übereinkommen	15–22
a) Anwendungsbereich	17–19
aa) Sachlicher Anwendungsbereich	17
bb) Persönlicher Anwendungsbereich	18
cc) Zeitlicher Anwendungsbereich	19
b) Inländerbehandlung und Gegenseitigkeitsprinzip	20
c) Mindestrechte	21
d) Meistbegünstigung	22
3. Welturheberrechtsabkommen	23–28
a) Anwendungsbereich	24–26
aa) Sachlicher Anwendungsbereich	24
bb) Persönlicher Anwendungsbereich	25
cc) Zeitlicher Anwendungsbereich	26
b) Inländerbehandlung und Gegenseitigkeitsprinzip	27
c) Mindestrechte	28
4. WIPO-Urheberrechtsvertrag	29–32
a) Anwendungsbereich	30
b) Inländerbehandlung und Gegenseitigkeitsprinzip	31
c) Mindestrechte	32
5. Deutsch-amerikanisches Abkommen von 1892	33
6. Sonstige bilaterale Abkommen	34
7. Europäische Konvention zum Satellitenrundfunk	35
8. Anti-Counterfeiting Trade Agreement (ACTA)	36
a) Entwicklung	37
b) Verhältnis zu TRIPs	38
IV. Bekanntmachung der Gegenseitigkeit (Abs. 4 S. 2)	39
V. Folgerecht (Abs. 5)	40
VI. Urheberpersönlichkeitsrecht (Abs. 6)	41

I. Bedeutung der Vorschrift

§ 121 regelt als **fremdenrechtliche Norm** den Schutz von Ausländern, die nicht EU- oder EWR-Angehörige sind. Die praktisch größte Bedeutung haben dabei die internationalen Konventionen, auf die Abs. 4 S. 1 verweist. 1

II. Erstes Erscheinen im Inland (Abs. 1–3)

1. Begriff des Erscheinens

Nach § 121 Abs. 1 sind Werke von ausländischen Urhebern geschützt, wenn sie im Inland erstmals oder innerhalb von 30 Tagen nach dem erstmaligen Erscheinen im Ausland erschienen sind. Übersetzungen sind den Originalwerken gleichgestellt, da mit der Übersetzung auch das Originalwerk erschienen ist. Das erstmalige Erscheinen einer Übersetzung im Inland reicht nach Abs. 1 S. 2 für den Schutz aus. Umgekehrt darf keine Übersetzung früher als 30 Tage vor dem Erscheinen im Inland erschienen sein. Das Werk muss im Inland erschienen sein. Das Erscheinen wird in § 6 Abs. 2 S. 1 definiert. Wo die Vervielfältigungsstücke hergestellt wurden, ist demgegenüber irrelevant. Derjenige, der den Schutz aus § 121 Abs. 1 in Frage stellt, muss darlegen und gegebenenfalls beweisen, dass das betreffende Werk mehr als 30 Tage vor dem Erscheinen in Deutschland im Ausland erschienen ist (LG Hamburg GRUR Int. 2010, 67, 72 – *Dimitri Kabalewski*). Ob auch das ausschließliche Anbieten eines Werkes über das Internet ausreicht, um ein Erscheinen in Deutschland anzunehmen, ist umstritten (*Süßenberger/Czychowski* GRUR 2003, 489 ff.). Der Wortlaut 2 des § 6 Abs. 2, der davon ausgeht, dass die Verbreitung der Vervielfältigung zeitlich nachfolgt, spricht dafür, ein ausschließliches Angebot im Internet nicht ausreichen zu lassen. § 121 Abs. 1 gilt nicht für die vor Inkrafttreten des UrhG im Inland erschienene Werke (BGHZ 95, 229, 232 ff. – Puccini I; KG Schulze KGZ 90, S. 9 – Alexander Skriabin). Die Karenzfrist von 30 Tagen soll ausländischen Staatsangehörigen einen Anreiz geben, ihre Werke erstmals oder innerhalb der Frist in Deutschland erscheinen zu lassen (BGHZ 95, 229, 234 f. – Puccini I). Eine Rückwirkung würde diesen Zweck nicht erreichen.

2. Werke der bildenden Kunst

3 § 121 Abs. 2 stellt den erschienenen Werken solche Werke der bildenden Kunst gleich, die mit einem inländischen Grundstück fest verbunden sind. Fest verbunden sind Werke, die nach §§ 93, 94 BGB wesentlicher Bestandteil des Grundstücks sind (Möhring/Nicolini/*Hartmann* § 121 Rn. 17). Diese Voraussetzungen erfüllen bspw. Elemente der Berliner Mauer, die fest mit dem Untergrund verbunden waren (BGH GRUR 2007, 691, 692 – Staatsgeschenk). Auch bei Abs. 2 gilt die Karenzfrist, so dass das Werk nicht früher als 30 Tage vor der Herstellung der Verbindung mit dem Grundstück im Ausland erschienen sein darf.

3. Schutzbeschränkung

4 Nach § 121 Abs. 3 besteht die Möglichkeit, den Schutz für erstmalig in Deutschland erschienene Werke für Urheber einzuschränken, die keinem Verbandsland der RBÜ angehören und zur Zeit des Erscheinens des Werkes weder im Inland noch in einem RBÜ-Verbandsland ihren Wohnsitz haben, sofern der Staat, dem sie angehören, deutsche Urheber nicht ausreichend schützt. Hiervon wurde bislang jedoch kein Gebrauch gemacht (Schricker/Loewenheim/*Katzenberger* § 121 Rn. 10).

III. Staatsverträge (Abs. 4 S. 1)

5 Nach § 121 Abs. 6 S. 1 genießen ausländische Staatsangehörige den urheberrechtlichen Schutz nach Inhalt der Staatsverträge. Der Schutz nach § 121 Abs. 6 S. 1 UrhG besteht selbstständig und unabhängig neben dem Schutz aus § 121 Abs. 1 UrhG (BGHZ 95, 229, 231 – Puccini I; KG Schulze KGZ 90, 9 – Alexander Skriabin). Die Staatsverträge gehen vom **Grundsatz der Inländerbehandlung** aus und ergänzen diesen durch **Mindestrechte** (*Ginsburg* GRUR Int. 2000, 97, 98 ff.).

1. Revidierte Berner Übereinkunft

6 Eines der wichtigsten internationalen Übereinkommen auf dem Gebiet des Urheberrechts ist die Berner Übereinkunft v. 9.9.1886 (abgedr. in der dtv-Textausgabe UrhR). Sie wird seit der Revisionskonferenz in Berlin (1908) als Revidierte Berner Übereinkunft (RBÜ) bezeichnet. Bislang haben sieben Revisionskonferenzen (Art. 27 RBÜ) stattgefunden: 1896 in Paris, 1908 in Berlin, 1914 in Bern, 1928 in Rom, 1948 in Brüssel, 1967 in Stockholm und 1971 in Paris (vgl. *Schack* JZ 1986, 824, 828 f.). Zwischen zwei Verbandsländern der RBÜ gilt gem. Art. 32 RBÜ die jüngste Revisionsfassung, die beide ratifiziert haben. Die folgende Darstellung bezieht sich auf die jüngste Pariser Fassung von 1971. Die Unterzeichnerstaaten der RBÜ bilden einen Verband – die **Berner Union**. Nach Art. 4 ii) des Übereinkommens zur Errichtung der Weltorganisation für geistiges Eigentum v. 14.7.1967 übernimmt die **WIPO/OMPI** (World Intellectual Property Organization/Organisation Mondiale de la Propriété Intellectuelle) die Verwaltung des Berner Verbandes. Aktuelle Übersichten finden sich im Internet (www.wipo.int). Mit dem Beitritt der USA (1989), Chinas (1992) und Russlands (1995) hat sich die RBÜ gegenüber dem Welturheberrechtsabkommen durchgesetzt. Insbesondere das in Art. 5 Abs. 2 RBÜ geregelte Verbot von Förmlichkeiten unterscheidet die RBÜ vom WUA (vg. *Goldstein* GRUR Int. 1991, 767, 773). Bei den von der RBÜ verbotenen Förmlichkeiten handelt es sich typischerweise um Verpflichtungen administrativer Art (Hinterlegung von Werkexemplaren, Registrierung bei öffentlichen Institutionen, Zahlung von Eintragungsgebühren, Abgabe von bestimmten Erklärungen etc.), deren Nichterfüllung die völlige Schutzlosigkeit oder Erschwerung der Rechtsdurchsetzung nach sich zieht (*Ricketson/Ginsburg* Rn. 6.103; *v. Lewinski* Rn. 5.56). Ob Art. 5 RBÜ auch Regelungen über die Erforderlichkeit einer Prozesskostensicherheit entgegensteht, ist umstritten (dafür Österreichischer Oberster Gerichtshof GRUR Int. 2000, 447, 448 – Sicherheitsanweisung für Flugzeugpassagiere; dagegen OLG Frankfurt IPRax 2002, 222). Der RBÜ gehören derzeit (Stand: 29.11.2013) 167 Staaten an (die aktuelle Anzahl der Mitgliedstaaten kann im Internet unter http://www.wipo.int/treaties/en/ip/berne/ abgerufen werden). Die Vorschriften der RBÜ sind in Deutschland unmittelbar anwendbar (*Schack* Rn. 963; ebenso in Österreich: Österreichischer Oberster Gerichtshof GRUR Int. 1995, 729 – Ludus tonalis). Eine Privatperson kann sich vor Gericht also auf die Bestimmungen der RBÜ berufen. Die über Art. 9 Abs. 1 TRIPs inkorporierten Bestimmungen der RBÜ verlieren ihren Charakter als unmittelbare Vorschriften auch nicht dadurch, dass sie Teil des TRIPs-Übereinkommens werden (vgl. § 121 Rn. 16). Die Europäische Union ist zwar nicht Vertragspartei der RBÜ, aber nach Art. 1 Abs. 4 WCT verpflichtet, die Art. 1 bis 21 RBÜ zu befolgen (EuGH GRUR 2012, 489, 491 Rn. 59 – Luksan).

a) Anwendungsbereich. aa) Sachlicher Anwendungsbereich. In den sachlichen Anwendungsbereich fallen nach Art. 2 Abs. 1 RBÜ alle Erzeugnisse auf dem Gebiet der Literatur, Wissenschaft und Kunst. Der Werkbegriff der RBÜ erfasst nur persönliche geistige Schöpfungen (*Nordemann/Vinck/Hertin* Art. 2/Art. 2bis RBÜ Rn. 1). Der Inländerbehandlungsgrundsatz bezieht sich auf alle in dem jeweiligen Verbandsland geschützten Werkarten (*Nordemann* GRUR Int. 1989, 615, 618; *Drexl* 51 ff.). Die Anforderungen an die Gestaltungshöhe richten sich nach dem Schutzland (*Drexl* 59 f.). Einfache Lichtbilder i. S. d. § 72 werden von der RBÜ nicht geschützt (OLG Frankfurt GRUR Int. 1993, 872, 873 – Beatles; dagegen OLG Frankfurt FuR 1984, 263, 264 – Fototapeten; OLG Hamburg AfP 1983, 347, 348 – Lech Walesa).

bb) Persönlicher Anwendungsbereich. (1) Staatsangehörigkeit oder gewöhnlicher Aufenthalt. Nach Art. 3 RBÜ sind die Urheber geschützt, die einem Verbandsland angehören oder ihren gewöhnlichen Aufenthalt in einem Verbandsland haben (*Ulmer* 90). Urheber im Sinne der RBÜ ist grds. die natürliche Person, die das Werk geschaffen hat (*Nordemann/Vinck/Hertin* Art. 2/Art. 2bis RBÜ Rn. 7). Nach der Ausnahmeregelung in Art. 14bis II a) RBÜ bleibt es der Gesetzgebung des Landes, in dem der Schutz beansprucht wird, vorbehalten, die Inhaber des Urheberrechts am Filmwerk zu bestimmen. Diese Gesamtverweisung erlaubt eine Weiterverweisung durch das Kollisionsrecht des Schutzlandes (*Drobnig* RabelsZ 40 (1976) 195, 199; *Siefahrt* 95). Der Schutz besteht nach Art. 2 Abs. 6 S. 2 RBÜ auch zugunsten der Rechtsnachfolger des Urhebers oder sonstiger Inhaber ausschließlicher Werknutzungsrechte.

(2) Veröffentlichung in einem Verbandsland. Wenn der Urheber keinem Verbandsland angehört, kann er den Verbandsschutz für Werke erlangen, die zum ersten Mal in einem Verbandsland veröffentlicht wurden oder innerhalb von 30 Tagen seit der ersten Veröffentlichung in einem Verbandsland veröffentlicht werden. Eine Veröffentlichung nach Art. 3 Abs. 3 S. 1 RBÜ liegt nur dann vor, wenn die Werke der Öffentlichkeit in einer Weise zur Verfügung gestellt werden, die deren normalen Bedarf befriedigt (vgl. zu Art. 6 RBÜ Brüsseler Fassung BGHZ 64, 183, 187 f. – August Vierzehn). Die Veröffentlichung einer Übersetzung reicht aus (vgl. zu Art. 6 RBÜ Rom-Fassung BGH GRUR Int. 1999, 884, 885 – Laras Tochter).

10 **(3) Internetveröffentlichung.** Eine Veröffentlichung liegt auch vor, wenn das Werk im Internet zum Abruf bereitgestellt wird (*Thum* GRUR Int. 2001, 9, 10). Noch ungeklärt ist dabei, wie der Ort der Veröffentlichung zu bestimmen ist. Anders als bei der Frage der kollisionsrechtlichen Anknüpfung kommt die Staatsangehörigkeit des Urhebers hierfür nicht in Betracht, da Art. 3 Abs. 1b RBÜ gerade einen Anreiz dafür schaffen will, dass die Werke im Gebiet des Berner Verbandes veröffentlicht werden. Da sich der Schutz im Ursprungsland gem. Art. 5 Abs. 3 RBÜ allein nach den innerstaatlichen Rechtsvorschriften richtet, kann man auch nicht von einer weltweiten Veröffentlichungswirkung ausgehen, da sich der Urheber sonst in keinem Verbandsland auf den Mindestschutz der RBÜ berufen könnte (*Thum* GRUR Int. 2001, 9, 11). Da aber kein Anlass besteht, dem Urheber, der sein Werk im Internet veröffentlicht, den Schutz der RBÜ vorzuenthalten, wird in der Literatur mit guten Gründen vorgeschlagen, dem Urheber **unabhängig von der Lokalisierung der Veröffentlichung** Konventionsschutz zu gewähren (*Thum* GRUR Int. 2001, 9, 14).

11 **(4) Filmwerke und Werke der Baukunst.** Nach Art. 3 Abs. 3 S. 2 RBÜ stellt die Vorführung eines Filmes keine Veröffentlichung dar. Hierfür ist vielmehr der Beginn der Filmverwertung mit einer hinreichenden Kopienzahl erforderlich (vgl. zu Art. 4 RBÜ Berliner Fassung BGH GRUR Int. 1973, 49, 51 – Goldrausch). Die Urheber von Filmwerken, deren Hersteller seinen Sitz oder seinen gewöhnlichen Aufenthalt in einem Verbandsland hat, sind nach Art. 4a) RBÜ unabhängig von den Voraussetzungen in Art. 3 RBÜ geschützt. Urheber von Werken der Baukunst, die in einem Verbandsland errichtet sind, oder von Werken der grafischen oder plastischen Künste, die Bestandteile eines in einem Verbandsland gelegenen Grundstücks sind, werden nach Art. 4b) RBÜ geschützt.

12 **cc) Zeitlicher Anwendungsbereich.** Die zeitliche Anwendbarkeit ist in Art. 18 RBÜ geregelt. Tritt ein Land der RBÜ bei, so sind die Werke seiner Angehörigen verbandsgeschützt, sofern sie nicht bereits infolge Ablaufs der Schutzfrist im Ursprungsland gemeinfrei geworden sind (vgl. *Nordemann/Vinck/Hertin* Art. 18 RBÜ Rn. 3).

13 **b) Inländerbehandlung und Gegenseitigkeitsprinzip.** Nach Art. 5 Abs. 1 RBÜ stehen Urhebern konventionsgeschützter Werke alle Rechte zu, die der jeweilige Staat inländischen Urhebern gewährt. Es erfolgt also eine Gleichstellung von Aus- und Inländern. Dieser Inländerbehandlungsgrundsatz wird an einigen Stellen durchbrochen (vgl. EuGH GRUR 2005, 755 – Tod's). Eine Ausnahme vom Inländerbehandlungsgrundsatz stellt der **Schutzfristenvergleich** in Art. 7 Abs. 8 RBÜ dar. Grds. richtet sich die Schutzfrist nach dem Gesetz des Landes, in dem der Schutz beansprucht wird; sofern die Rechtsvorschriften dieses Landes nichts anderes bestimmen, überschreitet sie jedoch nicht die Dauer im Ursprungsland (vgl. OLG Köln GRUR-RR 2012, 104 – Briefe aus Petersburg). Materielle Gegenseitigkeit setzt Art. 14ter RBÜ für das Folgerecht voraus (BGHZ 72, 63, 68 f. – Jeannot). Hat ein Verbandsland das Folgerecht eingeführt und besteht mit dem fraglichen Heimatland materielle Gegenseitigkeit, so greift der Grundsatz der Inländerbehandlung nach Art. 5 Abs. 1 RBÜ (BGHZ 72, 63, 68 f. – Jeannot; *Ulmer* GRUR 1974, 593, 600).

14 **c) Mindestrechte.** Nach Art. 5 Abs. 1 RBÜ genießen die Urheber für konventionsgeschützte Werke die in der RBÜ geregelten Rechte. Auf diese Mindestrechte kann sich der Urheber insb. dann berufen, wenn sie über den Schutz im jeweiligen Land hinausgehen (vgl. österreichischer OGH GRUR Int. 1995, 729, 730 f. – Ludus tonalis). Sie sind in Deutschland unmittelbar anwendbar (*Drexl* 28 ff.). Als Mindestrechte schützt die RBÜ das Urheberpersönlichkeitsrecht (Art. 6bis), das Übersetzungsrecht (Art. 8), das Vervielfältigungsrecht (Art. 9), das Aufführungsrecht (Art. 11), das Senderecht (Art. 11bis), das Vortragsrecht (Art. 11ter), das Bearbeitungsrecht (Art. 12) und das Verfilmungsrecht (Art. 14).

2. TRIPs-Übereinkommen

Das TRIPs-Übereinkommen (Trade-Related Aspects of Intellectual Property Rights; **15** auszugsweise abgedr. in der dtv-Textausgabe UrhR Nr. 31) wurde von den Europäischen Gemeinschaften und den Mitgliedstaaten aufgrund geteilter Zuständigkeit als gemischter Vertrag unterzeichnet (Vor §§ 120ff. Rn. 57) und ist für Deutschland am 1.1.1995 in Kraft getreten. Es ist integraler Bestandteil des **WTO-Übereinkommens** (World Trade Organization) und kein selbstständiger völkerrechtlicher Vertrag (Drexl GRUR Int. 1994, 777, 778; *Haas* 29ff.; *Hermes* 254). In Art. 9–13 TRIPs befinden sich Vorschriften zum Urheberrecht, in Art. 14 TRIPs werden Leistungsschutzrechte geregelt. Das TRIPs-Übereinkommen baut auf der RBÜ auf **(Bern-plus-Element)**. Nach Art. 9 Abs. 1 TRIPs befolgen die Mitglieder die Artikel 1–21 RBÜ in der Pariser Fassung von 1971 und den Anhang dazu. Ausgenommen hiervon ist allerdings das in Art. 6bis RBÜ geregelte Urheberpersönlichkeitsrecht (*Haas* 74ff.). Die Integration des RBÜ-Standards hat zur Folge, dass die Bestimmungen auch Gegenstand des WTO-Streitbeilegungsverfahrens sein können (*Haas* 81). Aktuelle Übersichten über die Vertragsstaaten finden sich im Internet (wto.org).

In der Literatur wurde die **unmittelbare Anwendbarkeit** des TRIPs-Übereinkom- **16** mens mit unterschiedlichen Begründungen bejaht (*Haas* 205ff.; *Hermes* 214ff.; *Kreibich* 161ff.; *Drexl* GRUR Int. 1994, 777, 783ff.; *Katzenberger* GRUR Int. 1995, 447, 459; *Duggal* IPRax 2002, 101, 104f.). Demgegenüber steht der **EuGH** einer unmittelbaren Anwendung der WTO-Übereinkommen ablehnend gegenüber (EuGH EuZW 2000, 276, 278 – Portugal/Rat). Hinsichtlich des TRIPs-Übereinkommens differenzierte der EuGH zunächst zwischen Bereichen, die unionsrechtlich bereits vereinheitlicht oder harmonisiert sind und solchen, wo eine Vereinheitlichung oder Harmonisierung noch nicht erfolgt ist (EuGH GRUR 2001, 235, 237 – Dior; krit. hierzu *Groh/Wündisch* GRUR Int. 2001, 497, 502f.). In Bereichen, die in der Europäischen Union bereits vereinheitlicht oder harmonisiert sind, sind die Mitgliedstaaten der EU verpflichtet, ihr nationales Recht TRIPs-konform auszulegen (EuGH GRUR 2001, 235, 237 Rn. 47 – Dior). In Bereichen, in denen die Union noch keine Rechtsvorschriften erlassen hat, unterliegt die Frage der unmittelbaren Anwendbarkeit dem nationalen Recht des jeweiligen Mitgliedstaates (EuGH GRUR 2008, 55, Rn. 34 – Merck Genéricos; EuGH GRUR 2001, 235, 237 Rn. 48 – Dior). In einer neueren Entscheidung stellt der EuGH fest, dass das TRIPs-Übereinkommen insofern unmittelbar anwendbar ist, als es die Organe der Union und die Mitgliedstaaten bindet (EuGH Urteil vom 15.3.2012, Az. C-135/10 Rn. 39 – SCF). Einzelpersonen können sich allerdings nicht unmittelbar auf das TRIPs-Übereinkommen berufen, da diese nicht inhaltlich unbedingt und hinreichend genau seien (EuGH Urteil vom 15.3.2012, Az. C-135/10 Rn. 46). Im Hinblick auf den in Art. 10 TRIPs enthaltenen Schutz von Computerprogrammen und Datenbanken kann man dies durchaus bezweifeln (vgl. *Hermes* 255). In Bereichen, die noch nicht durch Richtlinien harmonisiert wurden, sind die TRIPs-Bestimmungen nach deutschem Recht unmittelbar anwendbar, wenn sie nach Inhalt Zweck und Fassung hinreichend bestimmt sind (*Katzenberger* GRUR Int. 1995, 447, 459). Für die unmittelbare Anwendbarkeit spricht insb. der private Charakter der geregelten Rechte.

a) Anwendungsbereich. aa) Sachlicher Anwendungsbereich. Der urheberrechtli- **17** che Werkbegriff ist im TRIPs-Übereinkommen nicht definiert. Art. 9 Abs. 2 TRIPs stellt lediglich klar, dass sich der urheberrechtliche Schutz auf die Ausdrucksform bezieht und nicht auf Ideen, Verfahren, Arbeitsweisen oder mathematische Konzepte als solche (*Lehmann* CR 1996, 2, 3). Besonders geregelt ist der Schutz von Computerprogrammen und Datensammlungen in Art. 10 TRIPs. Nach Art. 10 Abs. 1 TRIPs werden Computerprogramme als Werke der Literatur nach der RBÜ geschützt. Hierdurch wird den TRIPs-Mitgliedern die Möglichkeit genommen, Schutzeinschränkungen, die in der RBÜ teilweise für andere Werkgattungen bestehen, auf Computerprogramme auszudehnen (*Stoll/Raible* in: Prieß/Berrisch, Teil B. III. Rn. 20; *Katzenberger* GRUR Int. 1995, 447, 465; *Reinbothe* ZUM 1996, 735, 737). In Bezug auf den Schutz von Datensammlungen setzt Art. 10 Abs. 2 TRIPs lediglich eine geistige Schöpfung voraus. Auf die Schutzfähigkeit der einzelnen Beiträge kommt es dabei nicht an (Prieß/Berrisch/*Stoll/Raible* Teil B. III. Rn. 21; *Reinbothe* GRUR Int. 1992, 707, 710; dagegen *Lehmann* CR 1996, 2, 3). Teilweise wird der Begriff der geistigen Schöpfung verallgemeinert und auf alle Werkarten angewendet (*Ginsburg* GRUR Int. 2000, 97, 104).

18 **bb) Persönlicher Anwendungsbereich.** Nach Art. 1 Abs. 3 S. 1 TRIPs gewähren die Mitglieder die in dem Übereinkommen festgelegte Behandlung den Angehörigen der anderen Mitglieder. Unter den Angehörigen der anderen Mitglieder sind nach Art. 1 Abs. 3 S. 2 TRIPs die Personen zu verstehen, die den Kriterien für den Zugang zum Schutz nach der RBÜ – bzw. dem Rom-Abkommen – entsprächen, wenn alle WTO-Mitglieder Vertragsparteien dieser Übereinkünfte wären. TRIPs übernimmt insofern die Anknüpfungspunkte der RBÜ. Aus der Verweisung in Art. 9 Abs. 1 TRIPs folgt die Anwendbarkeit der Art. 3 und 4 RBÜ. Art. 11 TRIPs überlässt es den Mitgliedstaaten, die Urheber von Computerprogrammen und Filmen zu bestimmen (*Reinbothe* ZUM 1996, 735, 738; *Rehbinder/Staehelin* UFITA 127 (1995) 5, 19 f.).

19 **cc) Zeitlicher Anwendungsbereich.** Nach Art. 70 Abs. 1 TRIPs werden nur Handlungen erfasst, die nach dem Zeitpunkt der Anwendung dieses Übereinkommens auf das betreffende Mitglied stattfinden. Art. 70 Abs. 2 TRIPs verweist auf Art. 18 RBÜ, so dass auch bereits existierende Werke geschützt werden, sofern sie noch nicht infolge Ablaufs der Schutzdauer im Ursprungsland oder im Land, in dem Schutz beansprucht wird, Gemeingut geworden sind (*Katzenberger* GRUR Int. 1995, 447, 463; *Reinbothe* ZUM 1996, 735, 741). Originale oder Kopien, die vor dem Zeitpunkt der Anwendung des Übereinkommens gekauft wurden, sind nach Art. 70 Abs. 5 TRIPs vom Vermietrecht ausgenommen.

20 **b) Inländerbehandlung und Gegenseitigkeitsprinzip.** In Art. 3 Abs. 1 TRIPs ist der Inländerbehandlungsgrundsatz geregelt. Für das Urheberrecht ergibt sich dieser Grundsatz bereits aus Art. 9 Abs. 1 TRIPs i. V. m. Art. 5 Abs. 1 RBÜ. Daraus folgert die Rechtsprechung, dass dem in Art. 3 TRIPs kodifizierten Inländerbehandlungsgrundsatz eine darüber hinaus gehende Bedeutung zukomme und eine völlige Gleichbehandlung von inländischen und ausländischen Prozessparteien auch in verfahrensrechtlicher Hinsicht gebiete (OLG Frankfurt IPRax 2002, 222). Eine Prozesspartei, die einem Mitgliedstaat des TRIPs-Übereinkommens angehöre, müsse deshalb keine Prozesskostensicherheit nach § 110 ZPO leisten (OLG Frankfurt IPRax 2002, 222, 223). Anders ist dies aber außerhalb des Urheberrechts (Österreichischer OGH GRUR Int. 2010, 1083 – TRIPS-Prozesskostensicherheit). Die Inländerbehandlung unterliegt im Übrigen denselben Ausnahmen, die in der RBÜ vorgesehen sind. Auch bezüglich der im TRIPs-Übereinkommen geregelten Rechte gilt deshalb der Schutzfristenvergleich aus Art. 7 Abs. 8 RBÜ (*Katzenberger* GRUR Int. 1995, 447, 460). Für die Leistungsschutzrechte ist die Inländerbehandlung gem. Art. 3 Abs. 1 S. 2 TRIPs auf die im TRIPs-Übereinkommen vorgesehenen Rechte beschränkt (vgl. hierzu OLG Hamburg ZUM 2004, 133).

21 **c) Mindestrechte.** Nach Art. 11 TRIPs besteht ein Vermietrecht an Computerprogrammen und Filmwerken. Die Urheber können die gewerbliche Vermietung untersagen. Ein Vermietrecht an Computerprogrammen besteht nach Art. 11 S. 3 TRIPs nur, wenn das Programm Hauptgegenstand der Vermietung ist. Dadurch wird klargestellt, dass z. B. kein Vermietrecht an einem Mietwagen besteht, nur weil darin ein Computerprogramm enthalten ist (*Reinbothe* GRUR Int. 1992, 707, 710). Darüber hinaus soll auch Urhebern von auf Tonträgern festgehaltenen Werken – Komponisten und Textdichtern – ein ausschließliches Vermietrecht zustehen (*Katzenberger* GRUR Int. 1995, 447, 466; *Reinbothe* ZUM 1996, 735, 738; *Rehbinder/Staehelin* UFITA 127 (1995) 5, 21). Für dieses Vermiet-

d) Meistbegünstigung. Ein Novum auf dem Gebiet des Urheberrechts ist die Meistbegünstigungsklausel in Art. 4 TRIPs. Danach werden grds. alle Vorteile, die ein Mitglied den Angehörigen eines anderen Landes gewährt, den Angehörigen aller anderen Mitglieder gewährt. Ausgenommen hiervon sind insb. die Bestimmungen der RBÜ, die wie das Folgerecht nach Art. 14ter RBÜ materielle Gegenseitigkeit voraussetzen oder wie Art. 7 Abs. 8 RBÜ die Dauer des Schutzes vom Schutz im Ursprungsland abhängig machen (*Katzenberger* GRUR Int. 1995, 447, 461). Ausgenommen von der Meistbegünstigungsklausel sind auch Übereinkünfte, die vor dem WTO-Übereinkommen in Kraft getreten sind. Hiervon wird bspw. das deutsch-amerikanische Abkommen von 1892 erfasst. Bei unterschiedlicher Begründung besteht im Ergebnis auch darüber Einigkeit, dass sich WTO-Mitglieder nicht auf den Inländerbehandlungsgrundsatz aus Art. 18 Abs. 1 AEUV (EuGH JZ 1994, 142 – Phil Collins) berufen können (Österreichischer OGH GRUR Int. 2010, 1083 – TRIPS-Prozesskostensicherheit; *Katzenberger* GRUR Int. 1995, 447, 462; *Reinbothe* ZUM 1996, 735, 741; *Schack* GRUR Int. 1995, 310, 314). Art. 4 S. 2d) TRIPs nimmt Vorteile und Vergünstigungen, die sich aus internationalen Übereinkünften ableiten, die den Schutz des geistigen Eigentums betreffen und vor dem Inkrafttreten des WTO-Übereinkommens in Kraft getreten sind, von der Meistbegünstigungsklausel aus, sofern diese Übereinkünfte dem Rat für TRIPs notifiziert werden und keine willkürliche Diskriminierung darstellen. Diese Ausnahmevorschrift erfasst sowohl den AEUV, als auch den EWR-Vertrag (OLG Frankfurt IPRax 2002, 222). Nach Auffassung des OGH setzt die Meistbegünstigungsklausel des Art. 4 TRIPS voraus, dass den Staatsangehörigen eines „anderen Landes" eine Vergünstigung gewährt wird. Bei Art. 18 AEUV geht es allerdings um das interne Recht der Europäischen Union. Vergünstigungen, die das europäische Recht Angehörigen der Mitgliedstaaten gewährt, könnten daher nicht als Vergünstigungen zu Gunsten von Angehörigen eines „anderen" Landes angesehen werden. Diese Sichtweise legitimiere sich durch die Anerkennung der Europäischen Union als vollwertiges Mitglied der WTO nach dem WTO-Abkommen (Österreichischer OGH GRUR Int. 2010, 1083, 1085 – TRIPS-Prozesskostensicherheit).

3. Welturheberrechtsabkommen

Deutlich geringere Bedeutung als die RBÜ und das TRIPs-Übereinkommen hat das Welturheberrechtsabkommen (WUA) v. 6.9.1952 (abgedr. in der dtv-Textausgabe UrhR Nr. 27). Nach Art. XVII WUA und der dazu ergangenen Zusatzerklärung hat die RBÜ im Verhältnis der RBÜ-Mitgliedstaaten Vorrang vor dem WUA. Hingegen werden andere mehrseitige und zweiseitige Verträge, die von den Bestimmungen des WUA abweichen, nach Art. XIX S. 2 WUA verdrängt (vgl. BGHZ 70, 268, 272 – Buster-Keaton-Filme; BGH GRUR 1978, 302, 303f. – Wolfsblut). Dies gilt auch dann, wenn die abweichende Bestimmung für den Urheber günstiger wäre (BGHZ 70, 268, 273 – Buster-Keaton-Filme; *Nordemann/Vinck/Hertin* Art. XIX WUA Rn. 2; *Ulmer* 104). Im Verhältnis zwischen Staaten, die sowohl der RBÜ als auch dem WUA angehören, können abweichende Verträge jedoch angewandt werden, da sich die RBÜ gegen das WUA durchsetzt und Art. 20 RBÜ günstigeren Abkommen den Vorrang lässt. Aktuelle Übersichten über die Vertragsstaaten finden sich im Internet (www.unesco.org).

a) Anwendungsbereich. aa) Sachlicher Anwendungsbereich. Geschützt werden nach Art. I WUA Werke der Literatur, Wissenschaft und Kunst. Beispielhaft werden Schriftwerke, musikalische und dramatische Werke, Filmwerke sowie Werke der Malerei, Stiche und Werke der Bildhauerei aufgezählt. Die Aufzählung ist jedoch nicht abschließend (*Ulmer* 97). Nach Art. III Abs. 4 WUA ist jeder Vertragsstaat verpflichtet, den unveröffentlichten Werken der Angehörigen anderer Vertragsstaaten Rechtsschutz ohne Erfüllung von

Formalitäten zu gewähren. Bei veröffentlichten Werken können die Vertragsstaaten die Erfüllung bestimmter Förmlichkeiten verlangen. Bei Werken, die außerhalb des Hoheitsgebietes veröffentlicht werden, haben die Vertragsstaaten nach Art. III Abs. 1 WUA die Anforderungen an die Förmlichkeiten als erfüllt anzusehen, wenn alle Exemplare des Werkes, die mit Zustimmung des Berechtigten veröffentlicht werden, von der ersten Veröffentlichung an das Kennzeichen© in Verbindung mit dem Namen des Inhabers des Urheberrechts und der Jahreszahl der ersten Veröffentlichung tragen (*Ulmer* 101).

25 **bb) Persönlicher Anwendungsbereich.** Art. II WUA knüpft den Schutz grds. an die Staatsangehörigkeit an. Ansonsten werden nur die Werke durch das WUA geschützt, die zum ersten Mal im Hoheitsgebiet eines Vertragsstaates veröffentlicht werden. Art. VI WUA definiert die Veröffentlichung. Danach muss das Werk in körperlicher Form vervielfältigt und der Öffentlichkeit durch Werkstücke zugänglich gemacht werden, die es erlauben, das Werk zu lesen oder optisch wahrzunehmen. Eine Veröffentlichung auf Tonträgern ist dadurch ausgeschlossen (*Nordemann/Vinck/Hertin* Art. VI WUA Rn. 5; *Ulmer* 99).

26 **cc) Zeitlicher Anwendungsbereich.** Ungeschützt bleiben nach Art. VII WUA die Werke, die bei Inkrafttreten des Abkommens in dem Vertragsstaat, in dem der Schutz beansprucht wird, nicht mehr bzw. noch nie geschützt waren.

27 **b) Inländerbehandlung und Gegenseitigkeitsprinzip.** Art. II WUA sieht den Inländerbehandlungsgrundsatz vor. Vom Inländerbehandlungsgrundsatz ist nach überwiegender Ansicht das Folgerecht ausgenommen (*Ulmer* GRUR 1974, 593, 599; Schricker/Loewenheim/*Katzenberger* § 121 Rn. 19; dagegen *Nordemann/Vinck/Hertin* Art. II WUA Rn. 1). Die Mindestschutzfrist beträgt nach Art. IV Abs. 2a WUA grds. 25 Jahre post mortem auctoris (*Nordemann/Vinck/Hertin* Art. IV WUA Rn. 3; *Ulmer* 101f.). Art. IV 4 WUA sieht einen Schutzfristenvergleich vor (*Nordemann/Vinck/Hertin* Art. VI WUA Rn. 6).

28 **c) Mindestrechte.** Art. IVbis WUA regelt das Vervielfältigungs-, Aufführungs- und Senderecht, Art. V WUA das Übersetzungsrecht. Diese Vorschriften sind jedoch keine Anspruchsgrundlagen, sondern verpflichten nur die Mitgliedstaaten, entsprechende Rechte vorzusehen (*Nordemann/Vinck/Hertin* Art. IVbis WUA Rn. 1; *Schack* Rn. 970; dagegen *Drexl* 191, 193f.).

4. WIPO-Urheberrechtsvertrag

29 Der WIPO-Urheberrechtsvertrag (WIPO Copyright Treaty/WCT; GRUR Int. 2004, 112–116) wurde am 20.12.1996 in Genf unterzeichnet. Am 14. März 2010 trat der WCT für die EU in Kraft (*v. Lewinski* GRUR-Prax 2010, 49). Nach Art. 1 Abs. 1 WCT ist der Vertrag ein Sonderabkommen i. S. d. Art. 20 RBÜ. Die Vertragsparteien (unter anderem die Europäische Union und ihre Mitgliedstaaten) verpflichten sich nach Art. 1 Abs. 4 WCT, die Art. 1–21 RBÜ und den Anhang zu befolgen (vgl. EuGH GRUR 2012, 489, 491 Rn. 59 – Luksan). Dem WCT gehören derzeit (Stand: 29.11.2013) 91 Staaten an (der aktuelle Stand der Mitgliedstaaten kann im Internet unter http://www.wipo.int/treaties/en/ip/wct/ abgerufen werden). Im Hinblick auf den parallelen WIPO-Vertrag über Darbietungen und Tonträger (WIPO Performances and Phonograms Treaty/WPPT) hat der EuGH entschieden, dass dieser als Teil des Unionsrechts zwar unmittelbar anwendbar ist, Einzelpersonen sich aber nicht unmittelbar darauf berufen können (EuGH GRUR 2012, 593 Rn. 48 – SCF).

30 **a) Anwendungsbereich.** Art. 3 WCT verweist auf Art. 2–6 RBÜ und übernimmt damit dessen sachlichen und persönlichen Anwendungsbereich. In den Schutz werden Computerprogramme (Art. 4 WCT) und Datenbanken (Art. 5 WCT) einbezogen. Die Schutzvorschriften zugunsten von Computerprogrammen und Datenbanken sind deklaratorischer Natur (*v. Lewinski* GRUR Int. 1997, 667, 677; *v. Lewinski* CR 1997, 438, 442). Hinsichtlich des zeitlichen Anwendungsbereichs verweist Art. 13 WCT auf Art. 18 RBÜ.

b) Inländerbehandlung und Gegenseitigkeitsprinzip. Auch der WCT sieht in Art. 3 **31** WCT durch Verweisung auf Art. 5 RBÜ den Inländerbehandlungsgrundsatz vor (*v. Lewinski* GRUR Int. 1997, 667, 671; Möhring/Nicolini/*Hartmann* Vor §§ 120 ff. Rn. 123).

c) Mindestrechte. Art. 8 WCT sieht für die Urheber von Werken der Literatur und **32** Kunst das Recht der öffentlichen Wiedergabe, insb. das Recht der öffentlichen Zugänglichmachung **(Online-Recht)** vor. Die Online-Wiedergabe beginnt schon mit dem Angebot an die Öffentlichkeit (*v. Lewinski* GRUR Int. 1997, 667, 675). Art. 6 WCT sieht das Verbreitungsrecht als Mindestrecht vor (vgl. *v. Welser* GRUR Int. 2008, 596). Die Regelung der Erschöpfung des Verbreitungsrechts bleibt nach Art. 6 Abs. 2 WCT den Vertragsparteien vorbehalten (vgl. EuGH GRUR Int. 2007, 237, 239 Rn. 42 – Laserdisken). Die Erschöpfung kann jedoch nur eintreten, wenn eine erste Veräußerung mit Zustimmung des Urhebers erfolgt ist (vgl. *v. Lewinski* GRUR Int. 1997, 667, 673). Für die Urheber von Computerprogrammen, Filmwerken und auf Tonträgern aufgenommenen Werken besteht nach Art. 7 WCT ein Vermietrecht. Art. 10 Abs. 1 WCT erlaubt es den Vertragsstaaten, Schranken in Bezug auf die im WCT gewährten Rechte unter den dort genannten Voraussetzungen (Dreistufentest) vorzusehen (*v. Lewinski* GRUR Int. 1997, 667, 675 f.; *Reinbothe* FS Dittrich 251, 256 ff.). Schranken dürfen nur in bestimmten Sonderfällen vorgesehen werden, die normale Auswertung des Werkes nicht beeinträchtigen und die berechtigten Interessen des Urhebers nicht unzumutbar verletzen.

5. Deutsch-amerikanisches Abkommen von 1892

Eines der bedeutendsten bilateralen Abkommen ist das deutsch-amerikanische Abkom- **33** men von 1892 (Übereinkommen zwischen dem Deutschen Reich und den Vereinigten Staaten von Amerika über den gegenseitigen Schutz der Urheberrechte v. 15.1.1892; abgedr. in der dtv-Textausgabe UrhR Nr. 40). Das Abkommen ist in seinem Fortbestand durch die Weltkriege unberührt geblieben (BGHZ 70, 268, 272 – Buster-Keaton-Filme; BGH GRUR 1978, 302, 303 – Wolfsblut; *Nordemann* FS Piper 747 ff.). Im Verhältnis zwischen Deutschland und den USA gelten das WUA, die RBÜ in der Pariser Fassung, das TRIPs-Übereinkommen sowie das deutsch-amerikanische Abkommen von 1892. Nach dem **Beitritt der USA zur RBÜ** (1989) setzt sich dieses Abkommen gegenüber den anderen Übereinkommen – bezogen auf die dort gewährten Rechte – durch. Nach Art. XVII WUA gilt zwischen den Verbandländern der RBÜ, die zugleich dem WUA angehören, allein die RBÜ. Art. 9 Abs. 1 TRIPs verweist auf die Art. 1–21 der RBÜ in der Pariser Fassung. Art. 20 RBÜ wiederum lässt solchen bilateralen Abkommen den Vorrang, die über den Schutz der RBÜ hinausgehen. Nach Art. 1 des deutsch-amerikanischen Abkommens von 1892 genießen US-Amerikaner bezüglich der Werke der Literatur und Kunst sowie des Schutzes der Fotografien gegen unbefugte Nachbildung Inländerbehandlung. Ob hiervon auch einfache Lichtbilder nach § 72 erfasst werden, ist umstritten (dafür OLG Hamburg AfP 1983, 347, 348 – Lech Walesa; *Schack* ZUM 1989, 267, 284; dagegen Schricker/Loewenheim/*Vogel* § 72 Rn. 15; im Ergebnis offen gelassen von OLG Düsseldorf ZUM-RD 2008, 524, 525 – Bildband), jedoch zu bejahen, da der Wortlaut keinen Ausschluss einfacher Lichtbilder zulässt. Vielmehr wird der Schutz der Fotografien neben den Werken der Literatur und Kunst genannt. Dies erlaubt die Folgerung, dass sich der Werkbegriff nicht auf den Schutz der Fotografien bezieht. Anders als die RBÜ sieht das deutsch-amerikanische Abkommen von 1892 keinen Schutzfristenvergleich vor (vgl. BGHZ 70, 268, 272 – Buster-Keaton-Filme). Durch das Abkommen werden also US-amerikanische Urheber deutlich begünstigt (*Schack* Rn. 986).

6. Sonstige bilaterale Abkommen

Neben dem deutsch-amerikanischen Abkommen von 1892 bestehen noch eine Reihe **34** weiterer bilateraler Abkommen, die jedoch kaum praktische Bedeutung haben (Übersicht bei Schricker/Loewenheim/*Katzenberger* Vor §§ 120ff. Rn. 70). Dies liegt daran, dass sich das höhere Schutzniveau der RBÜ bzw. des WUA durchsetzt. Ein Ausnahmefall ist der bilaterale Vertrag mit dem **Iran** (RGBl. 1930 II, S. 981; abgedr. bei Mestmäcker/Schulze Band III), da der Iran bislang weder der RBÜ noch dem WUA angehört (Möhring/Nicolini/*Hartmann* Vor §§ 120ff. Rn. 146). Von geringerer Bedeutung sind die bilateralen Verträge mit **Ägypten, Kolumbien, Mexiko** und **Peru** (abgedr. bei Mestmäcker/Schulze Band III). Da Ägypten, Kolumbien, Mexiko und Peru auch Verbandsländer der RBÜ sind, gehen die bilateralen Verträge gem. Art. 20 RBÜ auch hier vor (vgl. Möhring/Nicolini/*Hartmann* Vor §§ 120ff. Rn. 143ff.).

7. Europäische Konvention zum Satellitenrundfunk

35   Die Europäische Konvention zum Satellitenrundfunk (Europäische Konvention über urheber- und leistungsschutzrechtliche Fragen im Bereich des grenzüberschreitenden Satellitenrundfunks) v. 11.5.1994 ist von Deutschland noch nicht ratifiziert worden (Übersicht über die Vertragsstaaten abrufbar unter http://conventions.coe.int). Art. 3 EKS enthält eine Bestimmung, die überwiegend als kollisionsrechtlich eingeordnet wird und nach der eine Sendung in dem Vertragsstaat stattfindet, in dem die Erstsendung übermittelt wird und sich folglich ausschließlich nach dem Recht dieses Staates richtet (Schricker/Loewenheim/*Katzenberger* Vor §§ 120ff. Rn. 107; Möhring/Nicolini/*Hartmann* Vor §§ 120ff. Rn. 117). Art. 4 EKS verweist für den Schutz der Urheber in Bezug auf grenzüberschreitende Rundfunksendungen auf die RBÜ.

8. Anti-Counterfeiting Trade Agreement (ACTA)

36   Seit 2008 haben die die EU, die USA, Australien, Kanada, Japan, Korea, Mexiko, Marokko, Neuseeland, Singapur und die Schweiz über das plurilaterale Handelsabkommen zur Bekämpfung der Produktpiraterie (Anti-Counterfeiting Trade Agreement/ACTA) verhandelt (*Stieper* GRUR Int. 2011, 124; *Grosse Ruse-Khan*, A Trade Agreement Creating Barriers to International Trade? ACTA Border Measures and Goods in Transit, American University International Law Review 2011, 644; *Kaminski* Albany Law Journal of Science and Technology, 2011, 385; *Weatherall* Sydney Law Review 2011, 229). Ob und wann es in Kraft tritt, ist offen. Insbesondere in der EU regte sich zunächst Widerstand in akademischen Kreisen, dem sich – nach breiten öffentlichen Protesten – auch politische Kreise angeschlossen haben (vgl. *Hoeren* MMR 2012, 137). Im Juli 2012 wurde das Abkommen im Europäischen Parlament abgelehnt (Rn. 37).

37   **a) Entwicklung.** Die Verhandlungen begannen im Jahr 2008, wobei die Kritiker immer wieder auf die mangelnde Transparenz der Verhandlungen hingewiesen haben (*Geist*, American University International Law Review 2011, S. 543; *Levine*, American University International Law Review 2011, 811). Im Oktober 2011 wurde ACTA von Kanada, Australien, Japan, Marokko, Neuseeland, Südkorea, Singapur und den USA unterzeichnet. Im Januar 2012 unterzeichneten die Europäische Union sowie 22 EU-Mitgliedstaaten (Belgien, Bulgarien, Dänemark, Finnland, Frankreich, Griechenland, Irland, Italien, Lettland, Litauen, Luxemburg, Malta, Österreich, Polen, Portugal, Rumänien, Schweden, Slowenien, Spanien, Tschechische Republik, Ungarn und das Vereinigte Königreich) das Abkommen. Deutschland, die Niederlande, die Slowakei, Estland und Zypern haben das Abkommen hingegen noch nicht unterzeichnet (*Weiden* GRUR 2012, 360). Eine Ratifizierung durch die EU und ihrer Mitgliedstaaten steht aus. Das Abkommen wird kontrovers diskutiert. Im Januar 2011 forderte eine Gruppe von Rechtswissenschaftlern in einer online publizierten Erklärung die EU-Mitgliedstaaten sowie das Parlament und die Kommission auf, dem Abkommen vorerst nicht zuzustimmen (*D'Erme/Geiger/Ruse-Khan/Heinze/Jaeger/Matulionyte/Metzger* Opinion). Im April 2011 veröffentlichte die Generaldirektion

Handel der EU-Kommission – ebenfalls online – eine entsprechende Stellungnahme und wies die Kritik zurück (*EU-Kommission* Comments). Am 4. Juli 2012 lehnte das Europäische Parlament ACTA mit großer Mehrheit ab. Nur 39 Abgeordnete sprachen sich für das Anti-Piraterie-Abkommen aus, 478 dagegen. Es gab 165 Enthaltungen.

b) Verhältnis zu TRIPs. Bur WTO-Mitglieder können dem ACTA beitreten **38** (Art. 39, 43 ACTA). Unklar und klärungsbedürftig ist das Verhältnis zu TRIPs. Diese Unklarheit ist insbesondere im Hinblick auf die Regelungen problematisch, die entsprechende TRIPs-Bestimmungen übernehmen, sie aber dabei verändern und abwandeln. Dies ist beispielsweise bei den Vorschriften über die einstweilige Verfügung der Fall. Art. 12 ACTA entspricht nahezu wortgleich Art. 50 TRIPs; allerdings wurden einige Bestimmungen zum Nachteil des Antragsgegners geändert. So erlaubt Art. 50 Abs. 2 TRIPs einstweilige Maßnahmen ohne Anhörung der anderen Partei (Beschlussverfügungen). Art. 50 Abs. 4 Satz 1 TRIPs ordnet aber an, dass die betroffenen Parteien spätestens unverzüglich nach der Vollziehung der Maßnahmen davon in Kenntnis zu setzen sind. Auf Antrag des Antragsgegners findet gemäß Art. 50 Abs. 4 Satz 2 TRIPs eine Prüfung, die das Recht zur Stellungnahme einschließt, mit dem Ziel statt, innerhalb einer angemessenen Frist nach der Mitteilung der Maßnahmen zu entscheiden, ob diese abgeändert, aufgehoben oder bestätigt werden sollen. Art. 12 Abs. 2 ACTA schreibt ebenfalls die Möglichkeit von Beschlussverfügungen vor; eine den Antragsgegner schützende Vorschrift wie Art. 50 Abs. 4 TRIPs fehlt indes. Zwar werden sich diese Unterschiede im deutschen Recht häufig nicht auswirken. Denn nach deutschem Zivilverfahrensrecht liegt es regelmäßig im Interesse des Verfügungsgläubigers, den Verfügungsschuldner innerhalb der Monatsfrist des § 929 ZPO von der Verfügung in Kenntnis zu setzen, indem er diese förmlich zustellt. Trotzdem müsste vor einer Ratifizierung von ACTA der beschriebene Widerspruch aufgelöst werden. Der Text der Übereinkommen schafft hier keine hinreichende Klarheit: Art. 1 ACTA schreibt zwar vor, dass ACTA etwaige Verpflichtungen einer Vertragspartei gegenüber einer anderen Vertragspartei aus bestehenden Übereinkünften, einschließlich des TRIPS-Übereinkommens, nicht außer Kraft setzt. Art. 1 Abs. 1 Satz 2 TRIPs erlaubt Mitgliedern in ihr Recht einen umfassenderen Schutz als den durch TRIPs geforderten aufzunehmen, vorausgesetzt, dieser Schutz läuft TRIPs nicht zuwider, sie sind dazu aber nicht verpflichtet. Bei unbefangener Betrachtung deutet Art. 1 ACTA darauf hin, dass TRIPs vorgeht. Allerdings ließe diese Interpretation die Sinnhaftigkeit von ACTA überhaupt fraglich erscheinen, zumindest in den Regelungsbereichen, in denen entsprechende TRIPs-Bestimmungen bereits bestehen. Art. 1 Abs. 1 Satz 2 TRIPs scheint tatsächlich dafür zu sprechen, dass auch weitergehende Abkommen zulässig sind. Andererseits lässt sich die Forderung, diese dürften dann TRIPs nicht zuwiderlaufen, durchaus auch so verstehen, dass die in TRIPs vorgenommene Ausbalancierung von Freihandel und geistigem Eigentum nicht zu Lasten der einen oder der anderen Seite verschoben werden darf. Für den Fall, dass ACTA doch noch in der EU in Kraft tritt, wäre eine vorherige Klarstellung, in welchem Verhältnis die beiden Abkommen zueinander stehen, wünschenswert.

IV. Bekanntmachung der Gegenseitigkeit (Abs. 4 S. 2)

Inlandsschutz kann nach § 121 Abs. 6 S. 2 auch durch Gegenseitigkeit begründet werden, soweit keine Staatsverträge bestehen (Möhring/Nicolini/*Hartmann* § 121 Rn. 22). **39** Voraussetzung ist nach § 121 Abs. 6 S. 2 allerdings eine Bekanntmachung des Bundesjustizministers. Von dieser Möglichkeit wurde bislang kein Gebrauch gemacht (Schricker/Loewenheim/*Katzenberger* § 121 Rn. 13).

V. Folgerecht (Abs. 5)

Ausländischen Staatsangehörigen steht nach § 121 Abs. 5 das Folgerecht nur dann zu, **40** wenn der Staat, dem sie an angehören, nach einer Bekanntmachung des Bundesministers der Justiz im Bundesgesetzblatt deutschen Staatsangehörigen ein entsprechendes Recht gewährt. Eine solche Bekanntmachung ist bisher nur im Verhältnis zu Frankreich und Belgien erfolgt (Schricker/Loewenheim/*Katzenberger* § 121 Rn. 17). Im Verhältnis zu Staatsangehörigen der EU-Mitgliedstaaten spielen diese Vorschrift und die Bekanntmachungen keine Rolle mehr, da § 120 Abs. 2 Nr. 2 die EU- und EWR-Angehörigen den deutschen Staatsangehörigen gleichstellt. Die Regelung in Art. 14ter RBÜ geht dem § 121 Abs. 5 vor. Angehörige von RBÜ-Verbandsstaaten können sich – unabhängig von einer Bekanntmachung nach § 121 Abs. 5 UrhG – auf den Inländerbehandlungsgrundsatz in Art. 5 Abs. 1 RBÜ berufen, wenn mit ihrem Heimatstaat materielle Gegenseitigkeit besteht (BGHZ 72, 63, 69f. – Jeannot; BGH GRUR 1982, 308, 311 – Kunsthändler). Umstritten ist, ob der Inländerbehandlungsgrundsatz im WUA sich auch auf das Folgerecht bezieht. Dies wird zu Recht überwiegend verneint (*Ulmer* GRUR 1974, 593, 599; Möhring/Nicolini/*Hartmann* § 121 Rn. 30; Schricker/Loewenheim/*Katzenberger* § 121 Rn. 19; dagegen; *Nordemann/Vinck/Hertin* Art. II WUA Rn. 1). Andernfalls wären die WUA-Mitglieder, die gleichzeitig der RBÜ angehören, gegenüber solchen, die der RBÜ nicht angehören, benachteiligt, da sich die RBÜ nach Art. XVII WUA mit ihren Reziprozitätsvorschriften gegenüber dem WUA durchsetzt.

VI. Urheberpersönlichkeitsrecht (Abs. 6)

41 Der persönlichkeitsrechtliche Mindestschutz nach § 121 Abs. 6 steht allen Urhebern unabhängig von der Nationalität zu. Hierdurch wird der Bedeutung des Urheberpersönlichkeitsrechts Rechnung getragen. Auch diese Regelung ist fremdenrechtlicher Natur (Möhring/Nicolini/*Hartmann* § 121 Rn. 31). Sie kann nur bei inländischem Verletzungsort angewandt werden. Hinsichtlich des Urheberpersönlichkeitsrechts gilt auch der Schutzfristenvergleich der RBÜ nicht.

§ 122 Staatenlose

(1) **Staatenlose mit gewöhnlichem Aufenthalt im Geltungsbereich dieses Gesetzes genießen für ihre Werke den gleichen urheberrechtlichen Schutz wie deutsche Staatsangehörige.**

(2) **Staatenlose ohne gewöhnlichen Aufenthalt im Geltungsbereich dieses Gesetzes genießen für ihre Werke den gleichen urheberrechtlichen Schutz wie die Angehörigen des ausländischen Staates, in dem sie ihren gewöhnlichen Aufenthalt haben.**

Literatur: Vgl. die Angaben im eingangs abgedr. Gesamtliteraturverzeichnis.

Übersicht

	Rn.
I. Bedeutung der Vorschrift	1
II. Gewöhnlicher Aufenthalt	2
III. Sonstige Schutzbegründung	3

I. Bedeutung der Vorschrift

1 Der urheberrechtliche Schutz von **Staatenlosen** wird durch den gewöhnlichen Aufenthaltsort bestimmt. Dieser tritt als Anknüpfungspunkt an die Stelle der Staatsangehörigkeit (*Schack* Rn. 815). § 122 greift damit den Rechtsgedanken des Zusatzprotokolls 1 zum Welturheberrechtsabkommen (WUA) auf, nach dem Staatenlose und Flüchtlinge, die ihren gewöhnlichen Aufenthaltsort in einem Vertragsstaat haben, für die Anwendung des WUA den Angehörigen des Aufenthaltsstaates gleichgestellt werden. § 122 gilt unabhängig von der Anwendbarkeit des WUA.

II. Gewöhnlicher Aufenthalt

Erforderlich ist, dass der Urheber seinen Lebensmittelpunkt in Deutschland (Abs. 1) **2** bzw. dem ausländischen Staat (Abs. 2) hat. Hierfür kommt es insb. auf die Dauer und Beständigkeit des Aufenthalts an (Möhring/Nicolini/*Hartmann* § 122 Rn. 5). Der gewöhnliche Aufenthalt im Geltungsbereich des UrhG begründet uneingeschränkten Inlandschutz. Gleiches gilt nach §§ 122 Abs. 2, 120 Abs. 2 Nr. 2 bei gewöhnlichem Aufenthalt in einem EU- oder EWR-Staat. Für Staatenlose mit gewöhnlichem Aufenthalt in einem Drittstaat verweist Abs. 2 auf § 121.

III. Sonstige Schutzbegründung

Für staatenlose Urheber ohne gewöhnlichen Aufenthaltsort in irgendeinem Staat gelten **3** § 121 Abs. 1 und Abs. 2 entsprechend (Schricker/Loewenheim/*Katzenberger* § 122 Rn. 5; Möhring/Nicolini/*Hartmann* § 122 Rn. 13). Auch der persönliche Mindestschutz nach § 121 Abs. 6 UrhG steht allen Urhebern unabhängig von Staatsangehörigkeit und Aufenthaltsort zu. § 123 S. 2 gilt also auch für § 122.

§ 123 Ausländische Flüchtlinge

Für Ausländer, die Flüchtlinge im Sinne von Staatsverträgen oder anderen Rechtsvorschriften sind, gelten die Bestimmungen des § 122 entsprechend. Hierdurch wird ein Schutz nach § 121 nicht ausgeschlossen.

Literatur: *Amann*, Die Rechte des Flüchtlings, Baden-Baden 1994; *Lass*, Der Flüchtling im deutschen Internationalen Privatrecht, München 1995.
Vgl. darüber hinaus die Angaben im eingangs abgedr. Gesamtliteraturverzeichnis.

Übersicht

	Rn.
I. Bedeutung der Vorschrift	1
II. Gewöhnlicher Aufenthalt	2
III. Sonstige Schutzbegründung	3

I. Bedeutung der Vorschrift

§ 123 setzt als Sonderregelung für **Flüchtlinge** Art. 14 der **Genfer Flüchtlingskon-** **1** **vention** (Abkommen über die Rechtsstellung der Flüchtlinge v. 28.7.1951, BGBl. 1953 II S. 560; ergänzt durch das Protokoll v. 31.1.1967, BGBl. 1969 II S. 1294) in deutsches Recht um. Wer Flüchtling im Sinne der Genfer Flüchtlingskonvention (GK) ist, definiert deren Art. 1. Nach dem in Art. 1 A. Nr. 2 GK kodifizierten allgemeinen Flüchtlingsbegriff sind Flüchtlinge im Sinne der Konvention unter anderem Personen, die sich aus der begründeten Furcht vor Verfolgung wegen ihrer Rasse, Religion, Nationalität, Zugehörigkeit zu einer bestimmten sozialen Gruppe oder wegen ihrer politischen Überzeugung außerhalb des Landes befinden, deren Staatsangehörigkeit sie besitzen, und den Schutz dieses Landes nicht in Anspruch nehmen können oder wegen dieser Befürchtungen nicht in Anspruch nehmen wollen (eingehend *Lass* 38 ff.; *Amann* 43 ff.). Nach Art. 14 GK genießt jeder Flüchtling in dem Land, in dem er seinen gewöhnlichen Aufenthalt hat, hinsichtlich der Rechte an Werken der Literatur, Kunst und Wissenschaft den Schutz, der den Staatsangehörigen dieses Landes gewährt wird; im Gebiet jedes anderen vertragsschließenden Staates genießt er den Schutz, der in diesem Gebiet den Staatsangehörigen des Landes gewährt wird, in dem er seinen gewöhnlichen Aufenthalt hat.

II. Gewöhnlicher Aufenthalt

2   Ebenso wie für Staatenlose ist für Flüchtlinge der gewöhnliche Aufenthaltsort maßgeblich. Ein vorübergehender Aufenthalt reicht nach der Genfer Flüchtlingskonvention nicht aus (*Amann* 126 f.) Flüchtlinge, die ihren gewöhnlichen Aufenthalt im Geltungsbereich des UrhG oder in einem EU- oder EWR-Staat haben, genießen deshalb uneingeschränkten Inlandschutz. Für ausländische Flüchtlinge mit gewöhnlichem Aufenthalt in einem Drittstaat verweist § 123 auf §§ 122 Abs. 2, 121.

III. Sonstige Schutzbegründung

3   § 123 S. 2 stellt klar, dass der Schutz nach § 123 S. 1 nicht abschließend ist. Nach § 121 werden Flüchtlinge geschützt, die überhaupt keinen gewöhnlichen Aufenthaltsort in irgendeinem Staat haben (Möhring/Nicolini/*Hartmann* § 123 Rn. 8). Flüchtlinge können also auch über die **internationalen Konventionen** sowie **durch Ersterscheinen des Werkes im Inland** geschützt sein. Der persönliche Mindestschutz nach § 121 Abs. 6 gilt selbstverständlich auch für Flüchtlinge. Nach § 121 werden auch solche Flüchtlinge geschützt, deren gewöhnlicher Aufenthaltsort in einem Drittstaat liegt, dessen Angehörige keinen Inlandschutz genießen.

2. Verwandte Schutzrechte

§ 124 Wissenschaftliche Ausgaben und Lichtbilder

Für den Schutz wissenschaftlicher Ausgaben (§ 70) und den Schutz von Lichtbildern (§ 72) sind die §§ 120 bis 123 sinngemäß anzuwenden.

Literatur: *Schack,* Der Vergütungsanspruch der in- und ausländischen Filmhersteller aus § 54 UrhG, ZUM 1989, 267; *Schulze,* Urheber- und Leistungsschutzrechte des Kameramanns, GRUR 1994, 855.
Vgl. darüber hinaus die Angaben im eingangs abgedr. Gesamtliteraturverzeichnis.

Übersicht

	Rn.
I. Bedeutung der Vorschrift	1
II. Konventionsschutz für Lichtbilder	2

I. Bedeutung der Vorschrift

1   Die für Werke geltenden Bestimmungen erklärt § 124 für entsprechend anwendbar. Grund hierfür ist, dass der Schutz nach §§ 70, 72 weitgehend dem Urheberrecht angeglichen ist. Entscheidend für den Schutz ist also, ob Verfasser der wissenschaftlichen Aus-

gabe nach § 70 Abs. 2 bzw. der Lichtbildner nach § 72 Abs. 2 die in den §§ 120–123 geregelten Schutzvoraussetzungen erfüllt.

II. Konventionsschutz für Lichtbilder

In der Rechtsprechung und in der Literatur wird teilweise angenommen, auch einfache 2 Lichtbilder seien durch die urheberrechtlichen Konventionen – insb. die RBÜ – geschützt (OLG Frankfurt. FuR 1984, 263, 264 – Fototapeten; OLG Hamburg AfP 1983, 347, 348 – Lech Walesa). Ein Schutz einfacher Lichtbilder über die RBÜ ist jedoch abzulehnen, da diese nur Werke erfasst (OLG Frankfurt GRUR Int. 1993, 872, 873 – Beatles; *Schack* ZUM 1989, 267, 283 f.; *Nordemann/Vinck/Hertin* Art. 2/Art 2bis RBÜ Rn. 3; s. auch § 72 Rn. 72 m. w. N.). Anders ist es jedoch beim **deutsch-amerikanischen Abkommen von 1892** (vgl. § 121 Rn. 33). Der Schutz der Fotografien wird in Art. 1 ausdrücklich neben den Werken der Literatur und Kunst genannt. Auch einfache Lichtbilder werden deshalb erfasst (OLG Hamburg AfP 1983, 347, 348 – Lech Walesa; *Schack* ZUM 1989, 267, 284).

§ 125 Schutz des ausübenden Künstlers

(1) Den nach den §§ 73 bis 83 gewährten Schutz genießen deutsche Staatsangehörige für alle ihre Darbietungen, gleichviel, wo diese stattfinden. § 120 Abs. 2 ist anzuwenden.

(2) Ausländische Staatsangehörige genießen den Schutz für alle ihre Darbietungen, die im Geltungsbereich dieses Gesetzes stattfinden, soweit nicht in den Absätzen 3 und 4 etwas anderes bestimmt ist.

(3) Werden Darbietungen ausländischer Staatsangehöriger erlaubterweise auf Bild- oder Tonträger aufgenommen und sind diese erschienen, so genießen die ausländischen Staatsangehörigen hinsichtlich dieser Bild- oder Tonträger den Schutz nach § 77 Abs. 2 Satz 1, § 78 Abs. 1 Nr. 1 und Abs. 2, wenn die Bild- oder Tonträger im Geltungsbereich dieses Gesetzes erschienen sind, es sei denn, daß die Bild- oder Tonträger früher als dreißig Tage vor dem Erscheinen im Geltungsbereich dieses Gesetzes außerhalb dieses Gebietes erschienen sind.

(4) Werden Darbietungen ausländischer Staatsangehöriger erlaubterweise durch Funk gesendet, so genießen die ausländischen Staatsangehörigen den Schutz gegen Aufnahme der Funksendung auf Bild- oder Tonträger (§ 77 Abs. 1) und Weitersendung der Funksendung (§ 78 Abs. 1 Nr. 2) sowie den Schutz nach § 78 Abs. 2, wenn die Funksendung im Geltungsbereich dieses Gesetzes ausgestrahlt worden ist.

(5) Im übrigen genießen ausländische Staatsangehörige den Schutz nach Inhalt der Staatsverträge. § 121 Abs. 4 Satz 2 sowie die §§ 122 und 123 gelten entsprechend.

(6) Den Schutz nach den §§ 74 und 75, § 77 Abs. 1 sowie § 78 Abs. 1 Nr. 3 genießen ausländische Staatsangehörige für alle ihre Darbietungen, auch wenn die Voraussetzungen der Absätze 2 bis 5 nicht vorliegen. Das gleiche gilt für den Schutz nach § 78 Abs. 1 Nr. 2, soweit es sich um die unmittelbare Sendung der Darbietung handelt.

(7) Wird Schutz nach den Absätzen 2 bis 4 oder 6 gewährt, so erlischt er spätestens mit dem Ablauf der Schutzdauer in dem Staat, dessen Staatsangehöriger der ausübende Künstler ist, ohne die Schutzfrist nach § 82 zu überschreiten.

UrhG § 125 § 125 Schutz des ausübenden Künstlers

Literatur: *Apel,* Der ausübende Musiker im Recht Deutschlands und der USA, Tübingen, 2011; *Arnold,* Performers' Rights, London 2004; *Barczewski,* From Hard to Soft Law – A Requisite Shift in the International Copyright Regime?, IIC 2011, 40; *Beining,* Der Schutz ausübender Künstler im internationalen und supranationalen Recht, Baden-Baden 2000; *Bernard,* The Proposed New WIPO Treaty for Increased Protection for Audiovisual Performers: Its Provisions and Its Domestic and International Implications, Fordham Intellectual Property, Media & Entertainment Law Jounal 2002 (Band 12) 1089; *Bortloff,* Der Tonträgerpiraterieschutz im Immaterialgüterrecht, Baden-Baden 1995; *Braun,* Schutzlücken-Piraterie, Baden-Baden 1995; *Braun,* Das Diskriminierungsverbot des Art. 7 Abs. 1 EWGV und das internationale Urheber- und Leistungsschutzrecht, IPRax 1994, 263; *Braun,* Die Schutzlücken-Piraterie nach dem Urheberrechtsänderungsgesetz vom 23. Juni 1995, GRUR Int. 1996, 790; *Braun,* Der Schutz ausübender Künstler durch TRIPS, GRUR Int. 1997, 427; *Breuer,* Die Rechte der ausübenden Künstler im digitalen Zeitalter, Saarbrücken, 2007; *Bungeroth,* Der Schutz der ausübenden Künstler gegen die Verbreitung im Ausland hergestellter Vervielfältigungsstücke ihrer Darbietungen, GRUR 1976, 456; *Drexl,* Entwicklungsmöglichkeiten des Urheberrechts im Rahmen des GATT, München 1990; *Dünnwald,* Die Leistungsschutzrechte im TRIPS-Abkommen, ZUM 1996, 725; *Firsching,* Der Schutz der ausübenden Künstler aus europäischer Perspektive im Hinblick auf das „Phil Collins"-Urteil des Europäischen Gerichtshofs, UFITA 133 (1997), 131; *Flechsig/Klett,* Europäische Union und europäischer Urheberschutz, ZUM 1994, 685; *Franz,* Der Werkbegriff der Berner Übereinkunft zum Schutz von Werken der Literatur und Kunst, Baden-Baden 1993; *Gaster,* Anmerkungen zum Arbeitsdokument der Kommissionsdienststellen über die Folgen des Phil-Collins-Urteils des EuGH für den Bereich des Urheberrechts und der Leistungsschutzrechte, ZUM 1996, 261; *Grünberger,* A Duty to Protect the Rights of Performers? Constitutional Foundations of an Intellectual Property Right, 24 Cardozo Arts and Entertainment Law Journal 2006 (Band 24) 617; *Hertin,* Die Vermarktung nicht lizenzierter Live-Mitschnitte von Darbietungen ausländischer Künstler nach den höchstrichterlichen Entscheidungen „Bob Dylan" und „Die Zauberflöte", GRUR 1991, 722; *Kaminstein,* Diplomatische Konferenz über den internationalen Schutz der ausübenden Künstler, der Hersteller von Tonträgern und der Sendeunternehmen (Rom, 10. bis 26. Oktober 1961), Bericht des Generalberichterstatters, UFITA 40 (1963) 99; *Katzenberger,* Inländerbehandlung nach dem Rom-Abkommen, FS Dietz 481; *Katzenberger,* TRIPS und das Urheberrecht, GRUR Int. 1995, 447; *Kloth,* Der Schutz der ausübenden Künstler nach TRIPs und WPPT, Baden-Baden 2000; *Knies,* Die Rechte der Tonträgerhersteller in internationaler und rechtsvergleichender Sicht, München 1999; *Krüger,* Zum Leistungsschutzrecht ausländischer ausübender Künstler in der Bundesrepublik Deutschland im Falle des sog. bootlegging, GRUR Int. 1986, 381; *v. Lewinski,* Die diplomatische Konferenz der WIPO 1996 zum Urheberrecht und zu verwandten Schutzrechten, GRUR Int. 1997, 667; *v. Lewinski* Die Diplomatische Konferenz der WIPO 2000 zum Schutz der audiovisuellen Darbietungen, GRUR Int. 2001, 529; *v. Lewinski,* EU und Mitgliedstaaten ratifizieren WIPO-Internetverträge – Was ändert sich aus deutscher Sicht?, GRUR-Prax 2010, 49; *v. Lewinski,* Ein Happy-End nach vielen Anläufen: Der Vertrag von Peking zum Schutz audiovisueller Darbietungen, GRUR 2013, 12; *Loewenheim,* Der Schutz ausübender Künstler aus anderen Mitgliedstaaten der Europäischen Gemeinschaft im deutschen Urheberrecht, GRUR Int. 1993, 105; *Morgan,* International Protection of Performers Rights, Oxford, 2002; *Morgan* The Problem of the International Protection of Audiovisual Performances, IIC 2002, 810; *Nirk/Hülsmann,* Urheberrechtlicher Inlandsschutz auf Grund des gemeinschaftsrechtlichen Diskriminierungsverbots?, in: Erdmann (Hrsg.), Festschrift für Piper, München 1996, 725 (zit. *Nirk/Hülsmann* FS Piper); *Reinbothe,* Der Schutz des Urheberrechts und der Leistungsschutzrechte im Abkommensentwurf GATT/TRIPs, GRUR Int. 1992, 707; *Reinbothe,* TRIPS und die Folgen für das Urheberrecht, ZUM 1996, 735; *Rhein,* Phil Collins und das Dritte Gesetz zur Änderung des Urheberrechtsgesetzes, in: Erdmann (Hrsg.), Festschrift für Piper, München 1996, 755 (zit. *Rhein* FS Piper); *Ricketson/Ginsburg,* International Copyright and Neighbouring Rights: The Berne Convention and Beyond, Oxford, 2005; *Schack,* Anmerkung zu BGH, Urteil vom 20.11.1986 – Die Zauberflöte, GRUR 1987, 817; *Schack,* Anmerkung zu EuGH, Urteil vom 20.10.1993 – Phil Collins, JZ 1994, 144; *Schaefer,* Für EG-Bürger führen viele Wege nach Rom, GRUR 1992, 424; *Schäfers,* Normsetzung zum geistigen Eigentum in internationalen Organisationen: WIPO und WTO – ein Vergleich, GRUR Int. 1996, 763; *Schwartmann,* Private im Wirtschaftsvölkerrecht, Tübingen, 2005; *Staehelin,* Das TRIPs-Abkommen, Immaterialgüterrechte im Licht der globalisierten Handelspolitik, 2. Aufl., Bern 1999; *Straus,* Der Schutz der ausübenden Künstler und das Rom-Abkommen von 1961 – Eine retrospektive Betrachtung, GRUR Int. 1985, 19; *Ulmer,* Das Rom-Abkommen über den Schutz der ausübenden Künstler, der Hersteller von Tonträgern und der Sendeunternehmungen, GRUR Int. 1961, 569; *Waldhausen,* Schließt TRIPS Schutzlücke bei Bootlegs?, ZUM 1998, 1015; *Waldhausen,* Schutzmöglichkeiten gegen Bootlegs in der Bundesrepublik Deutschland und den USA unter besonderer Berücksichtigung des TRIPS-Abkommens, München 2002; *v. Welser,* WIPO-Vertrag zum Schutz audiovisueller Darbietungen unterzeichnet, GRUR-Prax 2012, 345.

Vgl. darüber hinaus die Angaben im eingangs abgedr. Gesamtliteraturverzeichnis.

Übersicht

	Rn.
I. Bedeutung	1
II. Deutsche Staatsangehörige	2
III. Staatsangehörige anderer EU/EWR-Staaten	3–5
IV. Staatenlose und ausländische Flüchtlinge	6
V. Nicht-EU/EWR-Ausländer	7–44
1. Persönlichkeitsrechtlicher Mindestschutz	7, 8
2. Schutz für in Deutschland erfolgte Darbietungen	9
3. Schutz für in Deutschland erschienene Bild- oder Tonträgeraufnahmen	10, 11
4. Schutz für in Deutschland gesendete Darbietungen	12, 13
5. Schutzfristenvergleich	14, 15
6. Schutz nach dem Inhalt der Staatsverträge	16–43
a) Rom-Abkommen	16–26
aa) Sachlicher Anwendungsbereich	17
bb) Zeitlicher Anwendungsbereich	18
cc) Persönlicher Anwendungsbereich	19–22
dd) Inhalt des Schutzes	23–26
b) TRIPs	27–37
aa) Sachlicher Anwendungsbereich	28
bb) Zeitlicher Anwendungsbereich	29–33
cc) Persönlicher Anwendungsbereich	34
dd) Inhalt des Schutzes	35–37
c) WPPT	38–42
aa) Sachlicher Anwendungsbereich	39
bb) Zeitlicher Anwendungsbereich	40
cc) Persönlicher Anwendungsbereich	41
dd) Inhalt des Schutzes	42
d) WIPO-Vertrag zum Schutz audiovisueller Darbietungen	43–47
aa) Sachlicher Anwendungsbereich	44
bb) Zeitlicher Anwendungsbereich	45
cc) Persönlicher Anwendungsbereich	46
dd) Inhalt des Schutzes	47
e) Sonstige Staatsverträge	48
7. Verbürgung der Gegenseitigkeit	49
VI. Ensemble-Darbietungen	50
VII. Wechsel der Staatsangehörigkeit	51
VIII. Veranstalterschutz (§ 81)	52

I. Bedeutung

Die praktische und insb. auch wirtschaftliche Bedeutung der fremdenrechtlichen Regelung des § 125 ist vor allem am Phänomen der sogenannten „Schutzlücken-Piraterie" offenbar geworden (vgl. dazu *Braun* 13 ff.). Ende der 1980er und Anfang der 1990er Jahre wurden in Deutschland massenhaft unautorisierte Tonträger vermarktet, die Mitschnitte von Konzerten ausländischer Interpreten enthielten. Ausländische Künstler, die sich gegen die Ausbeutung ihrer Leistungen wehrten, mussten dabei die Erfahrung machen, dass ihnen der Schutz der §§ 73 ff. weitgehend verwehrt wurde. § 125 rückte in den Blickpunkt von Gerichten, juristischer Lehre und der Musikwirtschaft. Auch wenn heute das Phänomen der Schutzlücken-Piraterie Vergangenheit ist, da die damals (angeblich) bestehenden Lücken im internationalen Leistungsschutzrecht weitgehend geschlossen sind, muss doch in jedem Einzelfall die Herleitung des Rechtsschutzes für einen ausübenden Künstler genau festgestellt werden. Denn nach wie vor bestehen Unterschiede im Schutzniveau, je nach dem, ob es sich um einen in- oder ausländischen Interpreten handelt. So kann die Nationalität eines Künstlers in einem Klageverfahren nicht etwa mit der Begründung offen gelassen werden, dass die meisten Länder staatsvertraglich mit Deutschland verbunden seien und diese Länder bzw. deren Angehörige daher in den Schutz des deutschen Urheberrechts fielen (OLG Köln GRUR-RR 2005, 75 – Queen). Vielmehr setzt § 125 Abs. 5 nach Auffassung der Rechtsprechung die Nennung einer Staatsangehörigkeit voraus (OLG Köln GRUR-RR 2005, 75 – Queen). Darüber hinaus kann selbst bei verschiedenen Darbietungen eines (ausländischen) Interpreten der Umfang der gewährten Rechte unterschiedlich sein. Die Beweislast dafür, dass derjenige, der Inlandsschutz in Anspruch nimmt, Staatsangehöriger eines EU-Mitgliedstaates ist, liegt beim Anspruchsteller.

II. Deutsche Staatsangehörige

2 Deutsche Staatsangehörige genießen Schutz für alle ihre Darbietungen, egal wo diese stattgefunden haben (Abs. 1 S. 1). Hier spiegelt sich der überkommene Grundgedanke des Fremdenrechts (und damit des Privilegienwesens) wider: Die eigenen Staatsangehörigen werden immer geschützt, während Ausländern Schutz versagt wird, um die inländischen Verwerter zu bevorzugen (vgl. *Schack* Rn. 797). Deutsche ausübende Künstler können also den gesamten Rechtekanon der §§ 73 ff. für alle ihre Darbietungen in Anspruch nehmen. Ihnen stehen mithin insb. die für die Piraterieverfolgung wichtigen Aufnahme-, Vervielfältigungs-, Verbreitungs- und Zugänglichmachungsrechte zu. Deutschen Staatsangehörigen sind solche Interpreten gleichgestellt, die Deutsche i. S. v. Art. 116 Abs. 1 GG sind, ohne jedoch die deutsche Staatsangehörigkeit zu besitzen (Abs. 1 S. 2 i. V. m. § 120 Abs. 2 Nr. 1).

III. Staatsangehörige anderer EU/EWR-Staaten

3 Ausübende Künstler aus Staaten der EU und des EWR sind Deutschen gleichgestellt (Abs. 1 S. 2 i. V. m. § 120 Abs. 2 Nr. 2). Diese Gleichstellung ist mit dem 3. UrhGÄndG v. 23.6.1995 in § 125 eingefügt worden (vgl. dazu *Rhein* FS Piper 755; *Braun* GRUR Int. 1996, 791). Auslöser war die **Phil Collins-Entscheidung** des EuGH (Slg. 1993, 5171 = GRUR Int. 1994, 53; ausführlich Vor §§ 120 ff. Rn. 37). Die ursprüngliche Ungleichbehandlung von Deutschen und EU-Ausländern beurteilte der EuGH als Verstoß gegen das unionsrechtliche Diskriminierungsverbot. Die Entscheidung hat zum Teil heftige Kritik hervorgerufen (*Schack* JZ 1994, 144 ff.; *Nirk/Hülsmann* FS Piper 725 ff.; *Braun* IPRax 1994, 263, 265; vgl. auch *Knies* 152 ff.; *Gaster* ZUM 1996, 261 und 267 f., jeweils m. w. N.). Es ist nicht zu leugnen, dass sich der EuGH recht schnell und scheinbar gedankenlos über bis dahin unangegriffene Grundpfeiler des internationalen Urheber- und Leistungsschutzrechts hinweg gesetzt hat. Andererseits war die Schlechterstellung von EU-Künstlern selbst dann nicht zu rechtfertigen, wenn man den Gegenseitigkeitsdruck durch Schutzversagung auch innerhalb der EU als legitimes Mittel ansieht, andere Staaten zum Beitritt zu internationalen Staatsverträgen zu bewegen (so *Loewenheim* GRUR Int. 1993, 105, 114 f.; vgl. auch BVerfGE 81, 208, 224 ff. – Bob Dylan; dagegen *Gaster* ZUM 1996, 261, 268). Denn da die internationalen Übereinkommen zum Schutz der ausübenden Künstler regelmäßig nicht auf die Staatsangehörigkeit abstellen (vgl. unten Rn. 22, 34), kann die Schutzversagung gerade auch Künstler aus Staaten treffen, die schon längst allen relevanten Staatsverträgen beigetreten sind (*Braun* 119; *Braun* IPRax 1994, 263, 265; *Kloth* 44 f.).

4 Der Gesetzgeber hat sich jedenfalls den Kritikern der EuGH-Entscheidung ebenso wenig angeschlossen wie die Rspr. (BGHZ 125, 382, 388 ff. – Rolling Stones; BGH GRUR Int. 1995, 503, 504 – Cliff Richard II). Danach ist nicht nur EU-Künstlern volle Gleichbehandlung mit deutschen Interpreten zu gewähren, sondern auch den Angehörigen von Staaten des EWR. Dieser Schutz entfaltet **Rückwirkung:** Schon der EuGH hatte die Wirkung seiner Phil Collins-Entscheidung nicht zeitlich begrenzt. Auch der BGH ist des-

halb von einer grds. uneingeschränkten Rückwirkung des Gleichbehandlungsanspruchs ausgegangen (BGHZ 125, 382, 393 f. – Rolling Stones; BGH GRUR Int. 1995, 503, 504 f. – Cliff Richard II; ausführlich Vor §§ 120 ff. Rn. 38). Vereinzelt ist versucht worden, die Rückwirkung allgemein zu beschränken bzw. auszuschließen, etwa durch den Hinweis, vor der EuGH-Entscheidung habe sich kein Künstler durch die fremdenrechtliche Schutzversagung diskriminiert „gefühlt" (so *Flechsig/Klett* ZUM 1994, 685, 690). Da solche subjektiven Elemente in Art. 18 AEUV aber nicht enthalten sind, vermag dieser Ansatz nicht zu überzeugen. Auch die mit dem 3. UrhGÄndG eingeführte Übergangsregelung in § 137 f Abs. 3 S. 2 bietet keine Lösung des Rückwirkungsproblems. Ausweislich der Amtlichen Begründung hat der Gesetzgeber der Änderung der §§ 120 Abs. 2 Nr. 2, 125 Abs. 1 nur deklaratorische Wirkung beigemessen (BT-Drucks. 13/781, 11). Es wurde lediglich klargestellt, was schon vorher aufgrund des Diskriminierungsverbots galt. Damit bestanden die Rechte der ausübenden Künstler schon vor der Gesetzesnovelle, sie lebten nicht wieder auf, wie in § 137 f Abs. 3 gefordert. Diese Übergangsregelung findet deshalb keine Anwendung, soweit es um die Gleichbehandlung von EU/EWR-Angehörigen mit Deutschen geht. Sie gilt allein für die durch die Schutzfristenverlängerung wieder auflebenden Rechte (*Rhein* FS Piper 755, 767 f.).

Eine Einschränkung der rückwirkenden Gleichbehandlung kommt daher lediglich im konkreten Einzelfall in Betracht, wenn **Treu und Glauben** (§ 242 BGB) es gebieten, um schwerwiegende Beeinträchtigungen auf Seiten eines Nutzers zu vermeiden (angedeutet von BGH GRUR Int. 1995, 503, 505 – Cliff Richard II; *Rhein* FS Piper 755, 767; *Beining* 156; vgl. auch *Firsching* UFITA 133 (1997) 131, 232 f.). Hier sind jedoch strenge Anforderungen an die Schutzbedürftigkeit des Verwerters zu stellen, wie die Fälle der Schutzlücken-Piraterie zeigen. Wer bewusst fremde Leistungen ohne Einwilligung verwertet und dabei (angeblich) bestehende Lücken im Leistungsschutzrecht ausnutzt, muss damit rechnen, dass sich eine gegenteilige Rechtsauffassung durchsetzt (vgl. auch BGH GRUR 1998, 568, 569 – Beatles-Doppel-CD; BGH GRUR 1999, 49, 51 f. – Bruce Springsteen and his Band). Es handelt sich um ein typisches Risikogeschäft, für das nicht auch noch **Vertrauensschutz** in Anspruch genommen werden kann.

IV. Staatenlose und ausländische Flüchtlinge

Staatenlose und ausländische Flüchtlinge sind entweder Deutschen gleichgestellt oder es gelten für sie die Regelungen für Nicht-EU/EWR-Ausländer (dazu unten Rn. 7 ff.). Deutschen gleichgestellt sind sie, wenn sie ihren gewöhnlichen Aufenthalt in Deutschland haben (Abs. 5 S. 2 i. V. m. §§ 122 Abs. 1, 123 S. 1). In diesen Fällen genießen sie den uneingeschränkten Schutz der §§ 73 ff. für alle ihre Darbietungen, egal wo diese stattgefunden haben.

V. Nicht-EU/EWR-Ausländer

1. Persönlichkeitsrechtlicher Mindestschutz

Ohne Vorbedingungen gewährt Abs. 6 ausländischen ausübenden Künstlern einen persönlichkeitsrechtlichen Mindestschutz. Die Vorschrift ist erst nachträglich auf Empfehlung des Rechtsausschusses des Deutschen Bundestages in § 125 eingefügt worden (Bericht des Rechtsausschusses, zu BT-Drucks. IV/3401, 15), um eine Angleichung an das allgemeine Persönlichkeitsrecht zu erzielen, das als sonstiges Recht i. S. v. § 823 Abs. 1 BGB keiner fremdenrechtlichen Schranke unterliegt. In Abs. 6 sind demgemäß nur Rechte aufgenommen worden, die überwiegend persönlichkeitsrechtlichen Charakter aufweisen. Dazu zählen seit der Novelle durch das Gesetz zur Regelung des Urheberrechts in der Informationsgesellschaft v. 10.9.2003 (BGBl. I S. 1774): § 74 (**Anerkennung als ausübender Künstler**) und § 75 (**Beeinträchtigung der Darbietung**), die beiden persönlichkeitsrechtlichen Kernnormen im Leistungsschutzrecht der ausübenden Künstler; § 77 Abs. 1, da das **Aufnahmerecht** das Selbstbestimmungsrecht des ausübenden Künstlers bezüglich der Fixierung seiner flüchtigen Darbietung verwirklicht; § 78 Abs. 1 Nr. 3 (**Bildschirm- und Lautsprecherübertragung**) sowie § 78 Abs. 1 Nr. 2 (**Sendung**, aber nur der **Live-Darbietung**).

8 § 125 Abs. 6 bewirkt unstreitig, dass sich ein ausländischer Künstler im Inland gegen die unautorisierte Aufnahme seines im Ausland aufgeführten Konzerts wehren kann. Ebenso kann er im Inland die Entstellung seiner ausländischen Darbietung unterbinden. Große praktische Bedeutung genießen diese Fallgestaltungen jedoch nicht. So dürfte es in der Praxis kaum vorkommen, dass ein im Ausland erfolgtes Konzert (für Darbietungen im Inland besteht bereits umfassender Schutz gem. Abs. 2) im Inland mitgeschnitten wird, es sei denn, es handelt sich um eine Rundfunkübertragung des Konzerts. Diese Fälle werden jedoch, wenn es sich um im Inland ausgestrahlte Rundfunksendungen handelt, bereits von Abs. 4 erfasst (dazu unten Rn. 12). Auch die Bildschirm- oder Lautsprecherübertragung einer im Ausland erfolgenden Darbietung ist im Inland nur schwer vorstellbar. Entscheidende praktische Bedeutung kann Abs. 6 demnach nur erlangen, wenn auch die im Inland stattfindende Verwertung der unmittelbaren Rechtsverletzungen im Ausland unterbunden werden kann, also bspw. die inländische Verbreitung eines unautorisierten ausländischen **Konzertmitschnitts**. Möglich ist dies, wenn man das *Verwertungsverbot* des § 96 zu den vom Mindestschutz gewährten Rechten zählt (so *Braun* 106 ff.; *Braun* GRUR Int. 1996, 790, 794 f.; *Schack* Rn. 816 f.; *Krüger* GRUR Int. 1986, 381, 384 ff.; *Kloth* 138 ff.). Die in Rechtsprechung (BGH GRUR 1986, 454, 455 – Bob Dylan; BGH GRUR 1987, 814, 815 f. – Die Zauberflöte; OLG Köln GRUR 1992, 388, 389 – Prince; OLG Frankfurt GRUR Int. 1993, 702 – Bruce Springsteen) und Lehre (*Bortloff* 177 und 186 ff.; *Waldhausen* 94 ff., insb. 107 ff.; Schricker/Loewenheim/*Katzenberger* § 125 Rn. 13) herrschende Meinung lehnt dies jedoch ab, wird damit aber der persönlichkeitsrechtlichen Zielsetzung des Abs. 6 und dem Zweck des Verwertungsverbots nach § 96 nicht gerecht. Denn sie stellt die ausländischen Interpreten gerade dann rechtlos, wenn die persönlichkeitsverletzenden (unautorisierten oder entstellenden) Aufnahmen auch noch vervielfältigt und verbreitet werden und damit an die breite Öffentlichkeit gelangen. Insb. die restriktive Rechtsprechung des BGH hat das Phänomen der Schutzlücken-Piraterie erst hervorgerufen (vgl. auch die Darstellung von *Firsching* UFITA 133 (1997) 131, 184 ff.). Aufgrund des nunmehr erweiterten staatsvertraglichen Schutzes ausländischer Künstler (s. u. Rn. 27) hat der Streit um die Auslegung von § 125 Abs. 6 aber seine Brisanz in vielen Fällen verloren. Grds. nicht unter Abs. 6 fällt die Verbreitung von unerlaubt hergestellten Tonträgern mit Aufnahmen eines autorisierten Konzertmitschnitts (OLG Köln GRUR-RR 2005, 75, 76 – Queen).

2. Schutz für in Deutschland erfolgte Darbietungen

9 Abs. 2 gewährt ausländischen Interpreten vollen Schutz für alle Darbietungen, die in Deutschland stattfinden. Allerdings ist dieser Schutz weitgehend auf die Verwertung der **Live-Darbietung** beschränkt. Für die Verwertung von erlaubterweise auf erschienenen Bild- oder Tonträgern aufgenommenen Darbietungen gilt die Sonderregelung des Abs. 3, hinsichtlich der Verwertung von erlaubterweise durch Funk gesendete Darbietungen findet Abs. 4 Anwendung. Damit hat Abs. 2 nur eingeschränkte Bedeutung: Er gewährt ausländischen Künstlern einen **Anspruch auf Anerkennung** (§ 74) und Schutz vor einer **Beeinträchtigung der Darbietung** (§ 75). Ferner bietet Abs. 2 Schutz bei einer unerlaubten **Sendung** (§ 78 Abs. 1 Nr. 2) und **Bildschirm- oder Lautsprecherübertragung** (§ 78 Abs. 1 Nr. 3) der Live-Darbietung, vor der unautorisierten **Aufnahme** (§ 77 Abs. 1) und der anschließenden Verwertung dieser Aufnahme durch Vervielfältigen, Verbreiten,

Senden, öffentliches Wiedergeben (§§ 77 Abs. 2, 96 Abs. 1). Darüber hinaus kann Abs. 2 aber auch bei einer unerlaubten Verwertung von nicht erschienenen Studioaufnahmen („**studio-outtakes**") eines ausländischen Künstlers eingreifen. Teilweise ist das Erfordernis der inländischen Darbietung durch den persönlichkeitsrechtlichen Schutz des Abs. 6 obsolet.

3. Schutz für in Deutschland erschienene Bild- oder Tonträgeraufnahmen

Ist die Darbietung eines ausländischen Interpreten erlaubterweise auf einen erschienenen Bild- oder Tonträger aufgenommen worden, so richtet sich der Künstlerschutz für diese Aufnahme nach Abs. 3: Nur, wenn der Bild- oder Tonträger in Deutschland ersterschienen ist, genießt auch der Künstler Schutz. Ein **Ersterscheinen** setzt voraus, dass der Bild- oder Tonträger nicht früher als 30 Tage vor dem Erscheinen in Deutschland bereits im Ausland erschienen ist. Die **Darlegungs- und Beweislast** für ein früheres Erscheinen im Ausland trägt derjenige, der sich auf die daraus folgende Schutzlosigkeit beruft (LG Düsseldorf UFITA 84 (1979) 241, 242 – Carolina Dreams). Zum Begriff „Erscheinen" gilt die Legaldefinition in § 6 Abs. 2 (s. § 6 Rn. 27). Abs. 3 bezieht sich auf die Rechte für die Verwertung der Aufnahme durch **Vervielfältigung** und **Verbreitung** (§ 77 Abs. 2 S. 1), **öffentliche Zugänglichmachung** (§ 78 Abs. 1 Nr. 1) sowie die Vergütungsansprüche für die **Sendung** und die **öffentliche Wahrnehmbarmachung** (§ 78 Abs. 2).

Abs. 3 erfasst auch in Deutschland stattgefundene Darbietungen eines ausländischen Künstlers, sofern diese autorisiert aufgenommen wurden und diese Aufnahmen erschienen sind (Schricker/Loewenheim/*Katzenberger* § 125 Rn. 11). Das ergibt sich aus dem eindeutigen Wortlaut von Abs. 2, der die in Deutschland stattgefundenen Darbietungen nur unter dem Vorbehalt der Sonderregelung in Abs. 3 behandelt.

4. Schutz für in Deutschland gesendete Darbietungen

Ist die Darbietung eines ausländischen ausübenden Künstlers erlaubterweise durch Funk gesendet worden, so genießt er hinsichtlich der Verwertung dieser Funksendung Schutz nach Abs. 4: Nur wenn die Funksendung im Geltungsbereich des UrhG ausgestrahlt worden ist, werden ihm Rechte in Bezug auf die **Aufnahme** (§ 77 Abs. 1), die **Weitersendung** (§ 78 Abs. 1 Nr. 2) und die **öffentliche Wahrnehmbarmachung** (§ 78 Abs. 2, genauer Nr. 3) der Funksendung gewährt. Abs. 4 ist nur maßgebend in Fällen der Verwertung der Funksendung. Wird bspw. die Darbietung eines Interpreten vor Ort (im Konzertsaal) unerlaubt mitgeschnitten, so kann der Schutz in Deutschland nicht über Abs. 4 begründet werden, selbst wenn die Darbietung auch durch eine inländische Funksendung ausgestrahlt worden ist (BGH GRUR 1999, 49, 51 – Bruce Springsteen and his Band; vgl. auch zur parallelen Situation in Art. 4 lit. c RA unten Rn. 21).

Abs. 4 führt – ebenso wie § 125 Abs. 6 – weder das Vervielfältigungs- noch das Verbreitungsrecht an. Bei der weiteren Verwertung der unerlaubten Aufnahme einer gesendeten Darbietung wird man aber dem betroffenen ausübenden Künstler das **Verwertungsverbot** des § 96 Abs. 1 zusprechen müssen (s. o. Rn. 8).

5. Schutzfristenvergleich

Der nach § 125 Abs. 2 bis 4 oder 6 gewährte Schutz unterliegt einer weiteren Einschränkung: dem **Schutzfristenvergleich** gem. Abs. 7. Die Vorschrift beruht auf Art. 7 Abs. 2 S. 2 der Schutzdauer-Richtlinie und ist mit dem 3. UrhGÄndG v. 23.6.1995 (BGBl. I S. 842) in § 125 eingefügt worden. Der nach deutschem Fremdenrecht gewährte Schutz soll einem ausländischen Künstler nur so lange zustehen, wie der Künstler auch nach seinem Heimatrecht Schutz genießt. Spätestens mit Ablauf der Schutzdauer nach dem Recht des Staates, dessen Angehöriger der Künstler ist, erlischt also auch der Schutz in

Deutschland, wobei die 50-jährige Schutzfrist gem. § 82 nicht überschritten werden soll. Die Einschränkung durch den Schutzfristenvergleich gilt nur für § 125 Abs. 2 bis 4 und 6, nicht dagegen für den aufgrund von Staatsverträgen vermittelten Schutz (vgl. zur vergleichbaren Regelung in § 126 Abs. 2 S. 2 OLG Hamburg ZUM 1999, 853, 857 und ZUM-RD 2001, 109, 116 – Frank Sinatra).

15 Fraglich ist, ob der Schutzfristenvergleich des Abs. 7 auch zu einer völligen Schutzversagung führen kann, wenn der ausländische Künstler in seinem Heimatstaat überhaupt keinen Leistungsschutz genießt (sog. **Schutzfristenvergleich auf Null**). Diese Frage hat zwar inzwischen an praktischer Bedeutung eingebüßt, doch bleibt sie doch noch in den Fällen relevant, in denen ein staatsvertraglicher Schutz nicht eingreift. Für den persönlichkeitsrechtlichen Mindestschutz des § 125 Abs. 6 ergibt sich aus der gesetzgeberischen Zielsetzung, dass ein Schutzfristenvergleich auf Null ausgeschlossen sein muss. Schließlich sollten ausländischen Künstler die persönlichkeitsrechtlichen Befugnisse gerade ohne fremdenrechtliche Schranken und damit unter Verzicht auf Gegenseitigkeitserfordernisse gewährt werden. Dieses Ziel würde konterkariert, wenn man über die Hintertür des Schutzfristenvergleichs auf Null den Künstlern persönlichkeitsrechtliche Befugnisse wieder entziehen könnte, die ihnen zuvor ausdrücklich zugestanden wurden (*Braun* GRUR Int. 1996, 790, 797). Da Abs. 7 nicht zwischen den verschiedenen Tatbeständen der Abs. 2 bis 4 und 6 unterscheidet, wird man den Ausschluss eines Schutzfristenvergleichs auf Null für alle Fallgruppen annehmen müssen.

6. Schutz nach dem Inhalt der Staatsverträge

16 **a) Rom-Abkommen.** Das „Internationale Abkommen v. 26.10.1961 über den Schutz der ausübenden Künstler, der Hersteller von Tonträgern und der Sendeunternehmen" (BGBl. 1965 II S. 1245) ist das erste mehrseitige internationale Übereinkommen zum Leistungsschutz der ausübenden Künstler. Nach einer 35-jährigen, sehr wechselvollen Entstehungsphase, in der heftig über die Rechtsnatur und die Angemessenheit des Schutzes der ausübenden Künstler gestritten worden war (vgl. zur Entstehungsgeschichte des Abkommens *Ulmer* GRUR Int. 1961, 569 ff.; *Straus* GRUR Int. 1985, 19, 21 f.; *Kloth* 32 ff.), ist das Übereinkommen am 18.5.1964 in Kraft getreten. Ihm gehören derzeit (Stand: 29.11.2013) 91 Staaten an (der aktuelle Stand der Mitgliedstaaten kann im Internet unter www.wipo.int/treaties/en/ip/rome/index.html abgerufen werden). Deutschland hat das Rom-Abkommen mit Wirkung v. 21.10.1966 ratifiziert (Bek. v. 21.10.1966, BGBl. 1966 II S. 1473). Für die Musikindustrie bedeutsame Staaten wie die USA sind dem Abkommen dagegen fern geblieben (vgl. *Apel* 199).

17 **aa) Sachlicher Anwendungsbereich.** Das Rom-Abkommen schützt ausübende Künstler i. S. v. Art. 3 lit. a RA: Erfasst werden Personen, die Werke der Literatur oder Kunst darbieten. Der sachliche Anwendungsbereich entspricht somit dem des § 73 (*Kloth* 20). Den Vertragsstaaten steht es gem. Art. 9 RA frei, den Schutz des Abkommens auch auf Personen auszudehnen, die keine Werke darbieten (z. B. Artisten, Sportler).

18 **bb) Zeitlicher Anwendungsbereich.** Das Rom-Abkommen findet gem. Art. 4 seines Ausführungsgesetzes (BGBl. 1965 II S. 1243) nur auf Darbietungen oder Funksendungen Anwendung, die nach dem Inkrafttreten des Übereinkommens für die Bundesrepublik Deutschland stattgefunden haben. Damit hat der deutsche Gesetzgeber von der Möglichkeit des Art. 20 Abs. 2 RA Gebrauch gemacht, den zeitlichen Anwendungsbereich des Abkommens einzuschränken, indem es keine Rückwirkung entfaltet. Für vor dem 21.10.1966 erfolgte Darbietungen kann ein Rechtsschutz in Deutschland folglich nicht über das Rom-Abkommen begründet werden.

19 **cc) Persönlicher Anwendungsbereich.** In welchen Fällen ausübende Künstler den Schutz durch das Rom-Abkommen genießen, wird durch Art. 4 RA geregelt, der drei

Anknüpfungsmerkmale enthält. Art. 4 lit. a RA stellt auf den **Ort der Darbietung** ab: Wenn dieser in einem anderen Vertragsstaat liegt als dem, in welchem der Schutz beansprucht wird, gelangt das Übereinkommen zur Anwendung. Dieses (räumliche) Anknüpfungsmerkmal ist insb. für die nicht auf einem Tonträger fixierte und für die nicht gesendete Darbietung eines Künstlers von Bedeutung. Damit kommt es in Fällen des sog. Bootlegging, also der Herstellung und des Vertriebs unautorisierter Konzertmitschnitte, entscheidend darauf an, ob das Konzert in einem Rom-Abkommen-Staat stattgefunden hat.

Darüber hinaus genießt ein Interpret gem. Art. 4 lit. b RA auch dann den Schutz des Übereinkommens, wenn seine Darbietung auf einem nach Art. 5 RA **geschützten Tonträger** (vgl. dazu § 126 Rn. 12 f.) festgelegt worden ist. Damit soll ein einheitlicher Schutz von ausübendem Künstler und Tonträgerhersteller in den Fällen gewährleistet werden, in denen ein vorbestehender Tonträger unautorisiert verwertet wird. Art. 3b) RA definiert Tonträger als jede ausschließlich **auf den Ton beschränkte Festlegung der Töne einer Darbietung oder anderer Töne**. Art. 3b) RA enthält somit eine Beschränkung auf die ausschließliche Festlegung von Tönen. Diese Beschränkung hat zur Folge, dass die **audiovisuelle Aufzeichnung** (Filmaufnahme etc.) einer Darbietung nicht nach dem Rom-Abkommen geschützt ist. Künftig kommt ein Schutz über den WIPO-Vertrag zum Schutz audiovisueller Darbietungen in Betracht (ausführlich § 125 Rn. 43). Gegen die audiovisuelle Erstfixierung ist der ausübende Künstler allerdings durch Art. 7b) RA geschützt (*v. Lewinski* Rn. 6.45; Schricker/Loewenheim/*Katzenberger* Vor §§ 120 UrhG Rn. 80) Wird eine Tonaufnahme zu einem späteren Zeitpunkt für ein audiovisuelles Werk (Film etc.) verwendet, so kann sich der ausübende Künstler unter Berufung auf das Rom-Abkommen dagegen zur Wehr setzen. Wird ein nach dem RA geschützter Tonträger raubkopiert, so kann nicht nur der Tonträgerhersteller, sondern auch der betroffene Interpret den Schutz des Abkommens beanspruchen, und zwar selbst dann, wenn seine Darbietung in einem Nicht-Vertragsstaat stattgefunden hat (BGH GRUR 1999, 49, 51 – Bruce Springsteen and his Band; *Hertin* GRUR 1991, 722, 724; *Braun* 40). Dieses Ziel von Art. 4 lit. b RA verdeutlicht, dass in Fällen des Vertriebs eines unautorisierten Konzertmitschnitts der Schutz des Abkommens nicht über das Merkmal der Festlegung der Darbietung auf einem geschützten Tonträger begründet werden kann. Die Gegenmeinung (OLG Hamburg ZUM 1991, 545, 546 – Rolling Stones, Basel 1990 und 549 – Rolling Stones, Atlantic City 1989) übersieht, dass bei der Prüfung des Art. 4 lit. b RA nicht auf den unautorisierten Tonträger abgestellt werden darf, gegen dessen Vertrieb sich der Künstler wendet. Maßgebend ist vielmehr ein vorbestehender Tonträger, der unautorisiert verwertet wird (*Hertin* GRUR 1991, 722, 724; *Firsching* UFITA 133 (1997) 131, 158).

Schließlich kann ein ausübender Künstler den Schutz nach dem Rom-Abkommen beanspruchen, wenn seine nicht festgelegte Darbietung durch eine gem. Art. 6 RA **geschützte Sendung** ausgestrahlt worden ist (Art. 4 lit. c RA). Dieser Anknüpfungspunkt soll einen Gleichlauf mit dem Schutz der Sendeunternehmen herstellen: In den Fällen, in denen eine geschützte Rundfunksendung unerlaubt verwertet wird, soll neben dem Sendeunternehmen auch der betroffene Künstler Ansprüche nach dem Abkommen geltend machen können, selbst wenn die Darbietung nicht in einem Rom-Vertragsstaat stattgefunden hat. Will sich ein ausübender Künstler für seine Darbietung auf Art. 4 lit. c RA berufen, so muss es also immer um eine Verwertung der Rundfunksendung dieser Darbietung gehen (vgl. BGH GRUR 1999, 49, 51 – Bruce Springsteen and his Band; OLG Frankfurt a. M. GRUR Int. 1993, 702 – Bruce Springsteen).

Die **Staatsangehörigkeit** ist kein in Art. 4 RA genanntes Anknüpfungsmerkmal, was in der Praxis vereinzelt übersehen wird (so vom BGH in seiner Bob Dylan-Entscheidung GRUR 1986, 454, 455; weitere Beispiele bei *Braun* 38 Fn. 190). Angesichts der vielen Ensemble-Darbietungen wurde die Staatsangehörigkeit als unbrauchbares Anknüpfungsmerkmal angesehen (*Ulmer* GRUR Int. 1961, 569, 578). Die fehlende Anknüpfung an die

Staatsangehörigkeit hat aber empfindliche Anwendungslücken zur Folge: Interpreten aus Mitgliedstaaten des Abkommens bleiben für alle Darbietungen in Nichtvertragsstaaten ungeschützt. Diese Lücke, die in ihrer Bedeutung während der Verhandlungen zum Rom-Abkommen offenbar verkannt wurde (*Schaefer* GRUR 1992, 424, 425), hat schließlich zur Phil Collins-Entscheidung des EuGH (s. o. Rn. 3; ausführlich Vor §§ 120 ff. Rn. 37) geführt.

23 **dd) Inhalt des Schutzes.** Durch das Rom-Abkommen genießen ausländische Künstler in Deutschland **Inländerbehandlung:** Sie können gem. Art. 2 Abs. 1 lit. a RA grds. den Schutz beanspruchen, der deutschen Interpreten für ihre im Inland erfolgten, gesendeten oder erstmals festgelegten Darbietungen gewährt wird. Über den genauen Umfang des Inländerbehandlungsgrundsatzes besteht teilweise Uneinigkeit. Eindeutig ist, dass ausländischen Künstlern die in Art. 7 Abs. 1 RA genannten **Mindestrechte** zustehen. Sie können demnach hinsichtlich folgender Erstverwertungen Rechte geltend machen: **Sendung** und **öffentliche Wahrnehmbarmachung** der nicht auf einem erschienenen oder öffentlich zugänglich gemachten Tonträger fixierten Darbietung (§ 78 Abs. 1 Nr. 2 und 3, Abs. 2 Nr. 3), **Aufnahme** der Live-Darbietung (§ 77 Abs. 1) und **Vervielfältigung** der festgelegten Darbietung (§ 77 Abs. 2 S. 1 Alt. 1).

24 Umstritten ist, ob darüber hinausgehende Erstverwertungsrechte des nationalen Rechts auch zu den vom Inländerbehandlungsgrundsatz erfassten Rechten zählen. Das betrifft insb. das **Verbreitungsrecht** (§ 77 Abs. 2 S. 1 Alt. 2), das in Deutschland erst mit dem 3. UrhGÄndG v. 23.6.1995 (BGBl. I S. 842) eingeführt worden ist. Vor diesem Zeitpunkt stand ausübenden Künstlern lediglich das Verwertungsverbot des § 96 Abs. 1 UrhG zu. Dieses wurde über das Rom-Abkommen auch ausländischen Interpreten gewährt (BGHZ 121, 319, 324 – The Doors). Manche wollen den Inländerbehandlungsgrundsatz auf die im Abkommen genannten Mindestrechte beschränken (*Knies* 7 f.; *Reinbothe* GRUR Int. 1992, 707, 713; *v. Lewinski* GRUR Int. 1997, 667, 671), was zur Folge hätte, dass ausländischen Künstlern das ausschließliche Verbreitungsrecht vorenthalten bliebe. Zur Begründung wird auf Art. 2 Abs. 2 RA verwiesen, wonach die Inländerbehandlung nur „nach Maßgabe des in diesem Abkommen ausdrücklich gewährleisteten Schutzes und der darin ausdrücklich vorgesehenen Einschränkungen" gewährt werde. Dieser Hinweis ist jedoch nicht überzeugend. Die ausdrücklich vorgesehenen Einschränkungen sind die in Art. 15 und 16 RA geregelten Einschränkungs- und Vorbehaltsmöglichkeiten (*Drexl* 235 ff.), die sich jedoch nicht auf das Verbreitungsrecht beziehen. Die Formulierung „nach Maßgabe des ... ausdrücklich gewährleisteten Schutzes" bedeutet, dass die im Abkommen genannten Mindestrechte Teil der Inländerbehandlung sein müssen. Es bleibt den Vertragsstaaten aber unbenommen, über die in Art. 7 RA geregelten Mindestrechte hinauszugehen. Diese zusätzlichen Rechte müssen, jedenfalls wenn es sich um traditionelle Erstverwertungsrechte handelt, die beim Abschluss des Rom-Abkommens bereits bekannt waren, auch im Wege der Inländerbehandlung ausländischen Künstlern gewährt werden. Während der Konferenz in Rom ist ein gegenteiliger Vorschlag, wonach die Vertragsstaaten nicht verpflichtet sein sollen, über die Mindestrechte hinausgehende Rechte auch den Angehörigen anderer Vertragsstaaten zu gewähren, ausdrücklich abgelehnt worden (*Kaminstein* UFITA 40 (1963) 99, 106). Deshalb können ausländische Interpreten nicht nur § 96 Abs. 1 über das Rom-Abkommen beanspruchen, sondern auch das exklusive Verbreitungsrecht des § 77 Abs. 2 S. 1 Alt. 2 (ebenso *Katzenberger* FS Dietz 481, 487 ff.; *Kloth* 35; in Bezug auf Tonträgerhersteller auch *Drexl* 226; *Nordemann / Vinck / Hertin* Art. 10 RA Rn. 7). Letzteres ist insb. für die Begründung eines strafrechtlichen Schutzes vor der Verbreitung unautorisierter Aufnahmen von Bedeutung, da in § 108 Abs. 1 Nr. 4 nicht auf § 96 Abs. 1 Bezug genommen wird. Ob darüber hinausgehend auch neue Erstverwertungsrechte, also bspw. das **Recht der öffentlichen Zugänglichmachung,** Bestandteil der Inländerbehandlung sind, ist bislang noch nicht erörtert worden. Da hierzu regelmäßig neue Staatsverträge (so zuletzt

der WPPT, s. dazu unten Rn. 38 ff.) geschlossen werden, liegt eine Einbeziehung erst später bekannt gewordener Rechte in ältere Staatsverträge zwar nicht nahe, doch ist die Inländerbehandlung eben – anders als in späteren Übereinkommen – gerade nicht beschränkt. In dem Maß, in dem sich die neuen Staatsverträge durchsetzen, wird diese Frage jedoch an praktischer Bedeutung verlieren.

Unstreitig ist wiederum die Behandlung bestimmter **Zweitverwertungsrechte** durch das Rom-Abkommen. Zwar gewährt Art. 12 RA ausübenden Künstlern grds. einen Anspruch auf angemessene Vergütung für die öffentliche Wiedergabe und die Sendung von Tonträgern. Doch lässt Art. 16 Abs. 1 lit. a RA weitgehende Ausnahmen von dieser Regel zu (vgl. dazu *Drexl* 228; *Nordemann/Vinck/Hertin* Art. 16 RA Rn. 3). Der deutsche Gesetzgeber hat von der in Art. 16 Abs. 1 lit. a (iv) RA vorgesehenen Vorbehaltsmöglichkeit Gebrauch gemacht und die Gewährung der Vergütungsansprüche für Sendung und öffentliche Wahrnehmbarmachung (§ 78 Abs. 2) von der Gewährleistung der Gegenseitigkeit abhängig gemacht (Art. 2 Nr. 2 des Ausführungsgesetzes). 25

Ob auch das Anerkennungsrecht (§ 74) und das Beeinträchtigungsverbot des § 75 zu den im Rahmen der Inländerbehandlung zu gewährenden Rechten zählen, kann letztlich dahingestellt bleiben. Als persönlichkeitsrechtliche Schutznormen werden diese Rechte ausländischen Künstlern durch § 125 Abs. 6 bereits ohne fremdenrechtliche Beschränkung gewährt. Die **Mindestschutzdauer** beträgt gem. Art. 14 RA 20 Jahre. Ausländischen Künstlern ist aber in Deutschland wegen des Grundsatzes der Inländerbehandlung die 50-jährige Schutzfrist des § 82 zu gewähren. 26

b) **TRIPs.** Das TRIPs-Übereinkommen (s. § 121 Rn. 15) hat aufgrund seiner großen Zahl von Mitgliedstaaten schnell eine gegenüber dem Rom-Abkommen wesentlichere praktische Bedeutung erlangt. Doch nachdem es anfangs schien, als sei mit TRIPs ein nunmehr lückenloser Schutz ausländischer ausübender Künstler gewährleistet, haben sich zunehmend Anwendungsprobleme offenbart, die zeigen, dass TRIPs in einigen Punkten hinter dem Rom-Abkommen zurückbleibt. Nach Auffassung des EuGH ist das TRIPs-Übereinkommen als Teil des Unionsrechts zwar unmittelbar anwendbar, es begründet aber keinen subjektiven Rechte, auf die sich Einzelpersonen unmittelbar berufen könnten (EuGH GRUR 2012, 593 Rn. 46 – SCF). 27

aa) **Sachlicher Anwendungsbereich.** Das TRIPs-Übereinkommen enthält zwar keine Definition des Begriffs „ausübender Künstler", doch durch den in Art. 1 Abs. 3 TRIPs enthaltenen Verweis auf die Kriterien des Rom-Abkommens ist klargestellt, dass alle Personen erfasst werden, die Werke der Literatur oder Kunst darbieten (s. o. Rn. 17). 28

bb) **Zeitlicher Anwendungsbereich.** Der Zeitpunkt des Inkrafttretens von TRIPs für Deutschland war zunächst umstritten. Ausschlaggebend hierfür war die Übergangsregelung in Art. 65 Abs. 1 TRIPs, wonach kein Mitglied verpflichtet ist, das Übereinkommen vor Ablauf einer allgemeinen Frist von einem Jahr nach Inkrafttreten des WTO-Übereinkommens, dessen integraler Bestandteil TRIPs ist, anzuwenden. Da das WTO-Übereinkommen in Deutschland am 1.1.1995 in Kraft getreten ist (BGBl. 1995 II S. 456), gehen einige davon aus, dass die Verpflichtungen des TRIPs-Abkommens in Deutschland erst ab dem 1.1.1996 gelten (so *Reinbothe* ZUM 1996, 735 und 741; *Schäfers* GRUR Int. 1996, 763 und 771 f.; *Staehelin* 214; offenbar auch Schricker/Loewenheim/*Katzenberger* Vor §§ 120 ff. Rn. 14). Die in Art. 65 Abs. 1 TRIPs genannte Übergangsfrist ist jedoch nicht zwingend; es bleibt den Mitgliedstaaten vorbehalten, von ihr Gebrauch zu machen oder nicht. Hierfür sprechen neben dem Wortlaut von Art. 65 Abs. 1 TRIPs („kein Mitglied [ist] verpflichtet") und von Art. 65 Abs. 5 TRIPs („in Anspruch nehmen" der Übergangsfrist) auch vergleichbare Regelungen in anderen Staatsverträgen (z. B. Art. 7 Abs. 3 GTA, s. dazu § 126 Rn. 18; Art. 20 Abs. 2 RA, von dem der deutsche Gesetzgeber Gebrauch gemacht hat, s. o. Rn. 18). Ferner zeigen die Regelungen in Art. 5 und 10 des Zustim- 29 mungsgesetzes zum WTO-Übereinkommen, dass der deutsche Gesetzgeber nicht von einer generellen Übergangsfrist von einem Jahr ausging. Denn für einen Teilbereich von TRIPs, nämlich die Verlängerung der Schutzdauer bestimmter Patente, wird im Zustimmungsgesetz ausdrücklich eine Übergangsfrist im nationalen Recht normiert (zu den Einzelheiten *Braun* GRUR Int. 1997, 427 f.). Diese einzelfallbezogene Regelung wäre nicht erforderlich gewesen, wenn TRIPs insgesamt erst am 1.1.1996 in Kraft getreten wäre. Das Übereinkommen ist damit für Deutschland am 1.1.1995 in Kraft getreten, die Regelung des Art. 65 Abs. 1 TRIPs ist nicht anwendbar (OLG Schleswig, Beschluss v. 23.9.1996, 6 W 15/96, 4 f.; LG Frankfurt a. M. Urt. v. 7.12.1999, 2/03 O 348/98, 7 f.; *Kloth* 61 f.; *Waldhausen* 215; *Braun* GRUR Int. 1997, 427 f.).

30 Anders als das Rom-Abkommen vermittelt TRIPs gem. Art. 14 Abs. 6 S. 2, 70 Abs. 2 TRIPs i. V. m. Art. 18 RBÜ auch Schutz für Darbietungen, die vor seinem Inkrafttreten stattgefunden haben. Voraussetzung ist, dass die Darbietung weder im Ursprungsland noch im Schutzland Gemeingut geworden ist. Die Regelung zur Rückwirkung ist, gerade durch den Verweis auf die RBÜ, sehr unübersichtlich. Angewandt auf den Schutz ausübender Künstler ist Art. 18 Abs. 1 RBÜ so zu lesen: „Diese Übereinkunft [TRIPs] gilt für alle Darbietungen ausübender Künstler, die bei ihrem Inkrafttreten noch nicht infolge Ablaufs der Schutzdauer im Ursprungsland Gemeingut geworden sind." Art. 18 Abs. 2 RBÜ ist so zu verstehen: „Ist jedoch eine Darbietung infolge Ablaufs der Schutzfrist, die ihr vorher zustand, in dem Land, in dem der Schutz beansprucht wird, Gemeingut geworden, so erlangt sie dort nicht von neuem Schutz."

31 Nicht eindeutig geregelt ist, wo bei Darbietungen ausübender Künstler das Ursprungsland liegt. Denkbar ist, auf die Staatsangehörigkeit, auf den Darbietungsort (so *Dünnwald* ZUM 1996, 725, 730; *Kloth* 119) oder – bei auf Ton-/Bildtonträgern aufgenommenen Darbietungen – auf den Ort des Ersterscheinens des Ton-/Bildtonträgers abzustellen. Geht man von der Definition in Art. 5 Abs. 4 RBÜ aus, so ist bei erstmals oder gleichzeitig in einem Verbandsland veröffentlichten Darbietungen der Veröffentlichungsort, bei unveröffentlichten bzw. in einem Nichtverbandsstaat veröffentlichten Darbietungen die Staatsangehörigkeit des Künstlers maßgebend. „Veröffentlicht" ist eine Darbietung analog Art. 3 Abs. 3 RBÜ nur, wenn sie auf Bild- oder Tonträger festgelegt und diese erschienen, also der Öffentlichkeit in einer Weise zur Verfügung gestellt worden sind, die deren normalen Bedarf befriedigt. Das bedeutet, dass für nicht fixierte Darbietungen die Staatsangehörigkeit des ausübenden Künstlers das Ursprungsland bestimmt.

32 Für den praktisch bedeutsamen Fall der unautorisiert aufgenommenen Darbietung eines US-amerikanischen Künstlers in den USA bedeutet dies Folgendes: Zunächst ist festzustellen, ob die Darbietung des ausübenden Künstlers in den USA (= Staatsangehörigkeit des Künstlers) am 1.1.1995 noch nicht infolge Schutzfristablaufs Gemeingut geworden ist. Vor diesem Zeitpunkt existierte in den USA kein Leistungsschutzrecht der ausübenden Künstler nach Bundesrecht. Das führt aber nicht dazu, dass man die Schutzfrist mit Null ansetzen kann und deshalb ein Schutz für Darbietungen vor Inkrafttreten von TRIPs ganz ausscheidet. Ein solcher „Schutzfristenvergleich auf Null" ist mit dem Zweck von TRIPs nicht zu vereinbaren und wird auch für die RBÜ abgelehnt (*Franz* 125 f.; *Braun* 97 ff., jeweils m. w. N.). Darüber hinaus ist in den USA ein Schutz ausübender Künstler vor der unautorisierten Aufnahme ihrer Darbietungen, der Vervielfältigung solcher unautorisierten Aufnahmen und deren Verbreitung eingeführt worden (§ 1011 US Code), um die Ratifikation von TRIPs zu ermöglichen (vgl. zum US-amerikanischen Recht *Waldhausen* 258 ff.). Dieser Schutz gilt auch für „Altdarbietungen", lediglich die Verletzungshandlung (also die unautorisierte Aufnahme, die Vervielfältigung oder die Verbreitung) muss nach dem Inkrafttreten der Gesetzesnovelle erfolgt sein (§ 1011 (c) US Code; *Waldhausen* 271). Mithin liegt ein Schutzfristablauf nicht vor, so dass die Darbietung in den USA nicht Gemeingut ist. Für Art. 18 Abs. 2 RBÜ kommt es nur darauf an, ob die Schutzfrist in Deutschland (als Land, in dem Schutz begehrt wird) noch nicht abgelaufen ist. Ob ausländische Künstler überhaupt fremdenrechtlich geschützt sind, ist dagegen unerheblich (*Katzenberger* GRUR Int. 1995, 447, 463; *Kloth* 119). In Deutschland sind ausübende Künstler grds. 50 Jahre (ab Darbietungszeitpunkt) geschützt (§ 82), so dass nur ältere Darbietungen gemeinfrei sind.

Im Ergebnis entfaltet TRIPs damit weitreichende **Rückwirkung** (i. E. ebenso *Waldhausen* 216 ff.). Seit dem 1.1.1995 ist jede unautorisierte Verwertung der Darbietung eines ausländischen Künstlers durch Aufnahme, Vervielfältigung und – über § 96 – Verbreitung sowie öffentliche Wiedergabe (s. dazu unten Rn. 36) in Deutschland illegal, selbst wenn es sich um Altdarbietungen vor dem 1.1.1995 handelt. Vereinzelt ist die Auffassung geäußert worden, dieser Schutz für Altdarbietungen verletze Grundrechte der unautorisierten Verwerter, die auf bestehende Schutzlücken vertraut hätten, so dass ihnen **Abverkaufsfristen** für vor dem TRIPs-Abkommen hergestellte unautorisierte Tonträger gewährt werden müssten (so LG Berlin Urt. v. 14.5.1996, 15 O 119/96, 8 in einem obiter dictum). Zwar eröffnet Art. 70 Abs. 4 TRIPs die Möglichkeit, entsprechende Übergangsregelungen zu treffen (*Staehelin* 220). Von dieser Möglichkeit hat der deutsche Gesetzgeber aber keinen Gebrauch gemacht. Im Übrigen sind die Bedenken des Landgerichts unbegründet. Wie gerade die BGH-Rechtsprechung zum Vertrauensschutz bei Schutzlücken-Bootlegs von EU-Künstlern zeigt (s. o. Rn. 5), ist bei der Verwertung solcher Tonträger für Abverkaufsfristen kein Raum. Wer gezielt angebliche Lücken im Rechtsschutz ausnutzt, muss immer damit rechnen, dass diese geschlossen werden. Im Übrigen stand den Bootleggern niemals ein Recht zu, die unautorisierten Aufnahmen zu verwerten. Sie nutzten vielmehr Lücken im Rechtsschutz für ihre Tätigkeiten aus. Daher wurde ihnen auch kein Recht entzogen. Bei TRIPs kommt darüber hinaus hinzu, dass dieses Übereinkommen bereits mehrere Jahre vor seinem Inkrafttreten bekannt war. So wurde bspw. der Abkommensentwurf bereits 1992 ausführlich in einer juristischen Fachzeitschrift vorgestellt und erläutert (vgl. *Reinbothe* GRUR Int. 1992, 707 ff.). Von einem schutzwürdigen Vertrauen auf den Fortbestand der Schutzlücke kann daher keine Rede sein.

cc) **Persönlicher Anwendungsbereich.** Wann sich ein ausübender Künstler auf den Schutz von TRIPs berufen kann, ist in Art. 1 Abs. 3 S. 2 TRIPs geregelt. Die Formulierung „Angehörige anderer Mitglieder" darf nicht dazu verleiten, auf die Staatsangehörigkeit abzustellen (so aber *Dünnwald* ZUM 1996, 725, 726 f.). Maßgebend sind vielmehr die in Art. 4 RA genannten Anknüpfungspunkte, auf die Art. 1 Abs. 3 S. 2 TRIPs Bezug nimmt (*Katzenberger* GRUR Int. 1995, 447, 458; *Braun* GRUR Int. 1997, 427, 428 f.; *Kloth* 64 ff.; *Waldhausen* ZUM 1998, 1015, 1016 f.). Vorrangig ist also auch bei TRIPs auf den **Ort der Darbietung** abzustellen, der in einem anderen TRIPs-Mitgliedstaat belegen sein muss. Daneben gelten auch die Anknüpfungen an einen durch TRIPs geschützten Tonträger und eine TRIPs-geschützte Sendung (in den Fällen, in denen der Tonträger oder die Sendung unautorisiert verwertet werden). Maßgeblich ist auch hier die in Art. 3b) RA enthaltene Definition des Tonträgers, der ausschließlich **auf den Ton beschränkte Festlegung der Töne einer Darbietung oder anderer Töne** erfasst und **audiovisuelle Aufzeichnungen** (Filmaufnahmen etc.) ausschließt. Grund dieser Beschränkung war die ablehnende Haltung der Vereinigten Staaten, welche ihre heimische Filmindustrie vor Ansprüchen einzelner Darsteller schützen wollten (*Busche/Stoll/Füller* Art. 14 TRIPs Rn. 9). Künftig kommt ein Schutz über den WIPO-Vertrag zum Schutz audiovisueller Darbietungen in Betracht (ausführlich § 125 Rn. 43).

dd) **Inhalt des Schutzes.** Wie schon das Rom-Abkommen verpflichtet auch Art. 3 Abs. 1 S. 1 TRIPs seine Mitgliedstaaten zur **Inländerbehandlung.** Allerdings ist dieser Grundsatz durch Art. 3 Abs. 1 S. 2 TRIPs eingeschränkt: Die Verpflichtung zur Inländerbehandlung gilt nur in Bezug auf die in TRIPs selbst vorgesehenen Rechte. Ebenso wie beim Rom-Abkommen stellt sich zunächst die Frage, ob diese Einschränkung des Inländerbehandlungsgrundsatzes dem Abkommen immanent ist, so dass die Mitgliedstaaten keine ausdrückliche Regelung im nationalen Recht aufnehmen müssen, um die Beschränkung anzuwenden. Rspr. (OLG Hamburg ZUM 2004, 133, 136; OLG Schleswig, Beschluss v. 23.9.1996, 6 W 15/96, 5) und Lehre (*Katzenberger* GRUR Int. 1995, 447, 460f.; *Reinbothe* GRUR Int. 1992, 707, 713; *Dünnwald* ZUM 1996, 725, 726 f.; *Grünberger* Cardozo Arts and Ent. L.J. 2006, 617, 634; *Braun* GRUR Int. 1997, 429 f.) gehen davon aus, dass der Inländerbehandlungsgrundsatz in TRIPs von vornherein auf die in Art. 14 Abs. 1 TRIPs genannten Rechte beschränkt ist. Hierfür spricht der Wortlaut von Art. 3 Abs. 1 S. 2 TRIPs, wonach die Verpflichtung zur Inländerbehandlung nur für die in TRIPs ausdrücklich genannten Rechte „gilt" (englisch: „this obligation only applies"). Wenn den Mitgliedstaaten ein Entscheidungsspielraum hätte eingeräumt werden sollen, hätte die hierfür übliche Formulierung „kein Mitgliedstaat ist verpflichtet" (englisch: „shall be obliged/bound/required to") näher gelegen. Außerdem entspricht die Beschränkung des Inländerbehandlungsgrundsatzes dem erklärten Ziel, einen **„Trittbrettfahrereffekt"** zu verhindern: Vertragsstaaten, die nicht dem Rom-Abkommen angehören, sollen nicht über TRIPs Inländerbehandlung in Bezug auf Rechte verlangen können, die allein das Rom-Abkommen gewährt (*Reinbothe* GRUR Int. 1992, 707, 713; *Katzenberger* FS Dietz 481, 490; *Dünnwald* ZUM 1996, 725, 726). Das Rom-Abkommen soll also durch TRIPs nicht geschwächt werden, sondern es soll weiterhin attraktiv bleiben, dem Rom-Abkommen mit seinen weitergehenden Verpflichtungen beizutreten. Deshalb bleibt der Inländerbehandlungsgrundsatz von TRIPs hinter dem des Rom-Abkommens zurück.

36 Aufgrund von Art. 14 Abs. 1 TRIPs können ausländische Künstler hinsichtlich folgender Nutzungshandlungen Inländerbehandlung beanspruchen: die **Festlegung** der Darbietung (§ 77 Abs. 1), die **Vervielfältigung** einer solchen Festlegung (§ 77 Abs. 2 S. 1 Alt. 1), die **Funksendung** auf drahtlosem Weg (§ 78 Abs. 1 Nr. 2) und die **öffentliche Wiedergabe** (§ 78 Abs. 1 Nr. 3, Abs. 2 Nr. 3) der Live-Darbietung. Inländerbehandlung bedeutet, dass ausländischen Künstlern insoweit die **Ausschließlichkeitsrechte** des deutschen Rechts zustehen (so *Braun* GRUR Int. 1997, 427, 430f.; *Kloth*, 70ff.; a.A. OLG Hamburg ZUM 2004, 133, 137; *Dünnwald* ZUM 1996, 725, 728f.; *Waldhausen* ZUM 1998, 1015, 1017f., 1020f., die den ausübenden Künstlern nur eine bloße Verhinderungsmöglichkeit zugestehen wollen). Ein Verbreitungsrecht gewährt TRIPs nicht. Daraus wird häufig der Schluss gezogen, dass ausländischen Interpreten nicht einmal § 96 Abs. 1 zustehe, mit dem sie die Verbreitung unautorisierter (also unter Verstoß gegen § 77 Abs. 1 und 2 S. 1 Alt. 1 hergestellter) Tonträger untersagen können (OLG Hamburg ZUM-RD 1997, 343 f. – TRIPs-Rechte; OLG Hamburg ZUM 2004, 133, 137; *Schricker/Loewenheim/Katzenberger* Vor §§ 120 ff. Rn. 19; *Katzenberger* FS Dietz 481, 482f.; *Möhring/Nicolini/Hartmann* Vor §§ 120 ff. Rn. 113; *Dreier/Schulze/Dreier* § 125 Rn. 17). Dem steht jedoch die rechtsfolgenergänzende Funktion des § 96 entgegen: Das Verwertungsverbot in § 96 Abs. 1 ist Rechtsfolge der Verletzung eines urheber- oder leistungsschutzrechtlichen Vervielfältigungsrechts (*Bungeroth* GRUR 1976, 456), nicht ein eigenes Verwertungsrecht. Steht einem ausländischen Künstler also das ausschließliche Vervielfältigungsrecht zu, so kann er sich auf sämtliche Rechtsfolgen des deutschen Rechts berufen. Dazu gehört neben § 97 auch § 96 Abs. 1. Da allein diese Auffassung auch dem Ziel von TRIPs entspricht, die Produkt- und Urheberpiraterie zu bekämpfen, wird sie von Teilen der Rspr. (OLG Schleswig, Beschluss v. 23.9.1996, 6 W 15/96, 6; LG Frankfurt a.M.Urt. v. 7.12.1999, 2/03 O 348/98, 8f.) und Lehre (*Beining* 105f.; *Kloth* 146ff.; i.E. auch *Waldhausen* 189f. und ZUM 1998, 1015, 1018ff.; ebenso § 96 Rn. 19f.) vertreten. Über § 96 können ausländische Künstler auch die unautorisierte **Online-Übermittlung** ihrer Darbietungen untersagen, da nicht nur die (körperliche) Verbreitung eines rechtswidrigen Vervielfältigungsstücks verboten ist, sondern auch jede Form der öffentlichen Wiedergabe eines solchen Vervielfältigungsstücks (vgl. zu den Einzelheiten *Kloth* 175 ff.).

37 Darüber hinaus können ausländische ausübende Künstler über Art. 14 Abs. 4 S. 1, 11 TRIPs auch ein Vermietrecht hinsichtlich ihrer auf Tonträgern veröffentlichten Darbietungen beanspruchen, da das deutsche Recht auch ausübende Künstler als „Inhaber der Rech-

te an Tonträgern" i. S. v. Art. 14 Abs. 4 S. 1 TRIPs ansieht (*Dünnwald* ZUM 1996, 725, 732; *Beining* 107 f.; *Kloth* 116). Dieses Vermietrecht ist – wie der Verweis auf Art. 11 TRIPs zeigt – ein echtes Ausschließlichkeitsrecht (a. A. *Dünnwald* ZUM 1996, 732, der auch hinsichtlich der Vermietung den Schutzumfang auf eine bloße Verhinderungsmöglichkeit bei der unerlaubten Vermietung beschränken will). Der „schutzergänzende" Vergütungsanspruch der §§ 77 Abs. 2 S. 2, 27 Abs. 1 ist dagegen nicht Bestandteil der Inländerbehandlung (ausführlich *Kloth* 157 ff.). **Audiovisuelle Darbietungen** werden weitgehend ausgeklammert. Die dadurch entstehende Schutzlücke wird durch den am 26. Juni 2012 unterzeichneten WAPT geschlossen (eingehend Rn. 43). Art. 14 Abs. 1 Satz 1 TRIPs beschränkt die Rechte der Erstfestlegung (Aufzeichnung) und der Vervielfältigung auf Tonträger (Busche/Stoll/*Füller*, 2007, Art. 14 TRIPs Rn. 9; *Morgan* IIC 2002, 810, 817 ff.). Art. 14 Abs. 1 Satz 2 TRIPs gewährt ein Verhinderungsrecht in Bezug auf die Funksendung und die öffentliche Wiedergabe von Tönen und Bildern (Busche/Stoll/*Füller*, 2007, Art. 14 TRIPs Rn. 13; *Morgan* IIC 2002, 810, 817). Die **Mindestschutzdauer** für ausübende Künstler beträgt gem. Art. 14 Abs. 5 TRIPs 50 Jahre und entspricht damit der des deutschen Rechts.

c) **WPPT.** Der WIPO-Vertrag über Darbietungen und Tonträger („WIPO Performances and Phonograms Treaty") ist am 20.12.1996 unterzeichnet worden und am 20.5.2002 in Kraft getreten (vgl. zur Entstehungsgeschichte *v. Lewinski* GRUR Int. 1997, 667 ff.; *Kloth* 187 ff.). Ihm sind bislang (Stand: 29.11.2013) 92 Staaten beigetreten, darunter die USA (der jeweils aktuelle Stand der Vertragsstaaten ist abrufbar unter www.wipo.int/treaties/en/ip/wppt/index.html). Deutschland hat mit dem Gesetz zur Regelung des Urheberrechts in der Informationsgesellschaft v. 10.9.2003 (BGBl. I S. 1774) die Voraussetzungen für eine Ratifikation geschaffen. Am 14. März 2010 trat der WPPT für die EU in Kraft (*v. Lewinski* GRUR-Prax 2010, 49). Der WPPT tritt gem. Art. 1 Abs. 1 WPPT neben die Verpflichtungen des Rom-Abkommens und hat insb. Bedeutung für die in Art. 5, 8, 9 und 10 WPPT genannten Mindestrechte, die teilweise über das Rom-Abkommen hinausgehen. Nach Auffassung des EuGH ist der WPPT als Teil des Unionsrechts zwar unmittelbar anwendbar, er begründet aber keinen subjektiven Rechte, auf die sich Einzelpersonen unmittelbar berufen könnten (EuGH GRUR 2012, 593 Rn. 48 – SCF; dagegen *Schwartmann* 129). **38**

aa) **Sachlicher Anwendungsbereich.** Art. 2 lit. a WPPT definiert ausübende Künstler als Schauspieler, Sänger, Musiker, Tänzer und andere Personen, die Werke der Literatur und Kunst oder Ausdrucksformen der Volkskunst aufführen, singen, vortragen, vorlesen, spielen, interpretieren oder auf andere Weise darbieten. Diese Begriffsbestimmung stimmt weitgehend mit der des § 73 und des Rom-Abkommens (s. o. Rn. 17) überein. Die zusätzliche Erwähnung von Folkloredarbietungen dürfte keine praktische Erweiterung des Schutzes bedeuten. **39**

bb) **Zeitlicher Anwendungsbereich.** Art. 22 WPPT regelt den zeitlichen Anwendungsbereich des Übereinkommens, das – ebenso wie TRIPs (s. o. Rn. 29 ff.) – auch Altaufnahmen schützen wird (*Kloth* 220; Dreier/Schulze/*Dreier* § 125 Rn. 18). Durch den Verweis auf Art. 18 RBÜ wird aber gefordert, dass die Darbietung, für die Schutz begehrt wird, weder im Ursprungsland noch im Schutzland Gemeingut geworden ist. Darüber hinaus eröffnet Art. 22 Abs. 2 WPPT die Möglichkeit, die in Art. 5 WPPT genannten Persönlichkeitsrechte ausübender Künstler auf Darbietungen zu beschränken, die nach dem Inkrafttreten des WPPT für den betreffenden Vertragsstaat stattgefunden haben. Hiervon ist jedoch in dem Zustimmungsgesetz v. 10.8.2003 (BGBl. II S. 754) kein Gebrauch gemacht worden. **40**

cc) **Persönlicher Anwendungsbereich.** Art. 3 Abs. 2 WPPT verweist auf die Anknüpfungspunkte des Rom-Abkommens und stimmt damit mit Art. 1 Abs. 3 S. 2 TRIPs überein (*Beining* 112; *Kloth* 192 f.; s. o. Rn. 34). Art. 2b) WPPT definiert Tonträger als **41**

Festlegung der Töne einer Darbietung oder anderer Töne oder einer Darstellung von Tönen außer in Form einer Festlegung, die Bestandteil eines Filmwerks oder eines anderen audiovisuellen Werks ist. Diese Beschränkung hat zur Folge, dass die festgelegte audiovisuelle Werke (Filme etc.) nicht nach dem WPPT geschützt ist (vgl. *v. Lewinski* GRUR Int. 2001, 529, 534). Künftig kommt ein Schutz über den WIPO-Vertrag zum Schutz audiovisueller Darbietungen in Betracht (ausführlich § 125 Rn. 43).

42   **dd) Inhalt des Schutzes.** Art. 4 Abs. 1 WPPT verpflichtet die Mitgliedstaaten zur **Inländerbehandlung** in Bezug auf die ausdrücklich in dem Abkommen gewährten Ausschließlichkeitsrechte (nicht nur bloße Verhinderungsmöglichkeiten; *Kloth* 201) und Vergütungsansprüche. Der Anspruch auf Inländerbehandlung ist also – ebenso wie in TRIPs – auf die im Abkommen selbst geregelten Rechte beschränkt (*Beining* 113; *Kloth* 199 f.). Anders als TRIPs weist das WPPT aber einen hohen Schutzstandard auf. Von besonderer Bedeutung sind bspw. die in Art. 5 WPPT genannten **Persönlichkeitsrechte,** die erstmals in einem internationalen Übereinkommen für ausübende Künstler geregelt wurden (*v. Lewinski* GRUR Int. 1997, 667, 679; *Breuer* 66; *Kloth* 205; *Grünberger* Cardozo Arts and Ent. L.J. 2006, 617, 648 ff.). Ferner regelt Art. 10 WPPT das neue „**Recht der Zugänglichmachung**" *("Making Available Right"),* das die Basis für alle neuen Online-Vertriebsformen für die Darbietungen ausübender Künstler bildet (vgl. dazu *v. Lewinski* GRUR Int. 1997, 667, 674 f.; *Beining* 121; *Kloth* 213 ff.; *Grünberger* Cardozo Arts and Ent. L.J. 2006, 617, 647 f.). Nach Art. 7 WPPT haben ausübende Künstler das ausschließliche Recht, jede unmittelbare oder mittelbare Vervielfältigung ihrer auf Tonträger festgelegten Darbietungen zu erlauben. Anders als das Rom-Abkommen schützt das WPPT den ausübenden Künstler nicht gegen die filmische Festlegung der Darbietung (Schricker/Loewenheim/*Katzenberger* Vor §§ 120 ff. Rn. 87). Schließlich findet das **Verbreitungsrecht** in Art. 8 WPPT für ausübende Künstler internationale Anerkennung (*Kloth* 210 f.; *Grünberger* Cardozo Arts and Ent. L.J. 2006, 617, 646). Dadurch wird der Streit über die Einbeziehung von § 96 Abs. 1 in den Schutzumfang von TRIPs (s. o. Rn. 36) an praktischer Bedeutung einbüßen. Der WPPT klammert **audiovisuelle** Darbietungen weitgehend aus. Die Verwertungsrechte des WPPT sind hinsichtlich der festgelegten Darbietungen – anders als das RA – auf Tonträger beschränkt. Dies ergibt sich aus dem Wortlaut der Art. 7–10 WPPT. Bei nicht festgelegten Darbietungen beschränkt das WPPT das Recht der Erstfestlegung (Art 6 WPPT) durch eine enge Definition der Festlegung in Art. 2c WPPT – auf Tonträger. Lediglich bei der Sendung nicht festgelegter Darbietungen erfasst die Definition in Art. 2f WPPT auch die Übertragung von Bildern (*Morgan* IIC 2002, 810, 817). Die **Mindestschutzdauer** für ausübende Künstler beträgt gem. Art. 17 Abs. 1 WPPT 50 Jahre und entspricht damit der des deutschen Rechts.

43   **d) WIPO-Vertrag zum Schutz audiovisueller Darbietungen.** Nach langen Verhandlungen ist der WIPO-Vertrag zum Schutz audiovisueller Darbietungen **(WIPO Audiovisual Performances Treaty; WAPT)** am 26. Juni 2012 unterzeichnet worden (vgl. *v. Welser* GRUR-Prax 2012, 345; *v. Lewinski* GRUR Int. 2013, 12). Er tritt in Kraft, wenn er von mindestens 30 Parteien ratifiziert worden ist. (abgerufen am 3.10.2013 unter: http://www.wipo.int/edocs/mdocs/copyright/en/avp_dc/avp_dc_20.pdf). Umstritten war insbesondere das Verhältnis der ausübenden Künstler (Darsteller, Interpreten) zu den Filmherstellern (Produzenten). Insbesondere die Vereinigten Staaten wollten diese Frage nicht der Regelungsbefugnis der Vertragsstaaten überlassen, sondern im Abkommen selbst festlegen, dass die Rechte der ausübenden Künstler auf den Filmhersteller übergehen sollten (vgl. *Barczewski* IIC 2011, 40, 44; *v. Lewinski* Rn. 18.19; *Schack* Rn. 1008). Die bisherigen Leistungsschutzabkommen (RA, TRIPs, WPPT) hatten den audiovisuellen Bereich weitgehend ausgeklammert (*Breuer* 59 ff.). Während der WPPT den breitesten Schutzumfang im Hinblick auf Persönlichkeits- und Verwertungsrechte gewährt, klammert er – anders als das RA – audiovisuelle Darbietungen nahezu vollständig aus. Das WAPT verbessert den internationalen Schutz von Schauspielern ganz erheblich.

aa) Sachlicher Anwendungsbereich. Art. 2 lit. a WAPT definiert den Begriff des **44** ausübenden Künstlers und stimmt mit der Definition im WPPT (s. o. Rn. 38) überein. Art. 2 lit. c WAPT definiert die „audiovisuelle Festlegung" („audiovisual fixation") als „Verkörperung von bewegten Bildern, gleich ob von Tönen oder deren Darstellung begleitet oder nicht, in einer Weise, dass sie mittels einer Vorrichtung wahrgenommen, vervielfältigt oder wiedergegeben werden können" („embodiment of moving images, whether or not accompanied by sounds or by the representations thereof, from which they can be perceived, reproduced or communicated through a device"). Diese – an die Formulierung in Art. 2 lit. c WPPT angelehnte – Definition birgt bei entsprechender Auslegung die Möglichkeit einer Überschneidungen mit dem WPPT. Um dies zu verhindern, stellt eine vereinbarte Erklärung hierzu klar, dass Art. 2 lit. c WPPT unangetastet bleibt.

bb) Zeitlicher Anwendungsbereich. Art. 19 Abs. 1 WAPT legt die zeitliche An- **45** wendbarkeit des WAPT auf sämtliche zum Zeitpunkt des Inkrafttretens **bestehenden Aufzeichnungen** fest. Art. 19 Abs. 2 WAPT erlaubt es den Vertragsstaaten allerdings, eine Erklärung abzugeben, nach der die Verwertungsrechte aus Art. 7–11 WAPT nicht auf vorbestehende Darbietungen angewandt werden. Angehörigen solcher Vertragsstaaten gegenüber, die von dieser Möglichkeit Gebrauch gemacht haben, können die anderen Vertragsstaaten die Anwendung der fraglichen Bestimmung ebenfalls auf Darbietungen beschränken, die vor dem Inkrafttreten erfolgten. Art. 19 Abs. 3 WAPT lässt vor dem Inkrafttreten begangene Handlungen, abgeschlossene Verträge und erworbene Rechte unberührt. Zudem dürfen die Vertragsstaaten nach Art. 19 Abs. 4 WAPT Übergangsvorschriften erlassen, um die Fortsetzung einer bisher legalen Nutzung zu ermöglichen.

cc) Persönlicher Anwendungsbereich. Art. 3 knüpft den Schutz an die **Staatsan- 46 gehörigkeit** und an den **gewöhnlichen Aufenthaltsort** an (*v. Lewinski* GRUR Int. 2001, 529, 537). Geschützt werden Staatsangehörige der anderen Vertragsstaaten und ausübende Künstler, die – ohne die Staatsangehörigkeit eines Vertragsstaates zu besitzen – ihren gewöhnlichen Aufenthalt dort haben. Mit dieser – vom Ort der Darbietung unabhängigen – Anknüpfung ist die Regelung ein Novum im Konventionsrecht der Leistungsschutzrechte. Art. 12 Abs. 1 WAPT sieht eine Beurteilung der möglichen Rechteübertragung bei einer einvernehmlichen Aufnahme der Darbietung entsprechend den Vorschriften des Vertragsstaates vor. Art. 12 Abs. 1 WAPT ermöglicht den Vertragsstaaten, die Frage wie mit den Verwertungsrechten aus Art. 7–11 WAPT nach der mit Zustimmung des ausübenden Künstlers erfolgten Erstfixierung zu verfahren ist, eigenständig zu regeln (*v. Welser* GRUR-Prax 2012, 345, 346). Die Vertragsstaaten können dabei eine originäre Rechtsinhaberschaft des Filmproduzenten ebenso wie einen Rechtsübergang regeln. Abweichende Vereinbarungen müssen aber zulässig sein, wobei Art. 12 Abs. 2 WAPT den Vertragsstaaten erlaubt, für solche ein Schriftformerfordernis vorzusehen.

dd) Inhalt des Schutzes. Art. 4 Abs. 1 WAPT verpflichtet die Mitgliedstaaten zur **In- 47 länderbehandlung** in Bezug auf die ausdrücklich in dem Abkommen gewährten Ausschließlichkeitsrechte und Vergütungsansprüche (*v. Lewinski* GRUR Int. 2001, 529, 535 f.). Die Inländerbehandlung ist also – ebenso wie in TRIPs und WPPT – auf die im Abkommen selbst geregelten Rechte beschränkt. Bei der Ausgestaltung der einzelnen Mindestrechte folgt der WAPT dem WPPT. Art. 5 WAPT sieht – wie bereits zuvor schon Art. 5 WPPT – **Persönlichkeitsrechte** – vor. Art. 5 WAPT regelt das Namensnennungsrecht und den Integritätsschutz. Letzterer war aufgrund der Bedenken aus der amerikanischen Filmindustrie lange Zeit umstritten (*Bernard*, Fordham Intellectual Property, Media & Entertainment Law Jounal 2002, 1089, 1104 f.). Dem trägt nun eine vereinbarte Erklärung Rechnung, nach der Änderungen, die – wie beispielsweise die Synchronisation – im Rahmen der normalen Auswertung erfolgen, an sich den Integritätsschutz noch nicht berühren. Der Integritätsschutz soll nur durch solche Änderungen tangiert werden, die der Reputation des ausübenden Künstlers – objektiv gesehen – stark abträglich sind. Bei den **Verwertungsrechten** übernimmt der WAPT die Unterscheidung zwischen nicht festgelegten Darbietungen (Art. 6 WAPT) und festgelegten Darbietungen (Art. 7–10 WAPT). Hinsichtlich der **nicht festgelegten Darbietungen** haben ausübende Künstler das ausschließliche Recht die Sendung und die öffentliche Wiedergabe ihrer nicht festgelegten Darbietungen, sofern es sich nicht bereits um eine gesendete Darbietung handelt (i), und die Festlegung ihrer nicht festgelegten Darbietungen zu erlauben (ii). Bei den festgelegten **Darbietungen** werden die Rechte der **Vervielfältigung** (Art. 7 WAPT), **Verbreitung** (Art. 8 WAPT), **Vermietung** (Art. 9 WAPT) und **Zugänglichmachung** (Art. 10 WAPT) umfasst. Hinsichtlich der Rechte der **Sendung** und der **öffentlichen Wiedergabe** (Art. 10 WAPT) ermöglicht Art. 11 WAPT den Vertragsstaaten durch eine Erklärung lediglich entsprechende Vergütungsansprüche vorzusehen, die Anwendung dieser Rechte zu beschränken oder diese Rechte überhaupt nicht zu gewähren. Damit korrespondiert eine abgestufte Einschränkung des Inländerbehandlungsgrundsatzes: Bei Ersetzung der Verwertungsrechte durch Vergütungsansprüche nach Art. 11 Abs. 2 WAPT sieht Art. 4 Abs. 2 WAPT materielle Reziprozität vor; im Falle noch weitergehender Einschränkung oder Nichtgewährung dieser Rechte nach Art. 11 Abs. 3 WAPT sogar eine Ausnahme vom Inländerbehandlungsgrundsatz. Die **Mindestschutzdauer** beträgt – ebenso wie im WPPT – 50 Jahre, gerechnet vom Ende des Jahres, in dem die Darbietung aufgezeichnet wurde.

48 e) **Sonstige Staatsverträge.** Weitere Staatsverträge zum Schutz ausdrücklich der ausübenden Künstler bestehen nicht. Diskutiert wurde aber die Frage, ob die urheberrechtlichen Staatsverträge (RBÜ, WUA, deutsch-amerikanisches Abkommen von 1892) auch Schutz für ausübende Künstler vermitteln. Hintergrund dafür ist die alte Regelung in § 2 Abs. 2 LUG, wonach ausübenden Künstlern ein „fiktives Bearbeiterurheberrecht" an ihren Darbietungen gewährt wurde. Obwohl es sich dabei – entgegen der Bezeichnung „fiktiv" – um ein echtes Urheberrecht handelte, lehnt die h. M. (BGHZ 125, 382, 385 f. – Rolling Stones; BGH GRUR 1992, 845, 846 f. – Cliff Richard; Schricker/Loewenheim/ *Katzenberger* § 125 Rn. 15; *Waldhausen* 82 ff.) eine Einbeziehung in die urheberrechtlichen Staatsverträge ab. Die Gegenmeinung (OLG Hamburg GRUR 1992, 437, 438 – Rolling Stones; OLG Hamburg ZUM 1991, 143, 144 – Cliff Richard; *Schack* GRUR 1987, 817; *Braun* 83 ff.), die für die RBÜ und das deutsch-amerikanische Abkommen von 1892 eine Einbeziehung der „fiktiven Bearbeiterurheber" befürwortet und sich dabei zu Recht auf die eindeutige urheberrechtliche Ausgestaltung des Schutzes und die Hoheit der Vertragsstaaten beruft, den Kreis der geschützten Werke und Leistungen zu bestimmen, hat sich dagegen nicht durchsetzen können.

7. Verbürgung der Gegenseitigkeit

49 Die Schutzbegründung über die Verbürgung der Gegenseitigkeit hat keine praktische Bedeutung. Bekanntmachungen gem. Abs. 5 S. 2 sind bislang nicht erfolgt.

VI. Ensemble-Darbietungen

50 Während es bei einem von Miturhebern geschaffenen Werk gem. § 120 Abs. 1 S. 2 genügt, dass für einen der Miturheber Schutz aufgrund seiner Staatsangehörigkeit begründet ist, fehlt eine entsprechende Regelung in § 125 (nach Fromm/Nordemann/*Nordemann* § 125 Rn. 5 ein „Redaktionsversehen"). Das bedeutet, dass auch bei Ensemble-Darbietungen getrennt für jeden Interpreten die Schutzbegründung gesondert zu prüfen ist (Schricker/Loewenheim/*Katzenberger* § 125 Rn. 5). Besteht eine Band also bspw. aus deutschen und US-amerikanischen Interpreten, so können nur die deutschen Staatsangehörigen

Schutz nach Abs. 1 beanspruchen, während die US-amerikanischen Künstler auf Abs. 2–6 angewiesen sind. Sie partizipieren für die gemeinsame Darbietung nicht vom uneingeschränkten Schutz ihrer deutschen Bandmitglieder.

VII. Wechsel der Staatsangehörigkeit

Bei einem Wechsel der Staatsangehörigkeit ist zu unterscheiden: Verliert ein ausübender 51 Künstler die deutsche Staatsangehörigkeit (oder die eines anderen EU/EWR-Staates), so bleiben hiervon alle Darbietungen unberührt, für die er kraft seiner Staatsangehörigkeit bereits Leistungsschutzrechte erworben hatte (so für das Urheberrecht BGH GRUR 1982, 308, 310 – Kunsthändler; s. § 120 Rn. 6). Erwirbt ein Interpret dagegen die deutsche Staatsangehörigkeit (oder die eines anderen EU/EWR-Staates), so erlangt er Schutz für alle seine Darbietungen, auch wenn sie vor dem Erwerb der Staatsangehörigkeit stattgefunden haben. Maßgebend ist insoweit der Zeitpunkt der Verletzungshandlung (so für das Urheberrecht BGH GRUR 1973, 602 – Kandinsky III).

VIII. Veranstalterschutz (§ 81)

Obwohl Abs. 1 ausdrücklich vom Schutz der §§ 73–83 spricht und damit auch das Leis- 52 tungsschutzrecht des Veranstalters (§ 81) einbezieht, ist im Folgenden nur von „Darbietungen" die Rede. Gleichwohl wird man § 125 auch die Voraussetzungen für den Veranstalterschutz entnehmen können (so für einen deutschen Veranstalter eines Konzerts im Ausland OLG München ZUM 1997, 144, 145 – Michael Jackson). Die Nichterwähnung der Veranstalter in § 125 wird allgemein als Redaktionsversehen eingestuft (Schricker/Loewenheim/*Katzenberger* § 125 Rn. 18; *v. Gamm* § 125 Rn. 1).

§ 126 Schutz des Herstellers von Tonträgern

(1) Den nach den §§ 85 und 86 gewährten Schutz genießen deutsche Staatsangehörige oder Unternehmen mit Sitz im Geltungsbereich dieses Gesetzes für alle ihre Tonträger, gleichviel, ob und wo diese erschienen sind. § 120 Abs. 2 ist anzuwenden. Unternehmen mit Sitz in einem anderen Mitgliedstaat der Europäischen Union oder in einem anderen Vertragsstaat des Abkommens über den Europäischen Wirtschaftsraum stehen Unternehmen mit Sitz im Geltungsbereich dieses Gesetzes gleich.

(2) Ausländische Staatsangehörige oder Unternehmen ohne Sitz im Geltungsbereich dieses Gesetzes genießen den Schutz für ihre im Geltungsbereich dieses Gesetzes erschienenen Tonträger, es sei denn, daß der Tonträger früher als dreißig Tage vor dem Erscheinen im Geltungsbereich dieses Gesetzes außerhalb dieses Gebietes erschienen ist. Der Schutz erlischt jedoch spätestens mit dem Ablauf der Schutzdauer in dem Staat, dessen Staatsangehörigkeit der Hersteller des Tonträgers besitzt oder in welchem das Unternehmen seinen Sitz hat, ohne die Schutzfrist nach § 85 Abs. 3 zu überschreiten.

(3) Im übrigen genießen ausländische Staatsangehörige oder Unternehmen ohne Sitz im Geltungsbereich dieses Gesetzes den Schutz nach Inhalt der Staatsverträge. § 121 Abs. 4 Satz 2 sowie die §§ 122 und 123 gelten entsprechend.

Literatur: *Bäcker*, Die Rechtsstellung der Leistungsschutzberechtigten im digitalen Zeitalter, Berlin 2005; *Bortloff*, Der Tonträgerpiraterieschutz im Immaterialgüterrecht, Baden-Baden 1995; *Drexl*, Entwicklungsmöglichkeiten des Urheberrechts im Rahmen des GATT, München 1990; *Kaminstein*, Diplomatische Konferenz über den internationalen Schutz der ausübenden Künstler, der Hersteller von Tonträgern und der

Sendeunternehmen (Rom, 10. bis 26. Oktober 1961), Bericht des Generalberichterstatters, UFITA 40 (1963) 99; *Knies,* Die Rechte der Tonträgerhersteller in internationaler und rechtsvergleichender Sicht, München 1999; *v. Lewinski,* Die diplomatische Konferenz der WIPO 1996 zum Urheberrecht und zu verwandten Schutzrechten, GRUR Int. 1997, 667; *v. Lewinski,* EU und Mitgliedstaaten ratifizieren WIPO-Internetverträge – Was ändert sich aus deutscher Sicht?, GRUR-Prax 2010, 49; *Reber,* Die Rechte der Tonträgerhersteller im Internationalen Privatrecht, München 2004; *Ricketson/Ginsburg,* International Copyright and Neighbouring Rights: The Berne Convention and Beyond, Oxford 2005; *Stewart,* Das Genfer Tonträgerabkommen, UFITA 70 (1974) 1; *Ulmer,* Das Rom-Abkommen über den Schutz der ausübenden Künstler, der Hersteller von Tonträgern und der Sendeunternehmungen, GRUR Int. 1961, 569; *Ulmer,* Das Übereinkommen zum Schutz der Hersteller von Tonträgern gegen die unerlaubte Vervielfältigung ihrer Tonträger, GRUR Int. 1972, 68; *Viana,* Die Rechte der Tonträgerhersteller im schweizerischen, amerikanischen und internationalen Urheberrecht, Basel u. a. 1999.

Vgl. darüber hinaus die Angaben im eingangs abgedr. Gesamtliteraturverzeichnis.

Übersicht

	Rn.
I. Einleitung	1
II. Deutsche Staatsangehörige und Unternehmen mit Sitz im Geltungsbereich des UrhG	2, 3
III. Staatsangehörige anderer EU/EWR-Staaten und Unternehmen mit Sitz in diesen Staaten	4
IV. Staatenlose und ausländische Flüchtlinge	5
V. Nicht-EU/EWR-Ausländer und Unternehmen mit Sitz in Nicht-EU/EWR-Staaten	6–33
1. Schutz für in Deutschland erstmals erschienene Tonträger	7, 8
2. Schutz nach dem Inhalt der Staatsverträge	9–32
a) Rom-Abkommen	9–15
aa) Sachlicher Anwendungsbereich	10
bb) Zeitlicher Anwendungsbereich	11
cc) Persönlicher Anwendungsbereich	12, 13
dd) Inhalt des Schutzes	14, 15
b) Genfer Tonträgerabkommen	16–21
aa) Sachlicher Anwendungsbereich	17
bb) Zeitlicher Anwendungsbereich	18, 19
cc) Persönlicher Anwendungsbereich	20
dd) Inhalt des Schutzes	21
c) TRIPs	22–26
aa) Sachlicher Anwendungsbereich	23
bb) Zeitlicher Anwendungsbereich	24
cc) Persönlicher Anwendungsbereich	25
dd) Inhalt des Schutzes	26
d) WPPT	27–32
aa) Sachlicher Anwendungsbereich	28, 29
bb) Zeitlicher Anwendungsbereich	30
cc) Persönlicher Anwendungsbereich	31
dd) Inhalt des Schutzes	32
3. Verbürgung der Gegenseitigkeit	33
VI. Wechsel der Staatsangehörigkeit oder Sitzverlagerung	34

I. Einleitung

1 Während die fremdenrechtlichen Schranken des § 125 für ausübende Künstler lange Zeit zu erheblichen und für die Künstler verlustreichen Schutzlücken in Deutschland führten, haben die Regelungen in § 126, die grds. dieselben Beschränkungen für die Rechte der Tonträgerhersteller vorsehen, weniger praktische Brisanz erlangt. Ausschlaggebend hierfür ist, dass bereits frühzeitig ein staatsvertraglicher Schutz gewährleistet war, der – anders als das Rom-Abkommen – breite Anerkennung fand (vgl. dazu unten Rn. 16). Von seiner

Systematik entspricht § 126 den Regelungen für Urheber in §§ 120–123 und für ausübende Künstler in § 125. Neben die Staatsangehörigkeit tritt allerdings der Sitz des Tonträgerherstellers als zusätzliches Anknüpfungsmerkmal, da die Leistungsschutzrechte des Tonträgerherstellers originär auch juristischen Personen zustehen können.

II. Deutsche Staatsangehörige und Unternehmen mit Sitz im Geltungsbereich des UrhG

Wie in § 125 Abs. 1 deutsche Künstler genießen auch Tonträgerhersteller deutscher Staatsangehörigkeit den Schutz des UrhG ohne Einschränkungen oder Vorbedingungen (Abs. 1). Ihnen stehen damit sämtliche Rechte aus §§ 85, 86 für ihre Tonträger zu, unabhängig davon, ob und wo diese erschienen sind. Deutschen Staatsangehörigen sind solche Personen gleichgestellt, die Deutsche i. S. v. Art. 116 Abs. 1 GG sind, ohne jedoch die deutsche Staatsangehörigkeit zu besitzen (Abs. 1 S. 2 i. V. m. § 120 Abs. 2 Nr. 1).

Dasselbe gilt für **Unternehmen** mit Sitz im Geltungsbereich des UrhG. Das UrhG lässt jedoch offen, wie der Begriff „Unternehmen" zu definieren ist: Soll er auf **juristische Personen** beschränkt bleiben (so offenbar Schricker/Loewenheim/*Katzenberger* § 126 Rn. 4) oder auch Personengesellschaften erfassen (so Fromm/Nordemann/*Nordemann* § 126 Rn. 1)? Da sich der Gesetzgeber bei Einführung des Leistungsschutzes für Tonträgerhersteller an den Vorgaben des Rom-Abkommens orientiert hat, liegt es nahe, auf die dortige Definition des Tonträgerherstellers in Art. 3 lit. c RA zurückzugreifen: Als Tonträgerhersteller wird darin die natürliche oder juristische Person bezeichnet, die erstmals eine Festlegung von Tönen vornimmt. Der Begriff „juristische Personen" wird jedoch weit ausgelegt. Die auf der Rom-Konferenz geforderte Klarstellung, dass auch Personenhandelsgesellschaften zu den juristischen Personen i. S. v. Art. 3 lit. c RA zählen, ist im Generalbericht zwar unterblieben (*Nordemann/Vinck/Hertin* Art. 3 RA Rn. 16). Sie findet sich aber hinsichtlich des Begriffs „Sendeunternehmen" gem. Art. 6 RA (*Kaminstein* UFITA 40 (1963) 99, 112). Deshalb werden überwiegend die nach nationalem Recht den juristischen Personen angenäherten Personenhandelsgesellschaften als juristische Personen i. S. v. Art. 3 lit. c RA beurteilt (*Nordemann/Vinck/Hertin* Art. 3 RA Rn. 16; *Ulmer* GRUR Int. 1961, 569, 580). Darüber hinaus erscheint es aber für alle Personenmehrheiten sinnvoller, auf den (einheitlichen) Niederlassungsort der Gesellschaft abzustellen, anstatt den Tonträgerherstellerschutz entsprechend der Staatsangehörigkeit der einzelnen Gesellschafter aufzuspalten (Dreier/Schulze/*Dreier* § 126 Rn. 3).

III. Staatsangehörige anderer EU/EWR-Staaten und Unternehmen mit Sitz in diesen Staaten

Gem. Abs. 1 S. 2 i. V. m. § 120 Abs. 2 Nr. 2 sind Staatsangehörige anderer EU/EWR-Staaten deutschen Staatsangehörigen gleichgestellt. Diese Gleichstellung ist Folge des **Diskriminierungsverbots** innerhalb der EU (s. § 125 Rn. 3). Da ein entsprechendes Diskriminierungsverbot auch gegenüber Unternehmen gilt (vgl. EuGH Slg. 1994, 1151 – Halliburton; Schricker/Loewenheim/*Katzenberger* Vor §§ 120 ff. Rn. 3), stellt Abs. 1 S. 3 Unternehmen mit Sitz in einem EU/EWR-Staat solchen Tonträgerherstellern mit Sitz im Inland gleich. Alle diese Tonträgerhersteller genießen mithin die Leistungsschutzrechte der §§ 85, 86 für alle ihre Tonträger ohne weitere Vorbedingungen.

IV. Staatenlose und ausländische Flüchtlinge

Abs. 3 S. 2 verweist insoweit auf die urheberrechtlichen Regelungen in §§ 122 und 123. Staatenlose und ausländische Flüchtlinge sind danach entweder Deutschen gleichgestellt (bei gewöhnlichem Aufenthalt im Geltungsbereich des UrhG) oder es gelten für sie die Regelungen für Nicht-EU/EWR-Ausländer (dazu unten Rn. 6 ff.).

V. Nicht-EU/EWR-Ausländer und Unternehmen mit Sitz in Nicht-EU/EWR-Staaten

6 Tonträgerhersteller, die nicht gem. Abs. 1 Deutschen gleichgestellt sind, können nach deutschem Fremdenrecht (Abs. 2), nach Inhalt der Staatsverträge (Abs. 3 S. 1) oder bei Gewährleistung der Gegenseitigkeit (Abs. 3 S. 2 i. V. m. § 121 Abs. 4 S. 2) Schutz in Deutschland beanspruchen.

1. Schutz für in Deutschland erstmals erschienene Tonträger

7 Ausländische Tonträgerhersteller genießen den Schutz der §§ 85, 86 für alle erstmals im Inland erschienenen Tonträger. Abs. 2 S. 1 entspricht damit den Regelungen für Urheber und ausübende Künstler in §§ 121 Abs. 1, 125 Abs. 3. Das **Ersterscheinen** setzt voraus, dass der Tonträger nicht früher als 30 Tage vor dem Erscheinen in Deutschland bereits im Ausland erschienen ist. Die **Darlegungs- und Beweislast** trägt derjenige, der sich auf ein früheres Erscheinen im Ausland beruft (LG Düsseldorf UFITA 84/1979, 241, 242 – Carolina Dreams). Für den Begriff des Erscheinens gilt die Legaldefinition des § 6 Abs. 2 (s. § 6 Rn. 24 ff.).

8 Der nach nationalem Fremdenrecht gewährte Schutz ist hinsichtlich der Schutzdauer gem. Abs. 2 S. 2 eingeschränkt. Wie auch bei ausübenden Künstlern gem. § 125 Abs. 7 erfolgt ein **Schutzfristenvergleich,** der dazu führt, dass die Schutzdauer des Staates, dessen Staatsangehöriger der Tonträgerhersteller ist oder in dem das Unternehmen seinen Sitz hat, nicht überschritten wird. Der Schutzfristenvergleich gilt nicht für die Fälle der staatsvertraglichen Schutzgewährung (OLG Hamburg ZUM 1999, 853, 857 und ZUM-RD 2001, 109, 116 – Frank Sinatra; Schricker/Loewenheim/*Katzenberger* § 126 Rn. 9).

2. Schutz nach dem Inhalt der Staatsverträge

9 **a) Rom-Abkommen.** Das bereits erwähnte Rom-Abkommen ist der erste mehrseitige Staatsvertrag zum Schutz auch der Tonträgerhersteller (s. § 125 Rn. 16 ff.). Im Hinblick auf die Bekämpfung der Tonträgerpiraterie ist es zwar insb. durch das Genfer Tonträgerabkommen in seiner praktischen Relevanz zurückgedrängt worden. Doch geht es in seinem Regelungsgehalt über Letzteres hinaus, vor allem was die Erfassung bestimmter Zweitverwertungsrechte angeht (s. u. Rn. 21).

10 **aa) Sachlicher Anwendungsbereich.** Das Rom-Abkommen schützt Hersteller (natürliche und juristische Personen einschließlich Personenhandelsgesellschaften, s. o. Rn. 3) von Tonträgern i. S. v. Art. 3 lit. b RA, also von ausschließlich auf den Ton beschränkten Festlegungen der Töne einer Darbietung oder anderer Töne. Die Beschränkung auf die ausschließliche Festlegung von Tönen führt zwar dazu, dass die audiovisuelle Aufzeichnung einer Darbietung nicht nach dem Rom-Abkommen geschützt ist (vgl. zur gleich lautenden Vorschrift in Art. 1 lit. a GTA OLG München ZUM-RD 1997, 357, 358 – Garth Brooks). Wird aber eine Tonaufnahme nachträglich für ein audiovisuelles Werk (z. B. ein Musikvideo) benutzt, so kann sich der Tonträgerhersteller auf das Rom-Abkommen berufen, wenn die Tonspur des Musikvideos unerlaubt verwertet wird. Denn der Tonträgerherstellerschutz bezieht sich auf die erste Festlegung der Musikdarbietung, nicht auf die späteren Vervielfältigungsstücke (*Ulmer* GRUR Int. 1961, 569, 580; *Knies* 12). Er besteht unabhängig von weitergehenden Rechten an der Filmproduktion (*Nordemann/Vinck/Hertin* Art. 3 RA Rn. 11). Deshalb ist unerheblich, zu welchem Folgeprodukt (einfacher Tonträger, Enhanced-CD mit Audio- und Videotracks, Musikvideo) die Erstaufnahme weiterverarbeitet wurde.

bb) Zeitlicher Anwendungsbereich. Das Rom-Abkommen ist für Deutschland am 21.10.1966 in Kraft getreten und findet keine Anwendung auf vor diesem Zeitpunkt hergestellte Tonträger (zu den Einzelheiten s. § 125 Rn. 18). 11

cc) Persönlicher Anwendungsbereich. Art. 5 RA regelt, in welchen Fällen Tonträgerhersteller den Schutz des Abkommens genießen. Dort werden drei alternative Anknüpfungspunkte genannt: Gem. Art. 5 Abs. 1 lit. a RA werden alle Tonträgerhersteller geschützt, die Angehörige eines anderen Vertragsstaats sind. Anders als bei ausübenden Künstlern ist damit die **Staatsangehörigkeit** ein relevantes Anknüpfungsmerkmal. Nicht ausdrücklich geregelt ist, wie für juristische Personen (einschließlich Personenhandelsgesellschaften, s. o. Rn. 3) die „Staatsangehörigkeit" zu bestimmen ist. Hier wird man auf den Sitz in einem anderen Vertragsstaat abstellen müssen (vgl. auch *Nordemann/Vinck/Hertin* Art. 5 RA Rn. 3; *Ulmer* GRUR Int. 1961, 579, die zusätzlich auf den Staat abstellen wollen, nach dessen Recht die juristische Person errichtet worden ist). 12

Darüber hinaus sind ausländische Tonträgerhersteller für alle ihre Tonträger geschützt, die erstmals in einem Vertragsstaat veröffentlicht worden sind (Art. 5 Abs. 1 lit. c RA). Gem. Art. 5 Abs. 2 RA ist diese Bedingung auch dann noch erfüllt, wenn die Veröffentlichung innerhalb von 30 Tagen nach der Veröffentlichung in einem Nichtvertragsstaat erfolgt. Die Darlegungs- und Beweislast für ein früheres Erscheinen in einem Nichtvertragsstaat trägt derjenige, der sich auf die dadurch verursachte Schutzlosigkeit beruft (s. o. Rn. 7). Für den Begriff „Veröffentlichung" gilt die Definition in Art. 3 lit. d RA (vgl. zu den Einzelheiten *Nordemann/Vinck/Hertin* Art. 5 RA Rn. 5), die wiederum mit § 6 Abs. 2 übereinstimmt (Schricker/Loewenheim/*Katzenberger* Vor §§ 120 ff. Rn. 78). Hinsichtlich des dritten Anknüpfungspunkts, der ersten **Festlegung des Tons** in einem Vertragsstaat (Art. 5 Abs. 1 lit. b RA), hat Deutschland von der Vorbehaltsmöglichkeit des Art. 5 Abs. 3 RA Gebrauch gemacht und dieses Merkmal ausgeschlossen (Art. 2 Nr. 1 des Ausführungsgesetzes, BGBl. 1965 II S. 1243). 13

dd) Inhalt des Schutzes. Durch das Rom-Abkommen genießen ausländische Tonträgerhersteller **Inländerbehandlung** i. S. v. Art. 2 Abs. 1 lit. b RA. Ihnen ist, jedenfalls hinsichtlich der traditionellen Erstverwertungsrechte, die beim Abschluss des Rom-Abkommens bereits bekannt waren, derselbe Schutz zu gewähren wie inländischen Tonträgerherstellern, so dass ihnen die in § 85 Abs. 1 genannten Ausschließlichkeitsrechte der **Vervielfältigung und Verbreitung** zustehen. Die vereinzelt befürwortete Beschränkung der Inländerbehandlung auf das in Art. 10 RA allein als **Mindestrecht** genannte Vervielfältigungsrecht ist abzulehnen (ebenso *Bortloff* 179; *Drexl* 226; *Nordemann/Vinck/Hertin* Art. 10 RA Rn. 7; Dreier/Schulze/*Dreier* § 126 Rn. 8). Der Wortlaut von Art. 2 Abs. 2 RA, der zur Begründung dieser Ansicht angeführt wird, gibt eine derartige Einschränkung nicht her, sondern bezieht sich auf die Ausnahmen und Vorbehalte der Art. 15, 16 RA (zu den Einzelheiten s. § 125 Rn. 24). Ob auch neue Erstverwertungsrechte, bspw. das **Recht der öffentlichen Zugänglichmachung,** Bestandteil der Inländerbehandlung sind, ist bislang noch nicht erörtert worden. Da hierzu regelmäßig neue Staatsverträge (so zuletzt der WPPT, s. dazu unten Rn. 27 ff.) geschlossen werden, liegt eine Einbeziehung erst später bekannt gewordener Rechte in ältere Staatsverträge zwar nicht nahe, doch ist die Inländerbehandlung eben – anders als in späteren Übereinkommen – gerade nicht beschränkt. In dem Maß, in dem sich die neuen Staatsverträge durchsetzen, wird diese Frage jedoch an praktischer Bedeutung verlieren. 14

Hinsichtlich der Vergütung für Sendung und öffentliche Wiedergabe eines Tonträgers (§ 86) ist der Inländerbehandlungsgrundsatz von der Gewährleistung der Gegenseitigkeit abhängig gemacht (Art. 2 Nr. 2 des Ausführungsgesetzes i. V. m. Art. 16 Abs. 1 lit. a (iv) RA; s. § 125 Rn. 25). Die **Mindestschutzdauer** beträgt gem. Art. 14 RA 20 Jahre. Im Wege der Inländerbehandlung ist ausländischen Herstellern aber die 50-jährige Schutzfrist gem. § 85 Abs. 3 zu gewähren (*Knies* 17). 15

16 **b) Genfer Tonträgerabkommen.** Das „Übereinkommen zum Schutz der Hersteller von Tonträgern gegen die unerlaubte Vervielfältigung ihrer Tonträger" v. 29.10.1971 (BGBl. 1973 II S. 1670) ist als Reaktion auf die besorgniserregende Zunahme der Tonträgerpiraterie Anfang der 70er Jahre zustande gekommen (vgl. zur Entstehungsgeschichte *Stewart* UFITA 70 (1974) 1 ff.; *Ulmer* GRUR Int. 1972, 68 ff.). Das Rom-Abkommen hatte zum damaligen Zeitpunkt nur eine sehr geringe Akzeptanz gefunden; bedeutende Herstellernationen wie die USA und Japan waren dem Abkommen fern geblieben, was u. a. auf Vorbehalte gegen die Konzeption eines Leistungsschutzrechts für ausübende Künstler und Tonträgerhersteller zurückzuführen war. Das GTA beschränkt sich deshalb auf den Tonträgerherstellerschutz hinsichtlich der unerlaubten Übernahme vorbestehender Tonträger (**„traditionelle Tonträgerpiraterie"**), während die besonders umstrittenen Zweitverwertungsrechte ausgespart bleiben. Auch die Ausgestaltung des Schutzes wird nicht vorgeschrieben, sie bleibt vielmehr den Vertragsstaaten überlassen. Durch diese inhaltliche Beschränkung konnte das Abkommen innerhalb kürzester Zeit verabschiedet werden. 23 Staaten, darunter die USA und Deutschland, zeichneten die Schlussakte des Vertragstexts. Heute (Stand: 29.11.2013) gehören dem Abkommen 78 Staaten an (der jeweils aktuelle Mitgliederstand ist im Internet abrufbar unter www.wipo.int/treaties/en/ip/phonograms/index.html).

17 **aa) Sachlicher Anwendungsbereich.** Das GTA schützt nur Hersteller von Tonträgern i. S. v. Art. 1 lit. a GTA, also ausschließlich auf den Ton beschränkte Festlegungen von Darbietungen oder anderen Tönen, nicht dagegen Filme. Der Tonträgerbegriff ist mit dem des Rom-Abkommens identisch (*Ulmer* GRUR Int. 1972, 68, 71; *Knies* 23; s. o. Rn. 10).

18 **bb) Zeitlicher Anwendungsbereich.** Das GTA ist am 18.4.1973 in Kraft getreten. Deutschland ist dem Abkommen mit Wirkung v. 18.5.1974 beigetreten. Obwohl gem. Art. 7 Abs. 3 GTA kein Mitgliedstaat verpflichtet ist, Tonträger zu schützen, die vor dem Inkrafttreten des Abkommens festgelegt worden sind, wird in Deutschland auch der Altbestand an Aufnahmen geschützt. Denn die Beschränkung des Art. 7 Abs. 3 GTA ist nicht zwingend; der deutsche Gesetzgeber hat von ihr keinen Gebrauch gemacht (BGHZ 123, 356, 361 – Beatles; OLG Hamburg ZUM 1994, 518 f. – Creedence Clearwater Revival; vgl. auch *Knies* 28). Deshalb erklärt Art. 2 Abs. 2 des Ausführungsgesetzes (BGBl. 1973 II S. 1669) § 136 für anwendbar: Vervielfältigungs- und Verbreitungshandlungen, die im Vertrauen auf die Schutzlosigkeit begonnen wurden, dürfen vollendet werden.

19 Der BGH hat **Rückwirkung** des GTA auf den 1.1.1966, dem Zeitpunkt des Inkrafttretens des UrhG beschränkt, da vor diesem Zeitpunkt kein Tonträgerherstellerschutz bestand (BGH GRUR 1994, 210 – Beatles; BGH GRUR Int. 2010, 532, 533 Rn. 13 – Tonträger aus Drittstaaten II). Allerdings verpflichten Art. 3 Abs. 2, 10 Abs. 2 Schutzdauer-Richtlinie dazu verpflichten, allen Aufnahmen einen 50-jährigen Schutz zukommen zu lassen, die am 1.7.1995 in einem EU-Mitgliedstaat noch geschützt waren. Daher müssen EU-Angehörige auch für Aufnahmen vor 1966 noch geschützt werden. Entsprechendes gilt auch für Angehörige aus Drittstaaten, die nach Art. 7 Abs. 2 Schutzdauer-Richtlinie ebenfalls in den Genuss der Fristverlängerung kommen (EuGH GRUR Int. 2009, 404 – Sony/Falcon). § 137 f ist entsprechend richtlinienkonform auszulegen (BGH GRUR Int. 2010, 532, 534 Rn 22 – Tonträger aus Drittstaaten II; OLG Rostock ZUM 2012, 258 – Bob Dylan).

20 **cc) Persönlicher Anwendungsbereich.** Anders als im Rom-Abkommen, in dem die Anknüpfungsmerkmale sehr differenziert ausgestaltet sind, knüpft Art. 2 GTA den Schutz allein an die **Staatsangehörigkeit** an (*Knies* 22). Der Schutz des Abkommens soll allen Tonträgerherstellern zugute kommen, die „Angehörige anderer Vertragsstaaten" sind. Art. 7 Abs. 4 GTA erlaubt eine Ausnahme zugunsten der Anknüpfung an den Ort der ersten Festlegung, die aber für Deutschland ohne Bedeutung ist. Obwohl Art. 1 lit. b GTA als Tonträgerhersteller auch juristische Personen ansieht, fehlt eine Bezugnahme auf den Sitz des Unternehmens. Mangels Staatsangehörigkeit wird man aber – zumindest bei juristi-

dd) Inhalt des Schutzes. Das GTA vermittelt keinen Anspruch auf Inländerbehandlung. Es regelt in Art. 2 zwar bestimmte **Mindestrechte,** überlässt deren Umsetzung aber dem nationalen Recht der Vertragsstaaten, so dass die Mindestrechte auch nicht unmittelbar anwendbar sind (*Knies* 22; *Nordemann/Vinck/Hertin* Art. 2 GTA Rn. 1). Gegen folgende Handlungen muss ein Tonträgerhersteller aus einem Vertragsstaat geschützt werden: die unerlaubte Herstellung von Vervielfältigungsstücken seines Tonträgers, die Einfuhr solcher Vervielfältigungsstücke zum Zweck der Verbreitung und die Verbreitung selbst. In Deutschland korrespondieren mit diesen Nutzungshandlungen die in § 85 Abs. 1 genannten ausschließlichen **Vervielfältigungs- und Verbreitungsrechte.** Diese können also über das GTA von ausländischen Herstellern geltend gemacht werden. Ein eigenes „**Importrecht**" kennt das deutsche Recht zwar nicht, den Anforderungen des GTA ist aber durch die Möglichkeit einer vorbeugenden Unterlassungsklage gegen die drohende Verbreitung genüge getan (*Ulmer* GRUR Int. 1972, 72). Weitergehende Rechte (insb. das Recht der öffentlichen Zugänglichmachung, aber auch Zweitverwertungsrechte) können dagegen über das GTA nicht in Anspruch genommen werden (AmtlBegr. BT-Drucks. 7/121, 6; Schricker/Loewenheim/*Katzenberger* Vor §§ 120 ff. Rn. 95). Die **Schutzdauer** beträgt gem. Art. 4 GTA mindestens 20 Jahre, ist aber Sache der innerstaatlichen Gesetzgebung, so dass in Deutschland die 50-jährige Schutzfrist auch von ausländischen Herstellern über das GTA in Anspruch genommen werden kann.

c) TRIPs. Das TRIPs-Übereinkommen hat, da bereits durch das GTA ein recht umfassender Schutz ausländischer Tonträgerhersteller gegen Tonträgerpiraterie gewährleistet ist, nicht die lückenschließende Bedeutung, die es für den Schutz ausübender Künstler besitzt. Nach Auffassung des EuGH ist das TRIPs-Übereinkommen als Teil des Unionsrechts zwar unmittelbar anwendbar, es begründet aber keinen subjektiven Rechte, auf die sich Einzelpersonen unmittelbar berufen könnten (EuGH, Urteil vom 15.3.2012, Az. C-135/10, Rn. 46 – SCF).

aa) Sachlicher Anwendungsbereich. Da Art. 1 Abs. 3 TRIPs auf die Kriterien des Rom-Abkommens verweist, gelten für die Begriffe „Tonträger" und „Tonträgerhersteller" die Definitionen in Art. 3 lit. b und c RA (s. o. Rn. 10).

bb) Zeitlicher Anwendungsbereich. TRIPs ist am 1.1.1995 für Deutschland in Kraft getreten (s. § 125 Rn. 29) und entfaltet Rückwirkung, indem es auch Tonträger erfasst, die vor diesem Zeitpunkt hergestellt worden sind (Art. 70, 14 TRIPs i. V. m. Art. 18 RBÜ; zu den Einzelheiten s. § 125 Rn. 30).

cc) Persönlicher Anwendungsbereich. Für den persönlichen Anwendungsbereich verweist Art. 1 Abs. 3 S. 2 TRIPs auf das Rom-Abkommen, so dass die in Art. 5 RA genannten Anknüpfungsmerkmale gelten (s. o. Rn. 12 f.). Danach ist also darauf abzustellen, ob der Tonträgerhersteller **Angehöriger** eines TRIPs-Mitgliedstaates (für juristische Personen ist der Sitz maßgebend, s. o. Rn. 12) oder der Tonträger erstmals in einem solchen Staat **veröffentlicht** worden ist. Die Erstfestlegung in einem Vertragsstaat ist auch in TRIPs wegen der entsprechenden Vorbehaltserklärung gem. Art. 1 Abs. 3, 3 Abs. 1 TRIPs kein Anknüpfungspunkt (die Vorbehaltserklärung v. 21.6.1995, Dokument Nr. 95–1848 ist im Internet abrufbar unter docsonline.wto.org).

dd) Inhalt des Schutzes. Der **Inländerbehandlungsgrundsatz** ist für Tonträgerhersteller ebenso beschränkt wie für ausübende Künstler (*Knies* 42 f.; s. § 125 Rn. 35): Er gilt nur für das in Art. 14 Abs. 2 TRIPs genannte **Vervielfältigungsrecht** und das in Art. 14 Abs. 4 i. V. m. Art. 11 TRIPs gewährte **Vermietrecht.** Ein **Verbreitungsrecht** gewährt TRIPs dagegen nicht, obwohl die Vermietung – jedenfalls nach deutschem Recht – als

Teil des Verbreitungsrechts ausgestaltet ist (*Knies* 51). Gegen die Verbreitung unautorisierter und damit rechtswidriger Vervielfältigungsstücke ihrer Tonträger können sich ausländische Hersteller aber über § 96 Abs. 1 wehren (str.; wie hier Büscher/Dittmer/Schiwy/*Mohme* § 126 Rn. 8). Gleiches gilt für die **Online-Übertragung** solcher Vervielfältigungsstücke ihrer Tonträger (s. § 125 Rn. 36). Die **Mindestschutzdauer** für Tonträgerhersteller beträgt gem. Art. 14 Abs. 5 TRIPs 50 Jahre und entspricht damit der des deutschen Rechts.

27 **d) WPPT.** Der WIPO-Vertrag über Darbietungen und Tonträger (s. § 125 Rn. 38) ist für Tonträgerhersteller insb. hinsichtlich der neuen **Online-Vertriebsrechte** von Bedeutung. Darüber hinaus enthält er aber auch die verbindliche Anerkennung eines ausschließlichen Verbreitungsrechts, auf die man sich im TRIPs-Übereinkommen noch nicht hatte einigen können (s. o. Rn. 26). Am 14. März 2010 trat der WPPT für die EU in Kraft (*v. Lewinski* GRUR-Prax 2010, 49). Nach Auffassung des EuGH ist der WPPT als Teil des Unionsrechts zwar unmittelbar anwendbar, er begründet aber keinen subjektiven Rechte, auf die sich Einzelpersonen unmittelbar berufen könnten (EuGH, Urteil vom 15.3.2012, Az. C-135/10, Rn. 48 – SCF).

28 **aa) Sachlicher Anwendungsbereich.** Der Begriff des Tonträgerherstellers wird in Art. 2 lit. d WPPT definiert als diejenige natürliche oder juristische Person, welche die Initiative und die Verantwortung für die erste Tonaufnahme trägt. Diese Definition stellt auf die wirtschaftliche und organisatorische Verantwortung ab. Dies entspricht dem Herstellerbegriff des § 85 und – trotz des leicht abweichenden Wortlauts – des Art. 3 lit. c RA.

29 Bei der Definition des Begriffs „Tonträger" geht Art. 2 lit. b WPPT gegenüber Art. 3 lit. b RA neue Wege. Denn Tonträger bedeutet nicht nur die Festlegung von Tönen, sondern auch einer Darstellung von Tönen. Damit sollen neue technische Entwicklungen erfasst werden, denn bspw. mit Hilfe von Computern und Synthesizern ist es möglich, Tonträger herzustellen, ohne dass ein natürlicher hörbarer Ton erklungen ist (vgl. zu den Einzelheiten *Knies* 71; *v. Lewinski* GRUR Int. 1997, 667, 678). Darüber hinaus sind auch aus einem Filmwerk ausgekoppelte Soundtracks geschützte Tonträger i. S. v. Art. 2 lit. b WPPT (*v. Lewinski* GRUR Int. 1997, 667, 678; *Knies* 71). Im Ergebnis stimmt damit der Tonträgerbegriff des WPPT mit dem des § 85 überein.

30 **bb) Zeitlicher Anwendungsbereich.** Den zeitlichen Anwendungsbereich des für Deutschland noch nicht in Kraft getretenen WPPT regelt Art. 22 WPPT. Zu den Einzelheiten vgl. § 125 Rn. 40.

31 **cc) Persönlicher Anwendungsbereich.** Art. 3 Abs. 2 WPPT verweist auf die Anknüpfungspunkte des Rom-Abkommens und stimmt damit mit Art. 1 Abs. 3 S. 2 TRIPs überein (*Knies* 70; s. o. Rn. 25, 12 f.).

32 **dd) Inhalt des Schutzes.** Der Anspruch auf **Inländerbehandlung** für Tonträgerhersteller ist, wie schon in Art. 3 Abs. 1 S. 2 TRIPs, auf die im WPPT ausdrücklich gewährten Rechte beschränkt (*Knies* 68 f.). Zu diesen Rechten zählen das **Vervielfältigungsrecht** (Art. 11 WPPT), das **Verbreitungsrecht** (Art. 12 WPPT) einschließlich des **Vermietrechts** (Art. 13 WPPT) und insb. das neue **Recht der öffentlichen Zugänglichmachung** (Art. 14 WPPT). Die **Mindestschutzdauer** beträgt gem. Art. 17 Abs. 2 WPPT 50 Jahre.

3. Verbürgung der Gegenseitigkeit

33 Gem. Abs. 3 S. 2 i. V. m. § 121 Abs. 4 S. 2 können ausländische Tonträgerhersteller auch dann den Schutz der §§ 85, 86 genießen, wenn gewährleistet ist, dass deutsche Tonträgerhersteller in deren Heimatstaat ebenfalls geschützt werden. Die Gewährleistung der Gegenseitigkeit muss formell festgestellt sein. Derzeit ist nur im Verhältnis zu Indonesien eine Bekanntmachung über die Gewährleistung der Gegenseitigkeit erfolgt, die auf das Vervielfältigungs- und Verbreitungsrecht beschränkt ist (Bek. v. 29.9.1988, BGBl. I S. 2071).

VI. Wechsel der Staatsangehörigkeit oder Sitzverlagerung

Bei einem Wechsel der Staatsangehörigkeit bzw. einer Verlegung des Unternehmenssitzes gelten die hinsichtlich der ausübenden Künstler beschriebenen Grundsätze (s. § 125 Rn. 46). Ein einmal für einen Tonträger begründeter Schutz bleibt demnach von späteren Veränderungen unberührt, während die spätere Erfüllung der Voraussetzungen des § 126 Abs. 1 sämtliche Tonträger eines Herstellers erfasst. 34

§ 127 Schutz des Sendeunternehmens

(1) Den nach § 87 gewährten Schutz genießen Sendeunternehmen mit Sitz im Geltungsbereich dieses Gesetzes für alle Funksendungen, gleichviel, wo sie diese ausstrahlen. § 126 Abs. 1 Satz 3 ist anzuwenden.

(2) Sendeunternehmen ohne Sitz im Geltungsbereich dieses Gesetzes genießen den Schutz für alle Funksendungen, die sie im Geltungsbereich dieses Gesetzes ausstrahlen. Der Schutz erlischt spätestens mit dem Ablauf der Schutzdauer in dem Staat, in dem das Sendeunternehmen seinen Sitz hat, ohne die Schutzfrist nach § 87 Abs. 3 zu überschreiten.

(3) Im übrigen genießen Sendeunternehmen ohne Sitz im Geltungsbereich dieses Gesetzes den Schutz nach Inhalt der Staatsverträge. § 121 Abs. 4 Satz 2 gilt entsprechend.

Literatur: *Asbell,* Progress on the WIPO Broadcasting and Webcasting Treaty, Cardozo Arts & Entertainment Law Journal, 2006, 349; *Flechsig,* Fortschritte auf dem Weg zu einem WIPO-Abkommen zum Schutz gegen unbefugte Signalübernahme, GRUR Int. 2011, 813; *Hillig,* Auf dem Weg zu einem WIPO-Abkommen zum Schutz der Sendeunternehmen, GRUR Int. 2007, 122; *Hoeren,* Urheberrechtliche Fragen rund um IP-TV und Handy-TV, MMR 2008, 139; *Katzenberger,* TRIPS und das Urheberrecht, GRUR Int. 1995, 447; *v. Lewinski,* International Copyright Law and Policy, Oxford, 2008; *v. Münchhausen,* Der Schutz der Sendeunternehmen nach deutschem, europäischem und internationalem Recht, Baden-Baden 2001; *Rehbinder/Staehelin,* Das Urheberrecht im TRIPS-Abkommen, UFITA 127 (1995) 5; *Reinbothe,* Der Schutz des Urheberrechts und der Leistungsschutzrechte im Abkommensentwurf GATT/TRIPS, GRUR Int. 1992, 707.
Vgl. darüber hinaus die Angaben im eingangs abgedr. Gesamtliteraturverzeichnis.

Übersicht

	Rn.
I. Bedeutung der Vorschrift	1
II. Sitz des Unternehmens im Inland bzw. in einem EU- oder EWR-Staat (Abs. 1)	2
III. Schutz durch Ausstrahlung der Sendung im Inland (Abs. 2)	3
IV. Staatsverträge (Abs. 3 S. 1)	4–19
1. Rom-Abkommen	4–7
a) Anwendungsbereich	5
b) Inländerbehandlung	6
c) Mindestrechte	7
2. TRIPs-Übereinkommen	8–11
a) Anwendungsbereich	9
b) Inländerbehandlung	10
c) Mindestrechte	11
3. Straßburger Fernseh-Abkommen	12–15
a) Anwendungsbereich	13
b) Inländerbehandlung	14
c) Mindestrechte	15

	Rn.
4. Brüsseler Satelliten-Übereinkommen	16–18
a) Anwendungsbereich	17
b) Mindestrechte	18
5. Europäische Konvention zum Satellitenrundfunk	19
6. Geplanter WIPO Broadcasting Treaty	20
V. Bekanntmachung (Abs. 3 S. 2)	21

I. Bedeutung der Vorschrift

1 Für den Schutz der **Sendeunternehmen** kommt es auf den Sitz im Inland oder einem EU- bzw. EWR-Staat an. Daneben besteht ein Schutz bei Erstausstrahlung im Inland sowie über Staatsverträge.

II. Sitz des Unternehmens im Inland bzw. in einem EU- oder EWR-Staat (Abs. 1)

2 Geschützt werden zunächst Sendeunternehmen mit Sitz im Inland bzw. in anderen EU- oder EWR-Staaten. Wo das gesendete Material produziert wird, ist unerheblich (vgl. OLG München ZUM 2012, 54, 60 – CNN). Für den Schutz dieser Sendeunternehmen ist der Ausstrahlungsort unerheblich. Sendeunternehmen ohne Sitz im Inland oder anderen EU- oder EWR-Staaten können Schutz nur durch Ausstrahlung der Sendung im Inland oder auf Grund von Staatsverträgen erlangen.

III. Schutz durch Ausstrahlung der Sendung im Inland (Abs. 2)

3 Schutz für Sendeunternehmen ohne Sitz im Inland besteht für die Funksendungen, die im Inland ausgestrahlt werden. Dabei ist der Sendevorgang und nicht die Empfangsmöglichkeit entscheidend (Schricker/Loewenheim/*Katzenberger* § 127 Rn. 4). Der Schutz durch Ausstrahlung im Inland unterliegt nach § 127 Abs. 2 S. 2 einem Schutzfristenvergleich.

IV. Staatsverträge (Abs. 3 S. 1)

1. Rom-Abkommen

4 Das Rom-Abkommen (RA) v. 26.10.1961 (abgedr. in der dtv-Textausgabe UrhR Nr. 29) ist für die Bundesrepublik Deutschland seit dem 21.10.1966 in Kraft. Es ist das wichtigste Übereinkommen auf dem Gebiet des internationalen Leistungsschutzrechts. Aktuelle Übersichten finden sich im Internet (www.wipo.int).

5 **a) Anwendungsbereich.** Nach Art. 6 RA wird Inländerbehandlung gewährt, wenn der Sitz des Sendeunternehmens in einem anderen vertragschließenden Staat liegt oder die Sendung von einem im Gebiet eines vertragschließenden Staates gelegenen Sender ausgestrahlt wurde.

6 **b) Inländerbehandlung.** Nach Art. 2 und 5 RA genießen Sendeunternehmen Inländerbehandlung. Nach Art. 2 Abs. 2 RA wird die Inländerbehandlung nach Maßgabe des im RA ausdrücklich gewährleisteten Schutzes und der darin ausdrücklich vorgesehenen Einschränkungen gewährt (*Nordemann/Vinck/Hertin* Art. 2 RA Rn. 4).

7 **c) Mindestrechte.** Auf die Mindestrechte des Art. 13 RA können sich die Sendeunternehmen unmittelbar berufen (*Schack* Rn. 863; *Nordemann/Vinck/Hertin* Art. 2 RA

Rn. 6). Die Sendeunternehmen haben das Recht der Weitersendung, der Festlegung der Sendung. Weiterhin besteht das Recht der Vervielfältigung von Festlegungen, die ohne Zustimmung vorgenommen wurden und von Festlegungen, die auf Grund der in Art. 15 RA genannten Ausnahmen vorgenommen wurden, aber den Zweck der Ausnahmeregelung überschreiten (*Nordemann/Vinck/Hertin* Art. 13 RA Rn. 5; *v. Münchhausen* 169). Schließlich besteht das Recht der öffentlichen Wiedergabe der Fernsehsendung, wenn sie an Orten stattfindet, die der Öffentlichkeit gegen Zahlung eines Eintrittsgeldes zugänglich sind (*v. Münchhausen* 181).

2. TRIPs-Übereinkommen

Das TRIPs-Übereinkommen (Trade-Related Aspects of Intellectual Property Rights; abgedr. in der dtv-Textausgabe UrhR Nr. 31) ist für Deutschland am 1.1.1995 als **integraler Bestandteil des WTO-Übereinkommens** in Kraft getreten (§ 121 Rn. 15). Aktuelle Übersichten über die Mitglieder finden sich im Internet (www.wto.org). In Art. 14 III TRIPs wird das Recht der Sendeunternehmen geregelt. Nach Art. 2 Abs. 2 TRIPs tritt der Schutz neben den Schutz der bestehenden Abkommen. **8**

a) **Anwendungsbereich.** Art. 1 Abs. 3 TRIPs regelt den persönlichen Anwendungsbereich. Danach gewähren die Mitglieder die in dem Übereinkommen festgelegte Behandlung den Angehörigen der anderen Mitglieder. Hierunter sind die Personen zu verstehen, die den Kriterien für den Zugang zum Schutz nach dem Rom-Abkommen – bzw. den anderen einschlägigen Übereinkommen – entsprächen, wenn alle Mitglieder der WTO Vertragsparteien dieser Übereinkunft wären. TRIPs übernimmt also die Anknüpfungspunkte des Rom-Abkommens. Der Sitz des Sendeunternehmens muss in einem anderen vertragsschließenden Staat liegen oder die Sendung von einem Sender ausgestrahlt werden, der im Gebiet eines anderen vertragsschließenden Staates liegt. **9**

b) **Inländerbehandlung.** In Bezug auf Sendeunternehmen ist der Inländerbehandlungsgrundsatz nach Art. 3 Abs. 1 S. 2 TRIPs auf die in diesem Übereinkommen vorgesehen Rechte beschränkt. Dieser Beschränkung des Inländerbehandlungsgrundsatzes entspricht die Ausnahme vom Meistbegünstigungsprinzip nach Art. 4 TRIPs (vgl. *Reinbothe* GRUR Int. 1992, 707, 713; *v. Münchhausen* 33). Von der Meistbegünstigung sind die Vorteile ausgenommen, die sich auf in dem Übereinkommen nicht geregelte Rechte der Sendeunternehmen beziehen. **10**

c) **Mindestrechte.** Art. 14 Abs. 3 TRIPs gewährt den Sendeunternehmen Verbotsrechte gegen die Festlegung, die Vervielfältigung von Festlegungen und die drahtlose Weitersendung von Funksendungen sowie die öffentliche Wiedergabe von Festlegungen solcher Funksendungen. Die Regelung stimmt weitgehend mit Art. 13 RA überein (*Katzenberger* GRUR Int. 1995, 447, 468). Nach Art. 14 Abs. 3 S. 2 TRIPs besteht keine Verpflichtung der Mitgliedstaaten, überhaupt Rechte für Sendeunternehmen im nationalen Recht zu regeln, sofern die genannten Rechte dem Urheber zustehen. Es handelt sich also lediglich um ein fakultatives Schutzrecht (*Dreier/Schulze/Dreier* § 127 Rn. 9; *Katzenberger* GRUR Int. 1995, 447, 468; *v. Münchhausen* 34). **11**

3. Straßburger Fernseh-Abkommen

Das Straßburger Fernseh-Abkommen (Europäisches Abkommen zum Schutz von Fernsehsendungen) v. 22.6.1960 (abgedr. in der dtv-Textausgabe UrhR Nr. 36) ist für die Bundesrepublik Deutschland am 9.10.1967 in Kraft getreten und hat heute kaum noch Bedeutung. Dies liegt vor allem daran, dass nach Art. 13 Abs. 2 SFA v. 1.1.1990 an kein Staat Vertragspartei bleiben oder werden kann, der nicht Vertragspartei des Rom-Abkommens ist (vgl. *Schack* Rn. 867). Art. 1 SFA geht teilweise über Art. 13 Rom-Abkommen hinaus **12**

(*Nordemann/Vinck/Hertin* SFA Vorbem. Rn. 3). Außerdem gehören alle Vertragsstaaten des SFA der EU oder dem EWR an, so dass diese ohnehin auf Grund des Diskriminierungsverbotes Inländerbehandlung genießen (Dreier/Schulze/*Dreier* § 127 Rn. 8).

13 a) **Anwendungsbereich.** Nach Art. 1 SFA werden Sendeunternehmen geschützt, die im Hoheitsgebiet einer Vertragspartei nach deren Rechtsvorschriften errichtet sind oder in diesem Hoheitsgebiet Sendungen durchführen. Es muss also entweder ein rechtlicher Bezugspunkt (Gründung der juristischen Person) oder ein faktischer (Ort der Sendung) vorliegen (*Nordemann/Vinck/Hertin* Art. 1 SFA Rn. 1).

14 b) **Inländerbehandlung.** Nach Art. 1 Nr. 2 SFA genießen die genannten Sendeunternehmen im Hoheitsgebiet jeder anderen Vertragspartei den gleichen Schutz, den diese Partei Sendeunternehmen gewährt, die nach ihren Rechtsvorschriften in ihrem Hoheitsgebiet errichtet sind oder dort Sendungen durchführen, sofern dieser Schutz über die in Nr. 1 gewährten Mindestrechte hinausgeht. Aufgrund des weiten Umfangs der Mindestrechte erlangt der Inländerbehandlungsgrundsatz nur selten Bedeutung (*Nordemann/Vinck/Hertin* Art. 1 SFA Rn. 3).

15 c) **Mindestrechte.** Art. 1 Abs. 1 SFA schützt das Sendeunternehmen vor der Weitersendung, der öffentlichen Drahtfunkübertragung, der öffentlichen Wiedergabe, der Festlegung der Sendung oder ihrer Einzelbilder sowie der Vervielfältigung einer solchen Festlegung (*v. Münchhausen* 48). Sofern das Sendeunternehmen den öffentlichen Verkauf der Festlegung nicht gestattet hat, sind auch die Weitersendung, die Drahtfunkübertragung und die öffentliche Wiedergabe mittels einer solchen Festlegung dem Sendeunternehmen vorbehalten. Die Bundesrepublik Deutschland hat von der Möglichkeit nach Art. 10 SFA Gebrauch gemacht und Vorbehalte erklärt (Art. 3 Abs. 2 des Zustimmungsgesetzes v. 15.9.1965; dtv-Textausgabe UrhR Nr. 37). Danach hängt der Schutz vor Festlegung von Einzelbildern von der Gegenseitigkeit ab.

4. Brüsseler Satelliten-Übereinkommen

16 Das Brüsseler Satelliten-Übereinkommen (SatÜ; Übereinkommen über die Verbreitung der durch Satelliten übertragenen programmtragenden Signale) v. 21.5.1974 (abgedr. in der dtv-Textausgabe UrhR Nr. 34) ist für Deutschland am 15.8.1979 in Kraft getreten. Dem SatÜ gehören derzeit (Stand: 29.11.2013) 35 Staaten an (der aktuelle Stand der Mitgliedstaaten kann im Internet unter http://www.wipo.int/treaties/en/ip/brussels/ abgerufen werden). Die Vorschriften anderer internationaler Übereinkünfte bleiben nach Art. 6 SatÜ unberührt.

17 a) **Anwendungsbereich.** Das Übereinkommen schützt nach Art. 2 Abs. 1 S. 2 SatÜ Sendeunternehmen aus anderen Vertragsstaaten. Schutzgegenstand sind die programmtragenden Signale. Art. 3 SatÜ nimmt Signale vom Schutz aus, die dazu bestimmt sind, von der Allgemeinheit unmittelbar vom Satelliten empfangen zu werden. Auf **Direktsatelliten** findet das Übereinkommen also keine Anwendung (Möhring/Nicolini/*Hartmann* Vor §§ 120 ff. Rn. 98; v. Münchhausen 53). Das Übereinkommen hat nach Art. 5 SatÜ keine Rückwirkung.

18 b) **Mindestrechte.** Nach Art. 2 Abs. 1 SatÜ verpflichtet sich jeder Vertragsstaat, angemessene Maßnahmen zu treffen, um die Verbreitung von programmtragenden Signalen durch nicht autorisierte Verbreiter zu verhindern. Art. 2 des Zustimmungsgesetzes v. 14.2.1979 (BGBl. II S. 113; abgedr. in der dtv-Textausgabe UrhR Nr. 35) setzt die völkerrechtlichen Verpflichtungen aus dem Übereinkommen um, indem es den Sendeunternehmen ausschließliche Rechte gewährt (Möhring/Nicolini/*Hartmann* Vor §§ 120 ff. Rn. 98). Nach Art. 2 Abs. 1 S. 1 des Zustimmungsgesetzes haben Sendeunternehmen mit Sitz in einem Vertragsstaat des Übereinkommens das ausschließliche Recht, Sendungen weiterzusenden, die zur Ausstrahlung an die Allgemeinheit oder einen Teil der Allgemeinheit bestimmt sind und die sie über Satelliten an andere Sendeunternehmen übertragen (vgl. Schricker/Loewenheim/*Katzenberger* Vor §§ 120 ff. Rn. 98). Art. 2 Abs. 3 des Zustimmungsgesetzes schränkt dieses Recht in Übereinstimmung mit Art. 4 SatÜ bei Berichterstattungen über Tagesfragen und bei Zitaten ein.

5. Europäische Konvention zum Satellitenrundfunk

Die Europäische Konvention zum Satellitenrundfunk (Europäische Konvention über urheber- und leistungsschutzrechtliche Fragen im Bereich des grenzüberschreitenden Satellitenrundfunks) v. 11.5.1994 ist von Deutschland noch nicht ratifiziert worden (Möhring/Nicolini/*Hartmann* Vor §§ 120 ff. Rn. 115). Art. 5 der Konvention verweist für den Schutz der Sendeunternehmen auf das Rom-Abkommen. 19

6. Geplanter WIPO Broadcasting Treaty

Die WIPO-Generalversammlung hatte am 3.10.2006 beschlossen, im November/ Dezember 2007 eine Diplomatische Konferenz nach Genf einzuberufen (vgl. *v. Lewinski* Rn. 19.01 ff.; *Asbell* Cardozo Arts & Entertainment Law Journal, 2006, 349; *Hillig* GRUR Int. 2007, 122; *Hoeren* MMR 2008, 139, 142). Dort sollte dann ein Abkommen zum Schutz der Sendeunternehmen abgeschlossen werden. Der Entwurf ist auf der Internetseite der WIPO abrufbar (www.wipo.int). Im Juni 2007 wurden die Verhandlungen allerdings aufgrund von Differenzen zwischen den Mitgliedstaaten vorerst abgebrochen. 20

V. Bekanntmachung (Abs. 3 S. 2)

Inlandschutz kann nach §§ 127 Abs. 3 S. 2, 121 auch durch Gegenseitigkeit begründet werden, soweit keine Staatsverträge bestehen. Voraussetzung ist allerdings eine Bekanntmachung des Bundesjustizministers. Von dieser Möglichkeit wurde bislang kein Gebrauch gemacht (Dreier/Schulze/*Dreier* § 127 Rn. 11; Schricker/Loewenheim/*Katzenberger* § 127 Rn. 7). 21

§ 127a Schutz des Datenbankherstellers

(1) **Den nach § 87b gewährten Schutz genießen deutsche Staatsangehörige sowie juristische Personen mit Sitz im Geltungsbereich dieses Gesetzes. § 120 Abs. 2 ist anzuwenden.**

(2) **Die nach deutschem Recht oder dem Recht eines der in § 120 Abs. 2 Nr. 2 bezeichneten Staaten gegründeten juristischen Personen ohne Sitz im Geltungsbereich dieses Gesetzes genießen den nach § 87b gewährten Schutz, wenn**

1. **ihre Hauptverwaltung oder Hauptniederlassung sich im Gebiet eines der in § 120 Abs. 2 Nr. 2 bezeichneten Staaten befindet oder**
2. **ihr satzungsmäßiger Sitz sich im Gebiet eines dieser Staaten befindet und ihre Tätigkeit eine tatsächliche Verbindung zur deutschen Wirtschaft oder zur Wirtschaft eines dieser Staaten aufweist.**

(3) **Im übrigen genießen ausländische Staatsangehörige sowie juristische Personen den Schutz nach dem Inhalt von Staatsverträgen sowie von Vereinbarungen, die die Europäische Gemeinschaft mit dritten Staaten schließt; diese Vereinbarungen werden vom Bundesministerium der Justiz im Bundesgesetzblatt bekanntgemacht.**

§ 127a Schutz des Datenbankherstellers

Literatur: *Gaster,* Der Rechtsschutz von Datenbanken, Kommentar zur Richtlinie 96/9/EG mit Erläuterungen zur Umsetzung in das deutsche und österreichische Recht, Köln u.a. 1998; *Große Ruse-Khan,* Gegenseitigkeit bei Immaterialgüterrechten gegenüber internationalem Handelsrecht. Zum Rechtsschutz amerikanischer Datenbankhersteller in der EU, UFITA 2004, 859; *Grützmacher,* Urheber-, Leistungs- und Sui-generis-Schutz von Datenbanken, Baden-Baden 1999; *Hohagen,* WIPO-Sitzung zum zukünftigen internationalen Schutz von Datenbanken, GRUR Int. 1998, 54; *Hornung,* Die EU-Datenbank-Richtlinie und ihre Umsetzung in das deutsche Recht, Baden-Baden 1998; *v. Lewinski* International Copyright Law and Policy, Oxford, 2008; *Roßnagel,* Recht der Multimedia-Dienste, Teil 10 Urheberrecht, München 2000 (zit. *Bearbeiter* in: Roßnagel); *Westkamp,* Der Schutz von Datenbanken und Informationssammlungen im britischen und deutschen Recht, München 2003.

Vgl. darüber hinaus die Angaben im eingangs abgedr. Gesamtliteraturverzeichnis.

Übersicht

	Rn.
I. Bedeutung der Vorschrift	1
II. Natürliche Personen (Abs. 1)	2
III. Juristische Person mit Sitz im Inland (Abs. 1)	3
IV. Juristische Person ohne Sitz im Inland (Abs. 2)	4, 5
1. Gründung nach dem Recht eines EU- oder EWR-Staates	4
2. Gründung nach dem Recht eines Drittstaates	5
V. Staatsverträge (Abs. 3)	6

I. Bedeutung der Vorschrift

1 Die Bestimmung zum Schutz des **Datenbankherstellers** ist durch Art. 7 IuKDG (**Informations- und Kommunikationsdienstegesetz v. 22.7.1997**) eingeführt worden und am 1.1.1998 in Kraft getreten. Sie beruht auf Art. 11 der europäischen **Datenbank-Richtlinie** (s. Einl. Rn. 21).

II. Natürliche Personen (Abs. 1)

2 Bei den natürlichen Personen ist die **Staatsangehörigkeit des Herstellers** entscheidend. Nach § 127a Abs. 1 S. 1 genießen deutsche Staatsangehörige den nach § 87b gewährten Schutz. §§ 127a Abs. 1 S. 2, 120 Abs. 2 stellen Staatsangehörige der anderen EU- und EWR-Staaten den Deutschen gleich. Für Staatenlose und Flüchtlinge wurde eine analoge Anwendung des § 127a Abs. 1 vorgeschlagen. Eine vergleichbare Interessenlage lässt sich indes nicht feststellen, da das Sui-generis-Recht des Datenbankherstellers dem Werkschutz des Urheberrechts nicht ähnlich ist. Eine analoge Anwendung scheidet somit aus (Möhring/Nicolini/*Decker* § 127a Rn. 2). Nach Art. 11 Abs. 1 der Datenbank-Richtlinie reicht auch der gewöhnliche Aufenthalt in der EU aus (*Hornung* 102). Eine solche Regelung fehlt allerdings in § 127a (*v. Lewinski* in: Roßnagel § 127a Rn. 10). § 127a muss insofern richtlinienkonform ausgelegt werden, so dass auch der gewöhnliche Aufenthalt in der EU ausreicht.

III. Juristische Personen mit Sitz im Inland (Abs. 1)

3 Nach § 127a Abs. 1 S. 1 genießen juristische Personen mit Sitz in Deutschland den nach § 87b gewährten Schutz (näher Vor §§ 87a ff. Rn. 39 ff.). Die Regelungen für juristische Personen sind auf die Gesellschaft bürgerlichen Rechts anzuwenden (*v. Lewinski* in: Roßnagel § 127a Rn. 11).

IV. Juristische Personen ohne Sitz im Inland (Abs. 2)

1. Gründung nach dem Recht eines EU- oder EWR-Staates

Die juristischen Personen ohne Sitz in Deutschland genießen nur Schutz, wenn sie **nach** **4** **deutschem Recht oder dem Recht eines EU- oder EWR-Staates gegründet** wurden und zusätzlich die Voraussetzung des § 127 Abs. 2 Nr. 1 oder Nr. 2 erfüllen (*v. Lewinski* in: Roßnagel § 127a UrhG Rn. 12). Nach § 127a Abs. 2 Nr. 1 werden Datenbankhersteller geschützt, die ihre **Hauptniederlassung oder Hauptverwaltung** in der EU bzw. im EWR haben. Die Hauptverwaltung ist der Ort, an dem die unternehmerische Leitung erfolgt; Hauptniederlassung ist der Geschäftsschwerpunkt, an dem sich die personellen und die Sachmittel konzentrieren (*Gaster* Rn. 673). § 127a Abs. 2 Nr. 2 fordert bei einem nur **satzungsmäßigen Sitz in der EU bzw. im EWR** zusätzlich eine **tatsächliche Verbindung zur Wirtschaft.** In den Genuss des Schutzrechts sollen nur solche Datenbankhersteller kommen, die auch tatsächlich im Gebiet der EU tätig sind (*Hornung* 201; *Grützmacher* 403). § 127a Abs. 1 fordert im Gegensatz zu § 127a Abs. 2 Nr. 2 bei einem Sitz in Deutschland keine solche Verbindung. Hieraus wird teilweise ein Verstoß gegen Art. 18 AEUV gefolgert. Durch Art. 11 Abs. 2 der Datenbank-Richtlinie ist eine solche Ungleichbehandlung nicht vorgegeben. Für den Schutz nach Art. 11 Abs. 2 Datenbank-Richtlinie reicht es grds. aus, dass das Unternehmen nach dem Recht eines Mitgliedstaates gegründet wurde und seinen Sitz in der EU hat. Nur wenn allein der satzungsmäßige Sitz in der EU liegt, muss eine tatsächliche ständige Verbindung zur Wirtschaft eines Mitgliedstaates vorliegen (vgl. *Gaster* Rn. 670). Indem der Deutsche Gesetzgeber dieses zusätzliche Kriterium für juristische Personen mit Sitz in Deutschland nicht fordert, können juristische Personen mit satzungsgemäßem Sitz in Deutschland in Ausnahmefällen privilegiert sein.

2. Gründung nach dem Recht eines Drittstaates

Juristische Personen, die nicht nach deutschem Recht oder dem Recht eines EU- oder **5** EWR-Staates gegründet wurden, genießen **grds. keinen Schutz.** Auch die Veröffentlichung im Inland oder in der EU begründet keinen Schutz (*Gaster* Rn. 683). Grund hierfür ist das Reziprozitätserfordernis in Art. 11 Abs. 3 der Datenbank-Richtlinie (vgl. *Gaster* Rn. 684 ff.; *Hornung* 104 ff.).

V. Staatsverträge (Abs. 3)

Staatsverträge über das Leistungsschutzrecht des Datenbankherstellers bestehen nicht **6** (*Schricker/Loewenheim/Katzenberger* § 127a Rn. 6; zu den Plänen der WIPO *v. Lewinski* Rn. 22.01; *Gaster* Rn. 710; *Hornung* 108 f.). Die damit einhergehende Benachteiligung ausländischer Datenbankhersteller ist aus Sicht des WTO-Rechts nicht angreifbar (eingehend *Grosse Ruse-Khan* UFITA 2004, 859, 883 ff.). Unabhängig davon können Datenbanken ausländischer Hersteller auch nach §§ 3, 4 Nr. 9 UWG geschützt sein. Art. 2 Abs. 1 PVÜ (Pariser Verbandsübereinkunft zum Schutz des gewerblichen Eigentums v. 20.3.1883) enthält den Inländerbehandlungsgrundsatz, der sich gem. Art. 1 Abs. 2 PVÜ auch auf das Recht gegen unlauteren Wettbewerb bezieht. Dem in Art. 10bis PVÜ kodifizierten Mindestschutz kommt darüber hinausgehende Bedeutung nur zu, wenn der Schutz weiter reicht als der Schutz nach dem UWG. Ein wettbewerbsrechtlicher Schutz der Investition ist nicht schon deshalb ausgeschlossen, weil sich ein Inländer auf § 127a UrhG berufen könnte. Bei Hinzutreten weiterer unlauterkeitsbegründender Umstände kommt ein wettbewerbsrechtlicher Schutz in Betracht (*Westkamp* 443 ff.; *Große Ruse-Khan* UFITA 2004, 859, 881).

§ 128 Schutz des Filmherstellers

(1) Den nach den §§ 94 und 95 gewährten Schutz genießen deutsche Staatsangehörige oder Unternehmen mit Sitz im Geltungsbereich dieses Gesetzes für alle ihre Bildträger oder Bild- und Tonträger, gleichviel, ob und wo diese erschienen sind. § 120 Abs. 2 und § 126 Abs. 1 Satz 3 sind anzuwenden.

(2) Für ausländische Staatsangehörige oder Unternehmen ohne Sitz im Geltungsbereich dieses Gesetzes gelten die Bestimmungen in § 126 Abs. 2 und 3 entsprechend.

Literatur: *Bernard,* The Proposed New WIPO Treaty for Increased Protection for Audiovisual Performers: Its Provisions and Its Domestic and International Implications, Fordham Intellectual Property, Media & Entertainment Law Jounal 2002 (Band 12), 1089; *Hertin,* Wo bleibt der internationale Leistungsschutz für Filme?, ZUM 1990, 442; *v. Lewinski,* The WIPO Diplomatic Conference on Audiovisual Performances: A First Resume, EIPR 2001, 333; *v. Lewinski,* Die Diplomatische Konferenz der WIPO 2000 zum Schutz der audiovisuellen Darbietungen, GRUR Int. 2001, 529; *v. Lewinski* International Copyright Law and Policy, Oxford, 2008; *v. Lewinski,* Der Vertrag von Peking zum Schutz audiovisueller Darbietungen, GRUR Int. 2013, 12; *Loef/Verweyen,* „One more night" – Überlegungen zum abgeleiteten fremdenrechtlichen Filmherstellerschutz, ZUM 2007, 706; *Morgan,* The Problem of the International Protection of Audiovisual Performances, IIC 2002, 810; *Radmann,* Urheberrechtliche Fragen der Filmsynchronisation, Berlin 2003; *Schack,* Der Vergütungsanspruch der in- und ausländischen Filmhersteller aus § 54 UrhG, ZUM 1989, 267; *Ulmer-Eilfort,* US-Filmproduzenten und deutsche Vergütungsansprüche, Baden-Baden 1993; *v. Welser,* Vertrag zum Schutz audiovisueller Darbietungen unterzeichnet, GRUR-Prax 2012, 345; *Würtenberger,* Der Schutz der Filmurheber und Filmhersteller im französischen und europäischen Recht, Berlin 1999.

Vgl. darüber hinaus die Angaben im eingangs abgedr. Gesamtliteraturverzeichnis.

Übersicht

	Rn.
I. Bedeutung der Vorschrift	1
II. Deutsche Staatsangehörige und gleichgestellte Personen (Abs. 1)	2
III. Inländische und gleichgestellte Unternehmen (Abs. 1)	3
IV. Erstes Erscheinen im Inland (Abs. 2)	4
V. Staatenlose und Flüchtlinge (Abs. 2)	5
VI. Staatsverträge (Abs. 2)	6
1. Kein Staatsvertrag über Filmherstellerrechte	7
2. WIPO-Vertrag zum Schutz audiovisueller Darbietungen	9

I. Bedeutung der Vorschrift

1 Die Vorschrift regelt den fremdenrechtlichen Leistungsschutz des **Filmherstellers.** Filmhersteller können neben natürlichen auch juristische Personen sein, da keine schöpferische, sondern eine wirtschaftlich-organisatorische Leistung erforderlich ist. Maßgeblich ist, wem die Tätigkeiten zuzurechnen sind und wer die wirtschaftliche Verantwortung trägt (OLG Hamburg GRUR-RR 2010, 409, 411 – Konzertfilm). Der Schutz des Filmherstellers orientiert sich an der Regelung für Tonträgerhersteller nach § 126. Bei natürlichen Personen ist die Staatsangehörigkeit entscheidend. Für Unternehmen ist der Sitz maßgeblich.

II. Deutsche Staatsangehörige und gleichgestellte Personen (Abs. 1)

2 Nach § 128 Abs. 1 S. 1 genießen deutsche Staatsangehörige den nach §§ 94 und 95 gewährten Schutz. § 128 Abs. 1 S. 2 i. V. m. § 120 Abs. 2 stellt Staatsangehörige der anderen EU- und EWR-Staaten den Deutschen gleich. Für juristische Personen relevant ist die Verweisung auf § 126 Abs. 1 Satz 3, der Unternehmen mit Sitz in EU-Mitgliedstaat oder

in einem anderen EWR-Vertragsstaat Unternehmen mit Sitz im Geltungsbereich des UrhG gleichstellt (OLG Hamburg GRUR-RR 2010, 409, 411 f. – Konzertfilm). Da § 128 Abs. 1 S. 2 nicht auf § 120 Abs. 1 verweist, gelten die Regeln für Miturheber nicht entsprechend (*Hertin* ZUM 1990, 442, 444; dagegen Möhring/Nicolini/*Hartmann* § 128 Rn. 3). Bei **internationalen Koproduktionen** wird ein ausländischer Filmhersteller nicht schon deswegen geschützt, weil auch ein deutscher Filmproduzent beteiligt ist. Hieraus wird gefolgert, dass der deutsche Koproduzent das Leistungsschutzrecht nach § 128 Abs. 1 UrhG stets allein beanspruchen kann (*Hertin* ZUM 1990, 442, 444). Dieser Schluss ist indes nicht zwingend. Erscheint der Film zuerst im Inland, so kann sich der ausländische Koproduzent auf den Schutz nach §§ 128 Abs. 1 S. 2, 120 Abs. 2 berufen.

III. Inländische und gleichgestellte Unternehmen (Abs. 1)

Unternehmen werden nach § 128 Abs. 1 S. 1 geschützt, wenn sie ihren Sitz im Inland haben. Unternehmen mit Sitz in einem Mitgliedstaat der EU oder in einem Vertragsstaat des EWR werden nach §§ 128 Abs. 1 S. 2, 126 Abs. 1 S. 3 gleichgestellt (OLG Hamburg GRUR-RR 2010, 409, 411 – Konzertfilm). Auch hier wird ein ausländisches Unternehmen bei internationalen Koproduktionen nur geschützt, wenn der Film zuerst im Inland erscheint (vgl. Rn. 2).

IV. Erstes Erscheinen im Inland (Abs. 2)

Für Filme, die im Inland zuerst oder innerhalb von 30 Tagen nach dem ersten Erscheinen im Ausland erscheinen, besteht nach §§ 128 Abs. 2, 126 Abs. 2 unabhängig von Sitz und Staatsangehörigkeit Schutz. Bei ausländischen Filmen wird ein Schutz der Originalfassung aufgrund der zeitraubenden Synchronisation häufig ausscheiden (*Ulmer-Eilfort* 94). Die Kosten für eine Synchronisation werden häufig erst aufgewandt, wenn sich die Ursprungsfassung an der Kinokasse bewährt hat (*Hertin* ZUM 1990, 442, 444).

V. Staatenlose und Flüchtlinge (Abs. 2)

Der Schutz für Staatenlose und Flüchtlinge richtet sich nach §§ 128 Abs. 2, 126 Abs. 3 S. 2, 122, 123. Der Schutz entspricht der Rechtslage der Tonträgerhersteller.

VI. Staatsverträge (Abs. 2)

Zwar bestehen keine Staatsverträge, welche das Filmherstellerrecht regeln. Ein abgeleiteter Schutz kann sich allerdings aus dem WIPO-Vertrag zum Schutz audiovisueller Darbietungen (WAPT) ergeben.

1. Kein Staatsvertrag über Filmherstellerrechte

Staatsverträge über das Leistungsschutzrecht des Filmherstellers bestehen nicht (Dreier/Schulze/*Dreier* § 128 Rn. 5; *Radmann* 111; *Hertin* ZUM 1990, 442, 444; *Schack* ZUM 1989, 267, 282 f.). Der Schutz der Revidierten Berner Übereinkunft (RBÜ) kommt Laufbildern nicht zugute (OLG Frankfurt GRUR Int. 1993, 171, 172 – Parodius; *Schack* Rn. 829; Möhring/Nicolini/*Hartmann* § 128 Rn. 14; dagegen OLG Hamburg GRUR 1990, 127, 128 – Super Mario III).

2. WIPO-Vertrag zum Schutz audiovisueller Darbietungen

8 Ein abgeleiteter Schutz kann sich aber aus dem WIPO-Vertrag zum Schutz audiovisueller Darbietungen (WAPT) ergeben, der am 26. Juni 2012 unterzeichnet wurde (ausführlich hierzu § 125 Rn. 43–47). Einer der Hauptstreitpunkte bei den Verhandlungen war das Verhältnis der Künstler zu den Filmherstellern. Insbesondere die Vereinigten Staaten wollten diese Frage nicht der Regelungsbefugnis der Vertragstaaten überlassen, sondern im Abkommen selbst festlegen, dass die Rechte der ausübenden Künstler auf den Filmhersteller übergehen (*v. Lewinski* Rn. 18.19; *Morgan* IIC 2002, 810 ff.; *Bernard* Fordham Intellectual Property, Media & Entertainment Law Journal 2002, 1089 ff.). Eine solche starre Regelung sieht der WAPT nun nicht vor (zum Verhältnis von Urheber zum Filmhersteller vgl. EuGH GRUR 2012, 489 – Luksan). Vielmehr lässt Art. 12 Abs. 1 WAPT den Vertragstaaten die Möglichkeit, die Frage wie mit den Verwertungsrechten aus Art. 7–11 WAPT nach der mit Zustimmung des ausübenden Künstlers erfolgten Erstfixierung zu verfahren ist, eigenständig zu regeln (*v. Welser* GRUR-Prax 2012, 345, 346). Die Vertragstaaten können dabei eine originäre Rechtsinhaberschaft des Filmproduzenten ebenso wie einen Rechtsübergang oder eine Ausübungsermächtigung regeln. Abweichende Vereinbarungen müssen aber zulässig sein, wobei Art. 12 Abs. 2 WAPT den Vertragstaaten erlaubt, für solche ein Schriftformerfordernis vorzusehen. Art. 12 WAPT überlässt den Vertragstaaten nun nicht nur die Ausgestaltung des materiellen Rechts, sondern auch die kollisionsrechtliche Anknüpfung. Geht es beispielsweise um Schauspielerrechte an einer US-Produktion in Deutschland, so ist absehbar, dass deutsche Gerichte nach dem Schutzlandprinzip deutsches Recht und damit § 92 UrhG anwenden werden. Anders als die USA beurteilen deutsche Gerichte die Frage der ersten Inhaberschaft nicht nach dem Recht des Ursprungsland als des Landes mit der engsten Verbindung zum Sachverhalt (US Court of Appeals GRUR Int. 1999, 639 – Itar-Tass), sondern nach dem Recht des Schutzlandes. Eine Anwendung US-Rechts nach der Einheitstheorie (vgl. OLG Köln ZUM 2011, 574, 575 – Hotelfotos; OLG Frankfurt, Urteil vom 11.11.2003, Az. 11 U 55/02 – Cassina; eingehend vor §§ 120 ff. Rn. 22), die das Vertragsstatut auch über die Verfügung entscheiden lassen will, scheidet ebenfalls aus. Denn die für US-Filmproduktion geltende work-made-for-hire Regelung in § 101 Copyright Act 1976, welche die Rechte dem Filmhersteller zuweist, betrifft keine vertragliche Rechtsübertragung oder gesetzliche Lizenz, sondern die originäre Entstehung des Rechts (*v. Welser* GRUR-Prax 2012, 345, 347).

Abschnitt 2. Übergangsbestimmungen

Vorbemerkung Vor §§ 129 ff.

1 Ursprünglich regelten die §§ 129 bis 141 den Übergang vom Rechtszustand gem. LUG und KUG (sowie den übrigen in § 141 aufgezählten Normen) zum neu in Kraft getretenen UrhG. Die **Grundregel** ist in § 129 Abs. 1 niedergelegt, wonach das neue Gesetz auf alle schutzfähigen Werke oder Leistungen anzuwenden ist, für die ein Schutz nach den alten Vorschriften noch nicht erloschen ist. Dies war eine unmittelbare Konsequenz aus der Aufhebung des bisherigen Rechts (§ 141). Beabsichtigt war also, **kein Nebeneinander zweier Rechtsordnungen** entstehen zu lassen. Entsprechend regeln die §§ 129 Abs. 2 bis 137 Vertrauensschutztatbestände oder Zweifelsfälle, die sich aus der unmittelbaren Anwendung des neuen Rechts ergeben könnten. So ist das neue Recht auf alte Verträge grds. nicht anzuwenden (§ 132 a.F.; dieser entspricht Abs. 1 u. 2 der n.F.) und nach altem Recht zulässige, jedoch nach neuem Recht unzulässige Nutzungshandlungen dürfen vollendet werden (§ 136).

Klarstellenden Charakter besitzen die §§ 134 (wer ist Urheber?), 135 (wer ist Leistungsschutzberechtigter?) und 137 (wer ist Inhaber von Nutzungsrechten?). Die §§ 130 und 131 betreffen Spezialfragen und haben keine praktische Bedeutung mehr. Von hoher struktureller Bedeutung sind damit die §§ 129 Abs. 1, 132, 136 und 137. Nach ihrem Vorbild wurden die Übergangsvorschriften gestaltet, die nach Inkrafttreten des Urheberrechtsgesetzes erforderlich wurden. Dabei sind die späteren Übergangsbestimmungen grundsätzlich leges speciales, die in ihrem Regelungsbereich an die Stelle der jeweiligen älteren Vorschriften treten.

§ 129 Werke

(1) Die Vorschriften dieses Gesetzes sind auch auf die vor seinem Inkrafttreten geschaffenen Werke anzuwenden, es sei denn, daß sie zu diesem Zeitpunkt urheberrechtlich nicht geschützt sind oder daß in diesem Gesetz sonst etwas anderes bestimmt ist. Dies gilt für verwandte Schutzrechte entsprechend.

(2) Die Dauer des Urheberrechts an einem Werk, das nach Ablauf von fünfzig Jahren nach dem Tode des Urhebers, aber vor dem Inkrafttreten dieses Gesetzes veröffentlicht worden ist, richtet sich nach den bisherigen Vorschriften.

Literatur: *Hundt-Neumann/Schaefer,* Elvis lebt! Zur „Elvis Presley"-Entscheidung des Hanseatischen Oberlandesgerichts und zum Aufsatz von Nordemann „Altaufnahmen aus den USA und das deutsche Urheberrecht", GRUR Int. 1995, 381, 383; *Nordemann,* Altaufnahmen aus den USA und das deutsche Urheberrecht, in: Becker u. a. (Hrsg.), Wanderer zwischen Musik, Politik und Recht, Festschrift für R. Kreile, Baden-Baden 1994, 455 (zit. *Nordemann* FS Kreile); *Ulmer,* Zur Schutzdauer ausländischer Werke in der Bundesrepublik Deutschland und Österreich, GRUR Int. 1983, 109.
Vgl. darüber hinaus die Angaben im eingangs abgedr. Gesamtliteraturverzeichnis.

Übersicht

	Rn.
I. Zu Abs. 1: Anwendbarkeit des Gesetzes auf bestehende Werke und Leistungen	1–5
1. Zu S. 1: Werke	1–3
2. Zu S. 2: Verwandte Schutzrechte	4, 5
3. Besonderheit durch die Rechtsprechung des EuGH	5a
II. Zu Abs. 2	6

I. Zu Abs. 1: Anwendbarkeit des Gesetzes auf bestehende Werke und Leistungen

1. Zu S. 1: Werke

Die Vorschrift ist unproblematisch, wenn für ein Werk nach altem Recht ein Schutz in Deutschland bereits begründet war. Auslegungsschwierigkeiten entstehen angesichts der Bestimmung: „... es sei denn, dass sie zu diesem Zeitpunkt urheberrechtlich nicht geschützt sind ...", wenn ein Werk an sich **schutzfähig** wäre, jedoch im konkreten Fall noch keinen Schutz begründen konnte, was vor allem **bei Sachverhalten mit fremdenrechtlichem Bezug** (gem. § 121 sowie den ergänzenden Regeln der Staatsverträge) vorkommen kann.

Es wäre schon logisch verfehlt, die von den Regeln des Fremdenrechts des UrhG ausdrücklich vorgesehene nachträgliche (d. h. vom Zeitpunkt der Schaffung des Werks unabhängige) Schutzbegründung davon abhängig machen zu wollen, dass das erst noch zu schützende Werk schon vor 1966 Inlandsschutz begründet hatte. Es kann allenfalls darauf ankommen, ob eine solche Rechtsbegründung noch möglich gewesen wäre, ob also noch eine „Chance" (hierzu *Ulmer* GRUR Int. 1983, 109, 110; ebenso Schricker/*Katzenberger*

§ 121 Rn. 3 a. E., 12) bestand, den Schutz z. B. durch Ersterscheinenlassen im Inland zu erlangen. Vergleichbar ist diese Möglichkeit, die ‚Rechtschance' durch einseitige Handlung zum ‚Vollrecht' erstarken zu lassen, mit einem Anwartschaftsrecht. **„Nicht geschützt" i. S. d. § 129 Abs. 1 UrhG bedeutet also lediglich „nicht (mehr) schutzfähig"** und fordert nicht etwa, dass bereits beim Inkrafttreten des UrhG ein Vollrecht zugunsten des Berechtigten entstanden gewesen wäre.

3   Da das Recht des Urhebers mit der Schaffung des Werkes entsteht, bedeutet dies zugleich, dass § 129 Abs. 1 S. 1 (mit dem Begriff „geschaffene Werke") nur einen anderen Ausdruck für denselben Anknüpfungstatbestand verwendet wie § 135a (mit dem Begriff „entstandene Rechte"). Das Gesetz drückt damit aus, dass mit Schaffung des Werkes ein Recht objektiv entsteht, so dass nur noch geklärt werden muss, ob sich der Urheber im Inland auf diesen Schutz berufen kann. Bei einem noch nicht erschienenen Werk eines ausländischen Urhebers ist also (jenseits etwaigen Konventionsschutzes) das Recht zwar entstanden, jedoch für den Urheber bis zum Ersterscheinen in der Bundesrepublik noch nicht geschützt. Indem er das Werk gem. § 121 Abs. 2 ersterscheinen lässt, begründet er für sich Schutz an dem bereits zuvor entstandenen Recht (i. d. S. *v. Gamm* § 120 Rn. 5; BGH GRUR 55, 492, 496 – Grundig Reporter). Weil mit der Schaffung des Werks das Recht entsteht, sind insb. auch alle Fristen für Urheber gem. §§ 135a, 64 zu berechnen.

Bei Sammelwerken aus der Zeit vor Inkrafttreten des UrhG kann der Herausgeber nach § 4 S. 1 LUG als Urheber gelten (OLG München GRUR-RR 2010, 157 – Zeitungszeugen II).

2. Zu S. 2: Verwandte Schutzrechte

4   Inwieweit die gerade dargestellte Argumentation auf verwandte Schutzrechte übertragbar ist, hängt gem. § 129 Abs. 1 S. 2 entscheidend davon ab, **was dem Begriff des „geschaffenen Werks" i. S. d. § 129 Abs. 1 S. 1 bei den jeweiligen verwandten Schutzrechten „entspricht".** Diese Frage hat im Bereich der Künstlerrechte (§§ 73 ff., 125) bei der Auswertung von Tonträger-Archivaufnahmen eine bedeutende Rolle gespielt (OLG Hamburg ZUM 1995, 334, 335 – Elvis Presley).

5   Bei Darbietungen ausübender Künstler **entspricht dem „geschaffenen Werk" die Erstfixierung der Darbietung** (auf einer ‚Vorrichtung' i. S. d. § 2 Abs. 2 LUG), und zwar unabhängig von der Staatsangehörigkeit des Künstlers (wie hier: OLG Hamburg ZUM 1995, 334, 335 – Elvis Presley; zu den Einzelheiten: *Hundt-Neumann/Schaefer* GRUR Int. 1995, 381, 383; a. A. *Nordemann* FS Kreile 461). Auch § 55 LUG, der den heutigen Fremdenrechtsbestimmungen der §§ 121 ff. entsprach, setzte nämlich voraus, dass das Recht als solches bereits entstanden war. Und so wie § 55 LUG das Merkmal des „Erscheinens" bei Urhebern dem Begriff der „Vervielfältigung der Vorrichtung" beim Quasi-Bearbeiterschutz des Künstlers (§ 2 Abs. 2 LUG) gleichsetzte, stellte § 2 Abs. 2 LUG die „auf diese Weise hergestellte Vorrichtung" einer „Bearbeitung des Werkes" gleich, also der Schaffung eines Werkes (nämlich der Bearbeitung).

3. Besonderheit durch die Rechtsprechung des EuGH

5a   Der EuGH hat auf Basis der revidierten EU Schutzfristenrichtlinie (RL 2006/116/EG) entschieden (GRUR 2009, 393 – *Sony Music ./. Falcon*), dass die Schutzfrist dem Rechteinhaber auch zugute kommt, wenn der betreffende Gegenstand in Deutschland zu keiner Zeit geschützt war (siehe auch § 85 Rn. 29). Die vorgesehenen Schutzfristen finden Anwendung, wenn der Schutzgegenstand als solcher am 1. Juli 1995 in zumindest einem Mitgliedstaat gemäß den nationalen Bestimmungen dieses Mitgliedstaats geschützt war, und zwar unabhängig von der Staatsangehörigkeit des ursprünglichen Rechteinhabers (aber eben nur, wenn er in dem betreffenden Mitgliedstaat Schutz genoss).

II. Zu Abs. 2

§ 129 Abs. 2 ist durch Zeitablauf obsolet geworden, da kein Fall mehr denkbar ist, in dem eine Frist nach § 64 noch liefe, die nach § 129 Abs. 2 i. V. m. LUG schon abgelaufen wäre. § 29 LUG sah eine zehnjährige Schutzfrist vor, wenn 50 Jahre nach dem Tode des Urhebers die erste Veröffentlichung erfolgte (zur früheren Rechtslage Schricker/ *Katzenberger* § 129 Rn. 8, 21 f.). **6**

§ 130 Übersetzungen

Unberührt bleiben die Rechte des Urhebers einer Übersetzung, die vor dem 1. Januar 1902 erlaubterweise ohne Zustimmung des Urhebers des übersetzten Werkes erschienen ist.

Literatur: Vgl. die Angaben im eingangs abgedr. Gesamtliteraturverzeichnis.

Die Vorschrift, die eine Fortführung einer vergleichbaren Regelung in § 62 S. 2 LUG 1901 ist, hat schon infolge Ablaufs von Schutzfristen **keine praktische Bedeutung** mehr (Fromm/Nordemann/*A. Nordemann* § 130 Rn. 1, dort auch ein theoretisches Beispiel). Sie bezieht sich auf eine im Gesetz vom 11.6.1870 enthaltene Regelung, wonach die **Übersetzung** eines fremden Werks zulässig war, wenn sich dessen Urheber nicht das Übersetzungsrecht in bestimmter Form vorbehalten hatte und er nicht innerhalb von drei Jahren eine Übersetzung hatte erscheinen lassen. Diese Rechtslage wurde bereits durch das LUG geändert, gleichzeitig wurden aber die Rechte des Übersetzers zur **Vervielfältigung, Verbreitung** und **öffentlichen Aufführung** (s. zum Umfang der zustimmungsfreien Verwertungshandlungen Dreier/Schulze/*Dreier* § 130 Rn. 3) aufrechterhalten. Gleiches bewirkt nunmehr § 130; die Vorschrift gestattet auch die **Neuauflage** von Übersetzungen, die vor dem 1.1.1902 erlaubterweise erschienen sind (Schricker/Loewenheim/*Katzenberger* § 130 Rn. 5). **1**

§ 131 Vertonte Sprachwerke

Vertonte Sprachwerke, die nach § 20 des Gesetzes betreffend das Urheberrecht an Werken der Literatur und der Tonkunst vom 19. Juni 1901 (Reichsgesetzbl. S. 227) in der Fassung des Gesetzes zur Ausführung der revidierten Berner Übereinkunft zum Schutze von Werken der Literatur und Kunst vom 22. Mai 1910 (Reichsgesetzbl. S. 793) ohne Zustimmung ihres Urhebers vervielfältigt, verbreitet und öffentlich wiedergegeben werden durften, dürfen auch weiterhin in gleichem Umfang vervielfältigt, verbreitet und öffentlich wiedergegeben werden, wenn die Vertonung des Werkes vor dem Inkrafttreten dieses Gesetzes erschienen ist.

Literatur: Vgl. die Angaben im eingangs abgedr. Gesamtliteraturverzeichnis.

Gem. §§ 20 und 26 LUG 1901 (letztere Norm ist nur aufgrund eines Redaktionsversehens nicht in § 131 genannt; Möhring/Nicolini/*Spautz* § 131 Rn. 1; Fromm/Nordemann/*A. Nordemann* § 131 Rn. 1; Schricker/Loewenheim/*Katzenberger* § 131 Rn. 5) war es zulässig, ein vertontes Sprachwerk ohne Einwilligung des Wortautors zu verwerten. Das UrhG hat diese **„Vertonungsfreiheit"** nicht übernommen. Deshalb war eine Übergangsvorschrift für die vor dem Inkrafttreten des UrhG geschaffenen (und erschienenen, s. dazu § 6 Rn. 24 ff.) vertonten Sprachwerke erforderlich. Wie schon in § 130 hat sich der Gesetzgeber dafür entschieden, die bestehenden Rechte zur Verwertung fortzuschreiben. Auch weiterhin ist also eine Verwertung ohne Zustimmung des Wortautors zulässig. Aller- **1** dings ist die **Verwertung nur in dem bisherigen Umfang** gestattet, so dass bspw. die wirtschaftlich bedeutsame Aufnahme des vertonten Sprachwerks auf einen Tonträger nach wie vor der Zustimmung des Wortautors bedarf (§ 20 Abs. 3 LUG 1910; Fromm/Nordemann/*A. Nordemann* § 131 Rn. 2; Schricker/Loewenheim/*Katzenberger* § 131 Rn. 1, 5). Die Vorschrift knüpft wie § 130 an das Erscheinen an. Die Nutzung muss dementsprechend nicht vor dem 1.1.1966 begonnen worden sein (Dreier/Schulze/*Dreier* § 131 Rn. 3).

§ 132 Verträge

(1) **Die Vorschriften dieses Gesetzes sind mit Ausnahme der §§ 42 und 43 auf Verträge, die vor dem 1. Januar 1966 abgeschlossen worden sind, nicht anzuwenden. § 43 gilt für ausübende Künstler entsprechend. Die §§ 40 und 41 gelten für solche Verträge mit der Maßgabe, daß die in § 40 Abs. 1 Satz 2 und § 41 Abs. 2 genannten Fristen frühestens mit dem 1. Januar 1966 beginnen.**

(2) **Vor dem 1. Januar 1966 getroffene Verfügungen bleiben wirksam.**

(3) **Auf Verträge oder sonstige Sachverhalte, die vor dem 1. Juli 2002 geschlossen worden oder entstanden sind, sind die Vorschriften dieses Gesetzes vorbehaltlich der Sätze 2 und 3 in der am 28. März 2002 geltenden Fassung weiter anzuwenden. § 32a findet auf Sachverhalte Anwendung, die nach dem 28. März 2002 entstanden sind. Auf Verträge, die seit dem 1. Juni 2001 und bis zum 30. Juni 2002 geschlossen worden sind, findet auch § 32 Anwendung, sofern von dem eingeräumten Recht oder der Erlaubnis nach dem 30. Juni 2002 Gebrauch gemacht wird.**

(4) **Absatz 3 gilt für ausübende Künstler entsprechend.**

Literatur: *Czychowski,* Offene Fragen nach den ersten Urteilen des Bundesgerichtshofes zum neuen Vergütungsrecht im Urheberrecht, GRUR 2010, 793; *Haas,* Das neue Urhebervertragsrecht, München 2002; *Haupt,* Die Übertragung des Urheberrechts, ZUM 1999, 898; *Hucko,* Das neue Urhebervertragsrecht, Halle (Saale) 2002; *Jacobs,* Zur Frage des vorbereitenden Auskunftsanspruchs zur Geltendmachung der weiteren Beteiligung des Miturhebers, GRUR 2012, 505; *Jani,* Der Buy-Out-Vertrag im Urheberrecht, Berlin 2003; *Katzenberger,* Beteiligung des Urhebers an Ertrag und Ausmaß der Werkverwertung – Altverträge, Drittwirkung und Reform des § 36 UrhG, GRUR Int. 1983, 410; *Nordemann,* Das neue Urhebervertragsrecht, München 2002; *Ory,* Das neue Urhebervertragsrecht, AfP 2002, 93; *Schack,* Der Vergütungsanspruch der in- und ausländischen Filmhersteller aus § 54 I UrhG, ZUM 1989, 267; *Schneider,* Zur Übertragung von Nutzungsrechten eines Kameramannes in Tarifverträgen bei unbekannter Nutzungsart (hier: Videozweitauswertungsrechte), ZUM 2000, 310.

Vgl. darüber hinaus die Angaben im eingangs abgedr. Gesamtliteraturverzeichnis.

Übersicht

	Rn.
I. Bedeutung	1
II. Keine Geltung für Altverträge	2, 3
III. Ausnahmen	4, 5
1. §§ 42, 43	4
2. §§ 40, 41	5
IV. Verfügungen	6
V. Gesetz zur Stärkung der vertraglichen Stellung von Urhebern und ausübenden Künstlern	7–11
1. Keine Geltung für Altverträge	7
2. Anspruch auf angemessene Vergütung, § 32	8, 9
3. Bestsellerparagraf, § 32a	10
4. Ausübende Künstler	11

I. Bedeutung

§ 132 ist teilweise eine Übergangsvorschrift der ersten Generation, und zwar soweit die 1
Abs. 1 und 2 regeln, ob und inwieweit das UrhG auf Altverträge anwendbar ist, die vor
seinem Inkrafttreten am 1.1.1966 geschlossen worden sind. Zwar enthielt das UrhG von
1966 nur eine rudimentäre Regelung des Urhebervertragsrechts, doch selbst diese wenigen
vertragsrechtlichen Vorschriften gingen über diejenigen des LUG und des KUG hinaus, so
dass eine Übergangsvorschrift erforderlich war (und im Hinblick auf die vielen auf die gesetzliche Schutzdauer angelegten Altverträge noch ist). Während § 129 die grundsätzliche
Anwendbarkeit des neuen Rechts auch auf vorbestehende Werke und Leistungen statuiert,
enthält § 132 für das Vertragsrecht das gegenteilige Prinzip: Das UrhG ist auf Altverträge
grds. nicht anzuwenden; getroffene Verfügungen bleiben von etwaigen gegenteiligen Bestimmungen des neuen Rechts unberührt. Diese Regelung ist Anerkennung der **Privatautonomie:** Da die Parteien bei Abschluss ihres Vertrages von dem alten Rechtszustand
ausgegangen sind, soll ihren auf diesem Recht beruhenden übereinstimmenden Willenserklärungen nicht rückwirkend ein abweichender Sinn gegeben werden (Fromm/Nordemann/*J. B. Nordemann/Czychowski* § 132 Rn. 1; *Haupt* ZUM 1999, 898, 904). Abs. 3 und
4 sind erst durch das **Gesetz zur Stärkung der vertraglichen Stellung von Urhebern
und ausübenden Künstlern** (BGBl. 2002 I S. 1155) zum 1.7.2002 in § 132 eingefügt
worden. Auch sie gehen von der grundsätzlichen Nichtanwendbarkeit des neuen Rechts
aus, machen hiervon aber für einige Kernregelungen (Anspruch auf angemessene Vergütung, neuer Bestsellerparagraf) Ausnahmen. Seine jetzige Fassung hat Abs. 3 durch die Urheberrechtsnovelle v. 10.9.2003 (s. Vor §§ 31 ff. Rn. 4) erhalten, mit der ein Redaktionsfehler behoben wurde (s. dazu unten Rn. 9).

II. Keine Geltung für Altverträge

Abs. 1 betrifft alle schuldrechtlichen Verträge über Urheberrechte, die vor dem 1.1.1966 2
abgeschlossen worden sind. Maßgebend ist der Zeitpunkt des Vertragsschlusses, also der
Einigung, während die Vertragsdauer unerheblich ist. Selbst Verträge, die noch nach dem
Inkrafttreten des UrhG Rechte und Pflichten für die Beteiligten erzeugen, unterliegen
nicht dem neuen Recht (Fromm/Nordemann/*J. B. Nordemann/Czychowski* § 132 Rn. 1;
Möhring/Nicolini/*Hartmann* § 132 Rn. 5). Indem Abs. 1 S. 1 die Anwendung der Vorschriften des UrhG ausschließt, wird im Umkehrschluss die **Weitergeltung von LUG
und KUG** vorausgesetzt (OLG München Az. 29 U 2216/94 Rn. 15; Möhring/Nicolini/
Hartmann § 132 Rn. 6). Daneben bleibt es bei der Geltung der vor 1966 entwickelten
Rechtsprechungsgrundsätze zum Urhebervertragsrecht, und zwar auch dann, wenn
diese in das UrhG aufgenommen worden sind (BGH ZUM 2011, 498, 499 – Weltverfilmungsrechte; Schricker/Loewenheim/*Katzenberger* § 132 Rn. 3; Möhring/Nicolini/*Hartmann* § 132 Rn. 6).

Abs. 1 S. 1 bewirkt bspw., dass die für den Filmbereich wichtige Auslegungsregel des 3
§ 89 auf vor dem 1.1.1966 geschlossene Verträge nicht anwendbar ist (ebenso Möhring/
Nicolini/*Hartmann* § 132 Rn. 7; Fromm/Nordemann/*J. B. Nordemann/Czychowski* § 132
Rn. 13; Schricker/Loewenheim/*Katzenberger* § 132 Rn. 3; *Schack* ZUM 1989, 267, 274;
a. A. LG München I Schulze LGZ 180, 4 f. – Landung in Salerno, jedoch ohne Auseinandersetzung mit § 132; s. auch LG München I ZUM-RD 1998, 89, 92, wonach vor Inkrafttreten des UrhG eine dem Inhalt von § 89 entsprechende tatsächliche Übung bestand).
Gleiches gilt unstritig für den früheren Bestsellerparagrafen des **§ 36 UrhG 1966** (s. § 32a
Rn. 37), dessen Erstreckung auf Altverträge zunächst erwogen, schließlich aber verworfen
wurde (Schricker/Loewenheim/*Katzenberger* § 132 Rn. 2; *Katzenberger* GRUR Int. 1983,

410, 417; Möhring/Nicolini/*Hartmann* § 132 Rn. 10; s. zum neuen § 32a unten Rn. 10). Anwendbar sind aber stattdessen die allgemeinen Regeln über die Nichtigkeit von wucherischen Rechtsgeschäften (**§ 138 BGB**) und den **Wegfall der Geschäftsgrundlage** gem. § 242 bzw. § 313 BGB (*Katzenberger* GRUR Int. 1983, 410, 417 f.; Schricker/Loewenheim/*Katzenberger* § 132 Rn. 9; Möhring/Nicolini/*Hartmann* § 132 Rn. 10; Dreier/Schulze/*Dreier* § 132 Rn. 5). Auch die **Zweckübertragungslehre,** die in § 31 Abs. 5 ausdrücklich gesetzlich geregelt wurde, findet auf Altverträge Anwendung, da sie bereits im alten Recht anerkannt war (BGH GRUR 1988, 296, 299 – GEMA-Vermutung IV; KG GRUR 1991, 596, 598 f. – Schopenhauer-Ausgabe; vgl. auch OLG München ZUM 2000, 61, 65; Fromm/Nordemann/*J. B. Nordemann/Czychowski* § 132 Rn. 8; Schricker/Loewenheim/*Katzenberger* § 132 Rn. 3; *Schack* ZUM 1989, 267, 274; vgl. § 31 Rn. 70 ff.). Das führt im Ergebnis dazu, dass auch in Altverträgen die Einräumung von Rechten an einer noch **unbekannten Nutzungsart** unwirksam sein konnte. Zwar galt das Verbot der Einräumung von Nutzungsrechten für noch unbekannte Nutzungsarten (§ 31 Abs. 4 a. F.) nicht für Altverträge, doch führte der Zweckübertragungsgrundsatz (in seiner richterrechtlichen Ausprägung) in vielen Fällen zum selben Ergebnis, wenn auch immer den jeweiligen Umständen des Einzelfalls Rechnung zu tragen ist (BGH GRUR 1988, 296, 299 – GEMA-Vermutung IV m. w. N.; *Schneider* ZUM 2000, 310, 311; Fromm/Nordemann/ *J. B. Nordemann/Czychowski* § 132 Rn. 8; Möhring/Nicolini/*Hartmann* § 132 Rn. 8). Eine einschränkende Auslegung des Vertrags scheidet aber aus, wenn die eingeräumten Nutzungsrechte (auch wenn sie sich auf noch unbekannte Nutzungsarten beziehen) ausdrücklich benannt sind (LG Hamburg ZUM-RD 1999, 134, 136; LG München I ZUM 1999, 332, 334 f.; *Schneider* ZUM 2000, 310, 313; *Haupt* ZUM 1999, 898, 900). Sofern Nutzungsrechte an unbekannten Nutzungsarten aus diesen Gründen nicht Gegenstand von Altverträgen geworden sind, kann der Verwerter sie allerdings nicht nachträglich im Wege der „Übertragungsfiktion" erwerben, denn § 137 l ist auf Altverträge nicht anwendbar (s. § 137 l Rn. 5).

III. Ausnahmen

1. §§ 42, 43

4 Bereits Abs. 1 S. 1 durchbricht den Grundsatz der Nichtgeltung des neuen Rechts und erklärt die §§ 42 und 43 auch auf Altverträge für anwendbar (s. § 42 Rn. 2; § 43 Rn. 1). Die Geltung des durch das UrhG neu eingeführten **Rückrufrechts wegen gewandelter Überzeugung** ist schon wegen seiner besonderen **urheberpersönlichkeitsrechtlichen Grundlage** gerechtfertigt (Schricker/Loewenheim/*Katzenberger* § 132 Rn. 4). Darüber hinaus bezieht es sich auf vom Inhalt des jeweiligen Vertrags unabhängige Tatbestände (AmtlBegr. BT-Drucks. IV/270, 114). § 43 ist gerade deshalb in das UrhG aufgenommen worden, um Streitfragen bei der Auslegung von Verträgen im Hinblick auf die erst durch das UrhG neu geschaffenen Rechte zu klären. Davon sind natürlich auch Altverträge betroffen, so dass seine Geltung für diese Verträge geboten war (AmtlBegr. BT-Drucks. IV/ 270, 114). Er findet, an Stelle von § 79 UrhG 1966, auch auf Altverträge mit ausübenden Künstlern Anwendung (Abs. 1 S. 2).

2. §§ 40, 41

5 Zusätzlich zu den oben genannten Normen finden gem. Abs. 1 S. 3 auch §§ 40 (vgl. § 40 Rn. 5) und 41 (s. § 41 Rn. 4) auf Altverträge Anwendung, allerdings mit Einschränkungen. § 40 Abs. 1 S. 1 verlangt für Verträge über künftige Werke die **Einhaltung der Schriftform.** Das gilt auch für Altverträge mit der Folge, dass solche Verträge, bei denen das Schriftformerfordernis nicht erfüllt ist, mit Ablauf des Jahres 1965 endeten. Ein **rück-**

wirkender Bereicherungsausgleich findet nicht statt, da die Verträge bis zu dem Stichtag als gültig anzusehen sind (Möhring/Nicolini/*Hartmann* § 132 Rn. 13; insoweit unklar Schricker/Loewenheim/*Katzenberger* § 132 Rn. 6: Nichtigkeit gem. § 125 S. 1 BGB, die eine Anwendung des Bereicherungsrechts ermöglichen würde). Die Einschränkung bei der Anwendbarkeit des § 40 auf Altverträge besteht für das Kündigungsrecht des § 40 Abs. 1 S. 2: Zur Wahrung der wohlerworbenen Rechte der Nutzungsberechtigten (AmtlBegr. BT-Drucks. IV/270, 114) begann die Fünfjahresfrist erst mit Inkrafttreten des UrhG am 1.1.1966 zu laufen (s. § 40 Rn. 5), so dass eine **Kündigung von Altverträgen** erst seit **1971** möglich ist (a. A. Möhring/Nicolini/*Hartmann* § 132 Rn. 13: 1972). Das **Rückrufrecht wegen Nichtausübung** gem. § 41, das ebenfalls an bestimmte Fristen gebunden ist, ist wegen seines zumindest auch persönlichkeitsrechtlichen Charakters (Möhring/Nicolini/*Hartmann* § 132 Rn. 14) zwar auf Altverträge anwendbar, die Fristen des § 41 Abs. 2 begannen aber erst mit dem 1.1.1966 zu laufen (s. § 41 Rn. 4).

IV. Verfügungen

Abs. 2 will Zweifel über die Wirksamkeit vertraglicher Verfügungen über Urheberrechte aus der Zeit vor dem 1.1.1966 ausräumen, indem er klarstellt, dass solche Verfügungen wirksam bleiben. Ob es dieser Klarstellung tatsächlich bedurft hat, ist zweifelhaft, da insb. § 31 Abs. 4 in seiner zwingenden gesetzlichen Ausprägung gerade nicht auf Altverträge anwendbar ist (s. o. Rn. 3). Eine weitergehende Einschränkung der Rechtsfolgen des im Übrigen aber geltenden Zweckübertragungsgrundsatzes ist Abs. 2 nicht zu entnehmen (Fromm/Nordemann/*J. B. Nordemann/Czychowski* § 132 Rn. 14). Deshalb bleiben Verfügungen, die schon nach dem richterrechtlich anerkannten Zweckübertragungsgrundsatz unwirksam waren, auch nach dem 1.1.1966 unwirksam. Die Vorschrift ist schließlich in Zusammenhang mit § 137 Abs. 1 S. 1 zu lesen, wonach eine Verfügung über das Urheberrecht heute als entsprechende Einräumung von Nutzungsrechten zu behandeln ist (s. § 137 Rn. 2).

V. Gesetz zur Stärkung der vertraglichen Stellung von Urhebern und ausübenden Künstlern

1. Keine Geltung für Altverträge

Abs. 3 S. 1 statuiert den Grundsatz, dass das neue Recht nicht auf Altverträge anwendbar ist und folgt insoweit der Regelung in Abs. 1 S. 1. Die vorgeschriebene Geltung des UrhG in seiner am 28.3.2002 geltenden Fassung kann sich aber nur auf Verträge beziehen, die nach dem 1.1.1966 geschlossen worden sind (*Ory* AfP 2002, 101). Für Verträge vor diesem Zeitpunkt bleibt es bei der Regelung des Abs. 1, wonach die Vorschriften des UrhG mit Ausnahme der §§ 42 und 43 nicht anwendbar sind (s. aber zu § 32a unten Rn. 10).

2. Anspruch auf angemessene Vergütung, § 32

Damit die politisch gewollte Stärkung der Stellung von Urhebern und ausübenden Künstlern nicht erst in ferner Zukunft eintritt, sollte ursprünglich zwei Kernregelungen des neuen Urhebervertragsrechts eine **unechte Rückwirkung** zugebilligt werden: dem Anspruch auf angemessene Vergütung und dem Kündigungsrecht nach 30 Jahren (AmtlBegr. BT-Drucks. 14/6433, 63; *Hucko* 16f.). Letzteres ist in der schließlich nach langen Kontroversen verabschiedeten Fassung des Gesetzes insgesamt gestrichen worden, so dass auch die entsprechende Überleitungsvorschrift entfallen konnte (zu dieser Debatte: *Jani* 320f.). Der **Anspruch auf angemessene Vergütung** genießt dagegen nach wie vor eine, wenn auch sehr eingeschränkte, unechte Rückwirkung. § 32 findet auf alle Nutzungshandlungen Anwendung, die **nach dem 30.6.2002** stattfinden, vorausgesetzt, dass sie aufgrund eines zwischen dem 1.6.2001 und dem 30.6.2002 geschlossenen Vertrages vorgenommen werden (Abs. 3 S. 3). Nach Auffassung des BGH ist dagegen nicht erforderlich, dass die Nutzung nur nach dem 30.6.2002 bzw. erst nach dem 30.6.2002 begonnen hat (BGH GRUR 2009, 1148, 1150 – Talking to Addison; *Czychowski* GRUR 2010, 793). § 32 greife nämlich schon, „sofern" (nicht „soweit") von dem eingeräumten Recht oder der Erlaubnis Gebrauch gemacht wird (s. die Parallelentscheidungen: BGH ZUM 2010, 255, 257; BGH ZUM-RD 2010, 8, 10; BGH ZUM-RD 2010, 16, 19). Das heißt, dass irgendeine Nutzungshandlung nach dem 30.6.2002 ausreicht und nicht eine erstmalige Nutzung erforderlich ist (Schricker/Loewenheim/*Katzenberger* § 132 Rn. 21).

Ausweislich der AmtlBegr. (BT-Drucks. 14/8058, 55) soll durch diese Vorschrift eine Korrektur von Verträgen ermöglicht werden, die nach dem 1.6.2001 zu nicht angemessenen Bedingungen geschlossen worden sind; so für einen Anfang 2002 geschlossenen Vertrag (OLG Köln GRUR-RR 2005, 337, 338). Der 1.6.2001 markiert das Datum der Übersendung des Regierungsentwurfs an den Bundesrat. Seit diesem Datum sei die geplante Reform des Urhebervertragsrechts Gegenstand intensiver Diskussionen gewesen, so dass kein Vertrauenstatbestand mehr vorlag, der einer unechten Rückwirkung entgegenstehen könnte (AmtlBegr. BT-Drucks. 14/8058, 55; *Hucko* 17; zweifelnd dagegen *Haas* Rn. 504). Richtig daran ist nur, dass ab diesem Zeitpunkt Verwertern in Deutschland bekannt sein musste, dass es Änderungen im Urhebervertragsrecht geben würde. Welche dies sein würden, war aber kaum absehbar. Dies zeigen schon die großen Unterschiede zwischen dem ursprünglichen Regierungsentwurf und dem schließlich verabschiedeten Gesetz.

9   Die ursprünglich in Abs. 3 S. 3 enthaltene zeitliche Lücke für Verträge, die zwischen dem Tag der Verkündung (28.3.2002) und dem Inkrafttreten des Gesetzes (30.6.2002) geschlossen wurden, die bei der kurzfristigen Einfügung einer dreimonatigen Karenzfrist für den Übergang zum neuen Urhebervertragsrecht übersehen worden war (*Haas* Rn. 506; *Jani* 321), ist durch das Gesetz zur Regelung des Urheberrechts in der Informationsgesellschaft v. 10.9.2003 (s. Vor §§ 31 ff. Rn. 4) geschlossen worden.

3. Bestsellerparagraf, § 32 a

10   Der in § 32a geregelte **Anspruch auf weitere Beteiligung** findet gem. Abs. 3 S. 2 auf alle Sachverhalte Anwendung, die nach dem 28.3.2002 entstanden sind. Der Wortlaut dieser Übergangsregelung ist auffällig: Es wird nur darauf abgestellt, wann der Sachverhalt, der zu einer weiteren Beteiligung des Urhebers berechtigt, entstanden ist. Der Zeitpunkt des Vertragsschlusses wird dagegen nicht erwähnt. Eindeutig ist, dass damit § 32a auch auf **Altverträge**, die **nach dem 1.1.1966** geschlossen worden sind, anwendbar ist (*Ory* AfP 2002, 101). Schon damit weicht der Gesetzgeber von den Erwägungen ab, die bei Einführung des UrhG entscheidend dafür waren, den Bestsellerparagrafen (§ 36 UrhG 1966) nicht auf Altverträge zu erstrecken (s. o. Rn. 3). Doch was ist mit Verträgen, die noch vor dem 1.1.1966 geschlossen worden sind? Ausweislich der AmtlBegr. (BT-Drucks. 14/8058, 55) soll der neue Bestsellerparagraf zeitlich unbegrenzt für alle **Altverträge** gelten (ebenso *Hucko* 17; Dreier/Schulze/*Dreier* § 132 Rn. 9 und 11; vgl. auch Fromm/Nordemann/ *J. B. Nordemann/Czychowski* § 132 Rn. 19). Nach Rechtsprechung des BGH sind mit Altverträgen gem. § 132 Abs. 3 S. 1 alle Verträge erfasst, die vor dem 1.7.2002 geschlossen worden sind (BGH GRUR 2012, 496, 501 – Das Boot). Offen bleibt, ob auch **vor dem 1.1.1966** geschlossene Verträge erfasst werden. Eine einleuchtende Begründung dafür, den neuen Bestsellerparagrafen, der wesentlich geringere Voraussetzungen für eine weitere Beteiligung von Urhebern und Künstlern statuiert als § 36 UrhG 1966, auch auf solche Altverträge zu erstrecken, für die nicht einmal der alte Bestsellerparagraf galt, liefert der Gesetzgeber nicht. Geht man davon aus, dass auch vor dem 1.1.1966 geschlossene Verträge

erfasst sind, hebt Abs. 3 S. 2 die Grundregel des § 132 Abs. 1 in Bezug auf den neuen Bestsellerparagraf auf. Selbst Altverträge aus der Zeit vor dem Inkrafttreten des UrhG unterliegen dann einem nachträglichen **„Fairnessausgleich".**

Der BGH versteht unter „Sachverhalten" i. S. d. Abs. 3 S. 2 jegliche Verwertungshandlungen. Es kommt für den Anspruch aus § 32a mithin nicht darauf an, ob das auffällige Missverhältnis erst nach dem 28.3.2002 entstanden ist oder ob es bereits vor dem 28.3.2002 bestand und nach dem 28.3.2002 fortbestanden hat. Darüber hinaus geht der BGH davon aus, dass nicht nur nach dem 28.3.2002 erzielte Erträge und Vorteile, sondern grundsätzlich auch sämtliche vor dem 28.3.2002 angefallenen Erträgnisse zu berücksichtigen sind (BGH GRUR 2012, 496, 501 – Das Boot; vgl. auch KG, ZUM 2010, 346, 349; *Jacobs*, GRUR 2012, 505).

4. Ausübende Künstler

Gem. Abs. 4 gelten die in Abs. 3 statuierten Übergangsregelungen für ausübende Künstler entsprechend. Der neutrale Wortlaut des Abs. 3, der nicht ausdrücklich auf Verträge mit Urhebern abstellt, macht die eigenständige Regelung in Abs. 4 eigentlich überflüssig. **11**

§ 133 Tonträger *(weggefallen)*

Literatur: Vgl. die Angaben im eingangs abgedr. Gesamtliteraturverzeichnis.

§ 133 ist gem. Art. 3 des Gesetzes zu den am 24.7.1971 in Paris unterzeichneten Übereinkünften auf dem Gebiet des Urheberrechts (BGBl. 1973 II S. 1069) zwei Jahre nach dem Inkrafttreten der Pariser Fassung der RBÜ für die Bundesrepublik Deutschland und damit **am 10.10.1976 außer Kraft getreten.** Die Vorschrift traf eine den §§ 130 und 131 vergleichbare Regelung zur Fortführung der zustimmungsfreien Übertragung von Musikwerken auf Tonträger sowie deren Vervielfältigung und Verbreitung nach dem LUG von 1901 (s. dazu Schricker/Loewenheim/*Katzenberger* § 133 Rn. 1). **1**

§ 134 Urheber

Wer zur Zeit des Inkrafttretens dieses Gesetzes nach den bisherigen Vorschriften, nicht aber nach diesem Gesetz als Urheber eines Werkes anzusehen ist, gilt, abgesehen von den Fällen des § 135, weiterhin als Urheber. Ist nach den bisherigen Vorschriften eine juristische Person als Urheber eines Werkes anzusehen, so sind für die Berechnung der Dauer des Urheberrechts die bisherigen Vorschriften anzuwenden.

Literatur: *Schack,* Der Vergütungsanspruch der in- und ausländischen Filmhersteller aus § 54 I UrhG, ZUM 1989, 267.
Vgl. darüber hinaus die Angaben im eingangs abgedr. Gesamtliteraturverzeichnis.

Übersicht

	Rn.
I. Bedeutung	1
II. Urheberschaft nach altem Recht	2
III. Schutzfristberechnung	3

I. Bedeutung

Während das UrhG ausnahmslos dem **Schöpferprinzip (§ 7)** folgt, konnten nach altem Recht auch juristische Personen des öffentlichen Rechts und die Herausgeber von Sam- **1** melwerken als Urheber der betreffenden Werke angesehen werden. Wegen des verfassungsrechtlich gebotenen **Eigentums- und Vertrauensschutzes** bestimmt S. 1, dass deren Urheberstellung auch nach neuem Recht bestehen bleibt. Anders hat sich der Gesetzgeber dagegen für die ausdrücklich ausgenommenen neuen Leistungsschutzrechtsinhaber gem. § 135 entschieden (s. § 135 Rn. 2). Gem. S. 2 ist das alte Recht, ebenfalls in Durchbrechung des Grundsatzes des § 129 Abs. 1 S. 1, auch für die Berechnung der Schutzdauer bei den fortgeltenden Urheberrechten maßgebend.

II. Urheberschaft nach altem Recht

2 § 134 S. 1 bezieht sich auf vor dem 1.1.1966 geschaffene Werke und die daran begründeten Urheberrechte (Schricker/Loewenheim/*Katzenberger* § 134 Rn. 3; Möhring/Nicolini/*Hartmann* § 134 Rn. 2). Nach altem Recht (§§ 3, 4 LUG 1901 und §§ 5, 6 KUG 1907) konnten juristische Personen des öffentlichen Rechts, wenn sie ein Werk veröffentlichen, dessen Verfasser nicht genannt wurde, ebenso Urheber sein wie die Herausgeber oder die Verleger von Sammelwerken. Ihre Urheberstellung hält S. 1 aufrecht. Die Vorschrift ist als abschließende Regelung zu verstehen. Eine zusätzliche **Miturheberschaft** der Personen, die nach neuem Recht als Urheber anzusehen wären, tritt nicht ein (ebenso Möhring/Nicolini/*Hartmann* § 134 Rn. 6).

Ausdrücklich ausgenommen aus dem Anwendungsbereich von S. 1 sind **ausübende Künstler** und **Lichtbildner**, deren Urheberrechte nach altem Recht in bloße Leistungsschutzrechte umgewandelt worden sind (s. § 135 Rn. 2). Zugunsten von **Filmherstellern** kann S. 1 dagegen Anwendung finden, sofern man sie – entgegen der wohl h.M. (LG München I GRUR 1991, 377, 378 – Veit Harlan-Videorechte; Möhring/Nicolini/*Hartmann* § 134 Rn. 5; Schricker/Loewenheim/*Katzenberger* § 134 Rn. 4; *Schack* ZUM 1989, 267, 273f.) – als Urheber des Filmwerks ansieht.

III. Schutzfristberechnung

3 S. 2 trifft eine Sonderregelung zur Schutzfristberechnung bei **juristischen Personen.** Da für diese die Anknüpfung der Schutzfrist an den Tod des Urhebers nicht passt, bleibt es bei der **Anwendung des alten Rechts,** allerdings nur hinsichtlich des **Beginns der Schutzfrist.** Maßgeblich sind insoweit also § 32 S. 1 LUG (Erscheinen) und § 25 Abs. 2 S. 1 KUG (Veröffentlichung). Die **Dauer der Schutzfrist** richtet sich dagegen nach § 64, es gilt also die Schutzfrist von 70 Jahren auch für juristische Personen (Möhring/Nicolini/*Hartmann* § 134 Rn. 8; Dreier/Schulze/*Dreier* § 134 Rn. 3; Fromm/Nordemann/*J. B. Nordemann/Czychowski* § 134 Rn. 1; Schricker/Loewenheim/*Katzenberger* § 134 Rn. 7). Für natürliche Personen, die unter S. 1 fallen, gilt die Schutzfrist von 70 Jahren post mortem auctoris. Insoweit trifft S. 2 keine besondere Regelung.

§ 135 Inhaber verwandter Schutzrechte

Wer zur Zeit des Inkrafttretens dieses Gesetzes nach den bisherigen Vorschriften als Urheber eines Lichtbildes oder der Übertragung eines Werkes auf Vorrichtungen zur mechanischen Wiedergabe für das Gehör anzusehen ist, ist Inhaber der entsprechenden verwandten Schutzrechte, die dieses Gesetz ihm gewährt.

Literatur: *Bielenberg,* Zur Frage des Urheberschutzes bei Vertrieb bearbeiteter alter Plattenaufnahmen, GRUR 1976, 322; *Nordemann,* Die erste Novelle zum Urheberrechtsgesetz, GRUR 1973, 1; *Schorn,* Zum Rechtsschutz der ausübenden Künstler und Tonträgerhersteller, NJW 1973, 687.
Vgl. darüber hinaus die Angaben im eingangs abgedr. Gesamtliteraturverzeichnis.

Übersicht

	Rn.
I. Bedeutung	1
II. § 135	2, 3
III. § 135a	4–6
1. Keine Schutzfristverkürzung	4, 5
2. Vertrauensschutz	6

I. Bedeutung

Während § 135 zu den ursprünglichen Übergangsvorschriften bei Inkrafttreten des UrhG zählt, ist § 135a erst mit dem 1. UrhGÄndG vom 10.11.1972 (BGBl. I S. 2081) eingefügt worden. § 135 hat im Wesentlichen **klarstellende Funktion:** Schon aus § 129 folgt die Geltung des neuen Rechts für vorbestehende Leistungen, was für bestimmte unter Geltung des LUG und des KUG entstandene Urheberrechte die Umwandlung in Leistungsschutzrechte zur Folge hat. Die Inhaber bisheriger Urheberrechte wurden nunmehr Inhaber der entsprechenden Leistungsschutzrechte. Diese Transformation der Rechte war teilweise verfassungswidrig. Abhilfe schuf § 135a, der eine vorrangige **Sonderregelung zur Berechnung der Schutzdauer** enthält. Beide Vorschriften gelten nur für die Überleitung der Rechte bei Inkrafttreten des UrhG. Zu den späteren Schutzfristenverlängerungen bestehen eigene Überleitungsvorschriften in §§ 137a, 137c und 137f (Möhring/Nicolini/*Hartmann* § 135a Rn. 1). § 135a ist im Ergebnis durch § 137c weitgehend obsolet geworden (s. § 137c Rn. 2). 1

II. § 135

Das UrhG brachte für **Lichtbildner** und **ausübende Künstler** eine grundlegende Änderung ihres Rechtsschutzes: Während sie nach altem Recht (§§ 1, 3 KUG 1907; § 2 Abs. 2 LUG 1910) als Urheber angesehen worden waren, sind sie gem. §§ 72ff. **Inhaber verwandter Schutzrechte.** Um eine jahrelange parallele Geltung zweier Rechtsordnungen zu vermeiden, hat der Gesetzgeber in § 135 angeordnet, dass auch für vorbestehende Leistungen den Berechtigten mit Inkrafttreten des UrhG nur noch Leistungsschutzrechte zustehen. Damit nahm er in diesem Bereich eine **Rückstufung** der Rechtsinhaber vor, die sowohl den Umfang der gewährten Rechte (so werden ausübenden Künstlern bspw. anstelle ausschließlicher Rechte der Sendung und öffentlichen Wiedergabe nur noch Vergütungsansprüche gewährt, heute geregelt in § 78 Abs. 2 UrhG) als auch die Schutzdauer betrifft. Die Umwandlung in Leistungsschutzrechte gilt auch für die Abtretungsempfänger, so dass beispielsweise einem **Tonträgerhersteller,** dem von einem ausübenden Künstler wirksam das **fiktive Bearbeiterurheberrecht** übertragen worden ist, die diesem Recht entsprechenden Rechte aus §§ 77f. zustehen (OLG Hamburg ZUM 1991, 143, 144 – Cliff Richard; Möhring/Nicolini/*Hartmann* § 135 Rn. 5; Schricker/Loewenheim/*Katzenberger* §§ 135, 135a Rn. 6). 2

Diese Herabstufung des Schutzes wurde von Anfang an als **verfassungsrechtlich bedenklich** beurteilt (*v. Gamm* § 135). Das BVerfG (BVerfGE 31, 275ff. – Schallplatten; s. dazu die kritische Anmerkung von *Schorn* NJW 1973, 687ff.) schloss sich diesen Bedenken nach einer Verfassungsbeschwerde von **ausübenden Künstlern** und **Tonträgerherstellern** (denen das **fiktive Bearbeiterurheberrecht** der Künstler letztlich zugute kam) nur teilweise an: Weder die Umwandlung eines Urheberrechts in ein Leistungsschutzrecht noch die grundsätzliche Verkürzung der Schutzfrist beurteilte es als verfassungswidrig, sondern allein die Vorverlegung des Schutzfristbeginns. Da gem. § 82 UrhG 1966 die Schutz- 3 frist mit dem Erscheinen des Tonträgers begann, während nach altem Recht der Zeitpunkt des Todes des Künstlers maßgebend war, konnte es zu einem sofortigen Erlöschen des Schutzes mit Inkrafttreten des UrhG oder zu einer unerwarteten Verkürzung der Schutzdauer kommen, die eine verfassungswidrige Enteignung darstellte (BVerfGE 31, 275, 292ff. – Schallplatten; *Schorn* NJW 1973, 687, 688). Diese vom Gesetzgeber offenbar nicht beabsichtigte Rechtsfolge ist durch den nachträglich eingefügten **§ 135a** beseitigt worden (s. Rn. 4).

III. § 135a

1. Keine Schutzfristverkürzung

4 Aufgrund der Entscheidung des BVerfG wurde schließlich 1972 **rückwirkend** zum 1.1.1966 § 135a eingefügt. Sofern die Anwendung des neuen Rechts auf vor seinem Inkrafttreten entstandene Rechte zu einer Verkürzung der Schutzdauer führt, beginnt die Schutzfrist erst ab dem 1.1.1966 zu laufen (*Nordemann* GRUR 1973, 1, 4). Zu einer Schutzfristverkürzung führt das neue Recht für **ausübende Künstler,** deren Schutzfrist nicht mehr an das Todesjahr, sondern an das Erscheinen des Tonträgers oder den Zeitpunkt der Darbietung anknüpft (die zusätzliche Anknüpfung an die erste erlaubte öffentliche Wiedergabe ist erst später in das UrhG eingefügt worden, hierfür gilt § 137f; vgl. hierzu Dreier/Schulze/*Dreier* § 135a Rn. 6). Für alle vor 1966 erschienenen **Tonträger** führt § 135a S. 1 dazu, dass die ausübenden Künstler bis Ende 1990 geschützt waren und es durch die spätere Schutzfristverlängerung (s. dazu § 137c Rn. 1) noch sein können (zur Ausnahme des § 135a S. 2 s. Rn. 5). Schutzfristverkürzungen waren ferner für **Lichtbilder** und Lichtbildwerke (auch für diese gilt § 135a; OLG Hamburg GRUR 1999, 717, 718 – Wagner-Familienfotos; Schricker/Loewenheim/*Katzenberger* §§ 135, 135a Rn. 9; Möhring/Nicolini/*Hartmann* § 135a Rn. 4) möglich, da § 68 UrhG 1966 die Schutzfrist bei nichterschienenen Werken und Lichtbildern bereits mit Ablauf des Herstellungsjahres beginnen ließ, anstatt auf das Todesjahr abzustellen. § 68 ist allerdings mit der Urheberrechtsnovelle von 1985 aufgehoben worden.

5 Die Regelung in S. 2 schließt aus, dass durch das neue Recht eine Schutzfristverlängerung eintritt. Wäre also die nach altem Recht geltende Schutzfrist früher abgelaufen als die ab dem 1.1.1966 laufende neue Schutzfrist, so endete der Schutz des verwandten Schutzrechts bereits zu diesem früheren Zeitpunkt (s. das Beispiel bei *Nordemann* GRUR 1973, 1, 4).

2. Vertrauensschutz

6 Wer im Vertrauen auf die neue Rechtslage beispielsweise Nachpressungen älterer Schallplatten mit Darbietungen **ausübender Künstler** vorgenommen hatte, sah sich nachträglich damit konfrontiert, dass er wegen der teilweisen Verfassungswidrigkeit des § 135, die rückwirkend zum 1.1.1966 durch § 135a behoben wurde, eine Rechtsverletzung begangen hatte. Deswegen erklärt Art. 2 des 1. UrhGÄndG auf Verwertungshandlungen, die vor der Bekanntgabe der BVerfG-Entscheidung am 15.11.1971 stattgefunden haben, die **Abfindungsmöglichkeit des § 101** für anwendbar (zu den Einzelheiten Schricker/Loewenheim/*Katzenberger* §§ 135, 135a Rn. 10f.; BGH GRUR 1976, 317, 321 – Unsterbliche Stimmen). Die Regelung hat heute wegen Zeitablaufs **keine praktische Bedeutung** mehr (Fromm/Nordemann/*Schaefer* §§ 135, 135a Rn. 4; s. auch BGH GRUR 1976, 317, 321 mit zust. Anm. *Bielenberg*: Eine Abfindung in Geld ist dem Verletzten um so weniger zuzumuten, je größer der seit dem 15.11.1971 verstrichene Zeitraum ist).

§ 135a Berechnung der Schutzfrist

Wird durch die Anwendung dieses Gesetzes auf ein vor seinem Inkrafttreten entstandenes Recht die Dauer des Schutzes verkürzt und liegt das für den Beginn der Schutzfrist nach diesem Gesetz maßgebende Ereignis vor dem Inkrafttreten dieses Gesetzes, so wird die Frist erst vom Inkrafttreten dieses Gesetzes an berechnet. Der Schutz erlischt jedoch spätestens mit Ablauf der Schutzdauer nach den bisherigen Vorschriften.

Siehe die Kommentierungen bei § 135 Rn. 4 ff.

§ 136 Vervielfältigung und Verbreitung

(1) War eine Vervielfältigung, die nach diesem Gesetz unzulässig ist, bisher erlaubt, so darf die vor Inkrafttreten dieses Gesetzes begonnene Herstellung von Vervielfältigungsstücken vollendet werden.

(2) Die nach Absatz 1 oder bereits vor dem Inkrafttreten dieses Gesetzes hergestellten Vervielfältigungsstücke dürfen verbreitet werden.

(3) Ist für eine Vervielfältigung, die nach den bisherigen Vorschriften frei zulässig war, nach diesem Gesetz eine angemessene Vergütung an den Berechtigten zu zahlen, so dürfen die in Absatz 2 bezeichneten Vervielfältigungsstücke ohne Zahlung einer Vergütung verbreitet werden.

Literatur: Vgl. die Angaben im eingangs abgedr. Gesamtliteraturverzeichnis.

Übersicht

	Rn.
I. Bedeutung	1
II. Vervielfältigung	2–4
III. Verbreitung	5
IV. Keine Vergütungspflicht	6

I. Bedeutung

Die Vorschrift gehört zur „ersten Generation" der Übergangsregelungen, d. h. sie betrifft – mit Ausnahme ausdrücklicher Inbezugnahmen in § 46 Abs. 5 S. 2 und Art. 2 Abs. 2 AusführungsG zum **GTA** (s. § 126 Rn. 18) – nur das Inkrafttreten des UrhG, nicht jedoch spätere Urheberrechtsnovellen, bei denen zum Teil vergleichbare Regelungen getroffen wurden (vgl. § 137e Abs. 2; § 137f Abs. 3 S. 2 und 3). § 136 regelt eine Ausnahme von der grundsätzlichen Geltung des neuen Rechts, indem aus **Vertrauensschutzgründen** nach altem Recht zulässige Verwertungshandlungen, die nach neuem Recht unzulässig sind, fortgeführt werden dürfen. Vergleichbare Regelungen existierten bereits im LUG von 1901 (§ 63) und im KUG von 1907 (§ 54). **Praktische Bedeutung** hat § 136 heute nur noch durch den Verweis in § 46 Abs. 5 S. 2 für die Fälle, in denen ein Urheber die Verwertung seines Werkes in Sammlungen für den Kirchen-, Schul- oder Unterrichtsgebrauch wegen gewandelter Überzeugung untersagt (s. § 46 Rn. 17). Im Übrigen dürfte er dagegen durch Zeitablauf gegenstandslos geworden sein (Fromm/Nordemann/*A. Nordemann/Dustmann* § 136 Rn. 3; Dreier/Schulze/*Dreier* § 136 Rn. 1).

II. Vervielfältigung

2 Abs. 1 erlaubt die Vollendung einer vor Inkrafttreten **begonnenen Vervielfältigung**, die nach neuem Recht unzulässig wäre. Beispielsfälle waren früher die Vervielfältigung von einzelnen Gedichten in Lieder- und Gesangbüchern (§ 19 Nr. 3 LUG 1901) und die Vervielfältigung bestimmter Sprachwerke in Anthologien (§ 19 Nr. 4 LUG 1901). Heute bezieht sich die Norm praktisch nur noch auf ursprünglich zulässige Vervielfältigungen gem. § 46 Abs. 1–3, die nach Geltendmachung des Verbietungsrechts des § 46 Abs. 5 S. 1 unzulässig werden (Dreier/Schulze/*Dreier* § 136 Rn. 1).

3 Abs. 1 setzt voraus, dass mit der **Vervielfältigung** bereits vor der Rechtsänderung begonnen wurde. Das ist der Fall, wenn schon **Vorrichtungen** i. S. v. § 98 hergestellt worden sind und der **Vervielfältigungsvorgang** bereits **begonnen** wurde oder zumindest **unmittelbar bevorsteht** (ähnlich Möhring/Nicolini/*Hartmann* § 136 Rn. 3; etwas großzügiger Schricker/Loewenheim/*Katzenberger* § 136 Rn. 5). Erst wenn bereits **konkrete Aufwendungen** zur Vervielfältigung getätigt und der Vervielfältigungsvorgang praktisch eingeleitet ist, besteht ein schutzwürdiges Vertrauen darauf, die begonnene Handlung fortführen zu dürfen.

4 Anders als bspw. § 137f Abs. 3 S. 2 enthält § 136 Abs. 1 keine ausdrückliche Beschränkung darauf, die begonnene Nutzung nur „**in dem vorgesehenen Rahmen**" vollenden zu dürfen. Dieses Erfordernis ist aber der Formulierung „darf ... vollendet werden" immanent (so auch Möhring/Nicolini/*Hartmann* § 136 Rn. 4), denn wer über eine ursprünglich geplante Nutzung hinausgeht „vollendet" nicht, sondern trifft eine neue Nutzungsentscheidung. Diese neue Entscheidung muss sich dann auch an dem zu diesem Zeitpunkt geltenden Recht orientieren. So kann bspw. ein vor dem maßgebenden Zeitpunkt hergestellter Drucksatz zur Fertigung der zuvor geplanten Anzahl von Werkexemplaren genutzt werden, nicht dagegen für einen darüber hinausgehenden Neu- oder Nachdruck (Schricker/Loewenheim/*Katzenberger* § 136 Rn. 5; Möhring/Nicolini/*Hartmann* § 136 Rn. 4). Die **Darlegungs- und Beweislast** für den Beginn der Vervielfältigung und die Einhaltung des zulässigen Umfangs liegen beim Verwerter, der sich auf die Ausnahme beruft (Möhring/Nicolini/*Hartmann* § 136 Rn. 7).

III. Verbreitung

5 Nach Abs. 2 dürfen die rechtmäßig hergestellten Vervielfältigungsstücke verbreitet werden, und zwar **ohne zeitliche Begrenzung** und **ohne Vergütungspflicht** (anders dagegen § 137f Abs. 3 S. 3, der wenigstens eine Vergütungspflicht regelt, s. § 137f Rn. 11). Es ist fraglich, ob es aus Vertrauensschutzgründen erforderlich war, auf eine zeitliche Begrenzung zu verzichten. Andererseits dürfte es sich in den heute noch praktisch relevanten Fällen nur um die Fortführung einer Nutzung handeln, die tatsächlich im Vertrauen auf ihre Zulässigkeit geplant worden ist. Die **Darlegungs- und Beweislast** für das Vorliegen der Voraussetzungen des Abs. 2 trägt der Verwerter.

IV. Keine Vergütungspflicht

6 Abs. 3 betrifft Fälle, in denen die **Vervielfältigung** und die **Verbreitung** zwar auch nach neuem Recht ohne Einwilligung der Berechtigten zulässig sind, hierfür aber eine **angemessene Vergütung** zu zahlen ist. Das ist bspw. gem. § 46 Abs. 1, 2 und 4 bei Sammlungen für den Kirchen-, Schul- oder Unterrichtsgebrauch der Fall. **Bereits hergestellte Vervielfältigungsstücke** i. S. v. Abs. 2 dürfen **vergütungsfrei verbreitet** werden. Darüber hinaus ist auch die **Vollendung der Vervielfältigung** gem. Abs. 1 vergütungsfrei zulässig (Schricker/Loewenheim/*Katzenberger* § 136 Rn. 7; Möhring/Nicolini/*Hartmann* § 136 Rn. 6). Da § 46 Abs. 5 S. 2 nicht auf § 136 Abs. 3 verweist, hat diese Vorschrift heute infolge Zeitablaufs **keine praktische Bedeutung** mehr.

§ 137 Übertragung von Rechten

(1) Soweit das Urheberrecht vor Inkrafttreten dieses Gesetzes auf einen anderen übertragen worden ist, stehen dem Erwerber die entsprechenden Nutzungsrechte (§ 31) zu. Jedoch erstreckt sich die Übertragung im Zweifel nicht auf Befugnisse, die erst durch dieses Gesetz begründet werden.

(2) Ist vor dem Inkrafttreten dieses Gesetzes das Urheberrecht ganz oder teilweise einem anderen übertragen worden, so erstreckt sich die Übertragung im Zweifel auch auf den Zeitraum, um den die Dauer des Urheberrechts nach den §§ 64 bis 66 verlängert worden ist. Entsprechendes gilt, wenn vor dem Inkrafttreten dieses Gesetzes einem anderen die Ausübung einer dem Urheber vorbehaltenen Befugnis erlaubt worden ist.

(3) In den Fällen des Absatzes 2 hat der Erwerber oder Erlaubnisnehmer dem Veräußerer oder Erlaubnisgeber eine angemessene Vergütung zu zahlen, sofern anzunehmen ist, daß dieser für die Übertragung oder die Erlaubnis eine höhere Gegenleistung erzielt haben würde, wenn damals bereits die verlängerte Schutzdauer bestimmt gewesen wäre.

(4) Der Anspruch auf die Vergütung entfällt, wenn alsbald nach seiner Geltendmachung der Erwerber dem Veräußerer das Recht für die Zeit nach Ablauf der bisher bestimmten Schutzdauer zur Verfügung stellt oder der Erlaubnisnehmer für diese Zeit auf die Erlaubnis verzichtet. Hat der Erwerber das Urheberrecht vor dem Inkrafttreten dieses Gesetzes weiterveräußert, so ist die Vergütung insoweit nicht zu zahlen, als sie den Erwerber mit Rücksicht auf die Umstände der Weiterveräußerung unbillig belasten würde.

(5) Absatz 1 gilt für verwandte Schutzrechte entsprechend.

Literatur: *Katzenberger*, Beteiligung des Urhebers an Ertrag und Ausmaß der Werkverwertung – Altverträge, Drittwirkung und Reform des § 36 UrhG, GRUR Int. 1983, 410; *Piltz*, Anm. zu BGH GRUR 1996, 763 – Salome II, GRUR 1996, 766; *Schack*, Der Vergütungsanspruch der in- und ausländischen Filmhersteller zu § 54 I UrhG, ZUM 1989, 267; *Selbherr/Behn*, Vertragssituation bei Schutzfristverlängerungen, UFITA 69 (1973), 55.
Vgl. darüber hinaus die Angaben im eingangs abgedr. Gesamtliteraturverzeichnis.

Übersicht

	Rn.
I. Bedeutung	1
II. Umwandlung von Rechtsübertragungen	2
III. Keine Erstreckung auf neue Befugnisse	3, 4
IV. Entsprechende Anwendung auf verwandte Schutzrechte	5
V. Rechtseinräumung auch für den Zeitraum der Schutzfristverlängerung	6, 7
VI. Vergütungsanspruch des Urhebers	8, 9
1. Vergütungsanspruch	8
2. „Abwendungsbefugnis"	9

I. Bedeutung

Obwohl auch § 137 zur „ersten Generation" der Übergangsvorschriften zählt, hat die Norm auch heute noch **große praktische Bedeutung.** Die Regelung in Abs. 1 S. 1 mit der Umdeutung von Rechtsübertragungen nach altem Recht in die Einräumung von Nutzungsrechten entsprechend der neuen dogmatischen Konstruktion des UrhG hat zwar lediglich klarstellenden Charakter und wirkt sich im Ergebnis nicht auf den Inhalt der Befugnisse des Rechtserwerbers aus (s. Rn. 2). Aber die in Abs. 1 S. 2 sowie Abs. 2 bis 4 enthaltenen gesetzlichen Auslegungsregeln zu Umfang und Dauer der Rechtseinräumung sowie die gesetzlichen Vergütungsansprüche sind nach wie vor relevant, gerade im Hinblick auf die vielen auf die Dauer der gesetzlichen Schutzfrist abgeschlossenen Verträge.

II. Umwandlung von Rechtsübertragungen

2   Zwar konnte auch nach früherem Recht das Urheberrecht nicht in seiner Gesamtheit übertragen werden (s. zu diesem Grundsatz nunmehr § 29 Abs. 1), möglich war aber die Übertragung der einzelnen urheberrechtlichen Verwertungsrechte (§§ 8 Abs. 3 LUG, 10 Abs. 3 KUG). Demgegenüber sieht das UrhG nur noch eine **Einräumung von Nutzungsrechten** gem. § 31 vor (dazu Vor §§ 31 ff. Rn. 21). Obwohl Altverträge grds. nicht dem neuen Recht unterliegen (s. § 132 Rn. 2f.), ordnet Abs. 1 S. 1 die Umwandlung früherer (vor dem 1.1.1966 erfolgter) Rechtsübertragungen in die Einräumung entsprechender Nutzungsrechte an. Diese Umwandlung ist eher **terminologischer Natur.** Eine inhaltliche Änderung der früher übertragenen Verwertungsbefugnisse ist mit ihr nicht verbunden (h. M., Schricker/Loewenheim/*Katzenberger* § 137 Rn. 6; Möhring/Nicolini/*Hartmann* § 137 Rn. 3; *v. Gamm* § 137 Rn. 3). So besitzt der Erwerber eines ausschließlichen Verwertungsrechts nach altem Recht gem. Abs. 1 S. 1 nunmehr ein entsprechendes ausschließliches Nutzungsrecht mit selber Ausschließlichkeitswirkung.

III. Keine Erstreckung auf neue Befugnisse

3   Abs. 1 S. 2 enthält eine **gesetzliche Auslegungsregel** (AmtlBegr. BT-Drucks. IV/270, 115) wonach sich Rechtsübertragungen aus der Zeit vor dem Inkrafttreten des UrhG (1.1.1966) im Zweifel nicht auf erst durch das UrhG neu geschaffene Befugnisse erstrecken. Die Vorschrift ist damit eine Ergänzung des allgemeinen **Zweckübertragungsgrundsatzes,** der nicht nur mit dem UrhG in § 31 Abs. 5 gesetzlich normiert, sondern auch schon zum früheren Recht von der Rspr. anerkannt war. § 137 Abs. 1 S. 2 gilt für neue urheberrechtliche Befugnisse, selbst wenn sie in der ihnen zu Grunde liegenden technisch-wirtschaftlichen Art der Nutzung schon bekannt gewesen sind (Schricker/Loewenheim/*Katzenberger* § 137 Rn. 7). Abs. 1 S. 2 versagt aber, wenn eine ausdrückliche Rechtseinräumung vorgenommen wurde (*Schack* ZUM 1989, 267, 274 am Beispiel des § 53 Abs. 5 UrhG 1966).

4   „**Neue Befugnisse**" i. S. v. Abs. 1 S. 2 sind solche, die nicht schon nach altem Recht anerkannt waren. Eine lediglich gesetzliche Bestätigung bereits früher (durch die Rspr.) anerkannter Befugnisse führt nicht zur Neuheit (Schricker/Loewenheim/*Katzenberger* § 137 Rn. 8; Möhring/Nicolini/*Hartmann* § 137 Rn. 5). Keine neue urheberrechtliche Befugnis ist das **Senderecht** des § 20 (Amtl. Begr. BT-Drucks. IV/270, 115; *v. Gamm* § 137 Rn. 3; Schricker/Loewenheim/*Katzenberger* § 137 Rn. 8; Möhring/Nicolini/ *Hartmann* § 137 Rn. 5). Neue Befugnisse sind dagegen unstrittig: das ausschließliche **Vermietrecht** gem. § 17 Abs. 1 und 2, das **Ausstellungsrecht** gem. § 18, das **Vortragsrecht** an erschienenen Sprachwerken nach § 19 Abs. 1, das **Folgerecht** des § 26, die **Vergütungsansprüche** gem. § 27 sowie diejenigen bei den gesetzlichen Schranken gem. §§ 46 Abs. 4, 47 Abs. 2 S. 2, 49 Abs. 1 S. 2, 52 Abs. 2 S. 2 (Schricker/Loewenheim/ *Katzenberger* § 137 Rn. 8; Möhring/Nicolini/*Hartmann* § 137 Rn. 5; Fromm/Nordemann/ *J. B. Nordemann* § 137 Rn. 3; Dreier/Schulze/*Dreier* § 137 Rn. 6). Gleiches gilt für die erst mit späteren Urheberrechtsnovellen eingeführten Vergütungsansprüche gem. §§ 45a Abs. 2

und 52a Abs. 4, 52b. Da der Gesetzgeber insoweit keine eigenständigen Übergangsregelungen getroffen hat, ist auf § 137 Abs. 1 S. 2 zurückzugreifen. Hinsichtlich der Vergütungsansprüche für zulässige Vervielfältigungen zum privaten und sonstigen eigenen Gebrauch (§§ 53 Abs. 5, 54 Abs. 2 UrhG 1966, **§§ 54, 54a**), die an die Stelle bereits früher anerkannter, aber praktisch nicht durchsetzbarer Rechte getreten sind, kann man nicht von neuen Befugnissen sprechen (ebenso Möhring/Nicolini/*Hartmann* § 137 Rn. 5; wohl auch *Schack* ZUM 1989, 267, 274, der die Frage aber letztlich offen lässt; a. A. Schricker/Loewenheim/*Katzenberger* § 137 Rn. 8; Fromm/Nordemann/*J. B. Nordemann* § 137 Rn. 3; Dreier/Schulze/*Dreier* § 137 Rn. 6); das gilt auch für den Vergütungsanspruch aus § 53a Abs. 2, da der Kopienversand unmittelbar an § 53 anknüpft (§ 53a Rn. 6). Neue Befugnisse hat dagegen § 36 UrhG 1966 (s. § 32a Rn. 37) begründet, der aber bereits gem. § 132 nicht auf Verträge aus der Zeit vor dem 1.1.1966 anwendbar ist (s. § 132 Rn. 3), sowie §§ 25, 40, 41 und 42, die aufgrund ihres persönlichkeitsrechtlichen Inhalts stets dem Urheber zustehen (Möhring/Nicolini/*Hartmann* § 137 Rn. 5; Fromm/Nordemann/*J. B. Nordemann* § 137 Rn. 3).

IV. Entsprechende Anwendung auf verwandte Schutzrechte

Abs. 5 ordnet die entsprechende Anwendung von Abs. 1 auf verwandte Schutzrechte an. Umfassende Bedeutung hat insoweit aber nur Abs. 1 S. 2, der für alle verwandten Schutzrechte gilt, auch wenn sie frei übertragbar sind (Fromm/Nordemann/*J. B. Nordemann* § 137 Rn. 4). Abs. 1 S. 1 gilt dagegen nur für die verwandten Schutzrechte der §§ 70 und 72, bei denen die Vorschriften des Ersten Teils des UrhG entsprechend anwendbar sind (Möhring/Nicolini/*Hartmann* § 137 Rn. 14; Schricker/Loewenheim/*Katzenberger* § 137 Rn. 9). Die meisten verwandten Schutzrechte müssen, da sie erst mit dem UrhG eingeführt worden sind, als neue Befugnisse i. S. v. Abs. 1 S. 2 angesehen werden. Etwas anderes gilt nur für die Rechte an Lichtbildern gem. § 72 und für das Aufnahmerecht des § 75 Abs. 1 a. F. (jetzt § 77 Abs. 1), die bereits nach altem Recht anerkannt waren (Möhring/Nicolini/*Hartmann* § 137 Rn. 15; Dreier/Schulze/*Dreier* § 137 Rn. 8). Insoweit gilt die speziellere Übergangsvorschrift des § 135 (s. § 135 Rn. 1 f.).

V. Rechtseinräumung auch für den Zeitraum der Schutzfristverlängerung

Das UrhG brachte gegenüber dem LUG (in der Fassung des Gesetzes zur Verlängerung der Schutzfristen im Urheberrecht v. 13.12.1934, RGBl. II S. 1395; vgl. zur dortigen, von § 137 Abs. 2 abweichenden Übergangsregelung BGH GRUR 1996, 763, 765 f. – Salome II; BGH GRUR 2000, 869, 870 f. – Salome III; *Selbherr/Behn* UFITA 69 (1973), 55, 57) eine Verlängerung der urheberrechtlichen Schutzfrist um 20 auf 70 Jahre post mortem auctoris (s. § 64 Rn. 4). Abs. 2 ist wie Abs. 1 S. 2 eine **gesetzliche Auslegungsregel** und bestimmt, dass sich im Zweifel vertragliche Übertragungen urheberrechtlicher Befugnisse oder Überlassungen dieser Befugnisse zur Ausübung auch auf den Zeitraum erstrecken, um den die Schutzfrist durch das neue Recht verlängert wurde. Diese Regelung zugunsten der Werkverwerter ist kritisiert worden (*Katzenberger* GRUR Int. 1983, 410, 421), doch dürfte den Interessen der Urheber durch die Regelung eines gesetzlichen **Vergütungsanspruchs** in **§ 137 Abs. 3** ausreichend Rechnung getragen sein (*Selbherr/Behn* UFITA 69 (1973), 55, 58). Der Gesetzgeber ist trotzdem in § 137a Abs. 2 hinsichtlich der Verlängerung der Schutzdauer für **Lichtbildwerke** von der Regelung des Abs. 2 abgewichen: Dort sollen sich vertragliche Rechtseinräumungen im Zweifel nicht auf den Verlängerungszeitraum erstrecken (s. § 137a Rn. 2). Später ist er aber wieder zur Regelung des Abs. 2 zurückgekehrt (s. §§ 137b Abs. 2, 137c Abs. 2, 137f Abs. 4, 137j Abs. 4).

UrhG § 137a

7 „**Zweifel**" i. S. v. Abs. 2 bestehen immer dann, wenn sich weder aus dem Wortlaut noch aus den sonstigen Umständen des Vertrages eindeutig ergibt, dass die Rechtseinräumung oder Ausübungsüberlassung nur für einen begrenzten Zeitraum gelten sollte. Die typische Vertragsklausel „für die Dauer des gesetzlichen Schutzrechts" ist ein solcher Zweifelsfall (BGH GRUR 1975, 495, 496 – Lustige Witwe).

VI. Vergütungsanspruch des Urhebers

1. Vergütungsanspruch

8 Als Ausgleich für die Ausübung von Nutzungsrechten innerhalb der verlängerten Schutzfrist normiert Abs. 3 einen gesetzlichen Anspruch auf **angemessene Vergütung**. Voraussetzung ist, dass der Urheber für die Rechtsübertragung oder Ausübungsüberlassung eine höhere Gegenleistung hätte erzielen können, wenn bei Vertragsschluss bereits die verlängerte Schutzdauer gegolten hätte. Das ist grds. nur bei der Vereinbarung einer **pauschalen Abfindung** möglich (BGH GRUR 1996, 763, 766 – Salome II mit zust. Anm. *Piltz*; OLG München ZUM-RD 1997, 294, 303 – Salome III; Fromm/Nordemann/*J. B. Nordemann* § 137 Rn. 8; Schricker/Loewenheim/*Katzenberger* § 137 Rn. 13; *v. Gamm* § 137 Rn. 4; Dreier/Schulze/*Dreier* § 137 Rn. 11), während bei der Vereinbarung einer nutzungsabhängigen Lizenz (z. B. Stücklizenz nach dem Absatz der Werkexemplare) der Urheber ohnehin an allen weiteren Nutzungen wirtschaftlich beteiligt wird. Für die Bestimmung der Angemessenheit der zusätzlichen Vergütung ist der Zeitpunkt der Verlängerung der Nutzungsbefugnis maßgebend (Schricker/Loewenheim/*Katzenberger* § 137 Rn. 13; Möhring/Nicolini/*Hartmann* § 137 Rn. 10). Die Bestimmung der §§ 137c Abs. 3, 137 Abs. 3 ist grds. abdingbar (dazu § 137c Rn. 4).

2. „Abwendungsbefugnis"

9 Abs. 4 S. 1 gibt dem Verwerter eine Abwendungsbefugnis, d. h. er kann den Anspruch des Urhebers auf eine zusätzliche Vergütung abwenden, indem er dem Veräußerer das erworbene Recht für die Zeit nach Ablauf der alten Schutzfrist wieder zur Verfügung stellt bzw. auf die Erlaubnis der Nutzung verzichtet. Dies muss **unverzüglich** (ohne schuldhaftes Zögern, Fromm/Nordemann/*J. B. Nordemann* § 137 Rn. 12; Möhring/Nicolini/*Hartmann* § 137 Rn. 12; *v. Gamm* § 137 Rn. 4) nach Geltendmachung des Vergütungsanspruchs durch den Veräußerer erfolgen. Letzterer konnte den Anspruch bereits mit Inkrafttreten des UrhG geltend machen; ein Abwarten auf den Ablauf der alten Schutzfrist war nicht erforderlich (Schricker/Loewenheim/*Katzenberger* § 137 Rn. 14; *v. Gamm* § 137 Rn. 4).

§ 137a Lichtbildwerke

(1) **Die Vorschriften dieses Gesetzes über die Dauer des Urheberrechts sind auch auf Lichtbildwerke anzuwenden, deren Schutzfrist am 1. Juli 1985 nach dem bis dahin geltenden Recht noch nicht abgelaufen ist.**

(2) **Ist vorher einem anderen ein Nutzungsrecht an einem Lichtbildwerk eingeräumt oder übertragen worden, so erstreckt sich die Einräumung oder Übertragung im Zweifel nicht auf den Zeitraum, um den die Dauer des Urheberrechts an Lichtbildwerken verlängert worden ist.**

Literatur: *Nordemann/Mielke*, Zum Schutz von Fotografien nach der Reform durch das dritte Urheberrechts-Änderungsgesetz, ZUM 1996, 214; *Schulze/Bettinger*, Wiederaufleben des Urheberrechtsschutzes bei gemeinfreien Fotografien, GRUR 2000, 12.

Vgl. darüber hinaus die Angaben im eingangs abgedr. Gesamtliteraturverzeichnis.

§ 137c Ausübende Künstler §§ 137b, 137c UrhG

Durch die Urheberrechtsnovelle von 1985 (BGBl. I S. 1137) wurde der bis dahin gültige **1**
§ 68 gestrichen. Diese Vorschrift setzte die Schutzfrist für Werke der Fotografie gem. § 2
Abs. 1 Ziff. 5 entgegen der Grundregel des § 64 auf eine Frist von 25 Jahre fest, und zwar
regelmäßig gerechnet ab Erscheinen des Werkes, jedoch bereits 25 Jahre nach der Herstellung, wenn das Werk innerhalb dieser Frist nicht erschienen war. Die Gesetzesänderung
von 1985 kommt damit allen Lichtbildwerken zugute, die ab dem 1.1.1960 (wegen § 69)
erschienen waren. Für sie gilt nunmehr die volle Schutzfrist des § 64 (ebenso *Nordemann/Mielke* ZUM 1996, 214; *Schulze/Bettinger* GRUR 2000, 12, 13).

Abs. 2 der Vorschrift kehrt die Auslegungsregel des § 137 Abs. 2 um, mit dem Ergebnis, **2**
dass eine Nutzungsrechtseinräumung an den bisherigen Vertragspartner im Zweifel nicht
auf die neue Schutzfrist erstreckt sein soll.

§ 137b Bestimmte Ausgaben

(1) **Die Vorschriften dieses Gesetzes über die Dauer des Schutzes nach den
§§ 70 und 71 sind auch auf wissenschaftliche Ausgaben und Ausgaben nachgelassener Werke anzuwenden, deren Schutzfrist am 1. Juli 1990 nach dem bis dahin
geltenden Recht noch nicht abgelaufen ist.**

(2) **Ist vor dem 1. Juli 1990 einem anderen ein Nutzungsrecht an einer wissenschaftlichen Ausgabe oder einer Ausgabe nachgelassener Werke eingeräumt oder
übertragen worden, so erstreckt sich die Einräumung oder Übertragung im
Zweifel auch auf den Zeitraum, um den die Dauer des verwandten Schutzrechtes verlängert worden ist.**

(3) **Die Bestimmungen in § 137 Abs. 3 und 4 gelten entsprechend.**

Die Vorschrift wurde im Rahmen des Produktpirateriegesetzes von 1990 (BGBl. I **1**
S. 422) zum 1.7.1990 in das Gesetz eingefügt, um die mit demselben Gesetz erfolgte
Schutzfristenverlängerung zugunsten der nach §§ 70 und 71 geschützten Leistungen (von
10 auf 25 Jahre) zu begleiten. Das Gesetz folgt dabei für Abs. 1 der Vorschrift der Regelungstechnik des § 129 Abs. 1 und für Abs. 2 der des § 137 (s. dort Rn. 6 f.). In Abs. 3 sind
§ 137 Abs. 3 und 4 direkt in Bezug genommen. Der ursprüngliche Rechtsinhaber aus den
§§ 70, 71 kann also für den Zeitraum der Schutzrechtsverlängerung einen gesetzlichen
Anspruch auf angemessene Vergütung geltend machen (§ 137 Abs. 3), der aber voraussetzt,
dass er eine höhere Vergütung bei Abschluss des ursprünglichen Vertrags erzielt haben
würde, wenn damals bereits die verlängerte Schutzdauer bestimmt gewesen wäre (zu den
Einzelheiten § 137 Rn. 8 f.).

§ 137c Ausübende Künstler

(1) **Die Vorschriften dieses Gesetzes über die Dauer des Schutzes nach § 82 sind
auch auf Darbietungen anzuwenden, die vor dem 1. Juli 1990 auf Bild- oder Tonträger aufgenommen worden sind, wenn am 1. Januar 1991 seit dem Erscheinen
des Bild- oder Tonträgers 50 Jahre noch nicht abgelaufen sind. Ist der Bild- oder
Tonträger innerhalb dieser Frist nicht erschienen, so ist die Frist von der Darbietung an zu berechnen. Der Schutz nach diesem Gesetz dauert in keinem Fall länger als 50 Jahre nach dem Erscheinen des Bild- oder Tonträgers oder, falls der
Bild- oder Tonträger nicht erschienen ist, 50 Jahre nach der Darbietung.**

(2) **Ist vor dem 1. Juli 1990 einem anderen ein Nutzungsrecht an der Darbietung eingeräumt oder übertragen worden, so erstreckt sich die Einräumung
oder Übertragung im Zweifel auch auf den Zeitraum, um den die Dauer des
Schutzes verlängert worden ist.**

(3) **Die Bestimmungen in § 137 Abs. 3 und 4 gelten entsprechend.**

§ 137c Ausübende Künstler

Übersicht

	Rn.
I. Gegenstand der Überleitungsvorschrift	1
II. Regelungsgehalt des Abs. 1	2, 3
III. Regelungsgehalt der Abs. 2 und 3	4

I. Gegenstand der Überleitungsvorschrift

1 Durch das Produktpirateriegesetz von 1990 (BGBl. I S. 422) wurde die Schutzfrist für ausübende Künstler von 25 auf 50 Jahre erhöht. § 137c ergänzt dabei den geänderten § 82. Eile war geboten, weil sonst mit Ablauf des Jahres 1990 alle Aufnahmen gemeinfrei geworden wären, deren Schutzfrist ab dem 1.1.1966 (Inkrafttreten des UrhG) zu laufen begonnen hatte. Dies hatte besondere Bedeutung für Altaufnahmen aus der Zeit vor 1966, deren Fristlauf § 135a ab dem 1.1.1966 neu in Gang gesetzt hatte.

II. Regelungsgehalt des Abs. 1

2 Im Ergebnis hat § 137c den § 135a ersetzt, was die Berechnung der Schutzfristen für ausübende Künstler angeht. Letztere Vorschrift bezweckte einen neuen „Fristen-Startschuss" für bereits vor Inkrafttreten des UrhG entstandene Rechte. Davon sollten nur solche ausgenommen sein, für die der Schutz gem. LUG schon vor Ausschöpfung der nun nach dem UrhG gewährten 25-Jahres-Frist (§ 82 a. F.) ausgelaufen war (§ 135a S. 2). Bei der Schutzfristberechnung für ausübende Künstler könnte § 135a nur noch zur Anwendung kommen, wenn die ihm zugrundeliegende Interessenlage fortbestünde, was z. B. dann der Fall gewesen wäre, wenn 1990 die Schutzfristverlängerung für Künstler ausschließlich durch eine Änderung des § 82 erfolgt wäre; denn unter diesen Umständen hätte es immer noch Leistungen geben können, die nach Geltung der LUG-Vorschriften früher gemeinfrei geworden wären als nach der 50-Jahres-Frist von § 82 n. F. Gerade diesen Weg aber hat der Gesetzgeber nicht gewählt, sondern stellte dem § 82 (neu) die Vorschrift des § 137c an die Seite. Diese Vorschrift nimmt wie § 135a Bezug auf Leistungen, die vor Inkrafttreten des Urheberrechtsgesetzes erbracht wurden. **§ 137c ist hinsichtlich bereits vor Inkrafttreten des UrhG aufgenommener Darbietungen ausübender Künstler lex specialis** (so auch die diesbezügliche Beschlussempfehlung des Rechtsausschusses, BT-Drucks. 11/5744, 34), denn nur für Darbietungen, deren Schutz zum Zeitpunkt des Inkrafttretens des Gesetzes bereits 50 Jahre erreicht hatte, sollte es nach den Vorschlägen des Rechtsausschusses bei der Fristberechnung nach § 135a bleiben (BT-Drucks. 11/5744, 36; durch die Bezugnahme auf Leistungen, die am 1.1.1991 noch nicht 50 Jahre erschienen waren, greift § 137c 25 Jahre in die Zeit vor 1966 zurück – im Ergebnis wie hier OLG Hamburg ZUM 1995, 334, 335 – Elvis Presley).

3 Die Regelung gilt **unabhängig von der Staatsangehörigkeit** des ausübenden Künstlers. Wäre es beabsichtigt gewesen, Aufnahmen von Darbietungen ausländischer ausübender Künstler auszunehmen, hätte nichts näher gelegen, als dies bei der Fassung des § 137c zu berücksichtigen (etwa dadurch, dass in solchen Fällen die 50-jährige Schutzfrist für vor dem 1.1.1991 aufgenommene und noch nicht erschienene Darbietungen nur dann gilt, wenn seit der Aufnahme noch keine 25 Jahre vergangen sind).

4 Abs. 1 S. 3 widerspricht direkt dem im Rahmen der Schutzfristverlängerung für ausübende Künstler im Jahre 2013 eingefügten § 137m Abs. 1, was Darbietungen aus der Zeit vor Inkrafttreten des UrhG angeht. Es liegt nahe, diese spätere Regelung als *lex specialis* anzusehen mit der Folge, dass die Anwendbarkeit von § 137c Abs. 1 S. 3 verdrängt wird. Auch die richtlinienkonforme Auslegung (im Hinblick auf RL 2011/77/EU) gebietet es, in Fällen, in denen der Tonträger erschienen ist, die 70-Jahre-Frist des § 82 Abs. 1 S. 1 anzusetzen, wenn zum Stichtag (1. November 2013) für diese Aufnahmen der Schutz nach altem Recht noch nicht abgelaufen war. In diesem Sinne wäre § 137c Abs. 1 S. 3 im Hinblick auf § 137m richtlinienkonform wie folgt zu lesen:

> Der Schutz nach diesem Gesetz dauert in keinem Fall länger als 70 Jahre nach dem Erscheinen der Aufzeichnung auf Tonträger. Ist die Darbietung des ausübenden Künstlers nicht auf einem Tonträger aufgezeichnet worden, dauert der Schutz nach diesem Gesetz in keinem Fall länger als 50 Jahre nach dem Erscheinen oder, falls der Bild- oder Tonträger nicht erschienen ist, 50 Jahre nach der Darbietung.

§ 137m sorgt dafür, dass nur Tonträger-Aufzeichnungen (audiovisuelle Aufzeichnungen sind von der Verlängerung ausgenommen), deren Schutz am zum Stichtag noch bestand, in den Genuss der Verlängerung kommen können. Für alle Tonträger-Aufzeichnungen aus der Zeit bis zum 31. Dezember 1962 bleibt es also bei der alten, zu Rn. 2 geschilderten Rechtslage.

III. Regelungsgehalt der Abs. 2 und 3

Die Auslegungsregel in Abs. 2 ist dem § 137 Abs. 2 nachgebildet. Hinsichtlich der Pflicht zur Zahlung einer angemessenen Vergütung wird über einen Verweis auf § 137 Abs. 3 und 4 dessen bewährtes Modell des Interessenausgleichs direkt in Bezug genommen. Die Vorschriften gehen § 32a vor und sind – auch formularmäßig – abdingbar (LG München I ZUM-RD 2012, 49 – nicht rechtskräftig). 5

§ 137d Computerprogramme

(1) **Die Vorschriften des Abschnitts 8 des Teils 1 sind auch auf Computerprogramme anzuwenden, die vor dem 24. Juni 1993 geschaffen worden sind. Jedoch erstreckt sich das ausschließliche Vermietrecht (§ 69c Nr. 3) nicht auf Vervielfältigungsstücke eines Programms, die ein Dritter vor dem 1. Januar 1993 zum Zweck der Vermietung erworben hat.**

(2) **§ 69g Abs. 2 ist auch auf Verträge anzuwenden, die vor dem 24. Juni 1993 abgeschlossen worden sind.**

Literatur: *Dreier,* Verletzung urheberrechtlich geschützter Software nach der Umsetzung der EG-Richtlinie, GRUR 1993, 781; *Lehmann,* Das Urhebervertragsrecht der Softwareüberlassung, FS Schricker 1995, 543; *Raubenheimer,* Softwareschutz nach dem neuen Urheberrecht, CR 1994, 69.
Vgl. darüber hinaus die Angaben im eingangs abgedr. Gesamtliteraturverzeichnis.

Übersicht

	Rn.
I. Bedeutung	1
II. Vorbestehende Software	2
III. Vermietrecht	3
IV. Vertragsrecht	4, 5

I. Bedeutung

§ 137d ist mit dem 2. UrhGÄndG (BGBl. 1993 I S. 910) zur Umsetzung der **EU-Computerprogramm-Richtlinie** mit Wirkung vom 24.6.1993 in das UrhG eingefügt worden. Die Vorschrift beruht auf Art. 9 Abs. 2 der Richtlinie, wonach die Bestimmungen der Richtlinie auch auf vor dem 1.1.1993 geschaffene Computerprogramme Anwendung 1 finden sollen. Der deutsche Gesetzgeber hat die Richtlinie mit fast sechsmonatiger Verspätung umgesetzt, hierzu aber keine besondere Regelung getroffen (anders dagegen bei der verspäteten Umsetzung der Vermiet- und Verleih-Richtlinie, vgl. dazu § 137e Rn. 5). Für den Zeitraum ab Verstreichen der Umsetzungsfrist kommt aber eine richtlinienkonforme Auslegung des alten Rechts in Betracht (s. dazu unten Rn. 2 und Dreier/Schulze/*Dreier* § 137d Rn. 9).

II. Vorbestehende Software

2 Abs. 1 S. 1 gewährleistet durch die Anwendbarkeit der §§ 69a ff. auf Computerprogramme, die vor dem 24.6.1993 geschaffen wurden, dass nicht verschiedene Rechtsordnungen parallel gelten. Das ist insb. im Hinblick auf die Anforderungen an die **Schöpfungshöhe** von Bedeutung, die nach der Rspr. zur früheren Rechtslage höher waren als nach neuem Recht (*Raubenheimer* CR 1994, 69, 71 ff.; s. Vor §§ 69a ff. Rn. 32 ff.). Denn entgegen der Grundregel des § 129 Abs. 1 S. 1 ist für die Anwendung der §§ 69a ff. auf vorbestehende Computerprogramme nicht erforderlich, dass auch nach früherem Recht Urheberrechtsschutz bestanden hat (LG München I CR 1997, 351, 353 – Softwareentwicklung im Dienstverhältnis; Möhring/Nicolini/*Hartmann* § 137d Rn. 2). Allerdings gilt das neue Recht nur für **Verwertungshandlungen, die nach dem 24.6.1993** stattgefunden haben. Verwertungshandlungen vor diesem Zeitpunkt unterliegen als abgeschlossene Vorgänge ausschließlich dem alten Recht (BGHZ 123, 208, 211 – Buchhaltungsprogramm; LG Oldenburg GRUR 1996, 481, 484 – Subventions-Analyse-System; *Dreier,* GRUR 1993, 781, 790; *Raubenheimer,* CR 1994, 69, 74), und zwar auch hinsichtlich der (strengeren) Anforderungen an die Urheberrechtsschutzfähigkeit (Möhring/Nicolini/*Hartmann* § 137d Rn. 4; *Raubenheimer* CR 1994, 69, 74; LG Oldenburg GRUR 1996, 481, 483 f. – Subventions-Analyse-System; offen gelassen von BGHZ 123, 208, 211 – Buchhaltungsprogramm; OLG München ZUM-RD 2000, 8, 13). Für Fälle zwischen dem 1.1. und dem 23.6.1993 kann aber im Wege einer **richtlinienkonformen Auslegung** des § 2 Abs. 2 doch auf die geringeren Anforderungen an die Schöpfungshöhe zurückgegriffen werden (s. dazu Dreier/Schulze/*Dreier* § 137d Rn. 9). Nicht als abgeschlossene Vorgänge zu beurteilen sind **Unterlassungsansprüche.** Sie bezwecken die Abwehr einer drohenden Rechtsverletzung in der Zukunft. Ob ein Unterlassungsanspruch besteht, richtet sich daher ab dem 24.6.1993 nach dem neuen Recht (*Raubenheimer* CR 1994, 69, 75; Schricker/Loewenheim/*Katzenberger* § 137d Rn. 2; Dreier/Schulze/*Dreier* § 137d Rn. 3; BGHZ 123, 208, 211 – Buchhaltungsprogramm; OLG Karlsruhe GRUR 1994, 726, 729 – Bildschirmmasken). Lediglich für die Frage, ob eine Wiederholungsgefahr vorliegt, kann es darauf ankommen, ob nach altem Recht eine Verletzung erfolgt war. Keine Rückwirkung besteht hingegen für **Auskunfts- oder Schadensersatzansprüche.** Denn diesbzgl. fehlt es am Verschulden des Nutzers bzw. an der ungerechtfertigten Bereicherung (Dreyer/Kotthoff/Meckel/*Kotthoff* § 137c Rn. 2).

III. Vermietrecht

3 Von der grundsätzlichen Geltung des neuen Rechts auch auf vorbestehende Software macht Abs. 1 S. 2 hinsichtlich des Vermietrechts eine Ausnahme: Für Computerprogramme, die ein Dritter vor dem 1.1.1993 (als dem Zeitpunkt, zu dem die Richtlinie hätte umgesetzt werden müssen) zum Zweck der Vermietung erworben hat, gilt das ausschließliche Vermietrecht des § 69c Nr. 3 nicht. Hier soll sich also das Vertrauen des Erwerbers auf die **Erschöpfung des Verbreitungsrechts** (einschließlich des Vermietrechts) durchsetzen (krit. dazu *Dreier* GRUR 1993, 781, 790; Dreier/Schulze/*Dreier* § 137d Rn. 5: Verstoß gegen Art. 9 Abs. 2 Computerprogramm-Richtlinie).

IV. Vertragsrecht

Abs. 2 enthält eine teilweise Regelung des **Urhebervertragsrechts**. Indem angeordnet 4
wird, dass § 69g Abs. 2 auch auf Verträge anwendbar ist, die **vor dem 24.6.1993** abgeschlossen worden sind, wird mittelbar bestätigt, dass es im Übrigen bei dem allgemeinen Grundsatz des § 132 Abs. 1 S. 1 bleibt: Altverträge unterliegen als abgeschlossene Vorgänge dem bei Vertragsschluss geltenden Urhebervertragsrecht, nicht dagegen dem neuen Recht (BGH GRUR 2000, 866, 868 – Programmfehlerbeseitigung; s. § 132 Rn. 2f.). Lediglich die zwingenden urhebervertragsrechtlichen Vorschriften des neuen Rechts (§§ 69d Abs. 2 und 3, 69e) sind rückwirkend auch auf Altverträge anzuwenden. Bezug genommen wird auf die sog. **„Grundfreiheiten"** jedes berechtigten Programmnutzers (*Dreier* GRUR 1993, 781, 790), also auf das Anfertigen einer notwendigen Sicherungskopie, das Beobachten und Testen eines Programms sowie das gesetzlich erlaubte Dekompilieren. Hier wird man zu Recht darauf verweisen können, dass sich angesichts der bis zur Gesetzesnovelle ungeklärten Rechtslage ein schutzwürdiges Vertrauen nicht bilden konnte (so die Amtl-Begr. BT-Drucks. 12/4022, 15; zustimmend *Dreier*, GRUR 1993, 781, 790f.). Von der Rückwirkung ausgenommen bleibt aber nach dem Wortlaut von Abs. 2 der zwingende Kern des § 69d Abs. 1 (*Lehmann* FS Schricker 1995, 543, 553; für eine entsprechende Anwendung von § 137d Abs. 2 Möhring/Nicolini/*Hartmann* § 137d Rn. 9; Dreier/Schulze/ *Dreier* § 137d Rn. 6).

Nach dem Wortlaut des Abs. 2 scheint **§ 69b** keine Anwendung auf Altverträge zu finden 5
(so Möhring/Nicolini/*Hartmann* § 137d Rn. 8; Dreyer/Kotthoff/Meckel/*Kotthoff* § 137d Rn. 4; Dreier, GRUR 1993, 781, 790f.; unklar dagegen die AmtlBegr. BT-Drucks. 12/4022, 16). Hingegen handelt es sich bei § 69b nach h.M. um eine **gesetzliche Lizenz** und nicht um eine auf Arbeitsverträge anzuwendende Auslegungsregel oder zwingende Inhaltsnorm (s. dazu näher § 69b Rn. 1). § 132 Abs. 1 S. 1 findet dementsprechend keine Anwendung. Ein Abstellen auf den Abschluss des Arbeitsvertrages würde zudem § 69b faktisch für alle vor dem 24.6.1993 begründeten Arbeitsverhältnisse leer laufen lassen und damit den Zweck des § 69b konterkarieren. Nach Auffassung der Rechtsprechung gilt § 69b sogar für Programme, die vor dem 24.6.1993 geschaffen wurden (BGH CR 2001, 223f.; ebenso Schricker/Loewenheim/*Loewenheim* § 69b Rn. 1). Eine so weitreichende Rückwirkung des § 69b, der – beispielsweise hinsichtlich der Geltung des Zweckübertragungsgrundsatzes – weit über § 43 hinausgeht (s. § 69b Rn. 18f.), könnte jedoch enteignende Wirkungen entfalten. Deshalb ist vor dem Hintergrund des Art. 14 GG eine Auslegung geboten, nach der lediglich die vermögenswerten Befugnisse an Computerprogrammen übergehen, die seit dem 24.6.1993 geschaffen wurden oder die erst mit der Gesetzesänderung schutzfähig wurden (ebenso Dreier/Schulze/*Dreier* § 137d Rn. 7).

§ 137e Übergangsregelung bei Umsetzung der Richtlinie 92/100/ EWG

(1) **Die am 30. Juni 1995 in Kraft tretenden Vorschriften dieses Gesetzes finden auch auf vorher geschaffene Werke, Darbietungen, Tonträger, Funksendungen und Filme Anwendung, es sei denn, dass diese zu diesem Zeitpunkt nicht mehr geschützt sind.**

(2) **Ist ein Original oder Vervielfältigungsstück eines Werkes oder ein Bild- oder Tonträger vor dem 30. Juni 1995 erworben oder zum Zweck der Vermietung einem Dritten überlassen worden, so gilt für die Vermietung nach diesem Zeitpunkt die Zustimmung der Inhaber des Vermietrechts (§§ 17, 77 Abs. 2 Satz 1, §§ 85 und 94) als erteilt. Diesen Rechtsinhabern hat der Vermieter je-**

weils eine angemessene Vergütung zu zahlen; § 27 Abs. 1 Satz 2 und 3 hinsichtlich der Ansprüche der Urheber und ausübenden Künstler und § 27 Abs. 3 finden entsprechende Anwendung. § 137d bleibt unberührt.

(3) Wurde ein Bild- oder Tonträger, der vor dem 30. Juni 1995 erworben oder zum Zweck der Vermietung einem Dritten überlassen worden ist, zwischen dem 1. Juli 1994 und dem 30. Juni 1995 vermietet, besteht für diese Vermietung ein Vergütungsanspruch in entsprechender Anwendung des Absatzes 2 Satz 2.

(4) Hat ein Urheber vor dem 30. Juni 1995 ein ausschließliches Verbreitungsrecht eingeräumt, so gilt die Einräumung auch für das Vermietrecht. Hat ein ausübender Künstler vor diesem Zeitpunkt bei der Herstellung eines Filmwerkes mitgewirkt oder in die Benutzung seiner Darbietung zur Herstellung eines Filmwerkes eingewilligt, so gelten seine ausschließlichen Rechte als auf den Filmhersteller übertragen. Hat er vor diesem Zeitpunkt in die Aufnahme seiner Darbietung auf Tonträger und in die Vervielfältigung eingewilligt, so gilt die Einwilligung auch als Übertragung des Verbreitungsrechts, einschließlich der Vermietung.

Literatur: *Braun*, Schutz geistigen Eigentums contra Berufsausübungsfreiheit am Beispiel der Tonträgervermietung, ZUM 1998, 627; *Kadelbach/Sobotta*, Umsetzung von EG-Richtlinien durch rückwirkendes Gesetz?, EWS 1996, 11; *Klett*, Puccini und kein Ende – Anwendung des europarechtlichen Diskriminierungsverbots auf vor 1925 verstorbene Urheber?, GRUR Int. 2001, 810; *Kröber*, Stärkt das neue Vermietrecht die Position der schöpferischen Menschen?, ZUM 1995, 854; *v. Lewinski*, Die Umsetzung der Richtlinie zum Vermiet- und Verleihrecht, ZUM 1995, 442.
Vgl. darüber hinaus die Angaben im eingangs abgedr. Gesamtliteraturverzeichnis.

Übersicht

	Rn.
I. Bedeutung	1, 2
II. Vorbestehende Schutzgegenstände	3, 4
III. Sonderregelung wegen verspäteter Umsetzung	5
IV. Vertragsrecht	6, 7

I. Bedeutung

1   Die Vorschrift ist mit dem 3. UrhGÄndG vom 23.6.1995 (BGBl. I S. 842) in das UrhG eingefügt worden. Sie trifft eine Übergangsregelung für die in Umsetzung der **Vermiet- und Verleih-Richtlinie** geänderten Vorschriften des UrhG, die am 30.6.1995 in Kraft getreten sind. Für die ebenfalls durch das 3. UrhGÄndG umgesetzte **Schutzdauer-Richtlinie** ist mit § 137f eine eigene Übergangsvorschrift geschaffen worden. § 137e Abs. 1 bezieht sich deshalb nicht auf sämtliche Neuregelungen durch das 3. UrhGÄndG (so aber Fromm/Nordemann/*Schaefer* § 137e Rn. 1). Denn neben den (zum 1.7.1995 in Kraft getretenen) Änderungen in Folge der Schutzdauer-Richtlinie brachte die Urheberrechtsnovelle von 1995 nur eine (zum 30.6.1995 in Kraft getretene) gesetzliche Klarstellung in Bezug auf den fremdenrechtlichen Schutz von Staatsangehörigen der EU in Folge der Phil Collins-Entscheidung des EuGH (s. Vor §§ 120ff. Rn. 37, § 125 Rn. 3). Hierzu ist eine Übergangsvorschrift entbehrlich, weil die Gesetzesänderung lediglich klarstellt, was auch schon vorher aufgrund des **Diskriminierungsverbots** galt (s. § 125 Rn. 4; a. A. *Klett* GRUR Int. 2001, 810, 811, der § 137f für anwendbar hält).

2   Der Gesetzgeber hatte mehrere Aufgaben zu erfüllen: Er musste erstens die parallele Geltung verschiedener Rechtsordnungen vermeiden (Abs. 1), zweitens mögliche Härten, die aus der Geltung der neuen Vorschriften für vorbestehende Werke und Leistungen resul-

tieren, ausgleichen (Abs. 2), drittens eine Regelung wegen der verspäteten Umsetzung der Vermiet- und Verleih-Richtlinie treffen (Abs. 3) und schließlich eine Auslegungsvorschrift für bestehende Verträge schaffen (Abs. 4).

II. Vorbestehende Schutzgegenstände

Abs. 1 folgt dem **allgemeinen Grundsatz,** wonach die neuen Vorschriften auch auf vor ihrem Inkrafttreten geschaffene Werke und erbrachte Leistungen anwendbar sind, es sei denn, diese sind zu diesem Zeitpunkt bereits gemeinfrei (s. Vor §§ 129 ff. Rn. 1). Die Regelung entspricht der Vorgabe des **Art. 13 Abs. 1 der Vermiet- und Verleih-Richtlinie** (*v. Lewinski* ZUM 1995, 442, 449; *Kröber* ZUM 1995, 854, 856). Abs. 1 bewirkt beispielsweise, dass auch für Tonträger, die vor dem 1.7.1995 hergestellt worden sind, das neue ausschließliche **Vermietrecht** gilt. Da dies jedoch Härten für die damals bestehenden Vermietgeschäfte hinsichtlich ihres Bestands an zur Vermietung angebotenen Tonträgern zur Folge gehabt hätte, hat der Gesetzgeber in Abs. 2 den Grundsatz der Anwendbarkeit auf vorbestehende Vervielfältigungsstücke modifiziert: Für **vor dem 30.6.1995 erworbene Werkoriginale, -vervielfältigungsstücke, Bild- oder Tonträger** fingiert Abs. 2 S. 1 die Zustimmung der Rechtsinhaber zur Vermietung nach diesem Stichtag (*v. Lewinski* ZUM 1995, 442, 449; *Kröber* ZUM 1995, 854, 856). Entscheidend ist nicht der Zeitpunkt des Erscheinens, sondern der des Erwerbs. Vor dem 30.6.1995 erschienene Bild- oder Tonträger, die erst nach dem Stichtag erworben wurden, fallen nicht unter die Fiktion des Abs. 2 S. 1. Für sie gilt vielmehr das ausschließliche Vermietrecht (vgl. *Kröber* ZUM 1995, 854, 856). Die **Beweislast** für den Zeitpunkt des Erwerbs liegt bei dem Vermieter, der sich auf die Zulässigkeit der Vermietung beruft (entsprechend der Beweislast bei der Erschöpfung des Verbreitungsrechts, s. dazu BGH GRUR 1988, 373, 375 – Schallplattenimport III).

Als **Ausgleich** für diese teilweise Einschränkung ihres Exklusivrechts hat der Vermieter den Rechtsinhabern (Urhebern, ausübenden Künstlern, Tonträger- und Filmherstellern) jedoch gem. Abs. 2 S. 2 eine **angemessene Vergütung** zu zahlen. Diese Art der Übergangsregelung eröffnet **Art. 13 Abs. 3 der Vermiet- und Verleih-Richtlinie**. Hinsichtlich des **Vergütungsanspruchs** erklärt Abs. 2 S. 2 für **Urheber und ausübende Künstler** die **Schutzvorschriften** der § 27 Abs. 1 S. 2 und 3 sowie § 27 Abs. 3 für anwendbar. Das bedeutet, dass sie auf den Vergütungsanspruch nicht verzichten und ihn im Vorhinein nur an eine Verwertungsgesellschaft abtreten können. Abs. 2 S. 3 mit dem Verweis auf § 137d bezieht sich auf das für Computerprogramme bereits früher eingeführte ausschließliche Vermietrecht und stellt sicher, dass nicht in den Regelungsbereich der dortigen Übergangsregelung eingegriffen wird (s. § 137d Rn. 3).

III. Sonderregelung wegen verspäteter Umsetzung

Abs. 3 trifft eine Sonderregelung für Vermietvorgänge, die zwischen dem 1.7.1994 und dem 30.6.1995 erfolgt sind. Hintergrund ist die einjährige **Verspätung der Umsetzung der Vermiet- und Verleih-Richtlinie** (*v. Lewinski* ZUM 1995, 442, 449 f.). Der den Berechtigten durch die einjährige Vorenthaltung des Vermietrechts entstandene Nachteil soll durch einen **Vergütungsanspruch** in entsprechender Anwendung des Abs. 2 S. 2 ausgeglichen werden. Manche halten die rückwirkende Belastung der Vermieter mit diesem Vergütungsanspruch für verfassungsrechtlich bedenklich (*Kadelbach/Sobotta* EWS 1996, 11, 12 ff.). Die AmtlBegr. (BT-Drucks. 13/115, 17 f.) dürfte aber zu Recht darauf verweisen, dass es kein schutzwürdiges Vertrauen auf die verspätete Umsetzung der EU-Richtlinie gibt (ebenso Dreier/Schulze/*Dreier* § 137e Rn. 7, i. E. ebenso Dreyer/Kotthoff/Meckel/*Kotthoff* § 137e Rn. 4).

IV. Vertragsrecht

6   Abs. 4 trifft Auslegungsregeln für bestehende Verträge. Hat ein Urheber vor dem 30.6.1995 (gemeint sind auch Verträge, die an diesem Tag geschlossen wurden; Fromm/Nordemann/*Schaefer* § 137e Rn. 11) einem Verwerter das ausschließliche Verbreitungsrecht an einem Werk eingeräumt, so gilt dies auch für das **Vermietrecht** (Abs. 4 S. 1). Die Vorschrift beruht auf **Art. 13 Abs. 7 der Vermiet- und Verleih-Richtlinie**. Da die Vermietung Teil des Verbreitungsrechts des Urhebers ist (*Braun* ZUM 1998, 627, 629; Fromm/Nordemann/*Schaefer* § 137e Rn. 8), ist diese Regelung folgerichtig.

7   Für **ausübende Künstler** gehen die Regelungen in Abs. 4 S. 2 und 3 noch etwas weiter, da ihnen vor dem 30.6.1995 überhaupt kein exklusives Verbreitungsrecht zustand. Für ausübende Künstler, die an der Entstehung eines **Filmwerks** beteiligt sind, erklärt Abs. 4 S. 2 die ausschließlichen Rechte als auf den Filmhersteller übertragen. Die Regelung entspricht damit der Vorschrift des § 92 und dehnt diese auf die vor dem 1.7.1995 erfolgte Mitwirkung bei Filmproduktionen aus (Möhring/Nicolini/*Spautz* § 137e Rn. 8). Eine analoge Anwendung des Abs. 4 S. 2 scheidet indes aus, da es sich um eine nicht analogiefähige Ausnahmevorschrift handelt (LG München GRUR-RR 2010, 157, 160). Schließlich trifft Abs. 4 S. 3 eine entsprechende Regelung für die Rechtseinräumung bei der **Aufnahme von Tonträgern:** Hat ein ausübender Künstler vor dem 30.6.1995 in die Aufnahme seiner Darbietung und die anschließende Vervielfältigung eingewilligt, so wird die Übertragung des neu eingeführten Verbreitungsrechts einschließlich des **Vermietrechts** fingiert. Aufgrund des Hinzukommens neuer Rechte infolge der rückwirkenden Auslegung von Altverträgen bestehen insoweit auch keine verfassungsrechtlichen Bedenken (Dreier/Schulze/*Dreier* § 137e Rn. 8).

§ 137f Übergangsregelung bei Umsetzung der Richtlinie 93/98/EWG

(1) Würde durch die Anwendung dieses Gesetzes in der ab dem 1. Juli 1995 geltenden Fassung die Dauer eines vorher entstandenen Rechts verkürzt, so erlischt der Schutz mit dem Ablauf der Schutzdauer nach den bis zum 30. Juni 1995 geltenden Vorschriften. Im Übrigen sind die Vorschriften dieses Gesetzes über die Schutzdauer in der ab dem 1. Juli 1995 geltenden Fassung auch auf Werke und verwandte Schutzrechte anzuwenden, deren Schutz am 1. Juli 1995 noch nicht erloschen ist.

(2) **Die Vorschriften dieses Gesetzes in der ab dem 1. Juli 1995 geltenden Fassung sind auch auf Werke anzuwenden, deren Schutz nach diesem Gesetz vor dem 1. Juli 1995 abgelaufen ist, nach dem Gesetz eines anderen Mitgliedstaates der Europäischen Union oder eines Vertragsstaates des Abkommens über den Europäischen Wirtschaftsraum zu diesem Zeitpunkt aber noch besteht. Satz 1 gilt entsprechend für die verwandten Schutzrechte des Herausgebers nachgelassener Werke (§ 71), der ausübenden Künstler (§ 73), der Hersteller von Tonträgern (§ 85), der Sendeunternehmen (§ 87) und der Filmhersteller (§§ 94 und 95).**

(3) Lebt nach Absatz 2 der Schutz eines Werkes im Geltungsbereich dieses Gesetzes wieder auf, so stehen die wiederauflebenden Rechte dem Urheber zu. Eine vor dem 1. Juli 1995 begonnene Nutzungshandlung darf jedoch in dem vorgesehenen Rahmen fortgesetzt werden. Für die Nutzung ab dem 1. Juli 1995 ist eine angemessene Vergütung zu zahlen. Die Sätze 1 bis 3 gelten für verwandte Schutzrechte entsprechend.

(4) Ist vor dem 1. Juli 1995 einem anderen ein Nutzungsrecht an einer nach diesem Gesetz noch geschützten Leistung eingeräumt oder übertragen worden,

so erstreckt sich die Einräumung oder Übertragung im Zweifel auch auf den Zeitraum, um den die Schutzdauer verlängert worden ist. Im Fall des Satzes 1 ist eine angemessene Vergütung zu zahlen.

Literatur: *Dietz,* Die Schutzdauer-Richtlinie der EU, GRUR Int. 1995, 670; *Flechsig/Klett,* Europäische Union und europäischer Urheberschutz – Ende der internationalen Urheberschutzregeln und der nationalen Ausländerschutzregeln in Europa? –, ZUM 1994, 685; *Katzenberger,* Urheberrecht und Urhebervertragsrecht in der deutschen Einigung, GRUR Int. 1993, 2; *Klutmann,* Tonträgerherstellerrechte an vor Inkrafttreten des Urheberrechtsgesetzes erschienenen Musikaufnahmen, ZUM 2006, 535; *v. Lewinski,* Der EG-Richtlinienvorschlag zur Harmonisierung der Schutzdauer im Urheber- und Leistungsschutzrecht, GRUR Int. 1992, 724; *v. Lewinski,* Richtlinie des Rates vom 29. Oktober 1993 zur Harmonisierung der Schutzdauer des Urheberrechts und bestimmter verwandter Schutzrechte, in: Möhring/Schulze/Ulmer/Zweigert (Hrsg.), Quellen des Urheberrechts, Neuwied, Stand: Mai 2004, Bd. 6, Europ. GemeinschaftsR/II/4 (zit. *v. Lewinski* in: Möhring/Schulze/Ulmer/Zweigert); *Nordemann/Mielke,* Zum Schutz von Fotografien nach der Reform durch das dritte Urheberrechts-Änderungsgesetz, ZUM 1996, 214; *Schack,* Schutzfristenchaos im europäischen Urheberrecht, GRUR Int. 1995, 310; *Schulze/Bettinger,* Wiederaufleben des Urheberrechtsschutzes bei gemeinfreien Fotografien, GRUR 2000, 12; *Ubertazzi,* Der Fall „Butterfly" – Schutzdauer der verwandten Schutzrechte und Übergangsrecht, GRUR Int. 1999, 407; *Vogel,* Die Umsetzung der Richtlinie zur Harmonisierung der Schutzdauer des Urheberrechts und bestimmter verwandter Schutzrechte, ZUM 1995, 451; *Wandtke,* Auswirkungen des Einigungsvertrags auf das Urheberrecht in den neuen Bundesländern, GRUR 1991, 263.
Vgl. darüber hinaus die Angaben im eingangs abgedr. Gesamtliteraturverzeichnis.

Übersicht

	Rn.
I. Bedeutung	1
II. Vorbestehende Werke und Leistungen	2–11
1. Anwendung des neuen Rechts	2
2. Keine Schutzfristverkürzung	3, 4
3. Wiederaufleben bereits erloschener Rechte	5–9
a) Werke (Abs. 2 S. 1)	6
b) Verwandte Schutzrechte (Abs. 2 S. 2)	7–9
4. Inhaber wiederauflebender Rechte	10
5. Vertrauensschutz	11
III. Vertragsrecht	12

I. Bedeutung

Die Vorschrift ist mit dem **3. UrhGÄndG** vom 23.6.1995 (BGBl. I S. 842) in das UrhG **1** aufgenommen worden. Sie trifft Übergangsregelungen für die infolge der Umsetzung der **Schutzdauer-Richtlinie** geänderten Vorschriften des UrhG. § 137f beruht auf Art. 10 Schutzdauer-Richtlinie und folgt teilweise den bekannten Grundsätzen der §§ 129, 136 und 137, geht aber insb. in Abs. 2 mit dem Wiederaufleben bereits erloschener Rechte auch über diese hinaus. Das führt sogar dazu, dass § 129 Abs. 1 durch § 137f Abs. 2 verdrängt wird (s. u. Rn. 8).

II. Vorbestehende Werke und Leistungen

1. Anwendung des neuen Rechts

Dem Grundsatz des § 129 Abs. 1 S. 1 folgend gelten die neuen Schutzdauerregelungen **2** gem. Abs. 1 S. 2 auch für vorbestehende Werke und Leistungen, deren Schutz am 1.7.1995 noch nicht erloschen ist. Dadurch soll ein Nebeneinander verschiedener Rechtsordnungen vermieden werden (s. Vor §§ 129 ff. Rn. 1). Da das neue Recht überwiegend Schutzfristverlängerungen brachte, ist seine Anwendung auf vorbestehende Werke und Leistungen grds. unproblematisch. Für die wenigen Fälle, in denen das neue Recht eine bereits laufende längere Schutzfrist verkürzen würde, hat der Gesetzgeber in Abs. 1 S. 1 eine Sonderregelung getroffen.

2. Keine Schutzfristverkürzung

3   Abs. 1 S. 1 beruht auf Art. 10 Abs. 1 Schutzdauer-Richtlinie und dient dem Schutz wohlerworbener Rechte. Bereits laufende Schutzfristen sollen durch das am 1.7.1995 in Kraft getretene neue Recht nicht verkürzt werden. Sollte es durch das neue Recht zu einer Schutzfristverkürzung kommen, gilt stattdessen das alte Recht. Abs. 1 S. 1 gilt nur für bereits laufende Schutzfristen (s. auch Art. 10 Abs. 1 Schutzdauer-Richtlinie: „Schutzfrist, die ... bereits läuft"). Da die urheberrechtliche Schutzfrist das Leben des Urhebers und 70 Jahre nach seinem Tod umfasst, bedeutet dies aber nicht, dass das für die Berechnung der Schutzfrist maßgebende Ereignis vor dem 1.7.1995 eingetreten sein muss (so aber Möhring/Nicolini/*Hartmann* § 137f Rn. 4). Zu fordern ist lediglich, dass zum Stichtag 1.7.1995 die Schutzfristverkürzung bereits feststellbar ist (ebenso *Dietz* GRUR Int. 1995, 670, 684 am Beispiel von Filmwerken: Tod der vier nach neuem Recht maßgebenden Personen vor dem 1.7.1995, Überleben von nach altem Recht maßgebenden Urhebern; a. A. offenbar Fromm/Nordemann/*Dustmann* § 137f Rn. 3). So kann die Zahl der Ausnahmefälle, in denen das Harmonisierungsziel der Richtlinie verfehlt wird, eingedämmt werden (*Dietz* GRUR Int. 1995, 670, 684).

4   **Schutzfristverkürzungen** kommen insb. dort in Betracht, wo das neue Recht zusätzliche Anknüpfungskriterien für den Beginn der Schutzfrist statuiert, so bei den Leistungsschutzrechten mit dem Abstellen auf die **erste erlaubte öffentliche Wiedergabe** (Amtl-Begr. BT-Drucks. 13/781, 17; *Vogel* ZUM 1995, 451, 457). Relevant ist dies für den Schutz von **Lichtbildern als Zeitgeschichtsdokumente** und den **Veranstalterschutz** (s. dazu Möhring/Nicolini/*Hartmann* § 137f Rn. 8f.), aber auch für den Schutz **ausübender Künstler** (a. A. Möhring/Nicolini/*Hartmann* § 137f Rn. 9), da deren Schutzfrist (mit einem primären Abstellen auf das Erscheinen) bereits vor der Schutzdauer-Richtlinie auf 50 Jahre verlängert worden war, während in Folge der Richtlinienumsetzung nur noch der Beginn der Schutzfrist novelliert wurde. Für die Rechte der **Tonträgerhersteller,** die erst aufgrund der Schutzdauer-Richtlinie auf 50 Jahre verlängert worden sind, kam eine Anwendung des alten Rechts dagegen nur in Betracht, wenn die alte (25-jährige) Schutzfrist ab Erscheinen des Tonträgers länger war als der neue (50-jährige) Schutz ab der ersten öffentlichen Wiedergabe. Vergleichbares gilt für die Rechte der **Sendeunternehmen** hinsichtlich der Berechnung der Schutzfrist ab der ersten Funksendung. Für Tonträgerhersteller (nicht aber für ausübende Künstler, vgl. § 82 Rn. 7) ist mit der Urheberrechtsnovelle vom 10.9.2003 (BGBl. I S. 1774; s. Vor §§ 31 ff. Rn. 4) die Anknüpfung an die erste öffentliche Wiedergabe für den Fall, dass der Tonträger auch erschienen ist, wieder gestrichen worden (s. dazu § 85 Rn. 28 f.). Für den Übergang zu dieser neuen Schutzfristberechnung gilt § 137j Abs. 2. Eine Anwendung des alten Rechts ist ferner denkbar bei **Filmwerken,** sofern sich die Schutzdauer nach dem Tod eines Miturhebers richtet, der nach neuem Recht nicht mehr zu den für die Fristberechnung maßgeblichen Personen zählt (*Dietz* GRUR Int. 1995, 670, 684 f.; Möhring/Nicolini/*Hartmann* § 137f Rn. 4). Schließlich kann das neue Recht zu Schutzfristverkürzungen bei **nachgelassenen Werken,** bei **anonymen und pseudonymen Werken** sowie bei **Lieferungswerken** führen, so dass auch hier eine Fortgeltung des günstigeren alten Rechts möglich ist (s. dazu Möhring/Nicolini/*Hartmann* § 137f Rn. 3, 5–7).

3. Wiederaufleben bereits erloschener Rechte

5   Mit der Möglichkeit des Wiederauflebens von Rechten geht Abs. 3 über § 129 Abs. 1 hinaus. Die Regelung beruht auf Art. 10 Abs. 2 Schutzdauer-Richtlinie. Nachdem die

EU-Kommission ursprünglich die Anwendbarkeit der Richtlinie auf Rechte beschränken wollte, die am 31.12.1994 noch nicht erloschen waren (*Flechsig/Klett* ZUM 1994, 685, 697; krit. dazu *v. Lewinski* GRUR Int. 1992, 724, 733), hat sich später doch das Interesse an einer **weitergehenden Harmonisierung der Schutzfristen** durchgesetzt (*v. Lewinski* in: Möhring/Schulze/Ulmer/Zweigert 15; Möhring/Nicolini/*Hartmann* § 137f Rn. 13; *Flechsig/Klett* ZUM 1994, 685, 697). Art. 10 Abs. 2 Schutzdauer-Richtlinie bestimmt deshalb, dass die harmonisierten Schutzfristen auf alle Werke und Leistungen Anwendung finden, die am 1.7.1995 zumindest in einem Mitgliedstaat der EU noch geschützt sind. Diese Regelung allein hätte zwar noch nicht zu einer umfassenden und sofortigen Harmonisierung der Schutzfristen innerhalb der EU geführt, da der Schutz in den einzelnen EU-Staaten von fremdenrechtlichen Schranken abhängen konnte. Doch die kurz vor der Verabschiedung der Schutzdauer-Richtlinie ergangene Phil Collins-Entscheidung des EuGH (s. dazu Vor §§ 120ff. Rn. 37, § 125 Rn. 3) und der Umstand, dass die harmonisierten Schutzfristen jeweils in einem oder mehreren EU-Staaten bereits geltendes Recht waren, sorgen im Ergebnis für eine **umfassende Rückwirkung der Schutzdauer-Richtlinie** (*Dietz* GRUR Int. 1995, 670, 683; Möhring/Nicolini/*Hartmann* § 137f Rn. 16; krit. dazu *Schack* GRUR Int. 1995, 310ff.; ausführlich zur Schutzdauer-Richtlinie Schricker/Loewenheim/*Katzenberger* § 64 Rn. 13ff.).

a) **Werke (Abs. 2 S. 1).** Maßgeblich ist, dass das Werk nach dem Recht eines EU- oder EWR-Staates geschützt ist. Schon nach dem Wortlaut ist es nicht ausreichend, dass ein Werk lediglich nach seiner Art geschützt ist (LG München ZUM 2009, 335, 336). Das in Abs. 2 S. 1 angeordnete Wiederaufleben von Urheberrechten hat in Deutschland nur geringe praktische Bedeutung, da bereits nach altem Recht für Werke eine Schutzfrist von 70 Jahren post mortem auctoris galt. Lediglich für bestimmte **Lichtbildwerke** kann Abs. 2 S. 1 relevant werden: Bis 1985 waren Lichtbildwerke lediglich 25 Jahre ab ihrem Erscheinen geschützt. Zwar wurde 1985 die Schutzfrist auf das allgemeine Niveau angehoben, doch dies galt nicht für bereits gemeinfreie Lichtbildwerke, also solche, die vor 1960 erschienen waren (*Schulze/Bettinger* GRUR 2000, 12, 13; *Nordemann/Mielke* ZUM 1996, 214; s. auch OLG Hamburg ZUM-RD 2004, 303, 304). Da diese aber in anderen EU-Staaten (bspw. Spanien, Frankreich, Niederlande, s. dazu *Schulze/Bettinger* GRUR 2000, 12, 14ff.; *Vogel* ZUM 1995, 451, 457; *Nordemann/Mielke* ZUM 1996, 214, 215) aufgrund der dort geltenden längeren Schutzfristen von 50 und sogar 80 Jahren zum 1.1.1995 noch geschützt waren, lebt in Deutschland der Schutz wieder auf (OLG Hamburg ZUM-RD 2004, 303, 305).

b) **Verwandte Schutzrechte (Abs. 2 S. 2).** Gem. Abs. 2 S. 2 können auch die dort genannten verwandten Schutzrechte, obwohl sie in Deutschland nicht oder nicht mehr geschützt sind, zum 1.1.1995 wieder aufleben, wenn sie in einem anderen EU-Staat zu diesem Zeitpunkt noch geschützt waren. Für die Rechte der **ausübenden Künstler** hat dies **keine praktische Bedeutung,** da für sie bereits 1990 die Schutzfrist auf 50 Jahre verlängert worden war (s. dazu § 137c Rn. 1ff.). Erhebliche Auswirkungen hat Abs. 2 S. 2 aber auf die unternehmensbezogenen Leistungsschutzrechte der **Tonträger- und Filmhersteller** sowie der **Sendeunternehmen,** deren Schutzfristen infolge der Schutzdauer-Richtlinie verdoppelt wurden (*Vogel* ZUM 1995, 451, 457). Da für diese Leistungsschutzrechte in einigen EU-Staaten bereits früher eine 50-jährige Schutzfrist bestand (für Tonträgerhersteller und Sendeunternehmen beispielsweise in Portugal, für Filmhersteller in Spanien, s. dazu den Überblick bei *v. Lewinski* GRUR Int. 1992, 724, 727), bewirkt Abs. 2 S. 2, dass sie nunmehr auch in Deutschland wieder Schutz genießen können. Hierfür ist in jedem Einzelfall zu prüfen, ob in einem anderen EU-Mitgliedstaat ein Schutz begründet war, wobei auch **fremdenrechtliche Schutzschranken** zu beachten sind (s. beispielsweise zum Schutz US-amerikanischer Tonträgerhersteller in Großbritannien OLG Hamburg ZUM-RD 2001, 109, 117f. – Frank Sinatra). Aufgrund der Richtlinie 2011/77/EU des

Europäischen Parlamentes und des Rates vom 27.9.2011 über die Schutzdauer des Urheberrechts und bestimmter verwandter Schutzrechte (ABl. L 265 vom 11.10.2011), der eine lange und kontroverse Debatte vorausgegangen ist, muss die **Schutzdauer** der Rechten von ausübenden Künstlern und Herstellern von Tonträgern und Tonträger von derzeit 50 **auf 70 Jahre verlängert** werden. Ergänzend sieht die Richtlinie ein Kündigungsrecht sowie Ansprüche auf zusätzliche Vergütung ausübender Künstler vor. Diese Richtlinie musste bis zum 1.11.2013 in deutsches Recht umgesetzt werden. Die Bundesregierung hat im November 2012 einen Entwurf für ein Gesetz zur Umsetzung dieser Richtlinie vorgelegt (8. Gesetz zur Änderung des Urheberrechtsgesetzes, BT-Drucks. 17/12013). Dieses Gesetz, das am 2.7.2013 (BGBl. I S. 1940) als 9. UrhGÄndG verkündet wurde und am 6.7.2013 In Kraft trat, schuf einen neuen **§ 137m** mit **Übergangsregelungen** für die Umsetzung der Richtlinie 2011/77/EU (dazu BT-Drucks. 17/12013, 5); zu diesem Gesetz Näheres unter §§ 79 Rn. 38 ff., 79a, 82 Rn. 2a ff., 85 Rn. 29, 137m).

8 Durch die Verpflichtung des Art. 10 Abs. 2 Schutzdauer-Richtlinie, einen 50-jährigen Schutz für die Rechte der Tonträger- und Filmhersteller sowie der Sendeunternehmen zu gewähren, sobald diese in einem anderen EU-Mitgliedstaat noch geschützt sind, ergeben sich im deutschen Recht zwei Probleme. Zum einen können **Widersprüche zu § 129 Abs. 1 S. 2** auftreten, wenn nunmehr Schutz für Leistungen gewährt werden muss, die vor dem Inkrafttreten des UrhG leistungsschutzrechtlich nicht geschützt waren (vgl. Fromm/Nordemann/*A. Nordemann* § 129 Rn. 6 einerseits und Fromm/Nordemann/*Dustmann* § 137 f Rn. 3 andererseits, wo dieser Widerspruch nicht aufgelöst wird). Zum anderen erfasst der **Wortlaut von § 137 f Abs. 2** eigentlich nur den Fall, dass ein Schutz vor dem 1.7.1995 abgelaufen ist, was voraussetzt, dass ein solcher Schutz einmal begründet gewesen sein muss. Aufgrund des eindeutigen Wortlauts von Art. 10 Abs. 2 Schutzdauer-Richtlinie, der nur darauf abstellt, dass **in irgendeinem EU-Mitgliedstaat** die Leistung noch geschützt ist, wird man § 137 f Abs. 2 richtlinienkonform dahingehend auslegen müssen, dass es nicht darauf ankommt, ob die Leistung auch in Deutschland bereits leistungsschutzrechtlich geschützt war (ebenso Dreier/Schulze/*Dreier* § 137 f Rn. 8). Andernfalls wäre das Ziel der Richtlinie, eine möglichst umfassende sofortige Harmonisierung der Schutzfristen zu erreichen, für einen bedeutenden Teil der Leistungsschutzrechte verfehlt worden (*Klutmann* ZUM 2006, 535, 539). Im Übrigen zeigt die Bezugnahme in Art. 10 Abs. 2 Schutzdauer-Richtlinie auf die Schutzkriterien der Vermiet- und Verleih-Richtlinie, dass auch die Fälle erfasst werden sollten, in denen entsprechende verwandte Schutzrechte nicht in allen Mitgliedstaaten geschützt waren (Schricker/Loewenheim/*Katzenberger* § 64 Rn. 41; *v. Lewinski* in: Möhring/Schulze/Ulmer/Zweigert 15). Die Auffassung, § 137 f gewähre das Schutzrecht nur für solche Aufnahmen, bei denen das Leistungsschutzrecht in Deutschland bereits einmal bestanden hat und lediglich wieder aufleben muss, geht deshalb fehl (*Klutmann* ZUM 2006, 535, 542).

Der Widerspruch zwischen § 129 Abs. 1 und § 137 f muss richtlinienkonform dadurch gelöst werden, dass **§ 137 f** als **vorrangige Sonderregelung** § 129 verdrängt (s. Vor §§ 129 ff. Rn. 2). Im Ergebnis genießen daher sämtliche in § 137 f Abs. 2 S. 2 genannten Leistungsschutzrechte in Deutschland einen 50-jährigen Schutz, auch solche, die sich auf vor dem 1.1.1966 erbrachte Leistungen beziehen (ebenso zum Schutz eines US-amerikanischen Tonträgerherstellers für vor dem 1.1.1966 erschienene Tonträgeraufnahmen OLG Hamburg ZUM-RD 2001, 109, 116 f. – Frank Sinatra; a. A. OLG Rostock Urt. v. 19.5.2004 – 2 U 38/03 –, S. 13 ff., nicht rechtskräftig).

Die Mitgliedstaaten sind darüber hinaus verpflichtet, auch Tonträger zu schützen, die am 1.7.1995 **in keinem Mitgliedstaat** geschützt waren. Der BGH hielt diese Auslegung jedoch für zu weit, da eine solches Ergebnis im **Widerspruch** zu dem in Art. 7 Abs. 2 der Schutzdauer-Richtlinie formulierten Zweck der Richtlinie stehe (BGH GRUR Int. 2007, 610, 612). Der EuGH entschied hingegen nach Vorlage des BGH (BGH GRUR Int. 2007, 610), dass selbst dann, wenn Tonträger in Deutschland niemals urheberrechtlich geschützt waren, ein Wiederaufleben des Schutzes besteht (EuGH GRUR 2009, 393, 394 f. – *Sony/ Falcon*). Mithin ist aufgrund des Grundsatzes der richtlinienkonformen Auslegung nationalen Rechts die Regelung des § 137 f Abs. 2 – ungeachtet seines entgegenstehenden Wortlauts – auch anzuwenden, wenn der vorgesehene Schutz zwar nach dem UrhG vor dem 1.7.1995 nie bestanden hat, aber nach dem Gesetz eines anderen Mitgliedstaates der EU zum 1.7.1995 noch bestand (BGH ZUM 2010, 429, 431 – Bob Dylan, daran anschließend OLG Rostock ZUM 2012, 258).

Ein Wiederaufleben von Rechten kommt nur für die in Abs. 2 S. 2 ausdrücklich genannten Leistungsschutzrechte in Betracht. Die Regelung gilt dagegen **nicht** für den **Schutz einfacher Lichtbilder** und **wissenschaftlicher Ausgaben** (h. M., Schricker/ Loewenheim/*Katzenberger* § 137 f Rn. 3; Möhring/Nicolini/*Hartmann* § 137 f Rn. 18; hinsichtlich des Lichtbilderschutzes auch OLG Düsseldorf GRUR 1997, 49, 50 – Beuys-Fotografien; *Nordemann/Mielke* ZUM 1996, 214, 216; hierzu a. A. *Schulze/Bettinger* GRUR 2000, 12, 18).

4. Inhaber wiederauflebender Rechte

Abs. 3 S. 1 regelt für den Fall des Wiederauflebens eines Rechts, wer dessen Inhaber ist. Die Rechte stehen dem Urheber zu, nicht etwa einem etwaigen Inhaber ausschließlicher Nutzungsrechte (Möhring/Nicolini/*Hartmann* § 137 f Rn. 19; Fromm/Nordemann/ *Dustmann* § 137 f Rn. 16; *Schulze/Bettinger* GRUR 2000, 12, 18). Gleiches gilt gem. Abs. 3 S. 3 für die in Abs. 2 genannten verwandten Schutzrechte.

5. Vertrauensschutz

Abs. 3 S. 2 trifft eine notwendige Regelung zum Schutz derjenigen, die im Vertrauen auf die Gemeinfreiheit eines Werkes oder einer sonstigen geschützten Leistung (Abs. 3 S. 3) eine Nutzungshandlung begonnen haben (s. Erwägungsgrund 27 Schutzdauer-Richtlinie). Die Schutzdauer-Richtlinie stellt den Mitgliedstaaten frei, in welcher Form sie die **„erworbenen Rechte Dritter"** schützen wollen (Art. 10 Abs. 3 S. 2 Schutzdauer-Richtlinie; EuGH GRUR Int. 1999, 868, 869 f. – *Butterfly*; *v. Lewinski* in: Möhring/ Schulze/Ulmer/Zweigert 16; krit. *Ubertazzi* GRUR Int. 1999, 407, 414 f., der darauf verweist, dass bei der Nutzung einer gemeinfreien Leistung nicht von einem „erworbenen Recht" gesprochen werden kann). Anders als beispielsweise in Italien, wo eine feste Aufbrauchfrist von drei Monaten gesetzlich festgeschrieben wurde (s. dazu EuGH GRUR Int. 1999, 868 – *Butterfly*; *Ubertazzi* GRUR Int. 1999, 407, 408 f.), hat der deutsche Gesetzgeber keine festen zeitlichen Grenzen für die Fortführung einer Nutzung statuiert. In Anlehnung an die Regelung im **Einigungsvertrag** (Anlage I Kapitel III Sachgebiet E Abschnitt II Nr. 2 § 2 Abs. 1, s. EVtr Rn. 32), dessen Auslegung vergleichend herangezogen werden kann (Möhring/Nicolini/*Hartmann* § 137 f Rn. 21), ist die **Fortführung einer begonnenen Nutzungshandlung in dem vorgesehenen Rahmen** zulässig. Bei der Auslegung dieser Regelung darf das Ziel der Schutzdauer-Richtlinie, eine Harmonisierung der nationalen Rechtsvorschriften über die Schutzdauer so schnell wie möglich zu erreichen (Erwägungsgrund 2), nicht aus den Augen verloren werden (EuGH GRUR Int. 1999, 868, 870 – *Butterfly*). Es ist in jedem Fall zu fordern, dass eine Nutzung im **Vertrauen auf die Gemeinfreiheit** des Werkes oder der Leistung begonnen wurde, was nach der **Veröffentlichung der Schutzdauer-Richtlinie** im EG-Amtsblatt (24.11.1993) kaum noch möglich ist. Sinnvoller wäre es deshalb gewesen, wenn der Gesetzgeber gleich auf diesen Zeitpunkt abgestellt hätte, anstatt auch vor dem 1.7.1995 begonnene Nutzungshandlungen in den möglichen Vertrauensschutz einzubeziehen. Dies hätte auch der Regelung im Einigungsvertrag entsprochen, bei der als Stichtag der Vertrauensschutzregelung nicht das Datum der Wiedervereinigung, sondern das frühere der Wirtschafts- und Währungsunion gewählt wurde (s. dazu *Katzenberger* GRUR Int. 1993, 2, 9). Für eine großzügige Gestattung der Fortführung einer Nutzung besteht insb. auch dann keine Veranlassung, wenn der Verwerter selbst keine großen Investitionen getätigt hat (vgl. zum **„Amortisationsgedanken"** im Rahmen des Einigungsvertrages *Wandtke* GRUR 1991, 263, 264), was bspw. bei der Auswertung ehemals gemeinfreier Tonträgeraufnahmen regelmäßig der Fall sein dürfte. Zur Auslegung der Begriffe „begonnene Nutzungshandlung" und „im vorgesehenen Rahmen" vgl. im Übrigen § 136 Rn. 3 f. Anders als in § 136 ist für die fortgeführte Nutzung nach dem 1.7.1995 gem. Abs. 3 S. 3 eine **angemessene Vergütung** zu zahlen (s. dazu Möhring/Nicolini/*Hartmann* § 137 f Rn. 22; *Nordemann/Mielke* ZUM 1996, 214, 217).

III. Vertragsrecht

12   Die **gesetzliche Auslegungsregel** des Abs. 4 S. 1 beantwortet nach dem Vorbild des Einigungsvertrags (AmtlBegr. BT-Drucks. 13/781, 17) die vertragsrechtliche Frage, wie sich die Verlängerung der Schutzfrist für Leistungsschutzrechte (nur für diese ist die Frage praktisch bedeutsam, AmtlBegr. BT-Drucks. 13/781, 17; Möhring/Nicolini/*Hartmann* § 137 f Rn. 24, Fromm/Nordemann/*Dustmann* § 137 f Rn. 16) auf vor dem 1.7.1995 erfolgte Rechtseinräumungen oder -übertragungen auswirkt: Im Zweifel erstrecken sich diese auch auf den Verlängerungszeitraum (s. dazu auch § 137 Rn. 6 f. und EVtr Rn. 34). Gem. Abs. 4 S. 2 ist dem Leistungsschutzrechtsinhaber hierfür eine **angemessene Vergütung** zu zahlen, die – anders als in § 137 Abs. 3 (s. § 137 Rn. 8) – nicht vorausgesetzt, dass der Rechtsinhaber eine höhere Gegenleistung hätte erzielen können, wenn bei Vertragsschluss bereits die verlängerte Schutzdauer gegolten hätte (Möhring/Nicolini/*Hartmann* § 137 f Rn. 24).

§ 137g Übergangsregelung bei Umsetzung der Richtlinie 96/9/EG

(1) § 23 Satz 2, § 53 Abs. 5, die §§ 55a und 63 Abs. 1 Satz 2 sind auch auf Datenbankwerke anzuwenden, die vor dem 1. Januar 1998 geschaffen wurden.

(2) Die Vorschriften des Abschnitts 6 des Teils 2 sind auch auf Datenbanken anzuwenden, die zwischen dem 1. Januar 1983 und dem 31. Dezember 1997 hergestellt worden sind. Die Schutzfrist beginnt in diesen Fällen am 1. Januar 1998.

(3) Die §§ 55a und 87e sind nicht auf Verträge anzuwenden, die vor dem 1. Januar 1998 abgeschlossen worden sind.

Literatur: *Flechsig*, Der rechtliche Rahmen der europäischen Richtlinie zum Schutz von Datenbanken, ZUM 1997, 577; *Leistner*, Der neue Rechtsschutz des Datenbankherstellers – Überlegungen zu Anwendungsbereich, Schutzvoraussetzungen, Schutzumfang sowie zur zeitlichen Dauer des Datenbankherstellerrechts gemäß §§ 87a ff. UrhG, GRUR Int. 1999, 819; *Vogel*, Die Umsetzung der Richtlinie 96/9/EG über den rechtlichen Schutz von Datenbanken in Art. 7 des Regierungsentwurfs eines Informations- und Kommunikationsdienstegesetzes, ZUM 1997, 592.
Vgl. darüber hinaus die Angaben im eingangs abgedr. Gesamtliteraturverzeichnis.

Übersicht

	Rn.
I. Bedeutung	1
II. Vorbestehende Datenbankwerke	2
III. Datenbanken, die von 1983 bis 1997 hergestellt worden sind	3, 4
IV. Vertragsrecht	5

I. Bedeutung

§ 137g ist mit Art. 7 Nr. 10 des Informations- und Kommunikationsdienstegesetzes **(IuKDG)** v. 22.7.1997 (BGBl. I S. 1870) zum 1.1.1998 in das UrhG aufgenommen worden. Die Vorschrift trifft eine Übergangsregelung bei Umsetzung der **EU-Datenbank-Richtlinie** (s. Einl. Rn. 21) und basiert auf Art. 14 der Richtlinie.

II. Vorbestehende Datenbankwerke

Abs. 1 folgt dem Grundsatz des § 129 Abs. 1, wonach das neue Recht auch für **vor dem 1.1.1998 geschaffene Datenbankwerke** gilt. Hierunter fallen die in Abs. 1 genannten Normen. Die anderen urheberrechtlichen Vorschriften gelten für Alt-Datenbankwerke ohnehin (Schricker/Loewenheim/*Katzenberger* § 137g Rn. 2).

III. Datenbanken, die von 1983 bis 1997 hergestellt worden sind

Auch auf bestimmte vorbestehende **einfache Datenbanken** finden die §§ 87a bis 87e Anwendung, und zwar wenn diese ab dem 1.1.1983 hergestellt worden sind (Abs. 2 S. 1). Für die 1983 geschaffenen Datenbanken wäre 1998 eigentlich das erste und letzte Schutzjahr gewesen. Doch Abs. 2 S. 2 bestimmt, dass für alle Datenbanken gem. S. 1 die **15-jährige Schutzfrist** erst mit dem 1.1.1998 zu laufen beginnt, so dass sie noch bis zum **31.12.2012** geschützt waren (Möhring/Nicolini/*Spautz* § 137g Rn. 3; Dreier/Schulze/ *Dreier* § 137g Rn. 4). Damit werden den Herstellern dieser Datenbanken die gleichen Amortisationschancen eingeräumt, wie sie Datenbankherstellern nach dem neuen Recht allgemein zustehen (*Leistner* GRUR Int. 1999, 819, 834). Ob diese Regelung auf einer Fehlinterpretation von **Art. 14 Abs. 5 Datenbank-Richtlinie** beruht (so Schricker/ Loewenheim/*Katzenberger* § 137g Rn. 3 und § 64 Rn. 46; *Vogel* ZUM 1997, 592, 598; *Flechsig* ZUM 1997, 577, 589) mag dahinstehen. Sie hat sich inzwischen EU-weit durchgesetzt (*Leistner* GRUR Int. 1999, 819, 834 Fn. 140), zumal in der Begründung des Rates zum Gemeinsamen Standpunkt (EG) Nr. 20/95 zur Datenbank-Richtlinie (EG ABl. Nr. C 288 vom 30.10.1995, 29) ausdrücklich auf den Zeitpunkt der Umsetzung der Richtlinie abgestellt wird, nicht auf den Zeitpunkt der Herstellung der Datenbank. Auch der BGH hat den Regelungsgehalt von § 137g Abs. 2 inzwischen ausdrücklich bestätigt und klargestellt, dass die §§ 87a bis 87e nicht auf Datenbanken anwendbar sind, die vor dem 1.1.1983 erstellt wurden (BGH WRP 2006, 765, 767 – Michel-Nummern). Unklar ist, ob bei einer ständig gepflegten und **fortentwickelten Datenbank** der gesamte Datenbestand an dem Schutz nach § 137g Abs. 2 teilhat, selbst wenn eine bestimmte Information vor dem 1.1.1983 in die Datenbank aufgenommen worden ist; der BGH hat diese Frage offen gelassen (BGH WRP 2006, 765, 768, i. E. wohl bejahend Dreyer/Kotthoff/Meckel/*Kotthoff* § 137g Rn. 3). Gegenstand des Schutzes ist die Datenbank; was eine Datenbank ist, ergibt sich aus der Legaldefinition des § 87a Abs. 1 (s. § 87a Rn. 5 ff.), die insoweit auch im Rahmen von § 137g maßgeblich ist. Auf einzelne Datensätze kommt es danach grds. nicht an. Eine bereits vor dem 1.1.1983 bestehende Datenbank kann durch fortlaufende Pflege und Aktualisierung nach dem 1.1.1983 nachträglich in den Schutzbereich des § 137g Abs. 2 fallen, wenn die Änderungen i. S. v. § 87a Abs. 1 S. 2 wesentlich sind und die Datenbank damit als neu gilt.

Keine Regelung trifft § 137g hinsichtlich der **Fortführung begonnener Nutzungshandlungen.** Klar ist, dass vor dem 1.1.1998 abgeschlossene Vorgänge vom neuen Recht unberührt bleiben (**Art. 14 Abs. 4 Datenbank-Richtlinie;** Schricker/Loewenheim/ *Katzenberger* § 64 Rn. 48; *Flechsig* ZUM 1997, 577, 590). Deshalb kann eine vor dem

Stichtag vorgenommene rechtmäßige Vervielfältigung nicht nachträglich rechtswidrig werden. Doch was ist mit begonnenen Vervielfältigungshandlungen oder der Verbreitung vorher rechtmäßig hergestellter Vervielfältigungsstücke? Eine automatische Geltung des § 136 scheidet aus, da sich diese Norm nur auf den Zeitpunkt des Inkrafttretens des ursprünglichen UrhG bezieht, nicht auf spätere Novellen, bei denen entweder eigenständige Regelungen oder eben gar keine getroffen wurden (s. § 136 Rn. 1). Ebenso wie bei der Novellierung des Softwareschutzes (s. dazu § 137d Rn. 2) gilt das neue Recht also ohne Einschränkungen für alle Handlungen, die nach dem Inkrafttreten des neuen Rechts vorgenommen werden. Es kommt lediglich eine Einschränkung der Rechtsfolgen der §§ 97–99 gem. § 101 in Betracht, wenn dem Verletzer durch die Erfüllung der Ansprüche ein **unverhältnismäßig großer Schaden** entstünde.

IV. Vertragsrecht

5   Abs. 3 bestimmt, dass die zwingenden vertragsrechtlichen Vorschriften der **§§ 55a und 87e** nicht auf Verträge anzuwenden sind, die vor dem 1.1.1998 geschlossen worden sind. Auch diese Regelung ist – trotz § 132 Abs. 1 S. 1 – nicht etwa überflüssig, da der Gesetzgeber, wie § 137d Abs. 2 zeigt (s. dazu § 137d Rn. 4), auch einen gegenteiligen Ansatz hätte verfolgen können (so auch Fromm/Nordemann/*Czychowski*/*Dustmann* § 137g Rn. 4).

§ 137h Übergangsregelung bei Umsetzung der Richtlinie 93/83/EWG

(1) **Die Vorschrift des § 20a ist auf Verträge, die vor dem 1. Juni 1998 geschlossen worden sind, erst ab dem 1. Januar 2000 anzuwenden, sofern diese nach diesem Zeitpunkt ablaufen.**

(2) **Sieht ein Vertrag über die gemeinsame Herstellung eines Bild- oder Tonträgers, der vor dem 1. Juni 1998 zwischen mehreren Herstellern, von denen mindestens einer einem Mitgliedstaat der Europäischen Union oder Vertragsstaat des Europäischen Wirtschaftsraumes angehört, geschlossen worden ist, eine räumliche Aufteilung des Rechts der Sendung unter den Herstellern vor, ohne nach der Satellitensendung und anderen Arten der Sendung zu unterscheiden, und würde die Satellitensendung der gemeinsam hergestellten Produktion durch einen Hersteller die Auswertung der räumlich oder sprachlich beschränkten ausschließlichen Rechte eines anderen Herstellers beeinträchtigen, so ist die Satellitensendung nur zulässig, wenn ihr der Inhaber dieser ausschließlichen Rechte zugestimmt hat.**

(3) **Die Vorschrift des § 20b Abs. 2 ist nur anzuwenden, sofern der Vertrag über die Einräumung des Kabelweitersenderechts nach dem 1. Juni 1998 geschlossen wurde.**

1   Die Vorschrift ist in Zusammenhang mit der Umsetzung der EU-Satelliten- und Kabelrichtlinie (RL 93/83/EWG) in das Gesetz aufgenommen worden, die erheblich verspätet mit dem 4. UrhGÄndG von 1998 (BGBl. I S. 902) zum 1.6.1998 erfolgte (die Umsetzungsfrist war bereits am 1.1.1995 abgelaufen, Art. 14 der EU-Richtlinie).

2   Abs. 1 der Vorschrift erstreckt (entgegen der Grundregel des § 132) die Geltung des § 20a auch auf Altverträge, die vor Inkrafttreten geschlossen worden sind (und nicht vor dem 1.1.2000 enden). Die Umsetzung folgt damit unmittelbar Art. 7 Abs. 2 der Richtlinie.

3   Abs. 2 bildet Art. 7 Abs. 3 der EU-Richtlinie fast wörtlich ab. Da das von der EU-Richtlinie eingeführte Ursprungslandprinzip (Art. 1 Abs. 2b der EU-Richtlinie, § 20a

Abs. 1) zu erheblichen Interessenkonflikten bei internationalen Koproduktionen hätte führen können, sah diese Vorschrift einen Interessenausgleich durch umfassende Zustimmungsbefugnisse der Partner vor (vgl. Vor §§ 88ff. Rn. 6). Die Vorschrift ist auch auf nationalen Koproduktionen im Verhältnis zwischen Bundesrepublik und ehemaliger DDR anwendbar (BGH GRUR 2005, 48 – man spricht deutsh; GRUR 2005, 320 Tz. 89 – Kehraus). Grundsätzlich besteht in solchen Fällen im Hinblick darauf kein Anspruch auf Vertragsanpassung wegen Wegfalls der Geschäftsgrundlage. Die Wiederherstellung der Deutschen Einheit (am 3.10.1990) und die damit verbundene Ausdehnung des Tätigkeitsbereichs der ARD auf die neuen Bundesländer hat die Geschäftsgrundlage dafür, daß die Satellitensenderechte nach dem Koproduktionsvertrag den Parteien gemeinsam zustehen sollten, nicht entfallen lassen (GRUR 2005, 320 Tz. 108 – Kehraus).

Abs. 3 verhindert, dass die in § 20b Abs. 2 erfolgte Abtrennung eines unverzichtbaren Anspruchs auf angemessene Vergütung von der Rechtseinräumung (an der Kabelweitersendung) bei Altverträgen wirksam werden kann (für die noch nicht die Verwertungsgesellschaftenpflicht des § 20b Abs. 1 gegolten hätte). **4**

§ 137i Übergangsregelung zum Gesetz zur Modernisierung des Schuldrechts

Artikel 229 § 6 des Einführungsgesetzes zum Bürgerlichen Gesetzbuche findet mit der Maßgabe entsprechende Anwendung, dass § 26 Abs. 7, § 36 Abs. 2 und § 102 in der bis zum 1. Januar 2002 geltenden Fassung den Vorschriften des Bürgerlichen Gesetzbuchs über die Verjährung in der bis zum 1. Januar 2002 geltenden Fassung gleichgestellt sind.

Literatur: *Heß*, Das neue Schuldrecht – In-Kraft-Treten und Übergangsregelungen, NJW 2002, 253. Vgl. darüber hinaus die Angaben im eingangs abgedr. Gesamtliteraturverzeichnis.

Übersicht

	Rn.
I. Allgemeines	1–3
1. Hintergrund der Vorschrift	1
2. Alte und neue Rechtslage	2, 3
II. Die Übergangsregelungen des Art. 229 § 6 EGBGB	4–7
1. Grundsatz	4
2. Ausnahmen	5–7
III. Art. 229 § 6 EGBGB in der nach § 137i geltenden Fassung	8

I. Allgemeines

1. Hintergrund der Vorschrift

§ 137i stellt eine Übergangsregelung zum Schuldrechtsmodernisierungsgesetz dar. Es bestand eine Notwendigkeit für diese Regelung, da durch Art. 5 (25) und (25a) des Gesetzes zur Modernisierung des Schuldrechts v. 26.11.2001 die bisherigen urheberrechtlichen Verjährungsvorschriften zum 1.1.2002 modifiziert worden sind und lediglich die früheren Vorschriften des BGB von Art. 229 § 6 EGBGB erfasst werden (BT-Drucks. 14/6040, 282f.). **1**

2. Alte und neue Rechtslage

Nach dem bisherigen § 26 Abs. 7 verjährten Ansprüche aus dem Folgerecht in zehn Jahren. Daneben sah der bisherige § 36 Abs. 2 für Ansprüche auf eine angemessene Beteili- **2** gung an unerwartet hohen Erträgnissen eine Verjährungsfrist von zwei Jahren vor, und zwar von dem Zeitpunkt an, in dem der Urheber von den Umständen, aus denen sich der Anspruch ergab, Kenntnis erlangte. Ohne Rücksicht auf diese Kenntnis betrug die Verjährungsfrist in diesem Fall zehn Jahre.

3   Beide Vorschriften sind im Zuge der Harmonisierungsregeln entfallen. Es findet seitdem generell § 102 UrhG n. F. Anwendung, der wiederum auf die regelmäßige Verjährungsfrist von drei Jahren nach § 195 BGB n. F. und ihren Beginn nach § 199 BGB n. F. sowie auf die zehnjährige Verjährungsfrist des deliktischen „Bereicherungsanspruchs" nach § 852 BGB n. F. verweist.

II. Die Übergangsregelungen des Art. 229 § 6 EGBGB

1. Grundsatz

4   Nach der gem. § 137i entsprechend anwendbaren Übergangsvorschrift des Art. 229 § 6 Abs. 1 EGBGB gilt der Grundsatz, dass das neue Verjährungsrecht des § 102 i. V. m. §§ 194 ff. BGB auf sämtliche Ansprüche Anwendung findet, die am 1.1.2002 bestehen und nach altem Recht noch nicht verjährt sind.

2. Ausnahmen

5   Die erste Ausnahme hiervon findet sich in § 137i UrhG i. V. m. rt. 229 § 6 Abs. 1 S. 2 EGBGB, wonach sich der Beginn der Verjährung für den Zeitraum vor dem 1.1.2002 nach den §§ 26 Abs. 7, 36 Abs. 2 und 102 in der bis zum 1.1.2002 geltenden Fassung bestimmt (Dreier/Schulze/*Dreier* § 137i Rn. 5 f.; Dreyer/Kotthoff/Meckel/*Kotthoff* § 137i Rn. 2).

6   § 137i i. V. m. Art. 229 § 6 Abs. 3 nennt die zweite Ausnahme von der Grundregel für den Fall, dass die Verjährungsfrist nach der Neufassung des BGB länger als die frühere Frist der §§ 26 Abs. 7, 36 Abs. 2 und 102 ist. Dann bleibt es bei der Anwendung des bisherigen Rechts. Diese Vorschrift dient dem Schutz des Schuldners, der sich auf die kürzere Frist nach den früheren Regelungen des UrhG eingestellt hat (BT-Dr 14/6040, S. 273; Dreier/Schulze/*Dreier* § 137i Rn. 6). So verbleibt es bspw. bei den am 1.1.2002 bestehenden und noch nicht verjährten Ansprüchen auf eine angemessene Beteiligung an unerwartet hohen Erträgnissen nach Kenntniserlangung bei der zweijährigen Verjährung gemäß dem bisherigen § 36 Abs. 2 a. F. Es wird nicht etwa die Frist auf drei Jahre verlängert oder der Fristbeginn auf den 1.1.2002 verlegt.

7   Wenn umgekehrt schließlich der Anspruch nach dem neuem Verjährungsrecht des BGB schneller verjährt als nach den früher geltenden Vorschriften der §§ 26 Abs. 7, 36 Abs. 2 und 102 a. F., dann beginnt die kürzere neue Frist gem. Art. 229 § 6 Abs. 4 EGBGB frühestens am 1.1.2002 zu laufen. Hiermit soll vermieden werden, dass entsprechend dem grds. anzuwendenden neuen Verjährungsrecht die kürzere neue Frist am 1.1.2002 bereits abgelaufen ist (BT-Drucks. 14/6040, 273; Dreier/Schulze/*Dreier* § 137i Rn. 7; Dreyer/Kotthoff/Meckel/*Kotthoff* § 137i Rn. 2; Heß NJW 2002, 253, 257). Bei der Regelung steht somit die Wahrung des Gläubigerinteresses im Vordergrund.

III. Art. 229 § 6 EGBGB in der nach § 137i geltenden Fassung

8   § 137i stellt im Rahmen einer entsprechenden Anwendung des Art. 229 § 6 EGBGB (Überleitungsvorschrift zum Verjährungsrecht nach dem Gesetz zur Modernisierung des Schuldrechts v. 26.11.2001) die §§ 26 Abs. 7, 36 Abs. 2 und 102 in der bis zum 1.1.2002 geltenden Fassung den Vorschriften des BGB über die Verjährung in der bis zum 1.1.2002 geltenden Fassung gleich. Daraus ergibt sich folgende gedankliche Fassung der Regelung des Art. 229 § 6 EGBGB:

§ 137j Übergangsregelungen § 137j UrhG

(1) Die Vorschriften des Bürgerlichen Gesetzbuches über die Verjährung in der seit dem 1.1.2002 geltenden Fassung finden auf die an diesem Tag bestehenden und noch nicht verjährten Ansprüche Anwendung. Der Beginn die Hemmung, die Ablaufhemmung und der Neubeginn der Verjährung bestimmen sich jedoch für den Zeitraum vor dem 1.1.2002 nach dem Bürgerlichen Gesetzbuch in der bis zu diesem Tag geltenden Fassung. Wenn nach Ablauf des 31.12.2001 ein Umstand eintritt, bei dessen Vorliegen nach dem Bürgerlichem Gesetzbuch in der vor dem 1.1.2002 geltenden Fassung eine vor dem 1.1.2002 eintretende Unterbrechung der Verjährung als nicht erfolgt oder als erfolgt gilt, so ist auch insoweit das Bürgerliche Gesetzbuch in der vor dem 1.1.2002 geltenden Fassung anzuwenden.

(2) Soweit die Vorschriften des Bürgerlichen Gesetzbuchs in der seit dem 1.1.2002 geltenden Fassung anstelle der Unterbrechung der Verjährung deren Hemmung vorsehen, so gilt eine Unterbrechung der Verjährung, die nach den anzuwendenden Vorschriften des Bürgerlichen Gesetzbuchs in der vor dem 1.1.2002 geltenden Fassung vor dem 1.1.2002 eintritt und mit Ablauf des 31.12.2001 noch nicht beendigt ist, als mit dem Ablauf des 31.12.2001 beendigt, und die neuen Verjährung ist mit Beginn des 1.1.2002 gehemmt.

(3) Ist die Verjährungsfrist nach dem Bürgerlichen Gesetzbuch in der seit dem 1.1.2002 geltenden Fassung länger als nach den §§ 26 Abs. 7, 36 Abs. 2 und 102 UrhG in der bis zu diesem Tag geltenden Fassung, so ist die Verjährung mit dem Ablauf der in der bis zu diesem Tag geltenden Fassung bestimmten Frist vollendet.

(4) Ist die Verjährungsfrist nach dem Bürgerlichen Gesetzbuch in der seit dem 1.1.2002 geltenden Fassung kürzer als nach den §§ 26 Abs. 7, 36 Abs. 2 und 102 UrhG in der bis zu diesem Tag geltenden Fassung, so wird die kürzere Frist von dem 1.1.2002 an berechnet. Läuft jedoch die in §§ 26 Abs. 7, 36 Abs. 2 und 102 UrhG in der bis zu diesem Tag geltenden Fassung bestimmte längere Frist früher als die im Bürgerlichen Gesetzbuch in der seit diesem Geltenden Fassung bestimmten Frist ab, so ist die Verjährung mit dem Ablauf der in §§ 26 Abs. 7, 36 Abs. 2 und 102 UrhG in der bis zu diesem Tag geltenden Fassung bestimmten Frist vollendet.

(5) Die vorstehenden Absätze sind entsprechend auf Fristen anzuwenden, die für die Geltendmachung, den Erwerb oder den Verlust eins rechts maßgebend sind.

(6) Die vorstehenden Absätze geltend für die Fristen nach dem Handelsgesetzbuch und dem Umwandlungsgesetz entsprechen.

§ 137j Übergangsregelung aus Anlass der Umsetzung der Richtlinie 2001/29/EG

(1) § 95d Abs. 1 ist auf alle ab dem 1. Dezember 2003 neu in den Verkehr gebrachten Werke und anderen Schutzgegenstände anzuwenden.

(2) Die Vorschrift dieses Gesetzes über die Schutzdauer für Hersteller von Tonträgern in der ab dem 13. September 2003 geltenden Fassung ist auch auf verwandte Schutzrechte anzuwenden, deren Schutz am 22. Dezember 2002 noch nicht erloschen ist.

(3) Lebt nach Absatz 2 der Schutz eines Tonträgers wieder auf, so stehen die wiederauflebenden Rechte dem Hersteller des Tonträgers zu.

(4) Ist vor dem 13. September 2003 einem anderen ein Nutzungsrecht an einem nach diesem Gesetz noch geschützten Tonträger eingeräumt oder übertragen worden, so erstreckt sich, im Fall einer Verlängerung der Schutzdauer nach § 85 Abs. 3, die Einräumung oder Übertragung im Zweifel auch auf diesen Zeitraum. Im Fall des Satzes 1 ist eine angemessene Vergütung zu zahlen.

Literatur: *Diesbach,* Kennzeichnungspflichten bei Verwendung technischer Schutzmaßnahmen nach § 95d UrhG, K&R 2004, 8; *Flechsig,* Darbietungsschutz in der Informationsgesellschaft – Das neue Leistungsschutzrecht des ausübenden Künstlers nach der Umsetzung der Informationsgesellschafts-Richtlinie, NJW 2004, 575.
Vgl. darüber hinaus die Angaben im eingangs abgedr. Gesamtliteraturverzeichnis.

Übersicht

	Rn.
I. Bedeutung	1, 2
II. Kennzeichnungspflicht, § 95d Abs. 1	3–5

	Rn.
III. Schutzfrist für Tonträgerhersteller	6–9
1. Vorbestehende Leistungen	6–8
2. Vertragsrecht	9
IV. Anhang: weitere Übergangsbestimmungen zum Schutz technischer Maßnahmen	10–12

I. Bedeutung

1 Die Vorschrift trifft Übergangsregelungen für einen Teil der mit der Urheberrechtsnovelle v. 10.9.2003 (BGBl. I S. 1774) in das UrhG aufgenommenen bzw. darin geänderten Vorschriften. Geregelt wird, auf welche Produkte die **Kennzeichnungspflicht des § 95d Abs. 1** anzuwenden ist **(Abs. 1)**, sowie der **Übergang zu der neuen Berechnung der Schutzfrist für die Rechte von Tonträgerherstellern (Abs. 2 bis 4).**

2 Anders als bei früheren Novellen erklärt die Vorschrift nicht das gesamte neue Recht für auf vorbestehende Werke und Leistungen anwendbar. Um die parallele Geltung verschiedener Rechtsordnungen zu vermeiden, ist diese Lücke durch die allgemeine Vorschrift des **§ 129 Abs. 1 S. 1** zu schließen. Das neue Recht gilt danach für alle Werke und Leistungen, die zum Zeitpunkt des Inkrafttretens des Gesetzes am 13.9.2003 noch geschützt waren (s. dazu § 129 Rn. 2 f.).

II. Kennzeichnungspflicht, § 95d Abs. 1

3 Hinsichtlich der Kennzeichnungspflicht des § 95d Abs. 1 weicht Abs. 1 von der Regel der uneingeschränkten Geltung des neuen Rechts auf vorbestehende Werke und Leistungen ab. Dadurch, dass alle bereits in Verkehr gebrachten Schutzgegenstände von der Kennzeichnungspflicht ausgenommen sind, wird eine praktisch kaum durchführbare **nachträgliche Kennzeichnung** bereits im Handel befindlicher Produkte vermieden (so die Begr. BT-Drucks. 15/837, 36). Darüber hinaus räumt Abs. 1 den Rechtsinhabern eine **Karenzfrist von drei Monaten** ein: Erst ab dem 1.12.2003 neu in Verkehr gebrachte Werke und Schutzgegenstände sind mit Angaben über die eingesetzte technische Schutzmaßnahme zu versehen. Diese zusätzliche Frist soll es den Rechtsinhabern ermöglichen, die notwendigen Vorbereitungen für die Kennzeichnung ihrer Produkte zu treffen (BT-Drucks. 15/837, 36).

4 Zwar dürften auch schon vor der ausdrücklichen Normierung der Kennzeichnungspflicht mit technischen Maßnahmen versehene Schutzgegenstände (z. B. kopiergeschützte CDs) hinreichend gekennzeichnet gewesen sein. Gleichwohl besteht Bedarf an einer Übergangsregelung: Die ausdrückliche Kennzeichnungspflicht des § 95d Abs. 1 geht weiter als die aus Verbraucherschutzgründen bestehenden **Hinweispflichten nach allgemeinem Gewährleistungs- und Wettbewerbsrecht.** Sie erfasst nämlich auch Produkte, die nie anders als mit technischen Sicherungsmaßnahmen versehen angeboten worden sind (beispielhaft sei auf DVD-Videos verwiesen), so dass eigentlich keine Erwartungen der Verbraucher hinsichtlich der Nutzbarkeit des Produkts eine Kennzeichnung angezeigt erscheinen lassen. Darüber hinaus muss bei international vermarkteten Produkten, die häufig zentral für verschiedene Staaten gefertigt werden, die Erfüllung der Kennzeichnungspflicht koordiniert, also in die Produktionsabläufe eingebunden werden. Dies gilt natürlich auch für die Pflicht zur Angabe einer „ladungsfähigen Anschrift" in **§ 95d Abs. 2,** die gem. Art. 6 des Gesetzes zur Regelung des Urheberrechts in der Informationsgesellschaft erst nach einer **Übergangsfrist von einem Jahr** am 1.9.2004 in Kraft getreten ist.

5 Abs. 1 stellt auf den **Zeitpunkt des Inverkehrbringens** der Werke und sonstigen Schutzgegenstände ab (siehe zum Begriff des Inverkehrbringens § 17 Rn. 11). Dies und die Begründung, in der von einer Herausnahme „bereits im Handel befindlicher Medien" aus der Kennzeichnungspflicht die Rede ist (BT-Drucks. 15/837, 36), machen deutlich, dass der Gesetzgeber bei Schaffung der Übergangsvorschrift vorrangig die Verbreitung körperlicher Werkstücke vor Augen hatte. Gleichwohl wird man Abs. 1 auf sämtliche Formen des Inverkehrbringens von Werken und sonstigen Schutzgegenständen anzuwenden haben, so dass beispielsweise auch technisch geschützte Online-Angebote erst ab dem 1.12.2003 gem. § 95d Abs. 1 zu kennzeichnen sind (so auch Fromm/Nordemann/*Schaefer/Czychowski* § 137j Rn. 4). Nach diesem Zeitpunkt sind allerdings sämtliche Werke und sonstigen Schutzgegenstände zu kennzeichnen, also insb. auch bereits produzierte Medien, die noch nicht an den Handel ausgeliefert worden sind. Eine nachträgliche Kennzeichnung von Produkten ist demnach durch § 137j Abs. 1 nicht vollständig ausgeschlossen worden.

III. Schutzfrist für Tonträgerhersteller

1. Vorbestehende Leistungen

Dem Grundsatz des § 129 Abs. 1 S. 1 folgend gelten die geänderten Regelungen zur Berechnung der Schutzfrist für Tonträgerherstellerrechte (s. § 85 Rn. 28 f.) gem. Abs. 2 auch für vorbestehende Tonträgeraufnahmen, um ein Nebeneinander verschiedener Rechtsordnungen zu vermeiden (s. § 129 Rn. 1). Voraussetzung ist, dass der Schutz der Tonträgerherstellerrechte am **22.12.2002** noch nicht erloschen ist. Wegen der verspäteten Umsetzung der Multimedia-Richtlinie ist nicht der Zeitpunkt des Inkrafttretens der neuen Schutzfristenregelung maßgebend, sondern der des **Ablaufs der Umsetzungsfrist** (Art. 13 Abs. 1 Multimedia-Richtlinie). Da das neue Recht nur zu **Schutzfristverlängerungen** führen kann, nicht dagegen zu Verkürzungen der Schutzfrist (s. § 85 Rn. 28), ist seine Anwendung auf vorbestehende Leistungen grds. unproblematisch. Eine Sonderregelung für Fälle, in denen das neue Recht eine bereits laufende längere Schutzfrist verkürzen würde, war deshalb, anders als bei Umsetzung der Schutzdauer-Richtlinie (s. dazu § 137 f Rn. 3 f.), nicht erforderlich.

Wegen der Verspätung bei der Umsetzung der Multimedia-Richtlinie musste in Abs. 3 eine Regelung für den Fall des **Wiederauflebens bereits erloschener Rechte** getroffen werden. Diese erscheint auf den ersten Blick unvollständig: Abs. 3 regelt nur die **Inhaberschaft an wiederauflebenden Schutzrechten.** Der Übergangsvorschrift bei Umsetzung der Schutzdauer-Richtlinien folgend (s. § 137 f Rn. 10), stehen die Rechte im Fall des Wiederauflebens dem Tonträgerhersteller zu. Offen bleibt dagegen, was für Nutzungshandlungen gilt, die in der – wenn auch kurzen – Phase stattgefunden haben, in der eine Tonträgeraufnahme vorübergehend bereits gemeinfrei war. Hierzu ein praktisches **Beispiel:** Eine 1952 hergestellte Tonträgeraufnahme ist im selben Jahr erstmals erlaubterweise gesendet worden, jedoch erst 1960 erschienen. Nach altem Recht (§§ 85 Abs. 2 a. F., 69) wäre der frühere Zeitpunkt der ersten öffentlichen Wiedergabe für den Beginn der Schutzfrist maßgebend gewesen, so dass die Aufnahme nach dem 31.12.2002 gemeinfrei gewesen wäre. Das neue Recht, das anwendbar ist, weil die Aufnahme am 22.12.2002 nach altem Recht noch geschützt war, knüpft dagegen vorrangig an den Zeitpunkt des Erscheinens des Tonträgers an. Die Aufnahme ist danach noch bis Ende 2010 geschützt, nach einer kurzen Phase der Gemeinfreiheit lebt das Tonträgerherstellerrecht zum 13.9.2003 wieder auf. Was gilt nun, wenn ein Dritter im Januar 2003 die zu diesem Zeitpunkt nicht mehr geschützte Aufnahme vervielfältigt hat, um sie anschließend zu verbreiten?

Denkbar ist, aus Gründen des **Vertrauensschutzes** die vermeintliche Lücke in Abs. 3 in entsprechender Anwendung von § 136 Abs. 1 und 2 (s. dazu § 136 Rn. 1) oder § 137 f Abs. 3 zu schließen (so wohl auch Schricker/Loewenheim/*Katzenberger* § 137j Rn. 6), so dass die Fortführung einer begonnenen Nutzungshandlung in dem vorgesehenen Rahmen zulässig wäre. Andererseits besteht für eine solche Übergangsregelung kaum ein praktisches

Bedürfnis: Da die Änderung der Schutzfristberechnung bereits für Ende Dezember 2002 vorhersehbar war, besteht für Nutzungshandlungen, die bereits in Kenntnis der bevorstehenden Änderung innerhalb der kurzen Zeitspanne von nur wenigen Monaten vorgenommen wurden, kein schutzwürdiges Vertrauen, dem man mit einer Übergangsregelung Rechnung tragen müsste (s. auch § 137e Rn. 5: kein schutzwürdiges Vertrauen auf die verspätete Umsetzung einer EU-Richtlinie). Bereits abgeschlossene Nutzungshandlungen bleiben demnach zwar vom neuen Recht unberührt, eine Fortführung begonnener Nutzungen (also beispielsweise die weitere Verbreitung bereits hergestellter Tonträger) ist dagegen nicht möglich (a. A. Schricker/Loewenheim/*Katzenberger* § 137j Rn. 6).

2. Vertragsrecht

9   Die **gesetzliche Auslegungsregel** des Abs. 4 S. 1 beantwortet nach dem Vorbild des § 137f Abs. 4 S. 1 die vertragsrechtliche Frage, wie sich eine etwaige Verlängerung der Schutzfrist auf vor dem 13.9.2003 erfolgte Rechtseinräumungen oder -übertragungen auswirkt: Im Zweifel erstrecken sich diese auch auf den Verlängerungszeitraum (s. auch § 137 Rn. 6f. und § 137f Rn. 12). Gem. Abs. 3 S. 2 ist dem Leistungsschutzrechtsinhaber hierfür eine **angemessene Vergütung** zu zahlen, die – wie in § 137f Abs. 4 S. 2, aber anders als in § 137 Abs. 3 – nicht voraussetzt, dass der Rechtsinhaber eine höhere Gegenleistung hätte erzielen können, wenn bei Vertragsschluss bereits die verlängerte Schutzdauer gegolten hätte (s. § 137f Rn. 12).

IV. Anhang: weitere Übergangsbestimmung zum Schutz technischer Maßnahmen

10 Art. 6 des Gesetzes zur Regelung des Urheberrechts in der Informationsgesellschaft sieht weitere Übergangsbestimmungen vor:

Artikel 6. Inkrafttreten

(1) **Dieses Gesetz tritt vorbehaltlich des Absatzes 2 am Tage nach der Verkündung in Kraft.**

(2) **Es treten in Artikel 1 Nr. 34 der § 95b Abs. 2 und der § 95d Abs. 2 sowie in Nr. 42 der § 111a Abs. 1 Nr. 2 und 3, Abs. 3 und der Artikel 3 am 1. September 2004 in Kraft.**

11 Das Gesetz zur Regelung des Urheberrechts in der Informationsgesellschaft ist am 12.9.2003 verkündet worden (BGBl. I S. 1774). Mit Ausnahme der in Abs. 2 genannten Vorschriften ist es damit **am 13.9.2003 in Kraft getreten.**

12 Die Ausnahmen beziehen sich auf die **Vorschriften zur Durchsetzung von Schranken,** mit denen der Gesetzgeber rechtliches Neuland beschritten hat. Schranken werden zu einklagbaren Ansprüchen, die sowohl im Wege der Individual- als auch der Verbandsklage durchgesetzt werden können. Darüber hinaus ist die Nichtgewährung von zur privilegierten Schrankennutzung notwendigen Mitteln eine bußgeldbewehrte Ordnungswidrigkeit. Der Gesetzgeber hielt eine solche dreifache Sicherung der „Rechte" der Schrankenbegünstigten für erforderlich, um die befürchtete Aushöhlung von Schranken durch technische Schutzmaßnahmen zu verhindern. Die **Sanktionsvorschriften (§§ 95b Abs. 2, 111a Abs. 1 Nr. 2 und 3, sowie §§ 2a und 3a UKlaG)** sollten aber erst mit einer zeitlichen Verzögerung in Kraft treten. Gleiches galt für die damit in Zusammenhang stehende **Kennzeichnungspflicht des § 95d Abs. 2** (Pflicht zur Angabe der „ladungsfähigen Anschrift"). Damit wollte der Gesetzgeber Rechtsinhabern und Schrankenbegünstigten Zeit geben, freiwillige Maßnahmen zur Durchsetzung von Schranken zu vereinbaren (s. dazu § 95b Rn. 50). Im Regierungsentwurf war noch eine „Schonfrist" von drei Monaten vor-

gesehen (BT-Drucks. 15/38, 29). Auf Empfehlung des Rechtsausschusses (BT-Drucks. 15/ 837, 36 f.) wurde die Frist schließlich auf **ein Jahr** verlängert. Außerdem wurde die ursprünglich für die Übergangsvorschrift des § 137j vorgesehene Regelung in Art. 6 verschoben, da es um den Zeitpunkt des Inkrafttretens einzelner Normen gehe (BT-Drucks. 15/837, 37). Übersehen wurde dabei, dass die ursprünglich im Regierungsentwurf in § 111a Abs. 3 vorgesehene Bestimmung der zuständigen Verwaltungsbehörde gestrichen worden war, weil dies Sache der Länder ist (BT-Drucks. 15/837, 36). Der Verweis auf § 111a Abs. 3 in Art. 6 Abs. 2 geht also ins Leere.

§ 137k Übergangsregelung zur öffentlichen Zugänglichmachung für Unterricht und Forschung

§ 52a ist mit Ablauf des 31. Dezember 2014 nicht mehr anzuwenden.

Literatur: *v. Bernuth,* Streitpunkt – der Regelungsgehalt des § 52a UrhG, ZUM 2003, 438; *Gounalakis,* Ein neuer Morgen für den Wissenschaftsparagraphen – Geistiges Eigentum weiter in Piratenhand, NJW 2007, 36; *Haupt,* Die EG-Richtlinie „Urheberrecht in der Informationsgesellschaft" und die Konsequenzen für die Nutzung von Werken im Schulunterricht gemäß § 52a UrhG, ZUM 2004, 104; *Hilty,* Das Urheberrecht und der Wissenschaftler, GRUR Int. 2006, 179; *Hoeren,* Der 2. Korb der Urheberrechtsreform – Eine Stellungnahme aus der Sicht der Wissenschaft, ZUM 2004, 855; *Jani,* Urheberrechtspolitik in der 14. und 15. Legislaturperiode des Deutschen Bundestags, UFITA 2006/II, 511; *Sandberger,* Behindert das Urheberrecht den Zugang zu wissenschaftlichen Publikationen?, ZUM 2006, 818.

Vgl. darüber hinaus die Angaben im eingangs abgedr. Gesamtliteraturverzeichnis sowie die Literaturausgaben bei § 52a.

§ 137k ist mit dem Gesetz zur Regelung des Urheberrechts in der Informationsgesellschaft v. 10.9.2003 (BGBl. I S. 1774) in das UrhG aufgenommen worden. Er trifft eine eigene Übergangsregelung zu der wohl umstrittensten Vorschrift des sog. Ersten Korbs. § 52a, die Schranke zur Zugänglichmachung für Unterricht und Forschung, stieß insb. bei den Wissenschaftsverlagen auf heftigen Widerstand. Diese sehen in § 52a eine existenzielle Bedrohung ihrer Primärmärkte (s. hierzu *v. Bernuth* ZUM 2003, 438, 444) und starteten in der Endphase der parlamentarischen Beratungen des Gesetzentwurfs eine breit angelegte Kampagne gegen die Einführung der neuen Schranke (zur parlamentarischen Debatte um § 52a: *Jani* UFITA 2007/II, 511, 519 f.). Der Rechtsausschuss des Bundestags griff in seiner Beschlussempfehlung (BT-Drucks. 15/837, 34) die gegen die Schranke vorgetragenen Bedenken teilweise auf. Er empfahl zwar nicht die von einigen geforderte Streichung der Vorschrift, wohl aber deutliche tatbestandliche Einschränkungen (s. hierzu *v. Bernuth* ZUM 2003, 438 f.; *Haupt* ZUM 2004, 104, 109; § 52a Rn. 1 f.). Auf Empfehlung des Rechtsausschusses wurde die Vorschrift darüber hinaus durch § 137k mit einem **Verfallsdatum** ausgestattet. § 52a ist befristet (krit. *Hoeren* ZUM 2004, 885, 886); nach Ablauf dieser „sunset provision" ist die Vorschrift nicht mehr anwendbar. Die Zwischenzeit soll dafür genutzt werden, die praktischen Auswirkungen der Norm zu beobachten. Vorzeitige Änderungen des § 52a sollen dabei ebenso wenig ausgeschlossen sein wie eine vorzeitige Aufhebung der Befristung (s. die Begr. der Beschlussempfehlung des Rechtsausschusses, BT-Drucks. 15/ 837, 33; so auch Bundesjustizministerin *Zypries* in ihrer Rede im Deutschen Bundestag, BT-Plenarprotokoll 15/41, 3375). Gem. § 137k galt § 52a zunächst nur bis zum 31.12.2006. Entgegen seiner ursprünglichen Absicht hat der Gesetzgeber die Geltungsdauer von § 52a im Rahmen des fünften Urheberrechtsänderungsgesetzes (BGBl. 2006 I S. 2587) jedoch um weitere zwei Jahre **bis zum 31.12.2008 verlängert.** Diese Verlängerung der Befristung ist während der abschließenden Beratungen weitgehend unbemerkt von der Öffentlichkeit durch den Rechtsausschuss des Bundestages in das Gesetz zur Umsetzung der Folgerechts-Richtlinie aufgenommen worden (BT-Drucks. 16/2019, 2). Der Gesetzgeber war der Auffassung, dass **eine abschließende Bewertung** der Auswirkungen des § 52a UrhG bis zum Ablauf der ursprünglichen Frist am 31.12.2006 **nicht möglich** sei, da insb. die angestrebten Gesamtverträge mit den Verwertungsgesellschaften noch nicht geschlossen worden sind (BT-Drucks. 16/2019, 4). Der Rechtsausschuss hielt nach Abwägung der Interessen von Nutzern und Verlagen eine Verlängerung der Frist um weitere zwei Jahre für sachgerecht. Bis dahin sollte das Bundesministerium der Justiz durch eine **Evaluation** die für eine endgültigen Beurteilung des § 52a UrhG notwendige Entscheidungsgrundlage schaffen (BT-Drucks. 16/2019, 4). Die Verlängerung war umstritten (zustimmend: *Sieber* 47, 66; *Sandberger* ZUM 2006, 818, 826; ablehnend dagegen *Gounalakis* NJW 2007, 36). Das BMJ hat die Evaluation im Frühjahr 2008 abgeschlossen und dem Rechtsausschuss des Bundestags am 2.5.2008 seinen Evaluationsbericht übermittelt. Das Ministerium empfahl dem Bundestag damals, **die Befristung** von § 52a **aufzuheben** und § 137k ersatzlos zu streichen. Zugleich wies es Forderungen der begünstigten Einrichtungen nach einer inhaltlichen Erweiterung der Schranke zurück. Der Gesetzgeber hat § 52a durch das Sechste Urheberrechtsänderungsgesetz (BGBl. 2008 I S. 2349) dann allerdings lediglich erneut verlängert, und zwar bis zum 31.12.2012. Das Bundesministerium der Justiz hat dem Deutschen Bundestag seinen Bericht über eine dritte Evaluierung von § 52a im Juli 2012 vorgelegt. Die Bundesregierung sah sich danach immer noch nicht in der Lage, die Auswirkungen von § 52a abschließend zu bewerten. Der Gesetzgeber hat deshalb eine erneute **Verlängerung der Befristung um weitere zwei Jahre bis zum 31.12.2014** beschlossen (Art. 1 des 7. UrhGÄndG v. 20.12.2012 BGBl. I S. 2579).

2 § 137k war deutlich von dem Gedanken getragen, dass die von den Verlagen befürchteten Missbräuche und wesentlichen Beeinträchtigungen in der Praxis nicht eintreten und die Befristung des § 52a aufgehoben werden kann (siehe BT-Drucks. 15/837, 33: „Sollte es wider Erwarten zu wesentlichen Missbräuchen und Beeinträchtigungen der Verlage kommen …"). Die Frage, was im Falle des tatsächlichen Ablaufs der Geltungsdauer von § 52a im Hinblick auf vorher erfolgte Nutzungshandlungen (und die Produkte dieser Nutzungshandlungen) gelten soll, wurde deshalb auch im Rechtsausschuss offenbar nicht erörtert. Dass der Gesetzgeber sich auch zehn Jahre nach Beginn der Debatte um § 52a nicht dazu durchringen kann, über den Fortbestand von § 52a abschließend zu entscheiden, hat nur vordergründig mit dem im Zeitpunkt der parlamentarischen Verabschiedung noch beim BGH rechtshängigen, inzwischen entschiedenen Grundsatzverfahren zu § 52a (BGH GRUR 2013, 1220 – Gesamtvertrag Hochschul-Intranet) zu tun (so aber BT-Drucks. 17/11317, 6). Tatsächlich offenbart die politische Debatte um das Schicksal dieser Schranke, dass der Gesetzgeber sich mehr denn je schwer tut, klare Entscheidungen im Urheberrecht zu treffen. Im Übrigen hat der BGH in dem Verfahren „Gesamtvertrag-Hochschul-Intranet" sich nur am Rande mit der Auslegung von § 52a befasst; im Kern ging es hier um die gerichtliche Überprüfbarkeit eines Gesamtvertrags. Die grundsätzliche Entscheidung des BGH über die Auslegung von § 52a steht mit der Revisionsentscheidung in dem Verfahren I ZR 76/12 (Werkteilnutzung durch Fernuniversität; Vorinstanz: OLG Stuttgart GRUR 2012, 718) deshalb noch bevor (zu diesem Verfahren: *Jani* GRUR-Prax 2012, 223 und *Rauer* GRUR-Prax 2012, 226). Sollte § 52a ab dem 31.12.2014 nicht mehr anwendbar sein, so ist klar, dass nach diesem Zeitpunkt eine öffentliche Zugänglichmachung zu den in § 52a Abs. 1 genannten Zwecken ohne Einwilligung der Rechtsinhaber nicht mehr zulässig ist. Vorher erfolgte Nutzungen bleiben hiervon natürlich unberührt. Dies gilt auch für die zum Zweck der Zugänglichmachung vorgenommenen Vervielfältigungen eines geschützten Inhalts (z.B. auf dem Server einer Schule), die durch § 52a Abs. 3 gestattet sind (vgl. § 52a Rn. 20). Sie dürften nach dem 31.12.2014 nicht mehr zugänglich gemacht werden. Anders als bei körperlichen Vervielfältigungsstücken, die zur Verbreitung bestimmt sind, ist bei der unkörperlichen Zugänglichmachung die Gewährung einer **„Aufbrauchfrist"** nicht erforderlich. Deshalb besteht auch kein Bedürfnis für eine entsprechende Anwendung des § 136 Abs. 2. Im Gegenteil: Um einen Missbrauch der vormals rechtmäßig vervielfältigten Inhalte auszuschließen, werden die Schrankenbegüns-

tigten nach Ablauf der Geltungsdauer von § 52a zu deren Löschung verpflichtet sein. Schließlich sind nur die für die Zugänglichmachung erforderlichen Vervielfältigungen privilegiert, ihre Nutzung zu anderen Zwecken ist also ausgeschlossen.

§ 137l Übergangsregelung für neue Nutzungsarten

(1) Hat der Urheber zwischen dem 1. Januar 1966 und dem 1. Januar 2008 einem anderen alle wesentlichen Nutzungsrechte ausschließlich sowie räumlich und zeitlich unbegrenzt eingeräumt, gelten die zum Zeitpunkt des Vertragsschlusses unbekannten Nutzungsrechte als dem anderen ebenfalls eingeräumt, sofern der Urheber nicht dem anderen gegenüber der Nutzung widerspricht. Der Widerspruch kann für Nutzungsarten, die am 1. Januar 2008 bereits bekannt sind, nur innerhalb eines Jahres erfolgen. Im Übrigen erlischt das Widerspruchsrecht nach Ablauf von drei Monaten, nachdem der andere die Mitteilung über die beabsichtigte Aufnahme der neuen Art der Werknutzung an den Urheber unter der ihm zuletzt bekannten Anschrift abgesendet hat. Die Sätze 1 bis 3 gelten nicht für zwischenzeitlich bekannt gewordene Nutzungsrechte, die der Urheber bereits einem Dritten eingeräumt hat.

(2) Hat der andere sämtliche ihm ursprünglich eingeräumten Nutzungsrechte einem Dritten übertragen, so gilt Absatz 1 für den Dritten entsprechend. Erklärt der Urheber den Widerspruch gegenüber seinem ursprünglichen Vertragspartner, hat ihm dieser unverzüglich alle erforderlichen Auskünfte über den Dritten zu erteilen.

(3) Das Widerspruchsrecht nach den Absätzen 1 und 2 entfällt, wenn die Parteien über eine zwischenzeitlich bekannt gewordene Nutzungsart eine ausdrückliche Vereinbarung geschlossen haben.

(4) Sind mehrere Werke oder Werkbeiträge zu einer Gesamtheit zusammengefasst, die sich in der neuen Nutzungsart in angemessener Weise nur unter Verwendung sämtlicher Werke oder Werkbeiträge verwerten lässt, so kann der Urheber das Widerspruchsrecht nicht wider Treu und Glauben ausüben.

(5) Der Urheber hat Anspruch auf eine gesonderte angemessene Vergütung, wenn der andere eine neue Art der Werknutzung nach Absatz 1 aufnimmt, die im Zeitpunkt des Vertragsschlusses noch unbekannt war. § 32 Abs. 2 und 4 gilt entsprechend. Der Anspruch kann nur durch eine Verwertungsgesellschaft geltend gemacht werden. Hat der Vertragspartner das Nutzungsrecht einem Dritten übertragen, haftet der Dritte mit der Aufnahme der neuen Art der Werknutzung für die Vergütung. Die Haftung des andern entfällt.

Literatur: *Bauer/v. Einem,* Handy-TV – Lizenzierung von Urheberrechten unter Berücksichtigung des „2. Korbes", MMR 2007, 698; *Berger,* Verträge über unbekannte Nutzungsarten nach dem „Zweiten Korb", GRUR 2005, 907; *Breinersdorfer,* Thesen zum Problem der Behandlung unbekannter Nutzungsarten für urheberrechtlich geschützte Werke aus Sicht von Autoren und Produzenten, ZUM 2007, 700; *Castendyk/Kirchherr,* Das Verbot der Übertragung von Rechten an nicht bekannten Nutzungsarten – Erste Überlegungen für eine Reform des § 31 Abs. 4 UrhG, ZUM 2003, 751; *Czernik,* § 137l UrhG. Eine ungewöhnliche Übergangsregelung, GRUR 2009, 913; *Czychowski,* „Wenn der dritte Korb aufgemacht wird ..." – Das zweite Gesetz zur Regelung des Urheberrechts in der Informationsgesellschaft, GRUR 2008, 586; *Diesbach,* Unbekannte Nutzungsarten bei Altfilmen: Der BGH gegen den Rest der Welt?, ZUM 2011, 623; *Ehmann/Fischer,* Zweitverwertung rechtswissenschaftlicher Texte im Internet, GRUR Int. 2008, 284; *Flechsig,* Der Zweite Korb zur Verbesserung der Urheber- und Leistungsschutzrechte, ZRP 2006, 145; *Frey/Rudolf,* Verfügungen über unbekannte Nutzungsarten: Anmerkungen zum Regierungsentwurf des Zweiten Korbs, ZUM 2007, 13; *Grohmann,* Die Übertragungsfiktion für unbekannte Nutzungsrechte nach dem Zweiten Korb am Beispiel des Musikverlagsvertrags, GRUR 2008, 1056; *Hilty,* Urheberrecht und Wissenschaft in Sieber, Hoeren (Hg.) Urheberrecht für Bildung und Wissenschaft, Bonn 2005, 174 ff.;

UrhG § 137l § 137l Übergangsregelung für neue Nutzungsarten

Hoeren, Der 2. Korb der Urheberrechtsreform – eine Stellungnahme aus der Sicht der Wissenschaft, ZUM 2004, 885; *Hoeren*, Der Zweite Korb – Eine Übersicht zu den geplanten Änderungen im Urheberrechtsgesetz, MMR 2007, 615; *Hucko*, Zweiter Korb – Das Urheberrecht in der Informationsgesellschaft, München 2007; *Initiative Urheberrecht*, Stellungnahme zum Regierungsentwurf für ein Zweites Gesetz zur Regelung des Urheberrecht in der Informationsgesellschaft vom 3.11.2006; *Jani*, Der Buy-out-Vertrag im Urheberrecht, Berlin 2003; *Jani*, Urheberrechtspolitik in der 14. und 15. Legislaturperiode des Deutschen Bundestags, UFITA 2006/II, 511; *Katzenberger*, Filmurheber und § 137l UrhG, GRUR Int. 2010, 710; *Kellerhals/Lehmkuhl*, Wer profitiert von der Übertragungsfiktion des § 137l Abs. 1 UrhG in der Lizenzkette?, ZUM 2010, 677; *Klickermann*, Sendearchive im Fokus unbekannter Nutzungsarten, MMR 2007, 221; *Klöhn*, Unbekannte Nutzungsarten nach dem „Zweiten Korb" der Urheberrechtsreform, K&R 2008, 77; *Kreile*, Neue Nutzungsarten – Neue Organisation der Rechteverwaltung? Zur Neuregelung des § 31 Abs. 4 UrhG, ZUM 2007, 682; *Langhoff/Oberndörfer/Jani*, Der „Zweite Korb" der Urheberrechtsreform – ein Überblick über die Änderungen des Urheberrechts nach der zweiten und dritten Lesung im Bundestag, ZUM 2007, 593; *Nordemann, J. B./Nordemann, W.*, Für eine Abschaffung des § 31 IV UrhG im Filmbereich, GRUR 2003, 947; *Peifer*, Vergriffene und verwaiste Werke: Gesetzliche Lösung in Sicht?, GRUR-Prax 2011, 1; *Raitz von Frentz/von Alemann*, Die Übertragungsfiktion des § 137l UrhG für unbekannte Nutzungsarten – ein praktischer Leitfaden für Urheber und Verwerter als Lizenznehmer und Lizenzgeber, ZUM 2010, 38; *Schaefer*, Vom Nutzen neuer Nutzungsarten, FS Nordemann 2004, 227; *Schmidt-Hern*, Archive öffnen oder wieder schließen? § 137l UrhG und Art. 14 GG, ZUM 2008, 927; *Schulze*, Die Einräumung unbekannter Nutzungsrechte nach neuem Urheberrecht, UFITA 2007/III, 641; *Spindler*, Reform des Urheberrechts im „Zweiten Korb", NJW 2008, 9; *Spindler/Heckmann*, Der rückwirkende Entfall unbekannter Nutzungsrechte (§ 137l UrhG-E) Schließt die Archive?, ZUM 2006, 620; *Spindler/Heckmann*, Retrodigitalisierung verwaister Printpublikationen – Die Nutzungsmöglichkeiten von „orphan works" de lege lata und ferenda, GRUR Int. 2008, 271; *Sprang/Ackermann*, Der „Zweite Korb" aus Sicht der (Wissenschafts-)Verlage, K&R 2008, 7; *Staudt*, Die Rechtsübertragung in Berechtigungsvertrag der GEMA, Berlin 2006; *Wandtke*, Aufstieg und Fall des § 31 Abs. 4 UrhG?, FS Nordemann 2004, 267; *Weber*, Neue Nutzungsarten – Neue Organisation der Rechteverwaltung? – Die Sicht des öffentlich-rechtlichen Rundfunks, ZUM 2007, 688.

Vgl. darüber hinaus die Angaben bei § 31a sowie im eingangs abgedr. Gesamtliteraturverzeichnis.

Übersicht

	Rn.
I. Bedeutung der Vorschrift	1–4
II. Anwendungsbereich	5–15
1. „Altverträge" und Verträge mit ausübenden Künstlern	5–6a
a) „Altverträge"	5
b) Verträge mit ausübenden Künstlern	6
c) Verträge über wissenschaftliche Werke und über Lichtbilder	6a
2. Verträge über alle wesentlichen Nutzungsrechte	7–15
a) Wesentliche Nutzungsrechte	7–9
b) Ausschließliche, zeitlich und räumlich unbegrenzte Nutzungsrechte	10
c) Ausschließliche Rechtseinräumung	10a
d) Zweckübertragungsregel	11–13
e) Rechtseinräumung bei Sammlungen (§ 38)	14
f) Rechtseinräumung im Arbeits- und Dienstverhältnis (§ 43)	15
III. Übertragungsfiktion (§ 137l Abs. 1 S. 1)	16–36
1. Gesetzliche Lizenz	16–21
a) Gesetzliche Lizenz	16–18
b) Ab Inkrafttreten von § 137 l	19, 20
c) Bei Vererbung des Urheberrechts	21
2. Gegenstand der Überragungsfiktion	22–26
a) Bei Vertragsschluss unbekannte Nutzungsarten	22
b) Umfang der übertragenen Nutzungsrechte	23, 24
c) Gesetzliche Einräumung ausschließlicher Nutzungsrechte	25
d) Erwerb des Vollrechts	26
3. Vorrang der vertraglichen Vereinbarung (§ 137l Abs. 1 S. 4)	27–34
a) Rechte an zwischenzeitlich bekannt gewordenen Nutzungsarten	29
b) „Risikogeschäfte"	30

		Rn.
c) Vertragspartner		31
d) Rechtseinräumung		32, 33
e) Nutzung durch den Urheber selbst		34
4. Verfassungsrechtliche Fragen		35, 36
IV. Widerspruchsrecht des Urhebers (§ 137l Abs. 1 S. 1 2. Halbs.)		37–62
1. Inhalt des Widerspruchsrechts		38–45
a) Begriff		38, 39
b) Rückfall der Nutzungsrechte an den Urheber		40, 41
c) Bereits erfolgte Nutzungen		42
d) Sukzessionsschutz bei Unterlizenzierung		43, 44
e) Keine nachträgliche Beseitigung des Widerspruchs		45
2. Ausübung des Widerspruchsrechts		46–49
a) Erklärung und Form des Widerspruchs		46
b) Inhalt des Widerspruchs		47–48
c) Adressat des Widerspruchs		49
3. Inhaber des Widerspruchsrechts		50–52
a) Urheber		50
b) Übertragbarkeit und Vererbbarkeit		51, 52
4. Widerspruchsfrist		53–62
a) Bei inzwischen bekannten Nutzungsarten		53
b) Bei unbekannten Nutzungsarten		54–60
aa) Mitteilung an den Urheber		55, 56
bb) Drei-Monats-Frist		57
cc) Form der Mitteilung		58
dd) Zeitpunkt der Mitteilung		59
ee) Zuletzt bekannte Anschrift des Urhebers		60
c) Widerspruch auf Vorrat und Verzicht auf den Widerspruch		61
d) Keine Bereichsausnahme		62
V. Weiterübertragung der Nutzungsrechte (§ 137l Abs. 2)		63–69
1. Übertragung sämtlicher Nutzungsrechte		65, 66
2. Widerspruch gegenüber dem alten Vertragspartner		67
3. Auskünfte über den Dritten		68, 69
VI. Wegfall des Widerspruchsrechts (§ 137l Abs. 3)		70–74
1. Ausdrückliche Vereinbarung		70, 71
2. Einräumung von Rechten an unbekannten Nutzungsarten		72
3. Kein Widerspruchsrecht im Arbeits- und Dienstverhältnis		73, 74
VII. Mehrheit von Werken oder Werkbeiträgen (§ 137l Abs. 4)		75–82
1. Mehrere Werke oder Werkbeiträge		76–78
a) Mehrere Werke		76
b) Mehrere Werkbeiträge		77
c) Miturheber		78
2. Keine angemessene Verwertung einzelner Beiträge		79
3. Kein Widerspruch gegen Treu und Glauben		80–82
a) Verstoß gegen Treu und Glauben		80, 81
b) Rechtsfolgen bei treuwidrigem Widerspruch		82
VIII. Anspruch auf angemessene Vergütung (§ 137l Abs. 5)		83–98
1. Anspruch des Urhebers auf angemessene Vergütung		83–90
a) Gesetzlicher Vergütungsanspruch		83
b) Entstehung des Anspruchs		84–86
c) Angemessenheit der Vergütung		87, 88
d) Fairnessausgleich		89
2. Verwertungsgesellschaftspflicht		90–95
3. Vergütungsschuldner		96, 97
4. Ausnahmen bei tarifvertraglichen Regelungen		98
IX. Prozessuale Fragen		99–103
1. Allgemeines		99
2. Beweislast		100, 101
3. Aktivlegitimation		102, 103

§ 137l Übergangsregelung für neue Nutzungsarten

I. Bedeutung der Vorschrift

1 Nach bisherigem Recht waren die Einräumung von Nutzungsrechten für noch nicht bekannte Nutzungsarten sowie Verpflichtungen hierzu gem. § 31 Abs. 4 a. F. unwirksam (dazu eingehend die 2. Auflage zu § 31 Rn. 38 ff.). Diese strikte Regelung, die einst zum Schutz der Urheber geschaffen worden war, hat sich im Zuge der beschleunigten technischen Entwicklung zusehends als ein **Hemmnis** erwiesen, das auch für die Urheber von Nachteil sein kann, weil ihre Werke in den neuen Medien nicht optimal ausgewertet werden können. Eine intensive Werkverwertung ist solange kein Problem, wie der Urheber dafür eine angemessene Vergütung erhält. Dieses Problem hatte der Gesetzgeber erkannt und im Jahr 2002 mit der **Reform des Urhebervertragsrechts** zu lösen versucht (zur Debatte um das neue Urhebervertragsrecht: *Jani* UFITA 2006/II, 511 ff.). Unabhängig davon, ob das neue Urhebervertragsrecht als gelungen bezeichnet werden kann, hat es jedenfalls den Weg frei gemacht für eine ausführliche **Diskussion** über die Zukunft von § 31 Abs. 4. Bereits der sog. „Professorenentwurf" hatte eine Neuregelung von § 31 Abs. 4 vorgesehen (*Professorenentwurf* GRUR 2000, 765, 766). Der Gesetzgeber hat § 31 Abs. 4 bei der Urhebervertragsrechtsreform dann zwar ausgespart. In der Debatte kristallisierte sich aber heraus, dass ein unveränderter Fortbestand von § 31 Abs. 4 keine sinnvolle Option ist (für eine Beibehaltung von § 31 Abs. 4 dagegen *Wandtke* FS Nordemann 2004, 273, Kritik an der Neuregelung auch bei *Schack* Rn. 549b). Sowohl für künftige Verträge als auch für „Altfälle" wurden unterschiedliche Lösungen diskutiert (für eine Übersicht der unterschiedlichen Lösungsvorschläge s. *Castendyk/Kirchherr* ZUM 2003, 751, 755 ff.).

2 Unter dem Eindruck dieser Diskussion, in der teilweise bereits ganz konkrete Lösungsansätze für eine Neuregelung gemacht wurden, griff der Gesetzgeber das Thema in der 15. Legislaturperiode als Teil des Zweiten Korbes auf (zur Debatte um den Zweiten Korb: *Jani* UFITA 2006/II 511, 522 ff.; *Langhoff/Oberndörfer/Jani* ZUM 2007, 593; *Hoeren* MMR 2007, 615; *Spindler* NJW 2008, 8, 9). In der Debatte war strittig, welcher Weg sachgerecht ist. Während die Vertreter der Urheber einen automatische Rechtsübergang ablehnten und stattdessen ein Vertragsmodell mit einer **Anbietungspflicht** des Urhebers favorisierten, begrüßten die Vertreter der Verwerter den BRegE weitgehend. Offen war zunächst auch, ob nur bestimmte Werk- und Auswertungsbereiche in die Neuregelung fallen sollen oder ob eine allgemeingültige **abstrakt-generelle Regelung** sinnvoll sei. Ausgangspunkt war ein Vorschlag von *Nordemann,* der eine Abschaffung des § 31 Abs. 4 lediglich für Filmwerke zum Gegenstand hatte (*Nordemann, J. B./Nordemann, W.* GRUR 2003, 947). Durch das „Zweite Gesetz zur Regelung des Urheberrechts in der Informationsgesellschaft" (BGBl. 2007 I S. 2513) ist die Beschränkung der Vertragsfreiheit in Bezug auf Rechte an neuen Nutzungsarten durch eine Streichung des § 31 Abs. 4 beseitigt worden (s. dazu auch § 31a Rn. 1 ff.). Die neuen Bestimmungen in § 31a, die an die Stelle des alten § 31 Abs. 4 getreten sind, regeln die Voraussetzungen für **zukünftige Rechtsgeschäfte** über unbekannte Nutzungsarten. Zugleich besteht nach dem Wegfall des Verbots aus § 31 Abs. 4 aber auch ein **Regelungsbedarf** für unbekannte Nutzungsarten in Bezug auf Nutzungsverträge, die vor der Abschaffung des § 31 Abs. 4 geschlossen worden sind und noch fortgelten. Dieser Regelung für **„Altverträge"** dient § 137l.

3 § 137l ist das **Pendant zu § 31a.** Obwohl sie ihren Standort in den Übergangsvorschriften hat, ist die Norm tatsächlich Teil des **materiellen Urhebervertragsrechts.** Der Gesetzgeber hat erkannt, dass auch in Bezug auf Altverträge das strikte Verbot aus § 31 Abs. 4 langfristig weder den Interessen der Verwerter noch denen der Urheber und auch nicht denen der Allgemeinheit entspricht (Begr. BT-Drucks. 16/1828, 22). Ziel der Bestimmung in § 137l ist, auch in Bezug auf bestehende Verträge die Nutzung in neuen Nutzungsarten durch einen **erleichterten Rechteerwerb** zu fördern bzw. zu ermöglichen. Damit soll insb. die **Öffnung der Archive** gefördert werden. Viele Werke können heute noch nicht in den digitalen Medien ausgewertet werden, weil den Verwertern die Rechte fehlen und ein nachträglicher Erwerb praktisch unmöglich ist. Insb. bei komplexen Werken mit einer Vielzahl von Mitwirkenden ist die Identifikation der Urheber bzw. von deren Rechtsnachfolgern oftmals sehr schwierig und mit erheblichen Transaktionskosten verbunden (*Klickermann* MMR 2007, 221, 222; *Weber* ZUM 2007, 688, 692). Durch § 137l soll der Verwerter davor bewahrt werden, jeden einzelnen Urheber ausfindig machen zu müssen, um ein Werk auf eine neue Nutzungsart auswerten zu können (Begr. BT-Drucks. 16/1828, 33). Vor allem für audiovisuelle Werke mit einer Vielzahl von Beteiligten und potentiell Berechtigten ist das ein pragmatischer und sachgerechter Ansatz, wobei der Gesetzgeber sein Ziel mit § 137l allerdings nicht in jeder Hinsicht erreichen wird. Die angestrebte **„Hebung von Archivschätzen"** wird durch § 137l jedenfalls nicht ermöglicht (*Sprang/Ackermann,* K&R 2008, 7, 10).

Zweifellos ist § 137l eine spürbare Erleichterung für die Verwerter. Im Streitfall werden **die bisherigen Fragen** aber unverändert von Bedeutung sein, und der Gesetzgeber hat das Problem der unbekannten Nutzungsarten in Bezug auf Altverträge keineswegs abschließend gelöst. Bislang entschied sich an der Frage, ob eine Nutzungsart unbekannt ist, ob die Rechtseinräumung an § 31 Abs. 4 a. F. (s. § 31 Rn. 38) scheitert. Nun wird es in Bezug auf Altverträge darum gehen, ob der **Anwendungsbereich** des § 137l überhaupt eröffnet ist und sich der Verwerter t auf die Übertragungsfiktion berufen muss.

II. Anwendungsbereich

1. „Altverträge" und Verträge mit ausübenden Künstlern

a) „Altverträge. § 137l findet Anwendung auf Nutzungsverträge, die zwischen dem Inkrafttreten des Urheberrechtsgesetzes am 1.1.1966 und dem Inkrafttreten des „Zweiten Gesetzes zur Regelung des Urheberrechts in der Informationsgesellschaft" am **1.1.2008** geschlossen worden sind. Damit sind sämtliche Nutzungsverträge erfasst, für die das Verbot aus § 31 Abs. 4 a. F. galt. Da die Vorschriften des UrhG auf Verträge, die **vor dem 1.1.1966** geschlossen wurden, gem. § 132 grds. nicht anwendbar sind und diese Verträge deshalb nicht den Restriktionen des § 31 Abs. 4 unterworfen waren, besteht in Bezug auf diese Verträge auch kein Handlungsbedarf durch die Abschaffung des § 31 Abs. 4; sie sind von der Regelung des § 137l daher **nicht erfasst** (Schricker/Loewenheim/*Katzenberger* § 137l Rn. 13; Dreier/Schulze/*Schulze* § 137l Rn. 11; Mestmäcker/Schulze/*Scholz* § 137l Rn. 53; Fromm/Nordemann/*J. B. Nordemann* § 137l Rn. 7; *Czernik* GRUR 2009, 913; *Diesbach* ZUM 2011, 623, 630; OLG Köln MMR 2009, 337, 338). Ob und in welchem Umfang Rechte für unbekannte Nutzungsarten Vertragsgegenstand geworden sind, ist bzgl. dieser Verträge stattdessen gem. § 132 weiterhin nach den bei Vertragsschluss geltenden gesetzlichen Regelungen und richterrechtlichen Grundsätzen zu ermitteln (s. § 132 Rn. 3). Von Bedeutung ist dabei auch in Bezug auf neue Nutzungsarten die sog. **Zweckübertragungslehre,** die auf Verträge aus der Zeit vor dem 1.1.1966 anwendbar ist (s. die Nachweise bei § 132 Rn. 3) und der zufolge die Rechtseinräumung auch vor dem 1.1.1966 unbekannte Nutzungsarten im Zweifel nicht umfasste (BGH GRUR 1988, 296, 299 – GEMA-Vermutung IV; BGH ZUM 2011, 498, 499 – Polizeirevier Davidswache). Für **Filmwerke** vgl. § 88 Rn. 67. Im Lichte der jüngeren Rechtsprechung des BGH (BGH ZUM 2011, 498 – Polizeirevier Davidswache; BGH GRUR 2011, 714 – Der Frosch mit der Maske) bedeutet dies, dass vor 1966, als die Einräumung von Nutzungsrechten für unbekannte Nutzungsarten gesetzlich zulässig war, eine solche Einräumung oftmals mangels eindeutiger Erklärung faktisch ausgeschlossen war, während bei Verträgen aus der Zeit zwischen 1966 bis 2008 nunmehr eine rückwirkende Rechtseinräumung erfolgt (*Diesbach* ZUM 2011, 623, 631).

6 b) Verträge mit ausübenden Künstlern. § 137l ist nicht auf Verträge mit **ausübenden Künstlern** anwendbar (Schricker/Loewenheim/*Katzenberger* § 137l Rn. 17; *Czernik* GRUR 2009, 913). Da das Verbot aus § 31 Abs. 4 für Verträge mit ausübenden Künstlern gem. § 79 Abs. 2 S. 2 nicht galt und ausübende Künstler schon bisher Nutzungsrechte an unbekannten Nutzungsarten wirksam einräumen konnten (BGH GRUR 2003, 324 – EROC III), ist hier mit der Streichung von § 31 Abs. 4 in Bezug auf Altverträge kein neuer Regelungsbedarf entstanden. Soweit dem Verwerter die erforderlichen Nutzungsrechte der ausübenden Künstler fehlen, muss er diese auf vertraglichem Wege nachträglich erwerben. In Bezug auf **„verwaiste Werke"** kann dies dazu führen, dass § 137l ins Leere läuft, weil durch die Beteiligung ausübender Künstler an solchen Werken der Verwerter nicht von allen Beteiligten die Rechte über § 137l erwerben kann (*Spindler/Heckmann* GRUR Int. 2008, 271, 276). Auch auf alle anderen Leistungsschutzrechte (das Schutzrecht des **Veranstalters** (§ 81), des **Filmherstellers** (§ 94), des **Tonträgerherstellers**, des **Sendeunternehmers** (§ 87), des **Datenbankherstellers** (§ 87a)) ist § 137l ebenfalls nicht anwendbar (Schricker/Loewenheim/*Katzenberger* § 137l Rn. 17; Dreier/Schulze/*Schulze* § 137l Rn. 5).

6a c) Verträge über wissenschaftliche Werke und über Lichtbilder. Unklar ist, ob § 137l auf Verträge über wissenschaftliche Werke (§ 70) und Lichtbilder (§ 72) anwendbar ist. Diese nichtschöpferischen Schutzgegenstände sind nur leistungsschutzrechtlich und nicht als Werke i. S. v. § 2 geschützt. Gemäß der Verweisung in § 70 Abs. 1 und § 72 Abs. 1 auf den 1. Teil des Urheberrechtsgesetzes gewährt das Gesetz dem Inhaber des Leistungsschutzrechts aus § 70 und § 72 die gleichen umfassenden Rechte wie dem Urheber; auf Nutzungsverträge über wissenschaftliche Werke und auf Lichtbilder sind die urhebervertragsrechtlichen Bestimmungen der §§ 31 ff. entsprechend anwendbar (s. § 70 Rn. 18 und § 72 Rn. 47). Verträge über unbekannte Nutzungsarten unterliegen auch für Lichtbilder und wissenschaftliche Werke daher den Bestimmungen der §§ 31a und 32c. Da die Verweisungen in § 70 und § 72 sich ausdrücklich nicht auf die Vorschriften des 5. Teils des Urheberrechtsgesetzes beziehen, ist § 137l **nach dem Wortlaut** der Vorschriften dagegen **nicht anwendbar**. Da § 137l trotz seiner Stellung in den Übergangsvorschriften Teil des materiellen Urhebervertragsrechts ist (s. Rn. 3), sollte die Vorschrift **analog** auch auf Verträge über die in § 70 und § 72 geregelten Schutzgegenstände anwendbar sein (Dreier/Schulze/*Schulze* § 137l Rn. 5; *Czernik* GRUR 2009, 913914). Das entspricht auch dem Ziel, das der Gesetzgeber mit § 137l verfolgt (s. o. Rn. 3); es ist davon auszugehen, dass der fehlende Verweis auf § 137l in § 70 und § 72 ein schlichtes Redaktionsversehen ist.

2. Verträge über alle wesentlichen Nutzungsrechte

7 a) Wesentliche Nutzungsrechte. In den Genuss der Übertragungsfiktion des § 137l kommt der Verwerter nur, wenn der Urheber ihm in dem Vertrag **alle wesentlichen Nutzungsrechte** ausschließlich sowie räumlich und zeitlich unbegrenzt eingeräumt hat. Diese einschränkende Voraussetzung ist im Interesse des Schutzes der Urheber sinnvoll und schafft zugleich eine gewisse Flexibilität, von der auch die Verwerter profitieren werden. Zwar bezog sich das Verbot der Einräumung von Rechten an unbekannten Nutzungsarten nach § 31 Abs. 4 a. F. auf die bloße Verpflichtung zur Einräumung solcher Nutzungsrechte und damit auch auf rein schuldrechtliche Verpflichtung; § 137l stellt nun aber ausdrücklich darauf ab, dass der Urheber die Nutzungsrechte **eingeräumt** hat. Erforderlich ist also eine Rechteeinräumung i. S. v. § 31, d. h. der Vertragspartner muss die Nutzungsrechte **mit dinglicher Wirkung** tatsächlich erhalten. Die bloße vertragliche Verpflichtung zur Rechtseinräumung, z. B. im Rahmen eines Optionsvertrags, reicht deshalb nicht aus; in diesen Fällen ist § 137l nicht anwendbar (a. A. Schricker/Loewenheim/*Katzenberger* § 137l Rn. 14; so wohl auch Fromm/Nordemann/*J. B. Nordemann* § 137l Rn. 12 und *Czernik* GRUR 2009, 913,914). Ob Vertragsgegenstand alle wesentlichen Nutzungsrechte waren, ist unter Berücksichtigung der allgemeinen urhebervertragsrechtlichen Grundsätze eine Frage des **Einzelfalls,** wobei das in der jeweiligen Branche Übliche den Maßstab bildet (*Raitz von Frentz/von Alemann* ZUM 2010, 38, 39; zum Musikverlagsvertrag ausführlich *Grohmann* GRUR 2008, 1056; Beispiele für Inhaber wesentlicher Nutzungsrechte bei Dreier/Schulze/*Schulze* § 137l Rn. 32 und Fromm/Nordemann/*J. B. Nordemann* § 137l Rn. 13 f.). Dazu, was wesentliche Nutzungsrechte sind, macht § 137l selbst keine Angaben. Ebenso wenig enthält die Vorschrift eine Anleitung, anhand welcher Kriterien eine Prüfung der Verträge erfolgen soll. Im Hinblick auf die Bedeutung von § 137l für die Auswertung von Archivbeständen liegt darin ein nicht unerhebliches Konfliktpotenzial (vgl. *Frey/Rudolph* ZUM 2007, 13, 21).

Der Gesetzgeber hat mit der Einschränkung deutlich gemacht, dass die Übertragungsfiktion nur für solche Verträge gilt, die dem Verwerter eine **Möglichkeit zur umfassenden und dauerhaften Auswertung** des Werkes im Rahmen des Vertragszwecks geben (*Schulze* UFITA 2007/III, 641, 687) und bei denen der nachträgliche Erwerb der Rechte an vormals unbekannten Nutzungsarten die **logische Ergänzung des Vertragswerkes** ist. Dabei wird unterstellt, dass die Vertragsparteien diese Rechte nur deshalb nicht zum Gegenstand des ursprünglichen Vertrags gemacht hatten, weil dem das Verbot des § 31 Abs. 4 a. F. entgegenstand. Keine Probleme bereitet die Anwendung von § 137l deshalb bei **Buyout-Verträgen** (zum Begriff: *Jani* 39 ff.), die per definitionem die umfassende Auswertung des Werkes zum Gegenstand haben (*Berger* GRUR 2006, 907, 910). **8**

Der ursprüngliche Nutzungsvertrag muss **nicht sämtliche Nutzungsrechte** beinhalten, ausreichend ist, dass die **wesentlichen** zum Zeitpunkt des Vertragsschlusses übertragbaren Rechte Vertragsgegenstand sind. Dadurch wird vermieden, dass die Anwendung des § 137l scheitert, weil lediglich einzelne Nebenrechte – vielleicht unbeabsichtigt – im Nutzungsvertrag fehlen (Begr. BT-Drucks. 16/1828, 33; Mestmäcker/Schulze/*Scholz* § 137l Rn. 12; *Berger* GRUR 2006, 907, 910). Da es auf den **Zeitpunkt des Vertragsschlusses** ankommt (*Raitz von Frentz/von Alemann* ZUM 2010, 38, 39), entfällt die Voraussetzung des Erwerbs der wesentlichen Rechte nicht dadurch, dass während der Vertragslaufzeit nachträglich sich zusätzliche Nutzungsarten etablieren, deren zugrunde liegenden Nutzungsrechte nach heutigem Verständnis wesentlich sind. **9**

b) Ausschließliche, zeitlich und räumlich unbegrenzte Nutzungsrechte. Die wesentlichen Nutzungsrechte müssen **ausschließlich** sowie **räumlich und zeitlich unbegrenzt** eingeräumt worden sein. Diese Voraussetzungen sind eindeutig und knüpfen an die Formulierung in § 31 Abs. 1 an (im Einzelnen: § 31 Rn. 4 ff.). Dass es sich um ausschließliche Rechte handeln muss, ist konsequent, weil der Gesetzgeber eben nur den Verwerter begünstigen wollte, der nach dem Parteiwillen eine umfassende Auswertungsbefugnis hat. Diese Beschränkung führt aber zugleich dazu, dass ein zentraler Bereich, für den die Nutzung von **Archivbeständen** von erheblicher Bedeutung ist, gerade nicht in dem beabsichtigten Maße von § 137l profitieren wird. So hilft § 137l insb. den **Bibliotheken** nicht, ihre Bestände elektronisch zugänglich zu machen, da sie i. d. R. nicht die ausschließlichen Rechte im Sinne der Vorschrift haben (Stellungnahme des Bundesrats, BT-Drucks. 16/1828, 44). **Räumlich** unbeschränkt betrifft nur die Bundesrepublik **Deutschland;** ein weltweites Nutzungsrecht ist nicht erforderlich (Schricker/Loewenheim/*Katzenberger* § 137l Rn. 39; Mestmäcker/Schulze/*Scholz* § 137l Rn. 15; *Berger* GRUR 2005, 907, 911; *Schulze* UFITA 2007/III, 641, 689; *Czernik* GRUR 2009, 913914; a. A. Fromm/Nordemann/*J. B. Nordemann* § 137l Rn. 10). Nach anderer Auffassung soll eine werk- oder verwendungszweckbezogene Betrachtung des Einzelfalls angestellt werden unter dem Gesichtspunkt, ob eine internationale Aufspaltung der bereits bekannten Nutzungsrechte üblich ist (Dreier/Schulze/*Schulze* § 137l Rn. 28). Dieser Ansatz widerspricht jedoch dem Ziel von § 137l, Werke in Deutschland für die Nutzung in bislang unbekannten Nutzungsarten zu öffnen; die Erreichung dieses Ziels sollte nicht durch übermäßige Anforderungen **10**

an die räumlich unbegrenzte Einräumung von Nutzungsrechten erschwert werden (Schricker/Loewenheim/*Katzenberger* § 137 Rn. 39). **Inhaltlich** können die vertragsgegenständlichen Rechte beschränkt sein. Das ergibt sich auch bereits aus dem Umstand, dass nicht sämtliche Nutzungsrechte eingeräumt worden sein müssen. Umgekehrt können allerdings allzu große inhaltliche Beschränkungen dem Wesentlichkeitserfordernis (Rn. 7) entgegenstehen (Mestmäcker/Schulze/*Scholz* § 137l Rn. 16). Die **zeitlich** unbegrenzte Einräumung der Nutzungsrechte setzt grds. eine Einräumung für die Dauer der **gesetzlichen Schutzfrist** voraus (Schricker/Loewenheim/*Katzenberger* § 137l Rn. 40; Dreier/Schulze/ *Schulze* § 137l Rn. 30; Fromm/Nordemann/*J. B. Nordemann* § 137l Rn. 10 wonach unter Hinzuziehung der Zweckübertragungsregel auch kürzere Zeiträume ausreichen können); da das Urheberecht durch diese Schutzfrist zwingend begrenzt wird, steht die ausdrückliche Beschränkung der Rechtseinräumung auf die Dauer der Schutzfrist der zeitlichen Unbegrenztheit der Rechtseinräumung i. S. v. § 137l nicht entgegen (Schricker/Loewenheim/ *Katzenberger* § 137 Rn. 40; Fromm/Nordemann/*J. B. Nordemann* § 137l Rn. 10). Ebensowenig die Vereinbarung eines **Kündigungsrechts** (Schricker/Loewenheim/*Katzenberger* § 137l Rn. 40; a. A. Fromm/Nordemann/ *J. B. Nordemann* § 137l Rn. 10); solange das Kündigungsrecht nicht ausgeübt wird, hat die Rechtseinräumung Bestand.

10a   **c) Ausschließliche Rechtseinräumung.** Der Vertragspartner muss alle wesentlichen Nutzungsrechte ausschließlich, d. h. exklusiv, erworben haben. Die Voraussetzungen, unter denen ein Nutzungsrecht ausschließlich ist, sind in **§ 31 Abs. 3** geregelt. Der Inhaber einfacher Nutzungsrechte kann sich daher nicht auf § 137l berufen (Dreier/Schulze/*Schulze* § 137l Rn. 28; Mestmäcker/Schulze/*Scholz* § 137l Rn. 14; *Raitz von Frentz/von Alemann* ZUM 2010, 38 40; *Spindler/Heckmann* GRUR Int. 2008, 271, 275; *Ehmann/Fischer* GRUR Int. 2008, 284, 289). Auch wenn dies wegen der Vertragspraxis in bestimmten Bereichen und mit Blick auf den Zweck von § 137l (s. o. Rn. 3) sachgerecht sein mag, lässt der eindeutige Wortlaut von § 137l Ausnahmen vom Erfordernis einer ausschließlichen Rechtseinräumung durch eine großzügige Gesetzesauslegung nicht zu (a. A. Schricker/ Loewenheim/*Katzenberger* § 137 Rn. 36 und Fromm/Nordemann/*J. B. Nordemann* § 137l Rn. 9, der sich im Fall des § 38 für eine Anwendung von § 137l ausspricht, durch die der Vertragspartner einfache Nutzungsrechte an der neuen Nutzungsart erwirbt). **Tonträgerhersteller** sind deshalb nicht Inhaber aller wesentlichen Nutzungsrechte an einem Musikwerk i. S. v. § 137l, sofern diese Rechte von der GEMA wahrgenommen werden, denn die GEMA vergibt stets nur einfache Nutzungsrechte. Unklar ist das Verhältnis zwischen der **GEMA** und dem **Musikverleger**. Sachgerecht erscheint es, hier auf die prioritätsältere Rechtseinräumung abzustellen (Schricker/Loewenheim/*Katzenberger* § 137l Rn. 37; Fromm/ Nordemann/*J. B. Nordemann* § 137l Rn. 16). Auf den Rechteerwerb der GEMA vom Musikverleger kann dann im Einzelfall auch § 137l anwendbar sein (Schricker/Loewenheim/ *Katzenberger* § 137 Rn. 37; zum Erwerb von Nutzungsrechten an vormals unbekannten Nutzungsarten durch Anpassung der Berechtigungsverträge der GEMA: BGH GRUR 2009, 395 – *Klingeltöne*).

11   **d) Zweckübertragungsregel.** Leitgedanke des Urhebervertragsrechts ist die **Zweckübertragungslehre,** der zufolge der Urheber im Zweifel nur so viele Rechte einräumt, wie sein Vertragspartner im Rahmen des Vertragszwecks benötigt und die urheberrechtlichen Befugnisse im Übrigen soweit wie möglich beim Urheber verbleiben (BGH, GRUR 1996, 121 ff. – Pauschale Rechtseinräumung; oben § 31 Rn. 39 ff.). Dieser Grundsatz wird durch die Übertragungsfiktion des § 137l keinesfalls eingeschränkt, denn sofern der Nutzungsvertrag nicht eindeutig ist, ergibt sich die Antwort auf die Frage, ob alle wesentlichen Nutzungsrechte eingeräumt wurden, aus der Anwendung der **Zweckübertragungsregel** (Schricker/Loewenheim/*Katzenberger* § 137l Rn. 31; Mestmäcker/Schulze/*Scholz* § 137l Rn. 13; *Raitz von Frentz/von Alemann* ZUM 2010, 38, 39). Nach anderer Auffassung soll es ausschließlich auf die tatsächlich eingeräumten Rechte ankommen (so Fromm/Nordemann/*J. B. Nordemann* § 137l Rn. 12); nach einer „verwertungsorientierten Betrachtung" soll dagegen derjenige die Rechte an vormals unbekannten Nutzungsarten nach § 137l erhalten, der das Werk tatsächlich auswertet und auch in den neuen Nutzungsarten auswerten kann (Dreier/Schulze/*Schulze* § 137l Rn. 22). Da das Urheberrecht mit der Zweckübertragungsregel über eine anerkannte und bewährte Auslegungsregel verfügt, ist jedoch kein Grund erkennbar, für § 137l andere Auslegungsmaßstäbe zugrunde zu legen. Auch die Gesetzesbegründung legt nahe, dass sich der Umfang der Übertragungsfiktion am ursprünglichen Vertragszweck orientiert (BT-Drucks. 16/1828, 33). Übertragungsfiktion und Zweckübertragungstheorie stehen also in einem Stufenverhältnis zueinander. Wenn sich durch Auslegung ermitteln lässt, dass **Vertragszweck** eine umfassende Auswertung des Werkes ist und deshalb alle für diese Auswertung wesentlichen Nutzungsrechte Vertragsgegenstand sind, dann sind die Voraussetzungen für die Übertragungsfiktion aus § 137l erfüllt. Umgekehrt tritt die Rechtsfolge von § 137l nicht ein, wenn sich aus einer Vertragsauslegung nach den Grundsätzen der Zweckübertragungstheorie bzw. des § 31 Abs. 5 ergibt, dass der Verwerter nicht alle wesentlichen Nutzungsrechte erworben hat. Die Voraussetzungen von § 137l werden bspw. nicht erfüllt sein, wenn ein Urheber dem Produzenten in den 60er Jahren nur die Kinorechte übertragen hat, nicht aber auch die Fernsehrechte. Die wesentlichen Rechte zur Auswertung des **Filmwerks** in den damals bekannten Nutzungsarten waren dann nicht Vertragsgegenstand; bei Filmverträgen aus den 70er und 80er Jahren wird dementsprechend erforderlich sein, dass die Videogrammrechte vom Vertrag umfasst waren (*Kreile* ZUM 2007, 682, 686; Schricker/Loewenheim/*Katzenberger* § 137l Rn. 32). In Bezug auf das **Verlagsrecht** wird der Vertragspartner dann alle wesentlichen Nutzungsrechte erworben haben, wenn die urspr. Rechtseinräumung das weltweite Verlagsrecht für die deutsche Sprache für sämtliche Ausgaben (Hardcover, Taschenbuch, Sonderausgaben usw.) sowie die sog. buchnahen Nebenrechte umfasst (Schricker/Loewenheim/*Katzenberger* § 137l Rn. 32; vgl. auch Fromm/Nordemann/*J. B. Nordemann* § 137l Rn. 14).

§ 137l setzt nicht voraus, dass der ursprüngliche Vertrag sich auf alle denkbaren Verwertungsformen bezieht. Der Verwerter hat auch dann alle wesentlichen Nutzungsrechte i. S. v. § 137l erworben, wenn das Recht zur Werknutzung zwar auf ein bestimmtes **Auswertungssegment** beschränkt ist, der Verwerter diese Teilauswertung aber umfassend vornehmen kann (*Czychowski* GRUR 2008, 586, 588). Ein Verleger erwirbt Nutzungsrechte zur Auswertung eines Buches in vormals unbekannten Nutzungsarten nach § 137l, z.B. als **e-Book,** also auch dann, wenn er das **Verfilmungsrecht** ursprünglich nicht erworben hatte, der Vertrag aber eine umfassende verlagsmäßige Auswertung des Buches vorsieht (BT-Drucks. 16/1828, 44; ebenso Schricker/Loewenheim/*Katzenberger* § 137l Rn. 33; Dreier/Schulze/*Schulze* § 137l Rn. 23; differenzierend Fromm/Nordemann/*J. B. Nordemann* § 137l Rn. 14, 19, der für die Internetnutzung voraussetzt, dass sie die bekannte Nutzungsart logisch ergänzt; Spindler/Heckmann ZUM 2006, 620, 625). **12**

Wesentliche Rechte sind ferner nur Rechte, die der Urheber typischerweise individuell vergibt und die deshalb als Vertragsgegenstand überhaupt in Betracht kommen. Nutzungsrechte, die typischerweise **Verwertungsgesellschaften** zur Wahrnehmung übertragen werden, insb. im Bereich der Zweitverwertung, finden deshalb bei der Ermittlung des Rechteumfangs gem. § 137l keine Berücksichtigung. Und zwar unabhängig davon, ob die Rechte verwertungsgesellschaftspflichtig sind, oder ob die kollektive Wahrnehmung auf einer freiwilligen Entscheidung des Urhebers beruht. § 137l kann deshalb auch zugunsten von Verwertungsgesellschaften anwendbar sein (Dreier/Schulze/*Schulze* § 137l Rn. 18; Schricker/Loewenheim/*Katzenberger* § 137l Rn. 21; Fromm/Nordemann/*J. B. Nordemann* § 137l Rn. 16 mit Verweis auf die Probleme, die entstehen, wenn sowohl Verwertungsgesellschaften als auch Dritte Rechte eingeräumt bekommen haben). Ob § 137l auf Verträge über die Rechtseinräumung an eine Verwertungsgesellschaft anwendbar ist, hängt jedoch von der Ausgestaltung des jeweiligen **Wahrnehmungsvertrags** ab. In der Regel werden die Voraussetzungen für 137l jedoch nicht erfüllt sein, weil die Rechtseinräumung an Ver- **13** wertungsgesellschaften **nicht zeitlich unbefristet** erfolgt (*Staudt* 62; vgl. außerdem beispielhaft § 16 des Berechtigungsvertrags der GEMA, § 11 der Wahrnehmungsverträge der VG Bild-Kunst und § 10 des Wahrnehmungsvertrags der VG Wort).

14 e) **Rechtseinräumung bei Sammlungen (§ 38).** Gestattet der Urheber die Aufnahme seines Werkes in eine **periodisch erscheinende Sammlung**, z. B. eine Zeitschrift, so erwirbt der Verleger oder Herausgeber im Zweifel ein ausschließliches Nutzungsrecht zur Vervielfältigung und Verbreitung. Sofern nichts Gegenteiliges vereinbart ist, darf der Urheber das Werk gem. § 38 Abs. 1 S. 2 aber nach Ablauf eines Jahres seit Erscheinen anderweitig vervielfältigen und verbreiten. Das Nutzungsrecht des Verlegers reduziert sich auf ein **einfaches Nutzungsrecht**. Diese Vorschrift ist vor allem für die **Wissenschaftsliteratur** von erheblicher praktischer Bedeutung, zumal sie gem. § 38 Abs. 2 auch für Beiträge in nicht periodisch erscheinenden Sammlungen gilt, für die der Urheber keine Vergütung erhält. Eine Vergütung wird bei wissenschaftlichen Publikationen oftmals nicht gezahlt. Gerade auf ältere Verlagsverträge findet die Auslegungsregel des § 38 Abs. 1 S. 2 Anwendung (*Spindler/Heckmann* ZUM 2006, 620, 627). An Beiträgen für Zeitungen erwirbt der Verleger gem. § 38 Abs. 3 im Zweifel nur ein einfaches Nutzungsrecht. Da für § 137l zwingende Voraussetzung ein unbefristetes und **ausschließliches** Nutzungsrecht ist, können die Verwerter sich in diesen Fällen nicht auf die Übertragungsfiktion berufen (s. o. Rn. 10a). Die Auswertung von Zeitschriften in digitalen Medien ist damit ohne Zustimmung des Urhebers auch weiterhin grds. ausgeschlossen. Das ist insb. für **wissenschaftliche Sammlungen** von Bedeutung. In Bezug auf die vollständige Sammlung, in der das Werk erschienen ist (z. B. dem Jahrgang einer Zeitschrift) und an der der Vertragspartner das ausschließliche Nutzungsrecht behält, kann die Übertragungsfiktion gleichwohl greifen. Die Möglichkeit des Urhebers zur anderweitigen Verwertung seines Werkes gem. § 38 betrifft eine andere Nutzung des einzelnen Werkes. Sofern der Vertragspartner die Nutzungsrechte in dem von § 137l geforderten Umfang erworben hat, kann er die Sammlung und die in ihr enthaltenen Einzelwerke deshalb digital herausbringen (*Schulze* UFITA 2007/III, 641, 691). Ein juristischer Fachverlag darf so z. B. ältere Jahrgänge einer Zeitschrift auf DVD oder in einer Online-Datenbank anbieten. Bezogen auf die einzelnen Werke ist diese Befugnis wegen § 38 nicht exklusiv.

15 f) **Rechtseinräumung im Arbeits- und Dienstverhältnis (§ 43).** § 137l findet als Nachfolgebestimmung zu § 31 Abs. 4 a. F. auch Anwendung auf urheberrechtliche Werke, die im Rahmen von **Arbeits- und Dienstverhältnissen** geschaffen worden sind, sofern nicht im Arbeitsvertrag bereits eine ausdrückliche Regelung zu den Rechten an unbekannten Nutzungsarten getroffen wurde (Schricker/Loewenheim/*Katzenberger* § 137l Rn. 19; Dreier/Schulze/*Schulze* § 137l Rn. 9). § 31 Abs. 4 a. F. war grds. auch im Arbeitsverhältnis zu beachten (§ 43 Rn. 67 ff.; Schricker/Loewenheim/*Rojahn* § 43 Rn. 55a), konnte allerdings unter der Voraussetzung eines gesonderten Vergütungsanspruchs **vertraglich abbedungen** werden (Schricker/Loewenheim/*Rojahn* § 43 Rn. 55a mit weiteren Nachweisen). In diesem Fall sind die Rechte an unbekannten Nutzungsarten bereits Vertragsgegenstand und für eine gesetzliche Übertragung nach § 137l besteht kein Bedürfnis. Sofern der Arbeitgeber die Nutzungsrechte gem. § 137l erwirbt, hat auch der Arbeitnehmer einen Anspruch auf gesonderte Vergütung (Dreier/Schulze/*Schulze* § 137l Rn. 9; Schricker/ Loewenheim/*Katzenberger* § 137l Rn. 19). Der Arbeitnehmer kann der Übertragungsfiktion i. d. R. nicht widersprechen (s. u. Rn. 73 f.).

III. Übertragungsfiktion (§ 137l Abs. 1 S. 1)

1. Gesetzliche Lizenz

16 a) **Gesetzliche Lizenz.** § 137l enthält eine **Übertragungsfiktion** (Begr. BT-Drucks. 16/1828, 33) zugunsten des Vertragspartners des Urhebers. Zutreffend konkretisiert der Text des Gesetzes diese gesetzlich ausgelöste zwingende Rechtsfolge als Rechtseinräumung ("gelten ... als ... eingeräumt"), denn sie knüpft an den ursprünglichen Vertrag an und fingiert damit eine Rechtshandlung i. S. v. § 31 Abs. 1. Dass die Gesetzesbegründung von Übertragungsfiktion spricht, ist insoweit unzutreffend. Korrekterweise wäre die in § 137l Abs. 1 angeordnete Rechtsfolge als **„Einräumungsfiktion"** zu bezeichnen. Da sich der Begriff der „Übertragungsfiktion" in der Debatte um § 137l jedoch inzwischen weitgehend durchgesetzt hat, wird er auch hier verwendet.

Die Nutzungsrechte an allen zum Zeitpunkt des Vertragsschlusses unbekannten Nutzungsarten gelten gem. § 137l Abs. 1 als von dem Nutzungsvertrag mit umfasst. Es handelt sich dabei der Sache nach nicht lediglich um eine Auslegungsregel oder eine widerlegliche Vermutung, sondern um eine **gesetzliche Lizenz** (Mestmäcker/Schulze/*Scholz* § 137l Rn. 10; *Berger* GRUR 2005, 907, 910), die allerdings **akzessorisch zum ursprünglichen Vertrag** ist (*Czernik* GRUR 2009, 913) und sich insoweit von der klassischen gesetzlichen Lizenz der urheberrechtlichen Schranken unterscheidet. Durch die Übertragungsfiktion entsteht zusätzlich zum vorhandenen Nutzungsvertrag ein **gesetzliches Schuldverhältnis** (Dreier/Schulze/*Schulze* § 137l Rn. 13). Ausgehend von der Prämisse, dass der Verwerter alle im Hinblick auf den Vertragszweck wesentlichen Nutzungsrechte erwerben sollte, dehnt das Gesetz diese Regelung auf die Rechte aus, die der Verfügung der Vertragsparteien durch § 31 Abs. 4 bei Vertragsschluss entzogen waren. Die gesetzliche Rechtseinräumung hängt nicht davon ab, dass der Verwerter das ihm auf diese Weise zufallende Recht auch tatsächlich **nutzen** möchte (krit. *Spindler/Heckmann* ZUM 2006, 620, 624). 17

Der Gesetzgeber geht davon aus, dass die Rechtseinräumung durch Schweigen des Urhebers erfolgt, und dass dieses Schweigen abweichend von den allgemeinen Grundsätzen (vgl. Palandt/*Heinrichs* Einf. v. § 116 Rn. 7) als entsprechende Willenserklärung zu deuten ist (BT-Drucks. 16/1828, 34). Dieser Erläuterungsansatz wird zu Recht abgelehnt (*Berger* GRUR 2005, 907, 910; *Klöhn* K&R 2008, 77, 81). Das Schweigen des Urhebers hat auch in diesem Kontext keinen Erklärungswert. Es bedeutet stattdessen Nichtausübung des Widerspruchsrechts. 18

b) Ab Inkrafttreten von § 137l. Umstritten ist, in welchem Zeitpunkt die Rechtswirkung von § 137l eintritt. § 137l Abs. 1 bestimmt, dass die vormals unbekannten Nutzungsrechte als durch den ursprünglichen Vertrag ebenfalls eingeräumt gelten. Die Übertragungsfiktion knüpft damit also an den bestehenden Vertrag an; naheliegend erscheint es deshalb, dass die Übertragungsfiktion auf den **Zeitpunkt dieses Vertragsschlusses** zurückwirkt (so Rn. 19 der Vorauﬂ.). Nach zutreffender Auffassung wird man aber davon ausgehen müssen, dass die Übertragungsfiktion erst **mit Inkrafttreten des Gesetzes** eingetreten ist und dass es keine Rückwirkung von § 137l gibt (Schricker/Loewenheim/*Katzenberger* § 137l Rn. 54; Fromm/Nordemann/*J. B. Nordemann* § 137l Rn. 21; *Ehrmann/Fischer* GRUR Int. 2008, 284, 287; *Frey/Rudolph* ZUM 2007, 13, 22; *Raitz von Frentz/von Alemann* ZUM 2010, 38, 42; Dreier/Schulze/*Schulze* § 137l Rn. 15). Sofern der Vertragspartner vor der Übertragungsfiktion das Werk in der neuen Nutzungsart mangels Rechtserwerbs widerrechtlich genutzt hat, wird diese Nutzung durch die gesetzliche Lizenz **nicht nachträglich legalisiert** (Schricker/Loewenheim/*Katzenberger* § 137l Rn. 54; *Schulze* UFITA 2007/III, 641, 702). 19

Umstritten ist, **ab welchem Zeitpunkt** der Vertragspartner des Urhebers Inhaber der Rechte wird, die ihm durch die Übertragungsfiktion zuwachsen. Hier kommt es darauf an, welche Wirkungen das **Widerspruchsrecht** hat. Nach zutreffender Auffassung hat der Vertragspartner die Rechte mit Inkrafttreten der Vorschrift am **1.1.2008** erworben und die Rechte fallen an den Urheber im Falle eines wirksamen Widerspruchs **mit Wirkung für die Zukunft** zurück (dazu ausführlich Rn. 26). 20

c) Bei Vererbung des Urheberrechts. Die umfassende Verwertungsbefugnis geht im Erbfall als Teil des Urheberrechts auf die Erben über (§ 28 Abs. 1, in Verbindung mit § 1922 BGB). Die Wirkung des § 137l Abs. 1 tritt damit auch **gegenüber den Erben** als 21

Rechtsnachfolger des Urhebers ein (Schricker/Loewenheim/*Katzenberger* § 137l Rn. 18; Dreier/Schulze/*Schulze* § 137l Rn. 7); das entspricht auch der Absicht des Gesetzgebers, dessen Ziel die Nutzbarmachung von Archivwerken war – also von älteren Werken, bei denen die Urheber oftmals eben schon verstorben sind. Den Erben steht dann das Widerspruchsrecht zu (s. u. Rn. 51).

2. Gegenstand der Übertragungsfiktion

22 **a) Bei Vertragsschluss unbekannte Nutzungsarten.** Durch die Übertragungsfiktion erwirbt der Verwerter die Nutzungsrechte für die **im Zeitpunkt des Vertragsschlusses** noch unbekannten Nutzungsarten. Das Gesetz spricht von „**unbekannten Nutzungsrechten**". Das ergibt jedoch keinen Sinn und widerspricht der hergebrachten urheberrechtlichen Terminologie (*Frey/Rudolph* ZUM 2007, 13, 21; *Czychowski* GRUR 2008, 586, 588; *Czernik* GRUR 2009, 913, 914). Die Bekanntheit bezieht sich stets auf die wirtschaftlich-technische Nutzungsart. In Übereinstimmung mit § 31 Abs. 4 bezieht sich die Übertragungsfiktion daher entgegen dem irreführenden Wortlaut auf Nutzungsrechte an unbekannten Nutzungsarten. Ob es sich überhaupt um eine **eigenständige Nutzungsart** handelt und ob diese bei Vertragsschluss **technisch und wirtschaftlich unbekannt** war, ist nach den von der Rechtsprechung zu § 31 Abs. 4 a. F. entwickelten Kriterien zu beurteilen (Begr. BT-Drucks. 16/1828, 44; Dreier/Schulze/*Schulze* § 137l Rn. 36; Schricker/ Loewenheim/*Katzenberger* § 137l Rn. 57; *Kreile* ZUM 2007, 682, 686; a. A. *Katzenberger* GRUR Int. 2010, 710, 712, der für eine Abkehr von der bisherigen Rechtsprechung des BGH zugunsten einer „urheberfreundlicheren" Auslegung plädiert; zum Begriff der unbekannten Nutzungsart: § 31a Rn. 15 ff.). An dieser Stelle kehrt die Debatte um die neuen Nutzungsarten an ihren Ausgangspunkt zurück und es wird deutlich, dass die begrüßenswerte Abschaffung von § 31 Abs. 4 keinesfalls die Lösung aller Probleme darstellt. Der Verwerter wird sich, bevor er die Übertragungsfiktion des § 137l in Anspruch nimmt, zunächst auf den Vertrag berufen. Auch wenn der Urheber die Nutzung an sich gar nicht verhindern und von seinem Widerspruchsrecht keinen Gebrauch machen möchte, wird er dagegen ein Interesse an der Anwendung von § 137l haben, um auf diese Weise in den Genuss einer weiteren Vergütung zu kommen. An der **Interessenkonstellation** ändert sich im Vergleich zur bisherigen Rechtslage insoweit also nichts.

23 **b) Umfang der eingeräumten Nutzungsrechte.** § 137l Abs. 1 erklärt „die zum Zeitpunkt des Vertragsschlusses unbekannten Nutzungsrechte" für eingeräumt. Einen Hinweis auf den Umfang der Rechte gibt die Vorschrift nicht; ihr Wortlaut legt nahe, dass **sämtliche** seinerzeit unbekannten Nutzungsrechte an den Verwerter fallen. Das wäre jedoch eine Durchbrechung der Zweckübertragungslehre, die der Gesetzgeber nicht gewollt haben kann. Im Sinne der **Zweckübertragungstheorie** (s. o. Rn. 11 ff.) ist deshalb auch hier für den **inhaltlichen** Umfang der umfassten Nutzungsrechte auf den Vertragszweck abzustellen (Schricker/Loewenheim/*Katzenberger* § 137l Rn. 57; Dreier/Schulze/*Schulze* § 137l Rn. 37; *Czernik* GRUR 2009, 913, 914). Im Rahmen von § 137l kommt die Zweckübertragungstheorie also zweimal zur Anwendung. Enthält der Ausgangsvertrag einen umfassenden und detaillierten Rechtekatalog, durch den der Verwerter die Nutzungsrechte umfassend erworben hat, dann ist auch die Übertragungsfiktion **umfassend**. Der Verwerter erwirbt dann gem. § 137l quasi in Fortschreibung des vertraglichen Rechtekatalogs auch sämtliche neuen Nutzungsrechte. Bei einer nur pauschalen und unbestimmten Rechtseinräumung kommt es dagegen maßgeblich auf den **Vertragszweck** an, der durch Auslegung zu ermitteln ist (s. § 31 Rn. 45). War Gegenstand des Nutzungsvertrags nur eine Verwertung in einem bestimmten **Verwertungsbereich** (dazu oben Rn. 7 ff.), dann erlangt der Verwerter nach § 137l Abs. 1 die zusätzlichen Nutzungsrechte auch nur für diesen Bereich. Die übrigen Rechte verbleiben beim Urheber oder gehen aufgrund der Übertragungsfiktion auf andere Vertragspartner des Urhebers über. Der Vertragspartner

erwirbt die fingierten Nutzungsrechte **zeitlich und räumlich unbeschränkt**, so dass hier ein Gleichlauf zu den Nutzungsrechten des ursprünglichen Vertrags besteht (Mestmäcker/Schulze/*Scholz* § 137l Rn. 19).

Von der Übertragungsfiktion umfasst sind ausschließlich Nutzungsrechte i. S. v. § 31. **24** Inwiefern der Vertragspartner auch die Befugnis zur Bearbeitung oder **Änderung des Werkes** hat, um es in den neuen Nutzungsarten auszuwerten, ergibt sich nicht aus § 137l. Insoweit sind die allgemeinen Regelungen über die Bearbeitung maßgeblich, insb. § 39, sowie das urheberpersönlichkeitsrechtliche **Entstellungsverbot** (§§ 14, 93). § 137l gibt dem Verwerter keinen Freibrief zur beliebigen Veränderung des Werks. Sofern eine Auswertung in einer neuen Nutzungsart nur mit Änderungen am Werk möglich ist, muss der Verwerter die Änderungsrechte gesondert erwerben, soweit sich seine Änderungsbefugnisse aus dem ursprünglichen Vertrag nicht auch auf die neuen Nutzungsrechte erstrecken. Das ist im Einzelfall durch **Auslegung** zu ermitteln und dürfte jedenfalls dann zu bejahen sein, wenn der Urheber seinem Vertragspartner das umfassende Recht eingeräumt hat, sein Werk unter Wahrung der Urheberpersönlichkeitsrechte zu bearbeiten, umzugestalten usw. Welche Änderungen zur Nutzung in den neuen Nutzungsarten zulässig sind, ist dann allein eine Frage der Interessenabwägung in Bezug auf das Entstellungsverbot.

c) Gesetzliche Einräumung ausschließlicher Nutzungsrechte. Das Gesetz regelt **25** nicht, ob es sich bei den nach § 137l eingeräumten Rechten um einfache oder ausschließliche Nutzungsrechte handelt. Nach dem allgemeinen Grundsatz, wonach das Urheberrecht soweit wie möglich beim Urheber bleibt und der Vertragspartner im Zweifel nur die Rechte erwirbt, die er im Rahmen des Vertragszwecks benötigt (vgl. § 31 Rn. 39 ff.), könnte die Übertragungsfiktion des § 137l auf einfache Nutzungsrechte beschränkt sein. Der Zweck des § 137l, dem Verwerter seine bisherige starke Vertragsposition auch für neue Nutzungsarten zu verschaffen, spricht aber dafür, dass die gesetzliche Lizenz ein **ausschließliches Nutzungsrecht** gewährt (Dreier/Schulze/*Schulze* § 137l Rn. 38; Fromm/Nordemann/*J. B. Nordemann* § 137l Rn. 18; *Berger* GRUR 2005, 907, 911; *Schulze* UFITA 2007/III, 641, 692; *Raitz von Frentz/von Alemann* ZUM 2010, 38, 42; a. A. Schricker/Loewenheim/*Katzenberger* § 137l Rn. 56; Mestmäcker/Schulze/*Scholz* § 137l Rn. 23; *Ehmann/Fischer* GRUR Int. 2008, 284, 287). Das ergibt sich auch aus den strengen Voraussetzungen, an die § 137l die Übertragungsfiktion knüpft. Im Übrigen ist § 137l überhaupt nur anwendbar, wenn der Vertragspartner des Urhebers nach dem Vertrag bereits ausschließliche Nutzungsrechte und damit eine umfassende Nutzungsbefugnis erworben hat. Auch unter Berücksichtigung dessen wird man deshalb zu keinem anderen Ergebnis kommen können. Dieser Ansatz nützt hinsichtlich seiner vergütungsrechtlichen Stellung auch dem Urheber (*Berger* GRUR 2005, 907, 911).

d) Erwerb des Vollrechts. Der Verwerter hat endgültige Sicherheit über den Bestand **26** der ihm durch § 137l zufallenden Rechte erst nach Ablauf der Widerspruchsfrist (s. u. Rn. 38 ff.). Die gesetzlich ausgelöste Rechtsübertragung ist aber von Anfang an **vollwirksam**. Das Widerspruchsrecht wirkt nicht wie eine Bedingung (a. A. *Schulze* UFITA 2007/III, 641, 693), der Verwerter erlangt nicht lediglich ein **Anwartschaftsrecht**, das – ähnlich wie beim Ausfall einer auflösenden Bedingung (§ 158 Abs. 2 BGB) – erst mit Ablauf der Widerspruchsfrist zum Vollrecht erstarkt. Darin liegt ein wesentlicher Unterschied zur Rechtseinräumung für unbekannte Nutzungsarten in künftigen Verträgen (§ 31a Rn. 74). Der von § 137l Abs. 1 Begünstigte erwirbt die betroffenen Nutzungsrechte einschließlich sämtlicher aus diesen Nutzungsrechten fließenden Befugnisse. Allein der von § 137l Abs. 1 Begünstigte kann deshalb Ansprüche aus einer **Verletzung der Nutzungsrechte** durch Dritte geltend machen.

3. Vorrang der vertraglichen Vereinbarung (§ 137l Abs. 1 S. 4)

Die Übertragungsfiktion aus § 137l Abs. 1 S. 1 tritt nicht ein für zwischenzeitlich be- **27** kannt gewordene Nutzungsrechte, die der Urheber vor Inkrafttreten des § 137l einem

Dritten eingeräumt hat. Der **Nutzungsvertrag** hat in diesem Fall **Vorrang**. Das ist systemkonform, denn Ziel des § 137l ist die Nutzbarmachung brachliegender Rechte durch gesetzliche Vertragsergänzung, nicht die Infragestellung von Verträgen. Die Nutzungsrechte müssen **nicht umfassend** eingeräumt worden sein; die Vorrangwirkung tritt auch bei einer Einräumung lediglich einfacher oder inhaltlich, räumlich oder zeitlich begrenzten Nutzungsrechten ein (Dreier/Schulze/*Schulze* § 137l Rn. 68). Die Vorrangwirkung tritt dagegen nicht ein bei einer schuldrechtlichen Verpflichtung zur Rechtseinräumung, denn § 137l Abs. 1 S. 4 bezieht sich ausdrücklich nur auf die dinglich wirkende **Einräumung von Nutzungsrechten** i. S. v. § 31 (a. A. Dreier/Schulze/*Schulze* § 137l Rn. 68). Denkbar ist, dass der **Nutzungsvertrag** mit dem Dritten vor Inkrafttreten des § 137l bereits wieder **beendet** wurde und das Nutzungsrecht an den Urheber deshalb zurückgefallen ist. Zu dieser Konstellation trifft § 137l keine ausdrückliche Regelung. Die Vorrangregelung soll verhindern, dass die Fiktion aus § 137l in **bestehende Verträge** eingreift (Begr. BT-Drucks. 16/1828, 34). Es ist aber davon auszugehen, dass § 137l Abs. 1 S. 1 auch dann nicht wieder auflebt, wenn der Nutzungsvertrag beendet ist. Die Vorrangwirkung gem. § 137l Abs. 1 S. 4 **bleibt** bestehen. Dafür sprechen auch praktische Erwägungen, denn im Einzelfall, z. B. bei Optionsrechten, die über das Vertragsende hinauswirken, könnte es andernfalls zu Überschneidungen kommen, die eine eindeutige Zuordnung der Nutzungsrechte erschweren.

28   § 137l Abs. 1 S. 4 begründet eine Ausnahme von der durch § 137l Abs. 1 S. 1 als Regelfall angeordneten gesetzlichen Übertragungsfiktion. Die Darlegungs- und **Beweislast** dafür, dass bestimmte Nutzungsrechte wegen einer Rechtseinräumung an einen Dritten von der Übertragungsfiktion nicht umfasst ist, liegt deshalb bei demjenigen, der sich auf § 137l Abs. 1 S. 4 beruft (Dreier/Schulze/*Schulze* § 137l Rn. 70). Damit führt § 137l Abs. 1 S. 4 im Ergebnis zu einer **Recherchepflicht** des Vertragspartners, die das Anliegen des Gesetzgebers konterkariert: Der Verwerter erlangt Klarheit über den Umfang der fingierten Rechtseinräumung nur, sofern er Verfügungen des Urhebers i. S. v. 137l Abs. 1 S. 4 zuvor lückenlos ermittelt hat. Diese Ermittlung setzt aber voraus, dass der Urheber die notwendigen Auskünfte geben kann oder aber dass die übrigen Rechteinhaber noch auffindbar sind. Genau diese Voraussetzungen werden im Anwendungsbereich von § 137l aber nicht erfüllt sein. Das gilt insb. für sog. „**verwaiste Werke**" (engl. „orphan works"; zu diesen s. nun §§ 61–61c), bei denen die Rechteinhaber bzw. deren Rechtsnachfolger nicht mehr ausfindig gemacht werden können (*Spindler/Heckmann* GRUR Int. 2008, 271, 276). Nutzungen, die der Vertragspartner in Unkenntnis einer Verfügung des Urhebers i. S. v. § 137l Abs. 1 S. 4 vornimmt, sind rechtswidrig, weil der Vertragspartner das Nutzungsrecht nicht im Wege der Übertragungsfiktion erworben hat.

29   **a) Rechte an zwischenzeitlich bekannt gewordenen Nutzungsarten.** Über Nutzungsrechte, die zwar bei Vertragsschluss noch unbekannt waren, zwischenzeitlich, d. h. vor Inkrafttreten von § 137l, aber bekannt geworden sind, konnte der Urheber stets verfügen. Das Verbot aus § 31 Abs. 4 a. F. galt ab Bekanntwerden der Nutzungsart nicht mehr. Für den Vorrang der vertraglichen Vereinbarung kommt es auf den **Umfang** des eingeräumten Rechts nicht an. Unerheblich ist, ob die neue Nutzungsart zeitlich, räumlich oder inhaltlich beschränkt lizenziert wurde und ob der Urheber dem Dritten ein einfaches oder ein ausschließliches Nutzungsrecht eingeräumt hat.

30   **b) „Risikogeschäfte".** Nach der vom BGH entwickelten Figur des so genannten „**Risikogeschäfts**" sollte die Einräumung von Rechten an technisch bekannten aber wirtschaftlich noch bedeutungslosen Nutzungsarten zulässig sein, sofern die neue Nutzungsart konkret benannt, ausdrücklich vereinbart und von den Vertragsparteien auch erörtert und damit erkennbar zum Gegenstand von Leistung und Gegenleistung gemacht wird (BGH GRUR 1995, 212, 214 – Videozweitauswertung III; s. o. § 31a Rn. 23). Das strikte Verbot aus § 31 Abs. 4 a. F. war dadurch etwas aufgeweicht worden. Soweit Rechte über unbe-

kannte Nutzungsarten auf diese Weise wirksam zum Gegenstand eines Nutzungsvertrages gemacht worden sind, fallen auch sie **nicht in den Anwendungsbereich** von § 137l (Mestmäcker/Schulze/*Scholz* § 137l Rn. 8).

c) **Vertragspartner.** § 137l Abs. 1 S. 4 spricht von Rechtseinräumung an einen Dritten. Dritter im Sinne dieser Vorschrift kann auch **der ursprüngliche Vertragspartner** des Urhebers sein. 31

d) **Rechtseinräumung.** Die Ausschlusswirkung des § 137l Abs. 1 S. 4 tritt ausdrücklich nur im Fall der Rechtseinräumung ein, also im Fall der konstitutiven Einräumung von einfachen oder ausschließlichen **Nutzungsrechten** (§ 31 Abs. 1). Die Geltendmachung **anderer Ansprüche** aus den die neue Nutzungsart betreffenden Befugnissen durch den Urheber, z. B. Unterlassungs- oder Schadensersatzansprüche, berühren die Übertragungsfiktion daher grds. nicht. Etwas anderes gilt davon abweichend jedoch, wenn der Verletzungsprozess im Zeitpunkt des Inkrafttretens von § 137l bereits rechtshängig ist (s. u. Rn. 101). 32

Erfolgt die Rechtseinräumung nur **beschränkt,** z. B. in Form einer nicht ausschließlichen Berechtigung, so wirkt die Fiktion in dem Umfang, wie das Nutzungsrecht beim Urheber verblieben ist (Begr. BT-Drucks. 16/1828, 34). Hat z. B. der Urheber einem Dritten das nicht ausschließliche Recht der On-Demand-Auswertung eingeräumt, ist dieses Nutzungsrecht gleichwohl von der Übertragungsfiktion umfasst. Der Dritte darf aber aufgrund seines **einfachen Nutzungsrechts** das Werk weiter nutzen (Begr. BT-Drucks. 16/1828, 34). Voraussetzung ist allerdings, dass die beim Urheber durch die Nutzungsrechtsbeschränkung verbliebenen Befugnisse für sich genommen **zur Werkverwertung geeignet** sind. Wenn der Urheber z. B. ein ausschließliches Nutzungsrecht mit der Maßgabe einräumt, dass die Erteilung von Unterlizenzen abweichend von § 31 Abs. 3 S. 1 nur mit Zustimmung des Urhebers zulässig ist, so sind Ansprüche, die der Urheber aus einem Verstoß gegen diese Bestimmung nach § 97 gegen Dritte hat, nicht von der Fiktion umfasst. 33

e) **Nutzung durch den Urheber selbst.** Nicht geregelt ist ferner der (seltene) Fall, dass der Urheber das Werk in der neuen Nutzungsart selbst verwertet. Denkbar ist zum Beispiel eine Online-Nutzung auf der eigenen Webseite. Diesen Fall wird man **wie eine** zwischenzeitliche **Nutzungsrechtseinräumung** behandeln müssen. Auch in diesem Fall tritt die Übertragungsfiktion also nicht ein. 34

4. Verfassungsrechtliche Fragen

Da § 137l an Ereignisse anknüpft, die in der Vergangenheit liegen, stellt sich die Frage nach der verfassungsrechtlichen Unbedenklichkeit dieser Regelung (zur verfassungsrechtlichen Problematik der Regelung für Altverträge: *Nordemann/Nordemann* GRUR 2003, 947, 949, *Castendyk/Kirchherr* ZUM 2003, 751, 762); Kritiker der neuen Regelung haben die Übertragungsfiktion fälschlicherweise als „Enteignung" der Urheber bezeichnet; das schutzwürdige Vertrauen des Urhebers in den Fortbestand seiner durch § 31 Abs. 4 gewährleisteten Rechtsposition werde durch § 137l nachhaltig beeinträchtigt (Stellungnahme der *Initiative Urheberrecht* 14 f.; *Klickermann* MMR 2007, 221, 224; krit. auch *Frey/Rudolph* ZUM 2007, 13, 22). Die verfassungsrechtlichen Bedenken sind im Ergebnis jedoch unbegründet. Das **BVerfG** hat eine Verfassungsbeschwerde gegen § 137l als unzulässig zurückgewiesen und nicht zur Entscheidung angenommen, in seinem Beschluss jedoch ausdrücklich festgestellt, dass der Gesetzgeber „legitimierweise" den Zweck verfolgen durfte, „zum Nutzen der Allgemeinheit, der Urheberrecht und der Verwerter" die Nutzung von Werken in neuen Nutzungsarten dadurch zu ermöglichen, „dass die wegen § 31 Abs. 4 bestehenden praktischen Verwertungshindernisse nachträglich beseitigt werden" (BVerfG GRUR 2010, 332, 335 – Filmurheberrecht). Außerdem hat das BVerfG gebilligt, dass § 137l offene Tatbestandsmerkmale enthält und dass auch die Rechtsfolgen dieser Vor- 35 schrift (Rechtserwerb ex nunc oder rückwirkend) durch Auslegung zu ermitteln sind. Die Übertragungsvermutung steht im Einklang mit den Vorgaben des Grundgesetzes, insb. verstößt sie nicht gegen das **Rückwirkungsverbot** (vgl. BVerfG GRUR 2010, 222, 335 – Filmurheberrecht). Zwar knüpft § 137l insofern an einen Sachverhalt an, der in der Vergangenheit liegt, als er auf den Zeitpunkt des ursprünglichen Vertragsschlusses abstellt. Der urheberrechtliche Nutzungsvertrag ist aber ein Dauerschuldverhältnis, das in die Zukunft fortwirkt, und die Rechtsfolge von § 137l tritt erst in der Zukunft ein. Das gilt auch für sog. **Buy-Out-Verträge,** bei denen der Verwerter keine fortlaufenden Vergütungen zahlt und die Vertragsabwicklung in der Vergangenheit faktisch abgeschlossen wurde. Der Buy-Out-Vertrag ist zwar kein Dauerschuldverhältnis im engeren Sinne. Er begründet aber ein Dauerrechtsverhältnis zwischen dem Verwerter und dem Urheber (*Jani* 49). Die Übertragungsfiktion ist damit ein Fall der **unechten Rückwirkung** (*Spindler/Heckmann* ZUM 2006, 620, 624), die nach der Rechtsprechung des Bundesverfassungsgerichts bei Abwägung der betroffenen Interessen grds. zulässig ist (BVerfGE 72, 175, 196; 71, 230, 251). Da die Übertragungsfiktion den Inhalt des Urheberrechts für die betroffenen Verträge generell-abstrakt regelt, stellt sie eine zulässige **Inhaltsbestimmung** der nach **Art. 14 GG** geschützten urheberrechtlichen Vermögensrechte dar (vgl. Mestmäcker/Schulze/*Scholz* § 137l Rn. 33; vgl. auch *Castendyk/Kirchherr* ZUM 2003, 751, 762). § 137l reduziert das Verbotsrecht des Urhebers auch nicht auf einen bloßen Vergütungsanspruch, da der Urheber durch das **unverzichtbare Gestaltungsrecht** zum Widerspruch die gesetzliche Rechtsfolge der Übertragung beseitigen kann. Berechtigt war hier allerdings der Einwand, dass das befristete Recht des Urhebers zum Widerspruch leer laufen könne, weil der Urheber i. d. R. von der beabsichtigten Nutzung keine Kenntnis nehmen könne (Bundesrat, BT-Drucks. 16/1828, 38). Diese Gefahr ist durch die Mitteilungsobliegenheit (s. u. Rn. 55) ausgeräumt. Dass die Frist bei bekannten Nutzungsarten generell auf ein Jahr begrenzt ist, ist vertretbar. Der Gesetzgeber ist der Auffassung, dass angesichts der mehrjährigen Reformdiskussion über die Abschaffung von § 31 Abs. 4 eine längere Frist zum Schutz der Urheberinteressen nicht erforderlich und auch nicht mit dem Interesse der Verwerter und der Allgemeinheit an einem Beginn der Verwertung in den bekannt gewordenen Nutzungsarten zu vereinbaren wäre (BT-Drucks. 16/1828, 33).

36 Um dem Einwand zu begegnen, der Urheber werde oftmals **keine Vergütung** für die neuen Nutzungen erhalten, weil er den Anspruch nicht durchsetzen könne, hat der Gesetzgeber mit der **Verwertungsgesellschaftspflicht** des Vergütungsanspruchs Rechnung getragen (s. u. Rn. 90 ff.). Vereinzelt ist vorgeschlagen worden, nicht nur die Vergütungsansprüche, sondern die Rechteverwertung insgesamt der Verwertungsgesellschaftspflicht zu unterwerfen (*Nordemann, J. B./Nordemann, W.* GRUR 2003, 947949; *Flechsig* ZRP 2004, 145, 148). Diesen Ansatz hat der Gesetzgeber zu Recht verworfen. Ebenso eine bloße Anbietungspflicht der Urheber, mit der das angestrebte Ziel eines erleichterten und beschleunigten Rechtserwerbs nicht erreicht worden wäre.

IV. Widerspruchsrecht des Urhebers (§ 137l Abs. 1 S. 2 2. Halbs.)

37 Die in Abs. 1 S. 1 angeordnete Übertragungsfiktion wird beseitigt, wenn der Urheber seinem Vertragspartner gegenüber der Nutzung widerspricht.

1. Inhalt des Widerspruchsrechts

38 **a) Begriff.** Während § 31a dem Urheber ein Recht zum **Widerruf** gibt (§ 31a Rn. 64 ff.), sieht § 137l ein **Widerspruchsrecht** vor. In beiden Fällen handelt es sich um ein unselbstständiges **Gestaltungsrecht,** durch dessen Ausübung die betroffenen Nutzungsrechte an den Urheber zurückfallen. Die **Rechtsfolgen sind im Kern identisch.** Während der Urheber im Anwendungsbereich des § 31a aber eine rechtsgeschäftliche Ver-

einbarung aus der Vergangenheit (vertragliche Einräumung der unbekannten Nutzungsrechte) nachträglich revidiert, beseitigt der Urheber bei § 137l die Folgen einer gesetzlich angeordneten automatischen Rechtseinräumung (Mestmäcker/Schulze/*Scholz* § 137l Rn. 24). Diesen Unterschied hat der Gesetzgeber mit der unterschiedlichen Bezeichnung Gestaltungsrechte zum Ausdruck gebracht.

Da der Urheber das Widerspruchsrecht ohne Angabe von Gründen ausüben kann, **39** kommt es auf seine Motive für den Widerspruch nicht an – eine Ausnahme macht hier nur § 137l Abs. 4. Der Urheber kann also auch aus ideellen, **urheberpersönlichkeitsrechtlichen** Gründen widersprechen. Da das Widerspruchsrecht dem Urheber eine Kompensation für den gesetzlich angeordneten Entzug von Nutzungsrechten gibt, ist das Widerspruchsrecht seinerseits in erster Linie jedoch Ausfluss des Verwertungsrechts und in seinem Kern ebenfalls **vermögensrechtlicher Natur.**

b) Rückfall der Nutzungsrechte an den Urheber. Der wirksame Widerspruch be- **40** seitigt die gesetzliche Lizenz mit Wirkung **für die Zukunft,** der Widerspruch wirkt nicht zurück (Mestmäcker/Schulze/*Scholz* § 137l Rn. 39, § 31a Rn. 30; *Berger* GRUR 2005, 907, 911; *Spindler/Heckmann* ZUM 2006, 620, 625; *Czernik* GRUR 2009, 913, 915; *Raitz von Frentz/von Alemann* ZUM 2010, 38, 42; ebenso wohl auch *Hucko* 26; a.A. *Schulze* UFITA 2007/III, 641, 701). Darin liegt ein wesentlicher Unterschied der Widerspruchsregelung zum Widerruf nach § 31a Abs. 1, der ex tunc auf den Zweitpunkt des Vertragsschlusses zurückwirkt (§ 31a Rn. 75). Während der Widerruf sich auf das in der Vergangenheit geschlossene Rechtsgeschäft (Rechtseinräumung bzw. Verpflichtung hierzu) insgesamt bezieht, richtet sich der Widerspruch gegen die künftige tatsächliche Nutzung, nicht aber gegen die Übertragungsfiktion an sich. Diese wird deshalb durch den Widerspruch nicht beseitigt, so dass es für die Vergangenheit bei der gesetzlich angeordneten Rechtsfolge bleibt. Diese unterschiedlichen Rechtsfolgen kommen auch in der terminologischen Unterscheidung zwischen Widerruf und Widerspruch zum Ausdruck. Nach anderer Auffassung ist der durch die Übertragungsfiktion bewirkte Rechtserwerb bis zum Ablauf der Widerspruchsfrist aufschiebend bedingt (Dreier/Schulze/*Schulze* § 137l Rn. 40; ebenso Schricker/Loewenheim/*Katzenberger* § 137l Rn. 55).

Maßgeblicher Zeitpunkt ist der Zugang des Widerspruchs beim Vertragspartner des Ur- **41** hebers (§ 130 BGB). Die Nutzungsrechte, auf die sich der Widerspruch bezieht, fallen dann automatisch **an den Urheber zurück,** und der Verwerter muss die Nutzung des Werkes in der betroffenen Nutzungsart unterlassen.

c) Bereits erfolgte Nutzungen. Sofern der Verwerter zwischen dem Inkrafttreten des **42** § 137l und dem Widerspruch das Werk in der neuen Nutzungsart bereits ausgewertet hat, wird diese Auswertung nicht nachträglich rechtswidrig (Mestmäcker/Schulze/*Scholz* § 137l Rn. 39, § 31a Rn. 30; *Berger* GRUR 2005, 907, 911; *Spindler/Heckmann* ZUM 2006, 620, 625). Der Verwerter darf daher die aus der bisherigen Nutzung erwirtschafteten **Erträge** behalten; er schuldet für die Nutzung dem Urheber zugleich aber die Vergütung gem. § 137l Abs. 5.

d) Sukzessionsschutz bei Unterlizenzierung. Soweit der Verwerter die Nutzung **43** nicht selbst vorgenommen, sondern die Nutzungsrechte im Wege der **Unterlizenzierung** als ausschließliche oder einfache Rechte wirksam einem Dritten **eingeräumt** hat, fallen diese Rechte nach Maßgabe der Rechtsprechung des BGH (BGH GRUR 2012, 916 – M2Trade; BGH NJW-RR 2012, 1127 – Take Five), nicht an den Urheber zurück. Es besteht **Sukzessionsschutz,** weil der Rechtsinhaber auf den Fortbestand seines Rechts vertrauen können muss und ihm überdies die Amortisation seiner Investitionen ermöglicht werden soll (näher dazu Vor §§ 31 ff. Rn. 49 ff.).

Wenn der Urheber die neuen Nutzungsrechte translativ auf einen Dritten **übertragen 44** hat (§ 34), schlägt der Widerspruch auf diese Nutzungsrechte durch. Andernfalls könnte der Vertragspartner durch eine rechtzeitige Übertragung der Rechte an vormals unbekannten Nutzungsarten auf einen Dritten das Widerspruchsrecht aushöhlen. Das widerspräche der Intention des Gesetzgebers und dem verfassungsrechtlichen Gebot, dem Urheber ein Instrument gegen den gesetzlich angeordneten Verlust seiner Rechte zu geben. Diese Gefahr bestünde vor allem dann, wenn die Rechtsübertragung gesetzlich (vgl. § 90) oder vertraglich ohne Zustimmung des Urhebers erfolgen kann.

45 **e) Keine nachträgliche Beseitigung des Widerspruchs.** Hat der Urheber von seinem Widerspruchsrecht Gebrauch gemacht, so kann er den Widerspruch **nicht nachträglich** durch einseitige Erklärung wieder **beseitigen.** Da es sich um ein Gestaltungsrecht handelt, ist das Widerspruchsrecht mit seiner Ausübung verbraucht. Sofern der Verwerter eine „Rücknahme" des Widerspruchs zustimmt, ist dies im Ergebnis eine **Vereinbarung** über die betreffenden Nutzungsrechte, durch die der Verwerter die Rechte auf vertraglichem Wege zurückerlangt. Sämtliche diese Rechtseinräumung betreffenden Fragen, richten sich dann nach den Bestimmungen des Urhebervertragsrechts. § 137l ist nicht mehr anwendbar. Das gilt insb. auch für den Vergütungsanspruch des Urhebers, der sich nunmehr aus § 32 ergibt.

2. Ausübung des Widerspruchsrechts

46 **a) Erklärung und Form des Widerspruchs.** Das Recht zum Widerspruch ist ein **Gestaltungsrecht.** Seine Ausübung erfolgt durch **einseitige** empfangsbedürftige **Willenserklärung** des Urhebers, die mit Zugang wirksam wird (§ 130 Abs. 1 S. 1 BGB) und hat unmittelbar verfügende Wirkung. Die Erleichterungen, die § 137l für die Mitteilung des Vertragspartners an den Urheber vorsieht (Rn. 55 ff.), gelten für den Widerspruch nicht entsprechend; die bloße Absendung der Widerspruchserklärung an die dem Urheber zuletzt bekannte Anschrift des Vertragspartners reicht also nicht aus (a. A. *Schulze* UFITA 2007/III, 641, 698). Sofern dem Urheber die Anschrift des Vertragspartners nicht bekannt ist, kann der Zugang des Widerspruchs durch **öffentliche Zustellung** (§ 132 Abs. 2 BGB, §§ 185 ff. ZPO) ersetzt werden (Mestmäcker/Schulze/ *Scholz* § 137l Rn. 26). § 137l stellt keine besonderen Anforderungen an die **Form** des Widerspruchs (Schricker/Loewenheim/*Katzenberger* § 137l Rn. 41). Der Urheber kann dem Verwerter den Widerspruch deshalb **formlos,** insb. auch **mündlich,** mitteilen. Aus Beweisgründen ist jedoch zu empfehlen, dass der Urheber stets schriftlich, zumindest aber in Textform (per E-Mail o. ä.) widerspricht. Als rechtsgestaltende Erklärung ist der Widerspruch **bedingungsfeindlich** (Mestmäcker/Schulze/ *Scholz* § 137l Rn. 26; *Raitz von Frentz/von Alemann* ZUM 2010, 38, 40).

47 **b) Inhalt des Widerspruchs.** Der Widerspruch richtet sich nicht gegen die Übertragungsfiktion an sich, sondern gegen eine, mehrere oder alle **Nutzungen,** die der Vertragspartner aufgrund dieser Übertragungsfiktion vornehmen kann (Schricker/Loewenheim/ *Katzenberger* § 137l Rn. 41; *Schulze* UFITA 2007/III, 641, 696). Der Urheber muss deshalb grds. deutlich machen, auf welche **konkreten** Nutzungen bzw. Nutzungsrechte sich der Widerspruch bezieht. Im Hinblick auf den Schutzzweck der Bestimmung und die verfassungsrechtlichen Anforderungen (s. o. Rn. 35 f.) dürfen an die Widerspruchserklärung allerdings keine übersteigerten Anforderungen gestellt werden. Erforderlich, aber auch ausreichend ist, dass der Wille des Urhebers zum Ausdruck kommt, die betreffende Nutzung durch den Vertragspartner zu unterbinden. Nach den allg. zivilrechtlichen Grundsätzen kann der Widerspruch daher auch durch **schlüssiges Verhalten** erklärt werden. Der Umfang des Widerspruchs ist ggf. durch **Auslegung** zu ermitteln (§ 133 BGB).

48 Der Urheber muss den Widerspruch **nicht begründen** (Schricker/Loewenheim/ *Katzenberger* § 137l 41; *Schulze* UFITA 2007/III, 641, 697). Auf seine Motive für den Widerspruch kommt es grds. nicht an. Der Urheber kann den Widerspruch auch erklären, um danach sogleich mit dem Vertragspartner in Verhandlungen über eine Rechtseinräumung und eine vertragliche Vergütung einzutreten (s. u. Rn. 85). Ein berechtigtes Interes-

se, wie vereinzelt gefordert worden ist, muss der Urheber für den Widerspruch nicht geltend machen können. Der Widerspruch kann allerdings im Einzelfall unter dem Gesichtspunkt des widersprüchlichen Verhaltens **rechtsmissbräuchlich** (§ 242 BGB) sein, wenn der Urheber seinem Vertragspartner zuvor signalisiert hat, dass er der Nutzung nicht widersprechen werde und der Vertragspartner im Vertrauen mit den Vorbereitungen für die Nutzung begonnen hat.

c) **Adressat des Widerspruchs.** Der Widerspruch ist dem Vertragspartner des Urhebers bzw. gem. § 137l Abs. 2 dem Erwerber der Nutzungsrechte gegenüber zu erheben. 49

3. Inhaber des Widerspruchsrechts

a) **Urheber.** Das Widerspruchsrecht steht ausschließlich dem Urheber des Werks bzw. 50 dessen Erbe oder Rechtsnachfolger zu. Bei Werken, die in Miturheberschaft entstanden sind, können die Miturheber das Widerspruchsrecht nach den Bestimmungen über die **Miturheberschaft** nur gemeinschaftlich ausüben (s. § 8 Rn. 21 ff.). Urheber **verbundener Werke** können unabhängig voneinander für ihren jeweiligen Werkbeitrag widersprechen (Schricker/Loewenheim/*Katzenberger* § 137l Rn. 45). In Fällen einer Mehrheit von Beteiligten ist allerdings § 137l Abs. 4 zu beachten; danach haben die Berechtigten bei der Ausübung ihres Widerspruchsrechts nach Treu und Glauben Rücksicht auf einander zu nehmen (Rn. 75 ff.). Wer Urheber und damit Inhaber des Widerspruchsrechts ist, ist auch für den Verwerter von Bedeutung. Wenn der Verwerter die Widerspruchsfrist auslösen will, um nach deren Ablauf Rechtssicherheit zu haben, muss er die Mitteilung an alle betroffenen Urheber absenden. Inhaber abgeleiteter Rechte haben kein Widerspruchsrecht und können dies mangels Übertragbarkeit (s.u. Rn. 51) auch nicht vom Urheber erwerben (Schricker/Loewenheim/*Katzenberger* § 137l 45; Dreier/Schulze/*Schulze* § 137l Rn. 43).

b) **Übertragbarkeit und Vererbbarkeit.** Eine gesetzliche Regelung zur isolierten 51 Übertragbarkeit des Widerspruchsrechts gibt es nicht. Das Widerspruchsrecht ist ein unselbstständiges Gestaltungsrecht, das die persönlichen Belange des Urhebers schützt, in dem es ihm die Möglichkeit zur Revision der gesetzlichen angeordneten Rechteübertragung gibt. Es ist kein Minus zum Nutzungsrecht, sondern ein *aliud*. Eine entsprechende Anwendung der Vorschriften über die Übertragung von Nutzungsrechten scheidet deshalb aus. Daraus ergibt sich, dass das Widerspruchsrecht ähnlich einem höchstpersönlichen Anspruch **nicht übertragen** und nicht einem Dritten zur Ausübung überlassen werden kann (vgl. Palandt/*Grüneberg* § 399 Rn. 6). Insoweit besteht auch hier Übereinstimmung mit dem Widerrufsrechts aus § 31a (§ 31a Rn. 66). Das Widerspruchsrecht kann deshalb auch nicht einer Verwertungsgesellschaft zur Wahrnehmung übertragen werden.

Die Erben treten gem. § 28 Abs. 1 i.V.m. § 1922 BGB vollumfänglich in die Rechtsstel- 52 lung des Urhebers ein und erwerben auch sämtliche sonstige Rechte, die aus dem Urheberrecht fließen (Schricker/Loewenheim/*Schricker/Loewenheim* § 28 Rn. 5; vgl. auch § 28 Rn. 8). Da § 137l keine dem § 31a Abs. 2 S. 3 entsprechende Regelung enthält, ist das Widerspruchsrecht als Teil des Urheberrechts ebenfalls nach den allgemeinen Vorschriften **vererblich** (Schricker/Loewenheim/*Katzenberger* § 137l Rn. 45; Dreier/Schulze/*Schulze* § 137l Rn. 7; *Czernik* GRUR 2009, 913, 915; *Raitz von Frentz/von Alemann* ZUM 2010, 38, 40). Das ist mit Blick auf den verfassungsrechtlich geschützten Kern des Urheberrechts als Eigentum sachgerecht, da die Rechtsfolgen aus § 137l im Gegensatz zu § 31a nicht auf einer rechtsgeschäftlichen Erklärung des Urhebers beruhen, sondern gesetzlich angeordnet sind (Mestmäcker/Schulze/*Scholz* § 137l Rn. 25).

4. Widerspruchsfrist

a) **Bei inzwischen bekannten Nutzungsarten.** Handelt es sich um eine Nutzungs- 53 art, die bis zum Inkrafttreten des Gesetzes bekannt geworden ist, so konnte der Urheber nur **innerhalb eines Jahres** nach Inkrafttreten von § 137l dem Rechteübergang widersprechen. Diese Frist ist mit dem **31.12.2008** abgelaufen (Schricker/Loewenheim/*Katzenberger* § 137l Rn. 43; Dreier/Schulze/*Schulze* § 137l 56; a.A. Fromm/Nordemann/ *J.B. Nordemann* § 137l Rn. 26, der gem. § 193 BGB von einem Fristablauf am 1.1.2009 ausgeht) Eine Frist von einem Jahr hielt der Gesetzgeber für angemessen. Aufgrund der ausführlichen Diskussion über eine Änderung des § 31 Abs. 4 und das „Archivproblem" sah er **kein weitergehendes Schutzbedürfnis der Urheber.** Außerdem stünde eine längere Frist dem Interesse der Verwerter und der Allgemeinheit an einem Beginn der Verwertung in den bekannt gewordenen Nutzungsarten entgegen (Begr. BT-Drucks. 16/ 1828, 33). Hinsichtlich der Nutzungsarten, die bei Inkrafttreten von § 137l bekannt waren (§ 137l Abs. 1 S. 2), haben die Verwerter also **Rechtssicherheit** nach dem 31.12.2008. Die Jahresfrist hatte automatisch mit dem Inkrafttreten von § 137l begonnen, einer Mitteilung des Vertragspartners o.ä. bedurfte es hier nicht (Schricker/Loewenheim/*Katzenberger* § 137l Rn. 43; Mestmäcker/Schulze/*Scholz* § 137l Rn. 30), und die Frist endete auch unabhängig vom Verhalten des Urhebers und des Verwerters; sie war eine Ausschlussfrist. Der Verwerter konnte in Bezug auf die am 1.1.2008 bereits bekannten Nutzungsarten die Frist nicht auf drei Monate verkürzen, indem er dem Urheber die beabsichtigte Nutzung mittgeilt hat (Schricker/Loewenheim/*Katzenberger* § 137l Rn. 43; Dreier/Schulze/*Schulze* § 137l Rn. 56 a.A. Mestmäcker/Schulze/*Scholz* § 137l Rn. 38; *Kreile* ZUM 2007, 682, 686; *Bauer/v. Einem* MMR 2006, 698, 701). Die Jahresfrist bei bekannten Nutzungsarten war aus verfassungsrechtlichen Gründen geboten, um dem Urheber eine angemessene Zeit für die Beseitigung des gesetzlich angeordneten Rechtsverlusts zu geben. Sie stand deshalb nicht zur einseitigen Disposition des Vertragspartners. Rechtssicherheit konnte der Vertragspartner vor Ablauf der Jahresfrist dadurch erlangen, dass der Urheber seinem Vertragspartner gegenüber rechtsverbindlich erklärt, von dem Widerspruchsrecht keinen Gebrauch zu machen. Die Frage, ob die Nutzungsart am 1.1.2008 bekannt war, ist entscheidend für die Bestimmung der maßgeblichen Widerspruchsfrist. Deshalb kann es darauf ankommen, dass der Zeitpunkt der Bekanntheit einer Nutzungsart (vor oder nach dem 31.12.2008) exakt bestimmt wird.

54 **b) Bei unbekannten Nutzungsarten.** Die Widerspruchsfrist bezüglich der Nutzungsrechte, die auch bei Inkrafttreten des § 137l noch unbekannt sind, beginnt nur, wenn der Verwerter an den Urheber eine **Mitteilung** über die beabsichtigte Aufnahme der Nutzung abgesendet hat. Die Frist beträgt **drei Monate** ab dem Zeitpunkt der Absendung der Mitteilung. Diese Mitteilung ist keine Willenserklärung, sondern eine geschäftsähnliche Handlung, auf die die Vorschriften über Willenserklärungen aber entsprechend anzuwenden sind (Palandt/*Heinrichs/Ellenberger* Überbl. v. § 104 Rn. 7).

55 **aa) Mitteilung an den Urheber.** Der BRegE hatte diese Mitteilungspflicht noch nicht vorgesehen; sie geht auf einen Vorschlag des Bundesrates zurück. Er hatte die berechtigte Befürchtung geäußert, dass die Urheber andernfalls keine Chance zum Widerspruch hätten, weil sie oftmals von der Nutzung ihrer Werke – wenn überhaupt – erst viel später erfahren und das Widerspruchsrecht deshalb faktisch ins Leere läuft (BT-Drucks. 16/1828, 44). Um andererseits den Verwerter nicht mit übermäßigen Nachforschungspflichten zu belasten, lässt die vom Rechtsausschuss eingefügte Mitteilungsobliegenheit die **Absendung** dieser Mitteilung genügen (zum Begriff der Absendung s. § 31a Rn. 87). Die Mitteilung muss dem Urheber nicht zugehen und der Urheber trägt insoweit das **Verlustrisiko.** Der Verwerter ist zu dieser Mitteilung **nicht verpflichtet.** Nur wenn er diese Benachrichtigung absendet, beginnt aber die Frist, nach deren Ablauf das Widerspruchsrecht automatisch erlischt; andernfalls bleibt das Widerspruchsrecht **dauerhaft** bestehen. Der Verwerter kann Rechtssicherheit also nur erlangen, wenn er die Mitteilung macht und damit die Frist in Gang setzt.

56 Die Mitteilung muss Angaben zu der **beabsichtigten Nutzung** enthalten. Um eine Zuordnung zu ermöglichen, ist außerdem das betroffene **Werk** zu bezeichnen. Weitergehende Anforderungen stellt das Gesetz an den Inhalt der Mitteilung nicht. Der Verwerter muss den Urheber deshalb nicht über den Zweck der Mitteilung belehren und ihn insb. **nicht** auf die durch die Mitteilung ausgelöste Frist **hinweisen.** Eine solche Belehrungspflicht enthält § 137l nicht. Es ist auch hier Sache des Urhebers, sich über seine Rechte zu informieren. Ob der Verwerter die in der Mitteilung geschilderte beabsichtigte Nutzung tatsächlich aufnimmt, ist unerheblich.

bb) Drei-Monats-Frist. Das Widerspruchsrecht des Urhebers erlischt nach Ablauf von **57 drei Monaten,** nachdem der Verwerter die Mitteilung an den Urheber abgesendet hat. Ob die Mitteilung den Urheber tatsächlich erreicht und ob der Urheber von der Mitteilung **Kenntnis** erlangt, ist unerheblich. Allein maßgeblich ist die **Absendung** der Mitteilung, deren Datum über den Beginn der Frist entscheidet. Beginn und Ende der Frist sind nach den allgemeinen Vorschriften (§§ 187, 188 BGB) zu ermitteln (Dreier/Schulze/ *Schulze* § 137l Rn. 58).

cc) Form der Mitteilung. § 137l schreibt für die Mitteilung **keine bestimmte 58 Form** vor. Daraus, dass die Mitteilung abgesendet werden muss, ergibt sich aber, dass sie schriftlich erfolgen muss, wobei **Textform** (§ 126b BGB) ausreicht. Der Verwerter kann die Mitteilung also auch per **E-Mail** oder per Telefax versenden (Dreier/Schulze/*Schulze* § 137l Rn. 62). Die Schrift- oder Textform ist auch aus Beweisgründen zu empfehlen, da mit dem Datum der Absendung die Widerspruchsfrist beginnt.

dd) Zeitpunkt der Mitteilung. Nach dem Wortlaut soll der Verwerter die Mitteilung **59 vor der** beabsichtigten **Aufnahme** der neuen Nutzung absenden. Das ist jedoch nicht zwingend. Der Verwerter kann die Mitteilung auch machen, nachdem er mit der Nutzung bereits begonnen hat. Die Mitteilung ist **kein Rechtmäßigkeitserfordernis** bzgl. der Nutzung. Aufgrund der gesetzlichen Lizenz kann der Verwerter uneingeschränkt und ohne den Urheber zu informieren die neuen Nutzungsrechte auswerten. Der Verwerter kann die Mitteilung an den Urheber ganz unterlassen oder später absenden. In diesem Fall beginnt allerdings die Frist entweder gar nicht oder entsprechend später.

ee) Zuletzt bekannte Anschrift des Urhebers. Ausreichend ist, dass der Verwerter **60** die Benachrichtigung an die ihm **zuletzt bekannte Anschrift** des Urhebers **abgesendet** hat. Der Gesetzgeber hielt das für sachgerecht, um dem Verwerter unverhältnismäßige **Recherchepflichten** zu ersparen (Begr. BT-Drucks. 16/5939, 44; ebenso *Czernik* GRUR 2009, 913, 915). In Bezug auf § 31a gilt nach der Gesetzesbegründung die Adresse als bekannt, die der Verwerter durch Nachfrage bei der entsprechenden **Verwertungsgesellschaft** ermitteln kann (Begr. BT-Drucks. 16/5939, 44). Die Berechtigungsverträge der Verwertungsgesellschaften verpflichten die Urheber in der Regel, der Verwertungsgesellschaft jeden Wechsel des Wohnsitzes anzuzeigen (vgl. § 7 des Berechtigungsvertrages der GEMA), so dass die Verwertungsgesellschaften über die aktuellen Anschriften ihrer Mitglieder verfügen. Der Grundsatz, dass eine Nachfrage bei der zuständigen Verwertungsgesellschaft ausreicht, ist auf § 137l entsprechend anwendbar (Begr. BT-Drucks. 16/5939, 46). Im Ansatz ist die Begrenzung der Nachforschungspflichten zu begrüßen. Ob der Hinweis auf die Verwertungsgesellschaften praktisch funktioniert, ist indes zweifelhaft. Wem gegenüber und in welchem Umfang Verwertungsgesellschaften die Anschriften ihrer Mitglieder offenbaren dürfen, richtet sich in erster Linie nach den zugrunde liegenden Wahrnehmungsverträgen. § 137l begründet keine Befugnis geschweige denn eine gesetzliche Pflicht zur Herausgabe von Daten. Ungeklärt ist deshalb, inwieweit die Adressrecherche über die Verwertungsgesellschaften **datenschutzrechtlichen Bedenken** begegnen könnte.

c) Widerspruch auf Vorrat und Verzicht auf den Widerspruch. § 137l regelt nur, **61** wann das Recht zum Widerspruch endet. Das Gesetz trifft dagegen keine Aussage, wann

Jani

der Widerspruch **erstmals möglich** ist. Ein **Widerspruch auf Vorrat** ist deshalb zulässig, soweit aus dem Widerspruch deutlich wird, auf welche Nutzungen er sich bezieht (s. o. Rn. 47). Der Widerspruch setzt voraus, dass die neue Nutzungsart hinreichend bekannt ist; ein pauschaler Widerspruch in Bezug auf alle künftigen Nutzungsarten ist nicht möglich. Die Rechteübertragung an sich kann durch einen frühzeitigen Widerspruch in keinem Fall verhindert werden. Wenn der Urheber in Erwartung der Rechtsänderung bereits vor Inkrafttreten des § 137l einer Nutzung widersprochen hat, dann ist dieser Widerspruch zunächst ohne Wirkung geblieben, weil ihm die gesetzliche Grundlage fehlte. Er ist aber wirksam geworden mit Inkrafttreten der Vorschrift (so wohl auch *Schulze* UFITA 2007/III, 641, 700). Aber die gesetzliche Übertragungsfiktion ist dann zuvor bereits eingetreten. Gem. § 31a Abs. 4 kann der Urheber auf das Recht zum Widerruf im Voraus nicht verzichten. § 137l enthält für das Widerspruchsrecht keine entsprechende Regelung. In Bezug auf bereits bekannte Nutzungsarten spielt diese Frage keine Rolle, weil das Widerspruchsrecht zeitgleich mit dem Inkrafttreten von § 137l entstanden ist. Ebenso verhält es sich mit Nutzungsarten, die im Zeitpunkt des Verzichts bekannt werden; der „Verzicht" ist die Entscheidung zur Nichtausübung des Widerspruchsrechts. Problematisch kann ein **Verzicht** indes dann sein, wenn er sich auf noch unbekannte Nutzungsarten bezieht. Hier besteht die Gefahr, dass der Urheber sich eines Rechts begibt, ohne die Tragweite dieser Entscheidung zu überblicken. Aufgrund der vergleichbaren Interessenlage erscheint hier deshalb eine analoge Anwendung von § 31a Abs. 4 sachgerecht (*Schulze* UFITA 2007/III, 641, 704).

62   d) **Keine Bereichsausnahme.** § 137l enthält in Bezug auf das Widerspruchsrecht **keine** sachlichen oder persönlichen **Ausnahmen.** Das Widerspruchsrecht gilt damit anders als das Widerrufrecht aus § 31a für sämtliche durch das UrhG geschützten Werke, es steht also auch **Urhebern von Filmwerken** und von verfilmten Werken zu.

V. Weiterübertragung der Nutzungsrechte (§ 137l Abs. 2)

63   Es ist denkbar, dass der Vertragspartner des Urhebers die Nutzungsrechte, die er einst vom Urheber erworben hat, in der Zwischenzeit, d.h. **vor Inkrafttreten** von § 137l (Mestmäcker/Schulze/*Scholz* § 137l Rn. 44) i.S.v. § 34 **auf einen Dritten** übertragen hat. Die Rechtsfolgen aus § 137l Abs. 1 gelten dann entsprechend im Verhältnis zwischen dem Urheber und diesem Dritten. Das bedeutet, **der Dritte** kommt in den Genuss der Übertragungsfiktion aus § 137l Abs. 1; der **Widerspruch** durch den Urheber ist dann ihm gegenüber zu erklären. Diese Regelung ist sachgerecht. In vielen Fällen werden die ursprünglichen Vertragspartner der Urheber nicht mehr existieren, und die angestrebte Wirkung des § 137l würde daher bei älteren Werken ohne die Regelung in Abs. 2 oftmals nicht eintreten (BT-Drucks. 16/1828, 34).

64   Werden die Nutzungsrechte **mehrfach** weiter übertragen, so gilt jeweils § 137l Abs. 2 entsprechend. § 137l berechtigt und verpflichtet jeweils den Letzten in der Rechtekette (*Raitz von Frentz/von Alemann* ZUM 2010, 38, 40).

1. Übertragung sämtlicher Nutzungsrechte

65   Voraussetzung ist, dass die Weiterübertragung der vom ursprünglichen Vertrag umfassten Nutzungsrechte wirksam ist. Das richtet sich neben den vertraglichen Regelungen im Einzelfall vor allem nach den Bestimmungen aus § 34. § 137l Abs. 2 setzt damit zunächst voraus, dass der Vertragspartner das **Recht zur Weiterübertragung** der Nutzungsrechte gem. § 34 Abs. 3 S. 1 erworben hat (Dreier/Schulze/*Schulze* § 137l Rn. 74). Erforderlich ist eine translative Weiterübertragung, die sich auf **sämtliche Nutzungsrechte** bezieht, die Gegenstand des ursprünglichen Vertrags waren. Es muss also ein vollständiger Inhaber-

wechsel eintreten (Dreier/Schulze/*Schulze* § 137l Rn. 75). Eine bloße Einräumung von Nutzungsrechten reicht nicht aus (*Schulze* UFITA 2007/III, 641, 705). Behält der Verwerter einzelne Rechte, so scheidet eine Anwendung von § 137l zugunsten des Dritten aus (Mestmäcker/Schulze/*Scholz* § 137l Rn. 45; a.A. *Czernik* GRUR 2009, 913, 916). Die Rechtsfolge aus § 137l tritt stattdessen beim **ursprünglichen Vertragspartner** ein. § 137l Abs. 1 verlangt nicht, dass der Verwerter noch Inhaber der wesentlichen Nutzungsrechte ist, wenn die neue Nutzungsart bekannt wird. Der ursprüngliche Vertragspartner kommt also in den Genuss der Übertragungsfiktion auch dann, wenn er infolge zwischenzeitlicher Übertragungen nur noch wenige der ursprünglichen Rechte zurückbehält und die auf einen Dritten übertragenen Rechte für sich genommen wesentliche Rechte i. S. v. § 137l Abs. 1 sind. § 137l Abs. 2 wird von erheblicher praktischer Bedeutung sein, denn ein Großteil der Auswertungen in den neuen, vormals unbekannten Medien erfolgt heute auf der zweiten oder sogar dritten Stufe in der Rechtekette. Nur wenn der Erwerber der Nutzungsrechte nachweisen kann, dass er tatsächlich sämtliche Nutzungsrechte erworben hat, kann er sich auf § 137l Abs. 1 berufen. Es wäre zwar denkbar, dass die von der Übertragungsfiktion erfassten Rechte derjenige in der Lizenzkette erwirbt, der das Werk in der neuen Nutzungsart tatsächlich auswerten kann. Das muss nicht in jedem Fall der Vertragspartner des Urhebers sein, wenn dieser nämlich bestimmte Rechte typischerweise nur zum Zwecke der Unterlizenzierung vom Urheber erwirbt. Diese verwertungsorientierte Betrachtung widerspricht aber dem eindeutigen Wortlaut von § 137l Abs. 2, der für eine Fiktion zugunsten Dritter in der Rechtekette einen vollständigen Inhaberwechsel in Bezug auf sämtliche Nutzungsrechte verlangt (*Schulze* UFITA 2007/III, 641, 686). Überall dort, wo es im Rahmen der Lizenzierungspraxis nicht üblich war, jeweils den vollständigen Bestand aller wesentlichen Nutzungsrechte zu übertragen, sondern nur bestimmte Rechte zu lizenzieren, wird die Übertragungsfiktion deshalb nicht stattfinden. Das kann z. B. für **Sendeunternehmen** von Bedeutung sein, wenn diese vom Filmhersteller nur das Senderecht sowie ggf. bestimmte Nebenrechte erworben haben. Nur bei echten und unechten Auftragsproduktionen (zum Begriff § 94 Rn. 33 f.), für die die Sendeunternehmen vom Produzenten die vollständigen Auswertungsrechte erhalten, werden die Sendeunternehmen deshalb von der Übertragungsfiktion unmittelbar profitieren.

Nicht geregelt ist der Fall, in dem der Vertragspartner des Urhebers Teile seines Rechtepakets zwar vollständig weiter überträgt, es aber auf **mehrere Personen** verteilt. Jeder der neuen Rechtsinhaber ist für sich genommen dann nicht mehr Inhaber sämtlicher Nutzungsrechte. Ob das einzelne Rechtepaket die „wesentlichen Nutzungsrechte" umfasst, ist unerheblich; auf dieses Kriterium kommt es nur in § 137l Abs. 1 an. Sachgerecht ist, dass in diesem Fall die Übertragungsfiktion zugunsten des ursprünglichen Vertragspartners eintritt. Alternativ wäre nur denkbar, dass die Übertragungsfiktion infolge der vollständigen Rechteübertragung auf mehrere Personen zerfällt. Das entspricht aber nicht der Intention des Gesetzgebers, die Nutzung von Archivbeständen zu erleichtern. Auf den **Rechtsgrund** der vollständigen Weiterübertragung kommt es nicht an.

2. Widerspruch gegenüber dem alten Vertragspartner

Oftmals wird der Urheber von der Weiterübertragung der Nutzungsrechte keine Kenntnis haben und den Widerspruch deshalb seinem **ursprünglichen Vertragspartner** gegenüber erklären. Aus § 137l Abs. 2 S. 2 ergibt sich, dass der Widerspruch in diesem Fall **keine Rechtswirkung** entfaltet (Mestmäcker/Schulze/*Scholz* § 137l Rn. 46; *Spindler/Heckmann* ZUM 2006, 620, 622; a.A. *Schulze* UFITA 2007/III, 641, 707). Der Widerspruch ist stattdessen dem neuen Inhaber der Nutzungsrechte gegenüber erneut zu erheben. Ob der und wann der Urheber von der Übertragung der Nutzungsrechte Kenntnis erlangt, ist für die **Widerspruchsfrist** aus § 137l Abs. 1 S. 3 unerheblich. Sie beginnt erst, wenn der neue Rechtsinhaber die Mitteilung über die beabsichtigte Nutzung an den Urheber absendet.

3. Auskünfte über den Dritten

68 Der Zugang des Widerspruchs verpflichtet den Vertragspartner des Urhebers, dem Urheber alle **erforderlichen** Auskünfte zu erteilen. Die Auskunft muss unverzüglich erteilt werden. Daraus folgt, dass der Urheber den Auskunftsanspruch nicht selbst aktiv geltend machen muss, sondern, dass der Vertragspartner verpflichtet ist, **unmittelbar von sich aus** tätig zu werden. Die Auskunftspflicht knüpft zwar an den bestehenden Nutzungsvertrag an. Sie ist aber keine vertragliche, sondern eine gesetzliche Pflicht. § 137l Abs. 2 begründet keine allgemeine Auskunftspflicht. Die Auskunftspflicht entsteht nur, wenn der Urheber seinem Vertragspartner gegenüber widerspricht. Die Pflicht zur Auskunftserteilung ist **zwingend.** Der Vertragspartner des Urhebers kann sich dem Urheber gegenüber deshalb auch nicht darauf berufen, er sei seinem Vertragspartner gegenüber zum Stillschweigen verpflichtet. Wenn der Urheber bereits Kenntnis von der Weiterübertragung der Rechte hat, aber die Einzelheiten nicht kennt, dann kann er auch **ohne** zuvor **Widerspruch** gegenüber seinem Vertragspartner erklärt zu haben, von seinem Vertragspartner die erforderlichen **Auskünfte verlangen.** Wenn der Vertragspartner sich weigert, die Auskünfte zu erteilen, ist er auf Auskunft zu verklagen (*Frey/Rudolph* ZUM 2007, 13, 22). Durch die ausbleibende oder unzureichende Auskunft entstehen dem Urheber in Bezug auf noch unbekannte Nutzungsarten zunächst keine Nachteile, weil sein Widerspruchsrecht nicht tangiert wird. Insb. wird keine Frist ausgelöst. Soweit der Urheber doch Nachteile erleidet, etwa weil mangels Widerspruch er die Nutzungsrechte nicht anderweitig vergeben kann, so ist der Vertragspartner dem Urheber wegen Verletzung seiner gesetzlichen Auskunftspflicht zum Ersatz des entstandenen Schadens verpflichtet. Unmittelbare Nachteile können sich für den Urheber jedoch hinsichtlich der bei bereits bekannten Nutzungsarten ergeben, weil die einjährige Widerspruchsfrist mit Inkrafttreten des § 137l beginnt und auch durch die fehlende Kenntnis des Urhebers über den Inhaber der Nutzungsrechte nicht gehemmt wird. Allerdings kommt in diesem Fall eine **öffentliche Zustellung** des Widerspruchs in Betracht (s. Rn. 46). Soweit der Urheber die Frist unverschuldet verstreichen lässt, weil sein Vertragspartner die Auskunftspflicht nicht erfüllt hat, und das Widerspruchsrecht dadurch vereitelt wird, ist der Vertragspartner dem Urheber auch zum Ersatz der hieraus entstehenden Schäden verpflichtet. Die Schadensersatzansprüche des Urhebers wegen Verletzung der Auskunftspflicht ergeben sich wie bei § 32c aus § 280 Abs. 1 BGB (s. § 32c Rn. 36). Diese Ansprüche drohen aber ins Leere zu laufen, wenn der Urheber die Auskünfte deshalb nicht erhält, weil sein ursprünglicher Vertragspartner, etwa aufgrund einer Insolvenz, nicht mehr existiert.

69 **Erforderlich** sind alle Auskünfte, die der Urheber benötigt, um den Widerspruch dem neuen Rechtsinhaber gegenüber ordnungsgemäß auszusprechen. Dazu werden i.d.R. der Name des Dritten und eine zustellungsfähige Anschrift ausreichen. Einzelheiten aus der Vereinbarung zwischen dem Vertragspartner des Urhebers und dem Dritten über die Rechteübertragung muss der Vertragspartner nicht offen legen, weil sie für die Wahrnehmung des Widerspruchsrechts nicht erforderlich sind.

VI. Wegfall des Widerspruchsrechts (§ 137l Abs. 3)

1. Ausdrückliche Vereinbarung

70 Gem. § 137l Abs. 3 entfällt das Widerspruchsrecht des Urhebers, wenn der Urheber und der Rechtsinhaber über eine zwischenzeitlich bekannt gewordene Nutzungsart eine ausdrückliche Vereinbarung geschlossen haben. Zum Inhalt dieser Vereinbarung äußert sich § 137l nicht. Aus der Gesetzessystematik und der Gesetzesbegründung (BT-Drucks. 16/1828, 34) folgt aber, dass es sich dabei wie in § 31a Abs. 2 nur um eine Vereinbarung über eine gesonderte **angemessene Vergütung** handeln kann (Mestmäcker/Schulze/*Scholz*

§ 137l Rn. 38; *Schulze* UFITA 2007/III, 641, 702; a. A. wohl *Czychowski* GRUR 2008, 586, 588). Diese Vereinbarung verdrängt den gesetzlichen Vergütungsanspruch aus § 137l Abs. 5 (s. Rn. 90). Die Vereinbarung muss **ausdrücklich** erfolgen, so dass eine stillschweigende Vergütungsabrede unbeachtlich ist. Der Rechtserwerb durch den Vertragspartner erfolgt auch im Anwendungsbereich von § 137l Abs. 3 im Wege der **Übertragungsfiktion**.

Hinsichtlich der Nutzungsrechte steht § 137l dagegen nur zur Disposition der Beteiligten, soweit der Urheber die Übertragungsfiktion zuvor durch wirksamen Widerspruch beseitigt hat. Abgesehen von den grundsätzlichen Erwägungen, die gegen den verwertungsgesellschaftspflichtigen Vergütungsanspruch aus § 137l Abs. 5 sprechen (s. Rn. 90 ff.), kann eine individuelle Vergütungsabrede für den Vertragspartner vor allem dann interessant sein, wenn er die Verwertung nicht selbst vornimmt, sondern an Dritte lizenziert. Insb. bei der **Nebenrechtsverwertung** (z. B. Verfilmungsrecht im Verlagsvertrag) ist der Vertragspartner des Urhebers an der dadurch erzielten Vergütung üblicherweise beteiligt. Eine solche Beteiligung sieht § 137l Abs. 5 nicht vor (*Schulze* UFITA 2007/III, 641, 703).

2. Einräumung von Rechten an unbekannten Nutzungsarten

Wenn der Urheber die Übertragungsfiktion durch seinen wirksamen Widerspruch beseitigt und die Vertragspartner die unbekannten Nutzungsrechte als Ergänzung Ihres ursprünglichen Vertrags zum Gegenstand eines zusätzlichen **Vertrags** machen, richtet sich diese Vereinbarung allein nach § 31a und der Anspruch des Urhebers auf gesonderte angemessene Vergütung ergibt sich aus § 32c. § 137l ist insoweit nicht mehr anwendbar.

3. Kein Widerspruchsrecht im Arbeits- und Dienstverhältnis

Auch der **Arbeitnehmerurheber** wird i. d. R. **kein Recht zum Widerspruch** haben. § 43 verweist nur auf die urhebervertragsrechtlichen Vorschriften des 2. Teils des UrhG. Die Vorschrift kann aber auch auf andere Normen des Gesetzes Auswirkungen haben, soweit Inhalt und Wesen des Arbeits- oder Dienstverhältnisses dies gebieten (Schricker/Loewenheim/*Rojahn* § 43 Rn. 36). § 137l ist daher auch auf Arbeitsverträge anwendbar, die bisher den Beschränkungen des § 31 Abs. 4 a. F. unterlagen.

Aus dem arbeitsvertraglichen Grundsatz, dass das Arbeitsergebnis dem Arbeitgeber zusteht, folgt grds. die Pflicht des Arbeitnehmers zu einer **umfassenden Einräumung** von Nutzungsrechten (Schricker/Loewenheim/*Rojahn* § 43 Rn. 38). Soweit ausnahmsweise Nutzungsrechte beim Urheber verbleiben, ist dieser in einer selbständigen Verwertung des Werkes aufgrund seiner **arbeitsvertraglichen Treuepflicht** sehr stark eingeschränkt (Schricker/Loewenheim/*Rojahn* § 43 Rn. 59 und Rn. 83). Aus diesen Erwägungen ist davon auszugehen, dass der Arbeitnehmerurheber jedenfalls in Bezug auf sog. **Pflichtwerke** (zum Begriff: § 43 Rn. 18) kein Widerspruchsrecht hat, und zwar auch dann nicht, wenn die Nutzungsrechte zwischenzeitlich gem. § 137l Abs. 2 auf einen Dritten übertragen wurden. Entsprechendes gilt für Urheber in Dienstverhältnissen.

VII. Mehrheit von Werken oder Werkbeiträgen (§ 137l Abs. 4)

Gem. § 137l Abs. 4 darf ein Urheber bei Werkverbindungen oder Verbindungen mehrerer Werkbeiträge zu einem Werk, das sich sinnvoll nur unter Verwendung sämtlicher Teile verwerten lässt, seinen Widerspruch nicht wider Treu und Glauben ausüben. Diese Regelung entspricht inhaltlich § 31a Abs. 3. Es war ausdrückliches Ziel des Gesetzgebers, gerade auch für **komplexe Mehrpersonenverhältnisse** in Altverträgen eine Lösung zu schaffen, die die **Blockade** einer Verwertung durch einzelne Berechtigte ausschließt (BT-Drucks. 16/1828, 34). Die Regelung in § 137l Abs. 4 greift damit den Rechtsgedanken der besonderen Rücksichtnahmepflicht aus § 8 Abs. 2 S. 2 auf.

1. Mehrere Werke oder Werkbeiträge

76 **a) Mehrere Werke.** Mehrere Werke sind die klassische **Werkverbindung** (§ 9), aber darüber hinaus auch **Sammelwerke** (§ 4) oder andere Formen der Verbindungen, für die das UrhG keine besondere Regelung bereithält.

77 **b) Mehrere Werkbeiträge.** In der Praxis häufig sind Produktionen, an denen nicht nur Urheber beteiligt sind und die andere Leistungen als Werke i. S. v. § 2 umfassen. Werkbeiträge sind insb. Darbietungen ausübender Künstler oder andere Beiträge, die durch Leistungsschutzrechte geschützt sind (BT-Drucks. 16/1828, 34). Ein typischer Anwendungsfall des § 137l Abs. 4 unter dem Gesichtspunkt der Mehrheit von Werkbeiträgen ist deshalb der **Tonträger,** auf dem urheberrechtlich geschützte Musik und Texte mit der Darbietung des Interpreten verbunden sind. Insb. derartige „**Gemengelagen**" (zu diesem Begriff: *Schaefer* FS Nordemann 2004, 227, 232 f.) hatte der Gesetzgeber bei der Schaffung von § 137l vor Augen. Wer die Zusammenfassung veranlasst hat, ist unerheblich. Unter Berücksichtigung der Zielsetzung des Gesetzgebers fallen auch solche Zusammenfassungen von Werkbeiträgen unter die Bestimmung, die erst im **Rahmen der neuen Nutzung** entstehen (Mestmäcker/Schulze/*Scholz* § 31a Rn. 45; *Berger* GRUR 2007, 907, 909).

78 **c) Miturheber.** § 137l regelt nicht den Fall, in dem ein Werk von mehreren Urhebern geschaffen worden ist. Auch hier bedarf es einer Abstimmung und auch hier sind Interessenkollisionen zwischen den Beteiligten möglich. Ein Regelungsbedürfnis besteht gleichwohl nicht; die Ausübung des Urheberrechts durch **Miturheber** ist in § 8 geregelt. Als Teil des Urheberrechts unterliegt auch das Widerspruchsrecht der gesamthänderischen Bindung (dazu § 8 Rn. 22 ff.) und die Ausübung des Widerspruchsrechts bedarf daher bereits gem. § 8 der Einwilligung aller Urheber. Die Bestimmung des § 137l Abs. 4 geht davon aus, dass die Beteiligten ihre Rechte individuell wahrnehmen können und unterwirft diese Wahrnehmung einer Begrenzung nach Treu und Glauben. Bei Miturheberschaft ist die individuelle Ausübung der Rechte aber gerade ausgeschlossen. Wenn ein in Miturheberschaft entstandenes Werk Bestandteil einer Mehrheit von Werken ist, dann sind auf diese Verbindung § 8 und § 137l Abs. 4 nebeneinander anwendbar.

2. Keine angemessene Verwertung einzelner Beiträge

79 Die Einschränkung des Widerspruchsrechts besteht nicht für jede Werkverbindung, sondern nur dann, wenn die Verwertung in angemessener Weise nur unter Verwendung sämtlicher Werke oder Werkbeiträge möglich ist. Wann das der Fall ist, kann nur bezogen auf den konkreten Gegenstand beantwortet werden. Außerdem kann die Antwort bei einer Werkverbindung in Bezug auf einzelne Nutzungsformen unterschiedlich ausfallen. Die Gesetzesbegründung spricht auch von „sinnvoller Auswertung" (BT-Drucks. 16/1828, 34). Das trägt zur Klarheit allerdings wenig bei. Eine angemessene Verwertung ist stets dann ausgeschlossen, wenn die Beiträge **untrennbar miteinander verbunden** sind (*Czernik* GRUR 2009, 913, 915). Das gilt insb. für **Filmwerke,** bei denen die Leistung des Kameramannes, des Regisseurs usw. eine feste Einheit bildet. Im Übrigen ist die Frage der angemessenen Auswertbarkeit vorrangig anhand der wirtschaftlichen Auswertungsinteressen des Verwerters und der übrigen Beteiligten zu beantworten (BT-Drucks. 16/1828, 34); an die Verwertbarkeit in angemessener Weise dürfen dabei im Hinblick auf die Intention des Gesetzgeber keine übersteigerten Anforderungen gestellt werden (s. auch § 31a Rn. 108).

3. Kein Widerspruch gegen Treu und Glauben

80 **a) Verstoß gegen Treu und Glauben.** Die Beteiligten einer Verbindung von Werken oder Werkbeiträgen dürfen ihr Widerspruchsrecht nicht wider Treu und Glauben (§ 242 BGB) ausüben. Mit dieser Beschränkung, die der in § 31a Abs. 3 entspricht, wollte der

Gesetzgeber die Möglichkeit der **Blockade** einer Auswertung durch einzelne Berechtigte zu Lasten der Auswertungschancen der übrigen Urheber verhindern (BT-Drucks. 16/1828, 34). Diese Regelung ist sachgerecht und entspricht dem Bedürfnis der Praxis (vgl. *Schaefer* FS Nordemann 2004, 227, 235). Abs. 4 statuiert **kein starres Mehrheitsprinzip**. Der einzelne Urheber kann im Einzelfall also durchaus gegen den Willen der Übrigen der Nutzung widersprechen und die Auswertung damit verhindern. Allerdings ist hier im Lichte der klaren Intention des Gesetzgebers Zurückhaltung geboten und eine mehrheitliche Entscheidung gegen den Widerspruch wird ein Indiz dafür sein, dass die Ausübung des Widerspruchs treuwidrig wäre.

§ 137l Abs. 4 führt im Ergebnis auch zu einer Beschränkung der urheberpersönlichkeitsrechtlichen Befugnisse; das **Urheberpersönlichkeitsrecht** ist zwar bei der Abwägung besonders zu berücksichtigen; es muss aber im Einzelfall ebenfalls hinter die übergeordneten Auswertungsinteressen zurücktreten. Ein genereller Vorrang urheberpersönlichkeitsrechtlicher Belange wäre mit dem Ziel des § 137l Abs. 4 nicht zu vereinbaren. **81**

b) Rechtsfolgen bei treuwidrigem Widerspruch. § 137l Abs. 4 verbietet die Ausübung des Widerspruchsrechts gegen das Gebot von Treu und Glauben. Der treuwidrig erklärte Widerspruch ist deshalb ipso iure **unwirksam.** Im Prozess wäre deshalb auf **Feststellung** dieser Unwirksamkeit zu beantragen, nicht die Verurteilung zur Rücknahme des Widerspruchs. **82**

VIII. Anspruch auf angemessene Vergütung (§ 137l Abs. 5)

1. Anspruch des Urhebers auf angemessene Vergütung

a) Gesetzlicher Vergütungsanspruch. Wenn der Vertragspartner des Urhebers das Werk in der bei Vertragsschluss unbekannten Nutzungsart nutzt, hat der Urheber für diese Nutzung einen Anspruch auf eine **gesonderte angemessene Vergütung.** Da die Nutzungsrechte für die unbekannten Nutzungsarten wegen des Verbots aus § 31 Abs. 4 a. F. nicht Vertragsgegenstand werden konnten, sind sie auch bei der Bemessung der Vergütung des Urhebers im ursprünglichen Vertrag unbeachtet geblieben. § 137l Abs. 5 gibt dem Urheber deshalb in Form eines **gesetzlichen Anspruchs** einen **Ergänzungsanspruch** auf eine weitere angemessene Vergütung. Der Anspruch besteht selbstständig neben den vertraglichen Vergütungsansprüchen (Dreier/Schulze/*Schulze* § 137l Rn. 106; Schricker/Loewenheim/*Katzenberger* § 137l Rn. 58; Fromm/Nordemann/*J. B. Nordemann* § 137l Rn. 35; Dreyer/Kotthoff/Meckel/*Kotthoff* § 137l Rn. 17) und solange, wie der Urheber dem Verwerter das Nutzungsrecht nicht durch Widerspruch entzieht oder aber mit dem Verwerter eine vertragliche Vereinbarung über die Nutzungsrechte trifft. Die Vergütung muss **gesondert** erfolgen, das heißt, der Verwerter kann sich nicht auf die von ihm bereits im Rahmen des Ursprungsvertrags gezahlte angemessene Vergütung berufen. Der Vergütungsanspruch aus § 137l Abs. 5 ist nicht per se unverzichtbar, denn § 137l enthält weder eine dem § 32c Abs. 3 S. 1 entsprechende Regelung, noch ist § 63a auf diesen gesetzlichen Vergütungsanspruch anwendbar. (a. A. Schricker/Loewenheim/*Katzenberger* § 137l Rn. 60; Fromm/Nordemann/*J. B. Nordemann* § 137l Rn. 39). Da der Anspruch aus § 137l Abs. 5 nur von einer Verwertungsgesellschaft geltend gemacht werden kann (s. u. Rn. 90 ff.), könnte auch ein Verzicht auf diesen Anspruch jedoch nur durch eine Verwertungsgesellschaft ausgesprochen werden; das aber widerspricht dem treuhänderischen Charakter der Rechtewahrnehmung durch eine Verwertungsgesellschaft. Man wird deshalb davon ausgehen können, dass der Urheber auf seinen Anspruch aus § 137l Abs. 5 im Ergebnis **im Voraus nicht verzichten kann** (Dreier/Schulze/*Schulze* § 137l Rn. 105). **83**

b) Entstehung des Anspruchs. Der Gesetzgeber geht davon aus, dass die Auswertung des Werks in der neuen Nutzungsart üblicherweise **zusätzliche Einnahmemöglichkeiten** **84**

für den Verwerter schafft (BT-Drucks. 16/1828, 34). Konsequenterweise entsteht der Vergütungsanspruch aus § 137l Abs. 5 deshalb nicht bereits mit dem gesetzlichen Erwerb der Nutzungsrechte durch den Verwerter, sondern erst, wenn der Verwerter das Werk in der neuen Nutzungsart **tatsächlich nutzt** (Dreier/Schulze/*Schulze* § 137l Rn. 107; Schricker/Loewenheim/*Katzenberger* § 137l Rn. 59). Darin unterscheidet sich dieser Anspruch wesentlich vom allgemeinen urhebervertragsrechtlichen Vergütungsanspruch aus § 32 Abs. 1, der an die Rechtseinräumung anknüpft (krit. *Klöhn* K&R 2008, 77, 88). Da die Einräumung von Nutzungsrechten keine Verwertung des Rechts ist (BGH GRUR 1987, 37, 39 – Videolizenzvertrag), löst die Rechtseinräumung an Dritte den Vergütungsanspruch nicht aus (a. A. Dreier/Schulze/*Schulze* § 137l Rn. 110, der davon ausgeht, dass sich der Vergütungsanspruch gegen den Vertragspartner richtet). Wann die vergütungsrelevante Nutzung beginnt, ist eine Frage des Einzelfalls; eine Nutzung liegt jedenfalls dann vor, wenn das Werk in der neuen Nutzungsart **öffentlich zugänglich oder wahrnehmbar** gemacht wird (vgl. § 32c Rn. 10). Da den Verwerter generell keine Auswertungspflicht trifft, erhält der Urheber in Bezug auf die von der Übertragungsfiktion erfassten Rechte daher so lange keine Vergütung, wie der Verwerter mit der Nutzung nicht begonnen hat. Der Urheber kann dann unter den Voraussetzungen des § 41 die Nutzungsrechte allerdings **zurückrufen**.

85 Der Vergütungsanspruch ist das Korrelat zu den Nutzungsrechten, die der Verwerter im Wege der Übertragungsfiktion nach § 137l Abs. 1 erwirbt. Wenn der Urheber der Übertragungsfiktion wirksam **widerspricht** und die Nutzungsrechte dadurch an ihn zurückfallen (s. o. Rn. 40), dann **erlischt** in diesem Umfang auch **der Vergütungsanspruch** aus § 137l Abs. 5 (a. A. Dreier/Schulze/*Schulze* § 137l Rn. 108). Wenn der Urheber die an ihn zurückgefallenen Nutzungsrechte individuell vergibt, dann ist auch die Vergütung Gegenstand dieser individuellen vertraglichen Vereinbarung. Es erfolgt dementsprechend auch keine Geltendmachung der Vergütung durch eine Verwertungsgesellschaft mehr. Es gelten hier stattdessen die allgemeinen urhebervertragsrechtlichen Bestimmungen über die Vergütung (a. A. *Kreile* ZUM 2007, 682, 686). Der Widerspruch ist für den Urheber deshalb immer dann interessant, wenn er davon ausgehen kann, dass er bei einer **freien Vergabe der Rechte** – ggf. auch an seinen ursprünglichen Vertragspartner – eine höhere Vergütung erzielen kann. Da die Vergütung im Anwendungsbereich von § 137l Abs. 5 aufgrund der Verwertungsgesellschaftspflicht zwangsläufig nicht alle individuellen Besonderheiten berücksichtigen kann, ist es auch **nicht rechtsmissbräuchlich,** wenn der Urheber sein Widerspruchsrecht nur ausübt, um die an ihn zurückgefallenen Rechte zu höheren Konditionen sogleich seinem Vertragspartner erneut anzubieten.

86 Auf den Vergütungsanspruch finden die allgemeinen Verjährungsvorschriften (§§ 194 ff. BGB) Anwendung (*Raitz von Frentz/von Alemann* ZUM 2010, 38, 43). Der Anspruch verjährt danach grds. in drei Jahren ab dem Schluss des Jahres, in dem der Urheber Kenntnis von allen den Anspruch begründenden Umstände erlangt hat (§§ 195, 199 Abs. 1 Nr. 2 BGB).

87 c) **Angemessenheit der Vergütung.** In Übereinstimmung mit den allgemeinen Vergütungsgrundsätzen des Urheberrechts muss die Vergütung angemessen sein. Wegen der Angemessenheit verweist § 137l Abs. 5 S. 2 auf die Vergütungsvorschriften des **allgemeinen Urhebervertragsrechts** in § 32 Abs. 2 (dazu im Einzelnen § 32 Rn. 12 ff.). Die Vergütung ist also dann angemessen, wenn sie dem entspricht, was im Geschäftsverkehr nach Art und Umfang der eingeräumten Nutzungsmöglichkeit unter Berücksichtigung aller Umstände **üblicher- und redlicherweise** zu leisten ist. Ferner gilt die nach einer **gemeinsamen Vergütungsregel** (§ 36) ermittelte Vergütung als angemessen (Dreier/Schulze/*Schulze* § 137l Rn. 111). Angesichts der bisherigen Erfahrungen mit gemeinsamen Vergütungsregeln ist es eher unwahrscheinlich, dass ausgerechnet in dem heiklen Bereich der unbekannten Nutzungsarten derartige Vereinbarungen zustande kommen.

88 Während § 32 für die Bestimmung der Angemessenheit auf den Zeitpunkt des Vertragsschlusses abstellt, muss im Kontext von § 137l Abs. 5 allerdings der **Zeitpunkt** maßgeblich sein, in dem der Vertragspartner des Urhebers mit der Nutzung in der neuen Nutzungsart beginnt (Dreier/Kotthoff/Meckel/*Kotthoff* § 137l Rn. 17). Die Festlegung der Vergütung erfolgt aber ähnlich wie bei § 32 aus der **ex-ante-Perspektive**. Auch bei § 137l Abs. 5 ist deshalb unerheblich, ob bzw. in welchem Umfang die Nutzung in der neuen Nutzungsart wirtschaftlich erfolgreich ist.

d) Fairnessausgleich. Sofern sich nachträglich herausstellt, dass die nach § 137l Abs. 5 **89** geschuldete Vergütung in einem Missverhältnis zu den Erträgen aus der Nutzung stehen, unterliegt die Vergütung für die Nutzungen dem **Fairnessausgleich** nach § 32a. Zwar ist der Rechteerwerb nach § 137l Abs. 1 gesetzlich veranlasst. Anknüpfungspunkt ist jedoch ein wirksamer Nutzungsvertrag – die Nutzungsrechte „gelten als eingeräumt". Auf die Nutzungsrechte, die dem Verwerter nach § 137l Abs. 1 zufallen, ist § 32a deshalb anwendbar. Die nach § 32a geschuldete zusätzliche Vergütung unterliegt nicht der Verwertungsgesellschaftspflicht.

2. Verwertungsgesellschaftspflicht

Der Vergütungsanspruch kann nur durch einen **Verwertungsgesellschaft** geltend ge- **90** macht werden. Damit wird vor allem der Aufgabenkreis der großen Verwertungsgesellschaften, insb. der GEMA, der VG WORT und der VG Bild Kunst erweitert (*Kreile* ZUM 2007, 682, 685). Diese Regelung ist politisch motiviert. Der Gesetzgeber wollte verhindern, dass Werke in vormals unbekannten Nutzungsarten im Ergebnis vergütungsfrei ausgewertet werden können, weil der Verwerter – ohne dass ihm das zum Vorwurf gemacht werden könnte – den Rechtsinhaber nicht ermitteln und deshalb nicht mit befreiender Wirkung leisten kann (BT-Drucks. 16/5939, 46). Diese gut gemeinte Regelung führt jedoch zu einem **Systembruch** (ebenfalls kritisch *Katzenberger* GRUR Int. 2010, 710, 712; zust. dagegen *Weber* ZUM 2007, 688, 694 und *Breinersdorfer* ZUM 2007, 700, 701, der allerdings von Rechtemanagement spricht und damit verkennt, dass die Aufgabe der Verwertungsgesellschaften hier auf das Inkasso beschränkt ist). Die Verwertungsgesellschaftspflicht wird die Verwertungsgesellschaften vor erhebliche praktische Schwierigkeiten stellen, denn mit § 137l Abs. 5 wird die Trennung zwischen individueller und kollektiver Rechtewahrnehmung für **Primär- und Sekundärnutzung** aufgehoben (krit. auch *Czychowski* GRUR 2008, 586, 588; *Sprang/Ackermann* K&R 2008, 7, 10). Die kollektive Wahrnehmung von Rechten durch Verwertungsgesellschaften ist typischerweise beschränkt auf den Bereich der Zweitverwertungsrechte und die gesetzlichen Vergütungsansprüche. Der Anspruch aus § 137l ist in seinem Kern jedoch ein vertraglicher Anspruch und er betrifft die Erstverwertung des Werkes aufgrund ausschließlicher Nutzungsrechte. In der Praxis werden die Verwertungsgesellschaften auch hier nur **schematisierte Vergütungslösungen** anbieten können. Alles andere würde sie überfordern. Die von den Verwertungsgesellschaften verlangten Vergütungen werden deshalb Durchschnittslösungen sein. Den Besonderheiten des Einzelfalls kann die von den Verwertungsgesellschaften festgesetzte Vergütung nicht gerecht werden. Diese systemimmanente Schwäche der Verwertungsgesellschaftspflicht kann auch für die Urheber von Nachteil sein. Nach den Berechtigungsverträgen der Verwertungsgesellschaften können die Urheber deshalb bestimmte Rechte von den Verwertungsgesellschaften **zurückrufen**, wenn eine individuelle Rechtseinräumung für sie sinnvoll ist. Eine solche Regelung ist für den Anspruch aus § 137l Abs. 5 ausgeschlossen. Die Vertragsparteien können der **Verwertungsgesellschaftspflicht** allerdings durch eine **individuelle Vereinbarung** über die Vergütung gem. § 137l Abs. 3 entkommen (Rn. 70 ff.). Der gesetzliche Vergütungsanspruch aus § 137l Abs. 5 tritt hinter diese Vereinbarung zurück. Sofern die vertraglich vereinbarte Vergütung nicht angemessen ist, erfolgt die Korrektur ausschließlich nach den urhebervertragsrechtlichen Bestimmungen der §§ 32 ff.; ein Ergänzungsanspruch aus § 137l Abs. 5 besteht nicht (a. A. wohl *Schulze* UFITA 2007/III, 641, 709).

91 Wenn es über die Vergütung eine **gemeinsame Vergütungsregel** nach § 36 gibt (s. o. Rn. 87), dann kann die Verwertungsgesellschaft auf diese Vergütungsregeln in ihren Tarifen Bezug nehmen; sie ist bei der Festsetzung der Vergütung aber an die Vergütungsregeln nicht gebunden.

92 Damit der Anspruch durch eine Verwertungsgesellschaft tatsächlich geltend gemacht werden kann, muss der Urheber ihn der Verwertungsgesellschaft zur **Wahrnehmung** übertragen haben. Grundlage hierfür ist der jeweilige Berechtigungsvertrag. Gegenüber dem Verwerter muss die Verwertungsgesellschaft nicht im Einzelfall nachweisen, dass sie tatsächlich zur Geltendmachung der Ansprüche berechtigt sind. Durch eine Ergänzung von § 13c Abs. 2 WahrnG (§ 13b Abs. 2 WahrnG a. F.), die auf den Beschlussempfehlungen des Rechtsausschusses des Bundestages basiert (BT-Drucks. 16/5939, 14), ist die **Vermutung der Sachbefugnis** der Verwertungsgesellschaften auf die Vergütungsansprüche aus § 137l ausgedehnt worden. Die Vermutung kann durch Gegenbeweis allerdings widerlegt werden (s. § 13c WahrnG Rn. 8). Fraglich ist, wie die Verwertungsgesellschaften mit sog. „**verwaisten Werken**" (engl. orphan works) umgehen werden, bei denen auch die Verwertungsgesellschaften den Urheber oder seine Rechtsnachfolger nicht ermitteln können (dazu *Peifer* GRUR-Prax 2011, 1 ff.). Probleme können hier v. a. die Fälle bereiten, in denen der Urheber nachweislich tot ist, seine Erben aber unbekannt sind und der Berechtigungsvertrag deshalb ausgelaufen ist (vgl. z. B. § 9 Abs. 3 GEMA-Berechtigungsvertrag).

93 Noch nicht absehbar ist ferner, inwieweit die Wahrnehmung der Vergütungsansprüche durch Verwertungsgesellschaften innerhalb der Verwertungsgesellschaften zu **Interessenkonflikten** führen wird. Hinsichtlich anderer gesetzlicher Vergütungsansprüche nehmen die Verwertungsgesellschaften Rechte ausschließlich gegen Dritte wahr (vgl. z. B. §§ 52a, 52b, 53a). Gegenüber diesen Dritten haben Urheber und Verwerter übereinstimmende Interessen, die sie oftmals von derselben Verwertungsgesellschaft wahrnehmen lassen. Durch § 137l Abs. 5 werden die Verwertungsgesellschaften nun erstmals dazu gezwungen, Ansprüche einer Mitgliedergruppe (Urheber) gegen eine andere Mitgliedergruppe (Verwerter) durchzusetzen. Das Konfliktpotenzial, das darin steckt, ist nicht zu übersehen (*Sprang/Ackermann* K&R 2008, 7, 10). Bereits bei der **Festlegung der Vergütungshöhe** werden die Verwertungsgesellschaften vor eine Zerreißprobe gestellt. Während die berechtigten Urheber möglichst hohe Vergütungssätze verlangen werden, wird es den verpflichteten Verwertern darum gehen, niedrige Tarife festzulegen. Welche Auswirkungen diese vorprogrammierten Auseinandersetzungen auf das Gefüge der Verwertungsgesellschaften in Deutschland haben werden, ist noch nicht absehbar. Es scheint aber, dass der Gesetzgeber dieses Problem nicht gesehen, jedenfalls unterschätzt hat.

94 Zwar müssen die betroffenen Verwertungsgesellschaften im Rahmen von § 137l keine Tarife aufstellen, sondern sie können die Besonderheiten des einzelnen Werks theoretisch bei der Vergütung berücksichtigen (*Schulze* UFITA 2007/III, 641, 709). In der Praxis wird die aber kaum möglich sein (Mestmäcker/Schulze/*Scholz* § 137l Rn. 52). Aufgrund der Vermischung von Primärverwertung und kollektiver Wahrnehmung müssen die Verwertungsgesellschaften anders als bei den übrigen gesetzlichen Vergütungsansprüchen eine Fülle **individueller Faktoren** prüfen. Insb. müssen die Verwertungsgesellschaften jeweils gesondert ermitteln, ob der Vergütungsanspruch überhaupt (noch) besteht. Das ist nur dann der Fall, wenn der Urheber nicht von seinem Widerspruchsrecht Gebrauch gemacht hat oder zwischenzeitlich die Rechte seinem Vertragspartner durch einen Ergänzungsvertrag eingeräumt hat. Außerdem entfällt der Vergütungsanspruch, wenn die Vergütung durch **Tarifvertrag** bestimmt ist (s. u. Rn. 98). Die Verwertungsgesellschaften sind nach den allgemeinen Regeln darlegungs- und beweispflichtig für den Vergütungsanspruch. Über die notwendigen Informationen werden sie aber oftmals nicht verfügen. Darüber hinaus kann die Ermittlungspflicht zu einem erheblichen **Verwaltungsaufwand** führen und es stellt sich die Frage, ob die Verwertungsgesellschaften die Ansprüche aus § 137l Abs. 5 überhaupt werkbezogene abrechnen werden. Ein Verzicht auf individuelle Abrechnungen würde jedoch der Bedeutung der betroffenen Nutzungsrechte nicht gerecht und den Berechtigten einen Teil der ihnen zustehenden Vergütung vorenthalten. Vor diesem Hintergrund kann es auch für die Vertragsparteien vorteilhaft sein, den Automatismus des § 137l Abs. 5 zu durchbrechen und eine individuelle vertragliche Vergütungsregelung zu suchen.

Aufgrund der Verwertungsgesellschaftspflicht hat der Gesetzgeber konsequenter Weise darauf verzichtet, in § 137l eine **Benachrichtigungspflicht** wie in § 32c Abs. 1 S. 3 aufzunehmen (krit. *Schulze* UFITA 2007/III, 641, 710). **95**

3. Vergütungsschuldner

Der Vergütungsanspruch besteht gegen den **Inhaber der Nutzungsrechte** des Urhebers. § 137l Abs. 5 S. 4 stellt den Vertragspartner des Urhebers von der Vergütungspflicht frei, wenn dieser das betreffende Nutzungsrecht inzwischen **einem Dritten übertragen** hat und dieser die Nutzung vornimmt. Diese Bestimmung ist inhaltsgleich mit § 32c Abs. 2 (BT-Drucks. 16/1828, 34), ergänzend wird deshalb auf die Kommentierung zu dieser Vorschrift verwiesen (§ 32c Rn. 37ff.). Entgegen seinem Wortlaut erfasst § 137l Abs. 5 S. 4 nicht lediglich die Nutzung Dritter aufgrund einer vollständigen translativen Übertragung des Nutzungsrechts, sondern auch die konstitutive Einräumung einfacher Nutzungsrechte. Die Regelung in § 137l Abs. 5 S. 4 soll gewährleisten, dass der Urheber seinen gesonderten Vergütungsanspruch bei demjenigen geltend macht, der die anspruchsbegründende Nutzung tatsächlich vornimmt. Es war die ausdrückliche Absicht des Gesetzgebers, die entsprechenden Regelungen des geltenden § 32a Abs. 2 S. 1 sinngemäß zu übernehmen (BT-Drucks. 16/1828, 25). Angesichts dessen und im Hinblick auf die gleichartige Interessenlage ist davon auszugehen, dass die fehlende Erwähnung der Einräumung einfacher Nutzungsrechte auf einem redaktionellen Versehen beruht. § 137l Abs. 5 S. 4 ist deshalb auf die Nutzungen Dritter aufgrund einfacher Nutzungsrechte entsprechend anwendbar. Sofern sowohl der Vertragspartner des Urhebers als auch Dritte die Auswertung in der neuen Nutzungsart aufnehmen, kann der Urheber von jedem Nutzer die zusätzliche angemessene Vergütung verlangen. Erwirbt der Dritte vom Vertragspartner des Urhebers das Nutzungsrecht, um es lediglich weiter zu lizenzieren, hat der Urheber gegen ihn keinen Anspruch auf gesonderte Vergütung. Die Einräumung von Nutzungsrechten ist keine Nutzung (*Jani* 126). Auch insoweit besteht Übereinstimmung mit § 32c Abs. 2 (s. o. § 32c Rn. 42ff.). Anders als bei § 137l Abs. 2 entfällt die Haftung des ursprünglichen Vertragspartners auch dann, wenn der Dritte nicht alle Nutzungsrechte erworben hat. In Verbindung mit § 137l Abs. 2 kann dies dazu führen, dass der Vertragspartner des Urhebers zwar nicht die Vergütung schuldet, jedoch unverändert Adressat des Widerspruchs ist. **96**

Die Vergütungspflicht des Dritten ist im Kern sachgerecht, weil Sie das Pendant der auf den Dritten übergegangenen Übertragungsfiktion ist. Sie birgt aber die Gefahr einer **doppelten Belastung** dieses Dritten in sich, denn § 137l Abs. 5 S. 4 durchbricht die Vertragskette (s, dazu auch § 32c Rn. 40ff.). Der Dritte erwirbt die Nutzungsrechte vom Vertragspartner des Urhebers i.d.R. gegen Zahlung einer Lizenzvergütung. Zugleich schuldet er dem Urheber die Vergütung aus § 137l Abs. 5 (Schricker/Loewenheim/*Katzenberger* § 137l Rn. 60; Fromm/Nordemann/*J. B. Nordemann* § 137l Rn. 37). Der Dritte müsste dann für dieselbe Nutzung zweimal bezahlen (s. zu diesem Problem auch *Hoeren* MMR 2007, 615, 617; *Sprang/Ackermann* K&R 2008, 7, 10). Aber auch für den Urheber birgt die gesetzlich angeordnete Haftungsverlagerung Risiken, denn er hat keinen Einfluss darauf, wer ihm als Gläubiger gegenübersteht. Das widerspricht grds. vertragsrechtlichen Prinzipien und kann dazu führen, dass der Urheber **Bonitäts- und Insolvenzrisiken** trägt, gegen die er keine Vorkehrungen treffen kann. Dieses Problem hätte wie in § 34 mit einer gesamtschuldnerischen Haftung gelöst werden können. Der Gesetzgeber hat sich aber bewusst gegen eine derartige Regelung entschieden. Die Anordnung der **gesamtschuldnerischen Haftung** **97**

UrhG § 137l 98–102   § 137l Übergangsregelung für neue Nutzungsarten

in § 34a Abs. 4 ist auf den Vergütungsanspruch aus § 137l Abs. 5 auch nicht entsprechend anwendbar, weil § 137l Abs. 5 S. 4 als speziellere Bestimmung Vorrang hat.

4. Ausnahme bei tarifvertraglichen Regelungen

98   Der Urheber hat gem. § 32 Abs. 4 i. V. m. § 137l Abs. 5 S. 2 keinen Anspruch auf die gesonderte Vergütung aus § 137l Abs. 5 S. 1, soweit die Vergütung für diese Nutzung **tarifvertraglich** bestimmt ist (s. dazu § 32 Rn. 46). Ob diese Bestimmung praktisch bedeutsam wird, darf indes bezweifelt werden. Voraussetzung wäre, dass Tarifverträge zustande kommen, die lediglich die Vergütung regeln, den Erwerb der Nutzungsrechte aber der Übertragungsfiktion überlassen. Das ist unwahrscheinlich.

IX. Prozessuale Fragen

1. Allgemein

99   Die Übertragungsfiktion gem. § 137l setzt zwar einen wirksamen Nutzungsvertrag voraus; sie begründet jedoch eine gesetzliche Lizenz und damit ein **gesetzliches Schuldverhältnis,** das den bestehenden Nutzungsvertrag ergänzt (s. o. Rn. 17). Das Bestehen oder Nichtbestehen der gesetzlichen Lizenz kann deshalb Gegenstand einer **Feststellungsklage** (§ 256 ZPO) sein (Fromm/Nordemann/*J. B. Nordemann* § 137l Rn. 41; *Czernik* GRUR 2009, 913, 918).

2. Beweislast

100   Da § 31 Abs. 4 a. F. eine Ausnahme von der urhebervertragsrechtlichen Regel darstellte, trug die Beweislast derjenige, der sich auf die Nichtigkeit der Rechtseinräumung aus § 31 Abs. 4 berief. Das war i. d. R. der Urheber. Bei § 137l kommt es für die Beweislast darauf an, wer aus dieser Vorschrift Rechte für sich in Anspruch nimmt. Insoweit gelten die **allgemeinen prozessrechtlichen Grundsätze.** Ist der Verwerter der Auffassung, eine Nutzungsart sei bei Vertragsschluss nicht unbekannt gewesen und der Anwendungsbereich von § 137l deshalb gar nicht eröffnet, so muss der Urheber in Anlehnung an den bisherigen § 31 Abs. 4 darlegen und beweisen, dass es sich doch um eine **neue Nutzungsart** handelt (*Czernik* GRUR 2009, 913, 918). Den Verwerter trifft die Beweislast dagegen für alle **übrigen Tatsachen,** die Voraussetzung der Übertragungsfiktion sind, u. a. dafür, dass er durch den zugrunde liegenden Vertrag alle wesentlichen Nutzungsrechte erworben hat (Dreier/Schulze/*Schulze* § 137l Rn. 31).

101   Macht der Urheber von seinem Widerspruchsrecht Gebrauch und beruft sich der Verwerter darauf, dass die **Widerspruchsfrist** abgelaufen sei, muss der Verwerter beweisen, wann er die Mitteilung über die beabsichtigte Nutzung an den Urheber abgesendet hat. Die Beweislast für den Zugang des **Widerspruchs** trägt dagegen nach den allg. rechtsgeschäftlichen Vorschriften (im Einzelnen: Palandt/*Ellenberger* § 130 Rn. 21) der Urheber (a. A. *Schulze* UFITA 2007/III, 641, 701).

3. Aktivlegitimation

102   Die Übertragungsfiktion hat zur Folge, dass der Urheber aus den von der Übertragungsfiktion erfassten Nutzungsrechten keinerlei Ansprüche (mehr) herleiten kann (s. o. Rn. 19). Will der Urheber z. B. aus § 97 gegen einen Dritten wegen der Verletzung eines zwischenzeitlich von der Übertragungsfiktion § 137l umfassten Nutzungsrechts vorgehen, so ist ihm dies nicht möglich, weil er durch die Übertragungsfiktion auch die **Aktivlegitimation** verliert. Das müsste konsequenterweise auch für Verletzungsprozesse gelten, **die bei Inkrafttreten** des § 137l bereits anhängig sind. Der Urheber, der aus seinem Urheberrecht

gegen einen Dritten vorgegangen ist, war im Zeitpunkt der Klageerhebung zwar Inhaber der anspruchsbegründenden Rechte; § 137l sieht eine Ausnahme für die Übertragungsfiktion in diesem Fall der Streitbefangenheit aber nicht ausdrücklich vor. Von der Übertragungsfiktion des § 137l Abs. 1 nicht umfasst sind die Nutzungsrechte gem. § 137 Abs. 1 S. 4, soweit der Urheber über sie bereits anderweitig verfügt hat (s. o. Rn. 27 f.); zwar ist die Geltendmachung von Ansprüchen aus dem Nutzungsrecht keine Verfügung über das Nutzungsrecht. Es ist jedoch sachgerecht, § 137l Abs. 1 S. 4 hier entsprechend anzuwenden. Die den Anspruch begründenden Nutzungsrechte werden dem Urheber durch § 137l ab Inkrafttreten des Gesetzes mit Wirkung für die Zukunft entzogen (s. o. Rn. 19). Die Ersatzansprüche bleiben dem Urheber jedoch analog § 137l Abs. 1 S. 4 erhalten und er kann den Prozess im eigenen Namen fortsetzen. Das gilt auch dann, wenn der Urheber seinen Vertragspartner wegen einer rechtswidrigen Nutzung in Anspruch nimmt. Zu beachten ist, dass dieses Problem eines der Übergangsphase ist und in der Praxis nur wenige Fälle betreffen dürfte.

Die Aktivlegitimation der **Verwertungsgesellschaften** zur Geltendmachung der Ansprüche aus § 137l Abs. 5 wird widerleglich vermutet (s. o. Rn. 92). 103

§ 137m Übergangsregelung aus Anlass der Umsetzung der Richtlinie 2011/77/EU

(1) Die Vorschriften über die Schutzdauer nach den §§ 82 und 85 Absatz 3 sowie über die Rechte und Ansprüche des ausübenden Künstlers nach § 79 Absatz 3 sowie § 79a gelten für Aufzeichnungen von Darbietungen und für Tonträger, deren Schutzdauer für den ausübenden Künstler und den Tonträgerhersteller am 1. November 2013 nach den Vorschriften dieses Gesetzes in der bis 6. Juli 2013 geltenden Fassung noch nicht erloschen war, und für Aufzeichnungen von Darbietungen und für Tonträger, die nach dem 1. November 2013 entstehen.

(2) § 65 Absatz 3 gilt für Musikkompositionen mit Text, von denen die Musikkomposition oder der Text in mindestens einem Mitgliedstaat der Europäischen Union am 1. November 2013 geschützt sind, und für Musikkompositionen mit Text, die nach diesem Datum entstehen. Lebt nach Satz 1 der Schutz der Musikkomposition oder des Textes wieder auf, so stehen die wiederauflebenden Rechte dem Urheber zu. Eine vor dem 1. November 2013 begonnene Nutzungshandlung darf jedoch in dem vorgesehenen Rahmen fortgesetzt werden. Für die Nutzung ab dem 1. November 2013 ist eine angemessene Vergütung zu zahlen.

(3) Ist vor dem 1. November 2013 ein Übertragungsvertrag zwischen einem ausübenden Künstler und einem Tonträgerhersteller abgeschlossen worden, so erstreckt sich im Fall der Verlängerung der Schutzdauer die Übertragung auch auf diesen Zeitraum, wenn keine eindeutigen vertraglichen Hinweise auf das Gegenteil vorliegen.

Literatur: S. die Nachweise bei §§ 65, 79, 79a, 82 und 85.
Vgl. darüber hinaus die Angaben im eingangs abgedr. Gesamtliteraturverzeichnis.

Übersicht

	Rn.
I. Bedeutung	1, 2
II. Anwendungsstichtage für die Schutzdauer	3, 4
1. Geltung der verlängerten Schutzdauer nach §§ 79 Abs. 3, 79a bzw. §§ 82, 85 Abs. 3 (Abs. 1)	3
2. Vermutung der fortdauernden Vertragsgültigkeit (Abs. 3)	4
III. Musikkompositionen mit Text (Abs. 2)	5, 6

I. Bedeutung

1 § 137m ist durch das am 6.7.2013 in Kraft getretene 9. UrhGÄndG vom 2.7.2013 (BGBl. I S. 1940) eingefügt worden, das die RL 2011/77/EU zur Änderung der Schutzdauer-RL 2006/116/EG (Schutzdauer-RL) in deutsches Recht umgesetzt hat. § 137m korrespondiert mit den Regelungen zur Schutzdauerverlängerung in § 65 Abs. 3 S. 1 (betr. Musikkompositionen mit Text), in §§ 79 Abs. 3, 79a (betr. Aufzeichnungen von Darbietungen) und in §§ 82, 85 Abs. 3 (betr. Tonträger), deren intertemporale Anwendbarkeit er definiert.

2 Über die zwingend umzusetzenden Vorgaben hinaus eröffnete Art. 10a Abs. 2 Schutzdauer-RL den Mitgliedstaaten die Option, gesetzlich zu bestimmen, dass vor dem 1.11.2013 abgeschlossene Übertragungs- oder Abtretungsverträge, die einem ausübenden Künstler Anspruch auf wiederkehrende Zahlungen einräumen, nach Ablauf von 50 Jahren nach erlaubter Veröffentlichung bzw. erlaubter öffentlicher Wiedergabe abgeändert werden könnten. Von dieser Regelungsoption hat der deutsche Gesetzgeber keinen Gebrauch gemacht, weil der ausübende Künstler bereits nach §§ 79 Abs. 2 S. 2, 32 Abs. 1 S. 3 die Einwilligung in eine etwa notwendige Vertragsänderung mit dem Ziel einer angemessenen Vergütung verlangen kann; hierbei ist nach §§ 79 Abs. 2 S. 2, 32 Abs. 2 S. 2 für die Frage der Angemessenheit auch die – ggf. kraft Gesetzes nachträglich verlängerte – Nutzungsdauer maßgeblich, so dass der ausübende Künstler entsprechend der Intention des europäischen Normgebers an den Vorteilen der Schutzdauerverlängerung teilhaben kann (Amtl.Begr. BT-Drucks. 17/12013, S. 20).

II. Anwendungsstichtage für die Schutzdauer

1. Geltung der verlängerten Schutzdauer nach §§ 79 Abs. 3, 79a bzw. 82, 85 Abs. 3 (Abs. 1)

3 § 137m Abs. 1 dient zur Umsetzung des neuen Art. 10 Abs. 5 Schutzdauer-RL. Danach gelten die auf 70 Jahre verlängerten Schutzfristen für diejenigen Aufzeichnungen von Darbietungen bzw. Tonträger, deren Schutzdauer für den ausübenden Künstler und den Tonträgerhersteller am 1.11.2013 nach bisherigem Recht noch nicht abgelaufen war, sowie für Darbietungs-Aufzeichnungen und Tonträger, die erst nach dem 1.11.2013 entstehen.

2. Vermutung der fortdauernden Vertragsgültigkeit (Abs. 3)

4 § 137m Abs. 3 ergänzt Abs. 1 und schafft in Umsetzung des Art. 10a Abs. 1 Schutzdauer-RL eine gesetzliche **Vermutungsregel**. Danach ist davon auszugehen, dass ein vor dem 1.11.2013 geschlossener Übertragungsvertrag auch nach dem Zeitpunkt seine Gültigkeit behält, zu dem der ausübende Künstler nach früherem Recht (d.h. gem. Art. 3 Abs. 1 Schutzdauer-RL in der am 30.10.2011 geltenden Fassung) bezüglich der Aufzeichnung der Darbietung und des Tonträgers keinen Schutz mehr genösse. Diese Vermutung gilt nur, sofern „keine eindeutigen vertraglichen Hinweise" auf das Gegenteil vorliegen. Die Formulierung, dass – wenn auch eindeutige – „Hinweise" ausreichen sollen, die Vermutung zu widerlegen, lässt grundsätzlich die Möglichkeit offen, aus der Gesamtheit der vertraglichen Vereinbarungen, etwa auch dem Vertragszweck, den Schluss zu ziehen, dass die Parteien eine Befristung bzw. eine beschränkte Geltungsdauer wünschten, auch wenn dies nicht ausdrücklich so formuliert war.

III. Musikkompositionen mit Text (Abs. 2)

§ 137m Abs. 2 S. 1 entspricht Art. 10 Abs. 6 UAbs. 1 SchutzdauerRL, der die verlängerte Schutzdauer für Musikkompositionen mit Text (vgl. die Umsetzung in § 65 Abs. 3 S. 1) auf diejenigen Werke beschränkt, bei denen zumindest eine der beiden Komponenten

(Musikkomposition oder Text) in mindestens einem EU-Mitgliedstaat am 1.11.2013 geschützt war, oder die erst nach diesem Stichtag entstehen.

War am 1.11.2013 entweder die Musikkomposition oder der Text bereits gemeinfrei, so lebt gem. Abs. 2 S. 1 der Schutz der bereits gemeinfreien Komponente wieder auf. Abs. 2 S. 2 ordnet daher nach dem Vorbild des § 137f Abs. 3 S. 1 an, dass der durch das Wiederaufleben des Schutzes entstandene Zuwachs an Rechten dem Urheber der betroffenen Komponente (Musikkomposition oder Text) zusteht, um diesem Urheber – so die Amtl.Begr (BT-Drucks. 17/12013, S. 20) – entsprechend dem in § 11 S. 2 formulierten Grundsatz eine dem zeitlichen Schutz entsprechende Auswertung seines Rechts auch für den Verlängerungszeitraum zu ermöglichen.

§ 137m Abs. 2 S. 3 und 4 regeln in Umsetzung von Art. 10 Abs. 6 UAbs. 2 die Behandlung der **vor dem 1.11.2013 genehmigungsfrei begonnenen Nutzungen**. Abs. 2 S. 3 dient in Anlehnung an § 137f Abs. 3 S. 2 dem **Vertrauensschutz** (Amtl.Begr. BT-Drucks. 17/12013, S. 20) derjenigen Werknutzer, die vor dem 1.11.2013 davon ausgehen durften, dass Teile einer Musikkomposition mit Text (also entweder die Komposition oder der Text) gemeinfrei seien. Demgemäß bleiben vor dem Stichtag begonnene Nutzungshandlungen im vorgesehenen Rahmen zulässig. Abs. 2 S. 4 stellt in Anlehnung an § 137f Abs. 3 S. 3 klar, dass Vergütungen für Nutzungen (der zunächst gemeinfreien Komponente) im Zeitraum vor dem 1.11.2013 nicht zu leisten sind, sondern erst ab diesem Stichtag.

§ 137n Übergangsregelung aus Anlass der Umsetzung der Richtlinie 2012/28/EU

§ 61 Absatz 4 ist nur anzuwenden auf Bestandsinhalte, die der nutzenden Institution vor dem 29. Oktober 2014 überlassen wurden.

Literatur: S. die Nachweise bei §§ 61–61c.
Vgl. darüber hinaus die Angaben im eingangs abgedr. Gesamtliteraturverzeichnis.

Die **Übergangsregelung** bezieht sich auf die Umsetzung der Richtlinie 2012/28/EU über bestimmte zulässige Formen der Nutzung verwaister Werke (ABl. L 299 S. 5; im Folgenden: Verwaiste-Werke-RL). Art. 1 Abs. 3 Verwaiste-Werke-RL ermöglicht es unter bestimmten Voraussetzungen, dass privilegierte Einrichtungen, wie Bibliotheken, Bildungseinrichtungen, Museen, Archiven und Einrichtungen im Bereich des Film- oder Tonerbes sowie öffentlich-rechtliche Rundfunkanstalten (vgl. Art. 1 Abs. 2 Verwaiste-Werke-RL) auch nicht erschienene oder nicht gesendete **verwaiste Werke,** die in ihren Beständen vorhanden sind, digitalisieren und öffentlich zugänglich machen dürfen. Diese Vorgabe der Richtlinie wurde in **§ 61 Abs. 4** umgesetzt (vgl. im Einzelnen dort). Gleichzeitig wurde es den Mitgliedstaaten in Art. 1 Abs. 3 der Richtlinie aber ermöglicht, die Bestimmung auf verwaiste Werke zu beschränken, die vor dem **29. Oktober 2014** der privilegierten Einrichtung **überlassen wurden.** Davon hat der deutsche Gesetzgeber in § 137n Gebrauch gemacht. Hintergrund ist, dass der Gesetzgeber davon ausging, dass sich die privilegierten Einrichtungen in Zukunft die Rechte der Vervielfältigung (§ 16) und öffentlichen Zugänglichmachung (§ 19a) bei der Überlassung der unveröffentlichten Werke vertraglich einräumen lassen können (AmtlBegr., BT-Drs. 17/13423, S. 17).

Abschnitt 3. Schlussbestimmungen

§ 138 Register anonymer und pseudonymer Werke

(1) **Das Register anonymer und pseudonymer Werke für die in § 66 Abs. 2 Satz 2 vorgesehenen Eintragungen wird beim Patentamt geführt. Das Patentamt**

bewirkt die Eintragungen, ohne die Berechtigung des Antragstellers oder die Richtigkeit der zur Eintragung angemeldeten Tatsachen zu prüfen.

(2) Wird die Eintragung abgelehnt, so kann der Antragsteller gerichtliche Entscheidung beantragen. Über den Antrag entscheidet das für den Sitz des Patentamts zuständige Oberlandesgericht durch einen mit Gründen versehenen Beschluss. Der Antrag ist schriftlich bei dem Oberlandesgericht einzureichen. Die Entscheidung des Oberlandesgerichts ist endgültig. Im Übrigen gelten für das gerichtliche Verfahren die Vorschriften des Gesetzes über die Angelegenheiten der freiwilligen Gerichtsbarkeit entsprechend. Für die Gerichtskosten gilt die Kostenordnung; die Gebühren richten sich nach § 131 der Kostenordnung.

(3) Die Eintragungen werden im Bundesanzeiger öffentlich bekanntgemacht. Die Kosten für die Bekanntmachung hat der Antragsteller im voraus zu entrichten.

(4) Die Einsicht in das Register ist jedem gestattet. Auf Antrag werden Auszüge aus dem Register erteilt.

(5) Der Bundesminister der Justiz wird ermächtigt, durch Rechtsverordnung
1. Bestimmungen über die Form des Antrags und die Führung des Registers zu erlassen,
2. zur Deckung der Verwaltungskosten die Erhebung von Kosten (Gebühren und Auslagen) für die Eintragung, für die Ausfertigung eines Eintragungsscheins und für die Erteilung sonstiger Auszüge und deren Beglaubigung anzuordnen sowie Bestimmungen über den Kostenschuldner, die Fälligkeit von Kosten, die Kostenvorschusspflicht, Kostenbefreiungen, die Verjährung, das Kostenfestsetzungsverfahren und die Rechtsbehelfe gegen die Kostenfestsetzung zu treffen.

(6) Eintragungen, die nach § 56 des Gesetzes betreffend das Urheberrecht an Werken der Literatur und der Tonkunst vom 19. Juni 1901 beim Stadtrat in Leipzig vorgenommen worden sind, bleiben wirksam.

Literatur: *Knefel*, Erfahrungen mit dem patentamtlichen Eintragungsverfahren von Urheberrechten, GRUR 1968, 352; *Schulte*, Die Urheberrolle beim Deutschen Patentamt, UFITA 50 (1967), 32.
Vgl. darüber hinaus die Angaben im eingangs abgedr. Gesamtliteraturverzeichnis.

Übersicht

	Rn.
I. Bedeutung	1
II. Das Eintragungsverfahren	2–6
1. Antrag	2
2. Schlüssigkeitsprüfung	3
3. Gerichtliche Entscheidung	4
4. Eintragung	5
5. Leipziger Eintragsrolle	6

I. Bedeutung

1   Die frühere **Urheberrolle,** seit dem 1.1.2002 durch das Gesetz zur Bereinigung von Kostenregelungen auf dem Gebiet des geistigen Eigentums v. 13.12.2001 (BGBl. I S. 3656) das **Register anonymer und pseudonymer Werke,** zu dem § 138 und die Verordnung über das Register anonymer und pseudonymer Werke (WerkeRegV) v. 18.12.1965 (BGBl. I S. 2105, zuletzt geändert durch das KostenregelungsbereinigungsG v. 13.12.2001, BGBl. I S. 3656) Verfahrensvorschriften enthalten, ist im Zusammenhang mit der Schutz-

fristenregelung für **anonyme und pseudonyme Werke** gem. § 66 zu sehen: Durch eine Eintragung in das Register kann für diese Werke ebenfalls die 70-jährige Schutzfrist **post mortem auctoris** in Anspruch genommen werden, während andernfalls die Schutzfrist ab dem Zeitpunkt der ersten **Veröffentlichung** zu laufen beginnt (s. zu den Einzelheiten § 66 Rn. 9f.; Schricker/Loewenheim/*Katzenberger* § 138 Rn. 1; *Schulte* UFITA 50 (1967), 32f.; a. A. *Knefel* GRUR 1968, 352, 353, der nur anonyme Werke für eintragungsfähig hält). Gleichwohl ist die **praktische Bedeutung** des Registers **gering** geblieben. Laut Jahresbericht des Deutschen Patent- und Markenamtes (abrufbar unter http://www.dpma.de/docs/service/veroeffentlichungen/jahresberichte/dpma-jahresbericht2011_barrierefrei.pdf) ist 2011 lediglich für *ein* Werk der wahre Name des Urhebers eingetragen worden. Gründe hierfür dürften die ohnehin ausreichend lange Schutzfrist von 70 Jahren, die regelmäßig die Lebenserwartung des Urhebers zum Zeitpunkt der Schöpfung übertrifft, und die Möglichkeit des § 66 Abs. 2 S. 1 sein, dieselben Rechtswirkungen wie bei der Eintragung auch durch eine anderweitige Offenbarung der Identität des Urhebers zu erzielen (Möhring/Nicolini/*Gass* § 138 Rn. 3; *Schulte* UFITA 50 (1967), 32, 37).

II. Das Eintragungsverfahren

1. Antrag

Das Register wird beim Deutschen Patent- und Markenamt in München geführt, das 2 zur Eintragung ein Merkblatt (abrufbar unter www.dpma.de/docs/service/formulare/allgemein/a9108.pdf) veröffentlicht hat. Eintragungen setzen einen Antrag voraus, der den **Formerfordernissen** des § 1 WerkeRegV entsprechen muss (s. zu den Voraussetzungen *Schulte* UFITA 50 (1967), 32, 33f.; Möhring/Nicolini/*Gass* § 138 Rn. 6; ein **Antragsmuster** ist abgedruckt bei Schütze/Weipert/*Nordemann* Bd. 3: Wirtschaftsrecht II, VII.2). **Antragsberechtigt** sind gem. § 66 Abs. 3 der Urheber oder – nach seinem Tod – sein Rechtsnachfolger oder der Testamentsvollstrecker. Der Antrag auf Eintragung muss innerhalb von 70 Jahren nach der **Veröffentlichung** des Werkes eingereicht sein (Fromm/Nordemann/*Nordemann* § 138 Rn. 5; Möhring/Nicolini/*Gass* § 138 Rn. 6; *Schulte* UFITA 50 (1967), 32, 34; unklar dagegen OLG München UFITA 51 (1968), 379, 380 – Lotteriesystem, wo abwechselnd von „Veröffentlichung" und „Erscheinen" die Rede ist).

2. Schlüssigkeitsprüfung

Das Patent- und Markenamt prüft gem. Abs. 1 S. 2 weder die Berechtigung des An- 3 tragstellers noch die Richtigkeit der angemeldeten Tatsachen. Es nimmt lediglich eine Schlüssigkeitsprüfung vor (Fromm/Nordemann/*Nordemann* § 138 Rn. 4). Bestehen dagegen Zweifel an der Urheberrechtsschutzfähigkeit des angemeldeten Werks, so darf es eine Eintragung verweigern (vgl. OLG München UFITA 51 (1968), 375, 376f. – Mini-Car; Möhring/Nicolini/*Gass* § 138 Rn. 10; Schricker/Loewenheim/*Katzenberger* § 138 Rn. 11; *Schulte* UFITA 50 (1967), 32, 36).

3. Gerichtliche Entscheidung

Wird die Eintragung abgelehnt, so kann der Betroffene gegen die Entscheidung des 4 Deutschen Patent- und Markenamts gem. § 138 Abs. 2 schriftlich **Antrag auf gerichtliche Entscheidung** stellen. Zuständig ist das **OLG München**. Das Verfahren richtet sich gem. Abs. 2 S. 5 nach den Vorschriften des Gesetzes über die Angelegenheiten der freiwilligen Gerichtsbarkeit (FGG). Für dieses Verfahren besteht **kein Anwaltszwang** (§§ 11, 21 FGG; OLG München UFITA 51 (1968), 375, 376 – Mini-Car; *Knefel* GRUR 1968, 352, 353; *v. Gamm* § 138 Rn. 6). Das OLG München entscheidet **endgültig** (Abs. 2 S. 4).

4. Eintragung

5   Gibt das Deutsche Patent- und Markenamt dem Eintragungsantrag statt, so trägt es die in § 2 WerkeRegV genannten Angaben in das Register ein. Dazu gehören neben dem Tag des Eingangs der Anmeldung (des Antrags) auch die Angaben des Antragstellers nach § 1 Abs. 2 WerkeRegV, nicht dagegen die Anschrift des Urhebers (OLG München UFITA 51 (1968), 381, 382 – Volk und Reich). Der Zeitpunkt der Eintragung ist für die Einhaltung der Frist des § 66 Abs. 2 S. 2 unerheblich; maßgebend ist allein der **Zeitpunkt der Anmeldung** (*Schulte* UFITA 50 (1967), 32, 33; *v. Gamm* § 137 Rn. 7). Ist die Ablehnung der Eintragung dagegen rechtskräftig, so kann die Verschiebung des Beginns der urheberrechtlichen Schutzfrist nicht eintreten. Für die Eintragung werden beim Antragsteller **Kosten** gem. § 5 WerkeRegV erhoben (derzeit 12,– EUR für das erste Werk). Gem. § 138 Abs. 3 werden Eintragungen in das Register im **Bundesanzeiger** öffentlich bekannt gemacht, wodurch die Identität des anonymen oder pseudonymen Werkschöpfers offenbart wird. Die Kosten für die Bekanntmachung hat der Antragsteller im Voraus zu entrichten. Nach § 138 Abs. 4 ist jedem die **Einsichtnahme** in die Urheberrolle gestattet. Auf Antrag werden auch Auszüge aus dem Register erteilt.

5. Leipziger Eintragsrolle

6   Vorläufer des Registers anonymer und pseudonymer Werke und der Urheberrolle gem. § 138 war die sog. Eintragsrolle gem. §§ 56–58 LUG 1901, die beim Stadtrat zu Leipzig geführt wurde. Dessen Zuständigkeit auch für Anmeldungen aus der Bundesrepublik Deutschland währte bis zum 17.9.1965 (§ 143 Abs. 1; Schricker/Loewenheim/*Katzenberger* § 138 Rn. 6). Gem. Abs. 6 bleiben Eintragungen nach § 56 LUG 1901 auch unter Geltung des UrhG wirksam. Dies muss entsprechend auch für Eintragungen gelten, die bereits gem. §§ 39–42 des Gesetzes v. 11.6.1870 in die Eintragsrolle vorgenommen wurden (Schricker/Loewenheim/*Katzenberger* § 138 Rn. 7).

§ 139 Änderung der Strafprozessordnung

§ 374 Abs. 1 Nr. 8 der Strafprozessordnung erhält folgende Fassung:
„8. alle Verletzungen des Patent-, Gebrauchsmuster-, Warenzeichen- und Geschmacksmusterrechtes, soweit sie als Vergehen strafbar sind, sowie die Vergehen nach §§ 106 bis 108 des Urheberrechtsgesetzes".

Literatur: Krug, Aspekte der CD-Piraterie aus kriminologischer Sicht, Frankfurt a.M. 2000; *Lührs*, Verfolgungsmöglichkeiten im Fall der „Produktpiraterie" unter besonderer Betrachtung der Einziehungs- und Gewinnabschöpfungsmöglichkeiten (bei Ton-, Bild- und Computerprogrammträgern), GRUR 1994, 264.
Vgl. darüber hinaus die Angaben im eingangs abgedr. Gesamtliteraturverzeichnis.

1   § 374 Abs. 1 Nr. 8 StPO hat inzwischen folgenden Wortlaut: „eine Straftat nach § 142 Abs. 1 des Patentgesetzes, § 25 Abs. 1 des Gebrauchsmustergesetzes, § 10 Abs. 1 des Halbleiterschutzgesetzes, § 39 Abs. 1 des Sortenschutzgesetzes, § 143 Abs. 1, § 143a Abs. 1 und § 144 Abs. 1 und 2 des Markengesetzes, § 51 Abs. 1 und § 65 Abs. 1 des Geschmacksmustergesetzes, den §§ 106 bis 108 sowie § 108b Abs. 1 und 2 des Urheberrechtsgesetzes und § 33 des Gesetzes betreffend das Urheberrecht an Werken der bildenden Künste und der Photographie".

2   Die **Bedeutung des Urheberstrafrechts** ist in den letzten Jahren gestiegen, gerade im Bereich der Software- und Tonträgerpiraterie (Möhring/Nicolini/*Spautz* § 106 Rn. 2; krit. dazu *Krug* 164 ff.). Die Privatklage hat bei der strafrechtlichen Ahndung von Urheberrechtsverletzungen allerdings bislang **keine praktisch bedeutsame Rolle** gespielt. Regelmäßig liegt das zur Erhebung der öffentlichen Klage notwendige (einfache) öffentliche

Interesse (s. dazu *Krug* 87) vor, so dass die verletzten Rechtsinhaber nicht auf den Privatklageweg verwiesen werden (Möhring/Nicolini/*Spautz* § 109 Rn. 2). In den häufigen Fällen der **gewerbsmäßigen Rechtsverletzungen,** die gem. § 108a ein **Offizialdelikt** darstellen, ist der Privatklageweg nicht eröffnet (*Lührs* GRUR 1994, 264, 265). Im Bereich der Internet-Piraterie, bei der gerade auch sog. „Endnutzer" Urheberrechtsverletzungen begehen (s. dazu krit. Dreier/Schulze/*Dreier* § 106 Rn. 2), gewinnt die Verweisung auf den Privatklageweg aber offenbar an Bedeutung. Allerdings ist das Privatklageverfahren verglichen mit dem Zivilverfahren für die verletzten Rechtsinhaber unattraktiv (*Schack* Rn. 749).

§ 140 Änderung des Gesetzes über das am 6. September 1952 unterzeichnete Welturheberrechtsabkommen

In das Gesetz über das am 6. September 1952 unterzeichnete Welturheberrechtsabkommen vom 24. Februar 1955 (Bundesgesetzbl. II S. 101) wird nach Artikel 2 folgender Artikel 2a eingefügt:

„Artikel 2a
Für die Berechnung der Dauer des Schutzes, den ausländische Staatsangehörige für ihre Werke nach dem Abkommen im Geltungsbereich dieses Gesetzes genießen, sind die Bestimmungen in Artikel IV Nr. 4 bis 6 des Abkommens anzuwenden."

Literatur: *v. Bar,* Die Schutzfristen im deutsch-amerikanischen Urheberrecht, UFITA 78 (1977), 17; *Drexl,* Zur Dauer des US-amerikanischen Urhebern gewährten Schutzes in der Bundesrepublik Deutschland – Änderungen aufgrund des Beitritts der Vereinigten Staaten von Amerika zur Berner Übereinkunft, GRUR Int. 1990, 35; *Schack,* Schutzfristenchaos im europäischen Urheberrecht, GRUR Int. 1995, 310; *Ulmer,* Der Vergleich der Schutzfristen im Welturheberrechtsabkommen, GRUR Int. 1960, 57.
Vgl. darüber hinaus die Angaben im eingangs abgedr. Gesamtliteraturverzeichnis.

Mit § 140 wollte der Gesetzgeber klar stellen, dass der in Art. IV Abs. 4 WUA (Genfer **1** Fassung) vorgesehene **Schutzfristenvergleich** in Deutschland durchzuführen ist (Amtl-Begr. BT-Drucks. IV/270, 116). Einer solchen Klarstellung hatte es in der Tat bedurft, denn die Regelung des Schutzfristenvergleichs im WUA ist für die Mitgliedstaaten **fakultativ** („kein Vertragsstaat ist verpflichtet"); es steht den Mitgliedstaaten also frei, von dieser Einschränkung des Schutzes Gebrauch zu machen oder nicht (OLG Frankfurt a. M. GRUR 1981, 739, 741 – Lounge Chair; s. auch § 125 Rn. 29 und § 126 Rn. 18 zu vergleichbaren Regelungen in Art. 65 Abs. 1 TRIPs, 7 Abs. 3 GTA). Das Zustimmungsgesetz zum WUA v. 24.2.1955 (BGBl. I S. 101) traf keine Aussage über die Durchführung des Schutzfristenvergleichs. Mit der zum **1.1.1966** in Kraft getretenen Regelung des § 140 steht fest, dass der Schutzfristenvergleich des WUA in jedem Fall ab diesem Zeitpunkt durchzuführen ist. Die h. M. (Schricker/Loewenheim/*Katzenberger* § 140 Rn. 3; *Ulmer* GRUR Int. 1960, 57, 62f.; *Drexl* GRUR Int. 1990, 35, 39; Fromm/Nordemann/*Nordemann-Schiffel* § 140 Rn. 2; Dreier/Schulze/*Dreier* § 140 Rn. 2; a. A. OLG Frankfurt a. M. GRUR 1981, 739, 741 – Lounge Chair) geht darüber hinaus davon aus, dass der Schutzfristenvergleich schon seit **Inkrafttreten des WUA am 16.9.1955** durchzuführen ist, er also letztlich doch unmittelbar Anwendung findet.

Die Norm hat heute **keine praktische Bedeutung** mehr: Zum einen ist in Art. 4 des **2** Zustimmungsgesetzes zur Pariser Fassung des WUA (BGBl. 1973 II S. 1069) eine gleichlautende Regelung zum Schutzfristenvergleich aufgenommen worden. Zum anderen ist das WUA in seiner Bedeutung durch die **RBÜ** verdrängt worden (s. dazu § 121 Rn. 6), der insb. auch die USA beigetreten sind (s. zu den Auswirkungen auf die Schutzdauer für Werke US-amerikanischer Urheber *Schack* GRUR Int. 1995, 310, 313; *Drexl* GRUR Int. 1990, 35f., 42ff.; Fromm/Nordemann/*Nordemann-Schiffel* § 140 Rn. 4).

§ 141 Aufgehobene Vorschriften

Mit dem Inkrafttreten dieses Gesetzes werden aufgehoben:
1. die §§ 57 bis 60 des Gesetzes betreffend das Urheberrecht an Schriftwerken, Abbildungen, musikalischen Kompositionen und dramatischen Werken vom 11. Juni 1870 (Bundesgesetzblatt des Norddeutschen Bundes S. 339);
2. die §§ 17 bis 19 des Gesetzes betreffend das Urheberrecht an Werken der bildenden Künste vom 9. Januar 1876 (Reichsgesetzbl. S. 4);
3. das Gesetz betreffend das Urheberrecht an Werken der Literatur und der Tonkunst vom 19. Juni 1901 in der Fassung des Gesetzes zur Ausführung der revidierten Berner Übereinkunft zum Schutze von Werken der Literatur und Kunst vom 22. Mai 1910 und des Gesetzes zur Verlängerung der Schutzfristen im Urheberrecht vom 13. Dezember 1934 (Reichsgesetzbl. II S. 1395);
4. die §§ 3, 13 und 42 des Gesetzes über das Verlagsrecht vom 19. Juni 1901 (Reichsgesetzbl. S. 217) in der Fassung des Gesetzes zur Ausführung der Revidierten Berner Übereinkunft zum Schutze von Werken der Literatur und Kunst vom 22. Mai 1910;
5. das Gesetz betreffend das Urheberrecht an Werken der bildenden Künste und der Photographie vom 9. Januar 1907 (Reichsgesetzbl. S. 7) in der Fassung des Gesetzes zur Ausführung der revidierten Berner Übereinkunft zum Schutze von Werken der Literatur und Kunst vom 22. Mai 1910, des Gesetzes zur Verlängerung der Schutzfristen im Urheberrecht vom 13. Dezember 1934 und des Gesetzes zur Verlängerung der Schutzfristen für das Urheberrecht an Lichtbildern vom 12. Mai 1940 (Reichsgesetzbl. I S. 758), soweit es nicht den Schutz von Bildnissen betrifft;
6. die Artikel I, III und IV des Gesetzes zur Ausführung der Revidierten Berner Übereinkunft zum Schutze von Werken der Literatur und Kunst vom 22. Mai 1910;
7. das Gesetz zur Erleichterung der Filmberichterstattung vom 30. April 1936 (Reichsgesetzbl. I S. 404);
8. § 10 des Gesetzes über die Rechtsstellung heimatloser Ausländer im Bundesgebiet vom 25. April 1951 (Bundesgesetzbl. I S. 269).

Literatur: Vgl. die Angaben im eingangs abgedr. Gesamtliteraturverzeichnis.

1 § 141 hebt eine Reihe von Vorschriften auf. Obwohl die Regelung gem. § 143 Abs. 2 erst zum 1.1.1966 in Kraft getreten ist, wird man davon ausgehen müssen, dass die Vorschriften der aufgehobenen Gesetze, die der in §§ 64 bis 67, 69 getroffenen (und gem. § 143 Abs. 1 am 17.9.1965 in Kraft getretenen) Neuregelung der Schutzfristen entgegenstehen, bereits mit Ablauf des 16.9.1965 außer Kraft getreten sind (Fromm/Nordemann/*Nordemann-Schiffel* § 141 Rn. 1; a. A. Dreier/Schulze/*Dreier* § 141 Rn. 2: parallele Geltung alten und neuen Rechts). Die Nummern 1 bis 7 beziehen sich auf Regelungen, die durch das UrhG ersetzt oder anderweitig gegenstandslos geworden sind. Das gilt insb. für das LUG (Nr. 3) und das KUG (Nr. 5), letzteres aber nur, soweit es nicht den Schutz von Bildnissen betrifft (§§ 22–24 KUG). Der in Nr. 8 genannte § 10 des Gesetzes über die Rechtsstellung heimatloser Ausländer im Bundesgebiet konnte aufgehoben werden, weil der Schutz dieser Personen bereits durch §§ 123, 124, 125 Abs. 5 S. 2, 126 Abs. 3 S. 2, 128 Abs. 2 gesichert ist (Fromm/Nordemann/*Nordemann-Schiffel* § 141 Rn. 9).

§ 142 Geltung im Land Berlin *(aufgehoben)*

1 § 142 regelte die Geltung des UrhG im Land Berlin und war mit der deutschen Wiedervereinigung für die Zeit ab dem 3.10.1990 **gegenstandslos** geworden. Die Vorschrift ist deshalb durch das Gesetz zur Regelung des Urheberrechts in der Informationsgesellschaft v. 10.9.2003 (BGBl. I S. 1774) aufgehoben worden.

§ 143 Inkrafttreten

(1) **Die §§ 64 bis 67, 69, 105 Abs. 1 bis 3 und § 138 Abs. 5 treten am Tage nach der Verkündung dieses Gesetzes in Kraft.**

(2) **Im Übrigen tritt dieses Gesetz am 1. Januar 1966 in Kraft.**

Die Vorschrift betrifft das Inkrafttreten des UrhG in seiner **ursprünglichen Fassung** v. 9.9.1965. Das Gesetz ist am **16.9.1965 verkündet** worden. Die in **Abs. 1** genannten Normen sollten bereits vorzeitig **(am 17.9.1965)** in Kraft treten, nicht erst am **1.1.1966** wie die übrigen Vorschriften des UrhG. Hierfür waren unterschiedliche Gründe maßgebend: Mit dem vorzeitigen Inkrafttreten der Regelungen zur **Verlängerung der Schutzdauer** sollten auch noch Werke in den Genuss der Schutzfristverlängerung kommen, die bei Geltung der 50-jährigen Schutzfrist nach LUG 1901 und KUG 1907 mit Ende des Jahres 1965 gemeinfrei geworden wären (s. § 64 Rn. 4). Für das vorzeitige Inkrafttreten der **Verordnungsermächtigungen** (§§ 105 Abs. 1 bis 3, 138 Abs. 5) sprachen praktische Erwägungen. Es sollte gewährleistet werden, dass die vorgesehenen Rechtsverordnungen am Tage des Inkrafttretens des UrhG (1.1.1966) bereits vorliegen konnten (BT-Drucks. IV/270, 178, 180).

Gesetz über die Wahrnehmung von Urheberrechten und verwandten Schutzrechten (Urheberrechtswahrnehmungsgesetz)

Vom 9. September 1965

(BGBl. I S. 1294, zuletzt geändert durch Art. 2 des Gesetzes zur Nutzung verwaister und vergriffener Werke und einer weiteren Änderung des Urheberrechtsgesetzes v. 1.10.2013, BGBl. I S. 3728)

Vorbemerkung Vor §§ 1 ff.

Literatur: *Alich,* Das Recht der Verwertungsgesellschaften in Lateinamerika, Baden-Baden 2010; *Block,* Die Lizenzierung von Urheberrechten für die Herstellung und den Vertrieb von Tonträgern im Europäischen Binnenmarkt, Baden-Baden 1997; *Bortloff,* Internationale Lizenzierung von Internet-Simulcasts durch die Tonträgerindustrie, GRUR Int 2003, 669 ff.; *Dillenz,* Harmonisierung des Rechts der Verwertungsgesellschaften in Europa, GRUR Int 1997, 315; *Dittrich/Hüttner,* Das Recht der Verwertungsgesellschaften, Wien 2006; *Drexl,* Auf dem Weg zu einer neuen europäischen Marktordnung der kollektiven Wahrnehmung von Online-Rechten der Musik? – Kritische Würdigung der Kommissionsempfehlung vom 18.10.2005, in: Riesenhuber(Hrsg.) Wahrnehmungsrecht in Polen, Deutschland und Europa, Berlin 2006 *Euhus,* Die Gegenseitigkeitsverträge der Verwertungsgesellschaften im Musikbereich, Baden-Baden 2008; *Gerlach,* Brüsseler Spitzen?, in: Geiß (Hrsg.), Festschrift für Karl Peter Mailänder zum 70. Geburtstag, Berlin 2006 (zit. *Gerlach* FS Mailänder); *Goldmann,* Die kollektive Wahrnehmung musikalischer Rechte in den USA und Deutschland, München 2001; *Haertel,* Verwertungsgesellschaften und Verwertungsgesellschaftengesetz, UFITA 50 (1967) 7; *Hansen/Schmidt-Bischoffshausen,* Ökonomische Funktionen von Verwertungsgesellschaften, GRUR Int 2007, 461; *Herschel,* Die Verwertungsgesellschaften als Träger staatsentlastender Tätigkeit, UFITA 50 (1967) 22; *Heine,* Wahrnehmung von Online-Musikrechten durch Verwertungsgesellschaften im Binnenmarkt, Berlin 2008; *Heine/Eisenberg,* Verwertungsgesellschaften im Binnenmarkt – Die kollektive Wahrnehmung von Urheberrechten nach der Dienstleistungsrichtlinie, GRUR Int 2009, 277 ff.; *Heyde,* Die grenzüberschreitende Lizenzierung von Online-Musikrechten in Europa, Baden-Baden, Bern 2011; IRIS Spezial, Kreativität hat ihren Preis, Die Rolle der Verwertungsgesellschaften, Europäische Audiovisuelle Informationsstelle, Straßburg 2009. *Keiderling, Geist,* Recht und Geld – Die VG Wort 1958–2008, Berlin 2008; *Landfermann,* Zur Staatsaufsicht über die urheberrechtlichen Verwertungsgesellschaften, KUR 2000, 33; *Melichar,* Die Wahrnehmung von Urheberrechten durch Verwertungsgesellschaften, München 1983; *Pentheroudakis,* Urheberrechtlicher Wandel und die kollektive Wahrnehmung in der Informationsgesellschaft; Baden-Baden 2009; *Plate,* Die Verwertungsgesellschaftspflicht für urheberrechtliche Vergütungsansprüche und ausschliessliche Verwertungsrechte, Berlin 2003; *Reinbothe,* Der acquis communautaire des Europäischen Urheberrechts: Stand und Entwicklung der Rechtsangleichung und Harmonisierungskonzept, EWS 2007, 193; *Reinbothe,* Die kollektive Wahrnehmung von Rechten in der Europäischen Gemeinschaft, FS Dietz 517; *Riesenhuber,* Die Auslegung und Kontrolle des Wahrnehmungsvertrages, Berlin 2004; *Riesenhuber,* Das österreichische Verwertungsgesellschaftengesetz 2006, Baden-Baden 2006 (zit. *Riesenhuber* VerwGesG); *Riesenhuber,* Nutzung von Musik für Werbezwecke, ZUM 2010, 137; *Riesenhuber-Rosenkranz,* Das deutsche Wahrnehmungsrecht, UFITA Bd. 2005/II, 467; *Riesenhuber/v. Vogel,* Europäisches Wahrnehmungsrecht, EuZW 2004, 519; *Ruzicka,* 50 Jahre GVL – Rückblick und Ausblick, in: *Gerlach/Evers* (Hrsg.), Festschrift 50 Jahre GVL, Berlin 2011, 1–10; *Schmidt,* Die kollektive Verwertung der Online-Musikrechte im Europäischen Binnenmarkt, ZUM 2005, 783; *Schmidt,* Die Anfänge der musikalischen Tantiemebewegung in Deutschland, Berlin 2005; *Schulze,* Urheberrecht in der Musik, 5. Aufl., Berlin u. a. 1981; *Schunke,* Das Bearbeitungsrecht in der Musik und dessen Wahrnehmung durch die Gema, Berlin 2008; *Weichhaus,* Das Recht der Verwertungsgesellschaften in Deutschland, Großbritannien und Frankreich, Hamburg 2002.

Vgl. darüber hinaus die Angaben im eingangs abgedr. Gesamtliteraturverzeichnis.

Übersicht

	Rn.
I. Einleitung	1
II. Historische Entwicklung	2, 3

Vorbemerkung	1–3 **Vor §§ 1ff. WahrnG**

Rn.
- III. In Deutschland tätige Verwertungsgesellschaften 4–17
  1. GEMA 4
  2. GVL 5
  3. VG WORT 6
  4. VG Bild-Kunst 7
  5. VG Musikedition 8
  6. Film-Verwertungsgesellschaften 9–14
  7. VG Media 15
  8. TWF 16
  9. Unselbstständige Gemeinschaftsunternehmen 17
  10. Inkassotätigkeit einer Verwertungsgesellschaft für andere Verwertungsgesellschaften 18
  11. Wirtschaftliche Bedeutung 19
- IV. Internationales Umfeld 20–22
- V. Rechtsnatur der Verwertungsgesellschaften 23–27
- VI. Europäischer Rahmen 28, 29

I. Einleitung

Im Gesetz über die Wahrnehmung von Urheberrechten und verwandten Schutzrechten **1** v. 9.9.1965, das zusammen mit dem UrhG verabschiedet wurde, ist die Tätigkeit von **Verwertungsgesellschaften,** die Urheber- oder Leistungsschutzrechte kollektiv wahrnehmen, geregelt.

II. Historische Entwicklung

Die gemeinsame Verwertung von Urheberrechten durch eine Verwertungsgesellschaft **2** begann bereits im 18. Jahrhundert in Frankreich (1777 wurde die Société des Auteurs et Compositeurs Dramatiques – SACD – von Beaumarchais gegründet; 1837 entstand die Société des Gens de Lettres – SGDL). Damit wurde dem Interesse der Urheber Rechnung getragen, Nutzungsvorgänge effektiv kontrollieren und lizenzieren zu können, was dem Einzelnen nicht möglich war. Insb. das Recht der öffentlichen Aufführung von Werken, erstmals geschützt in Frankreich im Jahre 1780, ließ sich effektiv nur kollektiv wahrnehmen. Vor diesem Hintergrund entstand 1851 aufgrund eines von dem Komponisten Bourget gewonnenen Schadensersatzprozesses gegen den Besitzer eines Konzertcafés in Paris eine Organisation, die in Paris die Aufführungsrechte lizenzierte und aus der die **SACEM** (Société des Auteurs, Compositeurs et Éditeurs de Musique) hervorging. Die Vorteile der Verwertungsgesellschaften liegen auf der Hand. Zum einen bieten sie den Rechtsinhabern die Gewähr für eine wirksame Kontrolle und effektive Wahrnehmung der ihnen anvertrauten Rechte, zum anderen bieten sie aber auch den Nutzern den Vorteil, Rechte aus einer Hand gebündelt erwerben zu können.

In Deutschland bildete sich erst 1903 auf Initiative von Richard Strauss die Anstalt für **3** musikalisches Aufführungsrecht (AFMA) als Teil der Genossenschaft Deutscher Tonsetzer (GDT). 1915 wurde dann die Genossenschaft zur Verwertung musikalischer Aufführungsrechte GmbH (die so genannte „alte GEMA") gegründet. Dem ging die Einführung des öffentlichen Aufführungsrechts in § 11 LUG v. 19.6.1901 (RGBl. 227) voraus. 1930 schlossen sich GEMA, GDT und die bereits 1897 gegründete österreichische Gesellschaft der Autoren, Komponisten und Musikverleger (AKM) zum Verband zum Schutze musikalischer Aufführungsrechte für Deutschland zusammen (Musikschutzverband). Dieser wurde 1933 kraft Gesetzes in die Staatlich genehmigte Gesellschaft zur Verwertung musikalischer Urheberrechte (STAGMA) umgewandelt. Nach dem Ende des zweiten Weltkriegs wurde die STAGMA durch den Alliierten Kontrollrat in Gesellschaft für musikalische Aufführungs- und mechanische Vervielfältigungsrechte r.V. umbenannt, ohne dass die rechtliche Struktur geändert wurde. Es besteht also Identität zwischen der GEMA „neu" und der „STAGMA" (näher dazu *Schulze* 48; *Haertel* UFITA 50 (1967) 7; Kreile/Becker/Riesenhuber/*Schmidt/Riesenhuber/Mickler* Kap. 2).

III. In Deutschland tätige Verwertungsgesellschaften

1. GEMA

4   Die **Gesellschaft für musikalische Aufführungs- und mechanische Vervielfältigungsrechte r.V.** (GEMA) ist die größte deutsche Verwertungsgesellschaft. Sie nimmt die Rechte der Musikautoren (Komponisten, Texter, Verlage) wahr, soweit es sich nicht um von den Verlagen oder Urhebern selbst wahrgenommene sog. große Rechte handelt. Zu den wahrgenommenen Rechten gehören die sog. mechanischen Rechte für die Herstellung von Tonträgern (Vervielfältigung und Verbreitung, §§ 16, 17 UrhG), Downloadangebote (§ 19a UrhG) und die nicht bühnenmäßige Aufführung (§ 19 Abs. 2 UrhG) oder Sendung (§ 20 UrhG). (Satzung abgedr. bei *Hillig* 16, näher dazu Kreile/Becker/Riesenhuber/*v. Steinau-Steinrück/Wohlgemut* Kap. 8; Limper/Musiol/*Wohlgemuth*, 920–931; Raue/Hegemann/*Heine/Staats*, 168; Wandtke/*Schunke*, 217). Satzung, Berechtigungsvertrag und die Verteilungspläne finden sich im GEMA-Jahrbuch (Kontakt: www.gema.de). Zu den Bestrebungen, eine weitere, auch Creative-Commons-Lizenzen zulassende Verwertungsgesellschaft für Musikrechte („C3S") zu gründen, s. etwa *Kohlick* F.A.Z. vom 18.9.2013.

2. GVL

5   Zweitgrößte Verwertungsgesellschaft ist die **Gesellschaft zur Verwertung von Leistungsschutzrechten mbH** (GVL). Sie vertritt die ausübenden Künstler, Veranstalter und Tonträgerhersteller und ist eine gemeinsame Gründung der **Deutschen Orchestervereinigung e.V., Berlin,** und des **Bundesverbands Musikindustrie e.V., Berlin** (ehemals Deutschen Landesgruppe der **IFPI (International Federation of the Phonographic Industry))**, Hamburg. Gegründet 1959, nimmt sie insb. die Vergütungsansprüche für die Sendung und öffentliche Wiedergabe (§§ 78 Abs. 2 i.V.m. 86 UrhG), die Kabelweitersendung (§ 20b Abs. 2 UrhG), die private Vervielfältigung (§§ 84, 85 Abs. 3 i.V.m. § 54 UrhG), die öffentliche Zugänglichmachung für Unterricht und an elektronischen Leseplätzen (§§ 84, 85 Abs. 3 i.V.m. §§ 52a, b) sowie Vermietung und Verleih (§§ 84, 85 Abs. 3 i.V.m. § 27 UrhG) wahr. Die GVL ist auch für die Hersteller von Videoclips und deren Bildurheber tätig (näher dazu *Ruzicka*, FS GVL, 7; Limper/Musiol/*Gerlach*, 931–936 Raue/Hegemann/*Heine/Staats*, 168). Der Referentenentwurf zur Umsetzung der Richtlinie 2011/77/EU (Schutzdauerverlängerung für Tonträger) sieht in § 79a einen neuen Vergütungsanspruch für ausübende Künstler mit Verträgen ohne Wiederholungsvergütung vor, der verwertungsgesellschaftspflichtig ist. Auch hierfür wird die GVL zuständig sein Satzung abgedr. bei *Hillig* 19; (Kontakt: www.gvl.de).

3. VG WORT

6   Die **Verwertungsgesellschaft WORT r.V. (VG WORT)** wurde 1958 gegründet und nimmt Rechte von Autoren und Verlagen von Sprachwerken wahr. Das sind vor allem die gesetzlichen Vergütungsansprüche für Vervielfältigungen zum privaten und sonstigen eigenen Gebrauch gegenüber den Herstellern von Geräten und Speichermedien (§ 54 UrhG) und gegenüber den Betreibern von Vervielfältigungsgeräten (§ 54c UrhG), die Bibliothekstantieme (§ 27 Abs. 2 UrhG), die Vergütungsansprüche aus der Kabelweitersendung (§ 20b Abs. 2 UrhG), für die Nutzung von Werken in Sammlungen für den Kir-

Vorbemerkung 7–13 Vor §§ 1ff. WahrnG

chen-, Schul- oder Unterrichtsgebrauch (§ 46 UrhG), für Pressespiegel (§ 49 Abs. 1 S. 2 UrhG), den Kopienversand auf Bestellung (§ 53a UrhG), die öffentliche Zugänglichmachung von Werken für Unterricht und Forschung (§ 52a UrhG), die Wiedergabe von Werken an elektronischen Leseplätzen (§ 52b UrhG) sowie für die Nutzung von Werken in neuen Nutzungsarten bei Altverträgen (§ 137l UrhG). Ferner nimmt die VG WORT das sogenannte „kleine Senderecht" (§ 20 UrhG) und Rechte für die öffentliche Wiedergabe von Sprachwerken in Hotels oder Gaststätten wahr (sogenanntes „Kneipenrecht") (näher dazu Limper/Musiol/*Richly*, 936–940; Raue/Hegemann/*Heine/Staats*, 168). (Satzung abgedruckt bei Hillig 17; Kontakt: www.vgwort.de).

4. VG Bild-Kunst

Die VG **Bild-Kunst r. V.** nimmt für die Bildenden Künstler die Reproduktionsrechte 7 (§§ 16, 17 UrhG), das Senderecht (§ 20 UrhG) und das Folgerecht (§ 26 UrhG),wahr, für bildende Künstler, Fotografen, Bildagenturen, Verlage, Designer, Filmregisseure und Kameraleute darüber hinaus sämtliche Vergütungsansprüche wie die Rechte aus der Vermietung durch Videotheken oder Lesezirkel (§ 27 Abs. 1 UrhG), die Bibliothekstantieme (§ 27 Abs. 2 UrhG), die Kabelweitersendung (§ 20b Abs. 2 UrhG) die Vergütung für Pressespiegel (§ 49 Abs. 1 S. 2 UrhG), sowie die Rechte aus §§ 52a und b und 137l wahr (näher dazu Limper/Musiol/*Schierholz*, 940–943; Raue/Hegemann/*Heine/Staats*, **168**). (Satzung abgedr. bei Hillig 18; Kontakt: www.bildkunst.de).

5. VG Musikedition

Die **Verwertungsgesellschaft zur Wahrnehmung von Nutzungsrechten an Editionen (Ausgaben) von Musikwerken r. V. (VG Musikedition)** nimmt für die Inha- 8 ber der Rechte nach §§ 70, 71 UrhG diese Ansprüche wahr. (Satzung abgedr. bei *Hillig* 20; Kontakt: www.vg-musikedition.de).

6. Film-Verwertungsgesellschaften

Neben der VG Bild-Kunst, die Regisseure und Filmemacher vertritt, sind mittlerweile 9 sechs weitere Verwertungsgesellschaften im Film- und Fernsehbereich tätig:

Die **Verwertungsgesellschaft der Film- und Fernsehproduzenten GmbH (VFF)** 10 in München, gegründet vom Bundesverband Deutscher Fernsehproduzenten e.V., München, nimmt für Sendeunternehmen, deren Werbe-Rundfunkgesellschaften und Auftragsproduzenten die Rechte aus öffentlicher Wiedergabe (§ 22 UrhG), Kabelweitersendung (§ 20b UrhG) und privater Vervielfältigung (§ 54 UrhG) wahr (Satzung abgedr. bei *Hillig* 22; Kontakt: www.vffvg.de).

Die **Verwertungsgesellschaft für Nutzungsrechte an Filmwerken mbH (VGF)** 11 in Berlin und München, die gemeinsam vom Verband der Filmverleiher, Berlin, und dem Verband Deutscher Spielfilmproduzenten e.V., München, gegründet wurde, nimmt für die so genannten „Altfilmer" neben den Kabelweitersenderechten und den Vergütungsansprüchen für die private Vervielfältigung die Vermietrechte an Videos wahr (Satzung abgedr. bei *Hillig* 23; Kontakt: www.vgf.de).

Von den Verleihern gegründet wurde die **Gesellschaft zur Wahrnehmung von** 12 **Film- und Fernsehrechten mbH (GWFF)** mit Sitz in München, die vor allem die Rechte ausländischer Produzenten (Vergütungsansprüche aus öffentlicher Vorführung und Wiedergabe sowie aus Reproduktion und Vermietung) wahrnimmt (Satzung abgedr. bei *Hillig* 24; Kontakt: www.gwff.de).

Die **Verwertungsgesellschaft AGICOA Urheberrechtsschutz-Gesellschaft mbH** 13 (Association de Gestion Internationale Collective des Œuvres Audiovisuelles) wurde 1994 von der Aufsichtsbehörde zugelassen. Sie nimmt insb. die Kabelweitersenderechte an ausländischen Filmen wahr (Satzung abgedr. bei *Hillig* 24a; Kontakt: www.agicoa.de).

Gerlach

14 Die **Gesellschaft zur Übernahme und Wahrnehmung von Filmaufführungsrechten mbH, Düsseldorf (GÜFA)** nimmt für die Hersteller und Rechtsinhaber erotischer Filme Vergütungsansprüche vor allem aus der öffentlichen Vorführung und Wiedergabe wahr (Satzung abgedr. bei *Hillig* 21; Kontakt: www.guefa.de).

7. VG Media

15 Die **VG Media,** Gesellschaft zur Verwertung der Urheber- und Leistungsschutzrechte von Medienunternehmen mbH wurde 2002 als Nachfolgerin der VG Satellit gegründet und nimmt insb. die Kabelweitersenderechte von privaten Sendeunternehmen wahr. Die RTL-Gruppe, die aus der VG Media ausgeschieden ist, nimmt die Kabelweitersenderechte selber ohne Einschaltung einer Verwertungsgesellschaft wahr. Gesellschafter sind die PROSIEBENSAT.1 Media AG und kleinere private Sendeunternehmen (Satzung abgedr. bei *Hillig* 24f; Kontakt: www.vgmedia.de).

8. TWF

16 2008 wurde als jüngste Verwertungsgesellschaft die TWF Treuhandgesellschaft Werbefilm zugelassen. Sie nimmt die Vergütungsansprüche für die Kabelweitersendung und die Privatkopie von Werbefilmherstellern wahr. Gesellschafter ist der Verband Deutscher Werbefilmproduzenten e. V. (Satzung abgedr. bei *Hillig* 24h; Kontakt: www.twf-gmbh.de).

9. Unselbstständige Gemeinschaftsunternehmen

17 Neben den Verwertungsgesellschaften gibt es folgende Inkassostellen, die von den Verwertungsgesellschaften in unterschiedlichen Konstellationen für bestimmte Zwecke gegründet wurden (näher dazu Loewenheim/*Melichar* § 46 Rn. 21–29):

Die **ZPÜ (Zentralstelle für private Überspielungsrechte,** gegründet 1970 zunächst von GEMA, GVL und VG WORT), ist für das Inkasso der Vergütungsansprüche aus der privaten Vervielfältigung (§ 54 Abs. 1) zuständig.

Die **ZBT (Zentralstelle Bibliothekstantieme,** gegründet zunächst von GEMA, VG Bild-Kunst und VG WORT), ist für das Verleihinkasso (§ 27 Abs. 2) zuständig.

Die **ZFS** (Zentralstelle Fotokopieren an Schulen, gegründet von VG Bild-Kunst, VG Musikedition und VG WORT) ist für die Reprografievergütung nach § 54a Abs. 2 zuständig.

Die **ZVV (Zentralstelle Videovermietung,** gebildet von GEMA, GVL, GÜFA, GWFF, VGF, VG WORT und VG Bild-Kunst) ist für das Inkasso der Vermietvergütung für Videos (§ 27 Abs. 1) zuständig.

Die **ZWF (Zentralstelle für die Wiedergabe von Film- und Fernsehwerken,** gegründet von GWFF, VG Bild-Kunst und VGF) nimmt das Inkasso für die öffentliche Wiedergabe für ihre Gesellschafter wahr (§§ 21, 22).

Die **ARGE KABEL** (gegründet von GVL, VG Bild-Kunst und VG WORT) nimmt die Vergütungsansprüche für die Kabelweitersendung nach § 20b Abs. 2 wahr.

Diese Einrichtungen sind lediglich Inkassostellen bestehender und zugelassener Verwertungsgesellschaften ohne eigenen Treuhandcharakter (näher dazu § 1 Rn. 5).

Die sog. **"Münchner Gruppe"** ist ein Zusammenschluss der Verwertungsgesellschaften GEMA, GVL, VG Wort, VG Bild-Kunst, VFF, GWFF, AGICOA, GÜFA und TWF zur gemeinsamen Wahrnehmung der Kabelweitersenderechte gegenüber den Kabelnetzbetreibern. Die Rechte der Pro7/Sat1-Gruppe sowie einiger kleinerer Privatsender nimmt dagegen die VG Media wahr, die der RTL-Gruppe sind direkt von den Sendeunternehmen zu erwerben.

(Näher zu den Gemeinschaftsunternehmen Kreile/Becker/Riesenhuber/*Kreile* Kap. 16; Raue/Hegemann/*Heine*/Staats, 171).

10. Inkassotätigkeit einer Verwertungsgesellschaft für andere Verwertungsgesellschaften

Statt der Bildung gemeinsamer Inkassostellen hat sich als zweites Modell die Wahrnehmung des Inkassos durch eine Verwertungsgesellschaft für eine andere bewährt. Je nach Konstellation werden eigene Tarife der mandatierenden Verwertungsgesellschaft angewendet oder gemeinsame Tarife aller Beteiligten. Vorteil für die Nutzer ist ebenso wie bei gemeinsamen Inkassoorganisationen die Lizenzierung aus einer Hand (näher dazu mit Beispielen: Loewenheim/*Melichar* § 46 Rn. 32 ff.).

11. Wirtschaftliche Bedeutung

Die bisher zugelassenen Verwertungsgesellschaften haben gegenwärtig Einnahmen von ca. 1,4 Milliarden Euro. Davon entfallen auf die GEMA ca. € 862 Mio., auf die GVL ca. € 183 Mio., auf die VG WORT ca. € 135 Mio., auf die VG Bild-Kunst ca. € 58 Mio. und auf die VG Media ca. € 42 Mio. Auf die fünf Verwertungsgesellschaften AGICOA, GÜFA, GWFF, VFF und VGF entfallen zusammen etwa € 148 Mio. und auf die VG Musikedition € 3 Mio. (Schätzung basierend auf dem Jahresbericht des DPMA 2011, abzurufen unter www.dpma.de).

IV. Internationales Umfeld

Bisher war die Tätigkeit der Verwertungsgesellschaften auf das Inland beschränkt, indem Nutzungsrechte in Einklang mit Art. 28, 30 EGV (= Art. 34, 36 AEUV) auf nationale Märkte beschränkt vergeben wurden (*Schack* Rn. 1318, siehe Rn. 29). Durch den Abschluss von **Gegenseitigkeitsverträgen** mit ausländischen Schwestergesellschaften wird die jeweilige nationale Verwertungsgesellschaft auch mit dem ausländischen Repertoire betraut und in die Lage versetzt, bei einem entsprechend dichten Netz von Gegenseitigkeitsverträgen, das Weltrepertoire als One-Stop-Shop zu vergeben. Außerdem werden durch die Gegenseitigkeitsverträge Erlöse im Ausland generiert (näher dazu Kreile/Becker/Riesenhuber/*Karbaum/Oeller/Wolf/Evert* Kap. 17; *Euhus*, 25–27). Vertritt die Verwertungsgesellschaft also auch ausländische Rechtsinhaber, werden die für diese eingezogenen Vergütungen international verteilt bzw. verrechnet. Durchbrechungen erfährt dieses System gegenwärtig durch von der EU-Kommission hervorgerufene Konzentrationsprozesse auf Exklusivrepertoire und die von der Kommission propagierte Kooperation zwischen Verwertungsgesellschaften auf Basis von Agenturvereinbarungen, die das Netz bisheriger Gegenseitigkeitsverträge aushöhlen (siehe Rn. 29).

Organisiert sind die Urheber-Verwertungsgesellschaften international in der 1926 gegründeten **CISAC** (Confédération Internationale des Sociétés d'Auteurs et Compositeurs; Kontakt: www.cisac.org).

1929 wurde für die mechanischen Rechte das **BIEM** (Bureau International des Sociétés Gérant les Droits d'Enregistrement et de Reproduction Mécanique; Kontakt: www.biem.org) gegründet. Ursprünglich schloss das BIEM unmittelbar und für die angeschlossenen nationalen Verwertungsgesellschaften verbindlich Verträge über die Lizenzierung der Urheberrechte für die Tonträgerherstellung mit der International Federation of the Phonographic Industry (IFPI) ab. Aus Kartellgründen beschränkt sich der BIEM-Vertrag seit 1973 auf die Festlegung der Rahmenbedingungen. Parallel dazu bestehen nationale Verträge, in denen auf Basis des Rahmenvertrages ausfüllungsbedürftige Einzelpunkte geregelt sind.

1985 wurde die **AIDAA** (Association Internationale des Auteurs de l'Audiovisuel; Kontakt: www.aidaa.org) gegründet, in der Verwertungsgesellschaften, die Urheberrechte an audiovisuellen Werken wahrnehmen, und Berufsverbände der betroffenen Autoren und Regisseure vertreten sind.

1988 wurde die insb. für die Vervielfältigungsvergütungen zuständige **IFRRO** (International Federation of Reproduction Rights Organisations; Kontakt: www.ifrro.org) gegründet (*Melichar* 112 ff.).

Die Europäischen CISAC-Mitglieder haben sich 1991 in der **GESAC** (Groupement Européen des Sociétés d'Auteurs et Compositeurs; Kontakt: www.gesac.org) organisiert.

22 Auf dem Gebiet der Leistungsschutzrechte existiert als internationaler Zusammenschluss der Verwertungsgesellschaften für die Rechte ausübender Künstler die **SCAPR** (Societies Council for the Collective Management of Performers' Rights, die seit 1986 zunächst informell dem Austausch diente und seit 2001 als Gesellschaft etabliert wurde. (Kontakt: www.scapr.org). Sie versteht sich als Austauschplattform, während für die politische Arbeit die Dachorganistation der Musikergewerkschaften FIM (Fédération Internationale des Musiciens, Kontakt: www.fim.musicians.com) und der Schauspielergewerkschaften FIA (Fédération Internationale des Acteurs, Kontakt: www.fia-actors.com) zuständig sind. Die Europäischen Verwertungsgesellschaften für die Rechte ausübender Künstler haben sich in der **AEPO-ARTIS** (Association of European Performers' Organisations; Kontakt: www.aepo-artis.org) zusammengeschlossen.

Die europäischen Verwertungsgesellschaften der Bildurheber sind in der **EVA** (European Visual Artists) organisiert (Kontakt: www.evartists.org), die der audiovisuellen Urheber in der **SAA** (Societé des Auteurs Audiovisuels, Kontakt: www.saa-authors.eu).

Die Anzahl ausländischer Verwertungsgesellschaften ist mittlerweile unüberschaubar, da in vielen Ländern verschiedene im Wettbewerb stehende Verwertungsgesellschaften existieren. Detaillierte Literaturhinweise finden sich bei *Schack* Rn. 1322 und – für die europäischen Verwertungsgesellschaften – bei IRIS Spezial, Kreativität hat ihren Preis, Die Rolle der Verwertungsgesellschaften, Europäische Audiovisuelle Informationsstelle, Straßburg 2009. Ausführlich geregelt ist das Recht der Verwertungsgesellschaften in Österreich schon seit 1936, umfassende Änderungen erfolgten mit dem VerwGesG 2006 (näher *Handig* GRUR Int. 2006, 365; *Riesenhuber* VerwGesG), wobei im Gegensatz zum deutschen Recht ein gesetzliches Monopol besteht (§ 3 Abs. 2 S 1 Öst VerwG 2006). In der Schweiz finden sich die Regelungen über die Aufsicht in Art. 40–60 URG 1992.

V. Rechtsnatur der Verwertungsgesellschaften

23 Mit dem Urheberrechtswahrnehmungsgesetz von 1965 hat der Gesetzgeber die Treuhandstellung der Verwertungsgesellschaften und ihre marktbeherrschende Stellung anerkannt und ist gleichzeitig der diesen Eigenschaften innewohnenden Missbrauchsgefahr durch Einführung einer spezifischen Aufsicht durch das Deutsche Patent- und Markenamt begegnet (näher dazu § 18 WahrnG Rn. 1).

24 Die Verwertungsgesellschaften werden nicht aufgrund eigener Rechte tätig, sondern lassen sich von den Wahrnehmungsberechtigten urheber- oder leistungsschutzrechtliche Befugnisse durch den Abschluss eines **Berechtigungsvertrages** übertragen, um diese **treuhänderisch** wahrzunehmen. Dies gilt auch für verwertungsgesellschaftspflichtige Rechte und Ansprüche (a. A. wohl Dreier/Schulze/*Schulze* § 1 UrhWG Rn. 4 f.). Neben diesem Modell der Übertragung der Rechte durch die einzelnen Wahrnehmungsberechtigten auf die Verwertungsgesellschaft gibt es in anderen Rechtsordnungen, wie bspw. in den Niederlanden und in Frankreich, eine staatliche Beauftragung einzelner Verwertungsgesellschaften, konkrete Rechte für alle Rechtsinhaber wahrzunehmen. Die Rechtseinräumung der Verwertungsgesellschaften erfolgt dann nicht über die ihr einzelvertraglich treuhänderisch übertragene Rechte, sondern aufgrund ihres gesetzlichen Auftrags. Ein ähnliches Modell kennt das deutsche Wahrnehmungsgesetz in § 13b Abs. 2 WahrnG mit der Fiktion, dass eine Verwertungsgesellschaft, die Rechte bestimmter Art wahrnimmt, auch berechtigt ist, die Rechte von Außenseitern, die ihr nicht angehören, wahrzunehmen. Neben der den

Verwertungsgesellschaften durch den Abschluss von Nutzungsverträgen zukommenden Inkassofunktionen kommt ihnen auch die Funktion eines Treuhänders zu, da die eingezogenen Gelder verwaltet und nach den Verteilungsplänen (§ 7 WahrnG) verteilt werden müssen. Dabei unterliegen die Verwertungsgesellschaften der Kontrolle durch die Berechtigten.

Der Gesetzgeber sah es für wünschenswert an, dass eine Verwertungsgesellschaft alle Rechte gleicher Art in sich vereint, um durch diese **faktische Monopolposition** die Transaktionskosten auch im Interesse der Nutzer möglichst gering zu halten und eine effektive Wahrnehmung der Rechte zu gewährleisten (AmtlBegr. BT-Drucks. IV/271, 9, 11). Diese Position steht im Gegensatz zu dem von der EU-Kommission befürworteten Wettbewerb der europäischen Verwertungsgesellschaften im Binnenmarkt (näher Rn. 29). Von einem gesetzlichen Monopol, das im Referentenentwurf 1954 in § 4 Abs. 2 vorgesehen war, wurde vor dem Hintergrund der Entscheidung des Bundesverfassungsgerichts zur Berufsfreiheit (Art. 12 GG), (BVerfG 7, 377 – Apothekenurteil), Abstand genommen (AmtlBegr. BT-Drucks. IV/271, 9). Der gewünschten marktbeherrschenden Stellung sollte durch Schaffung einer gesetzlichen Grundlage für eine **staatliche Aufsicht** Rechnung getragen werden (AmtlBegr. BT-Drucks. IV/271, 9f.).

Dabei beschränkt sich die Tätigkeit der Verwertungsgesellschaften nicht darauf, durch die Bündelung von Rechten für jeden einzelnen erst die Möglichkeit zu schaffen, individuell nicht effektiv wahrnehmbare Ansprüche durch Bündelung effektiv wahrnehmen zu können. Es mag angesichts der neuen Technologien und der damit verbundenen Nutzungsmöglichkeiten durchaus denkbar sein, dass einige wenige Anbieter Rechte für Massennutzer auch ohne Zwischenschaltung einer Verwertungsgesellschaft lizenzieren könnten. Würden jedoch die in den Händen weniger gebündelten Rechte an besonders attraktiven Werken oder Aufnahmen direkt vergeben werden, könnten die **geringen Transaktionskosten,** die sich gerade aus der Bündelung aller Rechte in der Hand der Verwertungsgesellschaft ergeben, nicht erzielt werden. Die Rechte der weniger marktmächtigen Urheber oder Leistungsschutzberechtigten könnten von der Verwertungsgesellschaft nur noch zu erheblich höheren Kosten vermittelt werden und die Möglichkeit der Nutzer, für bestimmte Nutzungsarten nahezu das Weltrepertoire aus einer Hand erwerben zu können, entfiele völlig (Schlussbericht der Enquete-Kommission „Kultur in Deutschland" – BT-Drucks. 16/7000, 279; *Hansen/Schmidt-Bischoffshausen* GRUR Int. 2007, 461, 475). Auch wäre es angesichts der enorm gestiegenen Transaktionskosten den Verwertungsgesellschaften kaum möglich, aus den verbliebenen Erlösen ihrem gesetzlichen Auftrag, Vorsorge- und Unterstützungseinrichtungen zu betreiben (§ 8 WahrnG) und bei der Verteilung der Einnahmen kulturell bedeutende Werke und Leistungen zu fördern (§ 7 WahrnG), nachzukommen. Vor diesem Hintergrund kommt den Verwertungsgesellschaften auch eine staatsentlastende Funktion zu (Schlussbericht der Enquete-Kommission „Kultur in Deutschland" – BT-Drucks. 16/7000, 267; *Herschel* UFITA 50 (1967) 22–32; *Becker* in: Kreile/Becker/Riesenhuber Kap. 4 Rn. 9; *Schack* Rn. 1306.

Die Beschränkung der Tätigkeiten von Verwertungsgesellschaften auf schwierig zu administrierende Restbestände des bisher von ihnen wahrgenommenen Weltrepertoires würde also dem Auftrag des Gesetzgebers, durch ihre Tätigkeit schöpferisch tätige Menschen zu fördern und zu schützen (*Landfermann* KUR 2000, 33) zuwiderlaufen (Schlussbericht der Enquete-Kommission „Kultur in Deutschland" – BT-Drucks. 16/7000, 267f.). Es wird deshalb ggf. dem Gesetzgeber obliegen, hier klarstellend einzugreifen. Die aktuelle Entwicklung geht allerdings auf europäischer Ebene in eine andere Richtung: Mit dem Vorschlag für eine Richtlinie zur Tätigkeit von Verwertungsgesellschaften und die grenzüberschreitende Online-Lizenzierung von Musik vom 11.7.2012 (abrufbar unter: http://ec.europa.eu/internal_market/copyright/docs/management/com-2012-3722_de.pdf) wird eine europäische Regulierung der Tätigkeit von Verwertungsgesellschaften angestrebt, die in einem Markt agieren sollen, in dem sämtliche Rechte auch außerhalb von Verwertungsgesellschaften, beispielsweise durch Verlage oder andere Agenten vergeben werden können, deren Tätigkeit dagegen keiner Regulierung unterliegt (näher dazu Rn. 29).

26 Dass der Gesetzgeber die nützliche Tätigkeit der Verwertungsgesellschaften anerkennt und ihnen eine Kernfunktion im Urheberrecht einräumt, zeigt sich in der **gesetzlichen Zuweisung neuer Aufgaben** wie der Wahrnehmung der **Rechte aus § 20b Abs. 1 und 2 UrhG** (Kabelweitersenderecht), **§ 26 UrhG** (Folgerecht an Werken der bildenden Kunst), **§ 27 UrhG** (Vergütung für Vermietung und Verleih), **§ 49 Abs. 1 UrhG** (Rundfunkkommentare und Zeitungsartikel), **§ 52a UrhG** (Öffentliche Zugänglichmachung für Unterricht und Forschung), **§ 52a UrhG** (elektronische Leseplätze in Bibliotheken), **§ 53a UrhG** (Kopienversand auf Bestellung), **§§ 54ff. UrhG** (Leerkassetten- und Geräteabgabe) und **§ 137l UrhG** (Übergangsregelung für unbekannte Nutzungsarten). Einen weiteren Vergütungsanspruch für ausübende Künstler mit Verträgen ohne Wiederholungsvergütung sieht der Referentenentwurf zur Umsetzung der Richtlinie 2011/77/EU (Schutzdauerverlängerung für Tonträger) in **§ 79a UrhG (geplant)** vor. Diese Ansprüche stehen entweder nur Verwertungsgesellschaften zu oder können zumindest im Voraus nur an diese abgetreten werden. Die Beschränkung der Vorausabtretung auf Verwertungsgesellschaften gilt nach § 63a UrhG für alle gesetzlichen Vergütungsansprüche in Verbindung mit urheberrechtlichen Schranken (Sechster Abschnitt des UrhG) und die Vergütungsansprüche der ausübenden Künstler (**§ 78 Abs. 3 UrhG**). Die bewusste Entscheidung des Gesetzgebers, gesetzliche Vergütungsansprüche als unverzichtbar und im Voraus nur an eine Verwertungsgesellschaft abtretbar auszugestalten, schützt die Urheber und ausübenden Künstler davor, sich ihrer Rechte ohne angemessene Gegenleistung zu begeben und diese den Verwertern zu übertragen. Den Verwertungsgesellschaften kommt deshalb – insb. vor dem Hintergrund des in der Praxis eher gescheiterten Stärkungsgesetzes zur Verbesserung des Urhebervertragsrechts (§§ 32ff. UrhG) eine Sicherungsfunktion gegen das Kräfteungleichgewicht zwischen Urhebern und ausübenden Künstlern und Verwertern zu (vgl. Schlussbericht der Enquete-Kommission „Kultur in Deutschland" – BT-Drucks. 16/7000, 279f.; Dies wird verkannt, wenn Verwertungsgesellschaften nur für die Rechte zuständig sein sollen, bei denen eine individuelle Lizenzierung mit höheren Transaktionskosten verbunden ist (so *Hansen/Schmidt-Bischoffshausen,* GRURInt 2007, 461, 479; zutreffend dagegen *Riesenhuber,* ZUM 2010, 137, 143).

27 Der Missbrauchsgefahr, die der beschriebenen Machtkonstellation innewohnt, begegnet das Wahrnehmungsgesetz durch unterschiedliche Elemente: in den §§ 1–5 WahrnG finden sich Regelungen zur Erlaubnispflicht und die Versagung bzw. den Widerruf der Erlaubnis; die Rechte und Pflichten der Verwertungsgesellschaft gegenüber den Berechtigten und Nutzern finden sich in den §§ 6–17 WahrnG. Dazu zählt neben dem Wahrnehmungszwang zu „angemessenen Bedingungen" den Berechtigten gegenüber (§ 6 WahrnG) der Kontrahierungszwang gegenüber den Nutzern (§§ 11, 12 WahrnG) und die Pflicht zur Aufstellung von Tarifen (§ 13 WahrnG). Die dem ordentlichen Rechtsweg vorgelagerte Tätigkeit der Schiedsstelle als besonders sachkundiges Gremium zur Streitbeilegung ist in den §§ 14 und 15 WahrnG und der Schiedsstellenverordnung (abgedr. unter § 15 WahrnG) geregelt, die Aufsicht durch das DPMA in den §§ 18–20 WahrnG.

VI. Europäischer Rahmen

28 Die Wahrnehmung von Nutzungsrechten durch Verwertungsgesellschaften findet sich vielfach auch in Rechtsakten der EU wieder. In den EU-Richtlinien zum Urheberrecht wird mehrmals auf die kollektive Rechtswahrnehmung Bezug genommen. So sieht die Vermiet- und Verleihrichtlinie v. 19.11.1992 in Art. 4 Abs. 2 einen unverzichtbaren Anspruch auf angemessene Vergütung für Urheber oder ausübende Künstler vor, der zur Wahrnehmung gem. Abs. 3 Verwertungsgesellschaften übertragen werden bzw. gem.

Abs. 4 in einzelnen Mitgliedstaaten auch verwertungsgesellschaftspflichtig ausgestaltet werden kann. Die Richtlinie zum Satellitenrundfunk und zur Kabelweiterverbreitung v. 27.10.1993 sieht in Art. 9 Abs. 2 eine Fiktion für Verwertungsgesellschaften, Kabelweitersenderechte auch für Rechtsinhaber wahrzunehmen, die ihnen nicht angehören, vor. Die Richtlinie zur Schutzfristverlängerung bei Tonträgern sieht eine Verwertungsgesellschaftspflicht für den zusätzlichen Vergütungsanspruch für Studiomusiker durch Einfügung von Art. 3 Abs. 2d in die Schutzdauerrichtlinie vor.

Mittlerweile hat sich die EU-Kommission auch der Frage einer Harmonisierung der rechtlichen Rahmenbedingungen für die Tätigkeit von Verwertungsgesellschaften angenommen. Ein solcher Schritt war bereits in dem Arbeitsprogramm von 1996 erwähnt (Dok. KOM (96) 568). Einer Anhörung zum Thema im November 2000 folgte eine Mitteilung der Kommission v. 16.4.2004 (KOM (2004) 261 endg.; krit. dazu *Riesenhuber/v. Vogel* EuZW 2004, 519). Auch das Europäische Parlament hat sich dieses Themas im sog. „Echerer-Report" v. 11.12.2003 (A 5–0478/2003) angenommen (näher zur Rechtewahrnehmung in der EU *Reinbothe* FS Dietz 517; *Reinbothe* EWS 2007, 193; *Riesenhuber* 149). Waren die bisherigen Schritte ergriffen worden, um für die Verwertungsgesellschaften die Rahmenbedingungen zu verbessern, die Verhandlungsmacht der Rechtsinhaber zu bündeln und für die Nutzer einen One-Stop-Shop zu bieten, folgte im Sommer 2005 mit der Vorlage einer Studie über eine Initiative der Gemeinschaft über die grenzüberschreitende kollektive Wahrnehmung von Urheberrechten v. 7.7.2005 ein Paradigmenwechsel der Kommission (abrufbar unter http://europa.eu.int/comm/internal_market/copyright/docs/management/study-collectivegmt_en.pdf). Diese Studie stellte – bezogen auf Online-Musikdienste – das Prinzip territorial tätiger Verwertungsgesellschaften, die ihre Schwestergesellschaften durch Gegenseitigkeitsverträge mandatieren, das Repertoire im jeweiligen Ausland zu vertreten, grds. in Frage (näher *Schmidt*, ZUM 2005, 783). Das Prinzip, dass nationale Verwertungsgesellschaften jeweils nur ihre territorialen Rechte einräumen, wurde als Hindernis für die Entwicklung europaweiter Musikdienste im Online-Bereich angesehen (Studie S. 10). Die effizienteste Lösung wurde darin gesehen, dass ein Rechtsinhaber eine von ihm gewählte Verwertungsgesellschaft mit der gesamten Rechtewahrnehmung in der EU betraut und die Verwertungsgesellschaften in Wettbewerb um die Rechtsinhaber treten, deren Rechte sie dann ausschließlich oder durch die kleineren Schwestergesellschaften als bloße lokale Agenten lizenzieren (Studie S. 54 f.). Die bisherigen Gegenseitigkeitsverträge, durch die jede verbundene Gesellschaft für ihr Territorium quasi das Weltrepertoire vertritt, sollten abgeschafft werden (Studie S. 56). Der Vorteil wäre, dass die exklusive Rechtevergabe durch eine Verwertungsgesellschaft ein Preisdumping zwischen den Verwertungsgesellschaften vermeiden würde (*Schmidt* ZUM 2005, 783, 789) – ein Ergebnis, dass sich aber auch dadurch vermeiden lässt, dass für die Lizenzierung wie im sog. IFPI-Simulcast-Agreement (EU-Kommission v. 8.10.2002, COMP/C2/38.014) die jeweiligen Tarife des Abruflandes zugrundegelegt werden müssen, egal welche Verwertungsgesellschaft die Lizenz erteilt (näher dazu *Bortloff*, GRUR Int. 2003, 669 ff.).

Trotz massiver Proteste der Nutzer, die sich gegen die Abschaffung des One-Stop-Shops aussprachen, und der Rechtsinhaber, die eine Gefährdung bei der Lizenzierung weniger marktgängiger Werke befürchteten, verabschiedete die Europäische Kommission gestützt auf Art. 211 EGV am 18.10.2005 eine Empfehlung zur grenzüberschreitenden Online-Lizenzierung (ABl. EG 2005, L 276, 54, ausführlich *Schmidt* ZUM 2005, 783 ff.; *Lüder* GRUR Int. 2007, 649). Diese sieht neben Regelungen über den Rechteerwerb von Online-Rechten im Bereich der Musik auch Standards für die Tätigkeit von Verwertungsgesellschaften im Verhältnis zu ihren Wahrnehmungsberechtigten vor. Im Gegensatz zur Studie ist in der Empfehlung die ausschließliche Rechtewahrnehmung außerhalb der bisherigen Gegenseitigkeitsverträge nur als eine Option vorgesehen, das bisher praktizierte Modell der Gegenseitigkeitsverträge jedoch weiterhin zugelassen. Allerdings höhlt jeder Rechtsinhaber, der die Option der ausschließlichen Rechtevergabe wählt, das Repertoire

WahrnG Vor §§ 1ff. 31 Vorbemerkung

der ausländischen Schwestergesellschaften aus, was den bisherigen One-Stop-Shop vereitelt (krit. *Gaster,* ZUM 2006, 8, 12ff.; *Gerlach* FS Mailänder 523, 526f., *Schmidt* ZUM 2005, 783, 786f.; *Müller,* ZUM 2009, 121, 125ff.; *Poll,* ZUM 2008, 500, 503ff.; Schricker/Loewenheim/*Reinbothe,* Vor §§ 1ff. WahrnG, Rn. 16). Unter Berufung auf diese Option – die schon nach bisherigem Recht möglich gewesen wäre, sind jeweils für unterschiedliches Repertoire verschiedene paneuropäische Modelle zur Zentrallizenzierung der Onlinerechte entstanden (näher *Heyde,* 135ff.). Statt der bisherigen Möglichkeit, für ein Land die Rechte am Weltrepertoire durch einen One-Stop-Shop zu erwerben, gibt es jetzt die Möglichkeit, ein bestimmtes Teilrepertoire für die Nutzung in Gesamteuropa aus einer Hand zu erwerben, also gerade keinen One-Stop Shop mehr (Schricker/Loewenheim/ *Reinbothe,* Vor §§ 1ff. WahrnG, Rn 16). So hat EMI sein angloamerikanisches Repertoire in das Gemeinschaftsunternehmen der GEMA und der britischen MSPS-PRS „CELAS" eingebracht, das dieses Repertoire für den Online-Bereich zunächst exklusiv lizenzieren sollte, mittlerweile allerdings nichtexklusiv lizenziert (näher Limper/Musiol/*Wohlgemuth,* 930). Mit einigen nordischen Verwertungsgesellschaft hat „CELAS" statt der bisher üblichen Gegenseitigkeitsverträge Subagentenverträge abgeschlossen (*Heyde,* 138). Ein entsprechendes Joint Venure haben die französischen Verwertungsgesellschaften SACEM und SDRM mit Universal Music Publishing unter dem Namen „D.E.A.L." für das angloamerikanische und französische Repertoire von Universal abgeschlossen, im Gegensatz zu „CELAS" aber ohne eigene Rechtspersönlichkeit (*Heyde,* 141). Warner Chappell Music läßt sein angloamerikanisches Repertoire im Rahmen einer Ausschreibung und befristet unter dem Namen „P.E.D.L." durch verschiedene Europäische Verwertungsgesellschaften wahrnehmen (*Heyde,* 141–143), während Sony/ATV Music Publishing sich für eine Kooperation mit der GEMA und der spanischen SGAE unter dem Namen „PAECOL" entschieden hat (*Heyde,* 143f.; Limper/Musiol/*Wohlgemuth,* 930). Als erster Independent Musikverlag hat auch peermusic sich für eine Lizenzierung jenseits der Verwertungsgesellschaftsstruktur entschieden und sein angloamerikanisches Repertoire der MCPS-PRS und sein lateinamerikanisches Repertoire der spanischen SGAE zur exklusiven Wahrnehmung anvertraut (*Heyde,* 144). Zu den diversen weiteren Kooperationen siehe *Heyde,* 145–151). Krit. gegen den Ansatz der EU-Kommission haben sich zurecht die deutsche Bundesregierung (Stellungnahme v. 20.9.2005, die BT-Enquete-Kommission Kultur (Schlussbericht der Enquete-Kommission „Kultur in Deutschland" – BT-Drucks. 16/7000, 279f.) und das Europäische Parlament im Levai-Bericht v. 5.3.2007 (A6-0053/2007) geäußert, da die exklusive Vermarktung die kulturelle Vielfalt in Europa gefährdet (kritisch auch *Drexl,* 193ff.; *Heyde,* 151f. wegen der Fragmentierung des Repertoires im Onlinebereich, Schricker/Loewenheim/*Reinbothe,* Vor §§ 1ff. WahrnG, Rn. 16 und *Müller,* ZUM 2009, 121, 126ff.).

31   Den Erosionsprozess der traditionellen Gegenseitigkeitsverträge zwischen Verwertungsgesellschaften erheblich beschleunigt hat die Entscheidung der Kommission vom 16.7.2008 im sog. CISAC-Verfahren (COMP/C2/38.698 – CISAC)) Die musikalischen Urheber-Verwertungsgesellschaften hatten unter dem Dach der CISAC im sog. Santiago-Agreement versucht, durch ein Netz von Gegenseitigkeitsverträgen die Voraussetzungen für die Vergabe paneuropäischer Lizenzen zu schaffen, um hier aber eine Flucht der Nutzer in Länder mit einem niedrigen Tarif bei Nutzung der Rechte in einem Land mit hohen Tarifen entsprechende Gebietsschutzklauseln vorgesehen und nicht wie beim IFPI-Simulcast-Agreement die jeweilige Anwendung des Bestimmungslandtarifes. Dieses wurde von der Kommission für unzulässig angesehen und damit der paneuropäischen Lizenzierung über Verwertungsgesellschaften den Boden entzogen (kritisch auch *Heine/Eisenberg,* GRUR Int. 2009, 277, 279ff. m.w.N. Schricker/Loewenheim/*Reinbothe,* Vor §§ 1ff. WahrnG, Rn. 16; Raue/Hegemann/*Heine/Staats,* 196f.). Dieser **Systemwechsel in der kollektiven Rechtewahrnehmung** (so Schricker/Loewenheim/*Reinbothe,* Vor §§ 1ff. WahrnG, Rn. 16) findet seinen vorläufigen Höhepunkt im Vorschlag der Europäischen Kommission

für eine Richtlinie über kollektive Wahrnehmung von Urheber- und Leistungsschutzrechten und die grenzüberschreitende Online-Lizenzierung von Musik vom 11.7.2012 (abrufbar unter: http://ec.europa.eu/internal_market/copyright/docs/management/com-2012-3722_de.pdf). Die Anforderungen an Verwertungsgesellschaften entsprechen weitgehend den Vorgaben des deutschen WahrnG, allerdings wird deutlich stärker das Internet als Kommunikationsmittel mit den Berechtigten betont, während des WahrnG immer noch den Bundesanzeiger als geeignetes Publikationsmedium ansieht (vgl. § 9 Abs. 6 WahrnG). Problematisch am Entwurf ist, dass die Frage, ob bestimmte Rechte überhaupt kollektiv wahrgenommen werden, vollständig ins Belieben der Rechteinhaber gestellt wird. Es steht zu befürchten, dass hier wettbewerbliche Verzerrungen eintreten, indem die stark regulierten Verwertungsgesellschaften zusätzlich Wettbewerbsnachteile gegenüber den Akteuren erleiden, die – seien es Verlage oder Hybride wie die CELAS – bestimmte Rechte direkt lizenzieren. Der Entwurf bietet jedenfalls keine Lösung dafür, wie Nutzer weiterhin das Weltrepertoire im Wege eines One-Stop-Shops lizenziert bekommen. Zwar bestehen bestimmte Verpflichtungen für größere Verwertungsgesellschaften, bei der grenzüberschreitenden Online-Lizenzierung von Musik auch das Repertoire kleiner Verwertungsgesellschaften mit anbieten zu müssen (Art. 29), doch können die damit verbundenen Kosten dazu führen, dass das Angebot nicht mehr finanzierbar ist. Denn zum einen ist zu erwarten, dass das wirtschaftlich wirklich attraktive, intensiv genutzte Repertoire auch weiterhin außerhalb von Verwertungsgesellschaften lizenziert wird, zum anderen ist die Administration von Nischenrepertoire, das kaum gespielt und schwer zu identifizieren ist, ausgesprochen teuer. Da das intensiv genutzte Repertoire nicht mehr für die Abdeckung der Verwaltungskosten zur Verfügung steht, werden die größeren Verwertungsgesellschaften gezwungen sein, für die Vergabe des Nischenrepertoires die dafür entstehenden Mehrkosten zu verlangen, die überproportional hoch sind. Der Lizenzierung des Nischenrepertoires wird damit der wirtschaftliche Grund entzogen und es droht eine Verarmung der kulturellen Vielfalt.

Erster Abschnitt. Erlaubnis zum Geschäftsbetrieb

§ 1 Erlaubnispflicht

(1) **Wer Nutzungsrechte, Einwilligungsrechte oder Vergütungsansprüche, die sich aus dem Urheberrechtsgesetz vom 9. September 1965 (Bundesgesetzbl. I S. 1273) ergeben, für Rechnung mehrerer Urheber oder Inhaber verwandter Schutzrechte zur gemeinsamen Auswertung wahrnimmt, bedarf dazu der Erlaubnis, gleichviel, ob die Wahrnehmung in eigenem oder fremdem Namen erfolgt.**

(2) **Absatz 1 ist auf die gelegentliche oder kurzfristige Wahrnehmung der bezeichneten Rechte und Ansprüche nicht anzuwenden.**

(3) **Wer ohne die nach Absatz 1 erforderliche Erlaubnis tätig wird, kann die ihm zur Wahrnehmung anvertrauten Rechte oder Ansprüche nicht geltend machen. Ihm steht das Antragsrecht nach § 109 des Urheberrechtsgesetzes nicht zu.**

(4) **Übt eine juristische Person oder eine Personengemeinschaft die in Absatz 1 bezeichnete Tätigkeit aus, so ist sie Verwertungsgesellschaft im Sinne dieses Gesetzes. Übt eine einzelne natürliche Person die in Absatz 1 bezeichnete Tätigkeit aus, so sind auf sie die in diesem Gesetz für Verwertungsgesellschaften getroffenen Bestimmungen sinngemäß anzuwenden.**

Literatur: *Dietz,* Das Urheberrecht in der Europäischen Gemeinschaft, Baden-Baden 1978; *Dördelmann,* Gedanken zur Zukunft der Staatsaufsicht über Verwertungsgesellschaften, GRUR 1999, 890; *Haertel,* Verwertungsgesellschaften und Verwertungsgesellschaftengesetz, UFITA 50 (1967) 7; *Häußer,* Praxis und Probleme der Aufsicht über Verwertungsgesellschaften, FuR 1980, 57; *Mäger,* Die Abtretung urheberrechtlicher Vergütungsansprüche in Verwertungsverträgen, Berlin 2000; *Melichar,* Verleger und Verwertungsgesellschaften, UFITA 117 (1991) 5; *Melichar,* Die Wahrnehmung von Urheberrechten durch Verwertungsgesellschaften, München 1983; *Meyer,* Verwertungsgesellschaften und ihre Kontrolle nach dem Urheberrechtswahrnehmungsgesetz, Baden-Baden 2001; *Menzel,* Die Aufsicht über die GEMA durch das Deutsche Patentamt, Heidelberg 1986; *Müller,* Rechtewahrnehmung durch Verwertungsgesellschaften bei der Nutzung von Musikwerken im Internet, ZUM 2009, 121; *Riesenhuber,* Die Verwertungsgesellschaft i.S.v. § 1 UrhWahrnG, ZUM 2008, 624; *Schulze,* Verleger werden nicht schwer, Verleger sein dagegen sehr, FuR 1980, 179; *Ventroni,* CELAS – Revolution bei der Musikrechtewahrnehmung, MMR 2008, 273; *Wirtz,* Die Kontrolle von Verwertungsgesellschaften, Frankfurt 2002; *Wünschmann,* Clearingstelle für Multimedia-Produkte und europäisches Wettbewerbsrecht, ZUM 2000, 572.

Vgl. darüber hinaus die Angaben im eingangs abgedr. Gesamtliteraturverzeichnis.

Übersicht

	Rn.
I. Grundzüge	1
II. Erlaubnispflicht	2–8
1. Erlaubnispflichtige Tätigkeit, Abs. 1	2–5
a) Urheberrechtliche Nutzungsrechte, Einwilligungsansprüche oder Vergütungsansprüche in Deutschland	2
b) Für Rechnung mehrerer	3
c) Zu gemeinsamer Auswertung	4
d) Mittelbare Wahrnehmung	5
2. Nicht nur gelegentliche oder kurzfristige Wahrnehmung, Abs. 2	6
3. Unerlaubte Geschäftstätigkeit, Abs. 3	7
4. Legaldefinition der Verwertungsgesellschaft, Abs. 4	8

I. Grundzüge

1 Für die Wahrnehmung von Urheber- oder Leistungsschutzrechten mehrerer Urheber oder Leistungsschutzberechtigter zur gemeinsamen Auswertung ist eine **behördliche Erlaubnis** erforderlich. Die Erlaubnispflicht ist Folge der vom WahrnG gewollten Zulassungsbeschränkung für Verwertungsgesellschaften, um im Sinne größter Effizienz faktische Monopole der für die jeweiligen Berechtigtengruppen tätigen Verwertungsgesellschaften zu erhalten (AmtlBegr. BT-Drucks. IV/271, 9). Wird die Tätigkeit von einer juristischen Person oder Personengemeinschaft ausgeübt, ist diese Verwertungsgesellschaft im Sinne des WahrnG. Handelt es sich um eine natürliche Person, so unterliegt auch sie den Regeln des Wahrnehmungsgesetzes und insb. der ständigen Aufsicht. In den §§ 1 bis 5 WahrnG sind die Zulassungsvoraussetzungen in formeller und materieller Hinsicht geregelt. Hinzu treten die Bestimmungen im dritten Abschnitt über die Aufsicht über die Verwertungsgesellschaft (§§ 18 bis 20 WahrnG). § 1 WahrnG definiert den Adressatenkreis der Erlaubnispflicht bzw. generell des Anwendungsbereichs des Wahrnehmungsgesetzes. Die Voraussetzungen für eine Versagung und den Widerruf der Erlaubnis finden sich in den §§ 3 und 4 WahrnG. Mittlerweile haben seit Geltung des WahrnG dreizehn Verwertungsgesellschaften die Erlaubnis nach § 1 WahrnG erhalten.

II. Erlaubnispflicht

1. Erlaubnispflichtige Tätigkeit, Abs. 1

2 **a) Urheberrechtliche Nutzungsrechte, Einwilligungsansprüche oder Vergütungsansprüche in Deutschland.** Der Erlaubnis bedarf nur, wer Nutzungsrechte, Einwilligungsrechte oder Vergütungsansprüche, die sich aus dem UrhG ergeben, in Deutschland wahrnimmt. Das sind die im UrhG vorgesehenen Urheber- und Leistungsschutzrechte. Dazu zählen nicht nur Rechte und Ansprüche, die sich aus Massennutzungen ergeben und deshalb traditionell nur gemeinschaftlich wahrgenommen werden können (z.B. die Rechte und Ansprüche im Zusammenhang mit der öffentlichen Wiedergabe von Tonträgeraufnahmen oder Rundfunksendungen (§§ 21, 22, 76 Abs. 2, 77, 86 UrhG) oder die vom UrhG den Verwertungsgesellschaften ausdrücklich zur Wahrnehmung zugewiesenen Rechte (Kabelweitersendung, § 20b Abs. 1, 2 UrhG; Folgerecht, § 26 Abs. 5 UrhG; Vermietung und Verleih, § 27 Abs. 3 UrhG; Vervielfältigung und Verbreitung bei Zeitungsartikeln und Rundfunkkommentaren, § 49 Abs. 1 S. 3 UrhG; Öffentliche Zugänglichmachung für Unterricht und Forschung, § 52a UrhG; elektronische Leseplätze in Bibliotheken, § 52b UrhG; Kopienversand auf Bestellung, § 53a UrhG; Vergütung für die private Vervielfältigung, § 54h Abs. 1; Übergangsregelung für unbekannte Nutzungsarten, § 137l UrhG), sondern auch Rechte und Ansprüche, die auch individuell wahrgenommen und vergeben werden könnten (z.B. die so genannten mechanischen Rechte der Musikurheber (Vervielfältigungs- und Verbreitungsrecht), §§ 16 Abs. 1, 17 Abs. 1 UrhG). Der Begriff der Rechte ist weit gefasst. Er erfasst auch Schadensersatzansprüche (§ 97 UrhG) und Ablösungsansprüche (§ 101 UrhG). Auch Bereicherungsansprüche bei unberechtigten urheberrechtlichen Nutzungen (BGH GRUR 1987, 128 – NENA) und Persönlichkeitsrechte (OLG Hamm NJW-RR 1987, 232) werden erfasst. Die **Wahrnehmung** durch Verwertungsgesellschaften kommt für **alle im UrhG vorgesehenen Rechte und Ansprüche** in Betracht; von einem Negativkatalog, der die traditionell individuell wahrgenommenen „großen Rechte" ausnimmt, wurde abgesehen (AmtlBegr. BT-Drucks. IV/271, 14). Die Genehmigungspflicht nach § 1 gilt für die gesamte Tätigkeit der Verwertungsgesellschaft. Die Wahl einer **Rechtsform** steht den Verwertungsgesellschaften frei. Von einem Typenzwang wurde abgesehen (BRegE UFITA Bd. 46 (1966), 278). Die bestehenden sind entweder als wirtschaftlicher Verein oder als GmbH organisiert. § 1 WahrnG würde auch eine entgeltliche Wahrnehmung mit Gewinnerzielungsabsicht zulassen (*Riesenhuber*, ZUM 2008, 625, 630 f.; *Heyde*, 320; a. A. *Mauhs*, 28).

b) Für Rechnung mehrerer. Erforderlich ist außerdem eine kollektive Wahrnehmung der genannten Ansprüche für Rechnung mehrerer Urheber oder Inhaber verwandter Schutzrechte, also die **treuhänderische Verwaltung.** Unerheblich ist, ob die Rechtswahrnehmung in eigenem oder fremdem Namen erfolgt (näher dazu *Mäger* 75 f.; *Heyde*, 317 f.). Die Auswertung der Rechte mehrerer Urheber auf eigene Rechnung, wie bspw. durch Verlage, ist nicht erlaubnispflichtig (AmtlBegr. BT-Drucks. IV/271, 14). Es müssen die Ansprüche mehrerer Berechtigter wahrgenommen werden. **Agenten,** die lediglich die Rechte eines einzelnen Berechtigten vertreten, bedürfen deshalb keiner Erlaubnis. Obwohl nach dem Wortlaut des Abs. 1 erforderlich ist, dass die Rechte für Rechnung mehrerer Urheber oder Inhaber verwandter Schutzrechte wahrgenommen werden, wird die Wahrnehmung der Rechte Dritter, die keine originären Rechtsinhaber sind, dadurch nicht ausgeschlossen. So ist die Praxis der GEMA, auch Musikverleger, denen – abgesehen von dem marginalen Anspruch aus § 71 UrhG, der von der VG Musikedition wahrgenommen wird, – keine eigenen Rechte zustehen, aufzunehmen, bisher weder von der Aufsichtsbehörde noch von der Rechtsprechung beanstandet worden (DPA UFITA 81 (1978) 348, 357 f.; DPA UFITA 94 (1982) 364, 369; BGHZ 55, 381 – UFA-Musikverlage). Im Schrifttum wird dies teilweise befürwortet (Loewenheim/*Melichar* § 47 Rn. 9; *v. Lucius* ZUM 2008, 925; *Menzel* 18 f.; *Melichar* UFITA 117 (1991) 5; *E. Schulze* FuR 1980, 179; Dreier/Schulze/*Schulze* § 1 UrhWG Rn. 12), teilweise kritisiert (*Dietz* Rn. 570; *Schack* Rn. 1310, 1345. Haben Berechtigtengruppen unterschiedliche und z.T. widerstreitende Interessen, so sind die Mitwirkungsmöglichkeiten nach § 6 Abs. 2 besonders wichtig (Dreier/Schulze/*Schulze* § 1 UrhWG Rn. 13; Schricker/Loewenheim/

Reinbothe § 1 WahrnG Rn. 6). Da auch Inhaber abgeleiteter Urheberrechte wie Verleger ihre Rechte durch eine Verwertungsgesellschaft wahrnehmen lassen können, ist die Entscheidung des BayVGH, ZUM 2003, 78, 80 nicht nachvollziehbar. Darin wurde dem Widerspruch der Presse Monitor GmbH, einer Gesellschaft, die die Rechte der Zeitungsverleger an elektronischen Pressespiegeln wahrnimmt, gegen eine Untersagungsverfügung des DPMA stattgegeben, diese also nicht als Verwertungsgesellschaft angesehen. Begründet wurde das u. a. damit, dass die Tätigkeit für Inhaber abgeleiteter Rechte wohl keine Tätigkeit für Rechnung mehrerer Urheber oder Inhaber verwandter Schutzrechte sei (krit. auch Dreier/Schulze/*Schulze* § 1 UrhWG Rn. 14; Loewenheim/*Melichar* § 50 Rn. 2a; *Heyde*, 313 f.; *Riesenhuber*, ZUM 2008, 625, 635; Schwarz/Peschel-Mehner/*Ventroni*, Ziff. 8.2.3.6; *Ventroni*, MMR 2008, 273 f.; *Alich*, GRUR Int. 2008, 996). Unabhängig von der Frage, ob die originären Rechte der Urheber und die derivativen Rechte der Verleger zusammen in einer Verwertungsgesellschaft wahrgenommen werden können, ist die Frage, ob Vergütungen für die Werknutzung an den Urheber oder an den Verleger bzw. an beide ausgeschüttet werden müssen (hierzu näher § 7 Rn. 5).

Nach dem Kriterium, dass die Tätigkeit für die Inhaber abgeleiteter Rechte keine Tätigkeit für Rechnung mehrerer Urheber darstellt, dürfte es sich auch bei der **„CELAS"** nicht um eine Verwertungsgesellschaft handeln (so auch Schlussbericht der Enquete-Kommission „Kultur in Deutschland" – BT-Drucks. 16/7000, 269; BMJ, zitiert nach *Heyde*, 310; *Müller*, ZUM 2009, 121, 127; Kreile/Becker/Riesenhuber/*Himmelmann*, 829). Auch hier sind Zweifel angebracht (so Hoeren/*Altemark*, GRUR 2010, 16; *Heyde*, 309 ff.), doch würde eine Einordnung als Verwertungsgesellschaft und die damit verbundene strenge Aufsicht letztlich die Gefahr einer Abwanderung ins Ausland oder der Wahrnehmung der Rechte außerhalb von Verwertungsgesellschaften begründen (näher dazu Vor §§ 1 ff. Rn. 31).

4   c) **Zu gemeinsamer Auswertung.** Weiteres Tatbestandsmerkmal für die Erlaubnispflicht ist die gemeinsame Auswertung der Rechte oder Ansprüche. Erforderlich ist also eine **Vielzahl von Rechten und Ansprüchen.** Die gemeinsame Auswertung setzt eine nach einheitlichen Regeln ausgeübte Kontrolle, Verwaltung oder Geltendmachung von Auskunftsansprüchen voraus. Ausreichend sind individuelle Tarife; pauschalierte Vergütungen, die unabhängig vom Repertoire einheitliche Zahlungen vorsehen, sind dafür nicht erforderlich (*Dördelmann* GRUR 1999, 890, 892; Loewenheim/*Melichar* § 50 Rn. 2). Deshalb unterliegen **auch Clearingstellen,** bei denen eine Zentralisierung von Einzelrechtsvergaben erfolgt, der Erlaubnispflicht, soweit sie sich nicht wie die CMMV darauf beschränken, die Rechtsvergabe durch zugelassene Verwertungsgesellschaften zu zentralisieren (Lehmann/ Dreier Cyberlaw 119, 138; *Wünschmann* ZUM 2000, 572, 575).

5   d) **Mittelbare Wahrnehmung.** Der Erlaubnispflicht unterliegt auch die mittelbare Wahrnehmung durch gemeinsame Tochtergesellschaften von Verwertungsgesellschaften. Voraussetzung ist jedoch, dass die diesen anvertrauten Rechte in **selbstständiger Treuhandstellung** und nicht als bloße Inkassostelle wahrgenommen werden. ZPÜ, ZVV und ZBT sind deshalb nicht erlaubnispflichtig (OLG Stuttgart DB 1982, 2686; LG Stuttgart ZUM 2001, 614, 616; *Häußer* FuR 1980, 57, 60; Bekanntmachung des Deutschen Patentamts v. 4.6.1980; *Melichar* 96 ff.; Dreier/Schulze/*Schulze* § 1 UrhWG Rn. 18 (*Riesenhuber*, ZUM 2008, 625, 638 f.); a. A. *Haertel* UFITA 50 (1967), 7, 15; vermittelnd *Dördelmann* GRUR 1999, 890, 894 f.).

2. Nicht nur gelegentliche oder kurzfristige Wahrnehmung, Abs. 2

6   Nach § 1 Abs. 2 WahrnG erfordert nur die geschäftsmäßige und regelmäßige Tätigkeit als Verwertungsgesellschaft eine Erlaubnis (OLG München, OLG-Report München 1994, 137; BayVGH BlPMZ 1978, 261, 263). Das Vorliegen der Ausnahme muss vom Wahrnehmenden bewiesen werden.

3. Unerlaubte Geschäftstätigkeit, Abs. 3

Die fehlende Erlaubnis macht die in Wahrnehmung der Rechte getroffenen Verfügungen 7 nicht unwirksam. Diese richten sich nur nach dem UrhG. Folge ist lediglich der Verlust aller urheberrechtlichen Ansprüche des Wahrnehmenden, einschließlich des Rechts, nach § 109 UrhG Strafantrag bei Urheberrechtsverletzungen zu stellen. Unautorisierte Nutzungen können also weder verfolgt, noch können Zahlungsansprüche geltend gemacht werden (OLG Köln ZUM 2007, 927; Schricker/Loewenheim/*Reinbothe* § 1 WahrnG Rn. 12; Fromm/ Nordemann/*Nordemann* § 1 WahrnG Rn. 7; Loewenheim/*Melichar* § 50 Rn. 4). Dreier/ Schulze/*Schulze* § 1 UrhWG Rn. 22 hält dagegen mit Hinweis auf die Schutzbedürftigkeit der Urheber auch die Rechtseinräumung selbst für unwirksam. Dies findet sich allerdings im Wortlaut von § 1 WahrnG nicht wieder. Insb. wäre der Verweis in § 1 Abs. 3 S. 2 WahrnG auf den Ausschluss des Strafantragsrechts nach § 109 UrhG sinnlos, da nach § 77 Abs. 1 StGB nur der Verletzte, also der Inhaber eines Nutzungsrechts strafantragsberechtigt ist. Daran würde es fehlen, wenn die Rechtseinräumung selbst unwirksam wäre, § 109 UrhG wäre also schon tatbestandlich nicht erfüllt. Bei **ausschließlichen Rechtseinräumungen** kann auch der ursprüngliche Rechtsinhaber selbst seine Ansprüche gegen Dritte nicht mehr gerichtlich geltend machen (Loewenheim/*Melichar* § 50 Rn. 4).

4. Legaldefinition der Verwertungsgesellschaft, Abs. 4

Aus Abs. 4 ergibt sich in Zusammenhang mit Abs. 1 die Legaldefinition der Verwertungs- 8 gesellschaft im Sinne des WahrnG. Entspricht die Tätigkeit den Kriterien des Abs. 1, handelt es sich um eine Verwertungsgesellschaft. Soweit eine einzelne natürliche Person die Kriterien des Abs. 1 erfüllt, also als Verwertungsgesellschaft tätig ist, gelten auch für sie die Regeln des WahrnG. Bisher haben lediglich zwei natürliche Personen entsprechende Anträge gestellt, denen die Erlaubnis jedoch nicht erteilt wurde. Sie war in einem Falle auch nicht erforderlich, da es sich nur um gelegentliche oder kurzfristige Aktivitäten i. S. d. Abs. 2 gehandelt hat (BayVGH BlPMZ 1978, 261, 263). Auch **ausländische Verwertungsgesellschaften** unterliegen der Erlaubnispflicht, wenn sie nicht nur kurzfristig in Deutschland tätig sein wollen (*Riesenhuber*, ZUM 2008, 625, 639). Das gilt auch für den Fall, dass in Deutschland nur gelegentlich gerichtliche Hilfe in Anspruch genommen wird (OLG Köln ZUM 2007, 927; *Meyer* 42 ff., 56 f.; Dreier/Schulze/*Schulze* § 1 UrhWG Rn. 26): Noch unklar ist die Erlaubnispflicht für europäische Verwertungsgesellschaften, die auf Basis der EU-Richtlinie 2006/123/EG über Dienstleistungen in Deutschland aktiv wären. Der Vorschlag für eine EU-Richtlinie über kollektive Wahrnehmung von Urheber- und Leistungsschutzrechten und die grenzüberschreitende Online-Lizenzierung von Musik vom 11.7.2012 (abrufbar unter: http://ec.europa.eu/internal_market/copyright/docs/management/com-2012-3722_de.pdf) geht in Ziff. 1.4. von der Anwendbarkeit der Dienstleistungsrichtlinie auf Verwertungsgesellschaften aus (kritisch Schricker/Loewenheim/*Reinbothe,* Vor §§ 1 ff. WahrnG Rn. 16; *Heine/Eisenberg,* GRUR Int. 2009, 277, 279 ff.).

§ 2 Erteilung der Erlaubnis

Die Erlaubnis wird auf schriftlichen Antrag von der Aufsichtsbehörde (§ 18 Abs. 1) erteilt. Dem Antrag sind beizufügen:
1. **die Satzung der Verwertungsgesellschaft,**
2. **Angaben über Namen, Anschrift und Staatsangehörigkeit der nach Gesetz oder Satzung zur Vertretung der Verwertungsgesellschaft berechtigten Personen,**
3. **eine Erklärung über die Zahl der Personen, welche die Verwertungsgesellschaft mit der Wahrnehmung ihrer Nutzungsrechte, Einwilligungsrechte oder Vergütungsansprüche beauftragt haben, sowie über Zahl und wirtschaftliche**

WahrnG § 3

Bedeutung der der Verwertungsgesellschaft zur Wahrnehmung anvertrauten Rechte und Ansprüche.

Literatur: *Häußer*, Praxis und Probleme der Aufsicht über Verwertungsgesellschaften, FuR 1980, 57; *Sandberger/Treeck*, Fachaufsicht und Kartellaufsicht nach dem Gesetz über die Wahrnehmung von Urheberrechten und verwandten Schutzrechten, UFITA 47 (1966) 165.
Vgl. darüber hinaus die Angaben im eingangs abgedr. Gesamtliteraturverzeichnis.

Übersicht

	Rn.
I. Antrag auf Erlaubniserteilung	1
II. Erlaubniserteilung	2
III. Keine Konzentrationswirkung der Genehmigung	3

I. Antrag auf Erlaubniserteilung

1   Zu den formellen Voraussetzungen für die Erteilung der Erlaubnis, die in § 2 WahrnG geregelt werden, gehört zunächst ein entsprechender **schriftlicher Antrag**. Die materiellen Kriterien für die Erteilung enthält § 3 WahrnG. Der Antrag ist beim **Deutschen Patent- und Markenamt als Aufsichtsbehörde** nach § 18 Abs. 1 WahrnG zu stellen. Er muss die in § 2 S. 2 Nr. 1 bis 3 WahrnG aufgeführten Unterlagen und Angaben enthalten, um der Aufsichtsbehörde eine Entscheidungsgrundlage zu bieten. Der Begriff der Satzung ist – wie auch sonst im Gesetz – untechnisch zu verstehen, da Verwertungsgesellschaften nicht als Verein organisiert sein müssen (AmtlBegr. BT-Drucks. IV/271, 16). Bei einer GmbH wäre dies der Gesellschaftsvertrag. Stellt eine natürliche Person den Antrag, so sind statt einer Satzung die Berechtigungsverträge (s. § 6 WahrnG Rn. 3), die Grundsätze des Verteilungsplans (§ 7 S. 3 WahrnG) und Nachweise über Mitwirkungsrechte der Berechtigten (§ 6 Abs. 2 WahrnG) vorzulegen (*Häußer* FuR 1980, 57, 60; Schricker/*Reinbothe* § 2 WahrnG Rn. 3).

II. Erlaubniserteilung

2   Bei der Erlaubniserteilung hat die Aufsichtsbehörde im Einvernehmen mit dem Bundeskartellamt zu entscheiden (§ 18 Abs. 3 WahrnG). Dessen Zustimmung ist Wirksamkeitsvoraussetzung für die Erteilung der Geschäftserlaubnis durch das DPMA (Schricker/*Reinbothe* § 2 WahrnG Rn. 4; *Sandberger/Treeck* UFITA 47 (1966) 165, 167, 207). Stimmt das Bundeskartellamt nicht zu, wird der Antrag dem Bundesministerium der Justiz vorgelegt (§ 18 Abs. 2 S. 2 WahrnG). Die Entscheidung der Aufsichtsbehörde ist ein **Verwaltungsakt** (zum Rechtsweg gegen die Versagung der Erlaubnis s. § 3 WahrnG Rn. 7 f.).

III. Keine Konzentrationswirkung der Genehmigung

3   Von der aufsichtsbehördlichen Erlaubnis nach § 2 WahrnG unberührt bleiben andere Genehmigungserfordernisse wie die Gewerbeerlaubnis nach § 14 GewO für Handelsgesellschaften oder gewerblich tätige natürliche Personen durch die zuständige Ordnungsbehörde oder die staatliche Verleihung bei wirtschaftlichen Vereinen nach § 22 BGB.

§ 3 Versagung der Erlaubnis

(1) **Die Erlaubnis darf nur versagt werden, wenn**
1. die Satzung der Verwertungsgesellschaft nicht den Vorschriften dieses Gesetzes entspricht,

2. **Tatsachen die Annahme rechtfertigen, daß eine nach Gesetz oder Satzung zur Vertretung der Verwertungsgesellschaft berechtigte Person die für die Ausübung ihrer Tätigkeit erforderliche Zuverlässigkeit nicht besitzt, oder**
3. **die wirtschaftliche Grundlage der Verwertungsgesellschaft eine wirksame Wahrnehmung der ihr anvertrauten Rechte oder Ansprüche nicht erwarten läßt.**

(2) **Die Versagung der Erlaubnis ist zu begründen und der Verwertungsgesellschaft zuzustellen.**

Literatur: *DPMA*, Richtlinie des DPA für die Aufkommensverteilung und Verteilungsvereinbarung, ZUM 1989, 506; *Häußer*, Aufsicht über Verwertungsgesellschaften und Vereinsautonomie, in: Herschel (Hrsg.), Festschrift für Georg Roeber, Freiburg 1982 (zit. *Häußer* FS Roeber); *Meyer*, Verwertungsgesellschaften und ihre Kontrolle nach dem Urheberrechtswahrnehmungsgesetz, Baden-Baden 2001; *Sandberger/Treeck*, Fachaufsicht und Kartellaufsicht nach dem Gesetz über die Wahrnehmung von Urheberrechten und verwandten Schutzrechten, UFITA 47 (1966) 165; *Vogel*, Wahrnehmungsrecht und Verwertungsgesellschaften in der Bundesrepublik Deutschland, GRUR 1993, 513; *WIPO*, Collective Administration of Copyright and Neighbouring Rights, 1990.

Vgl. darüber hinaus die Angaben im eingangs abgedr. Gesamtliteraturverzeichnis.

Übersicht

	Rn.
I. Grundzüge	1
II. Voraussetzung der Versagung, Abs. 1	2–5
III. Verfahrens- und Formerfordernisse, Abs. 2	6–8

I. Grundzüge

§ 3 WahrnG enthält **abschließend** die **Versagungsgründe** für die Zulassung einer Verwertungsgesellschaft. Liegen diese nicht vor, so besteht ein materieller Anspruch auf Erlaubnis (BayVGH BlPMZ 1978, 261, 262). Es handelt sich also um eine **gebundene Entscheidung**. Die in Abs. 1 enthaltenen subjektiven Berufszulassungsregelungen stellen zum Schutz besonders wichtiger Gemeinschaftsgüter eine zulässige Schranke von Art. 12 Abs. 1 GG dar (*Häußer* FS Roeber 113, 124f.).

II. Voraussetzung der Versagung, Abs. 1

Nach Abs. 1 Nr. 1 kann die Erlaubnis versagt werden, wenn die nach § 2 WahrnG eingereichte Satzung nicht den Vorschriften des WahrnG entspricht (§ 2 WahrnG Rn. 1). Die **Satzung muss** den konkreten **Vorgaben des Wahrnehmungsgesetzes genügen,** also Regelungen zur Vertretung der nicht als Mitglieder aufgenommenen Wahrnehmungsberechtigten (§ 6 Abs. 2 WahrnG) und Grundsätze zum Verteilungsplan (§ 7 S. 3 WahrnG) enthalten. Andere Vorgaben des WahrnG, wie bspw. der Wahrnehmungszwang (§ 6 Abs. 1 WahrnG) müssen nicht ausdrücklich erwähnt werden. Die Satzung darf diesen Vorgaben aber nicht widersprechen.

Nach **Abs. 1 Nr. 2** müssen die **Vertretungsberechtigten** die erforderliche **Zuverlässigkeit** besitzen. Es dürfen also keine persönlichen Mängel vorliegen, die für die angestrebte Tätigkeit relevant sind. Dazu zählen z.B. Vorstrafen wegen Vermögensdelikten (Fromm/Nordemann/*Nordemann* § 3 WahrnG Rn. 2). Die erforderliche Zuverlässigkeit muss sich aus Tatsachen ergeben, also objektiv nachprüfbar sein (a.A. *Meyer* 51). Objektiv nachprüfbar muss jedoch nicht sein, ob die erforderliche Zuverlässigkeit tatsächlich nicht besteht. Ausreichend für die Versagung ist vielmehr, dass objektive Tatsachen die Annahme der Unzuverlässigkeit rechtfertigen. Insofern besteht für die Aufsichtsbehörde ein Beurteilungsermessen (Schricker/Loewenheim/*Reinbothe* § 3 WahrnG Rn. 9; Dreier/Schulze/ *Schulze* § 3 UrhWG Rn. 4).

4   Das Beurteilungsermessen besteht auch bei der Versagung der Erlaubnis nach **Abs. 1 Nr. 3,** wenn nach der **wirtschaftlichen Grundlage** der Verwertungsgesellschaften eine wirksame Rechtswahrnehmung nicht zu erwarten ist. Zum Schutz der Urheber und Leistungsschutzberechtigten soll verhindert werden, dass diese einer Gesellschaft ihre Rechte anvertrauen, die sie nicht effektiv genug wahrnehmen kann (AmtlBegr. BT-Drucks. IV/ 271, 14 f.). Die Tatsache, dass bereits eine gleichartige Verwertungsgesellschaft existiert, begründet als solche keinen Versagungsgrund. Allerdings führt die Wahrnehmung gleicher Rechte durch mehrere Verwertungsgesellschaften wegen der Verdoppelung des Verwaltungsapparats zu einer entsprechenden Kostensteigerung. Ist zu erwarten, dass die Wahrnehmung damit **unwirtschaftlich** wird, so liegt ein **Versagungsgrund** nach Nr. 3 vor (*DPMA* ZUM 1989, 506, 509; Fromm/Nordemann/*Nordemann* § 3 WahrnG Rn. 3; Schricker/Loewenheim/*Reinbothe* § 3 WahrnG Rn. 11; *Vogel* GRUR 1993, 513, 516). Entsprechend empfiehlt auch die WIPO, dass es in jedem Land nur eine Verwertungsgesellschaft für diese Kategorie von Rechten geben soll, da mehrere Gesellschaften auf demselben Gebiet die Vorteile kollektiver Rechtswahrnehmung vereiteln würden (*WIPO* 88). Gibt es bereits für den entsprechenden Bereich eine Verwertungsgesellschaft, sind strenge Voraussetzungen an die Leistungsfähigkeit einer konkurrierenden Verwertungsgesellschaft zu stellen (Dreier/Schulze/*Schulze* § 3 UrhWG Rn. 5).

5   Da die Verwertungsgesellschaft ihre Leistungsfähigkeit zum Zeitpunkt der Antragstellung nicht beweisen konnte, ist für die Beurteilung der **wirtschaftlichen Grundlage** neben der gegenwärtigen Finanzkraft auch eine realistisch absehbare Kostendeckung, gegründet auf einen soliden Finanzplan, maßgeblich (Fromm/Nordemann/*Nordemann* § 3 WahrnG Rn. 3; Schricker/Loewenheim/*Reinbothe* § 3 WahrnG Rn. 11). Außerdem müssen Umfang des Rechterepertoires, Anzahl der Wahrnehmungsberechtigten, Systeme zur effektiven Überwachung der Rechtenutzung und die Möglichkeiten zum Abschluss von Gegenseitigkeitsverträgen mit ausländischen Schwestergesellschaften nachgewiesen werden (Schricker/Loewenheim/*Reinbothe* § 3 WahrnG Rn. 10 f.; Fromm/Nordemann/*Nordemann* § 3 WahrnG Rn. 3; *Meyer* 51 ff.; Dreier/Schulze/*Schulze* § 3 UrhWG Rn. 5; Loewenheim/*Melichar* § 50 Rn. 5). Aus der Tatsache, dass Abs. 1 Nr. 3 eine Schranke der Berufswahlfreiheit darstellt, darf nicht hergeleitet werden, Abs. 1 Nr. 3 dürfe nicht „allzu streng" gehandhabt werden (BayVGH BlPMZ 1978, 261, 263). Denn der Berufswahlfreiheit der Antragsteller stehen die grds. ebenfalls geschützten **Vermögensinteressen** der Urheber und Leistungsschutzberechtigten gegenüber (*Häußer* FS Roeber 113, 125; Schricker/Loewenheim/*Reinbothe* § 3 WahrnG Rn. 10).

III. Verfahrens- und Formerfordernisse, Abs. 2

6   Die Versagung der Erlaubnis ist nach Abs. 3 **zu begründen.** Dabei muss die Aufsichtsbehörde (§ 18 WahrnG) schriftlich ausführen, weshalb welcher benannte Versagungsgrund vorgelegen hat. Der mit der Begründung versehene **Versagungsbescheid** ist dem Antragsteller zuzustellen. Zuvor ist er vom DPMA anzuhören (§ 28 Abs. 1 VwVfG; *Meyer* 58 f.; Dreier/Schulze/*Schulze* § 4 UrhWG Rn. 6). Die **Zustellung** richtet sich nach dem Verwaltungszustellungsgesetz (VwZG) v. 3.7.1952 (BGBl. I S. 379).

7   Gegen die Versagung ist nach § 40 VwGO der **Verwaltungsrechtsweg** eröffnet. Da das Deutsche Patent- und Markenamt als Bundesoberbehörde nicht die Voraussetzungen von § 68 Abs. 1 S. 2 Nr. 1 VwGO erfüllt (es ist keine oberste Bundesbehörde) muss gegen den Versagungsbescheid, der ein Verwaltungsakt ist, zunächst nach § 68 Abs. 1 S. 1 VwGO **Widerspruch beim DPMA** eingelegt werden. Das Widerspruchsverfahren muss

auch dann durchgeführt werden, wenn das nach § 18 Abs. 3 WahrnG vorgeschriebene Einvernehmen zwischen BKartA und DPMA durch eine Weisung des Bundesministers der Justiz nach § 18 Abs. 3 S. 2 WahrnG ersetzt wird. Denn auch dann bleibt das DPMA entscheidende Behörde, da die entsprechende Weisung lediglich internen Charakter hat (*Sandberger/Treeck* UFITA 47 (1966) 165, 208; Schricker/Loewenheim/*Reinbothe* § 3 WahrnG Rn. 14; a. A. *Mestmäcker/Schulze* Anm. 5 a. E.).

Die **Widerspruchsfrist** beträgt einen Monat nach Zustellung (§§ 70, 57 VwGO). Hält **8** das DPMA den Widerspruch für begründet, so hilft es ihm mit Kostenentscheidung ab (§ 72 VwGO), anderenfalls erlässt es selbst einen Widerspruchsbescheid nach § 73 Abs. 1 Ziff. 2 VwGO. Auch dieser muss begründet sein (§ 73 Abs. 3 VwGO). Gegen den Widerspruchsbescheid kann binnen eines Monats nach Zustellung Verpflichtungsklage beim nach § 52 VwGO örtlich zuständigen Verwaltungsgericht in München erhoben werden (§ 74 Abs. 2 VwGO). Gegen ein ablehnendes Urteil ist nach § 124 VwGO die Berufung an den Bayerischen Verwaltungsgerichtshof in München möglich, falls diese zugelassen wurde.

§ 4 Widerruf der Erlaubnis

(1) Die Erlaubnis ist zu widerrufen, wenn

1. einer der Versagungsgründe des § 3 Abs. 1 bei Erteilung der Erlaubnis der Aufsichtsbehörde nicht bekannt war oder nachträglich eingetreten ist und dem Mangel nicht innerhalb einer von der Aufsichtsbehörde zu setzenden Frist abgeholfen wird oder
2. die Verwertungsgesellschaft einer der ihr nach diesem Gesetz obliegenden Verpflichtungen trotz Abmahnung durch die Aufsichtsbehörde wiederholt zuwiderhandelt.

(2) Der Widerruf der Erlaubnis ist zu begründen und der Verwertungsgesellschaft zuzustellen. Der Widerruf wird drei Monate, nachdem er unanfechtbar geworden ist, wirksam, wenn darin kein späterer Zeitpunkt festgesetzt ist.

Literatur: *Arnold/Rehbinder*, Zur Rechtsnatur der Staatsaufsicht über die deutschen Verwertungsgesellschaften, UFITA 118 (1992) 203; *Vogel*, Wahrnehmungsrecht und Verwertungsgesellschaften in der Bundesrepublik Deutschland, GRUR 1993, 518.

Vgl. darüber hinaus die Angaben im eingangs abgedr. Gesamtliteraturverzeichnis.

Übersicht

	Rn.
I. Grundzüge	1, 2
II. Voraussetzungen des Widerrufs, Abs. 1	3–7
III. Verfahrens- und Formerfordernisse, Abs. 2	8

I. Grundzüge

§ 4 WahrnG regelt den **nachträglichen Widerruf** einer nach §§ 2 S. 1, 3 Abs. 1 **1** WahrnG erteilten Erlaubnis während der Tätigkeit einer Verwertungsgesellschaft. Unter bestimmten, enumerativ genannten Voraussetzungen, muss die Erlaubnis widerrufen werden, auch wenn die Verwertungsgesellschaft bei der Erlaubniserteilung die Bedingungen des § 3 WahrnG erfüllt hat. Dabei handelt es sich um eine **gebundene Entscheidung**.

Aufsichtsrechtliche Maßnahmen gegen Verwertungsgesellschaften, die ohne Genehmigung tätig sind, richten sich nach § 19 Abs. 2 WahrnG.

§ 4 WahrnG bildet die Ermächtigungsgrundlage für den Widerruf der Erlaubnis (Schri- **2** cker/Loewenheim/*Reinbothe* § 4 WahrnG Rn. 2; *Arnold/Rehbinder* UFITA 118 (1992)

203, 208). Für die einem Widerruf vorausgehenden Verfügungen der Fristsetzung (Abs. 1 Nr. 1) und der Abmahnung (Abs. 1 Nr. 2) oder sonstige nachträgliche Anordnungen stellt nunmehr § 19 Abs. 2 WahrnG die ausdrückliche Befugnisnorm dar. Damit ist der frühere Streit, ob Ermächtigungsgrundlage § 36 Abs. 1 VwVfG (so 1. Aufl. § 4 WahrnG Rn. 2) oder § 19 a. F. WahrnG ist (so *Arnold/Rehbinder* UFITA 118 (1992) 203, 210) obsolet.

II. Voraussetzungen des Widerrufs, Abs. 1

3   Abs. 1 Nr. 1 verweist auf die Versagungsgründe des Abs. 1 für die Erlaubniserteilung. Sie sind auch Gründe für den Widerruf, wenn sie der Aufsichtsbehörde bei Erteilung der Erlaubnis nicht bekannt waren oder nachträglich eingetreten sind. Lagen die Gründe schon bei Erlaubniserteilung nicht vor und war dies der Aufsichtsbehörde bekannt, wurde von ihr jedoch fälschlich nicht beachtet, so dass unter Verstoß gegen § 3 WahrnG die Erlaubnis erteilt wurde, so stellt die Erlaubnis einen rechtswidrigen Verwaltungsakt dar. Die Rücknahme richtet sich dann mangels spezialgesetzlicher Regelungen im WahrnG nach § 48 VwVfG (a. A. Schricker/Loewenheim/*Reinbothe* § 4 WahrnG Rn. 3, Dreier/Schulze/*Schulze* § 4 UrhWG Rn. 3; *Zeisberg* in HK-UrhR § 4 WahrnG Rn. 4). Soweit die Anwendung von § 4 WahrnG befürwortet wird, da dieser die Möglichkeit der Abhilfe eröffnet (so Dreier/Schulze/*Schulze* § 4 UrhWG Rn. 3), gilt dies gleichermaßen für die Kann-Vorschrift des § 48 VwVfG, auch wenn dies dort nicht ausdrücklich formuliert ist.

4   **Vor einem Widerruf** nach **Nr. 1** muss die Aufsichtsbehörde der Verwertungsgesellschaft Gelegenheit zum Abstellen des Mangels geben (AmtlBegr. BT-Drucks. IV/271, 15). Dazu muss eine **angemessene Frist** gesetzt werden (AmtlBegr. BT-Drucks. IV/271, 15). Sie muss also genug Zeit bieten, den konkreten Mangel abzustellen, aber kurz genug sein, um die für die Rechtsinhaber und Nutzer bestehenden Gefahren durch den rechtswidrigen Zustand möglichst gering zu halten.

5   Als Voraussetzung für den Widerruf ist die Fristsetzung selbst ein **Verwaltungsakt** und mit einem Widerspruch binnen Monatsfrist angreifbar. Der Widerspruch hat nach § 80 Abs. 1 VwGO grds. aufschiebende Wirkung. Liegt die sofortige Vollziehung jedoch im öffentlichen Interesse, kann diese nach § 80 Abs. 2 Nr. 4 VwGO besonders angeordnet werden. Wurde die sofortige Vollziehung nicht angeordnet, so muss die Frist mindestens einen Monat betragen, da die Fristsetzung sonst nicht unanfechtbar ist (§ 70 Abs. 1 VwGO) (Fromm/Nordemann/*Nordemann* § 4 WahrnG Rn. 1; Schricker/Loewenheim/*Reinbothe* § 4 WahrnG Rn. 5). Wird der Mangel nicht innerhalb der Frist abgestellt, muss die Aufsichtsbehörde die Erlaubnis widerrufen.

6   Abs. 1 **Nr. 2** regelt den bisher noch nie eingetretenen „seltenen Ausnahmefall" (AmtlBegr. BT-Drucks. IV/271, 20) des Widerrufs der Erlaubnis bei **wiederholten Verstößen** der Verwertungsgesellschaft gegen die Verpflichtungen aus dem Wahrnehmungsgesetz. Auch ein Unterlassen kann einen Verstoß darstellen. Der gleiche Verstoß muss sich mindestens zweimal ereignen. Aus Gründen der Verhältnismäßigkeit müssen außerdem gravierende Verstöße vorliegen (Loewenheim/*Melichar* § 50 Rn. 17). Mehrere Verstöße verschiedener Art ermöglichen den Widerruf nicht. Dem Widerruf muss eine konkrete Abmahnung vorausgehen, die als Verwaltungsakt ihrerseits unanfechtbar oder vorläufig vollstreckbar sein muss.

7   Im Gegensatz zu Nr. 1 ist es unerheblich, ob der Verstoß gegen die gesetzlichen Verpflichtungen nach Erlaubniserteilung eingetreten ist, denn § 1 Abs. 1 Nr. 2 WahrnG ist Konsequenz der ständigen Aufsichtspflicht der Aufsichtsbehörde nach § 19 WahrnG. Der Grundsatz der Verhältnismäßigkeit wird in der Praxis dadurch gewahrt, dass die Aufsichtsbehörde die Verwertungsgesellschaften zunächst **formlos** auf Verstöße gegen das Wahrnehmungsgesetz hinweist, bevor eine Abmahnung ergeht (*Arnold/Rehbinder* UFITA 118 (1992) 203, 211; *Vogel* GRUR 1993, 518, 530). Rechtsgrundlage für diese formlosen Hinweise ist § 19 Abs. 2 S. 2 WahrnG.

III. Verfahrens- und Formerfordernisse, Abs. 2

Auch der Widerruf der Erlaubnis ist wie die Erlaubniserteilung und -versagung ein **8** Verwaltungsakt der Aufsichtsbehörde. Er muss nach Abs. 2 S. 1 begründet und der Verwertungsgesellschaft zugestellt werden (s. § 3 WahrnG Rn. 6). Der Widerruf der Erlaubnis wirkt **ex nunc** und lässt die Wirksamkeit früherer Tätigkeiten der Verwertungsgesellschaft unberührt. Zum Schutz der Mitglieder der Verwertungsgesellschaft, denen genügend Zeit gegeben werden soll, einer neuen Verwertungsgesellschaft beizutreten, damit keine Unterbrechung in der Wahrnehmung ihrer Rechte eintritt (AmtlBegr. BT-Drucks. IV/271, 15), wird der Widerruf nach Abs. 2 S. 2 frühestens drei Monate nach Unanfechtbarkeit wirksam. Für die **Unanfechtbarkeit** müssen die Fristen für Widerspruch und Klage verstrichen oder die Rechtsmittel ausgeschöpft sein.

§ 5 Bekanntmachung

Die Erteilung der Erlaubnis und ein nach § 4 Abs. 2 wirksam gewordener Widerruf sind im Bundesanzeiger bekannt zu machen.

Regelungsgehalt

Wegen des besonderen öffentlichen Interesses an der Erteilung der Erlaubnis und deren **1** Widerruf (AmtlBegr. BT-Drucks. IV/271, 15) sind diese von der Aufsichtsbehörde im **Bundesanzeiger** bekannt zu machen. Für die Versagung der Erlaubnis (§ 3 WahrnG) gilt das nicht (vgl. VGH München NVwZ-RR 2003, 121 f.; Schricker/Loewenheim/ *Reinbothe* § 5 WahrnG Rn. 1).

Zweiter Abschnitt.
Rechte und Pflichten der Verwertungsgesellschaft

§ 6 Wahrnehmungszwang

(1) Die Verwertungsgesellschaft ist verpflichtet, die zu ihrem Tätigkeitsbereich gehörenden Rechte und Ansprüche auf Verlangen der Berechtigten zu angemessenen Bedingungen wahrzunehmen, wenn diese Deutsche im Sinne des Grundgesetzes oder Staatsangehörige eines anderen Mitgliedstaates der Europäischen Union oder eines anderen Vertragsstaates des Abkommens über den Europäischen Wirtschaftsraum sind oder ihren Wohnsitz im Geltungsbereich dieses Gesetzes haben und eine wirksame Wahrnehmung der Rechte oder Ansprüche anders nicht möglich ist. Ist der Inhaber eines Unternehmens Berechtigter, so gilt die Verpflichtung gegenüber dem Unternehmen mit Sitz in einem Mitgliedstaat der Europäischen Union oder in einem Vertragsstaat des Abkommens über den Europäischen Wirtschaftsraum.

(2) Zur angemessenen Wahrung der Belange der Berechtigten, die nicht als Mitglieder der Verwertungsgesellschaft aufgenommen werden, ist eine gemeinsame Vertretung zu bilden. Die Satzung der Verwertungsgesellschaft muß Bestimmungen über die Wahl der Vertretung durch die Berechtigten sowie über die Befugnisse der Vertretung enthalten.

WahrnG § 6 § 6 Wahrnehmungszwang

Literatur: *Arnold/Rehbinder,* Zur Rechtsnatur der Staatsaufsicht über die deutschen Verwertungsgesellschaften, UFITA 118 (1992), 203; *Bezzenberger/Riesenhuber,* Die Rechtsprechung zum „Binnenrecht der Verwertungsgesellschaften", GRUR 2003, 1005; *Dittrich,* Der Kontrahierungszwang von Verwertungsgesellschaften, 1992; *Dördelmann,* Die gemeinsame Vertretung der Wahrnehmungsberechtigten nach § 6 Abs. 2 WahrnG, in: Schertz (Hrsg.), Festschrift für Paul W. Hertin zum 60. Geburtstag am 15. November 2000, München 2000, 31 (zit. *Dördelmann FS Hertin*); *Dünnwald,* Die Verpflichtung der Verwertungsgesellschaften zur Rechtswahrnehmung zu angemessenen Bedingungen, in: Becker (Hrsg.), Wanderer zwischen Musik, Politik und Recht, Festschrift für Reinhold Kreile, Baden-Baden 1994, 161 (zit. *Dünnwald FS Kreile*); *Haertel,* Verwertungsgesellschaft und Verwertungsgesellschaftengesetz, UFITA 50 (1967) 7; *Häußer,* Praxis und Probleme der Aufsicht über Verwertungsgesellschaften, FuR 1980, 57; *Hauptmann,* Die Vergesellschaftung des Urheberrechts, Baden-Baden 1994; *Hillig,* Zur Rechtsstellung des Beirates in der urheberrechtlichen Verwertungsgesellschaft, in: Becker (Hrsg.), Wanderer zwischen Musik, Politik und Recht, Festschrift für Reinhold Kreile, Baden-Baden 1994, 295 (zit. *Hillig FS Kreile*); *Hoeren,* AGB-rechtliche Fragen zum Wahrnehmungsvertrag der VG Wort, AfP 2001, 8; *Mäger,* Die Abtretung urheberrechtlicher Vergütungsansprüche in Verwertungsverträgen, Berlin 2000; *Mauhs,* Der Wahrnehmungsvertrag, Baden-Baden 1991; *Melichar,* Die Wahrnehmung von Urheberrechten durch Verwertungsgesellschaften, München 1983; *Menzel,* Die Aufsicht über die GEMA durch das Deutsche Patentamt, Heidelberg 1986; *Mestmäcker,* Zur Anwendung von Kartellaufsicht auf urheberrechtliche Verwertungsgesellschaften und ihre Mitglieder, in: Leßmann u. a. (Hrsg.), Festschrift für Rudolf Lukes, Köln u. a. 1989, 445 (zit.: *Mestmäcker FS Lukes*); *Meyer,* Verwertungsgesellschaften und ihre Kontrolle nach dem Urheberrechtswahrnehmungsgesetz, Baden-Baden 2001; *Nordemann,* Der Begriff der „angemessenen Bedingungen" in § 6 Abs. 1 Wahrnehmungsgesetz, GRUR Int. 1973, 306; *Nordemann,* Mängel der Staatsaufsicht über die deutschen Verwertungsgesellschaften?, GRUR 1992, 584; *Platho,* Die nachträgliche Erweiterung des Rechtskatalogs in den Wahrnehmungsverträgen der Verwertungsgesellschaften, ZUM 1987, 77; *Rehbinder,* Mängel der Staatsaufsicht über die deutschen Verwertungsgesellschaften, DVBl. 1992, 216; *Reinbothe,* Schlichtung im Urheberrecht, München 1978; *Riesenhuber,* Die Auslegung und Kontrolle des Wahrnehmungsvertrags, Berlin 2004; *Riesenhuber,* Transparenz der Wahrnehmungstätigkeit – Die Pflicht der Verwertungsgesellschaft zu Rechnungslegung, Publizität und Information ihrer Berechtigten, ZUM 2004, 417; *Riesenhuber,* Die doppelte Vorausverfügung des Arbeitnehmer-Urhebers zu Gunsten von Verwertungsgesellschaft und Arbeitgeber, NZA 2004, 1363; *Rossbach,* Die Vergütungsansprüche im deutschen Urheberrecht, Baden-Baden 1990; *Rossbach,* Ausübende Künstler und die GVL, in: Gerlach/Evers (Hrsg.) Festschrift 50 Jahre GVL, Berlin 2011, 29–36; *Russ,* Das Lied eines Boxers – Grenzen der Rechtswahrnehmung durch die GEMA am Beispiel des Falles „Henry Maske", ZUM 1995, 32; *Ruzicka,* Zur individualrechtlichen Konzeption des Gesetzes über die Wahrnehmung von Urheberrechten und verwandten Schutzrechten, in: Herschel (Hrsg.), Festschrift für Georg Roeber, Freiburg 1982, 355 (zit. *Ruzicka FS Roeber*); *Samson,* Das neue Urheberrecht – Eine Einführung, UFITA 47 (1966), 1; *Schaefer,* Tonträgerhersteller und die GVL, in: Gerlach/Evers (Hrsg.) Festschrift 50 Jahre GVL, Berlin 2011, 37–47; *Schulze,* Teil-Werknutzung, Bearbeitung und Verbindung bei Musikwerken – Grenze des Wahrnehmungsumfangs der GEMA, ZUM 1993, 255; *Siebert,* Die Auslegung der Wahrnehmungsverträge unter Berücksichtigung der digitalen Technik, München 2002; *Staats,* Aufführungsrecht und kollektive Wahrnehmung bei Werken der Musik, Baden-Baden 2004; *Steden,* Das Monopol der GEMA, Baden-Baden 2003; *v. Ungern-Sternberg,* Die Wahrnehmungspflicht der Verwertungsgesellschaften durch die Urheberrechtskonventionen, GRUR Int. 1973, 61; *Vogel,* Kollektive Urhebervertragsrecht unter besonderer Berücksichtigung des Wahrnehmungsgesetzes, FS Schricker 1995; *Vogel,* Wahrnehmungsrecht und Verwertungsgesellschaften in der Bundesrepublik Deutschland, GRUR 1993, 513; *Zapf,* Kollektive Wahrnehmung von Urheberrechten im Online-Bereich, Berlin u. a. 2002.

Vgl. darüber hinaus die Angaben im eingangs abgedr. Gesamtliteraturverzeichnis.

Übersicht

	Rn.
I. Vorbemerkung	1
II. Grundzüge (Rechtsnatur des Wahrnehmungsvertrages)	2–7
III. Der Wahrnehmungszwang, Abs. 1	8–16
1. Sachlicher Anwendungsbereich	8a
2. Persönlicher Anwendungsbereich	9–12
3. Keine anderweitige wirksame Rechtswahrnehmung	13–15
4. Wahrnehmung zu angemessenen Bedingungen	16
IV. Vertretung der Nichtmitglieder, Abs. 2	17, 18

§ 6 Wahrnehmungszwang   1–5 § 6 WahrnG

I. Vorbemerkung

Der zweite Abschnitt des WahrnG (§§ 6 bis 17 WahrnG) regelt Rechte und Pflichten **1**
der Verwertungsgesellschaften. Die §§ 6 bis 9 WahrnG betreffen das Verhältnis der Verwertungsgesellschaften zu den Berechtigten, die sie mit der Wahrnehmung ihrer Rechte und Ansprüche betraut haben.

II. Grundzüge (Rechtsnatur des Wahrnehmungsvertrages)

Nach § 6 WahrnG unterliegen die Verwertungsgesellschaften den Berechtigten gegen- **2**
über einem **Wahrnehmungszwang**. Diesem Kontrahierungszwang im Innenverhältnis entspricht der Abschlusszwang nach §§ 11, 12 WahrnG gegenüber den Nutzern, also im Außenverhältnis. Verwertungsgesellschaften unterliegen somit einem doppelten Kontrahierungszwang. § 6 WahrnG bezweckt den Schutz der Berechtigten gegenüber ihren Treuhändern (Schricker/Loewenheim/*Reinbothe* § 6 WahrnG Rn. 1; a. A. *Nordemann* GRUR 1992, 584, 585). Der Wahrnehmungszwang ergibt sich aus der **faktischen Monopolstellung** der Verwertungsgesellschaften im jeweiligen Tätigkeitsbereich (*Melichar* 34 f.; *v. Ungern-Sternberg* GRUR Int. 1973, 61, 62). Könnte sich eine Verwertungsgesellschaft weigern, die Rechte bestimmter Berechtigter wahrzunehmen, so könnte diesen ein wirtschaftlicher Schaden entstehen (AmtlBegr. BT-Drucks. IV/271, 15). Dies gilt insb. für Rechte, die zwingend verwertungsgesellschaftspflichtig sind (§ 20b Abs. 2 S. 3, § 26 Abs. 5, § 27 Abs. 3, § 54h UrhG), allerdings auch insoweit nur innerhalb des persönlichen und sachlichen Anwendungsbereiches des § 6 WahrnG (s. dazu Rn. 8–12).

Der Wahrnehmungs- oder Berechtigungsvertrag, den Berechtigte mit der Ver- **3**
wertungsgesellschaft abschließen, begründet eine treuhänderische Rechtsübertragung. Die Berechtigten bleiben Rechtsinhaber. Sie räumen der Verwertungsgesellschaft ausschließliche Nutzungsrechte i. S. d. § 31 Abs. 3 UrhG ein. Da Sinn und Zweck des Wahrnehmungsgesetzes auch der Schutz der regelmäßig schwächeren Vertragspartei ist, dient die ausschließliche Rechtseinräumung auch deren Schutz vor nachteiligen Individualabsprachen mit Verwertern (Schricker/Loewenheim/*Reinbothe* § 6 WahrnG Rn. 1; Dreier/Schulze/*Schulze* § 6 UrhWG Rn. 4; BGHZ 55, 381, 388 – Ufa-Musikverlage). Dem widerspricht die Einräumung einfacher Nutzungsrechte an die Verwertungsgesellschaft. Diese kann jedoch nach § 35 Abs. 1 S. 2 UrhG Verwertern nur einfache Nutzungsrechte einräumen (*Melichar* 62). Einer Einräumung ausschließlicher Nutzungsrechte steht § 11 WahrnG entgegen, wonach ein Abschlusszwang gegenüber allen potenziellen Nutzern besteht.

Handelt es sich um gesetzliche Vergütungsansprüche, so werden diese durch Abtretung **4**
an die Verwertungsgesellschaft übertragen (§§ 398 ff. BGB) (*Mäger* 76 f. m. w. N.). Rechtlich ist der Wahrnehmungsvertrag **als urheberrechtlicher Nutzungsvertrag sui generis** einzuordnen, der Elemente des Auftrags, des Gesellschaftsvertrages, des Dienst- aber vor allem auch des Geschäftsbesorgungsvertrages enthält (BGH GRUR 1966, 567, 569 – GELU; BGH GRUR 1968, 321, 327 – Haselnuss; BGH GRUR 1982, 308, 309 – Kunsthändler). Für die Auslegung maßgeblich sind daher insb. § 675 i. V. m. §§ 663, 665 bis 670, 672 bis 674 BGB (a. A. *Riesenhuber* 20 f., der mangels Vergütung die Elemente des Dienst- und Geschäftsbesorgungsvertrag ablehnt). *Mestmäcker* weist besonders auf die gesellschaftsrechtliche Verknüpfung hin (*Mestmäcker* FS Lukes 445, 451).

Die im **Wahrnehmungsvertrag** enthaltene Vorauseinräumung bzw. Vorausabtretung **5**
von Rechten an künftigen Werken entspricht praktischen Erfordernissen, um ständige Vertragsergänzungen zu vermeiden. Sie ist vom Gesetz vorgesehen (§ 40 Abs. 1 UrhG) und rechtlich zulässig (RGZ 140, 231; Schricker/Loewenheim/*Reinbothe* § 6 WahrnG Rn. 5; *Schack* Rn. 1352 hält dagegen formularmäßige Vorausverfügungen für unangemes-

sen). Zur Kollision bei doppelten Vorausverfügungen gegenüber Verwertungsgesellschaft und Arbeitgeber siehe *Riesenhuber* NZA 2004, 1363–1368. Auch für die Einräumung von Nutzungsrechten an Verwertungsgesellschaften gilt grds. die **Zweckübertragungstheorie (§ 31 Abs. 5 UrhG)**, um die Berechtigten vor einer zu weit reichenden Rechtsvergabe zu schützen (BGH GRUR 1986, 62, 65 f. – GEMA-Vermutung I; BGH GRUR 2000, 228, 229 f. – Musical-Gala; BGH ZUM 2009, 288, Klingeltöne für Mobiltelefone I). Vertragszweck ist es dabei jedoch nicht nur, die Rechtswahrnehmung dann Verwertungsgesellschaften zu überlassen, wenn aufgrund von Massennutzungen die effektive Wahrnehmung durch die einzelnen Berechtigten nicht geleistet werden kann (*Russ* ZUM 1995, 32, 33 m. w. N.; *Staats* 83; Raue/Hegemann/*Heine*/*Staats*, 175), vielmehr erhalten die einzelnen Urheber über die **kollektive Vertretung** durch die Verwertungsgesellschaft die für sie erforderliche Position gegenüber den wirtschaftlich in der Regel wesentlich stärkeren Verwertern (*Schulze* ZUM 1993, 255, 258). *Riesenhuber* 41–43 hält daher de lege lata § 31 Abs. 5 UrhG auf Wahrnehmungsverträge nicht für anwendbar (ebenso *ders.* in ZUM 2010, 137). Kann eine Rechtewahrnehmung aus praktischen Gründen nur kollektiv über Verwertungsgesellschaften erfolgen, so z. B. bei den Rechten der öffentlichen Wiedergabe von Werbung im Rundfunk, so muss dies auch bei der Auslegung des Wahrnehmungsvertrages im Falle unklarer Formulierungen berücksichtigt werden. Auch die Tatsache einer jahrzehntelangen Rechtewahrnehmung einer Verwertungsgesellschaft darf bei der Auslegung möglicher unklarer Formulierungen nicht außer acht gelassen werden (Feyock, GRUR-Prax 2010, 14; *Riesenhuber*, 50 f.). Eine Einschränkung gilt für Nutzungen, die Umgestaltungen, Bearbeitungen oder sonstige Änderungen erfordern. Diese tangieren **Urheberpersönlichkeitsrechte**. Für solche Nutzungen verbleiben die Rechte deshalb tendenziell beim Urheber oder Leistungsschutzberechtigten (*Schulze* ZUM 1993, 255, 258 f. m. w. N.). Soweit die konkrete Umgestaltung bei der Einräumung der Nutzungsrechte üblich und voraussehbar war, bedarf es einer zusätzlichen Einwilligung des Urhebers auf Basis der vorbehaltenen Urheberpersönlichkeitsrechte nicht (BGH ZUM 2009, 288, Klingeltöne für Mobiltelefone I). Grundsätzlich haben Urheber aber die Möglichkeit, die Rechte zur Nutzung bearbeiteter Werke z. B. als Klingeltöne der Verwertungsgesellschaft mit dinglicher Wirkung nur unter der aufschiebenden Bedingung einzuräumen, dass der Lizenznehmer der Verwertungsgesellschaft vor Beginn der Nutzung eine Benutzungsbewilligung des Urhebers vorgelegt hat (BGH ZUM 2010, 792, 795 – Klingeltöne für Mobiltelefone II). Die GEMA hat ihre Wahrnehmungsverträge dementsprechend mittlerweile auf dieses zweistufige Lizenzierungsmodell umgestellt, bei dem eine Wahrnehmung der Nutzungsrechte durch die GEMA die vorherige Erteilung der Bearbeitungsrechte durch den Urheber selbst voraussetzt (§ 1 lit. h GEMA-Berechtigungsvertrag, näher zum Bearbeitungsrecht und die Rechtewahrnehmung durch die GEMA *Schunke*).

6   Ob § 31a UrhG (Nutzungsrechte für noch nicht bekannte Nutzungsarten) auf Verwertungsgesellschaften Anwendung findet, war bei der Vorgängernorm des § 31 Abs. 4 UrhG umstritten. Weil nach § 31a UrhG nunmehr auch Verträge über unbekannte Nutzungsarten unter der Voraussetzung der Schriftform zulässig sind und Wahrnehmungsverträge grundsätzlich schriftlich abgeschlossen werden, ist diese Frage nicht mehr relevant (Loewenheim/*Melichar*, § 47 Rn. 19).

7   Da der Wahrnehmungsvertrag ein Geschäftsbesorgungsvertrag über Dienstleistungen ist (*Melichar* 62), gelten für Laufzeit und Kündigung die Bestimmungen des **Dienstvertragsrechts**. Wegen des Wahrnehmungszwangs besteht für Verwertungsgesellschaften in der Regel kein Kündigungsrecht. Für die Berechtigten werden in den Wahrnehmungsverträgen Kündigungsfristen und Laufzeiten häufig längerfristig geregelt. So sieht § 10 des GEMA-Berechtigungsvertrages eine sechsjährige Laufzeit mit stillschweigender Verlängerung um jeweils weitere sechs Jahre vor. Da Wahrnehmungsverträge hinsichtlich ihrer Laufzeiten ausdrücklich vom Geltungsbereich des § 309 Nr. 9 BGB ausgenommen sind, folgt daraus als argumentum e contrario, dass für sie im Übrigen die Regelungen über **all-**

gemeine Geschäftsbedingungen gelten (BGH GRUR 2002, 332 f. – Klausurerfordernis m. w. N.; Loewenheim/*Melichar* § 47 Rn. 22; *Riesenhuber* 24; *Mauhs* 75 ff.; *Rehbinder* DVBl. 1992, 216, 218; *Schack* Rn. 1202; *Siebert* 28). Weil die Wahrnehmungsberechtigten in Bezug auf die Verwertungsgesellschaft als Unternehmer anzusehen sind, richtet sich der Kontrollmaßstab nach § 310 Abs. 1 BGB (*Riesenhuber* 25–29 m. w. N.) Anwendung finden also die Schutzvorschriften der §§ 305a–306 BGB, so der Vorrang der Individualabrede (§ 305b), die Nichteinbeziehung überraschender Klauseln (§ 305c Abs. 1 BGB) und die Auslegung zu Lasten des Verwenders (§ 305c Abs. 2 BGB) (*Riesenhuber* 103–106). Als Standardvertrag ist der Wahrnehmungsvertrag nach seinem objektiven Sinn und typischen Inhalt objektiv auszulegen, Umstände, die nur Einzelnen erkennbar sind, bleiben außer Betracht (BGH ZUM 2009, 288, 291, Klingeltöne für Mobiltelefone I). Allerdings sind auch Erläuterungen zu den Verträgen, die an alle Mitglieder kommuniziert wurden, bei der Auslegung zu berücksichtigen (so zutreffend *Müller*, ZUM 2009, 293, 295 gegen BGH ZUM 2009, 288, 291, Klingeltöne für Mobiltelefone I) **Einbeziehungsklauseln** in den Wahrnehmungsverträgen, die für Vertragsergänzungen die Einbeziehung vorsehen, wenn der Berechtigte ihr nicht innerhalb einer bestimmten Frist widerspricht, sind zulässig, wenn die Ergänzungen so deutlich hervorgehoben sind, dass sie Aufmerksamkeit erwecken (LG Hamburg ZUM 2001, 711, 712; *Hoeren* AfP 2001, 8, 10 m. w. N.; *Siebert* 112; Loewenheim/*Melichar* § 47 Rn. 25). Voraussetzung ist jedoch, dass die Einbeziehungsklausel zunächst ausdrücklich vereinbart wurde ((BGH ZUM 2009, 288, 292, Klingeltöne für Mobiltelefone I). Änderungen des Wahrnehmungsvertrages können nicht unmittelbar durch Beschlüsse der Mitgliederversammlung erreicht werden. Vielmehr ist hierfür zur Einbeziehung in den Einzelvertrag eine Zustimmung, sei es ausdrücklich oder auf Basis einer wirksamen Zustimmungsfiktion durch Schweigen erforderlich (BGH ZUM 2009, 288, 292, Klingeltöne für Mobiltelefone I). An Stelle der besonderen Klauselverbote der §§ 308 und 309 tritt die Generalklausel des § 307 BGB einschließlich des Transparenzgebots (§ 307 Abs. 1 S. 2 BGB) (*Riesenhuber* 106 ff.). Soweit Wahrnehmungsberechtigte gleichzeitig Vereinsmitglieder sind, sind die Bestimmungen des Wahrnehmungsvertrages, die die Vereinsorganisation und Mitgliedschaft betreffen, von der AGB-Kontrolle nach § 310 Abs. 4 S. 1 ausgenommen (näher *Riesenhuber* 31–33). Für Ansprüche, die während der Vertragsdauer entstanden sind, behält die Verwertungsgesellschaft auch nach Erlöschen des Wahrnehmungsvertrages ihre Aktivlegitimation (BGH GRUR 1982, 308 f. – Kunsthändler).

III. Der Wahrnehmungszwang, Abs. 1

Abs. 1 schränkt den Wahrnehmungszwang in drei Punkten ein, um eine unbillige Belastung der Verwertungsgesellschaft zu vermeiden (AmtlBegr. BT-Drucks. IV/271, 15, näher dazu Rn. 8 ff.). **8**

1. Sachlicher Anwendungsbereich

Der Wahrnehmungszwang verpflichtet die Verwertungsgesellschaften, die Rechte und **8a** Ansprüche für Berechtigte wahrzunehmen, die zu ihrem Tätigkeitsbereich gehören. Es muss sich um Rechte und Ansprüche aus dem UrhG handeln. Die Verpflichtung besteht außerdem nur im Rahmen des jeweiligen **Tätigkeitsgebiets** der Verwertungsgesellschaft. Dieses ergibt sich aus dem Erlaubnisbescheid (§§ 1, 2 WahrnG) und aus der Satzung bzw. je nach Organisationsform dem Gesellschaftsvertrag. Es steht der Verwertungsgesellschaft frei, in ihren Statuten Umfang und Grenzen der Wahrnehmungstätigkeit festzulegen. Nimmt sie nach ihrer Satzung und dem darauf beruhenden Wahrnehmungsvertrag bestimmte Rechte nicht wahr, so kann kein Berechtigter unter Berufung auf den Wahrnehmungszwang eine Erweiterung der Geschäftstätigkeit verlangen. Voraussetzung ist jedoch, dass die Grenzen der Geschäftstätigkeit in der Satzung **objektiv** definiert sind (*Haertel* UFITA 50 (1967) 7, 17). Die Begrenzung kann zum einen nach Werkarten (§ 2 der Satzung der VG WORT: Sprachwerke) oder nach Nutzungsarten erfolgen. So nehmen z. B. GEMA und VG WORT die so genannten „großen Rechte", d. h. die bühnenmäßige Aufführung und Sendung dramatischer Werke, nicht selbst wahr. Die Lizenzierung erfolgt vielmehr über Verleger bzw. die ARGE DRAMA. Die GVL beschränkt sich in ihrer Tätigkeit auf die so genannten Zweitverwertungsrechte, die lediglich Vergütungsansprüche begründen bzw. damit in engem Zusammenhang stehende Erstverwertungsrechte. Subjektive Kriterien, die auf die Person des Berechtigten abstellen, dürfen den Wahrnehmungszwang nicht einschränken (*Haertel* UFITA 50 (1967) 7, 18). Der Abschluss eines Wahrnehmungsvertrages kann aber für eine Verwertungsgesellschaft unzumutbar sein, wenn die urheberrechtliche Schutzfähigkeit der zur Wahrnehmung durch die Verwertungsgesellschaft gestellten Werke erst durch eine aufwendige Einzelfallprüfung mit erheblichen Abgrenzungsschwierigkeiten verbunden ist (KG ZUM-RD 2011, 157 – Zumutbarkeit des Abschlusses eines Wahrnehmungsvertrages). Hierbei steht der Verwertungsgesellschaft, die als Treuhänderin dafür Sorge tragen muss, dass unberechtigte Ansprüche nicht die Ausschüttungen an die eigentlich Berechtigten reduzieren, ein erweiterter Ermessensspielraum zu. Wird die Zustimmung zum Abschluss nach ordnungsgemäßer Prüfung der Rechtslage versagt, ist eine solche Versagung nicht schuldhaft und begründet keine Schadensersatzpflichten (KG ZUM-RD 2011, 157, 164). Schadensersatzansprüche eines Rechteinhabers gegenüber einen Verwertungsgesellschaft wegen Verstoßes gegen den Kontrahierungszwang richten sich nach den gesondert für die für jeden Auszahlungsanspruch zu ermittelnde Abrechnungsperioden. Sie erfassen nur die Ansprüche, die frühestens nach Abschluss des Wahrnehmungsvertrages im Rahmen der Anmeldefristen hätten geltend gemacht werden können (KG ZUM-RD 2011, 157, 165).

2. Persönlicher Anwendungsbereich

9 Anspruchsberechtigt sind zunächst **Deutsche** im Sinne des Grundgesetzes. Die Definition dazu findet sich im Art. 116 GG. Staatsangehörige anderer **EU**-Länder oder den **EWR**-Staaten Norwegen und Island sind Deutschen gleichgestellt. Andere Ausländer, also auch Flüchtlinge und Staatenlose, haben dann einen Anspruch auf Wahrnehmung ihrer Rechte durch in Deutschland tätige Verwertungsgesellschaften, wenn sie hier ihren **Wohnsitz** haben. Wohnsitz ist der gewählte oder gesetzlich festgelegte räumliche Lebensmittelpunkt (§§ 7–9 BGB). Der bloße Aufenthaltsort reicht insofern nicht aus. Erforderlich ist ein Schwerpunkt der Lebensinteressen. Indiz für das Vorliegen eines Wohnsitzes sind die eigene Wohnung, polizeiliche Anmeldung, Steuerpflicht und Aufenthaltserlaubnis. Entscheidend ist, dass der Ort den ständigen räumlichen Mittelpunkt der Lebensinteressen bildet. Häufige Reisen oder eine längere Abwesenheit heben ihn nicht auf (Fromm/Nordemann/*Nordemann* § 6 WahrnG Rn. 4; Schricker/Loewenheim/*Reinbothe* § 6 WahrnG Rn. 8).

10 Nach Abs. 1 S. 2 besteht der Wahrnehmungszwang auch gegenüber Berechtigten, die **Inhaber eines Unternehmens** sind, wenn sich dessen Sitz in einem EU-Mitgliedsstaat oder einem Vertragsstaat des EWR-Abkommens befindet.

11 Umstritten ist, ob auch **Angehörigen anderer Staaten** unter Berufung auf den Grundsatz der Inländerbehandlung aufgrund des Schutzes der **internationalen Urheberrechts-Konventionen** (RBÜ und WUA) unabhängig von einem Wohnsitz in Deutschland der Wahrnehmungsanspruch aus Abs. 1 zusteht. Zum Teil wird aus dem Grundsatz der Inländerbehandlung in Art. 4–6 RBÜ Brüsseler Fassung bzw. Art. 5 Abs. 1–3 Pariser Fassung und Art. II WUA jedenfalls dann eine Verpflichtung der Verwertungsgesellschaften, die Rechte von Berechtigten aus Vertragsstaaten wahrzunehmen angenommen, wenn diese nach dem UrhG nur von Verwertungsgesellschaften geltend gemacht werden können (vgl. § 1 Rn. 2; *v. Ungern-Sternberg* GRUR Int. 1973, 61, 64; Fromm/Nordemann/

Nordemann § 6 WahrnG Rn. 5; Loewenheim/*Melichar* § 47 Rn. 11; *Nordemann/Vinck/Hertin* Einleitung Rn. 33 RBÜ Art. 5 Rn. 2 und WUA Art. 2 Rn. 1; *Häußer* FuR 1980, 57, 65; *Häußer* FS Kreile 281, 286; Schricker/Loewenheim/*Reinbothe* § 6 WahrnG Rn. 9; Dreier/Schulze/*Schulze* § 6 UrhWG Rn. 24; *Meyer* 72; *Vogel* FS Schricker 1995, 117, 136; a. A. *Melichar* 36 f. m. w. N.; *Dittrich* 32 f.; wohl auch *Schack* Rn. 1345). Dem steht jedoch die Entstehungsgeschichte von § 6 WahrnG entgegen. Während bis zum vierten Urheberrechtsänderungsgesetz der Wahrnehmungszwang ausdrücklich auf Deutsche beschränkt war, EU-Staatsangehörige also dem Wortlaut des § 6 WahrnG nach keinen Anspruch auf Wahrnehmung ihrer Rechte hatten, wurde durch das vierte Urheberrechtsänderungsgesetz die europarechtlich zwingende Gleichstellung von Inländern und Staatsangehörigen aus Mitgliedsstaaten der EU und des EWR explizit auch in den Wortlaut des § 6 WahrnG aufgenommen. In der Begründung (BT-Drucks. 13/781, 11) wird ausdrücklich ausgeführt, dass über die Erweiterung des Berechtigtenkreises auf Staatsangehörige aus Mitgliedstaaten der EU und des EWR hinaus keine inhaltliche Änderung beabsichtigt ist. Die Ergänzung wird ausdrücklich als Sofortmaßnahme bezeichnet, die einer grundsätzlichen Neuorientierung hinsichtlich der internationalen Verpflichtungen nicht vorgreifen sollte. Vor einer weiteren Änderung seien zunächst die Auswirkungen des TRIPs-Abkommens auf die urheberrechtliche Rechtstellung der Staatsangehörigen der Vertragsstaaten in Deutschland zu prüfen. Da sich also der Gesetzgeber bewusst dafür entschieden hat, die Erstreckung des Wahrnehmungszwangs auf sonstige ausländische Staatsangehörige sorgfältig zu überprüfen, kann dieser gesetzgeberische Wille auch durch die Vorgaben internationaler Urheberrechtskonventionen nicht außer Acht gelassen werden. Angesichts des internationalen Netzes von Gegenseitigkeitsverträgen zwischen Verwertungsgesellschaften besteht für die Ausdehnung des Wahrnehmungszwangs aufgrund des Konventionsrechts auch materiell keine Notwendigkeit (*Melichar* 36; *Dittrich* 32 f.). Obwohl es keine Verpflichtung der Verwertungsgesellschaften gibt, die Rechte Angehöriger anderer Staaten wahrzunehmen, steht § 6 WahrnG einer Aufnahme nicht entgegen.

Keine Anwendung findet der Abschlusszwang auf **Verwertungsgesellschaften als Vertragspartner,** seien es inländische oder ausländische. Denn statt des Beitritts einer Verwertungsgesellschaft zu einer anderen besteht die – in der Praxis übliche – Möglichkeit von Gegenseitigkeitsverträgen. Bei diesen steht es einer Verwertungsgesellschaft frei, mit wem sie derartige Verträge abschließt, wobei die Seriosität und Liquidität auf jeden Fall beachtet werden muss (*Häußer* FuR 1980, 57, 65; *Schack* Rn. 1345).

3. Keine anderweitige wirksame Rechtswahrnehmung

Der Wahrnehmungszwang besteht für die Verwertungsgesellschaften nur dann, wenn der Berechtigte seine Rechte oder Ansprüche anders nicht wirksam wahrnehmen kann. Eine wirksame anderweitige Wahrnehmung der Rechte kann zum einen **rechtlich** ausgeschlossen sein. Das gilt für Rechte und Ansprüche, die nach dem UrhG nur von Verwertungsgesellschaften wahrgenommen werden können (s. Rn. 2). Es gibt aber auch Rechte und Ansprüche, die individuell zwar wahrgenommen werden dürfen, deren Wahrnehmung **in der Praxis** aber nur von Verwertungsgesellschaften durchführbar ist. Das gilt für das Recht zur Sendung von Bild- und Tonträgern (§§ 20, 78 Abs. 2 Nr. 1 UrhG) oder das Recht der öffentlichen Wiedergabe von Bild- oder Tonträgern (§§ 21, 78 Abs. 2 Nr. 2 UrhG) oder Funksendungen (§§ 22, 78 Abs. 2 Nr. 3 UrhG). Angesichts der **Massennutzungen** ist eine individuelle Geltendmachung gegenüber allen Nutzern nicht möglich. Der Wahrnehmungszwang gilt auch für Rechte und Ansprüche, die in der Praxis von Verwertungsgesellschaften wahrgenommen werden, da er die Rechtsinhaber in die Lage versetzen soll, ihre Rechte in gleicher Weise wie andere Berechtigte der Verwertungsgesellschaft zur Wahrnehmung anzuvertrauen (Schricker/Loewenheim/*Reinbothe* § 6 WahrnG Rn. 10; Loewenheim/*Melichar* § 47 Rn. 6). Dazu gehören z.B. die „mechanischen" Vervielfältigungs- und Verbreitungsrechte der Musikautoren (§§ 16, 17, 61 UrhG). Diese werden von der GEMA wahrgenommen, während die entsprechenden Rechte der ausübenden Künstler und Tonträgerhersteller (§§ 75 Abs. 2, 85 Abs. 1 UrhG) in der Praxis von den Tonträgerherstellern wahrgenommen werden.

14 Strittig ist, ob sich auch **Zessionare** von Urheber- und Leistungsschutzrechten, die also nur aus abgetretenem Recht Inhaber der Nutzungsrechte sind, auf den Wahrnehmungszwang der Verwertungsgesellschaften berufen und aufgrund der abgetretenen Rechte auf den Abschluss von Wahrnehmungsverträgen bestehen können. Abs. 1 differenziert dem Wortlaut nach nicht zwischen Inhabern originärer Rechte und Inhabern abgetretener Nutzungsrechte. Die Rede ist vielmehr von „**Berechtigten**" allgemein. Auch geht das Gesetz (§§ 31 ff. UrhG) grds. von der freien Übertragbarkeit einzelner Nutzungsrechte aus. Einschränkungen gelten insoweit für gesetzliche Vergütungsansprüche, die z. T. explizit als im Voraus nur einer Verwertungsgesellschaft abtretbar ausgestaltet sind (§§ 20b Abs. 2 S. 3, 27 Abs. 1 S. 3, 63a UrhG). Soweit das Gesetz die Übertragbarkeit von Nutzungsrechten ausdrücklich vorsieht, wird daraus vielfach ein Anspruch der Zessionare auf Wahrnehmungszwang durch Verwertungsgesellschaften hergeleitet (*Häußer* FuR 1980, 57, 59; DPMA UFITA 94 (1982) 364; Schricker/Loewenheim/*Reinbothe* § 6 WahrnG Rn. 11). Für diese Auffassung wird teilweise auch der Wortlaut des Abs. 1 S. 2 herangezogen, wonach die Wahrnehmungsverpflichtung auch einem Unternehmen gegenüber bestehen kann (Schricker/Loewenheim/*Reinbothe* § 6 WahrnG Rn. 11). Dabei wird jedoch verkannt, dass Unternehmen vielfach auch originäre Leistungsschutzrechte haben, die durch Verwertungsgesellschaften wahrgenommen werden. So bspw. die Rechte der Tonträgerhersteller (§§ 85, 86 UrhG), der Veranstalter (§ 81 UrhG), der Sendeunternehmen (§ 87 UrhG) und der Datenbankhersteller (§ 87a UrhG). Die Wahrnehmung abgetretener Rechte durch Unternehmen kann deshalb nicht aus Abs. 1 S. 2 hergeleitet werden. Auch die materielle Zulässigkeit der Abtretung von Nutzungsrechten führt nicht dazu, dass damit auch ein Wahrnehmungsanspruch gegenüber Verwertungsgesellschaften verbunden ist. Denn die Wahrnehmung der betroffenen Rechte oder Ansprüche ist in diesen Fällen „**auf andere Weise**" dadurch möglich, dass der **originär Berechtigte** sie selbst in die Verwertungsgesellschaft einbringt. Eine Verwertungsgesellschaft, die den Abschluss von Wahrnehmungsverträgen mit Zessionaren ablehnt, verstößt deshalb nicht gegen § 6 WahrnG (*Vogel* GRUR 1993, 513, 517 f.; *Mauhs* 37 f.; Fromm/Nordemann/*Nordemann* § 6 WahrnG Rn. 3 f.; Loewenheim/*Melichar* § 47 Rn. 8 Schack, Rn. 1345). Die Nichtberücksichtigung von Zessionaren liegt ebenso wie die Vorausabtretung und die Aufstellung von Verteilungsplänen nach festen Regeln ohne die Möglichkeit individueller Abweichungen im Interesse der originär Berechtigten, deren Schutz der Gesetzgeber mit dem Wahrnehmungsgesetz sicher stellen wollte (Fromm/Nordemann/*Nordemann* § 6 WahrnG Rn. 3 f.). Denn die Interessen der Zessionare laufen den Urheberinteressen typischerweise entgegen (*Schack* Rn. 1197). Davon zu trennen ist die Frage, ob eine Verwertungsgesellschaft, die wie GEMA, VG Bild-Kunst und VG Wort laut Satzung originäre Urheber einerseits und Verlage qua derivativer Rechte andererseits vertritt, dem Wahrnehmungszwang unterliegt, soweit andere Verlage beitreten wollen. Dies ist zu bejahen und ergibt sich auch aus der Regelung des § 63a UrhG, der die Vertretung beider Berechtigtengruppen innerhalb einer Verwertungsgesellschaft voraussetzt (beide unterschiedlichen Konstellationen werden häufig nicht ausreichend getrennt, vgl. Schricker/Loewenheim/*Reinbothe,* § 6 Rn. 11; Kreile/Becker/Riesenhuber/*Himmelmann* Kap. 18 Rn. 69–71). Müssen sich Rechteinhaber wie Auftragsproduzenten in den Auftragsproduktionsverträgen verpflichten, alle entstehenden Filme einer bestimmten Verwertungsgesellschaft zu melden, diese mit der Wahrnehmung der gesetzlichen Vergütungsansprüche zu beauftragen und die Hälfte der sich hieraus ergebenden Erlöse der Sendeanstalt zukommen zulassen, liegt darin nach Auffassung des LG Leipzig eine unangemessene Benachteiligung nach § 307 BGB (Urteil vom 8.8.2012, Az. 05 O 3921/09 – unveröffentlicht, nicht rechtskräftig).

Die Existenz einer anderen Verwertungsgesellschaft desselben Tätigkeitsbereichs stellt – 15 ebenso wie die Möglichkeit einer Neugründung – keine andere Möglichkeit der Rechtswahrnehmung i. S. v. Abs. 1 dar (anders noch AmtlBegr. UFITA 46/1966, 271, 280). Denn sonst würden Urheber und Leistungsschutzberechtigte zwischen den konkurrierenden Verwertungsgesellschaften hin und her verwiesen (Fromm/Nordemann/*Nordemann* § 6 WahrnG Rn. 6; Schricker/Loewenheim/*Reinbothe* § 6 WahrnG Rn. 12; *Mauhs* 36 f.; Loewenheim/*Melichar* § 47 Rn. 7; Dreier/Schulze/*Schulze* § 6 UrhWG Rn. 26).

4. Wahrnehmung zu angemessenen Bedingungen

Die Verwertungsgesellschaften sind verpflichtet, die Rechte und Ansprüche zu „ange- 16 messenen Bedingungen" wahrzunehmen. Der Inhalt des Wahrnehmungsvertrages kann deshalb nicht vom Berechtigten der Verwertungsgesellschaft vorgeschrieben werden, er muss **objektiven Maßstäben** genügen (Schricker/Loewenheim/*Reinbothe* § 6 WahrnG Rn. 13). Der Begriff der „angemessenen Bedingungen", der auch in §§ 11 und 12 WahrnG verwendet wird, wird im Gesetz nicht definiert. Die Bedingungen sind ausweislich der Begründung dann als angemessen anzusehen, wenn sie den Wahrnehmungsbedingungen entsprechen, die die Verwertungsgesellschaft ihren Mitgliedern einräumt (AmtlBegr. BT-Drucks. IV/271, 15 f.; *Riesenhuber* 70). Zum Teil wird daraus geschlossen, dass § 6 Abs. 1 Mitgliedern gegenüber keine Anwendung findet (*Mestmäcker/Schulze* § 6 Anm. 2; *Riesenhuber* 66 f.; *Samson* UFITA 47 (1966) 1, 128). Dem steht aber entgegen, dass Abs. 1 nur allgemein von Berechtigten spricht, während erst Abs. 2 zwischen Berechtigten und Mitgliedern unterscheidet (Schricker/Loewenheim/*Reinbothe* § 6 WahrnG Rn. 13; Fromm/Nordemann/*Nordemann* § 6 WahrnG Rn. 8; *Häußer* FuR 1980, 57, 63 f.; *Rehbinder* DVBl. 1992, 216, 217; Loewenheim/*Melichar* § 47 Rn. 12). Auch könnte die Verwertungsgesellschaft die Verpflichtung, die Rechte zu angemessenen Bedingungen wahrzunehmen, dadurch umgehen, dass alle Berechtigten als Mitglieder aufgenommen werden. Erforderlich ist darüber hinaus, dass eine Äquivalenz von Leistung und Gegenleistung erreicht wird, Rechte und Pflichten der Parteien zueinander also insgesamt in einem ausgewogenen Verhältnis stehen (*Reinbothe* 42, 46). Der Leistung des Berechtigten (Einbringung von Rechten und Ansprüchen) muss eine ihr entsprechende **Gegenleistung** der Verwertungsgesellschaft gegenüber stehen (*Nordemann* GRUR Int. 1973, 306 f.; Schricker/Loewenheim/*Reinbothe* § 6 WahrnG Rn. 13; *Ruzicka* FS Roeber 355, 359; § 6 WahrnG Rn. 6) *Riesenhuber* (68) hält dies für unangebracht, da der Wahrnehmungsvertrag als Auftrag ein einseitig verpflichtender Vertrag ohne Gegenleistungen sei. Da die Mitglieder die notwendige Durchsetzungskraft haben, vereinsintern die angemessenen Bedingungen durchzusetzen, seien ihre Bedingungen angemessen und damit der Maßstab für andere Berechtigte. Auch er hält allerdings einen materiellen Kontrollmaßstab für erforderlich. Angemessen sind danach die Bedingungen, die für eine wirtschaftliche kollektive Wahrnehmung der Rechte erforderlich ist (*Riesenhuber* 72; ähnlich Loewenheim/*Melichar* § 47 Rn. 14; vgl. auch BRegE, Begr. zu § 6 BRegE UrhWG, BT-Drucks. IV/271, 15 f.). Dazu zählt bspw., dass den originär Berechtigten schöpferischen Urhebern nicht weniger zufließt, als Inhabern derivativer Rechte (Fromm/Nordemann/*Nordemann* § 6 WahrnG Rn. 9). Dem widerspricht das Urteil des LG München I vom 24. Mai 2012 (ZUM-RD 2012, 410, 413 f.), wonach sich die Ausschüttung alleine danach richtet, wer die Rechte in die Verwertungsgesellschaft eingebracht hat, im Falle an Verlage wirksam abgetretene Rechte dieser also statt des Urhebers zu vergüten ist und eine Teilung der Erlöse nicht mehr erfolgt. Die Wahrnehmung der Rechte und Ansprüche zu angemessenen Bedingungen schließt Pauschalierungen oder sonstige Vereinfachungen für die Berechnung der Vergütung nicht grds. aus (BGH ZUM 1989, 80, 82 – GEMA-Wertungsverfahren). Hierzu zählen auch Verjährungsklauseln. Denn auch ein möglichst geringer Verwaltungsaufwand gehört zu den angemessenen Bedingungen (BGH GRUR 2002, 332, 334 – Klausurerfordernis; Loewenheim/Melichar § 47 Rn. 14; Riesenhuber 72). Kein Verstoß gegen § 6 WahrnG liegt darin, wenn die Verwertungsgesellschaft bei einer unklaren Tariflage einen Vergleich mit einem Nutzer schließt und auf die Einleitung eines möglicherweise erfolglosen Schiedsverfahrens verzichtet (BGH ZUM 2011, 652, 655 – Multimediashow). Auch ergibt sich aus § 6 WahrnG kein Weisungsrecht der Berechtigten in Hinblick auf Vergleichsabschlüsse über die Vergütung der von den Berechtigten genutzten Werke. Insofern erfolgt die Willensbildung der einzelnen wahrnehmungsberechtigten über deren Vertretungsorgane nach § 6 Abs. 2 WahrnG (BGH ZUM 2011, 652, 656 – Multimediashow) Die Treuhandfunktion der Verwertungsgesellschaft bedingt, dass diese bei einem durch Agenten vertretenen Berechtigten trotz einer Vollmacht auf der Mitteilung der Direktanschrift des Berechtigten bestehen kann, um diesen in Zweifelsfällen auch direkt kontaktieren zu können (DPMA, AZ 3601/20-4.4-II/89, unveröffentlicht). Aus dem Angemessenheitsgebot des § 6 Abs. 2 S. 1 WahrnG resultieren neben den in Abs. 2 geregelten Mitverwaltungsrechten auch **Informationsansprüche** der Berechtigten, die allerdings weitestgehend durch die Rechnungslegungsvorschriften des § 9 WahrnG befriedigt werden (*Riesenhuber* ZUM 2004, 417, 425; *Riesenhuber* 99). Grundlage finden die Informationspflichten auch in § 666 BGB, wobei sich Grenzen aus dem Prinzip der kollektiven Rechtewahrnehmung und der sparsamen Wahrnehmungstätigkeit ergeben (*Riesenhuber* ZUM 2004, 417, 425).

Hat die Verwertungsgesellschaft unrichtig jemanden als Urheber eines bestimmten Werkes registriert und kann eine einvernehmliche Korrektur der Werkmeldung nicht erreicht werden, so kann eine Änderung gerichtlich entweder durch eine Klage auf Feststellung, dass der anderen Partei keine Rechte an dem konkreten Werk auf Ausschüttung zustehen, oder durch Klage auf Einwilligung der Änderung der Werkregistrierung erreicht werden (OLG München, ZUM 2011, 512 – Kufsteiner Lied).

IV. Vertretung der Nichtmitglieder, Abs. 2

17   In Abs. 2 wird zwischen Berechtigten, die die Verwertungsgesellschaft nicht als Mitglieder aufnimmt und Mitgliedern unterschieden. Daraus folgt, dass der Wahrnehmungszwang nach Abs. 1 keinen Anspruch auf Mitgliedschaft in der Verwertungsgesellschaft begründet. Die Begriffe „Mitglieder" und „Satzung" sind in Abs. 2 wiederum untechnisch zu verstehen und gelten deshalb entsprechend auch für die vergleichbaren Berechtigtengruppen und Organe in Verwertungsgesellschaften, die nicht als Verein organisiert sind (AmtlBegr. BT-Drucks. IV/271, 16). Mitglieder sind also alle Personen, deren Verhältnis zur Verwertungsgesellschaft dem eines Vereinsmitglieds entspricht (z.B. Genossen einer Genossenschaft und Gesellschafter einer Gesellschaft). Damit die berechtigten Nichtmitglieder, die vielfach nur gelegentliche vom UrhG geschützte Leistungen erbringen, die Mitglieder nicht majorisieren können, braucht diesen kein Mitgliedsstatus gewährt zu werden (Amtl-Begr. BT-Drucks. IV/271, 16). Auch ohne Mitgliedsstatus müssen ihre Interessen jedoch angemessen gewahrt sein.

18   Für den Begriff der „angemessenen Wahrung" gelten die gleichen Maßstäbe wie in Abs. 1. Darüber hinaus muss eine **gemeinsame Vertretung** der wahrnehmungsberechtigten Nichtmitglieder gebildet werden. Die Statuten müssen Bestimmungen über die Wahl dieser Vertretung und deren Befugnisse enthalten (Abs. 2 S. 2). Bei der Ausgestaltung dieser Vertretung haben die Verwertungsgesellschaften einen weiten Ermessensspielraum (Amtl-Begr. BT-Drucks. IV/271, 16; *Dördelmann* FS Hertin 2000, 31, 39 ff.; *Riesenhuber* 100). Entscheidend ist, dass durch die gemeinsame Vertretung – die Mitgliederversammlung bei Vereinen oder den Beirat einer GmbH (zum Beirat: *Dünnwald* FS Kreile 161; *Hillig* FS Kreile 295) – ein **Einfluss** auch der Nichtmitglieder auf die Willensbildung und die Entscheidungsprozesse der Gesellschaft erreicht wird. In ihrer Gesamtheit müssen die Berechtigten

(Mitglieder und Nichtmitglieder) die Tätigkeit der Verwertungsgesellschaft entscheidend beeinflussen können (*Haertel* UFITA 50 (1967) 7, 16; *Häußer* FuR 1980, 57, 66; Fromm/ Nordemann/*Nordemann* § 6 WahrnG Rn. 13; Schricker/Loewenheim/*Reinbothe* § 6 WahrnG Rn. 15; zur Regelung bei der GEMA vgl. *Menzel* 59 f.). Zulässig ist allerdings eine Gewichtung der Stimmrechte entsprechend dem Umfang der eingebrachten Rechte (*Rehbinder* DVBl. 1992, 216, 220–222; *Arnold/Rehbinder* UFITA 118 (1992) 203, 208 f.; *Riesenhuber* 100). Kritisch ggü. Verwertern auf Basis abgetretener Urheberrechte als Vertreter in den Gremien ist *Schack* (Rn. 1342).

§ 7 Verteilung der Einnahmen

Die Verwertungsgesellschaft hat die Einnahmen aus ihrer Tätigkeit nach festen Regeln (Verteilungsplan) aufzuteilen, die ein willkürliches Vorgehen bei der Verteilung ausschließen. Der Verteilungsplan soll dem Grundsatz entsprechen, daß kulturell bedeutende Werke und Leistungen zu fördern sind. Die Grundsätze des Verteilungsplans sind in die Satzung der Verwertungsgesellschaft aufzunehmen.

Literatur: *Augenstein*, Rechtliche Grundlagen des Verteilungsplans urheberrechtlicher Verwertungsgesellschaften, Baden-Baden 2004; *Becker*, Verwertungsgesellschaften als Träger öffentlicher und privater Aufgaben, in: Becker (Hrsg.), Wanderer zwischen Musik, Politik und Recht, Festschrift für Reinhold Kreile, Baden-Baden 1994, 27 (zit. *Becker* FS Kreile); *Dördelmann*, Gedanken zur Zukunft der Staatsaufsicht über Verwertungsgesellschaften, GRUR 1999, 890; *Flechsig*, Vorausabtretung gesetzlicher Vergütungsansprüche, MMR 2012, 293; *Häußer*, Die Verteilung der im Rahmen der Wahrnehmung von Urheberrechten und Leistungsschutzrechten erzielten Einnahmen an Ausländer, in: Becker (Hrsg.), Wanderer zwischen Musik, Politik und Recht, Festschrift für Reinhold Kreile, Baden-Baden 1994, 281 (zit. *Häußer* FS Kreile); *Häußer*, Praxis und Probleme der Aufsicht über Verwertungsgesellschaften, FuR 1980, 57; *Lerche*, Rechtsfragen der Verwirklichung kultureller und sozialer Aufgaben bei der kollektiven Wahrnehmung von Urheberrechten, insbesondere im Blick auf den sogen. 10% Abzug der GEMA, GEMA-Jb. 1997/98, 80; *Mauhs*, Der Wahrnehmungsvertrag, Baden-Baden 1991; *Melichar*, Verleger und Verwertungsgesellschaften, UFITA 117 (1991) 5; *Melichar*, Die Wahrnehmung von Urheberrechten durch Verwertungsgesellschaften, München 1983; *Menzel*, Die Aufsicht über die GEMA durch das Deutsche Patentamt, Heidelberg 1986; *Meyer*, Verwertungsgesellschaften und ihre Kontrolle nach dem Urheberrechtswahrnehmungsgesetz, Baden-Baden 2001; *Müller*, Der Verteilungsplan der GEMA, Baden-Baden 2006; *Nordemann*, Der Begriff der „angemessenen Bedingungen" in § 6 Abs. 1 Wahrnehmungsgesetz, GRUR Int 1973, 306; *Reber*, Funktion der Verwertungsgesellschaften, GRUR 2000, 203; *Riesenhuber*, Die Auslegung und Kontrolle des Wahrnehmungsvertrags, Berlin 2004; *Riesenhuber*, Tantiemeansprüche der Berechtigten gegen die Verwertungsgesellschaften, ZUM 2005, 136; *Vogel*, Wahrnehmungsrecht und Verwertungsgesellschaften in der Bundesrepublik Deutschland, GRUR 1993, 513.

Vgl. darüber hinaus die Angaben im eingangs abgedr. Gesamtliteraturverzeichnis.

Übersicht

	Rn.
I. Aufstellung von Verteilungsplänen, S. 1	1–5
II. Förderung kulturell bedeutender Werke und Leistungen, S. 2	6
III. Aufnahme der Verteilungsgrundsätze in die Satzung, S. 3	7

I. Aufstellung von Verteilungsplänen, S. 1

Jede Verwertungsgesellschaft muss gem. S. 1 Verteilungspläne aufstellen. Das sind nach der Legaldefinition in S. 1 feste Regeln zur Verteilung der Einnahmen an die Berechtigten entsprechend deren Anteil am erwirtschafteten Gesamtertrag der Verwertungsgesellschaft. Die Verteilungspläne sind üblicherweise Bestandteil des Wahrnehmungsvertrages. Die Pflicht zur Aufstellung von Verteilungsplänen unterliegt der Aufsicht durch das DPMA

(§§ 18, 19), die in einer „abstrakten Kontrolle" auf „willkürliches Vorgehen" besteht (BGH ZUM 1989, 80, 84 – GEMA-Wertungsverfahren). Sie resultiert aus der Treuhandstellung der Verwertungsgesellschaften gegenüber den Berechtigten und soll die gerechte Verteilung der Einnahmen gewährleisten (AmtlBegr. BT-Drucks. IV/271, 16). Der Verteilungsplan muss konkret genug sein, um ein willkürliches Vorgehen bei der späteren Verteilung auszuschließen. Dabei ist eine gewisse Umverteilung schon vor dem Hintergrund von S. 2 (s. dazu Rn. 6) zulässig und vom Gesetzgeber gewünscht (BGH ZUM 1989, 80 – GEMA-Wertungsverfahren). Soweit der Verteilungsplan Regeln enthält, die Ermessen einräumen, liegt darin ein Leistungsbestimmungsrecht. Die Ermessensausübung muss dann an § 315 BGB gemessen werden (BGH GRUR 2002, 332, 333 – Klausurerfordernis; *Augenstein* 75 f.; *Riesenhuber* 21).

2 Der Verteilungsplan selbst unterliegt dem **Willkürverbot.** Dieses wird weder im Gesetz noch in den Materialien näher definiert. Insofern ist ein Rückgriff auf die Rechtsprechung zu Art. 3 GG erforderlich. Danach liegt Willkür dann vor, wenn ohne sachlichen Grund „wesentlich Gleiches ungleich" oder „wesentlich Ungleiches gleich" behandelt wird (BVerfGE 4, 144, 155; stRspr.). Es muss sich ein vernünftiger, sachlich einleuchtender Grund für die Differenzierung oder Gleichbehandlung finden lassen (BVerfGE 1, 14, 52). Soweit ein Verteilungsplan also zu Ungleichbehandlungen führt, müssen sich diese aus objektiven, sachgerechten Gründen ergeben. **Pauschalierungen** im Sinne der Verwaltungspraktikabilität werden dadurch nicht generell ausgeschlossen (BGH ZUM 2005, 739, 742 – PRO-Verfahren; BGH ZUM 1989, 80, 82 – GEMA-Wertungsverfahren; BVerfG ZUM 1997, 555 – Bandübernahmeverträge). Denn auch Pauschalierungen können in Hinblick auf vertretbare Verwaltungskosten bei der kollektiven Rechtewahrnehmung sachlich begründet sein (*Riesenhuber* 90). Auch sind Pauschalverteilungssysteme Ausdruck des **Solidargedankens,** der ein Grund für die Sonderstellung der Verwertungsgesellschaften durch den Gesetzgeber ist (*Dördelmann* GRUR 1999, 890, 894 f.; *Riesenhuber* 89). Willkürlich ist es, innerhalb vergleichbarer Werkkategorien grundlos eine Unterkategorie erheblich abzuwerten (KG ZUM-RD 2011, 299, 301).

3 Das Willkürverbot besteht Nichtmitgliedern und Mitgliedern gegenüber. Verstoßen Verteilungspläne dagegen, so hat die Aufsichtsbehörde Aufsichtsbefugnisse auch dann, wenn diese durch die entsprechenden Organe ordnungsgemäß beschlossen worden sind. Stimmt eine Kurie nur auf Druck anderer Kurien einer Änderung der Verteilungspläne zu, so wäre dies willkürlich (KG ZUM-RD 2011, 299; *Häußer* FuR 1980, 57, 64).

4 Im Gegensatz zu § 6 WahrnG, der hinsichtlich der Wahrnehmungsbedingungen insgesamt eine Angemessenheitskontrolle vorsieht, beschränkt sich § 7 WahrnG hinsichtlich der Verteilungspläne auf eine bloße Willkürkontrolle. Z. T. wird daher der Maßstab des § 6 WahrnG auch auf die Verteilungspläne erstreckt, die die Wahrnehmungsbedingungen maßgeblich konkretisieren (BVerfGE 79, 1 17 f.; BVerfG ZUM 1997, 555 – Bandübernahmeverträge; *Nordemann* GRUR Int. 1973, 306, 308; Fromm/Nordemann/*Nordemann* § 7 WahrnG Rn. 4; *Augenstein* 58–73; *Mauhs* 57; Dreier/Schulze/*Schulze* § 7 UrhWG Rn. 5; *Vogel* GRUR 1993, 513, 521; *Reber* GRUR 2000, 203, 208). Die Aufsichtsbehörde müsste danach die einzelnen Regelungen der Verteilungspläne detailliert auf die Einhaltung „angemessener Bedingungen" überprüfen. Eine solche Aufgabe würde zu einer erheblichen Belastung der Aufsichtsbehörde führen und die Verwertungsgesellschaften bei der Bewertung kultureller Werke bzw. Leistungen unzumutbar bevormunden (*Häußer* FuR 1980, 57, 68; Loewenheim/*Melichar* § 47 Rn. 32 f.; *Melichar* UFITA 117 (1991) 5, 15 f.; Schricker/Loewenheim/*Reinbothe* § 7 WahrnG Rn. 5). Eine Angemessenheitskontrolle steht auch dem eindeutigen Wortlaut des S. 1 WahrnG und der amtlichen Begründung (AmtlBegr. BT-Drucks. IV/271, 16) entgegen (Schricker/Loewenheim/*Reinbothe* § 7 WahrnG Rn. 5; *Meyer* 96 f.; *Riesenhuber* 86). Maßstab für die Verteilungspläne ist deshalb das Willkürverbot.

5 Als **Verstoß gegen das Willkürverbot** hat die Aufsichtsbehörde eine 50%ige Beteiligung der Verleger an den Einnahmen aus mechanischen Vervielfältigungsrechten an Mu-

sikwerken angesehen (DPA UFITA 81 (1978) 348, 369). Gegen die **Beteiligung von Verlegern** an der Einnahmeverteilung als solche ist jedoch nichts einzuwenden (*Melichar* UFITA 117 (1991) 5, 9; Schricker/*Reinbothe* § 7 WahrnG Rn. 6). Das Landgericht München I (LG München I ZUM-RD 2012, 410, 413 f., nicht rechtskräftig) ist dagegen der Auffassung, die Frage der Auszahlung an Urheber oder Verleger richte sich je nach Einzelfall danach, wer die Rechte in die Verwertungsgesellschaft eingebracht habe. Soweit es um nach § 63a nicht abtretbare Vergütungsansprüche geht, wird dadurch tendenziell der Urheber gestärkt, da eine Ausschüttung an Verleger generell unterbunden wird. Soweit allerdings abtretbare Ausschließlichkeitsrechte zunächst an die Verleger abgetreten wurden und diese sie in die Verwertungsgesellschaft einbringen, würde dieser Ansatz dazu führen, dass die Urheber selber keinerlei Ausschüttungen erhalten dürften. Gerade die Schutzfunktion der Verwertungsgesellschaft würde untergraben, wenn die einzelne Vertragskonstellation für die Ausschüttung maßgeblich wäre. Denn die in der Regel stärkeren Verwerter könnten darauf dringen, dass die Rechte zunächst aus der Verwertungsgesellschaft zurückgerufen werden, um sie dann aus derivativem Recht als Verleger einzubringen und die volle Vergütung dafür ohne Beteiligung der Urheber zu erhalten. Im Ergebnis schwächt diese rein schuldrechtliche Betrachtung die Urheber nicht nur, sie führt auch zu einem nicht zu leistenden administrativem Mehraufwand, wenn die Verwertungsgesellschaft für jedes einzelne Werk ermitteln müsste, ob die Rechte über den Urheber oder den Verleger eingebracht wurden. Betreffen die Einnahmen der Verwertungsgesellschaften nicht Ausschließlichkeitsrechte, sondern gesetzliche Vergütungsansprüche, sollen diese nach Auffassung des EuGH ausschliesslich den Urhebern zukommen, nicht aber an Filmhersteller verteilt werden dürfen, denen ein eigenes Leistungsschutzrecht zusteht (EuGH, ZUM 2012, 313, Luksan). Zum Teil wird hieraus hergeleitet, dass Verleger an gesetzlichen Vergütungsansprüchen mangels eigener originärer Rechte nicht beteiligt werden dürfen, da § 63a insoweit gegen Unionsrecht verstoße (*Flechsig*, MMR 2012, 293 FF; *v. Ungern-Sternberg*, GRUR 2012, 321, 330).

Auch die in Wahrnehmungsverträgen oder in Statuten vorgesehenen kurzen **Ausschlussfristen** für die Geltendmachung von Ansprüchen gegenüber Verwertungsgesellschaften sind wegen des hohen Organisationsgrades deutscher Verwertungsgesellschaften nicht willkürlich (*Vogel* GRUR 1993, 513, 526). Dadurch wird den Verwertungsgesellschaften eine kurzfristige Ausschüttung ohne hohe Verwaltungskosten ermöglicht (*Häußer* FuR 1980, 57, 68 f.). Nicht willkürlich ist auch die Praxis der Verwertungsgesellschaften, Ausschüttungen in Nutzungsbereichen, in denen einzelne Nutzungsvorgänge mit vertretbarem Aufwand nicht konkret kontrolliert werden können, pauschaliert nach Punktebewertungs-Systemen vorzunehmen (BGH GRUR 1966, 567, 569 – GELU; *Melichar* 65). Bei wissenschaftlichen Werken kann für die Beteiligung an der Fotokopiervergütung aus Kostengründen ein Mindestumfang von 2 Seiten vorausgesetzt werden (OLG München GRUR 2002, 877, 878 – Verteilungsplan Fotokopiegebühren). Da die eingebrachten Rechte aber individuelle Rechte sind, hat die individuelle Verteilung allerdings Vorrang, soweit sie zumutbar ist und dem Solidarprinzip nicht entgegensteht. So hat der Anteil am Verteilungsaufkommen Art und Umfang der eingebrachten Rechte zu entsprechen (BVerfG ZUM 1997, 555 – Bandübernahmeverträge). Das WIPO/ILO/UNESCO Mustergesetz zum Schutz von ausübenden Künstlern, Herstellern und Sendeunternehmen sieht für eine Aufteilung der Tonträgersendevergütung zwischen Künstlern und Herstellern eine hälftige Teilung vor, die bei den Verteilungsplänen zu beachten ist (zu weiteren Beispielen vgl. *Vogel* GRUR 1993, 513, 522 ff.).

Nicht vergütungspflichtige Sachverhalte dürfen keine Ansprüche auslösen (OLG Hamburg ZUM-RD 1997, 453, 456 – Erkennungsmelodien; Dreier/Schulze/*Schulze* § 7 UrhWG Rn. 8). Für das Beibringen vergütungsrelevanter Informationen kann die Verwertungsgesellschaft den Berechtigten wirksam Ausschlussfristen setzen und in Fällen, in denen ein Missbrauch nicht ausgeschlossen werden kann, zusätzliche **Nachweise** verlangen

(BGH ZUM 2004, 837, 839f. – Verteilung des Vergütungsaufkommens; *Riesenhuber* ZUM 2005, 136, 139f.). Im Zweifel kann der volle Nachweis verlangt werden (BGH ZUM 2004, 837 – Verteilung des Vergütungsaufkommens; BGH ZUM 2002, 379 – Klausurerfordernis; KG, ZUM-RD 2011, 72, 75. In einer Beschränkung auf Stichproben liegt kein Verstoß gegen das Gleichheitsprinzip, vielmehr sind solche auch vor dem Hintergrund möglichst niedriger Verwaltungskosten sinnvoll. Vorsätzlich unrichtige Angaben stellen strafrechtlich einen Betrug dar (KG, ZUM-RD 2011, 72, 75).

II. Förderung kulturell bedeutender Werke und Leistungen, S. 2

6   Nach der Soll-Vorschrift von S. 2 soll der Verteilungsplan dem Grundsatz der Förderung kulturell bedeutender Werke und Leistungen entsprechen. Die ursprünglich als zwingend konzipierte Vorschrift wurde wegen verfassungsrechtlicher Bedenken als Soll-Bestimmung formuliert (AmtlBegr. BT-Drucks. IV/271, 16). Daraus kann jedoch nicht geschlossen werden, dass ihre Durchsetzung nicht der **Aufsicht** unterliegt oder für die Erteilung, Versagung oder Widerruf der Erlaubnis zur Geschäftstätigkeit nach § 3 oder § 4 irrelevant ist (so aber Fromm/Nordemann/*Nordemann* § 7 WahrnG Rn. 1; Mestmäcker/ *Schulze* Anm. 3; vermittelnd Schricker/Loewenheim/*Reinbothe* § 7 WahrnG Rn. 10; Dreier/Schulze/*Schulze* § 7 UrhWG Rn. 14). Denn Sollvorschriften sind grds. zwingend und eröffnen lediglich für besondere atypische Fälle die Möglichkeit, von der zwingenden Verpflichtung abzusehen (*Wolff/Bachof/Stober/Kluth* 321). Eine grundlose und generelle Missachtung dieser Regel würde deshalb gegen § 7 verstoßen (*Häußer* FS Kreile 281, 285; *Lerche* 80, 108f.; Loewenheim/*Melichar* § 47 Rn. 36; *Meyer* 101; *Becker* FS Kreile 27, 32ff.; *Riesenhuber* 93). Wie die Verwertungsgesellschaften dieser Verpflichtung nachkommen, ist ihnen überlassen. Möglich sind bspw. Begabtenförderungen oder die Bevorzugung förderungswürdiger Werkkategorien bzw. Leistungen bei der Ausschüttung (*Melichar* 44; *Menzel* 20). Bekanntester Fall ist das GEMA-Wertungsverfahren (näher dazu Dreier/Schulze/*Schulze* § 7 UrhWG Rn. 15 m.w.N.; krit. dazu *Augenstein,* 145–147).

III. Aufnahme der Verteilungsgrundsätze in die Satzung, S. 3

7   Der Begriff der Satzung ist auch in S. 3 untechnisch zu verstehen. Damit die Grundzüge des Verteilungsplans schon aus der Satzung erkennbar sind und als deren Bestandteil auch nur nach den Regeln für Satzungsänderungen geändert werden können, sind die **maßgeblichen Parameter** in der Satzung festzulegen. Dazu gehören Berücksichtigungskriterien der Berechtigten bei der Einnahmeverteilung. Die Grundsätze des Verteilungsplans können auch durch eine besondere Satzungsbestimmung im Wege der Verweisung zum Bestandteil der Satzung erklärt werden (vgl. § 17 der GEMA-Satzung bei *Hillig* 16).

§ 8 Vorsorge- und Unterstützungseinrichtungen

Die Verwertungsgesellschaft soll Vorsorge- und Unterstützungseinrichtungen für die Inhaber der von ihr wahrgenommenen Rechte oder Ansprüche einrichten.

Literatur: *Augenstein,* Rechtliche Grundlagen des Verteilungsplans urheberrechtlicher Verwertungsgesellschaften, Baden-Baden, 2004; *Becker,* Verwertungsgesellschaften als Träger öffentlicher und privater Aufgaben, in: Becker (Hrsg.), Wanderer zwischen Musik, Politik und Recht, Festschrift für Reinhold Kreile, Baden-Baden 1994, 27 (zit. *Becker* FS Kreile); *Bremkamp,* Einführung von Wettbewerbsstrukturen im Rahmen der kollektiven Verwertung von Urheberrechten, Diss., Konstanz 2003; *Hauptmann,* Der Zwangseinbehalt von Tantiemen der Urheber und ihre Verwendung für soziale und kulturelle Zwecke bei der GEMA

§ 8 Vorsorge- und Unterstützungseinrichtungen   1, 2   § 8 WahrnG

und VG Wort, UFITA 126 (1994) 149; *Höppner,* Kulturelle Förderung und die GVL: Kulturelle Identitäten stärken, in: Gerlach/Evers (Hrsg.) Festschrift 50 Jahre GVL, Berlin 2011, 55–60; *Landfermann,* Zur Staatsaufsicht über die urheberrechtlichen Verwertungsgesellschaften, KUR 2000, 33; *Lerche,* Rechtsfragen der Verwirklichung kultureller und sozialer Aufgaben bei der kollektiven Wahrnehmung von Urheberrechten, insbesondere im Blick auf den sogen. 10% Abzug der GEMA, GEMA-Jb. 1997/98, 80; *Melichar,* Zur Sozialbindung des Urheberrechts, in Adrian/Nordemann/Wandtke (Hrsg.), Joseph Kohler und der Schutz des geistigen Eigentums in Europa, Berlin 1996, 101 (zit.: *Melichar* in: Adrian/Nordemann/Wandtke); *Melichar,* Der Abzug für soziale und kulturelle Zwecke durch Verwertungsgesellschaften im Lichte des internationalen Urheberrechts, in: Becker (Hrsg.), Die Verwertungsgesellschaften im Europäischen Binnenmarkt, Symposium für Reinhold Kreile zum 60. Geburtstag, Baden-Baden 1990, 47 (zit. *Melichar* FS Kreile 1990); *Meyer,* Verwertungsgesellschaften und ihre Kontrolle nach dem Urheberrechtswahrnehmungsgesetz, Baden-Baden 2001; *Vogel,* Wahrnehmungsrecht und Verwertungsgesellschaften in der Bundesrepublik Deutschland, GRUR 1993, 513; *WIPO,* Collective Administration of Copyright and Neighbouring Rights, 1989.

Vgl. darüber hinaus die Angaben im eingangs abgedr. Gesamtliteraturverzeichnis.

Übersicht

	Rn.
I. Grundzüge	1
II. Vorsorge- und Unterstützungseinrichtungen	2

I. Grundzüge

Vorbild für § 8 war ausweislich der Gesetzesmaterialien die GEMA-Sozialkasse (Amtl- 1 Begr. BT-Drucks. IV/271, 16, näher dazu Kreile/Becker/Riesenhuber/*Riesenhuber* Kap. 13). Die durch Verwertungsgesellschaften zu bildenden Vorsorge- und Unterstützungseinrichtungen sollen der Altersversorgung der Urheber und Leistungsschutzberechtigten und Unterstützungen in Notfällen dienen (Überblick bei *Vogel* GRUR 1993, 513, 524f.).

II. Vorsorge- und Unterstützungseinrichtungen

Auch bei der Regelung des § 8 handelt es sich um eine Soll-Vorschrift, die **grundsätz-** 2 **lich zu beachten** ist (*Becker* FS Kreile 1994 = Kreile/Becker/Riesenhuber Kap. 4 Rn. 19–23; *Lerche* 80, 109, 125; *Meyer* 104; Dreier/Schulze/*Schulze* § 8 UrhWG Rn. 2; Loewenheim/*Melichar* § 47 Rn. 42. Die damit verbundenen Sozialabzüge, die für die Finanzierung dieser Aufgaben erforderlich sind, stellen eine zulässige Inhaltsbestimmung des Eigentums i. S. v. Art. 14 GG dar und entsprechen dem Gebot der „horizontalen Sozialbindung", das den §§ 6 bis 9 zugrunde liegt (Schricker/Loewenheim/*Reinbothe* § 8 WahrnG Rn. 1; *Melichar* in: Adrian/Nordemann/Wandtke 101, 108; *Lerche* GEMA-Jb. 1997/98, 80, 102ff.; a. A. *Hauptmann* UFITA 126 (1994) 149, 175ff.; *Augenstein* 138–141; *Schack* Rn. 1373; *Bremkamp* 97f.). Auch auf internationaler Ebene wird die Einrichtung von Sozial- und Kulturfonds durch Verwertungsgesellschaften empfohlen (*WIPO* 309). *Augenstein* (117–142) hält § 8 für verfassungswidrig wegen der zusätzlichen Belastung selbständiger Berechtigter durch die Künstlersozialversicherung. Er verkennt dabei jedoch, dass für den von Abzügen betroffenen Berechtigten entsprechende zusätzliche Ansprüche im Rahmen des § 8 entstehen (krit. auch *Bremkamp* 102). Die Regelung des § 8 zeigt exemplarisch, dass sich die Bedeutung der Verwertungsgesellschaften nicht in einer bloßen Inkasso- und Verteilungsaufgabe erschöpft. Sie fördern und schützen darüber hinaus schöpferisch tätige Menschen (*Landfermann* KUR 2000, 33). Näher zu den einzelnen Unterstützungseinrichtungen der deutschen Verwertungsgesellschaften Loewenheim/*Melichar* § 47 Rn. 43f.; bzgl. GEMA auch *Augenstein,* 108–116).

§ 9 Rechnungslegung und Prüfung

(1) Die Verwertungsgesellschaft hat unverzüglich nach dem Schluß des Geschäftsjahrs für das vergangene Geschäftsjahr die Jahresbilanz, die Gewinn- und Verlustrechnung und den Anhang (Jahresabschluß) sowie einen Lagebericht aufzustellen.

(2) Der Jahresabschluß ist klar und übersichtlich aufzustellen. Er hat den Grundsätzen ordnungsmäßiger Buchführung zu entsprechen. Die Jahresbilanz sowie die Gewinn- und Verlustrechnung sind im Anhang zu erläutern.

(3) Im Lagebericht sind der Geschäftsverlauf und die Lage der Verwertungsgesellschaft so darzustellen, daß ein den tatsächlichen Verhältnissen entsprechendes Bild vermittelt wird.

(4) Der Jahresabschluß ist unter Einbeziehung der Buchführung und des Lageberichts durch einen oder mehrere sachverständige Prüfer (Abschlußprüfer) zu prüfen. Abschlußprüfer können nur Wirtschaftsprüfer oder Wirtschaftsprüfungsgesellschaften sein.

(5) Die Abschlußprüfer haben über das Ergebnis ihrer Prüfung schriftlich zu berichten. Sind nach dem abschließenden Ergebnis ihrer Prüfung keine Einwendungen zu erheben, so haben sie dies durch den folgenden Vermerk zum Jahresabschluß zu bestätigen:
Die Buchführung, der Jahresabschluß und der Lagebericht entsprechen nach meiner (unserer) pflichtmäßigen Prüfung Gesetz und Satzung.
Sind Einwendungen zu erheben, so haben die Abschlußprüfer die Bestätigung einzuschränken oder zu versagen. Die Abschlußprüfer haben den Bestätigungsvermerk mit Angabe von Ort und Tag zu unterzeichnen.

(6) Die Verwertungsgesellschaft hat den Jahresabschluß und den Lagebericht spätestens acht Monate nach dem Schluß des Geschäftsjahres im Bundesanzeiger zu veröffentlichen. Dabei ist der volle Wortlaut des Bestätigungsvermerks wiederzugeben. Haben die Abschlußprüfer die Bestätigung versagt, so ist hierauf in einem besonderen Vermerk zum Jahresabschluß hinzuweisen.

(7) Weitergehende gesetzliche Vorschriften über die Rechnungslegung und Prüfung bleiben unberührt.

Literatur: *Riesenhuber,* Transparenz der Wahrnehmungstätigkeit – Die Pflicht der Verwertungsgesellschaft zu Rechnungslegung, Publizität und Information ihrer Berechtigten, ZUM 2004, 417.
Vgl. darüber hinaus die Angaben im eingangs abgedr. Gesamtliteraturverzeichnis.

Regelungsgehalt

1   § 9 WahrnG verpflichtet die Verwertungsgesellschaften zur umfassenden Rechnungslegung und Prüfung, um der Allgemeinheit und den Berechtigten einen Überblick über die Geschäftsführung zu ermöglichen (AmtlBegr. BT-Drucks. IV/271, 16). Auch diese Pflicht ergibt sich aus der **Treuhandstellung** der Verwertungsgesellschaften. Vorbild für die Regelung waren die Vorschriften des Aktiengesetzes, die durch die Regelungen des Bilanzrichtlinien-Gesetzes abgelöst wurden (§§ 242, 246 ff. HGB) (*Riesenhuber* ZUM 2004, 417 f.). Vorgeschrieben sind ein jährlicher Jahresabschluss und ein Lagebericht. Zum Jahresabschluss gehört nach § 9 Abs. 1 WahrnG die Jahresbilanz, die Gewinn- und Verlustrechnung und der Anhang. Da die Tätigkeit der Verwertungsgesellschaften als treuhänderische Rechtswahrnehmung nicht auf Gewinnerzielung ausgerichtet ist, sind die Begriffe im übertragenen Sinne zu verstehen (Schricker/Loewenheim/*Reinbothe* § 9 WahrnG Rn. 2). Jahresabschluss und Lagebericht müssen umfassend sein, also auch die Tätigkeit rechtlich

selbstständiger Tochtergesellschaften (bspw. für die Verwaltung von Vorsorge- und Unterstützungseinrichtungen i.S.d. § 8 WahrnG) erfassen. Die einzelnen Voraussetzungen ergeben sich aus dem Wortlaut des Paragrafen.

§ 10 Auskunftspflicht

Die Verwertungsgesellschaft ist verpflichtet, jedermann auf schriftliches Verlangen Auskunft darüber zu geben, ob sie Nutzungsrechte an einem bestimmten Werk oder bestimmte Einwilligungsrechte oder Vergütungsansprüche für einen Urheber oder Inhaber eines verwandten Schutzrechts wahrnimmt.

Literatur: *Häußer*, Praxis und Probleme der Aufsicht über Verwertungsgesellschaften, FuR 1980, 57; *Riesenhuber*, Transparenz der Wahrnehmungstätigkeit – Die Pflicht der Verwertungsgesellschaft zu Rechnungslegung, Publizität und Information ihrer Berechtigten, ZUM 2004, 417.
Vgl. darüber hinaus die Angaben im eingangs abgedr. Gesamtliteraturverzeichnis.

Übersicht

	Rn.
I. Grundzüge	1
II. Auskunftspflicht	2–5

I. Grundzüge

§ 10 WahrnG verpflichtet Verwertungsgesellschaften, unter bestimmten Voraussetzungen Auskunft über das von ihr wahrgenommene Repertoire zu erteilen. Damit soll den Verwertern der Werke und Rechte ermöglicht werden, zu erfahren, von welcher Verwertungsgesellschaft sie Nutzungsrechte erwerben müssen oder welcher Verwertungsgesellschaft gegenüber sie Vergütungsansprüche befriedigen müssen. § 10 WahrnG dient der Transparenz und soll die rechtmäßige **Nutzung** erleichtern. Von besonderer Bedeutung ist er für den Fall, dass für eine Gattung von Werken oder geschützten Leistungen mehrere Verwertungsgesellschaften parallel bestehen (AmtlBegr. BT-Drucks. IV/271, 16). Der mit einem Auskunftsersuchen verbundene frühzeitige Kontakt mit den Nutzern liegt auch im Interesse der Verwertungsgesellschaften selbst, die dadurch frühzeitig Kenntnis von einer beabsichtigten Nutzung ihres Rechtekatalogs erhält (*Häußer* FuR 1980, 57, 66; Schricker/Loewenheim/*Reinbothe* § 10 WahrnG Rn. 1). Wird der Auskunftsanspruch nicht genutzt, trägt grds. der Nutzer das Risiko einer Rechtsverletzung (BGH GRUR 1988, 373, 375 – Schallplattenimport III). Die Auskunftspflicht besteht auch in den Fällen, in denen sich eine Verwertungsgesellschaft auf die in § 13b WahrnG enthaltene (widerlegbare) Vermutung der Aktivlegitimation zur Geltendmachung bestimmter Auskunfts- und Vergütungsansprüche berufen kann (Schricker/Loewenheim/*Reinbothe* § 10 WahrnG Rn. 2). § 10 WahrnG ist lediglich Grundlage für die Auskunftsrecht der Nutzer, Auskunftsansprüche der Berechtigten ergeben sich aus § 6 WahrnG (näher dazu: *Riesenhuber* ZUM 2004, 417). 1

II. Auskunftspflicht

Den Auskunftsanspruch kann jedermann geltend machen, der sich Nutzungsrechte einräumen lassen will (§ 11 WahrnG). Nur schikanöse Anfragen (§ 226 BGB) brauchen nicht beantwortet zu werden (Schricker/*Reinbothe* § 10 WahrnG Rn. 3). Der **Auskunftsanspruch** setzt voraus, dass das Auskunftsverlangen **schriftlich** gestellt wird (§ 126 Abs. 1 BGB). 2

3 Der Inhalt der Auskunftspflicht ist **begrenzt**. Bei Angabe eines bestimmten Werks kann Auskunft darüber verlangt werden, ob die Verwertungsgesellschaft für dieses Werk Nutzungs- oder Einwilligungsrechte wahrnimmt. Wegen des im Singular formulierten Gesetzeswortlauts „an einem bestimmten Werk", besteht keine Verpflichtung, ganze Werkkataloge zu beantworten (Fromm/Nordemann/*Nordemann* § 10 WahrnG, Rn. 2a. A. offenbar Schricker/Loewenheim/*Reinbothe* § 10 WahrnG Rn. 5, der die Verbindung mehrerer Einzelanfragen für unschädlich hält). Eine Auskunftspflicht besteht auch dahingehend, ob die Verwertungsgesellschaft bestimmte Einwilligungsrechte oder Vergütungsansprüche für einen Urheber oder Leistungsschutzberechtigten wahrnimmt. Weitergehende Auskunftspflichten z.B. dahingehend, welche Rechte ein Berechtigter insgesamt von der Verwertungsgesellschaft wahrnehmen lässt, wie lange ein Werk geschützt ist, oder wie viele Berechtigte beteiligt sind, bestehen nicht (Schricker/Loewenheim/*Reinbothe* § 10 WahrnG Rn. 5). Auch kann kein Nachweis der Rechtsinhaberschaft verlangt werden (Schricker/Loewenheim/*Reinbothe* § 10 WahrnG Rn. 5; Dreier/Schulze/*Schulze* § 10 UrhWG Rn. 2).

4 Publiziert eine Verwertungsgesellschaft ein Verzeichnis ihrer Wahrnehmungsberechtigten, genügt dessen Vorlage dem Auskunftsanspruch, soweit sich diesem ohne größere Mühe die gewünschten Daten entnehmen lassen (OLG Dresden, ZUM 2011, 913 – nicht rechtskräftig). Denn Zweck des Auskunftsanspruchs ist es, die Auskunft ohne zu große eigene Umstände zu bekommen (AmtlBegr. BT-Drucks. IV/271, 17).

5 Die Auskunftserteilung ist grds. kostenlos (AmtlBegr. BT-Drucks. IV/271, 16f.). Da der Gesetzgeber die Verwertungsgesellschaften aber im Rahmen ihrer Auskunftspflicht nicht mit unzumutbaren Kosten belasten wollte (AmtlBegr. BT-Drucks. IV/271, 17), kann für eine umfangreiche Auskunftserteilung, die mit besonders zeitaufwändigen Ermittlungen verbunden ist, eine kostendeckende Bearbeitungsgebühr verlangt werden (*Häußer* FuR 1980, 57, 66; Kreile/Becker/Riesenhuber/*Riesenhuber*/*v.* Vogel Kap. 14 Rn. 28; Schricker/Loewenheim/*Reinbothe* § 10 WahrnG Rn. 6), soweit man (so Schricker/Loewenheim/*Reinbothe* § 10 WahrnG Rn. 5) überhaupt einen Auskunftsanspruch über ganze Berechtigtenkataloge annimmt. Die Erhebung kostendeckender Bearbeitungsgebühren bei umfangreichen Auskünften wird auch von der Aufsichtsbehörde akzeptiert (*Häußer* FuR 1980, 57, 66).

§ 11 Abschlusszwang

(1) **Die Verwertungsgesellschaft ist verpflichtet, auf Grund der von ihr wahrgenommenen Rechte jedermann auf Verlangen zu angemessenen Bedingungen Nutzungsrechte einzuräumen.**

(2) **Kommt eine Einigung über die Höhe der Vergütung für die Einräumung der Nutzungsrechte nicht zustande, so gelten die Nutzungsrechte als eingeräumt, wenn die Vergütung in Höhe des vom Nutzer anerkannten Betrages an die Verwertungsgesellschaft gezahlt und in Höhe der darüber hinausgehenden Forderung der Verwertungsgesellschaft unter Vorbehalt an die Verwertungsgesellschaft gezahlt oder zu ihren Gunsten hinterlegt worden ist.**

Literatur: *Becker*, Verwertungsgesellschaften als Träger öffentlicher und privater Aufgaben, in: Becker (Hrsg.), Wanderer zwischen Musik, Politik und Recht, Festschrift für Reinhold Kreile, Baden-Baden 1994, 27 (zit. *Becker* FS Kreile); *Eberle*, Musiknutzer und die GVL, in: Gerlach/Evers (Hrsg.) Festschrift 50 Jahre GVL, Berlin 2011, 47–54; *Dördelmann*, Gedanken zur Zukunft der Staatsaufsicht über Verwertungsgesellschaften, GRUR 1999, 890; *Gerlach*, Gesetzliche Vergütungsansprüche – Stiefkinder der kollektiven Rechtewahrnehmung, in: Schierholz/Melichar (Hrsg.), Kunst, Recht und Geld, Festschrift für Gerhard Pfennig zum 65. Geburtstag, München 2011; *v. Gamm*, Die Tarifsetzung durch die urheberrechtlichen Verwertungsgesellschaften, in: Bruchhausen u.a. (Hrsg.), Festschrift für Rudolf Nirk, München 1992, 315 (zit. *v. Gamm* FS Nirk); *Held*, Fragen der kartellrechtlichen Missbrauchsaufsicht über Verwertungsgesellschaften, FuR 1980, 71; *Kröber*, Anspruch von Verwertungsgesellschaften auf Hinterlegung?, ZUM 1997, 927; *Leisner*, Urheberrechtsverwertung und Verfassungsrecht, UFITA 48 (1966) 46; *Melichar*, Die Wahrnehmung von

Urheberrechten durch Verwertungsgesellschaften, München 1983; *Menzel,* Die Aufsicht über die GEMA durch das Deutsche Patentamt, Heidelberg 1986; *Pfennig,* Rechtsstellung und Aufgaben der VG Bild-Kunst, KUR 1999, 10; *Reber,* Funktion der Verwertungsgesellschaften, GRUR 2000, 203; *Reimer,* Schiedsstellen im Urheberrecht, GRUR Int. 1982, 215; *Reinbothe,* Schlichtung im Urheberrecht, München 1978; *Schulze,* Die ersten Erfahrungen mit der neuen deutschen Urheberrechtsgesetzgebung, UFITA 50 (1967) 476; *Schulze,* Tarife und Gesamtverträge der Verwertungsgesellschaften, UFITA 80 (1977) 151; *Stockmann,* Die Verwertungsgesellschaften und das nationale und europäische Kartellrecht, in: Becker (Hrsg.), Die Verwertungsgesellschaften im Europäischen Binnenmarkt, Symposium für Reinhold Kreile zum 60. Geburtstag, Baden-Baden 1990, 25 (zit. *Stockmann* FS Kreile).

Vgl. darüber hinaus die Angaben im eingangs abgedr. Gesamtliteraturverzeichnis.

Übersicht

	Rn.
I. Grundzüge	1, 2
II. Abschlusszwang, Abs. 1	3–8
1. Angemessene Bedingungen	3–6
2. Beendigung des Nutzungsvertrages	7
3. Ausnahmen vom Abschlusszwang	8
III. Zahlung unter Vorbehalt/Hinterlegung, Abs. 2	9–11
IV. Rechtsweg	12–14

I. Grundzüge

Als notwendige Folge der in der Regel faktischen Monopolstellung der Verwertungsgesellschaften unterwirft § 11 WahrnG diese einem Abschlusszwang gegenüber jedem potenziellen Verwerter der von ihr treuhänderisch wahrgenommenen Rechte und Ansprüche (AmtlBegr. BT-Drucks. IV/271, 17). Dieser **Abschlusszwang** schränkt den Grundsatz der Vertragsfreiheit (§ 305 BGB) ein. Die Regelung des § 11 ist neben dem Verbot diskriminierender Bedingungen für marktbeherrschende Unternehmen (§ 20 GWB) anwendbar (BGH ZUM 1989, 80, 82 – GEMA-Wertungsverfahren; *Held* FuR 1980, 71, 77; *Menzel* 108, 110; *Stockmann* FS Kreile 1990, 25). § 20 GWB gilt nach § 30 Abs. 1 GWB auch für Verwertungsgesellschaften. 1

Gegen den Abschlusszwang nach § 11 wurden früher verfassungsrechtliche Bedenken geltend gemacht (*Reinbothe* 10 Fn. 56; *Leisner* UFITA 48 (1966) 46; *Schulze* UFITA 50 (1967) 476, 485 f.). Denn während der Urheber oder Leistungsschutzberechtigte vor Einbringung seiner Rechte in die Verwertungsgesellschaft individuell entscheiden kann, ob er Nutzungsrechte Dritten einräumt, wird ihm diese Entscheidung nach Einbringung seiner Rechte in eine Verwertungsgesellschaft genommen. Dennoch wird man darin eine zulässige Sozialbindung des Eigentums sehen müssen, da ein schutzwürdiges Interesse der Allgemeinheit darin besteht, die Nutzung der in die Verwertungsgesellschaft eingebrachten Kulturgüter nicht vom Belieben der jeweiligen Verwertungsgesellschaft abhängig zu machen (Fromm/Nordemann/*Nordemann* § 11 WahrnG Rn. 1). Die Sozialbindung verdichtet sich also zur Weitergabeverpflichtung, wenn die entsprechenden Rechte in der Hand der Verwertungsgesellschaft zum Wirtschaftsgut geworden sind (Schricker/Loewenheim/*Reinbothe* § 11 WahrnG Rn. 2). Den Interessen der Urheber und Leistungsschutzberechtigten kann dadurch Rechnung getragen werden, dass sie entweder auf eine Einbringung ihrer Rechte in Verwertungsgesellschaften verzichten oder aber Rückrufregelungen mit den Verwertungsgesellschaften vereinbaren. Insb. bei Nutzungen, die persönlichkeitsrechtliche Auswirkungen haben können, ist eine **Rückrufsregelung** bei der Lizenzierung durch Verwertungsgesellschaften sinnvoll. Eine solche verstößt nicht gegen den Abschlusszwang (*Pfennig* KUR 1999, 10, 11; *Dördelmann* GRUR 1999, 890, 893). Eine Umgehung und damit ein Verstoß gegen § 11 würde aber dann vorliegen, wenn die Berechtigten bei der Einbringung ihrer Rechte in die Verwertungsgesellschaft im Rahmen des Wahrnehmungsvertrages konkrete Nutzer ausklammern. 2

II. Abschlusszwang, Abs. 1

1. Angemessene Bedingungen

3   Die **Einräumung der Nutzungsrechte** muss zu angemessenen Bedingungen erfolgen. Der Abschlusszwang lässt die Pflicht der Nutzer, sich vor der Werknutzung die Rechte einräumen zu lassen, unberührt (LG München I ZUM 1985, 224f.; Dreier/Schulze/ *Schulze* § 11 UrhWG Rn. 6). Obwohl bei gesetzlichen Vergütungsansprüchen, die Verwertungsgesellschaften geltend machen, keine Nutzungsrechte eingeräumt werden, gilt auch für die vertragliche Regelung der angemessenen Vergütung wegen der vergleichbaren Situation der Abschlusszwang. Der Begriff der **angemessenen Bedingungen** wird ebenso wie in § 6 WahrnG nicht näher definiert. Im Rahmen eines Nutzungsvertrages nach § 11 WahrnG muss sich die Angemessenheit der Vertragsbedingungen aus dem Verhältnis von Leistung und Gegenleistung ergeben: die Rechte und Pflichten der Parteien müssen zueinander in einem ausgewogenen Verhältnis stehen. Wichtiger Maßstab dafür ist die Höhe der Vergütung. Erforderlich ist eine angemessene finanzielle Beteiligung der Urheber und Leistungsschutzberechtigten an den wirtschaftlichen Nutzungen der Werke und geschützten Leistungen. Die Berechtigten müssen an den **geldwerten Vorteilen** der Nutzung entsprechend beteiligt werden (BGH GRUR 1982, 102, 103 – Masterbänder; BGH GRUR 1985, 131, 132 – Zeitschriftenauslage; BGH GRUR 1986, 376, 378 – Filmmusik). Maßstab dabei ist grds. der wirtschaftliche Erfolg des Verwerters. Dieser ist auch für die Tarifgestaltung nach § 13 Abs. 3 WahrnG entscheidend (vgl. § 13 WahrnG Rn. 6ff.). Grundsätzlich ausgeschlossen ist die unentgeltliche Lizenzierung (OLG Dresden, ZUM 2011, 913 – nicht rechtskräftig). Die Höhe der Nutzungsvergütung muss außerdem so bemessen sein, dass die Verwertungsgesellschaft die finanziellen Möglichkeiten zur Erfüllung ihrer Aufgaben erhält. Dazu zählt auch der Unterhalt von Vorsorge- und Unterstützungseinrichtungen (KG GRUR 1978, 247, 248 – Verwertungsgesellschaft; Schricker/ Loewenheim/*Reinbothe* § 11 WahrnG Rn. 5; *Reber* GRUR 2000, 203, 204).

4   Im Rahmen der Angemessenheit müssen alle vergleichbaren Fälle auch gleich behandelt werden. Auch das **Gleichbehandlungsgebot** ist deshalb Teil der angemessenen Bedingungen (*Reinbothe* 46 m.w.N.).

5   Streitig ist die Frage **existierender Tarife** für die Bewertung der Angemessenheit. Während zum Teil die nach § 13 Abs. 1 von den Verwertungsgesellschaften aufgestellten Tarife zum Maßstab der Angemessenheit gemacht werden (BGH GRUR 1974, 35, 36 – Musikautomat; BGH GRUR 1983, 565, 566 – Tarifüberprüfung II; *Schulze* UFITA 80 (1977) 151, 152), da diese von der Aufsichtsbehörde überprüft würden, billigen andere den Tarifen lediglich eine Indizwirkung zu (Fromm/Nordemann/*Nordemann* § 13 WahrnG Rn. 4; *Menzel* 63f.). Zum Teil wird auch vertreten, dass Tarife keinerlei Vermutung der Angemessenheit haben, da sie in vollem Umfang gerichtlich überprüfbar sind (BGH GRUR 1986, 376, 377 – Filmmusik; OLG München GRUR 1983, 578, 579f. – Musiknutzung bei Videokassetten; *Reimer* GRUR Int. 1982, 215, 217; *Reinbothe* 45). Richtig dürfte eine differenzierte Betrachtung sein: die aufgestellten Tarife sind zunächst Ausgangspunkt für die Angemessenheit. Wird ein Tarif vertraglich vereinbart, der sich durchgesetzt hat, findet eine Angemessenheitsprüfung nicht mehr statt (BGH GRUR 1984, 52, 54 – Tarifüberprüfung I; *v. Gamm* FS Nirk 315, 317; *Becker* FS Kreile 27, 46; *Reber* GRUR 2000, 203, 204). Heranzuziehen ist der Tarif, der der konkreten Nutzung am nächsten kommt (BGH GRUR 1976, 35, 36 – Bar-, Filmmusik; BGH GRUR 1983, 565, 567 – Tarifüberprüfung II).

6   **Beweispflichtig** für die Angemessenheit des Tarifes ist die Verwertungsgesellschaft, soweit sich ein Tarif noch nicht durchgesetzt hat (KG GRUR 1978, 247; Schricker/ *Reinbothe* § 11 WahrnG Rn. 6). Hat sich ein Tarif durchgesetzt, so gilt für ihn die Vermutung der Angemessenheit, diese muss nach den allgemeinen Beweisregeln vom Nutzer widerlegt werden.

2. Beendigung des Nutzungsvertrages

Haben die Nutzer einer Vergütung zugestimmt, können sie die Angemessenheit während der Vertragslaufzeit nicht angreifen (BGH GRUR 1984, 52, 54 – Tarifüberprüfung 1; BGH GRUR 2000, 872 f. – Schiedsstellenanrufung). Nutzungsverträge mit kurzer Laufzeit können in der Regel nicht gekündigt werden, für eine solche Kündigung besteht kein Bedürfnis. Dem gegenüber besteht für längerfristige Nutzungsverträge die Möglichkeit einer ordentlichen Kündigung (BGH GRUR 2000, 872 f. – Schiedsstellenanrufung). Wie bei jedem Dauerschuldverhältnis besteht auch die Möglichkeit einer Kündigung aus wichtigem Grund (BGH GRUR 1990, 443, 444 – Musikverleger IV). Kein wichtiger Grund, der zu einer außerordentlichen Kündigung berechtigen würde, ist der Wunsch nach einer Tarifänderung (*v. Gamm* FS Nirk 315, 317 ff.). Nach erfolgter Kündigung kann auch ein zunächst abgeschlossener Einzelvertrag auf seine Angemessenheit überprüft werden.

3. Ausnahmen vom Abschlusszwang

Das Gesetz sieht keine Ausnahmen vom Abschlusszwang in § 11 WahrnG vor. In Extremfällen kann der Abschlusszwang aber durch entgegenstehende berechtigte Interessen aufgehoben werden (BGH ZUM 2009, 949 – Seeing is Believing; OLG München GRUR 1994, 118, 120 – Beatles CDs; Fromm/Nordemann/*Nordemann* § 11 WahrnG Rn. 3; Kreile/Becker/Riesenhuber/*Riesenhuber/v. Vogel* Kap. 14 Rn. 34–39; Schricker/Loewenheim/*Reinbothe* § 11 WahrnG Rn. 8; Loewenheim/*Melichar* § 48 Rn. 12; Dreier/Schulze/*Schulze* § 11 UrhWG Rn. 5). So zum Beispiel aus urheberpersönlichkeitsrechtlichen Gründen bei extremistischen politischen Veranstaltungen UrhG oder bei Nutzern, die wiederholt die wahrgenommenen Rechte verletzt haben. Kein Abschlusszwang besteht auch, wenn der Interessent die beabsichtigte Nutzung nicht vornehmen kann, weil ihm weitere erforderliche Nutzungsrechte anderer von der Verwertungsgesellschaft nicht vertretener Berechtigter definitiv nicht eingeräumt werden (BGH ZUM 2009, 949 – Seeing is Believing).

III. Zahlung unter Vorbehalt/Hinterlegung, Abs. 2

Nach Abs. 2 werden dem Nutzer Nutzungsrechte eingeräumt oder Einwilligungsrechte erteilt, wenn zum einen Verhandlungen über die zu zahlende Vergütung zwischen Verwertungsgesellschaft und Nutzer geführt wurden und gescheitert sind und zum anderen die von der Verwertungsgesellschaft geforderte Vergütung vom Nutzer vor der Nutzung unter Vorbehalt an die Verwertungsgesellschaft gezahlt oder zu ihren Gunsten hinterlegt wurde (LG Berlin ZUM 1985, 222, 223; LG München I ZUM 1985, 224, 225). Dadurch wird verhindert, dass die Verwertungsgesellschaft sich ihrem Kontrahierungszwang durch ein Hinauszögern der Rechtseinräumung oder unangemessen hohe Forderungen faktisch entzieht (Amtl. Begr. BT-Drucks. IV/271, 17; BGH GRUR 2000, 872 f. – Schiedsstellenanrufung).

Nunmehr ist seit der Umsetzung des „Ersten Korbs" auch vom Wortlaut her ausdrücklich klargestellt, dass sich Hinterlegung und Vorbehaltszahlung auf den zwischen den Parteien **streitigen Teil** beziehen. Der unstreitige Sockelbetrag, der sich aus dem Angebot des Nutzers ergibt, muss vorbehaltlos an die Verwertungsgesellschaft gezahlt werden, damit die Verwertungsgesellschaft nicht vom Nutzer dadurch unter Druck gesetzt werden kann, dass die gesamte Zahlung vorenthalten wird. Das entspricht der schon bisher einhelligen Meinung (Schricker/Loewenheim/*Reinbothe* § 11 WahrnG Rn. 10; Fromm/Nordemann/*Nordemann* § 11 WahrnG Rn. 4; *Melichar* 38; *Reber* GRUR 2000, 203, 204). Anderenfalls kommt ein wirksamer gesetzlicher Rechtsübergang nicht zustande und die Folgen einer unberechtigten, unter Verletzung von § 13a Abs. 1 WahrnG vorgenommenen Nutzung treten ein (Unterlassungsanspruch, Schadensersatz). Auch die Hinterlegung oder Vorbehaltszahlung einer geringeren als von der Verwertungsgesellschaft geforderten Vergütung führen nicht zur gesetzlichen Rechtseinräumung nach § 11 Abs. 2 WahrnG und beseitigen die unberechtigte Nutzung nicht (BGH GRUR 1974, 35, 38 – Musikautomat; BGH GRUR 1983, 565, 566 – Tarifüberprüfung II). Die Hinterlegung richtet sich nach den §§ 372ff. BGB und der Hinterlegungsordnung v. 10.3.1937 (RGBl. I, 285). Hinterlegungsstelle ist das Amtsgericht. § 11 Abs. 2 WahrnG findet nur Anwendung, wenn der Nutzer überhaupt **zur Zahlung bereit** ist. Wer die Zahlungspflicht als solche bestreitet, kann die vorläufige Nutzungsrechtseinräumung durch Hinterlegung oder Vorbehaltszahlung nicht herbeiführen (Dreier/Schulze/*Schulze* § 11 UrhWG Rn. 18). Neben der Hinterlegung bzw. Vorbehaltszahlung muss der Nutzer der Verwertungsgesellschaft die üblichen notwendigen Angaben für die Tarifierung und Erfassung des genutzten Repertoires liefern (LG Berlin ZUM 1985, 222f.; Loewenheim/*Melichar* § 48 Rn. 14). Die Spezialregelung für die vorläufige Nutzung in § 11 Abs. 2 WahrnG verdrängt die Durchsetzung des Abschlusszwangs im Wege der Einstweiligen Verfügung analog § 42a Abs. 6 S. 2 UrhG (bisher § 61 Abs. 6 S. 2; Loewenheim/*Melichar* § 48 Rn. 14), sofern die Abschlussverweigerung mit der fehlenden Zahlung bzw. Hinterlegung begründet wird. Da § 11 Abs. 2 WahrnG zu einer gesetzlichen Rechtseinräumung führt, die unabhängig vom Willen der Verwertungsgesellschaft ist, besteht für die einstweilige Verfügung auch keine Notwendigkeit (a. A. OLG München ZUM 1994, 303, 305 – Beatles-CD; vermittelnd Dreier/Schulze/*Schulze* § 11 UrhWG Rn. 26). Keine Anwendung findet Abs. 2 de lege lata auf gesetzliche Vergütungsansprüche. Hier fordert die BT-Enquete-Kommission zu Recht eine Erweiterung, um das Insolvenzrisiko zu minimieren (Schlussbericht der Enquete-Kommission „Kultur in Deutschland" – BT-Drucks. 16/7000, 285).

11 Streitig ist, ob die Hinterlegung auch als **Schadensersatzanspruch** geltend gemacht werden kann. Konnte über die Höhe der Vergütung keine Einigkeit erzielt werden, so besteht für die Verwertungsgesellschaft das Bedürfnis, eventuelle Ansprüche gegen das Insolvenzrisiko des Nutzers abzusichern, also Zahlung unter Vorbehalt verlangen zu können. Die Hinterlegungsregelung des § 11 Abs. 2 WahrnG bietet selbst keine Anspruchsgrundlage für die Forderung der Hinterlegung (BGH GRUR 2000, 872, 874). Die Hinterlegung kann sich aber als Schadensersatzanspruch ergeben, da die Verwertungsgesellschaft so zu stellen ist, wie bei einer rechtmäßigen Nutzung (Kreile/Becker/Riesenhuber/*Riesenhuber*/v. *Vogel* Kap. 14 Rn. 58; *Kröber* ZUM 1997, 927; OLG Naumburg ZUM 1997, 937, 940, aufgehoben durch BGH GRUR 2000, 872, 874). Dem gegenüber hat der BGH einen Schadensersatzanspruch auf Hinterlegung abgelehnt, da der **Zweck** des § 11 Abs. 2 WahrnG allein der Schutz des Verwerters sei (BGH GRUR 2000, 872, 874; zustimmend Schricker/Loewenheim/*Reinbothe* § 12 WahrnG Rn. 10). Die Vorschrift des § 11 Abs. 2 solle keine Vermögensposition der Verwertungsgesellschaften begründen und sie nicht – anders als andere Inhaber urheber- und leistungsschutzrechtlicher Befugnisse – gegen die Gefahr sichern, Ansprüche wegen Rechtsverletzungen nach Erwirkung eines Schadensersatztitels nicht mehr vollstrecken zu können. Dabei verkennt der BGH jedoch, dass das Insolvenzrisiko, dem die Verwertungsgesellschaft ausgesetzt ist, ungleich höher ist, als das anderer Urheber und Leistungsschutzberechtigter. Denn die Verwertungsgesellschaft muss bei Streitigkeit des Tarifes zunächst die Schiedsstelle nach § 16 Abs. 1 anrufen, deren Einigungsvorschläge nicht vorläufig vollstreckbar sind. Da die Verfahren vor der Schiedsstelle wie der BGH (BGH GRUR 2000, 872, 873) ausführt teilweise mehr als 5 Jahre dauern, ist das **Insolvenzrisiko** für die Verwertungsgesellschaft ungleich größer als für andere. Hieran dürfte auch die neue Beschleunigungsregel des § 14a Abs. 2 nichts ändern. Abs. 2 dient deshalb auch dem Schutz der Verwertungsgesellschaft (Loewenheim/*Melichar* § 48 Rn. 16) Dreier/Schulze/*Schulze* § 11 UrhWG Rn. 24, empfiehlt stattdessen Schadensersatzansprüche in Form der Gewinnabschöpfung mit dem richtigen Hinweis, dass der Tarif für eine unerlaubte Nutzung nicht gilt und daher die Angemessenheit auch nicht bestritten werden kann, ein Schiedsverfahren also nicht in Frage kommt.

IV. Rechtsweg

Für Streitigkeiten über den Abschlusszwang nach § 11 Abs. 1 sind die **ordentlichen** 12
Gerichte zuständig. Vor Klageerhebung kann der Beteiligte die Schiedsstelle anrufen (§ 14 Abs. 1 Nr. 1 WahrnG). Betrifft die Streitigkeit aus Abs. 1 die Anwendbarkeit oder Angemessenheit des Tarifs, so muss das Verfahren vor der **Schiedsstelle** der Klage vor den ordentlichen Gerichten vorausgehen (§ 16 WahrnG). Die Durchführung des Schiedsstellenverfahrens ist eine von Amts wegen zu berücksichtigende Prozessvoraussetzung.

Die Ansprüche auf Lizenzerteilung können analog § 42a Abs. 6 S. 2 UrhG auch im einstweiligen Verfügungsverfahren geltend gemacht werden (OLG München ZUM 1994, 303, 305 – Beatles-CD), wenn die Lizenzerteilung aus anderen Gründen als der fehlenden Hinterlegung oder Vorbehaltszahlung verweigert wird und ein ordentliches Verfahren nicht abgewartet werden kann, ohne dass ein unverhältnismäßig großer, irreparabler Schaden droht (LG München ZUM 2004, 79, 81).

Stellt sich bei Streitfällen nach Abs. 1 erst während des Prozesses vor dem ordentlichen 13
Gericht heraus, dass Anwendbarkeit oder Angemessenheit des Tarifs im Streit sind, setzt das Gericht nach § 16 Abs. 2 S. 2, 3 WahrnG den Rechtsstreit aus und gibt den Parteien Gelegenheit zur Anrufung der Schiedsstelle. Weist die Partei, die die Anwendbarkeit oder Angemessenheit des Tarifs bestreitet, nicht innerhalb von zwei Monaten nach Aussetzung nach, dass sie die Schiedsstelle angerufen hat, wird der Rechtsstreit fortgesetzt und die Anwendbarkeit bzw. Angemessenheit des maßgeblichen Tarifs gilt als zugestanden.

Betrifft die Streitigkeit die Zahlung unter Vorbehalt bzw. Hinterlegung der von der 14
Verwertungsgesellschaft geforderten Lizenzgebühr nach Abs. 2, so kann die vorherige Durchführung des – zeitintensiven – Schiedsstellenverfahrens nicht Prozessvoraussetzung sein, da dann der Zweck der Hinterlegung, der Schutz vor dem Insolvenzrisiko, für die Verwertungsgesellschaft nicht erreicht werden kann (OLG Naumburg ZUM 1997, 937, 940, aufgehoben durch BGH GRUR 2000, 872, 874). Dem gegenüber hält der BGH die vorherige Durchführung des Schiedsstellenverfahrens nach § 16 WahrnG auch für diesen Fall erforderlich, wobei er einen Schadensersatzanspruch auf Hinterlegung ohnehin ablehnt (BGH GRUR 2000, 872, 874). Wurden Summen hinterlegt und die Ansprüche der Verwertungsgesellschaft gerichtlich bestätigt, kann diese die Freigabe der hinterlegten Beträge in Höhe des titulierten Umfangs verlangen. Dies geschieht, indem auf Einwilligung in die Auszahlung geklagt wird (BGH ZUM-RD 2012, 311, 315 – Barmen Live).

§ 12 Gesamtverträge

Die Verwertungsgesellschaft ist verpflichtet, mit Vereinigungen, deren Mitglieder nach dem Urheberrechtsgesetz geschützte Werke oder Leistungen nutzen oder zur Zahlung von Vergütungen nach dem Urheberrechtsgesetz verpflichtet sind, über die von ihr wahrgenommenen Rechte und Ansprüche Gesamtverträge zu angemessenen Bedingungen abzuschließen, es sei denn, daß der Verwertungsgesellschaft der Abschluß eines Gesamtvertrages nicht zuzumuten ist, insbesondere weil die Vereinigung eine zu geringe Mitgliederzahl hat.

Literatur: *Becker,* Verwertungsgesellschaften als Träger öffentlicher und privater Aufgaben, in: Becker (Hrsg.), Wanderer zwischen Musik, Politik und Recht, Festschrift für Reinhold Kreile, Baden-Baden 1994, 27 (zit. *Becker* FS Kreile); *v. Gamm,* Die Tarifsetzung durch die urheberrechtlichen Verwertungsgesellschaften, in: Bruchhausen u. a. (Hrsg.), Festschrift für Rudolf Nirk, München 1992, 315 (zit. *v. Gamm* FS Nirk); *Melichar,* Die Wahrnehmung von Urheberrechten durch Verwertungsgesellschaften, München 1983; *Reinbothe,* Schlichtung im Urheberrecht, München 1978; *Schulze,* Die ersten Erfahrungen mit der neuen deutschen Urheberrechtsgesetzgebung, UFITA 50 (1967) 476).

Vgl. darüber hinaus die Angaben im eingangs abgedr. Gesamtliteraturverzeichnis.

Übersicht

	Rn.
I. Grundzüge	1
II. Pflicht zum Abschluss von Gesamtverträgen	2–10
1. Rechtsnatur der Gesamtverträge	2–5
2. Angemessene Bedingungen	6
3. Zumutbarkeit	7
4. Rechtsweg	8, 9
5. Tarifwirkung	10

I. Grundzüge

1 § 12 WahrnG verpflichtet die Verwertungsgesellschaften, mit **Nutzervereinigungen** oder Vereinigungen von Vergütungspflichtigen zu angemessenen Bedingungen Gesamtverträge abzuschließen. Damit unterwirft § 12 WahrnG die Verwertungsgesellschaften ebenso einem Kontrahierungszwang wie § 6 WahrnG und § 11 WahrnG. Da der Abschluss von Gesamtverträgen, in denen zwischen Verwertungsgesellschaft und Nutzervereinigung allgemein die wesentlichen Bedingungen festgelegt werden, zu denen einzelne Werknutzer ihre Nutzungserlaubnis erhalten, zu einem Harmonisierungseffekt in der Administration führt, liegen diese auch im Interesse der Verwertungsgesellschaften. Rechtliche Bedenken (*Schulze* UFITA 50 (1967) 467, 487) haben deshalb in der Praxis keinen Einfluss auf die zahlreichen Abschlüsse von Gesamtverträgen. So hat alleine die GEMA über 300 Gesamtverträge abgeschlossen (*Becker* FS Kreile 27, 45). Eine Nutzervereinigung ist aber nur gesamtvertragsfähig, wenn der Abschluss eines Gesamtvertrages vom **Satzungszweck** gedeckt ist. Dies ist nicht der Fall, wenn der Gesamtvertrag nur für einige wenige Mitglieder in Frage kommt, der Satzungszweck aber in der Förderung und Wahrung der gemeinsamen Mitgliederinteressen liegt (OLG Düsseldorf, ZUM 2011, 256 – nicht rechtskräftig).

II. Pflicht zum Abschluss von Gesamtverträgen

1. Rechtsnatur der Gesamtverträge

2 Gesamtverträge sind Vereinbarungen, die zwischen den Verwertungsgesellschaften und Vereinigungen abgeschlossen werden, in denen einzelne Verwerter zusammengeschlossen sind. Diese Verwerter können Werknutzer sein oder aber sonst nach dem UrhG zur Zahlung von Vergütungen Verpflichtete, wie bspw. die Hersteller und Importeure von Bild- und Tonaufnahmegeräten (§§ 54 ff. UrhG).

3 Der Gesamtvertrag ist ein **Rahmenvertrag** (AmtlBegr. BT-Drucks. IV/271, 17), der selbst unmittelbar keine Nutzungsvorgänge regelt, sondern schuldrechtliche Rahmenbedingungen für den Abschluss der noch abzuschließenden Einzelverträge schafft (*Reinbothe* 28). Der Gesamtvertrag bindet nur die an ihm beteiligten **Vertragsparteien,** also die Verwertungsgesellschaft und die Nutzervereinigung. Anders als während des Gesetzgebungsverfahrens zunächst vorgesehen, kommt ihm eine normative Drittwirkung für die Mitglieder der Nutzervereinigung nicht zu (Beschluss der Schiedsstelle ZUM 1987, 183, 184). Die rechtliche Wirkung für die Einzelnutzer setzt voraus, dass diese sich ihm als **Mitglieder** der Nutzervereinigung unterwerfen. Ohne diese **Unterwerfung** können sie weiterhin die Angemessenheit der Tarife bestreiten und versuchen, einen Nutzungsvertrag zu abweichenden Bedingungen abzuschließen (OLG München GRUR 1990, 358, 359 – Doppelmitgliedschaft). Die Nutzervereinigungen müssen deshalb darauf hinwirken, dass die im Gesamtvertrag vereinbarten Bedingungen auch anerkannt werden, um die Abwicklung zu sichern. Da die Bedingungen des Gesamtvertrages günstiger sind als der Abschluss eines Individualvertra-

ges, haben die einzelnen Nutzer ein unmittelbar eigenes Interesse an der Einhaltung der Bedingungen. Denn der Vorteil liegt darin, dass der Gesamtvertrag regelmäßig **niedrigere Vergütungssätze** (üblicherweise Abschläge bis zu 20%) enthält, als die allgemeinen Tarife für Einzelnutzungen (*Melichar* 85). Dadurch, dass in den Gesamtverträgen allgemein die wesentlichen Bedingungen bereits vereinbart werden, können die Einzelverträge ohne aufwändige Vertragsverhandlungen mit den einzelnen Nutzern geschlossen werden. Als Gegenleistung für die Vorzugssätze bei der Vergütung verpflichten sich die Nutzervereinigungen zur **Vertragshilfe** bei Abwicklung und Kontrolle der Einzelnutzungsverträge (BGH GRUR 1974, 35, 37 – Musikautomat; Schiedsstelle ZUM 1989, 314 f.). Auch stellen sie den Verwertungsgesellschaften Mitgliederverzeichnisse zur Verfügung und drängen den Mitgliedern gegenüber auf Einhaltung der gesamtvertraglichen Verpflichtungen (*Mestmäcker/Schulze* Anm. 1; Schricker/Loewenheim/*Reinbothe* § 12 WahrnG Rn. 4).

Kein echter Gesamtvertrag liegt vor, wenn der Rahmenvertrag mit einem Zusammenschluss von Verwertern abgeschlossen wird, die selbst die Nutzungsvorgänge vornehmen, ohne dass zusätzliche Einzelverträge geschlossen werden. Da die Verwaltungsvereinfachung, die mit dem Abschluss derartiger Verträge verbunden ist, noch über die echter Gesamtverträge hinausgeht, müssen auch in solchen unechten Gesamtverträgen (*Melichar* 41) Vorzugssätze für die Vergütungen vereinbart werden. Denn im Gegensatz zu echten Gesamtverträgen bleibt der Verwertungsgesellschaft auch der zusätzliche Abschluss von Einzelverträgen erspart, da die Nutzer unmittelbar gebunden werden. Die Terminologie ist hier uneinheitlich. *Melichar* (Loewenheim/*Melichar* § 48 Rn. 38) bezeichnet diese Verträge, die keine Rahmenverträge i. S. d. § 12 WahrnG sind, sondern eine unmittelbare Bindung bewirken, nun als echte Gesamtverträge. Ein derartiger Vertrag ist bspw. der zwischen der GVL und der ARD und ihren Werbetöchtern geschlossene Vertrag über die Sendung erschienener Tonträger. In diesem werden Vergütung und Nutzungsbedingungen im Einzelnen geregelt, so dass es zusätzlicher schriftlicher Einzelverträge nicht mehr bedarf (BGH ZUM 2001, 983, 988 – Gesamtvertrag privater Rundfunk). 4

Veröffentlicht die Verwertungsgesellschaft einen Tarif, der im Widerspruch zu einem 5 gültigen Gesamtvertrag steht, so stellt die Veröffentlichung lediglich ein Angebot zur Änderung des Gesamtvertrages, nicht aber eine Teilkündigung dar (Schricker/Loewenheim/*Reinbothe* § 12 WahrnG Rn. 8).

2. Angemessene Bedingungen

§ 12 WahrnG verpflichtet die Verwertungsgesellschaften zum Abschluss von Gesamtverträgen zu angemessenen Bedingungen. Diese bestimmen sich nach den gleichen Kriterien wie in § 11 WahrnG (s. ausführlich § 11 WahrnG Rn. 3–6). Aus der Tatsache, dass Rechte und Pflichten in einem ausgewogenem Verhältnis stehen müssen, ergibt sich, dass die vorgesehene Vergütung der mit dem Gesamtvertrag verbundenen Verwaltungsvereinfachung Rechnung tragen muss. Mitglieder einer Nutzervereinigung können deshalb Vorzugsbedingungen gegenüber sonstigen Einzelnutzern verlangen. Eine generelle Verpflichtung der Verwertungsgesellschaft, Gesamtvertragsrabatte zu gewähren, besteht allerdings nur bei entsprechenden Vereinfachungen (Dreier/Schulze/*Schulze* § 12 UrhWG Rn. 2). Freiwillige früher getroffene Vereinbarungen begründen die Vermutung der Angemessenheit (Schiedsstelle ZUM 2005, 670, 680). Beruhen die damals gefundenen Verhandlungsergebnisse allerdings auf einem Marktungleichgewicht und stehen im Widerspruch zu Vereinbarungen in anderen Nutzungsbereichen, kann sich die Schiedsstelle nicht darauf beschränken, Veränderungen der tatsächlichen Umstände festzustellen. 6

3. Zumutbarkeit

Kein Abschlusszwang besteht für die Verwertungsgesellschaft, wenn ihr der Abschluss 7 eines Gesamtvertrages nicht zuzumuten ist. Als Beispielsfall nennt das Gesetz eine zu geringe Mitgliederzahl der Nutzervereinigung. Zu klein ist bspw. eine Nutzervereinigung mit nur sechs Mitgliedern, auch wenn diese die einzigen Nutzer in dem betreffenden Bereich sind (OLG München Schulze OLGZ 216 m. Anm. *Nordemann;* Schiedsstelle ZUM 1989, 314, 315; *Melichar* 40). Für unzumutbar hat der BGH den Abschluss eines Gesamtvertrages zwischen GEMA und dem Bundesverband Musikindustrie über die Lizenzierung von Musikabrufdiensten im Internet angesehen, da der Bundesverband zwar über 300 Mitglieder hat, von denen jedoch nur 13 Mitglieder eigene Musikabrufdienste anbieten wollten, während der überwiegende Teil die Rechteeinräumung begehrt, um diese auf Dritte weiter zu übertragen (BGH ZUM 2011, 43 – Musikabrufdienste). Selbst 21 Mitglieder sind zu gering, wenn ihnen der Beitritt zum Gesamtvertrag freigestellt wird und deshalb nur mit einem Abschluss weniger gerechnet werden kann (*v. Gamm* FS Nirk 314, 316 m. w. N.). Unerheblich ist der Marktanteil der von der Nutzervereinigung vertretenen Mitglieder, da ein Gesamtvertrag im Fall von Oligopolen nicht zu einer Verwaltungsvereinfachung führen würde, der einen Gesamtvertragsnachlass rechtfertigt (BGH ZUM 2011, 43 – Musikabrufdienste). Der Abschluss kann auch aus anderen Gründen unzumutbar sein, so bspw. wenn mit einer Verwaltungsvereinfachung durch den Gesamtvertrag nicht gerechnet werden kann, weil die Nutzervereinigung die erforderliche Vertragshilfe bei Abschluss und Umsetzung der Einzelverträge nicht erbringen will (OLG München Schulze OLGZ 216; Schricker/Loewenheim/*Reinbothe* § 12 WahrnG Rn. 11). Ausreichend sind 102 Mitglieder, selbst wenn diese zum Teil Mitglieder eines anderen Verbands sind, der bereits Gesamtvertragspartner ist (OLG München GRUR 1990, 358 f. – Doppelmitgliedschaft). Da die Unzumutbarkeit als Ausnahme vom Abschlusszwang zu Gunsten der Verwertungsgesellschaft wirkt, obliegt ihr die **Beweislast** (Schricker/Loewenheim/*Reinbothe* § 12 WahrnG Rn. 12). Allerdings hat die Verwertungsgesellschaft wegen der Verwaltungserleichterung in der Regel ein Interesse am Abschluss, so dass sich diese Frage kaum stellen wird (Loewenheim/*Melichar* § 48 Rn. 41). Kein Anspruch auf Abschluss eines Gesamtvertrages besteht für ausländische Nutzervereinigungen, die sich Rechte für die Nutzung im Ausland einräumen lassen wollen, wenn die entsprechende Verwertungsgesellschaft die dortigen Rechte nicht einräumen kann, da sie ihr für dieses Territorium nicht übertragen wurden (Schiedsstelle v. 9.7.2004, ZUM-RD 2004, 559, 562).

4. Rechtsweg

8 Bei Streitigkeiten über Abschluss oder Änderung eines Gesamtvertrages kann jeder Berechtigte die **Schiedsstelle** anrufen (§ 14 Abs. 1 Nr. 1b WahrnG). Dieses Recht kann auch schiedsvertraglich nicht für die Zukunft ausgeschlossen werden (§ 14 Abs. 6 WahrnG). Die Schiedsstelle muss vor Erhebung einer Klage, die auf Abschluss oder Änderung eines Gesamtvertrages gerichtet ist, angerufen werden (§ 16 Abs. 1 WahrnG). Die Durchführung des Schiedsstellenverfahrens ist von Amts wegen zu berücksichtigende Prozessvoraussetzung (AmtlBegr. BT-Drucks. X/837, 24). Ausnahmen gelten für den Fall, dass seit Anrufung der Schiedsstelle mehr als ein Jahr vergangen ist, ohne dass ein Einigungsvorschlag gemacht wurde (§ 14a Abs. 2 WahrnG), sowie für einstweilige Verfügungen und die Anordnung eines Arrestes (§ 16 Abs. 3 WahrnG).

9 Die Entscheidung der Schiedsstelle enthält einen Einigungsvorschlag über den Inhalt des Gesamtvertrages mit Wirkung frühestens ab 1. Januar des Jahres der Antragstellung (näher dazu § 14c WahrnG). Nach der Durchführung des obligatorischen Schiedsstellenverfahrens kann Klage beim für den Sitz der Schiedsstelle zuständigen OLG München erhoben werden. Es setzt den Inhalt des Gesamtvertrags fest und ersetzt damit eine entsprechende Vereinbarung der Beteiligten (§ 16 Abs. 4 WahrnG). Auch das Recht auf Klage kann nicht durch Schiedsvertrag für die Zukunft ausgeschlossen werden (§ 14 Abs. 6 WahrnG). Gegen die Entscheidung des OLG kann Revision beim BGH eingelegt werden.

§ 13 Tarife § 13 WahrnG

5. Tarifwirkung

Wegen der besonderen Bedeutung von Gesamtverträgen gelten die in ihnen vereinbarten Vergütungssätze kraft Gesetzes als Tarife (§ 13 Abs. 1 S. 2 WahrnG). Existieren keine den Gesamtverträgen entsprechenden Tarife, müssen die Gesamtverträge im Bundesanzeiger veröffentlicht werden (§ 13 Abs. 2 WahrnG). 10

§ 13 Tarife

(1) **Die Verwertungsgesellschaft hat Tarife aufzustellen über die Vergütung, die sie auf Grund der von ihr wahrgenommenen Rechte und Ansprüche fordert.** Soweit Gesamtverträge abgeschlossen sind, gelten die in diesen Verträgen vereinbarten Vergütungssätze als Tarife.

(2) **Die Verwertungsgesellschaft ist verpflichtet, die Tarife und jede Tarifänderung unverzüglich im Bundesanzeiger zu veröffentlichen.**

(3) **Berechnungsgrundlage für die Tarife sollen in der Regel die geldwerten Vorteile sein, die durch die Verwertung erzielt werden.** Die Tarife können sich auch auf andere Berechnungsgrundlagen stützen, wenn diese ausreichende, mit einem wirtschaftlich vertretbaren Aufwand zu erfassende Anhaltspunkte für die durch die Verwertung erzielten Vorteile ergeben. Bei der Tarifgestaltung ist auf den Anteil der Werknutzung am Gesamtumfang des Verwertungsvorganges angemessen Rücksicht zu nehmen. Die Verwertungsgesellschaft soll bei der Tarifgestaltung und bei der Einziehung der tariflichen Vergütung auf religiöse, kulturelle und soziale Belange der zur Zahlung der Vergütung Verpflichteten einschließlich der Belange der Jugendpflege angemessene Rücksicht nehmen.

(4) Bei der Gestaltung von Tarifen, die auf den §§ 54 und 54a des Urheberrechtsgesetzes beruhen, ist auch zu berücksichtigen, inwieweit technische Schutzmaßnahmen nach § 95a des Urheberrechtsgesetzes auf die betreffenden Werke oder die betreffenden Schutzgegenstände angewendet werden.

Literatur: *Dördelmann*, Gedanken zur Zukunft der Staatsaufsicht über Verwertungsgesellschaften, GRUR 1999, 890; *Gerlach*, Tarife der GVL, in Moser/Scheuermann (Hrsg.), Handbuch der Musikwirtschaft, 2003, 761; *Kreile/Becker*, Verwertungsgesellschaften als Träger öffentlicher und privater Aufgaben, GRUR Int. 1996, 677; *Kröber*, Die Tarife der GEMA, in Moser/Scheuermann (Hrsg.), Handbuch der Musikwirtschaft, 2003, 746; *Pietzko*, GEMA-Tarife auf dem Prüfstand, in: Schertz (Hrsg.), Festschrift für Paul W. Hertin zum 60. Geburtstag am 15. November 2000, München 2000, 171 (zit. *Pietzko* FS Hertin); FS Hertin 2000, 171; *Reinbothe*, Schlichtung im Urheberrecht, München 1978; *Reber*, Funktion der Verwertungsgesellschaften, GRUR 2000, 203; *Schricker*, Zum Begriff der angemessenen Vergütung im Urheberrecht – 10% vom Umsatz als Maßstab?, GRUR 2002, 737; *Strittmatter*, Tarife vor der urheberrechtlichen Schiedsstelle, Berlin 1994; *Wünschmann*, Clearingstelle für Multimedia-Produkte und europäisches Wettbewerbsrecht, ZUM 2000, 572.
Vgl. darüber hinaus die Angaben im eingangs abgedr. Gesamtliteraturverzeichnis.

Übersicht

	Rn.
I. Grundzüge	1
II. Pflichten zur Aufstellung von Tarifen, Abs. 1	2–4
III. Veröffentlichungspflicht, Abs. 2	5
IV. Berechnung der Tarife, Abs. 3	6–13
1. Geldwerte Vorteile	7–10
2. Andere Berechnungsgrundlagen	11
3. Anteil der Werknutzung	12
4. Kulturelle und soziale Belange	13
V. Tarifaufsicht	14
VI. Gerichtliche Überprüfung	15

I. Grundzüge

1 Zweck des § 13 WahrnG ist zum einen die **Gleichbehandlung** aller gleich gelagerten Fälle im Interesse der Allgemeinheit, zum anderen soll Verwertungsgesellschaften durch die veröffentlichten Tarife aber auch erspart werden, in jedem Einzelfall langwierige Verhandlungen über die zu zahlende Vergütung zu führen (AmtlBegr. BT-Drucks. IV/271, 17).

II. Pflichten zur Aufstellung von Tarifen, Abs. 1

2 Die Pflicht zur Aufstellung von Tarifen gilt nicht für jede nur mögliche Fallgestaltung. Sie ist beschränkt auf typische Nutzungshandlungen. Besteht für eine bestimmte Nutzung noch kein Tarif, so ist der ihr am nächsten stehende Tarif heranzuziehen (BGH GRUR 1976, 35, 36 – Bar-, Filmmusik; BGH GRUR 1983, 565, 567 – Tarifüberprüfung II). Hat sich allerdings ein eigens aufgestellter Tarif nicht durchgesetzt und ist Gegenstand eines Schieds- oder Gerichtsverfahrens, gilt dieser Grundsatz nicht. Kommt die Schiedsstelle oder das Gericht zum Ergebnis, dass der eigens aufgestellte Tarif lediglich in einem Punkt unangemessen ist, so muss er auf den angemessenen Teil reduziert werden. Der Rückgriff auf durchgesetzte ähnliche Tarife verbietet sich. In der Reduzierung liegt keine unzulässige gestaltende Festsetzung, da lediglich auf das in dem aufgestellten Tarif enthaltene Minus zurückgegriffen wird (BGH GRUR 2004, 669, 671f. – Mehrkanaldienste). Die aufgestellten Tarife müssen angemessen sein (§ 11 Abs. 1 WahrnG). Die von der Verwertungsgesellschaft veröffentlichten Tarife werden prima facie als angemessene Vergütung angesehen, also so lange, wie ihre Unangemessenheit nicht feststeht (BGH GRUR 1974, 35, 38 – Musikautomat; BGH GRUR 1983, 565, 567f. – Tarifüberprüfung II). Das setzt jedoch voraus, dass der Tarif sich durchgesetzt hat (BGHZ 97, 37, 42 – Filmmusik; Fromm/Nordemann/*Nordemann* § 13 WahrnG Rn. 4). Ein Indiz für die Angemessenheit ist auch die Billigung durch das DPMA, dem der Tarif nach § 20 zu übermitteln ist (BGH GRUR 1974, 35, 37 – Musikautomat; Loewenheim/*Melichar* § 48 Rn. 28). Eine Genehmigungspflicht durch das DPMA besteht nicht, wohl aber die Möglichkeit einer Angemessenheitskontrolle nach §§ 19, 13.

3 Rechtlich sind die Tarife als die Verwertungsgesellschaften bindende Angebote anzusehen. Sie haben damit die Funktion, die von den Verwertungsgesellschaften geforderten Vergütungssätze als eine Art Preisliste zusammenzustellen (BVerfG GRUR 1997, 123, 124 – Kopierladen I; *Reinbothe* 30). Akzeptiert ein Nutzer den Tarif nicht, kann er die Vergütungssätze im Rahmen von § 11 WahrnG frei verhandeln. Da die Verwertungsgesellschaft nach § 11 WahrnG zur Gleichbehandlung verpflichtet ist, dann also alle anderen vergleichbaren Nutzungsfälle ebenfalls zu vom Tarif abweichenden Bedingungen lizenzieren müsste, besteht für eine solche freie Verhandlung in der Praxis kein Spielraum. Stattdessen kommt es, falls keine Einigung erzielt werden kann, zur Überprüfung durch Schiedsstellenverfahren oder das Gericht (zum Rechtsweg s. dann Rn. 18).

4 Nach Abs. 1 S. 2 gelten die in einem Gesamtvertrag (§ 12 WahrnG) vereinbarten Vergütungssätze ebenfalls als Tarife. Das führt aber nicht dazu, dass die in den Gesamtvertrags-Vergütungssätzen für Gesamtvertragspartner vorgesehenen Vorzugssätze auch für alle anderen potenziellen Nutzer gelten. Für Außenseiter gilt mangels der gesamtvertraglichen Kostenersparnis durch Vertragshilfe der Gesamtvertragspartner der Normaltarif außerhalb des Gesamtvertrags (BGH GRUR 1974, 35, 37 – Musikautomat).

III. Veröffentlichungspflicht, Abs. 2

5 Wegen ihrer besonderen Bedeutung müssen Tarife und Tarifänderungen von der Verwertungsgesellschaft unverzüglich, also ohne schuldhaftes Zögern (§ 121 BGB), im Bun-

desanzeiger veröffentlicht werden. Die Nutzer sollen sich so leicht über die Tarife unterrichten können (AmtlBegr. BT-Drucks. IV/271, 18). Daraus folgt, dass Gesamtverträge, denen ein veröffentlichter Normaltarif entspricht, nicht zusätzlich veröffentlicht werden müssen, denn die gesamtvertraglich gebundenen Nutzer erhalten Kenntnis vom Inhalt bereits durch die jeweilige Nutzervereinigung, während für Außenseiter der Normaltarif maßgeblich ist, der veröffentlicht wurde. Da die Pflicht zur Veröffentlichung der Tarife die Verwertungsgesellschaft trifft, muss sie die Kosten der Veröffentlichung tragen.

IV. Berechnung der Tarife, Abs. 3

Abs. 3 enthält die Grundsätze für die Tarifgestaltung. Die Tarife müssen eine „innere Logik" und ein „nachvollziehbares Berechnungsschema" aufweisen (Schiedsstelle ZUM 1987, 187, 189). Dabei sind Pauschalierungen, wie z.B. Mindestvergütungsregelungen zulässig (BGH GRUR 1988, 373, 376 – Schallplattenimport III). Dabei auftretende Härten sind in bestimmtem Umfang als systemimmanent hinzunehmen (Schiedsstelle ZUM 1990, 259, 260; Schricker/Loewenheim/*Reinbothe* § 13 WahrnG Rn. 6). Abs. 3 S. 1, 2, 4 sind lediglich Soll-Vorschriften. Bei atypischen Fällen kann deshalb von ihnen abgesehen werden (s. § 7 WahrnG Rn. 6).

1. Geldwerte Vorteile

Nach Abs. 3 S. 1 sollen Berechnungsgrundlage für die Tarife in der Regel die „geldwerten Vorteile" der Nutzung sein. Dadurch wird der Grundsatz konkretisiert, dass Urheber und Leistungsschutzberechtigte tunlich angemessen an der wirtschaftlichen Nutzung ihrer Werke und Leistungen zu beteiligen sind (BGHZ 97, 37, 43 – Filmmusik). Maßstab ist der **wirtschaftliche Erfolg** des Verwerters, soweit er in unmittelbarem Zusammenhang mit der Nutzung geschützter Werke oder Leistungen steht. Da der Gewinn von zahlreichen, nicht mit dem Werk zusammenhängenden Faktoren abhängt, ist der **Umsatz,** der mit dem Werk erzielt wird, maßgeblich (BGHZ 97, 37, 43 – Filmmusik; Fromm/Nordemann/*Nordemann* § 13 WahrnG Rn. 9; Schricker/Loewenheim/*Reinbothe* § 13 WahrnG Rn. 7). Hierbei ist der Bruttoumsatz entscheidend, die Umsatzsteuer kann nicht reduzierend berücksichtigt werden (Schiedsstelle ZUM 2010, 546, 552). Der Urheber darf nicht am wirtschaftlichen Risiko des Nutzers beteiligt werden (Schiedsstelle ZUM 2005, 670, 680). Zur Ermittlung eines angemessenen Lizenzsatzes für neue Nutzungsarten ist von durchgesetzten Tarife in benachbarten Nutzungsbereichen auszugehen, die entsprechend anzupassen sind (Schiedsstelle ZUM 2007, 77, 81). Dabei hängt die Höhe des Lizenzsatzes vom Umfang der konkreten Nutzungshandlungen ab (Schiedsstelle ZUM 2007, 77, 81f.). Eine Obergrenze von 10% der Bruttoeinnahmen für die Urheberrechte besteht nicht (BGH GRUR 2004, 669, 671 – Mehrkanaldienste; Schiedsstelle ZUM 2005, 90, 92; Schiedsstelle ZUM 2007, 77, 81; Fromm/Nordemann/*Nordemann* § 13 WahrnG Rn. 11; a. A. wohl Schiedsstelle ZUM 2010, 546,552). So werden Wortautoren häufig mit 20% des Verlagsabgabepreises vergütet und auch Schallplattenhersteller zahlen alleine ca. 10% für die mechanischen Rechte der Musikautoren, während zusätzlich bis zu 20% an die leistungsschutzberechtigten ausübenden Künstler gezahlt werden. Auch Abschläge für eine Zweit- oder Drittnutzung (so Schiedsstelle ZUM 1987, 183, 186 und 187, 189; Schiedsstelle ZUM 1989, 426, 429f.) werden durch das Gesetz nicht gerechtfertigt (Fromm/Nordemann/*Nordemann* § 13 WahrnG Rn. 11; Reber GRUR 2000, 205 m.w.N., 129f.). Entscheidend ist vielmehr der geldwerte Vorteil, der bei der Zweit- oder Drittverwertung nicht notwendigerweise geringer ist. Geldwert vorteilhaft können auch mit der Nutzung verbundene Einsparungen sein (Schricker/Loewenheim/*Reinbothe* § 13 WahrnG Rn. 7; Dreier/Schulze/*Schulze* § 13 UrhWG Rn. 16). Auch geringere Herstellungskosten wie bei einer Internetnutzung können zu gegenüber traditionellen Vervielfältigungen höheren

Tarifen führen (*Schricker* GRUR 2002, 737, 742; Dreier/Schulze/*Schulze* § 13 UrhWG Rn. 17). Neben dem geldwerten Vorteil sind bei dem Tarif für eine Zweitverwertung auch die wirtschaftlichen Auswirkungen der Nutzung auf die Primärverwertung zu berücksichtigen. Auch für die Ermittlung der angemessenen Vergütung bei gesetzlichen Vergütungsansprüchen können die im Primärmarkt üblichen Lizenzen herangezogen werden. Soweit einzelne Nutzungen digital erfasst werden können, hat diese grundsätzlich einzelnutzungsbezogen und nicht pauschal zu erfolgen (OLG München, ZUM-RD 2011, 603, 613 – nicht rechtskräftig). Der Grundsatz, dass die Anzahl der genutzten Werke bei der Höhe einer pauschalen Vergütung für das Verleihen zu berücksichtigen ist, ergibt sich auch aus der Vermiet- und Verleihrichtlinie RiLi 92/100 (EuGH, ZUM-RD 2011, 453 – VEWA). Einbußen auf dem Primärmarkt wegen der Zweitverwertungen sind durch die Vergütung für die Zweitverwertung soweit wie möglich zu kompensieren. Dadurch können sich auch höhere zweistellige Beteiligungssätze ergeben (BGH GRUR 2004, 669, 671 f. – Mehrkanaldienste). Vergütungsmindernd bei der Berechnung der geldwerten Vorteile wirken **Vergütungsansprüche Dritter** gegenüber dem Nutzer (BGH ZUM 2003, 225, 228 – Sender Felsberg; EugH GRUR 2006, 50 – Lagardère; Schricker/Loewenheim/*Reinbothe,* § 13 Rn. 7). Das Anknüpfen an geldwerte Vorteile lässt Pauschalierungen und Standardisierungen der Tarife zu. Im Rahmen der Pauschalierungen sind auch **Mindestvergütungsregeln** zulässig und geboten, da diese die Berechtigten vor einer möglichen Entwertung der Rechte schützen (BGH GRUR 1988, 373, 376 – Schallplattenimport II; BGH ZUM 2011, 652, 654- Multimediashow; Loewenheim/*Melichar* § 48 Rn. 29). Dies gilt auch dann, wenn mit einer wirtschaftlichen Nutzung keine geldwerten Vorteile erzielt werden (BGH ZUM-RD 2012, 311, 315 – Barmen Live).

8   § 13 schließt unterschiedlich hohe Tarife für verschiedene Werk- oder Leistungskategorien bei gleicher Nutzung nicht aus. Erforderlich ist nur, dass die entsprechenden Tarife nach Abs. 2 veröffentlicht wurden und die Tarifhöhe für alle Nutzer gleich ist (*Dördelmann* GRUR 1999, 890, 893; Lehmann/*Melichar* Cyberlaw 205, 216; *Kreile/Becker* GRUR Int. 1996, 677, 681; *Wünschmann* ZUM 2000, 572, 578).

9   Aus dem Grundsatz, dass die geldwerten Vorteile durch die Verwertung erzielt werden, Berechnungsgrundlage für die Tarife sein sollen, folgt, dass die Anwendung eines Tarifs nicht in Betracht kommt, wenn die nach ihm errechnete Vergütung offensichtlich außer Verhältnis zu dem erzielten geldwerten Vorteil steht (BGH GRUR 1988, 373, 376 – Schallplattenimport III; einschränkend BGH GRUR 2004, 669, 671 – Mehrkanaldienste). Dieser Grundsatz gilt auch zu Lasten der Nutzer, **unangemessen niedrige Tarife** dürfen also nicht angewendet werden (LG Mannheim ZUM-RD 1998, 222, 228 – Drei Tenöre). Zu weiteren Einzelfällen s. Dreier/Schulze/*Schulze* § 13 UrhWG Rn. 27.

10 Die Berechnungsgrundlagen des Abs. 3 schließen einen **Kontrollzuschlag** bei unangemeldeter Nutzung von GEMA-pflichtigen Werken von 100% auf die Normaltarife nicht aus (BGH GRUR 1973, 379 – Doppelte Tarifgebühr; LG München I ZUM-RD 1998, 345, 346). Dieser dient dazu, die für den erforderlichen Überwachungsapparat entstehenden erheblichen Kosten zu finanzieren, damit der Urheberrechtsschutz in diesem Bereich nicht weitgehend leer läuft (BGH GRUR 1973, 379, 380 – Doppelte Tarifgebühr). Durch die Verdoppelung der Normalvergütung wird die schuldhafte Rechtsverletzung sanktioniert und dadurch Rechtsverletzungen vorgebeugt (OLG München GRUR 1983, 578, 582 – Musiknutzung bei Videokassetten; LG München I ZUM-RD 1978, 345, 347). Die Rechtsprechung beschränkt den Kontrollzuschlag auf Aufführungen und öffentliche Wiedergaben (BGH GRUR 1955, 549 – Betriebsfeiern; BGH GRUR 1973, 379 – Doppelte Tarifgebühr). In anderen Fällen wurde er mit der Begründung abgelehnt, die Kontrolle sei ohne größeren Aufwand möglich (für das Bühnenaufführungsrecht BGH GRUR 1966, 570, 572 – Eisrevue III; für das mechanische Recht zur Tonträgerherstellung BGH GRUR 1986, 376, 380 – Filmmusik – gegen die Vorinstanz OLG München GRUR 1983, 578, 583); für das Videozweitauswertungsrecht von Spielfilmen BGH GRUR 1988,

296, 299 – GEMA-Vermutung IV). Damit wird allerdings der auch für diese Nutzungen erforderliche Kontrollaufwand unterschätzt. Er ist zumindest demjenigen bei dem Import von vergütungspflichtigen Geräten für die private Vervielfältigung vergleichbar. Für die Verletzung von Melde- und Auskunftspflichten gilt nach §§ 54f Abs. 3, 54g Abs. 3 – eingeführt durch das Produktpirateriegesetz – der doppelte Vergütungssatz. Dieser Grundsatz sollte im Interesse der redlichen Nutzer verstärkt Anwendung finden (Fromm/Nordemann/*Nordemann* § 97 UrhG Rn. 100; *Wandtke/Bodewig* GRUR 2008, 220, 222; *Loewenheim* FS Erdmann, 131, 139; Loewenheim/*Melichar* § 48 Rn. 36; a. A. *Schack* 783).

2. Andere Berechnungsgrundlagen

Abs. 3 S. 2 regelt zum einen Fälle, in denen die Nutzung der Werke oder Leistungen keine geldwerten Vorteile bringt. So bspw. die Ausleihe durch Bibliotheken oder die nichtkommerzielle öffentliche Wiedergabe i. S. d. § 52 UrhG. **Anhaltspunkt** ist die Bedeutung für den Verwerter und der **Wert,** den eine vergleichbare entgeltliche Nutzung hätte (Fromm/Nordemann/*Nordemann* § 13 WahrnG Rn. 5). Zum anderen kann statt der erzielten geldwerten Vorteile auch dann auf andere Berechnungsgrundlagen zurückgegriffen werden, wenn diese ausreichende und wirtschaftlich vertretbare Anhaltspunkte für die durch die Verwertung erzielten Vorteile ergeben (*Strittmatter* 139 ff.; *Pietzko* FS Hertin 171, 185). Ist also die Erfassung der geldwerten Vorteile mit **wirtschaftlich vertretbarem Aufwand** nicht zu leisten, können andere aussagefähige Kriterien, wie bspw. Zuschauerzahl, Gesamtfläche oder Raumgröße herangezogen werden (BGH ZUM-RD 2012, 311, 315 – Barmen Live). Bei Freiluftveranstaltungen können auch die Teilflächen einbezogen werden, in der die Musik nicht zu hören ist (BGH ZUM-RD 2012, 311, 315 – Barmen Live). Von der Regel des S. 1 sollte nur in begründeten Fällen abgewichen werden (Schiedsstelle ZUM 1990, 259, 260; Schricker/Loewenheim/*Reinbothe* § 13 WahrnG Rn. 8).

3. Anteil der Werknutzung

Abs. 3 S. 3 gibt den Verwertungsgesellschaften zwingend auf, bei der Tarifgestaltung den Anteil der Werknutzung am Gesamtumfang des Verwertungsvorganges angemessen zu berücksichtigen. So ist bei dem Tarif für die **Rundfunksendung** von erschienenen Tonträgern der Anteil am Gesamtprogramm zu berücksichtigen. Nicht erforderlich ist jedoch, dass bereits bei der Aufstellung der Tarife berücksichtigt wird, in welchem Umfang im Einzelfall von den entsprechenden Rechten tatsächlich Gebrauch gemacht worden ist, wie viele geschützte Musikwerke also z. B. bei einer Veranstaltung tatsächlich gespielt werden (vgl. BGH GRUR 1974, 35, 38 – Musikautomat; LG Mannheim ZUM-RD 1998, 222, 228 – Drei Tenöre; Schricker/Loewenheim/*Reinbothe* § 13 WahrnG Rn. 9). Denn der damit verbundene Kontrollaufwand würde die Verwertungsgesellschaft mit übermäßigen Kosten belasten (vgl. Antwort auf die kleine Anfrage, BT-Drucks. X/2700, 6). Eine grobe Staffelung der Tarife ist ausreichend (Schiedsstelle ZUM 1988, 471; 478; Dreier/Schulze/ *Schulze* § 13 UrhWG Rn. 22).

4. Kulturelle und soziale Belange

Abs. 3 S. 4 (Berücksichtigung kultureller und sozialer Belange) ist eine **Sollvorschrift;** in atypischen Fällen kann deshalb von ihr abgewichen werden (s. § 7 WahrnG Rn. 6). So ist bspw. Musik in Gottesdiensten günstiger als bei kommerziellen Veranstaltungen. Auch anspruchsvolle Kulturprogramme der öffentlich-rechtlichen Sender sind geringer zu vergüten als kommerzielle Unterhaltungsprogramme.

V. Tarifaufsicht

14 Nach § 20 Abs. 2 Nr. 2 WahrnG müssen die Verwertungsgesellschaften die Tarife und jede Tarifänderung unverzüglich dem Deutschen Patent- und Markenamt als Aufsichtsbehörde (§ 18 WahrnG) übermitteln. Dieses überprüft, ob den Anforderungen des Abs. 3 genügt wird und die Tarife angemessen i.S.d. § 11 WahrnG sind. Die Überprüfung der Angemessenheit durch die Gerichte oder die Schiedsstelle wird dadurch nicht ausgeschlossen.

VI. Gerichtliche Überprüfung

15 Hält ein Nutzer einen Tarif für unangemessen oder unanwendbar, kann er nach Zahlung unter Vorbehalt oder Hinterlegung (§ 11 Abs. 2 WahrnG) das Werk nutzen. Nach **Durchführung des Schiedsstellenverfahrens** nach §§ 14ff. WahrnG können Angemessenheit und Anwendbarkeit durch die ordentlichen Gerichte überprüft werden (§ 16 Abs. 1 WahrnG). Die **Beweislast** für die Angemessenheit und Anwendbarkeit des Tarifes trifft grds. die Verwertungsgesellschaft (§ 11 WahrnG Rn. 6). Stellt die Schiedsstelle oder das Gericht die Unangemessenheit eines aufgestellten Tarifes fest, so ist stattdessen entsprechend § 287 ZPO ein angemessener festzusetzen. Im Überprüfungsverfahren ist der erkennende Spruchkörper nicht darauf beschränkt, statt des unangemessenen Tarifes einen diesem am nächsten kommenden angemessenen veröffentlichten anzuwenden, er hat vielmehr selbst den unangemessenen auf einen **angemessenen Tarif** zu reduzieren. In der Reduzierung liegt keine unzulässige gestaltende Festsetzung, da lediglich auf das in dem aufgestellten Tarif enthaltene Minus zurückgegriffen wird (BGH GRUR 2004, 669, 671f. – Mehrkanaldienste gegen die Vorinstanz OLG München ZUM 2000, 591, 595).

§ 13a Tarife für Geräte und Speichermedien, Transparenz

(1) **Die Höhe der Vergütung für Geräte und Speichermedien bestimmt sich nach § 54a des Urheberrechtsgesetzes. Vor Aufstellung der Tarife für Geräte und Speichermedien hat die Verwertungsgesellschaft mit den Verbänden der betroffenen Hersteller über die angemessene Vergütungshöhe und den Abschluss eines Gesamtvertrages zu verhandeln. Scheitern die Gesamtvertragsverhandlungen, so können Verwertungsgesellschaften in Abweichung von § 13 Tarife über die Vergütung nach § 54a des Urheberrechtsgesetzes erst nach Vorliegen der empirischen Untersuchungen gemäß § 14 Abs. 5a aufstellen.**

(2) **Die Verwertungsgesellschaft unterrichtet ihre Partner aus Gesamtverträgen über ihre Einnahmen aus der Pauschalvergütung und deren Verwendung nach Empfängergruppen.**

Literatur: *Bremer/Lammers,* Pauschalabgabe – Quo vadis? – Die Reform des pauschalen Abgabesystems im Rahmen des Zweiten Korbes, K&R 2008, 145; *Hucko,* Zweiter Korb – Das neue Urheberrecht in der Informationsgesellschaft, 2007 *Müller,* Festlegung und Inkasso von Vergütungen für die private Vervielfältigung auf der Grundlage des „Zweiten Korbes", ZUM 2007, 777; *Niemann,* Urheberrechtsabgaben – Was ist im Korb? CR 2008, 205.

Übersicht

	Rn.
I. Grundzüge	1
II. Pflicht zur Verhandlung der Vergütung, Abs. 1	2–5
III. Unterrichtungspflicht, Abs. 2	6

§ 13a Tarife für Geräte und Speichermedien, Transparenz § 13a WahrnG

I. Grundzüge

§ 13a legt die Vergütung für Geräte und Leermedien, die sich nach § 54a UrhG richtet, in die Hände der Verwertungsgesellschaften und Vergütungsschuldner. Gegenüber der bisherigen Rechtslage ist es also nicht mehr der Gesetzgeber, der wie in der früheren Anlage zu § 54d Abs. 1 UrhG geregelt, die Entscheidung über die Höhe der Vergütungspflicht trifft. Der Vorteil dieses neuen Systems ist eine größere Flexibilität bei der Tarifierung. Auch entsprach die Anlage zu § 54d Abs. 1 UrhG, die seit 1985 unveränderte Festbeträge enthielt, nicht mehr annähernd der vergüteten Rechtenutzung. Nach dem zweiten Vergütungsbericht der Bundesregierung aus dem Jahr 2000 sollten sie daher angemessen erhöht werden (BT-Drucks. 14/3972, 55). Dazu ist es allerdings nicht gekommen. Der Gesetzgeber hat sich vielmehr für das flexiblere Modell der Tarifierung durch Verwertungsgesellschaften entschieden, wobei die Tarife wie alle Tarife nach § 13 durchgesetzt werden müssen. Die dafür maßgeblichen Parameter konkretisiert § 54a UrhG (s. § 54a Rn. 2ff.). Anders als bei § 13 ist Vergütungsschuldner der Abgabe der Hersteller oder Importeur, nicht aber der Nutzer von Urheber- und Leistungsschutzrechten. Die Bereitschaft dieser Vergütungsschuldner, Vergütungen als Ausgleich für die von den Käufern genutzten Rechte zu zahlen, ist deutlich geringer als bei einer eigenen Rechtenutzung. Die bisherigen Ergebnisse zeigen, dass die Verwertungsgesellschaften ohne die Hilfe des Gesetzgebers, zu verbindlich vorgegebenen Vergütungssätzen zurückzukehren, kaum in der Lage sind, die angemessenen Vergütungen auf der Basis von § 54a UrhG für jedes Gerät oder Speichermedium durchzusetzen. Das neue System zeichnet sich momentan dadurch aus, dass die vergütungspflichtigen Importeure zunächst verlangen, dass für jeden Gerätetyp von der ZPÜ vergütungspflichtige legale Privatkopien durch zeitaufwendige und kostspielige empirische Studien nachzuweisen sind. Liegen diese dann endlich vor, wird für die Höhe der Abgabepflicht nicht auf den Wert der genutzten Rechte abgestellt, sondern wegen der in § 54a Abs. 4 UrhG enthaltenen Vorgabe, dass die Höhe der Abgabe in einem wirtschaftlich angemessenen Verhältnis zum Preisniveau des Gerätes oder Speichermediums stehen muss, eine Vergütung angeboten, die angesichts des Preisverfalls in der Unterhaltungselektronik und der immer größeren Nutzungskapazitäten nicht annähernd im Verhältnis zum Wert der genutzten Rechte steht (vgl. *Bremer/Lammers*, K&R 2008, 145, 147: „In § 54a UrhG gibt der Gesetzgeber (…) eine Hand voll Kriterien (…) die bei den Verhandlungen zur Abgabenhöhe relevant sind. (…) All diese Kriterien stehen in erster Linie für die Reduzierung der Abgabe.") Dabei sind die Importeure bis zu einer rechtskräftigen Entscheidung nicht verpflichtet, auch nur Vorbehaltszahlungen nach § 11 Abs. 2 zu leisten, haben also an einer Beschleunigung der Verfahren kein wirtschaftliches Interesse. 1

II. Pflicht zur Verhandlung der Vergütung, Abs. 1

Obwohl § 13a seiner Überschrift nach die Tarifierung für die **Leermedien- und Geräteabgabe** regelt, stellt die Aufstellung von Tarifen lediglich eine ultima ratio dar. Vielmehr sollen die Verwertungsgesellschaften zunächst nach Abs. 1 S. 2 mit den Verbänden der betroffenen Hersteller bzw. der Importeure über entsprechende Gesamtverträge verhandeln, in denen die angemessene Vergütungshöhe für die unterschiedlichen Trägermedien und Geräte typisiert festgelegt wird (*Müller* ZUM 2007, 777, 785; *Bremer/Lammers*, K&R 2008, 145, 149). Insofern gelten die Voraussetzungen des § 12. Lediglich für den Fall, dass die Gesamtvertragsverhandlungen scheitern, hat die Verwertungsgesellschaft nach Abs. 1 S. 3 Tarife aufzustellen. Durch den Verweis auf § 54a UrhG treten die dort geregelten Voraussetzungen als lex specialis an die Stelle von § 13 Abs. 3. § 13 Abs. 3 wäre auch nicht unmittelbar anwendbar auf die Tarifierung der Geräte- und Leermedienangabe, da er für die Höhe der Vergütung an die geldwerten Vorteile anknüpft, die durch die Verwer- 2 tung der Rechte erzielt werden. Hersteller und Importeure haben zwar ganz erhebliche wirtschaftliche Vorteile dadurch, dass die Käufer der Produkte Rechte nutzen können, verwerten die Rechte jedoch nicht selbst. Insofern lag eine Spezialregelung nahe, die sich nun im materiellen Urheberrecht selbst, nämlich in § 54a UrhG findet.

3   Dennoch werden wichtige Grundsätze zu § 13 weiterhin anwendbar bleiben. Zum einen verbleibt es auch bei Tarifen nach § 54a UrhG dabei, dass Tarife nicht für jede nur denkbare Nutzung aufgestellt werden müssen (s. § 13 Rn. 2, 12). Es reicht daher aus, wenn die Tarife bestimmte Gerätetypen zusammenfassen und bei atypischen Geräten diejenigen Tarife anwenden, die diesen am nächsten kommen. Auch wird bei der Tarifierung auf Grundlage von § 54a UrhG der verfassungsrechtliche Grundsatz berücksichtigt werden müssen, dass Urheber und andere Leistungsschutzberechtigte tunlichst an der Verwertung ihrer Werke zu beteiligen sind (BGH GRUR 1955, 492 – Grundig-Reporter; BGH GRUR 1999, 701, 711 – Kopienversanddienst). Die Tarife können auch rückwirkend festgesetzt werden, soweit die Importeure von einer Vergütungspflicht dem Grunde nach ausgehen müssen(Schiedsstelle ZUM-RD 2012, 176 – Blue-ray-Discs; a. A. *Bremer/Lammers*, K&R 2008, 145, 150).

4   Die **Tarifaufstellung** setzt nach S. 3 voraus, dass zunächst die zur Ermittlung der nach § 54a UrhG maßgeblichen Nutzung entsprechenden **empirischen Untersuchungen** anzustellen sind. Zunächst sah der BRegE vor, dass diese empirischen Untersuchungen von den Verwertungsgesellschaften vorgenommen werden sollten und dann veröffentlicht werden sollten (BRegE BT-Drucks. 16/1828, 75). Schon bisher war es üblich, derartige empirische Untersuchungen durchzuführen, um das Vervielfältigungsverhalten der Konsumenten zu ermitteln. Denn auch für die Frage der Binnenaufteilung der Abgaben auf die unterschiedlichen Gruppen der Rechtsinhaber wie Berechtigte an Filmwerken, Musik, Literatur oder Kunst musste auf empirische Erhebungen zurückgegriffen werden. Angesichts der Erfahrungen in den Verhandlungen war jedoch zu erwarten, dass die mit hohen Kosten vorzunehmenden empirischen Untersuchungen der Verwertungsgesellschaft lediglich als Parteigutachten angesehen werden würden mit der Folge, dass die Hersteller ihrerseits entsprechende Gegengutachten verfassen würden, die dann erst im Schiedsverfahren durch ein von der Schiedsstelle selbst in Auftrag zu gebendes Gutachten für beide Parteien akzeptabel abgelöst werden würden. Im Ergebnis wären die ersten beiden Gutachten überflüssig gewesen und hätten die Verhandlungen lediglich verzögert (Beschlussempfehlung und Bericht des Rechtsausschusses, BT-Drucks. 16/5939, 46, 86; Begründung zu §§ 13a, 14 WahrnG). Daher sieht § 14 Abs. 5a nunmehr, zurückgehend auf einen gemeinsamen Vorschlag von Verwertungsgesellschaften und Herstellern, vor, dass die empirischen Untersuchungen von der Schiedsstelle selbst anzustellen sind, um sie effizienter zu gestalten (Beschlussempfehlung und Bericht des Rechtsausschusses, BT-Drucks. 16/5939, 46, 85; Begründung zu §§ 13a, 14 WahrnG; *Hucko* 18; Dreier/Schulze/*Schulze*, § 13a UrhWG Rn. 15). Damit die von den Verwertungsgesellschaften aufzustellenden Tarife diese Ergebnisse wie vom Gesetzgeber gewünscht berücksichtigen können, müssen sie zwangsläufig vor der Aufstellung der Tarife vorliegen (Beschlussempfehlung und Bericht des Rechtsausschusses, BT-Drucks. 16/5939, 46 f.; Begründung zu §§ 13a, 14 WahrnG; *Müller* ZUM 2007, 777, 785). Die **Kosten der empirischen Untersuchungen** sollten dann von den Vergütungsschuldnern getragen werden, wenn sich die Vergütungspflicht für bestimmte Geräte oder Leermedien dem Grunde nach bestätigt. Zumindest die hälftige Kostentragung beider Parteien erscheint angemessen (Dreier/Schulze/*Schulze*, § 13a UrhWG Rn. 19).

5   § 13a schränkt seinem Wortlaut nach die Tarifaufstellung nur für den Fall ein, dass die Vergütungspflicht auch Gegenstand eines Gesamtvertrages i. S. d. § 12 sein kann. Daraus folgt, dass die grundsätzlichen Voraussetzungen, so insb. die Gesamtvertragsfähigkeit (s. hierzu § 12 Rn. 7) gegeben sein muss. Besteht keine gesamtvertragsfähige Vereinigung, ist eine solche zum Abschluss eines Gesamtvertrages nicht bereit oder lehnt sie die Vergütungspflicht dem Grunde nach eindeutig ab, so muss die Verwertungsgesellschaft nicht

§ 13a Tarife für Geräte und Speichermedien, Transparenz 6 § 13a WahrnG

abwarten, bis die Schiedsstelle die entsprechenden empirischen Untersuchungen über das Ausmaß der tatsächlichen Nutzung durchgeführt hat (Schiedsstelle ZUM-RD 2012, 176 – Blue-ray-Discs). Diesen Fall hat der Rechtsausschuss übersehen, wenn er davon ausgeht, dass an erster Stelle immer die Pflicht zur Verhandlung über einen Gesamtvertrag steht (so Beschlussempfehlung und Bericht des Rechtsausschusses, BT-Drucks. 16/5939, 46, 86; Begründung zu §§ 13a, 14 WahrnG). Denn diese Untersuchungen sind nach § 14 Abs. 5a nur für Gesamtvertragsstreitigkeiten nach Abs. 1 Nr. 1c obligatorisch. Die Aufstellung kann also ohne vorherige Anrufung der Schiedsstelle erfolgen, doch wird die Verwertungsgesellschaft aus eigenem Interesse an entsprechenden empirischen Untersuchungen – die sie allerdings auch selbst vornehmen kann, interessiert sein, um die Akzeptanz des Tarifes zu erhöhen (*Müller* ZUM 2007, 777, 786). Für das Scheitern ist die Verwertungsgesellschaft beweispflichtig. Reagiert ein Verband nicht binnen Monatsfrist auf ein Angebot zu Gesamtvertragsverhandlungen, gelten die Verhandlungen analog § 1 Abs. 3 S. 2 UrhSchiedsV als gescheitert (Dreier/Schulze/*Schulze,* § 13a UrhWG Rn. 14). Keine Pflicht zu empirischen Untersuchungen vor der Tarifveröffentlichung besteht in dem Fall, dass bei konkurrierenden Nutzervereinigungen bereits ein Gesamtvertrag mit einer Nutzervereinigung geschlossen wurde, die einen überwiegenden Marktanteil hat. Da die Verwertungsgesellschaft aus Gleichbehandlungsgründen keine anderen Bedingungen mit der Nutzervereinigung vereinbaren kann, mit der sie noch verhandelt, werden die Verhandlungen durch die Veröffentlichung des auf den Parametern des anderen Gesamtvertrags fußenden Tarifes auch nicht konterkariert (OLG München ZUM 2010, 715; a. A. wohl *Bremer/ Lammers,* K&R 2008, 145, 150).

III. Unterrichtungspflicht, Abs. 2

Abs. 2 verpflichtet die Verwertungsgesellschaft, ihre Partner aus Gesamtverträgen über die Einnahmen und deren Verwendung nach Empfängergruppen zu unterrichten. Damit ist der Gesetzgeber einer Forderung der Hersteller nachgekommen, Transparenz in die Weiterleitung der Zahlungen zu bringen. Eine derartige Regelung, wonach Vertragspartnern gegenüber nachgewiesen werden muss, wie Zahlungen im Binnenverhältnis erfolgen, ist aus anderen Wirtschaftsbereichen nicht bekannt. Sie soll durch die damit verbundene erhöhte Transparenz ein partnerschaftliches Zusammenwirken der Beteiligten fördern (BRegE BT-Drucks. 16/1828, 76). Inwieweit hier tatsächlich ein Bedürfnis besteht, ist nicht recht klar, sind doch die auf die jeweiligen Verwertungsgesellschaften im Einzelnen entfallenden Zahlungen und deren interne Verteilung den veröffentlichten Jahresabschlüssen nach § 9 zu entnehmen (kritisch auch Dreier/Schulze/*Schulze,* § 13a WahrnG Rn. 21). Im Ergebnis beschränken sich die Auskunftspflichten über die Einnahmen auf die jeweils einschlägigen Gerätetypen, die Gegenstand des jeweiligen Gesamtvertrages sind. Hierdurch wird dem Gesamtvertragspartner die Möglichkeit gegeben, festzustellen, ob der jeweilige Markt vollständig erfasst ist. Dagegen besteht kein Anspruch, über Zahlungen Dritter informiert zu werden, zu denen wegen der unterschiedlichen Produkte kein Wettbewerbsverhältnis besteht. Empfängergruppen i. S. v. Abs. 2 sind die jeweiligen Kategorien der Rechtsinhaber, also z. B. Musikautoren, Wortautoren, ausübende Künstler oder Produzenten. Insb. wegen der Zusammenführung der Reprografievergütung mit den Ansprüchen aus der Geräte- und Leermedienabgabe ist es sinnvoll, hier die nötige Transparenz der Zuordnung zu schaffen. Auch hierbei gilt ähnlich wie bei § 10, dass die Auskunftspflicht begrenzt ist und umfassende Auskünfte von der Erhebung kostendeckender Bearbeitungsgebühren abhängig gemacht werden können (vgl. § 10 Rn. 5). Zu differenzieren ist, sofern mit einem zumutbaren Aufwand verbunden, zwischen der Verteilung im In- und Ausland. Keine Auskünfte dürfen über individuelle Ausschüttungen verlangt werden (BRegE BT-Drucks. 16/1828, S. 76). *Hucko* geht davon aus, dass den Vertragspartnern lediglich die entsprechenden Veröffentlichungen nach § 9 zukommen lassen muss (*Hucko* 19). Es besteht **keine Verpflichtung gegenüber Mitgliedern der Gesamtvertragspartner** (Dreier/Schulze/*Schulze*, § 13a WahrnG Rn. 24).

§ 13b Pflichten des Veranstalters

(1) Veranstalter von öffentlichen Wiedergaben urheberrechtlich geschützter Werke haben vor der Veranstaltung die Einwilligung der Verwertungsgesellschaft einzuholen, welche die Nutzungsrechte an diesen Werken wahrnimmt.

(2) Nach der Veranstaltung hat der Veranstalter der Verwertungsgesellschaft eine Aufstellung über die bei der Veranstaltung benutzten Werke zu übersenden. Dies gilt nicht für die Wiedergabe eines Werkes mittels Tonträger, für Wiedergaben von Funksendungen eines Werkes und für Veranstaltungen, auf denen in der Regel nicht geschützte oder nur unwesentlich bearbeitete Werke der Musik aufgeführt werden.

(3) Soweit für die Verteilung von Einnahmen aus der Wahrnehmung von Rechten zur Wiedergabe von Funksendungen Auskünfte der Sendeunternehmen erforderlich sind, die die Funksendungen veranstaltet haben, sind diese Sendeunternehmen verpflichtet, der Verwertungsgesellschaft die Auskünfte gegen Erstattung der Unkosten zu erteilen.

Literatur: *Melichar*, Die Wahrnehmung von Urheberrechten durch Verwertungsgesellschaften, München 1983; *Nordemann*, Die Urheberrechtsreform, GRUR 1985, 837.
Vgl. darüber hinaus die Angaben im eingangs abgedr. Gesamtliteraturverzeichnis.

Übersicht

	Rn.
I. Einholung der Einwilligung vor Veranstaltung, Abs. 1	1–3
II. Übersendung einer Werkaufstellung nach Veranstaltung, Abs. 2	4–7
III. Auskunftspflicht der Sendeunternehmen, Abs. 3	8

I. Einholung der Einwilligung vor Veranstaltung, Abs. 1

1 Durch Hinzutreten des neuen § 13a im Zuge des Zweiten Korbes wurde aus dem bisherigen § 13a § 13b, dessen Wortlaut jedoch unverändert blieb.

Abs. 1 verpflichtet Veranstalter von öffentlichen Wiedergaben urheberrechtlich geschützter Werke, vor der Veranstaltung die Einwilligung der zuständigen Verwertungsgesellschaft einzuholen. Das Recht der öffentlichen Wiedergabe (§ 15 Abs. 2 und Abs. 3 UrhG) umfasst die Rechte aus § 19 UrhG (Vortrags-, Aufführungs- und Vorführungsrecht), aus § 20 UrhG (Senderecht), aus § 21 UrhG (Wiedergabe durch Bild- oder Tonträger) und § 22 UrhG (Wiedergabe von Funksendungen). Für die ausübenden Künstler und Tonträgerhersteller sind es die Rechte aus § 78 UrhG und § 86 UrhG. Der Begriff des Veranstalters ergibt sich aus § 81 UrhG. Maßgeblich ist die organisatorische und finanzielle Verantwortlichkeit (BGH GRUR 1972, 141, 142 – Konzertveranstalter), nicht aber die praktische Umsetzung (BGH GRUR 1959, 150, 151 – Musikbox-Aufsteller). Die Pflicht aus § 13b trifft auch diejenigen, die keinen Einfluss auf die inhaltliche Ausrichtung des Musikprogramms haben, wenn aufgrund einer Umsatzbeteiligung ein wirtschaftliches Interesse am Erfolg einer Tournee besteht (OLG Hamburg ZUM 2001, 523, 525 f.). Da Sendeunternehmen nicht als Veranstalter anzusehen sind, ist das Senderecht als Unterfall der öffentlichen Wiedergabe vom Regelungsbereich des § 13b WahrnG nicht erfasst (a. A. Schricker/Loewenheim/*Reinbothe* § 13b WahrnG Rn. 2; Dreier/Schulze/*Schulze* § 13b

UrhWG Rn. 2, 3). Gleiches gilt für das Recht der Zugänglichmachung (§§ 15 Abs. 2 Nr. 2, 19a), zumal das Einstellen eines Angebots zum späteren Abruf im Netz kaum als Veranstaltung bezeichnet werden kann (a. A. Dreier/Schulze/*Schulze* § 13a UrhWG Rn. 3). Soweit unter der öffentlichen Wiedergabe i. S. d. § 13b auch Sendung und Zugänglichmachung gefasst werden (Schricker/Loewenheim/*Reinbothe* § 13b WahrnG Rn. 2; Dreier/Schulze/*Schulze* § 13b UrhWG Rn. 2, 3), hätte dies zur Folge, dass Rundfunksender und Onlinedienste, die Tonträger senden oder vorhalten, nach § 13b Abs. 2 keiner Mitteilungspflicht unterliegen. Denn diese ist für die Wiedergabe eines Werkes mittels Tonträger ausgeschlossen. Die Sender träfe also keine Mitteilungspflicht über die gesendeten Tonträger. Begründet wird die Beschränkung der Mitteilungspflicht damit, dass sich die für die Verteilung erforderlichen Fakten aus den Rundfunkprogrammen ergeben (AmtlBegr. zu § 16 a. F., BT-Drucks. IV/271, 18). Der Gesetzgeber geht also selbst von einer Meldepflicht der Sender aus, die für gesendete Tonträger keine Einschränkung vorsieht. Daraus ergibt sich, dass § 13b WahrnG auf die Vorort-Veranstaltungen mit Ausnahme von Sendung und Zugänglichmachung beschränkt ist. Für sonstige Nutzungen ergeben sich Meldepflichten aus § 242 BGB (Loewenheim/*Melichar* § 48 Rn. 59). Ausdrücklich geregelt ist die Meldepflicht für Leermedienimporteure in § 54f UrhG.

Da das **Recht der öffentlichen Wiedergabe** nach § 15 Abs. 2 UrhG dem Urheber 2 vorbehalten ist, ist die öffentliche Wiedergabe stets nur mit seiner Einwilligung zulässig. In der Praxis werden die Nutzungsrechte für die öffentliche Wiedergabe – mit Ausnahme der sog. „großen Werken" – von Verwertungsgesellschaften für die Urheber wahrgenommen (*Melichar* 23). Abs. 1 hat daher in erster Linie deklaratorische Wirkung, modifiziert aber die Regelungen des UrhG dahingehend, dass die vorherige Einwilligung bzw. Einräumung von Nutzungsrechten nicht für das konkrete Einzelwerk gefordert wird (Fromm/Nordemann/*Nordemann* § 13a WahrnG Rn. 2).

Die Pflicht zur Einholung der Einwilligung vor der Veranstaltung umfasst neben der 3 Anzeige, dass eine Veranstaltung stattfindet, auch die Mitteilung der Angaben, die zur Ermittlung der anzuwendenden Tarif- und Vergütungssätze erforderlich sind (vgl. BGHZ 59, 286 – Doppelte Tarifgebühr). Dazu gehören insb. Angaben über die Art der Veranstaltung über die Größe des Veranstaltungsraumes oder die Höhe der Eintrittsgelder (LG Erfurt ZUM-RD 1997, 25, 26; Schricker/Loewenheim/*Reinbothe* § 13b WahrnG Rn. 4). Der durch diese Kooperation für den Veranstalter entstehende Verwaltungsaufwand reduziert den Verwaltungsaufwand der Verwertungsgesellschaften und liegt deshalb auch im Interesse des Veranstalters an möglichst niedrigen Tarifen (vgl. Antwort der Bundesregierung auf die Anfrage des Abgeordneten Stockleben, BT-Drucks. X/408 = GRUR 1983, 639). Nicht erforderlich ist es, die Werke, deren Nutzung geplant ist, einzeln anzugeben (Schricker/Loewenheim/*Reinbothe* § 13b WahrnG Rn. 4; Fromm/Nordemann/*Nordemann* § 13b WahrnG Rn. 1). Beruht die öffentliche Wiedergabe auf einer **gesetzlichen Lizenz,** also bspw. § 52 UrhG oder § 78 Abs. 2 Nr. 2, für die eine angemessene Vergütung geschuldet wird, sind die Verwertungsgesellschaften ebenfalls vor der Veranstaltung zu informieren (Dreier/Schulze/*Schulze* § 13b UrhWG Rn. 6).

II. Übersendung einer Werkaufstellung nach Veranstaltung, Abs. 2

Nach Abs. 2 S. 1 muss der Veranstalter der Verwertungsgesellschaft nach der Veranstaltung 4 eine Aufstellung über die benutzten Werke übersenden. Dadurch soll der Verwertungsgesellschaft eine gerechte Verteilung ihrer aus der öffentlichen Wiedergabe erzielten Einnahmen unter den Berechtigten ermöglicht werden (AmtlBegr. BT-Drucks. IV/271, 19).

Die Aufstellung ist Abs. 2 S. 2 nicht erforderlich, wenn Werke mittels Tonträger oder 5 durch Funksendung wiedergegeben wurden. Denn in diesen Fällen können die erzielten Einnahmen anhand des Rundfunkprogramms oder der Schallplattenumsätze verteilt werden (AmtlBegr. BT-Drucks. IV/271, 19). Da der Gesetzgeber selbst davon ausging, dass Entgelte aus der öffentlichen Wiedergabe nach Tonträgerverkäufen oder Sendehäufigkeit verteilt werden können, können die Berechtigten zusätzliche kostenträchtige Nutzungserhebungen bspw. In Diskotheken für die Durchführung der Verteilung nicht verlangen.

6   Eine Aufstellung ist nach Abs. 2 S. 2 auch dann nicht erforderlich, wenn es sich um öffentliche Wiedergaben auf Veranstaltungen handelt, auf denen in der Regel **nicht geschützte oder nur unwesentlich bearbeitete Werke der Musik** aufgeführt werden. Veranstalter, die ganz oder doch überwiegend gemeinfreie Werke wiedergeben, sollen nicht zur Aufstellung der Werkliste verpflichtet sein (Bericht des Rechtsausschusses BT-Drucks. X/3360, 21). Dazu zählen auch nur unwesentliche Bearbeitungen eines nicht geschützten Werkes der Musik nach § 3 UrhG. Mit dieser Regelung werden ohne erkennbaren Grunde Werkmeldepflichten auch in den Fällen ausgeschlossen, in denen lediglich in der Regel, nicht aber ausnahmslos urheberrechtlich nicht geschützte Werke wiedergegeben werden (*Nordemann* GRUR 1985, 837, 838). Da bei ausschließlicher Verwendung nicht geschützter Werke schon nach allgemeinen urheberrechtlichen Grundsätzen keine Einwilligung erforderlich ist, beschränkt sich der Anwendungsbereich des Abs. 2 auf Veranstaltungen, auf denen – wohl als Ausnahme – auch geschützte Werke wiedergegeben werden. Die Regelung ist deshalb in ihrer Unbestimmtheit verfassungsrechtlich bedenklich, da sie gegen Art. 14 GG verstoßen dürfte (*Nordemann* GRUR 1985, 837, 838; Fromm/Nordemann/*Nordemann* § 13b WahrnG Rn. 2; Schricker/Loewenheim/*Reinbothe* § 13b WahrnG Rn. 7; *Schack* Rn. 1362). Die dagegen eingelegten Verfassungsbeschwerden wurden als unzulässig verworfen (BVerfG ZUM 1989, 183, 186 f.). Die Regelung ist auch sprachlich missglückt, da die Meldepflicht dann entfällt, wenn in der Regel nur unwesentlich bearbeitete – noch geschützte – Werke der Musik aufgeführt werden. Denn anders als § 3 UrhG beschränkt sich die unwesentliche Bearbeitung nicht auf nicht geschützte Werke. Dies ist offensichtlich ein Redaktionsversehen (vgl. Bericht des Rechtsausschusses, BT-Drucks. X/3360, 18, 21). Die Meldepflicht entfällt daher nur dann, wenn ausschließlich ungeschützte Werke oder Bearbeitungen genutzt werden (Dreier/Schulze/*Schulze* § 13a UrhWG Rn. 12).

7   Die Einschränkung der Meldepflichten hat keinen Einfluss auf die Pflicht nach § 13b Abs. 1 WahrnG, die Einwilligung der Verwertungsgesellschaft einzuholen. Diese Pflicht besteht auch für die in Abs. 2 privilegierten Nutzungen, sofern überhaupt geschützte Werke wiedergegeben werden.

III. Auskunftspflicht der Sendeunternehmen, Abs. 3

8   Bei der öffentlichen Wiedergabe von Funksendungen kann die Verwertungsgesellschaft gegen Unkostenerstattung Auskünfte von den betreffenden Sendeunternehmen verlangen, falls dies für die Einnahmeverteilung erforderlich ist. Dadurch erhält die Verwertungsgesellschaft auch dann Informationen über die wiedergegebenen Werke, wenn sie selbst keine Senderechte wahrnimmt und bereits dadurch von den Sendeunternehmen die Auskünfte über die genutzten Werke bekommt (Bericht des Rechtsausschusses zu BT-Drucks. IV/3402, 3).

§ 13c Vermutung der Sachbefugnis; Außenseiter bei Kabelweitersendung

(1) Macht die Verwertungsgesellschaft einen Auskunftsanspruch geltend, der nur durch eine Verwertungsgesellschaft geltend gemacht werden kann, so wird vermutet, daß sie die Rechte aller Berechtigten wahrnimmt.

(2) Macht die Verwertungsgesellschaft einen Vergütungsanspruch nach §§ 27, 54 Abs. 1, § 54c Abs. 1, § 77 Abs. 2, § 85 Abs. 4, § 94 Abs. 4 oder § 137l Abs. 5 des Urheberrechtsgesetzes geltend, so wird vermutet, daß sie die Rechte aller Berechtigten wahrnimmt. Sind mehr als eine Verwertungsgesellschaft zur Geltendmachung des Anspruchs berechtigt, so gilt die Vermutung nur, wenn der Anspruch von allen berechtigten Verwertungsgesellschaften gemeinsam geltend gemacht wird. Soweit die Verwertungsgesellschaft Zahlungen auch für die Berechtigten erhält, deren Rechte sie nicht wahrnimmt, hat sie den zur Zahlung Verpflichteten von den Vergütungsansprüchen dieser Berechtigten freizustellen.

(3) Hat ein Rechtsinhaber die Wahrnehmung seines Rechts der Kabelweitersendung im Sinne des § 20b Abs. 1 Satz 1 des Urheberrechtsgesetzes keiner Verwertungsgesellschaft übertragen, so gilt die Verwertungsgesellschaft, die Rechte dieser Art wahrnimmt, als berechtigt, seine Rechte wahrzunehmen. Kommen dafür mehrere Verwertungsgesellschaften in Betracht, so gelten sie gemeinsam als berechtigt; wählt der Rechtsinhaber eine von ihnen aus, so gilt nur diese als berechtigt. Die Sätze 1 und 2 gelten nicht für Rechte, die das Sendeunternehmen innehat, dessen Sendung weitergesendet wird.

(4) Hat die Verwertungsgesellschaft, die nach Absatz 3 als berechtigt gilt, eine Vereinbarung über die Kabelweitersendung getroffen, so hat der Rechtsinhaber im Verhältnis zu dieser Verwertungsgesellschaft die gleichen Rechte und Pflichten, wie wenn er ihr seine Rechte zur Wahrnehmung übertragen hätte. Seine Ansprüche verjähren in drei Jahren von dem Zeitpunkt an, in dem die Verwertungsgesellschaft satzungsgemäß die Abrechnung der Kabelweitersendung vorzunehmen hat; die Verwertungsgesellschaft kann ihm eine Verkürzung durch Meldefristen oder auf ähnliche Weise nicht entgegenhalten.

Literatur: *Katzenberger,* Prozessuale Hilfen bei der Durchsetzung von Rechten der urheberrechtlichen Verwertungsgesellschaften in Fällen der Aktivlegitimation, des Auskunftsverlangens und der Vergütungsansprüche, FuR 1981, 236; *Scheuermann/Strittmatter,* Die Angemessenheit der Vergütung nach § 27 UrhG für das Vermieten/Verleihen von Bildtonträgern in Videotheken, ZUM 1990, 338.

Vgl. darüber hinaus die Angaben im eingangs abgedr. Gesamtliteraturverzeichnis.

Übersicht

	Rn.
I. Grundzüge	1–6
II. Vermutung der Sachbefugnis	7–12
1. Auskunftsanspruch, Abs. 1	7, 8
2. Vergütungsansprüche, Abs. 2	9–11
3. Beweisvereitelung	12
III. Außenseiter bei Kabelweitersendung	13–17

I. Grundzüge

Durch Hinzutreten des neuen § 13a im Zuge des Zweiten Korbes wurde aus dem bisherigen § 13b § 13c, der außerdem um zusätzliche Vergütungsansprüche in Abs. 2 ergänzt wurde (s. u. Rn. 9). Abs. 1 und 2 (Vermutung der Sachbefugnis) wurden durch die Urheberrechtsnovelle von 1985 in das Gesetz eingefügt, um den Verwertungsgesellschaften die prozessuale Durchsetzung ihrer Rechte zu erleichtern, denn angesichts der Unzahl der von den Verwertungsgesellschaften wahrgenommen Werke und Leistungen kann die Berechtigung in jedem Einzelfall nur mit einem enormen Aufwand nachgewiesen werden (*Katzenberger* FuR 1981, 236, 237). Vor diesem Hintergrund galt zu Gunsten der GEMA als der größten Verwertungsgesellschaft schon immer eine tatsächliche Vermutung darin, dass sie in ihrem Wahrnehmungsbereich für alle Berechtigten tätig wird (BGHZ 15, 338, 349 ff. – GEMA; BGHZ 95, 285 – **GEMA-Vermutung** II; BGH GRUR 1986, 66, 68 – GEMA-Vermutung III). Die Vermutung für die Aktivlegitimation der GEMA und die Benutzung geschützter Werke insb. für die öffentliche Wiedergabe (BGHZ 17, 376, 378 – Betriebsfeiern; BGH GRUR 1961, 97, 98 – Sportheim; BGH GRUR 1974, 35, 39 – Musikautomat), findet aber auch auf die Vervielfältigung und Verbreitung Anwendung (BGH UFITA 40 (1963) 362, 365 – Tonbänder-Werbung; BGH GRUR 1964, 94, 95 – Tonbandgeräte-Händler; BGH GRUR 1986, 66, 68 – GEMA-Vermutung III). Die GEMA-Vermutung gilt auch, wenn das Netz von Gegenseitigkeitsverträgen Lücken aufweist und konkurrierende Verwertungsgesellschaften existieren (OLG Hamburg Urt. v. 4.11.2004, 28; Kreile/Becker/Riesenhuber/*Riesenhuber/v. Vogel* Kap. 14 Rn. 8).

2   Den anderen Verwertungsgesellschaften wurde die Möglichkeit des Anscheinsbeweises von der Rechtsprechung trotz ihrer faktischen Monopolstellung im jeweiligen Tätigkeitsbereich nicht im gleichen Maße zuerkannt. So wurde die Aktivlegitimation der VG WORT für die Pressespiegelvergütung (§ 49 Abs. 1 S. 2) vom OLG Köln (GRUR 1980, 913 – Presseschau CN) nicht vermutet, vom OLG München (GRUR 1980, 234 – Tagespressedienst) aber zuerkannt. Auch der VG Bild-Kunst wurde die Vermutung der Aktivlegitimation jedenfalls für die Auskunftsansprüche im Zusammenhang mit dem Folgerecht (§ 26 Abs. 3) erst 1980 zuerkannt (OLG Frankfurt GRUR 1980, 916, 918).

3   Schon früher gewährte der BGH den Verwertungsgesellschaften einen Anspruch auf eine Grundauskunft, um die eindeutige Identifizierung der genutzten Werke und Leistungen zu ermöglichen. Auch dieser Anspruch setzte aber voraus, dass aus konkret festgestellten Rechtsverletzungen mit hoher Wahrscheinlichkeit auf weitere Rechtsverletzungen geschlossen werden konnte (BGHZ 95, 285, 292 – GEMA-Vermutung II; BGH GRUR 1988, 604, 605 – Kopierwerk). Zumindest musste eine sehr große Wahrscheinlichkeit dafür bestehen, dass in erheblichem Umfang Rechte der Verwertungsgesellschaft verletzt wurden (BGHZ 95, 274, 281 – GEMA-Vermutung I). Ohne detaillierte Informationen über die Tätigkeit des Verwerters konnten die Grundauskünfte deshalb nicht geltend gemacht werden.

4   Die Regelung in Abs. 1 und 2 ist eine Fortentwicklung der Rechtsprechung zur Vermutung der Aktivlegitimation, um die Durchsetzung urheberrechtlicher Vergütungsansprüche durch Verwertungsgesellschaften zu erleichtern (AmtlBegr. BT-Drucks. X/837, 22 f.). Es handelt sich um gesetzliche Vermutungen i. S. d. § 292 ZPO, die eine faktische Monopolstellung nicht voraussetzen (BGH ZUM 1990, 32, 34 – Gesetzliche Vermutung; BGH GRUR 1991, 595, 596 – Gesetzliche Vermutung II). Sie bewirken eine **Umkehr der Beweislast,** wirken aber nicht rechtsbegründend für die materiell rechtlichen Ansprüche (BGH ZUM 1990, 32, 34 – Gesetzliche Vermutung; a. A. *Scheuermann/Strittmatter* ZUM 1990, 338, 346 f.). Anwendbar ist die Vermutungsregelung auch auf vor ihrem Inkrafttreten anhängige Verfahren und entstandene Ansprüche (BGH ZUM 1990, 32, 34 – gesetzliche Vermutung; BGH GRUR 1991, 595, 596 – gesetzliche Vermutung II). Die gesetzliche Vermutung beschränkt sich auf die Geltendmachung von Auskunftsansprüchen und in Abs. 2 genannten Vergütungsansprüche, die solche Nutzungsvorgänge betreffen, die einzeln nicht erfasst werden können oder aus Kosten- oder Zumutbarkeitsgründen üblicherweise nicht erfasst werden (AmtlBegr. BT-Drucks. X/837, 23). Der ausdrückliche Hinweis auf die § 77 Abs. 2, § 85 Abs. 4 und § 94 Abs. 5 UrhG stellt klar, dass die Vermutung auch für die Vergütungsansprüche der ausübenden Künstler, Tonträgerhersteller und Filmhersteller gilt, soweit sie von Verwertungsgesellschaften wahrgenommen werden. Machen die Verwertungsgesellschaften keine Auskunfts- oder Vergütungsansprüche der in Abs. 2 genannten Art geltend, gilt die Rechtsprechung zur Vermutung der Aktivlegitimation fort (Schiedsstelle ZUM 1989, 426, 428).

5   Abs. 3 und 4 wurden im Zuge der Umsetzung der Kabel- und Satellitenrichtlinie (Richtlinie 93/83/EWG v. 27.9.1993) in das Wahrnehmungsgesetz eingefügt. Die Rege-

lungen sind am 1.6.1998 in Kraft getreten und betreffen das Recht der Kabelweitersendung (§ 20b UrhG), das neben den Urhebern auch den ausübenden Künstlern (§ 76 Abs. 3 UrhG) und Filmherstellern (§ 94 Abs. 4 UrhG) zusteht. Das Recht der Kabelweitersendung kann nach § 20b Abs. 1 UrhG nur durch eine Verwertungsgesellschaft geltend gemacht werden, sofern es sich nicht um Rechte handelt, die ein Sendeunternehmen in Bezug auf seine eigenen Sendungen geltend macht.

Abs. 3 und 4 regeln den Fall, dass ein Rechtsinhaber die Wahrnehmung seines **Kabelweitersendungsrechts** keiner Verwertungsgesellschaft übertragen hat und binden so **Außenseiter** in die Rechtswahrnehmung ein (AmtlBegr. BT-Drucks. 13/4796, 10). Während Abs. 3 das Außenverhältnis der Verwertungsgesellschaften gegenüber den Nutzern regelt, betrifft Abs. 4 das Innenverhältnis zwischen Verwertungsgesellschaft und Außenseiter. Im Gegensatz zu Abs. 1 und 2 handelt es sich bei Abs. 3 und 4 nicht um widerlegbare Vermutungen sondern um unwiderlegliche Fiktionen der Berechtigung.

II. Vermutung der Sachbefugnis

1. Auskunftsanspruch, Abs. 1

Für den Auskunftsanspruch besteht mit Abs. 1 eine Rechtsvermutung für die klagende Verwertungsgesellschaft, soweit es sich um Auskunftsansprüche handelt, mit denen ein verwertungsgesellschaftspflichtiger Zahlungsanspruch vorbereitet werden soll. Abs. 1 gilt also für die Vorbereitung aller Zahlungsansprüche, die nur von Verwertungsgesellschaften geltend gemacht werden können und ist nicht auf die ausdrücklichen gesetzlichen Auskunftsansprüche nach § 26 Abs. 5 i. V. m. Abs. 3 und 4 UrhG und nach § 54g i. V. m. § 54h Abs. 1 UrhG beschränkt (AmtlBegr. BT-Drucks. X/837, 23). Die Rechtsvermutung gilt auch, wenn mehrere Verwertungsgesellschaften nebeneinander tätig sind. Denn die Auskunft muss jeder von ihnen schon deshalb erteilt werden, damit sie den Umfang ihrer eigenen Zahlungsansprüche verlässlich ermitteln kann (Fromm/Nordemann/*Nordemann* § 13c WahrnG Rn. 3). Die Vermutung kann nicht schon dadurch widerlegt werden, dass der in Anspruch genommene Verwerter auf parallel tätige Verwertungsgesellschaften hinweist. Er muss vielmehr darlegen und ggf. beweisen, dass er ausschließlich Werke oder Leistungen solcher Urheber- oder Leistungsschutzberechtigter verwertet, die keiner oder einer bestimmten anderen Verwertungsgesellschaft angehören (BGH GRUR 1989, 819, 820 – Gesetzliche Vermutung I; BGH GRUR 1991, 595, 596 – Gesetzliche Vermutung II). Da die Vermutung bis zu ihrer Widerlegung besteht, trägt er nach § 91a ZPO die **Kosten,** wenn die Verwertungsgesellschaft auf die Darlegung hin die Hauptsache für erledigt erklärt (BGH GRUR 1989, 819 – Gesetzliche Vermutung I; Fromm/Nordemann/ *Nordemann* § 13c WahrnG Rn. 3). Für die **Widerlegung der Vermutung der Aktivlegitimation** ist ein detaillierter Gegenbeweis erforderlich, das pauschale Bestreiten reicht nicht aus (BGH GRUR 1989, 819, 820 – Gesetzliche Vermutung I; BGH GRUR 1991, 595, 596 – Gesetzliche Vermutung II). Die Vermutung erstreckt sich auch darauf, dass die **Werke urheberrechtlich geschützt** sind (BGH GRUR 1986, 62, 63 – GEMA-Vermutung I). Bei gemeinfreier E-Musik gilt sie allerdings nicht. Vielmehr muss nachgewiesen werden, dass auch geschützte E-Musik genutzt wurde (Dreier/Schulze/*Schulze* § 13c UrhWG Rn. 3).

Abs. 1 regelt lediglich eine Vermutung für die Aktivlegitimation der Verwertungsgesellschaft; die Voraussetzungen des Auskunftsanspruchs selbst werden hier ebenso wenig geregelt wie Inhalt und Umfang der Auskunftspflicht (Schricker/Loewenheim/*Reinbothe* § 13c WahrnG Rn. 7). Für die Widerlegung der Vermutung muss nachgewiesen werden, dass an den genutzten Werken oder Leistungen keine von der Verwertungsgesellschaft wahrgenommenen Rechte bestehen. Weist ein Nutzer im Einzelnen die Titel nach, die er öffentlich wiedergegeben hat, so muss die Verwertungsgesellschaft – auch wenn die Titel fremdsprachlich vorgetragen werden – substantiiert darlegen, dass sie die Rechte an den konkreten Titeln wahrnimmt. Wird die Vermutung der Aktivlegitimation durch den Nutzer erschüttert, trifft also die Verwertungsgesellschaft die Pflicht zu substantiiertem Bestreiten (AG Oldenburg NJW-RR 1999, 196, 197).

2. Vergütungsansprüche, Abs. 2

9   Nach Abs. 2 besteht eine gesetzliche Vermutung der Aktivlegitimation auch bei Vergütungsansprüchen nach §§ 27, 54 Abs. 1, 54c Abs. 1, 77 Abs. 2, 85 Abs. 4, 94 Abs. 5 UrhG und § 137l Abs. 5 UrhG. Es handelt sich dabei um Vergütungsansprüche, die zum einen nach dem Gesetz allein von Verwertungsgesellschaften geltend gemacht werden können und zum anderen Massennutzungen betreffen, bei denen der einzelne Nutzungsvorgang nicht erfasst werden kann oder aus Kosten- oder Zumutbarkeitsgründen üblicherweise nicht erfasst wird. Hier sind die Anforderungen niedriger anzusetzen als bei der Wahrnehmung von Ausschließlichkeitsrechten (Schiedsstelle ZUM 1988, 471, 477). Abs. 2 findet auch Anwendung für sonstige Vergütungsansprüche, so nach §§ 52a Abs. 4, 52b, 53a UrhG. Da man dem Verwerter zwar zumuten kann, mehrfach dieselbe Auskunft zu geben, nicht aber für einen Nutzungsvorgang mehrfach zu zahlen, kann die Vermutung bei Vorhandensein mehrerer parallel tätiger Verwertungsgesellschaften nur gelten, wenn sie alle den Anspruch gemeinsam geltend machen (Abs. 2 S. 2). Unter **parallel tätigen Verwertungsgesellschaften** sind aber nur solche zu verstehen, die Ansprüche von Berechtigten derselben Kategorie vertreten. Solange wie bisher nur die GEMA Komponisten, Textdichter und Musikverleger und nur die GVL ausübende Künstler und Tonträgerhersteller vertritt, kann die Vermutung, dass beide für alle Berechtigten tätig sind, nicht deshalb widerlegt sein, weil mehrere Verwertungsgesellschaften unterschiedliche Berechtigtenkategorien vertreten (Fromm/Nordemann/*Nordemann* § 13c WahrnG Rn. 3; Schricker/Loewenheim/*Reinbothe* § 13c WahrnG Rn. 10). Soweit Verwertungsgesellschaften zwar die gleiche Kategorie von Berechtigten vertreten, aber unterschiedliche Länder betreffen, handelt es sich nicht um parallel tätige Verwertungsgesellschaften im Sinne der Norm.

10 Um eine mehrfache Inanspruchnahme des Nutzers zu vermeiden, sieht Abs. 2 S. 3 vor, dass die Verwertungsgesellschaft, die Zahlungen für die genannten Vergütungsansprüche auch für Berechtigte erhält, die sie nicht vertritt, den zahlenden Nutzer von den Ansprüchen dieser Berechtigten freistellen muss (AmtlBegr. BT-Drucks. X/837, 23). Ein mehrfach in Anspruch genommener Nutzer erhält so einen **Regressanspruch** gegen die Verwertungsgesellschaft (Schricker/Loewenheim/*Reinbothe* § 13b WahrnG Rn. 10).

11 Zur **Widerlegung** der gesetzlichen Vermutung muss der Nutzer darlegen, dass für jedes einzelne genutzte Werk oder für jede einzelne genutzte Leistung der Verwertungsgesellschaft keine Rechte zur Wahrnehmung übertragen worden sind. Die Nachweise müssen sich auf konkrete Titel beziehen (OLG Köln ZUM 1998, 659; BVerfG GRUR 2001, 48 ff.). Die gesetzliche Umkehr der Darlegungs- und Beweislast ist verfassungsrechtlich unbedenklich und dient dazu, für die Verwertungsgesellschaften einen effektiven Rechtsschutz bei der Durchsetzung ihrer Ansprüche zu gewährleisten (BVerfG GRUR 2001, 48 ff.). Die Vermutung des Abs. 2 gilt auch für Vergütungsansprüche US-amerikanischer Urheber, jedenfalls soweit diese nach dem Inkrafttreten des Abs. 2, also nach dem 1.1.1986, begründet worden sind (OLG Hamm GRUR 1989, 505, 506).

3. Beweisvereitelung

12 Über die in Abs. 2 genannten Vergütungsansprüche, die nicht einzeln identifizierbare Massennutzungen betreffen, gilt die Vermutung der Sachbefugnis auch für solche Fälle, in denen der Nutzer die Möglichkeit der Verwertungsgesellschaft vereitelt, ihre Berechtigung nachzuweisen. Ist es der Verwertungsgesellschaft durch die Vernichtung von Beweismit-

teln nicht möglich, durch den Auskunftsanspruch nach Abs. 1 die tatsächlichen Grundlagen zu beschaffen, die es ihr ermöglichen, ihre Rechte zu belegen, so ist auch insoweit die Sachbefugnis zu vermuten. Dies gilt bspw. auch für die Sachbefugnis der VG WORT im Rahmen von § 49 UrhG, wenn vergütungspflichtige Pressespiegel vom Nutzer trotz der Auskunftsklage vernichtet wurden (OLG München ZUM 2000, 243, 245 f.).

III. Außenseiter bei Kabelweitersendung

Abs. 3 fingiert die **umfassende Rechtsinhaberschaft** der Verwertungsgesellschaft für den Fall, dass die Rechtsinhaber ihre Rechte keiner Verwertungsgesellschaft übertragen haben. Diese **Fiktion** folgt aus der Verwertungsgesellschaftspflichtigkeit des Rechts der Kabelweitersendung, das Urhebern nach § 20b Abs. 1 UrhG, ausübenden Künstlern nach § 76 Abs. 3 UrhG und Filmherstellern nach § 94 Abs. 4 UrhG zusteht. 13

Abs. 1 setzt Art. 9 Abs. 2 S. 1 der Satellitenrichtlinie um und versetzt die Verwertungsgesellschaft, die Kabelweitersenderechte wahrnimmt, durch eine gesetzliche Fiktion („… gilt … als berechtigt") in die Lage, auch die Rechte von ihr nicht angeschlossenen Rechtsinhabern wahrzunehmen. Lediglich für den Fall, dass Sendeunternehmen Tarifverträge oder Betriebsvereinbarungen über die Zahlung angemessener Vergütungen für die Kabelweitersendung (§ 20b Abs. 2) abgeschlossen haben, ist nach § 20b Abs. 2 S. 4 die Vermutung der Zuständigkeit widerlegt (Dreier/Schulze/*Schulze* § 13c UrhWG Rn. 23). 14

Abs. 3 S. 2 regelt für den Fall, dass mehr als eine Verwertungsgesellschaft Kabelweitersenderechte wahrnimmt, ein Wahlrecht für den Rechtsinhaber. Die von ihm gewählte Verwertungsgesellschaft gilt als zur Wahrnehmung seiner Rechte berechtigt, ohne dass es auf den Abschluss eines Wahrnehmungsvertrages ankommt; ausreichend ist eine einseitige Erklärung des Rechtsinhabers (Begr. des BRegE BT-Drucks. 13/4796, 16). Bis zur Wahl des Rechtsinhabers gelten alle derartige Rechte wahrnehmenden Verwertungsgesellschaften als gemeinsam berechtigt. Nach § 13 Abs. 3 S. 3 WahrnG gilt die Berechtigungsfiktion nicht für Kabelweitersenderechte, die ein Sendeunternehmen in Bezug auf seine eigenen Sendungen geltend macht. Denn diese sind durch § 20b Abs. 1 S. 2 UrhG bereits von der Verwertungsgesellschaftenpflicht ausgenommen. 15

Abs. 4 regelt das **Innenverhältnis des Außenseiters zu der Verwertungsgesellschaft,** die nach Abs. 3 berechtigt gilt. Nach S. 1 muss die Verwertungsgesellschaft, die eine Vereinbarung über die Kabelweitersendung mit Wirkung für einen Außenseiter etroffen hat, diesen wie einen ihr durch Wahrnehmungsvertrag verbunden Wahrnehmungsberechtigten behandeln. Nach S. 2 kann der Außenseiter seine Rechte gegenüber der Verwertungsgesellschaft bis drei Jahre nach dem satzungsgemäßen Abrechnungszeitpunkt der Verwertungsgesellschaft geltend machen. Die Verwertungsgesellschaft hat nach Abs. 4 S. 2 2. Halbs. nicht die Möglichkeit, die **Verjährungsfrist** durch Meldefristen oder andere satzungsmäßige Beschränkungen zu verkürzen. Vertragliche oder satzungsgemäße Bestimmungen können aber dann vorgehen, wenn der Außenseiter nachträglich mit der Verwertungsgesellschaft einen Wahrnehmungsvertrag abschließt Begr. des BRegE BT-Drucks. 13/4796, 16; Schricker/Loewenheim/*Reinbothe* § 13c WahrnG Rn. 12). 16

Die Regelungen des Abs. 3 und 4 gelten für das Recht der Kabelweitersendung i. S. d. § 20b Abs. 1 S. 1 UrhG, soweit es nicht von Sendeanstalten wahrgenommen wird. Für den Fall, dass wie in der deutschen Praxis die Kabelweitersenderechte weitestgehend den Sendeunternehmen übertragen werden und den Berechtigten lediglich verwertungsgesellschaftenpflichtige Vergütungsansprüche nach § 20b Abs. 2 UrhG zustehen, gelten die Abs. 3 und 4 nicht. Denn diese nehmen nur Bezug auf § 20b Abs. 1 S. 1 UrhG, nicht aber auf § 20b Abs. 2 UrhG. 17

§ 13d Vergriffene Werke

(1) Es wird vermutet, dass eine Verwertungsgesellschaft, die Rechte der Vervielfältigung (§ 16 des Urheberrechtsgesetzes) und der öffentlichen Zugänglichmachung (§ 19a des Urheberrechtsgesetzes) an vergriffenen Werken wahrnimmt, berechtigt ist, für ihren Tätigkeitsbereich Dritten diese Rechte auch an Werken derjenigen Rechtsinhaber einzuräumen, die die Verwertungsgesellschaft nicht mit der Wahrnehmung ihrer Rechte beauftragt haben, wenn

1. es sich um vergriffene Werke handelt, die vor dem 1. Januar 1966 in Büchern, Fachzeitschriften, Zeitungen, Zeitschriften oder in anderen Schriften veröffentlicht wurden,
2. sich die Werke im Bestand von öffentlich zugänglichen Bibliotheken, Bildungseinrichtungen, Museen, Archiven und von im Bereich des Film- oder Tonerbes tätigen Einrichtungen befinden,
3. die Vervielfältigung und die öffentliche Zugänglichmachung nicht gewerblichen Zwecken dient,
4. die Werke auf Antrag der Verwertungsgesellschaft in das Register vergriffener Werke (§ 13e) eingetragen worden sind und
5. die Rechtsinhaber nicht innerhalb von sechs Wochen nach Bekanntmachung der Eintragung gegenüber dem Register ihren Widerspruch gegen die beabsichtigte Wahrnehmung ihrer Rechte durch die Verwertungsgesellschaft erklärt haben.

(2) Rechtsinhaber können der Wahrnehmung ihrer Rechte durch die Verwertungsgesellschaft jederzeit widersprechen.

(3) Nimmt mehr als eine Verwertungsgesellschaft die Rechte gemäß Absatz 1 wahr, so gilt die Vermutung nach Absatz 1 nur, wenn die Rechte von allen Verwertungsgesellschaften gemeinsam wahrgenommen werden.

(4) Soweit die Verwertungsgesellschaft Zahlungen auch für Rechtsinhaber erhält, die die Verwertungsgesellschaft nicht mit der Wahrnehmung ihrer Rechte beauftragt haben, hat sie den zur Zahlung Verpflichteten von Ansprüchen dieser Rechtsinhaber freizustellen. Wird vermutet, dass eine Verwertungsgesellschaft nach Absatz 1 und Absatz 2 zur Rechtewahrnehmung berechtigt ist, so hat ein Rechtsinhaber im Verhältnis zur Verwertungsgesellschaft die gleichen Rechte und Pflichten wie bei einer Übertragung der Rechte zur Wahrnehmung.

Literatur: *de la Durantaye*, Ein Heim für Waisenkinder – Die Regelungsvorschläge zu verwaisten Werken in Deutschland und der EU aus rechtsvergleichender Sicht, ZUM 2011, 777; *de la Durantaye*, Der Regierungsentwurf eines Gesetzes zur Nutzung verwaister und vergriffener Werke, ZUM 2013, 437; *Flechsig*, Übersetzung Loi 2012-287 du 1er mars 2012 relative à l'exploitation numérique des livres indisponibles du XXe siècle, abrufbar unter www.urheberrecht.org; *Klass*, Die deutsche Gesetzesnovelle zur „Nutzung verwaister und vergriffener Werke und einer weiteren Änderung des Urheberrechtsgesetzes" im Kontext der Retrodigitalisierung in Europa, GRUR-Int. 2013, 881; *Peifer*, Vergriffene und verwaiste Werke: Gesetzliche Lösung in Sicht? GRUR-Prax 2011,1; *Schierholz*, Verwaiste Werke – die Lösung für Probleme der Massendigitalisierung, FS Pfennig, S. 319; *Spindler*, Die Orphan-Works-Richtlinie und der jüngste Referentenentwurf zur Änderung des Urheberrechts, ZUM 2013, 349; *Staats*, in: Peifer (Hrsg.), Kollektives Rechtemanagement im Zeitalter von Google und Youtube, München 2011, S. 93, 102; *Staats*, Regelungen für verwaiste und vergriffene Werke – Stellungnahme zu dem Gesetzentwurf der Bundesregierung, ZUM 2013, 446; GRUR, Stellungnahme vom 11. März 2013 zum Referenten-Entwurf eines Gesetzes zur Nutzung verwaister Werke und zu weiteren Änderungen des Urheberrechtsgesetzes und des Urheberrechtswahrnehmungsgesetzes, abrufbar unter www.urheberrecht.org; Max-Planck-Institut für Immaterialgüter- und Wettbewerbsrecht, Stellungnahme v. 15. März 2013 zum Referenten-Entwurf eines Gesetzes zur Einführung einer Regelung zur Nutzung verwaister Werke und weiterer Änderungen des Urheberrechtsgesetzes und des Urheberrechtswahrnehmungsgesetzes, abrufbar unter www.urheberrecht.org.

Vgl. ferner die Angaben zu § 61 UrhG.

Übersicht

	Rn.
I. Überblick	1–4
1. Rechtsentwicklung	1
2. Bedeutung	2, 3
3. Regelungsinhalt	4
II. Gesetzliche Vermutung (§ 13d Abs. 1)	5–18
1. Vermutungsvoraussetzungen	5
a) Bestehende kollektive Rechtewahrnehmung	5
b) Vergriffene Werke, die vor dem 1. Januar 1966 in Büchern, Fachzeitschriften, Zeitungen, Zeitschriften oder in anderen Schriften veröffentlicht wurden (§ 13d Abs. 1 Nr. 1)	6–10
c) Bestandsinhalte von privilegierten Einrichtungen (§ 13d Abs. 1 Nr. 2)	11
d) Verfolgung nicht gewerblicher Zwecke (§ 13d Abs. 1 Nr. 3)	12, 13
e) Eintragung in das Register vergriffener Werke (§ 13d Abs. 1 Nr. 4)	14
f) Kein Widerspruch der Rechtsinhaber innerhalb von sechs Wochen (§ 13d Abs. 1 Nr. 5)	15–17
2. Vermutungswirkung	18
III. Widerspruchsrecht (§ 13d Abs. 2)	19
IV. Rechtewahrnehmung durch mehrere Verwertungsgesellschaften (§ 13d Abs. 3)	23
V. Freistellung/Rechte und Pflichten von Außenseitern (§ 13d Abs. 4)	24

I. Überblick

1. Rechtsentwicklung

Im Zusammenhang mit den Digitalisierungsbemühungen der Bibliotheken, insbesondere im Hinblick auf die **Deutsche Digitale Bibliothek (DDB)** und die **Europeana** hatte sich bereits frühzeitig die Frage gestellt, inwieweit nicht nur Regelungen für die Nutzung von verwaisten Werken, sondern auch solche für die Nutzung von **vergriffenen Werken** sinnvoll sein könnten. Das galt insbesondere auch vor dem Hintergrund des – sehr umstrittenen und am Ende gescheiterten – **Google-Settlement,** das unter bestimmten Voraussetzungen eine Nutzung von vergriffenen Werken durch das Unternehmen Google erlaubte (vgl. dazu § 61 UrhG Rn. 5). Insbesondere die AG Digitale Bibliotheken der **Deutschen Literaturkonferenz,** in der Vertreter von Autoren, Verlagen, Bibliotheken und den Verwertungsgesellschaften VG WORT und VG Bild-Kunst zusammenarbeiten, legte im Jahr 2011 konkrete Vorschläge für gesetzliche Regelungen zur Nutzung von vergriffenen Werken vor (*Schierholz*, FS Pfennig, S. 319, 329; *Staats*, in Peifer (Hrsg.), Kollektives Rechtemanagement im Zeitalter von Google und Youtube, München 2011, S. 93, 102). Diese wurden von der **SPD-Bundestagsfraktion** (BT-Drs. 17/3991) aufgegriffen (befürwortend *Peifer* GRUR-Prax 2011, 1; kritisch *de la Durantaye* ZUM 2011, 777, 781). Außerdem legte die **Fraktion DIE LINKE** einen konkreten Gesetzesvorschlag für die Nutzung von vergriffenen Werken vor (BT-Drs. 17/4661). Auf europäischer Ebene wurde am 20. September 2011 das **Memorandum of Understanding** „Key principles on the digitization and making available of out-of-commerce works" von Verbänden der Autoren, Verlage und Bibliotheken sowie den Dachorganisationen der Verwertungsgesellschaften im Text- und Bildbereich in Anwesenheit des zuständigen EU-Kommissars *Barnier* unterzeichnet. Als erstes europäisches Land verabschiedete **Frankreich** im Jahr 2012 ein spezielles Gesetz über die Nutzung vergriffener Bücher (Loi 2012-287 du 1ᵉʳ mars 2012 relative à l'exploitation numérique des livres indisponibles du XXe siècle; vgl. die deutsche Übersetzung von *Flechsig*, abrufbar unter www.urheberrecht.org.). Die **Richtlinie 2012/28/EU über bestimmte Formen der Nutzung verwaister Werke** (ABl. L 299 vom 27.10.2012, S. 5; im Folgenden: **Verwaiste-Werke-RL**) enthält keine Regelungen für vergriffene Werke, stellt aber in Erwägungsgrund 4 klar, dass Lösungen in den Mitgliedstaaten für die Digitalisierung von vergriffenen Werken von der Richtlinie unberührt bleiben. Am 20. Februar 2013 legte schließlich das Bundesministerium der Justiz einen **Referentenentwurf** für ein Gesetz zur Einführung einer Regelung zur Nutzung verwaister Werke und weiterer Änderungen des Urheberrechtsgesetzes und des Urheberrechtswahrnehmungsgesetzes vor, der auch Regelungen für die Nutzung von vergriffenen Werken vorsah (abrufbar unter www.urheberrecht.org). Die Bundesregierung verabschiedete daraufhin am 10. April 2013 einen **Gesetzentwurf zur Nutzung verwaister und vergriffener Werke und einer weiteren Änderung des Urheberrechtsgesetzes** (BT-Drs. 17/13423), der im Hinblick auf die Regelungen für die vergriffenen Werke den Referentenentwurf weitgehend unverändert übernahm. Nachdem am 10. Juni 2013 eine öffentliche Anhörung im Rechtsauschuss des Deutschen Bundestages stattgefunden hatte (vgl. die Stellungnahmen der Sachverständigen, abrufbar unter www.urheberrecht.org), wurde der Entwurf entsprechend dem **Bericht** (BT-Drs. 17/14217) und der **Beschlussempfehlung** des Rechtsausschusses (BT-Drs. 17/1194) am 20. Juni 2013 mit wenigen Änderungen verabschiedet. Der Bundesrat erhob am 20. September 2013 keine Einwendungen (BR-Drs. 643/13 (Beschluss)). Daraufhin wurde das Gesetz am 8. Oktober 2013 (BGBl. I S. 3728) verkündet. Mit Rücksicht darauf, dass für das neue Register vergriffener Werke (§ 13e Rn. 2 ff.) beim DPMA die entsprechende **Infrastruktur** geschaffen werden muss, treten die Regelungen für die vergriffenen Werke erst am **1. April 2014** in Kraft, während dies bei den Vorschriften für die verwaisten Werke bereits am **1. Januar 2014** der Fall ist (Art. 3 des Gesetzes).

2. Bedeutung

2   **Vergriffene Werke** sind urheberrechtlich geschützte Werke, insbesondere Schriftwerke, die nicht mehr lieferbar sind (AmtlBegr., BT-Drs. 17/13423, S. 18). **Verwaiste Werke** sind urheberrechtlich geschützte Werke, deren Rechtsinhaber trotz einer sorgfältigen Suche nicht festgestellt oder ausfindig gemacht werden können (vgl. § 61 Abs. 2 UrhG). Verwaiste Werke sind in der Regel auch vergriffen, vergriffene Werke müssen aber keineswegs verwaist sein. Bei verwaisten Werken zeichnete sich bereits frühzeitig ab, dass eine Nutzung durch die Bibliotheken nur in Frage kommt, wenn zuvor eine sorgfältige Suche nach den Rechteinhabern durchgeführt wurde. Bei vergriffenen Werken, bei denen die Rechteinhaber durchaus bekannt sein können, stellte sich diese Frage dagegen nicht. Hier gingen die Überlegungen vielmehr in die Richtung, dass bei Werken, bei denen eine kommerzielle Nutzung durch die Rechteinhaber nicht mehr beabsichtigt war, unter Einbeziehung von Verwertungsgesellschaften eine pragmatische Lizenzlösung geschaffen werden sollte, um die Massendigitalisierungen in den Bibliotheken zu ermöglichen. Die Regelungen für die vergriffenen Werke verfolgen damit im Ergebnis dieselben **kulturpolitischen Ziele** wie die Regelungen zu den verwaisten Werken: Bibliotheken, Bildungseinrichtungen, Museen, Archive und Einrichtungen im Bereich des Film- und Tonerbes sollten ihre Bestände digitalisieren und öffentlich zugänglich machen können. Die privilegierten Einrichtungen können damit wählen, welche rechtliche Lösung sie bei ihren Digitalisierungsvorhaben wählen wollen (AmtlBegr., BT-Drs. 17/13423, S. 18). Der Vorteil des Lösungsmodells für vergriffene Werke liegt darin, dass hier lediglich festgestellt werden muss, ob ein Werk vergriffen ist, aber eine sorgfältige Suche nach den Rechtsinhabern entfällt (vgl. auch *Spindler* ZUM 2013, 349, 357; *Peifer* GRUR-Prax. 2011, 1; *Staats* ZUM 2013, 446, 453). Auf der anderen Seite beschränkt sich die gesetzliche Regelung auf Schriftwerke, die **vor 1966** erschienen sind.

3   Ähnlich wie bei verwaisten Werken ist auch bei vergriffenen Werken unklar, wie viele derartige Werke in den genannten Einrichtungen vorhanden sind. Die Deutsche Nationalbibliothek schätzt, dass für den Printbereich mit knapp **zwei Millionen vergriffener**

§ 13d Vergriffene Werke 4–6 § 13d WahrnG

Buchtitel zu rechnen ist (AmtlBegr., BT-Drs. 17/13423, S. 13). Bei Zeitschriften wird vermutet, dass sämtliche vor 1966 erschienenen Publikationen vergriffen sind (AmtlBegr., BT-Drs. 17/13423, S. 13).

3. Regelungsinhalt

Die gesetzliche Konzeption sieht vor, dass bei einer Verwertungsgesellschaft, die Rechte 4
der Vervielfältigung (§ 16 UrhG) und der öffentlichen Zugänglichmachung (§ 19a UrhG) an vergriffenen Werken wahrnimmt, unter bestimmten Voraussetzungen eine **gesetzliche Vermutung** Anwendung findet, wonach die Verwertungsgesellschaft auch Rechte für Außenseiter wahrnimmt, die ihr keine Rechte eingeräumt haben. Diese Vermutung gilt nur für den **„Printbereich"** und setzt im Übrigen voraus, dass die Werke in einem **Register vergriffener Werke** beim DPMA eingetragen werden.

II. Gesetzliche Vermutung (§ 13d Abs. 1)

1. Vermutungsvoraussetzungen

a) **Bestehende kollektive Rechtewahrnehmung.** § 13d Abs. 1 setzt zunächst voraus, 5
dass eine Verwertungsgesellschaft bereits Rechte der **Vervielfältigung** (§ 16 UrhG) und der **öffentlichen Zugänglichmachung** (§ 19a UrhG) an **vergriffenen Werken** wahrnimmt. Der Referentenentwurf enthielt die Beschränkung auf die vergriffenen Werke noch nicht, sondern stellte darauf ab, ob einer Verwertungsgesellschaft generell Vervielfältigungsrechte und Rechte der öffentlichen Zugänglichmachung eingeräumt werden. Durch die Beschränkung wird deutlich, dass es bei der Regelung ausschließlich darum geht, eine – auf vertraglicher Basis – bereits vorgesehene Rechtewahrnehmung von Verwertungsgesellschaften an vergriffenen Werken um eine Vermutungsregelung für Außenseiter zu ergänzen (*Staats* ZUM 2013, 446, 451). Bisher werden entsprechende Rechte in Deutschland von der VG WORT und der VG Bild-Kunst wahrgenommen (vgl. § 1 Nr. 25 WV-VG WORT; § 1 Nr. 1q WV-VG Bild-Kunst). Im Übrigen richtet sich deshalb die Rechtewahrnehmung an den vergriffenen Werken nach den **allgemeinen Bestimmungen** des WahrnG (*Staats* ZUM 2013, 446, 451). Die Verwertungsgesellschaften werden demnach die erforderlichen Nutzungsrechte an die privilegierten Einrichtungen im Wege einer einfachen Lizenz zu angemessenen Bedingungen vergeben. Hierzu sind sie gemäß § 11 Abs. 1 verpflichtet (Abschlusszwang). Sie sind ferner verpflichtet, nach § 13 Tarife aufzustellen oder gemäß § 12 Gesamtverträge abzuschließen. Die erzielten Einnahmen sind gemäß § 7 auf der Grundlage eines feststehenden Verteilungsplans auszuschütten. Soweit Einnahmen erzielt werden, die keinem Rechtsinhaber zuzuordnen sind, werden die Gelder typischerweise nach Ablauf einer bestimmten Zeit (z. B. nach 5 Jahren) der allgemeinen Ausschüttung zugeführt (vgl. § 5 Abs. 5 VT-Plan VG WORT; kritisch dazu *de la Durantaye* ZUM 2013, 437, 443 f.).

b) **Vergriffene Werke, die vor dem 1. Januar 1966 in Büchern, Fachzeitschrif-** 6
ten, Zeitungen, Zeitschriften oder in anderen Schriften veröffentlicht wurden
(§ 13d Abs. 1 Nr. 1). Eine Definition für vergriffene Werke findet sich im Gesetz nicht. Nach der Gesetzesbegründung handelt es sich bei vergriffenen Werken um Werke, die **nicht mehr lieferbar** sind (AmtlBegr., BT-Drs. 17/13423, S. 18). Das deckt sich mit dem Verständnis von vergriffenen Werken im Gesetzentwurf der SPD-Fraktion (BT-Drs. 17/3991, S. 3). Das Memorandum of Understanding (vgl. Rn. 1) verwendet dagegen den Begriff **„out-of commerce work"** und definiert ihn wie folgt: "For the purpose of the dialogue on out-of-commerce works, a work is out of commerce when the whole work, in all its versions and manifestations is no longer commercially available in customary channels of commerce, regardless of the existence of tangible copies of the work in

libraries and among the public (including through second hand bookshops or antiquarian bookshops". Diese Definition sollte auch für das Verständnis von vergriffenen Werken im Sinne des § 13d Abs. 1 herangezogen werden.

7 Die vergriffenen Werke müssen vor dem **1. Januar 1966** erschienen sein. Das **Stichdatum** beruht ebenfalls auf dem Vorschlag der Deutschen Literaturkonferenz und entspricht den Regelungen in den Wahrnehmungsverträgen von VG WORT und VG Bild-Kunst (kritisch die Stellungnahme des Max-Planck-Instituts für Immaterialgüter- und Wettbewerbsrecht v. 15. März 2013, Rn. 66). Es bezieht sich auf das Inkrafttreten des UrhG zum 1. Januar 1966. Selbstverständlich gibt es auch vergriffene Werke, die nach diesem Datum erschienen sind. Dessen ungeachtet erscheint es sachgerecht, die Vermutungswirkung in § 13e Abs. 1 zunächst auf ältere Werke zu begrenzen, bei denen vielfach **kein kommerzielles Verwertungsinteresse** des Rechtsinhabers bestehen wird (vgl. auch *Schierholz*, FS Pfennig, S. 319, 329; *Staats* ZUM 2013, 446, 451). Zu einem späteren Zeitpunkte sollte allerdings seitens des Gesetzgebers erwogen werden, das fixe Datum durch einen bestimmten Zeitraum zu ersetzen (z.B. „50 Jahre nach Erscheinen"). Ohne eine solche „**moving wall**" wäre die Regelung lediglich als Übergangsregelung zu verstehen, weil die meisten vor 1966 erschienenen Werke ohnehin gemeinfrei würden.

8 Die Vorschrift betrifft vergriffene Werke, die in Büchern, Fachzeitschriften, Zeitungen, Zeitschriften oder in anderen Schriften veröffentlicht wurden. Es geht demnach lediglich um den „**Printbereich**" (AmtlBegr., BT-Drs. 17/13423, S. 18; kritisch zu dieser Eingrenzung die GRUR-Stellungnahme vom 11. März 2013, S. 3; *Spindler* ZUM 2013, 349, 356). Der Wortlaut entspricht insoweit § 61 Abs. 2 Nr. 1 UrhG für den Bereich der verwaisten Werke. Wichtig ist, dass – ebenso wie bei § 61 Abs. 2 Nr. 1 UrhG – durch die Regelung nicht nur Schriftwerke selbst erfasst werden, sondern beispielsweise auch Werke der bildenden Kunst, Lichtbildwerke oder Illustrationen, die in Bücher oder andere Schriften „**eingebettet**" sind (vgl. zu § 61a Abs. 1 UrhG, AmtlBegr., BT-Drs. 17/13423, S. 16). Sonstige Schutzgegenstände fallen dagegen nach dem Wortlaut der Vorschrift – anders als bei § 61 Abs. 2 Nr. 1 UrhG – nicht unter § 13d Abs. 1 Nr. 1. **Vergriffen** müssen dabei die Werke sein, die in den **Schriften enthalten sind.** Das deckt sich mit der Definition der „out-of-commerce works" im Memorandum of Understanding (vgl. Rn. 1). Ein Werk ist deshalb **nicht vergriffen,** wenn es neu aufgelegt wird und die **Neuauflage** – anders als die Altauflage – nicht vergriffen ist.

9 Die gesetzliche Regelung lässt es offen, ob die vergriffenen Werke erstmals in Deutschland erschienen sein müssen. Die gesetzliche Vermutung könnte vielmehr dem Wortlaut nach auch dann Anwendung finden, wenn **ausländische Werke** nicht mehr lieferbar sind. Es war allerdings stets das Verständnis der beteiligten Kreise, dass sich Vermutungsregelungen in den Mitgliedstaaten lediglich auf Werke beziehen sollten, die dort erstveröffentlicht sind (vgl. Memorandum of Understanding Nr. 2.4, Rn. 1). Das ist schon deshalb konsequent, weil auch die **Rechteeinräumung im Wahrnehmungsvertrag** der deutschen Verwertungsgesellschaften, die Voraussetzung für die gesetzliche Vermutungsregelung ist, in aller Regel nur das **inländische Repertoire** erfasst. Eine Rechtewahrnehmung für ausländische Werke erfolgt dagegen über die **Gegenseitigkeitsverträge mit den ausländischen Verwertungsgesellschaften.** Richtigerweise sollte deshalb die gesetzliche Vermutungsregelung der vertraglichen Rechteeinräumung im Wahrnehmungsvertrag folgen und nicht für vergriffene ausländische Werke gelten (vgl. auch die GRUR-Stellungnahme vom 11.3.2013, S. 3; *Spindler* ZUM 2013, 349, 357). Ein Anknüpfungspunkt findet sich hierfür auch im Gesetzeswortlaut, wo im Hinblick auf die Möglichkeit der Lizenzeinräumung von dem „**Tätigkeitsbereich**" der Verwertungsgesellschaft die Rede ist. **Deutsche Übersetzungen von ausländischen Werken** fallen dagegen ohne weiteres unter den Anwendungsbereich der Vorschrift, weil es sich auch insoweit um Werke handelt, die in Deutschland erstveröffentlicht werden (so auch die GRUR-Stellungnahme vom 11. März 2013, S. 3).

In der Praxis wird sich die Frage, ob ein Werk vergriffen ist oder nicht, im Hinblick auf **10** Bücher anhand des **Verzeichnisses lieferbarer Bücher** (VLB) klären lassen. Das VLB wird von der MVB Marketing- und Verlagsservice des Buchhandels GmbH, einer Tochter des Börsenvereins des Deutschen Buchhandels betrieben (vgl. unter www.vlb.de). Vor einer Eintragung in das Register vergriffener Werke wird deshalb zwingend eine Recherche im VLB durchzuführen sein (vgl. auch *Spindler* ZUM 2013, 349, 357). Bei anderen Publikationen, wie insbesondere Publikumszeitschriften und Zeitungen, kann es dagegen schwieriger sein, festzustellen, ob es sich um ein vergriffenes Werk handelt. Gleiches gilt für Werke, die in Schriften „eingebettet" sind, also beispielsweise Illustrationen oder Lichtbildwerke in Büchern. Hier wird man Lösungen zwischen den betroffenen Rechtsinhabern, den privilegierten Einrichtungen und den Verwertungsgesellschaften finden müssen, um die Nutzung von vergriffenen Werken nicht von vornherein zu blockieren. Das erscheint schon deshalb möglich, weil die vergriffenen Werke in ein Register eingetragen werden und die Rechteinhaber stets die Möglichkeit haben der Nutzung von vergriffen Werken zu widersprechen (vgl. dazu unten).

c) Bestandsinhalte von privilegierten Einrichtungen (§ 13d Abs. 1 Nr. 2). Die **11** vergriffenen Werke müssen sich im Bestand von **öffentlich zugänglichen Bibliotheken, Bildungseinrichtungen, Museen, Archiven und von im Bereich des Film- oder Tonerbes tätigen Einrichtungen** befinden. Diese Vorgabe entspricht § 61 Abs. 2 UrhG für den Bereich der verwaisten Werke (vgl. dort). Allerdings geht es bei der Regelung für vergriffene Werke lediglich um die Nutzung von Werken im Printbereich. Auch bei Einrichtungen, die in erster Linie im Bereich der Audio- oder audiovisuellen Werke tätig sind, fallen deshalb lediglich vergriffene Werke in Büchern oder in sonstigen Schriften, die in ihren Beständen vorhanden sind, unter die Vermutungsregelung.

d) Verfolgung nicht gewerblicher Zwecke (§ 13d Abs. 1 Nr. 3). Die Vervielfäl- **12** tigung und öffentliche Zugänglichmachung darf ferner **nicht gewerblichen Zwecken** dienen (kritisch dazu die Stellungnahme des Max-Planck-Instituts für Immaterialgüter- und Wettbewerbsrecht v. 15. März 2013, Rn. 67). Diese Vorgabe entspricht ebenfalls den Vorschlägen der Deutschen Literaturkonferenz und der SPD-Bundestagsfraktion. Die Beschränkung auf den nicht gewerblichen Bereich deckt sich im Übrigen mit den Bestimmungen für die Nutzung von verwaisten Werken. Auch dort ist eine Nutzung durch die privilegierten Einrichtungen nur erlaubt, wenn sie im Gemeinwohlinteresse – und damit nicht gewerblich – handeln (§ 61 Abs. 5 UrhG). Die Frage, ob eine Einrichtung gewerbliche Zwecke verfolgt, sollte deshalb im Ergebnis bei verwaisten und vergriffenen Werken gleich entschieden werden (differenzierend *de la Durantaye* ZUM 2013, 437, 444). Auch bei der Vervielfältigung und öffentlichen Zugänglichmachung von vergriffenen Werken ist es deshalb unschädlich, wenn seitens der privilegierten Einrichtungen ein **Entgelt** verlangt wird. Dieses darf, wie bei der Nutzung von verwaisten Werken, aber nur erhoben werden, um die **Kosten der Digitalisierung und öffentlichen Zugänglichmachung zu decken** (vgl. § 61 Abs. 5 Satz 2 UrhG).

Nicht ausgeschlossen ist es, dass die Verwertungsgesellschaften sich in ihren Wahrneh- **13** mungsverträgen auch Rechte für die Nutzung von vergriffenen Werken zu **gewerblichen Zwecken** einräumen lassen. So sehen die Wahrnehmungsverträge von VG WORT und VG Bild-Kunst vor, dass eine solche Nutzung lizenziert werden kann, wenn der Rechtsinhaber seine – gesonderte – Einwilligung erteilt (vgl. § 1 Nr. 25 WV-VG WORT; § 1 Nr. 1q WV-VG Bild-Kunst). Die Vermutungsregelung des § 13d Abs. 1 für Außenseiter findet hier selbstverständlich keine Anwendung.

e) Eintragung in das Register vergriffener Werke (§ 13d Abs. 1 Nr. 4). Weitere **14** Voraussetzung für den Eintritt der Vermutungswirkung ist es, dass die Werke in das Register vergriffener Werke beim DPMA eingetragen worden sind. **Antragsteller** sollen dabei die Verwertungsgesellschaften sein (kritisch *Spindler* ZUM 2013, 349, 357). Ein solches Register hat es bisher beim DPMA nicht gegeben. Es war im Vorfeld – soweit ersichtlich – auch seitens der beteiligten Kreise nicht gefordert worden. Das Memorandum of Understanding (Rn. 1) sieht ebenfalls ein solches Register vergriffener Werke nicht vor. Allerdings ist dort bestimmt, dass sich die beteiligten Verwertungsgesellschaften in Zusammenarbeit mit den Verbänden der Rechtsinhaber darum bemühen sollten, Rechtsinhaber auf die Nutzung der vergriffenen Werke aufmerksam zu machen (Memorandum of Understanding, Nr. 2.4, Rn. 1). Dieser Zweck wird durch das zukünftige Register vollständig erfüllt. Durch die Eintragung wird es den Rechtsinhabern an zentraler Stelle ermöglicht, festzustellen, ob ihre vergriffenen Werke seitens der privilegierten Einrichtungen digitalisiert und öffentlich zugänglich gemacht werden sollen. Das gilt vor allem für **Außenseiter**, die ihre Rechte keiner Verwertungsgesellschaft eingeräumt haben (vgl. AmtlBegr., BT-Drs. 17/13423, S. 18). Von besonderer Bedeutung ist dabei die Möglichkeit eines Widerspruchs nach § 13d Abs. 1 Nr. 5. Die näheren Vorgaben für das Register enthält § 13e sowie die noch zu erlassende Rechtsverordnung des Bundesministeriums der Justiz (vgl. § 13e Abs. 5).

15 **f) Kein Widerspruch der Rechtsinhaber innerhalb von sechs Wochen (§ 13d Abs. 1 Nr. 5).** Letzte Voraussetzung für den Eintritt der Vermutungswirkung ist es, dass die Rechtsinhaber nicht innerhalb von sechs Wochen nach Bekanntmachung der Eintragung in das Register beim DPMA ihren **Widerspruch** gegen die beabsichtigte Wahrnehmung ihrer Rechte durch die Verwertungsgesellschaft erklärt haben. Diese Widerspruchsmöglichkeit ist im Zusammenhang mit der gemäß § 13d Abs. 1 Nr. 4 vorgesehenen Eintragung in das neue Register für vergriffene Werke sinnvoll, weil sie es dem Rechtsinhaber ermöglicht, der Nutzung des vergriffenen Werkes aus vermögensrechtlichen oder urheberpersönlichkeitsrechtlichen Gründen zu widersprechen. Denkbar ist es beispielsweise, dass ein Werk zwar vergriffen ist, aber demnächst wieder einer **kommerziellen Nutzung** zugeführt werden soll. Ein weiterer Grund für einen Widerspruch könnte eine **gewandelte Überzeugung des Urhebers** im Sinne des § 42 UrhG sein. Der Widerspruch kann vom **Urheber** oder von dem **Verleger** erklärt werden. Ein **Verleger** ist aber nur dann als **Rechtsinhaber** zum Widerspruch berechtigt, wenn ein Verlagsvertrag für das vergriffene Werk besteht und die Rechte nicht gemäß **§ 41 UrhG** zurückgerufen wurden oder der **Verlagsvertrag gemäß § 29 Abs. 1 VerlG beendet ist** (kritisch zu einem Widerspruchsrecht des Verlegers die Stellungnahme des Max-Planck-Instituts für Immaterialgüter- und Wettbewerbsrecht v. 15. März 2013, Rn. 69; vgl. auch *de la Durantaye* ZUM 2013, 437, 444; *Klass* GRUR Int. 2013, 881, 892).

16 Die **Widerspruchsfrist** ist mit sechs Wochen zwar verhältnismäßig kurz. Auf der anderen Seite ist aber zu berücksichtigen, dass die Vermutungswirkung erst nach Ablauf der Frist eintritt und die privilegierten Einrichtungen deshalb mit der Digitalisierung und öffentlichen Zugänglichmachung bis dahin abwarten werden. Eine längere Frist würde deshalb den Beginn der Nutzung sehr verzögern.

17 Der Widerspruch kann – wie sich der Gesetzesbegründung entnehmen lässt (AmtlBegr., BT-Drs. 17/13423, S. 18) – sowohl gegenüber dem **DPMA als auch gegenüber der Verwertungsgesellschaft erklärt** werden können. Sinnvollerweise sollten allerdings auch Widersprüche, die gegenüber dem DPMA erklärt wurden, an die zuständige Verwertungsgesellschaft weitergeleitet werden; hier ist die Praxis gefördert, entsprechende Lösungen zu finden (vgl. auch § 13e Rn. 3). Aus dem Gesetzestext ergibt sich ebenfalls nicht, ob in den Widerspruch **bestimmte Angaben** aufzunehmen sind. Richtigerweise sollte in der Widerspruchserklärung jedenfalls deutlich gemacht werden, auf welches registrierte Werk sich der Widerspruch genau bezieht. Ferner empfiehlt es sich, den Widerspruch **schriftlich** zu erklären, auch wenn das Gesetz insoweit keinerlei Vorgaben enthält.

2. Vermutungswirkung

Die **Vermutungswirkung** tritt erst ein, wenn sämtliche Voraussetzungen des § 13d **18** Abs. 1 erfüllt sind. Sie führt dazu, dass gesetzlich vermutet wird, dass die zuständige Verwertungsgesellschaft auch Rechte für Rechtsinhaber wahrnimmt, die mit ihr keinen Wahrnehmungsvertrag abgeschlossen haben („**Außenseiter**"). Nach der Gesetzesbegründung soll es sich bei dieser Vermutung um eine **widerlegbare Vermutung** handeln (AmtlBegr., BT-Drs. 17/13423, S. 22; so auch bereits der Vorschlag der SPD-Bundestagsfraktion, BR-Drs. 17/3991, S. 3). Unklar ist allerdings, ob die Vermutung mit **Wirkung ex tunc** entfällt. Grundsätzlich führt eine gesetzliche Vermutungswirkung zu einer Umkehr der Beweislast (§ 292 ZPO; vgl. auch Schricker/Loewenheim/*Reinbothe* § 13c Rn. 4). Das würde hier bedeuten, dass ein Rechtsinhaber gegenüber der Verwertungsgesellschaft darlegen und beweisen müsste, dass er ihr keine Rechte an dem vergriffenen Werk eingeräumt hat. Ist dieser Beweis erbracht, würde die Vermutung für die Rechtewahrnehmung durch die Verwertungsgesellschaft von Anfang an entfallen. Soweit es bereits zu einer Nutzung seitens der privilegierten Einrichtungen gekommen ist, liegt damit eine Urheberrechtsverletzung vor. Es spricht einiges dafür, dass der Gesetzgeber hier eine andere Vermutungswirkung im Blick hatte (vgl. auch *de la Durantaye* ZUM 2013, 437, 443, die von einer gesetzlichen Fiktion ausgeht). Das gilt insbesondere vor dem Hintergrund einer Registerlösung, die bei dem Vorschlag der Deutschen Literaturkonferenz und dem SPD-Entwurf noch nicht vorgesehen war. Denn nach der Konzeption des § 13d Abs. 1 setzt die Vermutungswirkung überhaupt erst ein, wenn ein Rechtsinhaber nicht binnen sechs Wochen nach Bekanntmachung der Eintragung in das Register für vergriffene Werke seinen Widerspruch gegen die beabsichtigte Wahrnehmung erklärt hat (aA offenbar die Stellungnahme des Max-Planck-Instituts für Immaterialgüter- und Wettbewerbsrecht v. 15. März 2013, Rn. 68). Ein Widerspruch innerhalb dieser Frist lässt demnach die gesetzliche Vermutung nicht entstehen; eine zuvor bereits erteilte Lizenz durch die Verwertungsgesellschaft ginge – im Hinblick auf die Rechte von Außenseitern – ins Leere und eine Nutzung durch die privilegierte Einrichtung wäre klar unzulässig. Nach Ablauf der sechs-Wochen-Frist beginnt die Vermutungswirkung zu Gunsten der kollektiven Rechtewahrnehmung. Wie sich zunächst nur der Gesetzesbegründung entnehmen ließ, kann der Rechtsinhaber aber auch jetzt noch einer Rechtewahrnehmung durch die Verwertungsgesellschaft widersprechen; erst ab dem Widerspruch soll die Berechtigung der Verwertungsgesellschaft zur Lizenzierung des Werkes entfallen (AmtlBegr., BT-Drs. 17/13423, S. 22). Dies konnte nur dahingehend verstanden werden, dass die Vermutungswirkung gerade nicht mit **Wirkung ex tunc** beseitigt werden sollte. Das jederzeitige **Widerspruchsrecht** wurde im Übrigen aufgrund der Beschlussempfehlung des Rechtsausschusses des Deutschen Bundestages (BT-Drs. 17/14194, S. 5) in § 13d Abs. 2 ausdrücklich aufgenommen. Außerdem wurde in Umsetzung der Beschlussempfehlung eine neue Bestimmung aufgenommen, wonach bei Eingreifen der Vermutungswirkung ein **Außenseiter die gleichen Rechte und Pflichten** hat, wie die sonstigen Wahrnehmungsberechtigten der Verwertungsgesellschaften (§ 13d Abs. 4 Satz 2). Damit dürfte nunmehr feststehen, dass es sich nach Ablauf der sechs-Wochen-Frist bis zu einem etwaigen Widerspruch des Rechtsinhabers um eine **unwiderlegbare Vermutung** der Rechtewahrnehmung durch die zuständige Verwertungsgesellschaft handelt; nach Erklärung des Widerspruchs ist die gesetzliche Vermutung dagegen **mit Wirkung für die Zukunft** beseitigt.

III. Widerspruchsrecht (§ 13d Abs. 2)

Die Rechtsinhaber können der Wahrnehmung ihrer Rechte durch die Verwertungsge- **19** sellschaften **jederzeit widersprechen**. Dieses Widerspruchsrecht ergab sich zunächst nur aus der Gesetzesbegründung (AmtlBegr., BT-Drs. 17/13423, S. 18), wurde aber aufgrund der Beschlussempfehlung des Rechtsausschusses des Deutschen Bundestages (BT-Drs. 17/14194, S. 5) in § 13d Abs. 2 ausdrücklich aufgenommen. Es besteht generell, sobald eine Verwertungsgesellschaft **berechtigterweise** Rechte für vergriffene Werke wahrnimmt. Ob sich die Berechtigung aufgrund des Abschusses eines Wahrnehmungsvertrages oder bei Außenseitern aufgrund der gesetzlichen Vermutungswirkung nach § 13d Abs. 1 ergibt, spielt dabei keine Rolle. Das **jederzeitige Widerspruchsrecht** nach § 13 Abs. 2 ist von dem **fristgebundenen Widerspruch** nach § 13d Abs. 1 Nr. 5 (vgl. Rn. 15) zu unterscheiden. Der fristgebundene Widerspruch knüpft an die Bekanntmachung der Eintragung in das Register an und führt dazu, dass die **Vermutungswirkung** bei Außenseitern gar nicht erst entsteht und eine Rechtewahrnehmung durch die Verwertungsgesellschaft insoweit von vornherein **unzulässig** ist.

20 Der Widerspruch nach § 13d Abs. 2 ist grundsätzlich nur **gegenüber den Verwertungsgesellschaften** – und nicht auch gegenüber dem Register (vgl. Rn. 17) – zu erklären, weil diese aufgrund des Wahrnehmungsvertrages oder aufgrund der gesetzlichen Vermutung für die Rechtsinhaber tätig sind und die Beendigung der Rechtsbeziehung auch ihnen gegenüber erklärt werden muss.

21 Der Widerspruch ist **nicht fristgebunden**, sondern kann jederzeit erklärt werden. Allerdings werden die Verwertungsgesellschaften und die nutzenden Einrichtungen **Zeit benötigen**, um einen Widerspruch umzusetzen und die Werke aus den digitalen Bibliotheken zu entfernen. Richtigerweise sollte es den Verwertungsgesellschaften deshalb möglich bleiben, die Wirkung des Widerspruchs erst **nach Ablauf einer angemessenen Frist** eintreten zu lassen.

22 Der Widerspruch sollte stets **schriftlich** erklärt werden und muss die **erforderlichen Angaben**, wie insbesondere die genaue Bezeichnung des Werkes, enthalten (vgl. auch Rn. 17).

IV. Rechtewahrnehmung durch mehrere Verwertungsgesellschaften (§ 13d Abs. 3)

23 Wenn **mehrere Verwertungsgesellschaften** Vervielfältigungsrechte und Rechte der öffentlichen Zugänglichmachung an vergriffenen Werken wahrnehmen, so gilt die die Vermutungswirkung nach § 13 Abs. 1 nur, wenn die Rechte von allen Verwertungsgesellschaften **gemeinsam** wahrgenommen werden (§ 13d Abs. 3). Diese Regelung orientiert sich an § 13c Abs. 2 Satz 2 und war bereits im Entwurf der SPD-Bundestagsfraktion (BT-Drs. 17/3991) enthalten. Sinn und Zweck der Bestimmung ist es, dass der Vergütungsschuldner davor geschützt werden soll, mehrfach in Anspruch genommen zu werden (Schricker/Loewenheim/*Reinbothe* § 13c Rn. 10). Allerdings entfällt die Vermutungswirkung nur, wenn Verwertungsgesellschaften in **demselben Bereich** tätig werden und um Rechtsinhaber konkurrieren (vgl. auch § 13c Rn. 9). Das ist derzeit in Deutschland bei den in § 13d Abs. 1 Nr. 1 erfassten Schriften nicht der Fall. Tätig sind hier zwar zwei Verwertungsgesellschaften, die VG WORT und die VG Bild-Kunst, beide vertreten aber unterschiedliche Bereiche. Die Vermutungswirkung gegenüber den privilegierten Einrichtungen entfällt deshalb nicht, wenn lediglich die VG WORT die Nutzungen lizenziert. In der Praxis wird es allerdings gleichwohl sinnvoll sein, dass sich die beiden beteiligten Verwertungsgesellschaft verständigen, um gemeinsam die erforderlichen Rechte einzuräumen.

V. Freistellung/Rechte und Pflichten von Außenseitern (§ 13d Abs. 4)

1. Freistellung (§ 13d Abs. 4 S. 1)

24 § 13d Abs. 4 Satz 1 bezieht sich nur auf Rechtsinhaber, die **keinen Wahrnehmungsvertrag** mit der Verwertungsgesellschaft abgeschlossen haben und bei denen die Vermu-

tungswirkung nach § 13d Abs. 1 **nicht** besteht. Hier liegt seitens der nutzenden Einrichtung eine Urheberrechtsverletzung vor, gegen die der Rechtsinhaber vorgehen kann. Die Verwertungsgesellschaft wird aber verpflichtet, die nutzenden Einrichtungen von Ansprüchen derartiger Außenseiter **freizustellen**. Das gilt allerdings nur, wenn die Verwertungsgesellschaft auch für diese Außenseiter **Zahlungen** erhält. Freistellung bedeutet, dass die von dem Außenseiter in Anspruch genommene Einrichtung einen **Regressanspruch** gegenüber der Verwertungsgesellschaft hat (vgl. Schricker/Loewenheim/*Reinbothe* § 13c Rn. 10).

Der Wortlaut lehnt sich zwar an § 13c Abs. 2 Satz 3 an, wo es um die Vermutung der Sachbefugnis der Verwertungsgesellschaften bei bestimmten **gesetzlichen Vergütungsansprüchen** geht. Anders als dort, setzt die Vorschrift aber gerade nicht voraus, dass **eine gesetzliche Vermutung** zu Gunsten der Verwertungsgesellschaft besteht, sondern findet – umgekehrt – nur Anwendung, wenn **keine Vermutungswirkung** greift. Die Verwertungsgesellschaft ist demnach – wenn sie entsprechenden Zahlungen erhält – stets verpflichtet, die nutzenden Einrichtungen freizustellen. § 13d Abs. 4 Satz 1 verlagert das **wirtschaftliche Risiko,** dass ein Rechtsinhaber gegen eine Urheberrechtsverletzung vorgeht, von den nutzenden Einrichtungen auf die Verwertungsgesellschaften. In der Praxis kommen derartige **Freistellungserklärungen** von Verwertungsgesellschaften häufiger vor. Durch § 13d Abs. 4 Satz 1 wird diese Verfahrensweise auch **gesetzlich anerkannt**. Bei der Nutzung von vergriffenen Werken dürfte die Vorschrift gleichwohl **wenig Bedeutung** haben, weil sowohl Verwertungsgesellschaften als auch nutzende Einrichtungen darauf achten werden, dass lediglich Werke von Außenseitern digitalisiert und öffentlich zugänglich gemacht werden, die unter die Vermutungswirkung des § 13d Abs. 1 fallen.

2. Rechte und Pflichten von Außenseitern (§ 13d Abs. 4 S. 2)

§ 13d Abs. 4 Satz 2 wurde aufgrund der Beschlussempfehlung des Rechtsausschusses des Deutschen Bundestages (BT-Drs. 17/14194, S. 5) in das Gesetz aufgenommen. Die Regelung folgt dem Wortlaut des § 13c Abs. 4 Satz 1 für den **Bereich der Kabelweitersendung** und geht damit letztlich auf Art. 9 Abs. 2 Satz 3 der Satelliten- und Kabelrichtlinie (Richtlinie 93/83/EWG) zurück (vgl. dazu Schricker/Loewenheim/*Reinbothe* § 13c Rn. 5). Sie führt dazu, dass die Verwertungsgesellschaft verpflichtet ist, Außenseiter, die unter die Vermutungswirkung fallen, wie **Berechtigte** zu behandeln, die einen **Wahrnehmungsvertrag** mit ihr abgeschlossen haben. Gleichzeitig unterliegt der Außenseiter aber denselben **Verpflichtungen** wie jeder sonstige Wahrnehmungsberechtigte. Das gilt insbesondere im Hinblick auf die Regelungen in den **Satzungen und Verteilungsplänen** der Verwertungsgesellschaften. Anders als in § 13c Abs. 4 Satz 2, ist eine (dreijährige) **Verjährungsfrist** von Ansprüchen des Außenseiters im Gesetz nicht ausdrücklich vorgesehen. Im Ergebnis kommt es aber darauf nicht an, weil die **regelmäßige Verjährungsfrist** ohnehin drei Jahre beträgt (§ 195 BGB).

Die Regelung in § 13d Abs. 4 Satz 2, die im Gesetzgebungsverfahren gefordert worden war (*de la Durantaye* ZUM 2013, 437, 445; *Staats* ZUM 2013, 446, 453), ist zu begrüßen. Sie stellt Außenseiter mit Wahrnehmungsberechtigten gleich und steht damit im Einklang mit der – bis zu einem Widerspruch – unwiderlegbaren Vermutungswirkung nach § 13d Abs. 1.

§ 13e Register vergriffener Werke

(1) **Das Register vergriffener Werke wird beim Deutschen Patent- und Markenamt geführt. Das Register enthält die folgenden Angaben:**
1. **Titel des Werkes,**
2. **Bezeichnung des Urhebers,**
3. **Verlag, von dem das Werk veröffentlicht worden ist,**

4. Datum der Veröffentlichung des Werkes,
5. Bezeichnung der Verwertungsgesellschaft, die den Antrag nach § 13d Absatz 1 Nummer 4 gestellt hat und
6. Angabe, ob der Rechtsinhaber der Wahrnehmung seiner Rechte durch die Verwertungsgesellschaft widersprochen hat.

(2) Das Deutsche Patent- und Markenamt bewirkt die Eintragungen, ohne die Berechtigung des Antragstellers oder die Richtigkeit der zur Eintragung angemeldeten Tatsachen zu prüfen. Die Kosten für die Eintragung sind im Voraus zu entrichten.

(3) Die Eintragungen werden auf der Internetseite des Deutschen Patent- und Markenamtes www.dpma.de bekanntgemacht.

(4) Die Einsicht in das Register steht jeder Person über die Internetseite des Deutschen Patent- und Markenamtes www.dpma.de frei.

(5) Das Bundesministerium der Justiz wird ermächtigt, durch Rechtsverordnung ohne Zustimmung des Bundesrates
1. Bestimmungen über die Form des Antrags auf Eintragung in das Register sowie über die Führung des Registers zu erlassen,
2. zur Deckung der Verwaltungskosten die Erhebung von Kosten (Gebühren und Auslagen) für die Eintragung anzuordnen sowie Bestimmungen über den Kostenschuldner, die Fälligkeit von Kosten, die Kostenvorschusspflicht, über Kostenbefreiungen, über die Verjährung, das Kostenfestsetzungsverfahren und die Rechtsbehelfe gegen die Kostenfestsetzung zu treffen.

Literatur: Vgl. die Angaben zu § 13d sowie § 61 UrhG.

Übersicht

	Rn.
I. Überblick	1
II. Register vergriffener Werke (§ 13e Abs. 1)	2, 3
1. Registerführende Behörde	2
2. Einzutragende Angaben	3
III. Eintragungswirkung und Kosten (§ 13e Abs. 2)	4
IV. Bekanntmachung der Eintragung und Einsicht in das Register (§ 13e Abs. 3 und 4)	5
V. Rechtsverordnung des Bundesministeriums der Justiz	6

I. Überblick

1 § 13e enthält die generellen Vorgaben für das **Register vergriffener Werke** beim Deutschen Patent- und Markenamt (DPMA). Ein solches Register hat es in der Vergangenheit in Deutschland nicht gegeben. Allerdings ist seit dem Jahr 2012 in Frankreich eine vergleichbare Datenbank für vergriffene Werke bei der französischen Nationalbibliothek vorgesehen (vgl. Art. L 134-2 Code de la propriété intellectuelle; deutsche Übersetzung von *Flechsig*, abrufbar unter www.urheberrecht.org). Die Einzelheiten für das Eintragungsverfahren beim DPMA sollen durch eine **Rechtsverordnung des Bundesministeriums der Justiz** festgelegt werden.

II. Register vergriffener Werke (§ 13e Abs. 1)

1. Registerführende Behörde

2 § 13e Abs. 1 legt fest, dass das Register vergriffener Werke beim DPMA geführt wird. Damit wird neben dem **Register anonymer und pseudonymer Werke** (vgl. § 138

§ 13e Register vergriffener Werke 3, 4 § 13e WahrnG

UrhG) ein weiteres Register im Bereich des Urheberrechts dem DPMA zugewiesen. Ferner obliegt dem DPMA als zuständiger nationaler Behörde die Entgegennahme der erforderlichen Informationen im Zusammenhang mit der sorgfältigen Suche bei **verwaisten Werken** (vgl. § 61a Abs. 4 UrhG) und die Weiterleitung an das Harmonisierungsamt für den Binnenmarkt (HABM) in Alicante.

2. Einzutragende Angaben

Die einzutragenden Angaben sind in § 13e Abs. 1 Satz 2 aufgelistet. Es handelt sich um 3 den **Titel des Werkes** (Nr. 1), die **Bezeichnung des Urhebers** (Nr. 2) und des **Verlages** (Nr. 3), das **Veröffentlichungsdatum** (Nr. 4), die Bezeichnung der **antragstellenden Verwertungsgesellschaft** (Nr. 5) sowie um die Angabe, ob der Rechtsinhaber der Wahrnehmung seiner Rechte durch die Verwertungsgesellschaft **widersprochen hat** (Nr. 6). Diese Angaben müssen – mit Ausnahme eines etwaigen Widerspruchs – von der Verwertungsgesellschaft bei Antragstellung übermittelt werden. Die Verwertungsgesellschaft wiederum muss die erforderlichen Informationen von der nutzenden Einrichtung erhalten. Insgesamt wird es hier darum gehen, zwischen den beteiligten Institutionen (privilegierte Einrichtungen, Verwertungsgesellschaften, DPMA) ein **automatisiertes Verfahren** zu entwickeln. Eine einzelnutzungsbezogene Antragstellung und Eintragung scheidet bei der geplanten Massendigitalisierung aus. Die Information, dass ein Rechtsinhaber der Rechtewahrnehmung durch die Verwertungsgesellschaft **widersprochen hat,** wird dagegen regelmäßig erst **nach Eintragung und Bekanntmachung** der übrigen Angaben in das Register aufgenommen werden können. Dabei kann es sowohl um Widersprüche nach § 13d Abs. 1 Nr. 5 als auch nach § 13d Abs. 2 gehen. Der Widerspruch nach § 13 Abs. 2 ist dabei stets gegenüber der Verwertungsgesellschaft zu erklären; bei einem Widerspruch nach § 13d Abs. 1 Nr. 5 ist dies auch gegenüber dem Register möglich. Auch hier sollte aber der Widerspruch zunächst an die zuständige Verwertungsgesellschaft weitergeleitet werden (vgl. § 13d Rn. 17). Die Information, dass ein Widerspruch in das Register einzutragen ist, sollte dann in jedem Fall von der Verwertungsgesellschaft an das DPMA übermittelt werden.

III. Eintragungswirkung und Kosten (§ 13e Abs. 2)

Die Wirkung der Eintragung in das Register beschränkt sich darin, dass die eingetragenen 4 Informationen bekanntgemacht werden. Das DPMA prüft nach § 13e Abs. 2 Satz 1 **nicht,** ob die Verwertungsgesellschaft **zur Antragstellung berechtigt** ist und die zur Eintragung angemeldeten Tatsachen **inhaltlich richtig** sind. Das entspricht der Regelung beim Register anonymer und pseudonymer Werke (§ 138 Abs. 1 Satz 2 UrhG). Soweit dort allerdings vertreten wird, dass das DPMA zumindest eine Schlüssigkeitsprüfung bei der Eintragung vornimmt (so Fromm/Nordemann/*A. Nordemann* § 138 Rn. 4), dürfte dies hier nicht in Betracht kommen. In das Register anonymer und pseudonymer Werke werden lediglich eine sehr überschaubare Zahl von Eintragungen vorgenommen (vgl. dazu § 138 UrhG Rn. 1). Hier geht es dagegen darum, für eine sehr große Zahl von Werken automatisiert Eintragungen vorzunehmen. Eine **Einzelfallprüfung** dürfte deshalb von Vornherein **ausscheiden**. Für die Eintragung kann das DPMA **Kosten (Gebühren und Auslagen)** geltend machen. Sie sind nach § 13e Abs. 2 Satz 2 im Voraus – also vor der Eintragung – zu entrichten. **Kostenschuldner** soll offenbar der Antragsteller, also die befasste **Verwertungsgesellschaft,** sein. Das ist nicht unproblematisch, weil die Verwertungsgesellschaften als Treuhänder ihrer Wahrnehmungsberechtigten tätig sind und nicht ohne weiteres mit derartigen Kosten belastet werden können. Die Verwertungsgesellschaften müssen deshalb zumindest berechtigt sein, sich die Eintragungskosten von den **Einrichtungen erstatten zu lassen.** Darauf weist die Gesetzesbegründung zu Recht aus-

Staats

WahrnG § 14 § 14 Schiedsstelle

drücklich hin (AmtlBegr., BT-Drs. 17/13423, S. 18). Die Einzelheiten der Erhebung der Kosten – und insbesondere die Höhe – sollen durch **Rechtsverordnung des Bundesministeriums der Justiz** bestimmt werden (vgl. § 13e Abs. 5 Nr. 2; kritisch zu dieser Verordnungsermächtigung die Stellungnahme des Max-Planck-Instituts für Immaterialgüter- und Wettbewerbsrecht v. 15. März 2013, Rn. 73).

IV. Bekanntmachung der Eintragung und Einsicht in das Register (Abs. 3 und 4)

5   Die Eintragungen werden nach § 13e Abs. 3 auf der **Internetseite des DPMA** (www.dpma.de) bekanntgemacht und stehen gemäß § 13e Abs. 4 für jedermann zur Einsicht zur Verfügung. Dadurch wird es insbesondere für jeden Rechtsinhaber möglich, auf der Internetseite des DPMA zu überprüfen, ob sein Werk als vergriffenes Werk digitalisiert und öffentlich zugänglich gemacht werden soll oder – nach Ablauf der sechs-Wochen-Frist des § 13e Abs. 1 Nr. 5 – bereits in dieser Weise genutzt wird. Sofern das Werk als vergriffenes Werk geführt wird, steht es dem Rechtsinhaber frei, gegen die Nutzung **Widerspruch** einzulegen. Wenn der Widerspruch gemäß § 13d Abs. 1 Nr. 5 innerhalb der Sechs-Wochen-Frist erklärt wird, wird die privilegierte Einrichtung auf die Digitalisierung und öffentliche Zugänglichmachung dieses Werkes verzichten. Erfolgt der Widerspruch gemäß § 13d Abs. 2 nach Ablauf dieser Frist, so wird die Nutzung für die Zukunft beendet werden. Außenseiter, die noch keinen Wahrnehmungsvertrag mit der zuständigen Verwertungsgesellschaft abgeschlossen haben, können ferner die Eintragung in das Register vergriffener Werke zum Anlass nehmen, einen ausdrücklichen **Wahrnehmungsvertrag** mit der zuständigen Verwertungsgesellschaft abzuschließen.

V. Rechtsverordnung des Bundesministeriums der Justiz (Abs. 5)

6   § 13e Abs. 5 enthält eine Verordnungsermächtigung zu Gunsten des **Bundesministeriums der Justiz**. Einer **Zustimmung des Bundesrats** bedarf es **nicht** (vgl. Art. 80 Abs. 2 GG). Die Verordnung soll Bestimmungen über die **Antragsform** und die **Registerführung** enthalten (Nr. 1) sowie die Einzelheiten im Zusammenhang mit der Erhebung der **Kosten** festlegen (Nr. 2). Eine vergleichbare Ermächtigungsgrundlage ist bereits für das Register anonymer und pseudonymer Werke in § 138 Abs. 5 UrhG vorgesehen, auf dessen Grundlage die **Verordnung über das Register anonymer und pseudonymer Werke** erlassen wurde (abgedruckt bei *Hillig*, Nr. 3).

§ 14 Schiedsstelle

(1) **Die Schiedsstelle kann von jedem Beteiligten angerufen werden bei Streitfällen,**
1. an denen eine Verwertungsgesellschaft beteiligt ist, wenn sie
   a) die Nutzung von Werken oder Leistungen, die nach dem Urheberrechtsgesetz geschützt sind,
   b) die Vergütungspflicht nach den §§ 54 oder 54c des Urheberrechtsgesetzes oder
   c) den Abschluss oder die Änderung eines Gesamtvertrages betreffen,
2. an denen ein Sendeunternehmen und ein Kabelunternehmen beteiligt sind, wenn sie die Verpflichtung zum Abschluß eines Vertrages über die Kabelweitersendung betreffen.

(2) Die Schiedsstelle wird bei der Aufsichtsbehörde (§ 18 Abs. 1) gebildet. Sie besteht aus dem Vorsitzenden oder seinem Vertreter und zwei Beisitzern. Die Mitglieder der Schiedsstelle müssen die Befähigung zum Richteramt nach dem deutschen Richtergesetz haben. Sie werden vom Bundesminister der Justiz für einen bestimmten Zeitraum, der mindestens ein Jahr beträgt, berufen; Wiederberufung ist zulässig.

(3) Bei der Schiedsstelle können mehrere Kammern gebildet werden. Die Besetzung der Kammern bestimmt sich nach Absatz 2 Satz 2 bis 4. Die Geschäftsverteilung zwischen den Kammern wird durch den Präsidenten des Deutschen Patent- und Markenamts geregelt.

(4) Die Mitglieder der Schiedsstelle sind nicht an Weisungen gebunden.

(5) Die Schiedsstelle wird durch schriftlichen Antrag angerufen.

(5a) Im Verfahren nach Abs. 1 Nr. 1 lit. c hat die Schiedsstelle die nach § 54a Abs. 1 des Urheberrechtsgesetzes maßgebliche Nutzung durch empirische Untersuchungen zu ermitteln.

(5b) In Streitfällen über die Vergütungspflicht nach § 54 des Urheberrechtsgesetzes erhalten bundesweite Dachorganisationen der mit öffentlichen Mitteln geförderten Verbraucherverbände Gelegenheit zur schriftlichen Stellungnahme.

(6) Die Schiedsstelle hat auf eine gütliche Beilegung des Streitfalls hinzuwirken. Aus einem vor der Schiedsstelle geschlossenen Vergleich findet die Zwangsvollstreckung statt, wenn er unter Angabe des Tages seines Zustandekommens von dem Vorsitzenden und den Parteien unterschrieben ist; § 797a der Zivilprozeßordnung gilt entsprechend.

(7) Ein Schiedsvertrag über künftige Streitfälle nach Absatz 1 Nr. 1 Buchstabe b ist nichtig, wenn er nicht jedem Beteiligten das Recht einräumt, im Einzelfall statt des Schiedsgerichts die Schiedsstelle anzurufen und eine Entscheidung durch die ordentlichen Gerichte zu verlangen.

(8) Durch die Anrufung der Schiedsstelle wird die Verjährung in gleicher Weise wie durch Klageerhebung gehemmt.

Literatur: *Hillig,* Die Urheberrechtsnovelle, UFITA 102 (1986) 11; *Hucko,* Zweiter Korb – Das neue Urheberrecht in der Informationsgesellschaft, München 2007; *Kreile,* Technischer Fortschritt und Urheberrecht, in: Herschel (Hrsg.), Festschrift für Georg Roeber, Freiburg 1982, 245 (zit. *Kreile* FS Roeber); *Reinbothe,* Schlichtung im Urheberrecht, München 1978; *Seifert,* Das Schiedsstellenverfahren als Prozeßvoraussetzung im Urheberrechtsstreit, in: Becker (Hrsg.), Wanderer zwischen Musik, Politik und Recht, Festschrift für Reinhold Kreile, Baden-Baden 1994, 627 (zit. *Seifert* FS Kreile); *Schulze,* Was ist mit § 14 Abs. 6 WahrnG? – Eine Anmerkung zur Schiedsverfahrensrechtsreform im Urheberrecht, GRUR 2000, 760; *Strittmatter,* Tarife vor der urheberrechtlichen Schiedsstelle, Berlin 1994.
Vgl. darüber hinaus die Angaben im eingangs abgedr. Gesamtliteraturverzeichnis.

Übersicht

	Rn.
I. Geschichte	1–3
II. Grundzüge	4
III. Zuständigkeit, Abs. 1	5–9
IV. Zusammensetzung, Abs. 2, 3	10
V. Weisungsunabhängigkeit, Abs. 4	11
VI. Anrufung, Abs. 5	12–14
VII. Empirische Untersuchungen, Abs. 5a	15, 16
VIII. Verbraucherverbände, Abs. 5b	17
IX. Vergleich, Abs. 6	18
X. Schiedsverträge, Abs. 7	19
XI. Unterbrechung der Verjährung, Abs. 8	20

I. Geschichte

1 Die Existenz besonderer Spruchkammern für die Schlichtung im Urheberrecht geht zurück auf die STAGMA-Gesetzgebung von 1933/34, durch die eine „paritätisch zusammengesetzte Schiedsstelle", die über „Art und Höhe der Tarife" zu bestimmen hatte, eingerichtet wurde, wenn sich Verwertungsgesellschaft und Veranstalter nicht einigen konnten. In Anlehnung an diese Regelung wurde mit der Urheberrechtsreform von 1965 in § 14 WahrnG a. F. ein **justizförmig ausgestaltetes Schlichtungsverfahren** vor einer Schiedsstelle geschaffen, die beim Deutschen Patentamt gebildet wurde (näher *Reinbothe* 58; *Strittmatter* 19 ff.). Diese Schiedsstelle bestand neben einem von der Aufsichtsbehörde auf zwei Jahre zu berufenden Vorsitzenden aus je einem von den beiden Verfahrensbeteiligten benannten Beisitzer. Ihre Entscheidungskompetenz beschränkte sich auf die Gestaltung von Gesamtverträgen (§ 12 WahrnG) und Verträge zwischen Verwertungsgesellschaften und Sendeunternehmen. Nicht zuständig war die Schiedsstelle für Streitigkeiten zwischen Verwertungsgesellschaften und einzelnen Nutzern (AmtlBegr. BT-Drucks. IV/271, 18). Kam es zwischen den Parteien nicht zu einer gütlichen Einigung, erließ die Schiedsstelle einen Verwaltungsakt, der das zwischen den Parteien bestehende Schuldverhältnis gestaltete (*Reinbothe* 53). Gegen die Entscheidung der Schiedsstelle konnte nach § 15 Abs. 1 a. F. lediglich beim OLG München in letzter Instanz geklagt werden.

2 Mit der Novellierung des Urheberrechts wurde 1985 die Schiedsstelle in ihrer Funktion grundlegend umgestaltet. Ihre Zusammensetzung und die Verfahrensvorschriften wurden geändert. Der Tätigkeitsbereich wurde maßgeblich erweitert, indem sie nunmehr bei jeder Streitigkeit über die einzelne Nutzung urheberrechtlich geschützter Werke und Leistungen von jedem Beteiligten angerufen werden kann (*Hillig* UFITA 102 (1986) 11, 27 f.). Statt der privatrechtsgestaltenden Verwaltungsakte beschränkt sich die Entscheidungskompetenz der Schiedsstelle durch die Novelle in der **Vorlage eines Einigungsvorschlags** nach erfolgloser gütlicher Streitbeilegung. Dieser kann von den Beteiligten angenommen werden, muss es aber nicht. Damit handelt es sich bei dem Schiedsstellenverfahren um ein Schlichtungsverfahren vor einem Verwaltungsorgan (AmtlBegr. UFITA 96 (1983), 145; Loewenheim/*Melichar* § 49 Rn. 2).

3 Durch das vierte UrhGÄndG wurde die Zuständigkeit der Schiedsstelle seit 1998 um Streitigkeiten über Rechte der Kabelweitersendung zwischen Sendeunternehmen und Kabelbetreiber (§ 87 Abs. 4 UrhG) erweitert. Denn die Schiedsstelle hat sich als nützliches Streitschlichtungsorgan etabliert, das maßgeblich zur Entlastung der Gerichte beiträgt. Im Jahr 2011 wurden 76 Fälle erledigt, 72 Anträge gingen ein (Quelle: DPMA-Jahresbericht 2011, www.dpma.de). Mit dem Zweiten Korb zum Urheberrecht in der Informationsgesellschaft wurde die Zuständigkeit der Schiedsstelle in Abs. 1 Nr. 1 lit. b um Nutzerstreitigkeiten im Zusammenhang mit der Leermedienabgabe nach §§ 54, 54c UrhG erweitert. Abs. 1 Nr. 1 lit. b (a. F.) wurde zu Abs. 1 Nr. 1 lit. c. Außerdem wurde im Zusammenhang mit der Leermedienabgabe in Abs. 5a die Verpflichtung der Schiedsstelle aufgenommen, empirische Untersuchungen anzustellen, und in Abs. 5b die Stellungnahmemöglichkeit der Verbraucherverbände. Nicht entsprochen wurde dem Wunsch der Beteiligten, die Schiedsstelle zur Beschleunigung der Verfahren mit Entscheidungskompetenz zu versehen, sie dient weiterhin ausschließlich der gütlichen Streitbeilegung (BRegE BT-Drucks. 16/1828, 77).

II. Grundzüge

4 Folgende Besonderheiten zeichnen das Schiedsstellenverfahren aus: Die Schiedsstelle macht als Verwaltungsorgan einen Einigungsvorschlag, der im Gegensatz zu einem Gerichtsurteil nicht durch Rechtsmittel angreifbar ist, sondern durch den Widerspruch der

Parteien keine Wirksamkeit erlangt. Damit endet das Schiedsstellenverfahren. In einem sich anschließenden Gerichtsverfahren wird die Entscheidung der Schiedsstelle jedoch als Argumentationshilfe herangezogen, wobei die Gerichte mehrfach betont haben, dass diesen wegen der besonderen Sachkunde der Schiedsstelle eine wichtige Bedeutung zukommt und Abweichungen einer besonderen Begründung bedürfen (BGH ZUM 2001, 983, 986 – Gesamtvertrag privater Rundfunk). Vor der Schiedsstelle besteht kein Anwaltszwang, die Parteien können sich also selbst vertreten. Wollen sie sich vertreten lassen, muss i.d.R. ein Rechtsanwalt hinzugezogen werden (§ 6 Abs. 3 UrhSchiedsV i.V.m. § 157 ZPO). Der Antrag wird der Gegenseite erst zugestellt, nachdem der Antragsteller einen Vorschuss in Höhe eines Drittels der vollen Gebühr eingezahlt hat (§ 13 Abs 7 UrhSchiedsV). Die Verhandlung ist nach § 6 Abs. 2 S. 1 UrhSchiedsV nicht öffentlich. 6 Monate nach dem Widerspruch gegen den Einigungsvorschlag endet die Hemmung der Verjährung (§ 204 Abs. 2 BGB). Innerhalb dieser Frist muss vor den ordentlichen Gerichten geklagt werden, um die Verjährung erneut zu hemmen (§ 204 Abs. 2 S. 3 BGB). An Kosten entstehen Verfahrenskosten in Höhe einer Gebühr (§ 13 Abs. 2 UrhSchiedsV), die bei Rücknahme des Antrags nach § 2 UrhSchiedsV entfallen oder herabgesetzt werden kann (§ 13 Abs. 4 UrhSchiedsV). Nach Spruchpraxis der Schiedsstelle tragen die Parteien – unabhängig vom Ausgang des Verfahrens – ihre **außergerichtlichen Kosten** selbst (akt. Schiedsstelle v. 21.6.2005, Az. Sch-Urh 28/03). Diese betragen eine 1,5 Geschäftsgebühr für das Schiedsstellenverfahren (§ 17 Nr. 7d RVG i.V.m. VV 2303 Nr. 4 RVG). War der Rechtsanwalt bereits zuvor in derselben Sache tätig und hat dafür eine Geschäftsgebühr nach VV 2300 RVG erhalten, wird die Hälfte dieser Gebühr, max. jedoch 0,75, angerechnet. Bei einer Mittelgebühr von 1,5 (VV 2300), sind also 0,75 hiervon anzurechnen, sodass insgesamt statt 3 Gebühren für beide Tätigkeiten nur 2,25 anfallen (VV 2303 Nr. 4 RVG). Schließt sich ein Gerichtsverfahren an, ist wiederum die Hälfte der im Schiedsverfahren anfallenden Verfahrensgebühr (max. 0,75) auf die im Gerichtsverfahren anfallende Verfahrensgebühr anrechenbar. Die Kostenentscheidung der Schiedsstelle kann isoliert angefochten werden (§ 14 Abs. 2 S. 1 UrhSchiedsV), hierfür gilt die Frist des § 14a Abs. 3 WahrnG und nicht die entsprechenden Regelungen der ZPO i.V.M. § 10 UrhSchiedsV (AG München, ZUM-RD 2008, 574). Zuständig ist bei Gesamtvertragsstreitigkeiten das OLG, ansonsten das AG München (§ 14 Abs. 2 UrhSchiedsV). Überprüfbar ist nur, ob die Schiedsstelle ihr Ermessen fehlerfrei ausgeübt hat, nicht ob der Einigungsvorschlag in der Sache zutrifft (OLG München GRUR 2003, 788 – Schiedsstellenverfahren; näher Kreile/Becker/ Riesenhuber/*Schulze* Kap. 14 Rn. 217).

III. Zuständigkeit, Abs. 1

Nach § 14 Abs. 1 Nr. 1 WahrnG ist die Schiedsstelle zuständig für alle **urheberrechtlichen Streitigkeiten,** an denen eine **Verwertungsgesellschaft beteiligt** ist. Folgende Fälle sind zu unterscheiden: Der Streit betrifft die Nutzung von Werken oder Leistungen nach dem UrhG (§ 14 Abs. 1 Nr. 1 lit. a WahrnG). Es geht um den Abschluss oder die Änderung von Gesamtverträgen (§ 14 Abs. 1 Nr. 1 lit. b i.V.m. mit § 12 WahrnG). Neben der Einräumung von Nutzungsrechten (§ 11 WahrnG) und dem Abschluss oder der Änderung von Gesamtverträgen (§ 12 WahrnG) können auch Vergütungs-, Schadensersatz- oder Bereicherungsansprüche Gegenstand der urheberrechtlichen Streitigkeit sein (AmtlBegr. BT-Drucks. X/837, 23). Nicht erforderlich ist, dass die Anwendbarkeit oder Angemessenheit von Tarifen im Streit ist (Beschluss der Schiedsstelle ZUM 1987, 187, 188), auch Fragen des Anspruchsgrundes, der grundsätzlichen Vergütungspflicht oder der Aktivlegitimation der Verwertungsgesellschaft können Gegenstand des Streits sein. Trotz der Möglichkeit, während eines ungekündigten Vertrages die Schiedsstelle anzurufen, haben wirksame Verträge Bestand (BGH GRUR 2000, 872, 873; LG Frankfurt a.M. ZUM

2006, 949, 950; Fromm/Nordemann/*Nordemann* §§ 14–16 WahrnG Rn. 4; Schricker/ Loewenheim/*Reinbothe* § 14 WahrnG Rn. 1; *Seifert* FS Kreile 627, 632).

6 Partei des Schiedsstellenverfahrens wird neben der Verwertungsgesellschaft entweder ein Einzelnutzer (Abs. 1 Nr. 1 lit. a, b) oder eine Nutzervereinigung (Abs. 1 Nr. 1 lit. b) sein. Auch Mitglieder einer Nutzervereinigung können trotz eines bestehenden Gesamtvertrages die Schiedsstelle anrufen, da der Gesamtvertrag ohne entsprechende Unterwerfung nicht zu Lasten der Mitglieder wirkt (Schiedsstelle ZUM 1988, 351, 352; Schiedsstelle ZUM 1988, 471, 477; Dreier/Schulze/*Schulze* § 14 Rn. 11; *Strittmatter* 37 ff.; vgl. § 12 WahrnG Rn. 3). Sie können dann allerdings keinen Gesamtvertragsrabatt in Anspruch nehmen.

7 Auch **Tarife,** die bereits früher überprüft wurden, können Gegenstand eines neuen Schiedsstellenverfahrens sein (Schiedsstelle ZUM 1988, 351, 352; *Strittmatter* 109). Streitigkeiten zwischen Verwertungsgesellschaften und ihren **Berechtigten** fallen dagegen nicht in den Zuständigkeitsbereich der Schiedsstelle, da diese nicht über die Wahrnehmungs- sondern nur über die Nutzungsbedingungen urteilt (AmtlBegr. BT-Drucks. X/837, 23). Die Schiedsstelle kann von der beteiligten Verwertungsgesellschaft oder dem Nutzer angerufen werden.

8 Nach Abs. 1 Nr. 2 ist die Schiedsstelle auch für Streitigkeiten zwischen einem **Sendeunternehmen und** einem **Kabelunternehmen** zuständig. Sende- und Kabelunternehmen sind nach § 87 Abs. 4 UrhG verpflichtet, einen Vertrag über die Kabelweitersendung zu angemessenen Bedingungen abzuschließen. Dafür eröffnet Abs. 1 Nr. 2 die Möglichkeit eines Schiedsstellenverfahrens. Angesichts der Ähnlichkeit der Pauschalverträge zwischen Sende- und Kabelunternehmen mit Gesamtverträgen lag die Zuständigkeit der Schiedsstelle nahe (Begr. des BRegE BT-Drucks. 13/4796, 17).

9 Die Anrufung der Schiedsstelle ist grds. fakultativ. Sie ist allerdings **Prozessvoraussetzung** einer Klage vor den ordentlichen Gerichten, wenn bei Streitfällen mit einzelnen Nutzern nach Abs. 1 Nr. 1 lit. a die Anwendbarkeit oder Angemessenheit eines Tarifes bestritten wird, Gesamtverträge nach Abs. 1 Nr. 1 lit. b betroffen sind oder es sich um Verträge zwischen Sende- und Kabelunternehmen nach Abs. 1 Nr. 2 handelt (§ 16 Abs. 1, Abs. 2 S. 1 WahrnG). Für Einzelverträge zwischen Sendeunternehmen und einzelnen Kabelunternehmen, bei denen der Tarif unstreitig ist, erscheint das zwingend vorgeschaltete Schiedsverfahren jedoch unnötig (Dreier/Schulze/*Schulze* § 14 UrhWG Rn. 15). Schulze (Dreier/Schulze/*Schulze* § 14 Rn. 15) schlägt daher vor, für **Einzelverträge** zwischen **Kabelbetreiber** und Sendeunternehmen, bei denen der Tarif nicht streitig ist, § 14 Abs. 1 Nr. 1a entsprechend anzuwenden, mit der Folge, dass die Durchführung des Schiedsverfahrens keine Prozessvoraussetzung für eine Klage nach § 16 Abs. 1 ist. Methodisch korrekter erscheint es, die Regelung des § 16 Abs. 2 für die Entbehrlichkeit eines Schiedsverfahrens bei Unstreitigkeit eines Tarifes nicht auf die Streitfälle nach § 14 Abs. 1 lit. a) zu beschränken, sondern **analog** auch auf die Streitigkeiten nach § 14 Abs. 1 Nr. 2 anzuwenden. Die formalen Anforderungen der Antragstellung finden sich in den Rn. 11. Das Verfahren ist geregelt in §§ 14a bis 14d und den Vorschriften der UrhSchiedsV (abgedr. unter § 15 WahrnG; näher dazu *Strittmatter* 50 ff.). Der Rechtsweg richtet sich nach § 16 WahrnG.

III. Zusammensetzung, Abs. 2, 3

10 Die Schiedsstelle besteht aus drei ständigen Mitgliedern: dem Vorsitzenden oder seinem Vertreter sowie zwei Beisitzern (Abs. 2 S. 2). Alle Mitglieder müssen nach Abs. 2 S. 3 die Befähigung zum Richteramt nach dem deutschen Richtergesetz haben, also Volljuristen sein (§§ 5 ff. DRiG). Die Mitglieder werden gem. Abs. 2 S. 4 vom Bundesminister der Justiz auf mindestens ein Jahr berufen, wobei die Wiederberufung zulässig ist (Abs. 2 letzter Halbs.). Durch die letzte Gesetzesnovelle wurde die Berufungszeit von vier Jahren auf

mindestens ein Jahr verkürzt. Damit besteht die Gefahr, dass bei Berufungen für lediglich ein Jahr die Kontinuität und Unabhängigkeit der Entscheidungen beeinträchtigt wird. Die Verlängerung der Berufungszeit auf vier Jahre war gerade eine Reaktion auf die früher verkürzte Berufungszeit, um Unabhängigkeit und Kontinuität zu stärken (AmtlBegr. BT-Drucks. X/837, 23; Schricker/Loewenheim/*Reinbothe* § 14 WahrnG Rn. 4). Abs. 3 wurde durch den Zweiten Korb eingefügt. Er ermöglicht es ausdrücklich, bei dem DPMA verschiedene Kammern einzurichten, wie es vorübergehend mit der Ersten und Zweiten Kammer praktiziert wurde, um Rückstände abzubauen. Damit soll die Schiedsstelle in die Lage versetzt werden, die Einigungsvorschläge in der Frist der §§ 14a Abs. 2 S. 1, 16 Abs. 1 zu unterbreiten (BRegE BT-Dr. 16/1828, 76). Sprachlich etwas missglückt, bedeutet der Verweis auf Abs. 2 S. 2, dass jede Kammer jeweils aus einem Vorsitzenden und zwei Beisitzern besteht, obwohl dies im Widerspruch zum Wortlaut von Abs. 2 S. 2 steht, wonach die Schiedsstelle als Ganzes aus den genannten drei Mitwirkenden besteht.

Für die Ablehnung von Mitgliedern der Schiedsstelle gilt § 9 UrhSchiedsV. Danach muss bei der Schiedsstelle ein Ablehnungsgesuch gestellt werden. Die Entscheidung über die Ablehnung trifft das Amtsgericht München, in dessen Bezirk der Sitz der Schiedsstelle ist, entsprechend §§ 41 ff. ZPO.

IV. Weisungsunabhängigkeit, Abs. 4

Nach Abs. 4 sind die Mitglieder der Schiedsstelle nicht an Weisungen gebunden. Obwohl die Schiedsstelle Verwaltungsorgan ist, sind die Mitglieder also neutral und in ihrer Unabhängigkeit Richtern vergleichbar (*Reinbothe* 98 ff.). 11

V. Anrufung, Abs. 5

Das Schiedsstellenverfahren wird durch einen **schriftlichen** Antrag eingeleitet (Abs. 5). Er ist nach § 1 Abs. 1 UrhSchiedsV in zweifacher Ausfertigung bei der Schiedsstelle einzureichen und muss Namen und Anschrift des Antragsgegners sowie eine Darstellung des Sachverhalts enthalten. Der Antrag wird dem Antragsgegner von der Schiedsstelle mit der Aufforderung zugestellt, sich innerhalb eines Monats schriftlich zu äußern (§ 1 Abs. 2 UrhSchiedsV). Für den Abschluss eines Gesamtvertrages gelten Besonderheiten nach § 1 Abs. 3 UrhSchiedsV (s. Rn. 13 f.). 12

Die Rücknahme des Antrags ist bei einem schriftlichen Schiedsstellenverfahren (§ 3 S. 2, § 4 S. 1 UrhSchiedsV) jederzeit möglich, im mündlichen Verfahren (§ 3 S. 1, § 4 S. 2 UrhSchiedsV) ist nach Beginn der mündlichen Verhandlung die Einwilligung des Antragsgegners erforderlich (§ 2 Abs. 1 UrhSchiedsV). Die Rücknahme hat nach § 2 Abs. 2 UrhSchiedsV Kosten für den Antragsteller zur Folge. 13

Stellt eine Verwertungsgesellschaft einen Antrag auf Abschluss eines Gesamtvertrages, muss die Schiedsstelle nach § 1 Abs. 3 UrhSchiedsV den Antragsgegner, also die Nutzervereinigung darüber belehren, dass das Verfahren eingestellt wird, wenn er den Abschluss eines Gesamtvertrages ausdrücklich ablehnt oder sich innerhalb eines Monats hierzu nicht erklärt. Die Belehrung der Schiedsstelle wird dem Antragsgegner zusammen mit dem Antrag und der Aufforderung zur Äußerung erteilt (§ 1 Abs. 2 UrhSchiedsV). Wurde die Belehrung erteilt und erklärt der Antragsgegner sich hierzu innerhalb eines Monats nicht oder erklärt er ausdrücklich, nicht zum Abschluss des Gesamtvertrages bereit zu sein, muss die Schiedsstelle das Verfahren durch Einstellung nach § 1 Abs. 3 S. 2 UrhSchiedsV beenden. Ohne eine ausdrückliche positive Erklärung des Antragsgegners kann das Verfahren also nicht beginnen. Hat sich der Antragsgegner auf das Verfahren innerhalb der Frist eingelassen, so wäre eine spätere Erklärung, zum Abschluss eines Gesamtvertrages nicht mehr bereit zu sein, ein venire contra factum proprium und deshalb für die Schiedsstelle unbe- 14 achtlich (Schricker/Loewenheim/*Reinbothe* § 14 WahrnG Rn. 9). Der Anwendungsbereich des § 1 Abs. 3 UrhSchiedsV beschränkt sich auf den Abschluss von Gesamtverträgen und gilt weder für deren Abänderung noch für andere urheberrechtliche Streitigkeiten. Auch wird der Weg zu den ordentlichen Gerichten dadurch nicht eingeschränkt (Schricker/Loewenheim/*Reinbothe* § 14 WahrnG Rn. 9).

VI. Empirische Untersuchungen, Abs. 5 a

15 Wie unter § 13a Rn. 4 dargelegt, hat der Rechtsausschuss des BT im Rahmen des Zweiten Korbes einen gemeinsamen Wunsch der Parteien aufgegriffen, die für die Vergütungshöhe der Leermedienabgabe nach § 54a UrhG nicht durch empirische Untersuchungen der Verwertungsgesellschaften zu ermitteln, sondern zur Straffung des Verfahrens der Schiedsstelle zuzuweisen. Zunächst sah der Regierungsentwurf vor, dass diese empirischen Untersuchungen von den Verwertungsgesellschaften vorgenommen werden sollten und dann veröffentlicht werden sollten (BRegE BT-Drucks. 16/1828, 75). Angesichts der Erfahrungen in den Verhandlungen war jedoch zu erwarten, dass die mit hohen Kosten vorzunehmenden empirischen Untersuchungen der Verwertungsgesellschaft lediglich als Parteigutachten angesehen werden würden mit der Folge, dass die Hersteller ihrerseits entsprechende Gegengutachten verfassen würden, die dann erst im Schiedsverfahren durch ein von der Schiedsstelle selbst in Auftrag zu gebendes Gutachten für beide Parteien akzeptabel abgelöst werden würden. Im Ergebnis wären die ersten beiden Gutachten überflüssig gewesen und hätten die Verhandlungen lediglich verzögert (Beschlussempfehlung und Bericht des Rechtsausschusses, BT-Drucks. 16/5939, 46, 86; Begründung zu §§ 13a, 14 WahrnG). Daher sieht § 14 Abs. 5a nunmehr – zurückgehend auf einen gemeinsamen Vorschlag von Verwertungsgesellschaften und Herstellern – vor, dass die empirischen Untersuchungen von der Schiedsstelle selbst anzustellen sind, um sie effizienter zu gestalten (Beschlussempfehlung und Bericht des Rechtsausschusses, BT-Drucks. 16/5939, 46, 85; Begründung zu §§ 13a, 14 WahrnG).

16 Die Verpflichtung zur Ermittlung der tatsächlichen Nutzungen durch empirische Untersuchungen beschränkt sich nach dem Wortlaut von Abs. 5a auf Verfahren nach Abs. 1 Nr. 1 lit. c, also Gesamtvertragsstreitigkeiten. Nicht verwiesen wird auf den ausdrücklich für die Streitigkeiten über die Leermedienabgabe geschaffenen lit. b. Zwar dürfe sich die Verhandlung über die Vergütungen in der Regel im Rahmen von Gesamtvertragsverhandlungen abspielen. Doch ist es durchaus denkbar, dass bei fehlender Gesamtvertragsfähigkeit eine Einzelstreitigkeit nach lit. b vorliegt. Hiervon muss der Gesetzgeber auch selbst ausgegangen sein, denn wären sämtliche Verfahren über die Leermedienabgabe Gesamtvertragsstreitigkeiten, hätte es einer zusätzlichen Regelung für Verfahren über die Vervielfältigungsabgabe in lit. b nicht bedurft, gab es doch bereits eine entsprechende Regelung für Gesamtverträge in lit. b (a.F.) bzw. lit. c (n.F.). Mit der Anknüpfung an die Gesamtvertragsstreitigkeit nach lit. c wollte der Gesetzgeber, der davon ausging, diese Streitigkeiten würden sich immer im Rahmen von Gesamtvertragsstreitigkeiten abspielen, vermutlich an den frühesten Zeitpunkt des Verfahrens anknüpfen, indem die empirischen Untersuchungen nicht erst nach gescheiterten Gesamtverhandlungen im Rahmen einer Tarifauseinandersetzung erfolgen. Nicht beabsichtigt war, die Beschleunigungswirkung durch Vornahme der empirischen Untersuchungen durch die Schiedsstelle für die Verfahren nach lit. b auszuschließen, die keine Gesamtvertragsstreitigkeiten sind. Daher muss Abs. 5a dahingehend ausgelegt werden, dass auch in Verfahren über die Vervielfältigungsabgaben nach lit. b, die keine Gesamtverträge nach lit. c zum Gegenstand haben, die Schiedsstelle die erforderlichen empirischen Untersuchungen vornehmen muss, wenn die Parteien dies verlangen (*Müller*, ZUM 2007, 777, 786; Dreier/Schulze/*Schulze* § 14 Rn. 24; a.A. *Bremer/Lammers* K&R 2008, 145, 150; Schricker/Loewenheim/*Reinbothe* § 14 Rn. 10).

VII. Verbraucherverbände, Abs. 5 b

Abs. 5, der durch den Zweiten Korb auf Forderung der Verbraucherverbände eingefügt 17
wurde, sieht vor, dass bei Streitfällen über die Vervielfältigungsabgabe nach § 54 UrhG
bundesweite Dachorganisationen der öffentlich geförderten Verbraucherverbände Gelegenheit zur schriftlichen Stellungnahme erhalten (*Hucko* 20). Dazu wird in erster Linie der
Verbraucherzentrale Bundesverband e. V. in Berlin zählen, der auch in das Gesetzgebungsverfahren eingebunden war. Durch Abs. 5b soll offensichtlich der Regelung in § 54a
Abs. 4 UrhG Rechnung getragen werden, dass die Vergütung die Hersteller von Geräten
und Speichermedien nicht unzumutbar beeinträchtigen darf und in einem wirtschaftlich
angemessenen Verhältnis zum Gerätepreis stehen muss. Um hier zu einer fundierten Stellungnahme zu kommen, wird es sich empfehlen, die Stellungnahme erst nach Vorliegen
der empirischen Untersuchungen abzugeben. Inwieweit hier differenzierte Stellungnahmen
zu erwarten sind, die den Umständen des jeweilig in Streit befindlichen Gegenstands individuell Rechnung tragen, bleibt abzuwarten.

VIII. Vergleich, Abs. 6

Nach Abs. 6 S. 1 hat die Schiedsstelle „auf eine gütliche **Beilegung** des Streitfalles hin- 18
zuwirken". Dies entspricht weitgehend § 279 ZPO und ergibt sich bereits aus der Tatsache, dass die Aufgabe des Schiedsstellenverfahrens nicht in einer verbindlichen Entscheidung, sondern in einem Einigungsvorschlag liegt. Angesichts der Pflicht, einen Vergleich
zu suchen, stellt sich die Frage, inwieweit das in § 17a durch den Zweiten Korb geschaffene freiwillige Schlichtungsverfahren erforderlich ist.

Nach § 5 UrhSchiedsV kann der Vorsitzende bei Streitfällen, die den Abschluss oder die
Änderung eines Gesamtvertrags betreffen, die Beteiligten mit ihrem Einverständnis vor der
mündlichen Verhandlung zu einem Vergleichsversuch ohne die Beisitzer laden. Dazu ist er
verpflichtet, wenn beide Parteien dies beantragen (§ 5 Abs. 1 S. 2 UrhSchiedsV). Aus einem
vor der Schiedsstelle geschlossenen Vergleich kann nach Abs. 6 S. 2 vollstreckt werden, wenn
dieser vom Vorsitzenden der Schiedsstelle und den Parteien unter Angabe des Tages seines
Zustandekommens unterschrieben wurde. Damit soll die Durchsetzung der vergleichsweise
geschlossenen Einigung erleichtert werden (AmtlBegr. BT-Drucks. X/837, 23). Die Vollstreckungsklausel wird wie bei Vergleichen vor Gütestellen vom Urkundsbeamten der Geschäftsstelle des Amtsgerichts München, in dessen Bezirk die Schiedsstelle ihren Sitz hat, erteilt
(Abs. 5 S. 2 i. V. m. § 797a ZPO). Entspricht der Vergleich nicht den Formvorschriften des
Abs. 5 S. 2, so kann er gleichwohl materiell wirksam sein, lediglich die **Vollstreckbarkeit** ist
dann nicht gewährleistet (Stellungnahme des Bundesrats BT-Drucks. X/837, 34).

IX. Schiedsverträge, Abs. 7

Statt des Schiedsstellenverfahrens können die Beteiligten nach Abs. 7 durch Schiedsver- 19
trag auch die Zuständigkeit eines Schiedsgerichts vereinbaren. Nichtig ist eine solche Vereinbarung jedoch, wenn bei künftigen Streitigkeiten über Abschluss oder Änderung von
Gesamtverträgen (Abs. 1 Nr. 1 lit. c) einem Beteiligten nicht das Recht eingeräumt wird,
statt des Schiedsgerichts die Schiedsstelle oder die ordentlichen Gerichte anzurufen. Der
Verweis auf Abs. 1 Nr. 1 lit. b (Streitfälle über die Leergeräteabgabe) ist ein Redaktionsversehen (Schricker/Loewenheim/*Reinbothe* § 14 Rn. 15). Diese ursprünglich § 91 GWB
nachgebildete Regelung blieb durch das Gesetz zur Neuregelung des Schiedsstellenverfahrensrechts v. 22.12.1997, in dem im Wesentlichen alle Beschränkungen der objektiven
Schiedsfähigkeit aufgehoben wurden, unverändert. Daher ist die Einschränkung des Abs. 7

de lege lata weiterhin zu beachten. J. C. Schulze (*Schulze* GRUR 2000, 760, 762, hält dies für ein Versehen, sie ergibt sich jedoch aus der besonderen Sachkunde der Schiedsstelle und ist weiterhin gerechtfertigt (Dreier/Schulze/*Schulze* § 14 UrhWG Rn. 3, Loewenheim/*Melichar* § 49 Rn. 27). Die Einschränkung gilt nicht für konkrete Einzelfälle, für die die Zuständigkeit eines privaten Schiedsgerichts vereinbart wurde. Eine solche Vereinbarung kann in der rügelosen Einlassung zur Hauptsache vor dem Schiedsgericht auch konkludent getroffen werden (Schricker/Loewenheim/*Reinbothe* § 14 WahrnG Rn. 14).

X. Unterbrechung der Verjährung, Abs. 8

20 Nach Abs. 8 hemmt die **Anrufung der Schiedsstelle** die Verjährung wie die Erhebung einer Klage. Die Hemmung gilt entsprechend § 204 BGB bis sechs Monate nach Beendigung des Verfahrens vor der Schiedsstelle oder – falls es in Stillstand gerät – nach der letzten Verfahrenshandlung der Parteien oder der Schiedsstelle. Wird das Schiedsstellenverfahren weiter betrieben, so wird die Verjährung erneut gehemmt (vgl. § 204 Abs. 2 BGB; Palandt/*Ellenberger*, § 204 BGB Rn. 51).

§ 14a Einigungsvorschlag der Schiedsstelle

(1) **Die Schiedsstelle faßt ihre Beschlüsse mit Stimmenmehrheit. § 196 Abs. 2 des Gerichtsverfassungsgesetzes ist anzuwenden.**

(2) **Die Schiedsstelle hat den Beteiligten innerhalb eines Jahres nach Anrufung einen Einigungsvorschlag zu machen. Nach Ablauf dieses Zeitraums kann das Verfahren vor der Schiedsstelle mit Zustimmung aller Beteiligten für jeweils ein halbes Jahr fortgesetzt werden. Der Einigungsvorschlag ist zu begründen und von sämtlichen Mitgliedern der Schiedsstelle zu unterschreiben. Auf die Möglichkeit des Widerspruchs und auf die Folgen bei Versäumung der Widerspruchsfrist ist in dem Einigungsvorschlag hinzuweisen. Der Einigungsvorschlag ist den Parteien zuzustellen.**

(3) **Der Einigungsvorschlag gilt als angenommen und eine dem Inhalt des Vorschlags entsprechende Vereinbarung als zustande gekommen, wenn nicht innerhalb eines Monats nach Zustellung des Vorschlags ein schriftlicher Widerspruch bei der Schiedsstelle eingeht. Betrifft der Streitfall die Einräumung oder Übertragung von Nutzungsrechten der Kabelweitersendung, beträgt die Frist drei Monate.**

(4) **Aus dem angenommenen Einigungsvorschlag findet die Zwangsvollstreckung statt; § 797a der Zivilprozeßordnung gilt entsprechend.**

Literatur: *Kaube/Volz,* Die Schiedsstelle nach dem Gesetz über Arbeitnehmererfindungen beim Deutschen Patentamt, RdA 1981, 213; *Reimer,* Schiedsstellen im Urheberrecht, GRUR Int. 1982, 215; *Reinbothe,* Schlichtung im Urheberrecht, München 1978; *Strittmatter,* Tarife vor der urheberrechtlichen Schiedsstelle, Berlin 1994.
Vgl. darüber hinaus die Angaben im eingangs abgedr. Gesamtliteraturverzeichnis.

Übersicht

	Rn.
I. Grundzüge	1–5
II. Regelungsinhalt	6–13
1. Beschlussfassung, Abs. 1	6
2. Anforderungen, Abs. 2	7–11
3. Annahmefiktion, Abs. 3	12
4. Vollstreckungstitel, Abs. 4	13

I. Grundzüge

§ 14a WahrnG regelt die Anforderungen an den Einigungsvorschlag der Schiedsstelle und dessen Folgen. Dem Einigungsvorschlag geht der erfolglose Versuch einer gütlichen Einigung (§ 14 Abs. 5 WahrnG) voraus. Er bildet den **Abschluss des Schiedsstellenverfahrens,** unabhängig davon, ob er von den Parteien angenommen wird oder nicht. Obwohl der Einigungsvorschlag die Parteien nicht bindet, wird er in den überwiegenden Fällen akzeptiert, wodurch die vom Gesetzgeber auch erwartete **Entlastung der Gerichte** eintritt (vgl. AmtlBegr. BT-Drucks. X/837, 23).

Das Schiedsstellenverfahren selbst ist in seinen Einzelheiten in der Verordnung über die Schiedsstelle für Urheberrechtsstreitfälle (Urheberrechtsschiedsstellenverordnung – UrhSchiedsV) v. 20.12.1985 (BGBl. I S. 2543) geregelt, die ihre Ermächtigungsgrundlage in § 15 WahrnG findet (s. § 15 WahrnG). Das Schiedsstellenverfahren beginnt durch einen schriftlichen Antrag (§ 14 Abs. 4 WahrnG i. V. m. §§ 1, 2 UrhSchiedsV).

Handelt es sich um Einzelnutzungsstreitigkeiten nach § 14 Abs. 1 Nr. 1 lit. a WahrnG, entscheidet die Schiedsstelle grds. im schriftlichen Verfahren, sofern nicht ein Beteiligter mit Zustimmung des anderen eine mündliche Verhandlung ausdrücklich beantragt hat oder die Schiedsstelle eine mündliche Verhandlung zur Aufklärung des Sachverhaltes für erforderlich hält (§ 4 UrhSchiedsV). Steht der Abschluss oder die Änderung eines Gesamtvertrages nach § 12 in Frage, entscheidet die Schiedsstelle nach § 3 UrhSchiedsV grds. aufgrund mündlicher Verhandlung, von der allerdings nach § 3 S. 2 UrhSchiedsV mit Einverständnis der Beteiligten abgesehen werden kann. Betreffen die Streitfälle den Abschluss oder die Änderung eines Gesamtvertrages, kann der Vorsitzende nach § 5 UrhSchiedsV die Beteiligten mit ihrem Einverständnis vor der mündlichen Verhandlung zu einem Vergleichsversuch ohne Zuziehung der Beisitzer laden. Er ist dazu verpflichtet, wenn beide Parteien es beantragen. § 5 UrhSchiedsV gilt entsprechend auch für Streitfälle, die Verträge über die Kabelweitersendung zum Gegenstand haben, da beide Vertragstypen in § 14d WahrnG im Schiedsstellenverfahren gleichgestellt sind (Schricker/Loewenheim/*Reinbothe* § 14a WahrnG Rn. 4).

Das Verfahren bei mündlicher Verhandlung richtet sich nach § 6 UrhSchiedsV. In § 6 Abs. 1 ist die Ladung der Beteiligten geregelt, in § 6 Abs. 2 die Nichtöffentlichkeit der Verhandlung, in § 6 Abs. 3 die Zurückweisung von Bevollmächtigten oder Beiständen der Beteiligten, in § 6 Abs. 4 die Erfordernisse an das Verhandlungsprotokoll und in § 6 Abs. 5 die Tatsache, dass der Einigungsvorschlag den Beteiligten nicht mündlich verkündet zu werden braucht. In § 7 UrhSchiedsV finden sich die Folgen des Ausbleibens der Parteien in der mündlichen Verhandlung trotz ordnungsgemäßer Ladung nach § 6 Abs. 1 UrhSchiedsV (Zweiwochenfrist). Nach § 7 Abs. 1 S. 2 UrhSchiedsV gelten die Vorschriften der ZPO über die Wiedereinsetzung in den vorigen Stand entsprechend. Nach § 7 Abs. 4 UrhSchiedsV sind die Beteiligten schon in der Ladung zur mündlichen Verhandlung auf die Folgen ihres Ausbleibens hinzuweisen.

Im Gegensatz zum streitigen Zivilverfahren ist die Schiedsstelle nach § 8 UrhSchiedsV an **Beweisanträge** nicht gebunden; sie ermittelt von Amts wegen und erhebt die erforderlichen Beweise. Erscheinen Zeugen oder Sachverständige nicht freiwillig, muss nach § 8 UrhSchiedsV auf Ersuchen der Schiedsstelle das zuständige Amtsgericht München tätig werden, das auch Beeidigungen vorzunehmen hat. Nach § 8 Abs. 4 UrhSchiedsV gelten die Vorschriften des GVG und der ZPO entsprechend.

II. Regelungsinhalt

1. Beschlussfassung, Abs. 1

Nach Abs. 1 S. 1 fasst die Schiedsstelle ihre Beschlüsse mit Stimmenmehrheit. Diese Regelung gilt gleichermaßen für den Einigungsvorschlag wie auch für andere verfahrensleitende Beschlüsse. Abs. 1 S. 2 verweist auf § 196 Abs. 2 GVG, in dem der Fall geregelt ist, dass sich keine Mehrheit über in Frage stehende Summen bildet. Halten alle drei Mitglieder unterschiedliche Beträge für angemessen, so gilt danach die zweithöchste Summe als das Mehrheitsvotum.

2. Anforderungen, Abs. 2

7   Nach Abs. 2 hat die Schiedsstelle den Beteiligten einen Einigungsvorschlag zu machen, falls ein Vergleich nach § 14 Abs. 6 WahrnG nicht zustande gekommen ist oder nach § 14b WahrnG von der Vorlage eines Einigungsvorschlags abgesehen werden kann. Die inhaltlichen Anforderungen an den Einigungsvorschlag sind im Wahrnehmungsgesetz nicht geregelt. Wie bei allen Verwaltungsentscheidungen muss die Schiedsstelle den **Vorrang des Gesetzes** beachten. Dazu zählen neben den Vorschriften des UrhG und des WahrnG auch wettbewerbsrechtliche und zivilrechtliche Vorschriften (*Reinbothe* 40, 113; *Strittmatter* 103). Der Einigungsvorschlag muss angemessene Bedingungen i. S. d. §§ 11, 12 enthalten. Die Angemessenheit ist anhand objektiver Kriterien zu ermitteln (Schricker/Loewenheim/ *Reinbothe* § 14a Rn. 9; *Reimer* GRUR Int. 1982, 215, 217; *Reinbothe* 45; *Strittmatter* 103 ff.; s. o. § 11 WahrnG Rn. 3–6, § 12 WahrnG Rn. 6). Bei dem Einigungsvorschlag steht der Schiedsstelle hinsichtlich der Art und Höhe der Vergütung ein Ermessensspielraum zu (analog § 16 Abs. 4 S. 3 oder §§ 10 S. 2 UrhSchiedsV, 287 Abs. 2 ZPO, vgl. Schiedsstelle, ZUM 2005, 257, 261; Schricker/Loewenheim/*Reinbothe* § 14a WahrnG Rn. 9; Dreier/Schulze/*Schulze* § 14a UrhWG Rn. 5; a. A. Wandtke/Bullinger/*Gerlach* 3. Aufl. § 14a Rn. 7). Er muss ein **ausgewogenes Verhältnis zwischen Leistung und Gegenleistung** erreichen, das sich auch aus der Summe einzelner Elemente ergeben kann (*Reinbothe* 50; Fromm/Nordemann/*Nordemann* §§ 14 bis 16 WahrnG Rn. 10). Hierfür spricht eine tatsächliche Vermutung (OLG München ZUM 2003, 319, 322).

8   Bei der Festsetzung eines angemessenen **Tarifvorschlags** ist die Schiedsstelle nicht auf die von der Verwertungsgesellschaft veröffentlichte beschränkt. Sie kann und muss gerade aufgrund der ihr zukommenden Sachkunde statt eines unangemessenen Tarifes, der überprüft wird, einen angemessenen vorschlagen (OLG Hamburg ZUM 1985, 440, 442 – Bildplatten; BGH GRUR 2004, 669, 671 f. – Mehrkanaldienste).

9   Bei ihrem Einigungsvorschlag ist die Schiedsstelle nicht durch die **Anträge der Parteien** beschränkt. Da es ihre Aufgabe ist, die angemessenen Bedingungen der Nutzung zu konkretisieren, die sich nach objektiven Kriterien bestimmen, kann sie auch über die Anträge der Parteien hinausgehen (so für die Schiedsstelle nach dem Gesetz über Arbeitnehmererfindungen *Kaube/Volz* RdA 1981, 213, 216; a. A. Schricker/Loewenheim/*Reinbothe* § 14a WahrnG Rn. 9; *Strittmatter* 126 f.; vermittelnd Dreier/Schulze/*Schulze* § 14a UrhWG Rn. 5). Der Grundsatz ne ultra petita (vgl. § 308 Abs. 1 ZPO, § 88 VwGO) gilt im Schiedsstellenverfahren nicht, da diese keinen Rechtsstreit zu entscheiden hat. Die Anwendbarkeit des ne-ultra-petita-Grundsatzes auf das Schiedsstellenverfahren wird damit begründet, dass auch bei den nachfolgenden Verfahren bei den ordentlichen Gerichten ein Abweichen von den Anträgen der Parteien nicht möglich ist (*Strittmatter* 127). Daraus folgt jedoch nicht, dass die Anträge im Schiedsstellenverfahren auch in dem davon unabhängigen, nachfolgenden Verfahren vor den ordentlichen Gerichten unverändert übernommen werden müssen. Etwas anderes gilt nur für das Verfahren nach § 16 Abs. 2 S. 2 WahrnG, wenn das Gericht einen Rechtsstreit aussetzt und die Schiedsstelle angerufen wird, um die Anwendbarkeit oder Angemessenheit eines streitigen Tarifes zu klären. Nur wenn in einem solchen Fall die Parteien ihre Anträge bereits gestellt haben, ist das Gericht an diese gebunden, auch wenn die Schiedsstelle darüber hinausgegangen ist. Das setzt jedoch voraus, dass das Gerichtsverfahren nach der Aussetzung und der Schiedsstellenentscheidung überhaupt seinen Fortgang findet. Dieser Sonderfall rechtfertigt es nicht, die **Pflicht** der Schiedsstelle, **nach objektiven Kriterien zu entscheiden,** generell durch die Anträge der Parteien zu beschränken.

Mit dem Zweiten Korb wurde die Schiedsstelle verpflichtet, innerhalb eines Jahres nach Anrufung einen Einigungsvorschlag zu machen. Die Parteien können allerdings einer Verlängerung um jeweils ein Jahr zustimmen (Abs. 2 S. 2). Die Regelung dient der Verfahrensbeschleunigung. Ob allerdings bei komplexen Sachverhalten Entscheidungen innerhalb der Frist zu erwarten sind, erscheint fraglich. Der neue Mechanismus birgt die Gefahr in sich, dass bei komplexeren Verfahren eine Partei bei Erwartung eines für sie ungünstigen Schiedsspruchs die Zustimmung verweigert und damit einen solchen endgültig verhindert. Bei anschließender Anrufung der ordentlichen Gerichte, die nach § 16 zulässig ist, bliebe die besondere Sachkunde der Schiedsstelle ungenutzt. 10

Formal ist der Einigungsvorschlag nur dann rechtmäßig, wenn er schriftlich verfasst, begründet und von sämtlichen Mitgliedern der Schiedsstelle unterschrieben ist (Abs. 2 S. 3). Er muss eine ordnungsgemäße Belehrung dahingehend enthalten, dass gegen den Einigungsvorschlag Widerspruch möglich ist, der innerhalb eines Monats ab Zustellung schriftlich erhoben werden muss (Abs. 3). Außerdem ist auf die in Abs. 3 geregelten Folgen der Fristversäumnis hinzuweisen. Der Einigungsvorschlag ist den Parteien nach Abs. 2 S. 5 zuzustellen (vgl. §§ 166 ff. ZPO). 11

3. Annahmefiktion, Abs. 3

Der Einigungsvorschlag gilt als angenommen, wenn bei der Schiedsstelle nicht innerhalb eines Monats nach Zustellung ein **schriftlicher Widerspruch** einer Partei eingeht (Abs. 3 S. 1). Bei Streitfällen über Kabelweitersendungsverträge i. S. d. § 14 Abs. 1 Nr. 2 WahrnG beträgt die Frist drei Monate. Voraussetzung für diese Annahmefiktion des Einigungsvorschlags durch Schweigen ist die ordnungsgemäße schriftliche Belehrung i. S. v. Abs. 2 S. 3. Die Annahmefiktion gilt auch für materiell rechtswidrige Einigungsvorschläge, da die Parteien insoweit frei disponieren können (Schricker/Loewenheim/*Reinbothe* § 14a WahrnG Rn. 11). Bezieht sich der Widerspruch nur auf einen **Teil** des Einigungsvorschlags, ist der Einigungsvorschlag insgesamt hinfällig, da er ein Gesamtgefüge darstellt (Dreier/Schulze/ *Schulze* § 14a UrhWG Rn. 14, Kreile/Becker/Riesenhuber/*Schulze* Kap. 14 Rn. 208); a. A. *Strittmatter* 65). 12

4. Vollstreckungstitel, Abs. 4

Aus einem angenommenen Einigungsvorschlag der Schiedsstelle kann nach Abs. 4 ebenso wie aus einem vor der Schiedsstelle geschlossenen Vergleich vollstreckt werden. Im Gegensatz zum Vergleich muss der Einigungsvorschlag für die Vollstreckbarkeit nicht von den Parteien unterschrieben werden. 13

§ 14b Beschränkung des Einigungsvorschlags; Absehen vom Einigungsvorschlag

(1) Ist bei Streitfällen nach § 14 Abs. 1 Nr. 1 Buchstabe a die Anwendbarkeit oder die Angemessenheit eines Tarifs (§ 13) bestritten und ist der Sachverhalt auch im übrigen streitig, so kann sich die Schiedsstelle in ihrem Einigungsvorschlag auf eine Stellungnahme zur Anwendbarkeit oder Angemessenheit des Tarifs beschränken.

(2) Sind bei Streitfällen nach § 14 Abs. 1 Nr. 1 Buchstabe a die Anwendbarkeit und die Angemessenheit eines Tarifs nicht im Streit, so kann die Schiedsstelle von einem Einigungsvorschlag absehen.

Literatur: *Strittmatter*, Tarife vor der urheberrechtlichen Schiedsstelle, Berlin 1994.
Vgl. darüber hinaus die Angaben im eingangs abgedr. Gesamtliteraturverzeichnis.

Übersicht

	Rn.
I. Grundzüge	1
II. Beschränkung des Einigungsvorschlags, Abs. 1	2
III. Absehen vom Einigungsvorschlag, Abs. 2	3

I. Grundzüge

1 § 14b WahrnG schränkt die Pflicht der Schiedsstelle zur Vorlage eines Einigungsvorschlags nach § 14a Abs. 2 WahrnG für Streitfälle nach § 14 Abs. 1 Nr. 1 lit. a WahrnG ein. Das sind alle urheberrechtlichen Nutzungsstreitigkeiten, an denen eine Verwertungsgesellschaft beteiligt ist, die weder den Abschluss oder die Änderung eines Gesamtvertrages (§ 14 Abs. 1 Nr. 1 lit. b WahrnG) oder Kabelweitersendungsverträge (§ 14 Abs. 1 Nr. 2 WahrnG) betreffen. Da die Zuständigkeit der Schiedsstelle in § 14 Abs. 1 Nr. 1 lit. a WahrnG bewusst weit gefasst ist und über die Frage der Anwendbarkeit oder Angemessenheit von Tarifen hinaus durchaus andere Streitpunkte bestehen können, ist die Schiedsstelle nicht verpflichtet, einen Einigungsvorschlag hinsichtlich aller streitigen Punkte vorzulegen. Sie soll sich vielmehr auf ihre **Hauptaufgabe**, die **Überprüfung der Anwendbarkeit und Angemessenheit der Tarife** (s. § 13 WahrnG) konzentrieren. Sie ist deshalb nach § 14a Abs. 1 WahrnG verpflichtet, wenn Anwendbarkeit oder Angemessenheit von Tarifen im Streit sind, einen Einigungsvorschlag vorzulegen, der diese Tariffragen aufgreift. Auf die anderen streitigen Fragen muss sie nicht eingehen, um nicht durch andere als Tarifüberprüfungsaufgaben überlastet zu werden (AmtlBegr. BT-Drucks. X/837, 24). Deshalb kann sie nach Abs. 2 von einem Einigungsvorschlag auch absehen, falls Anwendbarkeit und Angemessenheit eines Tarifs nicht streitig sind.

II. Beschränkung des Einigungsvorschlags, Abs. 1

2 Abs. 1 regelt den Fall, dass in einem Schiedsstellenverfahren, das weder den Abschluss eines Gesamtvertrages noch eines Kabelweitersendungsvertrages zum Gegenstand hat, die Anwendbarkeit oder Angemessenheit eines Tarifes i. S. v. § 13 WahrnG streitig ist, daneben aber auch andere streitige Punkte insb. tatsächlicher Art im Streit sind. In diesem Fall muss die Schiedsstelle zwar immer einen Einigungsvorschlag über die Anwendbarkeit oder Angemessenheit eines Tarifs vorlegen (§ 14a Abs. 2 WahrnG), sie kann aber davon absehen, die übrigen streitigen Punkte in den Einigungsvorschlag aufzunehmen, so bspw. bei „umfangreichen und aufwändigen Beweiserhebungen", die „einfacher und schneller von dem zuständigen ordentlichen Gericht durchgeführt werden können" (AmtlBegr. BT-Drucks. X/837, 24). Beschränkt sich die Schiedsstelle auf die Tariffragen, so hat sie diese Beschränkung nach § 14a Abs. 2 S. 2 WahrnG als Teil des Einigungsvorschlags zu begründen (vgl. Schiedsstelle ZUM 1989, 312, 313). Gegen eine Beschränkung des Einigungsvorschlags bestehen ebenso wenig wie gegen den Einigungsvorschlag selbst Rechtsmittel (Schricker/Loewenheim/*Reinbothe* § 14b WahrnG Rn. 2). Abs. 1 verweist nicht auf Schiedsstellenverfahren über die Vervielfältigungsvergütung nach § 14 Abs. 1 Nr. 1 lit. b). Da auch in diesen Fällen die Beschränkung auf Tariffragen sinnvoll sein kann, sollte Abs. 1 analog auch auf Streitigkeiten nach § 14 Abs. 1 Nr. 1 lit. b) angewendet werden, soweit die Beweiserhebungen nicht gerade die empirischen Untersuchungen betreffen, für die die Schiedsstelle nach dem Willen des Gesetzgebers prädestiniert sein soll (s. § 14 Rn 15 f.).

III. Absehen vom Einigungsvorschlag, Abs. 2

3 Abs. 2 regelt den Fall, dass die Schiedsstelle wegen ihrer umfassenden Zuständigkeit nach § 14 Abs. 1 Nr. 1 lit. a WahrnG angerufen wurde, aber weder die Anwendbarkeit

noch die Angemessenheit eines Tarifs im Streit ist. In diesem Fall kann sie, da ihre spezifische Sachkunde in Hinblick auf Tariffragen nicht benötigt wird, von einem Einigungsvorschlag vollständig absehen. Wegen der spezifischen Aufgabe der Schiedsstelle, Tariffragen zu klären, ist Abs. 2 als Soll-Vorschrift auszulegen (*Strittmatter* 100 ff.; Schricker/Loewenheim/*Reinbothe* § 14b WahrnG Rn. 3). Die Schiedsstelle hat ihre ablehnende Entscheidung zu **begründen,** auch wenn in § 14b WahrnG eine dem § 14a Abs. 2 S. 2 WahrnG entsprechende Vorschrift fehlt (*Strittmatter* 65; Schricker/Loewenheim/*Reinbothe* § 14c WahrnG Rn. 2). Ein **Rechtsmittel** gegen die Entscheidung, von einem Einigungsvorschlag abzusehen, besteht nicht. Hat die Schiedsstelle von der Vorlage eines Einigungsvorschlags abgesehen, weil Tariffragen nicht streitig waren und stellt sich später im Laufe des Rechtsstreits vor den ordentlichen Gerichten heraus, dass dies doch der Fall ist, muss das Gericht die erneute Anrufung der Schiedsstelle nach § 16 Abs. 2 WahrnG ermöglichen (Schricker/Loewenheim/*Reinbothe* § 14b WahrnG Rn. 3). Auch Abs. 2 verweist nicht auf Schiedsstellenverfahren über die Vervielfältigungsvergütung nach § 14 Abs. 1 Nr. 1 lit. b), sollte analog aber auch hierauf angewendet werden, wenn weder die Anwendbarkeit noch die Angemessenheit eines Tarifes im Streit ist.

§ 14c Streitfälle über Gesamtverträge

(1) Bei Streitfällen nach § 14 Abs. 1 Nr. 1 Buchstabe c enthält der Einigungsvorschlag den Inhalt des Gesamtvertrags. Die Schiedsstelle kann einen Gesamtvertrag nur mit Wirkung vom 1. Januar des Jahres vorschlagen, in dem der Antrag gestellt wird.

(2) Auf Antrag eines Beteiligten kann die Schiedsstelle einen Vorschlag für eine einstweilige Regelung machen. § 14a Abs. 2 Satz 3 bis 5 und Abs. 3 ist anzuwenden. Die einstweilige Regelung gilt, wenn nichts anderes vereinbart wird, bis zum Abschluß des Verfahrens vor der Schiedsstelle.

(3) Die Schiedsstelle hat das Bundeskartellamt über das Verfahren zu unterrichten. Die Bestimmungen in § 90 Abs. 1 Satz 2 und Abs. 2 des Gesetzes gegen Wettbewerbsbeschränkungen sind mit der Maßgabe entsprechend anzuwenden, daß der Präsident des Bundeskartellamts keinen Angehörigen der Aufsichtsbehörde (§ 18 Abs. 1) zum Vertreter bestellen kann.

Literatur: *Nordemann, J. B.*, Urhebervertragsrecht und neues Kartellrecht gem. Art. 81 EG und § 1 GWB, GRUR 2007, 203; *Reinbothe*, Schlichtung im Urheberrecht, München 1978.
Vgl. darüber hinaus die Angaben im eingangs abgedr. Gesamtliteraturverzeichnis.

Übersicht

	Rn.
I. Streitfälle über Gesamtverträge, Abs. 1	1–5
II. Einstweilige Regelungen, Abs. 2	6
III. Einbeziehung des Bundeskartellamts, Abs. 3	7

I. Streitfälle über Gesamtverträge, Abs. 1

Wegen der besonderen Bedeutung der Gesamtverträge in der Praxis (näher dazu § 12 **1** WahrnG) gelten für Streitfälle, die den Abschluss oder die Änderung von Gesamtverträgen betreffen, Besonderheiten. Die Gesamtverträge sind in vollem Umfang Gegenstand des Verfahrens vor der Schiedsstelle. Sie hat als Vertragshilfe einen Einigungsvorschlag über den Gesamtinhalt zu machen (AmtlBegr. BT-Drucks. X/837, 24). Durch die neue Nummerierung des § 14 Abs. 1 Nr. 1 durch den Zweiten Korb wurde die Verweisung auf § 14 Abs. 1 Nr. 1 in lit. c geändert. Der **Einigungsvorschlag** der Schiedsstelle mit dem Inhalt des Gesamtvertrags muss der Klageerhebung **zwingend** vorausgehen. Unabhängig davon, ob die Anwendbarkeit oder Angemessenheit von Tarifen im Streit ist, ist das vorherige Schiedsstellenverfahren also Prozessvoraussetzung für jede gerichtliche Streitigkeit über Gesamtverträge (§ 16 Abs. 1 WahrnG). Die Schiedsstelle muss das Verfahren mit einem Vergleich oder Einigungsvorschlag abschließen, § 14b WahrnG gilt für Gesamtvertrags-Streitigkeiten nicht.

2 Über die Verweisung in § 14d WahrnG findet § 14c WahrnG auch auf Streitfälle über **Kabelweitersendeverträge** zwischen Sendeunternehmen und Kabelunternehmen nach § 14 Abs. 1 Nr. 2 WahrnG entsprechende Anwendung (s. § 14d WahrnG).

3 Für das Verfahren bei Streitfällen über **Gesamtverträge** gelten Besonderheiten. So ist nach § 3 UrhSchiedsV aufgrund mündlicher Verhandlung zu entscheiden, von der nur mit Einverständnis der Beteiligten abgesehen werden kann. Vor der mündlichen Verhandlung kann der Vorsitzende die Beteiligten mit ihrem Einverständnis zu einem Vergleichsversuch ohne Zuziehung der Beisitzer laden. Dazu ist er verpflichtet, wenn beide Beteiligten es beantragen (s. § 14 WahrnG Rn. 14). Wird das Verfahren durch eine Verwertungsgesellschaft eingeleitet, kann es nur fortgesetzt werden, wenn sich der Antragsgegner nach § 1 Abs. 3 UrhSchiedsV ausdrücklich zum Abschluss des Vertrages bereit erklärt.

4 Der Einigungsvorschlag der Schiedsstelle zum Gesamtvertrag muss nach Abs. 1 dessen gesamten Inhalt enthalten (*Strittmatter* 122). Die formalen Anforderungen und die Annahmefiktion des § 14a WahrnG gelten auch für Gesamtverträge. Mit der Annahme nach § 14a Abs. 3 WahrnG entsteht zwischen den Parteien der Gesamtvertrag als privatrechtliches Schuldverhältnis (Schricker/Loewenheim/*Reinbothe* § 14c WahrnG Rn. 3).

5 Nach Abs. 1 S. 2 kann die Schiedsstelle einen Gesamtvertrag nur mit Wirkung vom 1. Januar des Jahres vorschlagen, in dem der Antrag auf Einleitung des Schiedsstellenverfahrens (§ 14 Abs. 4 WahrnG) gestellt wurde. Mit dieser Beschränkung soll der Tatsache Rechnung getragen werden, dass auch die Verwertungsgesellschaft nicht verpflichtet ist, einen Gesamtvertrag nach § 12 rückwirkend abzuschließen (AmtlBegr. BT-Drucks. X/837, 24). Ermöglicht werden soll, dass der von der Schiedsstelle vorgeschlagene Gesamtvertrag aber jeweils ein Wirtschaftsjahr erfassen kann (Bericht des Rechtsausschusses BT-Drucks. X/3360, 21). Da der Antragsstellung meistens längere Gesamtvertragsverhandlungen zwischen den Parteien vorausgehen, trägt die **Beschränkung der Rückwirkung** allen Interessen hinreichend Rechnung (vgl. Schricker/Loewenheim/*Reinbothe* § 14c WahrnG Rn. 4). Voraussetzung für die Beschränkung der Rückwirkung ist jedoch, dass es den Parteien früher überhaupt möglich gewesen wäre, Gesamtvertragsverhandlungen zu führen oder die Schiedsstelle anzurufen. Werden Vergütungsansprüche rückwirkend eingeführt, die – verfassungsrechtlich geschützt – Eigentumspositionen der Rechtsinhaber begründen und sind solche Vergütungsansprüche verwertungsgesellschaftspflichtig, so können diese Ansprüche in der Praxis nur dadurch effektiv realisiert werden, dass die zuständigen Verwertungsgesellschaften entsprechende Gesamtverträge abschließen. Wird also nach § 137e Abs. 3 UrhG den Rechtsinhabern ein Vergütungsanspruch für die Vermietung von Bild- oder Tonträgern rückwirkend zum 1.7.1994 eingeräumt und tritt das entsprechende Gesetz erst 1995 in Kraft, so steht der rückwirkenden Geltendmachung die Regelung von Abs. 1 S. 2 nicht entgegen (a. A. Schiedsstelle Sch-Urh 26/95, unveröffentlicht). Die Parteien können immer auch freiwillig vereinbaren, den Gesamtvertrag rückwirkend zu schließen, sei es vor der Antragstellung oder nachträglich (Schricker/Loewenheim/*Reinbothe* § 14c WahrnG Rn. 4; Dreier/Schulze/*Schulze* § 14c UrhWG Rn. 5).

II. Einstweilige Regelungen, Abs. 2

6 Abs. 2 gibt der Schiedsstelle die Möglichkeit, angesichts der langen Dauer von Gesamtvertragsstreitigkeiten vor dem endgültigen Einigungsvorschlag den Parteien einen vorgezo-

genen Vorschlag für eine einstweilige Regelung ohne präjudizielle Wirkung zu machen. Erforderlich dafür ist ein Antrag eines Verfahrensbeteiligten nach Abs. 2 S. 1. Die einstweilige Regelung i. S. d. Abs. 2 ist nicht zu verwechseln mit dem Erlass **einstweiliger Verfügungen** i. S. d. §§ 935 ff. Zivilprozessordnung. Diese sind, wie sich aus § 16 Abs. 3 WahrnG ergibt, **den Gerichten vorbehalten**. In der Praxis hat auch wegen der Regelung in § 11 Abs. 2 WahrnG über die Einräumung vorläufiger Nutzungsrechte die Vorschrift des Abs. 2 kaum Bedeutung. Für die einstweiligen Regelungen i. S. d. Abs. 2 gelten die gleichen Erfordernisse wie für den endgültigen Einigungsvorschlag, also die Anforderungen nach § 14a Abs. 2 WahrnG und die Annahmefiktion nach § 14a Abs. 3 WahrnG. Kommt eine vorläufige Regelung nicht zustande, so muss die Verwertungsgesellschaft entweder auf den endgültigen Einigungsvorschlag warten oder die Mitglieder der Nutzervereinigung einzeln in Anspruch nehmen. Da Abs. 2 S. 2 nicht auf § 14a Abs. 4 WahrnG verweist, kann aus der einstweiligen Regelung nicht vollstreckt werden. Haben die Parteien keine kürzere Laufzeit vereinbart, so gilt die einstweilige Regelung nach Abs. 2 S. 3 so lange, bis das Schiedsstellenverfahren abgeschlossen wurde.

III. Einbeziehung des Bundeskartellamts, Abs. 3

Über Verfahren, die Streitigkeiten über Gesamtverträge zum Gegenstand haben, muss die Schiedsstelle das Bundeskartellamt nach Abs. 3 unterrichten. Denn gerade bei diesen sind kartellrechtliche Vorgaben beachtlich (*Reinbothe* 111 ff.). Die Einbeziehung des Bundeskartellamtes war Ausgleich für die Freistellung der von Verwertungsgesellschaften abgeschlossenen Verträge vom Kartellverbot (§§ 1, 14, 30 Abs. 1 GWB), die mit der 7. GWB-Novelle von 2005 allerdings ersatzlos entfallen ist. Da die Bereichsausnahme neben dem europäischen Kartellrecht praktisch keine Anwendung mehr hatte, liegt hierin keine sachliche Änderung (BRegE BT-Drucks. 15/3640, 49; *Nordemann* GRUR 2007, 203, 213). Angesichts der faktischen Monopolstellung der Verwertungsgesellschaften (vgl. Vor §§ 1 ff. Rn. 25) erscheint diese Regelung weiterhin sachgerecht. Nach dem Verweis auf § 90 Abs. 1 S. 2 und Abs. 2 GWB muss die Schiedsstelle dem Bundeskartellamt auf Verlangen Abschriften von allen Schriftsätzen, Protokollen, Verfügungen und Entscheidungen übersenden. Hält der Präsident des Bundeskartellamts es für zur Wahrung des öffentlichen Interesses angemessen, kann er aus den Mitgliedern des Bundeskartellamtes einen Vertreter bestellen, der befugt ist, auf Tatsachen und Beweismittel hinzuweisen, Terminen beizuwohnen und in ihnen Ausführungen zu machen und Fragen zu stellen. Der Vertreter darf kein Angehöriger des DPMA sein (Abs. 3 a. E.).

§ 14d Streitfälle über Rechte der Kabelweitersendung

Bei Streitfällen nach § 14 Abs. 1 Nr. 2 gilt § 14c entsprechend.

Regelungsgehalt

Als Konsequenz der Erweiterung der Schiedsstellenzuständigkeit auf Streitigkeiten zwischen Sendeunternehmen und Kabelunternehmen über Kabelweitersendungsrechte (§ 14 Abs. 1 Nr. 2 WahrnG) wurde die Verweisung des § 14d WahrnG auf § 14c WahrnG eingeführt. Denn auch Verträge über Kabelweitersendungsrechte nach § 14 Abs. 1 Nr. 2 WahrnG sind als Pauschalverträge den Gesamtverträgen i. S. d. § 12 WahrnG und nicht den Einzelnutzungsverträgen vergleichbar (Begr. BRegE BT-Drucks. 13/4796, 17). Für Einzelverträge zwischen Sendeunternehmen und einzelnen Kabelunternehmen, erscheint die Verweisung dagegen nicht sachgerecht. Dreier/Schulze/*Schulze* § 14d UrhWG Rn. 15, will deshalb dafür § 14 Abs. 1 Nr. 1a) WahrnG entsprechend anwenden (näher § 14 Rn. 9). Die Kommentierung zu § 14c WahrnG gilt entsprechend.

§ 14e Aussetzung

Die Schiedsstelle kann Verfahren nach § 14 Abs. 1 Nr. 1 Buchstabe a oder b aussetzten, bis sie in einem anhängigen Verfahren nach § 14 Abs. 1 Nr. 1 Buchstabe c einen Einigungsvorschlag gemacht hat. Während der Aussetzung ist die Frist zur Unterbreitung eines Einigungsvorschlages nach § 14a Abs. 2 Satz 1 und § 16 Abs. 1 gehemmt.

Mit der Vorschrift, die durch den Zweiten Korb eingefügt wurde, wird eine Kollision gleichzeitiger Verfahren zwischen Einzelnutzern und Nutzervereinigungen auf der einen Seite und Verwertungsgesellschaften auf der anderen Seite gelöst. Betreffen beide Verfahren Vergütungen für Nutzungen gleicher Art oder Geräte bzw. Speichermedien gleicher Art, so kann die Schiedsstelle die Verfahren mit den Einzelnutzern aussetzen, um zunächst zu einer Entscheidung auf einer „höheren Ebene" mit einer Nutzervereinigung zu kommen, die dann eine Vielzahl von Nutzern bindet (s. § 12 Rn. 3). Die Aussetzung ist nicht nur verfahrensökonomisch, sie dient vor allem auch dem Ziel einer einheitlichen Vergütungsbemessung (BRegE BT-Drucks. 16/1828, 77). Nicht erforderlich für die Aussetzung ist, dass der betroffene Einzelnutzer auch Mitglied des Gesamtvertragspartners nach § 12 ist.

Als Folge der Aussetzung sieht S. 2 die Hemmung der Jahresfrist zur Unterbreitung des Einigungsvorschlags nach § 14a Abs. 2 S. 1 (irrtümlich als § 14b bezeichnet) und zur Möglichkeit der Anrufung der ordentlichen Gerichte nach § 16 Abs. 1 vor.

§ 15 Verfahren vor der Schiedsstelle

Das Bundesministerium der Justiz wird ermächtigt, durch Rechtsverordnung
1. **das Verfahren vor der Schiedsstelle zu regeln,**
2. **die näheren Vorschriften über die Entschädigung der Mitglieder der Schiedsstelle für ihre Tätigkeit zu erlassen,**
3. **die für das Verfahren vor der Schiedsstelle von der Aufsichtsbehörde zur Deckung der Verwaltungskosten zu erhebenden Kosten (Gebühren und Auslagen) zu bestimmen; die Gebühren dürfen nicht höher sein als die im Prozeßverfahren erster Instanz zu erhebenden Gebühren,**
4. **Bestimmungen über den Kostenschuldner, die Fälligkeit und die Verjährung von Kosten, die Kostenvorschußpflicht, Kostenbefreiungen, das Kostenfestsetzungsverfahren und die Rechtsbehelfe gegen die Kostenfestsetzung zu treffen.**

Regelungsgehalt

1 § 15 WahrnG enthält die Ermächtigung des Bundesministers der Justiz, das Verfahren vor der Schiedsstelle einschließlich der Entschädigungsregelungen der Mitglieder und deren Kosten zu regeln. Mit der Verordnungsermächtigung wird den Anforderungen von Art. 80 Abs. 1 GG Rechnung getragen. Die aufgrund der Ermächtigung in § 15 WahrnG erlassene Verordnung über die Schiedsstelle für Urheberrechtsstreitfälle (*Urheberrechtsschiedsstellenverordnung* – UrhSchiedsV) v. 20.12.1985 (BGBl. I S. 2543) ist am 1.1.1986 in Kraft getreten und mehrfach geändert worden, zuletzt durch Art. 19 Abs. 6 des Gesetzes zur

§ 15 Verfahren vor der Schiedsstelle 1 § 15 WahrnG

Neuregelung des Rechtsberatungsrechts v. 12.12.2007 (BGBl. I S. 2840). Sie enthält Vorschriften über die Antragstellung (s. § 14 WahrnG Rn. 11), über das Verfahren (s. § 14a WahrnG Rn. 3–5) und die Entschädigungen, Kosten und Auslagen.

Der Verordnungstext lautet folgendermaßen:

Verordnung über die Schiedsstelle für Urheberrechtsstreitfälle
(Urheberrechtsschiedsstellenverordnung)

Auf Grund des durch Artikel 2 Nr. 8 des Gesetzes vom 24. Juni 1985 (BGBl. I S. 1137) neugefaßten § 15 des Urheberrechtswahrnehmungsgesetzes wird verordnet:

§ 1. Einleitung des Verfahrens.

(1) Der schriftliche Antrag zur Anrufung der Schiedsstelle nach § 14 Abs. 4 des Urheberrechtswahrnehmungsgesetzes hat Namen und Anschrift des Antragsgegners sowie eine Darstellung des Sachverhalts zu enthalten. Er soll in zwei Stücken eingereicht werden.

(2) Der Antrag wird von der Schiedsstelle dem Antragsgegner mit der Aufforderung zugestellt, sich innerhalb eines Monats schriftlich zu äußern.

(3) Beantragt eine Verwertungsgesellschaft den Abschluss eines Gesamtvertrages, so kann der Antragsgegner erklären, dass er zum Abschluss des Vertrages nicht bereit sei. Gibt er die Erklärung ab, so ist das Verfahren einzustellen; das Verfahren ist auch einzustellen, wenn er sich innerhalb eines Monats nicht erklärt. Der Antragsgegner ist hierüber zu belehren.

§ 2. Zurücknahme des Antrags.

(1) Der Antrag kann zurückgenommen werden, in Verfahren mit mündlicher Verhandlung jedoch ohne Einwilligung des Antragsgegners nur bis zum Beginn der mündlichen Verhandlung.

(2) Wird der Antrag zurückgenommen, so hat der Antragsteller die Kosten des Verfahrens und die notwendigen Auslagen des Antragsgegners zu tragen.

§ 3. Mündliche Verhandlung.

Bei Streitfällen, die den Abschluss oder die Änderung eines Gesamtvertrages betreffen, entscheidet die Schiedsstelle auf Grund mündlicher Verhandlung. Von der mündlichen Verhandlung kann mit Einverständnis der Beteiligten abgesehen werden.

§ 4. Schriftliches Verfahren.

Bei Streitfällen nach § 14 Abs. 1 Nr. 1 des Urheberrechtswahrnehmungsgesetzes entscheidet die Schiedsstelle im schriftlichen Verfahren. Die Schiedsstelle entscheidet aufgrund mündlicher Verhandlung, wenn einer der Beteiligten es beantragt und der andere zustimmt oder wenn sie es ausnahmsweise zur Aufklärung des Sachverhalts für erforderlich hält.

§ 5. Vorbereitung der Verhandlung.

Bei Streitfällen, die den Abschluss oder die Änderung eines Gesamtvertrages betreffen, kann der Vorsitzende die Beteiligten mit ihrem Einverständnis vor der mündlichen Verhandlung zu einem Vergleichsversuch ohne Zuziehung der Beisitzer laden. Er ist dazu verpflichtet, wenn beide Beteiligten es beantragen.

§ 6. Verfahren bei mündlicher Verhandlung.

(1) Zu der Verhandlung sind die Beteiligten zu laden. Die Ladungsfrist beträgt mindestens zwei Wochen.

(2) Die Verhandlung vor der Schiedsstelle ist nicht öffentlich. Beauftragte des Bundesministers der Justiz, der Aufsichtsbehörde und des Bundeskartellamts dürfen anwesend sein.

(3) Für die Zurückweisung von Bevollmächtigten oder Beiständen der Beteiligten oder die Untersagung des Vortrags ist § 157 der Zivilprozeßordnung entsprechend anzuwenden; einer Erlaubnis zum mündlichen Verhandeln vor der Schiedsstelle bedarf es nicht.

(4) Über die Verhandlung ist eine Niederschrift zu fertigen, die vom Vorsitzenden und vom Schriftführer zu unterzeichnen ist.

(5) Der Einigungsvorschlag braucht den Beteiligten nicht mündlich verkündet zu werden.

§ 7. Ausbleiben in der mündlichen Verhandlung.

(1) Erscheint der Antragsteller nicht zur mündlichen Verhandlung, so gilt der Antrag als zurückgenommen. Er kann jedoch Wiedereinsetzung in den vorigen Stand beantragen; die Vorschriften der Zivilprozeßordnung über die Wiedereinsetzung in den vorigen Stand sind entsprechend anzuwenden.

(2) Erscheint der Antragsgegner nicht zur mündlichen Verhandlung, so kann die Schiedsstelle nach Lage der Akten entscheiden.

(3) Unentschuldigt ausgebliebene Beteiligte haben die durch ihr Ausbleiben verursachten Kosten zu tragen.

(4) Die Beteiligten sind in der Ladung zur mündlichen Verhandlung auf die Folgen ihres Ausbleibens hinzuweisen.

§ 8. Ermittlung von Amts wegen.

(1) Die Schiedsstelle ist an Beweisanträge nicht gebunden. Sie ermittelt von Amts wegen und erhebt die erforderlichen und geeignet erscheinenden Beweise. Den Beteiligten ist Gelegenheit zu geben, sich zu den Ermittlungs- und Beweisergebnissen zu äußern.

(2) Die Schiedsstelle kann vorbehaltlich des Absatzes 3 Beteiligte und Zeugen vernehmen, Gutachten erstatten lassen sowie Nutzervereinigungen und Verwertungsgesellschaften, die nicht Beteiligte des Verfahrens sind, anhören.

(3) Die Vernehmung eines Zeugen, der nicht freiwillig vor der Schiedsstelle erscheint oder die Aussage verweigert, die Einholung eines Gutachtens von einem Sachverständigen, der nicht freiwillig vor der Schiedsstelle erscheint oder die Erstattung eines Gutachtens verweigert, sowie eine von der Schiedsstelle für erforderlich erachtete Beeidigung eines Zeugen, eines Sachverständigen oder eines Beteiligten sind auf Ersuchen der Schiedsstelle von dem Amtsgericht vorzunehmen, in dessen Bezirk die Schiedsstelle ihren Sitz hat.

(4) Die Vorschriften des Gerichtsverfassungsgesetzes, insbesondere über die Rechtshilfe, und die Vorschriften der Zivilprozeßordnung sind entsprechend anzuwenden.

§ 9. Ablehnung von Mitgliedern der Schiedsstelle.

Über die Ausschließung und Ablehnung von Mitgliedern der Schiedsstelle entscheidet das Amtsgericht, in dessen Bezirk die Schiedsstelle ihren Sitz hat. Das Ablehnungsgesuch ist bei der Schiedsstelle anzubringen. Die Vorschriften der Zivilprozeßordnung sind entsprechend anzuwenden.

§ 10. Verfahrensermessen.

Im übrigen verfährt die Schiedsstelle nach billigem Ermessen. Sie soll sich dabei an die Vorschriften der Zivilprozeßordnung anlehnen.

§ 11. Ehrenamtliche Mitglieder.

(1) Wird die Schiedsstelle mit ehrenamtlichen Mitgliedern besetzt, so erhalten sie auf Antrag eine Entschädigung nach Maßgabe der §§ 2 bis 5 und 9 bis 11 des Gesetzes über die Entschädigung der ehrenamtlichen Richter.

(2) Die Entschädigung wird von der Aufsichtsbehörde festgesetzt.

(3) Das ehrenamtliche Mitglied kann die gerichtliche Festsetzung beantragen. Über den Antrag entscheidet das Amtsgericht, in dessen Bezirk die Schiedsstelle ihren Sitz hat. Der Antrag ist bei der Aufsichtsbehörde einzureichen oder zu Protokoll der Geschäftsstelle zu erklären. Die Aufsichtsbehörde kann dem Antrag abhelfen. Kosten werden nicht erstattet.

§ 12. Entschädigung von Zeugen und Sachverständigen.

(1) Zeugen und Sachverständige erhalten eine Entschädigung nach Maßgabe der §§ 2 bis 6, 8 bis 12 und 14 des Gesetzes über die Entschädigung von Zeugen und Sachverständigen; § 7 Abs. 1, Abs. 2 Satz 1 bis 3 und § 15 dieses Gesetzes sind entsprechend anzuwenden.

§ 15 Verfahren vor der Schiedsstelle   1   § 15 WahrnG

(2) § 11 Abs. 2 und 3 ist entsprechend anzuwenden.

(3) Die Festsetzung wirkt nicht zu Lasten des Kostenschuldners.

§ 13. Kosten des Verfahrens.

(1) Für das Verfahren vor der Schiedsstelle werden von der Aufsichtsbehörde eine Gebühr und Auslagen (Kosten) erhoben.

(2) Die Gebühr richtet sich nach dem Streitwert. Ihre Höhe bestimmt sich nach der Tabelle der Anlage 2 zum Gerichtskostengesetz. Für den Mindestbetrag der Gebühr gilt § 11 Abs. 3 des Gerichtskostengesetzes entsprechend.

(3) Der Streitwert wird von der Schiedsstelle festgesetzt. Er bemisst sich nach den Vorschriften, die für das Verfahren vor den ordentlichen Gerichten nach der Zivilprozeßordnung gelten.

(4) In Verfahren nach § 3 Satz 1 entfällt die Gebühr, wenn vor einer mündlichen Verhandlung der Antrag zurückgenommen oder das Verfahren eingestellt wird. Wird der Antrag vor einer Beweiserhebung zurückgenommen, ermäßigt sich die Gebühr auf ein Drittel. In Verfahren nach § 3 Satz 2 und § 4 kann die Schiedsstelle die Gebühr bei Rücknahme des Antrags oder bei Einstellung nach billigem Ermessen entfallen lassen oder herabsetzen.

(5) Auslagen werden in entsprechender Anwendung der Nummern 9000–9013 des Kostenverzeichnisses zum Gerichtskostengesetz erhoben.

(6) Die Gebühr wird mit der Beendigung des Verfahrens, Auslagen werden sofort nach ihrer Entstehung fällig.

(7) Die Zustellung des Antrags soll von der Zahlung eines Vorschusses in Höhe eines Drittels der Gebühr durch den Antragsteller abhängig gemacht werden. Im Falle des § 1 Abs. 3 soll der Vorschuß erst angefordert werden, wenn die Fortsetzung des Verfahrens feststeht.

(8) Die Vorschriften des § 2 Abs. 1, 2 und 4 sowie der §§ 7, 8, 10, 49, 54, 56, 58, 59 und 68 des Gerichtskostengesetzes über die Kostenfreiheit, die Nachforderung, die Nichterhebung und die Verjährung der Kosten, den Kostenschuldner und den Auslagenvorschuß sind entsprechend anzuwenden.

(9) Über Einwendungen gegen Verwaltungsakte beim Vollzug der Kostenvorschriften entscheidet in Verfahren, die den Abschluss oder die Änderung eines Gesamtvertrages betreffen, das Oberlandesgericht, sonst das Amtsgericht, in dessen Bezirk die Aufsichtsbehörde ihren Sitz hat. Die Einwendungen sind bei der Schiedsstelle oder der Aufsichtsbehörde zu erheben. § 4 Abs. 3 und § 5 Abs. 3 Satz 1 erster Halbsatz, Abs. 4 Satz 2 und 3, Abs. 5 und 6 des Gerichtskostengesetzes sind entsprechend anzuwenden.

§ 14. Verteilung der Kosten.

(1) Die Schiedsstelle entscheidet über die Verteilung der Kosten des Verfahrens nach billigem Ermessen, soweit nichts anderes bestimmt ist. Die Schiedsstelle kann anordnen, dass die einem Beteiligten erwachsenen notwendigen Auslagen ganz oder teilweise von der Gegenseite zu erstatten sind, wenn dies der Billigkeit entspricht.

(2) Die Entscheidung über die Kosten kann durch Antrag auf gerichtliche Entscheidung angefochten werden, auch wenn der Einigungsvorschlag der Schiedsstelle angenommen wird. Über den Antrag entscheidet in Verfahren, die den Abschluß oder die Änderung eines Gesamtvertrages betreffen, das Oberlandesgericht, sonst das Amtsgericht, in dessen Bezirk die Schiedsstelle ihren Sitz hat.

§ 15. Festsetzung der Kosten.

(1) Die Kosten des Verfahrens (§ 13) und die einem Beteiligten zu erstattenden notwendigen Auslagen (§ 14 Abs. 1 Satz 2) werden von der Aufsichtsbehörde festgesetzt. Die Festsetzung ist dem Kostenschuldner und, wenn nach § 14 Abs. 2 zu erstattende notwendige Auslagen festgesetzt worden sind, auch dem Erstattungsberechtigten zuzustellen.

(2) Jeder Betroffene kann innerhalb einer Frist von 2 Wochen nach der Zustellung die gerichtliche Festsetzung der Kosten und der zu erstattenden notwendigen Auslagen beantragen. Bei Verfahren, die den Abschluss oder die Änderung eines Gesamtvertrages betreffen, entscheidet über den Antrag das Oberlandesgericht, in dessen Bezirk die Aufsichtsbehörde ihren Sitz hat, in allen anderen Fällen das Amtsgericht. Der Antrag ist bei der Aufsichtsbehörde einzureichen. Die Aufsichtsbehörde kann dem Antrag abhelfen.

(3) Aus dem Kostenfestsetzungsbeschluss findet die Zwangsvollstreckung in entsprechender Anwendung der Zivilprozeßordnung statt.

§ 16. Berlin-Klausel. *(gegenstandslos)*

§ 17. Inkrafttreten; abgelöste Vorschrift.

Diese Verordnung tritt am 1. Januar 1986 in Kraft. Gleichzeitig tritt die Verordnung über die Schiedsstelle nach dem Gesetz über die Wahrnehmung von Urheberrechten und verwandten Schutzrechten vom 18. Dezember 1965 (BGBl. I S. 2106), geändert durch Verordnung vom 26. Juni 1970 (BGBl. I S. 840), außer Kraft; sie ist jedoch weiter anzuwenden in Verfahren, die vor dem 1. Januar 1986 anhängig geworden sind.

§ 16 Gerichtliche Geltendmachung

(1) Bei Streitfällen nach § 14 Abs. 1 können Ansprüche im Wege der Klage erst geltend gemacht werden, nachdem ein Verfahren vor der Schiedsstelle vorausgegangen ist oder nicht innerhalb des Verfahrenszeitraums nach § 14a Abs. 2 Satz 1 und 2 abgeschlossen wurde.

(2) Dies gilt nicht, wenn bei Streitfällen nach § 14 Abs. 1 Nr. 1 Buchstabe a die Anwendbarkeit und die Angemessenheit des Tarifs nicht bestritten sind. Stellt sich erst im Laufe des Rechtsstreits heraus, daß die Anwendbarkeit oder die Angemessenheit des Tarifs im Streit ist, setzt das Gericht den Rechtsstreit aus, um den Parteien die Anrufung der Schiedsstelle zu ermöglichen. Weist die Partei, die die Anwendbarkeit oder die Angemessenheit des Tarifs bestreitet, nicht innerhalb von zwei Monaten nach Aussetzung nach, daß ein Antrag bei der Schiedsstelle gestellt ist, so wird der Rechtsstreit fortgesetzt; in diesem Fall gilt die Anwendbarkeit und die Angemessenheit des von der Verwertungsgesellschaft dem Nutzungsverhältnis zugrunde gelegten Tarifs als zugestanden.

(3) Der vorherigen Anrufung der Schiedsstelle bedarf es ferner nicht für Anträge auf Anordnung eines Arrests oder einer einstweiligen Verfügung. Nach Erlaß eines Arrests oder einer einstweiligen Verfügung ist die Klage ohne die Beschränkung des Absatzes 1 zulässig, wenn der Partei nach den §§ 926, 936 der Zivilprozeßordnung eine Frist zur Erhebung der Klage bestimmt worden ist.

(4) Über Ansprüche auf Abschluß eines Gesamtvertrags (§ 12), eines Vertrages nach § 14 Abs. 1 Nr. 2 und Streitfälle nach § 14 Abs. 1 Nr. 1 Buchstabe b entscheidet ausschließlich das für den Sitz der Schiedsstelle zuständige Oberlandesgericht im ersten Rechtszug. Für das Verfahren gilt der Erste Abschnitt des Zweiten Buchs der Zivilprozeßordnung entsprechend. Das Oberlandesgericht setzt den Inhalt der Gesamtverträge, insbesondere Art und Höhe der Vergütung, nach billigem Ermessen fest. Die Festsetzung ersetzt die entsprechende Vereinbarung der Beteiligten. Die Festsetzung eines Vertrags ist nur mit Wirkung vom 1. Januar des Jahres an möglich, in dem der Antrag gestellt wird. Gegen die von dem Oberlandesgericht erlassenen Endurteile findet die Revision nach Maßgabe der Zivilprozeßordnung statt.

Literatur: *Hucko,* Zweiter Korb – Das neue Urheberrecht in der Informationsgesellschaft, München 2007; *Reinbothe,* Schlichtung im Urheberrecht, München 1978; *Seifert,* Das Schiedsstellenverfahren als Prozessvoraussetzung im Urheberrechtsstreit, in: Becker (Hrsg.), Wanderer zwischen Musik, Politik und Recht, Festschrift für Reinhold Kreile, Baden-Baden 1994, 627 (zit. *Seifert* FS Kreile); *Strittmatter,* Tarife vor der urheberrechtlichen Schiedsstelle, Berlin 1994.

Vgl. darüber hinaus die Angaben im eingangs abgedr. Gesamtliteraturverzeichnis.

§ 16 Gerichtliche Geltendmachung 1–4 § 16 WahrnG

Übersicht

	Rn.
I. Grundsatz: Schiedsstellenverfahren vor Klageerhebung	1–3
II. Ausnahmen: Entbehrlichkeit des Schiedsstellenverfahrens	4–10
1. Streitfälle nach § 14 Abs. 1 S. 1 lit. a) WahrnG und Unstreitigkeit des Tarifs, Abs. 2 S. 1	4
2. Sonstige Fälle	5–8
3. Arrest oder einstweilige Verfügung, Abs. 3	9, 10
III. Nachträgliche Streitigkeit des Tarifs bei Streitigkeiten nach § 14 Abs. 1 Nr. 1 lit. a) WahrnG	11, 12
IV. Rechtsmittel	13–16

I. Grundsatz: Schiedsstellenverfahren vor Klageerhebung

Abs. 1 schließt grds. die Erhebung einer Klage vor den ordentlichen Gerichten aus, falls **1** ein Schiedsstellenverfahren nach § 14 Abs. 1 WahrnG möglich wäre (§ 16 Abs. 1 WahrnG). Dieser Grundsatz gilt für die wichtigen Fälle der **Gesamtvertragsstreitigkeiten** (§ 14 Abs. 1 Nr. 1 lit. c) WahrnG), die Streitigkeiten über Vergütungen für Geräte oder Leermedien (§ 14 Abs. 1 Nr. 1 lit. b) und **Kabelweitersendeverträge** (§ 14 Abs. 1 Nr. 2). Außerdem gilt er für sonstige Nutzungsstreitigkeiten i.S.v. § 14 Abs. 1 Nr. 1 lit. a) WahrnG, falls bei diesen die Anwendbarkeit oder Angemessenheit der **Tarife streitig** sind. In diesen Fällen soll die Sachkunde der Schiedsstelle genutzt werden, um die Gerichte weitest möglich zu entlasten (AmtlBegr. BT-Drucks. X/837, 24). Abs. 1 findet auch Anwendung, wenn die Ansprüche nicht im Wege der Klage sondern als Einrede geltend gemacht werden, entscheidend ist die gerichtliche Geltendmachung (OLG Dresden ZUM 2011, 913, 920 – nicht rechtskräftig).

Bei **Streitigkeiten über den Abschluss oder die Änderung von Gesamtverträ- 2 gen** (§ 14 Abs. 1 Nr. 1 lit. c) WahrnG), Vergütungen für Geräte oder Leermedien nach §§ 54, 54c (§ 14 Abs. 1 Nr. 1 lit. b) WahrnG) und **Kabelweitersendeverträge** (§ 14 Abs. 1 Nr. 2 WahrnG) ist die Durchführung des **Verfahrens vor der Schiedsstelle** immer **Prozessvoraussetzung.** Dabei kommt es nicht darauf an, dass sich die Vertragsstreitigkeit auf die Anwendbarkeit oder Angemessenheit von Tarifen bezieht. Vor Erhebung der Klage muss das Schiedsstellenverfahren durch einen Einigungsvorschlag nach § 14c Abs. 1 bzw. § 14d WahrnG oder durch einen Vergleich nach § 14 Abs. 5 WahrnG abgeschlossen worden sein, oder die Frist für das Schiedsstellenverfahren nach § 14a Abs. 2 WahrnG von einem Jahr muss überschritten sein.

Das Gericht hat von Amts wegen als Prozessvoraussetzung zu berücksichtigen, ob ein **3** fristgerechtes Verfahren vor der Schiedsstelle vor Klageerhebung stattgefunden hat. Ist dies nicht der Fall, ist die Klage unzulässig (AmtlBegr. BT-Drucks. X/837, 24, vgl. BGH GRUR 2000, 872, 873 – Schiedsstellenanrufung).

Die Variante, dass Klage erhoben werden kann, wenn ein Schiedsverfahren zwar eingeleitet, aber nicht innerhalb der Jahresfrist nach § 14a Abs. 2 abgeschlossen werden konnte, wurde durch den Zweiten Korb eingeführt, um insgesamt zu einer Beschleunigung zu kommen (BRegE BT-Drucks. 16/1828, 77; *Hucko* 20).

II. Ausnahmen: Entbehrlichkeit des Schiedsstellenverfahrens

1. Streitfälle nach § 14 Abs. 1 Nr. 1 lit. a) WahrnG und Unstreitigkeit des Tarifs, Abs. 2 S. 1

Bei Streitigkeiten i.S.v. § 14 Abs. 1 Nr. 1 lit. a) WahrnG, die die Nutzung von nach **4** dem UrhG geschützten Werken oder Leistungen unter Beteiligung einer Verwertungsgesellschaft betreffen, kann die vorherige Durchführung des Schiedsstellenverfahrens entbehrlich sein, wenn die Anwendbarkeit oder die **Angemessenheit des Tarifes (§ 13 WahrnG)** unstreitig ist. Besteht hinsichtlich des Tarifes Streit, ist das vorgeschaltete Schiedsstellenverfahren genauso von Amts wegen vom Gericht zu berücksichtigen wie bei Gesamtvertragsstreitigkeiten. Eine Klage ohne vorherige Durchführung des Schiedsstellenverfahrens ist dann also unzulässig.

2. Sonstige Fälle

5 In Ausnahmefällen ist das vorgeschaltete Schiedsstellenverfahren aber auch bei einer tariflichen Streitigkeit entbehrlich. So muss dann kein erneutes Schiedsstellenverfahren eingeleitet werden, wenn die Angemessenheit des Tarifes bereits unter Beteiligung derselben Schiedsparteien von der Schiedsstelle überprüft worden ist (LG Bielefeld ZUM 1995, 803, 804). Ein vorangegangenes Schiedsstellenverfahren ist auch dann nicht erforderlich, wenn eine Partei zwar formal nicht am vorangegangenen Schiedsstellenverfahren beteiligt war, als alleiniger Geschäftsführer einer Partei des Schiedsstellenverfahrens aber deren organschaftlicher Vertreter war und damit das Schiedsstellenverfahren maßgeblich beeinflussen konnte. Es wäre eine bloße Förmelei, auf ein weiteres Schiedsstellenverfahren gegen den Geschäftsführer persönlich zu bestehen (LG Mannheim ZUM-RD 1998, 222, 226). Dagegen kann auf das Schiedsstellenverfahren nicht deshalb verzichtet werden, weil der Tarif in einem Verfahren mit anderen Beteiligten bereits Gegenstand der Überprüfung durch die Schiedsstelle war (OLG Karlsruhe ZUM 1993, 236, 237).

6 Trotz Streitigkeit des Tarifs ist das vorangeschaltete Schiedsstellverfahren auch dann entbehrlich, wenn ein **Auskunftsanspruch** geltend gemacht wird. Auch wenn nach Erteilung der Auskunft nicht im Wege der Stufenklage im gleichen Verfahren auf Leistung geklagt werden kann, besteht für die Verwertungsgesellschaft die Möglichkeit, nach Erteilung der Auskunft ein Schiedsstellenverfahren einzuleiten (OLG Oldenburg ZUM 1987, 637f.). Auch **Unterlassungsansprüche** bestehen unabhängig von den jeweiligen Tarifen. Werden sie prozessual geltend gemacht, ist die Durchführung eines Schiedsverfahrens nicht erforderlich (BGH GRUR 2002, 872f. – Schiedsstellenanrufung; LG Potsdam ZUM-RD 2012, 101; Loewenheim/*Melichar* § 49 Rn. 9).

7 Für nicht entbehrlich hält der BGH die vorherige Durchführung eines Schiedsstellenverfahrens auch in den Fällen, in denen eine Verwertungsgesellschaft zunächst auf Schadensersatz in Form einer **Vorbehaltszahlung oder Hinterlegung** nach § 11 Abs. 2 WahrnG klagt (BGH GRUR 2000, 872, 874; Schricker/Loewenheim/*Reinbothe* § 16 WahrnG Rn. 3; näher dazu § 11 WahrnG Rn. 14). Als besonders sachkundige und unabhängige Kontrollinstanz sei die Schiedsstelle auch in diesem Fall frühzeitig einzubeziehen. Die Vorschrift des § 11 Abs. 2 WahrnG solle keine Vermögensposition der Verwertungsgesellschaften begründen und sie – anders als andere Inhaber urheber- und leistungsschutzrechtlicher Befugnisse – gegen die Gefahr sichern, Ansprüche wegen Rechtsverletzungen nach Erwirkung eines Schadensersatztitels nicht mehr vollstrecken zu können. Zweck des § 11 Abs. 2 WahrnG sei vielmehr allein der Schutz des Verwerters (BGH GRUR 2000, 872, 874). Diese Auffassung steht im Widerspruch zur Argumentation des BGHs im gleichen Urteil, wonach durch die Durchführung des Schiedsstellenverfahrens erhebliche Verfahrensverzögerungen in der Durchsetzung der Ansprüche auftreten. Das zeitintensive Schiedsstellenverfahren, das in einem Einigungsvorschlag endet, der im Gegensatz zu Urteilen nicht vorläufig vollstreckbar ist, erhöht das Risiko der Verwertungsgesellschaften, rechtskräftige Ansprüche nicht mehr vollstrecken zu können, im Vergleich zu sonstigen Rechtsinhabern ganz erheblich. Zur wirksamen Wahrnehmung der ihr übertragenen Rechte muss es ihr deshalb möglich sein, auch ohne Vorschaltung des zeitaufwändigen Schiedsstellenverfahrens die Vorbehaltszahlung oder Hinterlegung nach § 11 Abs. 2 WahrnG gerichtlich durchzusetzen.

Entbehrlich ist die Durchführung des Schiedsstellenverfahren auch in den Fällen, in de- 8
nen **vertragliche Ansprüche** bestehen, da bei einem wirksamen vertraglichen Anspruch
die Anwendbarkeit oder die Angemessenheit des Tarifs nicht zur Überprüfung steht (BGH
GRUR 2000, 872, 873 – Schiedsstellenanrufung – m.w.N.; LG Frankfurt a.M. ZUM
2006, 949, 950 f.). Die Durchführung des Schiedsstellenverfahrens ist in diesen Fällen zwar
nicht Prozessvoraussetzung für eine Klage, freiwillig jedoch möglich.

3. Arrest oder einstweilige Verfügung, Abs. 3

Abweichend von Abs. 1 ist die Durchführung des Schiedsstellenverfahrens nicht erforder- 9
lich im gerichtlichen Verfahren zur Erwirkung eines Arrestes oder einer einstweiligen Verfügung (Abs. 3). Da die Schiedsstelle selbst Arrest oder einstweilige Verfügung (§§ 916 ff. ZPO)
nicht erlassen kann, würde ihre Vorschalten wegen der damit verbundenen Verzögerungen
einen wirksamen einstweiligen Rechtsschutz vereiteln. Da an dessen Voraussetzungen strenge Anforderungen zu stellen sind, ist eine missbräuchliche Umgehung des Schiedsstellenverfahrens auch nicht zu befürchten (AmtlBegr. BT-Drucks. X/837, 25).

Hat das Gericht nach Erlass eines Arrestes oder einer einstweiligen Verfügung gem. §§ 926, 10
936 ZPO angeordnet, dass innerhalb einer Frist Klage in der Hauptsache zu erheben ist, ist
auch dies ohne vorherige Anrufung der Schiedsstelle möglich. Im Hauptsacheverfahren muss
dann aber entsprechend Abs. 2 verfahren werden, das Verfahren also ausgesetzt werden
(Fromm/Nordemann/*Nordemann* §§ 14–16 WahrnG Rn. 16; Schricker/Loewenheim/*Reinbothe* § 16 WahrnG Rn. 5). Ohne die Fristsetzung gelten für die Klage in der Hauptsache die
allgemeinen Regeln des § 16 Abs. 1 WahrnG. Da die Nutzungsrechte auch durch Hinterlegung oder Vorbehaltszahlung nach § 11 Abs. 2 WahrnG eingeräumt werden können, sind
insoweit für den Nutzer einstweilige Verfügungen nicht erforderlich, wohl aber für die Verwertungsgesellschaft soweit die Hinterlegung oder Vorbehaltszahlung erzielt werden soll.

III. Nachträgliche Streitigkeit des Tarifs bei Streitigkeiten nach § 14 Abs. 1 Nr. 1 lit. a) WahrnG

Abs. 2 S. 2, 3 betrifft den Fall, dass bei einer Klage, die eine Nutzungsstreitigkeit nach 11
§ 14 Abs. 1 Nr. 1 lit. a) WahrnG zum Gegenstand hat, erst im Laufe des Verfahrens ein
Streit über den Tarif entsteht. In diesem Fall muss nach Abs. 2 S. 2 das Gericht von Amts
wegen, ohne dass ein Antrag der Partei erforderlich ist, den **Rechtsstreit aussetzen,** um
die Beteiligung der sachkundigen Schiedsstelle noch nachträglich zu ermöglichen (Amtl-
Begr. BT-Drucks. X/837, 25). Für die Angemessenheitsrüge reichen pauschalierte Einwendungen gegen den Tarif nicht aus, sie muss vielmehr substantiiert bestritten werden
(*Seifert* FS Kreile 627, 630 f.; Schricker/Loewenheim/*Reinbothe* § 16 WahrnG Rn. 4;
Strittmatter 82 f.). Auch darf über die Angemessenheit des Tarifs nicht schon vorher Streit
bestanden haben (BGH GRUR 2000, 872, 874 – Schiedsstellenanrufung).

Durch die gerichtliche Anordnung wird der Stillstand des Verfahrens bewirkt (§ 249 12
ZPO). Die Aussetzung gibt der Partei, die die Anwendbarkeit oder Angemessenheit des
Tarifes bestreitet, die Möglichkeit zur Anrufung der Schiedsstelle. Weist diese Partei nicht
innerhalb einer Frist von 2 Monaten ab Aussetzung eines Verfahrens nach, dass sie die
Schiedsstelle nach § 14 Abs. 4 WahrnG angerufen hat, wird der Rechtsstreit fortgesetzt.
Der von der Verwertungsgesellschaft dem Nutzungsverhältnis zugrunde gelegte Tarif gilt
dann als zugestanden (Abs. 2 S. 3).

IV. Rechtsmittel

Für den Rechtsweg gelten bei Nutzungsstreitigkeiten nach § 14 Abs. 1 Nr. 1 lit. a abge- 13
sehen von der Sonderregelung über den ausschließlichen Gerichtsstand in § 17 keine Be-

sonderheiten. Geht es jedoch um Gesamtvertragsstreitigkeiten (§ 14 Abs. 1 Nr. 1 lit. c), Streitigkeiten über Vergütungen für Leermedien und Geräte nach § 54 UrhG oder § 54c UrhG (§ 14 Abs. 1 Nr. 1 lit. b) oder Streitigkeiten über Kabelweitersendeverträge (§ 14 Abs. 1 Nr. 2), ist das OLG München im ersten Rechtszug nach Abs. 4 ausschließlich zuständig. Die Zuständigkeit des OLG München bei Streitigkeiten über die Vervielfältigungsvergütung außerhalb von Gesamtverträgen wurde durch den Zweiten Korb geschaffen, um das Verfahren durch Verkürzung der Instanzen zu beschleunigen. Da diese Streitigkeiten in der Regel im Wege von Gesamtvertragsregelungen erfolgen, ist der Anwendungsbereich eher gering (a. A. *Hucko* 20). Problematisch ist allerdings, dass bei einfachen Zahlungsklagen z. B. gegen Copyshops, die der Sache nach auch unter § 14 Abs. 1 Nr. 1 lit. c fallen, nunmehr das OLG München als Eingangsinstanz zuständig ist. Die **ausschließliche Zuständigkeit** gilt auch für unechte Gesamtverträge (siehe § 12 WahrnG Rn. 4) und die Änderung von Gesamtverträgen (Schricker/Loewenheim/*Reinbothe* § 16 WahrnG Rn. 6). Denn auch die Änderung eines Gesamtvertrags stellt rechtlich den Abschluss eines neuen Gesamtvertrags mit verändertem Inhalt dar. Da das vorgeschaltete Schiedsstellenverfahren nach Abs. 1 bei allen Streitigkeiten über Gesamtverträge, Vergütungen nach §§ 54, 54c UrhG oder Kabelweitersendeverträge zwingend ist, also eine ausführliche Entscheidung der Schiedsstelle vorliegt, hält der Gesetzgeber es für ausreichend, das OLG als einzige Tatsacheninstanz entscheiden zu lassen (AmtlBegr. BT-Drucks. X/837, 25). Angerufen werden kann das OLG von beiden Parteien, sofern der Einigungsvorschlag der Schiedsstelle nicht wegen fehlenden Widerspruchs nach § 14a Abs. 3 angenommen wurde. Auch für den Fall, dass eine Nutzervereinigung, die sich nach § 1 Abs. 3 UrhSchiedsV zum Abschluss eines Gesamtvertrages bereiterklärt hat, dem Einigungsvorschlag widerspricht, kann die Verwertungsgesellschaft, die nicht widersprochen hat, das OLG anrufen. Denn es besteht das gemeinsame Interesse an einer rechtskräftigen Klärung.

14 Für das Verfahren vor dem OLG München gelten nach Abs. 4 S. 1 die das Verfahren vor den Landgerichten regelnden §§ 253 bis 494 ZPO entsprechend. Das OLG setzt den Inhalt der Verträge gem. Abs. 4 S. 3 – insb. Art und Höhe der Vergütung – nach billigem Ermessen fest. Es schafft damit ein Schuldverhältnis, das Kraft Gesetzes zwischen den Parteien wie ein Vertrag wirkt (*Reinbothe* 50 ff.). Der vom OLG festgesetzte Vertrag muss angemessene Bedingungen enthalten (s. § 14a WahrnG Rn. 7 ff.; *Reinbothe* 50; *Strittmatter* 105 ff.; Fromm/Nordemann/*Nordemann* §§ 14 bis 16 WahrnG Rn. 17; Schricker/Loewenheim/*Reinbothe* § 16 WahrnG Rn. 8).

15 Nach Abs. 4 S. 5 kann das Gericht den Vertrag frühestens mit Wirkung vom 1. Januar des Jahres der Antragstellung festsetzen. Um angesichts der langen Dauer des vorangegangenen Schiedsstellenverfahrens das Vakuum eines gesamtvertragszeitlosen Zeitraums zu vermeiden, ist für die Berechnung auf den Antrag bei der Schiedsstelle abzustellen (Fromm/Nordemann/*Nordemann* §§ 14 bis 16 WahrnG Rn. 17; Schricker/Loewenheim/*Reinbothe* § 16 WahrnG Rn. 8; *Strittmatter* 124 f.).

16 Gegen die Entscheidung des OLG ist nach Abs. 4 S. 6 die **Revision** nach Maßgabe der §§ 545 ff. ZPO möglich. Im Gegensatz zur früheren Regelung endet der Rechtszug nun nicht mehr beim OLG. Wie auch sonst beschränkt sich die Revision auf die Überprüfung von Rechtsfragen. Dazu gehören auch die **unbestimmten Rechtsbegriffe** „angemessene Bedingungen" in § 11 Abs. 1 WahrnG oder die an die Tarife zu stellenden Anforderungen nach § 13 Abs. 3 WahrnG. Gegenstand der Revision kann deshalb auch die Frage sein, ob die Vorinstanz diese Tatbestandsmerkmale rechtsfehlerhaft angewendet hat.

§ 17 Ausschließlicher Gerichtsstand

(1) **Für Rechtsstreitigkeiten über Ansprüche einer Verwertungsgesellschaft wegen Verletzung eines von ihr wahrgenommenen Nutzungsrechts oder Einwilligungsrechts ist das Gericht ausschließlich zuständig, in dessen Bezirk die Ver-**

letzungshandlung vorgenommen worden ist oder der Verletzer seinen allgemeinen Gerichtsstand hat. § 105 des Urheberrechtsgesetzes bleibt unberührt.

(2) Sind nach Absatz 1 Satz 1 für mehrere Rechtsstreitigkeiten gegen denselben Verletzer verschiedene Gerichte zuständig, so kann die Verwertungsgesellschaft alle Ansprüche bei einem dieser Gerichte geltend machen.

Übersicht

	Rn.
I. Ausschließlicher Gerichtsstand, Abs. 1	1, 2
II. Gerichtsstand bei Verletzungshandlungen an mehreren Orten, Abs. 2	3

I. Ausschließlicher Gerichtsstand, Abs. 1

Mit der ausschließlichen Gerichtsstandsregelung in § 17 WahrnG sollte der früheren Rechtsprechung begegnet werden, wonach bei Urheberrechtsstreitigkeiten wegen unerlaubter Musikaufführungen der Sitz der GEMA, an dem der Nutzungsvertrag hätte abgeschlossen werden können, Gerichtsstand nach § 32 ZPO war (LG Berlin GRUR 1955, 552, 553 m. w. N.). Wegen der damit für die Veranstalter verbundenen Nachteile (Reisekosten und Kosten für Korrespondenzanwälte) wurde § 17 WahrnG eingeführt, der dazu führt, dass die Verletzungshandlung bei Urheberrechtsverletzungen als nicht am Sitz der Verwertungsgesellschaft begangen gilt (AmtlBegr. BT-Drucks. IV/271, 19). Stattdessen ist wahlweise der Wohnsitz als allgemeiner Gerichtsstand des Verletzers (§ 13 ZPO) oder der Ort der Verletzungshandlung als besonderer Gerichtsstand (§ 32 ZPO) ausschließlich maßgeblich. Damit werden anderweitige **Gerichtsstandsvereinbarungen ausgeschlossen** (kritisch Fromm/Nordemann/*Nordemann* § 17 WahrnG Rn. 1). 1

Um den Zweck des Abs. 1 zu verwirklichen, wird in der Rechtsprechung der Bezirk, in dem die **Verletzungshandlung** vorgenommen worden ist, eng ausgelegt. Der Verletzer muss im Ort der Verletzungshandlung tätig geworden sein (BGHZ 52, 108, 111 f.; Schricker/Loewenheim/*Reinbothe* § 17 WahrnG Rn. 2; *Mestmäcker/Schulze* Anm. 1). § 17 gilt nur für **Klagen einer Verwertungsgesellschaft,** für die Klagen eines Nutzers gegen eine Verwertungsgesellschaft bleibt es bei den allgemeinen Regeln. Sie muss nach Abs. 1 ZPO an ihrem Sitz verklagt werden (LG Hamburg LGZ 114). Nach Abs. 1 S. 2 bleibt § 105 UrhG unberührt. Danach bleibt es bei der Zuständigkeit der bestimmten Amts- oder Landgerichten durch Rechtsverordnung zugewiesenen Zuständigkeit für Urheberrechtsstreitigkeiten. 2

II. Gerichtsstand bei Verletzungshandlungen an mehreren Orten, Abs. 2

Abs. 2 regelt den besonderen Fall, dass ein umherziehender Veranstalter wiederholt Rechtsverletzungen begeht und eigentlich nach Abs. 1 bei verschiedenen Gerichten verklagt werden müsste (AmtlBegr. BT-Drucks. IV/271, 19). Für diesen Fall kann eine Verwertungsgesellschaft ein Gericht auswählen, in dessen Bezirk die Verletzungshandlung begangen worden ist. 3

§ 17a Freiwillige Schlichtung

(1) **In Streitfällen über die Vergütungspflicht nach § 54 des Urheberrechtsgesetzes findet auf Wunsch der Beteiligten statt der Anrufung der Schiedsstelle ein Schlichtungsverfahren statt.**

(2) Der Schlichter wird vom Bundesministerium der Justiz berufen, wenn die Beteiligten ihn einvernehmlich vorschlagen oder um die Benennung eines Schlichters bitte. Er übt sein Amt unparteiisch und unabhängig aus. Seine Vergütung und Kosten tragen die Beteiligten zu gleichen Teilen. Ihre eigenen Kosten tragen die Beteiligten selbst, es sei denn, in der Vereinbarung zur Streitbeilegung wird eine andere Regelung getroffen.

(3) Der Schlichter bestimmt das Verfahren in Abstimmung mit den Beteiligten nach pflichtgemäßem Ermessen. Er erörtert und klärt mit den Beteiligten den Sach- und Streitstand und wirkt auf eine einvernehmliche Lösung hin. Auf der Grundlage der Schlichtungsverhandlungen unterbreitet er den Beteiligten einen Vorschlag zur Streitbeilegung.

(4) Jeder Beteiligte kann die Schlichtung jederzeit für gescheitert erklären und die Schiedsstelle anrufen.

(5) Wird vor dem Schlichter eine Vereinbarung zur Streitbeilegung geschlossen, so ist dies schriftlich niederzulegen und von den Parteien zu unterschreiben. Der Schlichter bestätigt den Abschluss mit seiner Unterschrift. Die Beteiligten erhalten eine Abschrift der Vereinbarung. Aus der vom Schlichter abgeschlossenen Vereinbarung findet die Zwangsvollstreckung statt. § 797a der Zivilprozessordnung gilt entsprechend.

Literatur: *Hucko,* Zweiter Korb – Das neue Urheberrecht in der Informationsgesellschaft, München 2007.

Übersicht

	Rn.
I. Grundzüge	1
II. Besonderes Schlichtungsverfahren bei Streitfällen über § 54 UrhG, Abs. 1	2, 3
III. Berufung des Schlichters, Kostentragung, Abs. 2	4
IV. Ablauf des Verfahrens, Abs. 3	5
V. Jederzeitiger Abbruch der Schlichtung durch die Parteien, Abs. 4	6
VI. Formerfordernisse, Zwangsvollstreckung, Abs. 5	7

I. Grundzüge

1   Mit der Möglichkeit einer freiwilligen Schlichtung, die durch den Zweiten Korb zum Urheberrecht in der Informationsgesellschaft eingeführt wurde, bietet der Gesetzgeber den Verwertungsgesellschaften und Importeuren von vergütungspflichtigen Geräten oder Leermedien nach § 54 UrhG ein zusätzliches fakultatives Verfahren zur Streitbeilegung. Es ist für die Beteiligten gedacht, die es für möglich halten und ernsthaften Willens sind, den Streit gütlich beizulegen und schnell zu beenden (BRegE BT-Drucks. 16/1828, 78, *Hucko* 21). Die Durchführung des neuen Schlichtungsverfahrens ist nicht Voraussetzung für eine gerichtliche Geltendmachung nach § 16, auch ersetzt es nicht die Anrufung der Schiedsstelle. Insofern wird der Anwendungsbereich nicht recht deutlich. Auch das Schiedsstellenverfahren ist ein Schlichtungsverfahren (AmtlBegr. UFITA 96 (1983), 145). Die Schiedsstelle hat nach § 14 Abs. 5 ebenfalls auf eine gütliche Beilegung des Streitfalls hinzuwirken. Kommt es bei der freiwilligen Schlichtung nicht zu einer Einigung, müssen die Beteiligten das Schiedsverfahren einleiten, statt der Beschleunigung wird das Verfahren in diesem Fall verzögert. Die Begründung im BRegE, auch in diesem Fall würde die Verfahrensdauer gegenüber der geltenden Rechtslage erheblich verkürzt werden (BRegE BT-Drucks. 16/1828, 78) ist insoweit irreführend, da die Beschleunigung nur aus der neuen Jahresfrist für

das Schiedsverfahren nach § 14a Abs. 2 herrühren kann. Diese gilt aber unabhängig davon, ob vorher eine freiwillige Schlichtung stattgefunden hat oder nicht. Gegenüber dem Schiedsverfahren, dessen Kosten nach § 13 UrhSchiedsV eine Gebühr nach Gerichtskostengesetz betragen, dürften die Vergütung und Kosten eines entsprechend qualifizierten Schlichters deutlich höher liegen (*Hucko* 21).

II. Besonderes Schlichtungsverfahren bei Streitfällen über § 54 UrhG, Abs. 1

Abs. 1 beschränkt den Anwendungsbereich für die freiwillige Schlichtung auf Streitigkeiten über die Vergütungspflicht nach § 54 UrhG, also die Geräte- oder Leermedienabgabe für die private Vervielfältigung. Im Gegensatz zur Regelung in § 14 ist der Fall der Betreibervergütung nach § 54c UrhG nicht genannt. Da § 54c Abs. 1 UrhG für die Betreibervergütung auf „Geräte der in § 54 Abs. 1 genannten Art" verweist, ist bei Streitigkeiten nach § 54c UrhG immer die vorgelagerte Frage zu klären, ob es sich um Geräte nach § 54 UrhG handelt. Auch bei Streitigkeiten im Rahmen von § 54c UrhG kann es also Streit über die Vergütungspflicht nach § 54 UrhG geben. Beteiligte wären dann nicht die Verwertungsgesellschaft und die vergütungspflichtigen Importeure, sondern Verwertungsgesellschaft und Betreiber. Da Abs. 1 allgemein von den an Streitfällen über die Vergütungspflicht nach § 54 UrhG Beteiligten spricht, gehören zu den Beteiligten auch Betreiber im Falle der erforderlichen Inzidentprüfung über die Vergütungspflicht nach § 54c UrhG. 2

Auch soweit die Voraussetzungen von § 17a nicht vorliegen, können die Parteien ein privatrechtliches schiedsrichterliches Verfahren vereinbaren (§§ 1042 ff. ZPO). Für dieses gelten dann jedoch die allgemeinen Regeln und nicht § 17a. Dass dies uneingeschränkt möglich ist, zeigt auch § 14 Abs. 6.

Abs. 1 stellt – ebenso wie der Titel der Norm – klar, dass das Schlichtungsverfahren freiwillig ist. Der Durchführung müssen alle Beteiligten zustimmen. Die Ausgestaltung als freiwilliges Verfahren soll verhindern, dass ein Beteiligter die Schlichtung nur deshalb anruft, um das Schiedsverfahren zu vermeiden (BRegE BT-Drucks. 16/1828, 78). Irreführend ist die Formulierung in Abs 1, das Schlichtungsverfahren fände „statt der Anrufung der Schiedsstelle" statt. Aus Abs. 4 folgt eindeutig, dass im Falle des Scheiterns die Schiedsstelle angerufen werden kann. Ein erfolgreiches Schlichtungsverfahren nach § 17a ersetzt also das Schiedsstellenverfahren, scheitert es, verbleibt es bei der Notwendigkeit, die Schiedsstelle anzurufen. Die Regierung hielt das Schlichtungsverfahren für ungeeignet, den Sachverhalt für eine Entscheidung durch das Oberlandesgericht, das nach § 16 Abs. 4 S. 1 die einzige Tatsacheninstanz ist, aufzubereiten (BRegE BT-Drucks. 16/1828, 78). Daher eröffnet das Schlichtungsverfahren nicht den Weg zu den ordentlichen Gerichten nach § 16 Abs. 1. 3

III. Berufung des Schlichters, Kostentragung, Abs. 2

Nach Abs. 2 wird der Schlichter vom Bundesministerium der Justiz berufen, wenn die Beteiligten ihn einvernehmlich vorschlagen oder um die Benennung eines Schlichters bitten. Er ist unabhängig und zur Neutralität verpflichtet. Bezahlt wird er von den Parteien zu gleichen Teilen. Soweit die Parteien Experten benennen, tragen sie diese Kosten selbst, es sei denn, in der Vereinbarung zur Streitbeilegung wird eine andere Regelung getroffen (BRegE BT-Drucks. 16/1828, 78). Die Kosten für Experten zählen also zu den eigenen Kosten nach Abs. 2 S. 4. 4

IV. Ablauf des Verfahrens, Abs. 3

Abs. 3 regelt den Ablauf des Verfahrens. Danach bestimmt der Schlichter das Verfahren in Abstimmung mit den Beteiligten nach pflichtgemäßem Ermessen. Dadurch besteht eine 5 größtmögliche Flexibilität. Beisitzer sind nicht vorgesehen, aber auch nicht ausgeschlossen. Es steht den Beteiligten frei, fachlichen oder rechtlichen Beistand hinzuzuziehen und damit den notwendigen Sachverstand für eine Erörterung des Streitfalles beizusteuern (BRegE BT-Drucks. 16/1828, 78). Allerdings haben sie dann die Kosten zu tragen, sofern in der Vereinbarung zur Streitbeilegung keine andere Regelung getroffen wird. Da das Schlichtungsverfahren nur dann erfolgreich abgeschlossen werden kann, wenn die Beteiligten der Vereinbarung zustimmen, wird der Schlichter diese weitest möglich in seine Entscheidungen auch Hinsichtlich des Ablaufs des Verfahrens einbeziehen, um einen Konsens zu erzielen. Wie die Schiedsstelle nach § 14 Abs. 6 wirkt auch der Schlichter auf eine einvernehmliche Einigung hin. Auf der Grundlage der Schlichtungsverhandlung unterbreitet er einen Vorschlag zur Streitbeilegung.

V. Jederzeitiger Abbruch der Schlichtung durch die Parteien, Abs. 4

6   Nach Abs. 4 kann jeder Beteiligte die Schlichtung jederzeit für gescheitert erklären und damit beenden. Das Verfahren endet also nur dann erfolgreich, wenn die Beteiligten eine Vereinbarung zur Streitbeilegung schließen. Dadurch wird die Freiwilligkeit der Schlichtung betont. Hat ein Beteiligter die Schlichtung für gescheitert erklärt, so kann – und muss – die Schiedsstelle nach § 14 angerufen werden.

VI. Formerfordernisse, Zwangsvollstreckung, Abs. 5

7   Abs. 5 regelt die Formalien für den Abschluss einer Schlichtungsvereinbarung zur Streitbeilegung. Sie muss schriftlich fixiert und von den Beteiligten und dem Schlichter unterschrieben werden. Wie auch aus dem angenommenen Einigungsvorschlag der Schiedsstelle nach § 14a Abs. 4 kann aus der Schlichtungsvereinbarung vollstreckt werden (S. 4). Sie ist also Vollstreckungstitel gem. § 794 Abs. 1 Nr. 1 ZPO. § 797a ZPO gilt entsprechend. Die Vollstreckungsklausel wird von dem örtlich zuständigen Amtsgericht erteilt. Als Sitz der Schlichtung ist der Ort anzusehen, an dem die Vereinbarung unterschrieben wird (BRegE BT-Drucks. 16/1828, 79). Wird die schriftliche Vereinbarung an unterschiedlichen Orten unterschrieben, so bei Unterschrift im Umlaufverfahren, sollte analog §§ 1043 Abs. 1, 1054 Abs. 3 ZPO ein Ort vereinbart und in der schriftlichen Schlichtungsvereinbarung angegeben werden.

Dritter Abschnitt. Aufsicht über die Verwertungsgesellschaft

§ 18 Aufsichtsbehörde

(1) **Aufsichtsbehörde ist das Patentamt.**

(2) **Soweit auf Grund anderer gesetzlicher Vorschriften eine Aufsicht über die Verwertungsgesellschaft ausgeübt wird, ist sie im Benehmen mit dem Patentamt auszuüben.**

(3) **Über Anträge auf Erteilung der Erlaubnis zum Geschäftsbetrieb (§ 2) und über den Widerruf der Erlaubnis (§ 4) entscheidet das Patentamt im Einvernehmen mit dem Bundeskartellamt. Gelingt es nicht, das Einvernehmen herzustellen, so legt das Patentamt die Sache dem Bundesministerium der Justiz vor; dessen Weisungen, die im Benehmen mit dem Bundesministerium für Wirtschaft und Arbeit erteilt werden, ersetzen das Einvernehmen.**

§ 18 Aufsichtsbehörde 1, 2 § 18 WahrnG

Literatur: *Arnold/Rehbinder,* Zur Rechtsnatur der Staatsaufsicht über die deutschen Verwertungsgesellschaften, UFITA 118 (1992) 203; *Fritsch,* Besteht ein subjektiv-öffentliches Recht auf ermessensfehlerfreie Ausübung der Staatsaufsicht über die Verwertungsgesellschaften?, GRUR 1984, 22; *Häußer,* Praxis und Probleme der Aufsicht über Verwertungsgesellschaften, FuR 1980, 57; *Herschel* (Hrsg.), Festschrift für Georg Roeber, Freiburg 1982 (zit. *Bearbeiter* FS Roeber); *Kreile,* Die Zusammenarbeit der Verwertungsgesellschaften unter der Aufsicht des Deutschen Patent- und Markenamtes, GRUR 1999, 885; *Menzel,* Die Aufsicht über die GEMA durch das Deutsche Patentamt, Heidelberg 1986; *Meyer,* Verwertungsgesellschaften und ihre Kontrolle nach dem Urheberrechtswahrnehmungsgesetz, 2001; *Ruzicka,* Zur individualrechtlichen Konzeption des Gesetzes über die Wahrnehmung von Urheberrechten und verwandte Schutzrechte, in: Herschel (Hrsg.), Festschrift für Georg Roeber, Freiburg 1982, 355 (zit. *Ruzicka* FS Roeber); *Sandberger/ Treeck,* Fachaufsicht und Kartellaufsicht nach dem Gesetz über die Wahrnehmung von Urheberrechten und verwandten Schutzrechten, UFITA 47 (1966) 165; *Vogel,* Kollektives Urheberrecht unter besonderer Berücksichtigung des Wahrnehmungsvertrages, FS Schricker 1995, 117; *Vogel,* Wahrnehmungsrecht und Verwertungsgesellschaften in der Bundesrepublik Deutschland, GRUR 1993, 513.

Vgl. darüber hinaus die Angaben im eingangs abgedr. Gesamtliteraturverzeichnis.

Übersicht

	Rn.
I. Grundzüge	1, 2
II. DPMA als Aufsichtsbehörde	3
III. Verhältnis zu sonstigen Aufsichtsbehörden	4, 5

I. Grundzüge

Mit der **staatlichen Aufsicht** über Verwertungsgesellschaften wollte der Gesetzgeber 1 den Gefahren begegnen, die sich aus der faktischen Monopolstellung der treuhänderisch tätigen Verwertungsgesellschaften ergeben können (AmtlBegr. BT-Drucks. IV/271, 10, 19 f.; Vor §§ 1 ff. WahrnG Rn. 23). Die Aufsicht durch das **Deutsche Patent- und Markenamt** nach Abs. 1 knüpft an die Vereinbarung an, die 1952 zwischen GEMA und Bundesjustizministerium geschlossen worden war und in der sich die GEMA verpflichtet hatte, dem Bundesjustizministerium „jede gewünschte Auskunft über ihre Geschäftsführung und Organisation zu erteilen und einen Vertreter des Ministeriums zu den Sitzungen ihrer Gesellschaftsorgane einzuladen" (AmtlBegr. BT-Drucks. IV/271, 10). Schon damals war der Präsident des Deutschen Patentamts als dem Bundesjustizministerium nachgeordnete Behörde und auf dem Gebiet des geistigen Eigentums besonders qualifiziert für diese Aufgabe zuständig. Die Aufsicht über die Verwertungsgesellschaften nach §§ 18 bis 20 WahrnG orientiert sich an der staatlichen Aufsicht über Banken und Versicherungen (*Häußer* FuR 1980, 57, 69). Inhalt und Umfang der Aufsicht ergeben sich aus §§ 19, 20 WahrnG.

Zweck der Aufsicht ist es zu gewährleisten, dass die Verwertungsgesellschaft ihren Ver- 2 pflichtungen gegenüber ihren Berechtigten und den Nutzern nachkommt. Die Aufsicht wird von der Aufsichtsbehörde **im Interesse der Allgemeinheit** ausgeübt. Dem einzelnen Berechtigten steht deshalb kein subjektiv-öffentliches Recht auf Einschreiten der Aufsichtsbehörde bzw. ein Anspruch auf ermessensfehlerfreie Entscheidung zu (a. A. *Vogel* FS Schricker 1995, 117, 135). Beschwerden über Verwertungsgesellschaften stellen deshalb nur Anregungen für eine Überprüfung von Amts wegen dar, die in der Praxis auch aufgegriffen werden. Das Prüfungsergebnis ist kein formeller Bescheid, der als Verwaltungsakt der Überprüfung der Verwaltungsgerichte unterliegen würde (DPA GEMA-Nachrichten 1978 Nr. 108, 74 ff. m. w. N.; *Häußer* FuR 1980, 57, 69; *Mestmäcker/Schulze* Anm. 1; a. A. Schricker/Loewenheim/*Reinbothe* § 18 Rn. 2; *Ruzicka* FS Roeber 355, 357, 360; *Fritsch* GRUR 1984, 22, 26; *Arnold/Rehbinder* UFITA 118 (1992) 203, 213; diff. *Schack* Rn. 1337). Zwar hat sich die Rechtsprechung des BGH zum Schutzzweck der Aufsicht über Kreditinstitute (BGHZ 58, 96, 98) dahingehend modifiziert, dass der staatlichen Aufsicht mittlerweile drittschützende Wirkung zukommt (BGH NJW 1979, 1354; BGH NJW

1979, 1879). Dieser Drittschutz gilt aber nur sehr eingeschränkt (verneint z. B. durch das Bundesverwaltungsgericht, BVerwGE 75, 147–155, für Tarifgenehmigungen; die dagegen gerichtete Verfassungsbeschwerde wurde nicht angenommen, BVerwG NJW 1990, 2249 f.). Entscheidend ist, auf den Schutzzweck abzustellen: der effektive Rechtsschutz gegen Maßnahmen der Verwertungsgesellschaften gebietet, diesen durch fachkundige Spruchkörper überprüfen zu lassen. Das Urheberrecht als solches ist eine Spezialmaterie, weshalb nach § 105 UrhG Spezialkammern für Urheberrechtsstreitsachen bei den Landgerichten gebildet werden können. Noch spezieller sind die Regelungen über Verwertungsgesellschaften, weshalb das Schiedsstellenverfahren eingeführt wurde. Demgegenüber wären Verwaltungsgerichte mangels entsprechender Sachkunde gar nicht in der Lage, festzustellen, ob die Aufsichtsbehörde den Vorgaben des WahrnG entsprechend verfahren ist, also bspw. nach § 19 WahrnG darauf geachtet hat, ob eine Verwertungsgesellschaft zu angemessenen Bedingungen i. S. d. §§ 6, 11 WahrnG tätig ist. Ein effektiver verwaltungsgerichtlicher Rechtsschutz i. S. d. Art. 19 Abs. 4 GG wäre deshalb gar nicht möglich. Dieser besteht vielmehr im Schiedsstellenverfahren oder dem Verfahren vor den ordentlichen Gerichten (vgl. *Vogel* GRUR 1993, 513, 530; Fromm/Nordemann/*Nordemann* § 19 WahrnG Rn. 4; *Meyer*, 130; Dreier/Schulze/*Schulze* § 19 UrhWG Rn. 10).

II. DPMA als Aufsichtsbehörde

3   Aufsichtsbehörde ist nach Abs. 1 das **Deutsche Patent- und Markenamt** (in München), das als nachgeordnete Behörde des Bundesministeriums der Justiz wegen seiner Erfahrungen im Bereich des geistigen Eigentums dafür besonders prädestiniert ist.

III. Verhältnis zu sonstigen Aufsichtsbehörden

4   Abs. 2 regelt den Fall, dass eine Verwertungsgesellschaft neben der Aufsicht durch das DPMA aufgrund anderer gesetzlicher Bestimmungen der Aufsicht von Behörden unterliegt. Das kann neben der vereinsrechtlichen Aufsicht nach den §§ 22, 33 Abs. 2, 56 ff. BGB, der die GEMA, die VG WORT, die VG Bild-Kunst und die VG Musikedition als wirtschaftliche Vereine unterliegen, auch die Gewerbeaufsicht sein. Die betreffende Behörde muss sich mit dem DPMA lediglich ins „Benehmen" setzen, es also informieren und anhören. Ein Mitspracherecht hat das DPMA nicht. Hintergrund dieser geringen Verzahnung ist, dass eine Mischverwaltung zwischen Bund und Ländern vermieden werden soll, da das DPMA Bundesbehörde ist, während die Vereinsaufsicht den Ländern unterliegt (AmtlBegr. BT-Drucks. IV/271, 20).

5   Für den Sonderfall der **Kartellaufsicht** gilt Abs. 3. Dabei ist die Verzahnung enger. So kann das DPMA die wichtigsten Aufsichtsmaßnahmen wie die Erlaubniserteilung nach § 2 WahrnG und den Widerruf nach § 4 WahrnG nur im **Einvernehmen** mit dem **Bundeskartellamt** treffen. Dessen Zustimmung ist also Wirksamkeitsvoraussetzung für Erteilung und Widerruf der Geschäftserlaubnis (*Sandberger/Treeck* UFITA 47 (1966) 165, 207; *Menzel* 77 ff.). Die Kompetenz des jeweiligen Amtes bleibt jedoch gewahrt. Die Prüfung durch das Bundeskartellamt beschränkt sich auf die kartellrechtlichen Fragen (s. § 24 WahrnG Rn. 4, 5), während das DPMA die Einhaltung des Urheberrechtswahrnehmungsgesetzes allein zu prüfen hat (vgl. BGH GRUR 1988, 782, 785 – GEMA-Wertungsverfahren; BGH Urteil vom 27.3.2012, KZR 108/10 – Elektronischer Programmführer, noch unveröffentlicht; Schricker/Loewenheim/*Reinbothe* § 18 WahrnG Rn. 5; *Kreile* GRUR 1999, 885, 886; Dreier/Schulze/*Schulze* § 19 UrhWG Rn. 5). Falls das Einvernehmen nicht zustande kommt, kann es nach Abs. 3 S. 2 durch die Weisung des Bundesministeriums der Justiz ersetzt werden. Dafür ist das Benehmen des Bundesministeriums für Wirtschaft und Technologie erforderlich.

§ 19 Inhalt der Aufsicht

(1) Die Aufsichtsbehörde hat darauf zu achten, daß die Verwertungsgesellschaft den ihr nach diesem Gesetz obliegenden Verpflichtungen ordnungsgemäß nachkommt.

(2) Wird eine Verwertungsgesellschaft ohne eine Erlaubnis nach § 1 Abs. 1 tätig, kann die Aufsichtsbehörde die Fortsetzung des Geschäftsbetriebs untersagen. Die Aufsichtsbehörde kann alle erforderlichen Maßnahmen ergreifen, um sicherzustellen, dass die Verwertungsgesellschaft die sonstigen ihr obliegenden Verpflichtungen ordnungsgemäß erfüllt.

(3) Die Aufsichtsbehörde kann von der Verwertungsgesellschaft jederzeit Auskunft über alle die Geschäftsführung betreffenden Angelegenheiten sowie Vorlage der Geschäftsbücher und anderen geschäftlichen Unterlagen verlangen.

(4) Die Aufsichtsbehörde ist berechtigt, an der Mitgliederversammlung und, wenn ein Aufsichtsrat oder Beirat besteht, auch an dessen Sitzungen durch einen Beauftragten teilzunehmen.

(5) Rechtfertigen Tatsachen die Annahme, daß ein nach Gesetz oder Satzung zur Vertretung der Verwertungsgesellschaft Berechtigter die für die Ausübung seiner Tätigkeit erforderliche Zuverlässigkeit nicht besitzt, so setzt die Aufsichtsbehörde der Verwertungsgesellschaft zur Vermeidung des Widerrufs der Erlaubnis nach § 4 Abs. 1 Nr. 1 eine Frist zu seiner Abberufung. Die Aufsichtsbehörde kann ihm bis zum Ablauf dieser Frist die weitere Ausübung seiner Tätigkeit untersagen, wenn dies zur Abwendung schwerer Nachteile erforderlich ist.

Literatur: *Arnold/Rehbinder*, Zur Rechtsnatur der Staatsaufsicht über die deutschen Verwertungsgesellschaften, UFITA 118 (1992) 203; *Häußer*, Praxis und Probleme der Aufsicht über Verwertungsgesellschaften, FuR 1980, 50; *Melichar*, Die Wahrnehmung von Urheberrechten durch Verwertungsgesellschaften, München 1983; *Menzel*, Die Aufsicht über die GEMA durch das Deutsche Patentamt, Heidelberg 1986; *Vogel*, Wahrnehmungsrecht und Verwertungsgesellschaften in der Bundesrepublik Deutschland, GRUR 1993, 513.

Vgl. darüber hinaus die Angaben im eingangs abgedr. Gesamtliteraturverzeichnis.

Übersicht

	Rn.
I. Aufsicht über Verpflichtungen der Verwertungsgesellschaften, Abs. 1	1–5
1. Inhalt der Aufsicht	1–4
2. Rechtsnatur der Aufsicht	5
II. Aufsichtsmittel, Abs. 2	6–9
III. Auskunftsbefugnisse, Abs. 3	10
IV. Teilnahmerecht, Abs. 4	11
V. Abberufung von Vertretungsberechtigten, Abs. 5	12

I. Aufsicht über Verpflichtungen der Verwertungsgesellschaften, Abs. 1

1. Inhalt der Aufsicht

Abs. 1 unterwirft alle Verwertungsgesellschaften i. S. d. § 1 WahrnG unabhängig von ihrer Rechtsform der ständigen Aufsicht des DPMA. Durch das Gesetz zur Regelung des Urheberrechts in der Informationsgesellschaft v. 10.9.2003 wurden die Befugnis durch Abs. 2 ausdrücklich auch auf Verwertungsgesellschaften erstreckt, die keine Erlaubnis nach § 2 WahrnG besitzen. **1**

Bisher ungeklärt ist die Frage, inwieweit im Ausland zugelassene Verwertungsgesellschaften oder im Rahmen ausländischer Rechtsordnungen agierende Verwertungsgesell- **2** schaften der Kontrolle durch das DPMA unterliegen. Da auch Verwertungsgesellschaften aus EU-Mitgliedsstaaten, die in Deutschland aufgrund der Dienstleistungsfreiheit tätig sein könnten, die Wahrnehmung der Rechte ihrer Berechtigten durch Gegenseitigkeitsverträge mit den entsprechenden deutschen Schwestergesellschaften organisiert haben, stellte sich diese Frage bisher nicht. Im Interesse der betroffenen Wahrnehmungsberechtigten und Nutzer ist eine Kontrolle der ausländischen Verwertungsgesellschaften, die in Deutschland aktiv sein sollten, zwingend erforderlich (vgl. OLG Köln ZUM 2007, 927; zur Frage der Überwachung europäischer Verwertungsgesellschaften, die in Deutschland tätig werden siehe Vor § 1 Rn. 29). Denn die Missbrauchsgefahr, die zur Schaffung der besonderen Aufsicht durch das DPMA geführt hat, ist für Nutzer und Berechtigte gesteigert dadurch, dass der Sitz der Gesellschaft im Ausland liegt. Für die Wahrnehmungsberechtigten bedeutet dies eine erschwerte Rechtevergabe mit entsprechend geringerer Kontrolldichte, für die Nutzer eine Erschwernis bei der Einholung der Rechte, da es an einem ständigen Ansprechpartner vor Ort fehlt. Hieran dürfte auch die geplante Richtlinie zur Tätigkeit von Verwertungsgesellschaften (siehe Vor § 1 Rn. 29) nichts ändern.

3   Die **Aufsicht** beschränkt sich auf die den Verwertungsgesellschaften **nach dem WahrnG „obliegenden Verpflichtungen"**. Das sind solche gegenüber ihren Berechtigten, den Nutzern und der Allgemeinheit. Die Aufsichtsbehörde muss von sich aus ständig kontrollieren, dass die Verwertungsgesellschaften ihren Verpflichtungen nach dem Wahrnehmungsgesetz nachkommen (Dreier/Schulze/*Schulze* § 19 UrhWG Rn. 3). Die Aufsicht erstreckt sich nicht auf Verpflichtungen, die sich außerhalb des Wahrnehmungsgesetzes ergeben, also bspw. bei Verwertungsgesellschaften, die als GmbH organisiert sind, die Einhaltung der sich aus dem GmbHG ergebenden Bilanzierungspflichten. Nicht erfasst sind auch Verpflichtungen, die mit der eigentlichen Wahrnehmungtätigkeit nichts zu tun haben, so etwa aus Miet- oder Arbeitsverträgen (Schricker/Loewenheim/*Reinbothe* § 19 WahrnG Rn. 1). Da auch die im WahrnG aufgeführten Soll-Vorschriften (§ 7 S. 2 WahrnG, Grundsätze im Verteilungsplan; § 8, Schaffung von Vorsorge- und Unterstützungseinrichtungen; § 13 Abs. 3 S. 1, 4 WahrnG, Gestaltung der Tarife) grds. zu beachten sind (s. § 7 WahrnG Rn. 6) erstreckt sich die Aufsichtspflicht auch auf die Einhaltung dieser Vorschriften bzw. auf die Prüfung, ob ausnahmsweise von den Soll-Vorschriften abgewichen werden kann (zurückhaltender AmtlBegr. BT-Drucks. IV/271, 20; a. A.; *Strittmatter* 89; vermittelnd Dreier/Schulze/*Schulze* § 19 Rn. 8; Schricker/Loewenheim/*Reinbothe* § 19 WahrnG Rn. 1). Zu den zu beaufsichtigenden Verpflichtungen gehören insb. die Einhaltung von § 6 WahrnG (Kontrahierungszwang zu angemessenen Bedingungen gegenüber Mitgliedern und Berechtigten), von § 7 S. 1 und 3 WahrnG (Willkürverbot; DPA UFITA 81 (1978) 348, 356), von § 11 WahrnG (Kontrahierungszwang mit Nutzern) und von § 13 Abs. 1 und 2 WahrnG (Tarifaufstellungspflicht). Bedient sich eine Verwertungsgesellschaft in der Ausübung ihrer Wahrnehmungtätigkeit der Dienste eines Dritten bspw. zum Inkasso, so unterliegen auch die Bedingungen, zu denen dieser tätig wird, der Kontrolle der Aufsichtsbehörde in Hinblick auf § 6 WahrnG. Denn die Verwertungsgesellschaft soll sich nicht durch **Auslagerung** gewisser Funktionen der Kontrolle durch das DPMA entziehen können (Dreier/Schulze/*Schulze* § 19 UrhWG Rn. 5).

4   Zu den zu beaufsichtigenden Verpflichtungen gehören auch die Gründe, die nach den §§ 3, 4 WahrnG zur Versagung oder zum Widerruf der Erlaubnis zum Geschäftsbetrieb führen können (Schricker/Loewenheim/*Reinbothe* § 19 WahrnG Rn. 1). Die Aufsicht erstreckt sich auch auf die Überwachung der Einhaltung von Entscheidungen der Schiedsstelle oder der Gerichte (Schricker/Loewenheim/*Reinbothe* § 19 WahrnG Rn. 1).

2. Rechtsnatur der Aufsicht

5   Bei der Aufsicht durch das DPMA handelt es sich um eine **Aufsicht sui generis.** Sie ist weder eine reine Rechtsaufsicht, da sie sich nicht auf die Überprüfung der Recht-

mäßigkeit des Handelns der Verwertungsgesellschaft sondern auch auf Zweckmäßigkeitsüberlegungen bezieht, noch ist sie eine Fachaufsicht, da ein Selbsteintrittsrecht der Aufsichtsbehörde nicht besteht (Schricker/*Reinbothe* § 19 WahrnG Rn. 3 m. w. N.).

II. Aufsichtsmittel, Abs. 2

Die Befugnisse der Aufsichtsbehörde sind in Abs. 2 bis 5 geregelt. In der Wahl ihrer **6** Mittel steht ihr ein **Ermessensspielraum** zu (*Häußer* FuR 1980, 50, 62). Als förmliche Aufsichtswerkzeuge steht dem DPMA das Mittel der **Abmahnung** (§ 4 Abs. 1 Nr. 2 WahrnG) und im Falle einer erfolglosen Abmahnung und wiederholter Zuwiderhandlung der **Widerruf** der Geschäftserlaubnis nach § 4 Abs. 1 WahrnG zu. Die Aufsichtsbehörde ist dagegen nicht befugt, eigenmächtig Tarife oder Gesamtverträge zu korrigieren oder auch Mitgliederversammlungen einzuberufen. Ein Eintrittsrecht in die beanstandeten Maßnahmen der Verwertungsgesellschaft steht ihr nicht zu (Schlussbericht der Enquete-Kommission „Kultur in Deutschland" – BT-Drucks. 16/7000, 278; *Häußer* FuR 1980, 57, 62; *Arnold/Rehbinder* UFITA 118 (1992) 203, 212; *Melichar* 53; Dreier/Schulze/*Schulze* § 19 UrhWG Rn. 11). Für Abmahnung und Widerruf gelten die Vorschriften des **Verwaltungsvollstreckungsgesetzes** (s. § 21 WahrnG). Die Aufsicht beschränkt sich auf eine allgemeine Überwachungspflicht, eine Einflussnahme auf die Geschäftsführung ist nicht möglich (AmtlBegr. BT-Drucks. IV/271, 20). Neben den förmlichen Eingriffsmöglichkeiten kann die Aufsichtsbehörde auch **formlos** auf Verstöße **hinweisen,** was in der Praxis der übliche und effektive Weg ist (*Arnold/Rehbinder* UFITA 118 (1992) 203, 211; *Vogel* GRUR 1993, 513, 530). Statt des Widerrufs der Erlaubnis kommt als milderes Mittel auch eine nachträgliche Anordnung in Betracht. Als Verwaltungsbehörde hat das DPMA bei seinen Maßnahmen das **Verhältnismäßigkeitsprinzip** zu beachten (*Menzel* 74 f.; Schricker/Loewenheim/*Reinbothe* § 19 WahrnG Rn. 2).

Durch das Gesetz zur Umsetzung der Multimedia-Richtlinie wurde die Vorschrift um **7** den **Abs. 2** ergänzt. Die bisherigen Abs. 2 bis 4 wurden zu den Abs. 3 bis 5. Die Ergänzung, deren Ursache nicht in der Richtlinie liegt, beseitigt einen Missstand, der offenbar wurde, als das DPMA als Aufsichtsbehörde einem Unternehmen, das **keine Erlaubnis** zum Geschäftsbetrieb nach § 1 WahrnG besaß, die Geschäftstätigkeit untersagt hat. Die PMG-Presse-Monitor Deutschland, deren Geschäftsgegenstand die Rechtevermittlung bei elektronischen Pressespiegeln ist, erfüllt nach eigener Ansicht nicht die Voraussetzungen einer genehmigungspflichtigen Verwertungsgesellschaft. Das DPMA als Aufsichtsbehörde von Verwertungsgesellschaften teilte diese Auffassung nicht und untersagte deshalb die Betätigung ohne entsprechende Erlaubnis des DPMA. Die Verfügung wurde vom DPMA für sofortig vollziehbar nach § 80 Abs. 2 Ziff. 4 VwGO erklärt. Die PMG beantragte nach Einlegung des Widerspruchs die Wiederherstellung der aufschiebenden Wirkung beim Bayerischen Verwaltungsgericht München. Dies stellte entsprechend dem Antrag die aufschiebende Wirkung wieder her, da es nach Auffassung des Gerichts an einer Ermächtigungsgrundlage für die Untersagung fehlte (Beschluss v. 17.5.2002 – Aktenzeichen M 16 S 021186 – unveröffentlicht). Dagegen legte das DPMA Beschwerde ein, die vom Bayerischen Verwaltungsgerichtshof mit Beschluss v. 13.8.2002 – Aktenzeichen 22 CS 021347 (ZUM 2003, 78 ff.) als unbegründet zurückgewiesen wurde. Nach dem Grundsatz des Gesetzesvorbehalts im Bereich der Eingriffsverwaltung erfordert ein solches Verbot eine **ausdrückliche Ermächtigungsnorm.** §§ 18 Abs. 1 und 19 Abs. 1 WahrnG seien lediglich Zuständigkeitsregelungen, ermächtigen nach Auffassung des Bayerischen Verwaltungsgerichtshofes allerdings nicht zu Eingriffen, auch wenn sie zur Erfüllung der Aufgabe erforderlich sind. Erforderlich ist vielmehr eine Befugnis zu einseitig verbindlicher Regelung (Anordnungs-Befugnis; Wolff/Bachof/*Stober/Kluth* 306). Der Bayerische Verwaltungsgerichtshof stellte zwar zutreffend fest, dass sich eine Eingriffsbefugnis auch ohne ausdrückliche gesetzliche Regelung aus dem Gesamtzusammenhang ergeben könne, doch müsse gerade im Bereich besonders grundrechtsrelevanter Eingriffsnormen das Bestimmtheitsgebot nach Art. 20 Abs. 3 GG beachtet werden (ZUM 2003, 79). Vor diesem Hintergrund fehle es an einer hinreichend bestimmten Eingriffsgrundlage. Es hätte zwar die Möglichkeit bestanden, auf § 15 Abs. 2 S. 1 der Gewerbeordnung zurückzugreifen, wonach jede erlaubnispflichtige gewerbliche Betätigung, die ohne Erlaubnis ausgeübt wird, untersagt werden kann, doch wäre zuständig für einen Vollzug des § 15 Abs. 2 S.1 GewO nicht das DPMA, sondern die nach jeweiligem Landesrecht zuständige Behörde.

8 Der Gesetzgeber erkannte zu Recht, dass die §§ 1 bis 5 WahrnG, die die Erlaubnispflicht, die Erteilung, Versagung und den Widerruf der Erlaubnisregeln, bedeutungslos und unverständlich sind, wenn das DPMA gegenüber demjenigen, der ohne Erlaubnis eine Verwertungsgesellschaft betreibt, keine wirksamen Maßnahmen ergreifen kann. Da das DPMA mangels erforderlicher Ermächtigungsgrundlage auch keine hinreichende Befugnisse gegenüber Verwertungsgesellschaften hatte, die mit Erlaubnis der Behörde tätig sind, aber den ihnen nach dem Wahrnehmungsgesetz obliegenden Verpflichtungen trotz Abmahnung nicht nachkommen, war auch insoweit Nachbesserungsbedarf vorhanden.

9 § 19 Abs. 2 WahrnG enthält deshalb **in S. 1 die Befugnisnorm für die Untersagung** durch die Aufsichtsbehörde im Falle einer fehlenden Erlaubnis. In **S. 2** wird klargestellt, dass das DPMA auch alle **sonstigen erforderlichen Maßnahmen** ergreifen kann, um die Erfüllung der den Verwertungsgesellschaften obliegenden Pflichten sicherzustellen. Angesichts dieser neuen spezialgesetzlichen Regelung muss für nachträgliche Anordnungen nicht mehr auf § 36 Abs. 1 VwVfG (s. § 4 WahrnG Rn. 2) zurückgegriffen werden.

III. Auskunftsbefugnisse, Abs. 3

10 Durch Abs. 3 erhält die Aufsichtsbehörde das Recht, von der Verwertungsgesellschaft bestimmte Auskünfte zu verlangen. Im Gegensatz zum Regierungsentwurf (AmtlBegr. BT-Drucks. IV/271, 6) steht ihr ein Recht zum Betreten der Geschäftsräume nicht zu. Auskunftspflichtig sind die vertretungsberechtigten Organe der Verwertungsgesellschaft. Der Umfang des Auskunftsrechts richtet sich nach dem Zweck des Auskunftsersuchens. Der Auskunftsanspruch muss nicht begründet werden, da er selbst kein Verwaltungsakt ist (vgl. § 39 VwVfG). Die Verpflichtung der Verwertungsgesellschaft, Auskünfte zu erteilen, wird in § 20 WahrnG weiter konkretisiert. Auskunftsverweigerungsrechte können sich entsprechend § 383 Abs. 1 Nr. 1 bis 3 ZPO ergeben (Schricker/Loewenheim/*Reinbothe* § 19 WahrnG Rn. 4). Begrenzt ist die Auskunftsverpflichtung auf die Verpflichtung nach dem Wahrnehmungsgesetz.

IV. Teilnahmerecht, Abs. 4

11 Abs. 4 berechtigt die Aufsichtsbehörde, an der Mitgliederversammlung und, wenn ein Aufsichtsrat oder Beirat besteht, auch an dessen Sitzungen durch einen Beauftragten teilzunehmen. Dieser muss der Aufsichtsbehörde nicht angehören. Um diesem Recht wirksam nachkommen zu können, muss die Verwertungsgesellschaft die Aufsichtsbehörde über diese Sitzungen vorab in Kenntnis setzen. Abs. 3 eröffnet lediglich ein Präsenzrecht, nicht aber ein Rederecht. Für die Sitzung anderer Organe gilt Abs. 3 nicht (Schricker/Loewenheim/*Reinbothe* § 19 WahrnG Rn. 6).

V. Abberufung von Vertretungsberechtigten, Abs. 5

12 Abs. 5 berechtigt die Aufsichtsbehörde, mit Fristsetzung die Abberufung eines unzuverlässigen Vertretungsberechtigten zu verlangen (zur Frist s. § 4 WahrnG Rn. 4, zum Begriff

der Zuverlässigkeit § 3 WahrnG Rn. 3). Gerichtet ist die Aufforderung an das zur Abberufung berechtigte Organ der Verwertungsgesellschaft. Ist es zur Abwendung schwerer Nachteile erforderlich, kann nach § 19 Abs. 5 S. 2 WahrnG die Aufsichtsbehörde dem unzuverlässigen Vertretungsberechtigten die Ausübung seiner Tätigkeit mit sofortiger Wirkung und bis zum Ablauf der nach § 19 Abs. 5 S. 1 WahrnG gesetzten Frist untersagen. Ist keine weitere Person vertretungsberechtigt, ist ein Notvorstand durch den Registerrichter des zuständigen Amtsgerichts zu bestellen (§ 29 BGB für den Verein bzw. analog § 29 BGB für die GmbH (BayObLG GmbHR 1997, 1002).

§ 20 Unterrichtungspflicht

Die Verwertungsgesellschaft hat der Aufsichtsbehörde jeden Wechsel der nach Gesetz oder Satzung zu ihrer Vertretung berechtigten Personen anzuzeigen. Sie hat der Aufsichtsbehörde unverzüglich abschriftlich zu übermitteln

1. jede Satzungsänderung,
2. die Tarife und jede Tarifänderung,
3. die Gesamtverträge,
4. die Vereinbarungen mit ausländischen Verwertungsgesellschaften,
5. die Beschlüsse der Mitgliederversammlung, eines Aufsichtsrats oder Beirats und aller Ausschüsse,
6. den Jahresabschluß, den Lagebericht und den Prüfungsbericht,
7. die Entscheidungen in gerichtlichen oder behördlichen Verfahren, in denen sie Partei ist, soweit die Aufsichtsbehörde dies verlangt.

S. 1 verpflichtet die Aufsichtsbehörde, den Wechsel von vertretungsberechtigten Personen unaufgefordert anzuzeigen. Bei Vereinen, Genossenschaften oder Aktiengesellschaften ist vertretungsberechtigt i. S. d. § 20 WahrnG der Vorstand, bei einer GmbH der oder die Geschäftsführer.

Auch die in S. 2 genannten Unterlagen muss die Verwertungsgesellschaft der Aufsichtsbehörde grds. unaufgefordert übermitteln (AmtlBegr. BT-Drucks. IV/271, 21). Bei Entscheidungen in gerichtlichen oder behördlichen Verfahren besteht die Verpflichtung nach Ziff. 7 nur, soweit die Aufsichtsbehörde dies verlangt. Voraussetzung dafür ist, dass die Aufsichtsbehörde Kenntnis von dem Verfahren erlangt hat. Sie ist also zu informieren, dass eine Entscheidung i. S. v. Abs. 2 Nr. 7 überhaupt ergangen ist, sofern nicht davon ausgegangen werden kann, dass die Aufsichtsbehörde anderweitige Kenntnis erhält.

§ 20a *(aufgehoben)*

Vierter Abschnitt. Übergangs- und Schlußbestimmungen

§ 21 Zwangsgeld

Auf die Vollstreckung von Verwaltungsakten, die auf Grund dieses Gesetzes erlassen werden, findet das Verwaltungs-Vollstreckungsgesetz vom 27. April 1953 (Bundesgesetzbl. I S. 157) mit der Maßgabe Anwendung, daß die Höhe des Zwangsgeldes bis hunderttausend Euro betragen kann.

Literatur: *Dördelmann,* Gedanken zur Zukunft der Staatsaufsicht über Verwertungsgesellschaften, GRUR 1999, 890.
Vgl. darüber hinaus die Angaben im eingangs abgedr. Gesamtliteraturverzeichnis.

1 Für die Vollstreckung von Verwaltungsakten, die die Aufsichtsbehörde im Rahmen ihrer Aufsicht gegenüber den Verwertungsgesellschaften erlässt, gilt das Verwaltungsvollstreckungsgesetz; von den darin vorgesehenen Zwangsmitteln wird in der Praxis nur ein Zwangsgeld nach § 11 VwVG zur Anwendung kommen (AmtlBegr. BT-Drucks. IV/271, 21). Da dieses nach § 11 Abs. 3 VwVG auf höchstens DM 2000 beschränkt war, eine solche Summe Verwertungsgesellschaften gegenüber aber als zu gering angesehen wurde (AmtlBegr. BT-Drucks. IV/271, 21), wurde die Obergrenze zunächst durch § 21 auf DM 10000,- bzw. € 5000,- festgesetzt Mit dem Gesetz zur Umsetzung der Multimedia-Richtlinie wurde die Obergrenze auf hunderttausend Euro erhöht. Angesichts der Tatsachen, dass die Verwertungsgesellschaften zusammen über 1 Milliarde Euro pro Jahr erlösen, erschien dem Gesetzgeber die bisherige Obergrenze zu gering und es wurde befürchtet, dass eine Vollstreckung im Wege des Zwangsgeldes, sollte sie erforderlich sein, ihre Wirkung verfehlt. Die Anhebung geht zurück auf den Vorschlag *Dördelmanns* (GRUR 1999, 890, 894).

§ 22 *(außer Kraft)*

§ 23 Bestehende Verwertungsgesellschaften *(nicht abgedr.)*

1 Diese Vorschrift ist durch Zeitablauf gegenstandslos geworden.

§ 24 Änderung des Gesetzes gegen Wettbewerbsbeschränkungen *(nicht abgedr.)*

Literatur: *Drexl,* Deutsche Verwertungsgesellschaften im europäischen Wettbewerb, in: Gerlach u. a. (Hrsg.) Festschrift 50 Jahre GVL, Berlin 2011, 11–28 (zit. *Drexl* FS GVL); *Fikentscher,* Urhebervertragsrecht und Kartellrecht, FS Schricker 1995, 117; *Gerlach,* Verwertungsgesellschaften und europäischer Wettbewerb, in: Tades u. a. (Hrsg.), Ein Leben für Rechtskultur, Festschrift für Robert Dittrich, Wien 2000, 119 (zit. *Gerlach* FS Dittrich); *Held,* Fragen der kartellrechtlichen Missbrauchsaufsicht über Verwertungsgesellschaften, FuR 1980, 71; *Löhr;* Die Aufsicht über Verwertungsgesellschaften, München 1992; *Lux,* Verwertungsgesellschaften, Kartellrecht und 6. GWB-Novelle, WRP 1998, 31; *Menzel,* Die Aufsicht über die GEMA durch das Deutsche Patentamt, Heidelberg 1986; *Mestmäcker,* Zur Anwendung von Kartellaufsicht und Fachaufsicht auf urheberrechtliche Verwertungsgesellschaften und ihre Mitglieder, FS Lukes, München 1989; *Mestmäcker,* Gegenseitigkeitsverträge von Verwertungsgesellschaften im Binnenmarkt, WuW 2004, 754–769; *Pickrahn,* Verwertungsgesellschaften nach deutschem und europäischem Kartellrecht, Frankfurt a. M. u. a. 1995; *Reinbothe, Schlichtung* im Urheberrecht, München 1978; *Riesenhuber,* Die Auslegung und Kontrolle des Wahrnehmungsvertrags, Berlin 2004; *Stockmann,* Die Verwertungsgesellschaften und das nationale und europäische Kartellrecht, in: Becker (Hrsg.), Die Verwertungsgesellschaften im europäischen Binnenmarkt, Symposium für Reinhold Kreile, Baden-Baden 1990, 25 (zit. *Stockmann* FS Kreile 1990); *Wünschmann,* Die kollektive Verwertung von Urheber- und Leistungsschutzrechten, Baden-Baden, 2000.
Vgl. darüber hinaus die Angaben im eingangs abgedr. Gesamtliteraturverzeichnis.

Übersicht

	Rn.
I. Grundzüge	1
II. GWB	2–6
1. Einführung	2
2. § 1 GWB (Wettbewerbsbeschränkende Vereinbarungen)	3
3. Missbrauchsaufsicht	4, 5
4. Keine Beschränkung der Aufsicht	6
III. Art. 101, 102 AEUV (= Art. 81, 82 EG)	7–9
1. Einführung	7
2. Art. 101 AEUV = 82 EG (Missbrauchsaufsicht)	8
3. Art. 102 AEUV = 81 EG (Kartellverbot)	9

I. Grundzüge

Das Verhältnis zwischen dem Recht der Verwertungsgesellschaften und dem **Kartell-** 1
recht ist dadurch geprägt, dass die Bestimmungen des WahrnG neben denen des GWB
anwendbar sind (AmtlBegr. BT-Drucks. IV/271, 12). Verwertungsgesellschaften sind auch
im kartellrechtlichen Sinne üblicherweise **marktbeherrschende Unternehmen** (Amtl-
Begr. BT-Drucks. IV/271, 9, 11, 12, 17; *Held* FuR 1980, 71 f.; *Stockmann* FS Kreile 1990,
25; *Pickrahn* 17 ff.; *Riesenhuber* 127). Mittlerweile wurde auch die Unternehmereigenschaft
der Urheber oder sonstiger Wahrnehmungsberechtigter vom BGH bestätigt (BGH ZUM
1989, 80, 81 – GEMA-Wertungsverfahren). Daher sind Verwertungsgesellschaften auch
Unternehmensvereinigungen i. S. v. § 20 Abs. 1 (*Goldmann* 216; *Lux* WRP 1998, 31, 38;
Pickrahn 79; *Riesenhuber* 127). Die Anwendungsbereiche von GWB und Wahrnehmungsgesetz überschneiden sich: So entspricht der Kontrahierungszwang in den §§ 6, 11 Abs. 1
und 12 WahrnG in der Wirkung weitgehend den für marktbeherrschende Unternehmen
geltenden Verpflichtungen der §§ 19, 20 GWB. Dass die Aufsicht durch DPMA und die
Kartellbehörde nebeneinander bestehen, ergibt sich auch aus § 18 Abs. 2 und 3 WahrnG
(BGH ZUM 1989, 80, 81 – GEMA-Wertungsverfahren; *Stockmann* FS Kreile 1990, 25,
34 ff.). Da die Tätigkeit der Verwertungsgesellschaften zu einer marktbeherrschenden Stellung auch auf einem wesentlichen Teil des gemeinsamen europäischen Marktes führt und
auch den zwischenstaatlichen Handel i. S. d. Art. 101, 102 AEUV (= Art. 81, 82 EGV)
betrifft, ist auch das EG-Wettbewerbsrecht für Verwertungsgesellschaften grds. anwendbar
(Begr. des BRegE zur sechsten GWB-Novelle, AmtlBegr. BT-Drucks. 13/9720, 54).

II. GWB

1. Einführung

§ 24 WahrnG sah die Einführung eines § 102a GWB vor, der den Verwertungsgesell- 2
schaften eine kartellrechtliche Sonderstellung einräumte. Durch die sechste GWB-Novelle
wurde § 102a GWB a. F. durch § 30 GWB n. F. ersetzt. § 24 WahrnG war damit gegenstandslos geworden. Durch die 7. GWB-Novelle wurde die ausdrückliche Sonderregelung
für Verwertungsgesellschaften in § 30 GWB mit Wirkung zum 13.7.2005 aufgegeben. Ausweislich der Begründung zum Regierungsentwurf (BT-Drucks. 15/364, 49) bedeutet dies
jedoch sachlich keine Änderung. Vielmehr bleibt es dabei, dass Bildung und Tätigkeit von
Verwertungsgesellschaften, soweit dies zur Wahrnehmung ihrer Aufgaben erforderlich ist,
wie bisher nicht dem Kartellverbot unterfallen. Hintergrund für den Wegfall war die Weiterentwicklung des europäischen Kartellverfahrensrechts und der durch Artikel 3 der VO
I/2003 erweiterte Vorrang des europäischen Rechts. Da im europäischen Recht keine ausdrückliche Sonderregelung für Verwertungsgesellschaften existiert, entfiel die Berechtigung
für eine eigenständige nationale Regelung. In der Sache stellt dies allerdings keine Veränderung dar, da auch im Europäischen Wettbewerbsrecht Ausnahmen für die Verwertungsgesellschaften insb. durch den Europäischen Gerichtshof entwickelt wurden (s. Rn. 7–9).

§ 30 GWB passte die bisherige Bereichsausnahme des § 102a GWB an die Rechtsprechung des Europäischen Gerichtshofs an, der die kartellrechtliche Sonderstellung der Verwertungsgesellschaften in Hinblick auf ihre Bildung und Tätigkeit anerkannt hat (Begr. des
BRegE zur sechsten GWB-Novelle, AmtlBegr. BT-Drucks. XIII/9720, 54). Mit Wegfall
des § 30 werden Verwertungsgesellschaften nun nicht mehr ausdrücklich von § 1 GWB
(wettbewerbsbeschränkende Vereinbarungen) freigestellt. Die Freistellung von § 14
GWB (Verbot von Vereinbarungen über Preisgestaltung oder Geschäftsbedingungen) ist
ebenfalls entfallen. § 14 GWB wurde durch die 7. GWB-Novelle abgeschafft und der Regelungsgehalt in die Vorschrift des § 1 GWB integriert, um die Regelung an Art. 81

Abs. 1 EG anzugleichen. § 1 GWB gilt deshalb nunmehr für horizontale und vertikale Wettbewerbsbeschränkungen (Begr. des BRegE zur 7. GWB-Novelle, BT-Drucks. 15/364, 44). Verwertungsgesellschaften unterliegen darüber hinaus der **kartellrechtlichen Missbrauchsaufsicht bei marktbeherrschender Stellung** (§ 19 GWB) und dem **kartellrechtlichen Diskriminierungsverbot** (§ 20 GWB) in vollem Umfang. Hinsichtlich der Kartellaufsicht sind jedoch die Wertungen des WahrnG zu beachten (s. Rn. 3–5).

2. § 1 GWB (Wettbewerbsbeschränkende Vereinbarungen)

3   Nach § 30 Abs. 1 GWB (alt) fanden die §§ 1 und 14 GWB keine Anwendung auf die **Bildung einer Verwertungsgesellschaft** i. S. d. § 1 Abs. 1 WahrnG. Von der Anwendung der §§ 1 und 14 GWB waren außerdem Verträge und Beschlüsse von Verwertungsgesellschaften ausdrücklich ausgenommen, die zur wirksamen Wahrnehmung ihrer Rechte erforderlich sind und der Aufsichtsbehörde gemeldet worden waren. Die Erforderlichkeit bezog sich auf die erlaubnisbedürftige Tätigkeit der Verwertungsgesellschaft, also die treuhänderische Wahrnehmung der Rechte. Mit der Erforderlichkeit war keine strenge Verhältnismäßigkeitsprüfung gemeint, da dies eine von § 6 Abs. 1 S. 1 gerade nicht beabsichtigte Zweckmäßigkeitskontrolle zur Folge gehabt hätte (*Riesenhuber* 125). Die Überprüfung beschränkte sich darauf, ob die Verwertungsgesellschaft ihre Tätigkeit in missbräuchlicher Weise über den erlaubnispflichtigen Bereich hinaus ausdehnte (*Riesenhuber* 125; Schricker/Loewenheim/*Reinbothe* § 24 WahrnG Rn. 7; *Löhr* 21; kritisch zur Anwendbarkeit des § 1 auf Verwertungsgesellschaften Bechtold/*Bechtold,* Vor § 28 Rn. 8). Die Verträge und Beschlüsse können das Verhältnis zu anderen Verwertungsgesellschaften, den Berechtigten oder den Verwertern betreffen. Besteht kein Bezug zur eigentlichen Tätigkeit, galten §§ 1 und 14 GWB schon immer uneingeschränkt, § 30 GWB fand keine Anwendung (*Menzel* 95; *Reinbothe* 121). Für die Freistellung war außerdem erforderlich, dass die Verträge und Beschlüsse der Aufsichtsbehörde gemeldet wurden. Diese leitete die Meldung an das Bundeskartellamt weiter. Da ausweislich der Begründung mit dem Wegfall von § 30 GWB keine inhaltliche Änderung beabsichtigt war, liegen Verstöße gegen § 1, der nun auch den Regelungsinhalt von § 14 enthält und auf vertikale Wettbewerbsbeschränkungen anwendbar ist, nur in folgenden Fällen vor: Die Verträge und Beschlüsse betreffen nicht die Bildung von Verwertungsgesellschaften oder sie sind zur wirksamen Wahrnehmung ihrer Rechte nicht erforderlich. Obwohl die Pflicht zur Meldung an die Aufsichtsbehörde mit Wegfall des § 30 GWB ebenfalls entfallen ist, wird sich diese ohnehin aus § 20 WahrnG ergeben.

3. Missbrauchsaufsicht

4   Im Gegensatz zu § 102a GWB (alt) enthielt das GWB seit der sechsten GWB-Novelle keine eigenständige Regelung zur Missbrauchsaufsicht über Verwertungsgesellschaften. Sie sind deshalb der allgemeinen kartellrechtlichen Missbrauchsaufsicht unterworfen. Diese kann sich auf das Verhältnis der Verwertungsgesellschaft gegenüber den Verwertern (BGH GRUR 1970, 200, 201 – Tonbandgeräte-Importeur) oder den Berechtigten als Marktgegenseite beziehen (BGH ZUM 1989, 80, 82 – GEMA-Wertungsverfahren; *Stockmann* FS Kreile 1990, 25, 33).

Insb. die **§§ 19 und 20 GWB** sind deshalb **uneingeschränkt anwendbar.** Bei der Frage, ob ein Missbrauch i. S. d. § 19 GWB oder eine Diskriminierung i. S. d. § 20 GWB vorliegt, muss jedoch die den Verwertungsgesellschaften durch das WahrnG zugewiesene Funktion berücksichtigt werden. Der Gesetzgeber wollte die Zusammenfassung alle Rechte in der Hand einer Verwertungsgesellschaft und hielt **Monopolstellungen für zweckmäßig und wünschenswert,** soweit sie durch eine staatliche Aufsicht kontrolliert werden (AmtlBegr. BT-Drucks. IV/271, 9 f.). Ein Verhalten der Verwertungsgesellschaft, das zur wirkungsvollen Erfüllung ihrer Aufgaben erforderlich ist, kann deshalb nicht als Missbrauch oder diskriminierendes Verhalten kartellrechtlich sanktioniert werden (Schricker/

Loewenheim/*Reinbothe* § 24 WahrnG Rn. 7). Kartellrechtliche Verstöße liegen auch nicht bereits dann vor, wenn sich das betreffende Verhalten nicht objektiv notwendig aus dem durch das WahrnG legitimierten Wahrnehmungsvorgang rechtfertigt (so Schricker/ Loewenheim/*Reinbothe* § 24 WahrnG Rn. 7; *Mestmäcker* FS Lukes 445, 455). Vielmehr müssen auch die Ermessensgrenzen des § 6 Abs. 1 S. 1 WahrnG überschritten sein (*Riesenhuber* 131 ff.). Dies ist nicht der Fall, wenn unzureichend belegte Ansprüche der Wahrnehmungsberechtigten zurückgewiesen werden (KG ZUM-RD 2011, 72, 73), wohl aber, wenn eine grundlose Differenzierung bei der Bewertung bestimmter Werke erfolgt (KG ZUM-RD 2011, 299, 304). Liegt die Gesamtvertragsfähigkeit nach § 12 WahrnG nicht vor, liegt in der Verweigerung, einen Gesamtvertrag abzuschließen, folgerichtig auch kein Verstoß gegen § 20 GWB (BGH ZUM 2011, 43 – Musikabrufdienste).

Im Verhältnis zum Nutzer kann eine **unzulässige Diskriminierung nach § 20 Abs. 1 GWB** auch dann vorliegen, wenn die Rechteinhaber der Verwertungsgesellschaft nur bestimmte Rechte übertragen, um diese lizenzieren zu lassen, andere Nutzungen im selben Geschäftsverkehr dagegen nicht auf die Verwertungsgesellschaft übertragen, sondern unentgeltlich ermöglichen. So, wenn Sendeunternehmen Printverlagen die Nutzungsrechte an Programminformationen unentgeltlich zur Verfügungs stellen, während Anbieter elektronischer Programmführer die Nutzungsrechte entgeltlich über die Verwertungsgesellschaft der Sendeunternehmen erwerben müssen (BGH ZUM 2012, 807 – Elektronischer Programmführer).

Obwohl das GWB im Gegensatz zum früheren § 102a Abs. 1 S. 1 GWB für die Missbrauchsaufsicht nicht mehr fordert, dass die Beschränkung für die wirksame Wahrnehmung der Rechte erforderlich sein müssen, ist inhaltlich damit keine Änderung verbunden. Denn Wettbewerbsbeschränkungen, die für die Wahrnehmung nicht erforderlich sind, werden üblicherweise den Tatbestand des Missbrauchs erfüllen und auch keine angemessenen Bedingungen im Sinne des WahrnG darstellen. §§ 19, 20 GWB statuieren deshalb inhaltlich keine über das WahrnG hinausgehenden zusätzlichen Verpflichtungen (so auch *Riesenhuber* 133).

4. Keine Beschränkung der Aufsicht

Durch § 30 Abs. 2 GWB a. F., der inhaltlich § 102a Abs. 2 S. 3 GWB a. F. entsprach, wurden die kartellrechtlichen Aufsichtsbefugnisse bei Gesamtverträgen i. S. d. § 12 WahrnG und Kabelweitersendeverträge i. S. d. § 14 Abs. 1 Nr. 2 WahrnG beschränkt, wenn deren Inhalt nach § 16 Abs. 4 WahrnG verbindlich vom Oberlandesgericht festgesetzt wurde. Hintergrund dieser Regelung war, dass das OLG bei seiner Entscheidung ohnehin kartellrechtliche Regelungen berücksichtigen musste. Da der Ermessensspielraum, der dem Gericht für die Festsetzung der einzelnen Regelungen zur Verfügung steht, umso größer ist, je komplexer die Materie ist (BGH ZUM 2001, 983, 986 – Gesamtvertrag privater Rundfunk; Dreier/Schulze/*Schulze* § 24 UrhWG Rn. 7), schien es geboten, den Prüfungsauftrag der Kartellbehörden insofern zu beschränken. Die Befugnis der Kartellaufsicht beschränkt sich deshalb auf eine Überprüfung der missbräuchlichen Handhabung durch die Vertragsparteien. Auch insoweit waren jedoch die Wertungen des WahrnG für die Auslegung des Missbrauchs- oder Diskriminierungsmaßstabs heranzuziehen (Schricker/ Loewenheim/*Reinbothe* § 24 WahrnG Rn. 7). Diese Beschränkung ist mit der 7. GWB-Novelle entfallen. Inhaltlich dürften damit aber keine Änderungen verbunden sein, da die kartellrechtliche Vereinbarkeit wie dargelegt vom OLG bereits überprüft wurde.

III. Art. 101, 102 AEUV (ehem. Art. 81, 82 EG)

1. Einführung

Die für die Verwertungsgesellschaften geltenden **europarechtlichen Kartellregelungen** finden sich in Art. 101 AEUV (früher Art. 81 EG) und Art. 102 AEUV (früher

Art. 82 EG). Die Vorschrift des Art. 106 Abs. 2 AEUV (früher Art. 86 Abs. 2 EG), wonach für Unternehmen, die mit Dienstleistungen von allgemeinem wirtschaftlichen Interesse betraut sind, die Wettbewerbsregeln nur gelten, soweit sie nicht die Erfüllungen der ihnen übertragenen besonderen Aufgaben tatsächlich verhindern, findet nach Auffassung der EU-Kommission keine Anwendung (Kommission ABl. EG, L 134/15, 27 – GEMA-I). Diese Auffassung wurde auch vom Europäischen Gerichtshof bestätigt (EuGH Slg. 1974, 313, 318 – BRT-II; EuGH Slg. 1983, 483, 504 – GVL).

2. Art. 102 AEUV (ehem. Art. 82 EG) (Missbrauchsaufsicht)

8 Eine nach Art. 102 AEUV (= 82 EG) **missbräuchliche Ausnutzung** einer **marktbeherrschenden Stellung** kann sich für Verwertungsgesellschaften sowohl im Verhältnis zu den Berechtigten als auch zu den Nutzern ergeben. Einen Verstoß gegen Art. 82 EGV liegt darin, dass Berechtigten Bindungen auferlegt werden, die über das für die Verwirklichung des Gesellschaftszwecks erforderliche hinausgehen und dadurch die Berechtigten in der Freiheit der Verwertung Ihrer Rechte **unbillig behindern** (Kommission, ABl. EG 1971, L 134/15, 27 – GEMA-I; EuGH Slg. 1974, 313, 317 – SABAM; Kommission ABl. EG 1982, L 94/12, 18 – GEMA-Satzung). Erforderlich ist ein **ausgewogenes Verhältnis** zwischen dem Interesse der Berechtigten an einer möglichst freien Verfügung über ihre Rechte und einer wirkungsvollen Verwaltung dieser Rechte durch die Verwertungsgesellschaften (EuGH Slg. 1974, 313, 317 – SABAM; näher *Gerlach* FS Dittrich 119, 128–131; *Drexl* FS GVL, 24–27). Im Verhältnis zu den Werknutzern wurde ein missbräuchliches Verhalten darin gesehen, dass trotz der Erschöpfung des Verbreitungsrechts beim grenzüberschreitenden Verkehr mit Tonträgern eine erneute Gebühr verlangt wurde und dadurch der freie Verkehr zwischen den Mitgliedstaaten beeinträchtigt wurde (Kommission ABl. EG 1971, L 134/15 ff. – GEMA-I; EuGH Slg. 1981, 147 ff. – Musik-Vertrieb Membran/GEMA). Legt eine Verwertungsgesellschaft für die Berechnung der Sendevergütung von Musik im Fernsehen eine prozentuale Beteiligung am Umsatz zugrunde, liegt darin kein Verstoß gegen Art. 82, da eine genauere Erfassung der Nutzung und der Zuschauer einen unverhältnismäßigen Aufwand darstellt (EuGH GRUR 2009, 421, 423 – Kanal 5 u. TV 4/STIM). Die Maßstäbe entsprechen weitestgehend denen des WahrnG bzw. der §§ 19, 20 GWB. Auch etwaige Verstöße gegen Art. 102 AEUV (= 82 EG) wurden vor dem Hintergrund beurteilt, dass die **Existenz leistungsfähiger Verwertungsgesellschaften** eine unerlässliche Voraussetzung für die **wirksame Verwertung** von Urheberrechten ist, da sie als Gegengewicht zur Marktmacht der Werknutzer unerlässlich sind (Kommission ABl. EG 1982, L 94/12, 16 ff. – GEMA-Satzung). Vor diesem Hintergrund verstößt weder die ausschließliche Übertragung der Rechte auf die Verwertungsgesellschaft gegen Art. 102 AEUV (= 82 EG) (EuGH Slg. 1974, 313 ff. – BRT-II) noch die Übertragung der Rechte an zukünftigen Werken (Kommission ABl. EG 1971, L134/15, 22 f. – GEMA-I; EuGH Slg. 1974, 313, 317 – BRT-II). Zulässig sind auch Regelungen, Tarifpartner nicht an den Ausschüttungen einer Verwertungsgesellschaften an die Berechtigten zu beteiligen, um die für die Funktionsfähigkeit erforderliche Gegnerfreiheit zu gewährleisten (Kommission v. 4.12.1981, ABl. 1982 L 94/12 Tz. 20–28). Auch die kulturpolitischen Funktionen der Verwertungsgesellschaften, wie sie sich z.B. in § 7 S. 2 und § 8 WahrnG wieder finden, sind ausdrücklich durch die „Kultur-Querschnittklausel" in Art. 167 AEUV (= Art. 151 EG) gedeckt (*Wünschmann* 36–42, 118; *Riesenhuber* 143).

3. Art. 101 AEUV (ehem. 81 EG) (Kartellverbot)

9 Das grundsätzliche Kartellverbot des Art. 101 AEUV (ehem. 81 EG) war Gegenstand verschiedener Verfahren gegen Verwertungsgesellschaften, hatte aber im Verhältnis zu Art. 102 AEUV (ehem. 82 EG) eine eher geringe Bedeutung. Ein Verstoß gegen Art. 101 AEUV (damals Art. 85 EG) wurde im Abschluss von Gegenseitigkeitsverträgen zwischen

Verwertungsgesellschaften mit **Ausschließlichkeitsklauseln** gesehen, in denen die Verwertungsgesellschaften bei im Ausland ansässigen Vertretern verpflichtet wurden, den unmittelbaren Zugang zu dem Repertoire zu verweigern und sie an die „eigene" Verwertungsgesellschaft zu verweisen (EuGH Slg. 1989, 2521, 2573 – Tournier; EuGH Slg. 1989, 2811, 2828 – Lucazean/SACEM; EU-Kommission 16.7.2008, COMP/C2/38.698 – CISAC). Als gegen Art. 101 Verstoßend wurden auch Territorialitätsklauseln im Bereich der Internet-, Satelliten- und Kabelnutzungen angesehen, in denen sich di gegenseitige Rechteübertragung auf das Tätigkeit der Schwestergesellschaft beschränkt (EU-Kommission 16.7.2008, COMP/C2/38.698 – CISAC). Das bloße Parallelverhalten, in den Märkten der Schwestergesellschaften nicht aktiv zu sein, wurde dagegen wegen der erheblichen Kosten eigener Kontrollsysteme bei Nutzungen, die vor Ort erfolgen und nicht über größere Distanz elektronisch überwacht werden können, nicht als Indiz für ein abgestimmtes Verhalten angesehen (näher *Fikentscher* FS Schricker 1995, 149, 187). Klauseln in den Mustergegenseitigkeitsverträgen, die den Wechsel von Mitgliedern erschweren, verstoßen gegen Art. 101 (EU-Kommission 16.7.2008, COMP/C2/38.698 – CISAC, S. 13). Auch **Gebietsbeschränkungen,** die Tonträgerherstellern auferlegt worden waren, wurden als Verstoß gegen Art. 85 EG angesehen (EuGH Slg. 1981, 147 ff. – Musik-Vertrieb Membran/GEMA). Die EU-Kommission sieht es in Hinblick auf Art. 101 AEUV bei Gegenseitigkeitsverträgen für Simulcasting zwischen Tonträgerherstellern für erforderlich an, zwischen Lizenz und **Verwaltungskosten** zu unterscheiden, um hinsichtlich letzterer einen Wettbewerb zwischen europäischen Verwertungsgesellschaften zu initiieren (EU-Kommission 8.10.2002, ABl. EG 30.4.2003 L 107/58 – IFPI/Simulcasting = WuW/E EU-V 831). Die Offenlegungspflicht dieser sonst üblichen Geschäftsgeheimnisse begründet allerdings unzumutbare Wettbewerbsnachteile, die auch durch Art. 81 EG nicht geboten sind (*Mestmäcker* WuW 2004, 754, 768 f.). Auch Art. 85 EG war Maßstab für die Zulässigkeit einer **Gesamtlizenz** (EuGH Slg. 1989, 2521, 2574 – Tournier). Der EuGH stellte darin heraus, dass das ungeschriebene Tatbestandsmerkmal der Erforderlichkeit der Anwendung des Art. 85 EG zu berücksichtigen ist. So sollten nur dann Wettbewerbsbeschränkungen i. S. d. Art. 85 EG vorliegen, wenn diese die **Grenzen des zur Erreichung des genannten Zwecks Unerlässlichen überschritten.** Da die Aufteilung des Gesamtrepertoires in vermarktungsfähige Teilgruppen erhebliche administrative Schwierigkeiten zur Folge hätte, die zu höheren Kosten führen würden, verstößt auch eine Gesamtlizenz nicht gegen Art. 85 EG (heute Art. 101 AEUV) (EuGH Slg. 1989, 2521, 2573 – Tournier; *Generalanwalt Jacobs* Slg. 1989, 2521, 2551 – Tournier). Auch bei der Anwendung des Art. 101 AEUV ist also eine **Verhältnismäßigkeitsprüfung** anzustellen, obwohl diese dem Wortlaut nicht unmittelbar zu entnehmen ist (*Pickrahn* 148). Im Ergebnis findet sich also auch bei Art. 101 AEUV die Bereichsausnahme des § 30 GWB wieder, da Bildung und Tätigkeit der Verwertungsgesellschaften nicht gegen Art. 101 AEUV verstossen, wenn sie zur Wahrnehmung der Interessen der Urheber unerlässlich sind und dem Wahrnehmungsgesetz entsprechen (Immenga/Mestmäcker/*Zimmer* § 1 GWB Rn. 394; Schricker/Loewenheim/*Reinbothe* § 24 WahrnG Rn. 1; Dreier/Schulze/*Schulze* § 24 UrhWG Rn. 9). Dieses impliziert gerade vor dem Hintergrund der geplanten europäischen Regulierung der Tätigkeiten von Verwertungsgesellschaften (siehe Vor § 1, Rn. 29) eine kartellrechtliche Bereichsausnahme, die allerdings nicht aktuell geplant ist und von der Kommission de lege lata abgelehnt wurde (EU-Kommission 16.7.2008, COMP/C2/38.698 – CISAC; vgl. Dreier/Schulze/*Schulze* § 24 UrhWG Rn. 11).

§ 25 Änderung der Bundesgebührenordnung für Rechtsanwälte
(nicht abgedr.)

§ 26 Aufgehobene Vorschriften

Mit Inkrafttreten dieses Gesetzes werden folgende Vorschriften aufgehoben, soweit sie nicht bereits außer Kraft getreten sind:
1. das Gesetz über Vermittlung von Musikaufführungsrechten vom 4. Juli 1933 (Reichsgesetzbl. I S 452);
2. die Verordnung zur Durchführung des Gesetzes über die Vermittlung von Musikaufführungsrechten vom 15. Februar 1934 (Reichsgesetzbl. I S. 100).

1 § 26 setzt die frühere STAGMA-Gesetzgebung ausdrücklich außer Kraft (s. Vor §§ 1 ff. WahrnG Rn. 3).

§ 26a Anhängige Verfahren

Die §§ 14 bis 16 sind auf Verfahren, die bei Inkrafttreten dieses Gesetzes vor der Schiedsstelle anhängig sind, nicht anzuwenden; für diese Verfahren gelten die §§ 14 und 15 des Gesetzes über die Wahrnehmung von Urheberrechten und verwandten Schutzrechten in der Fassung vom 9. September 1965 (BGBl. I S. 1294).

1 Diese Vorschrift regelte die Auswirkungen der Urheberrechtsnovelle 1985 mit der Neugestaltung des Schiedsstellenverfahrens auf anhängige Altverfahren. Sie ist mittlerweile gegenstandslos.

§ 27 Übergangsregelung zum Zweiten Gesetz zur Regelung des Urheberrechts in der Informationsgesellschaft

(1) Die Vergütungssätze, die in Gesamtverträgen vor dem 31. Dezember 2007 vereinbart worden sind, gelten als Tarife weiter, bis sie durch neue Vergütungssätze ersetzt werden, längstens aber bis zum 1. Januar 2010. Satz 1 gilt entsprechend für Tarife, die eine Verwertungsgesellschaft vor dem 31. Dezember 2007 aufgestellt hat. Satz 1 gilt entsprechend auch für die in der Anlage zu § 54d Abs. 1 des Urheberrechtsgesetzes in der bis zum 31. Dezember 2007 geltenden Fassung bestimmten Sätze, soweit sie an diesem Tag angewendet wurden.

(2) § 14 ist auf Verfahren, die am 1. Januar 2008 bei der Schiedsstelle bereits anhängig sind, mit der Maßgabe anzuwenden, dass die Jahresfrist nach § 14a Abs. 2 mit dem Inkrafttreten des genannten Gesetzes beginnt.

(3) § 16 Abs. 4 Satz 1 ist auf Verfahren, die am 1. Januar 2008 bereits beim Landgericht anhängig sind, nicht anzuwenden.

Literatur: *Müller*, Festlegung und Inkasso von Vergütungen für die private Vervielfältigung auf der Grundlage des „Zweiten Korbs", ZUM 2007, 777.
Vgl. darüber hinaus die Angaben im eingangs abgedr. Gesamtliteraturverzeichnis.

Übersicht

	Rn.
I. Vorübergehende Weitergeltung der bisherigen Regelungen, Abs. 1	1–4
II. Anhängige Schiedsverfahren, Abs. 2	5
III. Gerichtlich anhängige Verfahren, Abs. 3	6

I. vorübergehende Weitergeltung der bisherigen Regelungen, Abs. 1

Nach Abs. 1 S. 1 gelten die vor Inkrafttreten des Zweiten Korbes in Gesamtverträgen 1
nach § 12 vereinbarten Vergütungen als Tarife weiter, bis sie durch auf Basis der Neuregelungen vereinbarte Vergütungen ersetzt werden, längstens jedoch bis zum 1.1.2010. Gleiches gilt nach S. 2 für von den Verwertungsgesellschaften veröffentlichte Tarife nach § 13 und nach S. 3 für die in der Anlage zu § 54d Abs. 1 a. F. UrhG bestimmten bisherigen gesetzlichen Vergütungssätze.

Durch diese Regelung wollte der Gesetzgeber den Übergang von den gesetzlich fixierten Abgaben in das neue Vergütungssystem der verhandelten Vergütungen erleichtern. Die 2
bisher gezahlten Vergütungen beruhen in aller Regel nicht auf der unmittelbaren Anwendung der Anlage oder Tarife, sondern auf Gesamtverträgen. Diese sind mit kurzen Kündigungsfristen kündbar oder enthalten Sonderkündigungsrechte im Falle einer Gesetzesänderung (*Müller* ZUM 2007, 777, 786). Um zu verhindern, dass die Hersteller durch Kündigung die Rechtsgrundlage für die – in aller Regel als zu hoch empfundenen – bisherigen Vergütungen entziehen, ohne dass bereits neue Vergütungssätze vereinbart wurden, wurde die Übergangsregelung geschaffen. Durch Wegfall der vertraglichen Verpflichtung hätten ohne entsprechende Regelung sämtliche Zahlungen komplett eingestellt werden können, da auch die Anlage zu § 54d a. F. UrhG mit der Neuregelung außer Kraft getreten ist (Beschlussempfehlung und Bericht des Rechtsausschusses, BT-Drucks. 16/5939, 47, Begründung zu § 27 WahrnG). Von besonderer Brisanz wäre diese unhaltbare Situation auch vor dem Hintergrund, dass die Hinterlegungsregelung nach § 11 Abs. 2 für die Vergütungsansprüche nicht gilt, die Rechtsinhaber also während eines Streites über die Vergütungshöhe vollständig dem Insolvenzrisiko der Hersteller bzw. Importeure aussetzt (näher § 11 Rn. 11). Die Fiktion, dass die bisherigen Regelungen übergangsweise als Tarife weitergelten, schließt ein Bestreiten der Angemessenheit durch die Hersteller aus (a. A. wohl *Bremer/Lammers*, K&R 2008, 145, 150). Da mit der Übergangsregelung die Situation eines vertragslosen Zustandes vermieden werden sollte, gilt sie – obwohl sich das nicht ausdrücklich aus dem Wortlaut ergibt – nicht für ungekündigte Gesamtverträge. In fortbestehende Verträge wollte und konnte der Gesetzgeber nicht eingreifen (*Müller* ZUM 2007, 777, 787).

Die gefundene Lösung stellt einen Kompromiss zwischen Verwertungsgesellschaften, die 3
angesichts der Dauer der Verfahren von ca. fünf Jahren eine entsprechend lange Übergangsfrist gefordert hatten, und der Industrie dar, die die Übergangsfrist auf ein Jahr begrenzt wissen wollte (*Müller* ZUM 2007, 777, 790). Angesichts der Komplexität der Verhandlungen und der Erfahrungen in der Vergangenheit, wonach die Vergütungen – vielfach auf Druck der ausländischen Muttergesellschaften internationaler Hersteller – erst nach Ausschöpfung des Rechtsweges vereinbart werden konnten, ist zu befürchten, dass der Zeitraum von zwei Jahren nicht ausreicht, um ein Vakuum während der Umstellung der Systeme zu verhindern. Mit der kurzen Frist von zwei Jahren will der Gesetzgeber eine Verschleppung der Verhandlungen durch die Partei verhindern, die von dem Wechsel der Systeme eine Verschlechterung erwartet (Beschlussempfehlung und Bericht des Rechtsausschusses, BT-Drucks. 16/5939, 47, Begründung zu § 27 WahrnG). Dieses Ziel hat er, soweit es um die Verwertungsgesellschaften geht, erreicht, weil diese nun dringend versuchen müssen, innerhalb der zwei Jahre zu einem Abschluss zu kommen. Die Hersteller können jedoch von einer Verzögerung nur profitieren, entfällt doch – unabhängig wie hoch die verhandelte Vergütung am Ende ausfällt – nach zwei Jahren und gekündigten Gesamtverträgen die Vergütungspflicht. Sie können vielmehr zulasten der Rechtsinhaber den Einigungsdruck einseitig auf die Verwertungsgesellschaften verlagern, indem sie die Zahlungen einstellen (*Müller* ZUM 2007, 777, 790). Ob § 17a mit dem schnelleren freiwilligen Schlichtungsverfahren hier tatsächlich Abhilfe schafft, muss bezweifelt werden (s. § 17a Rn. 1; a. A. *Müller* ZUM 2007, 777, 790).

4 Einigen sich die Parteien auf eine neue Vergütung, können sie auch den Zeitpunkt des Inkrafttretens regeln. Ergeben sich nach der Neuregelung höhere Vergütungen, so dürfte eine Rückwirkung kaum durchsetzbar sein. Einigen sich die Parteien nicht und es kommt zu einer Entscheidung der Schiedsstelle über einen Gesamtvertrag, so stellt sich die Frage, ob eine rückwirkende Anwendung der neuen Regelung auf den Zeitraum der Übergangsregelung, also für die Jahre 2008 und 2009 die Fortgeltung der alten Parameter ersetzt. Hier ist die Interessenlage unterschiedlich, je nachdem, ob die neuen Vergütungen höher oder niedriger sind als die bisherigen. Sind sie niedriger, hätte eine Rückwirkung in den Übergangszeitraum hinein die Folge, dass für diese Zeit gezahlte Vergütungen teilweise zurückzuzahlen wären, eine Situation, die die Ausschüttung an die Berechtigten unmöglich machen würde. Umgekehrt wäre eine Rückwirkung höherer Tarife durchaus im Interesse der Berechtigten, ließe es die ausgeschütteten Beträge unberührt und würde zu zusätzlichen Zahlungen führen. Der Wortlaut von Abs. 1 ist nicht eindeutig. Hätte der Gesetzgeber eine vorläufige Wirkung bezweckt, also die Korrektur durch endgültige Vergütungen beabsichtigt, hätte es nahegelegen, die Weitergeltung als Tarif als „vorläufig" zu bezeichnen, was nicht erfolgt ist. Nach der Begründung des BT-Rechtsausschusses sollen aber auch die als Tarif nach § 27 WahrnG weitergeltenden Regelungen am Maßstab des neuen Gesetzes gerichtlich überprüft werden können (BT-Drucks. 16/5939, 47, Begründung zu § 27 WahrnG). Dies spricht für eine vorläufige Weitergeltung. Welcher Interpretation der Vorzug zu geben ist, richtet sich nach dem Schutzzweck der Norm. Da nach Absicht des Gesetzgebers das Inkrafttreten der Neuregelung nicht zu Zahlungsausfällen der Rechtsinhaber führen sollte, muss die Übergangsregelung dahingehend verstanden werden, dass die während ihrer Dauer geltenden Vergütungen und die auf deren Grundlage geleisteten Zahlungen als endgültig anzusehen sind (*Müller* ZUM 2007, 777, 787). Hierfür spricht auch die Genese der Regelung, bei der zwischenzeitlich favorisiert wurde, statt einer Übergangsregelung das Inkrafttreten von § 54a UrhG und § 13a WahrnG zeitlich vom Rest des Zweiten Korbes abzuschichten, und so statt einer Interimsregelung wie § 27 WahrnG eine verbindliche Weitergeltung des alten Systems während der stattfindenden Umstellungen zu erhalten. Umgekehrt bedeutet dies allerdings auch, dass die Vergütung nach den alten weitergeltenden Parametern dann nicht rückwirkend korrigiert wird, wenn höhere Vergütungen auf Basis der neuen Berechnungen durchgesetzt wurden. Die Festsetzung erfolgt nicht rückwirkend in die Übergangsfrist hinein (*Müller* ZUM 2007, 777, 787). Für den Zeitraum nach Ablauf der Übergangsfrist können und müssen die Schiedsstelle und die im späteren Verfahren mit der Entscheidung betrauten Gerichte allerdings ggf. rückwirkende Entscheidungen treffen, um vergütungsfreie Zeiträume zu vermeiden (*Müller* ZUM 2007, 777, 787, Fn. 43).

II. Anhängige Schiedsverfahren, Abs. 2

5 Abs. 2 enthält eine Übergangsregelung für Streitfälle, die bereits vor dem 1.1.2008 bei der Schiedsstelle anhängig gemacht wurden. Auch für diese gilt nun § 14 in der neuen Fassung. Relevant sind insoweit die neuen Abs. 5a mit der Pflicht zur Vornahme empirischer Untersuchungen durch die Schiedsstelle und Abs 5b mit dem Recht zur Stellungnahme der Verbraucherorganisationen. Während letzteres in jedem Fall zu beachten ist, sollte vor dem Hintergrund des die Novelle prägenden Beschleunigungsgedankens die Pflicht der Schiedsstelle zur Vornahme empirischer Untersuchungen auf die Fälle beschränkt werden, in denen die Parteien dies verlangen. Wurden – für die andere Seite überzeugend – bereits entsprechende empirische Untersuchungen durch eine Partei angestellt, so sind weitere durch die Schiedsstelle nach Abs. 5a unnötig und damit entbehrlich. Auch für am 1.1.2008 anhängige Verfahren gilt nach Abs. 1 S. 1 die Jahresfrist nach § 14a, innerhalb das Verfahren abgeschlossen sein muss, wobei die Frist ausdrücklich erst am 1.1.2008 beginnt, der Einigungsvorschlag nach § 14a Abs. 2 also bis zum 31.12.2008 zu machen ist.

III. Gerichtlich anhängige Verfahren, Abs. 3

Abs. 3 trägt der Tatsache Rechnung, dass Verfahren zur Frage der Vervielfältigungsvergütung bereits am 1.1.2008 beim Landgericht anhängig sein können, dieses jedoch durch die Novelle nach § 16 Abs. 4 nunmehr als Eingangsinstanz entfällt. Aus prozessökonomischen Gründen sollen die anhängigen Verfahren dort weitergeführt werden. Relevant ist diese Regelung nur für Verfahren außerhalb von Gesamtverträgen, also Einzelfälle, da für Gesamtverfahren bereits nach der bisherigen Rechtslage das OLG nach § 16 Abs. 4 Eingangsinstanz ist. Nicht geregelt ist in Abs. 3 der Fall, dass bei einem entsprechend geringen Streitwert statt des Landgerichts das Amtsgericht Eingangsinstanz ist und dort Verfahren anhängig sind, da dieses in der Praxis nicht vorkommt. 6

§ 28 Inkrafttreten

(1) § 14 Abs. 7 tritt am Tage der Verkündung dieses Gesetzes in Kraft.
(2) Im übrigen tritt dieses Gesetz am 1. Januar 1966 in Kraft.

Das WahrnG wurde am 16.9.1965 verkündet. Damit ist die Verordnungsermächtigung zur Regelung des Schiedsstellenverfahrens in § 14 Abs. 7 a. F. WahrnG am 17.9.1965 in Kraft getreten. Die mit der Urheberrechtsnovelle 1985 eingefügten Änderungen sind – mit Ausnahme der Änderungen des Schiedsstellenverfahrens, die erst am 1.1.1986 in Kraft traten – am 1.7.1985 in Kraft getreten. 1

Die durch die **Urheberrechtsnovelle 1995** (BGBl. I S. 842) geänderte Regelung des § 13a (jetzt § 13b) ist seit 1.7.1995 in Kraft, die durch die **Urheberrechtsnovelle 1998** (BGBl. I S. 902) novellierten §§ 13b (jetzt § 13c) Abs. 3, 4, 14 Abs. 1, 6, 14a Abs. 3, 14b, 14c Abs. 1, 14d und 16 Abs. 2, 4 WahrnG sind seit 1.6.1998 in Kraft. 2

Die durch das **Gesetz zur Regelung des Urheberrechts in der Informationsgesellschaft** 2003 (BGBl. I S. 1774) – den Ersten Korb – geänderten § 11 Abs. 1 und 2, der neue § 13 Abs. 4, der geänderte § 13b Abs. 2, der neue § 19 und der geänderte § 21 sind am 13.9.2003 in Kraft getreten.

Durch das **Zweite Gesetz zur Regelung des Urheberrechts in der Informationsgesellschaft** 2007 (BGBl. I S. 2513) – den Zweiten Korb – wurden § 13 Abs. 4 geändert, § 13a n. F. eingefügt, §§ 13a und b a. F. zu §§ 13b und c, §§ 14, 14a, 14c modifiziert, §§ 14e und 17a neu eingefügt und § 27 neu gefasst. Alle Änderungen sind am 1.1.2008 in Kraft getreten.

Durch Art. 2 des **Gesetzes zur Nutzung verwaister und vergriffener Werke und einer weiteren Änderung des Urheberrechtsgesetzes** vom 1.10.2013 (BGBl. I S. 3728) sind die §§ 13d und 13e – betreffend verwaiste Werke – neu eingefügt worden; diese Änderung tritt am 1.4.2013 in Kraft (Art. 3 S. 2 des Änderungsgesetzes).

Urheberrechtliche Lizenzverträge in der Insolvenz (§§ 103, 105, 108 InsO)

Insolvenzordnung (InsO)

Vom 5. Oktober 1994

(BGBl. I S. 2866, zuletzt geändert durch Art. 9 G zur Neuregelung des Rechtsberatungsrechts vom 12.12.2007, BGBl. I S. 2840)

– Auszug –

§ 103 InsO Wahlrecht des Insolvenzverwalters

(1) Ist ein gegenseitiger Vertrag zur Zeit der Eröffnung des Insolvenzverfahrens vom Schuldner und vom anderen Teil nicht oder nicht vollständig erfüllt, so kann der Insolvenzverwalter anstelle des Schuldners den Vertrag erfüllen und die Erfüllung vom anderen Teil verlangen.

(2) Lehnt der Verwalter die Erfüllung ab, so kann der andere Teil eine Forderung wegen der Nichterfüllung nur als Insolvenzgläubiger geltend machen. Fordert der andere Teil den Verwalter zu Ausübung seines Wahlrechts auf, so hat der Verwalter unverzüglich zu erklären, ob er die Erfüllung verlangen will. Unterlässt er dies, so kann er auf der Erfüllung nicht bestehen.

§ 105 InsO Teilbare Leistungen

Sind die geschuldeten Leistungen teilbar und hat der andere Teil die ihm obliegende Leistung zur Zeit der Eröffnung des Insolvenzverfahrens bereits teilweise erbracht, so ist er mit dem der Teilleistung entsprechenden Betrag seines Anspruchs auf die Gegenleistung Insolvenzgläubiger, auch wenn der Insolvenzverwalter wegen der noch ausstehenden Leistung Erfüllung verlangt. Der andere Teil ist nicht berechtigt, wegen der Nichterfüllung seines Anspruchs auf die Gegenleistung die Rückgabe einer vor der Eröffnung des Verfahrens in das Vermögen des Schuldners übergegangenen Teilleistung aus der Insolvenzmasse zu verlangen.

§ 108 InsO Fortbestehen bestimmter Schuldverhältnisse

(1) Miet- und Pachtverhältnisse des Schuldners über unbewegliche Gegenstände oder Räume sowie Dienstverhältnisse des Schuldners bestehen mit Wirkung für die Insolvenzmasse fort. Dies gilt auch für Miet- und Pachtverhältnisse, die der Schuldner als Vermieter oder Verpächter eingegangen war und die sonstige Gegenstände betreffen, die einem Dritten, der ihre Anschaffung oder Herstellung finanziert hat, zur Sicherheit übertragen wurden.

(2) Ein vom Schuldner als Darlehensgeber eingegangenes Darlehensverhältnis besteht mit Wirkung für die Masse fort, soweit dem Darlehensnehmer der geschuldete Gegenstand zur Verfügung gestellt wurde.

(3) Ansprüche für die Zeit vor der Eröffnung des Insolvenzverfahrens kann der andere Teil nur als Insolvenzgläubiger geltend machen.

Insolvenzordnung §§ 103, 105, 108 InsO

Literatur: *Abel,* Filmlizenzen in der Insolvenz des Lizenzgebers und Lizenznehmers, NZI 2003, 121; *Adolphsen,* Die Insolvenz im Filmlizenzgeschäft, DZWIR 2003, 228; *Bärenz,* Von der Erlöschenstheorie zur Theorie der insolvenzrechtlichen Modifizierung – zur Dogmatik der neuen BGH – Rechtsprechung zu § 103 InsO, NZI 2006, 72; *Berger,* Der Lizenzsicherungsnießbrauch – Lizenzerhaltung in der Insolvenz des Lizenzgebers, GRUR 2004, 20; *Berger,* Absonderungsrechte in wettbewerbsrechtlichen Nutzungsrechten in der Insolvenz des Lizenznehmers, in: Gerhardt/Haarmeyer/Kreft (Hrsg.), Insolvenzrecht im Wandel der Zeit. Festschrift für Hans-Peter Kirchhof anlässlich der Vollendung seines 65. Lebensjahres, Herne 2003, 1 (zit. *Berger* FS Kirchhof, Auf dem Weg zur Insolvenzfestigkeit von Lizenzen, ZInsO 2007 1142; *Beyerlein,* Insolvenzfestigkeit von Lizenzverträgen – Gedanken zum neuen Reformwillen der Justizministerkonferenz, WRP 2007, 1074; *Brandi-Dohrn/Lejeune/Stögmöller/Heydn/Moritz/Scherenberg/Schneider,* Das Schicksal der Software-Lizenz bei nachträglicher Insolvenz des Lizenzgebers, CR 2012, 216; *Brandt,* Softwarelizenzen in der Insolvenz unter besonderer Berücksichtigung der Insolvenz des Lizenzgebers, NZI 2001, 337; *Brauer/Sopp,* Sicherungsrechte an Lizenzrechten; eine unsichere Sicherheit?, ZUM 2004, 112; *Bullinger/Hermes,* Insolvenzfestigkeit von Lizenzen im zweiten Anlauf einer Insolvenzrechtsreform?, NZI 2012, 492; *Cepl,* Lizenzen in der Insolvenz des Lizenznehmers, NZI 2000, 357; *Dahl/Schmitz,* Der Lizenzvertrag in der Insolvenz des Lizenzgebers und die geplante Einführung des § 108a InsO, NZI 2007, 626; *Dengler/Gruson/Spielberger,* Insolvenzfestigkeit von Lizenzen? Forschungsstandort Deutschland – so wohl kaum!, NZI 2006, 677; *Fezer,* Lizenzrechte in der Insolvenz des Lizenzgebers – Zur Insolvenzfestigkeit der Markenlizenz, WRP 2004, 793; *v. Frentz/Marrder,* Insolvenz des Filmrechtehändlers – Was passiert mit den Rechten?, ZUM 2001, 761; *Gieseke/Szebrowski,* Allgemeine Geschäftsbedingungen – Einseitige Lösungsrechte für den Fall der Insolvenz des Vertragspartners, MDR 2003, 121; *Grützmacher,* Anmerkung zu LG Mannheim: Erlöschen von Lizenzen bei Insolvenz, CR 2004, 814; *Hausmann,* Insolvenzklauseln und Rechtsfortfall nach der neuen Insolvenzordnung, ZUM 1999, 914; *Hirte,* Lizenzen in der Insolvenz, KSzW 2012, 268; *Jungclaus,* Zu einem dogmatischen Grundfehler des § 108a InsO-E in der Fassung des Referentenentwurfs des BMJ v. 18.1.2012; ZInsO 2012, 724; *Koehler/Ludwig,* Die „insolvenzfeste" Gestaltung von Lizenzverträgen, WRP 2006, 1342; *Kreft,* Neue höchstrichterliche Rechtsprechung zum Insolvenzrecht, in: Breitenbücher/Ehricke (Hrsg.), Insolvenzrecht 2003, Köln 2003, 217; *McGuire,* Nutzungsrechte an Computerprogrammen in der Insolvenz, GRUR 2009, 13; *McGuire,* Lizenzen in der Insolvenz: ein neuer Anlauf zu einer überfälligen Reform, GRUR 2012, 657; *Oeter/Ruttig,* Filmrechteverwertung in der Insolvenz, ZUM 2003, 611; *Paulus,* Software in Vollstreckung und Insolvenz, ZIP 1996, 2; *Paulus,* Insolvenzverfahren, Sanierungsplan: Risiken und Vermeidungsstrategien – dargestellt unter besonderer Berücksichtigung des Escrow-Agent, CR 2003, 237; *Reinhard/Lober,* The show must go on: Lizenzverträge in der Insolvenz, K&R 2003, 126; *Römermann,* Die zweite Stufe der Insolvenzrechtsreform: Geplante Änderungen und praktische Folgen des Referentenentwurfs, GWR 2012, 56; *Schmid,* Insolvenzfestigkeit von Lizenzen: Neuer Referentenentwurf für die Zweite Stufe der Insolvenzrechtsreform, GRUR-Prax 2012, 75; *Schmoll/Hölder,* Patentlizenz- und Know-how-Verträge in der Insolvenz – Teil I: Insolvenz des Lizenznehmers, GRUR 2004, 743 und Teil II: Insolvenz des Lizenzgebers, GRUR 2004, 830; *Slopek,* Lizenzen in der Insolvenz des Lizenzgebers: Der neue 108a InsO-E, GRUR 2009, 128; *Stickelbrock,* Urheberrechtliche Nutzungsrechte in der Insolvenz – von der Vollstreckung nach §§ 112 ff. UrhG bis zum Kündigungsverbot des § 112 InsO, WM 2004, 549; *Trips-Hebert,* Lizenzen in der Insolvenz – die deutsche Insolvenzordnung als Bremsklotz, ZRP 2007, 225; *Wallner,* Insolvenzfeste Nutzungsrechte und Lizenzen an Software, NZI 2002, 70; *Wallner,* Softwarelizenzen in der Insolvenz des Lizenzgebers, ZIP 2004, 2073; *Wegener,* § 108a zur Insolvenzfestigkeit von Lizenzen – Zuviel des Guten? ZInsO 2008, 352; *Wimmer,* Neue Reformüberlegungen zur Insolvenzfestigkeit von Lizenzverträgen, ZIP 2012, 545; *Zeising,* Wettlauf der gewerblichen Schutzrechte im Insolvenzverfahren, KTS 2002, 367.
Vgl. darüber hinaus die Angaben im eingangs abgedr. Gesamtliteraturverzeichnis.

Übersicht

	Rn.
I. Allgemein	1, 2
II. Lizenzvertrag und Insolvenz	3–12
1. Folgen der Verfahrenseröffnung	3
2. Keine Anwendung des § 108 InsO auf Lizenzverträge	4
3. Der Lizenzvertrag und § 103 InsO	5–9
a) Wahlrecht des Insolvenzverwalters nach § 103 InsO	5–7
b) Ausübung des Wahlrechts	8, 9
4. Risiken bei Insolvenz des Lizenzgebers	10, 11
a) Einmallizenzzahlungen	10
b) Sukzessive Lizenzzahlung	11
5. Risiken bei Insolvenz des Lizenznehmers	12

	Rn.
III. Sicherungsabtretung der Rechte aus dem Lizenzvertrag	13–16
1. Sicherungsabtretung von Zahlungsansprüchen aus dem Lizenzvertrag	13, 14
2. Sicherungsabtretung der Lizenzrechte	15, 16
IV. Erwerb von Lizenzrechten vom Insolvenzverwalter	17–22
1. Möglicher Rechteverlust	18
2. Zustimmung des Gläubigerausschusses	19
3. Aufrechterhaltung der Insolvenzverwaltung während der Laufzeit des Lizenzvertrags	20
4. Gesetzliche und vertragliche Beschränkungen	21, 22
V. Kündigungsklauseln in Lizenzverträgen für den Insolvenzfall	23, 24
1. Unwirksamkeit von Kündigungsklauseln, Zahlungsverzug	23
2. Wahl ausländischen Rechts	24
VI. Bevorstehende Gesetzesreform	25–30

I. Allgemein

1 Das UrhG enthält keine eigenen insolvenzrechtlichen Vorschriften. Die Insolvenzordnung erfasst die **Urheberrechte** und die **Leistungsschutzrechte**. Das UrhG hat in den §§ 113 bis 119 lediglich spezielle Vorschriften für die Zwangsvollstreckung in Urheberrechte. Es bildet sich in der Wissenschaft und Rechtsprechung zunehmend ein Koordinatensystem für die Behandlung von Lizenzverträgen in der Insolvenz heraus. Viele wichtige Rechtsfragen sind aber noch unklar, woraus sich Risiken für die Beteiligten ergeben. Die Rechtsprechung und Literatur bezieht sich häufig auf urheberrechtliche Lizenzverträge wie Filmlizenzverträge (vgl. *Abel* NZI 2003, 121; *Adolphsen* DZWIR 2003, 228; *Brauer/Sopp* ZUM 2004, 112; *v. Frentz/Marrder* ZUM 2001, 761; *Hausmann* ZUM 1999, 914; *Oeter/Ruttig* ZUM 2003, 611) oder Softwarelizenzverträge (vgl. LG Mannheim DZWIR 2003, 479; *Brandt* NZI 2001, 337; *Paulus* ZIP 1996, 2; *Wallner* NZI 2002, 70; *Wallner* ZIP 2004, 2073; *Grützmacher* CR 2004, 814). Sie behandeln aber auch andere Materien des gewerblichen Rechtsschutzes – technische Schutzrechte, Markenrechte (vgl. *Cepl* NZI 2000, 357; *Fezer* WRP 2004, 793; *Schmoll/Hölder* GRUR 2004, 743). Das Fehlen spezifischer urheberrechtlicher Regelungen im Insolvenzrecht und das Fehlen einer Diskussion aus der Urheberperspektive hat praktische Auswirkungen. Die **empfindlichen Urheberinteressen** werden bei einem Insolvenzfall in der Lizenzkette zurückgestellt. Das Prinzip, dass der Urheber durch die Wahl seines Lizenznehmers die Verwertungskette für das urheberrechtlich geschützte Werk durch Vertrag regeln kann, gilt für den Insolvenzfall nur eingeschränkt.

2 Die Insolvenzordnung stellt die Interessen der allgemeinen Gläubiger des Insolvenzschuldners in den Vordergrund (§ 1 S. 1 InsO). Daneben berücksichtigt sie den Schutz des Vertragspartners durch Erhalt des funktionellen Synallagma des § 320 BGB (MünchKomm-InsO/*Kreft* § 103 InsO Rn. 2). Das in **§ 103 InsO verankerte Wahlrecht** für den Insolvenzverwalter ist u. a. Ausdruck dieses Konzepts. Der Insolvenzverwalter erhält mit dem Wahlrecht, einen gegenseitigen Vertrag erfüllen zu können oder die Erfüllung abzulehnen, ein Instrument in die Hand, das es ihm ermöglicht, das Massevermögen zu Gunsten der allgemeinen Gläubiger bestmöglich zu vermehren und vor Verlusten zu bewahren. Die Erfüllungswahl hat dabei den Zweck, bei einem massegünstigen Vertrag die noch ausstehenden Leistungen des Vertragspartners, soweit sie nicht Gegenleistung für schon vom Schuldner erbrachte Leistungen sind, der Masse zu den vorteilhaften Bedingungen des Vertrags dadurch zu verschaffen, dass die Masse die noch fehlende Leistung des Schuldners erbringt. Die Erfüllungswahl wirkt sich damit wie ein neuer Vertragsschluss zu alten Konditionen aus (*Kreft* 217, 224). Die Interessen der betroffenen Vertragspartner treten zurück. § 103 InsO verhindert zwar, dass der Vertragspartner seine Leistung erbringen muss, obwohl er nur eine Gegenleistung aus der Quote erhält. Für den Urheber und andere Vertragspartner des Insolvenzschuldners sowie den Sicherungsberechtigten ergeben sich aber aufgrund der Insolvenz und des § 103 InsO **besondere Risiken**. Die Vorschrift aus § 103 InsO findet auf Lizenzverträge häufig Anwendung. Die Tatbestandsvoraussetzung für das Wahlrecht des Insolvenzverwalters ist die nicht vollständige Erfüllung des Lizenzvertrags durch beide Parteien. Die Anforderungen an dieses Merkmal sind insb. umstritten, wenn der Vertrag durch eine Partei bis auf Nebenpflichten erfüllt ist. Es fehlt bislang an der Klärung des Streitstandes durch höchstrichterliche Rechtsprechung. Dem Streit kommt entscheidende Bedeutung zu, da es für den Vertragspartner des insolventen Lizenzgebers um den Verlust der bereits bezahlten Lizenzrechte gehen kann. Die Risiken aus § 103 InsO sind insb. für den Lizenznehmer des insolventen Lizenzgebers hoch. Gleiches gilt für den Sicherungsnehmer, der sich laufende Lizenzzahlungen als Sicherheit hat abtreten lassen. Die nachfolgende Darstellung behandelt die Verhältnisse zwischen dem Lizenzgeber und dem insolventen Lizenznehmer sowie zwischen dem insolventen Lizenzgeber und dem Lizenznehmer. Bezieht der Lizenzgeber die Lizenzrechte seinerseits von einem Dritten, so wird dieser in der folgenden Darstellung als Hauptlizenzgeber bezeichnet. Es erfolgt eine Behandlung der rechtlichen Situation bei der Sicherungsabtretung der Lizenzrechte. Anschließend werden kurz die Reformbestrebungen zur Insolvenzfestigkeit von Lizenzverträgen dargestellt.

II. Lizenzvertrag und Insolvenz

1. Folgen der Verfahrenseröffnung

Mit der Eröffnung des Insolvenzverfahrens verliert der Schuldner das Recht, das zur Insolvenzmasse gehörende Vermögen zu verwalten und über das Vermögen zu verfügen. Das Recht geht nach § 80 Abs. 1 InsO auf den Insolvenzverwalter über. Das Schicksal durch den Insolvenzschuldner geschlossener gegenseitiger Verträge richtet sich im Insolvenzfall nach deren Inhalt: Miet-, Pacht- und Dienstverhältnisse des Schuldners bestehen nach § 108 Abs. 1 S. 1 InsO kraft Gesetzes fort. Ebenfalls insolvenzfest sind solche Verträge, die von dem Schuldner oder seinem Vertragspartner bereits vollständig erfüllt wurden. Ist ein gegenseitiger Vertrag zur Zeit der Eröffnung des Insolvenzverfahrens vom Schuldner und der anderen Partei **noch nicht vollständig erfüllt,** gilt hingegen Folgendes: Die Eröffnung des Insolvenzverfahrens bewirkt bei derart offenen Verträgen nach neuester Rechtsprechung und herrschender Lehre kein Erlöschen der Erfüllungsansprüche. Lediglich die Durchsetzung der noch offen Ansprüche wird zunächst verhindert, soweit diese nicht auf anteiligen Gegenleistungen für vor Verfahrenseröffnung erbrachte Leistungen gerichtet sind (BGH NJW 2002, 2783; Uhlenbruck/*Wegener* § 103 InsO Rn. 22; Kübler/Prütting/Bork/ Tintelnot § 103 InsO Rn. 30; Loewenheim/*Kreuzer*/*Reber* § 95 Rn. 67). Der Lizenznehmer hat bspw. an den Insolvenzverwalter ausstehende Lizenzgebühren für die vergangene, vor Eröffnung des Insolvenzverfahrens erfolgte Nutzung der Urheberrechte auch nach Insolvenzeröffnung zu bezahlen. Über das weitere Schicksal des Vertrages entscheidet der Insolvenzverwalter. § 103 InsO gibt ihm ein **Wahlrecht:** Er kann den Vertrag an Stelle des Insolvenzschuldners erfüllen und die Erfüllung auch vom anderen Teil verlangen (§ 103 Abs. 1 InsO). Mit dieser Erfüllungswahl erhalten die zunächst nicht durchsetzbaren Ansprüche die Rechtsqualität von originären Forderungen der und gegen die Masse (BGH NJW 2002, 2783). Der Vertragspartner kann demnach für die nach der Eröffnung des Insolvenzverfahrens zu erlangenden Leistungen die Gegenleistung als Masseverbindlichkeit (§ 55 Abs. 1 InsO), der Insolvenzverwalter kann Leistung an die Masse verlangen. Der Insolvenzverwalter kann andererseits die Erfüllung ablehnen, so dass die gegenseitigen Ansprüche aus dem Vertrag auch dauerhaft undurchsetzbar bleiben. In diesem Fall kann die andere Vertragspartei eine Forderung wegen der Nichterfüllung nur als Insolvenzgläubiger geltend machen (§ 103 Abs. 2 InsO), erhält also nur die Insolvenzquote. Sie wird dann ihrerseits frei und muss den Vertrag nicht mehr erfüllen.

2. Keine Anwendung des § 108 InsO auf Lizenzverträge

4 § 108 InsO, der ein Fortbestehen von Miet- und Pachtverhältnissen des Schuldners über unbewegliche Gegenstände oder Räume sowie Dienstverhältnisse des Schuldners mit Wirkung für die Masse vorsieht, ist auf Lizenzverträge nicht anwendbar. Das Ergebnis ist unabhängig von der Frage, ob ein Lizenzvertrag als pachtähnlich oder kaufähnlich einzuordnen ist (HKInsO/*Marotzke* § 108 InsO Rn. 4; Kübler/Prütting/Bork/*Tintelnot* § 108 InsO Rn. 11a; *Adolphsen* DZWIR 2003, 228; Loewenheim/*Kreuzer*/*Reber* § 95 Rn. 64; Klages/ *Kreuzer* Rn. 1066). Vereinzelt wird zwar eine analoge Anwendung von § 108 Abs. 1 S. 1 InsO auf Lizenzverträge befürwortet (*Fezer* WRP 2004, 793, 803; *Koehler*/*Ludwig* WRP 2006, 1342). Für eine Analogie besteht angesichts des eindeutigen Wortlauts der Norm sowie mangels einer planwidrigen Regelungslücke aber kein Raum. § 108 Abs. 1 S. 1 InsO ist eine eng auszulegende Ausnahmevorschrift, deren Anwendungsbereich sich auf die dort genannten Verträge beschränkt (Uhlenbruck/*Wegener* § 108 InsO Rn. 1).

3. Der Lizenzvertrag und § 103 InsO

5 **a) Wahlrecht des Insolvenzverwalters nach § 103 InsO.** Der Fortbestand offener Lizenzverträge richtet sich nach der Regelung des § 103 InsO und dem dort normierten Wahlrecht des Insolvenzverwalters (BGH NJW 2006, 915, 916). Entscheidende Voraussetzung ist die noch **nicht vollständige Erfüllung** des gegenseitigen Vertrages durch **beide Parteien**. Diese Voraussetzung wird im insolvenzrechtlichen Schrifttum teilweise für Lizenzverträge mit einem Hinweis auf den pachtähnlichen Rechtscharakter solcher Vertragsverhältnisse als regelmäßig erfüllt angesehen (Kübler/Prütting/Bork/*Tintelnot* § 103 InsO Rn. 64 ff. und 190; *Berger* GRUR 2004, 20; *v. Frentz*/*Marrder* ZUM 2001, 761, 762). Diese Meinung sieht in der Überlassung von Nutzungsrechten einen andauernden Leistungsaustausch und nicht einen einmaligen, anschließend abgeschlossenen Akt der Rechtseinräumung. Der Lizenzvertrag soll im Hinblick auf die beschriebene Einordnung als Dauerschuldverhältnis grds. als „offener Vertrag" i. S. d. § 103 InsO zu qualifizieren sein (*Brauer*/ *Sopp* ZUM 2004, 112, 119). Dies soll auch für sog. **„Buy-Out-Verträge"** (zum Begriff Vor §§ 31 ff. UrhG Rn. 92) gelten, bei denen (gegen pauschale Vergütung) sämtliche übertragbaren Rechte zeitlich unbegrenzt eingeräumt werden (*Stickelbrock* WM 2004, 549, 558; vgl. auch Klages/*Kreuzer* Rn. 1078). Die Meinung führt zu dem Ergebnis, dass die Voraussetzungen des § 103 InsO bei jedem Lizenzvertrag vorliegen und damit das Wahlrecht des Insolvenzverwalters begründet ist. Dieser Auffassung steht die Meinung gegenüber, dass nach der Art des Lizenzvertrags und seiner Ausgestaltung zu differenzieren ist. Dieser Meinung wird hier gefolgt. Danach ist von Bedeutung, ob ein Lizenzvertrag ein pachtähnliches Dauerschuldverhältnis darstellt oder als kaufähnlich einzustufen ist. Aufgrund der Vielfältigkeit der einzuräumenden Lizenzrechte und diesbezüglicher Nutzungsverhältnisse sind im Einzelfall zahlreiche Vertragsgestaltungen möglich (Vor §§ 31 ff. UrhG Rn. 67). Bei **Filmverwertungsverträgen** bspw. werden die Nutzungsrechte häufig zeitlich begrenzt übertragen und ein automatischer Rückerwerb nach Vertragsende vereinbart. Der Lizenznehmer schuldet nutzungsabhängige Vergütung und es treffen ihn regelmäßig entsprechende Dauerpflichten (Auswertungs- und Abrechnungspflichten, Erlösbeteiligung). Bei einer solchen Vertragsgestaltung wird daher zu Recht von einem pachtähnlichen Dauerschuldverhältnis ausgegangen (Klages/*Kreuzer* Rn. 1087; *Adolphsen* DZWIR 2003, 228; *Oeter*/*Ruttig* ZUM 2003, 611, 612). Werden die Lizenzrechte hingegen vollständig und endgültig gegen Zahlung eines einmaligen Entgelts übertragen, spricht dies für eine kaufähnliche Vertragsgestaltung (Klages/*Kreuzer* Rn. 1087). Bei der **Überlassung von Software** sind bspw. folgende Gestaltungen des Lizenzvertrags auseinander zu halten: Die Überlassung von

Standardsoftware gegen einmalige Entgeltzahlung wird – insb. im Bereich sog. „Massenlizenzierung" – regelmäßig als Rechtskauf, die vereinbarte Erstellung von Individualsoftware hingegen als Werk- oder Werklieferungsvertrag qualifiziert. Soweit für die Übertragung des Nutzungsrechts an einer Software fortlaufende Entgeltzahlung vereinbart wird und der Lizenzgeber neben der Nutzungsüberlassung etwa auch die Pflege der Software für einen bestimmten Zeitraum schuldet, ist hingegen eine miet-, pacht- oder dienstvertragliche Einordnung vorzunehmen (*Brandt* NZI 2001, 337, 339; *Grützmacher* CR 2004, 814, 815; Vor §§ 31 ff. UrhG Rn. 134 f.). Allein die Einordnung eines Vertrages als „Lizenzvertrag" vermag deshalb nicht dessen Charakter als Dauerschuldverhältnis und eine damit verbundene Anwendbarkeit des § 103 InsO zu begründen. Dies bedarf vielmehr einer einzelfallbezogenen Betrachtung.

Ist ein Lizenzvertrag als **(pachtähnliches) Dauerschuldverhältnis** einzuordnen, sind die Voraussetzungen des § 103 InsO regelmäßig erfüllt. Auf Seiten des Lizenzgebers ist der pachtähnliche Lizenzvertrag i. d. R. nicht vollständig erfüllt, da er zur weiteren Überlassung der Nutzungsrechte während der Vertragslaufzeit verpflichtet ist (BGH WM 2001, 1005; *Abel* NZI 2003, 121, 124; *Adolphsen* DZWIR 2003, 228, 229; *Brauer/Sopp* ZUM 2004, 112, 119; *v. Frentz/Marrder* ZUM 2001, 761, 769; *Oeter/Ruttig* ZUM 2003, 611, 614; *Stickelbrock* WM 2004, 549, 558). Auf Seiten des Lizenznehmers ist der Vertrag nicht vollständig erfüllt, wenn während der Vertragslaufzeit noch Lizenzzahlungen zu leisten sind (*v. Frentz/Marrder* ZUM 2001, 761, 769; *Brauer/Sopp* ZUM 2004, 112, 120). Dies ist stets der Fall, wenn die Parteien bspw. Umsatzlizenzen oder über die Laufzeit des Lizenzvertrags gestreute Teilzahlungen vereinbart haben. Bei pachtähnlichen Lizenzverträgen ist das in § 103 InsO normierte Insolvenzverwalterwahlrecht mithin regelmäßig eröffnet. **6**

Stellt sich der Lizenzvertrag als **Rechtskauf** dar und wurden die gegenseitigen Hauptleistungen bereits ausgetauscht, sind die Voraussetzungen des § 103 InsO hingegen meist ausgeschlossen, der Lizenzvertrag mithin insolvenzfest. Die endgültige Einräumung urheberrechtlicher Nutzungsrechte gegen erfolgte Zahlung eines einmaligen Entgelts legt eine vollständige Erfüllung nahe. Hier gilt es jedoch zu beachten, dass sich für die Parteien aus dem Lizenzvertrag **Nebenpflichten** ergeben können und es kommt mithin der umstrittenen Frage entscheidende Bedeutung zu, inwieweit solche Neben- oder Mitwirkungspflichten dazu führen, dass ein gegenseitiger Vertrag als noch nicht vollständig erfüllt i. S. d. § 103 InsO anzusehen ist. Teilweise wird vertreten, die Frage nach der vollständigen Vertragserfüllung sei ausschließlich anhand der gegenseitigen Hauptleistungspflichten zu beantworten (*Brauer/Sopp* ZUM 2004, 112, 120). Nach anderer Auffassung sollen auch Nebenpflichten in die Betrachtung einzubeziehen sein, jedoch nur, wenn es sich bei diesen um synallagmatische handele (Kübler/Prütting/Bork/*Tintelnot* § 103 InsO Rn. 64; *Brandt* NZI 2001, 337, 340). Die h. M. lässt hingegen jegliche offene Vertragspflicht genügen, um die Anwendbarkeit des § 103 InsO zu begründen (LG Mannheim DZWIR 2003, 479, 481; HKInsO/*Marotzke* § 103 InsO Rn. 28; *Abel* NZI 2003, 121, 124). Folgt man mangels ausdrücklicher tatbestandlicher Einschränkungen dieser h. M., steht dem Insolvenzverwalter schon dann das Wahlrecht aus § 103 InsO zu, wenn die Parteien lediglich sich aus dem Lizenzvertrag ergebende Neben- oder Mitwirkungspflichten noch nicht erfüllt haben. Zu solchen Nebenpflichten können auf Seiten des Lizenznehmers Vertriebs- und sonstige Kooperationspflichten (vgl. *Grützmacher* CR 2004, 814), auf Seiten des Lizenzgebers die Pflicht gehören, die Nutzung des Werkes während der Laufzeit des Lizenzvertrags durch den Lizenznehmer zu dulden und beim exklusiven Lizenzvertrag sich einer eigenen Auswertung des Werkes zu enthalten (§ 31 Abs. 3 UrhG). Häufig treten weitere Pflichten des Lizenzgebers, wie die Überlassung von Materialien (Filmen, Druckvorlagen usw.), hinzu. Zu den Nebenpflichten des Lizenznehmers kann bspw. die Pflicht gehören, das Werk auswerten zu müssen, Filmmaterial nach Vertragsende zurückgeben zu müssen oder sich während der Vertragslaufzeit bestimmter Handlungen zu enthalten (*Oeter/Ruttig* ZUM 2003, 611, 613). Selbst wenn ein Filmverwertungsvertrag als kaufähnlich zu qualifizieren ist und **7** der Lizenznehmer die Lizenzgebühr bereits zu Vertragsbeginn vollständig erbracht hat, ist das Wahlrecht des Insolvenzverwalters folglich nicht von vornherein ausgeschlossen, wenn der Lizenznehmer etwa noch die Rückgabe des Filmmaterials schuldet. Im Bereich der Softwareüberlassung ist hier ferner an die Pflicht der Beibehaltung im Lizenzmaterial enthaltener Schutzvermerke sowie der Übernahme erstellter Kopien in unveränderter Form zu denken (LG Mannheim, CR 2004, 811, 813).

8   b) **Ausübung des Wahlrechts.** Der Insolvenzverwalter muss gegenüber dem Vertragspartner des Schuldners (Lizenznehmer oder Lizenzgeber) **erklären,** ob er die Erfüllung verlangt (§ 103 Abs. 1 InsO). Der Vertragspartner hat dabei regelmäßig ein Interesse daran, zeitnah zu klären, welche Entscheidung der Insolvenzverwalter trifft. § 103 Abs. 2 S. 1 und 3 InsO geben dem Vertragspartner des insolventen Schuldners ein entsprechendes Instrument in die Hand. Er kann den Insolvenzverwalter dazu **auffordern,** das Wahlrecht auszuüben. Der Insolvenzverwalter hat dann **unverzüglich** (ohne schuldhaftes Zögern, § 121 Abs. 1 S. 1 BGB) die Erklärung abzugeben, ob er die Erfüllung verlangt oder nicht. Er kann nicht mehr auf der Erfüllung bestehen, wenn er eine solche Erklärung nicht rechtzeitig abgibt. Ein Schweigen des Insolvenzverwalters nach Aufforderung zur Erklärung gilt damit als Ablehnung der Vertragserfüllung. Das Schweigen des Insolvenzverwalters trotz Aufforderung zur Erklärung führt also dazu, dass der Vertragspartner frei wird. Zu beachten ist, dass aufgrund der bei Lizenzverträgen nicht selten vorliegenden Komplexität des Verfahrens dem Insolvenzverwalter eine **angemessene Frist** zur Klärung der Voraussetzungen für eine durchdachte Ausübung des Wahlrechts zuzubilligen ist (*Oeter/Ruttig* ZUM 2003, 611, 615). Die angemessene Frist kann so zu bemessen sein, dass der Insolvenzverwalter Zeit hat, den Wert und die Verwertbarkeit der Rechte zu überprüfen oder die Zustimmung des Gläubigerausschusses (Berichtstermin) einzuholen. Der Insolvenzverwalter muss auch vor der Ausübung des Wahlrechts genügend Zeit haben, sich Klarheit darüber zu verschaffen, ob der Betrieb fortgeführt werden soll (BT-Drucks. 12/2443, 145; MünchKommInsO/*Huber* § 103 InsO Rn. 173).

9   In der Praxis bereiten dabei die Fälle Schwierigkeiten, bei denen der Insolvenzverwalter über einen längeren Zeitraum keine Erklärung darüber abgibt, ob er die Erfüllung des Vertrags verlangen will und der Vertragspartner ihn nicht zur Abgabe einer solchen Erklärung auffordert. Führen der Vertragspartner und der Insolvenzverwalter einen Lizenzvertrag nach Eröffnung des Insolvenzverfahrens über einen längeren Zeitraum fort, so spricht dies für eine **konkludente Erklärung des Insolvenzverwalters,** die Vertragserfüllung zu wählen (*Oeter/Ruttig* ZUM 2003, 611, 616). Dies gilt insb. dann, wenn er Leistungen aufgrund des Lizenzvertrags annimmt (z. B. Entgegennahme von Abrechnungsunterlagen und Umsatzlizenzen für den Zeitraum nach Eröffnung des Insolvenzverfahrens) oder selbst Verpflichtungen aus dem Lizenzvertrag wie die Überlassung von Filmmaterialien gemäß dem Lizenzvertrag erfüllt. Abzulehnen ist damit die Annahme eines dauerhaften Schwebezustandes bis zur ausdrücklichen Erklärung des Insolvenzverwalters, wenn dieser durch tatsächliches Handeln erkennen lässt, dass er den Lizenzvertrag fortführen möchte. Die bloße Weiternutzung eines Werkes ohne vorherige Unterlassungsaufforderung genügt nicht, um darin die Ausübung des Wahlrechts zu sehen (Loewenheim/*Kreuzer/Reber* § 95 Rn. 86).

4. Risiken bei Insolvenz des Lizenzgebers

10   a) **Einmallizenzzahlungen.** Ist der Lizenzgeber Insolvenzschuldner, so ergeben sich für den Lizenznehmer bei Vorliegen der Voraussetzungen des § 103 InsO folgende Risiken: Hat der Lizenznehmer die **Gegenleistung** für die Lizenz zu einem Großteil bereits erbracht, so läuft er Gefahr, das Nutzungsrecht aus dem Lizenzvertrag wieder zu verlieren. Aus der Sicht des Insolvenzverwalters ist es in diesem Fall günstig, die Nichterfüllung des Lizenzvertrags nach § 103 Abs. 2 InsO zu wählen. Er kann auf diese Weise die lizenzierten Nutzungsrechte wieder zur Masse ziehen und sie durch bspw. einen erneuten Lizenzver-

trag gewinnbringend neu verwerten. Ein Festhalten an dem Lizenzvertrag nach § 103 Abs. 1 InsO ist für den Insolvenzverwalter dagegen wenig attraktiv, da er nur noch die geringeren laufenden Zahlungen erhalten würde. Hat der Lizenznehmer bspw. zu Beginn des Lizenzvertrags eine Lizenzgebühr von einer Million € für eine mehrjährige Werknutzung bezahlt und schuldet er nur noch eine geringe Umsatzlizenz in Höhe weniger tausend € während der restlichen Vertragslaufzeit, so kann der Insolvenzverwalter durch die Wahl der Nichterfüllung das lizenzierte Recht zur Masse zurückholen, um anschließend das Recht mit einem neuen Lizenzvertrag mit einem hohen Ertrag zu verwerten. Er kann auf diese Weise den vollen Marktwert der Lizenz noch einmal ausschöpfen. Dies begünstigt die allgemeinen Gläubiger. Der Lizenznehmer, der am Beginn des Lizenzvertrags den Großteil der geschuldeten Gegenleistung bezahlt hat, geht damit ein erhebliches Risiko ein, im Falle der Insolvenz des Lizenzgebers das Nutzungsrecht zu verlieren, für das er seine Leistung überwiegend bereits erbracht hat. Der Lizenznehmer kann dann seinen Erfüllungsanspruch in Geld umrechnen und gem. §§ 38, 45 InsO zur Tabelle anmelden und zudem seine Ansprüche wegen Nichterfüllung gem. § 103 Abs. 2 InsO geltend machen.

b) Sukzessive Lizenzzahlung. Der Lizenznehmer kann dem aufgezeigten **Risiko** 11 **entgehen,** indem er **gestaffelte Zahlungen** über die Laufzeit des Lizenzvertrags hinweg vereinbart. Wählt der Insolvenzverwalter in diesem Falle die Nichterfüllung, so ist der Schaden für den Lizenznehmer geringer, da er seinerseits die Lizenzzahlungen für die Zukunft nicht mehr leisten muss. Seine Verhandlungsposition gegenüber dem Insolvenzverwalter ist bei einer gestaffelten Zahlung der Lizenzgebühren deshalb deutlich besser. Ist der Lizenznehmer beispielsweise nach dem Lizenzvertrag dazu verpflichtet, monatlich eine Lizenzgebühr in Höhe von € 10000,00 für die Werknutzung an den Lizenzgeber zu entrichten, geht der Lizenznehmer ein geringeres Risiko als bei einer Einmalzahlung ein. Die gestaffelte monatliche Lizenzzahlung spiegelt i.d.R. den Wert der Nutzungsmöglichkeit des lizenzierten Rechts für den Zeitabschnitt wider, in dem die Zahlung erfolgt ist. Dem Lizenznehmer entsteht so bei der Wahl der Nichterfüllung durch den Insolvenzverwalter kein größerer Schaden, da er im Wesentlichen nur für die tatsächlich erfolgte Nutzung der Rechte bezahlt hat und nicht für die künftige Nutzung der Rechte. Die Wahl der Erfüllung durch den Insolvenzverwalter ist andererseits für diesen günstig, da er bei der Durchführung des Lizenzvertrags weiter monatlich eine Lizenzzahlung erhält, die den Wert der lizenzierten Rechte ausschöpft. Damit steigt bei der Vereinbarung der sukzessiven Zahlung die Wahrscheinlichkeit, dass der Insolvenzverwalter die Erfüllung des Lizenzvertrags wählt (*Abel* NZI 2003, 121, 124). Bei einer derartigen Teilbarkeit der lizenzvertraglich geschuldeten Leistungen betreffen die Rechtsfolgen des Wahlrechts nur den von beiden Parteien (noch) zu erfüllenden Vertragsteil. Sind – wie im obigen Beispiel – von Seiten des Lizenznehmers gestaffelte Zahlungen für die Einräumung von Nutzungsrechten zu leisten und sind auch die Leistungen des Lizenzgebers – wie häufig – in sachlicher (etwa nach einzelnen Werken oder Nutzungsarten) oder zeitlicher Hinsicht teilbar, findet § 103 InsO auf zum Zeitpunkt der Verfahrenseröffnung bereits erfüllte Teilleistungen keine Anwendung. Etwaige rückständige Leistungen aus dem Lizenzvertrag bleiben daher auch bei Erfüllungswahl nur Insolvenzforderungen, § 105 S. 1 InsO (Loewenheim/*Kreuzer/Reber* § 95 Rn. 81). Die Auswirkungen einer Insolvenz des Lizenzgebers sollen durch eine Gesetzesänderung, mit der die Insolvenzfestigkeit von Lizenzverträgen wieder eingeführt wird, verringert werden (vgl. Rn. 25).

5. Risiken bei Insolvenz des Lizenznehmers

Bei Eintritt der Insolvenz auf Seiten des Lizenznehmers besteht für den Lizenzgeber kein 12 entsprechend großes Risiko, wohl aber für Unterlizenznehmer. Wählt der Insolvenzverwalter nach § 103 InsO die Erfüllung des Lizenzvertrags, so hat er die Lizenzgebühren für die Zukunft gem. § 55 Abs. 1 Nr. 2 InsO als Masseschulden voll zu entrichten. Dies gilt nicht für noch offene Zahlungsansprüche für die Vergangenheit (§ 105 InsO). Der Lizenzgeber erhält in diesem Fall also weiter die Gegenleistung. Wählt der Insolvenzverwalter hingegen die Nichterfüllung des Lizenzvertrags, so hat der Lizenzgeber zunächst einen Anspruch auf Schadensersatz wegen Nichterfüllung statt der Leistung. Ebenso wie Ansprüche auf rückständige Lizenzgebühren aus der Zeit vor Verfahrenseröffnung gibt auch der Schadensersatzanspruch dem Lizenzgeber jedoch nur den Rang eines einfachen Insolvenzgläubigers und folglich nur einen Anspruch auf die Quote (*Stickelbrock* WM 2004, 549, 559; *Adolphsen* DZWIR 2003, 228, 229). Einigkeit besteht im Falle der Erfüllungsablehnung ferner darüber, dass der Insolvenzverwalter nicht weiter zur Nutzung der Lizenz berechtigt sein kann. Offen ist insoweit lediglich die dogmatische Begründung: Die wohl h.M. nimmt einen automatischen Rückfall der lizenzierten Nutzungsrechte an (teils in Analogie zu § 9 Abs. 1 VerlG), so dass der Lizenzgeber diese unmittelbar neu auswerten kann (*Brauer/Sopp* ZUM 2004, 112, 120; Klages/*Kreuzer* Rn. 1072; *Wallner* GRUR 2004, 2073, 2079; s. Vor §§ 31ff. UrhG Rn. 49ff.; wegen der Aufgabe der Erlöschenstheorie durch den BGH ablehnend *Bärenz* NZI 2006, 72, 76). Dem steht nach einer im Schrifttum zunehmend vertretenen Auffassung die Abstraktheit der Lizenz von dem zugrunde liegenden Vertragsverhältnis entgegen. Ihre Vertreter sprechen sich folglich dafür aus, die lizenzierten Nutzungsrechte haftungsrechtlich dem Lizenzgeber zuzuweisen und ihm einen dinglichen Anspruch auf Rückübertragung zuzubilligen, der ihm ein Aussonderungsrecht gibt (*Adolphsen* DZWIR 2003, 228, 232; *Stickelbrock* WM 2004, 549, 560; *Oeter/Ruttig* ZUM 2003, 611, 618). Geht man mit der h.M. von einem automatischen Rückfall der Rechte aus, so hat dies – außer im Fall dinglich wirkender ausschließlicher Lizenzen – auch den Rückfall sämtlicher, durch den insolventen Lizenznehmer etwaig eingeräumter Sublizenzen an den Lizenzgeber zur Folge (*Brauer/Sopp* ZUM 2004, 112, 120; Klages/*Kreuzer* Rn. 1074). Die insolvenzbedingte Vertragsbeendigung kann deshalb zu einem Zusammenfall der Rechtekette führen. Etwas anderes gilt insoweit nur, wenn der insolvente Lizenznehmer ihm eingeräumte Nutzungsrechte **sicherheitshalber an einen Dritten** übertragen hat, um deren Anschaffung zu finanzieren. § 108 Abs. 1 S. 2 InsO, der sich nicht nur auf Immobilien, sondern ausdrücklich auch auf „sonstige Gegenstände" und damit auch Lizenzrechte bezieht, erklärt den Hauptlizenzvertrag hier für insolvenzfest. Hat etwa ein insolventer Lizenzhändler den Erwerb von Lizenzrechten drittfinanziert und dem Kreditinstitut zur Sicherung dieser Finanzierung die erworbenen Rechte übertragen, steht dem Insolvenzverwalter das in § 103 InsO normierte Wahlrecht nicht zu. Der Hauptlizenzvertrag besteht vielmehr kraft Gesetzes fort und vermag die nachfolgende Übertragung an das Kreditinstitut nicht zu Fall zu bringen (v. Hartlieb/Schwarz/*Kreuzer*/U. Reber 293. Kap. Rn. 34). Außerhalb des Anwendungsbereichs des § 108 Abs. 1 S. 2 InsO, also im Falle herkömmlicher Sublizenzierung, bleibt Sublizenznehmern im Hinblick auf die angesprochene Gefahr des Zusammenfalls der Rechtekette hingegen lediglich die Möglichkeit, Nutzungsrechte ausschließlich von solchen Lizenzgebern zu erwerben, die einen automatischen Rechterückfall im Verhältnis zu dem jeweiligen Hauptlizenzgeber vertraglich ausgeschlossen, die Geltung des Abstraktionsprinzips also ausdrücklich vereinbart haben (v. Hartlieb/Schwarz/*Kreuzer*/U. Reber 293. Kap. Rn. 37).

III. Sicherungsabtretung der Rechte aus dem Lizenzvertrag

1. Sicherungsabtretung von Zahlungsansprüchen aus dem Lizenzvertrag

13 Der Lizenzgeber kann seine Zahlungsansprüche, die ihm gegen den Lizenznehmer aus dem Lizenzvertrag zustehen, an einen Sicherungsnehmer bspw. zur Sicherung einer Forderung aus Darlehen abtreten. Für den Sicherungsnehmer ergibt sich im Falle der Insolvenz des Lizenzgebers folgende Situation: Lehnt der Insolvenzverwalter des Lizenzgebers die Erfüllung des Lizenzvertrags ab, so ist der Lizenznehmer nicht mehr verpflichtet, die für den Zeitraum danach anfallenden Lizenzgebühren zu bezahlen. Der Lizenznehmer verliert seinerseits die Rechte zur Nutzung des Werks. Es **entfällt** damit in der Folge **der Gegenstand der Sicherungsabtretung,** die Zahlungsansprüche. Die Sicherungsabtretung der Zahlungsansprüche des Lizenzgebers gegen den Lizenznehmer geht ins Leere.

Wählt der Insolvenzverwalter des Lizenzgebers die Erfüllung des Lizenzvertrags, so werden die Forderungen aus dem Rechtsverhältnis erneuert (BGH NJW 2002, 2783). Die Erneuerung des Lizenzvertrags wird als **Novation** bezeichnet (*Brauer/Sopp* ZUM 2004, 112, 121). Der Insolvenzverwalter kann in diesem Fall für die Insolvenzmasse die Erfüllung des Vertrags durch Erbringung der Lizenzzahlungen von dem Lizenznehmer verlangen. Er bleibt im Gegenzug verpflichtet, die der Masse obliegenden Pflichten, die Überlassung der Nutzungsrechte, weiter zu erbringen. Wegen der Novation leben die Hauptleistungspflichten für die Zukunft durch die Erfüllungswahl des Insolvenzverwalters **unbelastet,** als originäre wieder auf (BGH NJW 2002, 2783). Die Rechte des Sicherungsnehmers an den der Masse zustehenden Ansprüchen gehen mit der Eröffnung des Insolvenzverfahrens unter. Sie werden durch die Erfüllungswahl nicht wieder begründet. Dem steht § 91 Abs. 1 InsO entgegen. Dies hat zur Folge, dass die Sicherungsabtretung der Zahlungsansprüche aus dem Lizenzvertrag auch dann ins Leere geht, wenn der Insolvenzverwalter die Erfüllung des Lizenzvertrags wählt. Die Lizenzzahlungen kommen damit den allgemeinen Gläubigern und nicht dem Sicherungsberechtigten zu Gute. Die Sicherungsabtretung von Zahlungsansprüchen aus einem Lizenzvertrag verliert damit an Wert, da sie im Falle der Insolvenz des Lizenzgebers nicht die notwendige Sicherheit bietet. Sie bietet praktisch nur dort ausreichende Sicherheit, wo die Eröffnung eines Insolvenzverfahrens über den Lizenzgeber ausgeschlossen oder äußerst unwahrscheinlich ist.

2. Sicherungsabtretung der Lizenzrechte

Der Lizenznehmer kann die lizenzierten Rechte aus dem Lizenzvertrag zur Sicherheit an einen Sicherungsnehmer abtreten. Das zur Sicherung übertragene Nutzungsrecht berechtigt diesen in der Insolvenz des Lizenznehmers nach §§ 49 ff. InsO grds. zur abgesonderten Befriedigung. Wie bereits ausgeführt, sind derartige Abtretungen im Hinblick auf die drohende Insolvenz des Lizenznehmers jedoch risikobehaftet: Macht der Insolvenzverwalter von dem ihm nach § 103 InsO eingeräumten Recht, Vertragserfüllung zu wählen, keinen Gebrauch sondern lehnt er diese vielmehr ab, kommt es zu einem Rückfall übertragener Rechte an den Lizenzgeber (vgl. Rn. 12). Das Absonderungsrecht des Sicherungsnehmers verliert damit seine Grundlage (vgl. *Berger* FS Kirchhof 1, 8). Abgesonderte Befriedigung kann dem Sicherungsnehmer demnach überhaupt nur zustehen, wenn der Insolvenzverwalter die Erfüllung des Lizenzvertrages wählt. Dann kommt jedoch erneut der Frage Bedeutung zu, ob – wie im Falle der vorstehend besprochenen Sicherungsabtretung der Zahlungsansprüche – auch bei der hier zu besprechenden Abtretung der Nutzungsrechte die nach der Rechtsprechung des BGH anzunehmende Erneuerung der gegenseitigen Ansprüche („Novation") einem Absonderungsrecht des Sicherungsnehmers entgegensteht. Anders als dort ist dies hier jedoch nicht der Fall. Denn Gegenstand der Sicherung ist hier gerade nicht der vertragliche **Anspruch** auf Einräumung des Nutzungsrechts, sondern das Recht **selbst.** Nur der bezeichnete Anspruch wäre nach der zitierten Rechtsprechung sowie Sinn und Zweck der insolvenzrechtlichen Bestimmungen von einer Novation betroffen. An dem bereits begründeten Nutzungsrecht besteht das Absonderungsrecht des Sicherungsnehmers hingegen fort (*Berger* FS Kirchhof 1, 9). Das Absonderungsrecht führt zu der Möglichkeit des Sicherungsnehmers, bevorzugt aus dem Erlös der Lizenzen befriedigt zu werden. Die Verwertung der zur Sicherheit abgetretenen Lizenz erfolgt nach §§ 166–173 InsO.

Zur Sicherheit abgetretene Lizenzrechte unterfallen § 166 Abs. 2 InsO (a. A. *Berger* FS Kirchhof 1, 11 ff.). Der Insolvenzverwalter darf die zur Sicherheit abgetretenen **Lizenz-**

rechte einziehen oder in **anderer Weise verwerten**. Bei dieser Verwertung hat er die Interessen des absonderungsberechtigten Gläubigers zu beachten. Dies ist eine Ausnahme von dem Grundsatz, dass der Insolvenzverwalter allein der Insolvenzmasse oder den übrigen Gläubigern zur Interessenwahrung verpflichtet ist. Der Insolvenzverwalter hat den absonderungsberechtigten Dritten zu unterrichten und ihm seine Veräußerungsabsicht rechtzeitig mitzuteilen (§§ 167, 168 InsO). Die bei der Verwertung erzielten Erlöse hat der Insolvenzverwalter an den absonderungsberechtigten Dritten auszukehren. Vorab sind die Kosten der Feststellung und der Verwertung des Gegenstands für die Insolvenzmasse zu entnehmen (§ 170 Abs. 1 InsO). Die Feststellungskosten betragen 4% des Verwertungserlöses (§ 171 Abs. 1 InsO). Die Kosten der Verwertung sind mit 5% des Verwertungserlöses anzusetzen, wobei eine Anpassung an die tatsächlich entstandenen Kosten möglich bleibt (§ 171 Abs. 2 InsO). Führt die Verwertung zu einer Belastung der Masse mit der Umsatzsteuer, so tritt diese zu der Pauschale oder den entstandenen Kosten nach § 171 Abs. 2, S. 3 InsO hinzu.

IV. Erwerb von Lizenzrechten vom Insolvenzverwalter

17   Der Insolvenzverwalter kann das Lizenzrecht verwerten. Ein **sicherer Erwerb** von Lizenzrechten aus der Insolvenz ist deshalb **möglich**. Der Lizenznehmer hat beim Erwerb von Lizenzrechten vom Insolvenzverwalter folgende Risiken zu beachten:

1. Möglicher Rechteverlust

18   Es ist für den Lizenznehmer geboten, genau zu überprüfen, ob der Lizenzgeber die von dem Hauptlizenzgeber lizenzierten Rechte noch hat. Der Insolvenzverwalter schließt in der Regel die Haftung für den Rechtebestand soweit wie möglich aus. Ein gutgläubiger Erwerb von Lizenzrechten ist nicht möglich. Dabei können die Lizenzrechte verloren gegangen sein (Vor §§ 31 ff. UrhG Rn. 47 f.), indem der Insolvenzverwalter bspw. nach § 103 InsO die Nichterfüllung des Lizenzvertrags mit dem Hauptlizenzgeber gewählt hat. Krit. in diesem Zusammenhang ist insb. der Fall, dass der Hauptlizenzgeber den Insolvenzverwalter nach § 103 Abs. 2 S. 2 InsO zur Ausübung des Wahlrechts aufgefordert und der Insolvenzverwalter die Erklärung **nicht unverzüglich abgegeben** hat, ob er die Erfüllung verlangen will. Dann kann er auf die Erfüllung nicht mehr bestehen (§ 103 Abs. 2 S. 3 InsO). Der Insolvenzverwalter kann daher keine wirksame Lizenz mehr einräumen.

2. Zustimmung des Gläubigerausschusses

19   Weiter bedarf der Insolvenzverwalter gem. § 160 Abs. 1 InsO vor Abschluss des Lizenzvertrags der Zustimmung des Gläubigerausschusses, wenn die lizenzierten Rechte einen **wesentlichen Bestandteil** der **verbliebenen Masse** bilden (Aufsichtsfunktion). Lizenzverträge mit dem Insolvenzverwalter enthalten deshalb häufig eine aufschiebende Bedingung, dass der Gläubigerausschuss dem Vertrag zustimmt. Verletzt der Insolvenzverwalter diesbezüglich seine Pflichten gegenüber dem Gläubigerausschuss und schließt den Lizenzvertrag mit dem Lizenznehmer ohne dessen Zustimmung, so ist der Lizenzvertrag dennoch wirksam (§ 164 InsO). Ist ausnahmsweise kein Gläubigerausschuss bestellt, so ist nach § 160 Abs. 1 S. 2 InsO die Zustimmung der Gläubigerversammlung einzuholen. Für den Lizenznehmer ergibt sich aus der fehlenden Zustimmung des Gläubigerausschusses oder der Gläubigerversammlung deshalb kein besonderes Risiko.

3. Aufrechterhaltung der Insolvenzverwaltung während der Laufzeit des Lizenzvertrags

20   Ist der Lizenzvertrag als (pachtähnliches) Dauerschuldverhältnis zu qualifizieren (s. oben Rn. 5 ff.), muss die Insolvenzverwaltung während der Laufzeit des Vertrages zwischen dem

Insolvenzverwalter als Partei kraft Amtes und dem Lizenznehmer grds. aufrechterhalten bleiben. Sieht der Hauptlizenzvertrag zwischen dem Insolvenzverwalter und dem Hauptlizenzgeber noch weitere Lizenzzahlungen wie bspw. Umsatzlizenzzahlungen vor, so ist darauf zu achten, dass diese vom Insolvenzverwalter weiter zu erfüllen sind. Aus der Sicht des Lizenznehmers empfiehlt es sich dabei, in den Lizenzvertrag entsprechende **Garantien mit aufzunehmen,** dass der Insolvenzverwalter diese Zahlungsverpflichtungen gegenüber dem Hauptlizenzgeber erfüllt. Wegen der Erfüllung von Lizenzverträgen kann sich die Insolvenzverwaltung über viele Jahre (der Laufzeit eines Lizenzvertrags) hinstrecken. Bei Lizenzverträgen mit langer Laufzeit nimmt der Insolvenzverwalter häufig eine Bestimmung auf, die ihn berechtigt, den Lizenzvertrag mit dem Lizenznehmer auf einen Dritten zu übertragen, um die Insolvenzverwaltung auch vor Ablauf der Lizenzzeit beenden zu können. Der Lizenznehmer muss sich bei dieser Vertragsgestaltung vergegenwärtigen, dass er möglicherweise während der Laufzeit des Lizenzvertrags einen neuen Vertragspartner erhält. Es empfiehlt sich deshalb in den Lizenzvertrag Anforderungen mit aufzunehmen, die an den neuen Vertragspartner zu stellen sind. Die Aufnahme eines Ablehnungsrechts bietet guten Schutz.

4. Gesetzliche und vertragliche Beschränkungen

Bei dem Erwerb einer Lizenz aus der Insolvenz ist zu beachten, dass die Übertragung gem. § 34 Abs. 1 S. 1 UrhG grds. nur mit Zustimmung des Urhebers wirksam vorgenommen werden kann (BGH GRUR 2005, 860, 862 – Fash 2000). Das Zustimmungserfordernis beruht auf der persönlichen Bindung des Urhebers zu seinem Werk und ist damit urheberpersönlichkeitsrechtlich begründet (§ 34 UrhG Rn. 7). Aus der Sicht des Urhebers können sich durch einen Insolvenzfall in der Lizenzkette erhebliche Veränderungen bei der Werkverwertung ergeben. Die Urheberstellung bleibt zwar unberührt. Die Urheberpersönlichkeitsrechte (§§ 12 bis 14 UrhG) stehen dem Urheber weiter uneingeschränkt zu. Sie sind nicht von einer vertraglichen Beziehung zwischen dem Urheber und dem Werknutzer abhängig. Der Insolvenzverwalter hat die Urheberpersönlichkeitsrechte wie jeder dritte Berechtigte bei der Auswertung des Werkes zu beachten. Die Auswertung des Lizenzrechts durch den Insolvenzverwalter kann aber dazu führen, dass das Lizenzrecht ein Lizenznehmer erhalten soll, der es bei verbleibender Einflussmöglichkeit des Urhebers aufgrund von dessen politischer, geistiger oder persönlicher Überzeugung nicht erhalten hätte. Die Person des Verwerters und dessen geistige und persönliche Haltung im Allgemeinen und zu dem Werk im Besonderen kann für den Urheber bei sensiblen Werken eine überragende Rolle spielen. Das Niveau der Bewerbung des Werkes, die Nachbarschaft mit weiteren, von dem Lizenznehmer ausgewerteten Werken wie auch die Person des Werkverwerters selbst nehmen Einfluss auf das Bild, das von dem Werk in der Öffentlichkeit im Rahmen seiner Verwertung entsteht. Könnte der Insolvenzverwalter ein Lizenzrecht im Interesse der allgemeinen Gläubiger ausschließlich unter wirtschaftlichen Aspekten vergeben, so könnte dies zu einer Störung der Urheberinteressen führen. Diesen urheberpersönlichkeitsrechtlichen Belangen trägt § 34 Abs. 1 S. 1 UrhG Rechnung. Eine ohne die hiernach notwendige Zustimmung erfolgte Übertragung ist – auch wenn sie durch den Insolvenzverwalter vorgenommen wurde – schwebend unwirksam (*Berger* FS Kirchhof 1, 13), es sei denn, dass das Zustimmungserfordernis vertraglich (§ 34 Abs. 5 S. 2 UrhG) oder gesetzlich (§ 34 Abs. 3 S. 1 bzw. § 90 UrhG) abbedungen ist. Praktisch von besonderer Bedeutung ist dabei die Ausnahme vom Zustimmungserfordernis des Urhebers im Bereich des Films (§ 90 UrhG). Die Zustimmung zur Weiterübertragung kann sich aber auch stillschweigend oder aus den Gesamtumständen ergeben. Der Urheber ist gehalten, seine Zustimmung nicht wider **Treu und Glauben** (§ 34 Abs. 1 S. 2) zu verweigern (BGH GRUR 2005, 860, 862 – Fash 2000).

Es ist weiter zu überprüfen, ob der **Hauptlizenzvertrag** Einschränkungen und Begrenzungen enthält, die der Lizenzvertrag mit dem Insolvenzverwalter zutreffend widerspiegelt. Verbote der Unterlizenzierung, Abtretungsverbote oder Einschränkungen bei der Bearbeitung sowie der Nutzung der körperlichen Materialien sind zu beachten. Ist nach dem Hauptlizenzvertrag eine Unterlizenzierung nur mit Zustimmung des Hauptlizenzgebers möglich, so muss der Insolvenzverwalter diese Zustimmung einholen, damit die Unterlizenz dem Lizenznehmer eingeräumt werden kann. Gleiches gilt, wenn der Hauptlizenzvertrag die Abtretung der Rechte unter einen Zustimmungsvorbehalt stellt. Der Insolvenzverwalter darf in dem Lizenzvertrag mit dem Lizenznehmer nicht mehr Rechte einräumen, als der insolvente Lizenzgeber von dem Hauptlizenzgeber eingeräumt bekommen hat. Beim Rechteerwerb aus der Insolvenz sind diese Gesichtspunkte von besonderer Bedeutung, da der Insolvenzverwalter meist die Haftung weitgehend ausschließt und der Lizenznehmer ohne Rückgriffsmöglichkeiten alle Risiken trägt.

V. Kündigungsklauseln in Lizenzverträgen für den Insolvenzfall

1. Unwirksamkeit von Kündigungsklauseln, Zahlungsverzug

23 Die Lizenzverträge zwischen dem Lizenzgeber und dem insolventen Lizenznehmer sehen häufig das Recht des Lizenzgebers vor, im Insolvenzfall den Lizenzvertrag kündigen zu dürfen. In der Praxis werden solche Kündigungen dann auch von dem Lizenzgeber häufig bei Stellung des Antrags auf Eröffnung des Insolvenzverfahrens oder bei Eröffnung des Insolvenzverfahrens ausgesprochen. Diese Kündigungen führen zu der Verunsicherung, ob sie wirksam sind und damit der insolvente Lizenznehmer die Lizenzrechte verloren hat. Die Kündigungsklauseln sind jedoch wegen Verstoßes gegen zwingendes Insolvenzrecht unwirksam. Ebenso unwirksam sind Vereinbarungen, die im Voraus die Anwendung der §§ 103–118 InsO ausschließen bzw. beschränken. Dies folgt für Lizenzverträge mit pachtähnlichem Rechtscharakter bereits aus einer (analogen) Anwendung der §§ 112, 119 InsO (*Adolphsen* DZWIR 2003, 228, 230; *Reinhard/Lober* K&R 2003, 126, 127; *Abel* NZI 2003, 121, 128; *v. Frentz/Marrder* ZUM 2001, 761, 762; *Stickelbrock* WM 2004, 549, 562; Loewenheim/*Kreuzer/Reber* § 95 Rn. 59; Klages/*Kreuzer* Rn. 1065; v. Hartlieb/Schwarz/*Kreuzer/U. Reber* 293. Kap. Rn. 17). Das in § 103 InsO vorgesehene Wahlrecht des Insolvenzverwalters darf weder durch vertragliche Kündigungsregelungen noch durch vertraglich vereinbarte auflösende Bedingungen im Falle der Insolvenz ausgehöhlt und umgangen werden (*Gieseke/Szebrowski* MDR 2003, 121, 122; *Abel* NZI 2003, 121, 128). Klauseln mit einer **auflösenden Bedingung für den Insolvenzfall sind** üblich, aber ebenfalls **unwirksam.** Der Ausschluss der Kündigung darf durch solche Regelungen nicht umgangen werden. Strittig ist jedoch, ob die Kündigung des Lizenzgebers wegen Zahlungsverzuges, der zwischen Stellung des Insolvenzantrags und der Eröffnung des Insolvenzverfahrens eingetreten ist, zulässig ist. Im Ergebnis wird man diese Frage mit dem BGH bejahen müssen (BGH WM 2002, 1888). Diskutiert wird in jüngster Zeit schließlich die Wirksamkeit von Kündigungsklauseln für den Fall eines – mit der Insolvenz möglicherweise einhergehenden – Nichtgebrauchs der dem Lizenznehmer eingeräumten Rechte und hiermit verbundener Nachteile, etwa Minderung bzw. Ausfall der Lizenzgebühr und drohender „Verderb" der Rechte (*Schmoll/Hölder* GRUR 2004, 743, 745). Ein dahingehender Verstoß gegen vertragliche Ausübungspflichten soll gerade bei der Einräumung ausschließlicher Lizenzen eine Kündigung aus wichtigem Grund rechtfertigen und eine entsprechende Kündigungsklausel mithin wirksam sein (*Schmoll/Hölder* GRUR 2004, 743, 746). Als **wirksam** wurde eine Vereinbarung angesehen, nach der im Falle einer nicht nur auf den Insolvenzfall beschränkten außerordentlichen Kündigung alle Nutzungs- und Vertriebsrechte auf den Vertragspartner übergehen (BGH NJW 2006, 915). In dieser aufschiebenden Bedingung sah der BGH keinen Verstoß gegen § 119 InsO, weil die Klausel in ihrer praktischen Wirkung zwar das Wahlrecht aus § 103 InsO unterläuft, rechtlich jedoch nicht auf dieses Ziel gerichtet war (BGH NJW 2006, 915, 917; krit. dazu, insb. mit Blick auf künftige Vertragsgestaltungen *Koehler/Ludwig* WRP 2006, 1342, 1343 f.).

2. Wahl ausländischen Rechts

Sind Lizenzverträge ausländischem materiellen Recht durch Rechtswahl unterstellt und enthalten eine Kündigungsklausel für den Insolvenzfall, so gilt Folgendes: Bei Insolvenz des in Deutschland ansässigen Vertragspartners (Lizenznehmer oder Lizenzgeber) findet das zwingende deutsche Insolvenzrecht Anwendung (lex fori concursus). Die Kündigungsklausel für den Insolvenzfall ist unwirksam, da sie gegen das zwingende Insolvenzrecht verstößt und zu seiner Umgehung führen würde (vgl. o. Rn. 23). Der Insolvenzverwalter eines in Deutschland ansässigen insolventen Lizenzgebers kann das Wahlrecht nach § 103 InsO gegenüber dem ausländischen Lizenznehmer auch dann ausüben, wenn der Lizenzvertrag ausländischem Recht unterliegt und der ausländische Lizenznehmer den Lizenzvertrag aufgrund einer Kündigungsklausel für den Insolvenzfall kündigt. Die Parteien haben deshalb nicht die Möglichkeit, durch Rechtswahl den Vorschriften der Insolvenzordnung zu entgehen (*Adolphsen* DZWIR 2003, 228, 230; *Reinhard/Lober* K&R 2003, 126, 130; *Abel* NZI 2003, 121, 128; *v. Frentz/Marrder* ZUM 2001, 761, 765).

VI. Bevorstehende Gesetzesreform

Am 22.8.2007 legte das Kabinett einen Regierungsentwurf zur Regelung der Insolvenzfestigkeit von Lizenzen vor (BT-Dr 16/7416). § 108a InsO-E 2007 sah vor, dass im Falle der Insolvenz des Lizenzgebers der von ihm abgeschlossene Lizenzvertrag über ein Recht am geistigen Eigentum mit Wirkung für die Insolvenzmasse fortbestehen sollte. Das dem Insolvenzverwalter an sich nach § 103 InsO zustehende Wahlrecht, ob er den Lizenzvertrag beenden oder fortsetzen möchte, sollte folglich entfallen (näher zu dem heftig diskutierten Gesetzesentwurf vgl. die Vorauflage, Rn. 25–30 sowie z.B. *McGuire*, GRUR 2009, 13, 18 f.; *Slopek*, GRUR 2009, 128, 130 ff.). Der Entwurf fiel schließlich dem sog. Diskontinuitätsgrundsatz infolge der Bundestagswahl im Jahr 2009 zum Opfer.

Anfang 2012 griff die neue Regierung das Vorhaben wieder auf, Lizenzen insolvenzfest zu regeln. Hierzu legte das Bundesministerium der Justiz am 23.1.2012 den „Entwurf eines Gesetzes zur Verkürzung des Restschuldbefreiungsverfahrens, zur Stärkung der Gläubigerrechte und zur Insolvenzfestigkeit von Lizenzen" vor. Der Referentenentwurf sieht, wiederum in § 108a InsO-E, eine umfangreiche Neuregelung vor, die wie folgt lautet:

„*§ 108a Schuldner als Lizenzgeber*

(1) Lehnt der Insolvenzverwalter nach § 103 die Erfüllung eines Lizenzvertrages ab, den der Schuldner als Lizenzgeber geschlossen hat, so kann der Lizenznehmer binnen eines Monats, nachdem die Ablehnung zugegangen ist, vom Verwalter oder einem Rechtsnachfolger den Abschluss eines neuen Lizenzvertrags verlangen, der dem Lizenznehmer zu angemessenen Bedingungen die weitere Nutzung des geschützten Rechts ermöglicht. Bei der Festlegung der Vergütung ist auch eine angemessene Beteiligung der Insolvenzmasse an den Vorteilen und Erträgen des Lizenznehmers aus der Nutzung des geschützten Rechts sicherzustellen; die Aufwendungen des Lizenznehmers zur Vorbereitung der Nutzung sind zu berücksichtigen, soweit sie sich werterhöhend auf die Lizenz auswirken.

(2) Handelt es sich bei dem Vertrag, den der Schuldner als Lizenzgeber geschlossen hat, um einen Unterlizenzvertrag und lehnt der Insolvenzverwalter gegenüber dem Hauptlizenzgeber die Erfüllung des Lizenzvertrags ab, so kann ein Unterlizenznehmer des Schuldners vom Hauptlizenzgeber den Abschluss eines Lizenzvertrages nach den in Absatz 1 genannten Bedingungen verlangen. Liegen Tatsachen vor, aus denen sich ernsthafte Zweifel ergeben, dass der Unterlizenznehmer seine Verpflichtungen aus dem Vertrag wird erfüllen können, so kann der Hauptlizenzgeber den Abschluss von einer Sicherheitsleistung abhängig machen.

(3) Der Lizenznehmer ist berechtigt, bis zum Abschluss eines neuen Lizenzvertrages das lizenzierte Recht gemäß dem bisherigen Lizenzvertrag zu nutzen. Wird innerhalb von drei Monaten nach Zugang der Aufforderung des Lizenznehmers zum Neuabschluss des Lizenzvertrags kein neuer Lizenzvertrag abgeschlossen, so ist die weitere Nutzung nur zulässig, wenn

1. *eine Vergütung gezahlt wird, deren Höhe sich nach den Anforderungen von Absatz 1 bemisst, und*
2. *der Lizenznehmer spätestens innerhalb einer Ausschlussfrist von zwei Wochen nachweist, dass er gegen den Verwalter, im Fall des Absatzes 2 gegen den Hauptlizenzgeber, Klage auf Abschluss eines Lizenzvertrages erhoben hat.*
Wenn die Parteien nichts anderes vereinbaren, wirkt der neue Vertrag auf den Zeitpunkt der Eröffnung des Insolvenzverfahrens zurück."

27 In Abkehr vom Regierungsentwurf von 2007 wird das Wahlrecht des Insolvenzverwalters gem. § 103 InsO in dem neuen Entwurf nicht angetastet. Vielmehr wird dem Lizenznehmer im Falle der Nichterfüllungswahl des Verwalters ein Anspruch auf Abschluss eines neuen Vertrags zu angemessenen Bedingungen gewährt. Angesichts diverser Unklarheiten, v. a. zum sachlichen Anwendungsbereich der Norm, zur Bestimmung der angemessenen Bedingungen, zu den Lizenzketten sowie zum Fortbenutzungsrecht und seinen Einschränkungen nach Abs. 3 des Entwurfs wird auch der neue Referentenentwurf bereits intensiv und kontrovers diskutiert (vgl. z.B. *Bullinger/Hermes*, NZI 2012, 492; *Jungclaus*, ZInsO 2012, 724; *McGuire*, GRUR 2012, 657; *Römermann*, GWR 2012, 56; *Schmid*, GRUR-Prax 2012, 75; *Wimmer*, ZIP 2012, 545 sowie die DGRI Stellungnahme, CR 2012, 216).

28 Auch diese Reform ist indessen vorerst gescheitert; hierzu im Einzelnen *Dahl/Schmitz* BB 2013, 1032 mit dem zutreffenden Monitum, dass eine Neuregelung erforderlich bleibe. Ob sich nach der Zäsur durch die Bundestagswahl 2013 die erforderlichen Mehrheiten für einen weiteren Anlauf zur Gesetzesänderung finden, ist abzuwarten.

29 Insgesamt ist es begrüßenswert, dass sich der Gesetzgeber um eine Regelung dieser praxisrelevanten und schwierigen Materie bemüht (so auch *McGuire*, GRUR 2012, 657, 663). Das Wahlrecht des Insolvenzverwalters bleibt allerdings unberührt. Der Lizenznehmer erhält nach dem Entwurf lediglich ein „Erstzugriffsrecht" auf Abschluss eines neuen Lizenzvertrags. Scheitern die Verhandlungen, ist eine anderweitige Verwertung des Schutzrechts durch den Verwalter möglich, so dass der Lizenznehmer seine Investitionen ebenfalls nicht amortisieren kann. Von einer Insolvenzfestigkeit ließ sich daher auch nach dem zweiten RefE kaum sprechen.

30 Aus Sicht des Lizenznehmers wäre eine klare Vorschrift zu präferieren, die Lizenzverträge tatsächlich insolvenzfest regelt. Überdies ist die umfangreiche und komplexe Neuregelung an diversen Stellen noch unscharf und dürfte zu künftigen Streitigkeiten führen, so dass Klarstellungen im laufenden Gesetzgebungsverfahren wünschenswert wären (näher dazu *Bullinger/Hermes*, NZI 2012, 492, 495 ff.; krit. auch DGRI Stellungnahme, CR 2012, 216, 218; *Hirte*, KSzW 2012, 268, 269 f.; *McGuire*, GRUR 2012, 657, 664; *Schmid*, GRUR-Prax 2012, 75; a. A. *Wimmer*, ZIP 2012, 545, 557).

Gesetz über Unterlassungsklagen bei Verbraucherrechts- und anderen Verstößen (Unterlassungsklagengesetz)

In der Fassung der Bekanntmachung vom 27. August 2002
(BGBl. I S. 3422, ber. S. 4346, zuletzt geändert durch
Art. 7 G gegen unseriöse Geschäftspraktiken vom 1.10.2013, BGBl. I S. 3714)

– Auszug –

§ 2a Unterlassungsanspruch nach dem Urheberrechtsgesetz

(1) Wer gegen § 95b Abs. 1 des Urheberrechtsgesetzes verstößt, kann auf Unterlassung in Anspruch genommen werden.

(2) Absatz 1 gilt nicht, soweit Werke und sonstige Schutzgegenstände der Öffentlichkeit auf Grund einer vertraglichen Vereinbarung in einer Weise zugänglich gemacht werden, dass sie Mitgliedern der Öffentlichkeit von Orten und zu Zeiten ihrer Wahl zugänglich sind.

(3) § 2 Abs. 3 gilt entsprechend.

Literatur: *Arlt,* Digital Rights Management Systeme, München 2006.
Vgl. darüber hinaus die Angaben im eingangs abgedr. Gesamtliteraturverzeichnis.

§ 95b Abs. 2 UrhG begründet einen individuellen zivilrechtlichen Anspruch des einzelnen Begünstigten gegen den Rechtsinhaber und ist darauf gerichtet, von diesem die Mittel zur Inanspruchnahme der jeweiligen Schrankenvorschrift im erforderlichen Maße zu erhalten (s. § 95b UrhG Rn. 37 ff.). Die Durchsetzung dieses Anspruchs ist indessen für den einzelnen Begünstigten mit Kostenrisiken und erheblichem Aufwand verbunden. Eine Entscheidung wird vielfach erst mit deutlicher zeitlicher Verzögerung nur für den Einzelfall zu erlangen sein. Durch den 2003 (s. Vor §§ 31 ff. UrhG Rn. 4) eingefügten § 2a UKlaG und die Ergänzung des § 3 Abs. 1 UKlaG wird deshalb im Interesse einer effektiven Durchsetzung der Schranken die **Verbandsklage** auch zur Durchsetzung der Verpflichtungen aus § 95b UrhG zugelassen. Hierdurch soll überdies die einheitliche Rechtspraxis gefördert und eine über den Einzelfall hinausgehende Verbindlichkeit von Entscheidungen erreicht werden (BT-Drucks. 15/38, 65). Die teilweise geforderte Vorschaltung eines Schlichtungsverfahrens wäre nach Auffassung des Gesetzgebers der effizienten Schrankendurchsetzung abträglich gewesen. 1

Der Anspruch nach Abs. 1 richtet sich auf das Unterlassen des Verstoßes gegen das Gebot, die Mittel zur berechtigten Nutzung bereitzustellen, und somit auf das Zur-Verfügung-Stellen der Mittel zur Wahrnehmung der entsprechenden Schranke (Schricker/Loewenheim/*Götting* § 95b Rn. 32; Dreyer/Kotthoff/Meckel/*Dreyer* § 95b UrhG Rn. 57, 66; a. A. Loewenheim/*Peukert* § 36 Rn. 23), da anderenfalls der Schutzzweck des § 2a UKlaG i. V. m. § 95 Abs. 2 UrhG nicht erreichbar wäre. 2

Der Unterlassungsanspruch ist nach § 2a Abs. 2 UKlaG **ausgeschlossen** bei öffentlicher Zugänglichmachung auf vertraglicher Grundlage im Wege von Abrufdiensten. Die Begünstigten erhalten hinsichtlich der Werke und Schutzgegenstände, die auf vertraglicher Grundlage öffentlich zugänglich gemacht werden, nach den insoweit zwingenden Vorgaben der Richtlinie gegenüber technischen Maßnahmen keine Durchsetzungsmöglichkeit für ihre Nutzung. Damit steht die Zulassung der Schrankennutzung in diesem Bereich im Belieben des jeweiligen Rechtsinhabers. 3

4 Die Verweisung auf § 2 Abs. 3 UKlaG stellt klar, dass der Anspruch nicht geltend gemacht werden kann (und die auf ihn gestützte Klage somit als **unzulässig** abzuweisen ist, Palandt/*Bassenge* § 2 UKlaG Rn. 19), wenn er sich unter Berücksichtigung der gesamten Umstände als **missbräuchlich** darstellt, insb. wenn er vorwiegend dazu dient, gegen den Zuwiderhandelnden einen Anspruch auf Ersatz von Aufwendungen oder von Kosten der Rechtsverfolgung entstehen zu lassen.

5 Zum **Inkrafttreten** bestimmt Art. 6 Abs. 2 des Gesetzes zur Regelung des Urheberrechts in der Informationsgesellschaft, dass sämtliche zum Schutz technischer Maßnahmen in das Unterlassungsklagegesetz eingefügten bzw. geänderten Vorschriften mit einer zeitlichen Verzögerung von zwölf Monaten nach Verkündung des Gesetzes in Kraft treten, d. h. am 1.9.2004 (s. § 137j UrhG Rn. 10 ff.). Hierdurch sollte den Beteiligten Gelegenheit gegeben werden, sich auf freiwillige Maßnahmen zur Durchsetzung von Schranken zu einigen (vgl. § 95b UrhG Rn. 50, § 95d UrhG Rn. 17 f.).

§ 3a Anspruchsberechtigte Verbände nach § 2a

Der in § 2a Abs. 1 bezeichnete Anspruch auf Unterlassung steht rechtsfähigen Verbänden zur nicht gewerbsmäßigen und nicht nur vorübergehenden Förderung der Interessen derjenigen zu, die durch § 95b Abs. 1 Satz 1 des Urheberrechtsgesetzes begünstigt werden. Der Anspruch kann nur an Verbände im Sinne des Satzes 1 abgetreten werden.

Literatur: Vgl. die Angaben im eingangs abgedr. Gesamtliteraturverzeichnis.

1 § 3a nennt die Verbände, die berechtigt sind, die Verpflichtungen der Rechtsinhaber durchzusetzen. Er begründet (zum **Inkrafttreten** s. § 2a UKlaG Rn. 5 und § 137j UrhG Rn. 10 ff.) damit ausschließlich für den Anwendungsbereich des § 2a die Aktivlegitimation rechtsfähiger Verbände, die sich dauerhaft und nichtgewerblich den Interessen des durch § 95b Abs. 1 S. 1 UrhG geschützten Personenkreises widmen. Ursprünglich sollte lediglich § 3 Abs. 1 UKlaG um eine Nr. 4 ergänzt werden. Aus Gründen der Systematik, Klarheit und Lesbarkeit des Gesetzes wurde aber eine eigenständige Norm für die anspruchsberechtigten Verbände geschaffen. Die in § 3 genannten Verbände etc. sollen aber auch nach § 3a berechtigt sein (Dreier/Schulze/*Dreier* § 95b UrhG Rn. 6; a. A. *Arlt* 132; Dreyer/Kotthoff/Meckel/*Dreyer* § 95b Rn. 53).

§ 6 Zuständigkeit

(1) **Für Klagen nach diesem Gesetz ist das Landgericht ausschließlich zuständig, in dessen Bezirk der Beklagte seine gewerbliche Niederlassung oder in Ermangelung einer solchen seinen Wohnsitz hat. Hat der Beklagte im Inland weder eine gewerbliche Niederlassung noch einen Wohnsitz, so ist das Gericht des inländischen Aufenthaltsorts zuständig, in Ermangelung eines solchen das Gericht, in dessen Bezirk**

1. die nach den §§ 307 bis 309 des Bürgerlichen Gesetzbuchs unwirksamen Bestimmungen in Allgemeinen Geschäftsbedingungen verwendet wurden,
2. gegen Verbraucherschutzgesetze verstoßen wurde oder
3. gegen § 95b Abs. 1 des Urheberrechtsgesetzes verstoßen wurde.

(2) **Die Landesregierungen werden ermächtigt, zur sachdienlichen Förderung oder schnelleren Erledigung der Verfahren durch Rechtsverordnung einem Landgericht für die Bezirke mehrerer Landgerichte Rechtsstreitigkeiten nach**

§ 6 Zuständigkeit 1, 2 § 6 UKlaG

diesem Gesetz zuzuweisen. Die Landesregierungen können die Ermächtigung durch Rechtsverordnung auf die Landesjustizverwaltungen übertragen.

(3) **Die vorstehenden Absätze gelten nicht für Klagen, die einen Anspruch der in § 13 bezeichneten Art zum Gegenstand haben.**

Abs. 1 S. 2 Nr. 3 wurde auf Empfehlung des Bundesrates um eine spezielle Auffangzuständigkeit für Verstöße gegen § 95b Abs. 1 UrhG ergänzt (zum **Inkrafttreten** s. § 2a UKlaG Rn. 5 und § 137j UrhG Rn. 10 ff.). Da es sich bei den in § 95b UrhG genannten Bestimmungen weder um Verbraucherschutzgesetze noch um die Verwendung von unwirksamen Bestimmungen in Allgemeinen Geschäftbedingungen handelt, würde es ansonsten an einer Auffangregelung für den Fall fehlen, dass der Beklagte im Inland weder eine gewerbliche Niederlassung oder einen Wohnsitz noch einen Aufenthaltsort hat (BR-Drucks. 684/1/02, 10). **1**

Wie beim Gerichtsstand der unerlaubten Handlung (§ 32 ZPO) können auch bei einem Verstoß gegen § 95b Abs. 1 UrhG mehrere Begehungsorte in Betracht kommen. Daher ist auch das Gericht zuständig, in dessen Bezirk die Folgen des Verstoßes wirken, d. h. regelmäßig der **Wohn- bzw. Geschäftssitz des Anspruchsinhabers.** **2**

Gesetz betreffend das Urheberrecht an Werken der bildenden Künste und der Photographie (KUG)

Vom 9. Januar 1907

(RGBl. S. 7; m. W. v. 1.1.1966 aufgehoben durch § 141 Nr. 5 UrhG v. 9.9.1965, BGBl. I S. 1273, soweit es nicht den Schutz von Bildnissen betraf; zuletzt geändert durch Art. 3 § 31 Gesetz zur Beendigung der Diskriminierung gleichgeschlechtlicher Gemeinschaften und Lebenspartnerschaften v. 16.2.2001, BGBl. I S. 266)

– Auszug –

§ 22 [Recht am eigenen Bilde]

Bildnisse dürfen nur mit Einwilligung des Abgebildeten verbreitet oder öffentlich zur Schau gestellt werden. Die Einwilligung gilt im Zweifel als erteilt, wenn der Abgebildete dafür, dass er sich abbilden ließ, eine Entlohnung erhielt. Nach dem Tode des Abgebildeten bedarf es bis zum Ablaufe von 10 Jahren der Einwilligung der Angehörigen des Abgebildeten. Angehörige im Sinne dieses Gesetzes sind der überlebende Ehegatte oder Lebenspartner und die Kinder des Abgebildeten, und wenn weder ein Ehegatte oder Lebenspartner noch Kinder vorhanden sind, die Eltern des Abgebildeten.

Literatur: *Alexander*, Urheber- und persönlichkeitsrechtliche Fragen eines Rechts auf Rückzug aus der Öffentlichkeit, ZUM 2011, 328; *Balthasar*, Eingriffskondiktion und Lizenzbereitschaft bei der unerlaubten Nutzung von Persönlichkeitsmerkmalen in Werbung und Berichterstattung, ZUM 2005, 874; *Balthasar*, Eingriffskondiktion bei unerlaubter Nutzung von Persönlichkeitsmerkmalen – Lafontaine in Werbeannonce, NJW 2007, 664; *Beater*, Bildinformationen im Medienrecht, AfP 2005, 133; *Bender*, Das postmortale allgemeine Persönlichkeitsrecht: Dogmatik und Schutzbereich, VersR 2001, 815; *Beuthien*, Was ist vermögenswert, die Persönlichkeit oder ihr Image?, NJW 2003, 1220; *Beuthien/Hieke*, Unerlaubte Werbung mit dem Abbild prominenter Personen, AfP 2001, 353; *Beuthien/Schmölz*, Persönlichkeitsschutz durch Persönlichkeitsgüterrechte, München 1999; *Boksanyi*, Anmerkung zu LG Berlin Urt. v. 27.6.2006, AfP 2006, 390; *Bruns*, Persönlichkeitsschutz und Pressefreiheit auf dem Marktplatz der Ideen, JZ 2005, 428; *Czernik*, Heimliche Bildaufnahmen – ein beliebtes Ärgernis, GRUR 2012, 457; *Damm/Rehbock*, Widerruf, Unterlassung und Schadensersatz in den Medien, 3. Aufl., München 2008; *Dasch*, Die Einwilligung zum Eingriff in das Recht am eigenen Bild, München 1990; *Engels/Schulz*, Das Bildnis aus dem Bereich der Zeitgeschichte, AfP 1998, 574; *Ernst-Moll*, Das Recht am eigenen Bildnis vor und vor allem nach dem Tode, GRUR 1996, 558; *Flechsig*, Schutz gegen Verletzung des höchstpersönlichen Lebensbereichs durch Bildaufnahmen, ZUM 2004, 605; *Fricke*, Keine Geldentschädigung für „Hassprediger", AfP 2005, 335; *Frömming/Peters*, Die Einwilligung im Medienrecht, NJW 1996, 958; *v. Gerlach*, Gewinnherausgabe bei Persönlichkeitsrechtsverletzungen nach schweizerischem Vorbild?, VersR 2002, 917; *Götting*, Persönlichkeitsrechte als Vermögensrechte, Tübingen 1995; *Götting*, Sanktionen bei Verletzung des postmortalen Persönlichkeitsrechts, GRUR 2004, 801; *Gounalakis*, Persönlichkeitsschutz und Geldersatz, AfP 1998, 10; *Hahn*, Das Recht am eigenen Bild – anders betrachtet, NJW 1997, 1348; *Helle*, Besondere Persönlichkeitsrechte im Privatrecht, Tübingen 1991; *Hochrathner*, Hidden Camera – Ein zulässiges Einsatzwerkzeug des investigativen Journalismus?, ZUM 2001, 669; *Koch*, Neue technische Formen der Persönlichkeitserfassung und die Frage der „PostPrivacy", ITRB 2011, 158; *Koos*, Geldentschädigung bei Verletzung des postmortalen Würdeanspruchs, WRP 2003, 202; *Kühl*, Zur Strafbarkeit unbefugter Bildaufnahmen, AfP 2004, 190; *Ladeur*, Die Anpassung des privaten Medienrechts an die „Unterhaltungsöffentlichkeit", NJW 2004, 393; *Ladeur*, Anmerkung zu OLG München Urt. v. 6.3.2007, AfP 2007, 242; *Lammek/Ellenberg*, Zur Rechtmäßigkeit der Herstellung und Veröffentlichung von Sachaufnahmen, ZUM 2004, 715; *Lettl*, Allgemeines Persönlichkeitsrecht und Medienberichterstattung, WRP 2005, 1045; *Libertus*, Die Einwilligung als Voraussetzung für die Zulässigkeit von Bildnisaufnahmen und deren Verbreitung, ZUM 2007, 621; *Markfort*, Popstars und die Pressefreiheit, ZUM 2006, 829; *Müller*, Konkurrenz von Einwilligungsberechtigten in der Neufassung des § 22 KUG, ZUM 2002, 202; *Müller*, Vererblichkeit vermögenswerter Bestandteile des Persönlichkeitsrechts – Die neueste Rechtsprechung des BGH zum postmortalen Persönlichkeitsrecht, GRUR 2003, 31; *Neben*, Eingeschränkte Reichweite

§ 22 [Recht am eigenen Bilde] 1 § 22 KUG

persönlichkeitsrechtlicher Unterlassungsansprüche, AfP 2006, 533; *Ohly,* Verändert das Internet unsere Vorstellung von Persönlichkeit und Persönlichkeitsrecht?, AfP 2011, 428; *Petershagen,* Der Schutz des Rechts am eigenen Bild vor Hyperlinks, NJW 2011, 705; *Pietzko,* Die Werbung mit dem Doppelgänger eines Prominenten, AfP 1988, 209; *Prinz,* Geldentschädigung bei Persönlichkeitsrechtsverletzungen durch Medien, NJW 1996, 953; *Reber,* Die Schutzdauer des postmortalen Persönlichkeitsrechts in Deutschland und den USA – Ein Irrweg des Bundesgerichtshofs?, GRUR Int. 2007, 492; *Schertz,* Verfilmung tatsächlicher Ereignisse, ZUM 1998, 757; *Schertz,* Die wirtschaftliche Nutzung von Bildnissen und Namen Prominenter, AfP 2000, 495; *Schertz,* Der Schutz der Persönlichkeit vor heimlichen Bild- und Tonaufnahmen, AfP 2005, 421; *Schippan,* Prüfungspflichten einer Bildagentur bei der Weitergabe von Fotos, ZUM 2011, 795; *Schubert,* Von Kopf bis Fuß auf Verwertung eingestellt?, AfP 2007, 20; *Seiler,* Persönlichkeitsschutz und Meinungsfreiheit in der neueren Rechtsprechung des EGMR, des BVerfG und des BGH, WRP 2005, 545; *Seitz,* Prinz und die Prinzessin – Wandlungen des Deliktrechts durch Zwangskommerzialisierung der Persönlichkeit, NJW 1996, 2848; *Seitz,* Einmal nackt – immer frei?, NJW 2000, 2167; *Seitz/Schmidt/Schoener,* Der Gegendarstellungsanspruch, 4. Aufl., München 2010; *Soehring,* Die Entwicklung des Presse- und Äußerungsrechts 1994–1996, NJW 1997, 361; *Soehring,* Caroline und ein Ende?, AfP 2000, 230; *Soehring/Seelmann-Eggebert,* Die Entwicklung des Presse- und Äußerungsrechts 1997 bis 1999, NJW 2000, 2466; *Soehring/Seelmann-Eggebert,* Die Entwicklung des Presse- und Äußerungsrechts in den Jahren 2000 bis 2004, NJW 2005, 571; *Steffen,* Schmerzensgeld bei Persönlichkeitsrechtsverletzung durch Medien, NJW 1997, 10; *Strothmann,* Werbung mit bekannten Persönlichkeiten, GRUR 1996, 693; *Ullmann,* Persönlichkeitsrechte in Lizenz?, AfP 1999, 209; *Wanckel,* Foto- und Bildrecht, 4. Aufl. München 2012; *Wanckel,* Auf dem Weg zum „Recht am Bild der eigenen Sache"?, NJW 2011, 1779; *Wandtke,* Doppelte Lizenzgebühr im Urheberrecht als Modell für den Vermögensschaden von Persönlichkeitsrechtsverletzungen im Internet?, GRUR 2000, 942; *Wendt,* Das Recht am eigenen Bild als strafbewehrte Schranke der verfassungsrechtlich geschützten Kommunikationsfreiheiten des Art. 5 Abs. 1 GG, AfP 2004, 181; *Wild,* Anmerkung zu BGH GRUR 1979, 732 – Fußballtor; *Wimmers/Schulz,* Anmerkung zu OLG München Urt. v. 28.6.2007, K&R 2007, 533; *Zagouras,* Die Situationsgebundenheit der Einwilligung nach § 22 KUG, AfP 2005, 152.

Vgl. darüber hinaus die Angaben im eingangs abgedr. Gesamtliteraturverzeichnis.

Übersicht

	Rn.
I. Grundzüge	1–4
1. Entstehungsgeschichte	1
2. Systematik und Verfassungsmäßigkeit	2
3. Rechtsnatur und Gesetzeszweck	3, 4
II. Bildnis und Erkennbarkeit	5–7
III. Handlungsformen	8, 9
IV. Schutzdauer	10, 11
V. Rechtsinhaber und Wahrnehmungsberechtigte	12
VI. Einwilligung und Widerruf	13–20
VII. Sachaufnahmen	21
VIII. Verhältnis Wort- und Bildberichterstattung	22
IX. Ansprüche bei unbefugter Abbildung	23–39
1. Unterlassung	23, 24
2. Gegendarstellung	25
3. Ungerechtfertigte Bereicherung	26, 27
4. Schadensersatz	28, 29
5. Geldentschädigung	30–36
6. Vernichtung	37
7. Herausgabe	38
8. Auskunft	39

I. Grundzüge

1. Entstehungsgeschichte

Das Recht am eigenen Bild wurde als Teil des Kunsturhebergesetzes (KUG) vom Gesetzgeber im Jahre 1907 eingeführt. Es ist als Reaktion auf Auswüchse infolge des Auf- **1** kommens der Fotografie und der Vervielfältigungsmöglichkeiten der Massenmedien zu verstehen. Auslöser war ein erster „Paparazzi"-Fall: Fotografen waren in das Sterbezimmer Otto von Bismarcks eingedrungen und hatten den Leichnam fotografiert. Das RG konnte die Verbreitung der Fotos nur gestützt auf Hausfriedensbruch untersagen (RGZ 45, 170). Die hiermit erkennbar gewordene Regelungslücke sollte durch das KUG geschlossen werden, das einen Ausgleich zwischen dem Achtungsanspruch der Persönlichkeit und dem Informationsinteresse der Allgemeinheit vorzunehmen sucht (vgl. Verhandlung des Reichstages, 11. Legislaturperiode, II. Session, 1. Sessionsabschnitt 1905/06 Nr. 30, 1526, 1540 ff.; BVerfG GRUR 2000, 446, 451 – Caroline von Monaco).

2. Systematik und Verfassungsmäßigkeit

2   Die §§ 22 ff. sehen ein **abgestuftes Schutzkonzept** (BVerfG GRUR 2008, 539, 542 – Caroline von Hannover; GRUR 2000, 446, 451 – Caroline von Monaco; BGH GRUR 2007, 523, 524 – Abgestuftes Schutzkonzept) vor. Auf der ersten Stufe bestimmt § 22 S. 1 KUG, dass Bildnisse nur mit Einwilligung des Abgebildeten verbreitet oder öffentlich zur Schau gestellt werden dürfen und trägt somit dem Schutzbedürfnis der abgebildeten Person Rechnung. Von diesem Grundsatz werden auf der zweiten Stufe von § 23 Abs. 1 KUG bestimmte Bildnisse ausgenommen, vor allem solche aus dem Bereich der Zeitgeschichte (Nr. 1). Auf der dritten Stufe sieht § 23 Abs. 2 KUG zugunsten der abgebildeten Person vor, dass ihre berechtigten Interessen durch eine einwilligungslose Verbreitung nicht verletzt werden dürfen. Zwar handelt es sich bei den §§ 22 ff. KUG um vorkonstitutionelle Normen, sie sind jedoch **mit dem Grundgesetz vereinbar,** da sie mit ihren offenen Formulierungen für eine grundrechtskonforme Auslegung und Anwendung ausreichend Raum bieten (vgl. BVerfG GRUR 2000, 446, 459 – Caroline von Monaco). Die §§ 22 ff. KUG beschränken als „allgemeines Gesetz" i. S. d. Art. 5 Abs. 2 GG die Äußerungsgrundrechte des Art. 5 Abs. 1 GG. Sie sind entsprechend der Wechselwirkungslehre des Bundesverfassungsgerichts (BVerfG GRUR 1958, 654, 656 – Lüth) im Lichte der Bedeutung dieser Grundrechte auszulegen und in ihrer die Grundrechte begrenzenden Wirkung selbst wieder einzuschränken. Neben den §§ 22 ff. KUG treten als allgemeine Gesetze i. S. v. Art. 5 Abs. 2 GG die Gewährleistungen der **Europäischen Menschenrechtskonvention (EMRK),** insb. das in Art. 8 EMRK verankerte Recht auf Achtung des Privatlebens, das wiederum von der in Art. 10 EMRK gewährleisteten Äußerungsfreiheit beschränkt wird (BVerfG GRUR 2008, 539, 541 – Caroline von Hannover). Die Gewährleistungen der Konvention können als Auslegungshilfe für die Bestimmung von Inhalt und Reichweite von Grundrechten herangezogen werden, allerdings nur insoweit, wie dies nicht zu einer Einschränkung oder Minderung des Grundrechtsschutzes nach dem Grundgesetz führt (BVerfG GRUR 2008, 539, 541 – Caroline von Hannover). Das abgestufte Schutzkonzept des deutschen Rechts steht mit den Gewährleistungen der EMRK und der Rechtsprechung des EGMR im Einklang (EGMR NJW 2012, 1053 – Caroline von Hannover Nr. 2; vgl. dazu näher unter § 23 KUG Rn. 6).

3. Rechtsnatur und Gesetzeszweck

3   Das Recht am eigenen Bild ist eine **besondere Ausprägung des allgemeinen Persönlichkeitsrechts** (BVerfG GRUR 1973, 541, 545 – Lebach; BGH GRUR 1996, 227, 228 – Wiederholungsveröffentlichung; BGH GRUR 2007, 527 – Winterurlaub). Als Teil des Persönlichkeitsrechts unterfällt das Recht am eigenen Bild auch den „sonstigen Rechten" i. S. v. § 823 Abs. 1 BGB. Nur dem Abgebildeten soll die Verfügung über das eigene Bild zustehen; nur er selbst soll darüber befinden dürfen, ob, wann und wie er sich gegenüber Dritten oder der Öffentlichkeit im Bild darstellen will (st. Rspr., BGH GRUR 2007, 527 – Winterurlaub, m. w. N.). Allerdings gewähren das allgemeine Persönlichkeitsrecht und damit auch § 22 KUG dem Einzelnen nicht den Anspruch, nur so dargestellt zu wer-

den, wie er sich selbst sieht oder von anderen gesehen werden möchte (BVerfG GRUR 2000, 446, 449 – Caroline von Monaco m. w. N.). Das Schutzbedürfnis des Einzelnen ergibt sich vor allem aus der Möglichkeit, das Erscheinungsbild eines Menschen in einer bestimmten Situation von diesem abzulösen und jederzeit vor einem unüberschaubaren Personenkreis zu reproduzieren sowie mit dem Wechsel des Kontextes auch den Sinngehalt einer Bildaussage zu ändern (BVerfG GRUR 2008, 539, 541 – Caroline von Hannover; GRUR 2000, 446, 449 – Caroline von Monaco). Mit dem Fortschritt der Aufnahmetechniken kann ein erhöhtes Schutzbedürfnis einhergehen. So steigert zum Beispiel die zunehmende Verbreitung von in Mobiltelefonen integrierten Digitalkameras die Risiken der Gefährdung von Persönlichkeitsrechten insb. Prominenter, die in praktisch jeder Situation unvorhergesehen und unbemerkt fotografiert werden können (BVerfG GRUR 2008, 539, 541 – Caroline von Hannover). Ferner haben verschiedene Unternehmen mittlerweile **Gesichtserkennungs-Software** entwickelt, die es durch Abgleich mit dem Internet ermöglicht, auf Fotos abgebildete Menschen zu erkennen (dazu näher *Koch*, ITRB 2011, 158 ff.). Sollte diese Software zukünftig für den Einsatz auf mobilen Endgeräten verfügbar sein, würde dies die Möglichkeit, sich im öffentlichen Raum anonym zu bewegen, massiv einschränken, wenn nicht gar zunichte machen. Dass das Recht am eigenen Bild dem Abgebildeten auch die Möglichkeit geben muss, sich gegen derartige Gefahren zur Wehr zu setzen, liegt auf der Hand. Noch offen ist indes, wie hier effektiver Rechtsschutz gewährleistet werden kann. Soweit ersichtlich, ist ein auf den Einsatz im Netzwerk begrenztes Gesichtserkennungsverfahren bisher nur bei sozialen Netzwerken wie Facebook im Einsatz und wird hier auch von der Einwilligung des jeweiligen Mitglieds abhängig gemacht.

Darüber hinaus ist das Recht am eigenen Bild auch **Vermögensrecht,** wie bereits aus der in § 22 S. 2 KUG angesprochenen Möglichkeit hervorgeht, die Einwilligung in eine Bildnisveröffentlichung von einem Entgelt abhängig zu machen. Der BGH hat daher das Recht am eigenen Bild als „vermögenswertes Ausschließlichkeitsrecht" bezeichnet (BGH GRUR 1956, 427, 429 – Paul Dahlke; BGH GRUR 1992, 557, 558 – Joachim Fuchsberger). Er hat hieran anknüpfend nunmehr festgestellt, dass das Recht am eigenen Bild als Teil des allgemeinen Persönlichkeitsrechts dem **Schutz ideeller und kommerzieller Interessen** der Persönlichkeit dient (BGH GRUR 2000, 709, 712 – Marlene Dietrich). Damit hat die Praxis der wirtschaftlichen Verwertung von Bekanntheit und Ansehen einer Person zu Werbezwecken im Persönlichkeitsrecht bzw. im Recht am eigenen Bild eine auch vererbliche (BGH GRUR 2000, 709, 712 – Marlene Dietrich, dazu Rn. 12) Grundlage. Diese Rechtsprechung ist vom BVerfG unter Hinweis auf die üblich gewordene Vermarktung des Rechts am eigenen Bild ausdrücklich gebilligt worden (BVerfG GRUR 2006, 1049, 1050 – Der blaue Engel). Demgegenüber bleibt es in Fällen der redaktionellen Nutzung von Bildnissen bei dem Hinweis des BVerfG in der Caroline-Entscheidung, wonach das allgemeine Persönlichkeitsrecht nicht im Interesse einer Kommerzialisierung der eigenen Person gewährleistet ist (BVerfG GRUR 2000, 446 – Caroline von Monaco). **4**

II. Bildnis und Erkennbarkeit

Das Recht am eigenen Bild schützt den Einzelnen vor der unbefugten Verbreitung von Bildnissen. Ein **Bildnis** ist die erkennbare Wiedergabe des äußeren Erscheinungsbildes einer Person (BGH GRUR 1962, 211 – Hochzeitsbild; BGH GRUR 1966, 102 – Spielgefährtin I). Umfasst ist die Wiedergabe des Erscheinungsbildes in jeder Form und in jedem Medium, sei es als Fotografie, Gemälde (OLG Dresden AfP 2010, 402), Grafik, Karikatur (OLG Hamburg, AfP 1983, 282 – Tagesschausprecher), Comic-Figur (LG München AfP 1997, 559 – Gustl Bayrhammer), Puppe (AG Hamburg NJW 2005, 196), Computerspiel-Figur (OLG Hamburg ZUM 2004, 309), Schattenriss (LG Berlin AfP 2000, 555), Münzprägung (BVerfG ZUM 2001, 232; BGH GRUR 1996, 195 – Abschiedsmedaille), Skulptur und in gedruckter, über Film oder Fernsehen oder im Internet verbreiteter Form. **5**

6 Das Bildnis des **Doppelgängers** eines Prominenten kann zugleich Bildnis der bekannten Person sein und deren Recht am eigenen Bild verletzen, wenn der Eindruck erweckt wird, bei dem Doppelgänger handele es sich um die bekannte Person selbst (BGH GRUR 2000, 715, 717 – Der blaue Engel; LG Düsseldorf AfP 2002, 64; ebenso – allerdings gestützt auf das allgemeine Persönlichkeitsrecht – OLG Karlsruhe AfP 1996, 282 – Iwan Rebroff). Dem soll auch nicht entgegenstehen, dass ein größerer Teil der Betrachter erkennt, dass es sich um einen Doppelgänger handelt (LG Düsseldorf AfP 2002, 64, 65). Ob die **Darstellung einer real existierenden Person durch einen Schauspieler** ein Bildnis dieser Person ist (bejahend OLG Hamburg NJW 1975, 649, 650 – Aus nichtigem Anlass?; vgl. auch LG Stuttgart AfP 1983, 292; Loewenheim/*Schertz* § 18 Rn. 5), ist Frage des Einzelfalls. Ein Bildnis liegt jedenfalls nicht vor, wenn sich die reale Person und der Schauspieler nicht ähnlich sehen (LG Köln ZUM 2009, 324; LG Berlin ZUM 2008, 880). Dass der BGH im Falle einer nachgestellten Szene aus dem Film „Der blaue Engel" schon auf Grund der Wiedergabe des äußeren Erscheinungsbildes der von Marlene Dietrich gespielten Rolle ein Bildnis der Dietrich angenommen hat (BGH GRUR 2000, 715, 717 – Der blaue Engel), überzeugt nicht angesichts des Umstandes, dass sich die Gesichtszüge des Models erkennbar von denen Marlene Dietrichs unterschieden. Richtigerweise wird man im Fall des Nachstellens einer berühmten Szene ein Bildnis des Originalschauspielers dann nicht annehmen können, wenn sich die abgebildete Person erkennbar von jenem unterscheidet (ebenso *Beuthien/Hieke* AfP 2001, 356). Letztlich wird hier über die Filmszene nicht mehr als eine Assoziation mit der Abbildung des Originalschauspielers hervorgerufen. Ist das der Fall, handelt es sich nicht um ein Bildnis i. S. v. § 22 KUG (OLG Karlsruhe GRUR 2004, 1058; LG Köln NJW-RR 2009, 623, 627). Auch sonst liegt ein Bildnis einer Person nicht vor bei der Abbildung lediglich des „**Typus**" einer Person (LG Hamburg NJW-RR 2011, 1677) oder bei **bloßen Ähnlichkeiten** oder zufälligen Übereinstimmungen mit der Abbildung einer anderen Person (Dreier/Schulze/*Specht* § 22 KUG Rn. 2; Schricker/*Götting* § 22 KUG Rn. 21).

7 Für die erforderliche **Erkennbarkeit** des Abgebildeten kommt es nicht auf das Verständnis des Durchschnittslesers oder -zuschauers an (BVerfG NJW 2004, 3619, 3620). Vielmehr soll es genügen, wenn der Betroffene begründeten Anlass hat anzunehmen, er könne erkannt werden (BGH GRUR 1962, 211 – Hochzeitsbild; NJW 1971, 698, 700 – Pariser Liebestropfen). Hierfür reicht die Erkennbarkeit innerhalb eines mehr oder minder großen Bekanntenkreises aus (BGH GRUR 1979, 732, 733 – Fußballtor; KG AfP 2011, 269; OLG Hamburg AfP 1993, 590; OLG Stuttgart NJW-RR 1992, 536; OLG München AfP 1983, 276; Dreier/Schulze/*Specht* § 22 KUG Rn. 4). Die Identifizierbarkeit im engeren Familien- und Freundeskreis genügt hingegen nicht (ähnlich KG AfP 2011, 269, 270). Die Erkennbarkeit muss mindestens für einen Personenkreis vorhanden sein, den der Betroffene nicht mehr ohne weiteres selbst unterrichten kann (so zutreffend LG Köln AfP 2005, 81, 82; bestätigt von OLG Köln, NJW 2005, 2554; vgl. zur Entscheidung des LG Köln *Fricke* AfP 2005, 335). Die Verwendung von **Augenbalken,** die üblicherweise nur einen Teil des Gesichts abdecken, muss die Erkennbarkeit nicht ausschließen (vgl. OLG Hamburg AfP 1987, 703; AfP 1993, 590; OLG Karlsruhe ZUM 2001, 883, 887; OLG Frankfurt NJW 2006, 619; Wenzel/*v. Strobl-Albeg* Rn. 7.16). Dasselbe gilt im Falle einer **Verpixelung** nur des Gesichts, wenn die abgebildete Person über nicht unkenntlich gemachte Bildelemente wie Frisur oder Kleidung erkannt werden kann (vgl. KG MMR 2012, 258; OLG Saarbrücken, AfP 2010, 81; LG Frankfurt AfP 2007, 378). Die Erkennbarkeit muss sich aus den personenbezogenen Bildelementen ergeben (KG AfP 2006, 567), also etwa den Gesichtszügen (BGH GRUR 1958, 408 – Herrenreiter; BGH GRUR 1962, 211 – Hochzeitsbild), oder der Körpersilhouette, die Statur, Haltung und Haarschnitt zeigt (BGH GRUR 1979, 732, 733 – Fußballtor; OLG Karlsruhe ZUM 2001, 883, 887; OLG Hamburg AfP 1987, 703, 704 – Aidsrisiko Tätowierung; LG Berlin AfP 1997, 732, 733 – Plakatwerbeaktion). Verneint wurde die Erkennbarkeit bei einer Abbildung der neuen Le-

§ 22 [Recht am eigenen Bilde]

bensgefährtin des ehemaligen Bundesaußenministers, die sie nur seitlich von hinten und in Allerweltskleidung zeigte (KG AfP 2006, 567). Bei undeutlicher oder ausschnittsweiser Wiederveröffentlichung einer Abbildung soll die Erkennbarkeit durch die Bekanntheit der Erstveröffentlichung begründet werden können (OLG Hamburg AfP 1993, 590; LG Bremen GRUR 1994, 897 – Fotoausschnitt). Darüber hinaus soll sich die Erkennbarkeit auch aus begleitenden Umständen ergeben können, die neben oder außerhalb einer Abbildung liegen (OLG Frankfurt NJW 1992, 441, 442; Wenzel/*v. Strobl-Albeg* Rn. 7.14). Auch wenn die Abbildung für sich genommen keine Identifizierung des Betroffenen ermöglicht, bejaht die Rechtsprechung die Erkennbarkeit daher etwa infolge eines Zusammenhangs mit früheren Veröffentlichungen (BGH GRUR 1979, 732, 733 – Fußballtor), bei paralleler Namensangabe (BGH GRUR 1966, 102 – Spielgefährtin I), bei der Identifizierbarkeit über eine mitabgebildete Person (OLG Frankfurt NJW 1992, 441, 442) oder Sache (OLG Düsseldorf GRUR 1970, 618; anders LG Hamburg AfP 1994, 161) oder bei sonstigen Hinweisen im Text, die Rückschlüsse auf die abgebildete Person zulassen (OLG München AfP 1983, 276, 277 – Liebesschule). An dieser Rechtsprechung ist zu Recht kritisiert worden, dass sie Fragen des Bildnisschutzes unzutreffenderweise mit persönlichkeitsrechtlichen Fragen des Anonymitätsschutzes vermenge (*Hochrathner* ZUM 2001, 672). Da § 22 KUG ausschließlich das äußere Erscheinungsbild, nicht aber die Persönlichkeit des Betroffenen im Übrigen schützt, sind Fälle, in denen eine Person nur aus außerhalb einer Abbildung liegenden Umständen identifiziert werden kann, nach den für das allgemeine Persönlichkeitsrecht geltenden Kriterien und Abwägungsgrundsätzen zu beurteilen (ebenso OLG Karlsruhe GRUR 2004, 1058; *Wild* GRUR 1979, 735; *Hochrathner* ZUM 2001, 671; krit. auch *Damm/Rehbock* Rn. 136; Löffler/*Steffen* § 6 LPG Rn. 122; vgl. zu den nach dem allgemeinen Persönlichkeitsrecht an die Erkennbarkeit anzulegenden Kriterien BVerfG NJW 2004, 3619; über das allgemeine Persönlichkeitsrecht entschied der BGH richtigerweise auch den Fall GRUR 1975, 451 – Nacktaufnahme).

III. Handlungsformen

Nur die Verbreitung und öffentliche Zurschaustellung von Bildnissen ist von § 22 KUG **8** erfasst, nicht jedoch das Herstellen und Vervielfältigen. **Verbreitung** ist die Weitergabe des Originals oder von Vervielfältigungsstücken, die das Risiko einer nicht mehr zu kontrollierenden Kenntnisnahme in sich birgt (*v. Gamm* Einführung IX Rn. 105). Umfasst ist jede Art der Verbreitung körperlicher Exemplare etwa in Zeitungen, Zeitschriften, Büchern, auf Postkarten oder Werbeträgern, wobei Bildnisse aller Art verbreitet werden können, etwa Fotonegative oder -abzüge, Fernseh- oder Filmbilder (Dreier/Schulze/*Specht* § 22 KUG Rn. 9). Auch der Online-Versand von Fotoabzügen an beliebige Dritte auf Bestellung ist eine Verbreitung i. S. v. § 22 KUG (OLG Frankfurt MMR 2004, 683). Anders als in § 17 UrhG gilt auch das Verschenken von Bildnissen im privaten Bereich als Verbreitung (Schricker/*Götting* § 22 KUG Rn. 36). Demgegenüber stellt die Weitergabe von Bildnissen durch kommerzielle Bildarchive und Bildagenturen an die Presse noch keine Verbreitung dar, da es sich hier um eine pressebezogene bloße Hilfstätigkeit ohne Außenwirkung handelt, die für das Funktionieren der freien Medien notwendig ist (BGH NJW 2011, 755 – Jahrhundert-Mörder). Da Bildagenturen auch nicht verpflichtet sind, zu prüfen, für welche Zwecke das von Ihnen angeforderte Bildmaterial verwendet werden soll (BGH NJW 2011, 755 – Jahrhundert-Mörder), ergibt sich eine weitgehende Freistellung dieser Agenturen von Ansprüchen Betroffener aus dem KUG.

Die **öffentliche Zurschaustellung** ist die Sichtbarmachung eines Bildnisses gegenüber **9** einer nicht begrenzten Öffentlichkeit, was vor allem in Form der unkörperlichen Wiedergabe durch Massenmedien wie etwa Film, Fernsehen, DVD und Internet geschieht. Im

Unterschied zur Verbreitung muss die Zurschaustellung öffentlich sein (Dreier/Schulze/ *Specht* § 22 KUG Rn. 10). Das ist nicht der Fall beim Setzen eines **Links** auf von Dritten im Internet veröffentlichte Bildnisse (a. A. OLG München K&R 2007, 531 mit krit. Anm. *Wimmers/Schulz* K&R 2007, 533). **Herstellung** und Vervielfältigung von Bildnissen werden von § 22 KUG nicht erwähnt. Eine analoge Anwendung kommt schon wegen der Strafbewehrung in § 33 KUG nicht in Betracht (Dreier/Schulze/*Specht* § 22 KUG Rn. 11). Die Herstellung von Bildnissen kann aber das allgemeine Persönlichkeitsrecht des Abgebildeten betreffen (BGH GRUR 1957, 494 – Spätheimkehrer; GRUR 1967, 205 – Vor unserer eigenen Tür; Dreier/Schulze/*Specht* § 22 KUG Rn. 12; Schricker/*Götting* § 22 KUG Rn. 35; *Wanckel* Rn. 54). Der Schutz auch gegen die bloße Herstellung einer Aufnahme wird damit begründet, dass hierdurch das Bildnis des Betroffenen von seiner Person abgelöst, datenmäßig fixiert und seiner Kontrolle und Verfügungsgewalt entzogen wird (vgl. BVerfG GRUR 2000, 446, 449 – Caroline von Monaco; Dreier/Schulze/*Dreier* § 22 KUG Rn. 13; *Wanckel* Rn. 56). So ist als Persönlichkeitsrechtsverletzung angesehen worden die heimliche Anfertigung von Videoaufnahmen auch ohne Veröffentlichungsabsicht (BGH AfP 1995, 597 – Videoüberwachung). Der aus dem Persönlichkeitsrecht abgeleitete Schutz gegen das Herstellen von Aufnahmen kann indes nicht weiter reichen als derjenige gegen eine Veröffentlichung derselben. Daher sind die von §§ 23 und 24 KUG geschützten Informationsinteressen jedenfalls durch eine analoge Anwendung dieser Vorschriften zu berücksichtigen (ebenso Dreier/Schulze/*Specht* § 22 KUG Rn. 12). Zu einer unzulässigen Beschränkung der Informationsinteressen der Öffentlichkeit führte es, verlangte man, dass der Verwendungszweck der Aufnahmen schon im Moment der Herstellung feststehen müsse (so aber *Wanckel* Rn. 57). Um nicht vorschnell zulässige Arten einer späteren Veröffentlichung abzuschneiden, wird man jedenfalls bei publizistisch veranlassten Aufnahmen – wie etwa bei Filmaufnahmen im Recherchestadium – die Herstellung nur dann als rechtswidrig ansehen können, wenn auf der Grundlage der zum Herstellungszeitpunkt bekannten Umstände ausgeschlossen werden kann, dass jegliche spätere Veröffentlichung durch §§ 23ff. KUG gerechtfertigt ist (so auch KG ZUM 2007, 475, 478). Deswegen ist auch die Anfertigung sog. Paparazzi-Aufnahmen nicht per se rechtswidrig; allerdings kann der Umstand, dass solche Aufnahmen oft heimlich oder unter Belästigung und Verfolgung des Betroffenen zustande kommen, im Rahmen der Abwägung nach § 23 Abs. 2 KUG berücksichtigt werden (KG AfP 2008, 199, 202; vgl. § 23 KUG Rn. 34). Der Schutz gegen das Herstellen von Aufnahmen wird praktisch relevant, wenn sich der Abgebildete mit Gewalt gegen die Aufnahme zur Wehr setzt (vgl. Dreier/Schulze/*Specht* § 22 KUG Rn. 14). Ist die Herstellung rechtswidrig, kann sich der Abgebildete auf Notwehr (§§ 227 BGB, 32 StGB) berufen, sofern deren weitere Voraussetzungen vorliegen (vgl. dazu OLG Düsseldorf NJW 1994, 1971). Ein tätlicher Angriff auf Journalisten kann allerdings als zeitgeschichtliches Ereignis angesehen werden (KG ZUM 2007, 475; OLG Frankfurt Urt. v. 3.11.2005, Az 16 U 99/05 [unveröffentlicht]) und damit Anlass für eine zulässige Berichterstattung liefern, so dass der sich Wehrende immer Gefahr läuft, eine unerwünschte Berichterstattung erst zu ermöglichen. Das unbefugte Herstellen von Bildaufnahmen aus dem **höchstpersönlichen Lebensbereich** stellt § 201a StGB unter Strafe. Der Regelungsbereich dieser Vorschrift ist eng und räumlich auf den persönlichen Rückzugsbereich sowie gegenständlich auf denjenigen Bereich privater Lebensgestaltung beschränkt, in dem eine Abwägung zwischen dem Interesse der Allgemeinheit und dem Schutzinteresse des Einzelnen nicht stattfindet (vgl. BT-Drucksache 15/2466, 6), womit nur die Intimsphäre gemeint sein kann (i. E. ebenso *Hesse* ZUM 2005, 435; *Wendt* AfP 2004, 183; über die Intimsphäre hinaus wollen den Schutzbereich erweitern *Flechsig* ZUM 2004, 607, und *Kühl* AfP 2004, 193, was mit der Gesetzesbegründung indes nicht in Einklang steht; generell krit. zu der Vorschrift *Borgmann* NJW 2004, 2133 ff.; *Obert/Gottschalck* ZUM 2005, 436; *Sauren* ZUM 2005, 425; *Tillmann/Führ* ZUM 2005, 441; vgl. zum Umfang des Schutzes der Intimsphäre § 23 KUG Rn. 31).

IV. Schutzdauer

Das Recht am eigenen Bild steht natürlichen Personen von Geburt an bis zum Ablauf von **10 Jahren nach dem Tode** zu (§ 22 S. 3 KUG). Für die Fristberechnung gelten die §§ 186 ff. BGB. Innerhalb dieser Frist stehen den Erben als Inhaber der vermögenswerten Bestandteile des Persönlichkeitsrechts und den Angehörigen hinsichtlich der ideellen Bestandteile (vgl. dazu Rn. 11) grds. – abgesehen vom Geldentschädigungsanspruch (vgl. dazu Rn. 30) – dieselben Ansprüche zu wie dem lebenden Rechtsinhaber (vgl. BGH GRUR 2000, 709, 715 – Marlene Dietrich). Nach Ablauf der 10-Jahresfrist ist zwischen den ideellen und den vermögenswerten Bestandteilen des Persönlichkeitsrechts zu unterscheiden. Der BGH entnimmt § 22 S. 3 KUG nunmehr eine generelle Beschränkung der **vermögenswerten** Bestandteile des postmortalen Persönlichkeitsrechts auf 10 Jahre nach dem Tod der Person (BGH GRUR 2007, 168 – kinski.klaus.de). Praktisch hat das vor allem zur Folge, dass nach Ablauf von 10 Jahren nach dem Tod eines Prominenten dessen Bildnis oder sonstige Persönlichkeitsmerkmale in der Werbung eingesetzt werden können, ohne dass die Erben Kompensation in Form von Schadensersatz oder Bereicherungsausgleich verlangen können. Nach Ablauf der 10-Jahres-Frist können im Falle der Verletzung der **ideellen** Bestandteile des postmortalen Persönlichkeitsrechts nur noch Abwehransprüche von den Angehörigen geltend gemacht werden (BGH GRUR 2006, 252, 253 – Postmortaler Persönlichkeitsschutz; BGH GRUR 2007, 168, 169 – kinski.klaus.de; BVerfG ZUM 2007, 380). Eine Verletzung der ideellen Bestandteile des postmortalen Persönlichkeitsrechts setzt einen Angriff auf die Menschenwürde voraus (BVerfG GRUR-RR 2008, 206 – Ehrensache; BVerfG GRUR 1971, 461, 465 – Mephisto; BVerfG AfP 2001, 295, 297 – Wilhelm Kaisen; OLG Düsseldorf AfP 2000, 468, 469), was i.d.R. nur bei einer grob ehrverletzenden oder schwerwiegenden Entstellung des Lebensbildes der Fall ist (BGH GRUR 1968, 552, 554 – Mephisto; GRUR 2000, 709, 714 – Marlene Dietrich; GRUR 1995, 668, 670 – Emil Nolde; OLG Düsseldorf NJW-RR 2000, 321; OLG Hamburg ZUM 2005, 168; OLG München NJW-RR 1994, 925; LG Köln NJW-RR 2009, 623, 625). Bei der Verwendung von Bildnissen verstorbener Prominenter zu Werbezwecken soll schon die unbefugte Nutzung als solche eine Verletzung des postmortalen Persönlichkeitsrechts darstellen, so dass es auf eine besondere Eingriffsintensität der Rechtsverletzung nicht ankommt (vgl. BGH GRUR 2000, 709, 715 – Marlene Dietrich). Demgegenüber soll nach Dreier/Schulze/*Specht* (§ 22 KUG Rn. 30) die bloße Verwendung eines Bildnisses in der Werbung nach Ablauf der Zehnjahresfrist des § 22 S. 3 KUG grds. zulässig sein, sofern keine den Achtungsanspruch des Verstorbenen verletzenden Umstände hinzutreten, wie etwa im Fall der Namensnennung eines Verstorbenen zu Werbezwecken in einem Kontext, den der Verstorbene zu Lebzeiten abgelehnt hätte (BGH GRUR 1984, 907 – Frischzellenkosmetik).

Die **Dauer der ideellen Bestandteile des postmortalen Persönlichkeitsrechts** hängt von den Umständen des Einzelfalls ab. Das Schutzbedürfnis des Verstorbenen schwindet in dem Maße, in dem die Erinnerung an ihn verblasst (vgl. BGH GRUR 1968, 552, 555 – Mephisto; GRUR 1995, 668, 670 – Emil Nolde; LG Frankfurt ZUM 2009, 308, 310; Löffler/*Steffen* § 6 LPG, Rn. 71 m.w.N.). Postmortaler Persönlichkeitsschutz wurde bei prominenten Persönlichkeiten bejaht 15 Jahre nach dem Tode (OLG Bremen AfP 1994, 145, 146 – Wilhelm Kaisen), über 30 Jahre nach dem Tode (BGH GRUR 1995, 668, 670 – Emil Nolde; OLG Köln AfP 1998, 647 – Adenauer; LG Hamburg AfP 1993, 595 – NS-Künstler) sowie 67 Jahre nach dem Tode (OLG Bremen NJW-RR 1993, 726, 727 – Ebert). Eine zeitliche Grenze kann sich auch aus der Anwendung der §§ 194 Abs. 2, 77 Abs. 2 StGB durch Beschränkung des Strafantragsrechts auf bestimmte Angehörige ergeben (OLG München AfP 2001, 68). In der Literatur werden vorgeschlagen Schutzfristen von 20 Jahren (*Bender* VersR 2001, 824), 70 Jahren (Loewenheim/*Schertz* § 18 Rn. 15; *Götting,*

GRUR 2004, 801, 806; Schricker/*Götting* § 22 KUG Rn. 63) bis hin zu 70–80 Jahren (*Strothmann* GRUR 1996, 696; gegen eine starre Begrenzung der Schutzdauer *Müller*, GRUR 2003, 31, 34). Analog zu der längsten gesetzlichen Schutzfrist des § 64 Abs. 1 UrhG sind 70 Jahre jedenfalls die absolute Obergrenze. Sach- und interessengerecht dürfte es aber sein, die Schutzfrist auf die Dauer einer Generation, also auf 25 bis maximal 30 Jahre post mortem zu begrenzen (ebenso *Wanckel* Rn. 247; Wenzel/*v. Strobl-Albeg* Rn. 7.55).

V. Rechtsinhaber und Wahrnehmungsberechtigte

12 **Rechtsinhaber** ist der Abgebildete. Das Recht am eigenen Bild steht nur natürlichen Personen zu (zurückhaltend zur Erstreckung auf juristische Personen BVerfG NJW 2005, 883). Es steht Inländern wie Ausländern gleichermaßen zu. Mit dem Tode des Abgebildeten geht das Wahrnehmungsrecht hinsichtlich des persönlichkeitsrechtlichen Teils auf die **Angehörigen** über (§ 22 S. 3 KUG). Den Kreis der wahrnehmungsberechtigten Angehörigen beschränkt § 22 S. 4 KUG auf den überlebenden Ehegatten oder den Lebenspartner und die Kinder des Abgebildeten. Gibt es weder Ehegatten oder Lebenspartner noch Kinder, so sind ersatzweise die Eltern wahrnehmungsberechtigt. Die Wahrnehmungsberechtigung ist den Angehörigen auf Grund ihrer persönlichen Bindung zum Verstorbenen als eigene Rechtsposition übertragen. Daraus folgt, dass es zur Verbreitung der Abbildung des Verstorbenen stets der Einwilligung **aller** berechtigten lebenden Angehörigen bedarf, umgekehrt aber jeder einzelne Angehörige aus eigenem Recht unabhängig von den übrigen gegen eine unbefugte Verbreitung vorgehen kann (vgl. *v. Gamm* Einführung IX Rn. 108). Hat der Verstorbene zu Lebzeiten einen Stellvertreter mit der Wahrnehmung seines Rechts am eigenen Bild nach dem Tode betraut, so hat dessen Einwilligung in eine Bildnisveröffentlichung Vorrang vor dem entgegenstehenden Willen der Angehörigen (OLG München ZUM 2001, 708; *Müller* ZUM 2002, 202). Nach Ablauf der 10-Jahresfrist kann nur noch das postmortale Persönlichkeitsrecht (Rn. 10) geltend gemacht werden (vgl. BGH GRUR 1968, 552, 555 – Mephisto), und zwar von jedem nahen Angehörigen, also auch von Geschwistern des Verstorbenen. Gesetzlich nicht geregelt ist das Schicksal der vermögenswerten Bestandteile des Rechts am eigenen Bild. Diese gehen als Ausschnitt der vermögenswerten Teile des allgemeinen Persönlichkeitsrechts auf den **Erben** über, um den Schutz gegenüber einer kommerziellen Nutzung von Namen und Bildnis und sonstigen Persönlichkeitsmerkmalen durch Nichtberechtigte zu gewährleisten (BGH GRUR 2000, 709, 712 – Marlene Dietrich; BGH GRUR 2006, 252, 254 – Postmortaler Persönlichkeitsschutz; krit. dazu *Schack* Rn. 51a). Geldentschädigungsansprüche sind allerdings nicht vererblich (BGH GRUR 2006, 252 – Postmortaler Persönlichkeitsschutz; vgl. auch Rn. 30). Offen gelassen hat der BGH bisher die Frage, ob die vermögenswerten Teile des Persönlichkeitsrechts bereits unter Lebenden übertragen werden und Gegenstand von Nutzungsrechten sein können (vgl. BGH GRUR 2000, 709, 712 – Marlene Dietrich; GRUR 1987, 128 – Nena). Für die **Übertragbarkeit** wird vorgebracht, dass die wirtschaftliche Verwertung des Images oder bestimmter Persönlichkeitsmerkmale bekannter Personen mittlerweile üblich geworden sei und daher ein Bedürfnis bestehe, eine Rechtseinräumung mit dinglicher Wirkung zu ermöglichen (vgl. *Beuthien/Hieke* AfP 2001, 355; *Ernst-Moll* GRUR 1996, 558, 562; *Götting* 69; *Hahn* NJW 1997, 1348, 1350; Wenzel/*v. Strobl-Albeg* Rn. 7.61; für eine Übertragung in Form einer gebundenen, der Kontrolle des Abgebildeten unterliegenden Rechtseinräumung Dreier/Schulze/*Specht* § 22 KUG Rn. 36; Loewenheim/ *Schertz* § 18 Rn. 14; für die Übertragbarkeit jedenfalls einzelner Persönlichkeitsgüter wie Bild oder Name *Ullmann* AfP 1999, 209 ff.; *Wandtke* GRUR 2000, 949; oben vor §§ 31 ff. Rn. 41 ff. – dort auch zur dogmatischen Konstruktion). Diese Auffassung kollidiert aber speziell bei der redaktionellen Nutzung von Bildnissen mit dem Diktum des Bundesverfassungsgerichts, wonach das allgemeine Persönlichkeitsrecht nicht im Interesse einer Kom-

merzialisierung der eigenen Person gewährleistet ist (BVerfG GRUR 2000, 446 – Caroline von Monaco; vgl. demgegenüber für Fälle werblicher Nutzung BVerfG GRUR 2006, 1049 – Der blaue Engel). Danach ist vielmehr der gegen die Übertragbarkeit sprechende Schluss nahe liegend, dass das Persönlichkeitsrecht seinen Träger nicht in die Lage versetzen kann, sich zu kommerziellen Zwecken persönlichkeitsrechtlich geschützter Bestandteile zugunsten einzelner Vertragspartner zu begeben und damit zugleich die Öffentlichkeit von der Wahrnehmung eben dieser Bestandteile auszuschließen (ebenso *Soehring* Rn. 13.4; *Soehring* AfP 2000, 234; gegen die Übertragbarkeit auch *Helle* 51 ff.; *Pietzko* AfP 1988, 216 ff.; *Schack* Rn. 51). Nicht übertragbar, unveräußerlich und unverzichtbar sind in jedem Fall die ideellen Bestandteile des Persönlichkeitsrechts (Dreier/Schulze/*Specht* § 22 KUG Rn. 37; a. A. *Beuthien* NJW 2003, 1222, der sich gegen eine Aufspaltung ideeller und kommerzieller Bestandteile des Persönlichkeitsrechts ausspricht und für die Anerkennung des Persönlichkeitsbildes als verwertbares Persönlichkeitsgüterrecht plädiert; dazu krit. *Schack* Rn. 51a).

VI. Einwilligung und Widerruf

Sofern keiner der Ausnahmetatbestände der §§ 23, 24 KUG erfüllt ist, setzt die Verbreitung und Zurschaustellung von Bildnissen die **Einwilligung,** also die vorherige Zustimmung (§ 183 BGB) des Abgebildeten voraus. Die Einwilligung ist nach mittlerweile herrschender Meinung eine empfangsbedürftige Willenserklärung, für die die §§ 104 ff. BGB gelten (OLG München ZUM 2001, 708; OLG Hamburg AfP 1995, 508; *Frömming/Peters* NJW 1996, 958; *Helle* S. 117; *Löffler/Ricker* 43. Kap. Rn. 6; *Prinz/Peters* Rn. 248; *Soehring* Rn. 19.44; *Wanckel* Rn. 130; zurückhaltend Dreier/Schulze/*Specht* § 22 KUG Rn. 16; a. A. [Realakt] BGH NJW 1974, 1947; Löffler/*Steffen* § 6 LPG Rn. 124 m. w. N.). Die herrschende Auffassung hat zum einen zur Folge, dass für die Wirksamkeit der Einwilligung die Geschäftsfähigkeit des Abgebildeten erforderlich ist, ferner, dass die Einwilligung grds. nicht frei widerrufen werden kann (dazu unten Rn. 19) und schließlich, dass die Einwilligung auch durch einen Bevollmächtigten erteilt werden kann (OLG München AfP 2001, 400; *Müller* ZUM 2002, 202; Wenzel/*Burkhardt* Rn. 6.93). Die Einwilligung kann einseitig oder – wenn sie an eine Gegenleistung geknüpft ist – vertraglich erklärt werden. Sie kann ausdrücklich oder stillschweigend (BGH GRUR 2005, 74, 75 – Charlotte Casiraghi II) sowie unbeschränkt oder räumlich, zeitlich und sachlich beschränkt erteilt werden (BGH GRUR 1992, 557 – Joachim Fuchsberger). Dabei kann auch zwischen verschiedenen Medien differenziert werden (OLG Karlsruhe AfP 2010, 591).

Ist der Abgebildete geschäftsunfähig, bedarf es der Einwilligung des gesetzlichen Vertreters, mithin bei Kindern in der Regel der personensorgeberechtigten Eltern (zum Jugendamt als Inhaber der Personensorge vgl. OLG Karlsruhe ZUM-RD 2011, 348). Bei beschränkt Geschäftsfähigen, insb. bei einsichtsfähigen **Minderjährigen,** wird als Ausfluss des Selbstbestimmungsrechts des Minderjährigen eine „Doppelzuständigkeit" (Schricker/*Götting* § 22 KUG Rn. 42) angenommen. Neben der Einwilligung des gesetzlichen Vertreters (BGH GRUR 2005, 179, 180 – Tochter von Caroline von Hannover), i. d. R. der Eltern (BGH GRUR 1975, 561, 562 – Nacktaufnahme; OLG München AfP 1983, 376; LG Hannover ZUM 2000, 970), bedarf es hier zusätzlich auch der Einwilligung des Minderjährigen selbst (BGH GRUR 2005, 74, 75 – Charlotte Casiraghi II). Die erforderliche Einsichtsfähigkeit wird i. d. R. ab einem Alter von 14 Jahren anzunehmen sein (ebenso LG Bielefeld NJW-RR 2008, 715, 716 – Die Super Nanny; Dreier/Schulze/*Specht* § 22 KUG Rn. 26; *Libertus* ZUM 2007, 624; Schricker/*Götting* § 22 KUG Rn. 42). Hat der gesetzliche Vertreter einen Minderjährigen zur Tätigkeit als Fotomodel im Rahmen eines Dienst- oder Arbeitsverhältnisses gem. § 113 BGB ermächtigt, kann der Minderjährige die Einwilligung alleine erteilen (*Dasch* S. 100; Dreier/Schulze/*Specht* § 22 KUG Rn. 27).

15 Eine **stillschweigende Einwilligung** kann nur angenommen werden, wenn der Betroffene ein Verhalten an den Tag legt, das für den objektiven Erklärungsempfänger als Einwilligung verstanden werden kann. Voraussetzung für die Wirksamkeit einer stillschweigenden Einwilligung ist i.d.R., dass dem Betroffenen **Zweck, Art und Umfang** der Veröffentlichung bekannt sind (OLG Hamburg AfP 2012, 166; OLG München ZUM 2009, 429; OLG Karlsruhe ZUM 2006, 568). Hiernach empfiehlt es sich, den Betroffenen über Art und Verwendung einer geplanten Veröffentlichung aufzuklären (OLG Hamburg AfP 2005, 73, 74; OLG Karlsruhe ZUM 2006, 568, 570), es sei denn, er hat daran erkennbar kein Interesse (*Soehring* Rn. 19.46b). Bei einer stillschweigend erteilten Einwilligung ist die Nutzung des Bildmaterials nur in einem solchen Kontext zulässig, der nicht in einem Missverhältnis zu der Bedeutung steht, die der Betroffene selbst dem Thema beilegt (OLG Karlsruhe ZUM 2006, 568, 570). Wer sich einem **Fernsehinterview** stellt, willigt i.d.R. stillschweigend sowohl in die Ausstrahlung des Interviews ein (OLG Hamburg AfP 2005, 73, 74; LG Düsseldorf K&R 2011, 283, 284; LG Köln AfP 1989, 766), als auch in die übliche parallele Verbreitung über das Internet (OLG Frankfurt K&R 2011, 410). Dasselbe gilt, wenn der Betroffene sich bereitwillig auf ein Gespräch mit einem Fernsehreporter im Rahmen einer Straßenumfrage einlässt (Loewenheim/*Schertz* § 18 Rn. 12). Denn hier kann der Reporter die Bereitschaft, vor laufender Kamera ein Gespräch zu führen, nur als Einwilligung verstehen. Wer über mehrere Tage an den Dreharbeiten für ein bekanntes Fernsehformat mitwirkt, in dem familiäre Probleme vor einem breiten Publikum präsentiert werden, willigt in die spätere Ausstrahlung des dabei erstellten Materials konkludent ein (LG Bielefeld NJW-RR 2008, 715 – Die Super Nanny). Demgegenüber war es unzulässig, das Interview einer über das Verschwinden ihrer Tochter verzweifelten Mutter in einem Unterhaltungsmagazin unter der Rubrik „Skurrilitäten des Alltags" auszustrahlen (OLG Karlsruhe ZUM 2006, 568, 570). Ob aus dem schlichten **Untätigbleiben** eine stillschweigende Einwilligung abgeleitet werden kann, hängt vom Einzelfall ab (dagegen OLG Hamburg AfP 1991, 626, 627; LG Hamburg AfP 2011, 83, 84; LG Münster NJW-RR 2005, 1065, 1066; dafür OLG Köln NJW-RR 1994, 865). Richtigerweise wird man fragen müssen, ob – entsprechend §§ 133, 157 BGB – der „Erklärungsempfänger" das Verhalten des Betroffenen aus objektivierter Sicht nach Treu und Glauben als Einwilligung verstehen konnte (LG Bielefeld NJW-RR 2008, 715, 716 – Die Super Nanny), was anzunehmen ist, wenn der Betroffene es erkennbar hinnimmt, dass er ins Bild kommt, etwa indem er freundlich winkt (*Prinz/Peters* Rn. 834) oder in die Kamera lächelt (ebenso Wenzel/*Burkhardt* Rn. 6.95; ähnlich OLG Köln NJW-RR 1994, 865). Wegen der besonderen Schutzbedürftigkeit des Opfers einer Sexualstraftat wurde dessen konkludente Einwilligung in die Verbreitung von Aufnahmen ihrer Person beim Prozessauftakt gegen den Täter verneint, obwohl die Betroffene die Fotografen hatte gewähren lassen; selbst spontane Antworten hätten die Annahme einer konkludenten Einwilligung hier nicht ermöglicht (KG AfP 2011, 269, 271). In solchen Situationen kommt es indes sehr auf den Einzelfall an. Wird der Betroffene von einem Journalisten **überrumpelt** und kann er den Aufnahmezweck nicht erfassen, kommt eine stillschweigende Einwilligung i.d.R. nicht in Betracht (KG AfP 2011, 269, 271; OLG Frankfurt GRUR 1991, 49; OLG Hamburg AfP 2005, 73; *Libertus* ZUM 2007, 622; *Wanckel* Rn. 141) oder kann erleichtert widerrufen werden (vgl. dazu Rn. 20). Deshalb fehlte es an einer konkludenten Einwilligung bei der Erstellung von Fernsehaufnahmen, die einen Busfahrer bei der Kontrolle durch zwei Polizisten, den Protagonisten einer Fernsehserie, zeigten (OLG Hamm AfP 2009, 504).

16 Die **Reichweite** einer Einwilligung ist durch Auslegung entsprechend §§ 133, 157 BGB nach den Umständen des Einzelfalls zu ermitteln (BGH GRUR 1956, 427, 428 – Paul Dahlke; GRUR 2005, 74, 75 – Charlotte Casiraghi II). Sie hängt wesentlich von der Art der Veröffentlichung ab, die den unmittelbaren Anstoß für ihre Erteilung gegeben hat (BGH GRUR 1979, 425, 426 – Fußballkalender; GRUR 2005, 74, 75 – Charlotte Casiraghi II; OLG Köln AfP 2011, 574, 575). Für die Auslegung kann die urheberrechtliche

§ 22 [Recht am eigenen Bilde] 17 § 22 KUG

Zweckübertragungsregel (§ 31 Abs. 5 UrhG) entsprechend herangezogen werden (OLG Hamburg ZUM 1996, 789, 790; OLG Köln AfP 1999, 377; KG ZUM-RD 1998, 554; OLG München ZUM 2006, 936; Dreier/Schulze/*Specht* § 22 KUG Rn. 21; *Prinz/Peters* Rn. 837; Schricker/*Götting* § 22 KUG Rn. 44; *Soehring* Rn. 19.46a). Danach ist im Zweifel, d.h. bei nicht genau bestimmtem Umfang und Zweck der Einwilligung, davon auszugehen, dass der Abgebildete die Einwilligung in die Verwendung der Abbildung nur in dem Umfang erteilt hat, wie dies zur Erfüllung des Vertrags- bzw. Aufnahmezwecks erforderlich war.

Daraus ergeben sich **Grenzen** für die Verwertbarkeit von Abbildungen auch dann, 17 wenn die Einwilligung unbeschränkt erteilt wird. So umfasst die Einwilligung in die Veröffentlichung eines Nacktfotos in einem Biologieschulbuch nicht die Wiedergabe dieses Fotos in einem kritischen Fernsehbericht zur Sexualkunde (BGH GRUR 1985, 308 – Nacktfoto). Die Einwilligung in die Aufnahme durch einen Berufsfotografen umfasst nicht die Verwendung für Werbezwecke (BGH GRUR 1956, 427, 428 – Paul Dahlke; OLG Frankfurt GRUR 1986, 614 – Ferienprospekt; ähnlich LG Berlin AfP 2009, 517) oder eine anderweitige kommerzielle Verwertung wie etwa in einem Jahreskalender mit Fotos der Mitglieder einer bekannten Popgruppe (OLG Hamburg AfP 1999, 486, 487f. – Backstreet Boys). Die Einwilligung eines Schauspielers, ihn mit der Brille eines Modehauses abzulichten, umfasst allenfalls die Verwendung des Bildnisses für die Werbung dieses Modehauses, nicht aber für die Werbung einer Optikerkette (BGH GRUR 1992, 557ff. – Joachim Fuchsberger). Die Einwilligung eines bekannten Sportlers in die Erstellung eines Werbefilms für ein Unternehmen berechtigt einen Fernsehsender nicht zur Verwendung von „Screen-Shots" aus dem Werbefilm im Rahmen eigener Anzeigen (LG München AfP 2000, 473, 474f.). Die Einwilligung erstreckt sich nicht auf die Veröffentlichung des Bildnisses eines Künstlers nach Beendigung des Engagements (LG München ZUM 2005, 848, 849). Eine **formularmäßig eingeholte Einwilligung** der Teilnehmer eines Gewinnspiels zur Nutzung ihres Bildnisses für Werbezwecke kann unwirksam sein (OLG Karlsruhe NJW-RR 1987, 302). Demgegenüber umfasst die uneingeschränkt erteilte Einwilligung in die Nutzung eines Bildnisses zu Werbezwecken auch solche Verwendungen, die vom Abgebildeten nicht erwünschte Assoziationen zwischen ihm und dem beworbenen Produkt hervorrufen (OLG Frankfurt GRUR-RR 2003, 122, 123). Ein Model, das an einer Modenschau teilnimmt und mit einer Berichterstattung in der Presse rechnen muss, willigt mit seinem Auftritt konkludent in die Verbreitung der von ihm gemachten Fotos im Rahmen eines Berichts über die Modenschau ein (OLG Koblenz GRUR 1995, 771; LG Berlin AfP 2008, 634; LG Düsseldorf AfP 2003, 469; in diesen Fällen kann man indes meist auch das Vorliegen eines zeitgeschichtlichen Ereignisses annehmen mit der Folge, dass die Einwilligung nicht erforderlich ist). Auch allgemein bekannte und **übliche Verwendungszwecke,** wie die Weitergabe von Bildmaterial an andere Medien zu Zwecken aktueller Berichterstattung oder die Verwendung von Bildmaterial bei Jahresrückblicken, können von der Einwilligung umfasst sein (*Engels/Schulz* AfP 1998, 575). Die Einwilligung in die Veröffentlichung als Titelbild einer Zeitschrift umfasst i.d.R. auch die Abbildung des Titels im Rahmen von Werbeanzeigen für die Zeitschrift (LG Köln AfP 1982, 49 – Fernsehansagerin; in diese Richtung auch OLG München AfP 1999, 507, 508 – Marlene Dietrich; a.A. OLG Köln AfP 2011, 574, 575; vgl. dazu auch § 23 KUG Rn. 37). Wer ein Foto in eine **Internet-Homepage** einstellt, willigt stillschweigend in das Erscheinen des Fotos in Ergebnisanzeigen von Suchmaschinen (LG Hamburg AfP 2010, 606; ZUM-RD 2011, 503) sowie darin ein, dass Dritte durch Hyperlinks auf das Bildnis verweisen, nicht aber darin, dass sie das Bildnis auf fremde Websites übernehmen (*Libertus* ZUM 2007, 621, 622; Wenzel/ v. *Strobl-Albeg* Rn. 78). Wer ein Foto auf seinen Account bei einem **Social Network** hochlädt, ohne von möglichen Zugriffssperren Gebrauch zu machen, willigt konkludent in die Verbreitung des Fotos durch Personensuchmaschinen ein (OLG Köln CR 2010, 530; LG Köln GRUR-Prax 2011, 331), nicht jedoch in die Weiterverbreitung des Fotos durch

Dritte außerhalb des Kreises der zugriffsberechtigten Mitglieder des Networks (vgl. auch *Wanckel* Rn. 138). Angesichts der mittlerweile üblichen Verbreitung von originären Fernsehbeiträgen auch über das Internet umfasst die Einwilligung zur Nutzung von Bildnissen im Fernsehen idR. auch die parallele Internetverbreitung durch denselben Sender (*Libertus* ZUM 2007, 621, 623; OLG Frankfurt K&R 2011, 410). Bei unbefristet erteilter Einwilligung führt der reine **Zeitablauf** nicht zum Erlöschen der Einwilligung (LG München ZUM-RD 2008, 309); allerdings können in Einzelfällen **zeitliche Grenzen** bestehen: Die Einwilligung der Inhaberin eines Unternehmens in die Verwendung ihres Bildnisses zur Illustration eines Werbeprospekts ist zeitlich auf die Dauer ihrer Tätigkeit beschränkt, auch wenn sie dem Unternehmen die Fortführung der Firma unter Verwendung ihres Namens gestattet hat (OLG Köln AfP 1999, 377; ebenso im Fall einer aus einer Sozietät ausgeschiedenen Anwältin HessLAG K&R 2012, 372; für eine weitergehende Nutzungsmöglichkeit: LAG Schleswig-Holstein K&R 2011, 69).

18 Die **Beweislast** für die Erteilung der Einwilligung und ihren Umfang liegt bei demjenigen, der das Bildnis veröffentlicht (BGH GRUR 1956, 427, 428 – Paul Dahlke; GRUR 1965, 495 – Wie uns die anderen sehen; OLG München NJW-RR 1996, 93). Im Falle einer unbeschränkten und nicht an einen bestimmten Berichterstattungsanlass gebundenen Einwilligung trifft den Abgebildeten die Beweislast dafür, dass seine Einwilligung unter einem Vorbehalt gestanden hat, etwa dass die Aufnahme nur im Rahmen einer für ihn positiven Berichterstattung veröffentlicht werden dürfe (LG Hamburg Urt. v. 5.6.1998, Az. 324 O 68/98 [nicht veröffentlicht]). Nach der (widerlegbaren) Vermutung des § 22 S. 2 KUG gilt die Einwilligung im Zweifel als erteilt, wenn der Abgebildete für die Anfertigung der Abbildung ein **Entgelt** erhielt. Dieses ist nicht bereits wegen der Zahlung des Arbeitslohns der Fall, wenn Aufnahmen während der Arbeitszeit angefertigt werden (OLG Nürnberg GRUR 1957, 296 – Fotomodell). Andererseits liegt eine Einwilligung eines Angestellten in der Zulassung von Aufnahmen, die erkennbar für eine Werbeveröffentlichung des Arbeitgebers bestimmt sind (OLG Freiburg GRUR 1953, 404, 405 – Croupier). Die Zahlung eines Entgelts kann für sich genommen nicht zur Annahme einer in jeder Hinsicht unbeschränkten Einwilligung führen; entscheidend sind die getroffenen Abreden (OLG Karlsruhe AfP 2010, 591). Wird das Entgelt nur für ein bestimmtes Projekt gezahlt, beschränkt sich die Einwilligung auf die Nutzung von Bildnissen im Rahmen dieses Projekts (OLG München ZUM 2006, 936; LG München ZUM 2006, 937).

19 Die Einwilligung ist grds. nicht frei widerruflich. Ob und unter welchen Voraussetzungen ausnahmsweise ein **Widerruf** der Einwilligung möglich ist, ist umstritten. So wird in der Literatur vertreten, dass die Einwilligung nur widerrufen werden kann, wenn sich die Umstände seit ihrer Erteilung so geändert haben, dass die Veröffentlichung den Betroffenen in seiner Persönlichkeit empfindlich beeinträchtigt (vgl. *v. Gamm* Einführung IX Rn. 109; *Helle* S. 118), etwa weil sich die innere Einstellung des Betroffenen grundlegend geändert hat (Dreier/Schulze/*Specht* Rn. 35; *Frömming/Peters* NJW 1996, 958; Loewenheim/*Schertz* § 18 Rn. 10; Wenzel/*v. Strobl-Albeg* Rn. 7.85) oder wenn der Widerruf zur Wahrung gewichtiger ideeller Interessen des Inhabers unvermeidlich ist (Schricker/*Götting* § 22 KUG Rn. 41). Löffler/*Steffen* (§ 6 LPG Rn. 127) beschränkt die Widerruflichkeit durch den Grundsatz von Treu und Glauben und verlangt dann wichtige Gründe für den Widerruf, wenn der Betroffene durch die Erteilung der Einwilligung einen Vertrauenstatbestand geschaffen hat. Andere halten die Einwilligung jedenfalls im Hinblick auf spätere Publikationen für frei widerruflich mit der Folge, dass die schlichte Mitteilung des Betroffenen, dass er eine Veröffentlichung künftig nicht mehr wünsche, als wirksamer Widerruf anzusehen ist (Möhring/Nicolini/*Gass* § 22 KUG Rn. 32; Staudinger/*Hager* § 823 BGB Rn. 1085).

20 Die Rechtsprechung verlangt überwiegend das Vorliegen eines **wichtigen Grundes,** den sie insb. bei geänderten Umständen von Gewicht annimmt (analog § 42 UrhG, vgl. OLG München NJW-RR 1990, 999, 1000; LG Bielefeld NJW-RR 2008, 715, 717 – Die Super Nanny; LG Köln AfP 1996, 186, 187). Eine vertraglich erteilte Einwilligung, für die eine Gegenleistung vereinbart wurde, kann stets nur aus wichtigem Grund gekündigt werden (BGH GRUR 1987, 128 – Nena; OLG München AfP 1989, 570, 571; Löffler/*Steffen* § 6 LPG Rn. 127). Ein wichtiger Grund kann etwa im Wandel der inneren Einstellung des Abgebildeten liegen, wenn deshalb dem Abgebildeten ein Festhalten an seiner Einwilligung nicht mehr zuzumuten ist. Der Großvater einer bei der Loveparade in Duisburg Verstorbenen konnte die Einwilligung in ein Fernsehinterview widerrufen, nachdem die übrigen Hinterbliebenen abgesprochen hatten, sich nicht an die Medien zu wenden; zur Vermeidung familiärer Konflikte im Zusammenhang mit dem erlittenen Schicksalsschlag durfte sich der Großvater dem anschließen (LG Düsseldorf K&R 2011, 283). Beim Widerruf der Einwilligung in die Verbreitung von Aktaufnahmen wird ein Wandel der inneren Einstellung allerdings erst nach Ablauf einer gewissen Zeitspanne plausibel sein (OLG München AfP 1989, 570, 571). Auch eine vorsätzlich rechtswidrige Bildveröffentlichung kann zum Widerruf berechtigen (OLG Hamburg Urt. v. 11.3.1997, Az.: 7 U 251/96 [unveröffentlicht]). In den so genannten **Überrumpelungsfällen,** also etwa beim unangemeldeten Besuch eines Fernsehteams, soll eine zunächst spontan erteilte Einwilligung nach der Rechtsprechung des LG Hamburg nach Treu und Glauben unter Heranziehung des in den §§ 312, 355 BGB niedergelegten Rechtsgedankens widerrufbar sein (LG Hamburg NJW-RR 2005, 1357); folgt man dem, wird man das Widerrufsrecht zeitlich begrenzen müssen, und zwar entsprechend § 355 II BGB auf zwei Wochen ab dem Aufnahmezeitpunkt. Ein wichtiger Grund ist **verneint** worden beim Widerruf der Einwilligung einer Sportlerin in die Veröffentlichung eines Bildes, das sie während einer Dopingprobe zeigt, nachdem sich herausgestellt hatte, dass die Probe positiv war (LG Bonn Urt. v. 24.8.2001, Az.: 18 O 271/01 [nicht veröffentlicht]). Kein wichtiger Grund liegt vor, wenn jemand mit dem kritischen Inhalt eines Fernsehberichts nicht einverstanden ist (OLG Frankfurt K&R 2011, 410, 411), ein **Interview** für **misslungen** hält oder ihm in einem Interview **andere Fragen** gestellt werden, als zunächst angekündigt (ebenso *Prinz/Peters* Rn. 814; a.A. *Libertus* ZUM 2007, 621, 626). Schutz vor nachträglichen „Überraschungen" bietet insoweit nur die vorherige Vereinbarung eines Autorisierungsvorbehalts. Nach der Rechtsprechung des Bundesverfassungsgerichts kann sich auf den Schutz der Privatsphäre nur berufen, wer dies situationsübergreifend und konsistent zum Ausdruck bringt, und zwar sowohl bei der Gestattung von Berichten über Vorgänge der eigenen Privatsphäre als auch bei deren Rückgängigmachung (BVerfG GRUR 2000, 446, 450 – Caroline von Monaco; vgl. auch BGH GRUR 2005, 76, 78 – „Rivalin" von Uschi Glas). Deshalb muss eine umfassend **gegenüber mehreren Medien erteilte Einwilligung** – auch wenn ein wichtiger Grund vorliegt – umfassend widerrufen werden (ebenso Dreier/Schulze/*Specht* § 22 KUG Rn. 35); ein Widerruf gegenüber nur einem Medium wäre unbeachtlich, sofern der wichtige Grund auch gegenüber den anderen geltend gemacht werden könnte. Beim Bildnis eines **Minderjährigen** muss ein Widerruf sowohl vom Abgebildeten als auch von seinem gesetzlichen Vertreter erklärt bzw. genehmigt werden, wenn auch die Einwilligung von beiden zu erklären war (Dreier/Schulze/*Specht* § 22 KUG Rn. 35). Die Ausübung des Widerrufs wegen geänderter Umstände kann den Betroffenen zum **Aufwendungsersatz** verpflichten (analog § 42 Abs. 3 UrhG; *Frömming/Peters* NJW 1996, 959; Möhring/Nicolini/*Gass* § 22 KUG Rn. 32) bzw. bei Vorliegen eines Vertrauenstatbestandes zum Schadensersatz (analog § 122 BGB; AG Charlottenburg GRUR-RR 2002, 187; Dreier/Schulze/*Specht* Rn. 35; Löffler/*Steffen* § 6 LPG Rn. 127; Schricker/*Götting* § 22 KUG Rn. 41).

VII. Sachaufnahmen

Die Herstellung und Verbreitung von Sachaufnahmen ist grds. zulässig. § 22 KUG sind hierauf nicht anwendbar. Ein Recht am Bild der eigenen Sache gibt es nicht (OLG Köln

AfP 2003, 447; *Soehring* Rn. 21.36). Auch ist allein mit der **Herstellung** von Sachaufnahmen keine Beeinträchtigung des Eigentums an der Sache verbunden, da hierdurch in die Substanz der Sache nicht eingegriffen und der Eigentümer in seinen Möglichkeiten, die Sache zu nutzen, nicht eingeschränkt wird (BGH GRUR 1990, 390, 391 – Friesenhaus; *Lammek/Ellenberg* ZUM 2004, 718, 719; *Soehring* Rn. 21.37; *Wenzel/v. Strobl-Albeg* Rn. 7.88). **Außenaufnahmen von Gebäuden,** die von einem **allgemein zugänglichen Ort** außerhalb des Grundstücks aus erstellt worden sind, dürfen grds. ohne Einwilligung des Eigentümers oder Nutzers veröffentlicht werden (BGH GRUR 2004, 438, 440 – Feriendomizil I; OLG Frankfurt NJW 1995, 878, 880 – Universelles Leben). Dies gilt auch für Veröffentlichungen zu **Werbezwecken** (BGH GRUR 1990, 390, 391 – Friesenhaus; vgl. auch LG Hamburg AfP 1994, 161 im Fall der Abbildung einer Segelyacht in einer Werbung für Ferngläser; weitere Beispiele bei *Wanckel* Rn. 6). Bei urheberrechtlich geschützten Gebäuden ist die Verbreitung von Fassadenaufnahmen in den Grenzen des § 59 UrhG zulässig. Die Herstellung von Gebäudeaufnahmen ist allerdings unzulässig, wenn hierfür ohne Einwilligung des Betroffenen in **befriedetes Besitztum** eingedrungen worden ist (BGH GRUR 1975, 500, 501 – Schloß Tegel; *Wenzel/v. Strobl-Albeg* Rn. 7.89) oder vertraglich vereinbarte Zutrittsschranken missachtet worden sind (vgl. *Soehring* Rn. 21.38). In diesen Fällen ist regelmäßig auch die anschließende Verbreitung unzulässig (*Lammek/Ellenberg* ZUM 2004, 715, 718), sofern nicht vorrangige Informationsinteressen der Öffentlichkeit sie ausnahmsweise rechtfertigen (vgl. auch BGH NJW 1998, 2141, 2143 – Pro 7/Alltours). Selbst wenn der Eigentümer das Betreten des Grundstücks gestattet hat, ist die **Verwertung** von Gebäudeaufnahmen, die ohne seine Einwilligung erstellt worden sind, unzulässig, da das Grundstückseigentum auch das Recht umfasst, hieraus Früchte zu ziehen, wozu auch die Erträge aus der Verwertung von Abbildungen von Gebäuden zählen (BGH GRUR 2011, 323, 324 – Preußische Gärten und Parkanlagen). Ferner ist die Herstellung und Verbreitung von Sachaufnahmen unzulässig, wenn hierdurch in die **Privat- oder Intimsphäre** des Besitzers oder Eigentümers eingegriffen und sein allgemeines Persönlichkeitsrecht verletzt wird. Das ist etwa angenommen worden bei Aufnahmen des Wohnungsinneren (OLG Düsseldorf NJW 1994, 1971, 1972) und bei Aufnahmen von nicht öffentlich zugänglichen Geschäftsräumen (OLG München AfP 1992, 78, 80; LG Berlin ZUM 2004, 578, 579). Die Veröffentlichung von **Außenaufnahmen eines Privathauses** kann nur dann unzulässig sein, wenn durch parallele Namensnennung der Bewohner die Anonymität eines Grundstücks aufgehoben wird (BGH GRUR 2009, 1089 – Joschka Fischer) oder wenn hierdurch Einblicke in die geschützte Privatsphäre seines Bewohners gewonnen werden, die Dritten sonst verschlossen sind (LG Berlin AfP 2004, 148, 150; AfP 2004, 152, 154; ähnlich OLG Hamburg AfP 2005, 75), oder wenn ein Grundstück unter Überwindung von Hindernissen oder mit Hilfsmitteln wie Teleobjektiven, Leitern oder Flugzeugen gleichsam „ausgespäht" wird (BGH GRUR 2004, 438, 440 – Feriendomizil I; KG NJW-RR 2000, 1714). Nach KG NJW 2005, 2320, führt schon die bloße Gefahr, dass das Grundstück in seiner Eignung als Rückzugsort für den Betroffenen beeinträchtigt wird, zu einem Eingriff in das Persönlichkeitsrecht. Ob dieser Eingriff durch das Informationsinteresse der Öffentlichkeit gerechtfertigt ist, ist nach Auffassung des KG entsprechend dem abgestuften Schutzkonzept (vgl. dazu § 23 KUG Rn. 6) zu beurteilen (KG AfP 2008, 399, 401). Unzulässig war die Abbildung des Wohnhauses eines früheren RAF-Terroristen im Zusammenhang mit einer Berichterstattung über von ihm begangene Straftaten, da die RAF-Vergangenheit hierdurch seinem Wohnumfeld bekannt gemacht wurde, was die Resozialisierung gefährdete (KG AfP 2008, 396). Für unzulässig hielt das KG die Abbildung eines Wohnhauses mit der **zusätzlichen Angabe des Wohnorts** Potsdam (KG NJW 2005, 2320). Zulässig war hingegen eine entsprechende Veröffentlichung mit dem Hinweis auf den Wohnort Berlin (KG AfP 2006, 564). Zulässig war die Abbildung des Wohnhauses des ehemaligen Außenministers Joschka Fischer mit dem Hinweis auf den Wohnort Berlin und der Angabe des für das Nachbargrundstück verlangten Kaufpreises, da an der Frage, welchen Lebensstil die Einkünfte von Politikern erlauben, ein hohes Informationsinteresse der Öffentlichkeit besteht (BGH GRUR 2009, 1089 – Joschka Fischer). Zulässig war ferner die Abbildung des Wohnhauses des Geschäftsführers eines Textildiscounters in einem kritischen Fernsehbeitrag über die Arbeitsbedingungen von Näherinnen in Drittweltländern mit der unspezifischen Ortsangabe „gehobene Wohngegend im Dortmunder Süden" (OLG Hamburg AfP 2012, 165). Zulässig war auch die Fernsehausstrahlung von Bildern der Wohnanlage eines Prominenten mit dem Hinweis auf den Wohnort Köln (OLG Hamburg AfP 2006, 182). Wer der Öffentlichkeit bereits Einblicke etwa in Form von **Home-Stories** gewährt hat, kann sich auf den Schutz der Privatsphäre insoweit nicht mehr berufen. Eine Fernsehmoderatorin musste daher die Veröffentlichung von ohnehin recht abstrakten Luftbildern ihres Feriendomizils auf Mallorca auch deshalb hinnehmen, weil sie zuvor eine umfangreiche Medienberichterstattung über das Anwesen gebilligt hatte (BGH GRUR 2004, 438, 441 – Feriendomizil I); unzulässig war hingegen eine begleitende Wegbeschreibung zu dem Anwesen (BGH GRUR 2004, 438, 441 – Feriendomizil I; BVerfG NJW 2006, 2836).

VIII. Verhältnis Wort- und Bildberichterstattung

Unterschiedlich gesehen wird die Frage, ob die Vorschriften des KUG auch auf die Wortberichterstattung ausstrahlen und insb. für die Zulässigkeit der **Namensnennung** analog heranzuziehen sind (bejahend *v. Gamm* Wettbewerbsrecht Bd. 1 1. Halbbd. Kap. 24 Rn. 17; *Frömming/Peters* NJW 1996, 961; *Schertz* AfP 2000, 505). Der BGH hat dies zunächst angedeutet (BGH GRUR 1959, 430, 433 – Caterina Valente), später jedoch festgestellt, dass die Zulässigkeitsgrenzen bei der Wortberichterstattung weniger eng zu setzen seien als bei der Bildberichterstattung (BGH GRUR 1967, 205, 208 – Vor unserer eigenen Tür). Im gleichen Sinne wird zum Teil für die Bildberichterstattung ein „qualifiziertes öffentliches Interesse" verlangt (OLG Frankfurt AfP 1990, 229, 230; OLG Celle NJW-RR 2001, 335, 336). Das Bundesverfassungsgericht hat nunmehr klargestellt, dass der Bildnisschutz einerseits und der allgemeine Persönlichkeitsrechtsschutz bei der Wortberichterstattung andererseits unterschiedlich weit reichen (BVerfG GRUR 2011, 255, 257 – Carolines Tochter). Denn während die Veröffentlichung eines Personenbildnisses grundsätzlich der Rechtfertigung bedarf, besteht bei Wortberichten kein Schutz dahingehend, überhaupt individualisierend benannt zu werden, vielmehr schützt das allgemeine Persönlichkeitsrecht hier nur in spezifischen Hinsichten, etwa bei der Beeinträchtigung der Privat- oder Intimsphäre oder bei herabsetzenden und ehrverletzenden Äußerungen (BVerfG GRUR 2011, 255, 257 – Carolines Tochter; BGH GRUR 2011, 261, 263 – Party-Prinzessin; NJW 2012, 763 – Die Inka-Story). Die **Konsequenz** hieraus ist, dass die Namensnennung zum Beispiel im Falle einer Berichterstattung über Einzelheiten aus nicht geschützten Sphären des Betroffenen zulässig sein kann, auch wenn eine Abbildung etwa mangels eines zeitgeschichtlichen Ereignisses nicht erlaubt wäre.

IX. Ansprüche bei unbefugter Abbildung

1. Unterlassung

Die Verletzung des Rechts am eigenen Bild kann einen Unterlassungsanspruch gem. §§ 823 Abs. 1, 1004 BGB, sowie §§ 823 Abs. 2, 1004 BGB i. V. m. §§ 22, 23 KUG begründen. Voraussetzung ist das Vorliegen von Erstbegehungs- oder Wiederholungsgefahr. **Erstbegehungsgefahr** kann nur angenommen werden, wenn konkrete und greifbare Anhaltspunkte dafür vorliegen, dass ein Rechtsverstoß ernstlich droht (BGH GRUR 1992, 404, 405 – Systemunterschiede; BGH GRUR 1990, 687, 688 – Anzeigenpreis II). Dies ist angenommen worden bei der nachweisbaren Absicht, einen Film auszustrahlen (LG München AfP 1997, 559, 560). Eine solche Absicht kann sich z. B. aus eindeutigen Erklärungen des Produzenten, aber auch aus Programmankündigungen ergeben. Demgegenüber begründen bloße **Recherchen** von Journalisten i. d. R. noch keine Begehungsgefahr (OLG Hamburg AfP 1992, 279; OLG Frankfurt AfP 1991, 545; AfP 2003, 63; OLG Karlsruhe AfP 2008, 213; OLG Nürnberg NJW-RR 2002, 1471; LG Berlin AfP 2009, 168; LG Stuttgart AfP 2003, 471; Wenzel/*Burkhardt* Rn. 12.35). Dasselbe gilt für das Anfertigen von Filmaufnahmen und die Aufzeichnung eines Interviews im Recherchestadium, solange noch nicht klar ist, wie der geplante Fernsehbeitrag ausfallen wird (BGH NJW 1998, 2141 – Pro7/Alltours; OLG Hamburg AfP 2000, 118). Zu weitgehend ist die Auffassung, bereits die Rechtswidrigkeit der Anfertigung von Foto- oder Filmaufnahmen indiziere eine weitere Rechtsverletzung bei Veröffentlichung und könne somit schon für sich genommen die Begehungsgefahr begründen (*Prinz/Peters* Rn. 894 unter Hinweis auf unveröffentlichte Entscheidungen des LG Hamburg). Dies bedeutet eine ungerechtfertigte Einschränkung der Freiheit der Recherche insb. angesichts des Umstandes, dass eine etwaige Rechtswidrigkeit der Beschaffung von Informationen bei der Frage der Zulässigkeit ihrer Veröffentlichung nur einer von mehreren Abwägungsfaktoren ist (BGH NJW 1998, 2141 – Pro7/Alltours) und die Veröffentlichung rechtswidrig erlangten Bildmaterials bei Vorliegen eines vorrangigen Informationsinteresses der Öffentlichkeit zulässig sein kann (vgl. BVerfGE 66, 116, 139 – Der Aufmacher; BGH GRUR 1981, 441, 444 – Der Aufmacher II; BGH GRUR 1979, 418, 420 – Kohl/Biedenkopf; zur Veröffentlichung mit **versteckter Kamera** aufgenommen Bildmaterials s. auch KG NJW 2000, 2210; OLG Düsseldorf AfP 2010, 182; LG Hamburg AfP 2008, 639; ZUM 2008, 614; LG Köln AfP 2005, 81, 83; ZUM 2004, 495; LG Berlin ZUM 2004, 578; ZUM-RD 2009, 667; *Czernik*, GRUR 2012, 457).

24 Ist eine rechtswidrige Veröffentlichung erfolgt, so besteht eine tatsächliche Vermutung für das Vorliegen der **Wiederholungsgefahr** (BGH GRUR 1994, 913, 915 – IM-Liste; BGH GRUR 1998, 504, 506 – Klartext; Löffler/*Steffen* § 6 LPG Rn. 264; Wenzel/*Burkhardt* Rn. 12.8). In Ausnahmefällen kann die Vermutung aber widerlegt sein, etwa bei freiwilliger Entschuldigung noch vor der Geltendmachung eines Unterlassungsanspruchs (*Soehring* Rn. 30.9a), oder wenn aus der besonderen Art der Veröffentlichung hervorgeht, dass eine Wiederholung unter keinen Umständen zu erwarten ist (etwa bei Äußerungen in Leserbriefen: BGH GRUR 1986, 683 – Ostkontakte) oder wenn sich die tatsächlichen Umstände derart geändert haben, dass eine z. B. wegen Verletzung der geschützten Privatsphäre früher rechtswidrige Veröffentlichung nunmehr zulässig ist, weil der Betroffene der Öffentlichkeit zwischenzeitlich Einblicke in diese Sphäre gewährt hat (BGH GRUR 2005, 76, 78 – „Rivalin" von Uschi Glas). Wegen der höchstpersönlichen Natur der persönlichkeitsrechtlichen Ansprüche entfällt die Wiederholungsgefahr im Fall der Unterwerfung gegenüber nur einer von mehreren abgebildeten Personen nicht bei Unterlassungsansprüchen der übrigen Personen (ebenso Dreier/Schulze/*Specht* §§ 33 ff. KUG Rn. 6). Bei rechtswidriger Veröffentlichung eines Bildes aus einer **Serie** gleichartiger Bilder kann sich die Wiederholungsgefahr auf die ganze Serie erstrecken (OLG Hamburg AfP 1997, 535, 537). Ein Unterlassungsgebot muss hinreichend bestimmt sein und an die **konkrete Verletzungshandlung** anknüpfen. Das ist bei Eingriffen in das Recht am eigenen Bild regelmäßig die beanstandete Bildveröffentlichung etwa in Form eines bestimmten Fotos, das den Betroffenen in einer konkreten Situation zeigt. Erfolgt die Bildveröffentlichung im Kontext mit einer Wortberichterstattung, stellt dieser Zusammenhang die konkrete Verletzungsform dar mit der Folge, dass bei einer Rechtsverletzung nur ein **Zusammenhangsverbot** verlangt werden kann, wenn nicht auszuschließen ist, dass das beanstandete Foto in anderem Kontext rechtmäßig verwendet werden kann (BGH GRUR 2009, 1091, 1093 – Wilde Frisur des Andrea Casiraghi). Ohnehin sind – anders als etwa im Wettbewerbsrecht – Verallgemeinerungen unzulässig, da die Rechtmäßigkeit einer Bildnisveröffentlichung von einer Interessensabwägung abhängt, die nur im konkreten Einzelfall, nicht aber in Bezug auf Bilder vorgenommen werden kann, die noch gar nicht bekannt sind (BGH GRUR 2008, 446 – „kerngleiche" Bildberichterstattung; BGH GRUR 2010, 173). Wird ein Bildnis zur Illustration eines Texts verwendet, dem es am Bezug zu einem zeitgeschichtlichen Ereignis fehlt, beschränkt sich der Unterlassungsanspruch auf eine erneute Veröffentlichung im Rahmen einer Berichterstattung, die sich nicht auf ein zeitgeschichtliches Ereignis bezieht (BGH NJW 2004, 1795, 1797 – Charlotte Casiraghi). Wendet sich ein Betroffener gegen die Veröffentlichung eines Bildnisses, das ihn bei einem Einkaufsbummel zeigt, kann er nur Unterlassung der erneuten Veröffentlichung dieses Bildnisses, nicht aber generell von Bildnissen aus seinem privaten Alltag verlangen (KG GRUR 2007, 80, 82). Auch bei der Abbildung Minderjähriger kann trotz deren erhöhter Schutzbedürftigkeit kein generelles Abbildungsverbot etwa bis zur Grenze der Volljährigkeit verlangt werden (BGH GRUR 2010, 173 – Kinder von Franz Beckenbauer). Jeder Unterlassungsausspruch steht unter dem Vorbehalt, dass ein Verbot nur gilt, solange die für seine Verhängung maßgeblichen Umstände bestehen bleiben (OLG Hamburg NJW 2009, 784), so dass es einer ausdrücklichen Einschränkung in der Formulierung von Unterlassungserklärungen bzw. -geboten nicht bedarf.

2. Gegendarstellung

Eine Bildveröffentlichung kann zu einem Gegendarstellungsanspruch nach den Landespresse- und sonstigen Mediengesetzen (vgl. die Aufstellung bei *Seitz/Schmidt* S. 353ff.) führen. Voraussetzung ist, dass mit der Bildveröffentlichung zugleich eine **unwahre Tatsachenbehauptung** verbunden ist, etwa im Fall der Bildverwechslung (vgl. OLG Koblenz NJW 1997, 1375). Ein Gegendarstellungsanspruch kommt auch in Betracht, wenn die Bildveröffentlichung in Verbindung mit dem Begleittext einen falschen Eindruck über den Abgebildeten vermittelt (vgl. OLG München ZUM 1996, 160) oder wenn ein Bild durch eine nicht erkennbare Fotomontage einen unzutreffenden Aussagegehalt erhält (OLG Karlsruhe AfP 2011, 282; LG München AfP 2003, 373). I.d.R. ist die Gegendarstellung in Textform abzufassen; ausnahmsweise kann eine bildliche Entgegnung verlangt werden, wenn dies für das Verständnis der Gegendarstellung unabweisbar erforderlich ist (OLG Hamburg AfP 1984, 115; Dreier/Schulze/*Specht* §§ 33ff. KUG, Rn. 12).

3. Ungerechtfertigte Bereicherung

Die Verletzung des Rechts am eigenen Bild kann einen Anspruch des Betroffenen aus ungerechtfertigter Bereicherung gem. §§ 812ff. BGB zur Folge haben. Mit der unbefugten Nutzung eines Bildnisses greift der Verletzer auf Kosten des Abgebildeten in die vermögenswerten Bestandteile des Rechts am eigenen Bild ein (BGH NJW 2012, 1728, 1729). Der Verletzer schuldet Herausgabe des **Erlangten,** nämlich der Nutzung des Bildnisses (ebenso OLG München WRP 1995, 744, 747; Dreier/Schulze/*Specht* §§ 33ff. KUG Rn. 14; Schricker/*Götting* § 33–50 KUG Rn. 16; dagegen BGH GRUR 1979, 732 – Fußballtor: erlangt ist die Ersparnis des für die rechtmäßige Nutzung zu entrichtenden Entgelts). Da die Nutzung des Bildnisses nicht herausgegeben werden kann, muss der Verletzer Wertersatz nach § 818 II BGB leisten und die **übliche Lizenzgebühr** zahlen (BGH NJW 2012, 1728, 1729; GRUR 2009, 1085 – Wer wird Millionär?). I.d.R. kommt eine Lizenzgebühr nur bei der kommerzialisierbaren Verwertung von Bildnissen, vor allem dem Einsatz zu **Werbezwecken** in Betracht (BGH GRUR 1992, 557, 558 – Joachim Fuchsberger), was insbesondere bei der Ausnutzung des Image- und Werbewerts von Prominenten zur Anpreisung von Waren oder Leistungen der Fall ist. Dabei muss nicht der Eindruck erweckt werden, der Prominente identifiziere sich mit dem beworbenen Produkt, preise es an oder empfehle es; entscheidend ist vielmehr, ob die Darstellung bei dem Adressaten eine gedankliche Beziehung zwischen dem Abgebildeten und dem beworbenen Produkt herstellt (BGH GRUR 2009, 1085, 1088 – Wer wird Millionär?). Der Bereicherungsanspruch setzt kein Verschulden voraus. Anspruchsberechtigt kann – etwa nach Abschluss eines Merchandising-Vertrages – anstelle des Abgebildeten auch der Merchandising-Lizenznehmer sein (vgl. BGH GRUR 1987, 128 – Nena). Unerheblich ist, ob der Verletzer objektiv in der Lage gewesen wäre, für die Nutzung des Bildnisses eine Vergütung zu zahlen (BGH GRUR 1992, 557, 558 – Joachim Fuchsberger). Auch scheitert der Bereicherungsanspruch nicht daran, dass der Betroffene rechtlich oder faktisch gehindert ist, das fragliche Bild anderweitig zu verwerten (BGH GRUR 1979, 732, 734 – Fußballtor; OLG Hamburg AfP 1983, 282, 283 – Tagesschausprecher; LG Hamburg ZUM 2004, 399, 401). Keine Voraussetzung des Bereicherungsanspruchs ist, dass der Betroffene subjektiv willens ist, sein Bildnis zu vermarkten (BGH NJW 2012, 1728, 1729; GRUR 2007, 139, 141 – Rücktritt des Finanzministers; OLG München ZUM 1996, 160, 162 – Telefonsex-Foto; *Balthasar* NJW 2007, 664, 665; *Beuthien/Hieke* AfP 2001, 361; *Prinz/Peters* Rn. 901; *Schubert* AfP 2007, 20, 23; *Ullmann* AfP 1999, 212; *Wenzel/Burkhardt* Rn. 14.16; a.A. die ältere Rechtsprechung BGH GRUR 1959, 430, 433 – Catarina Valente; *Steffen* NJW 1997, 13; offen gelassen von OLG Hamburg AfP 2004, 566, 568). An der Kommerzialisierbarkeit fehlt es regelmäßig bei der Verwendung von Abbildungen zu **redaktionellen Zwecken** (BGH NJW 2012, 1728, 1729f.; OLG Hamburg AfP 2009, 509, 514; LG Hamburg AfP 2008, 100, 103; LG Köln ZUM 2002, 163). Solange das Berichterstattungsinteresse im Vordergrund steht, führt auch die daneben bestehende Absicht, durch eine Bildnisveröffentlichung die Auflage zu steigern nicht dazu, dass eine kommerzielle Verwertung des Bildnisses angenommen werden kann (BGH NJW 2012, 1728, 1730). Dementsprechend scheidet ein Bereicherungsanspruch bei der Abbildung von Alltagssituationen aus (AG Hamburg AfP 1991, 659), oder wenn der Abgebildete keine in der Öffentlichkeit bekannte Person ist (LG Frankfurt ZUM 2003, 974, 976). Ausnahmsweise kann eine redaktionelle Berichterstattung lizenzfähig sein, wenn mit ihr wie bei der ungenehmigten Abbildung eines Nacktfotos auf der Titelseite einer Zeitschrift auch ein Werbewert für den Verlag verbunden ist (LG Hamburg AfP 1995, 526 – Nena), wenn ein Prominenter auf der Titelseite einer Rätselzeitschrift abgebildet wird und es an einer begleitenden Berichterstattung, die über eine bloße Bildunterschrift hinausgeht, fehlt (BGH GRUR 2009, 1085 – Wer wird Millionär?, dazu auch unter § 23 KUG Rn. 37f.) oder wenn die Berichterstattung wie im Fall sogenannter Homestories den Eindruck erweckt, erst aufgrund einer Exklusivvereinbarung ermöglicht worden zu sein; das war bei Bildnissen der Braut eines bekannten Fernsehmoderators, die erkennbar gegen ihren Willen aufgenommen worden sein mussten, nicht der Fall (LG Hamburg AfP 2008, 100, 103; ZUM 2008, 789). Die Abgrenzung zwischen einer Abbildung allein zu redaktionellen Zwecken und einer unzulässigen werblichen Vereinnahmung ist mitunter schwierig. So hat das OLG Hamburg im Fall der Veröffentlichung eines Paparazzo-Fotos in der „Bild am Sonntag", das Gunter Sachs beim Lesen dieser Zeitung zeigte, trotz der Veröffentlichung in redaktioneller Form eine lizenzfähige werbliche Vereinnahmung bejaht (OLG Hamburg AfP 2010, 589, bestätigt vom BGH; Urteil vom 31.5.2012, Az. I ZR 234/10), was die Vorinstanz noch anders gesehen hatte (LG Hamburg AfP 2010, 193).

27 Hinsichtlich der **Höhe** der Lizenzgebühr ist darauf abzustellen, welches Entgelt vernünftige Vertragspartner als angemessenes Honorar ausgehandelt hätten (BGH GRUR 1992, 557, 558 – Joachim Fuchsberger). Dabei sind z.B. bei einer Zeitschriftenanzeige u.a. Auflagenstärke und Verbreitung der publizierenden Zeitschrift, Art und Gestaltung der Anzeige sowie die Werbewirkung der Bildveröffentlichung zu berücksichtigen (BGH GRUR 1992, 557, 558 – Joachim Fuchsberger m.w.N.; OLG Hamburg AfP 2004, 566, 569). Für die Werbewirkung sind vor allem Sympathie- und Marktwert und Bekanntheitsgrad des Abgebildeten (vgl. BVerfG ZUM 2009, 479, 480), die Rolle, die dem ihm zugeschrieben wird, sowie Aufmerksamkeitswert und Verbreitungsumfang der Werbung von Belang (vgl. LG Hamburg ZUM 2004, 399, 402; AfP 2006, 585, 588; LG Berlin NJW 1996, 1142, 1143).

§ 22 [Recht am eigenen Bilde] 28 § 22 KUG

Ein Strafzuschlag ist nicht zulässig (OLG München AfP 2003, 272, 273; a. A. LG Köln ZUM 2012, 511, 512). Im Streitfall kann das Gericht im Rahmen der Schätzung nach § 287 ZPO Lizenzgebühren aus in der Vergangenheit geschlossenen Verträgen berücksichtigen (LG Hamburg AfP 1995, 526, 527). Da die sich hierbei ergebenden Beträge von den Umständen des Einzelfalls abhängen, lassen sich die bisher ergangenen Entscheidungen nur bedingt auf neue Fälle anwenden. **Zugesprochen wurden:** DM 3050,– für die Verwendung des Fotos eines Torwarts im Rahmen einer bundesweit geschalteten Werbeanzeige für Farbfernsehgeräte (BGH GRUR 1979, 732, 734 – Fußballtor); DM 4000,– für die Verwendung des Fotos einer Frau zur Illustrierung eines redaktionellen Artikels über Telefonsex (OLG München ZUM 1996, 160, 162 – Telefonsex-Foto); DM 4000,– für die Verwendung des Fotos eines Nachrichtensprechers im Rahmen einer in der regionalen Presse geschalteten Anzeige eines Möbelhauses (OLG Hamburg AfP 1983, 282, 284 – Nachrichtensprecher); DM 10 000,– für die Verwendung des Fotos eines Funktionärs der ehemaligen DDR im Rahmen einer lokalen Werbung für eine Zeitschrift auf ca. 1470 City-Light-Plakaten (LG Berlin NJW 1996, 1142, 1143); DM 30 000,– für die Veröffentlichung des Nacktfotos einer bekannten Sängerin auf der Titelseite einer Zeitschrift (LG Hamburg AfP 1995, 526, 527 – Nena); je € 15 000,– für die Verwendung von Bildnissen der Spieler der deutschen Fußballnationalmannschaft 1954 in einer umfangreich eingesetzten Printanzeige eines Autoherstellers (LG München ZUM 2003, 418); € 50 000,– für die Veröffentlichung eines Paparazzo-Fotos, das Gunter Sachs beim Lesen der „Bild am Sonntag" zeigt (OLG Hamburg AfP 2010, 589); € 70 000,– für die Verwendung der Figur des „Blauen Engels" in einer Werbung für Kopiergeräte, wobei der erkennbare Einsatz eines Doubles zu einem Abschlag führte (OLG München AfP 2003, 272); DM 155 000,– für Iwan Rebroff wegen des Einsatzes eines Doubles in der Fernsehwerbung einer Großmolkerei (OLG Karlsruhe AfP 1998, 326, 327); DM 158 000,– für die Abbildung des Tennisspielers Boris Becker in einem Werbeprospekt für Fernsehgeräte (OLG München ZUM 2003, 139; LG München ZUM 2002, 565); € 100 000,– für die Abbildung des früheren Bundesfinanzministers Lafontaine zusammen mit 15 weiteren Kabinettsmitgliedern in der Zeitungsanzeige einer Autoleasingfirma (OLG Hamburg AfP 2004, 566; aufgehoben durch BGH GRUR 2007, 139); € 200 000,– für die Verwendung von computergenerierten Bildnissen, die den früheren Bundesaußenminister Fischer mit den Gesichtszügen eines Kindes zeigten, im Rahmen der Einführungskampagne der Zeitung Welt Kompakt (LG Hamburg GRUR 2007, 143); € 1,2 Mio. für die Abbildung des Tennisspielers Boris Becker im Rahmen der Werbung mit einem Testexemplar der seinerzeit noch in Planung befindlichen „Frankfurter Allgemeinen Sonntagszeitung" (OLG München AfP 2007, 237, aufgehoben durch BGH GRUR 2010, 546 – Der strauchelnde Liebling, vgl. dazu näher unter § 23 KUG Rn. 39).

4. Schadensersatz

Die Verletzung des Rechts am eigenen Bild kann einen Schadensersatzanspruch aus § 823 Abs. 2 BGB i. V. m. § 22 KUG als Schutzgesetz sowie aus § 823 Abs. 1 BGB wegen Verletzung des Allgemeinen Persönlichkeitsrechts begründen. Nach diesen Vorschriften ist ersatzfähig nur der materielle Schaden i. S. v. §§ 249 ff. BGB. Ein materieller Schaden liegt vor, wenn der jetzige tatsächliche Wert des Vermögens des Geschädigten geringer ist als der Wert, den das Vermögen ohne das die Ersatzpflicht begründende Ereignis haben würde (BGHZ 99, 182, 196; Palandt/*Heinrichs* Vorb v § 249 BGB Rn. 10). Wie in den Fällen des § 97 UrhG kann der **Vermögensschaden auf dreifache Weise** ermittelt werden. Der Verletzte kann wahlweise eine angeessene Lizenzgebühr, die Herausgabe des Verletzergewinns oder den Ersatz des konkreten Schadens verlangen (vgl. Schricker/*Götting* §§ 33–50 KUG Rn. 9). Bei unbefugten Bildnisveröffentlichungen kommt vor allem eine angemessene Lizenzgebühr als Schadensersatz in Betracht, typischerweise bei der Verwendung von Bildnissen bekannter Personen in der Werbung (BGH GRUR 1956, 427, 429 – Paul Dahlke; BGH GRUR 1959,

28

430, 433 – Caterina Valente; BGH GRUR 1992, 557, 558 – Joachim Fuchsberger). Zu ersetzen ist dann das Honorar, das der Abgebildete üblicherweise für die Zustimmung zur Verwendung seines Bildnisses fordern kann (BGH GRUR 1979, 732, 734 – Fußballtor; für eine doppelte Lizenzgebühr als Regelsatz plädiert *Wandtke* GRUR 2000, 949 f.). Nach der früheren Rechtsprechung des BGH soll ein Schadensersatzanspruch ausscheiden, wenn der Abgebildete die Verwendung seines Bildnisses gegen Entgelt prinzipiell nicht gestattet (BGH GRUR 1958, 408, 409 – Herrenreiter; BGH GRUR 1959, 430, 433 – Caterina Valente; OLG Hamburg ZUM 1995, 202, 204; *Beuthien/Hieke* AfP 2001, 362; *Prinz/Peters* Rn. 904; *Schubert* AfP 2007, 20, 23). Der BGH hält an dieser Rechtsprechung nicht mehr fest (BGH GRUR 2007, 139, 141; ebenso Schricker/*Götting* §§ 33–50 KUG Rn. 5; *Wandtke* GRUR 2000, 949; str. auch beim Bereicherungsanspruch, s. o. Rn. 26).

29 Voraussetzung für den Schadensersatzanspruch ist ferner, dass der Verletzte **schuldhaft**, also vorsätzlich oder fahrlässig gehandelt hat. Bei Presseveröffentlichungen handelt fahrlässig, wer die publizistische Sorgfalt missachtet (dazu näher *Soehring* Rn. 2.1 ff.). Verwerter von Personenbildnissen unterliegen einer **besonderen Sorgfaltspflicht** im Hinblick auf die Reichweite erteilter Einwilligungen. Wer ein Personenbildnis veröffentlicht, muss sich vor Vervielfältigung und Verbreitung vergewissern, dass die Einwilligung des Abgebildeten auch den Zweck und den Umfang der geplanten Verbreitung umfasst (BGH GRUR 1962, 211, 214 – Hochzeitsbild; LG München ZUM 2004, 321, 323). Dies gilt für jede Abbildung, die von Dritten stammt, seien es Agenturen, Fotografen oder sonstige Dritte (BGH GRUR 1965, 495, 496 – Wie uns die anderen sehen; OLG Hamburg AfP 1977, 351, 353; OLG Düsseldorf AfP 1984, 229, 230 – Rückenakt). Dies soll auch dann gelten, wenn – wie oftmals im Tagesgeschäft – eine Nachrecherche schwierig und unüblich ist (so OLG Hamm AfP 1998, 304). Dem ist in dieser Pauschalität nicht zu folgen. Richtig ist, dass die Sorgfaltspflichten mit dem Grad der mit einer Veröffentlichung verbundenen Beeinträchtigung steigen. Eine erhöhte Sorgfaltspflicht besteht deshalb etwa bei der Veröffentlichung von Nacktaufnahmen, die einen erheblichen Eingriff in die Intimsphäre des Abgebildeten darstellen (BGH GRUR 1985, 398, 399 – Nacktfoto; vgl. dazu im Einzelnen § 23 KUG Rn. 33).

5. Geldentschädigung

30 Die Verletzung des Rechts am eigenen Bild kann in Ausnahmefällen auch einen Anspruch auf Ersatz von immateriellen Schäden (sogenannte Geldentschädigung) begründen. Die Rechtsprechung leitet diesen Anspruch aus dem Schutzauftrag aus Art. 2 Abs. 1 i. V. m. Art. 1 Abs. 1 GG ab (BVerfGE 34, 269, 292 – Soraya; BGH GRUR 1996, 373, 374 – Caroline von Monaco II; GRUR 1996, 227, 229 – Wiederholungsveröffentlichung; GRUR 2005, 179, 180 – Tochter von Caroline von Hannover), was dogmatisch leichter zu begründen ist als die Zubilligung von (nach früherer Terminologie) Schmerzensgeld entgegen der Vorschrift des § 253 BGB. Der Geldentschädigungsanspruch ist „Ultima-ratio-Rechtsbehelf für den besonders schweren Fall" (*Steffen* NJW 1997, 10; vgl. auch *Bruns* JZ 2005, 428, 430; *Seiler* WRP 2005, 545, 551). Nicht jede Verletzung des Persönlichkeitsrechts vermag einen Anspruch auf Geldentschädigung auszulösen; erforderlich ist vielmehr, dass es sich um einen **schwerwiegenden Eingriff** handelt und die Beeinträchtigung nicht in anderer Weise befriedigend aufgefangen werden kann (BGH NJW 1996, 1131, 1134 – Der Lohnkiller; BGH GRUR 1996, 227, 229 – Wiederholungsveröffentlichung). Bei der Gesamtabwägung aller Umstände muss ein **unabwendbares Bedürfnis** für die Zuerkennung einer Geldentschädigung zu bejahen sein (Wenzel/*Burkhardt* Rn. 14.101). Die Zubilligung von Geldentschädigung im Falle einer schweren Persönlichkeitsrechtsverletzung beruht auf dem Gedanken, dass ohne einen solchen Anspruch Verletzungen der Würde und Ehre des Menschen häufig ohne Sanktionen blieben. Im Vordergrund steht bei der Geldentschädigung regelmäßig der Gesichtspunkt der **Genugtuung** des Opfers; außerdem

soll die Geldentschädigung der **Prävention** dienen (BGH GRUR 1995, 224, 229 – Caroline von Monaco I; GRUR 1997, 233, 236 – Gynäkologe; GRUR 2005, 179, 180 – Tochter von Caroline von Hannover). Der Präventionsgedanke kommt allerdings nur in Fällen vorsätzlicher und rücksichtsloser Zwangskommerzialisierung der Persönlichkeit und dort bei der Bemessung der Höhe der Geldentschädigung zum Tragen (dazu unten Rn. 34). Eine strafrechtliche Sanktion stellt die Geldentschädigung nicht dar (BVerfGE 34, 269, 293 – Soraya; BGH NJW 2005, 215, 216 – Tochter von Caroline von Hannover). Der Geldentschädigungsanspruch ist **subsidiär**. Eine anderweitige Ausgleichsmöglichkeit, die bei unwahren Tatsachenbehauptungen etwa in Gegendarstellungs- oder Widerrufsansprüchen liegen kann, soll i. d. R. bei Verletzungen des Rechts am eigenen Bild fehlen (BGH GRUR 1996, 227, 229 – Wiederholungsveröffentlichung). Hierbei werden indes andere Wege des Ausgleichs wie etwa die Zahlung eines Geldbetrages an eine gemeinnützige Einrichtung in Absprache mit dem Betroffenen oder eine freiwillige öffentliche **Entschuldigung** (u. U. mit Zuwendung an eine gemeinnützige Einrichtung: *Wanckel* Rn. 272) übersehen, wodurch zumindest in Fällen ehrenrühriger oder die Intimsphäre verletzender Bildnisveröffentlichungen die Beeinträchtigung unter Umständen in gleicher Weise ausgeräumt werden kann wie bei einer Richtigstellung von unwahren Tatsachenbehauptungen. Ist in solchen Fällen eine ernst gemeinte Entschuldigung veröffentlicht worden, wird in vielen Fällen für die Zuerkennung einer Geldentschädigung kein Platz mehr sein. Bei Prominenten ist überdies zu berücksichtigen, dass die mit einer Veröffentlichung verbundene Aufmerksamkeitssteigerung einen imagefördernden Effekt haben kann, der im Wege der **Vorteilsausgleichung** der Zubilligung von Geldentschädigung entgegenstehen oder zumindest zu ihrer Reduktion führen kann (*Ladeur* NJW 2004, 393, 397; ihm folgend LG Berlin AfP 2006, 388, 390 mit zust. Anm. *Boksanyi* AfP 2006, 390). Sind bereits Ordnungsmittel verhängt worden, kann dies der zusätzlichen Zubilligung von Geldentschädigung entgegenstehen (vgl. OLG Hamburg, Urteil vom 4.11.2008, Az. 7 U 71/08 [nicht veröffentlicht]). Die **posthume Geltendmachung** von Geldentschädigungsansprüchen des Verstorbenen durch Angehörige ist **ausgeschlossen** (BGH GRUR 1974, 797, 800 – Fiete Schulze; BGH GRUR 2000, 709, 711 – Marlene Dietrich; BGH GRUR 2006, 252, 253 – Postmortaler Persönlichkeitsschutz; BVerfG ZUM 2007, 380; LG Berlin AfP 2002, 540), denn der Genugtuungszweck, der beim Geldentschädigungsanspruch im Vordergrund steht, entfällt nach dem Tode (so mit Recht BGH GRUR 2006, 252, 253 – Postmortaler Persönlichkeitsschutz, *Götting* GRUR 2004, 801, 802). In Ausnahmefällen ist die Geltendmachung von eigenen Ansprüchen der Angehörigen wegen einer besonderen Beeinträchtigung ihres eigenen Persönlichkeitsrechts durch die Veröffentlichung einer Abbildung des Verstorbenen möglich (vgl. OLG Düsseldorf AfP 2000, 574; LG Heilbronn ZUM 2002, 160), erforderlich ist dann eine unmittelbare Betroffenheit des Angehörigen sowie eine schwere Verletzung seiner Rechte, bloße Reflexwirkungen infolge der persönlichen Verbundenheit zum Verstorbenen bleiben schutzlos (BGH GRUR 2006, 252, 255 – Postmortaler Persönlichkeitsschutz). Auch liegt in der Veröffentlichung des Portraitfotos eines bei einem Unfall Getöteten gegen den Willen seiner Eltern keine schwere Verletzung des Persönlichkeitsrechts der Eltern (BGH NJW 2012, 1728).

Ob eine **hinreichend schwerwiegende Verletzung** des Persönlichkeitsrechts vorliegt, **31** hängt von der Bedeutung und Tragweite des Eingriffs, von Anlass und Beweggrund des Handelnden sowie von dem Grad seines Verschuldens ab (BGH GRUR 1995, 224, 228 – Caroline von Monaco I; NJW 1996, 1131, 1134 – Der Lohnkiller; GRUR 1985, 398, 400 – Nacktfoto). Alle Umstände des Einzelfalls müssen in die Beurteilung einbezogen werden (BGH GRUR 1972, 97, 99 – Pariser Liebestropfen). Daher muss eine Bildveröffentlichung stets zusammen mit dem Begleittext in ihrer Gesamtheit gewürdigt werden (BGH GRUR 1965, 495, 496 – Wie uns die anderen sehen; BGH GRUR 1962, 324 – Doppelmörder). Zu berücksichtigen ist auch, inwieweit der Betroffene sich selbst der Gefahr ausgesetzt hat, dass über ihn auf persönlichkeitsrechtsverletzende Art berichtet wird (so – allerdings zur Höhe der

Geldentschädigung – Dreier/Schulze/*Specht* §§ 33 ff. KUG Rn. 26; LG Köln AfP 1978, 149). Bei **satirischen Darstellungen** sind höhere Anforderungen an die Schwere der Persönlichkeitsrechtsverletzung zu stellen als sonst im Äußerungsrecht (OLG Hamm NJW 2004, 919, 921; LG Hamburg NJW-RR 2000, 978, 980; i. E. auch KG AfP 2007, 569). Generell sollen bei der Verletzung des Rechts am eigenen Bild an die Zubilligung eines Entschädigungsanspruchs wiederum geringere Anforderungen als in anderen Fällen einer Persönlichkeitsrechtsverletzung zu stellen sein, da hier die Abwehrmöglichkeiten des Betroffenen i. d. R. begrenzt sind (BGH GRUR 1996, 227, 229 – Wiederholungsveröffentlichung; NJW 2005, 215, 217). Dies betrifft jedoch nur den Genugtuungszweck und darf nicht dazu führen, dass der Geldentschädigungsanspruch zum Regelanspruch bei Verletzungen des Rechts am eigenen Bild wird. Wer mit der Geltendmachung des Geldentschädigungsanspruchs bis **kurz vor Eintritt der Verjährung** wartet, gibt zu erkennen, dass es an einem unabwendbaren Bedürfnis für die Zubilligung von Geldentschädigung fehlt (LG Berlin AfP 2008, 320).

32   Die Rechtsprechung billigt Geldentschädigung im Bereich des Bildnisschutzes nach wie vor nur in **besonders gelagerten Fallkonstellationen** der Verletzung **ideeller** Interessen zu, so bei der Verletzung der **Intimsphäre** durch Veröffentlichung von Nacktaufnahmen (BGH GRUR 1985, 398 – Nacktaufnahme; OLG Frankfurt GRUR 1987, 195; OLG Oldenburg GRUR 1989, 344; OLG Homburg AfP 2013, 65; LG Hamburg ZUM 2002, 68), bei Bildnisveröffentlichung in unzutreffendem und **schwer ehrenrührigem** Kontext (Beispiele: infolge einer Bildverwechslung hervorgerufener unzutreffender Vorwurf sexueller Verfehlungen eines katholischen Priesters gegenüber Minderjährigen, OLG Koblenz NJW 1997, 1375; unzutreffender Bezug des Fotos einer jungen Frau auf angebliche sexuelle Bekenntnisse im Begleitartikel, OLG Hamburg ZUM 1995, 637; vgl. auch OLG Frankfurt GRUR 1987, 195), ferner bei der ungenehmigten Verwendung eines Bildnisses für **Werbezwecke** (BGH GRUR 1956, 427 – Paul Dahlke; GRUR 1958, 408 – Herrenreiter; GRUR 1992, 557 – Joachim Fuchsberger; OLG Koblenz GRUR 1995, 771; OLG Frankfurt AfP 1986, 140), bei **wiederholten und besonders hartnäckigen** einwilligungslosen Veröffentlichungen (OLG Hamburg AfP 2009, 509; OLG Hamm NJW 2004, 919), und zwar auch dann, wenn jede einzelne Veröffentlichung für sich genommen nicht als schwerwiegend einzustufen ist (BGH GRUR 1996, 227, 229 – Wiederholungsveröffentlichung; GRUR 2005, 179, 181 – Tochter von Caroline von Hannover). Dabei setzt die Hartnäckigkeit der Rechtsverletzung die Gleichartigkeit der einzelnen Verstöße voraus (OLG Hamburg AfP 2009, 509, 512), an der es fehlt bei Persönlichkeitsrechtsverletzungen durch Wortberichterstattungen einerseits und Bildrechtsverletzungen andererseits (LG Hamburg Urt. v. 21.9.2001, Az.: 324 O 352/01 [nicht veröffentlicht]).

33   Umstritten ist, welcher Grad des **Verschuldens** für die Zubilligung von Geldentschädigung zu fordern ist. Die Rechtsprechung berücksichtigt das Verschulden als Variable im Rahmen der vorzunehmenden Gesamtbetrachtung (BGH GRUR 1972, 97, 99 – Pariser Liebestropfen; BGH GRUR 1996, 373, 374 – Caroline von Monaco II; KG AfP 2007, 569, 571), spricht aber Geldentschädigung i. d. R. nur bei beträchtlichem Verschulden zu (BGH GRUR 1985, 398, 400 – Nacktfoto). In der Literatur wird zum Teil nur einfaches Verschulden verlangt (Wenzel/*Burkhardt* Rn. 14.115) oder festgestellt, dass die Schwere des Eingriffs grobe Fahrlässigkeit nicht notwendig voraussetze (Löffler/*Steffen* § 6 LPG Rn. 335). Richtigerweise wird man ein **schweres Verschulden,** also eine besonders grobe Missachtung der Sorgfaltspflichten, jedenfalls in den Fällen fordern müssen, in denen Geldentschädigung um der Prävention willen zugesprochen wird (*Soehring* Rn. 32.26a).

34   Bei der **Bemessung der Höhe** der Geldentschädigung sind alle Umstände des Einzelfalls zu berücksichtigen (BGHZ 18, 149; Schricker/*Götting* §§ 33–50 KUG Rn. 32). Dabei soll entgegen der im Schrifttum wiederholt geäußerten berechtigten Kritik (vgl. *Gounalakis* AfP 1998, 10, 16; *Seitz* NJW 1996, 2848, 2849) eine Ungleichbehandlung der Folgen von Gesundheitsschäden einerseits und rechtswidriger Medienberichterstattung andererseits

§ 22 [Recht am eigenen Bilde]

hinzunehmen sein (BVerfG NJW 2000, 2187), auch wenn dies der Öffentlichkeit gegenüber teilweise schwer vermittelbar ist. Bei der Bemessung der Geldentschädigung ist zum einen zu berücksichtigen, dass nur schwerwiegende Rechtsverletzungen den Anspruch begründen können, womit zu niedrige Beträge nicht im Einklang stünden. Dementsprechend wurden als Untergrenze der erforderlichen Beträge zwischen DM 2000,– und DM 3000,– (BGH GRUR 1979, 421 – Exdirektor; *Soehring* Rn. 32.34) bisweilen aber auch DM 4000,– (*Prinz/Peters* Rn. 918) genannt. Auf der anderen Seite darf die zuerkannte Summe **keine existenzgefährdenden Dimensionen** annehmen und auch nicht eine solche Höhe erreichen, dass die Pressefreiheit unverhältnismäßig eingeschränkt wird (BGH GRUR 1995, 224, 230 – Caroline von Monaco I; GRUR 2005, 179, 181 – Tochter von Caroline von Hannover; OLG Hamburg AfP 2009, 509, 512; NJW 1996, 2870, 2874 – Caroline von Monaco). Die Geldentschädigung hat nicht zum Ziel, etwaige wirtschaftliche Vorteile in Folge einer Persönlichkeitsrechtsverletzung wieder zu entziehen; eine **„Gewinnabschöpfung" findet nicht statt** (BGH GRUR 1995, 224, 229 – Caroline von Monaco I; OLG Hamburg NJW 1996, 2870, 2872 – Caroline von Monaco). An dieser Rechtsprechung ist entgegen vereinzelt geäußerter Kritik (*Beuthien* NJW 2003, 1220ff.; *v. Gerlach* VersR 2002, 917ff.; *Prinz* NJW 1996, 953ff.) festzuhalten (ebenso *Gounalakis* AfP 1998, 10, 19; *Soehring* Rn. 32.34; *Steffen* NJW 1997, 10, 13; *Wenzel/Burkhardt* Rn. 14.146). Die Forderung nach Gewinnabschöpfung dürfte auch deshalb überholt sein, weil die Praxis zeigt, dass die Berücksichtigung des Präventionsgedankens zu einer spürbaren Erhöhung der ausgeurteilten Beträge führt (vgl. sogleich unter Rn. 35). Überdies ist in Fällen rücksichtsloser Kommerzialisierung der Persönlichkeit die Erzielung von Gewinnen aus der Rechtsverletzung ohnehin als Bemessungsfaktor in die Entscheidung über die Höhe der Geldentschädigung in der Weise einzubeziehen, dass von dieser ein echter **Hemmungseffekt** ausgeht (BGH GRUR 1995, 224, 229 – Caroline von Monaco I; GRUR 1996, 373, 374 – Caroline von Monaco II; NJW 2005, 215, 218; OLG Hamburg AfP 2009, 509, 512; NJW 1996, 2870, 2872). Als weitere Bemessungsfaktoren können die Intensität der Persönlichkeitsrechtsverletzung (BGH GRUR 1995, 224, 230 – Caroline von Monaco I; GRUR 1996, 373, 374 – Caroline von Monaco II) sowie die faktischen wirtschaftlichen Verhältnisse der hinter einem Presseorgan stehenden Konzerngruppe (BGH GRUR 2005, 179, 182 – Tochter von Caroline von Hannover) eine Rolle spielen. Zugunsten des Verletzers ist zu berücksichtigen, ob sich der Geschädigte selbst der Gefahr ausgesetzt hat, dass über ihn auf persönlichkeitsrechtsverletzende Art in der Öffentlichkeit berichtet wird (LG Köln AfP 1978, 149; Schricker/*Götting* §§ 33–50 KUG Rn. 36).

Beispiele aus der neueren Rechtsprechung: Die von den Gerichten als Geldentschädigung zuerkannten Beträge sind in den letzten Jahren jedenfalls in solchen Fällen gestiegen, die gekennzeichnet sind durch eine außergewöhnliche Eingriffsintensität oder die Hartnäckigkeit der Verletzungshandlungen. So erhielt Prinzessin Madeleine von Schweden für insgesamt 86 Artikel mit einer Vielzahl von Unwahrheiten betreffend Hochzeits- und Schwangerschaftsgerüchte mit begleitender Bildberichterstattung € 400 000,– (OLG Hamburg AfP 2009, 509). Ferner erhielt Caroline von Monaco DM 150 000,– wegen einer Illustrierten-Veröffentlichung von 36 zum Teil großformatigen Fotos, die sie beim Austausch von Zärtlichkeiten mit Ernst August von Hannover auf ihrer Yacht in örtlicher Abgeschiedenheit zeigen, und unter deren Verwendung für die Illustrierte in anderen Medien geworben worden war (OLG Hamburg OLG Report 2001, 139 f.), DM 50 000,– wegen der Veröffentlichung von Fotos, die sie betend und beim Empfang des Abendmahls in einer Kirche zeigen (OLG Hamburg OLG Report 2001, 139 f.) und DM 180 000,– wegen dreier verschiedener Veröffentlichungen in drei unterschiedlichen Publikationen des beklagten Verlages (OLG Hamburg NJW 1996, 2870 – Caroline von Monaco, nach Zurückverweisung durch den BGH GRUR 1995, 224 – Caroline von Monaco I). Die Tochter von Caroline von Hannover erhielt DM 150 000 wegen wiederholter Veröffentlichungen von Paparazzi-Fotos, die sie als Kleinkind in privaten Situationen mit ihren Eltern zeigen, wobei nicht ins Gewicht fiel, dass die Mutter wegen zwei der Veröffentlichungen bereits eine Geldentschädigung von DM 125 000,– erhalten hatte (BGH GRUR 2005, 179 – Tochter von Caroline von Hannover). Die Schriftstellerin Hera Lind erhielt DM 150 000,– wegen der Veröffentlichung von „Paparazzi"-Fotos auf der Titelseite einer Illustrierten sowie im Rahmen eines Beitrags im selben Heft, die sie am Strand in privaten (mit ihren Kindern) und intimen (teilweise unbekleidet) Situationen zeigten (LG Hamburg ZUM 2002, 68). Prinz Ernst August von Hannover erhielt DM 100 000,– wegen einer Reihe von 12 Veröffentlichungen, die in ihrer Gesamtheit eine schwere Persönlichkeitsrechtsverletzung darstellten (LG Hamburg ZUM 1998, 852). Hohe Beträge wurden außerdem erreicht mit DM 90 000,– wegen der Internet-Veröffentlichung eines Computerspiels, das auf die sexuelle Beziehung der Klägerin zu einem bekannten Sportler anspielte (LG München AfP 2002, 340) und mit € 70 000,– wegen wiederholter Herabwürdigung einer Minderjährigen durch sexuelle Anspielungen in der Sendung „TV Total" (OLG Hamm NJW 2004, 919, 922). Die vorgenannten Entscheidungen betreffen Ausnahmefälle vor allem aus der Yellow Press und sind allesamt gekennzeichnet durch eine außergewöhnliche Eingriffsintensität oder die Hartnäckigkeit der Verletzungshandlungen und die daran anknüpfende Anwendung des Präventionsgedankens durch die Gerichte. In anderen Fällen liegen die ausgeurteilten Beträge niedriger. Zugesprochen wurden: DM 1700,– wegen der Veröffentlichung eines Bildnisses in einer Kontaktanzeige zusammen mit einem falschen Text (AG Nürnberg NJW-RR 2000, 1293); DM 2000,– wegen unbefugter Abbildung zweier minderjähriger Geschwister auf der Umschlagseite eines Buches über antiautoritäre Erziehung (OLG Frankfurt NJW 1992, 441); DM 5000,– wegen der gegen den Willen der abgebildeten Schauspielerin veröffentlichten Nacktaufnahme aus einer Theaterprobe (LG Saarbrücken NJW-RR 2000, 1571); € 2500,– wegen der Veröffentlichung von Aufnahmen aus einem Fernsehinterview mit der Mutter eines Kindes, das sich auf einem Campingplatz verlaufen hatte, im Rahmen eines der oberflächlichen Unterhaltung dienenden Fernsehmagazins ohne ausdrücklich hierauf bezogene Einwilligung (OLG Karlsruhe ZUM 2006, 568); € 3000,– wegen ungenehmigter Verwendung von Nacktaufnahmen für ein Wissenschaftsmagazin (LG München NJW 2004, 617); € 5500,– wegen der Veröffentlichung von Filmaufnahmen, die einen vom Gerichtsvollzieher im Schlaf überraschten Schuldner zeigten (OLG München ZUM 2009, 429); € 6000,– wegen herabsetzender Bemerkungen des Moderators einer Lifesendung über das Aussehen einer zufällig herausgegriffenen und vor laufender Kamera befragten Zuschauerin, wobei betragsmindernd berücksichtigt wurde, dass die Betroffene mit späteren Auftritten in Fernsehsendungen zu einer weiteren Verbreitung der inkriminierten Äußerungen beigetragen hatte (LG Hannover AfP 2006, 193); DM 8000,– wegen der Verletzung der Privatsphäre der Ehefrau eines bei einem Arbeitsunfall tödlich Verunglückten durch Veröffentlichung eines Fotos, das das Gesicht des Toten mit weit aufgerissenem Mund zeigt (OLG Düsseldorf AfP 2000, 574); € 5000,– wegen ungenehmigter Vorabveröffentlichung von Nacktaufnahmen (LG Berlin AfP 2004, 455), wegen Veröffentlichung bereits vor Jahren publizierter Nacktaufnahmen in einem anderen als dem von der Abgebildeten ursprünglich gebilligten Kontext (LG München ZUM 2004, 320), wegen der Veröffentlichung des Fotos der überlebenden Ehefrau eines Amokläufers, die am nachfolgenden Strafverfahren als Nebenklägerin teilnahm (LG Münster NJW 2005, 1065) und wegen ungenehmigter Veröffentlichung eines Fotos des Sohnes eines wissenschaftlichen Beraters der irakischen Regierung in missverständlichem Kontext (AG Hamburg GRUR-RR 2004, 158 – Saddams Giftmischer); € 10 000,– wegen der Verwechselung des Bildnisses eines Straftäters mit dem seines Betreuers (OLG München ZUM 2004, 230) sowie wegen der Veröffentlichung eines Fotos, dass die Schauspielerin Ursula Karven unmittelbar nach dem Unfalltod ihres Kindes auf dem Weg zum Krankenwagen zeigt (LG Berlin AfP 2010, 597); DM 20 000,– wegen des infolge einer Bildverwechslung erhobenen unberechtigten Vorwurfs sexueller Verfehlungen eines katholischen Priesters gegenüber Minderjährigen (OLG Koblenz NJW 1997, 1375), wegen der Veröffentlichung von Film-

§ 22 [Recht am eigenen Bilde] 36 § 22 KUG

aufnahmen, die eine psychisch gestörte Frau unmittelbar nach einem von ihr begangenen Tötungsdelikt in erkennbar verwirrtem Zustand zeigten (LG Köln AfP 2002, 343); DM 30 000,– wegen der einwilligungslosen Veröffentlichung einer Nacktaufnahme in einem Bericht über ein gerichtliches Verbot der Veröffentlichung dieser Aufnahme in einem Buch (LG Berlin AfP 2001, 246); € 15 000,– wegen der Veröffentlichung eines Fotos, das die Braut eines Fernsehmoderators beim Warten auf die Trauung in einer Situation völliger Zurückgezogenheit zeigt (OLG Köln ZUM 2009, 486), wegen der Veröffentlichung eines Paparazzi-Fotos, das ein Fotomodell mit nacktem Oberkörper im Urlaub zeigte (OLG Homburg AfP 2013, 65); € 20 000,– wegen der Veröffentlichung von ungepixelten Portraitaufnahmen des Opfers eines sexuellen Missbrauchs, die beim Auftakt des Strafverfahrens gegen den angeklagten Stiefvater gemacht wurden (KG AfP 2011, 269); € 25 000,– wegen der Veröffentlichung von privaten Nacktfotos in einer Internet-Tauschbörse unter Angabe von Anschrift und Telefonnummer der Betroffenen (LG Kiel NJW 2007, 1002).

Keine Geldentschädigung gab es bei der (rechtswidrigen) Veröffentlichung des mit Augenbalken versehenen Bildnisses der Eltern eines Heroin-Toten (BGH GRUR 1974, 794, 796 – Todesgift mit Anm. *Fischötter* GRUR 1974, 796), bei der Verwendung einer auf einer Modenschau gemachten Aufnahme eines Mannequins ohne dessen Einwilligung im Rahmen einer Werbeanzeige (OLG Koblenz GRUR 1995, 771), bei der (als unzulässig angesehenen) Veröffentlichung der unverblendeten Fotografie eines Verhafteten im Rahmen ansonsten zulässiger Verdachtsberichterstattung (OLG Celle NJW-RR 2001, 335, 337), bei der Veröffentlichung von Aufnahmen eines erkennbar Betrunkenen im Rahmen von Fernsehsendungen über Karnevalsfeiern (LG Köln ZUM 2002, 162), bei der Abbildung des Betroffenen im Rahmen einer satirischen Bildserie als Typus eines Bayern, dessen Ausdrucksweise unverständlich ist (BVerfG AfP 2002, 417 mit Zurückweisung an die Vorinstanz; vgl. zu dieser: OLG München NJW-RR 1998, 1036), bei der ungenehmigten Veröffentlichung des Fotos eines Börsenmaklers (LG Frankfurt ZUM 2003, 974), bei der rechtswidrigen Veröffentlichung einer Zeichnung von Caroline von Monaco im Familienkreis auf der Titelseite einer Zeitschrift im Zusammenhang mit der Ankündigung eines Weihnachts-Gewinnspiels (LG Hamburg Urt. v. 12.4.2002, Az: 324 O 699/04 [nicht veröffentlicht]), bei der ungenehmigten Veröffentlichung des Fotos eines infolge einer Verletzung im Rollstuhl sitzenden Ex-Models beim Einkaufen, nachdem die Abgebildete die Verletzungsfolgen im Rahmen einer Fotostrecke selbst der Öffentlichkeit präsentiert hatte (LG Hamburg Urt. v. 3.5.2002, Az 324 O 761/01 [nicht veröffentlicht]), bei der kurzen Einblendung des Bildes eines Unbeteiligten im Rahmen eines Fernsehbeitrags über Vergewaltigungsvorwürfe gegen einen Fernsehmoderator (LG Berlin Urt. v. 12.10.2004, Az: 27 O 578/04 [nicht veröffentlicht]), bei dem ungenehmigten Abdruck des Fotos eines Fotomodells zur Illustration eines Zeitschriftenartikels über „Das Leben der Huren" (LG Berlin AfP 2000, 393), bei der Einblendung des Bildnisses der Mutter eines Erstklässlers mit einer Schultüte im Arm und dem dazu gesprochenen Kommentar, „Die Dealer tarnen sich immer besser", in der Comedy-Sendung „TV Total" (LG Berlin ZUM 2005, 567), bei der Veröffentlichung des Fotos einer Prominenten, das sie beim Tanz auf einer Galaveranstaltung mit teilweise entblößter Brust zeigt (OLG Hamburg ZUM 2006, 639), bei einer satirischen Fotomontage, mit der die Teilnahme der vormaligen schleswig-holsteinischen Ministerpräsidentin an einem Fernseh-Tanzettbewerb lächerlich gemacht werden sollte, indem ihr Gesicht mit Maden bedeckt gezeigt und dazu die Frage gestellt wurde, „jetzt ins Dschungel-TV?" (KG AfP 2007, 569), bei der ungenehmigten Ausstrahlung von privaten Videoaufnahmen, die einen Nachbarschaftsstreit dokumentierten und vom Betroffenen lediglich für eine Reportagesendung freigegeben worden waren, im Rahmen eines Satiremagazins (LG Nürnberg AfP 2007, 496), bei der ungenehmigten Veröffentlichung von Fotos des Babys einer Schauspielerin (LG München AfP 2008, 419), bei der Ausstrahlung einer „Doku-Soap", bei der eine der Protagonistinnen lächerlich gemacht und verspottet wurde, wobei es eine Rolle spielte, dass auch bei Hinwegdenken der fraglichen Szenen ein unvorteilhafter Eindruck von der Betroffenen verblieb (LG Berlin K&R 2012, 689) und bei der Veröffentlichung eines Paparazzi-Fotos, das eine Schauspielerin beim Spaziergang mit Baby auf dem Arm zeigt (LG Köln ZUM 2013, 157). Ein Geldentschädigungsanspruch besteht i.d.R. nicht bei abträglicher, aber **wahrheitsgemäßer** Berichterstattung (vgl. Schricker/*Götting* §§ 33–50 KUG Rn. 42; Wenzel/*Burkhardt* Rn. 14.104), so bei einer reißerischen, aber im Kern zutreffenden Berichterstattung einer Boulevardzeitung über ein Strafverfahren (OLG Frankfurt ZUM 2007, 390). Für die Zubilligung von Geldentschädigung ist auch kein Raum, wenn mit einer rechtswidrigen Veröffentlichung zugleich eine für den Betroffenen günstige und von ihm durch eine völlig überzogene Klagforderung noch zugespitzte Aufmerksamkeitssteigerung verbunden ist (LG Berlin NJW-RR 2005, 693).

6. Vernichtung

37 Nach § 37 KUG kann der Verletzte die Vernichtung widerrechtlich verbreiteter oder öffentlich zur Schau gestellter Bildnisse und der zu deren Vervielfältigung ausschließlich bestimmten Vorrichtungen verlangen. Der Vernichtungsanspruch umfasst alle widerrechtlich veröffentlichten **Vervielfältigungsstücke** (BGH GRUR 1961, 138, 140 – Familie Schölermann), **nicht** aber **das Original** (*v. Gamm* Einf. 130). Der Anspruch dient der Sicherung des Unterlassungsanspruches (Schricker/*Götting* §§ 33–50 KUG Rn. 6), ist verschuldensunabhängig und setzt keine Wiederholungsgefahr voraus (BGH GRUR 1961, 138, 140 – Familie Schölermann). Voraussetzung des Vernichtungsanspruchs ist allein die widerrechtliche Veröffentlichung der Aufnahme. Bei unzulässiger Herstellung von Aufnahmen kann sich ein Vernichtungsanspruch aus den §§ 1004, 823 BGB ergeben. Gegenstand der Vernichtung sind nur solche Vervielfältigungsstücke und Vorrichtungen, die sich im Eigentum von an der Verbreitung beteiligten Personen befinden (§ 37 Abs. 2 KUG). Können Vervielfältigungsstücke in anderer Weise als durch Vernichtung unschädlich gemacht werden, etwa im Falle der **Unkenntlichmachung,** hat dies zu geschehen, falls der Eigentümer die Kosten übernimmt (§ 37 Abs. 4 S. 2 KUG). Die Vernichtung setzt eine rechtskräftige Verurteilung des Eigentümers voraus (§ 37 Abs. 4 S. 1 KUG). Zur Sicherung des Vernichtungsanspruchs kann im einstweiligen Verfügungsverfahren Herausgabe der betroffenen Vervielfältigungsstücke und Vorrichtungen an den Gerichtsvollzieher als Sequester verlangt werden (vgl. dazu Rn. 38).

7. Herausgabe

38 Anstelle der Vernichtung kann der Verletzte als Folgenbeseitigung nach § 1004 BGB die Herausgabe von Fotos, Negativen und sonstiger Vervielfältigungen unzulässiger Aufnahmen verlangen. Ebenso wie der Vernichtungsanspruch setzt auch der Herausgabeanspruch voraus, dass sich die herauszugebenden Gegenstände im Eigentum des in Anspruch genommenen Verbreiters befinden. Dieser Anspruch besteht schon nach der **rechtswidrigen Herstellung** von Aufnahmen und setzt deren Veröffentlichung nicht voraus (OLG Stuttgart AfP 1987, 693; OLG München AfP 1995, 658, 661). Nach zutreffender Auffassung des OLG Hamburg besteht der Herausgabeanspruch allerdings nur dann, wenn feststeht, dass die **Verbreitung** des Bildmaterials **zeitlich unbegrenzt unzulässig** ist (OLG Hamburg AfP 1997, 535, 537). Dementsprechend besteht kein Herausgabeanspruch bei Fotos von Kindern, die – wie die Nachkommen regierender Fürstenhäuser – mit relativ hoher Wahrscheinlichkeit in Zukunft selbst Personen der Zeitgeschichte sein werden (OLG Hamburg AfP 1997, 535, 537). Im einstweiligen Verfügungsverfahren soll der Herausgabeanspruch durch Herausgabe der Aufnahmen an den Gerichtsvollzieher als Sequester gesichert werden können, wenn eine rechtswidrige Fotoveröffentlichung bevorsteht (OLG Celle AfP 1984, 236; Schricker/*Götting* §§ 33–50 KUG Rn. 7). Ein solcher vorbeugender Rechtsschutz kann aber nur in Ausnahmefällen in Betracht kommen, wenn etwa zweifels-

§ 23 [Ausnahmen zu § 22]

frei feststeht, dass die Verwendung eindeutig rechtsverletzenden Materials unmittelbar bevorsteht (vgl. OLG Nürnberg NJW-RR 2002, 1471 sowie die Ausführungen zur Erstbegehungsgefahr beim Unterlassungsanspruch in Rn. 24).

8. Auskunft

Eine rechtswidrige Bildveröffentlichung oder die widerrechtliche Herstellung von Bildnissen (KG AfP 2006, 369, 371) begründen den aus dem Grundsatz von Treu und Glauben hergeleiteten Auskunftsanspruch, sofern aufgrund der zu erteilenden Auskunft ein materieller Hauptanspruch wie Bereicherungsausgleich (LG München ZUM 2006, 937), Schadensersatz, Herausgabe oder Vernichtung gegenüber dem Verletzer in Betracht kommt (BGHZ 56, 256, 262; OLG Hamburg AfP 1995, 504, 505). Voraussetzung ist ferner, dass der Anspruchsteller in entschuldbarer Weise über Bestehen und Umfang seiner Rechte im Ungewissen ist, während der Verletzer die geforderte Auskunft unschwer erteilen kann (BGHZ 56, 256, 262; OLG Hamburg ZUM 1995, 202, 205). Bei einem unverhältnismäßigen Aufwand kann ein Auskunftsanspruch ausnahmsweise ausgeschlossen sein (LG München ZUM-RD 2003, 601, 606). Der Umfang des Auskunftsanspruchs ist auf das zur Bezifferung des Hauptanspruchs Erforderliche beschränkt. Demgemäß ist regelmäßig Auskunft über Verbreitungsumfang (z.B. Auflagenhöhe), Verbreitungsdauer sowie über die durch die Verbreitung erzielten Erlöse zu erteilen (vgl. BGH GRUR 2000, 715 – Der Blaue Engel; *Wanckel* Rn. 295). Zum Schutz der Pressefreiheit und des Vertrauensverhältnisses zwischen der Presse und ihren Informanten besteht kein Anspruch auf Auskunft über die Herkunft eines rechtswidrig veröffentlichten Bildnisses (so in einem urheberrechtlichen Fall BVerfG ZUM 1999, 633, 635 – Heidemörder; *Wanckel* Rn. 295).

39

§ 23 [Ausnahmen zu § 22]

(1) **Ohne die nach § 22 erforderliche Einwilligung dürfen verbreitet und zur Schau gestellt werden:**
1. **Bildnisse aus dem Bereiche der Zeitgeschichte;**
2. **Bilder, auf denen die Personen nur als Beiwerk neben einer Landschaft oder sonstigen Örtlichkeit erscheinen;**
3. **Bilder von Versammlungen, Aufzügen und ähnlichen Vorgängen, an denen die dargestellten Personen teilgenommen haben;**
4. **Bildnisse, die nicht auf Bestellung angefertigt sind, sofern die Verbreitung oder Schaustellung einem höheren Interesse der Kunst dient.**

(2) **Die Befugnis erstreckt sich jedoch nicht auf eine Verbreitung und Schaustellung, durch die ein berechtigtes Interesse des Abgebildeten oder, falls dieser verstorben ist, seiner Angehörigen verletzt wird.**

Literatur: *Bartnik,* Caroline à la française – ein Vorbild für Deutschland?, AfP 2004, 489; *Bartnik,* Überlegungen zum Verhältnis von Persönlichkeitsrechten und Wettbewerbsrecht, AfP 2004, 223; *Beater,* Bildinformationen im Medienrecht, AfP 2005, 133; *v. Becker,* Können Bilder lügen?, AfP 2005, 247; *v. Becker,* Fiktion und Wirklichkeit im Roman, Würzburg 2006; *Beuthien,* Das Recht auf nichtmediale Alltäglichkeit, K&R 2004, 457; *Beuthien,* Bildberichte über aktive und passive Personen der Zeitgeschichte, ZUM 2005, 352; *Beuthien/Hieke,* Unerlaubte Werbung mit dem Abbild prominenter Personen, AfP 2001, 353; *Damm/Rehbock,* Widerruf, Unterlassung und Schadensersatz in den Medien, 3. Aufl., München 2008; *Dietrich,* Caroline und die Medien, AfP 2013, 277; *Dörr/Zorn,* Die Entwicklung des Medienrechts, NJW 2005, 3114; *Ehmann,* Die Nutzung des kommerziellen Wertes von Politikern zu Werbezwecken, AfP 2005, 237; *Ehmann,* Zum kommerziellen Interesse an Politikerpersönlichkeiten, AfP 2007, 81; *Engels/Jürgens,* Auswirkungen der EGMR-Rechtsprechung zum Privatsphärenschutz, NJW 2007, 2517; *Engels/Schulz,* Das Bildnis aus dem Bereich der Zeitgeschichte, AfP 1998, 574; *Frenz,* Konkretisierte Abwägung zwischen Pressefreiheit und Persönlichkeitsschutz, NJW 2012, 1039; *Forkel,* Das „Caroline-Urteil" aus Straßburg – richtungweisend für den Schutz auch der seelischen Unversehrtheit, ZUM 2005, 192; *Fricke,* Personenbildnisse in

KUG § 23
§ 23 [Ausnahmen zu § 22]

der Werbung für Medienprodukte, GRUR 2003, 406; *Frömming/Peters*, Die Einwilligung im Medienrecht, NJW 1996, 958; *Gersdorf*, Caroline-Urteil des EGMR: Bedrohung der nationalen Medienordnung, AfP 2005, 221; *Grabenwarter*, Schutz der Privatsphäre versus Pressefreiheit: Europäische Korrektur eines deutschen Sonderweges?, AfP 2004, 309; *Halfmeier*, Privatleben und Pressefreiheit: Rechtsvereinheitlichung par ordre de Strasbourg?, AfP 2004, 417; *Heldrich*, Persönlichkeitsschutz und Pressefreiheit nach der Europäischen Menschenrechtskonvention, NJW 2004, 2634; *Helle*, Besondere Persönlichkeitsrechte im Privatrecht, Tübingen 1991; *Helle*, Privatfotos Prominenter – Spagat zwischen Karlsruhe und Strasbourg, AfP 2007, 192; *Herrmann*, Anmerkung zum Urteil des EGMR v. 24.6.2004, ZUM 2004, 665; *Hoffmann-Riem*, Die Caroline II-Entscheidung des BVerfG, NJW 2009, 20; *Jahn/Striezel*, Google StreetView is watching you, K&R 2009, 753; *Kaboth*, Der EGMR und Caroline vor der Veröffentlichung von Fotoaufnahmen aus dem Privatleben Prominenter?, ZUM 2004, 818; *Kitzberger*, Die werbliche Nutzung von Bildnissen und Namen von Profisportlern, ZUM 2011, 200; *Klass*, Die neue Frau an Grönemeyers Seite – ein zeitgeschichtlich relevantes Ereignis?, ZUM 2007, 818; *Klass*, Zu den Grenzen der Berichterstattung über Personen des öffentlichen Lebens, AfP 2007, 517; *Ladeur*, Fiktive Lizenzentgelte für Politiker? ZUM 2007, 111; *Lober/Weber*, Entgeltliche und freie Nutzung von Persönlichkeitsrechten zu kommerziellen Zwecken im deutschen und englischen Recht, ZUM 2003, 658; *Maaß*, Der Dokumentarfilm – Bürgerlich-rechtliche und urheberrechtliche Grundlagen der Produktion, Frankfurt a. M. 2006; *Maaßen*, Bildzitate in Gerichtsentscheidungen und juristischen Publikationen, ZUM 2003, 830; *Mann*, Auswirkungen der Caroline-Entscheidung des EGMR auf die forensische Praxis, NJW 2004, 3220; *Mann*, Zum Verbot kontextneutraler Fotos, AfP 2008, 566; *Müller*, Der Schutzbereich des Persönlichkeitsrechts im Zivilrecht, VersR 2008, 1141; *Neumann-Duesberg*, Bildberichterstattung über absolute und relative Personen der Zeitgeschichte, JZ 1960, 114; *Ohly*, Harmonisierung des Persönlichkeitsrechts durch den Europäischen Gerichtshof für Menschenrechte?, GRUR Int. 2004, 902; *Prütting/Stern*, Das Caroline-Urteil des EGMR und die Rechtsprechung des Bundesverfassungsgerichts, München 2005; *Puttfarcken*, Zulässigkeit der Veröffentlichung von Barschel-Fotos, ZUM 1988, 133; *Rebmann*, Aktuelle Probleme des Zeugnisverweigerungsrechts von Presse und Rundfunk und des Verhältnisses von Presse und Polizei bei Demonstrationen, AfP 1982, 189; *Schertz*, Bildnisse, die einem höheren Interesse der Kunst dienen, GRUR 2007, 558; *Schmitt*, Auswirkungen der Caroline-Entscheidung auf die Reichweite des Persönlichkeitsschutzes von Begleitpersonen?, ZUM 2007, 186; *Seiler*, Persönlichkeitsschutz und Meinungsfreiheit in der neueren Rechtsprechung des EGMR, des BVerfG und des BGH, WRP 2005, 545; *Söder*, Persönlichkeitsrechte in der Presse, ZUM 2008, 89; *Soehring*, Caroline und ein Ende?, AfP 2000, 230; *Soehring/Seelmann-Eggebert*, Die Entwicklung des Presse- und Äußerungsrechts in den Jahren 2000 bis 2004, NJW 2005, 571; *Steffen*, Zum ambivalenten Verhältnis von Privatheit und Öffentlichkeit, AfP 2004, 586; *Stender-Vorwachs*, Veröffentlichung von Fotos minderjähriger Kinder von Prominenten, NJW 2010, 1414; *Stender-Vorwachs*, Bildberichterstattung über Prominente – Heide Simonis, Sabine Christiansen und Caroline von Hannover, NJW 2009, 334; *Stürner*, Caroline-Urteil des EGMR – Rückkehr zum richtigen Maß, AfP 2005, 213; *Teichmann*, Abschied von der absoluten Person der Zeitgeschichte, NJW 2007, 1917; *Wanckel*, Foto- und Bildrecht, 4. Aufl., München 2012; *Wanckel*, Personenbezogene Prominentenberichterstattung anlässlich zeitgeschichtlicher Ereignisse, NJW 2011, 726; *Zagouras*, Bildnisschutz und Privatsphäre im nationalen und europäischen Kontext, AfP 2004, 509; *Zagouras*, Satirische Politikerwerbung – Zum Verhältnis von Meinungsfreiheit und Persönlichkeitsschutz, WRP 2007, 115.

Vgl. darüber hinaus die Angaben im eingangs abgedr. Gesamtliteraturverzeichnis.

Übersicht

	Rn.
I. Grundzüge	1, 2
1. Regelungsgegenstand	1
2. Bildnisse und Bilder	2
II. Ausnahmen zu § 22 KUG	3–27
1. Bildnisse aus dem Bereich der Zeitgeschichte (§ 23 Abs. 1 Nr. 1 KUG)	3–23
a) Begriff der Zeitgeschichte	3
b) Interessensabwägung (abgestuftes Schutzkonzept)	6–23
aa) Personen des öffentlichen Interesses	8
(1) Berücksichtigung des Informationswerts	11
(2) geschützte Privatsphäre	12
bb) Ereignisse der Zeitgeschichte	13
(1) Kontextbezug	20
(2) Aktualität	21
2. Bilder, auf denen die Personen nur als Beiwerk einer Landschaft oder sonstigen Örtlichkeit erscheinen (§ 23 Abs. 1 Nr. 2 KUG)	24

	Rn.
3. Bilder von Versammlungen, Aufzügen und ähnlichen Vorgängen, (§ 23 Abs. 1 Nr. 3 KUG)	25
4. Bildnisse, deren Verbreitung oder Schaustellung einem höheren Interesse der Kunst dienen (§ 23 Abs. 1 Nr. 4 KUG)	27
III. Berechtigtes Interesse des Abgebildeten	28–40
1. Interessensabwägung	28
2. Fallgruppen	28–40
a) geschützte Privatsphäre	30
b) Intimsphäre	33
c) Verfälschung des Aussagegehalts	35
d) Andere Beeinträchtigungen	36
e) Werbezwecke	37–40

I. Grundzüge

1. Regelungsgegenstand

§ 23 KUG bestimmt, wann die Veröffentlichung eines Bildnisses auch ohne Zustimmung des Abgebildeten erlaubt ist. Die Vorschrift beschränkt den Schutzumfang des Rechts am eigenen Bild zugunsten der Informations-, Meinungs- und Kunstfreiheit. Soweit einer der in § 23 KUG genannten Tatbestände erfüllt ist, ist die Veröffentlichung einer Abbildung zulässig, sofern nicht ein vorrangiges berechtigtes Interesse des Abgebildeten entgegensteht (§ 23 Abs. 2 KUG). Dabei bedarf es schon bei der Prüfung von auslegungsfähigen Tatbestandsmerkmalen wie dem Begriff der Zeitgeschichte einer Abwägung zwischen den widerstreitenden Schutzgütern der Meinungs- und Pressefreiheit einerseits und des allgemeinen Persönlichkeitsrechts des Abgebildeten andererseits (BVerfG GRUR 2008, 539, 545 – Caroline von Hannover; BGH GRUR 2007, 523, 525 – Abgestuftes Schutzkonzept, vgl. dazu unten Rn. 6). § 23 Abs. 2 KUG sieht wiederum Ausnahmen von der Abbildungsfreiheit vor, wenn durch die Bildnisnutzung ein berechtigtes Interesse des Abgebildeten verletzt wird.

2. Bildnisse und Bilder

§ 23 KUG unterscheidet zwischen **„Bildnissen"** und **„Bildern"** und geht damit scheinbar über den Regelungsbereich des § 22 KUG hinaus, der nur für „Bildnisse" gilt. Dies ist jedoch nur eine terminologische Ungereimtheit, denn § 23 KUG geht für sämtliche Tatbestandsvarianten davon aus, dass es im Grundsatz sowohl für die Veröffentlichung von Bildnissen als auch von Bildern der Einwilligung des Abgebildeten bedarf. Die unterschiedlichen Begriffe dienen allein der Kennzeichnung verschiedener Abbildungsgegenstände: Bei Bildnissen ist die Abbildung einer oder mehrerer Personen die Hauptsache, während bei Bildern die Abbildung einer Örtlichkeit (§ 23 Abs. 1 Nr. 2 KUG) oder eines Geschehens (§ 23 Abs. 1 Nr. 3 KUG; *v. Gamm* Einf. Rn. 122), an dem einzelne Personen teilnehmen, im Vordergrund steht.

II. Ausnahmen zu § 22 KUG

1. Bildnisse aus dem Bereich der Zeitgeschichte (§ 23 Abs. 1 Nr. 1 KUG)

a) Begriff der Zeitgeschichte. Die praktisch wichtigste Ausnahme von § 22 KUG findet sich in § 23 Abs. 1 Nr. 1 KUG, wonach Bildnisse aus dem Bereich der Zeitgeschichte ohne Einwilligung des Abgebildeten verbreitet und zur Schau gestellt werden dürfen. Die Vorschrift gewährleistet die Freiheit der Berichterstattung über Vorgänge von allgemeinem Interesse unter bildlicher Darstellung der beteiligten Personen. Zur Zeitgeschichte gehören alle Erscheinungen im Leben der Gegenwart, die von der Öffentlichkeit „beachtet werden, bei (ihr) Aufmerksamkeit finden und Gegenstand der Teilnahme oder Wissbegier weiter Kreise sind" (RGZ 125, 80, 82 – Tull Harder). Die Zeitgeschichte umfasst sowohl tagesaktuelles als auch historisches Geschehen, und zwar auf überregionaler wie auch auf lokaler Ebene (*Engels/Schulz* AfP 1998, 576; *Löffler/Ricker* Kap. 43 Rn. 10).

4   Für die Frage, ob ein Bildnis dem Bereich der Zeitgeschichte zuzuordnen ist, ist das Interesse der Öffentlichkeit an einer **vollständigen Information über das Zeitgeschehen** maßgeblich (BGH GRUR 2011, 259, 260 – Rosenball in Monaco). Der Begriff des Zeitgeschehens ist zugunsten der Pressefreiheit in einem **weiten Sinne** zu verstehen; er umfasst nicht nur Vorgänge von historisch-politischer Bedeutung oder spektakuläre und ungewöhnliche Vorkommnisse, sondern alle Fragen von allgemeinem gesellschaftlichen Interesse (BGH GRUR 2011, 259, 260 – Rosenball in Monaco; GRUR 2009, 150, 151 – Karsten Speck). Die Presse darf nach publizistischen Kriterien entscheiden, was sie des öffentlichen Interesses für wert hält und was nicht (BVerfG GRUR 2008, 539, 542 – Caroline von Hannover; BGH GRUR 2007, 899, 901 – Grönemeyer; KG AfP 2007, 375). Dabei ist die **Personalisierung** als wichtiges publizistisches Mittel zur Erregung von Aufmerksamkeit anerkannt (vgl. BGH GRUR 2009, 150, 151 – Karsten Speck). Ein geschütztes Informationsinteresse besteht unabhängig davon, ob eine Bildveröffentlichung der Information oder der **Unterhaltung** dient. Meinungsbildung und Unterhaltung sind keine Gegensätze. Vielmehr erfüllt die Unterhaltung wichtige gesellschaftliche Funktionen, indem sie Gesprächsgegenstände zur Verfügung stellt und zu Diskussionsprozessen anregt (BVerfG GRUR 2008, 539, 542 – Caroline von Hannover; BGH GRUR 2007, 523, 525 – Abgestuftes Schutzkonzept; Wenzel/*v. Strobl-Albeg* Rn. 8.6) und damit den Einzelnen bei der Standortgewinnung und Selbstbestätigung innerhalb seiner Gesellschaft und ihrer Zeit (so *Steffen* AfP 2004, 587) unterstützt und ihm Orientierungshilfen bei der Bewältigung des eigenen Lebens gibt (*Klass* ZUM 2007, 824). Hieran ist trotz der Vorbehalte, die der Europäische Gerichtshof für Menschenrechte in der Caroline-Entscheidung gegenüber den Unterhaltungsmedien zum Ausdruck gebracht hat (vgl. EGMR GRUR 2004, 1051, 1053 – Caroline von Hannover; zur Relevanz dieser Entscheidung näher unter Rn. 10), festzuhalten (BVerfG GRUR 2008, 539, 542 – Caroline von Hannover; BGH GRUR 2007, 523, 525 – Abgestuftes Schutzkonzept; GRUR 2007, 899, 901 – Grönemeyer; KG NJW 2005, 2320, 2321). Das BVerfG hat in der Caroline II-Entscheidung zudem betont, dass die Unterhaltsamkeit von Inhalten eine oftmals wichtige Bedingung zur Gewinnung öffentlicher Aufmerksamkeit und zur Einwirkung auf die öffentliche Meinungsbildung ist und der publizistische Erfolg von Medien gerade auch von unterhaltenden Beiträgen abhängt (BVerfG GRUR 2008, 539, 542 – Caroline von Hannover); allerdings verlangt das BVerfG gerade bei unterhaltenden Beiträgen eine besonders sorgfältige Abwägung mit den kollidierenden Rechtspositionen der Abgebildeten (BVerfG GRUR 2008, 539, 543 – Caroline von Hannover; kritisch Söder ZUM 2008, 92).

5   Nach der Rechtsprechung des BGH ist bei der Beurteilung, ob ein Bildnis dem Bereich der Zeitgeschichte zuzuordnen ist, ein **normativer Maßstab** zugrundezulegen, welcher die Pressefreiheit und zugleich den Schutz der Persönlichkeit und der Privatsphäre ausreichend berücksichtigt (BGH GRUR 2011, 259, 260 – Rosenball in Monaco). Dabei ist allerdings zu erwägen, das Informationsinteresse der Öffentlichkeit an einem zeitgeschichtlichen Ereignis **auch empirisch** durch Einbeziehung von unabhängig voneinander erfolgten Vorveröffentlichungen unterschiedlicher Medien zu bestimmen (*Engels/Schulz* AfP 1998, 574, 579, 581; *Soehring* Rn. 21.2c). Das Bundesverfassungsgericht hat zwar Versuche zurückgewiesen, das Informationsinteresse der Öffentlichkeit allein am Bekanntheitsgrad einer Person festzumachen und dabei die Ergebnisse von Meinungsumfragen einzubeziehen, da hierdurch die gebotene Interessensabwägung entfiele und berechtigte Belange des Abgebildeten unberücksichtigt blieben (BVerfG AfP 2001, 212, 214 – Prinz Ernst August von Hannover). Gleichwohl ist eine normative Bestimmung auf empirischer Grundlage

§ 23 [Ausnahmen zu § 22]   6   § 23 KUG

unter Berücksichtigung von Vorveröffentlichungen verfassungsrechtlich unbedenklich und kann die gegenläufigen Interessen im Einzelfall hinreichend flexibel ausgleichen (ebenso nun HH-Ko/MedienR/*Kröner* 34/47).

b) Interessensabwägung. Der Bereich des Zeitgeschichtlichen wird durch gegenläufi- 6 ge Interessen des Abgebildeten begrenzt. Für die Interessensabwägung hat der **BGH** das so genannte „**abgestufte Schutzkonzept**" entwickelt, das vom **BVerfG** als grundgesetzkonform gebilligt worden ist (BVerfG GRUR 2008, 539, 542 – Caroline von Hannover) und auch mit der Rechtsprechung des **EGMR** im Einklang steht (so nun EGMR NJW 2012, 1053 – von Hannover Nr. 2). Danach erfordert schon die Beurteilung, ob Bildnisse aus dem Bereich der Zeitgeschichte vorliegen, eine **Abwägung** zwischen den Persönlichkeitsrechten des Abgebildeten aus Art. 1 I, 2 I GG, Art. 8 I EMRK und den Rechten von Presse und Rundfunk aus Art. 5 I 2 GG, Art. 10 I EMRK, wobei ein Informationsinteresse nicht schrankenlos besteht, vielmehr wird der Einbruch in die persönliche Sphäre des Abgebildeten durch den Grundsatz der **Verhältnismäßigkeit** begrenzt (BGH GRUR 2007, 523, 525 – Abgestuftes Schutzkonzept; BGH GRUR 2009, 584, 585 – Enkel von Fürst Rainier; BGH GRUR 2011, 259, 260). Für die Abwägung ist der **Gegenstand der Berichterstattung** von maßgeblicher Bedeutung. Dabei kommt es darauf an, ob die Medien im konkreten Fall eine Angelegenheit von öffentlichem Interesse ernsthaft und sachbezogen erörtern und damit den Informationsanspruch des Publikums erfüllen und zur Bildung der öffentlichen Meinung beitragen oder ob sie ohne Bezug zu einem zeitgeschichtlichen Ereignis lediglich die Neugier der Leser nach privaten Angelegenheiten befriedigen (BVerfG GRUR 2008, 539, 543 – Caroline von Hannover; BGH GRUR 2008, 1506, 1508 – Shopping mit Putzfrau auf Mallorca; GRUR 2009, 584, 586 – Enkel von Fürst Rainier). Das Gewicht der Pressefreiheit wird auch davon beeinflusst, ob die Berichterstattung eine Angelegenheit betrifft, welche die Öffentlichkeit wesentlich berührt (BVerfG GRUR 2008, 539, 542 – Caroline von Hannover). Entscheidend ist danach der **Informationswert** der Berichterstattung. Je größer dieser für die Öffentlichkeit ist, desto mehr muss das Schutzinteresse des Betroffenen zurücktreten; umgekehrt wiegt der Persönlichkeitsschutz umso schwerer, je geringer der Informationswert ist (BGH GRUR 2007, 523, 525 – Abgestuftes Schutzkonzept; GRUR 2007, 899, 901 – Grönemeyer; GRUR 2009, 1085, 1087 – Wer wird Millionär?). Eine für den Informationswert bedeutsame Aussage kann einerseits dem Bild selbst innewohnen; zudem kann sich der Informationswert eines Bildes auch aus dem **Kontext der dazugehörenden Wortberichterstattung** ergeben (BVerfG GRUR 2008, 539, 543 – Caroline von Hannover; BGH GRUR 2011, 259, 260 – Rosenball in Monaco; BGH GRUR 2007, 523, 526 – Abgestuftes Schutzkonzept; GRUR 2007, 899, 901 – Grönemeyer). Ein geschütztes Informationsanliegen kann auch darin liegen, durch Beigabe von Bildnissen der an dem berichteten Geschehen beteiligten Personen die **Authentizität** des Geschilderten zu unterstreichen oder die **Aufmerksamkeit für den Wortbericht** zu wecken (BVerfG GRUR 2008, 539, 543 – Caroline von Hannover; BGH GRUR 2009, 150, 154 – Karsten Speck). Demgegenüber trägt eine Wortberichterstattung, die sich allein **darauf beschränkt, irgendeinen Anlass** für die Abbildung einer Person zu schaffen, nicht zur öffentlichen Meinungsbildung bei (BVerfG GRUR 2008, 539, 543 – Caroline von Hannover; BGH GRUR 2011, 259, 260 – Rosenball in Monaco; GRUR 2009, 1085, 1087 – Wer wird Millionär?). Auch rechtfertigt die bloße **Spekulation** darüber, ein Prominenter könnte ein bestimmtes Ereignis verwirklicht haben, nicht die Bebilderung mit dem Foto des Betroffenen (BVerfG AfP 2001, 212, 218 – Prinz Ernst August von Hannover). Wenn die Berichterstattung einen hinreichenden Informationswert aufweist, ist es für die Zulässigkeit der Bildveröffentlichung nicht erforderlich, dass zwischen Text und Bild ein inhaltlicher Bezug derart besteht, dass das Bild bei Gelegenheit des Gegenstands der Berichterstattung gefertigt worden ist (BVerfG GRUR 2008, 539, 547 – Caroline von Hannover).

Für die Gewichtung der Belange des Persönlichkeitsschutzes sind ferner der **Anlass** der Berichterstattung und die **Umstände** der Gewinnung der Abbildung, etwa Ausnutzung von Heimlichkeit oder beharrliche Nachstellung, mit in die Abwägung einzubeziehen; eine Rolle spielt auch, in welcher Situation der Betroffene erfasst und wie er dargestellt wird (BVerfG GRUR 2008, 539, 543 – Caroline von Hannover BGH GRUR 2011, 250, 260 – Rosenball in Monaco). Betrifft eine Bildveröffentlichung eine durch räumliche Privatheit geprägte Situation, oder durfte der Betroffene nach den Umständen, unter denen eine Aufnahme entstanden ist, typischerweise die berechtigte Erwartung haben, nicht in den Medien abgebildet zu werden, ist das Gewicht des Persönlichkeitsrechts schon bei der Abwägung nach § 23 I Nr. 1 KUG erhöht (BVerfG GRUR 2008, 539, 543 – Caroline von Hannover). Hier liegt aber häufig auch ein Fall vorrangiger berechtigter Interessen nach § 23 II KUG vor (dazu näher unter Rn. 36).

Was die **Beweislast** der für die Abwägung bedeutsamen tatsächlichen Umstände angeht, dürfen zwar weder den Medien noch dem Abgebildeten die Darlegung und der Beweis dieser Umstände in unzumutbarer Weise erschwert werden (BVerfG GRUR 2008, 539, 543 – Caroline von Hannover). Den Medien ist es allerdings zumutbar, die Umstände, unter denen ein Bild entstanden ist, so substantiiert darzulegen, dass die Gerichte überprüfen können, ob der Verbreitung des Bildes berechtigte Erwartungen des Betroffenen entgegenstehen, vor Abbildungen zum Zwecke der Medienberichterstattung geschützt zu sein (BVerfG GRUR 2008, 539, 543 – Caroline von Hannover; kritisch HH-Ko/MedienR/ *Kröner* 34/55).

7 Für die Beantwortung der Frage, ob ein Bildnis aus dem Bereich der Zeitgeschichte vorliegt, haben Rechtsprechung und Literatur früher regelmäßig auf die von *Neumann-Duesberg* entwickelten Figuren der **absoluten und relativen Person der Zeitgeschichte** zurückgegriffen (*Neumann-Duesberg* JZ 1960, 114 ff.; ihm folgend u. a. *Helle* 145 ff.; Wenzel/*v. Strobl-Albeg* Rn. 8.8 ff.; BVerfG AfP 2001, 212, 214 – Prinz Ernst August von Hannover; BGH GRUR 2002, 690, 691 – Marlene Bildnis; GRUR 1996, 923, 924 – Caroline von Monaco III; KG GRUR 2004, 1056; KG NJW 2007, 703; OLG Hamburg ZUM 1995, 494, 495). Diese Unterscheidung kann infolge der an der Beschränkung des Privatsphärenschutzes von absoluten Personen der Zeitgeschichte geäußerten **Kritik des EGMR** (EGMR GRUR 2004, 1051, 1054 – Caroline von Hannover, dazu sogleich unter Rn. 10), die den BGH zur Entwicklung seines „abgestuften Schutzkonzepts" veranlasste, als überholt gelten (ebenso i. E. HH-Ko/MedienR/*Kröner* 34/55; *Soehring* Rn. 21.2h; *Wanckel* Rn. 176; *Klass* AfP 2007, 517, 522 spricht von einer Relativierung der absoluten Person der Zeitgeschichte; Schricker/*Götting*, § 23 KUG Rn. 21, spricht davon, dass sich die absolute Person der Zeitgeschichte der relativen Person der Zeitgeschichte angenähert hat). Anders als es die Unterscheidung nach absoluten und relativen Personen der Zeitgeschichte nahelegte, liegt der Fokus der neueren Rechtsprechung im Ausgangspunkt nicht mehr auf der Person, sondern auf dem Gegenstand der Berichterstattung, in deren Zusammenhang eine Person abgebildet wird (vgl. BVerfG GRUR 2008, 539, 543 – Caroline von Hannover; BGH GRUR 2011, 259, 260 – Rosenball in Monaco). Weiterhin spielen aber der **Bekanntheitsgrad** einer Person, über die berichtet wird, und ihre Stellung im öffentlichen Leben eine maßgebliche Rolle (i. E. ebenso *Müller* VersR 2008, 1148; *Soehring* § 21 Rn. 2i). Schon bisher galt, dass der Bekanntheitsgrad ein Anhaltspunkt eines zeitgeschichtlichen Interesses sein kann (BVerfG AfP 2001, 212, 214 – Prinz Ernst August von Hannover; Dreier/Schulze/*Specht* § 23 KUG Rn. 10). Daran hat sich im Ergebnis nichts wesentliches geändert, auch wenn die Begriffe nun andere sind. So hat der BGH in mehreren neueren Entscheidungen festgestellt, dass über **Personen des öffentlichen Interesses** in größerem Umfang berichtet werden darf als über andere Personen, wenn die Informationen einen hinreichenden Nachrichtenwert im Hinblick auf eine die Allgemeinheit interessierende Sachdebatte haben und keine schwerwiegenden Interessen des Betroffenen entgegenstehen (BGH GRUR 2009, 584, 586 – Enkel von Fürst Rainier; BGH GRUR 2009,

§ 23 [Ausnahmen zu § 22]　　　　　　　　　　　　　　8　§ 23 KUG

150, 151 – Karsten Speck; GRUR 2009, 86, 87 – Gesundheitszustand von Prinz Ernst August von Hannover; NJW 2008, 3138, 3140 – Shopping mit Putzfrau auf Mallorca). Der BGH hat mit der Figur der Person des öffentlichen Interesses nun wiederum eine Typisierung vorgenommen, die sich von der Figur der absoluten Person der Zeitgeschichte letztlich nur durch ihre Einbettung in das „abgestufte Schutzkonzept" unterscheidet. Derartige Typisierungen benötigt die Praxis als Orientierungshilfe (*Soehring* Rn. 21.2j); sie sind aus Sicht des BVerfG auch verfassungsrechtlich unbedenklich, solange die stets erforderliche Abwägung zwischen Kommunikationsfreiheit und Persönlichkeitsschutz nicht unterbleibt (BVerfG GRUR 2008, 539, 545 – Caroline von Hannover). Auch der **EGMR**, der das „abgestufte Schutzkonzept" des BGH als mit dem Recht auf Achtung des Privatlebens aus Art. 8 EMRK vereinbar ansieht, kommt in seiner Rechtsprechung ohne Typisierungen nicht aus, wenn er zwischen Privatpersonen und Personen, die in der Öffentlichkeit als **Politiker oder Personen des öffentlichen Lebens** agieren, unterscheidet; eine in der Öffentlichkeit unbekannte Privatperson kann danach einen besonderen Schutz ihres Privatlebens beanspruchen, nicht aber eine Person des öffentlichen Lebens (EGMR NJW 2012, 1053, 1056 – von Hannover Nr. 2; vgl. auch BVerfG GRUR 2008, 539, 546 – Caroline von Hannover). Der EGMR definiert den Kreis der Personen des öffentlichen Lebens indes nicht näher, sondern fragt im Einzelfall, ob eine Berichterstattung zu einer Diskussion über eine Frage allgemeinen Interesses beiträgt, was er etwa bei Berichten über politische Fragen, Straftaten, Sport oder darstellende Künstler bejaht (EGMR NJW 2012, 1053, 1056, vgl. dazu unter Rn. 10). In der nachfolgenden Darstellung wird zunächst der Kreis der Personen des öffentlichen Interesses behandelt, anschließend werden Einzelfälle zeitgeschichtlicher Ereignisse erörtert, die überwiegend vormals unter Heranziehung der Kategorie der relativen Person der Zeitgeschichte beurteilt wurden.

aa) Personen des öffentlichen Interesses sind ebenso wie die vormals sogenannten **8** absoluten Personen der Zeitgeschichte Menschen, die aufgrund ihrer hervorgehobenen Stellung in Staat und Gesellschaft oder durch außergewöhnliches Verhalten oder besondere Leistungen aus der Masse der Mitmenschen herausragen (*Soehring* Rn. 21.3a). Der BGH zählt in seiner neueren Rechtsprechung auch nach Aufgabe der Figur der absoluten Person der Zeitgeschichte zu diesem Personenkreis **Politiker** (BGH NJW 2008, 3134 – Einkaufsbummel nach Abwahl; vgl. zur früheren Rechtsprechung: BGH GRUR 1996, 195, 196 – Abschiedsmedaille/Willy Brandt; BVerfG NJW 1992, 3288, 3289; ZUM 1994, 636, 639 – Honecker), **Angehörige regierender Königs- und Fürstenhäuser** (BGH GRUR 2009, 584, 586 – Enkel von Fürst Rainier; vgl. zur früheren Rechtsprechung: BVerfG NJW 2000, 2192; BGH GRUR 1996, 923, 925 – Caroline von Monaco III; OLG Karlsruhe NJW 2006, 617, 618 – Albert von Monaco), bekannte **Schauspieler** (BGH GRUR 2009, 150 – Karsten Speck; KG NJW 2011, 785; vgl. zur früheren Rechtsprechung: BGH GRUR 2002, 690, 692 – Marlene-Bildnis; GRUR 1992, 557 – Joachim Fuchsberger; OLG Hamburg AfP 1992, 159; ZUM 1995, 494, 495 – Michael Degen; a. A. KG ZUM 2007, 475 im Falle eines deutschen Schauspielers und Filmproduzenten), bekannte **Fernsehmoderatoren** (BGH NJW 2008, 3138, 3140 – Shopping mit Putzfrau auf Mallorca; vgl. zur früheren Rechtsprechung: KG GRUR 2007, 82 – Sabine Christiansen; LG Berlin AfP 2007, 257 – Thomas Gottschalk; LG Berlin NJW-RR 2006, 1639 – Günther Jauch; anders für Anke Engelke KG AfP 2006, 477). Als Personen des öffentlichen Interesses werden ferner weitere prominente Persönlichkeiten angesehen werden müssen, die vormals dem Kreis der absoluten Personen der Zeitgeschichte zugerechnet wurden, nämlich **Repräsentanten der Wirtschaft** (vgl. zur früheren Rechtsprechung: BGH AfP 1993, 736 – FCKW; zurückhaltend in der Festlegung BGH WRP 2004, 240, 241 – Fotomontage; für Vorstandsvorsitzende oder Vorstandssprecher großer Unternehmen oder Unternehmensverbände: LG Hamburg Urt. v. 18.6.1999, Az: 324 O 36/99 [unveröffentlicht]), **Musiker** (vgl. zur früheren Rechtsprechung: BGH GRUR 1997, 125, 126 – Bob Dylan; OLG

Hamburg AfP 1991, 437, 438 – Roy Black; KG GRUR 2004, 1056 – Lebenspartnerin von Herbert Grönemeyer; GRUR 2005, 79 – Lebenspartnerin von Herbert Grönemeyer II; LG Berlin AfP 2001, 246 – Nina Hagen), **Sportler** (vgl. zur früheren Rechtsprechung: BGH GRUR 1979, 425, 426 – Fußballkalender/Franz Beckenbauer; OLG Düsseldorf GRUR-RR 2003, 1 – Jan Ullrich; OLG München AfP 2007, 237 – Boris Becker; OLG Frankfurt AfP 1988, 62 – Boris Becker; OLG Frankfurt NJW 2000, 594 – Katharina Witt), und zwar auch nach dem Ende ihrer aktiven Karriere (LG München AfP 2007, 237, 238 – Boris Becker) sowie bekannte **Wissenschaftler** (Soehring Rn. 21.3c) und Erfinder (RGZ 74, 308, 313 – Graf Zeppelin). Durch schwerste Verbrechen kann ein hohes Maß an Informationsinteresse geweckt werden, so dass etwa **NS-Größen** als Personen des öffentlichen Interesses angesehen werden können (Löffler/Steffen § 6 LPG, Rn. 132). **Straftäter**, auch solche der Kriminalgeschichte, sind bisher allenfalls relative Personen der Zeitgeschichte angesehen worden (OLG Frankfurt ZUM 2007, 546, 548; vgl. zu Straftaten als Ereignissen der Zeitgeschichte näher unter Rn. 14).

9 Allerdings können **nicht alle Prominenten** als Personen des öffentlichen Interesses angesehen werden. So ist für Personen, die nur im Zusammenhang mit bestimmten, allerdings wiederkehrenden Ereignissen an das Licht der Öffentlichkeit treten, wie etwa im Falle der Sprecher von Fernsehnachrichten, eine differenzierende Betrachtung angebracht: Wer neben seiner unmittelbaren beruflichen Funktion etwa zur Steigerung des Marktwerts die Öffentlichkeit sucht, kann zu den Personen des öffentlichen Interesses zu zählen sein, nicht hingegen, wer außerhalb des Mediums zurückgezogen lebt (Soehring Rn. 21.3c; dazu näher Wanckel Rn. 181; vgl. auch OLG Hamburg GRUR 1996, 923 einerseits und OLG Hamburg ZUM 1995, 495 und AfP 1992, 159 sowie LG Berlin AfP 2005, 292 andererseits). Angehörige des **Adels** sind in einer demokratischen Gesellschaft allein aufgrund ihrer Zugehörigkeit zu bestimmten Familien keine Personen des öffentlichen Interesses (Löffler/Ricker Kap. 43 Rn. 13; Soehring Rn. 21.3c); allerdings ist das in weiten Bevölkerungskreisen bestehende Interesse daran, über Ereignisse aus dem Adel und sonstigen gehobenen Gesellschaftskreisen informiert zu werden, ein legitimes Informationsinteresse, das nicht als Neugier abgetan werden kann (BGH GRUR 2011, 259, 261 – Rosenball in Monaco). Wer wie Prinz Ernst August von Hannover zudem durch regelmäßige öffentliche Auftritte oder Skandale auf sich aufmerksam macht, rechtfertigt die Zuordnung zum Kreis der Personen des öffentlichen Interesses (vgl. Soehring Rn. 21.2c; a.A. LG Hamburg ZUM 1998, 852, 857; nach der Heirat mit Caroline von Monaco offen gelassen: BVerfG AfP 2001, 212, 214 – Prinz Ernst August von Hannover; BGH GRUR 2007, 523 – Abgestuftes Schutzkonzept; LG Hamburg AfP 1999, 523, 524), der vom BGH in jüngerer Zeit allerdings unabhängig von früheren Verfehlungen allein aufgrund seiner gesellschaftlichen Stellung als Person des öffentlichen Interesses angesehen wird (BGH GRUR 2009, 86, 87 – Gesundheitszustand von Prinz Ernst August von Hannover). Menschen aus dem **persönlichen Umfeld** einer Person des öffentlichen Interesses, insb. Kinder und Lebensgefährten, sind ihrerseits regelmäßig keine Personen des öffentlichen Interesses (vgl. BGH NJW 2004, 1795 – Charlotte Casiraghi; GRUR 2005, 75 – Charlotte Casiraghi II; KG AfP 2007, 221; zu Bildveröffentlichungen, die diesen Personenkreis zum Gegenstand haben, sogleich unter Rn. 17). Allerdings können Angehörige aufgrund ihrer eigenen Stellung Personen des öffentlichen Interesses sein, wie etwa die Ehefrau des Bundespräsidenten (Dreier/Schulze/Dreier [3. Aufl.] § 23 KUG Rn. 6).

10 Personen des öffentlichen Interesses müssen Bildnisveröffentlichungen in größerem Umfang dulden als gewöhnliche Privatpersonen. Sind sie an zeitgeschichtlichen Ereignissen beteiligt, ist ihre Abbildung nach den unter Rn. 13ff. genannten Voraussetzungen ohnehin zulässig. Darüber hinaus müssen sie im nachstehend näher beschriebenen Umfang auch Veröffentlichungen aus der Privatsphäre hinnehmen; hier hat sich allerdings durch die neuere Rechtsprechung der Schutzbereich der Privatsphäre erweitert. Während absolute Personen der Zeitgeschichte nach früherer Rechtsprechung grundsätzlich außerhalb des sogenannten

§ 23 [Ausnahmen zu § 22]   11   § 23 KUG

Rückzugsbereichs (vgl. dazu unten Rn. 31) in allen Lebenssituationen abgebildet werden durften (BVerfG GRUR 2000, 446, 452 – Caroline von Monaco; Wenzel/v. Strobl-Albeg Rn. 8.10), kommt es nun bei Abbildungen aus der Privatsphäre insbesondere in Alltagssituationen wesentlich auch auf den Informationswert der Berichterstattung an. Das ist Folge der ersten Caroline-Entscheidung des **EGMR,** der aufgrund einer Beschwerde von Caroline von Hannover festgestellt hat, die frühere Rechtsprechung des BVerfG schütze die Privatsphäre Prominenter nur unzureichend und verletze daher Art. 8 EMRK (EGMR GRUR 2004, 1051 – Caroline von Hannover). Der EGMR lässt die einwilligungslose Veröffentlichung von Fotos auch von Politikern oder Personen des öffentlichen Lebens, nur zu, wenn hiermit zu einer **Diskussion von allgemeinem Interesse** beigetragen werde, was bei Fotos, die sich ausschließlich auf Einzelheiten des Privatlebens bezögen, nicht der Fall sei (EGMR GRUR 2004, 1051, 1054). Den weiteren Ausführungen des EGMR ist zu entnehmen, dass er die Abbildungsfreiheit vor allem auf solche Themen beschränken will, bei denen die Medien die Rolle eines „Wachhunds" spielen, etwa wenn sie über Politiker bei der Wahrnehmung ihrer Amtsgeschäfte berichten (EGMR GRUR 2004, 1051, 1053). Dieses enge Verständnis ist zu Recht kritisiert worden, da sich das Informationsinteresse der Öffentlichkeit nicht auf staatstragende Fragen beschränkt (vgl. *Gersdorf* AfP 2005, 221; *Grabenwarter* AfP 2004, 309; *Halfmeier* AfP 2004, 417; *Löffler/Steffen* § 6 LPG Rn. 130a; *Mann* NJW 2004, 3220; *Ohly* GRUR Int. 2004, 902; *Soehring/Seelmann-Eggebert* NJW 2005, 571, 576; das Urteil des EGMR begrüßen demgegenüber *Beuthien* K&R 2004, 457; *Forkel* ZUM 2005, 192; *Herrmann* ZUM 2004, 665; *Stürner* AfP 2005, 213). Zwischenzeitlich hat der EGMR in der zweiten Caroline-Entscheidung ergänzend festgestellt, dass eine Diskussion von allgemeinem Interesse nicht nur bei Veröffentlichungen über politische Fragen oder Straftaten angenommen werden könne, sondern auch bei Berichten über Sport oder darstellende Künstler, nicht hingegen bei Gerüchten über Eheschwierigkeiten eines Präsidenten oder finanzielle Probleme eines berühmten Sängers (EGMR NJW 2012, 1053, 1056; zur Bindungswirkung der Entscheidungen des EGMR vgl. näher die Vorauflage, § 23 KUG Rn. 12). Zuvor hatte das **BVerfG** in der Caroline II-Entscheidung auf die erste Caroline-Entscheidung des EGMR reagiert und einerseits dem Informationswert der Berichterstattung im Rahmen der Abwägung höhere Bedeutung beigemessen als bisher; zugleich hat es die Rechtsprechung des EGMR so interpretiert, dass es danach für die Zulässigkeit der Veröffentlichung des Bildnisses einer in der Öffentlichkeit stehenden Person genüge, wenn von der Berichterstattung politische oder sonst bedeutsame Fragen jedenfalls in gewissem Umfang behandelt werden (BVerfG GRUR 2008, 539, 546 – Caroline von Hannover). Konsequenterweise beschränkt das BVerfG die Abbildungsfreiheit deshalb weiterhin nicht auf solche Bilder, die Personen der Zeitgeschichte bei Ausübung ihrer gesellschaftlichen Funktion zeigen. Denn zum einen hat die Öffentlichkeit ein berechtigtes Interesse, zu erfahren, ob Personen, die oft als Idol oder Vorbild gelten, funktionales und persönliches Verhalten in Übereinstimmung bringen; zum anderen können prominente Personen auch Orientierung bei eigenen Lebensentwürfen bieten sowie **Leitbild- oder Kontrastfunktionen** erfüllen (BVerfG GRUR 2008, 539, 542 – Caroline von Hannover). Bei Politikern besteht zudem unter dem Gesichtspunkt demokratischer Transparenz und Kontrolle ein gesteigertes Informationsinteresse des Publikums (BGH NJW 2008, 3134, 3135 – Einkaufsbummel nach Abwahl). Der Kreis berechtigter Informationsinteressen ist auch nicht auf Skandale oder sonstige zu beanstandende Verhaltensweisen begrenzt. Auch die **Normalität des Alltagslebens** oder in keiner Weise anstößige Verhaltensweisen Prominenter dürfen der Öffentlichkeit weiterhin vor Augen geführt werden, wenn es der Meinungsbildung zu Fragen von allgemeinem Interesse dienen kann (BVerfG GRUR 2008, 539, 542 – Caroline von Hannover; BGH NJW 2008, 3134, 3135 – Einkaufsbummel nach Abwahl).

(1) Berücksichtigung des Informationswerts. Speziell bei Personen des öffentlichen   11
Interesses, die in **Alltagssituationen** abgebildet werden, stellt sich die Frage nach dem

Informationswert der Berichterstattung unter Einbeziehung der zugehörigen Wortberichterstattung. Diese Frage muss auf den Einzelfall bezogen beantwortet werden. Das führt zu durchaus widersprüchlichen Resultaten und zu einer gewissen Rechtsunsicherheit (kritisch auch *Klass* AfP 2007, 527; HH-Ko/MedienR/Kröner 34/55; *Söder* ZUM 2008, 95). In der neueren Rechtsprechung hat der **BGH** einen **hinreichenden Informationswert angenommen** bei der Abbildung eines wegen Betrugs verurteilten Schauspielers im offenen Vollzug beim Verlassen der Haftanstalt (BGH GRUR 2009, 150 – Karsten Speck), bei der Veröffentlichung von Fernsehaufnahmen, die den Enkel des bis dato regierenden Fürsten Rainier von Monaco zwei Tage nach Rainiers Beisetzung in privaten Alltagssituationen zeigen und zu denen über seine künftige Rolle im Fürstentum spekuliert wird (BGH GRUR 2009, 584 – Enkel von Fürst Rainier) sowie bei der Veröffentlichung von Urlaubsfotos von Prinzessin Caroline während einer schweren Erkrankung ihres Vaters, des Fürsten von Monaco (BGH GRUR 2007, 523, 526 – Abgestuftes Schutzkonzept; gebilligt von BVerfG GRUR 2008, 539 – Caroline von Hannover; EGMR NJW 2012, 1053 – von Hannover 2). Zulässig war die Veröffentlichung eines Fotos, das den damaligen monegassischen Thronfolger, Prinz Albert von Monaco, zusammen mit seinem nichtehelichen Sohn zeigt, da das Vorhandensein männlicher Nachkommenschaft für eine konstitutionelle Erbmonarchie von eminenter Bedeutung sei (OLG Karlsruhe NJW 2006, 617, 618). Für zulässig hielt der BGH ferner nach zwischenzeitlicher Aufhebung einer anderslautenden früheren Entscheidung durch das BVerfG (BVerfG GRUR 2008, 547 – Caroline von Hannover) die Veröffentlichung eines Fotos von Caroline und Ernst August von Hannover im Zusammenhang mit einem Bericht über die Vermietung ihrer Villa in Kenia an zahlende Gäste (BGH NJW 2008, 3141). Zuvor hatte das BVerfG zu diesem Fall angemerkt, dass es Anlass für eine die Allgemeinheit interessierende Sachdebatte geben können, wenn in einem Artikel über veränderte Verhaltensweisen einer kleinen Schicht wohlsituierter Prominenter berichtet werde, die Leitbildfunktion für große Teile der Bevölkerung hätten (BVerfG GRUR 2008, 539, 547 – Caroline von Hannover; kritisch dazu Schricker/*Götting* § 23 KUG Rn. 75). Bei Politikern kann auch nach ihrem Ausscheiden aus dem Amt ein Informationsinteresse an ihrer privaten Reaktion auf politische Misserfolgserlebnisse bestehen. Deshalb war die Veröffentlichung eines Fotos zulässig, das die Ministerpräsidentin Schleswig-Holsteins, Heide Simonis, am Tag ihres Ausscheidens aus dem Amt bei einem Einkaufsbummel zeigt (BGH NJW 2008, 3134 – Einkaufsbummel nach Abwahl). Zulässig war ferner die Veröffentlichung eines Fotos, das den ehemaligen Bundesaußenminister Fischer auf dem Weg zum Antritt einer Dozentur an der Universität Princeton bei der Ankunft auf dem Flughafen Newark zeigt (KG AfP 2007, 375). Der BGH hat einen **hinreichenden Informationswert verneint** bei der Veröffentlichung von Fotos, die Prinzessin Caroline und Prinz Ernst August von Hannover während ihres Skiurlaubs in einem Sessellift zeigen und zu denen gemutmaßt wird, dass die Abgebildeten auf dem diesjährigen Rosenball erscheinen (BGH GRUR 2007, 527, 530 – Winterurlaub), bei der Veröffentlichung von Fotos, die den Musiker Herbert Grönemeyer mit seiner Lebensgefährtin beim Einkaufsbummel und in einem Cafe in Rom zeigen obwohl sich die Wortberichterstattung mit Grönemeyers von ihm selbst öffentlich thematisierter Lebenssituation nach dem Krebstod seiner Ehefrau befasste (BGH GRUR 2007, 899, 902 – Grönemeyer; kritisch dazu *Klass* ZUM 2007, 823), bei der Veröffentlichung von Fotos, die den Fußballspieler Oliver Kahn mit seiner Freundin auf der Promenade von St. Tropez zeigen (BGH GRUR 2007, 902, 904 – Abgestuftes Schutzkonzept II; vgl. zuvor auch LG Berlin GRUR-RR 2006, 198 – Podolski), bei der Veröffentlichung eines Fotos von Prinz Ernst August von Hannover im Zusammenhang mit einer Berichterstattung über seinen Gesundheitszustand, den der BGH hier – allerdings unter ausdrücklichem Hinweis auf eine abweichende Beurteilung bei wichtigen Politikern und Wirtschaftsführern – als höchstpersönliche Angelegenheit ansieht, die nicht in die Öffentlichkeit gehöre (BGH GRUR 2009, 86), wobei der Umstand, dass der Abgebildete sich später öffentlich zu seiner Erkrankung geäußert hat, nicht zur Zulässigkeit der Aufnahme führte, da sie aus einer Zeit stammte, in der er seine Privatsphäre noch nicht geöffnet hatte. Keinen hinreichenden Informationswert sah der BGH ferner in der Veröffentlichung von Fotos, die die Fernsehmoderatorin Sabine Christiansen mit ihrem neuen Lebensgefährten vor dessen Pariser Wohnung und bei einem Stadtbummel (BGH GRUR 2009, 665 – Sabine Christiansen mit Begleiter) sowie zusammen mit ihrer Putzfrau beim Einkaufen auf Mallorca zeigten (BGH NJW 2008, 3138 – Einkaufsbummel im Urlaub). Im letztgenannten Fall sah der BGH im Berichterstattungsgegenstand eine völlig belanglose Situation ohne jegliche Orientierungsfunktion für die Allgemeinheit. Schließlich hat der BGH einen hinreichenden Informationswert verneint bei der Veröffentlichung eines Fotos des Fernsehmoderators Günter Jauch auf der Titelseite eines Rätselheftes, bei dem sich die begleitende Bildunterschrift auf die ohnehin bekannte Information beschränkte, dass Jauch eine spannende Quizsendung moderiere (BGH GRUR 2009, 1085 – Wer wird Millionär?; der mangelnde Informationswert führte hier zudem zur Annahme einer kommerziellen Nutzung, vgl. dazu näher unter Rn. 38).

(2) Geschützte Privatsphäre. Die Interessen des Abgebildeten haben unabhängig vom Informationswert der Berichterstattung im Regelfall Vorrang bei Bildveröffentlichungen, die die geschützte Privatsphäre des Abgebildeten betreffen oder in Situationen aufgenommen worden sind, in denen der Betroffene erwarten darf, keinen Bildnachstellungen ausgesetzt zu sein (so genannter Rückzugsbereich). Die hier besonders schutzwürdigen Interessen des Abgebildeten wurden nach früherer Rechtsprechung im Rahmen der Prüfung des § 23 Abs. 2 KUG berücksichtigt. Nach dem „abgestuften Schutzkonzept" des BGH und der danach erforderlichen umfassenden Interessensabwägung bereits im Rahmen der Prüfung, ob ein Bildnis dem Bereich der Zeitgeschichte gemäß § 23 Abs. 1 Nr. 1 KUG zuzuordnen ist, ist es konsequent, sämtliche schutzwürdige Interessen der Abgebildeten die die Privatsphäre betreffen, bereits auf dieser Ebene zu berücksichtigen (so auch HH-KoMedienR/*Kröner* 34/77; Schicker/*Götting* § 23 KUG Rn. 111). Um der besseren Übersichtlichkeit und Auffindbarkeit willen und wegen der fortbestehenden Bedeutung dieser Fallgruppen für andere Tatbestände des § 23 Abs. 1 KUG werden die geschützte Privatsphäre einschließlich des Rückzugsbereichs sowie die Umstände, die zur Aufhebung des Schutzes führen, insbesondere die so genannte „Selbstöffnung" des Betroffenen, nachfolgend im Rahmen der Kommentierung des § 23 Abs. 2 KUG erörtert (unten Rn. 29 ff.).

bb) Ereignisse der Zeitgeschichte. Im Zusammenhang mit einer Berichterstattung über Ereignisse der Zeitgeschichte dürfen die an diesen Ereignissen beteiligten Personen abgebildet werden, wenn ein inhaltlicher Bezug zwischen Abbildung und dem zeitgeschichtlichem Ereignis besteht (vgl. dazu unter Rn. 20). Ferner ist in manchen Fällen eine Abbildung nur zeitlich begrenzt zulässig, solange das zeitgeschichtliche Ereignis noch als aktuell angesehen werden kann (vgl. dazu Rn. 21 ff.). Diese Grenzen der Abbildungsfreiheit ergeben sich daraus, dass die an Ereignissen der Zeitgeschichte beteiligten Personen ebenso wie die vormals so genannten relativen Personen der Zeitgeschichte nur zusammen mit einem bestimmten zeitgeschichtlichen Ereignis in das Blickfeld der Öffentlichkeit treten (vgl. zur relativen Person der Zeitgeschichte: BVerfG AfP 2001, 212, 214 – Prinz Ernst August von Hannover; OLG Hamburg AfP 1995, 665, 666; *Löffler/Ricker* Kap. 43 Rn. 14; *Prinz/Peters* Rn. 849; *Wenzel/v. Strobl-Albeg* Rn. 8.13). Das Informationsinteresse der Öffentlichkeit beschränkt sich hier auf das Geschehen, das den Betreffenden zur Person der Zeitgeschichte macht, wobei unerheblich ist, ob der Abgebildete bewusst oder wider Willen das Informationsinteresse der Öffentlichkeit auf sich zieht (*Neumann-Duesberg* JZ 1960, 115). Unter Geltung des „abgestuften Schutzkonzepts" des BGH sind zeitgeschichtliche Ereignisse, die die Abbildung der an ihnen Beteiligten rechtfertigen, vom Informationswert der Berichterstattung her zu ermitteln (vgl. dazu oben Rn. 6), wobei bereits die Möglichkeit ausreicht, dass die Berichterstattung der Meinungsbildung zu Fragen von allgemeinem Interesse dienen kann (BGH NJW 2012, 762 – Die lange Nacht der Goldkinder). Danach sind als **Ereignisse der Zeitgeschichte angesehen** worden: gesellschaftliche Ereignisse wie die Amtseinführung von Prinz Albert von Monaco, der Rosenball in Monaco, ein Gala Diner im Pariser Centre Pompidou (BGH GRUR 2010, 1029 – Charlotte im Himmel der Liebe), Vernissagen von Ausstellungen bekannter Künstler (BGH NJW 2012, 762 – Die lange der Nacht der Goldkinder), die Beisetzung des Fürsten Rainier von Monaco (BGH GRUR 2009, 584 – Enkel von Fürst Rainier), Sportveranstaltungen, auch wenn sie nur von regionaler Bedeutung sind (BGH GRUR 2013, 1065 – Eisprinzessin Alexandra), die Beziehung zwischen einem Landespolitiker und einer bekannten Fernsehmoderatorin, die sich in der Öffentlichkeit als Single präsentiert hatte (BGH NJW 2012, 763 – Die Inka-Story), das Verschwinden einer bekannten Entertainerin aus der Öffentlichkeit nach einer schweren Erkrankung (BGH GRUR 2013, 91 – Comedy-Darstellerin), eine Mahnwache auf einem öffentlichen Platz (BGH GRUR 2013, 1063), eine handgreifliche Auseinandersetzung eines prominenten Paares auf öffentlicher Straße (KG NJW 2011, 785), der berufliche Niedergang des Fußballtrainers Jürgen Klinsmann (OLG München AfP 2009, 419), die Hochzeit des Fernsehmoderators Günter Jauch, was die Abbildung auch der Braut rechtfertigte (OLG Hamburg ZUM 2009, 65; ZUM 2009, 297; ebenso im Fall der Hochzeit des Moderators Markus Lanz KG AfP 2013, 60); die Versiegelung der Räumlichkeiten des Ministeriums für Staatssicherheit im Dezember 1989, was die Abbildung eines hierbei anwesenden inoffiziellen Mitarbeiters des MfS rechtfertigte (OLG München AfP 2011, 275), das Sommerfest des Bundespräsidenten (OLG Hamburg AfP 2012, 166), die Recherche-Tätigkeit eines Paparazzo-Journalisten (LG Köln AfP 2012, 188, das allerdings zum Schutz der Pressefreiheit einen Fall des § 23 II KUG angenommen hat), das Posieren einer bayerischen Landrätin mit Latexhandschuhen im Wahlkampf (LG München I AfP 2012, 290; OLG München AfP 2013, 335), der Einsatz eines Spezialeinsatzkommandos der Polizei bei einem Gefangenentransport (VGH Baden-Württemberg AfP 2011, 97, 100), eine öffentliche Diskussionsveranstaltung mit Ex-Terroristen (LG Berlin AfP 2008, 222), der Familientag einer Stadtverwaltung, was die Abbildung einer lokalen Gleichstellungsbeauftragten rechtfertigte (LG Frankfurt AfP 2009, 272), auch der Unfalltod des Sohnes einer bekannten Schauspielerin im Swimmingpool eines Rockstars während einer Geburtstagsfeier (LG Berlin AfP 2010, 597; die Schwangerschaft einer bekannten Schauspielerin (LG München I AfP 2013, 434, des im entschiedenen Fall vorrange berechtigte Interesse nach § 23 Abs. 2 KUG annahm); hier lag ein Fall von § 23 II KUG vor, vgl. dazu unter Rn. 31) sowie die Arbeitsbedingungen der Angestellten eines Textildiscounters, was die Abbildung des Geschäftsführers als Repräsentanten des Unternehmens rechtfertigte (LG Hamburg AfP 2011, 83). Kein Ereignis der Zeitgeschichte war demgegenüber der Suizid des Angehörigen eines ehemaligen Landesministers, welcher sich seit mehreren Jahren aus der Öffentlichkeit zurückgezogen hatte (OLG Dresden NJW 2012, 782).

14 **Weitere Beispiele aus der früheren Rechtsprechung:** Als relative Personen der Zeitgeschichte wurden angesehen die Beteiligten an nicht alltäglichen zivil- oder öffentlichrechtlichen Streitigkeiten (LG Hamburg AfP 1999, 523), Zeugen von parlamentarischen Untersuchungsausschüssen (OLG Celle, AfP 1989, 575), Teilnehmer an einer öffentlichen Sportveranstaltung (BGH GRUR 2005, 74, 75 – Charlotte Casiraghi II), Teilnehmer an der öffentlichen Meisterschaftsfeier des FC Bayern München (OLG Hamburg AfP 2006, 369), Hauptgewinner im Lotto (*Neumann-Duesberg* JZ 1960, 116; zweifelhaft), eine stellvertretende Anstaltsleiterin eines DDR-Gefängnisses im Zusammenhang mit der Auseinandersetzung um den DDR-Strafvollzug (LG Hamburg AfP 1994, 321), Anführer und Hintermänner der rechtsradikalen Szene (OLG Braunschweig AfP 2000, 588, 590), ein Klinikleiter im Zusammenhang mit einem Betriebsunfall (OLG Hamburg Urt. v. 2.7.1987, Az: 3 U 31/87, zitiert in *Löffler/Ricker* Kap. 43 Rn. 14), die Mitglieder eines Wahlausschusses (OLG München AfP 1992, 258, 262), die Teilnehmer des Treffens einer „Steuerungsgruppe zur Vorbereitung islamischen Religionsunterrichts" im Baden-Württembergischen Kultusministerium (LG Hamburg Urt. v. 17.8.2001, Az: 324 O 44/01 [nicht veröffentlicht]),

§ 23 [Ausnahmen zu § 22] 15 § 23 KUG

Prinz Ernst August von Hannover im Zusammenhang mit seiner Verurteilung zu Geldbuße und Fahrverbot wegen erheblicher Überschreitung der auf französischen Autobahnen vorgeschriebenen Höchstgeschwindigkeit (BVerfG NJW 2006, 2835; BGH NJW 2006, 599), derselbe im Zusammenhang mit dem von ihm geltend gemachten Rückforderungsanspruch hinsichtlich des Zisterzienserklosters Michaelstein (LG Hamburg Urt. v. 23.4.1999, Az: 324 O 605/98 [nicht veröffentlicht]) sowie ein langjähriger Fraktionsvorsitzender und Mitinhaber einer Rechtsanwaltskanzlei, die von der Staatsanwaltschaft im Rahmen einer spektakulären Aktion durchsucht wurde (OLG Karlsruhe ZUM 2006, 571), nicht hingegen ein Steuerberater, in dessen Mülltonne ein Journalist vertrauliche Unterlagen gefunden hat (OLG Frankfurt GRUR 1991, 49). Bei **Unfallopfern** führt die vorzunehmende Abwägung jedenfalls bei Geschehnissen ohne besondere zeitgeschichtliche Bedeutung wie bei Verkehrsunfällen oder Arbeitsunfällen dazu, dass eine Bildnisveröffentlichung unzulässig ist (vgl. *Damm/Rehbock* Rn. 245; *Wanckel* Rn. 189; i.E. ebenso OLG Düsseldorf AfP 2000, 574, 575; noch enger *Prinz*/Peters Rn. 854; weiter *Neumann-Duesberg* JZ 1960, 116; *Schricker/Götting* § 23 KUG Rn. 33). Bei Opfern von Ereignissen, die die Allgemeinheit besonders berühren, wie Naturkatastrophen, Sprengstoffattentaten und Verkehrsunglücken mit einer Vielzahl von Betroffenen, wird ein zeitgeschichtliches Ereignis im Sinne von § 23 I Nr. 1 KUG in der Regel vorliegen (vgl. *Damm/Rehbock* Rn. 245); allerdings kann die Abbildung von einzelnen toten oder schwerverletzten Opfern die Intimsphäre berühren mit der Folge, dass berechtigte Interessen des Abgebildeten gem. § 23 II KUG vorgehen (vgl. unten Rn. 32). Auch ist die Aktualitätsgrenze zu beachten (vgl. unten Rn. 21). Keine Personen der Zeitgeschichte sind **Zeugen** an der Unfallstelle (OLG Karlsruhe GRUR 1989, 823, 824) sie können allerdings Beiwerk i.S.v. § 23 Abs. 1 Nr. 2 KUG sein (vgl. dazu Rn. 24).

Straftaten gehören zum Zeitgeschehen, dessen Vermittlung Aufgabe der Medien ist. Die 15 Verletzung des Rechtsordnung begründet grundsätzlich ein anzuerkennendes Interesse der Öffentlichkeit an näherer Information über Tat und Täter, das umso stärker ist, je mehr sich die Tat von der gewöhnlichen Kriminalität abhebt (BGH GRUR 2011, 250 – Bild im Gerichtssaal). Das gilt speziell auch bei Straftätern, die im Zusammenhang mit terroristischen Anschlägen verurteilt worden sind, weil solche Täter im Alltag oft unauffällig leben, weshalb ein großes öffentliches Interesse an einer identifizierenden Berichterstattung besteht, die es dem Publikum ermöglicht, sich ein Bild von den Täter zu machen (BGH GRUR 2011, 250 – Bild im Gerichtssaal). Auch unter Geltung des „Abgestuften Schutzkonzepts" des BGH hat sich für die Berichterstattung über Straftäter im Vergleich zur Rechtsprechung zur vormals so genannten relativen Person der Zeitgeschichte im Wesentlichen nichts geändert. Danach waren **Straftäter** relative Personen der Zeitgeschichte und durften abgebildet werden, wenn ihre Tat aus dem Rahmen des Alltäglichen fällt und allgemeines Aufsehen erregt (OLG Frankfurt ZUM 2007, 546, 548; OLG Hamburg NJW-RR 1991, 990, 991; AfP 1994, 232, 233; KG NJW 2007, 703 im Falle eines wegen Betruges verurteilten Schauspielers; KG NJW-RR 2007, 345 im Falle der Festnahme des mutmaßlichen Kopfs eines Drogenhändlerrings; OLG Celle NJW-RR 2001, 335, 336; OLG Düsseldorf AfP 2002, 343, 345; LG Berlin AfP 2007, 282; LG Wiesbaden NJW-RR 2005, 1069; LG Halle AfP 2005, 188, 190; *Damm/Rehbock* Rn. 241; *Möhring/Nicolini/Gass* § 23 KUG Rn. 10; *Schricker/Götting* § 23 KUG Rn. 34; *Wenzel/v. Strobl-Albeg* Rn. 8.21; vgl. zur hier besonders zu beachtenden Aktualitätsgrenze Rn. 22). Demgegenüber ist eine Bildveröffentlichung in der Regel unzulässig bei **Kleinkriminellen** und – wegen der besonderen Schutzbedürftigkeit – **Jugendlichen** (BVerfG NJW 1973, 1226, 1230 – Lebach; OLG Hamburg ZUM 2010, 61). Ein tätlicher Angriff auf Journalisten kann als zeitgeschichtliches Ereignis angesehen werden mit der Folge, dass der Angreifer abgebildet werden darf (KG ZUM 2007, 475; OLG Frankfurt Urt. v. 3.11.2005, Az 16 U 99/05 [unveröffentlicht]).

In Fällen der **Verdachtsberichterstattung** etwa während des Ermittlungsverfahrens kann die Abbildung des Verdächtigen zulässig sein. Hier ist allerdings besondere Sorgfalt geboten (Dreier/Schulze/*Specht* § 23 KUG Rn. 16; Schicker/*Götting* § 23 KUG Rn. 33). Wesentliche Voraussetzungen für die zulässige Verdachtsberichterstattung sind das Vorliegen eines Vorgangs von gravierendem Gewicht sowie eines Mindestbestandes an Beweistatsachen (vgl. BGH WRP 2000, 310, 311 – Verdachtsberichterstattung; GRUR 1977, 674 – Abgeordnetenbestechung; WRP 2000, 311, 312 – Verdachtsberichterstattung). Liegen diese Voraussetzungen vor (was bei bloßen Spekulationen nicht der Fall ist), muss auch bei der Bildberichterstattung das Anonymitätsinteresse des Betroffenen hinter das Informationsinteresse der Öffentlichkeit zurücktreten (im Ergebnis ebenso *Damm/Rehbock* Rn. 196 ff.; OLG Hamburg AfP 1983, 466 – Bombenattentäter; LG Berlin AfP 2001, 423). Bestehen hingegen ernsthafte Zweifel an der Täterschaft des Verdächtigen, wird eine Bildberichterstattung jedenfalls bei nicht in der Öffentlichkeit stehenden Personen mit Blick auf die Unschuldsvermutung i. d. R. unzulässig sein (ähnlich Wenzel/*v. Strobl-Albeg* Rn. 8.86).

16 Die Aufarbeitung von Straftaten im Rahmen von **Strafverfahren** ist ein zeitgeschichtliches Ereignis, das es bei einem hinreichenden Informationsinteresse am Verfahrensgegenstand rechtfertigt, Bildnisse nicht nur der Angeklagten, sondern auch der sonstigen Verfahrensbeteiligten zu veröffentlichen. Auch hier kann auf die frühere Rechtsprechung zur relativen Person der Zeitgeschichte zurückgegriffen werden. Danach waren relative Personen der Zeitgeschichte, die an **spektakulären Strafprozessen** beteiligten **Richter** und Schöffen (BVerfG NJW 2000, 2890, 2891), Staatsanwälte und **Verteidiger** (OLG Hamburg AfP 1982, 177, 178 – Rechtsanwalt; *Löffler/Ricker* Kap. 43 Rn. 14; *Soehring* Rn. 21.6), Zeugen (BGH GRUR 1966, 102, 103 – Spielgefährtin I), sofern sie die Aufmerksamkeit der Öffentlichkeit auf sich ziehen (*Soehring/Seelmann-Eggebert* NJW 2005, 577), etwa indem sie sich gegenüber der Presse zum Verfahren äußern (LG Berlin AfP 2004, 68 und 152), **Verbrechensopfer** (sehr str., dafür: OLG Frankfurt AfP 1976, 181 – Verbrechensopfer; *Neumann-Duesberg* JZ 1960, 116; *Soehring* Rn. 21.6; Wenzel/*v. Strobl-Albeg* Rn. 23; offen gelassen von OLG Hamburg NJW 1975, 649, 651 – Aus nichtigem Anlass?; zum „Gladbecker Geiseldrama" OLG Hamburg ZUM 2005, 168, 169; dagegen: KG AfP 2011, 269, das mit Recht auf die besondere Schutzbedürftigkeit jedenfalls der Opfer von Sexualstraftaten verweist; LG Münster NJW-RR 2005, 1065, 1066; *Wanckel* Rn. 245; vgl. zur Aktualitätsgrenze unten Rn. 22), nicht aber Angehörige von Straftätern oder deren Opfern, was etwa der Veröffentlichung von Abbildungen der trauernden Angehörigen beim Begräbnis i. d. R. entgegensteht (vgl. LG Köln AfP 1991, 757). **Rechtsanwälte** sind bei der normalen anwaltlichen Berufsausübung grds. nicht relative Personen der Zeitgeschichte (OLG Celle AfP 1984, 236, 237). Das hat das LG Berlin selbst bei der Vertretung Prominenter angenommen (LG Berlin NJW-RR 2007, 1270). Dem ist jedenfalls dann nicht zu folgen, wenn ein Informationsinteresse der Öffentlichkeit am Gegenstand des Verfahrens besteht. Denn dann können Anwälte als Organe der Rechtspflege einen geringeren Schutz beanspruchen als nicht beruflich am Verfahren Beteiligte (so zutreffend LG Berlin AfP 2009, 168). Zulässig war die Veröffentlichung eines Fotos, das einen Rechtsanwalt zusammen mit Kriminalbeamten in seinen hell erleuchteten Kanzleiräumen während einer staatsanwaltschaftlichen Durchsuchung zeigt und durch ein vorhangloses Fenster von außen aufgenommen worden war (OLG Karlsruhe ZUM 2006, 571).

17 Für **Polizisten im Einsatz** ist zu differenzieren: Soweit sie etwa an der Festnahme eines gesuchten Straftäters, an dessen Tat ein Informationsinteresse der Öffentlichkeit besteht, beteiligt sind, sind sie Teil eines zeitgeschichtlichen Ereignisses, und ihre Bildnisse dürfen veröffentlicht werden; unter Umständen kann es nach § 23 Abs. 2 KUG indes geboten sein, ihre Anonymität zu Ermittlungszwecken zu wahren (*Damm/Rehbock* Rn. 233). Alltägliche Einsätze zählen indes nicht zum Zeitgeschehen, über das unter Abbildung der beteiligten Polizisten berichtet werden darf (OLG Karlsruhe AfP 1980, 64). Anders aber, wenn Missstände bei der Polizei aufgedeckt werden sollen (*Löffler/Steffen* § 6 LPG Rn. 134; beschränkt auf hochrangige Beamte: OLG Celle NJW-RR 2001, 335, 337), oder ein Polizist bei seinem Einsatz eine Straftat begeht, indem er etwa einen Demonstranten misshandelt

§ 23 [Ausnahmen zu § 22]　　　　　　　　　　18, 19　§ 23 KUG

(Löffler/*Steffen* § 6 LPG, 134; *Soehring* Rn. 21.13c; einschränkend *Rebmann* AfP 1982, 189, 194). Die Abbildung von Polizisten bei Demonstrationen und Versammlungen kann daneben nach § 23 Abs. 1 Nr. 3 KUG zulässig sein (dazu unten Rn. 26).

Familienangehörige, Lebensgefährten oder sonstige Begleiter von Prominenten dürfen bei gemeinsamen öffentlichen Auftritten, oder wenn sie anstelle des Prominenten in der Öffentlichkeit repräsentieren, abgebildet werden (BVerfG AfP 2001, 212, 214 – Prinz Ernst August von Hannover; OLG Hamburg GRUR 1990, 35 – Begleiterin; LG Köln AfP 1994, 165 – Harald Schmidt; Löffler/*Steffen* § 6 LPG Rn. 133; zu Hochzeiten Prominenter vgl. auch oben Rn. 13). Die Medien dürfen bei Auftritten prominenter Personen bei zeitgeschichtlichen Ereignissen grundsätzlich nicht nur über das Ereignis selbst, sondern auch darüber berichten, welche Personen dort erschienen sind und in wessen Begleitung sie sich dabei befunden haben (BGH GRUR 2010, 1029, 1030 – Charlotte im Himmel der Liebe). Nach der bisher so genannten „Begleiterrechtsprechung" (BVerfG AfP 2001, 212, 214 – Prinz Ernst August von Hannover), durfte auch über eine **alltägliche Begleitsituation** wie etwa einen gemeinsamen Einkaufsbummel (OLG Hamburg GRUR 1990, 35 – Begleiterin) oder den gemeinsamen Besuch eines Straßencafes im Bild berichtet werden (KG GRUR 2004, 1056, 1057 – Lebenspartnerin von Herbert Grönemeyer). Diese Rechtsprechung kann als überholt gelten (ebenso *Soehring* Rn. 21.7; *Wanckel* Rn. 200), nachdem der BGH unter dem Eindruck der Caroline-Entscheidung des EGMR die geschützte Privatsphäre von Prominenten auf Bilder aus Alltagssituationen an öffentlichen Orten jedenfalls in solchen Fällen erstreckt hat, in denen der Veröffentlichung kein über die bloße Abbildung der Situation hinausgehender Informationswert innewohnt (BGH GRUR 2007, 523, 526 – Abgestuftes Schutzkonzept; BGH GRUR 2007, 527, 530 – Winterurlaub; bestätigt von BVerfG GRUR 2008, 539 – Caroline von Hannover; vgl. Rn. 11). Danach ist die Begleitsituation als solche kein zeitgeschichtliches Ereignis mehr, das eine Bildnisveröffentlichung rechtfertigt. Unzulässig war daher die Veröffentlichung von Fotos, die den Musiker Herbert Grönemeyer mit seiner Lebensgefährtin beim Einkaufsbummel und in einem Straßencafe in Rom zeigen (BGH GRUR 2007, 899, 902 – Grönemeyer; vgl. auch KG GRUR 2005, 79 – Lebenspartnerin von Herbert Grönemeyer II) sowie die Veröffentlichung von Fotos, die den Fußballspieler Oliver Kahn mit seiner Freundin auf der Promenade von St. Tropez zeigen (BGH GRUR 2007, 902, 904 – Abgestuftes Schutzkonzept II).

Minderjährige Kinder dürfen um des möglichst ungestörten Aufwachsens willen grundsätzlich nicht ohne Einwilligung der Eltern abgebildet werden. Ausnahmen gelten nur, wenn sie sich allein oder gemeinsam mit den Eltern bewusst der Öffentlichkeit zuwenden, etwa an öffentlichen Veranstaltungen teilnehmen oder im Pflichtenkreis ihrer Eltern öffentliche Funktionen wahrnehmen (BVerfG GRUR 2000, 446, 451 – Caroline von Monaco; ZUM 2005, 556, 557; BGH GRUR 2010, 173, 175 – Kinder eines ehemaligen Fußballprofis; GRUR 2005, 179, 181 – Tochter von Caroline von Hannover; OLG Hamburg AfP 1997, 535, 536; Löffler/*Ricker* Kap. 43 Rn. 14; *Soehring* Rn. 21.7e). Zulässig war danach die Veröffentlichung eines Fotos, das die Tochter von Prinzessin Caroline von Hannover bei der Teilnahme an einem Eiskunstlauf-Wettbewerb zeigte (BGH GRUR 2013, 1065 – Eisprinzessin Alexandra) sowie die Veröffentlichung eines Fotos, das die Tochter des Torhüters Oliver Kahn zusammen mit ihrem Vater bei der öffentlichen Meisterfeier des FC Bayern München zeigte (OLG Hamburg AfP 2006, 369). Abgesehen von solchen öffentlichen Auftritten genießen minderjährige Kinder einen besonderen Schutz vor der Medienbeobachtung und den von ihr ausgehenden Gefahren für die kindliche Persönlichkeitsentfaltung, der auch Momente der elterlichen Hinwendung zu den Kindern umfasst (BVerfG GRUR 2000, 446, 451 – Caroline von Monaco; NJW 2000, 2191; BGH GRUR 2010, 173, 174 – Kinder eines ehemaligen Fußballprofis). Dieser Schutz wirkt sich nicht nur zugunsten der Kinder, sondern **auch zugunsten der Eltern** aus, wenn sie sich gemeinsam mit ihren Kindern im öffentlichen Raum aufhalten. Deshalb ist unzulässig auch die Veröffentlichung von Bildern solcher Situationen, die nur die Eltern zeigen (OLG Hamburg AfP 2007, 558, 559). Die Verbreitung von Abbildungen, die Kinder von Prominenten in Begleitung ihrer Eltern in alltäglichen Situationen zeigen, ist auch dann unzulässig, wenn mit der Herstellung der Aufnahme keine Belästigung verbunden ist (BVerfG NJW 2000, 2191; Wenzel/*v. Strobl-Albeg* Rn. 8.74) und die mediale Darstellung von Wohlwollen geprägt ist (BVerfG ZUM 2005, 556, 557). Nicht veröffentlicht werden durften daher Fotos der Taufe des Kindes einer berühmten Geigerin (OLG München AfP 1995, 658, 660) oder der Teilnahme der minderjährigen Tochter des Fernsehmoderators Günter Jauch an der Echo Gala zusammen mit ihrer Familie im normalen Zuschauerraum (LG Berlin Urt. v. 16.9.2003, Az: 27 O 238/03, zit. nach *Wanckel* Rn. 202). Der besondere Schutz der kindlichen Persönlichkeitsentwicklung greift bereits bei einer bloßen Gefährdung der Eltern-Kind-Beziehung ein; eine tatsächliche Störung muss nicht eingetreten sein (BGH NJW 2005, 179, 181 – Tochter von Caroline von Hannover). Deshalb sind auch Babies und Kleinkinder trotz des Umstandes geschützt, dass sie die Beeinträchtigung i. d. R. gar nicht wahrnehmen können. Auf verstorbene Kinder ist die Rechtsprechung zum Minderjährigenschutz indes nicht übertragbar (BVerfG GRUR-RR 2008, 206 – Ehrensache). Zum Verbotsumfang bei Rechtsverletzungen speziell in Fällen der Abbildung von Minderjährigen vgl. § 22 KUG Rn. 24.

20 **(1) Kontextbezug.** Bei der Berichterstattung über ein zeitgeschichtliches Ereignis ist die Verwendung kontextbezogener Fotos als Visualisierung des berichteten Ereignisses regelmäßig zulässig (BGH GRUR 2011, 259, 260 – Rosenball in Monaco; BGH NJW 2012, 762 – Die lange Nacht der Goldkinder; BGH GRUR 2010, 549, 554 – Spiegel-Dossier). Dabei muss das zeitgeschichtliche Ereignis nicht ausschließlich Gegenstand der begleitenden Wortberichterstattung sein (vgl. BGH GRUR 2013, 1065, 1066 – Eisprinzessin Alexandra). So war es zulässig, im Rahmen eines Artikels, der sich mit dem Auftreten von Charlotte Casiraghi, der Tochter von Prinzessin Caroline von Hannover, beim Rosenball in Monaco befasste und mit Aufnahmen illustriert war, die bei diesem Ball entstanden waren, zusätzlich ausführlich auf ihr Aussehen, ihr Verhalten und ihren sozialen Kontext einzugehen (BGH GRUR 2011, 259 – Rosenball in Monaco). Der Bezug zum zeitgeschichtlichen Ereignis ist auch dann gewahrt, wenn die begleitende Wortberichterstattung neben der Erwähnung eines zeitgeschichtlichen Ereignisses einzelne unzulässige Passagen enthält (BGH GRUR 2010, 1029, 1030 – Charlotte im Himmel der Liebe). Am erforderlichen Bezug zum zeitgeschichtlichen Ereignis kann es hingegen fehlen, wenn ein Foto, das bei einem zeitgeschichtlichen Ereignis entstanden ist, zur Illustration einer Wortberichterstattung verwendet wird, die sich mit diesem Ereignis nicht befasst und auch sonst keinerlei Informationswert aufweist (vgl. aus der früheren Rechtsprechung bereits BGH GRUR 2005, 74 – Charlotte Casiraghi II; KG AfP 2007, 221). Wohl deshalb hat das BVerfG die Veröffentlichung von Fotos, die Charlotte Casiraghi beim Besuch einer Aids-Gala in Paris zeigen, in Verbindung mit einer Wortberichterstattung, die vorwiegend die Lebensführung der Abgebildeten bewertet, für unzulässig gehalten (BVerfG GRUR 2011, 255 – Carolines Tochter). Diese Entscheidung überzeugt nicht vor dem Hintergrund, dass das BVerfG die begleitende Wortberichterstattung für zulässig erklärt hat, da sie nicht etwa anlasslos das Aussehen und Erscheinungsbild der Abgebildeten thematisierte, sondern das Auftreten einer Gruppe reicher junger Frauen schildere, die aufgrund ihrer Abstammung ein sorgenfreies, genussorientiertes Leben führten (BVerfG GRUR 2011, 255, 258 – Carolines Tochter). Befasst sich die Wortberichterstattung mit einem zeitgeschichtlichen Ereignis, dürfen von den an diesem Ereignis beteiligten Personen auch Bildnisse veröffentlicht werden, die **bei anderer Gelegenheit entstanden** sind, wenn sie **kontextneutral** sind und die Verwendung in dem neuen Zusammenhang **keine zusätzliche Beeinträchtigung** des Persönlichkeitsrechts bewirkt (BVerfG AfP 2001, 212, 216 – Prinz Ernst August von Hannover; BVerfG NJW 2006, 2835; BGH GRUR 2010, 1029, 1031 – Charlotte im Himmel der Liebe; BGH GRUR 2002, 690, 692 – Marlene Dietrich; GRUR 2005, 76, 78 – „Rivalin" von Uschi Glas; KG NJW-RR 2007, 345, 346). Die hierdurch bestehende Möglichkeit, auf neutrales **Archivmaterial** zurückzugreifen, berücksichtigt auch Belange des Persönlichkeitsschutzes, da so Belästigungen durch Pressefotografen zumindest in Grenzen gehalten werden können (BVerfG AfP 2001, 212, 216 – Prinz Ernst August von Hannover; GRUR 2008, 539, 543 – Caroline von Hannover; *Engels/Schulz* AfP 1998, 582; *Löffler/Ricker* Kap. 43 Rn. 14). Ob ein Bild kontextneutral ist, hängt vom Bildinhalt im Zusammenspiel mit der Wortberichterstattung über das Ereignis ab. Das ist anzunehmen, wenn der ursprüngliche Kontext, aus dem die Abbildung stammt, nicht zu erkennen oder so neutral ist, dass er den Aussagegehalt des Fotos im neuen Kontext nicht beeinflusst oder jedenfalls nicht verfälscht, oder wenn der Aussagegehalt der Abbildung dem neuen Sachzusammenhang gerecht wird. Zulässig war hiernach, eine Berichterstattung über das Auftreten der Tochter von Caroline von Hannover bei einem Gala-Diner in Centre Pompidou (auch) mit einem Bild zu illustrieren, das sie beim Rosenball in Monaco zeigte (BGH GRUR 2010, 1029, 1031 – Charlotte im Himmel der Liebe). Zulässig war es ferner, bei der Berichterstattung über einen gemeinsamen öffentlichen Auftritt von Prinzessin Caroline von Monaco und Prinz Ernst August von Hannover letzteren **isoliert abzubilden** und das Bild auch zur Ankündigung auf dem Titelblatt einer Zeitschrift zu verwenden. Ferner war es zulässig, eine Glosse über einen solchen Auftritt mit einem neutralen Foto nur des Prinzen Ernst August zu illustrieren. Unerheblich ist dann, ob eine Abbildung sich auf den Kopf konzentriert oder auch andere Körperteile zeigt (BVerfG AfP 2001, 212, 216 f. – Prinz Ernst August von Hannover). Demgegenüber kann eine zusätzliche Beeinträchtigung dann vorliegen, wenn das Bildnis den Betroffenen in einer besonders unglücklichen oder unvorteilhaften Situation zeigt oder wenn der unzutreffende Eindruck erweckt wird, der in einer Werbung Abgebildete identifiziere sich mit dem beworbenen Produkt (BGH GRUR 2002, 690, 692 – Marlene Bildnis).

Bei der **Illustration von Berichten über das allgemeine Zeitgeschehen** dürfen kontextgerechte Personenbildnisse verwendet werden, auch wenn ein spezieller Personenbezug nicht gegeben ist, sofern der Berichterstattungsgegenstand einen hinreichenden Informationswert aufweist. So ist es etwa in den Nachrichtensendungen des Fernsehens regelmäßig üblich, zur Illustration von Berichten über das allgemeine Zeitgeschehen wie die Entwicklung von Konjunktur- oder Arbeitsmarktdaten Aufnahmen zu verwenden, die Normalbürger in Alltagssituationen, etwa beim Flanieren durch Einkaufspassagen zeigen. Die hier ohne ihre Einwilligung Abgebildeten sind nach bisherigem Verständnis häufig weder relative Personen der Zeitgeschichte noch Beiwerk im Sinne von § 23 Abs. 1 Nr. 2 KUG, dennoch haben die Aufnahmen in Verbindung mit der begleitenden Wortberichterstattung einen Informationswert, der ihre Verwendung jedenfalls nach den vom BGH entwickelten Grundsätzen rechtfertigen kann.

(2) Aktualität. Bei der vorzunehmenden Abwägung kann es auch auf die Aktualität des Ereignisses ankommen. Je länger das Ereignis zurückliegt, desto mehr tritt das Informationsinteresse der Öffentlichkeit gegenüber dem Persönlichkeitsrecht des Betroffenen zurück, der dann wieder „in der Menge verschwindet" (*Löffler/Steffen* § 6 LPG Rn. 132). Das Informationsinteresse an bestimmten Personen kann sich im Laufe der Zeit ändern. Das gilt auch für Prominente. Manche Politiker und selbst Weltstars der Unterhaltungsbranche können schnell vergessen sein (*Löffler/Steffen* § 6 LPG Rn. 131; *Wenzel/v. Strobl-Albeg* Rn. 8.12). In der Regel müssen Personen des öffentlichen Interesses eine Bildberichterstattung, die einen ihre Abbildung rechtfertigenden Informationswert aufweist, allerdings zeitlich so lange hinnehmen, wie ein Interesse an ihrer Person noch besteht. Für alle übrigen Personen, die nur wegen ihres Bezugs zu einem zeitgeschichtlichen Ereignis abgebildet werden dürfen, spielt die Aktualität der Berichterstattung im Rahmen der Abwägung durchaus eine Rolle, wobei hier die Abwägung bei verschiedenen Personenkreisen unterschiedlich ausfällt. Dabei bereitet die Aktualität regelmäßig keine Probleme, wenn zur Bebilderung einer aktuellen Berichterstattung auf älteres kontextneutrales Bildmaterial zurückgegriffen wird. Dementsprechend durfte eine Berichterstattung über das Auftreten von Charlotte Casiraghi bei einem Gala-Diner in Paris mit einem sechs Monate alten Foto, das sie beim Rosenball in Monaco zeigte, illustriert werden (BGH GRUR 2010, 1029 – Charlotte im Himmel der Liebe). Zeitliche Grenzen gibt es indes bei der Berichterstattung über **frühere Lebensgefährten** von Personen der Zeitgeschichte. Hier endet die Abbildungsfreiheit i. d. R. einige Zeit nach der Auflösung der Beziehung (OLG Hamburg AfP 1985, 209; OLG Hamburg AfP 1993, 576, 577; OLG Frankfurt GRUR 1987, 195). Daher durften Bilder der früheren Freundin des Fußballspielers Günter Netzer sechs Jahre nach der Trennung ohne ihre Einwilligung nicht veröffentlicht werden (OLG Hamburg AfP 1985, 209), während bei einer Presseberichterstattung über die frühere Freundin von Boris Becker etwa ein halbes Jahr nach der Trennung der zeitliche Abstand für „möglicherweise noch nicht groß genug" gehalten wurde (OLG Hamburg AfP 1993, 576, 577). Umgekehrt rechtfertigte das erstmalige öffentliche Eingeständnis der neuen Beziehung des Ehemanns einer Schauspielerin zwar die Veröffentlichung eines zeitnah entstandenen Portraitfotos der neuen Partnerin, nicht aber die Veröffentlichung von Fotos, die vor dem Schritt in die Öffentlichkeit unter Verletzung der Privatsphäre gefertigt worden waren (BGH GRUR 2005, 76, 78 – „Rivalin" von Uschi Glas). Ebenso bedurfte es bei der Veröffentlichung von Fotos aus der **Kinder- und Jugendzeit** einer bekannten Profi-Boxerin ihrer Einwilligung (OLG Karlsruhe AfP 2010, 591).

22 Bei **Straftätern** ist das Informationsinteresse der Öffentlichkeit ebenfalls zeitlich begrenzt und tritt mit zunehmendem Abstand von der Tat hinter das Resozialisierungsinteresses des Täters zurück (BVerfG NJW 1973, 1226, 1231 – Lebach; OLG Hamburg AfP 1994, 232, 233; NJW-RR 1991, 990, 991). Bei der tagesaktuellen Berichterstattung über Strafverfahren hat das Informationsinteresse der Öffentlichkeit im allgemeinen Vorrang (BGH GRUR 2009, 150, 152 – Karsten Speck). Bei **bevorstehender oder erfolgter Entlassung** eines zu einer Haftstrafe verurteilten Täters wird das Resozialisierungsinteresse Vorrang regelmäßig haben (BVerfG NJW 1973, 1226, 1232 – Lebach; OLG Hamburg AfP 1994, 232, 233; Wenzel/*v. Strobl-Albeg* Rn. 8.285). Hiervon ist eine Ausnahme zu machen etwa bei der Berichterstattung über die bevorstehende Haftentlassung von **RAF-Terroristen,** da ihre Taten die Geschichte der Bundesrepublik in einzigartiger Weise geprägt haben und ein überragendes historisches Interesse die identifizierende Berichterstattung rechtfertigt (KG AfP 2007, 376; LG Berlin ZUM 2008, 880). Hier besteht ein anzuerkennendes Informationsinteresse der Öffentlichkeit daran, welchen Werdegang ein verurteilter Terrorist genommen hat und was für ein Leben er heute führt (KG AfP 2008, 396). Zulässig war die Veröffentlichung von Archivfotos aus der „aktiven Zeit" einer früheren Terroristin, nämlich eines Fahndungsfotos sowie eines Fotos, das die Betroffene unmittelbar nach ihrer Verhaftung zeigt (KG AfP 2007, 376; vgl. auch LG Berlin AfP 2007, 282 und AfP 2008, 222). Ebenfalls zulässig war trotz verbüßter Haftstrafe die Veröffentlichung von Aufnahmen einer Frau, die den Mörder ihrer Tochter im Gerichtssaal erschossen hatte; wesentlich war hier das von der Täterin durch Medienauftritte noch geförderte Aufsehen ihrer Tat (OLG Hamburg AfP 1987, 518, 519 – Marianne Bachmeier; verboten wurde allerdings die Veröffentlichung von Bildern, die nach Rechtskraft des Strafurteils entstanden waren). **Während der Haftzeit** ist eine umfassende Güter- und Interessensabwägung vorzunehmen. Dabei ist ein Bedürfnis nach Kontrolle der Strafverfolgung auch durch die Öffentlichkeit zu berücksichtigen (KG AfP 2008, 199, 200). Zulässig war die identifizierende Berichterstattung über einen zu lebenslanger Haft mit anschließender Sicherungsverwahrung verurteilten Mörder acht Jahre nach Verurteilung (OLG Hamburg AfP 2008, 95) sowie 16 Jahre nach Verurteilung (LG Hamburg AfP 2013, 70). Ebenfalls zulässig war die Veröffentlichung von Fotos, die einen wegen Betruges zu einer Haftstrafe verurteilten Schauspieler beim erstmaligen Freigang zeigten (KG AfP 2008, 199; anders noch im Ver-

fügungsverfahren: KG NJW 2007, 703). Demgegenüber hat das OLG Hamburg die Abbildung eines zu langjähriger Haftstrafe verurteilten Schwerverbrechers 13½ Jahre nach Verurteilung im Rahmen einer Artikelserie „Mörder, die man nie vergisst" für unzulässig gehalten (OLG Hamburg NJW-RR 1991, 990), ebenso beim selben Täter einen Bericht 17 Jahre nach Verurteilung (OLG Hamburg NJW-RR 1994, 1439). Die Aktualität fehlte auch bei einer Berichterstattung über einen sechs Jahre zurückliegenden Betrugsvorwurf, der zu einer zum Veröffentlichungszeitpunkt noch nicht rechtskräftigen Geldstrafe führte (LG Berlin AfP 2004, 150). Unzulässig war die identifizierende Berichterstattung über den 13 Jahre zuvor verurteilten Mörder des Schauspielers Sedelmayr anlässlich eines Antrags auf Aussetzung der Reststrafe zur Bewährung (OLG München AfP 2007, 135; OLG Nürnberg AfP 2007, 127). Auch die Veröffentlichung eines Kinderbildnisses eines Straftäters kann im Zusammenhang mit der Darstellung seiner Entwicklung und der Hintergründe eines Kapitalverbrechens zulässig sein (Löffler/*Steffen* § 6 LPG Rn. 132). Bei der Verfilmung eines Verbrechens mit zeitlichem Abstand zur Tat wird dem Resozialisierungsinteresse des Täters durch Anonymisierung der Figuren ausreichend Rechnung getragen; die Identifizierbarkeit durch Personen, die den Betroffenen kennen, muss er hinnehmen (BVerfG NJW 2000, 1859 – Verfilmung Fall Lebach). Besteht für die Berichterstattung ein auf die Straftat bezogener **neuer Anlass,** lebt die Abbildungsfreiheit im Zusammenhang mit zurückliegenden und bereits gesühnten Taten wieder auf, so vor allem im Falle einer erneuten Straffälligkeit (vgl. KG AfP 1992, 302), wenn neue Erkenntnisse im Zusammenhang mit der früheren Tat zutage treten oder der Betroffene ein Wiederaufnahmeverfahren betreibt (LG Frankfurt AfP 2006, 584, 585) und wenn der Betroffene selbst dazu beiträgt, seine Person und Tat in der Öffentlichkeit etwa durch Interviews, Internetauftritte oder Buchveröffentlichungen präsent zu halten (OLG Hamburg AfP 2008, 95, 97; KG AfP 2008, 199, 201; OLG Koblenz AfP 2006, 576, 581 – Kommissarin Lucas; LG Berlin AfP 2008, 222). Der erforderliche Bezug zur Straftat fehlte indes bei einer Berichterstattung über die Übernahme der Ehrenpatenschaft des Berliner Bürgermeisters für eine Drillingsgeburt, bei der auf eine Vorstrafe des im Bild gezeigten Vaters hingewiesen wurde (BVerfG NJW-RR 2007, 1191). Ob die Medien eine zunächst zulässige identifizierende Berichterstattung über Straftäter dauerhaft in **Online-Archiven** für die Öffentlichkeit abrufbar halten dürfen, war umstritten (dagegen OLG Hamburg ZUM-RD 2008, 232; LG Hamburg MMR 2007, 666). Der BGH hält die Abrufbarkeit älterer Beiträge für zulässig, wenn sie als solche gekennzeichnet und nur durch gezielte Suche auffindbar sind und wenn die Erstveröffentlichung rechtmäßig war (BGH GRUR 2010, 549 – Spiegel-Dossier). Der BGH hat mit Recht darauf hingewiesen, dass ein anerkennenswertes Interesse der Öffentlichkeit an der Möglichkeit besteht, vergangene zeitgeschichtliche Ereignisse zu recherchieren; überdies würde ein Gebot der Löschung früherer Berichte dazu führen, dass Geschichte getilgt und der Straftäter vollständig immunisiert würde; schließlich könnte eine Pflicht zur ständigen Überprüfung der Archive zur Zurückhaltung schon bei der aktuellen Berichterstattung führen und damit auf die Meinungs- und Pressefreiheit abschreckend wirken (BGH GRUR 2010, 549, 552 – Spiegel-Dossier; i.E. ebenso zuvor OLG Frankfurt AfP 2006, 568, 569, 570, 571; KG AfP 2006, 561; LG Berlin AfP 2001, 337). Hinzu kommt, dass die Abrufzahlen archivierter Artikel i.d.R. so gering sind, dass das Anonymitätsinteresse des Betroffenen durch die fortdauernde Abrufbarkeit nur marginal betroffen ist.

Bei **Verbrechensopfern** ist die Aktualitätsgrenze wegen der besonderen Schutzbedürftigkeit enger zu ziehen. Sofern eine Abbildung überhaupt zulässig ist, darf sie grds. nur im unmittelbaren Zusammenhang mit dem Geschehen und einem sich anschließenden Strafverfahren hergestellt und verbreitet werden (OLG Hamburg NJW 1975, 649, 651 – Aus nichtigem Anlass?; *Soehring* Rn. 21.9). Ausnahmsweise ist eine spätere Veröffentlichung zulässig in Fällen, die wie etwa das „Gladbecker Geiseldrama" in besonderer Weise in die bundesdeutsche Kriminalgeschichte eingegangen sind (OLG Hamburg ZUM 2005, 168). Die Aktualität kann unter Umständen wieder aufleben, wenn etwa in einem Jahresrückblick – wie es gängige Praxis in den Medien ist und auch dem Bedürfnis des Publikums entspricht – noch einmal zusammenfassend über die wesentlichen Ereignisse des abgelaufenen Jahres berichtet wird.

2. Bilder, auf denen die Personen nur als Beiwerk einer Landschaft oder sonstigen Örtlichkeit erscheinen (§ 23 Abs. 1 Nr. 2 KUG)

24 Nach § 23 Abs. 1 Nr. 2 KUG dürfen Bilder ohne Einwilligung der Betroffenen veröffentlicht werden, auf denen die Personen nur als Beiwerk neben einer Landschaft oder sonstigen Örtlichkeit erscheinen. Schon der Begriff des „Bildes" zeigt, dass es hier um Abbildungen geht, bei denen die Örtlichkeit im Vordergrund steht (vgl. oben Rn. 2). Voraussetzung der Abbildungsfreiheit ist die **Unterordnung** der Personenabbildung unter die Gesamtdarstellung in der Weise, dass die Personenabbildung auch entfallen könnte, ohne den Gegenstand und Charakter des Bildes zu verändern (Dreier/Schulze/*Specht* § 23 KUG Rn. 35; *v. Gamm* Einf. Rn. 121; Löffler/*Steffen* § 6 Rn. 137; Schricker/*Götting* § 23 KUG Rn. 81). Ob eine Person als Beiwerk erscheint, hängt von der konkreten Gestaltung, insb. von der Größe der Person und ihrer Position im Raum ab. Die Abbildung der Person darf keinen Einfluss auf das Thema des Bildes ausüben (Löffler/*Steffen* § 6 LPG Rn. 137). Zur Beantwortung der Frage, ob eine Person Beiwerk ist, ist auch darauf abgestellt worden, ob die einzeln Abgebildeten nur „bei Gelegenheit" der Abbildung einer Landschaft oder sonstigen Örtlichkeit erscheinen, oder ob sie aus der Anonymität herausgelöst werden (vgl. LG Oldenburg GRUR 1986, 464, 465; Schricker/*Götting* § 23 KUG Rn. 81). In Einzelfällen mag es angebracht sein, § 23 Abs. 1 Nr. 2 KUG analog auf die zufällige Abbildung von unbekannten Personen neben Personen der Zeitgeschichte anzuwenden (so Dreier/Schulze/*Specht* § 23 KUG Rn. 37), allerdings ist es dann gerade nicht geboten, die Betroffenen durch Augenbalken oder ähnliche Eingriffe unkenntlich zu machen (widersprüchlich insoweit Dreier/Schulze/*Specht* § 23 KUG Rn. 37).

Der **Beiwerkcharakter** ist **verneint** worden bei einer Wandergruppe vor einem Gebirgspanorama (OLG Frankfurt GRUR 1986, 614, 615), bei der Abbildung einer Sonnenbadenden am Strand (OLG Oldenburg GRUR 1989, 344, 345) sowie bei Abbildung einer Straßenszene mit einer Gruppe von Radfahrern (LG Oldenburg GRUR 1986, 464, 465; weitere Beispiele: OLG Düsseldorf GRUR 1970, 618; OLG München NJW 1988, 915, 916). Von § 23 Abs. 1 Nr. 2 KUG nicht gedeckt ist schließlich, ein Personenbildnis aus einem Bild zu vergrößern und als Ausschnitt zu veröffentlichen (*Damm*/*Rehbock* Rn. 248; Schricker/*Götting* § 23 KUG Rn. 82; *Wanckel* Rn. 207).

3. Bilder von Versammlungen, Aufzügen und ähnlichen Vorgängen (§ 23 Abs. 1 Nr. 3 KUG)

25 Nach § 23 Abs. 1 Nr. 3 KUG dürfen ohne Einwilligung der Betroffenen veröffentlicht werden Bilder von Versammlungen, Aufzügen, und ähnlichen Vorgängen, an denen die dargestellten Personen teilgenommen haben. Hier ist die Abbildung des Geschehens von Belang (*v. Gamm* Einf. Rn. 122). Ebenso wie bei Landschaftsbildern muss nach dem Gesamteindruck der Abbildung die Menschenansammlung im Vordergrund stehen (vgl. LG Köln AfP 1994, 246). Anders als bei Landschaftsbildern wird man indes nicht fordern können, dass man jede einzelne Person des Bildes einer Ansammlung weglassen können muss, ohne den Gesamteindruck zu beeinträchtigen. Denn bei Aufnahmen von Menschenmengen ist kaum zu vermeiden, dass Personen im Bildvordergrund den Gesamteindruck der Abbildung mitprägen (ebenso *Wanckel* Rn. 208). Auch § 23 Abs. 1 Nr. 3 KUG ist eine Abwägung zwischen dem Persönlichkeitsrecht des Betroffenen und dem Informationsinteresse der Öffentlichkeit erforderlich (OLG München AfP 2011, 275, 276). Die Begriffe **Versammlungen,** Aufzüge und ähnliche Vorgänge sind weit zu verstehen (Dreier/Schulze/*Specht* § 23 KUG Rn. 39; *Prinz*/*Peters* Rn. 872). Sie umfassen alle Ansammlungen

§ 23 [Ausnahmen zu § 22]   26 § 23 KUG

von Menschen, die den kollektiven Willen haben, etwas gemeinsam zu tun (OLG München NJW 1988, 915, 916). Hieran fehlt es bei Fahrgästen in einer U-Bahn oder Sonnenbadenden auf einer Wiese (OLG München NJW 1988, 915, 916). Wesentlich ist, dass sich die Ansammlung in der Öffentlichkeit abspielt und für diese wahrnehmbar ist (*v. Gamm* Einf. Rn. 22; *Schricker/Götting* § 23 KUG Rn. 84; *Wenzel/v. Strobl-Albeg* Rn. 8.49; OLG München AfP 2011, 275, 276). Abbildungsfrei sind danach bspw. Demonstrationen, Karnevalsumzüge, Sportveranstaltungen, größere Tagungen. Eine Versammlung wurde auch angenommen bei der Abbildung mehrerer Personen, die im Dezember 1989 die Räumlichkeiten des Ministeriums für Staatssicherheit der ehemaligen DDR versiegelten (OLG München AfP 2011, 275).

Für **private Feiern,** Hochzeiten und **Beerdigungen** ist zu differenzieren: Finden sie nicht in der Öffentlichkeit, sondern nur im engeren Familien- und Freundeskreis statt, besteht keine Abbildungsfreiheit (bezogen auf Beerdigungen: LG Köln NJW 1992, 448; *Löffler/Ricker* Kap. 43 Rn. 18; ähnlich *Wenzel/v. Strobl-Albeg* Rn. 8.53). Im Übrigen besteht Abbildungsfreiheit jedenfalls dann, wenn ein Informationsinteresse etwa aufgrund der Bekanntheit der Beteiligten oder anderer besonderer Umstände gegeben ist (*Damm/Rehbock* Rn. 253; enger *Prinz/Peters* Rn. 872; weitergehend im Fall eines Trauerzuges: LG Köln AfP 1994, 246). Die Großaufnahme einzelner Trauernder ist i. d. R. nach § 23 Abs. 2 KUG unzulässig (*Löffler/Ricker* Kap. 43 Rn. 18; *Prinz/Peters* Rn. 872; *Schricker/Götting* § 23 KUG Rn. 99).

Die Veröffentlichung von Aufnahmen, bei denen **einzelne Personen** als charakteristisch und beispielhaft für die Ansammlung herausgegriffen werden, soll jedenfalls bei Ereignissen von öffentlichem Interesse wie Demonstrationen, Karnevalsumzügen und Sportveranstaltungen zulässig sein, wenn die Abbildung der Einzelperson einen repräsentativen Gesamteindruck von der Veranstaltung vermittelt (*Damm/Rehbock* Rn. 251; *Löffler/Ricker* Kap. 43 Rn. 19; vgl. auch LG Stuttgart AfP 1989, 765, 766; einschränkend *Wenzel/v. Strobl-Albeg* Rn. 8.51; a. A. *Prinz/Peters* Rn. 872; *Schricker/Götting* Rn. 86). Dem wird man indes i. d. R. nur für die Abbildung solcher Personen folgen können, die sich räumlich oder durch ihr Verhalten besonders exponieren (ähnlich *Dreier/Schulze/Specht* § 23 KUG Rn. 42). Nicht von § 23 Abs. 1 Nr. 3 KUG gedeckt sind Bildmontagen, durch die das Erscheinungsbild einer Versammlung verändert wird (LG Stuttgart AfP 1999, 765).

Umstritten ist die Frage, ob auch **Polizisten,** die einen **Demonstrationszug** begleiten, 26 nach § 23 Abs. 1 Nr. 3 KUG abgebildet werden dürfen (dagegen *Rebmann* AfP 1982, 189, 193, da die Polizisten selbst nicht „Teilnehmer" der Versammlung seien). Richtigerweise umfasst die Abbildungsfreiheit einer Versammlung nicht nur die eigentliche Versammlung selbst, sondern auch den Rahmen, in dem sie stattfindet und die Wirkung, die sie dort erzeugt. Deshalb wird die Abbildung von Polizisten i. d. R. zulässig sein, sofern nicht berechtigte Interessen nach § 23 Abs. 2 KUG entgegenstehen (im Ergebnis ebenso *Löffler/Ricker* Kap. 43 Rn. 21; *Wanckel* Rn. 212; *Wenzel/v. Strobl-Albeg* Rn. 8.52). Bei spektakulären Einsätzen oder Übergriffen von Polizisten können diese im Übrigen zu relativen Personen der Zeitgeschichte werden und kann ihre Abbildung daneben nach § 23 Abs. 1 Nr. 1 KUG zulässig sein (*Soehring* Rn. 21.13c); vgl. auch oben Rn. 17). In solchen Fällen sowie bei der Abbildung von räumlich oder durch ihr Verhalten exponierten Polizisten ist es auch zulässig, Portraitaufnahmen von Polizisten herzustellen und zu verbreiten; im Übrigen ist dies unzulässig und auch von § 23 Abs. 1 Nr. 3 KUG nicht gedeckt (*Soehring* Rn. 21.13a); *Wenzel/v. Strobl-Albeg* Rn. 8.52; vgl. auch die von Innenministerkonferenz und Medienverbänden beschlossenen „Verhaltensgrundsätze für Presse/Rundfunk und Polizei zur Vermeidung von Behinderungen bei der Durchführung polizeilicher Aufgaben und der freien Ausübung der Berichterstattung", AfP 1993, 646, 647, Ziffer 9: bei „Aufsehen erregenden Einsätzen" ist das Fotografieren und Filmen einzelner Polizisten i. d. R. zulässig). Der Anfertigung von Aufnahmen einzelner Demonstranten durch Polizisten setzen §§ 12a und 19a VersG Grenzen (dazu näher *Dreier/Schulze/Specht* § 23 KUG Rn. 42).

4. Bildnisse, deren Verbreitung oder Schaustellung einem höheren Interesse der Kunst dienen (§ 23 Abs. 1 Nr. 4 KUG)

27 Nach § 23 Abs. 1 Nr. 4 KUG bedarf es keiner Einwilligung bei der Herstellung und Verbreitung von Bildnissen, deren Verbreitung oder Schaustellung einem höheren Interesse der Kunst dient. Durch diese Vorschrift soll „die Veröffentlichung künstlerischer Bildnisstudien" ermöglicht werden (Verhandlung des Reichstages, 11. Legislaturperiode II. Session, 1. Sessionsabschnitt 1905/06 Nr. 30, 1526, 1540). Nicht unter diese Vorschrift fallen Bildnisse, die auf Bestellung des Abgebildeten angefertigt worden sind. Auch die Verfolgung werblicher Zwecke schließt die Berufung auf § 23 Abs. 1 Nr. 4 KUG aus (LG Berlin AfP 2009, 517, 519). Demgegenüber schadet der Umstand, dass eine künstlerische Darstellung zu Verkaufszwecken veröffentlicht wird, nicht, da ein Künstler auf die Vermarktung seiner Werke angewiesen ist (OLG Celle ZUM 2011, 341, 345 f.; Schricker/*Götting* § 23 KUG Rn. 102). Die von der Vorschrift erfassten Werkarten sind nicht genannt, allerdings kann ihr eine generelle Privilegierung künstlerischen Schaffens entnommen werden, was zur Folge hat, dass § 23 Abs. 1 Nr. 4 KUG auf **Bildnisse in künstlerischen Darstellungen aller Art** anzuwenden ist, also etwa Arbeiten der bildenden Kunst, Filme, künstlerische Fotografien (Dreier/Schulze/*Specht* § 23 KUG Rn. 43; a. A. Wandtke/*Renner* § 6 Rn. 126), Filme und Theateraufführungen. Konsequenterweise ist § 23 Abs. 1 Nr. 4 KUG daher auch auf Personenabbildungen in dokumentarischen Filmaufnahmen von künstlerischer Qualität anzuwenden (so *Maaß* S. 228 f.), zumal hier ein berechtigtes Interesse der Allgemeinheit an authentischer Wirklichkeitsabbildung auch solcher Situationen besteht, die kein zeitgeschichtliches Ereignis i. S. v. § 23 Abs. 1 Nr. 1 KUG darstellen. An der erforderlichen künstlerischen Qualität fehlte es bei der Erstellung eines Videofilms, mit dem eine Hausdurchsuchung der Polizei abgefilmt wurde (OLG Celle ZUM 2011, 341). Die Vorschrift ist auf **wissenschaftliche Zwecke** analog anzuwenden (*Rehbinder* Rn. 432; Schricker/*Götting* § 23 KUG Rn. 104; Wenzel/*v. Strobl-Albeg* Rn. 8.54; LG Hannover ZUM 2000, 970; a. A. Dreier/Schulze/*Specht* § 23 KUG Rn. 44; Wandtke/*Renner* § 6 Rn. 130), etwa auch bei der Verwendung von Bildnissen in juristischen Publikationen (dazu *Maaßen* ZUM 2003, 830, 840). Bei medizinischen Abbildungen kann die vorzunehmende Interessensabwägung indes gebieten, die Gesichtszüge oder sonstige Erkennungsmerkmale unkenntlich zu machen, sofern nicht gerade hierdurch der wissenschaftliche Zweck beeinträchtigt wird (*v. Gamm* Einf. Rn. 123). Bei Eingriffen in die Intimsphäre steht einer Veröffentlichung regelmäßig § 23 Abs. 2 KUG entgegen (vgl. unten Rn. 33). Die Verwendung von Patientenfotos ohne Einwilligung kann im Übrigen gegen § 203 StGB verstoßen (Wenzel/*v. Strobl-Albeg* Rn. 8.54). Ob § 23 Abs. 1 Nr. 4 KUG über den eigentlichen Bildnisschutz hinaus auch auf die Darstellung des **Lebensbildes einer Person in Kunstwerken** angewandt werden kann, wie in der Literatur vorgeschlagen wurde (*v. Becker* S. 97; *Schertz* GRUR 2007, 558 ff.), erscheint zweifelhaft (dagegen OLG München ZUM 2007, 932, 933). Speziell in der besonders strittigen Problematik der Wirklichkeitstreue bei fiktionalen Darstellungsformen bestünde die Gefahr, dass die Heranziehung von § 23 Abs. 1 Nr. 4 KUG über § 23 Abs. 2 KUG die Möglichkeit eröffnet, jegliche Unwahrheit zu beanstanden, was mit der Rechtsprechung von BVerfG und BGH, die in diesen Fällen der Kunstfreiheit bis zur Grenze einer schweren Persönlichkeitsrechtsverletzung den Vorrang einräumen (BVerfG NJW 2008, 39 – Esra; GRUR 1971, 461 – Mephisto; BGH NJW 2005, 2844 – Esra), nicht vereinbar wäre.

III. Berechtigtes Interesse des Abgebildeten

1. Interessenabwägung

28 Nach § 23 Abs. 2 KUG findet die Abbildungsfreiheit ihre Grenze bei der Veröffentlichung von Bildnissen und Bildern, durch die ein berechtigtes Interesse des Abgebildeten

§ 23 [Ausnahmen zu § 22]

verletzt wird. Diese Vorschrift gilt nur für diejenigen Fälle, in denen nach § 23 Abs. 1 KUG eine Veröffentlichung ohne Einwilligung des Abgebildeten grds. zulässig wäre, nicht jedoch in anderen Fällen, etwa des § 24 KUG (vgl. *Helle* 172 ff.). Über § 23 Abs. 2 KUG können solche schutzwürdigen Interessen, die im Rahmen der bereits nach § 23 Abs. 1 KUG vorzunehmenden Abwägung nicht einbezogen werden, berücksichtigt werden. Speziell für Bildnisse aus dem Bereich der Zeitgeschichte ist indes die Bedeutung von § 23 II KUG auf einen bloßen Auffangtatbestand beschränkt (Schricker/*Götting* § 23 KUG Rn. 111), da nach dem „abgestuften Schutzkonzept" des BGH eine Abwägung der gegenläufigen Interessen bereits bei der Frage, ob ein Bildnis dem Bereich der Zeitgeschichte zuzuordnen ist, vorzunehmen ist (BGH GRUR 2007, 523, 525 – abgestuftes Schutzkonzept, vgl. oben Rn. 6).

2. Fallgruppen

Von den nachfolgend erörterten Fallgruppen sind nach dem „abgestuften Schutzkonzept" des BGH bei Abbildungen aus dem Bereich der Zeitgeschichte im Rahmen der bereits nach § 23 Abs. 1 Nr. 1 KUG vorzunehmenden Interessensabwägung zu berücksichtigen die Fallgruppen der geschützten Privatsphäre (a) sowie der Intimsphäre (b) des Abgebildeten (vgl. zur Systematik oben Rn. 12). Im Rahmen von § 23 Abs. 2 KUG behalten diese Fallgruppen allerdings Bedeutung in Fällen von Bildveröffentlichungen, die auf andere Tatbestände des § 23 Abs. 1 KUG gestützt werden können. Nach früherer Rechtsprechung wurde ferner die Nutzung von Bildnissen Prominenter zu Werbezwecken (e) als eine weitere Fallgruppe des § 23 Abs. 2 KUG angesehen; auch hier wird nach dem abgestuften Schutzkonzept des BGH nun bereits auf der Ebene des § 23 Abs. 1 Nr. 1 KUG eine umfassende Interessensabwägung vorgenommen, so dass es der Heranziehung von § 23 Abs. 2 KUG in diesen Fällen nicht mehr zwingend bedarf. Der Anwendungsbereich von § 23 Abs. 2 KUG reduziert sich hiernach vor allem auf Fälle der Verfälschung des Aussagegehalts (c) sowie sonstige Beeinträchtigungen infolge der Art und Weise der Bildbeschaffung und auf Fälle, in denen außerhalb der eigentlichen Abbildung liegende Umstände, wie die Gefährdung des Abgebildeten, eine Rolle spielen (d).

a) Geschützte Privatsphäre. Vorrangige berechtigte Interessen des Abgebildeten sind insbesondere beim Eindringen in die geschützte Privatsphäre anzunehmen. Diese ist abzugrenzen von der sonstigen Privatsphäre, etwa dem Bereich des öffentlichen Alltagslebens (BVerfG GRUR 2008, 539, 546 – Caroline von Hannover). Bei der Veröffentlichung von Bildnissen aus dem öffentlichen Alltagsleben insbesondere von Personen des öffentlichen Lebens sind die gegenläufigen Interessen bereits im Rahmen der Prüfung der Voraussetzungen des § 23 Abs. 1 Nr. 1 KUG im Rahmen des abgestuften Schutzkonzepts zu berücksichtigen (vgl. dazu Rn. 6 und 11). Einer zusätzlichen Interessensabwägung nach § 23 Abs. 2 KUG unter dem Aspekt des Eingriffs in die Privatsphäre der Abgebildeten bedarf es danach nicht. Nach der Rechtsprechung des BVerfG ist die geschützte Privatsphäre thematisch und räumlich bestimmt. Er umfasst zum einen Angelegenheiten, die wegen ihres Informationsinhalts typischerweise als privat eingestuft werden, weil ihre öffentliche Zurschaustellung als unschicklich gilt, das Bekanntwerden als peinlich empfunden wird oder nachteilige Reaktionen der Umwelt auslöst (das BVerfG nennt als Beispiele: Tagebücher, vertrauliche Kommunikation unter Eheleuten, sozial abweichendes Verhalten, Sexualität oder Krankheit), zum anderen erstreckt sich der Schutz auf einen Rückzugsbereich, in dem der Einzelne zu sich kommen, sich entspannen oder auch gehen lassen kann (BVerfG GRUR 2008, 539, 541 – Caroline von Hannover; GRUR 2000, 446, 450 – Caroline von Monaco). Bei unbeanstandeten Vorveröffentlichungen im Ausland kann das Informationsinteresse der Öffentlichkeit gegenüber dem Schutz der Privat- oder Intimsphäre des Betroffenen Vorrang haben (vgl. für Mitglieder des englischen Königshauses *Soehring* Rn. 21.18a unter Hinweis auf BGH GRUR 1999, 1034 – Ehebruch). Auch im Übrigen ist die Verbreitung von Aufnahmen aus der geschützten Privatsphäre nicht schlechthin unzulässig, vielmehr kann bei überragendem öffentlichen Informationsinteresse die Pressefreiheit vorgehen (BVerfG GRUR 2000, 446, 453 – Caroline von Monaco).

Einzelfälle. Wegen Eingriffs in die geschützte Privatsphäre unzulässig waren die Veröffentlichung eines privaten Fotos aus der Vergangenheit des neuen Lebensgefährten einer prominenten Schauspielerin, das ihn bei der Vertragsunterzeichnung mit einem Pornofilmproduzenten zeigt (LG Berlin ZUM 2007, 866), die Abbildung einer psychisch gestörten Frau in verwirrtem Zustand unmittelbar nach einem von ihr begangenen Tötungsdelikt (LG Köln AfP 2002, 343), die Abbildung einer schwangeren Schauspielerin beim Spaziergang (LG München AfP 2013, 434) sowie die Abbildung eines Fernseh-„Comedian" ohne die für seine Auftritte stets verwendete Maske (LG Berlin AfP 2005, 292).

31   **aa) Rückzugsbereich.** Auch Personen des öffentlichen Lebens haben ein Anrecht auf eine Privatsphäre, die den Blicken der Öffentlichkeit entzogen bleibt (BVerfG GRUR 2000, 446, 450 – Caroline von Monaco) und wo sie für sich sein und sich selbst gehören können (BGH GRUR 1996, 923, 925 – Caroline von Monaco III). Dem Betroffenen soll ein Raum geschaffen werden, in dem er die Möglichkeit hat, frei von öffentlicher Beobachtung und damit der von ihr erzwungenen Selbstkontrolle zu sein, auch ohne dass er sich dort notwendig anders verhielte als in der Öffentlichkeit (BVerfG GRUR 2000, 446, 450 – Caroline von Monaco). Dieser so genannte Rückzugsbereich umfasst den häuslichen Bereich, ist aber nicht auf ihn begrenzt (BVerfG GRUR 2008, 539, 541 – Caroline von Hannover; GRUR 2000, 446, 450 – Caroline von Monaco; BGH GRUR 1996, 923, 925 – Caroline von Monaco III). Er liegt auch vor, wenn sich jemand in eine **örtliche Abgeschiedenheit** zurückgezogen hat, in der er begründetermaßen und somit auch für Dritte erkennbar davon ausgehen kann, den Blicken der Öffentlichkeit nicht ausgesetzt zu sein (BVerfG GRUR 2000, 446, 450 – Caroline von Monaco). Der Betroffene soll indes nicht die Möglichkeit haben, durch ein „privates" Verhalten in der Öffentlichkeit öffentliche in private Orte umzudefinieren: Verhält sich der Betroffene an Orten, die nicht die Merkmale der Abgeschiedenheit aufweisen, so als stünde er nicht unter Beobachtung, hebt er das Schutzbedürfnis für Verhaltensweisen, die an sich die Öffentlichkeit nichts angehen, selbst auf (BVerfG GRUR 2000, 446, 450 – Caroline von Monaco). Zur geschützten Privatsphäre zählt das BVerfG nunmehr auch solche **Situationen der Entspannung von Beruf und Alltag,** in denen der Betroffene erwarten darf, keinen Bildnachstellungen ausgesetzt zu sein (BVerfG GRUR 2008, 539, 541 – Caroline von Hannover). Gegenüber diesen **„privaten Alltagssituationen"** ist der „Bereich des öffentlichen Alltagslebens" (BVerfG GRUR 2008; 539, 546 – Caroline von Hannover) gegen Bildveröffentlichungen nicht in gleichem Maße geschützt (dazu oben Rn. 11). Die **Beweislast** dafür, dass eine Bildveröffentlichung den geschützten Rückzugsbereich berührt, trifft zwar grds. den Abgebildeten; damit dieser aber in die Lage versetzt wird, zu der konkreten Situation, in der eine Aufnahme (möglicherweise von ihm unbemerkt) gemacht worden ist, Stellung zu beziehen, trifft den Verbreiter eine erweiterte Darlegungslast zu den Umständen, unter denen eine Aufnahme gemacht wurde (OLG Hamburg GRUR-RR 2006, 421, 422; vgl. auch BVerfG GRUR 2008, 539, 543 – Caroline von Hannover). **Beispiele:** Eine geschützte Privatsphäre ist angenommen worden bei einem Privatgespräch in der verborgenen Atmosphäre eines unvollkommen beleuchteten Gartenlokals (BGH GRUR 1996, 923, 926 – Caroline von Monaco III), beim Baden an einem nur von der Wasserseite aus zugänglichen Strand (LG Hamburg ZUM 1998, 852, 859), bei einem Gebet in einer Kirche (OLG Hamburg OLG Report 2001, 140) beim Austausch von Zärtlichkeiten auf dem Deck einer mit deutlichem Abstand zum Ufer ankernden Motoryacht (OLG Hamburg OLG Report 2001, 139, 140), bei der gegenüber der breiten Öffentlichkeit abgeschirmten Hochzeitsfeier eines bekannten Fernsehmoderators (LG Hamburg AfP 2008, 100, 102) sowie beim Hofgang eines in Untersuchungshaft befindlichen Fernsehmoderators (OLG Köln AfP 2012, 71). Dem Rück-

§ 23 [Ausnahmen zu § 22]   32, 33   § 23 KUG

zugsbereich ist ferner zugeordnet worden der Moment des Abtransports des bei einer Geburtstagsfeier tödlich verunglückten Sohnes einer Schauspielerin (LG Berlin AfP 2010, 597, 600) und die emotionale Ausnahmesituation unmittelbar nach einem schweren Verkehrsunfall (OLG Köln ZUM 2013, 684, 687). Nicht zum geschützten häuslichen Bereich zählt der Balkon eines Mehrfamilienhauses, der sich über einem öffentlichen Gehweg befindet (KG AfP 2007, 573, 574).

bb) Aufhebung des Schutzes. Wer Einblicke in seine Privatsphäre zulässt, kann später 32 deren Schutz schwerlich beanspruchen. Wer sich damit einverstanden zeigt, dass bestimmte, gewöhnlich als privat geltende Angelegenheiten öffentlich gemacht werden (so genannte „Selbstöffnung"), kann sich auf den Schutz dieser Sphäre nicht mehr berufen; denn die Erwartung, dass die Umwelt Angelegenheiten oder Verhaltensweisen in einem Bereich mit Rückzugsfunktion nur begrenzt oder nicht zur Kenntnis nimmt, muss **situationsübergreifend und konsistent** zum Ausdruck gebracht werden (BVerfG GRUR 2000, 446, 450 – Caroline von Monaco; BVerfG GRUR 2006, 1051 – Lebenspartnerin von Bernd Tewaag; BGH GRUR 2005, 76, 78 – „Rivalin" von Uschi Glas; KG ZUM 2007, 475, 477; LG Berlin ZUM 2006, 148; LG Berlin AfP 2006, 190). Das hat zur Folge, dass der Abschluss von Exklusivverträgen über prinzipiell geschützte Persönlichkeitsdetails den Schutz des Persönlichkeitsrechts nicht nur gegenüber dem Vertragspartner, sondern hinsichtlich des Vertragsgegenstands auch gegenüber Dritten aufhebt (*Soehring* AfP 2000, 234; a. A. *Wenzel/v. Strobl-Albeg* Rn. 8.75; krit. auch *Schricker/Götting* § 23 KUG Rn. 56; *Seitz* NJW 2000, 2167). Gewährt der Betroffene nur in einen Teilbereich seiner Privatsphäre Einblick, kann er das Eindringen in nicht offenbarte Bereiche nicht mehr ohne weiteres verhindern (a. A. *Dreier/Schulze/Specht* § 23 Rn. 25; *Schricker/Loewenheim/Götting* § 23 KUG Rn. 58; *Wanckel* Rn. 235); vielmehr ist dann die Verbreitung zumindest **kontextgerechter Aufnahmen aus anderen Bereichen** zulässig (so i. E. auch LG Berlin AfP 2007, 257; LG Berlin AfP 2004, 152, 154; in manchen Entscheidungen verlangt das LG Berlin allerdings, dass die Veröffentlichung mit dem der Öffentlichkeit zugänglich gemachten Teil korrespondieren müsse: LG Berlin ZUM 2006, 148; LG Berlin AfP 2006, 190; vgl. auch BGH GRUR 2004, 442 – Feriendomizil II; enger nun BGH GRUR 2009, 86 – Gesundheitszustand von Prinz Ernst August von Hannover). Hiernach durfte über die neue Partnerin des Ehemanns von Uschi Glas unter Verwendung eines Portraitfotos sowie eines Fotos, das sie als Betreiberin eines Imbissstands zeigt, berichtet werden, nachdem die Betroffenen ihr Verhältnis freiwillig öffentlich gemacht hatten; hiervon nicht erfasst und daher unzulässig war hingegen die Veröffentlichung eines Fotos, das das Paar bei einem Spaziergang in örtlicher Abgeschiedenheit zeigte (BGH GRUR 2005, 76, 78 – „Rivalin" von Uschi Glas; bestätigt von BVerfG GRUR 2006, 1051 – Lebenspartnerin von Bernd Tewaag; vgl. zu einem ähnlichen Fall OLG Frankfurt NJW 2006, 619). Aktaufnahmen einer Sportlerin, die exklusiv im PLAYBOY erschienen waren, durften in anderen Medien zu Belegzwecken nachgedruckt werden (vgl. OLG Frankfurt NJW 2000, 594; *Soehring* AfP 2000, 234). Zulässig war die Veröffentlichung eines Fotos, das den Fernsehmoderator Thomas Gottschalk beim Einkaufsbummel in Malibu zeigte, nachdem er in der Vergangenheit Home-Stories zugelassen und sich in privaten Situationen hatte abbilden lassen (LG Berlin AfP 2007, 257). Abgewiesen wurde die Geldentschädigungsklage einer Person, die zunächst ihr Privat- und Liebesleben in allen Details in der Boulevardpresse ausgebreitet hatte, es dann aber nicht hinnehmen mochte, dass über eine angeblich neue Beziehung spekuliert wurde (LG Berlin AfP 2006, 388).

b) Intimsphäre. Die Abbildungsfreiheit endet ferner bei Aufnahmen aus der Intim- 33 sphäre des Abgebildeten. Diese Sphäre umfasst thematisch die Bereiche Sexualität, Krankheit und Tod. Wegen Eingriffs in die Intimsphäre war unzulässig das wiederholte „Vorführen" der minderjährigen Teilnehmerin eines Schönheitswettbewerbs, deren Nachname zu sexuellen Anspielungen einlud, in der Fernsehsendung „TV Total" (OLG Hamm NJW-

RR 2004, 919) sowie das Nachstellen der Sexszene aus einem Hollywoodfilm mit Anspielung auf eine Nachrichtensprecherin, die eine internationale Schauspielerkarriere anstrebte (LG Hamburg NJW-RR 2000, 978, 980). **Nacktaufnahmen** bedürfen stets der Einwilligung des Abgebildeten, da sie einen erheblichen Eingriff in die Intimsphäre darstellen (BGH GRUR 1985, 398, 399 – Nacktfoto; HH-Ko/MedienR/*Kröner* 34/81; Schricker/ *Götting* § 23 KUG Rn. 112). Ein solcher Eingriff ist angenommen worden bei der Abbildung eines unbekleideten Mannes auf einem FKK-Gelände (LG München NJW 2004, 617), bei **Fotomontagen** von Köpfen Prominenter mit unbekleideten Körpern anderer Personen (OLG Köln NJW-RR 2002, 1700; LG Berlin AfP 2002, 249; vgl. zum Eingriff in die Intimsphäre im Rahmen **satirischer Darstellungen** auch Rn. 35) sowie bei der Abbildung eines Fußballspielers mit zufällig entblößtem Geschlechtsteil (OLG Hamburg AfP 1972, 150 – Fußballspieler). Der Betroffene verliert den Schutz der Intimsphäre nicht dadurch, dass er sich anderweitig unbekleidet öffentlich gezeigt hat (OLG Saarbrücken NJW-RR 2000, 1571) oder wenn er in anderem Zusammenhang mit der Veröffentlichung von Nacktaufnahmen einverstanden war (vgl. OLG Hamburg AfP 1982, 41 – Heimliche Nacktfotos; LG München ZUM 2004, 320; LG Saarbrücken NJW-RR 2000, 1571). Allerdings muss, wer sich etwa in einer Zeitschrift nackt abbilden lässt, eine hierüber informierende Bildberichterstattung in anderen Medien dulden (OLG Hamburg AfP 1992, 159; krit. *Seitz* NJW 2000, 2167; *Wanckel* Rn. 237), jedoch nicht als Aufmacher oder in besonders reißerischer Form (OLG Frankfurt NJW 2000, 594 – Katarina Witt) und auch nicht, wenn die Folgeveröffentlichung lediglich der Befriedigung der Schaulust oder der Schaffung eines Blickfangs für eine Zeitung dient (OLG Hamburg GRUR 1996, 123, 124 – Schauspielerin). Exklusivverträge stehen einer Folgeberichterstattung in anderen Medien grds. nicht entgegen (vgl. Rn. 39; a. A. im Fall einer ungenehmigten Vorabveröffentlichung von Nacktfotos LG Berlin AfP 2002, 455). In einer Berichterstattung über das gerichtliche Verbot einer einwilligungslosen Veröffentlichung einer Nacktaufnahme ist die Abbildung der streitgegenständlichen Aufnahme unzulässig und nicht durch ein Informationsbedürfnis der Öffentlichkeit gerechtfertigt (LG Berlin AfP 2001, 246). Die Intimsphäre ist auch betroffen bei Aktaufnahmen, die den Abgebildeten lediglich von hinten oder nur in Umrissen zeigen (OLG München ZUM 1985, 327 – Herrenmagazin; OLG Düsseldorf AfP 1984, 229, 230 – Rückenakt). Die Veröffentlichung einer Aufnahme, auf der die unbekleidet abgebildete Person nicht erkennbar ist, unterliegt ihrer Selbstbestimmung und kann daher ihr allgemeines Persönlichkeitsrecht verletzen (BGH GRUR 1975, 560, 562 – Nacktaufnahme).

34 **Krankheiten** sind grundsätzlich höchstpersönliche Angelegenheiten, die die Öffentlichkeit nichts angehen, solange nicht wichtige Politiker, Wirtschaftsführer oder Staatsoberhäupte betroffen sind (BGH GRUR 2009, 86 – Gesundheitszustand von Prinz Ernst August von Hannover). Unzulässig ist die Abbildung von Kranken in Situationen, die durch die Krankheit geprägt sind. Dies ist angenommen worden im Falle der einwilligungslosen, lediglich zu Dokumentationszwecken vorgesehenen Aufnahme eines Wachkomapatienten (OLG Karlsruhe AfP 1999, 489). Nicht auf den Schutz der Intimsphäre kann sich berufen, wer trotz erkennbarer Krankheitssymptome öffentlich auftritt; das rechtfertigt indes keine von dem Auftritt abgelöste Berichterstattung mit Spekulationen über den Gesundheitszustand des Betroffenen (LG München ZUM 2005, 922). Befaßt sich die Wortberichterstattung allein mit einer Krankheit des Abgebildeten, kann dies zur Unzulässigkeit der begleiteten Bildveröffentlichung führen (vgl. BGH GRUR 2009, 86 – Gesundheitszustand von Prinz Ernst August von Hannover).

Dem Bereich der Intimsphäre zuzuordnen ist ferner die Abbildung eines Menschen in der konkreten Situation seines **Todes** (OLG Hamburg AfP 1983, 466, 468 – Bombenattentäter; LG Berlin AfP 2002, 540, 541). Auch hier kann indes ein berechtigtes Informationsinteresse der Öffentlichkeit eine Veröffentlichung ohne Einwilligung (der Angehörigen) rechtfertigen, sofern sich dieses Interesse gerade auch auf den Tod und seine Begleitumstände

§ 23 [Ausnahmen zu § 22]   35   § 23 KUG

richtet (OLG Hamburg AfP 1983, 466, 468 – Bombenattentäter). Im Falle des früheren Schleswig-Holsteinischen Ministerpräsidenten Uwe Barschel ist die erstmalige Veröffentlichung des Fotos, das ihn tot in einer Badewanne liegend zeigt, vom Deutschen Presserat für zulässig gehalten worden, nicht aber eine spätere Wiederholungsveröffentlichung (Jahrbuch des Deutschen Presserats 1987, 11; zustimmend Möhring/Nicolini/*Gass* § 23 KUG Rn. 40; *Soehring* Rn. 21.23; gegen die Zulässigkeit jeglicher Veröffentlichung: *Prinz/Peters* Rn. 882; für Veröffentlichungsfreiheit: *Puttfarcken* ZUM 1988, 133, 134; vgl. zum Fall Barschel auch SchweizBG NJW 1994, 504). Zulässig war die Abbildung der Leiche eines Bombenattentäters, der bei seiner Tat auf dem Münchener Oktoberfest ums Leben gekommen war (OLG Hamburg AfP 1983, 466 – Bombenattentäter).

c) **Verfälschung des Aussagegehalts.** Nach § 23 Abs. 2 KUG kann die Verbreitung von manipulierten Aufnahmen unzulässig sein, wenn der Aussagegehalt der Abbildung verfälscht worden ist. Allerdings ist ein Eingriff in eine Abbildung nicht schlechthin unzulässig; i. d. R. erlaubt sind rein reproduktionstechnisch bedingte und für den Aussagegehalt unbedeutende Veränderungen (BVerfG GRUR 2005, 500, 502 – Ron Sommer) oder Fotomontagen, die als solche gekennzeichnet oder erkennbar sind (vgl. etwa OLG Karlsruhe AfP 1982, 48; *Wanckel* Rn. 250). Anders liegen die Dinge hingegen bei Manipulationen an einer Abbildung, die für den Betrachter nicht erkennbar sind und ihm den Eindruck eines realen Geschehens vermitteln, das tatsächlich nicht wie abgebildet stattgefunden hat. Hier kann es – wie auch bei unwahrer Wortberichterstattung – an einem legitimen Informationsinteresse der Öffentlichkeit fehlen, denn unrichtige Informationen sind kein schützenswertes Gut (BVerfG AfP 1999, 57, 59; BVerfG NJW 1992, 1439, 1440 – Bayer). Voraussetzung ist, dass der Eingriff eine Verfälschung des Lebensbildes des Abgebildeten zur Folge hat (LG Hamburg ZUM 1998, 579, 583). Das war der Fall bei einer nicht als solche gekennzeichneten Fotomontage, die den Fußballspieler Oliver Kahn neben Ehefrau und neuer Geliebter zeigte (LG München I AfP 2003, 373), sowie bei der perspektivisch veränderten Abbildung des Fernsehmoderators Günther Jauch mit übernatürlich großem Kopf und verhältnismäßig kleinen Händen (OLG Hamburg ZUM 2013, 582; vgl. ferner OLG Hamburg ZUM 2013, 581). **Satirische Darstellungen** genießen einen besonders weiten Freiraum, da ihnen wesenseigen ist, mit Übertreibungen, Verzerrungen und Verfremdungen zu arbeiten (BVerfG NJW 1987, 2661 – Strauß-Karikatur; OLG München AfP 2009, 419; vgl. auch BVerfG AfP 2002, 417). Hier gelten die gleichen Maßstäbe wie bei kritischen Meinungsäußerungen, so dass auch abträgliche und grob verunstaltende Darstellungen zulässig sind, solange nicht die Grenze zur Schmähkritik überschritten ist (BGH GRUR 2013, 1063 – Teilnehmerin an Mahnwache, KG AfP 2007, 569, 570; OLG Dresden AfP 2010, 402, 403; Dreier/Schulze/*Specht* § 23 KUG Rn. 26; Wenzel/*v. Strobl-Albeg* Rn. 8.81) oder in unzulässiger Weise in die Intimsphäre eingegriffen wird (vgl. BVerfG NJW 1987, 2661 – Strauß-Karikatur; LG Berlin AfP 2002, 249, 250; LG Hamburg NJW-RR 2000, 978; *Wanckel* Rn. 236). Einen Fall unzulässiger Schmähkritik sah das OLG Köln in einem Plakat, das eine Repräsentantin einer Vertriebenenorganisation neben einem SS-Offizier und einem Kreuzritter unterlegt mit einem abgewandelten Hitler-Zitat zeigte (OLG Köln AfP 2009, 156). Demgegenüber hielt das OLG Dresden ein Gemälde, das die Oberbürgermeisterin einer Stadt mit einem untergeschobenen unbekleideten fremden Körper zeigte, als allegorische Darstellung der Unfähigkeit der Abgebildeten für eine zulässige Satire (OLG Dresden AfP 2010, 402). Zulässig war eine Fotomontage, die den an das Kreuz genagelten Bundestrainer Jürgen Klinsmann zeigte und symbolisch für seinen beruflichen Niedergang stand (OLG München AfP 2009, 419). Das BVerfG verlangt auch bei satirischen Darstellungen, dass einzelne Bildelemente, die für sich beanspruchen, eine fotografische Abbildung zu sein, nicht über unbedeutende Veränderungen hinaus manipuliert werden dürfen (BVerfG GRUR 2005, 500, 502 – Ron Sommer). Diese sezierende Betrachtungsweise steht im Widerspruch zum Gebot, satirische Darstellungen nur im Gesamtzusammenhang zu würdigen, da man bei Aufspaltung in Einzelaussagen Gefahr läuft, dem Aussagegehalt der Gesamtdarstellung nicht gerecht werden (krit. auch *v. Becker,* AfP 2005, 247 ff.; zustimmend dagegen *Seiler* WRP 2005, 547). Nicht unter § 23 Abs. 2 KUG fällt hingegen die Veröffentlichung von Bildnissen im **falschen Kontext** (so im Falle der Abbildung einer Person auf einem Wahlplakat, die tatsächlich mit der werbenden Partei nichts zu tun hatte: LG Oldenburg GRUR 1986, 464, 465; oder im Fall der reinen Bildverwechslung: BGH GRUR 1962, 324 – Doppelmörder; OLG Koblenz NJW 1997, 1375, 1376 – Schweigen der Hirten; OLG München ZUM 2004, 230). Hier fehlt es i. d. R. bereits am zeitgeschichtlichen Ereignis, so dass es der Anwendung des § 23 Abs. 2 KUG nicht bedarf.

36   **d) Andere Beeinträchtigungen.** Unzulässig ist die Veröffentlichung von Personenbildnissen, wenn hierdurch bestimmte vorrangig schutzwürdige Interessen der Betroffenen verletzt würden, etwa wenn durch eine Bildveröffentlichung eine **Gefährdung** der Person hervorgerufen würde, so bei konkreter Entführungsgefahr (BVerfG NJW 2000, 2194; *Prinz/Peters* Rn. 880; Wenzel/*v. Strobl-Albeg* Rn. 8.83) oder bei der Gefahr von Racheakten (VGH Baden-Württemberg AfP 2011, 97, 100). Eine konkrete Gefährdung wurde auch im Fall eines Polizisten angenommen, nachdem er im Rahmen seines Dienstes einen Gesuchten erschossen hatte (KG AfP 2011, 383). Voraussetzung ist, dass die betroffene Person ihr Verhalten auch der Gefährdungssituation anpasst und sich bemüht, nicht im Bild öffentlich in Erscheinung zu treten (BVerfG NJW 2000, 2194; Wenzel/*v. Strobl-Albeg* Rn. 8.83). Wer sich hingegen trotz konkreter Gefährdung der Öffentlichkeit präsentiert, kann sich auf den Schutz von § 23 Abs. 2 KUG nicht berufen. Auch die Umstände der Herstellung von Bildnissen können zur Unzulässigkeit der Veröffentlichung führen, etwa bei beharrlicher Nachstellung (BVerfG GRUR 2008, 539, 543 – Caroline von Hannover). Deshalb kann unzulässig sein die Veröffentlichung von Bildnissen Prominenter, die im Rahmen einer „nötigenden Dauerverfolgung" durch Paparazzi angefertigt wurden (KG AfP 2006, 369, 371 – Heide Simonis, aufgehoben von BGH NJW 2008, 3134 wegen des vorrangigen Informationsinteresses der Öffentlichkeit, vgl. oben Rn. 11). Keine unzumutbare Belästigung lag demgegenüber in der Anwesenheit von Fotografen in dem Moment, als der Schauspieler Karsten Speck eine Haftanstalt zu einem Freigang verließ (BGH GRUR 2009, 150, 154 – Karsten Speck). Ob der Umstand, dass ein Bildnis **heimlich** und ohne Wissen des Betroffenen angefertigt wurde, für sich genommen ein vorrangiges berechtigtes Interesse i. S. v. § 23 Abs. 2 KUG darstellt, ist Frage des Einzelfalls. Das BVerfG hatte in der Caroline I-Entscheidung noch ausgeführt, dass bei der Interessensabwägung zwar der Methode der Informationsgewinnung Bedeutung beigemessen werden könne, allein der Umstand, dass ein Bild heimlich oder überrumpelnd aufgenommen worden ist, stelle indes keinen unzulässigen Eingriff in die Privatsphäre dar (BVerfG GRUR 2000, 446, 453 – Caroline von Monaco). In der Caroline II-Entscheidung hat das BVerfG zwar angemerkt, dass die Ausnutzung von Heimlichkeit als ein Umstand der Gewinnung einer Abbildung bei der Gewichtung der Belange des Persönlichkeitsschutzes zu berücksichtigen ist (BVerfG GRUR 2008, 539, 543 – Caroline von Hannover), auch danach bleibt es aber dabei, dass dieser Umstand für sich genommen noch nicht zur Unzulässigkeit einer nachfolgenden Bildveröffentlichung führen muss. Unzulässig war die Veröffentlichung von Fotos, die einen Fernsehmoderator in der Untersuchungshaft während eines Hofgangs zeigen und von einem in der Nähe befindlichen Hochhaus unter Verwendung eines Teleobjektivs mit großer Brennweite aufgenommen worden waren (OLG Köln AfP 2012, 71). Die Nichtbeachtung einer sitzungspolizeilichen Verfügung des Gerichts, wonach die Fotos der Angeklagten eines Terroristenverfahrens unkenntlich zu machen waren, verletzte nicht die berechtigten Interessen der Abgebildeten, da deren Bildnisse angesichts der Bedeutung des Verfahrens auch ohne ihre Einwilligung hätten verbreitet werden dürfen (BGH GRUR 2011, 750 – Bild im Gerichtssaal).

e) Werbezwecke. Unzulässig ist die Verwendung von Personenbildnissen zu Werbe- und sonstigen kommerziellen Zwecken. Niemand muss es sich gefallen lassen, dass ein Bildnis seiner Person ungefragt als Mittel zur Förderung fremder kommerzieller Interessen eingesetzt wird, sei es in Anzeigen (BGH GRUR 1956, 427 – Paul Dahlke; GRUR 1972, 97 – Pariser Liebestropfen; GRUR 1992, 557 – Joachim Fuchsberger; WRP 2000, 746, 753 – Marlene Dietrich; WRP 2000, 754 – Der blaue Engel; OLG München AfP 2003, 272; LG München ZUM 2003, 418), in Prospekten (BGH GRUR 1961, 138 – Familie Schölermann), auf Plakaten (LG Berlin NJW 1996, 1142), in TV-Spots (OLG Karlsruhe AfP 1996, 282) oder in Computerspielen (OLG Hamburg ZUM 2004, 309; LG München I ZUM 2002, 318). So darf ein Szenenfoto aus einer Fernsehsendung nicht zur Werbung für Fernsehgeräte verwendet werden (BGH GRUR 1961, 138 – Familie Schölermann). Unzulässig ist auch die Übernahme eines Personenbildnisses aus einem Werbefilm in die Printwerbung für ein anderes Produkt (OLG München ZUM 2003, 139; LG München ZUM 2002, 565; AfP 2000, 473). Die Werbung mit dem Doppelgänger eines Prominenten nutzt den Aufmerksamkeitswert des Prominenten und bedarf daher seiner Einwilligung (LG Düsseldorf AfP 2002, 64). Unzulässig war die Verwendung eines Bildnisses des Sängers Bob Dylan auf dem Cover einer ohne seine Einwilligung, aber in urheberrechtlich zulässiger Weise vertriebenen CD mit seiner Musik (BGH GRUR 1997, 125 – Bob Dylan). Ob es im Rahmen einer **vergleichenden Werbung** erlaubt ist, die Anzeige eines Konkurrenzunternehmens, welches mit dem Portrait eines Prominenten wirbt, ohne dessen Einwilligung wiederzugeben, ist streitig (dafür LG Frankenthal AfP 2004, 294; ablehnend *Bartnik* AfP 2004, 223; dagegen auch OLG München ZUM 2006, 341 und LG München AfP 2004, 295, das einen Verzicht auf die Einwilligung des Betroffenen allenfalls dann für denkbar hält, wenn eine vergleichende Werbung nur unter Verwendung seines Bildnisses möglich ist). Die einwilligungslose Abbildung eines Prominenten lediglich bei Gelegenheit einer Werbung und ohne sachlichen Zusammenhang mit den beworbenen Waren kann ausnahmsweise zulässig sein (vgl. OLG Düsseldorf GRUR-RR 2003, 1 – Jan Ullrich).

Wird neben der Verfolgung eigener kommerzieller Interessen mit der Veröffentlichung eines Bildnisses auch **Informationsinteressen** entsprochen, so muss der Betroffene die Veröffentlichung in der Regel dulden. Das ist entschieden worden im Falle einer Gedenkmünze, die neben der Abbildung des früheren Bundeskanzlers Willy Brandt schlagwortartig dessen historische Verdienste nannte (BVerfG ZUM 2001, 232; BGH GRUR 1996, 195 – Abschiedsmedaille; anders bei Gedenkmünzen mit dem Bildnis von Franz-Josef Strauß: OLG München NJW-RR 1990, 1327), der Abbildung von Boris Becker in Aktion auf dem Cover eines Tennislehrbuches (OLG Frankfurt NJW 1989, 402), der Abbildung von Fußballspielern auf dem Deckblatt eines Kalenders mit Bildern von Spielszenen, die in ihrer Gesamtheit einen informativen Gehalt aufwiesen (BGH GRUR 1979, 425 – Fußballspieler), der Abbildung eines Schauspielers auf dem Einband eines Lexikons sowie auf einem begleitenden Werbeflyer (LG München AfP 2010, 409), der Abbildung eines Schauspielers der Titelseite der Kundenzeitschrift einer Drogeriemarktkette, weil sich dieser Abbildung im Innenteil ein – wenn auch inhaltsarmer – kurzer redaktioneller Beitrag anschloss (BVerfG AfP 2000, 163; BGH AfP 1998, 495; vgl. auch OLG München AfP 1998, 409; OLG Köln AfP 1993, 751). Keinen hinreichenden Informationsgehalt sah der BGH demgegenüber in der Abbildung des Moderators Günther Jauch auf der Titelseite einer Rätselzeitschrift, bei der sich die Bildunterschrift auf den Hinweis beschränkte, dass Jauch eine spannende Quizsendung moderiere (BGH GRUR 2009, 1085 – Wer wird Millionär?; anders die Vorinstanzen: OLG Hamburg GRUR-RR 2007, 142; LG Hamburg ZUM 2006, 658). Vorrangige Informationsinteressen hat der BGH konsequenterweise auch bejaht im Fall der Zeitungsanzeige eines Autovermieters, die eine **politische Meinungsäußerung** in Form der Satire enthielt, mit der auf den Rücktritt des Finanzministers Lafontaine angespielt wurde (BGH GRUR 2007, 139 – Rücktritt des Finanzministers;

zustimmend *Ehmann* AfP 2007, 82; *Ladeur,* ZUM 2007, 117; abl. *Schricker/Götting* § 23 KUG Rn. 122; *Zagouras* WRP 2007, 115; anders die Vorinstanz OLG Hamburg AfP 2004, 566). Das steht im Einklang mit der Rechtsprechung des BVerfG, die dem Grundrecht der Meinungsäußerungsfreiheit auch im Rahmen kommerzieller Kommunikation einen besonders hohen Stellenwert zumisst (BVerfG GRUR 2001, 170, 173 – Benetton I). In den Fällen der Verfolgung von Informationsinteressen neben werblichen Zwecken besteht eine – so die Formulierung von *Beuthien/Hieke* AfP 2001, 258 – persönlichkeitsbezogene Konnexität in dem Sinne, dass die Bildinformation dazu dient oder geeignet ist, die Person der Zeitgeschichte gerade in ihrer Zeitgeschichtlichkeit besser zu verstehen (ebenso LG Frankenthal AfP 2004, 294, 295; AG Hamburg NJW-RR 2005, 196, 197). An der erforderlichen Konnexität und damit am Informationszweck fehlt es hingegen bei Produkten, auf denen der Abgebildete lediglich als Werbeträger dient, so bei Einzelbildern von Fußballspielern zur Zusammenstellung in Sammelalben (BGH GRUR 1968, 652 – Ligaspieler), bei der Verwendung von Bildnissen für einen Kalender, der sich in einer bloßen Aneinanderreihung dieser Bildnisse erschöpft (OLG Hamburg AfP 1999, 486 – Backstreet Boys) sowie bei der Verwendung von Bildnissen für reine Merchandising-Artikel wie Telefonkarten, T-Shirts und Postkarten (BGH WRP 2000, 746, 753 – Marlene Dietrich; *Beuthien/Hieke* AfP 2001, 359).

39 In der Werbung für **Medienprodukte** oder für künstlerische Leistungen – also in einem von Art. 5 GG geschützten Bereich – kann ein Informationszweck liegen mit der Folge, dass die ungenehmigte Verwendung eines Bildnisses hier zulässig ist. So darf für eine Zeitschrift, auf deren Titelseite eine Person der Zeitgeschichte abgebildet ist, durch Wiedergabe dieser Seite auf Plakaten oder in TV-Spots geworben werden (*Soehring* Rn. 21.19b; *Wenzel/v. Strobl-Albeg* Rn. 8.96). Dabei dürfen auch Abbildungen verwendet werden, die in der beworbenen Ausgabe nicht enthalten sind, solange nicht gerade dadurch, dass in der Werbung ein anderes Bild gezeigt wird, das Persönlichkeitsrecht der abgebildeten Person zusätzlich beeinträchtigt wird (BGH GRUR 2002, 690, 692 – Marlene Bildnis; dazu *Fricke* GRUR 2003, 406). Eine zusätzliche Beeinträchtigung ist anzunehmen, wenn der unzutreffende Eindruck erweckt wird, der Abgebildete identifiziere sich mit dem beworbenen Produkt und empfehle es (BGH GRUR 2002, 690, 692). Keine zusätzliche Beeinträchtigung des Abgebildeten liegt vor bei einem thematischen Zusammenhang zwischen dem Inhalt der Werbung und des beworbenen Produkts. So war im Rahmen einer Printwerbung für die Zeitschrift „Spiegel-Reporter", die sich in einem ausführlichen und reich bebilderten Beitrag mit dem Leben von Marlene Dietrich befasste, die Verwendung eines Portraitfotos der Schauspielerin, das im Heft nicht enthalten war, zulässig (LG München ZUM 2001, 351, 353). Ebenso durfte in einem TV-Spot für einen Extrateil der BILD-Zeitung zum Thema „50 Jahre Deutschland", der einen kurzen Wortbeitrag über Marlene Dietrich enthielt, mit Bildern der Dietrich geworben werden, die im Heft nicht abgedruckt waren (BGH GRUR 2002, 690 – Marlene Bildnis; anders die Vorinstanz OLG München AfP 1999, 507; wie diese *Beuthien/Hieke* AfP 2001, 360). Ist das Ziel einer Werbemaßnahme, ein periodisch erscheinendes Druckwerk in seiner Gesamtheit zu bewerben, dürfen auch die Titelseiten älterer bereits erschienener Ausgaben abgebildet werden; es ist nicht erforderlich, dass die beworbenen Titel noch im Handel erhältlich sind (OLG Köln AfP 2011, 574, 579; vgl. auch LG Köln AfP 2010, 406). Besondere Probleme wirft die **Neueinführung von Presseprodukten** auf: Zulässig war die Abbildung von Boris Becker im Rahmen der Werbung mit dem Testexemplar eines geplanten Presseerzeugnisses, dies allerdings nur bis zum Zeitpunkt des Erscheinens der Erstausgabe, ab dem dann das tatsächlich erschienene Exemplar für die Werbung hätte verwendet werden können (BGH GRUR 2010, 546 – Der strauchelnde Liebling; anders zuvor: OLG München AfP 2007, 237; LG München ZUM 2003, 416; LG München I AfP 2006, 382; dazu krit. *Soehring/Seelmann-Eggebert* NJW 2005, 572). Eine Verpflichtung, das in der Einführungswerbung abgebildete Testexemplar tatsächlich auf den Markt zu bringen, besteht nicht, weil ein Verlag nicht

§ 24 [Ausnahmen im öffentlichen Interesse]

gezwungen werden kann, Beiträge zu Themen zu veröffentlichen, die zum Zeitpunkt des Erscheinens der Erstausgabe möglicherweise überholt sind (BGH GRUR 2010, 546, 549 – Der strauchelnde Liebling); deshalb wird eine Bildveröffentlichung in der Werbung für ein Testexemplar nicht dadurch unzulässig, dass der Verlag das Vorhaben noch vor dem Erscheinen der Erstausgabe einstellt (BGH GRUR 2011, 647, 652 – Markt & Leute). Für unzulässig hielt das LG Hamburg indes die Verwendung von computergenerierten Bildnissen, die den früheren Bundesaußenminister Fischer mit den Gesichtszügen eines Kindes zeigten, im Rahmen der Einführungskampagne der Zeitung Welt Kompakt, da die Bildnisse lediglich als Blickfang und nicht als Hinweis auf eine konkrete Berichterstattung über Fischer dienten (LG Hamburg GRUR 2007, 143; dazu mit Recht krit. *Ladeur* ZUM 2007, 118 ff.).

Die Rechtsprechung zur Werbung für Medienprodukte ist auf andere in den Schutzbereich von Art. 5 GG fallende Produkte und Leistungen auszudehnen, so auf die Werbung für Theaterstücke, Opern oder Musicals (vgl. dazu BGH WRP 2000, 746, 753 – Marlene Dietrich). Ob dies auch für andere gestalterisch-kreative Leistungen wie Brett- oder Computerspiele angenommen werden kann, ist streitig. Speziell bei Computerspielen sollen nach der Rechtsprechung die kommerziellen Interessen der Hersteller im Vordergrund stehen, so dass eine einwilligungslose Verwendung von Personenbildnissen hier unzulässig ist (OLG Hamburg ZUM 2004, 309; LG Frankfurt/Main SpuRt 2009, 207; LG Hamburg ZUM 2003, 689; LG München ZUM 2002, 318). Dabei wird nicht hinreichend berücksichtigt, dass auch Computerspiele einen informativen Gehalt aufweisen können. Jedenfalls dann, wenn sie ein nicht völlig untergeordnetes Informationsinteresse befriedigen, sind sie ebenso wie klassische Medien zu behandeln mit der Folge, dass sie sich hierfür Personenbildnissen Prominenter ohne deren Einwilligung bedienen können (ebenso *Lober/Weber* ZUM 2003, 658, 674). **40**

§ 24 [Ausnahmen im öffentlichen Interesse]

Für Zwecke der Rechtspflege und der öffentlichen Sicherheit dürfen von den Behörden Bildnisse ohne Einwilligung des Berechtigten sowie des Abgebildeten oder seiner Angehörigen vervielfältigt, verbreitet und öffentlich zur Schau gestellt werden.

Literatur: *Damm/Rehbock*, Widerruf, Unterlassung und Schadensersatz in Presse und Rundfunk, 2. Aufl., München 2001; *Helle*, Besondere Persönlichkeitsrechte im Privatrecht, Tübingen 1991; *Lampe*, Der Straftäter als „Person der Zeitgeschichte", NJW 1973, 217.

Übersicht

	Rn.
I. Grundzüge	1
II. Zwecke der Rechtspflege und der öffentlichen Sicherheit	2
III. Behörden/Medien	3
IV. Verwendungsarten	4

I. Grundzüge

§ 24 KUG erlaubt es Behörden, Bildnisse für Zwecke der Rechtspflege und der öffentlichen Sicherheit ohne Einwilligung derjenigen Personen, die an einem Bildnis Rechte haben können, zu veröffentlichen. Die Vorschrift dient in der Praxis in erster Linie dazu, den Strafverfolgungsbehörden die Fahndung unter Zuhilfenahme von Personenbildnissen gesuchter Straftäter zu ermöglichen. § 24 KUG ist eine öffentlich-rechtliche Bestimmung polizeirechtlichen Charakters (*v. Gamm* Einf. Rn. 126). Sie findet – anders als § 23 KUG – **1** ihre Rechtfertigung nicht im öffentlichen Informationsinteresse und der Freiheit der Berichterstattung, sondern im öffentlich-rechtlichen Interesse an einer funktionierenden Rechtspflege (Schricker/*Götting* § 24 KUG Rn. 1). Die Vorschrift räumt diesem Zweck Vorrang gegenüber entgegenstehenden Rechten nicht nur des Abgebildeten und seiner Angehörigen, sondern auch sonstiger Inhaber von Rechten am Bildnis (etwa des Urhebers) ein. § 24 KUG kann auf sonstige Eingriffe in das allgemeine Persönlichkeitsrecht entsprechend angewendet werden (ebenso Möhring/Nicolini/*Gass* § 24 KUG Rn. 8; Schricker/ *Götting* § 24 KUG Rn. 1), so dass etwa die Namensnennung eines Tatverdächtigen durch Behörden und in der anschließenden Medienberichterstattung unter den gleichen Voraussetzungen zulässig ist wie die Bildnisveröffentlichung.

II. Zwecke der Rechtspflege und der öffentlichen Sicherheit

2   Die Zwecke der **Rechtspflege** umfassen vor allem die Strafverfolgung und dabei die Maßnahmen der Strafverfolgungsbehörden bei der Fahndung nach Straftätern. Nicht jede Personenfahndung rechtfertigt indes die ungenehmigte Bildnisveröffentlichung. Zwar ist § 24 KUG bereits Ergebnis der vom Gesetzgeber vorgenommenen Interessenabwägung, die das Interesse der Allgemeinheit an der Aufklärung und Verhinderung von Verbrechen höher bewertet als das Interesse verdächtiger Personen an ihrem eigenen Bild (OLG Frankfurt NJW 1971, 47, 49 – Aktenzeichen XY – ungelöst), und sieht deshalb – anders als § 23 Abs. 2 KUG – keine weitere Interessenabwägung vor; als Ermächtigungsnorm für behördliches Handeln unterliegt § 24 KUG indessen dem allgemeinen Verhältnismäßigkeitsgrundsatz (*Lampe* NJW 1973, 218; *Prinz/Peters* Rn. 883; i. E. auch OLG Hamm GRUR 1993, 154, 155). Daher greift die Vorschrift nicht bei Bagatellkriminalität, sondern nur bei schweren Straftaten (OLG Frankfurt NJW 1971, 47, 49 – Aktenzeichen XY – ungelöst; OLG Hamm NJW 1982, 458; Dreier/Schulze/*Specht* § 24 KUG Rn. 7; *Wanckel* Rn. 254). Darüber hinaus muss die gesuchte und abgebildete Person dringend tatverdächtig sein (OLG Hamm NJW 1982, 458). Weder aus dem Wortlaut des § 24 KUG noch aus dem Verhältnismäßigkeitsprinzip ist indes die Forderung ableitbar, dass zusätzlich noch die Voraussetzungen des § 131 StPO (Ausschreibung zur Festnahme) erfüllt sein müssen (so aber LG Hamburg UFITA 64 (1972) 345, 351; *Prinz/Peters* Rn. 883). Zwecke der **öffentlichen Sicherheit** umfassen die Prävention von Straftaten (*v. Gamm* Einf. Rn. 127) sowie die Suche nach Vermissten und die Identifizierung von aufgefundenen Toten (vgl. Schricker/ *Götting* § 24 KUG Rn. 4).

III. Behörden/Medien

3   § 24 KUG privilegiert nur **Behörden**, nicht aber Privatpersonen, auch wenn diese zu Zwecken der Rechtspflege Bildnisse angefertigt haben. So fallen Aufnahmen, die im Zuge der „Ermittlungen" eines Privatdetektivs gemacht worden sind, nicht unter diese Vorschrift, es sei denn, sie werden von einer Behörde verwendet (Schricker/*Götting* § 24 KUG Rn. 5). Bildnisse, die nach § 24 KUG zulässigerweise von Behörden verwendet werden, dürfen von den **Medien** veröffentlicht werden, sei es unter dem Gesichtspunkt der Wahrnehmung berechtigter Interessen (OLG Frankfurt NJW 1971, 47, 48 – Aktenzeichen XY – ungelöst; *Lampe* NJW 1973, 218; Schricker/*Götting* § 24 KUG Rn. 5) oder unmittelbar abgeleitet aus § 24 KUG (*Helle* 298 ff.; *Prinz/Peters* Rn. 883). Stets ist aber erforderlich, dass die Medien die Aufnahmen von einer Behörde erhalten haben. Eigene „Fahndungsmaßnahmen" der Medien sind durch § 24 KUG nicht gedeckt, wie etwa die Darstellung einer Straftat in der Fernsehserie „Aktenzeichen XY – ungelöst", es sei denn, die Behörde hat die Medien ausdrücklich um Fahndungshilfe gebeten (LG Köln ZUM 2004, 495, 497;

§ 24 [Ausnahmen im öffentlichen Interesse] §§ 33–50 KUG

Damm/Rehbock Rn. 310; vgl. auch OLG München NJW 1970, 1745; OLG Frankfurt NJW 1971, 47, 49 – Aktenzeichen XY – ungelöst). Die Veröffentlichungsfreiheit der Medien ist gegenständlich auf die von den Behörden zur Verfügung gestellten Aufnahmen und zeitlich auf die Dauer der Fahndung oder der Vermisstensuche beschränkt. Nach deren Abschluss, etwa bei einer späteren Prozessberichterstattung, können sich die Medien nicht mehr auf § 24 KUG berufen (vgl. *Damm/Rehbock* Rn. 311; *Wanckel* Rn. 255), wohl aber unter Umständen auf § 23 Abs. 1 S. 1 KUG.

IV. Verwendungsarten

Die Vorschrift des § 24 KUG bezieht sich nach ihrem Wortlaut nur auf die Vervielfältigung, Verbreitung und öffentliche Schaustellung von Bildnissen. Auf die Anfertigung von Bildnissen ist § 24 KUG entsprechend anwendbar (BGH NJW 1975, 2075, 2076; Schricker/*Götting* § 24 KUG Rn. 9) etwa beim Herstellen von Aufnahmen von Gewalttätern (z.B. bei Fußballspielen oder Demonstrationen, vgl. BGH NJW 1975, 2075, 2076). Die gezielte Anfertigung von Aufnahmen unbeteiligter Demonstranten ist indes durch § 24 KUG nicht gedeckt (unklar insoweit BGH NJW 1975, 2075, 2076). Der Begriff des Verbreitens umfasst jede Art der Verbreitung, sowohl zu internen Zwecken im „Verbrecheralbum" als auch öffentlich in Steckbriefen oder Fahndungsaufrufen, sei es auf Plakaten, in Zeitungen und Zeitschriften, im Fernsehen (vgl. Schricker/*Götting* § 24 KUG Rn. 11) oder im Internet (Dreier/Schulze/*Dreier* § 24 KUG Rn. 10). 4

[Rechtsfolgen der Verletzung des Rechts am eigenen Bild][1]

§ 33 [Strafvorschrift] (1) Mit Freiheitsstrafe bis zu einem Jahr oder mit Geldstrafe wird bestraft, wer entgegen den §§ 22, 23 ein Bildnis verbreitet oder öffentlich zur Schau stellt.

(2) Die Tat wird nur auf Antrag verfolgt.

§ 37 [Vernichtung] (1) ¹Die widerrechtlich hergestellten, verbreiteten oder vorgeführten Exemplare und die zur widerrechtlichen Vervielfältigung oder Vorführung ausschließlich bestimmten Vorrichtungen, wie Formen, Platten, Steine, unterliegen der Vernichtung. ²Das gleiche gilt von den widerrechtlich verbreiteten oder öffentlich zur Schau gestellten Bildnissen und den zu deren Vervielfältigung ausschließlich bestimmten Vorrichtungen. ³Ist nur ein Teil des Werkes widerrechtlich hergestellt, verbreitet oder vorgeführt, so ist auf Vernichtung dieses Teiles und der entsprechenden Vorrichtungen zu erkennen.

(2) Gegenstand der Vernichtung sind alle Exemplare und Vorrichtungen, welche sich im Eigentume der an *der Herstellung,* der Verbreitung, *der Vorführung* oder der Schaustellung Beteiligten sowie der Erben dieser Personen befinden.

(3) ¹Auf die Vernichtung ist auch dann zu erkennen, wenn die *Herstellung,* die Verbreitung, *die Vorführung* oder die Schaustellung weder vorsätzlich noch fahrlässig erfolgt. ²*Das gleiche gilt, wenn die Herstellung noch nicht vollendet ist.*

(4) ¹Die Vernichtung hat zu erfolgen, nachdem dem Eigentümer gegenüber rechtskräftig darauf erkannt ist. ²Soweit die Exemplare oder die Vorrichtungen in anderer Weise als durch Vernichtung unschädlich gemacht werden können, hat dies zu geschehen, falls der Eigentümer die Kosten übernimmt.

---

[1] Texte der nicht aufgehobenen §§ (ohne Kommentierung). *Kursiv* = außer Kraft getretene Passagen.

§ 38 [Recht der Übernahme] Der Verletzte kann statt der Vernichtung verlangen, daß ihm das Recht zuerkannt wird, die Exemplare und Vorrichtungen ganz oder teilweise gegen eine angemessene, höchstens dem Betrage der Herstellungskosten gleichkommende Vergütung zu übernehmen.

§ 42 [Zivil- oder Strafverfahren] Die Vernichtung der Exemplare und der Vorrichtungen kann im Wege des bürgerlichen Rechtsstreits oder im Strafverfahren verfolgt werden.

§ 43 [Vernichtung nur auf Antrag] (1) ¹Auf die Vernichtung von Exemplaren oder Vorrichtungen kann auch im Strafverfahren nur auf besonderen Antrag des Verletzten erkannt werden. ²Die Zurücknahme des Antrags ist bis zur erfolgten Vernichtung zulässig.

(2) ¹Der Verletzte kann die Vernichtung von Exemplaren oder Vorrichtungen selbstständig verfolgen. ²In diesem Falle finden die *§§ 477 bis 479*[2]*) der Strafprozeßordnung mit der Maßgabe Anwendung, daß der Verletzte als Privatkläger auftreten kann.

§ 44 [Recht auf Übernahme] Die §§ 42, 43 finden auf die Verfolgung des im § 38 bezeichneten Rechtes entsprechende Anwendung.

§ 48 [Verjährung] (1) *Der Anspruch auf Schadensersatz und die Strafverfolgung wegen widerrechtlicher Verbreitung oder Vorführung eines Werkes sowie die Strafverfolgung wegen widerrechtlicher Verbreitung oder Schaustellung eines Bildnisses verjähren in drei Jahren.*

(2) Die Verjährung beginnt mit dem Tage, an welchem die widerrechtliche Handlung zuletzt stattgefunden hat.

§ 50 [Antrag auf Vernichtung] Der Antrag auf Vernichtung der Exemplare und der Vorrichtungen ist so lange zulässig, als solche Exemplare oder Vorrichtungen vorhanden sind.

---

[2]) Jetzt „§§ 430–432".

Urheberrecht und Einigungsvertrag

Einigungsvertrag (EVtr)

Vom 31. August 1990

(BGBl. II S. 885/889)

(Auszug)

Kapitel I. Wirkung des Beitritts

Art. 1 Länder

(1) Mit dem Wirksamwerden des Beitritts der Deutschen Demokratischen Republik zur Bundesrepublik Deutschland gemäß Artikel 23 des Grundgesetzes am 3. Oktober 1990 werden die Länder Brandenburg, Mecklenburg-Vorpommern, Sachsen, Sachsen-Anhalt und Thüringen Länder der Bundesrepublik Deutschland. Für die Bildung und die Grenzen dieser Länder untereinander sind die Bestimmungen des Verfassungsgesetzes zur Bildung von Ländern in der Deutschen Demokratischen Republik vom 22. Juli 1990 – Ländereinführungsgesetz – (GBl. I Nr. 51 S. 955) gemäß Anlage II maßgebend.

(2) Die 23 Bezirke von Berlin bilden das Land Berlin.

Kapitel II. Grundgesetz

Art. 3 Inkrafttreten des Grundgesetzes

Mit dem Wirksamwerden des Beitritts tritt das Grundgesetz für die Bundesrepublik Deutschland in der im Bundesgesetzblatt Teil III, Gliederungsnummer 100–1, veröffentlichten bereinigten Fassung, zuletzt geändert durch Gesetz vom 21. Dezember 1983 (BGBl. I S. 1481), in den Ländern Brandenburg, Mecklenburg-Vorpommern, Sachsen, Sachsen-Anhalt und Thüringen sowie in dem Teil des Landes Berlin, in dem es bisher nicht galt, mit den sich aus Artikel 4 ergebenden Änderungen in Kraft, soweit in diesem Vertrag nichts anderes bestimmt ist.

Anlage I

Kapitel III. Sachgebiet E Abschnitt II

(2) Zur Einführung des Urheberrechtsgesetzes gelten die folgenden besonderen Bestimmungen:

§ 1. (1) Die Vorschriften des Urheberrechtsgesetzes sind auf die vor dem Wirksamwerden des Beitritts geschaffenen Werke anzuwenden. Dies gilt auch, wenn zu diesem Zeitpunkt die Fristen nach dem Gesetz über das Urheberrecht der Deutschen Demokratischen Republik schon abgelaufen waren.

(2) Entsprechendes gilt für verwandte Schutzrechte.

§ 2. (1) War eine Nutzung, die nach dem Urheberrechtsgesetz unzulässig ist, bisher zulässig, so darf die vor dem 1. Juli 1990 begonnene Nutzung in dem vorgesehenen Rahmen fortgesetzt werden, es sei denn, daß sie nicht üblich ist. Für die Nutzung ab dem Wirksamwerden des Beitritts ist eine angemessene Vergütung zu zahlen.

(2) Rechte, die üblicherweise vertraglich nicht übertragen werden, verbleiben dem Rechteinhaber.

(3) Die Absätze 1 und 2 gelten für verwandte Schutzrechte entsprechend.

§ 3. (1) Sind vor dem Wirksamwerden des Beitritts Nutzungsrechte ganz oder teilweise einem anderen übertragen worden, so erstreckt sich die Übertragung im Zweifel auch auf den Zeitraum, der sich durch die Anwendung des Urheberrechtsgesetzes ergibt.

(2) In den Fällen des Absatzes 1 hat der Nutzungsberechtigte dem Urheber eine angemessene Vergütung zu zahlen. Der Anspruch auf die Vergütung entfällt, wenn alsbald nach seiner Geltendmachung der Nutzungsberechtigte dem Urheber das Nutzungsrecht für die Zeit nach Ablauf der bisher bestimmten Schutzdauer zur Verfügung stellt.

(3) Rechte, die üblicherweise vertraglich nicht übertragen werden, verbleiben dem Rechteinhaber.

(4) Die Absätze 1 und 2 gelten für verwandte Schutzrechte entsprechend.

§ 4. Auch nach Außerkrafttreten des Urheberrechtsgesetzes der Deutschen Demokratischen Republik behält ein Beschluß nach § 35 dieses Gesetzes seine Gültigkeit, wenn die mit der Wahrnehmung der Urheberrechte an dem Nachlaß beauftragte Stelle weiter zur Wahrnehmung bereit ist und der Rechtsnachfolger des Urhebers die Urheberrechte an dem Nachlaß nicht selbst wahrnehmen will.

[Amtliche] Erläuterungen

zu den Anlagen zum Vertrag zwischen der Bundesrepublik Deutschland und der Deutschen Demokratischen Republik über die Herstellung der Einheit Deutschlands vom 31. August 1990 – Einigungsvertrag –

Vom 23. September 1990 (BGBl. II S. 885)

Zu Abschnitt II

Zu Nummer 2 (Urheberrecht)

Nach Herstellung der staatlichen Einheit soll sich der Schutz von Werken nicht nach zwei verschiedenen Rechtsordnungen richten, dem Urheberrechtsgesetz im bisherigen Bundesgebiet und dem Urheberrechtsgesetz der DDR in dem in Artikel 3 des Einigungsvertrages genannten Gebiet. Die nachfolgenden Vorschriften enthalten die zur Überleitung des Urheberrechtsgesetzes nach Artikel 8 erforderlichen Übergangsbestimmungen.

Zu § 1

Diese Vorschrift enthält in Absatz 1 Satz 1 die grundsätzliche Regelung, dass vom Tage der staatlichen Einheit an einheitliches Urheberrecht gilt, das im gesamten Staatsgebiet den gleichen Schutz für Urheberrecht gewährt, auch soweit die Werke vor dem Inkrafttreten des Urheberrechtsgesetzes im beigetretenen Gebiet geschaffen wurden. Das bedeutet in dem in Artikel 3 genannten Gebiet u. a. die Qualifizierung neuer Werke (z. B. Computerprogramme), neuer Leistungsschutzrechte (wissenschaftliche und nachgelassene Werke) wie auch die Neugestaltung von Nutzungsrechten (Senderecht für ausübende Künstler) sowie durch Absatz 1 und 2 die Verlängerung der Schutzfristen auch dort, wo sie nach dem bisher geltenden Recht schon abgelaufen waren.

Die für das Urheberrecht geltenden Grundsätze sind nach Absatz 2 entsprechend auch auf die verwandten Schutzrechte anzuwenden.

Zu § 2

Die Bestimmung trifft eine Regelung für die Fälle, in den auf dem Gebiet der DDR Nutzungshandlungen eingeleitet worden sind, die bisher nach DDR-Recht zulässig waren und die in Anwendung des Urheberrechtsgesetzes wegen Erweiterung des Kreises der geschützten Werke oder Leistungsschutzrechte oder wegen Verlängerung der Schutzfrist untersagt werden könnten. Für diese Fälle ist ein Ausgleich zwischen den Interessen der gutgläubigen Nutzer und der Urheber, Leistungsschutzberechtigten oder deren Rechtsnachfolgern zu treffen. Dem Nutzer, der mit einer Nutzungshandlung im Vertrauen auf die Rechtmäßigkeit seines Handelns begonnen hat, soll Vertrauensschutz gewährt werden. Er soll, soweit die Nutzungshandlung üblich ist, berechtigt sein, diese in dem vorgesehenen Rahmen fortzusetzen. Bei der Beurteilung der Frage, wann mit einer Nutzungshandlung begonnen wurde, sind keine zu hohen Anforderungen zu stellen. Es ist nicht unbedingt erforderlich, dass der Nutzer größere Finanzmittel aufgewandt hat. Ausreichend können auch interne Vorbereitungsarbeiten sein, die in nachprüfbarer Weise auf geplante Nutzungsmaßnahmen hinweisen. Geschützt werden soll derjenige, der etwas „ins Werk gesetzt" und vermögenswerte Leistungen erbracht hat, zu denen auch eigener organisatorischer Aufwand gehören kann. Die für jede Werkart typische Nutzung soll vom Vertrauensschutz erfasst werden. Die noch erlaubte Nutzung muss bei einzelnen Werkarten aufgrund ihres unterschiedlichen Charakters nicht gleich sein. Bei Schriftwerken wird in der Regel eine einmalige Auflage in Betracht kommen. Bei der Herstellung von Schallplatten kann dagegen kaum von einer Auflage gesprochen werden. Vielmehr wird man von der Nutzung der Masterbänder, die zur Herstellung der Schallplatten gefertigt werden, ausgehen müssen. Hier muss auch noch eine zweite oder dritte „Auflage" von Schallplatten erlaubt sein, um zu gewährleisten, dass sich die Herstellung des Masterbandes mit einem angemessenen Gewinn amortisiert.

Vertrauensschutz kann jedoch aus ähnlichen Gründen wie beim gewerblichen Rechtsschutz (vgl. oben zu Nr. 1 § 13) nicht für jede vor dem Inkrafttreten des Urheberrechtsgesetzes in der DDR begonnene Nutzung gelten, sondern nur für diejenige, die vor dem 1. Juli 1990, dem Tage des Inkrafttretens der Währungs-, Wirtschafts- und Sozialunion, eingeleitet wurde.

Die berechtigten Interessen der Rechteinhaber werden durch die im Entwurf vorgesehene Vergütung gewahrt.

Nach Absatz 2 soll die Nutzung nur solcher Rechte erlaubt sein, die üblicherweise vertraglich übertragen werden. Welche Rechte üblicherweise vertraglich übertragen werden, hat sich nach bisherigen Gepflogenheiten im beigetretenen Gebiet zu richten. So war z. B. die Videoauswertung dort bislang nicht üblich; sie gehört daher nicht zu den Rechten, die üblicherweise vertraglich übertragen werden.

§ 2 ist nicht rückwirkend auf Nutzungen anzuwenden, die zum Zeitpunkt des Inkrafttretens des Urheberrechtsgesetzes in dem in Artikel 3 des Einigungsvertrages genannten Gebiet schon abgeschlossen waren. Bis dahin zulässige Nutzungen sollen nicht rückwirkend zu Ansprüchen von Urhebern und Leistungsschutzberechtigten führen. Waren z. B. schon alle Exemplare eines Buches verkauft, hat der Berechtigte keinen Vergütungsanspruch.

Die Regelungen für urheberrechtliche Nutzungsrechte sollen auch auf die den Leistungsschutzberechtigten zustehenden Nutzungsrechte entsprechend angewendet werden (Absatz 3).

Zu § 3

Während § 2 die Nutzungsrechte bei Werken behandelt, die bei Inkrafttreten dieses Gesetzes nach dem bisherigen Recht in der DDR gemeinfrei waren, betrifft § 3 das Schicksal von Nutzungsrechten, die noch vor Ablauf der bislang in der DDR geltenden Schutzfrist übertragen worden sind. Im Zweifel soll sich die Übertragung auf den Zeitraum erstrecken, um den die Dauer des Urheberrechts verlängert worden ist. Für die verlängerte Nutzungszeit soll eine Vergütung gezahlt werden. Der Nutzer kann jedoch dem Urheber das Nutzungsrecht rückübertragen, womit dann der Vergütungsanspruch des Urhebers entfällt. Dies gilt jedoch nur für solche Rechte, die üblicherweise vertraglich übertragen werden (Absatz 3).

Diese Bestimmungen sollen für verwandte Schutzrechte entsprechend gelten (Absatz 4).

Zu § 4

Nach § 35 des DDR-Urheberrechtsgesetzes kann der Schutz des Nachlasses bedeutender Schriftsteller, Künstler oder Wissenschaftler durch Beschluss des Ministerrates zur Aufgabe der Nation erklärt werden. Die vermögensrechtlichen Ansprüche der Erben des Urhebers auf die Erträgnisse aus der Nutzung des Werkes während der Dauer der Schutzfrist bleiben dabei gewahrt. In Ausführung dieser Bestimmung liegen Beschlüsse über die Sicherung, die Pflege und den Schutz des literarischen Werkes und des Nachlasses von Arnold Zweig, Bertolt Brecht und Helene Weigel sowie Anna Seghers vor. Die Deutsche Akademie der Künste ist mit diesen Aufgaben betraut worden. § 4 ermöglicht die Fortsetzung der Tätigkeit der Akademie. Zur Vermeidung einer Beeinträchtigung der Rechte der Erben ist vorgesehen, dass dies nur dann der Fall ist, wenn die Rechtsnachfolger der Künstler die nachgelassenen Urheberrechte nicht selbst wahrnehmen wollen.

Literatur: *Arends,* Das Urhebervertragsrecht der DDR, Frankfurt a. M. u. a. 1991; *Barthel,* Zum Verhältnis von Autor und Regisseur in der sozialistischen Film- und Fernsehkunst, WZH 1972, 451; *Bethge,* Haftungsprobleme aus Anlass der Föderalisierung des vormaligen DDR-Rundfunks, AfP 1992, 13; *Brinkmann,* Die Rundfunkordnung in den neuen Bundesländern, ZUM 1992, 238; *Elmenhorst,* Anmerkung zu OLG Dresden, Urteil vom 13. November 2012 – 11 U 853/12 – Dresdner Kulturpalast, ZUM 2013, 146; *Flechsig,* Gerichtliche Vertragsanpassung zum Zweck der Inanspruchnahme angemessener Nutzung, ZUM 2002, 328; *Flechsig,* Einigungsvertrag und Urhebervertragsrecht, ZUM 1991, 1; *Flechsig,* Die clausula rebus sic stantibus im Urhebervertragsrecht, in: Bruchhausen (Hrsg.), Festschrift Nirk, München 1992, 263 (zit. *Flechsig* FS Nirk); *Gavrilov,* Einige Fragen des Urheberrechts der Russischen Förderation, GRUR Int. 1995, 686; *Gavrilov,* Einige Fragen der Anwendung des russischen Gesetzes über Urheberrecht und verwandte Schutzrechte, GRUR Int. 2000, 999; *Glücksmann,* Recht für Kulturschaffende, Bd. 1, 1987; *Göhring* (Hrsg.), Lehrbuch Zivilrecht, Berlin 1981; *Haupt,* Urheberrecht und DEFA-Film, Berlin 2005 (zit. *Haupt,* Urheberrecht und DEFA-Film); *Haupt,* Die DEFA-Stiftung und die Filmproduktion der DEFA-Studios unter Berücksichtigung der urheberrechtlichen Probleme sowie der Rechtsprechung im Zusammenhang mit der Herstellung der Einheit Deutschlands, UFITA 2003/I, 33; *Haupt,* Der Einfluss der Videotechnik auf die Nutzung von urheberrechtlich geschützten Werken, Diss. HU Berlin 1990; *Haupt,* Die Rechtsübertragung auf den Filmhersteller in der DDR am Beispiel der Spielfilmproduktion, ZUM 1999, 380; *Haupt,* Die völkerrechtlichen Verträge der DDR auf dem Gebiet des Urheberrechts im Blickwinkel der politischen Veränderungen in Europa, ZUM 1992, 285; *J. Hegemann,* Nutzungs- und Verwertungsrechte an dem Filmstock der DEFA, Berlin 1996; *Hemler,* Bestehen Verlagsrechte nach dem Beitritt der DDR fort?, GRUR 1993, 371; *Katzenberger,* Urheberrecht und Urhebervertragsrecht in der deutschen Einigung, GRUR 1993, 2; *Klinkert,* Das persönliche Eigentumsrecht im ZGB, in: Eckert/Hattenhauer (Hrsg.), Das ZGB der DDR vom 19. Juni 1975, Goldbach 1995, 127; *Linden,* Entwicklungsprobleme im Rechtsschutz immaterieller Wirtschaftsgüter in der DDR, GRUR Int. 1989, 85; *Loewenheim,* Die Behandlung von vor der Wiedervereinigung eingeräumten vertraglichen Vertriebs- und Verwertungsrechten in den alten und neuen Bundesländern, GRUR 1993, 934; *A. Nordemann,* Zur Problematik der Schutzfristen für Lichtbildwerke und Lichtbilder im Vereinigten Deutschland, GRUR 1991, 418; *A. Nordemann/Mielke,* Zum Schutz von Fotografien nach der Reform durch das dritte Urheberrechts-Änderungsgesetz, ZUM 1996, 214; *W. Nordemann,* Veränderungen des nationalen Urheberrechts durch Europäisches Recht, in: Drexl (Hrsg.), Europarecht im Informationszeitalter, Baden-Baden 2000, 43 (zit. *W. Nordemann* Europarecht); *Obergfell,* Bestandsschutz für gespaltene Lizenzgebiete im wiedervereinigten Deutschland – zugleich eine Anmerkung zum Urteil des Bundesgerichtshofs vom 19. Dezember 2002 (I ZR 297/99) – Eterna, KUR 2003, 91; *v. Olenhusen*, Der Konflikt zwischen dem Recht am Eigentum am Werkstück und dem Urheberrecht am Werk, UFITA 2013/II, 335; *Pfister*, Das Urheberrecht im Prozess der deutschen Einigung, Baden-Baden 1996; *Püschel*, Erste Vorarbeiten für ein Urheberrecht der DDR, UFITA 2002/I, 145; *Püschel*, Zum ersten Entwurf des Gesetzes über das Urheberrecht der DDR, UFITA 2003/II, 441; *Püschel*, Die letzten Etappen der Gesetzgebungsarbeit bis zur Verabschiedung des Urheberrechtsgesetzes der DDR, UFITA 2003/III, 769; *Püschel*, Subjektives Urheberrecht und Arbeitsvertrag, NJ 1975, 198; *Püschel*, Urheberrecht der DDR, Berlin 1969 (zit. *Püschel/Bearbeiter*, UrhR DDR 1969); *Püschel* (Hrsg.), Taschenlexikon Urheberrecht, Leipzig 1980 (zit. *Püschel/Bearbeiter*, Taschenlexikon UrhR 1980); *Püschel*, Lehrbuch Urheberrecht, Berlin 1986 (zit. *Püschel/Bearbeiter*, Lehrbuch UrhR 1986); *Püschel*, Internationales Urheberrecht, Berlin 1982 (zit. *Püschel*, Int. UrhR 1982); *Püschel*, Wirksamer Rechtsschutz für schöpferische Leistungen auf dem Gebiet der Computer-Software, Staat und Recht 1989, 228; *Püschel*, Einigungsvertrag und Geltungsbereich des Urheberrechtsgesetzes, GRUR 1992, 579; *Püschel*, Zur Entstehung des Urheberrechts in der DDR, UFITA 2000/II, 491; *Reupert*, Rechtsfolgen der Deutschen Einheit für das Filmurheberrecht, ZUM 1994, 87; *Rojahn*, Die Behandlung von vor der Wiedervereinigung eingeräumten vertraglichen Vertriebs- und Verwertungsrechten in den alten und neuen Bundesländern, GRUR 1993, 941; *Sauerstein*, Die verlagsrechtliche Lizenz in neuem Urheberrecht der DDR, WZH 1971, 119; *Schmits*, Die Auswirkungen von staatlicher Wiedervereinigung und rundfunkrechtlicher Sendegebietserweiterung auf bestehende Fernsehlizenzverträge, ZUM 1993, 72; *Schricker*, Strahlende Zukunft – im Urheberrecht zweigeteilt?, IPRax 1992, 216; *G. Schulze*, Zählt die DDR rückwirkend zum Geltungsbereich des Urheberrechtsgesetzes?, GRUR 1991, 731; *G. Schulze*, Rechtsfragen von Printmedien im Internet, ZUM 2000, 432; *M. Schwarz/Zeiss*, Altlizenzen und Wiedervereinigung, ZUM 1990, 468; *Staat*, Der Vertrag über die Verfilmung eines Werkes oder die Vorführung eines Filmwerkes, NJ 1965, 680; *Stögmüller*, Deutsche Einigung und Urheberrecht, Baden-Baden 1994; *Wagner/Obergfell*, Altfälle und neue Nutzungsarten – zu urhebervertrags- und kollisionsrechtlichen Nachwirkungen der deutschen Wiedervereinigung, ZUM 2001, 973; *Wandtke*, Auswirkungen des Einigungsvertrages auf das Urheberrecht in den neuen Bundesländern, GRUR 1991, 263; *Wandtke*, Rechtsvergleich zum Urheberrecht der DDR und BRD, UFITA 115 (1991) 23; *Wandtke*, Einige urheberrechtliche Aspekte des Schutzes der Software, Staat und Recht 1990, 583; *Wandtke*, Urheberrecht, 4. Aufl. 2014; *Wandtke*, Zur Entwicklung der Urhebergesellschaften in der DDR bis zur Wiedervereinigung Deutschlands, in: Becker (Hrsg.), Festschrift Kreile, Baden-Baden 1994, 789 (zit. *Wandtke* FS Kreile); *Wandtke/Dietz/Czychowski*, Urheberrecht in Mittel- und Osteuropa, Berlin 1997; *Wandtke*, Nochmals: Zur urheberrechtlichen Stellung des Filmregisseurs in der DDR und Probleme der Rechteverwertung nach der Wiedervereinigung, GRUR 1999, 305; *Wandtke/Haupt*, Zur Stellung des Fernsehregisseurs und dessen Rechte im Zusammenhang mit dem Einigungsvertrag, GRUR 1992, 21; *v. Welser*, Zum Grundsatz der Erschöpfung des urheberrechtlichen Verbreitungsrechts, IPRax 2004, 105; *Wießner*, Die DDR und internationale Urheberrechtsregime, in: Siegrist (Hrsg.), Entgrenzung des Eigentums in modernen Gesellschaften und Rechtskulturen, Comparativ 16 (2006) 249.

Vgl. darüber hinaus die Angaben im eingangs abgedr. Gesamtliteraturverzeichnis.

Übersicht

	Rn.
I. Rechtslage vor der Wiedervereinigung	1–8
1. Gesetzeslage in der DDR	1–6
a) Allgemeines	1–3
b) Grundsätze des URG	4–6
2. Schutzbereich des URG	7, 8
II. Rechtslage nach der Wiedervereinigung	9–17
1. Urheberrecht und Werkbegriff	9–14
a) Erstreckung des UrhG	9–11
b) Unterschiede	12, 13
c) Sonderregelungen für einzelne Künstler	14
2. Verwandte Schutzrechte	15–17
III. Schutzfristverlängerung	18–25
1. Urheberrecht	18–20
2. Besonderheiten bei Lichtbildern	21, 22
a) Problemstellung	21
b) Meinungen und eigene Lösung	22
3. Verwandte Schutzrechte	23–25

	Rn.
IV. Urhebervertragsrecht	26–70
1. Allgemeines	26–29
a) Vertragsmuster	26, 27
b) Entgegenstehende Bestimmungen in Nutzungsverträgen	28
c) Übertragung von Nutzungsrechten	29
2. Anwendung des Urhebervertragsrechts nach der Wiedervereinigung	30–70
a) Nutzungshandlungen nach dem 3.10.1990	30–35
aa) Grundsatz	30–33
bb) Verlängerung der Nutzungsrechtseinräumung und Vergütung	34, 35
b) Anwendung des URG auf Altverträge	36–38
c) Ordre public-Vorbehalt	39, 40
d) Störung der Geschäftsgrundlage	41–49
aa) Grundsatz	41–43
bb) Räumliche Erstreckung	44–46
cc) DEFA-Filme	47
dd) Verlagsbereich	48
ee) Vergütung für erweiterte Rechtseinräumung	49
e) Leistungsstörungen und Einigungsvertrag	50–52
f) Zweckübertragungslehre	53–65
aa) Grundsatz	53–55
bb) Film- und Sendeverträge	56, 57
cc) Globale Rechtseinräumung	58–60
dd) Arbeitsverträge und Rahmenkollektivverträge	61, 62
ee) § 20 URG	63–65
g) Unbekannte Nutzungsarten	66–70
V. Rechtsnachfolge	71–94
1. Allgemeines	71, 72
2. Rundfunkbereich	73–79
a) Überblick	73
b) Folgen	74
c) Rückfall der Rechte	75–77
d) Räumliche Begrenzung	78, 79
3. Filmbereich	80–90
a) Überblick	80, 81
b) Regelungen zum Filmwerk im URG	82, 83
c) Einzelne Verwertungsrechte	84, 85
d) Über den DEFA-Außenhandel vertriebene Filmrechte	86–88
e) Nutzungsrechte bei DEFA-Filmen	89, 90
4. Verlagsbereich	91–93
5. Erbe als Rechtsnachfolger	94
VI. Internationale Aspekte des EVtr	95–110
1. Urheberrecht	96–107
a) Verhältnis beider deutscher Staaten	96–99
b) Schutzdauer	100
c) Werke ausländischer Urheber	101
d) Verhältnis zur UdSSR	102–104
e) Verhältnis zur Russischen Förderation (GUS)	105, 106
f) Verhältnis zu den USA	107
2. Leistungsschutzrechte	108
VII. Urheberpersönlichkeitsrechte	111

I. Rechtslage vor der Wiedervereinigung

1. Gesetzeslage in der DDR

1 **a) Allgemeines.** Bis zur Erstreckung des Urheberrechtsgesetzes (UrhG) der Bundesrepublik v. 9.9.1965 auf die neuen Bundesländer am 3.10.1990 galt in der DDR das Urheberrechtsgesetz **(URG)** v. 13.9.1965 (abgedr. im Anhang), das wie auch das bundesrepublikanische UrhG am 1.1.1966 in Kraft trat (GBl. DDR Teil I, 1965, 209). Aufgrund des Territorialprinzips galten in der DDR und in der Bundesrepublik damit erst v. 1.1.1966 an unterschiedliche Urheberrechtsordnungen für die Urheber und Leistungsschutzberechtigten, die in ihrer Wirkung auf das jeweilige Staatsgebiet begrenzt waren (*Püschel* Int. UrhR 1982, 16).

Vorher existierte eine zumindest **formale Rechtseinheit** zwischen beiden Staaten auf dem Gebiet des Urheberrechts. Denn die zentralen Urheberrechtsgesetze wie das Gesetz v. 19.6.1901 betreffend das Urheberrecht an Werken der Literatur und der Tonkunst (LUG), das Gesetz v. 9.1.1907 betreffend das Urheberrecht an Werken der bildenden Künste und der Fotographie (KUG) und das Gesetz v. 19.6.1901 über das Verlagsrecht (VerlG) waren in der DDR und der Bundesrepublik die gemeinsame Rechtsgrundlage für die Urheberrechtsverwirklichung (Schricker/Loewenheim/*Katzenberger* Vor §§ 120ff. Rn. 25; Berger/Wündisch/*Richter* § 8 Rn. 1; *Wießner* Comparativ 16 (2006) 249, 251; *Rehbinder* Rn. 39; *Katzenberger* GRUR Int. 1993, 2ff.; *Wandtke* GRUR 1991, 263ff.; Fromm/Nordemann/*Boddien* § 4 EV Rn. 1; *Püschel* GRUR 1992, 579ff.; *Stögmüller* 17; BG Leipzig NJ 1965, 587ff. zur Geltung des KUG vor Inkrafttreten des URG).

Im Unterschied zur Bundesrepublik wurde das **Verlagsgesetz** von 1901 in der DDR außer Kraft gesetzt und durch ein umfassendes Urhebervertragsrecht im URG ersetzt (Püschel/*Püschel*, UrhR DDR 1969, 238f.). Die zivilrechtliche Grundlage des Urhebervertragsrechts war auch in der DDR zunächst das BGB, das dort bis zum 31.12.1975 galt und am 1.1.1976 durch das **Zivilgesetzbuch der DDR** (ZGB) abgelöst wurde (*Püschel* GRUR 1992, 579; *Hertin* Rn. 599; Fromm/Nordemann/*J. B. Nordemann* Vor §§ 31ff. Rn. 21).

b) Grundsätze des URG. Obwohl die Urheberrechtsdogmatik in der DDR davon ausging, dass das subjektive Urheberrecht in seiner Gesamtheit ein Persönlichkeitsrecht ist, das sowohl nichtvermögensrechtliche (persönlichkeitsrechtliche) als auch vermögensrechtliche (Verwertungsrechte) Befugnisse umfasste (Püschel/*Püschel* UrhR DDR 1969, 60), bestehen trotz verschiedener begrifflicher Unterscheidungen große Ähnlichkeiten in der Ausgestaltung der Rechte der Urheber und Inhaber der Leistungsschutzrechte (*Wandtke* UFITA 115 (1991) 64ff.). Wie das bundesdeutsche Urheberrecht (§ 7 UrhG) ging auch das Urheberrecht der DDR vom **Schöpferprinzip** bzw. vom Prinzip der Urheberwahrheit aus (Püschel/*Püschel*, Lehrbuch UrhR 1986, 29; *Katzenberger* GRUR Int. 1993, 5; *Wagner/Obergfell* ZUM 2001, 976).

Aufgrund der gemeinsamen historischen Urheberrechtsentwicklung in Deutschland wurden auch im Urheberrecht der DDR die **klassischen Ausschließlichkeitsrechte** geregelt, wie z. B. das Vervielfältigungs-, Verbreitungs-, Vortrags-, Aufführungs-, Sende-, Verfilmungs- und das Ausstellungsrecht (§ 16 URG). Wegen der andersartigen Wirtschafts- und Eigentumsordnung fehlten aber einige Rechte im URG der DDR, die nunmehr seit dem 3.10.1990 auf das Beitrittsgebiet erstreckt worden sind. So kannte das URG der DDR kein Folgerecht i. S. d. § 26 UrhG (*Püschel* UFITA 2003/III, 769ff.). Bis auf § 24 Abs. 3 URG (Vervielfältigung durch Dokumentationsstellen) und § 26c URG (Sammlung von Gedichten oder Kompositionen) waren gesetzliche Vergütungsansprüche nicht geregelt. So fehlten z. B. Vergütungsansprüche für das Vermieten und Verleihen von Werkstücken (§ 27 UrhG), das Fotokopieren, das Vervielfältigen im Wege der Bild- und Tonaufzeichnung (§ 54 UrhG) usw.

Unbekannt war auch das **Zweitverwertungsrecht der ausübenden Künstler**, d. h. Vergütungsansprüche für erlaubte Aufnahmen ihrer Darbietungen auf Bild- oder Tonträger (§§ 77, 78 UrhG). Folge der fehlenden gesetzlichen Vergütungsansprüche für die Zweitverwertungsrechte war, dass es zwar eine Anstalt zur Wahrung der Aufführungs- und Vervielfältigungsrechte auf dem Gebiet der Musik gab (AWA), die die Rechte der Komponisten und Verleger sowie Textdichter wahrnahm (GBl. I, 1955, 313), aber keine weiteren

Verwertungsgesellschaften existierten. Neben der AWA bestand noch das Büro für Urheberrecht (BfU) in der DDR als Einrichtung zur Rechtewahrnehmung der Urheber und Verlage (GBl. II, 1956, 365, vgl. Statut der AWA und des BfU, UFITA 115 (1991) 130 ff.; Wießner Comparativ 16 (2006) 249, 262; *Glücksmann* 191 ff.). Seit der Wiedervereinigung nehmen Verwertungsgesellschaften wie die GEMA die Rechte der Komponisten, Textdichter und Verlage wahr (*Wandtke* FS Kreile 1994, 789, 797), das BfU wurde aufgelöst. Das URG wurde seit seinem Inkrafttreten am 1.1.1966 weder novelliert noch geändert.

2. Schutzbereich des URG

7   Die Bestimmungen des URG der DDR fanden zunächst auf Bürger der DDR Anwendung (§ 96 Abs. 1 URG). Der urheberrechtliche Schutz für Werke ausländischer Staatsangehöriger war entsprechend des Territorialprinzips nur in einem begrenzten Rahmen möglich (Püschel/*Püschel,* Lehrbuch UrhR 1986, 132). Während für die DDR als Völkerrechtssubjekt die Bundesrepublik Ausland war, wurde die DDR aus Sicht der Bundesrepublik Deutschland nicht als Ausland betrachtet (BVerfGE 36, 1, 16 f. m. w. N.; *Katzenberger* GRUR Int. 1993, 94), denn Bürger der DDR waren deutsche Staatsangehörige im Sinne des Grundgesetzes der Bundesrepublik Deutschland (BVerfG NJW 1988, 1313, 1314). **Bürger der DDR** konnten im territorialen Geltungsbereich des UrhG bis zum 2.10.1990 aber nur dann Urheberrechtsschutz gem. § 120 Abs. 1 UrhG i. V. m. Art. 16, 116 GG beanspruchen (vgl. § 120 Rn. 2), wenn sie in den Hoheitsbereich der Bundesrepublik Deutschland gelangten (*Wandtke* GRUR 1991, 263).

8   Aufgrund der Rechtsauffassung in der DDR waren umgekehrt **Bürger der Bundesrepublik Deutschland** bis zum 2.10.1990 Ausländer, denen nach § 96 Abs. 3 URG nur aufgrund völkerrechtlicher Verträge (z. B. der RBÜ) und ansonsten nur bei Gegenseitigkeit Schutz gewährt wurde (*Püschel* Int. UrhR 1982, 34; Schricker/Loewenheim/*Katzenberger* Vor § 120 Rn. 38). Wegen der Mitgliedschaft sowohl der BRD wie auch der DDR zur RBÜ war demnach jeder Urheber aus der BRD zumindest theoretisch auch in der DDR geschützt.

II. Rechtslage nach der Wiedervereinigung

1. Urheberrecht und Werkbegriff

9   a) **Erstreckung des UrhG.** Seit dem Tag der staatlichen Einheit am 3.10.1990 gilt für das gesamte Staatsgebiet der Bundesrepublik Deutschland der gleiche Schutz für Urheberrechte und für verwandte Rechte nach dem UrhG. In den neuen Bundesländern sind mit der staatlichen Einheit daher **neue Rechte** und Ansprüche entstanden, nämlich u. a. das Folgerecht der bildenden Künstler (§ 26 UrhG), die Bibliothekstantieme (§ 27 UrhG), der starre Melodienschutz (§ 24 Abs. 2 UrhG), das Rückrufsrecht wegen Nichtausübung des übertragenen Nutzungsrechts (§ 42 UrhG), die Vergütungsansprüche im Zusammenhang mit der Verwertung des Werkes gem. §§ 54 ff. UrhG (z. B. Geräte- und Leerkassettenvergütung, Fotokopievergütung).

10 Auf Werke, die **vor dem 3.10.1990 in der DDR** geschaffen worden waren, fand durch den Einigungsvertrag (EVtr) eine Erweiterung des Geltungsbereichs des (bundesrepublikanischen) UrhG statt (Schricker/*Katzenberger* Vor §§ 120 ff. UrhG Rn. 25; Stögmüller 32; Berger/Wündisch/*Richter* § 8 Rn. 15; *Schack* Rn. 130). Die Anwendung der Schutzvoraussetzungen i. S. d. § 2 Abs. 2 UrhG wird durch § 1 Abs. 1 S. 1 der Anlage I zum EV, Kapitel III E, Abschnitt II Nr. 2 bestimmt.

11 Der **Werkbegriff nach § 2 Abs. 1 S. 1 URG** setzte eine objektiv wahrnehmbare Form und eine individuelle (bzw. kollektive, S. 2) schöpferische Leistung auf den Gebieten der Literatur, Wissenschaft oder Kunst voraus (Püschel/*Münzer,* Lehrbuch UrhR 1986,

21 f.). § 2 Abs. 2 UrhG nennt zwar andere Begriffe, im Ergebnis wurden aber **ähnliche Schutzvoraussetzungen** an das urheberrechtliche Werk gestellt (*Stögmüller* 35; *Wandtke* UFITA 115 (1991) 52; LG Hamburg GRUR-RR 2005, 106, 109 – SED-Emblem: Urheberrechtsschutz abgelehnt). So erstreckte sich der Schutz z. B. auf Werke der Literatur, wie Schriftwerke, Reden und Vorträge sowie Werke der Musik, Bühnenwerke, Werke der bildenden und angewandten Kunst, der Baukunst, Filmwerke, Werke des Fernsehens und Hörfunks sowie Werke der Fotografie und der Fotomontage (§ 2 Abs. 2 URG), die vor dem 3.10.1990 im Beitrittsgebiet geschaffen worden waren.

b) Unterschiede. Im Werkkatalog des URG der DDR wurde das **Computerprogramm** nicht genannt und in der Rechtsprechung als urheberrechtlich geschütztes Werk abgelehnt (etwa Urteil des Obersten Gerichts der DDR NJ 1981, 236; BG Leipzig NJ 1981, 236, 237), obwohl in der Literatur eine andere Rechtsauffassung vertreten wurde (*Püschel*, Staat und Recht 1989, 228 ff.; *Linden* GRUR Int. 1989, 85 ff.; *Wandtke*, Staat und Recht 1990, 583 ff.; ebenso Dreier/Schulze/*Dreier* § 1 EV Rn. 4). Mit dem 3.10.1990 hat sich hinsichtlich der Computerprogramme die Rechtslage insofern geändert, als diese nunmehr geschützt sind (§ 69a Abs. 3 UrhG).

Darstellungen wissenschaftlicher und technischer Art, die im Werkkatalog des § 2 Abs. 2 URG nicht genannt waren, wurde hingegen auch nach der Literatur nur ein Leistungsschutzrecht nach § 78 Abs. 1 URG gewährt (Püschel/*Münzer* UrhR DDR 1969, 481; Oberstes Gericht der DDR NJ 1983, 302 ff.: Konstruktionszeichnungen für Segeljacht). Mit der räumlichen Erstreckung des UrhG auf das Beitrittsgebiet am 3.10.1990 genießen Darstellungen wissenschaftlicher und technischer Art (etwa Pläne, Skizzen und Entwürfe, die vor dem 3.10.1990 geschaffen wurden) nunmehr Urheberrechtsschutz nach § 2 Abs. 1 Nr. 7 UrhG (*Wandtke* GRUR 1991, 263, 265; a. A. *Püschel* GRUR 1992, 579, 580; *Katzenberger* GRUR Int. 1993, 2, 10; *Stögmüller* 41; Schricker/Loewenheim/*Katzenberger* Vor §§ 120 ff. UrhG Rn. 33; alternativ Dreier/Schulze/*Dreier* Vor EV Rn. 7: entweder Schutz nach § 2 Abs. 1 Nr. 7 UrhG, oder beschränktes Fortbestehen für 10 Jahre), es sei denn, die Schutzvoraussetzungen (wie bei jedem Werk erforderlich) liegen nicht vor. Wegen der angestrebten Rechtseinheit ist ein Festhalten an der rechtlichen Beurteilung als Leistungsschutzrecht für 10 Jahre im Beitrittsgebiet abzulehnen (so aber Schricker/Loewenheim/*Katzenberger* Vor §§ 120 ff. UrhG Rn. 33; *Püschel* GRUR 1992, 579, 580; *Stögmüller* 75). Der nunmehr weitergehende Schutz ergibt sich wie bei Software aus der Erstreckung des UrhG.

c) Sonderregelungen für einzelne Künstler. Nach § 4 der Anlage I zum EV, Kapitel III E, Abschnitt II Nr. 2 behalten die Beschlüsse des Ministerrats der DDR gem. § 35 URG über den Schutz der Werke und den Nachlass bedeutender Künstler, Schriftsteller und Wissenschaftler ihre Gültigkeit, wenn die Rechtsnachfolger die Urheberrechte nicht selbst wahrnehmen wollen. Derartige Beschlüsse über die Sicherung, die Pflege und den Schutz des literarischen Werkes und Nachlasses gab es in Bezug auf Johannes R. Becher v. 16.10.1958 (GBl. I, 1958, 785), Arnold Zweig v. 4.6.1970 (GBl. II, 1970, 419), Bertolt Brecht und Helene Weigel v. 19.11.1971 (GBl. II, 1971, 637) sowie Anna Seghers v. 8.7.1985 (Gbl. II, 1985, 245). Heute ist die Deutsche Akademie der Künste mit der Sicherung dieses kulturellen Erbes betraut, soweit die Erben die Urheberrechte nicht selbst wahrnehmen (*Schack* Rn. 132; Schricker/Loewenheim/*Katzenberger* Vor §§ 120 ff. UrhG Rn. 32; *Rehbinder* Rn. 39; *Wandtke* GRUR 1991, 267).

2. Verwandte Schutzrechte

Nach § 1 Abs. 1 der Anlage I zum EV, Kapitel III E, Abschnitt II Nr. 2 sind die für das Urheberrecht geltenden Grundsätze auch auf die verwandten Schutzrechte anzuwenden. Das gilt auch dann, wenn das URG der DDR für solche Leistungen weder ein Leistungsschutzrecht vorsah oder dessen Umfang begrenzt war. Das Urheberrechtsgesetz der DDR regelte die **Leistungsschutzrechte** in den §§ 73 bis 83 URG. Dazu gehörten die Rechte der ausübenden Künstler (§§ 73, 74 URG), der Tonträgerhersteller (§ 75 URG), des Hörfunks und des Fernsehens (§ 76 URG), der Fotografen (§ 77 URG) und der Gestalter von Landkarten, Plänen, Skizzen, Abbildungen und plastischen Darstellungen (§ 78 URG).

16 Weitergehende Leistungsschutzrechte wurden im URG nicht gewährt, so dass vor allem für **vormals nicht vorhandene Leistungsschutzrechte** in der DDR seit dem 3.10.1990 ein neuer Schutz entstanden ist, etwa für wissenschaftliche Ausgaben (§ 70 UrhG) urheberrechtlich nicht geschützter Werke oder Texte und für den Herausgeber nachgelassener Werke (§ 71 Abs. 1 UrhG). Die räumliche Erstreckung des UrhG erfasst auch die **nachgelassenen Werke** im Beitrittsgebiet, die vor dem 3.10.1990 erstmals erschienen sind (*Stögmüller* 171; *Pfister* 120f.; a. A. *Katzenberger* GRUR Int. 1993, 2, 10; s. auch § 71 Rn. 43).

17 Die amtlichen Erläuterungen zu den Besonderen Bestimmungen des EVtr erwähnen auch die Neugestaltung des **Senderechts** der ausübenden Künstler. Danach kann der ausübende Künstler die Sendung oder Weitersendung nicht mehr verbieten (§ 78 Abs. 1 Ziff. 2), wenn die Darbietung erlaubterweise auf Bild- oder Tonträger i. S. d. § 77 Abs. 1 UrhG aufgenommen worden ist. Diese Regelung geht weiter als § 73 Abs. 1b URG, der das Senderecht des Künstlers regelt (*Stögmüller* 72). Das URG der DDR kannte auch nicht die Regelung der nichtschöpferischen Laufbilder als Leistungsschutzrecht i. S. d. § 95 UrhG und die Rechte des Filmherstellers (Schricker/Loewenheim/*Katzenberger* Vor §§ 120ff. UrhG Rn. 29 m. w. N.).

III. Schutzfristverlängerung

1. Urheberrecht

18 Mit der Wiedervereinigung am 3.10.1990 wurde die Schutzdauer des Urheberrechts und der verwandten Schutzrechte verlängert, d. h. die Bestimmungen über die Schutzfristen des URG der DDR (§§ 33 und 82) mit ihrer **Schutzdauer** von 50 Jahren für den Urheberschutz und 10 Jahren für den Leistungsschutz wurden durch die seinerzeit geltende Fassung der §§ 64–69, 70 Abs. 3, 71 Abs. 3, 72 Abs. 3, 82, 85 Abs. 5, 87 Abs. 3 und 94 Abs. 3 UrhG abgelöst (Dreier/Schulze/*Dreier* § 1 EV Rn. 3; Schricker/Loewenheim/ *Katzenberger* § 64 UrhG Rn. 69). Das bedeutet nach § 1 Abs. 1 S. 1 der Anlage I zum EV, Kapitel III E, Abschnitt II Nr. 2, dass Werke, die in der DDR vor dem 3.10.1990 geschaffen wurden und einer Schutzfrist von nur 50 Jahren post mortem auctoris unterlagen, nunmehr eine 70-jährige Schutzdauer aufweisen (§ 64 UrhG). Die Werke Bertolt Brechts etwa (gestorben 1956) sind dadurch noch bis zum 31.12.2026 geschützt (*Wandtke* GRUR 1991, 2).

19 Das gilt auch für **Werke, die vor Inkrafttreten des URG** der DDR 1966 geschaffen wurden, z. B. der Märchenfilm „Das kalte Herz" aus den 50er Jahren. Für solche Werke, die am 3.10.1990 in der DDR aufgrund der kürzeren Schutzdauer schon gemeinfrei waren, lebte der Schutz auf dem Gebiet der ehemaligen DDR wieder auf (Dreier/Schulze/*Dreier* § 1 EV Rn. 3; Schricker/Loewenheim/*Katzenberger* § 64 UrhG Rn. 70; *Stögmüller* 51; *Pfister* 42; *Wandtke* GRUR 1991, 2). Dieses **Wiederaufleben des Urheberrechtsschutzes** nach § 1 Abs. 1 S. 2 der Anlage I zum EV, Kapitel III E, Abschnitt II Nr. 2 folgt dem Grundgedanken des Art. 18 RBÜ im Gegensatz zur weniger urheberfreundlichen Regelung des Art. VII WUA. Die Regelung ist die allein mögliche Konsequenz aus dem Enteignungsverbot des Art. 14 GG, denn eine Rechtsangleichung im Sinne einer Schutzfrist von nur 50 Jahren hätte einen Eingriff in die Rechtsposition der Urheber (bzw. ihrer Rechtsnachfolger) in den alten Bundesländern bedeutet. Die Angleichung der Schutzfrist der DDR an die 70 Jahre post mortem auctoris der Alt-Bundesrepublik ist für alle Rechtsnachfolger der Urheber in den neuen Bundesländern dagegen ein wirtschaftlicher Vorteil, der zudem dem Gleichheitsgebot des Art. 3 GG folgt. Ihre wirtschaftliche Bedeutung offenbart sich, wenn man sich vor Augen

führt, dass u. a. die Werke folgender Künstler in der bisherigen DDR schon gemeinfrei waren, nach der Wiedervereinigung aber wieder geschützt sind bzw. waren (jeweils mit Todesjahr in Klammern): Kurt Tucholsky (1935), Rainer Maria Rilke (1926), Hugo von Hofmannsthal (1929), Joachim Ringelnatz (1934), Hermann Bahr (1934), Maurice Ravel (1937), Ernst Barlach (1938), Ernst Toller (1939), Max Liebermann (1935), Federico Garcia Lorca (1936). Das Werk Rilkes etwa wurde in der Bundesrepublik Deutschland erst ab 1.1.1997 gemeinfrei, in der DDR konnten seine Werke schon ab 1977 frei verwendet werden.

Die **Rechtsnachfolger** der Urheber geschützter Werke, die bisher auf dem Territorium der ehemaligen DDR gemeinfrei waren, sind seit der Wiedervereinigung berechtigt, Verlagsverträge, Aufführungsverträge, Sendeverträge, Filmverträge etc. auch für dieses Gebiet abzuschließen.

Eine Besonderheit hinsichtlich der Schutzfristen für Werke aus der DDR ergibt sich aus der **Schutzdauerverlängerungs-Richtlinie** (RL 2011/77/EU; s. Vor §§ 31 ff. Rn. 2). Gemäß Art. 1 Abs. 7 der RL 2006/116/EU idF. der RL 2011/77/EU besteht für Musikkompositionen mit Text (z. B. Opern oder Schlager), bei denen die Musikkomposition mit dem Text eng verbunden ist und der Text oder die Komposition am 1.11.2013 noch in mindestens einem EU-Mitgliedstaat geschützt ist, ist eine Schutzdauer von 70 Jahren nach dem Tod des längstlebenden der beiden Urheber vorgesehen. Wenn z. B. Bertolt Brecht oder ein anderer DDR-Auto, der 1956 gestorben ist, aber der Komponist schon 1940, dann wäre ihr Song oder Oper noch bis zum 31.12.2026 geschützt. Das bedeutet, dass eine der beiden Komponenten (hier die Musik, nicht aber der Text) bereits am 1.11.2013 gemeinfrei war. Dann lebt auch der Schutz der Musik für die Zeit bis zum Ablauf von 70 Jahren post mortem auctoris wieder auf. Es wird ein Gleichklang der Schutzdauer hergestellt. Vor dem 1.11.2013 begonnene Nutzungshandlungen können fortgesetzt werden (§ 137m Abs. 2 S. 3 UrhG). Soweit eine Werkkomponente gemeinfrei war und im Vertrauen hierauf einzeln genutzt wurde (z. B. durch öffentliches Zugänglichmachen eines Schlagertextes), ist keine rückwirkende Vergütung zu zahlen. Für die Zeit ab dem 1.11.2013 ist jedoch eine Vergütung zu leisten (§ 137m Abs. 2 S. 4 UrhG). Vgl. zum Ganzen die Kommentierung zu § 65 Abs. 3 sowie zu § 137m UrhG.

2. Besonderheiten bei Lichtbildern

a) **Problemstellung.** Für Lichtbildwerke gilt ebenfalls die Schutzfristverlängerung von 70 Jahren (§ 64 UrhG). Dennoch kann es bei Fotografien von Urhebern aus der DDR zu Abweichungen kommen. Denn das URG der DDR sah für Werke der Fotografie (i. S. d. § 2 Abs. 2h) URG) eine Schutzfrist von 50 Jahren (§ 33 Abs. 1 S. 1 URG) post mortem auctoris vor. Demgegenüber sah § 68 UrhG a. F. bis zur Urheberrechtsnovelle von 1985 für Lichtbildwerke eine Schutzdauer von nur 25 Jahren nach dem Erscheinen i. S. d. § 6 Abs. 2 UrhG bzw. von 25 Jahren nach Herstellung vor, wenn das Lichtbildwerk innerhalb dieser Frist nicht erschienen war (*A. Nordemann* GRUR 1991, 418, 419; *Stögmüller* 54), nach der Novelle hingegen ebenfalls 70 Jahre wie für andere Werke. Da § 97 Abs. 1 URG die lange Schutzdauer ohne Übergangsbestimmung auf alle Werke erstreckte, während die Schutzdauerverlängerung nach § 68 n. F. und § 137a Abs. 1 UrhG nicht für Lichtbildwerke gilt, die vor 1960 erschienen sind (Schricker/Loewenheim/*Katzenberger* § 64 UrhG Rn. 71; *Stögmüller* 55; *Pfister* 99 ff.; *A. Nordemann* GRUR 1991, 418, 419), waren die Urheber nach dem URG der DDR hier besser gestellt, denn für Lichtbildwerke, die im Zeitraum von 1.1.1941 bis 31.12.1959 erschienen waren, bestand zum Zeitpunkt der Wiedervereinigung in der DDR noch Urheberrechtsschutz.

b) **Meinungen und eigene Lösung.** Der Gesetzgeber des EVtr hat das Problem übersehen und keine Regelung vorgesehen. Zum Teil wird hier für ein **Wiederaufleben des Schutzes** auch für solche Lichtbildwerke plädiert, die zwischen dem 1.1.1941 und 31.12.1959 erschienen sind, und zwar im Interesse des Vertrauensschutzes und der Sicherung des Eigentums (Art. 14 Abs. 1 GG). Der Gesetzgeber hat den Vorschlag, den § 137a UrhG in Anlehnung an die Besonderen Bestimmungen zu ändern und für Lichtbildwerke generell ein Wiederaufleben des Urheberrechtsschutzes vorzusehen, nicht aufgegriffen (*A. Nordemann* GRUR 1991, 418, 419; Schricker/Loewenheim/*Katzenberger* § 64 UrhG Rn. 72), um verfassungsrechtlichen Bedenken gegen die gegenwärtige Schutzdauersituation zu begegnen. Diese Störung der Rechtseinheit ist hinzunehmen, selbst wenn die europäische Rechtsentwicklung die Problematik weitestgehend entschärft hat (dazu Schricker/Loewenheim/*Katzenberger* § 64 UrhG Rn. 64; *A. Nordemann/Mielke* ZUM 1996, 214, 215), oder diese als weitgehend erledigt angesehen wird. Jedenfalls ist der dann nach dem alten URG fortbestehende Schutz auf die Dauer des § 33 Abs. 1 S. 1 URG (50 Jahre) und territorial auf die neuen Bundesländer beschränkt, d. h. Urhebern von Lichtbildwerken im Beitrittsgebiet wird der einmal erworbene Schutz über den 3.10.1990 hinaus belassen, um ihre wohlerworbenen Rechte zu schützen (Dreier/Schulze/*Dreier* Vor EV Rn. 6; Schricker/Loewenheim/*Katzenberger* § 64 Rn. 72; Fromm/Nordemann/*Boddien* § 2 EV Rn. 8; *Katzenberger* GRUR Int. 1993, 2, 11; *Stögmüller* 59; *Pfister* 104 f.).

3. Verwandte Schutzrechte

23 Nach § 1 Abs. 2 der Anlage I zum EV, Kapitel III E, Abschnitt II Nr. 2 gilt die Schutzfristverlängerung auch für die Leistungsschutzrechte, wie die Rechte der ausübenden Künstler (§ 73 URG), der Tonträgerhersteller (§ 75 URG), der Sendeunternehmen (§ 76 URG) und der Fotografen (§ 77 URG). Die Schutzfrist für Leistungsschutzrechte war in der DDR aber sehr kurz und betrug nur **10 Jahre,** beginnend mit dem Ablauf des Kalenderjahres, in dem die Leistung erfolgte (§ 82 URG). Für Fotografien i. S. d. § 77 URG, sofern sie keine Werke gem. § 2 Abs. 2h) URG waren, endete die Schutzfrist 10 Jahre nach der ersten Veröffentlichung, spätestens aber 10 Jahre nach dem Tod des Berechtigten (§ 82 Abs. 2 S. 2 URG).

24 Da die **Schutzfrist für Leistungsschutzrechte** nach dem UrhG in allen Fällen länger ist, nämlich 50 Jahre für ausübende Künstler und 25 Jahre für den Veranstalter (§ 82 UrhG), 50 Jahre für den Hersteller von Tonträgern (§ 85 Abs. 3 UrhG), 50 Jahre für Sendeunternehmen (§ 87 Abs. 3 UrhG), 25 Jahre für wissenschaftliche Ausgaben (§ 70 Abs. 3 UrhG), 50 Jahre für Filmhersteller (§ 94 Abs. 3 UrhG) und 50 Jahre für Lichtbilder (§ 72 Abs. 3 UrhG), lebt der Schutz für in der DDR bereits abgelaufene Leistungsschutzrechte wieder auf (s. § 82 Rn. 8) oder die Schutzfrist **verlängert** sich, sofern sie am 3.10.1990 noch nicht abgelaufen war (*G. Schulze* GRUR 1991, 731, 734; *Wandtke* GRUR 1991, 263, 264). War etwa nach § 82 Abs. 1 URG die Schutzfrist für künstlerische Leistungen eines Orchesters v. 10.10.1978 am 31.12.1989 und damit vor dem 3.10.1990 abgelaufen, lebt der Schutz nach § 1 Abs. 2 der Anlage I zum EV, Kapitel III E, Abschnitt II Nr. 2 wieder mit einer Schutzdauer von 50 Jahren auf (§ 82 UrhG) (KG ZUM-RD 1997, 245, 247 – Staatskapelle Berlin).

25 Diese Rechtslage ist eine Konsequenz aus der herzustellenden **Rechtseinheit** in Gesamtdeutschland und aus dem Enteignungsverbot des Art. 14 GG, worunter auch die vermögensrechtliche Seite des Urheberrechts und der verwandten Schutzrechte fällt (BVerfGE 31, 229, 239; Schricker/Loewenheim/*Katzenberger* § 64 UrhG Rn. 70; *Stögmüller* 52; *Wandtke* GRUR 1991, 263, 264). Die **rückwirkende Schutzfristverlängerung** für Werke und Leistungen von Urhebern und ausübenden Künstlern aus der DDR entspricht der Gleichbehandlung zwischen den Urhebern in Deutschland. Die gesetzliche Rückwirkung ist hier zulässig (vgl. BVerfGE 13, 261, 271; *Stögmüller* 52; *E. Schulze* GRUR 1991, 573). Dies gilt auch für die bis zum 1. November 2013 umzusetzende Schutzdauerverlängerungs-Richtlinie (siehe Vor §§ 31 ff. Rn. 2), wonach sich die Schutzdauer nach Art. 3 Abs. 1 S. 2 für Aufzeichnungen der Darbietung auf einem Tonträger von 50 auf 70 Jahre erhöht. Die Rechte erlöschen 70 Jahre nach der betreffenden ersten Veröffentlichung oder der ersten öffentlichen Wiedergabe.

IV. Urhebervertragsrecht

1. Allgemeines

a) Vertragsmuster. Das Urhebervertragsrecht der DDR war im Kern im URG von 1965 **26** (**Anh 1**) geregelt und damit anders als in der Bundesrepublik gesetzlich näher ausgestaltet (*Püschel* UFITA 2000, 491, 510; Loewenheim/*Castendyk* § 75 Rn. 310). Gegenstand sind **Urheberverträge,** die vor allem die Rechtseinräumung und den Umfang der Nutzung der Werke betreffen. Neben den im URG ausdrücklich genannten Vertragsarten, z.B. Verlagsvertrag (§ 46 URG), Aufführungsvertrag (§ 54 URG), Verfilmungs- und Sendevertrag (§§ 59, 66 URG), spielten vor allem Vertragsmuster und Honorarordnungen eine bedeutende Rolle bei der Ausgestaltung der Urheberverträge (*Püschel* UFITA 2003/II, 441; *Püschel* UFITA 2000, 491, 498; *Püschel* GRUR 1992, 579, 581; *Arends* 91 ff.; *Glücksmann* 90).

Die **Vertragsmuster** wurden vom Ministerium für Kultur und den beteiligten Ver- **27** kehrskreisen entworfen und enthielten gleichsam konkretisierende Regelungen der im URG allgemein formulierten Vertragsarten. Nach § 41 Abs. 1 S. 2 URG konnten einige Bestimmungen solcher Vertragsmuster (vor allem zur Vergütung) durch die Minister für Kultur und Justiz für allgemeinverbindlich erklärt werden; dies geschah jedoch nicht. In der Praxis wurden Urheberverträge dennoch häufig nach den Vertragsmustern ausgestaltet (*Arends* 73; *Wandtke* UFITA 115 (1991) 91). Bei Fehlen konkreter Vereinbarungen i. S. d. § 39 URG (z.B. über Art und Umfang der Nutzung, Zeitpunkt des Nutzungsbeginns, Vergütung, Dauer der Nutzung, Änderung und Beendigung des Vertrages) trat der Vertragsinhalt der Vertragsmuster an die Stelle des Nichtvereinbarten (§ 41 Abs. 2 URG), die konkrete individuelle Vertragsvereinbarung hatte also Vorrang. Die Vertragsmuster waren keine allgemeinen (Geschäfts-)Bedingungen i. S. d. § 46 ZGB der DDR. Aufgrund der fehlenden **Allgemeinverbindlichkeitserklärung** handelte es sich nicht um zwingendes Recht (*Püschel/Glücksmann,* Taschenlexikon UrhR 1980, 398; Berger/Wündisch/*Richter* § 8 Rn. 32). Seit dem 3.10.1990 sind die Vertragsmuster und verbindlichen Honorarordnungen nicht mehr in Kraft.

b) Entgegenstehende Bestimmungen in Nutzungsverträgen. Urheberverträge, **28** die vor dem 1.1.1966 geschlossen wurden, galten mit Inkrafttreten des URG zunächst weiter (§ 95 Abs. 2 S. 1 URG); Bestimmungen, die dem URG widersprachen, wurden aber durch die (neuen) gesetzlichen Regelungen ersetzt (§ 95 Abs. 2 S. 2 URG). Das betraf auch die Vertragsmuster, die vor dem 1.1.1966 zwischen dem Kulturministerium und den Verbänden (z.B. Schriftstellerverband) bzw. Gewerkschaften vereinbart wurden. Sie können kein wirksamer Inhalt von Urheberverträgen aus den fünfziger Jahren sein, wenn sie im Gegensatz zum URG standen. Das betrifft vor allem die Videorechte. Formulierungen in Vertragsmustern aus den 50er Jahren, wonach sich die Rechtsübertragung auf alle „jetzigen und zukünftigen Arten, Systeme und Verfahren der Kinematografie" erstreckt, widersprechen dem § 39 Abs. 1a) URG, welcher eine **konkrete Rechtseinräumung** verlangt (*Haupt* 83; a. A. nunmehr *Haupt* ZUM 1999, 381). Den Vertragsmustern kam keine Quasi-Gesetzeskraft zu, sondern sie waren lediglich Richtlinien, deren Inhalt ausdrücklich im Individualvertrag vereinbart werden musste (a. A. *Reupert* ZUM 1994, 87, 92).

c) Übertragung von Nutzungsrechten. Die Übertragung der Nutzungsrechte er- **29** folgte nach § 19 Abs. 1 S. 2 URG und hatte konstitutive Wirkung, d. h. der Urhebervertrag enthielt die Einräumung der Befugnisse ohne einen gesonderten Rechtsakt. Nach Ablauf der vertraglichen Nutzung fiel das Recht von selbst wieder auf den Urheber zurück (*Püschel/Püschel,* Lehrbuch UrhR 1986, 80). § 19 Abs. 1 S. 2 URG wurde in Anlehnung an § 9 Abs. 1 VerlG geschaffen und bedeutete eine Aufhebung des Abstraktionsprinzips im Urheberrecht der DDR (*Arends* 57; *Stögmüller* 98).

2. Anwendung des Urhebervertragsrechts nach der Wiedervereinigung

30 **a) Nutzungshandlungen nach dem 3.10.1990. aa) Grundsatz.** Mit dem Beitritt der DDR zur Bundesrepublik Deutschland am 3.10.1990 wurde das Ziel der Herstellung der **Rechtseinheit** verfolgt. Art. 8 des EVtr v. 31.8.1990 (BGBl. 1990 II S. 889) enthält daher den allgemeinen Grundsatz, dass das Bundesrecht im gesamten Staatsgebiet mit dem Beitritt wirksam wird. Die globale Überleitung der bundesdeutschen Rechtsordnung gilt auch für das Urheberrecht (*Schricker* Einl. VerlG Rn. 49).

31 Vier **besondere Regelungen zum Urheberrecht** finden sich aber in der Anlage I zum EVtr in Kapital III Sachgebiet E Abschnitt II Nr. 2 (BGBl. 1990 II S. 889, 963), davon zwei (§§ 2, 3) zu Nutzungsrechten. Weitere Vorschriften über die Rechtsfolgen der Herstellung der Rechtseinheit auf bestehende Urheberverträge und Verträge über verwandte Schutzrechte enthalten die Bestimmungen des EVtr nicht. Auch das **Erstreckungsgesetz** v. 23.4.1992 (BGBl. 1992 I S. 938) gibt keine Lösung vor, denn der Gesetzgeber ist davon ausgegangen, dass die Parteien ihre Verträge anpassen werden (BT-Drucks. 12/7489, 4). Nach der Herstellung der staatlichen Einheit soll sich der Schutz von Werken und Leistungen nicht nach zwei verschiedenen Urheberrechtsordnungen richten.

32 Da sich **nach § 1 der Besonderen Bestimmungen** des EVtr zahlreiche Schutzfristen verlängert haben und dadurch Werke neuen Schutz erlangten, wurde die freie Nutzung erheblich eingeschränkt. Dies gilt auch für die verwandten Schutzrechte. Für solche Nutzungshandlungen, die im Beitrittsgebiet vor dem Inkrafttreten der deutsch-deutschen Währungs-, Wirtschafts- und Sozialunion am 1.7.1990 eingeleitet worden waren, und die nach dem URG der DDR zulässig und üblich waren, besteht nach § 2 Abs. 1 S. 1, III der Anlage I zum EV, Kapitel III E, Abschnitt II Nr. 2 **Vertrauens- und Bestandsschutz.** Auch eine nach dem UrhG unzulässige Nutzung darf also im vorgesehenen Rahmen fortgesetzt werden, ab dem 3.10.1990 hat aber der Rechtsinhaber einen Anspruch auf angemessene Vergütung als Ausgleich für die fortgesetzte Nutzung (Amtl. Erläuterung GRUR 1990, 897, 928 zu § 2; Schricker/Loewenheim/*Katzenberger* Vor §§ 120 ff. UrhG Rn. 30).

33 Werden also z. B. **Tonträgeraufnahmen** von musikalischen Leistungen aus den 70er Jahren, die in der DDR am 31.12.1989 gemeinfrei wurden (§ 82 Abs. 1, Abs. 2 URG), über den 3.10.1990 hinaus genutzt, erhalten die Musiker nunmehr eine angemessene Vergütung für diese nach § 82 UrhG an sich unzulässige Nutzung, denn nach dem UrhG erlöschen die Rechte der Musiker erst 50 Jahre nach der Darbietung (KG ZUM-RD 1997, 245, 247 – Staatskapelle Berlin). Wurde die Nutzung nach dem 1.7.1990 in der DDR begonnen, entfällt der Vertrauensschutz, und der Rechtsinhaber kann gegen die Verletzer vorgehen.

Mit Umsetzung der **Schutzdauerverlängerungs-Richtlinie** (RL 2011/77/EU; s. Vor §§ 31 ff. Rn. 2) hat sich die Schutzfrist für ausübende Künstler und Tonträgerhersteller von bisher 50 auf 70 Jahre verlängert. § 82 nF UrhG trägt dem Rechnung. Für Darbietungen auf Tonträgern erlöschen die Leistungsschutzrechte der ausübenden Künstler 70 Jahre nach Erscheinen bzw. nach erster erlaubter Benutzung zur öffentlichen Wiedergabe, wenn diese früher erfolgte. Für ausübende Künstler hat das zur Folge, dass, wenn bis zum 1.11.2013 die Schutzdauer von 50 Jahren noch nicht erloschen war, die ausübenden Künstler einen zusätzlichen Vergütungsanspruch nach § 79 Abs. 3, 79a nF UrhG erhalten (s. § 79a Rn. 1 ff.) oder bei Untätigkeit des Tonträgerherstellers den Nutzungsvertrag mit dem Rechtsnachfolger des seinerzeitigen DDR-Tonträgerherstellers kündigen können (s. § 79 Rn. 39 f.).

34 **bb) Verlängerung der Nutzungsrechtseinräumung und Vergütung.** Nach § 3 Abs. 1, Abs. 4 der Anlage I zum EV, Kapitel III E, Abschnitt II Nr. 2 erstreckt sich eine Einräumung von Nutzungsrechten im Zweifel auch auf die Zeitspanne, um die sich der Schutz des Urhebers oder des Leistungsschutzberechtigten durch die Anwendung des UrhG verlängert (BT-Drucks. 12/7489, 3). § 3 ist insoweit eine Parallelvorschrift zu den Übergangsbestimmungen im UrhG, die eine nachträgliche Schutzfristverlängerung betreffen (§§ 137 Abs. 2 bis 4, 137a Abs. 2, 137b Abs. 2, 137c Abs. 2 und 137f Abs. 4 UrhG).

Aufgrund der **Erstreckung** (anders als bei Lichtbilderwerken nach § 137a Abs. 2 UrhG) erhält der Urheber oder Inhaber des Leistungsschutzrechtes gegen den Nutzungsberechtigten einen **gesetzlichen Anspruch auf angemessene Vergütung** (§ 3 Abs. 2). § 3 Abs. 2 S. 1 gilt für jeden Nutzungsberechtigten. Der Nutzungsberechtigter kann auch der Vertragspartner des Urhebers oder eines ausübenden Künstlers oder ein Dritter sein, dem das Nutzungsrecht vom Rechtsinhaber oder vom Inhaber eines Leistungsschutzrechts weiterübertragen wurde. Die Zahlungsverpflichtung trifft den Nutzungsberechtigten. Den Urhebern und ausübenden Künstlern an den ab 1990 entstandenen Tonträger-, Film-, Fernseh und Hörfunkaufnahmen steht ein Vergütungsanspruch zu, wenn der Vertragspartner eine Lizenz vergeben hat. Nur dem Vertragspartner den Vergütungsanspruch zuzusprechen, wäre weder richtig noch angemessen (*Dünnwald/Gerlach* Vor § 77 Rn. 24).

Die **Vergütungsregelung des § 3 Abs. 2** ist dann anzuwenden, wenn ein Urheber **35** oder Leistungsschutzberechtigter einem Verwerter Nutzungsrechte eingeräumt und dieser die Rechte teilweise auf einen Dritten übertragen hatte, der nach dem 3.10.1990 weiterhin eine Vervielfältigung und Verbreitung der Leistungen z.B. auf CD vornahm. Dem ausübenden Künstler kann nicht der Vergütungsanspruch abgesprochen und dem Vertragspartner zugesprochen werden (*Dünnwald/Gerlach* Vor § 77 Rn. 24). Eine analoge Anwendung des § 3 Abs. 2 EV wäre für den Vertragspartner möglich (so KG Berlin ZUM-RD 1997, 245, 249 – Staatskapelle Berlin; Schricker/Loewenheim/*Katzenberger* Vor §§ 120 ff. Rn. 31). Die Vergütung kann der Künstler also auch von jedem Dritten als Nutzungsberechtigten verlangen. § 3 betrifft nur die **zeitliche Erstreckung,** die räumliche Erstreckung der Nutzungshandlungen ist weder im EVtr noch in den Übergangsregelungen geregelt worden (*Schack* Rn. 131). Die Grundsätze der angemessenen Vergütung nach den §§ 11 S. 2, 32, 32a und 32c i.V.m. § 137l sind auf die Altverträge, die vor dem 3. Oktober 1990 abgeschlossen wurden, anzuwenden, soweit dieselben noch wirksam sind (näher s. § 32 Rn. 54; § 32a Rn. 38; § 32c Rn. 48 und § 137l Rn. 5). So kann ein Filmurheber als Miturheber den Anspruch aus § 32a und § 36 a.F. sowie den vorbereitenden Auskunftsanspruch unabhängig von anderen Miturhebern geltend machen, und Leistung an sich alleine verlangen, um eine faire Beteiligung der Urheber zu sichern (BGH ZUM-RD 2012, 192, 194 Rn. 19 – Das Boot).

b) Anwendung des URG auf Altverträge. Nach Art. 232 § 1 EGBGB gilt das **36** **Recht der DDR,** wenn der Vertrag vor dem 3.10.1990 geschlossen wurde (Schricker/Loewenheim/*Katzenberger* vor §§ 120 ff. Rn. 35; Dreier/Schulze/*Dreier* § 1 EV Rn. 2; *Widerspruch zu* § 88 Rn. 18; Berger/Wündisch/*Richter* § 8 Rn. 43; *Schricker* Einl. VerlG Rn. 49; Loewenheim/*Castendyk* § 75 Rn. 306; *Haberstumpf* Rn. 442; *Rehbinder* Rn. 39; BGH NJW 1993, 259, 260; MünchKomm/*Heinrichs* Art. 232 § 1 EGBGB Rn. 5, 7, 8). Gleiches gilt nach Art. 232 § 10 EGBGB für Ansprüche aus vor dem 3.10.1990 begangenen Urheberrechtsverletzungen (*Schack* Rn. 133). Die Anlage I zum EVtr enthält hier keine besonderen Regelungen; §§ 1, 2 und 3 der Anlage I zum EVtr, Kapitel III E, Abschnitt II Nr. 2 erstrecken zwar die Anwendbarkeit des UrhG auf vorbestehende Werke und auf Nutzungshandlungen, nicht aber auf Verträge über ihre Nutzung.

Die **Rechtsprechung** geht unter Anwendung des Art. 232 § 1 EGBGB davon aus, dass das **37** Urhebervertragsrecht der DDR für Urheberverträge, die vor dem 3.10.1990 abgeschlossen wurden, nach wie vor anwendbar ist (BGH GRUR 2003, 699, 702 – Eterna; BGH NJW 2001, 2402, 2403 – Barfuß ins Bett; OLG München ZUM 2003, 141, 143 – Spielbankaffaire; KG AfP 1999, 77; KG ZUM-RD 1999, 484; LG Stuttgart vom 14.12.2010). Auch in der **Literatur** wird eine rückwirkende Geltung des Urhebervertragsrechts nach bundesrepublikanischem Recht richtigerweise überwiegend abgelehnt (*Katzenberger* GRUR Int. 1993, 2, 16; Schricker/Loewenheim/*Katzenberger* § 121 UrhG Rn. 4; Fromm/Nordemann/*Boddien* Vor EV Rn. 3; Möhring/Nicolini/*Hartmann* § 121 UrhG Rn. 10; *Schack* Rn. 130; *Schricker* IPrax 1992, 216; *Püschel* GRUR 1992, 579, 581 f.; *Wandtke* GRUR 1991, 263, 265; Stög-

müller 121; *Pfister* 145; a. A. *Schulze* GRUR 1991, 731 ff.; Loewenheim/*Castendyk* § 75 Rn. 306, mit Begründung in Fn. 405; differenzierend Dreier/Schulze/*Dreier* Vor EV Rn. 5).

38 Der **Anwendung des Urhebervertragsrechts der DDR auf Altverträge** steht auch nicht der Grundsatz entgegen, dass zwischen Verpflichtungs- und Verfügungsgeschäften getrennt werden muss. Da das Abstraktionsprinzip im Urhebervertragsrecht der DDR ohnehin kaum eine Rolle spielte, weil das Kausalgeschäft eng mit dem Verfügungsgeschäft verknüpft war, steht der Anwendung des Art. 232 § 1 EGBGB nichts entgegen (*Obergfell* KUR 2003, 91, 93; *Katzenberger* GRUR Int. 1993, 16; *Stögmüller* 121; *Pfister* 145). Denn seit Inkrafttreten des ZGB am 1.1.1976 war die Abstraktion von der causa in der Zivilrechtsordnung der DDR aufgehoben. Es galt dann das Kausalitätsprinzip, d. h. mit Beendigung des Verpflichtungsgeschäft war auch die Nutzungsrechtseinräumung beendet (*Klinkert* in: Eckert/Hattenhauer 127, 133; vgl. oben Rn. 29).

39 c) **Ordre public-Vorbehalt.** Die Anwendung des Urhebervertragsrechts der DDR auf Altverträge nach der Wiedervereinigung kann aber im Einzelfall mit den in der Bundesrepublik historisch gewachsenen **Grundsätzen der Rechtsordnung** im Allgemeinen (§§ 133, 157 BGB) und der **Urheberrechtsordnung** im Besonderen in Widerspruch geraten (§§ 31 ff. UrhG). Dort, wo die Anwendung des Urhebervertragsrechts der DDR auf Altverträge zu unerträglichen Ergebnissen führen würde, die mit den bundesrepublikanischen Gerechtigkeitsvorstellungen in starkem Widerspruch stehen (vgl. zum Verstoß gegen den deutschen ordre public BVerfG NJW 1989, 1275; BGHZ 104, 240, 243; BGHZ 118, 313, 330; BGHZ 123, 268, 270; BGH NJW 1979, 488), ist von der Anwendung des Urhebervertragsrechts der DDR abzusehen. Dies ergibt sich aus den Art. 6 (ordre public-Vorbehalt) und 34 EGBGB, wobei diese eng auszulegen sind (Fromm/Nordemann/*J. B. Nordemann* Vor §§ 31 ff. UrhG Rn. 22; *Pfister* 146; *Stögmüller* 121), und ist vor allem bei Widersprüchen mit den **zwingenden Vorschriften des UrhG** (§§ 31 Abs. 4, 40, 41, 42, 31 Abs. 5 UrhG) praktisch relevant.

40 Zu solchen unerträglichen Ergebnissen würde etwa die Anwendung des Urhebervertragsrechts der DDR führen, wenn **Videorechte** als übliche Nutzungsrechte durch Auslegung der „**globalen Rechtseinräumung**" in Film- und Sendeverträgen angesehen würden (*Katzenberger* GRUR Int. 1993, 16; *Wandtke* GRUR 1999, 305, 309). Wesentliche Rechtsgrundsätze, die bei der Auslegung der Altverträge aus der DDR eine Rolle spielen, sind die Grundsätze von Treu und Glauben (§ 242 BGB) und die guten Sitten (§ 138 BGB). Der urheberrechtliche Standard und die Gleichbehandlung der Urheber aus der ehemaligen DDR mit den Urhebern aus den alten Bundesländern (Art. 3 GG) gebietet die Beachtung dieser Rechtsnormen, um eine Rechtseinheit und -gleichheit für alle deutschen Urheber zu erreichen (*Stögmüller* 121). Nach Auffassung der Rechtsprechung sind die Grundsätze von Treu und Glauben als übergesetzliche Rechtssätze allen Rechtsordnungen immanent und unverzichtbar (BGH NJW 1993, 259, 261).

41 d) **Störung der Geschäftsgrundlage. aa) Grundsatz.** Die Rechtsfigur der Geschäftsgrundlage zählte vor ihrer Normierung in § 313 BGB zum ungeschriebenen Bestandteil der deutschen Rechtsordnung (BVerfGE 34, 216 ff.; BGHZ 74, 370, 372) und ist auch dem Urhebervertragsrecht nicht fremd (Fromm/Nordemann/*Boddien* Vor EV Rn. 8; Schricker/Loewenheim/*Katzenberger* Vor §§ 120 ff. UrhG Rn. 38; *Ulmer* 472; Schricker § 35 VerlG Rn. 13 ff.; BGH NJW 2001, 2402, 2407 – Barfuß ins Bett; BGH GRUR 2005, 320, 325 – Kehraus). Sie fand bisher ihre gesetzliche Grundlage im Prinzip von Treu und Glauben (MünchKomm/*Roth* § 242 BGB Rn. 475; *Larenz* SchR AT § 21 II, 322).

42 Die Rechtsfigur kann auch auf **Altverträge,** die vor dem 3.10.1990 abgeschlossen wurden, angewendet werden. Das RG hatte bereits 1934 darauf hingewiesen, dass Treu und Glauben für Altverträge im Zusammenhang mit einer Veränderung des Staatsgebietes bedeutsam sind, in rechtserhebliche Umstände in Frage stehen (RGZ 144, 378, 380). Neben der subjektiven Geschäftsgrundlage (BGHZ 25, 390, 392; BGHZ 40, 344, 335) ist

insb. für die hier anstehenden Fälle die objektive Geschäftsgrundlage von Interesse. Während die subjektive Geschäftsgrundlage auf die Vorstellungen der Partei aufbaut, betrifft die objektive Geschäftsgrundlage Fälle der Zweckvereitelung und **Äquivalenzstörungen** (*Larenz,* SchR AT § 21 II, 324).

Die Auflösung der DDR und die **Wiedervereinigung** waren objektiv so außergewöhnliche und die Sozialexistenz eines ganzen Volkes berührende einschneidende Ereignisse (*Drexl* DtZ 1993, 184ff.; *Wandtke* UFITA 115 (1991) 24f.), dass die Auslegung der Urheberrechtsverträge i.S.d. § 242 BGB hier besonderer Maßstäbe bedarf. Besonders zu berücksichtigen sind die Umstände, die bei Vertragsschluss in der DDR herrschten. Auf der Rechtsfolgenseite wäre die Auflösung oder die Anpassung der Verträge möglich. Letzteres wird zu Recht favorisiert (Dreier/Schulze/*Dreier* Vor EV Rn. 14; Fromm/Nordemann/*J.B. Nordemann* Vor §§ 31ff. Rn. 23; *Katzenberger* GRUR Int. 1993, 2, 16; *Püschel* GRUR 1992, 579, 582; *Wandtke* GRUR 1999, 305, 310; *Delp* 265; allgemein BGHZ 47, 48, 52; BGHZ 83, 251, 254f.; BGHZ 89, 226, 238f.; BGHZ 101, 143, 150; BGH NJW 1993, 259, 262). 43

bb) Räumliche Erstreckung. Umstritten sind die Auswirkungen der Wiedervereinigung auf die vertraglich vereinbarten Nutzungsrechtseinräumungen. Im EVtr fehlt eine Regelung dahingehend, ob ein vor dem 3.10.1990 eingeräumtes Nutzungsrecht nach dem 3.10.1990 räumlich automatisch auf Gesamtdeutschland erstreckt werden kann. Eine solche **automatische Erstreckung** wird im Schrifttum **überwiegend abgelehnt** (Dreier/Schulze/*Dreier* Vor EV Rn. 11; Schricker/Loewenheim/*Katzenberger* Vor §§ 120 UrhG Rn. 37, 38; Möhring/Nicolini/*Spautz* § 32 UrhG Rn. 8; Berger/Wündisch/*Richter* § 8 Rn. 48; v. Hartlieb/Schwarz/*Reber* Kap. 69 Rn. 3; differenzierend Fromm/Nordemann/*Boddien* Vor EV Rn. 5; *Stögmüller* 104ff.; *Loewenheim* GRUR 1993, 934, 940; *Schmits* ZUM 1993, 72, 78; *M. Schwarz/Zeiss* ZUM 1990, 468; *Wandtke* GRUR 1991, 263, 266; *Schack* Rn. 606; *Obergfell* KUR 2003, 91, 93). 44

Die **Rechtsprechung** ist uneinheitlich. Mit der „Klimbim-Entscheidung hat der BGH hinsichtlich der Einräumung des Senderechts an öffentlich-rechtlichen Rundfunkanstalten eine automatische Erstreckung des Senderechts auf die neuen Bundesländer zu Recht abgelehnt (BGHZ 133, 281, 290ff.; ebenso OLG München ZUM-RD 2002, 77, 84 – Kehraus; LG München I GRUR 1992, 169, 170; v. Hartlieb/Schwarz/*Reber* 69. Kap. Rn. 3; a.A. *Pfister* 162f., *Flechsig* ZUM 1991, 1, 7; *Flechsig* FS Nirk 263, 291; *Stögmüller* 137ff.: Anbietungspflicht). Das gleiche gilt für das Verbreitungsrecht von Videokassetten und DVDs. Wird vor der Wiedervereinigung das ausschließliche Videoauswertungsrecht für das Gebiet der BRD und Berlin-West eingeräumt, fallen die neuen Bundesländer nicht darunter (BGH GRUR-Prax 2010, 128 – Der Name der Rose). Dagegen wird im umgekehrten Fall die Ausstrahlung eines **Films des DFF** (Deutscher Fernsehfunk der DDR) in den alten Bundesländern nicht als Urheberrechtsverletzung angesehen, weil der RKV (Rahmenkollektivvertrag) mit der Formulierung „In- und Ausland" auch die alte Bundesrepublik erfasse (KG ZUM 1999, 154, 156; ebenso BGH NJW 2001, 2402, 2404 – Barfuß ins Bett). Dabei wird aber übersehen, dass die Nutzungsrechte des DFF nicht mit Einwilligung der Urheber und Leistungsschutzberechtigten auf die Landesrundfunkanstalten der neuen Länder übertragen worden sind, die Gesamtdeutschland einschließen (*Wandtke* GRUR 1999, 305, 311; Berger/Wündisch/*Richter* § 8 Rn. 59; a.A. Schricker/Loewenheim/ *Katzenberger* vor §§ 120ff. Rn. 38). Denkbar ist die dingliche Wirkung des Senderechts nur für die neuen Bundesländer. Denn die Vergrößerung eines Staatsgebietes kann nicht ohne weiteres den Inhalt der privaten urheberrechtlichen Nutzungsverträge ändern (BGH GRUR 1997, 215 – Klimbim; KG Berlin GRUR 2003, 1039, 1040 – Sojusmultfilm). Durch die Wiedervereinigung hat sich das Lizenzgebiet hinsichtlich des Senderechts nicht automatisch erweitert (a.A. BGH GRUR 2001, 862, 830 – Barfuß ins Bett). Dem DDR-Fernsehen ist wegen seiner Monopolstellung nur eine einfache Lizenz eingeräumt worden 45

(Loewenheim/*Castendyk* § 75 Rn. 318). Die Berufung auf die Grundsätze der Geschäftsgrundlage kann zur angemessenen Erhöhung der Lizenzgebühr führen, wenn das in einem Sendevertrag festgelegte Verbreitungsgebiet durch den größeren Ausstrahlungsbereich eines neu eingesetzten Fernsehsatelliten (hier: ASTRA) erheblich erweitert wird (OLG Frankfurt a. M. GRUR Int. 1996, 247 ff.; Dreier/Schulze/*Dreier* § 1 EV Rn. 14).

46 Das Senderecht der Urheber der DDR erfasste auch nicht den **Westteil Berlins,** selbst wenn das Fernsehen der DDR die Haushalte im Westteil Berlins terrestrisch oder per Kabel erreichen konnte (a. A. LG Berlin AfP 1993, 776, 778; KG AfP 1996, 284, 285). Auch umgekehrt gehörte West-Berlin nicht zum Lizenzgebiet, wenn das Senderecht nur für das Gebiet der früheren DDR erworben wurde (BGH ZUM 2000, 749, 752 – Kabelweitersendung).

47 cc) **DEFA-Filme.** Eine Umgehung der dinglichen Wirkung des Nutzungsrechts und des urheberrechtlichen Grundgedankens, wonach der Urheber tunlichst an der Verwertung seines Werkes beteiligt werden muss, wird ferner durch die Argumentation versucht, das Recht zur **Vorführung** von DEFA-Filmen habe auch das **Senderecht** erfasst. Die Sendung von DEFA-Filmen in den alten Bundesländern wird damit begründet, dass das Recht zum Export von Filmlizenzen auch das Senden von DEFA-Filmen in den alten Bundesländern einschließt. Diese Gleichsetzung von Vorführ- und Senderecht widerspricht aber der klaren Gesetzeslage des URG der DDR (a. A. KG ZUM-RD 1999, 484, 486). Dagegen hat das OLG Hamm unter Anwendung der Lehre von der Änderung bzw. dem Wegfall der Geschäftsgrundlage die Anpassung der Verträge und die **Aufspaltung des Verbreitungsgebiets** bejaht, wenn vor dem 3.10.1990 eine wirksam vereinbarte territoriale Beschränkung von Nutzungsrechten vorliegt. Eine **Erschöpfung des Verbreitungsrechts** kann dann nicht eintreten (GRUR 1991, 907, 908). Die dingliche Wirkung des vor dem 3.10.1990 territorial beschränkten Verbreitungsrechts bleibt bestehen (RGZ 42, 301, 304; RGZ 49, 174, 178; *Schricker* § 8 VerlG Rn. 15; Schricker/Loewenheim/*Katzenberger* Vor §§ 120 ff. Rn. 36; Möhring/Nicolini/*Spautz* § 32 UrhG Rn. 8; *v. Welser* IPRax 2004, 105, 106). Die Erschöpfung kann aber dann eintreten, wenn im lizenzierten Gebiet einmal das Werk in Verkehr gebracht worden ist (BGH GRUR 2003, 699, 702 – Eterna; KG Berlin GRUR 2003, 1039, 1940 – Sojusmultfilm; *Obergfell* KUR 2003, 91, 97; *v. Welser* IPRax 2004, 105, 106).

48 dd) **Verlagsbereich.** Auch bei Verlagsverträgen, die vor dem 3.10.1990 in der DDR abgeschlossen wurden, ist eine **Aufspaltung des Verbreitungsgebiets mit dinglicher Wirkung** vorhanden, wobei die überwiegende Meinung zu Recht davon ausgeht, dass eine Kündigung oder Auflösung des Verlagsvertrages wegen Zweckvereitelung nicht in Frage kommt (*Loewenheim* GRUR 1993, 934, 939; *Hemler* GRUR 1993, 371, 375; *Katzenberger* GRUR Int. 1993, 2, 18; *Püschel* GRUR 1992, 579, 582). Allerdings ist hier eine **Anpassung der fortbestehenden Altverträge** nach der Lehre von der Geschäftsgrundlage möglich und angezeigt, und zwar insb. hinsichtlich der Vergütungsvereinbarungen bzw. Lizenzgebühren. Inwieweit § 36 a. F. UrhG hier als Korrektiv in Frage kommt, ist umstritten (dafür: *Katzenberger* GRUR Int. 1993, 2, 18; *Stögmüller* 122; BT-Drucks. 12/7489, 5; dagegen: *Pfister* 153). Für § 242 BGB spricht vor allem, dass es um die Angleichung vergleichbarer Vergütungssätze bzw. Lizenzgebühren in der jeweiligen Vertragsbranche geht (so auch KG GRUR 1999, 328, 329 – Barfuß ins Bett). Die Vergütung ist vor allem unter dem Gesichtspunkt der Erweiterung der Rechtseinräumung zu sehen, für welche die Vergütung eine adäquate Gegenleistung darstellen sollte. **§§ 32 und 32a gelten** auch für Altverträge aus der DDR (Dreier/Schulze/*Dreier* § 2 EV Rn. 9; einschränkend Loewenheim/*Castendyk* § 75 Rn. 312: nur § 32a).

49 ee) **Vergütung für erweiterte Rechtseinräumung.** Die Änderung der Geschäftsgrundlage kann grds. nur zu einer Verpflichtung zur erweiterten Rechtseinräumung durch

die Urheber erfolgen, nicht aber zur Rechtseinräumung selbst (BGHZ 133, 281, 290 – Klimbim; Schricker/Loewenheim/*Katzenberger* Vor §§ 120 ff. UrhG Rn. 38; *Wagner/Obergfell* ZUM 2001, 979). Eine Berufung auf die Störung der Geschäftsgrundlage und damit zur Verpflichtung einer Rechtseinräumung ist nur dann möglich, wenn dies zur Vermeidung untragbarer, mit Recht und Gerechtigkeit schlechthin nicht vereinbarer und damit der betroffenen Vertragspartei nicht zumutbaren Folgen unabweisbar erscheint. Nach diesem Grundsatz ist für eine erweiterte Rechtseinräumung als Gegenleistung eine angemessene Vergütung an den Urheber oder Leistungsschutzberechtigten zu zahlen (im Ergebnis anders allerdings BGH GRUR 2001, 826, 830 – Barfuß ins Bett). Seit der Reform des UrhG 2002 (vgl. Vor §§ 31 ff. Rn. 3) kommt § 32a als Korrekturanspruch zum Zuge (Dreier/Schulze/*Dreier* Vor EV Rn. 10). Werden koproduzierte Filme auch in den neuen Bundesländern ausgestrahlt, obwohl der Koproduktionsvertrag von 1983 keine Regelung über die Senderechte in den neuen Bundesländern enthält, stehen die Erlöse aufgrund ergänzender Vertragsauslegung desselben den Vertragsparteien gemeinschaftlich zu (OLG München ZUM 2010, 719, 724 – Kehraus).

e) Leistungsstörungen und Einigungsvertrag. Schon nach einem allgemeinen Rechtsgedanken des intertemporalen Rechts untersteht das Schuldverhältnis nach seinen Voraussetzungen, seinem Inhalt und seinen Wirkungen dem Recht, welches **zur Zeit** der Verwirklichung seines **Entstehungstatbestandes** galt (Palandt/*Grüneberg* Einl. v. § 241 BGB Rn. 14). Ausdruck dessen ist Art. 232 § 1 EGBGB, wonach das Recht der DDR maßgebend ist, wenn ein Schuldverhältnis vor dem Wirksamwerden des Beitritts entstanden ist. **50**

Da die **Werknutzungsverträge** in der DDR Schuldverhältnisse begründeten, gelten die Vorschriften des URG und die des Zivilgesetzbuchs der DDR (BGH DtZ 1996, 112). So ist bei einem bereits bestehenden Herausgebervertrag eine Vertragsverletzung dann zu bejahen, wenn ein weiterer Herausgebervertrag zum gleichen literarischen Werk mit einem anderen Autor vereinbart wird und eine Zustimmung zur Änderung durch die Erben nicht vorliegt (a. A. LG Stuttgart 17 O 376/10). Bei der Auslegung von Werknutzungsverträgen ist aber der zwischenzeitlich eingetretene Bedeutungswandel zu berücksichtigen. So kann etwa ein 1984 in der DDR abgeschlossener Werknutzungsvertrag heute nicht mehr nach den „Grundsätzen der sozialistischen Moral" bewertet werden, es gilt vielmehr die Auslegung nach den „guten Sitten" (§ 138 BGB; KG DtZ 1991, 245, 246). **51**

Soweit **Leistungsstörungen** auftreten, sind die Voraussetzungen und Rechtsfolgen **nach dem bisherigen DDR-Recht** zu beurteilen (BGH NJW 1998, 1701, 1704). Das betrifft die Unmöglichkeitsregeln ebenso wie die Schlecht- und Späterfüllung. Wurde z. B. in der DDR 1989 zwischen einem Theater und einem Komponisten ein Nutzungsvertrag mit der Maßgabe abgeschlossen, die Opernkomposition aufzuführen, greifen die Rücktrittsregelungen nach § 45 Abs. 2 und 3 URG (vgl. Anh 1), wenn das Theater als Vertragspartner die öffentliche Zugänglichmachung des Werkes bis 1995 verhindert hat. Der Urheber muss die bisher gewährte Vergütung nicht zurückzahlen. Außerdem kann er Schadensersatz für mögliche garantierte Vorstellungen verlangen, wenn diese nunmehr nicht realisiert werden können (Püschel/*Püschel*, Lehrbuch UrhR 1986, 79, 80). Eine ähnliche Regelung enthält § 80 Abs. 4 ZGB der DDR. Die Rechtslage ist eine andere als in §§ 346 ff. BGB bzw. §§ 812 ff. BGB, wonach beiderseitige Leistungen zurückzugewähren sind oder es nur zum Bereicherungsausgleich kommt. **52**

f) Zweckübertragungslehre. aa) Grundsatz. Mit der Erstreckung des UrhG auf das Beitrittsgebiet am 3.10.1990 ist auch der Auslegungsgrundsatz des § 31 Abs. 5 UrhG heranzuziehen. Auch das Urhebervertragsrecht der DDR besaß für die Übertragung von Nutzungsrechten zwingende Regelungen (v. a. § 39 URG), die der Zweckübertragungslehre entsprachen (*Püschel* UFITA 2003/II, 441, 461; *Püschel* UFITA 2002/I, 145, 162; *Püschel* GRUR 1992, 579, 582; Fromm/Nordemann/*J. B. Nordemann* Vor §§ 31 ff. Rn. 22; Wandtke **53**

EVtr Anl I Kap III.E. II (2) 54–58 Urheberrecht und Einigungsvertrag

GRUR 1991, 263, 266; *Wandtke/Haupt* GRUR 1992, 21, 26; *Stögmüller* 86; *Katzenberger* GRUR Int. 1993, 2, 15; *Lütje* in: Hoeren/Sieber Teil 7.2 Rn. 83; Möhring/Nicolini/*Lütje* Vor §§ 88ff. UrhG Rn. 22; a. A. offenbar Möhring/Nicolini/*Spautz* § 31 UrhG Rn. 3).

54 Die Zweckübertragungslehre lag nicht nur dem URG, sondern auch den **Vertragsmustern** zugrunde (*Püschel* UFITA 2003/II, 441, 461). Bei Zweifeln über den Umfang der Rechtseinräumung sind die entsprechenden Vertragsmuster heranzuziehen. Wenn diese fehlen oder selbst dem URG widersprechen, ist der Grundsatz der Zweckübertragung für die Auslegung von Altverträgen einschlägig. Vor allem bei **globalen Rechtseinräumungen** ist nur von „einer Übertragung von für den Vertragszweck notwendigen Einzelbefugnissen" auszugehen (Püschel/*Glücksmann,* Taschenlexikon UrhR 1980, 301; ebenso *Sauerstein* WZH 1971, 119, 122). Seinen Ausdruck fand der Zweckübertragungsgrundsatz in § 39a) URG, wonach die Art und der Umfang der Verwendung des Werkes zu vereinbaren waren.

55 In Verletzung dieser Norm und des Zweckübertragungsgrundsatzes gab es im Medienbereich der DDR teilweise globale Rechtseinräumungen (z.B. für alle **Rundfunk- und Filmzwecke**), die auf veröffentlichte oder unveröffentlichte staatliche Entscheidungen zurückzuführen waren, welche teilweise mit ökonomischen Zwängen begründet wurden, der urheberrechtlichen Gesetzeslage aber widersprachen (so noch *Haupt* 98).

56 **bb) Film- und Sendeverträge.** Dies betraf z.B. den unveröffentlichten „Gemeinsamen Rechtsstandpunkt des Ministeriums für Kultur und des staatlichen Komitees für Fernsehen beim Ministerrat der DDR zur Übertragung von Nutzungsbefugnissen für Film- und Fernsehwerke v. 12.6.1984" (Loewenheim/*Castendyk* § 75 Rn. 316; *Wandtke/Haupt* GRUR 1992, 21, 25; ebenso; Berger/Wündisch/*Richter* § 8 Rn. 76; *Püschel* UFITA 2002/I, 145, 147; *Püschel* UFITA 2003/III, 769, 780: Gemeinsamer Rechtsstandpunkt rechtswidrig). Hierin wurde mittels staatlicher Anweisung festgelegt, wie Film- und Sendeverträge auszulegen sind. Danach hatten Film- und Fernsehhersteller in der DDR das Recht zur Videoauswertung auch ohne vertragliche Rechtseinräumung. Dies war nicht nur ein klarer Verstoß gegen das URG und die Vertragsmuster, sondern auch gegen Art. 11 Abs. 2 der Verfassung der DDR, wonach der Schutz des Urhebers Verfassungsrang hatte (Verfassung der DDR v. 6.4.1968 i. d. F. v. 12.4.1990, GBl. I 1990 Nr. 24, 229).

57 Entgegen der in der Literatur gelegentlich anzutreffenden Meinung gehört das **Recht zur Videoauswertung** aber nicht zum Inhalt der Altverträge (Dreier/Schulze/*Dreier* § 2 EV Rn. 2; BGH ZUM 2011, 560, 564 – Der Frosch mit der Maske; BGH ZUM 2011, 498, 499 – Drehbuchautor; OLG Köln GRUR-RR 2009, 208, 210 – Frosch mit der Maske; OLG München ZUM 2003, 141, 144 – Spielbankaffaire). Sie widersprachen der Zweckübertragung und der Rechtseinräumung als Verfügungsgeschäft (Berger/Wündisch/*Richter* § 8 Rn. 76; *Stögmüller* 87; *Katzenberger* GRUR 1993, 2, 15; *Wandtke/Haupt* GRUR 1992, 21, 25 f.; *Wandtke* GRUR 1999, 305, 309 über die Auseinandersetzung zwischen den Autoren *Püschel* und *Staat* m. w. N.; *Haupt* 75; a. A. *Reupert* ZUM 1994, 87, 92 f.; *Hegemann* 96; *Haupt,* Urheberrecht und DEFA-Film 31; *Haupt* ZUM 1999, 898, 903; *Haupt* UFITA 2003/I, 33, 53). Auch die amtlichen Erläuterungen zu § 2 Abs. 2 der Anlage I zum EV, Kapitel III E, Abschnitt II Nr. 2 gehen davon aus, dass in der DDR Videorechte üblicherweise nicht übertragen wurden. Dies trifft auch auf Altverträge zu, die vor Inkrafttreten des URG am 1.1.1966 abgeschlossen wurden (Schricker/Loewenheim/*Katzenberger* Vor §§ 120ff. Rn. 35). Denn nach § 95 Abs. 2 S. 2 URG waren Bestimmungen in solchen Verträgen unwirksam (und wurden durch die Regelungen des URG ersetzt), wenn sie dem URG widersprachen.

58 **cc) Globale Rechtseinräumung.** Soweit Altverträge und Vertragsmuster aus den fünfziger Jahren existieren, sind globale Rechtseinräumungen nicht wirksam. Die vertragliche Abrede im **Rahmenvertrag für Filmautoren** v. 24.10.1955, wonach die Dauer der Rechteübertragung für Drehbuchautoren fünf Jahre beträgt und der Umfang der Rechte-

übertragung zum Zeitpunkt des Vertragsabschlusses nur bekannte Formen der Verwertung des Films einschließt, erfasst **keine Videorechte** (BGH ZUM 2011, 560, 562 Rn. 11 – Der Frosch mit der Maske; BGH ZUM 2011, 498, 499 Rn. 11 – Drehbuchautor). Nach Anlage I zum EV, Kapital III Sachgebiet E, Abschnitt II, Nr. 2 § 2 Abs. 2 und § 3 Abs. 3 verbleiben Rechte, die üblicherweise nicht übertragen wurden (wie beispielsweise die ausdrücklich genannten Videorechte), beim Rechtsinhaber (Loewenheim/*Castendyk* § 75 Rn. 316; Dreier/Schulze/*Dreier* § 2 EV Rn. 4; Schricker/Loewenheim/*Katzenberger* Vor §§ 120 ff. UrhG Rn. 30; *Wandtke* GRUR 1999, 305, 307; LG München Urt. v. 12.5.1999, GZ 2103466/98; a.A. nunmehr *Haupt*, Urheberrecht und Defa-Film, 31; *Haupt* UFITA 2003/I, 33, 52; *Haupt* ZUM 1999, 380, 384; wie hier aber noch *Wandtke/Haupt* GRUR 1992, 21, 25). Das Urheberrecht in Deutschland kannte vor und nach Inkrafttreten der Urheberrechtsgesetze in beiden deutschen Staaten keine Einschränkung der Anwendung der Zweckübertragungsregel (Fromm/Nordemann/*J. B. Nordemann/Czychowski* § 132 UrhG Rn. 6; Schricker/Loewenheim/*Katzenberger* § 132 UrhG Rn. 3).

Globale Rechtseinräumungen und Vereinbarungen, wonach sich die Rechteübertragung „auf alle jetzigen und zukünftigen Arten, Systeme und Verfahren der Auswertung des Films und seiner Teile ..." erstreckt, sind auch nach dem Urhebervertragsrecht der DDR nicht wirksam (a.A. *Haupt* ZUM 1999, 898, 903). Der Zweckübertragungsgedanke stand vor und nach Inkrafttreten des URG am 1.1.1966 der Einräumung unbekannter Nutzungsarten im Filmbereich entgegen (BGH ZUM 2011, 560, 561 Rn. 16 – Der Frosch mit der Maske). Der Zweckübertragungsgedanke des § 31 Abs. 5 kann nicht im Nachhinein dogmatisch und rechtspolitisch dahingehend gedeutet werden, dass damit auch unbekannte Nutzungsarten in Nutzungsverträgen in der DDR erfasst würden. Man würde damit eine zwingende Regelung, die § 31 Abs. 4 a. F. zum Ausdruck brachte, unterlaufen. Die Neuregelung mit der Reform 2007 (s. Vor §§ 31 ff. Rn. 5) unterstreicht diese Auffassung. Zwar wurde mit der Reform 2007 nicht gesondert geregelt, wie Altverträge, die zwischen dem 1.1.1966 und dem 3.10.1990 in der DDR abgeschlossen wurden, zu behandeln sind. Aber nach der Gesetzessystematik erfassen Altverträge nicht rückwirkend die Rechtseinräumung unbekannter Nutzungsarten nach § 31 Abs. 5. Für Altverträge, die in der DDR zwischen dem 1.1.1966 und dem 3.10.1990 abgeschlossen worden sind und keine Klauseln über unbekannte Nutzungsarten enthalten, ist die Übertragungsfiktion des § 137l anwendbar (s. Rn. 66). Der Verwerter muss für die neue Art der Werknutzung mit den VG nachverhandeln. Die Geltendmachung der Vergütungsansprüche erfolgt durch die VG.

Mit Inkrafttreten des URG (vgl. Anh 1) wurde die globale Rechtseinräumung in Werknutzungsverträgen rückwirkend (§ 95 Abs. 2 URG) aufgehoben, weil sie dem § 39 URG widersprach (*Haupt* 83; a.A. OLG München ZUM 2000, 61, 65). Ist ein Vertragszweck nicht zweifelsfrei festzustellen, gilt er nicht als vereinbart (*Haupt* 82). So umfasste ein Vertrag zwischen dem Rundfunk der DDR und Künstlern über ein Konzert mit Rundfunkausstrahlung nicht die spätere Verwertung eines Mitschnittes als CD (LG München I GRUR Int. 1993, 82, 84 – Duo Gismondi-Vasconcelos; OLG München GRUR Int. 1993, 90, 93 – Yosuke Yamashita), selbst wenn entsprechende Rahmenkollektivverträge mit globalen Rechtseinräumungen einbezogen worden waren.

dd) Arbeitsverträge und Rahmenkollektivverträge. Die Zweckübertragungslehre ist auch bei der Auslegung von urheberrechtlich relevanten **Arbeitsverträgen** heranzuziehen, die vor dem 3.10.1990 abgeschlossen wurden (Loewenheim/*W. Nordemann* § 13 Rn. 3; BGH GRUR 2001, 826, 828 – Barfuß ins Bett). Nach § 20 Abs. 2 URG hatte der Betrieb im Wege einer ausdrücklichen cessio legis ein gesetzliches Nutzungsrecht an von den Arbeitnehmern geschaffenen Werken im Rahmen der unmittelbaren Lösung ihrer Aufgaben (*Glücksmann* 103). Der Arbeitsvertrag war die entscheidende Individualvereinbarung zwischen dem Urheber oder Inhaber eines Leistungsschutzrechtes und wurde durch Rahmenkollektivverträge ergänzt.

62 **Rahmenkollektivverträge** (RKV) enthielten teilweise Urheberrechtsklauseln, die Bestandteil des Arbeitsverhältnisses waren und den Inhalt und Umfang der Rechtseinräumung bestimmen sollten. Soweit keine Urheberrechtsvereinbarungen im Arbeitsvertrag vorhanden waren, galten die Urheberrechtsklauseln der RKV (*Wandtke* GRUR Int. 1990, 843 ff.). Die RKV galten bis zum 2.10.1990 oder wurden nach der Wiedervereinigung geändert oder aufgehoben (Fischer/Reich/*Wandtke* Künstler 339 f.). Folgende RKV enthielten urheber- oder/und leistungsschutzrechtliche Regelungen über den Umfang der Nutzung von Arbeitnehmerwerken: RKV Verlage v. 30.4.1982 (registriert Nr. 68/82, Anlage 7, 69); RKV Fernsehen v. 12.8.1975 (registriert Nr. 64/75, 79/80), RKV Film v. 17.7.1975 (registriert Nr. 64/75, 26), RKV Theater v. 10.8.1987 (registriert Nr. 90/87, 16). Die Nutzungsrechte, die den Betrieben gesetzlich zustanden, wurden aus der konkreten betrieblichen Aufgabenstellung abgeleitet und in der Regel unbefristet eingeräumt. Die Betriebe waren in der Regel Eigentümer an den Trägern der urheberrechtlich geschützten Werke (KG ZUM-RD 1998, 9, 10).

63 ee) § 20 URG. Dort, wo weder aus dem Arbeitsvertrag noch aus dem RKV der Umfang der eingeräumten Nutzungsrechte erkennbar war, war nach § 20 Abs. 2 URG (vgl. Anh 1) die Zweckübertragungsregel heranzuziehen (Loewenheim/*Castendyk* § 75 Rn. 313; Püschel/*Barthel/Wandtke*, Lehrbuch UrhR 1986, 67; *Wandtke* GRUR Int. 1990, 843, 848; *Wandtke* GRUR 1999, 305, 309; BGH GRUR 2001, 826, 828 – Barfuß ins Bett). Soweit dem Arbeitsvertrag oder dem sonst erkennbaren Willen der Vertragspartner des Arbeitsverhältnisses nichts zu entnehmen war, stand dem Urheber zudem für die Werknutzung eine zusätzliche Vergütung sowie das Recht auf anderweitige Nutzung des Werkes nach § 20 Abs. 3 URG zu (Püschel/*Wandtke/Barthel*, Lehrbuch UrhR 1986, 68).

64 Bei der Auslegung von Arbeitsverträgen ist die Entscheidung des Obersten Gerichts der DDR v. 9.5.1984 zu berücksichtigen, wonach es ausdrücklich vom früheren Rechtsstandpunkt abweicht und einen **zusätzlichen Vergütungsanspruch** zum Gehalt gewährt, selbst wenn es sich um ein arbeitsvertraglich vereinbartes Pflichtwerk handelt (OG NJ 1984, 471, 472; *Püschel* NJ 1975, 198, 201). Nach dieser bedeutsamen Entscheidung entsteht dann, wenn weder der Arbeitsvertrag noch der RKV Aussagen über die Vergütung trifft, ein zusätzlicher Vergütungsanspruch des Urhebers. Das ist vor allem für Film- u. Fernsehregisseure relevant (*Glücksmann*, 106; *Wandtke* GRUR 1999, 305, 308; a. A. BGH GRUR 2001, 826, 830 – Barfuß ins Bett; KG VIZ 1999, 183, 184).

65 Da § 20 URG (vgl. Anh 1) nur an den **betrieblichen Zweck** anknüpft, ist eine weitergehende Nutzung des Werkes von der Einwilligung des Urhebers abhängig. § 20 Abs. 2 URG galt für alle Arbeitsverhältnisse, also auch für den Filmbereich. Während § 20 Abs. 2 URG eine gesetzliche Zweckübertragungsregel war, lag **§ 10 Abs. 2 URG,** wonach beim Film- und Fernsehwerk der herstellende Betrieb ausschließlich zur Rechtswahrnehmung für die Filmurheber befugt war, eine **gesetzliche Vertretungsregelung** zugrunde, die auch für die Urheber und Leistungsschutzberechtigten im Arbeitsverhältnis wirkte. § 10 Abs. 2 URG ist keine gesetzliche Rechteübertragungsregel, sondern unterstellte den DEFA-Studios nur eine Rechtswahrnehmungsbefugnis hinsichtlich der vermögensrechtlichen Befugnisse der Filmurheber (ebenso jetzt auch BGH NJW 2001, 2402, 2404 – Barfuß ins Bett; Dreier/Schulze/*Dreier* § 4 EV Rn. 2; Loewenheim/*Castendyk* § 75 Rn. 309: keine cessio legis-Regelung). Die Rechte selbst mussten die DEFA-Studios über einen Arbeits- oder Honorarvertrag erwerben (a. A. *Reupert* ZUM 1994, 87, 90; *Haupt*, Urheberrecht und Defa-Film, 36; *Haupt* UFITA 2003/I, 33, 57 f; *Haupt* ZUM 1999, 384).

66 g) **Unbekannte Nutzungsarten.** Mit der Reform 2007 (s. Vor §§ 31 ff. Rn. 5) sind an Stelle des § 31 Abs. 4 a. F. (s. § 31 Rn. 38) die §§ 31a, 32c, 137l getreten. Diese Entscheidung des Gesetzgebers hat auch Auswirkungen auf Altverträge, die in der DDR abgeschlossen wurden. Das Bundesverfassungsgericht hat darauf hingewiesen, dass die Frage der Verfassungsgemäßheit aufgrund der Subsidiarität zunächst die Fachgerichte prüfen müssen

(BVerfG ZUM 2010, 235, 238 – Filmurheberrecht). Im Einzelfall wird zu entscheiden sein, inwieweit die §§ 31a, 32c und § 137l UrhG mit der Eigentumsgarantie nach Art. 14 Abs. 1 GG übereinstimmen. §§ 31a, 32c gelten schon tatbestandlich nicht für Altverträge, die vor Inkrafttreten der Reform 2007 abgeschlossen wurden, denn diese können keine Einräumung unbekannter Nutzungsarten enthalten. Die Übertragungsfiktion des § 137l gilt aber auch für Altverträge, die nach dem 1.1.1966 und vor dem 3.10.1990 in der DDR abgeschlossen wurden (zur Behandlung von Altverträgen aus der Zeit vor dem 1.1.1966 s. § 137l Rn. 5). Dies ist im Gesetz zwar nicht ausdrücklich geregelt, und dagegen spricht zunächst der Grundsatz, dass auf diese Verträge nur das Urhebervertragsrecht der DDR anwendbar ist (s. oben Rn. 36). Es ist aber nicht davon auszugehen, dass der Gesetzgeber siebzehn Jahre nach Herstellung der deutschen Rechtseinheit durch den Einigungsvertrag eine erneute Spaltung herbeiführen wollte. Vielmehr sind ost- wie westdeutsche Altverträge insoweit gleich zu behandeln. Zu beachten ist aber, dass Videorechte, CD-ROM Rechte, Arten der Internetnutzung und andere technische Möglichkeiten zur Vervielfältigung und Verbreitung von Werken und künstlerischen Leistungen in der DDR unbekannte wirtschaftliche Verwertungsformen waren. Im Urhebervertragsrecht der DDR galt der Rechtsgrundsatz, dass noch nicht bekannte Nutzungsarten in keinem Fall als in den Vertrag einbezogen galten (BGH ZUM 2011, 560, 564 – Der Frosch mit der Maske; BGH ZUM 2011, 498, 499 – Drehbuchautor; OLG Köln GRUR-RR 2009, 208, 210 – Der Frosch mit der Maske; OLG München ZUM 2003, 141, 144 – Spielbankaffäre; Schricker/Loewenheim/*Katzenberger* Vor §§ 120 ff. Rn. 36). Eine globale Rechtseinräumung wurde abgelehnt (Püschel/*Glücksmann*, Taschenlexikon UrhR 1980, 366; *Wandtke*/*Haupt* GRUR 1992, 21, 25; *Katzenberger* GRUR Int. 1993, 2, 16; Dreier/Schulze/*Dreier* § 2 EV Rn. 4; a.A. nunmehr *Haupt* Urheberrecht und Defa-Film 31). § 39a URG ist zwar nicht in der Formulierung („die Art ... der Verwendung"), aber insoweit seinem Inhalt nach mit § 31 Abs. 4 a.F. UrhG identisch (a.A. aber BGH GRUR 2001, 826, 828 – Barfuß ins Bett; KG ZUM-RD 2000, 384, 386; Fromm/Nordemann/*Boddien* § 2 EV Rn. 4). Insofern kann die bisherige Rechtsprechung des BGH zu § 31 Abs. 4 a.F. (s. § 31 Rn. 38) zur Rechtseinräumung unbekannter Nutzungsarten (etwa für die Videoauswertung) herangezogen werden. Das Senderecht, welches auf das Fernsehen der DDR übertragen wurde, beinhaltet nicht, dass nach der Wiedervereinigung die Programmverbreitung mit Hilfe der neuen technischen Möglichkeiten über Kabel und Satellit vom Vertrag erfasst wird. Es ist eine neue und zusätzliche Auswertungsmöglichkeit (Schricker/Loewenheim/*Katzenberger* Vor §§ 120 ff. Rn. 36; a.A. BGH GRUR 2001, 826, 830 – Barfuß ins Bett).

67 Nutzungsverträge aus der DDR aus der Zeit zwischen 1949 und 1989 enthalten demnach keine **Videorechte**. Selbst wenn man unterstellt, dass die Möglichkeit der Videoauswertung von Spielfilmen dem durchschnittlichen Filmregisseur in der DDR bekannt war, fehlte es am Erfordernis der wirtschaftlichen Bedeutsamkeit mangels praktischer Umsetzung wegen der fehlenden technischen und ökonomischen Voraussetzungen (OLG München ZUM 2003, 141, 144 – Spielbankaffaire; a.A. KG ZUM-RD 2000, 384, 386). Ein relevanter und als bekannt anzusehender Videomarkt entstand auf dem Gebiet der DDR erst mit der Wende 1989.

68 Die Unmöglichkeit der Einräumung unbekannter Nutzungsarten gilt auch für **Altverträge**, die vor Inkrafttreten des URG am 1.1.1966 in der DDR abgeschlossen wurden, denn § 39a) URG (vgl. Anh 1) ist auch auf diese anwendbar (a.A. Fromm/Nordemann/*J. B. Nordemann* Vor §§ 31 ff. Rn. 22). So sind Vereinbarungen z.B. in Filmverträgen über unbekannte Nutzungsarten, die vor Inkrafttreten des URG am 1.1.1966 abgeschlossen wurden, insoweit nur wirksam, wenn der Wille des Urhebers unzweifelhaft die Einräumung von Nutzungsrechten für unbekannte Nutzungsarten zum Ausdruck bringt. Ein Hinweis in den Altverträgen auf die Tarifordnungen oder Allgemeine Geschäftsbedingungen im Filmbereich reichen nicht aus (BGH ZUM 2011, 560, 564 – Der Frosch mit der Maske; BGH ZUM 2011, 498, 499 – Drehbuchautor). Eine einheitliche Rechtsprechung muss für alle Altverträge gelten, unabhängig davon, ob sie vor 1966 in der BRD oder in der DDR abgeschlossen wurden. Das Recht zur Videoauswertung verbleibt dann beim Rechtsnachfolger (BGH ZUM 2011, 560, 562 Rn. 9 – Der Frosch mit der Maske; OLG Köln GRUR-RR 2009, 208, 210 – Der Frosch mit der Maske). § 95 URG enthält kein Rückwirkungsverbot, sondern knüpft vielmehr an die nach Inkrafttreten des URG stattfindende Verwertungshandlung an. Das gilt auch für ausübende Künstler. Eine rückwirkende Schlechterstellung wegen der neuen Rechtslage wird abgelehnt (BGH GRUR 2003, 324 – EROC III).

69 **Filmverträge,** die seit Gründung der DDR 1949 auch eine Rechtseinräumung für „unbekannte Nutzungsarten" enthalten, können daher nicht dahingehend ausgelegt werden, dass sie unbekannte Nutzungsarten (z.B. BlueRay Disc, DVD, Pay-TV, Satellitenausstrahlung, Kabelweiterleitung, Videoauswertung, Video-on-Demand, Pay-per-View, Online-Nutzung) auch tatsächlich erfassen (ebenso *Wagner/Obergfell* ZUM 2001, 980; *Möhring/Nicolini/Lütje* Vor §§ 88 ff. UrhG Rn. 23; a.A. jetzt *Haupt* ZUM 1999, 898, 903; *Haupt* Anm. zum Urt. des OLG München MMR 2002, 315; KG ZUM-RD 2000, 384, 386). Die Annahme einer generellen Zulässigkeit der Einräumung von Rechten an einer nicht bekannten Nutzungsart (hier Videorechte) widerspricht § 95 Abs. 2 URG (a.A. OLG München ZUM 2000, 61, 65 – Das kalte Herz). Daher wurden bei vor dem 1.1.1966 abgeschlossenen Altverträgen im Filmbereich die Video- oder Online-Rechte nicht übertragen, auch wenn die Tarifordnung für Filmschaffende ausdrücklich eine Rechtseinräumung für unbekannte Nutzungsarten einbezog (so auch Schricker/Loewenheim/*Katzenberger* Vor §§ 120 ff. Rn. 36; *G. Schulze* ZUM 2000, 432, 444 mit Hinweis auf RGZ 140, 255, 257 – Hampelmann, wonach mangels zusätzlicher Vergütungsregelung für unbekannte Nutzungsarten eine solche Rechtseinräumung unwirksam ist; BGH ZUM 2011, 560, 562 Rn. 22 – Der Frosch mit der Maske; OLG Köln GRUR-RR 2009, 210 – Der Frosch mit der Maske; a.A. OLG München ZUM 2000, 61, 65 – Das kalte Herz; ähnlich LG München I ZUM 1999, 332, 334 f.; LG Hamburg ZUM-RD 1999, 134, 136 a.A. nunmehr *Haupt* Urheberrecht und Defa-Film 53).

70 Dagegen war nach dem **alten bundesrepublikanischen Recht** die Übertragbarkeit von unbekannten Nutzungsarten möglich, weil § 31 Abs. 4 UrhG nur für nach dem 1.1.1966 in den alten Bundesländern abgeschlossene Verträge anwendbar ist (§§ 132 Abs. 1 S. 1, 143 Abs. 2 UrhG; Fromm/Nordemann/*J. B. Nordemann* Vor §§ 31 ff. Rn. 22; LG München I GRUR 1991, 377, 379; LG Hamburg ZUM-RD 1999, 134, 136). Es gab im Urhebervertragsrecht der DDR keine Vorschrift über die Übertragbarkeit unbekannter Nutzungsarten, sondern der Urhebervertrag sollte die neuen Werknutzungsbefugnisse im Einzelnen aufführen (Püschel/*Püschel*, Lehrbuch UrhR 1986, 244). Dies wurde entgegen der zwingenden individuellen Rechtseinräumung durch die Praxis aber teilweise unterlaufen (*Pfister* 135 f.; *Wandtke* GRUR 1999, 305, 309).

V. Rechtsnachfolge

1. Allgemeines

71 Im Prozess der Wiedervereinigung war es für die Urheber und Inhaber von Leistungsschutzrechten von Interesse, ob die Rechtsnachfolge an Betrieben durch neue Gesellschaften, Anstalten, öffentlich-rechtliche Körperschaften usw. in Übereinstimmung mit dem EVtr erfolgte. Soweit es Arbeitsverhältnisse betrifft, hat sich zwar die Betriebsinhaberschaft geändert, nicht aber die Rechte und Pflichten der arbeitsrechtlich gebundenen Urheber oder Leistungsschutzberechtigten (§ 613a BGB). Soweit es um die Fortgeltung des Rechts der DDR geht, muss dieses aber in Einklang mit den verfassungsrechtlichen Wertungen des Grundgesetzes stehen (BGHZ 117, 35; BGHZ 124, 277; BGHZ 126, 91; BGHZ 127, 904: verfassungskonforme Auslegung). Es handelt sich um die intertemporale Anwendung verfassungsrechtlicher Werte auf die Rechtsordnung der DDR (BVerfG DtZ 1993, 309).

Wer **Rechtsnachfolger an Betrieben** und damit Inhaber der Nutzungs- und Leistungsschutzrechte ist, bestimmt sich nach unterschiedlichen Regeln, je nachdem, ob der Rechtserwerb bis zum **2.10.1990** oder danach erfolgte. In der Praxis betrifft das insb. den ökonomisch bedeutenden Bereich der Film- und Rundfunkproduktion. Während der EVtr in Art. 36 die Rechtsnachfolge des „Rundfunks der DDR" und des „Deutschen Fernsehfunks" geregelt hat, besteht für den Filmbereich keine derartige Regelung. 72

2. Rundfunkbereich

a) Überblick. Der Rundfunk (Hörfunk und Fernsehen) in der DDR war bis zum Herbst 1989 wegen der zentralistisch geleiteten Gesellschaft keine unabhängige öffentliche Einrichtung. Ein duales Rundfunksystem war der DDR fremd. Nach Art. 36 Abs. 1 S. 1 EVtr wurde der Rundfunk als „Einrichtung" über den 3.10.1990 weitergeführt, d. h. es bestand eine gemeinschaftliche, staatsunabhängige und rechtsfähige Einrichtung der fünf neuen Länder und Ost-Berlins. Der „Rundfunk der DDR" und der „Deutsche Fernsehfunk" (DFF) existierten als **gemeinsame Einrichtung** weiter (Loewenheim/*Castendyk* § 75 Rn. 319; *Brinkmann* ZUM 1992, 238; *Stögmüller* 115; *Wandtke/Haupt* GRUR 1992, 21, 26). Die Tätigkeit dieser Einrichtung war nach Art. 36 Abs. 1 S. 1 EVtr bis zum 31.12.1991 befristet. Bis dahin hätte ein Staatsvertrag über die Auflösung der Einrichtung oder über die Fortführung in Anstalten des öffentlichen Rechts für die neuen Bundesländer (Art. 36 Abs. 6 S. 1 EV) abgeschlossen werden müssen. Da es zu einem solchen Staatsvertrag nicht kam, wurde diese Einrichtung **zum 31.12.1991 aufgelöst** (Art. 36 Abs. 6 S. 2 EV). Zu diesem Zeitpunkt fiel die Einrichtung als Rechtsobjekt ersatzlos weg, ein Rechtsnachfolger war nicht vorhanden (*Bethge* AfP 1992, 13, 14; *Stögmüller* 116). 73

b) Folgen. Art. 36 Abs. 6 S. 3 EVtr sieht zwar vor, dass dann das bestehende Aktiv- und Passivvermögen anteilmäßig auf die neuen Bundesländer übergeht. Ob die Rundfunküberleitungsgesetze aber dazu geführt haben, dass diese auch Inhaber der Nutzungs- und Leistungsschutzrechte geworden sind, wird bestritten (vgl. im Einzelnen § 50 des Gesetzes über den „Rundfunk Brandenburg" v. 6.11.1991 (GVBl. Nr. 35, 472, 487); § 1 des Gesetzes über den Übergang von Rundfunkvermögen auf den Mitteldeutschen Rundfunk (MDR) v. 18.12.1991 (GVBl. Nr. 29, 663); § 4 des Sächsischen Gesetzes zur Durchführung des Staatsvertrages über den Rundfunk im vereinten Deutschland v. 19.12.1991 (GVBl. Nr. 35, 457); Art. 1 des Gesetzes über die Vermögensübertragung aus dem Land Sachsen-Anhalt zustehenden Anteil an der Einrichtung bestehend aus dem „Rundfunk der DDR" und dem „Deutschen Fernsehfunk" auf den Mitteldeutschen Rundfunk v. 12.12.1991 (GVBl. Nr. 41, 508); § 2 des Gesetzes zur übergangsweisen Regelung des öffentlich-rechtlichen Rundfunks in Mecklenburg-Vorpommern v. 5.12.1991 (GVBl. Nr. 38, 529) und § 8 des Gesetzes zu dem Staatsvertrag über den Rundfunk im vereinten Deutschland v. 31.8.1991 und zu Art. 36 des Einigungsvertrages (GVBl. Nr. 57, 309, 310). Die Länder sind jedenfalls nicht als Rechtsnachfolger der Urheber anzusehen (a. A. Schricker/Loewenheim/*Katzenberger* Vor §§ 120 ff. Rn. 38). Die Bundesländer hätten sich als Gesamthandsgemeinschaft über die Übertragung des Programmvermögens des DFF an ORB, MDR und NDR einigen müssen (ebenso Loewenheim/*Castendyk* § 75 Rn. 320). Die Urheber hätten an derartigen Gesprächen beteiligt werden müssen. Selbst wenn man unterstellt, dass die Länderanstalten die Senderechte hätten, wäre zumindest eine urheberrechtliche Vergütung für Wiederholungssendungen angebracht gewesen, um den Gleichbehandlungsgrundsatz zu wahren. 74

c) Rückfall der Rechte. Spätestens mit der Auflösung des DFF am 31.12.1991 sind die Nutzungsrechte vielmehr an die Urheber und Inhaber der Leistungsschutzrechte **zurückgefallen** (*Wandtke/Haupt* GRUR 1992, 21, 26; a.A. allerdings BGH GRUR 2001, 826, 830 – Barfuß ins Bett; Fromm/Nordemann/*Boddien* Vor EV Rn. 9; *Stögmüller* 119 ff.; 75

zum Prinzip des Rechteheimfalls Vor §§ 31 ff. Rn. 49 f.). Der **EVtr** traf keine Regelungen zur Inhaberschaft der Nutzungsrechte und verwandten Schutzrechte. Darüber hinaus wurden mit der Auflösung der Verträge vor dem 3.10.1990 zwischen dem Urheber und dem DFF (die Mehrzahl der Urheber war arbeitsrechtlich gebunden) keine **individuellen Vereinbarungen** über die Fortsetzung der Nutzung als Verfügungsgeschäft getroffen. Die ursprünglichen arbeitsvertraglichen, **kollektivvertraglichen** und honorarrechtlichen Grundlagen sind weggefallen. Weder der Gesetzgeber noch die Tarifpartner haben vor oder nach dem 3.10.1990 eine Weiterübertragung der Nutzungsrechte geregelt.

76 Die Auflösung des DFF kann auch nicht mit einer **Unternehmensveräußerung** gleichgesetzt werden (*Wandtke/Haupt* GRUR 1992, 21, 27; a. A. *Stögmüller* 120; KG VIZ 1999, 183, 184; BGH NJW 2001, 2402, 2406 – Barfuß ins Bett). Außerdem war seit dem 1.1.1976 – mit Inkrafttreten des ZGB – die Abstraktion von der causa aufgehoben (vgl. *Göhring/Klinkert,* Lehrbuch Zivilrecht, 156 ff.). Ähnlich wie § 9 VerlG war mit dem Ende des Verpflichtungsgeschäfts auch das Ende des Verfügungsgeschäfts verbunden. Diese Einheitstheorie war nur dann durchbrochen, wenn der Urheber einer Fortsetzung der Verfügung ausdrücklich zustimmte, obwohl der Vertrag beendet war.

77 Da Urheber und Leistungsschutzberechtigte die Nutzungsrechte einräumten, als das Ende der DDR als Völkerrechtssubjekt nicht im Bereich der Erwartungen lag, kann nicht unterstellt werden, der Wille der Vertragsparteien habe eine unbeschränkte Nutzung ihrer Rechte über die Existenz der DDR hinaus erfasst. Der Heimfall der Rechte z.B. der Autoren von Fernsehwerken ist im **Rahmenvertrag für Autorenleistungen** v. 15.3.1977 ausdrücklich geregelt worden. Die Nutzungsdauer betrug nur 5 Jahre (*Haupt* 100).

78 **d) Räumliche Begrenzung.** Wurde in einem Vertrag mit dem DFF das Lizenzgebiet „Deutsche Demokratische Republik" vereinbart, wird damit das **Versorgungsgebiet des DFF** zur Ausstrahlung eines Films genau umrissen. Das gilt auch dann, wenn die zeitgleiche, vollständige und unveränderte (Kabel-)Weiterübertragung auf Berlin (West) nach dem 3.10.1990 erfolgte, denn Berlin (West) gehört nicht zum Versorgungsgebiet der Rechtsnachfolger der DFF (KG MMR 1998, 107, 109; BGH NJW-RR 2001, 38, 41 – Kabelweitersendung; a. A. OLG Brandenburg, NJW-RR 1999, 439, 440). Durch die Wiedervereinigung hat sich das Lizenzgebiet hinsichtlich des Senderechts nicht automatisch erweitert (a. A. jedoch BGH GRUR 2001, 826, 830 – Barfuß ins Bett).

79 Ein Eingriff in das Senderecht liegt ebenfalls vor, wenn der Film in **Berlin (West)** ausgestrahlt wird, obwohl der Vertrag mit dem DFF nur die Formulierung enthält „das Recht zur Ausstrahlung nachstehender Filme im Fernsehen der DDR". Derartige Formulierungen in Verträgen haben eine Erschöpfung des Senderechts nicht erfasst, wenn der Film in Berlin (West) ausgestrahlt und empfangen wurde (a. A. KG MMR 1998, 107, 109).

3. Filmbereich

80 **a) Überblick.** Der EVtr trifft keine Regelung darüber, wie mit den am Filmstock der DEFA bestehenden Nutzungs- und Leistungsschutzrechten zu verfahren ist. Nach dem Ende des 2. Weltkrieges wurde bereits im Jahre 1946 in der sowjetisch besetzten Zone die Spielfilmproduktion aufgenommen (v. Hartlieb/Schwarz/*Haupt* 55. Kap. Rn. 22). Der DEFA (Deutsche Film Aktiengesellschaft) wurde durch die sowjetische Militäradministration in Deutschland (SMAD) am 17.5.1946 die Lizenz zur Aufnahme der Spielfilmproduktion erteilt. Neben dem DEFA-Studio für Spielfilme in Potsdam-Babelsberg existierten noch das DEFA-Dokumentarfilmstudio in Berlin, das DEFA-Trickfilmstudio in Dresden und das DEFA-Studio für Synchronisation in Berlin-Johannisthal sowie das DEFA-Kopierwerk in Köpenick. Die DEFA hatte damit gleichsam neben dem Fernsehen der DDR eine Monopolstellung inne. Andere Unternehmen zur Herstellung von Filmen existierten mit Ausnahme des Fernsehens der DDR kaum. Auch Einzelpersonen mit einer entsprechenden Lizenz waren Filmhersteller (Püschel/*Wendt,* Taschenlexikon UrhR 1980, 217).

Nach der Wende 1989 wurden die **DEFA-Studios privatisiert.** Sie wurden Tochter- 81
gesellschaften der Treuhandanstalt (*Hegemann* 17; *Wandtke* GRUR 1999, 305). Das DEFA-
Studio für Spielfilme Babelsberg wurde von der Treuhandanstalt an die zum französischen
Mischkonzern Compagnie Génerale des Eaux S. A. (CGE) gehörende Compagnie Immo-
bilière Phoenix Deutschland verkauft. Dieser Verkauf umfasste aber nicht die an dem Filmstock bestehenden Rechte; diese wurden vielmehr der zwischen der Bundesanstalt für vereinigte Sonderaufgaben und der Bundesrepublik Deutschland 1998 in Berlin errichteten
DEFA-Stiftung übertragen, die zur Förderung der Filmkunst eingerichtet wurde. Soweit
allerdings die Urheber der Filmwerke der Stiftung die Nutzungsrechte nicht eingeräumt
haben, kann diese die Rechte ohne Zustimmung der Urheber auch nicht verwerten (a. A.
offensichtlich *Haupt* UFITA 2003/I, 33, 57 f.). Wenn also ca. 950 Spiel- und Kurzfilme zum
DEFA-Filmstock gehören, ist zu klären, ob tatsächlich eine unbefristete individuelle Rechteeinräumung z. B. durch die Filmregisseure erfolgte. Denn der Filmstock erfasst Filme, die
sowohl vor als auch nach 1966 in der DDR produziert worden sind. Es kommt einer Enteignung gleich, wenn Filmregisseure nicht mehr die Möglichkeit einer wirtschaftlichen
Beteiligung an der weltweiten Verwertung ihrer Filme haben sollen (a. A. offensichtlich
v. Hartlieb/Schwarz/*Haupt* 55. Kap. Rn. 26). Das gilt ebenso für Filmwerke (z. B. Dokumentarfilme), die für das **staatliche Filmarchiv der DDR** zu Archivzwecken geschaffen
wurden. Eine Rechteübertragung durch das Bundesarchivgesetz v. 6.1.1988 (BGBl. I
S. 62) erfolgte nicht (s. Anlage I, Kapitel II, Abschnitt II, Ziff. 2a des EV). Weder das Vertragsrecht der DDR (§ 60 ZGB) noch das Statut des Filmarchivs und dessen Aufgaben ließen eine derartige Rechtseinräumung zu (s. VO über die Errichtung Staatlichen Filmarchivs v. 14.10.1955, DDR-GBl. I 1955 S. 729 i. V. m. VO über das staatliche Archivwesen
v. 11.3.1976, DDR-GBl. I 1976 S. 165). Es war nicht Aufgabe des staatlichen Filmarchivs
der DDR, insb. Senderechte oder sonstige Verwertungsrechte für Filme Dritte in der DDR
oder im Ausland zu übertragen (a. A. LG Berlin v. 16.1.2007; Az. 1606/06, 9; KG Berlin v.
20.6.2008 Az. 5 U 54/07). Die DEFA-Stiftung kann auch nicht Inhaber von Nutzungsrechten für unbekannte Nutzungsarten sein, wenn es sich um Altverträge handelt, die vor
1966 abgeschlossen wurden. DEFA-Filme oder Fernsehfilme können nur mit Zustimmung
der Filmurheber bzw. dessen Rechtsnachfolger auf DVD verbreitet werden. Selbst wenn
unterstellt wird, dass die Einräumung von Nutzungsrechten für unbekannte Nutzungsarten
wirksam erfolgte, haben die Filmurheber einen Anspruch auf eine angemessene Vergütung.
Der BGH macht die wirksame Rechtseinräumung von Nutzungsrechten für unbekannte
Nutzungsarten von dem eindeutigen Willen des Filmurhebers oder Drehbuchautors und
von einer entsprechenden Beteiligung an der Verwertung des Filmwerkes abhängig (BGH
ZUM 2011, 560, 564 – Der Frosch mit der Maske; BGH ZUM 2011, 498, 499 – Drehbuchautor).

b) Regelungen zum Filmwerk im URG. Das Filmwerk wurde im URG (vgl. Anh 82
1) als eigenständiges **Gesamtkunstwerk** betrachtet, welches über die Summe der Einzelleistungen hinausgeht (*Barthel* WZH 1972, 451, 454). Aus diesem Grunde bestimmte § 10
Abs. 1 S. 1 URG, dass das Film- oder Fernsehwerk das Ergebnis einer Kollektivleistung ist,
die auf unterschiedlichen schöpferischen Einzelleistungen beruht und unter Leitung eines
Regisseurs mit Hilfe der Film- und Fernsehtechnik zur Wiedergabe gestaltet wird. Wegen
der besonderen dramaturgischen und technischen Gesetzmäßigkeiten wurde das Fernsehwerk nicht unter das Filmwerk subsumiert (Püschel/*Glücksmann,* Taschenlexikon UrhR
1980, 214). Beide Werkkategorien wurden im Gesetz getrennt geregelt.

Filme, die in den DEFA-Studios für das Fernsehen produziert wurden, sind als **Filmwer-** 83
ke zu qualifizieren. Dazu gehören Spielfilme ebenso wie Dokumentarfilme und Zeichentrickfilme sowie wissenschaftliche Lehrfilme. Entgegen der im URG der DDR verbindlich
geregelten Anerkennung der Urheberschaft der Filmregisseure wurde in der Praxis des Fernsehens der DDR der Filmregisseur nicht als Urheber anerkannt. Ausdruck dieser Nichtaner-

kennung der Urheberschaft war die fehlende Nennung des Regisseurs bei der Aufzählung der Urheber im Rahmenkollektivvertrag (RKV) des Fernsehens der DDR bzw. die rechtliche Qualifizierung des Regisseurs als Leistungsschutzberechtigter nach der Richtlinie für freie Mitarbeit des Fernsehens der DDR von 1966. In der Filmproduktion konnte nicht immer abgeschätzt werden, ob auch Schauspieler urheberrechtlich relevante Leistungen erbrachten (Püschel, Taschenlexikon UrhR 1980, 94; Loewenheim/*Castendyk* § 75 Rn. 308).

84   c) **Einzelne Verwertungsrechte.** In Hinblick auf die unterschiedlichen Werkarten wurden unterschiedliche Vertragsarten mit entsprechenden Verwertungsrechten gesetzlich geregelt. So wurde dem Filmwerk das sogenannte Verfilmungsrecht für vorbestehende Werke (§ 60 URG) und für das Vorführen von Filmen das Vorführungsrecht (§ 64 URG) zugeordnet. Für **Fernsehwerke** wurde das Senderecht (§ 67 URG) geregelt. Der Filmregisseur und andere Filmurheber konnten das **Verfilmungs- und Vorführrecht** vertraglich einräumen, und zwar stillschweigend oder ausdrücklich. Zu den Rechten, die gesetzlich den Studios eingeräumt wurden, gehörte gem. § 18 Abs. 1 URG das Recht, den Film zu vervielfältigen, zu Erwerbszwecken zu verbreiten und öffentlich vorzuführen. Wollte das Studio aus einem rechtlich selbstständigen Werk einen Film herstellen, musste es einen Verfilmungsvertrag abschließen und das Verfilmungsrecht erwerben (§§ 59, 60 URG).

85   Wenn hierbei das **Senderecht** nicht mit vereinbart wurde, war es auch nicht übertragen worden. Die Auslegung eines **Szenarien-Vertrages** zwischen Studio und Drehbuchautor dahingehend, dass die eingeräumten „Verfilmungs- und Weltvertriebsrechte" (§§ 60, 61 URG) auch das Recht zur Sendung (§ 67 URG) im Fernsehen der DDR einschloss, widerspricht der Systematik und Eindeutigkeit der gesetzlichen Regelungen im URG. Gesetzwidrige Vertragsbräuche können nicht zur Auslegung eines Vertrages herangezogen werden (so schon RGZ 114, 13ff.). Das Gesetz hat für die Gestaltung des Film- und Senderechts klare Regelungen geschaffen, die nicht im Nachhinein zu Ungunsten des Urhebers ausgehebelt werden können. Vorführen (§ 60 URG) ist nicht mit dem Begriff Senden (§ 67 URG) identisch (a. A. offensichtlich KG ZUM-RD 1999, 484, 485).

86   d) **Über den DEFA-Außenhandel vertriebene Filmrechte.** Innerhalb der Erwerbskette von Nutzungsrechten, die den DEFA-Studios gesetzlich eingeräumt waren, wurden in der DDR dem Progress-Filmverleih und dem DEFA-Außenhandel aufgrund von Wirtschaftsverträgen Nutzungsrechte übertragen (*Staat* NJ 1965, 880ff.). Während der **Progress-Filmverleih** für die Inlandsauswertung der Filme in der DDR zuständig war, war der DEFA-Außenhandel für die Auslandsverwertung verantwortlich. Diese Betriebe hatten auf der Grundlage von Rahmenverträgen die Möglichkeit, Nutzungsrechte zu erwerben.

87   Der **Umfang der Nutzungsrechte** wurde bestimmt durch den Umfang der Nutzungsrechte, die den DEFA-Studios vertraglich oder im gesetzlichen Rahmen des Urheberrechtsgesetzes gem. § 20 URG eingeräumt wurden und betraf das **Vorführ- und Weltvertriebsrecht.** Vergleicht man die Bestimmungen des Rahmenvertrages zwischen den DEFA-Studios und dem Progress-Filmverleih, wonach die DEFA dem Progress-Filmverleih alle in Zukunft möglichen Formen der kinematografischen Auswertung der Filme einräumt, wird sichtbar, wie weit diese wirtschaftsrechtlichen Vereinbarungen gingen, wenn dazu auch die Videorechte gehören sollten (OLG München ZUM 2003, 141, 144 – Spielbankaffaire, Videorechte gehören nicht dazu; a.A. nunmehr *Haupt* UFITA 2003/I, 33, 57; ausführlich dazu *Hegemann* 81). Die Ansicht, dass nunmehr die umgewandelte Progress-Filmverleih GmbH den DEFA-Filmstock weltweit vermarkten kann, ist abzulehnen. Rechte, die die DEFA-Stiftung nicht individuell erworben hat, kann sie auch nicht dem Progress Filmverleih übertragen. Die Unmöglichkeit einer Leistung – hier die fehlende Inhaberschaft der Nutzungsrechte – würde im Falle von Nutzungsverträgen eintreten. Auch hier würde die Zustimmung der Filmurheber zur weltweiten Verwertung der Nutzungsrechte und der wirtschaftlichen Beteiligung an der Verwertung der Filmwerke fehlen (a. A. offensichtlich v. Hartlieb/Schwarz/*Haupt* 55. Kap. Rn. 26).

Wenn der DEFA-Außenhandel 1990 **Satelliten- und Kabelfernsehrechte** sowie **Videorechte** an Dritte ins Ausland übertragen hatte, obwohl eine derartige Legitimation von den Filmurhebern nicht erfolgen konnte, weil diese wirtschaftliche Verwertungsform in den 50er Jahren in der DDR nicht bekannt war, wird das ganze Ausmaß der Aushöhlung des URG sichtbar (BGHZ 136, 380, 384). Unbeschadet der Tatsache, dass der BGH fälschlicherweise die direkte Satellitenausstrahlung von Rundfunksendungen im Verhältnis zu den herkömmlichen terrestrischen Rundfunksendungen nicht als neue Nutzungsart i. S. d. § 31 Abs. 4 a. F. UrhG (s. § 31 Rn. 38) ansah (BGH GRUR 2001, 826, 828 – Barfuß ins Bett; a. A. *W. Nordemann* Europarecht 43, 52; näher § 31 Rn. 44), lag in dieser Entscheidung des DEFA-Außenhandels eine Verletzung des Urheberrechtsgesetzes der DDR, weil eine vertragliche Übertragung durch die Filmurheber nicht erfolgen konnte. Der DEFA-Außenhandel hat hier Rechte vergeben, die er als Zedent gar nicht hatte. Da ein **gutgläubiger Erwerb von Nutzungsrechten** ausgeschlossen ist (s. Vor §§ 31 ff. Rn. 47 f.), liegt ein Mangel in der Erwerbskette vor, der nur geheilt werden kann, wenn die Filmurheber nachträglich der Verwertung zustimmen bzw. einen Nutzungsvertrag abschließen. 88

e) **Nutzungsrechte bei DEFA-Filmen.** Bei Verträgen, die vor der Wiedervereinigung geschlossen wurden und den Filmstock der DEFA betreffen, ist auf die individuellen Abreden der Urheber und Leistungsschutzberechtigten abzustellen, die diese mit den DEFA-Studios oder mit dem DFF abgeschlossen haben. Nur soweit der Inhalt und Umfang der Rechtseinräumung von den Urhebern auf die Studios oder den DFF reicht, ist ein rechtmäßiger Erwerb des heutigen Verwerters am Ende der Erwerbskette festzustellen. Das betrifft auch die Erwerbskette zwischen den DEFA-Studios und dem Progress-Filmverleih. Denn während der DEFA-Außenhandel mit der Wiedervereinigung seine Tätigkeit eingestellt hat, wurde der **Progress-Filmverleih** privatisiert und seine Befugnisse wurden bezüglich der Verwertung des DEFA-Filmstocks erweitert einschließlich der Wahrnehmung des Weltvertriebsrechts, obwohl eine Legitimation durch die Urheber nicht erfolgte. Eine Rechtevergabe außerhalb der DDR war für den Progress-Filmverleih nicht möglich (*Barthel* WTHU 1976, 623; s. auch GBl. I, Nr. 42 v. 24.8.1973, 443). 89

Soweit **Rahmenverträge** aus den fünfziger Jahren ausdrücklich Bestandteil der Werknutzungsverträge waren, galten diese auch nach Inkrafttreten des URG der DDR am 1.1.1966 weiter. § 10 Abs. 2 URG trat nun an die Stelle der Rechtewahrnehmung durch die DEFA-Studios (*Glücksmann* 51) deren Zweck darin bestand, die Rechte der Urheber im eigenen Namen wahrzunehmen. Der Rechteerwerb vollzog sich auch in der DDR durch Vertrag (Schricker/Loewenheim/*Katzenberger* vor §§ 120 ff. Rn. 38; a. A. nunmehr *Haupt* Urheberrecht und Defa-Film, 56) Die Bestimmungen für den Filmbereich führten weder zur Nichtigkeit der Verträge, die vor dem 1.1.1966 abgeschlossen wurden, noch zur Einräumung eines uneingeschränkten Nutzungsrechts in allen bekannten und unbekannten Nutzungsarten am Film für die DEFA-Studios ohne jegliche Beschränkungen (KG Berlin ZUM-RD 2000, 384, 386; *Wandtke* GRUR 1999, 305, 307; OLG München 2003, 141, 144 – Spielbankaffaire; *Haupt* 98, 110; a. A. OLG München ZUM 2000, 61, 65 – Das kalte Herz; KG GRUR 1999, 721, 722 – DEFA-Film: Anwendung des § 10 Abs. 1 und damit § 10 Abs. 2 URG ausgeschlossen). 90

4. Verlagsbereich

Für den Abschluss von Verlagsverträgen in der DDR galten bis zum 2.10.1990 die §§ 46 ff. URG (vgl. Anh 1). Das VerlG von 1901, das bis zum 31.12.1965 in der DDR Teil der Urheberrechtsordnung war, wurde mit Inkrafttreten des URG am 1.1.1966 außer Kraft gesetzt (§ 97 Abs. 2e) URG). Zur **Ausübung des Verlagsrechts** musste eine ausdrückliche Rechteübertragung durch den Autor vorgenommen worden sein (Püschel/*Sauerstein*, Lehrbuch UrhR 1986, 82). Bei den Verlagsverträgen, die über den 3.10.1990 hinaus wirk- 91 sam sind, ergibt sich das Problem, dass eine räumliche Ausweitung des Lizenzgebietes auf Gesamtdeutschland zu einem Rechtsverlust für den Autor führen würde.

92   Deshalb ist **keine automatische Erstreckung auf Gesamtdeutschland** anzunehmen (*Katzenberger* GRUR Int. 1993, 2, 18; *Schricker* IPRax 1992, 216, 218; *Rojahn* GRUR 1993, 941, 948; Möhring/Nicolini/*Spautz* § 32 UrhG Rn. 8). Mit der Wiedervereinigung hat sich vielmehr die Geschäftsgrundlage für die Verlagsverträge geändert, so dass diese an die neuen Bedingungen angepasst werden müssen. Wenn sich der Verlagsvertrag auf Gesamtdeutschland erstrecken soll, ist er nach der Rechtsfigur der Änderung der Geschäftsgrundlage anzupassen (*Loewenheim* GRUR 1993, 934, 939).

93   Ein Verlagsvertrag aus der DDR ist dabei möglicherweise auch durch **Erweiterung der Nutzungsarten,** insb. durch eine Erweiterung der Nebenrechte (z.B. Senderechte, CD-ROM Verwertung, Formen der Online-Nutzung wie Print-on-Demand) zwischen den Vertragspartnern zu ändern. Dazu gehört als Gegenleistung eine erneute Vergütung für den Urheber oder seine Rechtsnachfolger, die der erweiterten Rechteeinräumung entspricht. Anderenfalls würde der Urheber enteignet, sein Wille zur räumlichen Beschränkung missachtet und gegen den Grundsatz verstoßen, dass er tunlichst an den wirtschaftlichen Früchten seines Werkes zu beteiligen ist (Möhring/Nicolini/*Spautz* § 32 UrhG Rn. 8).

5. Erbe als Rechtsnachfolger

94   Nach § 33 Abs. 2 URG gehen die Befugnisse des Urhebers nach den allgemeinen Vorschriften des Erbrechts auf den Erben über. War ein Angehöriger der DDR als Urheber vor dem 3.10.1990 verstorben, sind für den Übergang aller vermögens- und nichtvermögensrechtlichen urheberrechtlichen Befugnisse (§§ 14–18 URG) die **§§ 362 ff. des ZGB der DDR** v. 16.6.1975 (GBl. I, 1975, 465) anzuwenden (Art. 235 § 1 Abs. 1 der Anlage I zum EV, GBl. I, 1990, 1690). Die Rechtsgültigkeit einer letztwilligen Verfügung eines verstorbenen DDR-Urhebers, die vor dem 3.10.1990 getroffen worden ist, bestimmt sich ebenfalls nach den Vorschriften des ZGB der DDR, und zwar auch dann, wenn der Urheber erst nach dem 3.10.1990 verstorben ist (*Püschel* GRUR 1992, 580). Dem Erben steht auch das Widerspruchsrecht innerhalb eines Jahres ab dem 1.1.2008 nach § 137l Abs. 1 zu, wenn eine Verwertung nunmehr bekannter Nutzungsarten erfolgt (s. Rn. 66). Das Urheberpersönlichkeitsrecht hat für die Erben nicht notwendig dasselbe Gewicht wie zu Lebzeiten des Urhebers, wenn der Urheber seit Jahren oder Jahrzehnten bereits verstorben ist. Das gilt vor allem für literarische Werke (a. A. LG Stuttgart, Az. 17 O 376/10). Für Werke der Baukunst mag dies anders sein (BGH GRUR 2008, 984, 986 – St. Gottfried).

VI. Internationale Aspekte des EVtr

95   Nach Art. 11 EVtr gelten die internationalen Vereinbarungen der BRD fort, da nur sie als Völkerrechtssubjekt weiterexistiert, d. h. alle völkerrechtlichen Verträge der BRD erstrecken sich auch nunmehr auch auf das Beitrittsgebiet. Nach Art. 12 des EVtr erlöschen die völkerrechtlichen Verträge der DDR nicht generell, sondern sollen angepasst werden. Auf urheberrechtlichem Gebiet erfassen seit dem 3.10.1990 die multilateralen Abkommen, wie die Revidierte Berner Übereinkunft (RBÜ), das Welturheberrechtsabkommen (WUA) und das Rom-Abkommen auch das Beitrittsgebiet (*Stögmüller* 29).

1. Urheberrecht

96   **a) Verhältnis beider deutscher Staaten.** Die DDR war Verbandsland der Berner Übereinkunft zum Schutz von Werken der Literatur und Kunst v. 9.9.1886 in der Pariser Fassung v. 24.7.1971 (RBÜ) und ist ihr mit Wirkung v. 18.2.1978 beigetreten (GBl. II, 1978, 266). Da beide deutschen Staaten bis zum 2.10.1990 jeweils für sich Mitglied der

RBÜ waren, konnten sich Urheber in der DDR und in der Bundesrepublik Deutschland schon vorher auf Art. 3 Abs. 1a) RBÜ (**Verbandslandmitglieder**) und Art. 5 Abs. 1 RBÜ (**Inländerbehandlung**) berufen, die den gegenseitigen Schutz der Urheber in allen Verbandsländern festlegen.

Urheber aus der DDR waren in der Bundesrepublik ohnehin als Deutsche i. S. d. Art. 116 GG unmittelbar nach § 120 Abs. 1 (ggf. i. V. m. Abs. 2 Nr. 1) UrhG geschützt (vgl. Schricker/Loewenheim/*Katzenberger* § 120 UrhG Rn. 15 unter Hinweis auf BVerfGE 36, 1/29 ff.), d. h. sie genossen für ihre veröffentlichten und unveröffentlichten Werke den gleichen Urheberrechtsschutz wie Urheber aus der Bundesrepublik. **97**

Hat ein **nicht deutscher** Urheber aus einem **Nicht-Verbandsland** erstmalig sein Werk in der DDR 1980 veröffentlicht, so war es nach § 96 Abs. 2 URG in der DDR und nach § 121 UrhG, der die völkerrechtliche Verpflichtung der Bundesrepublik aus Art. 3 I b) RBÜ in innerstaatliches Recht transformiert hat, auch in der Bundesrepublik Deutschland geschützt (vgl. *Püschel* GRUR 1992, 583). War der Urheber aus der DDR (Art. 3 Abs. 1a) RBÜ) oder aus einem Nicht-Verbandsland und hat sein Werk in der DDR erstmals veröffentlicht (Art. 3b) RBÜ), so war die DDR in beiden Fällen Ursprungsland des Werkes im Sinne der Konvention (Art. 5 Abs. 4a) RBÜ). **98**

Bei der Prüfung der Rechtsinhaberschaft nach einer **Kette von Erwerbsvorgängen** ist die Feststellung des ersten Urhebers von Bedeutung. Vor allem bei Film- und Arbeitnehmerwerken ist für das Urheberkollisionsrecht die jeweilige lex loci protectionis ungeeignet. Hier entscheidet das **Recht des Ursprungslandes** über den ersten Inhaber des Urheberrechts (*Schack* Rn. 1026 ff.; *Schack* JZ 1998, 1019: krit. Anm. gegen BGHZ 136, 380, 385 f. – Spielbankaffaire; *Schack* GRUR Int. 1999, 639, 645: Anm. zum Urt. des US Court of Appeals, Second Circuit v. 27.8.1998; näher Vor §§ 120 ff. Rn. 6 f.). Ist ein **DEFA-Film** in der DDR geschaffen und vorgeführt und dann an Drittländer verkauft worden, war die DDR das Ursprungsland i. S. d. Art. 5 Abs. 4a) RBÜ. Folglich ist das Urheberrecht der DDR bei der Beurteilung der Vertragslage maßgebend (OLG München 2003, 141, 144 – Spielbankaffaire). **99**

b) Schutzdauer. Mit der Wiedervereinigung am 3.10.1990 führte die Erstreckung des UrhG auf das Beitrittsgebiet nach § 1 Abs. 1 S. 1 der Anlage I zum EV, Kapitel III E, Abschnitt II Nr. 2 entgegen der ansonsten einschlägigen Regelung des Art. 7 Abs. 8 RBÜ zu keiner Verkürzung von Schutzfristen in Gesamtdeutschland (*Katzenberger* GRUR Int. 1993, 12), vielmehr gilt seitdem für alle Urheber die 70-jährige Schutzfrist nach § 64 UrhG. Obwohl sowohl die DDR (seit 5.10.1973, GBl. II, 1981, 168) als auch die Bundesrepublik Deutschland (seit 10.7.1974, BGBl. II S. 1309) Mitglieder des Welturheberrechtsabkommens (WUA) waren (die Pariser Fassung gilt seit 10.12.1980) und dieses auch für Gesamtdeutschland weiter gilt, war dieses Abkommen zwischen den beiden deutschen Staaten wegen ihrer Zugehörigkeit zur RBÜ aufgrund der Zusatzerklärung zu Art. XVII nicht anwendbar (*Püschel* Int. UrhR 1982, 79; *Stögmüller* 23). **100**

c) Werke ausländischer Urheber. Werke ausländischer Urheber, deren Werk in der DDR erstmals veröffentlicht wurde, waren in der Bundesrepublik Deutschland nach § 121 Abs. 1 und 4 UrhG in Verbindung mit Art. 5 Abs. 1 RBÜ geschützt (OLG München GRUR Int. 1993, 90, 93 – Yosuke Yamashita; OLG München GRUR Int. 1993, 85, 86 – Abdullah Ibrahim). Waren Werke ausländischer Urheber, die vor oder nach dem Zusammenbruch des Deutschen Reiches erstmals auf dem **Gebiet der DDR** erschienen sind, am 3.10.1990 noch geschützt, so kommen auch sie in den Genuss der durch das UrhG auf 70 Jahre p. m. a. verlängerten Schutzfrist. Denn erst seit dem Tag der deutschen Wiedervereinigung zählen auch die neuen Bundesländer zum Geltungsbereich des UrhG (a. A. G. *Schulze* GRUR 1991, 731, 736). Auch ausländische Urheber, die seit dem 3.10.1990 Werke in den neuen Bundesländern erstmals haben erscheinen lassen, kommen in den Genuss des Urheberrechtsschutzes; hier gilt § 121 Abs. 1 UrhG (Schricker/Loewenheim/ *Katzenberger* § 121 UrhG Rn. 4). **101**

102 **d) Verhältnis zur UdSSR.** Neben dem multilateralen Abkommen auf dem Gebiet des Urheberrechts war die DDR auch Vertragspartner eines bilateralen Abkommens mit der UdSSR, nämlich der „Vereinbarung zwischen der DDR und der UdSSR über den gegenseitigen Schutz von Urheberrechten" v. 21.11.1973 (GBl. II, 1974, 6; *Püschel,* Int. UrhR 1982, 23; *Glücksmann* 128; Loewenheim/*Katzenberger* § 57 Rn. 111; *Stögmüller* 30). Die Vereinbarung beruht auf dem WUA (dem die UdSSR am 30.5.1973 beitrat), geht aber über dessen Schutz hinaus. So gewährte Art. 6 dieses Abkommens im Gegensatz zum WUA auch einen **rückwirkenden Schutz** für Werke, die vor dem Beitritt ungeschützt waren. Auch waren keine Formalitäten erforderlich, das Prinzip der **Inländerbehandlung** ist in Art. 2 des Abkommens geregelt (*Püschel* Int. UrhR 1982, 27; *Glücksmann* 123; Loewenheim/*Katzenberger* § 57 Rn. 111).

103 Nach der **Wiedervereinigung** genießen Urheber beider Staaten **Vertrauensschutz** hinsichtlich ihres geistigen Eigentums (*Haupt* ZUM 1992, 285, 291), und zwar auch dann, wenn – wie geschehen – das bilaterale Abkommen zwischen der DDR und den GUS-Staaten als Rechtsnachfolger der UdSSR (Bekanntmachung v. 1.8.1991, BGBl. II S. 1991, 923, 924) erloschen ist (Möhring/Nicolini/*Hartmann* Vor §§ 120 ff. UrhG Rn. 167; Loewenheim/*Katzenberger* § 57 Rn. 112).

104 **Bestehende Nutzungsverträge** bleiben davon unberührt. So wären die Werke sowjetischer Urheber nach Art. 3 des Abkommens, die erstmalig auf dem Territorium der DDR veröffentlicht wurden, 50 Jahre p.m.a. geschützt. Mit der Wiedervereinigung ist auch hier die Schutzdauer auf 70 Jahre p.m.a. verlängert, aber nur für solche Werke, die nach Inkrafttreten des Abkommens am 1.1.1974 in der DDR erstmalig veröffentlicht worden waren.

105 **e) Verhältnis zur Russischen Förderation (GUS).** Mit dem Beitritt der Russischen Föderation zur RBÜ am 13.3.1995 (Abdruck IPC 1995, 43) hat sich die Rechtslage hinsichtlich der Werke **sowjetischer Urheber,** die vor dem 3.10.1990 in der DDR veröffentlicht worden sind, verändert. Dazu war zunächst eine Novellierung des Urheberrechtsgesetzes in Russland erforderlich, um die Beitrittsvoraussetzungen zu schaffen. Das geschah mit dem Gesetz der Russischen Föderation über Urheberrecht und verwandte Schutzrechte v. 9.7.1993 (dazu *Wandtke/Dietz/Czychowski* 122 ff., 333 ff. [Gesetzestext]). Nach Art. 3 des URG der Russischen Föderation gehen die internationalen Verträge dem URG insoweit vor, als diese etwas anderes bestimmen haben. Da Art. 18 Abs. 1 der RBÜ eine rückwirkende Anwendung der Schutzfristenregelung einschließt, nämlich eine 50-jährige Schutzfrist für Werke, die noch nicht gemeinfrei waren (vgl. Art. 27 URG der Russischen Föderation) und die DDR auch Werke sowjetischer Urheber nach dem bilateralen Abkommen mit der UdSSR vor Inkrafttreten desselben schützte, sind diese Werke nach der Wiedervereinigung in Gesamtdeutschland geschützt. Werke russischer Staatsangehöriger genießen in Deutschland Urheberrechtsschutz nach Maßgabe der internationalen Verträge (§ 121 Abs. 4 S. 1), soweit sie nicht erstmals hier erschienen sind und damit ohnehin deutschem Utrheberrecht unterfallen. Unter Berücksichtigung des nach Art. 7 Abs. 8 RBÜ vorzunehmenden Schutzfristenvergleich sind die Werke in Deutschland bis zum Ablauf von 70 Jahren p.m.a. geschützt. In Russland als Ursprungsland der Werke nach Art. 5 Abs. 4 RBÜ gilt keine kürzere, die inländische Schutzdauer begrenzende Frist mehr. Durch die Urheberrechtsnovellen 2004 und 2008 sowie gemäß Art. 6 des russischen Zivilgesetzbuches von 2006 ist eine Schutzfrist von 70 Jahren p.m.a. geregelt, soweit die vormals geltende fünfzigjährige Schutzfrist zum 1.1.1993 noch nicht abgelaufen war. Für den Schutzfristenverlauf sind besondere Regeln aufgestellt worden, z.B. für unterdrückte und nach ihrem Tod rehabilitierte Urheber. So beginnt mit dem Jahr der Rehabilitation die Schutzfrist an zu laufen (OLG Köln ZUM 2011, 924, 926 – Briefe aus Petersburg).

106 Das trifft auch auf **Werke** zu, die **vor der Wiedervereinigung** in der alten Bundesrepublik, genauer vor dem Beitritt der UdSSR zum WUA (vor dem 10.7.1974), veröffentlicht wurden und gemeinfrei waren (Dreier/Schulze/*Dreier* Vor EV Rn. 8). Dies wird auch nicht durch die Vorbehaltserklärung der Russischen Föderation zur RBÜ beseitigt, weil der Beschluss des Obersten Sowjets der Russischen Föderation über die Einführung des URG v. 9.7.1993 die Rückwirkung des URG bejahte (a. A. *Gavrilov* GRUR Int. 1995, 686 ff.). Eine Verschlechterung der Rechtsstellung ist aber nicht hinzunehmen (Nordemann/Vinck/*Hertin* Int. Urheberrecht, Art. 18 RBÜ Rn. 2 und 5). In diesem Sinne hat die Zivilkammer des Stadtgerichts Moskau entschieden, wonach die Schutzfrist der Werke A. Tolstois (gestorben 1945) nach dem URG v. 9.7.1993 der Russischen Föderation noch nicht abgelaufen ist, indem das Gericht eine Rückwirkung des Gesetzes bejahte (*Gavrilov* GRUR Int. 2000, 999, 1003). Nutzungsverträge, die von der staatlichen **Agentur VAAP der ehemaligen Sowjetunion** abgeschlossen wurden, gelten nach der Auflösung der UdSSR weiter. Auf die Verträge z. B. aus den Jahren 1974 und 1978 ist deutsches Recht anwendbar. Die gilt sowohl für das Verpflichtungs- als auch für das Verfügungsgeschäft (BGH WRP 2001, 1339, 1342 – Lepo Sumera; LG Hamburg GRUR-Int. 2010, 67, 70 – Dimitri Kabalewski; KG Berlin GRUR 2003, 1039 – Sojusmultfilm). Die VAAP war als staatliche Außenhandelsorganisation berechtigt, Nutzungsrechte einzuräumen. Die BRD war grundsätzlich aufgrund völkerrechtlicher Verträge verpflichtet, das staatliche Außenhandelsmonopol in der Sowjetunion zu beachten (LG Hamburg GRUR Int. 2010, 67, 70 – Dimitri Kabalewski).

f) **Verhältnis zu den USA.** Soweit amerikanische Urheber in der DDR ihre Werke **107** veröffentlicht haben, gilt das Abkommen zwischen dem Deutschen Reich und den Vereinigten Staaten über den gegenseitigen Schutz der Urheberrechte v. 15.1.1892 (RGBl. 1882, 475; vgl. § 121 Rn. 33) nicht, denn die DDR fühlte sich nicht daran gebunden, da sie sich nicht als Rechtsnachfolgerin des Deutschen Reiches betrachtete. Ist vor der Wiedervereinigung dennoch eine Verwertung amerikanischer Werke in der DDR erfolgt, so wird hier § 2 der Anlage I zum EV, Kapitel III E, Abschnitt II Nr. 2 bedeutsam, wonach eine vor dem 3.10.1990 in der DDR zulässigerweise begonnene Verwertungshandlung nicht als Urheberrechtsverletzung angesehen wird. Sie darf im Rahmen des Üblichen fortgesetzt werden (*Katzenberger* GRUR Int. 1993, 2, 11). Das bilaterale Abkommen mit den USA gilt aber seit dem 3.10.1990 für das gesamte Staatsgebiet der Bundesrepublik Deutschland.

2. Leistungsschutzrechte

Die DDR ist dem multilateralen **Rom-Abkommen** über den Schutz der ausübenden **108** Künstler, der Hersteller von Tonträgern und der Sendeunternehmen v. 26.10.1961 nicht beigetreten (*Stögmüller* 23). Die Leistung eines ausländischen ausübenden Künstlers, dessen Heimatstaat wie die DDR nicht dem Rom-Abkommen angehörte, war bei Erstveröffentlichung (§ 12 S. 1 URG) in der DDR aber gleichwohl geschützt (§ 96 Abs. 2 URG).

Vor der Wiedervereinigung abgeschlossene **Verträge** mit ausländischen Künstlern **109** wirken über den 3.10.1990 fort, die Verfügungen über Nutzungsrechte bleiben bestehen. Fraglich ist aber, ob der Schutz nur auf das Beitrittsgebiet beschränkt bleibt, oder ob eine **räumliche Erstreckung** auf Gesamtdeutschland erfolgt ist. Der EVtr hat das Problem nicht geregelt. Da die Verfügungen territorial beschränkt waren, ist eine räumliche Erstreckung auf Gesamtdeutschland durch Auslegung der Verträge nicht möglich (a. A. *Püschel* GRUR 1992, 583). Hier muss vielmehr eine Vertragsanpassung erfolgen, wobei sich die Pflicht zur erweiterten Rechtseinräumung aus § 242 BGB ergibt.

Mit Umsetzung der **Schutzdauerverlängerungs-Richtlinie** (RL 2011/77/EU; s. Vor §§ 31 ff. Rn. 2) hat sich die Schutzfrist für ausübende Künstler und Tonträgerhersteller von bisher 50 auf 70 Jahre verlängert. § 82 nF UrhG trägt dem Rechnung. Für Darbietungen auf Tonträgern erlöschen die Leistungsschutzrechte der ausübenden Künstler 70 Jahre nach Erscheinen bzw. nach erster erlaubter Benutzung zur öffentlichen Wiedergabe, wenn diese früher erfolgte. Für ausübende Künstler hat das zur Folge, dass, wenn bis zum 1.11.2013 die Schutzdauer von 50 Jahren noch nicht erloschen war, die ausübenden Künstler einen zusätzlichen Vergütungsanspruch nach § 79 Abs. 3, 79a nF UrhG erhalten (s. § 79a Rn. 1 ff.) oder bei Untätigkeit des Tonträgerherstellers den Nutzungsvertrag mit dem Rechtsnachfolger des seinerzeitigen DDR-Tonträgerherstellers kündigen können (s. § 79 Rn. 39 f.).

110 Dagegen können **ausländische Staatsangehörige,** die in der DDR als ausübende Künstler an Konzerten mitgewirkt haben, nach § 125 Abs. 5 UrhG gegen die Vervielfältigung und Verbreitung von Tonträgern in Gesamtdeutschland nach der Wiedervereinigung vorgehen, wenn die Darbietung auf einen Tonträger festgelegt und dieser erstmals in der Bundesrepublik Deutschland veröffentlicht worden ist (LG München I GRUR Int. 1993, 82, 84 – Duo Gismondi-Vasconcelos; OLG München GRUR Int. 1993, 88, 90 – Betty Carter and her Trip). Da die Bundesrepublik dem Rom-Abkommen seit 1966 angehört, gewährt sie den ausübenden Künstlern Inländerbehandlung nach Art. 4b) RA, wenn nach dem 3.10.1990 Tonträger gem. Art 5 Abs. 1c) RA erstmals verbreitet worden sind. Ist dagegen nach der Wiedervereinigung in den neuen Bundesländern die Erstverbreitung erfolgt, steht der Erschöpfung des Verbreitungsrechts nach § 17 Abs. 2 für Gesamtdeutschland nichts im Wege (BGH GRUR 2003, 699, 702 – Eterna; KG Berlin GRUR 2003, 1039, 1040 – Sojusmultfilm).

VII. Urheberpersönlichkeitsrechte

111 **Urheberpersönlichkeitsrechte** sind nicht Regelungsgegenstand des Einigungsvertrages. Sie waren in den §§ 14 ff. URG geregelt und wirken auch über den 3.10.1990 hinaus fort (Wandtke UrhR/*Wandtke* 500; OLG Dresden GRUR-RR 2013, 51 – Kulturpalast Dresden m. Anm. *Jacobs*; so bereits LG Leipzig ZUM 2012, 821, 823 – Dresdner Kulturpalast). Soweit sie nicht mit den Urheberpersönlichkeitsrechten nach dem UrhG übereinstimmen, so vor allem im Bereich der bildenden Kunst und Baukunst, ist der Konflikt im Wege einer Güter- und Interessenabwägung zu lösen (*Elmenhorst* ZUM 2013, 146; Wandtke UrhR/*Wandtke* 500; LG Leipzig ZUM 2012, 821, 823 – Dresdner Kulturpalast).

So hatte gem. § 16 Abs. 1 URG der Urheber das Recht, jeder Verstümmelung oder Entstellung seines Werkes zu widersprechen. Zugunsten der bildenden Künstler und Architekten in der DDR umfasste der Begriff der Verstümmelung auch die gänzliche **Zerstörung**; mit dem Verbot der Zerstörung gegen den Willen des Urhebers war de facto ein Zerstörungsverbot gesetzlich geregelt (Wandtke UrhR/*Wandtke* 500). Seit dem 3.10.1990 gilt § 14, der ein Zerstörungsverbot nicht ausdrücklich geregelt hat, aber unter dem Aspekt der Generalklausel des § 11 S. 1 UrhG auszulegen ist (ähnlich Schricker/Loewenheim/*Dietz*/*Peukert* § 14 Rn. 38: Werkvernichtung ist die schärfste Form der Beeinträchtigung i. S. d. § 14 UrhG).

Im Bereich der bildenden Kunst und der Baukunst ist die Teilvernichtung eine Form der Entstellung des Werkes. Dabei sind jedoch die Eigentümerinteressen zu berücksichtigen. Es müssen allerdings schwerwiegende Gründe vorliegen, um das **Änderungsinteresse** des Eigentümers stärker wirken zu lassen als das **Integritätsinteresse** des Urhebers. Dies gilt für die Dauer der Schutzfrist auch nach dem Tode des Urhebers zugunsten seiner Erben oder anderen Rechtsnachfolger. Die Anwendung der sog. Verblassungstheorie des BGH, wonach das Urheberpersönlichkeitsrecht Jahre oder Jahrzehnte nach dem Tod des Urhebers nicht mehr das gleiche Gewicht hat wie zu dessen Lebzeiten (BGH GRUR 2008, 984, 986 – St. Gottfried) hätte Auswirkungen auf das kulturelle Erbe der bildenden Kunst und Baukunst der DDR. Der Urheber bzw. seine Erben oder Rechtsnachfolger könnten sich kaum gegen Entstellung oder Werkvernichtung wehren. Das Vernichtungs- oder Änderungsinteresse des Eigentümers ist gegen die geistig-ideellen Interessen des Urhebers abzuwägen, wobei der Bedeutung des § 14 Rechnung zu tragen ist. Auch wenn man nicht der eingangs vertretenen Meinung folgt, dass das Zerstörungsverbot des DDR-URG fortwirkt, so ist doch nach Wegen zu suchen, die Vernichtung unersetzbarer Werke zu vermeiden (vgl. Schricker/Loewenheim/*Dietz/Peukert* § 14 Rn. 38; Dreier/Schulze/*Schulze* § 14 UrhG Rn. 28).

Es spricht vieles dafür, den **Entstellungsschutz auf die gänzliche Vernichtung zu erstrecken,** weil nicht nur das Eigentumsinteresse des Sacheigentümers ein öffentliches Interesse verkörpert, sondern auch das Urheberrecht, das dem Erhaltungsinteresse der Allgemeinheit dient, was bei der Interessenabwägung zu berücksichtigen ist (*von Olenhusen* UFITA 2013/II, 335, 347).

Sollte eine Teil- oder Totalvernichtung des Werkes aus Sicht des Eigentümers erforderlich sein, so ist dieser nach Treu und Glauben verpflichtet, den Urheber oder dessen Rechtsnachfolger zu informieren. Zu denken wäre an eine Herausgabe des Werkes, wobei der Urheber für die Kosten aufzukommen hätte. Auch wenn kein Werk der bildenden Kunst i. S. d. URG des DDR vorliegt bzw. man dessen Anwendbarkeit verneint, wäre zu prüfen, ob nicht das **allgemeine Persönlichkeitsrecht** des Künstlers unter dem Gesichtspunkt eines Lebenswerks in der Interessenabwägung eine Rolle spielt.

Anhang

1. Gesetz über das Urheberrecht (DDR)

Vom 13. September 1965

(GBl. I, 209)

Erster Teil. Das Urheberrecht

1. Abschnitt

§ 1 Grundsätze. (1) Das Urheberrecht hat die Aufgabe, das Schaffen literarischer, künstlerischer und wissenschaftlicher Werke zu fördern und zu schützen. Es sichert die geistigen und die materiellen Interessen der Urheber dieser Werke. Das Urheberrecht ermöglicht eine breite Wirkung und Nutzbarmachung aller literarischen, künstlerischen oder wissenschaftlichen Werke, die dem gesellschaftlichen Fortschritt, der Verbreitung humanistischer Ideen und der Sicherung des Friedens und der Völkerfreundschaft dienen. Es stellt so die Verbindung der persönlichen Interessen der Urheber mit dem gesellschaftlichen Interesse her.

(2) Die Leiter der Staats- und Wirtschaftsorgane, der kulturellen und wissenschaftlichen Einrichtungen, der Verlage und Betriebe und die Leitungen anderer Organisationen sorgen dafür, daß die Rechte der Urheber in ihrem Verantwortungsbereich verwirklicht werden, unabhängig davon, ob ein Werk beruflich oder außerberuflich im Rahmen der künstlerischen und wissenschaftlichen Betätigung der Bürger geschaffen ist. Sie fördern und unterstützen alle Formen der Gemeinschaftsarbeit, die dem Entstehen literarischer, künstlerischer und wissenschaftlicher Werke dienlich sind.

2. Abschnitt. Das Werk

§ 2 Werke der Literatur, Kunst und Wissenschaft. (1) Das Urheberrecht erstreckt sich auf Werke der Literatur, der Kunst und der Wissenschaft, die in einer objektiv wahrnehmbaren Form gestaltet sind und eine individuelle schöpferische Leistung darstellen. Die Leistung kann auch in einem Kollektiv erbracht worden sein. Unerheblich ist es, mit welchen Mitteln oder in welchem Verfahren die Werke gestaltet wurden. Sie können auch als Skizze oder Entwurf vorliegen.

(2) Werke im Sinne des Abs. 1 können zum Beispiel sein:
a) Sprachwerke (Schriftwerke, Reden und Vorträge);
b) Werke der Musik;
c) Bühnenwerke (dramatische, musikdramatische, choreographische und pantomimische Werke);
d) Werke der Malerei, Bildhauerei, Grafik, Gebrauchsgrafik und der angewandten Kunst;
e) Filmwerke;
f) Fernsehwerke;
g) Rundfunkwerke;
h) Werke der Fotografie und der Fotomontage;
i) Werke der Baukunst.

§ 3 Teile des Werkes und Titel. Das Urheberrecht erstreckt sich auf das Werk im ganzen, auf dessen Teile und auf den Titel, sofern er individuell schöpferischen Charakter hat.

URG der DDR   **Anh 1**

§ 4 Bearbeitungen, Übersetzungen, Sammelwerke und Herausgaben. (1) Ein Urheberrecht entsteht auch durch die Bearbeitung einschließlich der Dramatisierung oder einer anderen Umformung und durch die Übersetzung eines Werkes.

(2) Ein Urheberrecht entsteht ferner an Sammelwerken, Anthologien und Herausgaben, soweit sie durch ihre Gestaltung oder Auswahl das Ergebnis einer individuellen schöpferischen Leistung sind.

§ 5 Nachrichten, Rechtsvorschriften. (1) Ein Urheberrecht besteht nicht an Nachrichten und Meldungen über das Zeitgeschehen.

(2) Ein Urheberrecht besteht ferner nicht an Rechtsvorschriften aller Art, Gerichtsentscheidungen und öffentlichen Bekanntmachungen.

3. Abschnitt. Der Urheber

§ 6 Urheber eines Werkes oder einer Bearbeitung. (1) Urheber eines Werkes ist derjenige, der es geschaffen hat (Urheberschaft).

(2) Urheber einer Bearbeitung ist der Bearbeiter, einer Übersetzung der Übersetzer.

(3) Die Rechte des Urhebers an seinem Werk bleiben durch die Urheberrechte eines Bearbeiters oder Übersetzers unberührt.

(4) Ist in einem veröffentlichten Werk der Name des Verfassers angegeben, so wird vermutet, daß er der Urheber des Werkes ist.

§ 7 Kollektives Schaffen. Die urheberrechtlichen Befugnisse an einem Werk, das durch das Schaffen mehrerer Personen entstanden ist und ein unteilbares Ganzes bildet, stehen allen Beteiligten als Miturhebern gemeinsam zu, auch wenn die einzelnen Beiträge unterschieden werden können. Soweit die Miturheber ihre gegenseitigen Beziehungen nicht durch Vereinbarung geregelt haben, gelten die allgemeinen Bestimmungen des Zivilrechts über die Rechtsgemeinschaft.

§ 8 Verbindung selbständiger Werke. Werden selbständige Werke zu einem Werk verbunden, so bleibt das Urheberrecht an den Bestandteilen erhalten.

§ 9 Herausgeber. (1) An Sammelwerken, Anthologien und Herausgaben stehen die urheberrechtlichen Befugnisse dem Herausgeber zu; die Rechte der Urheber der aufgenommenen Werke bleiben erhalten. Herausgeber und Urheber regeln ihre gegenseitigen Beziehungen durch Vereinbarung.

(2) Ist als Herausgeber eines Werkes gemäß Abs. 1 eine juristische Person bezeichnet, so gilt sie als Inhaber der Recht an der Herausgabe.

§ 10 Urheber eines Film- und Fernsehwerkes. (1) Ein Film- oder ein Fernsehwerk ist ein eigenständiges Werk. Es ist das Ergebnis einer Kollektivleistung, die auf unterschiedlichen schöpferischen Einzelleistungen beruht und unter Leitung eines Regisseurs mit Hilfe der Film- oder Fernsehtechnik zur Wiedergabe gestaltet wird.

(2) Wird ein Filmwerk oder ein Fernsehwerk in einem Betrieb hergestellt, so ist dieser ausschließlich berechtigt und verpflichtet, im Rechtsverkehr die Rechte des Kollektivs der Urheber dieses Werkes im eigenen Namen wahrzunehmen.

(3) Die Recht an selbständigen Werken, die bei der Herstellung von Werken im Sinne des Abs. 1 als deren Bestandteile verwendet worden sind, insbesondere Rechte an Werken der Literatur oder der Musik, bleiben von der Bestimmung des Abs. 2 unberührt.

§ 11 Anonyme oder pseudonyme Veröffentlichungen. Wird ein Werk ohne Angabe des Namens des Urhebers oder unter einem Decknamen veröffentlicht, so steht die Wahrnehmung der urheberrechtlichen Befugnisse, soweit diese zur Wahrung der Anonymität vom Urheber selbst nicht ausgeübt werden, demjenigen zu, der das Werk als erster berechtigt veröffentlicht.

§ 12 Veröffentlichung, Erscheinen. Im Sinne dieses Gesetzes gilt ein Werk als veröffentlicht, sobald es mit Einwilligung des Urhebers öffentlich vorgetragen, aufgeführt, vorgeführt, gesendet, ausgestellt, in sonstiger Weise verbreitet oder erschienen ist. Ein Werk gilt als erschienen, wenn es in einer ausreichenden Anzahl von Werkstücken mit Einwilligung des Urhebers in den Verkehr gebracht worden ist.

4. Abschnitt. Befugnisse des Urhebers

§ 13 Inhalt des Urheberrechts. Das Urheberrecht ist ein sozialistisches Persönlichkeitsrecht. Aus ihm ergeben sich nichtvermögensrechtliche (§§ 14 bis 17) und vermögensrechtliche Befugnisse (§ 18) des Urhebers.

§ 14 Anerkennung der Urheberschaft und die Namensnennung. (1) Der Urheber eines Werkes hat das Recht auf Anerkennung seiner Urheberschaft an dem Werk.

(2) Er kann fordern, daß der von ihm gewählte Name in Verbindung mit seinem Werk genannt wird.

§ 15 Erstveröffentlichung. Der Urheber hat das Recht, über die Veröffentlichung seines Werkes und über die erste öffentliche Mitteilung seines wesentlichen Inhalts zu entscheiden.

§ 16 Unverletzlichkeit des Werkes. (1) Der Urheber hat das Recht, jeder Verstümmelung oder Entstellung seines Werkes zu widersprechen.

(2) Änderungen am Werk bedürfen der Zustimmung des Urhebers. Die Bestimmungen des § 40 bleiben davon unberührt.

§ 17 Schutz des Ansehens. Der Urheber hat das Recht zu untersagen, daß sein Werk in einer sein künstlerisches oder wissenschaftliches Ansehen schädigenden Weise verwendet wird.

§ 18 Nutzungsbefugnisse. (1) Dem Urheber steht es ausschließlich zu, darüber zu entscheiden, ob sein Werk
a) vervielfältigt oder festgehalten,
b) zu Erwerbszwecken verbreitet,
c) öffentlich vorgetragen, aufgeführt, vorgeführt,
d) falls es noch nicht veröffentlicht ist, ausgestellt,
e) verfilmt oder gesendet wird.

(2) Die Befugnis des Urhebers gemäß Abs. 1 erstreckt sich nicht auf das entgeltliche oder unentgeltliche Verleihen eines verbreiteten Werkstückes sowie nicht auf die freie Werknutzung und die gesetzlichen Lizenzen.

(3) Dem Urheber steht es ausschließlich zu, zu entscheiden, ob Bearbeitungen oder Übersetzungen seines Werkes gemäß Abs. 1 verwendet werden.

§ 19 Werknutzung durch andere. (1) Das Urheberrecht ist nicht übertragbar. Der Urheber kann die Befugnisse zur Nutzung seines Werkes gemäß den Bestimmungen des Urhebervertragsrechtes auf andere übertragen.

(2) Für die Übertragung seiner Befugnisse steht dem Urheber entsprechend dem sozialistischen Leistungsprinzip eine Vergütung zu. Unentgeltliche Übertragungen bedürfen einer ausdrücklichen Vereinbarung.

(3) In Übereinstimmung mit den gesellschaftlichen Organisationen und im Einvernehmen mit dem Minister der Finanzen erklären der Minister für Kultur – und der Vorsitzende des Staatlichen Rundfunkkomitees für seinen Bereich – Richtlinien dieser Organisationen über die

Vergütung für allgemeinverbindlich oder erlassen Vorschriften für die Vergütung der Urheber (Honorarordnungen).

§ 20 Urheberrecht und Arbeitsverhältnisse. (1) Dem Urheber eines Werkes, das in einem Betrieb oder in einer wissenschaftlichen Institution in Erfüllung arbeitsrechtlicher Verpflichtungen geschaffen worden ist, steht das Urheberrecht an diesem Werk zu. Die beiderseitigen Befugnisse und Pflichten bei der Ausübung des Urheberrechts sind im Arbeitsvertrag zu regeln.

(2) Die Betriebe oder die Institutionen haben das Recht, das von ihrem Mitarbeiter gemäß Abs. 1 geschaffene Werk zu Zwecken zu benutzen, die unmittelbar der Lösung ihrer eigenen Aufgaben dienen. Insoweit nehmen sie die Rechte des Urhebers selbständig wahr.

(3) Soweit dem Arbeitsvertrag oder dem sonst erkennbaren Willen beider Partner des Arbeitsrechtsverhältnisses nicht anderes zu entnehmen ist, steht dem Urheber auch in diesen Fällen das Recht auf Vergütung sowie das Recht auf Nutzung des Werkes zu anderen Zwecken zu.

5. Abschnitt. Freie Werknutzung

§ 21 Inhalt der freien Werknutzung. (1) Zur Aneignung der Schätze von Kunst und Wissen durch die gesamte Gesellschaft und zur Entfaltung von Wissenschaft und Kunst ist es zulässig, gemäß den Bestimmungen dieses Abschnittes Werke ohne Einwilligung der Urheber und – ausgenommen die im § 24 Abs. 3 und § 26 Buchst. c geregelten Fälle – ohne Zahlung einer Vergütung an die Urheber frei zu nutzen (freie Werknutzung).

(2) Soweit die Vervielfältigung nach den §§ 24 bis 26 und den §§ 29 und 30 zulässig ist, sind es auch die Verbreitung, die öffentliche Aufführung, die öffentliche Vorführung oder der öffentliche Vortrag.

§ 22 Freie Benutzung. Die freie Benutzung eines Werkes ist zulässig, wenn dadurch ein neues Werk in einer individuellen schöpferischen Leistung gestaltet wird.

§ 23 Vervielfältigung zum persönlichen und beruflichen Gebrauch. Die Vervielfältigung eines veröffentlichten Werkes, gleich durch welches Verfahren, ist dann zulässig, wenn sie dem persönlichen oder beruflichen Interesse dient und das Vervielfältigungsstück nicht der Öffentlichkeit übergeben wird. Ausgenommen hiervon ist das Nachbauen eines Werkes der Baukunst.

§ 24 Vervielfältigung zum Zwecke der Information und Dokumentation. (1) Für Informationszwecke ist es zulässig, den wesentlichen Inhalt erschienener wissenschaftlicher, technischer oder literarischer Werke in einer knappen Zusammenfassung zu veröffentlichen. Einzelne Formulierungen oder kleinere Textteile sowie einzelnen Bilder, Tafeln oder andere Beigaben dürfen hierbei als Zitate oder Textillustrationen verwendet werden.

(2) Knappe Zusammenfassungen wissenschaftlicher, technischer und literarischer Werke, die in Dokumentationsdiensten, Referateorganen, Bibliographien u. ä. veröffentlicht worden sind, dürfen von anderen entsprechenden Publikationsorganen zur Unterrichtung eines breiten Kreises von Interessenten, aber nicht zu Werbe- oder Erwerbszwecken vervielfältigt werden.

(3) Dokumentationsstellen ist es zur Unterrichtung ihrer Benutzer gestattet, in Dokumentations- oder Referatediensten sowie in bibliographischen Werken Artikel, Aufsätze, Darstellungen, Tabellen, Zeichnungen und andere Veröffentlichungen wissenschaftlicher, technischer oder literarischer Art aus Zeitungen oder Zeitschriften ganz oder teilweise, im Original oder in der Übersetzung zu vervielfältigen.

(4) Bei einer Vervielfältigung gemäß Abs. 3 hat der Urheber Anspruch auf Vergütung.

§ 25 Vervielfältigung von Werken an Straßen und Plätzen. (1) Zulässig ist die Vervielfältigung von Werken, die sich bleibend an öffentlichen Wegen, Straßen oder Plätzen befinden, durch malende oder zeichnende Kunst oder durch Fotografie.

(2) Bei Werken der Baukunst erstreckt sich diese Befugnis nur auf die äußere Ansicht.

Anh 1 URG der DDR

§ 26 Zitate und Sammlungen. Zulässig ist die Vervielfältigung, wenn
a) einzelne Stellen oder kleinere Teile eines Sprach- oder Musikwerkes nach ihrer Veröffentlichung in einer selbständigen Arbeit angeführt werden;
b) einzelnen kleinere Aufsätze oder einzelne Gedichte oder kleinere Kompositionen nach ihrem Erscheinen in eine selbständige wissenschaftliche Arbeit zur Erläuterung des Inhalts aufgenommen werden;
c) einzelne Gedichte oder kleinere Kompositionen nach ihrem Erscheinen in eine Sammlung aufgenommen werden, in der die Werke einer größeren Zahl von Schriftstellern oder Komponisten vereinigt sind, und wenn diese Sammlung zum künstlerischen Vortrag bestimmt ist;
d) einzelne Gedichte oder kleinere Texte bei öffentlichen Veranstaltungen allein zu Unterrichtung der Hörer ausgegeben werden;
e) einzelne kleinere Aufsätze, einzelne Gedichte, kleinere Teile eines Schriftwerkes oder kleinere Kompositionen nach ihrem Erscheinen in eine Sammlung aufgenommen werden, in der Werke einer größeren Zahl von Schriftstellern oder Komponisten vereinigt sind und die nur für den Unterrichts- oder Schulgebrauch bestimmt sind;
f) einzelne veröffentlichte Werke der Malerei, der Bildhauerei, der Grafik, der Gebrauchsgrafik, der angewandten Kunst, der Fotografie, veröffentlichte Teile eines Filmwerkes, eines Fernsehwerkes oder eines Rundfunkwerkes in eine selbständige wissenschaftliche Arbeit oder in ein für den Unterrichts- oder Schulgebrauch bestimmtes Werk ausschließlich zur Erläuterung des Inhalts aufgenommen werden.

§ 27 Vertonungs- und Textierfreiheit. (1) Zulässig ist die Vertonung eines Sprachwerkes, insbesondere von Gedichten, nach ihrem Erscheinen.

(2) Zur öffentlichen Aufführung und zur Vervielfältigung des Sprachwerkes in Verbindung mit dem Werk der Musik bedarf es der Zustimmung beider Urheber.

(3) Die Absätze 1 und 2 gelten entsprechend für die Textierung einer erschienenen kleineren Komposition.

§ 28 Quellenangabe. (1) Wer ein fremdes Werk gemäß den §§ 24 bis 27 benutzt, hat die Quelle anzugeben.

(2) Bei der Vervielfältigung eines Werkes der Malerei, Bildhauerei, Grafik, Gebrauchsgrafik oder angewandte Kunst darf der Name oder die sonstige Bezeichnung des Urhebers des Werkes nur so auf der Vervielfältigung angebracht werden, daß keine Verwechslung mit dem Original entstehen kann.

§ 29 Abdruck aus Zeitungen und Zeitschriften. (1) Zulässig ist der Abdruck einzelner Artikel aus Zeitungen oder Zeitschriften in anderen, soweit die Artikel nicht mit einem Vorbehalt der Rechte versehen sind. Beim Abdruck ist die Quelle anzugeben.

(2) Der Abdruck von Ausarbeitungen wissenschaftlichen, technischen oder unterhaltenden Inhalts aus Zeitungen und Zeitschriften ist ohne Zustimmung des Berechtigten, auch wenn ein Vorbehalt der Rechte fehlt, unzulässig, es sei denn, daß der Abdruck zur Erfüllung der in diesem Gesetz anerkannten Bedürfnisse der Dokumentation erfolgt.

§ 30 Reden und Vorträge. (1) Reden und Vorträge, die bei gesellschaftlichen Veranstaltungen oder im Rahmen der öffentlichen Tätigkeit der Staatsorgane gehalten werden, sowie Niederschriften von solchen Reden oder Vorträgen dürfen vervielfältigt werden – ausgenommen die Veröffentlichung in Buchform einschließlich in einer Sammlung.

(2) Die Bestimmung des Abs. 1 gelten nicht für wissenschaftliche Veranstaltungen.

§ 31 Freie öffentliche Aufführungen und Vorträge. (1) Öffentliche Aufführungen eines erschienen Werkes der Musik oder öffentliche Vorträge eines veröffentlichten Sprachwerkes sind zulässig, wenn sie keinem Erwerbszweck dienen, die Hörer ohne Entgelt zugelassen werden und die Mitwirkenden dafür kein Honorar erhalten.

URG der DDR   Anh 1

(2) Die Bestimmungen das Abs. 1 finden keine Anwendung auf die bühnenmäßige Aufführung eines Werkes der Musik, zu dem ein Text gehört. Sie finden ferner keine Anwendung auf dramatische, pantomimische oder choreographische Werke.

6. Abschnitt. Gesetzliche Lizenzen

§ 32. (1) Dem Rundfunk, dem Fernsehen, den volkseigenen Filmstudios und der Presse ist die Sendung, die Vorführung, der Abdruck oder das Fotografieren veröffentlichter Werke ohne Einwilligung des Urhebers und ohne Zahlung eines Urheberhonorars gestattet, wenn die Werke oder ihre Teile im Rahmen von Berichten über Tagesereignisse zur öffentlichen Information gesendet, vorgeführt oder vervielfältigt werden.

(2) Ohne Einwilligung des Urhebers ist es dem Rundfunk und dem Fernsehfunk gestattet, jedes veröffentlichte Werk unverändert gegen Entgelt nach den staatlichen Honorarordnungen zu senden. Dabei ist der Name des Urhebers in üblicher Form anzugeben; der Urheber ist von der Sendung zu benachrichtigen. Die Einzelheiten der Anwendung dieser Lizenz sind durch Vereinbarung des Vorsitzenden des Staatlichen Rundfunkkomitees mit den gesellschaftlichen Organisationen der Urheber zu regeln.

(3) Im Rahmen der Absätze 1 und 2 ist auch die Aufzeichnung und Vervielfältigung der Werke gestattet.

7. Abschnitt. Dauer des Urheberschutzes

§ 33 Schutzfrist. (1) Der Schutz der Befugnisse des Urhebers endet 50 Jahre nach seinem Tode (Schutzfrist). Die 50-Jahr-Frist beginnt mit dem Ablauf des Kalenderjahres, in dem der Urheber verstorben ist. In den Fällen der Absätze 4 und 6 beginnt sie mit dem Ablauf des Kalenderjahres, in dem das Werk veröffentlicht wurde.

(2) Die Befugnisse des Urhebers gehen nach den allgemeinen Vorschriften des Erbrechts auf den Erben über.

(3) Steht das Urheberrecht an einem Werk mehreren gemeinschaftlich zu, so endet die Schutzfrist 50 Jahre nach dem Tode des Letztverstorbenen.

(4) Wird der gesetzliche Name des Urhebers nicht bei der ersten Veröffentlichung des Werkes angegeben und ist der Urheber nicht bekannt, so enden seine Befugnisse mit dem Ablauf von 50 Jahren nach der Veröffentlichung.

(5) Wird der gesetzliche Name des Urhebers während der 50jährigen Frist bekannt gegeben oder in ein zu diesem Zwecke geführtes Register eingetragen, so findet die Vorschrift des Abs. 1 Anwendung.

(6) Gilt eine juristische Person als Inhaber des Urheberrechts, so endet die Schutzfrist 50 Jahre nach der ersten Veröffentlichung des Werkes.

§ 34 Gesellschaftlicher Schutz. (1) Die sozialistische Gesellschaft gewährleistet auch nach dem Ablauf der Schutzfrist den Schutz der geistigen Güter der Nation.

(2) Für den Schutz der Unverletzlichkeit des Werkes und die Wahrung des Ansehens seines Autors sorgen sodann die zuständigen staatlichen Organe oder Institutionen.

§ 35 Schutz des Nachlasses bedeutender Künstler, Schriftsteller und Wissenschaftler.
(1) Der Schutz des Nachlasses bedeutender Schriftsteller, Künstler oder Wissenschaftler kann durch Beschluß des Ministerrates zur Aufgabe der Nation erklärt werden.

(2) In dem Beschluß kann die Wahrnehmung der Urheberrechte an dem Nachlaß einem staatlichen Organ oder einer anderen Institution übertragen werden.

(3) Die vermögensrechtlichen Ansprüche der Erben des Urhebers auf die Erträgnisse aus der Nutzung des Werkes während der Dauer der Schutzfrist bleibt gewahrt.

8. Abschnitt. Urhebervertragsrecht

1. Unterabschnitt. Allgemeine Bestimmungen

§ 36 Aufgaben der kulturellen Einrichtungen. (1) Aufgabe der kulturellen Einrichtungen ist es, unter Wahrung der Rechte des Urhebers für die breiteste Wirkung des Werkes zu sorgen.

(2) Bei jeder Verwendung des Werkes durch eine kulturelle Einrichtung (Verlag, Filmstudio, Bühne, Funk und Fernsehen usw.) hat der Urheber das Recht, in den das Werk berührenden Fragen gleichberechtigt als Mitglied des Kollektivs der Einrichtung mitzuarbeiten. Die kulturellen Einrichtungen haben in ihrer gesamten Tätigkeit das Schaffen der Urheber zu fördern und zu unterstützen.

§ 37 Werknutzungsvertrag. (1) Die Übertragung von Nutzungsbefugnissen erfolgt durch Vertrag.

(2) Verträge gemäß Abs. 1 sollen schriftlich abgeschlossen werden. Für die öffentliche Aufführung eines Werkes der Musik, die nicht bühnenmäßig erfolgt, sowie für den öffentlichen Vortrag von literarischen oder wissenschaftlichen Werken und für die Veröffentlichungen von Artikeln in Zeitungen und Zeitschriften genügt die mündliche Vereinbarung.

§ 38 Vertragsarten. (1) Verträge über die Verwendung eines Werkes sind insbesondere:
a) Der Verlagsvertrag einschließlich des Vertrages über Beiträge für Zeitungen und Zeitschriften;
b) der Vertrag über die bühnenmäßige Aufführung eines Werkes und der Bühnenvertriebsvertrag;
c) der Vertrag über die Verfilmung eines Werkes oder über die Schaffung und Verwendung der literarischen Grundlagen eines Films oder über seine Vorführung;
d) der Vertrag über die Herstellung eines Rundfunk- oder Fernsehfassung eines Werkes oder zur Sendung eines Werkes durch Rundfunk oder Fernsehfunk;
e) der Vertrag über die Übertragung eines Werkes auf einen Tonträger;
f) der Vertrag über die Verwendung von Werken der bildenden, der angewandten oder der Baukunst;
g) der Vertrag über die Verwendung von Fotografien oder Fotomontagen;
h) der Vertrag über die öffentliche, nicht bühnenmäßige Aufführung von Werken der Musik oder über Vorträge eines Sprachwerkes.

(2) Im einzelnen gelten für die Verträge gemäß Abs. 1 die Vorschriften der §§ 46 bis 72.

§ 39 Inhalt des Vertrages. Verträge zur Übertragung von Nutzungsbefugnissen sollen Vereinbarungen enthalten über
a) die Art und den Umfang der Verwendung;
b) den Inhalt und die Art eines noch zu schaffenden Werkes;
c) die Art und Weise des Zusammenwirkens des Urhebers und der Einrichtung beim Schaffen und bei der Verwendung des Werkes (§ 36 Abs. 2);
d) den Zeitpunkt für den Beginn der Verwendung;
e) die Vertragsdauer oder über die Zahl der in den Verkehr zu setzenden Werkstücke oder der Aufführungen, Vorführungen oder Sendungen;
f) die Vergütung des Urhebers;
g) die Voraussetzungen und Formen der Änderung oder Auflösung des Vertrages.

§ 40 Änderungen. (1) Ohne Zustimmung des Urhebers sind Änderungen am Werk nur zulässig, wenn sie lediglich der ordnungsgemäßen Wiedergabe des Werkes dienen (Korrektur offensichtlicher Unrichtigkeiten).

(2) In den Fällen der künstlerischen Interpretation von Werken soll in den Verträgen der Umfang der zulässigen Änderungen bestimmt werden. Dabei ist von dem Grundsatz der werkgetreuen Wiedergabe auszugehen.

§ 41 Vertragsmuster. (1) Über den Inhalt der Verträge gemäß § 39 sind vom Ministerium für Kultur- und vom Staatlichen Rundfunkkomitee in seinem Bereich- in Zusammenarbeit mit den gesellschaftlichen Organisationen der Urheber und den Gewerkschaften Vertragsmuster zu entwickeln und zu veröffentlichen. Bestimmungen der Vertragsmuster über Mindest- und Höchstsätze der Honorierung, über andere Zuwendung an den Urheber (z. B. Freiexemplare), über Fristen oder über die Rücktrittserklärung können durch den Minister für Kultur oder den Vorsitzenden des Staatlichen Rundfunkkomitees im Einvernehmen mit dem Minister für Justiz und dem Minister für Finanzen für allgemeinverbindlich erklärt werden.

(2) Enthält ein Vertrag keine der in den §§ 39 und 40 genannten Vereinbarungen, so gilt die Regelung des Vertragsmusters als Vertragsinhalt.

§ 42 Vertrag über künftiges Schaffen. (1) Ein Vertrag gemäß § 37 kann auch über ein bestimmtes noch zu schaffendes Werk abgeschlossen werden. Ein Anspruch auf eine Urhebervergütung entsteht erst mit Ablieferung des Werkes.

(2) Verträge, durch die sich der Urheber hinsichtlich der Verwendung seines noch unbestimmten zukünftigen Schaffens verpflichtet, sind nichtig, soweit es sich nicht um Arbeitsrechtsverhältnisse handelt.

(3) Bei einem vom Urheber noch zu schaffenden Werk ist der Vertragspartner verpflichtet, den Urheber nach Übergabe des Werkes über die Abnahme oder über eine Ablehnung aus den im Vertrage vorgesehenen Gründen oder über die Notwendigkeit der Vornahme von Veränderungen unter Angabe ihres Inhalts im einzelnen entsprechend den Bedingungen des Vertrages schriftlich in einer im Vertrag festzusetzenden Frist zu unterrichten. Erfolgt die Mitteilung nicht innerhalb dieser Frist, so gilt das Werk als abgenommen.

§ 43 Eigentum an Original und Werkstück. (1) Das dem Vertragspartner überlassene Original des Werkes bleibt, soweit nicht etwas anderes vereinbart ist, Eigentum des Urhebers.

(2) Die Übertragung des Eigentums an einem Werkstück der Malerei, der Bildhauerei, der Grafik, der Gebrauchsgrafik, der angewandten Kunst, des Films, des Rundfunks, des Fernsehens, der Fotografie, der Fotomontage oder der Baukunst schließt, soweit nicht etwas anderes vereinbart ist, die Übertragung von Nutzungsbefugnissen des Urhebers nicht ein.

(3) Der Eigentümer des Originals eines Werkes ist verpflichtet, dem Urheber auf sein Verlangen Zugang zu seinem Werk zu gestatten.

(4) Droht dem Original des Werkes durch Verhalten seines Eigentümers eine Gefährdung oder Vernichtung, so steht dem Urheber ein Rückkaufsrecht zu dem Zeitwert zu.

§ 44 Weiterübertragung der Werknutzung. (1) Zur Übertragung der gesamten Rechte, die auf Grund eines Vertrage über die Verwendung eines Werkes erworben sind, ist die Einwilligung des Urhebers erforderlich. Der Einwilligung bedarf es nicht, wenn ein Verlag sein gesamtes Verlagsgebiet oder einen Teil davon geschlossen überträgt.

(2) Im übrigen gelten die Bestimmungen der §§ 36 bis 43 und § 45 entsprechend, wenn derjenige, der durch Vertrag vom Urheber Werknutzungsbefugnisse erworben hat, diese auf Dritte überträgt.

§ 45 Rücktritt. (1) Unterläßt es der Werknutzungsberechtigte unter Verletzung seiner vertraglichen Verpflichtungen, das Werk der Öffentlichkeit zugänglich zu machen, so steht dem Urheber ein Rücktrittsrecht zu.

(2) Die Ausübung des Rücktrittsrechts hat zur Folge, daß die übertragenen Nutzungsbefugnisse wieder ausschließlich dem Urheber zustehen. Dem Urheber ist ein seiner Leistung entsprechendes Honorar zu zahlen; eine Rückzahlung einer bereits gewährten Vergütung oder eines Teiles davon kann nicht gefordert werden. Bei einer schuldhaften Verletzung der Verpflichtung durch den Werknutzungsberechtigten kann der Urheber weiteren Schadensersatz geltend machen. Dasselbe gilt, wenn der Werknutzungsberechtigte bei einer Aufgabe seines Tätigkeitsgebietes oder bei einer Übertragung dieses Tätigkeitsgebietes oder eines Teils davon gegenüber dem Urheber seinen vertraglichen Verpflichtungen nicht nachkommt.

(3) Absätze 1 und 2 gelten entsprechend, wenn der Werknutzungsberechtigte das Werk in einer Art verwendet, die der vertraglichen Vereinbarung zuwiderläuft.

(4) Der Werknutzungsberechtigte ist berechtigt, vom Vertrag zurückzutreten, wenn der Urheber
a) das Werk nicht in der im Vertrag festgesetzten Frist übergeben hat;
b) bei einem noch zu schaffenden Werk dieses nicht entsprechend den Bedingungen des Vertrages geleistet hat;
c) sich weigert, Veränderungen vorzunehmen, die von ihm in den im Vertrag festgelegten Formen und Grenzen gefordert wurden.
Der Urheber hat die erhaltene Vergütung zurückzuerstatten. Handelt es sich um einen Rücktritt gemäß Buchst. b und hat der Urheber nicht schuldhaft gehandelt, so ist ihm ein seiner Leistung entsprechendes Arbeitshonorar zu zahlen.

(5) Der Rücktritt gemäß den Absätzen 1 bis 4 ist an eine vorherige Androhung und eine angemessene Fristsetzung gebunden. Er ist schriftlich zu erklären.

(6) In Verträgen oder Vertragsmustern kann das Rücktrittsrecht abweichend von diesen Bestimmungen geregelt werden.

2. Unterabschnitt. Verlagsvertrag

§ 46 Vertragspflichten. Durch den Verlagsvertrag verpflichtet sich der Urheber, sein Werk in der zum Vertragszweck geeigneten oder vereinbarten Form fristgerecht zu übergeben. Der Verlag verpflichtet sich, das Werk auf eigene Rechnung vertragsgemäß und fristgerecht zu vervielfältigen und zu verbreiten und dem Urheber die vereinbarte Vergütung zu zahlen.

§ 47 Verlagsrecht. (1) Durch den Verlagsvertrag erhält der Verlag das ausschließliche Recht, das Werk zu vervielfältigen und zu verbreiten (Verlagsrecht). Bei einem noch zu schaffenden Werk bleiben die Rechte des Urhebers zur Entscheidung über die Veröffentlichung und zur ersten öffentlichen Mitteilung des wesentlichen Inhalts des Werkes erhalten.

(2) Das Verlagsrecht kann im Vertrag örtlich, zeitlich oder in anderer Weise beschränkt werden.

§ 48 Sonstige Rechte des Urhebers. Sind keine besonderen Vereinbarungen getroffen, so verbleiben dem Urheber die Rechte zum öffentlichen Vortrag, zur öffentlichen Aufführung oder Vorführung seines Werkes, zur Aufnahme auf Ton- oder Bildträger seines Werkes, ferner das Verfilmungs-, Sende- oder Ausstellungsrecht sowie das Recht, die Verwendung von Bearbeitungen oder Übersetzungen zu genehmigen (§ 18).

§ 49 Vertragspflichten bei Beiträgen für Zeitungen, Zeitschriften und periodischen Sammelwerken. (1) Entspricht ein Beitrag in Form und Inhalt der Vereinbarung und ist er termingemäß übergeben, so ist der Verlag zur Honorierung verpflichtet.

(2) Ist eine Abnahme des Beitrages vereinbart, so gilt das gleiche, wenn der Beitrag vom Verlag abgenommen wurde. Als abgenommen gilt ein Beitrag, den der Verlag nicht innerhalb einer Frist von drei Monaten nach Ablieferung abgelehnt hat.

(3) Ist ein Beitrag bereits einer anderen Zeitung oder Zeitschrift angeboten worden oder handelt es sich um einen bereits veröffentlichten Beitrag, so ist dies bei dem Angebot zu vermerken.

URG der DDR

§ 50 Sonstige Rechte bei Zeitungsbeiträgen. (1) Durch den Vertrag erwirbt der Verlag, wenn nicht etwas anderes vereinbart ist, lediglich die Befugnis, den Beitrag einmal in dem Presseorgan, für das er vertragsgemäß bestimmt ist, abzudrucken.

(2) Ist dem Verlag das ausschließliche Recht übertragen, den Beitrag in einem Presseorgan abzudrucken, so darf der Urheber, wenn nicht etwas anderes vereinbart ist, bei einem Beitrag für eine Zeitung erst nach deren Erscheinen, bei einem Beitrag für ein sonstiges Presseorgan erst sechs Monate nach dessen Erscheinen den Abdruck in einem anderen Presseorgan genehmigen.

§ 51 Rücktritt bei Zeitungsbeiträgen. Ist der Verlag in dem Vertrag nicht zur Veröffentlichung des Beitrages bis zu einem bestimmten Zeitpunkt verpflichtet und erfolgt die Veröffentlichung nicht innerhalb einer Frist von sechs Monaten nach der Ablieferung des Beitrages, dann ist der Urheber berechtigt, ohne Fristsetzung vom Vertrag zurückzutreten. Wird ein vereinbarter Termin zu Veröffentlichung des Beitrages überschritten, dann kann der Urheber nach vorheriger Ankündigung innerhalb einer angemessenen Frist vom Vertrag zurücktreten. Der Urheber behält den Anspruch auf volle Vergütung.

§ 52 Auftrag und Bestellvertrag. (1) Erteilt der Verlag einen Auftrag über die Mitarbeit an einem enzyklopädischen Werk oder über Hilfs- oder Nebenarbeiten für ein Sammelwerk oder für das Werk eines anderen, so ist der Verlag ohne besondere Vereinbarung mit dem Beauftragten nicht zur Vervielfältigung und Verbreitung seines Beitrages verpflichtet.

(2) Dasselbe gilt, wenn ein Auftrag zur Anfertigung einer Arbeit nach einem Plan erteilt wird, in dem der Inhalt der Arbeit sowie die Art und Weise ihres Aufbaues so vorgeschrieben sind, daß eine schöpferische Tätigkeit des Beauftragen nicht erforderlich ist (Bestellvertrag).

3. Unterabschnitt. Vertrag über die öffentliche Aufführung oder den öffentlichen Vortrag und Bühnenvertriebsvertrag

§ 53 Pflichten aus dem Vertrag über die bühnenmäßige Aufführung. (1) Durch den Vertrag über die bühnenmäßige Aufführung verpflichtet sich der Urheber eines dramatischen, musikdramatischen, choreographischen oder pantomimischen Werkes, dem Theater oder einem Veranstalter (im folgenden „Theater" genannt) das Werk in einer zum vereinbarten Zweck geeigneten Form fristgemäß zu übergeben.

(2) Das Theater verpflichtet sich, das Werk auf eigene Rechnung in der vereinbarten Form, Zahl oder Frist aufzuführen und dem Urheber die vereinbarte Vergütung zu zahlen.

§ 54 Bühnenaufführungsrecht. (1) Durch den Vertrag über die bühnenmäßige Aufführung eines Werkes erhält das Theater das Recht, das Werk öffentlich in der vereinbarten Form, Zahl oder Frist aufzuführen.

(2) Ein ausschließliches Aufführungsrecht ist ausdrücklich zu vereinbaren.

§ 55 Verträge über die nicht bühnenmäßige Aufführung oder den Vortrag. (1) Für Verträge über die nicht bühnenmäßige öffentliche Aufführung eines Werkes der Musik oder über den öffentlichen Vortrag eines Sprachwerkes finden die Bestimmungen über die bühnenmäßige Aufführung der §§ 53 und 54 sinngemäße Anwendung.

(2) Der Urheber kann über Dasselbe Werk, auch an demselben Ort, weitere Verträge gemäß Abs. 1 abschließen, falls dies nicht vertraglich ausgeschlossen worden ist.

§ 56 Pflichten aus dem Vertrag über den Bühnenvertrieb. (1) Durch den Vertrag über den Bühnenvertrieb verpflichtet sich der Urheber eines dramatischen, musikdramatischen, choreographischen oder pantomimischen Werkes, sein Werk dem Verlag in einer zur Herstellung von Material für die bühnenmäßige Aufführung geeigneten Form fristgemäß zu übergeben.

(2) Der Verlag verpflichte sich, den Bühnenvertrieb zu organisieren, das Werk in einer zur bühnenmäßigen Aufführung geeigneten Form und in der notwendigen Stückzahl innerhalb der

vereinbarten Frist zu vervielfältigen, es Theatern ständig anzubieten, Aufführungsverträge abzuschließen, darin eine Vergütung für den Urheber vorzusehen und diese an ihn zu zahlen.

§ 57 Bühnenvertriebsrecht. (1) Durch den Vertrag über den Bühnenvertrieb erhält der Verlag das Recht, im eigenen Namen über das Werk Verträge zur bühnenmäßigen Aufführungen während der Vertragsdauer in dem vereinbarten Bereich abzuschließen und alle Rechte des Urhebers aus diesen Verträgen sowie seine zur Durchsetzung erforderlichen Befugnisse selbständig wahrzunehmen. Durch den Vertrag über den Bühnenvertrieb wird der Verlag ferner berechtigt, das Werk zum Zwecke der Aufführung in geeigneter Form zu vervielfältigen.

(2) Im Vertrag kann vereinbart werden, daß alle im Abs. 1 genannten Rechte ausschließlich dem Verlag zustehen oder daß sie örtlich, zeitlich oder in anderer Weise beschränkt werden.

§ 58 Materialleihgebühren. Liefert der Urheber oder der Verlag das Material zur bühnenmäßigen Aufführung des Werkes, so ist, wenn nicht etwas anderes vereinbart wurde, dem Urheber oder Verlag außer der Aufführungsvergütung ein besonderes Entgelt zu zahlen.

4. Unterabschnitt. Vertrag über die Verfilmung eines Werkes oder die Vorführung eines Filmwerkes

§ 59 Pflichten aus dem Vertrag über die Verfilmung. (1) Durch den Vertrag über die Verfilmung eines Werkes verpflichtet sich der Urheber eines Schriftwerkes, eines Werkes der Musik oder eines anderen Werkes gemäß § 2 Abs. 2, sein Werk fristgemäß und in Inhalt und Form vertragsgerecht dem Filmhersteller (im folgenden „Hersteller" genannt) zu übergeben. Der Hersteller verpflichtet sich, dem Urheber die vereinbarte Vergütung zu zahlen.

(2) Der Hersteller ist, wenn nicht etwas anderes vereinbart ist, nicht verpflichtet, das übergebene Werk zur Herstellung des Films zu verwenden. Der Vergütungsanspruch des Urhebers bleibt unberührt.

§ 60 Verfilmungsrecht. (1) Durch den Vertrag über die Verfilmung eines Werkes erhält der Hersteller das Recht, das Werk zur Herstellung eines bestimmten Films zu verwenden und so in diesem Film öffentlich zu vertreiben und vorzuführen (Verfilmungsrecht).

(2) Der Komponist hat Anspruch auf eine Vergütung für jede öffentliche Vorführung des Films mit seiner Musik.

§ 61 Weltvertriebsrecht. Ist in dem Verfilmungsvertrag nicht etwas anderes vereinbart, so erwirbt der Hersteller das Recht, den unter Verwendung des Werkes des Urheber hergestellten Film, auch synchronisiert und mit fremdsprachigen Titeln versehen, örtlich unbeschränkt und zeitlich unbefristet zu vertreiben und öffentlich vorzuführen (Weltvertriebsrecht).

§ 62 Mehrfache Verfilmung. Währen der Dauer des Verfilmungsvertrages kann der Urheber seinen solchen Vertrag über Dasselbe Werk mit einem anderen Hersteller nur mit Einwilligung des ersten Herstellers abschließen.

§ 63 Rückfall des Verfilmungsrechts. Stellt nach Übertragung des Verfilmungsrechts der Hersteller den Film nicht innerhalb von zehn Jahren her oder wird dieser nicht innerhalb von zehn Jahren nach der Herstellung öffentlich vorgeführt, so fallen die Verfilmungsrecht an den Urheber zurück. Beide Fristen können durch Vereinbarungen gekürzt werden. Die Bestimmungen des § 45 Abs. 2 gelten entsprechend.

§ 64 Pflichten aus dem Vertrag über die Vorführung eines Filmes. Durch den Vertrag über die öffentliche Vorführung eines Filmwerkes verpflichtet sich der Inhaber der Rechte am Film, dem Vorführer den Film in einer zur öffentlichen Vorführung geeigneten Form fristgemäß am vereinbarten Ort zu übergeben. Der Vorführer verpflichtet sich, den Film in der vereinbarten Form und Zeitdauer sowie am vereinbarten Ort öffentlich vorzuführen und die festgelegte Vergütung zu zahlen.

§ 65 Vorführungsrecht. (1) Durch den Vertrag erhält der Vorführer lediglich das Recht, den Film entsprechend den Vereinbarungen öffentlich vorzuführen. Der Inhaber der Rechte am Film ist verpflichtet, ihn zu unterstützen und alle notwendigen Maßnahmen zu ergreifen, falls durch andere unbefugt die Ausübung des vereinbarten Vorführungsrechts gestört oder gehindert wird.

(2) Soweit nicht etwas anderes vereinbart ist, ist der Inhaber der Rechte am Film berechtigt, auch weitere Vorführungsverträge abzuschließen.

5. Unterabschnitt. Vertrag zur Sendung eines Werkes durch Rundfunk und Fernsehfunk

§ 66 Vertragspflichten. (1) Durch den Vertrag über die Sendung eines Werkes durch Rundfunk oder Fernsehfunk (Sendevertrag) verpflichtet sich der Urheber, sein Werk dem Rundfunk oder Fernsehfunk zur Sendung zu überlassen. Der Rundfunk oder Fernsehfunk verpflichtet sich, dem Urheber die für jede Sendung seines Werkes vereinbarte Vergütung zu zahlen.

(2) Wenn das Werk nicht gesendet wird, so hat der Urheber entsprechend den Bestimmungen des Vertragsmusters nur einen Anspruch auf das Ausarbeitungshonorar.

§ 67 Senderecht. (1) Durch den Sendevertrag erhält der Rundfunk oder Fernsehfunk das Recht, das Werk in der vereinbarten Form sowie in dem vereinbarten Zeitraum zu senden.

(2) Ein ausschließliches Senderecht ist ausdrücklich zu vereinbaren.

(3) Der Rundfunk oder Fernsehfunk hat das Recht, das Werk zu Sendezwecken bild- und tonmäßig aufzuzeichnen und die dadurch entstandenen Vervielfältigungen auch zu Wiederholungszwecken zu verwenden.

6. Unterabschnitt. Vertrag über die Übertragung eines Werkes auf Tonträger

§ 68 Vertragspflichten. Durch den Vertrag zur Übertragung eines Werkes auf Tonträger oder auf ähnliche Vorrichtungen verpflichtet sich der Urheber, dem Hersteller das Werk fristgemäß in einer zur vereinbarten Aufnahme geeigneten Form zu übergeben. Der Hersteller verpflichtet sich, das Werk aufzunehmen, vertragsgemäß von den Aufnahmen Vervielfältigungsstücke herzustellen und zu vertreiben sowie dem Urheber die Vergütung zu zahlen.

§ 69 Aufnahme- und Vervielfältigungsrecht. (1) Durch den Vertrag erhält der Hersteller das Recht, das Werk entsprechend den Vereinbarungen aufzunehmen, Vervielfältigungsstücke herzustellen und sie zu vertreiben.

(2) Ein ausschließliches Recht des Herstellers bedarf der vertraglichen Vereinbarung.

7. Unterabschnitt. Vertrag über die Verwendung von Werken der bildenden oder angewandten Kunst und der Fotografie

§ 70 Vertragspflichten. Durch den Vertrag über die Verwendung eines Werkes der bildenden oder angewandten Kunst, der Fotografie und der Fotomontage verpflichtet sich der Urheber, dem Vertragspartner das Werk oder Werkstück in der vereinbarten Form fristgemäß zu übergeben. Der Vertragspartner verpflichtet sich, die vereinbarte Vergütung zu zahlen. Zur Verwendung des Werkes ist er ohne Vereinbarung nicht verpflichtet. Eine vertragliche Pflicht, dem Urheber eine Vergütung zu zahlen, wird davon nicht berührt.

§ 71 Verwendungsrecht. (1) Durch den Vertrag erhält der Vertragspartner nur das Recht, das Werk zu dem vereinbarten Zweck einmal zu verwenden. Im Vertrag kann etwas anderes vereinbart werden.

(2) Der Urheber ist berechtigt, das Werk anderweitig zu verwenden, wenn dadurch nicht der Zweck des Vertrages gemäß Abs. 1 vereitelt oder gestört wird.

(3) Ist das Werk im Auftrage geschaffen, so steht dem Urheber das ihm gemäß Abs. 2 gewährte Recht nur zu, wenn er sich ausdrücklich vorbehalten hat oder der Vertragspartner das Werk nicht innerhalb eines Jahres nach Ablieferung verwendet.

§ 72 Verlagsvertrag für bildende oder angewandte Kunst, Fotografie und Fotomontage. Wird die Vervielfältigung eines Werkes der Malerei, der Bildhauerei, der Grafik, der Gebrauchsgrafik, der angewandten Kunst, der Fotografie oder der Fotomontage Gegenstand eines Verlagsvertrages, so gelten die Bestimmungen über den Verlagsvertrag.

Zweiter Teil. Angrenzende Rechte

1. Abschnitt. Leistungsschutzrechte

§ 73 Nutzung der Leistung von Solisten und Ensembles. (1) Die Einzelleistung eines Künstlers, der als Solist in einer öffentlichen Aufführung oder in einem öffentlichen Vortrag auftritt oder mitwirkt, kann nur mit seiner Einwilligung benutzt werden:
a) für eine Vervielfältigung (Aufnahme), wenn diese zur Herstellung von Vervielfältigungsstücken dient, die öffentlich vertrieben, aufgeführt oder gesendet werden sollen;
b) für die Sendung durch Rundfunk oder Fernsehfunk;
c) bei der Herstellung eines Films.

(2) Abs. 1 gilt entsprechend für die Leistung eines Ensembles. Zur Einwilligung in die Benutzung der Darbietung genügt die Einwilligung der Leitung des Ensembles.

(3) Wird eine im Abs. 1 oder 2 genannte Leistung im Rahmen eines Arbeitsrechtsverhältnisses erbracht, so können die Leistungsschutzrechte nur in Übereinstimmung mit den arbeitsrechtlichen Bestimmungen ausgeübt werden.

§ 74 Künstlerischer Schutz der Solisten und Ensembles. Solisten und Ensembles haben ein Recht darauf, daß ihre Leistung nach ihrer Einwilligung nicht in einer ihren künstlerischen Ruf schädigenden Weise verwendet wird. Bei Ensembles wird dieses Recht von der Ensembleleitung wahrgenommen.

§ 75 Tonträgeraufnahmen. Die Leistungen der Betriebe zur Herstellung von Aufnahmen auf Tonträgern dürfen nur mit Einwilligung der Betriebe verwendet werden:
a) zur weiteren Übertragung auf Tonträger;
b) zur Sendung durch Rundfunk oder Fernsehfunk;
c) bei der Herstellung eines Films.

§ 76 Sendungen. Die Sendungen des Rundfunks oder Fernsehfunks dürfen nur mit deren Einwilligung durch Dritte öffentlich verwendet werden.

§ 77 Fotografie. Fotografien, die nicht zu den im § 2 Abs. 1 genannten Werken der Kunst und Wissenschaft gehören, dürfen nur mit Einwilligung des Fotografen vervielfältigt, verbreitet oder öffentlich vorgeführt werden.

§ 78 Landkarten, Pläne, Skizzen, Abbildungen und plastische Darstellungen. (1) Die Leistungen der Gestalter von:

a) Landkarten und anderen geographischen oder ähnlichen Darstellungen;
b) Plänen und Skizzen für wissenschaftliche oder technische Zwecke;
c) Abbildungen und plastischen Darstellungen wissenschaftlicher oder technischer Art
dürfen nur mit ihrer Einwilligung vervielfältigt, verbreitet, öffentlich vorgeführt, ausgeführt oder bei der Herstellung eines Films verwendet werden.

(2) Von den sich aus Abs. 1 Buchst. a ergebenden Rechten werden gesetzliche Koordinierungsregelungen nicht berührt.

§ 79 Eigentumsübertragung. Die Übertragung des Eigentums an einer Fotografie, an Tonträgern, an Landkarten, Plänen, Skizzen, Abbildungen oder plastischen Darstellungen schließt, soweit nicht etwas anderes vereinbart ist, die Übertragung der Leistungsschutzrechte nicht ein.

§ 80 Anspruch auf Vergütung. Für die Verwendung der in den §§ 73 bis 78 genannten Leistungen steht dem Leistungsschutzberechtigten eine Vergütung zu. Ihre Art und Höhe können durch den Minister für Kultur – und durch den Vorsitzenden des Staatlichen Rundfunkkomitees für seinen Verantwortungsbereich – im Einvernehmen mit den Leitern der zuständigen zentralen staatlichen Organe und in Übereinstimmung mit den beteiligten gesellschaftlichen Organisationen geregelt werden.

§ 81 Einwilligung. (1) Die Einwilligung des Leistungsschutzberechtigten wird durch Vertrag erteilt. Für den Vertrag gelten die Bestimmungen über die Übertragung von Nutzungsbefugnissen des Urhebers entsprechend.

(2) Bei Verwendung der Leistung ist der Name des Berechtigten oder des Arbeitskollektivs auf Verlangen in üblicher Form zu nennen.

(3) Die Bestimmungen des § 20 finden entsprechende Anwendung.

§ 82 Dauer der Leistungsschutzrechte. (1) Die Leistungsschutzrechte bestehen für die Dauer von zehn Jahren.

(2) Die Frist beginnt mit dem Ablauf des Kalenderjahres, in dem die Leistung erfolgt ist. In den Fällen der §§ 77 bis 78 endet sie entsprechend zehn Jahre nach der ersten Veröffentlichung, spätestens zehn Jahre nach Ablauf des Kalenderjahres, in dem der Berechtigte verstorben ist.

(3) Nach dem Tod des Berechtigten werden die Leistungsschutzrechte durch seine Erben ausgeübt.

§ 83 Freie Werknutzung und gesetzliche Lizenz. Die Bestimmungen über eine freie Werknutzung gemäß den §§ 22 bis 24 und dem § 26 sowie über die gesetzliche Lizenz gemäß § 32 finden auf die Leistungsschutzrechte entsprechende Anwendung.

2. Abschnitt. Werktitel

§ 84 Titelschutz. (1) Besteht eine Verwechslungsgefahr, so darf der Titel eines Werkes, einer Zeitschrift oder einer Zeitung, der das Werk gegenüber anderen kennzeichnet, oder ein ähnlicher oder gleichlautender Titel nur mit Zustimmung des Urhebers oder des Herausgebers für ein anderes Werk verwendet werden.

(2) Gattungsbegriffe, historische oder technische Begriffe, Personennamen oder geographische Bezeichnungen haben allein keine Kennzeichnungs- und Unterscheidungskraft im Sinne des Abs. 1, es sei denn, daß sie sich im Verkehr als Titel einer bestimmten Zeitschrift oder Zeitung allgemein durchgesetzt haben.

(3) Der Titelschutz wird unabhängig davon gewährt, ob der Titel gemäß § 3 urheberrechtlich geschützt ist.

§ 85 Dauer des Titelschutzes. Der Schutz des Titels besteht solange, wie die Schutzfrist für das Werk läuft.

3. Abschnitt. Personenbildnisse

§ 86 Bildnisschutz. (1) Personenbildnisse dürfen nur mit Einwilligung des Abgebildeten verbreitet oder öffentlich ausgestellt werden.

(2) Im Zweifel gilt die Einwilligung als erteilt, wenn der Berechtigte für das Abbilden ein Entgelt erhalten hat.

(3) Nach dem Tode des Abgebildeten bedarf die Verbreitung oder die öffentliche Ausstellung seines Bildnisses auf die Dauer von zehn Jahren der Einwilligung seiner Angehörigen. Angehörige sind der überlebende Ehegatte und die Kinder. Sind diese nicht vorhanden, bedarf es der Einwilligung der Eltern des Angehörigen.

§ 87 Zulässige Benutzung. Ohne Einwilligung dürfen verbreitet oder öffentlich ausgestellt werden:
a) Personenbildnisse zur Information der Öffentlichkeit über das Zeitgeschehen;
b) Personenabbildungen auf Bildern, die wissenschaftlichen oder künstlerischen Zwecken dienen und an deren Verbreitung und Ausstellung ein gesellschaftliches Interesse besteht;
c) Personenbildnisse, die von den zuständigen staatlichen Organen zu Zwecken der Rechtspflege oder der staatlichen Sicherheit hergestellt sind.

§ 88 Persönlichkeitsschutz. Die Benutzung von Personenbildnissen gemäß den §§ 86 und 87 darf berechtigte Interessen der Abgebildeten nicht verletzen.

4. Abschnitt. Briefe und Tagebücher

§ 89 Schutz vertraulicher Aufzeichnungen und Mitteilungen. (1) Schriftstücke persönlichen Charakters, wie Briefe, Aufzeichnungen oder Tagebücher, die nicht bereits dem Urheberschutz nach diesem Gesetz unterliegen, können nur mit Einwilligung des Verfassers und bei einem Brief auch der Einwilligung des Empfängers veröffentlicht, verbreitet, vervielfältigt oder in anderer Weise verwendet werden.

(2) Nach dem Tode des Verfassers oder des Empfängers ist die Veröffentlichung an die Einwilligung des überlebenden Ehegatten und der Kinder gebunden. Sind diese nicht vorhanden, bedarf es der Einwilligung der Eltern.

§ 90 Dauer des Schutzes. Der Schutz gemäß § 89 wird auf Lebzeiten des Verfassers und nach seinem Tode auf die Dauer von zehn Jahren gewährt. Bei Briefen bestimmt sich die Frist nach dem Tode des Empfängers, wenn dieser später als der Verfasser stirbt.

Dritter Teil. Rechtsschutz

§ 91 Verletzung der Rechte des Urhebers. (1) Werden die Rechte des Urhebers verletzt, so kann er verlangen, daß der Zustand wiederhergestellt wird, der den Bestimmungen dieses Gesetzes entspricht. Er kann ferner verlangen, daß weitere Rechtsverletzungen – soweit diese zu erwarten sind – unterlassen werden, eine öffentliche Richtigstellung erfolgt und er eine Vergütung für die bereits erfolgte ungesetzliche Verwendung des Werkes erhält.

(2) Ist die Verletzung schuldhaft erfolgt, so kann der Berechtigte neben den sich aus Abs. 1 ergebenden Ansprüchen Ersatz des ihm entstandenen Vermögensschadens verlangen.

(3) Weitergehende Ansprüche des Urhebers aus den allgemeinen Bestimmungen des Zivilrechts oder aus vertraglichen Vereinbarungen bleiben hiervon unberührt.

§ 92 Verletzung von Leistungsschutz- oder anderen Rechten. Die Bestimmungen des § 91 gelten entsprechend, wenn Leistungs- oder Titelschutzrechte oder Recht am eigenen Bild oder an Schriftstücken persönlichen Charakters verletzt werden.

§ 93 Vollstreckung. (1) In das Recht des Urhebers und des Leistungsschutzberechtigten oder ihrer Rechtsnachfolger, in das Werk oder die Leistung kann nicht auf dem Wege der Zwangsvollstreckung eingegriffen werden.

(2) Ansprüche der Urheber oder der Leistungsschutzberechtigten aus der Übertragung ihrer Nutzungsbefugnisse unterliegen der Zwangsvollstreckung nach den allgemeinen Vorschriften.

(3) Forderungen des Urhebers oder des Leistungsschutzberechtigten auf Grund der Verwendung seines Werkes oder seiner Leistung sind im Falle der Zwangsvollstreckung oder des Konkurses des Schuldners wie Lohn- und Gehaltsforderungen zu behandeln.

§ 94 Verjährung. Für die Verjährung der sich aus diesem Gesetz ergebenden Ansprüche gelten die allgemeinen Bestimmungen des Zivilrechts.

Vierter Teil. Übergangs- und Schlussbestimmungen

§ 95 Übergangsbestimmungen. (1) Das Gesetz gilt für jede Verwendung eines Werkes oder einer Leistung, die nach dem Inkrafttreten dieses Gesetzes erfolgt.

(2) Bei Inkrafttreten dieses Gesetzes bestehende Verträge gelten weiter. Enthalten Verträge Festlegungen, die den Bestimmungen dieses Gesetzes widersprechen, so gelten in diesen Fällen die Bestimmungen dieses Gesetzes.

§ 96 Anwendungsbereich. (1) Die Bestimmungen dieses Gesetzes finden auf Urheber oder sonstige Berechtigte, die Bürger der Deutschen Demokratischen Republik sind, Anwendung, unabhängig davon, ob und wo ihre Werke veröffentlicht worden sind.

(2) Für Werke und Leistungen, die zum erstenmal in der Deutschen Demokratischen Republik veröffentlicht werden, findet dieses Gesetz auch Anwendung, wenn der Urheber oder Berechtigte Bürger eines anderen Staates oder Staatenloser ist.

(3) Für Werke und Leistungen von Bürgern anderer Staaten oder von Staatenlosen, die außerhalb der Deutschen Demokratischen Republik veröffentlicht sind, findet dieses Gesetz nach Maßgabe der internationalen Vereinbarungen, deren Partner die Deutsche Demokratische Republik ist, Anwendung. Fehlen solche Vereinbarungen, so wird der Urheber- und Leistungsschutz im Rahmen der Gegenseitigkeit gewährt.

(4) Die Absätze 1 bis 3 finden auf juristische Personen entsprechende Anwendung.

§ 97 Inkrafttreten und Außerkrafttreten. (1) Dieses Gesetz tritt am 1. Januar 1966 in Kraft.

(2) Gleichzeitig treten außer Kraft:
a) die §§ 57 bis 60 des Gesetzes vom 11. Juni 1870 betreffend das Urheberrecht an Schriftwerken, Abbildungen, musikalische Kompositionen und dramatischen Werken (Bundesgesetzblatt des Norddeutschen Bundes S. 339);
b) die §§ 17 bis 19 des Gesetzes vom 9. Januar 1876 betreffend das Urheberrecht an Werken der bildenden Künste (RGBl. S. 4);
c) Gesetz vom 19. Juni 1901 betreffend des Urheberrecht an Werken der Literatur und der Tonkunst (RGBl. S. 227);
d) Gesetz vom 9. Januar 1907 betreffend das Urheberrecht an Werken der bildenden Künste und der Photographie (RGBl. S. 7);
e) Gesetz vom 19. Juni 1901 über das Verlagsrecht (RGBl. S. 217);
f) Gesetz vom 22. Mai 1910 zur Ausführung der revidierten Berner Übereinkunft zum Schutze von Werken der Literatur und Kunst – vom 13. November 1908 – (RGBl. S. 793);

Anh 1 URG der DDR

g) Gesetz vom 13. Dezember 1934 zur Verlängerung der Schutzfristen im Urheberrecht (RGBl. II S. 1395);
h) Gesetz vom 30. April 1936 zur Erleichterung der Filmberichterstattung (RGBl. I S. 404);
i) Gesetz vom 12. Mai 1940 zur Verlängerung der Schutzfristen für das Urheberrecht an Lichtbildern (RGBl. I S. 758).

2. Richtlinie 2001/29/EG des Europäischen Parlaments und des Rates zur Harmonisierung bestimmter Aspekte des Urheberrechts und der verwandten Schutzrechte in der Informationsgesellschaft

Vom 22. Mai 2001

(ABl. EG Nr. L 167/10)

DAS EUROPÄISCHE PARLAMENT UND DER RAT DER EUROPÄISCHEN UNION –

gestützt auf den Vertrag zur Gründung der Europäischen Gemeinschaft, insbesondere auf Artikel 47 Absatz 2, Artikel 55 und Artikel 95, auf Vorschlag der Kommission[1],

nach Stellungnahme des Wirtschafts- und Sozialausschusses[2],

gemäß dem Verfahren des Artikels 251 des Vertrags[3],

in Erwägung nachstehender Gründe:

(1) Der Vertrag sieht die Schaffung eines Binnenmarkts und die Einführung einer Regelung vor, die den Wettbewerb innerhalb des Binnenmarkts vor Verzerrungen schützt. Die Harmonisierung der Rechtsvorschriften der Mitgliedstaaten über das Urheberrecht und die verwandten Schutzrechte trägt zur Erreichung dieser Ziele bei.

(2) Der Europäische Rat hat auf seiner Tagung in Korfu am 24. und 25. Juni 1994 die Notwendigkeit der Schaffung eines allgemeinen und flexiblen Ordnungsrahmens auf Gemeinschaftsebene für die Förderung der Entwicklung der Informationsgesellschaft in Europa hervorgehoben. Hierzu ist unter anderem ein Binnenmarkt für neue Produkte und Dienstleistungen erforderlich. Wichtige gemeinschaftsrechtliche Bestimmungen, mit denen ein derartiger Ordnungsrahmen sichergestellt werden sollte, wurden bereits eingeführt, in anderen Fällen steht ihre Annahme bevor. In diesem Zusammenhang spielen das Urheberrecht und die verwandten Schutzrechte eine bedeutende Rolle, da sie die Entwicklung und den Vertrieb neuer Produkte und Dienstleistungen und die Schaffung und Verwertung ihres schöpferischen Inhalts schützen und fördern.

(3) Die vorgeschlagene Harmonisierung trägt zur Verwirklichung der vier Freiheiten des Binnenmarkts bei und steht im Zusammenhang mit der Beachtung der tragenden Grundsätze des Rechts, insbesondere des Eigentums einschließlich des geistigen Eigentums, der freien Meinungsäußerung und des Gemeinwohls.

(4) Ein harmonisierter Rechtsrahmen zum Schutz des Urheberrechts und der verwandten Schutzrechte wird durch erhöhte Rechtssicherheit und durch die Wahrung eines hohen Schutzniveaus im Bereich des geistigen Eigentums substantielle Investitionen in Kreativität und Innovation einschließlich der Netzinfrastruktur fördern und somit zu Wachstum und erhöhter Wettbewerbsfähigkeit der europäischen Industrie beitragen, und zwar sowohl bei den Inhalten und der Informationstechnologie als auch allgemeiner in weiten Teilen der Industrie und des Kultursektors. Auf diese Weise können Arbeitsplätze erhalten und neue Arbeitsplätze geschaffen werden.

(5) Die technische Entwicklung hat die Möglichkeiten für das geistige Schaffen, die Produktion und die Verwertung vervielfacht und diversifiziert. Wenn auch kein Bedarf an neuen Kon-

---

[1] ABl. C 108 vom 7.4.1998, S. 6, und ABl. C 180 vom 25.6.1999, S. 6.
[2] ABl. C 407 vom 28.12.1998, S. 30.
[3] Stellungnahme des Europäischen Parlaments vom 10. Februar 1999 (ABl. C 150 vom 28.5.1999, S. 171), Gemeinsamer Standpunkt des Rates vom 28. September 2000 (ABl. C 344 vom 1.12.2000, S. 1) und Beschluss des Europäischen Parlaments vom 14. Februar 2001 (noch nicht im Amtsblatt veröffentlicht). Beschluss des Rates vom 9. April 2001.

zepten für den Schutz des geistigen Eigentums besteht, so sollten die Bestimmungen im Bereich des Urheberrechts und der verwandten Schutzrechte doch angepasst und ergänzt werden, um den wirtschaftlichen Gegebenheiten, z. B. den neuen Formen der Verwertung, in angemessener Weise Rechnung zu tragen.

(6) Ohne Harmonisierung auf Gemeinschaftsebene könnten Gesetzgebungsinitiativen auf einzelstaatlicher Ebene, die in einigen Mitgliedstaaten bereits in die Wege geleitet worden sind, um den technischen Herausforderungen zu begegnen, erhebliche Unterschiede im Rechtsschutz und dadurch Beschränkungen des freien Verkehrs von Dienstleistungen und Produkten mit urheberrechtlichem Gehalt zur Folge haben, was zu einer Zersplitterung des Binnenmarkts und zu rechtlicher Inkohärenz führen würde. Derartige rechtliche Unterschiede und Unsicherheiten werden sich im Zuge der weiteren Entwicklung der Informationsgesellschaft, in deren Gefolge die grenzüberschreitende Verwertung des geistigen Eigentums bereits stark zugenommen hat, noch stärker auswirken. Diese Entwicklung wird und sollte fortschreiten. Erhebliche rechtliche Unterschiede und Unsicherheiten in Bezug auf den Rechtsschutz können die Erzielung von Größenvorteilen für neue Produkte und Dienstleistungen mit urheber- und leistungsschutzrechtlichem Gehalt beschränken.

(7) Der bestehende Gemeinschaftsrechtsrahmen zum Schutz des Urheberrechts und der verwandten Schutzrechte ist daher anzupassen und zu ergänzen, soweit dies für das reibungslose Funktionieren des Binnenmarkts erforderlich ist. Zu diesem Zweck sollten diejenigen einzelstaatlichen Rechtsvorschriften über das Urheberrecht und die verwandten Schutzrechte, die sich von Mitgliedstaat zu Mitgliedstaat beträchtlich unterscheiden oder eine derartige Rechtsunsicherheit bewirken, dass der Binnenmarkt in seiner Funktionsfähigkeit beeinträchtigt und die Informationsgesellschaft in Europa in ihrer Entwicklung behindert wird, angepasst und uneinheitliches Vorgehen der Mitgliedstaaten gegenüber technischen Entwicklungen vermieden werden, während Unterschiede, die das Funktionieren des Binnenmarkts nicht beeinträchtigen, nicht beseitigt oder verhindert zu werden brauchen.

(8) Angesichts der verschiedenen sozialen, gesellschaftlichen und kulturellen Auswirkungen der Informationsgesellschaft ist die Besonderheit des Inhalts von Produkten und Dienstleistungen zu berücksichtigen.

(9) Jede Harmonisierung des Urheberrechts und der verwandten Schutzrechte muss von einem hohen Schutzniveau ausgehen, da diese Rechte für das geistige Schaffen wesentlich sind. Ihr Schutz trägt dazu bei, die Erhaltung und Entwicklung kreativer Tätigkeit im Interesse der Urheber, ausübenden Künstler, Hersteller, Verbraucher, von Kultur und Wirtschaft sowie der breiten Öffentlichkeit sicherzustellen. Das geistige Eigentum ist daher als Bestandteil des Eigentums anerkannt worden.

(10) Wenn Urheber und ausübende Künstler weiter schöpferisch und künstlerisch tätig sein sollen, müssen sie für die Nutzung ihrer Werke eine angemessene Vergütung erhalten, was ebenso für die Produzenten gilt, damit diese die Werke finanzieren können. Um Produkte wie Tonträger, Filme oder Multimediaprodukte herstellen und Dienstleistungen, z. B. Dienste auf Abruf, anbieten zu können, sind beträchtliche Investitionen erforderlich. Nur wenn die Rechte des geistigen Eigentums angemessen geschützt werden, kann eine angemessene Vergütung der Rechtsinhaber gewährleistet und ein zufrieden stellender Ertrag dieser Investitionen sichergestellt werden.

(11) Eine rigorose und wirksame Regelung zum Schutz der Urheberrechte und verwandten Schutzrechte ist eines der wichtigsten Instrumente, um die notwendigen Mittel für das kulturelle Schaffen in Europa zu garantieren und die Unabhängigkeit und Würde der Urheber und ausübenden Künstler zu wahren.

(12) Ein angemessener Schutz von urheberrechtlich geschützten Werken und sonstigen Schutzgegenständen ist auch kulturell gesehen von großer Bedeutung. Nach Artikel 151 des Vertrags hat die Gemeinschaft bei ihrer Tätigkeit den kulturellen Aspekten Rechnung zu tragen.

(13) Gemeinsame Forschungsanstrengungen und die kohärente Anwendung technischer Maßnahmen zum Schutz von Werken und sonstigen Schutzgegenständen und zur Sicherstellung der nötigen Informationen über die Schutzrechte auf europäischer Ebene sind von grundlegender Bedeutung, weil das Endziel dieser Maßnahmen die Umsetzung der in den Rechtsvorschriften enthaltenen Grundsätze und Garantien ist.

Richtlinie 2001/219/EG **Anh 2**

(14) Ziel dieser Richtlinie ist es auch, Lernen und kulturelle Aktivitäten durch den Schutz von Werken und sonstigen Schutzgegenständen zu fördern; hierbei müssen allerdings Ausnahmen oder Beschränkungen im öffentlichen Interesse für den Bereich Ausbildung und Unterricht vorgesehen werden.

(15) Die Diplomatische Konferenz, die unter der Schirmherrschaft der Weltorganisation für geistiges Eigentum (WIPO) im Dezember 1996 stattfand, führte zur Annahme von zwei neuen Verträgen, dem WIPO-Urheberrechtsvertrag und dem WIPO-Vertrag über Darbietungen und Tonträger, die den Schutz der Urheber bzw. der ausübenden Künstler und Tonträgerhersteller zum Gegenstand haben. In diesen Verträgen wird der internationale Schutz des Urheberrechts und der verwandten Schutzrechte, nicht zuletzt in Bezug auf die sog. „digitale Agenda", auf den neuesten Stand gebracht; gleichzeitig werden die Möglichkeiten zur Bekämpfung der Piraterie weltweit verbessert. Die Gemeinschaft und die meisten Mitgliedstaaten haben die Verträge bereits unterzeichnet, und inzwischen wurde mit den Vorbereitungen zu ihrer Genehmigung bzw. Ratifizierung durch die Gemeinschaft und die Mitgliedstaaten begonnen. Die vorliegende Richtlinie dient auch dazu, einigen dieser neuen internationalen Verpflichtungen nachzukommen.

(16) Die Haftung für Handlungen im Netzwerk-Umfeld betrifft nicht nur das Urheberrecht und die verwandten Schutzrechte, sondern auch andere Bereiche wie Verleumdung, irreführende Werbung, oder Verletzung von Warenzeichen, und wird horizontal in der Richtlinie 2000/31/EG des Europäischen Parlaments und des Rates vom 8. Juni 2000 über bestimmte rechtliche Aspekte der Dienste der Informationsgesellschaft, insbesondere des elektronischen Geschäftsverkehrs, im Binnenmarkt („Richtlinie über den elektronischen Geschäftsverkehr")[1] geregelt, die verschiedene rechtliche Aspekte der Dienste der Informationsgesellschaft, einschließlich des elektronischen Geschäftsverkehrs, präzisiert und harmonisiert. Die vorliegende Richtlinie sollte in einem ähnlichen Zeitrahmen wie die Richtlinie über den elektronischen Geschäftsverkehr umgesetzt werden, da jene Richtlinie einen einheitlichen Rahmen für die Grundsätze und Vorschriften vorgibt, die auch für wichtige Teilbereiche der vorliegenden Richtlinie gelten. Die vorliegende Richtlinie berührt nicht die Bestimmungen der genannten Richtlinie zu Fragen der Haftung.

(17) Insbesondere auf Grund der durch die Digitaltechnik bedingten Erfordernisse muss sichergestellt werden, dass die Verwertungsgesellschaften im Hinblick auf die Beachtung der Wettbewerbsregeln ihre Tätigkeit stärker rationalisieren und für mehr Transparenz sorgen.

(18) Diese Richtlinie berührt nicht die Regelungen der betroffenen Mitgliedstaaten für die Verwaltung von Rechten, beispielsweise der erweiterten kollektiven Lizenzen.

(19) Die Urheberpersönlichkeitsrechte sind in Einklang mit den Rechtsvorschriften der Mitgliedstaaten und den Bestimmungen der Berner Übereinkunft zum Schutz von Werken der Literatur und der Kunst, des WIPO-Urheberrechtsvertrags und des WIPO-Vertrags über Darbietungen und Tonträger auszuüben. Sie bleiben deshalb außerhalb des Anwendungsbereichs dieser Richtlinie.

(20) Die vorliegende Richtlinie beruht auf den Grundsätzen und Bestimmungen, die in den einschlägigen geltenden Richtlinien bereits festgeschrieben sind, und zwar insbesondere in den Richtlinien 91/250/EWG[2], 92/100/EWG[3], 93/83/EWG[4], 93/98/EWG[5] und 96/9/EG[6].

---

[1] ABl. L 178 vom 17.7.2000, S. 1.
[2] Richtlinie 91/250/EWG des Rates vom 14. Mai 1991 über den Rechtsschutz von Computerprogrammen (ABl. L 122 vom 17.5.1991, S. 42). Richtlinie geändert durch die Richtlinie 93/98/EWG.
[3] Richtlinie 92/100/EWG des Rates vom 19. November 1992 über das Vermietrecht und Verleihrecht sowie bestimmte dem Urheberrecht verwandte Schutzrechte im Bereich des geistigen Eigentums (ABl. L 346 vom 27.11.1992, S. 61). Richtlinie geändert durch die Richtlinie 93/98/EWG.
[4] Richtlinie 93/83/EWG des Rates vom 27. September 1993 zur Koordinierung bestimmter urheber- und leistungsschutzrechtlicher Vorschriften betreffend Satellitenrundfunk und Kabelweiterverbreitung (ABl. L 248 vom 6.10.1993, S. 15).
[5] Richtlinie 93/98/EWG des Rates vom 29. Oktober 1993 zur Harmonisierung der Schutzdauer des Urheberrechts und bestimmter verwandter Schutzrechte (ABl. L 290 vom 24.11.1993, S. 9).
[6] Richtlinie 96/9/EG des Europäischen Parlaments und des Rates vom 11. März 1996 über den rechtlichen Schutz von Datenbanken (ABl. L 77 vom 27.3.1996, S. 20).

Die betreffenden Grundsätze und Bestimmungen werden fortentwickelt und in den Rahmen der Informationsgesellschaft eingeordnet. Die Bestimmungen dieser Richtlinie sollten unbeschadet der genannten Richtlinien gelten, sofern diese Richtlinie nichts anderes bestimmt.

(21) Diese Richtlinie sollte den Umfang der unter das Vervielfältigungsrecht fallenden Handlungen in Bezug auf die verschiedenen Begünstigten bestimmen. Dabei sollte der gemeinschaftliche Besitzstand zugrunde gelegt werden. Um die Rechtssicherheit im Binnenmarkt zu gewährleisten, muss die Definition dieser Handlungen weit gefasst sein.

(22) Die Verwirklichung des Ziels, die Verbreitung der Kultur zu fördern, darf nicht durch Verzicht auf einen rigorosen Schutz der Urheberrechte oder durch Duldung der unrechtmäßigen Verbreitung von nachgeahmten oder gefälschten Werken erfolgen.

(23) Mit dieser Richtlinie sollte das für die öffentliche Wiedergabe geltende Urheberrecht weiter harmonisiert werden. Dieses Recht sollte im weiten Sinne verstanden werden, nämlich dahin gehend, dass es jegliche Wiedergabe an die Öffentlichkeit umfasst, die an dem Ort, an dem die Wiedergabe ihren Ursprung nimmt, nicht anwesend ist. Dieses Recht sollte jegliche entsprechende drahtgebundene oder drahtlose öffentliche Übertragung oder Weiterverbreitung eines Werks, einschließlich der Rundfunkübertragung, umfassen. Dieses Recht sollte für keine weiteren Handlungen gelten.

(24) Das Recht der öffentlichen Zugänglichmachung von Schutzgegenständen nach Artikel 3 Absatz 2 sollte dahin gehend verstanden werden, dass es alle Handlungen der Zugänglichmachung derartiger Schutzgegenstände für Mitglieder der Öffentlichkeit umfasst, die an dem Ort, an dem die Zugänglichmachung ihren Ursprung nimmt, nicht anwesend sind; dieses Recht gilt für keine weiteren Handlungen.

(25) Die Rechtsunsicherheit hinsichtlich der Art und des Umfangs des Schutzes der netzvermittelten Übertragung der urheberrechtlich geschützten Werke und der durch verwandte Schutzrechte geschützten Gegenstände auf Abruf sollte durch einen harmonisierten Rechtsschutz auf Gemeinschaftsebene beseitigt werden. Es sollte klargestellt werden, dass alle durch diese Richtlinie anerkannten Rechtsinhaber das ausschließliche Recht haben sollten, urheberrechtlich geschützte Werke und sonstige Schutzgegenstände im Wege der interaktiven Übertragung auf Abruf für die Öffentlichkeit zugänglich zu machen. Derartige interaktive Übertragungen auf Abruf zeichnen sich dadurch aus, dass sie Mitgliedern der Öffentlichkeit von Orten und zu Zeiten ihrer Wahl zugänglich sind.

(26) In Bezug auf Radio- und Fernsehproduktionen, die Musik aus gewerblichen Tonträgern enthalten und von den Sendeunternehmen auf Abruf angeboten werden, sind Vereinbarungen über Sammellizenzen zu fördern, um die Klärung im Zusammenhang mit den betreffenden Rechten zu erleichtern.

(27) Die bloße Bereitstellung der Einrichtungen, die eine Wiedergabe ermöglichen oder bewirken, stellt selbst keine Wiedergabe im Sinne dieser Richtlinie dar.

(28) Der unter diese Richtlinie fallende Urheberrechtsschutz schließt auch das ausschließliche Recht ein, die Verbreitung eines in einem Gegenstand verkörperten Werks zu kontrollieren. Mit dem Erstverkauf des Originals oder dem Erstverkauf von Vervielfältigungsstücken des Originals in der Gemeinschaft durch den Rechtsinhaber oder mit dessen Zustimmung erschöpft sich das Recht, den Wiederverkauf dieses Gegenstands innerhalb der Gemeinschaft zu kontrollieren. Dies gilt jedoch nicht, wenn das Original oder Vervielfältigungsstücke des Originals durch den Rechtsinhaber oder mit dessen Zustimmung außerhalb der Gemeinschaft verkauft werden. Die Vermiet- und Verleihrechte für Urheber wurden in der Richtlinie 92/100/EWG niedergelegt. Das durch die vorliegende Richtlinie gewährte Verbreitungsrecht lässt die Bestimmungen über die Vermiet- und Verleihrechte in Kapitel I jener Richtlinie unberührt.

(29) Die Frage der Erschöpfung stellt sich weder bei Dienstleistungen allgemein noch bei Online-Diensten im Besonderen. Dies gilt auch für materielle Vervielfältigungsstücke eines Werks oder eines sonstigen Schutzgegenstands, die durch den Nutzer eines solchen Dienstes mit Zustimmung des Rechtsinhabers hergestellt worden sind. Dasselbe gilt daher auch für die Vermietung oder den Verleih des Originals oder von Vervielfältigungsstücken eines Werks oder eines sonstigen Schutzgegenstands, bei denen es sich dem Wesen nach um Dienstleistungen handelt. Anders als bei CD-ROM oder CD-I, wo das geistige Eigentum in einem materiellen Träger,

d. h. einem Gegenstand, verkörpert ist, ist jede Bereitstellung eines Online-Dienstes im Grunde eine Handlung, die zustimmungsbedürftig ist, wenn das Urheberrecht oder ein verwandtes Schutzrecht dies vorsieht.

(30) Die von dieser Richtlinie erfassten Rechte können unbeschadet der einschlägigen einzelstaatlichen Rechtsvorschriften über das Urheberrecht und die verwandten Schutzrechte übertragen oder abgetreten werden oder Gegenstand vertraglicher Lizenzen sein.

(31) Es muss ein angemessener Rechts- und Interessenausgleich zwischen den verschiedenen Kategorien von Rechtsinhabern sowie zwischen den verschiedenen Kategorien von Rechtsinhabern und Nutzern von Schutzgegenständen gesichert werden. Die von den Mitgliedstaaten festgelegten Ausnahmen und Beschränkungen in Bezug auf Schutzrechte müssen vor dem Hintergrund der neuen elektronischen Medien neu bewertet werden. Bestehende Unterschiede bei den Ausnahmen und Beschränkungen in Bezug auf bestimmte zustimmungsbedürftige Handlungen haben unmittelbare negative Auswirkungen auf das Funktionieren des Binnenmarkts im Bereich des Urheberrechts und der verwandten Schutzrechte. Diese Unterschiede könnten sich mit der Weiterentwicklung der grenzüberschreitenden Verwertung von Werken und den zunehmenden grenzüberschreitenden Tätigkeiten durchaus noch deutlicher ausprägen. Um ein reibungsloses Funktionieren des Binnenmarkts zu gewährleisten, sollten diese Ausnahmen und Beschränkungen einheitlicher definiert werden. Dabei sollte sich der Grad ihrer Harmonisierung nach ihrer Wirkung auf die Funktionsfähigkeit des Binnenmarkts bestimmen.

(32) Die Ausnahmen und Beschränkungen in Bezug auf das Vervielfältigungsrecht und das Recht der öffentlichen Wiedergabe sind in dieser Richtlinie erschöpfend aufgeführt. Einige Ausnahmen oder Beschränkungen gelten, soweit dies angemessen erscheint, nur für das Vervielfältigungsrecht. Diese Liste trägt den unterschiedlichen Rechtstraditionen in den Mitgliedstaaten Rechnung und soll gleichzeitig die Funktionsfähigkeit des Binnenmarkts sichern. Die Mitgliedstaaten sollten diese Ausnahmen und Beschränkungen in kohärenter Weise anwenden; dies wird bei der zukünftigen Überprüfung der Umsetzungsvorschriften besonders berücksichtigt werden.

(33) Eine Ausnahme vom ausschließlichen Vervielfältigungsrecht sollte für bestimmte vorübergehende Vervielfältigungshandlungen gewährt werden, die flüchtige oder begleitende Vervielfältigungen sind, als integraler und wesentlicher Teil eines technischen Verfahrens erfolgen und ausschließlich dem Ziel dienen, entweder die effiziente Übertragung in einem Netz zwischen Dritten durch einen Vermittler oder die rechtmäßige Nutzung eines Werks oder sonstiger Schutzgegenstände zu ermöglichen. Die betreffenden Vervielfältigungshandlungen sollten keinen eigenen wirtschaftlichen Wert besitzen. Soweit diese Voraussetzungen erfüllt sind, erfasst diese Ausnahme auch Handlungen, die das „Browsing" sowie Handlungen des „Caching" ermöglichen; dies schließt Handlungen ein, die das effiziente Funktionieren der Übertragungssysteme ermöglichen, sofern der Vermittler die Information nicht verändert und nicht die erlaubte Anwendung von Technologien zur Sammlung von Daten über die Nutzung der Information, die von der gewerblichen Wirtschaft weithin anerkannt und verwendet werden, beeinträchtigt. Eine Nutzung sollte als rechtmäßig gelten, soweit sie vom Rechtsinhaber zugelassen bzw. nicht durch Gesetze beschränkt ist.

(34) Die Mitgliedstaaten sollten die Möglichkeit erhalten, Ausnahmen oder Beschränkungen für bestimmte Fälle, etwa für Unterrichtszwecke und wissenschaftliche Zwecke, zugunsten öffentlicher Einrichtungen wie Bibliotheken und Archive, zu Zwecken der Berichterstattung über Tagesereignisse, für Zitate, für die Nutzung durch behinderte Menschen, für Zwecke der öffentlichen Sicherheit und für die Nutzung in Verwaltungs- und Gerichtsverfahren vorzusehen.

(35) In bestimmten Fällen von Ausnahmen oder Beschränkungen sollten Rechtsinhaber einen gerechten Ausgleich erhalten, damit ihnen die Nutzung ihrer geschützten Werke oder sonstigen Schutzgegenstände angemessen vergütet wird. Bei der Festlegung der Form, der Einzelheiten und der etwaigen Höhe dieses gerechten Ausgleichs sollten die besonderen Umstände eines jeden Falls berücksichtigt werden. Für die Bewertung dieser Umstände könnte der sich aus der betreffenden Handlung für die Rechtsinhaber ergebende etwaige Schaden als brauchbares Kriterium herangezogen werden. In Fällen, in denen Rechtsinhaber bereits Zahlungen in anderer Form erhalten haben, z.B. als Teil einer Lizenzgebühr, kann gegebenenfalls keine spezifische oder getrennte Zahlung fällig sein. Hinsichtlich der Höhe des gerechten Ausgleichs sollte der

Grad des Einsatzes technischer Schutzmaßnahmen gemäß dieser Richtlinie in vollem Umfang berücksichtigt werden. In bestimmten Situationen, in denen dem Rechtsinhaber nur ein geringfügiger Nachteil entstünde, kann sich gegebenenfalls keine Zahlungsverpflichtung ergeben.

(36) Die Mitgliedstaaten können einen gerechten Ausgleich für die Rechtsinhaber auch in den Fällen vorsehen, in denen sie die fakultativen Bestimmungen über die Ausnahmen oder Beschränkungen, die einen derartigen Ausgleich nicht vorschreiben, anwenden.

(37) Die bestehenden nationalen Regelungen über die Reprographie schaffen keine größeren Hindernisse für den Binnenmarkt. Die Mitgliedstaaten sollten die Möglichkeit haben, eine Ausnahme oder Beschränkung für die Reprographie vorzusehen.

(38) Die Mitgliedstaaten sollten die Möglichkeit erhalten, unter Sicherstellung eines gerechten Ausgleichs eine Ausnahme oder Beschränkung in Bezug auf das Vervielfältigungsrecht für bestimmte Arten der Vervielfältigung von Ton-, Bild- und audiovisuellem Material zu privaten Zwecken vorzusehen. Dazu kann die Einführung oder Beibehaltung von Vergütungsregelungen gehören, die Nachteile für Rechtsinhaber ausgleichen sollen. Wenngleich die zwischen diesen Vergütungsregelungen bestehenden Unterschiede das Funktionieren des Binnenmarkts beeinträchtigen, dürften sie sich, soweit sie sich auf die analoge private Vervielfältigung beziehen, auf die Entwicklung der Informationsgesellschaft nicht nennenswert auswirken. Die digitale private Vervielfältigung dürfte hingegen eine weitere Verbreitung finden und größere wirtschaftliche Bedeutung erlangen. Daher sollte den Unterschieden zwischen digitaler und analoger privater Vervielfältigung gebührend Rechnung getragen und hinsichtlich bestimmter Punkte zwischen ihnen unterschieden werden.

(39) Bei der Anwendung der Ausnahme oder Beschränkung für Privatkopien sollten die Mitgliedstaaten die technologischen und wirtschaftlichen Entwicklungen, insbesondere in Bezug auf die digitale Privatkopie und auf Vergütungssysteme, gebührend berücksichtigen, wenn wirksame technische Schutzmaßnahmen verfügbar sind. Entsprechende Ausnahmen oder Beschränkungen sollten weder den Einsatz technischer Maßnahmen noch deren Durchsetzung im Falle einer Umgehung dieser Maßnahmen behindern.

(40) Die Mitgliedstaaten können eine Ausnahme oder Beschränkung zugunsten bestimmter nicht kommerzieller Einrichtungen, wie der Öffentlichkeit zugängliche Bibliotheken und ähnliche Einrichtungen sowie Archive, vorsehen. Jedoch sollte diese Ausnahme oder Beschränkung auf bestimmte durch das Vervielfältigungsrecht erfasste Sonderfälle begrenzt werden. Eine Nutzung im Zusammenhang mit der Online-Lieferung von geschützten Werken oder sonstigen Schutzgegenständen sollte nicht unter diese Ausnahme fallen. Die Möglichkeit, dass die Mitgliedstaaten Ausnahmen vom ausschließlichen öffentlichen Verleihrecht gemäß Artikel 5 der Richtlinie 92/100/EWG vorsehen, bleibt von dieser Richtlinie unberührt. Spezifische Verträge und Lizenzen, die diesen Einrichtungen und ihrer Zweckbestimmung zur Verbreitung der Kultur in ausgewogener Weise zugute kommen, sollten daher unterstützt werden.

(41) Bei Anwendung der Ausnahme oder Beschränkung für ephemere Aufzeichnungen, die von Sendeunternehmen vorgenommen werden, wird davon ausgegangen, dass zu den eigenen Mitteln des Sendeunternehmens auch die Mittel einer Person zählen, die im Namen oder unter der Verantwortung des Sendeunternehmens handelt.

(42) Bei Anwendung der Ausnahme oder Beschränkung für nicht kommerzielle Unterrichtszwecke und nicht kommerzielle wissenschaftliche Forschungszwecke einschließlich Fernunterricht sollte die nicht kommerzielle Art der betreffenden Tätigkeit durch diese Tätigkeit als solche bestimmt sein. Die organisatorische Struktur und die Finanzierung der betreffenden Einrichtung sind in dieser Hinsicht keine maßgeblichen Faktoren.

(43) Die Mitgliedstaaten sollten in jedem Fall alle erforderlichen Maßnahmen ergreifen, um für Personen mit Behinderungen, die ihnen die Nutzung der Werke selbst erschweren, den Zugang zu diesen Werken zu erleichtern, und dabei ihr besonderes Augenmerk auf zugängliche Formate richten.

(44) Bei der Anwendung der Ausnahmen und Beschränkungen im Sinne dieser Richtlinie sollten die internationalen Verpflichtungen beachtet werden. Solche Ausnahmen und Beschränkungen dürfen nicht auf eine Weise angewandt werden, dass die berechtigten Interessen der Rechtsinhaber verletzt werden oder die normale Verwertung ihrer Werke oder sonstigen Schutz-

gegenstände beeinträchtigt wird. Die von den Mitgliedstaaten festgelegten Ausnahmen oder Beschränkungen sollten insbesondere die gesteigerte wirtschaftliche Bedeutung, die solche Ausnahmen oder Beschränkungen im neuen elektronischen Umfeld erlangen können, angemessen berücksichtigen. Daher ist der Umfang bestimmter Ausnahmen oder Beschränkungen bei bestimmten neuen Formen der Nutzung urheberrechtlich geschützter Werke und sonstiger Schutzgegenstände möglicherweise noch enger zu begrenzen.

(45) Die in Artikel 5 Absätze 2, 3 und 4 vorgesehenen Ausnahmen und Beschränkungen sollten jedoch vertraglichen Beziehungen zur Sicherstellung eines gerechten Ausgleichs für die Rechtsinhaber nicht entgegenstehen, soweit dies nach innerstaatlichem Recht zulässig ist.

(46) Die Einschaltung einer Schlichtungsinstanz könnte Nutzern und Rechtsinhabern für die Beilegung ihrer Streitigkeiten hilfreich sein. Die Kommission sollte gemeinsam mit den Mitgliedstaaten im Rahmen des Kontaktausschusses eine Untersuchung über neue rechtliche Möglichkeiten durchführen, mit denen Streitigkeiten im Bereich des Urheberrechts und der verwandten Schutzrechte beigelegt werden können.

(47) Im Zuge der technischen Entwicklung werden Rechtsinhaber von technischen Maßnahmen Gebrauch machen können, die dazu bestimmt sind, die Verhinderung oder Einschränkung von Handlungen zu erreichen, die von den Inhabern von Urheberrechten oder verwandten Schutzrechten oder des Sui-generis-Rechts an Datenbanken nicht genehmigt worden sind. Es besteht jedoch die Gefahr, dass die Umgehung des durch diese Vorrichtungen geschaffenen technischen Schutzes durch rechtswidrige Handlungen ermöglicht oder erleichtert wird. Um ein uneinheitliches rechtliches Vorgehen zu vermeiden, das den Binnenmarkt in seiner Funktion beeinträchtigen könnte, muss der rechtliche Schutz vor der Umgehung wirksamer technischer Maßnahmen und vor der Bereitstellung entsprechender Vorrichtungen und Produkte bzw. der Erbringung entsprechender Dienstleistungen harmonisiert werden.

(48) Dieser Rechtsschutz sollte für technische Maßnahmen gelten, die wirksam Handlungen beschränken, die von den Inhabern von Urheberrechten oder verwandten Schutzrechten oder des Sui-generis-Rechts an Datenbanken nicht genehmigt worden sind, ohne jedoch den normalen Betrieb elektronischer Geräte und deren technische Entwicklung zu behindern. Dieser Rechtsschutz verpflichtet nicht dazu, Vorrichtungen, Produkte, Komponenten oder Dienstleistungen zu entwerfen, die den technischen Maßnahmen entsprechen, solange diese Vorrichtungen, Produkte, Komponenten oder Dienstleistungen nicht in anderer Weise unter das Verbot des Artikels 6 fallen. Dieser Rechtsschutz sollte auch das Verhältnismäßigkeitsprinzip berücksichtigen, und es sollten nicht jene Vorrichtungen oder Handlungen untersagt werden, deren wirtschaftlicher Zweck und Nutzen nicht in der Umgehung technischer Schutzvorkehrungen besteht. Insbesondere dürfen die Forschungsarbeiten im Bereich der Verschlüsselungstechniken dadurch nicht behindert werden.

(49) Der Rechtsschutz technischer Maßnahmen lässt einzelstaatliche Rechtsvorschriften unberührt, die den privaten Besitz von Vorrichtungen, Erzeugnissen oder Bestandteilen zur Umgehung technischer Maßnahmen untersagen.

(50) Ein solcher harmonisierter Rechtsschutz lässt die speziellen Schutzbestimmungen gemäß der Richtlinie 91/250/EWG unberührt. Er sollte insbesondere nicht auf den Schutz der in Verbindung mit Computerprogrammen verwendeten technischen Maßnahmen Anwendung finden, der ausschließlich in jener Richtlinie behandelt wird. Er sollte die Entwicklung oder Verwendung anderer Mittel zur Umgehung technischer Maßnahmen, die erforderlich sind, um Handlungen nach Artikel 5 Absatz 3 oder Artikel 6 der Richtlinie 91/250/EWG zu ermöglichen, nicht aufhalten oder verhindern. Artikel 5 und 6 jener Richtlinie sehen ausschließlich Ausnahmen von den auf Computerprogramme anwendbaren ausschließlichen Rechten vor.

(51) Der Rechtsschutz technischer Maßnahmen gilt unbeschadet des in Artikel 5 zum Ausdruck kommenden Gesichtspunkts des Allgemeininteresses sowie unbeschadet der öffentlichen Sicherheit. Die Mitgliedstaaten sollten freiwillige Maßnahmen der Rechtsinhaber, einschließlich des Abschlusses und der Umsetzung von Vereinbarungen zwischen Rechtsinhabern und anderen interessierten Parteien, fördern, mit denen dafür Sorge getragen wird, dass die Ziele bestimmter Ausnahmen oder Beschränkungen, die im Einklang mit dieser Richtlinie in einzelstaatlichen Rechtsvorschriften vorgesehen sind, erreicht werden können. Werden innerhalb einer angemes-

senen Frist keine derartigen freiwilligen Maßnahmen oder Vereinbarungen getroffen, sollten die Mitgliedstaaten angemessene Maßnahmen ergreifen, um zu gewährleisten, dass die Rechtsinhaber durch Änderung einer schon angewandten technischen Maßnahme oder durch andere Mittel den von derartigen Ausnahmen oder Beschränkungen Begünstigten geeignete Mittel für die Inanspruchnahme dieser Ausnahmen oder Beschränkungen an die Hand geben. Damit jedoch bei derartigen Maßnahmen, die von den Rechtsinhabern, auch im Rahmen von Vereinbarungen, oder von einem Mitgliedstaat ergriffen werden, kein Missbrauch entsteht, sollten alle technischen Maßnahmen Rechtsschutz genießen, die bei der Umsetzung derartiger Maßnahmen zur Anwendung kommen.

(52) Bei der Umsetzung einer Ausnahme oder einer Beschränkung im Hinblick auf Vervielfältigungen zum privaten Gebrauch nach Artikel 5 Absatz 2 Buchstabe b) sollten die Mitgliedstaaten auch die Anwendung freiwilliger Maßnahmen fördern, mit denen dafür Sorge getragen wird, dass die Ziele derartiger Ausnahmen oder Beschränkungen erreicht werden können. Werden innerhalb einer angemessenen Frist keine derartigen freiwilligen Maßnahmen zur Ermöglichung von Vervielfältigungen zum privaten Gebrauch getroffen, können die Mitgliedstaaten Maßnahmen ergreifen, damit die Begünstigten der betreffenden Ausnahme oder Beschränkung sie tatsächlich nutzen können. Freiwillige Maßnahmen des Rechtsinhabers, einschließlich etwaiger Vereinbarungen zwischen Rechtsinhabern und interessierten Parteien, sowie Maßnahmen der Mitgliedstaaten stehen solchen technischen Maßnahmen der Rechtsinhaber nicht entgegen, die mit den im nationalen Recht vorgesehenen Ausnahmen und Beschränkungen in Bezug auf Vervielfältigungen zum privaten Gebrauch nach Artikel 5 Absatz 2 Buchstabe b) vereinbar sind, wobei der Bedingung des gerechten Ausgleichs nach jener Bestimmung und der Möglichkeit einer Differenzierung zwischen verschiedenen Anwendungsbedingungen nach Artikel 5 Absatz 5, wie z. B. Überwachung der Anzahl der Vervielfältigungen, Rechnung zu tragen ist. Damit bei derartigen Maßnahmen kein Missbrauch entsteht, sollten alle technischen Schutzmaßnahmen Rechtsschutz genießen, die bei der Umsetzung derartiger Maßnahmen zur Anwendung kommen.

(53) Der Schutz technischer Maßnahmen sollte ein sicheres Umfeld gewährleisten für die Erbringung interaktiver Dienste auf Abruf in der Weise, dass Mitgliedern der Öffentlichkeit Werke und andere Schutzgegenstände von Orten und zu Zeiten ihrer Wahl zugänglich sind. Werden entsprechende Dienste auf der Grundlage von vertraglichen Vereinbarungen erbracht, sollte Artikel 6 Absatz 4 Unterabsätze 1 und 2 keine Anwendung finden. Nicht interaktive Formen der Online-Nutzung sollten im Anwendungsbereich dieser Vorschriften verbleiben.

(54) Die internationale Normung technischer Identifizierungssysteme für Werke und sonstige Schutzgegenstände in digitalem Format hat große Fortschritte gemacht. In einer sich ausweitenden Netzwerkumgebung könnten Unterschiede zwischen technischen Maßnahmen zur Inkompatibilität der Systeme innerhalb der Gemeinschaft führen. Kompatibilität und Interoperabilität der verschiedenen Systeme sollten gefördert werden. Es erscheint in hohem Maße wünschenswert, die Entwicklung weltweiter Systeme zu fördern.

(55) Die technische Entwicklung wird die Verbreitung von Werken, insbesondere die Verbreitung über Netze erleichtern, und dies bedeutet, dass Rechtsinhaber das Werk oder den sonstigen Schutzgegenstand, den Urheber und jeden sonstigen Leistungsschutzberechtigten genauer identifizieren und Informationen über die entsprechenden Nutzungsbedingungen mitteilen müssen, um die Wahrnehmung der mit dem Werk bzw. dem Schutzgegenstand verbundenen Rechte zu erleichtern. Rechtsinhaber sollten darin bestärkt werden, Kennzeichnungen zu verwenden, aus denen bei der Eingabe von Werken oder sonstigen Schutzgegenständen in Netze zusätzlich zu den genannten Informationen unter anderem hervorgeht, dass sie ihre Erlaubnis erteilt haben.

(56) Es besteht jedoch die Gefahr, dass rechtswidrige Handlungen vorgenommen werden, um die Informationen für die elektronische Wahrnehmung der Urheberrechte zu entfernen oder zu verändern oder Werke oder sonstige Schutzgegenstände, aus denen diese Informationen ohne Erlaubnis entfernt wurden, in sonstiger Weise zu verbreiten, zu Verbreitungszwecken einzuführen, zu senden, öffentlich wiederzugeben oder der Öffentlichkeit zugänglich zu machen. Um ein uneinheitliches rechtliches Vorgehen zu vermeiden, das den Binnenmarkt in seiner Funktion

Richtlinie 2001/219/EG

beeinträchtigen könnte, muss der rechtliche Schutz vor solchen Handlungen harmonisiert werden.

(57) Die genannten Informationssysteme für die Wahrnehmung der Rechte sind je nach Auslegung in der Lage, gleichzeitig personenbezogene Daten über die individuelle Nutzung von Schutzgegenständen zu verarbeiten und Online-Aktivitäten nachzuvollziehen. Die technischen Funktionen dieser Vorrichtungen sollten dem Schutz der Privatsphäre gemäß der Richtlinie 95/46/EG des Europäischen Parlaments und des Rates vom 24. Oktober 1995 zum Schutz natürlicher Personen bei der Verarbeitung personenbezogener Daten und zum freien Datenverkehr[1] gerecht werden.

(58) Die Mitgliedstaaten sollten wirksame Sanktionen und Rechtsbehelfe bei Zuwiderhandlungen gegen die in dieser Richtlinie festgelegten Rechte und Pflichten vorsehen. Sie sollten alle erforderlichen Maßnahmen treffen, um die Anwendung dieser Sanktionen und Rechtsbehelfe sicherzustellen. Die vorgesehenen Sanktionen müssen wirksam, verhältnismäßig und abschreckend sein und die Möglichkeit einschließen, Schadenersatz und/oder eine gerichtliche Anordnung sowie gegebenenfalls die Beschlagnahme von rechtswidrigem Material zu beantragen.

(59) Insbesondere in der digitalen Technik können die Dienste von Vermittlern immer stärker von Dritten für Rechtsverstöße genutzt werden. Oftmals sind diese Vermittler selbst am besten in der Lage, diesen Verstößen ein Ende zu setzen. Daher sollten die Rechtsinhaber – unbeschadet anderer zur Verfügung stehender Sanktionen und Rechtsbehelfe – die Möglichkeit haben, eine gerichtliche Anordnung gegen einen Vermittler zu beantragen, der die Rechtsverletzung eines Dritten in Bezug auf ein geschütztes Werk oder einen anderen Schutzgegenstand in einem Netz überträgt. Diese Möglichkeit sollte auch dann bestehen, wenn die Handlungen des Vermittlers nach Artikel 5 freigestellt sind. Die Bedingungen und Modalitäten für eine derartige gerichtliche Anordnung sollten im nationalen Recht der Mitgliedstaaten geregelt werden.

(60) Der durch diese Richtlinie gewährte Schutz sollte die nationalen und gemeinschaftlichen Rechtsvorschriften in anderen Bereichen wie gewerbliches Eigentum, Datenschutz, Zugangskontrolle, Zugang zu öffentlichen Dokumenten und den Grundsatz der Chronologie der Auswertung in den Medien, die sich auf den Schutz des Urheberrechts oder verwandter Rechte auswirken, unberührt lassen.

(61) Um den Bestimmungen des WIPO-Vertrags über Darbietungen und Tonträger nachzukommen, sollten die Richtlinien 92/100/EWG und 93/98/EWG geändert werden –

HABEN FOLGENDE RICHTLINIE ERLASSEN:

Kapitel I. Ziel und Anwendungsbereich

Art. 1. Anwendungsbereich. (1) Gegenstand dieser Richtlinie ist der rechtliche Schutz des Urheberrechts und der verwandten Schutzrechte im Rahmen des Binnenmarkts, insbesondere in Bezug auf die Informationsgesellschaft.

(2) Außer in den in Artikel 11 genannten Fällen lässt diese Richtlinie die bestehenden gemeinschaftsrechtlichen Bestimmungen über folgende Bereiche unberührt und beeinträchtigt sie in keiner Weise:
a) über den rechtlichen Schutz von Computerprogrammen;
b) über das Vermietrecht, das Verleihrecht und bestimmte dem Urheberrecht verwandte Schutzrechte im Bereich des geistigen Eigentums;
c) über das Urheberrecht und die verwandten Schutzrechte im Bereich des Satellitenrundfunks und der Kabelweiterverbreitung;
d) über die Dauer des Schutzes des Urheberrechts und bestimmter verwandter Schutzrechte;
e) über den rechtlichen Schutz von Datenbanken.

---

[1] ABl. L 281 vom 23.11.1995, S. 31.

Kapitel II. Rechte und Ausnahmen

Art. 2. Vervielfältigungsrecht. Die Mitgliedstaaten sehen für folgende Personen das ausschließliche Recht vor, die unmittelbare oder mittelbare, vorübergehende oder dauerhafte Vervielfältigung auf jede Art und Weise und in jeder Form ganz oder teilweise zu erlauben oder zu verbieten:
a) für die Urheber in Bezug auf ihre Werke,
b) für die ausübenden Künstler in Bezug auf die Aufzeichnungen ihrer Darbietungen,
c) für die Tonträgerhersteller in Bezug auf ihre Tonträger,
d) für die Hersteller der erstmaligen Aufzeichnungen von Filmen in Bezug auf das Original und die Vervielfältigungsstücke ihrer Filme,
e) für die Sendeunternehmen in Bezug auf die Aufzeichnungen ihrer Sendungen, unabhängig davon, ob diese Sendungen drahtgebunden oder drahtlos, über Kabel oder Satellit übertragen werden.

Art. 3. Recht der öffentlichen Wiedergabe von Werken und Recht der öffentlichen Zugänglichmachung sonstiger Schutzgegenstände. (1) Die Mitgliedstaaten sehen vor, dass den Urhebern das ausschließliche Recht zusteht, die drahtgebundene oder drahtlose öffentliche Wiedergabe ihrer Werke einschließlich der öffentlichen Zugänglichmachung der Werke in der Weise, dass sie Mitgliedern der Öffentlichkeit von Orten und zu Zeiten ihrer Wahl zugänglich sind, zu erlauben oder zu verbieten.

(2) Die Mitgliedstaaten sehen für folgende Personen das ausschließliche Recht vor, zu erlauben oder zu verbieten, dass die nachstehend genannten Schutzgegenstände drahtgebunden oder drahtlos in einer Weise der Öffentlichkeit zugänglich gemacht werden, dass sie Mitgliedern der Öffentlichkeit von Orten und zu Zeiten ihrer Wahl zugänglich sind:
a) für die ausübenden Künstler in Bezug auf die Aufzeichnungen ihrer Darbietungen;
b) für die Tonträgerhersteller in Bezug auf ihre Tonträger;
c) für die Hersteller der erstmaligen Aufzeichnungen von Filmen in Bezug auf das Original und auf Vervielfältigungsstücke ihrer Filme;
d) für die Sendeunternehmen in Bezug auf die Aufzeichnungen ihrer Sendungen, unabhängig davon, ob diese Sendungen drahtgebunden oder drahtlos, über Kabel oder Satellit übertragen werden.

(3) Die in den Absätzen 1 und 2 bezeichneten Rechte erschöpfen sich nicht mit den in diesem Artikel genannten Handlungen der öffentlichen Wiedergabe oder der Zugänglichmachung für die Öffentlichkeit.

Art. 4. Verbreitungsrecht. (1) Die Mitgliedstaaten sehen vor, dass den Urhebern in Bezug auf das Original ihrer Werke oder auf Vervielfältigungsstücke davon das ausschließliche Recht zusteht, die Verbreitung an die Öffentlichkeit in beliebiger Form durch Verkauf oder auf sonstige Weise zu erlauben oder zu verbieten.

(2) Das Verbreitungsrecht erschöpft sich in der Gemeinschaft in Bezug auf das Original oder auf Vervielfältigungsstücke eines Werks nur, wenn der Erstverkauf dieses Gegenstands oder eine andere erstmalige Eigentumsübertragung in der Gemeinschaft durch den Rechtsinhaber oder mit dessen Zustimmung erfolgt.

Art. 5. Ausnahmen und Beschränkungen. (1) Die in Artikel 2 bezeichneten vorübergehenden Vervielfältigungshandlungen, die flüchtig oder begleitend sind und einen integralen und wesentlichen Teil eines technischen Verfahrens darstellen und deren alleiniger Zweck es ist,
a) eine Übertragung in einem Netz zwischen Dritten durch einen Vermittler oder
b) eine rechtmäßige Nutzung
eines Werks oder sonstigen Schutzgegenstands zu ermöglichen, und die keine eigenständige wirtschaftliche Bedeutung haben, werden von dem in Artikel 2 vorgesehenen Vervielfältigungsrecht ausgenommen.

Richtlinie 2001/219/EG   Anh 2

(2) Die Mitgliedstaaten können in den folgenden Fällen Ausnahmen oder Beschränkungen in Bezug auf das in Artikel 2 vorgesehene Vervielfältigungsrecht vorsehen:
a) in Bezug auf Vervielfältigungen auf Papier oder einem ähnlichen Träger mittels beliebiger fotomechanischer Verfahren oder anderer Verfahren mit ähnlicher Wirkung, mit Ausnahme von Notenblättern und unter der Bedingung, dass die Rechtsinhaber einen gerechten Ausgleich erhalten;
b) in Bezug auf Vervielfältigungen auf beliebigen Trägern durch eine natürliche Person zum privaten Gebrauch und weder für direkte noch indirekte kommerzielle Zwecke unter der Bedingung, dass die Rechtsinhaber einen gerechten Ausgleich erhalten, wobei berücksichtigt wird, ob technische Maßnahmen gemäß Artikel 6 auf das betreffende Werk oder den betreffenden Schutzgegenstand angewendet wurden;
c) in Bezug auf bestimmte Vervielfältigungshandlungen von öffentlich zugänglichen Bibliotheken, Bildungseinrichtungen oder Museen oder von Archiven, die keinen unmittelbaren oder mittelbaren wirtschaftlichen oder kommerziellen Zweck verfolgen;
d) in Bezug auf ephemere Aufzeichnungen von Werken, die von Sendeunternehmen mit eigenen Mitteln und für eigene Sendungen vorgenommen worden sind; aufgrund ihres außergewöhnlichen Dokumentationscharakters kann die Aufbewahrung dieser Aufzeichnungen in amtlichen Archiven erlaubt werden;
e) in Bezug auf Vervielfältigungen von Sendungen, die von nicht kommerziellen sozialen Einrichtungen wie Krankenhäusern oder Haftanstalten angefertigt wurden, unter der Bedingung, dass die Rechtsinhaber einen gerechten Ausgleich erhalten.

(3) Die Mitgliedstaaten können in den folgenden Fällen Ausnahmen oder Beschränkungen in Bezug auf die in den Artikeln 2 und 3 vorgesehenen Rechte vorsehen:
a) für die Nutzung ausschließlich zur Veranschaulichung im Unterricht oder für Zwecke der wissenschaftlichen Forschung, sofern – außer in Fällen, in denen sich dies als unmöglich erweist – die Quelle, einschließlich des Namens des Urhebers, wann immer dies möglich ist, angegeben wird und soweit dies zur Verfolgung nicht kommerzieller Zwecke gerechtfertigt ist;
b) für die Nutzung zugunsten behinderter Personen, wenn die Nutzung mit der Behinderung unmittelbar in Zusammenhang steht und nicht kommerzieller Art ist, soweit es die betreffende Behinderung erfordert;
c) für die Vervielfältigung durch die Presse, die öffentliche Wiedergabe oder die Zugänglichmachung von veröffentlichten Artikeln zu Tagesfragen wirtschaftlicher, politischer oder religiöser Natur oder von gesendeten Werken oder sonstigen Schutzgegenständen dieser Art, sofern eine solche Nutzung nicht ausdrücklich vorbehalten ist und sofern die Quelle, einschließlich des Namens des Urhebers, angegeben wird, oder die Nutzung von Werken oder sonstigen Schutzgegenständen in Verbindung mit der Berichterstattung über Tagesereignisse, soweit es der Informationszweck rechtfertigt und sofern – außer in Fällen, in denen sich dies als unmöglich erweist – die Quelle, einschließlich des Namens des Urhebers, angegeben wird;
d) für Zitate zu Zwecken wie Kritik oder Rezensionen, sofern sie ein Werk oder einen sonstigen Schutzgegenstand betreffen, das bzw. der der Öffentlichkeit bereits rechtmäßig zugänglich gemacht wurde, sofern – außer in Fällen, in denen sich dies als unmöglich erweist – die Quelle, einschließlich des Namens des Urhebers, angegeben wird und sofern die Nutzung den anständigen Gepflogenheiten entspricht und in ihrem Umfang durch den besonderen Zweck gerechtfertigt ist;
e) für die Nutzung zu Zwecken der öffentlichen Sicherheit oder zur Sicherstellung des ordnungsgemäßen Ablaufs von Verwaltungsverfahren, parlamentarischen Verfahren oder Gerichtsverfahren oder der Berichterstattung darüber;
f) für die Nutzung von politischen Reden oder von Auszügen aus öffentlichen Vorträgen oder ähnlichen Werken oder Schutzgegenständen, soweit der Informationszweck dies rechtfertigt und sofern – außer in Fällen, in denen sich dies als unmöglich erweist – die Quelle, einschließlich des Namens des Urhebers, angegeben wird;
g) für die Nutzung bei religiösen Veranstaltungen oder offiziellen, von einer Behörde durchgeführten Veranstaltungen;

h) für die Nutzung von Werken wie Werken der Baukunst oder Plastiken, die dazu angefertigt wurden, sich bleibend an öffentlichen Orten zu befinden;
i) für die beiläufige Einbeziehung eines Werks oder sonstigen Schutzgegenstands in anderes Material;
j) für die Nutzung zum Zwecke der Werbung für die öffentliche Ausstellung oder den öffentlichen Verkauf von künstlerischen Werken in dem zur Förderung der betreffenden Veranstaltung erforderlichen Ausmaß unter Ausschluss jeglicher anderer kommerzieller Nutzung;
k) für die Nutzung zum Zwecke von Karikaturen, Parodien oder Pastiches;
l) für die Nutzung im Zusammenhang mit der Vorführung oder Reparatur von Geräten;
m) für die Nutzung eines künstlerischen Werks in Form eines Gebäudes bzw. einer Zeichnung oder eines Plans eines Gebäudes zum Zwecke des Wiederaufbaus des Gebäudes;
n) für die Nutzung von Werken und sonstigen Schutzgegenständen, für die keine Regelungen über Verkauf und Lizenzen gelten und die sich in den Sammlungen der Einrichtungen gemäß Absatz 2 Buchstabe c) befinden, durch ihre Wiedergabe oder Zugänglichmachung für einzelne Mitglieder der Öffentlichkeit zu Zwecken der Forschung und privater Studien auf eigens hierfür eingerichteten Terminals in den Räumlichkeiten der genannten Einrichtungen;
o) für die Nutzung in bestimmten anderen Fällen von geringer Bedeutung, soweit solche Ausnahmen oder Beschränkungen bereits in einzelstaatlichen Rechtsvorschriften vorgesehen sind und sofern sie nur analoge Nutzungen betreffen und den freien Waren- und Dienstleistungsverkehr in der Gemeinschaft nicht berühren; dies gilt unbeschadet der anderen in diesem Artikel enthaltenen Ausnahmen und Beschränkungen.

(4) Wenn die Mitgliedstaaten gemäß Absatz 2 oder 3 eine Ausnahme oder Beschränkung in Bezug auf das Vervielfältigungsrecht vorsehen können, können sie entsprechend auch eine Ausnahme oder Beschränkung in Bezug auf das Verbreitungsrecht im Sinne von Artikel 4 zulassen, soweit diese Ausnahme durch den Zweck der erlaubten Vervielfältigung gerechtfertigt ist.

(5) Die in den Absätzen 1, 2, 3 und 4 genannten Ausnahmen und Beschränkungen dürfen nur in bestimmten Sonderfällen angewandt werden, in denen die normale Verwertung des Werks oder des sonstigen Schutzgegenstands nicht beeinträchtigt wird und die berechtigten Interessen des Rechtsinhabers nicht ungebührlich verletzt werden.

Kapitel III. Schutz von technischen Maßnahmen und von Informationen für die Wahrnehmung der Rechte

Art. 6. Pflichten in Bezug auf technische Maßnahmen. (1) Die Mitgliedstaaten sehen einen angemessenen Rechtsschutz gegen die Umgehung wirksamer technischer Maßnahmen durch eine Person vor, der bekannt ist oder den Umständen nach bekannt sein muss, dass sie dieses Ziel verfolgt.

(2) Die Mitgliedstaaten sehen einen angemessenen Rechtsschutz gegen die Herstellung, die Einfuhr, die Verbreitung, den Verkauf, die Vermietung, die Werbung im Hinblick auf Verkauf oder Vermietung und den Besitz zu kommerziellen Zwecken von Vorrichtungen, Erzeugnissen oder Bestandteilen sowie die Erbringung von Dienstleistungen vor,
a) die Gegenstand einer Verkaufsförderung, Werbung oder Vermarktung mit dem Ziel der Umgehung wirksamer technischer Maßnahmen sind oder
b) die, abgesehen von der Umgehung wirksamer technischer Maßnahmen, nur einen begrenzten wirtschaftlichen Zweck oder Nutzen haben oder
c) die hauptsächlich entworfen, hergestellt, angepasst oder erbracht werden, um die Umgehung wirksamer technischer Maßnahmen zu ermöglichen oder zu erleichtern.

(3) Im Sinne dieser Richtlinie bezeichnet der Ausdruck „technische Maßnahmen" alle Technologien, Vorrichtungen oder Bestandteile, die im normalen Betrieb dazu bestimmt sind, Werke oder sonstige Schutzgegenstände betreffende Handlungen zu verhindern oder einzuschränken, die nicht von der Person genehmigt worden sind, die Inhaber der Urheberrechte oder der dem

Urheberrecht verwandten gesetzlich geschützten Schutzrechte oder des in Kapitel III der Richtlinie 96/9/EG verankerten Sui-generis-Rechts ist. Technische Maßnahmen sind als „wirksam" anzusehen, soweit die Nutzung eines geschützten Werks oder eines sonstigen Schutzgegenstands von den Rechtsinhabern durch eine Zugangskontrolle oder einen Schutzmechanismus wie Verschlüsselung, Verzerrung oder sonstige Umwandlung des Werks oder sonstigen Schutzgegenstands oder einen Mechanismus zur Kontrolle der Vervielfältigung, die die Erreichung des Schutzziels sicherstellen, unter Kontrolle gehalten wird.

(4) Werden von Seiten der Rechtsinhaber freiwillige Maßnahmen, einschließlich Vereinbarungen zwischen den Rechtsinhabern und anderen betroffenen Parteien, nicht ergriffen, so treffen die Mitgliedstaaten ungeachtet des Rechtsschutzes nach Absatz 1 geeignete Maßnahmen, um sicherzustellen, dass die Rechtsinhaber dem Begünstigten einer im nationalen Recht gemäß Artikel 5 Absatz 2 Buchstaben a), c), d), oder e) oder Absatz 3 Buchstaben a), b) oder e) vorgesehenen Ausnahme oder Beschränkung die Mittel zur Nutzung der betreffenden Ausnahme oder Beschränkung in dem für die Nutzung der betreffenden Ausnahme oder Beschränkung erforderlichen Maße zur Verfügung stellen, soweit der betreffende Begünstigte rechtmäßig Zugang zu dem geschützten Werk oder Schutzgegenstand hat.

Ein Mitgliedstaat kann derartige Maßnahmen auch in Bezug auf den Begünstigten einer Ausnahme oder Beschränkung gemäß Artikel 5 Absatz 2 Buchstabe b) treffen, sofern die Vervielfältigung zum privaten Gebrauch nicht bereits durch die Rechtsinhaber in dem für die Nutzung der betreffenden Ausnahme oder Beschränkung erforderlichen Maße gemäß Artikel 5 Absatz 2 Buchstabe b) und Absatz 5 ermöglicht worden ist; der Rechtsinhaber kann dadurch nicht gehindert werden, geeignete Maßnahmen in Bezug auf die Zahl der Vervielfältigungen gemäß diesen Bestimmungen zu ergreifen.

Die von den Rechtsinhabern freiwillig angewandten technischen Maßnahmen, einschließlich der zur Umsetzung freiwilliger Vereinbarungen angewandten Maßnahmen, und die technischen Maßnahmen, die zur Umsetzung der von den Mitgliedstaaten getroffenen Maßnahmen angewandt werden, genießen den Rechtsschutz nach Absatz 1.

Die Unterabsätze 1 und 2 gelten nicht für Werke und sonstige Schutzgegenstände, die der Öffentlichkeit auf Grund einer vertraglichen Vereinbarung in einer Weise zugänglich gemacht werden, dass sie Mitgliedern der Öffentlichkeit von Orten und zu Zeiten ihrer Wahl zugänglich sind.

Wenn dieser Artikel im Zusammenhang mit der Richtlinie 92/100/EWG und 96/9/EG angewandt wird, so findet dieser Absatz entsprechende Anwendung.

Art. 7. Pflichten in Bezug auf Informationen für die Rechtewahrnehmung. (1) Die Mitgliedstaaten sehen einen angemessenen rechtlichen Schutz gegen Personen vor, die wissentlich unbefugt eine der nachstehenden Handlungen vornehmen, wobei ihnen bekannt ist oder den Umständen nach bekannt sein muss, dass sie dadurch die Verletzung von Urheberrechten oder dem Urheberrecht verwandten gesetzlich geschützten Schutzrechten oder die Verletzung des in Kapitel III der Richtlinie 96/9/EG vorgesehenen Sui-generis-Rechts veranlassen, ermöglichen, erleichtern oder verschleiern:
a) die Entfernung oder Änderung elektronischer Informationen für die Wahrnehmung der Rechte,
b) die Verbreitung, Einfuhr zur Verbreitung, Sendung, öffentliche Wiedergabe oder öffentliche Zugänglichmachung von Werken oder sonstigen unter diese Richtlinie oder unter Kapitel III der Richtlinie 96/9/EG fallenden Schutzgegenständen, bei denen elektronische Informationen für die Wahrnehmung der Rechte unbefugt entfernt oder geändert wurden.

(2) Im Sinne dieser Richtlinie bezeichnet der Ausdruck „Informationen für die Rechtewahrnehmung" die von Rechtsinhabern stammenden Informationen, die die in dieser Richtlinie bezeichneten Werke oder Schutzgegenstände oder die durch das in Kapitel III der Richtlinie 96/9/EG vorgesehene Sui-generis-Recht geschützten Werke oder Schutzgegenstände, den Urheber oder jeden anderen Rechtsinhaber identifizieren, oder Informationen über die Modalitäten und Bedingungen für die Nutzung der Werke oder Schutzgegenstände sowie die Zahlen oder Codes, durch die derartige Informationen ausgedrückt werden.

Unterabsatz 1 gilt, wenn irgendeine der betreffenden Informationen an einem Vervielfältigungsstück eines Werks oder eines sonstigen Schutzgegenstands, der in dieser Richtlinie genannt wird oder unter das in Kapitel III der Richtlinie 96/9/EG vorgesehene Suigeneris-Recht fällt, angebracht wird oder im Zusammenhang mit der öffentlichen Wiedergabe eines solchen Werks oder Schutzgegenstands erscheint.

Kapitel IV. Allgemeine Bestimmungen

Art. 8. Sanktionen und Rechtsbehelfe. (1) Die Mitgliedstaaten sehen bei Verletzungen der in dieser Richtlinie festgelegten Rechte und Pflichten angemessene Sanktionen und Rechtsbehelfe vor und treffen alle notwendigen Maßnahmen, um deren Anwendung sicherzustellen. Die betreffenden Sanktionen müssen wirksam, verhältnismäßig und abschreckend sein.

(2) Jeder Mitgliedstaat trifft die erforderlichen Maßnahmen, um sicherzustellen, dass Rechtsinhaber, deren Interessen durch eine in seinem Hoheitsgebiet begangene Rechtsverletzung beeinträchtigt werden, Klage auf Schadenersatz erheben und/oder eine gerichtliche Anordnung sowie gegebenenfalls die Beschlagnahme von rechtswidrigem Material sowie von Vorrichtungen, Erzeugnissen oder Bestandteilen im Sinne des Artikels 6 Absatz 2 beantragen können.

(3) Die Mitgliedstaaten stellen sicher, dass die Rechtsinhaber gerichtliche Anordnungen gegen Vermittler beantragen können, deren Dienste von einem Dritten zur Verletzung eines Urheberrechts oder verwandter Schutzrechte genutzt werden.

Art. 9. Weitere Anwendung anderer Rechtsvorschriften. Diese Richtlinie lässt andere Rechtsvorschriften insbesondere in folgenden Bereichen unberührt: Patentrechte, Marken, Musterrechte, Gebrauchsmuster, Topographien von Halbleitererzeugnissen, typographische Schriftzeichen, Zugangskontrolle, Zugang zum Kabel von Sendediensten, Schutz nationalen Kulturguts, Anforderungen im Bereich gesetzlicher Hinterlegungspflichten, Rechtsvorschriften über Wettbewerbsbeschränkungen und unlauteren Wettbewerb, Betriebsgeheimnisse, Sicherheit, Vertraulichkeit, Datenschutz und Schutz der Privatsphäre, Zugang zu öffentlichen Dokumenten sowie Vertragsrecht.

Art. 10. Zeitliche Anwendbarkeit. (1) Die Vorschriften dieser Richtlinie finden auf alle von ihr erfassten Werke und Schutzgegenstände Anwendung, die am 22. Dezember 2002 durch die Rechtsvorschriften der Mitgliedstaaten auf dem Gebiet des Urheberrechts und der verwandten Schutzrechte geschützt sind oder die die Schutzkriterien im Sinne dieser Richtlinie oder der in Artikel 1 Absatz 2 genannten Bestimmungen erfüllen.

(2) Die Richtlinie berührt Handlungen und Rechte nicht, die vor dem 22. Dezember 2002 abgeschlossen bzw. erworben wurden.

Art. 11. Technische Anpassungen. (1) Die Richtlinie 92/100/EWG wird wie folgt geändert:
a) Artikel 7 wird gestrichen.
b) Artikel 10 Absatz 3 erhält folgende Fassung:
„(3) Die Beschränkungen dürfen nur in bestimmten Sonderfällen angewandt werden, in denen die normale Verwertung des Schutzgegenstands nicht beeinträchtigt wird und die berechtigten Interessen des Rechtsinhabers nicht ungebührlich verletzt werden."

(2) Artikel 3 Absatz 2 der Richtlinie 93/98/EWG erhält folgende Fassung:
„(2) Die Rechte der Hersteller von Tonträgern erlöschen fünfzig Jahre nach der Aufzeichnung. Wurde jedoch der Tonträger innerhalb dieser Frist rechtmäßig veröffentlicht, so erlöschen diese Rechte fünfzig Jahre nach der ersten rechtmäßigen Veröffentlichung. Wurde der Tonträger innerhalb der in Satz 1 genannten Frist nicht rechtmäßig veröffentlicht und wurde der Tonträger innerhalb dieser Frist rechtmäßig öffentlich wiedergegeben, so erlöschen diese Rechte fünfzig Jahre nach der ersten rechtmäßigen öffentlichen Wiedergabe.

Richtlinie 2001/219/EG   **Anh 2**

Sind jedoch die Rechte der Hersteller von Tonträgern auf Grund des Ablaufs der Schutzfrist gemäß dem vorliegenden Absatz in seiner Fassung vor der Änderung durch die Richtlinie 2001/29/EG des Europäischen Parlaments und des Rates vom 22. Mai 2001 zur Harmonisierung bestimmter Aspekte des Urheberrechts und der verwandten Schutzrechte in der Informationsgesellschaft[*)] am 22. Dezember 2002 nicht mehr geschützt, so bewirkt dieser Absatz nicht, dass jene Rechte erneut geschützt sind.

Art. 12. Schlussbestimmungen. (1) Spätestens am 22. Dezember 2002 und danach alle drei Jahre unterbreitet die Kommission dem Europäischen Parlament, dem Rat und dem Wirtschafts- und Sozialausschuss einen Bericht über die Anwendung dieser Richtlinie, in dem sie unter anderem auf der Grundlage der von den Mitgliedstaaten mitgeteilten Informationen insbesondere die Anwendung der Artikel 5, 6 und 8 anhand der Entwicklung des digitalen Marktes prüft. Im Falle des Artikels 6 prüft sie insbesondere, ob dieser ein ausreichendes Schutzniveau sicherstellt und ob sich der Einsatz wirksamer technischer Maßnahmen nachteilig auf gesetzlich erlaubte Handlungen auswirkt. Erforderlichenfalls legt sie – insbesondere um das Funktionieren des Binnenmarkts im Sinne von Artikel 14 des Vertrags sicherzustellen – entsprechende Änderungsvorschläge zu dieser Richtlinie vor.

(2) Der Schutz der dem Urheberrecht verwandten Schutzrechte im Sinne dieser Richtlinie lässt den Schutz des Urheberrechts unberührt und beeinträchtigt ihn in keiner Weise.

(3) Es wird ein Kontaktausschuss eingesetzt. Dieser Ausschuss setzt sich aus Vertretern der zuständigen Behörden der Mitgliedstaaten zusammen. In ihm führt ein Vertreter der Kommission den Vorsitz, und er tritt entweder auf Initiative des Vorsitzenden oder auf Antrag der Delegation eines Mitgliedstaats zusammen.

(4) Der Ausschuss hat folgende Aufgaben:
a) Prüfung der Auswirkungen dieser Richtlinie auf den Binnenmarkt und Benennung etwaiger Schwierigkeiten;
b) Durchführung von Konsultationen zu allen mit der Anwendung dieser Richtlinie zusammenhängenden Fragen;
c) Erleichterung des Informationsaustauschs über einschlägige Entwicklungen in der Gesetzgebung und Rechtsprechung sowie über die einschlägigen wirtschaftlichen, sozialen, kulturellen und technischen Entwicklungen;
d) Wahrnehmung der Funktion eines Forums zur Bewertung des digitalen Markts für Werke und andere Gegenstände, einschließlich Privatkopien und der Verwendung technischer Maßnahmen.

Art. 13. Umsetzung. (1) Die Mitgliedstaaten erlassen die erforderlichen Rechts- und Verwaltungsvorschriften, um dieser Richtlinie vor dem 22. Dezember 2002 nachzukommen. Sie setzen die Kommission hiervon unverzüglich in Kenntnis.

Wenn die Mitgliedstaaten diese Vorschriften erlassen, nehmen sie in den Vorschriften selbst oder durch einen Hinweis bei der amtlichen Veröffentlichung auf diese Richtlinie Bezug. Die Mitgliedstaaten regeln die Einzelheiten dieser Bezugnahme.

(2) Die Mitgliedstaaten teilen der Kommission den Wortlaut der innerstaatlichen Rechtsvorschriften mit, die sie auf dem unter diese Richtlinie fallenden Gebiet erlassen.

Art. 14. Inkrafttreten. Diese Richtlinie tritt am Tag ihrer Veröffentlichung im *Amtsblatt der Europäischen Gemeinschaften* in Kraft.

Art. 15. Adressaten. Diese Richtlinie ist an die Mitgliedstaaten gerichtet.

Geschehen zu Brüssel am 22. Mai 2001.

[*)] ABl. L 167 vom 22.6.2001, S. 10.

3. Richtlinie 2012/28/EU des Europäischen Parlaments und des Rates über bestimmte zulässige Formen der Nutzung verwaister Werke

Vom 25. Oktober 2012

(ABl. EU Nr. L 299/5)

(Text von Bedeutung für den EWR)

DAS EUROPÄISCHE PARLAMENT UND DER RAT DER EUROPÄISCHEN UNION –

gestützt auf den Vertrag über die Arbeitsweise der Europäischen Union, insbesondere auf Artikel 53 Absatz 1, Artikel 62 und Artikel 114,

auf Vorschlag der Europäischen Kommission,

nach Zuleitung des Entwurfs des Gesetzgebungsakts an die nationalen Parlamente,

nach Stellungnahme des Europäischen Wirtschafts- und Sozialausschusses[1],

gemäß dem ordentlichen Gesetzgebungsverfahren[2],

in Erwägung nachstehender Gründe:

(1) Öffentlich zugängliche Bibliotheken, Bildungseinrichtungen und Museen sowie Archive, im Bereich des Film- oder Tonerbes tätige Einrichtungen und öffentlich-rechtliche Rundfunkanstalten in den Mitgliedstaaten sind mit der groß angelegten Digitalisierung ihrer Sammlungen oder Archivbestände befasst, um europäische digitale Bibliotheken zu schaffen. Sie tragen zur Bewahrung und Verbreitung des europäischen Kulturerbes bei, was auch für die Schaffung europäischer digitaler Bibliotheken wie Europeana wichtig ist. Technologien für die Massendigitalisierung gedruckter Materialien und für die Suche und Indexierung vergrößern den Forschungswert der Sammlungen der Bibliotheken. Die Einrichtung großer Online-Bibliotheken erleichtert die Verwendung elektronischer Hilfsmittel zum Suchen und Finden, die Forschern und Wissenschaftlern, die sich sonst mit traditionelleren, analogen Suchmethoden begnügen müssten, neue Erkenntnisquellen eröffnen.

(2) Die Notwendigkeit, den freien Austausch von Wissen und Innovation im Binnenmarkt zu fördern, stellt eine bedeutende Komponente der Strategie Europa 2020 dar; dies ergibt sich aus der Mitteilung der Kommission „Europa 2020: Eine Strategie für intelligentes, nachhaltiges und integratives Wachstum", die als eine ihrer Leitinitiativen die Entwicklung einer Digitalen Agenda für Europa beinhaltet.

(3) Die Schaffung eines Rechtsrahmens zur Erleichterung der Digitalisierung und Verbreitung von urheberrechtlich oder durch verwandte Schutzrechte geschützten Werken und sonstigen Schutzgegenständen, deren Rechteinhaber unbekannt ist oder, selbst wenn dieser bekannt ist, nicht ausfindig gemacht werden kann – sogenannter „verwaister Werke" – ist eine Schlüsselmaßnahme der Digitalen Agenda für Europa, wie dies in der Mitteilung der Kommission „Eine Digitale Agenda für Europa" dargelegt ist. Diese Richtlinie hat das spezifische Problem der gesetzlichen Regelung des Status als verwaistes Werk und deren Folgen in Bezug auf die zulässigen Nutzer und zulässigen Formen der Nutzung des als verwaist geltenden Werkes oder Tonträgers zum Gegenstand.

(4) Diese Richtlinie lässt in den Mitgliedstaaten entwickelte spezifische Lösungen zur umfassenderen Massendigitalisierung, wie im Fall der sogenannten „vergriffenen Werke", unberührt. Diese Lösungen berücksichtigen die Besonderheiten der verschiedenen Arten von Inhalten und der verschiedenen Nutzer und bauen auf dem Konsens der maßgeblichen Interessengruppen auf. Dieser Ansatz wurde auch in der am 20. September 2011 von Vertretern europäischer Bib-

---

[1] ABl. C 376 vom 22.12.2011, S. 66.
[2] Standpunkt des Europäischen Parlaments vom 13. September 2012 (noch nicht im Amtsblatt veröffentlicht) und Beschluss des Rates vom 4. Oktober 2012.

liotheken, Autoren, Verlegern und Verwertungsgesellschaften unterzeichneten und von der Kommission bezeugten Absichtserklärung über die Grundprinzipien der Digitalisierung und der Bereitstellung vergriffener Werke verfolgt. Diese Richtlinie lässt diese Absichtserklärung unberührt, in der die Mitgliedstaaten und die Kommission aufgefordert werden, zu gewährleisten, dass zwischen Nutzern, Rechteinhabern und Verwertungsgesellschaften auf freiwilliger Basis geschlossenen Vereinbarungen über die Vergabe von Lizenzen für die Nutzung vergriffener Werke nach den in der Absichtserklärung enthaltenen Grundsätzen die erforderliche Rechtssicherheit im nationalen und grenzüberschreitenden Rahmen zugute kommt.

(5) Das Urheberrecht stellt die wirtschaftliche Grundlage der Kreativwirtschaft dar, weil es Innovation, künstlerisches Schaffen, Investitionen und Produktion anregt. Daher dient die Massendigitalisierung und -verbreitung von Werken dem Schutz des europäischen Kulturerbes. Das Urheberrecht ist ein wichtiges Instrument, um die Vergütung des Kreativsektors für seine Arbeit sicherzustellen.

(6) Die ausschließlichen Rechte der Rechteinhaber an der Vervielfältigung ihrer Werke und sonstigen Schutzgegenstände und an ihrer öffentlichen Zugänglichmachung, die mit der Richtlinie 2001/29/EG des Europäischen Parlaments und des Rates vom 22. Mai 2001 zur Harmonisierung bestimmter Aspekte des Urheberrechts und der verwandten Schutzrechte in der Informationsgesellschaft[1] harmonisiert wurden, erfordern für die Digitalisierung und die öffentliche Zugänglichmachung eines Werks oder sonstigen Schutzgegenstands die vorherige Zustimmung des Rechteinhabers.

(7) Im Falle verwaister Werke ist es nicht möglich, eine solche vorherige Zustimmung zur Vervielfältigung oder zur öffentlichen Zugänglichmachung einzuholen.

(8) Die unterschiedlichen Ansätze der Mitgliedstaaten bei der Anerkennung des Status als verwaistes Werk können das Funktionieren des Binnenmarkts, die Nutzung von verwaisten Werken und den grenzüberschreitenden Zugang dazu behindern. Solche unterschiedlichen Ansätze können auch zu Beschränkungen des freien Waren- und Dienstleistungsverkehrs in Bezug auf kulturelle Inhalte führen. Daher ist eine gegenseitige Anerkennung dieses Status sinnvoll, da dies den Zugang zu verwaisten Werken in allen Mitgliedstaaten ermöglichen wird.

(9) Insbesondere ist ein gemeinsames Konzept zur Bestimmung des Status als verwaistes Werk und der zulässigen Formen der Nutzung verwaister Werke erforderlich, um im Binnenmarkt Rechtssicherheit im Hinblick auf die Nutzung verwaister Werke durch öffentlich zugängliche Bibliotheken, Bildungseinrichtungen und Museen sowie durch Archive, im Bereich des Film- oder Tonerbes tätige Einrichtungen und öffentlich-rechtliche Rundfunkanstalten zu gewährleisten.

(10) Film- oder audiovisuelle Werke und Tonträger in den Archiven öffentlich-rechtlicher Rundfunkanstalten, die von diesen produziert wurden, enthalten verwaiste Werke. Unter Berücksichtigung der besonderen Stellung von Rundfunkanstalten als Hersteller von Tonträgern und audiovisuellem Material und der Tatsache, dass Vorschriften erlassen werden müssen, die das Vorkommen verwaister Werke in Zukunft begrenzen, sollte für die Anwendung dieser Richtlinie auf die in den Archiven von Rundfunkanstalten enthaltenen Werke und Tonträger ein Stichtag festgelegt werden.

(11) Als Film- und audiovisuelle Werke sowie Tonträger, die in den Archiven öffentlich-rechtlicher Rundfunkanstalten enthalten sind und von diesen produziert wurden, sollten für die Zwecke dieser Richtlinie auch Film- und audiovisuelle Werke sowie Tonträger gelten, die öffentlich-rechtliche Rundfunkanstalten für die ausschließliche Verwertung durch sie oder andere koproduzierende öffentlich-rechtliche Rundfunkanstalten in Auftrag gegeben haben. Film- und audiovisuelle Werke sowie Tonträger, die in den Archiven öffentlich-rechtlicher Rundfunkanstalten enthalten sind und die diese Einrichtungen nicht produziert oder in Auftrag gegeben haben, zu deren Nutzung diese Einrichtungen jedoch im Rahmen eines Lizenzvertrags berechtigt sind, sollten nicht in den Anwendungsbereich dieser Richtlinie fallen.

---

[1] ABl. L 167 vom 22.6.2001, S. 10.

(12) Aufgrund der diplomatischen Gepflogenheiten sollte die Richtlinie nur für Werke und Tonträger gelten, die zuerst auf dem Hoheitsgebiet eines Mitgliedstaats veröffentlicht wurden oder, sofern sie nicht veröffentlicht wurden, die auf dem Hoheitsgebiet eines Mitgliedstaats gesendet, oder, sofern sie weder veröffentlicht noch gesendet wurden, durch die Begünstigten dieser Richtlinie mit Zustimmung der Rechteinhaber der Öffentlichkeit zugänglich gemacht wurden. Im letzteren Fall sollte diese Richtlinie nur gelten, wenn vernünftigerweise anzunehmen ist, dass sich die Rechteinhaber der Nutzung gemäß dieser Richtlinie nicht widersetzen würden.

(13) Bevor ein Werk oder Tonträger als verwaistes Werk gelten kann, sollte nach Treu und Glauben eine sorgfältige Suche nach den Inhabern der Rechte an dem Werk oder Tonträger, einschließlich der Inhaber der Rechte an Werken und sonstigen Schutzgegenständen, die in das Werk oder in den Tonträger eingebettet oder eingebunden sind, durchgeführt werden. Den Mitgliedstaaten sollte es gestattet sein, vorzusehen, dass eine sorgfältige Suche von den in dieser Richtlinie genannten Einrichtungen oder von anderen Einrichtungen durchgeführt werden kann. Solche anderen Einrichtungen können für die Durchführung der sorgfältigen Suche Entgelte erheben.

(14) Damit ein hohes Sicherheitsniveau für Urheberrechte und verwandte Schutzrechte in der Union gewährleistet wird, sollte ein harmonisiertes Konzept für eine solche sorgfältige Suche erstellt werden. Eine sorgfältige Suche sollte die Konsultation von Quellen beinhalten, die von dem Mitgliedstaat, in dem die sorgfältige Suche durchzuführen ist, in Übereinstimmung mit dieser Richtlinie festgelegt werden und die Informationen über die Werke und sonstige Schutzgegenstände liefern. Dabei könnten die Mitgliedstaaten auf die von der im Rahmen der Initiative für digitale Bibliotheken i2010 eingesetzten Hochrangigen Arbeitsgruppe zu digitalen Bibliotheken vereinbarten Leitlinien für sorgfältiges Suchen verweisen.

(15) Um Doppelarbeit bei der Suche zu vermeiden, sollte eine sorgfältige Suche in dem Mitgliedstaat durchgeführt werden, in dem das Werk oder der Tonträger zuerst veröffentlicht wurde, oder, wenn es nicht veröffentlicht wurde, in dem es zuerst gesendet wurde. Die sorgfältige Suche nach Film- oder audiovisuellen Werken, deren Hersteller seine Hauptniederlassung oder seinen gewöhnlichen Aufenthalt in einem Mitgliedstaat hat, sollte in diesem Mitgliedstaat durchgeführt werden. Im Falle von Film- oder audiovisuellen Werken, die von Herstellern aus verschiedenen Mitgliedstaaten koproduziert wurden, sollte die sorgfältige Suche in jedem dieser Mitgliedstaaten durchgeführt werden. Für Werke und Tonträger, die weder veröffentlicht noch gesendet wurden, die jedoch durch die Begünstigten dieser Richtlinie mit Zustimmung der Rechteinhaber der Öffentlichkeit zugänglich gemacht wurden, sollte die sorgfältige Suche in dem Mitgliedstaat durchgeführt werden, in dem die Einrichtung, die das Werk oder den Tonträger mit Zustimmung des Rechteinhabers der Öffentlichkeit zugänglich gemacht hat, ihren Sitz hat. Die sorgfältige Suche nach den Inhabern der Rechte an Werken oder sonstigen Schutzgegenständen, die in ein Werk oder einen Tonträger eingebettet oder eingebunden sind, sollte in dem Mitgliedstaat durchgeführt werden, in dem die sorgfältige Suche nach dem Werk oder dem Tonträger, das bzw. der das eingebettete oder eingebundene Werk oder den sonstigen Schutzgegenstand enthält, durchgeführt wird. In anderen Ländern verfügbare Informationsquellen sollten auch konsultiert werden, wenn Hinweise dafür vorliegen, dass relevante Informationen zu den Rechteinhabern in diesen anderen Ländern gefunden werden können. Die Durchführung einer sorgfältigen Suche kann verschiedene Arten von Informationen hervorbringen, wie etwa ein Suchprotokoll und das Ergebnis der Suche. Das Suchprotokoll sollte archiviert werden, damit die betreffenden Einrichtungen nachweisen können, dass die Suche sorgfältig durchgeführt wurde.

(16) Die Mitgliedstaaten sollten gewährleisten, dass die betroffenen Einrichtungen ihre sorgfältigen Suchen protokollieren und dass die Ergebnisse solcher Suchen, die im Einzelnen in der Feststellung, dass ein Werk oder ein Tonträger als ein verwaistes Werk im Sinne diese Richtlinie anzusehen ist, sowie aus Informationen über die Änderung des Status und die Verwendung von verwaisten Werken durch diese Einrichtungen bestehen, erfasst und der Allgemeinheit zugänglich gemacht werden, insbesondere indem die relevanten Informationen in einer Online-Datenbank aufgezeichnet werden. Insbesondere in Anbetracht der gesamteuropäischen Dimen-

sion und um Doppelarbeit zu vermeiden, sollte für die Einrichtung einer einheitlichen Online-Datenbank für die Union gesorgt werden, die solche Informationen enthält, und dafür, dass diese Informationen der Allgemeinheit in transparenter Weise zur Verfügung gestellt werden. Dadurch können sowohl die Einrichtungen, die sorgfältige Suchen durchführen, als auch die Rechteinhaber leicht auf solche Informationen zugreifen. Die Datenbank könnte auch eine wichtige Rolle bei der Verhinderung und Beendigung möglicher Urheberrechtsverletzungen spielen, insbesondere im Fall einer Änderung des Status eines Werks oder Tonträgers als verwaistes Werk. Gemäß Verordnung (EU) Nr. 386/2012[1] ist das Harmonisierungsamt für den Binnenmarkt (im Folgenden „das Amt") mit bestimmten Aufgaben und Aktivitäten betraut, die es aus eigenen Haushaltsmitteln finanziert, mit dem Ziel, die Aktivitäten nationaler Behörden, des privaten Sektors und der Organe der Union bei der Verhütung und bei der Bekämpfung der Verletzung der Rechte des geistigen Eigentums zu fördern und zu unterstützen.

Im Einzelnen schließen diese Aufgaben gemäß Artikel 2 Absatz 1 Buchstabe g der genannten Verordnung die Schaffung von Mechanismen ein, die zur Verbesserung des Online-Austauschs von relevanten Informationen zwischen den betroffenen Behörden der Mitgliedstaaten und zur Förderung der Zusammenarbeit zwischen diesen Behörden beitragen. Daher sollte es dem Amt obliegen, die in dieser Richtlinie genannte europäische Datenbank mit Informationen über verwaiste Werke einzurichten und zu verwalten.

(17) Bestimmte Werke und Tonträger können mehrere Rechteinhaber haben, und Werke und Tonträger können ihrerseits selbst andere Werke oder Schutzgegenstände beinhalten. Diese Richtlinie sollte die Rechte ermittelter und ausfindig gemachter Rechteinhaber nicht berühren. Wenn mindestens ein Rechteinhaber ermittelt und ausfindig gemacht wurde, ist ein Werk oder ein Tonträger nicht als verwaistes Werk anzusehen. Den Begünstigten dieser Richtlinie sollte es nur dann gestattet sein, ein Werk oder einen Tonträger zu verwenden, von dem ein oder mehrere Rechteinhaber nicht ermittelt oder ausfindig gemacht wurden, wenn sie von den ermittelten und ausfindig gemachten Rechteinhabern einschließlich den Inhabern der Rechte an Werken und sonstigen Schutzgegenständen, die in den Werken oder Tonträgern eingebettet oder eingebunden sind, ermächtigt wurden, gemäß den Artikeln 2 und 3 der Richtlinie 2001/29/EG das Werk zu vervielfältigen oder öffentlich zugänglich zu machen. Rechteinhaber, die ermittelt und ausfindig gemacht wurden, können die Zustimmung nur in Bezug auf die Rechte geben, die sie selbst innehaben, entweder weil die Rechte ihre eigenen Rechte sind oder weil ihnen die Rechte übertragen wurden, und sie sollten gemäß dieser Richtlinie die Nutzung nicht im Namen von Rechteinhabern, die nicht ermittelt oder ausfindig gemacht wurden, gestatten können. Entsprechend kann, wenn vorher nicht ermittelte oder ausfindig gemachte Rechteinhaber Ansprüche an ihrem Werk oder Tonträger geltend machen, die rechtmäßige Nutzung des Werks oder Tonträgers durch die Begünstigten nur fortgesetzt werden, wenn diese Rechteinhaber gemäß Richtlinie 2001/29/EG ihre Zustimmung dazu in Bezug auf die Rechte geben, die sie innehaben.

(18) Rechteinhaber sollten berechtigt sein, den Status als verwaistes Werk zu beenden, wenn sie ihre Rechte an dem Werk oder sonstigen Schutzgegenstand geltend machen wollen. Rechteinhaber, die den Status eines Werks oder sonstigen Schutzgegenstands als verwaistes Werk beenden, sollten einen gerechten Ausgleich für die Nutzung ihrer Werke oder anderen Schutzgegenstände gemäß dieser Richtlinie erhalten, die von dem Mitgliedstaat, in dem die ein verwaistes Werk nutzende Einrichtung ihren Sitz hat, festzulegen ist. Es steht den Mitgliedstaaten frei, die Umstände der Zahlung dieses Ausgleichs festzulegen, einschließlich des Zeitpunkts, zu dem die Zahlung fällig ist. Bei der Festlegung der Höhe des gerechten Ausgleichs sollten unter anderem die kulturpolitischen Zielsetzungen des Mitgliedstaats, der nicht kommerzielle Charakter der

---

[1] Verordnung (EU) Nr. 386/2012 des Europäischen Parlaments und des Rates vom 19. April 2012 zur Übertragung von Aufgaben, die die Durchsetzung von Rechten des geistigen Eigentums betreffen, einschließlich der Zusammenführung von Vertretern des öffentlichen und des privaten Sektors im Rahmen einer Europäischen Beobachtungsstelle für Verletzungen von Rechten des geistigen Eigentums, auf das Harmonisierungsamt für den Binnenmarkt (Marken, Muster und Modelle) (ABl. L 129 vom 16.5.2012, S. 1).

Nutzung durch die betreffenden Einrichtungen zur Erreichung der mit ihren im Gemeinwohl liegenden Aufgaben verbundenen Ziele, wie Förderung von Lernen und Verbreitung von Kultur, sowie der eventuelle Schaden für Rechteinhaber angemessen berücksichtigt werden.

(19) Wurde ein Werk oder ein Tonträger nach einer Suche, die nicht sorgfältig war, zu Unrecht als verwaistes Werk eingestuft, so kann auf die Rechtsbehelfe zurückgegriffen werden, die in den Rechtsvorschriften der Mitgliedstaaten gemäß den maßgeblichen einzelstaatlichen und unionsrechtlichen Bestimmungen bei Verletzungen des Urheberrechts vorgesehen sind.

(20) Um das Lernen und die Verbreitung von Kultur zu fördern, sollten die Mitgliedstaaten eine Ausnahme oder Beschränkung – zusätzlich zu den in Artikel 5 der Richtlinie 2001/29/EG vorgesehenen Ausnahmen oder Beschränkungen – vorsehen. Diese Ausnahme oder Beschränkung sollte den in Artikel 5 Absatz 2 Buchstabe c der Richtlinie 2001/29/EG genannten bestimmten Einrichtungen und im Bereich des Film- oder Tonerbes tätigen Einrichtungen, die gemeinnützig tätig sind, sowie öffentlich-rechtlichen Rundfunkanstalten gestatten, verwaiste Werke im Sinne der genannten Richtlinie zu vervielfältigen und öffentlich zugänglich zu machen, sofern eine solche Nutzung der Erfüllung ihrer im Gemeinwohl liegenden Aufgaben dient, insbesondere der Bewahrung, der Restaurierung sowie der Bereitstellung des kulturellen und bildungspolitischen Zwecken dienenden Zugangs zu ihren Sammlungen, einschließlich ihrer digitalen Sammlungen. Der Begriff der im Bereich des Film- oder Tonerbes tätigen Einrichtungen sollte für die Zwecke dieser Richtlinie Einrichtungen umfassen, die von den Mitgliedstaaten zur Sammlung, Katalogisierung, Erhaltung und Restaurierung von Filmen und anderen audiovisuellen Werken oder Tonträgern, die Teil ihres kulturellen Erbes sind, ausgewiesen sind. Der Begriff der öffentlich-rechtlichen Rundfunkanstalten sollte für die Zwecke dieser Richtlinie Rundfunkanstalten umfassen, die einen öffentlich-rechtlichen Auftrag erfüllen, der vom jeweiligen Mitgliedstaat erteilt, festgelegt und gestaltet wird. Die in dieser Richtlinie festgelegte Ausnahme oder Beschränkung in Bezug auf die Genehmigung der Nutzung verwaister Werke gilt unbeschadet der in Artikel 5 der Richtlinie 2011/29/EG vorgesehenen Ausnahmen und Beschränkungen. Sie kann nur in bestimmten Sonderfällen angewandt werden, in denen die normale Verwertung des Werks oder des sonstigen Schutzgegenstands nicht beeinträchtigt wird und die berechtigten Interessen des Rechtsinhabers nicht ungebührlich verletzt werden.

(21) Um Anreize für die Digitalisierung zu bieten, sollten die Begünstigten dieser Richtlinie Einnahmen im Zusammenhang mit ihrer Nutzung verwaister Werke gemäß dieser Richtlinie erwirtschaften dürfen, um Ziele im Zusammenhang mit ihren im Gemeinwohl liegenden Aufgaben zu verwirklichen, auch im Rahmen öffentlich-privater Partnerschaftsübereinkommen.

(22) Vertragliche Vereinbarungen können bei der Förderung der Digitalisierung des europäischen Kulturerbes eine Rolle spielen, denn öffentlich zugängliche Bibliotheken, Bildungseinrichtungen und Museen sowie Archive, im Bereich des Film- oder Tonerbes tätige Einrichtungen und öffentlich-rechtliche Rundfunkanstalten sollten im Hinblick auf die im Rahmen dieser Richtlinie zulässigen Arten der Nutzung Vereinbarungen mit kommerziellen Partnern über die Digitalisierung und öffentliche Zugänglichmachung verwaister Werke schließen dürfen. Diese Vereinbarungen können finanzielle Beiträge solcher Partner beinhalten. Solche Vereinbarungen sollten die Nutzung verwaister Werke durch die Begünstigten dieser Richtlinie nicht beschränken und dem kommerziellen Partner keine Rechte zur Nutzung oder Kontrolle der Nutzung der verwaisten Werke einräumen.

(23) Um den Zugang der Unionsbürger zum europäischen Kulturerbe zu fördern, muss außerdem dafür gesorgt werden, dass verwaiste Werke, die in einem Mitgliedstaat digitalisiert und der Öffentlichkeit zugänglich gemacht wurden, auch in anderen Mitgliedstaaten der Öffentlichkeit zugänglich gemacht werden können. Öffentlich zugängliche Bibliotheken, Bildungseinrichtungen und Museen sowie Archive, im Bereich des Film- oder Tonerbes tätige Einrichtungen und öffentlich-rechtliche Rundfunkanstalten, die ein verwaistes Werk zur Erfüllung ihrer im Gemeinwohl liegenden Aufgaben nutzen, sollten die Möglichkeit haben, das verwaiste Werk der Öffentlichkeit in anderen Mitgliedstaaten zugänglich zu machen.

(24) Diese Richtlinie gilt unbeschadet der in den Mitgliedstaaten bestehenden Regelungen für die Verwaltung von Rechten, beispielsweise der erweiterten kollektiven Lizenzen, der ge-

setzlichen Vermutungen in Bezug auf die Vertretung oder Übertragung, der kollektiven Verwertung oder ähnlicher Regelungen oder einer Kombinationen dieser Elemente, einschließlich ihrer Anwendung auf Massendigitalisierungen.

(25) Da das Ziel dieser Richtlinie, nämlich im Zusammenhang mit der Nutzung verwaister Werke Rechtssicherheit zu gewährleisten, auf Ebene der Mitgliedstaaten nicht ausreichend verwirklicht werden kann und daher wegen der erforderlichen Einheitlichkeit der Regeln über die Nutzung verwaister Werke besser auf Unionsebene zu verwirklichen ist, kann die Union im Einklang mit dem in Artikel 5 des Vertrags über die Europäische Union niedergelegten Subsidiaritätsprinzip tätig werden. Entsprechend dem in demselben Artikel genannten Grundsatz der Verhältnismäßigkeit geht diese Richtlinie nicht über das für die Erreichung dieses Ziels erforderliche Maß hinaus –

HABEN FOLGENDE RICHTLINIE ERLASSEN:

Art. 1. Gegenstand und Anwendungsbereich. (1) Diese Richtlinie betrifft bestimmte Formen der Nutzung verwaister Werke durch öffentlich zugängliche Bibliotheken, Bildungseinrichtungen und Museen sowie Archive, im Bereich des Film- oder Tonerbes tätige Einrichtungen und öffentlich-rechtliche Rundfunkanstalten, die in den Mitgliedstaaten ihren Sitz haben, um die Ziele im Zusammenhang mit ihren im Gemeinwohl liegenden Aufgaben zu erreichen.

(2) Gegenstand dieser Richtlinie sind:
a) Werke, die in Form von Büchern, Fachzeitschriften, Zeitungen, Zeitschriften oder in sonstiger Schriftform veröffentlicht wurden und die in Sammlungen öffentlich zugänglicher Bibliotheken, Bildungseinrichtungen oder Museen sowie in Sammlungen von Archiven oder im Bereich des Film- oder Tonerbes tätigen Einrichtungen enthalten sind,
b) Film- oder audiovisuelle Werke und Tonträger, die in den Sammlungen von öffentlich zugänglichen Bibliotheken, Bildungseinrichtungen oder Museen sowie in den Sammlungen von Archiven oder Einrichtungen im Bereich des Film- oder Tonerbes enthaltenen Einrichtungen enthalten sind, und
c) Film- oder audiovisuelle Werke und Tonträger, die von öffentlich-rechtlichen Rundfunkanstalten bis zum und einschließlich am 31. Dezember 2002 produziert wurden und in ihren Archiven enthalten sind,
die urheberrechtlich oder durch verwandte Schutzrechte geschützt sind und zuerst in einem Mitgliedstaat veröffentlicht oder, wenn sie nicht veröffentlicht wurden, gesendet wurden.

(3) Diese Richtlinie gilt auch für Werke und Tonträger gemäß Absatz 2, die weder veröffentlicht noch gesendet wurden, die jedoch durch die Einrichtungen gemäß Absatz 1 mit Zustimmung der Rechteinhaber der Öffentlichkeit zugänglich gemacht wurden, sofern vernünftigerweise anzunehmen ist, dass sich die Rechteinhaber der Nutzung gemäß Artikel 6 nicht widersetzen würden. Die Mitgliedstaaten können die Anwendung dieses Absatzes auf Werke und Tonträger beschränken, die bei diesen Einrichtungen vor dem 29. Oktober 2014 hinterlegt wurden.

(4) Diese Richtlinie gilt auch für Werke und sonstige Schutzgegenstände, die in Werke oder Tonträger gemäß den Absätzen 2 und 3 eingebettet oder eingebunden oder integraler Bestandteil dieser sind.

(5) Diese Richtlinie lässt jegliche Regelungen über die Verwaltung von Rechten auf nationaler Ebene unberührt.

Art. 2. Verwaiste Werke. (1) Ein Werk oder Tonträger gilt als verwaistes Werk, wenn keiner der Rechteinhaber dieses Werks oder Tonträgers ermittelt ist oder, selbst wenn einer oder mehrere von ihnen ermittelt sind, keiner ausfindig gemacht worden ist, obwohl eine sorgfältige Suche nach den Rechteinhabern gemäß Artikel 3 durchgeführt und dokumentiert worden ist.

(2) Gibt es für ein Werk oder Tonträger mehr als einen Rechteinhaber und sind nicht alle von ihnen ermittelt oder, selbst wenn ermittelt, ausfindig gemacht worden, obwohl eine sorgfältige Suche gemäß Artikel 3 durchgeführt und dokumentiert worden ist, so kann das Werk oder der

Tonträger gemäß dieser Richtlinie genutzt werden, vorausgesetzt, die Rechteinhaber, die ermittelt und ausfindig gemacht worden sind, haben in Bezug auf die von ihnen gehaltenen Rechte die in Artikel 1 Absatz 1 genannten Einrichtungen ermächtigt, die Werke bzw. Tonträger gemäß den Artikeln 2 bzw. 3 der Richtlinie 2001/29/EG zu vervielfältigen und öffentlich zugänglich zu machen.

(3) Absatz 2 gilt unbeschadet der Rechte ermittelter und ausfindig gemachter Rechteinhaber an dem Werk oder Tonträger.

(4) Artikel 5 gilt entsprechend für die Inhaber der Rechte an den Werken gemäß Absatz 2, die nicht ermittelt und ausfindig gemacht worden sind.

(5) Diese Richtlinie lässt nationale Regelungen zu anonymen oder pseudonymen Werken unberührt.

Art. 3. Sorgfältige Suche. (1) Zur Feststellung, ob ein Werk oder Tonträger ein verwaistes Werk ist, sorgen die in Artikel 1 Absatz 1 genannten Einrichtungen dafür, dass eine sorgfältige Suche nach jedem einzelnen Werk oder sonstigen Schutzgegenstand durch Konsultation der für die betreffende Kategorie des Werks und sonstigen Schutzgegenstands geeigneten Quellen nach Treu und Glauben durchgeführt wird. Die sorgfältige Suche wird vor der Nutzung des Werks oder Tonträgers durchgeführt.

(2) Welche Quellen für die einzelnen Kategorien der betreffenden Werke oder Tonträger geeignet sind, wird von jedem Mitgliedstaat in Absprache mit den Rechteinhabern und den Nutzern bestimmt; sie schließen mindestens die im Anhang aufgeführten relevanten Quellen ein.

(3) Eine sorgfältige Suche wird in dem Mitgliedstaat durchgeführt, in dem das Werk zuerst veröffentlicht oder, wenn es nicht veröffentlicht wurde, zuerst gesendet wurde, außer im Falle von Film- oder audiovisuellen Werken, deren Hersteller seine Hauptniederlassung oder seinen gewöhnlichen Aufenthalt in einem Mitgliedstaat hat. In diesem Fall wird die sorgfältige Suche in dem Mitgliedstaat seiner Hauptniederlassung oder seines gewöhnlichen Aufenthalts durchgeführt.

In dem in Artikel 1 Absatz 3 genannten Fall wird die sorgfältige Suche in dem Mitgliedstaat durchgeführt, in dem die Einrichtung, die das Werk oder den Tonträger mit Zustimmung des Rechteinhabers der Öffentlichkeit zugänglich gemacht hat, ihren Sitz hat.

(4) Wenn es Hinweise darauf gibt, dass relevante Informationen zu Rechteinhabern in anderen Ländern gefunden werden können, sind auch verfügbare Informationsquellen in diesen anderen Ländern zu konsultieren.

(5) Die Mitgliedstaaten sorgen dafür, dass die in Artikel 1 Absatz 1 genannten Einrichtungen ihre sorgfältigen Suchen dokumentieren und dass diese Einrichtungen die folgenden Informationen an die zuständigen nationalen Behörden weiterleiten:
a) die Ergebnisse der sorgfältigen Suchen, die die Einrichtungen durchgeführt haben und die zu der Schlussfolgerung geführt haben, dass ein Werk oder ein Tonträger als verwaistes Werk zu betrachten ist;
b) die Art der Nutzung des verwaisten Werkes durch die Einrichtung gemäß dieser Richtlinie;
c) jede gemäß Artikel 5 erfolgende Änderung des Status von Werken und Tonträgern, die die Einrichtung nutzt, als verwaiste Werke;
d) die jeweiligen Kontaktangaben der betreffenden Einrichtung.

(6) Die Mitgliedstaaten ergreifen die erforderlichen Maßnahmen, um sicherzustellen, dass die Information gemäß Absatz 5 in einer einzigen öffentlich zugänglichen Online-Datenbank erfasst wird, die in Übereinstimmung mit der Verordnung (EU) Nr. 386/2012 vom Harmonisierungsamt für den Binnenmarkt (im Folgenden „das Amt") eingerichtet und verwaltet wird. Zu diesem Zweck leiten sie diese Informationen unverzüglich nach deren Erhalt von den in Artikel 1 Absatz 1 genannten Einrichtungen an das Amt weiter.

Art. 4. Gegenseitige Anerkennung des Status als verwaistes Werk. Ein Werk oder Tonträger, das bzw. der nach Artikel 2 in einem Mitgliedstaat als verwaistes Werk gilt, gilt in allen Mitgliedstaaten als verwaistes Werk. Dieses Werk oder dieser Tonträger kann entsprechend der Nutzung verwaister Werke **Anh 3**

der Vorgaben dieser Richtlinie in allen Mitgliedstaaten genutzt werden und es kann auf diese zugegriffen werden. Dies gilt auch für die in Artikel 2 Absatz 2 genannten Werke und Tonträger, soweit die Rechte von nicht ermittelten oder nicht ausfindig gemachten Rechteinhabern betroffen sind.

Art. 5. Ende des Status als verwaistes Werk. Die Mitgliedstaaten stellen sicher, dass der Inhaber der Rechte an einem als verwaist qualifizierten Werk oder Tonträger jederzeit die Möglichkeit hat, in Bezug auf seine Rechte den Status als verwaistes Werk zu beenden.

Art. 6. Zulässige Formen der Nutzung verwaister Werke. (1) Die Mitgliedstaaten sehen Ausnahmen oder Beschränkungen in Bezug auf die Rechte auf Vervielfältigung und öffentliche Zugänglichmachung gemäß den Artikeln 2 bzw. 3 der Richtlinie 2001/29/EG vor, um sicherzustellen, dass es den in Artikel 1 Absatz 1 genannten Einrichtungen gestattet ist, in ihren Sammlungen enthaltene verwaiste Werke auf folgende Weise zu nutzen:
a) öffentliche Zugänglichmachung des verwaisten Werks im Sinne von Artikel 3 der Richtlinie 2001/29/EG;
b) Vervielfältigung im Sinne von Artikel 2 der Richtlinie 2001/29/EG zum Zweck der Digitalisierung, Zugänglichmachung, Indexierung, Katalogisierung, Bewahrung oder Restaurierung.

(2) Die in Artikel 1 Absatz 1 genannten Einrichtungen nutzen ein verwaistes Werk gemäß Absatz 1 dieses Artikels nur, um Ziele im Zusammenhang mit ihren im Gemeinwohl liegenden Aufgaben zu verfolgen, insbesondere die Bewahrung, die Restaurierung sowie die Bereitstellung des kulturellen und bildungspolitischen Zwecken dienenden Zugangs zu Werken und Tonträgern, die in ihrer Sammlung enthalten sind. Die Einrichtungen dürfen bei einer solchen Nutzung ausschließlich zur Deckung ihrer Kosten für die Digitalisierung verwaister Werke und ihre öffentliche Zugänglichmachung Einnahmen erwirtschaften.

(3) Die Mitgliedstaaten stellen sicher, dass die in Artikel 1 Absatz 1 genannten Einrichtungen die Namen ermittelter Urheber und anderer Rechteinhaber bei jeder Nutzung eines verwaisten Werks angeben.

(4) Diese Richtlinie lässt die Vertragsfreiheit solcher Einrichtungen bei der Erfüllung ihrer im Gemeinwohl liegenden Aufgaben unberührt, insbesondere hinsichtlich des Abschlusses von öffentlich-privaten Partnerschaften.

(5) Die Mitgliedstaaten stellen sicher, dass Rechteinhaber, die den Status ihrer Werke oder sonstiger Schutzgegenstände als verwaistes Werk beenden, für die vorherige Nutzung solcher Werke und sonstiger Schutzgegenstände gemäß Absatz 1 dieses Artikels durch die in Artikel 1 Absatz 1 genannten Einrichtungen einen gerechten Ausgleich erhalten. Es steht den Mitgliedstaaten frei, die Umstände für die Zahlung eines solchen Ausgleichs festzulegen. Die Höhe dieser Vergütung wird im Rahmen der unionsrechtlichen Vorgaben durch die Rechtsvorschriften des Mitgliedstaats geregelt, in dem die Einrichtung, die das verwaiste Werk nutzt, ihren Sitz hat.

Art. 7. Weitere Anwendung anderer Rechtsvorschriften. Diese Richtlinie lässt andere Rechtsvorschriften insbesondere in folgenden Bereichen unberührt: Patentrechte, Marken, Musterrechte, Gebrauchsmuster, Topographien von Halbleitererzeugnissen, typographische Schriftzeichen, Zugangskontrolle, Zugang zum Kabel von Sendediensten, Schutz nationalen Kulturguts, Anforderungen im Bereich der gesetzlich angeordneten Hinterlegung von Pflichtexemplaren, Rechtsvorschriften über Wettbewerbsbeschränkungen und unlauteren Wettbewerb, Betriebsgeheimnisse, Sicherheit, Vertraulichkeit, Datenschutz und Schutz der Privatsphäre, Zugang zu öffentlichen Dokumenten, Vertragsrecht sowie Regelungen betreffend die Presse- und Meinungsfreiheit in den Medien.

Art. 8. Stichtag für die Anwendbarkeit. (1) Diese Richtlinie findet auf alle in Artikel 1 genannten Werke und Tonträger Anwendung, die am oder nach dem 29. Oktober 2014 durch die Rechtsvorschriften der Mitgliedstaaten auf dem Gebiet des Urheberrechts geschützt sind.

(2) Diese Richtlinie gilt unbeschadet der Rechtsakte und Rechte, die vor dem 29. Oktober 2014 erlassen bzw. erworben wurden.

Art. 9. Umsetzung. (1) Die Mitgliedstaaten erlassen die erforderlichen Rechts- und Verwaltungsvorschriften, um dieser Richtlinie bis zum 29. Oktober 2014 nachzukommen. Sie teilen der Kommission unverzüglich den Wortlaut dieser Rechtsvorschriften mit.

Bei Erlass dieser Vorschriften nehmen die Mitgliedstaaten in den Vorschriften selbst oder durch einen Hinweis bei der amtlichen Veröffentlichung auf diese Richtlinie Bezug. Die Mitgliedstaaten regeln die Einzelheiten dieser Bezugnahme.

(2) Die Mitgliedstaaten teilen der Kommission den Wortlaut der wichtigsten innerstaatlichen Rechtsvorschriften mit, die sie auf dem unter diese Richtlinie fallenden Gebiet erlassen.

Art. 10. Überprüfungsklausel. Die Kommission verfolgt laufend die Entwicklung von Informationsquellen für Rechte und legt bis zum 29. Oktober 2015 und danach in jährlichen Abständen einen Bericht über die mögliche Einbeziehung von Verlegern und von Werken oder sonstigen Schutzgegenständen in den Anwendungsbereich dieser Richtlinie vor, die derzeit nicht unter ihren Anwendungsbereich fallen, insbesondere eigenständige Fotografien und andere Bilder.

Bis zum 29. Oktober 2015 legt die Kommission im Lichte der Entwicklung digitaler Bibliotheken dem Europäischen Parlament, dem Rat und dem Europäischen Wirtschafts- und Sozialausschuss einen Bericht über die Anwendung dieser Richtlinie vor.

Erforderlichenfalls legt die Kommission – insbesondere um das Funktionieren des Binnenmarkts sicherzustellen – Änderungsvorschläge zu dieser Richtlinie vor.

Ein Mitgliedstaat, der berechtigten Grund zu der Annahme hat, dass die Umsetzung dieser Richtlinie eine der in Artikel 1 Absatz 5 genannten nationalen Regelungen über die Verwaltung von Rechten behindert, kann die Kommission mit dieser Angelegenheit befassen und ihr dabei alle maßgeblichen Nachweise vorlegen. Die Kommission berücksichtigt diese Nachweise bei der Erstellung des in Absatz 2 dieses Artikels genannten Berichts und bei der Prüfung der Erforderlichkeit der Vorlage von Änderungsvorschlägen zu dieser Richtlinie.

Art. 11. Inkrafttreten. Diese Richtlinie tritt am Tag nach ihrer Veröffentlichung im *Amtsblatt der Europäischen Union* in Kraft.

Art. 12. Adressaten. Diese Richtlinie ist an die Mitgliedstaaten gerichtet.

Geschehen zu Straßburg am 25. Oktober 2012.

Im Namen des Europäischen Parlaments
Der Präsident
M. SCHULZ
Im Namen des Rates
Der Präsident
A. D. MAVROYIANNIS

Anhang

Bei den Quellen im Sinne von Artikel 3 Absatz 2 handelt es sich unter anderem um folgende:
1. für veröffentlichte Bücher:
    a) Depots amtlich hinterlegter Pflichtexemplare, von Bibliotheken und anderen Einrichtungen geführte Bibliothekskataloge und Schlagwortlisten;
    b) Verleger- und Autorenverbände im jeweiligen Land;
    c) bestehende Datenbanken und Verzeichnisse, WATCH (Writers, Artists and their Copyright Holders), die ISBN (International Standard Book Number) und Datenbanken der lieferbaren Bücher;

der Nutzung verwaister Werke **Anh 3**

    d) die Datenbanken der entsprechenden Verwertungsgesellschaften, insbesondere der mit der Wahrnehmung von Vervielfältigungsrechten betrauten Organisationen;
    e) Quellen, die mehrere Datenbanken und Verzeichnisse zusammenfassen, einschließlich VIAF (Virtual International Authority Files) und ARROW (Accessible Registries of Rights Information and Orphan Works);
2. für Zeitungen, Zeitschriften, Fachzeitschriften und Periodika:
    a) die ISSN (International Standard Serial Number) für regelmäßige Veröffentlichungen;
    b) Indexe und Kataloge von Bibliotheksbeständen und -sammlungen;
    c) Depots amtlich hinterlegter Pflichtexemplare;
    d) Verlegerverbände und Autoren- und Journalistenverbände im jeweiligen Land;
    e) die Datenbanken der entsprechenden Verwertungsgesellschaften, einschließlich der mit der Wahrnehmung von Vervielfältigungsrechten betrauten Organisationen;
3. für visuelle Werke, einschließlich Werke der bildenden Künste, Fotografien, Illustrationen, Design- und Architekturwerke sowie deren Entwürfe und sonstige derartige Werke, die in Büchern, Zeitschriften, Zeitungen und Magazinen oder anderen Werken enthalten sind:
    a) die in den Absätzen 1 und 2 genannten Quellen;
    b) die Datenbanken der entsprechenden Verwertungsgesellschaften, insbesondere der Verwertungsgesellschaften für bildende Künste, einschließlich der mit der Wahrnehmung von Vervielfältigungsrechten betrauten Organisationen;
    c) ggf. die Datenbanken von Bildagenturen;
4. für audiovisuelle Werke und Tonträger:
    a) Depots amtlich hinterlegter Pflichtexemplare;
    b) Produzentenverbände im jeweiligen Land;
    c) Datenbanken von im Bereich des Film- oder Tonerbes tätigen Einrichtungen und nationalen Bibliotheken;
    d) Datenbanken mit einschlägigen Standards und Kennungen wie ISAN (International Standard Audiovisual Number) für audiovisuelles Material, ISWC (International Standard Music Work Code) für Musikwerke und ISRC (International Standard Recording Code) für Tonträger;
    e) die Datenbanken der entsprechenden Verwertungsgesellschaften, insbesondere für Autoren, ausübende Künstler sowie Hersteller von Tonträgern und audiovisuellen Werken;
    f) Aufführung der Mitwirkenden und andere Informationen auf der Verpackung des Werks;
    g) Datenbanken anderer maßgeblicher Verbände, die eine bestimmte Kategorie von Rechteinhabern vertreten.

4. Richtlinie 2014/26/EU des Europäischen Parlaments und des Rates über die kollektive Wahrnehmung von Urheber- und verwandten Schutzrechten und die Vergabe von Mehrgebietslizenzen für Rechte an Musikwerken für die Online-Nutzung im Binnenmarkt

Vom 26. Februar 2014

(ABl. EU Nr. L 84/72)

(Text von Bedeutung für den EWR)

DAS EUROPÄISCHE PARLAMENT UND DER RAT DER EUROPÄISCHEN UNION –

gestützt auf den Vertrag über die Arbeitsweise der Europäischen Union, insbesondere auf Artikel 50 Absatz 1, Artikel 53 Absatz 1 und Artikel 62,
auf Vorschlag der Europäischen Kommission,
nach Zuleitung des Entwurfs des Gesetzgebungsakts an die nationalen Parlamente,
nach Stellungnahme des Europäischen Wirtschafts- und Sozialausschusses[1],
gemäß dem ordentlichen Gesetzgebungsverfahren[2],
in Erwägung nachstehender Gründe:

(1) Die bestehenden Unionsrichtlinien zu den Urheber- und verwandten Schutzrechten gewähren Rechtsinhabern schon jetzt ein hohes Maß an Schutz und bieten einen Regelungsrahmen, in dem die Verwertung von durch diese Rechte geschützten Inhalten stattfinden kann. Diese Richtlinien tragen zur Förderung und Bewahrung der Kreativität bei. In einem Binnenmarkt, in dem es keine Wettbewerbsverzerrungen gibt, stößt der Schutz von Innovationen und geistiger Schöpfung auch Investitionen in innovative Dienstleistungen und Produkte an.

(2) Die Verbreitung von urheberrechtlich oder durch verwandte Rechte geschützten Inhalten wie Büchern, audiovisuellen Produktionen oder Tonträgern und die Erbringung von damit zusammenhängenden Leistungen erfordern die Einräumung der Nutzungsrechte durch die Inhaber der Urheber- oder verwandten Schutzrechte, d. h. der Schöpfer der Werke, der ausübenden Künstler, der Produzenten oder der Verleger. Im Regelfall kann der Rechtsinhaber zwischen individueller und kollektiver Rechtewahrnehmung wählen, es sei denn, die Mitgliedstaaten haben – unter Einhaltung des Unionsrechts und der internationalen Verpflichtungen der Union und ihrer Mitgliedstaaten – etwas anderes bestimmt. Die Wahrnehmung von Urheber- und verwandten Schutzrechten beinhaltet die Vergabe von Lizenzen an Nutzer, die Prüfung der Rechnungen der Nutzer, die Überwachung der Nutzung der Rechte, die Durchsetzung von Urheber- und verwandten Schutzrechten, die Einziehung der Einnahmen aus der Rechteverwertung und die Verteilung der den Rechtsinhabern zustehenden Beträge. Organisationen für die kollektive Rechtewahrnehmung ermöglichen es Rechtsinhabern, Vergütungen für die Nutzung ihrer Rechte – auch auf ausländischen Märkten – zu erhalten, die sie selbst sonst nicht überwachen oder durchsetzen könnten.

(3) Gemäß Artikel 167 des Vertrags über die Arbeitsweise der Europäischen Union (AEUV) ist die Union verpflichtet, bei ihrer Tätigkeit der kulturellen Vielfalt Rechnung zu tragen und einen Beitrag zur Entfaltung der Kulturen der Mitgliedstaaten unter Wahrung ihrer nationalen und regionalen Vielfalt und der gleichzeitigen Hervorhebung des gemeinsamen kulturellen Erbes zu leisten. Organisationen für die kollektive Rechtewahrnehmung spielen als Förderer der Vielfalt kultureller Ausdrucksformen eine wichtige Rolle, und sollten dies auch weiterhin tun, da sie kleinsten und weniger populären Repertoires Zugang zum Markt verschaffen und im

---

[1] ABl. C 44 vom 15.2.2013, S. 104.
[2] Standpunkt des Europäischen Parlaments vom 4. Februar 2014 (noch nicht im Amtsblatt veröffentlicht) und Beschluss des Rates vom 20. Februar 2014.

Interesse der Rechtsinhaber und der Öffentlichkeit soziale, kulturelle oder Bildungsleistungen erbringen.

(4) In der Union ansässige Organisationen für die kollektive Rechtewahrnehmung sollten bei der Vertretung für in einem anderen Mitgliedstaat wohnhaften oder ansässigen Rechtsinhabern oder bei der Vergabe von Lizenzen an in anderen Mitgliedstaaten wohnhafte oder ansässige Nutzer in den Genuss der in den Verträgen verankerten Freiheiten kommen.

(5) Die nationalen Regelungen über die Funktionsweise von Organisationen für die kollektive Rechtewahrnehmung weichen stark voneinander ab, insbesondere was deren Transparenz und Rechenschaftspflicht gegenüber Mitgliedern und Rechtsinhabern betrifft. Dies hat in mehreren Fällen zu Schwierigkeiten – vor allem für ausländische Rechtsinhaber, wenn diese versuchen, ihre Rechte auszuüben – und zu einer mangelhaften Verwaltung des Aufkommens geführt. Mängel in der Funktionsweise von Organisationen für die kollektive Rechtewahrnehmung führen zu einer ineffizienten Verwertung von Urheber- und verwandten Schutzrechten im gesamten Binnenmarkt mit nachteiligen Folgen für die Mitglieder von Organisationen für die kollektive Rechtewahrnehmung, Rechtsinhaber und Nutzer.

(6) Die Verbesserungswürdigkeit der Funktionsweise von Organisationen für die kollektive Rechtewahrnehmung wurde schon in der Empfehlung 2005/737/EG der Kommission[1] erkannt. In dieser Empfehlung werden eine Reihe von Grundsätzen formuliert, wie die Möglichkeit der freien Wahl der Organisation für die kollektive Rechtewahrnehmung durch die Rechtsinhaber, die Gleichbehandlung gleicher Kategorien von Rechtsinhabern und die gerechte Verteilung der Lizenzeinnahmen. Außerdem werden die Organisationen für die kollektive Rechtewahrnehmung aufgefordert, die Nutzer vor den Verhandlungen zwischen ihnen hinreichend über Tarife und Repertoire zu informieren. Ferner werden Empfehlungen zur Rechenschaftspflicht von Organisationen für die kollektive Rechtewahrnehmung, zur Vertretung des Rechtsinhabers in den Entscheidungsgremien von Organisationen für die kollektive Rechtewahrnehmung und zur Streitbeilegung abgegeben. Die Empfehlung wurde jedoch nicht von Allen in demselben Maße befolgt.

(7) Zum Schutz der Interessen der Mitglieder von Organisationen für die kollektive Rechtewahrnehmung, Rechtsinhabern und Dritten sollten die gesetzlichen Bestimmungen der Mitgliedstaaten zu Urheber- und verwandten Schutzrechten und zur Erteilung länderübergreifender Lizenzen zur Nutzung von Online-Rechten an Musikwerken koordiniert werden, damit überall in der Union dieselben Schutzbestimmungen gelten. Die vorliegende Richtlinie sollte daher Artikel 50 Absatz 1 AEUV als Rechtsgrundlage haben.

(8) Das Ziel dieser Richtlinie ist die Koordinierung nationaler Vorschriften, die sich auf die Aufnahme der Tätigkeit einer Organisation zur kollektiven Wahrnehmung von Urheber- und verwandten Schutzrechten, die Modalitäten ihrer internen Funktionsweise und auf ihre Beaufsichtigung beziehen, und sollte daher auch Artikel 53 Absatz 1 AEUV als Rechtsgrundlage haben. Da es hierbei außerdem um Dienstleistungen geht, die in der gesamten Union angeboten werden, sollte die Richtlinie des Weiteren Artikel 62 AEUV als Rechtsgrundlage haben.

(9) Das Ziel dieser Richtlinie ist es, Anforderungen an Organisationen für die kollektive Rechtewahrnehmung festzulegen, um hohe Standards für die Leitungsstrukturen, das Finanzmanagement, die Transparenz und das Berichtswesen zu gewährleisten. Dies sollte die Mitgliedstaaten gleichwohl nicht daran hindern, für die in ihrem Hoheitsgebiet ansässigen Organisationen für die kollektive Rechtewahrnehmung strengere Vorschriften als die in Titel II dieser Richtlinie beizubehalten oder festzulegen, sofern diese mit dem Unionsrecht vereinbar sind.

(10) Diese Richtlinie sollte die Mitgliedstaaten nicht daran hindern, dieselben oder vergleichbare Bestimmungen auf Organisationen für die kollektive Rechtewahrnehmung anzuwenden, die ihren Sitz außerhalb der Union haben, aber in dem betreffenden Mitgliedstaat tätig sind.

---

[1] Empfehlung 2005/737/EG der Kommission vom 18. Mai 2005 für die länderübergreifende kollektive Wahrnehmung von Urheberrechten und verwandten Schutzrechten, die für legale Online-Musikdienste benötigt werden (ABl. L 276 vom 21.10.2005, S. 54).

(11) Diese Richtlinie sollte Organisationen für die kollektive Rechtewahrnehmung in keiner Weise daran hindern, unter Einhaltung der in den Artikeln 101 und 102 des AEUV enthaltenen Wettbewerbsvorschriften mit anderen Organisationen für die kollektive Rechtewahrnehmung Repräsentationsvereinbarungen im Bereich der Rechtewahrnehmung abzuschließen, um die Verfahren zur Lizenzvergabe an die Nutzer zu gleichen, diskriminierungsfreien und transparenten Bedingungen zu erleichtern, auch im Hinblick auf die gemeinsame Fakturierung, zu verbessern und zu vereinfachen und um Mehrgebietslizenzen auch für Bereiche zu erteilen, die nicht zu den in Titel III dieser Richtlinie genannten Bereichen zählen.

(12) Diese Richtlinie gilt zwar für alle Organisationen für die kollektive Rechtewahrnehmung, mit Ausnahme von Titel III, der nur für Organisationen für die kollektive Rechtewahrnehmung gilt, die Urheberrechte an Musikwerken für die länderübergreifende Online-Nutzung wahrnehmen, lässt jedoch die Regelungen für die Wahrnehmung von Rechten in den Mitgliedstaaten, wie die individuelle Rechtewahrnehmung, die erweiterte Geltung eines Vertrags zwischen einer repräsentativen Organisation für die kollektive Rechtewahrnehmung und einem Nutzer, das heißt erweiterte kollektive Lizenzen, die verpflichtende kollektive Wahrnehmung und die gesetzlichen Vermutungen in Bezug auf die Vertretung und Übertragung von Rechten an Organisationen für die kollektive Rechtewahrnehmung, unberührt.

(13) Diese Richtlinie lässt die Möglichkeit unberührt, dass die Mitgliedstaaten durch Gesetz, Verordnung oder sonstige spezielle Regelung einen angemessenen Ausgleich zugunsten der Rechtsinhaber bei Ausnahmen oder Beschränkungen des Vervielfältigungsrechts nach der Richtlinie 2001/29/EG des Europäischen Parlaments und des Rates[1] und die Vergütung zugunsten der Rechtsinhaber für Ausnahmen vom ausschließlichen öffentlichen Verleihrecht nach der Richtlinie 2006/115/EG des Europäischen Parlaments und des Rates[2] mit Wirkung in ihrem Hoheitsgebiet sowie die Bedingungen für deren Einziehung festlegen.

(14) Die Richtlinie schreibt keine bestimmte Rechtsform für Organisationen für die kollektive Rechtewahrnehmung vor. In der Praxis werden solche Organisationen in verschiedenen Rechtsformen geführt, beispielsweise als Vereine, Genossenschaften oder Gesellschaften mit beschränkter Haftung, die von den Inhabern der Urheber- und verwandten Schutzrechte oder von Einrichtungen, die diese Rechtsinhaber vertreten, kontrolliert werden oder in deren Eigentum stehen. Jedoch existieren in einigen Ausnahmefällen aufgrund der Rechtsform der Organisation für die kollektive Rechtewahrnehmung keine solchen Kontroll- oder Eigentumsrechte. Das ist beispielsweise der Fall bei Stiftungen, die keine Mitglieder haben. Die Bestimmungen dieser Richtlinie sollten dennoch für solche Organisationen gelten. Die Mitgliedstaaten sollten gleichermaßen geeignete Maßnahmen ergreifen, um zu verhindern, dass die Pflichten nach dieser Richtlinie durch die Wahl der Rechtsform umgangen werden. Es ist anzumerken, dass es sich bei Einrichtungen, die Rechtsinhaber vertreten und die Mitglied einer Organisation für die kollektive Rechtewahrnehmung sind, um andere Organisationen für die kollektive Rechtewahrnehmung, Vereinigungen von Rechtsinhabern, Gewerkschaften oder andere Organisationen handeln kann.

(15) Die Rechtsinhaber sollten unabhängige Verwertungseinrichtungen mit der Wahrnehmung ihrer Rechte betrauen können. Bei diesen unabhängigen Verwertungseinrichtungen handelt es sich um kommerzielle Einrichtungen, die sich von Organisationen für die kollektive Rechtewahrnehmung unter anderem dadurch unterscheiden, dass sie nicht im Eigentum der Rechtsinhaber stehen oder von diesen kontrolliert werden. Diese unabhängigen Verwertungseinrichtungen sollten allerdings insoweit, als sie die gleichen Tätigkeiten wie die Organisationen für die kollektive Rechtewahrnehmung ausüben, verpflichtet sein, den von ihnen vertretenen Rechtsinhabern sowie Organisationen für die kollektive Rechtewahrnehmung, Nutzern und der Öffentlichkeit bestimmte Informationen zur Verfügung zu stellen.

---

[1] Richtlinie 2001/29/EG des Europäischen Parlaments und des Rates vom 22. Mai 2001 zur Harmonisierung bestimmter Aspekte des Urheberrechts und der verwandten Schutzrechte in der Informationsgesellschaft (ABl. L 167 vom 22.6.2001, S. 10).
[2] Richtlinie 2006/115/EG des Europäischen Parlaments und des Rates vom 12. Dezember 2006 zum Vermietrecht und Verleihrecht sowie zu bestimmten dem Urheberrecht verwandten Schutzrechten im Bereich des geistigen Eigentums (ABl. L 376 vom 27.12.2006, S. 28).

(16) Produzenten von audiovisuellen Werken und Tonträgern sowie Sendeunternehmen vergeben Lizenzen an ihren eigenen Rechten, in manchen Fällen parallel zu Rechten, die ihnen beispielsweise von ausübenden Künstlern in individuellen Verträgen übertragen wurden, und handeln im eigenen Interesse. Verleger von Büchern, Musikwerken oder Zeitungen lizenzieren Rechte, die ihnen auf der Grundlage individueller Verträge übertragen wurden, und handeln im eigenen Interesse. Deshalb sollten die Produzenten von audiovisuellen Werken und Tonträgern, Sendeunternehmen sowie Verleger nicht zu den unabhängigen Verwertungseinrichtungen gezählt werden. Darüber hinaus sollten die Manager und Agenten von Urhebern und ausübenden Künstlern, die als Vermittler tätig sind und die Rechtsinhaber in ihren Beziehungen zu Organisationen für die kollektive Rechtewahrnehmung vertreten, nicht zu den unabhängigen Verwertungseinrichtungen gezählt werden, da sie nicht mit der Wahrnehmung von Rechten im Sinne der Festlegung von Tarifen, der Vergabe von Lizenzen oder der Einziehung von Vergütungen bei Nutzern befasst sind.

(17) Organisationen für die kollektive Rechtewahrnehmung sollten Tochtergesellschaften oder andere, von ihnen kontrollierte Einrichtungen mit bestimmten Tätigkeiten, wie der Fakturierung oder der Verteilung der Einnahmen aus den Rechten an die Rechtsinhaber, beauftragen können. In diesen Fällen sollten die Bestimmungen dieser Richtlinie, die anwendbar wären, wenn die betreffende Tätigkeit direkt von einer Organisation für die kollektive Rechtewahrnehmung ausgeführt würde, auf die Tätigkeiten der Tochtergesellschaften oder anderen Einrichtungen anwendbar sein.

(18) Um sicherzustellen, dass die Inhaber von Urheber- und verwandten Schutzrechten die Vorteile des Binnenmarkts auch bei kollektiver Rechtewahrnehmung uneingeschränkt nutzen können und dass die freie Ausübung ihrer Rechte nicht in unzulässiger Weise beeinträchtigt wird, müssen in den Statuten von Organisationen für die kollektive Rechtewahrnehmung entsprechende Schutzklauseln aufgenommen werden. Organisationen für die kollektive Rechtewahrnehmung sollten außerdem Rechtsinhaber, deren Rechte sie wahrnehmen, nicht direkt oder indirekt aufgrund ihrer Staatsangehörigkeit, ihres Wohnsitzes oder des Ortes ihrer Niederlassung diskriminieren.

(19) In Anbetracht der im AEUV verankerten Grundfreiheiten sollte die kollektive Wahrnehmung von Urheber- und verwandten Schutzrechten dazu führen, dass es einem Rechtsinhaber möglich ist, eine Organisation für die kollektive Rechtewahrnehmung frei zu wählen, die seine Rechte – seien es Wiedergabe- oder Vervielfältigungsrechte – oder Kategorien von Rechten für bestimmte Nutzungsformen, beispielsweise die Sendung, Filmvorführung oder Vervielfältigung zur Verbreitung im Internet, wahrnimmt, sofern derartige Rechte oder Rechtekategorien von der Organisation für die kollektive Rechtewahrnehmung, die der Rechtsinhaber wählen möchte, bereits wahrgenommen werden.
Die Mitgliederhauptversammlung einer Organisation für die kollektive Rechtewahrnehmung sollte festlegen, welche Rechte oder Rechtekategorien bzw. Arten von Werken und sonstigen Schutzgegenstände die Organisation für die kollektive Rechtewahrnehmung wahrnehmen soll, sofern dies nicht in ihren Statuten oder gesetzlich festgelegt ist. Bei der Festlegung der Rechte oder Rechtekategorien sollte das Gleichgewicht zwischen der Freiheit der Rechtsinhaber, über ihre Werke oder sonstigen Schutzgegenstände zu verfügen, und der Fähigkeit der Organisation für die kollektive Rechtewahrnehmung, die Rechte wirksam wahrzunehmen, gewahrt bleiben und insbesondere berücksichtigt werden, welche Kategorien von Rechten die Organisation wahrnimmt und in welchem Zweig der Kreativwirtschaft sie tätig ist. Unter Beachtung dieses Gleichgewichts sollten es den Rechtsinhabern leicht möglich sein, der Organisation für die kollektive Rechtewahrnehmung diese Rechte oder Rechtekategorien zu entziehen und sie selbst wahrzunehmen oder sie ganz oder teilweise einer anderen Organisation für die kollektive Rechtewahrnehmung oder anderen Einrichtungen anzuvertrauen oder zu übertragen, und zwar ungeachtet der Staatsangehörigkeit, des Wohnsitzes oder des Ortes der Niederlassung der Organisation für die kollektive Rechtewahrnehmung, der anderen Einrichtung oder des Rechtsinhabers. Schreibt ein Mitgliedstaat im Einklang mit dem Unionsrecht und den internationalen Verpflichtungen der Union und ihrer Mitgliedstaaten die kollektive Rechtewahrnehmung

zwingend vor, so beschränkt sich das Wahlrecht der Rechtsinhaber auf andere Organisationen für die kollektive Rechtewahrnehmung.

Organisationen für die kollektive Rechtewahrnehmung, die die Rechte an unterschiedlichen Arten von Werken (literarische, musikalische, fotografische Werke) und sonstigen Schutzgegenständen wahrnehmen, sollten den Inhabern von Rechten an unterschiedlichen Arten von Werken und Schutzgegenständen ebenfalls Flexibilität in Bezug auf die Wahrnehmung dieser Rechte zugestehen. In Bezug auf nicht kommerzielle Nutzungen sollten die Mitgliedstaaten dafür sorgen, dass die Organisationen für die kollektive Rechtewahrnehmung geeignete Maßnahmen ergreifen, damit ihre Rechtsinhaber ihr Recht wahrnehmen können, solche Nutzungen zu lizenzieren. Zu diesen Maßnahmen zählt unter anderem, dass die Organisation für die kollektive Rechtewahrnehmung einen Beschluss über die Bedingungen für die Ausübung dieses Rechts fasst und ihren Mitgliedern diese Bedingungen mitteilt. Die Organisationen für die kollektive Rechtewahrnehmung sollten die Rechtsinhaber über ihre Wahlmöglichkeiten aufklären und es so einrichten, dass sie möglichst leicht davon Gebrauch machen können. Rechtsinhaber, die die Organisation für die kollektive Rechtewahrnehmung bereits beauftragt haben, können über die Internetseite der Organisation darüber aufgeklärt werden. Das in dem Auftrag enthaltene Erfordernis der Zustimmung der Rechtsinhaber zur Wahrnehmung eines jeden Rechts, einer jeden Rechtekategorie bzw. in Bezug auf Arten von Werken und sonstigen Schutzgegenständen bei Erteilung des Wahrnehmungsauftrags sollte die Rechtsinhaber nicht daran hindern, spätere Vorschläge zur Änderung des Auftrags stillschweigend nach geltendem nationalem Recht anzunehmen. Diese Richtlinie schließt weder vertragliche Vereinbarungen, denen zufolge eine Beendigung des Wahrnehmungsauftrags oder eine Entziehung der Rechte durch die Rechtsinhaber eine unmittelbare Wirkung auf die zuvor vergebenen Lizenzen hat, noch vertragliche Vereinbarungen, denen zufolge Lizenzen für einen bestimmten Zeitraum nach einer solchen Beendigung oder Entziehung davon unberührt bleiben, aus. Solche Vereinbarungen sollten jedoch der uneingeschränkten Anwendung dieser Richtlinie nicht entgegenstehen. Diese Richtlinie sollte die Möglichkeit der Rechtsinhaber, ihre Rechte selbst wahrzunehmen, unter anderem für nicht kommerzielle Zwecke, unberührt lassen.

(20) Die Mitgliedschaft in einer Organisation für die kollektive Rechtewahrnehmung sollte auf objektiven, transparenten und diskriminierungsfreien Kriterien beruhen, auch in Bezug auf Verleger, die aufgrund eines Rechteverwertungsvertrags Anspruch auf einen Anteil an den Einnahmen aus den von der Organisation für die kollektive Rechtewahrnehmung wahrgenommenen Rechten haben und diese von der Organisation für die kollektive Rechtewahrnehmung einziehen dürfen. Diese Kriterien sollten Organisationen für die kollektive Rechtewahrnehmung nicht dazu verpflichten, Mitglieder aufzunehmen, deren Rechte, Rechtekategorien, Arten von Werken oder anderen Schutzgegenstände nicht in ihren Tätigkeitsbereich fallen. Die von einer Organisation für die kollektive Rechtewahrnehmung geführten Aufzeichnungen sollten es ermöglichen, die Mitglieder und Rechtsinhaber, deren Rechte die Organisation auf der Basis der von den Rechtsinhabern erteilten Vollmachten repräsentiert, zu ermitteln und ausfindig zu machen.

(21) Um Rechtsinhaber zu schützen, deren Rechte von der Organisation für die kollektive Rechtewahrnehmung unmittelbar repräsentiert werden, die jedoch nicht die Voraussetzungen der Organisation für eine Mitgliedschaft erfüllen, sollte geregelt werden, dass bestimmte für die Mitglieder geltenden Vorschriften dieser Richtlinie ebenfalls für diese Rechtsinhaber gelten. Die Mitgliedstaaten sollten diesen Rechtsinhabern zudem das Recht einräumen können, an dem Entscheidungsfindungsprozess der Organisation für die kollektive Rechtewahrnehmung mitzuwirken.

(22) Organisationen für die kollektive Rechtewahrnehmung sollten im besten kollektiven Interesse der Rechtsinhaber handeln, die sie vertreten. Deshalb ist es wichtig, Mechanismen vorzusehen, die es den Mitgliedern von Organisationen für die kollektive Rechtewahrnehmung gestatten, an den Entscheidungsprozessen der Organisation mitzuwirken und so ihre Mitgliedsrechte auszuüben. Manche Organisationen für die kollektive Rechtewahrnehmung vertreten verschiedene Kategorien von Mitgliedern, die aus unterschiedlichen Arten von Rechtsinhabern bestehen, wie etwa Produzenten und ausübende Künstler. Diese verschiedenen Kategorien von

Mitgliedern sollten bei dem Entscheidungsfindungsprozess ausgewogen und fair vertreten sein. Die Bestimmungen zur Mitgliederhauptversammlung von Organisationen für die kollektive Rechtewahrnehmung wären weniger wirkungsvoll, wenn nicht auch geregelt würde, wie die Mitgliederhauptversammlung arbeiten soll. Es muss daher sichergestellt sein, dass die Mitgliederhauptversammlung in regelmäßigen Abständen, wenigstens aber einmal jährlich, einberufen wird und dass die wichtigsten Entscheidungen in der Organisation für die kollektive Rechtewahrnehmung von der Mitgliederhauptversammlung getroffen werden.

(23) Alle Mitglieder einer Organisation für die kollektive Rechtewahrnehmung sollten an der Mitgliederhauptversammlung teilnehmen dürfen und stimmberechtigt sein. Jede Beschränkung dieser Rechte sollte fair und verhältnismäßig sein. Einige Organisationen für die kollektive Rechtewahrnehmung stellen insofern Ausnahmen dar, als sie in der Rechtsform einer Stiftung geführt werden und daher keine Mitglieder haben. In derlei Fällen sollte das Gremium, das die Aufsichtsfunktion wahrnimmt, über die Befugnisse der Mitgliederhauptversammlung verfügen. Haben Organisationen für die kollektive Rechtewahrnehmung Einrichtungen, die Rechtsinhaber vertreten, als Mitglieder, beispielsweise im Fall einer Organisation für die kollektive Rechtewahrnehmung in Form einer Gesellschaft mit beschränkter Haftung, deren Mitglieder ihrerseits Vereinigungen von Rechtsinhabern sind, sollten die Mitgliedstaaten vorsehen können, dass einige oder alle Befugnisse der Mitgliederhauptversammlung einer Versammlung dieser Rechtsinhaber übertragen werden. Die Mitgliederhauptversammlung sollte mindestens befugt sein, den Rahmen für die Rechtewahrnehmung festzulegen, und zwar insbesondere, was die Verwendung der Einnahmen aus den Rechten durch die Organisationen für die kollektive Rechtewahrnehmung betrifft. Dies gilt unbeschadet des Rechts der Mitgliedstaaten, strengere Vorschriften, beispielsweise für Anlagen, Zusammenschlüsse oder die Kreditaufnahme, bis hin zu einem Verbot solcher Geschäfte zu erlassen. Die Organisationen für die kollektive Rechtewahrnehmung sollten die aktive Teilnahme ihrer Mitglieder an der Mitgliederhauptversammlung unterstützen. Die Ausübung des Stimmrechts sollte den Mitgliedern erleichtert werden, ob sie an der Mitgliederhauptversammlung teilnehmen oder nicht. Es sollte den Mitgliedern offenstehen, ihre Rechte nicht nur auf elektronischem Wege auszuüben, sondern auch einen Vertreter an der Mitgliederhauptversammlung teilnehmen und für sie abzustimmen zu lassen. Die Möglichkeit von Vertretungen sollte nur bei Interessenkonflikten eingeschränkt werden. Dabei sollten die Mitgliedstaaten nur eine Einschränkung von Vertretungen vorsehen, wenn dadurch die angemessene und wirksame Mitwirkung der Mitglieder an dem Entscheidungsfindungsprozess nicht beeinträchtigt wird. Insbesondere trägt die Möglichkeit der Bestellung von Vertretern dazu bei, dass die Mitglieder angemessen und wirksam an dem Entscheidungsfindungsprozess mitwirken, und bietet den Rechtsinhabern eine echte Gelegenheit, sich unabhängig von dem Mitgliedstaat, in dem eine Organisation für die kollektive Rechtewahrnehmung ansässig ist, frei für eine Organisation zu entscheiden.

(24) Die Mitglieder sollten die Möglichkeit erhalten, sich an der fortlaufenden Überwachung der Geschäftsführung von Organisationen für die kollektive Rechtewahrnehmung zu beteiligen. Zu diesem Zweck sollten diese Organisationen über eine ihrer Organisationsstruktur angepasste Aufsichtsfunktion verfügen und es den Mitgliedern ermöglichen, in dem Gremium vertreten zu sein, das in der Organisation für die kollektive Rechtewahrnehmung diese Funktion ausübt. Je nach der Organisationsstruktur der Organisation für die kollektive Rechtewahrnehmung kann die Aufsicht von einem gesonderten Gremium ausgeübt werden, beispielsweise von einem Aufsichtsrat oder von den Direktoren des Verwaltungsorgans, die nicht mit der Geschäftsführung der Organisation betraut sind. Die Anforderung einer fairen und ausgewogenen Vertretung der Mitglieder sollte die Organisation für die kollektive Rechtewahrnehmung nicht daran hindern, Dritte mit der Aufsicht zu betrauen, etwa Personen, die die einschlägige Fachkompetenz haben, und Rechtsinhaber, die die Voraussetzungen für die Mitgliedschaft nicht erfüllen oder die nicht unmittelbar von der Organisation, sondern von einer Einrichtung vertreten werden, die der Organisation für die kollektive Rechtewahrnehmung als Mitglied angehört.

(25) Für eine solide Geschäftsführung ist es wichtig, dass die Geschäftsführung einer Organisation für die kollektive Rechtewahrnehmung unabhängig ist. Mitglieder der Leitungsorgane sollten unabhängig davon, ob sie zum Direktor gewählt oder aufgrund einer vertraglichen Ver-

einbarung für die Organisation für die kollektive Rechtewahrnehmung tätig sind, vor Aufnahme ihrer Tätigkeit und anschließend jährlich erklären müssen, ob ihre eigenen Interessen mit denen der Rechtsinhaber, die von der Organisation für die kollektive Rechtewahrnehmung vertreten werden, kollidieren. Auch die Personen, die die Aufsichtsfunktion ausüben, sollten solche jährlichen Erklärungen abgeben. Den Mitgliedstaaten sollte es freistehen, von Organisationen für die kollektive Rechtewahrnehmung zu verlangen, dass sie derlei Erklärungen veröffentlichen oder staatlichen Stellen übermitteln.

(26) Organisationen für die kollektive Rechtewahrnehmung ziehen die Einnahmen aus der Verwertung der ihnen von den Rechtsinhabern anvertrauten Rechte ein, verwalten sie und verteilen sie. Diese Einnahmen stehen letztlich den Rechtsinhabern zu, die in einem direkten Rechtsverhältnis zu der Organisation für die kollektive Rechtewahrnehmung stehen oder über eine Einrichtung, die Mitglied der Organisation für die kollektive Rechtewahrnehmung ist, oder aufgrund einer Repräsentationsvereinbarung vertreten sein können. Es ist daher wichtig, dass eine Organisation für die kollektive Rechtewahrnehmung bei der Einziehung, Verwaltung und Verteilung dieser Einnahmen äußerste Sorgfalt walten lässt. Eine korrekte Verteilung ist nur möglich, wenn die Organisation für die kollektive Rechtewahrnehmung über Mitglieder, Lizenzen und die Nutzung der Werke und sonstigen Schutzgegenstände genau Buch führt. Auch Rechtsinhaber und Nutzer sollten sachdienliche, zur wirksamen Wahrnehmung der Rechte erforderliche Angaben machen, die von der Organisation für die kollektive Rechtewahrnehmung überprüft werden.

(27) Die den Rechtsinhabern zustehenden eingezogenen Beträge sollten in den Büchern getrennt von etwaigem Vermögen geführt werden, über das die Organisation für die kollektive Rechtewahrnehmung verfügt. Eine etwaige Anlage dieser Beträge sollte unbeschadet des Rechts der Mitgliedstaaten, strengere Vorschriften für die Anlage der Einnahmen aus den Rechten bis hin zu einem Verbot einer solchen Anlage zu erlassen, im Einklang mit der allgemeinen Anlagepolitik und den Grundsätzen für das Risikomanagement der Organisation für die kollektive Rechtewahrnehmung erfolgen dürfen. Um die Rechte der Rechtsinhaber bestmöglich zu schützen und sicherzustellen, dass das Aufkommen aus der Verwertung solcher Rechte den Rechtsinhabern zufließt, sollten etwaige Anlagegeschäfte und etwaiges Anlagevermögen von der Organisation für die kollektive Rechtewahrnehmung nach Grundsätzen getätigt beziehungsweise verwaltet werden, die die Organisation für die kollektive Rechtewahrnehmung zu umsichtigem Handeln verpflichten und es ihr ermöglichen, sich für die sicherste und zugleich rentabelste Anlagepolitik zu entscheiden. Die Organisation für die kollektive Rechtewahrnehmung sollte Anlageformen wählen können, die in Bezug auf die genaue Art und Dauer der Risikoexposition der angelegten Einnahmen angemessen ist und durch die die den Rechtsinhabern geschuldeten Einnahmen nicht übermäßig gefährdet werden.

(28) Da Rechtsinhaber für die Verwertung ihrer Rechte Anspruch auf eine Vergütung haben, ist es wichtig, dass die Verwaltungskosten die gerechtfertigten Kosten der Rechtewahrnehmung nicht übersteigen und dass die Entscheidung über den Abzug anderer Kosten als Verwaltungskosten, beispielsweise den Abzug für soziale, kulturelle oder Bildungszwecke, von den Mitgliedern der Organisation für die kollektive Rechtewahrnehmung getroffen werden sollte. Die Organisation für die kollektive Rechtewahrnehmung sollte die Regeln, nach denen solche Abzüge erfolgen, gegenüber den Rechtsinhabern offenlegen. Dieselben Anforderungen sollten für alle Entscheidungen über die Verwendung der Einnahmen aus den Rechten für eine kollektive Verteilung, wie etwa in Stipendien, gelten. Rechtsinhaber sollten diskriminierungsfrei Zugang zu den damit finanzierten sozialen, kulturellen oder Bildungsleistungen erhalten. Diese Richtlinie sollte Abzüge nach nationalem Recht unberührt lassen, beispielsweise für die Bereitstellung sozialer Leistungen durch Organisationen für die kollektive Rechtewahrnehmung für Rechtsinhaber, soweit diese Aspekte nicht durch diese Richtlinie geregelt sind und sofern diese Abzüge mit dem Unionsrecht vereinbar sind.

(29) Die Verteilung und Ausschüttung der Beträge, die einzelnen Rechtsinhabern oder gegebenenfalls Kategorien von Rechtsinhabern zustehen, sollte rechtzeitig und gemäß den allgemeinen Grundsätzen der betreffenden Organisation für die kollektive Rechtewahrnehmung für die

Verteilung erfolgen, auch wenn sie von einer anderen Einrichtung vorgenommen werden, die die Rechtsinhaber vertritt. Nur objektive Gründe außerhalb des Einflussbereichs einer Organisation für die kollektive Rechtewahrnehmung können eine Verzögerung bei der Verteilung und Ausschüttung der den Rechtsinhabern zustehenden Beträge rechtfertigen. Daher sollten Umstände wie die Tatsache, dass die Einnahmen aus den Rechten mit einer festen Laufzeit angelegt wurden, kein berechtigter Grund für eine solche Verzögerung sein. Es sollte den Mitgliedstaaten überlassen werden zu entscheiden, wie die rechtzeitige Verteilung und die wirksame Suche und Ermittlung von Rechtsinhabern zu regeln ist, wenn solche objektiven Gründe auftreten. Damit die den Rechtsinhabern zustehenden Beträge angemessen und wirksam verteilt werden, müssen die Organisationen für die kollektive Rechtewahrnehmung dem Sorgfaltsgebot und dem Grundsatz von Treu und Glauben entsprechende, angemessene Maßnahmen ergreifen, um die Rechtsinhaber zu ermitteln und ausfindig zu machen, unbeschadet des Rechts der Mitgliedstaaten, strengere Vorschriften zu erlassen. In dem Umfang, in dem das nationale Recht es gestattet, sollten Mitglieder einer Organisation für die kollektive Rechtewahrnehmung über die Verwendung von Beträgen, die nicht ausgeschüttet werden können, weil die Rechtsinhaber nicht ermittelt oder ausfindig gemacht werden konnten, entscheiden.

(30) Organisationen für die kollektive Rechtewahrnehmung sollten in der Lage sein, im Rahmen von Repräsentationsvereinbarungen mit anderen Organisationen Rechte wahrzunehmen und die Einnahmen aus deren Verwertung einzuziehen. Um die Rechte der Mitglieder anderer Organisationen zu schützen, sollte eine Organisation keinen Unterschied machen zwischen den von ihr im Rahmen von Repräsentationsvereinbarungen wahrgenommenen Rechten und den Rechten, die sie unmittelbar für ihre eigenen Rechtsinhaber wahrnimmt. Ebenso wenig sollte die Organisation für die kollektive Rechtewahrnehmung von den im Auftrag einer anderen Organisation eingezogenen Einnahmen aus den Rechten ohne die ausdrückliche Zustimmung der anderen Organisation Beträge über die Verwaltungskosten hinaus einbehalten dürfen. Organisationen für die kollektive Rechtewahrnehmung sollten außerdem für die Verteilung und Ausschüttung von Beträgen an andere Organisationen auf der Grundlage solcher Repräsentationsvereinbarungen spätestens zu demselben Zeitpunkt sorgen, an dem sie Ausschüttung an ihre eigenen Mitglieder und sonstigen Rechtsinhaber, die sie vertreten, vornehmen. Darüber hinaus sollte die Empfängerorganisation ihrerseits unverzüglich die Beträge, die den von ihr vertretenen Rechtsinhabern zustehen, ausschütten.

(31) Faire, diskriminierungsfreie Lizenzbedingungen sind besonders wichtig, um sicherzustellen, dass die Nutzer Lizenzen für Werke und andere Schutzgegenständen erwerben können, in Bezug auf die eine Organisation für die kollektive Rechtewahrnehmung Rechte repräsentiert, und um die angemessene Vergütung der Rechtsinhaber sicherzustellen. Organisationen für die kollektive Rechtewahrnehmung und Nutzer sollten daher die Lizenzverhandlungen nach Treu und Glauben führen und Tarife anwenden, die anhand objektiver und diskriminierungsfreier Kriterien festgelegt werden sollten. Die von Organisationen für die kollektive Rechtewahrnehmung festgelegten Lizenzgebühren oder Vergütungen sollten unter anderem in einem vernünftigen Verhältnis zu dem wirtschaftlichen Wert stehen, den die Nutzung der Rechte in einem bestimmten Zusammenhang hat. Schließlich sollten Organisationen für die kollektive Rechtewahrnehmung unverzüglich auf Lizenzanfragen von Nutzern reagieren.

(32) Im digitalen Zeitalter sind Organisationen für die kollektive Rechtewahrnehmung immer wieder gefordert, ihr Repertoire zur Nutzung für völlig neue Formen der Verwertung und neue Geschäftsmodelle zu lizenzieren. In solchen Fällen sollten Organisationen für die kollektive Rechtewahrnehmung unbeschadet der Anwendung der wettbewerbsrechtlichen Vorschriften über den nötigen Spielraum verfügen, um möglichst schnell auf den Einzelfall zugeschnittene Lizenzen für innovative Online-Dienste bereitstellen zu können, ohne Gefahr zu laufen, dass diese Lizenzbedingungen als Präzedenzfall für weitere Lizenzen verwendet werden könnten, auch im Hinblick auf die Förderung eines Umfelds für die Entwicklung solcher Lizenzen.

(33) Damit die Organisationen für die kollektive Rechtewahrnehmung die Bestimmungen dieser Richtlinie befolgen können, sollten die Nutzer ihnen entsprechende Angaben zur Nutzung der von den Organisationen repräsentierten Rechte machen. Diese Pflicht sollte nicht für

natürliche Personen gelten, die nicht für Handels-, geschäftliche, handwerkliche oder sonstige berufliche Zwecke handeln und die somit nicht als Nutzer im Sinne dieser Richtlinie gelten. Darüber hinaus sollten die von den Organisationen für die kollektive Rechtewahrnehmung angeforderten Angaben auf sinnvolle, notwendige und den Nutzern zur Verfügung stehende Auskünfte beschränkt sein, die die Organisationen benötigen, um ihre Funktion erfüllen zu können, wobei die besondere Lage kleiner und mittlerer Unternehmen zu berücksichtigen ist. Diese Pflicht könnte in einem Vertrag zwischen Organisation für die kollektive Rechtewahrnehmung und Nutzer festgelegt werden; nationale Rechtsvorschriften über Auskunftsansprüche werden davon nicht berührt. Die für die Einreichung der Angaben durch die Nutzer anwendbare Frist sollte so bemessen sein, dass die Organisationen für die kollektive Rechtewahrnehmung die Termine für die Verteilung der den Rechtsinhabern zustehenden Beträge halten können. Diese Richtlinie sollte unbeschadet des Rechts der Mitgliedstaaten gelten, in ihrem Hoheitsgebiet ansässige Organisationen für die kollektive Rechtewahrnehmung zu verpflichten, Sammelrechnungen auszustellen.

(34) Um das Vertrauen von Rechtsinhabern, Nutzern und anderen Organisationen für die kollektive Rechtewahrnehmung in die von Organisationen für die kollektive Rechtewahrnehmung erbrachte kollektive Rechtewahrnehmung zu stärken, sollte von jeder Organisation für die kollektive Rechtewahrnehmung verlangt werden, dass sie besondere Anforderungen an die Transparenz erfüllt. Jede Organisation für die kollektive Rechtewahrnehmung bzw. jedes ihrer Mitglieder, das eine für die Zuteilung oder Ausschüttung von den Rechtsinhabern zustehenden Beträgen zuständige Einrichtung ist, sollte daher mindestens einmal im Jahr den einzelnen Rechtsinhabern bestimmte Informationen zur Verfügung stellen, etwa über die ihnen zugeteilten oder ausgeschütteten Beträge und einbehaltenen Abzüge. Die Organisationen für die kollektive Rechtewahrnehmung sollten ferner verpflichtet werden, andere Organisationen für die kollektive Rechtewahrnehmung, für die sie auf der Grundlage von Repräsentationsvereinbarungen Rechte wahrnehmen, hinreichend zu informieren, wozu auch die Weitergabe von Finanzdaten gehört.

(35) Damit Rechtsinhaber, andere Organisationen für die kollektive Rechtewahrnehmung und Nutzer Zugang zu Informationen über den Tätigkeitsbereich der Organisation und die Werke oder sonstigen Gegenstände, die sie repräsentiert, erhalten, sollten Organisationen für die kollektive Rechtewahrnehmung auf hinreichend begründete Anfragen hin dazu Angaben machen. Ob und in welcher Höhe für solche Leistungen angemessene Gebühren verlangt werden dürfen und, sollte im nationalen Recht geregelt werden. Jede Organisation für die kollektive Rechtewahrnehmung sollte darüber hinaus Informationen darüber veröffentlichen, wie sie organisiert ist und wie sie ihre Tätigkeit ausübt, insbesondere ihre Statuten und allgemeinen Grundsätze in Bezug auf Verwaltungskosten, Abzüge und Tarife.

(36) Um Rechtsinhaber in die Lage zu versetzen, die Leistungen von Organisationen für die kollektive Rechtewahrnehmung zu überwachen und miteinander zu vergleichen, sollten Organisationen für die kollektive Rechtewahrnehmung bezogen auf ihre spezifische Tätigkeit einen jährlichen Transparenzbericht mit vergleichbaren geprüften Finanzdaten veröffentlichen. Ferner sollten sie in einem gesonderten Jahresbericht, der Teil des jährlichen Transparenzberichts ist, öffentlich darlegen, wofür die für soziale, kulturelle oder Bildungsleistungen einbehaltenen Beträge verwendet wurden. Diese Richtlinie sollte es den Organisationen für die kollektive Rechtewahrnehmung überlassen, ob sie die für den jährlichen Transparenzbericht erforderlichen Angaben in einem Dokument mit anderen Berichten zusammenfassen, beispielsweise im Rahmen des Jahresabschlusses, oder in Form eines getrennten Berichts veröffentlichen.

(37) Die Anbieter von Online-Diensten, die Musikwerke verwerten, z. B. von Online-Musikdiensten, über die Verbraucher Musik herunterladen oder ihr im Streaming-Modus zuhören können, oder von sonstigen Diensten, die Filme und Computerspiele zugänglich machen, bei denen Musik eine große Rolle spielt, müssen erst das Nutzungsrecht an diesen Werken erwerben. Die Richtlinie 2001/29/EG verlangt, dass für jedes der Rechte, die bei der Online-Verwertung von Musikwerken zum Tragen kommen, eine Lizenz erforderlich ist. Zu den Rechten des Urhebers gehört das ausschließliche Recht auf Vervielfältigung und das ausschließliche

Wahrnehmung von Urheber- und verwandten Schutzrechten **Anh 4**

Recht auf öffentliche Wiedergabe von Musikwerken, das das Recht der öffentlichen Zugänglichmachung miteinschließt. Diese Rechte können von den Rechtsinhabern selbst, wie etwa den Urhebern oder Musikverlegern, oder von Organisationen für die kollektive Rechtewahrnehmung wahrgenommen werden, die Leistungen im Bereich der kollektiven Rechtewahrnehmung erbringen. Das Vervielfältigungsrecht und das Recht der öffentlichen Wiedergabe des Urhebers kann von verschiedenen Organisationen für die kollektive Rechtewahrnehmung wahrgenommen werden. Außerdem gibt es den Fall, dass mehrere Rechtsinhaber Rechte an demselben Werk besitzen und unter Umständen verschiedene Organisationen für die kollektive Rechtewahrnehmung mit der Vergabe von Lizenzen für ihre Anteile an dem Werk beauftragt haben. Jeder Online-Musikanbieter, der dem Endverbraucher eine große Auswahl an Musikwerken bieten möchte, muss sich somit die kombinierten Rechte an Werken von verschiedenen Rechtsinhabern und Organisationen für die kollektive Rechtewahrnehmung beschaffen.

(38) Trotz der Grenzenlosigkeit des Internets ist der Online-Markt für Musikdienste in der Union immer noch fragmentiert und der digitale Binnenmarkt auf diesem Gebiet noch unvollendet. Die Vielschichtigkeit und das Ausmaß der Probleme im Zusammenhang mit der kollektiven Rechtewahrnehmung in Europa hat die Fragmentierung des europäischen digitalen Marktes für Online-Musikdienste in bestimmten Fällen noch befördert. Die Situation steht in krassem Widerspruch zu der schnell wachsenden Nachfrage seitens der Verbraucher nach digitalen Inhalten und den dazugehörigen innovativen Dienstleistungen auch über Ländergrenzen hinweg.

(39) In der Empfehlung 2005/737/EG befürwortete die Kommission neue rechtliche Rahmenbedingungen, die eine optimale Wahrnehmung von Urheberrechten oder verwandten Schutzrechten auf Unionsebene im Hinblick auf die Erbringung legaler Online-Musikdienste ermöglichen. Im Zeitalter der Online-Verwertung von Musikwerken bräuchten kommerzielle Nutzer ein multiterritorial ausgelegtes Lizenzierungssystem, das der Allgegenwärtigkeit der Onlinewelt gerecht wird. Die Empfehlung hat jedoch nicht genügt, um der Einräumung von Mehrgebietslizenzen für Online-Rechte an Musikwerken zum Durchbruch zu verhelfen und die damit zusammenhängenden spezifischen Probleme anzugehen.

(40) Im Online-Musiksektor, wo die kollektive Wahrnehmung von Urheberrechten auf Länderbasis nach wie vor die Norm ist, kommt es darauf an, die Voraussetzungen für möglichst effektive Lizenzierungsmethoden der Organisationen für die kollektive Rechtewahrnehmung in einem zunehmend länderübergreifenden Kontext zu schaffen. Es sollten daher einheitliche Grundregeln für die kollektive länderübergreifende Lizenzierung Urheberrechten an Musikwerken für die Online-Nutzung einschließlich der Liedtexte durch Organisationen für die kollektive Rechtewahrnehmung aufgestellt werden. Dieselben Regeln sollten für die Lizenzierung aller Musikwerke gelten und damit auch für solche, die Bestandteil audiovisuelle Werke sind. Onlinedienste, die den Zugang zu Musikwerken nur in Form von Notenblättern anbieten, sollten jedoch nicht davon erfasst werden. Die Bestimmungen dieser Richtlinie sollten Mindestanforderungen an die Qualität der von den Organisationen für die kollektive Rechtewahrnehmung erbrachten länderübergreifenden Leistungen enthalten, insbesondere was die Transparenz des von ihnen repräsentierten Repertoires und die Korrektheit der ein- und ausgehenden Geldbeträge in Verbindung mit der Nutzung der Rechte betrifft. Ferner sollte ein Regelungsrahmen geschaffen werden, der die freiwillige Bündelung von Musikrepertoires und Rechten erleichtert und die Zahl der von den Nutzern für einen gebietsübergreifenden Multirepertoiredienst benötigten Lizenzen verringert. Die Bestimmungen sollten es einer Organisation für die kollektive Rechtewahrnehmung ermöglichen, einer anderen Organisation die gebietsübergreifende Repräsentation ihres Repertoires anzutragen, wenn sie selbst dazu nicht gewillt oder in der Lage ist. Die Organisation, die einen solchen Antrag erhält, sollte verpflichtet werden, den Auftrag der anderen Organisation anzunehmen, vorausgesetzt, sie führt bereits Repertoires zusammen und erteilt Mehrgebietslizenzen oder bietet eine solche Dienstleistung an. Mit der Entwicklung legaler Online-Musikdienste in der Union dürfte auch ein Beitrag zur Bekämpfung von Urheberrechtsverletzungen im Internet geleistet werden.

(41) Die Verfügbarkeit von korrekten und vollständigen Informationen über Musikwerke, Rechtsinhaber und Rechte, zu deren Repräsentation eine Organisation für die kollektive Rech-

tewahrnehmung in einem bestimmten Gebiet berechtigt ist, sind für eine effektive und transparente Lizenzvergabe sowie für die anschließende Verarbeitung der Meldungen von Nutzern, für die Ausstellung der entsprechenden Rechnungen an die Diensteanbieter und für die Verteilung der geschuldeten Beträge von großer Bedeutung. Organisationen für die kollektive Rechtewahrnehmung, die Mehrgebietslizenzen für Musikwerke erteilen, sollten daher in der Lage sein, solche Informationen schnell und korrekt zu verarbeiten. Hierzu sind Rechte-Datenbanken erforderlich, die Auskunft darüber geben, wer Inhaber der Rechte ist, die länderübergreifend lizenziert wurden, welche Werke, Rechte und Rechtsinhaber eine Organisation für die kollektive Rechtewahrnehmung repräsentieren darf und welche Gebiete vom Auftrag erfasst sind. Änderungen dieser Angaben sollten unverzüglich erfasst werden, und die Datenbanken sollten laufend auf aktuellem Stand gehalten werden. Die Datenbanken sollten auch dabei helfen, Informationen zu Werken mit Informationen zu Tonträgern oder anderen Fixierungen zu bündeln. Dabei muss auch sichergestellt werden, dass potenzielle Nutzer und Rechtsinhaber sowie die Organisationen für die kollektive Rechtewahrnehmung auf die Informationen zugreifen können, die sie benötigen, um herauszufinden, welches Repertoire die Organisationen für die kollektive Rechtewahrnehmung repräsentieren. Die Organisationen für die kollektive Rechtewahrnehmung sollten Maßnahmen ergreifen können, um die Richtigkeit und Vollständigkeit der Daten zu gewährleisten, deren Weiterverwendung zu kontrollieren und sensible Geschäftsdaten zu schützen.

(42) Damit die von ihnen verarbeiteten Daten über das Musikrepertoire so exakt wie möglich sind, sollten Organisationen für die kollektive Rechtewahrnehmung, die Mehrgebietslizenzen für Musikwerke vergeben, ihre Datenbanken kontinuierlich und bei Bedarf ohne Verzögerung auf den neuesten Stand bringen. Sie sollten leicht handhabbare Verfahren einführen, mit deren Hilfe Online-Diensteanbieter sowie Rechtsinhaber und andere Organisationen für die kollektive Rechtewahrnehmung etwaige Fehler in den Datenbanken in Bezug auf Werke, deren Inhaber sie sind oder die sie kontrollieren, einschließlich der dazu gehörigen Rechte – ganz oder teilweise – sowie in Bezug auf die Gebiete, für die sie der betreffenden Organisation für die kollektive Rechtewahrnehmung einen Wahrnehmungsauftrag erteilt haben, melden können, ohne dass jedoch die Richtigkeit und Integrität der von den Organisationen für die kollektive Rechtewahrnehmung gespeicherten Daten beeinträchtigt wird. Da die Richtlinie 95/46/EG des Europäischen Parlaments und des Rates[1]) jeder betroffenen Person das Recht auf Berichtigung, Löschung oder Sperrung unvollständiger oder unrichtiger Daten einräumt, sollte diese Richtlinie außerdem sicherstellen, dass unrichtige Informationen zu Rechtsinhabern oder anderen Organisationen für die kollektive Rechtewahrnehmung im Zusammenhang mit Mehrgebietslizenzen umgehend berichtigt werden. Die Organisationen für die kollektive Rechtewahrnehmung sollten außerdem die Möglichkeit haben, die Registrierung von Werken und Rechtewahrnehmungsaufträgen elektronisch zu verarbeiten. Wegen der Bedeutung automatisierter Informationssysteme für die rasche und effiziente Verarbeitung der Daten sollten Organisationen für die kollektive Rechtewahrnehmung für die strukturierte Übermittlung dieser Informationen durch die Rechtsinhaber den Einsatz elektronischer Datenverarbeitungssysteme vorsehen. Organisationen für die kollektive Rechtewahrnehmung sollten so weit wie möglich sicherstellen, dass dabei freiwillige internationale oder auf EU-Ebene entwickelte branchenübliche Standards oder Verfahren beachtet werden.

(43) Branchenstandards für Musiknutzung, Meldungen über die Inanspruchnahme der Dienste durch den Endverbraucher und die Ausstellung von Rechnungen sind wichtig, um den Datenaustausch zwischen Organisationen für die kollektive Rechtewahrnehmung und Nutzern effizienter zu machen. Bei der Überwachung der Nutzung von Lizenzen müssen die Grundrechte einschließlich des Rechts auf Achtung des Privat- und Familienlebens und des Rechts auf den Schutz personenbezogener Daten gewahrt bleiben. Damit die Effizienzgewinne zu einer rascheren Abwicklung der finanziellen Vorgänge und damit letztlich zu früheren Ausschüttun-

---

[1] Richtlinie 95/46/EG des Europäischen Parlaments und des Rates vom 24. Oktober 1995 zum Schutz natürlicher Personen bei der Verarbeitung personenbezogener Daten und zum freien Datenverkehr (ABl. L 281 vom 23.11.1995, S. 31).

gen an die Rechtsinhaber führen, sollten Organisationen für die kollektive Rechtewahrnehmung Diensteanbietern umgehend Rechnungen ausstellen und die den Rechtsinhabern zustehenden Beträge sofort verteilen müssen. Dies setzt voraus, dass die Nutzer die Organisationen für die kollektive Rechtewahrnehmung genau und zeitnah über die Nutzung der Werke informieren. Die Organisationen für die kollektive Rechtewahrnehmung sollten nicht gezwungen werden, Meldungen in nutzereigenen Formaten zu akzeptieren, wenn weithin anerkannte branchenübliche Standards existieren. Organisationen für die kollektive Rechtewahrnehmung sollten Dienstleistungen im Zusammenhang mit der Erteilung von Mehrgebietslizenzen für Online-Rechte an Musikwerken auslagern dürfen. Die Zusammenlegung oder gemeinsame Nutzung von „Back-Office"-Kapazitäten sollte es den Organisationen ermöglichen, die Qualität ihrer Leistungen und die Wirtschaftlichkeit ihrer Investitionen in Datenverwaltungssysteme steigern.

(44) Die Bündelung verschiedener Musikrepertoires für die Vergabe von Mehrgebietslizenzen erleichtert den Lizenzierungsprozess und trägt durch die Erschließung sämtlicher Repertoires für den Zugang zum Markt für Mehrgebietslizenzen dazu bei, die kulturelle Vielfalt zu fördern und die Zahl der Geschäftsvorgänge, die ein Online-Anbieter vornehmen muss, um Dienstleistungen anzubieten, zu reduzieren. Die Bündelung von Repertoires sollte die Entstehung neuer Online-Dienste erleichtern und außerdem die Transaktionskosten, die auf den Endverbraucher umgelegt werden, senken. Deshalb sollten Organisationen für die kollektive Rechtewahrnehmung, die nicht willens oder in der Lage sind, selbst Mehrgebietslizenzen für ihr eigenes Musikrepertoire zu erteilen, dazu ermuntert werden, auf freiwilliger Basis andere Organisationen für die kollektive Rechtewahrnehmung mit der diskriminierungsfreien Verwaltung ihres Repertoires zu beauftragen. Exklusivabreden in Vereinbarungen über die Vergabe von Mehrgebietslizenzen würden die Wahlmöglichkeiten sowohl von Nutzern, die sich eine Mehrgebietslizenz beschaffen wollen, als auch von Organisationen für die kollektive Rechtewahrnehmung, die länderübergreifende Verwaltungsleistungen für ihr Repertoire suchen, einschränken. Deshalb sollten alle Repräsentationsvereinbarungen zwischen Organisationen für die kollektive Rechtewahrnehmung über die Vergabe von Mehrgebietslizenzen auf nicht-exklusiver Basis geschlossen werden.

(45) Für die Mitglieder der Organisationen für die kollektive Rechtewahrnehmung ist es besonders wichtig, dass die Bedingungen, unter denen Organisationen für die kollektive Rechtewahrnehmung Online-Rechte wahrnehmen, transparent sind. Die Organisationen für die kollektive Rechtewahrnehmung sollten daher ihren Mitgliedern ausreichende Informationen über die zentralen Bedingungen von Vereinbarungen zur Verfügung stellen, mit dem eine andere Organisation mit der Repräsentation ihrer Online-Musikrechte zum Zwecke der Erteilung von Mehrgebietslizenzen beauftragt wird.

(46) Ebenso wichtig ist es, Organisationen für die kollektive Rechtewahrnehmung, die Mehrgebietslizenzen anbieten oder erteilen, dazu zu verpflichten, der Repräsentation des Repertoires anderer Organisationen für die kollektive Rechtewahrnehmung, die dies selbst nicht tun wollen, zuzustimmen. Damit hieraus keine unverhältnismäßige, über das erforderliche Maß hinausgehende Verpflichtung erwächst, sollte die Organisation für die kollektive Rechtewahrnehmung, der die Repräsentation angetragen wird, diese nur dann annehmen müssen, wenn sich die Anfrage auf Online-Rechte beschränkt, die sie selbst repräsentiert. Außerdem sollte die Verpflichtung ausschließlich für Organisationen für die kollektive Rechtewahrnehmung gelten, die Repertoires bündeln, und sich nicht auf Organisationen für die kollektive Rechtewahrnehmung erstrecken, die Mehrgebietslizenzen nur für ihr eigenes Repertoire erteilen. Ebenso wenig sollte sie für Organisationen für die kollektive Rechtewahrnehmung gelten, die bloß Rechte an denselben Werken bündeln, um das Recht zur Vervielfältigung und das Recht zur öffentlichen Wiedergabe dieser Werke zusammen vergeben zu können. Um die Interessen der Rechtsinhaber der Organisation für die kollektive Rechtewahrnehmung, die den Auftrag erteilt hat, zu schützen und kleinen und weniger bekannten Repertoires in den Mitgliedstaaten den Zugang zum Binnenmarkt zu denselben Bedingungen zu ermöglichen, muss das Repertoire der Auftraggeberin zu denselben Bedingungen verwaltet werden wie das Repertoire der beauftragten Organisation für die kollektive Rechtewahrnehmung und in Angeboten, die Letztere an die

Anbieter von Online-Diensten richtet, enthalten sein. Die von der beauftragten Organisation für die kollektive Rechtewahrnehmung berechneten Verwaltungskosten sollten ihr ermöglichen, die erforderlichen und angemessenen Investitionen wieder einzubringen. Beauftragt eine Organisation für die kollektive Rechtewahrnehmung eine oder mehrere andere Organisationen für die kollektive Rechtewahrnehmung vertraglich mit der Erteilung von Mehrgebietslizenzen für die Online-Nutzung ihres Musikrepertoires, sollte sie dies nicht daran hindern, für das Gebiet des Mitgliedstaats, in dem sie ansässig ist, weiterhin Nutzungsrechte an ihrem eigenen Repertoire und an jedem anderen Repertoire, das sie für dieses Gebiet repräsentiert, zu erteilen.

(47) Die Vorschriften zur Vergabe von Mehrgebietslizenzen durch Organisationen für die kollektive Rechtewahrnehmung könnten ihren Zweck verfehlen oder ins Leere laufen, wenn die Rechtsinhaber nicht selbst diese Rechte im Hinblick auf Mehrgebietslizenzen ausüben könnten für den Fall, dass die Organisation für die kollektive Rechtewahrnehmung, der sie ihre Rechte übertragen haben, keine Mehrgebietslizenzen erteilt oder angeboten hat und zudem keine andere Organisation für die kollektive Rechtewahrnehmung damit beauftragen will. In einem solchen Fall wäre es daher wichtig, dass die Rechtsinhaber das Recht zur Vergabe von Mehrgebietslizenzen, die Online-Diensteanbieter benötigen, selbst oder über einen oder mehrere Dritte ausüben und der ursprünglichen Organisation für die kollektive Rechtewahrnehmung die ihr übertragenen Rechte soweit entziehen können, wie es für die Vergabe von Mehrgebietslizenzen für die Online-Nutzung erforderlich ist, während diese Organisation für die kollektive Rechtewahrnehmung die für die Vergabe von Eingebietslizenzen erforderlichen Rechte behält.

(48) Sendeunternehmen beschaffen sich für ihre Hörfunk- und Fernsehprogramme, die Musik beinhalten, im Allgemeinen eine Lizenz von einer inländischen Organisation für die kollektive Rechtewahrnehmung. Diese Lizenz ist häufig auf reine Sendetätigkeiten beschränkt. Um die Fernseh- oder Rundfunkprogramme ins Netz stellen zu können, müssten die Online-Nutzungsrechte an den Musikwerken erworben werden. Um die Lizenzierung von Online-Rechten an Musikwerken für die gleichzeitige oder zeitversetzte Übertragung von Hörfunk- und Fernsehprogrammen im Internet zu erleichtern, muss eine Ausnahmeregelung von den Vorschriften vorgesehen werden, die normalerweise für die Vergabe von Mehrgebietslizenzen für Online-Rechte an Musikwerken gelten. Eine solche Ausnahmeregelung sollte nur so weit gehen wie unbedingt nötig, um den Online-Zugang zu Hörfunk- und Fernsehprogrammen sowie zu Material zu ermöglichen, das in einem klaren und untergeordneten Verhältnis zu der ursprünglichen Sendung steht und die Funktion einer Ergänzung, einer Vorschau oder einer Wiederholung hat. Die Ausnahmeregelung darf nicht zu Wettbewerbsverzerrungen im Verhältnis zu anderen Diensten, die Verbrauchern einen Online-Zugriff auf einzelne Musik- oder audiovisuelle Werke verschaffen, oder Absprachen über die Aufteilung von Markt- oder Kundensegmenten führen, die einen Verstoß gegen die Artikel 101 und 102 des AEUV darstellen würden.

(49) Es muss sichergestellt werden, dass die nach dieser Richtlinie erlassenen nationalen Rechtsvorschriften auch tatsächlich durchgesetzt werden. Organisationen für die kollektive Rechtewahrnehmung sollten ihren Mitgliedern besondere Beschwerdeverfahren an die Hand geben. Diese Verfahren sollten auch den anderen von der Organisation für die kollektive Rechtewahrnehmung unmittelbar vertretenen Rechtsinhabern sowie anderen Organisationen für die kollektive Rechtewahrnehmung, für die sie auf Grundlage einer Repräsentationsvereinbarung Rechte wahrnehmen, zur Verfügung stehen. Schließlich sollten es die Mitgliedstaaten einrichten können, dass Streitigkeiten zwischen Organisationen für die kollektive Rechtewahrnehmung, ihren Mitgliedern, Rechtsinhabern oder Nutzern über die Anwendung dieser Richtlinie in einem schnellen, unabhängigen und unparteiischen alternativen Streitbeilegungsverfahren geregelt werden können. Insbesondere könnte die Wirksamkeit der Vorschriften über Mehrgebietslizenzen für Online-Musikrechte darunter leiden, wenn Streitigkeiten zwischen Organisationen für die kollektive Rechtewahrnehmung und anderen Beteiligten nicht schnell und effizient gelöst würden. Unbeschadet des Rechts auf Anrufung eines Gerichts sollte daher die Möglichkeit eines leicht zugänglichen, effizienten und unparteiischen außergerichtlichen Verfahrens, etwa einer Mediation oder eines Schiedsgerichtsverfahrens, zur Beilegung von Streitigkeiten zwischen

Organisationen für die kollektive Rechtewahrnehmung, die Mehrgebietslizenzen vergeben, auf der einen und Online-Diensteanbietern, Rechtsinhabern oder anderen Organisationen für die kollektive Rechtewahrnehmung auf der anderen Seite eingerichtet werden. Diese Richtlinie schreibt nicht vor, in welcher Form die alternative Streitbeilegung stattfinden und welche Stelle dafür zuständig sein soll, sondern nur, dass die Unabhängigkeit, Unparteilichkeit und Effizienz der zuständigen Stelle gewährleistet sein muss. Schließlich sollten die Mitgliedstaaten verpflichtet sein, unabhängige, unparteiische und wirksame Streitbeilegungsverfahren vorzusehen, die vor Stellen mit einschlägigen Kenntnissen des Rechts des geistigen Eigentums oder vor den Gerichten zu geführt werden und die geeignet sind, geschäftliche Streitigkeiten zwischen Organisationen für die kollektive Rechtewahrnehmung und Nutzern über bestehende oder vorgeschlagene Lizenzbedingungen oder über Vertragsverletzungen beizulegen.

(50) Die Mitgliedstaaten sollten geeignete Verfahren vorsehen, mit deren Hilfe überwacht werden kann, ob die Organisationen für die kollektive Rechtewahrnehmung diese Richtlinie befolgen. Diese Richtlinie sollte die Freiheit der Mitgliedstaaten bei der Wahl der der zuständigen Behörden oder bei der Entscheidung zwischen Ex-ante- und Ex-post-Verfahren für die Kontrolle der Organisationen für die kollektive Rechtewahrnehmung nicht einschränken, es sollte jedoch sichergestellt sein, dass diese Behörden imstande sind, alle Belange im Zusammenhang mit der Anwendung dieser Richtlinie wirksam und zügig zu bearbeiten. Die Mitgliedstaaten sollten nicht verpflichtet sein, neue zuständige Behörden dafür einzurichten. Darüber hinaus sollten die Mitglieder von Organisationen für die kollektive Rechtewahrnehmung, Rechtsinhaber, Nutzer, Organisationen für die kollektive Rechtewahrnehmung und sonstige Beteiligte die Möglichkeit haben, eine zuständige Behörde von Tätigkeiten oder Umständen in Kenntnis zu setzen, die ihrer Ansicht nach einen Rechtsverstoß durch Organisationen für die kollektive Rechtewahrnehmung und gegebenenfalls durch Nutzer darstellen. Die Mitgliedstaaten sollten dafür sorgen, dass die zuständigen Behörden Sanktionen verhängen oder Maßnahmen ergreifen können, wenn gegen nationale Rechtsvorschriften, die der Umsetzung dieser Richtlinie dienen, verstoßen wird. Die Richtlinie schreibt keine besonderen Arten von Sanktionen oder Maßnahmen vor, sondern nur, dass diese wirksam, verhältnismäßig und abschreckend sein müssen. Dazu können Anweisungen zur Entlassung nachlässiger Direktoren, Überprüfungen von Organisationen für die kollektive Rechtewahrnehmung vor Ort oder, sollte eine Zulassung für die Tätigkeit einer Organisation erteilt worden sein, der Entzug dieser Zulassung zählen. Die vorliegende Richtlinie sollte in Bezug auf die Bedingungen der vorherigen Zulassung und Maßnahmen für die Aufsicht in den Mitgliedstaaten, einschließlich der Anforderungen hinsichtlich des Repräsentationsgrads der Organisation für die kollektive Rechtewahrnehmung, neutral bleiben, sofern diese mit dem Unionsrecht vereinbar sind und der uneingeschränkten Anwendung der Richtlinie nicht entgegenstehen.

(51) Um sicherzugehen, dass die Vorschriften über die Erteilung von Mehrgebietslizenzen eingehalten werden, sollten besondere Vorgaben für die Überwachung festgelegt werden. Die zuständigen Behörden der Mitgliedstaaten und die Kommission sollten zu diesem Zweck zusammenarbeiten. Die Mitgliedstaaten sollten sich gegenseitig durch einen Informationsaustausch zwischen ihren zuständigen Behörden unterstützen, um die Überwachung der Organisationen für die kollektive Rechtewahrnehmung zu erleichtern.

(52) Die Organisationen für die kollektive Rechtewahrnehmung müssen das Recht auf Achtung des Privat- und Familienlebens und auf Schutz der personenbezogenen Daten von Rechtsinhabern, Mitgliedern, Nutzern und sonstigen Personen, deren personenbezogene Daten sie verarbeiten, wahren. Die Verarbeitung personenbezogener Daten, die in den Mitgliedstaaten im Zusammenhang mit vorliegender Richtlinie und unter der Aufsicht der zuständigen Behörden der Mitgliedstaaten, insbesondere der von den Mitgliedstaaten benannten unabhängigen öffentlichen Stellen erfolgt, unterliegt der Richtlinie 95/46/EG. Die Rechtsinhaber sollten in Übereinstimmung mit der Richtlinie 95/46/EG angemessen über die Verarbeitung ihrer Daten, deren Empfänger, die Speicherfristen und die Art und Weise, wie sie ihr Auskunftsrecht oder ihr Recht auf Berichtigung oder Löschung der sie betreffenden Daten wahrnehmen können, informiert werden. Vor allem eindeutige Kennungen, die die indirekte Identifizierung einer Per-

son ermöglichen, sollten als personenbezogene Daten im Sinne jener Richtlinie angesehen werden.

(53) Etwaige Vorschriften über Durchsetzungsmaßnahmen sollten die Zuständigkeiten der von den Mitgliedstaaten gemäß der Richtlinie 95/46/EG eingerichteten nationalen unabhängigen öffentlichen Stellen im Zusammenhang mit der Überwachung der Einhaltung der im Zuge der Umsetzung dieser Richtlinie angenommenen nationalen Bestimmungen unberührt lassen.

(54) Die vorliegende Richtlinie steht im Einklang mit den Grundrechten und Grundsätzen, die in der Charta der Grundrechte der Europäischen Union (im Folgenden „Charta") verankert sind. Die Bestimmungen der Richtlinie zur Streitbeilegung sollten die Parteien nicht daran hindern, von ihrem in der Charta garantierten Recht auf Zugang zu den Gerichten Gebrauch zu machen.

(55) Da die Ziele dieser Richtlinie, nämlich eine verbesserte Kontrolle der Tätigkeiten von Organisationen für die kollektive Rechtewahrnehmung durch deren Mitglieder, die Gewähr eines hinreichenden Maßes an Transparenz und verbesserte länderübergreifende Lizenzierungsmöglichkeiten von Urheberrechten an Musikwerken für die Online-Nutzung, auf Ebene der Mitgliedstaaten nicht ausreichend verwirklicht werden können, sondern vielmehr wegen ihres Umfangs und ihrer Wirkungen auf Unionsebene besser zu verwirklichen sind, kann die Union im Einklang mit dem in Artikel 5 des Vertrags über die Europäische Union niedergelegten Subsidiaritätsprinzip tätig werden. Entsprechend dem in demselben Artikel genannten Grundsatz der Verhältnismäßigkeit geht diese Richtlinie nicht über das zur Verwirklichung dieser Ziele erforderliche Maß hinaus.

(56) Die Bestimmungen dieser Richtlinie lassen die Anwendung des Wettbewerbsrechts und sonstiger einschlägiger Rechtsvorschriften, beispielsweise der Vorschriften zur Vertraulichkeit, zu Geschäftsgeheimnissen, zur Privatsphäre und zum Zugang zu Dokumenten, des Vertragsrechts, der Kollisionsnormen und der Vorschriften zur gerichtlichen Zuständigkeit im Rahmen des internationalen Privatrechts sowie die Vereinigungsfreiheit von Arbeitnehmern und Arbeitgebern unberührt.

(57) Gemäß der Gemeinsamen Politischen Erklärung vom 28. September 2011 der Mitgliedstaaten und der Kommission[1] zu erläuternden Dokumenten haben sich die Mitgliedstaaten verpflichtet, in begründeten Fällen zusätzlich zur Mitteilung ihrer Umsetzungsmaßnahmen ein oder mehrere Dokumente zu übermitteln, in denen der Zusammenhang zwischen den Bestandteilen einer Richtlinie und den entsprechenden Teilen nationaler Umsetzungsinstrumente erläutert wird. Im Zusammenhang mit der vorliegenden Richtlinie ist der Gesetzgeber der Auffassung, dass die Übermittlung solcher Unterlagen gerechtfertigt ist.

(58) Der Europäische Datenschutzbeauftragte wurde gemäß Artikel 28 Absatz 2 der Verordnung (EG) Nr. 45/2001 des Europäischen Parlaments und des Rates[2] angehört und gab am 9. Oktober 2012 eine Stellungnahme ab –

HABEN FOLGENDE RICHTLINIE ERLASSEN:

Titel I. Allgemeine Bestimmungen

Art. 1. Gegenstand. Diese Richtlinie legt die Anforderungen fest, die erforderlich sind, um eine ordnungsgemäße Wahrnehmung von Urheber- und verwandten Schutzrechten durch Organisationen für die kollektive Rechtewahrnehmung sicherzustellen. Sie regelt darüber hinaus die Anforderungen an die Vergabe von Mehrgebietslizenzen durch Organisationen für die kollektive Rechtewahrnehmung für Urheberrechte an Musikwerken für die Online-Nutzung.

---

[1] ABl. C 369 vom 17.12.2011, S. 14.
[2] Verordnung (EG) Nr. 45/2001 des Europäischen Parlaments und des Rates vom 18. Dezember 2000 zum Schutz natürlicher Personen bei der Verarbeitung personenbezogener Daten durch die Organe und Einrichtungen der Gemeinschaft und zum freien Datenverkehr (ABl. L 8 vom 12.1.2001, S. 1).

Art. 2. Geltungsbereich. (1) Die Titel I, II, IV und V mit Ausnahme der Artikel 34 Absatz 2 und Artikel 38 gelten für alle Organisationen für die kollektive Rechtewahrnehmung mit Sitz in der Union.

(2) Titel III und Artikel 34 Absatz 2 sowie Artikel 38 gelten für Organisationen für die kollektive Rechtewahrnehmung mit Sitz in der Union, die Urheberrechte an Musikwerken für die gebietsübergreifende Online-Nutzung wahrnehmen.

(3) Die einschlägigen Bestimmungen dieser Richtlinie gelten für Einrichtungen, die sich direkt oder indirekt, vollständig oder teilweise, im Eigentum einer Organisation für die kollektive Rechtewahrnehmung befinden oder direkt oder indirekt, vollständig oder teilweise, von einer solchen beherrscht werden, sofern diese Einrichtungen eine Tätigkeit ausüben, die, würde sie von einer Organisation für die kollektive Rechtewahrnehmung ausgeführt, den Bestimmungen dieser Richtlinie unterläge.

(4) Artikel 16 Absatz 1, Artikel 18, Artikel 20, Artikel 21 Absatz 1 Buchstaben a, b, c, e, f und g, Artikel 36 und Artikel 42 gelten für alle unabhängigen Verwertungseinrichtungen mit Sitz in der Union.

Art. 3. Begriffsbestimmungen. Im Sinne dieser Richtlinie bezeichnet der Ausdruck
a) „Organisation für die kollektive Rechtewahrnehmung " jede Organisation, die gesetzlich oder auf der Grundlage einer Abtretungs-, Lizenz- oder sonstigen vertraglichen Vereinbarung berechtigt ist und deren ausschließlicher oder hauptsächlicher Zweck es ist, Urheber- oder verwandte Schutzrechte im Namen mehrerer Rechtsinhaber zu deren kollektivem Nutzen wahrzunehmen und eine oder beide der folgenden Voraussetzungen erfüllt:
  i) sie steht im Eigentum ihrer Mitglieder oder wird von ihren Mitgliedern beherrscht;
  ii) sie ist nicht auf Gewinnerzielung ausgerichtet;
b) „unabhängige Verwertungseinrichtung" jede Organisation, die gesetzlich oder auf der Grundlage einer Abtretungs-, Lizenz- oder sonstigen vertraglichen Vereinbarung berechtigt ist und deren ausschließlicher oder hauptsächlicher Zweck es ist, Urheber- oder verwandte Schutzrechte im Namen mehrerer Rechtsinhaber zu deren kollektivem Nutzen wahrzunehmen und die
  i) weder direkt noch indirekt, vollständig oder teilweise im Eigentum der Rechtsinhaber steht noch direkt oder indirekt, vollständig oder teilweise von den Rechtsinhabern beherrscht wird; und
  ii) auf Gewinnerzielung ausgerichtet ist;
c) „Rechtsinhaber" jede natürliche oder juristische Person mit Ausnahme von Organisationen für die kollektive Rechtewahrnehmung, die Inhaber eines Urheber- oder eines verwandten Schutzrechts ist oder die aufgrund eines Rechteverwertungsvertrags oder gesetzlich Anspruch auf einen Anteil an den Einnahmen aus den Rechten hat;
d) „Mitglied" einen Rechtsinhaber oder eine Einrichtung, die Rechtsinhaber vertritt, einschließlich anderer Organisationen für die kollektive Rechtewahrnehmung und Vereinigungen von Rechtsinhabern, die die Voraussetzungen für die Mitgliedschaft in der Organisation für die kollektive Rechtewahrnehmung erfüllen und von dieser aufgenommen wurden;
e) „Statut" die Satzung, die Gründungsbestimmungen oder die Gründungsurkunden einer Organisation für die kollektive Rechtewahrnehmung;
f) „Mitgliederhauptversammlung" das Gremium der Organisation für die kollektive Rechtewahrnehmung, in dem die Mitglieder mitwirken und ihr Stimmrecht ausüben, unabhängig von der Rechtsform der Organisation;
g) „Direktor"
  i) ein Mitglied des Verwaltungsorgans, wenn das nationale Recht oder die Satzung der Organisation für die kollektive Rechtewahrnehmung eine monistische Struktur vorsieht,
  ii) ein Mitglied des Leitungs- oder des Aufsichtsorgans, wenn das nationale Recht oder die Satzung der Organisation für die kollektive Rechtewahrnehmung eine dualistische Struktur vorsieht;

h) „Einnahmen aus den Rechten" die von einer Organisation für die kollektive Rechtewahrnehmung für die Rechtsinhaber eingezogenen Beträge aus einem ausschließlichen Recht oder einem Vergütungs- oder Ausgleichsanspruch;
i) „Verwaltungskosten" den von einer Organisation für die kollektive Rechtewahrnehmung zur Deckung ihrer Kosten für die Wahrnehmung von Urheber- und verwandten Schutzrechten von den Einnahmen aus den Rechten oder den Erträgen aus der Anlage dieser Einnahmen erhobenen, abgezogenen oder verrechneten Betrag;
j) „Repräsentationsvereinbarung" jede Vereinbarung zwischen Organisationen für die kollektive Rechtewahrnehmung, mit der eine Organisation für die kollektive Rechtewahrnehmung eine andere Organisation für die kollektive Rechtewahrnehmung beauftragt, die von ihr vertretenen Rechte wahrzunehmen, einschließlich Verträge gemäß Artikel 29 und 30;
k) „Nutzer" jede natürliche oder juristische Person, die nicht als Verbraucher handelt und Handlungen vornimmt, die der Erlaubnis der Rechtsinhaber bedürfen und die die Zahlung einer Vergütung oder eines Ausgleichs an die Rechtsinhaber bedingen;
l) „Repertoire" die Werke, in Bezug auf welche eine Organisation für die kollektive Rechtewahrnehmung die Rechte verwaltet;
m) „Mehrgebietslizenz" eine Lizenz, die sich auf das Hoheitsgebiet von mehr als einem Mitgliedstaat erstreckt;
n) „Online-Rechte an Musikwerken" die dem Urheber zustehenden Rechte an einem Musikwerk im Sinne der Artikel 2 und 3 der Richtlinie 2001/29/EG, die für die Bereitstellung eines Online-Dienstes erforderlich sind;

Titel II. Organisationen für die kollektive Rechtewahrnehmung

Kapitel 1. Vertretung der Rechtsinhaber und Mitgliedschaft und Organisation von Organisationen für die kollektive Rechtewahrnehmung

Art. 4. Allgemeine Grundsätze. Die Mitgliedstaaten stellen sicher, dass Organisationen für die kollektive Rechtewahrnehmung im besten Interesse der Rechtsinhaber handeln, deren Rechte sie repräsentieren, und diesen keine Pflichten auferlegen, die objektiv für den Schutz ihrer Rechte und Interessen oder für die wirksame Wahrnehmung dieser Rechte nicht notwendig sind.

Art. 5. Rechte der Rechtsinhaber. (1) Die Mitgliedstaaten stellen sicher, dass die Rechtsinhaber die in den Absätzen 2 bis 8 niedergelegten Rechte haben und dass diese Rechte in dem Statut oder den Mitgliedschaftsbedingungen der Organisation für die kollektive Rechtewahrnehmung aufgeführt sind.

(2) Die Rechtsinhaber haben das Recht, eine Organisation für die kollektive Rechtewahrnehmung ihrer Wahl mit der Wahrnehmung von Rechten, von Kategorien von Rechten oder von Arten von Werken und sonstigen Schutzgegenständen ihrer Wahl in den Gebieten ihrer Wahl ungeachtet des Mitgliedstaats der Staatsangehörigkeit, des Wohnsitzes oder der Niederlassung der Organisation für die kollektive Rechtewahrnehmung beziehungsweise des Rechtsinhabers zu beauftragen. Sofern die Organisation für die kollektive Rechtewahrnehmung die Rechtewahrnehmung nicht aus objektiv nachvollziehbaren Gründen ablehnen kann, ist sie verpflichtet, Rechte, Kategorien von Rechten oder Arten von Werken und sonstige Schutzgegenstände, die in ihren Tätigkeitsbereich fallen, wahrzunehmen.

(3) Die Rechtsinhaber haben das Recht, Lizenzen für die nicht-kommerzielle Nutzung von Rechten, von Kategorien von Rechten oder von Arten von Werken und sonstigen Schutzgegenständen ihrer Wahl zu vergeben.

(4) Die Rechtsinhaber haben das Recht, unter Einhaltung einer angemessenen Frist von höchstens sechs Monaten für die Gebiete ihrer Wahl den einer Organisation für die kollektive Rechtewahrnehmung gemäß Absatz 2 erteilten Auftrag zur Wahrnehmung von Rechten zu beenden oder der Organisation für die kollektive Rechtewahrnehmung Rechte, Kategorien von Rechten oder Arten von Werken und sonstigen Schutzgegenständen ihrer Wahl gemäß Absatz 2 zu entziehen. Die Organisation für die kollektive Rechtewahrnehmung kann beschließen, dass eine solche Beendigung des Wahrnehmungsauftrags oder ein solcher Rechtsentzug nur zum Ende des Geschäftsjahres wirksam wird.

(5) Stehen einem Rechtsinhaber Beträge aus Verwertungshandlungen zu, die erfolgt sind, bevor die Beendigung des Auftrags zur Wahrnehmung von Rechten oder der Rechtsentzug wirksam wurde, oder aus einer zuvor erteilten Lizenz, behält der Rechtsinhaber seine Rechte nach den Artikeln 12, 13, 18, 20, 28 und 33.

(6) Organisationen für die kollektive Rechtewahrnehmung dürfen die Ausübung von Rechten gemäß den Absätzen 4 und 5 nicht dadurch beschränken, dass sie als Bedingung für die Ausübung dieser Rechte verlangen, eine andere Organisation für die kollektive Rechtewahrnehmung mit der Wahrnehmung derjenigen Rechte oder Kategorien von Rechten oder Arten von Werken und sonstigen Schutzgegenständen zu betrauen, die entzogen wurden oder in Bezug auf die der Wahrnehmungsauftrag beendet wurde.

(7) Beauftragt ein Rechtsinhaber eine Organisation für die kollektive Rechtewahrnehmung mit der Wahrnehmung seiner Rechte, so erteilt er ausdrücklich für jedes Recht oder jede Kategorie von Rechten oder jede Art von Werken und jeden sonstigen Schutzgegenstand seine Zustimmung zur Wahrnehmung dieser Rechte. Diese Zustimmung ist zu dokumentieren.

(8) Die Organisation für die kollektive Rechtewahrnehmung informiert die Rechtsinhaber über die ihnen nach den Absätzen 1 bis 7 zustehenden Rechte sowie über die an das Recht nach Absatz 3 geknüpften Bedingungen, bevor sie die Zustimmung der Rechtsinhaber zur Wahrnehmung von Rechten, von Kategorien von Rechten oder Arten von Werken und sonstigen Schutzgegenständen einholt.

Die Organisation für die kollektive Rechtewahrnehmung informiert diejenigen Rechtsinhaber, von denen sie bereits beauftragt wurden, bis zum 10. Oktober 2016 über die ihnen nach den Absätzen 1 bis 7 zustehenden Rechte und die an das Recht nach Absatz 3 geknüpften Bedingungen.

Art. 6. Mitgliedschaftsbedingungen von Organisationen für die kollektive Rechtewahrnehmung. (1) Die Mitgliedstaaten stellen sicher, dass die Organisationen für die kollektive Rechtewahrnehmung die Vorschriften der Absätze 2 bis 5 einhalten.

(2) Die Organisationen für die kollektive Rechtewahrnehmung nehmen Rechtsinhaber und Einrichtungen, die Rechtsinhaber vertreten, einschließlich andere Organisationen für die kollektive Rechtewahrnehmung und Vereinigungen von Rechtsinhabern, als Mitglieder auf, wenn diese die Voraussetzungen für die Mitgliedschaft erfüllen, die auf objektiven, transparenten und nichtdiskriminierenden Kriterien beruhen. Die Voraussetzungen für die Mitgliedschaft werden in das Statut oder die Mitgliedschaftsbedingungen der Organisationen für die kollektive Rechtewahrnehmung aufgenommen und veröffentlicht. Lehnt eine Verwertungsgesellschaft einen Antrag auf Mitgliedschaft ab, sind dem Rechtsinhaber die Gründe für diese Entscheidung verständlich zu erläutern.

(3) In den Statuten der Organisationen für die kollektive Rechtewahrnehmung sind angemessene, wirksame Verfahren für die Mitwirkung aller Mitglieder am Entscheidungsfindungsprozess der Organisation für die kollektive Rechtewahrnehmung vorzusehen. Die verschiedenen Kategorien von Mitgliedern müssen beim Entscheidungsfindungsprozess fair und ausgewogen vertreten sein.

(4) Die Organisationen für die kollektive Rechtewahrnehmung erlauben ihren Mitgliedern, unter Verwendung elektronischer Kommunikationsmittel mit ihnen zu kommunizieren, auch zwecks Ausübung von Mitgliedschaftsrechten.

(5) Die Organisationen für die kollektive Rechtewahrnehmung führen Mitgliederverzeichnisse, die regelmäßig aktualisiert werden.

Art. 7. Rechte von Rechtsinhabern, die nicht Mitglied der Organisation für die kollektive Rechtewahrnehmung sind. (1) Die Mitgliedstaaten stellen sicher, dass die Organisationen für die kollektive Rechtewahrnehmung die Vorschriften der Artikel 6 Absatz 4, Artikel 20, Artikel 29 Absatz 2 und Artikel 33 in Bezug auf Rechtsinhaber befolgen, die gesetzlich oder auf der Grundlage einer Abtretungs-, Lizenz- oder sonstigen vertraglichen Vereinbarung in einem unmittelbaren Rechtsverhältnis zu ihnen stehen, jedoch nicht ihre Mitglieder sind.

(2) Die Mitgliedstaaten können auf die in Absatz 1 genannten Rechtsinhaber weitere Bestimmungen dieser Richtlinie anwenden.

Art. 8. Mitgliederhauptversammlung der Organisation für die kollektive Rechtewahrnehmung. (1) Die Mitgliedstaaten stellen sicher, dass die Mitgliederhauptversammlung im Einklang mit den Vorschriften der Absätze 2 bis 10 abgehalten wird.

(2) Mindestens einmal jährlich wird eine Mitgliederhauptversammlung einberufen.

(3) Die Mitgliederhauptversammlung beschließt über Änderungen an der Satzung und den Mitgliedschaftsbedingungen, soweit diese nicht in der Satzung geregelt sind.

(4) Die Mitgliederhauptversammlung beschließt über die Ernennung und Entlassung der Direktoren, überwacht deren allgemeine Aufgabenerfüllung und genehmigt deren Vergütung und sonstige Leistungen, darunter Geld- und geldwerte Leistungen, Versorgungsansprüche, Ansprüche auf sonstige Zuwendungen und Abfindungen.

In einer dualistisch strukturierten Organisation für die kollektive Rechtewahrnehmung beschließt die Mitgliederhauptversammlung nicht über die Ernennung oder Entlassung von Mitgliedern des Leitungsorgans oder über die Genehmigung ihrer Vergütung und sonstigen Leistungen, wenn die Befugnisse zu solchen Entscheidungen dem Aufsichtsorgan übertragen wurden.

(5) Die Mitgliederhauptversammlung beschließt im Einklang mit den Vorschriften des Titel II Kapitel 2 mindestens über:
a) die allgemeinen Grundsätze für die Verteilung der den Rechtsinhabern zustehenden Beträge;
b) die allgemeinen Grundsätze für die Verwendung der nicht verteilbaren Beträge;
c) die allgemeine Anlagepolitik in Bezug auf die Einnahmen aus den Rechten und etwaige Erträge aus der Anlage von Einnahmen aus den Rechten;
d) die allgemeinen Grundsätze für die Abzüge von den Einnahmen aus den Rechten und von den Erträgen aus der Anlage von Einnahmen aus den Rechten;
e) die Verwendung der nicht verteilbaren Beträge;
f) die Grundsätze für das Risikomanagement;
g) die Genehmigung des Erwerbs, des Verkaufs oder der Beleihung von unbeweglichen Sachen;
h) die Genehmigung von Zusammenschlüssen und Bündnissen, die Gründung von Tochtergesellschaften und die Übernahme anderer Organisationen und den Erwerb von Anteilen oder Rechten an anderen Organisationen;
i) die Genehmigung der Aufnahme und Vergabe von Darlehen sowie der Stellung von Darlehenssicherheiten oder -bürgschaften.

(6) Die Mitgliederhauptversammlung kann die Befugnisse gemäß Absatz 5 Buchstaben f, g, h und i per Beschluss oder in dem Statut dem Gremium übertragen, das die Aufsicht ausübt.

(7) Für die Zwecke von Absatz 5 Buchstaben a bis d können die Mitgliedstaaten verlangen, dass die Mitgliederhauptversammlung detailliertere Bedingungen für die Verwendung der Einnahmen aus den Rechten und den Erträgen der Anlage dieser Einnahmen festlegen muss.

(8) Die Mitgliederhauptversammlung kontrolliert die Tätigkeit der Organisation für die kollektive Rechtewahrnehmung, indem sie mindestens die Bestellung und Entlassung des Abschlussprüfers beschließt und den jährlichen Transparenzbericht gemäß Artikel 22 genehmigt.

Die Mitgliedstaaten können alternative Systeme oder Modalitäten für die Bestellung und Entlassung des Abschlussprüfers zulassen, sofern die Unabhängigkeit des Abschlussprüfers von den Personen sichergestellt ist, die die Geschäfte der Organisation für die kollektive Rechtewahrnehmung führen.

(9) Alle Mitglieder einer Organisation für die kollektive Rechtewahrnehmung sind zur Teilnahme an der Mitgliederhauptversammlung berechtigt und stimmberechtigt. Gleichwohl können die Mitgliedstaaten Einschränkungen des Rechts der Mitglieder der Organisation für die kollektive Rechtewahrnehmung, an der Mitgliederversammlung teilzunehmen und dort ihr Stimmrecht auszuüben, aufgrund mindestens eines der folgenden Kriterien zulassen:
a) Dauer der Mitgliedschaft,
b) Beträge, die ein Mitglied erhalten hat oder die ihm zustehen,
vorausgesetzt, diese Kriterien werden in einer fairen und verhältnismäßigen Weise festgelegt und angewendet.

Die Kriterien in Unterabsatz 1 Buchstaben a und b sind in das Statut oder die Mitgliedschaftsbedingungen der Organisation für die kollektive Rechtewahrnehmung aufzunehmen und gemäß den Artikeln 19 und 21 zu veröffentlichen.

(10) Jedes Mitglied einer Organisation für die kollektive Rechtewahrnehmung hat das Recht, eine andere natürliche oder juristische Person zum Vertreter zu bestellen, der in seinem Namen an der Mitgliederhauptversammlung teilnimmt und sein Stimmrecht ausübt, sofern diese Bestellung nicht zu einem Interessenkonflikt führt, was beispielsweise der Fall sein kann, wenn das Mitglied und sein Vertreter zu verschiedenen Kategorien von Rechtsinhabern innerhalb der Organisation für die kollektive Rechtewahrnehmung gehören.

Gleichwohl können die Mitgliedstaaten die Bestellung von Vertretern und die Ausübung der Stimmrechte der Mitglieder, die sie vertreten, einschränken, wenn dadurch die angemessene und wirksame Mitwirkung der Mitglieder an dem Entscheidungsfindungsprozess der Organisation für die kollektive Rechtewahrnehmung nicht beeinträchtigt wird.

Ein Vertreter wird jeweils für eine einzige Mitgliederhauptversammlung bestellt. Der Vertreter genießt bei der Mitgliederhauptversammlung dieselben Rechte wie das Mitglied, das ihn bestellt hat. Der Vertreter ist verpflichtet, entsprechend den Anweisungen des Mitglieds, das ihn bestellt hat, abzustimmen.

(11) Die Mitgliedstaaten können beschließen, dass die Befugnisse der Mitgliederhauptversammlung von einer Versammlung von Delegierten ausgeübt werden können, die mindestens alle vier Jahre von den Mitgliedern der Organisation für die kollektive Rechtewahrnehmung gewählt werden, sofern
a) eine angemessene und wirksame Mitwirkung der Mitglieder an dem Entscheidungsfindungsprozess der Organisation für die kollektive Rechtewahrnehmung gewährleistet ist; und
b) die verschiedenen Kategorien von Mitgliedern in der Delegiertenversammlung fair und ausgewogen vertreten sind.
Die Absätze 2 bis 10 gelten entsprechend für die Delegiertenversammlung.

(12) Die Mitgliedstaaten können für den Fall, dass eine Organisation für die kollektive Rechtewahrnehmung aufgrund ihrer Rechtsform keine Hauptversammlung von Mitgliedern ausrichten kann, vorsehen, dass die Befugnisse dieser Versammlung dem Gremium, das die Aufsichtsfunktion wahrnimmt, übertragen werden. Die Absätze 2 bis 5, 7 und 8 gelten entsprechend für das Gremium, das die Aufsichtsfunktion wahrnimmt.

(13) Die Mitgliedstaaten können vorsehen, dass in Organisationen für die kollektive Rechtewahrnehmung, zu deren Mitgliedern Einrichtungen zählen, die Rechtsinhaber vertreten, einige oder alle Befugnisse der Mitgliederhauptversammlung von einer Versammlung dieser Rechtsinhaber auszuüben sind. Die Absätze 2 bis 10 gelten entsprechend für die Versammlung der Rechtsinhaber.

Art. 9. Aufsichtsfunktion. (1) Die Mitgliedstaaten stellen sicher, dass die Organisationen für die kollektive Rechtewahrnehmung über eine Aufsichtsfunktion für die kontinuierliche Überwachung der Tätigkeit und der Aufgabenerfüllung der Personen verfügen, die die Geschäfte der Organisation führen.

(2) In dem Gremium, das die Aufsichtsfunktion wahrnimmt, ist eine faire und ausgewogene Vertretung der verschiedenen Mitgliederkategorien der Organisation für die kollektive Rechtewahrnehmung sicherzustellen.

(3) Jede Person, die die Aufsichtsfunktion wahrnimmt, gibt der Mitgliederhauptversammlung gegenüber jährlich eine individuelle Erklärung über Interessenkonflikte ab, in der die Angaben nach Artikel 10 Absatz 2 Unterabsatz 2 enthalten sind.

(4) Das Gremium, das die Aufsichtsfunktion wahrnimmt, tritt regelmäßig zusammen und verfügt mindestens über folgende Befugnisse:
a) die Befugnisse, einschließlich derer gemäß Artikel 8 Absatz 4 und 6, die ihm von der Mitgliederhauptversammlung übertragen werden;
b) Überwachung der Tätigkeit und der Aufgabenerfüllung der in Artikel 10 genannten Personen, einschließlich der Umsetzung der Beschlüsse der Mitgliederhauptversammlung und insbesondere der in Artikel 8 Absatz 5 Buchstaben a bis d aufgelisteten allgemeinen Grundsätze.

(5) Das Gremium, das die Aufsichtsfunktion wahrnimmt, berichtet der Mitgliederhauptversammlung mindestens einmal im Jahr über die Ausübung seiner Befugnisse.

Art. 10. Pflichten der die Geschäfte der Organisation für die kollektive Rechtewahrnehmung führenden Personen. (1) Die Mitgliedstaaten stellen sicher, dass jede Organisation für die kollektive Rechtewahrnehmung alle notwendigen Vorkehrungen dafür trifft, dass die Personen, die die Geschäfte dieser Organisation für die kollektive Rechtewahrnehmung führen, diese Aufgabe solide, umsichtig und angemessen unter Verwendung solider Verwaltungs- und Rechnungslegungsverfahren und interner Kontrollmechanismen erfüllen.

(2) Die Mitgliedstaaten stellen sicher, dass die Organisationen für die kollektive Rechtewahrnehmung Verfahren festlegen und anwenden, um Interessenkonflikte zu vermeiden und für den Fall, dass Interessenkonflikte nicht vermieden werden können, tatsächliche oder mögliche Interessenkonflikte erkennen, ausräumen, überwachen und offenlegen zu können, um zu verhindern, dass sich diese Interessenkonflikte nachteilig auf die kollektiven Interessen der von der Organisation für die kollektive Rechtewahrnehmung vertretenen Rechtsinhaber auswirken.

Zu den Verfahren nach Unterabsatz 1 gehört die jährliche Abgabe einer individuellen Erklärung der in Absatz 1 genannten Personen gegenüber der Mitgliederhauptversammlung, die folgende Angaben enthält:
a) Beteiligungen an der Organisation für die kollektive Rechtewahrnehmung,
b) von der Organisation für die kollektive Rechtewahrnehmung im abgelaufenen Geschäftsjahr bezogene Vergütungen einschließlich Versorgungszahlungen, Sachleistungen und sonstige Leistungen,
c) in der Eigenschaft als Rechtsinhaber von der Organisation für die kollektive Rechtewahrnehmung im abgelaufenen Geschäftsjahr erhaltene Beträge,
d) eine Erklärung zu einem etwaigen tatsächlichen oder möglichen Konflikt zwischen persönlichen Interessen und den Interessen der Organisation für die kollektive Rechtewahrnehmung oder zwischen Pflichten gegenüber der Organisation für die kollektive Rechtewahrnehmung und Pflichten gegenüber einer anderen natürlichen oder juristischen Person.

Kapitel 2. Verwaltung der Einnahmen aus den Rechten

Art. 11. Einziehung und Verwendung der Einnahmen aus den Rechten. (1) Die Mitgliedstaaten stellen sicher, dass die Vorschriften der Absätze 2 bis 5 von den Organisationen für die kollektive Rechtewahrnehmung eingehalten werden.

(2) Bei der Einziehung und der Verwaltung der Einnahmen aus den Rechten gehen die Organisationen für die kollektive Rechtewahrnehmung mit der gebotenen Sorgfalt vor.

(3) Die Organisationen für die kollektive Rechtewahrnehmung führen getrennt Buch über
a) die Einnahmen aus den Rechten und die Erträge aus der Anlage dieser Einnahmen und
b) ihr eigenes Vermögen, die Erträge aus diesem Vermögen, aus den Verwaltungskosten und aus sonstiger Tätigkeit.

(4) Die Organisationen für die kollektive Rechtewahrnehmung dürfen die Einnahmen aus den Rechten und die Erträge aus den Anlagen dieser Einnahmen nicht für andere Zwecke als zur Verteilung an die Rechtsinhaber verwenden, außer in Fällen, in denen sie gemäß einem nach Artikel 8 Absatz 5 Buchstabe d gefassten Beschluss die Verwaltungskosten einbehalten oder verrechnen oder die Einnahmen aus den Rechten und die Erträge aus den Anlagen dieser Einnahmen gemäß einem nach Artikel 8 Absatz 5 gefassten Beschluss verwenden dürfen.

(5) Legt eine Organisation für die kollektive Rechtewahrnehmung die Einnahmen aus den Rechten oder die Erträge aus den Anlagen dieser Einnahmen an, so geschieht dies im besten Interesse der Rechtsinhaber, deren Rechte sie repräsentiert, im Einklang mit der allgemeinen Anlagepolitik und den Grundsätzen für das Risikomanagement im Sinne des Artikels 8 Absatz 5 Buchstaben c und f und im Einklang mit den nachstehenden Bestimmungen:
a) Im Falle eines möglichen Interessenkonflikts sorgt die Organisation für die kollektive Rechtewahrnehmung dafür, dass die Anlage einzig und allein im Interesse dieser Rechtsinhaber erfolgt.
b) Die Vermögenswerte sind so anzulegen, dass die Sicherheit, Qualität, Liquidität und Rentabilität des Portfolios insgesamt gewährleistet ist.
c) Die Anlagen sind in angemessener Weise so zu streuen, dass eine übermäßige Abhängigkeit von einem bestimmten Vermögenswert und eine Risikokonzentration im Portfolio insgesamt vermieden werden.

Art. 12. Abzüge. (1) Die Mitgliedstaaten stellen sicher, dass eine Organisation für die kollektive Rechtewahrnehmung, die von einem Rechtsinhaber mit der Wahrnehmung seiner Rechte beauftragt wird, diesen über Verwaltungskosten und andere Abzüge von den Einnahmen aus den Rechten und über Abzüge von Erträgen aus den Anlagen der Einnahmen aus den Rechten aufklären muss, bevor sie die Zustimmung des Rechtsinhabers zur Rechtewahrnehmung einholt.

(2) Die Abzüge müssen im Verhältnis zu den Leistungen, die die Organisation für die kollektive Rechtewahrnehmung gegenüber den Rechtsinhabern erbringt, gegebenenfalls einschließlich der in Absatz 4 genannten Leistungen, angemessen sein und anhand von objektiven Kriterien festgelegt werden.

(3) Die Verwaltungskosten dürfen die gerechtfertigten und belegten Kosten, die der Organisation für die kollektive Rechtewahrnehmung durch die Wahrnehmung von Urheber- und verwandten Schutzrechten entstehen, nicht übersteigen.
Die Mitgliedstaaten stellen sicher, dass die für die Verwendung und die Transparenz bei der Verwendung der abgezogenen oder verrechneten Verwaltungskosten geltenden Bestimmungen auch für alle andere Abzüge gelten, die zur Deckung der durch die Wahrnehmung der Urheber- oder verwandten Schutzrechte entstehenden Kosten angesetzt werden.

(4) Erbringt eine Organisation für die kollektive Rechtewahrnehmung soziale, kulturelle oder Bildungsleistungen, die durch Abzüge von den Einnahmen aus den Rechten oder den Erträgen aus deren Anlage finanziert werden, werden solche Leistungen auf der Grundlage fairer Kriterien, insbesondere im Hinblick auf den Zugang zu solchen Leistungen und deren Umfang, bereitgestellt.

Art. 13. Verteilung an die Rechtsinhaber. (1) Unbeschadet des Artikels 15 Absatz 3 und des Artikels 28 stellen die Mitgliedstaaten sicher, dass die Organisationen für die kollektive Rechtewahrnehmung die den Rechtsinhabern zustehenden Beträge gemäß den in Artikel 8 Absatz 5 Buchstabe a genannten allgemeinen Grundsätzen für die Verteilung regelmäßig, sorgfältig und korrekt verteilen und ausschütten.
Die Mitgliedstaaten stellen außerdem sicher, dass Organisationen für die kollektive Rechtewahrnehmung oder ihre Mitglieder, wenn es sich dabei um Einrichtungen zur Vertretung von Rechtsinhabern handelt, diese Beträge so schnell wie möglich, jedoch spätestens neun Monate nach Ablauf des Geschäftsjahrs, in dem die Einnahmen aus den Rechten eingezogen wurden, verteilt und an die Rechtsinhaber ausschüttet, es sei denn, die Organisation für die kollektive

Rechtewahrnehmung, oder gegebenenfalls das Mitglied, ist aus objektiven Gründen insbesondere im Zusammenhang mit Meldungen von Nutzern, der Feststellung der Rechte, Rechtsinhabern oder der Zuordnung von Angaben über Werke und andere Schutzgegenstände zu dem jeweiligen Rechtsinhaber außerstande, die Frist zu wahren.

(2) Können die den Rechtsinhabern zustehenden Beträge nicht innerhalb der Frist nach Absatz 1 verteilt werden, da die betreffenden Rechtsinhaber nicht ermittelt oder ausfindig gemacht werden können und ist die in Absatz 1 genannte Ausnahme zu dieser Frist nicht anwendbar, werden diese Beträge in der Buchführung der Organisation für die kollektive Rechtewahrnehmung getrennt erfasst.

(3) Die Organisation für die kollektive Rechtewahrnehmung unternimmt alle notwendigen Schritte im Einklang mit Absatz 1, um die Rechtsinhaber zu ermitteln und ausfindig zu machen. Insbesondere stellt die Organisation für die kollektive Rechtewahrnehmung folgenden Adressaten spätestens drei Monate nach Ablauf der Frist nach Absatz 1 Angaben über Werke und sonstige Schutzgegenstände zur Verfügung, deren Rechtsinhaber nicht ermittelt oder ausfindig gemacht werden konnten:
a) den von ihr vertretenen Rechtsinhabern oder den Einrichtungen zur Vertretung von Rechtsinhabern, wenn solche Einrichtungen Mitglieder der Organisation für die kollektive Rechtewahrnehmung sind; und
b) allen Organisationen für die kollektive Rechtewahrnehmung, mit denen sie Repräsentationsvereinbarungen geschlossen hat.

Die Angaben nach Absatz 1 umfassen, sofern verfügbar, folgendes:
a) den Titel des Werks oder anderen Schutzgegenstands,
b) den Namen des Rechtsinhabers,
c) den Namen des betreffenden Verlegers oder Produzenten und
d) alle sonstigen relevanten verfügbaren Informationen, die zur Ermittlung des Rechtsinhabers hilfreich sein könnten.

Die Organisation für die kollektive Rechtewahrnehmung überprüft zudem das in Artikel 6 Absatz 5 genannte Mitgliederverzeichnis und andere leicht verfügbare Aufzeichnungen. Bleiben die zuvor genannten Schritte ohne Erfolg, veröffentlicht die Organisation für die kollektive Rechtewahrnehmung diese Angaben spätestens ein Jahr nach Ablauf der Dreimonatsfrist.

(4) Können die den Rechtsinhabern zustehenden Beträge nicht nach Ablauf von drei Jahren nach Ablauf des Geschäftsjahres, in dem die Einnahmen aus den Rechten eingezogen wurden, verteilt werden und hat die Organisation für die kollektive Rechtewahrnehmung alle notwendigen Maßnahmen nach Absatz 3 ergriffen, um die Rechtsinhaber zu ermitteln und ausfindig zu machen, so gelten diese Beträge als nicht verteilbar.

(5) Die Mitgliederhauptversammlung einer Organisation für die kollektive Rechtewahrnehmung beschließt über die Verwendung der nicht verteilbaren Beträge, im Einklang mit Artikel 8 Absatz 5 Buchstabe b, unbeschadet des Rechts der Rechtsinhaber, diese Beträge von der Organisation für die kollektive Rechtewahrnehmung im Einklang mit den rechtlichen Bestimmungen der Mitgliedstaaten über die Verjährung von Ansprüchen geltend zu machen.

(6) Die Mitgliedstaaten können die zulässigen Verwendungen von nicht verteilbaren Beträgen einschränken oder festlegen, unter anderem durch Regelungen, denen zufolge diese Beträge gesondert und unabhängig zur Finanzierung von sozialen, kulturellen oder Bildungsleistungen zugunsten von Rechtsinhabern verwendet werden müssen.

Kapitel 3. Rechtewahrnehmung für andere Organisationen für die kollektive Rechtewahrnehmung

Art. 14. Auf der Grundlage von Repräsentationsvereinbarungen wahrgenommene Rechte. Die Mitgliedstaaten stellen sicher, dass eine Organisation für die kollektive Rechtewahrnehmung keinen Rechtsinhaber, dessen Rechte sie auf der Grundlage einer Repräsentationsvereinbarung wahrnimmt, diskriminiert, insbesondere hinsichtlich der anwendbaren Tarife, Verwaltungskosten und der Bedingungen für die Einziehung der Einnahmen und die Verteilung der den Rechtsinhabern zustehenden Beträge.

Art. 15. Abzüge und Zahlungen bei Repräsentationsvereinbarungen. (1) Die Mitgliedstaaten stellen sicher, dass die Organisationen für die kollektive Rechtewahrnehmung von den Einnahmen aus den Rechten, die ihnen aus einer Repräsentationsvereinbarung zufließen, oder von Erträgen aus den Anlagen dieser Einnahmen keine anderen Beträge als die Verwaltungskosten abziehen, es sei denn, die andere Organisation für die kollektive Rechtewahrnehmung, mit der die Repräsentationsvereinbarung geschlossen wurde, hat einem solchen Abzug ausdrücklich zugestimmt.

(2) Die Organisationen für die kollektive Rechtewahrnehmung verteilen regelmäßig, sorgfältig und korrekt an die anderen Organisationen für die kollektive Rechtewahrnehmung die diesen zustehenden Beträge und schütten sie an diese aus.

(3) Die Organisationen für die kollektive Rechtewahrnehmung nehmen die Verteilung und Ausschüttung an andere Organisationen für die kollektive Rechtewahrnehmung so schnell wie möglich, spätestens jedoch neun Monate nach Ablauf des Geschäftsjahres vor, in dem die Einnahmen aus den Rechten eingezogen wurden, es sei denn, es ist ihnen aus objektiven Gründen insbesondere im Zusammenhang mit Meldungen von Nutzern, der Feststellung der Rechte, Rechtsinhabern oder der Zuordnung von Angaben über Werke und andere Schutzgegenstände zu dem jeweiligen Rechtsinhaber nicht möglich, diese Frist zu wahren.

Die anderen Organisationen für die kollektive Rechtewahrnehmung oder ihre Mitglieder, wenn es sich dabei um Einrichtungen zur Vertretung von Rechtsinhabern handelt, verteilen und schütten diese Beträge so schnell wie möglich aus, spätestens jedoch sechs Monate nach Erhalt an die Rechtsinhaber, es sei denn, es ist ihnen aus objektiven Gründen insbesondere im Zusammenhang mit Meldungen von Nutzern, der Feststellung der Rechte, Rechtsinhabern oder der Zuordnung von Angaben über Werke und andere Schutzgegenstände zu dem jeweiligen Rechtsinhaber nicht möglich, diese Frist zu wahren.

Kapitel 4. Verhältnis zu den Nutzern

Art. 16. Lizenzvergabe. (1) Die Mitgliedstaaten stellen sicher, dass Organisationen für die kollektive Rechtewahrnehmung und Nutzer nach Treu und Glauben über die Lizenzierung von Nutzungsrechten verhandeln. Organisationen für die kollektive Rechtewahrnehmung und Nutzer stellen sich gegenseitig alle notwendigen Informationen zur Verfügung.

(2) Die Lizenzbedingungen sind auf objektive und diskriminierungsfreie Kriterien zu stützen. Bei der Lizenzierung sind Organisationen für die kollektive Rechtewahrnehmung nicht verpflichtet, zwischen ihnen und einem Nutzer, der neuartige Online-Dienste anbietet, die seit weniger als drei Jahren der Öffentlichkeit in der Union zur Verfügung stehen, vereinbarte Lizenzbedingungen als Präzedenzfall für andere Online-Dienste heranzuziehen

Die Rechtsinhaber erhalten eine angemessene Vergütung für die Nutzung ihrer Rechte. Tarife für ausschließliche Rechte und Vergütungsansprüche stehen in einem angemessenen Verhältnis unter anderem zu dem wirtschaftlichen Wert der Nutzung der Rechte unter Berücksichtigung der Art und des Umfangs der Nutzung des Werks und sonstiger Schutzgegenstände sowie zu dem wirtschaftlichen Wert der von der Organisation für die kollektive Rechtewahrnehmung erbrachten Leistungen. Die Organisationen für die kollektive Rechtewahrnehmung informieren die betroffenen Nutzer über die der Tarifaufstellung zugrunde liegenden Kriterien.

(3) Organisationen für die kollektive Rechtewahrnehmung antworten unverzüglich auf Anfragen von Nutzern und teilen ihnen unter anderem mit, welche Angaben sie für ein Lizenzangebot benötigen.

Nach Eingang aller erforderlichen Angaben unterbreitet die Organisation für die kollektive Rechtewahrnehmung dem Nutzer unverzüglich entweder ein Lizenzangebot oder gibt ihm gegenüber eine begründete Erklärung ab, warum sie keine Lizenz für eine bestimmte Dienstleistung vergeben gedenkt.

(4) Die Organisationen für die kollektive Rechtewahrnehmung erlauben den Nutzern für die Kommunikation mit ihnen die Verwendung elektronischer Kommunikationsmittel, gegebenenfalls auch für Meldungen über den Gebrauch der Lizenz.

Art. 17. Pflichten der Nutzer. Die Mitgliedstaaten erlassen Vorschriften um sicherzustellen, dass die Nutzer einer Organisation für die kollektive Rechtewahrnehmung innerhalb von vereinbarten oder bereits festgelegten Fristen und in vereinbarten oder bereits festgelegten Formaten die ihnen verfügbaren einschlägigen Informationen über die Nutzung der von der Organisation für die kollektive Rechtewahrnehmung repräsentierten Rechte zur Verfügung stellen, die für die Einziehung der Einnahmen aus den Rechten und für die Verteilung und Ausschüttung der den Rechtsinhabern zustehenden Beträge benötigt werden. Bei der Wahl der Form für die Informationsübermittlung berücksichtigen die Organisationen für die kollektive Rechtewahrnehmung und die Nutzer nach Möglichkeit unverbindliche branchenübliche Standards.

Kapitel 5. Transparenz und Berichtspflichten

Art. 18. Informationen an Rechtsinhaber über die Wahrnehmung ihrer Rechte
(1) Unbeschadet der Bestimmungen in Absatz 2 dieses Artikels sowie in Artikel 19 und in Artikel 28 Absatz 2 stellen die Mitgliedstaaten sicher, dass eine Organisation für die kollektive Rechtewahrnehmung jedem Rechtsinhaber, dem sie im Berichtszeitraum Einnahmen aus den Rechten zugewiesen oder an den sie in diesem Zeitraum solche Einnahmen ausgeschüttet hat, mindestens einmal jährlich mindestens die folgenden Informationen zur Verfügung stellt:
a) alle Kontaktdaten, die von der Organisation für die kollektive Rechtewahrnehmung mit Genehmigung des Rechtsinhabers dazu verwendet werden können, den Rechtsinhaber zu ermitteln und ausfindig zu machen,
b) die dem Rechtsinhaber zugewiesenen Einnahmen aus den Rechten,
c) die an den Rechtsinhaber von der Organisation für die kollektive Rechtewahrnehmung ausgeschütteten Beträge nach Kategorien der wahrgenommenen Rechte und Nutzungsarten,
d) den Zeitraum, in dem die Nutzungen, für die dem Rechtsinhaber Vergütungen zugewiesen und an ihn ausgeschüttet wurden, stattgefunden haben, sofern nicht objektive Gründe im Zusammenhang mit Meldungen von Nutzern die Organisation für die kollektive Rechtewahrnehmung daran hindern, diese Angaben zur Verfügung zu stellen,
e) die für Verwaltungskosten vorgenommenen Abzüge,
f) die für andere Zwecke als Verwaltungskosten vorgenommenen Abzüge einschließlich der durch das nationale Recht vorgeschriebenen Abzüge für die Bereitstellung von sozialen, kulturellen oder Bildungsleistungen,
g) dem Rechtsinhaber zugewiesene noch ausstehende Einnahmen aus den Rechten, für jedweden Zeitraum,

(2) Weist eine Organisation für die kollektive Rechtewahrnehmung Einnahmen aus Rechten zu und zählen zu ihren Mitgliedern Einrichtungen, die für die Verteilung von Einnahmen aus Rechten an Rechtsinhaber verantwortlich sind, so stellt sie diesen Einrichtungen die in Absatz 1 genannten Informationen zur Verfügung, sofern sie nicht selbst darüber verfügen. Die Mitgliedstaaten stellen sicher, dass die Einrichtungen mindestens einmal im Jahr jedem Rechtsinhaber, dem sie in dem Zeitraum, auf den sich die Informationen beziehen, Einnahmen aus Rechten zugewiesen oder ausgeschüttet haben, mindestens die in Absatz 1 genannten Informationen zur Verfügung stellen.

Art. 19. Informationen an andere Organisationen für die kollektive Rechtewahrnehmung über die Wahrnehmung von Rechten auf der Grundlage von Repräsentationsvereinbarungen. Die Mitgliedstaaten stellen sicher, dass die Organisationen für die kollektive Rechtewahrnehmung den Organisationen für die kollektive Rechtewahrnehmung, für die sie auf der Grundlage einer Repräsentationsvereinbarung für den Zeitraum Rechte wahrnehmen, auf den sich die Informationen beziehen, mindestens einmal jährlich elektronisch mindestens die folgenden Informationen zur Verfügung stellen:

a) die zugewiesenen Einnahmen aus Rechten, die Beträge, die die Organisation für die kollektive Rechtewahrnehmung für jede Kategorie der wahrgenommenen Rechte und jede Art der Nutzung der Rechte, die sie auf der Grundlage der Repräsentationsvereinbarung wahrnimmt, ausgeschüttet hat, sowie sonstige zugewiesene, noch ausstehende Einnahmen aus Rechten für jedweden Zeitraum,
b) die für Verwaltungskosten vorgenommenen Abzüge,
c) für andere Zwecke als Verwaltungskosten vorgenommene Abzüge gemäß Artikel 15,
d) die vergebenen und verweigerten Lizenzen in Bezug auf Werke und andere Schutzgegenstände, die von der Repräsentationsvereinbarung umfasst sind,
e) Beschlüsse der Mitgliederhauptversammlung, sofern sie für die Wahrnehmung der unter die Repräsentationsvereinbarung fallenden Rechte maßgeblich sind.

Art. 20. Informationen an Rechtsinhaber, andere Organisationen für die kollektive Rechtewahrnehmung und Nutzer auf Anfrage. (1) Unbeschadet Artikel 25 stellen die Mitgliedstaaten sicher, dass jede Organisation für die kollektive Rechtewahrnehmung unverzüglich den Organisationen für die kollektive Rechtewahrnehmung, für die sie auf der Grundlage einer Repräsentationsvereinbarung Rechte wahrnimmt, den Rechtsinhabern und Nutzern auf deren hinreichend begründete Anfrage mindestens folgende Informationen elektronisch zur Verfügung stellt:

a) die Werke oder sonstigen Schutzgegenstände, die sie repräsentiert, die Rechte, die sie unmittelbar oder auf Grundlage von Repräsentationsvereinbarungen wahrnimmt, und die umfassten Lizenzgebiete oder,
b) wenn aufgrund des Tätigkeitsbereichs der Organisation für die kollektive Rechtewahrnehmung derartige Werke und sonstige Schutzgegenstände nicht bestimmt werden können, die Arten von Werken oder sonstigen Schutzgegenständen, die sie repräsentiert, die wahrgenommenen Rechte und umfassten Lizenzgebiete;

Art. 21. Informationen für die Öffentlichkeit. (1) Die Mitgliedstaaten stellen sicher, dass jede Organisation für die kollektive Rechtewahrnehmung mindestens folgende Informationen veröffentlicht:

a) ihr Statut,
b) ihre Mitgliedschaftsbedingungen und die Bedingungen für die Beendigung des Wahrnehmungsauftrags, sofern diese nicht in dem Statut enthalten sind,
c) Standardlizenzverträge und anwendbare Standardtarife einschließlich Ermäßigungen,
d) die Liste der in Artikel 10 genannten Personen,
e) die allgemeinen Grundsätze für die Verteilung der den Rechtsinhabern zustehenden Beträge,
f) die allgemeinen Grundsätze für die Verwaltungskosten,
g) die allgemeinen Grundsätze für Abzüge, die nicht Verwaltungskosten betreffen, Verwaltungskosten von den Einnahmen aus den Rechten und den Erträgen aus der Anlage der Einnahmen, einschließlich Abzügen für soziale, kulturelle und Bildungsleistungen,
h) eine Aufstellung der von ihr geschlossenen Repräsentationsvereinbarungen und die Namen der Organisationen für die kollektive Rechtewahrnehmung, mit denen die Verträge geschlossen wurden,
i) die allgemeinen Grundsätze für die Verwendung der nicht verteilbaren Beträge,
j) die verfügbaren Beschwerde- und Streitbeilegungsverfahren gemäß den Artikeln 33, 34 und 35.

(2) Die Organisation für die kollektive Rechtewahrnehmung veröffentlicht die Informationen nach Absatz 1 auf ihrer öffentlichen Website und hält diese Informationen auf dem aktuellen Stand.

Art. 22. Jährlicher Transparenzbericht. (1) Die Mitgliedstaaten stellen sicher, dass die Organisationen für die kollektive Rechtewahrnehmung ungeachtet ihrer Rechtsform nach nationalem Recht für jedes Geschäftsjahr spätestens acht Monate nach dessen Ablauf einen jährlichen Transparenzbericht einschließlich des gesonderten Berichts nach Absatz 3 erstellen und veröffentlichen.

Die Organisation für die kollektive Rechtewahrnehmung veröffentlicht auf ihrer Website den jährlichen Transparenzbericht, der dort mindestens fünf Jahre lang öffentlich zugänglich bleibt.

(2) Der jährliche Transparenzbericht enthält mindestens die im Anhang aufgeführten Angaben.

(3) Ein gesonderter Bericht gibt Aufschluss über die Beträge, die für soziale, kulturelle und Bildungsleistungen einbehalten wurden, und enthält mindestens die im Anhang unter Nummer 3 aufgeführten Angaben.

(4) Die im Transparenzbericht enthaltenen Rechnungslegungsinformationen werden von einer oder mehreren Personen geprüft, die im Einklang mit der Richtlinie 2006/43/EG des Europäischen Parlaments und des Rates[1]) gesetzlich zur Abschlussprüfung zugelassen sind.

Der Bestätigungsvermerk und etwaige Beanstandungen sind im jährlichen Transparenzbericht vollständig wiederzugeben.

Im Sinne dieses Absatzes umfassen die Rechnungslegungsinformationen die Jahresabschlüsse gemäß Nummer 1 Buchstabe a des Anhangs sowie sonstige Finanzinformationen gemäß Nummer 1 Buchstaben g und h und Nummer 2 des Anhangs.

Titel III. Vergabe von Mehrgebietslizenzen für Online-Rechte an Musikwerken durch Organisationen für die kollektive Rechtewahrnehmung

Art. 23. Vergabe von Mehrgebietslizenzen im Binnenmarkt. Die Mitgliedstaaten stellen sicher, dass die in ihrem Hoheitsgebiet ansässigen Organisationen für die kollektive Rechtewahrnehmung bei der Vergabe von Mehrgebietslizenzen für Online-Rechte an Musikwerken die Bestimmungen dieses Titels beachten.

Art. 24. Kapazitäten zur Abwicklung von Mehrgebietslizenzen. (1) Die Mitgliedstaaten stellen sicher, dass die Organisationen für die kollektive Rechtewahrnehmung, die Mehrgebietslizenzen für Online-Rechte an Musikwerken vergeben, über ausreichende Kapazitäten zur effizienten und transparenten elektronischen Verarbeitung der für die Verwaltung dieser Lizenzen erforderlichen Daten verfügen, darunter zur Bestimmung des Repertoires und Überwachung von dessen Nutzung, zur Ausstellung von Rechnungen, zur Einziehung von Einnahmen aus der Rechtenutzung und zur Verteilung der den Rechtsinhabern zustehenden Beträge.

(2) Für die Zwecke des Absatzes 1 müssen die Organisationen für die kollektive Rechtewahrnehmung mindestens folgende Voraussetzungen erfüllen:
a) sie müssen über die Fähigkeit zur korrekten Bestimmung der einzelnen Musikwerke – vollständig oder teilweise –, die die Organisationen für die kollektive Rechtewahrnehmung repräsentieren dürfen, verfügen;
b) sie müssen hinsichtlich eines jeden Musikwerks oder Teils eines Musikwerks, das die Organisation für die kollektive Rechtewahrnehmung repräsentieren darf, über die Fähigkeit verfügen, die Rechte – vollständig oder teilweise und in Bezug auf jedes Gebiet – sowie den zugehörigen Rechtsinhaber zu bestimmen;

---

[1] Richtlinie 2006/43/EG des Europäischen Parlaments und des Rates vom 17. Mai 2006 über Abschlussprüfungen von Jahresabschlüssen und konsolidierten Abschlüssen, zur Änderung der Richtlinien 78/660/EWG und 83/349/EWG des Rates und zur Aufhebung der Richtlinie 84/253/EWG des Rates (ABl. L 157 vom 9.6.2006, S. 87).

c) sie müssen eindeutige Kennungen verwenden, um Rechtsinhaber und Musikwerke zu bestimmen, unter möglichst weitgehender Berücksichtigung freiwilliger branchenüblicher Standards und Praktiken, die auf internationaler oder Unionsebene entwickelt wurden;

d) sie müssen geeignete Mittel verwenden, um Unstimmigkeiten bei den Daten im Besitz anderer Organisationen für die kollektive Rechtewahrnehmung, die Mehrgebietslizenzen für Online-Rechte an Musikwerken vergeben, rasch und wirksam zu erkennen und zu beheben.

Art. 25. Transparenz von Informationen über gebietsübergreifende Repertoires.
(1) Die Mitgliedstaaten stellen sicher, dass Organisationen für die kollektive Rechtewahrnehmung, die Mehrgebietslizenzen für Online-Rechte an Musikwerken vergeben, den Anbietern von Online-Diensten, den Rechtsinhabern, deren Rechte sie repräsentieren, und anderen Organisationen für die kollektive Rechtewahrnehmung auf deren hinreichend begründete Anfrage auf elektronischem Wege aktuelle Informationen übermitteln, anhand deren das Online-Musikrepertoire, das sie repräsentieren, bestimmt werden kann. Die Informationen umfassen:
a) die repräsentierten Musikwerke,
b) die vollständig oder teilweise repräsentierten Rechte und
c) die umfassten Lizenzgebiete.

(2) Die Organisationen für die kollektive Rechtewahrnehmung können erforderlichenfalls angemessene Maßnahmen zum Schutz der Korrektheit und Integrität der Daten, zur Kontrolle ihrer Weiterverwendung und zum Schutz wirtschaftlich sensibler Informationen ergreifen.

Art. 26. Korrektheit der Informationen über gebietsübergreifende Repertoires.
(1) Die Mitgliedstaaten stellen sicher, dass Organisationen für die kollektive Rechtewahrnehmung, die Mehrgebietslizenzen für Online-Rechte an Musikwerken vergeben, über Regelungen verfügen, die es den Rechtsinhabern, anderen Organisationen für die kollektive Rechtewahrnehmung und Anbietern von Online-Diensten ermöglichen, die Korrektur der Daten, auf die in der Liste der Voraussetzungen in Artikel 24 Absatz 2 Bezug genommen wird, oder der gemäß Artikel 25 vorgelegten Informationen zu beantragen, wenn diese Rechtsinhaber, Organisationen für die kollektive Rechtewahrnehmung und Anbieter von Online-Diensten Grund zu der Annahme haben, dass die Daten oder Informationen zu ihren Online-Nutzungsrechten an Musikwerken nicht korrekt sind. Ist die Beanstandung hinreichend begründet, sorgt die betreffende Organisation für die kollektive Rechtewahrnehmung dafür, dass die Daten oder Informationen unverzüglich berichtigt werden.

(2) Die Organisationen für die kollektive Rechtewahrnehmung stellen sicher, dass die Rechtsinhaber, deren Musikwerke zu ihren Musikrepertoires gehören, und Rechtsinhaber, die ihnen die Wahrnehmung ihrer Online-Rechte an Musikwerken gemäß Artikel 31 übertragen haben, auf elektronischem Wege Informationen zu ihren Musikwerken oder zu ihren Rechten an diesen Werken und zu den Gebieten, für die die Rechtsinhaber die Organisation mit der Rechtewahrnehmung betrauen, übermitteln können. Dabei berücksichtigen die Organisationen für die kollektive Rechtewahrnehmung und die Rechtsinhaber so weit wie möglich freiwillige branchenübliche Standards und Praktiken für den Datenaustausch, die auf internationaler oder Unionsebene entwickelt wurden und die es den Rechtsinhabern ermöglichen, das Musikwerk oder Teile davon, die Online-Rechte – vollständig oder teilweise – und die Gebiete, für die die Rechtsinhaber der jeweiligen Organisation für die kollektive Rechtewahrnehmung einen Wahrnehmungsauftrag erteilt haben, anzugeben.

(3) Beauftragt eine Organisation für die kollektive Rechtewahrnehmung eine andere Organisation für die kollektive Rechtewahrnehmung gemäß Artikel 29 und 30 mit der Vergabe von Mehrgebietslizenzen für die Online-Rechte an Musikwerken, gilt Absatz 2 dieses Artikels ebenso für die beauftragte Organisation für die kollektive Rechtewahrnehmung in Bezug auf die Rechtsinhaber, deren Musikwerke zu dem Repertoire der Organisation für die kollektive Rechtewahrnehmung, die den Auftrag erteilt hat, zählen, soweit die Organisationen für die kollektive Rechtewahrnehmung keine anderslautenden Vereinbarungen treffen.

Art. 27. Korrekte und zügige Meldung und Rechnungsstellung. (1) Die Mitgliedstaaten stellen sicher, dass die Organisationen für die kollektive Rechtewahrnehmung die Nutzung der Online-Rechte an Musikwerken, die sie vollständig oder teilweise repräsentieren, durch Anbieter von Online-Diensten, denen sie eine Mehrgebietslizenz erteilt haben, überwachen.

(2) Die Organisationen für die kollektive Rechtewahrnehmung bieten Anbietern von Online-Diensten die Möglichkeit, die Online-Nutzung von Musikwerken auf elektronischem Wege zu melden, und die Anbieter von Online-Diensten melden korrekt die Nutzung dieser Werke. Die Organisationen für die kollektive Rechtewahrnehmung bieten mindestens eine Meldemethode an, die auf freiwilligen, auf internationaler oder Unionsebene entwickelten, branchenüblichen Standards oder Praktiken für den elektronischen Datenaustausch beruht. Sie können eine Meldung im Format des Anbieters von Online-Diensten ablehnen, wenn sie die Meldung nach einem branchenüblichen Standard für den elektronischen Datenaustausch zulassen.

(3) Die Organisationen für die kollektive Rechtewahrnehmung rechnen gegenüber den Anbietern von Online-Diensten elektronisch ab. Sie bieten mindestens ein Format an, das auf freiwilligen, auf internationaler oder Unionsebene entwickelten, branchenüblichen Standards oder Praktiken beruht. Auf der Rechnung werden die Werke und Rechte, die vollständig oder teilweise Gegenstand der Lizenz sind, auf der Grundlage der Daten, auf die in der Liste der Bedingungen in Artikel 24 Absatz 2 Bezug genommen wird, sowie deren tatsächliche Nutzung angegeben, soweit dies auf der Grundlage der Angaben der Anbieter von Online-Diensten und des Formats dieser Angaben möglich ist. Die Anbieter von Online-Diensten können die Annahme einer Rechnung aufgrund ihres Formats nicht verweigern, wenn die Organisation für die kollektive Rechtewahrnehmung einen branchenüblichen Standard verwendet.

(4) Die Organisationen für die kollektive Rechtewahrnehmung rechnen gegenüber den Anbietern von Online-Diensten nach Meldung der tatsächlichen Nutzung von Online-Rechten an Musikwerken unverzüglich ab, es sei denn, dies ist aus Gründen, die der Anbieter des Online-Dienstes zu verantworten hat, nicht möglich.

(5) Die Organisationen für die kollektive Rechtewahrnehmung verfügen zugunsten von Anbietern von Online-Diensten über geeignete Regelungen für Rechnungsbeanstandungen vonseiten der Anbieter von Online-Diensten, darunter auch für Fälle, in denen ein Anbieter von einer oder mehreren Organisationen für die kollektive Rechtewahrnehmung Rechnungen für dieselben Online-Nutzungsrechte an ein- und demselben Musikwerk erhält.

Art. 28. Ordnungsgemäße und unverzügliche Ausschüttung an die Rechtsinhaber.
(1) Unbeschadet des Absatzes 3 stellen die Mitgliedstaaten sicher, dass die Organisationen für die kollektive Rechtewahrnehmung, die Mehrgebietslizenzen für Online-Rechte an Musikwerken vergeben, die den Rechtsinhabern aus solchen Lizenzen zustehenden Beträge korrekt und unverzüglich nach Meldung der tatsächlichen Nutzung des Werkes verteilen, es sei denn, dies ist aus Gründen, die der Anbieter eines Online-Dienstes zu verantworten hat, nicht möglich.

(2) Unbeschadet des Absatzes 3 übermitteln die Organisationen für die kollektive Rechtewahrnehmung den Rechtsinhabern mit jeder Zahlung nach Absatz 1 mindestens folgende Angaben:
a) Zeitraum der Nutzung, für die den Rechtsinhabern eine Vergütung zusteht, sowie Gebiete, in denen die Rechte genutzt wurden;
b) für jedes Online-Recht an einem Musikwerk, mit dessen vollständiger oder teilweiser Repräsentation der Rechtsinhaber die Organisation für die kollektive Rechtewahrnehmung beauftragt hat, die eingezogenen Beträge, die Abzüge sowie die von der Organisation für die kollektive Rechtewahrnehmung verteilten Beträge;
c) die für die Rechtsinhaber eingezogenen Beträge, die Abzüge sowie die von der Organisation für die kollektive Rechtewahrnehmung verteilten Beträge in Bezug auf jeden Anbieter eines Online-Dienstes.

(3) Beauftragt eine Organisation für die kollektive Rechtewahrnehmung eine andere Organisation für die kollektive Rechtewahrnehmung gemäß den Artikeln 29 und 30, Mehrgebietslizenzen für Online-Rechte an Musikwerken zu vergeben, so verteilt die beauftragte Organisa-

Wahrnehmung von Urheber- und verwandten Schutzrechten **Anh 4**

tion für die kollektive Rechtewahrnehmung korrekt und unverzüglich die in Absatz 1 genannten Beträge und übermittelt der Organisation für die kollektive Rechtewahrnehmung, die den Auftrag erteilt hat die in Absatz 2 genannten Informationen. Die Organisation für die kollektive Rechtewahrnehmung, die den Auftrag erteilt hat, ist für die nachfolgende Verteilung der Beträge und die Weiterleitung der Informationen an die Rechtsinhaber verantwortlich, soweit die Organisationen für die kollektive Rechtewahrnehmung keine anderslautenden Vereinbarungen treffen.

Art. 29. Verträge zwischen Organisationen für die kollektive Rechtewahrnehmung zur Vergabe von Mehrgebietslizenzen. (1) Die Mitgliedstaaten stellen sicher, dass Repräsentationsvereinbarungen zwischen Organisationen für die kollektive Rechtewahrnehmung, mit denen eine Organisation für die kollektive Rechtewahrnehmung eine andere Organisation für die kollektive Rechtewahrnehmung mit der Vergabe von Mehrgebietslizenzen für Online-Rechte an Musikwerken ihres eigenen Repertoires beauftragt, nicht-exklusiver Natur sind. Die beauftragte Organisation für die kollektive Rechtewahrnehmung nimmt diese Online-Rechte diskriminierungsfrei wahr.

(2) Die Organisation für die kollektive Rechtewahrnehmung, die den Auftrag erteilt hat, informiert ihre Mitglieder über die zentralen Bedingungen dieser Vereinbarung, darunter die Laufzeit der Vereinbarung und die Kosten für die von der beauftragten Organisation für die kollektive Rechtewahrnehmung erbrachten Leistungen.

(3) Die beauftragte Organisation für die kollektive Rechtewahrnehmung informiert die Organisation für die kollektive Rechtewahrnehmung, die den Auftrag erteilt hat, über die zentralen Bedingungen für die Vergabe von Lizenzen für die Online-Rechte der Letzteren, darunter über die Art der Verwertung, über sämtliche Bestimmungen, die die Vergütung betreffen oder sich darauf auswirken, die Geltungsdauer der Lizenz, die Rechnungsperioden und die Lizenzgebiete, für die sie gilt.

Art. 30. Pflicht zur Repräsentation anderer Organisationen für die kollektive Rechtewahrnehmung bei der Mehrgebietslizenzierung. (1) Die Mitgliedstaaten stellen sicher, dass eine Organisation für die kollektive Rechtewahrnehmung, an die eine andere Organisation für die kollektive Rechtewahrnehmung, die keine Mehrgebietslizenzen für Online-Rechte an Musikwerken ihres eigenen Repertoires vergibt oder anbietet, den Antrag richtet, mit ihr eine Repräsentationsvereinbarung über die Repräsentation dieser Rechte zu schließen, diesen Antrag annehmen muss, wenn sie bereits Mehrgebietslizenzen für dieselbe Kategorie von Online-Rechten an Musikwerken aus dem Repertoire einer oder mehrerer anderer Organisationen für die kollektive Rechtewahrnehmung vergibt oder anbietet.

(2) Die Organisation für die kollektive Rechtewahrnehmung, an die der Antrag gerichtet wurde, antwortet der anderen Organisation für die kollektive Rechtewahrnehmung schriftlich und unverzüglich.

(3) Unbeschadet der Absätze 5 und 6 nimmt die Organisation für die kollektive Rechtewahrnehmung, an die der Antrag gerichtet wurde, das von der anderen Organisation für die kollektive Rechtewahrnehmung repräsentierte Repertoire zu denselben Bedingungen wahr wie ihr eigenes Repertoire.

(4) Die Organisation für die kollektive Rechtewahrnehmung, an die der Antrag gerichtet wurde, nimmt das von der anderen Organisation für die kollektive Rechtewahrnehmung repräsentierte Repertoire in alle Angebote auf, die sie an Anbieter von Online-Diensten richtet.

(5) Die Verwaltungskosten, die die Organisation für die kollektive Rechtewahrnehmung, an die der Antrag gerichtet wurde, von der Organisation für die kollektive Rechtewahrnehmung, die den Antrag gestellt hat, für die erbrachten Leistungen verlangt, dürfen die Kosten nicht übersteigen, die ersterer vernünftigerweise entstanden sind.

(6) Die Organisation für die kollektive Rechtewahrnehmung, die den Antrag gestellt hat, stellt der anderen Organisation für die kollektive Rechtewahrnehmung die für die Vergabe von Mehrgebietslizenzen für Online-Rechte an Musikwerken erforderlichen Informationen über ihr

eigenes Musikrepertoire zur Verfügung. Wenn die Informationen unzureichend sind oder in einer solchen Form vorgelegt wurden, dass die Organisation für die kollektive Rechtewahrnehmung, an die der Antrag gerichtet wurde, die Anforderungen dieses Titels nicht erfüllen kann, ist diese berechtigt, die vernünftigerweise für die Erfüllung der Anforderungen anfallenden Kosten in Rechnung zu stellen oder diejenigen Werke auszuschließen, zu denen keine ausreichenden oder verwendbaren Informationen vorgelegt wurden.

Art. 31. Zugang zur Mehrgebietslizenzierung. Die Mitgliedstaaten stellen sicher, dass die Rechtsinhaber, die eine Organisation für die kollektive Rechtewahrnehmung mit der Repräsentation ihrer Online-Rechte an Musikwerken betraut haben, dieser die Online-Rechte an Musikwerken für Zwecke der Vergabe von Mehrgebietslizenzen für alle Gebiete wieder entziehen können, ohne ihr auch die Online-Rechte an Musikwerken für die Vergabe von Eingebietslizenzen zu entziehen, um selbst, über einen bevollmächtigten Dritten oder über eine andere Organisation für die kollektive Rechtewahrnehmung, die die Anforderungen dieses Titels erfüllt, entsprechende Mehrgebietslizenzen erteilen zu können, wenn bis zum 10. April 2017 die beauftragte Organisation für die kollektive Rechtewahrnehmung keine solche Mehrgebietslizenz vergibt oder anbietet und keiner anderen Organisation für die kollektive Rechtewahrnehmung erlaubt, diese Rechte zu repräsentieren.

Art. 32. Ausnahme für Online-Rechte an Musikwerken für Hörfunk- und Fernsehprogramme. Dieser Titel findet auf Organisationen für die kollektive Rechtewahrnehmung keine Anwendung, die auf der Grundlage einer freiwilligen Bündelung der notwendigen Rechte unter Beachtung der Wettbewerbsregeln gemäß Artikel 101 und 102 AEUV eine Mehrgebietslizenz für Online-Rechte an Musikwerken erteilen, die Sendeunternehmen benötigen, um ihre Hörfunk- oder Fernsehprogramme begleitend zur ersten Sendung oder danach sowie sonstige Online-Inhalte, einschließlich Vorschauen, die ergänzend zur ersten Sendung von dem oder für das Sendeunternehmen produziert wurden, öffentlich wiedergeben oder zugänglich machen zu können.

Titel IV. Durchsetzungsmaßnahmen

Art. 33. Beschwerdeverfahren. (1) Die Mitgliedstaaten stellen sicher, dass die Organisationen für die kollektive Rechtewahrnehmung für ihre Mitglieder und Organisationen für die kollektive Rechtewahrnehmung, in deren Auftrag sie im Rahmen einer Repräsentationsvereinbarung Rechte wahrnehmen, wirksame und zügige Verfahren für die Bearbeitung von Beschwerden zur Verfügung stellen, insbesondere in Bezug auf den Abschluss und Beendigung des Wahrnehmungsauftrags oder die Entziehung von Rechten, die Mitgliedschaftsbedingungen, die Einziehung der den Rechtsinhabern zustehenden Beträge, die Abzüge und die Verteilung.

(2) Die Organisationen für die kollektive Rechtewahrnehmung reagieren schriftlich auf Beschwerden von Mitgliedern oder Organisationen für die kollektive Rechtewahrnehmung, in deren Auftrag sie im Rahmen einer Repräsentationsvereinbarung Rechte wahrnehmen. Weisen sie eine Beschwerde zurück, so begründen sie dies.

Art. 34. Alternative Streitbeilegungsverfahren. (1) Die Mitgliedstaaten können vorsehen, dass bei Streitigkeiten zwischen Organisationen für die kollektive Rechtewahrnehmung, Mitgliedern der Organisationen für die kollektive Rechtewahrnehmung, Rechtsinhabern oder Nutzern über die zur Umsetzung dieser Richtlinie erlassenen nationalen Rechtsvorschriften ein rasches, unabhängiges und unparteiisches alternatives Streitbeilegungsverfahren durchgeführt werden kann.

(2) Die Mitgliedstaaten stellen für die Zwecke des Titels III sicher, dass bei folgenden Streitigkeiten einer in ihrem Hoheitsgebiet ansässigen Organisation für die kollektive Rechtewahrneh-

mung, die Mehrgebietslizenzen für Online-Rechte an Musikwerken vergibt oder anbietet, ein unabhängiges, unparteiisches alternatives Streitbeilegungsverfahren durchgeführt werden kann:
a) Streitigkeiten mit einem tatsächlichen oder potenziellen Anbieter eines Online-Dienstes über die Anwendung der Artikel 16, 25, 26 und 27;
b) Streitigkeiten mit einem oder mehreren Rechtsinhabern über die Anwendung der Artikel 25, 26, 27, 28, 29, 30 und 31;
c) Streitigkeiten mit einer anderen Organisation für die kollektive Rechtewahrnehmung über die Anwendung der Artikel 25, 26, 27, 28, 29 und 30.

Art. 35. Streitbeilegung. (1) Die Mitgliedstaaten stellen sicher, dass Streitigkeiten zwischen Organisationen für die kollektive Rechtewahrnehmung und Nutzern, insbesondere über bestehende und angebotene Lizenzbedingungen oder Vertragsverletzungen vor Gericht oder gegebenenfalls vor eine andere unabhängige, unparteiische Streitbeilegungsstelle mit einschlägigen Kenntnissen des Rechts des geistigen Eigentums gebracht werden können.

(2) Die Artikel 33 und 34 sowie Absatz 1 dieses Artikels berühren nicht das Recht der Streitparteien, ihre Rechte gerichtlich geltend zu machen und durchzusetzen.

Art. 36. Einhaltung. (1) Die Mitgliedstaaten stellen sicher, dass die Einhaltung der nach dieser Richtlinie erlassenen nationalen Bestimmungen durch die in ihrem Hoheitsgebiet ansässigen Organisationen für die kollektive Rechtewahrnehmung durch die zu diesem Zweck benannten zuständigen Behörden überwacht wird.

(2) Die Mitgliedstaaten stellen sicher, dass den Mitgliedern einer Organisation für die kollektive Rechtewahrnehmung, den Rechtsinhabern, Nutzern, Organisationen für die kollektive Rechtewahrnehmung und sonstigen Beteiligten Verfahren zur Verfügung stehen, mit denen sie die zu diesem Zweck benannten zuständigen Behörden von Tätigkeiten oder Umständen in Kenntnis setzen können, die ihrer Ansicht nach einen Verstoß gegen nach dieser Richtlinie erlassene nationale Rechtsvorschriften darstellen.

(3) Die Mitgliedstaaten sorgen dafür, dass die zu diesem Zweck benannten zuständigen Behörden befugt sind, bei Verstößen gegen nationales Recht, welches zur Umsetzung dieser Richtlinie erlassen wurde, geeignete Sanktionen zu verhängen und geeignete Maßnahmen zu ergreifen. Diese Sanktionen und Maßnahmen müssen wirksam, verhältnismäßig und abschreckend sein.

Die Mitgliedstaaten geben der Kommission bis zum 10. April 2016 die in diesem Artikel und in den Artikeln 37 und 38 genannten zuständigen Behörden bekannt. Die Kommission veröffentlicht die diesbezüglichen Angaben.

Art. 37. Informationsaustausch zwischen den zuständigen Behörden. (1) Um die Überwachung der Anwendung dieser Richtlinie zu erleichtern, stellt jeder Mitgliedstaat sicher, dass ein Auskunftsersuchen einer zu diesem Zweck benannten zuständigen Behörde eines anderen Mitgliedstaats zu Angelegenheiten im Zusammenhang mit der Anwendung dieser Richtlinie, insbesondere bezüglich der Tätigkeiten von Organisationen für die kollektive Rechtewahrnehmung, die im Hoheitsgebiet des Mitgliedstaats, an den das Ersuchen gerichtet wurde, ansässig sind, unverzüglich von der zu diesem Zweck benannten zuständigen Behörde beantwortet wird, wenn diese Anfrage hinreichend begründet ist.

(2) Ist eine zuständige Behörde der Auffassung, dass eine in einem anderen Mitgliedstaat ansässige, jedoch in ihrem Hoheitsgebiet tätige Organisation für die kollektive Rechtewahrnehmung möglicherweise gegen die gemäß dieser Richtlinie erlassenen nationalen Rechtsvorschriften des Mitgliedstaats verstößt, in dem die Organisation ansässig ist, so kann die Behörde alle einschlägigen Informationen an die zuständige Behörde des Mitgliedstaats übermitteln, in dem die Organisation für die kollektive Rechtewahrnehmung ansässig ist, und gegebenenfalls diese Behörde ersuchen, im Rahmen ihrer Befugnisse geeignete Maßnahmen zu ergreifen. Die ersuchte Behörde reagiert binnen drei Monaten auf dieses Ersuchen mit einer begründeten Antwort.

(3) Die zuständige Behörde, die das Ersuchen an die andere Behörde richtet, kann sich in den Angelegenheiten nach Absatz 2 auch an die gemäß Artikel 41 eingerichtete Sachverständigengruppe wenden.

Art. 38. Zusammenarbeit bei der Entwicklung von Mehrgebietslizenzen. (1) Die Kommission fördert den regelmäßigen Austausch von Informationen zwischen den zu diesem Zweck benannten zuständigen Behörden der Mitgliedstaaten und zwischen diesen Behörden und der Kommission über Stand und Entwicklung der Vergabe von Mehrgebietslizenzen.

(2) Die Kommission befragt Vertreter der Rechtsinhaber, der Organisationen für die kollektive Rechtewahrnehmung, der Nutzer, der Verbraucher und anderer interessierter Parteien regelmäßig zu ihren Erfahrungen mit der Anwendung der Bestimmungen des Titels III. Die Kommission übermittelt im Rahmen des Informationsaustausches gemäß Absatz 1 den zuständigen Behörden sämtliche relevanten Informationen aus diesen Befragungen.

(3) Die Mitgliedstaaten stellen sicher, dass ihre zuständigen Behörden der Kommission bis zum 10. Oktober 2017 einen Bericht über Stand und Entwicklung der Vergabe von Mehrgebietslizenzen in ihrem Hoheitsgebiet vorlegen. Der Bericht enthält insbesondere Angaben zur Verfügbarkeit von Mehrgebietslizenzen im jeweiligen Mitgliedstaat, zur Einhaltung der in Umsetzung von Titel III erlassenen nationalen Rechtsvorschriften durch die Organisationen für die kollektive Rechtewahrnehmung und eine Bewertung der Entwicklungen in Bezug auf Mehrgebietslizenzen für Online-Rechte an Musikwerken durch die Nutzer, Verbraucher, Rechtsinhaber und andere interessierte Parteien.

(4) Die Kommission bewertet die Anwendung von Titel III auf der Grundlage der Berichte nach Absatz 3 und der nach den Absätzen 1 und 2 gesammelten Informationen. Erforderlichenfalls und gegebenenfalls auf der Grundlage eines besonderen Berichts zieht sie Maßnahmen zur Behebung etwaiger Probleme in Erwägung. Bei der Bewertung wird insbesondere Folgendes berücksichtigt:
a) die Anzahl der Organisationen für die kollektive Rechtewahrnehmung, die die Anforderungen des Titels III erfüllen;
b) die Anwendung der Artikel 29 und 30, einschließlich der Anzahl der von Organisationen für die kollektive Rechtewahrnehmung nach diesen Artikeln geschlossenen Repräsentationsvereinbarungen;
c) der Anteil des Repertoires in den Mitgliedstaaten, für den Mehrgebietslizenzen erhältlich sind.

Titel V. Berichterstattung und Schlussbestimmungen

Art. 39. Meldung der Organisationen für die kollektive Rechtewahrnehmung. Die Mitgliedstaaten stellen der Kommission bis zum 10. April 2016 auf der Grundlage der ihnen vorliegenden Angaben eine Aufstellung der in ihrem jeweiligen Hoheitsgebiet ansässigen Organisationen für die kollektive Rechtewahrnehmung zur Verfügung.

Die Mitgliedstaaten melden der Kommission unverzüglich jegliche Änderungen dieser Aufstellung.

Die Kommission veröffentlicht diese Angaben und hält sie auf dem aktuellen Stand.

Art. 40. Bericht. Bis zum 10. April 2021 bewertet die Kommission die Anwendung dieser Richtlinie und legt dem Europäischen Parlament sowie dem Rat einen Bericht über die Anwendung dieser Richtlinie. Dieser Bericht enthält eine Bewertung der Auswirkungen dieser Richtlinie, was länderübergreifende Dienste, die kulturelle Vielfalt, die Beziehungen zwischen den Organisationen für die kollektive Rechtewahrnehmung und den Nutzern und die Tätigkeiten außerhalb der Union ansässiger Organisationen für die kollektive Rechtewahrnehmung innerhalb der Union anbelangt, sowie erforderlichenfalls über die Notwendigkeit einer Überarbeitung vor. Gegebenenfalls fügt die Kommission ihrem Bericht einen Legislativvorschlag bei.

Art. 41. Sachverständigengruppe. Hiermit wird eine Sachverständigengruppe gegründet. Sie setzt sich aus Vertretern der zuständigen Behörden der Mitgliedstaaten zusammen. Die Sachverständigengruppe wird von einem Vertreter der Kommission geleitet und tritt entweder auf Initiative des Vorsitzes oder auf Antrag der Delegation eines Mitgliedstaats zusammen. Die Gruppe hat folgende Aufgaben:
a) Prüfung der Auswirkungen der Umsetzung dieser Richtlinie auf die Arbeitsweise von Organisationen für die kollektive Rechtewahrnehmung und unabhängigen Verwertungseinrichtungen im Binnenmarkt und Aufzeigen von Schwierigkeiten,
b) Durchführung von Konsultationen zu allen mit der Anwendung dieser Richtlinie zusammenhängenden Fragen,
c) Erleichterung des Informationsaustauschs über relevante Entwicklungen in der Gesetzgebung und Rechtsprechung sowie über relevante wirtschaftliche, soziale, kulturelle und technische Entwicklungen, vor allem auf dem digitalen Markt für Werke und andere Schutzgegenstände.

Art. 42. Schutz personenbezogener Daten. Die Verarbeitung personenbezogener Daten im Zusammenhang mit dieser Richtlinie unterliegt der Richtlinie 95/46/EG.

Art. 43. Umsetzung. (1) Die Mitgliedstaaten erlassen die erforderlichen Rechts- und Verwaltungsvorschriften, um dieser Richtlinie bis zum 10. April 2016 nachzukommen. Sie teilen der Kommission umgehend den Wortlaut dieser Rechtsvorschriften mit.

Bei Erlass dieser Vorschriften nehmen die Mitgliedstaaten in den Vorschriften selbst oder durch einen Hinweis bei der amtlichen Veröffentlichung auf diese Richtlinie Bezug. Die Mitgliedstaaten regeln die Einzelheiten dieser Bezugnahme.

(2) Die Mitgliedstaaten teilen der Kommission den Wortlaut der wichtigsten innerstaatlichen Rechtsvorschriften mit, die sie auf dem unter diese Richtlinie fallenden Gebiet erlassen.

Art. 44. Inkrafttreten. Diese Richtlinie tritt am zwanzigsten Tag nach ihrer Veröffentlichung im *Amtsblatt der Europäischen Union* in Kraft.

Art. 45. Adressaten. Diese Richtlinie ist an die Mitgliedstaaten gerichtet.

Geschehen zu Straßburg am 26. Februar 2014.
Im Namen des Europäischen Parlaments
Der Präsident
M. SCHULZ
Im Namen des Rates
Der Präsident
D. KOURKOULAS

Anhang

1. Der jährliche Transparenzbericht gemäß Artikel 22 Absatz 2 umfasst Folgendes:
    a) Jahresabschlüsse, darunter die Bilanz oder eine Vermögensübersicht, die Aufstellung der Erträge und Aufwendungen des Geschäftsjahres und eine Cashflow-Rechnung;
    b) einen Bericht über die Tätigkeiten im abgelaufenen Geschäftsjahr;
    c) Angaben zur Ablehnung von Lizenzanfragen nach Artikel 116 Absatz 3;
    d) eine Beschreibung der Rechtsform und Organisationsstruktur der Organisation für die kollektive Rechtewahrnehmung;
    e) Angaben zu etwaigen Einrichtungen, die sich direkt oder indirekt, vollständig oder teilweise, im Eigentum der Organisation für die kollektive Rechtewahrnehmung befinden oder von dieser direkt oder indirekt, vollständig oder teilweise, beherrscht werden;
    f) Angaben zum Gesamtbetrag der im Vorjahr an die in Artikel 9 Absatz 3 und Artikel 10 genannten Personen gezahlten Vergütungen und zu anderen Leistungen, die sie erhalten haben;

g) die unter Nummer 2 dieses Anhangs aufgeführten Finanzinformationen;
h) ein gesonderter Jahresbericht über die Beträge, die für soziale, kulturelle und Bildungsleistungen abgezogen wurden, der die in Punkt 3 des vorliegenden Anhangs aufgeführten Informationen enthält.

2. Der jährliche Transparenzbericht enthält folgende Finanzinformationen:
    a) Finanzinformation über die Einnahmen aus den Rechten nach Kategorie der wahrgenommenen Rechten und Art der Nutzung (z. B. Hörfunk und Fernsehen, Online-Nutzung, Aufführung), einschließlich Angaben über die Erträge aus der Anlage der Einnahmen und die Verwendung dieser Erträge (ob sie an die Rechtsinhaber oder andere Organisationen für die kollektive Rechtewahrnehmung verteilt oder anderweitig verwendet wurden).
    b) Finanzinformationen zu den Kosten der Rechteverwaltung und sonstigen Leistungen, die die Organisation für die kollektive Rechtewahrnehmung für die Rechtsinhaber erbringt, mit genauer Beschreibung mindestens der folgenden Posten:
        i) Betriebskosten und finanzielle Aufwendungen aufgeschlüsselt nach Kategorie der wahrgenommenen Rechten und, wenn sich die Kosten nicht direkt einem oder mehreren Rechtekategorien zuordnen lassen, Erläuterung der Methode zur Berechnung dieser indirekten Kosten;
        ii) Betriebskosten und finanzielle Aufwendungen aufgeschlüsselt nach Kategorie der wahrgenommenen Rechte und, wenn sich die Kosten nicht direkt einer oder mehreren Rechtekategorien zuordnen lassen, eine Erläuterung der Methode zur Berechnung dieser indirekten Kosten, nur für die Rechteverwaltung, einschließlich der abgezogenen oder mit Einnahmen aus den Rechten oder Erträgen aus der Anlage dieser Einnahmen gemäß Artikel 11 Absatz 4 und Artikel 12 Absätze 1, 2 und 3 verrechneten Verwaltungskosten;
        iii) Betriebskosten und finanzielle Aufwendungen für andere Leistungen als der Wahrnehmung von Rechten, darunter für soziale, kulturelle oder Bildungsleistungen;
        iv) Mittel zur Deckung der Kosten;
        v) Abzüge von Einnahmen aus Rechten aufgeschlüsselt nach Kategorie der wahrgenommenen Rechte und Art der Nutzung sowie Zweck des Abzugs, beispielsweise Aufwendungen für die Rechteverwaltung oder für soziale, kulturelle oder Bildungsleistungen;
        vi) Anteil der Aufwendungen in Prozent für Rechteverwaltung und sonstige Leistungen, die die Organisation für die kollektive Rechtewahrnehmung für die vertretenen Rechtsinhaber erbracht hat, an den Einnahmen aus den Rechten im einschlägigen Geschäftsjahr für jede Kategorie der wahrgenommenen Rechte und, wenn sich die Kosten nicht direkt einer oder mehreren Rechtekategorien zuordnen lassen, eine Erläuterung der Methode zur Berechnung dieser indirekten Kosten.
    c) Finanzinformationen zu den den Rechtsinhabern geschuldeten Beträgen mit genauer Beschreibung mindestens folgender Posten:
        i) der Gesamtsumme der den Rechtsinhaber zugewiesenen Beträge aufgeschlüsselt nach Kategorie der wahrgenommenen Rechte und Art der Nutzung;
        ii) der Gesamtsumme der an die Rechtsinhaber ausgeschütteten Beträge aufgeschlüsselt nach Kategorie der wahrgenommenen Rechte und Art der Nutzung;
        iii) der Periodizität der Zahlungen aufgeschlüsselt nach Kategorie der wahrgenommenen Rechte und Art der Nutzung;
        iv) der Gesamtsumme der eingezogenen, aber noch nicht den Rechtsinhabern zugewiesenen Beträge aufgeschlüsselt nach Kategorie der wahrgenommenen Rechte und Art der Nutzung mit Angabe des Geschäftsjahres, in dem die Beträge eingezogen wurden;
        v) der Gesamtsumme der den Rechtsinhabern zugewiesenen, aber noch nicht an sie verteilten Beträge, aufgeschlüsselt nach Kategorie der wahrgenommenen Rechte und Art der Nutzung mit Angabe des Geschäftsjahres, in dem die Beträge eingezogen wurden;
        vi) der Gründe für Zahlungsverzögerungen, wenn eine Organisation für die kollektive Rechtewahrnehmung die Verteilung und Ausschüttung von geschuldeten Beträgen nicht innerhalb der in Artikel 13 Absatz 1 genannten Frist vorgenommen hat;

vii) der Gesamtsumme aller nicht verteilbaren Beträge mit einer Erläuterung zu ihrer Verwendung.

d) Angaben zu den Beziehungen zu anderen Organisationen für die kollektive Rechtewahrnehmung mit einer Beschreibung mindestens der folgenden Posten:
  i) von anderen Organisationen für die kollektive Rechtewahrnehmung erhaltene oder an sie gezahlte Beträge, aufgeschlüsselt nach Kategorie der Rechte, Art der Nutzung und Organisation für die kollektive Rechtewahrnehmung;
  ii) Verwaltungskosten und sonstige Abzüge von den anderen Organisationen für die kollektive Rechtewahrnehmung geschuldeten Einnahmen aus den Rechten, aufgeschlüsselt nach Kategorie der Rechte, Art der Nutzung und Organisation für die kollektive Rechtewahrnehmung;
  iii) Verwaltungskosten und sonstige Abzüge von den von anderen Organisationen für die kollektive Rechtewahrnehmung gezahlten Beträgen, aufgeschlüsselt nach Kategorie der Rechte und Organisation für die kollektive Rechtewahrnehmung;
  iv) an Rechtsinhaber direkt ausgeschüttete Beträge aus den Zahlungen anderer Organisationen für die kollektive Rechtewahrnehmung, aufgeschlüsselt nach Kategorie der Rechte und Organisation für die kollektive Rechtewahrnehmung.

3. Der gesonderte Bericht gemäß Artikel 22 Absatz 3 enthält Folgendes:
  a) die im Geschäftsjahr für soziale, kulturelle oder Bildungsleistungen abgezogenen Beträge, aufgeschlüsselt nach Verwendungszweck und für jeden einzelnen Verwendungszweck aufgeschlüsselt nach Kategorie der wahrgenommenen Rechte und Art der Nutzung;
  b) eine Erläuterung der Verwendung dieser Beträge, aufgeschlüsselt nach dem Verwendungszweck, einschließlich der Kosten für die Verwaltung der Abzüge zugunsten sozialer, kultureller und Bildungsleistungen und der gesonderten Beträge, die für soziale, kulturelle und Bildungsleistungen verwendet wurden.

Sachverzeichnis

Fette Zahlen = §§, magere Zahlen = Randnummern,
Nachweise ohne Randnummern beziehen sich auf die Vorschrift insgesamt,
Nachweise ohne Gesetzesangabe beziehen sich auf das **UrhG**,
InsO, KUG und **WahrnG** bezeichnen die Kommentierungen dieser Gesetze,
EVtr kennzeichnet den Teil „Urheberrecht und Einigungsvertrag"

Abbildung 26 8, **49** 5
- abgestuftes Schutzkonzept (BGH) **KUG 23** 29
- Beiwerk, Personen als – einer A. **KUG 23** 24
- Bezugnahme auf A. im Klageantrag **Vor 97** 18
- Bildnisse **45** 5, **60** 3
- CAD/CAM-Bilder keine A. **72** 18
- DDR-URG **EVtr** 15
- Gebäude/Grundstücke **72** 68, **KUG 22** 21
- gemeinfreie Kunstwerke, Leistungsschutz **72** 2
- Gemeinschaftsmarkenschutz **Vor 120** 57
- journalistische, Leistungsschutz **87 f** 2, 19
- medizinische, Anonymisierung **KUG 23** 27
- Privatsphäre und Informationsgehalt, Abwägung **KUG 23** 10, 16, 19, 29
- Produktabbildung, Lichtbildschutz **72** 6
- redaktionelle Zwecke, Privilegierung **KUG 22** 27
- Urheberbezeichnung **14** 25
- Verteilung der A. eines Originals als erstes Erscheinenlassen (editio princeps) **71** 21
- Verwertbarkeit, Grenzen **KUG 22** 17
- Werbung für Medienprodukt unter Verwendung darin nicht enthaltener A.en **KUG 23** 39

Abdruckrechte 19 30
Abfindung 100 2
Abfrage 87 a 19–29, **87 b** 30–33
Abgeltungstheorie 43 134, 135
abgestuftes Schutzkonzept zum Persönlichkeitsschutz (BGH) KUG 23 29
Abgrenzungsvereinbarungen 19 12
Abhängige Nachschöpfung s. Nachschöpfung
Abhängigkeit, wirtschaftliche 43 9, 10
Abhilfemaßnahmen 98 1
Abhilfefrist Vor 31 10
Abkürzung 13 10
Ablichtung (Fotokopie) 54 10
Ablichtungsgerätebetreiber
- Vergütungspflicht **54 c** 1–6

Ablösungsrecht s. Abwendungsbefugnis
Abmahnkosten
- Allgemeines **97 a** 35–40
- Anspruchsvoraussetzungen **97 a** 41, 42
- Anspruchsbegrenzung **97 a** 43–49
- Schadensersatz **97 a** 50–53
- Vermeidung **98** 11, **111 b, c** 64

Abmahnung
- Aufklärungspflichten **97 a** 21, 22
- Einwand des Rechtsmissbrauchs **97 a** 23–27
- Entbehrlichkeit **97 a** 3–5

- Form **97 a** 10
- Frist **97 a** 11, 12
- Inhalt **97 a** 6–9
- Kosten **97 a** 35–53 (s. a. Abmahnkosten)
- Kostenvermeidung **98** 11, **111 b, c** 64
- Kündigung as wichtigem Grund **Vor 31** 10
- Rechtsänderung durch das G gg. unseriöse Geschäftspraktiken **97 a** 54, 55
- unberechtigte – **97 a** 31–34
- Unterlassungserklärung **97 a** 28–30
- Vollmacht **97 a** 13–15
- vorprozessuale Maßnahme **Vor 97** 3
- Zugang **97 a** 16–20

Abnahme Vor 31 132
Abonnement 53 a 35, 46
Abrechnung 19 42, **Vor 31** 12
Abrufdienste 20 2 ff., **Vor 31** 74, **87** 13, **94** 57
Abrufrechte Vor 88 47
Abschlussschreiben/-erklärung
- Erforderlichkeit **Vor 97** 131–134
- Form **Vor 97** 139
- Frist **Vor 97** 141, 142
- Inhalt **Vor 97** 135–138
- Kosten **Vor 97** 144
- Umfang des Anerkenntnisses **Vor 97** 143
- Zugang **Vor 97** 140

Abschlusszwang 87 3, 26–27, **WahrnG** 11
Absolute Rechte 97 5
Absorptionsregel 73 20, **92** 11
Abspaltung 34 21, 29, **35** 3
Abstracts 3 25, **23** 4
Abstraktionsprinzip 19 28, **Vor 31** 6, 50, **40** 18, **Vor 69 a** 11, **89** 2, **Vor 120** 22
Abverkaufsfrist 125 33
Abwendungsbefugnis
- Bedeutung **100** 1
- Entschädigung **100** 5–8, 9, 10
- erfasste Ansprüche **100** 1
- fehlendes Verschulden **100** 5, 6
- Fiktion der Einwilligung **100** 10
- Grundzüge **100** 2–4
- Übergangsrecht **137** 9
- Unverhältnismäßigkeit des Schadens **100** 7
- Zumutbarkeit der Ablösung für den Verletzten **100** 8

Access Control 87 a 49
Access-Provider Vor 31 72, **97** 26
- Auskunftspflicht **101** 30–35

Acquis Communautaire Vor 120 36, 64

Sachverzeichnis

Acquis intérimaire Vor 120 64
Acte-clair-Doktrin Vor 120 59
Adhäsionsverfahren 69 f 4, **106** 49
Admin-C 97 20
Adressverzeichnisse 2 61, **87 a** 78–80
ADSp s. Allgemeine Deutsche Spediteurbedingungen
Affiliates 99 7
AGB s. Allgemeine Geschäftsbedingungen
AGICOA WahrnG Vor 1 13
Aggregator, Nachrichten- 87f 17
Airline-Rights Vor 88 41
Akrobatische Leistungen 2 79
Aktivlegitimation 10 5, **31** 8, **53 a** 56, **80** 16, **95 a** 92, **96** 12, **97** 7–13, **101 a** 6, 7, **101 b** 6, **137l** 101, 102
Aktivprozess 104 5
Algorithmen 69 a 28
Alleinbefugnis 8 38–41, 63
Allerweltsinvestitionen 87 a 55
Allgemeine Deutsche Spediteurbedingungen (ADSp) 5 8
Allgemeine Geschäftsbedingungen (AGB) 2 59, **5** 8, **11** 4, **Vor 69 a** 14, **69 d** 41–45
– Bedeutung im Urhebervertragsrecht **Vor 31** 97–99, **Vor 69 a** 14, **69 d** 41
– Einbeziehung in den Vertrag **Vor 31** 100, 101
– Inhaltskontrolle **Vor 31** 106–110
– Kontrollklage **Vor 31** 111, 112
– überraschende Klauseln **Vor 31** 102, 103
– Unklarheiten **Vor 31** 104, 105
– Vorrang der Individualabrede **Vor 31** 104, 105
– Zustimmungsverzicht **34** 40
Allgemeines Persönlichkeitsrecht
– Recht am eigenen Bild **KUG 22** 3
– sinnentstellendes Zitat **62** 18
– Verhältnis zum Urheberpersönlichkeitsrecht **Vor 12** 16–20
– werkgetreue Aufführung **19** 36, 37
– Werkvernichtung **14** 25
– Zuschreibung fremder Werke **13** 16
Alltagsbauten 2 109
Alltagserzeugnisse 2 23
Altbestand, Digitalisierung 52 b 21
Amateurtheater 19 25
Amortisationszeitraum 69 g 29
Amtliche Datenbanken 87 82, 83, **87 a** 143–150
– amtliche Werke **87 a** 146–150, **87 c** 43
– Vorlagebeschluss **87 a** 143–145, **87 c** 43
– Zugangsrecht **87 b** 85–90
Amtliche Register 87 a 113, **87 b** 85–90
Amtliche Werke
– amtlich verfasste Leitsätze **5** 14–16
– amtliche Datenbanken **87 a** 146–150, **87 c** 43
– amtliche Erlasse und Bekanntmachungen **5** 11
– amtliches Interesse **5** 17–20
– Änderungsverbot **5** 23
– Ausnahmecharakter **5** 3, 4
– Begriff **5** 5–8
– Datenbanken **87 a** 143–150
– Entscheidungen **5** 12, 13
– Gesetze, Verordnungen **5** 9, 10
– im amtlichen Interesse **5** 17–20
– kein Urheberrechtsschutz **5** 22–24
– Leistungsschutz **71** 42
– Quellenangabe **5** 23
– Urheberrecht an privaten Normenwerken **5** 25–27
– Veröffentlichung zur allgemeinen Kenntnisnahme **5** 21
– Zielsetzung **5** 2
Anagramme 2 27
Analoge Datenbanken 87 a 15, **87 b** 38
Analoge Lücke 95 a 51
Anbau 14 29
Anbieten an die Öffentlichkeit 17 7–10, **69 c** 26, **106** 18
Anbietungspflicht 42 14, **137l** 2
– Computerprogramme **69 b** 32–37
– freie Werke **43** 31
– Hochschullehrer **43** 32
– Pflichtwerke **43** 30
– Stellungnahme **43** 34–36
Ancillary Rights Vor 88 41
Änderungen des Werkes
– Änderungsbegriff **39** 7, 8
– Anwendungsbereich **39** 1, 5, 6
– Bauwerke **39** 36–38
– Bühnenwerke **39** 27–32
– Computerprogramm **69 c** 23
– Einwilligung **30** 7
– Entstellungen **14** 37–40
– Film- und Fernsehproduktion **39** 33
– gemeinschaftliche Werke **8** 25
– gesetzliche Änderungsbefugnis **39** 20–34
– Gestattung von Änderungen **39** 7–14
– Grenzen von Änderungsvereinbarungen **39** 9–12
– Interessenabwägung **39** 23, 24
– Multimedia **39** 34
– Nutzungsvertrag **Vor 31** 7
– Online-Produktionen **39** 34
– Printmedien **39** 25, 26
– Reformpläne **39** 2–4
– Sammlungen **46** 2
– stillschweigende Änderungsbefugnis **39** 13, 14
– Theaterproduktion **39** 27–32
– Übertragungsfiktion **137l** 24
– Verhältnis § 39/§ 14 **39** 3, 4, 15–18
– Verhältnis § 39/§ 23 **39** 19
– vertragliche Änderungsbefugnis **39** 5–19
– Werk- und Titeländerungen **39** 22
Änderungsbefugnis
– gesetzliche ~ des Werknutzers **39** 20–34
– vertragliche ~ des Werknutzers **39** 5–19
Änderungsverbot
– Allgemeines **43** 99, 100
– amtliche Werke **5** 23, **62** 3
– Änderungen nach Treu und Glauben **43** 101–103
– Anwendungsbereich **62** 3
– Arbeits- und Dienstverhältnisse **43** 99–108

Sachverzeichnis

- Auszüge **62** 15–18
- Bildnisse **60** 2
- Computerprogramme **69 a** 71, **69 b** 44, **69 c** 23, **69 d** 40, 45, 51
- Erlaubnis zur Änderung **62** 9, 10
- Film-/Theaterbereich **43** 104–107
- Größenänderung **62** 10, 21
- Herstellungsfreiheit von Bearbeitungen **62** 4, 5
- Musikwerkübertragung in andere Ton- oder Stimmlage **62** 19
- öffentliche Reden **48** 1
- Rechtsfolgen bei Verstoß **62** 30
- Rechtspflege und öffentliche Sicherheit **45** 1, 6
- Sprachwerkänderungen zu Unterrichtszwecken/Kirchengebrauch **62** 25–29
- Tarifvertragsrecht **43** 108
- Übersetzungen **62** 12–14
- verfahrensbedingte Änderungen **62** 22–24
- Zitate **51** 1
- Zwangslizenz **42 a** 25

Anerkennungsrecht
- alle Werkverkörperungen **13** 7
- Allgemeines **13** 1
- Arbeits- und Dienstverhältnisse **43** 88
- Ausgestaltung der Bezeichnung **13** 11
- ausübende Künstler **Vor 73** 6, **74** 6–10, **125** 7
- Bearbeitungen **13** 8
- Bezeichnungsrechte weiterer Urheber **13** 4
- Bezugsobjekte **13** 7–9, **74** 9
- Computerprogramme **69 a** 50, **69 b** 40
- Duldung der Nennung anderer Urheber **13** 5
- Ghostwriter-Fälle **13** 22, 23
- Grenze der freien Benutzung **13** 9
- Grenze des Bestimmungsrechts **13** 18
- Miturheberschaft **8** 27, 44
- Nicht-Nennung **13** 21
- Rechtsfolgen bei Verletzung **74** 21
- Rechtsinhaberschaft **13** 3–6, **74** 8
- Regelungsgehalt **13** 2
- Schutz der Anonymität **13** 12
- Schutz von Künstlernamen/Pseudonymen **13** 13
- Schutzprinzip **13** 10
- stillschweigende Abbedingung **13** 24
- Täuschende Nennung **13** 6
- Urheber als Rechtsinhaber **13** 3
- Verkehrsgepflogenheit/Branchenübung **13** 25
- Verschweigen der Urheberschaft **13** 22, 23
- Werkenstellung **13** 17
- Werkfälschungen **13** 14–16
- Zitate **13** 26
- zulässige Werknutzung nach §§ 44 a **13** 26

Anerkennungszuständigkeit Vor 120 35
Anforderungsphase 69 a 5
Angemessene Vergütung s. Vergütungsanspruch
Angemessenheitsprüfung
- Beteiligungsvergütung **32** 38 –
- Erhöhung **32** 33
- Heranziehung der Rechtsprechung **32** 36–38
- Pauschalabgeltung **32** 38
- redliche Branchenübung **32** 27–30
- tarifvertragliche/gemeinsame Vergütungsregelung **32** 25, 26
- Umstände des Einzelfalls **32** 31–35
- Unangemessenheit der Vergütung **32** 39, 40
- Verringerung **32** 34
- Zeitpunkt der Angemessenheit **32** 41–43

Angewandte Kunst s. Werke der angewandten Kunst
Ankündigungen 2 51
Anlagen Vor 97 18
Annexvervielfältigungen 52 b 19, 20, 36
Anonyme Werke 60 3
- Begriff **60** 3, 4
- Rechtsentwicklung **66** 2
- Register **138** 1–6
- Schutzbeginn **66** 4
- Schutz nach § 66 a. F. **66** 8, 9

Anonymität, Recht auf 13 10, 12, **63** 23, 24
Anscheinsbeweis 10 53, **98** 24, **112** 31
Anschlussvervielfältigungen 52 b 19, 20, 36
Ansehens- oder Rufgefährdung 75 1, 12
Anstifter 105 19
Anteilskauf 34 22
Anteilsverzicht 8 47–50, 63
„Anton Piller order" 101 a 1
Antragsdelikte 106 49, **108 b** 12
Anwachsung 8 50, **30** 4
Anwartschaftsrecht Vor 31 34, **40** 9, 20, **112** 12, **1371** 26
Anzeigen 2 102
Anzeigengeschäft 97 17, 53
Anzeigenmärkte 87 a 29, 81–87
Applets 69 a 18
Application Service Providing 69 c 65, 66, **69 d** 13
Arbeitgeber 43 37
Arbeitnehmer
- Abhängigkeit **43** 9, 10
- arbeitnehmerähnliche Personen **43** 9, 10
- Arbeitnehmerbegriff **43** 4, 5, **69 b** 2, **99** 6
- freie Mitarbeiter **43** 12, **79** 27
- Urheber **43** 6–8

Arbeitnehmerähnliche Personen 43 9–11
Arbeitnehmererfindungsrecht 43 143, **69 b** 33
Arbeitnehmerüberlassung 69 b 2
Arbeits- und Dienstverhältnis
- Anbietungspflicht **43** 30–36, **69 b** 32–37
- Änderungsbefugnisse **39** 4, **43** 99, **69 b** 44
- Änderungsverbot **43** 99–108, **69 b** 44
- Anerkennung der Urheberschaft **13** 19, **43** 88, **69 b** 40
- Anwendbarkeit der §§ 31 **43** 2
- Arbeitnehmer/arbeitnehmerähnliche Personen **43** 4–12
- Arbeitsverhältnis **43** 13, **69 b** 2–15, **79** 27
- Arbeitsvertrag s. dort
- ausübende Künstler **79** 26–37
- Beschränkung der Rechtswahl **32 b** 6
- Betriebsvereinbarungen **69 b** 28
- Computerprogramme **69 b**
- Dienstverhältnis **43** 14–16, **69 b** 3

2545

Sachverzeichnis

- Einräumung von Nutzungsrechten **43** 46–83, **69 b** 27–37, **137 l** 15
- Entstellungsverbot **69 b** 42
- faktisches Arbeitsverhältnis **89** 11
- Freie Werke **43** 22–29, **69 b** 30
- konkludente Rechtseinräumung **Vor 31** 46
- künftige Werke **40** 4
- Namensnennung **43** 89–98, **69 b** 41
- Pflichtwerke **43** 17–21
- Reform **Vor 31** 3, **43** 3
- Rückrufsrecht **41** 4, **43** 114–120, **69 b** 45, 46
- Sacheigentum **43** 37–45
- Tarifverträge **43** 121–131, **69 b** 28
- Übergang der vermögensrechtlichen Befugnisse auf Arbeitgeber/Dienstherr **69 b** 18–26
- Übergangsrecht **43** 153
- unbekannte Nutzungsarten **43** 67–72, **32 c** 3
- Vergütungsanspruch des Urhebers **43** 134–152, **69 b** 22–24
- Vermietung **17** 29
- Veröffentlichungsrecht **43** 87, **69 b** 39
- Werkschöpfung im ~ **7** 9–11, **Vor 31** 55, **43, 69 b**
- Zugangsrecht des Urhebers **43** 109–114, **69 b** 43
- Zustimmungserfordernis **34** 13, 37

Arbeitsgemeinschaft s. ARGE
Arbeitsgerichte 104 13
Arbeitsspeicher 44 a 3, **69 c** 5, **69 d** 11, **87 b** 36, 51, **106** 13
Arbeitsvertrag, Nutzungsrechtseinräumung
- Hinweispflicht bei Abtretung an Verwertungsgesellschaft **43** 52, 53
- Mustervereinbarungen und Arbeitsvertrag, Computerprogramme **69 b** 29
- Nutzungsrechte nach Beendigung des Arbeitsvertrages **43** 76–79
- Schriftformerfordernis **43** 48
- Rechtseinräumung und Zeitpunkt **43** 49–51
- Zweckübertragungslehre **43** 55–67

Arbeitsvertragsgesetz 43 2
Arbeitsvertragsstatut 69 b 20, **Vor 120** 23
Architekten 43 7
Architektenvermerk 10 7
Architektenvertrag Vor 31 93
Architektur s. Werke der Baukunst
Archiv/Archivierung
- Archivrechte **20** 9, **61** 17, 18, **61 c** 7
- Aufnahme in eigenes Archiv **53** 28–30
- Begriff **53** 29
- Bestellungen **72** 50
- elektronische Archive **52 b** 38, **53** 30, **53 a** 51
- elektronische Leseplätze **52 b** 9, 10
- Kopiervorlagen **53 a** 51
- Nutzung von Archivbeständen **61** 17, 18, **61 c** 7, **137 l** 10
- Öffnung der Archive **137 l** 3
- Schrankenbestimmung **95 b** 31

Archived Programming 78 8
ARGE DRAMA 20 b 10, **WahrnG Vor 1** 17
ARGE KABEL 20 b 11, **WahrnG Vor 1** 17
Arrangements 69 c 19
Arrest Vor 97 57, 108, **101 b** 3

Artist-Proofs 13 25
Artistische Leistungen 73 16
Asset-Deal 34 20
Assistenten, wissenschaftliche 7 16
Audio-on-Demand 16 10, **19 a** 25, 26
Audio-Podcast 20 4
audiovisuelle Medien 85 5, **Vor 88** 4
Aufbrauchsfrist 100 4, **102** 5, **137 k** 2
Aufführungsrecht
- Abgrenzungen **19** 15–17
- Abrechnungskontrolle **19** 42
- Amateurtheater **19** 25
- Bedeutung **19** 14
- Bühnenmäßige Aufführungen **19** 16, 17
- Bühnenwerke **19** 21–15
- Choreografie **19** 24
- Darbietung von Musikwerken **19** 15
- einfaches Nutzungsrecht **19** 28
- Leistungsstörungen **19** 41
- U-Büh **19** 18
- Musikeinlagen **19** 20
- Praxis **19** 18–25
- Rechtedokumentation **19** 42
- RS Bühne **19** 22, 28, 30
- Tourneetheater **19** 26
- Urhebervergütung **19** 32–34
- Vergabe durch Bühnenverlage **19** 27–42
- Werke des Großen Rechts **19**
- werkgetreue Aufführung **19** 35–40
- Werkteilnutzungen **19** 18, 19
- Werkverbindungen Kleines/Großes Recht **19** 18
- wortdramatische und dramatisch-musikalische Werke **19** 16

Aufführungsverträge s. Aufführungsrecht
„aufgedrängte Kunst" 2 32, **14** 47, **97** 34
Aufgehobene Vorschriften 141 1
Aufgeld 26 16
Augenbalken KUG 22 6
Aufhebungsverfahren Vor 97 147, 148
Aufhebungsvertrag Vor 31 8
Aufklärungspflicht 97 a 16, 17
Auflage 28 7, **29** 25, **30** 3
Auflagenwerke 10 22, **26** 7
Auflösung der Gesellschaft 9 29
Aufnahme von Darbietungen
- ausübende Künstler **77** 3, 4, **125** 7, 9, 12, 23
- Schutzdauer **82** 1–9

Aufnahmeleiter 73 16
Aufnahmeverlangen 36 25
Aufrechnung 97 98
Aufrisszeichnungen 2 144
Aufsätze 10 14
Aufsicht WahrnG 19
Aufsichtsbehörde WahrnG 18
Aufspaltung 28 13, **34** 21, 29
Auftragsproduktionen 72 49, **87** 13, **94** 33, 34, 78
Auftragswerke 7 9, **12** 5, **13** 3, 19
Aufwendungen 41 30
Aufzeichnungen 2 122, **43** 66, **95** 7
Ausbildung 53 39, **95 b** 34
Ausdruck/-en 87 b 37

Sachverzeichnis

Ausdrucksform 69 a 23–26
Ausdrucksmittel 2 83, 84
Außenstellen 52 b 15
Ausforschung 101 a 17
Ausgaben 70 8, **108, 137 b** 1
Ausgliederung 34 21, 29
Ausfuhr 111 b, c 37
Auskunftsanspruch 101 a 16
– Abwendungsbefugnis des Verletzten **100** 1–10
– Anspruchsgrundlage **97** 46
– Anspruchsinhalt **97** 47
– Aufrechnung **97** 98
– Computerprogramme **69 a** 77, **69 f** 28
– Drittauskunft s. dort
– Eidesstattliche Versicherung **97** 49
– einstweilige Verfügung **Vor 97** 94
– gegenüber dem Verletzten **101** 6–9
– gegenüber Internetprovidern **101** 11
– Grenzen **97** 48
– Klagevorbereitung **98** 13
– Miturheber **8** 41
– Übertragbarkeit/Vererblichkeit **97** 97
– ungefugte Abbildung **KUG 22** 39
– Unterlassungs-/Schadensersatzanspruch **97** 46–49
– Vertragsanpassung **32** 20
– Weiterübertragung der Nutzungsrechte **137 l** 68, 69
– Zwangsvollstreckung **112** 47, 48
Auskunftsklage Vor 97 46–50
Auskunftspflicht
– Betreibervergütung **54 f** 3
– Geräteabgabe **54 f** 2
– Verwertungsgesellschaft **WahrnG 10, WahrnG 13 b** 8
Ausländische Rechte
– Zwangsvollstreckung **112** 55– 59
Ausländische Staatsangehörige
– Ausländische Flüchtlinge **123** 2, 3, **125** 6, **126** 5, **128** 5
– Berner Übereinkunft **121** 6–14, **125** 43
– Deutsch-amerikanisches Abkommen **121** 33, **125** 43
– erstes Erscheinen im Inland **121** 2–4
– EU/EWR-Staaten **125** 3–5, **126** 4
– Europäische Konvention zum Satellitenrundfunk **121** 35
– Folgerecht **121** 37
– Gegenseitigkeit **121** 13, 36, **125** 44, **126** 33
– Inländerbehandlung **121** 13
– Mindestrechte **121** 14
– Nicht-EU/EWR-Ausländer **125** 7–44, **126** 6–33
– TRIPs **121** 15–22
– Urheberpersönlichkeitsrecht **121** 38
– Welturheberrechtsvereinbarungen **121** 23–28
– WIPO-Urheberrechtsvertrag **121** 29–32
Ausländische Vereinbarungen 36 14
Ausländischer Künstler 75 18
Ausländisches Computerurheberrecht Vor 69 a 10
Auslandsbezug 32 5, **32 b** 5, **106** 46, **108** 9

Auslegung 29 8, **Vor 31** 113–116, **31** 39, **37** 1–8, **Vor 69 a** 7, s. a. richtlinienkonforme Auslegung
Auslegungsverfahren Vor 120 59
Ausleihen s. Verleihen
Ausschließliche Lizenzen Vor 120 50
Ausschließlichkeit
– Ausschließlichkeitswirkung einfacher Nutzungsrechte **31** 31, 32
– Verfilmungsrecht **88** 44, 45
– Nutzungsrechte **31** 27, 29, 31, 32
– Recht der öffentlichen Zugänglichmachung **19** 4
Ausschreibungsblätter 87 a 110
Ausschreibungsunterlagen 2 57
Aussetzung des Verfahrens WahrnG 14 e
Ausstattung 2 98
Ausstellung 17 27, **58** 1–11, **71** 11, **72** 30
Ausstellungskataloge 58 8, 10, 11, **87 a** 10, 48, 105
Ausstellungsrecht
– Ausschluss **44** 18
– Ausstellung und Veröffentlichung **18** 2
– Ausstellungen im Internet **18** 2
– Galeristenvertrag **44** 19
– Original **44** 17
– Schrankenbestimmung **18** 3
– Verwertungsrecht **18** 1, **44** 15, 16, **58** 1–11
– Verwertungsverbot **96** 22, 23
Ausstellungsvertrag Vor 31 93
Ausstrahlungsland Vor 120 16
Austauschgedanke 69 b 1, 35
Automatic Gain Control 95 a 29
Autonomiegrundsatz 31 a 19, 54
Ausübende Künstler
– Abtretungsbefugnis, doppelte **92** 18
– Anerkennungsrecht **Vor 73** 6, **74** 6–10
– Ansehens- und Rufgefährdung **75** 13
– Anwendbarkeit urhebervertraglicher Bestimmungen **79** 7–37
– Aufnahmerecht **77** 3, 4
– ausländische Künstler **75** 18, **96** 19
– Auskunftsanspruch **79a** 14
– Ausübung der Persönlichkeitsrechte nach Tod der ausübenden Künstler **76** 7
– Beeinträchtigung der Darbietung **75** 1–18
– Begriff **Vor 73**, 3
– Darbietung eines Werkes **73** 4–9
– Darbietung von Ausdrucksformen der Volkskunst **73** 10–13
– Dauer der Persönlichkeitsrechte **76** 1–6
– Definition **Vor 73** 4, **73**, **92** 10
– deutsche Staatsangehörige **125** 2
– Doppelfunktion **92** 11
– Durchsetzung des Vergütungsanspruchs **79a** 11–13
– Einmalvergütung im Nutzungsvertrag und zusätzliche Vergütung **79a** 5, 6
– Einnahmen **79a** 9, 10
– Einräumung von Nutzungsrechten **78** 4, 5
– Einwilligungserfordernis **80** 10, 11
– Ensemble-Leistungen **75** 14, **80**
– Entstellungsschutz **75** 6–12

2547

Sachverzeichnis

- EU/EWR-Staatsangehörige **125** 3–5
- gemeinsame Darbietung mehrerer ausübender Künstler **74** 22–25, **76** 5, 80
- gesetzliche Vertretungsbefugnis **74** 26–28, **80** 13–16
- Gleichstellung mit Filmurheber **92** 7, 8
- Integritätsschutz **75**
- Kabelweitersendung **78** 30, 31
- Konkurrenz **73** 19, 20
- Künstlergemeinschaft **80** 8, 9
- künstlerische Mitwirkung **73** 14–18
- Namensnennungsrecht **74** 11–21
- Nicht-EU/EWR-Ausländer **125** 7–44
- Nutzungsrechte **79**
- Öffentliche Wiedergabe **78** 3–14
- Persönlichkeitsrechte **Vor 73** 4–7
- persönlichkeitsrechtlicher Mindestschutz **125** 7, 8
- Privilegierung der Filmhersteller **92**
- Rechtsinhaberschaftsvermutung **10** 49
- Rom-Abkommen **125** 16–26
- Schranken der Verwertungsrechte **83**
- Schutz des ausübender Künstlers **125** 1–47
- Schutz für in Deutschland erfolgte Darbietungen **125** 9
- Schutz für in Deutschland erschienene Bild- und Tonträgeraufnahmen **125** 10, 11
- Schutz für in Deutschland gesendete Darbietungen **125** 12, 13
- Schutzdauer/-verlängerung **82, 137m**
- Schutzfristenvergleich **125** 14, 15
- Staatenlose/ausländische Flüchtlinge **125** 6
- Strafrecht **108** 4
- Synopse **Vor 73** 16
- Tonträgeraufnahme **86**
- TRIPs **125** 27–37
- Übergangsbestimmungen **132** 11, **135** 1–4, **137 c** 1–4
- Übertragbarkeit der Verwertungsrechte **79** 2, 3
- Übertragbarkeit von Leistungsschutzrechten **29** 11
- unbekannte Nutzungsarten **31 a** 4, **32 c** 3, **137l** 6
- Unverzichtbarkeit des Vergütungsanspruchs **79a** 11
- Veranstalterschutz **81**
- Verbürgung der Gegenseitigkeit **125** 44
- Vererbung von Leistungsschutzrechten **28** 14, 15
- Vergütungsanspruch **77** 9, **78** 15–28, 29, **79a**
- Vergütungsformen **79a** 4–8
- Vermögensrechte **Vor 73** 9–14, **77–83**
- Vervielfältigung/Verbreitung **77** 5–8
- Verwaltung gemeinsamer Verwertungsrechte **80** 12
- Vorausabtretung an die Verwertungsgesellschaft **79a** 12
- Vorstand **75** 24
- Wechsel der Staatsangehörigkeit **125** 46
- Widerruf unbekannter Nutzungsrechte **31 a** 68
- Wiederkehrende Vergütung **79a** 7
- WPPT **125** 38–43
- zusätzlicher Vergütungsanspruch **79a** 3

Ausübungsverzicht 25 21
Auswertungspflicht 41 7
Auswertungsrisiko 94 45
Autoren deutscher Belletristik 36 31
Autorenteam 88 27
Autoren-Verlagsvertrag Vor 31 93

Ballett 9 10, **19** 19
Bankbürgschaft 101 a 36, **111 b, c** 17
Banknoten 2 103, **5** 20
Bankunterlagen 101 a 3, 20, 26, **101 b** 10
Baukunst/Bauwerke s. Werke der Baukunst
Baupläne 2 141, **10** 14
Beamtenverhältnis 43 15, 56, 144, **69 b** 3, **97** 20
Bearbeiterurheberrecht
- Entstehung **3** 22
- Inhalt **3** 20, 21
- Schutzdauer **3** 23–24
- Verwertungsrechte **3** 21

Bearbeitung
- Abgrenzung zur Miturheberschaft **8** 18, 19
- Abgrenzung zur Vervielfältigung **16** 3, 6
- Abgrenzung zur Werkverbindung **9** 11
- Anerkennung der Urheberschaft **13** 8
- Bearbeitung vorhandener, fremder Werke **3** 1
- Begriff der Bearbeitung **3** 8–11, **23** 3, 5, **106** 10
- Begriff der Übersetzung **3** 4–7
- Bildende Kunst **3** 27
- Computerprogramme **23** 1, 26, **69 a** 66, **69 c** 17–23, **69 d** 45
- Einwilligungsvorbehalt **3** 3, **23** 6–11, **37** 2–6
- Fotografien **3** 28
- Grenze der freien Benutzung **3** 14, 15
- Herstellungsfreiheit **23** 13–18, 22–24
- Musik **3** 26, 29–33, **42 a** 8
- neuer Verwendungszweck **3** 9
- Privilegierung der erstmaligen Bearbeitung **106** 15
- Rechtsinhaberschaftsvermutung **10** 3, 25
- Regieleistung des Theaterregisseurs **3** 26
- Schöpfungshöhe **3** 16–18, 22, **23** 3
- Sprachwerke **3** 25
- Übernahme gemeinfreier Elemente **3** 12, 13
- Umgestaltungen **23** 4, 5, **106** 10
- unfreie ~ **98** 21
- Urheberrecht s. Bearbeiterurheberrecht
- Verhältnis der Urheber **3** 2
- Veröffentlichungsrecht **12** 6
- Verwertungsrecht **15** 10
- Weiterübertragung **34** 7
- Zitat **3** 19
- Zustimmungserfordernis **6** 20, **34** 7
- Zwangslizenz **42 a** 8
- Zweitbearbeitung **3** 24

Beauftragter 99 6
Bebauungspläne 2 141, **5** 7
Bedienungsanleitungen 69 g 3
Beeinträchtigungen
- Begriff **14** 3, 26–30, 51–55, 61
- Bildnisschutz **KUG 23** 43
- Darbietungsschutz **75** 6–12, **125** 7, 9

Sachverzeichnis

- Entstellungsschutz
- technisch bedingte Beeinträchtigungen **14** 62, **75** 9

Befristung
- Rückrufsrecht **41** 19–21

Begleitmaterial 10 15
Begünstigung 106 53
Behinderte Menschen
- Angemessene Vergütung **45 a** 5
- Schrankenbestimmung **95 b** 21
- Vervielfältigung für/Verbreitung an Behinderte **45 a** 2–4

Behinderungswettbewerb 69 f 26
Behörden 45 2
Beiträge zu Sammlungen s. Sammlungsbeiträge
Beiwerk 57 1, 2, **88** 20, **KUG 23** 27, 28
Bekanntgabe der Verurteilung 106 52
- Anordnungsvoraussetzungen **111** 2
- Antrag des Verletzten **111** 4
- Art der Bekanntgabe **111** 6
- berechtigtes Interesse **111** 5
- Verurteilung **111** 3
- Vollstreckung **111** 1

Bekanntheit, Nutzungsrechte 10 8–12
Bekanntmachung 5 11, **12** 14
Bekanntmachung des Urteils
- Art/Umfang **103** 6, 7
- Bedeutung **103** 1–3
- Berechtigtes Interesse **103** 5
- Obsiegen aufgrund des UrhG **103** 4
- Öffentliche Bekanntmachung **103** 4, 5
- vorläufige Vollstreckbarkeit **103** 8

Beleuchter 73 16
Beleuchtungen 14 32
Benachrichtigungspflicht 137 l 95
Benchmarking 69 d 52
Benutzeroberflächen von Computerprogrammen 2 60, 142, **69 a** 14, **69 g** 3, 5
Benutzung, bestimmungsgemäße
- Computerprogramme **69 d**

Benutzung, freie s. Freie Benutzung
Benutzungsgebühren 52 b 11
Beobachten 69 d 61–67
Bereicherungsanspruch 102 a 1, 2
- Aufrechnung **97** 98
- „deliktischer" ~ **102** 10
- Eingriffskondiktion **97** 92
- Enforcement-Richtlinie **97** 95
- kein Verschulden **97** 91
- mehrere Konditionsschuldner **97** 94
- objektivierter Maßstab **97** 93
- praktische Bedeutung **97** 91
- Übertragbarkeit/Vererblichkeit **97** 97

Bereithaltungsrecht Vor 88 47
Berichterstattung
- Begriff **50** 2
- privilegierte Medien **50** 3
- Schutz vor ungewollter ~ **12** 19–22
- Tagesereignisse **50** 1–7, **83** 3
- Verwertung **50** 6, 7
- wahrnehmbare Werke **50** 5

Berlin 142 1
Bern-plus-Ansatz 121 15
Berner Übereinkunft s. Revidierte Berner Übereinkunft
Berufsorganisationen 36 31, **101 a** 7
Berufsverbot 106 52
Berufung Vor 97 152, 153
Beschädigung 101 a 22
Beschlagnahme s. Grenzbeschlagnahme
Beschlagnahme nach StPO 106 50, **111 b, c** 7, 65
Beschleunigungsgebot 95 b 20
Beschlussfassung 8 29, 30
Beschränkungen s. Dingliche Beschränkungen
Beseitigungsanspruch 98 42
- Abwehrungsbefugnis des Verletzten **100** 1–10
- Aufrechnung **97** 98
- ausübender Künstler **75** 15
- Bedeutung **97** 4, **98** 422
- Beispiele **97** 45
- Inhalt **97** 43, 44
- Miturheberschaft **8** 41
- Übertragbarkeit/Vererblichkeit **97** 97
- Umgehungsschutzverletzung **95 a** 88
- Unverhältnismäßigkeit **98** 42
- Verwertungsrecht **15** 5
- Zwangsvollstreckung **112** 46

Beseitigungsklage Vor 97 61–63
Besichtigungsanspruch 97 50, **98** 14, **112** 52
- Aktivlegitimation **101 a** 6, 7
- Anspruchsbegründung **101 a** 14–16
- Anwendbarkeit von § 811 BGB/§ 101 Abs. 8 **101 a** 36–39, **101 b** 17
- Auslegung der Vorschrift **101 a** 5
- Ausschluss **101 a** 33, **101 b** 14
- Bank-/Finanz- und Handelsunterlagen **101 a** 26, **101 b** 10
- Bedeutung **101 a** 3
- einstweilige Verfügung **Vor 69 a** 24, **Vor 97** 96–107, **101 a** 34, 35, **101 b** 15, 16
- Entwicklung **101 a** 1, 2
- hinreichende Wahrscheinlichkeit **101 a** 10–13
- keine anderen zumutbaren Informationsquellen **101 a** 16
- Passivlegitimation **101 a** 8
- Rechtsfolgen **101 a** 19–23, **101 b** 12
- Rechtsverletzung **101 a** 17, 18
- Regelungsinhalt **101 a** 4
- Schadensersatz **101 a** 40–42
- Verletzung des Urheberrechts/eines anderen geschützten Rechts **101 a** 9
- vertrauliche Informationen **101 a** 27–32, 35, **101 b** 13

Besichtigungshandlungen 101 a 21
Besichtigungsklage Vor 97 66–71
Besitzerwerb Vor 31 56, 57
Bestandsakzessorietät 52 b 29–35
Bestandsdaten 101 13, 30
Bestandsdokumentation 58 1
Besteller 60 5

Sachverzeichnis

Bestellung 7 9, **60** 4, s. a. Kopienversand auf Bestellung
Bestellvertrag Vor 31 91
Bestimmtheitsgrundsatz 87 b 80–83, **Vor 97** 16–26, **106** 8, 9, **108 b** 3, **111 a** 3
Bestsellerparagraf 32 a 1, **69 a** 70, **69 b** 24, **132** 10
Beteiligungsanspruch
– Abgrenzung zur angemessenen Vergütung **32 a** 34
– Abgrenzung zur Störung der Geschäftsgrundlage **32 a** 35
– Abgrenzung zur Nichtigkeit wegen Sittenwidrigkeit **32 a** 36
– Altverträge **32 a** 37–44
– Anspruch gegen Dritte **32 a** 26–31
– Anspruchsgegner **32 a** 6, 26
– Anspruchsteller **32 a** 4, 5
– Anwendbarkeit von § 36 a. F. **32 a** 39–44
– Anwendungsbereich **32 a** 2, 38
– auffälliges Missverhältnis **32 a** 16–20, 40, 41
– ausländischer Urheber **9** 32
– Ausschluss von Vorausverzicht, Zwangsvollstreckung, Verfügung über Anwartschaft **32 a** 32
– Berücksichtigung der Lizenzkette **32 a** 28
– Einwilligungsanspruch **32 a** 24
– Erträge des Dritten **32 a** 28
– Erträge/Vorteile aus der Werknutzung **32 a** 11–13
– gesamte Beziehungen zwischen Urheber/Verwerter **32 a** 15
– Höhe der angemessenen Beteiligung **32 a** 25, 42
– kein Ausschluss **32 a** 22, 23
– Kunsthändler/Versteigerer **26** 13–15
– Nutzungsverhältnis **32 a** 7
– Rechtseinräumung durch den Vertragspartner des Urhebers **32 a** 27
– Tonträgerhersteller **86**
– Übergangsrecht **32 a** 37–44, 43, **132** 10
– unentgeltliches Nutzungsrecht für jedermann **32 a** 33
– Urheber **15** 7, **19** 33, **32 a**
– vereinbarte Gegenleistung **32 a** 8
– Verjährung **32 a** 31, 43
– Vertragsanpassungsanspruch **32 a** 3
– Vorhersehbarkeit der Erträge **32 a** 15
– zwingende Anwendung **32 b**
Beteiligungsgrundsatz Vor 31 1, **31 a** 19, 54, 79, **32** 9, 23
Beteiligungsschwellen 34 28
Beteiligungsvergütung 32 38, 50, **32 a**, **86**
Beteiligungsverhältnis 9 25, 32
– Rückrufsrecht bei Änderung des ~ **34** 26–29
Betreiberabgabe 54 2, **54 a** 1, **54 c** 1, 2
Betreibervergütung
– Ablichtungsgerätebetreiber **54 c** 1–6
– Auskunftsanspruch **54 f** 3
Betriebsgeheimnisse Vor 69 a 25
Betriebserweiterung 97 65
Betriebsfeier 6 11
Betriebssysteme 69 a 39, **87 a** 108, **Vor 120** 47
Betriebsvereinbarungen 36 9

Betriebszweck 43 59–61
Bewegte Bildfolge 95 4, 5
Bewegungen 2 74
Beweislastverteilung 71 10
Beweissicherung Vor 69 a 23–30, **101 a** 15
Beweisverfahren, selbstständiges Vor 97 73
Beweisverwertungsverbot 101 a 39
Bezahlfernsehen s. Pay-per-View, Pay-TV
Bezugsquelle 54 b 5
Bibliothek 52 b 9, 10, **53 a** 8, 55, **54 c** 4, **58** 10, 11, **137 l** 10
Bibliothekstantieme 27 2, 9
Bibliothekverbund 52 b 15
Bild- und Tonaufzeichnungen
– angemessene Vergütung **54**
– Anspruchsberechtigte **54** 9
– bisherige Rechtslage **54** 2
– Geräte/Speichermedien zur Vervielfältigung **54** 10–15
– Vergütungsschuldner **54** 16, 17
– Vervielfältigung von bestimmten Werken **54** 7, 8
– Zweiter Korb **54** 3–6
Bild- und Tonträger
– Geräte/Speichermedien **54** 10–15
– Löschung **47** 9–11, **55** 5
– Übertragung **55** 2, 3
Bild- und Tonträgerwiedergabe
– Auslegungsregel **21** 5
– Bild- und Tonträger **21** 3
– Gegenstand **21** 2
– Öffentliche Wahrnehmbarmachung **21** 4
– Recht des Urhebers trotz Nutzungsrechtseinräumung an anderen **37** 7
– Schranken **21** 6
– Verwertungsgesellschaften **21** 6
– Zweitverwertungsrechte **21** 1
Bildagenturen 72 54, 55
Bildende Kunst s. Werke der bildenden Kunst
Bilder KUG 23 2
Bildhauer(ei) 2 87, **43** 7
Bildnachweise 10 14
Bildnis 45 5, **60** 3–7, **KUG 22** 5
Bildnisbestellungen 60 3–5, **72** 52
Bildnisschutz 104 6 (s.a. Abbildung)
– absolute Personen der Zeitgeschichte **KUG 23** 8–13
– Ansprüche bei Rechtsverletzungen **KUG 22** 24–39
– Auskunft **KUG 22** 39
– Ausnahmen **KUG 23**, **KUG 24**
– Beeinträchtigungen **KUG 23** 43
– Behörden/Medien **KUG 24** 3
– berechtigtes Interesse des Abgebildten **KUG 23** 34–47
– Bild des Doppelgängers **KUG 22** 7
– Bildnisse, Bilder **KUG 22** 5–7, **KUG 23** 2
– Bildnisse aus dem Bereich der Zeitgeschichte **KUG 23** 3–26
– Dauerverfolgung **KUG 23** 43
– Einwilligung, Widerruf **KUG 22** 14–20
– Entstehungsgeschichte **KUG 22** 1

Sachverzeichnis

- Erkennbarkeit **KUG 22** 5–7
- Exklusivverträge **KUG 23** 39
- Gegendarstellung **KUG 22** 25
- Geldentschädigung **KUG 22** 30–36
- Herausgabe **KUG 22** 38
- Herstellung **KUG 22** 9
- höchstpersönlicher Lebensbereich **KUG 22** 9
- höheres Interesse der Kunst **KUG 23** 33
- Intimsphäre **KUG 23** 40, 41
- Minderjährige **KUG 22** 14, **23** 20
- Nacktaufnahmen **KUG 23** 40
- Namensnennung **KUG 22** 22
- Personen der Zeitgeschichte **KUG 23** 8–13, 14–26
- Personen nur als Beiwerk **KUG 23** 27, 28
- Privatsphäre **KUG 22** 21, **23** 35–39
- postmortaler Schutz **KUG 22** 10
- Rechtsfolgen der Verletzung **KUG 22** 23–38
- Rechtsinhaber **KUG 22** 12, 13
- Rechtsnatur, Gesetzeszweck **KUG 22** 3, 4
- Rechtspflege/Öffentliche Sicherheit **KUG 24** 2
- relative Person der Zeitgeschichte **KUG 23** 14–26
- Sachaufnahmen **KUG 22** 21
- Satire **KUG 23** 42
- Schadensersatz **22** 29
- Schutzdauer **KUG 22** 10, 11
- Straßenumfrage **KUG 22** 15
- Systematik, Verfassungsmäßigkeit **KUG 22** 2
- Unbefugte Abbildung **KUG 22** 23–38
- ungerechtfertigte Bereicherung **KUG 22** 26, 27
- Unterlassung **KUG 22** 23, 24
- Verfälschung des Aussagegehalts **KUG 23** 42
- Verhältnis Wort- und Bildberichterstattung **KUG 22** 22
- Vernichtung **KUG 22** 37
- Verwendungsarten **KUG 24** 4
- Verletzungshandlungen **KUG 22** 8, 9
- Versammlungen, Aufzüge **KUG 23** 29–32
- Wahrnehmungsberechtigte **KUG 22** 12, 13
- Werbezwecke **KUG 23** 44–47
- Zweckübertragungsregel **KUG 22** 16

Bildsampling 94 28
Bildschirm- und Lautsprecherübertragung 125 7, 9
Bildschirmmasken 69 a 14, **69 g** 3, 5
Bildschirmwiedergabe
- Art/Weise technischer Vermittlung **19** 48
- außerhalb des Raumes **19** 47, 48
- keine Vervielfältigungshandlung **16** 13, **69 c** 8, **87 b** 40
- Musiktheater **19** 41
- Sprechtheater **19** 52
- Vertragspraxis **19** 49–53
- VG Musikedition **19** 53
- Wahrnehmung durch Bühnenverlage **19** 49
- Wahrnehmung durch Verwertungsgesellschaften **19** 50–53

Bildübertragungen 95 10, 11
Bildung krimineller Vereinigungen 106 53
Bildungseinrichtungen 52 b 10, **53** 37, **54 c** 3, **58** 10, 11
Bildwände 19 48
Bildzeichen 2 145
Bildzitat 72 30
Bindungsfreiheit Vor 12 12
Biografie 2 49
Biografische Daten 4 6
Biologische Darstellungen 2 144
Black-Box-Technik 69 d 52
Blog s. Weblog
Blue Ray Discs 31 a 54
Bodenrichtwertsammlungen 87 a 112
Bogsch-Theorie 69 c 60, **Vor 120** 16
Bootlegs 77 7, **85** 36, **96** 19
Börsendaten 87 a 99
Börsencharts 4 17
Botendienste 53 a 20
Branchenübung 13 25, **Vor 31** 102, 116, **31** 52, **32** 27–30, **43** 90, 92–94
Branchenverzeichnisse 2 61, **87 a** 99
Briefe 2 56
Briefmarken 2 103, **5** 20
Browsing 16 17, **44 a** 3, 21, **72** 21
Bruchteilsgemeinschaft 8 60, **87 a** 141
Brücken 2 108
Brüsseler Satelliten-Übereinkommen 87 6, **127** 17, 18
Bruttoerlöse 32 a 11
Buch(ausgaben) 10 14, **Vor 31** 26, **31 a** 36
Buchgemeinschaftsvertrieb Vor 31 26, **31 a** 52
Buchhandel 6 12
Buchillustrationen 9 10
Buchvertrieb 31 a 52
Bühnenbereich 43 62–64
Bühnenbild 43 44, 105, **44** 6
bühnenmäßige Aufführung
- wortdramatische/dramatisch-musikalische Werke **19** 16, 17

Bühnenmusik 19 20
Bühnenregie, Bühnenregisseur s. Theaterregisseur
Bühnenverlage
- Abrechnungskontrolle **19** 42
- Gegenstand **19** 31
- Neufassung **19** 29
- Nutzungsrechte **19** 28, 30
- Pflichten bei Leistungsstörungen **19** 41
- Rechtedokumentation **19** 42
- Rechteumfang **19** 28, 30 30
- Senderecht **20** 8 d, 8 e
- Urhebervergütung **19** 32–34
- Vergabe von Aufführungsrechten **19** 27–42
- Wahrnehmbarmachung durch Bildschirm **19** 46
- werkgetreue Aufführung **19** 34–40

Bühnenverlagsvertrag Vor 31 93
- Künstlersozialversicherung **19** 45
- Vertrag **19** 43, 44

Bühnenverträge 79 28
Bühnenwerke 2 55, 77
- Änderungsbefugnis **39** 27–32

Sachverzeichnis

- Aufführungsrecht **19** 15–40
- Musikeinlagen **19** 20
- RS-Bühne **19** 22

Bündeltheorie Vor 120 5
Bundesadler 5 17
Bürgerlicher Name 10 4
Buy-out-Klauseln Vor 69 a 13, **69 a** 62
Buy-out-Vertrag 20 8 e, **Vor 31** 92, **31** 42, **34** 38, **88** 5, **1371** 8, 35, InsO 5
Bußgeldvorschriften 95 a 7, **111 a** 1 ff., **Vor 120** 47
- Anwendungsbereich **111 a** 1
- Ermittlungsbefugnisse **111 a** 7
- Grundsätze des Ordnungswidrigkeitsverfahren **111 a** 6
- Inkrafttreten **111 a** 13
- Nemo-tenetur-Grundsatz **111 a** 8
- objektiver Tatbestand **111 a** 4
- Recht auf Verteidigung und Akteneinsicht **111 a** 9
- Rechtsfolgen **111 a** 11
- Rechtsgut **111 a** 2
- Rechtsmittel **111 a** 12
- Verfassungsmäßigkeit **111 a** 3
- Verjährung **111 a** 10
- Zuständigkeit **111 a** 10

©-Kennzeichen **121** 24 (s.a. Copyright-Vermerke)
Cache 44 a 4, 5, **69 c** 7
Caching 16 17, **44 a** 4–6, **69 c** 7, **97** 26
CAD-/CAM-Bilder 72 18
CD s. Compact Disc
CD-Brenner 54 12
CD-Cover 31 a 31
CD-ROM 10 14, **69 d** 55, **69 f** 10
- Nutzungsart **31 a** 33–37
- Vertrag **Vor 31** 78–80
CELAS WahrnG 1 3
Choreograf 89 13
Choreografische Werke
- akrobatische Leistungen **2** 79
- Aufführungsrecht **19** 24
- Begriff **2** 74–77
- Schutzvoraussetzungen **2** 74–77
- Sportliche Leistungen **2** 78
- Tanz **2** 80
Clean-room-Programmierung 69 d 66
Clearingstelle 95 a 40
Client-Caching 44 a 5, 21
Client-Rechner 69 d 11
CMMV GmbH WahrnG 16
Coditel I-Entscheidung Vor 120 42
Collagen 94 28
Comic-Strips 2 95, **9** 10
Common Information System 95 c 9
Compact-Disc 2 155, **16** 8, 51, **95 d** 6
- bekannte Nutzungsart **31 a** 30, 31
Compilation Show 19 18
Completion Bond Vor 88 3
Computer 54 12
Computeranimation 3 28
Computererzeugte Werke 2 87, 92, 93

Computerfax 53 a 21
computerimplementierte Erfindung 69 g 9–17 (s.a. Erfindung)
Computerprogramm 2 13
- Abgrenzung zu reinen Daten **69 a** 2, 16, 17
- Abgrenzung zu Datenbanken **87** 34, **87 a** 3
- Application Service Providing **69 c** 66
- Arbeitnehmer/Dienstverpflichteter **69 b** 2–4
- Arbeits- und Dienstverhältnisse **69 b**
- Ausdrucksformschutz **69 a** 23–31
- Aufspaltung der Nutzungsrechte **69 a** 60, 61
- ausländisches Computerrecht **Vor 69 a** 10
- Auslegung der §§ **69 a Vor 69 a** 7
- Ausnahmen **69 a** 13–21
- Bearbeitung/Übersetzung/Umarbeitung **69 c** 17–23
- Begriff **69 a** 2–21
- Benutzeroberfläche **2** 60, **69 a** 14, **69 g** 3, 5, 7, 25
- Besichtigungsanspruch **Vor 69 a** 24, **69 a** 77
- bestimmungsgemäße/notwendige Benutzung **69 d** 6–52
- Beweissicherung **Vor 69 a** 23–30
- Darlegungs-/Beweislast **Vor 69 a** 19–28, **69 c** 11
- Datenübertragung **69 c** 65
- Dekompilierung **69 e**, **69 g** 32
- Deliktischer Schutz **69 f** 27, **69 g** 37
- Demo-Versionen **69 c** 88
- eigene geistige Schöpfung **69 a** 32–40
- Entwicklungsstufen **69 a** 5, 6
- Entwurfsmaterial **69 a** 7–9
- erlaubte Formen des Beobachtens/Untersuchens/Testens **69 d** 60–67
- Freeshare/Shareware **69 c** 68–72
- Fremdmodule **69 c** 95, 96
- Geheimnisschutz **69 g** 33–36
- Geschmacksmusterschutz **69 g** 7
- internationaler Schutz **Vor 69 a** 8, 9
- Kennzeichnung **69 a** 84, **95 d** 8
- Klagearten/-verfahren **Vor 69 a** 18
- Lichtbildschutz **69 g** 6
- Marken- und Werktitelschutz **69 g** 19–21
- Maschinen-/Objektcode **69 a** 11
- Nutzungsrechte **69 a** 56–79, 62–69, **69 c**
- objektorientiertes ~ **69 a** 19, 40
- OEM-Software **69 c** 82–94
- öffentliche Wiedergabe/Zugänglichmachung **69 c** 49–61
- Patent- und Gebrauchsmusterschutz **69 g** 9–17
- Programmteile/-module **69 a** 11
- Public-Domain-Software **69 c** 68–72
- Quellcode **69 a** 10
- Raubkopien **Vor 69 a** 18, 26, **98** 6, 14, 18
- Rechtsnachfolge in Urheberecht **69 a** 55
- Schutz **2** 60, **Vor 69 a** 1–10, **69 a** 23–31, **69 g** 2–38
- Schutz als Sprachwerk/Werk der bildenden Kunst/Lichtbildwerk/Darstellung wissenschaftlicher oder technischer Art **69 a** 43–79, **69 g** 3
- Schutz als Filmwerk/Laufbild **69 g** 4, 5
- Schutz nach UWG **69 g** 22–32

Sachverzeichnis

- Schutzvoraussetzungen **69 a** 32–42
- Schutzfristen **2** 13, **69 a** 76
- Sicherungskopien **69 d** 53–67
- Softwarevertriebsverträge **69 c** 67
- Topografienschutz durch Halbleitergesetz **69 g** 18
- typografischer Schutz **69 g** 8
- unerlaubte Verwertung **106** 8
- Übergangsbestimmungen **137 d** 1–5
- Überlassungsanspruch **69 f** 23
- Umgehung von Programmschutzmechanismen **69 f** 13–22, 25–28, **69 g** 30
- Updates **69 c** 86
- Upgrades **69 c** 85
- Urheber/Urheberschaft **69 a** 44–47
- Urheberbezeichnung **10** 14, **69 a** 47
- Urheberpersönlichkeitsrecht **69 a** 48–52, **69 b** 38–46
- Urheberrechtsprozess **Vor 69 a** 18–28
- Urhebervertragsrecht **Vor 69 a** 12–17
- Verbreitungsrecht **69 c** 24–41
- Verjährung **69 a** 67, **69 f** 24
- Verleihen **69 c** 62
- Vermietrecht **69 c** 42–48, **137 d** 3
- Vernichtungsanspruch **69 a** 77, **69 f** 5–11
- Vertragsrecht **69 c** 62–81, **69 d** 29–52, **69 g** 38, **137 d** 4, 5
- Vervielfältigung **16** 7, **44 a** 25, **52 b** 20, **69 c** 4–16
- Verwertungsrechte **69 a** 53, 54, **69 c**
- vorbestehende Software **137 d** 2
- vorgefertigte Programme **69 a** 68
- zustimmungsfreie Verwendungen **69 d**
- Zustimmungsvorbehalt **23** 26, **69 c**

Computerprogramm, bestimmungsgemäße und notwendige Benutzung
- AGB **69 d** 41–45
- Berechtigte **69 d** 24–28
- Einzelplatzbetrieb **69 d** 9
- Fehlerberichtigung **69 d** 17–22
- Kartellrecht **69 d** 46–51
- keine entgegenstehende vertragliche Bestimmungen **69 d** 29–51
- Netzwerkbetrieb **69 d** 10–12
- Notwendigkeiten der Handlungen **69 d** 23
- RZ-, Outsourcing- und ASP-Betrieb **69 c** 44, **69 d** 13
- Service-Büro-Betrieb **69 d** 14
- Sicherungskopien/-maßnahmen **69 d** 16
- Software zu speziellen Zwecken **69 d** 15
- Umarbeitungen **69 d** 17–22

Computerprogramm-Richtlinie Vor 31 2, **44 a** 23, **Vor 69 a** 4, 5, **Vor 120** 52, **137 d** 1

Computerschriften 69 a 15, **69 g** 7, 8

Computerspiel 2 129, 130, 155, **69 a** 39, **69 g** 4, **95** 12–17

Content Protection for Recordable and Prerecorded Media 95 a 30

Content-Provider Vor 31 75, **97** 24

Copy Generation Management System 95 a 35

Copying-Devices 69 f 1

Copyright Vor 88 14, **Vor 120** 54

Copyright Assignment Vor 88 14

Copyright-Vermerke 10 16, 57–59, **106** 30, **121** 24

Copyright-Zeichen (©) 121 24

CPU-Klauseln 69 d 37, 42, 49

„counterfeits" 85 38

Crack- und Klonprogramme 95 a 84

CSS 95 a 34

CT-Klassenbibliotheken 4 9, **69 a** 40

concurrent user 69 d 44

Dachkonstruktion 2 111

Darbietungen
- Beeinträchtigungen **75**
- eines Werkes **73** 4–9
- gemeinsame Darbietung mehrerer Künstler **74** 22–25, **76** 5, 80
- nicht-öffentliche Darbietungen **81** 5
- veranstaltete Darbietung s. Veranstalterschutz
- Volkskunst **73** 10–13

Darbietungsschutz
- Ansehens-/Rufgefährdung **75** 13
- ausländische Künstler **75** 18
- Ensemble-Leistungen **75** 14
- Entstellung/Beeinträchtigung **75** 6–12
- Integritätsschutz **Vor 73** 4, **75** 1–4
- konkurrierende Ansprüche **75** 19
- Rechtsfolgen **75** 15–17
- Schutzumfang **75** 5

Dassonville-Formel Vor 120 40

Daten 69 a 2, 16, 17

Datenbank Vor 87 a 2
- Abfragemittel zur Wiederauffindbarkeit **87 a** 19–29
- Abgrenzung mehrerer Datenbanken **87 a** 30–32
- aktuelle Formen von Sammelwerken **4** 13–18
- Altdatenbanken **87 d** 16
- amtliche ~ **87 a** 143–150, **87 c** 33
- analoge ~ **87 a** 15, **87 b** 38
- Ankauf fertiger Datenbanken **87 a** 39
- Anzeigensammlungen **87 a** 81–87
- Ausnahme zur Herstellungsfreiheit **23** 18
- Begriff **4** 8–12, **87 a** 2
- Benutzer **87 c** 6, 13–17, **87 e** 3–7
- Benutzung **55 a** 1–7
- Benutzungsverträge **87 e**
- berücksichtigungsfähige Investitionen **87 a** 35–40, 48
- Beschaffung des Datenbankinhalts **87 a** 36, 50
- CT-Klassenbibliotheken **4** 9
- Darstellung des Datenbankinhalts **87 a** 38–40, 42, 48
- Definition **69 a** 16, **Vor 87 a** 11, **87 a** 2–117
- Einzelfallbetrachtung **87 a** 72
- einzelne Elementzugänglichkeit **87 a** 13–18
- elektronische ~ **4** 10, **53** 43, **87 a** 16, 25–27, **87 c** 3, 25–27
- Fahrpläne/Flugpläne **87 a** 77
- Fernseh-/Kino-/Theaterprogramme **87 a** 75
- funktionaler Datenbankbegriff **87 a** 5
- geänderte ~ **87 d** 10–14
- Herstellungszeitpunkt **87 d** 7, 8

2553

Sachverzeichnis

- Investition, wesentliche **87 a** 33–67
- Investitionshöhe **87 a** 53
- isolierte Abrufbarkeit der Elemente **87 a** 13–18
- Legaldefinition **87 a** 4
- Linksammlungen **87 a** 95–97
- Lizenzierung/Verkauf von Datenbestand **87 a** 46
- Mess-/Beobachtungsaufwand **87 a** 50, 100
- Meta-Datenbank **87 a** 32
- Multimediawerke **87 a** 108, 109
- neue ~ **87 a** 1, 118–32, 156–158
- Nutzungsberechtigte **55 a** 2–4
- Nutzungsrechte an erforderlichen Computerprogrammen **87 a** 39
- objektorientierte ~ **69 a** 19
- offensichtliches Angebot **53 a** 32
- Offline-Nutzung **55 a** 2, **87 b** 58
- Online-Nutzung **55 a** 2
- physische Bereitstellung **87 a** 40
- Quellenangabe **87 c** 36–38
- Sammlung der öffentlichen Hand **87 a** 110–113
- Sammlung im Bereich Kunst/Kultur **87 a** 104–107
- Sammlung im Bereich Wirtschaft **87 a** 98, 99
- Sammlung im naturwissenschaftlichen Bereich **87 a** 100–103
- Sammlung im Softwarebereich **87 a** 108, 109
- Sammlung physischer Objekte **87 a** 9
- Sammlung von Werken, Daten oder anderen Elementen **87 a** 6–10
- Schutzfrist/-dauer **87 d**
- Schutzgegenstand des Herstellerrechts **87 a** 68–71
- Suchmaschinen **87 a** 95–97
- systematische/methodische Anordnung **87 a** 19–29
- Telefonbücher/Adressverzeichnisse **87 a** 78–80
- Terminologie/Abgrenzung **87 a** 4
- Überprüfung des Datenbankinhalts **87 a** 37, 52
- Unabhängigkeit der Elemente **87 a** 11, 12
- unerlaubte Verwertung **106** 9
- Urheberrecht **4** 18–20
- Veranstaltungskalender **87 a** 76
- veröffentlichte Datenbank **87 c** 7–9
- Veröffentlichungszeitpunkt **87 d** 5, 6
- Vervielfältigung **44 a** 26
- Vorlesungsverzeichnis **87 a** 75
- Websites **87 a** 96
- weite Begriffsauslegung **87 a** 5
- Werkcharakter **4** 8–12
- wesentliche Investition **87 a** 4, 33–67
- Wesentlichkeit der Investition **87 a** 53–67, 114–117
- Wettkampfpläne für Sportveranstaltungen **87 a** 73, 74
- Wiederauffindbarkeit der Elemente durch Abfrage **87 a** 19
- wirtschaftliche Investitionszuordnung **87 a** 42–44
- Zeitungen/Zeitschriften/Zeitungsarchive **87 a** 88–94
- zulässige Nutzungshandlungen **55 a** 5–7

Datenbank, neue s. Neue Datenbank
Datenbankhersteller Vor 87 a 11

- Amortisationsrisiko **87 a** 135
- Investor als Hersteller **87 a** 133–139
- organisatorische Planung **87 a** 138
- Rechtsverhältnis bei mehreren Herstellern **87 a** 140–142
- Übernahme des Investitionsrisikos **87 a** 136

Datenbankherstellerrecht
- Allgemeines **Vor 87 a** 23–27
- ausländische Rechtsprechung **87 a** 161
- ausschließliche Verwertungsrechte **87 b** 1
- Auslegung von Altverträgen **87 a** 159
- Benutzungsverträge **87 e**
- Beweisführung **87 a** 155
- Beweislast **87 a** 151–154, 156–158, **87 b** 76–79, **87 d** 15, **87 e** 21
- Bildschirmwiedergabe **87 b** 40
- Entnahme- und Weiterverwendungsrecht **87 b** 2, 24–29, 34
- Erschöpfung **87 b** 33, 54–59
- Erstreckung auf Datenbankinhalt **87 b** 8–11
- Erstreckung auf gesamte Datenbank/wesentliche Datenbankteile **87 b** 5–7, 12–20, 26
- Gegenstand der Verwertungsrechte **87 b** 5–23
- Hyperlinking, Framing **87 b** 73, 74
- keine Vergütungspflicht **87 c** 42
- Konsultation und Abfrage **87 b** 30–33
- Lizenzierung **87 b** 1
- Nutzungsverträge **87 e**
- öffentliche Sicherheit/Rechtspflege **87 c** 39–41
- Prozessuales **87 b** 75–84
- Rechtsinhaberschaftsvermutung **10** 49
- Quellenangabe **87 c** 36–38
- Recht der öffentlichen Wiedergabe **87 b** 48–52
- richtlinienkonforme Auslegung **87 b** 24–33, **87 c** 6
- Schadensersatzanspruch **87 b** 84
- Schrankenregelungen **87 b** 37, **87 c**
- Schutzdauer **87 d**
- Schutzfristberechnung **87 d** 9
- Schutzgegenstand **87 a** 68–71
- selbstständiges, unabhängiges Schutzrecht **87 a** 2
- Übertragbarkeit/Abtretbarkeit **87 b** 1
- Umgehungsklausel **87 b** 3, 60
- Umgehungsschutz bei unwesentlichen Teilen **87 b** 60–68, 69–74
- Unterlassungsanspruch **87 b** 80–83
- Untersagungsklauseln **87 e** 1
- unwesentliche Teile **87 b** 5, 21–23, 60–68, **87 e** 11–14
- Unwirksamkeit vertraglicher Nutzungsbeschränkungen **87 e** 3–20
- Verbreitungsrecht **87 b** 44–47
- Vergütung für öffentliches Verleihen **87 b** 4
- Vermutungsregelung nach § 10 **87 b** 75
- veröffentlichte Datenbanken **87 c** 7–9, **87 d** 4–8
- vertragliche Nutzungsbeschränkung **87 e** 8–10
- Vervielfältigung **44 a** 27, **87 b** 34–43, **87 e** 18–35, 39
- Verwertungsrechte **87 b** 24–59
- wesentliche Datenbankteile **87 b** 5–7, 12–20, 26, **87 c** 10–12

Sachverzeichnis

- Zugang zu Informationen bei behördlichen Datenbanken **87 b** 85–90
- Zustimmung zur Konsultation **87 b** 33

Datenbankinhalt Vor 87 a 32, 33, **87 a** 3, **87 d** 3
- Beschaffungsaufwand als Investition **87 a** 36
- Darstellung **87 a** 38–40
- Herstellerrecht **87 b** 8–11
- Überprüfung auf Richtigkeit **87 a** 37

Datenbankmanipulationssprachen 69 a 16

Datenbankschutz
- Auslegung von Altverträgen **87 a** 159
- Computerprogrammrechte **Vor 87 a** 34, **87 a** 4
- Datenbankherstellerrecht **Vor 87 a** 23–27, **87 a–87 e**
- Datenbankinhalt **Vor 87 a** 32, 33, **87 a** 3
- Datenbankurheberrecht **Vor 87 a** 28
- Eigentumsgarantie **Vor 87 a** 42
- früheres Recht **Vor 87 a** 2, 3
- Gesetzesbegründungen **Vor 87 a** 18
- Gründung nach dem Recht eines Drittstaates **127 a** 5
- Gründung nach dem Recht eines EU/EWR-Staates **127 a** 4
- Investitionsschutz **Vor 87 a** 23–27, **87 a–e**
- internationaler Schutz **Vor 87 a** 49, 50
- juristische Personen mit Inlandssitz **127 a** 3
- juristische Personen ohne Inlandssitz **127 a** 4, 5
- Kartellrecht **Vor 87 a** 41
- persönlicher Anwendungsbereich **Vor 87 a** 39–44, **127 a**
- Prozessuales **87 a** 151–158
- Rechte an der Datenbank **Vor 87 a** 20–31
- Regelungszweck der §§ 87 a–e **Vor 87 a** 1
- richtlinienkonforme Auslegung **Vor 87 a** 16
- Staatsverträge **127 a** 6
- Strafrecht **108** 4, 8
- Übergangsrecht **Vor 87 a** 51, **137 g** 3, 4
- Verhältnis der Rechte zueinander **Vor 87 a** 25–27
- Wettbewerbsrecht **Vor 87 a** 35–40

Datenbank-Richtlinie 4 2, 10, 18, **Vor 31** 2, **44 a** 23, **106** 9, **Vor 120** 52, **127** 1
- Entstehungsgeschichte **Vor 87 a** 4, 5
- Evaluierungsbericht der Kommission **Vor 87 a** 6–8
- fehlende Umsetzung der Online-Übermittlungs-Rechts **Vor 87 a** 15
- traditionelle urheberrechtliche Terminologie **Vor 87 a** 14
- Übergangsrecht **137 g**
- Umsetzung als verwandtes Schutzrecht **Vor 87 a** 9, 10
- Umsetzungsprobleme **Vor 87 a** 14, 15

Datenbanksoftware 87 c 3, **87 d** 3, 17

Datenbankurheberrecht Vor 87 a 28, **87 a** 2, **87 d** 17

Datenbankvertrag Vor 31 70, 93
Datenbankwerk s. Datenbank
Datenfernübertragung 69 c 65
Datenflussplan 69 a 6, 8
Datenschutz 101 5, 24, 34

Datensicherung s. Sicherungskopien
Datenstrukturen 69 a 16
Datenträger 53 a 31, **69 f** 8, **87 b** 35, **Vor 97** 18
Dauerschuldverhältnis InsO 6
DDR Vor 31 95, **120** 2, **EVtr 1** ff.
- Erstausgaben **71** 43
- Filmwerke **Vor 88** 17
- Gesetz über das Urheberrecht **EVtr, Anh 1**
- Lichtbildschutz **72** 70

Deckname s. Pseudonym
Deep-Links 44 a 28, **Vor 87 a** 39, **87 b** 73, **97** 20, 32
DEFA-Filme EVtr 47, 86–88

Dekompilierung
- Berechtigte Personen **69 e** 12
- Beschränkung auf notwendige Programmteile **69 e** 16, 17
- Beweis der Rechtsverletzung **69 e** 29
- Interessenabwägung **69 e** 24
- Interoperabilität eins unabhängig geschaffenen Werkes **69 e** 6–11
- interoperable Hardware **69 e** 26, 27
- mangelnder anderweitiger Zugang **69 e** 14, 15
- Nachahmungsbeschränkung **69 e** 22, 23
- Programmwartung durch Drittunternehmen **69 e** 28
- Unerlässlichkeit **69 e** 13–19
- Unzulässigkeit zur Fehlerbeseitigung **69 d** 22
- Verhältnis zum UWG **69 e** 31, 32, **69 g** 32
- Vervielfältigung/Übersetzung des Programmcodes **69 e** 4, 5
- Web-Sites **69** 30
- Weitergabebeschränkung **69 e** 21
- Zweckbeschränkung **69 e** 20
- zwingendes Recht **69 e** 25

Deliktsrecht 69 f 27, **69 g** 37, **97** 96, **102 a** 1, 2
Deliktsstatut Vor 120 6
De-minimis-Klausel 54 5, 14, **54 a** 1, 5

Demonstrationszug
- Abbildung von Polizisten **KUG 23** 32

Demoversionen 69 c 88
Dereliktion 31 1
Designer 43 7
Designrecht 88 33
- Computerprogramme **69 g** 7
- Werke der angewandten Kunst **2** 97, 98

Design-Vertrag Vor 31 93
Deutlichkeitsgebot 63 15–17
Deutsch-amerikanisches Abkommen 72 73, **121** 33, **124** 2
Deutsche Digitale Bibliothek (DDB) 61 6
Deutsche Institut für Normung e. V. 5 7
Deutsche Rechnungslegungs Standards Committee e. V. 5 7
Deutsches Patent- und Markenamt (DPMA) WahrnG 18 3
Deutsche Staatsangehörige 120 1, 2, **125** 2, **126** 2, 3, **128** 2
Deutscher Musikverlegerverband (DMV) 88 13
Dezentrale Netzwerke 52 b 15
Dialoge 2 51

Sachverzeichnis

Diavorführung 2 120
Dienstanweisungen 2 64
Dienstleistungserbringung
– Umgehung technischer Schutzmaßnahmen 95 a 79–81
Dienstleistungsfreiheit (Art. 56 ff. AEUV) Vor 120 42
Dienstverhältnis s. Arbeits- und Dienstverhältnis
Dienstverpflichtete 69 b 3
Digital Audio Tape 95 a 29
Digital Fingerprinting 95 a 24, 95 c 10
Digital Multimedia Broadcast 20 6 a
Digital Object Identifier System 95 a 36, 38, 95 c 9
Digital Remastering 75 10, 77 6
Digital Rights Management 87 21, 95 a 3
Digital Transmission Content Protection 95 a 22
Digital Video Broadcast 20 6 a, 95 a 28
Digitale Bildbearbeitung 72 65
Digitale Fotografie 26 10
Digitale Manipulation 72 26
Digitale Medien 17 6
Digitale Nutzungsarten
– Abrufrechte Vor 88 47
– digitales Fernsehen Vor 88 46
– Digitalisierung, Interaktivität Vor 88 44
– DVD Vor 88 45
– Online-/Internet-Recht Vor 88 40
– Video-on-Demand Vor 88 40, 47
Digitale Signaturen 95 a 27, 95 c 9
Digitale Wasserzeichen 95 a 24, 95 c 10
Digitales Fernsehen 20 6 a, Vor 88 4, 45, 95 a 28
Digitalisierte Werke 16 13–21
Digitalisierung 31 a 27–29, 87 b 38, Vor 88 44, 94 25, 95 a 3
– Altbestände 52 b 21
Digitaltechnik 94 24
Diktiergerät 54 12
Dingliche Beschränkungen 17 17, 21, 30, 29 9, 31 24–26
DIN-Normen 2 63, 146
Diptychon 14 42
Director's Cut Vor 88 43
Direktionsrecht 43 19
Direkt-Satelliten 88 80, Vor 120 18
Disassemblierung 69 e 5
Diskriminierungsverbot Vor 120 37, 38, 59, 125 3, 126 4
Display 69 a 14, 69 g 3, 72 12
doctrine of implied licence 69 d 3
Doku-Fiktion 88 19
Dokumentarfilme 2 122, 95 8
Dokumentation 19 42
Dongles 69 c 21, 69 d 18, 45, 58, 95 a 31, 97 20
Doppelschöpfung 23 19–21, 70 11
Doppelte Bestandsakzessorietät 52 b 29–35
doppelte Lizenzgebühr 8 40, 97 79, KUG 22 28
– MFM-Honorarbedingungen 8 40

Doppelte Vergütung 95 b 1
– bei Verletzung der Auskunftspflicht 54 f 4
– bei Verletzung der Meldepflicht 54 e 3
Download/-ing 16 14, 69 c 66, 72 21, 78 8, 85 24, 87 b 39
Dramatisch-musikalische Werke 19 12, 16, 17
Dreharbeiten 90 1
Drehbeginn 90 5–7, 88 48
Drehbuch 88 26–28
Drehbuchautor 20 8 a, 8 b, 8 e, 8 f, 43 7, 89 16
Dreidimensionale Modelle 2 144
Dreistufentest 44 a 22, 52 b 31, 36, 53 a 39, 40, Vor 120 53
Dringlichkeit 42 a 28
Drittauskunft
– anhängiges Verletzungsverfahren 101 14, 15
– Anspruch gegen den Verletzer 101 6–9
– Anspruch gegen Dritte 101 10–19
– Anspruchsparteien 101 6
– Anwendungsbereich 101 1–6
– digitale Verwertung/Online-Bereich 101 2, 3, 11, 12
– doppeltes Gewerbsmäßigkeitserfordernis 101 18, 19
– einstweilige Verfügung 101 2, 26
– Enforcement-Richtlinie 101 1
– erfasste Handlungen 101 7
– Erweiterung zivilrechtlicher Auskunftsansprüche 101 2
– falsche Auskunft 101 23, 24
– gleichzeitige Nutzung an mehreren Leseplätzen 52 b 32–35
– Haftung bei wahrer Auskunft ohne Auskunftspflicht 101 25
– Herausgabe von Bestandsdaten 101 13
– Internetprovider 101 2, 11, 30–35
– offensichtliche Rechtsverletzung 101 16, 17, 26
– Rechtsverletzung im geschäftlichen Verkehr 101 8
– richterliche Anordnung 101 1, 28, 29
– Schadensersatzanspruch bei falscher Auskunft 101 23, 24
– selbstständiger, nicht akzessorischer Anspruch 101 2
– Umfang des Anspruchs 101 20, 21
– Unverhältnismäßigkeit 101 229
– unverzügliche Auskunft 101 9
– Verwendung von Verkehrsdaten 101 13, 28
– Verwertungsbeschränkungen 101 27
Drittmittelforschung 53 a 28
Droit d'auteur Vor 120 54
DRS C s. Deutsche Rechnungslegungs Standards Committee e. V.
Druckbalken 101 a 3
Drucker 97 20, 53
Druckfertigerklärung 38 6
Druckgrafik 2 87, 13 25
Druckkostenzuschüsse 32 34
Druckschriften 97 53
Dubbing Vor 88 43
Durchfuhr Vor 120 57

Sachverzeichnis

- Anwendungsbereich des Gemeinschaftsrechts **111 b, c** 40, 41
- Anwendungsbereich des nationalen Verfahrens **111 b, c** 38, 39
- Darlegung einer Rechtsverletzung **111 b, c** 47, 48
- EuGH-Rechtsprechung **111 b, c** 42–45

Durchsetzungsrichtlinie Vor 31 2
Durchsuchung 106 50
DVB-T 20 6 a
DVD 16 8, **69 f** 10, **Vor 88** 35, 45, **95 a** 34, **95 d** 7
- DVD-Filmauswertung als bekannte/unbekannte Nutzungsart **31 a** 50

eBooks 95 a 38
E-Commerce 31 a 52
E-Commerce-Richtlinie Vor 31 2, **44 a** 10, **Vor 120** 19
editio princeps 71 21
EFTA-Staaten Vor 120 61
EG-Recht s. EU-Recht
EG-Richtlinien s. Richtlinien
Eidesstattliche Versicherung 97 49
Eigenart 2 137, **14** 16, **69 g** 24
Eigenbedarfsklauseln 87 e 17
Eigener Gebrauch von Vervielfältigungen s. Privatgebrauch
Eigentum
- gemeinfreie Werke **2** 164, 165
- Eigentumsschutz **3** 31, **52 a** 22, **69 f** 6
- geistiges E. **95 a** 7
- Richtlinie zur Durchsetzung der Rechte des geistigen E.s (Enforcement-RL) **Vor 31** 2; **97** 3, **98** 1, **101** 1, **101 a** 1, **101 b** 1, **103** 1, **Vor 120** 54
- Sacheigentum s. dort

Eigentümerinteressen 14 32–36
Eigentümlichkeit 2 21, **69 a** 19
Eigentumserwerb, Werkstück Vor 31 54, 55
Eigentumsgarantie 32 1, **52 b** 36, **Vor 87 a** 42
Eigentumsvorbehalt 17 14
Eigenwerbung 88 75
Einblendrechte 88 41
Einblendungen 94 28
Einfuhr 95 a 73, **54 e** 1–3, **111 b, c** 34, 37, 38–48, **Vor 120** 57
Eingangsbereich 2 110, **14** 28
Eingriffe in das Werk 14 3
Eingriffskondiktion 97 92, **105** 9
Eingriffsnormen 32 b 1, **Vor 120** 25
Einheitlichkeit des Werkes s. Werkeinheit
Einheitstheorie Vor 120 22
Einigungsvertrag 64 5, **EVtr** 1 ff.
- internationale Aspekte **EVtr** 95–110
- Rechtslage nach Wiedervereinigung **EVtr** 9–17
- Rechtlage vor Wiedervereinigung **EVtr** 1–8
- Rechtsnachfolge **EVtr** 71–94
- Schutzfristverlängerung **EVtr** 18–25
- Urhebervertragsrecht **EVtr** 26–70

Einmallizenzzahlungen InsO 10
Einmalrecht 12 10

Einräumung von Nutzungsrechten Vor 31 21–44, **31** 4–26, 72–75, **Vor 73** 12
- unbekannte Nutzungsarten **31 a** 7–14

Einräumungsfiktion s. Übertragungsfiktion
Einschreiben 46 14
Einsichtnahme an Ort und Stelle 17 27, **27** 11
EinsPlus 20 3
Einspruch 111 b, c 71
Einstweilige Verfügung 97 46
- Abschlussschreiben/-erklärung **Vor 97** 131–144
- Antragsrücknahme **Vor 97** 88, 89
- Aufhebungsverfahren **Vor 97** 147–148
- Auskunftsanspruch **Vor 97** 95, **101** 2, 26
- Besichtigungsanspruch **Vor 97** 96–107,
- Computerprogramme **Vor 69 a** 18
- effektiver Rechtsschutz **Vor 97** 84
- Erledigung **Vor 97** 129, 130
- Fristsetzung zur Klageerhebung **Vor 97** 145, 146
- Fristverlängerungen **Vor 97** 88, 89
- Glaubhaftmachung **Vor 97** 81, 82, 91–93
- Heilung **Vor 97** 125
- neue Umstände **Vor 97** 90
- Rechtsbehelfe **Vor 97** 149–154
- Rückruf **Vor 97** 119, 120, **98** 16
- Sequestration **Vor 97** 119, 120, **98** 31
- Unterlassungsanspruch **Vor 97** 94
- Verfügungsanspruch **Vor 97** 91–120
- Verfügungsgrund **Vor 97** 77–90
- Vernichtungs-/Rückrufs-/Überlassungsanspruch **98** 8
- Verwahrungsanspruch **Vor 97** 119, 120
- Verzicht auf Antragsrecht **Vor 97** 76
- Vollziehung **Vor 97** 121–128
- Vorlage- und Besichtigungsanspruch **101 a** 34, 35, **101 b** 15, 16
- Zeitablauf **Vor 97** 85–87
- Zuständigkeit **Vor 97** 74, 75
- Zwangslizenz **42 a** 28

Eintragung
- Register anonymer und pseudonymer Werke **138** 1–6

Einwilligung 97 32
Einwilligungsanspruch 32 a 24
Einwilligungsvorbehalt
- Abgrenzung zu § 183 BGB **23** 11
- Bearbeitungen/Umgestaltungen **3** 3, **23** 6–12, **37** 2–6
- Befristung **23** 10
- beteiligter ausübender Künstler **80** 10, 11
- Bezugsobjekt **23** 6
- Computerprogramme **23** 26
- Herstellungsfreiheit **23** 9
- Miturheberschaft **8** 1, 31–33
- Verhältnis zum Vervielfältigungsrecht **23** 25
- Veröffentlichung **23** 7
- Werkverbindung **9** 1, 16–20
- Werkverwertung **23** 8
- Zumutbarkeit **9** 28–20
- Zwangsvollstreckung **113** 9–14

Einzeichnung 88 39
Einzelbestellung 53 a 46, 52

2557

Sachverzeichnis

Einzelermächtigung Vor 120 55
Einzelplatzbetrieb 69 d 9
Einzelteile 2 98
Einzelwerke
– gesonderte Verwertung 9 21
– Selbstständigkeit der Urheberrechte 9 1, 13, 14
Einziehung 106 52, 110 1, 111 b, c 69, 70, 73
Electronic Copyright Management System (ECMS) 95 a 36, 95 c 9
Elektronische Werke s. a. digitalisierte Werke
Elektronische Datenbanken 87 a 16, 87 c 3
Elektronische Datenbankwerke 53 43
Elektronischer Geschäftsverkehr 95 a 2, 95 c 3
Elektronische Leseplätze
– angemessene Vergütung 52 b 36, 37
– Annexvervielfältigungen 52 b 19, 20, 36
– ausschließliche Einrichtung für Werknutzung 52 b 14
– Ausschluss/Beschränkung der Zugänglichmachung 52 b 27, 28
– Begriff 52 b 12, 13
– Bereitstellung von Werken zum interaktiven Abruf 52 b 18
– Digitalisierung von Altbeständen 52 b 21
– doppelte Bestandsakzessorietät 52 b 29–31
– gemeinfreie Werke 52 b 8
– in Räumen privilegierter Einrichtungen 52 b 15
– Insel-/Netzwerklösungen 52 b 13
– keine Bereichsausnahme 52 b 4
– kein wirtschaftlicher Zweck/Erwerbszweck 52 b 11
– Multimedia-Richtlinie 52 b 1, 31, 36
– öffentlich zugängliche Bibliotheken/Museen/Archive 52 b 9, 10
– on-the-spot-consultation 52 b 16
– privilegierte Einrichtungen 52 b 9–11
– privilegierter Nutzungszweck 52 b 22–26
– Schrankenbestimmung 52 b 1
– Terminal 52 b
– Verhältnis zur Archivierung 52 b 38
– Werke 52 b 4, 5
– veröffentlichte Werke 52 b 6, 7
– Zugänglichmachung 52 b 16–18
– Zweiter Korb 52 b 2, 3
Elektronischer innerbibliothekarischer Leihverkehr 53 a 13
Elektronischer Katalog 52 b 14
Elektronischer Pressespiegel 49 13–16
Elektronischer Versand 19 a 27
– Begriff 53 a 23
– Erscheinungsformen 53 a 23, 24
E-Mail 4 13, 16 15, 19 a 31, 20 3, 31 a 29
E-Mail-Adressdatenbank 87 a 80
E-Mail-Versand 53 a 23
Empfangsbevollmächtigte 8 41
Empfangsland Vor 20 4, Vor 120 16
Empfangsstelle, gemeinsame 54 h 5
Empfehlung Vor 120 58
Enforcement-Richtlinie Vor 31 2, 97 3, 98 1, 101 1, 101 a 1, 101 b 1, 103 1, Vor 120 54
Engagementverträge 79 28

Enkelrecht 35 3, 7–9
Ensemble-Darbietungen Vor 73 13, 75 14, 125 45
– Einheitlichkeit der Darbietung 80 6
– Einwilligung bei gemeinsamer Darbietung 80 10, 11
– Künstlergemeinschaft als gesetzliches Rechtsverhältnis 80 8, 9
– künstlerische Darbietung mehrerer 80 4–6
– Vertretungsbefugnis 80 13–16
– Verwaltung der gemeinsamen Verwertungsrechte 80 12
Entfernung aus den Vertriebswegen 98 36, 39
entgangener Gewinn 97 62–65
Entgelt 52 7, 8
Enthaltungspflicht s. Konkurrenzverbot
Entlehnung 46 10, 51 1, 2
Entnahmerecht 87 b 2, 24–29, 34
Entschädigung
– Abwendungsbefugnis durch ~ 100 5–8
– Angemessenheit 100 9, 10
– Beispiele 97 89, 90
– Einordnung 97 84
– Enforcement-Richtlinie 97 87
– Entschädigungshöhe 97 88
– persönlicher Anwendungsbereich 97 85
– Rückruf 41 30, 31, 42 11–13
– unbefugte Abbildung KUG 22 30–36
– schwerwiegender Eingriff 97 86
Entscheidungen 5 12, 13
Entstellungsschutz/-verbot 8 27, 97 76
– änderungsrelevante Vorschriften 14 2
– Architektur 14 27–36
– Beeinträchtigung 14 3
– Begriff 14 3, 75 6, 93 11–15
– Beurteilungsmaßstab 14 4–6
– Computerprogramm 69 a 52, 69 b 42
– Darbietungen 75 6–12
– Eigentümerinteressen 14 21, 32–36
– Filmwerke 14 61, 94 60–63
– Gebrauchszweck 14 18
– Grad der Öffentlichkeit 14 20
– Grenze der Änderungsbefugnis 62 7
– Interessenabwägung 14 10–14
– Interessengefährdung 14 7–9
– Irreversibilität des Eingriffs 14 19
– Kriterien 14 15–20
– künstlerischer Rang 14 17
– Lichtbildwerke 14 60
– Musik 14 55–57
– Online-Nutzung 14 60–62
– Planungsänderungen 14 27
– Rücksichtnahme 14 36
– schöpferische Eigenart 14 16
– Systematik 14 3–14
– technisch bedingte Beeinträchtigungen 14 62, 75 9
– Theaterstücke 14 58, 59, 75 8
– Übertragungsfiktion 137 l 24
– Umbauten 14 29–31
– Umgestaltungen 14 60, 61

Sachverzeichnis

- Urheberbezeichnung und Werkentstellung **13** 17
- Verfälschung **14** 3
- Werke der reinen Kunst **14** 18
- Werkvernichtung **14** 22–26
- Zumutbarkeitsprüfung **14** 21, 36

Entwicklungsstufen 69 a 5, 6
Entwürfe/Entwurfsmaterial 2 41, 82, 111, 136, **69 a** 7–9
EPROM 69 d 55, **69 f** 10
Erbauseinandersetzung 28 3, **29** 27
Erben 28 10
Erbengemeinschaft 28 12
Erbfolge 28 2, 6
Erbvertrag 28 16, **29** 25, 26
Erfindung/Erfindungsschutz 2 123, 140, **3** 31, 43 32, 143, **Vor 69a** 15, **69b** 15, 17, 22, 31f., **69g** 2, 9-11, 14-17, **79a** 2, **104** 14, WahrnG **14a** 9
Erfolgsdelikt 106 12, 17
Erfolgsort 105 13, 27
Erfüllungsgehilfe 34 32
Ergänzende Schutzbestimmungen
s. Technische Schutzmaßnahmen
Erhaltung 14 23
Erkennungszeichen 2 73
Erlasse, amtliche 5 11
Erlaubnis zum Geschäftbetrieb WahrnG 1–5
Erlaubte Nutzungen
- behinderte Menschen **96 b** 21
- öffentliches Zugänglichmachen für Unterricht und Forschung **95 b** 25
- Rechtspflege/Öffentliche Sicherheit **95 b** 18–20
- Sammlungen für Schul- oder Unterrichtsgebrauch **95 b** 22, 23
- Schulfunksendungen **95 b** 24
- Vervielfältigungen zum privaten und sonstigem eigenem Gebrauch **95 b** 26–34

Erledigung des Hauptsacherechtsstreits Vor 97 34–39, 129, 130
Erleichtern 95 c 22
Ermittlungsbefugnisse 106 50
Ermöglichen 95 c 21
Erotikfilme 95 9
Ersatzdongles 69 f 15
Erscheinen des Werkes
- Erscheinen **6** 27–30
- in genügender Anzahl **6** 31–33
- nachgelassene Werke **71** 6, 10, 11, 21
- qualifizierte Form der Veröffentlichung **6** 24
- Rechtsfolgen **6** 44, 45
- Vervielfältigungsstücke **6** 25, 26
- Werke der bildenden Künste **6** 35–40
- Zustimmung des Berechtigten **6** 34

Erschienene Werke
- Vortragsrecht **19** 8
- Zwangslizenz **42 a** 9

Erschöpfung
- allgemeiner Grundsatz **15** 23, 24, **69 c** 30–37
- Beschränkung des Verbreitungsbegriff **106** 19
- Datenbankherstellerrechte **87 b** 33, 54–59

- dingliche Beschränkungen **17** 17, 21, **31** 24–26, **69 c** 35, 89–91
- Erschöpfte Werke **17** 19
- europaweite **87 b** 53
- EWRV **Vor 120** 63
- gemeinschaftsweite Erschöpfung **17** 20, **69 c** 32, **Vor 87 b** 46–52, **120** 40–42
- Original-/Vervielfältigungsstück **17** 16
- Sicherung der Verkehrsfähigkeit **15** 25–27
- Veräußerung **17** 14, 15
- Vertrieb in EU/EWR **17** 18
- Voraussetzungen **17** 14–18
- Wirkung **17** 19–21

Erstaufführungen 19 32
Erstbegehungsgefahr 97 41, **105** 17
Erstveröffentlichung 93 7, 8
Erstverwertung 93 6
Erstellungskosten 36 a 23, 24
Erster Korb Vor 88 9
Ersterscheinung 125 10, **126** 7
- Begriff des Erscheinens **121** 2
- Schutzbeschränkung **121** 4
- Werke der bildenden Kunst **121** 3

Erstfixierung 16 5, 53 46, 89 20, 94 20–28
Erstsenderecht Vor 20 6, **87** 18
Erstverbreitung 17 16
Erstverkauf 87 b 59
Erstveröffentlichung
- alle Werkverkörperungen **12** 4
- Ausübung **12** 10–12
- Bearbeitungen **12** 6, **23** 7
- Bezugsobjekte **12** 4–6
- Einmalrecht **12** 9
- filmische Erstveröffentlichung **93** 7, 8
- Interessenabwägung **12** 16
- Ob/Wie der Veröffentlichung **12** 8
- Rechtsinhaberschaft **12** 2, 3
- unberechtigte Bekanntmachung des Werkes **12** 14
- Unübertragbarkeit **12** 2, 3
- Verbrauch **12** 13–15
- Verhältnis zu Verwertungsrechten aus § 15 **12** 17, 18
- Veröffentlichungsbegriff **12** 7
- Vorhandene Werke **12** 5
- Werknutzung nach §§ 44a **12** 15

Erträge 8 34–37, **32 a** 11–13
Erwerberhaftung 34 30–35
Erwerbszweck 52 6
Erzeugnis 2 98
EU-Ausländer 120 4
EU/EWR-Angehörige 120 3, 4, **125** 3–5
EU-Recht
- Allgemeines **Vor 31** 2, **Vor 120** 36
- Anwendungsbereich des AEUV **Vor 120** 36
- Außenbeziehungen der EU im Bereich Urheberrecht **Vor 120** 60
- Europäischer Wirtschaftsraum **Vor 120** 61–64
- Europäisches Wettbewerbsrecht **Vor 120** 43–50
- Gemeinschaftsweite Erschöpfung des Verbreitungsrecht **Vor 120** 40–42

2559

Sachverzeichnis

- Inländerbehandlungsgrundsatz **Vor 120** 37–39
- Rechtsvereinheitlichung in der Europäischen Gemeinschaft **Vor 120** 52–58

EuGVVO
- Anwendungsbereich **Vor 120** 28
- Gerichtsstände **Vor 120** 29
- Gerichtsstandsvereinbarungen **Vor 120** 30

EuGH s. Vorlageverfahren
EuGVÜ Vor 120 27
Europäische Konvention zum Satellitenrundfunk 121 35, **127** 19
Europäische Satellitensendung Vor 20 2, 3, **20 a**
Europäischer Wirtschaftsraum s. EWR
Europäisches Fernsehabkommen 87 6
Europäisches Kartellrecht Vor 120 43
Europäisches Recht s. EU-Recht
Europäisches Urheberrecht Vor 31 2, **101 a** 5
Europäisches Wettbewerbsrecht
- beschränkende Lizenzen **Vor 120** 50
- IMS-Entscheidung **Vor 120** 46
- Magill-Entscheidung **Vor 120** 45
- Microsoft-Entscheidung **Vor 120** 47
- Verbot des Missbrauchs einer marktbeherrschenden Stellung **Vor 120** 44–48
- Verbot wettbewerbsbeschränkender Abreden **Vor 120** 49
- Verweigerung von Lizenzen **Vor 120** 44–47
- Verwertungsgesellschaften **Vor 120** 48, **WahrnG** 24

Evaluierungsbericht zur Datenbank-Richtlinie Vor 87 a 6–8
EWR 17 18, 20, **Vor 20** 4
- Anwendungsbereich des EWR-Vertrages **Vor 120** 61
- Erschöpfung **Vor 120** 63
- Expertensysteme **69 a** 20
- Inländerbehandlung **Vor 120** 62
- Übernahme des EG-Rechts **Vor 120** 64

expires 44 a 18
Externe Datenbanken 95 c 9

Fachdatenbank 87 a 99
Fachmessen 6 11
Fachzeitschrift 5 16, **31 a** 36
Fahrlässigkeit 97 52–55, **106** 29
Fahrpläne 5 20, **87 a** 77
Fair-Use-Gedanke 69 e 24
Faksimile 53 a 25
faktisches Arbeitsverhältnis 89 11
Fakultätsbibliotheken 52 b 15
Fälschungen
- eigenes Werk des Fälschers **13** 16
- enge Anlehnung an Originale **13** 15
- Entstellungen **14** 40

Farbigkeit 2 111, **14** 30
Fassadengestaltung 2 110, 111, **14** 28
Faxkarte 97 50, **101 a** 3, 10
Faxversand 53 a 21
Fehlerberichtigung 69 d 17–22
Fehlerbeseitigung 69 d 18, 51, **69 e** 28, **69 f** 18

Fensterprogramme 87 12
Fernleihe 6 12
Fernsehfilme 89 24
Fernsehfilmherstellungsrecht 88 10
Fernsehformate 88 22–24
Fernsehmagazinsendung 63 29
Fernsehproduktion 88 10
- Änderungsrecht **39** 33
- Dokumentarfilm **2** 120
- Fernsehprogramme **2** 51
- Showkonzeption s. Showformat

Fernsehprogramm 87 a 75
Fernsehrechte/Television Rights Vor 88 38
Fernseh-Richtlinie 87 6
Fernsehzweitauswertung
- bekannte/unbekannte Nutzungsart **31 a** 46

Fernsprechbücher s. Telefonbücher
Fertigstellungsrisiko 94 44
Festspiele 19 32
Festplatten 69 f 9
Festplatten-Cache 44 a 5
Festpreisproduktion 94 33
Feststellungsklage Vor 97 53–56
- negative Feststellungsklage **Vor 97** 72

Feuerlöscher 14 32
Figurenschutz 95 17
Figurinen 43 45, **44** 6
Field-of-use-Beschränkungen 69 c 95, **69 d** 39, 47
Filesharing 16 14, **19 a** 23
Film
- Begriff **Vor 88** 18–20
- immaterielles Wirtschaftsgut **94** 18

Filmaufzeichnungen 8 4
Filmauswertung Vor 88 26, 36–43
- Ancillary Rights **Vor 88** 31
- Fernsehrechte/Television Rights **Vor 88** 38
- Kinorechte/Cinematic Rights **Vor 88** 37
- Optical Rights **Vor 88** 42
- sonstige nichtfilmische Auswertungsrechte **Vor 88** 43
- Videogrammwerte/Public und Home/Commercial Video **Vor 88** 39
- Video-on-Demand, Online- und Internet-Rechte, Making-available-rights **Vor 88** 40, 47

Filmauswertungsvertrag Vor 120 24
Filmautor 43 7
Filmbauten 88 32
Filmbereich 43 65, 66
Filmberichterstattung 88 20
Filmbestellvertrag Vor 88 35
Filmbezugsvertrag Vor 88 35
Filmcollagen 94 28
Filmdekorationen 88 33
Filmeinzelbilder 72 14, **91** 4, 5
Filmexposé/-treatment 88 26–28
Filmfonds 94 18, 19, 48, 49
Filmhersteller
- Auftragsproduktion **94** 33, 34
- außereuropäische **Vor 88** 17
- Auslegungskriterien **94** 35–39

Sachverzeichnis

- Auswertungsrisiko **94** 45
- Begriff **Vor 88** 34, **94** 29
- Definitionen **94** 31–
- echte/unechte Auftragsproduktionen **94** 33, 34
- deutsche Staatsangehörigkeit/gleichgestellte Personen **128** 2
- Eintritt in laufende Filmproduktion **96** 46, 47
- erstes Erscheinen im Inland **128** 4
- Einfluss auf wesentliche produktionstechnische Vorgaben **94** 42
- Fernsehdirektübertragung **94** 22
- Fertigstellungsrisiko **94** 44
- Filmfonds **94** 48–50
- Filmrestaurierung **94** 24–27
- finanzielle Gesamtverantwortung **94** 45
- Gesetzesbegründung **94** 38
- Gesetzeszweck **94** 39
- inländische/gleichgestellte Unternehmen **128** 3
- Koproduktionen **94** 52–56
- Medienerlass des BFM **94** 50, 51
- Mithersteller **94** 47, 55
- Mitwirkung bei der Filmherstellung **89** 12–18, **92** 13, 14
- Produzenten-ARGE **94** 36
- Produzentenwechsel **94** 46, 47
- Realcharakter der Filmherstellung **94** 30
- Rechtserwerb **94** 43
- Rechtsprechung **94** 40
- Sacheigentum am am Erstfilmträger **94** 30
- Sendeunternehmen **94** 14
- Staatenlose/Flüchtlinge **128** 5
- Staatsverträge **128** 6
- Synchronfassung **88** 29
- Synchronisation **88** 50
- Synchronautor, Synchronregisseur **89** 17
- systematische Auslegung **94** 37
- Wechsel des Filmherstellers **94** 46, 47
- wertende Gesamtbetrachtung **94** 31, 32
- wirtschaftliche Verantwortung **94** 38, 49
- Wortlautauslegung **94** 35, 36
- Zurechnungsmerkmale **94** 41–45
- Zwangslizenz **42 a** 27

Filmherstellerschutz
- Eigentumsgarantie Art. 14 GG **94** 17
- Entstellungs-/Kürzungsschutz **94** 60–63
- erste Bildfolgenfixierung **94** 21
- Erstfixierung auf den Filmträger **94** 20–28
- Filmhersteller **94** 29–56
- Investitionssicherung **Vor 88** 5
- kein unternehmerischer Mindestaufwand **94** 22
- Filmsynchronfassung **94** 23
- öffentliche Sendeanstalten **94** 78
- Realakt **94** 11
- Regelungszweck **94** 1–6
- Restaurierung/Kolorierung/Collage **94** 24–28
- Schutzdauer **94** 66–69
- Schutzumfang, Verwertungsrechte **94** 57–59
- Schranken **94** 79
- Sendeunternehmen **94** 14
- Speichermedien **94** 20
- steuerrechtliche Bedeutung **94** 18, 19

- Tonträger **94** 12, 13
- Übertragbarkeit **94** 64, 65
- Veranstalterschutzrecht **94** 15
- Vergütungsansprüche gegenüber Verwertungsgesellschaften **94** 10, 70–73
- Verhältnis zu anderen Leistungsschutzrechten **94** 11–15
- Verhältnis zu §§ 88 **94** 7–10
- vor 1966 hergestellte Filme **94** 16

Filmherstellerurheberrecht Vor 88 15
Filmherstellungsrecht 19 58, **88** 10, 37, 38, 49, 50, **90** 5–7
Filmidee 88 21, **89** 14
Filmkopien 6 28, **88** 5, 70, 71
Filmkostüme/-ausstattung 88 33
Filmlizenzvertrag Vor 31 93, **Vor 88** 3
Filmmanuskriptverträge 88 13
Filmmusik
- Einblendrechte **88** 41
- Einspielung von Tonträgern **88** 39, 40
- filmspezifische Besonderheiten der Werkqualität **88** 34–36
- GEMA-Berechtigungsvertrag **88** 37, 38
- Musiktitelschutz **88** 43
- Vorführungsrecht **19** 55–58, **88** 42

Filmregisseur 12 11
Filmschadensversicherung 94 30
Filmsubventionen Vor 88 2
Filmsendelizenzvertrag Vor 88 35
Filmträger Vor 88 18–20, **94** 20–28
Filmurheber 88 28–33, **93** 7, 8
- Doppelfunktion **92** 11
- Doppelcharakter filmspezifischer Werke **89** 18

Filmverwertung
- Abrufrechte **Vor 88** 47
- Ancillary Rights **Vor 88** 41
- Auswertungs- und Bearbeitungsrechte **Vor 88** 36–43
- digitale Nutzungsarten **Vor 88** 44–47
- Fernsehrechte/Television Rights **Vor 88** 38
- Kinorechte/Cinematic Rights **Vor 88** 37
- Optical Rights **Vor 88** 42
- Sperrfristen **Vor 88** 35
- Verwertungskette **Vor 88** 35
- Video-on-demand **Vor 88** 40, 47
- Videoprogrammrechte **Vor 88** 39
- Zweitauswertung **31 a** 46–50

Film-Verwertungsgesellschaften WahrnG Vor 1 9–14
Filmvorführungen 6 11, **19** 58
Filmwerke/Filmwerkrechte
- Änderungsbefugnis **39** 33
- Abgrenzung von § 88 zu § 89 **89** 1
- Altverträge **89** 3–5
- Anwendungsbereich **Vor 88** 16, 17, **89** 1
- Aufzeichnungen **2** 122
- außerfilmische Nutzungen **90** 8
- ausschließliche Nutzung **89** 23
- ausübender Künstler **92**
- Bearbeitungen **3** 28
- Beeinträchtigungen **14** 61

2561

Sachverzeichnis

- Begriff **2** 120, 121, **Vor 88** 21, **89** 6
- bekannte/unbekannte Nutzungsarten **89** 1, 24
- Computerspiel **2** 129, **69 g** 4
- Dokumentarfilme **2** 122
- eigene Werkart **2** 121
- Einschränkung der Rechte **90** 1–12
- Einzelbilder eines Computerspiels **2** 130, **69 g** 5, 6
- entsprechende Geltung für Lichtbilder/Lichtwerke **89** 32, 33
- Entstellungsschutz **14** 61, **93** 11–15
- Erlöschen des Urheberrechts **65** 4
- Fernseh- und Videogrammauswertung von Fernsehfilmen **89** 24
- Film- und Fernsehproduktion **Vor 88** 1–4
- Film, Filmträger **Vor 88** 18–20
- Filmherstellungsrecht **90** 5–7
- Filmverwertung **Vor 88** 35–47
- Filmwerk, Laufbilder **Vor 88** 21
- Gesetzesänderungen **Vor 88** 8–11
- keine gesetzlichen Vergütungsansprüche **89** 25
- Kino-Vorführung und Videoauswertung von Fernsehfilmen **89** 24
- Lichtbildrechte § 91 a. F. **91**
- Miturheberschaft **8** 57
- Mitwirkung bei der Filmherstellung **89** 12–18, **92** 13, 14
- Namensnennung **93** 5, 16, 19
- öffentliche Zugänglichmachung **52 a** 19
- Produzentenurheberrecht **Vor 88** 14, 15
- Rechtseinräumungsvermutung **89** 19–26
- Regelungszweck **89** 2
- Sacheigentum und Nutzungsrecht **Vor 31** 58
- schuldvertragliche Mitwirkungsverpflichtung **89** 7–18
- Schutzdauer **8** 51
- Showformate **2** 39, 124–128
- Spielfilme **2** 122
- Sportfilme **2** 123
- Tages-/Wochenschau **2** 123
- Urheberrechte an vorbestehenden Filmwerken **89** 29–31
- Verfilmung **Vor 88** 22–25
- Verfügungsbefugnis des Urhebers bei Vorauseinräumung von Rechten an Dritte **89** 27, 28
- Verhältnis § 89 zu § 31 Abs. 5 **89** 19
- Vermutung der ausschließlichen Vorausabtretung aller Nutzungsrechte **89** 19–26
- Vertragspartner **89** 7, 12–18
- Vervielfältigungsrecht **16** 8–10
- verwaiste **61** 26, **61c** 4
- vorbestehende Werke **89** 15, 29–31
- weltweite Wirkung der Rechtseinräumung **89** 23
- Werbefilme **2** 123
- Zeichentrickfilme **2** 122
- Zugänglichmachung an elektronischen Leseplätzen **52 b** 4

Filmzitat 51 17, 19, **88** 30

Filmzweitauswertung
- bekannte/unbekannte Nutzungsart **31 a** 46–50
- DVD **31 a** 50
- Fernsehzweitauswertung **31 a** 46
- Video-on-Demand **31 a** 49
- Videozweitauswertung **31 a** 47, 48

Filtersoftware 44 a 12
Finanzunterlagen 101 a 3, 20, 26, **101 b** 10
Firmenfortführung 34 34
Fixkosten 97 65
Flash-Animationen 2 156
„Fliegender Gerichtsstand" 105 16, **Vor 120** 34
- Einschränkung **104a** 1

Floating-Lizenzen 69 d 36, 48
Flüchtlinge 123 2, 3, **125** 6, **128** 5
Flugpläne 87 a 77
Folgerecht
- Anspruchsinhaber **26** 5
- Anspruchsinhalt **26** 16
- Auskunftsanspruch **26** 20
- ausländische Staatsangehörige **121** 37
- Begrenzung **26** 11
- Berechnungsgrundlage **26** 16
- Beteiligung am Veräußerungserlös **26** 17
- Beteiligung eines Kunsthändlers/Versteigerers **26** 13–15
- bisherige internationale Regelungen **26** 3, 4
- Erwerber/Vermittler als Gesamtschuldner **26** 18
- Folgerechtspflichtiger **26** 5
- grenzüberschreitende Veräußerung **Vor 120** 20
- Lichtbildwerke **26** 10
- Originalwerk der bildenden Kunst **26** 6–10
- Richtlinie über das Folgerecht des Urhebers eines Originals eines Kunstwerks **Vor 31** 2
- Unverzichtbarkeit **26** 19
- Verjährung **26** 21
- Weiterveräußerung **26** 12

Folgerechts-Richtlinie Vor 31 2, **26** 1, 4, **Vor 120** 54
Förderungspflicht 9 7, 27
Formatänderung 62 20, 21, **93** 15
Formatschutz 88 22
Formenschutz 2 98
Formgebung 2 47, 78, 93, **3** 25, **7** 13, **39** 24, **69a** 8, **87a** 22
Formulare 2 62, 147, **3** 14, 15
Formwechsel 28 13, **34** 21
Forschung 43 26
- Öffentliche Zugänglichmachung **52 a**
- Schrankenbestimmung **95 b** 25
- Übergangsregelung **137 k** 1, 2
- Verwertung zur eigenen wissenschaftlichen Forschung **52 a** 11–15

Forschungseinrichtungen 54 c 3
Fortentwicklungsrecht 88 31
Fortsetzungen 38 14
Fortsetzungsfilm 88 30, 31
Fotocomposing 72 65
Fotograf 43 7, **97** 20
- angestellter ~ **72** 53
- freischaffender ~ **72** 49–52

Fotografie
- Bearbeitungen **3** 28
- digitale Verbreitung **31 a** 37

Sachverzeichnis

- keine Verletzung des Eigentumsrechts **44** 9
- Presse- und Reportagefotografien **2** 118
- Reproduktionsfotografien **2** 119, 134, 150
- Sach- und Architekturfotografien **2** 118
- Verkehrsüblichkeit **13** 25
- Vervielfältigungsrecht **16** 11
- wissenschaftliche/technische Darstellungen **2** 150

Fotografierverbote 72 66–69

Fotokopie 2 115, **16** 12, **17** 8, **24** 12, **87 b** 37, 41

Fotokopiergerät 54 12

Fotomontage 2 115, **31** 52, **KUG 22** 25, 36, **KUG 23** 33, 35, **EVtr** 11

Fotonachweise 10 14 Framing **4** 16, **14** 63, 19 a 29, **44 a** 28, **87 b** 73, 74, **97** 20, 26, 32

Franchisevertrag Vor 31 81, **Vor 120** 50

Free Documentation License (FDL) 4 18

Freeware 69 c 68–72

Freie Benutzung
- Abgrenzung zur unfreien Benutzung **24** 7–15
- älteres Werk des anderen Urhebers **24** 3–6
- Bezugsobjekte **24** 2–6
- gemeinfreie Quellen **24** 5
- Grenze des Schutzbereichs des UrhR **24** 1
- Individualitätsgrad **24** 10
- keine Bevorzugung bestimmter Kunstformen **24** 14
- Melodienschutz **24** 16
- Nachschöpfung **24** 12
- Nennung des Urhebers **13** 9
- Paraphrasen **24** 13
- selbstständiges Werk **24** 2
- Übertragung in andere Kunstform **24** 6

Freie Mitarbeiter 43 12

Freie Werke
- Änderungen der Pflichten zum Werkschaffen **43** 28, 29
- Begriff **43** 22, 23, **69 b** 30
- Einzelfälle **43** 24, 25
- gebundene Freiwerke **69 b** 27–37
- Hochschulbereich **43** 40–43
- Werkschaffen im Dienstverhältnis **43** 26, 27

Freier Handelsverkehr 17 15

Freier Warenverkehr 111 b, c 8

Freiheitsstrafe 106 52

Freischaffende Vor 31 61, 106, **32** 2, 3, 12, 30, **36** 1, 3, **43** 48, 98, 139, **72** 49, **79** 25

Freistellungsklausel Vor 31 109, **32 a** 30

Fremdenrecht 70 45, 46, **71** 44, **72** 71–73, **Vor 87 a** 43–48, **87 a** 160, **Vor 120** 2

Fremdmodule 69 c 95, 96

Fristverlängerungen Vor 97 88, 89

FTP-Service 53 a 23, 24

Funk 20 1, **49** 20, **50** 3

Funksendung s. a. Rundfunksendungen, Schulfunksendungen
- Abgrenzung **87** 18
- Begriff **88** 74–76
- Bestimmung **88** 77–80
- Rechte der Urheber und Leistungsschutzberechtigten **87** 19
- Schutz der Programminhalte **87** 14–17

- Strafrecht **108** 4
- Quellenangabe **63** 29
- Vervielfältigung **53** 31, 32, **55** 4

Funksendungswiedergabe
- Gegenstand **22** 2
- Schranken **22** 3
- Verwertungsgesellschaften **22** 4
- Zweitverwertungsrecht **22** 1

Funktionelle Zuständigkeit 105 3–5

Fußboden 2 110

Galeristenvertrag Vor 31 93, **44** 19

Garantiebeträge 19 32

Gartengestaltung 2 111, **14** 52

Gebärden 2 74

Gebäude-Lizenzen 69 d 39, 44, 48

Gebäudeteile 14 28

Gebrauchsanleitungen 2 56

Gebrauchsmusterschutz 69 g 17

Gebrauchsüberlassung 17 24–27

Gebrauchszweck 2 29, 30, 96, 108, **14** 29, 33

Gebundene Übertragung Vor 31 38–40

Gedichttitelliste 87 a 104

Gegendarstellung KUG 22 25

Gegenseitigkeitsprinzip 125 44, **126** 33
- Bekanntmachung **121** 36
- Staatsverträge **121** 13, 20, 27, 31

Gegenstandsfotografie 72 6

Geheimnisschutz
- Geheimhaltungsinteresse **25** 15, **98** 14, **101 a** 27–32, **101 b** 13
- Geheimhaltungspflicht **54 h** 5, **Vor 69 a** 25
- UWG **69 g** 33–36

Gehilfen 7 14, **8** 6, 20, **25** 3

Geistige Schöpfung s. Schöpfung

Geistiges Eigentum s. Eigentumsschutz

Geldbuße s. Bußgeld

Geldentschädigung s. Entschädigung

Geldforderungen
- Zwangsvollstreckung **112** 6–15, **113** 2, **114** 2, **115** 2, 3, **116** 2–5, **117** 1, **118** 1, **119** 3

GEMA 10 61, **19** 11, 12, 15, 51, 58, **20** 7, **20 b** 12, 13, **22** 4, **WahrnG Vor 1** 4

GEMA-Berechtigungsvertrag 88 10, 13, 37, 38

Gemeinfreie Werke
- Amtliche Werke **5** 2, **70** 2
- Eigentumsschutz **2** 164, 165
- elektronische Zugänglichmachung **52 b** 8
- Schutzfrist **64** 13
- Techniken und Methoden **2** 140
- Übernahme gemeinfreier Elemente **3** 12, 13
- Urheberrechtsschutz **2** 164, 165

Gemeinsame Vergütungsregeln
- Aufstellungsverfahren **36** 21–27
- Ausnahmeregelung zu § 1 GWB **36** 3
- Autoren deutscher Belletristik **36** 31
- Festsetzung durch die Parteien **36** 22, 23
- Festsetzung durch die Schlichtungsstelle **36** 24–30
- Film- und Fernsehbereich **36** 33
- Inhalt **36** 5, 6

Sachverzeichnis

- kollektives Urheberrecht für Freischaffende **36** 1, 2
- literarische Übersetzer **36** 32
- Parteien **36** 10–16, 22, 23
- Rechtslage für alte Sachverhalte **36** 34
- Rücksicht auf besondere Umstände **36** 7
- Senderechte **Vor 20** 5, **20** 8b
- Umwidmung bestehender Vereinbarungen **36** 19, 20
- unbekannte Nutzungsarten **31a** 95–98, **32c** 18, **137l** 87, 91
- Vereinfachung **36** 4
- Vorrang von Tarifverträgen **36** 8, 9
- Wirkung **36** 17, 18
- Zeitungs- und Zeitschriftenverlage **36** 34

Gemeinschaftlichkeit der Werkschöpfung s. Miturheberschaft
Gemeinschaftsantennenanlage 20 5, **87** 13
Gemeinschaftsgeschmacksmuster-VO Vor 120 57
Gemeinschaftsmarkenschutz
- Abbildungen **Vor 120** 57

Gemeinschaftsrecht s. EU-Recht
Gemeinschaftsverlage 8 59
Gemengelage 137l 77
Genehmigung 97 32
General Public License (GPL) 69c 73
Generalproben 81 5
Genfer Flüchtlingskonvention 123 1
Genfer Tonträgerabkommen 10 60
- Inhalt des Schutzes **126** 21
- persönlicher Anwendungsbereich **126** 20
- sachlicher Anwendungsbereich **126** 17
- zeitlicher Anwendungsbereich **126** 18, 19

Geräte zum Vervielfältigen 54 10–15
Geräteabgabe 54 1, 2
- Auskunftspflicht **54f** 2
- Deckelung **54a** 1, 5

Gerätebetreiber
- Vergütungspflicht **54c** 2–5
- Vergütungshöhe **54c** 6

Gerätekombination 54 14, **54a** 4
Gerichtsstand
- allgemeiner ~ **Vor 120** 29, 32
- bei Schiedsvereinbarungen **105** 33
- bei unerlaubten Handlungen **105** 8–18, **Vor 120** 29, 31
- bei Widerklage **105** 20, 21
- „fliegender" ~ **104a** 1, **105** 16, **Vor 120** 34
- funktionelle Zuständigkeit **105** 3–5
- Gerichtsstandsklausel **Vor 120** 23
- internationale Zuständigkeit **105** 23–30
- örtliche Zuständigkeit **105** 7–21
- sachliche Zuständigkeit **105** 6
- WahrnG **105** 22

Gerichtsstandsvereinbarungen 105 31, 32, **Vor 120** 30, 31, 33
Gesamteindruck 2 157
Gesamtgeschäftsführung 9 25
Gesamthandsgemeinschaft 8 1, 22–28, 41, **9** 13, **80** 1, **113** 7, **114** 7

Gesamthandsklage 8 44
Gesamtkunstwerk 14 42
Gesamtschuld 26 18, **36a** 28, 29, **97** 21
Gesamtverträge 54b 4, **WahrnG 12**, **WahrnG 14c**
Gesamtvertretung 9 25
Geschäftsbetriebe
- begünstigte ~ **56** 2
- Löschung der Bild-, Ton-, Datenträger **56** 5
- zulässige Verwertungshandlungen **56** 3, 4

Geschäftsführung ohne Auftrag 97 96, **97a** 30
Geschäftsgrundlage s. Störung der Geschäftsgrundlage
Geschäftsunfähige 7 5
Geschmacksmusterrecht s. Designrecht
Geschützte Werke s. Schutzgegenstand
Gesellschaft bürgerlichen Rechts 28 10
Gesellschafter, persönlich haftende 99 7
Gesellschaftsanteile 34 22
Gesellschaftsverhältnis 9 7, 22–30
Gesellschaftsvermögen 9 23
Gesellschaftsvertrag 9 22
Gesetz zur Regelung des Urheberrechts in der Informationsgesellschaft 19 3, 4, **Vor 31** 4, 5, **Vor 73** 1, 2, **137j** 1, **137k** 1
Gesetz zur Stärkung der vertraglichen Stellung von Urhebern und ausübenden Künstlern Vor 31 3, **132** 1
Gesetze 4 6, 17, **5** 9, 10
gesetzliche Lizenz s. Lizenz
Gesetzesverstoß Vor 31 118, 119
Gesonderte angemessene Vergütung
- Aufnahme neuer Art der Werknutzung **32c** 4–25
- Übertragungsfiktion **137l** 83–99

Gestaltung 2 39
Gestaltungsfreiheit 39 30
Gestaltungshöhe 2 23–25, 84, **Vor 12** 8, **69a** 33, **72** 7, 10
Gestaltungsrecht 29 20, **137l** 35
Gestaltungszweck 2 29, 30
Gewerblicher Rechtsschutz, Zentralstelle (ZGR) 111b, c 11, 14
Gewerblicher Besitz 95a 78
Gewerbsmäßig unerlaubte Verwertung
- besonderes persönliches Merkmal **108a** 2
- gewerbliches Ausmaß **101a** 3, 25, **101b** 9
- Qualifikationstatbestand **108a** 1, 2

Ghostwriter 7 10, **Vor 12** 7, **13** 22, 23
Glasvasen 2 96
Glaubhaftmachung Vor 97 81, 82, 91–93, **98** 9, **101a** 13
Gleichzeitigkeit 15 16
Gliederung 87a 20
GNU Free Documentation License FDL 32 45
GNU General Public License (GPL) 69c 73
Google-Buchsuche 61 5
Google Settlement 61 5

Graffiti 2 32, **14** 47, **44** 7
Grafische Symbole 2 98
Grenzbeschlagnahme Vor 120 57

Sachverzeichnis

- Abmahnung **111 b, c** 64
- Angabe möglichst konkreter Merkmale **111 b, c** 12
- Anordnung der Beschlagnahme **111 b, c** 49, 50
- Anspruch auf Durchführung **111 b, c** 19
- Antrag **111 b, c** 11–14
- Antragsteller **111 b, c** 15, 16
- Aussetzung der Warenüberlassung **111 b, c** 14, 22
- Durchfuhr **111 b, c** 38–48
- Einfuhr/Ausfuhr **111 b, c** 37
- Entscheidung **111 b, c** 19, 20
- Herstellung oder Verbreitung **111 b, c** 25–27
- keine Dispositionsbefugnis **111 b, c** 68
- maßgeblicher Prüfungsansatz **111 b, c** 28–32
- Maßnahmen ohne Antrag **111 b, c** 14
- Oberfinanzdirektion (OFD) Nürnberg **111 b, c** 11
- Offensichtlichkeit **111 b, c** 35, 36
- Passivlegitimation für zivilrechtliche Ansprüche **111 b, c** 33
- private Einfuhren **111 b, c** 34
- Rechtsinhaber **111 b, c** 15, 16
- Rechtsmittel **111 b, c** 71–74
- Rechtsverletzung **111 b, c** 23–48
- Sicherheitsleistung **111 b, c** 17
- Übergangsregelung **111 b, c** 21
- Vereinfachtes Verfahren **111 b, c** 51–58
- Verfügungsantrag **111 b, c** 61
- Verletzung von Urheber-/Leistungsschutzrechten **111 b, c** 23
- Verpflichtungserklärung **111 b, c** 18
- Vervielfältigungsstücke **111 b, c** 24
- Widerspruch/Ablehnung der Vernichtung **111 b, c** 59–66
- Zentralstelle Gewerblicher Rechtsschutz (ZGR) **111 b, c** 11, 14
- Zurückhaltung von Waren **111 b, c** 14, 22

Grenzüberschreitung
- Folgerecht **Vor 120** 20
- Online-Übermittlung **Vor 120** 19
- Satellitensendung **Vor 120** 18
- terrestrische Sendungen **Vor 20** 3, **Vor 120** 17

Größenänderungen 62 20, 21, s. a. Format- änderung
Großereignisse 87 25
Großzitat 51 1, 10–13
Grünbuch 95 a 1, **101 a** 1
Grundrechtskollisionen 97 33
Gruppenfreistellungsverordnung (GVO) 69 c 67, **69 d** 46, **Vor 120** 50
GÜFA WahrnG Vor 1 14
Gültigkeitsverfahren Vor 120 59
Gutglaubenserwerb 10 44, **Vor 31** 47, 48, **44** 3–5
GVL 22 4, **46** 16, **83** 6, **WahrnG Vor 1** 5
GWFF WahrnG Vor 1 11

Haftungsprivilegierung
- handelsrechtliche H. und Nachhaftung des Veräußerers **34** 30
- im Internet **97** 22–29
- des Providers **44** 15, **97** 24–28

Halbleiterschutzgesetz 69 g 18
Handelsunterlagen 101 a 3, 20, 26, **101 b** 10
Handbücher 69 a 9, 13, **69 g** 3
Händler
- Hinweispflicht auf Rechnungen **54 f** 1, 2
- Vergütungspflicht **54 b** 2

Handlungseinheit 106 47
Handlungsmehrheit 106 47
Handlungsort 105 13
Handy-Klingeltöne 2 73, **14** 56, **23** 9, **31 a** 32, **39** 35
Handy-Logos 2 105
Handy-TV Vor 88 4, **93** 11, 16
- neue Nutzungsart **31 a** 51

Happening 7 15
Hardcoverausgaben 31 a 52
Hardware 69 f 8
Hardware-Cache 44 a 5
Harmonisierung 9 34, 35, **95 a** 2
Harmonisierungs-Richtlinie Vor 31 2, **Anh 2**
Hash-Funktionen 95 a 36
Hausrecht 2 165, **81** 3
HD-DVD 31 a 54
Hehlerei 106 53
Heilung 31 a 61, **Vor 97** 125
Heime der Jugendhilfe 47 3, **95 b** 24
Heimfall der Nutzungsrechte Vor 31 15, **41** 28
- Begriff **29** 23, **Vor 31** 49, 50
- Insolvenz des Nutzungsrechtsinhabers **Vor 31** 51
- kein Rechtsnachfolger **Vor 31** 52
- Verhältnis Tochter-/Enkelrecht **35** 7
- Wahrnehmungsvertrag **Vor 31** 53

Herausgabeanspruch
- Einschränkung bei überwiegendem Urheberinteresse **25** 20
- Grundsatz **25** 19, 20
- unbefugte Abbildung **KUG 22** 38

Herausgeber 4 18, **10** 2, **38** 3, 4, **97** 53
- Bezeichnung **10** 39, 40, **13** 3
- Wahrnehmungsbefugnis **10** 36–47

Herkunftslandprinzip Vor 120 19
Herkunftstäuschung 69 g 23–36
Hersteller 43 37
- Datenbankhersteller **87 a** 133–142

Herstellung 95 a 72
Herstellung, entgeltliche 53 20, 25
Herstellerrechte 10 48–51
Herstellungsaufwand 2 26
Herstellungsfreiheit 23 1
- Ausführung von Plänen von Werken der bildenden Kunst **23** 16
- Ausnahmen **23** 13
- Bearbeitung/Umgestaltung eines Datenbankwerkes **23** 18
- Einschränkung durch § 14 **23** 22–24
- Einwilligungsvorbehalt **23** 9, 13–18, 22–24
- Nachbau eines Werkes der Baukunst **23** 17
- Verfilmung **23** 15
- Werke ohne Originalcharakter **23** 24
- Werkoriginale **23** 23

2565

Sachverzeichnis

High-bandwidth Digital Content Protection 95 a 22
Hilfsmittel 2 16, 7 8
Hintergrundmelodien 2 156
Hinweispflicht
- beabsichtigte Nutzung 1371 55, 56
- auf urheberrechtliche Vergütung auf Rechnungen 54 d 1, 2
- § 139 ZPO **Vor** 97 32, 33

Hochschule, freie Werke 43 40–43
Hochschulangehörige 43 27
Hochschullehrer 43 42, 44 6
HochschulrahmenG 7 16
Holdbacks Vor 88 35,
Homepage 19 a 32, 44 a 28
- Gestaltungen 2 104, 142
- Miturheberschaft 8 15
- Werk im Bereich des Internets 2 156

Honorarbedingungen 88 13
Host-Provider 97 25, 98 35, 44
Hotelvideo 21 4
HTML 44 a 3, 69 a 18
Hyperlinks 16 20, 21, 19 a 29, 31 a 40, 44 a 28, 87 b 40, 73, 97 17, 20, 27, 31, 106 43
Hyperlinking 87 b 73, 74, 97 20
Hypnose 7 8

Idealkonkurrenz 106 48
Idee 2 39, 7 13, 8 5, 69 a 27–31
Identität 10 11
Identitätsoffenbarung 28 28
Immobilienmarktanzeigen 87 a 81–87
illegale Kopien 87 e 7
Illustrationsverlag Vor 31 83
Illustrationsverträge 72 51
Implementierungsphase 69 a 6
Importeur
- Pflicht zur Meldung der Einfuhr 54 e 2
- Vergütungspflicht 54 b 1–5, 54 e 3

Importrecht 126 21
Impressum 10 14
Improvisationen 73 4
IMS-Entscheidung Vor 120 46
Inbetriebnahme 101 a 21
in-camera-Verfahren 101 a 30
Index 87 a 20
Individualabrede Vor 31 104, 105
Individualität 72 7
- Abgrenzung freie/unfreie Benutzung 24 10
- Computerprogramme 69 a 32–42
- des Werkes 2 21, 22, 139, 14 16
- und Neuheit 2 22
- und Urheberpersönlichkeit 2 21

Indizienbeweis 10 53
Indizwirkung 36 32
Industrieprodukte Vor 69 a 6
Informationelle Selbstbestimmung 103 7
Informations- und Kommunikationsdienstegesetz 127 1, 137 g 1
Informationsbegriff
- Allgemeines 95 c 7, 8

- Elektronische Form 95 c 12
- Informationsart 95 c 11
- Verbindung mit Werken 95 c 13
- Verfahren zur Rechtewahrnehmung 95 c 9, 10

Informationsblätter 49 7, 8, 63 18
Informationsfreiheit 48 1, 52 a 1, 95 b 4
Informationsgesellschaft, Urheberrecht in der –, EU-Richtlinie (InfoSoc-RL, Informations-RL) Vor 31 2
Informationsschutz
- Auslegung 95 c 6
- Bedeutung 95 c 2–5
- Informationsbegriff 95 c 7–13
- Schutzentwicklung 95 c 1
- unbefugtes Entfernen/Verändern der Information 95 c 14–23
- Verletzungshandlungen 95 c 19–23, 24–32

Inhaltliche Beschränkungen 31 14–23
Inhaltsbeschreibung, ungewollte 12 19–22
Inhaltskontrolle Vor 31 106–110
Inhaltsverzeichnis 87 a 20
Inkasso-Programm-Entscheidung Vor 69 a 2
Inkassotätigkeit WahrnG Vor 1 18
Inkrafttreten 143 1
Inländerbehandlung Vor 87 a 49
- Einigungsvertrag EVtr 96
- EWRV **Vor** 120 61
- Phil-Collins-Entscheidung **Vor** 120 37, 38
- Ricordi-Entscheidung **Vor** 120 39
- Schutz des ausübenden Künstlers 125 23, 35, 42
- Schutz des Datenbankherstellers 127 6, 10, 14
- Schutz des Tonträgerherstellers 126 14, 26, 32
- Schutz von Computerprogrammen **Vor** 69 a 8
- Staatsverträge 121 13, 20, 27, 31

Inline-Darstellung 14 63
Innenarchitektur 51 18
innerbibliothekarischer Leihverkehr 53 a 13
Insignien, staatliche 5 17
Insolvenz
- bevorstehende Reform InsO 25–30
- des Lizenzgebers InsO 10, 11
- des Lizenznehmers InsO 12
- Einmallizenzzahlungen InsO 10
- Erwerb von Lizenzrechten vom Insolvenzverwalter InsO 17–22
- keine Anwendbarkeit von § 108 InsO 4
- Kündigungsklauseln InsO 22, 23
- Lizenzvertrag und Insolvenz InsO 1–12
- Folgen der Verfahrenseröffnung InsO 3
- Rechterückfall **Vor** 88 3
- Sicherheitsabtretung InsO 13–16
- sukzessive Lizenzzahlung InsO 11
- Wahlrecht des Insolvenzverwalters InsO 5–7
- Wahlrechtausübung InsO 8, 9
- Zwangsvollstreckung 112 51–55

Insolvenzverwalter
- Erwerb von Lizenzrechten vom ~ InsO 17–22
- Wahlrecht InsO 5–9

Inspizienten 73 16
Installationen 14 31, 69 c 29, 88 20
Installations-Lizenzen 69 d 39, 44, 48

Sachverzeichnis

Instandsetzung 56 2
Integrale Kabelweitersendung
 s. Kabelweitersendung
Intendanten 73 16
Integritätsinteresse 25 16
Integritätskontrollen 95 a 17
Integritätsschutz Vor 73 7, 75
interaktive Dienste 78 7
interaktive Multimediaanwendungen 95 12–17
Interaktivität Vor 88 44
Interessenabwägung 12 16
– Änderungen des Werkes **39** 23, 24
– Begründung des Merkmals **14** 10
– Gebrauchszweck **14** 18
– generelle Vornahme der Interessenabwägung **14** 11
– Grad der Öffentlichkeit **14** 20
– Irreversibilität des Eingriffs **14** 19
– Künstlerischer Rang **14** 17
– Schöpferische Eigenart **14** 16
– Verhältnis Urheber/Eigentümer **14** 14
– Verhältnis Urheber/Nutzungsberechtigter **14** 12, 13
– Werke der reinen Kunst **14** 18
– Zugangsrecht **25** 14–16
Interessengefährdung 14 8, **23** 24
Internationale Koproduktionen Vor 88 6, **128** 2
Internationales Privatrecht Vor 120 3
Internationales Urheberrecht s. nachfolgende Stichworte sowie Revidierte Berner Übereinkunft, Rom-Abkommen, WCT, Welturheberrechtsabkommen, WIPO, WPPT
Internationales Urhebervertragsrecht
– Ermittlung des Vertragsstatuts **Vor 120** 23, 24
– Grenzen des Vertragsstatuts **Vor 120** 25
– Rechtsgrundlagen **Vor 120** 21
– Vertragsstatut und Urheberrechtsstatut **Vor 120** 22
Internationale Zuständigkeit 105 23–30
– Anerkennung ausländischer Entscheidungen **Vor 120** 35
– autonomes deutsches Verfahrensrecht **Vor 120** 32, 33
– EuGVVO **Vor 120** 28–30
– Rechtsquellen **Vor 120** 26, 27
– Staatsverträge **Vor 120** 31
– Urheberrechtsverletzungen im Internet **Vor 120** 34
Internet(rechte)
– Abgrenzung zu Sendeunternehmen **87** 13
– Abrufdienste **Vor 88** 40
– Filmverwertung **Vor 88** 40
– öffentliche Zugänglichmachung **48** 6, **87 b** 49
– Online-Nutzung **31 a** 40
– Online-Vertrag **Vor 31** 70–77
– Urheberrechtsverletzungen im ~ **Vor 120** 34
– Verschulden beim Schadensersatzanspruch **97** 54, 55
– Vervielfältigung bei digitalisierten Werken **16** 14
Internetauftritt 31 56, **31 a** 42

Internetauktionshaus 97 19
Internetbuchhandel 31 a 52
Internethaftung 97 22–29
– Access-Provider **97** 26
– Besonderheiten bei Urheberrechtsverletzungen **97** 29
– Content-Provider **97** 24
– Diensteanbieter **97** 22
– Haftungsprivilegierung **97** 22–29
– Host-Provider **97** 25
– Netzbetreiber **97** 27
– Nutzer und Ersteller **97** 22
– verbleibende Störerhaftung **97** 28
Internetradio 78 8
Internetprovider s. Provider
Internetsuchdienst 97 20
Internetveröffentlichung 121 10
Internetwerbepartner 99 7
Internetwerke 2 156–159
Interoperabilität 69 e 6–11, **Vor 120** 47
Interoperable Hardware 69 e 26, 27
Interpretation 73 7, **75** 1
Interviews 2 51, 122, **95** 6
Intimsphäre KUG 23 40
Intranet 19 a 24
Inverkehrbringen 17 11, **106** 17
Investitionsaufwand
– Abgrenzungen **87 a** 41–52
– Allerweltsinvestition **87 a** 55
– Bedeutung **87 a** 33, 34
– berücksichtigungsfähige ~ **87 a** 35–40
– Beschaffung des Datenbankinhalts **87 a** 36
– Darstellung des Datenbankinhalts **87 a** 38
– de-minimis-Kriterium **87 a** 55
– Neuinvestition in bestehende Datenbank **87 a** 120–123
– niedrige Schutzschwelle **87 a** 55–57
– objektiver Maßstab **87 a** 58–67
– Präsentationsaufwand **87 a** 40
– Überprüfung des Datenbankinhalts **87 a** 37
– Wesentlichkeit **87 a** 53–67, 114–117
– wirtschaftliche Zuordnung **87 a** 442–44
Investitionshöhe 87 d 7
Investitionsschutz s. Datenbankherstellerrechte, Filmwerke
Investor als Hersteller 87 a 133–139
Inszenierungswerk 2 55, **14** 58, 59, **39** 32, **43** 106
iPhones 31 a 54
iPods 31 a 54
IP-Adressvergabe 101 31, 33
IPTV 19 a 35, **20** 2, **Vor 88** 4, 38, 46
Irreversibilität 14 19, 44
Irrtümer
– Grundzüge **106** 32
– Nichtberechtigung **106** 36
– Parallelwertung in der Laiensphäre **106** 37
– Schrankenbestimmungen **106** 35
– Tathandlung **106** 34
– Tatobjekt **106** 33
– Vermeidbarkeit **106** 38

Sachverzeichnis

JavaScript 69 a 18
Journalisten/Journalismus 43 7, **137 l** 14
– Rechtseinräumung an Text- und Bildbeiträgen freier ~ **Vor 31** 102
Jugendhilfe 47 3
Juristische Personen Vor 87 a 45
– Auslandssitz **127** 4, 5
– Erben **28** 10
– Herausgeber **10** 39, 42
– Inlandssitz **126** 3, **127** 3
– Lichtbildschutz **72** 34
– Veranlasserhaftung **97** 20

Kabelfernsehen 88 80
Kabelfunk Vor 20 5, **20** 1, 3, 4, 6 a, **20 b** 1
Kabelglobalvertrag 20 b 10
Kabelweitersendeverträge WahrnG 16 1
Kabelweitersendung 19 12, **87** 14
– Archivrechte **20** 9
– Allgemeines **Vor 20**, 5, **20 b** 1, 2
– ausübender Künstler **78** 30, 31
– bekannte/unbekannte Nutzungsart **31 a** 24
– Betriebsvereinbarung **20 b** 14
– eigene Nutzungsart **20 b** 3
– Formen **20 b** 2
– gemeinsame Vergütungsregel **20 b** 14
– kollektive Ausübung **20** 7, 7 a
– Kollisionsregel **20 b** 15
– Praxis **20** 7–9
– Satelliten- und Kabelrichtlinie **Vor 20** 20, **Vor 31** 2
– Tarifverträge **20** 8 a, **20 b** 14
– Vergütungsanspruch **Vor 20** 5, **20 b** 8, 9, 13
– Vergütungsvereinbarungen **20 b** 10–15
– Verhältnis zu §§ 32, 32 a **20 b** 16
– Verteileranlagen **20 b** 2, 4
Kameramann 73 18, **89** 12
Karikatur 24 15, **51** 15, **KUG 22** 35
Kartellrecht
– Computerprogramme **Vor 69 a** 15–17, **69 d** 46–51
– Datenbankschutz **Vor 87 a** 41
– räumliche Beschränkung von Nutzungsrechten **31** 9
– §§ 36, 36 a als Ausnahme zu § 1 GWB **36** 3
Kartellverbot WahrnG 24 9
Karten 5 20
Katalogbildfreiheit 58 2
Kataloge 5 20, **58** 8, 10, 11, **87 a** 10, 48, 105
Katasterkarten 87 a 101
Kaufmann 99 7
Kaution 101 a 36
Kennzeichenrecht/-schutz
– analoge Heranziehung **10** 10
– Computerprogramme **69g** 19
– Dringlichkeit analog § 12 Abs. 2 UWG **Vor 97** 78
– Kennzeichenstreitsachen, sachliche Zuständigkeit **105** 8

– Nachahmung, kennzeichenrechtsverletzende **Vor 120** 57
– Werktitel **65** 15, **69g** 20
Kennzeichnungspflicht
– Ausnahmen **95 d** 16
– CD **95 d** 6
– Computerprogramme **95 d** 8
– DVD **95 d** 7
– Eigenschaften der technischen Maßnahmen **95 d** 4–9
– Kennzeichnung **95 d** 10, 11, 15
– Name/Firma **95 d** 14
– Online-Erwerb **95 d** 9
– Rechtsfolgen **95 d** 17
– Rechtsinhaber **95 d** 13–19
– Übergangsregelung **95 d** 18, 19, **137 j** 1, 3, 12
Keramik 2 96
Kernspintomografiebilder 72 15
Kettenarbeitsverträge 79 28
Kinofilm Vor 31 85, **88** 69 89 24
Kinofilmverleihvertrag Vor 88 35
Kinoprogramm 87 a 75
Kinorechte/Cinematic Rights Vor 88 37
Kirchen 2 111, **46** 8
Kirchengebrauch 46 8, **95 b** 23
Klagehäufung 104 16, **105** 11
Klageschrift 98 12
Klangdaten 4 17
Klassenbibliotheken 4 9, **69 a** 40, **87 a** 108
Kleinzitat 51 1, 14–18
„**Kleine Münze**" **4** 5, **13** 24, **41** 15, **69 a** 33, **72** 3
„**Kleine Rechte**" **19** 12, 16, 17, 18
„**Kleine Senderechte**" **19** 12, **20** 7, 8
Klingeltöne 2 73, **14** 56, **16** 8, **23** 9, **31 a** 32, **39** 35
Knebelungsvertrag Vor 31 121
Kodierung 69 a 10
Kollektive Rechtewahrnehmung, EU-RL Anh 4
Kollektives Urheberrecht 36 1, 2
Kollisionsrecht
– Grenzüberschreitung **Vor 120** 15–20
– internationales Urhebervertragsrecht **Vor 120** 21–25
– Rechtsquellen **Vor 120** 3
– Urheberrechtsstatut **Vor 120** 4–14
Kommanditgesellschaft 28 10
Kommerzialisierung
– Persönlichkeitsrechte **19** 17, 37, **KUG 22** 4, 34
– Zwangskommerzialisierung **KUG 22** 30
Kommerzialisierungsabsicht des Urhebers und Zwangsvollstreckung 69 a 79, **112** 1
Kommissionär 26 5
Komponist 9 10, 25
Konfiguration 69 d 21
Kongressen 6 11
Konkordanzlisten 87 c 22
Konkrete Kunst 2 88
Konkurrenzen 106 47, 48, **108 b** 11
Konkurrenzprodukt 87 b 66
Konkurrenzregister 87 b 88

Sachverzeichnis

Konkurrenzverbot Vor 31 117, **38** 2
Konnexität Vor 120 29
Konsensverfahren 36 26
Kontrollbesuch 54 g 1, 2
Konventionsschutz 124 2
Konstruktionszeichnung 2 144
Konsultation 87 b 30–33
Kontrahierungszwang 87 3, 26–27
Kontrollklage Vor 31 111, 112
Konzepte 2 39, s. a. Entwürfe
Konzeptionsphase 69 a 6
Konzernbildung 34 21
Konzert 5 20, **19** 15
Konzertmitschnitt 125 8
Koppelungsbindungen 69 d 44, 50
Kopie s. Fotokopie, Raubkopie, Vervielfältigung
Kopienversand auf Bestellung
– angemessene Bedingungen **53 a** 33–36
– angemessene Vergütung **53 a** 53–57
– Ausland **53 a** 57
– BGH-Rechtsprechung **53 a** 1–5, 54
– Bibliotheken **53 a** 8
– durch Dritte **53 a** 2, 44
– Einzelbestellung **53 a** 46, 52
– elektronischer Versand **53 a** 2, 4, 22–28, 43
– E-Mail-Versand **53 a** 23, 49
– Empfänger **53 a** 10–12
– Entgeltlichkeit **53 a** 48
– Faxversand **53 a** 21, 21, 42
– FTP-Service **53 a** 23
– Gegenstand **53 a** 14–18
– innerbibliothekarischer Leihverkehr **53 a** 13
– keine Archivierung von Kopiervorlagen **53 a** 51
– keine Kombination mit Zusatzleistungen **53 a** 50
– keine öffentliche Zugänglichmachung **53 a** 49
– kleine Teile eines erschienenen Werks **53 a** 15–17
– Multimedia-Richtlinie **53 a** 7, 39, 53
– nichtgewerbliche Zwecke **53 a** 28
– nur als grafische Datei **53 a** 25, 26
– Postversand **53 a** 20, 29
– selbstständige Ausnahme **53 a** 6
– Subsidiarität **53 a** 31, 37
– Übermittlung **53 a** 45
– Unterrichts-/Forschungszwecke **53 a** 27
– unzulässige Nutzungshandlungen **53 a** 49–51
– Verlags-Online-Angebot **53 a** 30–40
– Versender **53 a** 8, 9
– vertragliche Online-Angebote **53 a** 30, 31
– Vervielfältigung **53 a** 42–44
– Vorrang vertraglicher Angebote **53 a** 29–40
– Wirtschaftlichkeit **53 a** 34
– Zeitungs-/Zeitschriftenbeiträge **53 a** 18
– zulässige Nutzungshandlungen **53 a** 41–48
Kopienversanddienste 53 a 8
Kopiergerät 54 12
Kopiersperren 69 a 80–82, **69 d** 57, **69 f**, **95 a** 18, **97** 20, **98** 29
Kopiervorlagen 53 a 47, 51
Kopierwerk 97 53
Koproduktionen 8 59, **89** 8, **94** 52–56

Körpersprache 2 74
Kostenerstattungsanspruch
– Abmahnungskosten **97 a** 28–43
Kostenvorschuss
– Erforderlichkeit **36 a** 26, 27
– gesamtschuldnerische Haftung **36 a** 28, 29
– Verwaltung, Nachforderung, Abrechnung **36 a** 30–32
Kostümbildner 89 13
Kryptografie 95 a 25
KUG 8 60, 61, **132** 2, s. a. Bildnisschutz
Kumulationsprinzip 69 g 1
Kundenrundschreiben 2 62
Kündigung
– aus wichtigem Grund **Vor 31** 8, 9–15, **32** 53
– Kündigungsrecht des Urhebers **13** 23
– Nutzungsverträge **Vor 31** 8, 9–15
– Verlagsvertrag **Vor 31** 8, 11
– Verwertungsverträge **9** 19
– Vertrag über künftige Werke **40** 14, 15
– Werkverbindung **9** 30, 31
Kündigungsdurchgriff Vor 31 15
Kündigungsklausel im Insolvenzfall
– Unwirksamkeit, Zahlungsverzug **InsO** 23
– Wahl ausländischen Rechts **InsO** 24
Künftige Nutzungsarten s. Unbekannte Nutzungsarten
Künftige technische Neuentwicklungen 31 a 54
Künftige Werke Vor 31 32–34
– Anwendungsbereich **40** 2–10
– Folgen Beendigung des Vertrages **40** 18–21
– Kündigungsrecht **40** 1, 14, 15
– Nutzungsrechte **40** 18–20
– Schriftformerfordernis **40** 1, 11–13
– Vergütung **40** 21
– Verpflichtungsgeschäfte **40** 2
– Vertragstypen **40** 6–8
– Verzicht **40** 16, 17
Kunst 2 2
Kunstbegriff 2 85
Kunstbücher 9 10
Kunstfälschung 10 3, 28
Kunsthändler 26 13–15
Künstlergemeinschaft 80 8, 9
Künstlergruppe Vor 73 6, **74** 3
Künstlerischer Rang 14 17
Künstlername 10 1, 64, **13** 13, **63** 19, **74** 15
Künstlerverträge 85 33
Künstlersozialabgabe 19 45
Künstlersozialversicherung 19 45
Künstlerzeichen 10 1, 7, **13** 10
Kunstwerk s. Werke der bildenden Kunst
Kurzberichterstattung 87 25
Kürzung 63 21, **94** 60–63
Kurzzusammenfassungen 5 13

Label 10 14, **95 a** 24, **95 c** 10
Lampen 2 100
Landkarten 2 143, **87 a** 101
Lastenheft 69 a 9

2569

Sachverzeichnis

Laufbilder 2 120, **59** 6
– Abgrenzung zum Filmwerk **95** 18–20
– Anwendbarkeit von § 88 **95** 21, 22
– Anwendbarkeit von § 94 **95** 24
– Anwendbarkeit von §§ 89 Abs. 4, 90, 93 **95** 23
– Begriff **Vor 88** 21, **95** 4–9
– Beispiele **95** 6–9
– bewegte Bildfolge **95** 4, 5
– Computerprogramme, Schutz als **69 g** 4
– Bildübertragungen **95** 10, 11
– interaktive Multimediaanwendungen, Computerspiele **95** 12–17
– Legaldefinition **95** 4–9
– Strafrecht **108** 4
Laufzeitdivergenzen 94 13, 69
Lauterkeitsrecht s. Wettbewerbsschutz
Lautsprecherübertragung 19 48
Leerkassettenvergütung 54 1
Leerübertragung Vor 31 125, **31** 30
Lehre vom spezifischen Gegenstand Vor 69 a 17
Lehrer(fort)bildung 47 2, **95 b** 24
Lehrstuhlinhaber 13 6
Lehr- und Unterrichtsmaterialien 5 20, **62** 25, s. a. Unterrichtsgebrauch
Leipziger Eintragsrolle 138 6
Leistungsbeschreibung Vor 31 109
Leistungsklage 34 14, **Vor 97** 51
Leistungsschutzrechte
 s. Verwandte Schutzrechte
Leistungsstörungen
– Aufführungsverträge **19** 41
– Einigungsvertrag **EVtr** 50–52
– Gewährleistung **Vor 31** 129–139
– Kunstwerke **Vor 31** 129–133
– Nichterfüllung der Rechtsverschaffungspflicht **Vor 31** 124–128
– Software **Vor 31** 134–136
– sonstige Vertragsverletzungen **Vor 31** 141
– Späterfüllung **Vor 31** 140
– Verlagsvertrag **Vor 31** 137, 138
Leitbildfunktion 11 3, **Vor 31** 108
Leitsätze
– amtliche ~ **5** 14–16
– nicht amtliche ~ **2** 63
Lesungen 2 51, **19** 10
lex causae Vor 120 13, 21
lex fori Vor 120 4
lex loci actus Vor 120 21
lex loci delicti Vor 120 6
lex loci protectionis Vor 120 4
Lexika 2 64, **87 a** 106
LGVÜ Vor 120 27
Lichtbildkopie 16 11, 12, **72** 11
Lichtbildner 44 14, **118** 1
Lichtbildnergehilfe 72 34
Lichtbildrechte
– Anwendung auf Altfälle **91** 4– 9
Lichtbildschutz 2 112, 116–119, **8** 59, **16** 11, **69 g** 6, **124** 1, 2
– Abgrenzung zu Lichtbildkopien **72** 11

– Abgrenzung zu Lichtbildwerken **72** 5–10
– Altfälle **91** 4, 5
– angestellte Fotografen **72** 53
– Anwendbarkeit der Vorschriften des ersten Teils des UrhG **72** 19
– Archivbestellungen **72** 50
– Auftragsproduktionen **72** 49
– Bildagenturen **72** 54, 55
– Bildnisbestellungen **72** 52
– DDR-URG/Einigungsvertrag **72** 70
– Digitale Bildbearbeitung **72** 65
– Erzeugnisse ähnlicher Herstellung **72** 12, 13
– fehlende Übertragbarkeit **72** 46
– filmische Verwertung **91** 7–9
– Fotografierverbote **72** 66–69
– freischaffende Fotografen **72** 49–52
– Fremdenrecht **72** 71–73
– Illustrationsverträge **72** 51
– Inhaber des Schutzrechts **72** 34
– Lichtbildrechte, § 91 a. F. **91** 1–9
– Probeaufnahmen **91** 6
– Prozessuales **72** 58–64
– Schranken **72** 28–30
– Schutzdauer **72** 2, 35–45, **EVtr** 21, 22
– Schutzgegenstand **72** 3–11
– Schutzumfang **72** 19–33
– Strafrecht **108** 4
– Übergangsrecht, Schutzfrist **72** 38–45
– Urheberpersönlichkeitsrechtliche Befugnisse **72** 32, 33
– Urheberschaftsvermutung **72** 58–64
– Vertragsrecht **72** 47, 48
– Verwertungsrechte **72** 20–27
– Wahrnehmungsvertrag der VG Bild-Kunst **72** 56
– wettbewerbsrechtlicher Schutz **72** 57
– Zweckübertragungslehre **72** 47, 48
Lichtbildwerke 68 1
– Abgrenzung zu einfachen Lichtbildern **2** 112, 116–119, **72** 5–11
– Aufnahme in Sammlung **46** 12
– Beeinträchtigung **14** 60
– Begriff **2** 112–115
– Computerprogramme **69 g** 3, 6
– Entstellungen **14** 60, **23** 4
– Folgerecht **26** 10
– Fotomechanische Reproduktionstechniken **2** 115
– Presse- und Reportagefotografie **2** 118
– Rechtsinhaberschaftsvermutung **10** 3, 22
– Reproduktionsfotografien **2** 119, **23** 4, **72** 3
– Sach- und Architekturfotografie **2** 118
– Schutzdauer **64** 10, 11
– Standbild **2** 114
– Übergangsbestimmungen **137 a** 1, 2
– Verfahren der Bildaufzeichnung **2** 113
– Vervielfältigungsrecht **16** 11, **58** 3, 4
Lieder 10 14, **19** 15
Lieferungswerke 67 1–3
Liege- und Verlängerungsvergütung 19 27
Linking 87 b 73, 74
Links s. Hyperlinks
Linksammlung 4 16, **87 a** 95–97

Sachverzeichnis

Liquidation 28 13
Literarische Übersetzer 36 32
Literatur 2 2, 58
– Änderungsbefugnis 39 26
– Entstellungen/Beeinträchtigungen 14 53, 54
Lithografien 72 17
Live-Darbietungen 72 12, 75 7, 78 14, 81 4
Live-Sendungen 2 121, 125 7, 9
Live-Streaming 19 5, 45, 19 a 34, 20 2, 20 b 4, 78 8
Live-Webcast 19 a 34
Lizenz
– doppelte Lizenzgebühr 8 40, 97 79, KUG 22 28
– Einmallizenzzahlung **InsO** 10
– Gebühr 32 36, 37, 97 58
– gesetzliche Lizenz 96 17, 18, **137l** 17, 18
– sukzessive Lizenzzahlung **InsO** 11
– Unterlizensierung 31 a 81, 82, 83, **137l** 43, 44
Lizenzanalogie
– Berechnung der fiktiven Lizenz 97 74–76
– bestehende Tarife 97 75
– bei Computerprogrammen 69 a 77
– Enforcement-Richtlinie 97 81–83
– Erleichterungen gegenüber Herausgabe des Verletzergewinns 97 72
– Erleichterungen gegenüber der konkreten Schadensberechnung 97 73
– Fiktion eines Lizenzvertrages 97 71
– Herleitung 97 69
– Multimedia-Richtlinie 97 80
– Nutzungsgegenstand 97 77
– Nutzungsweise 97 76
– objektivierter Maßstab 97 70–73
– Teilübernahmen 97 76
– Verletzerzuschlag 97 78–81
Lizenzkette 32 a 28
Local Area Networks (LANs) 87 b 49
„Look and Feel" 69 a 14
Löschung
– Bild- und Tonträger 47 9–11
– Rechtsverletzungen 69 f 9, 11
– unerlaubte Verwertung 106 22, 45
Low-Level-Formatierung 69 f 9
Luftbildaufnahmen 72 15
LUG 8 60, 61, 132 2
Lutherbibel 1984-Entscheidung 70 38

Macrovision 95 a 29
Magill-Entscheidung Vor 120 45
Magnetische Speichermedien 69 d 55
Mailingliste 4 13
Making-available-rights Vor 88 40
Malerei 2 87
Markenschutz (s.a. Kennzeichen/-schutz)
– Computerprogramme 69 g 19–21
– Titelschutz 2 67, 69 g 19–21
– Vernichtung-/Überlassungs-/Rückrufsanspruch 98 7
– Werke der bildenden Kunst 2 106, 107
Marketingberatung 32 a 9
Marktanteilsschwellen Vor 120 50

Marktdaten 87 a 51, 98
Marktzugangsbeschränkung 95 a 5
Maschinen 7 8
Maschinencode 69 a 11
Maskenbildner 73 16
Master 85 4
Master-use-licenses 88 41
Masterkopie 69 c 37
Materialien 14 30
Mathematische Darstellungen 2 144
Medienbeobachtungsdienste 87 25
Mediendienste 87 13
Medienerlass 94 19, 50, 51
Medienverlage 20 a 9
Medizinische Darstellungen/Statistiken 2 144, 149
Mehrfachverfolgung 97 a 18
Mehrgebietslizenzen
– für Rechte an Musikwerken (Online-Nutzung im EU-Binnenmarkt), Richtlinie **Anh 4**
Mehrheitsprinzip Vor 12 14
Mehrkanaldienste 87 12
Mehrplatznutzung 69 d 11
Meistbegünstigung 121 22
Meldepflicht
– doppelte Vergütung bei Pflichtverletzung 54 e 3
– Pflicht zur Meldung der Einfuhr 54 e 1, 2
Melodienschutz 24 16
Merchandising Vor 31 89, 90, 88 33, 89 22, 91 8
Merkblätter 2 56, 62, 5 17
Messe 17 7
Messedatenbank 87 a 98
Meta-Datenbank 87 a 32
Meta-Suchmaschinen 44 a 27, 87 b 74
Microsoft-Entscheidung Vor 120 47
MIDI-Files 4 17, 87 a 107
Mikrofiches 72 17
Mikrofilme 72 17
Mimik 2 74
Minderjährige 7 5, KUG 22 14
Mindestrechte
– Schutz des Sendeunternehmens 127 7, 11, 15, 18
– Schutz des Tonträgerherstellers 126 14, 21
– Staatsverträge **Vor** 69 a 9, 121 14, 21, 28, 32
Mindestschutzdauer
– Schutz des ausübenden Künstlers 125 26, 27, 42
– Schutz des Tonträgerherstellers 126 16, 26, 32
minimal art 2 88
Mischtonmeister 89 13
Mischverbände 36 15
Missbrauch einer marktbeherrschenden Stellung Vor 120 44–48, **WahrnG** 24 8
Missbrauchsaufsicht WahrnG 24 4, 5, 8
Mittäter 105 19
Mitteilung der Art/Menge vergütungspflichtiger Waren 54 b 5
Mitteilung der Aufnahme neuer Werknutzungsart
– Absenden 31 a 87
– Bedeutung 31 a 83
– Dreimonatsfrist 31 a 88

Sachverzeichnis

– Empfänger **31 a** 86
– Erlöschen des Widerrufsrechts **31 a** 83–90
– Inhalt **31 a** 84
– Rechtsfolgen **31 a** 89
– Rechtsnatur **31 a** 85
– unterbliebene Mitteilung **31 a** 90
– Verpflichteter **31 a** 83
Mitteilungspflicht 42 13, **46** 14
– über beabsichtigte Nutzung **1371** 55–60
– Nutzung bisher unbekannter Nutzungsart **31 a** 83–88
Mitteilungs- und Beschreibungsvorbehalt
– Abgrenzung zu § 12 Abs. 1 **12** 22
– Anwendungsbereich/Konzept **12** 19, 20
– keine Schrankenbestimmung **12** 22
Mittelstandsvereinigung Fotomarketing 72 48, 61
Miturhebergesellschaft 8 52, 53
Miturheberschaft 100 1, **1371** 78
– Abgrenzung zur Bearbeitung **8** 18, 19
– Abgrenzung zur Gehilfenschaft **8** 20
– Abgrenzung zur Werkverbindung **9** 8–10
– Aktivlegitimation **97** 13
– Alleinbefugnis **8** 38, 40, 41
– Anerkennung der Miturheberschaft **8** 27
– Anteilsverzicht **8** 47–50, 63
– Anwendbarkeit auf andere Schutzrechte **8** 59
– ausländische Miturheber **8** 54
– Beschlussfassung **8** 29, 30
– Computerprogramme **69 a** 45, **69 c** 79
– Einwilligungserfordernis **8** 31–33
– Filmwerke **8** 57, **88** 28, 35
– früheres Recht/Übergangsrecht **8** 60, 61
– Gemeinschaftlichkeit der Werkschöpfung **8** 16–20
– gewollte schöpferische Zusammenarbeit **8** 16, 17
– Haftung **8** 62
– Kollisionsrecht **8** 54
– Miturhebergesellschaft **8** 52, 53
– Musikverlagsvertrag **Vor 31** 82
– Namensnennung **13** 4
– Notverwaltungsrecht **8** 45, 46
– Open-Source-/Open-Content-Projekte **8** 63
– persönliche geistige Leistung mehrerer **8** 3–6
– Prozessstandschaft **8** 38
– Rechtsinhaberschaftsvermutung **8** 58, **10** 3, 29, 30, 42
– Regelungszweck **8** 1
– Rückrufsrecht **41** 4
– Schaffung eines einheitlichen Werkes **8** 7–15
– Schutzdauer **8** 51
– Übertragbarkeit der Wahrnehmungsbefugnis **8** 42
– Umfang gesamthänderischer Bindung **8** 24–28
– Unübertragbarkeit des Miturheberanteils **29** 4
– Verletzung des dinglichen Rechts **8** 39, 40

– Verletzung durch einen/mehreren Miturhebern **8** 43, 44
– Verteilung der Erträgnisse **8** 34–37
– Verwaltung des gemeinsamen Urheberrechts **8** 29–47
– Widerspruch bei Übertragungsfiktion **1371** 50
– Zwangsvollstreckung in das Gesamtgut **8** 55
Mitwirkungsanspruch 9 26
Mitwirkungsvertrag
– Filmherstellung **89** 7–18, **92** 13, 14
Möbel 2 100, **6** 12
Mobile-TV 20 2, **Vor 88** 38, **93** 11
– neue Nutzungsart **31 a** 51
Modelldarstellungen 2 144
Moderatoren 43 7
Modeschöpfungen 2 101
Module 69 a 12, **69 c** 95, 96
Monistische Theorie 11 1, **Vor 69 a** 2
Monitore 19 48
Monografien 10 14
MP3-Dateien 95 a 37
Multicast 19 a 34, **95 b** 44
Multifunktionsgeräte 54 12
Multimedia 31 a 27
Multimedia Home Platform (MHP) 20 6
Multimedia-Bearbeitungsrecht Vor 31 80
Multimediaerzeugnisse 69 a 21
Multimedia-Richtlinie Vor 31 2, **98** 30
– amtliche Werke **5** 25
– elektronische Leseplätze **52 b** 1
– Filmwerke, ausübender Künstler **92** 2
– Rechtsverletzungen **97** 80
– Rückrufsrecht wegen gewandelter Überzeugung **42** 1
– Übergangsbestimmungen **Vor 120** 53
– Schranken des Urheberrechts **46** 2, **48** 1, **52** 2, **53** 5,
– Senderecht **Vor 20** 7
– Sendeunternehmen **87** 6
– Schrankenregelungen **Vor 44 a** 5–7
– Umsetzung in deutsches Recht **Vor 44 a** 8
– vorübergehende Vervielfältigungshandlungen **44 a** 1
– Zitatrecht **51** 1
Multimedia-Verwertung 31 55–58
Multimediawerk 2 4, **4** 13
– Änderungsbefugnis **39** 34
– Begriff **2** 151, **Vor 88** 19
– CD-ROM-Produkte **2** 155
– Computerspiele **2** 155, **Vor 88** 19
– eigenständige Werkart **2** 153
– Homepages **2** 156
– Miturheberschaft **8** 15
– Sammelwerk **4** 13
– Urheberrechtsschutz **2** 152
– Verwertung **Vor 88** 20
Multiplexing 20 3
Münzen 5 20
Museen 52 b 9, 10
Museumskataloge s. Ausstellungskataloge

Sachverzeichnis

Music-on-Demand (MoD)
– bekannte/unbekannte Nutzungsart **31 a** 43–45
Musical 19 17
Musikalische Lehren 2 73
Musikeinlagen 19 20
Musikkompositionen mit Text
– Schutzdauerverlängerung **137m** 5, 6
Musikmaterial 19 34
Musikmaterialmietvergütung 19 27
Musiknoten 2 103, **53** 40–42
Musikpiraterie 106 2
Musikschulen 46 13
Musiktheater 19 50, 51
Musiktitelschutz 88 43
Musikverlagsvertrag Vor 31 60, 82
Musikvideo 92 14
Musikwerke
– Änderung der Musikverwertung **39** 35
– Aufführungsrecht **19** 15
– Bearbeitungen **3** 26, 29–33
– Beeinträchtigungen **14** 55–57
– Begriff **2** 68, 69
– Beurteilungsmaßstab **2** 71
– Entlehnung **46** 11, 13
– Entstellungen **14** 55–57
– Erscheinen **6** 28
– individuelle Komposition **2** 70
– mit Text, Schutzdauerverlängerung **137m** 5, 6
– Schutzfähigkeit **2** 70–73
– Sound-Sampling **2** 71, 72
– uneinheitliche rechtliche Einordnung **9** 9
– Vervielfältigungsrecht **16** 8–10
– Wechsel der Ton-/Stimmlage **62** 19
– Zugänglichmachung an elektronischen Leseplätzen **52 b** 4
– Zwangslizenz **42 a** 5, 8
Musikzitat 51 1, 19–20
Muster 2 98
Mustervereinbarungen 69 b 29
Mutterrecht Vor 31 21

Nachahmung 23 4, **69 c** 9–13, **69 g** 23
Nachahmungsbeschränkung 69 e 22, 23
Nachbaurecht Vor 31 93, **31** 50
Nachdruck 16 12
Nachfristsetzung 41 22–25
Nachgelassene Werke
– Amtliche Werke **71** 42
– Erlaubtheit der Schutzrechtsentstehung **71** 23–28
– Erstausgaben aus der ehemaligen DDR **71** 43
– Fremdenrecht **71** 44
– Gemeinfreiheit des Werkes **71** 19, 20
– Inhaber des Schutzrechts **71** 32–36
– Irrelevanz des Erscheinungs- bzw. Wiedergabeortes **71** 7
– kein Urheberpersönlichkeitsrecht **71** 31
– noch nicht erschienenes Werk **71** 10, 11
– noch nicht öffentlich wiedergegebenes Werk **71** 12–18
– Schutz durch erstes Erscheinenlassen **71 6**, 21

– Schutz durch erstmalige öffentliche Wiedergabe **71** 3, 22
– Schutzdauer/-beginn **64** 12, **71** 37–39
– Schutzerwerb durch erstmalige öffentliche Wiedergabe **71** 3–6
– Schutzgegenstand **71** 9
– Schutzinhalt **71** 29–31
– Strafrecht **108** 4
– Übergangsrecht **71** 46
– Verhältnis zu § 70 **71** 40, 41
– Verfilmung **88** 17
– Vergütungsanspruch **71** 30
– Verlagsverträge über Erstausgaben **71** 36
– Verwertungsgesellschaft **71** 45
– Verwertungsrecht **71** 8, 29
– Vorführungsrechte **19** 58
– Vortragsrecht **19** 13
Nachkolorierung 94 27
Nachlassverwaltung Vor 12 13
Nachrichten-Aggregator 87f 17
Nachrichten tatsächlichen Inhalts 49 20
Nachrichtenbeiträge 95 6
Nachrichtenmagazine 38 12
Nachschöpfung 3 10, **23** 16, **24** 12
Nacktaufnahmen KUG 23 40
Namensnennungsrecht
– Anerkennung der Urheberschaft **13** 3–6
– Arbeits- und Dienstverhältnisse **43** 89–98
– Ausgestaltung der Bezeichnung **13** 11, **74** 13
– Ausnahmen bei besonderem Interesse **74** 29
– ausübende Künstler **74** 2, 11–21
– Bekanntmachung des Decknamens **10** 8–12
– Bezugsobjekt **74** 12
– Bühne/Film/Rundfunk **43** 95, 96
– bürgerlicher Name **10** 4
– Computerprogramme **69 a** 51, **69 b** 41
– Deckname/Künstlerzeichen **10** 5–7
– Entstellung einer künstlerischen Darbietung **74** 16
– fehlende Nennung **10** 36, 37
– Filmwerke **74** 5, **93** 9, 16, 19
– Künstlergruppen **74** 22–25
– Künstlernamen/Pseudonyme **74** 15
– Lichtbilder **72** 32
– Name **10** 4
– Nutzungsrechtseinräumung **74** 20
– Printmedien/Werbebranche **43** 97, 98
– Recht auf Anonymität **74** 14
– Rechtsfolgen bei Verletzung **74** 21
– unzulässiges Anbringen der Urheberbezeichnung **30** 14, **107** 1–4
– Urheber **7** 16
– Verhältnis zur Quellenangabe **63** 28
– Vertretungsbefugnis **74** 26–28
– Verzicht und Branchenübung **43** 92–94, **74** 17–19
– Verzicht auf Namensnennung **74** 17–19
– wissenschaftliche Werke **70** 18
Namensunterdrückungsrecht 43 87
Natürliche Personen
– Datenbankhersteller **127** 2

2573

Sachverzeichnis

- Erben **28** 10
- Urheber als Rechtsinhaber **13** 3
- Werkschöpfer **7** 8

Near-on-Demand **19 a** 19, 20, **20** 3, **78** 7, 8, **85** 6, **Vor 88** 35
Near-Video-on-Demand **Vor 88** 35
Nebenkläger **106** 49, **108 b** 12
Negative Feststellungsklage **Vor 97** 72
Nettoertrag **32 a** 11
Netzbetreiber **97** 27
Netzwerkbetrieb **69 c** 63, 64, **69 d** 10–12, **52 b** 13
Netzwerkklauseln **69 d** 36
Neuauflage **130** 1
Neue Befugnisse **137** 4
Neue Datenbank **Vor 87** 11
- Begriff **87 a** 1, 118–132
- Beweislast **87 a** 156–158
- Neuheitsfiktion **87 a** 118–119, **87 d** 10
- Inhaltsänderung nach Art/Umfang **87 a** 124–128
- Neuinvestition in bestehende Datenbank **87 a** 120–123
- Schutzdauer **87 d** 10–14
- Schutzumfang des neuen sui generis-Rechts **87 a** 129–132

Neuentwicklungen, technische **31 a** 54
Neuheit **2** 22
Neuheitsfiktion **87 a** 118, 119, **87 d** 10
Neuronale Netze **69 a** 20
Neuverfilmung **88** 30, 31, 50
Newsgroup **4** 13, **19 a** 23
Newsticker **4** 17
Nichtbekannte Nutzungsarten s. Unbekannte Nutzungsarten
Nichtberechtigung **Vor 31** 31, **106** 24–26, 36, **108** 7
Nichterfüllungsschaden **19** 41
Nichtigkeit **Vor 31** 118–122, **31 a** 57–60, **32 a** 36
Nichtnennung **13** 21
Nichtoriginale **26** 8
Nichtrechtsfähiger Verein **28** 10
Nippesfiguren **2** 99
Normenwerke s. Private Normenwerke, Technische Normenwerke
Normverträge **Vor 31** 94, 95
notarielle Prioritätsverhandlung **10** 32
Notgeschäftsführungsrecht **28** 11
Notverwaltungsrecht **8** 45, 46, **9** 26
Notwehr/-stand **Vor 44 a** 4
Nutzung, zulässige s. Zulässige Werknutzung
Nutzungsart
- Begriff **Vor 31** 25–27
- Bekanntheit **31 a** 21
- unbekannte ~ s. dort

Nutzungsbedingungen **36** 6
Nutzungsgestattung **31** 37
Nutzungskontrollen **95 a** 16
Nutzungsmitteilung **31 a** 83–88
Nutzungsrechte **Vor 31**, **31–44**
- abgeleitete Rechte **Vor 31** 24
- Abgrenzung/Inhalt **31** 27–30
- Abspaltung **35** 3

- Änderungen des Werkes **39**
- angemessene Vergütung **32**, **32 a**
- Arbeitsverträge **43** 46–53
- Arten der Rechtseinräumung **31** 27–27
- Aufspaltung **31** 15
- ausschließliche Nutzungsrechte **31** 27, 29, **35** 4, 5, **43** 73, 74
- Ausschließlichkeitswirkung **31** 31, 32
- ausübende Künstler **79** 4–6
- Beschränkungen **31** 4 ff., **43** 75
- Computerprogramm **69 a** 56–73, **69 b** 27, **69 c** 62–81
- Definition **31** 2
- dingliche Beschränkung **31** 4, 24–26
- einfache Nutzungsrechte **31** 28, 31, 32, **35**, **137 I** 14
- Einräumung weiterer Nutzungsrechte **35** 1
- Enkelrecht **35** 3, 7–9
- Erlöschen **41** 28, 29, **42** 15
- Erschöpfung **31** 24–26
- gemeinsame Vergütungsregeln **36**
- Haftung des Erwerbers **34** 30–35
- Heimfall der Nutzungsrechte **Vor 31** 49–53, **35** 7
- Inhaber abgeleiteter Nutzungsrechte **7** 8
- inhaltliche Beschränkung **31** 14–23
- kein gutgläubiger Erwerb **Vor 31** 47, 48
- konkludente Rechtseinräumung **Vor 31** 45, 46, **69 b** 30
- künftige Werke **Vor 31** 32–44, 40
- Mangel **Vor 31** 28
- nach Beendigung des Arbeitsvertrages **43** 76
- nicht bekannte Nutzungsarten **31 a**, **43** 67–72
- Nutzungsgestattung **31** 37
- Nutzungsrecht/Nutzungsart **31** 2, 3
- Nutzungsvorbehalt des Urhebers **31** 36
- räumliche Beschränkung **31** 9, 10
- Recht auf Anerkennung der Urheberschaft **13** 19
- Recht der Bild- und Tonträgerübertragung **37** 7
- Recht der öffentlichen Wiedergabe außerhalb der Veranstaltung **37** 8
- Rechtseinräumung **Vor 31** 21–44, **31**, **37** 1–8, **79** 4–6
- Rückrufsrechte **41**, **42**
- Sacheigentum **Vor 31** 54–60
- Sammelwerke **34** 15, 16
- Schlichtungsstelle **36 a**
- schuldrechtliche Beschränkungen **31** 7
- sonstige Vertragspflichten **31** 33, 34
- Tochterrecht **35** 3, 7–9
- Übergangsvorschriften **31** 64, 65
- Übertragung auf Dritte **9** 14, **31** 35, **34**, **43** 80–83, **137 I** 44
- Übertragung ohne Zustimmung **34** 10
- unbekannte Nutzungsarten **31 a** 15–54
- unentgeltliches ~ für jedermann **32** 45, **32 c** 47
- Unternehmensveräußerung **34** 17–29
- Unverzichtbarkeit **34** 36–41
- Veräußerung des Originals **44**
- Vergütung **Vor 31** 61–66, **32**, **32 a**, **36**
- Verhältnis Tochter-/Enkelrecht **35** 7–9

Sachverzeichnis

- Verleihen **69 c** 62
- Verträge über die Einräumung von Nutzungsrechten **37** 1
- Vertragstypen **Vor 31** 67–92
- Verweigerung der Zustimmung **34** 11–14
- Verwertungsrechte **Vor 31** 23–27
- Weiterwirkung **33**, s. a. Sukzessionsschutz
- wesentliche Nutzungsrechte **137 l** 7–9
- zeitliche Beschränkung **31** 11–13
- Zustimmungserfordernis **34, 35**
- Zustimmungsverweigerung **34** 11–14
- Zweckübertragungsregel **31** 39–63, **43** 55–66, **69 a** 59, 62

Nutzungsvertrag
- Änderung **Vor 31** 7
- Auslegung **Vor 31** 113–116, **31** 39, **37** 1–8
- Beendigung **Vor 31** 8–16
- Begründung **Vor 31** 6, **31 a** 5, 6
- Einräumung von Nutzungsrechten **37** 1–8, **31 a** 7–14
- Kündigung aus wichtigem Grund **Vor 31** 9–15
- Mängel **Vor 31** 28–31
- Nichtigkeit wegen Gesetzes- und Sittenverstoß **Vor 31** 118–122
- Rückrufsrecht bei Unternehmensveräußerung/Änderung der Beteiligungsverhältnisse **34** 23–29
- Rücktritt beim Verlagsvertrag **Vor 31** 16
- Störung der Geschäftsgrundlage **Vor 31**
- Tod des Urhebers **Vor 31** 35, **31 a** 99, 100
- unbekannte Nutzungsarten **31 a**, s. a. dort
- Verfügungen über Urheberpersönlichkeitsrechte **Vor 31** 36–44
- Widerrufsrecht **31 a** 64–100
- Zweckübertragungsregel **31** 39–63, **37** 1

Nutzungsvorbehalt 31 36
Nutzungszweck 2 30
NV-Bühne 79 32

Oberfinanzdirektion (OFD) 111 b, c 11
Oberflächenstruktur 14 30
Obersätze 2 66
Objektcode 69 a 11, **69 c** 11
ordre public Vor 120 25, **EVtr** 39, 40
OEM-Software 31 19, 26, **69 c** 87
Offene Handelsgesellschaft 28 10
Offene Kanäle 87 12
Öffentliche Ausstellung 45 6
Öffentliche Bekanntmachung 103 4, 5
Öffentlicher Dienst 43 14
Öffentliche Gebäude 2 108
Öffentliche Plätze
- bleibende Werke **59** 4, 5
- Werke an öffentlichen Wegen/Straßen/Plätzen **59** 3
- Vervielfältigung/Verbreitung/öffentliche Wiedergabe **59** 6, 7

Öffentliche Reden
- öffentliche Verhandlungen **48** 6
- öffentliche Versammlungen **48** 3
- öffentliche Wiedergabe **48** 5
- Rundfunk **48** 3
- Sammlungen **48** 7
- Tagesfragen **48** 2
- Vervielfältigung, Verbreitung **48** 4

Öffentliche Sendeanstalten 94 78
Öffentliche Sicherheit/Rechtspflege
- Schranke zu Zwecken der öffentlichen Sicherheit und der Rechtspflege **45** 5, 6, **87 c** 39–41, **95 a** 86, 87

Öffentliche Verhandlungen 48 6
Öffentliche Versammlung 48 2
Öffentliche Vorführung 17 27
Öffentliche Vorträge 19 10
Öffentliche Wahrnehmbarmachung durch Bildschirm s. Bildschirmwiedergabe

Öffentliche Wiedergabe
- Ausland **69 c** 60
- Darbietungen, ausübender Künstler **78** 3–14
- Begriff **19** 4, **106** 20
- Computerprogramme **69 c** 49–61
- Datenbankherstellerrecht **87 b** 48–52
- Gleichzeitigkeit **15** 16
- Gottesdienste/kirchliche Feiern **52** 16–18
- keine Erschöpfung **Vor 120** 42
- Mehrzahl von Personen **15** 15
- nachgelassene Werke **71** 3–5, 12, 13, 22
- öffentliche Zugänglichmachung als Begleitnutzung **19** 5
- öffentliche Plätze **59** 6, 7
- öffentliche Reden **48** 5
- Öffentlichkeit **19** 2–5, **19 a** 6
- Rechtspflege/öffentliche Sicherheit **45** 6
- Nutzungsrechtseinräumung **37** 8
- Räumliche Verbundenheit **15** 17, **78** 12
- Recht der öffentlichen Wiedergabe **19** 1–5
- unzulässige ~ **53** 44, 45
- unkörperliche Wiedergaben **19** 1
- Vergütung **52** 9–15
- veröffentlichte Werke **52** 3–5
- Zeitungen/Zeitschriften **49** 5–20
- Zitate **51** 3–8

Öffentliche Zugänglichmachung
- Abgrenzung zum Senderecht **19 a** 14–18, **78** 9
- Begleitnutzung **19** 4, 5, **19 a**, 22
- Computerprogramme **69 c** 51–53
- Datenbankherstellerrecht **87 b** 49
- differenzierte Betrachtung **19 a** 34–36
- drahtgebunden/drahtlos **19 a** 5, **69 c** 57
- elektronische Leseplätze **52 b** 4–28
- erfasste Werknutzungen **19 a** 22–27
- Inhalt des Rechts **19 a** 5–11, **78** 3–8
- Near-on-Demand-Dienste **19 a** 19, 20
- nicht erfasste Handlungen **19 a** 28–33
- Öffentlichkeit **19 a** 6, **69 c** 54
- Online-Nutzung **19 a** 12, 13
- Ort **19 a** 7, 8, **69 c** 55
- Sammlung **45** 3
- Schrankenbestimmung **19 a** 40
- Terminologie **19 a** 3
- Übergangsvorschrift **137 k** 1, 2

2575

Sachverzeichnis

- Unterricht **137 k** 1, 2
- unzulässige Nutzung **53 a** 49
- Verhältnis zur Multimedia-Richtlinie **15** 12, 13, **19 a** 4
- vertragliche Online-Angebote **53 a** 31, 31
- verwandte Bestimmungen **19 a** 38–41
- Zeit **19 a** 9, **69 c** 56
- Zugänglichkeit **19 a** 10, 11, **69 c** 51–56

Öffentlichkeit
- amtliche Werke **5** 18–21
- Angebot an die ~ **17** 7–10, **69 c** 26, 27, **106** 18
- Begriff **6** 4, 5, 9, **15** 18–21, **19** 2–5, **27** 13, **69 c** 54, **78** 11
- Beispiele **6** 11
- Grad der Öffentlichkeit **14** 20
- Interessengefährdung **14** 8

Öffentlich-rechtliche Rundfunkanstalten
- Begriff **61 c** 2
- Bestandsinhalte **61 c** 7
- Nutzung verwaister Werke **61 c** 2-7

Öffentlich-rechtlicher Rundfunk 87 11
Offline-Piraterie 85 35–39
Offline-Vertrieb 87 b 58
Öffnungszeiten 52 b 17
OMPI 121 6
On-Demand-Dienste 19 a 18, 25, **69 c** 51, 54, **87** 13, **87 b** 49, **88** 78
- bekannte/unbekannte Nutzungsarten **31 a** 43–45

Online-Anzeigenmärkte 87 a 83
Online-Archiv 87 b 71
Online-Auktionen 26 15
Online-Datenbanken 31 a 39
Online-Erwerb 95 d 9
Online-Fahrpläne 87 a 77
Online-Kataloge 53 a 50
Online-Lexika 2 159, **87 a** 106, **87 b** 31

Online-Nutzung
- Abgrenzungen **87 d** 6
- Änderungsbefugnis **39** 14
- Arbeitsverhältnisse **43** 72
- beeinträchtigende Umgestaltungen **14** 62–64
- Datenbank **87 b** 39
- Filmverwertung **Vor 88** 44–47
- von Musikwerken im EU-Binnenmarkt, Richtlinie **Anh 4**
- Nutzungsart **31** 3, 10, 57–60, **31 a** 38–42
- Spezifizierungspflicht **31** 55–58
- technisch bedingte Beeinträchtigungen **14** 65
- unbekannte Nutzungsarten **31 a** 20, **43** 72
- wirtschaftliche Eigenständigkeit **31 a** 20

Online-Piraterie 85 40
Online-Produktion 39 34
Online-Tagebuch 2 258
Online-Übermittlung 69 c 65, 66, **Vor 87 a** 15, **87 b** 45, 48, **Vor 120** 19, **125** 36, **126** 26
Online-Verbreitung 52 4
Online-Veröffentlichung 10 19, 21
Online-Versteigerungen Vor 120 20
Online-Vertrag
- Begriff **Vor 31** 70, 71
- urhebervertragliche Einordnung **Vor 31** 74–76

- Verhältnis zwischen Urheber und Benutzer **Vor 31** 77
- zivilrechtliche Nutzung **Vor 31** 72, 73

Online-Vertriebsrechte 126 27
Online-Videorekorder 19 a 36, **87** 16
Online-Videothek 19 a 35
on-the-spot-consultation 52 b 16
Open Content 8 63, **29** 22, **31 a** 56, **32 c** 47, **37** 1
Open-Source-Projekt 8 63
Open-Source-Module 69 c 96
Open-Source-Software 32 45, **69 c** 73–81
Oper/Operette 75 8
Optical Rights Vor 88 42
Optionsvertrag 40 6–8, 10, **88** 14, 17
Orchesterwart 73 16
Ordnungsmittel 112 32–35
Ordnungswidrigkeiten 111 a
Organe 48 6, **Vor 97** 87
Organisationsverschulden 112 30
Originale s. Werkoriginale
Originalurkunde 101 a 20
Ort der Darbietung 125 19, 34
Orthofotos 72 17, **87 a** 101
OPAC 52 b 14, **53 a** 50
Orphan works s. Verwaiste Werke
- EU-Richtlinie **Anh 3**

Outsourcing 69 d 13

P-Kennzeichen 10 60
Pantomimische Werke
- akrobatische Leistungen **2** 79
- Begriff **2** 74–77
- Schutzvoraussetzungen **2** 74–77
- Sportliche Leistungen **2** 78
- Tanz **2** 80

Parallelimporte 111 b, c 9, **Vor 120** 57
Parallelwertung in der Laiensphäre 106 37
Paraphrase 14 39, **24** 13
Parodie 14 39, **24** 14
Parteifähigkeit der BGB-Gesellschaft 8 41, **9** 36
Partnerschaftsgesellschaft 28 10
Passbilder 72 15
Passwörter 95 a 39
Passivlegitimation 96 12, **101 a** 8, **101 b** 7
- Haftung im Internet **97** 22–29
- Haftung mehrerer Verletzer **97** 21
- Störerhaftung **97** 15–17
- Veranlasserhaftung **97** 18, 19

Passivprozess 104 5
Passwortschutz 53 a 49
Patentamtliche Veröffentlichung 5 17
Patenterteilung 5 17
Patentschutz (s.a. Erfindung/Erfindungsschutz)
- Computerprogramme **69 g** 9–17
- Schutzbereich **2** 140, **69 g** 9–17

Pauschalabgeltung 20 8 e, **20 b** 11, **32** 38, 48, 49
Pauschalvergütung 32 a 8
Pay-per-Channel Vor 88 35

Sachverzeichnis

Pay-per-listen 78 8
Pay-per-View 31 a 26, 52 b 11, 53 a 35, Vor 88 35, 46, 88 79
Pay-TV 20 2, 31 a 26, Vor 88 35, 88 79
PC s. Computer
Periodika
– Beiträge zu periodisch erscheinenden Sammlungen 38 6–8
Personal Digital Assistent (PDA) 31 a 54
Personal Video Recorder (PVR) 19 a 36
Personendarstellungen 60 3
Personengemeinschaft 10 39
Personengesellschaften 99 7
Personenhandelsgesellschaften 28 10
Personenvereinigungen 28 10
Persönliche geistige Schöpfung s. Schöpfung
Persönlichkeitsrecht
  (s. a. Urheberpersönlichkeitsrechte)
– allgemeines ~ 1 2, 2 56, 78, 10 28
– Bildnisschutz s. dort
– Kommerzialisierung 19 17, 37, KUG 22 4, 34
– Schmähkritik KUG 23 35
– sinnentstellendes Zitat 62 18
– Verhältnis zum Urheberrecht 19 36, 37
– Zwangskommerzialisierung KUG 22 30
Persönlichkeitsrechtlicher Mindestschutz 125 7, 8
Persönlichkeitsschutz, postmortaler 19 37
Pfandrecht 31 2
Pflicht zur Förderung des Vertragszwecks s. Förderungspflicht
Pflichtenheft 69 a 9
Pflichtwerke
– arbeitsvertragliche Vereinbarung 43 17
– Begriff 43 18
– Ort/Zeit des Werkschaffens 43 20, 21
– Vereinbarungsumfang 43 18, 19
– Widerspruch 1371 74
Phil Collins-Entscheidung Vor 120 37, 38, 120 3, 125 3
PHP 69 a 19
Piktogramme 2 145
PIN 95 a 39
Pirateriewäre 87 e 7
Pixel-Schutz 72 24, 57
Plagiat 13 2, 22, 14 40, 24 12
Planungsänderungen 14 27
Podcast-Audiodateien 19 a 23, 20 4
Podcasting 20 4
Politische Informationen 5 19
Poolregelung 72 48
Portierung 69 d 21
Portraits 31 56, 39 26, 72 29
postmortaler Persönlichkeitsschutz 19 37
Post-Production 89 14
Postversand 53 a 20
Präambel 1 1
Präklusionswirkung Vor 97 43
Präsentation 2 15, 14 49
Preis- und Konditionenbindungen 69 c 79, 93
Preis- und Konditionenkontrolle 53 a 34

Preisentwicklung 26 11
Preislisten 2 62
Preisrätsel 2 148
Pre-Production 89 14
„**Prequels**" 88 31
Presse 38 1
Presseerzeugnis
– Legaldefinition 87f
Pressefreiheit 87 b 89
Pressespiegel 49 12, 13–15
Presseverleger
– Legaldefinition 87f
Presseverleger, Leistungsschutzrecht 87f
– Ausnahme 87f
– Angemessene Beteiligung des Urhebers 87h
prima-facie-Regeln 89 4
Primärmarkt 52 b 10
Print-on-Demand (PoD)
– bekannte/unbekannte Nutzungsart 31 a 43–45
Printmedien s. a. Zeitschriften, Zeitungen
– Änderungsbefugnis 39 25, 26
Prioritätsgrundsatz 10 27
Prioritätsverhandlung 10 32
Pretty Good Privacy 95 a 20
Privatautonomie 132 1
Private Normenwerke
– Bedeutung 5 25
– Begriff 5 26
– Zwangslizenz im Interesse der Verleger 5 27
Private Rundfunkveranstalter 87 10
Private Sammlungen 5 13
Privatgebrauch von Vervielfältigungen
– Aufnahme in eigenes Archiv 53 28–30
– Datenbanken 87 c 18–38, 39
– digitale Privatkopie 95 b 26
– eigener wissenschaftlicher Gebrauch 53 24, 26–35, 87 c 28–31
– einzelne Vervielfältigungen 53 11–13, 23
– Herstellung durch natürliche Personen/Dritte 53 17–20, 25
– privater Gebrauch 53 21, 22, 87 c 18–24
– Schrankenbestimmung 95 b 26–35
– Verbot der privaten Vervielfältigung elektronischer Datenbankwerke 87 c 25–27
– vervielfältigtes Werk 53 14–16
– Vervielfältigung von durch Funk gesendeter Werke 53 31, 32
– wissenschaftlicher Gebrauch 53 26, 27, 87 c 18–21
Privater Werkgenuss 15 6
Privatklagedelikte 106 49, 108 b 12
Privatsphäre 14 11, 23 9, 53 22, 95 b 6, KUG 23 35–39
Privatveranstaltungen 81 5
Proben 73 6
Produktionsdienstleister 94 51
Produktpiraterie 101 a 24, 101 b 2, 111 b, c 2
Produktpiraterieverordnung Vor 120 57
Produzentenurheberrecht Vor 88 14, 15
Produzentenwechsel 94 46, 47
Prognoseentscheidung 32 43

Sachverzeichnis

Programmbibliotheken 69 a 40
Programmiersprachen 69 a 30
Programmpakete 78 8
Programmschutzmechanismen, Umgehung
- alleinige Bestimmung **69 f** 21
- Beseitigungs-/Umgehungsmittel **69 f** 15, 16
- Rechtsgrundverweisung **69 f** 13
- Rechtswidrigkeit **69 f** 17, 18
- Schutzmechanismen **69 f** 14
- UWG **69 g** 30
- Verhältnismäßigkeit **69 f** 22
- Vernichtungsanspruch **69 f** 22

Programm-Streaming 20 4, **78** 8
Programmübersichten 4 6
Programmwartung 69 e 28
Prorogationsverbot 105 31
Prospekte 2 103
Provider 19 a 28, **Vor 31** 72, 73, 75
- Auskunftspflicht **101** 2, 11, 30–35
- Datenschutz **101** 34
- Dienstleistungen im gewerblichen Ausmaß **101** 32
- IP-Adressenvergabe **101** 31, 33
- Haftungsprivilegierung **97** 24–28
- Handeln im geschäftlichen Verkehr **101** 31
- richterliche Auskunftsanordnung **101** 33
- Vorratsdatenspeicherung **101** 35

Provokationsbestellung 105 29
Prozessführungsbefugnis Vor 97 10–14
Prozessor-Cache 44 a 5
Prozessstandschaft
- gemeinsame Darbietungen **80** 15
- gesetzliche ~ **8** 38, **10** 45, **Vor 97** 12
- gewillkürte ~ **Vor 12** 15, **Vor 31** 43, **Vor 97** 13, **97** 12
- Miturheber **8** 38
- Nutzungsrechte **Vor 31** 43
- Urheberpersönlichkeitsrecht **Vor 12** 15
- Vermutung der Rechtsinhaberschaft **10** 2, 45

Proxy-Caching 44 a 6, 21
Prüfungszwecke, Vervielfältigungen 53 39
Prüfungspflichten 97 16
Pseudonym 10 1, 5–12, 36, 39
- Bekanntheit **10** 8, 36, **60** 3
- Kennzeichnung **13** 10
- gemeinsames ~ **10** 5
- Quellenangabe **63** 19
- Sammelpseudonym **10** 6
- Schutz von ~ **13** 13
- Verlagspseudonym **10** 6, 36

Pseudonyme Werke
- Begriff **60** 3, 4
- Miturheberschaft **66** 7
- Rechtsentwicklung **66** 2
- Register **138** 1–6
- Schutzbeginn **66** 4
- Schutz nach § 66 a. F. **66** 8, 9

Public-Domain-Software 69 a 39, **69 c** 68–72, 96

Public Viewing 87 22
Publikumsverkehr 56 2
Publikumszeitschrift 31 a 36
Pull-Dienste 19 a 23, **Vor 88** 35, 47
Punkt-zu-Punkt-Kommunikation 95 b 43
Push-Dienste 15 13, **16** 19, **17** 12, **19 a** 30, **Vor 88** 38, 46
P-Vermerk 10 60

Qualifikation 36 10, 11, **Vor 120** 13
Quellcodes 69 a 10, 65, **69 g** 16, **97** 50, **101 a** 12, 21
Quellcodevergleich 69 c 12
Quelle, gemeinfreie 24 5
Quellenangabe
- Allgemeines **63** 1–4
- amtliche Werke **5** 23
- Anerkennung der Urheberschaft **13** 26
- Angaben, erforderliche **63** 12–14
- Begriff **63** 11
- bei öffentlicher Wiedergabe **63** 25–29
- bei Vervielfältigung **63** 5–24
- Datenbanken **87 c** 36–38
- Deutlichkeitsgebot **63** 15–17
- Erforderlichkeit **45** 1, **62** 5–7, 26, 27, **87 c** 36–38
- Kenntlichmachen von Kürzungen und Änderungen **63** 21, 22
- Nutzung von Vervielfältigungsstücken **45** 1
- öffentliche Rede **48** 1
- Rechtsfolgen bei fehlender Quellenangabe **63** 31
- Rechtspflege und öffentliche Sicherheit **45** 1
- Sammlungen für Kirchen-, Schul- und Unterrichtsgebrauch **46** 1
- unkörperliche Werkverwertung **63** 25
- Verhältnis zum Namensnennungsrecht **63** 28
- Vervielfältigung mit/ohne Änderungen **63** 8, 9
- Vervielfältigung von Werkteilen **63** 10
- Wegfall der Pflicht zur Angabe **63** 23, 24
- Zitate **51** 1
- Zwangslizenz **42 a** 24

Radarfotos 72 17
Rahmenkollektivvertrag EVtr 62
RAM 44 a 3, **69 f** 9
Raubdruckbewegung 106 2
Raubkopien Vor 69 a 27, **98** 6, 14, 18 **106** 2
- Abnehmer **106** 44
- Schutz vor Verbreitung **69 f**

Räumliche Beschränkungen 31 9, 10
Räumliche Verbundenheit 15 17
RBÜ s. Revidierte Berner Übereinkunft
Readerprinter 54 12
ready-mades 2 91
Realität 2 49
Rechen-/Suchoperationen 31 a 34
Rechenzentrumsleistungen 69 d 13
Recherchedienste 53 a 32, 50
Recherchepflicht 137I 28, 60
Rechnungen
- Hinweispflicht auf urheberrechtliche Vergütung **54 d** 1, 2

2578

Sachverzeichnis

Rechnungslegung WahrnG 9
Rechnungslegungsanspruch 99 2, **101** 9
- Anspruchsgrundlage **97** 46
- Anspruchsinhalt **97** 47
- Aufrechnung **97** 98
- Eidesstattliche Versicherung **97** 49
- Grenzen **97** 48
- Miturheberschaft **8** 41
- Übertragbarkeit/Vererblichkeit **97** 97

Recht am eigenen Bild s. Bildnisschutz
Rechterückfall Vor 88 3, **1371** 40, 41, **EVtr** 75–77
Rechtfertigungsgründe 97 30–34
- Auflösung von Grundrechtskollisionen **97** 33, 34
- Einwilligung, Genehmigung **97** 32
- Selbsthilfe **97** 33, 34

Rechtsanwaltskanzlei 6 12
Rechtschreibprogramme 87 a 108
Rechtsgrundverweisung 69 a 43, **69 f** 13
Rechtsinhaber 10, 12 2, 3, **13** 3–6, **111 b, c** 16
Rechtsinhaberschaftsvermutung
- Anbringung der Bezeichnung auf Vervielfältigungsstücken/Originalen **10** 17–22
- Anwendbarkeit auf Herstellerrechte? **10** 48–51
- Anwendbarkeit auf vertraglichen Rechtserwerb **10** 52, 53
- Anwendungsbereich **10** 3, 48
- Art. 15 RBÜ **10** 54–56
- Bekanntheit des Decknamens **10** 8–12
- Berufsbezeichnung **10** 5
- Beweislastumkehr durch gesetzliche Vermutung **10** 23, 24
- Bezeichnung in der üblichen Weise **10** 13–16
- Bürgerlicher Name **10** 4
- Computerprogramme **69 a** 47
- Copyright-Vermerk **10** 57–59
- Deckname/Künstlerzeichen **10** 5–7
- Durchsetzungs-Richtlinie **10** 2, 17
- erweiterte Vermutung nach UrhG-RegE **10** 48–53, 65
- Fantasienamen **10** 5
- GEMA-Vermutung **10** 61
- Inhaber ausschließlicher Nutzungsrechte **10** 2, 50–52
- Inhaber verwandter Schutzrechte **10** 49–53
- Inhalt **10** 25, 26
- Inkrafttreten von § 10 UrhG-RegE **10** 65
- keine Vermutung zugunsten Inhaber abgeleiteter Rechte **10** 52
- Künstlername im Rechtsverkehr **10** 64
- Lichtbilder **72** 59
- Miturheberschaft **8** 58
- Nachweis der Urheberschaft **10** 32–35
- P-Vermerk **10** 60
- Regelungszweck **10** 1, 2
- sonstige Vermutungsregeln im Urheberrecht **10** 54–61
- strafrechtlicher Schutz der Urheberbezeichnung **10** 63
- Umfang und Reichweite der Vermutungswirkung **10** 27–31
- Urheberangaben außerhalb des Anwendungs- bereichs des § 10 Abs. 1 **10** 32–35
- Urheberbezeichnung **10** 4–12
- urheberrechtlich geschützte Werke **10** 48
- Verhältnis zu Verwertungsgesellschaften **10** 62
- Wahrnehmungsbefugnis des Herausgebers/Verlegers, § 10 Abs. 2 **10** 36–47

Rechtsirrtum 97 56
Rechtsmissbrauch Vor 97 19–22, **1371** 48, 85
Rechtsnachfolge/r
- Abgrenzung zum Erwerb aufgrund Vermächtnis/Auflage **28** 7
- andere Formen des Rechtsübergangs **30** 4
- Computerprogramm **69 a** 55
- Einigungsvertrag **EVtr** 71–94
- Erbauseinandersetzung **29** 1, 27
- Erben **28** 10, **30** 3, **EVtr** 94
- Erbengemeinschaft **28** 11, **30** 3
- Filmbereich **EVtr** 80–90
- Fortgeltung der Übertragbarkeit bei weiteren Erbgängen **29** 32
- gesetzliche Rechtsnachfolge **28** 6, 13, **29** 2
- Grundsatz der Unübertragbarkeit des Urheberrechts **29** 3–23
- Grundzüge **28** 1–5, **30** 1
- Leistungsschutzrechte **28** 14, 15
- mehrfache Vererbung **28** 12
- Miturheberschaft **8** 56
- persönliche Schriftstücke des Erblassers **29** 33
- rechtsgeschäftliche Rechtsnachfolge **28** 1, 3, 6, **29** 1–42
- Rechtsnachfolger **30** 3
- Rückruf durch den Rechtsnachfolger **42** 9
- Rückübertragung **29** 31
- Rundfunkbereich **EVtr** 73–79
- Testamentsvollstreckung **28** 18–229, **30** 3
- Übergang von Belastungen **28** 8, 9
- Übertragung von Teilen des Urheberrechts **29** 28–30
- Umfang **28** 8, 9
- Umwandlung von Rechtsträgern gem. Umwandlungsgesetz/Liquidation **28** 13
- Urheberpersönlichkeitsrecht **30** 2
- Urheberpersönlichkeitsrecht **Vor 12** 9–14
- Urheberverwertungsrecht **30** 2
- Verfügung von Todes wegen **29** 1, 25, 26
- Verlagsbereich **EVtr** 91–93
- Werkverbindung **9** 29
- Widerruf unbekannter Nutzungsrechte **31 a** 69
- zulässige Rechtsgeschäfte **29** 34, 35
- Zwangsvollstreckung wegen Geldforderungen **115** 1–9, **116** 1–10, **117** 1

Rechtspflege 45 5, **83** 2, **87 c** 39–41, **95 b** 18–20
Rechtsübertragungsvermutungen Vor 88 11
Rechtsübertragung, -translation 79 2
Rechtsvereinheitlichung
- Rechtsgrundlagen **Vor 120** 55
- Richtlinien **Vor 120** 52–54
- richtlinienkonforme Auslegung **Vor 120** 56
- Verordnungen **Vor 120** 57

Rechtsverletzungen Vor 97, 97–111

2579

Sachverzeichnis

Rechtswahl 32 b 5–11, **Vor 120** 14, 23
Rechtsweg
– Ausnahmen **104** 13–18
– Ordentlicher Rechtsweg **104** 8–12
Rechtswidrigkeit 69 f 7, **98** 23, 24, **106** 31
Redakteur 43 7, **97** 53
Red Book CD-Norm 95 a 33
Reden s. Öffentliche Reden
Referentenentwurf (RefE) 89 31, **101 a** 2, **101 b** 1
Regale 2 100
Regelsammlungen s. RS
Regierungsentwurf 101 a 2, 5, **101 b** 1, 5
Regional Code Playback Control 95 a 35
Regisseur 43 7, **73** 14, s. a. Theaterregisseur, Filmregisseur
Register anonymer und pseudonymer Werke
– Antrag **138** 2
– Eintragung **138** 5
– gerichtliche Entscheidung **138** 4
– Leipziger Eintragsrolle **138** 6
– Schlüssigkeitsprüfung **138** 3
Register vergriffener Werke 13e 1-3
– Registerführende Behörde **WahrnG 13e** 2
– Eintragung in das Register **WahrnG 13d** 14
– Einzutragende Angaben **WahrnG 13e** 3
– Eintragungswirkung **WahrnG 13e** 4
– Kosten **WahrnG 13e** 4
– Bekanntmachung der Eintragung **WahrnG 13e** 5
– Registereinsicht **WahrnG 13e** 5
– VO des BMJ **WahrnG 13e** 6
Reichsfilmkammer 89 4
Reichswehrprozess-Entscheidung 70 36
Reimporteure
– Pflicht zur Meldung der Einfuhr **54 e** 2
Reklame-Installationen 14 31
Rekompilierung 69 e 5
Remakes Vor 88 43, **88** 61
Remastering 73 8, **85** 16
Remix 77 6, **85** 15
Remonopolisierung 2 107
Remote Access 69 c 44
Reparatur 56 1
Reproduktionen 2 119, **23** 4, **72** 3, 16
Reputation 14 20
Resozialisierung 111 5
Restaurierung 14 23, 43–45, **94** 24
Reverse Engineering 69 c 12, **69 e** 18
Revidierte Berner Übereinkunft 54 1, **69 e** 24, **72** 72, **140** 2
– Anwendungsbereich **121** 7–12
– beschränkte Schutzlandverweisung **Vor 120** 9, 10
– Inländerbehandlung/Gegenseitigkeit **121** 13
– Mindestrechte **121** 14
– Schutzdauer **64** 8
– Rechtsinhaberschaftsvermutung **10** 17, 54–56
Revue 19 18
Reziprozitätsabkommen Vor 87 a 49
Richter- und Gewohnheitsrecht 89 3

Richtlinien (EU) Vor 31 2, **Anh 2-4**
– Durchsetzung der Rechte des geistigen Eigentums **10** 2
– Harmonisierung **Vor 1** 21–24, **Vor 120** 52–54
– Rechtsgrundlagen **Vor 120** 55
– Umsetzung **Vor 120** 54
– Verwaiste Werke **Anh 3**
Richtlinienkonforme Auslegung 11 65, **Vor 69 a** 7, **Vor 87 a** 16, **87 b** 24–33, **95 a** 9, **101 a** 5, **101 b** 5, **Vor 120** 56
Ricordi-Entscheidung Vor 120 39
Rights Management Information 95 c 3
Risikogeschäfte 31 a 23, **1371** 30
Roboter 7 8
Roheinnahme 19 32
Rollenbesetzung, abweichende 19 39
ROM 69 d 55, **69 f** 10
Rom-Abkommen 10 60, **87** 6
– Anwendungsbereich **125** 17–22, **126** 10–13, **127** 5, **EVtr** 108
– Inhalt des Schutzes **125** 23–26, **126** 14, 15
– Inländerbehandlung **125** 23, **126** 14, **127** 6
– Mindestrechte **127** 7
Rom-II-Verordnung Vor 120 3
Röntgenbilder 72 15
Röntgentiefenlithografien 72 17
Routing 16 18, **23** 27, **106** 14
RS-Bühne
– Abrechnungskontrolle **19** 42
– Auswertungspflicht **19** 28
– Gegenstand **19** 31
– keine gemeinsame Vergütungsregel **19** 23
– Neufassung **19** 29
– Nutzungsrechte **19** 27–29, 30
– öffentliche Zugänglichmachung als Begleitnutzung **19** 5
– Pflichten bei Leistungsstörungen **19** 41
– Rechtedokumentation **19** 42
– Rechtsumfang **19** 28,30
– Urhebervergütung **19** 32–34
– Wahrnehmbarmachung durch Bildschirm **19** 46–53
– werkgetreue Aufführung **19** 35–40
– Zusammenfassung üblicher Geschäftsgepflogenheiten **19** 22
RS Fernsehen 19 30
RS Hörfunk 19 30
Rückgabeverbot 98 9
Rücklizenzierungspflicht 69 d 47
Rückrufsanspruch 98 36–39
– Bedeutung **98** 1–3, 36
– Grundzüge **98** 4
– Harmonisierungsbedarf **98** 37
– Informationspflicht des Verletzers gegenüber Abnehmern **98** 38
– prozessuale Geltendmachung **98** 8–16
– selbstständiger Anspruch **98** 5
– Verhältnis zu anderen Vorschriften **98** 5–7
– Vollstreckung **98** 16, **112** 51
Rückrufsrecht Vor 97 64, 119, 120
– Anbietungspflicht bei Wiederverwertung **42** 14

Sachverzeichnis

- Änderung der Beteiligungsverhältnisse **34** 26–29
- Anwendung anderer Vorschriften **41** 32, 33
- Anwendungsbereich **41** 3–10, **42** 2–4
- Arbeits- und Dienstverhältnisse **43** 114–120
- Ausschluss **41** 16–18
- ausübender Künstler **79** 23
- Befristung **41** 19–21
- Computerprogramme **69a** 70, **69b** 45, 46
- Entschädigung **41** 30, 31, **42** 11–13
- Erlöschen des Nutzungsrechts **41** 28, 29, **42** 15
- Gestaltungsrecht **41** 1
- Interessenverletzung **41** 14, 15
- Kausalität **41** 14, 15
- Mitteilungspflicht **42** 13
- Nachfristsetzung **41** 22–25
- Nichtausübung/unzureichende Ausübung **41** 11–13, **43** 116, 117, **69a** 72
- Rückruf durch den Rechtsnachfolger **42** 9
- Sammlungen zu Unterrichtszwecken **46** 14
- Überzeugungswandel **42** 5, 6, **43** 118, 119, **69a** 72
- Unternehmensveräußerung **34** 23–29, **43** 120
- (Un)Verzichtbarkeit **34** 36–41
- Unzumutbarkeit der Verwertung **34** 25, **42** 7, 8
- Verhältnis zum Rücktrittsrecht **41** 7–9
- Verlagsrecht **41** 6
- vertragliches Rückrufsrecht **41** 5, 33
- verwandte Schutzrechte **41** 10
- Vorausverzicht **41** 26, 27, **42** 10
- wegen gewandelter Überzeugung **42** 1–16
- Zwangslizenz **42a** 23

Rücksichtnahme 14 36
Rücktritt Vor 31 16, **106** 39
Rückübertragung 29 31
Rückwirkung 106 25, **125** 4, 33, **126** 19, **132** 8, **137I** 35
Rückwirkungsverbot 108 4, 5, **137I** 35
Rufgefährdung 75 1, 12
Rundfunkanstalten, Öffentlich-rechtliche
- Begriff **61c** 2
- Bestandsinhalte **61c** 7
- Nutzung verwaister Werke **61c** 2–7

Rundfunkreden 48 2
Rundfunkkommentare 49 4, **63** 30
Rundfunk- oder Fernsehanstalt 6 28
Rundfunk- und Fernsehmitarbeiter 43 7
Rundfunk- und Fernsehprogramme 2 51, **16** 9
Rundfunksendung 31a 42, **92** 3
- Satellitensendungen **Vor 120** 18
- terrestrische Sendungen **Vor 120** 17

Rundfunkveranstalter, private 87 10
Russische Förderation (GUS) EVtr 105, 106

SACEM WahrnG Vor 1 2
Sachaufnahmen KUG 22 21
Sachbefugnis
- Vermutung **137I** 92, **WahrnG 13c** 7–12

Sache 101a 21
Sacheigentum
- Besitzerwerb des Nutzungsberechtigten **Vor 31** 56, 57

- Bühnenbereich **43** 44, 45
- Eigentum am Werkstück **Vor 31** 54, 55, **43** 37, 38
- Freie Werke und Hochschulbereich **43** 40–43
- Filmwerk **Vor 31** 58
- Stellung des Arbeitnehmers **43** 39
- Verlagsvertrag/Musikverlagsvertrag **Vor 31** 59, 60

Sachgefahr 101a 38
Sachherrschaft 39 36, **44** 7
Sachverständige 2 9, **Vor 69a** 21, 25
Sakralbauten 2 111
Sammelpseudonym 10 6
Sammelwerk
- Abgrenzung zur Miturheberschaft **8** 13–15
- Abgrenzung zur Werkverbindung **9** 12
- Aktuelle Formen **4** 13–17
- Änderungsbefugnis **14** 2
- Anwendbarkeit des VerlG **4** 2
- Begriff **2** 111, **4** 3–6
- Beispiele **4** 7, 13
- Datenbankwerk **4** 2, 8–12, **Vor 87a** 2
- persönliche geistige Schöpfung **4** 5, 6
- Rechtsinhaberschaftsvermutung **10** 3, 26
- Sammlung von Werken, Daten, anderen unabhängigen Elementen **4** 4
- Schutzfähigkeit **4** 3–11, **34** 16, **106** 7
- selbstständige Werkgattung **4** 1
- Urheberrecht **4** 18–20
- Zustimmungserfordernis bei Weiterübertragung der Nutzungsrechte **34** 15, 16

Sammlungen zum Schul-/Unterrichtsgebrauch
- Angabe des Zwecks **46** 9
- Elemente **46** 4
- Kirchengebrauch **46** 8
- Mitteilung an den Urheber **46** 14
- Musikwerke **46** 3
- öffentliche Zugänglichmachung **46** 3
- Reden eines Urhebers **48** 7
- Schrankenbestimmung **95b** 22
- Übernommene Werke **46** 10–12
- Unterrichtsgebrauch **46** 7
- Verbotsrecht wegen gewandelter Überzeugung **46** 17
- Vergütung **46** 15, 16
- Verbreitung **46** 3
- Vervielfältigung **46** 3
- Zweck der Sammlung **46** 5–9

Sammlungsbeiträge
- Anwendungsbereich **38** 2–5
- nicht periodisch erscheinende Sammlungen **38** 9
- einfaches Nutzungsrecht des Verlegers **137I** 14
- Open Content Systeme **38** 1
- periodische erscheinende Sammlungen **38** 6–8
- Zeitungen **38** 1, 10–14

Samples 14 56, **85** 25
Satellitenaufnahmen 72 15, **87a** 101
Satelliten- und Kabelrichtlinie
- Allgemeines **Vor 31** 2
- Filmwerke **Vor 88** 6

Sachverzeichnis

- Senderecht **Vor 20** 20
- Sendeunternehmen **87** 6
- Übergangs-/Schlussbestimmungen **Vor 120** 18, 19, 51

Satellitenrundfunk Vor 20 1–3, 6, **20 a, Vor 31** 2, **31 a** 24, 25

Satellitensendungen Vor 20 2, 3, **31 a** 24, **Vor 120** 18

Satire KUG 23 35, 42

Scannen/Scanner 16 13, **54** 12, **72** 21

Schadensberechnung
- drei Berechnungsweisen **97** 58
- Enforcement-Richtlinie **97** 60, 61
- entgangener Gewinn **97** 62–65
- Fixkosten **97** 65
- konkreter Schaden **97** 62–65
- Lizenzanalogie **97** 69–83
- Nachweis des konkreten Schadens **97** 62, 63
- unterbliebene Betriebserweiterung **97** 65
- Verletzergewinn **97** 66–68
- Verquickungsverbot **97** 59
- Wahlrecht **97** 59

Schadensersatzanspruch
- Aufrechnung **97** 98
- ausübender Künstler **75** 15
- Beschlagnahme **111 b, c** 75–82
- Computerprogramme **69 f** 28
- falsche Auskunft **101** 23, 24
- Höhe des Schadensersatzes **97** 58–83
- Miturheberschaft **8** 40, 41
- Nutzung ohne vertragliche Berechtigung **31 a** 6
- Sicherung **Vor 97** 57–60, **97** 99, **101 b**
- Übertragbarkeit/Vererblichkeit **97** 97
- unbefugte Abbildung **KUG 22** 28
- Verschulden **97** 51–57
- Verwertungsrechte **15** 5
- Vorlage- und Besichtigungsanspruch **101 a** 40–42

Schadensersatzklage Vor 97 51–56, 72

Schaffensprozess 2 15–18

Schallplattensendeverträge 88 41

Schaubilder 2 144

Scheinrecht Vor 31 29, 124

Scheinselbstständigkeit 43 12, **69 b** 2

Schiedsgericht 45 2

Schiedsstelle Vor 97 56, **WahrnG 14, WahrnG 14 a–e, WahrnG 15**

Schiedsvereinbarungen 105 33

Schiffsformen/-aufbauten 2 100, 108

Schikaneverbot Vor 44 a 4

Schlichtung, freiwillige WahrnG 17 a

Schlichtungsstelle
- allgemeine Verfahrenskosten **36 a** 22
- Aufstellungsvorschlag **36 a** 8
- Beisitzer **36 a** 3, 4, 15, 16
- Beratung/Beschlussfassung **36 a** 11–17
- Beschlussfassung **36 a** 13–17
- Bestimmung durch die Parteien **36 a** 9, 10
- Bestimmung durch Rechtsverordnung **36 a** 33
- Bildungsvoraussetzung **36 a** 2
- Entscheidungen des OLG **36 a** 7
- Erstellungskosten **36 a** 23, 24
- Festsetzung gemeinsamer Vergütungsregeln **36 a** 24–29
- Kosten **36 a** 17–32
- Kostenvorschuss **36 a** 25–32
- mündliche Verhandlung **36 a** 11, 12
- parteieigene Kosten **36 a** 20, 21
- Reform der Kostenregelung **36 a** 1
- Tätigwerden aufgrund Vereinbarung **36** 24
- Tätigwerden auf Parteiverlangen **36** 25, 26
- Verfahren **36** 27, 28, **36 a** 9–17
- Vorschlag **36** 29, 30
- Vorsitzender **36 a** 5, 6, 14
- Widerspruch **36** 28
- Zusammensetzung **36 a** 3–7

Schlussbestimmungen 138–143

Schlüsselinformationen 95 b 16

Schmähkritik KUG 23 35

Schmerzensgeld 97 84

Schmuckstücke 2 101

Schnittbearbeitungen 94 28

Schnittstellen 69 a 31, **69 e** 16

Schnittstelleninformationen Vor 120 47

Schopenhauer-Ausgabe-Entscheidung 70 37

Schöpfer
- Beweisfragen **7** 17–19
- Mitwirkung mehrerer Personen **7** 12–16
- natürliche Personen **7** 8
- nichtschöpferische Gehilfen **7** 14
- wissenschaftliche Assistenten **7** 16

Schöpferprinzip 7 1, 2, **43** 4, **69 b** 1, **70** 23, **Vor 88** 12, **134** 1, **EVtr** 4

Schöpfung, persönlich geistige
- Computerprogramm **9 a** 32–42
- Einheitlichkeit **8** 1, 7–15
- Einsatz von Hilfsmitteln **2** 16
- Ergebnis eines Schaffensprozesses **2** 15–18
- Gebrauchszweck **2** 29, 30
- Gehilfenschaft **7** 14
- Gemeinschaftlichkeit **8** 16–20
- Geschäftsfähigkeit **2** 18
- Gestaltungshöhe **2** 23–25
- Gestaltungszweck **2** 29, 230
- Herstellungsaufwand **2** 26
- Individualität des Werkes **2** 21, 22
- menschliche Leistung **2** 15
- Miturheberschaft **8** 3–6
- Mitwirkung mehrerer Personen **7** 12–16, **8** 1
- nicht maßgebliche Eigenschaften **2** 26–32
- Präsentation **2** 15
- Profession **2** 18
- rechtsverletzende/-widrige Werksinhalte **2** 31, 32
- Sammelwerke **4** 5, 6
- Schöpfungsakt als Realakt **7** 3–7
- selbstständiges Werk **23** 2
- Umfang des Werkes **2** 27
- Wahrnehmbare Form **2** 19, 20
- Werkschöpfung im Arbeitsverhältnis **7** 9–11
- Werkverträge **7** 9–11
- Zufallserzeugnisse **2** 15
- Zufallsmomente **2** 17

Sachverzeichnis

Schöpfungshöhe 2 5, 2 16–18, 23 3, 32 29, 69 a 33
Schrankenbestimmungen Vor 44 a, 44 a–63 a, 95 b
– Ansprüche des Begünstigten 95 b 37–42
– Anwendung von technischen Maßnahmen 95 b 10
– Begünstigter 95 b 11, 12
– elektronische Leseplätze 52 b
– erlaubte Nutzungen 95 b 17–35
– Grundlagen **Vor** 44 a 1, 2
– Inkrafttreten 95 b 50
– Multimedia-Richtlinie **Vor** 44 a 5–8
– notwendige Mittel des Rechtinhabers 95 b 15, 16
– rechtmäßiger Zugang zum Schutzgegenstand 95 b 13, 14
– Rechtsschutz nach § 95 a 95 b 49
– Regelungstechnik 95 b 7–9
– Systematik **Vor** 44 a 3, 4
– Unterricht und Forschung 52 a
– Unwirksamkeit von Vereinbarungen 95 b 36
– verfassungsrechtliche Bedenken 95 b 4–6
– Verhältnis technische Schutzmaßnahmen/Schrankenregelung 95 b 1–3
– Verpflichtung des Rechtsinhabers 95 b 10–36
– vertragliche Vereinbarung 95 b 43–48
– Zweiter Korb **Vor** 44 a 9, 10
Sachranken-Schranke 53 a 38
Schriftform/-erfordernis
– Arbeitsverhältnis, Einräumung von Nutzungsrechten 43 48
– künftige Werke 40 11–13
– Künstlername als Unterschrift 10 64
– unbekannte Nutzungsarten, Verträge über **Vor** 31 45, 31 a 55–63, 32 c 9
Schriftsätze 2 56, 6 28
Schriftstücke 29 33
Schriftwerke
– bekannte/unbekannte Nutzungsarten 31 a 52
Schriftzeichen 2 103
Schulbuchparagraf s. Sammlungen
Schuld 106 31
Schuldrechtsmodernisierungsgesetz
– Übergangsregelung 137 i 1–8
Schulbibliothek 52 b 10
Schulen 46 7, 47 2, 53 37
Schüler-/Schulversionen 69 c 88
Schulerweiterung 14 33
Schulfunksendungen
– Löschung der Bild- und Tonträger 47 9–11
– privilegierte Institutionen 47 2–4
– Schulfunksendungen 5 20, 47 5, 6
– Schrankenbestimmung 95 b 24
– Vervielfältigungsstücke von Werken und deren Verwertung 47 7, 8
Schutzantrag 98 10
Schutzdauer s. Schutzfrist
Schutzdauer-Richtlinie Vor 31 2, 64 6, 70 6, 49, 71 1, 72 10, 45, 87 6, **Vor** 88 6, 89 12, **Vor** 120 52, 137 e 1, 137 f 1, 137m

Schutzdauerverlängerung (9. UrhÄndG)
– Anwendungsstichtage 137m 3, 4
– ausübende Künstler 137m 1, 2
– Musikkompositionen mit Text 137m 5, 6
– Tonträgerhersteller 137m 1, 2
– Vermutung der fortdauernden Vertragsgültigkeit 137m 4
Schutzfähigkeit s. Schutzumfang des Werkes
Schutzfrist 2 112, 44 8
– Berechnung 69 1, 2, 87 d 9, 134 3, 135 a
– Datenbankherstellerrechte 87 d
– Einigungsvertrag **EVtr** 100
– geänderte Datenbanken 87 d 10–14
– Gemeinfreiheit 64 13, 14
– Grundlagen 64 1
– Lichtbildwerke 64 10, 11
– Miturheberschaft 8 51
– nachgelassene Werke 64 12
– Rechtsentwicklung 64 4–8
– Regelschutzdauer 64 1
– Schutzfristenvergleich 64 8, 125 14, 15, 126 8, 140 1
– Schutzfristenvergleich „auf Null" 125 15
– Systematik 64 2, 3
– Titelschutz 64 15
– Übergangsrecht 87 d 16
– verbundene Werke 9 33–35
– Verkürzung 135 4, 5
– Verlängerung 29 40–42, 70 47, 72 44, **EVtr** 18–25
– vorbestehende Rechte 87 d 17, 18
– Werke 64 9
Schutzgegenstand 1 1, 2
Schutzgesetze 106 53
Schutzlandprinzip 8 54, 53 a 57, **Vor** 120 4, 5
Schutzlückenpiraterie 77 7, 96 19
Schutzrecht, verwandte
s. Verwandte Schutzrechte
Schutzrechtskollision 71 16
Schutzschrift Vor 97 4–8
Schutzschwelle Ein Vor 1 4, 25
Schutzumfang des Werkes
– Entwürfe 2 41
– Form des Werkes 2 33–36
– Idee zu einem Werk/Werksthema 2 39
– Inhalt des Werkes 2 37–39
– Sprachwerke 2 48, 49
– Stil, Manier, Technik 2 40
– Teile des Werkes 2 42–44
– unvollendete Werke 2 41
Schwarze Liste Vor 120 50
Schwimmbäder 2 108
Screenshots 2 114
Scriptsprache 69 d 21
Sekundäres Gemeinschaftsrecht s. Gemeinschaftsrecht
Selbsthilfe 54 g, 97 33
Selbstregulierung 36 2
Selbstständiges Beweisverfahren Vor 97 73
Selbstständigkeit 9 1, 13, 14, 24 2, 51 8, 13, 16
Sendeformat s. Showformat

2583

Sachverzeichnis

Sendegebiet Vor 20 4
Sendelandgrundsatz Vor 20 2–4
Sendelizenzvertrag Vor 120 24
Senderechte
– Abgrenzungen **20** 2–6
– Archivrechte **20** 9
– ausübender Künstler **78** 9
– Begriffsbestimmung **Vor 20** 1–5, **20** 1–5
– bekannte/unbekannte Nutzungsart **31 a** 24
– Bühnenverlage **20** 8 d, 8 e, **20 a** 8
– eigenständiges Verwertungsrecht **Vor 20** 3
– Drehbuchautoren **20** 8 a, 8 b, 8 e, 8 f
– Europäische Satellitensendung **Vor 20** 2, 3, **20 a**
– Fernsehfilm **89** 24
– Grundnorm **Vor 20** 1
– Inhalt **Vor 20** 7
– Kabelfunk **Vor 20** 5, **20** 1, 3, 4, 6 a, **20 b** 1
– Kabelweitersendung **19** 12, **20** 7, 8
– kleine Senderechte **19** 12, **20** 7, 8
– Medienverlage **20 a** 9
– Praxis **20** 7–9
– Satellitenrundfunk **Vor 20** 1–3, 6, **20 a**, **Vor 31** 2, **31 a** 24, 25
– Sendegebiet **Vor 20** 4
– Schulfunksendungen **47** 6
– Systematik **Vor 20** 1, **20** 1
– terrestrische Ausstrahlung **20** 6
– Übertragungsrecht **Vor 20** 7
– Verwertungsgesellschaften **20** 7, 7 a
Sendeunternehmen
– Abschlusszwang **87** 3, 26–27
– amtliches Archiv **55** 6, 7
– angemessene Vertragsbedingungen **87** 28
– Bekanntmachung **127** 21
– Begriff **87** 8–13
– Brüsseler Satelliten-Übereinkommen **127** 16–18
– Europäische Konvention zum Satellitenrundfunk **127** 19
– Festlegung, Vervielfältigung, Verbreitung der Funksendung **87** 20, 21
– Filmhersteller **94** 14
– Funksendung des veranstalteten **87** 14–19
– Kontrahierungszwang **87** 3, 26–27
– Leistungsschutzrecht **87** 1–6, 21
– Löschungspflicht des Bild-/Tonträgers **55** 5
– öffentliche Wahrnehmbarmachung **87** 22, 23
– Öffentlich-rechtlicher Rundfunk **87** 11
– Rechtsinhaberschaftsvermutung **10** 49
– Rom-Abkommen **127** 4–7
– Private Rundfunkveranstalter **87** 10
– Schrankenbestimmung **87** 4, 25, **95 b** 35
– Schutz durch Ausstrahlung der Sendung im Inland **127** 3
– Schutzdauer **87** 5, 24
– Sendeunternehmen **87** 8–13
– Straßburger Fernseh-Abkommen **127** 12–15
– supranationale Rechtssetzung **87** 6
– TRIPs **127** 8–11
– Übertragung des Werkes mit eigenem Mitteln auf Bild-/Tonträger **55** 2, 3
– Unternehmenssitz **127** 2

– Vervielfältigung **55** 1–7, **95 b** 35
– Verwendung der Aufnahme zur Funksendung **55** 4
– WIPO Broadcasting Treaty **127** 20
Sendevertrag Vor 31 87, 88, **88** 13
Sendung 16 9, **Vor 20** 2–5, **20** 4, **125** 7, 9, 10, 21, 23, 36
Sendungs-Archiv 19 a 35, **61** 17, 18, **61 c** 7
Sequels Vor 88 43, **88** 31
Sequestration Vor 69 a 24, **Vor 97** 119, 120, **98** 8, 31
Serial Copyright Management System 95 a 29
Serienprodukte 13 24
Server-Netzwerk 19 a 23, **53 a** 49, **69 d** 11
Server-Software Vor 120 47
Service-Büro-Betrieb 69 d 14, 48
Service-Büro-Klauseln 69 d 39
Share-Deal 34 20, 22
Shareware 69 c 68–72
Shifting 87 16
Showformate 2 39, 51, 124–128
Shrink-wrap-Lizenz 69 d 25
Sicherung von Schadensersatzansprüchen Vor 97 58–60, 108–118, **97** 99
– Auslegung **101 b** 5
– Bedeutung **101 b** 2, 3
– Rechtsentwicklung **101 b** 1
– Regelungsinhalt **101 b** 4
– Vorlage- und Besichtigungsanspruch **101 b** 6–13
Sicherungskopien
– Befugnis zur Erstellung **69 d** 16
– Berechtigter **69 d** 59
– Erforderlichkeit für künftige Benutzungen **69 d** 54–58
– Sicherungskopie **69 d** 53, **69 f** 19, **87 c** 44–49
– zwingendes Recht **69 d** 60
Sicherheitsleistung 42 a 28, **Vor 97** 107, **111 b**, c 17, 18
Sicherungsabtretung
– Lizenzrechte **InsO** 15, 16
– Zahlungsansprüche **InsO** 13, 14
Sicherungsübereignung 17 14, **26** 12, **114** 6
Signatur 10 7, **13** 2, 15, **26** 9
Simulcast 19 a 34, **78** 8
Site-Lizenzen 69 d 39, 44, 48
Sittenwidrigkeit Vor 31 120–122, **32 a** 36, **40** 5
Sitz s. Unternehmenssitz
Sitze 2 100
Smart Cards 95 a 32
Snippets 61 5, **87f** 17, **87g** 10
Software 87 c 3, **87 d** 3
– Gewährleistung **Vor 31** 134–136
– inhaltliche Beschränkung der Nutzung **31** 19
– Produktion **43** 3, 56
Software-Cache 44 a 5, **69 c** 7
Software-Engineering 69 g 27
Softwarepakete 87 a 108
Softwarepiraterie 69 f 1, **106** 2
Software-Richtlinie Vor 31 2, **2** 13, **69 c** 68–81
Softwareüberlassungsvertrag Vor 31 93
Softwarevertriebsverträge 69 c 67, **69 d** 46

Sachverzeichnis

Solisten 74 29
Sonderfunkdienste 87 13
Sondervergütungsanspruch 69 b 36
sorgfältige Suche s. Suche nach Rechtsinhabern, sorgfältige
Soundsampling 2 71, 72, **16** 4, **73** 17, **75** 10, **77** 6, **85** 25
Sozialbindung 52 a 3
Spaltungstheorie Vor 120 22
Späterfüllung s. Verzug
Special Effects 89 13
Speichermedien 54 10–15, **69 d** 55, **WahrnG 13 a**
Sperrfristen 52 b 7, **Vor 88** 35
Spezifizierungslast 31 40, **69 a** 62
– bei Multimedia- oder Online-Nutzung **31** 55–58
Spielesammlungen 87 a 108
Spielfilme 2 122
Spielregeln 2 52
Spielpläne 87 a 73
Spinoffs 87 a 41, 45, **88** 31, 41
Sportliche Leistungen 2 78, **73** 16
Sportveranstaltungen 87 a 73, 74
Sprache 2 45–47
Sprachwerke
– Adressbücher **2** 61
– Allgemeine Geschäftsbedingungen **2** 59
– Ausschreibungsunterlagen **2** 57
– Bearbeitungen **3** 25
– Begriff **2** 45–47
– Branchenverzeichnisse **2** 61
– Bühnenwerke **2** 55
– Computerprogramme **2** 60, **69 g** 3
– Dienstanweisungen **2** 64
– Entlehnung **46** 11
– Entstellung **14** 53, 54
– Fernsprechbücher **2** 61
– Formulare/Tabellen/Vordrucke **2** 62
– Lesungen **2** 51
– Lexika **2** 63
– Literatur **2** 58
– nicht amtliche Leitsätze **2** 63
– persönliche Darbietung **19** 6
– Rundfunkkommentare **49** 4
– Rundfunk- und Fernsehprogramme **2** 51
– Schutzfähigkeit **2** 48, 49, 50
– Spielregeln **2** 52
– Theaterprogramme **2** 51
– Titelschutz **2** 65–67
– Vervielfältigungsrecht **16** 12
– Vorführungsrecht **19** 59
– Vortragsrecht **19** 6–13
– Werbeaussagen **2** 53
– wissenschaftliche Register/Apparate **2** 56
– wissenschaftlicher/technischer Inhalt **2** 50
– Wörterbücher **2** 63
– Zeitungen/Zeitschriften **2** 54
– Zwangslizenz **42 a** 6, 7
Spread-Spectrum-Verfahren 95 a 25, **95 c** 10
Sprechtheater 19 52
Sprecher von Synchronisation **31** 7

Spruchkörper des Gericht 6 12
Staatenlose 122 2, 3, **125** 6, **126** 4, **128** 5
Staatsangehörigkeit
– deutsche ~ **120** 1, 2, **125** 2, **126** 2, 3, **128** 2
– EU/EWR-Staaten **120** 3, 4, **125** 3–5, **126** 4
– Miturheber **120** 5
– Nicht-EU/EWR-Ausländer **125** 7–44, **126** 6–33
– Staatenlose/ausländische Flüchtlinge **125** 6, **126** 5, **128** 5
– Wechsel der ~ **120** 6, **125** 46, **126** 34
Staatsexamensarbeit 2 57
Staatliche Landesbildstellen 47 4
Staatsverträge s. Revidierte Berner Übereinkunft, WUA, WCT, Deutsch-amerikanische Abkommen, Genfer Tonträgerabkommen, Straßburger Fernseh-Abkommen, Rom-Abkommen, TRIPs, WPPT
Stadtpläne 2 143
Stammrecht Vor 31 21
Standbilder 72 14
Statistiken 5 20, **2** 149
Steganografie 95 a 25
Stellenmarkt Vor 87 38, **87 a** 81–87
Steuerbefehle 69 a 3
Stiftungen 28 10
Stimmenmehrheit 8 29
Stoffrechte 20 8 d, **20 a** 9
Störer 97 14
Störerhaftung
– Begrenzung **97** 16, 17
– Internet **97** 28, **101** 2
– Haftungsbegründung **97** 15
Störung der Geschäftsgrundlage Vor 31 17–20, **32** 52, **32 a** 35, **EVtr** 41–49
Störungen, körperliche s. Entstellungen
Storyline 88 21
Strafantrag
– Antragsberechtigung **109** 3–6
– Anwendungsbereich **109** 1
– besonderes öffentliches Interesse **109** 2
– Form, Inhalt, Auslegung, Frist, Rücknahme **109** 8
Strafprozessrecht 106 49, **108 b** 12, **139** 1, 2
Strafrecht 10 63, **106** 1 ff.
Strafrechtspflege 95 a 86, 87
Strafvereitelung 106 53
Straßburger Fernseh-Abkommen
– Anwendungsbereich **127** 13
– Inländerbehandlung **127** 14
– Mindestrechte **127** 15
Straßenumfrage KUG 22 15
Streaming 19 a 34
Streichquartett 6 12
Streitgegenstand
– Änderung **Vor 97** 28–31
– Bestimmung **Vor 97** 27
Streitgenossenschaft 8 44, **9** 36, **Vor 120** 29
Strichfassung 19 35
Studentenversionen 69 c 88
Studioaufnahmen 81 5

2585

Sachverzeichnis

studio-outtakes 125 9
Stufenklage 32 20, **32 c** 41, **Vor 97** 52
Subsidiarität 53 a 31, 37, **107** 4, **Vor 120** 55
Substanzeingriff 101 a 21
Substitutionstheorie 31 a 18, **32 c** 20, **52 b** 18, **53 a** 25
Suche nach Rechtsinhabern, sorgfältige 61a 2–11
– Bedeutung **61a** 1
– Dokumentations- und Informationspflichten **61a** 12–14
– Gegenstand der Suche **61a** 2
– Konsultation von Quellen **61a** 3–5
– Ort der sorgfältigen Suche **61a** 9–11
– Zuständigkeit für eine sorgfältige Suche **61a** 6–8
Suchmaschinen 44 a 27, **87 a** 97, **87 b** 73, 74 **97** 20, 27
Sukzessionsschutz
– Altfälle **33** 12
– Folgen **33** 8–11
– Inhaberwechsel **33** 6
– Neufassung **33** 2
– Rechtsnatur **33** 1
– spätere Nutzungsrechtseinräumung **33** 3–5
– Übertragungsfiktion für neue Nutzungsarten **137l** 43
– Verfilmungsrecht, Übertragung **88** 46
– Verzicht **33** 7
Sukzessive Teilvervielfältigung 106 14
Surface-Links 44 a 28
Symbole s. Grafische Symbole
Synchronisation 75 10, **88** 29, 37, 50, **89** 17, **94** 23
Szenische Lesungen 19 6, 10

Tabellen 2 62, 147
Tagebücher 2 56
Tagesereignisse 50 4, **72** 30, **83** 3
Tagesfragen 48 2, **49** 9, **53** 31, 32, **95 b** 32
Tagesneuigkeiten 49 19–21, **50** 4
Tagesschau 2 123
Tageszeitung 31 a 42, **87 a** 82
Taschenbuchausgaben 31 a 52
Tanz 2 80, **73** 4
Tanzkunst 31 4
Tarife
– Aufstellungspflicht **WahrnG 13** 2–4
– Berechnung **WahrnG 13** 6–13
– Geräte und Speichermedien **WahrnG 13 a**
– gerichtliche Überprüfung **WahrnG 13** 15
– Tarifaufsicht **WahrnG 13** 14
– Unterrichtungspflicht **WahrnG 13 a** 6
– Verhandlungspflicht **WahrnG 13 a** 2–5
– Veröffentlichungspflicht **WahrnG 13** 5
Tarifverträge 5 9, 3
– Anspruch auf angemessene Vergütung **32** 25, 46
– Bedeutung **43** 121–124
– Inhalt/Umfang der Rechtseinräumung **43** 127–130
– Medienbranche **43** 11

– Nutzungsrechtseinräumung **Vor 31** 96
– Nutzungsrechtseinräumung nach Beendigung des Arbeitsverhältnisses **43** 132, 133
– Schutz für arbeitnehmerähnliche Personen **43** 11
– Senderecht **20** 8 a, **20 b** 14
– unbekannte Nutzungsarten **32 c** 17, **137l** 94, 98
– Urheberrechtsklauseln **43** 125, 126
– Verfilmungsrecht **88** 13
– Vergütung der Urheber/Künstler **43** 131
– Vorrang **36** 8, 9
Taschenbuch-Ausgabe 35 5
Tateinheit 106 47
Täterschaft und Teilnahme 95 c 19, **106** 40–44, **108** 8, **108 b** 10
Tätigkeitsbezeichnungen 73 21
Tätigkeitsdelikt 106 20
Tatort 105 13–18
Tattooing 95 a 24, **95 c** 10
Tauschbörsen 85 40, **87 b** 56, **101** 35, **106** 43
Täuschende Nennung 13 6
Telefaxgerät 54 12
Technische Darstellungen s. Wissenschaftliche und Technische Darstellungen
Technische Neuentwicklungen 31 a 54
Technische Normenwerke 2 64, 146
Technische Schutzmaßnahmen 95a–95d
– Auslegung **95 a** 9
– Anwendungsbereich **Vor 120** 53
– Bedeutung **95 a** 2, 3
– Berücksichtigung bei Vergütungshöhe **54 a** 3
– Bestimmung im normalen Betrieb **95 a** 43–46
– Computerprogramme **69 a** 80–84, **69 f**
– Entwicklung **95 a** 1
– Genehmigung des Rechtsinhabers **95 a** 42
– Integritätskontrollen **95 a** 17
– Nutzungskontrollen **95 a** 16
– öffentliche Sicherheit/Strafrechtspflege **95 a** 86, 87
– Regelungsinhalt **95 a** 4–6
– Schranke **53** 10, 27, 39
– Übergangsregelung **137j** 10–12
– Umgehungsverbot s. dort
– unerlaubte Eingriffe **108 b** 1–12
– Verhältnis zum Computerprogrammschutz **95 a** 8
– Wirksamkeit **95 a** 47–51
– Zugangskontrollen **95 a** 14, 15
– Zugangskontrollvorschriften **95 a** 7
Technische Schutzmaßnahmen, unerlaubte Eingriffe
– Anwendungsbereich **108 b** 1
– gewerbsmäßiges Handeln **108 b** 7
– Handeln zu gewerblichen Zwecken **108 b** 7
– Konkurrenzen **108 b** 11
– persönliche Verbundenheit **108 b** 6
– Rechtsgut **108 b** 2
– subjektiver Tatbestand **108 b** 8, 9
– „unbefugt" **108 b** 5
– Verfahren **108 b** 12
– Verfassungsmäßigkeit **108 b** 3
– Verweisung **108 b** 4
Technische Zeichnungen 2 144

Sachverzeichnis

Teilnehmer 105 19
Teilübernahmen 97 76
Teilübertragung 29 28–30
Teilung s. Zerteilung
Teilungsanordnung 29 27
Teilvervielfältigung 106 12, 14
teilverwaiste Werke 61 28
Teledienste/-medien 87 13, **97** 17, 22, **106** 43
Telefax 16 12
Telefonbücher 2, 61, **4** 6, **5** 8, 20, **87 a** 78–80
Telefonmusik 20 2
Telefonteilnehmerverzeichnisse 4 17, **87 b** 90
Telemedien 20 3
Telemediengesetz (TMG) 97 22
Tendenzbetriebe 43 8
Terminal 52 b 12
Terminalbetrieb 69 c 64
Terrestrische Sendung 20 6, **Vor 120** 17
Territorialitätsprinzip 26 15, **98** 2, **Vor 120** 5
Testament 28 16, **29** 25, 26
Testamentsvollstrecker 115 8, **116** 9, **117** 1
Testamentsvollstreckung
– Beendigung **28** 21–26
– Beschränkungen **28** 19, 20, **30** 10
– Ermächtigung anstatt ~ **28** 29
– Frist **28** 17, 21–26
– Identitätsoffenbarung **28** 28
– Testamentsvollstrecker als Rechtsnachfolger **30** 3
– Testamentsvollstreckung **28** 18
– Übertragung des Urheberrechts **29** 25
– Urhebererben **28** 27
– Zwangsvollstreckung **28** 28
Testen 69 d 61–67
Testphase 69 a 6
Textausschnitte
– kleinste **87f**
Texte 9 9, **70** 3
Textilgestaltungen 2 101
Textbücher 19 34
Textform 31 a 55
Textintegrität 19 35
Theater
– Änderungsbefugnis **39** 27–32
– Aufführungen **6** 11
– Beeinträchtigung/Entstellungen **14** 58, 59, **39** 29
– Programme **2** 51, **5** 20
– Regie **3** 26, **7** 12, **43** 64
– Werknutzer **19** 35
Theateraufführungen 75 8
Theaterprogramm 87 a 75
Theaterregisseur
– Urheberrecht **2** 55, **3** 26
– Leistungsschutzrecht **73** 14, **75** 8
– Schutz der Inszenierung **39** 32
„Thumbnails Images" 72 23, **97** 20, 32
Tiere 7 8
Tierfiguren 2 99
Titeländerung 39 22, **93** 9
Titelexklusivität 85 26
Titelschutz 2 65–67, **64** 15, **69 g** 19–21, **88** 43
Tochterrecht Vor 31 21, **35** 3, 7–9

Tod des Urhebers 9 29, **Vor 31** 35, **31 a** 99, 100
Tonband 16 8
Tonmeister 73 8
Tonregisseur 73 15
Tonträger 85 2–5, **94** 12, 13, **137 l** 77
Tonträgerabkommen
  s. Genfer Tonträgerabkommen
Tonträgeraufzeichnung 92 3
Tonträgereinspielung 88 39, 40
Tonträgerhersteller 10 60, **17** 31
– deutsche Staatsangehörige/Unternehmenssitz im Geltungsbereich des UrhG **126** 2, 3
– EU/EWR-Ausländer/Unternehmenssitz in EU/EWR **126** 4
– Genfer Tonträgerabkommen **126** 16–21
– Legaldefinition **85** 6
– Nicht-EU/EWR-Ausländer/Unternehmenssitz in Nicht-EU/EWR-Staaten **126** 6–33
– praktische Einordnung **85** 7–18
– Rechtsinhaber der Verwertungsrechte **85** 6–18
– Rom-Abkommen **126** 9–15
– Sitzverlagerung **126** 34
– Staatenlose/ausländische Flüchtlinge **126** 5
– TRIPs **126** 22–26
– Übergangsrecht **133** 1
– Verbürgung der Gegenseitigkeit **126** 33
– Verwertungsrechte **85**
– Wechsel der Staatsangehörigkeit **126** 34
– WPPT **126** 27–32
– Zwangslizenz **42 a** 10, 11, 14, 19, 61
Tonträgerherstellerrechte
– Beteiligungsanspruch **86**
– Download **85** 24
– Künstlerverträge/neue Auswertungsformen **85** 33
– Schutz gegen Sampling **85** 25
– Schutzgegenstand **85** 2–5
– Schutzumfang **85** 19–27
– Rechtsinhaber **85** 6–18
– Rechtsinhaberschaftsvermutung **10** 49
– Schutzfrist **85** 28, 29, **137 j** 6–9
– Tonträgerpiraterie **85** 34–41
– Übertragbarkeit der Herstellerrechte **85** 27
– Verhältnis Tonträgerhersteller/ausübender Künstler **85** 26
– Vervielfältigung **85** 24
– Verweise **85** 30–32
Tonträgerpiraterie 106 2, **108** 9, **126** 16
– Offline-Piraterie **85** 35–39
– Online-Piraterie **85** 40
Tonträgerverwendungsvergütung 19 27
Tonträgerwiedergabe 19 57
Topografieschutz 69 g 18
Total Buy-out 20 8 b, **Vor 31** 92, 109
Tourneetheater 19 26
Traitor Tracing 95 a 27, **95 c** 10
Trance 7 7
Transaktionen 69 d 44
Translative Übertragung Vor 31 21, **34** 1, **Vor 73** 12, **79** 2
Transparenzgebot 87 e 18
Treatments 88 21

2587

Sachverzeichnis

Treiberdatenbanken 87 a 108
Trennungsprinzip Vor 31 6
Trennungstheorie 43 136–139
Treppenhaus 2 110, **14** 28
Treu und Glauben 125 5, **1371** 40–32
Treuepflicht 9 27, **69 b** 34
Treuhandverhältnis 26 12
Trigger Bits 95 a 29
Triple Play 20 2
TRIPs 101 a 1
– Anwendungsbereich **Vor 120** 60, **121** 17–19, **125** 28–34, **126** 23–25, **127** 9
– Inhalt des Schutzes **125** 35–37, **126** 26
– Inländerbehandlung/Gegenseitigkeit **121** 20, **127** 10
– Meistbegünstigung **121** 22
– Mindestrechte/-schutz **Vor 69 a** 9, **121** 21, **127** 11
– Schutzdauer **64** 8
– Sendeunternehmen **87** 6
Triptychon 14 42
Trittbrettfahrereffekt 125 35
Trivialkunst 2 94
Trusted Computing Platform Alliance (TCPA) 95 a 41
TÜV 5 7
Typografische Schriftzeichen 2 98, **69 g** 8

Übergangsbestimmungen Vor 129, 129–1371
Übereinkunft von Montevideo Vor 120 7
Überlassungsanspruch Vor 97 64
– Alternative zum Vernichtungsanspruch **98** 40
– Ausnahmen **98** 46, 47
– Bedeutung **98** 1–3
– Computerprogramme **69 f** 23
– Grundzüge **98** 4
– prozessuale Geltendmachung **98** 8–16
– selbstständiger Anspruch **98** 5
– Umgehung technischer Schutzmaßnahmen **95 a** 90
– Vergütung **98** 41
– Verhältnismäßigkeit **98** 42–45
– Verjährung **69 f** 24
– Zwangsvollstreckung **98** 16, **112** 51
Überlassungszweck 69 d 7
Übermalungen 14 37
Übermittlung von Kopien 53 a 45
Übermittlungsanordnung 97 99
Übermittlungsform 17 12
Übersetzer 43 7
Übersetzervertrag Vor 31 91, 93, 94
Übersetzung
– Änderungsverbot **62** 12–14
– Bezeichnung des Urhebers und des Übersetzers **13** 4
– Computerprogramme **69 c** 17–23
– Differenzierung Übersetzung/Bearbeitung **3** 4, 5
– erlaubte ~ ohne Zustimmung des Urhebers **130** 1
– filmische Bearbeitung **88** 50, **89** 20
– Schutzfähigkeitsvoraussetzungen **3** 6, 7
– selbstständiges Werk **3** 6

Überspielen 87 b 37
Übertitelungsanlage 19 31, 47
Übertragung von Rechten
– Grundsatz der Unübertragbarkeit des Urheberrechts **29** 3–23
– Leistungsschutzrechte **29** 10–14
– Nutzungsrechte **34**
– Übergangsrecht **137** 1–9
– Übertragbarkeit des Urheberrechts **28** 8, **29** 34–33
– Umwandlung von Rechtsübertragungen **137** 2
– Unübertragbarkeit s. dort
– Zustimmungserfordernis bei Nutzungsrechts- übertragung **34**
Übertragungsfiktion für neue Nutzungsarten
– Aktivlegitimation **1371** 101, 102
– Altverträge **1371** 5
– angemessene Vergütung **1371** 83–99
– Anwendungsbereich **1371** 5–14
– ausschließliches Nutzungsrecht **1371** 25
– bei Vertragsschluss unbekannte Nutzungsarten **1371** 22
– Beweislast **1371** 28, 99, 100
– Einräumung aller wesentlicher Nutzungsarten **1371** 7–15
– gesetzliche Lizenz **1371** 16–21
– gesetzliche Übertragung ausschließlicher Nutzungsrechte **1371** 25
– Mehrheit von Werken/Werkbeiträgen **1371** 75–82
– Mitteilung der beabsichtigten Nutzung an den Urheber **1371** 55–60
– Nutzung durch Urheber selbst **1371** 34
– Rechtseinräumung **1371** 32, 33
– Risikogeschäfte **1371** 30
– Umfang der übertragenen Nutzungsrechte **1371** 23, 24
– Vererbung des Urheberrechts **1371** 21
– Verfassungsrecht **1371** 35, 36
– Vollrechtserwerb **1371** 26
– Vorrang vertraglicher Vereinbarung **1371** 27–34
– Wegfall des Widerspruchsrechts **1371** 70–74
– Weiterübertragung der Nutzungsrechte **1371** 63–69
– Widerspruchsrecht des Urhebers **1371** 37–62, 70–74
– Wirkung für die Vergangenheit **1371** 19, 20
– zeitlich und räumlich unbeschränkter Rechts- erwerb **1371** 23
– Zweckübertragungsregel **1371** 11–13, 23
– zwischenzeitlich bekannt gewordene Nutzungen **1371** 29, 53
Übertragungsrecht Vor 20 7
Überzeugungswandel 42 5, 6, **46** 17
U-Büh 19 18, 19
UdSSR, ehem. EVtr 102–104
Ultraschallbilder 72 15
Umbauten 14 29–31
Umdeutung 31 a 58
Umgehungsklausel 87 3, 69

Sachverzeichnis

Umgehungsmittel 69 f 15, 16
Umgehungsprogramme 69 f 15
Umgehungsschutz 32 44
– Linking, Framing, Suchmaschinen **87 b** 73, 74
– Nutzung unwesentlicher Datenbankteile
  87 b 60–68
– unzumutbare Beeinträchtigung der Herstellerinteressen **87 b** 64–68, 74
– Verbot der Umgehung technischer
  Schutzmaßnahmen **95 a** 52–65
– Verbot der Umgehung von
  Programmschutzmechanismen **69 f**
– Verbot von Vorbereitungshandlungen für eine
  Umgehung **95 a** 66–85
– Vernichtung von Vervielfältigungsvorrichtungen
  98 30
– Verwertungsrechte und Umgehungsschutz
  87 b 69–74
– wiederholte und systematische Nutzung **87 b** 62,
  63
Umgehungsverbot von technischer Schutzmaßnahmen 98 35
– Computerprogramme **69 a** 80–84, **69 f, 98** 29
– Kenntnis/Kennenmüssen der Umgehung
  95 a 62–64
– Rechtsfolgen **95 a** 84
– Rechtsschutz **95 b** 49
– Schutzgegenstand **95 a** 52
– Umgehung **95 a** 53–55
– Vorbereitungshandlungen **95 a** 72–81
– Zugang **95 a** 65
– Zustimmung des Rechtsinhabers **95 a** 56–61
Umgehungsvorbereitungshandlungen, Verbot
– Allgemeines **95 a** 66–70
– begrenzter wirtschaftlicher Zweck/Nutzen
  95 a 84
– Dienstleistungserbringung **95 a** 79–81
– gewerblicher Besitz **95 a** 78
– Herstellen, Einfuhr, Verbreitung, Verkauf, Vermietung **95 a** 72–76
– Rechtsschutz **95 b** 49
– Umgehungszweck **95 a** 85
– Verkaufsförderung, Werbung, Vermarktung
  95 a 83
– Vorrichtungen, Erzeugnisse, Bestandteile
  95 a 71
– Werbung **95 a** 77, 83
Umgehungszweck 95 a 85
Umgestaltungen
– Bearbeitung und Zitat **3** 19
– Begriff **23** 4, **106** 10
– Computerprogramme **69 c** 17–23
– Grenze der freien Benutzung **3** 14, 15
– Schöpfungshöhe **3** 16–18
– Übernahme gemeinfreie Elemente **3** 12, 13
Umwandlung
– übertragene Urheberrechte in Nutzungsrechte
  29 37, 38
Umwelteinflüsse 14 8, 46, 47
Umweltinformationsgesetz 87 b 87
Umwidmung 36 22, 23

Unbekannte Nutzungsarten Vor 31 45, **31** 38
– Altverträge **31 a** 116, **32 c** 8, **1371** 5
– angemessene Vergütung **32 c** 16–21
– Arbeitsverhältnis **43** 67–72, **32 c** 3
– Aufnahme der Werknutzung **31 a** 83–90, **32 c** 10
– ausübende Künstler **31 a** 4, **32 c** 3, **1371** 6
– Bedeutung **31 a** 15–17
– Begriff/Begriffsauslegung **31 a** 18–20, **1371** 22
– Beschränkungen **31 a** 12
– bestehende Nutzungsverträge **31 a** 116, **32 c** 4,
  1371
– Bezahlfernsehen **31 a** 26
– CD **31 a** 30, 31
– CD-ROM **31 a** 33–37
– Computerprogramme **69 a** 58, **69 b** 19, **69 d** 31
– Digitalisierung und Multimedia **31 a** 27–29,
  52 b 21
– Diskussion **31 a** 2, **1371** 1
– Einigungsvertrag **32 c** 3, **EVtr** 66–70
– Einräumung von Rechten/Verpflichtungen dazu
  31 a 8, 9
– Entfallen des Widerrufsrechts durch
  Vergütungsvereinbarungen **31 a** 91–98
– Erlöschen des Widerrufsrecht durch Tod des
  Urhebers **31 a** 99, 100
– Erlöschen des Widerrufsrechts nach
  Nutzungsmitteilung **31 a** 83–90
– Filmbereich **31 a** 4
– Filmzweitauswertung **31 a** 46–50
– Geltungsbereich **31 a** 3, 4
– gemeinsame Vergütungsregel **31 a** 95–98
– gesetzliche Fiktion **31 a** 3
– gesonderte angemessene Vergütung **32 c** 2, 4–25,
  1371 83–99
– globale Rechtseinräumung **31 a** 13
– Grundsatz **43** 67–69
– Handy-TV/Mobile-TV **31 a** 51
– kein Vorausverzicht von Rechten **31 a** 115
– keine Vertragsanpassung **32 c** 14
– Klingeltöne **31 a** 32
– künftige technische Neuentwicklungen **31 a** 54
– Mitteilung der Aufnahme der neuen
  Werknutzungsart **31 a** 83–90, **32 c** 33–35
– Neuregelung **31 a** 1–4, 15–17
– On-Demand-Dienste **31 a** 43–45
– Online-Nutzung **31 a** 38–42
– pauschale Rechtseinräumung **31 a** 10
– Rechtsfolgen bei Widerruf **31 a** 74–80, 110–112
– Regelungsbedeutung **31 a** 1–4, **1371** 1–4
– Risikogeschäfte **31 a** 23
– Schriftformerfordernis **31 a** 55–63, **32 c** 7
– Schriftwerke **31 a** 52, 53
– Schutzdauer **32 c** 4
– Senderechte **31 a** 24, 25
– Übergangsvorschrift **31 a** 3, 116, **1371**
– Übertragung auf Dritte **32 c** 37–45
– Übertragungsfiktion s. dort
– Unbekanntheit **31 a** 1, 21, 22, **32 c** 9, **43** 70–72,
  79 9
– Unterrichtungspflicht **32 c** 26–32
– Verfilmungsrecht **88** 1–3, 5, 52, 55

Sachverzeichnis

- Vergütungsanspruch **31 a** 3, 92, 95, **32 c**
- Vergütungsvereinbarungen **31 a** 91–94, **32 c** 12, 13, 15
- Vertrag/Vertragsschluss **31 a** 5, 6, **137l** 72
- Widerruf des Urhebers **31 a** 3, 64–82
- Widerruf bei Zusammenfassung einer Werkgesamtheit **31 a** 101–114
- Widerspruch bei Übertragungsfiktion **137l** 37–62, 70–74
- zukünftige Rechtsgeschäfte **137l** 2

Unbenannte Verwertungsrechte 15 11–13
Unbestimmte Begriffe Vor 97 25, 26
Unerlaubte Handlungen s. Deliktsrecht
Unicast 19 a 34, **78** 8, **95 b** 43
Unikate 10 22, **14** 19
United States Copyright Office (USCO)
- Registrierung von Werken **10** 59

Universalitätsprinzip Vor 120 5
Unkörperliche Verwertung s. Verwertung
Unkörperliche Werke 10 19–21
Unmittelbares Ansetzen 106 39
Unselbstständige Gemeinschaftsunternehmen WahrnG Vor 1 17
Untauglicher Versuch 106 39
Unterlassen 106 45
Unterlassungsanspruch UKlaG 2 a
- Abwendungsbefugnis des Verletzten **100** 1–10
- Allgemeines **97** 35
- Aufrechnung **97** 98
- ausübender Künstler **75** 15
- Computerprogramme **69 a** 77, **69 f** 25
- Durchsetzung titulierter Ansprüche **112** 24–45
- Einstweilige Verfügung **Vor 97** 94
- Inhaber ausschließlicher Nutzungsrechte **10** 2, 50
- Miturheberschaft **8** 41
- gegen die Nutzung eines nur scheinbar verwaisten Werkes **61b** 2
- Schmähkritik **KUG 23** 35
- Übertragbarkeit/Vererblichkeit **97** 97
- Umgehungsschutzverletzung **95 a** 88
- unbefugte Abbildung **KUG 22** 23, 24
- Verwertungsrechte **15** 5
- vorbeugender ~ **97** 41
- Vorformulierung **97 a** 6
- Wiederholungsgefahr **97** 36–40, **KUG 22** 24

Unterlassungsantrag Vor 69 a 18, **Vor 97** 15–26
Unterlassungsaufforderung 98 11
Unterlassungserklärung 97 a 2, 22, 23
- eingeschränkte ~ **112** 41
- strafbewehrte ~ **97** 37, 38, **112** 39

Unterlassungsklage
- abstrakter Antrag **Vor 97** 22, 23
- Anspruch **97**, **UKlaG 2 a**
- anspruchsberechtigte Verbände **UKlaG 3 a**
- Antrag **Vor 69 a** 18, **Vor 97** 15–26
- Bestimmtheit des Antrags **87 b** 80–83, **Vor 97** 16–26
- einschränkende Zusätze **Vor 97** 24
- Erledigung **Vor 97** 34–39
- Hinweispflicht **Vor 97** 32, 33
- „insbesondere"-Zusatz **Vor 97** 21

- konkrete Verletzungsform **Vor 97** 19, 20
- Kosten **Vor 97** 40–42
- Präklusionswirkung **Vor 97** 43
- Prozessführungsbefugnis **Vor 97** 10–14
- Streitgegenstand **Vor 97** 27–31
- vorbeugende ~ **105** 28
- Zuständigkeit **Vor 97** 9, **UKlaG 6**
- Zwangsvollstreckung **Vor 97** 44, **112** 24–45

Unterlizenz 31 22, 35, 88, **34** 4, **41** 9, **97** 20
Unterlizensierung
- kein Sukzessionsschutz **137l** 43
- unbekannter Nutzungsrechte **31 a** 81, 82, **32 c** 29

Unterlizenzverbote 69 d 47
Unternehmen 34 18, 19, **126** 3
Unternehmensinhaber, Haftung
- Handeln durch Arbeitnehmer/Beauftragten **100** 5
- Inhaber des Unternehmens **97** 20, **99** 7
- Verletzungshandlung innerhalb des Unternehmens **99** 3–5
- verschuldensunabhängige Haftung **99** 1
- weitergehende Ansprüche **99** 8, 9

Unternehmenssitz
- Ausland **32 b** 9, 10, 11, **126** 4, 6–33, **127** 2
- Inland **32 b** 8, 10, **42 a** 20, 21, **126** 2, 3, **127** 2, **128** 3
- Sitzverlagerung **126** 34

Unternehmensveräußerung
- Gesamt-/Teilveräußerung **34** 20, 41
- Gesellschaftsanteile **34** 22
- Rückrufsrecht des Urhebers **34** 23–29
- Übertragung der Nutzungsrechte **34** 17
- Umwandlung **34** 21
- Unternehmen/Unternehmensteil **34** 18, 19
- Veräußerung **34** 20–22

Unterprogramme 69 a 12
Unterrichtsgebrauch 47 8
- Befugnis zur Änderungen von Sprachwerken **62** 25–29
- Öffentliche Zugänglichmachung **52 a**
- Sammlungen zum Schul- und Unterrichtsgebrauch **46**
- Schrankenbestimmung **95 b** 25
- Verwertung im Unterricht **52 a** 4–10
- Vervielfältigungen für den Unterrichtsgebrauch **46** 7, **53** 36–38, **87 c** 32–35

Unterrichtspflicht
- Aufnahme neuer Art der Werknutzung **32 c** 26–36
- Verwertungsgesellschaften **WahrnG 20**

Untersuchen 69 d 61–67
Unterwerfungserklärung 97 a 20
Unübertragbarkeit des Urheberrechts
- Ausnahmen **29** 25–33
- Geltung für deutsches Urheberrecht **29** 3
- Heimfall **29** 23
- keine dingliche Belastung **29** 9
- Open Content **29** 22
- Rechtsfolgen bei Verstoß **29** 7, 8
- Übertragung von Leistungsschutzrechten **29** 10–14

Sachverzeichnis

- Verzicht auf das Urheberrecht **29** 15–21
- zulässige Rechtsgeschäfte **29** 34, 35

Unwesentliches Beiwerk 57 1, 2, **88** 20

Unzulässige Verwertung
- Abnehmer von Raubkopien **106** 44
- Anwendungsbereich **106** 1–6
- Auslandsbezüge **106** 46
- Begriff der öffentlichen Wiedergabe **106** 20
- Begriff des Verbreitens **106** 16–19
- Begriff des Vervielfältigens **106** 12–15
- Ermittlungsbefugnisse **106** 50
- „in anderen als den gesetzlich zugelassenen Fällen" **106** 21–23
- Irrtum über die Nichtberechtigung **106** 36
- Irrtum über die Schrankenbestimmung **106** 35
- Irrtum über das Tatobjekt **106** 33
- Irrtum über die Tathandlung **106** 34
- Konkurrenzen **106** 47, 48
- Nichtberechtigung **106** 24–26, 36
- Parallelwertung in der Laiensphäre **106** 37
- Rechtsfolgen **106** 52
- Rechtsgut **106** 6
- Rechtswidrigkeit **106** 31
- Schuld **106** 31
- subjektiver Tatbestand **106** 29, 30
- Tatbereiche **106** 1
- Täterschaft und Teilnahme **106** 40–44
- Tathandlungen **106** 11–20, 34
- Tatobjekt **106** 7–10, 33
- Unterlassen **106** 45
- Verfahrensgrundsätze **106** 49
- verfassungsrechtliche Probleme **106** 28
- Verjährung **106** 51
- Vermeidbarkeit **106** 38
- Vermutungen **106** 27
- Versuch **106** 39
- Wahlfeststellung **106** 48
- Zuständigkeit **106** 51

Unzulässiges Anbringen der Urheberbezeichnung 107 1–4

Update-Versionen 31 19, **69 c** 86

Upgrade-Versionen 69 c 85

Upload/-ing 16 14, **72** 21, **87 b** 39

Uraufführungen 19 32

Uraufführungsrecht 12 8

URG (DDR)
- Allgemeines **EVtr** 1–3
- Altverträge **EVtr** 36–38
- Grundsätze **EVtr** 4–6
- Schutzbereich **EVtr** 7, 8

Urheber
- Arbeitnehmer **43** 6–8
- Beweisfragen **7** 17–19
- Computerprogramm **69 a** 44–47
- Geschäftsunfähige/Minderjährige **7** 5
- nichtschöpferische Gehilfenschaft **7** 14
- Miturheber **8** 1, **69 a** 45
- Mitwirkung mehrerer Personen **7** 12–16
- Schöpferprinzip **7** 1, 2, **134** 1
- Schöpfung als Realakt **7** 3–7
- Übergangsrecht **134** 1–3

- Werkschöpfer **2** 18, **7** 5, 8–11
- wissenschaftliche Assistenten **7** 16

Urheberabgabe 19 32

Urheberbezeichnung
  s. a. Namensnennungsrecht
- unzulässiges Anbringen **107** 1–4

Urhebernachfolgevergütung 64 14

Urheberpersönlichkeit 2 21

Urheberpersönlichkeitsrechte Vor 12, 12–14
  (s.a. Persönlichkeitsrecht)
- Änderungsverbot **43** 99–108
- Anerkennung der Urheberschaft **13, 43** 88, **69 a** 50
- Ausgleich der Interessen **Vor 12** 7
- Ausübung bei Erbenmehrheit **Vor 12** 13, 14
- Ausübung durch Arbeitgeber **43** 84
- Ausübung durch Dritte nach Tod des Urhebers **Vor 12** 15
- Bezug zur Person des Urhebers **Vor 12** 2
- Bindungsfreiheit des Erben **Vor 12** 12
- Computerprogramme **69 a** 48
- eigenständiges Persönlichkeitsrecht **Vor 12** 16
- Einräumung **Vor 31** 21–44
- Entstellungsschutz **12, 69 a** 52
- ergänzender Werkschutz aus Allgemeinen Persönlichkeitsrecht **Vor 12** 18–20
- Festigkeit **Vor 12** 5–8
- gebundene Übertragung **Vor 31** 38–40
- Gestaltungshöhe **Vor 12** 8
- ideeller/materieller Interessenschutz **Vor 12** 3
- Inhalt **Vor 12** 4
- Namensnennungsrecht **43** 89–98, **69 a** 51
- Rechtsnachfolge **30** 2
- Rückrufsrechte des Urhebers **43** 114–120
- Schutzzweck **Vor 12** 1–3
- Spannungsverhältnis **Vor 12** 6
- Tod des Urhebers **Vor 12** 9–15
- Übertragbarkeit **Vor 12** 5, **29** 4, 6, **34** 7, **43** 84
- Unverzichtbarkeit **Vor 12** 5, **43** 84
- Urheber-Werk-Beziehung **Vor 12** 1
- Verfügungen **Vor 31** 36–44
- Vererblichkeit **Vor 12** 9, 10, 11
- Verhältnis zum Allgemeinen Persönlichkeitsrecht **Vor 12** 16–20
- Veröffentlichungsrecht **12, 43** 87, **69 a** 49
- vertragliche Bindungen bei Ausübung **Vor 12** 6–8
- Verzicht **29** 17
- Zugangsrecht **43** 109–114
- Zustimmungserfordernis bei Weiterübertragung **34** 7

Urheberrecht
- ergänzender Leistungsschutz aus Wettbewerbsrecht **2** 160–163
- Schutzgegenstand **1** 1, 2
- Unübertragbarkeit **29** 3–23
- Urheberpersönlichkeitsrecht s. dort
- Urhebervertragsrecht s. dort

Urheberrechtsnovelle 1965 64 4

Urheberrechtsreform 64 6, 7, **1371** 1

Sachverzeichnis

Urheberrechtsstatut
- Lösungsvorschlag **Vor 120** 9–12
- Qualifikation **Vor 120** 13
- Rechtswahl **Vor 120** 14
- Schutzlandprinzip **Vor 120** 4, 5
- Ursprungslandprinzip **Vor 120** 6–8
- Vertragsstatut und Urheberrechtsstatut **Vor 120** 22

Urheberrechtsstreitigkeiten Vor 97 1, 2
- Begriff **104** 2–6
- Konkurrenzen **104** 7

Urheberrechtsverletzungen Vor 97, 97–111 c

Urheberschaftsvermutung s. Rechtsinhaberschaftsvermutung

Urheberrechtsverwertungsgesellschaften WahrnG 24

Urheberstrafrecht 106–111 a

Urhebervermerk 97 76

Urheberrechtsverzicht s. Verzicht

Urhebervertragsrecht
- Allgemeine Geschäftsbedingungen **Vor 31** 97–112
- Anwendung nach Wiedervereinigung **EVtr** 30–70
- Auslegung von Nutzungsverträgen **Vor 31** 113–116
- Begründung, Änderung, Beendigung von Nutzungsverträgen **Vor 31** 6–20
- Computerprogramme **Vor 69 a** 12–17
- Einräumung von Nutzungsrechten und Urheberpersönlichkeitsrechten **Vor 31** 21–44
- Gegenstand **Vor 31** 1–5
- Heimfall der Nutzungsrechte **Vor 31** 49–53
- kein gutgläubiger Erwerb von Nutzungsrechten **Vor 31** 47, 48
- konkludente Rechtseinräumung **Vor 31** 45, 46
- Konkurrenzverbot **Vor 31** 117
- Leistungsstörungsrecht **Vor 31** 123–141
- Nichtigkeit von Nutzungsverträgen **Vor 31** 118–122
- Normverträge **Vor 31** 94, 95
- Reform **Vor 31** 1–5, **1371** 1
- Sacheigentum und Nutzungsrechte **Vor 31** 54–60
- Tarifverträge **Vor 31** 96
- Vergütungsansprüche des Urhebers **Vor 31** 61–66
- Vertragsmuster **EVtr** 26–29
- Vertragstypen **Vor 31** 67–92
- Verwirkung **Vor 31** 142

Urheber-Werk-Beziehung Vor 12 1

Urkunden 101 a 20, s. a. Besichtigungsanspruch, Vorlageanspruch

Ursprungslandprinzip Vor 120 6–8, 19

Urteilbekanntmachung s. Bekanntmachung des Urteils

Urteilsveröffentlichung 112 53

USA 10 59
- Copyright-Vermerk und Registrierung beim USCO **10** 59
- Datenbankschutz **Vor 87a** 1, 6

- deutsch-amerikanischer Vertrag von 1892 **64** 8
- Filmurheberrecht **Vor 88** 136
- Folgerecht **26** 3
- Google Settlement **61** 5
- Massendigitalisierung **61** 1
- und DDR **EVtr** 107
- verwaiste Werke **61** 4

UWG s. Wettbewerbsschutz

value added products 87 b 66
VDE-/VDS-Vorschriften 2 64
Veranlassen 95 c 20
Veranlasser 97 14
Veranlasserhaftung
- mittelbarer Verletzer **97** 19
- Veranstalter **97** 18

Veranstalter 52 6, **58** 5, **Vor 73** 15, **97** 18, **WahrnG 13 b**

Veranstalterschutz
- Anwendbarkeit der urhebervertraglichen Bestimmungen **81** 12
- Auslandsbezug **81** 14
- Berechtigter **81** 7–9
- Filmherstellerrecht **94** 15
- Fremdenrecht **125** 47
- Hausrecht **81** 3
- Leistungsschutzrecht **81** 1
- Schutzfrist **81** 13
- Schutzgegenstand **81** 4–6
- Umfang der Rechte **81** 10, 11

Veranstaltungsbegriff 52 11
Veranstaltungskalender 4 16, **87 a** 76
Verarbeitung 44 4
Veräußerer 26 5
Veräußerung
- des Unternehmens **34** 17–25
- des Werkoriginals **44** 11
- Folgerecht **26** 12, 17
- Verbreitungsrecht **17** 14, 15

Verband s. Vereinigung
Verbandsklage 95 b 39, **UKlaG 2 a** 1, **UKlaG 3 a**
Verbotsirrtum 106 34
Verbrauch 12 13–15
Verbraucherverbände WahrnG 14 17

Verbreitungsrecht
- amtliche Werke **5** 27
- Angebot an die Öffentlichkeit **17** 7–10, **69 c** 26, 27, **106** 18
- Arbeits-/Dienstverhältnisse **17** 29
- Aufspaltung **31** 5
- Ausnahmetatbestände **17** 28, 29
- ausübender Künstler **77** 5–8
- Bauwerke/Werke der angewandten Kunst **17** 28
- Begriff **69 c** 25–27, **106** 16–19
- behinderte Menschen **45 a** 2–4
- Berichterstattung, Tagesereignisse **50** 6, 7
- Beschränkung **17** 30–32
- Computerprogramme **69 c** 24–41
- Datenbanken **87 b** 44–47
- dingliche Beschränkungen **17** 17, 21
- Erschöpfung **17** 13–21, **69 c** 30–41, **106** 19

Sachverzeichnis

- Erstverbreitung **17** 16
- Erwerbszwecke **17** 26
- Filmwerke **94** 57–59
- Gebrauchsüberlassung **17** 24
- gemeinschaftsweite Erschöpfung **17** 20, **Vor 120** 40–42
- Grenzbeschlagnahme **111 b, c** 25–27
- Inverkehrbringen **17** 11, **69 c** 25, **106** 17
- Öffentliche Plätze **59** 6, 7
- öffentliche Reden **48** 4
- Online-Verbreitung **52** 4
- Original-/Vervielfältigungsstücke **17** 5, 6, 16, **69 c** 28, 29
- Rechtspflege/öffentliche Sicherheit **45** 6, **87 c** 39–41
- Regelungsbereich **17** 1–3
- Rundfunkkommentare **49** 12
- Sammlung **45** 3
- Sendeunternehmen **87** 20, 21
- Tagesneuigkeiten **49** 19–21
- Übergangsrecht **136** 5
- Übermittlungsform **17** 12
- ungeschriebene Ausnahmen **17** 27
- unzulässige ~ **53** 44, 45
- Veräußerung **17** 14, 15, **69 c** 36
- Vermietung **17** 22–27, **69 c** 42
- vermischte Nachrichten **49** 19–21
- Vertrieb in EU/EWR **17** 18
- Weitergabeverbote **69 c** 38
- zeitliche Begrenzung **17** 25
- Zeitungsartikel **49** 12
- Zitate **51** 10–13

Verbreitungsverbot 96 9–12
Verbundene Werke s. Werkverbindung
Vereinfachung 36 4
Vereinigungen
- Urheber und ausübende Künstler **36** 31
- Werknutzer **36** 14, 15

Vererbbarkeit
- Bereicherungsanspruch **97** 97
- Urheberpersönlichkeitsrecht **Vor 12** 9–11
- Urheberrecht **137 I** 21
- verwandte Schutzrechte **28** 14, 15
- Widerspruchsrecht **137 I** 51, 52

Verfälschung 14 3, **63** 2, **KUG 23** 42
Verfassung s. Europäische Verfassung
Verfassungskonforme Auslegung 106 28
Verfassungsmäßigkeit
- Unerlaubte Eingriffe in technische Schutzmaßnahmen **108 b** 3
- Unerlaubte Eingriffe in verwandte Schutzrechte **108** 3
- Unzulässiges Anbringen der Urheberbezeichnung **107** 1
- Zwangsvollstreckung ohne Einwilligung des Urhebers **114** 15

Verfilmen 88 15, 16
Verfilmung 15 10, **23** 15, **31 a** 53, **43** 66, **Vor 88** 22–25
Verfilmungsklausel 88 12
Verfilmungspflicht 88 16

Verfilmungsrecht
- Arbeits-/Tarif-/Werkverträge **88** 13
- Ausschließlichkeit der Rechtseinräumung **88** 44, 45
- Ausschluss der Wiederverfilmung **88** 60–63
- Ausschluss der filmischen Verwertung **88** 64, 65
- Bearbeitung, Umgestaltung **88** 47
- Bereichsausnahme **88** 55, 56
- Beweisrecht **88** 66
- Beginn der Verfilmung **88** 48
- Begriff **Vor 88** 26, 27
- bekannte/unbekannte Nutzungsarten **88** 54, 59
- deutsche Dialog- und Sychronfassung **88** 29
- Fernsehformate **88** 22–24
- Filmbauten **88** 32
- Filmexposé, Filmtreatment, Drehbuch **88** 26–28
- Filmherstellungsrecht **88** 10, 37, 38, 49, 50
- Filmidee, Programmidee **88** 21
- Filmkostüme, Filmausstattung **88** 33
- Filmmusik **88** 34–43
- Fortsetzungsfilm **88** 30, 31
- Grenzen **88** 60–65
- Hauptanwendungsfälle **88** 13
- kein eigenständiges Verwertungsrecht **88** 9
- Neuverfilmung **88** 30, 31, 50
- normative Bedeutung **88** 5–10
- Nutzung auf alle Nutzungsarten **88** 51–55
- Rechtseinräumungsvermutung **88** 44–59
- Regelungszweck **88** 1–4
- Übersetzungen **88** 50
- Übergangsrecht **88** 67–80
- Übertragbarkeit **88** 46
- unveränderte Benutzung **88** 47, 48
- Verfilmen **88** 15, 16
- Verhältnis zu § 12 **88** 8
- Verhältnis zu § 37 **88** 7
- Verhältnis zu §§ 15 ff., § 23 S. 2 **88** 9
- Vertrag **88** 12–14
- vertragliche Gestattung **88** 11–16
- Vertragsparteien **88** 11
- Virtuelle Figuren **88** 25
- vorbestehendes Werk **88** 17–33
- Weltverfilmungsrecht **88** 49
- Werke der bildenden Kunst **88** 20
- Wiederverfilmungsrecht **31**, 60–63
- Zweckübertragungsregel, Modifikation **88** 5, 6
- Zweitverwertungsrecht **88** 2, 53

Verfilmungsverbot 23 15
Verfilmungsvertrag Vor 31 84–86, **Vor 88** 22–25
Verfolgungsverjährung 106 51, **108 b** 12
Verfügung von Todes wegen 28 3, **29** 25, 26
Verfügungen 132 6
Verfügungsanspruch
- Glaubhaftmachung **Vor 97** 91–93, **98** 9
- Unterlassungsanspruch **Vor 97** 94
- Vernichtungs-/Rückrufs-/Überlassungsanspruch **98** 9

Verfügungsbefugnis/-gewalt Vor 31 29–31, **89** 27, 28, **101 a** 8

2593

Sachverzeichnis

Verfügungsgrund
- Antragsrücknahme **Vor 97** 88, 89
- effektiver Rechtsschutz **Vor 97** 84
- Fristverlängerungen **Vor 97** 88, 89
- Glaubhaftmachung **Vor 97** 81, 82
- Zeitablauf **Vor 97** 85–87
- § 12 Abs. 2 UWG analog **Vor 97** 77–80

vergriffene Werke
- Bedeutung **WahrnG 13d** 2, 3
- Begriff, Abgrenzung zu verwaisten Werken **61** 1
- Bestandsinhalte privilegierter Einrichtungen **WahrnG 13d** 11
- bestehende kollektive Rechtewahrnehmung **WahrnG 13d** 5
- Eintragung in das Register vergriffener Werke **WahrnG 13d** 14
- Freistellung von der Rechtewahrnehmung **WahrnG 13d** 20
- gesetzliche Vermutung der Rechtewahrnehmung **WahrnG 13d** 5–18
- Rechtewahrnehmung durch mehrere Verwertungsgesellschaften **WahrnG 13d** 19
- Rechtsentwicklung **WahrnG 13d** 1
- Reform, Übergangsrecht **137n**
- Register vergriffener Werke **WahrnG 13e** 2, 3 (s.a. jenes Hauptstichwort)
- technische Schutzmaßnahmen **95 b** 33
- Verfolgung nicht gewerblicher Zwecke **WahrnG 13d** 12, 13
- Vervielfältigung **53** 36
- vor dem 1. 1. 1966 veröffentlichte Werke **WahrnG 13d** 6–10
- Widerspruch der Rechtsinhaber **WahrnG 13d** 15–17
- Zugänglichmachung an elektronischen Leseplätzen **52 b** 35

Vergütungsanspruch
- Abgeltungstheorie **43** 134, 135
- Ablichtungsgerätebetreiber **54 c** 1–6
- Abtretung an Verleger **63 a** 9
- Abtretung an Verwertungsgesellschaft **63 a** 8
- angemessene Vergütung **Vor 31** 61, 108, **31** 44, **32, 78** 15–28
- Angemessenheit **32** 22–43, **32 c** 4–25, **1371** 87, 88
- Angemessenheitsprüfung **32** 24–43
- Anspruchsverzicht **29** 19, **32 c** 46
- Arbeitnehmererfindungsrecht **43** 143
- Arbeits- und Dienstverhältnisse **32 c** 3, **43** 134–152
- ausübende Künstler **77** 9, **78** 15–29,**79** 12–16
- Beamte **43** 144
- behinderte Menschen **45 a** 5
- Beteiligungsanspruch **32** 50, **32 a**
- Betreiber von Ablichtungsgeräten
- Bild- und Tonaufzeichnungen **54, 78** 22–26
- Bühnenverlag **19** 32
- Computerprogramme **69 a** 70
- Darbietungswiedergabe **78** 27, 28
- Datenbankhersteller **87 c** 42
- elektronische Leseplätze **52 b** 36, 37
- Entfall der Vergütungspflicht **52** 10–14
- erlaubte Sendung **78** 15–21
- Fairnessausgleich **1371** 89
- Filmhersteller **94** 10, 70–73
- Geltendmachung durch Verwertungsgesellschaften **54 h** 1–5, **1371** 90–95
- gemeinsame Vergütungsregeln **31 a** 36, **32 c** 18
- gesetzlicher Anspruch **8** 50, **Vor 31** 63, 64
- gesonderte angemessene Vergütung **32 c** 4–25, **1371** 83–99
- Händler/Importeur **54 b** 1–5
- Hinweispflicht in Rechnungen **54 d**
- Kabelweitersendung **20 b** 8–15
- Kopienversand auf Bestellung **53 a** 53–57
- Kündigung aus wichtigem Grund **32** 53
- künftige Werke **40** 21
- künftige Werknutzung **32 c** 4–25
- Lichtbilder **72** 31
- Musikmaterialmiete **19** 27
- nach Beendigung des Arbeitsverhältnisses **43** 147–151
- nach Ermittlung des Rechtsinhabers **61b** 3–6
- nachgelassene Werke **71** 30
- nachträglicher Verzicht **63 a** 6
- nachträglich ermittelter Rechtsinhaber **61b** 3–6
- neue Werknutzung **32 c** 4–25
- Nichtausübung **63 a** 5
- Nichtbestimmung der Vergütung **32** 10, 11
- öffentliche Wiedergabe **52** 3–5
- Pauschalabgeltung **32** 38, 48, 49
- privater Gebrauch **53** 9–22
- privilegierte Sammlung **46** 15, 16
- des Rechtsinhabers nach dessen Ermittlung **61b** 3–6
- Rechtsprechung **32** 36, 37
- redliche Branchenübung **32** 27–29
- RS-Bühne **19** 32–34
- Rückruf **98** 36–39
- Rundfunksendungen **49** 17, 18
- Sammlungen **46** 15, 16
- später bekannte Nutzungsarten **32 c**
- Störung der Geschäftsgrundlage **32** 52
- tarifvertragliche Ausnahmebestimmung **32** 46
- tarifvertragliche Vergütung **32** 25, 26, **32 c** 17
- Tonträgerverwendung **19** 27
- Trennungstheorie **43** 136–139
- Übergangsrecht **32** 54–56, **43** 153, **132** 8
- Überlassung **98** 40, 41
- Übertragbarkeit der Ansprüche **29** 5
- Übertragung des Nutzungsrechts **32 c** 37–46
- Übertragungsfiktion **1371** 83–99
- Umgehungsschutz **32** 44
- Unangemessenheit **32** 16, 39, 40
- unbekannte Nutzungsarten **31 a** 3, 91–94, 95–98, **32 c, 1371** 83–99
- unentgeltliches Nutzungsrecht für jedermann **32** 45, **32 c** 47
- Unterrichtungspflicht bei Aufnahme neuer Werknutzung **32 c** 26–36
- Unübertragbarkeit **63 a** 7
- Unverzichtbarkeit **63 a** 3, 4

2594

Sachverzeichnis

- Vergütungspflicht **54, 54 a–h**
- Vergütungsvereinbarungen **20 b** 10–15, **31 a** 91–94, **32 c** 12, 13, 15
- Verhältnis § 32 zu § 32 a **32** 47–50
- Verhältnis § 32 zu § 32 c **32** 51, **32 c** 23, 24
- Verhältnis § 32 c zu § 32 a **32 c** 25
- Verleihen/Vermietung **27** 1–16, **87 b** 47, 55
- vertraglicher Anspruch **Vor 31** 62, 66, 66, **32** 8–10, 15
- Vertragsanpassung **32** 12–19, 51
- verwaiste Werke **61 b** 3–6
- Verzicht **29** 19
- Vorrang von Tarifverträgen **36** 8, 9
- Wahrnehmbarmachung durch Bild- und Tonträger **78** 22–26
- weitere Beteiligung **32** 48–50, **32 a**
- wissenschaftliche Ausgaben **70** 18
- Zeitungsartikel **49** 17, 18
- zwingende Anwendung **32 b**

Vergütungsfreiheit 46 1, **47** 1, **49** 19, **50** 1, **52** 15, **136** 6

Vergütungshöhe 54 a
- Betreibervergütung **54 c** 6
- Geräteabgabe **54 a** 1, 5
- keine unzumutbare Beeinträchtigung **54 a** 5
- urheberrechtsrelevantes Maß der tatsächlichen Nutzung **54 a** 2–4
- Vervielfältigung durch Nutzung von Geräten und Speichermedien **54 a** 1–4

Vergütungspflicht 54, 54 a–h
- Betreiber von Ablichtungsgeräten **54 c** 1–6
- des Händlers oder Importeurs **54 b** 1–5

Vergütungstarifvertrag s. VTV

Verjährung
- Anwendung der §§ 194 BGB **102** 6–8
- Bereicherung des Verpflichteten **102** 9, 10
- Folgerechtsanspruch **26** 21
- Grundzüge **102** 1–5
- Hemmung **102** 8
- Übergangsregelung **102** 11
- Vergütungsanspruch **32** 21, **32 a** 31, 43, **32 c** 48

Verkauf 95 a 75
Verkaufsförderung 95 a 83
Verkaufsveranstaltungen 58 1–11
Verkehrsdaten 101 13, 28, 29, 35
Verkehrsfähigkeit 8 8, **15** 25–27, **31** 16
Verkehrsgeltung 97 75
Verkehrsgepflogenheiten 13 25
Verkehrspflicht, wettbewerbsrechtliche 97 19
Verkehrszeichen 5 7
Verlagspseudonym 10 6, 36
Verlagsrecht 31 a 53, **41** 6
Verlagsvertrag Vor 31 68
- Beschränkung der Rechte **17** 31, **31** 12, 13
- Gewährleistung **Vor 31** 137, 138
- Kündigung **Vor 31** 8, 11
- Musterverlagsvertrag **88** 13
- nachgelassene Werke **71** 36
- Rechtswahl **Vor 120** 24
- Rücktritt **Vor 31** 16, **98** 23
- Sacheigentum und Nutzungsrecht **Vor 31** 59

- Schriftform **Vor 31** 68
- Verfilmungsrecht **88** 13

Verleger 10 2, 41, **38** 3, **42 a** 18, **97** 20, 53

Verleihen
- Datenbanken **87 b** 46, 55
- Computerprogramme **69 c** 62
- Vergütung **27** 9–16, **87 b** 47

Verleih-Video/DVD Vor 88 35

Verletzergewinn
- Herleitung **97** 66
- Umfang **69 a** 77, **97** 67, 68

Verletzerzuschlag 97 78–80
Verlustrisiko 31 a 87
Vermächtnis 28 7, **29** 25, **30** 3
Vermarktung 95 a 83
Vermeidbarkeit 106 38
Vermiet- und Verleihrichtlinie Vor 31 2, **52 b** 11, **Vor 120** 52
- Filmwerke **Vor 88** 6, **92** 5, 6
- Sendeunternehmen **87** 6
- Übergangsregelung **137 e** 1, 6

Vermietrecht
- Computerprogramme **69 c** 42–48
- Übergangsrecht **Vor 120** 41, **137 d** 3

Vermietung
- Begriff **17** 23, **95 a** 76
- Erwerbszwecke **17** 26
- keine Erschöpfung **17** 22
- Gebrauchsüberlassung **17** 24
- Vergütung **27** 4–8, 15, 16
- zeitliche Begrenzung **17** 25

Vermischte Nachrichten 49 19–21
Vermischung 2 38
Vermögensabschöpfung 97 99
Vermögensrecht Vor 73 9–14
Vermögensübernahme 34 35
Vermögensübertragung 28 13, **34** 21
Vermutungsgeltung 106 27
Vermutungsregelungen
  s. Rechtsinhaberschaftsvermutung

Vernichtungsanspruch Vor 97 64
- Abwendungsbefugnis des Verletzten **100** 1–10
- Anspruch gegen unbeteiligte Dritte **98** 26
- Anspruchsparteien **69 f** 5, **98** 17–20, 26
- Anwendungsbereich **98** 1–16
- Ausnahmen **98** 46, 47
- Bedeutung **98** 1–3
- Computerprogramme **69 a** 78, **69 f**, **98** 6
- erfasste Vervielfältigungsstücke **69 f** 8, **98** 21, 22
- Geltendmachung **98** 8–16
- Graffiti **14** 47
- Grundzüge **98** 4
- irreversibel entstellte Werke **14** 46
- Löschungsanspruch **69 f** 9, 11
- Miturheberschaft **8** 41
- Rechtswidrigkeit **69 f** 7, **98** 23, 24
- selbstständiger Anspruch **98** 5
- teilweise Vernichtung **14** 26
- Umgehung technischer Schutzmaßnahmen **95 a** 90
- unbefugte Abbildung **KUG 22** 37

2595

Sachverzeichnis

- Verhältnis zu anderen Vorschriften **98** 5–7
- Verhältnismäßigkeit **69 f** 9, **98** 42–45
- Vernichtung **69 f** 8–12, **98** 25
- Vervielfältigungsstücke **69 f** 6, **98** 17–26
- Vollstreckung **69 f** 12, **98** 15
- Vorrichtungen zur rechtswidrigen Herstellung von Vervielfältigungsstücken **98** 27–35
- Werkvernichtung **14** 22–26
- Zwangsvollstreckung **112** 50

Veröffentlichung(srecht)
- Allgemeines **12** 1
- amtlicher Werke **5** 21
- anonyme Veröffentlichung **10** 2, 36
- Arbeits- und Dienstverhältnisse **43** 87
- Ausstellung **18** 2
- Ausübung **12** 10–12
- Bearbeitungen **12** 6
- Begriff **12** 7
- Berechnung der Schutzfristen **6** 41
- Bestimmungsrecht **12** 1
- Bezugsobjekte **12** 4–6
- Computerprogramm **69 a** 49, **69 b** 39
- Einmalrecht **12** 9
- elektronische Werke **6** 29
- Erscheinen **6** 27–33, 34–40
- Erstveröffentlichungsrecht **12** 2–18
- Erstveröffentlichungsrecht **6** 1, **12** 4–18
- filmische Werke **93** 7, 8
- Interessenabwägung **12** 16
- Internetveröffentlichung **121** 10
- Mitteilungs- und Beschreibungsvorbehalt **12** 1, 19–22
- Miturheberschaft **8** 24
- Ob/Wie der Veröffentlichung **12** 8
- Öffentlichkeit **6** 4–12
- Online-Veröffentlichung **10** 19, 21
- Ort der Veröffentlichung **6** 46
- patentamtliche Veröffentlichung **5** 17
- Rechtsbegriff **6** 2
- Rechtsfolgen **6** 41–43
- Rechtsinhaberschaft **12** 2, 3
- unberechtigte Bekanntmachung des Werkes **12** 14
- ungewollte Inhaltsbeschreibung/Berichtserstattung **12** 19–22
- Unübertragbarkeit **12** 2, 3
- Unumkehrbarkeit **6** 10
- Urheberbezeichnung **10** 19
- Urteilsveröffentlichung **112** 53
- Verbrauch **12** 13–15
- Verbreitung von Werkstücken **6** 12
- Verhältnis zu Verwertungsrechten aus § 15 **12** 17, 18
- Veröffentlichungsbegriff **12** 7
- vorhandene Werke **12** 5
- Vorveröffentlichung **71** 11
- Werknutzung nach §§ 44a **12** 15
- Werkverbindungen **9** 1, 17
- Werkverkörperungen **12** 4
- Zustimmung **6** 2, 13–23

Verordnungen 5 9, 10, **Vor 120** 57

Verordnungsermächtigung 143 1
Verpackung 2 98
Verpflichtungserklärung 111 b, c 17, 18
Versammlungen KUG 23 29
- Verschenken von Vervielfältigungen **87 b** 56
- Verschleiern **95 c** 23
- Verschlüsselungsverfahren **95 a** 19, 49
- Verschmelzung **28** 13, **34** 21, 29
- Verschulden **98** 45, **99** 2, **112** 30, 31
- Druckschriften **97** 53
- entschuldigender Rechtsirrtum **97** 56
- Fahrlässigkeit **97** 52–55
- Internet **97** 54, 55
- nachträgliches Verschulden **97** 57
- Vorsatz **97** 51
Verschweigen der Urheberschaft
- Kündigungsrecht des Urhebers **13** 23
- Zulässigkeit **13** 22
Versendung von Werken per E-Mail 31 a 29
Versteigerer 26 13–15
Versuchstrafbarkeit 106 39, **107** 4
Vertanzung 19 19
Verteildienste 87 13
Verteilung der Einnahmen WahrnG 7
Verteilungspläne der Verwertungsgesellschaften 27 16, **55** 4, **63a** 9f., **95b** 27, **WahrnG Vor 1** 4, 24, **WahrnG 6** 14, **WahrnG 7**, **WahrnG 13d** 26
- Aufstellung **WahrnG 7** 1–5
- Ausschlussfristen für die Geltendmachung von Ansprüchen **WahrnG 7** 5
Vertonte Sprachwerke 19 10, 11, **131** 1
Vertragsanpassung
- Anspruchsgegner **32** 14
- Anspruchsinhalt **32** 17, 18
- Anspruchsteller **32** 13
- Auskunftsanspruch **32** 20
- Stufenklage **32** 20
- Störung der Geschäftsgrundlage **32** 52
- Unangemessenheit der Vergütung **32** 16
- Verjährung **32** 21
- vertragliche Vergütungsregelung **32** 15
- Wirkung für die Vergangenheit **32** 19
Vertragsfreiheit Ein Vor 1 7, **Vor 31** 1, **32** 23
Vertragsstrafe 19 41, **112** 36–45
Vertragsstatut 32 b 3
- Ermittlung **Vor 120** 23, 24
- Grenzen **Vor 120** 25
- Vertragsstatut und Urheberrechtsstatut **Vor 120** 22
Vertragsverletzungen s. Leistungsstörungen
Vertrauensschutz 135 6, **136** 1
vertrauliche Informationen 101 a 27–32, 35, **101 b** 13
Vertretung 80 13–16, **109** 3, **113** 13, 14, **115** 8, **116** 9
Vertrieb 17 18, **31** 15, **56** 2, **98** 39, **101** 6
Vervielfältigung(srecht)
- Ablichtung **54** 10
- an Bauwerken **59** 7
- ausübender Künstler **77** 5–8

Sachverzeichnis

- begleitende Vervielfältigungen **44 a** 2–6
- Begriff **98** 22, **106** 12–15, **111 b, c** 24
- behinderter Menschen **45 a** 2–4
- Benutzung **69 c** 5–8
- Berichterstattung über Tagesereignisse **50** 6, 7
- Beschränkung der Vervielfältigungsfreiheit **53** 40–47
- Bild- und Tonaufzeichnungen **54**
- Bildnisse **45** 5
- Browsing **44 a** 3
- Bücher **53** 40–42
- Caching **44 a** 4–6
- Computerprogramme **16** 7, **44 a** 25, **69 c** 4–16
- Datenbanken **44 a** 27, **87 b** 34–43, **87 c** 18–38, 39
- Datenbankwerke **44 a** 26, **53** 43
- dauerhafte ~ **69 c** 15
- digitalisierte Werke **16** 13–21, **87 b** 33–43
- Dreistufentest **44 a** 22
- eigener wissenschaftlicher Gebrauch **53** 9–22, 23–35, **87 c** 28–31, **95 b** 33
- Filmwerke **16** 8–10, **94** 57–59
- flüchtige Vervielfältigungen **44 a** 2–6
- Fotografie **16** 8–10
- Funksendung **53** 31, 32
- Hyperlinks **44 a** 28
- keine gesetzliche Beschränkung **44 a** 20
- Kopie
- Laden in den Arbeitsspeicher **106** 13
- Lichtbilder/Lichtbildwerke **16** 11, **58** 3, 4
- Kopienversand auf Bestellung **53 a** 42–44
- Musikwerke **16** 8–10
- Nachahmung **69 c** 9–13
- Nachbauten **53** 46, 47
- Noten **53** 40–42
- öffentliche Reden/Vorträge **48** 4, **53** 46, 47
- Papier **95 b** 28
- Pläne zu Werken der bildenden Kunst **53** 46, 47
- privater Gebrauch **53** 9–22, **87 c** 18–24, **95 b** 26–35
- Programmcode **69 e** 4, 5
- Prüfungszwecke **53** 39
- Quellenangabe **63** 5–24
- rechtmäßige Nutzung **44 a** 16–20
- Rechtspflege/öffentliche Sicherheit **45** 2–6
- Rundfunkkommentare **49** 12
- Sammlung **45** 3
- Sanktionen gegen Vermittler **44 a** 14, 15
- Schulfunksendung **47** 7, 8
- Sendeunternehmen **55** 1–7, **87** 20, 21, **95 b** 35
- Sicherungskopien **69 d** 53–67, **87 c** 44–49
- Sprachwerke/wissenschaftliche und technische Darstellungen **16** 12
- sukzessive Teilvervielfältigung **106** 14
- Tagesneuigkeiten **49** 19–21
- Teil eines technischen Verfahrens **44 a** 7
- Teilvervielfältigung **69 c** 14, **106** 12, 14
- Tonträgerherstellerrecht **85** 24
- Übergangsrecht **136** 2, 3
- Übertragung durch einen Vermittler **44 a** 9, 10
- Unterrichtszwecke **46** 7, **53** 36–38, **87 c** 32–35
- unzulässige Verbreitung/öffentliche Wiedergabe **53** 44, 45
- Urheberbezeichnung **10** 17, 18
- Veränderungen beim Vervielfältigungsvorgang **106** 15
- Veränderungsschutz **44 a** 10–13
- Verhältnis zur Bearbeitung **16** 6
- Vermischte Nachrichten **49** 19–21
- Vernichtung **98** 17–26
- Verbot privater ~ elektronischer Datenbanken **87 c** 25–27
- Vervielfältigung **16** 2–5
- Vervielfältigungsstück, Begriff **6** 25, 26, **47** 7, 8, **53** 12
- Vervielfältigungsvorrichtungen s. dort
- Verwendung in bestimmten Verfahren **45** 2–4
- vorübergehende ~ **69 c** 15, **87 c** 44–49
- Werke der bildenden Kunst **58** 3, 4
- wissenschaftliche Darstellungen **16** 12
- wissenschaftlicher Gebrauch **53** 26, 27, **87 c** 18–21
- Zeitschriften **53** 40–42
- Zeitungsartikel **49** 12
- Zitate **51** 3–8
- Zugangsrecht **25** 5, 13
- Zustimmung durch Rechtsinhaber **44 a** 17–19
- Zweck der Vervielfältigung **44 a** 8–20

Vervielfältigungsvorrichtungen
- Begriff **98** 31–35, **119** 4
- Benutzung/Bestimmung zur rechtswidrigen Herstellung **98** 32–35
- Computerprogramme **98** 29
- Eigentum des Verletzers **98** 28
- Herstellung von Vorrichtungen **106** 12
- Vernichtungsanspruch **98** 27– 35
- Vorrichtungen **98** 31
- Zwangsvollstreckung **112** 14, **119** 4–10
- Zweckbestimmung **98** 15, **119** 4–10

Verwahrung Vor 97 119, 120

verwaiste Werke 20 9, 61–61c, 137n
- Abgrenzung zu vergriffenen Werken **61** 1
- angemessene Vergütung des nachträglich ermittelten Rechtsinhabers **61b** 3-6
- Beendigung der Nutzung bei Ermittlung des Rechtsinhabers **61b** 2
- Bedeutung **61** 6–10
- Begriff **61** 1, 17–27
- Bestandsinhalte **61** 17, 18, **61c** 7
- Entgeltmöglichkeit bei Erfüllung von Gemeinwohlaufgaben **61** 34
- erfasste Werke **61** 24–27, **61c** 4–6
- erfolglose sorgfältige Suche **61** 23, **61a**
- erlaubte Nutzungen **61c** 3
- Erfüllung von Aufgaben im Gemeinwohl **61** 33–35
- EU-Richtlinie **Vor 31** 2, **Anh 3**
- Filmwerke (auch auf Bild- und/oderTonträgern) **61** 26
- gegenseitige Anerkennung von v.n W.n **61a** 15
- Nutzung durch öffentlich-rechtliche Rundfunkanstalten **61c** 2–7

Sachverzeichnis

- öffentliche Zugänglichmachung **61** 16
- privilegierte Einrichtungen **61** 19–22
- Rechtsentwicklung **61** 1–5
- Regelungsinhalt **61** 11–14
- Schriften **61** 24, 25
- sorgfältige Suche **61a** 2–11
  (s.a. dieses Hauptstichwort)
- teilverwaiste Werke **61** 28
- Tonträger **61** 27
- Übergangsvorschriften **137n**
- unveröffentlichte Bestandsinhalte **61** 29–29
- Vergütungspflicht bei Ermittlung des Rechtsinhabers **61b** 3–6
- veröffentlichte Werke in Sammlungen **61** 17, 18
- Vervielfältigungsrecht **61** 15
- Verwertungsrechte **61** 15, 16
- Werke bzw. Schutzgegenstände in Schriften **61** 24, 25

Verwaltungsgerichte 104 13
Verwandte Schutzrechte 70–87 e
- Einigungsvertrag **EVtr** 15–17
- Rechtsweg **104** 2
- Reform **Vor** 73 1, 2
- Schutzfrist **64** 3
- Schutzfristverlängerung **70** 47, **EVtr** 18–25
- Übergangsvorschriften für Altverträge **29** 39
- Übertragbarkeit **29** 5, 10–14
- unerlaubte Eingriffe **108**
- Vererbung **28** 14, 15
- Verzicht **29** 21

Verwandte Schutzrechte, unerlaubte Eingriffe
- Anwendungsbereich **108** 1
- „in anderen als gesetzlich zugelassenen Fällen" **108** 6
- Nichtberechtigung **108** 7
- Rechtsgut **108** 2
- Tathandlungen **108** 5
- Tatobjekte **108** 4
- Übergangsrecht für Inhaber ~ **135** 1–6
- Verfassungsmäßigkeit **108** 3

Verweigerung s. Zustimmungsverweigerung
Verweisung bei Unzuständigkeit 105 4
Verwendungszweck 3 9
Verwertung(srecht)
- Allgemeines **Vor** 31 23
- Arrangement **69 b** 17–23
- Ausschließlichkeit **69 c** 2
- ausübender Künstler **77** 1–9
- Bearbeitung **3** 21, **15** 10, **69 b** 17–23
- Beteiligung des Urhebers **15** 7
- Computerprogramme **69a** 53, 54, **69 c**
- Datenbankhersteller **87 b** 24–59
- Einwilligung **8** 31–33, **9** 16–20, **23** 8
- erlaubnisfreie Nutzung **83** 2–5
- Erschöpfungsgrundsatz **15** 22–27
- gesonderte ~ der Einzelwerke **9** 21
- gewerbliche ~ **43** 38
- gewerbsmäßig unerlaubte ~ **108 a** 1, 2
- körperliche Verwertung **15** 8
- Lichtbilder **72** 20–30
- Miturheberschaft **8** 24

- nachgelassene Werke **71** 29
- öffentliche Wiedergabe/Zugänglichmachung **15** 14–21, **69 c** 49–61
- Privater Werkgenuss **15** 6
- Rechtsfolgen **15** 5
- Rechtsnachfolge **30** 2
- Schranken **15** 4, **83** 2–8
- Systematik **15** 2, 3
- Übertragung **78** 2, 3
- unbenannte Verwertungsrechte **15** 11–13
- unkörperliche Verwertung **15** 9
- unzulässige ~ **106**
- Vermietrecht **69 c** 42–48
- Verwertungsverbot **95 c** 25–30, **96**
- Verzicht **29** 18
- Werkverbindung **9** 4–7
- wissenschaftliche Ausgaben **70** 18

Verwertung, unzulässige
s. Unzulässige Verwertung
Verwertungsgesellschaft der Film- und Fernsehproduzenten 94 75
Verwertungsgesellschaften
- Abschlusszwang **WahrnG** 11
- Aktivlegitimation **1371** 102
- Änderung des Gesetzes gegen Wettbewerbsbeschränkungen **WahrnG** 24
- anhängige Verfahren **WahrnG** 26 a
- aufgehobene Vorschriften **WahrnG** 26
- Aufsicht über Verpflichtungen **WahrnG** 19 1–5
- Aufsichtbehörde **WahrnG** 18
- Außenseiter bei Kabelweitersendung **WahrnG 13 c** 13–17
- Auskunftspflicht **WahrnG** 10, **WahrnG 13 b** 8
- Ausschließlicher Gerichtsstand **WahrnG** 17
- Einigungsvorschlag der Schiedsstelle **WahrnG 14 a**, **WahrnG 14 b**
- Erlaubniserteilung **WahrnG** 2, **WahrnG** 5
- Erlaubnispflicht **WahrnG** 1 2–8
- Erlaubnispflichtige Tätigkeit **WahrnG** 1 2–6
- Erlaubnisversagung **WahrnG** 3
- Europäisches Wettbewerbsrecht **Vor** 120 48, **WahrnG Vor** 1 28, 29
- freiwillige Schlichtung **WahrnG** 17 a
- Geltendmachung der Vergütungs- und Auskunftsansprüche **54 h** 1–5, **1371** 90–95
- gerichtliche Geltendmachung **WahrnG** 16
- Gesamtverträge **WahrnG** 12, **WahrnG 14 c**
- in Deutschland tätige ~ **WahrnG Vor** 1 4–17
- Inkassotätigkeit **WahrnG Vor** 1 18
- Inkrafttreten **WahrnG** 28
- internationales Umfeld **WahrnG Vor** 1 20–22
- Legaldefinition **WahrnG** 1 8
- Pflichten des Veranstalters **WahrnG** 13 b
- Rechnungslegung, Prüfung **WahrnG** 9
- Rechtsnatur **36** 13, **WahrnG Vor** 1 23–27
- Schiedsstelle **Vor** 97 56, **WahrnG** 14, **WahrnG 14 a–e**, **WahrnG** 15
- Tarife **WahrnG** 13, 13 a
- Übergangsregelung **WahrnG** 27
- unerlaubte Geschäftstätigkeit **WahrnG** 1 7
- Unterrichtungspflicht **WahrnG** 20

Sachverzeichnis

- Urheberrechtsverwertungsgesellschaften **WahrnG 24**
- Vermutung der Sachbefugnis **WahrnG 13 c** 7–12
- Verteilung der Einnahmen **WahrnG 7**
- Vertretung der Nichtmitglieder **WahrnG 6** 17, 18
- Vorsorge- und Unterstützungseinrichtungen **WahrnG 8**
- Wahrnehmung **WahrnG 1** 6
- Wahrnehmungszwang **WahrnG 6** 8–16
- Widerruf der Erlaubnis **WahrnG 4**
- Zahlung unter Vorbehalt/Hinterlegung **WahrnG 11** 9–11
- Zwangsgeld **WahrnG 21**

Verwertungsgesellschaftspflicht 1371 90
Verwertungsverbot 95 c 25–30, **125** 13
- Allgemeines **96** 1–3
- analoge Anwendung auf Ausstellungsrecht **96** 22, 23
- ausländische ausübende Künstler, Schutzlückenpiraterie **96** 19–21
- gesetzliche Lizenz aufgrund der Schrankenvorschriften **96** 17, 18
- isolierte Nutzungsrechtseinräumung für bestimmte Verwertung **96** 16
- rechtswidrig hergestellte Vervielfältigungsstücke **96** 5–8
- Subsidiarität **96** 13–15
- Verbreitungs- und Weitergabeverbot **96** 9–12

Verwirkung Vor 31 142
Verzeichnisse 5 20, **58** 1
Verzerrung 95 a 49
Verzicht
- Ansprüche aus Urheberrechtsverletzung **29** 19
- Kündigungsrecht **40** 16, 17
- Leistungsschutzrechte **29** 21
- Miturheberanteil an Verwertungsrechten **29** 16
- Unverzichtbarkeit **25** 21, **26** 19, **34** 36–41
- Urheberpersönlichkeitsrecht **29** 17
- urhebervertragsrechtliche Gestaltungsrechte **29** 20
- Vergütungsansprüche **29** 19
- Verwertungsrechte **29** 18
- Vorausverzicht **31 a** 115, **32 a** 32, **32 c** 40, **41** 25, 27, **42** 10
- Zugangsrecht **25** 21
- Zustimmungsverzicht **34** 37–41

Verzug Vor 31 140
VFF 87 17, **WahrnG Vor 1** 10
VG Bild-Kunst 21 7, **72** 56, **88** 20, **WahrnG Vor 1** 7
VG Musikedition 19 13, 53, 58, **21** 7, **46** 16, **70** 44, **WahrnG Vor 1** 8
VG Media 20 b 12, **WahrnG Vor 1** 15
VG Werbung WahrnG Vor 1 16
VG WORT 19 8, 10, 11, 52, 59, **20** 7 a, **20 b** 10, 11, 13, **21** 7, **46** 16, **61** 5, **88** 26, **WahrnG Vor 1** 6
VGF WahrnG Vor 1 11
Videoaufzeichnungen 43 63
Videogrammauswertung 89 24

Videogrammrechte Vor 88 39, **89** 24, **90** 9
Videoherstellungsrecht 88 10
Videolizenzvertrag Vor 31 93
Videosequenzen 2 156
Video-on-Demand (VoD) 16 10, **19 a** 25, 26, **20** 2, 4, **Vor 88** 40, 47, **88** 79
- bekannte/unbekannte Nutzungsarten **31 a** 45, 49

Videopiraterie 106 2
Videoplattform 2 159
Video-Podcast 20 4
Videoprints 87 25
Videoproduktionen Vor 88 35, 36
Videospiel 87 a 109
Videotext 19 a 30
Videovertriebsvertrag Vor 31 93
Videoverwertungsrecht 90 3
Videozweitauswertung 43 71, **88** 10
- bekannte/unbekannte Nutzungsart **31 a** 47

Virtuelle Figuren 88 25
Virtueller Videorecorder 87 16
Visitenkartensysteme 2 159
VOB 2 64
Volkskunst Vor 73 4, **73** 1, 10–13, **108** 4
Volkstanz 2 80
Vollmacht 113 14
Vollrechtserwerb 1371 26
Vollstreckungsausspruch 98 10
Vollstreckungsschutzantrag 98 10
Vollstreckungsverfahren Vor 97 16
Volltextrecherche 53 a 26, **87 a** 24
Vollziehung einstweiliger Verfügungen
- Adressat **Vor 97** 124
- Art und Weise **Vor 97** 123
- Erforderlichkeit **Vor 97** 121
- erneute ~ **Vor 97** 126–128
- Frist **Vor 97** 122
- Heilung **Vor 97** 125

Vorabentscheidungsverfahren Vor 120 59
- Verfahrensablauf **Vor 97** 160–162
- Voraussetzungen **Vor 97** 156–159
- Vorlagebeschluss **87 a** 143–145, **87 c** 43
- Zweck **Vor 97** 155

Vorankündigung 19 28
- von Theaterproduktionen ohne Aufführungs- vertrag **19** 8

Voraufführungen 81 5
Vorausverfügung 40 3
Vorausvermächtnis 28 7
Vorausverzicht 31 a 115, **32 a** 32, **32 c** 46
- Rückrufsrecht **41** 26, 27, **42** 10

Vorbehalt der Rechte 49 11
Vorbereitungshandlungen 105 15
- Umgehung technischer Schutzmaßnahmen **95 a** 66–83

Vorbestehende Werke/Leistungen
- Anwendung neuen Rechts **129** 1–5, **137 d** 2, **137 e** 3, **137 f** 2, **137 g** 2
- Schutzfrist **87 d** 17, 18, **137 f** 3, 4
- Software **137 d** 2
- Sprachwerke **19** 59

Sachverzeichnis

- Urheber als Vertragspartner des Filmherstellers **89** 15
- Vertragsrecht **137 f** 12
- Wiederaufleben bereits erloschener Rechte **137 f** 5–11
- Verfilmungsrecht **88** 17–33

Vordrucke 2 62

Vorführungsrecht
- Bedeutung **19** 54
- Filmmusik **19** 55–59, **88** 42
- Vorbestehende Sprachwerke **19** 59

Vorgefertigte Programme 69 a 68

Vorlage 101 a 20, **101 b** 12

Vorlageanspruch Vor 97 66–71, 96–107, **97** 50
- Aktivlegitimation **101 a** 6, 7, **101 b** 6
- Anspruchsbegründung **101 a** 14–16
- Anwendbarkeit von § 811 BGB/§ 101 Abs. 8 **101 a** 36–39, **101 b** 17
- Auslegung der Vorschrift **101 a** 5
- Ausschluss **101 a** 33, **101 b** 14
- Bank-/Finanz- und Handelsunterlagen **101 a** 26, **101 b** 10
- Bedeutung **101 a** 3
- einstweilige Verfügung **101 a** 34, 35, **101 b** 15, 16
- Entwicklung **101 a** 1, 2
- hinreichende Wahrscheinlichkeit **101 a** 10–13
- keine anderen zumutbaren Informationsquellen **101 a** 16
- Passivlegitimation **101 a** 8, **101 b** 7
- Rechtsfolgen **101 a** 19–23, **101 b** 12
- Rechtsverletzung **101 a** 17, 18, **101 b** 8
- Regelungsinhalt **101 a** 4
- Schadensersatz **101 a** 40–42
- Urkundenvorlage **101 a** 6–32
- Verletzung des Urheberrechts/eines anderen geschützten Rechts **101 a** 9
- vertrauliche Informationen **101 a** 27–32, 35; **101 b** 13
- zur Sicherung von Schadensersatzansprüchen **101 b** 6–13

Vorlageverfahren
s. Vorabentscheidungsverfahren

Vorläufige Vollstreckbarkeit 98 10, **103** 7

Vorlesungen 6 11

Vorname 10 4

Vor- oder Nachspann 10 14

Vorratsdatenspeicherung 101 35

Vorrichtungen
- Umgehung technischer Schutzmaßnahmen **95 a** 71
- Vervielfältigungsvorrichtungen s. dort

Vorsatz 97 51, **106** 29

Vorsatzwechsel 106 23

Vorschlag 36 29, 30

Vorschuss 40 21

Vorsorge- und Unterstützungseinrichtungen WahrnG 8

Vorteile 32 a 11–13

Vorträge 6 11, **19** 10

Vortragsrecht
- Bedeutung **19** 6

- dramatisch-musikalische Werke **19** 12
- erschienene Werke **19** 8
- Sprachwerke **19** 8–10
- szenische Lesungen **19** 10
- vertonte Sprachwerke **19** 11
- Wahrnehmung durch Verwertungsgesellschaften **19** 7–12
- wissenschaftliche/nachgelassene Werke **19** 13
- wortdramatische Werke **19** 9

Vorveröffentlichung 71 11

Vorvertrag 40 6

VTV Design 36 34, **43** 122

Wahlfeststellung 106 48

Wahlkampfplakate 39 26

Wahrnehmung WahrnG 1 6

Wahrnehmungsbefugnis 8 42
- Bezeichnung des Herausgebers/Verlegers **10** 39, 40
- erschienenes Werk **10** 38
- fehlende Urheberbezeichnung **10** 36, 37
- keine Ermächtigung zur Rechtseinräumung **10** 44
- Prozessstandschaft **10** 45
- umfassende Ermächtigung zur Rechtsverfolgung **10** 43
- Verleger bei fehlender Herausgeberbezeichnung **10** 41
- Vermutung der Wahrnehmungsbefugnis **10** 42
- Wirkung a. gegen den Urheber? **10** 46, 47

Wahrnehmungsrichtlinie (EU) Anh 4

Wahrnehmungszwang WahrnG 6 2–16

Wahrnehmungsvertrag Vor 31 32, 69, 99, **40** 4, 72 56, **WahrnG** 6

Wahrscheinlichkeit, hinreichende 101 a 10–13

Waiver of moral rights Vor 88 14

Wanderführer 2 56

Wappen 5 17

Warenverkehrsfreiheit Vor 120 40

Warteschleifenmusik 19 a 23

Wartungsverbote 69 d 40

Wasserzeichen 14 63

WCT
- ausübender Künstler **Vor 73** 1
- Mindestschutz **Vor 69 a** 9
- Schutzdauer **64** 8
- Übergangsrecht **Vor 120** 53
- vorübergehende Vervielfältigungshandlungen **44 a** 22

Web 2.0 2 159

Web-Adressbücher 2 159

Web-Auftritt 2 158
- als Sammelwerk **4** 15

Webcast 19 a 34, **78** 8, **86** 6, 7

Weblogs 2 158, **19 a** 23

Web-Radio 20 4, **78** 8

Web-TV 20 2, **31 a** 42

Websites 4 13, 14, **44 a** 1, **69 a** 18, **69 e** 14, 30, **87 a** 96

Weisungen 7 11, 14

Weisungsgebundenheit 43 6

Weisungsrecht 43 5, 7, 19

Sachverzeichnis

Weiterbildung 53 39, **95 b** 34
Weitere Beteiligung s. Beteiligungsanspruch
Weitergabebeschränkungen/-verbote 69 c 38–41, **69 f** 20, **69 e** 21, **87 e** 17
Weiterübertragung
– Bearbeitung **34** 7
– mehrfache Übertragung **137l** 64
– Widerspruchsrecht bei Übertragungsfiktion **137l** 63–69
– Zustimmungserfordernis **34** 15, 16
Weiterveräußerung 26 12, **69 a** 70
Weitervermarktung 69 a 63
Weiterverwendung von Daten 87 b 24–29
Weiterwirkung einfacher Nutzungsrechte s. Sukzessionsschutz
Welturheberrechtsabkommen (WUA) 140 1, 2
– Anwendungsbereich **121** 24–26
– Inländerbehandlung/Gegenseitigkeit **121** 27
– Mindestrechte **121** 28
– Schutzdauer **64** 8
Weltverfilmungsrecht 31 51, **88** 49
Werbeanzeigen 10 7, **14** 63, **39** 26
Werbebanner 14 63
Werbeaussagen 2 28, 53
Werbefilme s. Werbespots
Werbefunktion 13 24, **63** 1
Werbegrafik 2 102
Werbepublikationen 5 18
Werbeslogans 2 28
Werbespots 2 123
Werbeunterlagen 2 62
Werbung 91 9
– Umgehung technischer Schutzmaßnahmen **95 a** 77, 83
– Verwendung von Personenbildnissen **KUG 23** 44–47
– Verwertung zur ~ **58** 5–9
Werksänderungen s. Änderungen
Werkbegriff, urheberrechtlicher 2 5, **71** 9, **106** 7–10
– Beurteilungsformel **2** 6
– Beurteilungsmaßstab **2** 5, 6
– Beurteilungszeitpunkt **2** 12
– Computerprogramme **106** 8
– Datenbankwerke **106** 9
– Einfluss des EU-Rechts **2** 13, 14
– Kritik **2** 7–10
– Rechtsbegriff **2** 5–12
– Selbsteinschätzung des Urhebers **2** 11
– URG **EVtr** 11
– weiter Werkbegriff **2** 14
Werkbesprechungen 13 11
Werke
– Filmwerke **2** 120–130
– geschützte Werke **1**, **2** 1
– Individualität **2** 21, 22
– Lichtbildwerke **2** 112–119
– Multimediawerke **2** 151–156
– Musikwerke **2** 68–73
– neue Werkarten **2** 4
– pantomimische/choreografische Werke **2** 74–80

– rechtsverletzende/-widrige Inhalte **2** 31, 32
– Schutzumfang **2** 33–44
– Sprachwerke **2** 45–67
– Umfang **2** 27, 28
– Weblog **2** 158
– Werkbegriff s. dort
– Werke der bildenden Kunst **2** 81–111
– Wissenschaftliche und Technische Darstellungen **2** 131–150
Werke der angewandten Kunst
– Erschöpfung des Vermietungsrechts **17** 28
– Gebrauchszweck **2** 96
– Handy-Logos **2** 105
– Homepage-Gestaltungen **2** 104
– keine Folgerechtspflicht **26** 11
– Möbel, Lampen, Sitze, Regale **2** 100
– Modeschöpfungen, Schmuckstücke, Textilgestaltungen **2** 101
– Nippesfiguren, Tierfiguren **2** 99
– Schiffsformen/-aufbauten **2** 100
– Schriftzeichen **2** 103
– Schutzfähigkeit **2** 97
– Werbegrafik **2** 102
Werke der Baukunst
– Alltagsbauten **2** 109
– Änderungsrecht **39** 36–38
– Architektenvertrag **14** 27
– Bauwerke aller Art **2** 108
– Beeinträchtigungen **14** 27–31
– Definition **2** 108
– Differenzierung nach Gebäudeteilen **14** 28
– Eigentümerinteressen **14** 32–36
– Erschöpfung des Vermietungsrechts **17** 28
– Gebrauchszweck **2** 108
– Herstellungsfreiheit **23** 17
– keine Folgerechtspflicht **26** 11
– Planungsänderungen **14** 27
– Umbauten **14** 29–31
– Urheberrechtsschutz **2** 110, 111
– Vervielfältigungen an einem Bauwerk **59** 7
– Werkschutz **14** 27–36
– Zugangsrecht **25** 22
Werke der bildenden Kunst
– Abgrenzung zu anderen Werkarten **2** 133
– Änderungen **14** 37–40
– Aufnahme in Sammlung **46** 12
– Ausführung von Plänen **23** 16
– Ausstellungen/öffentlicher Verkauf/öffentlich zugängliche Einrichtungen **53** 3, 4
– Bearbeitungen **3** 27
– Begriff **2** 82–85
– Comic **2** 95
– Computerbilder **2** 93, **69 g** 3
– Entstellungen **14** 37–52
– Erscheinen der Werke **6** 35–40
– Fotografie, Performance, Video, Computerkunst **2** 92
– Gewährleistung **Vor 31** 129–133
– Graffitikunst **2** 32, **14** 47
– Herstellungsfreiheit **23** 16

2601

Sachverzeichnis

- Markenrecht **2** 106, 107
- Restaurierung **14** 43–45
- Systematik **2** 82–85
- Trivialkunst **2** 94
- Urheberbezeichnung **10** 22
- Urheberrechtsschutz und Geschmacksmusterrecht **2** 98
- verfälschende Umwelteinflüsse **14** 48, 49
- Vernichtung irreversibler entstellter Werke **14** 44
- Vervielfältigungsrecht **58** 3, 4
- Werke der angewandten Kunst **2** 96, 97, 99–105
- Werke der Baukunst **2** 108–111
- Werke der reinen bildenden Kunst **2** 86–93, 106, 107
- Zerteilung **14** 41, 42

Werke der Choreografie s. Choreografische Werke
Werke des Großen Rechts 19 16, 18, 19
Werke des Kleinen Rechts 19 18
Werke der konkreten Kunst 2 88
Werke der Musik s. Musikwerke
Werke der Pantomime s. Pantomimische Werke
Werke der reinen (bildenden) Kunst
- Bildhauerei **2** 87
- computererzeugte Werke **2** 87, 92, 93
- Definition **2** 86
- Druckgrafik **2** 87
- Fotografie **2** 92
- Interessenabwägung **14** 18
- Malerei **2** 87
- Performance **2** 92
- ready-mades **2** 92
- Schutzfähigkeit **2** 88 ff
- Video **2** 92
- Zeichnung **2** 87

Werke der Sprache s. Sprachwerke
Werkeinheit
- Abgrenzung zu Werkverbindung und Sammelwerk **8** 13
- Beispiele **8** 14, 15
- Unmöglichkeit gesonderter Verwertung der Einzelbeiträge **8** 7–15

Werkentstellung s. Entstellung
Werkfälschungen s. Fälschungen
Werkintegrität
- abweichende Rollenbesetzung **19** 39
- allgemeines Persönlichkeitsrecht **19** 36, 37
- Regieleistungen des Theaterregisseurs **19** 40
- Theater als Werknutzer **19** 35
- Verwendung werkfremder Texte **19** 38

Werkoriginale
- Anforderungen **26** 7
- Ausstellungsrecht **18** 3
- Bearbeitungen/Umgestaltungen **23** 23, 24
- Begriff **44** 17
- Folgerecht **26** 2, 6–10
- Veräußerung **44** 1–19
- Verbreitungsrecht **17** 5, 6, 16
- Zugangsrecht **25** 5, 12
- Zwangsvollstreckung **112** 13, **114** 1–16, **116** 1–10

Werkoriginalveräußerung
- Abstraktionsprinzip **44** 12
- Ausstellungsrecht des Eigentümers **44** 15–19
- Begrenzung der Eigentümerstellung **44** 7–9
- Gutgläubiger Erwerb/Verarbeitung **44** 3–5
- Veräußerung und Rechtseinräumung **44** 10–14

Werkschöpfer s. Schöpfer
Werkschöpfung s. Schöpfung
Werkschutz s. Entstellung
Werkteile 19 18, 19, **24** 4, **46** 11, **106** 7
Werktitel s. Titel
Werktreue 19 35
Werkverbindung
- Abgrenzung zur Bearbeitung **9** 11
- Abgrenzung zur Miturheberschaft **8** 11, 13–15, **9** 8–10
- Abgrenzung zu Sammelwerken **9** 12
- Änderungsanspruch **9** 1
- Anspruch auf Einwilligung in die Verwertung **9** 1, 16–20
- Beteiligung ausländische Urheber **9** 32
- Computerprogramme **69 a** 46
- Dauer, Auflösung, Kündigung der Gesellschaft **9** 28–30
- dispositive gesetzliche Mindestregelung **9** 1, 15
- Einwilligungsanspruch **9** 1, 16–20
- fehlende Harmonisierung **9** 33–35
- früheres Recht **9** 37
- Gesamtgeschäftsführung **9** 25
- Gesellschaftsvermögen **9** 23
- Gesellschaftsvertrag gem. §§ 705 BGB **9** 22
- gesonderte Verwertung der Einzelwerke **9** 21
- Großes/Kleines Recht **19** 18
- keine analoge Anwendung von § 626 Abs. 2 BGB **9** 31
- Mitwirkungsanspruch **9** 26
- Notverwaltungsrecht **9** 26
- Pflicht zur Förderung des Vertragszwecks **9** 27
- Prozessuales **9** 36
- Regelungszweck **9** 1
- Schutzdauer **9** 33–35
- Selbstständigkeit der Urheberrechte an den Einzelwerken **9** 1, 13, 14
- Treuepflicht **9** 27
- Übergangsrecht **9** 37
- Verbindung zwecks gemeinsamer Verwertung **9** 4–7
- Verbindung zweier/mehrerer selbstständiger Werke **9** 2, 3
- Veröffentlichungsanspruch **9** 1, 17
- Verwertungsanspruch **9** 1, 17
- Vortragsrecht **19** 11
- Widerspruchsrecht **1371** 76

Werkvermittler 6 27
Werkvermittlung 81 5
Werkvernichtung s. Vernichtung
Werkvertragsrecht Vor 31 129
Werkverwertung s. Verwertung
Werkverzeichnis 25 10
Werkwiedergabe s. Öffentliche Wiedergabe
Werkzeug 95 a 67

Sachverzeichnis

wettbewerbsbeschränkende Abreden Vor 120 49–51
wettbewerbsrechtliche Verkehrspflicht 97 19
Wettbewerbsschutz
– Datenbanken **Vor 87 a** 35–40
– Dekompilierung **69 g** 32
– ergänzender Leistungsschutz **2** 160–163, **69 g** 23–29, **72** 57
– Europäisches Wettbewerbsrecht s. dort
– Geheimnisschutz **69 g** 33–36
– Schutz gegen unlauteres Einschieben in fremde Serien **69 g** 31
– Schutz gegen unlautere Lieferung von Ersatzwaren/Zubehör **69 g** 31
– Schutz von Programmschutzmechanismen **69 g** 30
– UWG **69 g** 22–32
Wettbewerbsverbot Vor 31 117, **69 b** 36, 37
Wetterdatensammlung 87 a 51, 100, 112
Wetterkamera 72 14
Wettkampfpläne 87 a 73, 74
Widerklage 104 16, **105** 3, 19, 20
Widerrechtlichkeit
– Eingriff **97** 30
– Rechtfertigungsgründe **97** 30–34
Widerruf unbekannter Nutzungsrechte
– akzessorisches Gestaltungsrecht **31 a** 66
– ausübende Künstler **31 a** 68
– Ausübung **31 a** 71–73, 110
– Belehrung **31 a** 73, 84
– Beschränkungen **31 a** 72
– bestehende Nutzungsverträge **31 a** 116, **1371**
– Entfallen durch gemeinsame Vergütungsregel **31 a** 95–98
– Entfallen durch individuelle Vergütungsvereinbarung **31 a** 91–94
– Erlöschen durch Tod des Urhebers **31 a** 99, 100
– Erlöschen nach Nutzungsmitteilung **31 a** 83–90
– kein Vorausverzicht **31 a** 115
– Nutzungsmitteilung **31 a** 83–88
– Rechtsfolgen **31 a** 74–80
– Rechtsnachfolge **31 a** 69
– schwebende Wirksamkeit **31 a** 74
– Übertragbarkeit **31 a** 65, 66
– Umfang der Unwirksamkeit **31 a** 76–80
– Unterlizenzierung **31 a** 81, 82, 83
– Unwirksamkeit der Rechtseinräumung **31 a** 75–80
– Urheber **31 a** 67
– Verbot widersprüchlichen Verhaltens **31 a** 72
– Zusammenfassung einer Gesamtheit von Werken/Werkbeiträgen **31 a** 101–114
Widerspruch
– Beschlussverfügung im einstweiligen Rechtschutz **Vor 97** 149–151
– gemeinsame Vergütungsregeln **36** 30–32
Widerspruch bei Übertragungsfiktion
– Adressat **1371** 49
– Auskunft über Dritten **1371** 68, 69
– Ausübung **1371** 46–49

– Begriff **1371** 38, 39
– Berechtigte **1371** 50
– bereits erfolgte Nutzungen **1371** 42
– Erklärung/Form **1371** 46
– Frist **1371** 53–62
– gegenüber altem Vertragspartner **1371** 67
– Gestaltungsrecht **1371** 38
– Inhalt **1371** 38–45, 47, 48
– inzwischen bekannte Nutzungsarten **1371** 53
– keine Bereichsausnahme **1371** 62
– keine nachträgliche Beseitigung **1371** 45
– kein Sukzessionsschutz bei Unterlizensierung **1371** 43, 44
– kein Widerspruchsrecht im Arbeits- und Dienstverhältnis **1371** 73, 74
– Mehrheit von Werken/Werkbeiträgen **1371** 75–82
– Mitteilungspflicht an den Urheber **1371** 55, 56
– Rückfall der Nutzungsrechte an Urheber **1371** 40, 41
– treuwidriger Widerspruch **1371** 80–82
– Übertragbarkeit/Vererbbarkeit **1371** 51, 52
– unbekannte Nutzungsarten **1371** 54–60
– Verzicht **1371** 61
– Wegfall des Widerspruchsrecht **1371** 70–74
– Weiterübertragung der Rechte **1371** 63–69
– Widerspruch auf Vorrat **1371** 61
Wiedergabeverbot 96 9–12
Wiederholungsgefahr Vor 97 38, **97** 36–40, **KUG 22** 24
Wiederverfilmung 88 31, 60–63, **90** 3
„**Wiki**" **2** 159, **87 a** 29
„**Wikipedia**" **4** 18, **14** 64, **32** 45, **87 a** 96
Willkürverbot WahrnG 7
WIPO Broadcasting Treaty 127 20
WIPO Copyright Treaty s. WCT
WIPO Performances and Phonograms Treaty s. WPPT
WIPO-Urheberrechtsvertrag
– Anwendungsbereich **121** 30
– Inländerbehandlung/Gegenseitigkeit **121** 31
– Mindestrechte **121** 32
Wirtschaftliche Interessen 14 35
Wirtschaftsprüfervorbehalt 97 48, **101** 9
Wissenschaftliche Assistenten 7 16
Wissenschaftliche Ausgaben 118 1, **124** 1, 2
– Abgrenzung zum Urheberrechtsschutz **70** 30–38
– Ausgabe **70** 8
– Ausland **70** 49
– Beweis **70** 42, 43
– Ergebnis wissenschaftlich sichtender Tätigkeit **70** 9
– Fremdenrecht **70** 45, 46
– Leistungsschutz **70** 19–22
– mehrere Verfasser **70** 24
– Rechte des Verfassers **70** 18
– Schöpferprinzip **70** 23
– Schutzdauer **70** 26, 27
– Schutzentstehung **70** 25, 28–30
– Schutzrechtsinhaber **70** 23, 24

Sachverzeichnis

- späterer Wegfall der Urheberrechtsschutzes **70** 28–30
- Übergangsrecht **70** 47, 48
- Unterscheidung von bisher bekannten Ausgaben der Werke/Texte **70** 10–17
- urheberrechtlich nicht geschützte Werke/Texte **70** 2–7
- Verhältnis zu § 71 **70** 41
- Vertragsrecht **70** 40
- Verwertungsgesellschaft **70** 44

Wissenschaftliche und technische Darstellungen
- Abgrenzung zu anderen Werkarten **2** 135, 136
- Anforderungen an den Urheberrechtsschutz **2** 137–140
- Baupläne, Bebauungspläne **2** 141
- Begriff **2** 131–134
- Computerprogramme **2** 142, **69 g** 3
- Fotografien **2** 150
- Homepage-Gestaltungen **2** 143
- Individualität **2** 139
- Konstruktionszeichnungen, Aufrisszeichnungen, technische Zeichnungen **2** 144
- Landkarten, Stadtpläne, Karten **2** 143
- medizinische Statistiken **2** 149
- Piktogramme, Bildzeichen **2** 145
- Preisrätsel **2** 148
- Rechtsinhaberschaftsvermutung **10** 3
- Schutzumfang **2** 135, 136
- Systematik **2** 131–134
- Tabellen, Formulare **2** 147
- technische Normenwerke **2** 146
- Vervielfältigungsrecht **16** 12
- Vortragsrecht **19** 13

Wissenschaftliche Publikationen 5 20
Wissenschaftliche Register 2 56
Wissenschaftliche Sammlungen 1371 14
Wissenschaftlicher Gebrauch 53 26, 27, **87 c** 28–31
Wissenschaftliches Großzitat 51 1, 10–13
Wissenschaftsliteratur 1371 14
Wissensvermittlung 2 131
WML 69 a 18
Wohngebäude 2 108
work made for hire Vor 88 14
work made in commission Vor 88 14
World Intellectual Property Organisation s. WIPO

Wortdramatische Werke
- Aufführungsrecht **19** 16, 17
- Vortragsrecht **19** 9

Wörterbücher 2 64, **87 a** 106
Wortwitz 2 66
WPPT 44 a 22, **74** 1, **Vor 73** 1, **78** 1, 2, **Vor 120** 53
- Inhalt des Schutzes **125** 42, **126** 32
- persönlicher Anwendungsbereich **125** 41, **126** 31
- sachlicher Anwendungsbereich **125** 39, **126** 28, 29
- zeitlicher Anwendungsbereich **125** 40, **126** 30

WTO-Übereinkommen 121 15

XML 69 a 18

YouTube 19 a 34

Zahlungsansprüche 112 49
ZBS 19 42
ZBT WahrnG Vor 1 17
Zeichentrickfilme 2 120, 122
Zeichnung 2 87
Zeitgeschichte, Personen der – KUG 23 3–26
Zeitliche Beschränkungen 31 11–13
Zeitungen/Zeitschriften 2 54
- Änderungsbefugnis **39** 25
- ausschließliches Nutzungsrecht **38** 13, 14
- Befristung des Rückrufsrechts **41** 21
- Begriff **38** 11, **48** 4, **49** 6
- Berichterstattung über Tagesereignisse **50** 3
- Datenbanken **87 a** 88–94
- einfaches Nutzungsrecht **38** 10–12
- gemeinsame Vergütungsregelung **36** 34
- Online-Versionen **87 a** 91
- Vervielfältigung/Verbreitung/öffentliche Wiedergabe einzelner Artikel **49** 5–20
- Vervielfältigung/Verbreitung von öffentlichen Reden **48** 4

Zeltdach 2 111
Zentrale Softwareeinspielung 69 d 12
Zentralstelle Bühne Service GmbH s. ZBS
Zerteilungen 14 41, 42
Zentralstelle Gewerblicher Rechtsschutz (ZGR) 111b/111c 11, 14
Zertifizierungsstellen 95 c 9
ZFS WahrnG Vor 1 17
ZGR 111b/111c 11, 14
Zitatrecht 3 19, **13** 26, **14** 11
- entlehntes Werk **51** 2
- Filmzitat **51** 17, 18
- Kleinzitat **51** 14–18
- Musikzitat **51** 19, 20
- Schranken **83** 4
- Vervielfältigung, Verbreitung, öffentliche Wiedergabe **51** 3–8
- wissenschaftliches Großzitat **51** 10–13
- Zitatzweck **51** 3–8

Zivilgerichte 104 11
Zollbehördliche Maßnahmen
- Anwendungsbereich **111 b, c** 8–10
- Beschlagnahme nach StPO **111 b, c** 7
- Drittländerwaren **111 b, c** 8
- Einziehung **111 b, c** 69, 70, 73
- Geltungsvorrang der VO **111 b, c** 8
- Grenzbeschlagnahme **111 b, c** 22–54
- Grenzbeschlagnahmeverfahren **111 b, c** 11–21
- parallelimportierte Waren **111 b, c** 9
- Produktpirateriegesetz **111 b, c** 2
- Rechtsmittel **111 b, c** 71–74
- Schadensersatz **111 b, c** 75–82
- Verfahren nach deutschem Recht **111 b, c**
- Verfahren nach VO EG 1383/2003 **111 b, c** 83
- Zweck/Regelungsgehalt **111 b, c** 1–7

ZPÜ WahrnG Vor 1 17

Sachverzeichnis

Zufallserzeugnisse 2 15
Zufallsmomente 2 17, 72
Zugang 53 a 35, **95 b** 13, 15, **101 b** 12
Zugänglichmachen
– elektronische Leseplätze **52 b**
– kein Vereitelungsschutz **25** 18
– Möglichkeit des Aufsuchens **25** 17
– Unterricht und Forschung **52 a**
– öffentliche Zugänglichmachung s. dort
Zugangskontrollen 95 a 14, 15
Zugangskontrolldienste 95 a 7
Zugangskontrollrichtlinie 95 a 15
Zugangsrecht
– Anspruchsinhaber **25** 2, 3
– Anspruchsverpflichteter **25** 4
– Arbeits- und Dienstverhältnisse **43** 109–114
– Ausübungsverzicht **25** 21
– Computerprogramm **69 a** 54, **69 b** 43
– Durchsetzung **25** 23
– Erforderlichkeit **25** 11–13
– Gehilfen **24** 3
– Inhalt/Umfang **43** 109, 110
– Interessenabwägung **25** 14–16
– kein Schutz gegen Vereitelung **25** 18
– Miturheber **8** 28, **25** 2
– Möglichkeit des Aufsuchens **25** 17
– Unverzichtbarkeit des Rechts **25** 21
– vertragliche Regelungen im Bereich Architektur **25** 22
– vollständiges Werkexemplar **25** 6
– Werkoriginale/einfache Vervielfältigugsstücke **25** 5
– Zugänglichmachen **25** 17, 18
– Zweckbindung **25** 7–10
Zugriffsdienst 20 3
Zugriffsgeschwindigkeit 44 a 5
Zukünftige Werke s. Künftige Werke
Zulässige Werknutzung 13 26
Zulassung 52 7
Zumutbarkeit 9 18–20, **14** 21, 36, **34** 25, **42** 7, 8, **100** 8
Zuschreibung fremder Werke 13 16, **24** 4
Zuständigkeit s. a. Gerichtsstand
– einstweilige Verfügung **Vor 97** 74
– funktionelle Zuständigkeit **105** 3–5
– Gerichtsstandsvereinbarungen **105** 31, 32
– internationale Zuständigkeit **105** 23–30
– örtliche Zuständigkeit **105** 7–21
– sachliche Zuständigkeit **Vor 97** 9, **105** 6
– Unterlassungsklage **Vor 97** 9
– Verweisung bei Unzuständigkeit **105** 4
Zustellung, öffentliche 1371 46, 68
Zustimmung, Veröffentlichung
– Bearbeitung des Werkes **6** 20
– Bedingung, Befristung **6** 18
– Berechtigter **6** 22, 23
– Beschränkung **6** 19
– Einwilligung **6** 14, 15
– Erstveröffentlichung **6** 17
– Rechtsnatur **6** 14–17
– Vertretung **6** 23

– Widerruf **6** 21
– stillschweigende Zustimmung **6** 16
– Zustimmungserfordernis **5** 21, **6** 13, 34
Zustimmung zur Übertragung von Nutzungsrechten
– Abspaltung **35** 3
– Anwendungsbereich **34** 4–6, **35** 1–3
– Ausnahmen **34** 2, 15, 33
– Begriff der Zustimmung **34** 8
– Haftung des Erwerbers **34** 30–35
– konkludente Zustimmung **34** 9
– Persönlichkeits-/Bearbeitungsrecht **34** 7
– Rechtslage für alte Sachverhalte **34** 42–43, **35** 14
– Sammelwerke **34** 15, 16
– Übertragung ohne Zustimmung **34** 10
– Unternehmensveräußerung **34** 17–29
– Unverzichtbarkeit von Rückrufsrecht und Erwerberhaftung **34** 36–41
– Verweigerung nach Treu und Glauben **34** 11–14
– Verzicht **34** 37–41
– Zustimmungsbedürftigkeit **34** 2, **35** 10–13
Zustimmungsrechte 97 5
Zustimmungsverweigerung 34 11–14
Zustimmungsvorbehalte 35 11
ZVV WahrnG Vor 1 17
Zwangsgeld WahrnG 21
Zwangslizenz 5 27, **61** 1, **85** 30, **106** 22
– Änderungsverbot **42 a** 25
– Angemessenheit der Bedingungen **42 a** 15
– Anspruch auf Vertragsschluss **42 a** 12
– Ausschluss **42 a** 26, 27
– Berechtigter **42 a** 19–21, **79** 24
– betroffenen Nutzungsrechte **42 a** 13
– Dringlichkeitsregelung **42 a** 28
– Eingliederung **42 a** 2
– erschienene Werke **42 a** 9
– Filmherstellung **42 a** 27
– Inhalt **42 a** 12–16
– inländischer Sitz **42 a** 20, 21
– örtlicher Geltungsbereich **42 a** 16
– örtliche Zuständigkeit des Gerichts **42 a** 29
– Quellenangaben **42 a** 24
– Rückrufsrecht **42 a** 23
– Tonträgerhersteller/-herstellung **42 a** 10, 11, 14, **85** 30
– verbundene Sprachwerke **42 a** 6, 7
– Verpflichteter **42 a** 17, 18
– vorangegangene Lizenzeinräumung **42 a** 10, 11
– Werke der Musik **42 a** 5, 8
Zwangsvollstreckung
– Anwartschaftsrechte **112** 12
– Auskunft und Rechnungslegung **112** 47, 48
– ausländische Rechte **112** 55–59
– Befugnisse des Gläubigers **114** 16
– Beseitigung **112** 46
– Besichtigung **112** 52
– Beteiligungsvergütung **32 a** 32
– Computerprogramme **69 a** 79
– Einräumung von Nutzungsrechten **112** 17
– Einwilligung des Rechtsnachfolgers **115** 7, 8, **116** 8, 9

Sachverzeichnis

- Einwilligung des Urhebers **112** 11, 13, 20–22, **113** 9–14, **114** 9
- Entbehrlichkeit der Einwilligung **113** 15–19, **114** 10–15, **115** 9, **116** 10
  - gegen den Rechtsnachfolger des Urhebers **115** 1–9
  - gegen den Lichtbildner **118** 1
  - gegen den Rechtsverletzer **112** 23–53
  - gegen den Urheber **113** 1–19, **114** 1–16
  - gegen Nutzungsberechtigte **112** 20–22
  - gegen Verfasser wissenschaftlicher Ausgaben **118** 1
- Geldforderungen **112** 15
- Herausgabe/Übereignung von Sachen **112** 18
- Miturheberschaft **8** 55
- persönlicher Anwendungsbereich **113** 4–7, **114** 4–7, **115** 4, 5, **116** 6, **119** 11–13
- Rechtnachfolger **28** 28, **30** 8
- Rückruf **112** 51
- Systematik **112** 2, 3
- Testamentsvollstrecker **117** 1
- Titel/Vollstreckungsklausel/Zustellung **112** 5, **113** 8, **115** 6, **116** 7
- Überlassung **112** 51
- Unterlassung **112** 24–45
- Urheber- und Leistungsschutzrechte **112** 54, **119** 5
- Urheberpersönlichkeitsrechte **112** 9
- Urheberrechte **112** 8, **113** 3, **115** 2, 3
- urheberrechtliche Nutzungsrechte **112** 10, 11
- Urteilsveröffentlichung **112** 53
- Vermögenswerte des Leistungsschutzberechtigten **112** 19
- Vermögenswerte des Urhebers **112** 4–18
- Vernichtung **112** 50, **119** 4–10
- Vorrichtungen **112** 14
- wegen anderen Forderungen **112** 16–18
- wegen Geldforderungen **112** 6–15, **113** 2, **114** 2, **115** 2, 3, **116** 2–5, **117** 1, **118** 1, **119** 3
- Werkoriginale **112** 13, **114** 1–16, **116** 1–10
- Zahlung **112** 49
- Zulässigkeit **113** 8–19, **115** 6–9, **119** 14

Zweckbauten 39 37
Zweckbeschränkung 69 e 20
Zweckbindung 25 7–10, **Vor 31** 28, **101 a** 21
Zweckeinräumungsregel 31 39 ff., **31 a** 79
Zweckübertragungslehre 12 10, **23** 8, **29** 38, **37** 1, **100** 10
- AGB **Vor 31** 105, 108
- Altverträge **132** 3
- Anwendungsbereich **31** 41–60, **43** 57
- Arbeitsverhältnisse **43** 55–66
- Betriebszweck **43** 59–61
- Bildnisschutz **KUG 22** 16
- Bühnenbereich **43** 62–64
- Computerprogramme **Vor 69 a** 12–14, **69 a** 59, **69 d** 2, 3
- Eigentumsübertragung **44** 13
- Einigungsvertrag **EVtr** 53–65
- entsprechende Anwendung **31** 61–63
- fehlende Rechtseinräumung **31** 45, 46, **43** 58
- Filmbereich **43** 65, 66, **88** 5, 6
- globale Rechtseinräumung/Verpflichtung hierzu **31 a** 14
- Grundsatz **43** 55
- Normzweck **31** 39
- pauschale Rechtseinräumung und „Buy-out" Vertrag **31** 41–44, **88** 5
- Rechtscharakter **31** 40
- Spezifizierung der Nutzungsart, Vertragszweck **31** 47–53
- Spezifizierungspflicht bei Multimedia- oder Online-Nutzung **31** 55–58
- Übertragungsfiktion **1371** 11–13
- Vergütungsanspruch **43** 140, 141
- weitere Geltung **31** 58–60

Zweitauswertung von Filmen 31 a 46–50
Zweitbearbeitung 3 24
Zweiter Korb Vor 31 5, **Vor 44 a** 9, 10, **46** 2, **53** 6, 7, **54** 3–6, **54 a** 1, **54 h** 2, **87** 3, 17, 22
Zweitverwertungsrecht 19 46, **Vor 20** 6, **20 b** 7, **21** 1, **22** 1, **87 a** 94, **88** 3, 53, **93** 6, **125** 25
Zweitwiedergabe 78 14, 22–26, **88** 54, 76, **89** 25, **91** 9
ZWF WahrnG Vor 1 17
Zwischenspeicher 16 16, **87 b** 36